I QUATTRO CODICI

Alla memoria
di Luigi Franchi (1862-1938),
di Virgilio Feroci (1891-1943),
di Santo Ferrari (1890-1982)
e di Giorgio Ferrari (1932-2019)

L. FRANCHI, V. FEROCI, S. FERRARI, G. FERRARI

CODICI E LEGGI D'ITALIA

I QUATTRO CODICI

CIVILE E DI PROCEDURA CIVILE
PENALE E DI PROCEDURA PENALE

Con le disposizioni di attuazione e transitorie,
la Costituzione della Repubblica Italiana,
la Carta dei diritti fondamentali dell'Unione Europea,
due vaste appendici di leggi complementari
e un ampio indice analitico-alfabetico

EDITORE ULRICO HOEPLI MILANO

via Hoepli 5, 20121 Milano (Italy)
tel. +39 02 864871   fax +39 02 8052886
e-mail hoepli@hoepli.it
www.hoeplieditore.it

ISBN 978-88-360-1097-4

Il presente volume è stato chiuso in redazione il 7 ottobre 2022

Edizione a cura dell'Avvocato Roberta Franciosi e dell'Avvocato Livia Tomassini
Elaborazione dati e composizione: Edigeo S.r.l., Milano
Copertina: Federico Gerli - Design Evolution

Stampa: L.E.G.O. S.p.A., Stabilimento di Lavis (TN)
Printed in Italy

INDICE GENERALE

CODICE PENALE

CODICE DI PROCEDURA PENALE

APPENDICE DI LEGGI COMPLEMENTARI
DEL CODICE PENALE E DEL CODICE DI PROCEDURA PENALE

ABBREVIAZIONI

abrog.	abrogato / abrogati
agg.	aggiunto / aggiunti
all.	allegato
App.	appendice di leggi complementari
art. / artt.	articolo / articoli
Att.	disposizioni di attuazione
Att. min.	disposizioni di attuazione per i minorenni
c.	comma
c.c.	codice civile
C.d.A.	Corte d'Assise
cfr.	confronta
c.n.	codice della navigazione[1]
conv.	convertito
Coord.	disposizioni di coordinamento
Corte cost.	Corte costituzionale
Cost.	costituzione della Repubblica Italiana
c.p.	codice penale
c.p.c.	codice di procedura civile
c.p.m.	codici penali militari[2]
c.p.p.	codice di procedura penale
cpv.	capoverso
C.T.	consulente tecnico
D.	decreto
D.L.	decreto legge
D.L.C.P.	decreto legislativo del Capo provvisorio dello Stato
D.lgs.	decreto legislativo
D.L.L.	decreto legislativo luogotenenziale
D.M.	decreto ministeriale
D.P.	disposizioni sulla legge in generale
D.P.C.	decreto del Presidente del Consiglio
D.P.R.	decreto del Presidente della Repubblica
Esec.	regolamento di esecuzione
Facol.	facoltativo
G.d.P.	giudice di pace
gen.	generale
G.I.	giudice istruttore
G.T.	giudice tutelare
G.U.	gazzetta ufficiale
G.U.P.	giudice per l'udienza preliminare

[1] R.D. 30 mar. 1942, n. 327, in vigore dal 21 apr. 1942.
[2] Codici penali militari di pace e di guerra, approv. con R.D. 20 feb. 1941, n. 303, modif. con D.L. 20 ago. 1947, n. 1103 e con L. 23 mar. 1956, n. 167.

ill. cost.	illegittimità costituzionale
ins.	inserito
L.	legge
L.A.	legge sull'assegno
L.B.I.	legge sui brevetti per invenzioni
L.B.M.	legge sui brevetti per marchi d'impresa
L.C.	legge sulla cambiale
L. cost.	legge costituzionale
L.D.A.	legge sui diritti d'autore
lett.	lettera
L.F.	legge sul fallimento
L.S.C.	legge sullo stato civile
Min.	ministro o ministero
modif.	modificato / modifiche
n. / nn.	numero / numeri
Obbl.	obbligatorio
O.G.	ordinamento giudiziario
ord.	ordinario
P.A.	pubblica amministrazione
par.	paragrafo
P.G.	procuratore generale
P.I.	pubblica istruzione
P.M.	pubblico ministero
P.R.A.	pubblico registro automobilistico
P.S.	pubblica sicurezza
R.D.	regio decreto
R.D.L.	regio decreto legge o legislativo
Regol.	regolamento
s.	e seguenti
sent.	sentenza
sez.	sezione
sost.	sostituito / sostituiti
Suppl.	supplemento
T.	tribunale
T.A.R.	tribunale amministrativo regionale
T.c.	tribunale collegiale
tit.	titolo
T.m.	tribunale monocratico
Trans.	disposizioni transitorie
T.U.	testo unico
V. / v.	vedasi

PREMESSE GENERALI

I.

Il codice è seguito da una Appendice di leggi complementari, con le voci in ordine alfabetico, elencate, in principio, nell'indice generale. Un ampio indice finale, a carattere analitico, con i riferimenti agli articoli e con il richiamo alle voci dell'Appendice di leggi complementari, agevola il reperimento delle norme.

L'intestazione delle pagine secondo il contenuto facilita l'orientamento: nel Codice, con l'indicazione dei Libri e dei vari istituti giuridici; nelle leggi complementari, con la denominazione delle voci e la data delle disposizioni legislative.

Numerosi richiami inseriti negli articoli di legge e le note di coordinamento agevolano la ricerca dei corrispondenti articoli del Codice o delle leggi speciali.

II.

I codici vigenti

– civile - R.D. 16 mar. 1942, n. 262, in vigore dal 21 apr. 1942;

– di procedura civile - R.D. 28 ott. 1940, n. 1443, in vigore dal 21 apr. 1942;

– della navigazione - R.D. 30 mar. 1942, n. 327, in vigore dal 21 apr. 1942;

– penale - R.D. 19 ott. 1930, n. 1398, in vigore dall'1 lug. 1931;

– di procedura penale - D.P.R. 22 set. 1988, n. 447, in vigore dal 24 ott. 1989;

– penale militare di pace e di guerra - R.D. 26 feb. 1941, n. 303, in vigore dall'1 ott. 1941.

III.

«Opere o brani di opere possono essere riprodotti a fini di pubblica sicurezza, nelle procedure parlamentari, giudiziarie o amministrative, purché si indichino la fonte e, ove possibile, il nome dell'autore». (Art. 67 L. 22 apr. 1941, n. 633, sul diritto d'autore).

«Il riassunto, la citazione o la riproduzione di brani o di parti di opera e la loro comunicazione al pubblico sono liberi se effettuati per uso di critica o di discussione, nei limiti giustificati da tali fini e purché non costituiscano concorrenza all'utilizzazione economica dell'opera; se effettuati a fini di insegnamento o di ricerca scientifica l'utilizzo deve inoltre avvenire per finalità illustrative e per fini non commerciali.

È consentita la libera pubblicazione attraverso la rete internet, a titolo gratuito, di immagini e musiche a bassa risoluzione o degradate, per uso didattico o scientifico e solo nel caso in cui tale utilizzo non sia a scopo di lucro. Con decreto del Ministro per i beni e le attività culturali, sentiti il Ministro della pubblica istruzione e il Ministro dell'università e della ricerca, previo parere delle Commissioni parlamentari competenti, sono definiti i limiti all'uso didattico o scientifico di cui al presente comma.

Nelle antologie ad uso scolastico la riproduzione non può superare la misura determinata dal regolamento, il quale fissa la modalità per la determinazione dell'equo compenso.

Il riassunto, la citazione o la riproduzione debbono essere sempre accompagnati dalla menzione del titolo dell'opera, dei nomi dell'autore, dell'editore e, se si tratti di traduzione, del traduttore, qualora tali indicazioni figurino sull'opera riprodotta». (Art. 70 della stessa legge).

IV.

Iura novit curia[1]

[1] Con L. 1 ago. 1962, n. 1206 (G.U. 21 ago. 1962, n. 210) è stato riordinato l'Ufficio traduzioni di leggi ed atti stranieri, alle dirette dipendenze del Gabinetto del Ministro per la grazia e giustizia.

«L'Autorità giudiziaria, per ragioni d'ufficio, può richiedere al ministro di grazia e giustizia il testo di leggi straniere» (Art. 205 Att. c.p.p.).

V.

Raccolta Ufficiale e Gazzetta Ufficiale

Leggi e decreti sono pubblicati nella «Raccolta Ufficiale delle leggi e dei decreti della Repubblica» e nella «Gazzetta Ufficiale della Repubblica Italiana» edite dall'Istituto Poligrafico dello Stato.[2]

La *Gazzetta Ufficiale* ha assunto l'attuale denominazione per l'art. 10 del D.L.P. 19 giu. 1946, n. 1, col quale si è iniziata la nuova serie delle Leggi della Repubblica.

Anteriormente la «Gazzetta Ufficiale del Regno d'Italia» aveva continuato le sue pubblicazioni fino al n. 243 del 18 ott. 1943. Da tale epoca, diviso in due parti il territorio nazionale a causa della guerra, la *Gazzetta Ufficiale* è stata pubblicata in due diverse edizioni: l'una, dal 19 ott. 1943, col n. 244, nel territorio della «Repubblica Sociale», intitolata «Gazzetta Ufficiale d'Italia», cessata nell'aprile del 1945; l'altra dal 18 nov. 1943, nei territori liberati, intitolata «Gazzetta Ufficiale del Regno» – Serie speciale – con numerazione autonoma seguita dalla lettera B dal n. 1-B del 18 nov. 1943 al n. 6-B del 29 dic. 1943; con numerazione normale dal 12 gen. 1944 al 10 giu. 1946.

[2] L'Istituto Poligrafico dello Stato – che ha personalità giuridica di diritto pubblico ed è sottoposto alla vigilanza del Ministro per il tesoro – provvede alla stampa ed alla gestione della *Gazzetta Ufficiale* e della *Raccolta ufficiale delle leggi e dei decreti della Repubblica* – salva la competenza del Ministero di grazia e giustizia per quanto concerne la direzione e la redazione delle stesse – nonché alla stampa delle pubblicazioni ufficiali dello Stato (L. 13 lug. 1966, n. 559 - Nuovo ordinamento dell'Istituto Poligrafico dello Stato, in G.U. 26 lug. 1966, n. 184).

VI.
Rubriche e titoli

La rubrica degli articoli non fa parte del testo legislativo e non si può attribuire ad essa altro valore che non sia meramente descrittivo e riassuntivo. Talvolta serve ad integrare la norma chiarendone il significato.

VII.
Aumento delle sanzioni pecuniarie[3]

[3] Le sanzioni pecuniarie sono già state aumentate in conformità nel testo dei codici e delle leggi complementari.

L. 12 lug. 1961, n. 603
Modificazioni agli artt. 24, 26, 66, 78, 135 e 237 del Codice penale e agli artt. 19 e 20 del R.DL.L. 20 lug. 1934, n. 1404
(G.U. 24 lug. 1961, n. 181).

Art. 3. Le pene pecuniarie comminate per i singoli reati dal Codice penale o dalle leggi speciali,[4] nonché le altre sanzioni comminate per le singole infrazioni dal Codice di procedura penale, sono moltiplicate per quaranta.

Gli aumenti preveduti nel presente articolo assorbono quelli disposti dai DD.LL. 5 ott. 1945, n. 679, 21 ott. 1947, n. 1250 e, per le sanzioni comminate dal Codice di procedura penale, anche dal D.L. 9 apr. 1948, n. 438.

Le disposizioni precedenti non si applicano alle pene proporzionali, né alle leggi tributarie e finanziarie, parimenti non si applicano alle altre leggi, anche se modificatrici del Codice penale, emanate dopo il 21 ott. 1947.

[4] L'espressione «leggi speciali», usata dal legislatore in senso improprio, comprende anche il codice civile che contiene disposizioni penali in tema di persone giuridiche (35), di matrimonio (134-142), di filiazione (285), di mediazione (1764), di registro delle imprese (2194), di società e di consorzi (2621-2642).

L. 24 nov. 1981, n. 689
Modifiche al sistema penale

Art. 113. *Aumento delle pene pecuniarie.* – Le pene pecuniarie comminate per i reati previsti dal codice penale o dalle leggi speciali, nonché le sanzioni pecuniarie comminate per le infrazioni previste dal codice di procedura penale, aumentate per effetto della L. 12 luglio 1961, n. 603, sono moltiplicate per cinque.

Sono altresì moltiplicate per cinque le pene pecuniarie comminate per reati previsti da leggi entrate in vigore dopo il 21 ottobre 1947 e prima della L. 12 luglio 1961, n. 603.

Le pene pecuniarie comminate per reati previsti da leggi entrate in vigore dopo la L. 12 luglio 1961, n. 603, e fino al 31 dicembre 1970 sono moltiplicate per tre.

Quelle comminate per reati previsti da leggi entrate in vigore dopo il 31 dicembre 1970 e fino al 31 dicembre 1975, ad eccezione delle leggi in materia di imposte dirette e di tasse e imposte indirette sugli affari, sono moltiplicate per due.

Quando, tenuto conto degli aumenti previsti nei commi precedenti, la legge stabilisce la pena dell'ammenda inferiore nel minimo a euro 2 o nel massimo a euro 5, i limiti edittali sono elevati rispettivamente a euro 5 e a euro 12.

COSTITUZIONE DELLA REPUBBLICA ITALIANA

(pubblicata nella *Gazzetta Ufficiale* n. 298 del 27 dicembre 1947)

Entrata in vigore l'1 gennaio 1948

PRINCIPI FONDAMENTALI

1. L'Italia è una Repubblica democratica, fondata sul lavoro (139).

La sovranità appartiene al popolo, che la esercita nelle forme e nei limiti della Costituzione.

2. La Repubblica riconosce e garantisce i diritti inviolabili dell'uomo, sia come singolo sia nelle formazioni sociali ove si svolge la sua personalità (13-28),[1] e richiede l'adempimento dei doveri inderogabili di solidarietà politica (48-54), economica (35-47) e sociale (29-34).

[1] V. la Convenz. internaz. 4 nov. 1950 per la salvaguardia dei diritti dell'uomo e delle libertà fondamentali, ratificata con L. 4 ago. 1955, n. 848.

3. Tutti i cittadini hanno pari dignità sociale e sono eguali davanti alla legge, senza distinzione di sesso (37, 48, 51), di razza, di lingua, di religione (8), di opinioni politiche, di condizioni personali e sociali.

È compito della Repubblica rimuovere gli ostacoli di ordine economico e sociale, che, limitando di fatto la libertà e l'eguaglianza dei cittadini, impediscono il pieno sviluppo della persona umana e l'effettiva partecipazione di tutti i lavoratori all'organizzazione politica, economica e sociale del Paese.

4. La Repubblica riconosce a tutti i cittadini il diritto al lavoro e promuove le condizioni che rendano effettivo questo diritto (35-41).

Ogni cittadino ha il dovere di svolgere, secondo le proprie possibilità e la propria scelta, un'attività o una funzione che concorra al progresso materiale o spirituale della società.

5. La Repubblica, una e indivisibile, riconosce e promuove le autonomie locali (114-133); attua nei servizi che dipendono dallo Stato il più ampio decentramento amministrativo;[1] adegua i principî ed i metodi della sua legislazione alle esigenze dell'autonomia e del decentramento.

[1] Nel 1954 è stato attuato il decentramento dei servizi dei diversi ministeri con 17 decreti presidenziali.

6. La Repubblica tutela con apposite norme le minoranze linguistiche.

7. Lo Stato e la Chiesa cattolica sono, ciascuno nel proprio ordine, indipendenti e sovrani.

I loro rapporti sono regolati dai Patti Lateranensi.[1]

Le modificazioni dei Patti, accettate dalle due parti, non richiedono procedimento di revisione costituzionale (138).

[1] L. 27 mag. 1929, n. 810 - Esecuzione del Trattato, dei quattro allegati annessi e del Concordato, sottoscritti in Roma, tra la S. Sede e l'Italia, l'11 feb. 1929 e L. 25 mar. 1985, n. 121 - Ratifica ed esecuzione dell'accordo, con protocollo addizionale, firmato a Roma il 18 febbraio 1984, che apporta modificazioni al Concordato lateranense dell'11 febbraio 1929, tra la Repubblica italiana e la Santa Sede.

8. Tutte le confessioni religiose sono egualmente libere davanti alla legge (19).

Le confessioni religiose diverse dalla cattolica hanno diritto di organizzarsi secondo i propri statuti, in quanto non contrastino con l'ordinamento giuridico italiano.

I loro rapporti con lo Stato sono regolati per legge[1] sulla base di intese con le relative rappresentanze.

[1] L. 24 giu. 1929, n. 1159 e R.D. 28 feb. 1930, n. 289, sui culti ammessi nello Stato; L. 8 mar. 1989, n. 101, sull'Unione delle Comunità ebraiche italiane.

9. La Repubblica promuove lo sviluppo della cultura e la ricerca scientifica e tecnica (33, 34).

Tutela il paesaggio e il patrimonio storico e artistico della Nazione.

Tutela l'ambiente, la biodiversità e gli ecosistemi, anche nell'interesse delle future generazioni. La legge dello Stato disciplina i modi e le forme di tutela degli animali.[1]

[1] Comma aggiunto dall'art. 1, L. cost. 11 feb. 2022, n. 1. Ai sensi dell'art. 3, L. cost. 1/2022: «La legge dello Stato che disciplina i modi e le forme di tutela degli animali, di cui all'art. 9 della Costituzione, come modificato dall'art. 1 della presente legge costituzionale, si applica alle regioni a statuto speciale e alle Province autonome di Trento e di Bolzano nei limiti delle competenze legislative ad esse riconosciute dai rispettivi statuti».

10. L'ordinamento giuridico italiano si conforma alle norme del diritto internazionale generalmente riconosciute.

La condizione giuridica dello straniero è regolata

dalla legge (disp. D.P. 16) in conformità delle norme e dei trattati internazionali.

Lo straniero, al quale sia impedito nel suo paese l'effettivo esercizio delle libertà democratiche garantite dalla Costituzione italiana, ha diritto d'asilo nel territorio della Repubblica, secondo le condizioni stabilite dalla legge.

Non è ammessa l'estradizione (26) dello straniero per reati politici (13 c.p.; 698 c.p.p.).[1]

[1] «L'ultimo comma dell'art. 10 e l'ultimo comma dell'art. 26 della Costituzione non si applicano ai delitti di genocidio» (L. cost. 21 giu. 1967, n. 1).

11. L'Italia ripudia la guerra come strumento di offesa alla libertà degli altri popoli e come mezzo di risoluzione delle controversie internazionali (78); consente in condizioni di parità con gli altri Stati, alle limitazioni di sovranità necessarie ad un ordinamento che assicuri la pace e la giustizia fra le Nazioni; promuove e favorisce le organizzazioni internazionali rivolte a tale scopo.

12. La bandiera della Repubblica è il tricolore italiano: verde, bianco e rosso, a tre bande verticali di eguali dimensioni.[1]

[1] V. D.lgs. 5 mag. 1948, n. 535 sull'emblema dello Stato.

PARTE I
DIRITTI E DOVERI DEI CITTADINI

TITOLO I
Rapporti civili

13. La libertà personale è inviolabile (605-609-*duodecies* c.p.).

Non è ammessa forma alcuna di detenzione, di ispezione o perquisizione personale, né qualsiasi altra restrizione della libertà personale, se non per atto motivato dell'autorità giudiziaria e nei soli casi e modi previsti dalla legge (272 s. c.p.p.).

In casi eccezionali di necessità ed urgenza, indicati tassativamente dalla legge, l'autorità di pubblica sicurezza può adottare provvedimenti provvisori, che devono essere comunicati entro quarantotto ore all'autorità giudiziaria e, se questa non li convalida nelle successive quarantotto ore, si intendono revocati e restano privi di ogni effetto.

È punita ogni violenza fisica e morale sulle persone comunque sottoposte a restrizioni di libertà (608 c.p.).

La legge stabilisce i limiti massimi della carcerazione preventiva (137 c.p.).[1]

[1] V. art. 11, L. 28 lug. 1984, n. 398, che ha sost. l'espressione «carcerazione preventiva» con l'espressione «custodia cautelare» nel c.p.p. e «nelle altre leggi».

14. Il domicilio è inviolabile (614 c.p.).

Non vi si possono eseguire ispezioni o perquisizioni o sequestri, se non nei casi e modi stabiliti dalla legge secondo le garanzie prescritte per la tutela della libertà personale (272 s. c.p.p.; 1798, 2905 c.c.; 117, 670 c.p.c.).

Gli accertamenti e le ispezioni per motivi di sanità e di incolumità pubblica o ai fini economici e fiscali sono regolati da leggi speciali.

15. La libertà e la segretezza della corrispondenza e di ogni altra forma di comunicazione sono inviolabili (616 c.p.).[1]

La loro limitazione può avvenire soltanto per atto motivato dell'autorità giudiziaria con le garanzie stabilite dalla legge (248, 254, 353 c.p.p.).

[1] V. D.P.R. 29 mar. 1973, n. 156 (art. 10).

16. Ogni cittadino può circolare e soggiornare liberamente in qualsiasi parte del territorio nazionale, salvo le limitazioni che la legge stabilisce in via generale per motivi di sanità o di sicurezza. Nessuna restrizione può essere determinata da ragioni politiche.

Ogni cittadino è libero di uscire dal territorio della Repubblica e di rientrarvi, salvo gli obblighi di legge (35).

17. I cittadini hanno diritto di riunirsi pacificamente e senz'armi (L. P.S. 18 s.; Regol. P.S. 19 s.).

Per le riunioni, anche in luogo aperto al pubblico, non è richiesto preavviso.

Delle riunioni in luogo pubblico deve essere dato preavviso alle autorità, che possono vietarle soltanto per comprovati motivi di sicurezza o di incolumità pubblica (T.U. P.S. 18-24; Regol. P.S. 19-28).

18. I cittadini hanno diritto di associarsi liberamente, senza autorizzazione, per fini che non sono vietati ai singoli dalla legge penale (14 c.c.; 270-274 c.p.; 209-213 T.U. P.S.; 362-364 Regol. P.S.).

Sono proibite le associazioni segrete e quelle che perseguono, anche indirettamente, scopi politici mediante organizzazioni di carattere militare.[1]

[1] V. L. 14 feb. 1948, n. 43, per le associazioni militari e L. 25 gen. 1982, n. 17, per le associazioni segrete.

19. Tutti hanno diritto di professare liberamente la propria fede religiosa in qualsiasi forma, individuale o associata, di farne propaganda e di esercitarne in privato o in pubblico il culto, purché non si tratti di riti contrari al buon costume (T.U. P.S. 25-27; Regol. P.S. 29-32).

20. Il carattere ecclesiastico e il fine di religione o di culto d'una associazione od istituzione non possono essere causa di speciali limitazioni legislative, né di speciali gravami fiscali per la sua costituzione, capacità giuridica e ogni forma di attività.

21. Tutti hanno diritto di manifestare liberamente il proprio pensiero con la parola, lo scritto e ogni altro mezzo di diffusione.[1]

La stampa non può essere soggetta ad autorizzazioni o censure.[2]

Si può procedere a sequestro soltanto per atto motivato dell'autorità giudiziaria nel caso di delitti, per i quali la legge sulla stampa espressamente lo autorizzi, o nel caso di violazione delle norme che la legge stessa prescriva per l'indicazione dei responsabili.

In tali casi, quando vi sia assoluta urgenza e non sia possibile il tempestivo intervento dell'autorità giudiziaria, il sequestro della stampa periodica può essere eseguito da ufficiali di polizia giudiziaria, che devono immediatamente, e non mai oltre ventiquattro ore, fare denunzia all'autorità giudiziaria. Se questa non lo convalida nelle ventiquattro ore successive, il sequestro s'intende revocato e privo d'ogni effetto.

La legge può stabilire, con norme di carattere generale, che siano resi noti i mezzi di finanziamento della stampa periodica.

Sono vietate le pubblicazioni a stampa, gli spettacoli e tutte le altre manifestazioni contrarie al buon costume. La legge stabilisce provvedimenti adeguati a prevenire e a reprimere le violazioni.

[1] Sulla stampa, v. L. 8 feb. 1948, n. 47, L. 28 mar. 1956, n. 168, L. 6 giu. 1975, n. 172. Sulla radiotelevisione, v. T.U. D.lgs. 31 lug. 2005, n. 177. Sulle attività cinematografiche v. D.lgs. 22 gen. 2004, n. 28. V. inoltre L. 31 lug. 1997, n. 249, che istituisce l'Autorità per le garanzie nelle comunicazioni. Per l'attuazione del pluralismo nelle emittenti televisive locali, v. L. 6 nov. 2003, n. 313.

[2] V. L. 8 feb. 1948, n. 47.

22. Nessuno può essere privato, per motivi politici, della capacità giuridica (1 c.c.), della cittadinanza, del nome (7-9 c.c.).

23. Nessuna prestazione personale o patrimoniale può essere imposta se non in base alla legge.

24. Tutti possono agire in giudizio per la tutela dei propri diritti e interessi legittimi (99 c.p.c.).

La difesa è diritto inviolabile in ogni stato e grado del procedimento (96 s. c.p.p.).

Sono assicurati ai non abbienti, con appositi istituti, i mezzi per agire e difendersi davanti ad ogni giurisdizione.[1]

La legge determina le condizioni e i modi per la riparazione degli errori giudiziari (643-647 c.p.p.).

[1] V. R.D. 30 dic. 1923, n. 3282, sul gratuito patrocinio e, in materia penale, la L. 30 lug. 1990, n. 217.

25. Nessuno può essere distolto dal giudice naturale precostituito per legge.

Nessuno può essere punito se non in forza di una legge che sia entrata in vigore prima del fatto commesso (2 p.).

Nessuno può essere sottoposto a misure di sicurezza se non nei casi previsti dalla legge (199-240-*bis* c.p.; 312 s. c.p.p.).

26. L'estradizione del cittadino può essere consentita soltanto ove sia espressamente prevista dalle convenzioni internazionali (13 c.p.; 697-722-*bis* c.p.p.).

Non può in alcun caso essere ammessa per reati politici.[1]

[1] V. nota 1 all'art. 10.

27. La responsabilità penale è personale.

L'imputato non è considerato colpevole sino alla condanna definitiva.

Le pene non possono consistere in trattamenti contrari al senso di umanità e devono tendere alla rieducazione del condannato.

Non è ammessa la pena di morte [, se non nei casi previsti dalle leggi militari di guerra].[1]

[1] Parole soppresse dall'art. 1, L. Cost. 2 ott. 2007, n. 1.

28. I funzionari e i dipendenti dello Stato e degli enti pubblici sono direttamente responsabili, secondo le leggi penali, civili e amministrative, degli atti compiuti in violazione di diritti. In tali casi la responsabilità civile si estende allo Stato e agli enti pubblici (97).[1]

[1] V. D.P.R. 10 gen. 1957, n. 3 (Statuto degli impiegati dello Stato).

TITOLO II
Rapporti etico-sociali

29. La Repubblica riconosce i diritti della famiglia come società naturale fondata sul matrimonio.

Il matrimonio è ordinato sull'eguaglianza morale e giuridica dei coniugi, con i limiti stabiliti dalla legge a garanzia dell'unità familiare (143-148 c.c.).

30. È dovere e diritto dei genitori mantenere, istruire ed educare i figli, anche se nati fuori del matrimonio (147, 148 c.c.).

Nei casi di incapacità dei genitori, la legge provvede a che siano assolti i loro compiti (400, 433-448-bis c.c.).

La legge assicura ai figli nati fuori del matrimonio ogni tutela giuridica e sociale, compatibile con i diritti dei membri della famiglia legittima (250 c.c.).

La legge detta le norme e i limiti per la ricerca della paternità (269-279 c.c.).

31. La Repubblica agevola con misure economiche e altre provvidenze la formazione della famiglia e l'adempimento dei compiti relativi, con particolare riguardo alle famiglie numerose.

Protegge la maternità (37), l'infanzia e la gioventù, favorendo gli istituti necessari a tale scopo.

32. La Repubblica tutela la salute come fondamentale diritto dell'individuo e interesse della collettività, e garantisce cure gratuite agli indigenti.

Nessuno può essere obbligato a un determinato trattamento sanitario se non per disposizione di legge. La legge non può in nessun caso violare i limiti imposti dal rispetto della persona umana (5 c.c.).

33. L'arte e la scienza sono libere e libero ne è l'insegnamento.

La Repubblica detta le norme generali sull'istruzione ed istituisce scuole statali per tutti gli ordini e gradi.

Enti e privati hanno il diritto di istituire scuole ed istituti di educazione, senza oneri per lo Stato.

La legge, nel fissare i diritti e gli obblighi delle scuole non statali che chiedono la parità, deve assicurare ad esse piena libertà e ai loro alunni un trattamento scolastico equipollente a quello degli alunni di scuole statali.

È prescritto un esame di Stato per l'ammissione ai vari ordini e gradi di scuole o per la conclusione di essi e per l'abilitazione all'esercizio professionale.

Le istituzioni di alta cultura, università ed accademie, hanno il diritto di darsi ordinamenti autonomi nei limiti stabiliti dalle leggi dello Stato.

34. La scuola è aperta a tutti.

L'istruzione inferiore impartita per almeno otto anni, è obbligatoria e gratuita.[1]

I capaci e meritevoli, anche se privi di mezzi, hanno diritto di raggiungere i gradi più alti degli studi.

La Repubblica rende effettivo questo diritto con borse di studio, assegni alle famiglie ed altre provvidenze, che devono essere attribuite per concorso.

[1] V. per l'istruzione elementare R.D. 5 feb. 1928, n. 577, e per la scuola media L. 31 dic. 1962, n. 1859.

TITOLO III
Rapporti economici

35. La Repubblica tutela il lavoro in tutte le sue forme ed applicazioni (2060 c.c.).

Cura la formazione e l'elevazione professionale dei lavoratori.

Promuove e favorisce gli accordi e le organizzazioni internazionali intesi ad affermare e regolare i diritti del lavoro.

Riconosce la libertà di emigrazione, salvo gli obblighi stabiliti dalla legge nell'interesse generale, e tutela il lavoro italiano all'estero.

36. Il lavoratore ha diritto ad una retribuzione proporzionata alla quantità e qualità del suo lavoro e in ogni caso sufficiente ad assicurare a sé e alla famiglia un'esistenza libera e dignitosa (2099 c.c.).

La durata massima della giornata lavorativa è stabilita dalla legge (2107 c.c.).

Il lavoratore ha diritto al riposo settimanale e a ferie annuali retribuite, e non può rinunziarvi (2109 c.c.).

37. La donna lavoratrice ha gli stessi diritti e, a parità di lavoro, le stesse retribuzioni che spettano al lavoratore.[1]

Le condizioni di lavoro devono consentire l'adempimento della sua essenziale funzione familiare e assicurare alla madre e al bambino una speciale adeguata protezione (2110 c.c.).[2]

La legge stabilisce il limite minimo di età per il lavoro salariato.[3]

La Repubblica tutela il lavoro dei minori con speciali norme e garantisce ad essi, a parità di lavoro, il diritto alla parità di retribuzione.[3]

[1] V. L. 9 dic. 1977, n. 903 e L. 10 apr. 1991, n. 125, sulla parità di trattamento tra uomini e donne in materia di lavoro.

[2] V. D.P.R. 31 dic. 1971, n. 1403, sulla tutela fisica ed economica delle lavoratrici madri.

[3] V. L. 17 ott. 1967, n. 977 sulla tutela del lavoro dei fanciulli e adolescenti.

38. Ogni cittadino inabile al lavoro e sprovvisto dei mezzi necessari per vivere ha diritto al mantenimento e all'assistenza sociale.

I lavoratori hanno diritto che siano preveduti ed assicurati mezzi adeguati alle loro esigenze di vita in caso di infortunio, malattia, invalidità e vecchiaia, disoccupazione involontaria (2110 c.c.).

Gli inabili ed i minorati hanno diritto all'educazione e all'avviamento professionale.

Ai compiti previsti in questo articolo provvedono organi ed istituti predisposti o integrati dallo Stato.

L'assistenza privata è libera.

39. L'organizzazione sindacale è libera.

Ai sindacati non può essere imposto altro obbligo se non la loro registrazione presso uffici locali o centrali, secondo le norme stabilite dalla legge.

È condizione per la registrazione che gli statuti dei sindacati sanciscano un ordinamento interno a base democratica.

I sindacati registrati hanno personalità giuridica. Possono, rappresentati unitariamente in proporzione dei loro iscritti, stipulare contratti collettivi di lavoro con efficacia obbligatoria per tutti gli appartenenti alle categorie alle quali il contratto si riferisce.

40. Il diritto di sciopero si esercita nell'ambito delle leggi che lo regolano (502-512 c.p.).[1]

[1] V. L. 12 giu. 1990, n. 146.

41. L'iniziativa economica privata è libera.

Non può svolgersi in contrasto con l'utilità sociale o in modo da recare danno alla salute, all'ambiente,[1] alla sicurezza, alla libertà, alla dignità umana.

La legge determina i programmi e i controlli opportuni perché l'attività economica pubblica e privata possa essere indirizzata e coordinata a fini sociali e ambientali[1].[2]

[1] Parole aggiunte dall'art. 2, L. cost. 11 feb. 2022, n. 1.

[2] V. L. 10 ott. 1990, n. 287, *Norme per la tutela della concorrenza e del mercato*.

42. La proprietà è pubblica o privata. I beni economici appartengono allo Stato, ad enti o a privati (822-831 c.c.).

La proprietà privata è riconosciuta e garantita dalla legge, che ne determina i modi di acquisto, di godimento e i limiti allo scopo di assicurarne la funzione sociale e di renderla accessibile a tutti (834 c.c.).

La proprietà privata può essere, nei casi preveduti dalla legge, e salvo indennizzo, espropriata per motivi d'interesse generale (834 c.c.).

La legge stabilisce le norme ed i limiti della successione legittima e testamentaria e i diritti dello Stato sulle eredità.[1]

[1] V. c.c. libro II.

43. Ai fini di utilità generale la legge può riservare originariamente o trasferire, mediante espropriazione e salvo indennizzo, allo Stato, ad enti pubblici o a comunità di lavoratori o di utenti determinate imprese o categorie di imprese, che si riferiscano a servizi pubblici essenziali o a fonti di energia o a situazioni di monopolio ed abbiano carattere di preminente interesse generale.

44. Al fine di conseguire il razionale sfruttamento del suolo e di stabilire equi rapporti sociali, la legge impone obblighi e vincoli alla proprietà terriera privata (846 c.c.), fissa limiti alla sua estensione secondo le regioni e le zone agrarie, promuove ed impone la bonifica delle terre (857 c.c.), la trasformazione del latifondo e la ricostituzione delle unità produttive; aiuta la piccola e la media proprietà.

La legge dispone provvedimenti a favore delle zone montane.

45. La Repubblica riconosce la funzione sociale della cooperazione a carattere di mutualità e senza fini di speculazione privata. La legge ne promuove e favorisce l'incremento con i mezzi più idonei e ne assicura, con gli opportuni controlli, il carattere e le finalità (2511 c.c.).[1]

La legge provvede alla tutela e allo sviluppo dell'artigianato (2083 c.c.).[2]

[1] V. D.L.C.P. 14 dic. 1947, n. 1577, sulla cooperazione.
[2] V. L. 8 ago. 1985, n. 443.

46. Ai fini della elevazione economica e sociale del lavoro e in armonia con le esigenze della produzione, la Repubblica riconosce il diritto dei lavoratori a collaborare, nei modi e nei limiti stabiliti delle leggi, alla gestione delle aziende (2502 c.c.).

47. La Repubblica incoraggia e tutela il risparmio in tutte le sue forme; disciplina, coordina e controlla l'esercizio del credito (1834-1860 c.c.).[1]

Favorisce l'accesso del risparmio popolare alla proprietà dell'abitazione, alla proprietà diretta coltivatrice e al diretto e indiretto investimento azionario nei grandi complessi produttivi del Paese (2349 c.c.).

[1] V. R.D.L. 17 lug. 1937, n. 1400 e L. 7 mar. 1938, n. 141 sulla difesa del risparmio e la disciplina della funzione creditizia.

TITOLO IV
Rapporti politici

48. Sono elettori tutti i cittadini, uomini e donne, che hanno raggiunto la maggiore età.[1]

Il voto è personale ed eguale, libero e segreto. Il suo esercizio è dovere civico.[2]

La legge stabilisce requisiti e modalità per l'esercizio del diritto di voto dei cittadini residenti all'estero e ne assicura l'effettività. A tale fine è istituita una circoscrizione Estero per l'elezione delle Camere, alla quale sono assegnati seggi nel numero stabilito da norma costituzionale e secondo criteri determinati dalla legge.[3]

Il diritto di voto non può essere limitato se non per incapacità civile o per effetto di sentenza penale irrevocabile e nei casi di indegnità morale indicati dalla legge.

[1] V. D.P.R. 20 mar. 1967, n. 233: T.U. per la disciplina dell'elettorato attivo, modif. con L. 8 mar. 1975, n. 39.
[2] «L'esercizio del voto è un obbligo al quale nessun cittadino può sottrarsi senza venir meno ad un suo preciso dovere verso il Paese» (art. 4, T.U. 30 mar. 1957, n. 361).
[3] Comma inserito dalla L. cost. 17 gen. 2000, n. 1.

49. Tutti i cittadini hanno diritto di associarsi liberamente in partiti per concorrere con metodo democratico a determinare la politica nazionale.

50. Tutti i cittadini possono rivolgere petizioni alle Camere per chiedere provvedimenti legislativi o esporre comuni necessità.[1]

[1] V. art. 109 del Regol. della Camera 18 feb. 1971 e artt. 140 e 141 del Regol. del Senato 17 feb. 1971.

51. Tutti i cittadini dell'uno o dell'altro sesso possono accedere agli uffici pubblici e alle cariche elettive in condizioni di eguaglianza, secondo i requisiti stabiliti dalla legge.[1]

A tal fine la Repubblica promuove con appositi provvedimenti le pari opportunità tra donne e uomini.[2]

La legge può, per l'ammissione ai pubblici uffici e alle cariche elettive, parificare ai cittadini gli italiani non appartenenti alla Repubblica.

Chi è chiamato a funzioni pubbliche elettive ha diritto di disporre del tempo necessario al loro adempimento e di conservare il suo posto di lavoro.

[1] V. L. 9 feb. 1963, n. 66 sull'ammissione della donna ai pubblici uffici ed alle professioni.
[2] Periodo aggiunto dall'art. 1, L. cost. 30 mag. 2003, n. 1.

52. La difesa della Patria è sacro dovere del cittadino.

Il servizio militare è obbligatorio nei limiti e modi stabiliti dalla legge.[1]

Il suo adempimento non pregiudica la posizione di lavoro del cittadino, né l'esercizio dei diritti politici.

L'ordinamento delle Forze armate si informa allo spirito democratico della Repubblica.

[1] V. L. 2 ago. 2007, n. 130, in materia di obiezione di coscienza e L. 6 mar. 2001, n. 64, sull'istituzione del servizio civile.

53. Tutti sono tenuti a concorrere alle spese pubbliche in ragione della loro capacità contributiva.

Il sistema tributario è informato a criteri di progressività.

54. Tutti i cittadini hanno il dovere di essere

fedeli alla Repubblica e di osservarne la Costituzione e le leggi.

I cittadini cui sono affidate funzioni pubbliche hanno il dovere di adempierle con disciplina ed onore, prestando giuramento nei casi stabiliti dalla legge.

PARTE II
ORDINAMENTO DELLA REPUBBLICA

TITOLO I
Il Parlamento

SEZIONE I – *Le Camere*

55. Il Parlamento si compone della Camera dei deputati e del Senato della Repubblica.

Il Parlamento si riunisce in seduta comune dei membri delle due Camere nei soli casi stabiliti dalla Costituzione (83, 90, 96, 104, 135).

56.[1] La Camera dei deputati è eletta a suffragio universale e diretto.

Il numero dei deputati è di quattrocento, otto dei quali eletti nella circoscrizione Estero.[2]

Sono eleggibili a deputati tutti gli elettori che nel giorno delle elezioni hanno compiuto i venticinque anni di età.

La ripartizione dei seggi tra le circoscrizioni fatto salvo il numeri dei seggi assegnati alla circoscrizione estero, si effettua dividendo il numero degli abitanti della Repubblica, quale risulta dall'ultimo censimento generale della popolazione, per trecentonovantadue[3] e distribuendo i seggi in proporzione alla popolazione di ogni circoscrizione, sulla base dei quozienti interi e dei più alti resti.

[1] Gli artt. 56, 57 e 60 sono stati sost. con L. cost. 9 feb. 1963, n. 2.
[2] Comma così modif. dall'art. 1, L. cost. 23 gen. 2001, n. 1, e dall'art. 1, L. cost. 19 ott. 2020, n. 1.
[3] Parola così sost. dall'art. 1, L. cost. 19 ott. 2020, n. 1. Le norme per l'elezione della Camera dei deputati sono contenute nel T.U. delle leggi elettorali du cui al D.P.R. 30 mar. 1957, n. 361, e successive modifiche.

57.[1] Il Senato della Repubblica è eletto a base regionale, salvi i seggi assegnati alla circoscrizione Estero.

Il numero dei senatori elettivi è di duecento, quattro dei quali eletti nella circoscrizione Estero.[2]

Nessuna Regione o Provincia autonoma può avere un numero di senatori inferiore a tre; il Molise ne ha due, la Valle d'Aosta uno.[3]

La ripartizione dei seggi tra le Regioni o le Province autonome, previa applicazione delle disposizioni del precedente comma, si effettua in proporzione alla loro popolazione, quale risulta dall'ultimo censimento generale, sulla base dei quozienti interi e dei più alti resti.[4]

[1] V. nota 1 art. 56.
[2] Comma così modif. dall'art. 2, L. cost. 23 gen. 2001, n. 1, e dall'art. 2, L. cost. 19 ott. 2020, n. 1.
[3] Comma così modif. dalla L. cost. 27 dic. 1963, n. 3, e dall'art. 2, L. cost. 19 ott. 2020, n. 1.
[4] Comma così sost. dall'art. 2, L. cost. 19 ott. 2020, n. 1.

58. I senatori sono eletti a suffragio universale e diretto [dagli elettori che hanno superato il venticinquesimo anno di età][1,2]

Sono eleggibili a senatori gli elettori che hanno compiuto il quarantesimo anno.

[1] Parole soppresse dall'art. 1, L. cost. 18 ott. 2021, n. 1.
[2] L'elezione del Senato è regolata dalla L. 6 feb. 1948, n. 29, e successive modifiche.

59. È senatore di diritto e a vita, salvo rinunzia, chi è stato Presidente della Repubblica (83).

Il Presidente della Repubblica può nominare senatori a vita cittadini che hanno illustrato la Patria per altissimi meriti nel campo sociale, scientifico, artistico e letterario. Il numero complessivo dei senatori in carica nominati dal Presidente della Repubblica non può in alcun caso essere superiore a cinque.[1]

[1] Comma così sost. dall'art. 3, L. cost. 19 ott. 2020, n. 1.

60.[1] La Camera dei deputati e il Senatore della Repubblica sono eletti per 5 anni.

La durata di ciascuna Camera non può essere prorogata se non per legge e soltanto in caso di guerra.

[1] V. nota 1 art. 56.

61. Le elezioni delle nuove Camere hanno luogo entro settanta giorni dalla fine delle precedenti. La prima riunione ha luogo non oltre il ventesimo giorno dalle elezioni.

Finché non siano riunite le nuove Camere sono prorogati i poteri delle precedenti.

62. Le Camere si riuniscono di diritto il primo giorno non festivo di febbraio e di ottobre.

Ciascuna Camera può essere convocata in via straordinaria per iniziativa del suo Presidente o del Presidente della Repubblica o di un terzo dei suoi componenti.

Quando si riunisce in via straordinaria una Camera, è convocata di diritto anche l'altra.

63. Ciascuna Camera elegge fra i suoi componenti il Presidente e l'Ufficio di presidenza.

Quando il Parlamento si riunisce in seduta comune, il Presidente e l'Ufficio di presidenza sono quelli della Camera dei deputati.[1]

[1] Per le sedute comuni delle due Camere dispongono gli artt. 64 e 65 del Regol. del Senato. Alle sedute stesse si applica il Regol. della Camera dei Deputati.

64. Ciascuna Camera adotta il proprio regolamento a maggioranza assoluta dei suoi componenti.

Le sedute sono pubbliche; tuttavia ciascuna delle due Camere e il Parlamento a Camere riunite possono deliberare di adunarsi in seduta segreta.

La deliberazioni di ciascuna Camera e del Parlamento non sono valide se non è presente la maggioranza dei loro componenti, e se non sono adottate a maggioranza dei presenti, salvo che la Costituzione prescriva una maggioranza speciale.

I membri del Governo, anche se non fanno parte delle Camere, hanno diritto, e se richiesti obbligo, di assistere alle sedute. Devono essere sentiti ogni volta che lo richiedono.

65. La legge determina i casi di ineleggibilità e di incompatibilità con l'ufficio di deputato e di senatore (84, 104, 122, 135).[1]

Nessuno può appartenere contemporaneamente alle due Camere.

[1] V. L. 13 feb. 1953, n. 60, sulle incompatibilità; T.U. 30 mar. 1957, n. 361 per l'ineleggibilità (art. 6-10).

66. Ciascuna Camera giudica dei titoli di ammissione dei suoi componenti e delle cause sopraggiunte di ineleggibilità e di incompatibilità.

67. Ogni membro del Parlamento rappresenta la Nazione ed esercita le sue funzioni senza vincolo di mandato.

68.[1] I membri del Parlamento non possono essere chiamati a rispondere delle opinioni espresse e dei voti dati nell'esercizio delle loro funzioni.

Senza autorizzazione della Camera alla quale appartiene, nessun membro del Parlamento può essere sottoposto a perquisizione personale o domiciliare, né può essere arrestato o altrimenti privato della libertà personale, o mantenuto in detenzione, salvo che in esecuzione di una sentenza irrevocabile di condanna, ovvero se sia colto nell'atto di commettere un delitto per il quale è previsto l'arresto obbligatorio in flagranza.

Analoga autorizzazione è richiesta per sottoporre i membri del Parlamento ad intercettazioni, in qualsiasi forma, di conversazioni o comunicazioni e a sequestro di corrispondenza.

[1] Articolo così sost. dall'art. 1, L. cost. 29 ott. 1993, n. 3.

69. I membri del Parlamento ricevono una indennità stabilita dalla legge.[1]

[1] Di essa non è ammessa rinuncia o cessione (art. 91 D.P.R. 30 mar. 1957, n. 361). Per la determinazione, v. L. 31 ott. 1965, n. 1261.

SEZIONE II – *La formazione delle leggi*

70. La funzione legislativa è esercitata collettivamente dalle due Camere (2 disp. D.P.).

71. L'iniziativa delle leggi appartiene al Governo, a ciascun membro delle Camere ed agli organi ed enti ai quali sia conferita da legge costituzionale (138).

Il popolo esercita l'iniziativa delle leggi, mediante la proposta, da parte di almeno cinquantamila elettori di un progetto redatto in articoli.[1]

[1] Per l'iniziativa del popolo nella formazione delle leggi, v. nota all'art. 75.

72. Ogni disegno di legge presentato ad una Camera è, secondo le norme del suo regolamento, esaminato da una commissione e poi dalla Camera stessa, che l'approva articolo per articolo e con votazione finale.

Il regolamento stabilisce procedimenti abbreviati per disegni di legge dei quali è dichiarata l'urgenza.

Può altresì stabilire in quali casi e forme l'esame e l'approvazione dei disegni di legge sono deferiti a commissioni, anche permanenti, composte in modo da rispecchiare la proporzione dei gruppi parlamentari. Anche in tali casi, fino al momento della sua approvazione definitiva, il disegno di legge è rimesso alla Camera, se il Governo o un decimo dei componenti della Camera o un quinto della commissione richiedono che sia discusso e votato dalla Camera stessa oppure che sia sottoposto alla sua approvazione finale con sole dichiarazioni di voto. Il regolamento determina le forme di pubblicità dei lavori delle commissioni.

La procedura normale di esame e di approvazione diretta da parte della Camera è sempre adottata per i disegni di legge in materia[1] ed elettorale e per quelli di delegazione legislativa, di autorizzazione a ratificare trattati internazionali, di approvazione di bilanci e consuntivi.

[1] «La disposizione dell'art. 72, c. 4 (che esclude l'approvazione in Commissione per i disegni di legge in materia costituzionale) deve intendersi riferita alle leggi costituzionali di cui al successivo art. 138» (Corte cost., sent. 23 dic. 1963, n. 168).

73. Le leggi sono promulgate dal Presidente della Repubblica entro un mese dall'approvazione.

Se le Camere, ciascuna a maggioranza assoluta dei propri componenti, ne dichiarano l'urgenza, la legge è promulgata nel termine da essa stabilito.

Le leggi sono pubblicate subito dopo la promulgazione ed entrano in vigore il quindicesimo giorno successivo alla loro pubblicazione, salvo che le leggi stesse stabiliscano un termine diverso.[1]

[1] Sulla promulgazione e pubblicazione v. T.U. delle disposizioni sulla promulgazione delle leggi di cui al D.P.R. 28 dic. 1985 n. 1092

74. Il Presidente della Repubblica, prima di promulgare la legge, può con messaggio motivato alle Camere chiedere una nuova deliberazione.

Se le Camere approvano nuovamente la legge, questa deve essere promulgata.

75. È indetto referendum popolare (71, 123, 132) per deliberare la abrogazione, totale o parziale, di una legge o di un atto avente valore di legge, quando lo richiedono cinquecentomila elettori o cinque Consigli regionali.[1]

Non è ammesso il *referendum* per le leggi tributarie e di bilancio, di amnistia e di indulto, di autorizzazione a ratificare trattati internazionali.

Hanno diritto di partecipare al *referendum* tutti i cittadini chiamati ad eleggere la Camera dei deputati.

La proposta soggetta a *referendum* è approvata se

ha partecipato alla votazione la maggioranza degli aventi diritto, e se è raggiunta la maggioranza dei voti validamente espressi.

La legge determina le modalità di attuazione del *referendum*.

[1] V. la L. 25 mag. 1970, n. 352 con norme sui *referendum* previsti dalla Costituzione e sulla iniziativa legislativa del popolo, modif. con L. 5 mag. 1995, n. 159 e con L. 27 dic. 2001, n. 459, modificata dall'articolo 1 D.L. 15 feb. 2008, n. 24 conv. in L. 27 feb, 2008, n. 30.

76. L'esercizio della funzione legislativa non può essere delegato al Governo se non con determinazione di principi e criteri direttivi e soltanto per tempo limitato e per oggetti definiti.

77. Il Governo non può, senza delegazione delle Camere, emanare decreti che abbiano valore di legge ordinaria.

Quando, in casi straordinari di necessità e d'urgenza, il Governo adotta, sotto la sua responsabilità, provvedimenti provvisori con forza di legge, deve il giorno stesso presentarli per la conversione alle Camere che, anche se sciolte, sono appositamente convocate e si riuniscono entro cinque giorni.

I decreti perdono efficacia sin dall'inizio, se non sono convertiti in legge entro sessanta giorni dalla loro pubblicazione. Le Camere possono tuttavia regolare con legge i rapporti giuridici sorti sulla base dei decreti non convertiti.

78. Le Camere deliberano lo stato di guerra e conferiscono al Governo i poteri necessari.

79.[1] L'amnistia e l'indulto sono concessi con legge deliberata a maggioranza dei due terzi dei componenti di ciascuna Camera, in ogni suo articolo e nella votazione finale.

La legge che concede l'amnistia e l'indulto stabilisce il termine per la loro applicazione.

In ogni caso l'amnistia e l'indulto non possono applicarsi ai reati commessi successivamente alla presentazione del disegno di legge.

[1] Art. così sost. dall'art. 1, L. cost. 6 mar. 1992, n. 1.

80. Le Camere autorizzano con legge la ratifica dei trattati internazionali che sono di natura politica, o prevedono arbitrati o regolamenti giudiziari, o importano variazioni del territorio od oneri alle finanze o modificazioni di leggi.

81.[1] Lo Stato assicura l'equilibrio tra le entrate e le spese del proprio bilancio, tenendo conto delle fasi avverse e delle fasi favorevoli del ciclo economico.

Il ricorso all'indebitamento è consentito solo al fine di considerare gli effetti del ciclo economico e, previa autorizzazione delle Camere adottata a maggioranza assoluta dei rispettivi componenti, al verificarsi di eventi eccezionali.

Ogni legge che importi nuovi o maggiori oneri provvede ai mezzi per farvi fronte.

Le Camere ogni anno approvano con legge il bilancio e il rendiconto consuntivo presentati dal Governo.

L'esercizio provvisorio del bilancio non può essere concesso se non per legge e per periodi non superiori complessivamente a quattro mesi.

Il contenuto della legge di bilancio, le norme fondamentali e i criteri volti ad assicurare l'equilibrio tra le entrate e le spese dei bilanci e la sostenibilità del debito del complesso delle pubbliche amministrazioni sono stabiliti con legge approvata a maggioranza assoluta dei componenti di ciascuna Camera, nel rispetto dei principi definiti con legge costituzionale.

[1] Art. così sost. dall'art. 1, L. cost. 20 apr. 2012, n. 1, a decorrere dall'esercizio finanziario relativo al 2014.

82. Ciascuna Camera può disporre inchieste su materie di pubblico interesse.

A tale scopo nomina fra i propri componenti una commissione formata in modo da rispecchiare la proporzione dei vari gruppi. La commissione d'inchiesta procede alle indagini e agli esami con gli stessi poteri e le stesse limitazioni dell'autorità giudiziaria.

TITOLO II

Il Presidente della Repubblica

83. Il Presidente della Repubblica è eletto dal Parlamento in seduta comune dei suoi membri.

All'elezione partecipano tre delegati per ogni Regione eletti dal Consiglio regionale in modo che sia assicurata la rappresentanza delle minoranze. La Valle d'Aosta ha un solo delegato.

L'elezione del Presidente della Repubblica ha luogo per scrutinio segreto a maggioranza di due terzi della assemblea. Dopo il terzo scrutinio è sufficiente la maggioranza assoluta.

84. Può essere eletto Presidente della Repubblica ogni cittadino che abbia compiuto cinquanta anni d'età e goda dei diritti civili e politici.

L'Ufficio di Presidente della Repubblica è incompatibile con qualsiasi altra carica.

L'assegno e la dotazione del Presidente sono determinati per legge.[1]

[1] V. L. 9 ago. 1948, n. 1077; L. 10 giu. 1965, n. 616 e L. 23 lug. 1985, n. 372.

85. Il Presidente della Repubblica è eletto per sette anni.

Trenta giorni prima che scada il termine il Presidente della Camera dei deputati convoca in seduta comune il Parlamento e i delegati regionali, per eleggere il nuovo Presidente della Repubblica.

Se le Camere sono sciolte, o manca meno di tre mesi alla loro cessazione, la elezione ha luogo entro quindici giorni dalla riunione delle Camere nuove. Nel frattempo sono prorogati i poteri del Presidente in carica.

86. Le funzioni del Presidente della Repubblica,

in ogni caso che egli non possa adempierle, sono esercitate dal Presidente del Senato.

In caso di impedimento permanente o di morte o di dimissioni del Presidente della Repubblica, il Presidente della Camera dei deputati indice la elezione del nuovo Presidente della Repubblica entro quindici giorni, salvo il maggior termine previsto se le Camere sono sciolte o manca meno di tre mesi alla loro cessazione.

87. Il Presidente della Repubblica è il Capo dello Stato e rappresenta l'unità nazionale.

Può inviare messaggi alle Camere.

Indice le elezioni delle nuove Camere e ne fissa la prima riunione (61).

Autorizza la presentazione alle Camere dei disegni di legge di iniziativa del Governo (71).

Promulga le leggi ed emana i decreti aventi valore di legge e i regolamenti (73).

Indice il *referendum* popolare nei casi previsti dalla Costituzione (123, 132, 138).

Nomina, nei casi indicati dalla legge, i funzionari dello Stato.

Accredita e riceve i rappresentanti diplomatici, ratifica i trattati internazionali, previa, quando occorra, l'autorizzazione delle Camere.

Ha il comando delle Forze Armate, presiede il Consiglio supremo di difesa costituito secondo la legge,[1] dichiara lo stato di guerra deliberato dalle Camere.

Presiede il Consiglio superiore della magistratura (104-107).

Può concedere grazia e commutare le pene (174 c.p.; 681 c.p.p.).

Conferisce le onorificenze della Repubblica.

[1] V. L. 28 lug. 1950, n. 624 e D.P.R. 4 ago. 1990, n. 251.

88. Il Presidente della Repubblica può, sentiti i loro Presidenti, sciogliere le Camere o anche una sola di esse.

Non può esercitare tale facoltà negli ultimi sei mesi del suo mandato, salvo che essi coincidano in tutto o in parte con gli ultimi sei mesi della legislatura.[1]

[1] Comma così sost. dall'art. 1, L. cost. 4 nov. 1991, n. 1.

89. Nessun atto del Presidente della Repubblica è valido se non è controfirmato dai ministri proponenti, che ne assumono la responsabilità.

Gli atti che hanno valore legislativo e gli altri indicati dalla legge sono controfirmati anche dal Presidente del Consiglio dei ministri.

90. Il Presidente della Repubblica non è responsabile degli atti compiuti nell'esercizio delle sue funzioni, tranne che per alto tradimento o per attentato alla Costituzione.

In tali casi è messo in stato di accusa dal Parlamento in seduta comune, a maggioranza assoluta dei suoi membri (134).[1]

[1] V. artt. 134 e 135, ultimo comma e L. 25 gen. 1962, n. 20, sui procedimenti e sui giudizi di accusa avanti la Corte Costituzionale. Cfr. altresì gli artt. 5-12 della L. 5 giu. 1989, n. 219.

91. Il Presidente della Repubblica, prima di assumere le sue funzioni, presta giuramento di fedeltà alla Repubblica e di osservanza della Costituzione dinanzi al Parlamento in seduta comune.

TITOLO III
Il Governo

SEZIONE I – *Il Consiglio dei ministri*[1]

[1] Le attribuzioni del Consiglio dei ministri sono stabilite dal R.D. 21 dic. 1850, n. 1122 e dal R.D. 14 nov. 1901, n. 466.

92. Il Governo della Repubblica è composto del Presidente del Consiglio e dei ministri, che costituiscono insieme il Consiglio dei ministri.

Il Presidente della Repubblica nomina il Presidente del Consiglio dei ministri e, su proposta di questo, i ministri.

93. Il Presidente del Consiglio dei ministri e i ministri, prima di assumere le funzioni, prestano giuramento nelle mani del Presidente della Repubblica.

94. Il Governo deve avere la fiducia delle due Camere.

Ciascuna Camera accorda o revoca la fiducia mediante mozione motivata e votata per appello nominale.

Entro dieci giorni dalla sua formazione il Governo si presenta alle Camere per ottenerne la fiducia.

Il voto contrario di una o d'entrambe le Camere su una proposta del Governo non importa obbligo di dimissioni.

La mozione di sfiducia deve essere firmata da almeno un decimo dei componenti della Camera e non può essere messa in discussione prima di tre giorni dalla sua presentazione.

95. Il Presidente del Consiglio dei ministri dirige la politica generale del Governo e ne è responsabile. Mantiene la unità di indirizzo politico ed amministrativo, promuovendo e coordinando l'attività dei ministri.

I ministri sono responsabili collegialmente degli atti del Consiglio dei ministri e individualmente degli atti dei loro dicasteri.

La legge provvede all'ordinamento della Presidenza del Consiglio e determina il numero, le attribuzioni e l'organizzazione dei ministeri.

96.[1] Il Presidente del Consiglio dei Ministri ed i Ministri, anche se cessati dalla carica, sono sottoposti, per i reati commessi nell'esercizio delle loro funzioni, alla giurisdizione ordinaria, previa autorizzazione del Senato della Repubblica o della Camera dei deputati, secondo le norme stabilite con legge costituzionale.

[1] Art. così sost. dall'art. 1, L. cost. 16 gen. 1989, n. 1. V.

altresì gli artt. 5, 7, 8, 10 della L. 1/1989 citata; la L. 20 mag. 1988, n. 163 e la L. 5 giu. 1989, n. 219, che detta nuove norme in tema di reati ministeriali.

SEZIONE II – *La Pubblica amministrazione*

97. Le pubbliche amministrazioni, in coerenza con l'ordinamento dell'Unione europea, assicurano l'equilibrio dei bilanci e la sostenibilità del debito pubblico.[1]

I pubblici uffici sono organizzati secondo disposizioni di legge, in modo che siano assicurati il buon andamento e l'imparzialità dell'amministrazione.[2]

Nell'ordinamento degli uffici sono determinate le sfere di competenza, le attribuzioni e le responsabilità proprie dei funzionari.

Agli impieghi nelle pubbliche amministrazioni si accede mediante concorso, salvo i casi stabiliti dalla legge (51).

[1] Comma premesso dall'art. 1, L. cost. 20 apr. 2012, n. 1, a decorrere dall'esercizio finanziario relativo al 2014.

[2] In tema di procedimento amministrativo e di diritto di accesso ai documenti amministrativi v. L. 7 ago. 1990, n. 241, e il regolamento di attuazione approvato con D.P.R. 27 gen. 1992, n. 352.

98. I pubblici impiegati sono al servizio esclusivo della Nazione.

Se sono membri del Parlamento, non possono conseguire promozioni se non per anzianità.

Si possono con legge stabilire limitazioni al diritto d'iscriversi ai partiti politici per i magistrati, i militari di carriera in servizio attivo, i funzionari ed agenti di polizia, i rappresentanti diplomatici e consolari all'estero.

SEZIONE III – *Gli organi ausiliari*

99. Il Consiglio nazionale dell'economia e del lavoro è composto, nei modi stabiliti dalla legge, di esperti e di rappresentanti delle categorie produttive, in misura che tenga conto della loro importanza numerica e qualitativa.[1]

È organo di consulenza delle Camere e del Governo per le materie e secondo le funzioni che gli sono attribuite dalla legge.

Ha l'iniziativa legislativa e può contribuire alla elaborazione della legislazione economica e sociale secondo i princìpi ed entro i limiti stabiliti dalla legge (71).

[1] Costituito con L. 5 gen. 1957, n. 33; v. anche L. 4 nov. 1965, n. 1264. Il Regolamento interno è stato approvato con D.P.R. 21 mag. 1958; il regolamento di amministrazione e di contabilità con D.P.R. 17 dic. 1966.

100. Il Consiglio di Stato è organo di consulenza giuridico-amministrativa e di tutela della giustizia nell'amministrazione (103).[1]

La Corte dei Conti esercita il controllo preventivo di legittimità sugli atti del Governo, e anche quello successivo sulla gestione del bilancio dello Stato.[2]

Partecipa, nei casi e nelle forme stabiliti dalla legge, al controllo sulla gestione finanziaria degli enti a cui lo Stato contribuisce in via ordinaria. Riferisce direttamente alle Camere sul risultato del riscontro eseguito (103).[3]

La legge assicura l'indipendenza dei due istituti e dei loro componenti di fronte al Governo.

[1] V. sul Consiglio di Stato, T.U. 26 giu. 1924, n. 1054 e successive modifiche.

[2] Sull'ordinamento della Corte dei Conti, v. T.U. 12 lug. 1934, n. 1214 e suc. modifiche. V. altresì la L. 14 gen. 1994, n. 20.

[3] V. L. 21 mar. 1958, n. 259.

TITOLO IV
La Magistratura

SEZIONE I – *Ordinamento giurisdizionale*

101. La giustizia è amministrata in nome del popolo.

I giudici sono soggetti soltanto alla legge (108).

102. La funzione giurisdizionale è esercitata da magistrati ordinari istituiti e regolati dalle norme sull'ordinamento giudiziario.[1]

Non possono essere istituiti giudici straordinari o giudici speciali. Possono soltanto istituirsi presso gli organi giudiziari ordinari sezioni specializzate per determinate materie, anche con la partecipazione di cittadini idonei estranei alla magistratura.

La legge regola i casi e le forme della partecipazione diretta del popolo all'amministrazione della giustizia.

[1] V. R.D. 30 gen. 1941, n. 12 e successive modifiche.

103. Il Consiglio di Stato e gli altri organi di giustizia amministrativa hanno giurisdizione per la tutela nei confronti della pubblica amministrazione, degli interessi legittimi e, in particolari materie indicate dalla legge, anche dei diritti soggettivi.

La Corte dei Conti ha giurisdizione nelle materie di contabilità pubblica e nelle altre specificate dalla legge.

I tribunali militari in tempo di guerra hanno la giurisdizione stabilita dalla legge. In tempo di pace hanno giurisdizione soltanto per i reati militari commessi da appartenenti alle Forze Armate.[1]

[1] V. codice penale militare di pace e codice militare di guerra approv. con R.D. 20 feb. 1941, n. 303, modif. con D.L.C.P. 20 ago. 1947, n. 1103 e con L. 23 mar. 1956, n. 167.

104. La magistratura costituisce un ordine autonomo e indipendente da ogni altro potere.

Il Consiglio superiore della magistratura è presieduto dal Presidente della Repubblica.

Ne fanno parte di diritto il primo presidente e il procuratore generale della Corte di cassazione.

Gli altri componenti sono eletti per due terzi da tutti i magistrati ordinari tra gli appartenenti alle varie categorie, e per un terzo dal Parlamento in seduta comune tra professori ordinari di università in materie giuridiche ed avvocati dopo quindici anni di esercizio.[1]

Il Consiglio elegge un vice presidente fra i componenti designati dal Parlamento.

I membri elettivi del Consiglio durano in carica quattro anni e non sono immediatamente rieleggibili.

Non possono, finché sono in carica, essere iscritti negli albi professionali, né far parte del Parlamento o di un Consiglio regionale.

[1] V. L. 24 mar. 1958, n. 195 e D.P.R. 16 set. 1958, n. 916.

105. Spettano al Consiglio superiore della magistratura, secondo le norme dell'ordinamento giudiziario, le assunzioni, le assegnazioni ed i trasferimenti, le promozioni e i provvedimenti disciplinari nei riguardi dei magistrati.

106. Le nomine dei magistrati hanno luogo per concorso.

La legge sull'ordinamento giudiziario può ammettere la nomina, anche elettiva, di magistrati onorari per tutte le funzioni attribuite a giudici singoli.

Su designazione del Consiglio superiore della magistratura possono essere chiamati all'ufficio di consiglieri di cassazione, per meriti insigni, professori ordinari di università in materie giuridiche e avvocati che abbiano quindici anni d'esercizio e siano iscritti negli albi speciali per le giurisdizioni superiori.

107. I magistrati sono inamovibili. Non possono essere dispensati o sospesi dal servizio né destinati ad altre sedi o funzioni se non in seguito a decisione del Consiglio superiore della magistratura, adottata o per i motivi e con le garanzie di difesa stabilite dall'ordinamento giudiziario o con il loro consenso.

Il Ministro della giustizia ha facoltà di promuovere l'azione disciplinare.

I magistrati si distinguono fra loro soltanto per diversità di funzioni.[1]

Il pubblico ministero gode delle garanzie stabilite nei suoi riguardi dalle norme sull'ordinamento giudiziario.

[1] V. L. 24 mag. 1951, n. 392.

108. Le norme sull'ordinamento giudiziario e su ogni magistratura sono stabilite con legge.

La legge assicura l'indipendenza dei giudici delle giurisdizioni speciali, del pubblico ministero presso di esse, e degli estranei che partecipano all'amministrazione della giustizia.

109. L'autorità giudiziaria dispone direttamente della polizia giudiziaria (56, 327 c.p.p.).

110. Ferme le competenze del Consiglio superiore della magistratura, spettano al Ministro della giustizia l'organizzazione e il funzionamento dei servizi relativi alla giustizia.

SEZIONE II – *Norme sulla giurisdizione*

111. La giurisdizione si attua mediante il giusto processo regolato dalla legge.[1]

Ogni processo si svolge nel contraddittorio tra le parti, in condizioni di parità, davanti a giudice terzo e imparziale. La legge ne assicura la ragionevole durata.[1]

Nel processo penale, la legge assicura che la persona accusata di un reato sia, nel più breve tempo possibile, informata riservatamente della natura e dei motivi dell'accusa elevata a suo carico; disponga del tempo e delle condizioni necessari per preparare la sua difesa; abbia la facoltà, davanti al giudice, di interrogare o di far interrogare le persone che rendono dichiarazioni a suo carico, di ottenere la convocazione e l'interrogatorio di persone a sua difesa nelle stesse condizioni dell'accusa e l'acquisizione di ogni altro mezzo di prova a suo favore; sia assistita da un interprete se non comprende o non parla la lingua impiegata nel processo.[1]

Il processo penale è regolato dal principio del contraddittorio nella formazione della prova. La colpevolezza dell'imputato non può essere provata sulla base di dichiarazioni rese da chi, per libera scelta, si è sempre volontariamente sottratto all'interrogatorio da parte dell'imputato o del suo difensore.[1]

La legge regola i casi in cui la formazione della prova non ha luogo in contraddittorio per consenso dell'imputato o per accertata impossibilità di natura oggettiva o per effetto di provata condotta illecita.[1]

Tutti i provvedimenti giurisdizionali devono essere motivati.

Contro le sentenze e contro i provvedimenti sulla libertà personale, pronunciati dagli organi giurisdizionali ordinari o speciali, è sempre ammesso ricorso in Cassazione per violazione di legge. Si può derogare a tale norma soltanto per le sentenze dei Tribunali militari in tempo di guerra.

Contro le decisioni del Consiglio di Stato e della Corte dei Conti il ricorso in Cassazione è ammesso per i soli motivi inerenti alla giurisdizione.

[1] Comma aggiunto dall'art. 1, Legge cost. 23 nov. 1999, n. 2. Si veda inoltre L. 25 feb. 2000, n. 35 "Conversione in Legge, con modificazioni, del D.L. 7 gen. 2000, n. 2 recante disposizioni urgenti per l'attuazione dell'art. 2, L. cost. 23 nov. 1999, n. 2 in materia di giusto processo".

112. Il Pubblico ministero ha l'obbligo di esercitare l'azione penale (50 c.p.p.).

113. Contro gli atti della pubblica amministrazione è sempre ammessa la tutela giurisdizionale dei diritti e degli interessi legittimi dinanzi agli organi di giurisdizione ordinaria o amministrativa.

Tale tutela giurisdizionale non può essere esclusa o limitata a particolari mezzi di impugnazione o per determinate categorie di atti.

La legge determina quali organi di giurisdizione possono annullare gli atti della pubblica amministrazione nei casi e con gli effetti previsti dalla legge stessa.

TITOLO V

Le Regioni, le Province, i Comuni[1]

[1] In tema di autonomie locali v. L. 8 giu. 1990, n. 142.

114.[1] La Repubblica è costituita dai Comuni, dalle Province, dalle Città metropolitane, dalle Regioni e dallo Stato.

I Comuni, le Province, le Città metropolitane e le Regioni sono enti autonomi con propri statuti, poteri e funzioni secondo i principi fissati dalla Costituzione.

Roma è la capitale della Repubblica. La legge dello Stato disciplina il suo ordinamento.

[1] Articolo così sost. dall'art. 1, L. cost. 18 ott. 2001, n. 3.

115.[1] [Le Regioni sono costituite in enti autonomi con propri poteri e funzioni secondo i princìpi fissati nella Costituzione].

[1] Articolo abrog. dall'art. 9, L. cost. 18 ott. 2001, n. 3.

116.[1] Il Friuli Venezia Giulia, la Sardegna, la Sicilia, il Trentino-Alto Adige/ Südtirol e la Valle d'Aosta/Vallée d'Aoste dispongono di forme e condizioni particolari di autonomia, secondo i rispettivi statuti speciali adottati con legge costituzionale.

La Regione Trentino-Alto Adige/Südtirol è costituita dalle Province autonome di Trento e di Bolzano.

Ulteriori forme e condizioni particolari di autonomia, concernenti le materie di cui al terzo comma dell'articolo 117 e le materie indicate dal secondo comma del medesimo articolo alle lettere l), limitatamente all'organizzazione della giustizia di pace, *n*) e *s*), possono essere attribuite ad altre Regioni, con legge dello Stato, su iniziativa della Regione interessata, sentiti gli enti locali, nel rispetto dei principi di cui all'articolo 119. La legge è approvata dalle Camere a maggioranza assoluta dei componenti, sulla base di intesa fra la Stato e la Regione interessata.

[1] Articolo così sost. dall'art. 2, L. cost. 18 ott. 2001, n. 3.

117.[1] La potestà legislativa è esercitata dallo Stato e dalle Regioni nel rispetto della Costituzione, nonché dei vincoli derivanti dall'ordinamento comunitario e dagli obblighi internazionali.

Lo Stato ha legislazione esclusiva nelle seguenti materie:

a) politica estera e rapporti internazionali dello Stato; rapporti dello Stato con l'Unione europea; diritto di asilo e condizione giuridica dei cittadini di Stati non appartenenti all'Unione europea;

b) immigrazione;

c) rapporti tra la Repubblica e le confessioni religiose;

d) difesa e Forze armate; sicurezza dello Stato; armi, munizioni ed esplosivi;

e) moneta, tutela del risparmio e mercati finanziari; tutela della concorrenza; sistema valutario; sistema tributario e contabile dello Stato; armonizzazione dei bilanci pubblici; perequazione delle risorse finanziarie;[2]

f) organi dello Stato e relative leggi elettorali; referendum statali; elezione del Parlamento europeo;

g) ordinamento e organizzazione amministrativa dello Stato e degli enti pubblici nazionali;

h) ordine pubblico e sicurezza, ad esclusione della polizia amministrativa locale;

i) cittadinanza, stato civile e anagrafi;

l) giurisdizione e norme processuali, ordinamento civile e penale, giustizia amministrativa;

m) determinazione dei livelli essenziali delle prestazioni concernenti i diritti civili e sociali che devono essere garantiti su tutto il territorio nazionale,

n) norme generali sull'istruzione;

o) previdenza sociale;

p) legislazione elettorale, organi di governo e funzioni fondamentali di Comuni, Province e Città metropolitane;

q) dogane, protezione dei confini nazionali e profilassi internazionale;

r) pesi, misure e determinazione del tempo; coordinamento informativo statistico e informatico dei dati dell'amministrazione statale, regionale e locale; opere dell'ingegno;

s) tutela dell'ambiente, dell'ecosistema e dei beni culturali.

Sono materie di legislazione concorrente quelle relative a: rapporti internazionali e con l'Unione europea delle Regioni; commercio con l'estero; tutela e sicurezza del lavoro; istruzione, salva l'autonomia delle istituzioni scolastiche e con esclusione della istruzione e della formazione professionale; professioni; ricerca scientifica e tecnologica e sostegno all'innovazione per i settori produttivi; tutela della salute; alimentazione; ordinamento sportivo; protezione civile; governo del territorio; porti e aeroporti civili; grandi reti di trasporto e di navigazione; ordinamento della comunicazione; produzione, trasporto e distribuzione nazionale dell'energia; previdenza complementare e integrativa; [armonizzazione dei bilanci pubblici e][3] coordinamento della finanza pubblica e del sistema tributario; valorizzazione dei beni culturali e ambientali e promozione e organizzazione di attività culturali; casse di risparmio, casse rurali, aziende di credito a carattere regionale; enti di credito fondiario e agrario a carattere regionale. Nelle materie di legislazione concorrente spetta alle Regioni la potestà legislativa, salvo che per la determinazione dei principi fondamentali, riservata alla legislazione dello Stato.

Spetta alle Regioni la potestà legislativa in riferimento ad ogni materia non espressamente riservata alla legislazione dello Stato.

Le Regioni e le Province autonome di Trento e di Bolzano, nelle materie di loro competenza, partecipano alle decisioni dirette alla formazione degli atti normativi comunitari e provvedono all'attuazione e all'esecuzione degli accordi internazionali e degli atti dell'Unione europea, nel rispetto delle norme di procedura stabilite da legge dello Stato, che disciplina le modalità di esercizio del potere sostitutivo in caso di inadempienza.

La potestà regolamentare spetta allo Stato nelle materie di legislazione esclusiva, salva delega alle Regioni. La potestà regolamentare spetta alle Regioni in ogni altra materia. I Comuni, le Province e le Città metropolitane hanno potestà regolamentare in ordine alla disciplina dell'organizzazione e dello svolgimento delle funzioni loro attribuite.

Le leggi regionali rimuovono ogni ostacolo che impedisce la piena parità degli uomini e delle donne nella vita sociale, culturale ed economica e promuovono la parità di accesso tra donne e uomini alle cariche elettive.

La legge regionale ratifica le intese della Regione con altre Regioni per il migliore esercizio delle proprie funzioni, anche con individuazione di organi comuni.

Nelle materie di sua competenza la Regione può concludere accordi con Stati e intese con enti territoriali interni ad altro Stato, nei casi e con le forme disciplinati da leggi dello Stato.

[1] Articolo così sost. dall'art. 3, L. cost. 18 ott. 2001, n. 3. Sull'attuazione del presente articolo, V. L. 5 giu. 2003, n. 131.

[2] Lettera così modif. dall'art. 1, L. cost. 20 apr. 2012, n. 1, a decorrere dall'esercizio finanziario relativo al 2014.

[3] Parole soppresse dall'art. 1, L. cost. 20 apr. 2012, n. 1, a decorrere dall'esercizio finanziario relativo al 2014.

118.[1] Le funzioni amministrative sono attribuite ai Comuni salvo che, per assicurarne l'esercizio unitario, siano conferite a Province, Città metropolitane, Regioni e Stato, sulla base dei principi di sussidiarietà, differenziazione ed adeguatezza.

I Comuni, le Province e le Città metropolitane sono titolari di funzioni amministrative proprie e di quelle conferite con legge statale o regionale, secondo le rispettive competenze.

La legge statale disciplina forme di coordinamento fra Stato e Regioni nelle materie di cui alle lettere *b*) e *h*) del secondo comma dell'articolo 117, e disciplina inoltre forme di intesa e coordinamento nella materia della tutela dei beni culturali.

Stato, Regioni, Città metropolitane, Province e Comuni favoriscono l'autonoma iniziativa dei cittadini, singoli e associati, per lo svolgimento di attività di interesse generale, sulla base del principio di sussidiarietà.

[1] Articolo così sost. dall'art. 4, L. cost. 18 ott. 2001, n. 3.

119.[1] I Comuni, le Province, le Città metropolitane e le Regioni hanno autonomia finanziaria di entrata e di spesa, nel rispetto dell'equilibrio dei relativi bilanci, e concorrono ad assicurare l'osservanza dei vincoli economici e finanziari derivanti dall'ordinamento dell'Unione europea.[2]

I Comuni, le Province, le Città metropolitane e le Regioni hanno risorse autonome. Stabiliscono e applicano tributi ed entrate propri, in armonia con la Costituzione e secondo i principi di coordinamento della finanza pubblica e del sistema tributario. Dispongono di compartecipazioni al gettito di tributi erariali riferibile al loro territorio.

La legge dello Stato istituisce un fondo perequativo, senza vincoli di destinazione, per i territori con minore capacità fiscale per abitante.

Le risorse derivanti dalle fonti di cui ai commi precedenti consentono ai Comuni, alle Province, alle Città metropolitane e alle Regioni di finanziare integralmente le funzioni pubbliche loro attribuite.

Per promuovere lo sviluppo economico, la coesione e la solidarietà sociale, per rimuovere gli squilibri economici e sociali, per favorire l'effettivo esercizio dei diritti della persona, o per provvedere a scopi diversi dal normale esercizio delle loro funzioni, lo Stato destina risorse aggiuntive ed effettua interventi speciali in favore di, determinati Comuni, Province, Città metropolitane e Regioni.

La Repubblica riconosce le peculiarità delle Isole e promuove le misure necessarie a rimuovere gli svantaggi derivanti dall'insularità.[2]

I Comuni, le Province, le Città metropolitane e le Regioni hanno un proprio patrimonio, attribuito secondo i principi generali determinati dalla legge dello Stato. Possono ricorrere all'indebitamento solo per finanziare spese di investimento, con la contestuale definizione di piani di ammortamento e a condizione che per il complesso degli enti di ciascuna Regione sia rispettato l'equilibrio di bilancio. È esclusa ogni garanzia dello Stato sui prestiti dagli stessi contratti.[3]

[1] Articolo così sost. dall'art. 5 L. cost. 18 ott. 2001, n. 3.

[2] Comma ins. da L. cost. approvata il 28 lug. 2022 in attesa di pubblicazione.

[3] Comma così modif. dall'art. 1 della L. cost. 20 apr. 2012, n. 1, a decorrere dall'esercizio finanziario relativo al 2014.

120.[1] La Regione non può istituire dazi di importazione o esportazione o transito tra le Regioni, né adottare provvedimenti che ostacolino in qualsiasi modo la libera circolazione delle persone e delle cose tra le Regioni, né limitare l'esercizio del diritto al lavoro in qualunque parte del territorio nazionale.

Il Governo può sostituirsi a organi delle Regioni, delle Città metropolitane, delle Province e dei Comuni nel caso di mancato rispetto di norme e trattati internazionali o della normativa comunitaria oppure di pericolo grave per l'incolumità e la sicurezza pubblica, ovvero quando lo richiedono la tutela dell'unità giuridica o dell'unità economica e in particolare la tutela dei livelli essenziali delle prestazioni concernenti i diritti civili e sociali, prescindendo dai confini territoriali dei governi locali. La legge definisce le procedure atte a garantire che i poteri sostitutivi siano esercitati nel rispetto del principio di sussidiarietà e del principio di leale collaborazione.

[1] Articolo così sost. dall'art. 6, L. cost. 18 ott. 2001, n. 3.

121.[1] Sono organi della Regione: il Consiglio regionale, la Giunta e il suo presidente.

Il Consiglio regionale esercita le potestà legislative [e regolamentari][2] attribuite alla Regione e le altre funzioni conferitegli dalla Costituzione e dalle leggi. Può fare proposte di legge alle Camere.

La Giunta regionale è l'organo esecutivo delle Regioni.

Il presidente della Giunta rappresenta la Regione; dirige la politica della Giunta e ne è responsabile; promulga le leggi ed emana i regolamenti regionali; dirige le funzioni amministrative delegate dallo Stato alla Regione, conformandosi alle istruzioni del Governo della Repubblica.

[1] Articolo così modif. dalla L. cost. 22 nov. 1999, n. 1. Cfr. L. 2 lug. 2004, n. 165.

[2] Comma così modif. dalla L. cost. 22 nov. 1999, n. 1. Cfr. L. 2 lug. 2004, n. 165.

122.[1] Il sistema di elezione, e i casi di ineleggibilità e di incompatibilità del Presidente e degli altri componenti della Giunta regionale nonché dei consiglieri regionali sono disciplinati con legge della Regione nei limiti dei principi fondamentali stabiliti con legge della Repubblica, che stabilisce anche la durata degli organi elettivi.

Nessuno può appartenere contemporaneamente a un Consiglio o a una Giunta regionale e ad una delle Camere del Parlamento, ad un altro Consiglio o ad altra Giunta regionale, ovvero al Parlamento europeo.

Il Consiglio elegge tra i suoi componenti un Presidente e un ufficio di presidenza.

I consiglieri regionali non possono essere chiamati a rispondere delle opinioni espresse e dei voti dati nell'esercizio delle loro funzioni.

Il Presidente della Giunta regionale, salvo che lo statuto regionale disponga diversamente, è eletto a suffragio universale e diretto. Il Presidente eletto nomina e revoca i componenti della Giunta.

[1] Articolo così modif. dalla L. cost. 22 nov. 1999, n. 1. Cfr. L. 2 lug. 2004, n. 165.

123. Ciascuna Regione ha uno statuto che, in armonia con la Costituzione, ne determina la forma di governo e i princìpi fondamentali di organizzazione e funzionamento. Lo statuto regola l'esercizio del diritto di iniziativa e del *referendum* su leggi e provvedimenti amministrativi della Regione e la pubblicazione delle leggi e dei regolamenti regionali.

Lo statuto è approvato e modificato dal Consiglio regionale con legge approvata a maggioranza assoluta dei suoi componenti, con due deliberazioni successive adottate ad intervallo non minore di due mesi. Per tale legge non è richiesta l'apposizione del visto da parte del Commissario del Governo. Il Governo della Repubblica può promuovere la questione di legittimità costituzionale sugli statuti regionali dinanzi alla Corte costituzionale entro trenta giorni dalla loro pubblicazione.

Lo statuto è sottoposto a *referendum* popolare qualora entro tre mesi dalla sua pubblicazione ne faccia richiesta un cinquantesimo degli elettori della Regione o un quinto dei componenti il Consiglio regionale. Lo statuto sottoposto a *referendum* non è promulgato se non è approvato dalla maggioranza dei voti validi.

In ogni Regione, lo statuto disciplina il Consiglio delle autonomie locali, quale organo di consultazione fra la Regione e gli Enti locali.[1]

[1] Comma aggiunto dall'art. 7, L. cost. 18 ott. 2001, n. 3.

124.[1] [Un commissario del Governo, residente nel capoluogo della Regione, sopraintende alle funzioni amministrative esercitate dallo Stato e le coordina con quelle esercitate dalla Regione].

[1] Articolo abrog. dall'art. 9, L. cost. 18 ott. 2001, n. 3.

125.[1] [Il controllo di legittimità sugli atti amministrativi della Regione è esercitato, in forma decentrata, da un organo dello Stato, nei modi e nei limiti stabiliti da leggi della Repubblica. La legge può in determinati casi ammettere il controllo di merito, al solo effetto di promuovere, con richiesta motivata, il riesame della deliberazione da parte del Consiglio regionale.]

Nella Regione sono istituiti organi di giustizia amministrativa di primo grado, secondo l'ordinamento stabilito da legge della Repubblica. Possono istituirsi sezioni con sede diversa dal capoluogo della Regione.

[1] Comma abrog. dall'art. 9, L. cost. 18 ott. 2001, n. 3.

126.[1] Con decreto motivato dal Presidente della Repubblica sono disposti lo scioglimento del Consiglio regionale e la rimozione del Presidente della Giunta che abbiano compiuto atti contrari alla Costituzione o gravi violazioni di legge. Lo scioglimento e la rimozione possono altresì essere disposti per ragioni di sicurezza nazionale. Il decreto è adottato sentita una Commissione di deputati e senatori costituita, per le questioni regionali, nei modi stabiliti con legge della Repubblica.

Il Consiglio regionale può esprimere la sfiducia nei confronti del Presidente della Giunta mediante mozione motivata, sottoscritta da almeno un quinto dei suoi componenti e approvata per appello nominale a maggioranza assoluta dei componenti. La mozione non può essere messa in discussione prima di tre giorni dalla presentazione.

L'approvazione della mozione di sfiducia nei confronti del Presidente della Giunta eletto a suffragio universale e diretto, nonché la rimozione, l'impedimento permanente, la morte o le dimissioni volontarie dello stesso comportano le dimissioni della Giunta e lo scioglimento del Consiglio. In ogni caso i medesimi effetti conseguono alle dimissioni contestuali della maggioranza dei componenti il Consiglio.

[1] Articolo così modificato dalla L. cost. 22 nov. 1999, n. 1.

127.[1] Il Governo, quando ritenga che una legge regionale ecceda la competenza della Regione, può promuovere la questione di legittimità costituzionale dinanzi alla Corte costituzionale entro sessanta giorni dalla sua pubblicazione.

La Regione, quando ritenga che una legge o un atto avente valore di legge dello Stato o di un'altra Regione leda la sua sfera di competenza, può promuovere la questione di legittimità costituzionale dinanzi alla Corte Costituzionale entro sessanta giorni dalla pubblicazione della legge o dell'atto avente valore di legge.

[1] Articolo così sost. dall'art. 8, L. cost. 18 ott. 2001, n. 3.

128.[1] [Le Province e i Comuni sono enti autonomi nell'ambito dei princìpî fissati da leggi generali della Repubblica, che ne determinano le funzioni].

[1] Articolo abrog. dall'art. 9, L. cost. 18 ott. 2001, n. 3.

129.[1] [Le Province e i Comuni sono anche circoscrizioni di decentramento statale e regionale.

Le circoscrizioni provinciali possono essere suddivise in circondari con funzioni esclusivamente amministrative per un ulteriore decentramento.]

[1] Articolo abrog. dall'art. 9, L. cost. 18 ott. 2001, n. 3.

130.[1] [Un organo della Regione, costituito nei modi stabiliti da legge della Repubblica, esercita anche in forma decentrata, il controllo di legittimità sugli atti delle Province, dei Comuni e degli altri enti locali.

In casi determinati dalla legge può essere esercitato il controllo di merito, nella forma di richiesta motivata agli enti deliberanti di riesaminare la loro deliberazione.]

[1] Articolo abrog. dall'art. 9, L. cost. 18 ott. 2001, n. 3.

131. Sono costituite le seguenti Regioni:

Piemonte; Valle d'Aosta; Lombardia; Trentino-Alto Adige; Veneto; Friuli-Venezia Giulia; Liguria; Emilia-Romagna; Toscana; Umbria; Marche; Lazio; Abruzzi; Molise; Campania; Puglia; Basilicata; Calabria; Sicilia; Sardegna.

132. Si può con legge costituzionale, sentiti i Consigli regionali disporre la fusione di Regioni esistenti o la creazione di nuove Regioni con un minimo di un milione d'abitanti, quando ne facciano richiesta tanti Consigli comunali che rappresentino almeno un terzo delle popolazioni interessate, e la proposta sia approvata con *referendum* dalla maggioranza delle popolazioni stesse.

Si può con l'approvazione della maggioranza delle popolazioni della Provincia o delle Province interessate e del Comune o dei Comuni interessati espressa[1] *referendum* e con legge della Repubblica, sentiti i Consigli regionali, consentire che Province e Comuni, che ne facciano richiesta, siano staccati da una Regione ed aggregati ad un'altra.[2]

[1] Parole aggiunte dall'art. 9, L. cost. 18 ott. 2001, n. 3.

[2] Per il *referendum* v. nota 1 all'art. 75.

133. Il mutamento delle circoscrizioni provinciali e la istituzione di nuove Province nell'ambito d'una Regione sono stabiliti con legge della Repubblica, su iniziative dei Comuni, sentita la stessa Regione.

La Regione, sentite le popolazioni interessate, può con sue leggi istituire nel proprio territorio nuovi Comuni e modificare le loro circoscrizioni e denominazioni.

TITOLO VI
Garanzie costituzionali

SEZIONE I – *La Corte costituzionale*[1]

[1] V. L. cost. 9 feb. 1948, n. 1; L. cost. 11 mar. 1953, n. 1; L. 11 mar. 1953, n. 87, e succ. modif.; L. cost. 22 nov. 1967, n. 2.

134. La Corte costituzionale giudica:

sulle controversie relative alla legittimità costituzionale delle leggi e degli atti, aventi forza di legge, dello Stato e delle Regioni;

sui conflitti di attribuzione tra i poteri dello Stato e su quelli tra lo Stato e le Regioni, e tra le Regioni;

sulle accuse promosse contro il Presidente della Repubblica [ed i Ministri],[1] a norma della Costituzione (90, 96).

[1] Le parole «ed i Ministri» sono state soppresse dall'art. 2, L. cost. 16 gen. 1989, n. 1.

135.[1] La Corte costituzionale è composta di quindici giudici nominati per un terzo dal Presidente della Repubblica, per un terzo dal Parlamento in seduta comune e per un terzo dalle supreme magistrature ordinaria ed amministrativa.

I giudici della Corte costituzionale sono scelti tra i magistrati anche a riposo delle giurisdizioni superiori ordinaria ed amministrative, i professori ordinari di università in materie giuridiche e gli avvocati dopo venti anni d'esercizio.

I giudici della Corte costituzionale sono nominati per nove anni, decorrenti per ciascuno di essi dal giorno del giuramento, e non possono essere nuovamente nominati.

Alla scadenza del termine il giudice costituzionale cessa dalla carica e dall'esercizio delle funzioni.

La Corte elegge tra i suoi componenti, secondo le norme stabilite dalla legge, il Presidente, che rimane in carica per un triennio, ed è rieleggibile, fermi in ogni caso i termini di scadenza dall'ufficio di giudice.

L'ufficio di giudice della Corte è incompatibile con quello di membro del Parlamento o d'un Consiglio regionale, con l'esercizio della professione d'avvocato, e con ogni altra carica ed ufficio indicati dalle leggi.

Nei giudizi d'accusa contro il Presidente della Repubblica [e contro i Ministri][2] intervengono, oltre i giudici ordinari della Corte, sedici membri tratti a sorte da un elenco di cittadini aventi i requisiti per l'eleggibilità a senatore, che il Parlamento compila ogni nove anni mediante elezione con le stesse modalità stabilite per la nomina dei giudici ordinari.

[1] Articolo così sost. con L. cost. 22 nov. 1967, n. 2. V. L. 22 gen. 1962, n. 20, sui procedimenti e giudizi d'accusa; cfr. altresì la L. 5 giu. 1989, n. 219.

[2] Le parole «e contro i Ministri» sono state soppresse dall'art. 2, L. cost. 16 gen. 1989, n. 1.

136. Quando la Corte dichiara l'illegittimità costituzionale di una norma di legge o di atto avente forza di legge, la norma cessa di avere efficacia dal giorno successivo alla pubblicazione della decisione.

La decisione della Corte è pubblicata e comunicata alle Camere ed ai Consigli regionali interessati, affinché, ove lo ritengano necessario, provvedano nelle forme costituzionali.

137. Una legge costituzionale stabilisce le condizioni, le forme, i termini di proponibilità dei giudizi di legittimità costituzionale, e le garanzie d'indipendenza dei giudici della Corte.

Con legge ordinaria sono stabilite le altre norme necessarie per la costituzione e il funzionamento della Corte.

Contro le decisioni della Corte costituzionale non è ammessa alcuna impugnazione.

SEZIONE II – *Revisione della Costituzione - Leggi costituzionali*

138. Le leggi di revisione della Costituzione e le altre leggi costituzionali sono adottate da ciascuna Camera con due successive deliberazioni ad intervallo non minore di tre mesi, e sono approvate a maggioranza assoluta dei componenti di ciascuna Camera nella seconda votazione.

Le leggi stesse sono sottoposte a *referendum* popolare quando, entro tre mesi dalla loro pubblicazione, ne facciano domanda un quinto dei membri di una Camera o cinquecentomila elettori o cinque Consigli regionali. La legge sottoposta a *referendum* non è promulgata, se non è approvata dalla maggioranza dei voti validi.

Non si fa luogo, a *referendum* se la legge è stata approvata nella seconda votazione da ciascuna delle Camere a maggioranza di due terzi dei suoi componenti.

139. La forma repubblicana non può essere oggetto di revisione costituzionale.

DISPOSIZIONI TRANSITORIE E FINALI

I-V. — (*Omissis*).

VI. — Entro cinque anni dall'entrata in vigore della Costituzione si procede alla revisione degli organi speciali di giurisdizione attualmente esistenti, salvo le giurisdizioni del Consiglio di Stato, della Corte dei conti e dei tribunali militari.

Entro un anno dalla stessa data si provvede con legge al riordinamento del Tribunale supremo militare in relazione all'art. 111.

VII. — Fino a quando non sia emanata la nuova legge sull'ordinamento giudiziario in conformità con la Costituzione continuano ad osservarsi le norme dell'ordinamento vigente.

VIII. — Le elezioni dei Consigli regionali e degli organi elettivi delle amministrazioni provinciali sono indette entro un anno dall'entrata in vigore della Costituzione.

Leggi della Repubblica regolano per ogni ramo della pubblica amministrazione il passaggio delle funzioni statali attribuite alle Regioni. Fino a quando non sia provveduto al riordinamento e alla distribuzione delle funzioni amministrative fra gli enti locali, restano alle Provincie ed ai Comuni le funzioni che esercitano attualmente e le altre di cui le Regioni deleghino loro l'esercizio.

Leggi della Repubblica regolano il passaggio alle Regioni di funzioni e dipendenti dello Stato, anche delle amministrazioni centrali, che sia reso necessario dal nuovo ordinamento. Per la formazione dei loro uffici le Regioni devono, tranne che in casi di necessità, trarre il proprio personale da quello dello Stato e degli enti locali.

IX. — La Repubblica, entro tre anni dall'entrata in vigore della Costituzione, adegua le sue leggi alle esigenze delle autonomie locali e alla competenza legislativa attribuita alle Regioni.

X-XI. (*Omissis*).

XII. — È vietata la riorganizzazione, sotto qualsiasi forma, del disciolto partito fascista.[1]

[1] V. L. 20 giu. 1952, n. 645.

XIII. — [I membri e i discendenti di Casa Savoia non sono elettori e non possono ricoprire uffici pubblici né cariche elettive.][1]

[Agli ex re di Casa Savoia, alle loro consorti e ai loro discendenti maschi sono vietati l'ingresso e il soggiorno nel territorio nazionale.][1]

I beni esistenti nel territorio nazionale, degli ex re di Casa Savoia, delle loro consorti e dei loro discendenti maschi, sono avocati allo Stato. I trasferimenti e le costituzioni di diritti reali sui beni stessi, che siano avvenuti dopo il 2 giugno 1946, sono nulli.

[1] I commi primo e secondo della XIII disposizione transitoria e finale della Costituzione hanno esaurito i loro effetti ai sensi dell'art. 1, L. cost. 23 ott. 2002, n. 1.

XIV. — I titoli nobiliari non sono riconosciuti.

I predicati di quelli esistenti prima del 28 ottobre 1922 valgono come parte del nome.[1]

L'Ordine mauriziano è conservato come ente ospedaliero e funziona nei modi stabiliti dalla legge.[2]

La legge regola la soppressione della Consulta araldica.

[1] La Corte cost., con sent. 8 lug. 1967, n. 101, ha dichiarato l'ill. cost. del R.D. 11 dic. 1887, n. 1538; del R.D.L. 20 mar. 1924, n. 442, conv. in L. 17 apr. 1925, n. 473; del R.d.L. 28 dic. 1924, n. 2337, conv. in L. 21 mar. 1926, n. 597; del R.D.L. 16 ago. 1926, n. 1489; del R.D. 21 gen. 1929, n. 61 e del R.D. 7 giu. 1943, n. 651, nei limiti in cui ad essi si dà applicazione per l'aggiunta al nome di predicati di titoli nobiliari anteriori al 28 ottobre 1922, ma non riconosciuti prima dell'entrata in vigore della Costituzione (1 gennaio 1948); nonché nei limiti in cui essi sottopongono il diritto predetto e la relativa tutela giudiziaria ad una disciplina diversa da quella disposta dall'ordinamento per il diritto al nome (artt. 153-157 L.S.C.).

[2] Con L. 5 nov. 1962, n. 1596 (G.U. 28 nov. 1962, n. 303), in attuazione della XIV disp., è stato approvato il nuovo ordinamento dell'Ordine Mauriziano, che ha personalità giuridica di diritto pubblico.

XV. — (*Omissis*).

XVI. — Entro un anno dall'entrata in vigore della Costituzione si procede alla revisione e al coordinamento con essa delle precedenti leggi costituzionali che non siano state finora esplicitamente o implicitamente abrogate.

XVII. — (*Omissis*).

XVIII. — La presente Costituzione entra in vigore l'1 gennaio 1948.

La Costituzione dovrà essere fedelmente osservata come Legge fondamentale della Repubblica da tutti i cittadini e dagli organi dello Stato.

Data a Roma, addì 27 dicembre 1947

ENRICO DE NICOLA

Controfirmato: *il Presidente dell'Assemblea Costituente*: Umberto Terracini – *il Presidente del Consiglio dei Ministri*: Alcide De Gasperi. – Visto: *il Guardasigilli*: Giuseppe Grassi

CARTA DEI DIRITTI FONDAMENTALI DELL'UNIONE EUROPEA

(G.U. 30 mar. 2010, n. C 83)[1]

[1] Il testo riprende, adattandola, la Carta proclamata il 7 dicembre 2000, e la sostituisce a decorrere dall'entrata in vigore del trattato di Lisbona.

PREAMBOLO

I popoli d'Europa, nel creare tra loro un'unione sempre più stretta, hanno deciso di condividere un futuro di pace fondato su valori comuni.

Consapevole del suo patrimonio spirituale e morale, l'Unione si fonda sui valori indivisibili e universali della dignità umana, della libertà, dell'uguaglianza e della solidarietà; essa si basa sul principio della democrazia e sul principio dello Stato di diritto. Pone la persona al centro della sua azione istituendo la cittadinanza dell'Unione e creando uno spazio di libertà, sicurezza e giustizia.

L'Unione contribuisce alla salvaguardia e allo sviluppo di questi valori comuni nel rispetto della diversità delle culture e delle tradizioni dei popoli d'Europa, nonché dell'identità nazionale degli Stati membri e dell'ordinamento dei loro pubblici poteri a livello nazionale, regionale e locale; essa si sforza di promuovere uno sviluppo equilibrato e sostenibile e assicura la libera circolazione delle persone, dei servizi, delle merci e dei capitali, nonché la libertà di stabilimento.

A tal fine è necessario rafforzare la tutela dei diritti fondamentali, alla luce dell'evoluzione della società, del progresso sociale e degli sviluppi scientifici e tecnologici, rendendo tali diritti più visibili in una Carta.

La presente Carta riafferma, nel rispetto delle competenze e dei compiti dell'Unione e del principio di sussidiarietà, i diritti derivanti in particolare dalle tradizioni costituzionali e dagli obblighi internazionali comuni agli Stati membri, dalla Convenzione europea per la salvaguardia dei Diritti dell'Uomo e delle Libertà fondamentali, dalle carte sociali adottate dall'Unione e dal Consiglio d'Europa, nonché dalla giurisprudenza della Corte di giustizia dell'Unione europea e da quella della Corte europea dei diritti dell'uomo. In tale contesto, la Carta sarà interpretata dai giudici dell'Unione e degli Stati membri tenendo in debito conto le spiegazioni elaborate sotto l'autorità del praesidium della Convenzione che ha redatto la Carta e aggiornate sotto la responsabilità del praesidium della Convenzione europea.

Il godimento di questi diritti fa sorgere responsabilità e doveri nei confronti degli altri come pure della comunità umana e delle generazioni future.

Pertanto, l'Unione riconosce i diritti, le libertà e i principi enunciati in appresso.

TITOLO I

Dignità

1 ***Dignità umana*** — La dignità umana è inviolabile. Essa deve essere rispettata e tutelata.

2 ***Diritto alla vita*** — 1. Ogni persona ha diritto alla vita.

2. Nessuno può essere condannato alla pena di morte, né giustiziato.

3 ***Diritto all'integrità della persona*** — 1. Ogni persona ha diritto alla propria integrità fisica e psichica.

2. Nell'ambito della medicina e della biologia devono essere in particolare rispettati:

a) il consenso libero e informato della persona interessata, secondo le modalità definite dalla legge;

b) il divieto delle pratiche eugenetiche, in particolare di quelle aventi come scopo la selezione delle persone;

c) il divieto di fare del corpo umano e delle sue parti in quanto tali una fonte di lucro;

d) il divieto della clonazione riproduttiva degli esseri umani.

4 ***Proibizione della tortura e delle pene o trattamenti inumani o degradanti*** — Nessuno può essere sottoposto a tortura, né a pene o trattamenti inumani o degradanti.

5 ***Proibizione della schiavitù e del lavoro forzato*** — 1. Nessuno può essere tenuto in condizioni di schiavitù o di servitù.

2. Nessuno può essere costretto a compiere un lavoro forzato o obbligatorio.

3. È proibita la tratta degli esseri umani.

TITOLO II
Libertà

6 ***Diritto alla libertà e alla sicurezza*** — Ogni persona ha diritto alla libertà e alla sicurezza.

7 ***Rispetto della vita privata e della vita familiare*** — Ogni persona ha diritto al rispetto della propria vita privata e familiare, del proprio domicilio e delle proprie comunicazioni.

8 ***Protezione dei dati di carattere personale*** — 1. Ogni persona ha diritto alla protezione dei dati di carattere personale che la riguardano.

2. Tali dati devono essere trattati secondo il principio di lealtà, per finalità determinate e in base al consenso della persona interessata o a un altro fondamento legittimo previsto dalla legge. Ogni persona ha il diritto di accedere ai dati raccolti che la riguardano e di ottenerne la rettifica.

3. Il rispetto di tali regole è soggetto al controllo di un'autorità indipendente.

9 ***Diritto di sposarsi e di costituire una famiglia*** — Il diritto di sposarsi e il diritto di costituire una famiglia sono garantiti secondo le leggi nazionali che ne disciplinano l'esercizio.

10 ***Libertà di pensiero, di coscienza e di religione*** — 1. Ogni persona ha diritto alla libertà di pensiero, di coscienza e di religione. Tale diritto include la libertà di cambiare religione o convinzione, così come la libertà di manifestare la propria religione o la propria convinzione individualmente o collettivamente, in pubblico o in privato, mediante il culto, l'insegnamento, le pratiche e l'osservanza dei riti.

2. Il diritto all'obiezione di coscienza è riconosciuto secondo le leggi nazionali che ne disciplinano l'esercizio.

11 ***Libertà di espressione e d'informazione*** — 1. Ogni persona ha diritto alla libertà di espressione. Tale diritto include la libertà di opinione e la libertà di ricevere o di comunicare informazioni o idee senza che vi possa essere ingerenza da parte delle autorità pubbliche e senza limiti di frontiera.

2. La libertà dei media e il loro pluralismo sono rispettati.

12 ***Libertà di riunione e di associazione*** — 1. Ogni persona ha diritto alla libertà di riunione pacifica e alla libertà di associazione a tutti i livelli, segnatamente in campo politico, sindacale e civico, il che implica il diritto di ogni persona di fondare sindacati insieme con altri e di aderirvi per la difesa dei propri interessi.

2. I partiti politici a livello dell'Unione contribuiscono a esprimere la volontà politica dei cittadini dell'Unione.

13 ***Libertà delle arti e delle scienze*** — Le arti e la ricerca scientifica sono libere. La libertà accademica è rispettata.

14 ***Diritto all'istruzione*** — 1. Ogni persona ha diritto all'istruzione e all'accesso alla formazione professionale e continua.

2. Questo diritto comporta la facoltà di accedere gratuitamente all'istruzione obbligatoria.

3. La libertà di creare istituti di insegnamento nel rispetto dei principi democratici, così come il diritto dei genitori di provvedere all'educazione e all'istruzione dei loro figli secondo le loro convinzioni religiose, filosofiche e pedagogiche, sono rispettati secondo le leggi nazionali che ne disciplinano l'esercizio.

15 ***Libertà professionale e diritto di lavorare*** — 1. Ogni persona ha il diritto di lavorare e di esercitare una professione liberamente scelta o accettata.

2. Ogni cittadino dell'Unione ha la libertà di cercare un lavoro, di lavorare, di stabilirsi o di prestare servizi in qualunque Stato membro.

3. I cittadini dei paesi terzi che sono autorizzati a lavorare nel territorio degli Stati membri hanno diritto a condizioni di lavoro equivalenti a quelle di cui godono i cittadini dell'Unione.

16 ***Libertà d'impresa*** — È riconosciuta la libertà d'impresa, conformemente al diritto dell'Unione e alle legislazioni e prassi nazionali.

17 ***Diritto di proprietà*** — 1. Ogni persona ha il diritto di godere della proprietà dei beni che ha acquisito legalmente, di usarli, di disporne e di lasciarli in eredità. Nessuna persona può essere privata della proprietà se non per causa di pubblico interesse, nei casi e nei modi previsti dalla legge e contro il pagamento in tempo utile di una giusta indennità per la perdita della stessa. L'uso dei beni può essere regolato dalla legge nei limiti imposti dall'interesse generale.

2. La proprietà intellettuale è protetta.

18 ***Diritto di asilo*** — Il diritto di asilo è garantito nel rispetto delle norme stabilite dalla convenzione di Ginevra del 28 luglio 1951 e dal protocollo del 31 gennaio 1967, relativi allo status dei rifugiati, e a norma del trattato sull'Unione europea e del trattato sul funzionamento dell'Unione europea (in appresso denominati «i trattati»).

19 ***Protezione in caso di allontanamento, di espulsione e di estradizione*** — 1. Le espulsioni collettive sono vietate.

2. Nessuno può essere allontanato, espulso o estradato verso uno Stato in cui esiste un rischio serio di essere sottoposto alla pena di morte, alla tortura o ad altre pene o trattamenti inumani o degradanti.

TITOLO III
Uguaglianza

20 ***Uguaglianza davanti alla legge*** — Tutte le persone sono uguali davanti alla legge.

21 ***Non discriminazione*** — 1. È vietata qualsiasi forma di discriminazione fondata, in particolare, sul sesso, la razza, il colore della pelle o l'origine etnica o sociale, le caratteristiche genetiche, la lingua, la religione o le convinzioni personali, le opinioni politiche o di qualsiasi altra natura, l'appartenenza ad una minoranza nazionale, il patrimonio, la nascita, la disabilità, l'età o l'orientamento sessuale.

2. Nell'ambito d'applicazione dei trattati e fatte salve disposizioni specifiche in essi contenute, è vietata qualsiasi discriminazione in base alla nazionalità.

22 ***Diversità culturale, religiosa e linguistica*** — L'Unione rispetta la diversità culturale, religiosa e linguistica.

23 ***Parità tra donne e uomini*** — La parità tra donne e uomini deve essere assicurata in tutti i campi, compreso in materia di occupazione, di lavoro e di retribuzione.

Il principio della parità non osta al mantenimento o all'adozione di misure che prevedano vantaggi specifici a favore del sesso sottorappresentato.

24 ***Diritti del minore*** — 1. I minori hanno diritto alla protezione e alle cure necessarie per il loro benessere. Essi possono esprimere liberamente la propria opinione. Questa viene presa in considerazione sulle questioni che li riguardano in funzione della loro età e della loro maturità.

2. In tutti gli atti relativi ai minori, siano essi compiuti da autorità pubbliche o da istituzioni private, l'interesse superiore del minore deve essere considerato preminente.

3. Il minore ha diritto di intrattenere regolarmente relazioni personali e contatti diretti con i due genitori, salvo qualora ciò sia contrario al suo interesse.

25 ***Diritti degli anziani*** — L'Unione riconosce e rispetta il diritto degli anziani di condurre una vita dignitosa e indipendente e di partecipare alla vita sociale e culturale.

26 ***Inserimento delle persone con disabilità*** — L'Unione riconosce e rispetta il diritto delle persone con disabilità di beneficiare di misure intese a garantirne l'autonomia, l'inserimento sociale e professionale e la partecipazione alla vita della comunità.

TITOLO IV
Solidarietà

27 ***Diritto dei lavoratori all'informazione e alla consultazione nell'ambito dell'impresa*** — Ai lavoratori o ai loro rappresentanti devono essere garantite, ai livelli appropriati, l'informazione e la consultazione in tempo utile nei casi e alle condizioni previsti dal diritto dell'Unione e dalle legislazioni e prassi nazionali.

28 ***Diritto di negoziazione e di azioni collettive*** — I lavoratori e i datori di lavoro, o le rispettive organizzazioni, hanno, conformemente al diritto dell'Unione e alle legislazioni e prassi nazionali, il diritto di negoziare e di concludere contratti collettivi, ai livelli appropriati, e di ricorrere, in caso di conflitti di interessi, ad azioni collettive per la difesa dei loro interessi, compreso lo sciopero.

29 ***Diritto di accesso ai servizi di collocamento*** — Ogni persona ha il diritto di accedere a un servizio di collocamento gratuito.

30 ***Tutela in caso di licenziamento ingiustificato*** — Ogni lavoratore ha il diritto alla tutela contro ogni licenziamento ingiustificato, conformemente al diritto dell'Unione e alle legislazioni e prassi nazionali.

31 ***Condizioni di lavoro giuste ed eque*** — 1. Ogni lavoratore ha diritto a condizioni di lavoro sane, sicure e dignitose.

2. Ogni lavoratore ha diritto a una limitazione della durata massima del lavoro, a periodi di riposo giornalieri e settimanali e a ferie annuali retribuite.

32 ***Divieto del lavoro minorile e protezione dei giovani sul luogo di lavoro*** — Il lavoro minorile è vietato. L'età minima per l'ammissione al lavoro non può essere inferiore all'età in cui termina la scuola dell'obbligo, fatte salve le norme più favorevoli ai giovani ed eccettuate deroghe limitate.

I giovani ammessi al lavoro devono beneficiare di condizioni di lavoro appropriate alla loro età ed essere protetti contro lo sfruttamento economico o contro ogni lavoro che possa minarne la sicurezza, la salute, lo sviluppo fisico, psichico, morale o sociale o che possa mettere a rischio la loro istruzione.

33 ***Vita familiare e vita professionale*** — 1. È garantita la protezione della famiglia sul piano giuridico, economico e sociale.

2. Al fine di poter conciliare vita familiare e vita professionale, ogni persona ha il diritto di essere tutelata contro il licenziamento per un motivo legato alla maternità e il diritto a un congedo di maternità retribuito e a un congedo parentale dopo la nascita o l'adozione di un figlio.

34 ***Sicurezza sociale e assistenza sociale*** — 1. L'Unione riconosce e rispetta il diritto di accesso alle prestazioni di sicurezza sociale e ai servizi sociali che assicurano protezione in casi quali la maternità, la malattia, gli infortuni sul lavoro, la dipendenza o la vecchiaia, oltre che in caso di perdita del posto di lavoro, secondo le modalità stabilite dal diritto dell'Unione e le legislazioni e prassi nazionali.

2. Ogni persona che risieda o si sposti legalmente all'interno dell'Unione ha diritto alle prestazioni di sicurezza sociale e ai benefici sociali, conforme-

mente al diritto dell'Unione e alle legislazioni e prassi nazionali.

3. Al fine di lottare contro l'esclusione sociale e la povertà, l'Unione riconosce e rispetta il diritto all'assistenza sociale e all'assistenza abitativa volte a garantire un'esistenza dignitosa a tutti coloro che non dispongano di risorse sufficienti, secondo le modalità stabilite dal diritto dell'Unione e le legislazioni e prassi nazionali.

35 ***Protezione della salute*** — Ogni persona ha il diritto di accedere alla prevenzione sanitaria e di ottenere cure mediche alle condizioni stabilite dalle legislazioni e prassi nazionali. Nella definizione e nell'attuazione di tutte le politiche ed attività dell'Unione è garantito un livello elevato di protezione della salute umana.

36 ***Accesso ai servizi d'interesse economico generale*** — Al fine di promuovere la coesione sociale e territoriale dell'Unione, questa riconosce e rispetta l'accesso ai servizi d'interesse economico generale quale previsto dalle legislazioni e prassi nazionali, conformemente ai trattati.

37 ***Tutela dell'ambiente*** — Un livello elevato di tutela dell'ambiente e il miglioramento della sua qualità devono essere integrati nelle politiche dell'Unione e garantiti conformemente al principio dello sviluppo sostenibile.

38 ***Protezione dei consumatori*** — Nelle politiche dell'Unione è garantito un livello elevato di protezione dei consumatori.

TITOLO V
Cittadinanza

39 ***Diritto di voto e di eleggibilità alle elezioni del Parlamento europeo*** — 1. Ogni cittadino dell'Unione ha il diritto di voto e di eleggibilità alle elezioni del Parlamento europeo nello Stato membro in cui risiede, alle stesse condizioni dei cittadini di detto Stato.

2. I membri del Parlamento europeo sono eletti a suffragio universale diretto, libero e segreto.

40 ***Diritto di voto e di eleggibilità alle elezioni comunali*** — Ogni cittadino dell'Unione ha il diritto di voto e di eleggibilità alle elezioni comunali nello Stato membro in cui risiede, alle stesse condizioni dei cittadini di detto Stato.

41 ***Diritto ad una buona amministrazione*** — 1. Ogni persona ha diritto a che le questioni che la riguardano siano trattate in modo imparziale ed equo ed entro un termine ragionevole dalle istituzioni, organi e organismi dell'Unione.

2. Tale diritto comprende in particolare:

a) il diritto di ogni persona di essere ascoltata prima che nei suoi confronti venga adottato un provvedimento individuale che le rechi pregiudizio;

b) il diritto di ogni persona di accedere al fascicolo che la riguarda, nel rispetto dei legittimi interessi della riservatezza e del segreto professionale e commerciale;

c) l'obbligo per l'amministrazione di motivare le proprie decisioni.

3. Ogni persona ha diritto al risarcimento da parte dell'Unione dei danni cagionati dalle sue istituzioni o dai suoi agenti nell'esercizio delle loro funzioni, conformemente ai principi generali comuni agli ordinamenti degli Stati membri.

4. Ogni persona può rivolgersi alle istituzioni dell'Unione in una delle lingue dei trattati e deve ricevere una risposta nella stessa lingua.

42 ***Diritto d'accesso ai documenti*** — Ogni cittadino dell'Unione nonché ogni persona fisica o giuridica che risieda o abbia la sede sociale in uno Stato membro ha il diritto di accedere ai documenti delle istituzioni, organi e organismi dell'Unione, a prescindere dal loro supporto.

43 ***Mediatore europeo*** — Ogni cittadino dell'Unione nonché ogni persona fisica o giuridica che risieda o abbia la sede sociale in uno Stato membro ha il diritto di sottoporre al mediatore europeo casi di cattiva amministrazione nell'azione delle istituzioni, organi o organismi dell'Unione, salvo la Corte di giustizia dell'Unione europea nell'esercizio delle sue funzioni giurisdizionali.

44 ***Diritto di petizione*** — Ogni cittadino dell'Unione nonché ogni persona fisica o giuridica che risieda o abbia la sede sociale in uno Stato membro ha il diritto di presentare una petizione al Parlamento europeo.

45 ***Libertà di circolazione e di soggiorno*** — 1. Ogni cittadino dell'Unione ha il diritto di circolare e di soggiornare liberamente nel territorio degli Stati membri.

2. La libertà di circolazione e di soggiorno può essere accordata, conformemente ai trattati, ai cittadini dei paesi terzi che risiedono legalmente nel territorio di uno Stato membro.

46 ***Tutela diplomatica e consolare*** — Ogni cittadino dell'Unione gode, nel territorio di un paese terzo nel quale lo Stato membro di cui ha la cittadinanza non è rappresentato, della tutela delle autorità diplomatiche e consolari di qualsiasi Stato membro, alle stesse condizioni dei cittadini di detto Stato.

TITOLO VI
Giustizia

47 ***Diritto a un ricorso effettivo e a un giudice imparziale*** — Ogni persona i cui diritti e le cui libertà garantiti dal diritto dell'Unione siano stati violati ha diritto a un ricorso effettivo dinanzi a un giudice, nel rispetto delle condizioni previste nel presente articolo.

Ogni persona ha diritto a che la sua causa sia esaminata equamente, pubblicamente ed entro un termine ragionevole da un giudice indipendente e imparziale, precostituito per legge. Ogni persona ha la facoltà di farsi consigliare, difendere e rappresentare.

A coloro che non dispongono di mezzi sufficienti è concesso il patrocinio a spese dello Stato, qualora ciò sia necessario per assicurare un accesso effettivo alla giustizia.

48 ***Presunzione di innocenza e diritti della difesa*** — 1. Ogni imputato è considerato innocente fino a quando la sua colpevolezza non sia stata legalmente provata.

2. Il rispetto dei diritti della difesa è garantito ad ogni imputato.

49 ***Principi della legalità e della proporzionalità dei reati e delle pene*** — 1. Nessuno può essere condannato per un'azione o un'omissione che, al momento in cui è stata commessa, non costituiva reato secondo il diritto interno o il diritto internazionale. Parimenti, non può essere inflitta una pena più grave di quella applicabile al momento in cui il reato è stato commesso. Se, successivamente alla commissione del reato, la legge prevede l'applicazione di una pena più lieve, occorre applicare quest'ultima.

2. Il presente articolo non osta al giudizio e alla condanna di una persona colpevole di un'azione o di un'omissione che, al momento in cui è stata commessa, costituiva un crimine secondo i principi generali riconosciuti da tutte le nazioni.

3. Le pene inflitte non devono essere sproporzionate rispetto al reato.

50 ***Diritto di non essere giudicato o punito due volte per lo stesso reato*** — Nessuno può essere perseguito o condannato per un reato per il quale è già stato assolto o condannato nell'Unione a seguito di una sentenza penale definitiva conformemente alla legge.

TITOLO VII

Disposizioni generali che disciplinano l'interpretazione e l'applicazione della Carta

51 ***Ambito di applicazione*** — 1. Le disposizioni della presente Carta si applicano alle istituzioni, organi e organismi dell'Unione nel rispetto del principio di sussidiarietà, come pure agli Stati membri esclusivamente nell'attuazione del diritto dell'Unione. Pertanto, i suddetti soggetti rispettano i diritti, osservano i principi e ne promuovono l'applicazione secondo le rispettive competenze e nel rispetto dei limiti delle competenze conferite all'Unione nei trattati.

2. La presente Carta non estende l'ambito di applicazione del diritto dell'Unione al di là delle competenze dell'Unione, né introduce competenze nuove o compiti nuovi per l'Unione, né modifica le competenze e i compiti definiti nei trattati.

52 ***Portata e interpretazione dei diritti e dei principi*** — 1. Eventuali limitazioni all'esercizio dei diritti e delle libertà riconosciuti dalla presente Carta devono essere previste dalla legge e rispettare il contenuto essenziale di detti diritti e libertà. Nel rispetto del principio di proporzionalità, possono essere apportate limitazioni solo laddove siano necessarie e rispondano effettivamente a finalità di interesse generale riconosciute dall'Unione o all'esigenza di proteggere i diritti e le libertà altrui.

2. I diritti riconosciuti dalla presente Carta per i quali i trattati prevedono disposizioni si esercitano alle condizioni e nei limiti dagli stessi definiti.

3. Laddove la presente Carta contenga diritti corrispondenti a quelli garantiti dalla Convenzione europea per la salvaguardia dei Diritti dell'Uomo e delle Libertà fondamentali, il significato e la portata degli stessi sono uguali a quelli conferiti dalla suddetta convenzione. La presente disposizione non preclude che il diritto dell'Unione conceda una protezione più estesa.

4. Laddove la presente Carta riconosca i diritti fondamentali quali risultano dalle tradizioni costituzionali comuni agli Stati membri, tali diritti sono interpretati in armonia con dette tradizioni.

5. Le disposizioni della presente Carta che contengono dei principi possono essere attuate da atti legislativi e esecutivi adottati da istituzioni, organi e organismi dell'Unione e da atti di Stati membri allorché essi danno attuazione al diritto dell'Unione, nell'esercizio delle loro rispettive competenze. Esse possono essere invocate dinanzi a un giudice solo ai fini dell'interpretazione e del controllo di legalità di detti atti.

6. Si tiene pienamente conto delle legislazioni e prassi nazionali, come specificato nella presente Carta.

7. I giudici dell'Unione e degli Stati membri tengono nel debito conto le spiegazioni elaborate al fine di fornire orientamenti per l'interpretazione della presente Carta.

53 ***Livello di protezione*** — Nessuna disposizione della presente Carta deve essere interpretata come limitativa o lesiva dei diritti dell'uomo e delle libertà fondamentali riconosciuti, nel rispettivo ambito di applicazione, dal diritto dell'Unione, dal diritto internazionale, dalle convenzioni internazionali delle quali l'Unione o tutti gli Stati membri sono parti, in particolare dalla Convenzione europea per la salvaguardia dei Diritti dell'Uomo e delle Libertà fondamentali, e dalle costituzioni degli Stati membri.

54 ***Divieto dell'abuso di diritto*** — Nessuna disposizione della presente Carta deve essere interpretata nel senso di comportare il diritto di esercitare un'attività o compiere un atto che miri a distruggere diritti o libertà riconosciuti nella presente Carta o a imporre a tali diritti e libertà limitazioni più ampie di quelle previste dalla presente Carta.

DISPOSIZIONI SULLA LEGGE IN GENERALE

CODICE CIVILE

DISPOSIZIONI DI ATTUAZIONE E TRANSITORIE

RIFORMA DEL DIRITTO DI FAMIGLIA

APPROVAZIONE DEL TESTO DEL CODICE CIVILE IN VIGORE DAL 21 APRILE 1942

Regio Decreto 16 marzo 1942, n. 262
(G.U. 4 apr. 1942, n. 79, Ediz. straord.)[1]

VITTORIO EMANUELE III
PER GRAZIA DI DIO E PER VOLONTÀ DELLA NAZIONE
RE D'ITALIA E DI ALBANIA
IMPERATORE D'ETIOPIA

Visti i Regi decreti 12 dicembre 1938, n. 1852, 26 ottobre 1939, n. 1586, 30 gennaio 1941, n. 15, 30 gennaio 1941, n. 16, 30 gennaio 1941, n. 17 e 30 gennaio 1941, n. 18, che danno facoltà al Governo di provvedere alla riunione ed al coordinamento dei libri del Codice civile delle persone, delle successioni per causa di morte e delle donazioni, della proprietà, delle obbligazioni, del lavoro e della tutela dei diritti, approvati con gli stessi Regi decreti;

[Vista la legge 30 gennaio 1941, n. 14, sul valore giuridico della Carta del Lavoro][2]

Abbiamo decretato e decretiamo:

1. È approvato il testo del Codice civile, il quale preceduto [dalle disposizioni sul valore giuridico della Carta del Lavoro, dal testo della Carta del Lavoro, approvato dal Gran Consiglio del Fascismo il 21 aprile 1927, e][2] dalle disposizioni sulla legge in generale, avrà esecuzione a cominciare dal 21 aprile 1942, sostituendo da questa data i libri del Codice stesso, approvati con i Regi decreti 12 dicembre 1938, n. 1852, n. 16, 30 gennaio 1941, n. 17, e 30 gennaio 1941, n. 18.[3]

[3] I libri I, II e III sono entrati in vigore rispettivamente l'1 lug. 1939, il 21 apr. 1940 e il 28 ott. 1941; gli altri tre libri il 21 apr. 1942 (v. *Att.* 252).

2. Un esemplare del testo del Codice civile, firmato da Noi e contrassegnato dal Nostro Ministro Segretario di Stato per la grazie e giustizia, servirà di originale e sarà depositato e custodito nell'Archivio del Regno.

Dato a Roma, addì 16 marzo 1942
VITTORIO EMANUELE
MUSSOLINI - GRANDI
Dato a Roma, addì 16 marzo 1942

VITTORIO EMANUELE

MUSSOLINI - GRANDI

---

[1] Il testo del c.c. è preceduto da un'ampia relazione del Guardasigilli (1216 numeri).

[2] Menzione soppressa con l'art. 2 R.D.L. 14 set. 1944, n. 287. La Carta del Lavoro era costituita da dichiarazioni sotto i titoli: Dello Stato corporativo e della sua organizzazione - Del contratto collettivo di lavoro e delle garanzie del lavoro - Degli uffici di collocamento - Della previdenza, dell'assistenza, dell'educazione e dell'istruzione.

[3] I libri I, II e III sono entrati in vigore rispettivamente il 1° lug. 1939, il 21 apr. 1940 e il 28 ott. 1941; gli altri tre libri il 21 apr. 1942 (v. *Att.* 252).

DISPOSIZIONI SULLA LEGGE IN GENERALE[1]

[1] Comunemente dette *Disposizioni preliminari* (D.P.)
Gli artt. dal 17 al 31 sono stati abrogati dall'art. 73 della L. 31 mag. 1995, n. 218 con decorrenza 1 settembre 1995. Per la disciplina transitoria v. art. 72 della stessa legge.

CAPO I
Delle fonti del diritto

1. ***Indicazioni delle fonti.*** — Sono fonti del diritto:
1) le leggi;
2) i regolamenti;
3) le norme corporative;[1]
4) gli usi.

[1] V. la nota all'art. 5.

2. ***Leggi.*** — La formazione delle leggi e l'emanazione degli atti del Governo aventi forza di legge sono disciplinate da leggi di carattere costituzionale.

3. ***Regolamenti.*** — Il potere regolamentare del Governo è disciplinato da leggi di carattere costituzionale.

Il potere regolamentare di altre autorità è esercitato nei limiti delle rispettive competenze, in conformità delle leggi particolari.

4. ***Limiti della disciplina regolamentare.*** — I regolamenti non possono contenere norme contrarie alle disposizioni delle leggi.

I regolamenti emanati a norma del secondo comma dell'art. 3 non possono nemmeno dettare norme contrarie a quelle dei regolamenti emanati dal Governo.

5. ***Norme corporative.*** — Sono norme corporative [le ordinanze corporative], gli accordi economici collettivi, i contratti collettivi di lavoro [e le sentenze della magistratura del lavoro nelle controversie collettive].[1]

[1] L'ordinamento corporativo è stato soppresso con D.L.L. 23 nov. 1944, n. 369. Per effetto di tale soppressione devono ritenersi abrogate tutte le norme che quell'ordinamento presuppongono. L'art. 43 del decreto citato ha lasciato però in vigore, salvo le successive modifiche, le norme corporative già sorte, e cioé quelle contenute nei contratti collettivi, negli accordi economici, nelle sentenze della magistratura del lavoro e nelle ordinanze corporative di cui agli artt. 10 e 13 della L. 3 apr. 1926, n. 653, agli artt. 8 e 11 della L. 5 feb. 1934, n. 163 e agli artt. 4 e 5 del R.D.L. 9 ago. 1943, n. 721.

6. ***Formazione ed efficacia delle norme corporative.*** — La formazione e l'efficacia delle norme corporative sono disciplinate nel codice civile e in leggi particolari.

7. ***Limiti della disciplina corporativa.*** — Le norme corporative non possono derogare alle disposizioni imperative delle leggi e dei regolamenti.[1]

[1] V. la nota all'art. 5.

8. ***Usi.*** — Nelle materie regolate dalle leggi e dai regolamenti gli usi hanno efficacia solo in quanto sono da essi richiamati.

Le norme corporative[1] prevalgono sugli usi, anche se richiamati dalle leggi e dai regolamenti, salvo che in esse sia diversamente disposto.

[1] V. la nota all'art. 5.

9. ***Raccolte di usi.*** — Gli usi pubblicati nelle raccolte ufficiali degli enti e degli organi a ciò autorizzati si presumono esistenti fino a prova contraria.[1]

[1] V. R.D. 20 set. 1934, n. 2011; D.L.C.P. 27 gen. 1947, n. 152.

CAPO II
Dell'applicazione della legge in generale[1]

[1] Gli articoli da 17 a 31 del presente capo sono stati abrogati dall'art. 73, L. 31 nov. 1995, n. 218.

10. ***Inizio dell'obbligatorietà delle leggi e dei regolamenti.*** — Le leggi e i regolamenti divengono obbligatori nel decimo-quinto giorno successivo a quello della loro pubblicazione,[1] salvo che sia altrimenti disposto.

Le norme corporative divengono obbligatorie nel giorno successivo a quello della pubblicazione, salvo che in esse sia altrimenti disposto.

[1] Sulla *Gazzetta Ufficiale* della Repubblica italiana.

11. ***Efficacia della legge nel tempo.*** — La legge non dispone che per l'avvenire: essa non ha effetto retroattivo.

I contratti collettivi di lavoro possono stabilire per la loro efficacia una data anteriore alla pubblicazione, purché non preceda quella della stipulazione.

12. ***Interpretazione della legge.*** — Nell'applicare la legge non si può ad essa attribuire altro senso che quello fatto palese dal significato proprio delle parole secondo la connessione di esse, e dalla intenzione del legislatore.

Se una controversia non può essere decisa con una precisa disposizione, si ha riguardo alle disposizioni che regolano casi simili o materie analoghe; se il caso rimane ancora dubbio, si decide secondo i principî generali dell'ordinamento giuridico dello Stato.

13. ***Esclusione dell'applicazione analogica delle norme corporative.*** — Le norme corporative non possono essere applicate a casi simili o a materie analoghe a quelli da esse contemplate.

14. ***Applicazione delle leggi penali ed eccezionali.*** — Le leggi penali e quelle che fanno eccezione a regole generali o ad altre leggi non si applicano oltre i casi e i tempi in esse considerati.[1]

[1] Per le disposiz. penali delle leggi finanziarie v. art. 20 L. 7 gen. 1929, n. 4.

15. ***Abrogazione delle leggi.*** — Le leggi non sono abrogate che da leggi posteriori per dichiarazione espressa del legislatore, o per incompatibilità tra le nuove disposizioni e le precedenti o perché la nuova legge regola l'intera materia già regolata dalla legge anteriore.

16. ***Trattamento dello straniero.*** — Lo straniero è ammesso a godere dei diritti civili attribuiti al cittadino a condizione di reciprocità e salve le disposizioni contenute in leggi speciali.

Questa disposizione vale anche per le persone giuridiche straniere.

17-31. ....[1]

[1] La Corte cost., con sent. 4 lug. 2006, n. 254, ha dichiarato l'ill. cost. dell'art. 19, c. 1 - abrogato con decorrenza 31 dic. 1996 dall'art. 73 L. 31 mag. 1995, n. 218, ma applicabile ai giudizi instaurati anteriormente - secondo cui «i rapporti patrimoniali tra coniugi sono regolati dalla legge nazionale del marito al tempo della celebrazione del matrimonio», in relazione agli artt. 3, c. 1 e 29, c. 2, della costituzione, atteso che realizza una discriminazione nei confronti della moglie per ragioni legate esclusivamente alla diversità di sesso.

V. nota al Titolo.

CODICE CIVILE

LIBRO PRIMO

DELLE PERSONE E DELLA FAMIGLIA[1]

[1] V. *Att.* 1-51; *Trans.* 114-131.

TITOLO I
Delle persone fisiche[1]

[1] Nelle cause riguardanti lo stato e la capacità delle persone deve intervenire il pubblico ministero a pena di nullità rilevabile d'ufficio. La competenza è del Tribunale.

1. ***Capacità giuridica.*** — La capacità giuridica si acquista dal momento della nascita.[1]

I diritti che la legge riconosce a favore del concepito sono subordinati all'evento della nascita.

[1] V. L.S.C. 67-82.

2. ***Maggiore età. Capacità di agire.***[1] — La maggiore età è fissata al compimento del diciottesimo anno.

Con la maggiore età si acquista la capacità di compiere tutti gli atti per i quali non sia stabilita un'età diversa.[2]

Sono salve le leggi speciali che stabiliscono un'età inferiore in materia di capacità a prestare il proprio lavoro. In tal caso il minore è abilitato all'esercizio dei diritti e delle azioni che dipendono dal contratto di lavoro.

[1] Articolo così sost. dall'art. 1, L. 8 mar. 1975, n. 39.
[2] È stabilita un'età diversa: per il matrimonio (84) e per le convenzioni matrimoniali (90, 165); per il riconoscimento e la legittimazione dei figli naturali (250, 264, 284); per l'azione per ottenere la dichiarazione giudiziale della paternità e della maternità naturale (273); per l'adozione (291); per la scelta del tutore (348); per i provvedimenti circa la educazione del pupillo (371); per l'emancipazione e le relative capacità (390, 397); per la donazione (774); per il diritto di autore (art. 108 modif. L. 22 apr. 1941, n. 633); per la istanza di nomina del curatore speciale (79 p.c.); per la imputabilità penale (97, 98 c.p.); per il diritto di querela (120 c.p.). Sull'annullabilità del contratto per incapacità delle parti v. 1425, 1426.

3. ***Capacità in materia di lavoro.***[1]

[1] Articolo abrog. dall'art. 2, L. 8 mar. 1975, n. 39.

4. ***Commorienza.*** — Quando un effetto giuridico dipende dalla sopravvivenza di una persona a un'altra e non consta quale di esse sia morta prima, tutte si considerano morte nello stesso momento.

5. ***Atti di disposizione del proprio corpo.*** — Gli atti di disposizione del proprio corpo sono vietati quando cagionino una diminuzione permanente della integrità fisica, o quando siano altrimenti contrari alla legge, all'ordine pubblico o al buon costume.[1]

[1] Sono consentiti: i trapianti terapeutici di parti del cadavere (L. 3 apr. 1957, n. 235); il trapianto del rene di persone viventi (L. 26 giu. 1967, n. 458); la raccolta, conservazione e distribuzione del sangue umano (L. 14 lug. 1967, n. 592); l'interruzione della gravidanza (L. 22 mag. 1978, n. 194); il cambiamento di sesso (L. 14 apr. 1982, n. 164); il trapianto parziale di fegato tra persone viventi (L. 16 dic. 1999, n. 483).

6. ***Diritto al nome.*** — Ogni persona ha diritto al nome che le è per legge attribuito.[1]

Nel nome si comprendono il prenome e il cognome.

Non sono ammessi cambiamenti, aggiunte o rettifiche al nome, se non nei casi e con le formalità dalla legge indicati.

[1] Vedi anche gli artt. 84-94 D.P.R. 3 nov. 2000, n. 396.

7. ***Tutela del diritto al nome.*** — La persona, alla quale si contesti il diritto all'uso del proprio nome o che possa risentire pregiudizio dall'uso che altri indebitamente ne faccia,[1] può chiedere giudizialmente[2] la cessazione del fatto lesivo, salvo il risarcimento dei danni.

L'autorità giudiziaria può ordinare che la sentenza sia pubblicata in uno o più giornali.

[1] Per la ditta v. art. 2563 e 2564.
[2] La competenza è del tribunale.

8. ***Tutela del nome per ragioni familiari.*** — Nel caso previsto dall'articolo precedente, l'azione può essere promossa anche da chi, pur non portando il nome contestato o indebitamente usato, abbia alla tutela del nome un interesse fondato su ragioni familiari degne d'essere protette.

9. ***Tutela dello pseudonimo.*** — Lo pseudonimo, usato da una persona in modo che abbia acquistato l'importanza del nome, può essere tutelato ai sensi dell'art. 7.[1]

[1] V. L. 22 apr. 1941, n. 633, artt. 8, 21, 27, 28 R.D. 18 mag. 1942, n. 1369, artt. 1, 2, 13. L.S.C. art. 89, n. 7.

10. ***Abuso dell'immagine altrui.*** — Qualora l'immagine di una persona o dei genitori, del coniuge o dei figli sia stata esposta o pubblicata fuori dei casi in cui l'esposizione o la pubblicazione è dalla legge[1] consentita, ovvero con pregiudizio al decoro o alla reputazione della persona stessa o dei detti congiunti, l'autorità giudiziaria,[2] su richiesta dell'interessato, può disporre che cessi l'abuso, salvo il risarcimento dei danni.

[1] V. artt. 87-92, 96-98 L. 633/1941 cit.
[2] La competenza è del Tribunale.

TITOLO II
Delle persone giuridiche

CAPO I
Disposizioni generali

11. *Persone giuridiche pubbliche.* — Le provincie e i comuni, nonché gli enti pubblici riconosciuti come persone giuridiche godono dei diritti secondo le leggi e gli usi osservati come diritto pubblico.

12. [*Persone giuridiche private*].[1]

[1] Articolo abrog. dal D.P.R. 10 feb. 2000, n. 361.

13. *Società.* — Le società sono regolate dalle disposizioni contenute nel libro V.[1]

[1] V. L. 28 gen. 1971, n. 220, che ratifica la Convenzione del reciproco riconoscimento delle società e delle persone giuridiche.

CAPO II
Delle associazioni e delle fondazioni[1,2]

[1] V. *Att.* 1-30; per la sede 46; per il foro generale delle p.g., 19 c.p.c.; per la capacità processuale, 75 e 78 c.p.c.; per le notificazioni 145 c.p.c.
[2] Sulle organizzazioni non lucrative di utilità sociale, v. D.Lg. 4 dic. 1997, n. 460.

14. *Atto costitutivo.* — Le associazioni e le fondazioni devono essere costituite con atto pubblico.

La fondazione può essere disposta anche con testamento (*Att.* 3).

15. *Revoca dell'atto costitutivo della fondazione.* — L'atto di fondazione può essere revocato dal fondatore fino a quando non sia intervenuto il riconoscimento ovvero il fondatore non abbia fatto iniziare l'attività dell'opera da lui disposta.

La facoltà di revoca non si trasmette agli eredi.

16. *Atto costitutivo e statuto. Modificazioni.*[1] — L'atto costitutivo e lo statuto devono contenere la denominazione dell'ente, l'indicazione dello scopo, del patrimonio e della sede, nonché le norme sull'ordinamento e sull'amministrazione. Devono anche determinare, quando trattasi di associazioni, i diritti e gli obblighi degli associati e le condizioni della loro ammissione; e, quando trattasi di fondazioni, i criteri e le modalità di erogazione delle rendite. L'atto costitutivo e lo statuto possono inoltre contenere le norme relative alla estinzione dell'ente e alla devoluzione del patrimonio, e, per le fondazioni, anche quelle relative alla loro trasformazione.

[1] Articolo così modif. dall'art. 11, D.P.R. 10 feb. 2000, n. 361.

17. [*Acquisto di immobili e accettazione di donazioni, eredità e legati*].[1]

[1] Articolo abrog. dall'art. 13 della L. 15 mag. 1997, n. 127, il cui comma 2 prevede: "le disposizioni di cui al comma 1 si applicano anche alle acquisizioni deliberate o verificatesi in data anteriore a quella di entrata in vigore della presente legge" (18 maggio 1997).

18. *Responsabilità degli amministratori.* — Gli amministratori sono responsabili verso l'ente secondo le norme del mandato. È però esente da responsabilità quello degli amministratori il quale non abbia partecipato all'atto che ha causato il danno, salvo il caso in cui, essendo a cognizione che l'atto si stava per compiere, egli non abbia fatto constare del proprio dissenso (*Att.* 9).

19. *Limitazioni del potere di rappresentanza.* — Le limitazioni del potere di rappresentanza, che non risultano dal registro indicato nell'art. 33, non possono essere opposte ai terzi, salvo che si provi che essi ne erano a conoscenza.

20. *Convocazione dell'assemblea delle associazioni.* — L'assemblea delle associazioni deve essere convocata dagli amministratori una volta l'anno per la approvazione del bilancio.

L'assemblea deve essere inoltre convocata quando se ne ravvisa la necessità o quando ne è fatta richiesta motivata da almeno un decimo degli associati. In quest'ultimo caso, se gli amministratori non vi provvedono, la convocazione può essere ordinata dal presidente del tribunale (*Att.* 8).

21. *Deliberazioni dell'assemblea.* — Le deliberazioni dell'assemblea sono prese a maggioranza di voti e con la presenza di almeno la metà degli associati. In seconda convocazione la deliberazione è valida qualunque sia il numero degli intervenuti. Nelle deliberazioni di approvazione del bilancio e in quelle che riguardano la loro responsabilità gli amministratori non hanno voto.

Per modificare l'atto costitutivo e lo statuto, se in essi non è altrimenti disposto, occorrono la presenza di almeno tre quarti degli associati e il voto favorevole della maggioranza dei presenti (*Att.* 4).

Per deliberare lo scioglimento dell'associazione e la devoluzione del patrimonio occorre il voto favorevole di almeno tre quarti degli associati (*Att.* 11).

22. *Azioni di responsabilità contro gli amministratori.* — Le azioni di responsabilità contro gli amministratori delle associazioni per fatti da loro compiuti sono deliberate dall'assemblea e sono esercitate dai nuovi amministratori o dai liquidatori.

23. *Annullamento e sospensione delle deliberazioni.* — Le deliberazioni dell'assemblea contrarie alla legge, all'atto costitutivo o allo statuto possono essere annullate su istanza degli organi dell'ente, di qualunque associato o del pubblico ministero.

L'annullamento della deliberazione non pregiudica i diritti acquistati dai terzi di buona fede in base ad atti compiuti in esecuzione della deliberazione medesima.

Il presidente del tribunale o il giudice istruttore, sentiti gli amministratori dell'associazione, può sospendere, su istanza di colui che ha proposto l'impugnazione, l'esecuzione della deliberazione impugnata, quando sussistono gravi motivi. Il decreto di sospensione deve essere motivato ed è notificato agli amministratori.

L'esecuzione delle deliberazioni contrarie all'ordine pubblico o al buon costume può essere sospesa anche dall'autorità governativa (*Att.* 9).

24. ***Recesso ed esclusione degli associati.*** — La qualità di associato non è trasmissibile, salvo che la trasmissione sia consentita dall'atto costitutivo o dallo statuto.

L'associato può sempre recedere dall'associazione se non ha assunto l'obbligo di farne parte per un tempo determinato. La dichiarazione di recesso deve essere comunicata per iscritto agli amministratori e ha effetto con lo scadere dell'anno in corso, purché sia fatta almeno tre mesi prima.

L'esclusione di un associato non può essere deliberata dall'assemblea che per gravi motivi; l'associato può ricorrere all'autorità giudiziaria entro sei mesi dal giorno in cui gli è stata notificata la deliberazione.

Gli associati, che abbiano receduto o siano stati esclusi o che comunque abbiano cessato di appartenere all'associazione, non possono ripetere i contributi versati, né hanno alcun diritto sul patrimonio dell'associazione.

25. ***Controllo sull'amministrazione delle fondazioni.*** — L'autorità governativa esercita il controllo e la vigilanza sull'amministrazione delle fondazioni; provvede alla nomina e alla sostituzione degli amministratori o dei rappresentanti, quando le disposizioni contenute nell'atto di fondazione non possono attuarsi; annulla, sentiti gli amministratori, con provvedimento definitivo, le deliberazioni contrarie a norme imperative, all'atto di fondazione, all'ordine pubblico o al buon costume; può sciogliere l'amministrazione e nominare un commissario straordinario, qualora gli amministratori non agiscano in conformità dello statuto o dello scopo della fondazione o della legge.

L'annullamento della deliberazione non pregiudica i diritti acquistati dai terzi di buona fede in base ad atti compiuti in esecuzione della deliberazione medesima.

Le azioni contro gli amministratori per fatti riguardanti la loro responsabilità devono essere autorizzate dall'autorità governativa e sono esercitate dal commissario straordinario, dai liquidatori o dai nuovi amministratori.

26. ***Coordinamento di attività e unificazione di amministrazione.*** — L'autorità governativa può disporre il coordinamento dell'attività di più fondazioni ovvero l'unificazione della loro amministrazione, rispettando, per quanto è possibile, la volontà del fondatore.

27. ***Estinzione della persona giuridica.***[1] — Oltre che per le cause previste nell'atto costitutivo e nello statuto, la persona giuridica si estingue quando lo scopo è stato raggiunto o è divenuto impossibile.

Le associazioni si estinguono, inoltre, quando tutti gli associati sono venuti a mancare.

[1] Articolo così modif. dall'art. 11, D.P.R. 10 feb. 2000, n. 361.

28. ***Trasformazione delle fondazioni.*** — Quando lo scopo è esaurito o divenuto impossibile o di scarsa utilità, o il patrimonio è divenuto insufficiente, l'autorità governativa, anziché dichiarare estinta la fondazione, può provvedere alla sua trasformazione, allontanandosi il meno possibile dalla volontà del fondatore (*Att.* 10).

La trasformazione non è ammessa quando i fatti che vi darebbero luogo sono considerati nell'atto di fondazione come causa di estinzione della persona giuridica e di devoluzione dei beni a terze persone.

Le disposizioni del primo comma di questo articolo e dell'art. 26 non si applicano alle fondazioni destinate a vantaggio soltanto di una o più famiglie determinate (*Att.* 10).

29. ***Divieto di nuove operazioni.*** — Gli amministratori non possono compiere nuove operazioni, appena è stato loro comunicato il provvedimento che dichiara l'estinzione della persona giuridica o il provvedimento con cui l'autorità, a norma di legge, ha ordinato lo scioglimento dell'associazione, o appena è stata adottata dall'assemblea la deliberazione di scioglimento dell'associazione medesima. Qualora trasgrediscano a questo divieto, assumono responsabilità personale e solidale.

30. ***Liquidazione.*** — Dichiarata l'estinzione della persona giuridica o disposto lo scioglimento dell'associazione, si procede alla liquidazione del patrimonio secondo le norme di attuazione del codice (*Att.* 11-21).

31. ***Devoluzione dei beni.*** — I beni della persona giuridica, che restano dopo esaurita la liquidazione, sono devoluti in conformità dell'atto costitutivo o dello statuto.

Qualora questi non dispongano, se trattasi di fondazione, provvede l'autorità governativa, attribuendo i beni ad altri enti che hanno fini analoghi; se trattasi di associazione, si osservano le deliberazioni dell'assemblea che ha stabilito lo scioglimento e, quando anche queste mancano, provvede nello stesso modo l'autorità governativa.

I creditori che durante la liquidazione non hanno fatto valere il loro credito possono chiedere il pagamento a coloro ai quali i beni sono stati devoluti, entro l'anno dalla chiusura della liquidazione, in proporzione e nei limiti di ciò che hanno ricevuto.

32. ***Devoluzione dei beni con destinazione particolare.*** — Nel caso di trasformazione o di scioglimento di un ente, al quale sono stati donati o lasciati beni con destinazione a scopo diverso da quello proprio dell'ente, l'autorità governativa devolve tali beni, con lo stesso onere, ad altre persone giuridiche che hanno fini analoghi.

33. [***Registrazione delle persone giuridiche***].[1]

[1] Articolo abrog. dall'art. 11, D.P.R. 10 feb. 2000, n. 361.

34. [***Registrazione di atti***].[1]

[1] Articolo abrog. dall'art. 11, D.P.R. 10 feb. 2000, n. 361.

35. ***Disposizione penale.***[1] — Gli amministratori e i liquidatori che non richiedono le iscrizioni prescritte sono puniti con l'ammenda da euro 10 a euro 516.

[1] Articolo così modif. dall'art. 11, D.P.R. 10 feb. 2000, n. 361.

CAPO III
Delle associazioni non riconosciute e dei comitati[1]

[1] Per il foro generale v. art. 19 c.p.c. per il quale, ai fini della competenza per territorio, le associazioni non riconosciute e i comitati hanno sede dove svolgono attività in modo continuativo. Per la capacità processuale v. art. 75 e 78 c.p.c.

36. ***Ordinamento e amministrazione delle associazioni non riconosciute.*** — L'ordinamento interno e l'amministrazione delle associazioni non riconosciute come persone giuridiche sono regolati dagli accordi degli associati.

Le dette associazioni possono stare in giudizio nella persona di coloro ai quali, secondo questi accordi, è conferita la presidenza o la direzione.

37. ***Fondo comune.*** — I contributi degli associati e i beni acquistati con questi contributi costituiscono il fondo comune dell'associazione. Finché questa dura, i singoli associati non possono chiedere la divisione del fondo comune, né pretenderne la quota in caso di recesso.

38. ***Obbligazioni.*** — Per le obbligazioni assunte dalle persone che rappresentano l'associazione i terzi possono far valere i loro diritti sul fondo comune. Delle obbligazioni stesse rispondono anche personalmente e solidalmente le persone che hanno agito in nome e per conto dell'associazione.

39. ***Comitati.*** — I comitati di soccorso o di beneficenza e i comitati promotori di opere pubbliche, monumenti, esposizioni, mostre, festeggiamenti e simili sono regolati dalle disposizioni seguenti, salvo quanto è stabilito nelle leggi speciali.

40. ***Responsabilità degli organizzatori.*** — Gli organizzatori e coloro che assumono la gestione dei fondi raccolti sono responsabili personalmente e solidalmente della conservazione dei fondi e della loro destinazione allo scopo annunziato.

41. ***Responsabilità dei componenti. Rappresentanza in giudizio.*** — Qualora il comitato non abbia ottenuto la personalità giuridica, i suoi componenti rispondono personalmente e solidalmente delle obbligazioni assunte. I sottoscrittori sono tenuti soltanto a effettuare le oblazioni promesse.

Il comitato può stare in giudizio nella persona del presidente.

42. ***Diversa destinazione dei fondi.*** — Qualora i fondi raccolti siano insufficienti allo scopo, o questo non sia più attuabile, o, raggiunto lo scopo, si abbia un residuo di fondi, l'autorità governativa stabilisce la devoluzione dei beni, se questa non è stata disciplinata al momento della costituzione.

42-*bis*. ***Trasformazione, fusione e scissione.***[1] — Se non è espressamente escluso dall'atto costitutivo o dallo statuto, le associazioni riconosciute e non riconosciute e le fondazioni di cui al presente titolo possono operare reciproche trasformazioni, fusioni o scissioni.

La trasformazione produce gli effetti di cui all'articolo 2498. L'organo di amministrazione deve predisporre una relazione relativa alla situazione patrimoniale dell'ente in via di trasformazione contenente l'elenco dei creditori, aggiornata a non più di centoventi giorni precedenti la delibera di trasformazione, nonché la relazione di cui all'articolo 2500-*sexies*, secondo comma. Si applicano inoltre gli articoli 2499, 2500, 2500-*bis*, 2500-*ter*, secondo comma, 2500-*quinquies* e 2500-*nonies*, in quanto compatibili.

Alle fusioni e alle scissioni si applicano, rispettivamente, le disposizioni di cui alle sezioni II e III del capo X, titolo V, libro V, in quanto compatibili.

Gli atti relativi alle trasformazioni, alle fusioni e alle scissioni per i quali il libro V prevede l'iscrizione nel Registro delle imprese sono iscritti nel Registro delle Persone Giuridiche ovvero, nel caso di enti del Terzo settore, nel Registro unico nazionale del Terzo settore.

[1] Articolo ins. dall'art. 98, D.lgs. 3 lug. 2017, n. 117.

TITOLO III
Del domicilio e della residenza[1]

[1] Per il domicilio fiscale v. l'art. 2 del D.P.R. 29 set. 1973, n. 597 (imposta sul reddito delle persone fisiche).

43. ***Domicilio e residenza.*** — Il domicilio di una persona è nel luogo in cui essa ha stabilito la sede principale dei suoi affari e interessi.

La residenza è nel luogo in cui la persona ha la dimora abituale.

44. ***Trasferimento della residenza e del domicilio.*** — Il trasferimento della residenza non può essere opposto ai terzi di buona fede, se non è stato denunciato nei modi prescritti dalla legge.[1]

Quando una persona ha nel medesimo luogo il domicilio e la residenza e trasferisce questa altrove, di fronte ai terzi di buona fede si considera trasferito pure il domicilio, se non si è fatta una diversa dichiarazione nell'atto in cui è stato denunciato il trasferimento della residenza.

[1] Per la prova del trasferimento della residenza v. *Att.* 31.

45. ***Domicilio dei coniugi, del minore e dell'interdetto.***[1] — Ciascuno dei coniugi ha il proprio domicilio nel luogo in cui ha stabilito la sede principale dei propri affari o interessi.

Il minore ha il domicilio nel luogo di residenza della famiglia o quello del tutore. Se i genitori sono separati o il loro matrimonio è sciolto o ne sono cessati gli effetti civili o comunque non hanno la stessa residenza, il minore ha il domicilio del genitore con il quale convive.

L'interdetto ha il domicilio del tutore.

[1] Articolo così sostituito dall'art. 1 della L. 19 mag. 1975, n. 151.

46. ***Sede delle persone giuridiche.*** — Quando la legge fa dipendere determinati effetti dalla residenza o dal domicilio, per le persone giuridiche si ha riguardo al luogo in cui è stabilita la loro sede.

Nei casi in cui la sede stabilita ai sensi dell'art. 16 o la sede risultante dal registro è diversa da quella effettiva, i terzi possono considerare come sede della persona giuridica anche questa ultima.

47. ***Elezione di domicilio.*** — Si può eleggere domicilio speciale per determinati atti o affari.

Questa elezione deve farsi espressamente per iscritto.[1]

[1] Per la notificazione degli atti nella residenza, nella dimora o nel domicilio v. art. 139 c.p.c. Chi ha eletto domicilio può essere convenuto davanti al giudice del domicilio stesso.

TITOLO IV
Dell'assenza e della dichiarazione di morte presunta

CAPO I
Dell'assenza[1]

[1] Per il procedimento v. artt. 721-725 c.p.c. Per gli scomparsi in mare o in sinistri aerei v. artt. 206, 209, 211, 212, 835 c.n.

48. ***Curatore dello scomparso.*** — Quando una persona non è più comparsa nel luogo del suo ultimo domicilio o dell'ultima sua residenza e non se ne hanno più notizie, il tribunale dell'ultimo domicilio o dell'ultima residenza,[1] su istanza degli interessati o dei presunti successori legittimi o del pubblico ministero, può nominare un curatore che rappresenti la persona in giudizio o nella formazione degli inventari e dei conti e nelle liquidazioni o divisioni in cui sia interessata, e può dare gli altri provvedimenti necessari alla conservazione del patrimonio dello scomparso.

Se vi è un legale rappresentante, non si fa luogo alla nomina del curatore. Se vi è un procuratore, il tribunale provvede soltanto per gli atti che il medesimo non può fare.

[1] Per la competenza territoriale v. L. 12 mar. 1950, n. 109, e l'art. 721 c.p.c. per il quale «i provvedimenti indicati nell'art. 48 del c.c. sono pronunciati dal Tribunale in camera di consiglio, su ricorso degli interessati, sentito il P.M.».

49. ***Dichiarazione di assenza.*** — Trascorsi due anni dal giorno a cui risale l'ultima notizia, i presunti successori legittimi e chiunque ragionevolmente creda di avere sui beni dello scomparso diritti dipendenti dalla morte di lui possono domandare al tribunale competente, secondo l'articolo precedente, che ne sia dichiarata l'assenza.

50. ***Immissione nel possesso temporaneo dei beni.*** — Divenuta eseguibile la sentenza che dichiara l'assenza, il tribunale, su istanza di chiunque vi abbia interesse o del pubblico ministero, ordina l'apertura degli atti di ultima volontà dell'assente, se vi sono.

Coloro che sarebbero eredi testamentari o legittimi, se l'assente fosse morto nel giorno a cui risale l'ultima notizia di lui, o i loro rispettivi eredi possono domandare l'immissione nel possesso temporaneo dei beni.

I legatari, i donatari e tutti quelli ai quali spetterebbero diritti dipendenti dalla morte dell'assente possono domandare di essere ammessi all'esercizio temporaneo di questi diritti.

Coloro che per effetto della morte dell'assente sarebbero liberati da obbligazioni possono essere temporaneamente esonerati dall'adempimento di esse, salvo che si tratti delle obbligazioni alimentari previste dall'art. 434.

Per ottenere l'immissione nel possesso, l'esercizio temporaneo dei diritti o la liberazione temporanea dalle obbligazioni si deve dare cauzione nella somma determinata dal tribunale; se taluno non sia in grado di darla, il tribunale può stabilire altre cautele, avuto riguardo alla qualità delle persone e alla loro parentela con l'assente.

51. ***Assegno alimentare a favore del coniuge dell'assente.***[1] — Il coniuge dell'assente, oltre ciò che gli spetta per effetto del regime patrimoniale dei coniugi e per titolo di successione, può ottenere dal tribunale, in caso di bisogno, un assegno alimentare da determinarsi secondo le condizioni della famiglia e l'entità del patrimonio dell'assente.

[1] Articolo così sostituito dall'art. 2 della L. 19 mag. 1975, n. 151.

52. ***Effetti della immissione nel possesso temporaneo.*** — La immissione nel possesso temporaneo dei beni deve essere preceduta dalla formazione dell'inventario dei beni.

Essa attribuisce a coloro che l'ottengono e ai loro successori l'amministrazione dei beni dell'assente, la rappresentanza di lui in giudizio e il godimento delle rendite dei beni nei limiti stabiliti nell'articolo seguente.

53. ***Godimento dei beni.*** — Gli ascendenti, i discendenti e il coniuge immessi nel possesso temporaneo dei beni ritengono a loro profitto la totalità delle rendite. Gli altri devono riservare all'assente il terzo delle rendite.

54. ***Limiti alla disponibilità dei beni.*** — Coloro che hanno ottenuto l'immissione nel possesso temporaneo dei beni non possono alienarli, ipotecarli o sottoporli a pegno, se non per necessità o utilità evidente riconosciuta dal tribunale.

Il tribunale nell'autorizzare questi atti dispone circa l'uso e l'impiego delle somme ricavate.

55. ***Immissione di altri nel possesso temporaneo.*** — Se durante il possesso temporaneo taluno prova di avere avuto, al giorno a cui risale l'ultima notizia dell'assente, un diritto prevalente o uguale a quello del possessore, può escludere questo dal possesso o farvisi associare; ma non ha diritto ai frutti se non dal giorno della domanda giudiziale.

56. ***Ritorno dell'assente o prova della sua esistenza.*** — Se durante il possesso temporaneo l'assente ritorna o è provata la esistenza di lui, cessano gli effetti dalla dichiarazione di assenza, salva, se occorre, la adozione di provvedimenti per la conservazione del patrimonio a norma dell'art. 48.

I possessori temporanei dei beni devono restituirli; ma fino al giorno della loro costituzione in mora continuano a godere i vantaggi attribuiti dagli artt. 52 e 53, e gli atti compiuti ai sensi dell'art. 54 restano irrevocabili.

Se l'assenza è stata volontaria e non è giustificata, l'assente perde il diritto di farsi restituire le rendite riservategli dalla norma dell'art. 53.

57. ***Prova della morte dell'assente.*** — Se durante il possesso temporaneo è provata la morte dell'assente, la successione si apre a vantaggio di coloro che al momento della morte erano suoi eredi o legatari.

Si applica anche in questo caso la disposizione del secondo comma dell'articolo precedente.

CAPO II
Della dichiarazione di morte presunta[1]

[1] Per il procedimento v. 726-731 c.p.c. Per la competenza e per gli scomparsi per eventi bellici o dopo l'8 set. 1943 v. L. 3 giu. 1949, n. 320. Per le annotazioni negli atti dello stato civile v. L.S.C. 88, n. 10 e 133, n. 3.

58. ***Dichiarazione di morte presunta dell'assente.*** — Quando sono trascorsi dieci anni dal giorno a cui risale l'ultima notizia dell'assente, il tribunale competente secondo l'art. 48, su istanza del pubblico ministero o di taluna delle persone indicate nei capoversi dell'art. 50, può con sentenza dichiarare presunta la morte dell'assente nel giorno a cui risale l'ultima notizia.

In nessun caso la sentenza può essere pronunciata se non sono trascorsi nove anni dal raggiungimento della maggiore età dell'assente.[1]

Può essere dichiarata la morte presunta anche se sia mancata la dichiarazione di assenza.

[1] «La disposizione del secondo comma dell'art. 58 non si applica per la dichiarazione di morte presunta di persone scomparse in seguito a deportazione avvenuta tra l'8 settembre 1943 ed il 25 aprile 1945». (L. 14 feb. 1951, n. 103).

59. ***Termine per la rinnovazione dell'istanza.*** — L'istanza, quando è stata rigettata, non può essere riproposta prima che siano decorsi almeno due anni.

60. ***Altri casi di dichiarazione di morte presunta.*** — Oltre che nel caso indicato nell'art. 58, può essere dichiarata la morte presunta nei casi seguenti:

1) quando qualcuno è scomparso in operazioni belliche alle quali ha preso parte, sia nei corpi armati, sia al seguito di essi, o alle quali si è comunque trovato presente, senza che si abbiano più notizie di lui, e sono trascorsi due anni dall'entrata in vigore del trattato di pace o, in mancanza di questo, tre anni dalla fine dell'anno in cui sono cessate le ostilità;[1]

2) quando alcuno è stato fatto prigioniero dal nemico, o da questo internato o comunque trasportato in paese straniero, e sono trascorsi due anni dall'entrata in vigore del trattato di pace, o, in mancanza di questo, tre anni dalla fine dell'anno in cui sono cessate le ostilità, senza che si siano avute notizie di lui dopo l'entrata in vigore del trattato di pace ovvero dopo la cessazione delle ostilità;

3) quando alcuno è scomparso per un infortunio e non si hanno più notizie di lui, dopo due anni dal giorno dell'infortunio o, se il giorno non è conosciuto, dopo due anni dalla fine del mese o, se neppure il mese è conosciuto, dalla fine dell'anno in cui l'infortunio è avvenuto.

[1] Per la decorrenza del termine v. D.L.C.P. 10 set. 1947, n. 890.

61. ***Data della morte presunta.*** — Nei casi previsti dai numeri 1 e 3 dell'articolo precedente, la sentenza determina il giorno e possibilmente l'ora a cui risale la scomparsa nell'operazione bellica o nell'infortunio, e nel caso indicato dal n. 2 il giorno a cui risale l'ultima notizia.[1]

Qualora non possa determinarsi l'ora, la morte presunta si ha per avvenuta alla fine del giorno indicato.

[1] V. L.S.C. 88, 137, n. 7 e 140.

62. ***Condizioni e forme della dichiarazione di morte presunta.*** — La dichiarazione di morte presunta nei casi indicati dall'art. 60 può essere domandata quando non si è potuto procedere agli accertamenti richiesti dalla legge per la compilazione dell'atto di morte.

Questa dichiarazione è pronunziata con sentenza del tribunale su istanza del pubblico ministero o di alcuna delle persone indicate nei capoversi dell'art. 50.

Il tribunale, qualora non ritenga di accogliere l'istanza di dichiarazione di morte presunta, può dichiarare l'assenza dello scomparso.

63. ***Effetti della dichiarazione di morte presunta dell'assente.*** — Divenuta eseguibile la sentenza indicata nell'art. 58 coloro che ottennero l'immissione nel possesso temporaneo dei beni dell'assente o i loro successori possono disporre liberamente dei beni.

Coloro ai quali fu concesso l'esercizio temporaneo dei diritti o la liberazione temporanea dalle obbligazioni di cui all'art. 50 conseguono l'esercizio definitivo dei diritti o la liberazione definitiva dalle obbligazioni.

Si estinguono inoltre le obbligazioni alimentari indicate nel quarto comma dell'art. 50.

In ogni caso cessano le cauzioni e le altre cautele che sono state imposte.

64. ***Immissione nel possesso e inventario.*** — Se non v'è stata immissione nel possesso temporaneo dei beni, gli aventi diritto indicati nei capoversi dell'art. 50 o i loro successori conseguono il pieno esercizio dei diritti loro spettanti, quando è diventata eseguibile la sentenza menzionata nell'art. 58.

Coloro che prendono possesso dei beni devono fare precedere l'inventario dei beni.

Parimenti devono far precedere l'inventario dei beni coloro che succedono per effetto della dichiarazione di morte presunta nei casi indicati dall'art. 60.

65. ***Nuovo matrimonio del coniuge.*** — Divenuta eseguibile la sentenza che dichiara la morte presunta, il coniuge può contrarre nuovo matrimonio.

66. ***Prova dell'esistenza della persona di cui è stata dichiarata la morte presunta.*** — La persona di cui è stata dichiarata la morte presunta, se ritorna o ne è provata l'esistenza, ricupera i beni nello stato in cui si trovano e ha diritto di conseguire il prezzo di quelli alienati, quando esso sia tuttora dovuto, o i beni nei quali sia stato investito.

Essa ha altresì diritto di pretendere l'adempimento delle obbligazioni considerate estinte ai sensi del secondo comma dell'art. 63.

Se è provata la data della sua morte, il diritto previsto nel primo comma di questo articolo compete a coloro che a quella data sarebbero stati suoi eredi o legatari. Questi possono inoltre pretendere l'adempimento delle obbligazioni considerate estinte ai sensi del secondo comma dell'art. 63 per il tempo anteriore alla data della morte.

Sono salvi in ogni caso gli effetti delle prescrizioni e delle usucapioni.

67. ***Dichiarazione di esistenza o accertamento della morte.*** — La dichiarazione di esistenza della persona di cui è stata dichiarata la morte presunta e l'accertamento della morte possono essere sempre fatti, su richiesta del pubblico ministero o di qualunque interessato, in contraddittorio di tutti coloro che furono parti nel giudizio in cui fu dichiarata la morte presunta.

68. ***Nullità del nuovo matrimonio.*** — Il matrimonio contratto a norma dell'art. 65 è nullo, qualora la persona della quale fu dichiarata la morte presunta ritorni o ne sia accertata l'esistenza.

Sono salvi gli effetti civili del matrimonio dichiarato nullo.

La nullità non può essere pronunziata nel caso in cui è accertata la morte, anche se avvenuta in una data posteriore a quella del matrimonio.

CAPO III

Delle ragioni eventuali che competono alla persona di cui si ignora l'esistenza o di cui è stata dichiarata la morte presunta

69. ***Diritti spettanti alla persona di cui si ignora l'esistenza.*** — Nessuno è ammesso a reclamare un diritto in nome della persona di cui si ignora l'esistenza, se non prova che la persona esisteva quando il diritto è nato.

70. ***Successione alla quale sarebbe chiamata la persona di cui si ignora l'esistenza.*** — Quando s'apre una successione alla quale sarebbe chiamata in tutto o in parte una persona di cui s'ignora l'esistenza, la successione è devoluta a coloro ai quali sarebbe spettata in mancanza della detta persona, salvo il diritto di rappresentazione.

Coloro ai quali è devoluta la successione devono innanzi tutto procedere all'inventario dei beni, e devono dare cauzione.

71. ***Estinzione dei diritti spettanti alla persona di cui si ignora l'esistenza.*** — Le disposizioni degli articoli precedenti non pregiudicano la petizione di eredità né gli altri diritti spettanti alla persona di cui si ignora l'esistenza o ai suoi eredi o aventi causa, salvi gli effetti della prescrizione o della usucapione.

La restituzione dei frutti non è dovuta se non dal giorno della costituzione in mora.

72. ***Successione a cui sarebbe chiamata la persona della quale è stata dichiarata la morte presunta.*** — Quando s'apre una successione alla quale sarebbe chiamata in tutto o in parte una persona di cui è stata dichiarata la morte presunta, coloro ai quali, in sua mancanza, è devoluta la successione devono innanzi tutto procedere all'inventario dei beni.

73. ***Estinzione dei diritti spettanti alla persona di cui è stata dichiarata la morte presunta.*** — Se la persona di cui è stata dichiarata la morte presunta ritorna o ne è provata la esistenza al momento dell'apertura della successione, essa o i suoi eredi o aventi causa possono esercitare la petizione di eredità e far valere ogni altro diritto, ma non possono recuperare i beni se non nello stato in cui si trovano, e non possono ripetere che il prezzo di quelli alienati, quando è ancora dovuto, o i beni nei quali esso è stato investito, salvi gli effetti della prescrizione o dell'usucapione.

Si applica la disposizione del secondo comma dell'art. 71.

TITOLO V
Della parentela e dell'affinità

74. ***Parentela.***[1] — La parentela è il vincolo tra le persone che discendono da uno stesso stipite, sia nel caso in cui la filiazione è avvenuta all'interno del matrimonio, sia nel caso in cui è avvenuta al di fuori di esso, sia nel caso in cui il figlio è adottivo. Il vincolo di parentela non sorge nei casi di adozione di persone maggiori di età, di cui agli articoli 291 e seguenti.[2]

[1] Articolo così sost. dall'art. 1, c. 1, L. 10 dic. 2012, n. 219.
[2] Per i rapporti di parentela v: 87, 117 (matrimonio); 251 (incesto); 345 (tutela); 417, 429 (interdizione e inabilitazione); 572, (successione); 1916 (assicurazione); 2122 (rapporto di lavoro); 2399; 2464, 2488, 2516 (società); L.F. 28, 127, 163, 177, 188, 189; c.p. 540: «Agli effetti della legge penale, quando il rapporto di parentela è considerato come elemento costitutivo o come circostanza aggravante o attenuante o come causa di non punibilità, la filiazione illegittima è equiparata alla filiazione legittima.
Il rapporto di filiazione illegittima è stabilito osservando i limiti di prova indicati dalla legge civile, anche se per effetti diversi dall'accertamento dello stato delle persone».

75. ***Linee della parentela.*** — Sono parenti in linea retta le persone di cui l'una discende dall'altra; in linea collaterale quelle che, pur avendo uno stipite comune, non discendono l'una dall'altra.

76. ***Computo dei gradi.*** — Nella linea retta si computano altrettanti gradi quante sono le generazioni, escluso lo stipite.

Nella linea collaterale i gradi si computano dalle generazioni, salendo da uno dei parenti fino allo stipite comune e da questo discendendo all'altro parente, sempre restando escluso lo stipite.

77. ***Limite della parentela.*** — La legge non riconosce il vincolo di parentela oltre il sesto grado, salvo che per alcuni effetti specialmente determinati.

78. ***Affinità.*** — L'affinità è il vincolo tra un coniuge e i parenti dell'altro coniuge.[1]

Nella linea e nel grado in cui taluno è parente d'uno dei coniugi, egli è affine dell'altro coniuge.

L'affinità non cessa per la morte, anche senza prole, del coniuge da cui deriva, salvo che per alcuni effetti specialmente determinati. Cessa se il matrimonio è dichiarato nullo, salvi gli effetti di cui all'art. 87, n. 4.

[1] V. per i rapporti di affinità: 87 (matrimonio); 251 (incesto); 433, 434 (alimenti); 417, 429 (interdizione e inabilitazione); 1916 (assicurazione); 2122 (rapporto di lavoro); 2399 (società); L.F. 28, 127, 163, 177.

TITOLO VI[1]
Del matrimonio[2]

[1] La materia regolata da questo titolo e dai successivi titoli dei Libri I e II del c.c. è stata ampliamente modificata alla L. 19 mag. 1975, n. 151, «Riforma del diritto di famiglia», in vigore dal 20 set. 1975. Inoltre sono state modificate le intitolazioni delle sezioni II, III, IV e V del capo VI, ed allo stesso capo è stata aggiunta la sezione VI.
[2] V. Cost. 29. «Il minore è di diritto emancipato col matrimonio» (390).

CAPO I
Della promessa di matrimonio

79. ***Effetti.*** — La promessa di matrimonio non obbliga a contrarlo né ad eseguire ciò che si fosse convenuto per il caso di non adempimento.

80. ***Restituzione dei doni.*** — Il promittente può domandare la restituzione dei doni fatti a causa della promessa di matrimonio, se questo non è stato contratto.

La domanda non è proponibile dopo un anno dal giorno in cui s'è avuto il rifiuto di celebrare il matrimonio o dal giorno della morte di uno dei promittenti.

81. ***Risarcimento dei danni.*** — La promessa di matrimonio fatta vicendevolmente per atto pubblico o per scrittura privata da una persona maggiore di età o dal minore ammesso a contrarre matrimonio a norma dell'art. 84, oppure risultante dalla richiesta della pubblicazione, obbliga il promittente che senza giusto motivo ricusi di eseguirla a risarcire il danno cagionato all'altra parte per le spese fatte e per le obbligazioni contratte a causa di quella promessa. Il danno è risarcito entro il limite in cui le spese e le obbligazioni corrispondono alla condizione delle parti.[1]

Lo stesso risarcimento è dovuto dal promittente che con la propria colpa ha dato giusto motivo al rifiuto dell'altro.[2]

La domanda non è proponibile dopo un anno dal giorno del rifiuto di celebrare il matrimonio.

[1] Comma così sost. dall'art. 3 della L. 19 mag. 1975, n. 151.
[2] È escluso il risarcimento del danno non patrimoniale.

CAPO II
Del matrimonio celebrato davanti a ministri del culto cattolico e del matrimonio celebrato davanti a ministri dei culti ammessi nello Stato

82. ***Matrimonio celebrato davanti a ministri del culto cattolico.*** — Il matrimonio celebrato davanti a un ministro del culto cattolico è regolato in conformità del Concordato con la Santa Sede e delle leggi speciali sulla materia.

83. *Matrimonio celebrato davanti a ministri dei culti ammessi nello Stato.* — Il matrimonio celebrato davanti a ministri dei culti ammessi nello Stato è regolato dalle disposizioni del capo seguente, salvo quanto è stabilito nella legge speciale concernente tale matrimonio.

CAPO III
Del matrimonio celebrato davanti all'ufficiale dello stato civile[1]

[1] V. L.S.C. 91-135. Per le penalità 134-142. La competenza è del Tribunale.

SEZIONE I
Delle condizioni necessarie per contrarre matrimonio

84. *Età.*[1] — I minori di età non possono contrarre matrimonio.

Il tribunale (*Att.* 38), su istanza dell'interessato, accertata la sua maturità psico-fisica e la fondatezza delle ragioni addotte, sentito il pubblico ministero, i genitori o il tutore, può con decreto emesso in camera di consiglio ammettere per gravi motivi al matrimonio chi abbia compiuto i sedici anni.

Il decreto è comunicato al pubblico ministero, agli sposi, ai genitori e al tutore.

Contro il decreto può essere proposto reclamo, con ricorso alla corte d'appello, nel termine perentorio di dieci giorni dalla comunicazione.

La corte d'appello decide con ordinanza non impugnabile, emessa in camera di consiglio.

Il decreto acquista efficacia quando è decorso il termine previsto nel quarto comma, senza che sia stato proposto reclamo.

[1] Articolo così sost. dall'art. 4, L. 19 mag. 1975, n. 151.

85. *Interdizione per infermità di mente.* — Non può contrarre matrimonio l'interdetto per infermità di mente.

Se l'istanza di interdizione è soltanto promossa, il pubblico ministro può chiedere che si sospenda la celebrazione del matrimonio; in tal caso la celebrazione non può aver luogo finché la sentenza che ha pronunziato sulla istanza non sia passata in giudicato.

86. *Libertà di stato.*[1] — Non può contrarre matrimonio chi è vincolato da un matrimonio o da un'unione civile tra persone dello stesso sesso precedente.

[1] Articolo così modif. dall'art. 1, c. 32, L. 20 mag. 2016, n. 76.

87. *Parentela, affinità, adozione.*[1,2] — Non possono contrarre matrimonio fra loro:

1) gli ascendenti e i discendenti in linea retta;

2) i fratelli e le sorelle germani, consanguinei o uterini;

3) lo zio e la nipote, la zia e il nipote;

4) gli affini in linea retta; il divieto sussiste anche nel caso in cui l'affinità deriva da matrimonio dichiarato nullo o sciolto o per il quale è stata pronunziata la cessazione degli effetti civili;

5) gli affini in linea collaterale in secondo grado;

6) l'adottante, l'adottato e i suoi discendenti;

7) i figli adottivi della stessa persona;

8) l'adottato e i figli dell'adottante;

9) l'adottato e il coniuge dell'adottante, l'adottante e il coniuge dell'adottato.[3]

[...][4]

[...][4]

Il tribunale, su ricorso degli interessati, con decreto emesso in camera di consiglio, sentito il pubblico ministero, può autorizzare il matrimonio nei casi indicati dai numeri 3 e 5, anche se si tratti di affiliazione. L'autorizzazione può essere accordata anche nel caso indicato dal numero 4, quando l'affinità deriva da matrimonio nullo.[3]

Il decreto è notificato agli interessati e al pubblico ministero.

Si applicano le disposizioni dei commi quarto, quinto e sesto dell'art. 84.

[1] Articolo così sost. dalla L. 19 mag. 1975, n. 151. Il c. 4 è stato poi sost. dall'art. 78, L. 4 mag. 1983, n. 184.

[2] Rubrica così modif. dall'art. 1, D.lgs. 28 dic. 2013, n. 154, in vigore dal 7 feb. 2014.

[3] Comma così modif. dall'art. 1, D.lgs. 28 dic. 2013, n. 154, in vigore dal 7 feb. 2014.

[4] Comma abrog. dall'art. 1, D.lgs. 28 dic. 2013, n. 154, in vigore dal 7 feb. 2014.

88. *Delitto.*[1] — Non possono contrarre matrimonio tra loro le persone delle quali l'una è stata condannata per omicidio consumato o tentato sul coniuge dell'altra.

Se ebbe luogo soltanto rinvio a giudizio ovvero fu ordinata la cattura, si sospende la celebrazione del matrimonio fino a quando non è pronunziata sentenza di proscioglimento.

89. *Divieto temporaneo di nuove nozze.* — Non può contrarre matrimonio la donna, se non dopo trecento giorni dallo scioglimento, dall'annullamento o dalla cessazione degli effetti civili del precedente matrimonio. Sono esclusi dal divieto i casi in cui lo scioglimento o la cessazione degli effetti civili del precedente matrimonio siano stati pronunciati in base all'art. 3, numero 2, lettere *b* ed *f*), della L. 1 dic. 1970, n. 898, e nei casi in cui il matrimonio sia stato dichiarato nullo per impotenza, anche soltanto a generare, di uno dei coniugi.

Il tribunale con decreto emesso in camera di consiglio, sentito il pubblico ministero, può autorizzare il matrimonio quando è inequivocabilmente escluso lo stato di gravidanza o se risulta da sentenza passata in giudicato che il marito non ha convissuto con la moglie nei trecento giorni precedenti lo scioglimento, l'annullamento o la cessazione degli effetti civili del matrimonio. Si applicano le disposizioni dei commi quarto, quinto e sesto dell'art. 84 e del comma quinto dell'art. 87.

Il divieto cessa dal giorno in cui la gravidanza è terminata.

[1] Articolo così sost. dalla L. 19 mag. 1975, n. 151. Il c. 1 è stato poi sost. dall'art. 22, L. 6 mar. 1987, n. 74.

90. *Assistenza del minore.*[1] — Con il decreto di cui all'art. 84 il tribunale o la corte d'appello nominano, se le circostanze lo esigono, un curatore speciale che assista il minore nella stipulazione delle convenzioni matrimoniali (*Att.* 38).

[1] Articolo così sost. dalla L. 19 mag. 1975, n. 151.

91. [***Diversità di razza o di nazionalità.***] (*Abrogato*).

92. [***Matrimonio del Re Imperatore e dei Principi Reali.***] (*Abrogato*).

SEZIONE II

Delle formalità preliminari del matrimonio[1]

[1] Per le penalità in caso di infrazioni v. 134 e 138.

93. *Pubblicazione.* — La celebrazione del matrimonio deve essere preceduta dalla pubblicazione fatta a cura dell'ufficiale dello stato civile.

[...][1]

[1] Comma abrog. dall'art. 110, D.P.R. 3 nov. 2000, n. 396.

94. *Luogo della pubblicazione.* — La pubblicazione deve essere richiesta all'ufficiale dello stato civile del comune dove uno degli sposi ha la residenza ed è fatta nei comuni di residenza degli sposi.

[...][1]

[1] Comma abrog. dall'art. 110, D.P.R. 3 nov. 2000, n. 396.

95. [***Durata della pubblicazione.***][1]

[1] Articolo abrog. dall'art. 110, D.P.R. 3 nov. 2000, n. 396.

96. *Richiesta della pubblicazione.* — La richiesta della pubblicazione deve farsi da ambedue gli sposi o da persona che ne ha da essi ricevuto speciale incarico.[1]

[1] Per la richiesta v. L.S.C. 95-106. Per le penalità v. 135 e 138.

97. [***Documenti per la pubblicazione.***][1]

[1] Articolo abrog. dall'art. 110, D.P.R. 3 nov. 2000, n. 386.

98. *Rifiuto della pubblicazione.* — L'ufficiale dello stato civile che non crede di poter procedere alla pubblicazione rilascia un certificato coi motivi del rifiuto.

Contro il rifiuto è dato ricorso al tribunale, che provvede in camera di consiglio, sentito il pubblico ministero.[1]

[1] Per le penalità in caso di infrazioni v. 138.

99. *Termine per la celebrazione del matrimonio.* — Il matrimonio non può essere celebrato prima del quarto giorno dopo compiuta la pubblicazione.

Se il matrimonio non è celebrato nei centottanta giorni successivi, la pubblicazione si considera come non avvenuta.[1]

[1] Per le penalità in caso di infrazioni v. 138.

100. *Riduzione del termine e omissione della pubblicazione.* — Il tribunale, su istanza degli interessati, con decreto non impugnabile emesso in camera di consiglio, sentito il pubblico ministero, può ridurre, per gravi motivi, il termine della pubblicazione. In questo caso la riduzione del termine è dichiarata nella pubblicazione.

Può anche autorizzare, con le stesse modalità, per cause gravissime, l'omissione della pubblicazione, quando gli sposi davanti al cancelliere dichiarano sotto la propria responsabilità che nessuno degli impedimenti stabiliti dagli artt. 85, 86, 87, 88 e 89 si oppone al matrimonio.

Il cancelliere deve far precedere alla dichiarazione la lettura dei detti articoli e ammonire i dichiaranti sull'importanza della loro attestazione e sulla gravità delle possibili conseguenze.

[...][1]

[1] Comma abrog. dall'art. 110, D.P.R. 3 nov. 2000, n. 386.

101. *Matrimonio in imminente pericolo di vita.* — Nel caso di imminente pericolo di vita di uno degli sposi, l'ufficiale dello stato civile del luogo può procedere alla celebrazione del matrimonio senza pubblicazione e senza l'assenso al matrimonio, se questo è richiesto, purché gli sposi prima giurino che non esistono tra loro impedimenti non suscettibili di dispensa.

L'ufficiale dello stato civile dichiara nell'atto di matrimonio il modo con cui ha accertato l'imminente pericolo di vita.

SEZIONE III

Delle opposizioni al matrimonio[1]

[1] V. L.S.C. 120-123.

102. *Persone che possono fare opposizione.* — I genitori e, in mancanza loro, gli altri ascendenti e i collaterali entro il terzo grado possono fare opposizione al matrimonio dei loro parenti per qualunque causa che osti alla sua celebrazione.

Se uno degli sposi è soggetto a tutela o a cura, il diritto di fare opposizione compete anche al tutore o al curatore.

Il diritto di opposizione compete anche al coniuge della persona che vuole contrarre un altro matrimonio.

Quando si tratta di matrimonio in contravvenzione all'art. 89, il diritto di opposizione spetta anche, se il precedente matrimonio fu sciolto, ai parenti del precedente marito e, se il matrimonio fu dichiarato nullo, a colui col quale il matrimonio era stato contratto e ai parenti di lui.

Il pubblico ministero deve sempre fare opposizione al matrimonio, se sa che vi osta un impedimento o se gli consta la infermità di mente di uno degli sposi, nei confronti del quale, a causa dell'età, non possa essere promossa l'interdizione.

103. ***Atto di opposizione.*** — L'atto di opposizione deve dichiarare la qualità che attribuisce all'opponente il diritto di farla, le cause dell'opposizione, e contenere l'elezione di domicilio nel comune dove siede il tribunale nel cui territorio si deve celebrare il matrimonio.

[...][1]

[1] Comma abrog. dall'art. 110, D.P.R. 3 nov. 2000, n. 396.

104. ***Effetti dell'opposizione.*** — [...].[1]

Se l'opposizione è respinta, l'opponente, che non sia un ascendente o il pubblico ministero, può essere condannato al risarcimento dei danni.

[1] Comma abrog. dall'art. 110, D.P.R. 3 nov. 2000, n. 396.

105. [***Matrimonio del Re Imperatore e dei Principi Reali.***] (*Abrogato*).

SEZIONE IV

Della celebrazione del matrimonio[1]

[1] V. L.S.C. 124-135.

106. ***Luogo della celebrazione.*** — Il matrimonio deve essere celebrato pubblicamente nella casa comunale davanti all'ufficiale dello stato civile al quale fu fatta la richiesta di pubblicazione.

107. ***Forma della celebrazione.***[1] — Nel giorno indicato dalle parti l'ufficiale dello stato civile, alla presenza di due testimoni, anche se parenti, dà lettura agli sposi degli artt. 143, 144 e 147; riceve da ciascuna delle parti personalmente, l'una dopo l'altra, la dichiarazione che esse si vogliono prendere rispettivamente in marito e in moglie, e di seguito dichiara che esse sono unite in matrimonio.

L'atto di matrimonio deve essere compilato immediatamente dopo la celebrazione.[2]

[1] Articolo così sostituito dalla L. 19 mag. 1975, n. 151.
[2] Per le penalità in caso di infrazioni v. art. 138.

108. ***Inapponibilità di termini e condizioni.*** — La dichiarazione degli sposi di prendersi rispettivamente in marito e in moglie non può essere sottoposta né a termine né a condizione.

Se le parti aggiungono un termine o una condizione, l'ufficiale dello stato civile non può procedere alla celebrazione del matrimonio. Se ciò nonostante il matrimonio è celebrato, il termine e la condizione si hanno per non apposti.

109. ***Celebrazione in un comune diverso.*** — Quando vi è necessità o convenienza di celebrare il matrimonio in un comune diverso da quello indicato nell'art. 106, l'ufficiale dello stato civile, trascorso il termine stabilito nel primo comma dell'art. 99, richiede per iscritto l'ufficiale del luogo dove il matrimonio si deve celebrare.

La richiesta è menzionata nell'atto di celebrazione e in esso inserita. Nel giorno successivo alla celebrazione del matrimonio, l'ufficiale davanti al quale esso fu celebrato, invia, per la trascrizione, copia autentica dell'atto all'ufficiale da cui fu fatta la richiesta.

110. ***Celebrazione fuori della casa comunale.*** — Se uno degli sposi, per infermità o per altro impedimento giustificato all'ufficio dello stato civile, è nell'impossibilità di recarsi alla casa comunale, l'ufficiale si trasferisce col segretario nel luogo in cui si trova lo sposo impedito, e ivi, alla presenza di quattro testimoni, procede alla celebrazione del matrimonio secondo l'art. 107.

111. ***Celebrazione per procura.***[1] — I militari e le persone che per ragioni di servizio si trovano al seguito delle forze armate possono, in tempo di guerra, celebrare il matrimonio per procura.

La celebrazione del matrimonio per procura può anche farsi se uno degli sposi risiede all'estero e concorrono gravi motivi da valutarsi dal tribunale nella cui circoscrizione risiede l'altro sposo. L'autorizzazione è concessa con decreto non impugnabile emesso in camera di consiglio, sentito il pubblico ministero.

La procura deve contenere l'indicazione della persona con la quale il matrimonio si deve contrarre.

La procura deve essere fatta per atto pubblico; i militari e le persone al seguito delle forze armate, in tempo di guerra, possono farla nelle forme speciali ad essi consentite.[2]

Il matrimonio non può essere celebrato quando sono trascorsi centottanta giorni da quello in cui la procura è stata rilasciata.

La coabitazione, anche temporanea, dopo la celebrazione del matrimonio, elimina gli effetti della revoca della procura, ignorata dall'altro coniuge al momento della celebrazione.

[1] Art. così sost. dalla dall'art. 11, L. 19 mag. 1975, n. 151.
[2] V. art. 119-122, R.D. 8 lug. 1938, n. 1415.

112. ***Rifiuto della celebrazione.*** — L'ufficiale dello stato civile non può rifiutare la celebrazione del matrimonio se non per una causa ammessa dalla legge.

Se la rifiuta, deve rilasciare un certificato con l'indicazione dei motivi.

Contro il rifiuto è dato ricorso al tribunale, che provvede in camera di consiglio, sentito il pubblico ministero.[1]

[1] Per la penalità v. art. 138.

113. ***Matrimonio celebrato davanti a un apparente ufficiale dello stato civile.*** — Si considera celebrato davanti all'ufficiale dello stato civile il matrimonio che sia stato celebrato dinanzi a persona la quale, senza avere la qualità di ufficiale dello stato civile, ne esercitava pubblicamente le funzioni, a meno che entrambi gli sposi, al momento della celebrazione, abbiano saputo che la detta persona non aveva tale qualità.

114. [***Matrimonio del Re Imperatore e dei Principi Reali.***] (*Abrogato*).

SEZIONE V

Del matrimonio dei cittadini in paese straniero e degli stranieri nello Stato[1]

[1] Per le penalità v. art. 138.

115. ***Matrimonio del cittadino all'estero.*** — Il cittadino è soggetto alle disposizioni contenute nella sezione prima di questo capo, anche quando contrae matrimonio in paese straniero secondo le forme ivi stabilite.

[...][1]

[1] Comma abrog. dall'art. 110, D.P.R. 3 nov. 2000, n. 396.

116. ***Matrimonio dello straniero nella Repubblica.*** — Lo straniero che vuole contrarre matrimonio nello *Stato* deve presentare all'ufficiale dello stato civile una dichiarazione dell'autorità competente del proprio paese, dalla quale risulti che giusta le leggi a cui è sottoposto nulla osta al matrimonio nonché un documento attestante la regolarità del soggiorno nel territorio italiano.[1]

Anche lo straniero è tuttavia soggetto alle disposizioni contenute negli artt. 85, 86, 87, numeri 1, 2 e 4, 88 e 89.

Lo straniero che ha domicilio o residenza nello *Stato* deve inoltre far fare la pubblicazione secondo le disposizioni di questo codice.

[1] Parole aggiunte dall'art. 1, c. 15, della L. 15 lug. 2009, n. 94.

La Corte cost., con sent. 25 luglio 2011, n. 245, ha dichiarato l'ill. cost. del presente comma, limitatamente alle parole «nonché un documento attestante la regolarità del soggiorno nel territorio italiano».

SEZIONE VI

Della nullità del matrimonio[1]

[1] Per le penalità, v. l'art. 139 e per il diritto a una congrua indennità del coniuge in buona fede, v. l'art. 129-*bis*.

117. ***Matrimonio contratto con violazione degli artt. 84, 86, 87 e 88.***[1] — Il matrimonio contratto con violazione degli artt. 86, 87 e 88 può essere impugnato dai coniugi, dagli ascendenti prossimi, dal pubblico ministero e da tutti coloro che abbiano per impugnarlo un interesse legittimo e attuale.

Il matrimonio contratto con violazione dell'art. 84 può essere impugnato dai coniugi, da ciascuno dei genitori e dal pubblico ministero. La relativa azione di annullamento può essere proposta personalmente dal minore non oltre un anno dal raggiungimento della maggiore età. La domanda, proposta dal genitore o dal pubblico ministero, deve essere respinta ove, anche in pendenza del giudizio, il minore abbia raggiunto la maggiore età ovvero vi sia stato concepimento o procreazione e in ogni caso sia accertata la volontà del minore di mantenere in vita il vincolo matrimoniale.

Il matrimonio contratto dal coniuge dell'assente non può essere impugnato finché dura l'assenza.

Nei casi in cui si sarebbe potuta accordare l'autorizzazione ai sensi del quarto comma dell'art. 87, il matrimonio non può essere impugnato dopo un anno dalla celebrazione.

La disposizione del primo comma del presente articolo si applica anche nel caso di nullità del matrimonio previsto dall'art. 68.[1]

[1] Articolo così sost. dall'art. 12, L. 19 mag. 1975, n. 151.

118. ***Difetto di età.***[1]

[1] Articolo abrog. dall'art. 13, L. 19 mag. 1975, n. 151.

119. ***Interdizione.***[1] — Il matrimonio di chi è stato interdetto per infermità di mente può essere impugnato dal tutore, dal pubblico ministero e da tutti coloro che abbiano un interesse legittimo se, al tempo del matrimonio, vi era già sentenza di interdizione passata in giudicato, ovvero se la interdizione è stata pronunziata posteriormente ma l'infermità esisteva al tempo del matrimonio. Può essere impugnato, dopo revocata l'interdizione, anche dalla persona che era interdetta.

L'azione non può essere proposta se, dopo revocata l'interdizione, vi è stata coabitazione per un anno.

[1] Articolo così sost. dalla L. 19 mag. 1975, n. 151.

120. ***Incapacità di intendere o di volere.***[1] — Il matrimonio può essere impugnato da quello dei coniugi che, quantunque non interdetto, provi di essere stato incapace di intendere o di volere, per qualunque causa, anche transitoria, al momento della celebrazione del matrimonio.

L'azione non può essere proposta se vi è stata coabitazione per un anno dopo che il coniuge incapace ha recuperato la pienezza delle facoltà mentali.

[1] Articolo così sost. dalla L. 19 mag. 1975, n. 151.

121. ***Mancanza di assenso.***[1]

[1] Articolo abrog. dall'art. 16, L. 19 mag. 1975, n. 151.

122. ***Violenza ed errore.***[1] — Il matrimonio può essere impugnato da quello dei coniugi il cui consenso è stato estorto con violenza o determinato da timore di eccezionale gravità derivante da cause esterne allo sposo.

Il matrimonio può altresì essere impugnato da quello dei coniugi il cui consenso è stato dato per effetto di errore sull'identità della persona o di errore essenziale su qualità personali dell'altro coniuge.

L'errore sulle qualità personali è essenziale qualora, tenute presenti le condizioni dell'altro coniuge, si accerti che lo stesso non avrebbe prestato il suo consenso se le avesse esattamente conosciute e purché l'errore riguardi:

1) l'esistenza di una malattia fisica o psichica o di una anomalia o deviazione sessuale, tali da impedire lo svolgimento della vita coniugale;

2) l'esistenza di una sentenza di condanna per delitto non colposo alla reclusione non inferiore a cinque anni, salvo il caso di intervenuta riabilitazione prima della celebrazione del matrimonio.

L'azione di annullamento non può essere proposta prima che la sentenza sia divenuta irrevocabile;

3) la dichiarazione di delinquenza abituale o professionale;

4) la circostanza che l'altro coniuge sia stato condannato per delitti concernenti la prostituzione a pena non inferiore a due anni. L'azione di annullamento non può essere proposta prima che la condanna sia divenuta irrevocabile;

5) lo stato di gravidanza causato da persona diversa dal soggetto caduto in errore, purché vi sia stato disconoscimento ai sensi dell'art. 233, se la gravidanza è stata portata a termine.

L'azione non può essere proposta se vi è stata coabitazione per un anno dopo che siano cessate la violenza o le cause che hanno determinato il timore ovvero sia stato scoperto l'errore.

[1] Articolo così sost. dalla L. 19 mag. 1975, n. 151.

123. ***Simulazione.***[1] — Il matrimonio può essere impugnato da ciascuno dei coniugi quando gli sposi abbiano convenuto di non adempiere agli obblighi e di non esercitare i diritti da esso discendenti.

L'azione non può essere proposta decorso un anno dalla celebrazione del matrimonio ovvero nel caso in cui i contraenti abbiano convissuto come coniugi successivamente alla celebrazione medesima.

[1] Articolo così sost. dalla L. 19 mag. 1975, n. 151.

124. ***Vincolo di precedente matrimonio.***[1] — Il coniuge può in qualunque tempo impugnare il matrimonio o l'unione civile tra persone dello stesso sesso dell'altro coniuge; se si oppone la nullità del primo matrimonio, tale questione deve essere preventivamente giudicata.

[1] Articolo così modif. dall'art. 1, c. 33, L. 20 mag. 2016, n. 76.

125. ***Azione del pubblico ministero.*** — L'azione di nullità non può essere promossa dal pubblico ministero dopo la morte di uno dei coniugi.

126. ***Separazione dei coniugi in pendenza del giudizio.*** — Quando è proposta domanda di nullità del matrimonio, il tribunale può, su istanza di uno dei coniugi, ordinare la loro separazione temporanea durante il giudizio; può ordinarla anche di ufficio, se ambedue i coniugi o uno di essi sono minori o interdetti.

127. ***Intrasmissibilità dell'azione.*** — L'azione per impugnare il matrimonio non si trasmette agli eredi se non quando il giudizio è già pendente alla morte dell'attore.

128. ***Matrimonio putativo.*** — Se il matrimonio è dichiarato nullo, gli effetti del matrimonio valido si producono, in favore dei coniugi, fino alla sentenza che pronunzia la nullità, quando i coniugi stessi lo hanno contratto in buona fede, oppure quando il loro consenso è stato estorto con violenza o determinato da timore di eccezionale gravità derivante da cause esterne agli sposi.

Il matrimonio dichiarato nullo ha gli effetti del matrimonio valido rispetto ai figli.[1]

Se le condizioni indicate nel primo comma si verificano per uno solo dei coniugi, gli effetti valgono soltanto in favore di lui e dei figli.

Il matrimonio dichiarato nullo, contratto in malafede da entrambi i coniugi, ha gli effetti del matrimonio valido rispetto ai figli nati o concepiti durante lo stesso, salvo che la nullità dipenda da [bigamia o][2] incesto.

Nell'ipotesi di cui al quarto comma, rispetto ai figli si applica l'articolo 251.[1]

[1] Comma così sost. dall'art. 2, D.lgs. 28 dic. 2013, n. 154, in vigore dal 7 feb. 2014.

[2] Parole soppresse dall'art. 2, D.lgs. 28 dic. 2013, n. 154, in vigore dal 7 feb. 2014.

129. ***Diritti dei coniugi in buona fede.***[1] — Quando le condizioni del matrimonio putativo si verificano rispetto ad ambedue i coniugi, il giudice può disporre a carico di uno di essi e per un periodo non superiore a tre anni l'obbligo di corrispondere somme periodiche di denaro, in proporzione alle sue sostanze, a favore dell'altro ove questi non abbia adeguati redditi propri e non sia passato a nuove nozze.

Per i provvedimenti che il giudice adotta riguardo ai figli, si applica l'art. 155.

[1] Articolo così sostituito dalla L. 19 mag. 1975, n. 151.

129-*bis*. ***Responsabilità del coniuge in mala fede e del terzo.***[1] — Il coniuge al quale sia imputabile la nullità del matrimonio è tenuto a corrispondere allo altro coniuge in buona fede, qualora il matrimonio sia annullato, una congrua indennità, anche in mancanza di prova del danno sofferto. L'indennità deve comunque comprendere una somma corrispondente al mantenimento per tre anni. È tenuto altresì a prestare gli alimenti al coniuge in buona fede, sempre che non vi siano altri obbligati.

Il terzo al quale sia imputabile la nullità del matrimonio è tenuto a corrispondere al coniuge in buona fede, se il matrimonio è annullato, l'indennità prevista nel comma precedente.

In ogni caso il terzo che abbia concorso con uno dei coniugi nel determinare la nullità del matrimonio è solidalmente responsabile con lo stesso per il pagamento dell'indennità.

[1] Articolo aggiunto dall'art. 21, L. 19 mag. 1975, n. 151.

SEZIONE VII

Delle prove della celebrazione del matrimonio[1]

[1] V. L.S.C. 124-135.

130. ***Atto di celebrazione del matrimonio.*** — Nessuno può reclamare il titolo di coniuge e gli effetti del matrimonio, se non presenta l'atto di celebrazione estratto dai registri dello stato civile.

Il possesso di stato, quantunque allegato da ambedue i coniugi, non dispensa dal presentare l'atto di celebrazione.

131. *Possesso di stato.* — Il possesso di stato, conforme all'atto di celebrazione del matrimonio, sana ogni difetto di forma.

132. *Mancanza dell'atto di celebrazione.* — Nel caso di distruzione o di smarrimento dei registri dello stato civile l'esistenza del matrimonio può essere provata a norma dell'art. 452.[1]

Quando vi sono indizi che per dolo o per colpa del pubblico ufficiale o per un caso di forza maggiore l'atto di matrimonio non è stato inserito nei registri a ciò destinati, la prova dell'esistenza del matrimonio è ammessa, sempre che risulti in modo non dubbio un conforme possesso di stato.

[1] V. L.S.C. 38 e 39.

133. *Prova della celebrazione risultante da sentenza penale.* — Se la prova della celebrazione del matrimonio risulta da sentenza penale, l'iscrizione della sentenza nel registro dello stato civile assicura al matrimonio, dal giorno della sua celebrazione, tutti gli effetti riguardo tanto ai coniugi quanto ai figli.

SEZIONE VIII
Disposizioni penali[1]

[1] I reati di cui agli artt. 134-140 sono stati depenalizzati dalla L. 24 dic. 1975, n. 706. Le sanzioni sono state aggiornate in conformità al disposto dell'art. 114, L. 24 nov. 1981, n. 689.

134. *Omissione di pubblicazione.* — Sono puniti con la sanzione amministrativa da euro 41,32 e euro 206,58 gli sposi e l'ufficiale dello stato civile che hanno celebrato matrimonio senza che la celebrazione sia stata preceduta dalla prescritta pubblicazione.

135. *Pubblicazione senza richiesta o senza documenti.* — È punito con la sanzione amministrativa da euro 20,66 a euro 103,29 l'ufficiale dello stato civile che ha proceduto alla pubblicazione di un matrimonio senza la richiesta di cui all'art. 96 o quando manca alcuno dei documenti prescritti dal primo comma dell'art. 97.

136. *Impedimenti conosciuti dall'ufficiale dello stato civile.* — L'ufficiale dello stato civile che procede alla celebrazione del matrimonio, quando vi osta qualche impedimento o divieto di cui egli ha notizia, è punito con la sanzione amministrativa da euro 51,65 a euro 309,87.

137. *Incompetenza dell'ufficiale dello stato civile. Mancanza dei testimoni.* — È punito con la sanzione amministrativa da euro 30,99 a euro 206,58 l'ufficiale dello stato civile che ha celebrato un matrimonio per cui non era competente.

La stessa pena si applica all'ufficiale dello stato civile che ha proceduto alla celebrazione di un matrimonio senza la presenza dei testimoni.

138. *Altre infrazioni.* — È punito con la sanzione amministrativa stabilita nell'art. 135 l'ufficiale dello stato civile che in qualunque modo contravviene alle disposizioni degli artt. 93, 95, 98, 99, 106, 107, 108, 109, 110 e 112 o commette qualsiasi altra infrazione per cui non sia stabilita una pena speciale in questa sezione.

139. *Cause di nullità note a uno dei coniugi.*[1] — Il coniuge il quale, conoscendo prima della celebrazione una causa di nullità del matrimonio, l'abbia lasciata ignorare all'altro, è punito, se il matrimonio è annullato, con la sanzione amministrativa da euro 42,32 a euro 206,58.

[1] Articolo così sostituito dalla L. 19 mag. 1975, n. 151.

140. *Inosservanza del divieto temporaneo di nuove nozze.*[1] — La donna che contrae matrimonio contro il divieto dell'art. 89, l'ufficiale che lo celebra e l'altro coniuge sono puniti con la sanzione amministrativa da euro 20,66 a euro 82,63.

[1] Articolo così sostituito dalla L. 19 mag. 1975, n. 151.

141. *Competenza.* — I reati previsti nei precedenti articoli sono di competenza del tribunale.[1]

[1] V. ora L. 24 nov. 1981, n. 689, *citata.*

142. *Limiti di applicazione delle precedenti disposizioni.* — Le disposizioni della presente sezione si applicano quando i fatti ivi contemplati non costituiscono reato più grave.[1]

[1] Art. da coordinare con la L. 24 nov. 1981, n. 689, *citata.*

CAPO IV
Dei diritti e dei doveri che nascono dal matrimonio

143. *Diritti e doveri reciproci dei coniugi.*[1] — Con il matrimonio il marito e la moglie acquistano gli stessi diritti e assumono i medesimi doveri.

Dal matrimonio deriva l'obbligo reciproco alla fedeltà, all'assistenza morale e materiale, alla collaborazione nell'interesse della famiglia e alla coabitazione.

Entrambi i coniugi sono tenuti, ciascuno in relazione alle proprie sostanze e alla propria capacità di lavoro professionale o casalingo, a contribuire ai bisogni della famiglia.

[1] Articolo così sost. dalla L. 19 mag. 1975, n. 151.

143-*bis*. *Cognome della moglie.*[1] — La moglie aggiunge al proprio cognome quello del marito e lo conserva durante lo stato vedovile, fino a che passi a nuove nozze.

[1] Articolo aggiunto dall'art. 25 della L. 19 mag. 1975, n. 151. Per l'ipotesi di scioglimento del matrimonio v. l'art. 5 della L. 1 dic. 1970, n. 898.

143-*ter*. *Cittadinanza della moglie.*[1] — La moglie conserva la cittadinanza italiana, salvo sua espressa rinunzia, anche se per effetto del matrimonio o del mutamento di cittadinanza da parte del marito, assume una cittadinanza straniera (*Att.* 36).

[1] Articolo aggiunto dall'art. 25, L. 19 mag. 1975, n. 151 e quindi abrog. dall'art. 26, L. 5 feb. 1992, n. 91.

144. ***Indirizzo della vita familiare e residenza della famiglia.***[1] — I coniugi concordano tra loro l'indirizzo della vita familiare e fissano la residenza della famiglia secondo le esigenze di entrambi e quelle preminenti della famiglia stessa.

A ciascuno dei coniugi spetta il potere di attuare l'indirizzo concordato.

[1] Articolo così sost. dalla L. 19 mag. 1975, n. 151.

145. ***Intervento del giudice.***[1] — In caso di disaccordo ciascuno dei coniugi può chiedere, senza formalità, l'intervento del giudice il quale, sentite le opinioni espresse dai coniugi e, per quanto opportuno, dai figli conviventi che abbiano compiuto il sedicesimo anno, tenta di raggiungere una soluzione concordata (*Att.* 41).

Ove questa non sia possibile e il disaccordo concerna la fissazione della residenza o altri affari essenziali, il giudice, qualora ne sia richiesto espressamente e congiuntamente dai coniugi, adotta, con provvedimento non impugnabile, la soluzione che ritiene più adeguata alle esigenze dell'unità e della vita della famiglia.

[1] Articolo così sostituito dalla L. 19 mag. 1975, n. 151.

146. ***Allontanamento dalla residenza familiare.*** — Il diritto all'assistenza morale e materiale previsto dall'art. 143 è sospeso nei confronti del coniuge che, allontanatosi senza giusta causa dalla residenza familiare, rifiuta di tornarvi.

La proposizione della domanda di separazione o di annullamento o di scioglimento o di cessazione degli effetti civili del matrimonio costituisce giusta causa di allontanamento dalla residenza familiare.

Il giudice può, secondo le circostanze, ordinare il sequestro dei beni del coniuge allontanatosi, nella misura atta a garantire l'adempimento degli obblighi previsti dagli artt. 143, terzo comma, e 147.

[1] Articolo così sostituito dalla L. 19 mag. 1975, n. 151.

147. ***Doveri verso i figli.***[1] — Il matrimonio impone ad ambedue i coniugi l'obbligo di mantenere, istruire, educare e assistere moralmente i figli, nel rispetto delle loro capacità, inclinazioni naturali e aspirazioni, secondo quanto previsto dall'articolo 315-*bis*.[2]

[1] Articolo così sost. dall'art. 3, D.lgs. 28 dic. 2013, n. 154, in vigore dal 7 feb. 2014.

[2] Per l'art. 6 della L. 1 dic. 1970, n. 898, gli obblighi di cui agli artt. 147 e 148 permangono anche nel caso di passaggio a nuove nozze di uno o di entrambi i genitori.

148. ***Concorso negli oneri.***[1] — I coniugi devono adempiere l'obbligo di cui all'articolo 147, secondo quanto previsto dall'articolo 316-*bis*.

[1] Articolo così sost. dall'art. 4, D.lgs. 28 dic. 2013, n. 154, in vigore dal 7 feb. 2014.

CAPO V

Dello scioglimento del matrimonio e della separazione dei coniugi[1]

[1] V. la Convenzione sul riconoscimento dei divorzi e delle separazioni personali, firmata all'Aja l'1 giu. 1970, in vigore dal 20 aprile 1986 (L. 10 gen. 1985, n. 301).

149. ***Scioglimento del matrimonio.***[1] — Il matrimonio si scioglie con la morte di uno dei coniugi e negli altri casi previsti dalla legge.[2]

Gli effetti civili del matrimonio celebrato con rito religioso, ai sensi dell'art. 82 o dell'art. 83, e regolarmente trascritto, cessano alla morte di uno dei coniugi e negli altri casi previsti dalla legge.

[1] Articolo così sostituito dalla L. 19 mag. 1975, n. 151.

[2] V. L. 1 dic. 1970, n. 898, sulla disciplina dei casi di scioglimento del matrimonio.

150. ***Separazione personale.***[1,2] — È ammessa la separazione personale dei coniugi.

La separazione può essere giudiziale o consensuale.

Il diritto di chiedere la separazione giudiziale o l'omologazione di quella consensuale spetta esclusivamente ai coniugi.

[1] Articolo così sostituito dalla L. 19 mag. 1975, n. 151 (art. 32). Per la disciplina transitoria la stessa L. (art. 226) dispone: «*Le disposizioni sulla separazione personale, comprese quelle di natura patrimoniale, si applicano anche ai matrimoni anteriori e ai giudizi in corso al momento dell'entrata in vigore della presente legge.*

Nel provvedere sulle domande di revisione delle disposizioni patrimoniali a norma della presente legge, il giudice deve tener conto anche degli accordi intervenuti fra le parti in sede di separazione consensuale omologata anteriormente all'entrata in vigore della presente legge».

[2] Sono deducibili dal reddito del contribuente «gli assegni periodici corrisposti al coniuge in costanza di separazione legale ed effettiva, di scioglimento o annullamento del matrimonio o di cessazione dei suoi effetti civili, sempreché risultino da provvedimento dell'autorità giudiziaria» (D.P.R. 29 set. 1973, n. 597, art. 10 lettera *g*).

151. ***Separazione giudiziale.***[1] — La separazione può essere chiesta quando si verificano, anche indipendentemente dalla volontà di uno o di entrambi i coniugi, fatti tali da rendere intollerabile la prosecuzione della convivenza o da recare grave pregiudizio all'educazione della prole.

Il giudice, pronunciando la separazione, dichiara, ove ne ricorrano le circostanze e ne sia richiesto, a quale dei coniugi sia addebitabile la separazione, in considerazione del suo comportamento contrario ai doveri che derivano dal matrimonio.

[1] Art. così sostituito dalla L. 19 mag. 1975, n. 151. Per la disciplina transitoria la stessa L. (art. 212) dispone: «Il termine di sette anni previsto dall'art. 3, n. 2, lett. *b*), c. 3, della L. 1 dic. 1970, n. 898, per domandare lo scioglimento o la cessazione degli effetti civili del matrimonio, si applica nei confronti del coniuge a cui con sentenza passata in giudicato è stata esclusivamente addebitata la separazione personale ai sensi dell'art. 151, c. 2, del c.c., quando vi sia opposizione dell'altro coniuge».

152. ***Separazione per condanna penale.***[1]

[1] Articolo abrog. dall'art. 34, L. 19 mag. 1975, n. 151.

153. ***Separazione per non fissata residenza.***[1]

[1] Articolo abrog. dall'art. 34, L. 19 mag. 1975, n. 151.

154. ***Riconciliazione.*** — La riconciliazione tra i coniugi comporta l'abbandono della domanda di separazione personale già proposta.[1]

[1] Art. così sost. dalla L. 19 mag. 1975, n. 151.

155. ***Provvedimenti riguardo ai figli.***[1] — In caso di separazione, riguardo ai figli, si applicano le disposizioni contenute nel Capo II del titolo IX.

[1] Articolo così sost. dall'art. 5, D.lgs. 28 dic. 2013, n. 154, in vigore dal 7 feb. 2014.

155-*bis*-155-*sexies*. ....[1]

[1] Articoli abrog. dall'art. 106, D.lgs. 28 dic. 2013, n. 154, in vigore dal 7 feb. 2014.

156. ***Effetti della separazione sui rapporti patrimoniali tra i coniugi.***[1] — Il giudice, pronunziando la separazione, stabilisce a vantaggio del coniuge cui non sia addebitabile la separazione il diritto di ricevere dall'altro coniuge quanto è necessario al suo mantenimento, qualora egli non abbia adeguati redditi propri.

L'entità di tale somministrazione è determinata in relazione alle circostanze e ai redditi dell'obbligato.

Resta fermo l'obbligo di prestare gli alimenti di cui agli artt. 433 e seguenti.

Il giudice che pronunzia la separazione può imporre al coniuge di prestare idonea garanzia reale o personale se esiste il pericolo che egli possa sottrarsi all'adempimento degli obblighi previsti dai precedenti commi e dall'art. 155.

La sentenza costituisce titolo per l'iscrizione dell'ipoteca giudiziale ai sensi dell'art. 2818.

In caso di inadempienza, su richiesta dell'avente diritto, il giudice può disporre il sequestro di parte dei beni del coniuge obbligato e ordinare ai terzi, tenuti a corrispondere anche periodicamente somme di danaro all'obbligato, che una parte di esse venga versata direttamente agli aventi diritto.

Qualora sopravvengano giustificati motivi, il giudice, su istanza di parte, può disporre la revoca o la modifica dei provvedimenti di cui ai commi precedenti.

[1] Articolo così sost. dalla L. 19 mag. 1975, n. 151. La Corte cost., con sent. 31 mag. 1983, n. 144, ha dichiarato l'ill. cost. dell'art. 156 c. 6 «nella parte in cui non prevede che le disposizioni ivi contenute si applichino a favore dei figli di coniugi consensualmente separati».

La Corte cost., con sent. 19 gen. 1987, n. 5, ha dichiarato l'ill. cost. dell'art. 156 c. 6 «nella parte in cui non prevede che le disposizioni ivi contenute si applichino ai coniugi separati consensualmente».

La Corte cost., con sent. 6 lug. 1994, n. 278, ha dichiarato l'ill. cost. dell'art. 156 c. 6 «nella parte in cui non prevede che il giudice istruttore possa adottare nel corso della causa di separazione il provvedimento di ordinare ai terzi debitori del coniuge obbligato al mantenimento di versare una parte delle somme direttamente agli aventi diritto».

La Corte cost., con sent. 19 lug. 1996, n. 258, ha dichiarato l'ill. cost. dell'art. 156 c. 6 «nella parte in cui non prevede che il giudice istruttore possa adottare, nel corso della causa di separazione, il provvedimento di sequestro di parte dei beni del coniuge obbligato al mantenimento».

156-*bis*. ***Cognome della moglie.***[1] — Il giudice può vietare alla moglie l'uso del cognome del marito quando tale uso sia a lui gravemente pregiudizievole e può parimenti autorizzare la moglie a non usare il cognome stesso, qualora dall'uso possa derivarle grave pregiudizio.

[1] Articolo aggiunto dall'art. 38, L. 19 mag. 1975, n. 151.

157. ***Cessazione degli effetti della separazione.***[1] — I coniugi possono di comune accordo far cessare gli effetti della sentenza di separazione, senza che sia necessario l'intervento del giudice, con una espressa dichiarazione o con un comportamento non equivoco che sia incompatibile con lo stato di separazione.

La separazione può essere pronunziata nuovamente soltanto in relazione a fatti e comportamenti intervenuti dopo la riconciliazione.

[1] Articolo così sostituito dalla L. 19 mag. 1975, n. 151.

158. ***Separazione consensuale.***[1] — La separazione per il solo consenso dei coniugi non ha effetto senza l'omologazione del giudice.

Quando l'accordo dei coniugi relativamente all'affidamento e al mantenimento dei figli è in contrasto con l'interesse di questi il giudice riconvoca i coniugi indicando ad essi le modificazioni da adottare nell'interesse dei figli e, in caso di inidonea soluzione, può rifiutare allo stato l'omologazione.

[1] Articolo così sostituito dalla L. 19 mag. 1975, n. 151.

La Corte cost., con sent. 18 feb. 1988, n. 186, ha dichiarato l'ill. cost. dell'art. 158 «nella parte in cui non prevede che il decreto di omologazione della separazione consensuale costituisce titolo per l'iscrizione dell'ipoteca giudiziale ai sensi dell'art. 2818 c.c.».

CAPO VI
Del regime patrimoniale della famiglia

SEZIONE I
Disposizioni generali

159. ***Del regime patrimoniale legale tra i coniugi.***[1] — Il regime patrimoniale legale della famiglia, in mancanza di diversa convenzione stipulata a norma dell'art. 162, è costituito dalla comunione dei beni, regolata dalla sezione III del presente capo.

[1] Articolo così sost. dalla L. 19 mag. 1975, n. 151.

160. ***Diritti inderogabili.***[1] — Gli sposi non possono derogare né ai diritti né ai doveri previsti dalla legge per effetto del matrimonio (143).

[1] Articolo così sost. dalla L. 19 mag. 1975, n. 151.

161. ***Riferimento generico a leggi o agli usi.*** — Gli sposi non possono pattuire in modo generico che i loro rapporti patrimoniali siano in tutto o in parte regolati da leggi alle quali non sono sottoposti o dagli usi, ma devono enunciare in modo concreto il contenuto dei patti con i quali intendono regolare questi loro rapporti.

162. ***Forma delle convenzioni matrimoniali.*** — Le convenzioni matrimoniali debbono essere stipulate per atto pubblico sotto pena di nullità.

La scelta del regime di separazione può anche essere dichiarata nell'atto di celebrazione del matrimonio.

Le convenzioni possono essere stipulate in ogni tempo, ferme restando le disposizioni dell'art. 194.[1]

Le convenzioni matrimoniali non possono essere opposte ai terzi quando a margine dell'atto di matrimonio non risultano annotati la data del contratto, il notaio rogante e le generalità dei contraenti, ovvero la scelta di cui al secondo comma.[2]

[1] Articolo così sostituito dalla L. 19 mag. 1975, n. 151.

[2] La L. 10 apr. 1981, n. 142, (art. 1) ha abrogato il secondo periodo del terzo comma, stabilendo, all'art. 2, che «l'autorizzazione del giudice è prevista soltanto per il mutamento, dopo la celebrazione del matrimonio, di convenzioni matrimoniali stipulate per atto pubblico prima dell'entrata in vigore della presente legge (6.5.81)».

163. ***Modifica delle convenzioni.***[1] — Le modifiche delle convenzioni matrimoniali, anteriori o successive al matrimonio, non hanno effetto se l'atto pubblico non è stipulato col consenso di tutte le persone che sono state parti nelle convenzioni medesime, o dei loro eredi.

Se uno dei coniugi muore dopo aver consentito con atto pubblico alla modifica delle convenzioni, questa produce i suoi effetti se le altre parti esprimono anche successivamente il loro consenso, salva l'omologazione del giudice. L'omologazione può essere chiesta da tutte le persone che hanno partecipato alla modificazione delle convenzioni o dai loro eredi.

Le modifiche convenute e la sentenza di omologazione hanno effetto rispetto ai terzi solo se ne è fatta annotazione in margine all'atto del matrimonio.

L'annotazione deve inoltre essere fatta a margine della trascrizione delle convenzioni matrimoniali ove questa sia richiesta a norma degli artt. 2643 e seguenti (*Att.* 34-*bis*).

[1] Articolo così sost. dalla L. 19 mag. 1975, n. 151.

164. ***Simulazione delle convenzioni matrimoniali.***[1] — È consentita ai terzi la prova della simulazione delle convenzioni matrimoniali.

Le controdichiarazioni scritte possono aver effetto nei confronti di coloro tra i quali sono intervenute, solo se fatte con la presenza ed il simultaneo consenso di tutte le persone che sono state parti nelle convenzioni matrimoniali.

[1] Articolo così sost. dalla L. 19 mag. 1975, n. 151.

165. ***Capacità del minore.***[1] — Il minore ammesso a contrarre matrimonio è pure capace di prestare il consenso per tutte le relative convenzioni matrimoniali, le quali sono valide se egli è assistito dai genitori esercenti la responsabilità genitoriale su di lui o dal tutore o dal curatore speciale nominato a norma dell'art. 90.

[1] Articolo così modif. dall'art. 6, D.lgs. 28 dic. 2013, n. 154, in vigore dal 7 feb. 2014.

166. ***Capacità dell'inabilitato.*** — Per la validità delle stipulazioni e delle donazioni, fatte nel contratto di matrimonio dall'inabilitato o da colui contro il quale è stato promosso giudizio di inabilitazione, è necessaria l'assistenza del curatore già nominato. Se questi non è stato ancora nominato, si provvede alla nomina di un curatore speciale.

166-*bis*. ***Divieto di costituzione di dote.***[1] — È nulla ogni convenzione che comunque tenda alla costituzione di beni in dote.

[1] Articolo aggiunto dall'art. 47, L. 19 mag. 1975, n. 151. Per la disciplina transitoria la stessa L. (art. 227) dispone: «*Le doti e i patrimoni familiari costituiti prima dell'entrata in vigore della presente legge continuano ad essere disciplinati dalle norme anteriori*».

SEZIONE II

Del fondo patrimoniale[1]

[1] Intitolazione così sostituita dall'art. 48 della L. 19 mag. 1975, n. 151.

167. ***Costituzione del fondo patrimoniale.***[1] — Ciascuno o ambedue i coniugi, per atto pubblico, o un terzo, anche per testamento, possono costituire un fondo patrimoniale, destinando determinati beni, immobili o mobili iscritti in pubblici registri, o titoli di credito, a far fronte ai bisogni della famiglia.

La costituzione del fondo patrimoniale per atto tra vivi, effettuata dal terzo, si perfeziona con l'accettazione dei coniugi. L'accettazione può essere fatta con atto pubblico posteriore.

La costituzione può essere fatta anche durante il matrimonio.

I titoli di credito devono essere vincolati rendendoli nominativi con annotazioni del vincolo o in altro modo idoneo.

[1] Articolo così sostituito dalla L. 19 mag. 1975, n. 151.

168. ***Impiego ed amministrazione del fondo.***[1] — La proprietà dei beni costituenti il fondo patrimoniale spetta ad entrambi i coniugi, salvo che sia diversamente stabilito nell'atto di costituzione.

I frutti dei beni costituenti il fondo patrimoniale sono impiegati per i bisogni della famiglia.

L'amministrazione dei beni costituenti il fondo patrimoniale è regolata dalle norme relative all'amministrazione della comunione legale.

[1] Articolo così sostituito dalla L. 19 mag. 1975, n. 151.

169. ***Alienazione dei beni del fondo.***[1] — Se non è stato espressamente consentito nell'atto di costituzione, non si possono alienare, ipotecare, dare in pegno o comunque vincolare beni del fondo patrimoniale se non con il consenso di entrambi i coniugi e, se vi sono figli minori, con l'autorizzazione concessa dal giudice, con provvedimento emesso in camera di consiglio, nei soli casi di necessità od utilità evidente (*Att.* 32).

[1] Articolo così sostituito dalla L. 19 mag. 1975, n. 151.

170. ***Esecuzione sui beni e sui frutti.***[1] — L'esecuzione sui beni del fondo e sui frutti di essi non può aver luogo per debiti che il creditore conosceva essere stati contratti per scopi estranei ai bisogni della famiglia.

[1] Articolo così sostituito dalla L. 19 mag. 1975, n. 151.

171. ***Cessazione del fondo.***[1] — La destinazione del fondo termina a seguito dell'annullamento o dello scioglimento o della cessazione degli effetti civili del matrimonio.

Se vi sono figli minori il fondo dura fino al compimento della maggiore età dell'ultimo figlio. In tale caso il giudice può dettare, su istanza di chi vi abbia interesse, norme per l'amministrazione del fondo (*Att.* 32, 38).

Considerate le condizioni economiche dei genitori e dei figli ed ogni altra circostanza, il giudice può altresì attribuire ai figli, in godimento o in proprietà, una quota dei beni del fondo.

Se non vi sono figli, si applicano le disposizioni sullo scioglimento della comunione legale.

[1] Articolo così sost. dalla L. 19 mag. 1975, n. 151.

172-176. .... [1]

[1] Articoli abrog. dall'art. 54, L. 19 mag. 1975, n. 151.

SEZIONE III
Della comunione legale[1]

[1] L'intitolazione originaria della Sez. III «Della dote» è stata così sostituita dall'art. 55 della L. 19 mag. 1975, n. 151, che ha anche soppresso la suddivisione in paragrafi della Sez. III.

Per la soppressione dell'istituto della dote e la nullità delle convenzioni relative, v. anche l'art. 166-*bis*.

177. ***Oggetto della comunione.***[1] — Costituiscono oggetto della comunione:

a) gli acquisti compiuti dai due coniugi insieme o separatamente durante il matrimonio, ad esclusione di quelli relativi ai beni personali;

b) i frutti dei beni propri di ciascuno dei coniugi, percepiti e non consumati allo scioglimento della comunione;

c) i proventi dell'attività separata di ciascuno dei coniugi se, allo scioglimento della comunione, non siano stati consumati;

d) le aziende gestite da entrambi i coniugi e costituite dopo il matrimonio.

Qualora si tratti di aziende appartenenti ad uno dei coniugi anteriormente al matrimonio ma gestite da entrambi, la comunione concerne solo gli utili e gli incrementi.

[1] Articolo così sostituito dalla L. 19 mag. 1975, n. 151.

178. ***Beni destinati all'esercizio di impresa.***[1] — I beni destinati all'esercizio dell'impresa di uno dei coniugi costituita dopo il matrimonio e gli incrementi dell'impresa costituita anche precedentemente si considerano oggetto della comunione solo se sussistono al momento dello scioglimento di questa.

[1] Articolo così sostituito dalla L. 19 mag. 1975, n. 151.

179. ***Beni personali.***[1] — Non costituiscono oggetto della comunione e sono beni personali del coniuge:

a) i beni di cui, prima del matrimonio, il coniuge era proprietario o rispetto ai quali era titolare di un diritto reale di godimento;

b) i beni acquisiti successivamente al matrimonio per effetto di donazione o successione, quando nell'atto di liberalità o nel testamento non è specificato che essi sono attribuiti alla comunione;

c) i beni di uso strettamente personale di ciascun coniuge ed i loro accessori;

d) i beni che servono all'esercizio della professione del coniuge, tranne quelli destinati alla conduzione di un'azienda facente parte della comunione;

e) i beni ottenuti a titolo di risarcimento del danno nonché la pensione attinente alla perdita parziale o totale della capacità lavorativa;

f) i beni acquisiti con il prezzo del trasferimento dei beni personali sopraelencati o col loro scambio, purché ciò sia dichiarato all'atto dell'acquisto.

L'acquisto di beni immobili, o di beni mobili elencati nell'art. 2683, effettuato dopo il matrimonio, è escluso dalla comunione, ai sensi delle lettere *c*), *d*) ed *f*) del precedente comma, quando tale esclusione risulti dall'atto di acquisto se di esso sia stato parte anche l'altro coniuge.

[1] Articolo così sostituito dalla L. 19 mag. 1975, n. 151.

180. ***Amministrazione dei beni della comunione.***[1] — L'amministrazione dei beni della comunione e la rappresentanza in giudizio per gli atti ad essa relativi spettano disgiuntamente ad entrambi i coniugi.

Il compimento degli atti eccedenti l'ordinaria amministrazione, nonché la stipula dei contratti con i quali si concedono o si acquistano diritti personali di godimento e la rappresentanza in giudizio per le relative azioni spettano congiuntamente ad entrambi i coniugi.

[1] Art. così sostituito dalla L. 19 mag. 1975, n. 151.

181. ***Rifiuto di consenso.***[1] — Se uno dei coniugi rifiuta il consenso per la stipulazione di un atto di straordinaria amministrazione o per gli atti per cui il consenso è richiesto, l'altro coniuge può rivolgersi al giudice per ottenere l'autorizzazione nel caso in cui la stipulazione dell'atto è necessaria nell'interesse della famiglia o dell'azienda che a norma della lettera *d*) dell'art. 177 fa parte della comunione.

[1] Articolo così sostituito dalla L. 19 mag. 1975, n. 151.

182. ***Amministrazione affidata ad uno solo***

dei coniugi.[1] — In caso di lontananza o di altro impedimento di uno dei coniugi l'altro, in mancanza di procura del primo risultante da atto pubblico o da scrittura privata autenticata, può compiere, previa autorizzazione del giudice e con le cautele eventualmente da questo stabilite, gli atti necessari per i quali è richiesto, a norma dell'art. 180, il consenso di entrambi i coniugi.

Nel caso di gestione comune di azienda, uno dei coniugi può essere delegato dall'altro al compimento di tutti gli atti necessari all'attività della impresa.

[1] Articolo così sostituito dalla L. 19 mag. 1975, n. 151.

183. *Esclusione dall'amministrazione.*[1] — Se uno dei coniugi è minore o non può amministrare ovvero se ha male amministrato, l'altro coniuge può chiedere al giudice di escluderlo dall'amministrazione (*Att.* 33).

Il coniuge privato dell'amministrazione può chiedere al giudice di esservi reintegrato, se sono venuti meno i motivi che hanno determinato l'esclusione.

L'esclusione opera di diritto riguardo al coniuge interdetto e permane sino a quando non sia cessato lo stato di interdizione.

[1] Articolo così sostituito dalla L. 19 mag. 1975, n. 151.

184. *Atti compiuti senza il necessario consenso.*[1] — Gli atti compiuti da un coniuge senza il necessario consenso dell'altro coniuge e da questo non convalidati sono annullabili se riguardano beni immobili o beni mobili elencati nell'art. 2683.

L'azione può essere proposta dal coniuge il cui consenso era necessario entro un anno dalla data in cui ha avuto conoscenza dell'atto e in ogni caso entro un anno dalla data di trascrizione. Se l'atto non sia stato trascritto e quando il coniuge non ne abbia avuto conoscenza prima dello scioglimento della comunione l'azione non può essere proposta oltre l'anno dallo scioglimento stesso.

Se gli atti riguardano beni mobili diversi da quelli indicati nel primo comma, il coniuge che li ha compiuti senza il consenso dell'altro è obbligato su istanza di quest'ultimo a ricostituire la comunione nello stato in cui era prima del compimento dell'atto o, qualora ciò non sia possibile, al pagamento dell'equivalente secondo i valori correnti all'epoca della ricostituzione della comunione.

[1] Articolo così sost. dalla L. 19 mag. 1975, n. 151.

185. *Amministrazione dei beni personali del coniuge.*[1] — All'amministrazione dei beni che non rientrano nella comunione o nel fondo patrimoniale si applicano le disposizioni dei commi secondo, terzo e quarto dell'art. 217.

[1] Articolo così sost. dalla L. 19 mag. 1975, n. 151.

186. *Obblighi gravanti sui beni della comunione.*[1] — I beni della comunione rispondono:

a) di tutti i pesi ed oneri gravanti su di essi al momento dell'acquisto;

b) di tutti i carichi dell'amministrazione;

c) delle spese per il mantenimento della famiglia e per l'istruzione e l'educazione dei figli e di ogni obbligazione contratta dai coniugi, anche separatamente, nell'interesse della famiglia;

d) di ogni obbligazione contratta congiuntamente dai coniugi.

[1] Articolo così sost. dalla L. 19 mag. 1975, n. 151.

187. *Obbligazioni contratte dai coniugi prima del matrimonio.*[1] — I beni della comunione, salvo quanto disposto nell'art. 189, non rispondono delle obbligazioni contratte da uno dei coniugi prima del matrimonio.

[1] Articolo così sost. dalla L. 19 mag. 1975, n. 151.

188. *Obbligazioni derivanti da donazioni o successioni.*[1] — I beni della comunione, salvo quanto disposto nell'art. 189, non rispondono delle obbligazioni da cui sono gravate le donazioni e le successioni conseguite dai coniugi durante il matrimonio e non attribuite alla comunione.

[1] Articolo così sost. dalla L. 19 mag. 1975, n. 151.

189. *Obbligazioni contratte separatamente dai coniugi.*[1] — I beni della comunione, fino al valore corrispondente alla quota del coniuge obbligato, rispondono, quando i creditori non possono soddisfarsi sui beni personali, delle obbligazioni contratte dopo il matrimonio, da uno dei coniugi per il compimento di atti eccedenti l'ordinaria amministrazione senza il necessario consenso dell'altro.

I creditori particolari di uno dei coniugi, anche se il credito è sorto anteriormente al matrimonio, possono soddisfarsi in via sussidiaria sui beni della comunione, fino al valore corrispondente alla quota del coniuge obbligato. Ad essi, se chirografari, sono preferiti i creditori della comunione.

[1] Articolo così sost. dalla L. 19 mag. 1975, n. 151.

190. *Responsabilità sussidiaria dei beni personali.*[1] — I creditori possono agire in via sussidiaria sui beni personali di ciascuno dei coniugi, nella misura della metà del credito, quando i beni della comunione non sono sufficienti a soddisfare i debiti su di essa gravanti.

[1] Articolo così sost. dalla L. 19 mag. 1975, n. 151.

191. *Scioglimento della comunione.*[1] — La comunione si scioglie per la dichiarazione di assenza o di morte presunta di uno dei coniugi, per l'annullamento, per lo scioglimento o per la cessazione degli effetti civili del matrimonio, per la separazione personale, per la separazione giudiziale dei beni, per mutamento convenzionale del regime patrimoniale, per il fallimento di uno dei coniugi.

Nel caso di separazione personale, la comunione tra i coniugi si scioglie nel momento in cui il presidente del tribunale autorizza i coniugi a vivere separati, ovvero alla data di sottoscrizione del processo verbale di separazione consensuale dei coniugi dinanzi al presidente, purché omologato.

L'ordinanza con la quale i coniugi sono autorizzati a vivere separati è comunicata all'ufficiale dello stato civile ai fini dell'annotazione dello scioglimento della comunione.[2]

Nel caso di azienda di cui alla lettera *d*) dell'art. 177, lo scioglimento della comunione, può essere deciso, per accordo dei coniugi, osservata la forma prevista dall'art. 162.

[1] Articolo così sost. dalla L. 19 mag. 1975, n. 151.
[2] Comma ins. dall'art. 2, L. 6 mag. 2015, n. 55. La disposizione si applica ai procedimenti in corso alla data della entrata in vigore della stessa L. 55/2015, anche nei casi in cui il procedimento di separazione che ne costituisce il presupposto risulti ancora pendente alla medesima data.

192. ***Rimborsi e restituzioni.***[1] — Ciascuno dei coniugi è tenuto a rimborsare alla comunione le somme prelevate dal patrimonio comune per fini diversi dall'adempimento delle obbligazioni previste dall'art. 186.

È tenuto altresì a rimborsare il valore dei beni di cui all'art. 189, a meno che, trattandosi di atto di straordinaria amministrazione da lui compiuto, dimostri che l'atto stesso sia stato vantaggioso per la comunione o abbia soddisfatto una necessità della famiglia.

Ciascuno dei coniugi può richiedere la restituzione delle somme prelevate dal patrimonio personale ed impiegate in spese ed investimenti del patrimonio comune.

I rimborsi e le restituzioni si effettuano al momento dello scioglimento della comunione; tuttavia il giudice può autorizzarli in un momento anteriore se l'interesse della famiglia lo esige o lo consente.

Il coniuge che risulta creditore può chiedere di prelevare beni comuni sino a concorrenza del proprio credito. In caso di dissenso si applica il quarto comma. I prelievi si effettuano sul denaro, quindi sui mobili e infine sugli immobili.

[1] Articolo così sost. dalla L. 19 mag. 1975, n. 151.

193. ***Separazione giudiziale dei beni.***[1] — La separazione giudiziale dei beni può essere pronunziata in caso di interdizione o di inabilitazione di uno dei coniugi o di cattiva amministrazione della comunione.

Può altresì essere pronunziata quando il disordine degli affari di uno dei coniugi o la condotta da questi tenuta nell'amministrazione dei beni mette in pericolo gli interessi dell'altro o della comunione o della famiglia, oppure quando uno dei coniugi non contribuisce ai bisogni di questa in misura proporzionale alle proprie sostanze e capacità di lavoro.

La separazione può essere chiesta da uno dei coniugi o dal suo legale rappresentante.

La sentenza che pronunzia la separazione retroagisce al giorno in cui è stata proposta la domanda ed ha l'effetto di instaurare il regime di separazione dei beni regolato nella sezione V del presente capo, salvi i diritti dei terzi.

La sentenza è annotata a margine dell'atto di matrimonio e sull'originale delle convenzioni matrimoniali.

[1] Articolo così sost. dalla L. 19 mag. 1975, n. 151.

194. ***Divisione dei beni della comunione.***[1] — La divisione dei beni della comunione legale si effettua ripartendo in parti uguali l'attivo e il passivo.

Il giudice, in relazione alle necessità della prole e all'affidamento di essa, può costituire a favore di uno dei coniugi l'usufrutto su una parte dei beni spettanti all'altro coniuge (*Att.* 38).

[1] Articolo così sost. dalla L. 19 mag. 1975, n. 151.

195. ***Prelevamento dei beni mobili.***[1] — Nella divisione i coniugi o i loro eredi hanno diritto di prelevare i beni mobili che appartenevano ai coniugi stessi prima della comunione o che sono ad essi pervenuti durante la medesima per successione o donazione. In mancanza di prova contraria si presume che i beni mobili facciano parte della comunione.

[1] Articolo così sost. dalla L. 19 mag. 1975, n. 151.

196. ***Ripetizione del valore in caso di mancanza delle cose da prelevare.***[1] — Se non si trovano i beni mobili che il coniuge o i suoi eredi hanno diritto di prelevare a norma dell'articolo precedente essi possono ripeterne il valore, provandone l'ammontare anche per notorietà, salvo che la mancanza di quei beni sia dovuta a consumazione per uso o perimento o per altra causa non imputabile all'altro coniuge.

[1] Articolo così sost. dalla L. 19 mag. 1975, n. 151.

197. ***Limiti al prelevamento nei riguardi dei terzi.***[1] — Il prelevamento autorizzato dagli articoli precedenti non può farsi, a pregiudizio dei terzi, qualora la proprietà individuale dei beni non risulti da atto avente data certa. È fatto salvo al coniuge o ai suoi eredi il diritto di regresso sui beni della comunione spettanti all'altro coniuge nonché sugli altri beni di lui.

[1] Articolo così sost. dalla L. 19 mag. 1975, n. 151.

198-209. ....[1]

[1] Articoli riguardanti la dote, abrogati dall'art. 77 della L. 19 mag. 1975, n. 151, stante la soppressione dell'istituto; v. anche nota alla rubrica della sez. III; tuttavia Corte cost., sent. 19 gen. 1987, n. 6.

SEZIONE IV
Della comunione convenzionale[1]

[1] Intitolazione così sost. dall'art. 78 della L. 19 mag. 1975, n. 151.

210. ***Modifiche convenzionali alla comunione legale dei beni.***[1] — I coniugi possono, mediante convenzione stipulata a norma dell'art. 162, modificare il regime della comunione legale dei beni purché i patti non siano in contrasto con le disposizioni dell'art. 161.

I beni indicati alle lettere *c*), *d*) ed *e*) dell'art. 179

non possono essere compresi nella comunione convenzionale.

Non sono derogabili le norme della comunione legale relative all'amministrazione dei beni della comunione e all'uguaglianza delle quote limitatamente ai beni che formerebbero oggetto della comunione legale.

[1] Articolo così sost. dalla L. 19 mag. 1975, n. 151.

211. ***Obbligazioni dei coniugi contratte prima del matrimonio.***[1] — I beni della comunione rispondono delle obbligazioni contratte da uno dei coniugi prima del matrimonio limitatamente al valore dei beni di proprietà del coniuge stesso prima del matrimonio che, in base a convenzione stipulata a norma dell'art. 162, sono entrati a far parte della comunione dei beni.

[1] Articolo così sost. dalla L. 19 mag. 1975, n. 151.

212-214. .... [1]

[1] Articoli abrog. dall'art. 81, L. 19 mag. 1975, n. 151.

SEZIONE V
Del regime di separazione dei beni[1]

[1] Intitolazione così sost. dall'art. 78 della L. 19 mag. 1975, n. 151.

215. ***Separazione dei beni.*** — I coniugi possono convenire che ciascuno di essi conservi la titolarità esclusiva dei beni acquistati durante il matrimonio.

[1] Articolo così sostituito dalla L. 19 mag. 1975, n. 151.

216. .... [1]

[1] Articolo abrog. dall'art. 84 della L. 19 mag. 1975, n. 151.

217. ***Amministrazione e godimento dei beni.***[1] — Ciascun coniuge ha il godimento e l'amministrazione dei beni di cui è titolare esclusivo.

Se ad uno dei coniugi è stata conferita la procura ad amministrare i beni dell'altro con l'obbligo di rendere conto dei frutti, egli è tenuto verso l'altro coniuge secondo le regole del mandato.

Se uno dei coniugi ha amministrato i beni dell'altro con procura senza l'obbligo di rendere conto dei frutti, egli ed i suoi eredi, a richiesta dell'altro coniuge o allo scioglimento o alla cessazione degli effetti civili del matrimonio, sono tenuti a consegnare i frutti esistenti e non rispondono per quelli consumati.

Se uno dei coniugi, nonostante l'opposizione dell'altro, amministra i beni di questo o comunque compie atti relativi a detti beni risponde dei danni e della mancata percezione dei frutti.

[1] Articolo così sost. dalla L. 19 mag. 1975, n. 151.

218. ***Obbligazioni del coniuge che gode dei beni dell'altro coniuge.***[1] — Il coniuge che gode dei beni dell'altro coniuge è soggetto a tutte le obbligazioni dell'usufruttuario.

[1] Articolo così sost. dalla L. 19 mag. 1975, n. 151.

219. ***Prova della proprietà dei beni.***[1] — Il coniuge può provare con ogni mezzo nei confronti dell'altro la proprietà esclusiva di un bene.

I beni di cui nessuno dei coniugi può dimostrare la proprietà esclusiva sono di proprietà indivisa per pari quota di entrambi i coniugi.

[1] Articolo così sost. dalla L. 19 mag. 1975, n. 151.

220-230. .... [1]

[1] Articoli relativi alla comunione fra coniugi, abrogati dall'art. 88, L. 19 mag. 1975, n. 151.

SEZIONE VI[1]
Dell'impresa familiare

[1] La Sez. VI è stata aggiunta dall'art. 89, L. 19 mag. 1975, n. 151.

230-*bis*. ***Impresa familiare.***[1] — Salvo che sia configurabile un diverso rapporto il familiare che presta in modo continuativo la sua attività di lavoro nella famiglia o nell'impresa familiare ha diritto al mantenimento secondo la condizione patrimoniale della famiglia e partecipa agli utili dell'impresa familiare ed ai beni acquisiti con essi nonché agli incrementi dell'azienda, anche in ordine all'avviamento, in proporzione alla quantità e qualità del lavoro prestato. Le decisioni concernenti l'impiego degli utili e degli incrementi nonché quelle inerenti alla gestione straordinaria, agli indirizzi produttivi e alla cessazione dell'impresa sono adottate, a maggioranza, dai familiari che partecipano all'impresa stessa. I familiari partecipanti alla impresa che non hanno la piena capacità di agire sono rappresentati nel voto da chi esercita la potestà su di essi.

Il lavoro della donna è considerato equivalente a quello dell'uomo.

Ai fini della disposizione di cui al primo comma si intende come familiare il coniuge, i parenti entro il terzo grado, gli affini entro il secondo grado; per impresa familiare quella cui collaborano il coniuge, i parenti entro il terzo grado, gli affini entro il secondo.

Il diritto di partecipazione di cui al primo comma è intrasferibile, salvo che il trasferimento avvenga a favore di familiari indicati nel comma precedente col consenso di tutti i partecipi. Esso può essere liquidato in danaro alla cessazione, per qualsiasi causa, della prestazione del lavoro, ed altresì in caso di alienazione dell'azienda. Il pagamento può avvenire in più annualità, determinate, in difetto di accordo, dal giudice.

In caso di divisione ereditaria o di trasferimento dell'azienda i partecipi di cui al primo comma hanno diritto di prelazione sull'azienda. Si applica, nei limiti in cui è compatibile, la disposizione dell'art. 732.

Le comunioni tacite familiari nell'esercizio dell'agricoltura sono regolate dagli usi che non contrastino con le precedenti norme.

[1] Articolo aggiunto dall'art. 89, L. 19 mag. 1975, n. 151.

230-*ter*. *Diritti del convivente.* [1] — Al convivente di fatto che presti stabilmente la propria opera all'interno dell'impresa dell'altro convivente spetta una partecipazione agli utili dell'impresa familiare ed ai beni acquistati con essi nonché agli incrementi dell'azienda, anche in ordine all'avviamento, commisurata al lavoro prestato. Il diritto di partecipazione non spetta qualora tra i conviventi esista un rapporto di società o di lavoro subordinato.

[1] Articolo aggiunto dall'art. 1, c. 46, L. 20 mag. 2016, n. 76.

TITOLO VII[1]

Dello stato di figlio[1]

[1] Rubrica così modif. dall'art. 7, c. 1, D.lgs. 28 dic. 2013, n. 154, in vigore dal 7 feb. 2014.

CAPO I

Della presunzione di paternità[1]

[1] Rubrica così modif. dall'art. 7, c. 2, D.lgs. 28 dic. 2013, n. 154, in vigore dal 7 feb. 2014. Il c. 3 del medesimo art. ha soppresso la seguente Sezione I.

231. *Paternità del marito.* [1] — Il marito è padre del figlio concepito o nato durante il matrimonio.

[1] Articolo così sost. dall'art. 8, D.lgs. 28 dic. 2013, n. 154, in vigore dal 7 feb. 2014.

232. *Presunzione di concepimento durante il matrimonio.* [1] — Si presume concepito durante il matrimonio il figlio nato quando non sono ancora trascorsi trecento giorni dalla data dell'annullamento, dello scioglimento o della cessazione degli effetti civili del matrimonio.[2]

La presunzione non opera decorsi trecento giorni dalla pronuncia di separazione giudiziale, o dalla omologazione di separazione consensuale, ovvero dalla data della comparizione dei coniugi avanti al giudice quando gli stessi sono stati autorizzati a vivere separatamente nelle more del giudizio di separazione o dei giudizi previsti nel comma precedente.

[1] Articolo così sostituito dalla L. 19 mag. 1975, n. 151.
[2] Comma così sost. dall'art. 9, D.lgs. 28 dic. 2013, n. 154, in vigore dal 7 feb. 2014.

233. *Nascita del figlio prima dei centottanta giorni.* [1]

[1] Articolo abrog. dall'art. 106, D.lgs. 28 dic. 2013, n. 154, in vigore dal 7 feb. 2014.

234. *Nascita del figlio dopo i trecento giorni.* [1] — Ciascuno dei coniugi e i loro eredi possono provare che il figlio, nato dopo i trecento giorni dall'annullamento, dallo scioglimento o dalla cessazione degli effetti civili del matrimonio, è stato concepito durante il matrimonio.

Possono analogamente provare il concepimento durante la convivenza quando il figlio sia nato dopo i trecento giorni dalla pronunzia di separazione giudiziale, o dalla omologazione di separazione consensuale, ovvero dalla data di comparizione dei coniugi avanti al giudice quando gli stessi sono stati autorizzati a vivere separatamente nelle more del giudizio di separazione o dei giudizi previsti nel comma precedente.

In ogni caso il figlio può provare di essere stato concepito durante il matrimonio.[2]

[1] Articolo così sostituito dalla L. 19 mag. 1975, n. 151.
[2] Comma così sost. dall'art. 10, D.lgs. 28 dic. 2013, n. 154, in vigore dal 7 feb. 2014.

235. *Disconoscimento di paternità.* [1]

[1] Articolo abrog. dall'art. 106, D.lgs. 28 dic. 2013, n. 154, in vigore dal 7 feb. 2014.

CAPO II

Delle prove della filiazione[1]

[1] L'attuale Capo II sostituisce la precedente Sezione II ai sensi dell'art. 7, c. 4, D.lgs. 28 dic. 2013, n. 154, in vigore dal 7 feb. 2014.

236. *Atto di nascita e possesso di stato.* — La filiazione [legittima][1] si prova con l'atto di nascita iscritto nei registri dello stato civile.[2]

Basta, in mancanza di questo titolo, il possesso continuo dello stato di figlio [legittimo][1].

[1] Parole soppresse dall'art. 11, D.lgs. 28 dic. 2013, n. 154, in vigore dal 7 feb. 2014.
[2] V. L.S.C. 67-74.

237. *Fatti costitutivi del possesso di stato.* — Il possesso di stato risulta da una serie di fatti che nel loro complesso valgano a dimostrare le relazioni di filiazione e di parentela fra una persona e la famiglia a cui essa pretende di appartenere.

In ogni caso devono concorrere i seguenti fatti:

– che il genitore abbia trattato la persona come figlio ed abbia provveduto in questa qualità al mantenimento, all'educazione e al collocamento di essa.

– che la persona sia stata costantemente considerata come tale nei rapporti sociali.

– che sia stata riconosciuta in detta qualità dalla famiglia.[1]

[1] Comma così sost. dall'art. 12, D.lgs. 28 dic. 2013, n. 154, in vigore dal 7 feb. 2014.

238. *Irreclamabilità di uno stato di figlio contrario a quello attribuito dall'atto di nascita.* [1,2] — Salvo quanto disposto dagli artt. 128, 234, 239, 240 e 244, nessuno può reclamare uno stato contrario a quello che gli attribuiscono l'atto di nascita di figlio nato nel matrimonio[3] e il possesso di stato conforme all'atto stesso.[4]

[...][5]

[1] Articolo così sost. dalla L. 19 mag. 1975, n. 151.
[2] Rubrica così sost. dall'art. 13, D.lgs. 28 dic. 2013, n. 154, in vigore dal 7 feb. 2014.
[3] L'art. 105, D.lgs. 28 dic. 2013, n. 154, in vigore dal 7 feb.

2014 ha disposto in tutta la legislazione vigente le parole «figli naturali» vengano sost. da «figli nati fuori del matrimonio».

[4] Comma così modif. dall'art. 13, D.lgs. 28 dic. 2013, n. 154, in vigore dal 7 feb. 2014.

[5] Comma abrog. dall'art. 13, D.lgs. 28 dic. 2013, n. 154, in vigore dal 7 feb. 2014.

239. ***Reclamo dello stato di figlio.***[1] — Qualora si tratti di supposizione di parto o di sostituzione di neonato, il figlio può reclamare uno stato diverso.

L'azione di reclamo dello stato di figlio può essere esercitata anche da chi è nato nel matrimonio ma fu iscritto come figlio di ignoti, salvo che sia intervenuta sentenza di adozione.

L'azione può inoltre essere esercitata per reclamare uno stato di figlio conforme alla presunzione di paternità da chi è stato riconosciuto in contrasto con tale presunzione e da chi fu iscritto in conformità di altra presunzione di paternità.

L'azione può, altresì, essere esercitata per reclamare un diverso stato di figlio quando il precedente è stato comunque rimosso.

[1] Articolo così sost. dall'art. 14, D.lgs. 28 dic. 2013, n. 154, in vigore dal 7 feb. 2014.

240. ***Contestazione dello stato di figlio.*** — Lo stato di figlio può essere contestato nei casi di cui al primo e secondo comma dell'articolo 239.

[1] Articolo così sost. dall'art. 15, D.lgs. 28 dic. 2013, n. 154, in vigore dal 7 feb. 2014.

241. ***Prova in giudizio.***[1] — Quando mancano l'atto di nascita e il possesso di stato, la prova della filiazione può darsi in giudizio con ogni mezzo.[2]

[...][3]

[1] Rubrica così sost. dall'art. 16, D.lgs. 28 dic. 2013, n. 154, in vigore dal 7 feb. 2014.

[2] Comma così sost. dall'art. 16, D.lgs. 28 dic. 2013, n. 154, in vigore dal 7 feb. 2014.

[3] Comma abrog. dall'art. 16, D.lgs. 28 dic. 2013, n. 154, in vigore dal 7 feb. 2014.

242-243. ....[1]

[1] Articoli abrog. dall'art. 106, D.lgs. 28 dic. 2013, n. 154, in vigore dal 7 feb. 2014.

243-*bis*. ***Disconoscimento di paternità.***[1] — L'azione di disconoscimento di paternità del figlio nato nel matrimonio può essere esercitata dal marito, dalla madre e dal figlio medesimo.

Chi esercita l'azione è ammesso a provare che non sussiste rapporto di filiazione tra il figlio e il presunto padre.

La sola dichiarazione della madre non esclude la paternità.

[1] Articolo ins. dall'art. 17, D.lgs. 28 dic. 2013, n. 154, in vigore dal 7 feb. 2014.

CAPO III
Dell'azione di disconoscimento e delle azioni di contestazione e di reclamo dello stato di figlio

[1] L'attuale Capo III sostituisce la precedente Sezione III ai sensi dell'art. 7, c. 5, D.lgs. 28 dic. 2013, n. 154, in vigore dal 7 feb. 2014.

244. ***Termini dell'azione di disconoscimento.***[1] — L'azione di disconoscimento della paternità da parte della madre deve essere proposta nel termine di sei mesi dalla nascita del figlio ovvero dal giorno in cui è venuta a conoscenza dell'impotenza di generare del marito al tempo del concepimento.

Il marito può disconoscere il figlio nel termine di un anno che decorre dal giorno della nascita quando egli si trovava al tempo di questa nel luogo in cui è nato il figlio; se prova di aver ignorato la propria impotenza di generare ovvero l'adulterio della moglie al tempo del concepimento, il termine decorre dal giorno in cui ne ha avuto conoscenza.

Se il marito non si trovava nel luogo in cui è nato il figlio il giorno della nascita il termine, di cui al secondo comma, decorre dal giorno del suo ritorno o dal giorno del ritorno nella residenza familiare se egli ne era lontano. In ogni caso, se egli prova di non aver avuto notizia della nascita in detti giorni, il termine decorre dal giorno in cui ne ha avuto notizia.

Nei casi previsti dal primo e dal secondo comma l'azione non può essere, comunque, proposta oltre cinque anni dal giorno della nascita.

L'azione di disconoscimento della paternità può essere proposta dal figlio che ha raggiunto la maggiore età. L'azione è imprescrittibile riguardo al figlio.

L'azione può essere altresì promossa da un curatore speciale nominato dal giudice, assunte sommarie informazioni, su istanza del figlio minore che ha compiuto i quattordici anni ovvero del pubblico ministero o dell'altro genitore, quando si tratti di figlio di età inferiore.

[1] Articolo così sost. dall'art. 18, D.lgs. 28 dic. 2013, n. 154, in vigore dal 7 feb. 2014.

245. ***Sospensione del termine.***[1] — Se la parte interessata a promuovere l'azione di disconoscimento di paternità si trova in stato di interdizione per infermità di mente ovvero versa in condizioni di abituale grave infermità di mente, che lo renda incapace di provvedere ai propri interessi, la decorrenza del termine indicato nell'articolo 244 è sospesa nei suoi confronti, sino a che duri lo stato di interdizione o durino le condizioni di abituale grave infermità di mente.

Quando il figlio si trova in stato di interdizione ovvero versa in condizioni di abituale grave infermità di mente, che lo renda incapace di provvedere ai propri interessi, l'azione può essere altresì promossa da un curatore speciale nominato dal giudice, assunte sommarie informazioni, su istanza del pubblico ministero, del tutore, o dell'altro genitore. Per gli altri legittimati l'azione può essere proposta dal tutore o, in mancanza di questo, da un curatore speciale, previa autorizzazione del giudice.

[1] Articolo così sost. dall'art. 19, c. 1, D.lgs. 28 dic. 2013, n. 154, in vigore dal 7 feb. 2014.

246. ***Trasmissibilità dell'azione.***[1] — Se il presunto padre o la madre titolari dell'azione di disconoscimento di paternità sono morti senza averla promossa, ma prima che sia decorso il termine previsto dall'articolo 244, sono ammessi ad esercitarla in loro vece i discendenti o gli ascendenti; il nuovo termine decorre dalla morte del presunto padre o della madre, o dalla nascita del figlio se si tratta di figlio postumo o dal raggiungimento della maggiore età da parte di ciascuno dei discendenti.

Se il figlio titolare dell'azione di disconoscimento di paternità è morto senza averla promossa sono ammessi ad esercitarla in sua vece il coniuge o i discendenti nel termine di un anno che decorre dalla morte del figlio o dal raggiungimento della maggiore età da parte di ciascuno dei discendenti.

Si applicano il sesto comma dell'articolo 244 e l'articolo 245.

[1] Articolo così sost. dall'art. 19, c. 2, D.lgs. 28 dic. 2013, n. 154, in vigore dal 7 feb. 2014.

247. ***Legittimazione passiva.***[1] — Il presunto padre, la madre ed il figlio sono litisconsorti necessari nel giudizio di disconoscimento.

Se una delle parti è minore o interdetta, l'azione è proposta in contraddittorio con un curatore nominato dal giudice davanti al quale il giudizio deve essere promosso.

Se una delle parti è un minore emancipato o un maggiore inabilitato, l'azione è proposta contro la stessa assistita da un curatore parimenti nominato dal giudice.

Se il presunto padre o la madre o il figlio sono morti l'azione si propone nei confronti delle persone indicate nell'articolo precedente o, in loro mancanza, nei confronti di un curatore parimenti nominato dal giudice.

[1] Articolo così sostituito dalla L. 19 mag. 1975, n. 151.

248. ***Legittimazione all'azione di contestazione dello stato di figlio. Imprescrittibilità.***[1,2] — L'azione di contestazione dello stato di figlio spetta a chi dall'atto di nascita del figlio risulti suo genitore e a chiunque vi abbia interesse.[3]

L'azione è imprescrittibile.

Quando l'azione è proposta nei confronti di persone premorte o minori o altrimenti incapaci, si osservano le disposizioni dell'articolo precedente.

Nel giudizio devono essere chiamati entrambi i genitori.

Si applicano il sesto comma dell'articolo 244 e il secondo comma dell'articolo 245.[4]

[1] Articolo così sostituito dalla L. 19 mag. 1975, n. 151.
[2] Rubrica così sost. dall'art. 20, D.lgs. 28 dic. 2013, n. 154, in vigore dal 7 feb. 2014.
[3] Comma così sost. dall'art. 20, D.lgs. 28 dic. 2013, n. 154, in vigore dal 7 feb. 2014.
[4] Comma aggiunto dall'art. 20, D.lgs. 28 dic. 2013, n. 154, in vigore dal 7 feb. 2014.

249. ***Legittimazione all'azione di reclamo dello stato di figlio. Imprescrittibilità.*** — L'azione per reclamare lo stato di figlio spetta al medesimo.

L'azione è imprescrittibile.

Quando l'azione è proposta nei confronti di persone premorte o minori o altrimenti incapaci, si osservano le disposizioni dell'articolo 247.

Nel giudizio devono essere chiamati entrambi i genitori.

Si applicano il sesto comma dell'articolo 244 e il secondo comma dell'articolo 245.

[1] Articolo così sost. dall'art. 21, D.lgs. 28 dic. 2013, n. 154, in vigore dal 7 feb. 2014.

CAPO IV
Del riconoscimento dei figli nati fuori dal matrimonio[1]

[1] L'attuale Capo IV sostituisce il precedente paragrafo 1 ai sensi dell'art. 7, c. 8, D.lgs. 28 dic. 2013, n. 154, in vigore dal 7 feb. 2014. I commi 6 e 7 del medesimo art. hanno soppresso i precedenti Capo II e la Sezione I del Capo II.

250. ***Riconoscimento.***[1] — Il figlio nato fuori del matrimonio può essere riconosciuto, nei modi previsti dall'articolo 254, dalla madre e dal padre, anche se già uniti in matrimonio con altra persona all'epoca del concepimento. Il riconoscimento può avvenire tanto congiuntamente quanto separatamente.[2]

Il riconoscimento del figlio che ha compiuto i quattordici anni non produce effetto senza il suo assenso.[3]

Il riconoscimento del figlio che non ha compiuto i quattordici anni non può avvenire senza il consenso dell'altro genitore che abbia già effettuato il riconoscimento.[3]

Il consenso non può essere rifiutato se risponde all'interesse del figlio. Il genitore che vuole riconoscere il figlio, qualora il consenso dell'altro genitore sia rifiutato, ricorre al giudice competente, che fissa un termine per la notifica del ricorso all'altro genitore. Se non viene proposta opposizione entro trenta giorni dalla notifica, il giudice decide con sentenza che tiene luogo del consenso mancante; se viene proposta opposizione, il giudice, assunta ogni opportuna informazione, dispone l'audizione del figlio minore che abbia compiuto i dodici anni, o anche di età inferiore, ove capace di discernimento, e assume eventuali provvedimenti provvisori e urgenti al fine di instaurare la relazione, salvo che l'opposizione non sia palesemente fondata. Con la sentenza che tiene luogo del consenso mancante, il giudice assume i provvedimenti opportuni in relazione all'affidamento e al mantenimento del minore ai sensi dell'articolo 315-*bis* e al suo cognome ai sensi dell'articolo 262 (*Att.* 38).[2]

Il riconoscimento non può essere fatto dai genitori che non abbiano compiuto il sedicesimo anno di età, salvo che il giudice li autorizzi, valutate le circostanze e avuto riguardo all'interesse del figlio.[3]

[1] Articolo così sost. dalla L. 19 mag. 1975, n. 151.
[2] Comma così sost. dall'art. 1, c. 2, L. 10 dic. 2012, n. 219.
[3] Comma così modif. dall'art. 1, c. 2, L. 10 dic. 2012, n. 219.

251. *Autorizzazione al riconoscimento.*[1] — Il figlio nato da persone, tra le quali esiste un vincolo di parentela in linea retta all'infinito o in linea collaterale nel secondo grado, ovvero un vincolo di affinità in linea retta, può essere riconosciuto previa autorizzazione del giudice avuto riguardo all'interesse del figlio e alla necessità di evitare allo stesso qualsiasi pregiudizio.

Il riconoscimento di una persona minore di età è autorizzato dal giudice.[2,3]

[1] Articolo così sost. dall'art. 1, c. 3, L. 10 dic. 2012, n. 219.
[2] Comma così modif. dall'art. 22, D.lgs. 28 dic. 2013, n. 154, in vigore dal 7 feb. 2014.
[3] La competenza è del Tribunale per i minorenni (*Att.* 38).

252. *Affidamento del figlio nato fuori del matrimonio e suo inserimento nella famiglia del genitore.*[1] — Qualora il figlio nato fuori del matrimonio di uno dei coniugi sia riconosciuto durante il matrimonio il giudice, valutate le circostanze, decide in ordine all'affidamento del minore e adotta ogni altro provvedimento a tutela del suo interesse morale e materiale (*Att.* 38, 51).

L'eventuale inserimento del figlio nato fuori del matrimonio nella famiglia legittima di uno dei genitori può essere autorizzato dal giudice qualora ciò non sia contrario all'interesse del minore e sia accertato il consenso dell'altro coniuge convivente e degli altri figli che abbiano compiuto il sedicesimo anno di età e siano conviventi, nonché dell'altro genitore che abbia effettuato il riconoscimento. In questo caso il giudice stabilisce le condizioni cui ciascun genitore deve attenersi.

Qualora il figlio sia riconosciuto anteriormente al matrimonio, il suo inserimento nella famiglia è subordinato al consenso dell'altro coniuge, a meno che il figlio fosse già convivente con il genitore all'atto del matrimonio o l'altro coniuge conoscesse l'esistenza del figlio.

È altresì richiesto il consenso dell'altro genitore che abbia effettuato il riconoscimento.

In caso di disaccordo tra i genitori, ovvero di mancato consenso degli altri figli conviventi, la decisione è rimessa al giudice tenendo conto dell'interesse dei minori. Prima dell'adozione del provvedimento, il giudice dispone l'ascolto dei figli minori che abbiano compiuto gli anni dodici e anche di età inferiore ove capaci di discernimento.

[1] Articolo così sost. dalla L. 19 mag. 1975, n. 151, e quindi così modif. dall'art. 23, D.lgs. 28 dic. 2013, n. 154, in vigore dal 7 feb. 2014.

253. *Inammissibilità del riconoscimento.*[1] — In nessun caso è ammesso un riconoscimento in contrasto con lo stato di figlio in cui la persona si trova.

[1] Articolo così sost. dalla L. 19 mag. 1975, n. 151, e quindi così modif. dall'art. 24, D.lgs. 28 dic. 2013, n. 154, in vigore dal 7 feb. 2014.

254. *Forma del riconoscimento.*[1] — Il riconoscimento del figlio nato fuori del matrimonio è fatto nell'atto di nascita, oppure con una apposita dichiarazione, posteriore alla nascita o al concepimento, davanti ad un ufficiale dello stato civile [o davanti al giudice tutelare][2] o in un atto pubblico o in un testamento, qualunque sia la forma di questo.

[...][3]

[1] Articolo così sost. dalla L. 19 mag. 1975, n. 151, e quindi così modif. dall'art. 25, D.lgs. 28 dic. 2013, n. 154, in vigore dal 7 feb. 2014.
[2] Parole soppresse dall'art. 138 D.lgs. 19 feb. 1998, n. 51 con decorrenza dal 2 giu. 1999.
[3] Comma abrog. dall'art. 25, D.lgs. 28 dic. 2013, n. 154, in vigore dal 7 feb. 2014.

255. *Riconoscimento di un figlio premorto.* — Può anche aver luogo il riconoscimento del figlio premorto, in favore dei suoi discendenti [legittimi e dei suoi figli naturali riconosciuti][1].

[1] Parole soppresse dall'art. 26, D.lgs. 28 dic. 2013, n. 154, in vigore dal 7 feb. 2014.

256. *Irrevocabilità del riconoscimento.*[1] — Il riconoscimento è irrevocabile. Quando è contenuto in un testamento ha effetto dal giorno della morte del testatore, anche se il testamento è stato revocato.

[1] Articolo così sostituito dalla L. 19 mag. 1975, n. 151.

257. *Clausole limitatrici.* — È nulla ogni clausola diretta a limitare gli effetti del riconoscimento.

258. *Effetti del riconoscimento.*[1] — Il riconoscimento produce effetti riguardo al genitore da cui fu fatto e riguardo ai parenti di esso.[2]

L'atto di riconoscimento di uno solo dei genitori non può contenere indicazioni relative all'altro genitore. Queste indicazioni, qualora siano state fatte, sono senza effetto.

Il pubblico ufficiale che le riceve e l'ufficiale dello stato civile che le riproduce sui registri dello stato civile sono puniti con la sanzione amministrativa da euro 20,66 a euro 82,63. Le indicazioni stesse devono essere cancellate.

[1] Articolo così sost. dalla L. 19 mag. 1975, n. 151. Il reato è stato depenalizzato dall'art. 1, L. 24 dic. 1975, n. 706; la sanzione è stata aggiornata in conformità al disposto dell'art. 114, L. 24 nov. 1981, n. 689.
[2] Comma così sost. dall'art. 1, c. 4, L. 10 dic. 2012, n. 219.

259. *Introduzione del figlio naturale nella casa coniugale.*[1]

[1] Articolo abrog. dall'art. 109 della L. 19 mag. 1975, n. 151.

260. *Poteri dei genitori.*[1]

[1] Articolo abrog. dall'art. 109 della L. 19 mag. 1975, n. 151.

261. ***Diritti e doveri derivanti al genitore dal riconoscimento.***[1]

[1] Articolo abrog. dall'art. 106, D.lgs. 28 dic. 2013, n. 154, in vigore dal 7 feb. 2014.

262. ***Cognome del figlio nato fuori del matrimonio.***[1] — Il figlio assume il cognome del genitore che per primo lo ha riconosciuto. Se il riconoscimento è stato effettuato contemporaneamente da entrambi i genitori il figlio assume il cognome del padre.[2]

Se la filiazione nei confronti del padre è stata accertata o riconosciuta successivamente al riconoscimento da parte della madre, il figlio può assumere il cognome del padre aggiungendolo, anteponendolo o sostituendolo a quello della madre.

Se la filiazione nei confronti del genitore è stata accertata o riconosciuta successivamente all'attribuzione del cognome da parte dell'ufficiale dello stato civile, si applica il primo e il secondo comma del presente articolo; il figlio può mantenere il cognome precedentemente attribuitogli, ove tale cognome sia divenuto autonomo segno della sua identità personale, aggiungendolo, anteponendolo o sostituendolo al cognome del genitore che per primo lo ha riconosciuto o al cognome dei genitori in caso di riconoscimento da parte di entrambi.

Nel caso di minore età del figlio, il giudice decide circa l'assunzione del cognome del genitore, previo ascolto del figlio minore, che abbia compiuto gli anni dodici e anche di età inferiore ove capace di discernimento.

[1] Articolo così sost. dalla L. 19 mag. 1975, n. 151, e quindi così modif. dall'art. 25, D.lgs. 28 dic. 2013, n. 154, in vigore dal 7 feb. 2014.

[2] La Corte Cost., con sent. 21 dic. 2016, n. 286, ha dichiarato l'ill. cost. del presente comma nella parte in cui non consente ai genitori, di comune accordo, di trasmettere al figlio, al momento della nascita, anche il cognome materno.

La Corte cost., con sent. 31 mag. 2022, n. 131, ha dichiarato, tra l'altro: 1) l'ill. cost. dell'art. 262, c. 1, del c.c., nella parte in cui prevede, con riguardo all'ipotesi del riconoscimento effettuato contemporaneamente da entrambi i genitori, che il figlio assume il cognome del padre, anziché prevedere che il figlio assume i cognomi dei genitori, nell'ordine dai medesimi concordato, fatto salvo l'accordo, al momento del riconoscimento, per attribuire il cognome di uno di loro soltanto; 2) in via consequenziale, ai sensi dell'art. 27, L. 11 mar. 1953, n. 87, l'ill. cost. della norma desumibile dagli artt. 262, c. 1, e 299, c. 3, c.c., 27, c. 1, della L. 4 mag. 1983, n. 184, e 34 del D.P.R. 3 nov. 2000, n. 396, nella parte in cui prevede che il figlio nato nel matrimonio assume il cognome del padre, anziché prevedere che il figlio assume i cognomi dei genitori, nell'ordine dai medesimi concordato, fatto salvo l'accordo, alla nascita, per attribuire il cognome di uno di loro soltanto.

263. ***Impugnazione del riconoscimento per difetto di veridicità.***[1] — Il riconoscimento può essere impugnato per difetto di veridicità dall'autore del riconoscimento, da colui che è stato riconosciuto e da chiunque vi abbia interesse.

L'azione è imprescrittibile riguardo al figlio.

L'azione di impugnazione da parte dell'autore del riconoscimento deve essere proposta nel termine di un anno che decorre dal giorno dell'annotazione del riconoscimento sull'atto di nascita. Se l'autore del riconoscimento prova di aver ignorato la propria impotenza al tempo del concepimento, il termine decorre dal giorno in cui ne ha avuto conoscenza; nello stesso termine, la madre che abbia effettuato il riconoscimento è ammessa a provare di aver ignorato l'impotenza del presunto padre. L'azione non può essere comunque proposta oltre cinque anni dall'annotazione del riconoscimento.[2]

L'azione di impugnazione da parte degli altri legittimati deve essere proposta nel termine di cinque anni che decorrono dal giorno dall'annotazione del riconoscimento sull'atto di nascita. Si applica l'articolo 245.

[1] Articolo così sost. dall'art. 28, D.lgs. 28 dic. 2013, n. 154, in vigore dal 7 feb. 2014.

[2] La Corte cost., con sent. 25 giu. 2021, n. 133, ha dichiarato l'ill. cost. del presente comma nella parte in cui non prevede che, per l'autore del riconoscimento, il termine annuale per proporre l'azione di impugnazione decorra dal giorno in cui ha avuto conoscenza della non paternità.

264. ***Impugnazione da parte del figlio minore.***[1] — L'impugnazione del riconoscimento per difetto di veridicità può essere altresì promossa da un curatore speciale nominato dal giudice, assunte sommarie informazioni, su istanza del figlio minore che ha compiuto quattordici anni, ovvero del pubblico ministero o dell'altro genitore che abbia validamente riconosciuto il figlio, quando si tratti di figlio di età inferiore.

[1] Articolo così sost. dall'art. 29, D.lgs. 28 dic. 2013, n. 154, in vigore dal 7 feb. 2014.

265. ***Impugnazione per violenza.*** — Il riconoscimento può essere impugnato per violenza dall'autore del riconoscimento entro un anno dal giorno in cui la violenza è cessata.

Se l'autore del riconoscimento è minore, l'azione può essere promossa entro un anno dal conseguimento dell'età maggiore.

266. ***Impugnazione del riconoscimento per effetto di interdizione giudiziale.*** — Il riconoscimento può essere impugnato per l'incapacità che deriva da interdizione giudiziale dal rappresentante dell'interdetto e, dopo la revoca della interdizione, dall'autore del riconoscimento, entro un anno dalla data della revoca.

267. ***Trasmissibilità della azione.*** — Nei casi indicati dagli artt. 265 e 266, se l'autore del riconoscimento è morto senza aver promosso l'azione, ma prima che sia scaduto il termine, l'azione può essere promossa dai discendenti, dagli ascendenti o dagli eredi.

Nel caso indicato dal primo comma dell'articolo 263, se l'autore del riconoscimento è morto senza aver promosso l'azione, ma prima che sia decorso il termine previsto dal terzo comma dello stesso articolo, sono ammessi ad esercitarla in sua vece i discendenti o gli ascendenti, entro un anno decorrente dalla morte dell'autore del riconoscimento o dalla nascita del figlio se si tratta di figlio postumo o dal raggiungimento della maggiore età da parte di ciascuno dei discendenti.[1]

Se il figlio riconosciuto è morto senza aver promosso l'azione di cui all'articolo 263, sono ammessi ad esercitarla in sua vece il coniuge o i discendenti nel termine di un anno che decorre dalla morte del figlio riconosciuto o dal raggiungimento della maggiore età da parte di ciascuno dei discendenti.[1]

La morte dell'autore del riconoscimento o del figlio riconosciuto non impedisce l'esercizio dell'azione da parte di coloro che ne hanno interesse, nel termine di cui al quarto comma dell'articolo 263.[1]

Si applicano il sesto comma dell'articolo 244 e l'articolo 245.[1]

[1] Comma aggiunto dall'art. 30, c. 1, D.lgs. 28 dic. 2013, n. 154, in vigore dal 7 feb. 2014.

268. ***Provvedimenti in pendenza del giudizio.*** — Quando è impugnato il riconoscimento, il giudice può dare, in pendenza del giudizio, i provvedimenti che ritenga opportuni nell'interesse del figlio.

CAPO V
Della dichiarazione giudiziale della paternità e della maternità

[1] L'attuale Capo V sostituisce il precedente paragrafo 2 ai sensi dell'art. 7, c. 9, D.lgs. 28 dic. 2013, n. 154, in vigore dal 7 feb. 2014.

269. ***Dichiarazione giudiziale di paternità e maternità.***[1] — La paternità e la maternità [naturale][2] possono essere giudizialmente dichiarate nei casi in cui il riconoscimento è ammesso.

La prova della paternità e della maternità può essere data con ogni mezzo.

La maternità è dimostrata provando la identità di colui che si pretende essere figlio e di colui che fu partorito dalla donna, la quale si assume essere madre.

La sola dichiarazione della madre e la sola esistenza di rapporti tra la madre e il preteso padre all'epoca del concepimento non costituiscono prova della paternità [naturale][2].

[1] Articolo così sost. dall'art. 113, L. 19 mag. 1975, n. 151. Per la disciplina transitoria, v. la stessa L., art. 232: «*Le disposizioni della presente legge relative all'azione per la dichiarazione giudiziale di paternità e maternità, nonché alle azioni previste dall'art. 279 del c.c., si applicano anche ai figli nati o concepiti prima della sua entrata in vigore*».

[2] Parola soppressa dall'art. 30, c. 2, D.lgs. 28 dic. 2013, n. 154, in vigore dal 7 feb. 2014.

270. ***Legittimazione attiva e termine.***[1] — L'azione per ottenere che sia dichiarata giudizialmente la paternità o la maternità [naturale][2] è imprescrittibile riguardo al figlio.

Se il figlio muore prima di avere iniziato l'azione, questa può essere promossa dai discendenti [legittimi, legittimati o naturali][2] riconosciuti, entro due anni dalla morte.

L'azione promossa dal figlio, se egli muore, può essere proseguita dai discendenti legittimi, legittimati o naturali riconosciuti.

Si applica l'articolo 245.[3]

[1] Articolo così sostituito dalla L. 19 mag. 1975, n. 151.

[2] Parola soppressa dall'art. 31, D.lgs. 28 dic. 2013, n. 154, in vigore dal 7 feb. 2014.

[3] Comma aggiunto dall'art. 31, D.lgs. 28 dic. 2013, n. 154, in vigore dal 7 feb. 2014.

271. ***Legittimazione attiva e termine.***[1]

[1] Articolo abrog. dall'art. 115 della L. 19 mag. 1975, n. 151.

272. ***Dichiarazione giudiziale di maternità.***[1]

[1] Articolo abrog. dall'art. 115 della L. 19 mag. 1975, n. 151.

273. ***Azione nell'interesse del minore o dell'interdetto.***[1] — L'azione per ottenere che sia giudizialmente dichiarata la paternità o la maternità può essere promossa, nell'interesse del minore, dal genitore che esercita la responsabilità genitoriale prevista dall'art. 316 o dal tutore. Il tutore però deve chiedere l'autorizzazione del giudice, il quale può anche nominare un curatore speciale.

Occorre il consenso del figlio per promuovere o per proseguire l'azione se egli ha compiuto l'età di quattordici anni.

Per l'interdetto l'azione può essere promossa dal tutore previa autorizzazione del giudice.

[1] Articolo così sostituito dalla L. 19 mag. 1975, n. 151 e quindi così modif. dall'art. 32, D.lgs. 28 dic. 2013, n. 154, in vigore dal 7 feb. 2014.

274. ***Ammissibilità dell'azione.***[1] — L'azione per la dichiarazione giudiziale di paternità o di maternità naturale è ammessa solo quando concorrono specifiche circostanze tali da farla apparire giustificata.

Sull'ammissibilità il tribunale decide in camera di consiglio con decreto motivato, su ricorso di chi intende promuovere l'azione, sentiti il pubblico ministero e le parti, e assunte le informazioni del caso. Contro il decreto si può proporre reclamo con ricorso alla Corte d'appello, che pronuncia anch'essa in camera di consiglio.

L'inchiesta sommaria compiuta dal tribunale ha luogo senza alcuna pubblicità e deve essere mantenuta segreta.

Al termine dell'inchiesta gli atti e i documenti della stessa sono depositati in cancelleria ed il cancelliere deve darne avviso alle parti le quali, entro 15 giorni dalla comunicazione di detto avviso, hanno facoltà di esaminarli e di depositare memorie illustrative.

Il tribunale, anche prima di ammettere l'azione, può, se trattasi di minore o d'altra persona incapace, nominare un curatore speciale che la rappresenti in giudizio (*Trans.* 123).

[1] La Corte cost., con sent. 10 feb. 2006, n. 50, ha dichiarato l'ill. cost. dell'art. 274 per violazione degli artt. 3, c. 2, 24 e 111 della Costituzione.

275. ***Pena in caso di inammissibilità.***[1]

[1] Articolo abrog. dall'art. 118, L. 19 mag. 1975, n. 151.

276. ***Legittimazione passiva.***[1] — La domanda per la dichiarazione di paternità o di maternità [naturale][2] deve essere proposta nei confronti del presunto genitore o, in sua mancanza, nei confronti dei suoi eredi. In loro mancanza, la domanda deve essere proposta nei confronti di un curatore nominato dal giudice davanti al quale il giudizio deve essere promosso.

Alla domanda può contraddire chiunque vi abbia interesse.

[1] Articolo così sost. dall'art. 1, c. 5, L. 10 dic. 2012, n. 219.
[2] Parola soppressa dall'art. 33, D.lgs. 28 dic. 2013, n. 154, in vigore dal 7 feb. 2014.

277. ***Effetti della sentenza.*** — La sentenza che dichiara la filiazione [naturale][1] produce gli effetti del riconoscimento.

Il giudice può anche dare i provvedimenti che stima utili per l'affidamento, per il mantenimento, l'istruzione e l'educazione del figlio e per la tutela degli interessi patrimoniali di lui.[2]

[1] Parola soppressa dall'art. 34, D.lgs. 28 dic. 2013, n. 154, in vigore dal 7 feb. 2014.
[2] Comma così sost. dalla L. 19 mag. 1975, n. 151, e quindi così modif. dall'art. 34, D.lgs. 28 dic. 2013, n. 154, in vigore dal 7 feb. 2014.

278. ***Autorizzazione all'azione.***[1] — Nei casi di figlio nato da persone, tra le quali esiste un vincolo di parentela in linea retta all'infinito o in linea collaterale nel secondo grado, ovvero un vincolo di affinità in linea retta, l'azione per ottenere che sia giudizialmente dichiarata la paternità o la maternità non può essere promossa senza previa autorizzazione ai sensi dell'articolo 251.

[1] Articolo così sost. dall'art. 35, D.lgs. 28 dic. 2013, n. 154, in vigore dal 7 feb. 2014.

279. ***Responsabilità per il mantenimento e l'educazione.***[1] — In ogni caso in cui non può proporsi l'azione per la dichiarazione giudiziale di paternità o di maternità, il figlio nato fuori del matrimonio può agire per ottenere il mantenimento, l'istruzione e l'educazione (*Att.* 34). Il figlio nato fuori del matrimonio se maggiorenne e in stato di bisogno può agire per ottenere gli alimenti a condizione che il diritto al mantenimento di cui all'articolo 315-*bis*, sia venuto meno.

L'azione è ammessa previa autorizzazione del giudice ai sensi dell'articolo 251.

L'azione può essere promossa nell'interesse del figlio minore da un curatore speciale nominato dal giudice su richiesta del pubblico ministero o del genitore che esercita la responsabilità genitoriale (*Att.* 51).

[1] Articolo così sostituito dalla L. 19 mag. 1975, n. 151, e quindi così modif. dall'art. 36, D.lgs. 28 dic. 2013, n. 154, in vigore dal 7 feb. 2014.

SEZIONE II
Della legittimazione dei figli naturali[1]

[1] La Sezione II, Capo II, Titolo VII, Libro I è stata abrog. dall'art. 1, c. 10, L. 10 dic. 2012, n. 219.

280-290. ....[1]

[1] Articoli abrog. dall'art. 1, c. 10, L. 10 dic. 2012, n. 219.

TITOLO VIII
Dell'adozione di persone maggiori di età[1]

[1] Intitolazione così sostituita dall'art. 58 della L. 4 mag. 1983, n. 184.

CAPO I
Dell'adozione di persone maggiori di età e dei suoi effetti[1]

[1] Intitolazione così sostituita dall'art. 59 della L.4 mag. 1983, n. 184, *citata*. A sensi dell'art. 60 di tale legge le disposizioni del capo I non si applicano alle persone minori di età.

291. ***Condizioni.***[1] — L'adozione è permessa alle persone che non hanno discendenti legittimi o legittimati, che hanno compiuto gli anni trentacinque e che superano almeno di diciotto anni l'età di coloro che essi intendano adottare.

Quando eccezionali circostanze lo consigliano, il tribunale può autorizzare l'adozione se l'adottante ha raggiunto almeno l'età di trenta anni, ferma restando la differenza di età di cui al comma precedente.

[1] Articolo così sostituito dall'art. 1 della L. 5 giu. 1967, n. 431.

La Corte cost., con sent. 19 mag. 1988, n. 557, ha dichiarato l'ill. cost. dell'art. 291 «nella parte in cui non consente l'adozione a persone che abbiano discendenti legittimi o legittimati maggiorenni e consenzienti».

La Corte cost., con sent. 20 lug. 2004, n. 245, ha dichiarato l'ill. cost. dell'art. 291 "nella parte in cui non prevede che l'adozione di maggiorenni non possa essere pronunciata in presenza di figli naturali, riconosciuti dall'adottante, minorenni o, se maggiorenni, non consenzienti".

292. ....[1]

[1] Articolo abrog. dal R.D.L. 20 gen. 1944, n. 25.

293. ***Divieto d'adozione di figli [nati fuori dal matrimonio]***[1].[2] — I figli [nati fuori dal matrimonio][1] non possono essere adottati dai loro genitori.

[1] Parole soppresse dall'art. 37, c. 1, D.lgs. 28 dic. 2013, n. 154, in vigore dal 7 feb. 2014.
[2] Articolo così sostituito dalla L. 19 mag. 1975, n. 151. Il secondo e terzo comma dell'art. 293 sono stati abrogati dall'art. 67 della L. 4 mag. 1983, n. 184.

294. ***Pluralità di adottati o di adottanti.*** — È ammessa l'adozione di più persone anche con atti successivi.[1]

Nessuno può essere adottato da più d'una persona, salvo che i due adottanti siano marito e moglie.

[1] Comma così sostituito dall'art. 2 della L. 5 giu. 1967, n. 431.

295. ***Adozione da parte del tutore.*** — Il tutore non può adottare la persona della quale ha avuto la tutela, se non dopo che sia stato approvato il conto della sua amministrazione, sia stata fatta la consegna dei beni e siano state estinte le obbligazioni risultanti a suo carico o data idonea garanzia per il loro adempimento.

296. ***Consenso per l'adozione.*** — Per l'adozione si richiede il consenso dell'adottante e dell'adottando.[1]

[1] Il c. 2 e il c. 3 dell'art. 296 sono stati abrogati dall'art. 67, L. 4 mag. 1983, n. 184.

297. ***Assenso del coniuge e dei genitori.***[1] — Per l'adozione è necessario l'assenso dei genitori dell'adottando e l'assenso del coniuge dell'adottante e dell'adottando, se coniugati e non legalmente separati.

Quando è negato l'assenso previsto dal primo comma, il tribunale, sentiti gli interessati su istanza dell'adottante, può, ove ritenga il rifiuto ingiustificato o contrario all'interesse dell'adottando, pronunziare ugualmente l'adozione, salvo che si tratti dell'assenso dei genitori esercenti la responsabilità genitoriale o del coniuge, se convivente, dell'adottante o dell'adottando. Parimenti il tribunale può pronunziare l'adozione quando è impossibile ottenere l'assenso per incapacità o irreperibilità delle persone chiamate ad esprimerlo.[2]

[1] Articolo così sost. dalla L. 19 mag. 1975, n 151.
[2] Comma così modif. dall'art. 37, c. 2, D.lgs. 28 dic. 2013, n. 154, in vigore dal 7 feb. 2014.

298. ***Decorrenza degli effetti dell'adozione.*** — L'adozione produce i suoi effetti dalla data del decreto che la pronunzia.

Finché il decreto non è emanato, tanto l'adottante quanto l'adottando possono revocare il loro consenso.

Se l'adottante muore dopo la prestazione del consenso e prima dell'emanazione del decreto, si può procedere al compimento degli atti necessari per l'adozione.

Gli eredi dell'adottante possono presentare al tribunale memorie e osservazioni per opporsi all'adozione.

Se l'adozione è ammessa, essa produce i suoi effetti dal momento della morte dell'adottante.

299. ***Cognome dell'adottato.***[1] — L'adottato assume il cognome dell'adottante e lo antepone al proprio.

Nel caso in cui la filiazione sia stata accertata o riconosciuta successivamente all'adozione si applica il primo comma.[2]

Se l'adozione è compiuta da coniugi, l'adottato assume il cognome del marito.[3]

Se l'adozione è compiuta da una donna maritata, l'adottato, che non sia figlio del marito, assume il cognome della famiglia di lei.

[1] Articolo così sost. dall'art. 61, L. 4 mag. 1983, n. 184.
[2] Comma così sost. dall'art. 38, D.lgs. 28 dic. 2013, n. 154, in vigore dal 7 feb. 2014.
[3] La Corte Cost., con sent. 21 dic. 2016, n. 286, ha dichiarato l'ill. cost. del presente comma nella parte in cui non consente ai coniugi, in caso di adozione compiuta da entrambi, di attribuire, di comune accordo, anche il cognome materno al momento dell'adozione.

La Corte cost., con sent. 31 mag. 2022, n. 131, ha dichiarato: 1) l'ill. cost. dell'art. 262, c. 1, del c.c., nella parte in cui prevede, con riguardo all'ipotesi del riconoscimento effettuato contemporaneamente da entrambi i genitori, che il figlio assume il cognome del padre, anziché prevedere che il figlio assume i cognomi dei genitori, nell'ordine dai medesimi concordato, fatto salvo l'accordo, al momento del riconoscimento, per attribuire il cognome di uno di loro soltanto; 2) in via consequenziale, ai sensi dell'art. 27, L. 11 mar. 1953, n. 87, l'ill. cost. della norma desumibile dagli artt. 262, c. 1, e 299, c. 3, 27, c. 1, della L. 4 mag. 1983, n. 184 e 34 del D.P.R. 3 nov. 2000, n. 396, nella parte in cui prevede che il figlio nato nel matrimonio assume il cognome del padre, anziché prevedere che il figlio assume i cognomi dei genitori, nell'ordine dai medesimi concordato, fatto salvo l'accordo, uno di loro soltanto; 3) in via consequenziale, ai sensi dell'art. 27 della L. n. 87 del 1953, l'ill. cost. dell'art. 299, c. 3, nella parte in cui prevede alla nascita, per attribuire il cognome di che «l'adottato assume il cognome del marito», anziché prevedere che l'adottato assume i cognomi degli adottanti, nell'ordine dai medesimi concordato, fatto salvo l'accordo, raggiunto nel procedimento di adozione, per attribuire il cognome di uno di loro soltanto.

300. ***Diritti e doveri dell'adottato.*** — L'adottato conserva tutti i diritti e i doveri verso la sua famiglia di origine, salve le eccezioni stabilite dalla legge.

L'adozione non induce alcun rapporto civile tra l'adottante e la famiglia dell'adottato né tra l'adottato e i parenti dell'adottante, salve le eccezioni stabilite dalla legge.[1]

[1] La Corte cost., con sent. 28 mar. 2022, n. 79, ha dichiarato l'ill. cost. dell'art. 55, L. 4 mag. 1983, n. 184, nella parte in cui, mediante rinvio al presente comma, prevede che l'adozione in casi particolari non induce alcun rapporto civile tra l'adottato e i parenti dell'adottante.

301-303. ....[1]

[1] Articoli abrog. dall'art. 67, L. 4 mag. 1983, n. 184.

304. ***Diritti di successione.*** — L'adozione non attribuisce all'adottante alcun diritto di successione.

I diritti dell'adottato nella successione dell'adottante sono regolati dalle norme contenute nel libro II.

305. ***Revoca dell'adozione.*** — L'adozione si può revocare soltanto nei casi preveduti dagli articoli seguenti (*Att.* 35).

306. ***Revoca per indegnità dell'adottato.*** — La revoca dell'adozione può essere pronunziata dal tribunale[1] su domanda dell'adottante, quando l'adottato abbia attentato alla vita di lui o del suo coniuge, dei suoi discendenti o ascendenti, ovvero si sia reso colpevole verso loro di delitto punibile con pena restrittiva della libertà personale non inferiore nel minimo a tre anni.

Se l'adottante muore in conseguenza dell'attentato, la revoca dell'adozione può essere chiesta da coloro i quali si devolverebbe l'eredità in mancanza dell'adottato e dei suoi discendenti.

[1] La competenza è del Tribunale per i minorenni se l'adottato è minorenne (*Att.* 35).

307. ***Revoca per indegnità dell'adottante.***[1] — Quando i fatti previsti dall'articolo precedente sono stati compiuti dall'adottante contro l'adottato, oppure contro il coniuge o i discendenti o gli ascendenti di lui, la revoca può essere pronunziata su domanda dell'adottato.

[1] Articolo così sost. dall'art. 62, L. 4 mag. 1983, n. 184.

308. ....[1]

[1] Articolo abrog. dall'art. 67, L. 4 mag. 1983, n. 184.

309. ***Decorrenza degli effetti della revoca.*** — Gli effetti dell'adozione cessano quando passa in giudicato la sentenza di revoca.

Se tuttavia la revoca è pronunziata dopo la morte dell'adottante per fatto imputabile all'adottato, l'adottato e i suoi discendenti sono esclusi dalla successione dell'adottante.

310. ....[1]

[1] Articolo abrog. dall'art. 67, L. 4 mag. 1983, n. 184.

CAPO II

Delle forme della adozione di persone di maggiore età[1,2]

[1] Intitolazione così sost. dall'art. 63, L. 4 mag. 1983, n. 184.

[2] V. art. 3 L. 5 giu. 1967, n. 431: «Nelle ipotesi di cui al capo II del titolo VIII del libro I del codice civile, alla competenza della corte d'appello è sostituita quella del tribunale nel cui circondario l'adottante ha la residenza. Per l'adozione di minorenni è competente il tribunale per i minorenni.».

311. ***Manifestazione del consenso.*** — Il consenso dell'adottante e dell'adottando o del legale rappresentante di questo deve essere manifestato personalmente al presidente del tribunale nel cui circondario l'adottante ha la residenza.[1]

[...][2]

L'assenso delle persone indicate negli artt. 296 e 297 può essere dato da persona munita di procura speciale rilasciata per atto pubblico o per scrittura privata autentica.

[1] V. art. 3 L. 5 giu. 1967, n. 431: «Nelle ipotesi di cui al capo II del titolo VIII del libro I del codice civile, alla competenza della corte d'appello è sostituita quella del tribunale nel cui circondario l'adottante ha la residenza. Per l'adozione di minorenni è competente il tribunale per i minorenni.

[2] Comma soppresso dall'art. 3, L. 5 giu. 1967, n. 431.

312. ***Accertamenti del tribunale.***[1] — Il tribunale, assunte le opportune informazioni verifica:

1) se tutte le condizioni della legge sono state adempiute;

2) se l'adozione conviene all'adottando.

[1] Articolo così sostituito dall'art. 64, L. 4 mag. 1983, n. 184.

313. ***Provvedimento del tribunale.***[1] — Il tribunale, in camera di consiglio, sentito il pubblico ministero e omessa ogni altra formalità di procedura, provvede con sentenza decidendo di far luogo o non far luogo alla adozione.

L'adottante, il pubblico ministero, l'adottando, entro trenta giorni dalla comunicazione, possono proporre impugnazione avanti la Corte d'appello, che decide in camera di consiglio, sentito il pubblico ministero.

[1] Articolo così sostituito dall'art. 30 L. 28 mar. 2001, n. 149.

314. ***Pubblicità.***[1] — La sentenza definitiva che pronuncia l'adozione è trascritta a cura del cancelliere del tribunale competente, entro il decimo giorno successivo a quello della relativa comunicazione, da effettuarsi non oltre cinque giorni dal deposito, da parte del cancelliere del giudice dell'impugnazione, su apposito registro e comunicata all'ufficiale di stato civile per l'annotazione a margine dell'atto di nascita dell'adottato.

Con la procedura di cui al primo comma deve essere altresì trascritta ed annotata la sentenza di revoca della adozione, passata in giudicato.

L'autorità giudiziaria può inoltre ordinare la pubblicazione della sentenza che pronuncia l'adozione o della sentenza di revoca nei modi che ritiene opportuni.

[1] Articolo così sostituito dall'art. 31 L. 28 mar. 2001, n. 149.

CAPO III

Dell'adozione speciale[1]

[1] Il Capo III «Dell'adozione speciale", artt. da 314/2 a 314/28, aggiunto dall'art. 4 della L. 5 giu. 1967, n. 431 è stato abrogato dall'art. 67 della L. 4 mag. 1983, n. 184, *citata*.

TITOLO IX

Della responsabilità genitoriale e dei diritti e doveri del figlio[1]

[1] Rubrica così sost. dall'art. 7, c. 10, D.lgs. 28 dic. 2013, n. 154, in vigore dal 7 feb. 2014.

CAPO I

Dei diritti e doveri del figlio[1]

[1] Capo ins. dall'art. 7, c. 11, D.lgs. 28 dic. 2013, n. 154, in vigore dal 7 feb. 2014.

315. ***Stato giuridico della filiazione.***[1] — Tutti i figli hanno lo stesso stato giuridico.

[1] Articolo così sost. dall'art. 1, c. 7, L. 10 dic. 2012, n. 219.

315-*bis*. *Diritti e doveri del figlio.*[1] — Il figlio ha diritto di essere mantenuto, educato, istruito e assistito moralmente dai genitori, nel rispetto delle sue capacità, delle sue inclinazioni naturali e delle sue aspirazioni.

Il figlio ha diritto di crescere in famiglia e di mantenere rapporti significativi con i parenti.

Il figlio minore che abbia compiuto gli anni dodici, e anche di età inferiore ove capace di discernimento, ha diritto di essere ascoltato in tutte le questioni e le procedure che lo riguardano.

Il figlio deve rispettare i genitori e deve contribuire, in relazione alle proprie capacità, alle proprie sostanze e al proprio reddito, al mantenimento della famiglia finché convive con essa.

[1] Articolo ins. dall'art. 1, c. 8, L. 10 dic. 2012, n. 219.

316. *Responsabilità genitoriale.*[1] — Entrambi i genitori hanno la responsabilità genitoriale che è esercitata di comune accordo tenendo conto delle capacità, delle inclinazioni naturali e delle aspirazioni del figlio. I genitori di comune accordo stabiliscono la residenza abituale del minore.

In caso di contrasto su questioni di particolare importanza ciascuno dei genitori può ricorrere senza formalità al giudice indicando i provvedimenti che ritiene più idonei.

Il giudice, sentiti i genitori e disposto l'ascolto del figlio minore che abbia compiuto gli anni dodici e anche di età inferiore ove capace di discernimento, suggerisce le determinazioni che ritiene più utili nell'interesse del figlio e dell'unità familiare. Se il contrasto permane il giudice attribuisce il potere di decisione a quello dei genitori che, nel singolo caso, ritiene il più idoneo a curare l'interesse del figlio.

Il genitore che ha riconosciuto il figlio esercita la responsabilità genitoriale su di lui. Se il riconoscimento del figlio, nato fuori del matrimonio, è fatto dai genitori, l'esercizio della responsabilità genitoriale spetta ad entrambi.

Il genitore che non esercita la responsabilità genitoriale vigila sull'istruzione, sull'educazione e sulle condizioni di vita del figlio.

[1] Articolo così sost. dall'art. 39, D.lgs. 28 dic. 2013, n. 154, in vigore dal 7 feb. 2014.

316-*bis*. *Concorso nel mantenimento.*[1] — I genitori devono adempiere i loro obblighi nei confronti dei figli in proporzione alle rispettive sostanze e secondo la loro capacità di lavoro professionale o casalingo. Quando i genitori non hanno mezzi sufficienti, gli altri ascendenti, in ordine di prossimità, sono tenuti a fornire ai genitori stessi i mezzi necessari affinché possano adempiere i loro doveri nei confronti dei figli.

In caso di inadempimento il presidente del tribunale, su istanza di chiunque vi ha interesse, sentito l'inadempiente ed assunte informazioni, può ordinare con decreto che una quota dei redditi dell'obbligato, in proporzione agli stessi, sia versata direttamente all'altro genitore o a chi sopporta le spese per il mantenimento, l'istruzione e l'educazione della prole.

Il decreto, notificato agli interessati ed al terzo debitore, costituisce titolo esecutivo, ma le parti ed il terzo debitore possono proporre opposizione nel termine di venti giorni dalla notifica.

L'opposizione è regolata dalle norme relative all'opposizione al decreto di ingiunzione, in quanto applicabili.

Le parti ed il terzo debitore possono sempre chiedere, con le forme del processo ordinario, la modificazione e la revoca del provvedimento.

[1] Articolo ins. dall'art. 40, D.lgs. 28 dic. 2013, n. 154, in vigore dal 7 feb. 2014.

317. *Impedimento di uno dei genitori.*[1] — Nel caso di lontananza, di incapacità o di altro impedimento che renda impossibile ad uno dei genitori l'esercizio della responsabilità genitoriale, questa è esercitata in modo esclusivo dall'altro.[2]

La responsabilità genitoriale di entrambi i genitori non cessa a seguito di separazione, scioglimento, cessazione degli effetti civili, annullamento, nullità del matrimonio; il suo esercizio, in tali casi, è regolato dal capo II del presente titolo.[3]

[1] Articolo così sost. dalla L. 19 mag. 1975, n. 151.

[2] Comma così modif. dall'art. 41, D.lgs. 28 dic. 2013, n. 154, in vigore dal 7 feb. 2014.

[3] Comma così sost. dall'art. 41, D.lgs. 28 dic. 2013, n. 154, in vigore dal 7 feb. 2014.

317-*bis*. *Rapporti con gli ascendenti.*[1] — Gli ascendenti hanno diritto di mantenere rapporti significativi con i nipoti minorenni.

L'ascendente al quale è impedito l'esercizio di tale diritto può ricorrere al giudice del luogo di residenza abituale del minore affinché siano adottati i provvedimenti più idonei nell'esclusivo interesse del minore. Si applica l'articolo 336, secondo comma.[2]

[1] Articolo aggiunto dall'art. 140 della L. 19 mag. 1975, n. 151, e quindi così sost. dall'art. 42, D.lgs. 28 dic. 2013, n. 154, in vigore dal 7 feb. 2014.

[2] La competenza è del Tribunale per i minorenni (*Att.* 38).

318. *Abbandono della casa del genitore.*[1] — Il figlio, sino alla maggiore età o all'emancipazione, non può abbandonare la casa dei genitori o del genitore che esercita su di lui la responsabilità genitoriale né la dimora da essi assegnatagli. Qualora se ne allontani senza permesso, i genitori possono richiamarlo ricorrendo, se necessario, al giudice tutelare.

[1] Articolo così sost. dalla L. 19 mag. 1975, n. 151, e quindi così modif. dall'art. 43, D.lgs. 28 dic. 2013, n. 154, in vigore dal 7 feb. 2014.

319. *Cattiva condotta del figlio.*[1]

[1] Articolo abrog. dall'art. 142 della L. 19 mag. 1975, n. 151.

320. *Rappresentanza e amministrazione.*[1] — I genitori congiuntamente, o quello di essi che esercita in via esclusiva la responsabilità genitoriale, rappresentano i figli nati e nascituri, fino alla maggiore età o all'emancipazione, in tutti gli atti civili e ne amministrano i beni. Gli atti di ordinaria amministrazione, esclusi i contratti con i quali si concedono o si acquistano diritti personali di godimento possono essere compiuti disgiuntamente da ciascun genitore.

Si applicano, in caso di disaccordo o di esercizio difforme dalle decisioni concordate, le disposizioni dell'art. 316.

I genitori non possono alienare, ipotecare o dare in pegno i beni pervenuti al figlio a qualsiasi titolo, anche a causa di morte, accettare o rinunziare ad eredità o legati, accettare donazioni, procedere allo scioglimento di comunioni, contrarre mutui o locazioni ultranovennali o compiere altri atti eccedenti la ordinaria amministrazione né promuovere, transigere o compromettere in arbitri giudizi relativi a tali atti, se non per necessità o utilità evidente del figlio dopo autorizzazione del giudice tutelare.

I capitali non possono essere riscossi senza autorizzazione del giudice tutelare, il quale ne determina l'impiego.

L'esercizio di una impresa commerciale non può essere continuato se non con l'autorizzazione del tribunale su parere del giudice tutelare. Questi può consentire l'esercizio provvisorio dell'impresa, fino a quando il tribunale abbia deliberato sulla istanza.

Se sorge conflitto di interessi patrimoniali tra i figli soggetti alla stessa responsabilità genitoriale, o tra essi e i genitori o quello di essi che esercita in via esclusiva la responsabilità genitoriale, il giudice tutelare nomina ai figli un curatore speciale. Se il conflitto sorge tra i figli e uno solo dei genitori esercenti la responsabilità genitoriale, la rappresentanza dei figli spetta esclusivamente all'altro genitore.

[1] Articolo così sost. dalla L. 19 mag. 1975, n. 151, e quindi così modif. dall'art. 44, D.lgs. 28 dic. 2013, n. 154, in vigore dal 7 feb. 2014.

321. ***Nomina di un curatore speciale.***[1] — In tutti i casi in cui i genitori congiuntamente, o quello di essi che esercita in via esclusiva la responsabilità genitoriale, non possono o non vogliono compiere uno o più atti di interesse del figlio, eccedenti l'ordinaria amministrazione, il giudice, su richiesta del figlio stesso, del pubblico ministero o di uno dei parenti che vi abbia interesse, e sentiti i genitori, può nominare al figlio un curatore speciale autorizzandolo al compimento di tali atti.[2]

[1] Articolo così sostituito dalla L. 19 mag. 1975, n. 151, e quindi così modif. dall'art. 45, D.lgs. 28 dic. 2013, n. 154, in vigore dal 7 feb. 2014.

[2] V. *Att.* art. 45.

322. ***Inosservanza delle disposizioni precedenti.***[1] — Gli atti compiuti senza osservare le norme dei precedenti articoli del presente titolo possono essere annullati su istanza dei genitori esercenti la responsabilità genitoriale o del figlio o dei suoi eredi o aventi causa.

[1] Articolo così sostituito dalla L. 19 mag. 1975, n. 151, e quindi così modif. dall'art. 46, D.lgs. 28 dic. 2013, n. 154, in vigore dal 7 feb. 2014.

323. ***Atti vietati ai genitori.***[1] — I genitori esercenti la responsabilità genitoriale sui figli non possono, neppure all'asta pubblica, rendersi acquirenti direttamente o per interposta persona dei beni e dei diritti del minore.

Gli atti compiuti in violazione del divieto previsto nel comma precedente possono essere annullati su istanza del figlio, o dei suoi eredi o aventi causa.

I genitori esercenti la responsabilità genitoriale non possono diventare cessionari di alcuna ragione o credito verso il minore.

[1] Articolo così sostituito dalla L. 19 mag. 1975, n. 151, e quindi così modif. dall'art. 47, D.lgs. 28 dic. 2013, n. 154, in vigore dal 7 feb. 2014.

324. ***Usufrutto legale.***[1] — I genitori esercenti la responsabilità genitoriale hanno in comune l'usufrutto dei beni del figlio, fino alla maggiore età o all'emancipazione.

I frutti percepiti sono destinati al mantenimento della famiglia e all'istruzione ed educazione dei figli.

Non sono soggetti ad usufrutto legale:

1) i beni acquistati dal figlio con i proventi del proprio lavoro;

2) i beni lasciati o donati al figlio per intraprendere una carriera, un'arte o una professione;

3) i beni lasciati o donati con la condizione che i genitori esercenti la responsabilità genitoriale o uno di essi non ne abbiano l'usufrutto: la condizione però non ha effetto per i beni spettanti al figlio a titolo di legittima;

4) i beni pervenuti al figlio per eredità, legato o donazione e accettati nell'interesse del figlio contro la volontà dei genitori esercenti la responsabilità genitoriale. Se uno solo di essi era favorevole all'accettazione, l'usufrutto legale spetta esclusivamente a lui.

[1] Articolo così sost. dalla L. 19 mag. 1975, n. 151, e quindi così modif. dall'art. 48, D.lgs. 28 dic. 2013, n. 154, in vigore dal 7 feb. 2014.

325. ***Obblighi inerenti all'usufrutto legale.***[1] — Gravano sull'usufrutto legale gli obblighi propri dell'usufruttuario.

[1] Articolo così sostituito dalla L. 19 mag. 1975, n. 151.

326. ***Inalienabilità dell'usufrutto legale. Esecuzione sui frutti.***[1] — L'usufrutto legale non può essere oggetto di alienazione, di pegno o di ipoteca né di esecuzione da parte dei creditori.

L'esecuzione sui frutti dei beni del figlio da parte dei creditori dei genitori o di quello di essi che ne è titolare esclusivo non può aver luogo per debiti che il creditore conosceva essere stati contratti per scopi estranei ai bisogni della famiglia.

[1] Articolo così sostituito dalla L. 19 mag. 1975, n. 151.

327. ***Usufrutto legale di uno solo dei genitori.***[1] — Il genitore che esercita in modo esclusivo la responsabilità genitoriale è il solo titolare dell'usufrutto legale.

[1] Articolo così sost. dalla L. 19 mag. 1975, n. 151, e quindi così modif. dall'art. 49, D.lgs. 28 dic. 2013, n. 154, in vigore dal 7 feb. 2014.

328. ***Nuove nozze.***[1] — Il genitore che passa a nuove nozze conserva l'usufrutto legale, con l'obbligo tuttavia di accantonare in favore del figlio quanto risulti eccedente rispetto alle spese per il mantenimento, l'istruzione e l'educazione di quest'ultimo.

[1] Articolo così sostituito dalla L. 19 mag. 1975, n. 151.

329. ***Godimento dei beni dopo la cessazione dell'usufrutto legale.*** — Cessato l'usufrutto legale, se il genitore ha continuato a godere i beni del figlio convivente con esso senza procura ma senza opposizione, o anche con procura ma senza l'obbligo di rendere conto dei frutti, egli o i suoi eredi non sono tenuti che a consegnare i frutti esistenti al tempo della domanda.

330. ***Decadenza dalla responsabilità genitoriale sui figli.***[1] — Il giudice può pronunziare la decadenza dalla responsabilità genitoriale quando il genitore viola o trascura i doveri ad essa inerenti o abusa dei relativi poteri con grave pregiudizio del figlio (*Att.* 38, 51).

In tale caso, per gravi motivi, il giudice può ordinare l'allontanamento del figlio dalla residenza familiare, ovvero l'allontanamento del genitore o convivente che maltratta o abusa del minore.[2,3]

[1] Articolo così modif. dall'art. 50, D.lgs. 28 dic. 2013, n. 154, in vigore dal 7 feb. 2014.
[2] La competenza è del Tribunale per i minorenni (*Att.* 38).
[3] Parole aggiunte dall'art. 37 L. 28 mar. 2001, n. 149.

331. ***Passaggio della patria potestà alla madre.***[1]

[1] Articolo abrog. dall'art. 153 della L. 19 mag. 1975, n. 151.

332. ***Reintegrazione nella responsabilità genitoriale.***[1] — Il giudice può reintegrare nella responsabilità genitoriale il genitore che ne è decaduto, quando, cessate le ragioni per le quali la decadenza è stata pronunciata, è escluso ogni pericolo di pregiudizio per il figlio (*Att.* 38, 51).[2]

[1] Articolo così sost. dalla L. 19 mag. 1975, n. 151, e quindi così modif. dall'art. 51, D.lgs. 28 dic. 2013, n. 154, in vigore dal 7 feb. 2014.
[2] La competenza è del Tribunale per i minorenni (*Att.* 38).

333. ***Condotta del genitore pregiudizievole ai figli.***[1] — Quando la condotta di uno o di entrambi i genitori non è tale da dare luogo alla pronuncia di decadenza prevista dall'art. 330, ma appare comunque pregiudizievole al figlio, il giudice, secondo le circostanze, può adottare i provvedimenti convenienti e può anche disporre l'allontanamento di lui dalla residenza familiare *ovvero l'allontanamento del genitore o convivente che maltratta o abusa del minore.*[2] (*Att.* 38, 51).

Tali provvedimenti sono revocabili in qualsiasi momento.[3]

[1] Articolo così sost. dalla L. 19 mag. 1975, n. 151.
[2] Parole aggiunte dall'art. 37 L. 28 mar. 2001, n. 149.
[3] La competenza è del Tribunale per i minorenni (*Att.* 38).

334. ***Rimozione dall'amministrazione.***[1] — Quando il patrimonio del minore è male amministrato, il tribunale può stabilire le condizioni a cui i genitori devono attenersi nell'amministrazione o può rimuovere entrambi o uno solo di essi dall'amministrazione stessa e privarli, in tutto o in parte, dell'usufrutto legale (*Att.* 38, 51).

L'amministrazione è affidata ad un curatore, se è disposta la rimozione di entrambi i genitori.[2]

[1] Articolo così sost. dalla L. 19 mag. 1975, n. 151.
[2] La competenza è del Tribunale per i minorenni (*Att.* 38).

335. ***Riammissione nell'esercizio dell'amministrazione.*** — Il genitore rimosso dall'amministrazione ed eventualmente privato dall'usufrutto legale può essere riammesso dal tribunale[1] nell'esercizio dell'una e nel godimento dell'altro, quando sono cessati i motivi che hanno provocato il provvedimento (*Att.* 38, 51).

[1] La competenza è del Tribunale per i minorenni (*Att.* 38).

336. ***Procedimento.***[1] — I provvedimenti indicati negli articoli precedenti sono adottati su ricorso dell'altro genitore, dei parenti o del pubblico ministero e, quando si tratta di revocare deliberazioni anteriori, anche del genitore interessato.

Il tribunale provvede in camera di consiglio, assunte informazioni e sentito il pubblico ministero; dispone, inoltre, l'ascolto del figlio minore che abbia compiuto gli anni dodici e anche di età inferiore ove capace di discernimento.[2]

Nei casi in cui il provvedimento è richiesto contro il genitore, questi deve essere sentito.

In caso di urgente necessità il tribunale può adottare, anche d'ufficio, provvedimenti temporanei nell'interesse del figlio.

Per i provvedimenti di cui ai commi precedenti, i genitori e il minore sono assistiti da un difensore, [anche a spese dello Stato nei casi previsti dalla legge].[3]

[1] Articolo così sost. dalla L. 19 mag. 1975, n. 151.
[2] Comma così sost. dall'art. 52, D.lgs. 28 dic. 2013, n. 154, in vigore dal 7 feb. 2014.
[3] Comma aggiunto dall'art. 37, L. 28 mar. 2001, n. 149. Le parole «anche a spese dello Stato nei casi previsti dalla legge» sono state abrogate dall'art. 299, D.P.R. 30 mag. 2002, n. 115.

336-*bis*. ***Ascolto del minore.***[1] — Il minore che abbia compiuto gli anni dodici e anche di età inferiore ove capace di discernimento è ascoltato dal presidente del tribunale o dal giudice delegato nell'ambito dei procedimenti nei quali devono essere adottati provvedimenti che lo riguardano. Se l'ascolto è in contrasto con l'interesse del minore, o manifestamente superfluo, il giudice non procede all'adempimento dandone atto con provvedimento motivato.

L'ascolto è condotto dal giudice, anche avvalendosi di esperti o di altri ausiliari. I genitori, anche quando parti processuali del procedimento, i difensori delle parti, il curatore speciale del minore, se già nominato, ed il pubblico ministero, sono ammessi a partecipare all'ascolto se autorizzati dal giudice, al quale possono proporre argomenti e temi di approfondimento prima dell'inizio dell'adempimento.

Prima di procedere all'ascolto il giudice informa il minore della natura del procedimento e degli effetti dell'ascolto.

Dell'adempimento è redatto processo verbale nel quale è descritto il contegno del minore, ovvero è effettuata registrazione audio video.

[1] Articolo ins. dall'art. 53, D.lgs. 28 dic. 2013, n. 154, in vigore dal 7 feb. 2014.

337. ***Vigilanza del giudice tutelare.***[1] — Il giudice tutelare deve vigilare sull'osservanza delle condizioni che il tribunale abbia stabilite per l'esercizio della responsabilità genitoriale e per l'amministrazione dei beni.

[1] Articolo così sost. dalla L. 19 mag. 1975, n. 151, e quindi così modif. dall'art. 54, D.lgs. 28 dic. 2013, n. 154, in vigore dal 7 feb. 2014.

CAPO II
Esercizio della responsabilità genitoriale a seguito di separazione, scioglimento, cessazione degli effetti civili, annullamento, nullità del matrimonio ovvero all'esito di procedimenti relativi ai figli nati fuori del matrimonio[1]

[1] Capo ins. dall'art. 7, c. 12, D.lgs. 28 dic. 2013, n. 154, in vigore dal 7 feb. 2014.

337-*bis*. ***Ambito di applicazione.***[1] — In caso di separazione, scioglimento, cessazione degli effetti civili, annullamento, nullità del matrimonio e nei procedimenti relativi ai figli nati fuori del matrimonio si applicano le disposizioni del presente capo.

[1] Articolo ins. dall'art. 55, D.lgs. 28 dic. 2013, n. 154, in vigore dal 7 feb. 2014.

337-*ter*. ***Provvedimenti riguardo ai figli.***[1] — Il figlio minore ha il diritto di mantenere un rapporto equilibrato e continuativo con ciascuno dei genitori, di ricevere cura, educazione, istruzione e assistenza morale da entrambi e di conservare rapporti significativi con gli ascendenti e con i parenti di ciascun ramo genitoriale.

Per realizzare la finalità indicata dal primo comma, nei procedimenti di cui all'articolo 337-*bis*, il giudice adotta i provvedimenti relativi alla prole con esclusivo riferimento all'interesse morale e materiale di essa. Valuta prioritariamente la possibilità che i figli minori restino affidati a entrambi i genitori oppure stabilisce a quale di essi i figli sono affidati, determina i tempi e le modalità della loro presenza presso ciascun genitore, fissando altresì la misura e il modo con cui ciascuno di essi deve contribuire al mantenimento, alla cura, all'istruzione e all'educazione dei figli. Prende atto, se non contrari all'interesse dei figli, degli accordi intervenuti tra i genitori. Adotta ogni altro provvedimento relativo alla prole, ivi compreso, in caso di temporanea impossibilità di affidare il minore ad uno dei genitori, l'affidamento familiare. All'attuazione dei provvedimenti relativi all'affidamento della prole provvede il giudice del merito e, nel caso di affidamento familiare, anche d'ufficio. A tal fine copia del provvedimento di affidamento è trasmessa, a cura del pubblico ministero, al giudice tutelare.

La responsabilità genitoriale è esercitata da entrambi i genitori. Le decisioni di maggiore interesse per i figli relative all'istruzione, all'educazione, alla salute e alla scelta della residenza abituale del minore sono assunte di comune accordo tenendo conto delle capacità, dell'inclinazione naturale e delle aspirazioni dei figli. In caso di disaccordo la decisione è rimessa al giudice.

Limitatamente alle decisioni su questioni di ordinaria amministrazione, il giudice può stabilire che i genitori esercitino la responsabilità genitoriale separatamente. Qualora il genitore non si attenga alle condizioni dettate, il giudice valuterà detto comportamento anche al fine della modifica delle modalità di affidamento.

Salvo accordi diversi liberamente sottoscritti dalle parti, ciascuno dei genitori provvede al mantenimento dei figli in misura proporzionale al proprio reddito; il giudice stabilisce, ove necessario, la corresponsione di un assegno periodico al fine di realizzare il principio di proporzionalità, da determinare considerando:

1) le attuali esigenze del figlio.

2) il tenore di vita goduto dal figlio in costanza di convivenza con entrambi i genitori.

3) i tempi di permanenza presso ciascun genitore.

4) le risorse economiche di entrambi i genitori.

5) la valenza economica dei compiti domestici e di cura assunti da ciascun genitore.

L'assegno è automaticamente adeguato agli indici ISTAT in difetto di altro parametro indicato dalle parti o dal giudice.

Ove le informazioni di carattere economico fornite dai genitori non risultino sufficientemente documentate, il giudice dispone un accertamento della polizia tributaria sui redditi e sui beni oggetto della contestazione, anche se intestati a soggetti diversi.

[1] Articolo ins. dall'art. 55, D.lgs. 28 dic. 2013, n. 154, in vigore dal 7 feb. 2014.

337-*quater*. *Affidamento a un solo genitore e opposizione all'affidamento condiviso.*[1] — Il giudice può disporre l'affidamento dei figli ad uno solo dei genitori qualora ritenga con provvedimento motivato che l'affidamento all'altro sia contrario all'interesse del minore.

Ciascuno dei genitori può, in qualsiasi momento, chiedere l'affidamento esclusivo quando sussistono le condizioni indicate al primo comma. Il giudice, se accoglie la domanda, dispone l'affidamento esclusivo al genitore istante, facendo salvi, per quanto possibile, i diritti del minore previsti dal primo comma dell'articolo 337-*ter*. Se la domanda risulta manifestamente infondata, il giudice può considerare il comportamento del genitore istante ai fini della determinazione dei provvedimenti da adottare nell'interesse dei figli, rimanendo ferma l'applicazione dell'articolo 96 del codice di procedura civile.

Il genitore cui sono affidati i figli in via esclusiva, salva diversa disposizione del giudice, ha l'esercizio esclusivo della responsabilità genitoriale su di essi; egli deve attenersi alle condizioni determinate dal giudice. Salvo che non sia diversamente stabilito, le decisioni di maggiore interesse per i figli sono adottate da entrambi i genitori. Il genitore cui i figli non sono affidati ha il diritto ed il dovere di vigilare sulla loro istruzione ed educazione e può ricorrere al giudice quando ritenga che siano state assunte decisioni pregiudizievoli al loro interesse.

[1] Articolo ins. dall'art. 55, D.lgs. 28 dic. 2013, n. 154, in vigore dal 7 feb. 2014.

337-*quinquies*. *Revisione delle disposizioni concernenti l'affidamento dei figli.*[1] — I genitori hanno diritto di chiedere in ogni tempo la revisione delle disposizioni concernenti l'affidamento dei figli, l'attribuzione dell'esercizio della responsabilità genitoriale su di essi e delle eventuali disposizioni relative alla misura e alla modalità del contributo.

[1] Articolo ins. dall'art. 55, D.lgs. 28 dic. 2013, n. 154, in vigore dal 7 feb. 2014.

337-*sexies*. *Assegnazione della casa familiare e prescrizioni in tema di residenza.*[1] — Il godimento della casa familiare è attribuito tenendo prioritariamente conto dell'interesse dei figli. Dell'assegnazione il giudice tiene conto nella regolazione dei rapporti economici tra i genitori, considerato l'eventuale titolo di proprietà. Il diritto al godimento della casa familiare viene meno nel caso che l'assegnatario non abiti o cessi di abitare stabilmente nella casa familiare o conviva more uxorio o contragga nuovo matrimonio. Il provvedimento di assegnazione e quello di revoca sono trascrivibili e opponibili a terzi ai sensi dell'articolo 2643.

In presenza di figli minori, ciascuno dei genitori è obbligato a comunicare all'altro, entro il termine perentorio di trenta giorni, l'avvenuto cambiamento di residenza o di domicilio. La mancata comunicazione obbliga al risarcimento del danno eventualmente verificatosi a carico del coniuge o dei figli per la difficoltà di reperire il soggetto.

[1] Articolo ins. dall'art. 55, D.lgs. 28 dic. 2013, n. 154, in vigore dal 7 feb. 2014.

337-*septies*. *Disposizioni in favore dei figli maggiorenni.*[1] — Il giudice, valutate le circostanze, può disporre in favore dei figli maggiorenni non indipendenti economicamente il pagamento di un assegno periodico. Tale assegno, salvo diversa determinazione del giudice, è versato direttamente all'avente diritto.

Ai figli maggiorenni portatori di handicap grave si applicano integralmente le disposizioni previste in favore dei figli minori.

[1] Articolo ins. dall'art. 55, D.lgs. 28 dic. 2013, n. 154, in vigore dal 7 feb. 2014.

337-*octies*. *Poteri del giudice e ascolto del minore.*[1] — Prima dell'emanazione, anche in via provvisoria, dei provvedimenti di cui all'articolo 337-*ter*, il giudice può assumere, ad istanza di parte o d'ufficio, mezzi di prova. Il giudice dispone, inoltre, l'ascolto del figlio minore che abbia compiuto gli anni dodici e anche di età inferiore ove capace di discernimento. Nei procedimenti in cui si omologa o si prende atto di un accordo dei genitori, relativo alle condizioni di affidamento dei figli, il giudice non procede all'ascolto se in contrasto con l'interesse del minore o manifestamente superfluo.

Qualora ne ravvisi l'opportunità, il giudice, sentite le parti e ottenuto il loro consenso, può rinviare l'adozione dei provvedimenti di cui all'articolo 337-*ter* per consentire che i coniugi, avvalendosi di esperti, tentino una mediazione per raggiungere un accordo, con particolare riferimento alla tutela dell'interesse morale e materiale dei figli.

[1] Articolo ins. dall'art. 55, D.lgs. 28 dic. 2013, n. 154, in vigore dal 7 feb. 2014.

338. *Condizioni imposte alla madre superstite.*[1,2]

[1] Articolo abrog. dall'art. 159 della L. 19 mag. 1975, n. 151.

[2] Per la disciplina transitoria la stessa L. 19 mag. 1975, n. 151 (art. 235) dispone: «*Dall'entrata in vigore della presente legge cessano di avere efficacia le condizioni stabilite dal padre ai sensi dell'abrogato art. 338 del c.c. per l'educazione dei figli e per la amministrazione dei beni e non possono essere iniziate o proseguite azioni per l'inosservanza delle suddette condizioni.*

Dalla stessa data il curatore del nascituro cessa di diritto dal suo ufficio».

339. *Curatore del nascituro.*[1]

[1] Articolo abrog. dall'art. 159 della L. 19 mag. 1975, n. 151.

340. *Nuove nozze della madre.*[1,2]

[1] Articolo abrog. dall'art. 159 della L. 19 mag. 1975, n. 151.

[2] Per la disciplina transitoria la stessa L. 19 mag. 1975,

n. 151 (art. 236) dispone: «*Dall'entrata in vigore della presente legge cessano di avere efficacia i provvedimenti emanati dal tribunale ai sensi dell'abrogato art. 340 del c.c. e non possono essere iniziate o proseguite azioni per l'inosservanza, avvenuta in precedenza, dei suddetti provvedimenti*».

341. *Responsabilità del nuovo marito.*[1]

[1] Articolo abrog. dall'art. 159 della L. 19 mag. 1975, n. 151.

342. *Nuove nozze del genitore non ariano.*[1]

[1] Articolo abrog. dall'art. 1, R.D.L. 20 gen. 1944, n. 25 e dall'art. 3, D.lgs.Lgt. 14 set. 1944, n. 287.

TITOLO IX-*bis*.[1]
Ordini di protezione contro gli abusi familiari

[1] Titolo inserito dall'art. 2 L. 4 apr. 2001, n. 154.

342-*bis*. *Ordini di protezione contro gli abusi familiari.* — Quando la condotta del coniuge o di altro convivente è causa di grave pregiudizio all'integrità fisica o morale ovvero alla libertà dell'altro coniuge o convivente, il giudice, [qualora il fatto non costituisca reato perseguibile d'ufficio],[1] su istanza di parte, può adottare con decreto uno o più dei provvedimenti di cui all'art. 342-*ter*.

[1] Parole soppresse dall'art. 1 L. 6 nov. 2003, n. 304.

342-*ter*. *Contenuto degli ordini di protezione.* — Con il decreto di cui all'art. 342-*bis* il giudice ordina al coniuge o convivente, che ha tenuto la condotta pregiudizievole, la cessazione della stessa condotta e dispone l'allontanamento dalla casa familiare del coniuge o del convivente che ha tenuto la condotta pregiudizievole prescrivendogli altresì, ove occorra, di non avvicinarsi ai luoghi abitualmente frequentati dall'istante, ed in particolare al luogo di lavoro, al domicilio della famiglia d'origine, ovvero al domicilio di altri prossimi congiunti o di altre persone ed in prossimità dei luoghi di istruzione dei figli della coppia, salvo che questi non debba frequentare i medesimi luoghi per esigenze di lavoro.

Il giudice può disporre, altresì, ove occorra l'intervento dei servizi sociali del territorio o di un centro di mediazione familiare, nonché delle associazioni che abbiano come fine statutario il sostegno e l'accoglienza di donne e minori o di altri soggetti vittime di abusi e maltrattamenti; il pagamento periodico di un assegno a favore delle persone conviventi che, per effetto dei provvedimenti di cui al primo comma, rimangono prive di mezzi adeguati, fissando modalità e termini di versamento e prescrivendo, se del caso, che la somma sia versata direttamente all'avente diritto dal datore di lavoro dell'obbligato, detraendola dalla retribuzione allo stesso spettante.

Con il medesimo decreto il giudice, nei casi di cui ai precedenti commi, stabilisce la durata dell'ordine di protezione, che decorre dal giorno dell'avvenuta esecuzione dello stesso. Questa non può essere superiore a un anno e può essere prorogata, su istanza di parte, soltanto se ricorrano gravi motivi per il tempo strettamente necessario.[1]

Con il medesimo decreto il giudice determina le modalità di attuazione. Ove sorgano difficoltà o contestazioni in ordine all'esecuzione, lo stesso giudice provvede con decreto ad emanare i provvedimenti più opportuni per l'attuazione, ivi compreso l'ausilio della forza pubblica e dell'ufficiale sanitario.

[1] Comma così modif. dall'art. 10 L. 23 apr. 2009, n. 38.

TITOLO X
Della tutela e dell'emancipazione

CAPO I
Della tutela dei minori[1]

[1] V. L. 7 set. 1905, n. 523, per le convenzioni internazionali.

343. *Apertura della tutela.*[1] — Se entrambi i genitori sono morti o per altre cause non possono esercitare la responsabilità genitoriale, si apre la tutela presso il tribunale del circondario dove è la sede principale degli affari e interessi del minore.[2]

Se il tutore è domiciliato o trasferisce il domicilio in altro circondario, la tutela può essere ivi trasferita con decreto del tribunale (*Att.* 38, 46).

[1] Articolo così modif. dall'art. 139, D.lgs. 19 feb. 1998, n. 51 con decorrenza dal 2 giu. 1999.

[2] Comma così modif. dall'art. 56, D.lgs. 28 dic. 2013, n. 154, in vigore dal 7 feb. 2014.

SEZIONE I
Del giudice tutelare[1]

[1] V. art. 2942, n. 1 *Att.* 43-51; 254; *Trans.* 129; 732-734, 739 c.p.c.

344. *Funzioni del giudice tutelare.*[1] — Presso ogni tribunale il giudice tutelare soprintende alle tutele e alle curatele ed esercita le altre funzioni affidategli dalla legge.

Il giudice tutelare può chiedere l'assistenza degli organi della pubblica amministrazione e di tutti gli enti i cui scopi corrispondono alle sue funzioni.

[1] Articolo così modif. dall'art. 140, D.lgs. 19 feb. 1998, n. 51 con decorrenza dal 2 giu. 1999.

SEZIONE II
Del tutore e del protutore

345. *Denunzie al giudice tutelare.* — L'ufficiale dello stato civile, che riceve la dichiarazione di morte di una persona la quale ha lasciato figli in età minore ovvero la dichiarazione di nascita di un figlio di genitori ignoti,[1] e il notaio, che procede alla pubblicazione di un testamento contenente la designazione di un tutore o di un protutore, devono darne notizia al giudice tutelare entro dieci giorni.

Il cancelliere, entro quindici giorni dalla pubblicazione o dal deposito in cancelleria, deve dare notizia al giudice tutelare delle decisioni dalle quali derivi l'apertura di una tutela.

I parenti entro il terzo grado devono denunziare al giudice tutelare il fatto da cui deriva l'apertura della tutela entro dieci giorni da quello in cui ne hanno avuto notizia. La denunzia deve essere fatta anche dalla persona designata quale tutore o protutore entro dieci giorni da quello in cui ha avuto notizia della designazione.

[1] V. L.S.C. 151.

346. ***Nomina del tutore e del protutore.*** — Il giudice tutelare, appena avuta notizia del fatto da cui deriva l'apertura della tutela, procede alla nomina del tutore e del protutore.

347. ***Tutela di più fratelli.***[1] — È nominato un solo tutore a più fratelli e sorelle, salvo che particolari circostanze consiglino la nomina di più tutori. Se vi è conflitto di interessi tra minori soggetti alla stessa tutela, il giudice tutelare nomina ai minori un curatore speciale.

[1] Articolo così sostituito dalla L. 19 mag. 1975, n. 151.

348. ***Scelta del tutore.*** — Il giudice tutelare nomina tutore la persona designata dal genitore che ha esercitato per ultimo la responsabilità genitoriale. La designazione può essere fatta per testamento, per atto pubblico o per scrittura privata autenticata.[1]

Se manca la designazione ovvero se gravi motivi si oppongono alla nomina della persona designata, la scelta del tutore avviene preferibilmente tra gli ascendenti o tra gli altri prossimi parenti o affini del minore, i quali, in quanto sia opportuno, devono essere sentiti.

Il giudice, prima di procedere alla nomina del tutore, dispone l'ascolto del minore che abbia compiuto gli anni dodici e anche di età inferiore ove capace di discernimento.[2]

In ogni caso la scelta deve cadere su persona idonea all'ufficio, di ineccepibile condotta, la quale dia affidamento di educare e istruire il minore conformemente a quanto è prescritto nell'art. 147.

[1] Comma così modif. dall'art. 57, D.lgs. 28 dic. 2013, n. 154, in vigore dal 7 feb. 2014.
[2] Articolo così sost. dall'art. 57, D.lgs. 28 dic. 2013, n. 154, in vigore dal 7 feb. 2014.

349. ***Giuramento del tutore.*** — Il tutore, prima di assumere l'ufficio, presta davanti al giudice tutelare giuramento di esercitarlo con fedeltà e diligenza.

350. ***Incapacità all'ufficio tutelare.*** — Non possono essere nominati tutori e, se sono stati nominati, devono cessare dall'ufficio:

1) coloro che non hanno la libera amministrazione del proprio patrimonio;

2) coloro che sono stati esclusi dalla tutela per disposizione scritta del genitore il quale per ultimo ha esercitato la responsabilità genitoriale;

3) coloro che hanno o sono per avere o dei quali gli ascendenti, i discendenti o il coniuge hanno o sono per avere col minore una lite per effetto della quale può essere pregiudicato lo stato del minore o una parte notevole del patrimonio di lui;

4) coloro che sono incorsi nella perdita della responsabilità genitoriale o nella decadenza da essa, o sono stati rimossi da altra tutela;

5) il fallito che non è stato cancellato dal registro dei falliti.

[1] Articolo così modif. dall'art. 58, D.lgs. 28 dic. 2013, n. 154, in vigore dal 7 feb. 2014.

351. ***Dispensa dall'ufficio tutelare.*** — Sono dispensati dall'ufficio di tutore:

1) [Abrogato];

2) Il Presidente del Consiglio dei Ministri;

3) i membri del Sacro Collegio;

4) i Presidenti delle Assemblee legislative;

5) i Ministri Segretari di Stato.

Le persone indicate nei numeri 2, 3, 4 e 5 possono far noto al giudice tutelare che non intendono valersi della dispensa.

352. ***Dispensa su domanda.*** — Hanno diritto di essere dispensati su loro domanda dall'assumere o dal continuare l'esercizio della tutela:

1) i grandi ufficiali dello Stato[1] non compresi nell'articolo precedente;

2) gli arcivescovi, i vescovi e i ministri del culto aventi cura d'anime;

3) [le donne];[2]

4) i militari in attività di servizio;

5) chi ha compiuto gli anni sessantacinque;

6) chi ha più di tre figli minori;

7) chi esercita altra tutela;

8) chi è impedito di esercitare la tutela da infermità permanente;

9) chi ha missione dal Governo fuori dello *Stato* o risiede per ragioni di pubblico servizio fuori della circoscrizione del tribunale dove è costituita la tutela.

[1] V.R.D. 16 dic. 1927, n. 2210.
[2] Numero abrog. dall'art. 161, L. 19 mag. 1975, n. 151.

353. ***Domanda di dispensa.*** — La domanda di dispensa per le cause indicate nell'articolo precedente deve essere presentata al giudice tutelare prima della prestazione del giuramento, salvo che la causa di dispensa sia sopravvenuta.

Il tutore è tenuto ad assumere e a mantenere l'ufficio fino a quando la tutela non sia stata conferita ad altra persona.

354. ***Tutela affidata a enti di assistenza.*** — La tutela dei minori, che non hanno nel luogo del loro domicilio parenti conosciuti o capaci di esercitare l'ufficio di tutore, può essere deferita dal giudice tutelare a un ente di assistenza nel comune dove ha domicilio il minore o all'ospizio in cui questi è ricoverato. L'amministrazione dell'ente o dell'ospi-

CODICE CIVILE

zio delega uno dei propri membri a esercitare le funzioni di tutela (*Att.* 43).

È tuttavia in facoltà del giudice tutelare di nominare un tutore al minore quando la natura o l'entità dei beni o altre circostanze lo richiedono.

355. ***Protutore.*** — Sono applicabili al protutore le disposizioni stabilite per il tutore in questa sezione.

Non si nomina il protutore nei casi contemplati nel primo comma dell'art. 354.

356. ***Donazione o disposizione testamentaria a favore del minore.*** — Chi fa una donazione o dispone con testamento a favore di un minore, anche se questi è soggetto alla responsabilità genitoriale, può nominargli un curatore speciale per l'amministrazione dei beni donati o lasciati.[1]

Se il donante o il testatore non ha disposto altrimenti, il curatore speciale deve osservare le forme stabilite dagli artt. 374 e 375 per il compimento di atti eccedenti l'ordinaria amministrazione.

Si applica in ogni caso al curatore speciale l'art. 384.

[1] Comma così modif. dall'art. 59, D.lgs. 28 dic. 2013, n. 154, in vigore dal 7 feb. 2014.

SEZIONE III

Dell'esercizio della tutela[1]

[1] «Tutti gli atti della procedura della tutela sono esenti da imposte di bollo e di registro» (*Att.* 46).

357. ***Funzioni del tutore.*** — Il tutore ha la cura della persona del minore, lo rappresenta in tutti gli atti civili e ne amministra i beni.

358. ***Doveri del minore.*** — Il minore deve rispetto e obbedienza al tutore. Egli non può abbandonare la casa o l'istituto al quale è stato destinato, senza il permesso del tutore.

Qualora se ne allontani senza permesso, il tutore ha diritto di richiamarvelo, ricorrendo, se è necessario, al giudice tutelare.

359. ***Cattiva condotta del minore.***[1]

[1] Articolo abrog. dall'art. 162 della L. 19 mag. 1975, n. 151.

360. ***Funzioni del protutore.*** — Il protutore rappresenta il minore nei casi in cui l'interesse di questo è in opposizione con l'interesse del tutore.

Se anche il protutore si trova in opposizione d'interessi col minore, il giudice tutelare nomina un curatore speciale (*Att.* 43).

Il protutore è tenuto a promuovere la nomina di un nuovo tutore nel caso in cui il tutore è venuto a mancare o ha abbandonato l'ufficio. Frattanto egli ha cura della persona del minore, lo rappresenta e può fare tutti gli atti conservativi e gli atti urgenti di amministrazione.

361. ***Provvedimenti urgenti.*** — Prima che il tutore o il protutore abbia assunto le proprie funzioni, spetta al giudice tutelare di dare, sia d'ufficio sia su richiesta del pubblico ministero, di un parente o di un affine del minore, i provvedimenti urgenti che possono occorrere per la cura del minore o per conservare e amministrare il patrimonio. Il giudice può procedere, occorrendo, all'apposizione dei sigilli, nonostante qualsiasi dispensa.

362. ***Inventario.*** — Il tutore, nei dieci giorni successivi a quello in cui ha avuto legalmente notizia della sua nomina, deve procedere all'inventario dei beni del minore, nonostante qualsiasi dispensa.

L'inventario deve essere compiuto nel termine di trenta giorni, salva al giudice tutelare la facoltà di prorogare il termine se le circostanze lo esigono.

363. ***Formazione dell'inventario.***[1] — L'inventario si fa col ministero del cancelliere del tribunale o di un notaio a ciò delegato dal giudice tutelare, con l'intervento del protutore e, se è possibile, anche del minore che abbia compiuto gli anni sedici, e con l'assistenza di due testimoni scelti preferibilmente fra i parenti o gli amici della famiglia (*Att.* 46).

Il giudice può consentire che l'inventario sia fatto senza ministero di calcelliere o di notaio, se il valore presumibile del patrimonio non eccede euro 7,75.

L'inventario è depositato presso *il tribunale*.

Nel verbale di deposito il tutore e il protutore ne dichiarano con giuramento la sincerità.

[1] Articolo così modif. dall'art. 141, D.lgs. 18 feb. 1998, n. 51 con decorrenza dal 2 giu. 1999.

364. ***Contenuto dell'inventario.*** — Nell'inventario si indicano gli immobili, i mobili, i crediti e i debiti e si descrivono le carte, note e scritture relative allo stato attivo e passivo del patrimonio, osservando le formalità stabilite nel codice di procedura civile.

365. ***Inventario di aziende.***[1] — Se nel patrimonio del minore esistono aziende commerciali o agricole, si procede con le forme usate nel commercio o nell'economia agraria alla formazione dell'inventario dell'azienda, con l'assistenza e l'intervento delle persone indicate nell'art. 363. Questi particolari inventari sono pure depositati presso *il tribunale* e il loro riepilogo è riportato nell'inventario generale.

[1] Articolo così modif. dall'art. 141, D.lgs. 18 feb. 1998, n. 51 con decorrenza dal 2 giu. 1999.

366. ***Beni amministrati da curatore speciale.*** — Il tutore deve comprendere nell'inventario generale del patrimonio del minore anche i beni, la cui amministrazione è stata deferita a un curatore speciale. Se questi ha formato un inventario particolare di tali beni, deve rimetterne copia al tutore, il quale lo unirà all'inventario generale.

Il curatore deve anche comunicare al tutore copia dei conti periodici della sua amministrazione, salvo che il disponente lo abbia esonerato.

367. ***Dichiarazione di debiti o crediti del tutore.*** — Il tutore, che ha debiti, crediti o altre ragioni verso il minore, deve esattamente dichiararli prima della chiusura dell'inventario. Il cancelliere o il notaio hanno l'obbligo d'interpellarlo al riguardo.

Nel caso d'inventario senza opera di cancelliere o di notaio, il tutore è interpellato dal giudice tutelare all'atto del deposito.

In ogni caso si fa menzione dell'interpellazione e della dichiarazione del tutore nell'inventario o nel verbale di deposito.

368. ***Omissione della dichiarazione.*** — Se il tutore, conoscendo il suo credito o le sue ragioni, espressamente interpellato non li ha dichiarati, decade da ogni suo diritto.

Qualora, sapendo di essere debitore, non abbia dichiarato fedelmente il proprio debito, può essere rimosso dalla tutela.

369. ***Deposito di titoli e valori.*** — Il tutore deve depositare il denaro, i titoli di credito al portatore e gli oggetti preziosi esistenti nel patrimonio del minore presso un istituto di credito designato dal giudice tutelare, salvo che questi disponga diversamente per la loro custodia (*Att.* 251).

Non è tenuto a depositare le somme occorrenti per le spese urgenti di mantenimento e di educazione del minore e per le spese di amministrazione.

370. ***Amministrazione prima dell'inventario.*** — Prima che sia compiuto l'inventario, l'amministrazione del tutore deve limitarsi agli affari che non ammettono dilazione.

371. ***Provvedimenti circa l'educazione e l'amministrazione.*** — Compiuto l'inventario, il giudice tutelare, su proposta del tutore e sentito il protutore, delibera (*Att.* 43):

1) sul luogo dove il minore deve essere cresciuto e sul suo avviamento agli studi o all'esercizio di un'arte, mestiere o professione, disposto l'ascolto dello stesso minore che abbia compiuto gli anni dieci e anche di età inferiore ove capace di discernimento e richiesto, quando opportuno, l'avviso dei parenti prossimi;[1]

2) sulla spesa annua occorrente per il mantenimento e l'istruzione del minore e per l'amministrazione del patrimonio, fissando i modi d'impiego del reddito eccedente;

3) sulla convenienza di continuare ovvero alienare o liquidare le aziende commerciali che si trovano nel patrimonio del minore, e sulle relative modalità e cautele.

Nel caso in cui il giudice stimi evidentemente utile per il minore la continuazione dell'esercizio dell'impresa, il tutore deve domandare l'autorizzazione del tribunale.[2] In pendenza della deliberazione del tribunale il giudice tutelare può consentire l'esercizio provvisorio dell'impresa.

[1] Numero così sost. dall'art. 60, D.lgs. 28 dic. 2013, n. 154, in vigore dal 7 feb. 2014.

[2] La competenza è del Tribunale per i minorenni (*Att.* 38).

372. ***Investimento di capitali.*** — I capitali del minore devono, previa autorizzazione del giudice tutelare, essere dal tutore investiti:

1) in titoli dello Stato o garantiti dallo Stato;

2) nell'acquisto di beni immobili posti nello *Stato*;

3) in mutui garantiti da idonea ipoteca sopra beni posti nello *Stato*, o in obbligazioni emesse da pubblici istituti autorizzati a esercitare il credito fondiario;

4) in depositi fruttiferi presso le casse postali o presso altre casse di risparmio o monti di credito su pegno. Il giudice, sentito il tutore e il protutore, può autorizzare il deposito presso altri istituti di credito, ovvero, per motivi particolari, un investimento diverso da quelli sopra indicati (*Att.* 45, 251).[1]

[1] La competenza a decidere sui reclami avverso i decreti del G.T. spetta in questo caso al Tribunale ordinario (*Att.* 45).

373. ***Titoli al portatore.*** — Se nel patrimonio del minore si trovano titoli al portatore, il tutore deve farli convertire in nominativi, salvo che il giudice tutelare disponga che siano depositati in cauta custodia (*Att.* 45).[1]

[1] V. la nota 1 all'art. 372.

374. ***Autorizzazione del giudice tutelare.*** — Il tutore non può senza l'autorizzazione del giudice tutelare (*Att.* 43):

1) acquistare beni, eccettuati i mobili necessari per l'uso del minore, per l'economia domestica e per l'amministrazione del patrimonio;

2) riscuotere capitali, consentire alla cancellazione di ipoteche o allo svincolo di pegni, assumere obbligazioni, salvo che queste riguardino le spese necessarie per il mantenimento del minore e per l'ordinaria amministrazione del suo patrimonio;

3) accettare eredità o rinunciarvi, accettare donazioni o legati soggetti a pesi o a condizioni;

4) fare contratti di locazione d'immobili oltre il novennio o che in ogni caso si prolunghino oltre un anno dopo il raggiungimento della maggiore età;

5) promuovere giudizi, salvo che si tratti di denunzie di nuova opera o di danno temuto, di azioni possessorie o di sfratto e di azioni per riscuotere frutti o per ottenere provvedimenti conservativi (*Att.* 45).[1]

[1] La competenza è del Tribunale ordinario (*Att.* 38).

375. ***Autorizzazione del tribunale.*** — Il tutore non può senza l'autorizzazione del tribunale:[1]

1) alienare beni, eccettuati i frutti e i mobili soggetti a facile deterioramento;

2) costituire pegni o ipoteche;

CODICE CIVILE

3) procedere a divisioni o promuovere i relativi giudizi;

4) fare compromessi e transazioni o accettare concordati.

L'autorizzazione è data su parere del giudice tutelare (*Att.* 38).

[1] La competenza è del Tribunale ordinario (*Att.* 38).

376. ***Vendita di beni.*** — Nell'autorizzare la vendita di beni, il tribunale[1] determina se debba farsi all'incanto o a trattative private, fissandone in ogni caso il prezzo minimo.

Quando nel dare l'autorizzazione il tribunale non ha stabilito il modo di erogazione o di reimpiego del prezzo, lo stabilisce il giudice tutelare (*Att.* 45).[1]

[1] V. la nota 1 all'art. 372.

377. ***Atti compiuti senza la osservanza delle norme dei precedenti articoli.*** — Gli atti compiuti senza osservare le norme dei precedenti articoli possono essere annullati su istanza del tutore o del minore o dei suoi eredi o aventi causa.

378. ***Atti vietati al tutore e al protutore.*** — Il tutore e il protutore non possono, neppure all'asta pubblica, rendersi acquirenti direttamente o per interposta persona dei beni e dei diritti del minore.

Non possono prendere in locazione i beni del minore senza l'autorizzazione e le cautele fissate dal giudice tutelare.

Gli atti compiuti in violazione di questi divieti possono essere annullati su istanza delle persone indicate nell'articolo precedente, ad eccezione del tutore e del protutore che li hanno compiuti.

Il tutore e il protutore non possono neppure diventare cessionari di alcuna ragione o credito verso il minore.

379. ***Gratuità della tutela.*** — L'ufficio tutelare è gratuito.

Il giudice tutelare tuttavia, considerando l'entità del patrimonio e le difficoltà dell'amministrazione, può assegnare al tutore un'equa indennità. Può altresì, se particolari circostanze lo richiedono, sentito il protutore, autorizzare il tutore a farsi coadiuvare nell'amministrazione, sotto la sua personale responsabilità, da una o più persone stipendiate (*Att.* 43).

380. ***Contabilità dell'amministrazione.*** — Il tutore deve tenere regolare contabilità della sua amministrazione e renderne conto ogni anno al giudice tutelare (*Att.* 46).

Il giudice può sottoporre il conto annuale all'esame del protutore e di qualche prossimo parente o affine del minore.

381. ***Cauzione.*** — Il giudice tutelare, tenuto conto della particolare natura ed entità del patrimonio, può imporre al tutore di prestare una cauzione, determinandone l'ammontare e le modalità.

Egli può anche liberare il tutore in tutto o in parte dalla cauzione che avesse prestata (*Trans.* 131).

382. ***Responsabilità del tutore e del protutore.*** — Il tutore deve amministrare il patrimonio del minore con la diligenza del buon padre di famiglia. Egli risponde verso il minore di ogni danno a lui cagionato violando i propri doveri.

Nella stessa responsabilità incorre il protutore per ciò che riguarda i doveri del proprio ufficio.

SEZIONE IV
Della cessazione del tutore dall'ufficio

383. ***Esonero dall'ufficio.*** — Il giudice tutelare può sempre esonerare il tutore dall'ufficio, qualora l'esercizio di esso sia al tutore soverchiamente gravoso e vi sia altra persona atta a sostituirlo (*Att.* 43; *Trans.* 129).

384. ***Rimozione e sospensione del tutore.*** — Il giudice tutelare può rimuovere dall'ufficio il tutore che si sia reso colpevole di negligenza o abbia abusato dei suoi poteri, o si sia dimostrato inetto nell'adempimento di essi, o sia divenuto immeritevole dell'ufficio per atti anche estranei alla tutela, ovvero sia divenuto insolvente (*Att.* 43).

Il giudice non può rimuovere il tutore se non dopo averlo sentito o citato; può tuttavia sospenderlo dall'esercizio della tutela nei casi che non ammettono dilazione (*Trans.* 129).

SEZIONE V
Del rendimento del conto finale

385. ***Conto finale.*** — Il tutore che cessa dalle funzioni deve fare subito la consegna dei beni e deve presentare nel termine di due mesi il conto finale dell'amministrazione al giudice tutelare. Questi può concedere una proroga (*Att.* 46).

386. ***Approvazione del conto.*** — Il giudice tutelare invita il protutore, il minore divenuto maggiore o emancipato, ovvero, secondo le circostanze, il nuovo rappresentante legale a esaminare il conto e a presentare le loro osservazioni (*Att.* 43).

Se non vi sono osservazioni, il giudice che non trova nel conto irregolarità o lacune lo approva; in caso contrario nega l'approvazione.[1]

Qualora il conto non sia stato presentato o sia impugnata la decisione del giudice tutelare, provvede l'autorità giudiziaria[2] nel contraddittorio degli interessati (*Att.* 38, 45).

[1] V. nota all'art. 374.

[2] La competenza è del Tribunale ordinario (*Att.* 38) in sede contenziosa (*Att.* 45[3]).

387. ***Prescrizione delle azioni relative alla tutela.*** — Le azioni del minore contro il tutore e quelle del tutore contro il minore relative alla tutela si prescrivono in cinque anni dal compimento della maggiore età o dalla morte del minore. Se il tutore ha cessato dall'ufficio e ha presentato il conto prima della maggiore età o della morte del minore, il termine decorre dalla data del provvedimento col quale il giudice tutelare pronunzia sul conto stesso.

Le disposizioni di quest'articolo non si applicano all'azione per il pagamento del residuo che risulta dal conto definitivo.

388. ***Divieto di convenzioni prima dell'approvazione del conto.*** — Nessuna convenzione tra il tutore e il minore divenuto maggiore può aver luogo prima che sia decorso un anno dall'approvazione del conto della tutela.[1]

La convenzione può essere annullata su istanza del minore o dei suoi eredi o aventi causa.

[1] Parole inserite dall'art. 3 L. 9 gen. 2004, n. 6.

389. ***Registro delle tutele.*** — Nel registro delle tutele, istituito presso ogni giudice tutelare, sono iscritti a cura del cancelliere l'apertura e la chiusura della tutela, la nomina, l'esonero e la rimozione del tutore e del protutore, le risultanze degli inventari e dei rendiconti e tutti i provvedimenti che portano modificazione nello stato personale o patrimoniale del minore (*Att.* 47, 48, 50, 51).

Dell'apertura e della chiusura della tutela il cancelliere dà comunicazione entro dieci giorni all'ufficiale dello stato civile per l'annotazione in margine all'atto di nascita del minore.[1]

[1] V. L.S.C. 88 n. 3 e 5.

CAPO II
Dell'emancipazione

390. ***Emancipazione di diritto.*** — Il minore è di diritto emancipato col matrimonio.

391. ***Emancipazione con provvedimento del giudice tutelare.***[1]

[1] Articolo abrog. dall'art. 6, L. 8 mar. 1975, n. 39.

392. ***Curatore dell'emancipato.*** — Curatore del minore sposato con persona maggiore di età è il coniuge.

Se entrambi i coniugi sono minori di età, il giudice tutelare può nominare un unico curatore, scelto preferibilmente fra i genitori.

Se interviene l'annullamento per una causa diversa dall'età, o lo scioglimento o la cessazione degli effetti civili del matrimonio o la separazione personale, il giudice tutelare nomina curatore uno dei genitori, se idoneo all'ufficio, o, in mancanza, altra persona. Nel caso in cui il minore contrae successivamente matrimonio, il curatore lo assiste altresì negli atti previsti nell'art. 165.[1]

[1] L'art. 392 è stato così sostituito dall'art. 7 della L. 8 mar. 1975, n. 39.

393. ***Incapacità o rimozione del curatore.*** — Sono applicabili al curatore le disposizioni degli artt. 348, ultimo comma, 350 e 384 (*Trans.* 129).

394. ***Capacità dell'emancipato.*** — L'emancipazione conferisce al minore la capacità di compiere gli atti che non eccedono l'ordinaria amministrazione.

Il minore emancipato può con l'assistenza del curatore riscuotere i capitali sotto la condizione di un idoneo impiego e può stare in giudizio sia come attore sia come convenuto.

Per gli altri atti eccedenti la ordinaria amministrazione, oltre il consenso del curatore è necessaria l'autorizzazione del giudice tutelare. Per gli atti indicati nell'art. 375 l'autorizzazione, se curatore non è il genitore, deve essere data dal tribunale[1] su parere del giudice tutelare (*Att.* 38).

Qualora nasca conflitto di interessi fra il minore e il curatore, è nominato un curatore speciale a norma dell'ultimo comma dell'art. 320.

[1] V. la nota 1 all'art. 375.

395. ***Rifiuto del consenso da parte del curatore.*** — Nel caso in cui il curatore rifiuta il suo consenso, il minore può ricorrere al giudice tutelare, il quale, se stima ingiustificato il rifiuto, nomina un curatore speciale per assistere il minore nel compimento dell'atto, salva, se occorre, l'autorizzazione del tribunale (*Att.* 38, 43, 45).[1]

[1] La competenza a decidere dei reclami avverso i decreti del giudice tutelare spetta al Tribunale ordinario (*Att.* 45).

396. ***Inosservanza delle precedenti norme.*** — Gli atti compiuti senza osservare le norme stabilite nell'art. 394 possono essere annullati su istanza del minore o dei suoi eredi o aventi causa.

Sono applicabili al curatore le disposizioni dell'art. 378.

397. ***Emancipato autorizzato all'esercizio di un'impresa commerciale.*** — Il minore emancipato può esercitare un'impresa commerciale senza l'assistenza del curatore, se è autorizzato dal tribunale,[1] previo parere del giudice tutelare e sentito il curatore (*Att.* 38).

L'autorizzazione può essere revocata dal tribunale[1] su istanza del curatore o d'ufficio, previo, in entrambi i casi, il parere del giudice tutelare e sentito il minore emancipato.

Il minore emancipato, che è autorizzato all'esercizio di un'impresa commerciale, può compiere da solo gli atti che eccedono l'ordinaria amministrazione, anche se estranei all'esercizio dell'impresa.

[1] La competenza è del Tribunale ordinario (*Att.* 38).

398. ***Revoca dell'emancipazione.***[1]

[1] Articolo abrog. dall'art. 6, L. 8 mar. 1975, n. 39.

399. ***Pubblicità.***[1]

[1] Articolo abrog. dall'art. 6, L. 8 mar. 1975, n. 39.

TITOLO XI[1]
Dell'affiliazione e dell'affidamento[2]

[1] Gli atti previsti in questo titolo sono esenti da imposte di bollo e di registro (*Att.* 46).

[2] Intitolazione così sostituita dall'art. 163 della L. 19 mag. 1975, n. 151.

400. ***Norme regolatrici dell'assistenza dei minori.*** — L'assistenza dei minori è regolata, oltre che dalle leggi speciali, dalle norme del presente titolo.

401. ***Limiti di applicazione delle norme.*** — Le disposizioni del presente titolo si applicano anche ai minori che sono figli di genitori non conosciuti, ovvero figli di genitori che si trovino nell'impossibilità di provvedere al loro mantenimento.[1]

Le stesse disposizioni si applicano ai minori ricoverati in un istituto di pubblica assistenza o assistiti da questo per il mantenimento, l'educazione o la rieducazione, ovvero in istato di abbandono materiale o morale.[2]

[1] Comma così sost. dall'art. 8, L. 8 mar. 1975, n. 39 e quindi così modif. dall'art. 61, D.lgs. 28 dic. 2013, n. 154, in vigore dal 7 feb. 2014.

[2] V. L.S.C. n. 4, 76 e 77.

402. ***Poteri tutelari spettanti agli istituti di assistenza.***[1] — L'istituto di pubblica assistenza esercita i poteri tutelari sul minore ricoverato o assistito, secondo le norme del titolo X, capo I di questo libro, fino a quando non si provveda alla nomina di un tutore, e in tutti i casi nei quali l'esercizio della responsabilità genitoriale o della tutela sia impedito. Resta salva la facoltà del giudice tutelare di deferire la tutela all'ente di assistenza o all'ospizio, ovvero di nominare un tutore a norma dell'art. 354.

Nel caso in cui il genitore riprenda l'esercizio della responsabilità genitoriale, l'istituto deve chiedere al giudice tutelare di fissare eventualmente limiti o condizioni a tale esercizio.

[1] Articolo così modif. dall'art. 62, D.lgs. 28 dic. 2013, n. 154, in vigore dal 7 feb. 2014.

403. ***Intervento della pubblica autorità a favore dei minori.*** — Quando il minore è moralmente o materialmente abbandonato o si trova esposto, nell'ambiente familiare, a grave pregiudizio e pericolo per la sua incolumità psicofisica e vi è dunque emergenza di provvedere, la pubblica autorità, a mezzo degli organi di protezione dell'infanzia, lo colloca in luogo sicuro, sino a quando si possa provvedere in modo definitivo alla sua protezione.[1]

La pubblica autorità che ha adottato il provvedimento emesso ai sensi del primo comma ne dà immediato avviso orale al pubblico ministero presso il tribunale per i minorenni, nella cui circoscrizione il minore ha la sua residenza abituale; entro le ventiquattro ore successive al collocamento del minore in sicurezza, con l'allontanamento da uno o da entrambi i genitori o dai soggetti esercenti la responsabilità genitoriale, trasmette al pubblico ministero il provvedimento corredato di ogni documentazione utile e di sintetica relazione che descrive i motivi dell'intervento a tutela del minore.[2]

Il pubblico ministero, entro le successive settantadue ore, se non dispone la revoca del collocamento, chiede al tribunale per i minorenni la convalida del provvedimento; a tal fine può assumere sommarie informazioni e disporre eventuali accertamenti. Con il medesimo ricorso il pubblico ministero può formulare richieste ai sensi degli articoli 330 e seguenti.[2]

Entro le successive quarantotto ore il tribunale per i minorenni, con decreto del presidente o del giudice da lui delegato, provvede sulla richiesta di convalida del provvedimento, nomina il curatore speciale del minore e il giudice relatore e fissa l'udienza di comparizione delle parti innanzi a questo entro il termine di quindici giorni. Il decreto è immediatamente comunicato al pubblico ministero e all'autorità che ha adottato il provvedimento a cura della cancelleria. Il ricorso e il decreto sono notificati entro quarantotto ore agli esercenti la responsabilità genitoriale e al curatore speciale a cura del pubblico ministero che a tal fine può avvalersi della polizia giudiziaria.[2]

All'udienza il giudice relatore interroga liberamente le parti e può assumere informazioni; procede inoltre all'ascolto del minore direttamente e, ove ritenuto necessario, con l'ausilio di un esperto. Entro i quindici giorni successivi il tribunale per i minorenni, in composizione collegiale, pronuncia decreto con cui conferma, modifica o revoca il decreto di convalida, può adottare provvedimenti nell'interesse del minore e qualora siano state proposte istanze ai sensi degli articoli 330 e seguenti dà le disposizioni per l'ulteriore corso del procedimento. Il decreto è immediatamente comunicato alle parti a cura della cancelleria.[2]

Entro il termine perentorio di dieci giorni dalla comunicazione del decreto il pubblico ministero, gli esercenti la responsabilità genitoriale e il curatore speciale possono proporre reclamo alla corte d'appello ai sensi dell'articolo 739 del codice di procedura civile. La corte d'appello provvede entro sessanta giorni dal deposito del reclamo.[2]

Il provvedimento emesso dalla pubblica autorità perde efficacia se la trasmissione degli atti da parte della pubblica autorità, la richiesta di convalida da parte del pubblico ministero e i decreti del tribunale per i minorenni non intervengono entro i termini previsti. In questo caso il tribunale per i minorenni adotta i provvedimenti temporanei e urgenti nell'interesse del minore.[2]

Qualora il minore sia collocato in comunità di tipo familiare, quale ipotesi residuale da applicare in ragione dell'accertata esclusione di possibili soluzioni alternative, si applicano le norme in tema di affidamento familiare.[2]

[1] Comma così modif. dall'art. 1, c. 27, L. 26 nov. 2021, n. 206. La disposizione si applica ai procedimenti instaurati a decorrere dal 22 giu. 2022.

[2] Comma ins. dall'art. 1, c. 27, L. 26 nov. 2021, n. 206. V. nota 1.

TITOLO XII
Delle misure di protezione delle persone prive in tutto o in parte di autonomia[1]

[1] La rubrica del titolo XII del libro I del codice civile è stata così sostituita dall'art. 2 L. 9 gen. 2004, n. 6.

CAPO I
Dell'amministrazione di sostegno[1]

[1] Il capo I del titolo XII del libro primo del codice civile è stato introdotto dall'art. 3 L. 9 gen. 2004, n. 6.

404. ***Amministrazione di sostegno.*** — La persona che, per effetto di una infermità ovvero di una menomazione fisica o psichica, si trova nella impossibilità, anche parziale o temporanea, di provvedere ai propri interessi, può essere assistita da un amministratore di sostegno, nominato dal giudice tutelare del luogo in cui questa ha la residenza o il domicilio.

405. ***Decreto di nomina dell'amministratore di sostegno. Durata dell'incarico e relativa pubblicità.*** — Il giudice tutelare provvede entro sessanta giorni dalla data di presentazione della richiesta alla nomina dell'amministratore di sostegno con decreto motivato immediatamente esecutivo, su ricorso di uno dei soggetti indicati nell'art. 406.

Il decreto che riguarda un minore non emancipato può essere emesso solo nell'ultimo anno della sua minore età e diventa esecutivo a decorrere dal momento in cui la maggiore età è raggiunta.

Se l'interessato è un interdetto o un inabilitato, il decreto è esecutivo dalla pubblicazione della sentenza di revoca dell'interdizione o dell'inabilitazione.

Qualora ne sussista la necessità, il giudice tutelare adotta anche d'ufficio i provvedimenti urgenti per la cura della persona interessata e per la conservazione e l'amministrazione del suo patrimonio. Può procedere alla nomina di un amministratore di sostegno provvisorio indicando gli atti che è autorizzato a compiere.

Il decreto di nomina dell'amministratore di sostegno deve contenere l'indicazione:

1) delle generalità della persona beneficiaria e dell'amministratore di sostegno;

2) della durata dell'incarico, che può essere anche a tempo indeterminato;

3) dell'oggetto dell'incarico e degli atti che l'amministratore di sostegno ha il potere di compiere in nome e per conto del beneficiario;

4) degli atti che il beneficiario può compiere solo con l'assistenza dell'amministratore di sostegno;

5) dei limiti, anche periodici, delle spese che l'amministratore di sostegno può sostenere con utilizzo delle somme di cui il beneficiario ha o può avere la disponibilità;

6) della periodicità con cui l'amministratore di sostegno deve riferire al giudice circa l'attività svolta e le condizioni di vita personale e sociale del beneficiario.

Se la durata dell'incarico è a tempo determinato, il giudice tutelare può prorogarlo con decreto motivato pronunciato anche d'ufficio prima della scadenza del termine.

Il decreto di apertura dell'amministrazione di sostegno, il decreto di chiusura ed ogni altro provvedimento assunto dal giudice tutelare nel corso dell'amministrazione di sostegno devono essere immediatamente annotati a cura del cancelliere nell'apposito registro.

Il decreto di apertura dell'amministrazione di sostegno e il decreto di chiusura devono essere comunicati, entro dieci giorni, all'ufficiale dello stato civile per le annotazioni in margine all'atto di nascita del beneficiario. Se la durata dell'incarico è a tempo determinato, le annotazioni devono essere cancellate alla scadenza del termine indicato nel decreto di apertura o in quello eventuale di proroga.

406. ***Soggetti.*** — Il ricorso per l'istituzione dell'amministrazione di sostegno può essere proposto dallo stesso soggetto beneficiario, anche se minore, interdetto o inabilitato, ovvero da uno dei soggetti indicati nell'art. 417.

Se il ricorso concerne persona interdetta o inabilitata il medesimo è presentato congiuntamente all'istanza di revoca dell'interdizione o dell'inabilitazione davanti al giudice competente per quest'ultima.

I responsabili dei servizi sanitari e sociali direttamente impegnati nella cura e assistenza della persona, ove a conoscenza di fatti tali da rendere opportuna l'apertura del procedimento di amministrazione di sostegno, sono tenuti a proporre al giudice tutelare il ricorso di cui all'art. 407 o a fornirne comunque notizia al pubblico ministero.

407. ***Procedimento.*** — Il ricorso per l'istituzione dell'amministrazione di sostegno deve indicare le generalità del beneficiario, la sua dimora abituale, le ragioni per cui si richiede la nomina dell'amministratore di sostegno, il nominativo ed il domicilio, se conosciuti dal ricorrente, del coniuge, dei discendenti, degli ascendenti, dei fratelli e dei conviventi del beneficiario.

Il giudice tutelare deve sentire personalmente la persona cui il procedimento si riferisce recandosi, ove occorra, nel luogo in cui questa si trova e deve tener conto, compatibilmente con gli interessi e le esigenze di protezione della persona, dei bisogni e delle richieste di questa.

Il giudice tutelare provvede, assunte le necessarie informazioni e sentiti i soggetti di cui all'art. 406; in caso di mancata comparizione provvede comunque sul ricorso. Dispone altresì, anche d'ufficio, gli accertamenti di natura medica e tutti gli altri mezzi istruttori utili ai fini della decisione.

Il giudice tutelare può, in ogni tempo, modificare o integrare, anche d'ufficio, le decisioni assunte con il decreto di nomina dell'amministratore di sostegno.

In ogni caso, nel procedimento di nomina dell'amministratore di sostegno interviene il pubblico ministero.

408. ***Scelta dell'amministratore di sostegno.*** — La scelta dell'amministratore di sostegno avviene con esclusivo riguardo alla cura ed agli interessi della persona del beneficiario. L'amministratore di sostegno può essere designato dallo stesso interessato, in previsione della propria eventuale futura incapacità, mediante atto pubblico o scrittura privata autenticata. In mancanza, ovvero in presenza di gravi motivi, il giudice tutelare può designare con decreto motivato un amministratore di sostegno diverso. Nella scelta, il giudice tutelare preferisce, ove possibile, il coniuge che non sia separato legalmente, la persona stabilmente convivente, il padre, la madre, il figlio o il fratello o la sorella, il parente entro il quarto grado ovvero il soggetto designato dal genitore superstite con testamento, atto pubblico o scrittura privata autenticata.

Le designazioni di cui al primo comma possono essere revocate dall'autore con le stesse forme.

Non possono ricoprire le funzioni di amministratore di sostegno gli operatori dei servizi pubblici o privati che hanno in cura o in carico il beneficiario.

Il giudice tutelare, quando ne ravvisa l'opportunità, e nel caso di designazione dell'interessato quando ricorrano gravi motivi, può chiamare all'incarico di amministratore di sostegno anche altra persona idonea, ovvero uno dei soggetti di cui al titolo II, al cui legale rappresentante ovvero alla persona che questi ha facoltà di delegare con atto depositato presso l'ufficio del giudice tutelare, competono tutti i doveri e tutte le facoltà previste nel presente capo.

409. ***Effetti dell'amministrazione di sostegno.*** — Il beneficiario conserva la capacità di agire per tutti gli atti che non richiedono la rappresentanza esclusiva o l'assistenza necessaria dell'amministratore di sostegno.

Il beneficiario dell'amministrazione di sostegno può in ogni caso compiere gli atti necessari a soddisfare le esigenze della propria vita quotidiana.

410. ***Doveri dell'amministratore di sostegno.*** — Nello svolgimento dei suoi compiti l'amministratore di sostegno deve tener conto dei bisogni e delle aspirazioni del beneficiario.

L'amministratore di sostegno deve tempestivamente informare il beneficiario circa gli atti da compiere nonché il giudice tutelare in caso di dissenso con il beneficiario stesso. In caso di contrasto, di scelte o di atti dannosi ovvero di negligenza nel perseguire l'interesse o nel soddisfare i bisogni o le richieste del beneficiario, questi, il pubblico ministero o gli altri soggetti di cui all'art. 406 possono ricorrere al giudice tutelare, che adotta con decreto motivato gli opportuni provvedimenti.

L'amministratore di sostegno non è tenuto a continuare nello svolgimento dei suoi compiti oltre dieci anni, ad eccezione dei casi in cui tale incarico è rivestito dal coniuge, dalla persona stabilmente convivente, dagli ascendenti o dai discendenti.

411. ***Norme applicabili all'amministrazione di sostegno.*** — Si applicano all'amministratore di sostegno, in quanto compatibili, le disposizioni di cui agli articoli da 349 a 353 e da 374 a 388. I provvedimenti di cui agli artt. 375 e 376 sono emessi dal giudice tutelare.

All'amministratore di sostegno si applicano altresì, in quanto compatibili, le disposizioni degli artt. 596, 599 e 779.

Sono in ogni caso valide le disposizioni testamentarie e le convenzioni in favore dell'amministratore di sostegno che sia parente entro il quarto grado del beneficiario, ovvero che sia coniuge o persona che sia stata chiamata alla funzione in quanto con lui stabilmente convivente.

Il giudice tutelare, nel provvedimento con il quale nomina l'amministratore di sostegno, o successivamente, può disporre che determinati effetti, limitazioni o decadenze, previsti da disposizioni di legge per l'interdetto o l'inabilitato, si estendano al beneficiario dell'amministrazione di sostegno, avuto riguardo all'interesse del medesimo ed a quello tutelato dalle predette disposizioni. Il provvedimento è assunto con decreto motivato a seguito di ricorso che può essere presentato anche dal beneficiario direttamente.

412. ***Atti compiuti dal beneficiario o dall'amministratore di sostegno in violazione di norme di legge o delle disposizioni del giudice.*** — Gli atti compiuti dall'amministratore di sostegno in violazione di disposizioni di legge, od in eccesso rispetto all'oggetto dell'incarico o ai poteri conferitigli dal giudice, possono essere annullati su istanza dell'amministratore di sostegno, del pubblico ministero, del beneficiario o dei suoi eredi ed aventi causa.

Possono essere parimenti annullati su istanza dell'amministratore di sostegno, del beneficiario, o dei suoi eredi ed aventi causa, gli atti compiuti personalmente dal beneficiario in violazione delle disposizioni di legge o di quelle contenute nel decreto che istituisce l'amministrazione di sostegno.

Le azioni relative si prescrivono nel termine di cinque anni. Il termine decorre dal momento in cui è cessato lo stato di sottoposizione all'amministrazione di sostegno.

413. ***Revoca dell'amministrazione di sostegno.*** — Quando il beneficiario, l'amministratore di sostegno, il pubblico ministero o taluno dei soggetti di cui all'art. 406, ritengono che si siano determinati i presupposti per la cessazione dell'amministrazione di sostegno, o per la sostituzione dell'amministratore, rivolgono istanza motivata al giudice tutelare.

L'istanza è comunicata al beneficiario ed all'amministratore di sostegno.

Il giudice tutelare provvede con decreto motivato, acquisite le necessarie informazioni e disposti gli opportuni mezzi istruttori.

Il giudice tutelare provvede altresì, anche d'ufficio, alla dichiarazione di cessazione dell'amministrazione di sostegno quando questa si sia rivelata inidonea a realizzare la piena tutela del beneficiario. In tale ipotesi, se ritiene che si debba promuovere giudizio di interdizione o di inabilitazione, ne informa il pubblico ministero, affinché vi provveda. In questo caso l'amministrazione di sostegno cessa con la nomina del tutore o del curatore provvisorio ai sensi dell'art. 419, ovvero con la dichiarazione di interdizione o di inabilitazione.

CAPO II
Della interdizione, della inabilitazione e della incapacità naturale

414. ***Persone che possono essere interdette.***[1] — Il maggiore di età e il minore emancipato, i quali si trovano in condizioni di abituale infermità di mente che li rende incapaci di provvedere ai propri interessi, sono interdetti quando ciò è necessario per assicurare la loro adeguata protezione.

[1] Articolo così sostituito dall'art. 4 L. 9 gen. 2004, n. 6.

415. ***Persone che possono essere inabilitate.*** — Il maggiore di età infermo di mente, lo stato del quale non è talmente grave da far luogo all'interdizione, può essere inabilitato.

Possono anche essere inabilitati coloro che, per prodigalità o per abuso abituale di bevande alcooliche o di stupefacenti, espongono sè o la loro famiglia a gravi pregiudizi economici.

Possono infine essere inabilitati il sordomuto e il cieco dalla nascita o dalla prima infanzia, se non hanno ricevuto un'educazione sufficiente, salva l'applicazione dell'art. 414 quando risulta che essi sono del tutto incapaci di provvedere ai propri interessi.

416. ***Interdizione e inabilitazione nell'ultimo anno di minore età.*** — Il minore non emancipato può essere interdetto o inabilitato nell'ultimo anno della sua minore età.[1] La interdizione o l'inabilitazione ha effetto dal giorno in cui il minore raggiunge l'età maggiore.

[1] V. nota all'art. 414. V. anche la L. 27 giu. 1909, n. 690 per l'esecuzione delle tre Convenzioni internaz. concluse all'Aja il 17 lug. 1907 tra l'Italia e altri Stati d'Europa - III Convenzione concernente l'interdizione e le misure di protezione analoghe.

417. ***Istanza d'interdizione o d'inabilitazione.*** — L'interdizione e l'inabilitazione possono essere promosse dalle persone indicate negli artt. 414 e 415, dal coniuge, dalla persona stabilmente convivente[1] dai parenti entro il quarto grado, dagli affini entro il secondo grado, dal tutore o curatore ovvero dal pubblico ministero.

Se l'interdicendo o l'inabilitando si trova sotto la responsabilità genitoriale o ha per curatore uno dei genitori, l'interdizione o l'inabilitazione non può essere promossa che su istanza del genitore medesimo o del pubblico ministero.[2]

[1] Parole inserite dall'art. 5 L. 9 gen. 2004, n. 6.
[2] Comma così modif. dall'art. 63, D.lgs. 28 dic. 2013, n. 154, in vigore dal 7 feb. 2014.

418. ***Poteri dell'autorità giudiziaria.*** — Promosso il giudizio d'interdizione, può essere dichiarata anche d'ufficio l'inabilitazione per infermità di mente.

Se nel corso del giudizio di inabilitazione si rivela l'esistenza delle condizioni richieste per l'interdizione, il pubblico ministero fa istanza al tribunale di pronunziare l'interdizione, e il tribunale provvede nello stesso giudizio premessa l'istruttoria necessaria (*Att.* 40).

Se nel corso del giudizio di interdizione o di inabilitazione appare opportuno applicare l'amministrazione di sostegno, il giudice, d'ufficio o a istanza di parte, dispone la trasmissione del procedimento al giudice tutelare. In tal caso il giudice competente per l'interdizione o per l'inabilitazione può adottare i provvedimenti urgenti di cui al quarto comma dell'art. 405.[1]

[1] Comma inserito dall'art. 6 L. 9 gen. 2004, n. 6.

419. ***Mezzi istruttori e provvedimenti provvisori.*** — Non si può pronunziare l'interdizione o l'inabilitazione senza che si sia proceduto all'esame dell'interdicendo o dell'inabilitando.

Il giudice può in questo esame farsi assistere da un consulente tecnico. Può anche d'ufficio disporre i mezzi istruttori utili ai fini del giudizio, interrogare i parenti prossimi dell'interdicendo o inabilitando e assumere le necessarie informazioni.

Dopo l'esame, qualora sia ritenuto opportuno, può essere nominato un tutore provvisorio all'interdicendo o un curatore provvisorio all'inabilitando.

420. ***Internamento definitivo in manicomio.***[1]

[1] Articolo abrog. dall'art. 11 della L. 13 mag. 1978, n. 180, che disciplina gli accertamenti e trattamenti sanitari volontari e obbligatori: questi ultimi sono disposti dal Sindaco, su proposta motivata di un medico. Nei casi di persone affette da malattie mentali, il provvedimento deve essere motivato e convalidato dal giudice tutelare.

421. ***Decorrenza degli effetti dell'interdizione e dell'inabilitazione.*** — L'interdizione e l'inabilitazione producono i loro effetti dal giorno della pubblicazione della sentenza, salvo il caso previsto dall'art. 416.

422. ***Cessazione del tutore e del curatore provvisorio.*** — Nella sentenza che rigetta l'istanza d'interdizione o d'inabilitazione, può disporsi che il tutore o il curatore provvisorio rimanga in ufficio fino a che la sentenza non sia passata in giudicato.

423. ***Pubblicità.*** — Il decreto di nomina del tutore o del curatore provvisorio e la sentenza d'interdizione o d'inabilitazione devono essere immediatamente annotati a cura del cancelliere nell'apposito registro e comunicati entro dieci giorni all'ufficiale dello stato civile per le annotazioni in margine all'atto di nascita (*Att.* 42, 48).[1]

[1] V. L.S.C. 88, n. 5.

424. ***Tutela dell'interdetto e curatela dell'inabilitato.*** — Le disposizioni sulla tutela dei minori e quelle sulla curatela dei minori emancipati si applicano rispettivamente alla tutela degli interdetti e alla curatela degli inabilitati (*Att.* 100).

Le stesse disposizioni si applicano rispettivamente anche nei casi di nomina del tutore provvisorio dell'interdicendo e del curatore provvisorio dell'inabilitando a norma dell'art. 419. Per l'interdicendo non si nomina il protutore provvisorio.

Nella scelta del tutore dell'interdetto e del curatore dell'inabilitato il giudice tutelare individua di preferenza la persona più idonea all'incarico tra i soggetti, e con i criteri, indicati nell'art. 408.[1]

[1] Comma così sost. dall'art. 7, L. 9 gen. 2004, n. 6.

425. ***Esercizio dell'impresa commercio da parte dell'inabilitato.*** — L'inabilitato può continuare l'esercizio dell'impresa commerciale soltanto se autorizzato dal tribunale su parere del giudice tutelare. L'autorizzazione può essere subordinata alla nomina di un institore.

426. ***Durata dell'ufficio.*** — Nessuno è tenuto a continuare nella tutela dell'interdetto o nella curatela dell'inabilitato oltre dieci anni, ad eccezione del coniuge, della persona stabilmente convivente[1] degli ascendenti o dei discendenti.

[1] Parole aggiunte dall'art. 8 L. 9 gen. 2004, n. 6.

427. ***Atti compiuti dall'interdetto e dall'inabilitato.*** — Nella sentenza che pronuncia l'interdizione o l'inabilitazione, o in successivi provvedimenti dell'autorità giudiziaria, può stabilirsi che taluni atti di ordinaria amministrazione possono essere compiuti dall'interdetto senza l'intervento ovvero con l'assistenza del tutore, o che taluni atti eccedenti l'ordinaria amministrazione possano essere compiuti dall'inabilitato senza l'assistenza del curatore.[1]

Gli atti compiuti dall'interdetto dopo la sentenza di interdizione possono essere annullati su istanza del tutore, dell'interdetto o dei suoi eredi o aventi causa. Sono del pari annullabili gli atti compiuti dall'interdetto dopo la nomina del tutore provvisorio, qualora alla nomina segua la sentenza d'interdizione.

Possono essere annullati su istanza dell'inabilitato o dei suoi eredi o aventi causa gli atti eccedenti l'ordinaria amministrazione fatti dall'inabilitato, senza l'osservanza delle prescritte formalità, dopo la sentenza di inabilitazione e dopo la nomina del curatore provvisorio, qualora alla nomina sia seguita la inabilitazione.

Per gli atti compiuti dall'interdetto prima della sentenza di interdizione o prima della nomina del tutore provvisorio si applicano le disposizioni dell'articolo seguente.

[1] Comma inserito dall'art. 9 L. 9 gen. 2004, n. 6.

428. ***Atti compiuti da persona incapace d'intendere o di volere.*** — Gli atti compiuti da persona che, sebbene non interdetta, si provi essere stata per qualsiasi causa, anche transitoria, incapace d'intendere o di volere al momento in cui gli atti sono stati compiuti, possono essere annullati su istanza della persona medesima o dei suoi eredi o aventi causa, se ne risulta un grave pregiudizio all'autore.

L'annullamento dei contratti non può essere pronunziato se non quando, per il pregiudizio che sia derivato o possa derivare alla persona incapace d'intendere o di volere o per la qualità del contratto o altrimenti, risulta la malafede dell'altro contraente.

L'azione si prescrive nel termine di cinque anni dal giorno in cui l'atto o il contratto è stato compiuto (*Trans.* 130).

Resta salva ogni diversa disposizione di legge.

429. ***Revoca dell'interdizione e dell'inabilitazione.*** — Quando cessa la causa dell'interdizione o dell'inabilitazione, queste possono essere revocate su istanza del coniuge, dei parenti entro il quarto grado o degli affini entro il secondo grado, del tutore dell'interdetto, del curatore dell'inabilitato o su istanza del pubblico ministero.

Il giudice tutelare deve vigilare per riconoscere se la causa dell'interdizione o dell'inabilitazione continui. Se ritiene che sia venuta meno, deve informarne il pubblico ministero (*Att.* 42).

Se nel corso del giudizio per la revoca della interdizione o della inabilitazione appare opportuno che, successivamente alla revoca, il soggetto sia assistito dall'amministratore di sostegno, il tribunale, d'ufficio o ad istanza di parte, dispone la trasmissione degli atti al giudice tutelare.[1]

[1] Comma aggiunto dall'art. 10, L. 9 gen. 2004, n. 6.

430. ***Pubblicità.*** — Alla sentenza di revoca dell'interdizione o dell'inabilitazione si applica l'art. 423.

431. ***Decorrenza degli effetti della sentenza di revoca.*** — La sentenza che revoca l'interdizione o l'inabilitazione produce i suoi effetti appena passata in giudicato.

Tuttavia gli atti compiuti dopo la pubblicazione della sentenza di revoca non possono essere impugnati se non quando la revoca è esclusa con sentenza passata in giudicato.

432. ***Inabilitazione nel giudizio di revoca dell'interdizione.*** — L'autorità giudiziaria che, pur riconoscendo fondata l'istanza di revoca dell'interdizione, non crede che l'infermo abbia riacquistato la piena capacità, può revocare l'interdizione e dichiarare inabilitato l'infermo medesimo.

Si applica anche in questo caso il primo comma dell'articolo precedente.

Gli atti non eccedenti l'ordinaria amministrazione, compiuti dall'inabilitato dopo la pubblicazione della sentenza che revoca l'interdizione, possono essere impugnati solo quando la revoca è esclusa con sentenza passata in giudicato.

TITOLO XIII
Degli alimenti[1]

[1] I crediti alimentari sono insequestrabili (671 p.c.) e impignorabili, tranne che per causa di alimenti (545 p.c.) e non possono essere ceduti (447). Per la perdita del diritto agli alimenti v. 541[1] c.p.; per i delitti contro l'assistenza familiare v. 570 c.p. Gli assegni aventi carattere alimentare non sono compresi nel fallimento (Fall. 46[2]). Per gli alimenti al fallito e alla famiglia v. Fall. 47. Per il legato di alimenti v. 660, 670 c.c.

V. per l'assegno alimentare al coniuge dell'assente, 51; per gli alimenti al coniuge separato, 156; ai figli non riconoscibili, 279; al debitore nella espropriazione immobiliare, 560 c.p.c. *Att.* 171 c.p.c.

Per la revocazione della donazione per indebito rifiuto di alimenti, 801; per il privilegio dei crediti di alimenti per gli ultimi tre mesi, 2751, n. 7; per la prescrizione in cinque anni della annualità delle pensioni alimentari, 2948.

Per la competenza per valore nelle cause per prestazioni alimentari, 13 c.p.c.

Per la rivalsa delle spese di spedalità e manicomiali verso i congiunti tenuti per legge agli alimenti dei ricoverati v. art. 1 L. 3 dic. 1931, n. 1580.

Il diritto agli alimenti non può essere oggetto né di transazione (1966) né di compromesso (806 c.p.c.). Il debito di alimenti non può essere opposto in compensazione (447).

L'esecuzione provvisoria deve essere concessa, su istanza di parte, nel caso di sentenze che pronunziano condanna a prestazioni alimentari, tranne quando ricorrono particolari motivi per rifiutarla (282 c.p.c.).

«I congiunti di un mendicante inabile al lavoro e privo di mezzi di sussistenza, tenuti per legge agli alimenti e in condizione di poterli prestare, sono diffidati dall'autorità locale di pubblica sicurezza ad adempiere al loro obbligo.

Decorso il termine all'uopo stabilito nella diffida, l'inabile al lavoro è ammesso di diritto al beneficio del gratuito patrocinio per promuovere il giudizio per gli alimenti» (art. 155 T.U.p.s.).

433. *Persone obbligate.*[1] — All'obbligo di prestare gli alimenti sono tenuti, nell'ordine:

1) il coniuge;

2) i figli, anche adottivi, e, in loro mancanza, i discendenti prossimi;[2]

3) i genitori e, in loro mancanza, gli ascendenti prossimi; gli adottanti;[2]

4) i generi e le nuore;

5) il suocero e la suocera;

6) i fratelli e le sorelle germani o unilaterali, con precedenza dei germani sugli unilaterali.

[1] Articolo così sost. dalla L. 19 mag. 1975, n. 151.
[2] Numero così sost. dall'art. 64, D.lgs. 28 dic. 2013, n. 154, in vigore dal 7 feb. 2014.

434. *Cessazione dell'obbligo tra affini.* — L'obbligazione alimentare del suocero e della suocera e quella del genero e della nuora cessano:

1) quando la persona che ha diritto agli alimenti è passata a nuove nozze;

2) quando il coniuge, da cui deriva l'affinità, e i figli nati dalla sua unione con l'altro coniuge e i loro discendenti sono morti.

435. *Obbligo dei genitori e dei figli naturali.*[1]

[1] Articolo abrog. dall'art. 169 della L. 19 mag. 1975, n. 151.

436. *Obbligo tra adottante e adottato.*[1] — L'adottante deve gli alimenti al figlio adottivo con precedenza sui genitori [legittimi o naturali][2] di lui.

[1] Articolo così sostituito dalla L. 19 mag. 1975, n. 151.
[2] Parole soppresse dall'art. 65, D.lgs. 28 dic. 2013, n. 154, in vigore dal 7 feb. 2014.

437. *Obbligo del donatario.* — Il donatario è tenuto, con precedenza su ogni altro obbligato, a prestare gli alimenti al donante, a meno che si tratti di donazione fatta in riguardo di un matrimonio o di una donazione rimuneratoria.

438. *Misura degli alimenti.* — Gli alimenti possono essere chiesti solo da chi versa in istato di bisogno e non è in grado di provvedere al proprio mantenimento.

Essi devono essere assegnati in proporzione del bisogno di chi li domanda e delle condizioni economiche di chi deve somministrarli. Non devono tuttavia superare quanto sia necessario per la vita dell'alimentando, avuto però riguardo alla sua posizione sociale.

Il donatario non è tenuto oltre il valore della donazione tuttora esistente nel suo patrimonio.

439. *Misura degli alimenti tra fratelli e sorelle.* — Tra fratelli e sorelle gli alimenti sono dovuti nella misura dello stretto necessario.

Possono comprendere anche le spese per l'educazione e l'istruzione, se si tratta di minore.[1]

[1] Il secondo comma dell'art. 439 è stato così sostituito dall'art. 9 della L. 8 mar. 1975, n. 39.

440. *Cessazione, riduzione e aumento.* — Se dopo l'assegnazione degli alimenti mutano le condizioni economiche di chi li somministra o di chi li riceve, l'autorità giudiziaria provvede per la cessazione, la riduzione o l'aumento, secondo le circostanze. Gli alimenti possono pure essere ridotti per la condotta disordinata o riprovevole dell'alimentato.

Se, dopo assegnati gli alimenti, consta che uno degli obbligati di grado anteriore è in condizione di poterli somministrare, l'autorità giudiziaria non può liberare l'obbligato di grado posteriore se non quando abbia imposto all'obbligato di grado anteriore di somministrare gli alimenti.

441. *Concorso di obbligati.* — Se più persone sono obbligate nello stesso grado alla prestazione degli alimenti, tutte devono concorrere alla prestazione stessa, ciascuna in proporzione delle proprie condizioni economiche.

Se le persone chiamate in grado anteriore alla prestazione non sono in condizioni di sopportare l'onere in tutto o in parte, l'obbligazione stessa è posta in tutto o in parte a carico delle persone chiamate in grado posteriore.

Se gli obbligati non sono concordi sulla misura, sulla distribuzione e sul modo di somministrazione degli alimenti, provvede l'autorità giudiziaria secondo le circostanze.

442. ***Concorso di aventi diritto.*** — Quando più persone hanno diritto agli alimenti nei confronti di un medesimo obbligato, e questi non è in grado di provvedere ai bisogni di ciascuna di esse, l'autorità giudiziaria dà i provvedimenti opportuni, tenendo conto della prossimità della parentela e dei rispettivi bisogni, e anche della possibilità che taluno degli aventi diritto abbia di conseguire gli alimenti da obbligati di grado ulteriore.

443. ***Modo di somministrazione degli alimenti.*** — Chi deve somministrare gli alimenti ha la scelta di adempiere questa obbligazione o mediante un assegno alimentare corrisposto in periodi anticipati, o accogliendo e mantenendo nella propria casa colui che vi ha diritto.

L'autorità giudiziaria può però, secondo le circostanze, determinare il modo di somministrazione.

In caso di urgente necessità l'autorità giudiziaria può altresì porre temporaneamente l'obbligazione degli alimenti a carico di uno solo tra quelli che vi sono obbligati, salvo il regresso verso gli altri.

444. ***Adempimento della prestazione alimentare.*** — L'assegno alimentare prestato secondo le modalità stabilite non può essere nuovamente richiesto, qualunque uso l'alimentando ne abbia fatto.

445. ***Decorrenza degli alimenti.*** — Gli alimenti sono dovuti dal giorno della domanda giudiziale o dal giorno della costituzione in mora dell'obbligato, quando questa costituzione sia entro sei mesi seguita dalla domanda giudiziale.

446. ***Assegno provvisorio.*** — Finché non sono determinati definitivamente il modo e la misura degli alimenti, [il pretore o][1] il presidente del tribunale può, sentita l'altra parte, ordinare un assegno in via provvisoria ponendolo, nel caso di concorso di più obbligati, a carico anche di uno solo di essi, salvo il regresso verso gli altri.

[1] Parole tra parentesi quadre soppresse dall'art. 142 D.lgs. 19 feb. 1998, n. 51 con decorrenza dal 2 giu. 1999.

447. ***Inammissibilità di cessione e di compensazione.*** — Il credito alimentare non può essere ceduto.

L'obbligato agli alimenti non può opporre all'altra parte la compensazione, neppure quando si tratta di prestazioni arretrate.

448. ***Cessazione per morte dell'obbligato.*** — L'obbligo degli alimenti cessa con la morte dell'obbligato, anche se questi li ha somministrati in esecuzione di sentenza.

448-*bis*. ***Cessazione per decadenza dell'avente diritto dalla responsabilità genitoriale sui figli.***[1] — Il figlio, anche adottivo, e, in sua mancanza, i discendenti prossimi non sono tenuti all'adempimento dell'obbligo di prestare gli alimenti al genitore nei confronti del quale è stata pronunciata la decadenza dalla responsabilità genitoriale e, per i fatti che non integrano i casi di indegnità di cui all'articolo 463, possono escluderlo dalla successione.

[1] Articolo ins. dall'art. 1, n. 9, L. 10 dic. 2012, n. 219 e quindi così modif. dall'art. 66, D.lgs. 28 dic. 2013, n. 154, in vigore dal 7 feb. 2014.

TITOLO XIV

Degli atti dello stato civile

449. ***Registri dello stato civile.*** — I registri dello stato civile sono tenuti in ogni comune in conformità delle norme contenute nella legge sull'ordinamento dello stato civile.[1]

[1] V. L.S.C. 14-52; Legge di guerra (R.D. 8 lug. 1938, n. 1415, artt. 109-116); C.N. 203-312; 834-843.

450. ***Pubblicità dei registri dello stato civile.*** — I registri dello stato civile sono pubblici.

Gli ufficiali dello stato civile devono rilasciare gli estratti e i certificati che vengono loro domandati con le indicazioni dalla legge prescritte.[1]

Essi devono altresì compiere negli atti affidati alla loro custodia le indagini domandate dai privati.

[1] V. L.S.C. 184-195.

451. ***Forza probatoria degli atti.*** — Gli atti dello stato civile fanno prova, fino a querela di falso, di ciò che l'ufficiale pubblico attesta essere avvenuto alla sua presenza o da lui compiuto.

Le dichiarazioni dei comparenti fanno fede fino a prova contraria.

Le indicazioni estranee all'atto non hanno alcun valore.

452. ***Mancanza, distruzione o smarrimento di registri.*** — Se non si sono tenuti i registri o sono andati distrutti o smarriti o se, per qualunque altra causa, manca in tutto o in parte la registrazione dell'atto, la prova della nascita o della morte può essere data con ogni mezzo.

In caso di mancanza, di distruzione totale o parziale, di alterazione o di occultamento accaduti per dolo del richiedente, questi non è ammesso alla prova consentita nel comma precedente.[1]

[1] V. L.S.C. 38.

453. ***Annotazioni.*** — Nessuna annotazione può essere fatta sopra un atto già iscritto nei registri se non è disposta per legge ovvero non è ordinata dall'autorità giudiziaria.[1]

[1] V. L.S.C. 165-183.

454. ***Rettificazioni.***[1]

[1] Articolo abrog. dall'art. 110, D.P.R. 3 nov. 2000, n. 396.

455. ***Efficacia della sentenza di rettificazione.*** — La sentenza di rettificazione non può essere opposta a quelli che non concorsero a domandare la rettificazione, ovvero non furono parti in giudizio o non vi furono regolarmente chiamati.

LIBRO SECONDO
DELLE SUCCESSIONI

TITOLO I
Disposizioni generali sulle successioni[1,2]

[1] V. *Att.* 52-55; *Trans.* 132-141. Per i procedimenti relativi alla apertura delle successioni v. 747-783 c.p.c. Il foro per le cause ereditarie è stabilito dall'art. 23 c.p.c.

Per la disciplina fiscale delle successioni v. il D.lgs. 31 ott. 1990, n. 346 *Testo unico delle disposizioni concernenti l'imposta sulle successioni e donazioni*.

[2] Per le modifiche in vigore dal 31 ott. 2025 v. D.lgs. 13 lug. 2017, n. 116.

CAPO I
Dell'apertura della successione, della delazione e dell'acquisto dell'eredità

456. ***Apertura della successione.*** — La successione si apre al momento della morte, nel luogo dell'ultimo domicilio del defunto (*Att.* 52, 53, 254).

457. ***Delazione dell'eredità.*** — L'eredità si devolve per legge o per testamento.

Non si fa luogo alla successione legittima se non quando manca, in tutto o in parte, quella testamentaria.

Le disposizioni testamentarie non possono pregiudicare i diritti che la legge riserva ai legittimari.

458. ***Divieto di patti successori.*** — Fatto salvo quanto disposto dagli artt. 768-*bis* e seguenti,[1] è nulla ogni convenzione con cui taluno dispone della propria successione. È del pari nullo ogni atto col quale taluno dispone dei diritti che gli possono spettare su una successione non ancora aperta, o rinunzia ai medesimi.

[1] Parole premesse dall'art. 1 L. 14 feb. 2006, n. 55.

459. ***Acquisto dell'eredità.*** — L'eredità si acquista con l'accettazione. L'effetto della accettazione risale al momento nel quale si è aperta la successione.

460. ***Poteri del chiamato prima dell'accettazione.*** — Il chiamato all'eredità può esercitare le azioni possessorie a tutela dei beni ereditari, senza bisogno di materiale apprensione.

Egli inoltre può compiere atti conservativi, di vigilanza e di amministrazione temporanea, e può farsi autorizzare dall'autorità giudiziaria[1] a vendere i beni che non si possono conservare o la cui conservazione importa grave dispendio.

Non può il chiamato compiere gli atti indicati nei commi precedenti, quando si è provveduto alla nomina di un curatore dell'eredità a norma dell'art. 528.

[1] L'autorizzazione si chiede con ricorso diretto [per i mobili al pretore e per gli immobili] al tribunale del luogo in cui si è aperta la successione. Nel caso in cui i beni appartengano a incapaci deve essere sentito il giudice tutelare che provvede con decreto contro il quale è ammesso reclamo a norma dell'art. 739 c.p.c. (747 c.p.c.).

461. ***Rimborso delle spese sostenute dal chiamato.*** — Se il chiamato rinunzia all'eredità, le spese sostenute per gli atti indicati dall'articolo precedente sono a carico dell'eredità.

CAPO II
Della capacità di succedere

462. ***Capacità delle persone fisiche.*** — Sono capaci di succedere tutti coloro che sono nati o concepiti al tempo dell'apertura della successione.

Salvo prova contraria, si presume concepito al tempo della apertura della successione chi è nato entro i trecento giorni dalla morte della persona della cui successione si tratta.

Possono inoltre ricevere per testamento i figli di una determinata persona vivente al tempo della morte del testatore, benché non ancora concepiti.

CAPO III
Dell'indegnità

463. ***Casi d'indegnità.*** — È escluso dalla successione come indegno:

1) chi ha volontariamente ucciso o tentato di uccidere la persona della cui successione si tratta o il coniuge, o un discendente, o un ascendente della medesima, purché non ricorra alcuna delle cause che escludono la punibilità a norma della legge [penale][1];

2) chi ha commesso, in danno di una di tali persone, un fatto al quale la legge penale dichiara applicabili le disposizioni sull'omicidio;

3) chi ha denunziato una di tali persone per reato punibile [con la morte],[1] con l'ergastolo o con la reclusione per un tempo non inferiore nel minimo a tre anni, se la denunzia è stata dichiarata calunniosa in giudizio penale; ovvero ha testimoniato contro le persone medesime imputate dei predetti reati, se la testimonianza è stata dichiarata, nei confronti di lui, falsa in giudizio penale;

3-*bis*) chi, essendo decaduto dalla potestà genitoriale nei confronti della persona della cui successione si tratta a norma dell'art. 330, non è stato reintegrato nella potestà alla data di apertura della successione della medesima.[2]

4) chi ha indotto con dolo o violenza la persona, della cui successione si tratta, a fare, revocare o mutare il testamento, o ne l'ha impedita;

5) chi ha soppresso, celato o alterato il testamento dal quale la successione sarebbe stata regolata;

6) chi ha formato un testamento falso o ne ha fatto scientemente uso.

[1] Parole abrog. dall'art. 1, L. 8 lug. 2005, n. 137.

[2] Comma aggiunto dall'art. 1 L. 8 lug. 2005, n. 137.

463-*bis*. *Sospensione dalla successione.*[1] — Sono sospesi dalla successione il coniuge, anche legalmente separato, nonché la parte dell'unione civile indagati per l'omicidio volontario o tentato nei confronti dell'altro coniuge o dell'altra parte dell'unione civile, fino al decreto di archiviazione o alla sentenza definitiva di proscioglimento. In tal caso si fa luogo alla nomina di un curatore ai sensi dell'articolo 528. In caso di condanna o di applicazione della pena su richiesta delle parti, ai sensi dell'articolo 444 del codice di procedura penale, il responsabile è escluso dalla successione ai sensi dell'articolo 463 del presente codice.

Le disposizioni di cui al primo comma si applicano anche nei casi di persona indagata per l'omicidio volontario o tentato nei confronti di uno o entrambi i genitori, del fratello o della sorella.

Il pubblico ministero, compatibilmente con le esigenze di segretezza delle indagini, comunica senza ritardo alla cancelleria del tribunale del circondario in cui si è aperta la successione l'avvenuta iscrizione nel registro delle notizie di reato, ai fini della sospensione di cui al presente articolo.

[1] Articolo ins. dall'art. 5, c. 1, L. 11 gen. 2018, n. 4.

464. *Restituzione dei frutti.* — L'indegno è obbligato a restituire i frutti che gli sono pervenuti dopo l'apertura della successione.

465. *Indegnità del genitore.* — Colui che è escluso per indegnità dalla successione non ha sui beni della medesima, che siano devoluti ai suoi figli, i diritti di usufrutto o di amministrazione che la legge accorda ai genitori.

466. *Riabilitazione dell'indegno.* — Chi è incorso nell'indegnità è ammesso a succedere quando la persona, della cui successione si tratta, ve lo ha espressamente abilitato con atto pubblico o con testamento.

Tuttavia l'indegno non espressamente abilitato, se è stato contemplato nel testamento quando il testatore conosceva la causa dell'indegnità, è ammesso a succedere nei limiti della disposizione testamentaria.

CAPO IV
Della rappresentazione

467. *Nozione.*[1] — La rappresentazione fa subentrare i discendenti [legittimi o naturali][2] nel luogo e nel grado del loro ascendente, in tutti i casi in cui questi non può o non vuole accettare l'eredità o il legato.

Si ha rappresentazione nella successione testamentaria quando il testatore non ha provveduto per il caso in cui l'istituito non possa o non voglia accettare l'eredità o il legato, e sempre che non si tratti di legato di usufrutto o di altro diritto di natura personale.

[1] Articolo così sostituito dall'art. 171 della L. 19 mag. 1975, n. 151.

[2] Parole soppresse dall'art. 67, D.lgs. 28 dic. 2013, n. 154, in vigore dal 7 feb. 2014.

468. *Soggetti.*[1] — La rappresentazione ha luogo, nella linea retta, a favore dei discendenti dei figli anche adottivi, e nella linea collaterale, a favore dei discendenti dei fratelli e delle sorelle del defunto.

I discendenti possono succedere per rappresentazione anche se hanno rinunziato all'eredità della persona in luogo della quale subentrano, o sono incapaci o indegni di succedere rispetto a questa.

[1] Articolo così modif. dall'art. 68, D.lgs. 28 dic. 2013, n. 154, in vigore dal 7 feb. 2014.

469. *Estensione del diritto di rappresentazione. Divisione.* — La rappresentazione ha luogo in infinito, siano uguali o disuguali il grado dei discendenti e il loro numero in ciascuna stirpe.

La rappresentazione ha luogo anche nel caso di unicità di stirpe.

Quando vi è rappresentazione, la divisione si fa per stirpi.

Se uno stipite ha prodotto più rami, la suddivisione avviene per stirpi anche in ciascun ramo, e per capi tra i membri del medesimo ramo.

CAPO V
Dell'accettazione dell'eredità

SEZIONE I
Disposizioni generali

470. *Accettazione pura e semplice e accettazione col beneficio d'inventario.* — L'eredità può essere accettata puramente e semplicemente o col beneficio d'inventario (484).

L'accettazione col beneficio di inventario può farsi nonostante qualunque divieto del testatore.

471. *Eredità devolute a minori o interdetti.* — Non si possono accettare le eredità devolute ai minori e agli interdetti, se non col beneficio d'inventario, osservate le disposizioni degli artt. 321 e 374.

472. *Eredità devolute a minori emancipati o a*

inabilitati. — I minori emancipati e gli inabilitati non possono accettare l'eredità, se non col beneficio di inventario, osservate le disposizioni dell'art. 394.

473. ***Eredità devolute a persone giuridiche o ad associazioni, fondazioni ed enti non riconosciuti.***[1] — L'accettazione delle eredità devolute alle persone giuridiche o ad associazioni, fondazioni ed enti non riconosciuti non può farsi che col beneficio d'inventario.

Il presente articolo non si applica alle società.

[1] Articolo così modif. dall'art. 1, L. 22 giu. 2000, n. 192.

474. ***Modi di accettazione.*** — L'accettazione può essere espressa o tacita.

475. ***Accettazione espressa.*** — L'accettazione è espressa quando, in un atto pubblico o in una scrittura privata, il chiamato all'eredità ha dichiarato di accettarla oppure ha assunto il titolo di erede.

È nulla la dichiarazione di accettare sotto condizione o a termine.

Parimenti è nulla la dichiarazione di accettazione parziale di eredità.

476. ***Accettazione tacita.*** — L'accettazione è tacita quando il chiamato all'eredità compie un atto che presuppone necessariamente la sua volontà di accettare e che non avrebbe il diritto di fare se non nella qualità di erede.

477. ***Donazione, vendita e cessione dei diritti di successione.*** — La donazione, la vendita o la cessione, che il chiamato all'eredità faccia dei suoi diritti di successione a un estraneo o a tutti gli altri chiamati o ad alcuno di questi, importa accettazione dell'eredità.

478. ***Rinunzia che importa accettazione.*** — La rinunzia ai diritti di successione, qualora sia fatta verso corrispettivo o a favore di alcuni soltanto dei chiamati, importa accettazione.

479. ***Trasmissione del diritto di accettazione.*** — Se il chiamato all'eredità muore senza averla accettata, il diritto di accettarla si trasmette agli eredi.

Se questi non sono d'accordo per accettare o rinunziare, colui che accetta l'eredità acquista tutti i diritti e soggiace a tutti i pesi ereditari, mentre vi rimane estraneo chi ha rinunziato.

La rinunzia all'eredità propria del trasmittente include rinunzia all'eredità che al medesimo è devoluta.

480. ***Prescrizione.*** — Il diritto di accettare l'eredità si prescrive in dieci anni.

Il termine decorre dal giorno dell'apertura della successione e, in caso d'istituzione condizionale, dal giorno in cui si verifica la condizione. In caso di accertamento giudiziale della filiazione il termine decorre dal passaggio in giudicato della sentenza che accerta la filiazione stessa.[1]

Il termine non corre per i chiamati ulteriori, se vi è stata accettazione da parte di precedenti chiamati e successivamente il loro acquisto ereditario è venuto meno.

[1] Periodo aggiunto dall'art. 69, D.lgs. 28 dic. 2013, n. 154, in vigore dal 7 feb. 2014.

481. ***Fissazione di un termine per l'accettazione.*** — Chiunque vi ha interesse può chiedere che l'autorità giudiziaria fissi un termine entro il quale il chiamato dichiari se accetta o rinunzia all'eredità. Trascorso questo termine senza che abbia fatto la dichiarazione, il chiamato perde il diritto di accettare.

482. ***Impugnazione per violenza o dolo.*** — L'accettazione dell'eredità si può impugnare quando è effetto di violenza o di dolo.

L'azione si prescrive in cinque anni dal giorno in cui è cessata la violenza o è stato scoperto il dolo.

483. ***Impugnazione per errore.*** — L'accettazione dell'eredità non si può impugnare se è viziata da errore.

Tuttavia, se si scopre un testamento del quale non si aveva notizia al tempo dell'accettazione, l'erede non è tenuto a soddisfare i legati scritti in esso oltre il valore dell'eredità, o con pregiudizio della porzione legittima che gli è dovuta. Se i beni ereditari non bastano a soddisfare tali legati, si riducono proporzionalmente anche i legati scritti in altri testamenti. Se alcuni legatari sono stati già soddisfatti per intero, contro di loro è data azione di regresso.

L'onere di provare il valore dell'eredità incombe all'erede.

SEZIONE II
Del beneficio d'inventario

484. ***Accettazione col beneficio d'inventario.*** — L'accettazione col beneficio d'inventario si fa mediante dichiarazione, ricevuta da un notaio[1] o dal cancelliere *del tribunale del circondario*[2] in cui si è aperta la successione, e inserita nel registro delle successioni conservato *nello stesso tribunale*[2] (*Att.* 52, 53).

Entro un mese dall'inserzione, la dichiarazione deve essere trascritta, a cura del cancelliere, presso l'ufficio dei registri immobiliari del luogo in cui si è aperta la successione.

La dichiarazione deve essere preceduta o seguita dall'inventario, nelle forme prescritte dal codice di procedura civile 192 *Att.* c.p.c.).

Se l'inventario è fatto prima della dichiarazione, nel registro deve pure menzionarsi la data in cui esso è stato compiuto.

Se l'inventario è fatto dopo la dichiarazione, l'ufficiale pubblico che lo ha redatto deve, nel termine di un mese, far inserire nel registro l'annotazione della data in cui esso è stato compiuto.

[1] V. Legge 16 feb. 1913, n. 89, art. 1, n. 3.

[2] Comma così modif. dall'art. 143, D.lgs. 19 feb. 1998, n. 51 con decorrenza dal 2 giu. 1999.

485. *Chiamato all'eredità che è nel possesso di beni.* — Il chiamato all'eredità, quando a qualsiasi titolo è nel possesso di beni ereditari, deve fare l'inventario entro tre mesi dal giorno dell'apertura della successione o della notizia della devoluta eredità. Se entro questo termine lo ha cominciato ma non è stato in grado di completarlo, può ottenere dal tribunale del luogo in cui si è aperta la successione una proroga, che, salvo gravi circostanze, non deve eccedere i tre mesi.[1]

Trascorso tale termine senza che l'inventario sia stato compiuto, il chiamato all'eredità è considerato erede puro e semplice.

Compiuto l'inventario, il chiamato che non abbia ancora fatto la dichiarazione a norma dell'art. 484 ha un termine di quaranta giorni da quello del compimento dell'inventario medesimo, per deliberare se accetta o rinunzia all'eredità. Trascorso questo termine senza che abbia deliberato, è considerato erede puro e semplice.

[1] Comma così modif. dall'art. 144, D.lgs. 19 feb. 1998, n. 51 con decorrenza dal 2 giu. 1999.

486. *Poteri.* — Durante i termini stabiliti dall'articolo precedente per fare l'inventario e per deliberare, il chiamato, oltre che esercitare i poteri indicati nell'art. 460, può stare in giudizio come convenuto per rappresentare l'eredità.

Se non compare, l'autorità giudiziaria nomina un curatore all'eredità affinché la rappresenti in giudizio.

487. *Chiamato all'eredità che non è nel possesso di beni.* — Il chiamato all'eredità, che non è nel possesso di beni ereditari, può fare la dichiarazione di accettare col beneficio d'inventario fino a che il diritto di accettare non è prescritto.

Quando ha fatto la dichiarazione, deve compiere l'inventario nel termine di tre mesi dalla dichiarazione, salva la proroga accordata dall'autorità giudiziaria a norma dell'art. 485; in mancanza, è considerato erede puro e semplice.

Quando ha fatto l'inventario non preceduto da dichiarazione d'accettazione, questa deve essere fatta nei quaranta giorni successivi al compimento dell'inventario; in mancanza, il chiamato perde il diritto di accettare l'eredità.

488. *Dichiarazione in caso di termine fissato dall'autorità giudiziaria.* — Il chiamato all'eredità, che non è nel possesso di beni ereditari, qualora gli sia stato assegnato un termine a norma dell'art. 481, deve, entro detto termine, compiere anche l'inventario; se fa la dichiarazione e non l'inventario, è considerato erede puro e semplice.

L'autorità giudiziaria può accordare una dilazione.

489. *Incapaci.* — I minori, gli interdetti e gli inabilitati non s'intendono decaduti dal beneficio d'inventario, se non al compimento di un anno dalla maggiore età o dal cessare dello stato d'interdizione o d'inabilitazione, qualora entro tale termine non si siano conformati alle norme della presente sezione.

490. *Effetti del beneficio di inventario.* — L'effetto del beneficio d'inventario consiste nel tener distinto il patrimonio del defunto da quello dell'erede.

Conseguentemente:

1) l'erede conserva verso l'eredità tutti i diritti e tutti gli obblighi che aveva verso il defunto, tranne quelli che si sono estinti per effetto della morte;

2) l'erede non è tenuto al pagamento dei debiti ereditari e dei legati oltre il valore dei beni a lui pervenuti;

3) i creditori dell'eredità e i legatari hanno preferenza sul patrimonio ereditario di fronte ai creditori dell'erede. Essi però non sono dispensati dal domandare la separazione dei beni, secondo le disposizioni del capo seguente, se vogliono conservare questa preferenza anche nel caso che l'erede decada dal beneficio d'inventario o vi rinunzi.

491. *Responsabilità dell'erede nell'amministrazione.* — L'erede con beneficio d'inventario non risponde dell'amministrazione dei beni ereditari se non per colpa grave.

492. *Garanzia.* — Se i creditori o altri aventi interesse lo richiedono,[1] l'erede deve dare idonea garanzia per il valore dei beni mobili compresi nell'inventario, per i frutti degli immobili e per il prezzo dei medesimi che sopravanzi al pagamento dei creditori ipotecari.

[1] L'istanza, per la imposizione di una cauzione, è proposta, quando non vi è giudizio pendente, con ricorso al presidente del tribunale del luogo in cui si è aperta la successione. Il presidente stabilisce le modalità e l'ammontare della cauzione con ordinanza contro la quale è ammesso reclamo al presidente della Corte d'appello a norma dell'art. 739 c.p.c. (750 c.p.c.).

493. *Alienazione dei beni ereditari senza autorizzazione.* — L'erede decade dal beneficio di inventario, se aliena o sottopone a pegno o ipoteca beni ereditari, o transige relativamente a questi beni senza l'autorizzazione giudiziaria e senza osservare le forme prescritte dal codice di procedura civile.[1]

Per i beni mobili l'autorizzazione non è necessaria trascorsi cinque anni dalla dichiarazione di accettare con beneficio d'inventario.

[1] V. nota all'art. 460.

494. *Omissioni o infedeltà nell'inventario.* — Dal beneficio d'inventario decade l'erede che ha omesso in mala fede di denunziare nell'inventario beni appartenenti all'eredità, o che ha denunziato in mala fede, nell'inventario stesso, passività non esistenti.

495. *Pagamento dei creditori e legatari.* — Trascorso un mese dalla trascrizione prevista nell'art. 484 o dall'annotazione disposta nello stesso articolo per il caso che l'inventario sia posteriore alla dichiarazione, l'erede, quando creditori o legatari non si oppongono ed egli non intende promuovere la liquidazione a norma dell'art. 503, paga i creditori e i legatari a misura che si presentano, salvi i loro diritti di poziorità.

Esaurito l'asse ereditario, i creditori rimasti insoddisfatti hanno soltanto diritto di regresso contro i legatari, ancorché di cosa determinata appartenente al testatore, nei limiti del valore del legato.

Tale diritto si prescrive in tre anni dal giorno dell'ultimo pagamento, salvo che il credito sia anteriormente prescritto.

496. ***Rendimento del conto.*** — L'erede ha l'obbligo di rendere conto della sua amministrazione ai creditori e ai legatari, i quali possono fare assegnare un termine all'erede.

497. ***Mora nel rendimento del conto.*** — L'erede non può essere costretto al pagamento con i propri beni, se non quando è stato costituito in mora a presentare il conto e non ha ancora soddisfatto a quest'obbligo.

Dopo la liquidazione del conto, non può essere costretto al pagamento con i propri beni se non fino alla concorrenza delle somme di cui è debitore.

498. ***Liquidazione dell'eredità in caso di opposizione.*** — Qualora entro il termine indicato nell'art. 495 gli sia stata notificata opposizione da parte di creditori o di legatari, l'erede non può eseguire pagamenti, ma deve provvedere alla liquidazione dell'eredità nell'interesse di tutti i creditori e legatari.

A tal fine egli, non oltre un mese dalla notificazione dell'opposizione, deve, a mezzo di un notaio del luogo dell'aperta successione, invitare i creditori e i legatari a presentare, entro un termine stabilito dal notaio stesso e non inferiore a giorni trenta, le dichiarazioni di credito.

L'invito è spedito per raccomandata ai creditori e ai legatari dei quali è noto il domicilio o la residenza ed è pubblicato nel foglio degli annunzi legali della provincia.

499. ***Procedura di liquidazione.*** — Scaduto il termine entro il quale devono presentarsi le dichiarazioni di credito (507, 508), l'erede provvede, con l'assistenza del notaio, a liquidare le attività ereditarie facendosi autorizzare alle alienazioni necessarie. Se l'alienazione ha per oggetto beni sottoposti a privilegio o a ipoteca, i privilegi non si estinguono, e le ipoteche non possono essere cancellate sino a che l'acquirente non depositi il prezzo nel modo stabilito dal giudice o non provveda al pagamento dei creditori collocati nello stato di graduazione previsto dal comma seguente.

L'erede forma, sempre con l'assistenza del notaio, lo stato di graduazione. I creditori sono collocati secondo i rispettivi diritti di prelazione. Essi sono preferiti ai legatari. Tra i creditori non aventi diritto a prelazione l'attivo ereditario è ripartito in proporzione dei rispettivi crediti.

Qualora, per soddisfare i creditori, sia necessario comprendere nella liquidazione anche l'oggetto di un legato di specie, sulla somma che residua dopo il pagamento dei creditori il legatario di specie è preferito agli altri legatari.

500. ***Termine per la liquidazione.*** — L'autorità giudiziaria, su istanza di alcuno dei creditori o legatari, può assegnare un termine all'erede per liquidare le attività ereditarie e per formare lo stato di graduazione.

501. ***Reclami.*** — Compiuto lo stato di graduazione, il notaio ne dà avviso con raccomandata ai creditori e legatari di cui è noto il domicilio o la residenza, e provvede alla pubblicazione di un estratto dello stato nel foglio degli annunzi legali della provincia.[1] Trascorsi senza reclami trenta giorni dalla data di questa pubblicazione, lo stato di graduazione diviene definitivo.

[1] Per i reclami contro lo stato di graduazione v. 778 c.p.c. che determina anche la competenza.

502. ***Pagamento dei creditori e dei legatari.*** — Divenuto definitivo lo stato di graduazione o passata in giudicato la sentenza che pronunzia sui reclami, l'erede deve soddisfare i creditori e i legatari in conformità dello stato medesimo. Questo costituisce titolo esecutivo contro l'erede.

La collocazione dei crediti condizionali non impedisce il pagamento dei creditori posteriori, sempre che questi diano cauzione.

I creditori e i legatari che non si sono presentati hanno azione contro l'erede solo nei limiti della somma che residua dopo il pagamento dei creditori e dei legatari collocati nello stato di graduazione. Questa azione si prescrive in tre anni dal giorno in cui lo stato è divenuto definitivo o è passata in giudicato la sentenza che ha pronunziato sui reclami, salvo che il credito sia anteriormente prescritto.

503. ***Liquidazione promossa dall'erede.*** — Anche quando non vi è opposizione di creditori o di legatari, l'erede può valersi della procedura di liquidazione prevista dagli articoli precedenti.

Il pagamento fatto a creditori privilegiati o ipotecari non impedisce all'erede di valersi di questa procedura (*Trans.* 132).

504. ***Liquidazione nel caso di più eredi.*** — Se vi sono più eredi con beneficio d'inventario, ciascuno può promuovere la liquidazione; ma deve convocare i propri coeredi davanti al notaio nel termine che questi ha stabilito per la dichiarazione dei crediti. I coeredi che non si presentano sono rappresentati nella liquidazione dal notaio.

505. ***Decadenza dal beneficio.*** — L'erede che, in caso di opposizione, non osserva le norme stabilite dall'art. 498 o non compie la liquidazione o lo stato di graduazione nel termine stabilito dall'art. 500, decade dal beneficio d'inventario.

Parimenti decade dal beneficio d'inventario l'erede che, nel caso previsto dall'art. 503, dopo l'invito ai creditori di presentare le dichiarazioni di credito, esegue pagamenti prima che sia definita la procedura di liquidazione o non osserva il termine che gli è stato prefisso a norma dell'art. 500.

La decadenza non si verifica quando si tratta di pagamenti a favore di creditori privilegiati o ipotecari.

In ogni caso la decadenza dal beneficio d'inventario può essere fatta valere solo dai creditori del defunto e dai legatari.

506. ***Procedure individuali.*** — Eseguita la pubblicazione prescritta dal terzo comma dell'art. 498, non possono essere promosse procedure esecutive a istanza dei creditori. Possono tuttavia essere continuate quelle in corso, ma la parte di prezzo che residua dopo il pagamento dei creditori privilegiati e ipotecari deve essere distribuita in base allo stato di graduazione previsto dall'art. 499.

I crediti a termine diventano esigibili. Resta tuttavia il beneficio del termine, quando il credito è munito di garanzia reale su beni la cui alienazione non si renda necessaria ai fini della liquidazione e la garanzia stessa è idonea ad assicurare il soddisfacimento integrale del credito.

Dalla data di pubblicazione dell'invito ai creditori previsto dal terzo comma dell'art. 498 è sospeso il decorso degl'interessi dei crediti chirografari. I creditori tuttavia hanno diritto, compiuta la liquidazione, al collocamento degli interessi sugli eventuali residui.

507. ***Rilascio dei beni ai creditori e ai legatari.*** — L'erede, non oltre un mese dalla scadenza del termine stabilito per presentare le dichiarazioni di credito, se non ha provveduto ad alcun atto di liquidazione, può rilasciare tutti i beni ereditari a favore dei creditori e dei legatari.

A tal fine l'erede deve, nelle forme indicate dall'art. 498, dare avviso ai creditori e ai legatari dei quali è noto il domicilio o la residenza; deve iscrivere la dichiarazione di rilascio nel registro delle successioni, annotarla in margine alla trascrizione prescritta dal secondo comma dell'art. 484, e trascriverla presso gli uffici dei registri immobiliari dei luoghi in cui si trovano gli immobili ereditari e presso gli uffici dove sono registrati i beni mobili (*Att.* 52).

Dal momento in cui è trascritta la dichiarazione di rilascio, gli atti di disposizione dei beni ereditari compiuti dall'erede sono senza effetto rispetto ai creditori e ai legatari.

L'erede deve consegnare i beni al curatore nominato secondo le norme dell'articolo seguente. Eseguita la consegna, egli resta liberato da ogni responsabilità per i debiti ereditari.

508. ***Nomina del curatore.***[1] — Trascritta la dichiarazione di rilascio, il *tribunale* del luogo dell'aperta successione, su istanza dell'erede o di uno dei creditori o legatari, o anche d'ufficio, nomina un curatore, perché provveda alla liquidazione secondo le norme degli artt. 498 e seguenti.

Il decreto di nomina del curatore è iscritto nel registro delle successioni (*Att.* 52).

Le attività che residuano, pagate le spese della curatela e soddisfatti i creditori e i legatari collocati nello stato di graduazione, spettano all'erede, salva l'azione dei creditori e legatari, che non si sono presentati, nei limiti determinati dal terzo comma dell'art. 502.

[1] Articolo così modif. dall'art. 144, D.lgs. 19 feb. 1998, n. 51 con decorrenza dal 2 giu. 1999.

509. ***Liquidazione proseguita su istanza dei creditori o legatari.***[1] — Se, dopo la scadenza del termine stabilito per presentare le dichiarazioni di credito, l'erede incorre nella decadenza dal beneficio d'inventario, ma nessuno dei creditori e legatari la fa valere, il *tribunale* del luogo dell'aperta successione, su istanza[2] di uno dei creditori o legatari, sentiti l'erede e coloro che hanno presentato le dichiarazioni di credito, può nominare un curatore con l'incarico di provvedere alla liquidazione dell'eredità secondo le norme degli artt. 499 e seguenti. Dopo la nomina del curatore, la decadenza dal beneficio non può più essere fatta valere.

Il decreto di nomina del curatore è iscritto nel registro delle successioni (*Att.* 52), annotato a margine della trascrizione prescritta dal secondo comma dell'art. 484, e trascritto negli uffici dei registri immobiliari dei luoghi dove si trovano gli immobili ereditari e negli uffici dove sono registrati i beni mobili.

L'erede perde l'amministrazione dei beni ed è tenuto a consegnarli al curatore. Gli atti di disposizione che l'erede compie dopo trascritto il decreto di nomina del curatore sono senza effetto rispetto ai creditori e ai legatari.

[1] Articolo così modif. dall'art. 144, D.lgs. 19 feb. 1998, n. 51 con decorrenza dal 2 giu. 1999.
[2] Per l'istanza di liquidazione v. 779 c.p.c.

510. ***Accettazione o inventario fatti da uno dei chiamati.*** — L'accettazione con beneficio di inventario fatta da uno dei chiamati giova a tutti gli altri, anche se l'inventario è compiuto da un chiamato diverso da quello che ha fatto la dichiarazione.

511. ***Spese.*** — Le spese dell'apposizione dei sigilli, dell'inventario e di ogni altro atto dipendente dall'accettazione con beneficio di inventario sono a carico dell'eredità.

CAPO VI
Della separazione dei beni del defunto da quelli dell'erede

512. ***Oggetto della separazione.*** — La separazione dei beni del defunto da quelli dell'erede assicura il soddisfacimento, con i beni del defunto, dei creditori di lui e dei legatari che l'hanno esercitata, a preferenza dei creditori dell'erede.

Il diritto alla separazione spetta anche ai creditori o legatari che hanno altre garanzie sui beni del defunto.

La separazione non impedisce ai creditori e ai legatari che l'hanno esercitata, di soddisfarsi anche sui beni propri dell'erede.

513. ***Separazione contro i legatari di specie.*** — I creditori del defunto possono esercitare la separazione anche rispetto ai beni che formano oggetto di legato di specie.

514. ***Rapporti tra creditori separatisti e non separatisti.*** — I creditori e i legatari che hanno esercitato la separazione hanno diritto di soddisfarsi sui beni separati a preferenza dei creditori e dei legatari che non l'hanno esercitata, quando il valore della parte di patrimonio non separata sarebbe stato sufficiente a soddisfare i creditori e i legatari non separatisti.

Fuori di questo caso, i creditori e i legatari non separatisti possono concorrere con coloro che hanno esercitato la separazione; ma, se parte del patrimonio non è stata separata, il valore di questa si aggiunge al prezzo dei beni separati per determinare quanto spetterebbe a ciascuno dei concorrenti, e quindi si considera come attribuito integralmente ai creditori e ai legatari non separatisti.

Quando la separazione è esercitata da creditori e legatari, i creditori sono preferiti ai legatari. La preferenza è anche accordata, nel caso previsto dal comma precedente, ai creditori non separatisti di fronte ai legatari separatisti (*Att.* 54).

Restano salve in ogni caso le cause di prelazione.

515. ***Cessazione della separazione.*** — L'erede può impedire o far cessare la separazione pagando i creditori e i legatari, e dando cauzione per il pagamento di quelli il cui diritto è sospeso da condizione o sottoposto a termine, oppure è contestato.

[1] V. nota all'art. 492.

516. ***Termine per l'esercizio del diritto alla separazione.*** — Il diritto alla separazione deve essere esercitato entro il termine di tre mesi dall'apertura della successione.

517. ***Separazione riguardo ai mobili.***[1] — Il diritto alla separazione riguardo ai mobili si esercita mediante domanda giudiziale.

La domanda si propone con ricorso al *tribunale* del luogo dell'aperta successione, il quale ordina l'inventario, se non è ancora fatto, e dà le disposizioni necessarie per la conservazione dei beni stessi.

Riguardo ai mobili già alienati dall'erede, il diritto alla separazione comprende soltanto il prezzo non ancora pagato.

[1] Articolo così modif. dall'art. 144, D.lgs. 19 feb. 1998, n. 51 con decorrenza dal 2 giu. 1999.

518. ***Separazione riguardo agli immobili.*** — Riguardo agli immobili e agli altri beni capaci d'ipoteca, il diritto alla separazione si esercita mediante l'iscrizione del credito o del legato sopra ciascuno dei beni stessi. L'iscrizione si esegue nei modi stabiliti per iscrivere le ipoteche indicando il nome del defunto e quello dell'erede, se è conosciuto, e dichiarando che la iscrizione stessa viene presa a titolo di separazione dei beni. Per tale iscrizione non è necessario esibire il titolo.

Le iscrizioni a titolo di separazione, anche se eseguite in tempi diversi, prendono tutte il grado della prima e prevalgono sulle trascrizioni ed iscrizioni contro l'erede o il legatario, anche se anteriori.

Alle iscrizioni a titolo di separazione sono applicabili le norme sulle ipoteche.

CAPO VII
Della rinunzia all'eredità

519. ***Dichiarazione di rinunzia.***[1] — La rinunzia all'eredità deve farsi con dichiarazione, ricevuta da un notaio o dal cancelliere *del tribunale del circondario* in cui si è aperta la successione, e inserita nel registro delle successioni (*Att.* 52).

La rinunzia fatta gratuitamente a favore di tutti coloro ai quali si sarebbe devoluta la quota del rinunziante non ha effetto finché, a cura di alcuna delle parti, non siano osservate le forme indicate nel comma precedente (*Trans.* 133).

[1] Articolo così modif. dall'art. 145, D.lgs. 19 feb. 1998, n. 51 con decorrenza dal 2 giu. 1999.

520. ***Rinunzia condizionata, a termine o parziale.*** — È nulla la rinunzia fatta sotto condizione o a termine o solo per parte.

521. ***Retroattività della rinunzia.*** — Chi rinunzia all'eredità è considerato come se non vi fosse mai stato chiamato.

Il rinunziante può tuttavia ritenere la donazione o domandare il legato a lui fatto sino alla concorrenza della porzione disponibile, salve le disposizioni degli artt. 551 e 552.

522. ***Devoluzione nelle successioni legittime.*** — Nelle successioni legittime la parte di colui che rinunzia si accresce a coloro che avrebbero concorso col rinunziante, salvo il diritto di rappresentazione e salvo il disposto dell'ultimo comma dell'art. 571. Se il rinunziante è solo, l'eredità si devolve a coloro ai quali spetterebbe nel caso che egli mancasse.

523. ***Devoluzione nelle successioni testamentarie.*** — Nelle successioni testamentarie, se il testatore non ha disposto una sostituzione e se non ha luogo il diritto di rappresentazione, la parte del rinunziante si accresce ai coeredi a norma dell'art. 674, ovvero si devolve agli eredi legittimi a norma dell'art. 677.

524. ***Impugnazione della rinunzia da parte dei creditori.*** — Se taluno rinunzia, benché senza frode, a un'eredità con danno dei suoi creditori, questi possono farsi autorizzare ad accettare l'eredità in nome e luogo del rinunziante, al solo scopo di soddisfarsi sui beni ereditari fino alla concorrenza dei loro crediti.

Il diritto dei creditori si prescrive in cinque anni dalla rinunzia.

525. ***Revoca della rinunzia.*** — Fino a che il diritto di accettare l'eredità non è prescritto contro i chiamati che vi hanno rinunziato, questi possono sempre accettarla, se non è già stata acquistata da altro dei chiamati, senza pregiudizio delle ragioni acquistate da terzi sopra i beni dell'eredità.

526. ***Impugnazione per violenza o dolo.*** — La rinunzia all'eredità si può impugnare solo se è l'effetto di violenza o di dolo.

L'azione si prescrive in cinque anni dal giorno in cui è cessata la violenza o è stato scoperto il dolo.

527. ***Sottrazione di beni ereditari.*** — I chiamati all'eredità, che hanno sottratto o nascosto beni spettanti all'eredità stessa, decadono dalla facoltà di rinunziarvi e si considerano eredi puri e semplici, nonostante la loro rinunzia.

CAPO VIII

Dell'eredità giacente[1]

[1] *Att.* 52, 53; *Trans.* 134; 781-783 c.p.c.

528. ***Nomina del curatore.***[1] — Quando il chiamato non ha accettato l'eredità e non è nel possesso di beni ereditari, il *tribunale del circondario* in cui si è aperta la successione, su istanza delle persone interessate o anche d'ufficio, nomina un curatore dell'eredità.[2]

Il decreto di nomina del curatore, a cura del cancelliere, è pubblicato per estratto nel foglio degli annunzi legali della provincia e iscritto nel registro delle successioni (*Att.* 52).

[1] Articolo così modif. dall'art. 146, D.lgs. 19 feb. 1998, n. 51 con decorrenza dal 2 giu. 1999.

[2] «Il curatore dell'eredità giacente, prima di iniziare l'esercizio delle sue funzioni, deve prestare giuramento davanti al pretore di custodire e amministrare fedelmente i beni dell'eredità» (193 *Att.* c.p.c.).

529. ***Obblighi del curatore.***[1] — Il curatore è tenuto a procedere all'inventario dell'eredità, a esercitarne e promuoverne le ragioni, a rispondere alle istanze proposte contro la medesima, ad amministrarla, a depositare presso le casse postali o presso un istituto di credito designato dal *tribunale* il danaro che si trova nell'eredità o si ritrae dalla vendita dei mobili o degli immobili, e, da ultimo, a rendere conto della propria amministrazione.

[1] Articolo così modif. dall'art. 144, D.lgs. 19 feb. 1998, n. 51 con decorrenza dal 2 giu. 1999.

530. ***Pagamento dei debiti ereditari.***[1] — Il curatore può provvedere al pagamento dei debiti ereditari e dei legati, previa autorizzazione del *tribunale*.

Se però alcuno dei creditori o dei legatari fa opposizione, il curatore non può procedere ad alcun pagamento, ma deve provvedere alla liquidazione della eredità secondo le norme degli artt. 498 e seguenti.

[1] Articolo così modif. dall'art. 144, D.lgs. 19 feb. 1998, n. 51 con decorrenza dal 2 giu. 1999.

531. ***Inventario, amministrazione e rendimento dei conti.*** — Le disposizioni della sezione II del capo V di questo titolo, che riguardano l'inventario, l'amministrazione e il rendimento di conti da parte dell'erede con beneficio d'inventario, sono comuni al curatore dell'eredità giacente, esclusa la limitazione della responsabilità per colpa.

532. ***Cessazione della curatela per accettazione dell'eredità.*** — Il curatore cessa dalle sue funzioni quando l'eredità è stata accettata.

CAPO IX

Della petizione di eredità

533. ***Nozione.*** — L'erede può chiedere il riconoscimento della sua qualità ereditaria contro chiunque possiede tutti o parte dei beni ereditari a titolo di erede o senza titolo alcuno, allo scopo di ottenere la restituzione dei beni medesimi.

L'azione è imprescrittibile, salvi gli effetti della usucapione rispetto ai singoli beni.

534. ***Diritti dei terzi.*** — L'erede può agire anche contro gli aventi causa da chi possiede a titolo di erede o senza titolo.

Sono salvi i diritti acquistati, per effetto di convenzioni a titolo oneroso con l'erede apparente, dai terzi i quali provino di avere contrattato in buona fede.

La disposizione del comma precedente non si applica ai beni immobili e ai beni mobili iscritti nei pubblici registri, se l'acquisto a titolo di erede e l'acquisto dall'erede apparente non sono stati trascritti anteriormente alla trascrizione dell'acquisto da parte dell'erede o del legatario vero, o alla trascrizione della domanda giudiziale contro l'erede apparente.

535. ***Possessore di beni ereditari.*** — Le disposizioni in materia di possesso si applicano anche al possessore di beni ereditari, per quanto riguarda la restituzione dei frutti, le spese, i miglioramenti e le addizioni.

Il possessore in buona fede, che ha alienato pure in buona fede una cosa dell'eredità, è solo obbligato a restituire all'erede il prezzo o il corrispettivo ricevuto. Se il prezzo o il corrispettivo è ancora dovuto, l'erede subentra nel diritto di conseguirlo.

È possessore in buona fede colui che ha acquistato il possesso dei beni ereditari, ritenendo per errore di essere erede. La buona fede non giova se l'errore dipende da colpa grave.

CAPO X
Dei legittimari

SEZIONE I
Dei diritti riservati ai legittimari

536. ***Legittimari.***[1] — Le persone a favore delle quali la legge riserva una quota di eredità o altri diritti nella successione sono: il coniuge, i figli, gli ascendenti.

Ai figli sono equiparati gli adottivi.

A favore dei discendenti dei figli, i quali vengono alla successione in luogo di questi, la legge riserva gli stessi diritti che sono riservati ai figli.

[1] Articolo così sost. dalla L. 19 mag. 1975, n. 151, e quindi così modif. dall'art. 70, D.lgs. 28 dic. 2013, n. 154, in vigore dal 7 feb. 2014.

537. ***Riserva a favore dei figli.***[1] — Salvo quanto disposto dall'art. 542, se il genitore lascia un figlio solo, a questi è riservata la metà del patrimonio.

Se i figli sono più, è loro riservata la quota dei due terzi, da dividersi in parti uguali tra tutti i figli.

[...][2]

[1] Articolo così sost. dalla L. 19 mag. 1975, n. 151, e quindi così modif. dall'art. 71, D.lgs. 28 dic. 2013, n. 154, in vigore dal 7 feb. 2014.

[2] Comma abrog. dall'art. 71, D.lgs. 28 dic. 2013, n. 154, in vigore dal 7 feb. 2014.

538. ***Riserva a favore degli ascendenti.***[1] — Se chi muore non lascia figli, ma ascendenti, a favore di questi è riservato un terzo del patrimonio, salvo quanto disposto dall'art. 544.

In caso di pluralità di ascendenti, la riserva è ripartita tra i medesimi secondo i criteri previsti dall'art. 569.

[1] Articolo così sost. dalla L. 19 mag. 1975, n. 151, e quindi così modif. dall'art. 72, D.lgs. 28 dic. 2013, n. 154, in vigore dal 7 feb. 2014.

539. ***Riserva a favore dei figli naturali.***[1]

[1] Articolo abrog. dall'art. 175 della L. 19 mag. 1975, n. 151.

540. ***Riserva a favore del coniuge.***[1] — A favore del coniuge è riservata la metà del patrimonio dell'altro coniuge, salve le disposizioni dell'art. 542 per il caso di concorso con i figli.

Al coniuge, anche quando concorra con altri chiamati, sono riservati i diritti di abitazione sulla casa adibita a residenza familiare e di uso sui mobili che la corredano, se di proprietà del defunto o comuni. Tali diritti gravano sulla porzione disponibile e, qualora questa non sia sufficiente, per il rimanente sulla quota di riserva del coniuge ed eventualmente sulla quota riservata ai figli.

[1] Articolo così sostituito dalla L. 19 mag. 1975, n. 151.

541. ***Concorso di figli legittimi e naturali.***[1]

[1] Articolo abrog. dall'art. 177 della L. 19 mag. 1975, n. 151.

542. ***Concorso di coniuge e figli.***[1] — Se chi muore lascia, oltre al coniuge, un solo figlio, a questo ultimo è riservato un terzo del patrimonio ed un altro terzo spetta al coniuge.

Quando i figli, sono più di uno, ad essi è complessivamente riservata la metà del patrimonio e al coniuge spetta un quarto del patrimonio del defunto. La divisione tra tutti i figli, è effettuata in parti uguali.

[1] Articolo così sost. dalla L. 19 mag. 1975, n. 151, e quindi così modif. dall'art. 73, D.lgs. 28 dic. 2013, n. 154, in vigore dal 7 feb. 2014.

543. ***Concorso di coniuge e figli naturali.***[1]

[1] Articolo abrog. dall'art. 179 della L. 19 mag. 1975, n. 151.

544. ***Concorso di ascendenti e coniuge.***[1] — Quando chi muore non lascia figli, ma ascendenti e il coniuge, a quest'ultimo è riservata la metà del patrimonio, ed agli ascendenti un quarto.

In caso di pluralità di ascendenti, la quota di riserva ad essi attribuita ai sensi del precedente comma è ripartita tra i medesimi secondo i criteri previsti dall'art. 569.

[1] Articolo così sost. dalla L. 19 mag. 1975, n. 151, e quindi così modif. dall'art. 74, D.lgs. 28 dic. 2013, n. 154, in vigore dal 7 feb. 2014.

545. ***Concorso di ascendenti legittimi e figli naturali.***[1]

[1] Articolo abrog. dall'art. 181 della L. 19 mag. 1975, n. 151.

546. ***Concorso di ascendenti legittimi, figli naturali e coniuge.***[1]

[1] Articolo abrog. dall'art. 181 della L. 19 mag. 1975, n. 151.

547. ***Soddisfacimento delle ragioni del coniuge.***[1]

[1] Articolo abrog. dall'art. 181 della L. 19 mag. 1975, n. 151.

548. ***Riserva a favore del coniuge separato.***[1] — Il coniuge cui non è stata addebitata la separazione con sentenza passata in giudicato, ai sensi del secondo comma dell'art. 151, ha gli stessi diritti successori del coniuge non separato.

Il coniuge cui è stata addebitata la separazione con sentenza passata in giudicato ha diritto soltanto ad un assegno vitalizio se al momento dell'apertura della successione godeva degli alimenti a carico del coniuge deceduto. L'assegno è commisurato alle sostanze ereditarie e alla qualità e al numero degli eredi legittimi, e non è comunque di entità superiore a quella della prestazione alimentare goduta. La medesima disposizione si applica nel caso in cui la separazione sia stata addebitata ad entrambi i coniugi.

[1] Articolo così sostituito dalla L. 19 mag. 1975, n. 151.

549. ***Divieto di pesi o condizioni sulla quota dei legittimari.*** — Il testatore non può imporre pesi o condizioni sulla quota spettante ai legittimari, salva l'applicazione delle norme contenute nel titolo IV di questo libro.

550. ***Lascito eccedente la porzione disponibile.*** — Quando il testatore dispone di un usufrutto o di una rendita vitalizia il cui reddito eccede quello della porzione disponibile, i legittimari, ai quali è stata assegnata la nuda proprietà della disponibile o di parte di essa, hanno la scelta o di eseguire tale disposizione o di abbandonare la nuda proprietà della porzione disponibile. Nel secondo caso il legatario, conseguendo la disponibile abbandonata, non acquista la qualità di erede.

La stessa scelta spetta ai legittimari quando il testatore ha disposto della nuda proprietà di una parte eccedente la disponibile.

Se i legittimari sono più, occorre l'accordo di tutti perché la disposizione testamentaria abbia esecuzione.

Le stesse norme si applicano anche se dell'usufrutto, della rendita o della nuda proprietà è stato disposto con donazione.

551. ***Legato in sostituzione di legittima.*** — Se a un legittimario è lasciato un legato in sostituzione della legittima, egli può rinunziare al legato e chiedere la legittima.

Se preferisce di conseguire il legato, perde il diritto di chiedere un supplemento, nel caso che il valore del legato sia inferiore a quello della legittima, e non acquista la qualità di erede. Questa disposizione non si applica quando il testatore ha espressamente attribuito al legittimario la facoltà di chiedere il supplemento.

Il legato in sostituzione della legittima grava sulla porzione indisponibile.

Se però il valore del legato eccede quello della legittima spettante al legittimario, per l'eccedenza il legato grava sulla disponibile.

552. ***Donazioni e legati in conto di legittima.*** — Il legittimario che rinunzia all'eredità, quando non si ha rappresentazione, può sulla disponibile ritenere le donazioni o conseguire i legati a lui fatti; ma quando non vi è stata espressa dispensa dall'imputazione, se per integrare la legittima spettante agli eredi è necessario ridurre le disposizioni testamentarie o le donazioni, restano salve le assegnazioni, fatte dal testatore sulla disponibile, che non sarebbero soggette a riduzioni se il legittimario accettasse l'eredità, e si riducono le donazioni e i legati fatti a quest'ultimo.

SEZIONE II

Della reintegrazione della quota riservata ai legittimari

553. ***Riduzione delle porzioni degli eredi legittimi in concorso con legittimari.*** — Quando sui beni lasciati dal defunto si apre in tutto o in parte la successione legittima, nel concorso di legittimari con altri successibili, le porzioni che spetterebbero a questi ultimi si riducono proporzionalmente nei limiti in cui è necessario per integrare la quota riservata ai legittimari, i quali però devono imputare a questa, ai sensi dell'art. 564, quanto hanno ricevuto dal defunto in virtù di donazioni o di legati.

554. ***Riduzione delle disposizioni testamentarie.*** — Le disposizioni testamentarie eccedenti la quota di cui il defunto poteva disporre sono soggette a riduzione nei limiti della quota medesima.

555. ***Riduzione delle donazioni.*** — Le donazioni, il cui valore eccede la quota della quale il defunto poteva disporre, sono soggette a riduzione fino alla quota medesima.

Le donazioni non si riducono se non dopo esaurito il valore dei beni di cui è stato disposto per testamento (*Trans.* 135).

556. ***Determinazione della porzione disponibile.*** — Per determinare l'ammontare della quota di cui il defunto poteva disporre si forma una massa di tutti i beni che appartenevano al defunto al tempo della morte, detraendone i debiti. Si riuniscono quindi fittiziamente i beni di cui sia stato disposto a titolo di donazione, secondo il loro valore determinato in base alle regole dettate negli artt. 747 a 750, e sull'asse così formato si calcola la quota di cui il defunto poteva disporre.

557. ***Soggetti che possono chiedere la riduzione.*** — La riduzione delle donazioni e delle disposizioni lesive della porzione di legittima non può essere domandata che dai legittimari e dai loro eredi o aventi causa.

Essi non possono rinunziare a questo diritto, finché vive il donante, né con dichiarazione espressa, né prestando il loro assenso alla donazione.

I donatari e i legatari non possono chiedere la riduzione, né approfittarne. Non possono chiederla né approfittarne nemmeno i creditori del defunto, se il legittimario avente diritto alla riduzione ha accettato con il beneficio d'inventario.

558. ***Modo di ridurre le disposizioni testamentarie.*** — La riduzione delle disposizioni testamentarie avviene proporzionalmente, senza distinguere tra eredi e legatari.

Se il testatore ha dichiarato che una sua disposizione deve avere effetto a preferenza delle altre, questa disposizione non si riduce se non in quanto il valore delle altre non sia sufficiente a integrare la quota riservata ai legittimari.

559. ***Modo di ridurre le donazioni.*** — Le donazioni si riducono cominciando dall'ultima e risalendo via via alle anteriori.

560. ***Riduzione del legato o della donazione d'immobili.*** — Quando oggetto del legato o della donazione da ridurre è un immobile, la riduzione si fa separando dall'immobile medesimo la parte occorrente per integrare la quota riservata, se ciò può avvenire comodamente.

Se la separazione non può farsi comodamente e il

legatario o il donatario ha nell'immobile un'eccedenza maggiore del quarto della porzione disponibile, l'immobile si deve lasciare per intero nell'eredità, salvo il diritto di conseguire il valore della porzione disponibile. Se l'eccedenza non supera il quarto, il legatario o il donatario può ritenere tutto l'immobile, compensando in danaro i legittimari.

Il legatario o il donatario che è legittimario può ritenere tutto l'immobile, purché il valore di esso non superi l'importo della porzione disponibile e della quota che gli spetta come legittimario.

561. ***Restituzione degli immobili.*** — Gli immobili restituiti in conseguenza della riduzione sono liberi da ogni peso o ipoteca di cui il legatario o il donatario può averli gravati, salvo il disposto del n. 8 dell'art. 2652.

I pesi e le ipoteche restano efficaci se la riduzione è domandata dopo venti anni dalla trascrizione della donazione, salvo in questo caso l'obbligo del donatario di compensare in denaro i legittimari in ragione del conseguente minor valore dei beni, purché la domanda sia stata proposta entro dieci anni dall'apertura della successione. Le stesse disposizioni si applicano per i mobili iscritti in pubblici registri.[1]

I frutti sono dovuti a decorrere dal giorno della domanda giudiziale.

[1] Periodo modif. dall'art. 2, L. 14 mag. 2005, n. 80.

562. ***Insolvenza del donatario soggetto a riduzione.*** — Se la cosa donata è perita per causa imputabile al donatario, o ai suoi aventi causa o se la restituzione della cosa donata non può essere richiesta contro l'acquirente, e il donatario è in tutto o in parte insolvente, il valore della donazione che non si può recuperare dal donatario si detrae dalla massa ereditaria, ma restano impregiudicate le ragioni di credito del legittimario e dei donatari antecedenti contro il donatario insolvente.

563. ***Azione contro gli aventi causa dai donatari soggetti a riduzione.*** — Se i donatari contro i quali è stata pronunziata la riduzione hanno alienato a terzi gli immobili donati e non sono trascorsi venti anni dalla trascrizione della[1] donazione, il legittimario, premessa l'escussione dei beni del donatario, può chiedere ai successivi acquirenti, nel modo e nell'ordine in cui si potrebbe chiederla ai donatari medesimi, la restituzione degli immobili.

L'azione per ottenere la restituzione deve proporsi secondo l'ordine di data delle alienazioni, cominciando dall'ultima. Contro i terzi acquirenti può anche essere richiesta entro il termine di cui al primo comma[1] la restituzione dei beni mobili, oggetto della donazione, salvi gli effetti del possesso di buona fede.

Il terzo acquirente può liberarsi dall'obbligo di restituire in natura le cose donate pagando l'equivalente in danaro.

Salvo il disposto del numero 8) dell'art. 2652, il decorso del termine di cui al primo comma e di quello di cui all'art. 561, primo comma, è sospeso nei confronti del coniuge e dei parenti in linea retta del donante che abbiano notificato e trascritto, nei confronti del donatario e dei suoi aventi causa[1] un atto stragiudiziale di opposizione alla donazione. Il diritto dell'opponente è personale e rinunziabile. L'opposizione perde effetto se non è rinnovata prima che siano trascorsi venti anni dalla sua trascrizione.[2]

[1] Parole inserite dall'art. 3 L. 28 dic. 2005, n. 263.
[2] Comma aggiunto dall'art. 2 L. 14 mag. 2005, n. 80.

564. ***Condizioni per l'esercizio dell'azione di riduzione.*** — Il legittimario che non ha accettato l'eredità col beneficio d'inventario non può chiedere la riduzione delle donazioni e dei legati, salvo che le donazioni e i legati siano stati fatti a persone chiamate come coeredi, ancorché abbiano rinunziato all'eredità. Questa disposizione non si applica all'erede che ha accettato col beneficio d'inventario e che ne è decaduto.

In ogni caso il legittimario, che domanda la riduzione di donazioni o di disposizioni testamentarie, deve imputare alla sua porzione legittima le donazioni e i legati a lui fatti, salvo che ne sia stato espressamente dispensato.

Il legittimario che succede per rappresentazione deve anche imputare le donazioni e i legati fatti, senza espressa dispensa, al suo ascendente.

La dispensa non ha effetto a danno dei donatari anteriori.

Ogni cosa, che, secondo le regole contenute nel capo II del titolo IV di questo libro, è esente da collazione, è pure esente da imputazione.

TITOLO II[1]
Delle successioni legittime

[1] La materia regolata da questo titolo è stata in gran parte modificata dalla L. 19 mag. 1975, n. 151, «Riforma del diritto di famiglia» in vigore dal 20 set. 1975.

565. ***Categorie dei successibili.***[1] — Nella successione legittima l'eredità si devolve al coniuge, ai discendenti, agli ascendenti, ai collaterali, agli altri parenti e allo Stato, nell'ordine e secondo le regole stabilite nel presente titolo.

[1] Articolo così sost. dalla L. 19 mag. 1975, n. 151, e quindi così modif. dall'art. 75, D.lgs. 28 dic. 2013, n. 154, in vigore dal 7 feb. 2014.

CAPO I
Della successione dei parenti[1]

[1] Intitolazione così sostituita dall'art. 184 della L. 19 mag. 1975, n. 151, che ha unificato sotto la stessa rubrica i capi I e II.
Conseguentemente i successivi capi III e IV del Tit. II sono divenuti rispettivamente II e III, restando invariate le rubriche (L. cit. art. 184).

566. ***Successione dei figli.***[1] — Al padre ed alla madre succedono i figli, in parti uguali.

[1] Articolo così sost. dall'art. 76, D.lgs. 28 dic. 2013, n. 154, in vigore dal 7 feb. 2014.

567. *Successione dei figli adottivi.*[1] — Ai figli sono equiparati gli adottivi.

I figli adottivi sono estranei alla successione dei parenti dell'adottante.

[1] Articolo così modif. dall'art. 77, D.lgs. 28 dic. 2013, n. 154, in vigore dal 7 feb. 2014.

568. *Successione dei genitori.* — A colui che muore senza lasciare prole, né fratelli o sorelle o loro discendenti, succedono il padre e la madre in eguali porzioni, o il genitore che sopravvive.

569. *Successione degli ascendenti.* — A colui che muore senza lasciare prole, né genitori, né fratelli o sorelle o loro discendenti, succedono per una metà gli ascendenti della linea paterna e per l'altra metà gli ascendenti della linea materna.

Se però gli ascendenti non sono di eguale grado, l'eredità è devoluta al più vicino senza distinzione di linea.

570. *Successione dei fratelli e delle sorelle.* — A colui che muore senza lasciare prole, né genitori, né altri ascendenti, succedono i fratelli e le sorelle in parti uguali.

I fratelli e le sorelle unilaterali conseguono però la metà della quota che conseguono i germani.

571. *Concorso di genitori o ascendenti con fratelli e sorelle.*[1] — Se coi genitori o con uno soltanto di essi concorrono fratelli e sorelle germani del defunto, tutti sono ammessi alla successione del medesimo per capi, purché in nessun caso la quota, in cui succedono i genitori o uno di essi, sia minore della metà.

Se vi sono fratelli e sorelle unilaterali, ciascuno di essi consegue la metà della quota che consegue ciascuno dei germani o dei genitori, salva in ogni caso la quota della metà in favore di questi ultimi.

Se entrambi i genitori non possono o non vogliono venire alla successione e vi sono ulteriori ascendenti, a questi ultimi si devolve, nel modo determinato dall'art. 569, la quota che sarebbe spettata a uno dei genitori in mancanza dell'altro.

[1] Articolo così sostituito dalla L. 19 mag. 1975, n. 151.

572. *Successione di altri parenti.* — Se alcuno muore senza lasciare prole, né genitori, né altri ascendenti, né fratelli o sorelle o loro discendenti, la successione si apre a favore del parente o dei parenti prossimi, senza distinzione di linea.

La successione non ha luogo tra i parenti oltre il sesto grado.

573. *Successione dei figli nati fuori del matrimonio.*[1] — Le disposizioni relative alla successione dei figli nati fuori del matrimonio si applicano quando la filiazione è stata riconosciuta o giudizialmente dichiarata, salvo quanto è disposto dall'art. 580.

[1] Articolo così modif. dall'art. 78, D.lgs. 28 dic. 2013, n. 154, in vigore dal 7 feb. 2014.

574. *Concorso di figli naturali e legittimi.*[1]

[1] Articolo abrog. dall'art. 187 della L. 19 mag. 1975, n. 151.

575. *Concorso di figli naturali con ascendenti e coniuge del genitore.*[1]

[1] Articolo abrog. dall'art. 187 della L. 19 mag. 1975, n. 151.

576. *Successione dei soli figli naturali.*[1]

[1] Articolo abrog. dall'art. 187 della L. 19 mag. 1975, n. 151.

577. [*Successione del figlio naturale all'ascendente legittimo immediato del suo genitore*].[1]

[1] L'art. 577 è stato dichiarato incostituzionale con sent. 14 apr. 1969, n. 79.

578. [*Successione dei genitori al figlio naturale.*][1]

[1] Articolo abrog. dall'art. 106, D.lgs. 28 dic. 2013, n. 154, in vigore dal 7 feb. 2014.

579. [*Concorso del coniuge e dei genitori.*][1]

[1] Articolo abrog. dall'art. 106, D.lgs. 28 dic. 2013, n. 154, in vigore dal 7 feb. 2014.

580. *Diritti dei figli nati fuori del matrimonio non riconoscibili.*[1] — Ai figli nati fuori del matrimonio aventi diritto al mantenimento, all'istruzione e alla educazione, a norma dell'art. 279, spetta un assegno vitalizio pari all'ammontare della rendita della quota di eredità alla quale avrebbero diritto, se la filiazione fosse stata dichiarata o riconosciuta.

I figli nati fuori del matrimonio hanno diritto di ottenere su loro richiesta la capitalizzazione dell'assegno loro spettante a norma del comma precedente, in denaro, ovvero, a scelta degli eredi legittimi, in beni ereditari.

[1] Articolo così modif. dall'art. 79, D.lgs. 28 dic. 2013, n. 154, in vigore dal 7 feb. 2014.

CAPO II[1]

Della successione del coniuge

[1] Già capo III. V. la nota alla rubrica del capo I.

581. *Concorso del coniuge con i figli.*[1] — Quando con il coniuge concorrono figli [legittimi o figli naturali, o figli legittimi e naturali][2], il coniuge ha diritto alla metà dell'eredità, se alla successione concorre un solo figlio, e ad un terzo negli altri casi.

[1] Articolo così sost. dalla L. 19 mag. 1975, n. 151.

[2] Parole soppresse dall'art. 80, D.lgs. 28 dic. 2013, n. 154, in vigore dal 7 feb. 2014.

582. *Concorso del coniuge con ascendenti [legittimi]*[1]*, fratelli e sorelle.*[2] — Al coniuge sono devoluti i due terzi dell'eredità se egli concorre con ascendenti [legittimi] o con fratelli e sorelle anche se unilaterali, ovvero con gli uni e con gli altri. In questo ultimo caso la parte residua è devoluta agli ascendenti, ai fratelli e alle sorelle, secondo le disposizioni dell'art. 571, salvo in ogni caso agli ascendenti il diritto a un quarto dell'eredità.

[1] Parola soppressa dall'art. 81, D.lgs. 28 dic. 2013, n. 154, in vigore dal 7 feb. 2014.

[2] Articolo così sostituito dalla L. 19 mag. 1975, n. 151.

583. ***Successione del solo coniuge.***[1] — In mancanza di figli [legittimi o naturali][2], di ascendenti, di fratelli o sorelle, al coniuge si devolve tutta l'eredità.

[1] Articolo così sostituito dalla L. 19 mag. 1975, n. 151.

[2] Parole soppresse dall'art. 82, D.lgs. 28 dic. 2013, n. 154, in vigore dal 7 feb. 2014.

584. ***Successione del coniuge putativo.***[1] — Quando il matrimonio è stato dichiarato nullo dopo la morte di uno dei coniugi al coniuge superstite di buona fede spetta la quota attribuita al coniuge dalle disposizioni che precedono. Si applica altresì la disposizione del secondo comma dell'art. 540.

Egli è però escluso dalla successione, quando la persona della cui eredità si tratta è legata da valido matrimonio al momento della morte.

[1] Articolo così sostituito dalla L. 19 mag. 1975, n. 151.

585. ***Successione del coniuge separato.***[1] — Il coniuge cui non è stata addebitata la separazione con sentenza passata in giudicato ha gli stessi diritti successori del coniuge non separato.

Nel caso in cui al coniuge sia stata addebitata la separazione con sentenza passata in giudicato, si applicano le disposizioni del secondo comma dell'art. 548.

[1] Articolo così sostituito dalla L. 19 mag. 1975, n. 151.

CAPO III[1]
Della successione dello Stato

[1] Già capo IV. V. la nota alla rubrica del capo I.

586. ***Acquisto dei beni da parte dello Stato.*** — In mancanza di altri successibili, l'eredità è devoluta allo Stato. L'acquisto si opera di diritto senza bisogno di accettazione e non può farsi luogo a rinunzia.

Lo Stato non risponde dei debiti ereditari e dei legati oltre il valore dei beni acquistati.

TITOLO III
Delle successioni testamentarie

CAPO I
Disposizioni generali

587. ***Testamento.*** — Il testamento è un atto revocabile con il quale taluno dispone, per il tempo in cui avrà cessato di vivere, di tutte le proprie sostanze o di parte di esse.[1]

Le disposizioni di carattere non patrimoniale,[2] che la legge consente siano contenute in un testamento, hanno efficacia, se contenute in un atto che ha la forma del testamento, anche se manchino disposizioni di carattere patrimoniale.

[1] Per l'interpretazione del testamento cfr. i principi ai quali è informata l'interpretazione dei contratti (1362-1371), in quanto applicabili.

[2] Riconoscimento del figlio naturale (254, 256), legittimazione del figlio naturale (285), scelta del tutore (348) e del protutore (355), designazione del tutore dell'interdetto e del curatore dell'inabilitato (424), disposizioni a favore dell'anima (629). Per la cancellazione dal testamento di periodi o frasi di carattere non patrimoniale v. 620.

588. ***Disposizioni a titolo universale e a titolo particolare.*** — Le disposizioni testamentarie, qualunque sia l'espressione o la denominazione usata dal testatore, sono a titolo universale e attribuiscono la qualità di erede, se comprendono l'universalità o una quota dei beni del testatore. Le altre disposizioni sono a titolo particolare e attribuiscono la qualità di legatario.

L'indicazione di beni determinati o di un complesso di beni non esclude che la disposizione sia a titolo universale, quando risulta che il testatore ha inteso assegnare quei beni come quota del patrimonio.

589. ***Testamento congiuntivo o reciproco.*** — Non si può fare testamento da due o più persone nel medesimo atto, né a vantaggio di un terzo, né con disposizione reciproca.

590. ***Conferma ed esecuzione volontaria di disposizioni testamentarie nulle.*** — La nullità della disposizione testamentaria, da qualunque causa dipenda, non può essere fatta valere da chi, conoscendo la causa della nullità ha, dopo la morte del testatore, confermato la disposizione o dato ad essa volontaria esecuzione.

CAPO II
Della capacità di disporre per testamento

591. ***Casi d'incapacità.*** — Possono disporre per testamento tutti coloro che non sono dichiarati incapaci dalla legge.[1]

Sono incapaci di testare:

1) coloro che non hanno compiuto la maggiore età;

2) gli interdetti per infermità di mente;

3) quelli che, sebbene non interdetti, si provi essere stati, per qualsiasi causa, anche transitoria, incapaci d'intendere o di volere nel momento in cui fecero testamento.[2]

Nei casi d'incapacità preveduti dal presente articolo il testamento può essere impugnato da chiunque vi ha interesse. L'azione si prescrive nel termine di cinque anni dal giorno in cui è stata data esecuzione alle disposizioni testamentarie.

[1] Sono incapaci di testare i condannati all'ergastolo (artt. 19 n. 3 e 32 c.p.).

[2] Il secondo comma dell'art. 591 è stato così sostituito dall'art. 10 della L. 8 mar. 1975, n. 39.

CODICE CIVILE

CAPO III
Della capacità di ricevere per testamento

592. ***Figli nati fuori del matrimonio[1] riconosciuti o riconoscibili.*** — Se vi sono discendenti legittimi, i figli nati fuori del matrimonio[1], quando la filiazione è stata riconosciuta o dichiarata, non possono ricevere per testamento più di quanto avrebbero ricevuto se la successione si fosse devoluta in base alla legge.

I figli nati fuori del matrimonio[1] riconoscibili, quando la filiazione risulta nei modi indicati dall'art. 279, non possono ricevere più di quanto, secondo la disposizione del comma precedente, potrebbero conseguire se la filiazione fosse stata riconosciuta o dichiarata.[2]

[1] L'art. 105, D.lgs. 28 dic. 2013, n. 154, in vigore dal 7 feb. 2014 ha disposto in tutta la legislazione vigente le parole «figli naturali» vengano sost. da «figli nati fuori del matrimonio».

[2] La Corte cost., con sent. 28 dic. 1970, n. 205, ha dichiarato l'ill. cost. degli artt. 592, 593 e dell'art. 599, nella parte in cui si riferisce agli anzidetti artt. 592 e 593.

593. ***Figli naturali non riconoscibili.***[1]

[1] Articolo abrog. dall'art. 194 della L. 19 mag. 1975, n. 151.

594. ***Assegno ai figli nati fuori del matrimonio non riconoscibili.***[1] — Gli eredi, i legatari e i donatari sono tenuti, in proporzione a quanto hanno ricevuto, a corrispondere ai figli nati fuori del matrimonio di cui all'art. 279, un assegno vitalizio nei limiti stabiliti dall'art. 580, se il genitore non ha disposto per donazione o testamento in favore dei figli medesimi. Se il genitore ha disposto in loro favore, essi possono rinunziare alla disposizione e chiedere l'assegno.

[1] Articolo così sost. dalla L. 19 mag. 1975, n. 151, e quindi così modif. dall'art. 83, D.lgs. 28 dic. 2013, n. 154, in vigore dal 7 feb. 2014.

595. ***Coniuge del binubo.***[1]

[1] Articolo abrog. dall'art. 196 della L. 19 mag. 1975, n. 151.

596. ***Incapacità del tutore e del protutore.*** — Sono nulle le disposizioni testamentarie della persona sottoposta a tutela in favore del tutore, se fatte dopo la nomina di questo e prima che sia approvato il conto o sia estinta l'azione per il rendimento del conto medesimo, quantunque il testatore sia morto dopo l'approvazione. Questa norma si applica anche al protutore, se il testamento è fatto nel tempo in cui egli sostituiva il tutore.

Sono però valide le disposizioni fatte in favore del tutore o del protutore che è ascendente, discendente, fratello, sorella o coniuge del testatore.

597. ***Incapacità del notaio, dei testimoni e dell'interprete.*** — Sono nulle le disposizioni a favore del notaio o di altro ufficiale che ha ricevuto il testamento pubblico, ovvero a favore di alcuno dei testimoni o dell'interprete intervenuti al testamento medesimo.

598. ***Incapacità di chi ha scritto o ricevuto il testamento segreto.*** — Sono nulle le disposizioni a favore della persona che ha scritto il testamento segreto, salvo che siano approvate di mano dello stesso testatore o nell'atto della consegna. Sono pure nulle le disposizioni a favore del notaio a cui il testamento segreto è stato consegnato in plico non sigillato.

599. ***Persone interposte.*** — Le disposizioni testamentarie a vantaggio delle persone incapaci indicate dagli artt. [592, 593, 595],[1] 596, 597 e 598 sono nulle anche se fatte sotto nome d'interposta persona.

Sono reputate persone interposte il padre, la madre, i discendenti e il coniuge della persona incapace, anche se chiamati congiuntamente con l'incapace.

[1] L'art. 599 è stato dichiarato costituzionalmente illegittimo nella parte in cui richiama gli artt. 592 e 593 (sent. n. 205 del 1970) e l'art. 595 (sent. n. 153 del 1979).

600. ***Enti non riconosciuti.***[1]

[1] Articolo abrog. dall'art. 13.1, L. 15 mag. 1997, n. 127 come sost. dall'art. 1.1, L. 22 giu. 2000, n. 192.

CAPO IV
Della forma dei testamenti[1]

[1] V. Disp. D.P. 23 e 26; art. 47 s. L. sul notariato 19 feb. 1913, n. 89; per le falsità nei testamenti v. 476-492 c.p.

SEZIONE I
Dei testamenti ordinari

601. ***Forme.*** — Le forme ordinarie di testamento sono il testamento olografo e il testamento per atto di notaio.

Il testamento per atto di notaio è pubblico o segreto.

602. ***Testamento olografo.*** — Il testamento olografo deve essere scritto per intero, datato e sottoscritto di mano del testatore.

La sottoscrizione deve essere posta alla fine delle disposizioni. Se anche non è fatta indicando nome e cognome, è tuttavia valida quando designa con certezza la persona del testatore.

La data deve contenere l'indicazione del giorno, mese e anno. La prova della non verità della data è ammessa soltanto quando si tratta di giudicare della capacità del testatore, della priorità di data tra più testamenti o di altra questione da decidersi in base al tempo del testamento.

603. ***Testamento pubblico.*** — Il testamento pubblico è ricevuto dal notaio in presenza di due testimoni.

Il testatore, in presenza dei testimoni, dichiara al notaio la sua volontà, la quale è ridotta in iscritto a cura del notaio stesso. Questi dà lettura del testamento al testatore in presenza dei testimoni. Di ciascuna di tali formalità è fatta menzione nel testamento.

Il testamento deve indicare il luogo, la data del ricevimento e l'ora della sottoscrizione, ed essere sottoscritto dal testatore, dai testimoni e dal notaio. Se il testatore non può sottoscrivere, o può farlo solo con grave difficoltà, deve dichiararne la causa, e il notaio deve menzionare questa dichiarazione prima della lettura dell'atto.

Per il testamento del muto, sordo o sordomuto, si osservano le norme stabilite dalla legge notarile per gli atti pubblici di queste persone. Qualora il testatore sia incapace anche di leggere, devono intervenire quattro testimoni.

604. ***Testamento segreto.*** — Il testamento segreto può essere scritto dal testatore o da un terzo. Se è scritto dal testatore, deve essere sottoscritto da lui alla fine delle disposizioni; se è scritto in tutto o in parte da altri, o se è scritto con mezzi meccanici, deve portare la sottoscrizione del testatore anche in ciascun mezzo foglio, unito o separato.

Il testatore che sa leggere ma non sa scrivere, o che non ha potuto apporre la sottoscrizione quando faceva scrivere le proprie disposizioni, deve altresì dichiarare al notaio, che riceve il testamento, di averlo letto ed aggiungere la causa che gli ha impedito di sottoscriverlo: di ciò si fa menzione nell'atto di ricevimento.

Chi non sa o non può leggere non può fare testamento segreto.

605. ***Formalità del testamento segreto.*** — La carta su cui sono stese le disposizioni o quella che serve da involto deve essere sigillata con un'impronta, in guisa che il testamento non si possa aprire né estrarre senza rottura o alterazione.

Il testatore, in presenza di due testimoni, consegna personalmente al notaio la carta così sigillata, o la fa sigillare nel modo sopra indicato in presenza del notaio e dei testimoni, e dichiara che in questa carta è contenuto il suo testamento. Il testatore, se è muto o sordomuto, deve scrivere tale dichiarazione in presenza dei testimoni e deve pure dichiarare per iscritto di aver letto il testamento, se questo è stato scritto da altri.

Sulla carta in cui dal testatore è scritto o involto il testamento, o su un ulteriore involto predisposto dal notaio e da lui debitamente sigillato, si scrive l'atto di ricevimento nel quale si indicano il fatto della consegna e la dichiarazione del testatore, il numero e l'impronta dei sigilli, e l'assistenza dei testimoni a tutte le formalità.

L'atto deve essere sottoscritto dal testatore, dai testimoni e dal notaio.

Se il testatore non può, per qualunque impedimento, sottoscrivere l'atto della consegna, si osserva quel che è stabilito circa il testamento per atto pubblico. Tutto ciò deve essere fatto di seguito e senza passare ad altri atti.

606. ***Nullità del testamento per difetto di forma.*** — Il testamento è nullo quando manca la autografia o la sottoscrizione nel caso di testamento olografo, ovvero manca la redazione per iscritto, da parte del notaio, delle dichiarazioni del testatore o la sottoscrizione dell'uno o dell'altro, nel caso di testamento per atto di notaio.

Per ogni altro difetto di forma il testamento può essere annullato su istanza di chiunque vi ha interesse. L'azione di annullamento si prescrive nel termine di cinque anni dal giorno in cui è stata data esecuzione alle disposizioni testamentarie (*Trans.* 137).

607. ***Validità del testamento segreto come olografo.*** — Il testamento segreto, che manca di qualche requisito suo proprio, ha effetto come testamento olografo, qualora di questo abbia i requisiti (*Trans.* 137).

608. ***Ritiro di testamento segreto od olografo.*** — Il testamento segreto e il testamento olografo che è stato depositato possono dal testatore essere ritirati in ogni tempo dalle mani del notaio presso il quale si trovano.

A cura del notaio si redige verbale della restituzione: il verbale è sottoscritto dal testatore, da due testimoni e dal notaio; se il testatore non può sottoscrivere, se ne fa menzione.

Quando il testamento è depositato in un pubblico archivio, il verbale è redatto dall'archivista e sottoscritto dal testatore, dai testimoni e dall'archivista medesimo.

Della restituzione del testamento si prende nota in margine o in calce all'atto di consegna o di deposito.

SEZIONE II

Dei testamenti speciali

609. ***Malattie contagiose, calamità pubbliche o infortuni.*** — Quando il testatore non può valersi delle forme ordinarie, perché si trova in luogo dove domina una malattia reputata contagiosa, o per causa di pubblica calamità o d'infortunio, il testamento è valido se ricevuto da un notaio, [dal pretore][1] o dal conciliatore del luogo, dal *sindaco* o da chi ne fa le veci, o da un ministro di culto, in presenza di due testimoni di età non inferiore a sedici anni.

Il testamento è redatto e sottoscritto da chi lo riceve; è sottoscritto anche dal testatore e dai testimoni. Se il testatore o i testimoni non possono sottoscrivere, se ne indica la causa.

[1] Parole tra parentesi quadre soppresse dall'art. 147 D.lgs. 19 feb. 1998, n. 51 con decorrenza dal 2 giugno 1999.

610. ***Termine di efficacia.*** — Il testamento ricevuto nel modo indicato dall'articolo precedente perde la sua efficacia tre mesi dopo la cessazione della causa che ha impedito al testatore di valersi delle forme ordinarie.

Se il testatore muore nell'intervallo, il testamento deve essere depositato, appena è possibile, nell'archivio notarile del luogo in cui è stato ricevuto.

611. ***Testamento a bordo di nave.*** — Durante il viaggio per mare il testamento può essere ricevuto a bordo della nave dal comandante di essa.[1]

Il testamento del comandante può essere ricevuto da colui che lo segue immediatamente in ordine di servizio.

[1] V. C.N. 171, 174, 203, 296, 321.

612. ***Forme.*** — Il testamento indicato dall'articolo precedente è redatto in doppio originale alla presenza di due testimoni e deve essere sottoscritto dal testatore, dalla persona che lo ha ricevuto e dai testimoni; se il testatore o i testimoni non possono sottoscrivere, si deve indicare il motivo che ha impedito la sottoscrizione.

Il testamento è conservato tra i documenti di bordo ed è annotato sul giornale di bordo ovvero sul giornale nautico e sul ruolo d'equipaggio.

613. ***Consegna.*** — Se la nave approda a un porto estero in cui vi sia un'autorità consolare, il comandante è tenuto a consegnare all'autorità medesima uno degli originali del testamento e una copia dell'annotazione fatta sul giornale di bordo ovvero sul giornale nautico e sul ruolo d'equipaggio.

Al ritorno della nave nello *Stato*, i due originali del testamento, o quello non depositato durante il viaggio, devono essere consegnati all'autorità marittima locale insieme con la copia della predetta annotazione.

Della consegna si rilascia dichiarazione, di cui si fa cenno in margine all'annotazione sopraindicata.

614. ***Verbale di consegna.*** — L'autorità marittima o consolare locale deve redigere verbale della consegna del testamento e trasmettere il verbale e gli atti ricevuti al Ministero della *difesa* (marina) o al Ministero della *marina mercantile*, secondo che il testamento sia stato ricevuto a bordo di una nave della marina militare o di una nave della marina mercantile. Il Ministero ordina il deposito di uno degli originali nel suo archivio, e trasmette l'altro all'archivio notarile del luogo del domicilio o dell'ultima residenza del testatore.

615. ***Termine di efficacia.*** — Il testamento fatto durante il viaggio per mare, nella forma stabilita dagli artt. 611 e seguenti, perde la sua efficacia tre mesi dopo lo sbarco del testatore in un luogo dove è possibile fare testamento nelle forme ordinarie.

616. ***Testamento a bordo di aeromobile.*** — Al testamento fatto a bordo di un aeromobile durante il viaggio si applicano le disposizioni degli artt. 611 e 615.

Il testamento è ricevuto dal comandante, in presenza di uno o, quando è possibile, di due testimoni.

Le attribuzioni delle autorità marittime a norma degli artt. 613 e 614 spettano alle autorità aeronautiche.

Il testamento è annotato sul giornale di rotta.[1]

[1] C.N. 772, 888.

617. ***Testamento dei militari e assimilati.*** — Il testamento dei militari e delle persone al seguito delle forze armate dello Stato può essere ricevuto da un ufficiale o da un cappellano militare o da un ufficiale della Croce Rossa,[1] in presenza di due testimoni; esso deve essere sottoscritto dal testatore, dalla persona che lo ha ricevuto e dai testimoni. Se il testatore o i testimoni non possono sottoscrivere, si deve indicare il motivo che ha impedito la sottoscrizione.

Il testamento deve essere al più presto trasmesso al quartiere generale e da questo al Ministero competente, che ne ordina il deposito nell'archivio notarile del luogo del domicilio o dell'ultima residenza del testatore.

[1] O da un ufficiale dell'Associazione dei Cavalieri italiani del sovrano ordine di Malta (L. 1 nov. 1940, n. 1677).

618. ***Casi e termini d'efficacia.*** — Nella forma speciale stabilita dall'articolo precedente possono testare soltanto coloro i quali, appartenendo a corpi o servizi mobilitati o comunque impegnati in guerra, si trovano in zona di operazioni belliche o sono prigionieri presso il nemico, e coloro che sono acquartierati o di presidio fuori dello *Stato* o in luoghi dove siano interrotte le comunicazioni.

Il testamento perde la sua efficacia tre mesi dopo il ritorno del testatore in un luogo dove è possibile far testamento nelle forme ordinarie.

619. ***Nullità.*** — I testamenti previsti in questa sezione sono nulli quando manca la redazione in iscritto della dichiarazione del testatore ovvero la sottoscrizione della persona autorizzata a riceverla o del testatore.

Per gli altri difetti di forma si osserva il disposto del secondo comma dell'art. 606.

SEZIONE III

Della pubblicazione dei testamenti olografi e dei testamenti segreti

620. ***Pubblicazione del testamento olografo.*** — Chiunque è in possesso di un testamento olografo deve presentarlo a un notaio per la pubblicazione, appena ha notizia della morte del testatore.

Chiunque crede di avervi interesse può chiedere, con ricorso al tribunale in cui si è aperta la successione, che sia fissato un termine per la presentazione.

Il notaio procede alla pubblicazione del testamento in presenza di due testimoni, redigendo nella forma degli atti pubblici un verbale nel quale descrive lo stato del testamento, ne riproduce il contenuto e fa menzione della sua apertura, se è stato presentato chiuso con sigillo. Il verbale è sottoscritto dalla persona che presenta il testamento, dai testimoni e dal notaio. Ad esso sono uniti la carta in cui è scritto il testamento, vidimata in ciascun mezzo foglio dal notaio e dai testimoni, e l'estratto dell'atto di morte del testatore o copia del provvedimento che ordina l'apertura degli atti di ultima volontà dell'assente o della sentenza che dichiara la morte presunta (*Att.* 7).

Nel caso in cui il testamento è stato depositato dal testatore presso un notaio, la pubblicazione è eseguita dal notaio depositario.

Avvenuta la pubblicazione, il testamento olografo ha esecuzione.

Per giustificati motivi, su istanza di chiunque vi ha interesse, il tribunale[1] può disporre che periodi o frasi di carattere non patrimoniale siano cancellati dal testamento e omessi nelle copie che fossero richieste, salvo che l'autorità giudiziaria ordini il rilascio di copia integrale.

[1] Parola così sost. dall'art. 144, D.lgs. 19 feb. 1998, n. 51 con decorrenza dal 2 giugno 1999.

621. ***Pubblicazione del testamento segreto.*** — Il testamento segreto deve essere aperto e pubblicato dal notaio appena gli perviene la notizia della morte del testatore. Chiunque crede di avervi interesse può chiedere, con ricorso al *tribunale del circondario*[1] in cui si è aperta la successione, che sia fissato un termine per l'apertura e la pubblicazione (*Att.* 7).

Si applicano le disposizioni del terzo comma dell'art. 620.

[1] Parole così sostituite dall'art. 145 D.lgs. 19 feb. 1998, n. 51 con decorrenza dal 2 giugno 1999.

622. ***Comunicazione dei testamenti alla cancelleria del tribunale.*** — Il notaio deve trasmettere alla *cancelleria del tribunale*[1] nella cui giurisdizione si è aperta la successione, copia in carta libera dei verbali previsti dagli artt. 620 e 621 e del testamento pubblico (*Att.* 55).

[1] Parole così sostituite dall'art. 148 D.lgs. 19 feb. 1998, n. 51 con decorrenza dal 2 giugno 1999.

623. ***Comunicazioni agli eredi e legatari.*** — Il notaio che ha ricevuto un testamento pubblico, appena gli è nota la morte del testatore, o, nel caso di testamento olografo o segreto, dopo la pubblicazione, comunica l'esistenza del testamento agli eredi e legatari di cui conosce il domicilio o la residenza.

CAPO V
Dell'istituzione di erede e dei legati

SEZIONE I
Disposizioni generali

624. ***Violenza, dolo, errore.*** — La disposizione testamentaria può essere impugnata da chiunque vi abbia interesse quando è l'effetto di errore, di violenza o di dolo.

L'errore sul motivo, sia esso di fatto o di diritto, è causa di annullamento della disposizione testamentaria, quando il motivo risulta dal testamento ed è il solo che ha determinato il testatore a disporre.

L'azione si prescrive in cinque anni dal giorno in cui si è avuta notizia della violenza, del dolo o dell'errore.

625. ***Erronea indicazione dell'erede o del legatario o della cosa che forma oggetto della disposizione.*** — Se la persona dell'erede o del legatario è stata erroneamente indicata, la disposizione ha effetto, quando dal contesto del testamento o altrimenti risulta in modo non equivoco quale persona il testatore voleva nominare.

La disposizione ha effetto anche quando la cosa che forma oggetto della disposizione è stata erroneamente indicata o descritta, ma è certo a quale cosa il testatore intendeva riferirsi.

626. ***Motivo illecito.*** — Il motivo illecito rende nulla la disposizione testamentaria, quando risulta dal testamento ed è il solo che ha determinato il testatore a disporre.

627. ***Disposizione fiduciaria.*** — Non è ammessa azione in giudizio per accertare che le disposizioni fatte a favore di persona dichiarata nel testamento sono soltanto apparenti e che in realtà riguardano altra persona, anche se espressioni del testamento possono indicare o far presumere che si tratta di persona interposta.

Tuttavia la persona dichiarata nel testamento, se ha spontaneamente eseguito la disposizione fiduciaria trasferendo i beni alla persona voluta dal testatore, non può agire per la ripetizione, salvo che sia un incapace.

Le disposizioni di questo articolo non si applicano al caso in cui l'istituzione o il legato sono impugnati come fatti per interposta persona a favore di incapaci a ricevere.

628. ***Disposizione a favore di persona incerta.*** — È nulla ogni disposizione fatta a favore di persona che sia indicata in modo da non poter essere determinata.

629. ***Disposizioni a favore dell'anima.*** — Le disposizioni a favore dell'anima sono valide qualora siano determinati i beni o possa essere determinata la somma da impiegarsi a tale fine.

Esse si considerano come un onere a carico dell'erede o del legatario, e si applica l'art. 648.

Il testatore può designare una persona che curi la esecuzione della disposizione, anche nel caso in cui manchi un interessato a richiedere l'adempimento.

630. ***Disposizioni a favore dei poveri.*** — Le disposizioni a favore dei poveri e altre simili, espresse genericamente, senza che si determini l'uso o il pubblico istituto a cui beneficio sono fatte, s'intendono fatte in favore dei poveri del luogo in cui il testatore aveva il domicilio al tempo della sua morte, e i beni sono devoluti all'ente comunale di assistenza.

La precedente disposizione si applica anche quando la persona incaricata dal testatore di determinare l'uso o il pubblico istituto non può o non vuole accettare l'incarico.

631. ***Disposizioni rimesse all'arbitrio del terzo.*** — È nulla ogni disposizione testamentaria con la quale si fa dipendere dall'arbitrio di un terzo l'indicazione dell'erede o del legatario, ovvero la determinazione della quota di eredità.

Tuttavia è valida la disposizione a titolo particolare in favore di persone da scegliersi dall'onerato o da un terzo tra più persone determinate dal testatore o appartenenti a famiglie o categorie di persone da lui determinate, ed è pure valida la disposizione a titolo particolare a favore di uno tra più enti determinati del pari dal testatore. Se sono indicate più persone in modo alternativo e non è stabilito chi deve fare la scelta, questa si considera lasciata all'onerato.

Se l'onerato o il terzo non può o non vuole fare la scelta, questa è fatta con decreto dal presidente del tribunale del luogo in cui si è aperta la successione, dopo avere assunto le opportune informazioni.

632. ***Determinazione di legato per arbitrio altrui.*** — È nulla la disposizione che lascia al mero arbitrio dell'onerato o di un terzo di determinare l'oggetto o la quantità del legato.

Sono validi i legati fatti a titolo di rimunerazione per i servizi prestati al testatore, anche se non ne sia indicato l'oggetto o la quantità.

SEZIONE II
Delle disposizioni condizionali, a termine e modali

633. ***Condizione sospensiva o risolutiva.*** — Le disposizioni a titolo universale o particolare possono farsi sotto condizione sospensiva o risolutiva (*Trans.* 139).

634. ***Condizioni impossibili o illecite.*** — Nelle disposizioni testamentarie si considerano non apposte le condizioni impossibili e quelle contrarie a norme imperative, all'ordine pubblico o al buon costume, salvo quanto è stabilito dall'art. 626.

635. ***Condizione di reciprocità.*** — È nulla la disposizione a titolo universale o particolare fatta dal testatore a condizione di essere a sua volta avvantaggiato nel testamento dell'erede o del legatario.

636. ***Divieto di nozze.*** — È illecita la condizione che impedisce le prime nozze o le ulteriori (*Trans.* 138).

Tuttavia il legatario di usufrutto o di uso, di abitazione o di pensione, o di altra prestazione periodica per il caso o per il tempo del celibato o della vedovanza, non può goderne che durante il celibato o la vedovanza.

637. ***Termine.*** — Si considera non apposto a una disposizione a titolo universale il termine dal quale l'effetto di essa deve cominciare o cessare.

638. ***Condizione di non fare o di non dare.*** — Se il testatore ha disposto sotto la condizione che l'erede o il legatario non faccia o non dia qualche cosa per un tempo indeterminato, la disposizione si considera fatta sotto condizione risolutiva, salvo che dal testamento risulti una contraria volontà del testatore.

639. ***Garanzia in caso di condizione risolutiva.*** — Se la disposizione testamentaria è sottoposta a condizione risolutiva, l'autorità giudiziaria, qualora ne ravvisi l'opportunità, può imporre all'erede o al legatario di prestare idonea garanzia a favore di coloro ai quali l'eredità o il legato dovrebbe devolversi nel caso che la condizione si avverasse.

640. ***Garanzia in caso di legato sottoposto a condizione sospensiva o a termine.*** — Se a taluno è lasciato un legato sotto condizione sospensiva o dopo un certo tempo, l'onerato può essere costretto a dare idonea garanzia al legatario, salvo che il testatore abbia diversamente disposto.

La garanzia può essere imposta anche al legatario quando il legato è a termine finale.

641. ***Amministrazione in caso di condizione sospensiva o di mancata prestazione di garanzia.*** — Qualora l'erede sia istituito sotto condizione sospensiva, finché questa condizione non si verifica o non è certo che non si può più verificare, è dato all'eredità un amministratore.

Vale la stessa norma anche nel caso in cui l'erede o il legatario non adempie l'obbligo di prestare la garanzia prevista dai due articoli precedenti.

642. ***Persone a cui spetta la amministrazione.*** — L'amministrazione spetta alla persona a cui favore è stata disposta la sostituzione, ovvero al coerede o ai coeredi, quando tra essi e l'erede condizionale, vi è il diritto di accrescimento.

Se non è prevista la sostituzione o non vi sono coeredi a favore dei quali abbia luogo il diritto di accrescimento, l'amministrazione spetta al presunto erede legittimo.

In ogni caso l'autorità giudiziaria, quando concorrono giusti motivi, può provvedere altrimenti.

643. ***Amministrazione in caso di eredi nascituri.*** — Le disposizioni dei due precedenti articoli si applicano anche nel caso in cui sia chiamato a succedere un non concepito, figlio di una determinata persona vivente. A questa spetta la rappresentanza del nascituro, per la tutela dei suoi diritti successori, anche quando l'amministratore dell'eredità è una persona diversa.

Se è chiamato un concepito, l'amministrazione spetta al padre e alla madre.[1]

[1] Comma così sost. dall'art. 84, D.lgs. 28 dic. 2013, n. 154, in vigore dal 7 feb. 2014.

644. ***Obblighi e facoltà degli amministratori.*** — Agli amministratori indicati dai precedenti articoli sono comuni le regole che si riferiscono ai curatori dell'eredità giacente.

645. ***Condizione sospensiva potestativa senza termine.*** — Se la condizione apposta all'istituzione di erede o al legato è sospensiva potestativa e non è indicato il termine per l'adempimento, gli interessati possono adire l'autorità giudiziaria perché fissi questo termine.

646. ***Retroattività della condizione.*** — L'adempimento della condizione ha effetto retroattivo; ma l'erede o il legatario, nel caso di condizione risolutiva, non è tenuto a restituire i frutti se non dal giorno in cui la condizione si è verificata. L'azione per la restituzione dei frutti si prescrive in cinque anni.

647. ***Onere.*** — Tanto all'istituzione di erede quanto al legato può essere apposto un onere.

Se il testatore non ha diversamente disposto, l'autorità giudiziaria, qualora ne ravvisi l'opportunità, può imporre all'erede o al legatario gravato dall'onere una cauzione.

L'onere impossibile o illecito si considera non apposto; rende tuttavia nulla la disposizione, se ne ha costituito il solo motivo determinante.

648. ***Adempimento dell'onere.*** — Per l'adempimento dell'onere può agire qualsiasi interessato.

Nel caso d'inadempimento dell'onere, l'autorità giudiziaria può pronunziare la risoluzione della disposizione testamentaria se la risoluzione è stata prevista dal testatore, o se l'adempimento dell'onere ha costituito il solo motivo determinante della disposizione.

SEZIONE III
Dei legati

649. ***Acquisto del legato.*** — Il legato si acquista senza bisogno di accettazione, salva la facoltà di rinunziare (*Trans.* 133).

Quando oggetto del legato è la proprietà di una cosa determinata o altro diritto appartenente al testatore, la proprietà o il diritto si trasmette dal testatore al legatario al momento della morte del testatore.

Il legatario però deve domandare all'onerato il possesso della cosa legata, anche quando ne è stato espressamente dispensato dal testatore.

650. ***Fissazione di un termine per la rinunzia.*** — Chiunque ha interesse può chiedere che l'autorità giudiziaria fissi un termine entro il quale il legatario dichiari se intende esercitare la facoltà di rinunziare. Trascorso questo termine senza che abbia fatto alcuna dichiarazione, il legatario perde il diritto di rinunziare.

651. ***Legato di cosa dell'onerato o di un terzo.*** — Il legato di cosa dell'onerato o di un terzo è nullo, salvo che dal testamento o da altra dichiarazione scritta dal testatore risulti che questi sapeva che la cosa legata apparteneva all'onerato o al terzo. In quest'ultimo caso l'onerato è obbligato ad acquistare la proprietà della cosa dal terzo e a trasferirla al legatario, ma è in sua facoltà di pagarne al legatario il giusto prezzo.

Se però la cosa legata, pur appartenendo ad altri al tempo del testamento, si trova in proprietà del testatore al momento della sua morte, il legato è valido.

652. ***Legato di cosa solo in parte del testatore.*** — Se al testatore appartiene una parte della cosa legata o un diritto sulla medesima, il legato è valido solo relativamente a questa parte o a questo diritto, salvo che risulti la volontà del testatore di legare la cosa per intero, in conformità dell'articolo precedente.

653. ***Legato di cosa genericamente determinata.*** — È valido il legato di cosa determinata solo nel genere, anche se nessuna del genere ve n'era nel patrimonio del testatore al tempo del testamento e nessuna se ne trova al tempo della morte.

654. ***Legato di cosa non esistente nell'asse.*** — Quando il testatore ha lasciato una sua cosa particolare, o una cosa determinata soltanto nel genere da prendersi dal suo patrimonio, il legato non ha effetto se la cosa non si trova nel patrimonio del testatore al tempo della sua morte.

Se la cosa si trova nel patrimonio del testatore al tempo della sua morte, ma non nella quantità determinata, il legato ha effetto per la quantità che vi si trova.

655. ***Legato di cosa da prendersi da certo luogo.*** — Il legato di cose da prendersi da certo luogo ha effetto soltanto se le cose vi si trovano, e per la parte che vi si trova; ha tuttavia effetto per l'intero quando, alla morte del testatore, le cose non vi si trovano, in tutto o in parte, perché erano state rimosse temporaneamente dal luogo in cui di solito erano custodite.

656. ***Legato di cosa del legatario.*** — Il legato di cosa che al tempo in cui fu fatto il testamento era già di proprietà del legatario è nullo, se la cosa si trova in proprietà di lui anche al tempo dell'apertura della successione.

Se al tempo dell'apertura della successione la cosa si trova in proprietà del testatore, il legato è valido, ed è altresì valido, se in questo tempo la cosa si trova in proprietà dell'onerato o di un terzo, e dal testamento risulta che essa fu legata in previsione di tale avvenimento.

657. ***Legato di cosa acquistata dal legatario.*** — Se il legatario, dopo la confezione del testamento, ha acquistato dal testatore, a titolo oneroso o a

CODICE CIVILE

titolo gratuito, la cosa a lui legata, il legato è senza effetto in conformità dell'art. 686.

Se dopo la confezione del testamento la cosa legata è stata dal legatario acquistata, a titolo gratuito, dall'onerato o da un terzo, il legato è senza effetto; se l'acquisto ha avuto luogo a titolo oneroso, il legatario ha diritto al rimborso del prezzo, qualora ricorrano le circostanze indicate nell'art. 651.

658. ***Legato di credito o di liberazione da debito.*** — Il legato di un credito o di liberazione da un debito ha effetto per la sola parte del credito o del debito che sussiste al tempo della morte del testatore.

L'erede è soltanto tenuto a consegnare al legatario i titoli del credito legato che si trovavano presso il testatore.

659. ***Legato a favore del creditore.*** — Se il testatore, senza fare menzione del debito, fa un legato al suo creditore, il legato non si presume fatto per soddisfare il legatario del suo credito.

660. ***Legato di alimenti.*** — Il legato di alimenti, a favore di chiunque sia fatto, comprende le somministrazioni indicate dall'art. 438, salvo che il testatore abbia altrimenti disposto.

661. ***Prelegato.*** — Il legato a favore di uno dei coeredi e a carico di tutta l'eredità si considera come legato per l'intero ammontare.

662. ***Onere della prestazione del legato.*** — Il testatore può porre la prestazione del legato a carico degli eredi ovvero a carico di uno o più legatari. Quando il testatore non ha disposto, alla prestazione sono tenuti gli eredi.

Su ciascuno dei diversi onerati il legato grava in proporzione della rispettiva quota ereditaria o del legato se il testatore non ha diversamente disposto.

663. ***Legato imposto a un solo erede.*** — Se l'obbligo di adempiere il legato è stato particolarmente imposto a uno degli eredi, questi solo è tenuto a soddisfarlo.

Se è stata legata una cosa propria di un coerede, i coeredi sono tenuti a compensarlo del valore di essa con danaro o con beni ereditari, in proporzione della loro quota ereditaria, quando non consta una contraria volontà del testatore.

664. ***Adempimento del legato di genere.*** — Nel legato di cosa determinata soltanto nel genere, la scelta, quando dal testatore non è affidata al legatario o a un terzo, spetta all'onerato. Questi è obbligato a dare cose di qualità non inferiore alla media; ma se nel patrimonio ereditario vi è una sola delle cose appartenenti al genere indicato, l'onerato non ha facoltà né può essere obbligato a prestarne un'altra, salvo espressa disposizione contraria del testatore.

Se la scelta è lasciata dal testatore al legatario o a un terzo, questi devono scegliere una cosa di media qualità; ma se cose del genere indicato si trovano nell'eredità, il legatario può scegliere la migliore.

Se il terzo non può o non vuole fare la scelta, questa è fatta a norma del terzo comma dell'art. 631.

665. ***Scelta nel legato alternativo.*** — Nel legato alternativo la scelta spetta all'onerato, a meno che il testatore l'abbia lasciata al legatario o a un terzo.

666. ***Trasmissione all'erede della facoltà di scelta.*** — Tanto nel legato di genere quanto in quello alternativo, se l'onerato o il legatario a cui compete la scelta non ha potuto farla, la facoltà di scegliere si trasmette al suo erede.

La scelta fatta è irretrattabile.

667. ***Accessioni della cosa legata.*** — La cosa legata, con tutte le sue pertinenze, deve essere prestata al legatario nello stato in cui si trova al tempo della morte del testatore.

Se è stato legato un fondo, sono comprese nel legato anche le costruzioni fatte nel fondo, sia che esistessero già al tempo della confezione del testamento, sia che non esistessero, salva in ogni caso l'applicabilità del secondo comma dell'art. 686.

Se il fondo legato è stato accresciuto con acquisti posteriori, questi sono dovuti al legatario, purché siano contigui al fondo e costituiscano con esso una unità economica.

668. ***Adempimento del legato.*** — Se la cosa legata è gravata da una servitù, da un canone o da altro onere inerente al fondo, ovvero da una rendita fondiaria, il peso ne è sopportato dal legatario.

Se la cosa legata è vincolata per una rendita semplice, un censo o altro debito della eredità, o anche di un terzo, l'erede è tenuto al pagamento delle annullità o degli interessi e della somma principale, secondo la natura del debito, qualora il testatore non abbia diversamente disposto.

669. ***Frutti della cosa legata.*** — Se oggetto del legato è una cosa fruttifera, appartenente al testatore al momento della sua morte, i frutti o gli interessi sono dovuti al legatario da questo momento.

Se la cosa appartiene all'onerato o a un terzo, ovvero se si tratta di cosa determinata per genere o quantità, i frutti o gli interessi sono dovuti dal giorno della domanda giudiziale o dal giorno in cui la prestazione del legato è stata promessa, salvo che il testatore abbia diversamente disposto.

670. ***Legato di prestazioni periodiche.*** — Se è stata legata una somma di danaro o una quantità di altre cose fungibili, da prestarsi a termini periodici, il primo termine decorre dalla morte del testatore, e il legatario acquista il diritto a tutta la prestazione dovuta per il termine in corso, ancorché fosse in vita soltanto al principio di esso. Il legato però non può esigersi se non dopo scaduto il termine.

Si può tuttavia esigere all'inizio del termine il legato a titolo di alimenti.

671. ***Legati e oneri a carico del legatario.*** — Il legatario è tenuto all'adempimento del legato e di ogni altro onere a lui imposto entro i limiti del valore della cosa legata.

672. ***Spese per la prestazione del legato.*** — Le spese per la prestazione del legato sono a carico dell'onerato.

673. ***Perimento della cosa legata. Impossibilità della prestazione.*** — Il legato non ha effetto se la cosa legata è interamente perita durante la vita del testatore.

L'obbligazione dell'onerato si estingue se, dopo la morte del testatore, la prestazione è divenuta impossibile per causa a lui non imputabile.

SEZIONE IV

Del diritto di accrescimento

674. ***Accrescimento tra coeredi.*** — Quando più eredi sono stati istituiti con uno stesso testamento nell'universalità dei beni, senza determinazione di parti o in parti uguali, anche se determinate, qualora uno di essi non possa[1] o non voglia accettare, la sua parte si accresce agli altri.

Se più eredi sono stati istituiti in una stessa quota, l'accrescimento ha luogo a favore degli altri istituiti nella quota medesima.

L'accrescimento non ha luogo quando dal testamento risulta una diversa volontà del testatore.

È salvo in ogni caso il diritto di rappresentazione.

[1] L'ipotesi può verificarsi in caso di commorienza (4), di scomparsa (70, 72), di indegnità (463), di prescrizione del diritto di accettare l'eredità (480) oltre che nei casi di cui agli artt. 462, 592, 596, 597, 634, 635, 688.

675. ***Accrescimento tra collegatari.*** — L'accrescimento ha luogo anche tra più legatari ai quali è stato legato uno stesso oggetto, salvo che dal testamento risulti una diversa volontà e salvo sempre il diritto di rappresentazione.

676. ***Effetti dell'accrescimento.*** — L'acquisto per accrescimento ha luogo di diritto.

I coeredi o i legatari, a favore dei quali si verifica l'accrescimento, subentrano negli obblighi a cui era sottoposto l'erede o il legatario mancante, salvo che si tratti di obblighi di carattere personale.

677. ***Mancanza di accrescimento.*** — Se non ha luogo l'accrescimento, la porzione dell'erede mancante si devolve agli eredi legittimi, e la porzione del legatario mancante va a profitto dell'onerato.

Gli eredi legittimi e l'onerato subentrano negli obblighi che gravavano sull'erede o sul legatario mancante, salvo che si tratti di obblighi di carattere personale.

Le disposizioni precedenti si applicano anche nel caso di risoluzione di disposizioni testamentarie per inadempimento dell'onere.

678. ***Accrescimento nel legato di usufrutto.*** — Quando a più persone è legato un usufrutto in modo che tra di loro vi sia il diritto di accrescimento, l'accrescimento ha luogo anche quando una di esse viene a mancare dopo conseguito il possesso della cosa su cui cade l'usufrutto.

Se non vi è diritto di accrescimento, la porzione del legatario mancante si consolida con la proprietà.

SEZIONE V

Della revocazione delle disposizioni testamentarie

679. ***Revocabilità del testamento.*** — Non si può in alcun modo rinunziare alla facoltà di revocare o mutare le disposizioni testamentarie: ogni clausola o condizione contraria non ha effetto.

680. ***Revocazione espressa.*** — La revocazione espressa può farsi soltanto con un nuovo testamento o con un atto ricevuto da notaio in presenza di due testimoni, in cui il testatore personalmente dichiara di revocare, in tutto o in parte, la disposizione anteriore.

681. ***Revocazione della revocazione.*** — La revocazione totale o parziale di un testamento può essere a sua volta revocata sempre con le forme stabilite dall'articolo precedente. In tal caso rivivono le disposizioni revocate.

682. ***Testamento posteriore.*** — Il testamento posteriore, che non revoca in modo espresso i precedenti, annulla in questi soltanto le disposizioni che sono con esso incompatibili.

683. ***Testamento posteriore inefficace.*** — La revocazione fatta con un testamento posteriore conserva la sua efficacia anche quando questo rimane senza effetto perché l'erede istituito o il legatario è premorto al testatore, o è incapace o indegno, ovvero ha rinunziato all'eredità o al legato.

684. ***Distruzione del testamento olografo.*** — Il testamento olografo, distrutto, lacerato o cancellato, in tutto o in parte, si considera in tutto o in parte revocato, a meno che si provi che fu distrutto, lacerato o cancellato da persona diversa dal testatore, ovvero si provi che il testatore non ebbe l'intenzione di revocarlo.

685. ***Effetti del ritiro del testamento segreto.*** — Il ritiro del testamento segreto, a opera del testatore, dalle mani del notaio o dell'archivista presso cui si trova depositato, non importa revocazione del testamento quando la scheda testamentaria può valere come testamento olografo.

686. ***Alienazione e trasformazione della cosa legata.*** — L'alienazione che il testatore faccia della cosa legata o di parte di essa, anche mediante vendita con patto di riscatto, revoca il legato riguardo a ciò che è stato alienato, anche quando l'alienazione è annullabile per cause diverse dai vizi del consenso, ovvero la cosa ritorna in proprietà del testatore.

Lo stesso avviene se il testatore ha trasformato la cosa legata in un'altra, in guisa che quella abbia perduto la precedente forma e la primitiva denominazione.

È ammessa la prova di una diversa volontà del testatore.

687. ***Revocazione per sopravvenienza di figli.***[1] — Le disposizioni a titolo universale o particolare, fatte da chi al tempo del testamento non aveva o ignorava di aver figli o discendenti, sono revocate di diritto per l'esistenza o la sopravvenienza di un figlio o discendente del testatore, benché postumo, anche adottivo, ovvero per il riconoscimento di un figlio nato fuori del matrimonio.

La revocazione ha luogo anche se il figlio è stato concepito al tempo del testamento.

La revocazione non ha invece luogo qualora il testatore abbia provveduto al caso che esistessero o sopravvenissero figli o discendenti da essi.

Se i figli o discendenti non vengono alla successione e non si fa luogo a rappresentazione, la disposizione ha il suo effetto.

[1] Articolo così modif. dall'art. 85, D.lgs. 28 dic. 2013, n. 154, in vigore dal 7 feb. 2014.

CAPO VI
Delle sostituzioni

SEZIONE I
Della sostituzione ordinaria

688. ***Casi di sostituzione ordinaria.*** — Il testatore può sostituire all'erede istituito altra persona per il caso che il primo non possa o non voglia accettare l'eredità.[1]

Se il testatore ha disposto per uno solo di questi casi, si presume che egli si sia voluto riferire anche a quello non espresso, salvo che consti una sua diversa volontà.

[1] V. nota all'art. 674.

689. ***Sostituzione plurima. Sostituzione reciproca.*** — Possono sostituirsi più persone a una sola e una sola a più.

La sostituzione può anche essere reciproca tra i coeredi istituiti. Se essi sono stati istituiti in parti disuguali, la proporzione fra le quote fissate nella prima istituzione si presume ripetuta anche nella sostituzione. Se nella sostituzione insieme con gli istituiti è chiamata un'altra persona, la quota vacante viene divisa in parti uguali tra tutti i sostituiti.

690. ***Obblighi dei sostituiti.*** — I sostituiti devono adempiere gli obblighi imposti agli istituiti, a meno che una diversa volontà sia stata espressa dal testatore o si tratti di obblighi di carattere personale.

691. ***Sostituzione ordinaria nei legati.*** — Le norme stabilite in questa sezione si applicano anche ai legati.

SEZIONE II
Della sostituzione fedecommissaria

692. ***Sostituzione fedecommissaria.***[1] — Ciascuno dei genitori o degli altri ascendenti in linea retta o il coniuge dell'interdetto possono istituire rispettivamente il figlio, il discendente, o il coniuge con l'obbligo di conservare e restituire alla sua morte i beni anche costituenti la legittima, a favore della persona o degli enti che, sotto la vigilanza del tutore, hanno avuto cura dell'interdetto medesimo.

La stessa disposizione si applica nel caso del minore di età, se trovasi nelle condizioni di abituale infermità di mente tali da far presumere che nel termine indicato dall'art. 416 interverrà la pronunzia di interdizione.

Nel caso di pluralità di persone o enti di cui al primo comma i beni sono attribuiti proporzionalmente al tempo durante il quale gli stessi hanno avuto cura dell'interdetto.

La sostituzione è priva di effetto nel caso in cui l'interdizione sia negata o il relativo procedimento non sia iniziato entro due anni dal raggiungimento della maggiore età del minore abitualmente infermo di mente. È anche priva di effetto nel caso di revoca dell'interdizione o rispetto alle persone o agli enti che abbiano violato gli obblighi di assistenza.

In ogni altro caso la sostituzione è nulla.

[1] Articolo così sostituito dalla L. 19 mag. 1975, n. 151 (art. 197). Per la disciplina transitoria v. la stessa L. art. 238: «*La disposizione dell'art. 692 del c.c. si applica anche alle successioni apertesi prima dell'entrata in vigore della presente legge a meno che la nullità della sostituzione non sia stata già pronunziata con sentenza passata in giudicato.*

Salvo quanto previsto dal comma precedente, le sostituzioni fedecommissarie anteriori all'entrata in vigore della presente legge sono regolate dalle disposizioni anteriori».

693. ***Diritti e obblighi dell'istituito.*** — L'istituito ha il godimento e la libera amministrazione dei beni che formano oggetto della sostituzione, e può stare in giudizio per tutte le azioni relative ai beni medesimi. Egli può altresì compiere tutte le innovazioni dirette ad una migliore utilizzazione dei beni.

All'istituito sono comuni, in quanto applicabili, le norme concernenti l'usufruttuario.[1]

[1] Il terzo comma è stato abrog. dall'art. 198, L. 19 mag. 1975, n. 151.

694. ***Alienazione dei beni.*** — L'autorità giudiziaria[1] può consentire l'alienazione dei beni che formano oggetto della sostituzione in caso di utilità evidente, disponendo il reimpiego delle somme ricavate. Può anche essere consentita, con le necessarie cautele, la costituzione d'ipoteche sui beni medesimi a garanzia di crediti destinati a miglioramenti e trasformazioni fondiarie.

[1] V. nota all'art. 460.

695. ***Diritti dei creditori personali dell'istituito.*** — I creditori personali dell'istituito possono agire soltanto sui frutti dei beni che formano oggetto della sostituzione.

696. ***Devoluzione al sostituito.***[1] — L'eredità si devolve al sostituito al momento della morte dell'istituito.

Se le persone o gli enti che hanno avuto cura dell'incapace muoiono o si estinguono prima della morte di lui, i beni o la porzione dei beni che spetterebbe loro è devoluta ai successori legittimi dell'incapace.

[1] Articolo così sost. dalla L. 19 mag. 1975, n. 151.

697. ***Sostituzione fedecommissaria nei legati.*** — Le norme stabilite in questa sezione sono applicabili anche ai legati.

698. ***Usufrutto successivo.*** — La disposizione, con la quale è lasciato a più persone successivamente l'usufrutto, una rendita o un'annualità, ha valore soltanto a favore di quelli che alla morte del testatore si trovano primi chiamati a goderne.

699. ***Premi di nuzialità, opere di assistenza e simili.*** — È valida la disposizione testamentaria avente per oggetto l'erogazione periodica, in perpetuo o a tempo, di somme determinate per premi di nuzialità o di natalità, sussidi per l'avviamento a una professione o a un'arte, opere di assistenza, o per altri fini di pubblica utilità, a favore di persone da scegliersi entro una determinata categoria o tra i discendenti di determinate famiglie. Tali annualità possono riscattarsi secondo le norme dettate in materia di rendita.

CAPO VII
Degli esecutori testamentari

700. ***Facoltà di nomina e di sostituzione.*** — Il testatore può nominare uno o più esecutori testamentari e, per il caso che alcuni o tutti non vogliano o non possano accettare, altro o altri in loro sostituzione.

Se sono nominati più esecutori testamentari, essi devono agire congiuntamente, salvo che il testatore abbia diviso tra loro le attribuzioni, o si tratti di provvedimento urgente per la conservazione di un bene o di un diritto ereditario.

Il testatore può autorizzare l'esecutore testamentario a sostituire altri a se stesso, qualora egli non possa continuare nell'ufficio.

701. ***Persone capaci di essere nominate.*** — Non possono essere nominati esecutori testamentari coloro che non hanno la piena capacità di obbligarsi.

Anche un erede o un legatario può essere nominato esecutore testamentario.

702. ***Accettazione e rinunzia alla nomina.***[1] — L'accettazione della nomina di esecutore testamentario o la rinunzia alla stessa deve risultare da dichiarazione fatta nella cancelleria *del tribunale* nella cui giurisdizione si è aperta la successione e deve essere annotata nel registro delle successioni (*Att.* 52, 53).

L'accettazione non può essere sottoposta a condizione o a termine.

L'autorità giudiziaria, su istanza di qualsiasi interessato, può assegnare all'esecutore un termine per l'accettazione, decorso il quale l'esecutore si considera rinunziante.

[1] Articolo così modif. dall'art. 148, D.lgs. 19 feb. 1998, n. 51 con decorrenza dal 2 giu. 1999.

703. ***Funzioni dell'esecutore testamentario.*** — L'esecutore testamentario deve curare che siano esattamente eseguite le disposizioni di ultima volontà del defunto.

A tal fine, salvo contraria volontà del testatore, egli deve amministrare la massa ereditaria, prendendo possesso dei beni che ne fanno parte.

Il possesso non può durare più di un anno dalla dichiarazione di accettazione, salvo che l'autorità giudiziaria, per motivi di evidente necessità, sentiti gli eredi, ne prolunghi la durata, che non potrà mai superare un altro anno.

L'esecutore deve amministrare come un buon padre di famiglia e può compiere tutti gli atti di gestione occorrenti. Quando è necessario alienare beni dell'eredità, ne chiede l'autorizzazione all'autorità giudiziaria,[1] la quale provvede sentiti gli eredi.

Qualsiasi atto dell'esecutore testamentario non pregiudica il diritto del chiamato a rinunziare all'eredità (519 s.) o ad accettarla col beneficio d'inventario.

[1] V. nota all'art. 460.

704. ***Rappresentanza processuale.*** — Durante la gestione dell'esecutore testamentario, le azioni relative all'eredità devono essere proposte anche nei confronti dell'esecutore. Questi ha facoltà d'intervenire nei giudizi promossi dall'erede e può esercitare le azioni relative all'esercizio del suo ufficio.

705. ***Apposizione di sigilli e inventario.*** — L'esecutore testamentario fa apporre i sigilli[1] quando tra i chiamati all'eredità vi sono minori, assenti, interdetti o persone giuridiche.

Egli in tal caso fa redigere l'inventario dei beni dell'eredità in presenza dei chiamati all'eredità o dei loro rappresentanti, o dopo averli invitati.

[1] All'apposizione dei sigilli provvede il tribunale (752 c.p.c.); per le persone che possono chiedere l'apposizione

dei sigilli v. 753 c.p.c.; per le modalità v. 754-761 c.p.c.; per la rimozione v. 762-768 c.p.c.

706. ***Divisione da compiersi dall'esecutore testamentario.*** — Il testatore può disporre che l'esecutore testamentario, quando non è un erede o un legatario, proceda alla divisione tra gli eredi dei beni dell'eredità. In questo caso si osserva il disposto dell'art. 733.

Prima di procedere alla divisione l'esecutore testamentario deve sentire gli eredi.

707. ***Consegna dei beni all'erede.*** — L'esecutore testamentario deve consegnare all'erede, che ne fa richiesta, i beni dell'eredità che non sono necessari all'esercizio del suo ufficio.

Egli non può rifiutare tale consegna a causa di obbligazioni che debba adempiere conformemente alla volontà del testatore, o di legati condizionali o a termine, se l'erede dimostra di averli già soddisfatti, od offre idonea garanzia per l'adempimento delle obbligazioni, dei legati o degli oneri.

708. ***Disaccordo tra più esecutori testamentari.*** — Se gli esecutori che devono agire congiuntamente non sono d'accordo circa un atto del loro ufficio, provvede l'autorità giudiziaria, sentiti, se occorre, gli eredi.

709. ***Conto della gestione.*** — L'esecutore testamentario deve rendere il conto della sua gestione al termine della stessa, e anche spirato l'anno dalla morte del testatore, se la gestione si prolunga oltre l'anno.

Egli è tenuto, in caso di colpa, al risarcimento dei danni verso gli eredi e verso i legatari.

Gli esecutori testamentari, quando sono più, rispondono solidalmente per la gestione comune.

Il testatore non può esonerare l'esecutore testamentario dall'obbligo di rendere il conto o dalla responsabilità della gestione.

710. ***Esonero dell'esecutore testamentario.*** — Su istanza di ogni interessato, l'autorità giudiziaria può esonerare l'esecutore testamentario dal suo ufficio per gravi irregolarità nell'adempimento dei suoi obblighi, per inidoneità all'ufficio o per aver commesso azione che ne menomi la fiducia.

L'autorità giudiziaria, prima di provvedere, deve sentire l'esecutore e può disporre opportuni accertamenti.

711. ***Retribuzione.*** — L'ufficio dell'esecutore testamentario è gratuito. Tuttavia il testatore può stabilire una retribuzione a carico dell'eredità.

712. ***Spese.*** — Le spese fatte dall'esecutore testamentario per l'esercizio del suo ufficio sono a carico dell'eredità.

TITOLO IV
Della divisione

CAPO I
Disposizioni generali

713. ***Facoltà di domandare la divisione.*** — I coeredi possono sempre domandare la divisione.

Quando però tutti gli eredi istituiti o alcuni di essi sono minori di età, il testatore può disporre che la divisione non abbia luogo prima che sia trascorso un anno dalla maggiore età dell'ultimo nato.

Egli può anche disporre che la divisione dell'eredità o di alcuni beni di essa non abbia luogo prima che sia trascorso dalla sua morte un termine non eccedente il quinquennio.

Tuttavia in ambedue i casi l'autorità giudiziaria, qualora gravi circostanze lo richiedano, può, su istanza di uno o più coeredi, consentire che la divisione si effettui senza indugio o dopo un termine minore di quello stabilito dal testatore.

714. ***Godimento separato di parte dei beni.*** — Può domandarsi la divisione anche quando uno o più coeredi hanno goduto separatamente parte dei beni ereditari, salvo che si sia verificata l'usucapione per effetto di possesso esclusivo.

715. ***Casi d'impedimento alla divisione.*** — Se tra i chiamati alla successione vi è un concepito la divisione non può aver luogo prima della nascita del medesimo. Parimenti la divisione non può aver luogo durante la pendenza di un giudizio sulla filiazione di colui che, in caso di esito favorevole del giudizio, sarebbe chiamato a succedere, né può aver luogo durante lo svolgimento della procedura amministrativa per l'ammissione del riconoscimento previsto dal quarto comma dell'art. 252 o per il riconoscimento dell'ente istituito erede.[1]

L'autorità giudiziaria può tuttavia autorizzare la divisione, fissando le opportune cautele.

La disposizione del comma precedente si applica anche se tra i chiamati alla successione vi sono nascituri non concepiti.

Se i nascituri non concepiti sono istituiti senza determinazione di quote, l'autorità giudiziaria può attribuire agli altri coeredi tutti i beni ereditari o parte di essi, secondo le circostanze, disponendo le opportune cautele nell'interesse dei nascituri.

[1] Comma così modif. dall'art. 86, D.lgs. 28 dic. 2013, n. 154, in vigore dal 7 feb. 2014.

716. ***Divisione di beni costituiti in patrimonio familiare.***[1]

[1] Articolo abrog. dall'art. 200 della L. 19 mag. 1975, n. 151.

717. ***Sospensione della divisione per ordine del giudice.*** — L'autorità giudiziaria, su istanza di uno dei coeredi, può sospendere, per un periodo di tempo non eccedente i cinque anni, la divisione dell'eredità o di alcuni beni, qualora la immediata sua esecuzione possa recare notevole pregiudizio al patrimonio ereditario.

718. ***Diritto ai beni in natura.*** — Ciascun coerede può chiedere la sua parte in natura dei beni mobili e immobili dell'eredità, salve le disposizioni degli articoli seguenti.

719. ***Vendita dei beni per il pagamento dei debiti ereditari.*** — Se i coeredi aventi diritto a più della metà dell'asse concordano nella necessità della vendita per il pagamento dei debiti e pesi ereditari, si procede alla vendita all'incanto dei beni mobili e, se occorre, di quei beni immobili la cui alienazione rechi minor pregiudizio agli interessi dei condividenti.

Quando concorre il consenso di tutte le parti, la vendita può seguire tra i soli condividenti e senza pubblicità, salvo che vi sia opposizione dei legatari o dei creditori.

720. ***Immobili non divisibili.*** — Se nell'eredità vi sono immobili non comodamente divisibili, o il cui frazionamento recherebbe pregiudizio alle ragioni della pubblica economia o dell'igiene, e la divisione dell'intera sostanza non può effettuarsi senza il loro frazionamento, essi devono preferibilmente esser compresi per intero, con addebito dell'eccedenza, nella porzione di uno dei coeredi aventi diritto alla quota maggiore, o anche nelle porzioni di più coeredi, se questi ne richiedono congiuntamente l'attribuzione. Se nessuno dei coeredi è a ciò disposto, si fa luogo alla vendita all'incanto.

721. ***Vendita degli immobili.*** — I patti e le condizioni della vendita degli immobili, qualora non siano concordati dai condividenti, sono stabiliti dall'autorità giudiziaria.[1]

[1] V. nota all'art. 460.

722. ***Beni indivisibili nell'interesse della produzione nazionale.*** — In quanto non sia diversamente disposto dalle leggi speciali, le disposizioni dei due articoli precedenti si applicano anche nel caso in cui nell'eredità vi sono beni che la legge dichiara indivisibili nell'interesse della produzione nazionale.[1]

[1] V. L. 3 giu. 1940, n. 1078, con norme sul frazionamento delle unità poderali.

723. ***Resa dei conti.*** — Dopo la vendita, se ha avuto luogo, dei mobili e degli immobili si procede ai conti che i condividenti si devono rendere, alla formazione dello stato attivo e passivo dell'eredità e alla determinazione delle porzioni ereditarie e dei conguagli o rimborsi che si devono tra loro i condividenti.

724. ***Collazione e imputazione.*** — I coeredi tenuti a collazione, a norma del capo II di questo titolo, conferiscono tutto ciò che è stato loro donato.

Ciascun erede deve imputare alla sua quota le somme di cui era debitore verso il defunto e quelle di cui è debitore verso i coeredi in dipendenza dei rapporti di comunione.

725. ***Prelevamenti.*** — Se i beni donati non sono conferiti in natura, o se vi sono debiti da imputare alla quota di un erede a norma del secondo comma dell'articolo precedente, gli altri eredi prelevano dalla massa ereditaria beni in proporzione delle loro rispettive quote.

I prelevamenti, per quanto è possibile, si formano con oggetti della stessa natura e qualità di quelli che non sono stati conferiti in natura.

726. ***Stima e formazione delle parti.*** — Fatti i prelevamenti, si provvede alla stima di ciò che rimane nella massa, secondo il valore venale dei singoli oggetti.

Eseguita la stima, si procede alla formazione di tante porzioni quanti sono gli eredi o le stirpi condividenti in proporzione delle quote.

727. ***Norme per la formazione delle porzioni.*** — Salvo quanto è disposto dagli artt. 720 e 722, le porzioni devono essere formate, previa stima dei beni, comprendendo una quantità di mobili, immobili e crediti di eguale natura e qualità, in proporzione della entità di ciascuna quota.

Si deve tuttavia evitare, per quanto è possibile, il frazionamento delle biblioteche, gallerie e collezioni che hanno una importanza storica, scientifica o artistica.

728. ***Conguagli in danaro.*** — L'ineguaglianza in natura nelle quote ereditarie si compensa con un equivalente in danaro.

729. ***Assegnazione o attribuzione delle porzioni.*** — L'assegnazione delle porzioni eguali è fatta mediante estrazione a sorte. Per le porzioni diseguali si procede mediante attribuzione. Tuttavia, rispetto a beni costituenti frazioni eguali di quote diseguali, si può procedere per estrazione a sorte.

730. ***Deferimento delle operazioni a un notaio.***[1] — Le operazioni indicate negli articoli precedenti possono essere, col consenso di tutti i coeredi, deferite a un notaio. La nomina di questo, in mancanza di accordo, è fatta con decreto del tribunale del luogo dell'aperta successione.

Qualora sorgano contestazioni nel corso delle operazioni, esse sono riservate e rimesse tutte insieme alla cognizione dell'autorità giudiziaria competente, che provvede con unica sentenza.

[1] Articolo così modif. dall'art. 144, D.lgs. 19 feb. 1998, n. 51 con decorrenza dal 2 giu. 1999.

731. ***Suddivisioni tra stirpi.*** — Le norme sulla divisione dell'intero asse si osservano anche nelle suddivisioni tra i componenti di ciascuna stirpe.

732. ***Diritto di prelazione.*** — Il coerede che vuole alienare a un estraneo la sua quota o parte di essa, deve notificare la proposta di alienazione, indicandone il prezzo, agli altri coeredi, i quali hanno diritto di prelazione. Questo diritto deve essere esercitato nel termine di due mesi dall'ultima delle notificazioni. In mancanza della notificazione, i coeredi hanno diritto di riscattare la quota dall'acquirente e da ogni successivo avente causa, finché dura lo stato di comunione ereditaria.

Se i coeredi che intendono esercitare il diritto di riscatto sono più, la quota è assegnata a tutti in parti uguali.

733. ***Norme date dal testatore per la divisione.*** — Quando il testatore ha stabilito particolari norme per formare le porzioni, queste norme sono vincolanti per gli eredi, salvo che l'effettivo valore dei beni non corrisponda alle quote stabilite dal testatore.

Il testatore può disporre che la divisione si effettui secondo la stima di persona da lui designata che non sia erede o legatario: la divisione proposta da questa persona non vincola gli eredi, se l'autorità giudiziaria, su istanza di taluno di essi, la riconosce contraria alla volontà del testatore o manifestamente iniqua.

734. ***Divisione fatta dal testatore.*** — Il testatore può dividere i suoi beni tra gli eredi comprendendo nella divisione anche la parte non disponibile.

Se nella divisione fatta dal testatore non sono compresi tutti i beni lasciati al tempo della morte i beni in essa non compresi sono attribuiti conformemente alla legge, se non risulta una diversa volontà del testatore.

735. ***Preterizione di eredi e lesione di legittima.*** — La divisione nella quale il testatore non abbia compreso qualcuno dei legittimari o degli eredi istituiti è nulla.

Il coerede che è stato leso nella quota di riserva può esercitare l'azione di riduzione contro gli altri coeredi.

736. ***Consegna dei documenti.***[1] — Compiuta la divisione, si devono rimettere a ciascuno dei condividenti i documenti relativi ai beni e diritti particolarmente loro assegnati.

I documenti di una proprietà che è stata divisa rimangono a quello che ne ha la parte maggiore, con l'obbligo di comunicarli agli altri condividenti che vi hanno interesse, ogni qualvolta se ne faccia richiesta. Gli stessi documenti, se la proprietà è divisa in parti eguali, e quelli comuni all'intera eredità si consegnano alla persona scelta a tal fine da tutti gli interessati, la quale ha obbligo di comunicarli a ciascuno di essi, a ogni loro domanda. Se vi è contrasto nella scelta, la persona è determinata con decreto dal *tribunale* del luogo dell'aperta successione, su ricorso di alcuno degli interessati, sentiti gli altri.

[1] Articolo così modif. dall'art. 144, D.lgs. 19 feb. 1998, n. 51 con decorrenza dal 2 giu. 1999.

CAPO II

Della collazione

737. ***Soggetti tenuti alla collazione.***[1] — I figli [legittimi e naturali][2] e i loro discendenti [legittimi e naturali][2] ed il coniuge che concorrono alla successione devono conferire ai coeredi tutto ciò che hanno ricevuto dal defunto per donazione direttamente o indirettamente, salvo che il defunto non li abbia da ciò dispensati.

La dispensa da collazione non produce effetto se non nei limiti della quota disponibile.

[1] Articolo così sost. dalla L. 19 mag. 1975, n. 151.
[2] Parole soppresse dall'art. 87, D.lgs. 28 dic. 2013, n. 154, in vigore dal 7 feb. 2014..

738. ***Limiti della collazione per il coniuge.***[1] — Non sono soggette a collazione le donazioni di modico valore fatte al coniuge.

[1] Articolo così sostituito dalla L. 19 mag. 1975, n. 151.

739. ***Donazioni ai discendenti o al coniuge dell'erede. Donazioni a coniugi.*** — L'erede non è tenuto a conferire le donazioni fatte ai suoi discendenti o al coniuge, ancorché succedendo a costoro ne abbia conseguito il vantaggio.

Se le donazioni sono state fatte congiuntamente a coniugi di cui uno è discendente del donante, la sola porzione a questo donata è soggetta a collazione.

740. ***Donazioni fatte all'ascendente dell'erede.***[1] — Il discendente che succede per rappresentazione deve conferire ciò che è stato donato all'ascendente, anche nel caso in cui abbia rinunziato all'eredità di questo.

[1] Articolo così sostituito dalla L. 19 mag. 1975, n. 151.

741. ***Collazione di assegnazioni varie.***[1] — È soggetto a collazione ciò che il defunto ha speso a favore dei suoi discendenti per assegnazioni fatte a causa di matrimonio, per avviarli all'esercizio di una attività produttiva o professionale, per soddisfare premi relativi a contratti di assicurazione sulla vita a loro favore o per pagare i loro debiti.

[1] Articolo così sostituito dalla L. 19 mag. 1975, n. 151.

742. ***Spese non soggette a collazione.*** — Non sono soggette a collazione le spese di mantenimento e di educazione e quelle sostenute per malattia, né quelle ordinarie fatte per abbigliamento o per nozze.

Le spese per il corredo nuziale e quelle per l'istruzione artistica o professionale sono soggette a collazione solo per quanto eccedono notevolmente la misura ordinaria, tenuto conto delle condizioni economiche del defunto.

Non sono soggette a collazione le liberalità previste dal secondo comma dell'art. 770.

743. ***Società contratta con l'erede.*** — Non è dovuta collazione di ciò che si è conseguito per effetto di società contratta senza frode tra il defunto e alcuno dei suoi eredi, se le condizioni sono state regolate con atto di data certa.

744. ***Perimento della cosa donata.*** — Non è soggetta a collazione la cosa perita per causa non imputabile al donatario.

745. ***Frutti e interessi.*** — I frutti delle cose e gli interessi sulle somme soggette a collazione non sono dovuti che dal giorno in cui si è aperta la successione.

746. ***Collazione d'immobili.*** — La collazione di un bene immobile si fa o col rendere il bene in natura o con l'imputarne il valore alla propria porzione, a scelta di chi conferisce.

Se l'immobile è stato alienato o ipotecato, la collazione si fa soltanto con l'imputazione.

747. ***Collazione per imputazione.*** — La collazione per imputazione (*Trans.* 135) si fa avuto riguardo al valore dell'immobile al tempo dell'aperta successione.

748. ***Miglioramenti, spese e deterioramenti.*** — In tutti i casi, si deve dedurre a favore del donatario il valore delle migliorie apportate al fondo nei limiti del loro valore al tempo dell'aperta successione.

Devono anche computarsi a favore del donatario le spese straordinarie da lui sostenute per la conservazione della cosa, non cagionate da sua colpa.

Il donatario dal canto suo è obbligato per i deterioramenti che, per sua colpa, hanno diminuito il valore dell'immobile.

Il coerede che conferisce un immobile in natura può ritenerne il possesso sino all'effettivo rimborso delle somme che gli sono dovute per spese e miglioramenti.

749. ***Miglioramenti e deterioramenti dell'immobile alienato.*** — Nel caso in cui l'immobile è stato alienato dal donatario, i miglioramenti e i deterioramenti fatti dall'acquirente devono essere computati a norma dell'articolo precedente.

750. ***Collazione di mobili.*** — La collazione dei mobili si fa soltanto per imputazione, sulla base del valore che essi avevano al tempo dell'aperta successione.

Se si tratta di cose delle quali non si può far uso senza consumarle, e il donatario le ha già consumate, si determina il valore che avrebbero avuto secondo il prezzo corrente al tempo dell'aperta successione.

Se si tratta di cose che con l'uso si deteriorano, il loro valore al tempo dell'aperta successione è stabilito con riguardo allo stato in cui si trovano.

La determinazione del valore dei titoli dello Stato, degli altri titoli di credito quotati in borsa e delle derrate e delle merci il cui prezzo corrente è stabilito dalle mercuriali, si fa in base ai listini di borsa e alle mercuriali del tempo dell'aperta successione.

751. ***Collazione del danaro.*** — La collazione del danaro donato si fa prendendo una minore quantità del danaro che si trova nell'eredità, secondo il valore legale della specie donata o di quella ad essa legalmente sostituita all'epoca dell'aperta successione.

Quando tale danaro non basta e il donatario non vuole conferire altro danaro o titoli dello Stato, sono prelevati mobili o immobili ereditari, in proporzione delle rispettive quote.

CAPO III
Del pagamento dei debiti

752. ***Ripartizione dei debiti ereditari tra gli eredi.*** — I coeredi contribuiscono tra loro al pagamento dei debiti e pesi ereditari in proporzione delle loro quote ereditarie, salvo che il testatore abbia altrimenti disposto.[1]

[1] V. gli artt. 43 s. del D.lgs. 31 ott. 1990, n. 346.

753. ***Immobili gravati da rendita redimibile.*** — Ogni coerede, quando i beni immobili dell'eredità sono gravati con ipoteca da una prestazione di rendita redimibile, può chiedere che gli immobili ne siano affrancati e resi liberi prima che si proceda alla formazione delle quote ereditarie. Se uno dei coeredi si oppone, decide l'autorità giudiziaria. Se i coeredi dividono l'eredità nello stato di cui si trova, l'immobile gravato deve stimarsi con gli stessi criteri con cui si stimano gli altri beni immobili, detratto dal valore di esso il capitale corrispondente alla prestazione, secondo le norme relative al riscatto della rendita, salvo che esista un patto speciale intorno al capitale da corrispondersi per la affrancazione.

Alla prestazione della rendita è tenuto solo l'erede, nella cui quota cade detto immobile, con l'obbligo di garantire i coeredi.

754. ***Pagamento dei debiti e rivalsa.*** — Gli eredi sono tenuti verso i creditori al pagamento dei debiti e pesi ereditari personalmente in proporzione della loro quota ereditaria e ipotecariamente per l'intero. Il coerede che ha pagato oltre la parte a lui incombente può ripetere dagli altri coeredi soltanto la parte per cui essi devono contribuire a norma dell'art. 752, quantunque si sia fatto surrogare nei diritti dei creditori.

Il coerede conserva la facoltà di chiedere il pagamento del credito a lui personale e garantito da ipoteca, non diversamente da ogni altro creditore, detratta la parte che deve sopportare come coerede.

755. ***Quota di debito ipotecario non pagata da un coerede.*** — In caso d'insolvenza di un coerede, la sua quota di debito ipotecario è ripartita in proporzione tra tutti gli altri coeredi.

756. ***Esenzione del legatario dal pagamento dei debiti.*** — Il legatario non è tenuto a pagare i debiti ereditari, salvo ai creditori l'azione ipotecaria sul fondo legato e l'esercizio del diritto di separazione; ma il legatario che ha estinto il debito di cui era gravato il fondo legato subentra nelle ragioni del creditore contro gli eredi.

CAPO IV
Degli effetti della divisione e della garanzia delle quote

757. ***Diritto dell'erede sulla propria quota.*** — Ogni coerede è reputato solo e immediato successore in tutti i beni componenti la sua quota o a lui pervenuti dalla successione, anche per acquisto all'incanto, e si considera come se non avesse mai avuto la proprietà degli altri beni ereditari.

758. ***Garanzia tra coeredi.*** — I coeredi si devono vicendevole garanzia per le sole molestie ed evizioni derivanti da causa anteriore alla divisione.

La garanzia non ha luogo, se è stata esclusa con clausola espressa nell'atto di divisione, o se il coerede soffre l'evizione per propria colpa.

759. ***Evizione subita da un coerede.*** — Se alcuno dei coeredi subisce evizione, il valore del bene evitto, calcolato al momento dell'evizione, deve essere ripartito tra tutti i coeredi ai fini della garanzia stabilita dall'articolo precedente, in proporzione del valore che i beni attribuiti a ciascuno di essi hanno al tempo dell'evizione e tenuto conto dello stato in cui si trovano al tempo della divisione.

Se uno dei coeredi è insolvente, la parte per cui è obbligato deve essere egualmente ripartita tra l'erede che ha sofferto l'evizione e tutti gli eredi solventi (*Trans.* 140).

760. ***Inesigibilità di crediti.*** — Non è dovuta garanzia per l'insolvenza del debitore di un credito assegnato a uno dei coeredi, se l'insolvenza è sopravvenuta soltanto dopo che è stata fatta la divisione.

La garanzia della solvenza del debitore di una rendita è dovuta per i cinque anni successivi alla divisione.

CAPO V
Dell'annullamento e della rescissione in materia di divisione

761. ***Annullamento per violenza o dolo.*** — La divisione può essere annullata quando è l'effetto di violenza o di dolo.

L'azione si prescrive in cinque anni dal giorno in cui è cessata la violenza o in cui il dolo è stato scoperto.

762. ***Omissione di beni ereditari.*** — L'omissione di uno o più beni dell'eredità non dà luogo a nullità della divisione, ma soltanto a un supplemento della divisione stessa.

763. ***Rescissione per lesione.*** — La divisione può essere rescissa quando taluno dei coeredi prova di essere stato leso oltre il quarto.

La rescissione è ammessa anche nel caso di divisione fatta dal testatore, quando il valore dei beni assegnati ad alcuno dei coeredi è inferiore di oltre un quarto all'entità della quota ad esso spettante.

L'azione si prescrive in due anni dalla divisione.

764. ***Atti diversi dalla divisione.*** — L'azione di rescissione è anche ammessa contro ogni altro atto che abbia per effetto di far cessare tra i coeredi la comunione dei beni ereditari.

L'azione non è ammessa contro la transazione con la quale si è posto fine alle questioni insorte a causa della divisione o dell'atto fatto in luogo della medesima, ancorché non fosse al riguardo incominciata alcuna lite.

765. ***Vendita del diritto ereditario fatta al coerede.*** — L'azione di rescissione non è ammessa contro la vendita del diritto ereditario fatta senza frode a uno dei coeredi, a suo rischio e pericolo, da parte degli altri coeredi o di uno di essi.

766. ***Stima dei beni.*** — Per conoscere se vi è lesione si procede alla stima dei beni secondo il loro stato e valore al tempo della divisione.

767. ***Facoltà del coerede di dare il supplemento.*** — Il coerede contro il quale è promossa l'azione di rescissione può troncarne il corso e impedire una nuova divisione, dando il supplemento della porzione ereditaria, in danaro o in natura, all'attore e agli altri coeredi che si sono a lui associati.

768. ***Alienazione della porzione ereditaria.*** — Il coerede che ha alienato la sua porzione o una parte di essa non è più ammesso a impugnare la divisione per dolo o violenza, se l'alienazione è seguita quando il dolo era stato scoperto o la violenza era cessata.

Il coerede non perde il diritto di proporre l'impugnazione, se la vendita è limitata a oggetti di facile deterioramento o di valore minimo in rapporto alla quota.

CAPO V-*bis*.[1]
Del patto di famiglia

[1] Il capo V-*bis* è stato inserito dall'art. 2 L. 14 feb. 2006, n. 55.

768-*bis*. ***Nozione.*** — È patto di famiglia il contratto con cui, compatibilmente con le disposizioni in materia di impresa familiare e nel rispetto delle differenti tipologie societarie, l'imprenditore trasferisce, in tutto o in parte, l'azienda, e il titolare di partecipazioni societarie trasferisce, in tutto o in parte, le proprie quote, ad uno o più discendenti.

768-*ter*. ***Forma.*** — A pena di nullità il contratto deve essere concluso per atto pubblico.

768-*quater*. *Partecipazione*. — Al contratto devono partecipare anche il coniuge e tutti coloro che sarebbero legittimari ove in quel momento si aprisse la successione nel patrimonio dell'imprenditore.

Gli assegnatari dell'azienda o delle partecipazioni societarie devono liquidare gli altri partecipanti al contratto, ove questi non vi rinunzino in tutto o in parte, con il pagamento di una somma corrispondente al valore delle quote previste dagli artt. 536 e seguenti; i contraenti possono convenire che la liquidazione, in tutto o in parte, avvenga in natura.

I beni assegnati con lo stesso contratto agli altri partecipanti non assegnatari dell'azienda, secondo il valore attribuito in contratto, sono imputati alle quote di legittima loro spettanti; l'assegnazione può essere disposta anche con successivo contratto che sia espressamente dichiarato collegato al primo e purché vi intervengano i medesimi soggetti che hanno partecipato al primo contratto o coloro che li abbiano sostituiti.

Quanto ricevuto dai contraenti non è soggetto a collazione o a riduzione.

768-*quinquies*. *Vizi del consenso*. — Il patto può essere impugnato dai partecipanti ai sensi degli artt. 1427 e seguenti.

L'azione si prescrive nel termine di un anno.

768-*sexies*. *Rapporti con i terzi*. — All'apertura della successione dell'imprenditore, il coniuge e gli altri legittimari che non abbiano partecipato al contratto possono chiedere ai beneficiari del contratto stesso il pagamento della somma prevista dal secondo comma dell'art. 768-*quater*, aumentata degli interessi legali.

L'inosservanza delle disposizioni del primo comma costituisce motivo di impugnazione ai sensi dell'art. 768-*quinquies*.

768-*septies*. *Scioglimento*. — Il contratto può essere sciolto o modificato dalle medesime persone che hanno concluso il patto di famiglia nei modi seguenti:

1) mediante diverso contratto, con le medesime caratteristiche e i medesimi presupposti di cui al presente capo;

2) mediante recesso, se espressamente previsto nel contratto stesso e, necessariamente, attraverso dichiarazione agli altri contraenti certificata da un notaio.

768-*octies*. *Controversie*. — Le controversie derivanti dalle disposizioni di cui al presente capo sono devolute preliminarmente a uno degli organismi di conciliazione previsti dall'art. 38 del decreto legislativo 17 gennaio 2003, n. 5.

TITOLO V
Delle donazioni[1]

[1] «Le donazioni sono regolate dalla legge nazionale del donante al momento della donazione» (art. 56 Dir. int. priv.).

CAPO I
Disposizioni generali

769. *Definizione*. — La donazione è il contratto col quale, per spirito di liberalità, una parte arricchisce l'altra, disponendo a favore di questa di un suo diritto o assumendo verso la stessa una obbligazione.[1]

[1] V. per la donazione modale, 793; per la donazione obnuziale, 785; per la donazione congiuntiva, 773; per le donazioni larvate, 1414, 1417, 2901; per le donazioni di modico valore (doni manuali o d'uso, come le mance, i doni per nozze o per altre ricorrenze, le oblazioni a favore di enti di beneficenza) 742, 770 cpv., 783, 809.

Per la riduzione delle donazioni, il cui valore eccede la quota della quale il defunto poteva disporre, v. artt. 555-564.

770. *Donazione rimuneratoria*. — È donazione anche la liberalità fatta per riconoscenza o in considerazione dei meriti del donatario o per speciale rimunerazione.[1]

Non costituisce donazione la liberalità che si suole fare in occasione di servizi resi o comunque in conformità agli usi.

[1] La donazione rimuneratoria non obbliga il donatario a prestare gli alimenti al donante (437); obbliga alla garanzia per evizione solo fino alla concorrenza dell'entità delle prestazioni ricevute dal donante (797); non può revocarsi per causa d'ingratitudine né per sopravvenienza di figli (805); non è soggetta a riduzione per integrare la quota dovuta ai legittimari (809); nel fallimento, conserva i suoi effetti rispetto ai creditori (L.F. 64).

771. *Donazione di beni futuri*. — La donazione non può comprendere che i beni presenti del donante. Se comprende beni futuri, è nulla rispetto a questi, salvo che si tratti di frutti non ancora separati.

Qualora oggetto della donazione sia un'universalità di cose e il donante ne conservi il godimento trattenendola presso di sé, si considerano comprese nella donazione anche le cose che vi si aggiungono successivamente, salvo che dall'atto risulti una diversa volontà.

772. *Donazione di prestazioni periodiche*. — La donazione che ha per oggetto prestazioni periodiche si estingue alla morte del donante, salvo che risulti dall'atto una diversa volontà.

773. *Donazione a più donatari*. — La donazione fatta congiuntamente a favore di più donatari s'intende fatta per parti uguali, salvo che dall'atto risulti una diversa volontà.

È valida la clausola con cui il donante dispone che, se uno dei donatori non può o non vuole accettare, la sua parte si accresca agli altri.

CODICE CIVILE

CAPO II
Della capacità di disporre e di ricevere per donazione

774. *Capacità di donare.* — Non possono fare donazioni coloro che non hanno la piena capacità di disporre dei propri beni. È tuttavia valida la donazione fatta dal minore e dall'inabilitato nel loro contratto di matrimonio a norma degli artt. 165 e 166.

Le disposizioni precedenti si applicano anche al minore emancipato autorizzato all'esercizio di un'impresa commerciale.

775. *Donazione fatta da persona incapace d'intendere o di volere.* — La donazione fatta da persona che, sebbene non interdetta, si provi essere stata per qualsiasi causa, anche transitoria, incapace d'intendere o di volere al momento in cui la donazione è stata fatta, può essere annullata su istanza del donante, dei suoi eredi o aventi causa.

L'azione si prescrive in cinque anni dal giorno in cui la donazione è stata fatta.

776. *Donazione fatta dall'inabilitato.* — La donazione fatta dall'inabilitato, anche se anteriore alla sentenza d'inabilitazione o alla nomina del curatore provvisorio, può essere annullata se fatta dopo che è stato promosso il giudizio d'inabilitazione.

Il curatore dell'inabilitato per prodigalità può chiedere l'annullamento della donazione, anche se fatta nei sei mesi anteriori all'inizio del giudizio d'inabilitazione.

777. *Donazioni fatte da rappresentanti di persone incapaci.* — Il padre e il tutore non possono fare donazioni per la persona incapace da essi rappresentata.

Sono consentite, con le forme abilitative richieste, le liberalità in occasione di nozze a favore dei discendenti dell'interdetto o dell'inabilitato.

778. *Mandato a donare.* — È nullo il mandato con cui si attribuisce ad altri la facoltà di designare la persona del donatario o di determinare l'oggetto della donazione.

È peraltro valida la donazione a favore di persona che un terzo sceglierà tra più persone designate dal donante o appartenenti a determinate categorie, o a favore di una persona giuridica tra quelle indicate dal donante stesso.

È del pari valida la donazione che ha per oggetto una cosa che un terzo determinerà tra più cose indicate dal donante o entro i limiti di valore dal donante stesso stabiliti.

779. *Donazione a favore del tutore o protutore.* — È nulla la donazione a favore di chi è stato tutore o protutore del donante, se fatta prima che sia stato approvato il conto o sia estinta l'azione per il rendimento del conto medesimo (*Trans.* 137).

Si applicano le disposizioni dell'art. 599.[1]

[1] 599. *Persone interposte.*

780. *Donazione al figlio naturale non riconoscibile.*[1]

[1] Articolo abrog. dall'art. 205 della L. 19 mag. 1975, n. 151. Per la disciplina transitoria la stessa L. (art. 239) dispone: «*Dall'entrata in vigore della presente legge non può essere più pronunziata la nullità prevista dall'abrogato art. 780 del c.c. rispetto agli atti anteriori*».

781. *Donazione tra coniugi.* — I coniugi non possono, durante il matrimonio, farsi l'uno all'altro alcuna liberalità, salve quelle conformi agli usi.[1]

[1] La Corte cost., con sentenza 29 giu. 1973, n. 91, ha dichiarato l'ill. cost. dell'art. 781.

CAPO III
Della forma e degli effetti della donazione

782. *Forma della donazione.* — La donazione deve essere fatta per atto pubblico, sotto pena di nullità. Se ha per oggetto cose mobili, essa non è valida che per quelle specificate con l'indicazione del loro valore nell'atto medesimo della donazione, ovvero in una nota a parte sottoscritta dal donante, dal donatario e dal notaio.

L'accettazione può essere fatta nell'atto stesso o con atto pubblico posteriore. In questo caso la donazione non è perfetta se non dal momento in cui l'atto di accettazione è notificato al donante.

Prima che la donazione sia perfetta, tanto il donante quanto il donatario possono revocare la loro dichiarazione.

[...][1]

[1] Comma abrog. dall'art. 13.1, L. 15 mag. 1997, n. 127 come sost. dall'art. 1.1, L. 22 giu. 2000, n. 192.

783. *Donazioni di modico valore.* — La donazione di modico valore che ha per oggetto beni mobili è valida anche se manca l'atto pubblico, purché vi sia stata la tradizione.

La modicità deve essere valutata anche in rapporto alle condizioni economiche del donante.

784. *Donazione a nascituri.* — La donazione può essere fatta anche a favore di chi è soltanto concepito, ovvero a favore dei figli di una determinata persona vivente al tempo della donazione, benché non ancora concepiti.

L'accettazione della donazione a favore dei nascituri, benché non concepiti, è regolata dalle disposizioni degli artt. 320 e 321.

Salvo diversa disposizione del donante, l'amministrazione dei beni donati spetta al donante o ai suoi eredi, i quali possono essere obbligati a prestare idonea garanzia. I frutti maturati prima della nascita sono riservati al donatario se la donazione è fatta a favore di un nascituro già concepito. Se è fatta a favore di un non concepito, i frutti sono riservati al donante sino al momento della nascita del donatario.

785. *Donazione in riguardo di matrimonio.* — La donazione fatta in riguardo di un determinato futuro matrimonio, sia dagli sposi tra loro, sia da altri a favore di uno o di entrambi gli sposi o dei figli nascituri da questi, si perfeziona senza bisogno che sia accettata, ma non produce effetto finché non segua il matrimonio.

L'annullamento del matrimonio importa la nullità della donazione. Restano tuttavia salvi i diritti acquistati dai terzi di buona fede tra il giorno del matrimonio e il passaggio in giudicato della sentenza che dichiara la nullità del matrimonio. Il coniuge di buona fede non è tenuto a restituire i frutti percepiti anteriormente alla domanda di annullamento del matrimonio.

La donazione in favore di figli nascituri rimane efficace per i figli rispetto ai quali si verificano gli effetti del matrimonio putativo.

786. ***Donazione a ente non riconosciuto.***[1]

[1] Articolo abrog. dall'art. 13.1, L. 15 mag. 1997, n. 127 come sost. dall'art. 1.1, L. 22 giu. 2000, n. 192.

787. ***Errore sul motivo della donazione.*** — La donazione può essere impugnata per errore sul motivo, sia esso di fatto o di diritto, quando il motivo risulta dall'atto ed è il solo che ha determinato il donante a compiere la liberalità.

788. ***Motivo illecito.*** — Il motivo illecito rende nulla la donazione quando risulta dall'atto ed è il solo che ha determinato il donante alla liberalità.

789. ***Inadempimento o ritardo nell'esecuzione.*** — Il donante, in caso d'inadempimento o di ritardo nell'eseguire la donazione, è responsabile soltanto per dolo o per colpa grave.

790. ***Riserva di disporre di cose determinate.*** — Quando il donante si è riservata la facoltà di disporre di qualche oggetto compreso nella donazione o di una determinata somma sui beni donati, e muore senza averne disposto, tale facoltà non può essere esercitata dagli eredi.

791. ***Condizione di riversibilità.*** — Il donante può stipulare la riversibilità delle cose donate, sia per il caso di premorienza del solo donatario, sia per il caso di premorienza del donatario e dei suoi discendenti.

Nel caso in cui la donazione è fatta con generica indicazione della riversibilità, questa riguarda la premorienza, non solo del donatario, ma anche dei suoi discendenti.

Non si fa luogo a riversibilità che a beneficio del solo donante. Il patto a favore di altri si considera non apposto.

792. ***Effetti della riversibilità.*** — Il patto di riversibilità produce l'effetto di risolvere tutte le alienazioni dei beni donati e di farli ritornare al donante liberi da ogni peso o ipoteca, ad eccezione dell'ipoteca iscritta a garanzia della dote o di altre convenzioni matrimoniali, quando gli altri beni del coniuge donatario non sono sufficienti, e nel caso soltanto in cui la donazione è stata fatta con lo stesso contratto matrimoniale da cui l'ipoteca risulta.

È valido il patto per cui la riversione non deve pregiudicare la quota di riserva spettante al coniuge superstite sul patrimonio del donatario, compresi in esso i beni donati.

793. ***Donazione modale.*** — La donazione può essere gravata da un onere.

Il donatario è tenuto all'adempimento dell'onere entro i limiti del valore della cosa donata.

Per l'adempimento dell'onere può agire, oltre il donante, qualsiasi interessato, anche durante la vita del donante stesso.

La risoluzione per inadempimento dell'onere, se preveduta nell'atto di donazione, può essere domandata dal donante o dai suoi eredi.

794. ***Onere illecito o impossibile.*** — L'onere illecito o impossibile si considera non apposto; rende tuttavia nulla la donazione se ne ha costituito il solo motivo determinante.

795. ***Divieto di sostituzione.*** — Nelle donazioni non sono permesse le sostituzioni se non nei casi e nei limiti stabiliti per gli atti di ultima volontà.

La nullità delle sostituzioni non importa nullità della donazione.

796. ***Riserva di usufrutto.*** — È permesso al donante di riservare l'usufrutto dei beni donati a proprio vantaggio, e dopo di lui a vantaggio di un'altra persona o anche di più persone, ma non successivamente.

797. ***Garanzia per evizione.*** — Il donante è tenuto a garanzia verso il donatario, per l'evizione che questi può soffrire delle cose donate, nei casi seguenti:

1) se ha espressamente promesso la garanzia;

2) se l'evizione dipende dal dolo o dal fatto personale di lui;

3) se si tratta di donazione che impone oneri al donatario, o di donazione rimuneratoria, nei quali casi la garanzia è dovuta fino alla concorrenza dell'ammontare degli oneri o dell'entità delle prestazioni ricevute dal donante.[1]

[1] V. per la cessione dei crediti a titolo gratuito, l'art. 1266.

798. ***Responsabilità per vizi della cosa.*** — Salvo patto speciale, la garanzia del donante non si estende ai vizi della cosa, a meno che il donante sia stato in dolo.

799. ***Conferma ed esecuzione volontaria di donazioni nulle.*** — La nullità della donazione, da qualunque causa dipenda, non può essere fatta valere dagli eredi o aventi causa dal donante che, conoscendo la causa della nullità, hanno, dopo la morte di lui, confermato la donazione o vi hanno dato volontaria esecuzione.

CAPO IV
Della revocazione delle donazioni

800. ***Cause di revocazione.*** — La donazione può essere revocata per ingratitudine o per sopravvenienza di figli.

801. ***Revocazione per ingratitudine.*** — La domanda di revocazione per ingratitudine non può essere proposta che quando il donatario ha commesso uno dei fatti previsti dai numeri 1, 2 e 3 dell'art. 463, ovvero si è reso colpevole d'ingiuria grave verso il donante o ha dolosamente arrecato grave pregiudizio al patrimonio di lui o gli ha rifiutato indebitamente gli alimenti dovuti ai sensi degli artt. 433, 435 e 436 (*Trans.* 141).

802. ***Termini e legittimazione ad agire.*** — La domanda di revocazione per causa d'ingratitudine deve essere proposta dal donante o dai suoi eredi, contro il donatario o i suoi eredi, entro l'anno dal giorno in cui il donante è venuto a conoscenza del fatto che consente la revocazione.

Se il donatario si è reso responsabile di omicidio volontario in persona del donante o gli ha dolosamente impedito di revocare la donazione, il termine per proporre l'azione è di un anno dal giorno in cui gli eredi hanno avuto notizia della causa di revocazione (*Trans.* 141).

803. ***Revocazione per sopravvenienza di figli.*** — Le donazioni fatte da chi non aveva o ignorava di avere figli o discendenti al tempo della donazione, possono essere revocate per la sopravvenienza o l'esistenza di un figlio o discendente del donante.

Possono inoltre essere revocate per il riconoscimento di un figlio, salvo che si provi che al tempo della donazione il donante aveva notizia dell'esistenza del figlio.

La revocazione può essere domandata anche se il figlio del donante era già concepito al tempo della donazione.

[1] Articolo così sost. dall'art. 88, D.lgs. 28 dic. 2013, n. 154, in vigore dal 7 feb. 2014.

804. ***Termine per l'azione.*** — L'azione di revocazione per sopravvenienza di figli deve essere proposta entro cinque anni dal giorno della nascita dell'ultimo figlio nato nel matrimono o discendente ovvero della notizia dell'esistenza del figlio o discendente, ovvero dell'avvenuto riconoscimento del figlio nato fuori del matrimonio.[1]

Il donante non può proporre o proseguire l'azione dopo la morte del figlio o del discendente.

[1] Comma così modif. dall'art. 89, D.lgs. 28 dic. 2013, n. 154, in vigore dal 7 feb. 2014.

805. ***Donazioni irrevocabili.*** — Non possono revocarsi per causa d'ingratitudine, né per sopravvenienza di figli, le donazioni rimuneratorie e quelle fatte in riguardo di un determinato matrimonio.

806. ***Inammissibilità della rinunzia preventiva.*** — Non è valida la rinunzia preventiva alla revocazione della donazione per ingratitudine o per sopravvenienza di figli.

807. ***Effetti della revocazione.*** — Revocata la donazione per ingratitudine o sopravvenienza di figli, il donatario deve restituire i beni in natura, se essi esistono ancora, e i frutti relativi, a partire dal giorno della domanda.

Se il donatario ha alienato i beni, deve restituirne il valore, avuto riguardo al tempo della domanda, e i frutti relativi, a partire dal giorno della domanda stessa.

808. ***Effetti nei riguardi dei terzi.*** — La revocazione per ingratitudine o per sopravvenienza di figli non pregiudica i terzi che hanno acquistato diritti anteriormente alla domanda, salvi gli effetti della trascrizione di questa.

Il donatario, che prima della trascrizione della domanda di revocazione ha costituito sui beni donati diritti reali che ne diminuiscono il valore, deve indennizzare il donante della diminuzione di valore sofferta dai beni stessi.

809. ***Norme sulle donazioni applicabili ad altri atti di liberalità.*** — Le liberalità, anche se risultano da atti diversi da quelli previsti dall'art. 769,[1] sono soggette alle stesse norme che regolano la revocazione delle donazioni per causa d'ingratitudine e per sopravvenienza di figli, nonché a quella sulla riduzione delle donazioni per integrare la quota dovuta ai legittimari.

Questa disposizione non si applica alle liberalità previste dal secondo comma dell'art. 770 e a quelle che a norma dell'art. 742 non sono soggette a collazione.

[1] Sono atti diversi, la remissione del debito (1236-1237), il contratto a favore di terzi (1411), la costituzione di una rendita perpetua (1862) o vitalizia a favore di un terzo (1872, 1875), l'assicurazione a favore di un terzo (1920).

LIBRO TERZO

DELLA PROPRIETÀ[1]

[1] V. *Att.* 56-72, *Trans.* 150-158.,131

TITOLO I
Dei beni

CAPO I
Dei beni in generale

810. ***Nozione.*** — Sono beni le cose che possono formare oggetto di diritti.

SEZIONE I
Dei beni dell'ordine corporativo

811. [***Disciplina corporativa.***][1]

[1] Articolo abrog. dall'art. 3 del D.L.L. 14 set. 1944, n. 287.

SEZIONE II
Dei beni immobili e mobili

812. ***Distinzione dei beni.*** — Sono beni immobili il suolo, le sorgenti e i corsi d'acqua, gli alberi, gli edifici e le altre costruzioni, anche se unite al suolo a scopo transitorio, e in genere tutto ciò che naturalmente o artificialmente è incorporato al suolo.

Sono reputati immobili i mulini, i bagni e gli altri edifici galleggianti quando sono saldamente assicurati alla riva o all'alveo e sono destinati ad esserlo in modo permanente per la loro utilizzazione.

Sono mobili tutti gli altri beni.

813. ***Distinzione dei diritti.*** — Salvo che dalla legge risulti diversamente, le disposizioni concernenti i beni immobili si applicano anche ai diritti reali che hanno per oggetto beni immobili e alle azioni relative; le disposizioni concernenti i beni mobili si applicano a tutti gli altri diritti.

814. ***Energie.*** — Si considerano beni mobili le energie naturali che hanno valore economico.

815. ***Beni mobili iscritti in pubblici registri.*** — I beni mobili iscritti in pubblici registri sono soggetti alle disposizioni che li riguardano[1] e, in mancanza, alle disposizioni relative ai beni mobili.

[1] V. artt. 1156, 1162, 2683 e 2914; per le navi C.N. 146, 245; per gli aeromobili C.N. 753, 861; per gli autoveicoli R.D.L. 15 mar. 1927, n. 436 e R.D. 29 lug. 1927, n. 1814.

816. ***Universalità di mobili.*** — È considerata universalità di mobili la pluralità di cose che appartengono alla stessa persona e hanno una destinazione unitaria.

Le singole cose componenti la universalità possono formare oggetto di separati atti e rapporti giuridici.

817. ***Pertinenze.*** — Sono pertinenze le cose destinate in modo durevole a servizio o ad ornamento di un'altra cosa.

La destinazione può essere effettuata dal proprietario della cosa principale o da chi ha un diritto reale sulla medesima.

818. ***Regime delle pertinenze.*** — Gli atti e i rapporti giuridici che hanno per oggetto la cosa principale comprendono anche le pertinenze, se non è diversamente disposto.

Le pertinenze possono formare oggetto di separati atti o rapporti giuridici.

La cessazione della qualità di pertinenza non è opponibile ai terzi i quali abbiano anteriormente acquistato diritti sulla cosa principale.

819. ***Diritti dei terzi sulle pertinenze.*** — La destinazione di una cosa al servizio o all'ornamento di un'altra non pregiudica i diritti preesistenti su di essa a favore dei terzi. Tali diritti non possono essere opposti ai terzi di buona fede se non risultano da scrittura avente data certa anteriore, quando la cosa principale è un bene immobile o un bene mobile iscritto in pubblici registri.[1]

[1] V. nota all'art. 815.

SEZIONE III
Dei frutti

820. ***Frutti naturali e frutti civili.*** — Sono frutti naturali quelli che provengono direttamente dalla cosa, vi concorra o no l'opera dell'uomo, come i prodotti agricoli, la legna, i parti degli animali, i prodotti delle miniere, cave e torbiere.

Finché non avviene la separazione, i frutti formano parte della cosa. Si può tuttavia disporre di essi come di cosa mobile futura.

Sono frutti civili quelli che si ritraggono dalla cosa come corrispettivo del godimento che altri ne abbia. Tali sono gli interessi dei capitali, i canoni enfiteutici, le rendite vitalizie e ogni altra rendita, il corrispettivo delle locazioni.

821. ***Acquisto dei frutti.*** — I frutti naturali

appartengono al proprietario della cosa che li produce, salvo che la loro proprietà sia attribuita ad altri. In questo ultimo caso la proprietà si acquista con la separazione.

Chi fa propri i frutti deve, nei limiti del loro valore, rimborsare colui che abbia fatto spese per la produzione e il raccolto.

I frutti civili si acquistano giorno per giorno, in ragione della durata del diritto.

CAPO II
Dei beni appartenenti allo Stato, agli enti pubblici e agli enti ecclesiastici

822. ***Demanio pubblico.*** — Appartengono allo Stato e fanno parte del demanio pubblico il lido del mare, la spiaggia, le rade e i porti; i fiumi, i torrenti, i laghi e le altre acque definite pubbliche dalle leggi in materia;[1] le opere destinate alla difesa nazionale.

Fanno parimenti parte del demanio pubblico, se appartengono allo Stato, le strade, le autostrade e le strade ferrate; gli aerodromi; gli acquedotti; gli immobili riconosciuti d'interesse storico, archeologico e artistico a norma delle leggi in materia; le raccolte dei musei, delle pinacoteche, degli archivi, delle biblioteche; e infine gli altri beni che sono dalla legge assoggettati al regime proprio del demanio pubblico.[2]

[1] V. R.D. 11 dic. 1933, n. 1775 (T.U.).

[2] «I beni della specie di quelli indicati dal secondo comma, se appartengono alle Regioni per acquisizione a qualsiasi titolo, costituiscono il demanio regionale e sono soggetti al regime previsto dal c.c. per i beni del demanio pubblico» (art. 11, primo comma, della L. 16 mag. 1970, n. 281).

823. ***Condizione giuridica del demanio pubblico.*** — I beni che fanno parte del demanio pubblico sono inalienabili e non possono formare oggetto di diritti a favore di terzi, se non nei modi e nei limiti stabiliti dalle leggi che li riguardano.

Spetta all'autorità amministrativa la tutela dei beni che fanno parte del demanio pubblico. Essa ha facoltà sia di procedere in via amministrativa, sia di valersi dei mezzi ordinari a difesa della proprietà e del possesso regolati dal presente codice.

824. ***Beni delle province e dei comuni soggetti al regime dei beni demaniali.*** — I beni della specie di quelli indicati dal secondo comma dell'art. 822, se appartengono alle province o ai comuni, sono soggetti al regime del demanio pubblico.

Allo stesso regime sono soggetti i cimiteri e i mercati comunali.

825. ***Diritti demaniali su beni altrui.*** — Sono parimenti soggetti al regime del demanio pubblico i diritti reali che spettano allo Stato, alle province e ai comuni su beni appartenenti ad altri soggetti, quando i diritti stessi sono costituiti per l'utilità di alcuno dei beni indicati dagli articoli precedenti o per il conseguimento di fini di pubblico interesse corrispondenti a quelli a cui servono i beni medesimi.

826. ***Patrimonio dello Stato, delle province e dei comuni.*** — I beni appartenenti allo Stato, alle province e ai comuni, i quali non siano della specie di quelli indicati dagli articoli precedenti, costituiscono il patrimonio dello Stato o, rispettivamente, delle province e dei comuni.

Fanno parte del patrimonio indisponibile dello Stato le foreste che a norma delle leggi in materia costituiscono il demanio forestale dello Stato, le miniere, le cave e torbiere[1] quando la disponibilità ne è sottratta al proprietario del fondo, le cose d'interesse storico, archeologico, paletnologico, paleontologico e artistico, da chiunque e in qualunque modo ritrovate nel sottosuolo, i beni costituenti la dotazione del Presidente della Repubblica, le caserme, gli armamenti, gli aeromobili militari e le navi da guerra.

Fanno parte del patrimonio indisponibile dello Stato o, rispettivamente, delle province e dei comuni, secondo la loro appartenenza, gli edifici destinati a sede di uffici pubblici, con i loro arredi e gli altri beni destinati a un pubblico servizio.

[1] V. R.D. 29 lug. 1927, n. 1443.

827. ***Beni immobili vacanti.*** — I beni immobili che non sono di proprietà di alcuno spettano al patrimonio dello Stato.

828. ***Condizione giuridica dei beni patrimoniali.*** — I beni che costituiscono il patrimonio dello Stato, delle province e dei comuni sono soggetti alle regole particolari che li concernono e, in quanto non è diversamente disposto, alle regole del presente codice.

I beni che fanno parte del patrimonio indisponibile non possono essere sottratti alla loro destinazione, se non nei modi stabiliti dalle leggi che li riguardano.

829. ***Passaggio di beni dal demanio al patrimonio.*** — Il passaggio dei beni dal demanio pubblico al patrimonio dello Stato dev'essere dichiarato dall'autorità amministrativa. Dell'atto deve esserne dato annunzio nella *Gazzetta Ufficiale* della Repubblica.

Per quanto riguarda i beni delle province e dei comuni, il provvedimento che dichiara il passaggio al patrimonio dev'essere pubblicato nei modi stabiliti per i regolamenti comunali e provinciali.

830. ***Beni degli enti pubblici non territoriali.*** — I beni appartenenti agli enti pubblici non territoriali sono soggetti alle regole del presente codice, salve le disposizioni delle leggi speciali.

Ai beni di tali enti che sono destinati a un pubblico servizio si applica la disposizione del secondo comma dell'art. 828.

831. ***Beni degli enti ecclesiastici ed edifici di culto.*** — I beni degli enti ecclesiastici sono soggetti alle norme del presente codice, in quanto non è diversamente disposto dalle leggi speciali che li riguardano.

Gli edifici destinati all'esercizio pubblico del culto cattolico, anche se appartengono a privati, non possono essere sottratti alla loro destinazione neppure per effetto di alienazione, fino a che la destinazione stessa non sia cessata in conformità delle leggi che li riguardano.[1]

[1] V. art. 5, c. 1, L. 25 mar. 1985, n. 121, che dispone che "Gli edifici aperti al culto non possono essere requisiti, occupati, espropriati o demoliti, se non per gravi ragioni e previo accordo con la competente autorità ecclesiastica".

TITOLO II
Della proprietà

CAPO I
Disposizioni generali

832. ***Contenuto del diritto.*** — Il proprietario ha diritto di godere e disporre delle cose in modo pieno ed esclusivo, entro i limiti e con l'osservanza degli obblighi stabiliti dall'ordinamento giuridico.

833. ***Atti d'emulazione.*** — Il proprietario non può fare atti i quali non abbiano altro scopo che quello di nuocere o recare molestia ad altri.

834. ***Espropriazione per pubblico interesse.*** — Nessuno può essere privato in tutto o in parte dei beni di sua proprietà, se non per causa di pubblico interesse, legalmente dichiarata, e contro il pagamento di una giusta indennità.

Le norme relative all'espropriazione per causa di pubblico interesse sono determinate da leggi speciali.

835. ***Requisizioni.*** — Quando ricorrono gravi e urgenti necessità pubbliche, militari o civili, può essere disposta la requisizione dei beni mobili o immobili. Al proprietario è dovuta una giusta indennità.

Le norme relative alle requisizioni sono determinate da leggi speciali.

836. ***Vincoli e obblighi temporanei.*** — Per le cause indicate dall'articolo precedente la autorità amministrativa, nei limiti e con le forme stabiliti da leggi speciali, può sottoporre a particolari vincoli od obblighi di carattere temporaneo le aziende commerciali e agricole.

837. ***Ammassi.*** — Allo scopo di regolare la distribuzione di determinati prodotti agricoli o industriali nell'interesse della produzione nazionale sono costituiti gli ammassi.

Le norme per il conferimento dei prodotti negli ammassi sono contenute in leggi speciali.

838. ***Espropriazione di beni che interessano la produzione nazionale o di prevalente interesse pubblico.*** — Salve le disposizioni delle leggi penali e di polizia [nonché le norme dell'ordinamento corporativo] e le disposizioni particolari concernenti beni determinati, quando il proprietario abbandona la conservazione, la coltivazione o l'esercizio di beni che interessano la produzione nazionale, in modo da nuocere gravemente alle esigenze della produzione stessa, può farsi luogo all'espropriazione dei beni da parte dell'autorità amministrativa, premesso il pagamento di una giusta indennità (*Att.* 56).

La stessa disposizione si applica se il deperimento dei beni ha per effetto di nuocere gravemente al decoro delle città o alle ragioni dell'arte, della storia o della sanità pubblica.

839. ***Beni d'interesse storico e artistico.*** — Le cose di proprietà privata, immobili e mobili, che presentano interesse artistico, storico, archeologico o etnografico, sono sottoposte alle disposizioni delle leggi speciali.[1]

[1] V. D.lgs. 22 gen. 2004, n. 42 - Codice dei beni culturali e del paesaggio.

CAPO II
Della proprietà fondiaria

SEZIONE I
Disposizioni generali

840. ***Sottosuolo e spazio sovrastante al suolo.*** — La proprietà del suolo si estende al sottosuolo, con tutto ciò che vi si contiene, e il proprietario può fare qualsiasi escavazione od opera che non rechi danno al vicino. Questa disposizione non si applica a quanto forma oggetto delle leggi sulle miniere, cave e torbiere. Sono del pari salve le limitazioni derivanti dalle leggi sulle antichità e belle arti, sulle acque, sulle opere idrauliche e da altre leggi speciali.

Il proprietario del suolo non può opporsi ad attività di terzi che si svolgano a tale profondità nel sottosuolo o a tale altezza nello spazio sovrastante, che egli non abbia interesse ad escluderle.

841. ***Chiusura del fondo.*** — Il proprietario può chiudere in qualunque tempo il fondo.

842. ***Caccia e pesca.*** — Il proprietario di un fondo non può impedire che vi si entri per l'esercizio della caccia, a meno che il fondo sia chiuso nei modi stabiliti dalla legge sulla caccia o vi siano colture in atto suscettibili di danno.

Egli può sempre opporsi a chi non è munito della licenza rilasciata dall'autorità.

Per l'esercizio della pesca occorre il consenso del proprietario del fondo.

843. ***Accesso al fondo.*** — Il proprietario deve permettere l'accesso e il passaggio nel suo fondo, sempre che ne venga riconosciuta la necessità, al fine di costruire o riparare un muro o altra opera propria del vicino oppure comune.

Se l'accesso cagiona danno, è dovuta un'adeguata indennità.

Il proprietario deve parimenti permettere l'accesso a chi vuole riprendere la cosa sua che vi si trovi accidentalmente o l'animale che vi si sia riparato sfuggendo alla custodia. Il proprietario può impedire l'accesso consegnando la cosa o l'animale.

844. ***Immissioni.*** — Il proprietario di un fondo non può impedire le immissioni di fumo o di calore, le esalazioni, i rumori, gli scuotimenti e simili propagazioni derivanti dal fondo del vicino, se non superano la normale tollerabilità, avuto anche riguardo alla condizione dei luoghi.[1]

Nell'applicare questa norma l'autorità giudiziaria deve contemperare le esigenze della produzione con le ragioni della proprietà. Può tener conto della priorità di un determinato uso.

[1] Contro l'inquinamento atmosferico V. la L. 13 lug. 1966, n. 615, con il D.P.R. 22 dic. 1971, n. 1391 e il D.P.R. 15 apr. 1971, n. 3322, contenenti i regolamenti di esecuzione.

845. ***Regole particolari per scopi di pubblico interesse.*** — La proprietà fondiaria è soggetta a regole particolari per il conseguimento di scopi di pubblico interesse nei casi previsti dalle leggi speciali e dalle disposizioni contenute nelle sezioni seguenti.

SEZIONE II
Del riordinamento della proprietà rurale

846. ***Minima unità colturale.*** — Nei trasferimenti di proprietà, nelle divisioni e nelle assegnazioni a qualunque titolo, aventi per oggetto terreni destinati a coltura o suscettibili di coltura, e nella costituzione o nei trasferimenti di diritti reali sui terreni stessi non deve farsi luogo a frazionamenti che non rispettino la minima unità colturale.[1]

S'intende per minima unità colturale l'estensione di terreno necessaria e sufficiente per il lavoro di una famiglia agricola e, se non si tratta di terreno appoderato, per esercitare una conveniente coltivazione secondo le regole della buona tecnica agraria.

[1] V. nota all'art. 722.

847. ***Determinazione della minima unità colturale.*** — L'estensione della minima unità colturale sarà determinata distintamente per zone, avuto riguardo all'ordinamento produttivo e alla situazione demografica locale, con provvedimento della autorità amministrativa, da adottarsi sentite le associazioni professionali.

848. ***Sanzione dell'inosservanza.*** — Gli atti compiuti contro il divieto dell'art. 846 possono essere annullati dall'autorità giudiziaria,[1] su istanza del pubblico ministero. L'azione si prescrive in tre anni dalla data della trascrizione dell'atto.

[1] V. nota all'art. 849.

849. ***Fondi compresi entro maggiori unità fondiarie.*** — Indipendentemente dalla formazione del consorzio previsto dall'articolo seguente, il proprietario di terreni entro i quali sono compresi appezzamenti appartenenti ad altri, di estensione inferiore alla minima unità colturale, può domandare che gli sia trasferita la proprietà di questi ultimi, pagandone il prezzo, allo scopo di attuare una migliore sistemazione delle unità fondiarie. In caso di contrasto decide l'autorità giudiziaria, sentite le associazioni professionali circa la sussistenza delle condizioni che giustificano la richiesta di trasferimento.[1]

[1] Le azioni previste dagli artt. 848 e 849 sono di competenza del Tribunale, qualunque sia il valore della causa (*Att.* 57).

850. ***Consorzi a scopo di ricomposizione fondiaria.*** — Quando più terreni contigui e inferiori alla minima unità colturale appartengono a diversi proprietari, può, su istanza di alcuno degli interessati o per iniziativa dell'autorità amministrativa, essere costituito un consorzio tra gli stessi proprietari, allo scopo di provvedere a una ricomposizione fondiaria idonea alla migliore utilizzazione dei terreni stessi.

Per la costituzione del consorzio si applicano le norme stabilite per i consorzi di bonifica.

851. ***Trasferimenti coattivi.*** — Il consorzio indicato dall'articolo precedente può predisporre il piano di riordinamento.

Per la migliore sistemazione delle unità fondiarie può procedersi a espropriazioni e a trasferimenti coattivi; può anche procedersi a rettificazioni di confini e ad arrotondamento di fondi.

852. ***Terreni esclusi dai trasferimenti.*** — Dai trasferimenti coattivi previsti dall'articolo precedente sono esclusi:

1) gli appezzamenti forniti di casa di abitazione civile o colonica;

2) i terreni adiacenti ai fabbricati e costituenti dipendenze dei medesimi;

3) le aree fabbricabili;

4) gli orti, i giardini, i parchi;

5) i terreni necessari per piazzali o luoghi di deposito di stabilimenti industriali o commerciali;

6) i terreni soggetti a inondazioni, a scoscendimenti o ad altri gravi rischi;

7) i terreni che per la loro speciale destinazione, ubicazione o singolarità di coltura presentano caratteristiche di spiccata individualità.

853. ***Trasferimento dei diritti reali.*** — Nei trasferimenti coattivi le servitù prediali sono abolite, conservate o create in relazione alle esigenze della nuova sistemazione.

Gli altri diritti reali di godimento sono trasferiti sui terreni assegnati in cambio e, qualora non siano costituiti su tutti i terreni dello stesso proprietario, sono trasferiti soltanto su una parte determinata del fondo assegnato in cambio, che corrisponda in valore ai terreni su cui esistevano.

Le ipoteche che non siano costituite su tutti i terreni dello stesso proprietario sono trasferite sul fondo di nuova assegnazione per una quota corrispondente in valore ai terreni su cui erano costituite. In caso di espropriazione forzata dell'immobile gravato da ipoteca su una quota, l'immobile è espropriato per intero e il credito è collocato, secondo il grado dell'ipoteca, sulla parte del prezzo corrispondente alla quota soggetta all'ipoteca medesima.

854. ***Notifica e trascrizione del piano di riordinamento.*** — Il piano di riordinamento deve essere preventivamente portato a cognizione degli interessati, e contro di esso è ammesso reclamo in via amministrativa, nelle forme e nei termini stabiliti da leggi speciali.

Il provvedimento amministrativo di approvazione definitiva del piano dev'essere trascritto presso l'ufficio dei registri immobiliari nella cui circoscrizione sono situati i beni.

855. ***Effetti dell'approvazione del piano di riordinamento.*** — Con l'approvazione del piano di riordinamento si operano i trasferimenti di proprietà e degli altri diritti reali; sono anche costituite le servitù imposte nel piano stesso.

856. ***Competenza dell'autorità giudiziaria.*** — Nelle materie indicate dagli artt. 850 e seguenti è salva la competenza dell'autorità giudiziaria ordinaria per la tutela dei diritti degli interessati. L'autorità giudiziaria non può tuttavia con le sue decisioni provocare una revisione del piano di riordinamento, ma può procedere alla conversione e liquidazione in danaro dei diritti da essa accertati.

Il credito relativo è privilegiato a norma delle leggi speciali.

SEZIONE III
Della bonifica integrale

857. ***Terreni soggetti a bonifica.*** — Per il conseguimento di fini igienici, demografici, economici o di altri fini sociali possono essere dichiarati soggetti a bonifica i terreni che si trovano in un comprensorio, in cui sono laghi, stagni, paludi e terre paludose, ovvero costituito da terreni montani dissestati nei riguardi idrogeologici e forestali, o da terreni estensivamente coltivati per gravi cause d'ordine fisico o sociale, i quali siano suscettibili di una radicale trasformazione dell'ordinamento produttivo.

858. ***Comprensorio di bonifica e piano delle opere.*** — Il comprensorio di bonifica e il piano generale dei lavori e di attività coordinate sono determinati e pubblicati a norma della legge speciale.

859. ***Opere di competenza dello Stato.*** — Il piano generale indicato dall'articolo precedente stabilisce quali opere di bonifica siano di competenza dello Stato.

860. ***Concorso dei proprietari nella spesa.*** — I proprietari dei beni situati entro il perimetro del comprensorio sono obbligati a contribuire nella spesa necessaria per l'esecuzione, la manutenzione e l'esercizio delle opere in ragione del beneficio che traggono dalla bonifica.

861. ***Opere di competenza dei privati.*** — I proprietari degli immobili indicati dall'articolo precedente sono obbligati a eseguire, in conformità del piano generale di bonifica e delle connesse direttive di trasformazione agraria, le opere di competenza privata che siano d'interesse comune a più fondi o di interesse particolare a taluno di essi.

862. ***Consorzi di bonifica.*** — All'esecuzione, alla manutenzione e all'esercizio delle opere di bonifica può provvedersi a mezzo di consorzi tra i proprietari interessati.

A tali consorzi possono essere anche affidati l'esecuzione, la manutenzione e l'esercizio delle altre opere d'interesse comune a più fondi o d'interesse particolare a uno di essi.

I consorzi sono costituiti per decreto del Capo dello Stato e, in mancanza dell'iniziativa privata, possono essere formati anche d'ufficio.

Essi sono persone giuridiche pubbliche e svolgono la loro attività secondo le norme dettate dalla legge speciale.

863. ***Consorzi di miglioramento fondiario.*** — Nelle forme stabilite per i consorzi di bonifica possono essere costituiti anche consorzi per l'esecuzione, la manutenzione e l'esercizio di opere di miglioramento fondiario comuni a più fondi e indipendenti da un piano generale di bonifica.

Essi sono persone giuridiche private. Possono tuttavia assumere il carattere di persone giuridiche pubbliche quando, per la loro vasta estensione territoriale o per la particolare importanza delle loro funzioni ai fini dell'incremento della produzione, sono riconosciuti d'interesse nazionale con provvedimento dell'autorità amministrativa.

864. ***Contributi consorziali.*** — I contributi dei proprietari nella spesa di esecuzione, manutenzione ed esercizio delle opere di bonifica e di miglioramento fondiario sono esigibili con le norme e i privilegi stabiliti per l'imposta fondiaria.

865. ***Espropriazione per inosservanza degli obblighi.*** — Quando l'inosservanza degli obblighi imposti ai proprietari risulta tale da compromettere l'attuazione del piano di bonifica, può farsi luogo alla espropriazione parziale o totale del fondo appartenente al proprietario inadempiente, osservate le disposizioni della legge speciale.

L'espropriazione ha luogo a favore del consorzio, se questo ne fa richiesta, o, in mancanza, a favore di altra persona che si obblighi ad eseguire le opere offrendo opportune garanzie.

SEZIONE IV

Dei vincoli idrogeologici e delle difese fluviali

866. *Vincoli per scopi idrogeologici e per altri scopi.* — Anche indipendentemente da un piano di bonifica, i terreni di qualsiasi natura e destinazione possono essere sottoposti a vincolo idrogeologico, osservate le forme e le condizioni stabilite dalla legge speciale, al fine di evitare che possano con danno pubblico subire denudazioni, perdere la stabilità o turbare il regime delle acque.

L'utilizzazione dei terreni e la eventuale loro trasformazione, la qualità delle colture, il governo dei boschi e dei pascoli sono assoggettati, per effetto del vincolo, alle limitazioni stabilite dalle leggi in materia.

Parimenti, a norma della legge speciale, possono essere sottoposti a limitazione nella loro utilizzazione i boschi che per la loro speciale ubicazione difendono terreni o fabbricati dalla caduta di valanghe, dal rotolamento dei sassi, dal sorrenamento e dalla furia dei venti, e quelli ritenuti utili per le condizioni igieniche locali.

867. *Sistemazione e rimboschimento dei terreni vincolati.* — Al fine del rimboschimento e del rinsaldamento i terreni vincolati possono essere assoggettati a espropriazione, a occupazione temporanea o a sospensione dell'esercizio del pascolo, nei modi e con le forme stabiliti dalle leggi in materia.

868. *Regolamento protettivo dei corsi d'acqua.* — I proprietari di immobili situati in prossimità di corsi d'acqua che arrecano o minacciano danni alla agricoltura, ad abitati o a manufatti d'interesse pubblico sono obbligati, anche indipendentemente da un piano di bonifica, a contribuire all'esecuzione delle opere necessarie per il regolamento del corso d'acqua nelle forme stabilite dalle leggi speciali.

SEZIONE V

Della proprietà edilizia[1]

[1] V. il D.P.R. 26 ott. 1972, n. 650: *Perfezionamento e revisione del sistema catastale.*

869. *Piani regolatori.* — I proprietari d'immobili nei comuni dove sono formati piani regolatori devono osservare le prescrizioni dei piani stessi nelle costruzioni e nelle riedificazioni o modificazioni delle costruzioni esistenti.

870. *Comparti.* — Quando è prevista la formazione di comparti, costituenti unità fabbricabili con speciali modalità di costruzione e di adattamento, gli aventi diritto sugli immobili compresi nel comparto devono regolare i loro reciproci rapporti in modo da rendere possibile l'attuazione del piano. Possono anche riunirsi in consorzio per l'esecuzione delle opere. In mancanza di accordo, può procedersi all'espropriazione a norma delle leggi in materia.

871. *Norme di edilizia e di ornato pubblico.* — Le regole da osservarsi nelle costruzioni sono stabilite dalla legge speciale[1] e dai regolamenti edilizi comunali.

La legge speciale stabilisce altresì le regole da osservarsi per le costruzioni nelle località sismiche.

[1] V. L. 17 ago. 1942, n. 1150, e successive modifiche, D.L. 23 gen. 1982, n. 9 e L. 25 feb. 1985, n. 47.

872. *Violazione delle norme di edilizia.* — Le conseguenze di carattere amministrativo della violazione delle norme indicate dall'articolo precedente sono stabilite da leggi speciali.[1]

Colui che per effetto della violazione ha subìto danno deve esserne risarcito, salva la facoltà di chiedere la riduzione in pristino quando si tratta della violazione delle norme contenute nella sezione seguente o da questa richiamate.

[1] V. L. 17 ago. 1942, n. 1150, e successive modifiche, D.L. 23 gen. 1982, n. 9 e L. 25 feb. 1985, n. 47.

SEZIONE VI

Delle distanze nelle costruzioni, piantagioni e scavi, e dei muri, fossi e siepi interposti tra i fondi

873. *Distanze nelle costruzioni.* — Le costruzioni su fondi finitimi, se non sono unite o aderenti, devono essere tenute a distanza non minore di tre metri. Nei regolamenti locali può essere stabilita una distanza maggiore.

874. *Comunione forzosa del muro sul confine.* — Il proprietario di un fondo contiguo al muro altrui può chiederne la comunione per tutta l'altezza o per parte di essa, purché lo faccia per tutta l'estensione della sua proprietà. Per ottenere la comunione deve pagare la metà del valore del muro, o della parte di muro resa comune, e la metà del valore del suolo su cui il muro è costruito. Deve inoltre eseguire le opere che occorrono per non danneggiare il vicino.

875. *Comunione forzosa del muro che non è sul confine.* — Quando il muro si trova a una distanza dal confine minore di un metro e mezzo ovvero a distanza minore della metà di quella stabilita dai regolamenti locali, il vicino può chiedere la comunione del muro soltanto allo scopo di fabbricare contro il muro stesso, pagando, oltre il valore della metà del muro, il valore del suolo da occupare con la nuova fabbrica, salvo che il proprietario preferisca estendere il suo muro sino al confine.

Il vicino che intende domandare la comunione deve interpellare preventivamente il proprietario se preferisca di estendere il muro al confine o di procedere alla sua demolizione. Questi deve manifestare la propria volontà entro il termine di giorni quindici e deve procedere alla costruzione o alla demolizione entro sei mesi dal giorno in cui ha comunicato la risposta.

876. ***Innesto nel muro sul confine.*** — Se il vicino vuole servirsi del muro esistente sul confine solo per innestarvi un capo del proprio muro, non ha l'obbligo di renderlo comune a norma dell'art. 874, ma deve pagare una indennità per l'innesto.

877. ***Costruzioni in aderenza.*** — Il vicino, senza chiedere la comunione del muro posto sul confine, può costruire sul confine stesso in aderenza, ma senza appoggiare la sua fabbrica a quella preesistente.

Questa norma si applica, anche nel caso previsto dall'art. 875; il vicino in tal caso deve pagare soltanto il valore del suolo.

878. ***Muro di cinta.*** — Il muro di cinta e ogni altro muro isolato che non abbia un'altezza superiore ai tre metri non è considerato per il computo della distanza indicata dall'art. 873.

Esso, quando è posto sul confine, può essere reso comune anche a scopo d'appoggio, purché non preesista al di là un edificio a distanza inferiore ai tre metri.

879. ***Edifici non soggetti all'obbligo delle distanze o a comunione forzosa.*** — Alla comunione forzosa non sono soggetti gli edifici appartenenti al demanio pubblico e quelli soggetti allo stesso regime, né gli edifici che sono riconosciuti di interesse storico, archeologico o artistico, a norma delle leggi in materia.[1] Il vicino non può neppure usare della facoltà concessa dall'art. 877.

Alle costruzioni che si fanno in confine con le piazze e le vie pubbliche non si applicano le norme relative alle distanze, ma devono osservarsi le leggi e i regolamenti che le riguardano.[1]

[1] V. D.lgs. 22 gen. 2004, n. 42 - Codice dei beni culturali e del paesaggio.

880. ***Presunzione di comunione del muro divisorio.*** — Il muro che serve di divisione tra edifici si presume comune fino alla sua sommità e, in caso di altezze ineguali, fino al punto in cui uno degli edifici comincia ad essere più alto.

Si presume parimenti comune il muro che serve di divisione tra cortili, giardini e orti o tra recinti nei campi.

881. ***Presunzione di proprietà esclusiva del muro divisorio.*** — Si presume che il muro divisorio tra i campi, cortili, giardini od orti appartenga al proprietario del fondo verso il quale esiste il piovente e in ragione del piovente medesimo.

Se esistono sporti, come cornicioni, mensole e simili, o vani che si addentrano oltre la metà della grossezza del muro, e gli uni e gli altri risultano costruiti col muro stesso, si presume che questo spetti al proprietario dalla cui parte gli sporti o i vani si presentano, anche se vi sia soltanto qualcuno di tali segni.

Se uno o più di essi sono da una parte, e uno o più dalla parte opposta, il muro è reputato comune: in ogni caso la positura del piovente prevale su tutti gli altri indizi.

882. ***Riparazioni del muro comune.*** — Le riparazioni e le ricostruzioni necessarie del muro comune sono a carico di tutti quelli che vi hanno diritto e in proporzione del diritto di ciascuno, salvo che la spesa sia stata cagionata dal fatto di uno dei partecipanti.

Il comproprietario di un muro comune può esimersi dall'obbligo di contribuire nelle spese di riparazione e ricostruzione, rinunziando al diritto di comunione, purché il muro comune non sostenga un edificio di sua spettanza.

La rinunzia non libera il rinunziante dall'obbligo delle riparazioni e ricostruzioni a cui abbia dato causa col fatto proprio.

883. ***Abbattimento di edificio appoggiato al muro comune.*** — Il proprietario che vuole atterrare un edificio sostenuto da un muro comune può rinunziare alla comunione di questo, ma deve farvi le riparazioni e le opere che la demolizione rende necessarie per evitare ogni danno al vicino.

884. ***Appoggio e immissione di travi e catene nel muro comune.*** — Il comproprietario di un muro comune può fabbricare appoggiandovi le sue costruzioni e può immettervi travi purché le mantenga a distanza di cinque centimetri dalla superficie opposta, salvo il diritto dell'altro comproprietario di fare accorciare la trave fino alla metà del muro, nel caso in cui egli voglia collocare una trave nello stesso luogo, aprirvi un incavo o appoggiarvi un camino. Il comproprietario può anche attraversare il muro comune con chiavi e catene di rinforzo, mantenendo la stessa distanza. Egli è tenuto in ogni caso a riparare i danni causati dalle opere compiute.

Non può fare incavi nel muro comune, né eseguirvi altra opera che ne comprometta la stabilità o che in altro modo lo danneggi.

885. ***Innalzamento del muro comune.*** — Ogni comproprietario può innalzare il muro comune, ma sono a suo carico tutte le spese di costruzione e conservazione della parte sopraedificata. Anche questa può dal vicino essere resa comune a norma dell'art. 874.

Se il muro non è atto a sostenere la sopraedificazione, colui che l'esegue è tenuto a ricostruirlo o a rinforzarlo a sue spese. Per il maggiore spessore che sia necessario, il muro deve essere costruito sul suolo proprio, salvo che esigenze tecniche impongano di costruirlo su quello del vicino. In entrambi i casi il muro ricostruito o ingrossato resta di proprietà comune, e il vicino deve essere indennizzato di ogni danno prodotto dall'esecuzione delle opere. Nel secondo caso il vicino ha diritto di conseguire anche il valore della metà del suolo occupato per il maggiore spessore.

Qualora il vicino voglia acquistare la comunione

della parte sopraelevata del muro, si tiene conto, nel calcolare il valore di questa, anche delle spese occorse per la ricostruzione o per il rafforzamento.

886. ***Costruzione del muro di cinta.*** — Ciascuno può costringere il vicino a contribuire per metà nella spesa di costruzione dei muri di cinta che separano le rispettive case, i cortili e i giardini posti negli abitati. L'altezza di essi, se non è diversamente determinata dai regolamenti locali o dalla convenzione, deve essere di tre metri.

887. ***Fondi a dislivello negli abitati.*** — Se di due fondi posti negli abitati uno è superiore e l'altro inferiore, il proprietario del fondo superiore deve sopportare per intero le spese di costruzione e conservazione del muro dalle fondamenta all'altezza del proprio suolo, ed entrambi i proprietari devono contribuire per tutta la restante altezza.

Il muro deve essere costruito per metà sul terreno del fondo inferiore e per metà sul terreno del fondo superiore.

888. ***Esonero dal contributo nelle spese.*** — Il vicino si può esimere dal contribuire nelle spese di costruzione del muro di cinta o divisorio, cedendo, senza diritto a compenso, la metà del terreno su cui il muro di separazione deve essere costruito. In tal caso il muro è di proprietà di colui che l'ha costruito, salva la facoltà del vicino di renderlo comune al sensi dell'art. 874, senza obbligo però di pagare la metà del valore del suolo su cui il muro è stato costruito.

889. ***Distanze per pozzi, cisterne, fosse e tubi.*** — Chi vuole aprire pozzi, cisterne, fosse di latrina o di concime presso il confine, anche se su questo si trova un muro divisorio, deve osservare la distanza di almeno due metri tra il confine e il punto più vicino del perimetro interno delle opere predette.

Per i tubi d'acqua pura o lurida, per quelli del gas e simili e loro diramazioni deve osservarsi la distanza di almeno un metro dal confine.

Sono salve in ogni caso le disposizioni dei regolamenti locali.

890. ***Distanze per fabbriche e depositi nocivi o pericolosi.*** — Chi presso il confine, anche se su questi si trova un muro divisorio, vuole fabbricare forni, camini, magazzini di sale, stalle e simili, o vuol collocare materie umide o esplodenti o in altro modo nocivo, ovvero impiantare macchinari, per i quali può sorgere pericolo di danni, deve osservare le distanze stabilite dai regolamenti e, in mancanza, quelle necessarie a preservare i fondi vicini da ogni danno alla solidità, salubrità e sicurezza.

891. ***Distanze per canali e fossi.*** — Chi vuole scavare fossi o canali presso il confine, se non dispongono in modo diverso i regolamenti locali, deve osservare una distanza eguale alla profondità del fosso o canale. La distanza si misura dal confine al ciglio della sponda più vicina, la quale deve essere a scarpa naturale ovvero munita di opere di sostegno. Se il confine si trova in un fosso comune o in una via privata, la distanza si misura dal ciglio a ciglio o dal ciglio al lembo esteriore della via.

892. ***Distanze per gli alberi.*** — Chi vuole piantare alberi presso il confine deve osservare le distanze stabilite dai regolamenti e, in mancanza, dagli usi locali. Se gli uni e gli altri non dispongono, devono essere osservate le seguenti distanze dal confine:

1) tre metri per gli alberi di alto fusto. Rispetto alle distanze, si considerano alberi di alto fusto quelli il cui fusto, semplice o diviso in rami, sorge ad altezza notevole, come sono i noci, i castagni, le querce, i pini, i cipressi, gli olmi, i pioppi, i platani, e simili;

2) un metro e mezzo per gli alberi di non alto fusto. Sono reputati tali quelli il cui fusto, sorto ad altezza non superiore a tre metri, si diffonde in rami;

3) mezzo metro per le viti, gli arbusti, le siepi vive, le piante da frutto di altezza non maggiore di due metri e mezzo.

La distanza deve essere però di un metro, qualora le siepi siano di ontano, di castagno o di altre piante simili che si recidono periodicamente vicino al ceppo, e di due metri per le siepi di robinie.

La distanza si misura dalla linea del confine alla base esterna del tronco dell'albero nel tempo della piantagione, o dalla linea stessa al luogo dove fu fatta la semina.

Le distanze anzidette non si devono osservare se sul confine esiste un muro divisorio proprio o comune, purché le piante siano tenute ad altezza che non ecceda la sommità del muro.

893. ***Alberi presso strade, canali e sul confine di boschi.*** — Per gli alberi che nascono o si piantano nei boschi, sul confine con terreni non boschivi, o lungo le strade o le sponde dei canali, si osservano, trattandosi di boschi, canali e strade di proprietà privata, i regolamenti e, in mancanza, gli usi locali. Se gli uni e gli altri non dispongono, si osservano le distanze prescritte dall'articolo precedente.

894. ***Alberi a distanza non legale.*** — Il vicino può esigere che si estirpino gli alberi e le siepi che sono piantati o nascono a distanza minore di quelle indicate dagli articoli precedenti.

895. ***Divieto di ripiantare alberi a distanza non legale.*** — Se si è acquistato il diritto di tenere alberi a distanza minore di quelle sopra indicate, e l'albero muore o viene reciso o abbattuto, il vicino non può sostituirlo, se non osservando la distanza legale.

La disposizione non si applica quando gli alberi fanno parte di un filare situato lungo il confine.

896. ***Recisione di rami protesi e di radici.*** — Quegli sul cui fondo si protendono i rami degli alberi del vicino può in qualunque tempo costringerlo a tagliarli, e può egli stesso tagliare le radici che si addentrano nel suo fondo, salvi però in ambedue i casi i regolamenti e gli usi locali.

Se gli usi locali non dispongono diversamente, i frutti naturalmente caduti dai rami protesi sul fondo del vicino appartengono al proprietario del fondo su cui sono caduti.

Se a norma degli usi locali i frutti appartengono al proprietario dell'albero, per la raccolta di essi si applica il disposto dell'art. 843.

896-*bis*. *Distanze minime per gli apiari.* [1] — Gli apiari devono essere collocati a non meno di dieci metri da strade di pubblico transito e a non meno di cinque metri dai confini di proprietà pubbliche o private.

Il rispetto delle distanze di cui al primo comma non è obbligatorio se tra l'apiario e i luoghi ivi indicati esistono dislivelli di almeno due metri o se sono interposti, senza soluzioni di continuità, muri, siepi o altri ripari idonei a non consentire il passaggio delle api. Tali ripari devono avere una altezza di almeno due metri. Sono comunque fatti salvi gli accordi tra le parti interessate. Nel caso di accertata presenza di impianti industriali saccariferi, gli apiari devono rispettare una distanza minima di un chilometro dai suddetti luoghi di produzione.

[1] Articolo inserito dall'art. 8 L. 24 dic. 2004, n. 313.

897. *Comunione di fossi.* — Ogni fosso interposto tra due fondi si presume comune.

Si presume che il fosso appartenga al proprietario che se ne serve per gli scoli delle sue terre, o al proprietario del fondo dalla cui parte è il getto della terra o lo spurgo ammucchiatovi da almeno tre anni.

Se uno o più di tali segni sono da una parte e uno o più dalla parte opposta, il fosso si presume comune.

898. *Comunione di siepi.* — Ogni siepe tra due fondi si presume comune ed è mantenuta a spese comuni, salvo che vi sia termine di confine o altra prova in contrario.

Se uno solo dei fondi è recinto, si presume che la siepe appartenga al proprietario del fondo recinto, ovvero di quello dalla cui parte si trova la siepe stessa in relazione ai termini di confine esistenti.

899. *Comunione di alberi.* — Gli alberi sorgenti nella siepe comune sono comuni.

Gli alberi sorgenti sulla linea di confine si presumono comuni, salvo titolo o prova in contrario.

Gli alberi che servono di limite o che si trovano nella siepe comune non possono essere tagliati, se non di comune consenso o dopo che l'autorità giudiziaria abbia riconosciuto la necessità o la convenienza del taglio.

SEZIONE VII
Delle luci e delle vedute

900. *Specie di finestre.* — Le finestre o altre aperture sul fondo del vicino sono di due specie: luci, quando danno passaggio alla luce e all'aria, ma non permettono di affacciarsi sul fondo del vicino; vedute o prospetti, quando permettono di affacciasi e di guardare di fronte, obliquamente o lateralmente.

901. *Luci.* — Le luci che si aprono sul fondo del vicino devono:

1) essere munite di un'inferriata idonea a garantire la sicurezza del vicino e di una grata fissa in metallo le cui maglie non siano maggiori di tre centimetri quadrati;

2) avere il lato inferiore a un'altezza non minore di due metri e mezzo dal pavimento o dal suolo del luogo al quale si vuole dare luce e aria, se esse sono al piano terreno, e non minore di due metri, se sono ai piani superiori;

3) avere il lato inferiore a un'altezza non minore di due metri e mezzo dal suolo del fondo vicino, a meno che si tratti di locale che sia in tutto o in parte a livello inferiore al suolo del vicino e la condizione dei luoghi non consenta di osservare l'altezza stessa.

902. *Apertura priva dei requisiti prescritti per le luci.* — L'apertura che non ha i caratteri di veduta o di prospetto è considerata come luce, anche se non sono state osservate le prescrizioni indicate dall'art. 901.

Il vicino ha sempre il diritto di esigere che essa sia resa conforme alle prescrizioni dell'articolo predetto.

903. *Luci nel muro proprio o nel muro comune.* — Le luci possono essere aperte dal proprietario del muro contiguo al fondo altrui.

Se il muro è comune, nessuno dei proprietari può aprire luci senza il consenso dell'altro; ma chi ha sopraelevato il muro comune può aprirle nella maggiore altezza a cui il vicino non abbia voluto contribuire.

904. *Diritto di chiudere le luci.* — La presenza di luci in un muro non impedisce al vicino di acquistare la comunione del muro medesimo né di costruire in aderenza.

Chi acquista la comunione del muro non può chiudere le luci se ad esso non appoggia il suo edificio.

905. *Distanza per l'apertura di vedute dirette e balconi.* — Non si possono aprire vedute dirette verso il fondo chiuso o non chiuso e neppure sopra il tetto del vicino, se tra il fondo di questo e la faccia esteriore del muro in cui si aprono le vedute dirette non vi è la distanza di un metro e mezzo.

Non si possono parimenti costruire balconi o altri sporti, terrazze, lastrici solari e simili, muniti di parapetto che permetta di affacciarsi sul fondo del vicino, se non vi è la distanza di un metro e mezzo tra questo fondo e la linea esteriore di dette opere.

Il divieto cessa allorquando tra i due fondi vicini vi è una via pubblica.

906. ***Distanza per l'apertura di vedute laterali od oblique.*** — Non si possono aprire vedute laterali od oblique sul fondo del vicino se non si osserva la distanza di settantacinque centimetri, la quale deve misurarsi dal più vicino lato della finestra o dal più vicino sporto.

907. ***Distanza delle costruzioni dalle vedute.*** — Quando si è acquistato il diritto di avere vedute dirette verso il fondo vicino, il proprietario di questo non può fabbricare a distanza minore di tre metri, misurata a norma dell'art. 905.

Se la veduta diretta forma anche veduta obliqua, la distanza di tre metri deve pure osservarsi dai lati della finestra da cui la veduta obliqua si esercita.

Se si vuole appoggiare la nuova costruzione al muro in cui sono le dette vedute dirette od oblique, essa deve arrestarsi almeno a tre metri sotto la loro soglia.

SEZIONE VIII
Dello stillicidio

908. ***Scarico delle acque piovane.*** — Il proprietario deve costruire i tetti in maniera che le acque piovane scolino nel suo terreno e non può farle cadere nel fondo del vicino.

Se esistono pubblici colatoi deve provvedere affinché le acque piovane vi siano immesse con gronde o canali. Si osservano in ogni caso i regolamenti locali e le leggi sulla polizia idraulica.

SEZIONE IX
Delle acque[1]

[1] Cfr. per le acque pubbliche, il T.U. 11 dic. 1933, n. 1775; la L. 18 ott. 1942, n. 1426 per la misura di potenza.

909. ***Diritto sulle acque esistenti nel fondo.*** — Il proprietario del suolo ha il diritto di utilizzare le acque in esso esistenti, salve le disposizioni delle leggi speciali per le acque pubbliche e per le acque sotterranee.

Egli può anche disporne a favore d'altri, qualora non osti il diritto di terzi; ma, dopo essersi servito delle acque, non può divertirle in danno d'altri fondi.

910. ***Uso delle acque che limitano o attraversano un fondo.***[1]

[1] Articolo abrog. dall'art. 2, c. 1, D.P.R. 18 feb. 1999, n. 238.

911. ***Apertura di nuove sorgenti e altre opere.*** — Chi vuole aprire sorgenti, stabilire capi o aste di fonte e in genere eseguire opere per estrarre acque dal sottosuolo o costruire canali o acquedotti, oppure scavarne, profondarne o allargarne il letto, aumentarne o diminuirne il pendio o variarne la forma, deve, oltre le distanze stabilite nell'art. 891, osservare le maggiori distanze ed eseguire le opere che siano necessarie per non recare pregiudizio ai fondi altrui, sorgenti, capi o aste di fonte, canali o acquedotti preesistenti e destinati all'irrigazione dei terreni o agli usi domestici o industriali.

912. ***Conciliazione di opposti interessi.*** — Se sorge controversia tra i proprietari a cui un'acqua non pubblica può essere utile, l'autorità giudiziaria deve valutare l'interesse dei singoli proprietari nei loro rapporti e rispetto ai vantaggi che possono derivare all'agricoltura o all'industria dall'uso a cui l'acqua è destinata o si vuol destinare.

L'autorità giudiziaria può assegnare un'indennità ai proprietari che sopportino diminuzione del proprio diritto.

In tutti i casi devono osservarsi le disposizioni delle leggi sulle acque e sulle opere idrauliche.

913. ***Scolo delle acque.*** — Il fondo inferiore è soggetto a ricevere le acque che dal fondo più elevato scolano naturalmente, senza che sia intervenuta l'opera dell'uomo.

Il proprietario del fondo inferiore non può impedire questo scolo, né il proprietario del fondo superiore può renderlo più gravoso.

Se per opere di sistemazione agraria dell'uno o dell'altro fondo si rende necessaria una modificazione del deflusso naturale delle acque, è dovuta un'indennità al proprietario del fondo a cui la modificazione stessa ha recato pregiudizio.

914. ***Consorzi per regolare il deflusso delle acque.*** — Qualora per esigenze della produzione si debba provvedere a opere di sistemazione degli scoli, di soppressione di ristagni o di raccolta di acque, l'autorità amministrativa, su richiesta della maggioranza degli interessati o anche d'ufficio, può costituire un consorzio tra i proprietari dei fondi che traggono beneficio dalle opere stesse.

Si applicano a tale consorzio le disposizioni del secondo e del terzo comma dell'art. 921.

915. ***Riparazione di sponde e argini.***[1] — Qualora le sponde o gli argini che servivano di ritegno alle acque siano stati in tutto o in parte distrutti o atterrati, ovvero per la naturale variazione del corso delle acque si renda necessario costruire nuovi argini o ripari, e il proprietario del fondo non provveda sollecitamente a ripararli o a costruirli, ciascuno dei proprietari che hanno sofferto o possono ricevere danno può provvedervi previa autorizzazione del *tribunale* che provvede in via di urgenza.

Le opere devono essere eseguite in modo che il proprietario del fondo, in cui esse si compiono non ne subisca danno, eccetto quello temporaneo causato dall'esecuzione delle opere stesse.

[1] Articolo così modif. dall'art. 149, D.lgs. 19 feb. 1998, n. 51 con decorrenza dal 2 giu. 1999.

916. ***Rimozione degli ingombri.*** — Le disposizioni dell'articolo precedente si applicano anche quando si tratta di togliere un ingombro formatosi sulla superficie di un fondo o in un fosso, rivo, colatoio o altro alveo, a causa di materie in essi impigliate, in modo che le acque danneggino o minaccino di danneggiare i fondi vicini.

917. ***Spese per la riparazione, costruzione o rimozione.*** — Tutti i proprietari, ai quali torna utile che le sponde e gli argini siano conservati o costruiti e gli ingombri rimossi, devono contribuire nella spesa in proporzione del vantaggio che ciascuno ne ritrae.

Tuttavia, se la distruzione degli argini, la variazione delle acque o l'ingombro dei loro corsi deriva da colpa di alcuno dei proprietari, le spese di conservazione, di costruzione o di riparazione gravano esclusivamente su di lui, salvo in ogni caso il risarcimento dei danni.

918. ***Consorzi volontari.*** — Possono costituirsi in consorzio i proprietari di fondi vicini che vogliano riunire e usare in comune le acque defluenti dal medesimo bacino di alimentazione o da bacini contigui.

L'adesione degli interessati e il regolamento del consorzio devono risultare da atto scritto.

Il regolamento del consorzio è deliberato dalla maggioranza calcolata in base all'estensione dei terreni a cui serve l'acqua.

919. ***Scioglimento del consorzio.*** — Lo scioglimento del consorzio non ha luogo se non quando è deliberato da una maggioranza eccedente i tre quarti, o quando, potendosi la divisione effettuare senza grave danno, essa è domandata da uno degli interessati.

920. ***Norme applicabili.*** — Salvo quanto è disposto dagli articoli precedenti, si applicano ai consorzi volontari ivi indicati le norme stabilite per la comunione.

921. ***Consorzi coattivi.*** — Nel caso indicato dall'art. 918, il consorzio può anche essere costituito d'ufficio dall'autorità amministrativa, allo scopo di provvedere a una migliore utilizzazione delle acque.

Per le forme di costituzione e il funzionamento si osservano le norme stabilite per i consorzi di miglioramento fondiario.

Il consorzio può anche procedere all'espropriazione dei singoli diritti, mediante il pagamento delle dovute indennità.

CAPO III
Dei modi di acquisto della proprietà

922. ***Modi di acquisto.*** — La proprietà si acquista per occupazione, per invenzione, per accessione, per specificazione, per unione o commistione, per usucapione, per effetto di contratti, per successione a causa di morte e negli altri modi stabiliti dalla legge.

SEZIONE I
Dell'occupazione e dell'invenzione

923. ***Cose suscettibili di occupazione.*** — Le cose mobili che non sono proprietà di alcuno si acquistano con l'occupazione.

Tali sono le cose abbandonate e gli animali che formano oggetto di caccia o di pesca.

924. ***Sciami di api.*** — Il proprietario di sciami di api ha diritto d'inseguirli sul fondo altrui, ma deve indennità per il danno cagionato al fondo; se non li ha inseguiti entro due giorni o ha cessato durante due giorni d'inseguirli, può prenderli e ritenerli il proprietario del fondo.

925. ***Animali mansuefatti.*** — Gli animali mansuefatti possono essere inseguiti dal proprietario nel fondo altrui, salvo il diritto del proprietario del fondo a indennità per il danno.

Essi appartengono a chi se ne è impossessato, se non sono reclamati entro venti giorni da quando il proprietario ha avuto conoscenza del luogo dove si trovano.

926. ***Migrazione di colombi, conigli e pesci.*** — I conigli o pesci che passano ad un'altra conigliera o peschiera si acquistano dal proprietario di queste, purché non vi siano stati attirati con arte o con frode.

La stessa norma si osserva per i colombi che passano ad altra colombaia, salve le diverse disposizioni di legge sui colombi viaggiatori.

927. ***Cose ritrovate.*** — Chi trova una cosa mobile deve restituirla al proprietario, e, se non lo conosce, deve consegnarla senza ritardo al sindaco del luogo in cui l'ha trovata, indicando le circostanze del ritrovamento.[1]

[1] Cfr. per gli oggetti rinvenuti negli aeroporti, la L. 18 mag. 1967, n. 401, il D.M. 1 ago. 1967 e il D.M. 7 set. 1967. Per le cose di interesse artistico e storico, v. D.lgs. 22 gen. 2004, n. 42.

928. ***Pubblicazione del ritrovamento.*** — Il sindaco rende nota la consegna per mezzo di pubblicazione nell'albo pretorio del comune, da farsi per due domeniche successive e da restare affissa per tre giorni ogni volta.

929. ***Acquisto di proprietà della cosa ritrovata.*** — Trascorso un anno dall'ultimo giorno della pubblicazione senza che si presenti il proprietario, la cosa oppure il suo prezzo, se le circostanze ne hanno richiesto la vendita, appartiene a chi l'ha trovata.

Così il proprietario come il ritrovatore, riprendendo la cosa o ricevendo il prezzo, devono pagare le spese occorse.

930. ***Premio dovuto al ritrovatore.*** — Il proprietario deve pagare a titolo di premio al ritrovatore, se questi lo richiede, il decimo della somma o del prezzo della cosa ritrovata.

Se tale somma o prezzo eccede euro 5,16, il premio per il sovrappiù è solo del ventesimo.

Se la cosa non ha valore commerciale, la misura del premio è fissata dal giudice secondo il suo prudente apprezzamento.

931. ***Equiparazione del possessore o detentore al proprietario.*** — Agli effetti delle disposizioni contenute negli artt. 927 e seguenti, al proprietario sono equiparati, secondo le circostanze, il possessore e il detentore.

932. ***Tesoro.*** — Tesoro è qualunque cosa mobile di pregio, nascosta o sotterrata, di cui nessuno può provare d'essere proprietario.

Il tesoro appartiene al proprietario del fondo su cui si trova. Se il tesoro è trovato nel fondo altrui, purché sia stato scoperto per solo effetto del caso, spetta per metà al proprietario del fondo e per metà al ritrovatore. La stessa disposizione si applica se il tesoro è scoperto in una cosa mobile altrui.

Per il ritrovamento degli oggetti d'interesse storico, archeologico, paletnologico, paleontologico e artistico si osservano le disposizioni delle leggi speciali.[1]

[1] V. nota all'art. 879.

933. ***Rigetti del mare e piante sul lido. Relitti aeronautici.*** — I diritti sopra le cose gettate in mare o sopra quelle che il mare rigetta e sopra le piante e le erbe che crescono lungo le rive del mare sono regolati dalle leggi speciali.

Parimenti si osservano le leggi speciali per il ritrovamento di aeromobili e di relitti di aeromobili.[1]

[1] V. c.n. 510-513 e 993-995.

SEZIONE II

Dell'accessione, della specificazione, dell'unione e della commistione

934. ***Opere fatte sopra o sotto il suolo.*** — Qualunque piantagione, costruzione od opera esistente sopra o sotto il suolo appartiene al proprietario di questo, salvo quanto è disposto dagli artt. 935, 936, 937 e 938 e salvo che risulti diversamente dal titolo o dalla legge.[1]

[1] Cfr. per le addizioni nell'enfiteusi 975, nell'usufrutto 986, nel possesso 1150, nella locazione 1593.

935. ***Opere fatte dal proprietario del suolo con materiali altrui.*** — Il proprietario del suolo che ha fatto costruzioni, piantagioni od opere con materiali altrui deve pagarne il valore, se la separazione non è chiesta dal proprietario dei materiali, ovvero non può farsi senza che si rechi grave danno all'opera costruita o senza che perisca la piantagione. Deve inoltre, anche nel caso che si faccia la separazione, il risarcimento dei danni, se è in colpa grave.

In ogni caso la rivendicazione dei materiali non è ammessa trascorsi sei mesi dal giorno in cui il proprietario ha avuto notizia dell'incorporazione.

936. ***Opere fatte da un terzo con materiali propri.*** — Quando le piantagioni, costruzioni od opere sono state fatte da un terzo con suoi materiali, il proprietario del fondo ha diritto di ritenerle o di obbligare colui che le ha fatte a levarle.

Se il proprietario preferisce di ritenerle, deve pagare a sua scelta il valore dei materiali e il prezzo della mano d'opera oppure l'aumento di valore recato al fondo.

Se il proprietario del fondo domanda che siano tolte, esse devono togliersi a spese di colui che le ha fatte. Questi può inoltre essere condannato al risarcimento dei danni.

Il proprietario non può obbligare il terzo a togliere le piantagioni, costruzioni od opere, quando sono state fatte a sua scienza e senza opposizione o quando sono state fatte dal terzo in buona fede.

La rimozione non può essere domandata trascorsi sei mesi dal giorno in cui il proprietario ha avuto notizia dell'incorporazione.

937. ***Opere fatte da un terzo con materiali altrui.*** — Se le piantagioni, costruzioni o altre opere sono state fatte da un terzo con materiali altrui, il proprietario di questi può rivendicarli, previa separazione a spese del terzo, se la separazione può ottenersi senza grave danno delle opere e del fondo.

La rivendicazione non è ammessa trascorsi sei mesi dal giorno in cui il proprietario ha avuto notizia dell'incorporazione.

Nel caso che la separazione dei materiali non sia richiesta o che i materiali siano inseparabili, il terzo che ne ha fatto uso e il proprietario del suolo che sia stato in mala fede sono tenuti in solido al pagamento di un'indennità pari al valore dei materiali stessi. Il proprietario dei materiali può anche esigere tale indennità dal proprietario del suolo, ancorché in buona fede, limitatamente al prezzo che da questo fosse ancora dovuto. Può altresì chiedere il risarcimento dei danni, tanto nei confronti del terzo che ne abbia fatto uso senza il suo consenso, quanto nei confronti del proprietario del suolo che in mala fede abbia autorizzato l'uso.

938. ***Occupazione di porzione di fondo attiguo.*** — Se nella costruzione di un edificio si occupa in buona fede una porzione del fondo attiguo, e il proprietario di questo non fa opposizione entro tre mesi dal giorno in cui ebbe inizio la costruzione, l'autorità giudiziaria, tenuto conto delle circostanze, può attribuire al costruttore la proprietà dell'edificio e del suolo occupato. Il costruttore è tenuto a pagare al proprietario del suolo il doppio del valore della superficie occupata, oltre il risarcimento dei danni.

939. ***Unione e commistione.*** — Quando più cose appartenenti a diversi proprietari sono state unite o mescolate in guisa da formare un solo tutto, ma sono separabili senza notevole deterioramento, ciascuno conserva la proprietà della cosa sua e ha diritto di ottenerne la separazione. In caso diverso, la proprietà ne diventa comune in proporzione del valore delle cose spettanti a ciascuno.

Quando però una delle cose si può riguardare come principale o è di molto superiore per valore, ancorché serva all'altra di ornamento, il proprietario della cosa principale acquista la proprietà del tutto. Egli ha l'obbligo di pagare all'altro il valore della cosa che vi è unita o mescolata; ma se l'unione o la mescolanza è avvenuta senza il suo consenso ad opera del proprietario della cosa accessoria, egli non è obbligato a corrispondere che la somma minore tra l'aumento di valore apportato alla cosa principale e il valore della cosa accessoria.

È inoltre dovuto il risarcimento dei danni in caso di colpa grave.

940. ***Specificazione.*** — Se taluno ha adoperato una materia che non gli apparteneva per formare una nuova cosa, possa o non possa la materia riprendere la sua prima forma, ne acquista la proprietà pagando al proprietario il prezzo della materia, salvo che il valore della materia sorpassi notevolmente quello della mano d'opera. In quest'ultimo caso la cosa spetta al proprietario della materia, il quale deve pagare il prezzo della mano d'opera.

941. ***Alluvione.*** — Le unioni di terra e gli incrementi, che si formano successivamente e impercettibilmente nei fondi posti lungo le rive dei fiumi o torrenti, appartengono al proprietario del fondo, salvo quanto è disposto dalle leggi speciali.

942. ***Terreni abbandonati dalle acque correnti.***[1] — I terreni abbandonati dalle acque correnti, che insensibilmente si ritirano da una delle rive portandosi sull'altra, appartengono al demanio pubblico, senza che il confinante della riva opposta possa reclamare il terreno perduto.

Ai sensi del primo comma, si intendono per acque correnti i fiumi, i torrenti e le altre acque definite pubbliche dalle leggi in materia.

Quanto stabilito al primo comma vale anche i terreni abbandonati dal mare, dai laghi, dalle lagune e dagli stagni appartenenti al demanio pubblico.

[1] Articolo così sost. dall'art. 1 della L. 5 gen. 1994, n. 37.

943. ***Laghi e stagni.*** — Il terreno che l'acqua copre quando essa è all'altezza dello sbocco del lago o dello stagno appartiene al proprietario del lago o dello stagno, ancorché il volume dell'acqua venga a scemare.

Il proprietario non acquista alcun diritto sopra la terra lungo la riva che l'acqua ricopre nei casi di piena straordinaria.

944. ***Avulsione.*** — Se un fiume o torrente stacca per forza istantanea una parte considerevole e riconoscibile di un fondo contiguo al suo corso e la trasporta verso un fondo inferiore o verso l'opposta riva, il proprietario del fondo al quale si è unita la parte staccata ne acquista la proprietà. Deve però pagare all'altro proprietario una indennità nei limiti del maggior valore recato al fondo dall'avulsione.

945. ***Isole e unioni di terra.*** — Le isole e unioni di terra che si formano nel letto dei fiumi o torrenti appartengono al demanio pubblico.

[...][1]

[1] Gli originari comma secondo e terzo sono stati abrog. dall'art. 2, L. 5 gen. 1994, n. 37.

946. ***Alveo abbandonato.***[1] — Se un fiume o torrente si forma un nuovo letto, abbandonando l'antico, il terreno abbandonato rimane assoggettato al regime proprio del demanio pubblico.

[1] Articolo così sost. dall'art. 3, L. 5 gen. 1994, n. 37.

947. ***Mutamenti del letto dei fiumi derivanti da regolamento del loro corso.***[1] — Le disposizioni degli art. 942, 945 e 946 si applicano ai terreni comunque abbandonati sia a seguito di eventi naturali che per fatti artificiali indotti dall'attività antropica, ivi comprendendo anche i terreni abbandonati per fenomeni di inalveamento.

La disposizione dell'art. 941 non si applica nel caso in cui le alluvioni derivano da regolamento del corso dei fiumi, da bonifiche o da altri fatti artificiali indotti dall'attività antropica.

In ogni caso è esclusa la sdemanializzazione tacita dei beni del demanio idrico.

[1] Articolo così sost. dall'art. 4, L. 5 gen. 1994, n. 37.

CAPO IV

Delle azioni a difesa della proprietà

948. ***Azione di rivendicazione.*** — Il proprietario può rivendicare la cosa da chiunque la possiede o detiene e può proseguire l'esercizio dell'azione anche se costui, dopo la domanda, ha cessato, per fatto proprio, di possedere o detenere la cosa. In tal caso il convenuto è obbligato a ricuperarla per l'attore a proprie spese, o, in mancanza, a corrispondergliene il valore, oltre a risarcirgli il danno.

Il proprietario, se consegue direttamente dal nuovo possessore o detentore la restituzione della cosa, è tenuto a restituire al precedente possessore o detentore la somma ricevuta in luogo di essa.

L'azione di rivendicazione non si prescrive, salvi gli effetti dell'acquisto della proprietà da parte di altri per usucapione.

949. ***Azione negatoria.*** — Il proprietario può agire per far dichiarare l'inesistenza di diritti affermati da altri sulla cosa, quando ha motivo di temerne pregiudizio.

Se sussistono anche turbative o molestie, il proprietario può chiedere che se ne ordini la cessazione, oltre la condanna al risarcimento del danno.

950. ***Azione di regolamento di confini.*** —

Quando il confine tra due fondi è incerto, ciascuno dei proprietari può chiedere che sia stabilito giudizialmente.

Ogni mezzo di prova è ammesso.

In mancanza di altri elementi, il giudice si attiene al confine delineato dalle mappe catastali.[1]

[1] Cfr. il D.P.R. 26 ott. 1972, n. 650, per la revisione del sistema catastale e i decreti pubblicati ogni anno, con i coefficienti di aggiornamento delle rendite del nuovo catasto edilizio urbano.

951. ***Azione per apposizione di termini.*** — Se i termini tra fondi contigui mancano o sono diventati irriconoscibili, ciascuno dei proprietari ha diritto di chiedere che essi siano apposti o ristabiliti a spese comuni.

TITOLO III
Della superficie

952. ***Costituzione del diritto di superficie.*** — Il proprietario può costituire il diritto di fare e mantenere al disopra del suolo una costruzione a favore di altri, che ne acquista la proprietà.

Del pari può alienare la proprietà della costruzione già esistente, separatamente dalla proprietà del suolo.

953. ***Costituzione a tempo determinato.*** — Se la costituzione del diritto è stata fatta per un tempo determinato, allo scadere del termine il diritto di superficie si estingue e il proprietario del suolo diventa proprietario della costruzione.

954. ***Estinzione del diritto di superficie.*** — L'estinzione del diritto di superficie per scadenza del termine importa l'estinzione dei diritti reali imposti dal superficiario. I diritti gravanti sul suolo si estendono alla costruzione, salvo, per le ipoteche, il disposto del primo comma dell'art. 2816.

I contratti di locazione, che hanno per oggetto la costruzione, non durano se non per l'anno in corso alla scadenza del termine.

Il perimento della costruzione non importa, salvo patto contrario, l'estinzione del diritto di superficie.

Il diritto di fare la costruzione sul suolo altrui si estingue per prescrizione per effetto del non uso protratto per venti anni.

955. ***Costruzioni al disotto del suolo.*** — Le disposizioni precedenti si applicano anche nel caso in cui è concesso il diritto di fare e mantenere costruzioni al disotto del suolo altrui.

956. ***Divieto di proprietà separata delle piantagioni.*** — Non può essere costituita o trasferita la proprietà delle piantagioni separatamente dalla proprietà del suolo.

TITOLO IV
Dell'enfiteusi

957. ***Disposizioni inderogabili.*** — L'enfiteusi, salvo che il titolo disponga altrimenti, è regolata dalle norme contenute negli articoli seguenti.[1]

Il titolo non può tuttavia derogare alle norme contenute negli artt. 958, secondo comma, 961, secondo comma, [962], 965, 968, 971 e 973.

[1] V. anche L. 22 lug. 1966, n. 607, L. 18 dic. 1970, n. 1138, e L. 14 giu. 1974, n. 270.

958. ***Durata.*** — L'enfiteusi può essere perpetua o a tempo.

L'enfiteusi temporanea non può essere costituita per una durata inferiore ai venti anni.

959. ***Diritti dell'enfiteuta.*** — L'enfiteuta ha gli stessi diritti che avrebbe il proprietario sui frutti del fondo, sul tesoro e relativamente alle utilizzazioni del sottosuolo in conformità delle disposizioni delle leggi speciali.[1]

Il diritto dell'enfiteuta si estende alle accessioni.

[1] V. R.D. 29 lug. 1927, n. 1443.

960. ***Obblighi dell'enfiteuta.*** — L'enfiteuta ha l'obbligo di migliorare il fondo e di pagare al concedente un canone periodico. Questo può consistere in una somma di danaro ovvero in una quantità fissa di prodotti naturali.

L'enfiteuta non può pretendere remissione o riduzione del canone per qualunque insolita sterilità del fondo o perdita di frutti.

961. ***Pagamento del canone.*** — L'obbligo del pagamento del canone grava solidalmente su tutti i coenfiteuti e sugli eredi dell'enfiteuta finché dura la comunione.

Nel caso in cui segua la divisione e il fondo venga goduto separatamente dagli enfiteuti o dagli eredi, ciascuno risponde per gli obblighi inerenti all'enfiteusi proporzionalmente al valore della sua porzione.

962. ***Revisione del canone.***[1]

[1] Articolo abrog. dall'art. 18 della L. 22 lug. 1966, n. 607 recante norme in materia di enfiteusi e prestazioni fondiarie perpetue.

963. ***Perimento totale o parziale del fondo.*** — Quando il fondo enfiteutico perisce interamente, l'enfiteusi si estingue.

Se è perita una parte notevole del fondo e il canone risulta sproporzionato al valore della parte residua, l'enfiteuta, secondo le circostanze, può chiedere una congrua riduzione del canone, o rinunziare al suo diritto, restituendo il fondo al concedente, salvo il diritto al rimborso dei miglioramenti sulla parte residua.

La domanda di riduzione del canone e la rinunzia al diritto non sono ammesse, decorso un anno dall'avvenuto perimento.

Qualora il fondo sia assicurato e l'assicurazione sia fatta anche nell'interesse del concedente, l'indennità è ripartita tra il concedente e l'enfiteuta in proporzione del valore dei rispetti diritti.

Nel caso di espropriazione per pubblico interesse, l'indennità si ripartisce a norma del comma precedente.

964. ***Imposte e altri pesi.*** — Le imposte e gli altri pesi che gravano sul fondo sono a carico dell'enfiteuta, salve le disposizioni delle leggi speciali.

Se in virtu del titolo costitutivo sono a carico del concedente, tale obbligo non può eccedere l'ammontare del canone.

965. ***Disponibilità del diritto dell'enfiteuta.*** — L'enfiteuta può disporre del proprio diritto, sia per atto tra vivi, sia per atto di ultima volontà.

Per l'alienazione del diritto dell'enfiteuta non è dovuta alcuna prestazione al concedente.

Nell'atto costitutivo può essere vietato all'enfiteuta di disporre per atto tra vivi, in tutto o in parte, del proprio diritto, per un tempo non maggiore di venti anni.

Nel caso di alienazione compiuta contro tale divieto, l'enfiteuta non è liberato dai suoi obblighi verso il concedente ed è tenuto a questi solidalmente con l'acquirente.

966. ***Prelazione a favore del concedente.***[1]

[1] Articolo abrog. dall'art. 10 della L. 18 dic. 1970, n. 1138.

967. ***Diritti e obblighi dell'enfiteuta e del concedente in caso di alienazione.*** — In caso di alienazione, il nuovo enfiteuta è obbligato solidalmente col precedente al pagamento dei canoni non soddisfatti.

Il precedente enfiteuta non è liberato dai suoi obblighi, prima che sia stato notificato l'atto di acquisto al concedente.

In caso di alienazione del diritto del concedente, l'acquirente non può pretendere l'adempimento degli obblighi dell'enfiteuta prima che a questo sia stata notificata l'alienazione.

968. ***Subenfiteusi.*** — La subenfiteusi non è ammessa.

969. ***Ricognizione.*** — Il concedente può richiedere la ricognizione del proprio diritto da chi si trova nel possesso del fondo enfiteutico, un anno prima del compimento del ventennio.

Per l'atto di ricognizione non è dovuta alcuna prestazione. Le spese dell'atto sono a carico del concedente.

970. ***Prescrizione del diritto dell'enfiteuta.*** — Il diritto dell'enfiteuta si prescrive per effetto del non uso protratto per venti anni (*Att.* 252).

971. ***Affrancazione.***

[...][1]

Se più sono gli enfiteuti, la affrancazione può promuoversi anche da uno solo di essi, ma per la totalità. In questo caso l'affrancante subentra nei diritti del concedente verso gli altri enfiteuti, salva, a favore di questi, una riduzione proporzionale del canone.

Se più sono i concedenti, l'affrancazione può effettuarsi per la quota che spetta a ciascun concedente.

L'affrancazione si opera mediante il pagamento di una somma risultante dalla capitalizzazione del canone annuo sulla base dell'interesse legale. Le modalità sono stabilite da leggi speciali (*Att.* 58).

[1] I primi tre commi sono stati abrog. dall'art. 10, c. 1, L. 18 dic. 1970, n. 1138.

972. ***Devoluzione.***[1] — Il concedente può chiedere la devoluzione del fondo enfiteutico:

1) se l'enfiteuta deteriora il fondo o non adempie all'obbligo di migliorarlo;

2) se l'enfiteuta è in mora nel pagamento di due annualità di canone. La devoluzione non ha luogo se l'enfiteuta ha effettuato il pagamento dei canoni maturati prima che sia intervenuta nel giudizio sentenza, ancorché di primo grado, che abbia accolto la domanda.

La domanda di devoluzione non preclude all'enfiteuta il diritto di affrancare sempre che ricorrano le condizioni previste dall'art. 971.

[1] Articolo così modif. dall'art. 8, L. 22 lug. 1966, n. 607, e dall'art. 10, L. 18 dic. 1970, n. 1138.

973. ***Clausola risolutiva espressa.***[1] — La dichiarazione del concedente di valersi della clausola risolutiva espressa non impedisce l'esercizio del diritto di affrancazione.

[1] Articolo così modif. dall'art. 9 della L. 22 lug. 1966, n. 607.

974. ***Diritti dei creditori dell'enfiteuta.*** — I creditori dell'enfiteuta possono intervenire nel giudizio di devoluzione per conservare le loro ragioni, valendosi all'uopo anche del diritto di affrancazione che spetti all'enfiteuta; possono offrire il risarcimento dei danni e dare cauzione per l'avvenire.

I creditori, che hanno iscritto ipoteca contro l'enfiteuta anteriormente alla trascrizione della domanda di devoluzione e ai quali questa non è stata notificata in tempo utile per poter intervenire, conservano il diritto di affrancazione anche dopo avvenuta la devoluzione.

975. ***Miglioramenti e addizioni.*** — Quando cessa l'enfiteusi, all'enfiteuta spetta il rimborso dei miglioramenti nella misura dell'aumento di valore conseguito dal fondo per effetto dei miglioramenti stessi, quali sono accertati al tempo della riconsegna.

Se in giudizio è stata fornita qualche prova della sussistenza in genere dei miglioramenti, all'enfiteuta compete la ritenzione del fondo fino a quando non è soddisfatto il suo credito.

Per le addizioni fatte dall'enfiteuta, quando possono essere tolte senza nocumento del fondo, il concedente, se vuole ritenerle, deve pagarne il valore al tempo della riconsegna. Se le addizioni non sono separabili senza nocumento e costituiscono miglioramento, si applica la disposizione del primo comma di questo articolo (*Trans.* 157).

976. *Locazioni concluse dall'enfiteuta.* — Per le locazioni concluse dall'enfiteuta si applicano le norme dell'art. 999.

977. *Enfiteusi costituite dalle persone giuridiche.* — Le disposizioni contenute negli articoli precedenti si applicano anche alle enfiteusi costituite dalle persone giuridiche, salvo che sia disposto diversamente dalle leggi speciali.

TITOLO V
Dell'usufrutto, dell'uso e dell'abitazione

CAPO I
Dell'usufrutto

SEZIONE I
Disposizioni generali

978. *Costituzione.* — L'usufrutto è stabilito dalla legge o dalla volontà dell'uomo. Può anche acquistarsi per usucapione.

979. *Durata.* — La durata dell'usufrutto non può eccedere la vita dell'usufruttuario.

L'usufrutto costituito a favore di una persona giuridica non può durare più di trent'anni.

980. *Cessione dell'usufrutto.* — L'usufruttuario può cedere il proprio diritto per un certo tempo o per tutta la sua durata, se ciò non è vietato dal titolo costitutivo.

La cessione dev'essere notificata al proprietario; finché non sia stata notificata, l'usufruttuario è solidalmente obbligato con il cessionario verso il proprietario.

SEZIONE II
Dei diritti nascenti dall'usufrutto

981. *Contenuto del diritto di usufrutto.* — L'usufruttuario ha diritto di godere della cosa, ma deve rispettarne la destinazione economica.

Egli può trarre dalla cosa ogni utilità che questa può dare, fermi i limiti stabiliti in questo capo.

982. *Possesso della cosa.* — L'usufruttuario ha il diritto di conseguire il possesso della cosa di cui ha l'usufrutto, salvo quanto è disposto dall'art. 1002.

983. *Accessioni.* — L'usufrutto si estende a tutte le accessioni della cosa.

Se il proprietario dopo l'inizio dell'usufrutto, con il consenso dell'usufruttuario, ha fatto nel fondo costruzioni o piantagioni, l'usufruttuario è tenuto a corrispondere gli interessi sulle somme impiegate. La norma si applica anche nel caso in cui le costruzioni o piantagioni sono state fatte per disposizione della pubblica autorità.

984. *Frutti.* — I frutti naturali e i frutti civili spettano all'usufruttuario per la durata del suo diritto.

Se il proprietario e l'usufruttuario si succedono nel godimento della cosa entro l'anno agrario o nel corso di un periodo produttivo di maggiore durata, l'insieme di tutti i frutti si ripartisce fra l'uno e l'altro in proporzione della durata del rispettivo diritto nel periodo stesso (*Trans.* 150).

Le spese per la produzione e il raccolto sono a carico del proprietario e dell'usufruttuario nella proporzione indicata dal comma precedente ed entro i limiti del valore dei frutti.

985. *Miglioramenti.* — L'usufruttuario ha diritto a un'indennità per i miglioramenti che sussistono al momento della restituzione della cosa.

L'indennità si deve corrispondere nella minor somma tra l'importo della spesa e l'aumento di valore conseguito dalla cosa per effetto dei miglioramenti.

L'autorità giudiziaria, avuto riguardo alle circostanze, può disporre che il pagamento dell'indennità prevista dai commi precedenti sia fatto ratealmente, imponendo in questo caso idonea garanzia (*Trans.* 157).

986. *Addizioni.* — L'usufruttuario può eseguire addizioni che non alterino la destinazione economica della cosa.

Egli ha diritto di toglierle alla fine dell'usufrutto, qualora ciò possa farsi senza nocumento della cosa, salvo che il proprietario preferisca ritenere le addizioni stesse. In questo caso deve essere corrisposta all'usufruttuario un'indennità pari alla minor somma tra l'importo della spesa e il valore delle addizioni al tempo della riconsegna.

Se le addizioni non possono separarsi senza nocumento della cosa e costituiscono miglioramento di essa, si applicano le disposizioni relative ai miglioramenti (*Trans.* 157).

987. *Miniere, cave e torbiere.* — L'usufruttuario gode delle cave e torbiere già aperte e in esercizio all'inizio dell'usufrutto. Non ha facoltà di aprirne altre senza il consenso del proprietario.

Per le ricerche e le coltivazioni minerarie, di cui abbia ottenuto il permesso, l'usufruttuario deve indennizzare il proprietario dei danni che saranno accertati alla fine dell'usufrutto.

Se il permesso è stato ottenuto dal proprietario o da un terzo, questi devono all'usufruttuario un'indennità corrispondente al diminuito godimento del fondo durante l'usufrutto.

988. *Tesoro.* — Il diritto dell'usufruttuario non si estende al tesoro che si scopra durante l'usufrutto, salve le ragioni che gli possono competere come ritrovatore.

989. *Boschi, filari e alberi sparsi di alto fusto.*

— Se nell'usufrutto sono compresi boschi o filari cedui ovvero boschi o filari di alto fusto destinati alla produzione di legna, l'usufruttuario può procedere ai tagli ordinari, curando il mantenimento dell'originaria consistenza dei boschi o dei filari e provvedendo, se occorre, alla loro ricostituzione.

Circa il modo, l'estensione, l'ordine e l'epoca dei tagli, l'usufruttuario è tenuto a uniformarsi, oltre che alle leggi e ai regolamenti forestali, alla pratica costante della regione.

Le stesse regole si applicano agli alberi di alto fusto sparsi per la campagna, destinati ad essere tagliati.

990. ***Alberi di alto fusto divelti, spezzati o periti.*** — Gli alberi di alto fusto, divelti, spezzati o periti per accidente spettano al proprietario. L'usufruttuario può servirsi di essi soltanto per le riparazioni che sono a suo carico.

991. ***Alberi fruttiferi.*** — Gli alberi fruttiferi che periscono e quelli divelti o spezzati per accidente appartengono all'usufruttuario, ma questi ha l'obbligo di sostituirne altri.

992. ***Pali per vigne e per altre coltivazioni.*** — L'usufruttuario può prendere nei boschi i pali occorrenti per le vigne e per le altre coltivazioni che ne abbisognano, osservando sempre la pratica costante della regione.

993. ***Semenzai.*** — L'usufruttuario può servirsi dei piantoni dei semenzai, ma deve osservare la pratica costante della regione per il tempo e il modo dell'estrazione e per la rimessa dei virgulti.

994. ***Perimento delle mandre o dei greggi.*** — Se l'usufrutto è stabilito sopra una mandra o un gregge, l'usufruttuario è tenuto a surrogare gli animali periti, fino alla concorrente quantità dei nati, dopo che la mandra o il gregge ha cominciato ad essere mancante del numero primitivo.

Se la mandra o il gregge perisce interamente per causa non imputabile all'usufruttuario, questi non è obbligato verso il proprietario che a rendere conto delle pelli o del loro valore.

995. ***Cose consumabili.*** — Se l'usufrutto comprende cose consumabili, l'usufruttuario ha diritto di servirsene e ha l'obbligo di pagarne il valore al termine dell'usufrutto secondo la stima convenuta.

Mancando la stima, è in facoltà dell'usufruttuario di pagare le cose secondo il valore che hanno al tempo in cui finisce l'usufrutto o di restituirne altre in eguale qualità e quantità.

996. ***Cose deteriorabili.*** — Se l'usufrutto comprende cose che, senza consumarsi in un tratto, si deteriorano a poco a poco, l'usufruttuario ha diritto di servirsene secondo l'uso al quale sono destinate, e alla fine dell'usufrutto è soltanto tenuto a restituirle nello stato in cui si trovano.

997. ***Impianti, opifici e macchinari.*** — Se l'usufrutto comprende impianti, opifici o macchinari che hanno una destinazione produttiva, l'usufruttuario è tenuto a riparare e a sostituire durante l'usufrutto le parti che si logorano, in modo da assicurare il regolare funzionamento delle cose suddette. Se l'usufruttuario ha sopportato spese che eccedono quelle delle ordinarie riparazioni, il proprietario, al termine dell'usufrutto, è tenuto a corrispondergli una congrua indennità.

998. ***Scorte vive e morte.*** — Le scorte vive e morte di un fondo devono essere restituite in eguale quantità e qualità. L'eccedenza o la deficienza di esse deve essere regolata in danaro, secondo il loro valore al termine dell'usufrutto.

999. ***Locazioni concluse dall'usufruttuario.*** — Le locazioni concluse dall'usufruttuario, in corso al tempo della cessazione dell'usufrutto, purché constino da atto pubblico o da scrittura privata di data certa anteriore, continuano per la durata stabilita, ma non oltre il quinquennio dalla cessazione dell'usufrutto.

Se la cessazione dell'usufrutto avviene per la scadenza del termine stabilito, le locazioni non durano in ogni caso se non per l'anno, e, trattandosi di fondi rustici dei quali il principale raccolto è biennale o triennale, se non per il biennio o triennio che si trova in corso al tempo in cui cessa l'usufrutto (*Trans.* 151).

1000. ***Riscossione di capitali.*** — Per la riscossione di somme che rappresentano un capitale gravato d'usufrutto, è necessario il concorso del titolare del credito e dell'usufruttuario. Il pagamento fatto a uno solo di essi non è opponibile all'altro, salve in ogni caso le norme relative alla cessione dei crediti.

Il capitale riscosso dev'essere investito in modo fruttifero e su di esso si trasferisce l'usufrutto. Se le parti non sono d'accordo sul modo d'investimento, provvede l'autorità giudiziaria.

SEZIONE III
Degli obblighi nascenti dall'usufrutto

1001. ***Obbligo di restituzione. Misura della diligenza.*** — L'usufruttuario deve restituire le cose che formano oggetto del suo diritto, al termine dell'usufrutto, salvo quando è disposto dall'art. 995.

Nel godimento della cosa egli deve usare la diligenza del buon padre di famiglia.

1002. ***Inventario e garanzia.*** — L'usufruttuario prende le cose nello stato in cui si trovano.

Egli è tenuto a fare a sue spese l'inventario dei beni, previo avviso al proprietario. Quando l'usufruttuario è dispensato dal fare l'inventario, questo può essere richiesto dal proprietario a sue spese.

L'usufruttuario deve inoltre dare idonea garanzia. Dalla prestazione della garanzia sono dispensati i genitori che hanno l'usufrutto legale sui beni dei loro figli minori. Sono anche dispensati il venditore e il donante con riserva d'usufrutto; ma, qualora questi cedano l'usufrutto, il cessionario è tenuto a prestare garanzia.

L'usufruttuario non può conseguire il possesso dei beni prima di avere adempiuto agli obblighi suindicati.

1003. ***Mancanza o insufficienza della garanzia.*** — Se l'usufruttuario non presta la garanzia a cui è tenuto, si osservano le disposizioni seguenti:

– gli immobili sono locati o messi sotto amministrazione salva la facoltà dell'usufruttuario di farsi assegnare per propria abitazione una casa compresa nell'usufrutto. La amministrazione è affidata, con il consenso dell'usufruttuario, al proprietario o altrimenti a un terzo scelto di comune accordo tra proprietario e usufruttuario o, in mancanza di tale accordo, nominato dall'autorità giudiziaria (*Att.* 59);

– il danaro è collocato a interesse;

– i titoli al portatore si convertono in nominativi a favore del proprietario con il vincolo dell'usufrutto, ovvero si depositano presso una terza persona, scelta dalle parti, o presso un istituto di credito, la cui designazione in caso di dissenso, è fatta dall'autorità giudiziaria (*Att.* 59);[1]

– le derrate sono vendute e il loro prezzo è parimenti collocato a interesse.

In questi casi appartengono all'usufruttuario gli interessi dei capitali, la rendita, le pigioni e i fitti.

Se si tratta di mobili i quali si deteriorano con l'uso, il proprietario può chiedere che siano venduti e ne sia impiegato il prezzo come quello delle derrate. L'usufruttuario può nondimeno domandare che gli siano lasciati i mobili necessari per il proprio uso.

[1] Per la procedura da seguire, per la nomina dell'amministratore o per la designazione dell'istituto di credito v. *Att.* 59 che determina anche la competenza e le modalità per il reclamo.

1004. ***Spese a carico dell'usufruttuario.*** — Le spese e, in genere, gli oneri relativi alla custodia, amministrazione e manutenzione ordinaria della cosa sono a carico dell'usufruttuario.

Sono pure a suo carico le riparazioni straordinarie rese necessarie dall'inadempimento degli obblighi di ordinaria manutenzione.

1005. ***Riparazioni straordinarie.*** — Le riparazioni straordinarie sono a carico del proprietario.

Riparazioni straordinarie sono quelle necessarie ad assicurare la stabilità dei muri maestri e delle volte, la sostituzione delle travi, il rinnovamento, per intero o per una parte notevole, dei tetti, solai, scale, argini, acquedotti, muri di sostegno o di cinta.

L'usufruttuario deve corrispondere al proprietario, durante l'usufrutto, l'interesse delle somme spese per le riparazioni straordinarie (*Trans.* 157).

1006. ***Rifiuto del proprietario alle riparazioni.*** — Se il proprietario rifiuta di eseguire le riparazioni poste a suo carico o ne ritarda l'esecuzione senza giusto motivo, è in facoltà dell'usufruttuario di farle eseguire a proprie spese. Le spese devono essere rimborsate alla fine dell'usufrutto senza interesse. A garanzia del rimborso l'usufruttuario ha diritto di ritenere l'immobile riparato (*Trans.* 152, 157).

1007. ***Rovina parziale di edificio accessorio.*** — Le disposizioni dei due articoli precedenti si applicano anche nel caso in cui, per vetustà o caso fortuito, rovini soltanto in parte l'edificio che formava accessorio necessario del fondo soggetto a usufrutto.

1008. ***Imposte e altri pesi a carico dell'usufruttuario.*** — L'usufruttuario è tenuto, per la durata del suo diritto, ai carichi annuali, come le imposte, i canoni, le rendite fondiarie e gli altri pesi che gravano sul reddito.

Per l'anno in corso al principio e alla fine dell'usufrutto questi carichi si ripartiscono tra il proprietario e l'usufruttuario in proporzione della durata del rispettivo diritto.

1009. ***Imposte e altri pesi a carico del proprietario.*** — Al pagamento dei carichi imposti sulla proprietà durante l'usufrutto, salvo diverse disposizioni di legge, è tenuto il proprietario, ma l'usufruttuario gli deve corrispondere l'interesse della somma pagata.

Se l'usufruttuario ne anticipa il pagamento, ha diritto di essere rimborsato del capitale alla fine dell'usufrutto.

1010. ***Passività gravanti su eredità in usufrutto.*** — L'usufruttuario di un'eredità o di una quota di eredità è obbligato a pagare per intero, o in proporzione della quota, le annualità e gli interessi dei debiti o dei legati da cui l'eredità stessa sia gravata.

Per il pagamento del capitale dei debiti o dei legati, che si renda necessario durante l'usufrutto, è in facoltà dell'usufruttuario di fornire la somma occorrente, che gli deve essere rimborsata senza interesse alla fine dell'usufrutto.

Se l'usufruttuario non può o non vuole fare questa anticipazione, il proprietario può pagare tale somma, sulla quale l'usufruttuario deve corrispondergli l'interesse durante l'usufrutto, o può vendere una porzione dei beni soggetti all'usufrutto fino alla concorrenza della somma dovuta.

Se per il pagamento dei debiti si rende necessaria la vendita dei beni, questa è fatta d'accordo tra proprietario e usufruttuario, salvo ricorso all'autorità giudiziaria in caso di dissenso. L'espropriazione forzata deve seguire contro ambedue.

1011. ***Ritenzione per le somme anticipate.*** — Nelle ipotesi contemplate dal secondo comma dell'art. 1009 e dal secondo comma dell'art. 1010, l'usufruttuario ha diritto di ritenzione sui beni che sono in suo possesso fino alla concorrenza della somma a lui dovuta (*Trans.* 152).

1012. ***Usurpazioni durante l'usufrutto e azioni relative alle servitù.*** — Se durante l'usufrutto un terzo commette usurpazione sul fondo o altrimenti offende le ragioni del proprietario, l'usufruttuario è tenuto a fargliene denunzia e, omettendola, è responsabile dei danni che eventualmente siano derivati al proprietario.

L'usufruttuario può far riconoscere l'esistenza delle servitù a favore del fondo o la inesistenza di quelle che si pretende di esercitare sul fondo medesimo; egli deve in questi casi chiamare in giudizio il proprietario.

1013. ***Spese per le liti.*** — Le spese delle liti che riguardano tanto la proprietà quanto l'usufrutto sono sopportate dal proprietario e dall'usufruttuario in proporzione del rispettivo interesse.

SEZIONE IV
Estinzione e modificazioni dell'usufrutto

1014. ***Estinzione dell'usufrutto.*** — Oltre quanto è stabilito dall'art. 979, l'usufrutto si estingue:

1) per prescrizione per effetto del non uso durato per venti anni (*Trans.* 252);

2) per la riunione dell'usufrutto e della proprietà nella stessa persona;

3) per il totale perimento della cosa su cui è costituito.

1015. ***Abusi dell'usufruttuario.*** — L'usufrutto può anche cessare per l'abuso che faccia l'usufruttuario del suo diritto alienando i beni o deteriorandoli o lasciandoli andare in perimento per mancanza di ordinarie riparazioni.

L'autorità giudiziaria può, secondo le circostanze, ordinare che l'usufruttuario dia garanzia qualora ne sia esente, o che i beni siano locati o posti sotto amministrazione a spese di lui, o anche dati in possesso al proprietario con l'obbligo di pagare annualmente all'usufruttuario, durante l'usufrutto, una somma determinata.

I creditori dell'usufruttuario possono intervenire nel giudizio per conservare le loro ragioni, offrire il risarcimento dei danni e dare garanzia per l'avvenire.

1016. ***Perimento parziale della cosa.*** — Se una sola parte della cosa soggetta all'usufrutto perisce, l'usufrutto si conserva sopra ciò che rimane.

1017. ***Perimento della cosa per colpa o dolo di terzi.*** — Se il perimento della cosa non è conseguenza di caso fortuito, l'usufrutto si trasferisce sull'indennità dovuta dal responsabile del danno.

1018. ***Perimento dell'edificio.*** — Se l'usufrutto è stabilito sopra un fondo, del quale fa parte un edificio, e questo viene in qualsiasi modo a perire, l'usufruttuario ha diritto di godere dell'area e dei materiali.

La stessa disposizione si applica se l'usufrutto è stabilito soltanto sopra un edificio. In tal caso, però, il proprietario, se intende costruire un altro edificio, ha il diritto di occupare l'area e di valersi dei materiali, pagando all'usufruttuario, durante l'usufrutto, gli interessi sulla somma corrispondente al valore dell'area e dei materiali.

1019. ***Perimento di cosa assicurata dall'usufruttuario.*** — Se l'usufruttuario ha provveduto all'assicurazione della cosa o al pagamento dei premi per la cosa già assicurata, l'usufrutto si trasferisce sull'indennità dovuta dall'assicuratore.

Se è perito un edificio e il proprietario intende di ricostruirlo con la somma conseguita come indennità, l'usufruttuario non può opporsi. L'usufrutto in questo caso si trasferisce sull'edificio ricostruito. Se però la somma impiegata nella ricostruzione è maggiore di quella spettante in usufrutto, il diritto dell'usufruttuario sul nuovo edificio è limitato in proporzione di questa ultima.

1020. ***Requisizione o espropriazione.*** — Se la cosa è requisita o espropriata per pubblico interesse, l'usufrutto si trasferisce sull'indennità relativa.

CAPO II
Dell'uso e dell'abitazione

1021. ***Uso.*** — Chi ha il diritto d'uso di una cosa può servirsi di essa e, se è fruttifera, può raccogliere i frutti per quanto occorre ai bisogni suoi e della sua famiglia.

I bisogni si devono valutare secondo la condizione sociale del titolare del diritto.

1022. ***Abitazione.*** — Chi ha il diritto di abitazione di una casa può abitarla limitatamente ai bisogni suoi e della sua famiglia.

1023. ***Ambito della famiglia.*** — Nella famiglia si comprendono anche i figli nati dopo che è cominciato il diritto d'uso o d'abitazione, quantunque nel tempo in cui il diritto è sorto la persona non avesse contratto matrimonio. Si comprendono inoltre i figli adottivi e i figli riconosciuti, anche se l'adozione o il riconoscimento sono seguiti dopo che il diritto era già sorto.[1] Si comprendono infine le persone che convivono con il titolare del diritto per prestare a lui o alla sua famiglia i loro servizi (*Trans.* 153).

[1] Periodo così sost. dall'art. 90, D.lgs. 28 dic. 2013, n. 154, in vigore dal 7 feb. 2014.

1024. ***Divieto di cessione.*** — I diritti di uso e di abitazione non si possono cedere o dare in locazione.

1025. ***Obblighi inerenti all'uso e all'abitazione.*** — Chi ha l'uso di un fondo e ne raccoglie tutti i frutti o chi ha il diritto di abitazione e occupa tutta la casa è tenuto alle spese di coltura, alle riparazioni ordinarie e al pagamento dei tributi come l'usufruttuario.

Se non raccoglie che una parte dei frutti o non occupa che una parte della casa, contribuisce in proporzione di ciò che gode.

1026. ***Applicabilità delle norme sull'usufrutto.*** — Le disposizioni relative all'usufrutto si applicano, in quanto compatibili, all'uso e all'abitazione (*Att.* 252).

TITOLO VI
Delle servitù prediali[1]

[1] Per le servitù militari v. L. 20 dic. 1932, n. 1849. Per le servitù aeronautiche, L. 23 giu. 1927, n. 1630.

CAPO I
Disposizioni generali

1027. ***Contenuto del diritto.*** — La servitù prediale consiste nel peso imposto sopra un fondo per l'utilità di un altro fondo appartenente a diverso proprietario.

1028. ***Nozione dell'utilità.*** — L'utilità può consistere anche nella maggiore comodità o amenità del fondo dominante. Può del pari essere inerente alla destinazione industriale del fondo.

1029. ***Servitù per vantaggio futuro.*** — È ammessa la costituzione di una servitù per assicurare a un fondo un vantaggio futuro.

È ammessa altresì a favore o a carico di un edificio da costruire o di un fondo da acquistare; ma in questo caso la costituzione non ha effetto se non dal giorno in cui l'edificio è costruito o il fondo è acquistato.

1030. ***Prestazioni accessorie.*** — Il proprietario del fondo servente non è tenuto a compiere alcun atto per rendere possibile l'esercizio della servitù da parte del titolare, salvo che la legge o il titolo disponga altrimenti.

1031. ***Costituzione delle servitù.*** — Le servitù prediali possono essere costituite coattivamente o volontariamente. Possono anche essere costituite per usucapione (*Trans.* 158) o per destinazione del padre di famiglia.

CAPO II
Delle servitù coattive

1032. ***Modi di costituzione.*** — Quando, in forza di legge, il proprietario di un fondo ha diritto di ottenere da parte del proprietario di un altro fondo la costituzione di una servitù, questa, in mancanza di contratto, è costituita con sentenza. Può anche essere costituita con atto dell'autorità amministrativa nei casi specialmente determinati dalla legge.

La sentenza stabilisce le modalità della servitù e determina l'indennità dovuta.

Prima del pagamento dell'indennità il proprietario del fondo servente può opporsi all'esercizio della servitù.

SEZIONE I
Dell'acquedotto e dello scarico coattivo[1]

[1] Cfr. per la servitù di elettrodotto, gli artt. 119-128 del T.U. 11 dic. 1983, n. 1775 sulle acque pubbliche e sugli impianti elettrici.

1033. ***Obbligo di dare passaggio alle acque.*** — Il proprietario è tenuto a dare passaggio per i suoi fondi alle acque di ogni specie che si vogliono condurre da parte di chi ha, anche solo temporaneamente, il diritto di utilizzarle per i bisogni della vita o per usi agrari o industriali.

Sono esenti da questa servitù le case, i cortili, i giardini e le aie ad esse attinenti.

1034. ***Apertura di nuovo acquedotto.*** — Chi ha diritto di condurre acque per il fondo altrui deve costruire il necessario acquedotto, ma non può far defluire le acque negli acquedotti già esistenti e destinati al corso di altre acque.

Il proprietario del fondo soggetto alla servitù può tuttavia impedire la costruzione, consentendo il passaggio nei propri acquedotti già esistenti, qualora ciò non rechi notevole pregiudizio alla condotta che si domanda. In tal caso al proprietario dell'acquedotto è dovuta una indennità da determinarsi avuto riguardo all'acqua che s'introduce, al valore dell'acquedotto, alle opere che si rendono necessarie per il nuovo passaggio e alle maggiori spese di manutenzione.

La facoltà indicata dal comma precedente non è consentita al proprietario del fondo servente nei confronti della pubblica amministrazione.

1035. ***Attraversamento di acquedotti.*** — Chi vuol condurre l'acqua per il fondo altrui può attraversare al disopra o al disotto gli acquedotti preesistenti, appartengano essi al proprietario del fondo o ad altri, purché esegua le opere necessarie a impedire ogni danno o alterazione degli acquedotti stessi.

1036. ***Attraversamento di fiumi o di strade.*** — Se per la condotta delle acque occorre attraversare strade pubbliche o corsi di acque pubbliche, si osservano le leggi e i regolamenti sulle strade e sulle acque.

1037. ***Condizioni per la costituzione della servitù.*** — Chi vuol far passare le acque sul fondo altrui deve dimostrare che può disporre dell'acqua durante il tempo per cui chiede il passaggio; che la medesima è sufficiente per l'uso al quale si vuol destinare; che il passaggio richiesto è il più conveniente e il meno pregiudizievole al fondo servente, avuto riguardo alle condizioni dei fondi vicini, al pendio e alle altre condizioni per la condotta, per il corso e lo sbocco delle acque.

1038. ***Indennità per l'imposizione della servitù.*** — Prima d'imprendere la costruzione dell'acquedotto, chi vuol condurre acqua per il fondo altrui deve pagare il valore, secondo la stima, dei terreni da occupare, senza detrazione delle imposte, e degli altri carichi inerenti al fondo, oltre l'indennità per i danni, ivi compresi quelli derivanti dalla separazione in due o più parti o da altro deterioramento del fondo da intersecare.

Per i terreni, però, che sono occupati soltanto per il deposito delle materie estratte e per il getto dello spurgo non si deve pagare che la metà del valore del suolo, e sempre senza detrazione delle imposte e degli altri carichi inerenti; ma nei terreni medesimi il proprietario del fondo servente può fare piantagioni e rimuovere e trasportare le materie ammucchiate, purché tutto segua senza danno dell'acquedotto, del suo spurgo e della sua riparazione.

1039. ***Indennità per il passaggio temporaneo.*** — Qualora il passaggio delle acque sia domandato per un tempo non maggiore di nove anni, il pagamento dei valori e delle indennità indicati dall'articolo precedente è ristretto alla sola metà, ma con l'obbligo, scaduto il termine, di rimettere le cose nel primitivo stato.

Il passaggio temporaneo può essere reso perpetuo prima della scadenza del termine mediante il pagamento dell'altra metà con gli interessi legali dal giorno in cui il passaggio è stato praticato; scaduto il termine, non si tiene più conto di ciò che è stato pagato per la concessione temporanea.

1040. ***Uso dell'acquedotto.*** — Chi possiede un acquedotto nel fondo altrui non può immettervi maggiore quantità di acqua, se l'acquedotto non ne è capace o ne può venir danno al fondo servente.

Se l'introduzione di una maggior quantità d'acqua esige nuove opere, queste non possono farsi, se prima non se ne determinano la natura e la qualità e non si paga la somma dovuta per il suolo da occupare e per i danni nel modo stabilito all'art. 1038.

La stessa disposizione si applica anche quando per il passaggio attraverso un acquedotto occorre sostituire una tomba a un ponte-canale o viceversa.

1041. ***Letto dell'acquedotto.*** — È sempre in facoltà del proprietario del fondo servente di far determinare stabilmente il letto dell'acquedotto con l'apposizione di capisaldi o soglie da riportarsi a punti fissi. Se però di tale facoltà egli non ha fatto uso al tempo della concessione dell'acquedotto, deve sopportare la metà delle spese occorrenti.

1042. ***Obblighi inerenti all'uso di corsi contigui a fondi altrui.*** — Se un corso d'acqua impedisce ai proprietari dei fondi contigui l'accesso ai medesimi, o la continuazione dell'irrigazione o dello scolo delle acque, coloro che si servono di quel corso sono obbligati, in proporzione del beneficio che ne ritraggono, a costruire e a mantenere i ponti e i loro accessi sufficienti per un comodo e sicuro transito, come pure le botti sotterranee, i ponti-canali o altre opere simili per continuare l'irrigazione o lo scolo, salvi i diritti derivanti dal titolo o dall'usucapione.

1043. ***Scarico coattivo.*** — Le disposizioni contenute negli articoli precedenti per il passaggio delle acque si applicano anche se il passaggio è domandato al fine di scaricare acque sovrabbondanti che il vicino non consente di ricevere nel suo fondo.

Lo scarico può essere anche domandato per acque impure, purché siano adottate le precauzioni atte a evitare qualsiasi pregiudizio o molestia.

1044. ***Bonifica.*** — Ferme le disposizioni delle leggi sulla bonifica e sul vincolo forestale,[1] il proprietario che intende prosciugare o bonificare le sue terre con fognature, con colmate o altri mezzi ha diritto, premesso il pagamento dell'indennità e col minor danno possibile, di condurre per fogne o per fossi le acque di scolo attraverso i fondi che separano le sue terre da un corso d'acqua o da qualunque altro colatoio.

Se il prosciugamento risulta in contrasto che gli interessi di coloro che utilizzano le acque provenienti dal fondo paludoso, e se gli opposti interessi non si possono conciliare con opportune opere che importino una spesa proporzionata allo scopo, l'autorità giudiziaria dà le disposizioni per assicurare l'interesse prevalente, avuto in ogni caso riguardo alle esigenze generali della produzione. Se si fa luogo al prosciugamento, può essere assegnata una congrua indennità a coloro che al prosciugamento si sono opposti.

[1] V. R.D.L. 30 dic. 1923, n. 3267 e Regol. 16 mag. 1926, n. 1126.

1045. ***Utilizzazione di fogne o di fossi altrui.*** — I proprietari dei fondi attraversati da fogne o da fossi altrui, o che altrimenti possono approfittare dei lavori fatti in forza dell'articolo precedente, hanno facoltà di servirsene, per risanare i loro fondi, a condizione che non ne venga danno ai fondi già risanati e che essi sopportino le nuove spese occorrenti per modificare le opere già eseguite, affinché queste siano in grado di servire anche ai fondi attraversati, e inoltre, sopportino una parte proporzionale delle spese già fatte e di quelle richieste per il mantenimento delle opere, le quali divengono comuni.

1046. ***Norme per l'esecuzione delle opere.*** — Nell'esecuzione delle opere indicate dagli articoli precedenti sono applicabili le disposizioni del secondo comma dell'art. 1033 e degli artt. 1035 e 1036.

SEZIONE II

Dell'appoggio e dell'infissione di chiusa

1047. ***Contenuto della servitù.*** — Chi ha diritto di derivare acque da fiumi, torrenti, rivi, canali, laghi o serbatoi può, qualora sia necessario, appoggiare o infiggere una chiusa alle sponde, con l'obbligo però di pagare l'indennità e di fare e mantenere le opere atte ad assicurare i fondi da ogni danno.

1048. ***Obblighi degli utenti.*** — Nella derivazione e nell'uso delle acque a norma del precedente articolo, deve evitarsi tra gli utenti superiori e gli inferiori ogni vicendevole pregiudizio che possa provenire dallo stagnamento, dal rigurgito o dalla diversione delle acque medesime.

SEZIONE III

Della somministrazione coattiva di acqua a un edificio o a un fondo

1049. ***Somministrazione di acqua a un edificio.*** — Se a una casa o alle sue dipendenze manca l'acqua necessaria per l'alimentazione degli uomini o degli animali e per gli altri usi domestici, e non è possibile procurarla senza eccessivo dispendio, il proprietario del fondo vicino deve consentire che sia dedotta l'acqua di sopravanzo nella misura indispensabile per le necessità anzidette.

Prima che siano iniziati i lavori, deve pagarsi il valore dell'acqua, che si chiede di dedurre, calcolato per un'annualità. Si devono altresì sostenere tutte le spese per le opere di prese e di derivazione. Si applicano inoltre le disposizioni del primo comma dell'art. 1038.

In mancanza di convenzione, la sentenza determina le modalità della derivazione e l'indennità dovuta.

Qualora si verifichi un mutamento nelle condizioni originarie, la derivazione può essere soppressa su istanza dell'una o dell'altra parte.

1050. ***Somministrazione di acqua a un fondo.*** — Le norme stabilite dall'articolo precedente si applicano anche se il proprietario di un fondo non ha acqua per irrigarlo, quando le acque del fondo vicino consentono una parziale somministrazione, dopo soddisfatto ogni bisogno domestico, agricolo o industriale.

Le disposizioni di questo articolo e del precedente non si applicano nel caso in cui delle acque si dispone in forza di concessione amministrativa.

SEZIONE IV

Del passaggio coattivo

1051. ***Passaggio coattivo.*** — Il proprietario, il cui fondo è circondato da fondi altrui, e che non ha uscita sulla via pubblica né può procurarsela senza eccessivo dispendio o disagio, ha diritto di ottenere il passaggio sul fondo vicino per la coltivazione e il conveniente uso del proprio fondo (*Trans.* 154).

Il passaggio si deve stabilire in quella parte per cui l'accesso alla via pubblica è più breve e riesce di minore danno al fondo sul quale è consentito. Esso può essere stabilito anche mediante sottopassaggio, qualora ciò sia preferibile, avuto riguardo al vantaggio del fondo dominante e al pregiudizio del fondo servente.

Le stesse disposizioni si applicano nel caso in cui taluno, avendo un passaggio sul fondo altrui, abbia bisogno ai fini suddetti di ampliarlo per il transito dei veicoli anche a trazione meccanica.

Sono esenti da questa servitù le case, i cortili, i giardini e le aie ad esse attinenti.

1052. ***Passaggio coattivo a favore di fondo non intercluso.*** — Le disposizioni dell'articolo precedente si possono applicare anche se il proprietario del fondo ha un accesso alla via pubblica, ma questo è inadatto o insufficiente ai bisogni del fondo e non può essere ampliato.

Il passaggio può essere concesso dall'autorità giudiziaria solo quando questa riconosce che la domanda risponde alle esigenze dell'agricoltura o dell'industria.

1053. ***Indennità.*** — Nei casi previsti dai due articoli precedenti è dovuta un'indennità proporzionata al danno cagionato dal passaggio.

Qualora, per attuare il passaggio, sia necessario occupare con opere stabili o lasciare incolta una zona del fondo servente, il proprietario che lo domanda deve, prima d'imprendere le opere o d'iniziare il passaggio, pagare il valore della zona predetta nella misura stabilita dal primo comma dell'art. 1038.

1054. ***Interclusione per effetto di alienazione o di divisione.*** — Se il fondo è divenuto da ogni parte chiuso per effetto di alienazione a titolo oneroso, il proprietario ha diritto di ottenere dall'altro contraente il passaggio senza alcuna indennità (*Trans.* 154).

La stessa norma si applica in caso di divisione.

1055. ***Cessazione dell'interclusione.*** — Se il passaggio cessa di essere necessario, può essere soppresso in qualunque tempo a istanza del proprietario del fondo dominante o del fondo servente. Quest'ultimo deve restituire il compenso ricevuto; ma l'autorità giudiziaria può disporre una riduzione della somma, avuto riguardo alla durata della servitù e al danno sofferto. Se l'indennità fu convenuta in annualità, la prestazione cessa dall'anno successivo.

SEZIONE V

Dell'elettrodotto coattivo e del passaggio coattivo di linee teleferiche

1056. ***Passaggio di condutture elettriche.*** — Ogni proprietario è tenuto a dare passaggio per i suoi fondi alle condutture elettriche, in conformità delle leggi in materia.[1]

[1] V. T.U. 11 dic. 1933, n. 1775 sulle acque pubbliche e impianti elettrici (artt. 110-130).

1057. ***Passaggio di vie funicolari.*** — Ogni proprietario è parimenti tenuto a lasciar passare sopra il suo fondo le gomene di vie funicolari aeree a uso agrario o industriale e a tollerare sul fondo le opere, i meccanismi e le occupazioni necessarie a tale scopo, in conformità delle leggi in materia.[1]

[1] V. T.U. 11 dic. 1933, n. 1775 sulle acque pubbliche e impianti elettrici (artt. 110-130).

CAPO III
Delle servitù volontarie

1058. ***Modi di costituzione.*** — Le servitù prediali possono essere costituite per contratto o per testamento.

1059. ***Servitù concessa da uno dei comproprietari.*** — La servitù concessa da uno dei comproprietari di un fondo indiviso non è costituita se non quando gli altri l'hanno anche essi concessa unitamente o separatamente.

La concessione, però, fatta da uno dei comproprietari, indipendentemente dagli altri, obbliga il concedente e i suoi eredi o aventi causa a non porre impedimento all'esercizio del diritto concesso.

1060. ***Servitù costituite dal nudo proprietario.*** — Il proprietario può, senza il consenso dell'usufruttuario, imporre sul fondo le servitù che non pregiudicano il diritto di usufrutto.

CAPO IV
Delle servitù acquistate per usucapione e per destinazione del padre di famiglia

1061. ***Servitù non apparenti.*** — Le servitù non apparenti non possono acquistarsi per usucapione o per destinazione del padre di famiglia.

Non apparenti sono le servitù quando non si hanno opere visibili e permanenti destinate al loro esercizio.

1062. ***Destinazione del padre di famiglia.*** — La destinazione del padre di famiglia ha luogo quando consta, mediante qualunque genere di prova, che due fondi, attualmente divisi, sono stati posseduti dallo stesso proprietario, e che questi ha posto o lasciato le cose nello stato dal quale risulta la servitù.

Se i due fondi cessarono di appartenere allo stesso proprietario, senza alcuna disposizione relativa alla servitù, questa si intende stabilita attivamente e passivamente a favore e sopra ciascuno dei fondi separati.

CAPO V
Dell'esercizio delle servitù

1063. ***Norme regolatrici.*** — La estensione e l'esercizio delle servitù sono regolati dal titolo e, in mancanza, dalle disposizioni seguenti.

1064. ***Estensione del diritto di servitù.*** — Il diritto di servitù comprende tutto ciò che è necessario per usarne.

Se il fondo viene chiuso, il proprietario deve lasciarne libero e comodo l'ingresso a chi ha un diritto di servitù che renda necessario il passaggio per il fondo stesso.

1065. ***Esercizio conforme al titolo o al possesso.*** — Colui che ha un diritto di servitù non può usarne se non a norma del suo titolo o del suo possesso. Nel dubbio circa l'estensione e le modalità di esercizio, la servitù deve ritenersi costituita in guisa da soddisfare il bisogno del fondo dominante col minor aggravio del fondo servente.

1066. ***Possesso delle servitù.*** — Nelle questioni di possesso delle servitù si ha riguardo alla pratica dell'anno antecedente e, se si tratta di servitù esercitate a intervalli maggiori di un anno, si ha riguardo alla pratica dell'ultimo godimento.

1067. ***Divieto di aggravare o di diminuire l'esercizio della servitù.*** — Il proprietario del fondo dominante non può fare innovazioni che rendano più gravosa la condizione del fondo servente.

Il proprietario del fondo servente non può compiere alcuna cosa che tenda a diminuire l'esercizio della servitù o a renderlo più incomodo.

1068. ***Trasferimento della servitù in luogo diverso.*** — Il proprietario del fondo servente non può trasferire l'esercizio della servitù in luogo diverso da quello nel quale è stata stabilita originariamente.

Tuttavia, se l'originario esercizio è divenuto più gravoso per il fondo servente o se impedisce di fare lavori, riparazioni o miglioramenti, il proprietario del fondo servente può offrire al proprietario dell'altro fondo un luogo egualmente comodo per l'esercizio dei suoi diritti, e questi non può ricusarlo.

Il cambiamento di luogo per l'esercizio della servitù si può del pari concedere su istanza del proprietario del fondo dominante se questi prova che il cambiamento riesce per lui di notevole vantaggio e non reca danno al fondo servente.

L'autorità giudiziaria può anche disporre che la servitù sia trasferita su altro fondo del proprietario del fondo servente o di un terzo che vi acconsenta, purché l'esercizio di essa riesca egualmente agevole al proprietario del fondo dominante.

1069. ***Opere sul fondo servente.*** — Il proprietario del fondo dominante, nel fare le opere necessarie per conservare la servitù, deve scegliere il tempo e il modo che siano per recare minore incomodo al proprietario del fondo servente.

Egli deve fare le opere a sue spese, salvo che sia diversamente stabilito dal titolo o dalla legge.

Se però le opere giovano anche al fondo servente, le spese sono sostenute in proporzione dei rispettivi vantaggi.

1070. ***Abbandono del fondo servente.*** — Il proprietario del fondo servente, quando è tenuto in forza del titolo o della legge alle spese necessarie per l'uso o per la conservazione della servitù, può sempre liberarsene, rinunziando alla proprietà del fondo servente a favore del proprietario del fondo dominante.

Nel caso in cui l'esercizio della servitù sia limitato a una parte del fondo, la rinunzia può limitarsi alla parte stessa.

1071. ***Divisione del fondo dominante o del fondo servente.*** — Se il fondo dominante viene diviso, la servitù è dovuta a ciascuna porzione, senza che però si renda più gravosa la condizione del fondo servente.

Se il fondo servente viene diviso e la servitù ricade su una parte determinata del fondo stesso, le altre parti sono liberate.

CAPO VI

Dell'estinzione delle servitù

1072. ***Estinzione per confusione.*** — La servitù si estingue quando in una sola persona si riunisce la proprietà del fondo dominante con quella del fondo servente.

1073. ***Estinzione per prescrizione.*** — La servitù si estingue per prescrizione quando non se ne usa per venti anni (*Att.* 252).

Il termine decorre dal giorno in cui si è cessato di esercitarla; ma, se si tratta di servitù negativa o di servitù per il cui esercizio non è necessario il fatto dell'uomo, il termine decorre dal giorno in cui si è verificato un fatto che ne ha impedito l'esercizio.

Nelle servitù che si esercitano a intervalli, il termine decorre dal giorno in cui la servitù si sarebbe potuta esercitare e non ne fu ripreso l'esercizio.

Agli effetti dell'estinzione si computa anche il tempo per il quale la servitù non fu esercitata dai precedenti titolari.

Se il fondo dominante appartiene a più persone in comune, l'uso della servitù fatto da una di esse impedisce l'estinzione riguardo a tutte.

La sospensione o l'interruzione della prescrizione a vantaggio di uno dei comproprietari giova anche agli altri.

1074. ***Impossibilità di uso e mancanza di utilità.*** — L'impossibilità di fatto di usare della servitù e il venir meno dell'utilità della medesima non fanno estinguere la servitù, se non è decorso il termine indicato dall'articolo precedente.

1075. ***Esercizio limitato della servitù.*** — La servitù esercitata in modo da trarne un'utilità minore di quella indicata dal titolo si conserva per intero (*Trans.* 158).

1076. ***Esercizio della servitù non conforme al titolo o al possesso.*** — L'esercizio di una servitù in tempo diverso da quello determinato dal titolo o dal possesso non ne impedisce l'estinzione per prescrizione.

1077. ***Servitù costituite sul fondo enfiteutico.*** — Le servitù costituite dall'enfiteuta sul fondo enfiteutico cessano quando l'enfiteusi si estingue per decorso del termine, per prescrizione o per devoluzione.

1078. ***Servitù costituite a favore del fondo enfiteutico, dotale o in usufrutto.*** — Le servitù costituite dall'enfiteuta a favore del fondo enfiteutico non cessano con l'estinguersi dell'enfiteusi. Lo stesso vale per le servitù costituite dall'usufruttuario a favore del fondo di cui ha l'usufrutto o dal marito a favore del fondo dotale.[1]

[1] Per il divieto di costituzione di dote v. ora art. 166 *bis*.

CAPO VII

Delle azioni a difesa delle servitù

1079. ***Accertamento della servitù e altri provvedimenti di tutela.*** — Il titolare della servitù può farne riconoscere in giudizio l'esistenza contro chi ne contesta l'esercizio e può far cessare gli eventuali impedimenti e turbative. Può anche chiedere la rimessione delle cose in pristino, oltre il risarcimento dei danni.

CAPO VIII

Di alcune servitù in materia di acque

SEZIONE I

Della servitù di presa o di derivazione di acqua

1080. ***Presa d'acqua continua.*** — Il diritto alla presa di acqua continua si può esercitare in ogni istante.

1081. ***Modulo d'acqua.*** — Nelle servitù in cui è convenuta ed espressa una costante quantità di acqua, la quantità deve esprimersi in relazione al modulo.

Il modulo è l'unità di misura dell'acqua corrente. Esso è un corpo d'acqua che scorre nella costante quantità di cento litri al minuto secondo e si divide in decimi, centesimi e millesimi.

1082. ***Forma della bocca e dell'edificio derivatore.*** — Quando, per la derivazione di una data e costante quantità di acqua corrente, è stata determinata la forma della bocca e dell'edificio derivatore, le parti non possono chiederne la modificazione per eccedenza o deficienza d'acqua, salvo che l'eccedenza o la deficienza provenga da variazioni seguite nel canale dispensatore o nel corso delle acque in esso correnti.

Se la forma non è stata determinata, ma la bocca e l'edificio derivatore sono stati costruiti e posseduti per cinque anni, non è neppure ammesso dopo tale tempo alcun reclamo delle parti per eccedenza o deficienza d'acqua, salvo nel caso di variazione seguita nel canale o nel corso delle acque.

In mancanza di titolo o di possesso, la forma è determinata dall'autorità giudiziaria.

1083. ***Determinazione della quantità d'acqua.*** — Quando la quantità d'acqua non è stata determinata, ma la derivazione è stata fatta per un dato scopo, si intende concessa la quantità necessaria per lo scopo medesimo, e chi vi ha interesse può in ogni tempo fare stabilire la forma della derivazione in modo che ne venga assicurato l'uso necessario e impedito l'eccesso.

Se però è stata determinata la forma della bocca e dell'edificio derivatore, o se, in mancanza di titolo, si è posseduta per cinque anni la derivazione in una data forma, non è ammesso reclamo delle parti, se non nel caso indicato dall'articolo precedente.

1084. ***Norme regolatrici della servitù.*** — Per l'esercizio della servitù di presa d'acqua, quando non dispone il titolo o non è possibile riferirsi al possesso, si osservano gli usi locali.

In mancanza di tali usi si osservano le disposizioni dei tre articoli seguenti.

1085. ***Tempo d'esercizio della servitù.*** — Il diritto alla presa di acqua si esercita, per l'acqua estiva, dall'equinozio di primavera a quello d'autunno; per l'acqua iemale, dall'equinozio d'autunno a quello di primavera.

La distribuzione d'acqua per giorni e per notti si riferisce al giorno e alla notte naturali.

L'uso delle acque nei giorni festivi è regolato dalle feste di precetto vigenti al tempo in cui l'uso fu convenuto o in cui si è incominciato a possedere.

1086. ***Distribuzione per ruota.*** — Nelle distribuzioni per ruota il tempo che impiega l'acqua per giungere alla bocca di derivazione dell'utente si consuma a suo carico, e la coda dell'acqua appartiene a quello di cui cessa il turno.

1087. ***Acque sorgenti o sfuggite.*** — Nei canali soggetti a distribuzioni per ruota le acque sorgenti o sfuggite, ma contenute nell'alveo del canale, non possono trattenersi o derivarsi da un utente che al tempo del suo turno.

1088. ***Variazione del turno tra gli utenti.*** — Gli utenti dei medesimi canali possono variare o permutare tra loro il turno, purché tale cambiamento non rechi danno agli altri.

1089. ***Acqua impiegata come forza motrice.*** — Chi ha diritto di servirsi dell'acqua come forza motrice non può, senza espressa disposizione del titolo, impedirne o rallentarne il corso, procurandone il ribocco o ristagno.

1090. ***Manutenzione del canale.*** — Nella servitù di presa o di condotta d'acqua, quando il titolo non dispone altrimenti, il proprietario del fondo servente può domandare che il canale sia mantenuto convenientemente spurgato e le sue sponde siano tenute in istato di buona manutenzione a spese del proprietario del fondo dominante.

1091. ***Obblighi del concedente fino al luogo di consegna dell'acqua.*** — Se il titolo non dispone diversamente, il concedente dell'acqua di una fonte o di un canale è tenuto verso gli utenti a eseguire le opere ordinarie e straordinarie per la derivazione e condotta dell'acqua fino al punto in cui ne fa la consegna, a mantenere in buono stato gli edifici, a conservare l'alveo e le sponde della fonte o del canale, a praticare i consueti spurghi e a usare la dovuta diligenza, affinché la derivazione e la regolare condotta dell'acqua siano in tempi debiti effettuate.

1092. ***Deficienza dell'acqua.*** — La deficienza dell'acqua deve essere sopportata da chi ha diritto di prenderla e di usarla nel tempo in cui la deficienza si verifica.

Tra diversi utenti la deficienza dell'acqua deve essere sopportata prima da quelli che hanno titolo o possesso più recente, e tra utenti in parità di condizione dall'ultimo utente.

Tuttavia l'autorità giudiziaria, con provvedimento in camera di consiglio, sentiti gli uffici tecnici competenti,[1] può modificare o limitare i turni di utilizzazione e dare le altre disposizioni necessarie in relazione alla quantità di acqua disponibile, agli usi e alle colture a cui l'acqua è destinata.

Il concedente dell'acqua è tenuto a una proporzionale diminuzione del corrispettivo per la deficienza dell'acqua verificatasi per causa naturale o per fatto altrui. Parimenti si fa luogo alle dovute indennità in conseguenza delle modificazioni o limitazioni di turni, che siano state disposte dall'autorità giudiziaria.

[1] Gli uffici tecnici che devono essere sentiti sono l'ufficio locale del Genio Civile e il locale Ispettorato dell'Agricoltura (*Att.* 60).

1093. ***Riduzione della servitù.*** — Se la servitù dà diritto di derivare acqua da un fondo e per fatti indipendenti dalla volontà del proprietario si verifica una diminuzione dell'acqua tale che essa non possa bastare alle esigenze del fondo servente, il proprietario di questo può chiedere una riduzione della servitù, avuto riguardo ai bisogni di ciascun fondo. In questo caso è dovuta una congrua indennità al proprietario del fondo dominante.

SEZIONE II

Della servitù degli scoli e degli avanzi di acqua

1094. ***Servitù attiva degli scoli.*** — Gli scoli o acque colaticce derivanti dall'altrui fondo possono costituire oggetto di servitù a favore del fondo che li riceve, all'effetto di impedire la loro diversione.

1095. ***Usucapione della servitù attiva degli scoli.*** — Nella servitù attiva degli scoli il termine per l'usucapione comincia a decorrere dal giorno in cui il proprietario del fondo dominante ha fatto sul fondo servente opere visibili e permanenti destinate a raccogliere e condurre i detti scoli a vantaggio del proprio fondo.

Quando sul fondo servente è aperto un cavo destinato a raccogliere e condurre gli scoli, il regolare spurgo e la manutenzione delle sponde fanno presumere che il cavo sia opera del proprietario del fondo dominante, purché non vi sia titolo, segno o prova in contrario.

Si reputa segno contrario l'esistenza sul cavo di opere costruite o mantenute dal proprietario del fondo in cui il cavo è aperto.

1096. ***Diritti del proprietario del fondo servente.*** — La servitù degli scoli non toglie al proprietario del fondo servente il diritto di usare liberamente dell'acqua a vantaggio del suo fondo, di cambiare la coltivazione di questo e di abbandonarne in tutto o in parte l'irrigazione.

1097. ***Diritto agli avanzi di acqua.*** — Quando l'acqua è concessa, riservata o posseduta per un determinato uso, con restituzione al concedente o ad altri di ciò che ne sopravanza, tale uso non può variarsi a danno del fondo a cui la restituzione è dovuta.

1098. ***Divieto di deviare acque di scolo o avanzi d'acqua.*** — Il proprietario del fondo vincolato alla restituzione degli scoli o degli avanzi d'acqua non può deviarne una parte qualunque adducendo di avervi introdotto una maggiore quantità di acqua viva o un diverso corpo, ma deve lasciarli discendere nella totalità a favore del fondo dominante.

1099. ***Sostituzione di acqua viva.*** — Il proprietario del fondo soggetto alla servitù degli scoli o degli avanzi d'acqua può sempre liberarsi da tale servitù mediante la concessione e l'assicurazione al fondo dominante di un corpo di acqua viva, la cui quantità è determinata dall'autorità giudiziaria, tenuto conto di tutte le circostanze.

TITOLO VII
Della comunione

CAPO I
Della comunione in generale

1100. ***Norme regolatrici.*** — Quando la proprietà o altro diritto reale spetta in comune a più persone, se il titolo o la legge non dispone diversamente, si applicano le norme seguenti.[1]

[1] Per la comunione dei diritti di utilizzazione dell'opera dell'ingegno dopo la morte dell'autore v. L. 22 apr. 1941, n. 633 artt. 10 e 115-117.

1101. ***Quote dei partecipanti.*** — Le quote dei partecipanti alla comunione si presumono eguali.

Il concorso dei partecipanti, tanto nei vantaggi quanto nei pesi della comunione, è in proporzione delle rispettive quote.

1102. ***Uso della cosa comune.*** — Ciascun partecipante può servirsi della cosa comune, purché non ne alteri la destinazione e non impedisca agli altri partecipanti di farne parimenti uso secondo il loro diritto. A tal fine può apportare a proprie spese le modificazioni necessarie per il miglior godimento della cosa.

Il partecipante non può estendere il suo diritto sulla cosa comune in danno degli altri partecipanti, se non compie atti idonei a mutare il titolo del suo possesso.

1103. ***Disposizione della quota.*** — Ciascun partecipante può disporre del suo diritto e cedere ad altri il godimento della cosa nei limiti della sua quota.

Per le ipoteche costituite da uno dei partecipanti si osservano le disposizioni contenute nel capo IV del titolo III del libro VI.

1104. ***Obblighi dei partecipanti.*** — Ciascun partecipante deve contribuire nelle spese necessarie per la conservazione e per il godimento della cosa comune e nelle spese deliberate dalla maggioranza a norma delle disposizioni seguenti salva la facoltà di liberarsene con la rinunzia al suo diritto.

La rinunzia non giova al partecipante che abbia anche tacitamente approvato la spesa.

Il cessionario del partecipante è tenuto in solido con il cedente a pagare i contributi da questo dovuti e non versati.

1105. ***Amministrazione.*** — Tutti i partecipanti hanno diritto di concorrere nell'amministrazione della cosa comune.

Per gli atti di ordinaria amministrazione le deliberazioni della maggioranza dei partecipanti, calcolata secondo il valore delle loro quote, sono obbligatorie per la minoranza dissenziente.

Per la validità delle deliberazioni della maggioranza si richiede che tutti i partecipanti siano stati preventivamente informati dell'oggetto della deliberazione.

Se non si prendono i provvedimenti necessari per l'amministrazione della cosa comune o non si forma una maggioranza, ovvero se la deliberazione adottata non viene eseguita, ciascun partecipante può ricorrere all'autorità giudiziaria. Questa provvede in camera di consiglio e può anche nominare un amministratore.

1106. ***Regolamento della comunione e nomina di amministratore.*** — Con la maggioranza calcolata nel modo indicato dall'articolo precedente, può essere formato un regolamento per l'ordinaria amministrazione e per il miglior godimento della cosa comune.

Nello stesso modo l'amministrazione può essere delegata ad uno o più partecipanti, o anche a un estraneo, determinandosi i poteri e gli obblighi dell'amministratore.

1107. ***Impugnazione del regolamento.*** — Ciascuno dei partecipanti dissenzienti può impugnare davanti all'autorità giudiziaria il regolamento della comunione entro trenta giorni dalla deliberazione che lo ha approvato. Per gli assenti il termine decorre dal giorno in cui è stata loro comunicata la deliberazione. L'autorità giudiziaria decide con unica sentenza sulle opposizioni proposte.

Decorso il termine indicato dal comma precedente senza che il regolamento sia stato impugnato, questo ha effetto anche per gli eredi e gli aventi causa dai singoli partecipanti.

1108. ***Innovazioni e altri atti eccedenti l'ordinaria amministrazione.*** — Con deliberazione della maggioranza dei partecipanti che rappresenti almeno due terzi del valore complessivo della cosa comune, si possono disporre tutte le innovazioni dirette al miglioramento della cosa o a renderne più comodo o redditizio il godimento, purché esse non pregiudichino il godimento di alcuno dei partecipanti e non importino una spesa eccessivamente gravosa.

Nello stesso modo si possono compiere gli altri atti eccedenti l'ordinaria amministrazione, sempre che non risultino pregiudizievoli all'interesse di alcuno dei partecipanti.

È necessario il consenso di tutti i partecipanti per gli atti di alienazione o di costituzione di diritti reali sul fondo comune e per le locazioni di durata superiore a nove anni.

L'ipoteca può essere tuttavia consentita dalla maggioranza indicata dal primo comma, qualora abbia lo scopo di garantire la restituzione delle somme mutuate per la ricostruzione o per il miglioramento della cosa comune.

1109. ***Impugnazione delle deliberazioni.*** — Ciascuno dei componenti la minoranza dissenziente può impugnare davanti all'autorità giudiziaria le deliberazioni della maggioranza:

1) nel caso previsto dal secondo comma dell'art. 1105 se la deliberazione è gravemente pregiudizievole alla cosa comune;

2) se non è stata osservata la disposizione del terzo comma dell'art. 1105;

3) se la deliberazione relativa a innovazioni o ad altri atti eccedenti l'ordinaria amministrazione è in contrasto con le norme del primo e del secondo comma dell'art. 1108.

L'impugnazione deve essere proposta, sotto pena di decadenza, entro trenta giorni dalla deliberazione. Per gli assenti il termine decorre dal giorno in cui è stata loro comunicata la deliberazione. In pendenza del giudizio, l'autorità giudiziaria può ordinare la sospensione del provvedimento deliberato.

1110. ***Rimborso di spese.*** — Il partecipante che, in caso di trascuranza degli altri partecipanti o dell'amministratore, ha sostenuto spese necessarie per la conservazione della cosa comune, ha diritto al rimborso.

1111. ***Scioglimento della comunione.*** — Ciascuno dei partecipanti può sempre domandare lo scioglimento della comunione; la autorità giudiziaria può stabilire una congrua dilazione, in ogni caso non superiore a cinque anni, se l'immediato scioglimento può pregiudicare gli interessi degli altri.[1]

Il patto di rimanere in comunione per un tempo non maggiore di dieci anni è valido e ha effetto anche per gli aventi causa dai partecipanti. Se è stato stipulato per un termine maggiore, questo si riduce a dieci anni.

Se gravi circostanze lo richiedono, l'autorità giudiziaria può ordinare lo scioglimento della comunione prima del tempo convenuto.

[1] Per la procedura di scioglimento della comunione v. artt. 784-791 c.p.c.

1112. ***Cose non soggette a divisione.*** — Lo scioglimento della comunione non può essere chiesto quando si tratta di cose che, se divise, cesserebbero di servire all'uso a cui sono destinate.

1113. ***Intervento nella divisione e opposizioni.*** — I creditori e gli aventi causa da un partecipante possono intervenire nella divisione a proprie spese, ma non possono impugnare la divisione già eseguita, a meno che abbiano notificato un'opposizione anteriormente alla divisione stessa e salvo sempre ad essi l'esperimento dell'azione revocatoria o dell'azione surrogatoria.

Nella divisione che ha per oggetto beni immobili, l'opposizione, per l'effetto indicato dal comma precedente, deve essere trascritta prima della trascrizione dell'atto di divisione e, se si tratta di divisione giudiziale, prima della trascrizione della relativa domanda.

Devono essere chiamati a intervenire, perché la divisione abbia effetto nei loro confronti, i creditori iscritti e coloro che hanno acquistato diritti sull'immobile in virtù di atti soggetti a trascrizione e trascritti prima della trascrizione dell'atto di divisione o della trascrizione della domanda di divisione giudiziale.

Nessuna ragione di prelevamento in natura per crediti nascenti dalla comunione può opporsi contro le persone indicate dal comma precedente, eccetto le ragioni di prelevamento nascenti da titolo anteriore alla comunione medesima, ovvero da collazione.

1114. ***Divisione in natura.*** — La divisione ha luogo in natura, se la cosa può essere comodamente divisa in parti corrispondenti alle quote dei partecipanti.

1115. ***Obbligazioni solidali dei partecipanti.***

CODICE CIVILE

— Ciascun partecipante può esigere che siano estinte le obbligazioni in solido contratte per la cosa comune, le quali siano scadute o scadano entro l'anno dalla domanda di divisione.

La somma per estinguere le obbligazioni si preleva dal prezzo di vendita della cosa comune, e, se la divisione ha luogo in natura, si procede alla vendita di una congrua frazione della cosa, salvo diverso accordo tra i condividenti.

Il partecipante che ha pagato il debito in solido e non ha ottenuto rimborso concorre nella divisione per una maggiore quota corrispondente al suo diritto verso gli altri condividenti.

1116. ***Applicabilità delle norme sulla divisione ereditaria.*** — Alla divisione delle cose comuni si applicano le norme sulla divisione dell'eredità, in quanto non siano in contrasto con quelle sopra stabilite.

CAPO II
Del condominio negli edifici[1]

[1] V. *Att.* 61-72; *Trans.* 155, 156.
Per la possibilità di costituire separati condomini v. *Att.* 61 e 62.

1117. ***Parti comuni dell'edificio.***[1] — Sono oggetto di proprietà comune dei proprietari delle singole unità immobiliari dell'edificio (*Att.* 61), anche se aventi diritto a godimento periodico e se non risulta il contrario dal titolo:

1) tutte le parti dell'edificio necessarie all'uso comune, come il suolo su cui sorge l'edificio, le fondazioni, i muri maestri, i pilastri e le travi portanti, i tetti e i lastrici solari, le scale, i portoni di ingresso, i vestiboli, gli anditi, i portici, i cortili e le facciate;

2) le aree destinate a parcheggio nonché i locali per i servizi in comune, come la portineria, incluso l'alloggio del portiere, la lavanderia, gli stenditoi e i sottotetti destinati, per le caratteristiche strutturali e funzionali, all'uso comune;

3) le opere, le installazioni, i manufatti di qualunque genere destinati all'uso comune, come gli ascensori, i pozzi, le cisterne, gli impianti idrici e fognari, i sistemi centralizzati di distribuzione e di trasmissione per il gas, per l'energia elettrica, per il riscaldamento ed il condizionamento dell'aria, per la ricezione radiotelevisiva e per l'accesso a qualunque altro genere di flusso informativo, anche da satellite o via cavo, e i relativi collegamenti fino al punto di diramazione ai locali di proprietà individuale dei singoli condomini, ovvero, in caso di impianti unitari, fino al punto di utenza, salvo quanto disposto dalle normative di settore in materia di reti pubbliche.

[1] Articolo così sost. dall'art. 1, L. 11 dic. 2012, n. 220, in vigore dal 17 giu. 2013.

1117-*bis*. ***Ambito di applicabilità.***[1] — Le disposizioni del presente capo si applicano, in quanto compatibili, in tutti i casi in cui più unità immobiliari o più edifici ovvero più condominii di unità immobiliari o di edifici abbiano parti comuni ai sensi dell'articolo 1117.

[1] Articolo ins. dall'art. 2, L. 11 dic. 2012, n. 220, in vigore dal 17 giu. 2013.

1117-*ter*. ***Modificazioni delle destinazioni d'uso.***[1] — Per soddisfare esigenze di interesse condominiale, l'assemblea, con un numero di voti che rappresenti i quattro quinti dei partecipanti al condominio e i quattro quinti del valore dell'edificio, può modificare la destinazione d'uso delle parti comuni.

La convocazione dell'assemblea deve essere affissa per non meno di trenta giorni consecutivi nei locali di maggior uso comune o negli spazi a tal fine destinati e deve effettuarsi mediante lettera raccomandata o equipollenti mezzi telematici, in modo da pervenire almeno venti giorni prima della data di convocazione.

La convocazione dell'assemblea, a pena di nullità, deve indicare le parti comuni oggetto della modificazione e la nuova destinazione d'uso.

La deliberazione deve contenere la dichiarazione espressa che sono stati effettuati gli adempimenti di cui ai precedenti commi.

Sono vietate le modificazioni delle destinazioni d'uso che possono recare pregiudizio alla stabilità o alla sicurezza del fabbricato o che ne alterano il decoro architettonico.

[1] Articolo ins. dall'art. 2, L. 11 dic. 2012, n. 220, in vigore dal 17 giu. 2013.

1117-*quater*. ***Tutela delle destinazioni d'uso.***[1] — In caso di attività che incidono negativamente e in modo sostanziale sulle destinazioni d'uso delle parti comuni, l'amministratore o i condomini, anche singolarmente, possono diffidare l'esecutore e possono chiedere la convocazione dell'assemblea per far cessare la violazione, anche mediante azioni giudiziarie. L'assemblea delibera in merito alla cessazione di tali attività con la maggioranza prevista dal secondo comma dell'articolo 1136.

[1] Articolo ins. dall'art. 2, L. 11 dic. 2012, n. 220, in vigore dal 17 giu. 2013.

1118. ***Diritti dei partecipanti sulle parti comuni.***[1] — Il diritto di ciascun condomino sulle parti comuni, salvo che il titolo non disponga altrimenti, è proporzionale al valore dell'unità immobiliare che gli appartiene.

Il condomino non può rinunziare al suo diritto sulle parti comuni.

Il condomino non può sottrarsi all'obbligo di contribuire alle spese per la conservazione delle parti comuni, neanche modificando la destinazione d'uso della propria unità immobiliare, salvo quanto disposto da leggi speciali.

Il condomino può rinunciare all'utilizzo dell'impianto centralizzato di riscaldamento o di condizionamento, se dal suo distacco non derivano notevoli squilibri di funzionamento o aggravi di spesa per gli altri condomini. In tal caso il rinunziante resta tenuto a concorrere al pagamento delle sole spese per la manutenzione straordinaria dell'impianto e per la sua conservazione e messa a norma.

[1] Articolo così sost. dall'art. 3, L. 11 dic. 2012, n. 220, in vigore dal 17 giu. 2013.

1119. ***Indivisibilità.*** — Le parti comuni dell'edificio non sono soggette a divisione, a meno che la divisione possa farsi senza rendere più incomodo l'uso della cosa a ciascun condomino e con il consenso di tutti i partecipanti al condominio (*Att.* 61, 62).[1]

[1] Comma così modif. dall'art. 4, L. 11 dic. 2012, n. 220, in vigore dal 17 giu. 2013.

1120. ***Innovazioni.*** — I condomini, con la maggioranza indicata dal quinto comma dell'art. 1136, possono disporre tutte le innovazioni dirette al miglioramento o all'uso più comodo o al maggior rendimento delle cose comuni.

I condomini, con la maggioranza indicata dal secondo comma dell'articolo 1136, possono disporre le innovazioni che, nel rispetto della normativa di settore, hanno ad oggetto:

1) le opere e gli interventi volti a migliorare la sicurezza e la salubrità degli edifici e degli impianti;

2) le opere e gli interventi previsti per eliminare le barriere architettoniche, per il contenimento del consumo energetico degli edifici e per realizzare parcheggi destinati a servizio delle unità immobiliari o dell'edificio, nonché per la produzione di energia mediante l'utilizzo di impianti di cogenerazione, fonti eoliche, solari o comunque rinnovabili da parte del condominio o di terzi che conseguano a titolo oneroso un diritto reale o personale di godimento del lastrico solare o di altra idonea superficie comune;

3) l'installazione di impianti centralizzati per la ricezione radiotelevisiva e per l'accesso a qualunque altro genere di flusso informativo, anche da satellite o via cavo, e i relativi collegamenti fino alla diramazione per le singole utenze, ad esclusione degli impianti che non comportano modifiche in grado di alterare la destinazione della cosa comune e di impedire agli altri condomini di farne uso secondo il loro diritto.[1]

L'amministratore è tenuto a convocare l'assemblea entro trenta giorni dalla richiesta anche di un solo condomino interessato all'adozione delle deliberazioni di cui al precedente comma. La richiesta deve contenere l'indicazione del contenuto specifico e delle modalità di esecuzione degli interventi proposti. In mancanza, l'amministratore deve invitare senza indugio il condomino proponente a fornire le necessarie integrazioni.[1]

Sono vietate le innovazioni che possano recare pregiudizio alla stabilità o alla sicurezza del fabbricato, che ne alterino il decoro architettonico o che rendano talune parti comuni dell'edificio inservibili all'uso o al godimento anche di un solo condomino.[2,3]

[1] Comma ins. dall'art. 5, L. 11 dic. 2012, n. 220, in vigore dal 17 giu. 2013.

[2] In tema di realizzazione di parcheggi v. art. 9 L. 24 mar. 1989, n. 122. In tema di sistemi di termoregolamentazione e di contabilizzazione del calore nonché di riparto delle spese relative v. art. 26 L. 9 gen. 1991, n. 10.

[3] Gli interventi di recupero relativi ad un unico immobile composto da più unità immobiliari possono essere disposti dalla maggioranza dei condomini che comunque rappresenti almeno la metà del valore dell'edificio (art. 30, L. 5 ago. 1978, n. 457 come modif. dall'art. 15, L. 17 feb. 1992, n. 179).

1121. ***Innovazioni gravose o voluttuarie.*** — Qualora l'innovazione importi una spesa molto gravosa o abbia carattere voluttuario rispetto alle particolari condizioni e all'importanza dell'edificio, e consista in opere, impianti o manufatti suscettibili di utilizzazione separata, i condomini che non intendono trarne vantaggio sono esonerati da qualsiasi contributo nella spesa.

Se l'utilizzazione separata non è possibile, l'innovazione non è consentita, salvo che la maggioranza dei condomini che l'ha deliberata o accettata intenda sopportarne integralmente la spesa.

Nel caso previsto dal primo comma i condomini e i loro eredi o aventi causa possono tuttavia, in qualunque tempo, partecipare ai vantaggi dell'innovazione, contribuendo nelle spese di esecuzione e di manutenzione dell'opera.[1]

[1] V. la nota 3 all'art. 1120.

1122. ***Opere su parti di proprietà o uso individuale.***[1] — Nell'unità immobiliare di sua proprietà ovvero nelle parti normalmente destinate all'uso comune, che siano state attribuite in proprietà esclusiva o destinate all'uso individuale, il condomino non può eseguire opere che rechino danno alle parti comuni ovvero determinino pregiudizio alla stabilità, alla sicurezza o al decoro architettonico dell'edificio.

In ogni caso è data preventiva notizia all'amministratore che ne riferisce all'assemblea.

[1] Articolo così sost. dall'art. 6, L. 11 dic. 2012, n. 220, in vigore dal 17 giu. 2013.

1122-*bis*. ***Impianti non centralizzati di ricezione radiotelevisiva e di produzione di energia da fonti rinnovabili.***[1] — Le installazioni di impianti non centralizzati per la ricezione radiotelevisiva e per l'accesso a qualunque altro genere di flusso informativo, anche da satellite o via cavo, e i relativi collegamenti fino al punto di diramazione per le singole utenze sono realizzati in modo da recare il minor pregiudizio alle parti comuni e alle unità immobiliari di proprietà individuale, preservando in ogni caso il decoro architettonico dell'edificio, salvo quanto previsto in materia di reti pubbliche.

È consentita l'installazione di impianti per la produzione di energia da fonti rinnovabili destinati al servizio di singole unità del condominio sul lastrico solare, su ogni altra idonea superficie comune e sulle parti di proprietà individuale dell'interessato.

Qualora si rendano necessarie modificazioni delle parti comuni, l'interessato ne dà comunicazione all'amministratore indicando il contenuto specifico e le modalità di esecuzione degli interventi. L'assemblea può prescrivere, con la maggioranza di cui al quinto comma dell'articolo 1136, adeguate modalità alternative di esecuzione o imporre cautele a salvaguardia della stabilità, della sicurezza o del decoro architettonico dell'edificio e, ai fini dell'installazione degli impianti di cui al secondo comma, provvede, a richiesta degli interessati, a ripartire l'uso del lastrico solare e delle altre superfici comuni, salvaguardando le diverse forme di utilizzo previste dal regolamento di condominio o comunque in atto. L'assemblea, con la medesima maggioranza, può altresì subordinare l'esecuzione alla prestazione, da parte dell'interessato, di idonea garanzia per i danni eventuali.

L'accesso alle unità immobiliari di proprietà individuale deve essere consentito ove necessario per la progettazione e per l'esecuzione delle opere. Non sono soggetti ad autorizzazione gli impianti destinati alle singole unità abitative.

[1] Articolo ins. dall'art. 7, L. 11 dic. 2012, n. 220, in vigore dal 17 giu. 2013.

1122-*ter*. *Impianti di videosorveglianza sulle parti comuni.*[1] — Le deliberazioni concernenti l'installazione sulle parti comuni dell'edificio di impianti volti a consentire la videosorveglianza su di esse sono approvate dall'assemblea con la maggioranza di cui al secondo comma dell'articolo 1136.

[1] Articolo ins. dall'art. 7, L. 11 dic. 2012, n. 220, in vigore dal 17 giu. 2013.

1123. *Ripartizione delle spese.* — Le spese necessarie per la conservazione e per il godimento delle parti comuni dell'edificio, per la prestazione dei servizi nell'interesse comune e per le innovazioni deliberate dalla maggioranza sono sostenute dai condomini in misura proporzionale al valore della proprietà di ciascuno, salvo diversa convenzione (*Att.* 63).

Se si tratta di cose destinate a servire i condomini in misura diversa, le spese sono ripartite in proporzione dell'uso che ciascuno può farne.

Qualora un edificio abbia più scale, cortili, lastrici solari, opere o impianti destinati a servire una parte dell'intero fabbricato, le spese relative alla loro manutenzione sono a carico del gruppo di condomini che ne trae utilità (*Att.* 68, 69).

1124. *Manutenzione e sostituzione delle scale e degli ascensori.*[1] — Le scale e gli ascensori sono mantenuti e sostituiti dai proprietari delle unità immobiliari a cui servono. La spesa relativa è ripartita tra essi, per metà in ragione del valore delle singole unità immobiliari e per l'altra metà esclusivamente in misura proporzionale all'altezza di ciascun piano dal suolo.[2]

Al fine del concorso nella metà della spesa, che è ripartita in ragione del valore, si considerano come piani le cantine, i palchi morti, le soffitte o camere a tetto e i lastrici solari, qualora non siano di proprietà comune (*Att.* 68, 69).

[1] Rubrica così sost. dall'art. 8, L. 11 dic. 2012, n. 220, in vigore dal 17 giu. 2013.

[2] Comma così sost. dall'art. 8, L. 11 dic. 2012, n. 220, in vigore dal 17 giu. 2013.

1125. *Manutenzione e ricostruzione dei soffitti, delle volte e dei solai.* — Le spese per la manutenzione e ricostruzione dei soffitti, delle volte e dei solai sono sostenute in parti eguali dai proprietari dei due piani l'uno all'altro sovrastanti, restando a carico del proprietario del piano superiore la copertura del pavimento e a carico del proprietario del piano inferiore l'intonaco, la tinta e la decorazione del soffitto.

1126. *Lastrici solari di uso esclusivo.* — Quando l'uso dei lastrici solari o di una parte di essi non è comune a tutti i condomini, quelli che ne hanno l'uso esclusivo sono tenuti a contribuire per un terzo nella spesa delle riparazioni o ricostruzioni del lastrico: gli altri due terzi sono a carico di tutti i condomini dell'edificio o della parte di questo a cui il lastrico solare serve, in proporzione del valore del piano o della porzione di piano di ciascuno (*Att.* 68, 69).

1127. *Costruzione sopra l'ultimo piano dell'edificio.* — Il proprietario dell'ultimo piano dell'edificio può elevare nuovi piani o nuove fabbriche, salvo che risulti altrimenti dal titolo. La stessa facoltà spetta a chi è proprietario esclusivo del lastrico solare.

La sopraelevazione non è ammessa se le condizioni statiche dell'edificio non la consentono.

I condomini possono altresì opporsi alla sopraelevazione, se questa pregiudica l'aspetto architettonico dell'edificio ovvero diminuisce notevolmente l'aria o la luce dei piani sottostanti.

Chi fa la sopraelevazione deve corrispondere agli altri condomini un'indennità pari al valore attuale dell'area da occuparsi con la nuova fabbrica, diviso per il numero dei piani, ivi compreso quello da edificare, e detratto l'importo della quota a lui spettante. Egli è inoltre tenuto a ricostruire il lastrico solare di cui tutti o parte dei condomini avevano il diritto di usare.

1128. *Perimento totale o parziale dell'edificio.* — Se l'edificio perisce interamente o per una parte che rappresenti i tre quarti del suo valore, ciascuno dei condomini può richiedere la vendita all'asta del suolo e dei materiali, salvo che sia stato diversamente convenuto.

Nel caso di perimento di una parte minore, l'assemblea dei condomini delibera circa la ricostruzione delle parti comuni dell'edificio, e ciascuno è tenuto a concorrervi in proporzione dei suoi diritti sulle parti stesse.

L'indennità corrisposta per la assicurazione relativa alle parti comuni è destinata alla ricostruzione di queste.

Il condomino che non intende partecipare alla ricostruzione dell'edificio è tenuto a cedere agli altri condomini i suoi diritti, anche sulle parti di sua esclusiva proprietà, secondo la stima che ne sarà fatta, salvo che non preferisca cedere i diritti stessi ad alcuni soltanto dei condomini.

1129. ***Nomina, revoca ed obblighi dell'amministratore.***[1] — Quando i condomini sono più di otto, se l'assemblea non vi provvede, la nomina di un amministratore è fatta dall'autorità giudiziaria su ricorso di uno o più condomini o dell'amministratore dimissionario.

Contestualmente all'accettazione della nomina e ad ogni rinnovo dell'incarico, l'amministratore comunica i propri dati anagrafici e professionali, il codice fiscale, o, se si tratta di società, anche la sede legale e la denominazione, il locale ove si trovano i registri di cui ai numeri 6) e 7) dell'articolo 1130, nonché i giorni e le ore in cui ogni interessato, previa richiesta all'amministratore, può prenderne gratuitamente visione e ottenere, previo rimborso della spesa, copia da lui firmata.

L'assemblea può subordinare la nomina dell'amministratore alla presentazione ai condomini di una polizza individuale di assicurazione per la responsabilità civile per gli atti compiuti nell'esercizio del mandato.

L'amministratore è tenuto altresì ad adeguare i massimali della polizza se nel periodo del suo incarico l'assemblea deliberi lavori straordinari. Tale adeguamento non deve essere inferiore all'importo di spesa deliberato e deve essere effettuato contestualmente all'inizio dei lavori. Nel caso in cui l'amministratore sia coperto da una polizza di assicurazione per la responsabilità civile professionale generale per l'intera attività da lui svolta, tale polizza deve essere integrata con una dichiarazione dell'impresa di assicurazione che garantisca le condizioni previste dal periodo precedente per lo specifico condominio.

Sul luogo di accesso al condominio o di maggior uso comune, accessibile anche ai terzi, è affissa l'indicazione delle generalità, del domicilio e dei recapiti, anche telefonici, dell'amministratore.

In mancanza dell'amministratore, sul luogo di accesso al condominio o di maggior uso comune, accessibile anche ai terzi, è affissa l'indicazione delle generalità e dei recapiti, anche telefonici, della persona che svolge funzioni analoghe a quelle dell'amministratore.

L'amministratore è obbligato a far transitare le somme ricevute a qualunque titolo dai condomini o da terzi, nonché quelle a qualsiasi titolo erogate per conto del condominio, su uno specifico conto corrente, postale o bancario, intestato al condominio; ciascun condomino, per il tramite dell'amministratore, può chiedere di prendere visione ed estrarre copia, a proprie spese, della rendicontazione periodica.

Alla cessazione dell'incarico l'amministratore è tenuto alla consegna di tutta la documentazione in suo possesso afferente al condominio e ai singoli condomini e ad eseguire le attività urgenti al fine di evitare pregiudizi agli interessi comuni senza diritto ad ulteriori compensi.

Salvo che sia stato espressamente dispensato dall'assemblea, l'amministratore è tenuto ad agire per la riscossione forzosa delle somme dovute dagli obbligati entro sei mesi dalla chiusura dell'esercizio nel quale il credito esigibile è compreso, anche ai sensi dell'articolo 63, primo comma, delle disposizioni per l'attuazione del presente codice.

L'incarico di amministratore ha durata di un anno e si intende rinnovato per eguale durata. L'assemblea convocata per la revoca o le dimissioni delibera in ordine alla nomina del nuovo amministratore.

La revoca dell'amministratore può essere deliberata in ogni tempo dall'assemblea, con la maggioranza prevista per la sua nomina oppure con le modalità previste dal regolamento di condominio. Può altresì essere disposta dall'autorità giudiziaria, su ricorso di ciascun condomino, nel caso previsto dal quarto comma dell'articolo 1131, se non rende il conto della gestione, ovvero in caso di gravi irregolarità. Nei casi in cui siano emerse gravi irregolarità fiscali o di non ottemperanza a quanto disposto dal numero 3) del dodicesimo comma del presente articolo, i condomini, anche singolarmente, possono chiedere la convocazione dell'assemblea per far cessare la violazione e revocare il mandato all'amministratore. In caso di mancata revoca da parte dell'assemblea, ciascun condomino può rivolgersi all'autorità giudiziaria; in caso di accoglimento della domanda, il ricorrente, per le spese legali, ha titolo alla rivalsa nei confronti del condominio, che a sua volta può rivalersi nei confronti dell'amministratore revocato (*Att.* 64).

Costituiscono, tra le altre, gravi irregolarità:

1) l'omessa convocazione dell'assemblea per l'approvazione del rendiconto condominiale, il ripetuto rifiuto di convocare l'assemblea per la revoca e per la nomina del nuovo amministratore o negli altri casi previsti dalla legge;

2) la mancata esecuzione di provvedimenti giudiziari e amministrativi, nonché di deliberazioni dell'assemblea;

3) la mancata apertura ed utilizzazione del conto di cui al settimo comma;

4) la gestione secondo modalità che possono generare possibilità di confusione tra il patrimonio del condominio e il patrimonio personale dell'amministratore o di altri condomini;

5) l'aver acconsentito, per un credito insoddisfat-

to, alla cancellazione delle formalità eseguite nei registri immobiliari a tutela dei diritti del condominio;

6) qualora sia stata promossa azione giudiziaria per la riscossione delle somme dovute al condominio, l'aver omesso di curare diligentemente l'azione e la conseguente esecuzione coattiva;

7) l'inottemperanza agli obblighi di cui all'articolo 1130, numeri 6), 7) e 9);

8) l'omessa, incompleta o inesatta comunicazione dei dati di cui al secondo comma del presente articolo.

In caso di revoca da parte dell'autorità giudiziaria, l'assemblea non può nominare nuovamente l'amministratore revocato.

L'amministratore, all'atto dell'accettazione della nomina e del suo rinnovo, deve specificare analiticamente, a pena di nullità della nomina stessa, l'importo dovuto a titolo di compenso per l'attività svolta.

Per quanto non disciplinato dal presente articolo si applicano le disposizioni di cui alla sezione I del capo IX del titolo III del libro IV.

Il presente articolo si applica anche agli edifici di alloggi di edilizia popolare ed economica, realizzati o recuperati da enti pubblici a totale partecipazione pubblica o con il concorso dello Stato, delle regioni, delle province o dei comuni, nonché a quelli realizzati da enti pubblici non economici o società private senza scopo di lucro con finalità sociali proprie dell'edilizia residenziale pubblica.

[1] Articolo così sost. dall'art. 9, L. 11 dic. 2012, n. 220, in vigore dal 17 giu. 2013.

1130. ***Attribuzioni dell'amministratore.***[1] — L'amministratore, oltre a quanto previsto dall'articolo 1129 e dalle vigenti disposizioni di legge, deve:

1) eseguire le deliberazioni dell'assemblea, convocarla annualmente per l'approvazione del rendiconto condominiale di cui all'articolo 1130-*bis* e curare l'osservanza del regolamento di condominio;

2) disciplinare l'uso delle cose comuni e la fruizione dei servizi nell'interesse comune, in modo che ne sia assicurato il miglior godimento a ciascuno dei condomini;

3) riscuotere i contributi[2] ed erogare le spese occorrenti per la manutenzione ordinaria delle parti comuni dell'edificio e per l'esercizio dei servizi comuni (*Att.* 63);

4) compiere gli atti conservativi relativi alle parti comuni dell'edificio;

5) eseguire gli adempimenti fiscali;

6) curare la tenuta del registro di anagrafe condominiale contenente le generalità dei singoli proprietari e dei titolari di diritti reali e di diritti personali di godimento, comprensive del codice fiscale e della residenza o domicilio, i dati catastali di ciascuna unità immobiliare, nonché ogni dato relativo alle condizioni di sicurezza delle parti comuni dell'edificio. Ogni variazione dei dati deve essere comunicata all'amministratore in forma scritta entro sessanta giorni. L'amministratore, in caso di inerzia, mancanza o incompletezza delle comunicazioni, richiede con lettera raccomandata le informazioni necessarie alla tenuta del registro di anagrafe. Decorsi trenta giorni, in caso di omessa o incompleta risposta, l'amministratore acquisisce le informazioni necessarie, addebitandone il costo ai responsabili;[3]

7) curare la tenuta del registro dei verbali delle assemblee, del registro di nomina e revoca dell'amministratore e del registro di contabilità. Nel registro dei verbali delle assemblee sono altresì annotate: le eventuali mancate costituzioni dell'assemblea, le deliberazioni nonché le brevi dichiarazioni rese dai condomini che ne hanno fatto richiesta; allo stesso registro è allegato il regolamento di condominio, ove adottato. Nel registro di nomina e revoca dell'amministratore sono annotate, in ordine cronologico, le date della nomina e della revoca di ciascun amministratore del condominio, nonché gli estremi del decreto in caso di provvedimento giudiziale. Nel registro di contabilità sono annotati in ordine cronologico, entro trenta giorni da quello dell'effettuazione, i singoli movimenti in entrata ed in uscita. Tale registro può tenersi anche con modalità informatizzate;

8) conservare tutta la documentazione inerente alla propria gestione riferibile sia al rapporto con i condomini sia allo stato tecnico-amministrativo dell'edificio e del condominio;

9) fornire al condomino che ne faccia richiesta attestazione relativa allo stato dei pagamenti degli oneri condominiali e delle eventuali liti in corso;

10) redigere il rendiconto condominiale annuale della gestione e convocare l'assemblea per la relativa approvazione entro centottanta giorni.[4]

[1] Articolo così sost. dall'art. 10, L. 11 dic. 2012, n. 220, in vigore dal 17 giu. 2013.

[2] Per la riscossione dei contributi in base allo stato di ripartizione approvato dalla assemblea, l'amministratore può ottenere decreto d'ingiunzione immediatamente esecutivo nonostante opposizione (*Att.* 63).

Per gli obblighi di chi subentra nei diritti di un condomino v. *Att.* 63, quarto comma.

Per il caso di mora nel pagamento dei contributi v. *Att.* 63, terzo comma.

[3] Numero così modif. dall'art. 1, c. 9, D.L. 23 dic. 2013, n. 145, conv. con modif. in L. 21 feb. 2014, n. 9.

[4] Ai sensi dell'art. 63, c. 1-*bis*, D.L. 14 ago. 2020, n. 104, conv. con modif. in L. 13 ott. 2020, n. 126, il termine è sospeso fino alla cessazione dello stato di emergenza da COVID-19, dichiarato con delibera del Consiglio dei ministri del 29 lug. 2020.

1130-*bis*. ***Rendiconto condominiale.***[1] — Il rendiconto condominiale contiene le voci di entrata e di uscita ed ogni altro dato inerente alla situazione patrimoniale del condominio, ai fondi disponibili ed alle eventuali riserve, che devono essere espressi in modo da consentire l'immediata verifica. Si compone di un registro di contabilità, di un riepilogo finanziario, nonché di una nota sintetica esplicativa della gestione con l'indicazione anche dei rapporti in corso e delle questioni pendenti. L'assemblea condominiale può, in qualsiasi momento o per più annualità specificamente identificate, nominare un revisore che verifichi la contabilità del condominio. La deliberazione è assunta con la maggioranza prevista per la nomina dell'amministratore e la relativa spesa è ripartita fra tutti i condomini sulla base dei millesimi di proprietà. I condomini e i titolari di diritti reali o di godimento sulle unità immobiliari possono prendere visione dei documenti giustificativi di spesa in ogni tempo ed estrarne copia a proprie spese. Le scritture e i documenti giustificativi devono essere conservati per dieci anni dalla data della relativa registrazione.

L'assemblea può anche nominare, oltre all'amministratore, un consiglio di condominio composto da almeno tre condomini negli edifici di almeno dodici unità immobiliari. Il consiglio ha funzioni consultive e di controllo.

[1] Articolo ins. dall'art. 11, L. 11 dic. 2012, n. 220, in vigore dal 17 giu. 2013.

1131. ***Rappresentanza.*** — Nei limiti delle attribuzioni stabilite dall'articolo 1130 o dei maggiori poteri conferitigli dal regolamento di condominio o dall'assemblea, l'amministratore ha la rappresentanza dei partecipanti e può agire in giudizio sia contro i condomini sia contro i terzi.[1]

Può essere convenuto in giudizio per qualunque azione concernente le parti comuni dell'edificio; a lui sono notificati i provvedimenti dell'autorità amministrativa che si riferiscono allo stesso oggetto (*Att.* 65).

Qualora la citazione o il provvedimento abbia un contenuto che esorbita dalle attribuzioni dell'amministratore, questi è tenuto a darne senza indugio notizia all'assemblea dei condomini.

L'amministratore che non adempie a quest'obbligo può essere revocato ed è tenuto al risarcimento dei danni (*Att.* 64).

[1] Comma così modif. dall'art. 10, L. 11 dic. 2012, n. 220, in vigore dal 17 giu. 2013.

1132. ***Dissenso dei condomini rispetto alle liti.*** — Qualora l'assemblea dei condomini abbia deliberato di promuovere una lite o di resistere a una domanda, il condomino dissenziente, con atto notificato all'amministratore, può separare la propria responsabilità in ordine alle conseguenze della lite per il caso di soccombenza. L'atto deve essere notificato entro trenta giorni da quello in cui il condomino ha avuto notizia della deliberazione.

Il condomino dissenziente ha diritto di rivalsa per ciò che abbia dovuto pagare alla parte vittoriosa.

Se l'esito della lite è stato favorevole al condominio, il condomino dissenziente che ne abbia tratto vantaggio è tenuto a concorrere nelle spese del giudizio che non sia stato possibile ripetere dalla parte soccombente.

1133. ***Provvedimenti presi dall'amministratore.*** — I provvedimenti presi dall'amministratore nell'ambito dei suoi poteri sono obbligatori per i condomini. Contro i provvedimenti dell'amministratore è ammesso ricorso all'assemblea, senza pregiudizio del ricorso all'autorità giudiziaria nei casi e nel termine previsti dall'art. 1137.

1134. ***Gestione di iniziativa individuale.***[1] — Il condomino che ha assunto la gestione delle parti comuni senza autorizzazione dell'amministratore o dell'assemblea non ha diritto al rimborso, salvo che si tratti di spesa urgente.

[1] Articolo così sost. dall'art. 13, L. 11 dic. 2012, n. 220, in vigore dal 17 giu. 2013.

1135. ***Attribuzioni dell'assemblea dei condomini.*** — Oltre a quanto stabilito dagli articoli precedenti, l'assemblea dei condomini provvede:

1) alla conferma dell'amministratore e all'eventuale sua retribuzione;

2) all'approvazione del preventivo delle spese occorrenti durante l'anno e alla relativa ripartizione tra i condomini;

3) all'approvazione del rendiconto annuale dell'amministratore e all'impiego del residuo attivo della gestione;

4) alle opere di manutenzione straordinaria e alle innovazioni, costituendo obbligatoriamente un fondo speciale di importo pari all'ammontare dei lavori; se i lavori devono essere eseguiti in base a un contratto che ne prevede il pagamento graduale in funzione del loro progressivo stato di avanzamento, il fondo può essere costituito in relazione ai singoli pagamenti dovuti.[1,2]

L'amministratore non può ordinare lavori di manutenzione straordinaria, salvo che rivestano carattere urgente, ma in questo caso deve riferirne nella prima assemblea (*Att.* 66, 67).

L'assemblea può autorizzare l'amministratore a partecipare e collaborare a progetti, programmi e iniziative territoriali promossi dalle istituzioni locali o da soggetti privati qualificati, anche mediante opere di risanamento di parti comuni degli immobili nonché di demolizione, ricostruzione e messa in sicurezza statica, al fine di favorire il recupero del patrimonio edilizio esistente, la vivibilità urbana, la sicurezza e la sostenibilità ambientale della zona in cui il condominio è ubicato.[3]

[1] Numero così modif. dall'art. 13, L. 11 dic. 2012, n. 220, in vigore dal 17 giu. 2013.

[2] Numero così modif. dall'art. 1, c. 9, D.L. 23 dic. 2013, n. 145, conv. con modif. in L. 21 feb. 2014, n. 9.

[3] Comma ins. dall'art. 13, L. 11 dic. 2012, n. 220, in vigore dal 17 giu. 2013.

1136. ***Costituzione dell'assemblea e validità delle deliberazioni.***[1] — L'assemblea in prima convocazione è regolarmente costituita con l'intervento di tanti condomini che rappresentino i due terzi del valore dell'intero edificio e la maggioranza dei partecipanti al condominio.

Sono valide le deliberazioni approvate con un

numero di voti che rappresenti la maggioranza degli intervenuti e almeno la metà del valore dell'edificio.

Se l'assemblea in prima convocazione non può deliberare per mancanza di numero legale, l'assemblea in seconda convocazione delibera in un giorno successivo a quello della prima e, in ogni caso, non oltre dieci giorni dalla medesima. L'assemblea in seconda convocazione è regolarmente costituita con l'intervento di tanti condomini che rappresentino almeno un terzo del valore dell'intero edificio e un terzo dei partecipanti al condominio. La deliberazione è valida se approvata dalla maggioranza degli intervenuti con un numero di voti che rappresenti almeno un terzo del valore dell'edificio.

Le deliberazioni che concernono la nomina e la revoca dell'amministratore o le liti attive e passive relative a materie che esorbitano dalle attribuzioni dell'amministratore medesimo, le deliberazioni che concernono la ricostruzione dell'edificio o riparazioni straordinarie di notevole entità e le deliberazioni di cui agli articoli 1117-*quater*, 1120, secondo comma, 1122-*ter* nonché 1135, terzo comma, devono essere sempre approvate con la maggioranza stabilita dal secondo comma del presente articolo.

Le deliberazioni di cui all'articolo 1120, primo comma, e all'articolo 1122-*bis*, terzo comma, devono essere approvate dall'assemblea con un numero di voti che rappresenti la maggioranza degli intervenuti ed almeno i due terzi del valore dell'edificio.

L'assemblea non può deliberare, se non consta che tutti gli aventi diritto sono stati regolarmente convocati.[2]

Delle riunioni dell'assemblea si redige processo verbale da trascrivere nel registro tenuto dall'amministratore.[3]

[1] Articolo così sost. dall'art. 14, L. 11 dic. 2012, n. 220, in vigore dal 17 giu. 2013.

[2] V. art. 10, L. 27 lug. 1978, n. 392.

[3] V. le note all'art. 1120.

1137. ***Impugnazione delle deliberazioni dell'assemblea.***[1] — Le deliberazioni prese dall'assemblea a norma degli articoli precedenti sono obbligatorie per tutti i condomini.

Contro le deliberazioni contrarie alla legge o al regolamento di condominio ogni condomino assente, dissenziente o astenuto può adire l'autorità giudiziaria chiedendone l'annullamento nel termine perentorio di trenta giorni, che decorre dalla data della deliberazione per i dissenzienti o astenuti e dalla data di comunicazione della deliberazione per gli assenti.[2]

L'azione di annullamento non sospende l'esecuzione della deliberazione, salvo che la sospensione sia ordinata dall'autorità giudiziaria.

L'istanza per ottenere la sospensione proposta prima dell'inizio della causa di merito non sospende né interrompe il termine per la proposizione dell'impugnazione della deliberazione. Per quanto non espressamente previsto, la sospensione è disciplinata dalle norme di cui al libro IV, titolo I, capo III, sezione I, con l'esclusione dell'articolo 669-*octies*, sesto comma, del codice di procedura civile.

[1] Articolo così sost. dall'art. 15, L. 11 dic. 2012, n. 220, in vigore dal 17 giu. 2013.

[2] V. Corte cost., sent. 2 feb. 1990, n. 49, secondo la quale la sospensione dei termini processuali nel periodo feriale, prevista dall'art. 1, L. 742/1969, si applica anche a quello di 30 gg. previsto da questo articolo.

1138. ***Regolamento di condominio.*** — Quando in un edificio il numero dei condomini è superiore a dieci, deve essere formato un regolamento, il quale contenga le norme circa l'uso delle cose comuni e la ripartizione delle spese, secondo i diritti e gli obblighi spettanti a ciascun condomino, nonché le norme per la tutela del decoro dell'edificio e quelle relative all'amministrazione.

Ciascun condomino può prendere l'iniziativa per la formazione del regolamento di condominio o per la revisione di quello esistente.

Il regolamento deve essere approvato dall'assemblea con la maggioranza stabilita dal secondo comma dell'articolo 1136 ed allegato al registro indicato dal numero 7) dell'articolo 1130. Esso può essere impugnato a norma dell'articolo 1107.[1]

Le norme del regolamento non possono in alcun modo menomare i diritti di ciascun condomino, quali risultano dagli atti di acquisto e dalle convenzioni, e in nessun caso possono derogare alle disposizioni degli artt. 1118, secondo comma, 1119, 1120, 1129, 1131, 1132, 1136 e 1137 (*Att.* 70; *Trans.* 155).

Le norme del regolamento non possono vietare di possedere o detenere animali domestici.[2]

[1] Comma così modif. dall'art. 16, L. 11 dic. 2012, n. 220, in vigore dal 17 giu. 2013.

[2] Comma ins. dall'art. 16, L. 11 dic. 2012, n. 220, in vigore dal 17 giu. 2013.

1139. ***Rinvio alle norme sulla comunione.*** — Per quanto non è espressamente previsto da questo capo si osservano le norme sulla comunione in generale.

TITOLO VIII
Del possesso

CAPO I
Disposizioni generali

1140. ***Possesso.*** — Il possesso è il potere sulla cosa che si manifesta in un'attività corrispondente all'esercizio della proprietà o di altro diritto reale.

Si può possedere direttamente o per mezzo di altra persona, che ha la detenzione della cosa.

1141. ***Mutamento della detenzione in possesso.*** — Si presume il possesso in colui che esercita il potere di fatto, quando non si prova che ha cominciato a esercitarlo semplicemente come detenzione.

Se alcuno ha cominciato ad avere la detenzione, non può acquistare il possesso finché il titolo non venga a essere mutato per causa proveniente da un terzo o in forza di opposizione da lui fatta contro il possessore. Ciò vale anche per i successori a titolo universale.

1142. ***Presunzione di possesso intermedio.*** — Il possessore attuale che ha posseduto in tempo più remoto si presume che abbia posseduto anche nel tempo intermedio.

1143. ***Presunzione di possesso anteriore.*** — Il possesso attuale non fa presumere il possesso anteriore, salvo che il possessore abbia un titolo a fondamento del suo possesso; in questo caso si presume che egli abbia posseduto dalla data del titolo.

1144. ***Atti di tolleranza.*** — Gli atti compiuti con l'altrui tolleranza non possono servire di fondamento all'acquisto del possesso.

1145. ***Possesso di cose fuori commercio.*** — Il possesso delle cose di cui non si può acquistare la proprietà è senza effetto.

Tuttavia nei rapporti tra privati è concessa l'azione di spoglio rispetto ai beni appartenenti al pubblico demanio e ai beni delle province e dei comuni soggetti al regime proprio del demanio pubblico.

Se trattasi di esercizio di facoltà, le quali possono formare oggetto di concessione da parte della pubblica amministrazione, è data altresì l'azione di manutenzione.

1146. ***Successione nel possesso. Accessione del possesso.*** — Il possesso continua nell'erede con effetto dall'apertura della successione.

Il successore a titolo particolare può unire al proprio possesso quello del suo autore per goderne gli effetti.

1147. ***Possesso di buona fede.*** — È possessore di buona fede chi possiede ignorando di ledere l'altrui diritto.

La buona fede non giova se l'ignoranza dipende da colpa grave.

La buona fede è presunta e basta che vi sia stata al tempo dell'acquisto.

CAPO II
Degli effetti del possesso

SEZIONE I
Dei diritti e degli obblighi del possessore nella restituzione della cosa

1148. ***Acquisto dei frutti.*** — Il possessore di buona fede fa suoi i frutti naturali separati fino al giorno della domanda giudiziale e i frutti civili maturati fino allo stesso giorno. Egli, fino alla restituzione della cosa, risponde verso il rivendicante dei frutti percepiti dopo la domanda giudiziale e di quelli che avrebbe potuto percepire dopo tale data, usando la diligenza di un buon padre di famiglia.

1149. ***Rimborso delle spese per la produzione e il raccolto dei frutti.*** — Il possessore che è tenuto a restituire i frutti indebitamente percepiti ha diritto al rimborso delle spese a norma del secondo comma dell'art. 821.

1150. ***Riparazioni, miglioramenti e addizioni.*** — Il possessore, anche se di mala fede, ha diritto al rimborso delle spese fatte per le riparazioni straordinarie.

Ha anche diritto a indennità per i miglioramenti recati alla cosa, purché sussistano al tempo della restituzione.

L'indennità si deve corrispondere nella misura dell'aumento di valore conseguito dalla cosa per effetto dei miglioramenti, se il possessore è di buona fede; se il possessore è di mala fede, nella minor somma tra l'importo della spesa e l'aumento di valore.

Se il possessore è tenuto alla restituzione dei frutti, gli spetta anche il rimborso delle spese fatte per le riparazioni ordinarie, limitatamente al tempo per il quale la restituzione è dovuta.

Per le addizioni fatte dal possessore sulla cosa si applica il disposto dell'art. 936. Tuttavia, se le addizioni costituiscono miglioramento e il possessore è di buona fede, è dovuta un'indennità nella misura dell'aumento di valore conseguito dalla cosa (*Trans.* 157).

1151. ***Pagamento delle indennità.*** — L'autorità giudiziaria, avuto riguardo alle circostanze, può disporre che il pagamento delle indennità previste dall'articolo precedente sia fatto ratealmente, ordinando, in questo caso, le opportune garanzie.

1152. ***Ritenzione a favore del possessore di buona fede.*** — Il possessore di buona fede può ritenere la cosa finché non gli siano corrisposte le indennità dovute, purché queste siano state domandate nel corso del giudizio di rivendicazione e sia stata fornita una prova generica della sussistenza delle riparazioni e dei miglioramenti.

Egli ha lo stesso diritto finché non siano prestate le garanzie ordinate dall'autorità giudiziaria nel caso previsto dall'articolo precedente.

SEZIONE II
Del possesso di buona fede di beni mobili

1153. ***Effetti dell'acquisto del possesso.*** — Colui al quale sono alienati beni mobili da parte di chi non ne è proprietario, ne acquista la proprietà mediante il possesso, purché sia in buona fede al momento della consegna e sussista un titolo idoneo al trasferimento della proprietà.

La proprietà si acquista libera da diritti altrui

sulla cosa, se questi non risultano dal titolo e vi è la buona fede dell'acquirente.

Nello stesso modo si acquistano i diritti di usufrutto, di uso e di pegno.

1154. ***Conoscenza dell'illegittima provenienza della cosa.*** — A colui che ha acquistato conoscendo l'illegittima provenienza della cosa non giova l'erronea credenza che il suo autore o un precedente possessore ne sia divenuto proprietario.

1155. ***Acquisto di buona fede e precedente alienazione ad altri.*** — Se taluno con successivi contratti aliena a più persone un bene mobile, quella tra esse che ne ha acquistato in buona fede il possesso è preferita alle altre, anche se il suo titolo è di data posteriore.

1156. ***Universalità di mobili e mobili iscritti in pubblici registri.*** — Le disposizioni degli articoli precedenti non si applicano alle universalità di mobili e ai beni mobili iscritti in pubblici registri.[1]

[1] V. nota all'art. 815.

1157. ***Possesso di titoli di credito.*** — Gli effetti del possesso di buona fede dei titoli di credito sono regolati dal titolo V del libro IV.

SEZIONE III

Dell'usucapione

1158. ***Usucapione dei beni immobili e dei diritti reali immobiliari.*** — La proprietà dei beni immobili e gli altri diritti reali di godimento sui beni medesimi si acquistano in virtù del possesso continuato per venti anni (*Trans.* 252).

1159. ***Usucapione decennale.*** — Colui che acquista in buona fede da chi non è proprietario un immobile, in forza di un titolo che sia idoneo a trasferire la proprietà e che sia stato debitamente trascritto, ne compie l'usucapione in suo favore col decorso di dieci anni dalla data della trascrizione.

La stessa disposizione si applica nel caso di acquisto degli altri diritti reali di godimento sopra un immobile.

1159-*bis*. ***Usucapione speciale per la piccola proprietà rurale.***[1] — La proprietà dei fondi rustici con annessi fabbricati situati in comuni classificati montani dalla legge[2] si acquista in virtù del possesso continuato per quindici anni.

Colui che acquista in buona fede da chi non è proprietario, in forza di un titolo che sia idoneo a trasferire la proprietà e che sia debitamente trascritto, un fondo rustico con annessi fabbricati, situati in comuni classificati montani dalla legge, ne compie l'usucapione in suo favore col decorso di cinque anni dalla data di trascrizione.

La legge speciale stabilisce la procedura, le modalità e le agevolazioni per la regolarizzazione del titolo di proprietà.[3]

Le disposizioni di cui ai commi precedenti si applicano anche ai fondi rustici con annessi fabbricati, situati in comuni non classificati montani dalla legge, aventi un reddito non superiore ai limiti fissati dalla legge speciale.

[1] Articolo aggiunto dalla L. 10 mag. 1976, n. 346.
[2] V. L. 3 dic. 1971, n. 1102.
[3] V. artt. 3 s. L. 10 mag. 1976, n. 346.

1160. ***Usucapione delle universalità di mobili.*** — L'usucapione di un'universalità di mobili o di diritti reali di godimento sopra la medesima si compie in virtù del possesso continuato per venti anni.

Nel caso di acquisto in buona fede da chi non è proprietario, in forza di titolo idoneo, l'usucapione si compie con il decorso di dieci anni.

1161. ***Usucapione dei beni mobili.*** — In mancanza di titolo idoneo la proprietà dei beni mobili e gli altri diritti reali di godimento sui beni medesimi si acquistano in virtù del possesso continuato per dieci anni, qualora il possesso sia stato acquistato in buona fede.

Se il possessore è di mala fede, l'usucapione si compie con il decorso di venti anni.

1162. ***Usucapione di beni mobili iscritti in pubblici registri.*** — Colui che acquista in buona fede da chi non è proprietario un bene mobile iscritto in pubblici registri in forza di un titolo che sia idoneo a trasferire la proprietà e che sia stato debitamente trascritto, ne compie in suo favore l'usucapione col decorso di tre anni dalla data della trascrizione.

Se non concorrono le condizioni previste dal comma precedente, l'usucapione si compie col decorso di dieci anni.

Le stesse disposizioni si applicano nel caso di acquisto degli altri diritti reali di godimento.

1163. ***Vizi del possesso.*** — Il possesso acquistato in modo violento o clandestino non giova per l'usucapione se non dal momento in cui la violenza o la clandestinità è cessata.

1164. ***Interversione del possesso.*** — Chi ha il possesso corrispondente all'esercizio di un diritto reale su cosa altrui non può usucapire la proprietà della cosa stessa, se il titolo del suo possesso non è mutato per causa proveniente da un terzo o in forza di opposizione da lui fatta contro il diritto del proprietario. Il tempo necessario per l'usucapione decorre dalla data in cui il titolo del possesso è stato mutato.

1165. ***Applicazione di norme sulla prescrizione.*** — Le disposizioni generali sulla prescrizione, quelle relative alle cause di sospensione e d'interruzione e al computo dei termini si osservano, in quanto applicabili, rispetto alla usucapione.

1166. ***Inefficacia delle cause d'impedimento e di sospensione rispetto al terzo possessore.*** — Nell'usucapione ventennale non hanno luogo, riguardo al terzo possessore di un immobile o di un diritto reale sopra un immobile, né l'impedimento derivante da condizione o da termine, né le cause di sospensione indicate dall'art. 2942.

L'impedimento derivante da condizione o da termine e le cause di sospensione menzionate nel detto articolo non sono nemmeno opponibili al terzo possessore nella prescrizione per non uso dei diritti reali sui beni da lui posseduti.

1167. ***Interruzione dell'usucapione per perdita di possesso.*** — L'usucapione è interrotta quando il possessore è stato privato del possesso per oltre un anno.

L'interruzione si ha come non avvenuta se è stata proposta l'azione diretta a ricuperare il possesso e questo è stato ricuperato.

CAPO III

Delle azioni a difesa del possesso[1]

[1] Dei relativi procedimenti trattano gli artt. 703-705 c.p.c.

1168. ***Azione di reintegrazione.*** — Chi è stato violentemente od occultamente spogliato del possesso può, entro l'anno dal sofferto spoglio, chiedere contro l'autore di esso la reintegrazione del possesso medesimo.

L'azione è concessa altresì a chi ha la detenzione della cosa, tranne il caso che l'abbia per ragioni di servizio o di ospitalità.

Se lo spoglio è clandestino, il termine per chiedere la reintegrazione decorre dal giorno della scoperta dello spoglio.

La reintegrazione deve ordinarsi dal giudice sulla semplice notorietà del fatto, senza dilazione.

1169. ***Reintegrazione contro l'acquirente consapevole dello spoglio.*** — La reintegrazione si può domandare anche contro chi è nel possesso in virtù di un acquisto a titolo particolare, fatto con la conoscenza dell'avvenuto spoglio.

1170. ***Azione di manutenzione.*** — Chi è stato molestato nel possesso di un immobile, di un diritto reale sopra un immobile o di un'universalità di mobili può, entro l'anno dalla turbativa, chiedere la manutenzione del possesso medesimo.

L'azione è data se il possesso dura da oltre un anno, continuo e non interrotto, e non è stato acquistato violentemente o clandestinamente. Qualora il possesso sia stato acquistato in modo violento o clandestino, l'azione può nondimeno esercitarsi, decorso un anno dal giorno in cui la violenza o la clandestinità è cessata.

Anche colui che ha subito uno spoglio non violento o clandestino può chiedere di essere rimesso nel possesso, se ricorrono le condizioni indicate dal comma precedente.

TITOLO IX

Della denunzia di nuova opera e di danno temuto[1]

[1] Dei relativi procedimenti trattano gli artt. 688-691 c.p.c.

1171. ***Denunzia di nuova opera.*** — Il proprietario, il titolare di altro diritto reale di godimento o il possessore, il quale ha ragione di temere che da una nuova opera, da altri intrapresa sul proprio come sull'altrui fondo, sia per derivare danno alla cosa che forma l'oggetto del suo diritto o del suo possesso, può denunziare all'autorità giudiziaria la nuova opera, purché questa non sia terminata e non sia trascorso un anno dal suo inizio.

L'autorità giudiziaria, presa sommaria cognizione del fatto, può vietare la continuazione dell'opera, ovvero permetterla, ordinando le opportune cautele: nel primo caso, per il risarcimento del danno prodotto dalla sospensione dell'opera, qualora, le opposizioni al suo proseguimento risultino infondate nella decisione del merito; nel secondo caso, per la demolizione o riduzione dell'opera e per il risarcimento del danno che possa soffrirne il denunziante, se questi ottiene sentenza favorevole, nonostante la permessa continuazione.

1172. ***Denunzia di danno temuto.*** — Il proprietario, il titolare di altro diritto reale di godimento o il possessore, il quale ha ragione di temere che da qualsiasi edificio, albero o altra cosa sovrasti pericolo di un danno grave e prossimo alla cosa che forma l'oggetto del suo diritto o del suo possesso, può denunziare il fatto all'autorità giudiziaria e ottenere, secondo le circostanze, che si provveda per ovviare al pericolo.

L'autorità giudiziaria, qualora ne sia il caso, dispone idonea garanzia per i danni eventuali.

LIBRO QUARTO

DELLE OBBLIGAZIONI[1,2]

[1] V. *Att.* 73-84; *Trans.* 159-194.
[2] Per le modifiche in vigore dal 31 ott. 2025 v. D.lgs. 13 lug. 2017, n. 116.

TITOLO I
Delle obbligazioni in generale

CAPO I
Disposizioni preliminari

1173. ***Fonti delle obbligazioni.*** — Le obbligazioni derivano da contratto, da fatto illecito, o da ogni altro atto o fatto idoneo a produrle in conformità dell'ordinamento giuridico.

1174. ***Carattere patrimoniale della prestazione.*** — La prestazione che forma oggetto dell'obbligazione deve essere suscettibile di valutazione economica e deve corrispondere a un interesse, anche non patrimoniale, del creditore.

1175. ***Comportamento secondo correttezza.*** — Il debitore e il creditore devono comportarsi secondo le regole della correttezza [in relazione ai principî della solidarietà corporativa].[1]

[1] Le parole tra parentesi sono state abrogate espressamente dall'art. 3 del D.L.L. 14 set. 1944, n. 287. Cfr. gli artt. 2, 36, 37 e 41 della Costituzione.

CAPO II
Dell'adempimento delle obbligazioni

SEZIONE I
Dell'adempimento in generale

1176. ***Diligenza nell'adempimento.*** — Nell'adempiere l'obbligazione il debitore deve usare la diligenza del buon padre di famiglia.[1]

Nell'adempimento delle obbligazioni inerenti all'esercizio di un'attività professionale, la diligenza deve valutarsi con riguardo alla natura dell'attività esercitata.[2]

[1] Per legge devono usare la diligenza del buon padre di famiglia, l'esecutore testamentario (703), l'usufruttuario (1001), il conduttore (1587), il mandatario (1710), il depositario (1768), il sequestratario (1800), il colono (2167), il comodatario (1804), il mezzadro (2148).

[2] Devono usare la speciale diligenza professionale la banca (1838), il prestatore di lavoro (2104), il prestatore d'opera (2236), il soccidario (2174).

1177. ***Obbligazioni di custodire.*** — L'obbligazione di consegnare una cosa determinata include quella di custodirla fino alla consegna.

1178. ***Obbligazione generica.*** — Quando l'obbligazione ha per oggetto la prestazione di cose determinate soltanto nel genere, il debitore deve prestare cose di qualità non inferiore alla media.

1179. ***Obbligo di garanzia.*** — Chi è tenuto a dare una garanzia, senza che ne siano determinati il modo e la forma, può prestare a sua scelta una idonea garanzia reale o personale, ovvero altra sufficiente cautela.

1180. ***Adempimento del terzo.*** — L'obbligazione può essere adempiuta da un terzo, anche contro la volontà del creditore, se questi non ha interesse a che il debitore esegua personalmente la prestazione.

Tuttavia il creditore può rifiutare l'adempimento offertogli dal terzo, se il debitore gli ha manifestato la sua opposizione.

1181. ***Adempimento parziale.*** — Il creditore può rifiutare un adempimento parziale anche se la prestazione è divisibile, salvo che la legge o gli usi dispongano diversamente.[1]

[1] Il portatore dell'assegno bancario, dell'assegno circolare e della cambiale non può rifiutare un pagamento parziale (L.A. 37, 86; L.C. 45).

1182. ***Luogo dell'adempimento.*** — Se il luogo nel quale la prestazione deve essere eseguita non è determinato dalla convenzione o dagli usi e non può desumersi dalla natura della prestazione o da altre circostanze, si osservano le norme che seguono (*Trans.* 159).

L'obbligazione di consegnare una cosa certa e determinata deve essere adempiuta nel luogo in cui si trovava la cosa quando la obbligazione è sorta.

L'obbligazione avente per oggetto una somma di danaro deve essere adempiuta al domicilio che il creditore ha al tempo della scadenza. Se tale domicilio è diverso da quello che il creditore aveva quando è sorta l'obbligazione e ciò rende più gravoso l'adempimento, il debitore, previa dichiarazione al creditore, ha diritto di eseguire il pagamento al proprio domicilio.

Negli altri casi l'obbligazione deve essere adempiuta al domicilio che il debitore ha al tempo della scadenza (*Trans.* 159).

1183. ***Tempo dell'adempimento.*** — Se non è determinato il tempo in cui la prestazione deve essere eseguita, il creditore può esigerla immediatamente. Qualora tuttavia, in virtù degli usi o per la natura della prestazione ovvero per il modo e il luogo dell'esecuzione, sia necessario un termine, questo, in mancanza di accordo delle parti, è stabilito dal giudice.

Se il termine per l'adempimento è rimesso alla volontà del debitore, spetta ugualmente al giudice di stabilirlo secondo le circostanze; se è rimesso alla volontà del creditore, il termine può essere fissato su istanza del debitore che intende liberarsi.

1184. ***Termine.*** — Se per l'adempimento è fissato un termine questo si presume a favore del debitore, qualora non risulti stabilito a favore del creditore o di entrambi.

1185. ***Pendenza del termine.*** — Il creditore non può esigere la prestazione prima della scadenza, salvo che il termine sia stabilito esclusivamente a suo favore.

Tuttavia il debitore non può ripetere ciò che ha pagato anticipatamente, anche se ignorava l'esistenza del termine. In questo caso però egli può ripetere, nei limiti della perdita subita, ciò di cui il creditore si è arricchito per effetto del pagamento anticipato.

1186. ***Decadenza dal termine.*** — Quantunque il termine sia stabilito a favore del debitore, il creditore può esigere immediatamente la prestazione se il debitore è divenuto insolvente[1] o ha diminuito, per fatto proprio, le garanzie che aveva date o non ha dato le garanzie che aveva promesse.

[1] «Lo stato d'insolvenza si manifesta con inadempimenti o altri fatti esteriori, i quali dimostrino che il debitore non è più in grado di soddisfare regolarmente le proprie obbligazioni» (L.F. 5).

1187. ***Computo del termine.*** — Il termine fissato per l'adempimento delle obbligazioni è computato secondo le disposizioni dell'art. 2963.

La disposizione relativa alla proroga del termine che scade in giorno festivo si osserva se non vi sono usi diversi.[1]

È salva in ogni caso una diversa pattuizione.

[1] V. nota all'art. 2963.

1188. ***Destinatario del pagamento.*** — Il pagamento deve essere fatto al creditore o al suo rappresentante, ovvero alla persona indicata dal creditore o autorizzata dalla legge o dal giudice a riceverlo.[1]

Il pagamento fatto a chi non era legittimato a riceverlo libera il debitore, se il creditore lo ratifica o se ne ha approfittato.

[1] Per la prova del pagamento v. 2726.

1189. ***Pagamento al creditore apparente.*** — Il debitore che esegue il pagamento a chi appare legittimato a riceverlo in base a circostanze univoche, è liberato se prova di essere stato in buona fede.

Chi ha ricevuto il pagamento è tenuto alla restituzione verso il vero creditore, secondo le regole stabilite per la ripetizione dell'indebito.

1190. ***Pagamento al creditore incapace.*** — Il pagamento fatto al creditore incapace di riceverlo[1] non libera il debitore, se questi non prova che ciò che fu pagato è stato rivolto a vantaggio dell'incapace.

[1] Sono incapaci di ricevere il pagamento, il minore e l'interdetto (427); per gli atti eccedenti l'ordinaria amministrazione l'emancipato e l'inabilitato (394, 427).

1191. ***Pagamento eseguito da un incapace.*** — Il debitore che ha eseguito la prestazione dovuta non può impugnare il pagamento a causa della propria incapacità.[1]

[1] La ripetizione di quanto è stato spontaneamente pagato è ammessa: dopo l'esito di un giuoco o di una scommessa, in ogni caso se il perdente è un incapace (1933); in esecuzione di doveri morali o sociali se la prestazione sia stata eseguita da un incapace (2034).

1192. ***Pagamento eseguito con cose altrui.*** — Il debitore non può impugnare il pagamento eseguito con cose di cui non poteva disporre, salvo che offra di eseguire la prestazione dovuta con cose di cui può disporre.

Il creditore che ha ricevuto il pagamento in buona fede può impugnarlo, salvo il diritto al risarcimento del danno.

1193. ***Imputazione del pagamento.*** — Chi ha più debiti della medesima specie verso la stessa persona può dichiarare, quando paga, quale debito intende soddisfare.

In mancanza di tale dichiarazione, il pagamento deve essere imputato al debito scaduto; tra più debiti scaduti, a quello meno garantito; tra più debiti ugualmente garantiti, al più oneroso per il debitore; tra più debiti ugualmente onerosi, al più antico. Se tali criteri non soccorrono, l'imputazione è fatta proporzionalmente ai vari debiti.

1194. ***Imputazione del pagamento agli interessi.*** — Il debitore non può imputare il pagamento al capitale, piuttosto che agli interessi e alle spese, senza il consenso del creditore.

Il pagamento fatto in conto di capitale e d'interessi deve essere imputato prima agli interessi.

1195. ***Quietanza con imputazione.*** — Chi, avendo più debiti accetta una quietanza nella quale il creditore ha dichiarato di imputare il pagamento a uno di essi, non può pretendere una imputazione diversa, se non vi è stato dolo o sorpresa da parte del creditore.

1196. ***Spese del pagamento.*** — Le spese del pagamento sono a carico del debitore.

1197. ***Prestazione in luogo dell'adempimento.*** — Il debitore non può liberarsi eseguendo una prestazione diversa da quella dovuta, anche se di valore uguale o maggiore, salvo che il creditore consenta. In questo caso l'obbligazione si estingue quando la diversa prestazione è eseguita.

Se la prestazione consiste nel trasferimento della proprietà o di un altro diritto, il debitore è tenuto alla garanzia per l'evizione e per i vizi della cosa secondo le norme della vendita, salvo che il creditore preferisca esigere la prestazione originaria e il risarcimento del danno.

In ogni caso non rivivono le garanzie prestate dai terzi.

1198. ***Cessione di un credito in luogo dell'adempimento.*** — Quando in luogo dell'adempimento è ceduto un credito, l'obbligazione si estingue con la riscossione del credito, se non risulta una diversa volontà delle parti.

È salvo quanto è disposto dal secondo comma dell'art. 1267.

1199. ***Diritto del debitore alla quietanza.*** — Il creditore che riceve il pagamento deve, a richiesta e a spese del debitore, rilasciare quietanza e farne annotazione sul titolo, se questo non è restituito al debitore.

Il rilascio di una quietanza per il capitale fa presumere il pagamento degli interessi.

1200. ***Liberazione dalle garanzie.*** — Il creditore che ha ricevuto il pagamento deve consentire la liberazione dei beni dalle garanzie reali date per il credito e da ogni altro vincolo che comunque ne limiti la disponibilità.

SEZIONE II
Del pagamento con surrogazione

1201. ***Surrogazione per volontà del creditore.*** — Il creditore, ricevendo il pagamento da un terzo, può surrogarlo nei propri diritti. La surrogazione deve essere fatta in modo espresso e contemporaneamente al pagamento.

1202. ***Surrogazione per volontà del debitore.*** — Il debitore, che prende a mutuo una somma di danaro o altra cosa fungibile al fine di pagare il debito, può surrogare il mutuante nei diritti del creditore, anche senza il consenso di questo.

La surrogazione ha effetto quando concorrono le seguenti condizioni:

1) che il mutuo e la quietanza risultino da atto avente data certa;

2) che nell'atto di mutuo sia indicata espressamente la specifica destinazione della somma mutuata;

3) che nella quietanza si menzioni la dichiarazione del debitore circa la provenienza della somma impiegata nel pagamento. Sulla richiesta del debitore, il creditore non può rifiutarsi di inserire nella quietanza tale dichiarazione.

1203. ***Surrogazione legale.*** — La surrogazione ha luogo di diritto nei seguenti casi:

1) a vantaggio di chi, essendo creditore, ancorché chirografario, paga un altro creditore che ha diritto di essergli preferito in ragione dei suoi privilegi, del suo pegno o delle sue ipoteche;

2) a vantaggio dell'acquirente di un immobile che, fino alla concorrenza del prezzo di acquisto, paga uno o più creditori a favore dei quali l'immobile è ipotecato;

3) a vantaggio di colui che, essendo tenuto con altri o per altri al pagamento del debito, aveva interesse di soddisfarlo;

4) a vantaggio dell'erede con beneficio d'inventario, che paga con danaro proprio i debiti ereditari;

5) negli altri casi stabiliti dalla legge.[1]

[1] La surroga ha luogo di diritto a favore del legatario che paga i debiti ereditari (756); del creditore nei diritti del debitore di una prestazione divenuta impossibile (1259); del mediatore che non manifesta il nome del contraente (1762); del depositante quando l'erede del depositario ha alienato la cosa depositata (1776); del depositante (1780); del girante della nota di pegno che ha pagato volontariamente il possessore (1796); dell'assicuratore che ha pagato l'indennità (1916); del fideiussore nei diritti del creditore (1949); dei creditori nella *cessio bonorum* (1979); di chi ha pagato un debito altrui (2036); di chi ha pagato l'indebito (2038); del creditore ipotecario perdente (2856); dell'avallante che paga la cambiale (L.C. 37); di chi paga la cambiale per intervento (L.C. 82).

1204. ***Terzi garanti.*** — La surrogazione contemplata nei precedenti articoli ha effetto anche contro i terzi che hanno prestato garanzia per il debitore.

Se il credito è garantito da pegno, si osserva la disposizione del secondo comma dell'art. 1263.

1205. ***Surrogazione parziale.*** — Se il pagamento è parziale, il terzo surrogato e il creditore concorrono nei confronti del debitore in proporzione di quanto è loro dovuto, salvo patto contrario.

SEZIONE III
Della mora del creditore

1206. ***Condizioni.*** — Il creditore è in mora quando, senza motivo legittimo, non riceve il pagamento offertogli nei modi indicati dagli articoli seguenti o non compie quanto è necessario affinché il debitore possa adempiere l'obbligazione.

1207. ***Effetti.*** — Quando il creditore è in mora, è a suo carico l'impossibilità della prestazione sopravvenuta per causa non imputabile al debitore. Non sono più dovuti gli interessi né i frutti della cosa che non siano stati percepiti dal debitore (*Trans.* 160).

Il creditore è pure tenuto a risarcire i danni derivati dalla sua mora e a sostenere le spese per la custodia e la conservazione della cosa dovuta.

Gli effetti della mora si verificano dal giorno dell'offerta, se questa è successivamente dichiarata valida con sentenza passata in giudicato o se è accettata dal creditore.

1208. ***Requisiti per la validità dell'offerta.*** — Affinché l'offerta sia valida è necessario:

1) che sia fatta al creditore capace di ricevere o a chi ha la facoltà di ricevere per lui;

2) che sia fatta da persona che può validamente adempiere;

3) che comprenda la totalità della somma o delle cose dovute, dei frutti o degli interessi e delle spese liquide, e una somma per le spese non liquide, con riserva di un supplemento, se è necessario;

4) che il termine sia scaduto, se stipulato in favore del creditore;

5) che si sia verificata la condizione dalla quale dipende l'obbligazione;

6) che l'offerta sia fatta alla persona del creditore o nel suo domicilio;

7) che l'offerta sia fatta da un ufficiale pubblico a ciò autorizzato (*Att.* 73).

Il debitore può subordinare l'offerta al consenso del creditore necessario per liberare i beni dalle garanzie reali o da altri vincoli che comunque ne limitino la disponibilità.

1209. ***Offerta reale e offerta per intimazione.*** — Se l'obbligazione ha per oggetto danaro, titoli di credito, ovvero cose mobili da consegnare al domicilio del creditore, l'offerta deve essere reale (*Att.* 73, 74).

Se si tratta invece di cose mobili da consegnare in luogo diverso, l'offerta consiste nell'intimazione al creditore di riceverle, fatta mediante atto a lui notificato nelle forme prescritte per gli atti di citazione (*Att.* 73, 75).

1210. ***Facoltà di deposito e suoi effetti liberatori.*** — Se il creditore rifiuta di accettare la offerta reale o non si presenta per ricevere le cose offertegli mediante intimazione, il debitore può eseguire il deposito (*Att.* 77, 78).

Eseguito il deposito, quando questo è accettato dal creditore o è dichiarato valido con sentenza passata in giudicato, il debitore non può più ritirarlo ed è liberato dalla sua obbligazione.

1211. ***Cose deperibili o di dispendiosa custodia.***[1] — Se le cose non possono essere conservate o sono deteriorabili, oppure se le spese della loro custodia sono eccessive, il debitore, dopo l'offerta reale o l'intimazione di ritirarle, può farsi autorizzare dal *tribunale* a venderle nei modi stabiliti per le cose pignorate e a depositarne il prezzo.

[1] Articolo così modif. dall'art. 150 D.lgs. 19 feb. 1998, n. 51 con decorrenza dal 2 giu. 1999.

1212. ***Requisiti del deposito.*** — Per la validità del deposito è necessario:

1) che sia stato preceduto da un'intimazione notificata al creditore e contenente l'indicazione del giorno, dell'ora e del luogo in cui la cosa offerta sarà depositata (*Att.* 74);

2) che il debitore abbia consegnato la cosa, con gli interessi e i frutti dovuti fino al giorno dell'offerta, nel luogo indicato dalla legge o, in mancanza, dal giudice;

3) che sia redatto dal pubblico ufficiale un processo verbale da cui risulti la natura delle cose offerte, il rifiuto di riceverle da parte del creditore o la sua mancata comparizione, e infine il fatto del deposito;

4) che, in caso di non comparizione del creditore, il processo verbale di deposito gli sia notificato con l'invito a ritirare la cosa depositata.

Il deposito che ha per oggetto somme di danaro può eseguirsi anche presso un istituto di credito (*Att.* 73, 76, 78).

1213. ***Ritiro del deposito.*** — Il deposito non produce effetto se il debitore lo ritira prima che sia stato accettato dal creditore o prima che sia stato riconosciuto valido con sentenza passata in giudicato.

Se, dopo l'accettazione del deposito o il passaggio in giudicato della sentenza che lo dichiara valido, il creditore consente che il debitore ritiri il deposito, egli non può più rivolgersi contro i condebitori e i fideiussori, né valersi dei privilegi, del pegno e delle ipoteche che garantivano il credito.

1214. ***Offerta secondo gli usi e deposito.*** — Se il debitore ha offerto la cosa dovuta nelle forme d'uso anziché in quelle prescritte dagli artt. 1208 e 1209, gli effetti della mora si verificano dal giorno in cui egli esegue il deposito a norma dell'art. 1212, se questo è accettato dal creditore o è dichiarato valido con sentenza passata in giudicato (*Att.* 73, 77).

1215. ***Spese.*** — Quando l'offerta reale e il deposito sono validi, le spese occorse sono a carico del creditore.

1216. ***Intimazione di ricevere la consegna di un immobile.*** — Se deve essere consegnato un immobile, l'offerta consiste nell'intimazione al creditore di prenderne possesso. La intimazione deve essere fatta nella forma prescritta dal secondo comma dell'art. 1209 (*Att.* 73, 75).

Il debitore, dopo l'intimazione al creditore, può ottenere dal giudice la nomina di un sequestratario. In questo caso egli è liberato dal momento in cui ha consegnato al sequestratario la cosa dovuta (*Att.* 79).

1217. ***Obbligazioni di fare.*** — Se la prestazione consiste in un fare, il creditore è costituito in mora mediante l'intimazione di ricevere la prestazione o di compiere gli atti che sono da parte sua necessari per renderla possibile.

L'intimazione può essere fatta nelle forme d'uso (*Att.* 80).

CAPO III

Dell'inadempimento delle obbligazioni

1218. ***Responsabilità del debitore.*** — Il debitore che non esegue esattamente la prestazione dovuta è tenuto al risarcimento del danno, se non prova che l'inadempimento o il ritardo è stato determinato da impossibilità della prestazione derivante da causa a lui non imputabile.

1219. *Costituzione in mora.* — Il debitore è costituito in mora mediante intimazione o richiesta fatta per iscritto (*Trans.* 160).

Non è necessaria la costituzione in mora:

1) quando il debito deriva da fatto illecito;

2) quando il debitore ha dichiarato per iscritto di non volere eseguire l'obbligazione;

3) quando è scaduto il termine, se la prestazione deve essere eseguita al domicilio del creditore. Se il termine scade dopo la morte del debitore, gli eredi non sono costituiti in mora che mediante intimazione o richiesta fatta per iscritto, e decorsi otto giorni dall'intimazione o dalla richiesta.

1220. *Offerta non formale.* — Il debitore non può essere considerato in mora, se tempestivamente ha fatto offerta della prestazione dovuta, anche senza osservare le forme indicate nella sezione III del precedente capo, a meno che il creditore l'abbia rifiutata per un motivo legittimo.

1221. *Effetti della mora sul rischio.* — Il debitore che è in mora non è liberato per la sopravvenuta impossibilità della prestazione derivante da causa a lui non imputabile, se non prova che l'oggetto della prestazione sarebbe ugualmente perito presso il creditore.

In qualunque modo sia perita o smarrita una cosa illecitamente sottratta, la perdita di essa non libera chi l'ha sottratta dall'obbligo di restituirne il valore.

1222. *Inadempimento di obbligazioni negative.* — Le disposizioni sulla mora non si applicano alle obbligazioni di non fare; ogni fatto compiuto in violazione di queste costituisce di per sé inadempimento.

1223. *Risarcimento del danno.* — Il risarcimento del danno per l'inadempimento o per il ritardo deve comprendere così la perdita subìta dal creditore come il mancato guadagno, in quanto ne siano conseguenza immediata e diretta.

1224. *Danni nelle obbligazioni pecuniarie.* — Nelle obbligazioni che hanno per oggetto una somma di danaro[1] sono dovuti dal giorno della mora gli interessi legali, anche se non erano dovuti precedentemente e anche se il creditore non prova di aver sofferto alcun danno. Se prima della mora erano dovuti interessi in misura superiore a quella legale, gli interessi moratori sono dovuti nella stessa misura.

Al creditore che dimostra di aver subito un danno maggiore spetta l'ulteriore risarcimento.[2] Questo non è dovuto se è stata convenuta la misura degli interessi moratori.

[1] Cfr. l'art. 1277.

[2] Per i crediti di lavoro: v. art. 429, ultimo comma, c.p.c.

1225. *Prevedibilità del danno.* — Se l'inadempimento o il ritardo non dipende da dolo del debitore, il risarcimento è limitato al danno che poteva prevedersi nel tempo in cui è sorta l'obbligazione.

1226. *Valutazione equitativa del danno.* — Se il danno non può essere provato nel suo preciso ammontare, è liquidato dal giudice con valutazione equitativa.

1227. *Concorso del fatto colposo del creditore.* — Se il fatto colposo del creditore ha concorso a cagionare il danno, il risarcimento è diminuito secondo la gravità della colpa e l'entità delle conseguenze che ne sono derivate.

Il risarcimento non è dovuto per i danni che il creditore avrebbe potuto evitare usando l'ordinaria diligenza.

1228. *Responsabilità per fatto degli ausiliari.* — Salva diversa volontà delle parti, il debitore che nell'adempimento dell'obbligazione si vale dell'opera di terzi, risponde anche dei fatti dolosi o colposi di costoro.

1229. *Clausole di esonero da responsabilità.* — È nullo qualsiasi patto che esclude o limita preventivamente la responsabilità del debitore per dolo o per colpa grave.[1]

È nullo altresì qualsiasi patto preventivo di esonero o di limitazione di responsabilità per i casi in cui il fatto del debitore o dei suoi ausiliari costituisca violazione di obblighi derivanti da norme di ordine pubblico.

[1] V. per le limitazioni di responsabilità nelle condizioni generali di contratto, 1341; per il patto con cui si esclude o si limita la garanzia per i vizi della cosa venduta, 1490; per le limitazioni convenzionali della responsabilità del locatore, 1579; per la nullità delle clausole che limitano la responsabilità del vettore per i sinistri che colpiscono il viaggiatore, 1681; per la validità delle clausole di presunzione di fortuito nel trasporto, 1694; per la dispensa preventiva del mandatario dall'obbligo di rendiconto, 1713; per il patto tendente a escludere o a diminuire la responsabilità dell'albergatore, 1784 ultimo comma; per il deposito, presso la banca, di titoli in amministrazione, 1838 ultimo comma; per gli obblighi dell'assicuratore nei sinistri cagionati con dolo o colpa grave, 1900.

CAPO IV
Dei modi di estinzione delle obbligazioni diversi dall'adempimento

SEZIONE I
Della novazione

1230. *Novazione oggettiva.* — L'obbligazione si estingue quando le parti sostituiscono all'obbligazione originaria una nuova obbligazione con oggetto o titolo diverso.

La volontà di estinguere l'obbligazione precedente deve risultare in modo non equivoco.

1231. *Modalità che non importano novazione.* — Il rilascio di un documento o la sua rinnovazione, l'apposizione o l'eliminazione di un termine e ogni altra modificazione accessoria dell'obbligazione non producono novazione.

1232. ***Privilegi, pegno e ipoteche.*** — I privilegi, il pegno e le ipoteche del credito originario si estinguono, se le parti non convengono espressamente di mantenerli per il nuovo credito.

1233. ***Riserva delle garanzie nelle obbligazioni solidali.*** — Se la novazione si effettua tra il creditore e uno dei debitori in solido con effetto liberatorio per tutti, i privilegi, il pegno e le ipoteche del credito anteriore possono essere riservati soltanto sui beni del debitore che fa la novazione.

1234. ***Inefficacia della novazione.*** — La novazione è senza effetto, se non esisteva l'obbligazione originaria.

Qualora l'obbligazione originaria derivi da un titolo annullabile, la novazione è valida se il debitore ha assunto validamente il nuovo debito conoscendo il vizio del titolo originario.

1235. ***Novazione soggettiva.*** — Quando un nuovo debitore è sostituito a quello originario che viene liberato, si osservano le norme contenute nel capo VI di questo titolo.

SEZIONE II
Della remissione

1236. ***Dichiarazione di remissione del debito.*** — La dichiarazione del creditore di rimettere il debito estingue l'obbligazione quando è comunicata al debitore, salvo che questi dichiari in un congruo termine di non volerne profittare.

1237. ***Restituzione volontaria del titolo.*** — La restituzione volontaria del titolo originale del credito, fatta dal creditore al debitore, costituisce prova della liberazione anche rispetto ai condebitori in solido.

Se il titolo del credito è in forma pubblica, la consegna volontaria della copia spedita in forma esecutiva fa presumere la liberazione, salva la prova contraria.

1238. ***Rinunzia alle garanzie.*** — La rinunzia alle garanzie dell'obbligazione non fa presumere la remissione del debito.

1239. ***Fideiussori.*** — La remissione accordata al debitore principale libera i fideiussori.

La remissione accordata a uno dei fideiussori non libera gli altri che per la parte del fideiussore liberato. Tuttavia se gli altri fideiussori hanno consentito la liberazione, essi rimangono obbligati per l'intero.

1240. ***Rinunzia a una garanzia verso corrispettivo.*** — Il creditore che ha rinunziato, verso corrispettivo, alla garanzia prestata da un terzo deve imputare al debito principale quanto ha ricevuto, a beneficio del debitore e di coloro che hanno prestato garanzia per l'adempimento dell'obbligazione.

SEZIONE III
Della compensazione

1241. ***Estinzione per compensazione.*** — Quando due persone sono obbligate l'una verso l'altra, i due debiti si estinguono per le quantità corrispondenti, secondo le norme degli articoli che seguono.

1242. ***Effetti della compensazione.*** — La compensazione estingue i due debiti dal giorno della loro coesistenza. Il giudice non può rilevarla d'ufficio.

La prescrizione non impedisce la compensazione, se non era compiuta quando si è verificata la coesistenza dei due debiti.

1243. ***Compensazione legale e giudiziale.*** — La compensazione si verifica solo tra due debiti che hanno per oggetto una somma di danaro o una quantità di cose fungibili dello stesso genere e che sono ugualmente liquidi ed esigibili.

Se il debito opposto in compensazione non è liquido ma è di facile e pronta liquidazione, il giudice può dichiarare la compensazione per la parte del debito che riconosce esistente, e può anche sospendere la condanna per il credito liquido fino all'accertamento del credito opposto in compensazione.

1244. ***Dilazione.*** — La dilazione concessa gratuitamente dal creditore non è di ostacolo alla compensazione.

1245. ***Debiti non pagabili nello stesso luogo.*** — Quando i due debiti non sono pagabili nello stesso luogo, si devono computare le spese del trasporto al luogo del pagamento.

1246. ***Casi in cui la compensazione non si verifica.*** — La compensazione si verifica qualunque sia il titolo dell'uno o dell'altro debito eccettuati i casi:

1) di credito per la restituzione di cose di cui il proprietario sia stato ingiustamente spogliato;
2) di credito per la restituzione di cose depositate o date in comodato;
3) di credito dichiarato impignorabile;
4) di rinunzia alla compensazione fatta preventivamente dal debitore;
5) di divieto stabilito dalla legge.[1]

[1] Il divieto riguarda la compensazione: del credito alimentare (447); delle obbligazioni naturali (2034); fra il debito che un terzo ha verso la società e il credito che egli ha verso un socio (2271); del credito dato in pegno (2805); in sede di fallimento (L.F. 56).

1247. ***Compensazione opposta da terzi garanti.*** — Il fideiussore può opporre in compensazione il debito che il creditore ha verso il debitore principale.

Lo stesso diritto spetta al terzo che ha costituito un'ipoteca o un pegno.

1248. ***Inopponibilità della compensazione.*** — Il debitore, se ha accettato puramente e semplicemente la cessione che il creditore ha fatta delle sue ragioni a un terzo, non può opporre al cessionario la compensazione che avrebbe potuto opporre al cedente.

La cessione non accettata dal debitore, ma a questo notificata, impedisce la compensazione dei crediti sorti posteriormente alla notificazione.

1249. ***Compensazione di più debiti.*** — Quando una persona ha verso un'altra più debiti compensabili, si osservano per la compensazione le disposizioni del secondo comma dell'art. 1193.

1250. ***Compensazione rispetto ai terzi.*** — La compensazione non si verifica in pregiudizio dei terzi che hanno acquistato diritti di usufrutto o di pegno su uno dei crediti.

1251. ***Garanzie annesse al credito.*** — Chi ha pagato un debito mentre poteva invocare la compensazione non può più valersi, in pregiudizio dei terzi, dei privilegi e delle garanzie a favore del suo credito, salvo che abbia ignorato l'esistenza di questo per giusti motivi.

1252. ***Compensazione volontaria.*** — Per volontà delle parti può aver luogo compensazione anche se non ricorrono le condizioni previste dagli articoli precedenti.

Le parti possono anche stabilire preventivamente le condizioni di tale compensazione.

SEZIONE IV
Della confusione

1253. ***Effetti della confusione.*** — Quando le qualità di creditore e di debitore si riuniscono nella stessa persona, la obbligazione si estingue, e i terzi che hanno prestato garanzia per il debitore sono liberati.

1254. ***Confusione rispetto ai terzi.*** — La confusione non opera in pregiudizio dei terzi che hanno acquistato diritti di usufrutto o di pegno sul credito.

1255. ***Riunione delle qualità di fideiussore e di debitore.*** — Se nella medesima persona si riuniscono le qualità di fideiussore e di debitore principale, la fideiussione resta in vita, purché il creditore vi abbia interesse.

SEZIONE V
Dell'impossibilità sopravvenuta per causa non imputabile al debitore

1256. ***Impossibilità definitiva e impossibilità temporanea.*** — La obbligazione si estingue quando, per una causa non imputabile al debitore, la prestazione diventa impossibile.

Se l'impossibilità è solo temporanea, il debitore, finché essa perdura, non è responsabile del ritardo nell'adempimento. Tuttavia l'obbligazione si estingue se l'impossibilità perdura fino a quando, in relazione al titolo dell'obbligazione o alla natura dell'oggetto, il debitore non può più essere ritenuto obbligato a eseguire la prestazione ovvero il creditore non ha più interesse a conseguirla.

1257. ***Smarrimento di cosa determinata.*** — La prestazione che ha per oggetto una cosa determinata si considera divenuta impossibile anche quando la cosa è smarrita senza che possa esserne provato il perimento.

In caso di successivo ritrovamento della cosa, si applicano le disposizioni del secondo comma dell'articolo precedente.

1258. ***Impossibilità parziale.*** — Se la prestazione è divenuta impossibile solo in parte, il debitore si libera dall'obbligazione eseguendo la prestazione per la parte che è rimasta possibile.

La stessa disposizione si applica quando, essendo dovuta una cosa determinata, questa ha subìto un deterioramento, o quando residua alcunché dal perimento totale della cosa.

1259. ***Subingresso del creditore nei diritti del debitore.*** — Se la prestazione che ha per oggetto una cosa determinata è divenuta impossibile, in tutto o in parte, il creditore subentra nei diritti spettanti al debitore in dipendenza del fatto che ha causato l'impossibilità, e può esigere dal debitore la prestazione di quanto questi abbia conseguito a titolo di risarcimento.

CAPO V
Della cessione dei crediti[1]

[1] Per la disciplina della cessione dei crediti di impresa V. L. 21 feb. 1991, n. 52.

1260. ***Cedibilità dei crediti.*** — Il creditore può trasferire a titolo oneroso o gratuito il suo credito, anche senza il consenso del debitore, purché il credito non abbia carattere strettamente personale,[1] o il trasferimento non sia vietato dalla legge.[2]

Le parti possono escludere la cedibilità del credito; ma il patto non è opponibile al cessionario, se non si prova che egli lo conosceva al tempo della cessione.

[1] Ha carattere strettamente personale il credito alimentare (447).

[2] La legge vieta che il genitore esercente la patria potestà, il tutore e il protutore possano diventare cessionari di alcuna ragione o credito verso il minore (323, 378); per particolari divieti di cessione di diritti in contestazione v. 1261; per particolari divieti di comprare v. 1471; per la indisponibilità dei crediti in conto corrente v. 1823.

1261. ***Divieti di cessione.*** — I magistrati dell'ordine giudiziario, i funzionari delle cancellerie e segreterie giudiziarie, gli ufficiali giudiziari, gli avvocati, i procuratori, i patrocinatori e i notai non possono, neppure per interposta persona, rendersi cessionari di diritti sui quali è sorta contestazione davanti l'autorità giudiziaria di cui fanno parte o nella cui giurisdizione esercitano le loro funzioni, sotto pena di nullità e dei danni.[1]

La disposizione del comma precedente non si applica alle cessioni di azioni ereditarie tra coeredi, né a quelle fatte in pagamento di debiti o per difesa di beni posseduti dal cessionario.

[1] Per i divieti di cessione al padre e al tutore v. 323 e 378. Sui limiti alla cedibilità di stipendi, salari e pensioni dei dipendenti della p.a. e di altri soggetti, v. il T.U. 5 gen. 1950, n. 180.

1262. ***Documenti probatori del credito.*** — Il cedente deve consegnare al cessionario i documenti probatori del credito che sono in suo possesso.

Se è stata ceduta solo una parte del credito, il cedente è tenuto a dare al cessionario una copia autentica dei documenti.

1263. ***Accessori del credito.*** — Per effetto della cessione, il credito è trasferito al cessionario con i privilegi, con le garanzie personali e reali e con gli altri accessori.

Il cedente non può trasferire al cessionario, senza il consenso del costituente, il possesso della cosa ricevuta in pegno; in caso di dissenso, il cedente rimane custode del pegno.

Salvo patto contrario, la cessione non comprende i frutti scaduti.

1264. ***Efficacia della cessione riguardo al debitore ceduto.*** — La cessione ha effetto nei confronti del debitore ceduto quando questi l'ha accettata o quando gli è stata notificata.

Tuttavia, anche prima della notificazione, il debitore che paga al cedente non è liberato, se il cessionario prova che il debitore medesimo era a conoscenza dell'avvenuta cessione.

1265. ***Efficacia della cessione riguardo ai terzi.*** — Se il medesimo credito ha formato oggetto di più cessioni a persone diverse, prevale la cessione notificata per prima al debitore, o quella che è stata prima accettata dal debitore, con atto di data certa, ancorché essa sia di data posteriore.

La stessa norma si osserva quando il credito ha formato oggetto di costituzione di usufrutto o di pegno.

1266. ***Obbligo di garanzia del cedente.*** — Quando la cessione è a titolo oneroso, il cedente è tenuto a garantire l'esistenza del credito al tempo della cessione. La garanzia può essere esclusa per patto, ma il cedente resta sempre obbligato per il fatto proprio.

Se la cessione è a titolo gratuito, la garanzia è dovuta solo nei casi e nei limiti in cui la legge pone a carico del donante la garanzia per l'evizione.

1267. ***Garanzia della solvenza del debitore.*** — Il cedente non risponde della solvenza del debitore, salvo che ne abbia assunto la garanzia. In questo caso egli risponde nei limiti di quanto ha ricevuto; deve inoltre corrispondere gli interessi, rimborsare le spese della cessione e quelle che il cessionario abbia sopportate per escutere il debitore, e risarcire il danno. Ogni patto diretto ad aggravare la responsabilità del cedente è senza effetto.

Quando il cedente ha garantito la solvenza del debitore, la garanzia cessa, se la mancata realizzazione del credito per insolvenza del debitore è dipesa da negligenza del cessionario nell'iniziare o nel proseguire le istanze contro il debitore stesso.

CAPO VI
Della delegazione, dell'espromissione e dell'accollo

1268. ***Delegazione cumulativa.*** — Se il debitore assegna al creditore un nuovo debitore, il quale si obbliga verso il creditore, il debitore originario non è liberato dalla sua obbligazione, salvo che il creditore dichiari espressamente di liberarlo.

Tuttavia il creditore che ha accettato l'obbligazione del terzo non può rivolgersi al delegante, se prima non ha richiesto al delegato l'adempimento.

1269. ***Delegazione di pagamento.*** — Se il debitore per eseguire il pagamento ha delegato un terzo, questi può obbligarsi verso il creditore, salvo che il debitore l'abbia vietato.

Il terzo delegato per eseguire il pagamento non è tenuto ad accettare l'incarico, ancorché sia debitore del delegante. Sono salvi gli usi diversi.

1270. ***Estinzione della delegazione.*** — Il delegante può revocare la delegazione, fino a quando il delegato non abbia assunto l'obbligazione in confronto del delegatario o non abbia eseguito il pagamento a favore di questo.

Il delegato può assumere l'obbligazione o eseguire il pagamento a favore del delegatario anche dopo la morte o la sopravvenuta incapacità del delegante.

1271. ***Eccezioni opponibili dal delegato.*** — Il delegato può opporre al delegatario le eccezioni relative ai suoi rapporti con questo.

Se le parti non hanno diversamente pattuito, il delegato non può opporre al delegatario, benché questi ne fosse stato a conoscenza, le eccezioni che avrebbe potuto opporre al delegante, salvo che sia nullo il rapporto tra delegante e delegatario.

Il delegato non può neppure opporre le eccezioni relative al rapporto tra il delegante e il delegatario, se ad esso le parti non hanno fatto espresso riferimento.

1272. ***Espromissione.*** — Il terzo che, senza delegazione del debitore, ne assume verso il creditore il debito, è obbligato in solido col debitore originario, se il creditore non dichiara espressamente di liberare quest'ultimo.

Se non si è convenuto diversamente, il terzo non può opporre al creditore le eccezioni relative ai suoi rapporti col debitore originario.

Può opporgli invece le eccezioni che al creditore avrebbe potuto opporre il debitore originario, se non sono personali a quest'ultimo e non derivano da fatti successivi all'espromissione. Non può opporgli la compensazione che avrebbe potuto opporre il debitore originario, quantunque si sia verificata prima della espromissione.

1273. ***Accollo.*** — Se il debitore e un terzo convengono che questi assuma il debito dell'altro, il creditore può aderire alla convenzione, rendendo irrevocabile la stipulazione a suo favore.

L'adesione del creditore importa liberazione del debitore originario solo se ciò costituisce condizione espressa dalla stipulazione o se il creditore dichiara espressamente di liberarlo.

Se non vi è liberazione del debitore, questi rimane obbligato in solido col terzo.

In ogni caso il terzo è obbligato verso il creditore che ha aderito alla stipulazione nei limiti in cui ha assunto il debito, e può opporre al creditore le eccezioni fondate sul contratto in base al quale l'assunzione è avvenuta.

1274. ***Insolvenza del nuovo debitore.*** — Il creditore che, in seguito a delegazione, ha liberato il debitore originario, non ha azione contro di lui se il delegato diviene insolvente, salvo che ne abbia fatto espressa riserva.

Tuttavia, se il delegato era insolvente al tempo in cui assunse il debito in confronto del creditore, il debitore originario non è liberato.

Le medesime disposizioni si osservano quando il creditore ha aderito all'accollo stipulato a suo favore e la liberazione del debitore originario era condizione espressa della stipulazione.

1275. ***Estinzione delle garanzie.*** — In tutti i casi nei quali il creditore libera il debitore originario, si estinguono le garanzie annesse al credito, se colui che le ha prestate non consente espressamente a mantenerle.

1276. ***Invalidità della nuova obbligazione.*** — Se l'obbligazione assunta dal nuovo debitore verso il creditore è dichiarata nulla o annullata, e il creditore aveva liberato il debitore originario, l'obbligazione di questo rivive, ma il creditore non può valersi delle garanzie prestate da terzi.

CAPO VII
Di alcune specie di obbligazioni

SEZIONE I
Delle obbligazioni pecuniarie

1277. ***Debito di somma di danaro.*** — I debiti pecuniari si estinguono con moneta avente corso legale nello Stato al tempo del pagamento e per il suo valore nominale.

Se la somma dovuta era determinata in una moneta che non ha più corso legale al tempo del pagamento, questo deve farsi in moneta legale, ragguagliata per valore alla prima.

1278. ***Debito di somma di monete non aventi corso legale.*** — Se la somma dovuta è determinata in una moneta non avente corso legale nello Stato, il debitore ha facoltà di pagare in moneta legale, al corso del cambio nel giorno della scadenza e nel luogo stabilito per il pagamento.

1279. ***Clausola di pagamento effettivo in monete non aventi corso legale.*** — La disposizione dell'articolo precedente non si applica, se la moneta non avente corso legale nello Stato è indicata con la clausola «effettivo» o altra equivalente, salvo che alla scadenza dell'obbligazione non sia possibile procurarsi tale moneta.

1280. ***Debito di specie monetaria avente valore intrinseco.*** — Il pagamento deve farsi con una specie di moneta avente valore intrinseco, se così è stabilito dal titolo costitutivo del debito, sempreché la moneta avesse corso legale al tempo in cui l'obbligazione fu assunta.

Se però la moneta non è reperibile, o non ha più corso, o ne è alterato il valore intrinseco, il pagamento si effettua con moneta corrente che rappresenti il valore intrinseco che la specie monetaria dovuta aveva al tempo in cui l'obbligazione fu assunta.

1281. ***Leggi speciali.*** — Le norme che precedono si osservano in quanto non siano in contrasto con i princìpi derivanti da leggi speciali.

Sono salve le disposizioni particolari concernenti i pagamenti da farsi fuori del territorio dello Stato.

1282. ***Interessi nelle obbligazioni pecuniarie.*** — I crediti liquidi ed esigibili di somme di danaro producono interessi di pieno diritto, salvo che la legge o il titolo stabiliscano diversamente (*Trans.* 161).

Salvo patto contrario, i crediti per fitti e pigioni non producono interessi se non dalla costituzione in mora.

Se il credito ha per oggetto rimborso di spese fatte per cose da restituire, non decorrono interessi per il periodo di tempo in cui chi ha fatto le spese abbia goduto della cosa senza corrispettivo e senza essere tenuto a render conto del godimento.

1283. ***Anatocismo.*** — In mancanza di usi contrari, gli interessi scaduti possono produrre interessi solo dal giorno della domanda giudiziale o per effetto di convenzione posteriore alla loro scadenza, e sempre che si tratti di interessi dovuti almeno per sei mesi (*Trans.* 162).

1284. ***Saggio degli interessi.*** — Il saggio degli interessi legali è determinato in misura pari allo 1,25% in ragione d'anno.[1] Il Ministro del tesoro, con proprio decreto pubblicato nella *Gazzetta Ufficiale* della Repubblica italiana non oltre il 15 dicembre dell'anno precedente a quello cui il saggio si riferisce, può modificarne annualmente la misura, sulla base del rendimento medio annuo lordo dei titoli di Stato di durata non superiore a dodici mesi e tenuto conto del tasso di inflazione registrato nell'anno. Qualora entro il 15 dicembre non sia fissata una nuova misura del saggio, questo rimane invariato per l'anno successivo.

Allo stesso saggio si computano gli interessi convenzionali, se le parti non ne hanno determinato la misura.

Gli interessi superiori alla misura legale devono essere determinati per iscritto; altrimenti sono dovuti nella misura legale.

Se le parti non ne hanno determinato la misura, dal momento in cui è proposta domanda giudiziale il saggio degli interessi legali è pari a quello previsto dalla legislazione speciale relativa ai ritardi di pagamento nelle transazioni commerciali.[2]

La disposizione del quarto comma si applica anche all'atto con cui si promuove il procedimento arbitrale.[2]

[1] Il saggio di interesse legale è stato modificato, da ultimo, con D.M. del Ministero dell'Economia e delle Finanze 13 dic. 2021, con decorrenza dal 1° gen. 2022.

[2] Comma aggiunto dall'art. 17, D.L. 12 set. 2014, n. 132, conv. con modif. in L. 10 nov. 2014, n. 162. Queste disposizioni producono effetti rispetto ai procedimenti iniziati a decorrere dal trentesimo giorno successivo all'entrata in vigore della legge di conversione del D.L. 132/2014.

SEZIONE II
Delle obbligazioni alternative

1285. ***Obbligazione alternativa.*** — Il debitore di un'obbligazione alternativa si libera eseguendo una delle due prestazioni dedotte in obbligazione, ma non può costringere il creditore a ricevere parte dell'una e parte dell'altra.

1286. ***Facoltà di scelta.*** — La scelta spetta al debitore, se non è stata attribuita al creditore o ad un terzo.

La scelta diviene irrevocabile con l'esecuzione di una delle due prestazioni, ovvero con la dichiarazione di scelta, comunicata all'altra parte, o ad entrambe se la scelta è fatta da un terzo.

Se la scelta deve essere fatta da più persone, il giudice può fissare loro un termine. Se la scelta non è fatta nel termine stabilito, essa è fatta dal giudice (*Att.* 81).

1287. ***Decadenza dalla facoltà di scelta.*** — Quando il debitore, condannato alternativamente a due prestazioni, non ne esegue alcuna nel termine assegnatogli dal giudice, la scelta spetta al creditore.

Se la facoltà di scelta spetta al creditore e questi non l'esercita nel termine stabilito o in quello fissatogli dal debitore, la scelta passa a quest'ultimo.

Se la scelta è rimessa a un terzo e questi non la fa nel termine assegnatogli, essa è fatta dal giudice (*Att.* 81).

1288. ***Impossibilità di una delle prestazioni.*** — L'obbligazione alternativa si considera semplice, se una delle due prestazioni non poteva formare oggetto di obbligazione o se è divenuta impossibile per causa non imputabile ad alcuna delle parti.

1289. ***Impossibilità colposa di una delle prestazioni.*** — Quando la scelta spetta al debitore, l'obbligazione alternativa diviene semplice, se una delle due prestazioni diventa impossibile anche per causa a lui imputabile. Se una delle due prestazioni diviene impossibile per colpa del creditore, il debitore è liberato dall'obbligazione, qualora non preferisca eseguire l'altra prestazione e chiedere il risarcimento dei danni.

Quando la scelta spetta al creditore, il debitore è liberato dall'obbligazione, se una delle due prestazioni diviene impossibile per colpa del creditore, salvo che questi preferisca esigere l'altra prestazione e risarcire il danno. Se dell'impossibilità deve rispondere il debitore, il creditore può scegliere l'altra prestazione o esigere il risarcimento del danno.

1290. ***Impossibilità sopravvenuta di entrambe le prestazioni.*** — Qualora entrambe le prestazioni siano divenute impossibili e il debitore debba rispondere riguardo a una di esse, egli deve pagare l'equivalente di quella che è divenuta impossibile per l'ultima, se la scelta spettava a lui. Se la scelta spettava al creditore, questi può domandare l'equivalente dell'una o dell'altra.

1291. ***Obbligazione con alternativa multipla.*** — Le regole stabilite in questa sezione si osservano anche quando le prestazioni dedotte in obbligazione sono più di due.

SEZIONE III
Delle obbligazioni in solido

1292. ***Nozione della solidarietà.*** — L'obbligazione è in solido quando più debitori sono obbligati tutti per la medesima prestazione, in modo che ciascuno può essere costretto all'adempimento per la totalità e l'adempimento da parte di uno libera gli altri; oppure quando tra più creditori ciascuno ha diritto di chiedere l'adempimento dell'intera obbligazione e l'adempimento conseguito da uno di essi libera il debitore verso tutti i creditori.

1293. ***Modalità varie dei singoli rapporti.*** — La solidarietà non è esclusa dal fatto che i singoli debitori siano tenuti ciascuno con modalità diverse, o il debitore comune sia tenuto con modalità diverse di fronte ai singoli creditori.

1294. ***Solidarietà tra condebitori.*** — I condebitori sono tenuti in solido, se dalla legge o dal titolo non risulta diversamente.

1295. ***Divisibilità tra gli eredi.*** — Salvo patto contrario, l'obbligazione si divide tra gli eredi di uno dei condebitori o di uno dei creditori in solido, in proporzione delle rispettive quote.

1296. ***Scelta del creditore per il pagamento.*** — Il debitore ha la scelta di pagare all'uno o all'altro dei creditori in solido, quando non è stato prevenuto da uno di essi con domanda giudiziale.

1297. ***Eccezioni personali.*** — Uno dei debitori in solido non può opporre al creditore le eccezioni personali agli altri debitori.

A uno dei creditori in solido il debitore non può opporre le eccezioni personali agli altri creditori.

1298. ***Rapporti interni tra debitori o creditori solidali.*** — Nei rapporti interni l'obbligazione in solido si divide tra i diversi debitori o tra i diversi creditori, salvo che sia stata contratta nell'interesse esclusivo di alcuno di essi.

Le parti di ciascuno si presumono uguali, se non risulta diversamente.

1299. ***Regresso tra condebitori.*** — Il debitore in solido che ha pagato l'intero debito può ripetere dai condebitori soltanto la parte di ciascuno di essi.

Se uno di questi è insolvente, la perdita si ripartisce per contributo tra gli altri condebitori, compreso quello che ha fatto il pagamento.

La stessa norma si applica qualora sia insolvente il condebitore nel cui esclusivo interesse l'obbligazione era stata assunta.

1300. ***Novazione.*** — La novazione tra il creditore e uno dei debitori in solido libera gli altri debitori. Qualora però si sia voluto limitare la novazione a uno solo dei debitori, gli altri non sono liberati che per la parte di quest'ultimo.

Se convenuta tra uno dei creditori in solido e il debitore, la novazione ha effetto verso gli altri creditori solo per la parte del primo.

1301. ***Remissione.*** — La remissione a favore di uno dei debitori in solido libera anche gli altri debitori, salvo che il creditore abbia riservato il suo diritto verso gli altri, nel qual caso il creditore non può esigere il credito da questi, se non detratta la parte del debitore a favore del quale ha consentito la remissione.

Se la remissione è fatta da uno dei creditori in solido, essa libera il debitore verso gli altri creditori solo per la parte spettante al primo.

1302. ***Compensazione.*** — Ciascuno dei debitori in solido può opporre in compensazione il credito di un condebitore solo fino alla concorrenza della parte di quest'ultimo.

A uno dei creditori in solido il debitore può opporre in compensazione ciò che gli è dovuto da un altro dei creditori, ma solo per la parte di questo.

1303. ***Confusione.*** — Se nella medesima persona si riuniscono le qualità di creditore e di debitore in solido, l'obbligazione degli altri debitori si estingue per la parte di quel condebitore.

Se nella medesima persona si riuniscono le qualità di debitore e di creditore in solido, l'obbligazione si estingue per la parte di questo.

1304. ***Transazione.*** — La transazione fatta dal creditore con uno dei debitori in solido non produce effetto nei confronti degli altri, se questi non dichiarano di volerne profittare.

Parimenti, se è intervenuta tra uno dei creditori in solido e il debitore, la transazione non ha effetto nei confronti degli altri creditori, se questi non dichiarano di volerne profittare.

1305. ***Giuramento.*** — Il giuramento sul debito e non sul vincolo solidale, deferito da uno dei debitori in solido al creditore o da uno dei creditori in solido al debitore ovvero dal creditore a uno dei debitori in solido o dal debitore a uno dei creditori in solido, produce gli effetti seguenti:

– il giuramento ricusato dal creditore o dal debitore, ovvero prestato dal condebitore o dal concreditore in solido, giova agli altri condebitori o concreditori;

– il giuramento prestato dal creditore o dal debitore, ovvero ricusato dal condebitore o dal concreditore in solido, nuoce solo a chi lo ha deferito o a colui al quale è stato deferito.

1306. ***Sentenza.*** — La sentenza pronunziata tra il creditore e uno dei debitori in solido, o tra il debitore e uno dei creditori in solido, non ha effetto contro gli altri debitori o contro gli altri creditori.

Gli altri debitori possono opporla al creditore, salvo che sia fondata sopra ragioni personali al condebitore; gli altri creditori possono farla valere contro il debitore, salve le eccezioni personali che questi può opporre a ciascuno di essi.

1307. ***Inadempimento.*** — Se l'adempimento dell'obbligazione è divenuto impossibile per causa imputabile a uno o più condebitori, gli altri condebitori non sono liberati dall'obbligo solidale di corrispondere il valore della prestazione dovuta. Il creditore può chiedere il risarcimento del danno ulteriore al condebitore o a ciascuno dei condebitori inadempienti.

1308. ***Costituzione in mora.*** — La costituzione in mora di uno dei debitori in solido non ha effetto riguardo agli altri, salvo il disposto dell'art. 1310.

La costituzione in mora del debitore da parte di uno dei creditori in solido giova agli altri.

1309. ***Riconoscimento del debito.*** — Il riconoscimento del debito fatto da uno dei debitori in solido non ha effetto riguardo agli altri; se è fatto dal debitore nei confronti di uno dei creditori in solido, giova agli altri.

1310. ***Prescrizione.*** — Gli atti con i quali il creditore interrompe la prescrizione contro uno dei debitori in solido, oppure uno dei creditori in solido interrompe la prescrizione contro il comune debitore, hanno effetto riguardo agli altri debitori o agli altri creditori.

La sospensione della prescrizione nei rapporti di uno dei debitori o di uno dei creditori in solido non ha effetto riguardo agli altri. Tuttavia il debitore che sia stato costretto a pagare ha regresso contro i condebitori liberati in conseguenza della prescrizione.

La rinunzia alla prescrizione fatta da uno dei debitori in solido non ha effetto riguardo agli altri; fatta in confronto di uno dei creditori in solido, giova agli altri. Il condebitore che ha rinunziato alla prescrizione non ha regresso verso gli altri debitori liberati in conseguenza della prescrizione medesima.

1311. ***Rinunzia alla solidarietà.*** — Il creditore che rinunzia alla solidarietà a favore di uno dei debitori conserva l'azione in solido contro gli altri.

Rinunzia alla solidarietà:

1) il creditore che rilascia a uno dei debitori quietanza per la parte di lui senza alcuna riserva;

2) il creditore che ha agito giudizialmente contro uno dei debitori per la parte di lui, se questi ha aderito alla domanda, o se è stata pronunziata una sentenza di condanna.

1312. ***Pagamento separato dei frutti o degli interessi.*** — Il creditore che riceve, separatamente e senza riserva, la parte dei frutti o degli interessi che è a carico di uno dei debitori perde contro di lui l'azione in solido per i frutti o per gli interessi scaduti, ma la conserva per quelli futuri.

1313. ***Insolvenza di un condebitore in caso di rinunzia alla solidarietà.*** — Nel caso di rinunzia del creditore alla solidarietà verso alcuno dei debitori, se uno degli altri è insolvente, la sua parte di debito è ripartita per contributo tra tutti i condebitori, compreso quello che era stato liberato dalla solidarietà.

SEZIONE IV

Delle obbligazioni divisibili e indivisibili

1314. ***Obbligazioni divisibili.*** — Se più sono i debitori o i creditori di una prestazione divisibile e l'obbligazione non è solidale, ciascuno dei creditori non può domandare il soddisfacimento del credito che per la sua parte, e ciascuno dei debitori non è tenuto a pagare il debito che per la sua parte.

1315. ***Limiti alla divisibilità tra gli eredi del debitore.*** — Il beneficio della divisione non può essere opposto da quello tra gli eredi del debitore, che è stato incaricato di eseguire la prestazione o che è in possesso della cosa dovuta, se questa è certa e determinata.

1316. ***Obbligazioni indivisibili.*** — L'obbligazione è indivisibile, quando la prestazione ha per oggetto una cosa o un fatto che non è suscettibile di divisione per sua natura o per il modo in cui è stato considerato dalle parti contraenti.

1317. ***Disciplina delle obbligazioni indivisibili.*** — Le obbligazioni indivisibili sono regolate dalle norme relative alle obbligazioni solidali, in quanto applicabili, salvo quanto disposto dagli articoli seguenti.

1318. ***Indivisibilità nei confronti con gli eredi.*** — L'indivisibilità opera anche nei confronti degli eredi del debitore o di quelli del creditore.

1319. ***Diritto di esigere l'intero.*** — Ciascuno dei creditori può esigere l'esecuzione dell'intera prestazione indivisibile. Tuttavia l'erede del creditore, che agisce per il soddisfacimento dell'intero credito, deve dare cauzione a garanzia dei coeredi.

1320. ***Estinzione parziale.*** — Se uno dei creditori ha fatto remissione del debito o ha consentito a ricevere un'altra prestazione in luogo di quella dovuta, il debitore non è liberato verso gli altri creditori. Questi tuttavia non possono domandare la prestazione indivisibile se non addebitandosi ovvero rimborsando il valore della parte di colui che ha fatto la remissione o che ha ricevuto la prestazione diversa.

La medesima disposizione si applica in caso di transazione, novazione, compensazione e confusione.

TITOLO II

Dei contratti in generale

CAPO I

Disposizioni preliminari

1321. ***Nozione.*** — Il contratto è l'accordo di due o più parti per costituire, regolare o estinguere tra loro un rapporto giuridico patrimoniale.

1322. ***Autonomia contrattuale.*** — Le parti possono liberamente determinare il contenuto del contratto nei limiti imposti dalla legge [e dalle norme corporative].

Le parti possono anche concludere contratti che non appartengono ai tipi aventi una disciplina particolare, purché siano diretti a realizzare interessi meritevoli di tutela secondo l'ordinamento giuridico.

1323. ***Norme regolatrici dei contratti.*** — Tutti i contratti, ancorché non appartengano ai tipi che hanno una disciplina particolare, sono sottoposti alle norme generali contenute in questo titolo.

1324. ***Norme applicabili agli atti unilaterali.*** — Salvo diverse disposizioni di legge, le norme che regolano i contratti si osservano, in quanto compatibili, per gli atti unilaterali tra vivi aventi contenuto patrimoniale.

CAPO II

Dei requisiti del contratto

1325. ***Indicazione dei requisiti.*** — I requisiti del contratto sono:

1) l'accordo delle parti;

2) la causa;

3) l'oggetto;

4) la forma, quando risulta che è prescritta dalla legge sotto pena di nullità.

SEZIONE I

Dell'accordo delle parti

1326. ***Conclusione del contratto.*** — Il contratto è concluso nel momento in cui chi ha fatto la proposta ha conoscenza dell'accettazione dell'altra parte.

L'accettazione deve giungere al proponente nel termine da lui stabilito o in quello ordinariamente necessario secondo la natura dell'affare o secondo gli usi.

Il proponente può ritenere efficace l'accettazione tardiva, purché ne dia immediatamente avviso all'altra parte.

Qualora il proponente richieda per l'accettazione una forma determinata, l'accettazione non ha effetto se è data in forma diversa.

Un'accettazione non conforme alla proposta equivale a nuova proposta.

1327. ***Esecuzione prima della risposta dell'accettante.*** — Qualora, su richiesta del proponente o per la natura dell'affare o secondo gli usi, la prestazione debba eseguirsi senza una preventiva risposta il contratto è concluso nel tempo e nel luogo in cui ha avuto inizio l'esecuzione.

L'accettante deve dare prontamente avviso all'altra parte dell'iniziata esecuzione e, in mancanza, è tenuto al risarcimento del danno.

1328. ***Revoca della proposta e dell'accettazione.*** — La proposta può essere revocata finché il contratto non sia concluso. Tuttavia, se l'accettante ne ha intrapreso in buona fede l'esecuzione prima di avere notizia della revoca, il proponente è tenuto a indennizzarlo delle spese e delle perdite subite per l'iniziata esecuzione del contratto.

L'accettazione può essere revocata, purché la revoca giunga a conoscenza del proponente prima dell'accettazione.

1329. ***Proposta irrevocabile.*** — Se il proponente si è obbligato a mantenere ferma la proposta per un certo tempo, la revoca è senza effetto.

Nell'ipotesi prevista dal comma precedente, la morte o la sopravvenuta incapacità del proponente non toglie efficacia alla proposta, salvo che la natura dell'affare o altre circostanze escludano tale efficacia.

1330. ***Morte o incapacità dell'imprenditore.*** — La proposta o l'accettazione, quando è fatta dall'imprenditore nell'esercizio della sua impresa, non perde efficacia se l'imprenditore muore o diviene incapace prima della conclusione del contratto, salvo che si tratti di piccoli imprenditori o che diversamente risulti dalla natura dell'affare o da altre circostanze.

1331. ***Opzione.*** — Quando le parti convengono che una di esse rimanga vincolata alla propria dichiarazione e l'altra abbia facoltà di accettarla o meno, la dichiarazione della prima si considera quale proposta irrevocabile per gli effetti previsti dall'art. 1329.

Se per l'accettazione non è stato fissato un termine, questo può essere stabilito dal giudice.

1332. ***Adesione di altre parti al contratto.*** — Se ad un contratto possono aderire altre parti e non sono determinate le modalità dell'adesione, questa deve essere diretta all'organo che sia stato costituito per l'attuazione del contratto o, in mancanza di esso, a tutti i contraenti originari.

1333. ***Contratto con obbligazioni del solo proponente.*** — La proposta diretta a concludere un contratto da cui derivino obbligazioni solo per il proponente è irrevocabile appena giunge a conoscenza della parte alla quale è destinata.

Il destinatario può rifiutare la proposta nel termine richiesto dalla natura dell'affare o dagli usi. In mancanza di tale rifiuto il contratto è concluso.

1334. ***Efficacia degli atti unilaterali.*** — Gli atti unilaterali producono effetto dal momento in cui pervengono a conoscenza della persona alla quale sono destinati.

1335. ***Presunzione di conoscenza.*** — La proposta, l'accettazione, la loro revoca e ogni altra dichiarazione diretta a una determinata persona si reputano conosciute nel momento in cui giungono all'indirizzo del destinatario, se questi non prova di essere stato, senza sua colpa, nell'impossibilità di averne notizia.

1336. ***Offerta al pubblico.*** — L'offerta al pubblico, quando contiene gli estremi essenziali del contratto alla cui conclusione è diretta, vale come proposta, salvo che risulti diversamente dalle circostanze o dagli usi.

La revoca dell'offerta, se è fatta nella stessa forma dell'offerta o in forma equipollente, è efficace anche in confronto di chi non ne ha avuto notizia.

1337. ***Trattative e responsabilità precontrattuale.*** — Le parti, nello svolgimento delle trattative e nella formazione del contratto, devono comportarsi secondo buona fede.

1338. ***Conoscenza delle cause d'invalidità.*** — La parte che, conoscendo o dovendo conoscere la esistenza di una causa d'invalidità del contratto, non ne ha dato notizia all'altra parte è tenuta a risarcire il danno da questa risentito per avere confidato, senza sua colpa, nella validità del contratto.

1339. ***Inserzione automatica di clausole.*** — Le clausole, i prezzi di beni o di servizi, imposti dalla legge o da norme corporative sono di diritto inseriti nel contratto, anche in sostituzione delle clausole difformi apposte dalle parti.

1340. ***Clausole d'uso.*** — Le clausole d'uso s'intendono inserite nel contratto, se non risulta che non sono state volute dalle parti.

1341. ***Condizioni generali di contratto.*** — Le condizioni generali di contratto predisposte da uno dei contraenti sono efficaci nei confronti dell'altro, se al momento della conclusione del contratto questi le ha conosciute o avrebbe dovuto conoscerle usando l'ordinaria diligenza.

In ogni caso non hanno effetto, se non sono specificamente approvate per iscritto, le condizioni che stabiliscono, a favore di colui che le ha predisposte, limitazioni di responsabilità, facoltà di recedere dal contratto o di sospenderne l'esecuzione, ovvero sanciscono a carico dell'altro contraente decadenze, limitazioni alla facoltà di opporre eccezioni, restrizioni alla libertà contrattuale nei rapporti coi terzi, tacita proroga o rinnovazione del contratto, clausole compromissorie o deroghe alla competenza dell'autorità giudiziaria.

1342. ***Contratto concluso mediante moduli o formulari.*** — Nei contratti conclusi mediante la sottoscrizione di moduli o formulari, predisposti per disciplinare in maniera uniforme determinati rapporti contrattuali, le clausole aggiunte al modulo o al formulario prevalgono su quelle del modulo o del formulario qualora siano incompatibili con esse, anche se queste ultime non sono state cancellate.

Si osserva inoltre la disposizione del secondo comma dell'articolo precedente.

SEZIONE II
Della causa del contratto

1343. ***Causa illecita.*** — La causa è illecita quando è contraria a norme imperative, all'ordine pubblico o al buon costume.

1344. ***Contratto in frode alla legge.*** — Si reputa altresì illecita la causa quando il contratto costituisce il mezzo per eludere l'applicazione di una norma imperativa.

1345. ***Motivo illecito.*** — Il contratto è illecito quando le parti si sono determinate a concluderlo esclusivamente per un motivo illecito comune ad entrambe.

SEZIONE III
Dell'oggetto del contratto

1346. ***Requisiti.*** — L'oggetto del contratto deve essere possibile, lecito, determinato o determinabile.

1347. ***Possibilità sopravvenuta dell'oggetto.*** — Il contratto sottoposto a condizione sospensiva o a termine è valido, se la prestazione inizialmente impossibile diviene possibile prima dell'avveramento della condizione o della scadenza del termine.

1348. ***Cose future.*** — La prestazione di cose future può essere dedotta in contratto, salvi i particolari divieti della legge.

1349. ***Determinazione dell'oggetto.*** — Se la determinazione della prestazione dedotta in contratto è deferita a un terzo e non risulta che le parti vollero rimettersi al suo mero arbitrio, il terzo deve procedere con equo apprezzamento. Se manca la determinazione del terzo o se questa è manifestamente iniqua o erronea, la determinazione è fatta dal giudice.

La determinazione rimessa al mero arbitrio del terzo non si può impugnare se non provando la sua mala fede. Se manca la determinazione del terzo e le parti non si accordano per sostituirlo, il contratto è nullo.

Nel determinare la prestazione il terzo deve tener conto anche delle condizioni generali della produzione a cui il contratto eventualmente abbia riferimento.

SEZIONE IV
Della forma del contratto

1350. ***Atti che devono farsi per iscritto.*** — Devono farsi per atto pubblico o per scrittura privata, sotto pena di nullità:

1) i contratti che trasferiscono la proprietà di beni immobili;

2) i contratti che costituiscono, modificano o trasferiscono il diritto di usufrutto su beni immobili, il diritto di superficie, il diritto del concedente e dell'enfiteuta;

3) i contratti che costituiscono la comunione di diritti indicati dai numeri precedenti;

4) i contratti che costituiscono o modificano le servitù prediali, il diritto di uso su beni immobili e il diritto di abitazione;

5) gli atti di rinunzia ai diritti indicati dai numeri precedenti;

6) i contratti di affrancazione del fondo enfiteutico;

7) i contratti di anticresi;

8) i contratti di locazione di beni immobili per una durata superiore a nove anni;

9) i contratti di società o di associazione con i quali si conferisce il godimento di beni immobili o di altri diritti reali immobiliari per un tempo eccedente i nove anni o per un tempo indeterminato;

10) gli atti che costituiscono rendite perpetue o vitalizie salve le disposizioni relative alle rendite dello Stato;

11) gli atti di divisione di beni immobili e di altri diritti reali immobiliari;

12) le transazioni che hanno per oggetto controversie relative ai rapporti giuridici menzionati nei numeri precedenti;

13) gli altri atti specialmente indicati dalla legge.[1]

[1] Atto costitutivo delle associazioni e delle fondazioni (14); elezione di domicilio (47); convenzioni matrimoniali (162); donazione (782); interessi superiori alla misura legale (1284); dichiarazione di riscatto nella vendita e vendita di beni immobili (1503); vendita di eredità (1543); cessione dei beni ai creditori (1978); assunzione in prova nel rapporto di lavoro (2096); patto di non concorrenza

(2125); atto costitutivo della soc. per azioni (2328); in acc. per az. (2464); a r.l. (2475); cooperativa (2518); atti di fusione delle società (2504); contratti di consorzio e sue modificazioni (2603-2607); concessione di ipoteca (2821); rinunzia all'ipoteca (2879); cancellazione d'ipoteca (2882).

1351. *Contratto preliminare.* — Il contratto preliminare è nullo, se non è fatto nella stessa forma che la legge prescrive per il contratto definitivo.

1352. *Forme convenzionali.* — Se le parti hanno convenuto per iscritto di adottare una determinata forma per la futura conclusione di un contratto, si presume che la forma sia stata voluta per la validità di questo.

CAPO III
Della condizione nel contratto

1353. *Contratto condizionale.* — Le parti possono subordinare la efficacia o la risoluzione del contratto o di un singolo patto a un avvenimento futuro e incerto.

1354. *Condizioni illecite o impossibili.* — È nullo il contratto al quale è apposta una condizione, sospensiva o risolutiva, contraria a norme imperative, all'ordine pubblico o al buon costume.

La condizione impossibile rende nullo il contratto se è sospensiva; se è risolutiva, si ha come non apposta.

Se la condizione illecita o impossibile è apposta a un patto singolo del contratto, si osservano, riguardo all'efficacia del patto, le disposizioni dei commi precedenti, fermo quanto è disposto dall'art. 1419.

1355. *Condizione meramente potestativa.* — È nulla l'alienazione di un diritto o l'assunzione di un obbligo subordinata a una condizione sospensiva che la faccia dipendere dalla mera volontà dell'alienante, o, rispettivamente, da quella del debitore.

1356. *Pendenza della condizione.* — In pendenza della condizione sospensiva l'acquirente di un diritto può compiere atti conservativi.

L'acquirente di un diritto sotto condizione risolutiva può, in pendenza di questa, esercitarlo, ma l'altro contraente può compiere atti conservativi.

1357. *Atti di disposizione in pendenza della condizione.* — Chi ha un diritto subordinato a condizione sospensiva o risolutiva può disporne in pendenza di questa; ma gli effetti di ogni atto di disposizione sono subordinati alla stessa condizione.

1358. *Comportamento delle parti nello stato di pendenza.* — Colui che si è obbligato o che ha alienato un diritto sotto condizione sospensiva, ovvero lo ha acquistato sotto condizione risolutiva, deve, in pendenza della condizione, comportarsi secondo buona fede per conservare integre le ragioni dell'altra parte.

1359. *Avveramento della condizione.* — La condizione si considera avverata qualora sia mancata per causa imputabile alla parte che aveva interesse contrario all'avveramento di essa.

1360. *Retroattività della condizione.* — Gli effetti dell'avveramento della condizione retroagiscono al tempo in cui è stato concluso il contratto, salvo che, per volontà delle parti o per la natura del rapporto, gli effetti del contratto o della risoluzione debbano essere riportati a un momento diverso.

Se però la condizione risolutiva è apposta a un contratto ad esecuzione continuata o periodica, l'avveramento di essa, in mancanza di patto contrario, non ha effetto riguardo alle prestazioni già eseguite.

1361. *Atti di amministrazione.* — L'avveramento della condizione non pregiudica la validità degli atti di amministrazione compiuti dalla parte a cui, in pendenza della condizione stessa, spettava l'esercizio del diritto.

Salvo diverse disposizioni di legge o diversa pattuizione, i frutti percepiti sono dovuti dal giorno in cui la condizione si è avverata.

CAPO IV
Dell'interpretazione del contratto

1362. *Intenzione dei contraenti.* — Nell'interpretare il contratto si deve indagare quale sia stata la comune intenzione delle parti e non limitarsi al senso letterale delle parole.

Per determinare la comune intenzione delle parti, si deve valutare il loro comportamento complessivo anche posteriore alla conclusione del contratto.

1363. *Interpretazione complessiva delle clausole.* — Le clausole del contratto si interpretano le une per mezzo delle altre, attribuendo a ciascuna il senso che risulta dal complesso dell'atto.

1364. *Espressioni generali.* — Per quanto generali siano le espressioni usate nel contratto, questo non comprende che gli oggetti sui quali le parti si sono proposte di contrattare.

1365. *Indicazioni esemplificative.* — Quando in un contratto si è espresso un caso al fine di spiegare un patto, non si presumono esclusi i casi non espressi, ai quali, secondo ragione, può estendersi lo stesso patto.

1366. *Interpretazione di buona fede.* — Il contratto deve essere interpretato secondo buona fede.

1367. *Conservazione del contratto.* — Nel dubbio, il contratto o le singole clausole devono interpretarsi nel senso in cui possono avere qualche effetto, anziché in quello secondo cui non ne avrebbero alcuno.

1368. *Pratiche generali interpretative.* — Le

clausole ambigue s'interpretano secondo ciò che si pratica generalmente nel luogo in cui il contratto è stato concluso.

Nei contratti in cui una delle parti è un imprenditore, le clausole ambigue s'interpretano secondo ciò che si pratica generalmente nel luogo in cui è la sede dell'impresa.

1369. ***Espressioni con più sensi.*** — Le espressioni che possono avere più sensi devono, nel dubbio, essere intese nel senso più conveniente alla natura e all'oggetto del contratto.

1370. ***Interpretazione contro l'autore della clausola.*** — Le clausole inserite nelle condizioni generali di contratto o in moduli o formulari predisposti da uno dei contraenti s'interpretano, nel dubbio, a favore dell'altro.

1371. ***Regole finali.*** — Qualora, nonostante l'applicazione delle norme contenute in questo capo, il contratto rimanga oscuro, esso deve essere inteso nel senso meno gravoso per l'obbligato, se è a titolo gratuito, e nel senso che realizzi l'equo contemperamento degli interessi delle parti, se è a titolo oneroso.

[...][1]

[1] Comma abrog. dall'art. 3, D.lgs.lgt. 14 set. 1944, n. 287.

CAPO V
Degli effetti del contratto

SEZIONE I
Disposizioni generali

1372. ***Efficacia del contratto.*** — Il contratto ha forza di legge tra le parti. Non può essere sciolto che per mutuo consenso o per cause ammesse dalla legge.[1]

Il contratto non produce effetto rispetto ai terzi che nei casi previsti dalla legge.

[1] Per la nullità del contratto (1418-1424), per l'annullabilità (1425-1446), per la rescissione (1447-1452), per la risoluzione (1453-1469).

1373. ***Recesso unilaterale.*** — Se a una delle parti è attribuita la facoltà di recedere dal contratto,[1] tale facoltà può essere esercitata finché il contratto non abbia avuto un principio di esecuzione.

Nei contratti a esecuzione continuata o periodica, tale facoltà può essere esercitata anche successivamente, ma il recesso non ha effetto per le prestazioni già eseguite o in corso di esecuzione.

Qualora sia stata stipulata la prestazione di un corrispettivo per il recesso, questo ha effetto quando la prestazione è eseguita.

È salvo in ogni caso il patto contrario.

[1] Recesso unilaterale dal contratto: di somministrazione (1569); di locazione (1612-1614); di affitto (1616, 1627); di appalto (1660, 1671); di mandato (1722-1727); di agenzia (1750); di conto corrente (1833-1855); di assicurazione (1893, 1897, 1899, 1918); di cessione dei beni ai creditori (1985); di lavoro (2118, 2119); di opera (2227); del socio della società semplice (2285); in nome collettivo (2307); in accomandita semplice (2315, 2464); in accomandita per azioni (2437); a r.l. (2494); cooperativa (2526).

1374. ***Integrazione del contratto.*** — Il contratto obbliga le parti non solo a quanto è nel medesimo espresso, ma anche a tutte le conseguenze che ne derivano secondo la legge, o, in mancanza, secondo gli usi e la equità.

1375. ***Esecuzione di buona fede.*** — Il contratto deve essere eseguito secondo buona fede.

1376. ***Contratto con effetti reali.*** — Nei contratti che hanno per oggetto il trasferimento della proprietà di una cosa determinata, la costituzione o il trasferimento di un diritto reale ovvero il trasferimento di un altro diritto, la proprietà o il diritto si trasmettono e si acquistano per effetto del consenso delle parti legittimamente manifestato.

1377. ***Trasferimento di una massa di cose.*** — Quando oggetto del trasferimento è una determinata massa di cose, anche se omogenee, si applica la disposizione dell'articolo precedente, ancorché, per determinati effetti, le cose debbano essere numerate, pesate o misurate.

1378. ***Trasferimento di cosa determinata solo nel genere.*** — Nei contratti che hanno per oggetto il trasferimento di cose determinate solo nel genere, la proprietà si trasmette con l'individuazione fatta d'accordo tra le parti o nei modi da esse stabiliti. Trattandosi di cose che devono essere trasportate da un luogo a un altro, l'individuazione avviene anche mediante la consegna al vettore o allo spedizioniere.

1379. ***Divieto di alienazione.*** — Il divieto di alienare stabilito per contratto ha effetto solo tra le parti, e non è valido se non è contenuto entro convenienti limiti di tempo e se non risponde a un apprezzabile interesse di una delle parti.

1380. ***Conflitto tra più diritti personali di godimento.*** — Se, con successivi contratti, una persona concede a diversi contraenti un diritto personale di godimento relativo alla stessa cosa, il godimento spetta al contraente che per primo lo ha conseguito.

Se nessuno dei contraenti ha conseguito il godimento, è preferito quello che ha il titolo di data certa anteriore.

Sono salve le norme relative agli effetti della trascrizione.

1381. ***Promessa dell'obbligazione o del fatto del terzo.*** — Colui che ha promesso l'obbligazione o il fatto di un terzo è tenuto a indennizzare l'altro contraente, se il terzo rifiuta di obbligarsi o non compie il fatto promesso.

SEZIONE II

Della clausola penale e della caparra

1382. *Effetti della clausola penale.* — La clausola, con cui si conviene che, in caso d'inadempimento o di ritardo nell'adempimento, uno dei contraenti è tenuto ad una determinata prestazione, ha l'effetto di limitare il risarcimento alla prestazione promessa, se non è stata convenuta la risarcibilità del danno ulteriore.

La penale è dovuta indipendentemente dalla prova del danno.

1383. *Divieto di cumulo.* — Il creditore non può domandare insieme la prestazione principale e la penale, se questa non è stata stipulata per il semplice ritardo.

1384. *Riduzione della penale.* — La penale può essere diminuita equamente dal giudice, se l'obbligazione principale è stata eseguita in parte ovvero se l'ammontare della penale è manifestamente eccessivo, avuto sempre riguardo all'interesse che il creditore aveva all'adempimento (*Trans.* 163).

1385. *Caparra confirmatoria.* — Se al momento della conclusione del contratto una parte dà all'altra, a titolo di caparra, una somma di danaro o una quantità di altre cose fungibili, la caparra, in caso di adempimento, deve essere restituita o imputata alla prestazione dovuta.

Se la parte che ha dato la caparra è inadempiente, l'altra può recedere dal contratto, ritenendo la caparra; se inadempiente è invece la parte che l'ha ricevuta, l'altra può recedere dal contratto ed esigere il doppio della caparra.

Se però la parte che non è inadempiente preferisce domandare l'esecuzione o la risoluzione del contratto, il risarcimento del danno è regolato dalle norme generali (*Trans.* 164).

1386. *Caparra penitenziale.* — Se nel contratto è stipulato il diritto di recesso per una o per entrambe le parti, la caparra ha la sola funzione di corrispettivo del recesso.

In questo caso, il recedente perde la caparra data o deve restituire il doppio di quella che ha ricevuta.

CAPO VI

Della rappresentanza

1387. *Fonti della rappresentanza.* — Il potere di rappresentanza è conferito dalla legge[1] ovvero dall'interessato.

[1] Ai genitori (320) al tutore (357, 424), al protutore (360), al rappresentante dell'erede nascituro (643), al curatore speciale (78 c.p.c.), al curatore dello scomparso (48).

1388. *Contratto concluso dal rappresentante.* — Il contratto concluso dal rappresentante in nome e nell'interesse del rappresentato, nei limiti delle facoltà conferitegli, produce direttamente effetto nei confronti del rappresentato.

1389. *Capacità del rappresentante e del rappresentato.* — Quando la rappresentanza è conferita dall'interessato, per la validità del contratto concluso dal rappresentante basta che questi abbia la capacità di intendere e di volere, avuto riguardo alla natura e al contenuto del contratto stesso, sempre che sia legalmente capace il rappresentato.

In ogni caso, per la validità del contratto concluso dal rappresentante è necessario che il contratto non sia vietato al rappresentato.

1390. *Vizi della volontà.* — Il contratto è annullabile se è viziata la volontà del rappresentante. Quando però il vizio riguarda elementi predeterminati dal rappresentato, il contratto è annullabile solo se era viziata la volontà di questo.

1391. *Stati soggettivi rilevanti.* — Nei casi in cui è rilevante lo stato di buona o di mala fede, di scienza o d'ignoranza di determinate circostanze, si ha riguardo alla persona del rappresentante, salvo che si tratti di elementi predeterminati dal rappresentato.

In nessun caso il rappresentato che è in mala fede può giovarsi dello stato d'ignoranza o di buona fede del rappresentante.

1392. *Forma della procura.* — La procura non ha effetto se non è conferita con le forme prescritte per il contratto che il rappresentante deve concludere.

1393. *Giustificazione dei poteri del rappresentante.* — Il terzo che contratta col rappresentante può sempre esigere che questi giustifichi i suoi poteri e, se la rappresentanza risulta da un atto scritto, che gliene dia una copia da lui firmata.

1394. *Conflitto d'interessi.* — Il contratto concluso dal rappresentante in conflitto d'interessi col rappresentato può essere annullato su domanda del rappresentato, se il conflitto era conosciuto o riconoscibile dal terzo.

1395. *Contratto con se stesso.* — È annullabile il contratto che il rappresentante conclude con se stesso, in proprio o come rappresentante di un'altra parte, a meno che il rappresentato lo abbia autorizzato specificamente ovvero il contenuto del contratto sia determinato in modo da escludere la possibilità di conflitto d'interessi.

L'impugnazione può essere proposta soltanto dal rappresentato.

1396. *Modificazione ed estinzione della procura.* — Le modificazioni e la revoca della procura devono essere portate a conoscenza dei terzi con mezzi idonei. In mancanza, esse non sono opponibili ai terzi, se non si prova che questi le conoscevano al momento della conclusione del contratto.

Le altre cause di estinzione del potere di rappresentanza conferito dall'interessato non sono opponibili ai terzi che le hanno senza colpa ignorate.

1397. *Restituzione del documento della rap-*

presentanza. — Il rappresentante è tenuto a restituire il documento dal quale risultano i suoi poteri, quando questi sono cessati.

1398. ***Rappresentanza senza potere.*** — Colui che ha contrattato come rappresentante senza averne i poteri o eccedendo i limiti delle facoltà conferitegli, è responsabile del danno che il terzo contraente ha sofferto per avere confidato senza sua colpa nella validità del contratto.

1399. ***Ratifica.*** — Nell'ipotesi prevista dall'articolo precedente, il contratto può essere ratificato dall'interessato, con l'osservanza delle forme prescritte per la conclusione di esso.

La ratifica ha effetto retroattivo, ma sono salvi i diritti dei terzi.

Il terzo e colui che ha contrattato come rappresentante possono d'accordo sciogliere il contratto prima della ratifica.

Il terzo contraente può invitare l'interessato a pronunziarsi sulla ratifica assegnandogli un termine, scaduto il quale, nel silenzio, la ratifica s'intende negata.

La facoltà di ratifica si trasmette agli eredi.

1400. ***Speciali forme di rappresentanza.*** — Le speciali forme di rappresentanza nelle imprese agricole e commerciali sono regolate dal libro V.

CAPO VII
Del contratto per persone da nominare

1401. ***Riserva di nomina del contraente.*** — Nel momento della conclusione del contratto una parte può riservarsi la facoltà di nominare successivamente la persona che deve acquistare i diritti e assumere gli obblighi nascenti dal contratto stesso.

1402. ***Termine e modalità della dichiarazione di nomina.*** — La dichiarazione di nomina deve essere comunicata all'altra parte nel termine di tre giorni dalla stipulazione del contratto, se le parti non hanno stabilito un termine diverso.

La dichiarazione non ha effetto se non è accompagnata dall'accettazione della persona nominata o se non esiste una procura anteriore al contratto.

1403. ***Forme e pubblicità.*** — La dichiarazione di nomina e la procura o l'accettazione della persona nominata non hanno effetto se non rivestono la stessa forma che le parti hanno usata per il contratto, anche se non prescritta dalla legge.

Se per il contratto è richiesta a determinati effetti una forma di pubblicità, deve agli stessi effetti essere resa pubblica anche la dichiarazione di nomina, con l'indicazione dell'atto di procura o dell'accettazione della persona nominata.

1404. ***Effetti della dichiarazione di nomina.*** — Quando la dichiarazione di nomina è stata validamente fatta, la persona nominata acquista i diritti e assume gli obblighi derivanti dal contratto con effetto dal momento in cui questo fu stipulato.

1405. ***Effetti della mancata dichiarazione di nomina.*** — Se la dichiarazione di nomina non è fatta validamente nel termine stabilito dalla legge o dalle parti, il contratto produce i suoi effetti fra i contraenti originari.

CAPO VIII
Della cessione del contratto

1406. ***Nozione.*** — Ciascuna parte può sostituire a sè un terzo nei rapporti derivanti da un contratto con prestazioni corrispettive, se queste non sono state ancora eseguite, purché l'altra parte vi consenta.

1407. ***Forma.*** — Se una parte ha consentito preventivamente che l'altra sostituisca a sè un terzo nei rapporti derivanti dal contratto, la sostituzione è efficace nei suoi confronti dal momento in cui le è stata notificata o in cui essa l'ha accettata.

Se tutti gli elementi del contratto risultano da un documento nel quale è inserita la clausola «all'ordine» o altra equivalente, la girata del documento produce la sostituzione del giratario nella posizione del girante.

1408. ***Rapporti fra contraente ceduto e cedente.*** — Il cedente è liberato dalle sue obbligazioni verso il contraente ceduto dal momento in cui la sostituzione diviene efficace nei confronti di questo.

Tuttavia il contraente ceduto, se ha dichiarato di non liberare il cedente, può agire contro di lui qualora il cessionario non adempia le obbligazioni assunte.

Nel caso previsto dal comma precedente, il contraente ceduto deve dare notizia al cedente dell'inadempimento del cessionario, entro quindici giorni da quello in cui l'inadempimento si è verificato; in mancanza è tenuto al risarcimento del danno.

1409. ***Rapporti fra contraente ceduto e cessionario.*** — Il contraente ceduto può opporre al cessionario tutte le eccezioni derivanti dal contratto, ma non quelle fondate su altri rapporti col cedente, salvo che ne abbia fatto espressa riserva al momento in cui ha consentito alla sostituzione.

1410. ***Rapporti fra cedente e cessionario.*** — Il cedente è tenuto a garantire la validità del contratto.

Se il cedente assume la garanzia dell'adempimento del contratto, egli risponde come un fideiussore per le obbligazioni del contraente ceduto.

CAPO IX
Del contratto a favore di terzi

1411. ***Contratto a favore di terzi.*** — È valida la stipulazione a favore di un terzo, qualora lo stipulante vi abbia interesse.

Salvo patto contrario, il terzo acquista il diritto

contro il promittente per effetto della stipulazione. Questa però può essere revocata o modificata dallo stipulante, finché il terzo non abbia dichiarato, anche in confronto del promittente, di volerne profittare.

In caso di revoca della stipulazione o di rifiuto del terzo di profittarne, la prestazione rimane a beneficio dello stipulante, salvo che diversamente risulti dalla volontà delle parti o dalla natura del contratto.

1412. ***Prestazione al terzo dopo la morte dello stipulante.*** — Se la prestazione deve essere fatta al terzo dopo la morte dello stipulante, questi può revocare il beneficio anche con una disposizione testamentaria e quantunque il terzo abbia dichiarato di volerne profittare, salvo che, in quest'ultimo caso, lo stipulante abbia rinunciato per iscritto al potere di revoca.

La prestazione deve essere eseguita a favore degli eredi del terzo se questi premuore allo stipulante, purché il beneficio non sia stato revocato o lo stipulante non abbia disposto diversamente.

1413. ***Eccezioni opponibili dal promittente al terzo.*** — Il promittente può opporre al terzo le eccezioni fondate sul contratto dal quale il terzo deriva il suo diritto, ma non quelle fondate su altri rapporti tra promittente e stipulante.

CAPO X
Della simulazione

1414. ***Effetti della simulazione fra le parti.*** — Il contratto simulato non produce effetto tra le parti.

Se le parti hanno voluto concludere un contratto diverso da quello apparente, ha effetto tra esse il contratto dissimulato, purché ne sussistano i requisiti di sostanza e di forma.

Le precedenti disposizioni si applicano anche agli atti unilaterali destinati a una persona determinata, che siano simulati per accordo tra il dichiarante e il destinatario.

1415. ***Effetti della simulazione rispetto ai terzi.*** — La simulazione non può essere opposta né dalle parti contraenti, né dagli aventi causa o dai creditori del simulato alienante, ai terzi che in buona fede hanno acquistato diritti dal titolare apparente, salvi gli effetti della trascrizione della domanda di simulazione.

I terzi possono far valere la simulazione in confronto delle parti, quando essa pregiudica i loro diritti.

1416. ***Rapporti con i creditori.*** — La simulazione non può essere opposta dai contraenti ai creditori del titolare apparente che in buona fede hanno compiuto atti di esecuzione sui beni che furono oggetto del contratto simulato.

I creditori del simulato alienante possono far valere la simulazione che pregiudica i loro diritti, e, nel conflitto con i creditori chirografari del simulato acquirente, sono preferiti a questi, se il loro credito è anteriore all'atto simulato.

1417. ***Prova della simulazione.*** — La prova per testimoni della simulazione è ammissibile senza limiti, se la domanda è proposta da creditori o da terzi e, qualora sia diretta a far valere l'illiceità del contratto dissimulato, anche se è proposta dalle parti.

CAPO XI
Della nullità del contratto

1418. ***Cause di nullità del contratto.*** — Il contratto è nullo quando è contrario a norme imperative, salvo che la legge disponga diversamente.

Producono nullità del contratto la mancanza di uno dei requisiti indicati dall'art. 1325, l'illiceità della causa, l'illiceità dei motivi nel caso indicato dall'art. 1345 e la mancanza nell'oggetto dei requisiti stabiliti dall'art. 1346.

Il contratto è altresì nullo negli altri casi stabiliti dalla legge.[1]

[1] Nullità delle convenzioni matrimoniali (162); dei patti successori (458); del mandato a donare (778); della donazione con onere illecito o impossibile (794); di talune specie di donazioni (771, 779); del contratto se manca la determinazione della prestazione da parte del terzo (1349); degli atti per i quali non è stata usata la forma scritta (1350); del contratto con condizioni illecite o impossibili (1354); del contratto sottoposto a condizione meramente potestativa (1355); per violazione del divieto di comprare (1471); della vendita di cosa futura non venuta ad esistenza (1472); del patto col quale l'affittuario si assoggetti a casi fortuiti straordinari (1637); del contratto di assicurazione per inesistenza del rischio (1895) o per mancanza di interesse (1904); della transazione relativa a un contratto illecito (1972); dei patti che escludono gli obblighi relativi alla previdenza o all'assistenza del prestatore di lavoro (2115); della società (2332).

1419. ***Nullità parziale.*** — La nullità parziale di un contratto o la nullità di singole clausole importa la nullità dell'intero contratto, se risulta che i contraenti non lo avrebbero concluso senza quella parte del suo contenuto che è colpita dalla nullità.

La nullità di singole clausole non importa la nullità del contratto, quando le clausole nulle sono sostituite di diritto da norme imperative.

1420. ***Nullità nel contratto plurilaterale.*** — Nei contratti con più di due parti, in cui le prestazioni di ciascuna sono dirette al conseguimento di uno scopo comune, la nullità che colpisce il vincolo di una sola delle parti non importa nullità del contratto, salvo che la partecipazione di essa debba, secondo le circostanze, considerarsi essenziale.

1421. ***Legittimazione all'azione di nullità.*** — Salvo diverse disposizioni di legge, la nullità può essere fatta valere da chiunque vi ha interesse e può essere rilevata d'ufficio dal giudice.

1422. ***Imprescrittibilità dell'azione di nulli-***

tà. — L'azione per far dichiarare la nullità non è soggetta a prescrizione, salvi gli effetti dell'usucapione e della prescrizione delle azioni di ripetizione.

1423. ***Inammissibilità della convalida.*** — Il contratto nullo non può essere convalidato, se la legge non dispone diversamente.

1424. ***Conversione del contratto nullo.*** — Il contratto nullo può produrre gli effetti di un contratto diverso, del quale contenga i requisiti di sostanza e di forma, qualora, avuto riguardo allo scopo perseguito dalle parti, debba ritenersi che esse lo avrebbero voluto se avessero conosciuto la nullità.

CAPO XII
Dell'annullabilità del contratto

SEZIONE I
Dell'incapacità

1425. ***Incapacità delle parti.*** — Il contratto è annullabile se una delle parti era legalmente incapace di contrattare.

È parimenti annullabile, quando ricorrono le condizioni stabilite dall'art. 428, il contratto stipulato da persona incapace d'intendere o di volere.

1426. ***Raggiri usati dal minore.*** — Il contratto non è annullabile, se il minore ha con raggiri occultato la sua minore età; ma la semplice dichiarazione da lui fatta di essere maggiorenne non è di ostacolo alla impugnazione del contratto.

SEZIONE II
Dei vizi del consenso

1427. ***Errore, violenza e dolo.*** — Il contraente, il cui consenso fu dato per errore, estorto con violenza o carpito con dolo, può chiedere l'annullamento del contratto secondo le disposizioni seguenti.

1428. ***Rilevanza dell'errore.*** — L'errore è causa di annullamento del contratto quando è essenziale ed è riconoscibile dall'altro contraente.

1429. ***Errore essenziale.*** — L'errore è essenziale:

1) quando cade sulla natura o sull'oggetto del contratto;

2) quando cade sull'identità dell'oggetto della prestazione ovvero sopra una qualità dello stesso che, secondo il comune apprezzamento o in relazione alle circostanze, deve ritenersi determinante del consenso;

3) quando cade sull'identità o sulle qualità della persona dell'altro contraente, sempre che l'una o le altre siano state determinanti del consenso;

4) quando, trattandosi di errore di diritto, è stato la ragione unica o principale del contratto.

1430. ***Errore di calcolo.*** — L'errore di calcolo non dà luogo ad annullamento del contratto, ma solo a rettifica, tranne che, concretandosi in errore sulla quantità, sia stato determinante del consenso.

1431. ***Errore riconoscibile.*** — L'errore si considera riconoscibile quando, in relazione al contenuto, alle circostanze del contratto ovvero alla qualità dei contraenti, una persona di normale diligenza avrebbe potuto rilevarlo.

1432. ***Mantenimento del contratto rettificato.*** — La parte in errore non può domandare l'annullamento del contratto se, prima che ad essa possa derivarne pregiudizio, l'altra offre di eseguirlo in modo conforme al contenuto e alle modalità del contratto che quella intendeva concludere.

1433. ***Errore nella dichiarazione o nella sua trasmissione.*** — Le disposizioni degli articoli precedenti si applicano anche al caso in cui l'errore cade sulla dichiarazione, o in cui la dichiarazione è stata inesattamente trasmessa dalla persona o dall'ufficio che ne era stato incaricato.

1434. ***Violenza.*** — La violenza è causa di annullamento del contratto, anche se esercitata da un terzo.

1435. ***Caratteri della violenza.*** — La violenza deve essere di tal natura da fare impressione sopra una persona sensata e da farle temere di esporre sé o i suoi beni a un male ingiusto e notevole. Si ha riguardo in questa materia, all'età, al sesso e alla condizione delle persone.

1436. ***Violenza diretta contro terzi.*** — La violenza è causa di annullamento del contratto anche quando il male minacciato riguarda la persona o i beni del coniuge del contraente o di un discendente o ascendente di lui.

Se il male minacciato riguarda altre persone l'annullamento del contratto è rimesso alla prudente valutazione delle circostanze da parte del giudice.

1437. ***Timore riverenziale.*** — Il solo timore riverenziale non è causa di annullamento del contratto.

1438. ***Minaccia di far valere un diritto.*** — La minaccia di far valere un diritto può essere causa di annullamento del contratto solo quando è diretta a conseguire vantaggi ingiusti.

1439. ***Dolo.*** — Il dolo è causa di annullamento del contratto quando i raggiri usati da uno dei contraenti sono stati tali che, senza di essi, l'altra parte non avrebbe contrattato.

Quando i raggiri sono stati usati da un terzo, il contratto è annullabile se essi erano noti al contraente che ne ha tratto vantaggio.

1440. ***Dolo incidente.*** — Se i raggiri non sono stati tali da determinare il consenso, il contratto è valido, benché senza di essi sarebbe stato concluso a condizioni diverse; ma il contraente in mala fede risponde dei danni.

SEZIONE III
Dell'azione di annullamento

1441. *Legittimazione.* — L'annullamento del contratto può essere domandato solo dalla parte nel cui interesse è stabilito dalla legge.

L'incapacità del condannato in istato di interdizione legale può essere fatta valere da chiunque vi ha interesse.

1442. *Prescrizione.* — L'azione di annullamento si prescrive in cinque anni.

Quando l'annullabilità dipende da vizio del consenso o da incapacità legale, il termine decorre dal giorno in cui è cessata la violenza, è stato scoperto l'errore o il dolo, è cessato lo stato d'interdizione o d'inabilitazione, ovvero il minore ha raggiunto la maggiore età.

Negli altri casi il termine decorre dal giorno della conclusione del contratto.

L'annullabilità può essere opposta dalla parte convenuta per l'esecuzione del contratto, anche se è prescritta l'azione per farla valere.

1443. *Ripetizione contro il contraente incapace.* — Se il contratto è annullato per incapacità di uno dei contraenti, questi non è tenuto a restituire all'altro la prestazione ricevuta se non nei limiti in cui è stata rivolta a suo vantaggio.

1444. *Convalida.* — Il contratto annullabile può essere convalidato dal contraente al quale spetta l'azione di annullamento, mediante un atto che contenga la menzione del contratto e del motivo di annullabilità, e la dichiarazione che s'intende convalidarlo.

Il contratto è pure convalidato, se il contraente al quale spettava l'azione di annullamento vi ha dato volontariamente esecuzione conoscendo il motivo di annullabilità.

La convalida non ha effetto, se chi l'esegue non è in condizione di concludere validamente il contratto.

1445. *Effetti dell'annullamento nei confronti dei terzi.* — L'annullamento che non dipende da incapacità legale non pregiudica i diritti acquistati a titolo oneroso dai terzi di buona fede, salvi gli effetti della trascrizione della domanda di annullamento (*Trans.* 165).

1446. *Annullabilità nel contratto plurilaterale.* — Nei contratti indicati dall'art. 1420 l'annullabilità che riguarda il vincolo di una sola delle parti non importa annullamento del contratto, salvo che la partecipazione di questa debba, secondo le circostanze, considerarsi essenziale.

CAPO XIII
Della rescissione del contratto

1447. *Contratto concluso in istato di pericolo.* — Il contratto con cui una parte ha assunto obbligazioni a condizioni inique, per la necessità, nota alla controparte, di salvare sè o altri dal pericolo attuale di un danno grave alla persona, può essere rescisso sulla domanda della parte che si è obbligata.

Il giudice nel pronunciare la rescissione, può, secondo le circostanze, assegnare un equo compenso all'altra parte per l'opera prestata.

1448. *Azione generale di rescissione per lesione.* — Se vi è sproporzione tra la prestazione di una parte e quella dell'altra, e la sproporzione è dipesa dallo stato di bisogno di una parte, del quale l'altra ha approfittato per trarne vantaggio, la parte danneggiata può domandare la rescissione del contratto.

L'azione non è ammissibile se la lesione non eccede la metà del valore che la prestazione eseguita o promessa dalla parte danneggiata aveva al tempo del contratto.

La lesione deve perdurare fino al tempo in cui la domanda è proposta.

Non possono essere rescissi per causa di lesione i contratti aleatori.

Sono salve le disposizioni relative alla rescissione della divisione (*Trans.* 165).

1449. *Prescrizione.* — L'azione di rescissione si prescrive in un anno dalla conclusione del contratto; ma se il fatto costituisce reato, si applica l'ultimo comma dell'art. 2947.

La rescindibilità del contratto non può essere opposta in via di eccezione quando l'azione è prescritta.

1450. *Offerta di modificazione del contratto.* — Il contraente contro il quale è domandata la rescissione può evitarla offrendo una modificazione del contratto sufficiente per ricondurlo ad equità.

1451. *Inammissibilità della convalida.* — Il contratto rescindibile non può essere convalidato.

1452. *Effetti della rescissione rispetto ai terzi.* — La rescissione del contratto non pregiudica i diritti acquistati dai terzi, salvi gli effetti della trascrizione della domanda di rescissione (*Trans.* 166).

CAPO XIV
Della risoluzione del contratto

SEZIONE I
Della risoluzione per inadempimento

1453. *Risolubilità del contratto per inadempimento.* — Nei contratti con prestazioni corrispettive, quando uno dei contraenti non adempie le sue obbligazioni, l'altro può a sua scelta chiedere l'adempimento o la risoluzione del contratto, salvo, in ogni caso, il risarcimento del danno.

La risoluzione può essere domandata anche quando il giudizio è stato promosso per ottenere l'adempimento; ma non può più chiedersi l'adempimento quando è stata domandata la risoluzione.

Dalla data della domanda di risoluzione l'inadempiente non può più adempiere la propria obbligazione (*Trans.* 165).

1454. ***Diffida ad adempiere.*** — Alla parte inadempiente l'altra può intimare per iscritto di adempiere in un congruo termine, con dichiarazione che, decorso inutilmente detto termine, il contratto s'intenderà senz'altro risoluto.

Il termine non può essere inferiore a quindici giorni, salvo diversa pattuizione delle parti o salvo che, per la natura del contratto o secondo gli usi, risulti congruo un termine minore.

Decorso il termine senza che il contratto sia stato adempiuto, questo è risoluto di diritto.

1455. ***Importanza dell'inadempimento.*** — Il contratto non si può risolvere se l'inadempimento di una delle parti ha scarsa importanza, avuto riguardo all'interesse dell'altra.

1456. ***Clausola risolutiva espressa.*** — I contraenti possono convenire espressamente che il contratto si risolva nel caso che una determinata obbligazione non sia adempiuta secondo le modalità stabilite.

In questo caso, la risoluzione si verifica di diritto quando la parte interessata dichiara all'altra che intende valersi della clausola risolutiva.

1457. ***Termine essenziale per una delle parti.*** — Se il termine fissato per la prestazione di una delle parti deve considerarsi essenziale nell'interesse dell'altra, questa, salvo patto o uso contrario, se vuole esigerne l'esecuzione nonostante la scadenza del termine, deve darne notizia all'altra parte entro tre giorni.

In mancanza, il contratto s'intende risoluto di diritto anche se non è stata espressamente pattuita la risoluzione.

1458. ***Effetti della risoluzione.*** — La risoluzione del contratto per inadempimento ha effetto retroattivo tra le parti, salvo il caso di contratti ad esecuzione continuata o periodica, riguardo ai quali l'effetto della risoluzione non si estende alle prestazioni già eseguite.

La risoluzione, anche se è stata espressamente pattuita, non pregiudica i diritti acquistati dai terzi, salvi gli effetti della trascrizione della domanda di risoluzione (*Trans.* 165).

1459. ***Risoluzione nel contratto plurilaterale.*** — Nei contratti indicati dall'art. 1420 l'inadempimento di una delle parti non importa la risoluzione del contratto rispetto alle altre, salvo che la prestazione mancata debba, secondo le circostanze, considerarsi essenziale.

1460. ***Eccezione d'inadempimento.*** — Nei contratti con prestazioni corrispettive, ciascuno dei contraenti può rifiutarsi di adempiere la sua obbligazione, se l'altro non adempie o non offre di adempiere contemporaneamente la propria, salvo che termini diversi per l'adempimento siano stati stabiliti dalle parti o risultino dalla natura del contratto.

Tuttavia non può rifiutarsi l'esecuzione se, avuto riguardo alle circostanze, il rifiuto è contrario alla buona fede.

1461. ***Mutamento nelle condizioni patrimoniali dei contraenti.*** — Ciascun contraente può sospendere l'esecuzione della prestazione da lui dovuta, se le condizioni patrimoniali dell'altro sono divenute tali da porre in evidente pericolo il conseguimento della controprestazione, salvo che sia prestata idonea garanzia (*Trans.* 169).

1462. ***Clausola limitativa della proponibilità di eccezioni.*** — La clausola con cui si stabilisce che una delle parti non può opporre eccezioni al fine di evitare o ritardare la prestazione dovuta, non ha effetto per le eccezioni di nullità, di annullabilità e di rescissione del contratto.

Nei casi in cui la clausola è efficace, il giudice, se riconosce che concorrono gravi motivi, può tuttavia sospendere la condanna, imponendo, se del caso, una cauzione (*Trans.* 167).

SEZIONE II
Dell'impossibilità sopravvenuta

1463. ***Impossibilità totale.*** — Nei contratti con prestazioni corrispettive, la parte liberata per la sopravvenuta impossibilità della prestazione dovuta non può chiedere la controprestazione, e deve restituire quella che abbia già ricevuta, secondo le norme relative alla ripetizione dell'indebito.

1464. ***Impossibilità parziale.*** — Quando la prestazione di una parte è divenuta solo parzialmente impossibile, l'altra parte ha diritto a una corrispondente riduzione della prestazione da essa dovuta, e può anche recedere dal contratto qualora non abbia un interesse apprezzabile all'adempimento parziale.

1465. ***Contratto con effetti traslativi o costitutivi.*** — Nei contratti che trasferiscono la proprietà di una cosa determinata ovvero costituiscono o trasferiscono diritti reali, il perimento della cosa per una causa non imputabile all'alienante non libera l'acquirente dall'obbligo di eseguire la controprestazione, ancorché la cosa non gli sia stata consegnata.

La stessa disposizione si applica nel caso in cui l'effetto traslativo o costitutivo sia differito fino allo scadere di un termine.

Qualora oggetto del trasferimento sia una cosa determinata solo nel genere, l'acquirente non è liberato dall'obbligo di eseguire la controprestazione, se l'alienante ha fatto la consegna o se la cosa è stata individuata.

L'acquirente è in ogni caso liberato dalla sua obbligazione, se il trasferimento era sottoposto a condizione sospensiva e l'impossibilità è sopravvenuta prima che si verifichi la condizione.

1466. ***Impossibilità nel contratto plurilaterale.*** — Nei contratti indicati nell'art. 1420 l'impossibilità della prestazione di una delle parti non importa scioglimento del contratto rispetto alle altre, salvo che la prestazione mancata debba, secondo le circostanze, considerarsi essenziale.

SEZIONE III
Dell'eccessiva onerosità

1467. ***Contratto con prestazioni corrispettive.*** — Nei contratti a esecuzione continuata o periodica ovvero a esecuzione differita, se la prestazione di una delle parti è divenuta eccessivamente onerosa per il verificarsi di avvenimenti straordinari e imprevedibili, la parte che deve tale prestazione può domandare la risoluzione del contratto, con gli effetti stabiliti dall'art. 1458.

La risoluzione non può essere domandata se la sopravvenuta onerosità rientra nell'alea normale del contratto.

La parte contro la quale è domandata la risoluzione può evitarla offrendo di modificare equamente le condizioni del contratto (*Trans.* 168).

1468. ***Contratto con obbligazioni di una sola parte.*** — Nell'ipotesi prevista dall'articolo precedente, se si tratta di un contratto nel quale una sola delle parti ha assunto obbligazioni, questa può chiedere una riduzione della sua prestazione ovvero una modificazione nelle modalità di esecuzione, sufficienti per ricondurla ad equità.

1469. ***Contratto aleatorio.*** — Le norme degli articoli precedenti non si applicano ai contratti aleatori per loro natura o per volontà delle parti.

CAPO XIV-*bis*
Dei contratti del consumatore

1469-*bis*. ***Contratti del consumatore.***[1] — Le disposizioni del presente titolo si applicano ai contratti del consumatore, ove non derogate dal codice del consumo o da altre disposizioni più favorevoli per il consumatore.

[1] Articolo che ha sostituito i precedenti artt. 1469-*bis*, 1469-*ter*, 1469-*quater*, 1469-*quinquies* e 1469-*sexies* ai sensi dell'art. 142, D.lgs. 6 set. 2005, n. 206.

TITOLO III
Dei singoli contratti

CAPO I
Della vendita[1]

[1] Per i contratti di fornitura di beni e di prestazione di servizi conclusi fuori dei locali commerciali v. altresì D.lgs. 6 set. 2005, n. 206.

SEZIONE I
Disposizioni generali

1470. ***Nozione.***[1] — La vendita è il contratto che ha per oggetto il trasferimento della proprietà di una cosa o il trasferimento di un altro diritto verso il corrispettivo di un prezzo.

[1] Sull'obbligo di comunicazione in caso di contratto avente ad oggetto beni immobili stipulato con uno straniero o un apolide, v. art. 7, D.lgs. 25 lug. 1998, n. 286.

1471. ***Divieti speciali di comprare.*** — Non possono essere compratori nemmeno all'asta pubblica, né direttamente né per interposta persona:

1) gli amministratori dei beni dello Stato, dei comuni, delle province o degli altri enti pubblici, rispetto ai beni affidati alla loro cura;

2) gli ufficiali pubblici, rispetto ai beni che sono venduti per loro ministero;

3) coloro che per legge o per atto della pubblica autorità amministrano beni altrui, rispetto ai beni medesimi;[1]

4) i mandatari, rispetto ai beni che sono stati incaricati di vendere, salvo il disposto dell'art. 1395.

Nei primi due casi l'acquisto è nullo; negli altri è annullabile.

[1] V. nota all'art. 1387.

1472. ***Vendita di cose future.*** — Nella vendita che ha per oggetto una cosa futura, l'acquisto della proprietà si verifica non appena la cosa viene ad esistenza. Se oggetto della vendita sono gli alberi o i frutti di un fondo, la proprietà si acquista quando gli alberi sono tagliati o i frutti sono separati.

Qualora le parti non abbiano voluto concludere un contratto aleatorio, la vendita è nulla, se la cosa non viene ad esistenza.

1473. ***Determinazione del prezzo affidata a un terzo.*** — Le parti possono affidare la determinazione del prezzo a un terzo, eletto nel contratto o da eleggere posteriormente.

Se il terzo non vuole o non può accettare l'incarico, ovvero le parti non si accordano per la sua nomina o per la sua sostituzione, la nomina, su richiesta di una delle parti, è fatta dal presidente del tribunale del luogo in cui è stato concluso il contratto (*Att.* 82; *Trans.* 170).

1474. ***Mancanza di determinazione espressa del prezzo.*** — Se il contratto ha per oggetto cose che il venditore vende abitualmente e le parti non hanno determinato il prezzo, né hanno convenuto il modo di determinarlo, né esso è stabilito per atto della pubblica autorità [o da norme corporative], si presume che le parti abbiano voluto riferirsi al prezzo normalmente praticato dal venditore.

Se si tratta di cose aventi un prezzo di borsa o di mercato, il prezzo si desume dai listini o dalle mercuriali del luogo in cui deve essere eseguita la consegna, o da quelli della piazza più vicina.

Qualora le parti abbiano inteso riferirsi al giusto prezzo, si applicano le disposizioni dei commi precedenti; e, quando non ricorrono i casi da essi previsti, il prezzo, in mancanza di accordo, è determinato da un terzo, nominato a norma del secondo comma dell'articolo precedente.

1475. ***Spese della vendita.*** — Le spese del contratto di vendita e le altre accessorie sono a carico del compratore, se non è stato pattuito diversamente.

§ 1.

Delle obbligazioni del venditore

1476. ***Obbligazioni principali del venditore.*** — Le obbligazioni principali del venditore sono:

1) quella di consegnare la cosa al compratore;

2) quella di fargli acquistare la proprietà della cosa o il diritto, se l'acquisto non è effetto immediato del contratto;

3) quella di garantire il compratore dall'evizione e dai vizi della cosa.

1477. ***Consegna della cosa.*** — La cosa deve essere consegnata nello stato in cui si trovava al momento della vendita.

Salvo diversa volontà delle parti, la cosa deve essere consegnata insieme con gli accessori, le pertinenze e i frutti dal giorno della vendita.

Il venditore deve pure consegnare i titoli e i documenti relativi alla proprietà e all'uso della cosa venduta.

1478. ***Vendita di cosa altrui.*** — Se al momento del contratto la cosa venduta non era di proprietà del venditore, questi è obbligato a procurarne l'acquisto al compratore.

Il compratore diventa proprietario nel momento in cui il venditore acquista la proprietà dal titolare di essa (*Trans.* 171).

1479. ***Buona fede del compratore.*** — Il compratore può chiedere la risoluzione del contratto, se, quando l'ha concluso, ignorava che la cosa non era di proprietà del venditore, e se frattanto il venditore non gliene ha fatto acquistare la proprietà.

Salvo il disposto dell'art. 1223, il venditore è tenuto a restituire all'acquirente il prezzo pagato, anche se la cosa è diminuita di valore o è deteriorata; deve inoltre rimborsargli le spese e i pagamenti legittimamente fatti per il contratto. Se la diminuzione di valore o il deterioramento derivano da un fatto del compratore, dall'ammontare suddetto si deve detrarre l'utile che il compratore ne ha ricavato.

Il venditore è inoltre tenuto a rimborsare al compratore le spese necessarie e utili fatte per la cosa, e, se era in mala fede, anche quelle voluttuarie (*Trans.* 171).

1480. ***Vendita di cosa parzialmente di altri.*** — Se la cosa che il compratore riteneva di proprietà del venditore era solo in parte di proprietà altrui, il compratore può richiedere la risoluzione del contratto e il risarcimento del danno a norma dell'articolo precedente, quando deve ritenersi, secondo le circostanze, che non avrebbe acquistato la cosa senza quella parte di cui non è divenuto proprietario; altrimenti può solo ottenere una riduzione del prezzo, oltre al risarcimento del danno (*Trans.* 171).

1481. ***Pericolo di rivendica.*** — Il compratore può sospendere il pagamento del prezzo, quando ha ragione di temere che la cosa o una parte di essa possa essere rivendicata da terzi, salvo che il venditore presti idonea garanzia.

Il pagamento non può essere sospeso se il pericolo era noto al compratore al tempo della vendita.

1482. ***Cosa gravata da garanzie reali o da altri vincoli.*** — Il compratore può altresì sospendere il pagamento del prezzo, se la cosa venduta risulta gravata da garanzie reali o da vincoli derivanti da pignoramento o da sequestro, non dichiarati dal venditore e dal compratore stesso ignorati.

Egli può inoltre far fissare dal giudice un termine, alla scadenza del quale, se la cosa non è liberata, il contratto è risoluto con obbligo del venditore di risarcire il danno ai sensi dell'art. 1479.

Se l'esistenza delle garanzie reali o dei vincoli sopra indicati era nota al compratore, questi non può chiedere la risoluzione del contratto, e il venditore è tenuto verso di lui solo per il caso di evizione.

1483. ***Evizione totale della cosa.*** — Se il compratore subisce l'evizione totale della cosa per effetto di diritti che un terzo ha fatti valere su di essa, il venditore è tenuto a risarcirlo del danno a norma dell'art. 1479.

Egli deve inoltre corrispondere al compratore il valore dei frutti che questi sia tenuto a restituire a colui dal quale è evitto, le spese che egli abbia fatte per la denunzia della lite e quelle che abbia dovuto rimborsare all'attore.

1484. ***Evizione parziale.*** — In caso di evizione parziale della cosa, si osservano le disposizioni dell'art. 1480 e quella del secondo comma dell'articolo precedente.

1485. ***Chiamata in causa del venditore.*** — Il compratore convenuto da un terzo che pretende di avere diritti sulla cosa venduta, deve chiamare in causa il venditore. Qualora non lo faccia e sia condannato con sentenza passata in giudicato, perde il diritto alla garanzia, se il venditore prova che esistevano ragioni sufficienti per far respingere la domanda.

Il compratore che ha spontaneamente riconosciuto il diritto del terzo perde il diritto alla garanzia, se non prova che non esistevano ragioni sufficienti per impedire l'evizione.

1486. ***Responsabilità limitata del venditore.*** — Se il compratore ha evitato l'evizione della cosa mediante il pagamento di una somma di danaro, il venditore può liberarsi da tutte le conseguenze della garanzia col rimborso della somma pagata, degli interessi e di tutte le spese.

1487. ***Modificazione o esclusione convenzionale della garanzia.*** — I contraenti possono aumentare o diminuire gli effetti della garanzia e possono altresì pattuire che il venditore non sia soggetto a garanzia alcuna.

Quantunque sia pattuita l'esclusione della garanzia, il venditore è sempre tenuto per l'evizione derivante da un fatto suo proprio. È nullo ogni patto contrario.

1488. ***Effetti dell'esclusione della garanzia.*** — Quando è esclusa la garanzia, non si applicano le disposizioni degli artt. 1479 e 1480; se si verifica l'evizione, il compratore può pretendere dal venditore soltanto la restituzione del prezzo pagato e il rimborso delle spese.

Il venditore è esente anche da quest'obbligo quando la vendita è stata convenuta a rischio e pericolo del compratore.

1489. ***Cosa gravata da oneri o da diritti di godimento di terzi.*** — Se la cosa venduta è gravata da oneri o da diritti reali o personali non apparenti che ne diminuiscono il libero godimento e non sono stati dichiarati nel contratto, il compratore che non ne abbia avuto conoscenza può domandare la risoluzione del contratto oppure una riduzione del prezzo secondo la disposizione dell'art. 1480.

Si osservano inoltre, in quanto applicabili, le disposizioni degli artt. 1481, 1485, 1486, 1487 e 1488.

1490. ***Garanzia per i vizi della cosa venduta.*** — Il venditore è tenuto a garantire che la cosa venduta sia immune da vizi che la rendano inidonea all'uso a cui è destinata o ne diminuiscano in modo apprezzabile il valore.

Il patto con cui si esclude o si limita la garanzia non ha effetto, se il venditore ha in malafede taciuto al compratore i vizi della cosa.

1491. ***Esclusione della garanzia.*** — Non è dovuta la garanzia se al momento del contratto il compratore conosceva i vizi della cosa; parimenti non è dovuta, se i vizi erano facilmente riconoscibili, salvo, in questo caso, che il venditore abbia dichiarato che la cosa era esente da vizi.

1492. ***Effetti della garanzia.*** — Nei casi indicati dall'art. 1490 il compratore può domandare a sua scelta la risoluzione del contratto ovvero la riduzione del prezzo, salvo che, per determinati vizi, gli usi escludano la risoluzione.

La scelta è irrevocabile quando è fatta con la domanda giudiziale.

Se la cosa consegnata è perita in conseguenza dei vizi, il compratore ha diritto alla risoluzione del contratto; se invece è perita per caso fortuito o per colpa del compratore, o se questi l'ha alienata o trasformata, egli non può domandare che la riduzione del prezzo.

1493. ***Effetti della risoluzione del contratto.*** — In caso di risoluzione del contratto il venditore deve restituire il prezzo e rimborsare al compratore le spese e i pagamenti legittimamente fatti per la vendita.

Il compratore deve restituire la cosa, se questa non è perita in conseguenza dei vizi.

1494. ***Risarcimento del danno.*** — In ogni caso il venditore è tenuto verso il compratore al risarcimento del danno, se non prova di avere ignorato senza colpa i vizi della cosa.

Il venditore deve altresì risarcire al compratore i danni derivati dai vizi della cosa.[1]

[1] In tema di responsabilità del produttore v. D.P.R. 24 mag. 1988, n. 324.

1495. ***Termini e condizioni per l'azione.*** — Il compratore decade dal diritto alla garanzia, se non denunzia i vizi al venditore entro otto giorni dalla scoperta, salvo il diverso termine stabilito dalle parti o dalla legge.

La denunzia non è necessaria se il venditore ha riconosciuto l'esistenza del vizio o l'ha occultato.

L'azione si prescrive, in ogni caso, in un anno dalla consegna; ma il compratore, che sia convenuto per l'esecuzione del contratto, può sempre far valere la garanzia, purché il vizio della cosa sia stato denunziato entro otto giorni dalla scoperta e prima del decorso dell'anno dalla consegna (*Trans.* 172).

1496. ***Vendita di animali.*** — Nella vendita di animali la garanzia per i vizi è regolata dalle leggi speciali o, in mancanza, dagli usi locali. Se neppure questi dispongono, si osservano le norme che precedono.

1497. ***Mancanza di qualità.*** — Quando la cosa venduta non ha le qualità promesse ovvero quelle essenziali per l'uso a cui è destinata, il compratore ha diritto di ottenere la risoluzione del contratto secondo le disposizioni generali sulla risoluzione per inadempimento, purché il difetto di qualità ecceda i limiti di tolleranza stabiliti dagli usi.

Tuttavia il diritto di ottenere la risoluzione è soggetto alla decadenza e alla prescrizione stabilite dall'art. 1495 (*Trans.* 172).

§ 2.
Delle obbligazioni del compratore

1498. ***Pagamento del prezzo.*** — Il compratore è tenuto a pagare il prezzo nel termine e nel luogo fissati dal contratto.

In mancanza di pattuizione e salvi gli usi diversi, il pagamento deve avvenire al momento della consegna e nel luogo dove questa si esegue.

Se il prezzo non si deve pagare al momento della consegna, il pagamento si fa al domicilio del venditore.

1499. ***Interessi compensativi sul prezzo.*** — Salvo diversa pattuizione, qualora la cosa venduta e consegnata al compratore produca frutti o altri proventi, decorrono gli interessi sul prezzo, anche se questo non è ancora esigibile.

§ 3.
Del riscatto convenzionale

1500. ***Patto di riscatto.*** — Il venditore può riservarsi il diritto di riavere la proprietà della cosa venduta mediante la restituzione del prezzo e i rimborsi stabiliti dalle disposizioni che seguono.

Il patto di restituire un prezzo superiore a quello stipulato per la vendita è nullo per l'eccedenza (*Trans.* 173).

1501. ***Termini.*** — Il termine per il riscatto non può essere maggiore di due anni nella vendita di beni mobili e di cinque anni in quella di beni immobili. Se le parti stabiliscono un termine maggiore, esso si riduce a quello legale (*Trans.* 173).

Il termine stabilito dalla legge è perentorio e non si può prorogare.

1502. ***Obblighi del riscattante.*** — Il venditore che esercita il diritto di riscatto è tenuto a rimborsare al compratore il prezzo, le spese e ogni altro pagamento legittimamente fatto per la vendita, le spese per le riparazioni necessarie e, nei limiti dell'aumento, quelle che hanno aumentato il valore della cosa.

Fino al rimborso delle spese necessarie e utili, il compratore ha diritto di ritenere la cosa. Il giudice tuttavia, per il rimborso delle spese utili, può accordare una dilazione disponendo, se occorrono, le opportune cautele.

1503. ***Esercizio del riscatto.*** — Il venditore decade dal diritto di riscatto, se entro il termine fissato non comunica al compratore la dichiarazione di riscatto e non gli corrisponde le somme liquide dovute per il rimborso del prezzo, delle spese e di ogni altro pagamento legittimamente fatto per la vendita.

Se il compratore rifiuta di ricevere il pagamento di tali rimborsi, il venditore decade dal diritto di riscatto, qualora non ne faccia offerta reale entro otto giorni dalla scadenza del termine.

Nella vendita di beni immobili la dichiarazione di riscatto deve essere fatta per iscritto, sotto pena di nullità.

1504. ***Effetti del riscatto rispetto ai subacquirenti.*** — Il venditore che ha legittimamente esercitato il diritto di riscatto nei confronti del compratore può ottenere il rilascio della cosa anche dai successivi acquirenti, purché il patto sia ad essi opponibile.

Se l'alienazione è stata notificata al venditore, il riscatto deve essere esercitato in confronto del terzo acquirente.

1505. ***Diritti costituiti dal compratore sulla cosa.*** — Il venditore che ha esercitato il diritto di riscatto riprende la cosa esente dai pesi e dalle ipoteche da cui sia stata gravata; ma è tenuto a mantenere le locazioni fatte senza frode, purché abbiano data certa e siano state convenute per un tempo non superiore ai tre anni.

1506. ***Riscatto di parte indivisa.*** — In caso di vendita con patto di riscatto di una parte indivisa di una cosa, il comproprietario che chiede la divisione deve proporre la domanda anche in confronto del venditore.

Se la cosa non è comodamente divisibile e si fa luogo all'incanto, il venditore che non ha esercitato il riscatto anteriormente all'aggiudicazione decade da tale diritto, anche se aggiudicatario sia lo stesso compratore.

1507. ***Vendita congiuntiva di cosa indivisa.*** — Se più persone hanno venduto congiuntamente, mediante un solo contratto, una cosa indivisa, ciascuna può esercitare il diritto di riscatto solo sopra la quota che le spettava.

La medesima disposizione si osserva se il venditore ha lasciato più eredi.

Il compratore, nei casi sopra espressi, può esigere che tutti i venditori o tutti i coeredi esercitino congiuntamente il diritto di riscatto dell'intera cosa; se essi non si accordano, il riscatto può esercitarsi soltanto da parte di colui o di coloro che offrono di riscattare la cosa per intero.

1508. ***Vendita separata di cosa indivisa.*** — Se i comproprietari di una cosa non l'hanno venduta congiuntamente e per intero, ma ciascuno ha venduto la sola sua quota, essi possono separatamente esercitare il diritto di riscatto sopra la quota che loro spettava, e il compratore non può valersi della facoltà prevista dall'ultimo comma dell'articolo precedente.

1509. ***Riscatto contro gli eredi del compratore.*** — Qualora il compratore abbia lasciato più eredi, il diritto di riscatto si può esercitare contro ciascuno di essi solo per la parte che gli spetta, anche quando la cosa venduta è tuttora indivisa.

Se l'eredità è stata divisa e la cosa venduta è stata assegnata a uno degli eredi, il diritto di riscatto non può esercitarsi contro di lui che per la totalità.

SEZIONE II

Della vendita di cose mobili[1]

[1] V. altresì il D.lgs. 6 set. 2005, n. 206 (citato in nota al capo I) e, con riferimento ai contratti di compravendita internazionale di merci, la Convenzione di Vienna dell'11 apr. 1980 (L. 11 dic. 1985, n. 765).

§ 1.

Disposizioni generali

1510. *Luogo della consegna.* — In mancanza di patto o di uso contrario, la consegna della cosa deve avvenire nel luogo dove questa si trovava al tempo della vendita, se le parti ne erano a conoscenza, ovvero nel luogo dove il venditore aveva il suo domicilio o la sede dell'impresa.

Salvo patto o uso contrario, se la cosa venduta deve essere trasportata da un luogo all'altro, il venditore si libera dall'obbligo della consegna rimettendo la cosa al vettore o allo spedizioniere; le spese del trasporto sono a carico del compratore.

1511. *Denunzia nella vendita di cose da trasportare.* — Nella vendita di cose da trasportare da un luogo a un altro, il termine per la denunzia dei vizi e dei difetti di qualità apparenti decorre dal giorno del ricevimento.

1512. *Garanzia di buon funzionamento.* — Se il venditore ha garantito per un tempo determinato il buon funzionamento della cosa venduta, il compratore, salvo patto contrario, deve denunziare al venditore il difetto di funzionamento entro trenta giorni dalla scoperta, sotto pena di decadenza. L'azione si prescrive in sei mesi dalla scoperta.

Il giudice, secondo le circostanze, può assegnare al venditore un termine per sostituire o riparare la cosa in modo da assicurarne il buon funzionamento, salvo il risarcimento dei danni (*Trans.* 174).

Sono salvi gli usi i quali stabiliscono che la garanzia di buon funzionamento è dovuta anche in mancanza di patto espresso.

1513. *Accertamento dei difetti.* — In caso di divergenza sulla qualità o condizione della cosa, il venditore o il compratore possono chiederne la verifica nei modi stabiliti dall'art. 696 del codice di procedura civile. Il giudice, su istanza della parte interessata, può ordinare il deposito o il sequestro della cosa stessa, nonché la vendita per conto di chi spetta determinandone le condizioni.

La parte che non ha chiesto la verifica della cosa, deve, in caso di contestazione, provarne rigorosamente l'identità e lo stato.

1514. *Deposito della cosa venduta.*[1] — Se il compratore non si presenta per ricevere la cosa acquistata, il venditore può depositarla, per conto e a spese del compratore medesimo, in un locale di pubblico deposito, oppure in altro locale idoneo determinato dal *tribunale* del luogo in cui la consegna doveva essere fatta.

Il venditore deve dare al compratore pronta notizia del deposito eseguito.

[1] Articolo così modif. dall'art. 150, D.lgs. 19 feb. 1998, n. 51 con decorrenza dal 2 giu. 1999.

1515. *Esecuzione coattiva per inadempimento del compratore.*[1] — Se il compratore non adempie la obbligazione di pagare il prezzo, il venditore può far vendere senza ritardo la cosa per conto e a spese di lui.

La vendita è fatta all'incanto a mezzo di una persona autorizzata a tali atti o, in mancanza di essa nel luogo in cui la vendita deve essere eseguita, a mezzo di un ufficiale giudiziario. Il venditore deve dare tempestiva notizia al compratore del giorno, del luogo e dell'ora in cui la vendita sarà eseguita.

Se la cosa ha un prezzo corrente, stabilito per atto della pubblica autorità [o da norme corporative], ovvero risultante da listini di borsa o da mercuriali, la vendita può essere fatta senza incanto, al prezzo corrente, a mezzo delle persone indicate nel comma precedente o di un commissionario nominato dal *tribunale*. In tal caso il venditore deve dare al compratore pronta notizia della vendita.

Il venditore ha diritto alla differenza tra il prezzo convenuto e il ricavo netto della vendita, oltre al risarcimento del maggior danno (*Att.* 83).

[1] Articolo così modif. dall'art. 150, D.lgs. 19 feb. 1998, n. 51 con decorrenza dal 2 giu. 1999.

1516. *Esecuzione coattiva per inadempimento del venditore.* — Se la vendita ha per oggetto cose fungibili che hanno un prezzo corrente a norma del terzo comma dell'articolo precedente, e il venditore non adempie la sua obbligazione, il compratore può fare acquistare senza ritardo le cose, a spese del venditore, a mezzo di una delle persone indicate nel secondo e terzo comma dell'articolo precedente. Dell'acquisto il compratore deve dare pronta notizia al venditore.

Il compratore ha diritto alla differenza tra l'ammontare della spesa occorsa per l'acquisto e il prezzo convenuto, oltre al risarcimento del maggior danno (*Att.* 83).

1517. *Risoluzione di diritto.* — La risoluzione ha luogo di diritto a favore del contraente che, prima della scadenza del termine stabilito, abbia offerto all'altro, nelle forme di uso, la consegna della cosa o il pagamento del prezzo, se l'altra parte non adempie la propria obbligazione.

La risoluzione di diritto ha luogo pure a favore del venditore se, alla scadenza del termine stabilito per la consegna, il compratore, la cui obbligazione di pagare il prezzo non sia scaduta, non si presenta per ricevere la cosa preventivamente offerta, ovvero non l'accetta.

Il contraente che intende valersi della risoluzione disposta dal presente articolo deve darne comunicazione all'altra parte entro otto giorni dalla scadenza del termine; in mancanza di tale comunicazione, si osservano le disposizioni generali sulla risoluzione per inadempimento.

1518. *Normale determinazione del risarcimento.* — Se la vendita ha per oggetto una cosa che ha un prezzo corrente a norma del terzo comma dell'art. 1515, e il contratto si risolve per l'inadempimento di una delle parti, il risarcimento è costituito dalla differenza tra il prezzo convenuto e quello corrente nel luogo e nel giorno in cui si doveva fare la consegna, salva la prova di un maggior danno.

Nella vendita a esecuzione periodica, la liquidazione del danno, si determina sulla base dei prezzi correnti nel luogo e nel giorno fissati per le singole consegne.

1519. *Restituzione di cose non pagate.* — Se la vendita è stata fatta senza dilazione per il pagamento del prezzo, il venditore, in mancanza di pagamento, può riprendere il possesso delle cose vendute, finché queste si trovano presso il compratore, purché la domanda sia proposta entro quindici giorni dalla consegna e le cose si trovino nello stato in cui erano al tempo della consegna stessa.

Il diritto di riprendere il possesso delle cose non si può esercitare in pregiudizio dei privilegi previsti dagli artt. 2764 e 2765, salvo che si provi che il creditore, al tempo della introduzione di esse nella casa o nel fondo locato ovvero nel fondo concesso a mezzadria o a colonia, conosceva che il prezzo era ancora dovuto.

La disposizione del comma precedente si applica anche a favore dei creditori del compratore che abbiano sequestrato o pignorato le cose, a meno che si provi che essi, al momento del sequestro o del pignoramento, conoscevano che il prezzo era ancora dovuto.

§ 1-*bis*.
Della vendita dei beni di consumo

1519-*bis*-1519-*nonies*. .... [1]

[1] Articoli abrog. dall'art. 146, D.lgs. 6 set. 2005, n. 206.

§ 2.

Della vendita con riserva di gradimento, a prova, a campione

1520. *Vendita con riserva di gradimento.* — Quando si vendono cose con riserva di gradimento da parte del compratore, la vendita non si perfeziona fino a che il gradimento non sia comunicato al venditore.

Se l'esame della cosa deve farsi presso il venditore, questi è liberato, qualora il compratore non vi proceda nel termine stabilito dal contratto o dagli usi, o, in mancanza, in un termine congruo fissato dal venditore.

Se la cosa si trova presso il compratore e questi non si pronunzia nel termine sopra indicato, la cosa si considera di suo gradimento.

1521. *Vendita a prova.* — La vendita a prova si presume fatta sotto la condizione sospensiva che la cosa abbia le qualità pattuite o sia idonea all'uso a cui è destinata.

La prova si deve eseguire nel termine e secondo le modalità stabiliti dal contratto o dagli usi.

1522. *Vendita su campione e su tipo di campione.* — Se la vendita è fatta su campione, si intende che questo deve servire come esclusivo paragone per la qualità della merce, e in tal caso qualsiasi difformità attribuisce al compratore il diritto alla risoluzione del contratto.

Qualora, però, dalla convenzione o dagli usi risulti che il campione deve servire unicamente a indicare in modo approssimativo la qualità, si può domandare la risoluzione soltanto se la difformità dal campione sia notevole.

In ogni caso l'azione è soggetta alla decadenza e alla prescrizione stabilite dall'art. 1495.

§ 3.
Della vendita con riserva della proprietà[1]

[1] Per la vendita con riserva di proprietà di macchine utensili, v. L. 28 nov. 1965, n. 1329.

1523. *Passaggio della proprietà e dei rischi.* — Nella vendita a rate con riserva della proprietà, il compratore acquista la proprietà della cosa col pagamento dell'ultima rata di prezzo, ma assume i rischi dal momento della consegna.

1524. *Opponibilità della riserva di proprietà nei confronti di terzi.* — La riserva della proprietà è opponibile ai creditori del compratore, solo se risulta da atto scritto avente data certa anteriore al pignoramento.

Se la vendita ha per oggetto macchine e il prezzo è superiore a euro 15,49, la riserva della proprietà è opponibile anche al terzo acquirente, purché il patto di riservato dominio sia trascritto in apposito registro tenuto nella cancelleria del tribunale nella giurisdizione del quale è collocata la macchina, e questa, quando è acquistata dal terzo, si trovi ancora nel luogo dove la trascrizione è stata eseguita (*Att.* 84, 254, 255).

Sono salve le disposizioni relative ai beni mobili iscritti in pubblici registri.

1525. *Inadempimento del compratore.* — Nonostante patto contrario, il mancato pagamento di una sola rata, che non superi la ottava parte del prezzo, non dà luogo alla risoluzione del contratto, e il compratore conserva il beneficio del termine relativamente alle rate successive.[1]

[1] Ai sensi dell'art. 21 c. 4 della L. 19 feb. 1992, n. 142, l'art. 1525 si applica anche a tutti i contratti di credito al consumo a fronte dei quali sia stato concesso un diritto reale di garanzia sul bene acquistato con il denaro ricevuto in prestito.

1526. ***Risoluzione del contratto.*** — Se la risoluzione del contratto ha luogo per l'inadempimento del compratore, il venditore deve restituire le rate riscosse, salvo il diritto a un equo compenso per l'uso della cosa, oltre al risarcimento del danno.

Qualora si sia convenuto che le rate pagate restino acquisite al venditore a titolo d'indennità, il giudice, secondo le circostanze, può ridurre l'indennità convenuta (*Trans.* 176).

La stessa disposizione si applica nel caso in cui il contratto sia configurato come locazione, e sia convenuto che, al termine di esso, la proprietà della cosa sia acquisita al conduttore per effetto del pagamento dei canoni pattuiti.

§ 4.
Della vendita su documenti e con pagamento contro documenti

1527. ***Consegna.*** — Nella vendita su documenti, il venditore si libera dall'obbligo della consegna rimettendo al compratore il titolo rappresentativo della merce e gli altri documenti stabiliti dal contratto o, in mancanza, dagli usi.

1528. ***Pagamento del prezzo.*** — Salvo patto o usi contrari, il pagamento del prezzo e degli accessori deve eseguirsi nel momento e nel luogo in cui avviene la consegna dei documenti indicati dall'articolo precedente.

Quando i documenti sono regolari, il compratore non può rifiutare il pagamento del prezzo adducendo eccezioni relative alla qualità e allo stato delle cose, a meno che queste risultino già dimostrate.

1529. ***Rischi.*** — Se la vendita ha per oggetto cose in viaggio, e tra i documenti consegnati al compratore è compresa la polizza di assicurazione per i rischi del trasporto, sono a carico del compratore i rischi a cui si trova esposta la merce dal momento della consegna al vettore.

Questa disposizione non si applica se il venditore al tempo del contratto era a conoscenza della perdita o dell'avaria della merce, e le ha in mala fede taciute al compratore.

1530. ***Pagamento contro documenti a mezzo di banca.*** — Quando il pagamento del prezzo deve avvenire a mezzo di una banca, il venditore non può rivolgersi al compratore se non dopo il rifiuto opposto dalla banca stessa e constatato all'atto della presentazione dei documenti nelle forme stabilite dagli usi.

La banca che ha confermato il credito al venditore può opporgli solo le eccezioni derivanti dall'incompletezza o irregolarità dei documenti e quelle relative al rapporto di conferma del credito.

§ 5.
Della vendita a termine di titoli di credito

1531. ***Interessi, dividendi e diritto di voto.*** — Nella vendita a termine di titoli di credito, gli interessi e i dividendi esigibili dopo la conclusione del contratto e prima della scadenza del termine, se riscossi dal venditore, sono accreditati al compratore.

Qualora la vendita abbia per oggetto titoli azionari, il diritto di voto spetta al venditore fino al momento della consegna (*Trans.* 177).

1532. ***Diritto di opzione.*** — Il diritto di opzione inerente ai titoli venduti a termine spetta al compratore.

Il venditore, qualora il compratore gliene faccia richiesta in tempo utile, deve mettere il compratore in grado di esercitare il diritto di opzione, oppure deve esercitarlo per conto del compratore, se questi gli ha fornito i fondi necessari.

In mancanza di richiesta da parte del compratore, il venditore deve curare la vendita dei diritti di opzione per conto del compratore, a mezzo di un agente di cambio o di un istituto di credito.

1533. ***Estrazione per premi o rimborsi.*** — Se i titoli venduti a termine sono soggetti a estrazione per premi o rimborsi, i diritti e gli oneri derivanti dall'estrazione spettano al compratore, qualora la conclusione del contratto sia anteriore al giorno stabilito per l'inizio dell'estrazione.

Il venditore, al solo effetto indicato dal comma precedente, deve comunicare per iscritto al compratore una distinta numerica dei titoli almeno un giorno prima dell'inizio dell'estrazione.

In mancanza di tale comunicazione, il compratore ha facoltà di acquistare, a spese del venditore, i diritti spettanti a una quantità corrispondente di titoli, dandone comunicazione al venditore prima dell'inizio dell'estrazione.

1534. ***Versamenti richiesti sui titoli.*** — Il compratore deve fornire al venditore, almeno due giorni prima della scadenza, le somme necessarie per eseguire i versamenti richiesti sui titoli non liberati.

1535. ***Proroga dei contratti a termine.*** — Se alla scadenza del termine le parti convengono di prorogare l'esecuzione del contratto, è dovuta la differenza tra il prezzo originario e quello corrente nel giorno della scadenza, salva l'osservanza degli usi diversi.

1536. ***Inadempimento.*** — In caso d'inadempimento della vendita a termine di titoli, si osservano le norme degli artt. 1515 e 1516, salva, per i contratti di borsa, l'applicazione delle leggi speciali.[1]

[1] V. R.D.L. 20 dic. 1932, n. 1607 e L. 4 dic. 1939, n. 1913.

SEZIONE III
Della vendita di cose immobili

1537. ***Vendita a misura.*** — Quando un determinato immobile è venduto con l'indicazione della sua misura e per un prezzo stabilito in ragione di un tanto per ogni unità di misura, il compratore ha diritto a una riduzione, se la misura effettiva dell'immobile è inferiore a quella indicata nel contratto.

Se la misura risulta superiore a quella indicata nel contratto, il compratore deve corrispondere il supplemento del prezzo, ma ha facoltà di recedere dal contratto qualora l'eccedenza oltrepassi la ventesima parte della misura dichiarata.

1538. ***Vendita a corpo.*** — Nei casi in cui il prezzo è determinato in relazione al corpo dell'immobile e non alla sua misura, sebbene questa sia stata indicata, non si fa luogo a diminuzione o a supplemento di prezzo, salvo che la misura reale sia inferiore o superiore di un ventesimo rispetto a quella indicata nel contratto.

Nel caso in cui dovrebbe pagarsi un supplemento di prezzo, il compratore ha la scelta di recedere dal contratto o di corrispondere il supplemento.

1539. ***Recesso dal contratto.*** — Quando il compratore esercita il diritto di recesso, il venditore è tenuto a restituire il prezzo e a rimborsare le spese del contratto.

1540. ***Vendita cumulativa di più immobili.*** — Se due o più immobili sono stati venduti con lo stesso contratto per un solo e medesimo prezzo, con l'indicazione della misura di ciascuno di essi, e si trova che la quantità è minore nell'uno e maggiore nell'altro, se ne fa la compensazione fino alla debita concorrenza; il diritto al supplemento o alla diminuzione del prezzo spetta in conformità delle disposizioni sopra stabilite.

1541. ***Prescrizione.*** — Il diritto del venditore al supplemento e quello del compratore alla diminuzione del prezzo o al recesso dal contratto si prescrivono in un anno dalla consegna dell'immobile (*Trans.* 178).

SEZIONE IV
Della vendita di eredità

1542. ***Garanzia.*** — Chi vende un'eredità senza specificarne gli oggetti non è tenuto a garantire che la propria qualità di erede.

1543. ***Forme.*** — La vendita di un'eredità deve farsi per atto scritto, sotto pena di nullità.

Il venditore è tenuto a prestarsi agli atti che sono necessari da parte sua per rendere efficace, di fronte ai terzi, la trasmissione di ciascuno dei diritti compresi nell'eredità.

1544. ***Obblighi del venditore.*** — Se il venditore ha percepito i frutti di qualche bene o riscosso qualche credito ereditario, ovvero ha venduto qualche bene dell'eredità, è tenuto a rimborsarne il compratore, salvo patto contrario.

1545. ***Obblighi del compratore.*** — Il compratore deve rimborsare il venditore di quanto questi ha pagato per debiti e pesi dell'eredità, e deve corrispondergli quanto gli sarebbe dovuto dall'eredità medesima, salvo che sia convenuto diversamente.

1546. ***Responsabilità per debiti ereditari.*** — Il compratore, se non vi è patto contrario, è obbligato in solido col venditore a pagare i debiti ereditari.

1547. ***Altre forme di alienazione di eredità.*** — Le disposizioni precedenti si applicano alle altre forme di alienazione di un'eredità a titolo oneroso.

Nelle alienazioni a titolo gratuito la garanzia è regolata dall'art. 797.

CAPO II
Del riporto

1548. ***Nozione.*** — Il riporto è il contratto per il quale il riportato trasferisce in proprietà al riportatore titoli di credito di una data specie per un determinato prezzo, e il riportatore assume l'obbligo di trasferire al riportato, alla scadenza del termine stabilito, la proprietà di altrettanti titoli della stessa specie, verso rimborso del prezzo, che può essere aumentato o diminuito nella misura convenuta.

1549. ***Perfezione del contratto.*** — Il contratto si perfeziona con la consegna dei titoli.

1550. ***Diritti accessori e obblighi inerenti ai titoli.*** — I diritti accessori e gli obblighi inerenti ai titoli dati a riporto spettano al riportato. Si applicano le disposizioni degli artt. 1531, 1532, 1533 e 1534.

Il diritto di voto, salvo patto contrario, spetta al riportatore (*Trans.* 177).

1551. ***Inadempimento.*** — In caso di inadempimento di una delle parti, si osservano le disposizioni degli artt. 1515 e 1516, salva per i contratti di borsa l'applicazione delle leggi speciali.[1]

Se entrambe le parti non adempiono le proprie obbligazioni nel termine stabilito, il riporto cessa di avere effetto, e ciascuna parte ritiene ciò che ha ricevuto al tempo della stipulazione del contratto.

[1] V. nota all'art. 1536.

CAPO III
Della permuta

1552. ***Nozione.*** — La permuta è il contratto che ha per oggetto il reciproco trasferimento della proprietà di cose, o di altri diritti, da un contraente all'altro.

1553. ***Evizione.*** — Il permutante, se ha sofferto l'evizione e non intende riavere la cosa data, ha diritto al valore della cosa evitta, secondo le norme stabilite per la vendita, salvo in ogni caso il risarcimento del danno.

1554. ***Spese della permuta.*** — Salvo patto contrario, le spese della permuta e le altre accessorie sono a carico di entrambi i contraenti in parti uguali.

1555. ***Applicabilità delle norme sulla vendita.*** — Le norme stabilite per la vendita si applicano alla permuta, in quanto siano con questa compatibili.

CAPO IV
Del contratto estimatorio

1556. ***Nozione.*** — Con il contratto estimatorio una parte consegna una o più cose mobili all'altra e questa si obbliga a pagare il prezzo, salvo che restituisca le cose nel termine stabilito.

1557. ***Impossibilità di restituzione.*** — Chi ha ricevuto le cose non è liberato dall'obbligo di pagarne il prezzo, se la restituzione di esse nella loro integrità è divenuta impossibile per causa a lui non imputabile.

1558. ***Disponibilità delle cose.*** — Sono validi gli atti di disposizione compiuti da chi ha ricevuto le cose; ma i suoi creditori non possono sottoporle a pignoramento o a sequestro finché non ne sia stato pagato il prezzo.

Colui che ha consegnato le cose non può disporne fino a che non gli siano restituite.

CAPO V
Della somministrazione

1559. ***Nozione.*** — La somministrazione è il contratto con il quale una parte si obbliga, verso corrispettivo di un prezzo, a eseguire, a favore dell'altra, prestazioni periodiche o continuative di cose.

1560. ***Entità della somministrazione.*** — Qualora non sia determinata l'entità della somministrazione, s'intende pattuita quella corrispondente al normale fabbisogno della parte che vi ha diritto, avuto riguardo al tempo della conclusione del contratto.

Se le parti hanno stabilito soltanto il limite massimo e quello minimo per l'intera somministrazione o per le singole prestazioni, spetta all'avente diritto alla somministrazione di stabilire, entro i limiti suddetti, il quantitativo dovuto.

Se l'entità della somministrazione deve determinarsi in relazione al fabbisogno ed è stabilito un quantitativo minimo, l'avente diritto alla somministrazione è tenuto per la quantità corrispondente al fabbisogno se questo supera il minimo stesso.

1561. ***Determinazione del prezzo.*** — Nella somministrazione a carattere periodico, se il prezzo deve essere determinato secondo le norme dell'art. 1474, si ha riguardo al tempo della scadenza delle singole prestazioni e al luogo in cui queste devono essere eseguite.

1562. ***Pagamento del prezzo.*** — Nella somministrazione a carattere periodico il prezzo è corrisposto all'atto delle singole prestazioni e in proporzione di ciascuna di esse.

Nella somministrazione a carattere continuativo il prezzo è pagato secondo le scadenze di uso.

1563. ***Scadenza delle singole prestazioni.*** — Il termine stabilito per le singole prestazioni si presume pattuito nell'interesse di entrambe le parti.

Se l'avente diritto alla somministrazione ha la facoltà di fissare la scadenza delle singole prestazioni, egli deve comunicarne la data al somministrante con un congruo preavviso.

1564. ***Risoluzione del contratto.*** — In caso d'inadempimento di una delle parti relativo a singole prestazioni, l'altra può chiedere la risoluzione del contratto, se l'inadempimento ha una notevole importanza ed è tale da menomare la fiducia nell'esattezza dei successivi adempimenti.

1565. ***Sospensione della somministrazione.*** — Se la parte che ha diritto alla somministrazione è inadempiente e l'inadempimento è di lieve entità, il somministrante non può sospendere l'esecuzione del contratto senza dare congruo preavviso.

1566. ***Patto di preferenza.*** — Il patto con cui l'avente diritto alla somministrazione si obbliga a dare la preferenza al somministrante nella stipulazione di un successivo contratto per lo stesso oggetto, è valido purché la durata dell'obbligo non ecceda il termine di cinque anni. Se è convenuto un termine maggiore, questo si riduce a cinque anni.

L'avente diritto alla somministrazione deve comunicare al somministrante le condizioni propostegli da terzi e il somministrante deve dichiarare, sotto pena di decadenza, nel termine stabilito o, in mancanza, in quello richiesto dalle circostanze o dagli usi, se intende valersi del diritto di preferenza (*Trans.* 179).

1567. ***Esclusiva a favore del somministrante.*** — Se nel contratto è pattuita la clausola di esclusiva a favore del somministrante, l'altra parte non può ricevere da terzi prestazioni della stessa natura, né, salvo patto contrario, può provvedere con mezzi propri alla produzione delle cose che formano oggetto del contratto.

1568. ***Esclusiva a favore dell'avente diritto alla somministrazione.*** — Se la clausola di esclusiva è pattuita a favore dell'avente diritto alla somministrazione, il somministrante non può compiere nella zona per cui l'esclusiva è concessa e per la durata del contratto, né direttamente né indirettamente, prestazioni della stessa natura di quelle che formano oggetto del contratto.

L'avente diritto alla somministrazione, che assume l'obbligo di promuovere, nella zona assegnatagli, la vendita delle cose di cui ha l'esclusiva, risponde dei danni in caso di inadempimento a tale obbligo, anche se ha eseguito il contratto rispetto al quantitativo minimo che sia stato fissato.

1569. ***Contratto a tempo indeterminato.*** — Se la durata della somministrazione non è stabilita, ciascuna delle parti può recedere dal contratto, dando preavviso nel termine pattuito o in quello stabilito dagli usi, o, in mancanza, in un termine congruo avuto riguardo alla natura della somministrazione.

1570. ***Rinvio.*** — Si applicano alla somministrazione, in quanto compatibili con le disposizioni che precedono, anche le regole che disciplinano il contratto a cui corrispondono le singole prestazioni.

CAPO VI
Della locazione

SEZIONE I
Disposizioni generali[1]

[1] La disciplina delle locazioni di immobili urbani è stata ampiamente modificata dalla L. 27 lug. 1978, n. 392 e dalla L. 9 dic. 1998, n. 431.

1571. ***Nozione.***[1,2] — La locazione è il contratto col quale una parte si obbliga a far godere all'altra una cosa mobile o immobile per un dato tempo, verso un determinato corrispettivo.

[1] A sensi dell'art. 1, L. 9 dic. 1998, n. 431, per la stipulazione di validi contratti di locazione è richiesta la forma scritta. Ai sensi dell'art. 1, c. 346, L. 30 dic. 2004, n. 311, i contratti di locazione o che comunque costituiscono diritti relativi di godimento, di unità immobiliari ovvero di loro porzioni, comunque stipulati, sono nulli se, ricorrendone i presupposti, non sono registrati.

[2] Sull'obbligo di comunicazione in caso di contratto avente ad oggetto beni immobili stipulato con uno straniero o un apolide, v. art. 7, D.lgs. 25 lug. 1998, n. 286.

1572. ***Locazioni e anticipazioni eccedenti l'ordinaria amministrazione.*** — Il contratto di locazione per una durata superiore a nove anni è atto eccedente l'ordinaria amministrazione.

Sono altresì atti eccedenti l'ordinaria amministrazione le anticipazioni del corrispettivo della locazione per una durata superiore a un anno.

1573. ***Durata della locazione.*** — Salvo diverse norme di legge, la locazione non può stipularsi per un tempo eccedente i trenta anni. Se stipulata per un periodo più lungo o in perpetuo, è ridotta al termine suddetto.[1]

[1] Per la durata minima delle locazioni di immobili urbani v. ora artt. 1, 26 e 27 L. n. 392/ 78.

1574. ***Locazione senza determinazione di tempo.*** — Quando le parti non hanno determinato la durata della locazione, questa si intende convenuta:

1) se si tratta di case senza arredamento di mobili o di locali per l'esercizio di una professione, di un'industria o di un commercio, per la durata di un anno,[1] salvi gli usi locali;

2) se si tratta di camere o di appartamenti mobiliati, per la durata corrispondente all'unità di tempo a cui è commisurata la pigione;[2]

3) se si tratta di cose mobili, per la durata corrispondente all'unità di tempo a cui è commisurato il corrispettivo;

4) se si tratta di mobili forniti dal locatore per l'arredamento di un fondo urbano, per la durata della locazione del fondo stesso.

[1] Per la durata minima delle locazioni di immobili urbani v. ora artt. 1, 26 e 27 L. n. 392/ 78.

[2] V. ora artt. 1, 26 e 27 L. n. 392/78.

1575. ***Obbligazioni principali del locatore.*** — Il locatore deve:

1) consegnare al conduttore la cosa locata in buono stato di manutenzione;

2) mantenerla in istato da servire all'uso convenuto;

3) garantirne il pacifico godimento durante la locazione.

1576. ***Mantenimento della cosa in buono stato locativo.*** — Il locatore deve eseguire, durante la locazione, tutte le riparazioni necessarie, eccettuate quelle di piccola manutenzione che sono a carico del conduttore.[1]

Se si tratta di cose mobili, le spese di conservazione e di ordinaria manutenzione sono, salvo patto contrario, a carico del conduttore.

[1] V. ora artt. 9 e 41 c. 1 L. n. 392/78.

1577. ***Necessità di riparazioni.*** — Quando la cosa locata abbisogna di riparazioni che non sono a carico del conduttore, questi è tenuto a darne avviso al locatore.[1]

Se si tratta di riparazioni urgenti, il conduttore può eseguirle direttamente, salvo rimborso, purché ne dia contemporaneamente avviso al locatore.

[1] V. ora art. 23 L. n. 392/78.

1578. ***Vizi della cosa locata.*** — Se al momento della consegna la cosa locata è affetta da vizi che ne diminuiscono in modo apprezzabile l'idoneità all'uso pattuito, il conduttore può domandare la risoluzione del contratto o una riduzione del corrispettivo, salvo che si tratti di vizi da lui conosciuti o facilmente riconoscibili.

Il locatore è tenuto a risarcire al conduttore i danni derivati da vizi della cosa, se non prova di avere senza colpa ignorato i vizi stessi al momento della consegna.

1579. ***Limitazioni convenzionali della responsabilità.*** — Il patto con cui si esclude o si limita la responsabilità del locatore per i vizi della cosa non ha effetto, se il locatore li ha in mala fede taciuti al conduttore oppure se i vizi sono tali da rendere impossibile il godimento della cosa.

1580. ***Cose pericolose per la salute.*** — Se i vizi della cosa o di parte notevole di essa espongono a serio pericolo la salute del conduttore o dei suoi familiari o dipendenti, il conduttore può ottenere la risoluzione del contratto, anche se i vizi gli erano noti, nonostante qualunque rinunzia.

1581. ***Vizi sopravvenuti.*** — Le disposizioni degli articoli precedenti si osservano, in quanto applicabili, anche nel caso di vizi della cosa sopravvenuti nel corso della locazione.

1582. ***Divieto d'innovazione.*** — Il locatore non può compiere sulla cosa innovazioni che diminuiscano il godimento da parte del conduttore.

1583. ***Mancato godimento per riparazioni urgenti.*** — Se nel corso della locazione la cosa abbisogna di riparazioni che non possono differirsi fino al termine del contratto, il conduttore deve tollerarle anche quando importano privazione del godimento di parte della cosa locata.

1584. ***Diritti del conduttore in caso di riparazioni.*** — Se l'esecuzione delle riparazioni si protrae per oltre un sesto della durata della locazione e, in ogni caso, per oltre venti giorni, il conduttore ha diritto a una riduzione del corrispettivo, proporzionata all'intera durata delle riparazioni stesse e all'entità del mancato godimento.

Indipendentemente dalla sua durata, se l'esecuzione delle riparazioni rende inabitabile quella parte della cosa che è necessaria per l'alloggio del conduttore e della sua famiglia, il conduttore può ottenere, secondo le circostanze, lo scioglimento del contratto.

1585. ***Garanzia per molestie.*** — Il locatore è tenuto a garantire il conduttore dalle molestie che diminuiscono l'uso o il godimento della cosa, arrecate da terzi che pretendono di avere diritti sulla cosa medesima.

Non è tenuto a garantirlo dalle molestie di terzi che non pretendono di avere diritti, salva al conduttore la facoltà di agire contro di essi in nome proprio.

1586. ***Pretese da parte di terzi.*** — Se i terzi che arrecano le molestie pretendono di avere diritti sulla cosa locata, il conduttore è tenuto a darne pronto avviso al locatore, sotto pena del risarcimento dei danni.

Se i terzi agiscono in via giudiziale, il locatore è tenuto ad assumere la lite, qualora sia chiamato nel processo. Il conduttore deve esserne estromesso con la semplice indicazione del locatore, se non ha interesse a rimanervi.

1587. ***Obbligazioni principali del conduttore.*** — Il conduttore deve:

1) prendere in consegna la cosa e osservare la diligenza del buon padre di famiglia nel servirsene per l'uso determinato nel contratto o per l'uso che può altrimenti presumersi dalle circostanze;[1]

2) dare il corrispettivo nei termini convenuti.

[1] Per gli immobili urbani v. ora art. 80 L. n. 392/78.

1588. ***Perdita e deterioramento della cosa locata.*** — Il conduttore risponde della perdita e del deterioramento della cosa che avvengono nel corso della locazione, anche se derivanti da incendio, qualora non provi che siano accaduti per causa a lui non imputabile.

È pure responsabile della perdita e del deterioramento cagionati da persone che egli ha ammesse, anche temporaneamente, all'uso o al godimento della cosa.

1589. ***Incendio di cosa assicurata.*** — Se la cosa distrutta o deteriorata per incendio era stata assicurata dal locatore o per conto di questo, la responsabilità del conduttore verso il locatore è limitata alla differenza tra l'indennizzo corrisposto dall'assicuratore e il danno effettivo.

Quando si tratta di cosa mobile stimata e l'assicurazione è stata fatta per valore uguale alla stima, cessa ogni responsabilità del conduttore in confronto del locatore, se questi è indennizzato dall'assicuratore.

Sono salve in ogni caso le norme concernenti il diritto di surrogazione dell'assicuratore.

1590. ***Restituzione della cosa locata.*** — Il conduttore deve restituire la cosa al locatore nello stato medesimo in cui l'ha ricevuta, in conformità della descrizione che ne sia stata fatta dalle parti, salvo il deterioramento o il consumo risultante dall'uso della cosa in conformità del contratto.[1]

In mancanza di descrizione, si presume che il conduttore abbia ricevuto la cosa in buono stato di manutenzione.

Il conduttore non risponde del perimento o del deterioramento dovuti a vetustà.

Le cose mobili si devono restituire nel luogo dove sono state consegnate.

[1] V. ora art. 80 L. n. 392/78.

1591. ***Danni per ritardata restituzione.*** — Il conduttore in mora a restituire la cosa è tenuto a dare al locatore il corrispettivo convenuto fino alla riconsegna, salvo l'obbligo di risarcire il maggior danno.

1592. ***Miglioramenti.*** — Salvo disposizioni particolari della legge o degli usi, il conduttore non ha diritto a indennità per i miglioramenti apportati alla cosa locata. Se però vi è stato il consenso del locatore, questi è tenuto a pagare un'indennità corrispondente alla minor somma tra l'importo della spesa e il valore del risultato utile al tempo della riconsegna.

Anche nel caso in cui il conduttore non ha diritto a indennità, il valore dei miglioramenti può compensare i deterioramenti che si sono verificati senza colpa grave del conduttore.

1593. ***Addizioni.*** — Il conduttore che ha eseguito addizioni sulla cosa locata ha diritto di toglierle alla fine della locazione qualora ciò possa avvenire senza nocumento della cosa, salvo che il proprietario preferisca ritenere le addizioni stesse. In tal caso questi deve pagare al conduttore una indennità pari alla minor somma tra l'importo della spesa e il valore delle addizioni al tempo della riconsegna.

Se le addizioni non sono separabili senza nocumento della cosa e ne costituiscono un miglioramento, si osservano le norme dell'articolo precedente.

1594. ***Sublocazione o cessione della locazione.*** — Il conduttore, salvo patto contrario, ha facoltà di sublocare la cosa locatagli, ma non può cedere il contratto senza il consenso del locatore.[1]

Trattandosi di cosa mobile, la sublocazione deve essere autorizzata dal locatore o consentita dagli usi.

[1] Per gli immobili urbani v. ora artt. 2 e 36 L. n. 392/78.

1595. ***Rapporti tra il locatore e il subconduttore.*** — Il locatore, senza pregiudizio dei suoi diritti verso il conduttore, ha azione diretta contro il subconduttore per esigere il prezzo della sublocazione, di cui questi sia ancora debitore al momento della domanda giudiziale, e per costringerlo ad adempiere tutte le altre obbligazioni derivanti dal contratto di sublocazione.

Il subconduttore non può opporgli pagamenti anticipati, salvo che siano stati fatti secondo gli usi locali.

Senza pregiudizio delle ragioni del subconduttore verso il sublocatore, la nullità o la risoluzione del contratto di locazione ha effetto anche nei confronti del subconduttore, e la sentenza pronunziata tra locatore e conduttore ha effetto anche contro di lui.

1596. ***Fine della locazione per lo spirare del termine.*** — La locazione per un tempo determinato dalle parti cessa con lo spirare del termine, senza che sia necessaria la disdetta.[1]

La locazione senza determinazione di tempo non cessa, se prima della scadenza stabilita a norma dell'art. 1574 una delle parti non comunica all'altra disdetta nel termine [fissato dalle norme corporative o, in mancanza, in quello] determinato dalle parti o dagli usi.[1]

[1] Per gli immobili urbani v. ora artt. 3, 4 e 28 L. n. 392/78.

1597. ***Rinnovazione tacita del contratto.***[1] — La locazione si ha per rinnovata se, scaduto il termine di essa, il conduttore rimane ed è lasciato nella detenzione della cosa locata o se, trattandosi di locazione a tempo indeterminato, non è stata comunicata la disdetta a norma dell'articolo precedente.

La nuova locazione è regolata dalle stesse condizioni della precedente, ma la sua durata è quella stabilita per le locazioni a tempo indeterminato.

Se è stata data licenza, il conduttore non può opporre la tacita rinnovazione, salvo che consti la volontà del locatore di rinnovare il contratto.

[1] Per gli immobili urbani v. ora artt. 3, 4 e 28 L. n. 392/78.

1598. ***Garanzie della locazione.*** — Le garanzie prestate da terzi non si estendono alle obbligazioni derivanti da proroghe della durata del contratto.

1599. ***Trasferimento a titolo particolare della cosa locata.*** — Il contratto di locazione è opponibile al terzo acquirente, se ha data certa anteriore alla alienazione della cosa.

La disposizione del comma precedente non si applica alla locazione di beni mobili non iscritti in pubblici registri, se l'acquirente ne ha conseguito il possesso in buona fede.

Le locazioni di beni immobili non trascritte non sono opponibili al terzo acquirente, se non nei limiti di un novennio dall'inizio della locazione.

L'acquirente è in ogni caso tenuto a rispettare la locazione, se ne ha assunto l'obbligo verso l'alienante.

1600. ***Detenzione anteriore al trasferimento.*** — Se la locazione non ha data certa, ma la detenzione del conduttore è anteriore al trasferimento, l'acquirente non è tenuto a rispettare la locazione che per una durata corrispondente a quella stabilita per le locazioni a tempo indeterminato.

1601. ***Risarcimento del danno al conduttore licenziato.*** — Se il conduttore è stato licenziato dall'acquirente perché il contratto di locazione non aveva data certa anteriore al trasferimento, il locatore è tenuto a risarcirgli il danno.

1602. ***Effetti dell'opponibilità della locazione al terzo acquirente.*** — Il terzo acquirente tenuto a rispettare la locazione subentra, dal giorno del suo acquisto, nei diritti e nelle obbligazioni derivanti dal contratto di locazione.

1603. ***Clausola di scioglimento del contratto in caso di alienazione.***[1] — Se si è convenuto che il contratto possa sciogliersi in caso di alienazione della cosa locata, l'acquirente che vuole valersi di tale facoltà deve dare licenza al conduttore rispettando il termine di preavviso stabilito dal secondo comma dell'art. 1596. In tal caso al conduttore licenziato non spetta il risarcimento dei danni, salvo patto contrario.

[1] V. ora per la nullità della clausola artt. 7 e 41 L. n. 392/78.

1604. ***Vendita della cosa locata con patto di riscatto.*** — Il compratore con patto di riscatto non può esercitare la facoltà di licenziare il conduttore fino a che il suo acquisto non sia divenuto irrevocabile con la scadenza del termine fissato per il riscatto.[1]

[1] V. nota all'art. 1603.

1605. ***Liberazione o cessione del corrispetti-***

vo della locazione. — La liberazione o la cessione del corrispettivo della locazione non ancora scaduto non può opporsi al terzo acquirente della casa locata, se non risulta da atto scritto avente data certa anteriore al trasferimento. Si può in ogni caso opporre il pagamento anticipato eseguito in conformità degli usi locali.

Se la liberazione o la cessione è stata fatta per un periodo eccedente i tre anni e non è stata trascritta, può essere opposta solo entro i limiti di un triennio; se il triennio è già trascorso, può essere opposta solo nei limiti dell'anno in corso nel giorno del trasferimento.

1606. ***Estinzione del diritto del locatore.*** — Nei casi in cui il diritto del locatore sulla cosa locata si estingue con effetto retroattivo, le locazioni da lui concluse aventi data certa sono mantenute, purché siano state fatte senza frode e non eccedano il triennio.[1]

Sono salve le diverse disposizioni di legge.

[1] Per gli immobili urbani v. ora artt. 1 e 27, L. n. 392/78.

SEZIONE II
Della locazione di fondi urbani[1]

[1] V. ora la L. 27 lug. 1978, n. 392, che ha ampiamente modificato la disciplina delle locazioni di immobili urbani.

1607. ***Durata massima della locazione di case.*** — La locazione di una casa per abitazione può essere convenuta per tutta la durata della vita dell'inquilino e per due anni successivi alla sua morte.

1608. ***Garanzie per il pagamento della pigione.*** — Nelle locazioni di case non mobiliate l'inquilino può essere licenziato se non fornisce la casa di mobili sufficienti o non presta altre garanzie idonee ad assicurare il pagamento della pigione.[1]

[1] V. ora art. 11, L. n. 392/78.

1609. ***Piccole riparazioni a carico dell'inquilino.*** — Le riparazioni di piccola manutenzione, che a norma dell'art. 1576 devono essere eseguite dall'inquilino a sue spese, sono quelle dipendenti da deterioramenti prodotti dall'uso, e non quelle dipendenti da vetustà o da caso fortuito.

Le suddette riparazioni, in mancanza di patto, sono determinate dagli usi locali.[1]

[1] V. ora art. 9, L. n. 392/78.

1610. ***Spurgo di pozzi e di latrine.*** — Lo spurgo dei pozzi e delle latrine è a carico del locatore.[1]

[1] V. ora art. 9, L. n. 392/78.

1611. ***Incendio di casa abitata da più inquilini.*** — Se si tratta di casa occupata da più inquilini, tutti sono responsabili verso il locatore del danno prodotto dall'incendio, proporzionatamente al valore della parte occupata. Se nella casa abita anche il locatore, si detrae dalla somma dovuta una quota corrispondente alla parte da lui occupata.

La disposizione del comma precedente non si applica se si prova che l'incendio è cominciato dall'abitazione di uno degli inquilini ovvero se alcuno di questi prova che l'incendio non è potuto cominciare nella sua abitazione.

1612. ***Recesso convenzionale del locatore.*** — Il locatore che si è riservata la facoltà di recedere dal contratto per abitare egli stesso nella casa locata deve dare licenza motivata nel termine stabilito dagli usi locali.[1]

[1] V. ora artt. 29, 59 e 73, L. n. 392/78.

1613. ***Facoltà di recesso degli impiegati pubblici.*** — Gli impiegati delle pubbliche amministrazioni possono, nonostante patto contrario, recedere dal contratto nel caso di trasferimento, purché questo non sia stato disposto su loro domanda.

Tale facoltà si esercita mediante disdetta motivata, e il recesso ha effetto dal secondo mese successivo a quello in corso alla data della disdetta.[1]

[1] V. ora artt. 4, c. 2 e 27 ult. c. L. n. 392/78.

1614. ***Morte dell'inquilino.*** — Nel caso di morte dell'inquilino, se la locazione deve ancora durare per più di un anno ed è stata vietata la sublocazione, gli eredi possono recedere dal contratto entro tre mesi dalla morte.[1]

Il recesso si deve esercitare mediante disdetta comunicata con preavviso non inferiore a tre mesi.

[1] V. ora artt. 6 e 37 L. n. 392/78.

SEZIONE III
Dell'affitto

§ 1.
Disposizioni generali

1615. ***Gestione e godimento della cosa produttiva.*** — Quando la locazione ha per oggetto il godimento di una cosa produttiva, mobile o immobile, l'affittuario deve curarne la gestione in conformità della destinazione economica della cosa e dell'interesse della produzione. A lui spettano i frutti e le altre utilità della cosa.

1616. ***Affitto senza determinazione di tempo.*** — Se le parti non hanno determinato la durata dell'affitto, ciascuna di esse può recedere dal contratto dando all'altra un congruo preavviso.

Sono salvi [le norme corporative e] gli usi che dispongano diversamente.

1617. ***Obblighi del locatore.*** — Il locatore è tenuto a consegnare la cosa, con i suoi accessori e le sue pertinenze, in istato da servire all'uso e alla produzione a cui è destinata.

1618. ***Inadempimenti dell'affittuario.*** — Il locatore può chiedere la risoluzione del contratto, se l'affittuario non destina al servizio della cosa i mezzi necessari per la gestione di essa, se non osserva le regole della buona tecnica, ovvero se muta stabilmente la destinazione economica della cosa.

1619. ***Diritto di controllo.*** — Il locatore può accertare in ogni tempo, anche con accesso in luogo, se l'affittuario osserva gli obblighi che gli incombono.

1620. ***Incremento della produttività della cosa.*** — L'affittuario può prendere le iniziative atte a produrre un aumento di reddito della cosa, purché esse non importino obblighi per il locatore o non gli arrechino pregiudizio, e siano conformi all'interesse della produzione.

1621. ***Riparazioni.*** — Il locatore è tenuto ad eseguire a sue spese, durante l'affitto, le riparazioni straordinarie. Le altre sono a carico dell'affittuario.

1622. ***Perdite determinate da riparazioni.*** — Se l'esecuzione delle riparazioni che sono a carico del locatore determina per l'affittuario una perdita superiore al quinto del reddito annuale o, nel caso di affitto non superiore a un anno, al quinto del reddito complessivo, l'affittuario può domandare una riduzione del fitto in ragione della diminuzione del reddito oppure, secondo le circostanze, lo scioglimento del contratto.

1623. ***Modificazioni sopravvenute del rapporto contrattuale.*** — Se, in conseguenza di una disposizione di legge [di una norma corporativa], o di un provvedimento dell'autorità riguardanti la gestione produttiva, il rapporto contrattuale risulta notevolmente modificato in modo che le parti ne risentano rispettivamente una perdita e un vantaggio, può essere richiesto un aumento o una diminuzione del fitto ovvero, secondo le circostanze, lo scioglimento del contratto.

Sono salve le diverse disposizioni della legge [della norma corporativa] o del provvedimento dell'autorità.

1624. ***Divieto di subaffitto. Cessione dell'affitto.***[1] — L'affittuario non può subaffittare la cosa senza il consenso del locatore.

La facoltà di cedere l'affitto comprende quella di subaffittare; la facoltà di subaffittare non comprende quella di cedere l'affitto.

[1] V. l'art. 1 del D.L.L. 5 apr. 1945, n. 156: «È vietata ogni forma di contratto di cessione di affitto, di subaffitto, di sublocazione e comunque di subconcessione dei fondi rustici. I contratti stipulati in contravvenzione a tale divieto sono nulli», e gli artt. 12, c. 3 e 21 della L. 11 feb. 1971, n. 11.

1625. ***Clausola di scioglimento del contratto in caso di alienazione.*** — Se si è convenuto che l'affitto possa sciogliersi in caso di alienazione, l'acquirente che voglia dare licenza all'affittuario deve osservare la disposizione dell'art. 1616.

Quando l'affitto ha per oggetto un fondo rustico, la licenza deve essere data col preavviso di sei mesi e ha effetto per la fine dell'anno agrario in corso alla scadenza del termine di preavviso.

1626. ***Incapacità o insolvenza dell'affittuario.*** — L'affitto si scioglie per l'interdizione, l'inabilitazione o l'insolvenza dell'affittuario, salvo che al locatore sia prestata idonea garanzia per l'esatto adempimento degli obblighi dell'affittuario.

1627. ***Morte dell'affittuario.*** — Nel caso di morte dell'affittuario, il locatore e gli eredi dell'affittuario possono, entro tre mesi dalla morte, recedere dal contratto mediante disdetta comunicata all'altra parte con preavviso di sei mesi.

Se l'affitto ha per oggetto un fondo rustico, la disdetta ha effetto per la fine dell'anno agrario in corso alla scadenza del termine di preavviso.

§ 2.

Dell'affitto di fondi rustici[1]

[1] V. ora L. 3 mag. 1982, n. 203, *Norme sui contratti agrari*, modif. con L. 14 feb. 1990, n. 29. V. anche L. 12 giu. 1962, n. 567, e L. 11 feb. 1971, n. 11, e successive modifiche.

1628. ***Durata minima dell'affitto.*** — Se le norme corporative stabiliscono un periodo minimo di durata del contratto, l'affitto di un fondo rustico stipulato per una durata inferiore si estende al periodo minimo così stabilito.[1]

[1] V. art. 22 L. 3 mag. 1982, n. 203.

1629. ***Fondi destinati al rimboschimento.*** — L'affitto di fondi rustici destinati al rimboschimento può essere stipulato per un termine massimo di novantanove anni.

1630. ***Affitto senza determinazione di tempo.***[1] — L'affitto a tempo indeterminato di un fondo soggetto a rotazione di colture si reputa stipulato per il tempo necessario affinché l'affittuario possa svolgere e portare a compimento il normale ciclo di avvicendamento delle colture praticate nel fondo.

Se il fondo non è soggetto ad avvicendamento di colture, l'affitto si reputa fatto per il tempo necessario alla raccolta dei frutti.

L'affitto non cessa se prima della scadenza una delle parti non ha dato disdetta con preavviso di sei mesi.

Sono salve le diverse disposizioni delle norme corporative.

[1] Articolo da ritenersi implicitamente abrogato dalla disciplina sulla durata del contratto contenuta nelle leggi speciali.

1631. ***Estensione del fondo.*** — Per l'affitto a misura, oppure a corpo con indicazione della misura, nel caso di eccesso o di difetto dell'estensione del fondo rispetto alla misura indicata, i diritti e le obbligazioni delle parti sono determinati secondo le norme contenute nel capo della vendita.[1]

[1] V. art. 2 L. 22 lug. 1966, n. 606.

1632. ***Miglioramenti.***[1]

[1] Articolo abrog. dall'art. 29, L. 11 feb. 1971, n. 11. La nuova disciplina dei miglioramenti contenuta negli artt. da 11 a 16 della legge cit. è stata ora integrata e modificata

dagli artt. 16-21 della L. 3 mag. 1982, n. 203, richiamata dall'art. 23 per l'affitto a coltivatore non diretto.

1633. ***Diritti derivanti dall'esecuzione dei miglioramenti.***[1]

[1] Articolo abrog. dall'art. 29, L. 11 feb. 1971, n. 11. La nuova disciplina negli artt. da 11 a 16 della legge cit. è stata ora integrata e modificata dagli artt. 16-21 della L. 3 mag. 1982, n. 203, richiamata dall'art. 23 per l'affitto a coltivatore non diretto.

1634. ***Inderogabilità.*** — Le disposizioni dei due articoli precedenti sono inderogabili.[1]

[1] Norma implicitamente abrogata per effetto della abrogazione dei due articoli precedenti. Le nuove norme sui miglioramenti sono inderogabili: v. art. 29 L. 11 feb. 1971, n. 11, e art. 58 L. 3 mag. 1982, n. 203, *citate*.

1635. ***Perdita fortuita dei frutti negli affitti pluriennali.*** — Se, durante l'affitto convenuto per più anni, almeno la metà dei frutti di un anno non ancora separati perisce per caso fortuito, l'affittuario può domandare una riduzione del fitto, salvo che la perdita trovi compenso nei precedenti raccolti.[1]

Qualora la perdita non trovi compenso nei precedenti raccolti, la riduzione è determinata alla fine dell'affitto, eseguito il conguaglio con i frutti raccolti in tutti gli anni decorsi. Il giudice può dispensare provvisoriamente l'affittuario dal pagamento di una parte del fitto in proporzione della perdita sofferta.

La riduzione non può mai eccedere la metà del fitto.

In ogni caso si deve tener conto degli indennizzi che l'affittuario abbia conseguiti o possa conseguire in relazione alla perdita sofferta.

Al perimento è equiparata la mancata produzione dei frutti.

[1] V. art. 12 L. 12 giu. 1962, n. 567, e art. 5 L. 11 feb. 1971, n. 11.

1636. ***Perdita fortuita dei frutti negli affitti annuali.*** — Se l'affitto ha la durata di un solo anno, e si è verificata la perdita per caso fortuito di almeno la metà dei frutti, l'affittuario può essere esonerato dal pagamento di una parte del fitto, in misura non superiore alla metà.[1]

[1] V. nota precedente.

1637. ***Accollo di casi fortuiti.*** — L'affittuario può, con patto espresso, assumere il rischio dei casi fortuiti ordinari. Sono reputati tali i fortuiti che, avuto riguardo ai luoghi e a ogni altra circostanza, le parti potevano ragionevolmente ritenere probabili.

È nullo il patto col quale l'affittuario si assoggetta ai casi fortuiti straordinari.

1638. ***Espropriazione per pubblico interesse.*** — In caso di espropriazione per pubblico interesse o di occupazione temporanea del fondo locato, l'affittuario ha diritto di ottenere dal locatore la parte d'indennità a questo corrisposta per i frutti non percepiti o per il mancato raccolto.

1639. ***Canone di affitto.*** — Il fitto può consistere anche in una quota ovvero in una quantità fissa o variabile dei frutti del fondo locato.[1]

[1] Per l'art. 1 L. 10 dic. 1973, n. 814, il canone è sempre determinato e corrisposto in danaro. Per la misura del canone v. ora artt. 8 s. L. 3 mag. 1982, n. 203.

1640. ***Scorte morte.*** — Le scorte morte costituenti la dotazione del fondo, che sono state consegnate all'affittuario all'inizio dell'affitto, con determinazione della specie, qualità e quantità, devono, anche se stimate, essere restituite al locatore alla fine dell'affitto, nella stessa specie, qualità e quantità e, se si tratta di scorte fisse, come macchinari e attrezzi, nello stesso stato d'uso. L'eccedenza o la deficienza deve essere regolata in danaro, secondo il valore corrente al tempo della riconsegna. La dotazione necessaria non può essere distratta e deve essere mantenuta secondo le esigenze delle colture e la pratica dei luoghi.

La disposizione del comma precedente si applica anche se, all'inizio dell'affitto, l'affittuario ha depositato la somma che rappresenti il valore delle scorte presso il locatore, salvo l'obbligo di questo di restituirla al tempo della riconsegna delle scorte.

Se le scorte sono state consegnate con la sola indicazione del valore, l'affittuario ne acquista la proprietà, e, alla fine dell'affitto, deve restituire il valore ricevuto o scorte in natura per un corrispondente valore, determinato secondo il prezzo corrente, al tempo della riconsegna, ovvero parte dell'uno e parte delle altre.

Sono salve le diverse disposizioni delle norme corporative o le diverse pattuizioni delle parti.

1641. ***Scorte vive.*** — Quando il bestiame da lavoro o da allevamento, costituente la dotazione del fondo, è stato in tutto o in parte fornito dal locatore, si osservano le disposizioni degli articoli seguenti, salvi le norme corporative o i patti diversi.

1642. ***Proprietà del bestiame consegnato.*** — Qualora il bestiame consegnato all'affittuario sia stato determinato con indicazione della specie, del numero, del sesso, della qualità, dell'età e del peso, anche se ne è stata fatta stima, la proprietà di esso rimane al locatore. Tuttavia l'affittuario può disporre dei singoli capi, ma deve mantenere nel fondo la dotazione necessaria.

1643. ***Rischio della perdita del bestiame.*** — Il rischio della perdita del bestiame è a carico dell'affittuario dal momento in cui questi lo ha ricevuto, se non è stato diversamente pattuito.

1644. ***Accrescimenti e frutti del bestiame.*** — L'affittuario fa suoi i parti e gli altri frutti del bestiame, l'accrescimento e ogni altro provento che ne deriva.

Il letame però deve essere impiegato esclusivamente nella coltivazione del fondo.

1645. ***Riconsegna del bestiame.*** — Nel caso

previsto dall'art. 1642, al termine del contratto l'affittuario deve restituire bestiame corrispondente per specie, numero, sesso, qualità, età e peso a quello ricevuto. Se vi sono differenze di qualità o di quantità contenute nei limiti in cui esse possano ammettersi avuto riguardo ai bisogni della coltivazione del fondo, l'affittuario deve restituire bestiame di uguale valore. Se vi è eccedenza o deficienza nel valore del bestiame, ne è fatto conguaglio in danaro tra le parti, secondo il valore al tempo della riconsegna.

La disposizione del comma precedente si applica anche se, all'inizio dell'affitto, l'affittuario ha depositato presso il locatore la somma che rappresenta il valore del bestiame.

Si applica altresì la disposizione del terzo comma dell'art. 1640.

Sono salvi le disposizioni delle norme corporative e i patti diversi.

1646. ***Rapporti fra gli affittuari uscente e subentrante.*** — L'affittuario uscente deve mettere a disposizione di chi gli subentra nella coltivazione i locali opportuni e gli altri comodi occorrenti per i lavori dell'anno seguente; il nuovo affittuario deve lasciare al precedente i locali opportuni e gli altri comodi occorrenti per il consumo dei foraggi e per le raccolte che restano da fare.

Per l'ulteriore determinazione dei rapporti tra l'affittuario uscente e l'affittuario subentrante si osservano le disposizioni delle norme corporative e, in mancanza, gli usi locali.

§ 3.

Dell'affitto a coltivatore diretto[1]

[1] Per la nuova disciplina dell'affitto a coltivatore diretto v. gli artt. 1-21 della L. 3 mag. 1982, n. 203. Per il diritto di prelazione dell'affittuario v. art. 8 L. 26 mag. 1965, n. 590, e successive modifiche.

1647. ***Nozione.*** — Quando l'affitto ha per oggetto un fondo che l'affittuario coltiva col lavoro prevalentemente proprio o di persone della sua famiglia,[1] si applicano le norme che seguono sempre che il fondo non superi i limiti di estensione che, per singole zone e colture, possono essere determinati dalle norme corporative.

[1] Per la definizione di coltivatore diretto e per i soggetti equiparati v. gli artt. 6 e 7 L. 3 mag. 1982, n. 203.

1648. ***Casi fortuiti ordinari.*** — Il giudice, con riguardo alle condizioni economiche dell'affittuario, può disporre il pagamento rateale del fitto se per un caso fortuito ordinario, le cui conseguenze l'affittuario ha assunte a suo carico, si verifica la perdita di almeno la metà dei frutti del fondo.

1649. ***Subaffitto.***[1] — Se il locatore consente il subaffitto, questo è considerato come locazione diretta tra il locatore e il nuovo affittuario.

[1] L'articolo è da ritenersi abrogato. V. ora l'art. 21 L. 3 mag. 1982, n. 203, per la nullità del subaffitto e per il diritto di surroga.

1650. ***Morte dell'affittuario.***[1]

[1] Articolo abrog. dall'art. 29 L. 11 feb. 1971, n. 11. V. art. 2 L. 28 mar. 1957, n. 244.

1651. ***Miglioramenti.***[1]

[1] Per la disciplina dei miglioramenti v. nota all'art. 1632.

1652. ***Anticipazioni all'affittuario.*** — Qualora l'affittuario non possa provvedere altrimenti, il locatore è tenuto ad anticipargli le sementi e le materie fertilizzanti e antiparassitarie necessarie per la coltivazione del fondo.

Il credito del locatore produce interessi in misura corrispondente al saggio legale.

1653. ***Sostituzione del locatore all'affittuario.***[1]

[1] Articolo abrog. dall'art. 29 L. 11 feb. 1971, n. 11.

1654. ***Inderogabilità.*** — Le disposizioni che precedono sono inderogabili (*Trans.* 180[2]).

CAPO VII

Dell'appalto

1655. ***Nozione.*** — L'appalto è il contratto col quale una parte assume, con organizzazione dei mezzi necessari e con gestione a proprio rischio, il compimento di un'opera o di un servizio verso un corrispettivo in danaro.[1]

[1] Per il divieto di appalto o subappalto di mere prestazioni di lavoro, v. L. 23 ott. 1960, n. 1369.

1656. ***Subappalto.*** — L'appaltatore non può dare in subappalto l'esecuzione dell'opera o del servizio, se non è stato autorizzato dal committente.

1657. ***Determinazione del corrispettivo.*** — Se le parti non hanno determinato la misura del corrispettivo né hanno stabilito il modo di determinarla, essa è calcolata con riferimento alle tariffe esistenti o agli usi; in mancanza è determinata dal giudice.

1658. ***Fornitura della materia.*** — La materia necessaria a compiere l'opera deve essere fornita dall'appaltatore, se non è diversamente stabilito dalla convenzione o dagli usi.

1659. ***Variazioni concordate del progetto.*** — L'appaltatore non può apportare variazioni alle modalità convenute dell'opera se il committente non le ha autorizzate.

L'autorizzazione si deve provare per iscritto.

Anche quando le modificazioni sono state autorizzate, l'appaltatore, se il prezzo dell'intera opera è stato determinato globalmente, non ha diritto a compenso per le variazioni o per le aggiunte, salvo diversa pattuizione.

1660. ***Variazioni necessarie del progetto.*** — Se per l'esecuzione dell'opera a regola d'arte è necessario apportare variazioni al progetto e le parti non si accordano, spetta al giudice di determinare le variazioni da introdurre e le correlative variazioni del prezzo.

Se l'importo delle variazioni supera il sesto del prezzo complessivo convenuto, l'appaltatore può recedere dal contratto e può ottenere, secondo le circostanze, un'equa indennità.

Se le variazioni sono di notevole entità, il committente può recedere dal contratto ed è tenuto a corrispondere un equo indennizzo.

1661. ***Variazioni ordinate dal committente.*** — Il committente può apportare variazioni al progetto, purché il loro ammontare non superi il sesto del prezzo complessivo convenuto. L'appaltatore ha diritto al compenso per i maggiori lavori eseguiti, anche se il prezzo dell'opera era stato determinato globalmente.

La disposizione del comma precedente non si applica quando le variazioni, pur essendo contenute nei limiti suddetti, importano notevoli modificazioni della natura dell'opera o dei quantitativi nelle singole categorie di lavori previste nel contratto per l'esecuzione dell'opera medesima.

1662. ***Verifica nel corso di esecuzione dell'opera.*** — Il committente ha diritto di controllare lo svolgimento dei lavori e di verificarne a proprie spese lo stato.

Quando, nel corso dell'opera, si accerta che la sua esecuzione non procede secondo le condizioni stabilite dal contratto e a regola d'arte, il committente può fissare un congruo termine entro il quale l'appaltatore si deve conformare a tali condizioni; trascorso inutilmente il termine stabilito, il contratto è risoluto, salvo il diritto del committente al risarcimento del danno.

1663. ***Denunzia dei difetti della materia.*** — L'appaltatore è tenuto a dare pronto avviso al committente dei difetti della materia da questo fornita, se si scoprono nel corso dell'opera e possono comprometterne la regolare esecuzione.

1664. ***Onerosità o difficoltà dell'esecuzione.*** — Qualora per effetto di circostanze imprevedibili si siano verificati aumenti o diminuzioni nel costo dei materiali o della mano d'opera, tali da determinare un aumento o una diminuzione superiori al decimo del prezzo complessivo convenuto, l'appaltatore o il committente possono chiedere una revisione del prezzo medesimo. La revisione può essere accordata solo per quella differenza che eccede il decimo.

Se nel corso dell'opera si manifestano difficoltà di esecuzione derivanti da cause geologiche, idriche e simili, non previste dalle parti, che rendano notevolmente più onerosa la prestazione dell'appaltatore, questi ha diritto a un equo compenso.

1665. ***Verifica e pagamento dell'opera.*** — Il committente, prima di ricevere la consegna, ha diritto di verificare l'opera compiuta.

La verifica deve essere fatta dal committente appena l'appaltatore lo mette in condizione di poterla eseguire.

Se, nonostante l'invito fattogli dall'appaltatore, il committente tralascia di procedere alla verifica senza giusti motivi, ovvero non ne comunica il risultato entro un breve termine, l'opera si considera accettata.

Se il committente riceve senza riserve la consegna dell'opera, questa si considera accettata ancorché non si sia proceduto alla verifica.

Salvo diversa pattuizione o uso contrario, l'appaltatore ha diritto al pagamento del corrispettivo quando l'opera è accettata dal committente (*Trans.* 181).

1666. ***Verifica e pagamento di singole partite.*** — Se si tratta di opere da eseguire per partite, ciascuno dei contraenti può chiedere che la verifica avvenga per le singole partite. In tal caso l'appaltatore può domandare il pagamento in proporzione dell'opera eseguita.

Il pagamento fa presumere l'accettazione della parte di opera pagata; non produce questo effetto il versamento di semplici acconti (*Trans.* 181).

1667. ***Difformità e vizi dell'opera.*** — L'appaltatore è tenuto alla garanzia per le difformità e i vizi dell'opera. La garanzia non è dovuta se il committente ha accettato l'opera e le difformità o i vizi erano da lui conosciuti o erano riconoscibili, purché, in questo caso, non siano stati in mala fede taciuti dall'appaltatore.

Il committente deve, a pena di decadenza, denunziare all'appaltatore le difformità o i vizi entro sessanta giorni dalla scoperta. La denunzia non è necessaria se l'appaltatore ha riconosciuto le difformità o i vizi o se li ha occultati.

L'azione contro l'appaltatore si prescrive in due anni dal giorno della consegna dell'opera. Il committente convenuto per il pagamento può sempre far valere la garanzia, purché le difformità o i vizi siano stati denunziati entro sessanta giorni dalla scoperta e prima che siano decorsi i due anni dalla consegna.

1668. ***Contenuto della garanzia per difetti dell'opera.*** — Il committente può chiedere che le difformità o i vizi siano eliminati a spese dell'appaltatore, oppure che il prezzo sia proporzionalmente diminuito, salvo il risarcimento del danno nel caso di colpa dell'appaltatore.

Se però le difformità o i vizi dell'opera sono tali da renderla del tutto inadatta alla sua destinazione, il committente può chiedere la risoluzione del contratto (*Trans.* 181).

1669. ***Rovina e difetti di cose immobili.*** — Quando si tratta di edifici o di altre cose immobili destinate per loro natura a lunga durata, se, nel corso di dieci anni dal compimento, l'opera, per vizio del suolo o per difetto della costruzione, rovina in tutto o in parte, ovvero presenta evidente pericolo di rovina o gravi difetti, l'appaltatore è responsabile nei confronti del committente e dei suoi aventi causa, purché sia fatta la denunzia entro un anno dalla scoperta.

Il diritto del committente si prescrive in un anno dalla denunzia.

1670. ***Responsabilità dei subappaltatori.*** — L'appaltatore, per agire in regresso nei confronti dei subappaltatori, deve, sotto pena di decadenza, comunicare ad essi la denunzia entro sessanta giorni dal ricevimento.

1671. ***Recesso unilaterale dal contratto.*** — Il committente può recedere dal contratto, anche se è stata iniziata l'esecuzione dell'opera o la prestazione del servizio, purché tenga indenne l'appaltatore delle spese sostenute, dei lavori eseguiti e del mancato guadagno.

1672. ***Impossibilità di esecuzione dell'opera.*** — Se il contratto si scioglie perché l'esecuzione dell'opera è divenuta impossibile in conseguenza di una causa non imputabile ad alcuna delle parti, il committente deve pagare la parte dell'opera già compiuta, nei limiti in cui è per lui utile, in proporzione del prezzo pattuito per l'opera intera.

1673. ***Perimento o deterioramento della cosa.*** — Se, per causa non imputabile ad alcuna delle parti, l'opera perisce o è deteriorata prima che sia accettata dal committente o prima che il committente sia in mora a verificarla, il perimento o il deterioramento è a carico dell'appaltatore, qualora questi abbia fornito la materia.

Se la materia è stata fornita in tutto o in parte dal committente, il perimento o il deterioramento dell'opera è a suo carico per quanto riguarda la materia da lui fornita, e per il resto è a carico dell'appaltatore.

1674. ***Morte dell'appaltatore.*** — Il contratto di appalto non si scioglie per la morte dell'appaltatore, salvo che la considerazione della sua persona sia stata motivo determinante del contratto. Il committente può sempre recedere dal contratto, se gli eredi dell'appaltatore non danno affidamento per la buona esecuzione dell'opera o del servizio.

1675. ***Diritti e obblighi degli eredi dell'appaltatore.*** — Nel caso di scioglimento del contratto per morte dell'appaltatore, il committente è tenuto a pagare agli eredi il valore delle opere eseguite, in ragione del prezzo pattuito, e a rimborsare le spese sostenute per l'esecuzione del rimanente, ma solo nei limiti in cui le opere eseguite e le spese sostenute gli sono utili.

Il committente ha diritto di domandare la consegna, verso una congrua indennità, dei materiali preparati e dei piani in via di esecuzione, salve le norme che proteggono le opere dell'ingegno.

1676. ***Diritti degli ausiliari dell'appaltatore verso il committente.*** — Coloro che, alle dipendenze dell'appaltatore, hanno dato la loro attività per eseguire l'opera o per prestare il servizio possono proporre azione diretta contro il committente per conseguire quanto è loro dovuto, fino alla concorrenza del debito che il committente ha verso l'appaltatore nel tempo in cui essi propongono la domanda.

1677. ***Prestazione continuativa o periodica di servizi.*** — Se l'appalto ha per oggetto prestazioni continuative o periodiche di servizi, si osservano, in quanto compatibili, le norme di questo capo e quelle relative al contratto di somministrazione.

1677-*bis*. ***Prestazione di più servizi riguardanti il trasferimento di cose.***[1] — Se l'appalto ha per oggetto, congiuntamente, la prestazione di due o più servizi di logistica relativi alle attività di ricezione, trasformazione, deposito, custodia, spedizione, trasferimento e distribuzione di beni di un altro soggetto, alle attività di trasferimento di cose da un luogo a un altro si applicano le norme relative al contratto di trasporto, in quanto compatibili.

[1] Articolo ins. dall'art. 1, c. 819, L. 30 dic. 2021, n. 234, e poi così sost. dall'art. 37-*bis*, D.L. 30 apr. 2022, n. 36, conv. con modif. in L. 29 giu. 2022, n. 79.

CAPO VIII
Del trasporto

SEZIONE I
Disposizioni generali

1678. ***Nozione.*** — Col contratto di trasporto il vettore si obbliga, verso corrispettivo[1], a trasferire persone o cose da un luogo a un altro.

[1] I diritti derivanti dal contratto di trasporto si prescrivono in un anno o in diciotto mesi (2951).

1679. ***Pubblici servizi di linea.*** — Coloro che per concessione amministrativa esercitano servizi di linea per il trasporto di persone o di cose sono obbligati ad accettare le richieste di trasporto che siano compatibili con i mezzi ordinari dell'impresa, secondo le condizioni generali stabilite o autorizzate nell'atto di concessione e rese note al pubblico.

I trasporti devono eseguirsi secondo l'ordine delle richieste; in caso di più richieste simultanee, deve essere preferita quella di percorso maggiore.

Se le condizioni generali ammettono speciali concessioni, il vettore è obbligato ad applicarle a parità di condizioni a chiunque ne faccia richiesta.

Salve le speciali concessioni ammesse dalle condizioni generali, qualunque deroga alle medesime è nulla, e alla clausola difforme è sostituita la norma delle condizioni generali.[1]

[1] «1. I trasporti pubblici con trazione a fune devono eseguirsi esclusivamente secondo l'ordine delle richieste ed è vietato ai concessionari accordare qualsiasi precedenza ai viaggiatori, isolati o in gruppo.

2. Dal divieto di cui sopra è eccettuato unicamente il personale addetto alla manutenzione e alla sorveglianza,

nonché i funzionari che esercitano la vigilanza e il sindacato». (D.M. 15 feb. 1964 in G.U. 29 feb. 1964, n. 53).

1680. ***Limiti di applicabilità delle norme.*** — Le disposizioni di questo capo si applicano anche ai trasporti per via d'acqua o per via d'aria e a quelli ferroviari e postali, in quanto non siano derogate dal codice della navigazione e dalle leggi speciali.

SEZIONE II

Del trasporto di persone

1681. ***Responsabilità del vettore.*** — Salva la responsabilità per il ritardo e per l'inadempimento nell'esecuzione del trasporto, il vettore risponde dei sinistri che colpiscono la persona del viaggiatore durante il viaggio e della perdita o dell'avaria delle cose che il viaggiatore porta con sè, se non prova di avere adottato tutte le misure idonee a evitare il danno.

Sono nulle le clausole che limitano le responsabilità del vettore per i sinistri che colpiscono il viaggiatore.

Le norme di questo articolo si osservano anche nei contratti di trasporto gratuito.

1682. ***Responsabilità del vettore nei trasporti cumulativi.*** — Nei trasporti cumulativi ciascun vettore risponde nell'ambito del proprio percorso.

Tuttavia il danno per il ritardo o per l'interruzione del viaggio si determina in ragione dell'intero percorso.

SEZIONE III

Del trasporto di cose

1683. ***Indicazioni e documenti che devono essere forniti al vettore.*** — Il mittente deve indicare con esattezza al vettore il nome del destinatario e il luogo di destinazione, la natura, il peso, la quantità e il numero delle cose da trasportare e gli altri estremi necessari per eseguire il trasporto.

Se per l'esecuzione del trasporto occorrono particolari documenti, il mittente deve rimetterli al vettore all'atto in cui consegna le cose da trasportare.

Sono a carico del mittente i danni che derivano dall'omissione o dall'inesattezza delle indicazioni o dalla mancata consegna o irregolarità dei documenti.

1684. ***Lettera di vettura e ricevuta di carico.*** — Su richiesta del vettore, il mittente deve rilasciare una lettera di vettura con la propria sottoscrizione, contenente le indicazioni enunciate nell'articolo precedente e le condizioni convenute per il trasporto.

Su richiesta del mittente, il vettore deve rilasciare un duplicato della lettera di vettura con la propria sottoscrizione o, se non gli è stata rilasciata lettera di vettura, una ricevuta di carico, con le stesse indicazioni.

Salvo contrarie disposizioni di legge, il duplicato della lettera di vettura e la ricevuta di carico possono essere rilasciate con la clausola «all'ordine».

1685. ***Diritti del mittente.*** — Il mittente può sospendere il trasporto e chiedere la restituzione delle cose, ovvero ordinarne la consegna a un destinatario diverso da quello originariamente indicato o anche disporre diversamente, salvo l'obbligo di rimborsare le spese e di risarcire i danni derivanti dal contrordine.

Qualora dal vettore sia stato rilasciato al mittente un duplicato della lettera di vettura o una ricevuta di carico, il mittente non può disporre delle cose consegnate per il trasporto, se non esibisce al vettore il duplicato o la ricevuta per farvi annotare le nuove indicazioni. Queste devono essere sottoscritte dal vettore.

Il mittente non può disporre delle cose trasportate dal momento in cui esse sono passate a disposizione del destinatario.

1686. ***Impedimenti e ritardi nell'esecuzione del trasporto.*** — Se l'inizio o la continuazione del trasporto sono impediti o soverchiamente ritardati per causa non imputabile al vettore, questi deve chiedere immediatamente istruzioni al mittente, provvedendo alla custodia delle cose consegnategli.

Se le circostanze rendono impossibile la richiesta di istruzioni al mittente o se le istruzioni non sono attuabili, il vettore può depositare le cose a norma dell'art. 1514, o, se sono soggette a rapido deterioramento, può farle vendere a norma dell'art. 1515. Il vettore deve informare prontamente il mittente del deposito o della vendita.

Il vettore ha diritto al rimborso delle spese. Se il trasporto è stato iniziato, egli ha diritto anche al pagamento del prezzo in proporzione del percorso compiuto, salvo che l'interruzione del trasporto sia dovuta alla perdita totale delle cose derivante da caso fortuito.

1687. ***Riconsegna delle merci.*** — Il vettore deve mettere le cose trasportate a disposizione del destinatario nel luogo, nel termine e con le modalità indicati dal contratto o, in mancanza, dagli usi.

Se la riconsegna non deve eseguirsi presso il destinatario, il vettore deve dargli prontamente avviso dell'arrivo delle cose trasportate.

Se dal mittente è stata rilasciata una lettera di vettura, il vettore deve esibirla al destinatario.

1688. ***Termine di resa.*** — Il termine di resa, quando sono indicati più termini parziali, è determinato dalla somma di questi.

1689. ***Diritti del destinatario.*** — I diritti nascenti dal contratto di trasporto verso il vettore spettano al destinatario dal momento in cui, arrivate le cose a destinazione o scaduto il termine in cui sarebbero dovute arrivare, il destinatario ne richiede la riconsegna al vettore.

Il destinatario non può esercitare i diritti nascenti dal contratto se non verso pagamento al vettore dei crediti derivanti dal trasporto e degli assegni da cui le cose trasportate sono gravate. Nel caso in cui l'ammontare delle somme dovute sia controverso, il destinatario deve depositare la differenza contestata presso un istituto di credito.

1690. ***Impedimenti alla riconsegna.*** — Se il destinatario è irreperibile ovvero rifiuta o ritarda a chiedere la riconsegna delle cose trasportate, il vettore deve domandare immediatamente istruzioni al mittente e si applicano le disposizioni dell'art. 1686.

Se sorge controversia tra più destinatari o circa il diritto del destinatario alla riconsegna o circa l'esecuzione di questa, ovvero se il destinatario ritarda a ricevere le cose trasportate, il vettore può depositarle a norma dell'art. 1514 o, se sono soggette a rapido deterioramento, può farle vendere a norma dell'art. 1515 per conto dell'avente diritto. Il vettore deve informare prontamente il mittente del deposito o della vendita.

1691. ***Lettera di vettura o ricevuta di carico all'ordine.*** — Se il vettore ha rilasciato al mittente un duplicato della lettera di vettura all'ordine o la ricevuta di carico all'ordine, i diritti nascenti dal contratto verso il vettore si trasferiscono mediante girata del titolo.

In tal caso il vettore è esonerato dall'obbligo di dare avviso dell'arrivo delle cose trasportate, salvo che sia stato indicato un domiciliatario nel luogo di destinazione, e l'indicazione risulti dal duplicato della lettera di vettura o dalla ricevuta di carico.

Il possessore del duplicato della lettera di vettura all'ordine o della ricevuta di carico all'ordine, deve restituire il titolo al vettore all'atto della riconsegna delle cose trasportate.

1692. ***Responsabilità del vettore nei confronti del mittente.*** — Il vettore che esegue la riconsegna al destinatario senza riscuotere i propri crediti o gli assegni da cui è gravata la cosa, o senza esigere il deposito della somma controversa, è responsabile verso il mittente dell'importo degli assegni dovuti al medesimo e non può rivolgersi a quest'ultimo per il pagamento dei propri crediti, salva l'azione verso il destinatario.

1693. ***Responsabilità per perdita e avaria.*** — Il vettore è responsabile della perdita e dell'avaria delle cose consegnategli per il trasporto, dal momento in cui le riceve a quello in cui le riconsegna al destinatario, se non prova che la perdita o l'avaria è derivata da caso fortuito, dalla natura o dai vizi delle cose stesse o del loro imballaggio, o dal fatto del mittente o da quello del destinatario.

Se il vettore accetta le cose da trasportare senza riserve, si presume che le cose stesse non presentino vizi apparenti d'imballaggio.

1694. ***Presunzioni di fortuito.*** — Sono valide le clausole che stabiliscono presunzioni di caso fortuito per eventi che normalmente, in relazione ai mezzi e alle condizioni del trasporto, dipendono da caso fortuito (*Trans.* 182).

1695. ***Calo naturale.*** — Per le cose che, data la loro particolare natura, sono soggette durante il trasporto a diminuzione nel peso o nella misura, il vettore risponde solo delle diminuzioni che oltrepassano il calo naturale, a meno che il mittente o il destinatario provi che la diminuzione non è avvenuta in conseguenza della natura delle cose o che per le circostanze del caso non poteva giungere alla misura accertata.

Si deve tener conto del calo separatamente per ogni collo.

1696. ***Limiti al risarcimento del danno per perdita o avaria delle cose trasportate.***[1] — Il danno derivante da perdita o da avaria si calcola secondo il prezzo corrente delle cose trasportate nel luogo e nel tempo della riconsegna.

Il risarcimento dovuto dal vettore non può essere superiore a 1 euro per ogni chilogrammo di peso lordo della merce perduta o avariata nei trasporti nazionali terrestri e all'importo di cui all'articolo 23, paragrafo 3, della Convenzione relativa al contratto di trasporto internazionale di merci su strada, con Protocollo, firmata a Ginevra il 19 maggio 1956, ratificata ai sensi della legge 6 dicembre 1960, n. 1621, nei trasporti internazionali terrestri, ovvero ai limiti previsti dalle convenzioni internazionali o dalle leggi nazionali applicabili per i trasporti aerei, marittimi, fluviali e ferroviari, sempre che ricorrano i presupposti ivi previsti per il sorgere della responsabilità del vettore.

Nel caso in cui il trasporto sia effettuato per il tramite di più mezzi vettoriali di natura diversa e non sia possibile distinguere in quale fase del trasporto si sia verificato il danno, il risarcimento dovuto dal vettore non può in ogni caso essere superiore a 1 euro per ogni chilogrammo di peso lordo della merce perduta o avariata nei trasporti nazionali e a 3 euro per ogni chilogrammo di peso lordo della merce perduta o avariata nei trasporti internazionali.

Le disposizioni dei commi primo, secondo e terzo non sono derogabili a favore del vettore se non nei casi e con le modalità previsti dalle leggi speciali e dalle convenzioni internazionali applicabili.

Il vettore non può avvalersi della limitazione della responsabilità prevista a suo favore dal presente articolo ove sia fornita la prova che la perdita o l'avaria della merce sono stati determinati da dolo o colpa grave del vettore o dei suoi dipendenti e preposti, ovvero di ogni altro soggetto di cui egli si sia avvalso per l'esecuzione del trasporto, quando tali soggetti abbiano agito nell'esercizio delle loro funzioni.

[1] Articolo così sost. dall'art. 30-*bis*, D.L. 6 nov. 2021, n. 152, conv. con modif. in L. 29 dic. 2021, n. 233.

1697. ***Accertamento della perdita e dell'avaria.*** — Il destinatario ha diritto di fare accertare a sue spese, prima della riconsegna, l'identità e lo stato delle cose trasportate.

Se la perdita o l'avaria esiste, il vettore deve rimborsargli le spese.

Salvo diverse disposizioni della legge, la perdita e l'avaria si accertano nei modi stabiliti dall'art. 696 del codice di procedura civile.

1698. ***Estinzione dell'azione nei confronti del vettore.*** — Il ricevimento senza riserve delle cose trasportate col pagamento di quanto è dovuto al vettore estingue le azioni derivanti dal contratto, tranne il caso di dolo o colpa grave del vettore. Sono salve le azioni per perdita parziale o per avaria non riconoscibili al momento della riconsegna, purché in quest'ultimo caso il danno sia denunziato appena conosciuto e non oltre otto giorni dopo il ricevimento (*Trans.* 182).

1699. ***Trasporto con rispedizione della merce.*** — Se il vettore si obbliga di far proseguire le cose trasportate, oltre le proprie linee, per mezzo di vettori successivi, senza farsi rilasciare dal mittente una lettera di vettura diretta fino al luogo di destinazione, si presume che egli assuma, per il trasporto oltre le proprie linee, gli obblighi di uno spedizioniere.

1700. ***Trasporto cumulativo.*** — Nei trasporti che sono assunti cumulativamente da più vettori successivi con unico contratto, i vettori rispondono in solido per l'esecuzione del contratto dal luogo originario di partenza fino al luogo di destinazione.

Il vettore chiamato a rispondere di un fatto non proprio può agire in regresso contro gli altri vettori, singolarmente o cumulativamente. Se risulta che il fatto dannoso è avvenuto nel percorso di uno dei vettori, questi è tenuto al risarcimento integrale; in caso contrario, al risarcimento sono tenuti tutti i vettori in parti proporzionali ai percorsi, esclusi quei vettori che provino che il danno non è avvenuto nel proprio percorso.

1701. ***Diritto di accertamento dei vettori successivi.*** — I vettori successivi hanno diritto di far dichiarare, nella lettera di vettura o in atto separato, lo stato delle cose da trasportare al momento in cui sono loro consegnate. In mancanza di dichiarazione, si presume che le abbiano ricevute in buono stato e conformi alla lettera di vettura.

1702. ***Riscossione dei crediti da parte dell'ultimo vettore.*** — L'ultimo vettore rappresenta i vettori precedenti per la riscossione dei rispettivi crediti che nascono dal contratto di trasporto e per l'esercizio del privilegio sulle cose trasportate.

Se egli omette tale riscossione o l'esercizio del privilegio, è responsabile verso i vettori precedenti per le somme loro dovute, salva l'azione contro il destinatario.

CAPO IX
Del mandato

SEZIONE I
Disposizioni generali

1703. ***Nozione.*** — Il mandato è il contratto col quale una parte si obbliga a compiere uno o più atti giuridici per conto dell'altra.

1704. ***Mandato con rappresentanza.*** — Se al mandatario è stato conferito il potere di agire in nome del mandante, si applicano anche le norme del capo VI del titolo II di questo libro.

1705. ***Mandato senza rappresentanza.*** — Il mandatario che agisce in proprio nome acquista i diritti e assume gli obblighi derivanti dagli atti compiuti con i terzi, anche se questi hanno avuto conoscenza del mandato.

I terzi non hanno alcun rapporto col mandante. Tuttavia il mandante, sostituendosi al mandatario, può esercitare i diritti di credito derivanti dall'esecuzione del mandato, salvo che ciò possa pregiudicare i diritti attribuiti al mandatario dalle disposizioni degli articoli che seguono.

1706. ***Acquisti del mandatario.*** — Il mandante può rivendicare le cose mobili acquistate per suo conto dal mandatario che ha agito in nome proprio, salvi i diritti acquistati dai terzi per effetto del possesso di buona fede.

Se le cose acquistate dal mandatario sono beni immobili o beni mobili iscritti in pubblici registri (815), il mandatario è obbligato a ritrasferirle al mandante. In caso d'inadempimento, si osservano le norme relative all'esecuzione dell'obbligo di contrarre (*Trans.* 183).

1707. ***Creditori del mandatario.*** — I creditori del mandatario non possono far valere le loro ragioni sui beni che, in esecuzione del mandato, il mandatario ha acquistati in nome proprio, purché, trattandosi di beni mobili o di crediti, il mandato risulti da scrittura avente data certa anteriore al pignoramento, ovvero, trattandosi di beni immobili o di beni mobili iscritti in pubblici registri, sia anteriore al pignoramento la trascrizione dell'atto di ritrasferimento o della domanda giudiziale diretta a conseguirlo (*Trans.* 183).

1708. ***Contenuto del mandato.*** — Il mandato comprende non solo gli atti per i quali è stato conferito, ma anche quelli che sono necessari al loro compimento.

Il mandato generale non comprende gli atti che eccedono l'ordinaria amministrazione, se non sono indicati espressamente.

1709. ***Presunzione di onerosità.*** — Il mandato si presume oneroso. La misura del compenso, se non è stabilita dalle parti, è determinata in base alle tariffe professionali o agli usi; in mancanza è determinata dal giudice.

§ 1.
Delle obbligazioni del mandatario

1710. ***Diligenza del mandatario.*** — Il mandatario è tenuto a eseguire il mandato con la diligenza del buon padre di famiglia; ma se il mandato è gratuito, la responsabilità per colpa è valutata con minor rigore.

Il mandatario è tenuto a rendere note al mandante le circostanze sopravvenute che possono determinare la revoca o la modificazione del mandato.

1711. ***Limiti del mandato.*** — Il mandatario non può eccedere i limiti fissati nel mandato. L'atto che esorbita dal mandato resta a carico del mandatario, se il mandante non lo ratifica.

Il mandatario può discostarsi dalle istruzioni ricevute qualora circostanze ignote al mandante, e tali che non possano essergli comunicate in tempo, facciano ragionevolmente ritenere che lo stesso mandante avrebbe dato la sua approvazione.

1712. ***Comunicazione dell'eseguito mandato.*** — Il mandatario deve senza ritardo comunicare al mandante l'esecuzione del mandato.

Il ritardo del mandante a rispondere dopo aver ricevuto tale comunicazione, per un tempo superiore a quello richiesto dalla natura dell'affare o dagli usi, importa approvazione, anche se il mandatario si è discostato dalle istruzioni o ha ecceduto i limiti del mandato.

1713. ***Obbligo di rendiconto.*** — Il mandatario deve rendere al mandante il conto del suo operato e rimettergli tutto ciò che ha ricevuto a causa del mandato.

La dispensa preventiva dall'obbligo di rendiconto non ha effetto nei casi in cui il mandatario deve rispondere per dolo o per colpa grave.

1714. ***Interessi sulle somme riscosse.*** — Il mandatario deve corrispondere al mandante gli interessi legali sulle somme riscosse per conto del mandante stesso, con decorrenza dal giorno in cui avrebbe dovuto fargliene la consegna o la spedizione ovvero impiegarle secondo le istruzioni ricevute.

1715. ***Responsabilità per le obbligazioni dei terzi.*** — In mancanza di patto contrario, il mandatario che agisce in proprio nome non risponde verso il mandante dell'adempimento delle obbligazioni assunte dalle persone con le quali ha contrattato, tranne il caso che l'insolvenza di queste gli fosse o dovesse essergli nota all'atto della conclusione del contratto.

1716. ***Pluralità di mandatari.*** — Salvo patto contrario, il mandato conferito a più persone designate a operare congiuntamente non ha effetto, se non è accettato da tutte.

Se nel mandato non è dichiarato che i mandatari devono agire congiuntamente, ciascuno di essi può concludere l'affare. In questo caso il mandante, appena avvertito della conclusione, deve darne notizia agli altri mandatari; in mancanza è tenuto a risarcire i danni derivanti dall'omissione o dal ritardo.

Se più mandatari hanno comunque operato congiuntamente, essi sono obbligati in solido verso il mandante.

1717. ***Sostituto del mandatario.*** — Il mandatario che, nell'esecuzione del mandato, sostituisce altri a se stesso, senza esservi autorizzato o senza che ciò sia necessario per la natura dell'incarico, risponde dell'operato della persona sostituita.

Se il mandante aveva autorizzato la sostituzione senza indicare la persona, il mandatario risponde soltanto quando è in colpa nella scelta.

Il mandatario risponde delle istruzioni che ha impartite al sostituto.

Il mandante può agire direttamente contro la persona sostituita dal mandatario.

1718. ***Custodia delle cose e tutela dei diritti del mandante.*** — Il mandatario deve provvedere alla custodia delle cose che gli sono state spedite per conto del mandante e tutelare i diritti di quest'ultimo di fronte al vettore, se le cose presentano segni di deterioramento o sono giunte con ritardo.

Se vi è urgenza, il mandatario può procedere alla vendita delle cose a norma dell'art. 1515.

Di questi fatti, come pure del mancato arrivo della merce, egli deve dare immediato avviso al mandante.

Le disposizioni di questo articolo si applicano anche se il mandatario non accetta l'incarico conferitogli dal mandante, sempre che tale incarico rientri nell'attività professionale del mandatario.

§ 2.
Delle obbligazioni del mandante

1719. ***Mezzi necessari per l'esecuzione del mandato.*** — Il mandante, salvo patto contrario, è tenuto a somministrare al mandatario i mezzi necessari per l'esecuzione del mandato e per l'adempimento delle obbligazioni che a tal fine il mandatario ha contratte in proprio nome.

1720. ***Spese e compenso del mandatario.*** — Il mandante deve rimborsare al mandatario le anticipazioni, con gli interessi legali dal giorno in cui sono state fatte, e deve pagargli il compenso che gli spetta.

Il mandante deve inoltre risarcire i danni che il mandatario ha subiti a causa dell'incarico.

1721. ***Diritto del mandatario sui crediti.*** — Il mandatario ha diritto di soddisfarsi sui crediti pecuniari sorti dagli affari che ha conclusi, con precedenza sul mandante e sui creditori di questo.

§ 3.
Dell'estinzione del mandato

1722. *Cause di estinzione.* — Il mandato si estingue:

1) per la scadenza del termine o per il compimento, da parte del mandatario, dell'affare per il quale è stato conferito;

2) per revoca da parte del mandante;

3) per rinunzia del mandatario;

4) per la morte, l'interdizione o l'inabilitazione del mandante o del mandatario. Tuttavia il mandato che ha per oggetto il compimento di atti relativi all'esercizio di una impresa non si estingue, se l'esercizio dell'impresa è continuato, salvo il diritto di recesso delle parti o degli eredi (*Trans.* 184).

1723. *Revocabilità del mandato.* — Il mandante può revocare il mandato; ma, se era stata pattuita l'irrevocabilità, risponde dei danni, salvo che ricorra una giusta causa.

Il mandato conferito anche nell'interesse del mandatario o di terzi non si estingue per revoca da parte del mandante, salvo che sia diversamente stabilito o ricorra una giusta causa di revoca; non si estingue per la morte o per la sopravvenuta incapacità del mandante.

1724. *Revoca tacita.* — La nomina di un nuovo mandatario per lo stesso affare o il compimento di questo da parte del mandante importano revoca del mandato, e producono effetto dal giorno in cui sono stati comunicati al mandatario.

1725. *Revoca del mandato oneroso.* — La revoca del mandato oneroso, conferito per un tempo determinato o per un determinato affare, obbliga il mandante a risarcire i danni, se è fatta prima della scadenza del termine o del compimento dell'affare, salvo che ricorra una giusta causa.

Se il mandato è a tempo indeterminato, la revoca obbliga il mandante al risarcimento, qualora non sia dato un congruo preavviso, salvo che ricorra una giusta causa.

1726. *Revoca del mandato collettivo.* — Se il mandato è stato conferito da più persone con unico atto e per un affare d'interesse comune, la revoca non ha effetto qualora non sia fatta da tutti i mandanti, salvo che ricorra una giusta causa.

1727. *Rinunzia del mandatario.* — Il mandatario che rinunzia senza giusta causa al mandato deve risarcire i danni al mandante. Se il mandato è a tempo indeterminato, il mandatario che rinunzia senza giusta causa è tenuto al risarcimento, qualora non abbia dato un congruo preavviso.

In ogni caso la rinunzia deve essere fatta in modo e in tempo tali che il mandante possa provvedere altrimenti, salvo il caso d'impedimento grave da parte del mandatario.

1728. *Morte o incapacità del mandante o del mandatario.* — Quando il mandato si estingue per morte o per incapacità sopravvenuta del mandante, il mandatario che ha iniziato l'esecuzione deve continuarla, se vi è pericolo nel ritardo.

Quando il mandato si estingue per morte o per sopravvenuta incapacità del mandatario, i suoi eredi ovvero colui che lo rappresenta o lo assiste, se hanno conoscenza del mandato, devono avvertire prontamente il mandante e prendere intanto nell'interesse di questo i provvedimenti richiesti dalle circostanze.

1729. *Mancata conoscenza della causa di estinzione.* — Gli atti che il mandatario ha compiuti prima di conoscere l'estinzione del mandato sono validi nei confronti del mandante o dei suoi eredi.

1730. *Estinzione del mandato conferito a più mandatari.* — Salvo patto contrario, il mandato conferito a più persone designate a operare congiuntamente si estingue anche se la causa di estinzione concerne uno solo dei mandatari.

SEZIONE II
Della commissione

1731. *Nozione.* — Il contratto di commissione è un mandato che ha per oggetto l'acquisto o la vendita di beni per conto del committente e in nome del commissionario.

1732. *Operazioni a fido.* — Il commissionario si presume autorizzato a concedere dilazioni di pagamento in conformità degli usi del luogo in cui compie l'operazione, se il committente non ha disposto altrimenti.

Se il commissionario concede dilazioni di pagamento, malgrado il divieto del committente o quando non è autorizzato dagli usi, il committente può esigere da lui il pagamento immediato, salvo il diritto del commissionario di far propri i vantaggi che derivano dalla concessa dilazione.

Il commissionario che ha concesso dilazioni di pagamento deve indicare al committente la persona del contraente e il termine concesso; altrimenti l'operazione si considera fatta senza dilazione e si applica il disposto del comma precedente.

1733. *Misura della provvigione.* — La misura della provvigione spettante al commissionario, se non è stabilita dalle parti, si determina secondo gli usi del luogo in cui è compiuto l'affare. In mancanza di usi provvede il giudice secondo equità.

1734. *Revoca della commissione.* — Il committente può revocare l'ordine di concludere l'affare fino a che il commissionario non l'abbia concluso. In tal caso spetta al commissionario una parte della provvigione, che si determina tenendo conto delle spese sostenute e dell'opera prestata.

1735. *Commissionario contraente in proprio.* — Nella commissione di compera o di vendita di titoli, divise o merci aventi un prezzo corrente che risulti nei modi indicati dal terzo comma dell'art. 1515, se il committente non ha diversamente disposto, il commissionario può fornire al prezzo suddetto le cose che deve comprare, o può acquistare per sè le cose che deve vendere, salvo, in ogni caso, il suo diritto alla provvigione.

Anche quando il committente ha fissato il prezzo, il commissionario che acquista per sè non può praticare un prezzo inferiore a quello corrente nel giorno in cui compie l'operazione, se questo è superiore al prezzo fissato dal committente; e il commissionario che fornisce le cose che deve comprare non può praticare un prezzo superiore a quello corrente, se questo è inferiore al prezzo fissato dal committente.

1736. ***Star del credere.*** — Il commissionario che, in virtù di patto o di uso, è tenuto allo «star del credere» risponde nei confronti del committente per l'esecuzione dell'affare. In tal caso ha diritto, oltre che alla provvigione, a un compenso o a una maggiore provvigione, la quale, in mancanza di patto, si determina secondo gli usi del luogo in cui è compiuto l'affare. In mancanza di usi, provvede il giudice secondo equità.

SEZIONE III
Della spedizione[1]

[1] Per la disciplina della professione di spedizioniere doganale v. L. 22 dic. 1960, n. 1612, e D.M. 10 mar. 1964.

1737. ***Nozione.***[1] — Il contratto di spedizione è un mandato con il quale lo spedizioniere assume l'obbligo di concludere in nome proprio e per conto del mandante o, se dotato di poteri di rappresentanza, in nome e per conto del mandante, uno o più contratti di trasporto con uno o più vettori e di compiere le operazioni accessorie.

[1] Articolo così sost. dall'art. 30-*bis*, D.L. 6 nov. 2021, n. 152, conv. con modif. in L. 29 dic. 2021, n. 233.

1738. ***Revoca.*** — Finché lo spedizioniere non abbia concluso il contratto di trasporto col vettore, il mittente può revocare l'ordine di spedizione, rimborsando lo spedizioniere delle spese sostenute e corrispondendogli un equo compenso per l'attività prestata.

1739. ***Obblighi dello spedizioniere.***[1] — Nell'esecuzione del mandato lo spedizioniere è tenuto a osservare le istruzioni del mandante.

Lo spedizioniere non ha l'obbligo di provvedere all'assicurazione delle cose spedite, salva espressa richiesta del mandante.

[1] Articolo così sost. dall'art. 30-*bis*, D.L. 6 nov. 2021, n. 152, conv. con modif. in L. 29 dic. 2021, n. 233.

1740. ***Diritti dello spedizioniere.*** — La misura della retribuzione dovuta allo spedizioniere per l'esecuzione dell'incarico si determina, in mancanza di convenzione, secondo le tariffe professionali o, in mancanza, secondo gli usi del luogo in cui avviene la spedizione.

Le spese anticipate e i compensi per le prestazioni accessorie eseguite dallo spedizioniere sono liquidati sulla base dei documenti giustificativi, a meno che il rimborso e i compensi siano stati preventivamente convenuti in una somma globale unitaria.

1741. ***Spedizioniere vettore.***[1] — Lo spedizioniere che con mezzi propri o altrui assume l'esecuzione del trasporto, in tutto o in parte, ha gli obblighi e i diritti del vettore.

Nell'ipotesi di perdita o avaria delle cose spedite, si applica l'articolo 1696.

[1] Articolo così sost. dall'art. 30-*bis*, D.L. 6 nov. 2021, n. 152, conv. con modif. in L. 29 dic. 2021, n. 233.

CAPO X
Del contratto di agenzia[1]

[1] Per la disciplina della professione di agente e rappresentante di commercio v. L. 12 mar. 1968, n. 316, e D.M. 12 apr. 1969 e successive modifiche.

Da ultimo cfr. la L. 5 mag. 1985, n. 204 modif. con L. 15 mag. 1986, n. 190 e il D.L. 10 set. 1991, n. 303 le cui disposizioni si applicano ai contratti già in corso alla data del 1 gennaio 1990, a decorrere dall'1 gennaio 1994.

1742. ***Nozione.*** — Col contratto di agenzia una parte assume stabilmente l'incarico di promuovere, per conto dell'altra, verso retribuzione, la conclusione di contratti in una zona determinata.

Il contratto deve essere provato per iscritto. Ciascuna parte ha diritto di ottenere dall'altra un documento dalla stessa sottoscritto che riproduca il contenuto del contratto e delle clausole aggiuntive. Tale diritto è irrinunciabile.[1]

[1] Comma così modif. dall'art. 2, D.lgs. 15 feb. 1999, n. 65.

1743. ***Diritto di esclusiva.*** — Il preponente non può valersi contemporaneamente di più agenti nella stessa zona e per lo stesso ramo di attività, né l'agente può assumere l'incarico di trattare nella stessa zona e per lo stesso ramo gli affari di più imprese in concorrenza tra loro.

1744. ***Riscossioni.*** — L'agente non ha facoltà di riscuotere i crediti del preponente. Se questa facoltà gli è stata attribuita, egli non può concedere sconti o dilazioni senza speciale autorizzazione.

1745. ***Rappresentanza dell'agente.*** — Le dichiarazioni che riguardano l'esecuzione del contratto concluso per il tramite dell'agente e i reclami relativi alle inadempienze contrattuali sono validamente fatti all'agente.

L'agente può chiedere i provvedimenti cautelari nell'interesse del preponente e presentare i reclami che sono necessari per la conservazione dei diritti spettanti a quest'ultimo.

1746. ***Obblighi dell'agente.*** — Nell'esecuzione dell'incarico l'agente deve tutelare gli interessi del preponente e agire con lealtà e buona fede. In particolare, deve adempiere l'incarico affidatogli in conformità delle istruzioni ricevute e fornire al preponente le informazioni riguardanti le condizioni del mercato nella zona assegnatagli, e ogni altra informazione utile per valutare la convenienza dei singoli affari. È nullo ogni patto contrario.[1]

Egli deve altresì osservare gli obblighi che incombono al commissionario *ad eccezione di quelli di cui all'art. 1736*[2] in quanto non siano esclusi dalla natura del contratto di agenzia.

È vietato il patto che ponga a carico dell'agente una responsabilità, anche solo parziale, per l'inadempimento del terzo. È però consentito eccezionalmente alle parti di concordare di volta in volta la concessione di una apposita garanzia da parte dell'agente, purché ciò avvenga con riferimento a singoli affari, di particolare natura ed importo, individualmente determinati; l'obbligo di garanzia assunto dall'agente non sia di ammontare più elevato della provvigione che per quell'affare l'agente medesimo avrebbe diritto a percepire; sia previsto per l'agente un apposito corrispettivo.[3]

[1] Comma così modif. dall'art. 2, D.lgs. 15 feb. 1999, n. 65.
[2] Parole inserite dall'art. 28 L. 21 dic. 1999, n. 526.
[3] Comma aggiunto dall'art. 28, L. 21 dic. 1999, n. 526.

1747. ***Impedimento dell'agente.*** — L'agente che non è in grado di eseguire l'incarico affidatogli deve dare immediato avviso al preponente. In mancanza è obbligato al risarcimento del danno.

1748. ***Diritti dell'agente.***[1] — Per tutti gli affari conclusi durante il contratto l'agente ha diritto alla provvigione quando l'operazione è stata conclusa per effetto del suo intervento.

La provvigione è dovuta anche per gli affari conclusi dal preponente con terzi che l'agente aveva in precedenza acquisito come clienti per affari dello stesso tipo o appartenenti alla zona o alla categoria o gruppo di clienti riservati all'agente, salvo che sia diversamente pattuito.

L'agente ha diritto alla provvigione sugli affari conclusi dopo la data di scioglimento del contratto se la proposta è pervenuta al preponente o all'agente in data antecedente o gli affari sono conclusi entro un termine ragionevole dalla data di scioglimento del contratto e la conclusione è da ricondurre prevalentemente all'attività da lui svolta; in tali casi, la provvigione è dovuta solo all'agente precedente, salvo che da specifiche circostanze risulti equo ripartire la provvigione tra gli agenti intervenuti.

Salvo che sia diversamente pattuito, la provvigione spetta all'agente dal momento e nella misura in cui il preponente ha eseguito o avrebbe dovuto eseguire la prestazione in base al contratto concluso con il terzo. La provvigione spetta all'agente, al più tardi, inderogabilmente dal momento e nella misura in cui il terzo ha eseguito o avrebbe dovuto eseguire la prestazione qualora il preponente avesse eseguito la prestazione a suo carico.

Se il preponente o il terzo si accordano per non dare, in tutto o in parte, esecuzione al contratto, l'agente ha diritto, per la parte ineseguita, ad una provvigione ridotta nella misura determinata dagli usi o, in mancanza, dal giudice secondo equità.

L'agente è tenuto a restituire le provvigioni riscosse solo nella ipotesi e nella misura in cui sia certo che il contratto tra il terzo e il preponente non avrà esecuzione per cause non imputabili al preponente. È nullo ogni patto più sfavorevole all'agente.

L'agente non ha diritto al rimborso delle spese di agenzia.

[1] Articolo così modif. dall'art. 3, D.lgs. 15 feb. 1999, n. 65.

1749. ***Obblighi del preponente.***[1] — Il preponente, nei rapporti con l'agente, deve agire con lealtà e buona fede. Egli deve mettere a disposizione dell'agente la documentazione necessaria relativa ai beni o servizi trattati e fornire all'agente le informazioni necessarie all'esecuzione del contratto: in particolare avvertire l'agente, entro un termine ragionevole, non appena preveda che il volume delle operazioni commerciali sarà notevolmente inferiore a quello che l'agente avrebbe potuto normalmente attendersi. Il preponente deve inoltre informare l'agente, entro un termine ragionevole, dell'accettazione o del rifiuto e della mancata esecuzione di un affare procuratogli.

Il preponente consegna all'agente un estratto conto delle provvigioni dovute al più tardi l'ultimo giorno del mese successivo al trimestre nel corso del quale esse sono maturate. L'estratto conto indica gli elementi essenziali in base ai quali è stato effettuato il calcolo delle provvigioni. Entro il medesimo termine le provvigioni liquidate devono essere effettivamente pagate all'agente.

L'agente ha diritto di esigere che gli siano fornite tutte le informazioni necessarie per verificare l'importo delle provvigioni liquidate ed in particolare un estratto dei libri contabili.

È nullo ogni patto contrario alle disposizioni del presente articolo.

[1] Articolo così modif. dall'art. 5, D.lgs. 15 feb. 1999, n. 65.

1750. ***Durata del contratto o recesso.*** — Il contratto di agenzia a tempo determinato che continui ad essere eseguito dalle parti successivamente alla scadenza del termine si trasforma in contratto a tempo indeterminato.

Se il contratto di agenzia è a tempo indeterminato, ciascuna delle parti può recedere dal contratto stesso dandone preavviso all'altra entro un termine stabilito.

Il termine di preavviso non può comunque essere inferiore ad un mese per il primo anno di durata del contratto, a due mesi per il secondo anno iniziato, a tre mesi per il terzo anno iniziato, a quattro mesi per il quarto anno, a cinque mesi per il quinto anno e a sei mesi per il sesto anno e per tutti gli anni successivi.

Le parti possono concordare termini di preavviso

di maggiore durata, ma il preponente non può osservare un termine inferiore a quello posto a carico dell'agente.

Salvo diverso accordo tra le parti, la scadenza del termine di preavviso deve coincidere con l'ultimo giorno del mese di calendario.[1]

[1] Articolo così sost. dall'art. 3 del D.L. 10 set. 1991, n. 303. V. altresì la nota al capo X.

1751. ***Indennità in caso di cessazione del rapporto.*** — All'atto della cessazione del rapporto, il preponente è tenuto a corrispondere all'agente un'indennità se ricorrono le seguenti condizioni:

– l'agente abbia procurato nuovi clienti al preponente o abbia sensibilmente sviluppato gli affari con i clienti esistenti e il preponente riceva ancora sostanziali vantaggi derivanti dagli affari con tali clienti;

– il pagamento di tale indennità sia equo, tenuto conto di tutte le circostanze del caso, in particolare delle provvigioni che l'agente perde e che risultano dagli affari con tali clienti.

L'indennità non è dovuta:

– quando il preponente risolve il contratto per un'inadempienza imputabile all'agente, la quale, per la sua gravità, non consenta la prosecuzione anche provvisoria del rapporto;

– quando l'agente recede dal contratto, a meno che il recesso sia giustificato da circostanze attribuibili al preponente o da circostanze attribuibili all'agente quali età, infermità o malattia, per le quali non può più essergli ragionevolmente richiesta la prosecuzione dell'attività;

– quando, ai sensi di un accordo con il preponente, l'agente cede a un terzo i diritti e gli obblighi che ha in virtù del contratto d'agenzia.

L'importo dell'indennità non può superare una cifra equivalente ad un'indennità annua calcolata sulla base della media annuale delle retribuzioni riscosse dall'agente negli ultimi cinque anni e, se il contratto risale a meno di cinque anni, sulla media del periodo in questione.

La concessione dell'indennità non priva comunque l'agente del diritto all'eventuale risarcimento dei danni.

L'agente decade dal diritto all'indennità prevista dal presente articolo se, nel termine di un anno dallo scioglimento del rapporto, omette di comunicare al preponente l'intenzione di far valere i propri diritti.

Le disposizioni di cui al presente articolo sono inderogabili a svantaggio dell'agente.

L'indennità è dovuta anche se il rapporto cessa per morte dell'agente.[1]

[1] Comma aggiunto dall'art. 5 D.lgs. 15 feb. 1999, n. 65.

1751-*bis*. ***Patto di non concorrenza.*** — Il patto che limita la concorrenza dell'agente dopo lo scioglimento del contratto deve farsi per iscritto. Esso deve riguardare la medesima zona, clientela e genere di beni o servizi per i quali era stato concluso il contratto di agenzia e la sua durata non può eccedere i due anni successivi all'estinzione del contratto.

L'accettazione del patto di non concorrenza comporta, in occasione della cessazione del rapporto, la corresponsione all'agente commerciale di una indennità di natura non provvigionale. L'indennità va commisurata alla durata, non superiore a due anni dopo l'estinzione del contratto, alla natura del contratto di agenzia e all'indennità di fine rapporto. La determinazione della indennità in base ai parametri di cui al precedente periodo è affidata alla contrattazione tra le parti tenuto conto degli accordi economici nazionali di categoria. In difetto di accordo l'indennità è determinata dal giudice in via equitativa anche con riferimento:

1) alla media dei corrispettivi riscossi dall'agente in pendenza di contratto ed alla loro incidenza sul volume di affari complessivo nello stesso periodo;

2) alle cause di cessazione del contratto di agenzia;

3) all'ampiezza della zona assegnata all'agente;

4) all'esistenza o meno del vincolo di esclusiva per un solo preponente.[1]

[1] Comma aggiunto dall'art. 23 L. 29 dic. 2000, n. 422. Le disposizioni di cui al comma 1 si applicano esclusivamente agli agenti che esercitano in forma individuale, di società di persone o di società di capitali con un solo socio, nonché, ove previsto da accordi economici nazionali di categoria, a società di capitali costituite esclusivamente o prevalentemente da agenti commerciali. Le disposizioni di cui al c. 1 acquistano efficacia dall'1 giu. 2001.

1752. ***Agente con rappresentanza.*** — Le disposizioni del presente capo si appicano anche nell'ipotesi in cui all'agente è conferita dal preponente la rappresentanza per la conclusione dei contratti.

1753. ***Agenti di assicurazione.*** — Le disposizioni di questo capo sono applicabili anche agli agenti di assicurazione, in quanto non siano derogate dalle norme corporative o dagli usi e in quanto siano compatibili con la natura dell'attività assicurativa.

CAPO XI
Della mediazione

1754. ***Mediatore.*** — È mediatore colui che mette in relazione due o più parti per la conclusione di un affare, senza essere legato ad alcuna di esse da rapporti di collaborazione, di dipendenza o di rappresentanza.

1755. ***Provvigione.*** — Il mediatore ha diritto alla provvigione da ciascuna delle parti, se l'affare è concluso per effetto del suo intervento.

La misura della provvigione e la proporzione in cui questa deve gravare su ciascuna delle parti, in mancanza di patto, di tariffe professionali o di usi, sono determinate dal giudice secondo equità.

1756. ***Rimborso delle spese.*** — Salvo patti o usi contrari, il mediatore ha diritto al rimborso delle spese nei confronti della persona per incarico della quale sono state eseguite anche se l'affare non è stato concluso.

1757. *Provvigione nei contratti condizionali o invalidi.* — Se il contratto è sottoposto a condizione sospensiva, il diritto alla provvigione sorge nel momento in cui si verifica la condizione.

Se il contratto è sottoposto a condizione risolutiva, il diritto alla provvigione non viene meno col verificarsi della condizione.

La disposizione del comma precedente si applica anche quando il contratto è annullabile o rescindibile, se il mediatore non conosceva la causa d'invalidità.

1758. *Pluralità di mediatori.* — Se l'affare è concluso per l'intervento di più mediatori, ciascuno di essi ha diritto a una quota della provvigione.

1759. *Responsabilità del mediatore.* — Il mediatore deve comunicare alle parti le circostanze a lui note, relative alla valutazione e alla sicurezza dell'affare, che possono influire sulla conclusione di esso.

Il mediatore risponde dell'autenticità della sottoscrizione delle scritture e dell'ultima girata dei titoli trasmessi per il suo tramite.

1760. *Obblighi del mediatore professionale.* — Il mediatore professionale in affari su merci o su titoli deve:

1) conservare i campioni delle merci vendute sopra campione, finché sussista la possibilità di controversia sull'identità della merce;

2) rilasciare al compratore una lista firmata dei titoli negoziati, con l'indicazione della serie e del numero;

3) annotare su apposito libro gli estremi essenziali del contratto che si stipula col suo intervento e rilasciare alle parti copia da lui sottoscritta di ogni annotazione.

1761. *Rappresentanza del mediatore.* — Il mediatore può essere incaricato da una delle parti di rappresentarla negli atti relativi all'esecuzione del contratto concluso con il suo intervento.

1762. *Contraente non nominato.* — Il mediatore che non manifesta a un contraente il nome dell'altro risponde dell'esecuzione del contratto e, quando lo ha eseguito, subentra nei diritti verso il contraente non nominato.

Se dopo la conclusione del contratto il contraente non nominato si manifesta all'altra parte o è nominato dal mediatore, ciascuno dei contraenti può agire direttamente contro l'altro, ferma restando la responsabilità del mediatore.

1763. *Fideiussione del mediatore.* — Il mediatore può prestare fideiussione per una delle parti.

1764. *Sanzioni.* — Il mediatore che non adempie gli obblighi imposti dall'art. 1760 è punito con la sanzione amministrativa da L. 10.000 a L. 1.000.000.[1]

Nei casi più gravi può essere aggiunta la sospensione dalla professione fino a sei mesi.

Alle stesse pene è soggetto il mediatore che presta la sua attività nell'interesse di persona notoriamente insolvente o della quale conosce lo stato d'incapacità.

[1] Depenalizzato dall'art. 1 della L. 24 dic. 1975, n. 706. Sanzione aggiornata a sensi dell'art. 114 della L. 24 nov. 1981, n 689.

1765. *Leggi speciali.* — Sono salve le disposizioni delle leggi speciali.[1]

[1] V. L. 21 mar. 1958, n. 253, e D.P.R. 6 nov. 1960, n. 1926.

CAPO XII

Del deposito

SEZIONE I

Del deposito in generale

1766. *Nozione.* — Il deposito è il contratto col quale una parte riceve dall'altra una cosa mobile con l'obbligo di custodirla e di restituirla in natura.

1767. *Presunzione di gratuità.* — Il deposito si presume gratuito, salvo che dalla qualità professionale del depositario o da altre circostanze si debba desumere una diversa volontà delle parti.

1768. *Diligenza nella custodia.* — Il depositario deve usare nella custodia la diligenza del buon padre di famiglia.

Se il deposito è gratuito, la responsabilità per colpa è valutata con minor rigore.

1769. *Responsabilità del depositario incapace.* — Il depositario incapace è responsabile della conservazione della cosa nei limiti in cui può essere tenuto a rispondere per fatti illeciti. In ogni caso il depositante ha diritto di conseguire la restituzione della cosa finché questa si trova presso il depositario; altrimenti può pretendere il rimborso di ciò che sia stato rivolto a vantaggio di quest'ultimo.

1770. *Modalità della custodia.* — Il depositario non può servirsi della cosa depositata né darla in deposito ad altri, senza il consenso del depositante.

Se circostanze urgenti lo richiedono, il depositario può esercitare la custodia in modo diverso da quello convenuto, dandone avviso al depositante appena è possibile.

1771. *Richiesta di restituzione e obbligo di ritirare la cosa.* — Il depositario deve restituire la cosa appena il depositante la richiede, salvo che sia convenuto un termine nell'interesse del depositario.

Il depositario può richiedere in qualunque tempo che il depositante riprenda la cosa, salvo che sia convenuto un termine nell'interesse del depositante. Anche se non è stato convenuto un termine, il giudice può concedere al depositante un termine congruo per ricevere la cosa.

1772. ***Pluralità di depositanti e di depositari.*** — Se più sono i depositanti di una cosa ed essi non si accordano circa la restituzione, questa deve farsi secondo le modalità stabilite dall'autorità giudiziaria.

La stessa norma si applica quando a un solo depositante succedono più eredi, se la cosa non è divisibile.

Se più sono i depositari, il depositante ha facoltà di chiedere la restituzione a quello tra essi che detiene la cosa. Questi deve darne pronta notizia agli altri.

1773. ***Terzo interessato nel deposito.*** — Se la cosa è stata depositata anche nell'interesse di un terzo e questi ha comunicato al depositante e al depositario la sua adesione, il depositario non può liberarsi restituendo la cosa al depositante senza il consenso del terzo.

1774. ***Luogo di restituzione e spese relative.*** — Salvo diversa convenzione, la restituzione della cosa deve farsi nel luogo in cui doveva essere custodita.

Le spese per la restituzione sono a carico del depositante.

1775. ***Restituzione dei frutti.*** — Il depositario è obbligato a restituire i frutti della cosa che egli abbia percepiti.

1776. ***Obblighi dell'erede del depositario.*** — L'erede del depositario, il quale ha alienato in buona fede la cosa che ignorava essere tenuta in deposito, è obbligato soltanto a restituire il corrispettivo ricevuto. Se questo non è stato ancora pagato, il depositante subentra nel diritto dell'alienante.

1777. ***Persona a cui deve essere restituita la cosa.*** — Il depositario deve restituire la cosa al depositante o alla persona indicata per riceverla, e non può esigere che il depositante provi di esserne il proprietario.

Se è convenuto in giudizio da chi rivendica la proprietà della cosa o pretende di avere diritti su di essa, deve, sotto pena del risarcimento del danno, denunziare la controversia al depositante, e può ottenere di essere estromesso dal giudizio indicando la persona del medesimo. In questo caso egli può anche liberarsi dall'obbligo di restituire la cosa, depositandola, nei modi stabiliti dal giudice, a spese del depositante.

1778. ***Cosa proveniente da reato.*** — Il depositario, se scopre che la cosa proviene da un reato e gli è nota la persona alla quale è stata sottratta, deve denunziarle il deposito fatto presso di sé.

Il depositario è liberato se restituisce la cosa al depositante decorsi dieci giorni dalla denunzia senza che gli sia stata notificata opposizione.

1779. ***Cosa propria del depositario.*** — Il depositario è liberato da ogni obbligazione, se risulta che la cosa gli appartiene e che il depositante non ha su di essa alcun diritto.

1780. ***Perdita non imputabile della detenzione della cosa.*** — Se la detenzione della cosa è tolta al depositario in conseguenza di un fatto a lui non imputabile, egli è liberato dall'obbligazione di restituire la cosa, ma deve, sotto pena di risarcimento del danno, denunziare immediatamente al depositante il fatto per cui ha perduto la detenzione.

Il depositante ha diritto di ricevere ciò che, in conseguenza del fatto stesso, il depositario abbia conseguito, e subentra nei diritti spettanti a quest'ultimo.

1781. ***Diritti del depositario.*** — Il depositante è obbligato a rimborsare il depositario delle spese fatte per conservare la cosa, a tenerlo indenne delle perdite cagionate dal deposito e a pagargli il compenso pattuito.

1782. ***Deposito irregolare.*** — Se il deposito ha per oggetto una quantità di denaro o di altre cose fungibili, con facoltà per il depositario di servirsene, questi ne acquista la proprietà ed è tenuto a restituirne altrettante della stessa specie e qualità.

In tal caso si osservano, in quanto applicabili, le norme relative al mutuo.

SEZIONE II
Del deposito in albergo[1]

[1] Gli artt. 1783-1785 sono stati sostituiti dagli artt. 1783-1785-*quinquies* con L. 10 giu. 1978, n. 316.

1783. ***Responsabilità per le cose portate in albergo.*** — Gli albergatori sono responsabili di ogni deterioramento, distruzione o sottrazione delle cose portate dal cliente in albergo.

Sono considerate cose portate in albergo:

1) le cose che vi si trovano durante il tempo nel quale il cliente dispone dell'alloggio;

2) le cose di cui l'albergatore, un membro della sua famiglia o un suo ausiliario assumono la custodia, fuori dell'albergo, durante il periodo di tempo in cui il cliente dispone dell'alloggio;

3) le cose di cui l'albergatore, un membro della sua famiglia o un suo ausiliario assumono la custodia sia nell'albergo, sia fuori dell'albergo, durante un periodo di tempo ragionevole, precedente o successivo a quello in cui il cliente dispone dell'alloggio.

La responsabilità di cui al presente articolo è limitata al valore di quanto sia deteriorato, distrutto o sottratto, sino all'equivalente di cento volte il prezzo di locazione dell'alloggio per giornata.

1784. ***Responsabilità per le cose consegnate e obblighi dell'albergatore.*** — La responsabilità dell'albergatore è illimitata:

1) quando le cose gli sono state consegnate in custodia;

2) quando ha rifiutato di ricevere in custodia cose che aveva l'obbligo di accettare.

L'albergatore ha l'obbligo di accettare le carte-valori, il danaro contante e gli oggetti di valore; egli può rifiutarsi di riceverli soltanto se si tratti di oggetti pericolosi o che, tenuto conto dell'importanza e delle condizioni di gestione dell'albergo, abbiano valore eccessivo o natura ingombrante.

L'albergatore può esigere che la cosa consegnatagli sia contenuta in un involucro chiuso o sigillato.

1785. ***Limiti di responsabilità.*** — L'albergatore non è responsabile quando il deterioramento, la distruzione o la sottrazione sono dovuti:

1) al cliente, alle persone che l'accompagnano, che sono al suo servizio o che gli rendono visita;

2) a forza maggiore;

3) alla natura della cosa.

1785-*bis*. ***Responsabilità per colpa dell'albergatore.*** — L'albergatore è responsabile, senza che egli possa invocare il limite previsto dall'ultimo comma dell'art. 1783, quando il deterioramento, la distruzione o la sottrazione delle cose portate dal cliente in albergo sono dovuti a colpa sua, dei membri della sua famiglia o dei suoi ausiliari.

1785-*ter*. ***Obbligo di denuncia del danno.*** — Fuori del caso previsto dall'art. 1785-*bis*, il cliente non potrà valersi delle precedenti disposizioni se, dopo aver constatato il deterioramento, la distruzione o la sottrazione, denunci il fatto all'albergatore con ritardo ingiustificato.

1785-*quater*. ***Nullità.*** — Sono nulli i patti o le dichiarazioni tendenti ad escludere o a limitare preventivamente la responsabilità dell'albergatore.

1785-*quinquies*. ***Limiti di applicazione.*** — Le disposizioni della presente sezione non si applicano ai veicoli, alle cose lasciate negli stessi, né agli animali vivi.

1786. ***Stabilimenti e locali assimilati agli alberghi.*** — Le norme di questa sezione si applicano anche agli imprenditori di case di cura, stabilimenti di pubblici spettacoli, stabilimenti balneari, pensioni, trattorie, carrozze letto e simili.

SEZIONE III
Del deposito nei magazzini generali[1]

[1] V. l'ordinamento in R.D.L. 1 lug. 1926, n. 2290.

1787. ***Responsabilità dei magazzini generali.*** — I magazzini generali sono responsabili della conservazione delle merci depositate, a meno che si provi che la perdita, il calo o l'avaria è derivata da caso fortuito, dalla natura delle merci ovvero da vizi di esse o dell'imballaggio.

1788. ***Diritti del depositante.*** — Il depositante ha diritto d'ispezionare le merci depositate e di ritirare i campioni d'uso.

1789. ***Vendita delle cose depositate.*** — I magazzini generali, previo avviso al depositante, possono procedere alla vendita delle merci, quando, al termine del contratto, le merci non sono ritirate o non è rinnovato il deposito, ovvero, trattandosi di deposito a tempo indeterminato, quando è decorso un anno dalla data del deposito, e in ogni caso quando le merci sono minacciate di deperimento. Per la vendita si osservano le modalità stabilite dall'art. 1515.

Il ricavato della vendita, dedotte le spese e quanto altro spetta ai magazzini generali, deve essere tenuto a disposizione degli aventi diritto.

1790. ***Fede di deposito.*** — I magazzini generali, a richiesta del depositante, devono rilasciare una fede di deposito delle merci depositate.

La fede di deposito deve indicare:

1) il cognome e il nome o la ditta e il domicilio del depositante;

2) il luogo del deposito;

3) la natura e la quantità delle cose depositate e gli altri estremi atti a individuarle;

4) se per la merce sono stati pagati i diritti doganali e se essa è stata assicurata.

1791. ***Nota di pegno.*** — Alla fede di deposito è unita la nota di pegno, sulla quale sono ripetute le indicazioni richieste dall'articolo precedente.

La fede di deposito e la nota di pegno devono essere staccate da un unico registro a matrice, da conservarsi presso i magazzini.

1792. ***Intestazione e circolazione dei titoli.*** — La fede di deposito e la nota di pegno possono intestarsi al nome del depositante o di un terzo da questo designato, e sono trasferibili, sia congiuntamente sia separatamente, mediante girata.

1793. ***Diritti del possessore.*** — Il possessore della fede di deposito unita alla nota di pegno ha diritto alla riconsegna delle cose depositate; egli ha altresì diritto di richiedere che, a sue spese, le cose depositate siano divise in più partite e che per ogni partita gli sia rilasciata una fede di deposito distinta con la nota di pegno in sostituzione del titolo complessivo.

Il possessore della sola nota di pegno ha diritto di pegno sulle cose depositate.

Il possessore della sola fede di deposito non ha diritto alla riconsegna delle cose depositate, se non osserva le condizioni indicate dall'art. 1795; egli può valersi della facoltà concessa dall'art. 1788.

1794. ***Prima girata della nota di pegno.*** — La prima girata della sola nota di pegno deve indicare l'ammontare del credito e degli interessi nonché la scadenza. La girata corredata delle dette indicazioni deve essere trascritta sulla fede di deposito e controfirmata dal giratario.

La girata della nota di pegno che non indica l'ammontare del credito vincola, a favore del possessore di buona fede, tutto il valore delle cose depositate. Rimane tuttavia salva al titolare o al terzo possessore della fede di deposito, che abbia pagato una somma non dovuta, l'azione di rivalsa nei confronti del diretto contraente e del possessore di mala fede della nota di pegno.

1795. ***Diritti del possessore della sola fede di deposito.*** — Il possessore della sola fede di deposito può ritirare le cose depositate anche prima della scadenza del debito per cui furono costituite in pegno, depositando presso i magazzini generali la somma dovuta alla scadenza al creditore pignoratizio.

Sotto la responsabilità dei magazzini generali, quando si tratta di merci fungibili, il possessore della sola fede di deposito può ritirare anche parte delle merci, depositando presso i magazzini generali una somma proporzionale all'ammontare del debito garantito dalla nota di pegno e alla quantità delle merci ritirate.

1796. ***Diritti del possessore della nota di pegno insoddisfatto.*** — Il possessore della nota di pegno che non sia stato soddisfatto alla scadenza e che abbia levato il protesto a norma della legge cambiaria , può far vendere le cose depositate in conformità dell'art. 1515, decorsi otto giorni da quello della scadenza.

Il girante che ha pagato volontariamente il possessore della nota di pegno è surrogato nei diritti di questo, e può procedere alla vendita delle cose depositate decorsi otto giorni dalla scadenza.

1797. ***Azione nei confronti dei giranti.*** — Il possessore della nota di pegno non può agire contro il girante, se prima non ha proceduto alla vendita del pegno.

I termini per esercitare l'azione di regresso contro i giranti sono quelli stabiliti dalla legge cambiaria e decorrono dal giorno in cui è avvenuta la vendita delle cose depositate.

Il possessore della nota di pegno decade dall'azione di regresso contro i giranti, se alla scadenza non leva il protesto o se, entro quindici giorni dal protesto, non fa istanza per la vendita delle cose depositate.

Egli conserva tuttavia l'azione contro i giranti della fede di deposito e contro il debitore. Questa azione si prescrive in tre anni.

CAPO XIII
Del sequestro convenzionale

1798. ***Nozione.*** — Il sequestro convenzionale è il contratto col quale due o più persone affidano a un terzo una cosa o una pluralità di cose, rispetto alla quale sia nata tra esse controversia, perché la custodisca e la restituisca a quella a cui spetterà quando la controversia sarà definita.

1799. ***Obblighi, diritti e poteri del sequestratario.*** — Gli obblighi, i diritti e i poteri del sequestratario sono determinati dal contratto; in mancanza, si osservano le disposizioni seguenti.

1800. ***Conservazione e alienazione dell'oggetto del sequestro.*** — Il sequestratario, per la custodia delle cose affidategli, è soggetto alle norme del deposito.

Se vi è imminente pericolo di perdita o di grave deterioramento delle cose mobili affidategli, il sequestratario può alienarle, dandone pronta notizia agli interessati.

Qualora la natura delle cose lo richieda, egli ha pure l'obbligo di amministrarle. In questo caso si applicano le norme del mandato.

Il sequestratario non può consentire locazioni per durata superiore a quella stabilita per le locazioni a tempo indeterminato.

1801. ***Liberazione del sequestratario.*** — Prima che la controversia sia definita, il sequestratario non può essere liberato che per accordo delle parti o per giusti motivi.

1802. ***Compenso e rimborso delle spese al sequestratario.*** — Il sequestratario ha diritto a compenso, se non si è pattuito diversamente. Egli ha pure diritto al rimborso delle spese e di ogni altra erogazione fatta per la conservazione e per l'amministrazione della cosa.

CAPO XIV
Del comodato

1803. ***Nozione.***[1] — Il comodato è il contratto col quale una parte consegna all'altra una cosa mobile o immobile, affinché se ne serva per un tempo o per un uso determinato, con l'obbligo di restituire la stessa cosa ricevuta.

Il comodato è essenzialmente gratuito.

[1] Sull'obbligo di comunicazione in caso di contratto avente ad oggetto beni immobili stipulato con uno straniero o un apolide, v. art. 7, D.lgs. 25 lug. 1998, n. 286.

1804. ***Obbligazioni del comodatario.*** — Il comodatario è tenuto a custodire e a conservare la cosa con la diligenza del buon padre di famiglia. Egli non può servirsene che per l'uso determinato dal contratto o dalla natura della cosa.

Non può concedere a un terzo il godimento della cosa senza il consenso del comodante.

Se il comodatario non adempie gli obblighi suddetti, il comodante può chiedere l'immediata restituzione della cosa, oltre al risarcimento del danno.

1805. ***Perimento della cosa.*** — Il comodatario è responsabile se la cosa perisce per un caso fortuito a cui poteva sottrarla sostituendola con la cosa propria, o se, potendo salvare una delle due cose, ha preferito la propria.

Il comodatario che impiega la cosa per un uso diverso o per un tempo più lungo di quello a lui consentito, è responsabile della perdita avvenuta per causa a lui non imputabile, qualora non provi che la cosa sarebbe perita anche se non l'avesse impiegata per l'uso diverso o l'avesse restituita a tempo debito.

1806. ***Stima.*** — Se la cosa è stata stimata al tempo del contratto, il suo perimento è a carico del comodatario, anche se avvenuto per causa a lui non imputabile.

1807. ***Deterioramento per effetto dell'uso.*** — Se la cosa si deteriora per solo effetto dell'uso per cui è stata consegnata e senza colpa del comodatario, questi non risponde del deterioramento.

1808. ***Spese per l'uso della cosa e spese straordinarie.*** — Il comodatario non ha diritto al rimborso delle spese sostenute per servirsi della cosa. Egli però ha diritto di essere rimborsato delle spese straordinarie sostenute per la conservazione della cosa, se queste erano necessarie e urgenti.

1809. ***Restituzione.*** — Il comodatario è obbligato a restituire la cosa alla scadenza del termine convenuto o, in mancanza di termine, quando se ne è servito in conformità del contratto.

Se però, durante il termine convenuto o prima che il comodatario abbia cessato di servirsi della cosa, sopravviene un urgente e impreveduto bisogno al comodante, questi può esigerne la restituzione immediata.

1810. ***Comodato senza determinazione di durata.*** — Se non è stato convenuto un termine né questo risulta dall'uso a cui la cosa doveva essere destinata, il comodatario è tenuto a restituirla non appena il comodante la richiede.

1811. ***Morte del comodatario.*** — In caso di morte del comodatario, il comodante, benché sia stato convenuto un termine, può esigere dagli eredi l'immediata restituzione della cosa.

1812. ***Danni al comodatario per vizi della cosa.*** — Se la cosa comodata ha vizi tali che rechino danno a chi se ne serve, il comodante è tenuto al risarcimento qualora, conoscendo i vizi della cosa, non ne abbia avvertito il comodatario.

CAPO XV
Del mutuo

1813. ***Nozione.*** — Il mutuo è il contratto col quale una parte consegna all'altra una determinata quantità di danaro o di altre cose fungibili, e l'altra si obbliga a restituire altrettante cose della stessa specie e qualità.

1814. ***Trasferimento della proprietà.*** — Le cose date a mutuo passano in proprietà del mutuatario.

1815. ***Interessi.*** — Salvo diversa volontà delle parti, il mutuatario deve corrispondere gli interessi al mutuante. Per la determinazione degli interessi si osservano le disposizioni dell'art. 1284 (*Trans.* 185).

Se sono convenuti interessi usurari, la clausola è nulla e non sono dovuti interessi.[1]

[1] Comma così sost. dall'art. 4 della L. 7 mar. 1996, n. 108. V. altresì l'art. 2.4 della medesima legge.

A sensi dell'art. 1 D.L. 29 dic. 2000, n. 394, si intendono usurari gli interessi che superano il limite stabilito dalla legge nel momento in cui essi sono promessi o comunque convenuti, a qualunque titolo, indipendentemente dal momento del loro pagamento.

1816. ***Termine per la restituzione fissato dalle parti.*** — Il termine per la restituzione si presume stipulato a favore di entrambe le parti e, se il mutuo è a titolo gratuito, a favore del mutuatario.

1817. ***Termine per la restituzione fissato dal giudice.*** — Se non è fissato un termine per la restituzione, questo è stabilito dal giudice, avuto riguardo alle circostanze.

Se è stato convenuto che il mutuatario paghi solo quando potrà, il termine per il pagamento è pure fissato dal giudice.

1818. ***Impossibilità o notevole difficoltà di restituzione.*** — Se sono state mutuate cose diverse dal danaro, e la restituzione è divenuta impossibile o notevolmente difficile per causa non imputabile al debitore, questi è tenuto a pagarne il valore, avuto riguardo al tempo e al luogo in cui la restituzione si doveva eseguire.

1819. ***Restituzione rateale.*** — Se è stata convenuta la restituzione rateale delle cose mutuate e il mutuatario non adempie l'obbligo del pagamento anche di una sola rata, il mutuante può chiedere, secondo le circostanze, l'immediata restituzione dell'intero.

1820. ***Mancato pagamento degli interessi.*** — Se il mutuatario non adempie l'obbligo del pagamento degli interessi, il mutuante può chiedere la risoluzione del contratto).

1821. ***Danni al mutuatario per vizi delle cose.*** — Il mutuante è responsabile del danno cagionato al mutuatario per i vizi delle cose date a prestito, se non prova di averli ignorati senza colpa.

Se il mutuo è gratuito, il mutuante è responsabile solo nel caso in cui, conoscendo i vizi, non ne abbia avvertito il mutuatario.

1822. ***Promessa di mutuo.*** — Chi ha promesso di dare a mutuo può rifiutare l'adempimento della sua obbligazione, se le condizioni patrimoniali dell'altro contraente sono divenute tali da rendere notevolmente difficile la restituzione, e non gli sono offerte idonee garanzie.

CAPO XVI
Del conto corrente

1823. ***Nozione.*** — Il conto corrente è il contratto col quale le parti si obbligano ad annotare in un conto i crediti derivanti da reciproche rimesse, considerandoli inesigibili e indisponibili fino alla chiusura del conto.

Il saldo del conto è esigibile alla scadenza stabilita. Se non è richiesto il pagamento, il saldo si considera quale prima rimessa di un nuovo conto e il contratto s'intende rinnovato a tempo indeterminato.

1824. ***Crediti esclusi dal conto corrente.*** — Sono esclusi dal conto corrente i crediti che non sono suscettibili di compensazione.

Qualora il contratto intervenga tra imprenditori, s'intendono esclusi dal conto i crediti estranei alle rispettive imprese.

1825. ***Interessi.*** — Sulle rimesse decorrono gli interessi nella misura stabilita dal contratto o dagli usi ovvero, in mancanza, in quella legale.

1826. ***Spese e diritti di commissione.*** — L'esistenza del conto corrente non esclude i diritti di commissione e il rimborso delle spese per le operazioni che danno luogo alle rimesse. Tali diritti sono inclusi nel conto, salvo convenzione contraria.

1827. ***Effetti dell'inclusione nel conto.*** — L'inclusione di un credito nel conto corrente non esclude l'esercizio delle azioni ed eccezioni relative all'atto da cui il credito deriva.

Se l'atto è dichiarato nullo, annullato, rescisso o risoluto, la relativa partita si elimina dal conto.

1828. ***Efficacia della garanzia dei crediti iscritti.*** — Se il credito incluso nel conto è assistito da una garanzia reale o personale, il correntista ha diritto di valersi della garanzia per il saldo esistente a suo favore alla chiusura del conto e fino alla concorrenza del credito garantito.

La stessa disposizione si applica se per il credito esiste un coobbligato solidale.

1829. ***Crediti verso terzi.*** — Se non risulta una diversa volontà delle parti, l'inclusione nel conto di un credito verso un terzo si presume fatta con la clausola «salvo incasso». In tal caso, se il credito non è soddisfatto, il ricevente ha la scelta di agire per la riscossione o di eliminare la partita dal conto reintegrando nelle sue ragioni colui che ha fatto la rimessa. Può eliminare la partita dal conto anche dopo avere infruttuosamente esercitato le azioni contro il debitore.

1830. ***Sequestro o pignoramento del saldo.*** — Se il creditore di un correntista ha sequestrato o pignorato l'eventuale saldo del conto spettante al suo debitore, l'altro correntista non può, con nuove rimesse, pregiudicare le ragioni del creditore. Non si considerano nuove rimesse quelle fatte in dipendenza di diritti sorti prima del sequestro o del pignoramento.

Il correntista presso cui è stato eseguito il sequestro o il pignoramento deve darne notizia all'altro. Ciascuno di essi può recedere dal contratto.

1831. ***Chiusura del conto.*** — La chiusura del conto con la liquidazione del saldo è fatta alle scadenze stabilite dal contratto o dagli usi e, in mancanza, al termine di ogni semestre computabile dalla data del contratto.

1832. ***Approvazione del conto.*** — L'estratto conto trasmesso da un correntista all'altro s'intende approvato, se non è contestato nel termine pattuito o in quello usuale, o altrimenti nel termine che può ritenersi congruo secondo le circostanze.

L'approvazione del conto non preclude il diritto di impugnarlo per errori di scritturazione o di calcolo, per omissioni o per duplicazioni. L'impugnazione deve essere proposta, sotto pena di decadenza, entro sei mesi dalla data di ricezione dell'estratto conto relativo alla liquidazione di chiusura, che deve essere spedito per mezzo di raccomandata.

1833. ***Recesso dal contratto.*** — Se il contratto è a tempo indeterminato, ciascuna delle parti può recedere dal contratto a ogni chiusura del conto, dandone preavviso almeno dieci giorni prima.

In caso d'interdizione, d'inabilitazione, d'insolvenza o di morte di una delle parti, ciascuna di queste o gli eredi hanno diritto di recedere dal contratto.

Lo scioglimento del contratto impedisce l'inclusione nel conto di nuove partite, ma il pagamento del saldo non può richiedersi che alla scadenza del periodo stabilito dall'art. 1831.

CAPO XVII
Dei contratti bancari[1]

[1] Per la disciplina dell'ammortamento di documenti rappresentativi di depositi bancari di modico valore v. L. 29 mag. 1989, n. 206.

V. altresì la L. 17 feb. 1992, n. 154, *Norme per la trasparenza delle operazioni e dei servizi bancari e finanziari.*

In tema di credito al consumo, v. gli artt. 18 s. della L. 19 feb. 1992, n. 142 (legge comunitaria per il 1991).

SEZIONE I
Dei depositi bancari

1834. ***Depositi di danaro.*** — Nei depositi di una somma di danaro presso una banca, questa ne acquista la proprietà ed è obbligata a restituirla nella stessa specie monetaria, alla scadenza del termine convenuto ovvero a richiesta del depositante, con l'osservanza del periodo di preavviso stabilito dalle parti o dagli usi.

Salvo patto contrario, i versamenti e i prelevamenti si eseguono alla sede della banca presso la quale si è costituito il rapporto.

1835. ***Libretto di deposito a risparmio.*** — Se la banca rilascia un libretto di deposito a risparmio, i versamenti e i prelevamenti si devono annotare sul libretto.

Le annotazioni sul libretto, firmate dall'impiegato della banca che appare addetto al servizio, fanno piena prova nei rapporti tra banca e depositante.

È nullo ogni patto contrario.

1836. ***Legittimazione del possessore.*** — Se il libretto di deposito è pagabile al portatore, la banca che senza dolo o colpa grave adempie la prestazione nei confronti del possessore è liberata, anche se questi non è il depositante.

La stessa disposizione si applica nel caso in cui il libretto di deposito pagabile al portatore sia intestato al nome di una determinata persona o in altro modo contrassegnato.

Sono salve le disposizioni delle leggi speciali.[1]

[1] V. L. 30 lug. 1951, n. 948.

1837. ***Libretti in favore di minori.***[1]

[1] Articolo abrog. dall'art. 11, L. 8 mar. 1975, n. 39.

1838. ***Deposito di titoli in amministrazione.*** — La banca che assume il deposito di titoli in amministrazione deve custodire i titoli, esigerne gli interessi o i dividendi, verificare i sorteggi per l'attribuzione di premi o per il rimborso di capitale, curare le riscossioni per conto del depositante, e in generale provvedere alla tutela dei diritti inerenti ai titoli. Le somme riscosse devono essere accreditate al depositante.

Se per i titoli depositati si deve provvedere al versamento di decimi o si deve esercitare un diritto di opzione, la banca deve chiedere in tempo utile istruzioni al depositante e deve eseguirle, qualora abbia ricevuto i fondi all'uopo occorrenti. In mancanza d'istruzioni, i diritti di opzione devono essere venduti per conto del depositante a mezzo di un agente di cambio.

Alla banca spetta un compenso nella misura stabilita dalla convenzione o dagli usi, nonché il rimborso delle spese necessarie da essa fatte.

È nullo il patto col quale si esonera la banca dall'osservare, nell'amministrazione dei titoli, l'ordinaria diligenza.

SEZIONE II

Del servizio bancario delle cassette di sicurezza

1839. ***Cassette di sicurezza.*** — Nel servizio delle cassette di sicurezza, la banca risponde verso l'utente per l'idoneità e la custodia dei locali e per l'integrità della cassetta, salvo il caso fortuito.

1840. ***Apertura della cassetta.*** — Se la cassetta è intestata a più persone, l'apertura di essa è consentita singolarmente a ciascuno degli intestatari, salvo diversa pattuizione.

In caso di morte dell'intestatario o di uno degli intestatari, la banca che ne abbia ricevuto comunicazione non può consentire l'apertura della cassetta se non con l'accordo di tutti gli aventi diritto o secondo le modalità stabilite dall'autorità giudiziaria.

1841. ***Apertura forzata della cassetta.***[1] — Quando il contratto è scaduto, la banca, previa intimazione all'intestatario e decorsi sei mesi dalla data della medesima, può chiedere al *tribunale* l'autorizzazione ad aprire la cassetta. L'intimazione può farsi anche mediante raccomandata con avviso di ricevimento.

L'apertura si esegue con l'assistenza di un notaio all'uopo designato e con le cautele che il *tribunale* ritiene opportune.

Il *tribunale* può dare le disposizioni necessarie per la conservazione degli oggetti rinvenuti e può ordinare la vendita di quella parte di essi che occorra al soddisfacimento di quanto è dovuto alla banca per canoni e spese.

[1] Articolo così modif. dall'art. 150, D.lgs. 19 feb. 1998, n. 51 con decorrenza dal 2 giugno 1999.

SEZIONE III

Dell'apertura di credito bancario[1]

[1] V. Norme ed usi uniformi relativi ai crediti documentari, elaborati nel novembre 1962 dalla Camera di Commercio Internazionale che ha redatto anche le «Norme uniformi per l'incasso di carta commerciale» (revisione 1967 Brochure n. 254 della Camera di comm. internaz.).

V. altresì l'art. 21 c. 5 della L. 19 feb. 1992, n. 142 (legge comunitaria per il 1991).

1842. ***Nozione.*** — L'apertura di credito bancario è il contratto col quale la banca si obbliga a tenere a disposizione dell'altra parte una somma di danaro per un dato periodo di tempo o a tempo indeterminato.

1843. ***Utilizzazione del credito.*** — Se non è convenuto altrimenti, l'accreditato può utilizzare in più volte il credito, secondo le forme di uso, e può con successivi versamenti ripristinare la sua disponibilità.

Salvo patto contrario, i prelevamenti e i versamenti si eseguono presso la sede della banca dove è costituito il rapporto.

1844. ***Garanzia.*** — Se per l'apertura di credito è data una garanzia reale o personale, questa non si estingue prima della fine del rapporto per il solo fatto che l'accreditato cessa di essere debitore della banca.

Se la garanzia diviene insufficiente, la banca può chiedere un supplemento di garanzia o la sostituzione del garante. Se l'accreditato non ottempera alla richiesta, la banca può ridurre il credito proporzionalmente al diminuito valore della garanzia o recedere dal contratto.

1845. ***Recesso dal contratto.*** — Salvo patto contrario, la banca non può recedere dal contratto prima della scadenza del termine, se non per giusta causa.

Il recesso sospende immediatamente l'utilizzazione del credito, ma la banca deve concedere un termine di almeno quindici giorni per la restituzione delle somme utilizzate e dei relativi accessori.

Se l'apertura di credito è a tempo indeterminato, ciascuna delle parti può recedere dal contratto, mediante preavviso nel termine stabilito dal contratto, dagli usi o, in mancanza, in quello di quindici giorni.

SEZIONE IV

Dell'anticipazione bancaria

1846. ***Disponibilità delle cose date in pegno.*** — Nell'anticipazione bancaria su pegno di titoli o di merci, la banca non può disporre delle cose ricevute in pegno, se ha rilasciato un documento nel quale le cose stesse sono individuate. Il patto contrario deve essere provato per iscritto.

1847. ***Assicurazione delle merci.*** — La banca deve provvedere per conto del contraente all'assicurazione delle merci date in pegno, se, per la natura, il valore o l'ubicazione di esse, l'assicurazione risponde alle cautele d'uso.

1848. ***Spese di custodia.*** — La banca, oltre al corrispettivo dovutole, ha diritto al rimborso delle spese occorse per la custodia delle merci e dei titoli, salvo che ne abbia acquistato la disponibilità.

1849. ***Ritiro dei titoli o delle merci.*** — Il contraente, anche prima della scadenza del contratto, può ritirare in parte i titoli o le merci dati in pegno, previo rimborso proporzionale delle somme anticipate e delle altre somme spettanti alla banca secondo la disposizione dell'articolo precedente, salvo che il credito residuo risulti insufficientemente garantito.

1850. ***Diminuzione della garanzia.*** — Se il valore della garanzia diminuisce almeno di un decimo rispetto a quello che era al tempo del contratto, la banca può chiedere al debitore un supplemento di garanzia nei termini d'uso, con la diffida che, in mancanza, si procederà alla vendita dei titoli o delle merci dati in pegno. Se il debitore non ottempera alla richiesta, la banca può procedere alla vendita a norma del secondo e quarto comma dell'art. 2797.

La banca ha diritto al rimborso immediato del residuo non soddisfatto col ricavato della vendita.

1851. ***Pegno irregolare a garanzia di anticipazione.*** — Se, a garanzia di uno o più crediti, sono vincolati depositi di danaro, merci o titoli che non siano stati individuati o per i quali sia stata conferita alla banca la facoltà di disporre, la banca deve restituire solo la somma o la parte delle merci o dei titoli che eccedono l'ammontare dei crediti garantiti. L'eccedenza è determinata in relazione al valore delle merci o dei titoli al tempo della scadenza dei crediti.

SEZIONE V

Delle operazioni bancarie in conto corrente

1852. ***Disposizione da parte del correntista.*** — Qualora il deposito, l'apertura di credito o altre operazioni bancarie siano regolate in conto corrente, il correntista può disporre in qualsiasi momento delle somme risultanti a suo credito, salva l'osservanza del termine di preavviso eventualmente pattuito.

1853. ***Compensazione tra i saldi di più rapporti o più conti.*** — Se tra la banca e il correntista esistono più rapporti o più conti, ancorché in monete differenti, i saldi attivi e passivi si compensano reciprocamente, salvo patto contrario.

1854. ***Conto corrente intestato a più persone.*** — Nel caso in cui il conto sia intestato a più persone, con facoltà per le medesime di compiere operazioni anche separatamente, gli intestatari sono considerati creditori o debitori in solido dei saldi del conto.

1855. ***Operazione a tempo indeterminato.*** — Se l'operazione regolata in conto corrente è a tempo indeterminato, ciascuna delle parti può recedere dal contratto, dandone preavviso nel termine stabilito dagli usi o, in mancanza, entro quindici giorni.

1856. ***Esecuzione d'incarichi.*** — La banca risponde secondo le regole del mandato per l'esecuzione d'incarichi ricevuti dal correntista o da altro cliente.

Se l'incarico deve eseguirsi su una piazza dove non esistono filiali della banca, questa può incaricare dell'esecuzione un'altra banca o un suo corrispondente.

1857. ***Norme applicabili.*** — Alle operazioni regolate in conto corrente si applicano le norme degli artt. 1826, 1829 e 1832.

SEZIONE VI

Dello sconto bancario

1858. ***Nozione.*** — Lo sconto è il contratto col quale la banca, previa deduzione dell'interesse, anticipa al cliente l'importo di un credito verso terzi non ancora scaduto, mediante la cessione, salvo buon fine, del credito stesso.

1859. ***Sconto di cambiali.*** — Se lo sconto avviene mediante girata di cambiale o di assegno bancario, la banca, nel caso di mancato pagamento, oltre ai diritti derivanti dal titolo, ha anche il diritto alla restituzione della somma anticipata.

Sono salve le norme delle leggi speciali relative alla cessione della provvista nello sconto di tratte non accettate o munite di clausole «senza accettazione».[1]

[1] V. R.D.L. 21 set. 1933, n. 1345.

1860. ***Sconto di tratte documentate.*** — La banca che ha scontato tratte documentate ha sulla merce lo stesso privilegio del mandatario finché il titolo rappresentativo è in suo possesso.

CAPO XVIII
Della rendita perpetua

1861. ***Nozione.*** — Col contratto di rendita perpetua una parte conferisce all'altra il diritto di esigere in perpetuo la prestazione periodica di una somma di danaro o di una certa quantità di altre cose fungibili, quale corrispettivo dell'alienazione di un immobile o della cessione di un capitale.

La rendita perpetua può essere costituita anche quale onere dell'alienazione gratuita di un immobile o della cessione gratuita di un capitale.

1862. ***Norme applicabili.*** — L'alienazione dell'immobile, se fatta a titolo oneroso, è soggetta alle norme stabilite per la vendita

L'alienazione o la cessione fatta a titolo gratuito è soggetta alle norme stabilite per la donazione.

1863. ***Rendita fondiaria e rendita semplice.*** — È fondiaria la rendita costituita mediante alienazione di un immobile. È semplice quella costituita mediante cessione di un capitale.

1864. ***Garanzia della rendita semplice.*** — La rendita semplice deve essere garantita con ipoteca sopra un immobile; altrimenti il capitale è ripetibile.

1865. ***Diritto di riscatto della rendita perpetua.*** — La rendita perpetua è redimibile a volontà del debitore, nonostante qualunque convenzione contraria.

Le parti possono tuttavia convenire che il riscatto non possa eseguirsi durante la vita del beneficiario o prima di un certo termine, il quale non può eccedere i dieci anni nella rendita semplice e i trenta anni nella rendita fondiaria.

Può anche stipularsi che il debitore non esegua il riscatto senza averne dato preavviso al beneficiario. Il termine di preavviso non può eccedere l'anno.

Se sono convenuti termini più lunghi, essi si riducono nei limiti sopra stabiliti.

1866. ***Esercizio del riscatto.*** — Il riscatto della rendita semplice e della rendita fondiaria si effettua mediante il pagamento della somma che risulta dalla capitalizzazione della rendita annua sulla base dell'interesse legale.

Le modalità del riscatto sono stabilite dalle leggi speciali.[1]

[1] V. L. 11 giu. 1925, n. 998; R.D. 7 feb. 1926, n. 426; L. 22 lug. 1966, n. 607.

1867. ***Riscatto forzoso.*** — Il debitore di una rendita perpetua può essere costretto al riscatto:

1) se è in mora nel pagamento di due annualità di rendita;

2) se non ha dato al creditore le garanzie promesse, o se, venendo a mancare quelle già date, non ne sostituisce altre di uguale sicurezza;

3) se, per effetto di alienazione o di divisione, il fondo su cui è garantita la rendita è diviso fra più di tre persone.

1868. ***Riscatto per insolvenza del debitore.*** — Si fa pure luogo al riscatto della rendita nel caso d'insolvenza del debitore, salvo che, essendo stato alienato il fondo su cui era garantita la rendita, l'acquirente se ne sia assunto il debito o si dichiari pronto ad assumerlo.

1869. ***Altre prestazioni perpetue.*** — Le disposizioni degli artt. 1864, 1865, 1866, 1867 e 1868 si applicano a ogni altra annua prestazione perpetua costituita a qualsiasi titolo, anche per atto di ultima volontà.

1870. ***Ricognizione.*** — Il debitore della rendita o di ogni altra prestazione annua che debba o possa durare oltre i dieci anni deve fornire a proprie spese al titolare, se questi lo richiede, un nuovo documento, trascorsi nove anni dalla data del precedente (*Trans.* 186).

1871. ***Rendita dello Stato.*** — Le disposizioni di questo capo non si applicano alle rendite emesse dallo Stato (*Att.* 253).

CAPO XIX
Della rendita vitalizia[1]

[1] Per la rivalutazione delle rendite vitalizie in danaro v. L. 24 feb. 1953, n. 90. V. anche D.P.R. 26 apr. 1986, n. 131 (T.U. imposta di registro).

1872. ***Modi di costituzione.*** — La rendita vitalizia può essere costituita a titolo oneroso, mediante alienazione di un bene mobile o immobile o mediante cessione di capitale.

La rendita vitalizia può essere costituita anche per donazione o per testamento, e in questo caso si osservano le norme stabilite dalla legge per tali atti.

1873. ***Determinazione della durata.*** — La rendita vitalizia può costituirsi per la durata della vita del beneficiario o di altra persona.

Essa può costituirsi anche per la durata della vita di più persone.

1874. ***Costituzione a favore di più persone.*** — Se la rendita è costituita a favore di più persone, la parte spettante al creditore premorto, si accresce a favore degli altri, salvo patto contrario.

1875. ***Costituzione a favore di un terzo.*** — La rendita vitalizia costituita a favore di un terzo, quantunque importi per questo una liberalità, non richiede le forme stabilite per la donazione.

1876. ***Rendita costituita su persone già defunte.*** — Il contratto è nullo, se la rendita è costituita per la durata della vita di persona che, al tempo del contratto, aveva già cessato di vivere.

1877. ***Risoluzione del contratto di vitalizio oneroso.*** — Il creditore di una rendita vitalizia costituita a titolo oneroso può chiedere la risoluzione del contratto, se il promittente non gli dà o diminuisce le garanzie pattuite.

1878. ***Mancanza di pagamento delle rate scadute.*** — In caso di mancato pagamento delle rate di rendita scadute, il creditore della rendita, anche se è lo stesso stipulante, non può domandare la risoluzione del contratto, ma può far sequestrare e vendere i beni del suo debitore affinché col ricavato della vendita si faccia l'impiego di una somma sufficiente ad assicurare il pagamento della rendita.

1879. ***Divieto di riscatto e onerosità sopravvenuta.*** — Il debitore della rendita, salvo patto contrario, non può liberarsi del pagamento della rendita stessa offrendo il rimborso del capitale, anche se rinunzia alla ripetizione delle annualità pagate.

Egli è tenuto a pagare la rendita per tutto il tempo per il quale è stata costituita, per quanto gravosa sia divenuta la sua prestazione.

1880. ***Modalità del pagamento della rendita.*** — La rendita vitalizia costituita mediante contratto è dovuta al creditore in proporzione del numero dei giorni vissuti da colui sulla vita del quale è costituita.

Se però è stato convenuto di pagarla a rate anticipate, ciascuna rata si acquista dal giorno in cui è scaduta.

1881. ***Sequestro o pignoramento della rendita.*** — Quando la rendita vitalizia è costituita a titolo gratuito, si può disporre che essa non sia soggetta a pignoramento o a sequestro entro i limiti del bisogno alimentare del creditore.

CAPO XX
Dell'assicurazione[1]

[1] V. D.P.R. 13 feb. 1959, n. 449 *T.U. delle leggi sull'esercizio delle assicurazioni private* e L. 10 giu. 1978, n. 295, sull'esercizio delle assicurazioni private contro i danni.

SEZIONE I
Disposizioni generali

1882. ***Nozione.*** — L'assicurazione è il contratto col quale l'assicuratore, verso pagamento di un premio,[1] si obbliga a rivalere l'assicurato, entro i limiti convenuti, del danno ad esso prodotto da un sinistro, ovvero a pagare un capitale o una rendita al verificarsi di un evento attinente alla vita umana.

[1] Il diritto al pagamento delle rate di premio si prescrive in un anno dalle singole scadenze (2952).

Per la nullità dei contratti aventi ad oggetto il rischio del sequestro di persona v. art. 2 D.L. 15 gen. 1991, n. 8, conv. in L. 15 mar. 1991, n. 82.

1883. ***Esercizio delle assicurazioni.*** — L'impresa di assicurazione non può essere esercitata che da un istituto di diritto pubblico o da una società per azioni e con l'osservanza delle norme stabilite dalle leggi speciali.[1]

[1] V. D.P.R. 13 feb. 1959, n. 449, e successive modifiche, e L. 10 giu. 1978, n. 295.

1884. ***Assicurazioni mutue.*** — Le assicurazioni mutue sono disciplinate dalle norme del presente capo, in quanto compatibili con la specialità del rapporto.

1885. ***Assicurazioni contro i rischi della navigazione.*** — Le assicurazioni contro i rischi della navigazione sono disciplinate dalle norme del presente capo per quanto non è regolato dal codice della navigazione.

1886. ***Assicurazioni sociali.*** — Le assicurazioni sociali sono disciplinate dalle leggi speciali. In mancanza si applicano le norme del presente capo.

1887. ***Efficacia della proposta.*** — La proposta scritta diretta all'assicuratore rimane ferma per il termine di quindici giorni, o di trenta giorni quando occorre una visita medica. Il termine decorre dalla data della consegna o della spedizione della proposta.

1888. ***Prova del contratto.*** — Il contratto di assicurazione deve essere provato per iscritto.

L'assicuratore è obbligato a rilasciare al contraente la polizza di assicurazione o altro documento da lui sottoscritto.

L'assicuratore è anche tenuto a rilasciare, a richiesta e a spese del contraente, duplicati o copie della polizza; ma in tal caso può esigere la presentazione o la restituzione dell'originale (*Trans.* 187).

1889. ***Polizze all'ordine e al portatore.*** — Se la polizza di assicurazione è all'ordine o al portatore, il suo trasferimento importa trasferimento del credito verso l'assicuratore, con gli effetti della cessione.

Tuttavia l'assicuratore è liberato se senza dolo o colpa grave adempie la prestazione nei confronti del giratario o del portatore della polizza, anche se questi non è l'assicurato.

In caso di smarrimento, furto o distruzione della polizza all'ordine, si applicano le disposizioni relative all'ammortamento dei titoli all'ordine (*Trans.* 187).

1890. ***Assicurazione in nome altrui.*** — Se il contraente stipula l'assicurazione in nome altrui senza averne il potere, l'interessato può ratificare il contratto anche dopo la scadenza o il verificarsi del sinistro.

Il contraente è tenuto personalmente ad osservare gli obblighi derivanti dal contratto fino al momento in cui l'assicuratore ha avuto notizia della ratifica o del rifiuto di questa.

Egli deve all'assicuratore i premi del periodo in corso nel momento in cui l'assicuratore ha avuto notizia del rifiuto della ratifica.

1891. ***Assicurazione per conto altrui o per conto di chi spetta.*** — Se l'assicurazione è stipulata per conto altrui o per conto di chi spetta, il contraente deve adempiere agli obblighi derivanti dal contratto, salvi quelli che per loro natura non possono essere adempiuti che dall'assicurato.

I diritti derivanti dal contratto spettano all'assicurato, e il contraente, anche se in possesso della polizza, non può farli valere senza espresso consenso dell'assicurato medesimo.

All'assicurato sono opponibili le eccezioni che si possono opporre al contraente in dipendenza del contratto.

Per il rimborso dei premi pagati all'assicuratore e delle spese del contratto, il contraente ha privilegio sulle somme dovute dall'assicuratore nello stesso grado dei crediti per spese di conservazione.

1892. ***Dichiarazioni inesatte e reticenze con dolo o colpa grave.*** — Le dichiarazioni inesatte e le reticenze del contraente, relative a circostanze tali che l'assicuratore non avrebbe dato il suo consenso o non lo avrebbe dato alle medesime condizioni se avesse conosciuto il vero stato delle cose, sono causa di annullamento del contratto quando il contraente ha agito con dolo o con colpa grave.

L'assicuratore decade dal diritto d'impugnare il contratto se, entro tre mesi dal giorno in cui ha conosciuto l'inesattezza della dichiarazione o la reticenza, non dichiara al contraente di volere esercitare la impugnazione.

L'assicuratore ha diritto ai premi relativi al periodo di assicurazione in corso al momento in cui ha domandato l'annullamento e, in ogni caso, al premio convenuto per il primo anno. Se il sinistro si verifica prima che sia decorso il termine indicato dal comma precedente, egli non è tenuto a pagare la somma assicurata.

Se l'assicurazione riguarda più persone o più cose, il contratto è valido per quelle persone o per quelle cose alle quali non si riferisce la dichiarazione inesatta o la reticenza.

1893. ***Dichiarazioni inesatte e reticenze senza dolo o colpa grave.*** — Se il contraente ha agito senza dolo o colpa grave, le dichiarazioni inesatte e le reticenze non sono causa di annullamento del contratto, ma l'assicuratore può recedere dal contratto stesso, mediante dichiarazione da farsi all'assicurato nei tre mesi dal giorno in cui ha conosciuto l'inesattezza della dichiarazione o la reticenza.

Se il sinistro si verifica prima che l'inesattezza della dichiarazione o la reticenza sia conosciuta dall'assicuratore, o prima che questi abbia dichiarato di recedere dal contratto, la somma dovuta è ridotta in proporzione della differenza tra il premio convenuto e quello che sarebbe stato applicato se si fosse conosciuto il vero stato delle cose.

1894. ***Assicurazione in nome o per conto di terzi.*** — Nelle assicurazioni in nome o per conto di terzi, se questi hanno conoscenza dell'inesattezza delle dichiarazioni o delle reticenze relative al rischio, si applicano a favore dell'assicuratore le disposizioni degli artt. 1892 e 1893.

1895. ***Inesistenza del rischio.*** — Il contratto è nullo se il rischio non è mai esistito o ha cessato di esistere prima della conclusione del contratto.

1896. ***Cessazione del rischio durante l'assicurazione.*** — Il contratto si scioglie se il rischio cessa di esistere dopo la conclusione del contratto stesso, ma l'assicuratore ha diritto al pagamento dei premi finché la cessazione del rischio non gli sia comunicata o non venga altrimenti a sua conoscenza. I premi relativi al periodo di assicurazione in corso al momento della comunicazione o della conoscenza sono dovuti per intero.

Qualora gli effetti dell'assicurazione debbano avere inizio in un momento posteriore alla conclusione del contratto e il rischio cessi nell'intervallo, l'assicuratore ha diritto al solo rimborso delle spese.

1897. ***Diminuzione del rischio.*** — Se il contraente comunica all'assicuratore mutamenti che producono una diminuzione del rischio tale che, se fosse stata conosciuta al momento della conclusione del contratto, avrebbe portato alla stipulazione di un premio minore, l'assicuratore, a decorrere dalla scadenza del premio o della rata di premio successiva alla comunicazione suddetta, non può esigere che il minor premio, ma ha facoltà di recedere dal contratto entro due mesi dal giorno in cui è stata fatta la comunicazione.

La dichiarazione di recesso dal contratto ha effetto dopo un mese (*Trans.* 187).

1898. ***Aggravamento del rischio.*** — Il contraente ha l'obbligo di dare immediato avviso all'assicuratore dei mutamenti che aggravano il rischio in modo tale che, se il nuovo stato di cose fosse esistito e fosse stato conosciuto dall'assicuratore al momento della conclusione del contratto, l'assicuratore non avrebbe consentito l'assicurazione o l'avrebbe consentita per un premio più elevato.

L'assicuratore può recedere dal contratto, dandone comunicazione per iscritto all'assicurato entro un mese dal giorno in cui ha ricevuto l'avviso o ha avuto in altro modo conoscenza dell'aggravamento del rischio.

Il recesso dell'assicuratore ha effetto immediato se l'aggravamento è tale che l'assicuratore non avrebbe consentito l'assicurazione; ha effetto dopo quindici giorni, se l'aggravamento del rischio è tale che per l'assicurazione sarebbe stato richiesto un premio maggiore.

Spettano all'assicuratore i premi relativi al periodo di assicurazione in corso al momento in cui è comunicata la dichiarazione di recesso.

Se il sinistro si verifica prima che siano trascorsi i termini per la comunicazione e per l'efficacia del recesso, l'assicuratore non risponde qualora l'aggravamento del rischio sia tale che egli non avrebbe consentito l'assicurazione se il nuovo stato di cose fosse esistito al momento del contratto; altrimenti, la somma dovuta è ridotta, tenuto conto del rapporto tra il premio stabilito nel contratto e quello che sarebbe stato fissato se il maggiore rischio fosse esistito al tempo del contratto stesso (*Trans.* 187).

1899. *Durata dell'assicurazione.* — L'assicurazione ha effetto dalle ore ventiquattro del giorno della conclusione del contratto alle ore ventiquattro dell'ultimo giorno della durata stabilita nel contratto stesso. L'assicuratore, in alternativa ad una copertura di durata annuale, può proporre una copertura di durata poliennale a fronte di una riduzione del premio rispetto a quello previsto per la stessa copertura dal contratto annuale. In questo caso, se il contratto supera i cinque anni, l'assicurato, trascorso il quinquennio, ha facoltà di recedere dal contratto con preavviso di sessanta giorni e con effetto dalla fine dell'annualità nel corso della quale la facoltà di recesso è stata esercitata.[1]

Il contratto può essere tacitamente prorogato una o più volte, ma ciascuna proroga tacita non può avere una durata superiore a due anni (*Trans.* 187).

Le norme del presente articolo non si applicano alle assicurazioni sulla vita.

[1] Comma modif. dall'art. 21, L. 23 lug. 2009, n. 99. Le disposizioni di cui al comma 3 si applicano ai contratti stipulati successivamente all'entrata in vigore della L. 99/2009.

1900. *Sinistri cagionati con dolo o con colpa grave dell'assicurato o dei dipendenti.* — L'assicuratore non è obbligato per i sinistri cagionati da dolo o da colpa grave del contraente, dell'assicurato o del beneficiario, salvo patto contrario per i casi di colpa grave.

L'assicuratore è obbligato per il sinistro cagionato da dolo o da colpa grave delle persone del fatto delle quali l'assicurato deve rispondere.

Egli è obbligato altresì, nonostante patto contrario, per i sinistri conseguenti ad atti del contraente, dell'assicurato o del beneficiario, compiuti per dovere di solidarietà umana o nella tutela degli interessi comuni all'assicuratore.

1901. *Mancato pagamento del premio.* — Se il contraente non paga il premio o la prima rata di premio stabilita dal contratto, l'assicurazione resta sospesa fino alle ore ventiquattro del giorno in cui il contraente paga quando è da lui dovuto.

Se alle scadenze convenute il contraente non paga i premi successivi, l'assicurazione resta sospesa dalle ore ventiquattro del quindicesimo giorno dopo quello della scadenza.

Nelle ipotesi previste dai due commi precedenti il contratto è risoluto di diritto se l'assicuratore, nel termine di sei mesi dal giorno in cui il premio o la rata sono scaduti, non agisce per la riscossione; l'assicuratore ha diritto soltanto al pagamento del premio relativo al periodo di assicurazione in corso e al rimborso delle spese. La presente norma non si applica alle assicurazioni sulla vita (*Trans.* 187).

1902. *Fusione, concentrazione e liquidazione coatta amministrativa.* — La fusione e la concentrazione di aziende tra più imprese assicuratrici non sono cause di scioglimento del contratto di assicurazione. Il contratto continua con l'impresa assicuratrice che risulta dalla fusione o che incorpora le imprese preesistenti. Per i trasferimenti di portafoglio si osservano le leggi speciali.

Nel caso di liquidazione coatta amministrativa dell'impresa assicuratrice, il contratto di assicurazione si scioglie nei modi e con gli effetti stabiliti dalle leggi speciali anche per ciò che riguarda il privilegio a favore della massa degli assicurati.[1]

[1] V. L. 24 nov. 1978, n. 738.

1903. *Agenti di assicurazione.* — Gli agenti autorizzati a concludere contratti di assicurazione possono compiere gli atti concernenti le modificazioni e la risoluzione dei contratti medesimi, salvi i limiti contenuti nella procura che sia pubblicata nelle forme richieste dalla legge.

Possono inoltre promuovere azioni ed essere convenuti in giudizio in nome dell'assicuratore, per le obbligazioni dipendenti dagli atti compiuti nell'esecuzione del loro mandato, davanti l'autorità giudiziaria del luogo in cui ha sede l'agenzia presso la quale è stato concluso il contratto.

SEZIONE II
Dell'assicurazione contro i danni

1904. *Interesse all'assicurazione.* — Il contratto di assicurazione contro i danni è nullo se, nel momento in cui l'assicurazione deve avere inizio, non esiste un interesse dell'assicurato al risarcimento del danno.

1905. *Limiti del risarcimento.* — L'assicuratore è tenuto a risarcire, nei modi e nei limiti stabiliti dal contratto, il danno sofferto dall'assicurato in conseguenza del sinistro.

L'assicuratore risponde del profitto sperato solo se si è espressamente obbligato.

1906. *Danni cagionati da vizio della cosa.* — Salvo patto contrario, l'assicuratore non risponde dei danni prodotti da vizio intrinseco della cosa assicurata, che non gli sia stato denunziato.

Se il vizio ha aggravato il danno, l'assicuratore, salvo patto contrario, risponde del danno nella misura in cui sarebbe stato a suo carico, qualora il vizio non fosse esistito.

1907. *Assicurazione parziale.* — Se l'assicurazione copre solo una parte del valore che la cosa assicurata aveva nel tempo del sinistro, l'assicuratore risponde dei danni in proporzione della parte suddetta, a meno che non sia diversamente convenuto.

1908. *Valore della cosa assicurata.* — Nell'accertare il danno non si può attribuire alle cose perite o danneggiate un valore superiore a quello che avevano al tempo del sinistro.

Il valore delle cose assicurate può essere tuttavia stabilito al tempo della conclusione del contratto, mediante stima accettata per iscritto dalle parti.

Non equivale a stima la dichiarazione di valore delle cose assicurate contenuta nella polizza o in altri documenti.

Nell'assicurazione dei prodotti del suolo il danno si determina in relazione al valore che i prodotti avrebbero avuto al tempo della maturazione o al tempo in cui ordinariamente si raccolgono.

1909. ***Assicurazione per somma eccedente il valore delle cose.*** — L'assicurazione per una somma che eccede il valore reale della cosa assicurata non è valida se vi è stato dolo da parte dell'assicurato; l'assicuratore, se è in buona fede, ha diritto ai premi del periodo di assicurazione in corso.

Se non vi è stato dolo da parte del contraente, il contratto ha effetto fino alla concorrenza del valore reale della cosa assicurata, e il contraente ha diritto di ottenere per l'avvenire una proporzionale riduzione del premio.

1910. ***Assicurazione presso diversi assicuratori.*** — Se per il medesimo rischio sono contratte separatamente più assicurazioni presso diversi assicuratori, l'assicurato deve dare avviso di tutte le assicurazioni a ciascun assicuratore.

Se l'assicurato omette dolosamente di dare l'avviso, gli assicuratori non sono tenuti a pagare l'indennità.

Nel caso di sinistro, l'assicurato deve darne avviso a tutti gli assicuratori a norma dell'art. 1913, indicando a ciascuno il nome degli altri. L'assicurato può chiedere a ciascun assicuratore l'indennità dovuta secondo il rispettivo contratto, purché le somme complessivamente riscosse non superino l'ammontare del danno.

L'assicuratore che ha pagato ha diritto di regresso contro gli altri per la ripartizione proporzionale in ragione delle indennità dovute secondo i rispettivi contratti. Se un assicuratore è insolvente, la sua quota viene ripartita fra gli altri assicuratori.

1911. ***Coassicurazione.*** — Qualora la medesima assicurazione o l'assicurazione di rischi relativi alle stesse cose sia ripartita tra più assicuratori per quote determinate, ciascun assicuratore è tenuto al pagamento dell'indennità assicurata soltanto in proporzione della rispettiva quota, anche se unico è il contratto sottoscritto da tutti gli assicuratori.

1912. ***Terremoto, guerra, insurrezione, tumulti popolari.*** — Salvo patto contrario, l'assicuratore non è obbligato per i danni determinati da movimenti tellurici, da guerra, da insurrezione o da tumulti popolari.

1913. ***Avviso all'assicuratore in caso di sinistro.*** — L'assicurato deve dare avviso del sinistro all'assicuratore o all'agente autorizzato a concludere il contratto, entro tre giorni da quello in cui il sinistro si è verificato o l'assicurato ne ha avuta conoscenza. Non è necessario l'avviso, se l'assicuratore o l'agente autorizzato alla conclusione del contratto interviene entro il detto termine alle operazioni di salvataggio o di constatazione del sinistro.

Nelle assicurazioni contro la mortalità del bestiame l'avviso, salvo patto contrario, deve essere dato entro ventiquattro ore.

1914. ***Obbligo di salvataggio.*** — L'assicurato deve fare quanto gli è possibile per evitare o diminuire il danno.

Le spese fatte a questo scopo dall'assicurato sono a carico dell'assicuratore, in proporzione del valore assicurato rispetto a quello che la cosa aveva nel tempo del sinistro, anche se il loro ammontare, unitamente a quello del danno, supera la somma assicurata, e anche se non si è raggiunto lo scopo, salvo che l'assicuratore provi che le spese sono state fatte inconsideratamente (*Trans.* 187).

L'assicuratore risponde dei danni materiali direttamente derivati alle cose assicurate dai mezzi adoperati dall'assicurato per evitare o diminuire i danni del sinistro, salvo che egli provi che tali mezzi sono stati adoperati inconsideratamente.

L'intervento dell'assicuratore per il salvataggio delle cose assicurate e per la loro conservazione non pregiudica i suoi diritti.

L'assicuratore che interviene al salvataggio deve, se richiesto dall'assicurato, anticiparne le spese o concorrere in proporzione del valore assicurato.

1915. ***Inadempimento dell'obbligo di avviso o di salvataggio.*** — L'assicurato che dolosamente non adempie l'obbligo dell'avviso o del salvataggio perde il diritto all'indennità.

Se l'assicurato omette colposamente di adempiere tale obbligo, l'assicuratore ha diritto di ridurre l'indennità in ragione del pregiudizio sofferto (*Trans.* 187).

1916. ***Diritto di surrogazione dell'assicuratore.*** — L'assicuratore che ha pagato l'indennità è surrogato, fino alla concorrenza dell'ammontare di essa, nei diritti dell'assicurato verso i terzi responsabili.

Salvo il caso di dolo, la surrogazione non ha luogo se il danno è causato dai figli, [dagli affiliati,][1] dagli ascendenti, da altri parenti o da affini dell'assicurato stabilmente con lui conviventi o da domestici.[2]

L'assicurato è responsabile verso l'assicuratore del pregiudizio arrecato al diritto di surrogazione.

Le disposizioni di questo articolo si applicano anche alle assicurazioni contro gli infortuni sul lavoro e contro le disgrazie accidentali.[3]

[1] Parole soppresse dall'art. 91, D.lgs. 28 dic. 2013, n. 154, in vigore dal 7 feb. 2014.

[2] La Corte cost., con sent. 21 mag. 1975, n. 117, ha dichiarato l'ill. cost. del c. 2 dell'art. 1916 «nella parte in cui non annovera, tra le persone nei confronti delle quali non è ammessa surrogazione, il coniuge dell'assicurato».

[3] La Corte cost., con sent. 18 lug. 1991, n. 356, ha dichiarato l'ill. cost. dell'art. 1916 «nella parte in cui consente all'assicuratore di avvalersi, nell'esercizio del diritto di surrogazione nei confronti del terzo responsabile, anche delle somme da questi dovute dall'assicurato a titolo di risarcimento del danno biologico».

1917. ***Assicurazione della responsabilità civile.*** — Nell'assicurazione della responsabilità civile l'assicuratore è obbligato a tenere indenne l'assicurato di quanto questi, in conseguenza del fatto accaduto durante il tempo dell'assicurazione, deve pagare a un terzo, in dipendenza della responsabilità dedotta nel contratto. Sono esclusi i danni derivanti da fatti dolosi.

L'assicuratore ha facoltà, previa comunicazione all'assicurato, di pagare direttamente al terzo danneggiato l'indennità dovuta, ed è obbligato al pagamento diretto se l'assicurato lo richiede.

Le spese sostenute per resistere all'azione del danneggiato contro l'assicurato sono a carico dell'assicuratore nei limiti del quarto della somma assicurata. Tuttavia, nel caso che sia dovuta al danneggiato una somma superiore al capitale assicurato, le spese giudiziali si ripartiscono tra assicuratore e assicurato in proporzione del rispettivo interesse.

L'assicurato, convenuto dal danneggiato, può chiamare in causa l'assicuratore.

1918. ***Alienazione delle cose assicurate.*** — L'alienazione delle cose assicurate non è causa di scioglimento del contratto di assicurazione.

L'assicurato, che non comunica all'assicuratore l'avvenuta alienazione e all'acquirente l'esistenza del contratto di assicurazione, rimane obbligato a pagare i premi che scadono posteriormente alla data dell'alienazione.

I diritti e gli obblighi dell'assicurato passano all'acquirente, se questi, avuta notizia dell'esistenza del contratto di assicurazione, entro dieci giorni dalla scadenza del primo premio successivo all'alienazione, non dichiara all'assicuratore, mediante raccomandata, che non intende subentrare nel contratto. Spettano in tal caso all'assicuratore i premi relativi al periodo di assicurazione in corso.

L'assicuratore, entro dieci giorni da quello in cui ha avuto notizia dell'avvenuta alienazione, può recedere dal contratto con preavviso di quindici giorni, che può essere dato anche mediante raccomandata.

Se è stata emessa una polizza all'ordine o al portatore, nessuna notizia dell'alienazione deve essere data all'assicuratore, e così quest'ultimo come l'acquirente non possono recedere dal contratto.

SEZIONE III
Dell'assicurazione sulla vita[1]

[1] In tema cfr. D.L. 23 dic. 1992, n. 515 di attuazione della Direttiva 90/619/CEE per il coordinamento delle disposizioni legislative, regolamentari ed amministrative riguardanti l'assicurazione diretta sulla vita.

1919. ***Assicurazione sulla vita propria o di un terzo.*** — L'assicurazione può essere stipulata sulla vita propria o su quella di un terzo.

L'assicurazione contratta per il caso di morte di un terzo non è valida se questi o il suo legale rappresentante non dà il consenso alla conclusione del contratto. Il consenso deve essere provato per iscritto.

1920. ***Assicurazione a favore di un terzo.*** — È valida l'assicurazione sulla vita a favore di un terzo.

La designazione del beneficiario può essere fatta nel contratto di assicurazione, o con successiva dichiarazione scritta comunicata all'assicuratore, o per testamento; essa è efficace anche se il beneficiario è determinato solo genericamente. Equivale a designazione l'attribuzione della somma assicurata fatta nel testamento a favore di una determinata persona.

Per effetto della designazione il terzo acquista un diritto proprio ai vantaggi dell'assicurazione.

1921. ***Revoca del beneficio.*** — La designazione del beneficiario è revocabile con le forme con le quali può essere fatta a norma dell'articolo precedente. La revoca non può tuttavia farsi dagli eredi dopo la morte del contraente, né dopo che, verificatosi l'evento, il beneficiario ha dichiarato di voler profittare del beneficio.

Se il contraente ha rinunziato per iscritto al potere di revoca, questa non ha effetto dopo che il beneficiario ha dichiarato al contraente di voler profittare del beneficio. La rinunzia del contraente e la dichiarazione del beneficiario devono essere comunicate per iscritto all'assicuratore (*Trans.* 188).

1922. ***Decadenza dal beneficio.*** — La designazione del beneficiario, anche se irrevocabile, non ha effetto qualora il beneficiario attenti alla vita dell'assicurato.

Se la designazione è irrevocabile ed è stata fatta a titolo di liberalità, essa può essere revocata nei casi previsti dall'art. 800 (*Trans.* 188).

1923. ***Diritti dei creditori e degli eredi.*** — Le somme dovute dall'assicuratore al contraente o al beneficiario non possono essere sottoposte ad azione esecutiva o cautelare.

Sono salve, rispetto ai premi pagati, le disposizioni relative alla revocazione degli atti compiuti in pregiudizio dei creditori e quelle relative alla collazione, alla imputazione e alla riduzione delle donazioni.

1924. ***Mancato pagamento dei premi.*** — Se il contraente non paga il premio relativo al primo anno, l'assicuratore può agire per l'esecuzione del contratto nel termine di sei mesi dal giorno in cui il premio è scaduto. La disposizione si applica anche se il premio è ripartito in più rate, fermo restando il disposto dei primi due commi dell'art. 1901; in tal caso il termine decorre dalla scadenza delle singole rate.

Se il contraente non paga i premi successivi nel termine di tolleranza previsto dalla polizza o, in mancanza, nel termine di venti giorni dalla scadenza, il contratto è risoluto di diritto, e i premi pagati restano acquisiti all'assicuratore, salvo che sussistano le condizioni per il riscatto dell'assicurazione o per la riduzione della somma assicurata.

1925. ***Riscatto e riduzione della polizza.*** — Le polizze di assicurazione devono regolare i diritti di riscatto e di riduzione della somma assicurata, in modo tale che l'assicurato sia in grado, in ogni momento, di conoscere quale sarebbe il valore di riscatto o di riduzione dell'assicurazione.

1926. ***Cambiamento di professione dell'assicurato.*** — I cambiamenti di professione o di attività dell'assicurato non fanno cessare gli effetti dell'assicurazione, qualora non aggravino il rischio in modo tale che, se il nuovo stato di cose fosse esistito al tempo del contratto, l'assicuratore non avrebbe consentito l'assicurazione.

Qualora i cambiamenti siano di tale natura che, se il nuovo stato di cose fosse esistito al tempo del contratto, l'assicuratore avrebbe consentito l'assicurazione per un premio più elevato, il pagamento della somma assicurata è ridotto in proporzione del minor premio convenuto in confronto di quello che sarebbe stato stabilito.

Se l'assicurato dà notizia dei suddetti cambiamenti all'assicuratore, questi, entro quindici giorni, deve dichiarare se intende far cessare gli effetti del contratto ovvero ridurre la somma assicurata o elevare il premio.

Se l'assicuratore dichiara di voler modificare il contratto in uno dei due sensi su indicati, l'assicurato, entro quindici giorni successivi, deve dichiarare se intende accettare la proposta.

Se l'assicurato dichiara di non accettare, il contratto è risoluto, salvo il diritto dell'assicuratore al premio relativo al periodo di assicurazione in corso e salvo il diritto dell'assicurato al riscatto. Il silenzio dell'assicurato vale come adesione alla proposta dell'assicuratore.

Le comunicazioni e dichiarazioni previste dai commi precedenti possono farsi anche mediante raccomandata (*Trans.* 187).

1927. ***Suicidio dell'assicurato.*** — In caso di suicidio dell'assicurato, avvenuto prima che siano decorsi due anni dalla stipulazione del contratto, l'assicuratore non è tenuto al pagamento delle somme assicurate, salvo patto contrario.

L'assicuratore non è nemmeno obbligato se, essendovi stata sospensione del contratto per mancato pagamento dei premi, non sono decorsi due anni dal giorno in cui la sospensione è cessata.

SEZIONE IV
Della riassicurazione

1928. ***Prova.*** — I contratti generali di riassicurazione relativi a una serie di rapporti assicurativi devono essere provati per iscritto.

I rapporti di riassicurazione in esecuzione dei contratti generali e i contratti di riassicurazione per singoli rischi possono essere provati secondo le regole generali.[1]

[1] I diritti derivanti dal contratto di riassicurazione si prescrivono in due anni (2952).

1929. ***Efficacia del contratto.*** — Il contratto di riassicurazione non crea rapporti tra l'assicurato e il riassicuratore, salve le disposizioni delle leggi speciali sul privilegio a favore della massa degli assicurati.

1930. ***Diritto del riassicurato in caso di liquidazione coatta amministrativa.*** — In caso di liquidazione coatta amministrativa del riassicurato, il riassicuratore deve pagare integralmente l'indennità dovuta al riassicurato, salva la compensazione con i premi e gli altri crediti (*Trans.* 187).

1931. ***Compensazione dei crediti e debiti.*** — In caso di liquidazione coatta amministrativa dell'impresa del riassicuratore o del riassicurato, i debiti e i crediti che, alla fine della liquidazione, risultano dalla chiusura dei conti relativi a più contratti di riassicurazione, si compensano di diritto (*Trans.* 187).

SEZIONE V
Disposizioni finali

1932. ***Norme inderogabili.*** — Le disposizioni degli artt. 1887, 1892, 1893, 1894, 1897, 1898, 1899, secondo comma, 1901, 1903, secondo comma, 1914, secondo comma, 1915, secondo comma, 1917, terzo e quarto comma e 1926 non possono essere derogate se non in senso più favorevole all'assicurato.

Le clausole che derogano in senso meno favorevole all'assicurato sono sostituite di diritto dalle corrispondenti disposizioni di legge.

CAPO XXI
Del giuoco e della scommessa

1933. ***Mancanza di azione.*** — Non compete azione per il pagamento di un debito di giuoco o di scommessa, anche se si tratta di giuoco o di scommessa non proibiti.[1]

Il perdente tuttavia non può ripetere quanto abbia spontaneamente pagato dopo l'esito di un giuoco o di una scommessa in cui non vi sia stata alcuna frode. La ripetizione è ammessa in ogni caso se il perdente è un incapace.

[1] V. art. 110 L.P.S. e 718 p.: «Nelle controversie relative a contratti di Borsa, anche se conclusi fuori Borsa e senza

intervento di agenti di cambio, non può essere opposta l'eccezione di gioco» (art. 5 R.D.L. 14 mag. 1925, n. 601).

1934. *Competizioni sportive.* — Sono eccettuati dalla norma del primo comma dell'articolo precedente, anche rispetto alle persone che non vi prendono parte, i giuochi che addestrano al maneggio delle armi, le corse di ogni specie e ogni altra competizione sportiva.

Tuttavia il giudice può rigettare o ridurre la domanda, qualora ritenga la posta eccessiva.

1935. *Lotterie autorizzate.* — Le lotterie danno luogo ad azione in giudizio, qualora siano state legalmente autorizzate.[1]

[1] V. L. 13 dic. 1989, n. 401 (esercizio abusivo di attività di gioco e scommessa) e L. 26 mar. 1990, n. 62 (norme in materia di lotterie, tombole e pesca).

CAPO XXII
Della fideiussione

SEZIONE I
Disposizioni generali

1936. *Nozione.* — È fideiussore colui che, obbligandosi personalmente verso il creditore, garantisce l'adempimento di una obbligazione altrui.

La fideiussione è efficace anche se il debitore non ne ha conoscenza.

1937. *Manifestazione della volontà.* — La volontà di prestare fideiussione deve essere espressa.

1938. *Fideiussione per obbligazioni future o condizionali.*[1] — La fideiussione può essere prestata anche per un'obbligazione condizionale o futura, con la previsione, in quest'ultimo caso, dell'importo massimo garantito.

[1] Articolo così sost. dall'art. 10 della L. 17 feb. 1992, n. 154.

1939. *Validità della fideiussione.* — La fideiussione non è valida se non è valida l'obbligazione principale, salvo che sia prestata per un'obbligazione assunta da un incapace.

1940. *Fideiussore del fideiussore.* — La fideiussione può essere prestata così per il debitore principale, come per il suo fideiussore.

1941. *Limiti della fideiussione.* — La fideiussione non può eccedere ciò che è dovuto dal debitore, né può essere prestata a condizioni più onerose.

Può prestarsi per una parte soltanto del debito o a condizioni meno onerose.

La fideiussione eccedente il debito o contratta a condizioni più onerose è valida nei limiti dell'obbligazione principale.

1942. *Estensione della fideiussione.* — Salvo patto contrario, la fideiussione si estende a tutti gli accessori del debito principale, nonché alle spese per la denunzia al fideiussore della causa promossa contro il debitore principale e alle spese successive.

1943. *Obbligazione di prestare fideiussione.* — Il debitore obbligato a dare un fideiussore deve presentare persona capace, che possieda beni sufficienti a garantire l'obbligazione e che abbia o elegga domicilio nella giurisdizione della corte di appello in cui la fideiussione si deve prestare (*Trans.* 189).

Quando il fideiussore è divenuto insolvente, deve esserne dato un altro, tranne che la fideiussione sia stata prestata dalla persona voluta dal creditore.

SEZIONE II
Dei rapporti tra creditore e fideiussore

1944. *Obbligazione del fideiussore.* — Il fideiussore è obbligato in solido col debitore principale al pagamento del debito.

Le parti però possono convenire che il fideiussore non sia tenuto a pagare prima dell'escussione del debitore principale. In tal caso, il fideiussore, che sia convenuto dal creditore e intenda valersi del beneficio dell'escussione, deve indicare i beni del debitore principale da sottoporre ad esecuzione.

Salvo patto contrario, il fideiussore è tenuto ad anticipare le spese necessarie.

1945. *Eccezioni opponibili dal fideiussore.* — Il fideiussore può opporre contro il creditore tutte le eccezioni che spettano al debitore principale, salva quella derivante dall'incapacità.

1946. *Fideiussione prestata da più persone.* — Se più persone hanno prestato fideiussione per un medesimo debitore e a garanzia di un medesimo debito, ciascuna di esse è obbligata per l'intero debito, salvo che sia stato pattuito il beneficio della divisione.

1947. *Beneficio della divisione.* — Se è stato stipulato il beneficio della divisione, ogni fideiussore che sia convenuto per il pagamento dell'intero debito può esigere che il creditore riduca l'azione alla parte da lui dovuta.

Se alcuno dei fideiussori era insolvente al tempo in cui un altro ha fatto valere il beneficio della divisione, questi è obbligato per tale insolvenza in proporzione della sua quota, ma non risponde delle insolvenze sopravvenute.

1948. *Obbligazione del fideiussore del fideiussore.* — Il fideiussore del fideiussore non è obbligato verso il creditore, se non nel caso in cui il debitore principale e tutti i fideiussori di questo siano insolventi, o siano liberati perché incapaci.

SEZIONE III
Dei rapporti tra fideiussore e debitore principale

1949. ***Surrogazione del fideiussore nei diritti del creditore.*** — Il fideiussore che ha pagato il debito è surrogato nei diritti che il creditore aveva contro il debitore.

1950. ***Regresso contro il debitore principale.*** — Il fideiussore che ha pagato ha regresso contro il debitore principale, benché questi non fosse consapevole della prestata fideiussione.

Il regresso comprende il capitale, gli interessi e le spese che il fideiussore ha fatte dopo che ha denunziato al debitore principale le istanze proposte contro di lui.

Il fideiussore inoltre ha diritto agli interessi legali sulle somme pagate dal giorno del pagamento. Se il debito principale produceva interessi in misura superiore al saggio legale, il fideiussore ha diritto a questi fino al rimborso del capitale.

Se il debitore è incapace, il regresso del fideiussore è ammesso solo nei limiti di ciò che sia stato rivolto a suo vantaggio.

1951. ***Regresso contro più debitori principali.*** — Se vi sono più debitori principali obbligati in solido, il fideiussore che ha garantito per tutti ha regresso contro ciascuno per ripetere integralmente ciò che ha pagato.

1952. ***Divieto di agire contro il debitore principale.*** — Il fideiussore non ha regresso contro il debitore principale se, per avere omesso di denunziargli il pagamento fatto, il debitore ha pagato ugualmente il debito.

Se il fideiussore ha pagato senza averne dato avviso al debitore principale, questi può opporgli le eccezioni che avrebbe potuto opporre al creditore principale all'atto del pagamento.

In entrambi i casi è fatta salva al fideiussore l'azione per la ripetizione contro il creditore.

1953. ***Rilievo del fideiussore.*** — Il fideiussore, anche prima di aver pagato, può agire contro il debitore perché questi gli procuri la liberazione o, in mancanza, presti le garanzie necessarie per assicurargli il soddisfacimento delle eventuali ragioni di regresso, nei casi seguenti:

1) quando è convenuto in giudizio per il pagamento;

2) quando il debitore è divenuto insolvente;

3) quando il debitore si è obbligato di liberarlo dalla fideiussione entro un tempo determinato;

4) quando il debito è divenuto esigibile per la scadenza del termine;

5) quando sono decorsi cinque anni, e l'obbligazione principale non ha un termine, purché essa non sia di tal natura da non potersi estinguere prima di un tempo determinato.

SEZIONE IV
Dei rapporti tra più fideiussori

1954. ***Regresso contro gli altri fideiussori.*** — Se più persone hanno prestato fideiussione per un medesimo debitore e per un medesimo debito, il fideiussore che ha pagato ha regresso contro gli altri fideiussori per la loro rispettiva porzione. Se uno di questi è insolvente, si osserva la disposizione del secondo comma dell'art. 1299.

SEZIONE V
Dell'estinzione della fideiussione

1955. ***Liberazione del fideiussore per fatto del creditore.*** — La fideiussione si estingue quando, per fatto del creditore, non può avere effetto la surrogazione del fideiussore nei diritti, nel pegno, nelle ipoteche e nei privilegi del creditore.

1956. ***Liberazione del fideiussore per obbligazione futura.*** — Il fideiussore per una obbligazione futura è liberato se il creditore, senza speciale autorizzazione del fideiussore, ha fatto credito al terzo, pur conoscendo che le condizioni patrimoniali di questo erano divenute tali da rendere notevolmente più difficile il soddisfacimento del credito.

Non è valida la preventiva rinuncia del fideiussore ad avvalersi della liberazione.[1]

[1] Comma introdotto dall'art. 10 della L. 17 feb. 1992, n. 154.

1957. ***Scadenza dell'obbligazione principale.*** — Il fideiussore rimane obbligato anche dopo la scadenza dell'obbligazione principale purché il creditore entro sei mesi abbia proposto le sue istanze contro il debitore e le abbia con diligenza continuate.

La disposizione si applica anche al caso in cui il fideiussore ha espressamente limitato la sua fideiussione allo stesso termine dell'obbligazione principale.

In questo caso però l'istanza contro il debitore deve essere proposta entro due mesi.

L'istanza proposta contro il debitore interrompe la prescrizione anche nei confronti del fideiussore (*Trans.* 190).

CAPO XXIII
Del mandato di credito

1958. ***Effetti del mandato di credito.*** — Se una persona si obbliga verso un'altra, che le ha conferito l'incarico, a fare credito a un terzo, in nome e per conto proprio, quella che ha dato l'incarico risponde come fideiussore di un debito futuro.

Colui che ha accettato l'incarico non può rinunziarvi, ma chi l'ha conferito può revocarlo, salvo l'obbligo di risarcire il danno all'altra parte.

1959. ***Sopravvenuta insolvenza del mandan-***

te o del terzo. — Se, dopo l'accettazione dell'incarico, le condizioni patrimoniali di colui che lo ha conferito o del terzo sono divenute tali da rendere notevolmente più difficile il soddisfacimento del credito, colui che ha accettato l'incarico non può essere costretto ad eseguirlo.

Si applica inoltre la disposizione dell'art. 1956.

CAPO XXIV
Dell'anticresi

1960. ***Nozione.*** — L'anticresi è il contratto col quale il debitore o un terzo si obbliga a consegnare un immobile al creditore a garanzia del credito, affinché il creditore ne percepisca i frutti, imputandoli agli interessi, se dovuti, e quindi al capitale.

1961. ***Obblighi del creditore anticretico.*** — Il creditore, se non è stato convenuto diversamente, è obbligato a pagare i tributi e i pesi annui dell'immobile ricevuto in anticresi.

Egli ha l'obbligo di conservare, amministrare e coltivare il fondo da buon padre di famiglia. Le spese relative devono essere prelevate dai frutti.

Il creditore, se vuole liberarsi da tali obblighi, può in ogni tempo, restituire l'immobile al debitore, purché non abbia rinunziato a tale facoltà.

1962. ***Durata dell'anticresi.*** — L'anticresi dura finché il creditore sia stato interamente soddisfatto del suo credito, anche se il credito o l'immobile dato in anticresi sia divisibile, salvo che sia stata stabilita la durata.

In ogni caso l'anticresi non può avere una durata superiore a dieci anni.

Se è stato stipulato un termine maggiore, questo si riduce al termine suddetto (*Trans.* 191).

1963. ***Divieto del patto commissorio.*** — È nullo qualunque patto, anche posteriore alla conclusione del contratto, con cui si conviene che la proprietà dell'immobile passi al creditore nel caso di mancato pagamento del debito.

1964. ***Compensazione dei frutti con gli interessi.*** — Salva la disposizione dell'art. 1448, è valido il patto col quale le parti convengono che i frutti si compensino con gli interessi in tutto o in parte. In tal caso il debitore può in ogni tempo estinguere il suo debito e rientrare nel possesso dell'immobile (*Trans.* 192).

CAPO XXV
Della transazione

1965. ***Nozione.*** — La transazione è il contratto col quale le parti, facendosi reciproche concessioni, pongono fine a una lite già incominciata o prevengono una lite che può sorgere tra loro.

Con le reciproche concessioni si possono creare, modificare o estinguere anche rapporti diversi da quello che ha formato oggetto della pretesa e della contestazione delle parti.

1966. ***Capacità a transigere e disponibilità dei diritti.*** — Per transigere le parti devono avere la capacità di disporre dei diritti che formano oggetto della lite.

La transazione è nulla se tali diritti, per loro natura o per espressa disposizione di legge, sono sottratti alla disponibilità delle parti.

1967. ***Prova.*** — La transazione deve essere provata per iscritto, fermo il disposto del n. 12 dell'art. 1350.

1968. ***Transazione sulla falsità di documenti.*** — La transazione nei giudizi civili di falso non produce alcun effetto, se non è stata omologata dal tribunale, sentito il pubblico ministero.

1969. ***Errore di diritto.*** — La transazione non può essere annullata per errore di diritto relativo alle questioni che sono state oggetto di controversia tra le parti.

1970. ***Lesione.*** — La transazione non può essere impugnata per causa di lesione.

1971. ***Transazione su pretesa temeraria.*** — Se una delle parti era consapevole della temerarietà della sua pretesa, l'altra può chiedere l'annullamento della transazione.

1972. ***Transazione su un titolo nullo.*** — È nulla la transazione relativa a un contratto illecito, ancorché le parti abbiano trattato della nullità di questo.

Negli altri casi in cui la transazione è stata fatta relativamente a un titolo nullo, l'annullamento di essa può chiedersi solo dalla parte che ignorava la causa di nullità del titolo.

1973. ***Annullabilità per falsità di documenti.*** — È annullabile la transazione fatta, in tutto o in parte, sulla base di documenti che in seguito sono stati riconosciuti falsi.

1974. ***Annullabilità per cosa giudicata.*** — È pure annullabile la transazione fatta su lite già decisa con sentenza passata in giudicato, della quale le parti o una di esse non avevano notizia.

1975. ***Annullabilità per scoperta di documenti.*** — La transazione che le parti hanno conclusa generalmente sopra tutti gli affari che potessero esservi tra loro non può impugnarsi per il fatto che posteriormente una di esse venga a conoscenza di documenti che le erano ignoti al tempo della transazione salvo che questi siano stati occultati dall'altra parte.

La transazione è annullabile quando non riguarda che un affare determinato e con documenti posteriormente scoperti si prova che una delle parti non aveva alcun diritto.

1976. ***Risoluzione della transazione per inadempimento.*** — La risoluzione della transazione per inadempimento non può essere richiesta se il rapporto preesistente è stato estinto per novazione, salvo che il diritto alla risoluzione sia stato espressamente stipulato.

CAPO XXVI
Della cessione dei beni ai creditori

1977. ***Nozione.*** — La cessione dei beni ai creditori è il contratto col quale il debitore incarica i suoi creditori o alcuni di essi di liquidare tutte o alcune sue attività e di ripartirne tra loro il ricavato in soddisfacimento dei loro crediti.

1978. ***Forma.*** — La cessione dei beni si deve fare per iscritto, sotto pena di nullità.

Se tra i beni ceduti esistono crediti, si osservano le disposizioni degli artt. 1264 e 1265.

1979. ***Poteri dei creditori cessionari.*** — L'amministrazione dei beni ceduti spetta ai creditori cessionari. Questi possono esercitare tutte le azioni di carattere patrimoniale relative ai beni medesimi (*Trans.* 193).

1980. ***Effetti della cessione.*** — Il debitore non può disporre dei beni ceduti.

I creditori anteriori alla cessione che non vi hanno partecipato possono agire esecutivamente anche su tali beni.

I creditori cessionari, se la cessione ha avuto per oggetto solo alcune attività del debitore, non possono agire esecutivamente sulle altre attività prima di aver liquidato quelle cedute (*Trans.* 193).

1981. ***Spese.*** — I creditori che hanno concluso il contratto o vi hanno aderito devono anticipare le spese necessarie per la liquidazione e hanno il diritto di prelevarne l'importo sul ricavato di essa.

1982. ***Riparto.*** — I creditori devono ripartire tra loro le somme ricavate in proporzione dei rispettivi crediti, salve le cause di prelazione. Il residuo spetta al debitore (*Trans.* 193).

1983. ***Controllo del debitore.*** — Il debitore ha diritto di controllare la gestione e di averne il rendiconto alla fine della liquidazione, o alla fine di ogni anno se la gestione dura più di un anno.

Se è stato nominato un liquidatore, questi deve rendere il conto anche al debitore (*Trans.* 193).

1984. ***Liberazione del debitore.*** — Se non vi è patto contrario, il debitore è liberato verso i creditori solo dal giorno in cui essi ricevono la parte loro spettante sul ricavato della liquidazione, e nei limiti di quanto hanno ricevuto.

1985. ***Recesso dal contratto.*** — Il debitore può recedere dal contratto offrendo il pagamento del capitale e degli interessi a coloro con i quali ha contrattato o che hanno aderito alla cessione. Il recesso ha effetto dal giorno del pagamento.

Il debitore è tenuto al rimborso delle spese di gestione (*Trans.* 193).

1986. ***Annullamento e risoluzione del contratto.*** — La cessione può essere annullata se il debitore, avendo dichiarato di cedere tutti i suoi beni, ha dissimulato parte notevole di essi, ovvero se ha occultato passività o ha simulato passività inesistenti.

La cessione può essere risolta per inadempimento secondo le regole generali.

TITOLO IV
Delle promesse unilaterali

1987. ***Efficacia delle promesse.*** — La promessa unilaterale di una prestazione non produce effetti obbligatori fuori dei casi ammessi dalla legge.

1988. ***Promessa di pagamento e ricognizione di debito.*** — La promessa di pagamento o la ricognizione di un debito dispensa colui a favore del quale è fatta dall'onere di provare il rapporto fondamentale. L'esistenza di questo si presume fino a prova contraria.

1989. ***Promessa al pubblico.*** — Colui che, rivolgendosi al pubblico, promette una prestazione a favore di chi si trovi in una determinata situazione o compia una determinata azione, è vincolato dalla promessa non appena questa è resa pubblica.

Se alla promessa non è apposto un termine, o questo non risulta dalla natura o dallo scopo della medesima, il vincolo del promittente cessa, qualora entro l'anno dalla promessa non gli sia stato comunicato l'avveramento della situazione o il compimento dell'azione prevista nella promessa.

1990. ***Revoca della promessa.*** — La promessa può essere revocata prima della scadenza del termine indicato dall'articolo precedente solo per giusta causa, purché la revoca sia resa pubblica nella stessa forma della promessa o in forma equivalente.

In nessun caso la revoca può avere effetto se la situazione prevista nella promessa si è già verificata o se l'azione è già stata compiuta.

1991. ***Cooperazione di più persone.*** — Se l'azione è stata compiuta da più persone separatamente, oppure se la situazione è comune a più persone, la prestazione promessa, quando è unica, spetta a colui che per primo ne ha dato notizia al promittente.

TITOLO V
Dei titoli di credito[1]

[1] Per la vendita a termine di titoli di credito v. artt. 1531-1536.

CAPO I
Disposizioni generali

1992. ***Adempimento della prestazione.*** — Il possessore di un titolo di credito ha diritto alla prestazione in esso indicata verso presentazione del titolo, purché sia legittimato nelle forme prescritte dalla legge.

Il debitore, che senza dolo o colpa grave adempie la prestazione nei confronti del possessore, è liberato anche se questi non è il titolare del diritto.

1993. ***Eccezioni opponibili.*** — Il debitore può opporre al possessore del titolo soltanto le eccezioni a questo personali, le eccezioni di forma, quelle che sono fondate sul contesto letterale del titolo, nonché quelle che dipendono da falsità della propria firma, da difetto di capacità o di rappresentanza al momento dell'emissione, o dalla mancanza delle condizioni necessarie per l'esercizio dell'azione.

Il debitore può opporre al possessore del titolo le eccezioni fondate sui rapporti personali con i precedenti possessori, soltanto se, nell'acquistare il titolo, il possessore ha agito intenzionalmente a danno del debitore medesimo.

1994. ***Effetti del possesso di buona fede.*** — Chi ha acquistato in buona fede il possesso di un titolo di credito, in conformità delle norme che ne disciplinano la circolazione, non è soggetto a rivendicazione.

1995. ***Trasferimento dei diritti accessori.*** — Il trasferimento del titolo di credito comprende anche i diritti accessori che sono ad esso inerenti.

1996. ***Titoli rappresentativi.*** — I titoli rappresentativi di merci[1] attribuiscono al possessore il diritto alla consegna delle merci che sono in essi specificate, il possesso delle medesime e il potere di disporne mediante trasferimento del titolo.

[1] Per la fede di deposito e per la nota di pegno emesse dai magazzini generali v. artt. 1791-1797 c.c.; per la lettera di vettura, art. 1684 c.c..

1997. ***Efficacia dei vincoli sul credito.*** — Il pegno, il sequestro, il pignoramento e ogni altro vincolo sul diritto menzionato in un titolo di credito o sulle merci da esso rappresentate non hanno effetto se non si attuano sul titolo.

1998. ***Titoli con diritto a premi.*** — Nel caso di usufrutto di titoli di credito il godimento dell'usufruttuario si estende ai premi e alle altre utilità aleatorie prodotte dal titolo.

Il premio è investito a norma dell'art. 1000.

Nel pegno di titoli di credito la garanzia non si estende ai premi e alle altre utilità aleatorie prodotte dal titolo.

1999. ***Conversione dei titoli.*** — I titoli di credito al portatore possono essere convertiti dall'emittente in titoli nominativi, su richiesta e a spese del possessore.

Salvo il caso in cui la convertibilità sia stata espressamente esclusa dall'emittente, i titoli nominativi possono essere convertiti in titoli al portatore, su richiesta e a spese dell'intestatario che dimostri la propria identità e la propria capacità a norma del secondo comma dell'art. 2022.

2000. ***Riunione e frazionamento dei titoli.*** — I titoli di credito emessi in serie possono essere riuniti in un titolo multiplo, su richiesta e a spese del possessore.

I titoli di credito multipli possono essere frazionati in più titoli di taglio minore.

2001. ***Rinvio a disposizioni speciali.*** — Le norme di questo titolo si applicano in quanto non sia diversamente disposto da altre norme di questo codice o di leggi speciali.

I titoli del debito pubblico, i biglietti di banca e gli altri titoli equivalenti sono regolati da leggi speciali.

2002. ***Documenti di legittimazione e titoli impropri.*** — Le norme di questo titolo non si applicano ai documenti che servono solo a identificare l'avente diritto alla prestazione, o a consentire il trasferimento del diritto senza l'osservanza delle forme proprie della cessione.

CAPO II

Dei titoli al portatore

2003. ***Trasferimento del titolo e legittimazione del possessore.*** — Il trasferimento del titolo al portatore si opera con la consegna del titolo.

Il possessore del titolo al portatore è legittimato all'esercizio del diritto in esso menzionato in base alla presentazione del titolo.

2004. ***Limitazione della libertà di emissione.*** — Il titolo di credito contenente l'obbligazione di pagare una somma di danaro non può essere emesso al portatore se non nei casi stabiliti dalla legge.

2005. ***Titolo deteriorato.*** — Il possessore di un titolo deteriorato che non sia più idoneo alla circolazione, ma sia tuttora sicuramente identificabile, ha diritto di ottenere dall'emittente un titolo equivalente verso la restituzione del primo e il rimborso delle spese.

2006. ***Smarrimento e sottrazione del titolo.*** — Salvo disposizioni di leggi speciali,[1] non è ammesso l'ammortamento dei titoli al portatore smarriti o sottratti.

Tuttavia chi denunzia all'emittente lo smarrimento o la sottrazione d'un titolo al portatore e gliene fornisce la prova ha diritto alla prestazione e agli accessori della medesima, decorso il termine di prescrizione del titolo.

Il debitore che esegue la prestazione a favore del possessore del titolo prima del termine suddetto è liberato, salvo che si provi che egli conoscesse il vizio del possesso del presentatore.

Se i titoli smarriti o sottratti sono azioni al portatore, il denunziante può essere autorizzato dal tribunale, previa cauzione, se del caso, a esercitare i diritti inerenti alle azioni anche prima del termine di prescrizione, fino a quando i titoli non vengano presentati da altri.

È salvo, in ogni caso, l'eventuale diritto del denunziante verso il possessore del titolo.

[1] V. L. 30 lug. 1951, n. 948.

2007. ***Distruzione del titolo.*** — Il possessore del titolo al portatore, che ne provi la distruzione, ha diritto di chiedere all'emittente il rilascio di un duplicato o di un titolo equivalente.

Le spese sono a carico del richiedente.

Se la prova della distruzione non è raggiunta, si osservano le disposizioni dell'articolo precedente.

CAPO III
Dei titoli all'ordine

2008. ***Legittimazione del possessore.*** — Il possessore di un titolo all'ordine è legittimato all'esercizio del diritto in esso menzionato in base a una serie continua in girate.

2009. ***Forma della girata.*** — La girata deve essere scritta sul titolo e sottoscritta dal girante.

È valida la girata anche se non contiene l'indicazione del giratario.

La girata al portatore vale come girata in bianco.

2010. ***Girata condizionale o parziale.*** — Qualsiasi condizione apposta alla girata si ha come non scritta.

È nulla la girata parziale.

2011. ***Effetti della girata.*** — La girata trasferisce tutti i diritti inerenti al titolo.

Se il titolo è girato in bianco, il possessore può riempire la girata col proprio nome o con quello di altra persona, ovvero può girare di nuovo il titolo o trasmetterlo a un terzo senza riempire la girata o senza apporne una nuova.

2012. ***Obblighi del girante.*** — Salvo diversa disposizione di legge o clausola contraria risultante dal titolo, il girante non è obbligato per l'inadempimento della prestazione da parte dell'emittente.

2013. ***Girata per incasso o per procura.*** — Se alla girata è apposta una clausola che importa conferimento di una procura per incasso, il giratario può esercitare tutti i diritti inerenti al titolo, ma non può girare il titolo, fuorché per procura.

L'emittente può opporre al giratario per procura soltanto le eccezioni opponibili al girante.

L'efficacia della girata per procura non cessa per la morte o per la sopravvenuta incapacità del girante.

2014. ***Girata a titolo di pegno.*** — Se alla girata è apposta una clausola che importa costituzione di pegno, il giratario può esercitare tutti i diritti inerenti al titolo, ma la girata da lui fatta vale solo come girata per procura.

L'emittente non può opporre al giratario in garanzia le eccezioni fondate sui propri rapporti personali col girante, a meno che il giratario, ricevendo il titolo, abbia agito intenzionalmente a danno dell'emittente.

2015. ***Cessione del titolo all'ordine.*** — L'acquisto di un titolo all'ordine con un mezzo diverso dalla girata produce gli effetti della cessione.

2016. ***Procedura d'ammortamento.*** — In caso di smarrimento, sottrazione o distruzione del titolo, il possessore può farne denunzia al debitore e chiedere l'ammortamento del titolo con ricorso al presidente del tribunale del luogo in cui il titolo è pagabile.

Il ricorso deve indicare i requisiti essenziali del titolo e, se si tratta di titolo in bianco, quelli sufficienti a identificarlo.

Il presidente del tribunale, premessi gli opportuni accertamenti sulla verità dei fatti e sul diritto del possessore, pronunzia con decreto l'ammortamento e autorizza il pagamento del titolo dopo trenta giorni dalla data di pubblicazione del decreto nella *Gazzetta Ufficiale*, purché nel frattempo non sia fatta opposizione dal detentore. Se alla data della pubblicazione il titolo non è ancora scaduto, il termine per il pagamento decorre dalla data della scadenza.

Il decreto deve essere notificato al debitore e pubblicato nella *Gazzetta Ufficiale* a cura del ricorrente.

Nonostante la denunzia, il pagamento fatto al detentore prima della notificazione del decreto libera il debitore.

2017. ***Opposizione del detentore.*** — L'opposizione del detentore deve essere proposta davanti al tribunale che ha pronunziato l'ammortamento, con citazione da notificarsi al ricorrente e al debitore.

L'opposizione non è ammissibile senza il deposito del titolo presso la cancelleria del tribunale.

Se l'opposizione è respinta, il titolo è consegnato a chi ha ottenuto l'ammortamento.

2018. ***Diritti del ricorrente durante il termine per l'opposizione.*** — Durante il termine stabilito dall'art. 2016, il ricorrente può compiere tutti gli atti che tendono a conservare i suoi diritti, e, se il titolo è scaduto o pagabile a vista, può esigerne il pagamento mediante cauzione o chiedere il deposito giudiziario della somma.

2019. ***Effetti dell'ammortamento.*** — Trascorso senza opposizione il termine indicato dall'art. 2016, il titolo non ha più efficacia, salve le ragioni del detentore verso chi ha ottenuto l'ammortamento.

Chi ha ottenuto l'ammortamento su presentazione del decreto e di un certificato del cancelliere del tribunale comprovante che non fu interposta opposizione, può esigere il pagamento o, qualora il titolo sia in bianco o non sia ancora scaduto, può ottenere un duplicato.

2020. ***Leggi speciali.*** — Le norme di questa sezione si applicano ai titoli all'ordine regolati da leggi speciali in quanto queste non dispongano diversamente.

CAPO IV

Dei titoli nominativi

2021. ***Legittimazione del possessore.*** — Il possessore di un titolo nominativo è legittimato all'esercizio del diritto in esso menzionato per effetto dell'intestazione a suo favore contenuta nel titolo e nel registro dell'emittente.

2022. ***Trasferimento.*** — Il trasferimento del titolo nominativo si opera mediante l'annotazione del nome dell'acquirente sul titolo e nel registro dell'emittente o col rilascio di un nuovo titolo intestato al nuovo titolare. Del rilascio deve essere fatta annotazione nel registro.

Colui che chiede l'intestazione del titolo a favore di un'altra persona, o il rilascio di un nuovo titolo ad essa intestato, deve provare la propria identità e la propria capacità di disporre, mediante certificazione di un notaio o di un agente di cambio. Se l'intestazione o il rilascio è richiesto dall'acquirente, questi deve esibire il titolo e dimostrare il suo diritto mediante atto autentico.

Le annotazioni nel registro e sul titolo sono fatte a cura e sotto la responsabilità dell'emittente.

L'emittente che esegue il trasferimento nei modi indicati dal presente articolo è esonerato da responsabilità, salvo il caso di colpa.

2023. ***Trasferimento mediante girata.*** — Salvo diverse disposizioni della legge, il titolo nominativo può essere trasferito anche mediante girata autenticata da un notaio o da un agente di cambio.

La girata deve essere datata e sottoscritta dal girante e contenere l'indicazione del giratario. Se il titolo non è interamente liberato, è necessaria anche la sottoscrizione del giratario.

Il trasferimento mediante girata non ha efficacia nei confronti dell'emittente fino a che non ne sia fatta annotazione nel registro. Il giratario che si dimostra possessore del titolo in base a una serie continua di girate ha diritto di ottenere l'annotazione del trasferimento nel registro dell'emittente.

2024. ***Vincoli sul credito.*** — Nessun vincolo sul credito produce effetti nei confronti dell'emittente e dei terzi, se non risulta da una corrispondente annotazione sul titolo e nel registro.

Per l'annotazione si osserva il disposto del secondo comma dell'art. 2022.

2025. ***Usufrutto.*** — Chi ha l'usufrutto del credito menzionato in un titolo nominativo ha diritto di ottenere un titolo separato da quello del proprietario.

2026. ***Pegno.*** — La costituzione in pegno di un titolo nominativo può farsi anche mediante consegna del titolo, girato con la clausola «in garanzia» o altra equivalente.

Il giratario in garanzia non può trasmettere ad altri il titolo se non mediante girata per procura.

2027. ***Ammortamento.*** — In caso di smarrimento, sottrazione o distruzione del titolo, l'intestatario o il giratario di esso può farne denunzia all'emittente e chiedere l'ammortamento del titolo in conformità delle norme relative ai titoli all'ordine.

In caso di smarrimento, sottrazione o distruzione di azioni nominative, durante il termine stabilito dall'art. 2016 il ricorrente può esercitare i diritti inerenti alle azioni, salva, se del caso, la prestazione di una cauzione.

L'ammortamento estingue il titolo, ma non pregiudica le ragioni del detentore verso chi ha ottenuto il nuovo titolo.

TITOLO VI

Della gestione di affari

2028. ***Obbligo di continuare la gestione.*** — Chi, senza esservi obbligato, assume scientemente la gestione di un affare altrui, è tenuto a continuarla e a condurla a termine finché l'interessato non sia in grado di provvedervi da se stesso.

L'obbligo di continuare la gestione sussiste anche se l'interessato muore prima che l'affare sia terminato, finché l'erede possa provvedere direttamente.

2029. ***Capacità del gestore.*** — Il gestore deve avere la capacità di contrattare.

2030. ***Obbligazioni del gestore.*** — Il gestore è soggetto alle stesse obbligazioni che deriverebbero da un mandato.

Tuttavia il giudice, in considerazione delle circostanze che hanno indotto il gestore ad assumere la gestione, può moderare il risarcimento dei danni ai quali questi sarebbe tenuto per effetto della sua colpa.

2031. ***Obblighi dell'interessato.*** — Qualora la gestione sia stata utilmente iniziata, l'interessato deve adempiere le obbligazioni che il gestore ha assunte in nome di lui, deve tenere indenne il gestore di quelle assunte dal medesimo in nome proprio e rimborsargli tutte le spese necessarie o utili con gli interessi dal giorno in cui le spese stesse sono state fatte.

Questa disposizione non si applica agli atti di gestione eseguiti contro il divieto dell'interessato, eccetto che tale divieto sia contrario alla legge, all'ordine pubblico o al buon costume.

2032. ***Ratifica dell'interessato.*** — La ratifica dell'interessato produce, relativamente alla gestione, gli effetti che sarebbero derivati da un mandato, anche se la gestione è stata compiuta da persona che credeva di gestire un affare proprio.

TITOLO VII
Del pagamento dell'indebito

2033. ***Indebito oggettivo.*** — Chi ha eseguito un pagamento non dovuto ha diritto di ripetere ciò che ha pagato. Ha inoltre diritto ai frutti e agli interessi dal giorno del pagamento, se chi lo ha ricevuto era in mala fede, oppure, se questi era in buona fede, dal giorno della domanda.

2034. ***Obbligazioni naturali.*** — Non è ammessa la ripetizione di quanto è stato spontaneamente prestato in esecuzione di doveri morali o sociali, salvo che la prestazione sia stata eseguita da un incapace.[1]

I doveri indicati dal comma precedente, e ogni altro per cui la legge non accorda azione ma esclude la ripetizione di ciò che è stato spontaneamente pagato, non producono altri effetti.

[1] Cfr. art. 64 L.F.

2035. ***Prestazione contraria al buon costume.*** — Chi ha eseguito una prestazione per uno scopo che, anche da parte sua, costituisca offesa al buon costume non può ripetere quanto ha pagato.

2036. ***Indebito soggettivo.*** — Chi ha pagato un debito altrui, credendosi debitore in base a un errore scusabile, può ripetere ciò che ha pagato, sempre che il creditore non si sia privato in buona fede del titolo o delle garanzie del credito.

Chi ha ricevuto l'indebito è anche tenuto a restituire i frutti e gli interessi dal giorno del pagamento, se era in mala fede, o dal giorno della domanda, se era in buona fede.

Quando la ripetizione non è ammessa, colui che ha pagato subentra nei diritti del creditore.

2037. ***Restituzione di cosa determinata.*** — Chi ha ricevuto indebitamente una cosa determinata è tenuto a restituirla.

Se la cosa è perita, anche per caso fortuito, chi l'ha ricevuta in mala fede è tenuto a corrisponderne il valore; se la cosa è soltanto deteriorata, colui che l'ha data può chiedere l'equivalente, oppure la restituzione e un'indennità per la diminuzione di valore.

Chi ha ricevuto la cosa in buona fede non risponde del perimento o del deterioramento di essa, ancorché dipenda da fatto proprio, se non nei limiti del suo arricchimento.

2038. ***Alienazione della cosa ricevuta indebitamente.*** — Chi, avendo ricevuto la cosa in buona fede, l'ha alienata prima di conoscere l'obbligo di restituirla è tenuto a restituire il corrispettivo conseguito. Se questo è ancora dovuto, colui che a pagato l'indebito subentra nel diritto dell'alienante. Nel caso di alienazione a titolo gratuito, il terzo acquirente è obbligato, nei limiti del suo arricchimento, verso colui che ha pagato l'indebito.

Chi ha alienato la cosa ricevuta in mala fede, o dopo aver conosciuto l'obbligo di restituirla, è obbligato a restituirla in natura o a corrisponderne il valore. Colui che ha pagato l'indebito può però esigere il corrispettivo dell'alienazione e può anche agire direttamente per conseguirlo. Se l'alienazione è stata fatta a titolo gratuito, l'acquirente, qualora l'alienante sia stato inutilmente escusso, è obbligato, nei limiti dell'arricchimento verso colui che ha pagato l'indebito.

2039. ***Indebito ricevuto da un incapace.*** — L'incapace che ha ricevuto l'indebito, anche in mala fede, non è tenuto che nei limiti in cui ciò che ha ricevuto è stato rivolto a suo vantaggio.

2040. ***Rimborso di spese e di miglioramenti.*** — Colui al quale è restituita la cosa è tenuto a rimborsare il possessore delle spese e dei miglioramenti, a norma degli artt. 1149, 1150, 1151 e 1152.

TITOLO VIII
Dell'arricchimento senza causa

2041. ***Azione generale di arricchimento.*** — Chi, senza una giusta causa, si è arricchito a danno di un'altra persona è tenuto, nei limiti dell'arricchimento, a indennizzare quest'ultima della correlativa diminuzione patrimoniale.

Qualora l'arricchimento abbia per oggetto una cosa determinata, colui che l'ha ricevuta è tenuto a restituirla in natura, se sussiste al tempo della domanda.

2042. ***Carattere sussidiario dell'azione.*** — L'azione di arricchimento non è proponibile quando il danneggiato può esercitare un'altra azione[1] per farsi indennizzare del pregiudizio subito.

[1] Come nei casi: di acquisto dei frutti (821); di pagamento anticipato (1185); di pagamento al creditore incapace (1190); di ripetizione contro il contraente incapace (1443); di ripetizione contro il depositario incapace (1769); di mancata restituzione di cosa ricevuta in buona fede (2037); di alienazione della cosa ricevuta indebitamente (2038).

TITOLO IX
Dei fatti illeciti

2043. ***Risarcimento per fatto illecito.*** — Qualunque fatto doloso o colposo, che cagiona ad altri un danno ingiusto, obbliga colui che ha commesso il fatto a risarcire il danno.[1]

[1] Sul risarcimento del danno per ogni reato che abbia cagionato un danno patrimoniale o non patrimoniale;

sull'ipoteca legale e sul sequestro sui beni dell'imputato; sull'ordine dei crediti garantiti con ipoteca o sequestro; sull'inefficacia e sulla revoca degli atti compiuti dal colpevole v. 185-198 c.p. e 616-621 c.p.p.

2044. ***Legittima difesa.*** — Non è responsabile chi cagiona il danno per legittima difesa di sé o di altri.

Nei casi di cui all'articolo 52, commi secondo, terzo e quarto, del codice penale, la responsabilità di chi ha compiuto il fatto è esclusa.[1]

Nel caso di cui all'articolo 55, secondo comma, del codice penale, al danneggiato è dovuta una indennità la cui misura è rimessa all'equo apprezzamento del giudice, tenuto altresì conto della gravità, delle modalità realizzative e del contributo causale della condotta posta in essere al danneggiato.[1]

[1] Comma aggiunto dall'art. 7, c. 1, L. 26 apr. 2019, n. 36.

2045. ***Stato di necessità.*** — Quando chi ha compiuto il fatto dannoso vi è stato costretto dalla necessità di salvare sè o altri dal pericolo attuale di un danno grave alla persona, e il pericolo non è stato da lui volontariamente causato né era altrimenti evitabile, al danneggiato è dovuta un'indennità, la cui misura è rimessa all'equo apprezzamento del giudice (*Trans.* 194).

2046. ***Imputabilità del fatto dannoso.*** — Non risponde delle conseguenze dal fatto dannoso chi non aveva la capacità d'intendere o di volere al momento in cui lo ha commesso, a meno che lo stato d'incapacità derivi da sua colpa.

2047. ***Danno cagionato dall'incapace.*** — In caso di danno cagionato da persona incapace di intendere o di volere, il risarcimento è dovuto da chi è tenuto alla sorveglianza dell'incapace, salvo che provi di non aver potuto impedire il fatto.

Nel caso in cui il danneggiato non abbia potuto ottenere il risarcimento da chi è tenuto alla sorveglianza, il giudice, in considerazione delle condizioni economiche delle parti, può condannare l'autore del danno a un'equa indennità.

2048. ***Responsabilità dei genitori, dei tutori, dei precettori e dei maestri d'arte.*** — Il padre e la madre, o il tutore, sono responsabili del danno cagionato dal fatto illecito dei figli minori non emancipati o delle persone soggette alla tutela, che abitano con essi. La stessa disposizione si applica all'affiliante.

I precettori e coloro che insegnano un mestiere o un'arte sono responsabili del danno cagionato dal fatto illecito dei loro allievi e apprendisti nel tempo in cui sono sotto la loro vigilanza.

Le persone indicate dai commi precedenti sono liberate dalla responsabilità soltanto se provano di non aver potuto impedire il fatto.

2049. ***Responsabilità dei padroni e dei committenti.*** — I padroni e i committenti sono responsabili per i danni arrecati dal fatto illecito dei loro domestici e commessi nell'esercizio delle incombenze a cui sono adibiti.

2050. ***Responsabilità per l'esercizio di attività pericolose.*** — Chiunque cagiona danno ad altri nello svolgimento di un'attività pericolosa, per sua natura o per la natura dei mezzi adoperati, è tenuto al risarcimento, se non prova di avere adottato tutte le misure idonee a evitare il danno.

2051. ***Danno cagionato da cosa in custodia.*** — Ciascuno è responsabile del danno cagionato dalle cose che ha in custodia, salvo che provi il caso fortuito.

2052. ***Danno cagionato da animali.*** — Il proprietario di un animale o chi se ne serve per il tempo in cui lo ha in uso, è responsabile dei danni cagionati dall'animale, sia che fosse sotto la sua custodia, sia che fosse smarrito o fuggito, salvo che provi il caso fortuito.

2053. ***Rovina di edificio.*** — Il proprietario di un edificio o di altra costruzione è responsabile dei danni cagionati dalla loro rovina, salvo che provi che questa non è dovuta a difetto di manutenzione o a vizio di costruzione.

2054. ***Circolazione di veicoli.***[1] — Il conducente di un veicolo senza guida di rotaie è obbligato a risarcire il danno prodotto a persone o a cose dalla circolazione del veicolo, se non prova di aver fatto tutto il possibile per evitare il danno.

Nel caso di scontro tra veicoli si presume, fino a prova contraria, che ciascuno dei conducenti abbia concorso ugualmente a produrre il danno subito dai singoli veicoli.[2]

Il proprietario del veicolo, o, in sua vece, l'usufruttuario (978) o l'acquirente con patto di riservato dominio, è responsabile in solido col conducente, se non prova che la circolazione del veicolo è avvenuta contro la sua volontà.

In ogni caso le persone indicate dai commi precedenti sono responsabili dei danni derivati da vizi di costruzione o da difetto di manutenzione del veicolo.[3]

[1] V. D.lgs. 30 apr. 1992, n. 285 *Nuovo codice della strada*.

[2] La Corte cost., con sent. 29 dic. 1972, n. 205, ha dichiarato l'ill. cost. dell'art. 2054, c. 2, «limitatamente alla parte in cui nel caso di scontro fra veicoli esclude che la presunzione di egual concorso dei conducenti operi anche se uno dei veicoli non abbia riportato danni».

[3] V. la L. 24 dic. 1969, n. 990 sull'assicurazione obbligatoria della responsabilità civile derivante dalla circolazione dei veicoli a motore e dei natanti modif. con D.L. 23 dic. 1976, n. 857, conv. in L. 26 feb. 1977, n. 39, con modificazioni. Con D.P.R. 24 nov. 1970, n. 973, è stato emanato il relativo regolamento.

2055. ***Responsabilità solidale.*** — Se il fatto dannoso è imputabile a più persone, tutte sono obbligate in solido al risarcimento del danno.

Colui che ha risarcito il danno ha regresso contro ciascuno degli altri, nella misura determinata dalla gravità della rispettiva colpa e dall'entità delle conseguenze che ne sono derivate.

Nel dubbio, le singole colpe si presumono uguali.

2056. ***Valutazione dei danni.*** — Il risarcimento dovuto al danneggiato si deve determinare secondo le disposizioni degli artt. 1223, 1226 e 1227.

Il lucro cessante è valutato dal giudice con equo apprezzamento delle circostanze del caso.

2057. ***Danni permanenti.*** — Quando il danno alle persone ha carattere permanente la liquidazione può essere fatta dal giudice, tenuto conto delle condizioni delle parti e della natura del danno, sotto forma di una rendita vitalizia. In tal caso il giudice dispone le opportune cautele (*Trans.* 194).

2058. ***Risarcimento in forma specifica.*** — Il danneggiato può chiedere la reintegrazione in forma specifica, qualora sia in tutto o in parte possibile.

Tuttavia il giudice può disporre che il risarcimento avvenga solo per equivalente, se la reintegrazione in forma specifica risulta eccessivamente onerosa per il debitore (*Trans.* 194).

2059. ***Danni non patrimoniali.*** — Il danno non patrimoniale deve essere risarcito solo nei casi determinati dalla legge.

LIBRO QUINTO

DEL LAVORO[1]

[1] V. *Att.* 85-111; *Trans.* 195-223; *Cost.* Titolo III.

TITOLO I
Della disciplina delle attività professionali

CAPO I
Disposizioni generali

2060. ***Del lavoro.*** — Il lavoro è tutelato in tutte le sue forme organizzative ed esecutive, intellettuali, tecniche e manuali [, secondo i princìpi della Carta del lavoro].[1]

[1] Parole abrog. dall'art. 3 cap. D.L.L. 14 set. 1944, n. 287.

2061. ***Ordinamento delle categorie professionali.*** — L'ordinamento delle categorie professionali è stabilito dalle leggi, dai regolamenti, dai provvedimenti dell'autorità governativa e dagli statuti delle associazioni professionali.

2062. ***Esercizio professionale delle attività economiche.*** — L'esercizio professionale delle attività economiche è disciplinato dalle leggi, dai regolamenti e dalle norme corporative.[1]

[1] V. la nota agli artt. 1 e 5 delle disposizioni preliminari al c.c.

CAPO II
Delle ordinanze corporative e degli accordi economici collettivi

2063. ***Oggetto.*** — Le ordinanze corporative per il coordinamento della produzione e degli scambi possono avere per oggetto:

1) la disciplina unitaria della produzione;

2) il regolamento dei rapporti tra determinate categorie professionali;

3) le tariffe per le prestazioni e per i beni di consumo offerti al pubblico in condizioni di privilegio.

Le materie indicate nel n. 2 possono anche, nei casi e nei modi stabiliti dalla legge, formare oggetto di accordi economici collettivi tra le associazioni professionali che rappresentano le categorie interessate.

2064. ***Formazione e pubblicazione.*** — La formazione e la pubblicazione delle ordinanze corporative e degli accordi economici collettivi sono regolate dalle leggi speciali.

2065. ***Efficacia.*** — Le ordinanze corporative e gli accordi economici collettivi hanno efficacia per tutti coloro che esercitano la loro attività nel ramo di produzione regolato dalle ordinanze e dagli accordi medesimi.

2066. ***Inderogabilità.*** — I contratti individuali non possono derogare alle ordinanze corporative e agli accordi economici collettivi, salvo che questi lo consentano.

Le clausole dei contratti individuali, difformi dalle norme inderogabili contenute nelle ordinanze e negli accordi previsti nel presente capo, sono sostituite di diritto dalle norme suddette.

La disposizione del comma precedente non si applica ai contratti stipulati prima dell'entrata in vigore dell'ordinanza corporativa o dell'accordo economico collettivo. L'ordinanza e l'accordo possono tuttavia stabilire che le norme in essi contenute si applicano anche ai contratti ad esecuzione continuata o periodica in corso, per la parte non ancora eseguita.

CAPO III
Del contratto collettivo di lavoro e delle norme equiparate

2067. ***Soggetti.*** — I contratti collettivi di lavoro sono stipulati dalle associazioni professionali.

2068. ***Rapporti di lavoro sottratti a contratto collettivo.*** — Non possono essere regolati da contratto collettivo i rapporti di lavoro, in quanto siano disciplinati con atti della pubblica autorità in conformità della legge.

Sono altresì sottratti alla disciplina del contratto collettivo i rapporti di lavoro concernenti prestazioni di carattere personale [o domestico][1].

[1] La Corte cost., con sent. 9 apr. 1969, n. 68, ha dichiarato l'ill. cost. dell'art. 2068, c. 2, «nella parte in cui dispone che sono sottratti alla disciplina del contratto collettivo i rapporti di lavoro concernenti prestazioni di carattere domestico».

2069. ***Efficacia.*** — Il contratto collettivo deve contenere l'indicazione della categoria di imprenditori e di prestatori di lavoro, ovvero delle imprese o dell'impresa, a cui si riferisce, e del territorio dove ha efficacia.

In mancanza di tali indicazioni il contratto collettivo è obbligatorio per tutti gli imprenditori e i prestatori di lavoro rappresentati dalle associazioni stipulanti.

2070. ***Criteri di applicazione.*** — L'appartenenza alla categoria professionale, ai fini dell'applicazione del contratto collettivo, si determina secondo l'attività effettivamente esercitata dall'imprenditore.

Se l'imprenditore esercita distinte attività aventi carattere autonomo, si applicano ai rispettivi rapporti di lavoro le norme dei contratti collettivi corrispondenti alle singole attività.

Quando il datore di lavoro esercita non professionalmente un'attività organizzata, si applica il contratto collettivo che regola i rapporti di lavoro relativi alle imprese che esercitano la stessa attività.

2071. ***Contenuto.*** — Il contratto collettivo deve contenere le disposizioni occorrenti, secondo la natura del rapporto, [per attuare i principî della Carta del lavoro e][1] per dare esecuzione alle norme di questo codice concernenti la disciplina del lavoro, i diritti e gli obblighi degli imprenditori e dei prestatori di lavoro.

Deve inoltre indicare le qualifiche e le rispettive mansioni dei prestatori di lavoro appartenenti alla categoria a cui si riferisce la disciplina collettiva.

Deve infine contenere la determinazione della sua durata.

[1] Comma così modif. dall'art. 3, cap. D.L.L. 14 set. 1944, n. 287.

2072. ***Deposito e pubblicazione.*** — Il deposito e la pubblicazione del contratto collettivo sono regolati dalle leggi speciali.

Prima della pubblicazione l'autorità governativa deve accertare che ricorrano le condizioni richieste per la validità del contratto collettivo.

La pubblicazione può essere rifiutata, se il contratto collettivo non contiene le disposizioni e le indicazioni richieste dall'art. 2071, salvo che le parti si siano obbligate a integrarlo con successivi patti da stipularsi entro un termine stabilito. Se i patti integrativi non sono stipulati nel termine, può essere adita la magistratura del lavoro per la formazione delle disposizioni integrative.

Contro il rifiuto di pubblicazione è ammesso ricorso alla magistratura del lavoro a norma delle leggi speciali.

2073. ***Denunzia.***[1] — La denunzia del contratto collettivo deve farsi almeno tre mesi prima della scadenza.

Se, avvenuta la denunzia, le associazioni professionali non hanno, un mese prima della scadenza, provveduto alla stipulazione e al deposito del nuovo contratto collettivo, ed è rimasto infruttuoso l'esperimento di conciliazione previsto nell'art. 412 del codice di procedura civile,può essere adita la magistratura del lavoro per la formazione di nuove condizioni di lavoro.

[1] L'art. 412 c.p.c. è stato abrog. con L. 11 ago. 1973, n. 533, che ha sostituito il titolo IV del libro II del c.p.c. sulle controversie individuali del lavoro. L'art. 2073 si deve ritenere abrogato per effetto del D.L.L.23 nov. 1944, n. 69.

2074. ***Efficacia dopo la scadenza.*** — Il contratto collettivo, anche quando è stato denunziato, continua a produrre i suoi effetti dopo la scadenza, fino a che sia intervenuto un nuovo regolamento collettivo.

2075. ***Efficacia nel caso di variazioni nell'inquadramento.*** — Il contratto collettivo conserva efficacia nei confronti della categoria alla quale si riferisce, anche se la rappresentanza legale di questa, per effetto di variazioni nell'inquadramento, spetta ad altra associazione.

Questa ha però facoltà di denunziare il contratto collettivo indipendentemente dal termine fissato per la scadenza di esso.

2076. ***Contratto collettivo annullabile.*** — Il contratto collettivo annullabile conserva efficacia fino a che intervenga una sentenza di annullamento passata in giudicato.

La domanda di annullamento è proposta davanti la magistratura del lavoro dalle associazioni interessate o dal pubblico ministero.

La domanda deve essere proposta, sotto pena di decadenza, entro sei mesi dalla pubblicazione del contratto collettivo.

2077. ***Efficacia del contratto collettivo sul contratto individuale.*** — I contratti individuali di lavoro tra gli appartenenti alle categorie alle quali si riferisce il contratto collettivo devono uniformarsi alle disposizioni di questo.

Le clausole difformi dei contratti individuali, preesistenti o successivi al contratto collettivo, sono sostituite di diritto da quelle del contratto collettivo, salvo che contengano speciali condizioni più favorevoli ai prestatori di lavoro.

2078. ***Efficacia degli usi.*** — In mancanza di disposizioni di legge e di contratto collettivo si applicano gli usi. Tuttavia gli usi più favorevoli ai prestatori di lavoro prevalgono sulle norme dispositive di legge.

Gli usi non prevalgono sui contratti individuali di lavoro.

2079. ***Rapporti di associazione agraria e di affitto a coltivatore diretto.*** — La disciplina del contratto collettivo di lavoro si applica anche ai rapporti di associazione agraria regolati dal capo II del titolo II ed a quelli di affitto a coltivatore diretto del fondo.

Tuttavia in questi rapporti il contratto collettivo non deve contenere norme relative al salario, all'orario di lavoro, alle ferie, al periodo di prova, od altre che contrastino con la natura dei rapporti medesimi.

2080. ***Colonia parziaria e affitto con l'obbligo di miglioria.*** — Nei contratti individuali di colonia parziaria e di affitto a coltivatore diretto, con l'obbligo di miglioria, conservano efficacia le clausole difformi dalle disposizioni del contratto collettivo stipulato durante lo svolgimento del rapporto.

2081. ***Norme equiparate al contratto collettivo.*** — Le disposizioni sul contratto collettivo di lavoro contenute in questo capo valgono, in quanto applicabili, per le altre norme corporative che disciplinano rapporti di lavoro.

TITOLO II
Del lavoro nell'impresa

CAPO I
Dell'impresa in generale

SEZIONE I
Dell'imprenditore

2082. ***Imprenditore.*** — È imprenditore chi esercita professionalmente una attività economica organizzata al fine della produzione o dello scambio di beni o di servizi.

2083. ***Piccoli imprenditori.*** — Sono piccoli imprenditori i coltivatori diretti del fondo, gli artigiani,[1] i piccoli commercianti e coloro che esercitano una attività professionale organizzata prevalentemente con il lavoro proprio e dei componenti della famiglia.

[1] Per la disciplina relativa. V. L. 8 ago. 1985, n. 443.

2084. ***Condizioni per l'esercizio dell'impresa.*** — La legge determina le categorie d'imprese il cui esercizio è subordinato a concessione o autorizzazione amministrativa.

Le altre condizioni per l'esercizio delle diverse categorie di imprese sono stabilite dalla legge [e dalle norme corporative].[1]

[1] Sui requisiti per l'esercizio dell'attività commerciale, v. l'art. 5 del D.lgs. 31 mar. 1998, n. 114; per le sanzioni in caso di violazione dell'art. 5 cfr. l'art. 22 del medesimo decreto.

Per l'entrata in vigore di tali norme cfr. l'art. 26 D.lgs. *citato*.

2085. ***Indirizzo della produzione.*** — Il controllo sull'indirizzo della produzione e degli scambi in relazione all'interesse unitario dell'economia nazionale è esercitato dallo Stato, nei modi previsti dalla legge e dalle norme corporative.

La legge stabilisce altresì i casi e i modi nei quali si esercita la vigilanza dello Stato sulla gestione delle imprese.

2086. ***Gestione dell'impresa.***[1] — L'imprenditore è il capo dell'impresa e da lui dipendono gerarchicamente i suoi collaboratori.

L'imprenditore, che operi in forma societaria o collettiva, ha il dovere di istituire un assetto organizzativo, amministrativo e contabile adeguato alla natura e alle dimensioni dell'impresa, anche in funzione della rilevazione tempestiva della crisi dell'impresa e della perdita della continuità aziendale, nonché di attivarsi senza indugio per l'adozione e l'attuazione di uno degli strumenti previsti dall'ordinamento per il superamento della crisi e il recupero della continuità aziendale.[2]

[1] Rubrica così modif. dall'art. 375, D.lgs. 12 gen. 2019, n. 14, con decorrenza 16 mar. 2019.

[2] Comma aggiunto dall'art. 375, D.lgs. 12 gen. 2019, n. 14, con decorrenza 16 mar. 2019.

2087. ***Tutela delle condizioni di lavoro.*** — L'imprenditore è tenuto ad adottare nell'esercizio dell'impresa le misure che, secondo la particolarità del lavoro, l'esperienza e la tecnica, sono necessarie a tutelare l'integrità fisica e la personalità morale dei prestatori di lavoro.[1]

[1] V. art. 9 L. 20 mag. 1970, n. 300.

2088. ***Responsabilità dell'imprenditore.***[1] — L'imprenditore deve uniformarsi nell'esercizio dell'impresa ai principi dell'ordinamento corporativo e agli obblighi che ne derivano, e risponde verso lo Stato dell'indirizzo della produzione e degli scambi, in conformità della legge e delle norme corporative.

[1] Gli artt. 2088-2092, benché non espressamente abrogati dal D.L.L. 23 nov. 1944, n. 369, si ritiene non siano più in vigore.

2089. ***Inosservanza degli obblighi dell'imprenditore.***[1] — Se l'imprenditore non osserva gli obblighi imposti dall'ordinamento corporativo nell'interesse della produzione, in modo da determinare grave danno all'economia nazionale, gli organi corporativi, dopo aver compiuto le opportune indagini e richiesto all'imprenditore i chiarimenti necessari, possono disporre la trasmissione degli atti al pubblico ministero presso la corte d'appello di cui fa parte la magistratura del lavoro competente per territorio, perché promuova eventualmente i provvedimenti indicati nell'art. 2091 (*Att.* 85).

[1] V. la nota all'art. 2088.

2090. ***Procedimento.***[1] — Il presidente della magistratura del lavoro, ricevuta l'istanza del pubblico ministero, fissa il giorno per la comparizione dell'imprenditore e assegna un termine entro il quale egli deve presentare le sue deduzioni.

La magistratura del lavoro decide in camera di consiglio, sentiti il pubblico ministero e l'imprenditore. Può anche, prima di decidere, sentire l'associazione professionale alla quale appartiene l'imprenditore, assumere le informazioni e compiere le indagini che ritiene necessarie.

Contro la sentenza della magistratura del lavoro l'imprenditore e il pubblico ministero possono proporre ricorso per cassazione a norma dell'art. 426 del codice di procedura civile.

[1] V. la nota all'art. 2088; l'art. 426 c.p.c. è stato quindi abrog. con L. 11 ago. 1973, n. 533.

2091. ***Sanzioni.***[1] — La magistratura del lavoro, se accerta che l'inosservanza perdura, fissa un termine entro il quale l'imprenditore deve uniformarsi agli obblighi suddetti (*Att.* 87, 89).

Qualora l'imprenditore non vi ottemperi nel termine fissato, la magistratura del lavoro può ordinare la sospensione dell'esercizio dell'impresa o, se la sospensione è tale da recare pregiudizio all'economia nazionale, può nominare un amministratore che assuma la gestione dell'impresa, scegliendo fra le persone designate dall'imprenditore, se riconosciute idonee, e determinandone i poteri e la durata (*Att.* 90).

Se si tratta di società, la magistratura del lavoro, anziché nominare un amministratore, può assegnare un termine entro il quale la società deve provvedere a sostituire gli amministratori in carica con altre persone riconosciute idonee (*Att.* 92, 93, 94).

[1] V. la nota all'art. 2088.

2092. ***Sanzioni previste da leggi speciali.***[1] — Le disposizioni dei tre articoli precedenti non si applicano nei casi in cui per le trasgressioni commesse dall'imprenditore le leggi speciali prevedono particolari sanzioni a di lui carico.

[1] V. la nota all'art. 2088.

2093. ***Imprese esercitate da enti pubblici.*** — Le disposizioni di questo libro si applicano agli enti pubblici inquadrati nelle associazioni professionali.

Agli enti pubblici non inquadrati si applicano le disposizioni di questo libro, limitatamente alle imprese da essi esercitate.

Sono salve le diverse disposizioni della legge.

SEZIONE II
Dei collaboratori dell'imprenditore

2094. ***Prestatore di lavoro subordinato.*** — È prestatore di lavoro subordinato chi si obbliga mediante retribuzione a collaborare nell'impresa, prestando il proprio lavoro intellettuale o manuale alle dipendenze e sotto la direzione dell'imprenditore.

2095. ***Categorie dei prestatori di lavoro.*** — I prestatori di lavoro subordinato si distinguono in dirigenti, quadri, impiegati e operai.[1]

Le leggi speciali[2] e le norme corporative,[3] in relazione a ciascun ramo di produzione e alla particolare struttura dell'impresa, determinano i requisiti di appartenenza alle indicate categorie (*Att.* 95, 96).

[1] Comma così sostituito dall'art. 1 della L. 13 mag. 1985, n. 190. Ai sensi dell'art. 2 della medesima legge:

«1. La categoria dei quadri è costituita dai prestatori di lavoro subordinato che, pur non appartenendo alla categoria dei dirigenti, svolgono funzioni con carattere continuativo di rilevante importanza ai fini dello sviluppo e dell'attuazione degli obiettivi dell'impresa.

2. I requisiti di appartenenza alla categoria dei quadri sono stabiliti dalla contrattazione collettiva nazionale o aziendale in relazione a ciascun ramo di produzione e alla particolare struttura organizzativa dell'impresa.

3. Salvo diversa espressa disposizione, ai lavoratori di cui al comma 1 si applicano le norme riguardanti la categoria degli impiegati».

[2] Per il rapporto di impiego privato v. R.D.L. 13 nov. 1924, n. 1852 e succ. modif.

[3] V. la nota all'art. 5 delle disposizioni preliminari al c.c.

SEZIONE III
Del rapporto di lavoro

§ 1.
Della costituzione del rapporto di lavoro

2096. ***Assunzione in prova.*** — Salvo diversa disposizione delle norme corporative, l'assunzione del prestatore di lavoro per un periodo di prova deve risultare da atto scritto.

L'imprenditore e il prestatore di lavoro sono rispettivamente tenuti a consentire e a fare l'esperimento che forma oggetto del patto di prova.

Durante il periodo di prova ciascuna delle parti può recedere dal contratto, senza obbligo di preavviso [o d'indennità].[1] Se però la prova è stabilita per un tempo minimo necessario, la facoltà di recesso non può esercitarsi prima della scadenza del termine.

Compiuto il periodo di prova, l'assunzione diviene definitiva e il servizio prestato si computa nell'anzianità del prestatore di lavoro.[2]

[1] La Corte cost., con sent. 22 dic. 1980, n. 189, ha dichiarato l'ill. cost. del c. 3 «nella parte in cui non riconosce il diritto all'indennità di anzianità di cui agli artt. 2120 e 2121 c.c. al lavoratore assunto con patto di prova nel caso di recesso dal contratto durante il periodo di prova medesimo».

[2] Per la prova nell'apprendistato v. L. 19 gen. 1955, n. 25, art. 9.

2097. ***Durata del contratto di lavoro.***[1]

[1] Articolo abrog. con L. 18 apr. 1962, n. 230.

2098. ***Violazione delle norme sul collocamento dei prestatori di lavoro.*** — Il contratto di lavoro stipulato senza l'osservanza delle disposizioni concernenti la disciplina della domanda e dell'offerta di lavoro[1] può essere annullato, salva l'applicazione delle sanzioni penali.

La domanda di annullamento è proposta dal pubblico ministero, su denunzia dell'ufficio di collocamento, entro un anno dalla data dell'assunzione del prestatore di lavoro.

[1] V. L. 29 apr. 1949, n. 264 con succ. modif. e da ultimo L. 20 mag. 1970, n. 300, artt. 33 e 34 (*Statuto dei lavoratori*). V. anche L. 2 apr. 1968, n. 482 (*Assunzioni obbligatorie*). Sulle sanzioni per la violazione di norme sul collocamento v. gli artt. 26 e 27 della L. 28 feb. 1987, n. 56. V. altresì l'art. 9-*bis* del D.L. 1 ott. 1996, n. 510, conv. con modif. in L. 28 nov. 1996, n. 608.

§ 2.

Dei diritti e degli obblighi delle parti[1]

[1] Per l'obbligo del datore di lavoro di informare il lavoratore delle condizioni applicabili al contratto o al rapporto di lavoro v. D.lgs. 26 mag. 1997, n. 152.

2099. *Retribuzione.* — La retribuzione del prestatore di lavoro può essere stabilita a tempo o a cottimo e deve essere corrisposta nella misura determinata dalle norme corporative, con le modalità e nei termini in uso nel luogo in cui il lavoro viene eseguito.[1]

In mancanza di norme corporative o di accordo tra le parti, la retribuzione è determinata dal giudice, tenuto conto, ove occorra, del parere delle associazioni professionali.

Il prestatore di lavoro può anche essere retribuito in tutto o in parte con la partecipazione agli utili o ai prodotti, con provvigione o con prestazioni in natura.

[1] V. L. 5 gen. 1953, n. 4, v. anche L. 27 mag. 1949, n. 260 e L. 31 mar. 1954, n. 90.

Per la tutela dei crediti di lavoro nel caso in cui il datore di lavoro sia assoggettato alle procedure di fallimento, concordato preventivo, liquidazione coatta amministrativa o alla procedura dell'amm.ne straordinaria di cui al D.L. 26/1979, v. art. 1 del D.L. 27 gen. 1992, n. 80.

2100. *Obbligatorietà del cottimo.* — Il prestatore di lavoro deve essere retribuito secondo il sistema del cottimo, quando, in conseguenza dell'organizzazione del lavoro, è vincolato all'osservanza di un determinato ritmo produttivo, o quando la valutazione della sua prestazione è fatta in base al risultato delle misurazioni dei tempi di lavorazione.

Le norme corporative determinano i rami di produzione e i casi in cui si verificano le condizioni previste nel comma precedente e stabiliscono i criteri per la formazione delle tariffe.

2101. *Tariffe di cottimo.* — Le norme corporative possono stabilire che le tariffe di cottimo non divengano definitive se non dopo un periodo di esperimento.

Le tariffe possono essere sostituite o modificate soltanto se intervengono mutamenti nelle condizioni di esecuzione del lavoro, e in ragione degli stessi. In questo caso la sostituzione o la variazione della tariffa non diviene definitiva se non dopo il periodo di esperimento stabilito dalle norme corporative.

L'imprenditore deve comunicare preventivamente ai prestatori di lavoro i dati riguardanti gli elementi costitutivi della tariffa di cottimo, le lavorazioni da eseguirsi e il relativo compenso unitario. Deve altresì comunicare i dati relativi alla quantità di lavoro eseguita e al tempo impiegato.

2102. *Partecipazione agli utili.* — Se le norme corporative o la convenzione non dispongono diversamente, la partecipazione agli utili spettante al prestatore di lavoro è determinata in base agli utili netti dell'impresa, e, per le imprese soggette alla pubblicazione del bilancio, in base agli utili netti risultanti dal bilancio regolarmente approvato e pubblicato.

2103. *Prestazioni del lavoro.*[1] — Il lavoratore deve essere adibito alle mansioni per le quali è stato assunto o a quelle corrispondenti all'inquadramento superiore che abbia successivamente acquisito ovvero a mansioni riconducibili allo stesso livello e categoria legale di inquadramento delle ultime effettivamente svolte.

In caso di modifica degli assetti organizzativi aziendali che incide sulla posizione del lavoratore, lo stesso può essere assegnato a mansioni appartenenti al livello di inquadramento inferiore purché rientranti nella medesima categoria legale.

Il mutamento di mansioni è accompagnato, ove necessario, dall'assolvimento dell'obbligo formativo, il cui mancato adempimento non determina comunque la nullità dell'atto di assegnazione delle nuove mansioni.

Ulteriori ipotesi di assegnazione di mansioni appartenenti al livello di inquadramento inferiore, purché rientranti nella medesima categoria legale, possono essere previste dai contratti collettivi.

Nelle ipotesi di cui al secondo e al quarto comma, il mutamento di mansioni è comunicato per iscritto, a pena di nullità, e il lavoratore ha diritto alla conservazione del livello di inquadramento e del trattamento retributivo in godimento, fatta eccezione per gli elementi retributivi collegati a particolari modalità di svolgimento della precedente prestazione lavorativa.

Nelle sedi di cui all'articolo 2113, quarto comma, o avanti alle commissioni di certificazione, possono essere stipulati accordi individuali di modifica delle mansioni, della categoria legale e del livello di inquadramento e della relativa retribuzione, nell'interesse del lavoratore alla conservazione dell'occupazione, all'acquisizione di una diversa professionalità o al miglioramento delle condizioni di vita. Il lavoratore può farsi assistere da un rappresentante dell'associazione sindacale cui aderisce o conferisce mandato o da un avvocato o da un consulente del lavoro.

Nel caso di assegnazione a mansioni superiori il lavoratore ha diritto al trattamento corrispondente all'attività svolta e l'assegnazione diviene definitiva, salvo diversa volontà del lavoratore, ove la medesima non abbia avuto luogo per ragioni sostitutive di altro lavoratore in servizio, dopo il periodo fissato dai contratti collettivi o, in mancanza, dopo sei mesi continuativi.

Il lavoratore non può essere trasferito da un'unità produttiva ad un'altra se non per comprovate ragioni tecniche, organizzative e produttive.

Salvo che ricorrano le condizioni di cui al secondo e al quarto comma e fermo quanto disposto al sesto comma, ogni patto contrario è nullo.

[1] Articolo così sost. dall'art. 3, c. 1, D.lgs. 15 giu. 2015, n. 81.

2104. *Diligenza del prestatore di lavoro.* — Il prestatore di lavoro deve usare la diligenza richiesta dalla natura della prestazione dovuta, dall'interesse dell'impresa e da quello superiore della produzione nazionale.

Deve inoltre osservare le disposizioni per l'esecuzione e per la disciplina del lavoro impartite dall'imprenditore e dai collaboratori di questo dai quali gerarchicamente dipende.

2105. *Obbligo di fedeltà.* — Il prestatore di lavoro non deve trattare affari, per conto proprio o di terzi, in concorrenza con l'imprenditore, né divulgare notizie attinenti all'organizzazione e ai metodi di produzione dell'impresa, o farne uso in modo da poter recare ad essa pregiudizio.

2106. *Sanzioni disciplinari.* — L'inosservanza delle disposizioni contenute nei due articoli precedenti può dar luogo alla applicazione di sanzioni disciplinari, secondo la gravità dell'infrazione e in conformità delle norme corporative (*Att.* 97).[1]

[1] V. art. 7 L. 20 mag. 1970, n. 300.

2107. *Orario di lavoro.* — La durata giornaliera e settimanale della prestazione di lavoro non può superare i limiti stabiliti dalle leggi speciali o dalle norme corporative.[1]

[1] V. R.D.L. 15 mar. 1923, n. 692; per le lavoratrici madri, L. 30 dic. 1971, n. 1204; per i minori, L. 17 ott. 1967, n. 977; v. altresì l'art. 13 della L. 24 giu. 1997, n. 196.

2108. *Lavoro straordinario e notturno.* — In caso di prolungamento dell'orario normale, il prestatore di lavoro deve essere compensato per le ore straordinarie con un aumento di retribuzione rispetto a quella dovuta per il lavoro ordinario.

Il lavoro notturno non compreso in regolari turni periodici deve essere parimenti retribuito con una maggiorazione rispetto al lavoro diurno.

I limiti entro i quali sono consentiti il lavoro straordinario e quello notturno, la durata di essi e la misura della maggiorazione sono stabiliti dalla legge o dalle norme corporative.[1]

[1] V. R.D.L. 15 mar. 1923, n. 692 come modif. da ultimo dal D.L. 29 set. 1998, n. 335, conv. in L. 27 nov. 1998, n. 409; per le lavoratrici madri, L. 30 dic. 1971, n. 1204; per i minori, L. 17 ott. 1967, n. 977.

2109. *Periodo di riposo.* — Il prestatore di lavoro ha diritto ad un giorno di riposo ogni settimana, di regola in coincidenza con la domenica.[1]

Ha anche diritto, [dopo un anno d'ininterrotto servizio[2]], ad un periodo annuale di ferie retribuito, possibilmente continuativo, nel tempo che l'imprenditore stabilisce, tenuto conto delle esigenze dell'impresa e degli interessi del prestatore di lavoro. La durata di tale periodo è stabilita dalla legge, dalle norme corporative, dagli usi o secondo equità.[3]

L'imprenditore deve preventivamente comunicare al prestatore di lavoro il periodo stabilito per il godimento delle ferie.

Non può essere computato nelle ferie il periodo di preavviso indicato nell'art. 2118.[4]

[1] V. L. 22 feb. 1934, n. 370.

[2] La Corte cost., con sent. 10 mag. 1963, n. 66 ha dichiarato l'ill. cost. dell'inciso.

[3] La Corte cost., con sent. 22 dic. 1980, n. 189, ha dichiarato l'ill. cost. dell'art. 2109 «nella parte in cui non prevede il diritto a ferie retribuite anche per il lavoratore assunto in prova in caso di recesso dal contratto durante il periodo di prova medesimo».

[4] La Corte cost., con sent. 30 dic. 1987, n. 616, ha dichiarato l'ill. cost. dell'art. 2109 «nella parte in cui non prevede che la malattia insorta durante il periodo feriale ne sospenda il decorso».

2110. *Infortunio, malattia, gravidanza, puerperio.* — In caso d'infortunio, di malattia, di gravidanza o di puerperio,[1] se la legge o le norme corporative non stabiliscono forme equivalenti di previdenza o di assistenza, è dovuta al prestatore di lavoro la retribuzione o una indennità nella misura e per il tempo determinati dalle leggi speciali, dalle norme corporative, dagli usi o secondo equità (*Att.* 98).

Nei casi indicati nel comma precedente, l'imprenditore ha diritto di recedere dal contratto a norma dell'art. 2118, decorso il periodo stabilito dalla legge, dalle norme corporative, dagli usi o secondo equità.

Il periodo di assenza dal lavoro per una delle cause anzidette deve essere computato nell'anzianità di servizio.

[1] V. L. 30 dic. 1971, n. 1204.

2111. *Servizio militare.* — La chiamata alle armi per adempiere agli obblighi di leva risolve il contratto di lavoro salvo diverse disposizioni delle norme corporative[1].

In caso di richiamo alle armi, si applicano le disposizioni del primo e del terzo comma dell'articolo precedente.[2]

[1] Il primo comma è ora superato dal D.L.C.P. 13 set. 1946, n. 303.

[2] V. anche, nello stesso senso, art. 4 della L. 3 mag. 1955, n. 370.

2112. *Mantenimento dei diritti dei lavoratori in caso di trasferimento d'azienda.*[1] — In caso di trasferimento d'azienda, il rapporto di lavoro continua con il cessionario ed il lavoratore conserva tutti i diritti che ne derivano.

Il cedente ed il cessionario sono obbligati, in solido, per tutti i crediti che il lavoratore aveva al tempo del trasferimento. Con le procedure di cui agli artt. 410 e 411 del codice di procedura civile il lavoratore può consentire la liberazione del cedente dalle obbligazioni derivanti dal rapporto di lavoro.

Il cessionario è tenuto ad applicare i trattamenti economici e normativi previsti dai contratti collettivi nazionali, territoriali ed aziendali vigenti alla data del trasferimento, fino alla loro scadenza, salvo che siano sostituiti da altri contratti collettivi applicabili all'impresa del cessionario. L'effetto di sostituzione si produce esclusivamente tra contratti collettivi del medesimo livello.

Ferma restando la facoltà di esercitare il recesso ai sensi della normativa in materia di licenziamenti, il trasferimento d'azienda non costituisce di per sé motivo di licenziamento. Il lavoratore, le cui condizioni di lavoro subiscono una sostanziale modifica nei tre mesi successivi al trasferimento d'azienda, può rassegnare le proprie dimissioni con gli effetti di cui all'art. 2119, primo comma.

Ai fini e per gli effetti di cui al presente articolo si intende per trasferimento d'azienda qualsiasi operazione che, in seguito a cessione contrattuale o fusione, comporti il mutamento nella titolarità di un'attività economica organizzata, con o senza scopo di lucro, preesistente al trasferimento e che conserva nel trasferimento la propria identità a prescindere dalla tipologia negoziale o dal provvedimento sulla base del quale il trasferimento è attuato, ivi compresi l'usufrutto o l'affitto di azienda. Le disposizioni del presente articolo si applicano altresì al trasferimento di parte dell'azienda, intesa come articolazione funzionalmente autonoma di un'attività economica organizzata, identificata come tale dal cedente e dal cessionario al momento del suo trasferimento.[2]

Nel caso in cui l'alienante stipuli con l'acquirente un contratto di appalto la cui esecuzione avviene utilizzando il ramo d'azienda oggetto di cessione, tra appaltante e appaltatore opera un regime di solidarietà di cui all'art. 29, c. 2, D.lgs. 10 set. 2003, n. 276.[3]

[1] Articolo così sostituito dall'art. 1 D.lgs. 2 feb. 2001, n. 18, con decorrenza dall'1 lug. 2001.

[2] Comma così sostituito dall'art. 32 D.lgs. 10 set. 2003, n. 276.

[3] Comma aggiunto dall'art. 32 D.lgs. 10 set. 2003, n. 276.

2113. ***Rinunzie e transazioni.***[1] — Le rinunzie e le transazioni, che hanno per oggetto diritti del prestatore di lavoro derivanti da disposizioni inderogabili della legge e dei contratti o accordi collettivi concernenti i rapporti di cui all'art. 409 del c.p.c. non sono valide.

L'impugnazione deve essere proposta, a pena di decadenza, entro sei mesi dalla data di cessazione del rapporto o dalla data della rinunzia o della transazione, se queste sono intervenute dopo la cessazione medesima.

Le rinunzie e le transazioni di cui ai commi precedenti possono essere impugnate con qualsiasi atto scritto, anche stragiudiziale, del lavoratore idoneo a renderne nota la volontà.

Le disposizioni del presente articolo non si applicano alla conciliazione intervenuta ai sensi degli artt. 185, 410, 411, 412-*ter* e 412-*quater* del c.p.c.[2]

[1] Articolo così sostituito dall'art. 6 della L. 11 ago. 1973, n. 533.

[2] Comma così modif. dall'art. 31, c. 7 della L. 4 nov. 2010, n. 183.

§ 3.
Della previdenza e dell'assistenza[1]

[1] Ai sensi dell'art. 5 della L. 13 mag. 1985, n. 190: "Il datore di lavoro è tenuto ad assicurare il quadro intermedio contro il rischio di responsabilità civile verso terzi conseguente a colpa nello svolgimento delle proprie mansioni contrattuali. La stessa assicurazione deve essere stipulata dal datore di lavoro in favore di tutti i propri dipendenti che, a causa del tipo di mansioni svolte, sono particolarmente esposti al rischio di responsabilità civile verso terzi".

2114. ***Previdenza ed assistenza obbligatoria.*** — Le leggi speciali e le norme corporative determinano i casi e le forme di previdenza e di assistenza obbligatorie e le contribuzioni e prestazioni relative.[1]

[1] Per la tutela del lavoratore in caso di mancato versamento dei contributi da parte del datore di lavoro sottoposto a procedura concorsuale v. art. 3 del D.L. 27 gen. 1992, n. 80.

2115. ***Contribuzioni.*** — Salvo diverse disposizioni della legge o delle norme corporative, l'imprenditore e il prestatore di lavoro contribuiscono [in parti eguali][1] alle istituzioni di previdenza e di assistenza.

L'imprenditore è responsabile del versamento del contributo, anche per la parte che è a carico del prestatore di lavoro, salvo il diritto di rivalsa secondo le leggi speciali.

È nullo qualsiasi patto diretto ad eludere gli obblighi relativi alla previdenza o all'assistenza.

[1] Comma così modif. dal D.L. 2 apr. 1946, n. 142, che aveva trasferito totalmente il carico contributivo ai datori di lavoro. Successivamente è stata addossata ai lavoratori una parte del carico contributivo, in misura inferiore peraltro a quella del datore di lavoro.

2116. ***Prestazioni.*** — Le prestazioni indicate nell'art. 2114 sono dovute al prestatore di lavoro, anche quando l'imprenditore non ha versato regolarmente i contributi dovuti alle istituzioni di previdenza e di assistenza, salvo diverse disposizioni delle leggi speciali o delle norme corporative.

Nei casi in cui, secondo tali disposizioni, le istituzioni di previdenza e di assistenza, per mancata o irregolare contribuzione, non sono tenute a corrispondere in tutto o in parte le prestazioni dovute, l'imprenditore è responsabile del danno che ne deriva al prestatore di lavoro.

2117. ***Fondi speciali per la previdenza e l'assistenza.*** — I fondi speciali per la previdenza e l'assistenza che l'imprenditore abbia costituiti, anche senza contribuzione dei prestatori di lavoro, non possono essere distratti dal fine al quale sono destinati e non possono formare oggetto di esecuzione da parte dei creditori dell'imprenditore o del prestatore di lavoro.

§ 4.

Dell'estinzione del rapporto di lavoro

2118. ***Recesso dal contratto a tempo indeterminato.*** — Ciascuno dei contraenti può recedere dal contratto di lavoro a tempo indeterminato, dando il preavviso nel termine e nei modi stabiliti dalle norme corporative, dagli usi o secondo equità.[1]

In mancanza di preavviso, il recedente è tenuto verso l'altra parte a un'indennità equivalente all'importo della retribuzione che sarebbe spettata per il periodo di preavviso.

La stessa indennità è dovuta dal datore di lavoro nel caso di cessazione del rapporto per morte del prestatore di lavoro.

[1] Sul recesso del datore di lavoro v. la L. 15 lug. 1966, n. 604 (*Licenziamenti individuali*). Per il divieto di licenziamento delle lavoratrici a causa di matrimonio, v. la L. 9 gen. 1963, n. 7 (*Matrimonio di lavoratrici*). Per il licenziamento delle lavoratrici madri, v. la L. 30 dic. 1971, n. 1204, e il D.P.R. 25 nov. 1976, n. 1026 (*Lavoratrici madri*).

2119. ***Recesso per giusta causa.*** — Ciascuno dei contraenti può recedere dal contratto prima della scadenza del termine, se il contratto è a tempo determinato, o senza preavviso, se il contratto è a tempo indeterminato, qualora si verifichi una causa che non consenta la prosecuzione, anche provvisoria, del rapporto. Se il contratto è a tempo indeterminato, al prestatore di lavoro che recede per giusta causa compete l'indennità indicata nel secondo comma dell'articolo precedente.

Non costituisce giusta causa di risoluzione del contratto la liquidazione coatta amministrativa dell'impresa. Gli effetti della liquidazione giudiziale sui rapporti di lavoro sono regolati dal codice della crisi e dell'insolvenza.[1]

[1] Comma così sost. dall'art. 376, c. 1, D.lgs. 12 gen. 2019, n. 14, a decorrere dal 15 lug. 2022.

2120. ***Disciplina del trattamento di fine rapporto.***[1] — In ogni caso di cessazione del rapporto di lavoro subordinato, il prestatore di lavoro ha diritto ad un trattamento di fine rapporto. Tale trattamento si calcola sommando per ciascun anno di servizio una quota pari e comunque non superiore all'importo della retribuzione dovuta per l'anno stesso divisa per 13,5. La quota è proporzionalmente ridotta per le frazioni di anno, computandosi come mese intero le frazioni di mese uguali o superiori a 15 giorni.

Salvo diversa previsione dei contratti collettivi la retribuzione annua, ai fini del comma precedente, comprende tutte le somme, compreso l'equivalente delle prestazioni in natura, corrisposte in dipendenza del rapporto di lavoro, a titolo non occasionale, e con esclusione di quanto è corrisposto a titolo di rimborso spese.

In caso di sospensione della prestazione di lavoro nel corso dell'anno, per una delle cause di cui all'art. 2110, nonché in caso di sospensione totale o parziale per la quale sia prevista l'integrazione salariale, deve essere computato nella retribuzione di cui al primo comma l'equivalente della retribuzione a cui il lavoratore avrebbe avuto diritto in caso di normale svolgimento del rapporto di lavoro.

Il trattamento di cui al precedente primo comma, con esclusione della quota maturata nell'anno, è incrementato, su base composta, al 31 dicembre di ogni anno, con l'applicazione di un tasso costituito dall'1,5 per cento in misura fissa e dal 75 per cento dell'aumento dell'indice dei prezzi al consumo per le famiglie di operai ed impiegati, accertato dall'ISTAT, rispetto al mese di dicembre dell'anno precedente.

Ai fini dell'applicazione del tasso di rivalutazione di cui al comma precedente per frazioni di anno, l'incremento dell'indice ISTAT è quello risultante nel mese di cessazione del rapporto di lavoro rispetto a quello di dicembre dell'anno precedente. Le frazioni di mese uguali o superiori a quindici giorni si computano come mese intero.

Il prestatore di lavoro, con almeno otto anni di servizio presso lo stesso datore di lavoro, può chiedere, in costanza di rapporto di lavoro, una anticipazione non superiore al 70 per cento sul trattamento cui avrebbe diritto nel caso di cessazione del rapporto alla data della richiesta.

Le richieste sono soddisfatte annualmente entro i limiti del 10 per cento degli aventi titolo, di cui al precedente comma, e comunque del 4 per cento del numero totale dei dipendenti.

La richiesta deve essere giustificata dalla necessità di:

a) eventuali spese sanitarie per terapie e interventi straordinari riconosciuti dalle competenti strutture pubbliche;

b) acquisto della prima casa di abitazione per sé o per i figli, documentato con atto notarile.[2]

L'anticipazione può essere ottenuta una sola volta nel corso del rapporto di lavoro e viene detratta, a tutti gli effetti, dal trattamento di fine rapporto.

Nell'ipotesi di cui all'art. 2122 la stessa anticipazione è detratta dall'indennità prevista dalla norma medesima.

Condizioni di miglior favore possono essere previste dai contratti collettivi o da patti individuali. I contratti collettivi possono altresì stabilire criteri di priorità per l'accoglimento delle richieste di anticipazione.

[1] Articolo così sost. dall'art. 1, L. 29 mag. 1982, n. 297. Per le disposizioni transitorie v. art. 5 stessa legge.

[2] La Corte cost., con sent. 5 apr. 1991, n. 142, ha dichiarato l'ill. cost. del c. 8, lett. *b*), nel testo sostituito dall'art. 1, L. 297/1982 «nella parte in cui non prevede la possibilità di concessione dell'anticipazione in ipotesi di acquisto *in itinere* comprovato con mezzi idonei a dimostrarne l'effettività».

2121. ***Computo dell'indennità di mancato preavviso.***[1] — L'indennità di cui all'art. 2118 deve calcolarsi computando le provvigioni, i premi di produzione, le partecipazioni agli utili o ai prodotti ed ogni altro compenso di carattere continuativo, con esclusione di quanto è corrisposto a titolo di rimborso spese.

Se il prestatore di lavoro è retribuito in tutto o in parte con provvigioni, con premi di produzione o con partecipazioni, l'indennità suddetta è determinata sulla media degli emolumenti degli ultimi tre anni di servizio o del minor tempo di servizio prestato.

Fa parte della retribuzione anche l'equivalente del vitto e dell'alloggio dovuto al prestatore di lavoro.

[1] Articolo così sost. dall'art. 1, L. 29 mag. 1982, n. 297.

2122. ***Indennità in caso di morte.*** — In caso di morte del prestatore di lavoro, le indennità indicate dagli artt. 2118 e 2120 devono corrispondersi al coniuge, ai figli e, se vivevano a carico del prestatore di lavoro, ai parenti entro il terzo grado e agli affini entro il secondo grado.[1]

La ripartizione delle indennità, se non vi è accordo tra gli aventi diritto, deve farsi secondo il bisogno di ciascuno.

In mancanza delle persone indicate nel primo comma, le indennità sono attribuite secondo le norme della successione legittima.[2]

È nullo ogni patto anteriore alla morte del prestatore di lavoro circa l'attribuzione e la ripartizione delle indennità.

[1] V. gli artt. 12 e 14 del D.P.R. 29 set. 1973, n. 597.

[2] La Corte cost., con sent. 19 gen. 1972, n. 8, ha dichiarato l'ill. cost. dell'art. 2122, c. 3, «nella parte in cui esclude che il lavoratore subordinato in mancanza delle persone indicate nel primo comma, possa disporre per testamento delle indennità di cui allo stesso articolo».

2123. ***Forme di previdenza.*** — Salvo patto contrario, l'imprenditore che ha compiuto volontariamente atti di previdenza può dedurre dalle somme da lui dovute a norma degli artt. 2110, 2111 e 2120 quanto il prestatore di lavoro ha diritto di percepire per effetto degli atti medesimi.

Se esistono fondi di previdenza formati con il contributo dei prestatori di lavoro, questi hanno diritto alla liquidazione della propria quota, qualunque sia la causa della cessazione del contratto.

2124. ***Certificato di lavoro.*** — Se non è obbligatorio il libretto di lavoro,[1] all'atto della cessazione del contratto, qualunque ne sia la causa, l'imprenditore deve rilasciare un certificato con l'indicazione del tempo durante il quale il prestatore di lavoro è stato occupato alle sue dipendenze e delle mansioni esercitate.

[1] V. L. 10 gen. 1935, n. 112.

2125. ***Patto di non concorrenza.*** — Il patto con il quale si limita lo svolgimento dell'attività del prestatore di lavoro, per il tempo successivo alla cessazione del contratto, è nullo se non risulta da atto scritto, se non è pattuito un corrispettivo a favore del prestatore di lavoro e se il vincolo non è contenuto entro determinati limiti di oggetto, di tempo e di luogo.

La durata del vincolo non può essere superiore a cinque anni, se si tratta di dirigenti, e a tre anni negli altri casi. Se è pattuita una durata maggiore, essa si riduce nella misura suindicata.

§ 5.

Disposizioni finali

2126. ***Prestazione di fatto con violazione di legge.*** — La nullità o l'annullamento del contratto di lavoro non produce effetto per il periodo in cui il rapporto ha avuto esecuzione, salvo che la nullità derivi dall'illiceità dell'oggetto o della causa.

Se il lavoro è stato prestato con violazione di norme poste a tutela del prestatore di lavoro, questi ha in ogni caso diritto alla retribuzione.

2127. ***Divieto d'interposizione nel lavoro a cottimo.*** — È vietato all'imprenditore di affidare a propri dipendenti lavori a cottimo da eseguirsi da prestatori di lavoro assunti e retribuiti direttamente dai dipendenti medesimi.

In caso di violazione di tale divieto, l'imprenditore risponde direttamente, nei confronti dei prestatori di lavoro assunti dal proprio dipendente, degli obblighi derivanti dai contratti di lavoro da essi stipulati.[1]

[1] Sul divieto di interposizione v. L. 23 ott. 1960, n. 1369.

2128. ***Lavoro a domicilio.*** — Ai prestatori di lavoro a domicilio si applicano le disposizioni di questa sezione, in quanto compatibili con la specialità del rapporto.[1]

[1] Sulla tutela del lavoro a domicilio v. L. 18 dic. 1973, n. 877.

2129. ***Contratto di lavoro per i dipendenti da enti pubblici.*** — Le disposizioni di questa sezione si applicano ai prestatori di lavoro dipendenti da enti pubblici, salvo che il rapporto sia diversamente regolato dalla legge.

SEZIONE IV

Del tirocinio

2130. ***Durata del tirocinio.*** — Il periodo di tirocinio non può superare i limiti stabiliti dalle norme corporative o dagli usi.

2131. ***Retribuzione.*** — La retribuzione dell'apprendista non può assumere la forma del salario a cottimo.

2132. ***Istruzione professionale.*** — L'imprenditore deve permettere che l'apprendista frequenti i corsi per la formazione professionale e deve destinarlo soltanto ai lavori attinenti alla specialità professionale a cui si riferisce il tirocinio.[1]

[1] V. artt. 10-11 L. cit. in nota all'art. 2130.

2133. ***Attestato di tirocinio.*** — Alla cessazione del tirocinio, l'apprendista, per il quale non è obbligatorio il libretto di lavoro, ha diritto di ottenere un attestato del tirocinio compiuto.

2134. ***Norme applicabili al tirocinio.*** — Al tirocinio si applicano le disposizioni della sezione precedente, in quanto siano compatibili con la specialità del rapporto e non siano derogate da disposizioni delle leggi speciali[1] o da norme corporative.

[1] V. L. 19 gen. 1955, n. 25.

CAPO II
Dell'impresa agricola[1]

[1] Per i contratti agrari v. le leggi speciali (L. 15 set. 1964, n. 756 e succ.).

SEZIONE I
Disposizioni generali

2135. ***Imprenditore agricolo.***[1] — È imprenditore agricolo chi esercita una delle seguenti attività: coltivazione del fondo, selvicoltura, allevamento di animali e attività connesse.

Per coltivazione del fondo, per selvicoltura e per allevamento di animali si intendono le attività dirette alla cura ed allo sviluppo di un ciclo biologico o di una fase necessaria del ciclo stesso, di carattere vegetale o animale, che utilizzano o possono utilizzare il fondo, il bosco o le acque dolci, salmastre o marine.

Si intendono comunque connesse le attività, esercitate dal medesimo imprenditore agricolo, dirette alla manipolazione, conservazione, trasformazione, commercializzazione e valorizzazione che abbiano ad oggetto prodotti ottenuti prevalentemente dalla coltivazione del fondo o del bosco o dall'allevamento di animali, nonché le attività dirette alla fornitura di beni o servizi mediante l'utilizzazione prevalente di attrezzature o risorse dell'azienda normalmente impiegate nell'attività agricola esercitata, ivi comprese le attività di valorizzazione del territorio e del patrimonio rurale e forestale, ovvero di ricezione ed ospitalità come definite dalla legge.

[1] Articolo così sost. dall'art. 1 D.lgs. 18 mag. 2001, n. 228.

2136. ***Inapplicabilità delle norme sulla registrazione.*** — Le norme relative all'iscrizione nel registro delle imprese non si applicano agli imprenditori agricoli, salvo quanto è disposto dall'art. 2200.

2137. ***Responsabilità dell'imprenditore agricolo.*** — L'imprenditore, anche se esercita l'impresa su fondo altrui, è soggetto agli obblighi stabiliti dalla legge e dalle norme corporative concernenti l'esercizio dell'agricoltura.

2138. ***Dirigenti e fattori di campagna.*** — I poteri dei dirigenti preposti all'esercizio dell'impresa agricola e quelli dei fattori di campagna, se non sono determinati per iscritto dal preponente, sono regolati dalle norme corporative e, in mancanza, dagli usi.

2139. ***Scambio di mano d'opera o di servizi.*** — Tra piccoli imprenditori agricoli è ammesso lo scambio di mano d'opera o di servizi secondo gli usi.[1]

[1] Nello stesso senso v. l'art. 12 della L. 29 apr. 1949, n. 264.

2140. ***Comunioni tacite familiari.***[1]

[1] Articolo abrog. dall'art. 205 della L. 19 mag. 1975, n. 151. V. ora l'art. 230-*bis*.

SEZIONE II
Della mezzadria[1]

[1] L'art. 3 L. 15 set. 1964, n. 756 vieta la stipulazione di nuovi contratti di mezzadria. La nullità, tuttavia, «non produce effetto per il periodo in cui il rapporto ha avuto esecuzione». Per la conversione in affitto dei contratti di mezzadria v. art. 25 s. L. 3 mag. 1982, n. 203.

2141. ***Nozione.*** — Nella mezzadria il concedente ed il mezzadro, in proprio e quale capo di una famiglia colonica, si associano per la coltivazione di un podere e per l'esercizio delle attività connesse al fine di dividerne [a metà] i prodotti e gli utili. È valido tuttavia il patto con il quale taluni prodotti si dividono in proporzioni diverse.[1]

[1] Per l'art. 4 della L. 756/64 «la divisione dei prodotti e degli utili del fondo è effettuata assegnando al mezzadro una quota non inferiore al 58 per cento».

2142. ***Famiglia colonica.*** — La composizione della famiglia colonica non può volontariamente essere modificata senza il consenso del concedente, salvi i casi di matrimonio, di adozione e di riconoscimento di figli [naturali][1]. La composizione e le variazioni della famiglia colonica devono risultare dal libretto colonico.[2]

[1] L'art. 1, c. 11, L. 10 dic. 2012, n. 219 dispone che nel codice civile, le parole: «figli legittimi» e «figli naturali», ovunque ricorrono, siano sostituite dalla seguente: «figli».

[2] Per l'art. 7 della L. n. 756/64 «la composizione della famiglia colonica può essere modificata senza il consenso del concedente anche fuori dei casi previsti dall'art. 2142 del c.c. purché non ne risulti compromessa la normale conduzione del fondo. Ai fini della presente legge il lavoro della donna è considerato equivalente a quello dell'uomo».

2143. ***Mezzadria a tempo indeterminato.*** — La mezzadria a tempo indeterminato si intende convenuta per la durata di un anno agrario salvo diverse disposizioni delle norme corporative, e si rinnova tacitamente di anno in anno, se non è stata comunicata disdetta almeno sei mesi prima della scadenza nei modi fissati dalle norme corporative, dalla convenzione o dagli usi.[1]

[1] Per la proroga legale v. l'art. 14 L. n. 756/64.

2144. ***Mezzadria a tempo determinato.*** — La mezzadria a tempo determinato non cessa di diritto alla scadenza del termine.

Se non è comunicata disdetta a norma dell'articolo precedente, il contratto s'intende rinnovato di anno in anno.[1]

[1] Per la proroga legale v. l'art. 14 L. n. 756/64.

2145. ***Diritti ed obblighi del concedente.*** — Il concedente conferisce il godimento del podere, dotato di quanto occorre per l'esercizio dell'impresa e di un'adeguata casa per la famiglia colonica.

La direzione dell'impresa spetta al concedente, il quale deve osservare le norme della buona tecnica agraria.[1]

[1] Per l'art. 6 della L. n. 756/64 «il mezzadro collabora con il concedente nella direzione dell'impresa. A tal fine le parti concordano tutte le decisioni di rilevante interesse, secondo le esigenze della buona tecnica agraria».

2146. ***Conferimento delle scorte.*** — Le scorte vive e morte sono conferite dal concedente e dal mezzadro in parti uguali, salvo diversa disposizione delle norme corporative, della convenzione o degli usi.

Le scorte conferite divengono comuni in proporzione dei rispettivi conferimenti.

2147. ***Obblighi del mezzadro.*** — Il mezzadro è obbligato a prestare, secondo [le direttive del concedente e][1] le necessità della coltivazione, il lavoro proprio e quello della famiglia colonica.

È a carico del mezzadro, salvo diverse disposizioni delle norme corporative, della convenzione o degli usi, la spesa della mano d'opera eventualmente necessaria per la normale coltivazione del podere.

[1] V. la nota all'art. 2145.

2148. ***Obblighi di residenza e di custodia.*** — Il mezzadro ha l'obbligo di risiedere stabilmente nel podere con la famiglia colonica.

Egli deve custodire il podere e mantenerlo in normale stato di produttività. Egli deve altresì custodire e conservare le altre cose affidategli dal concedente, con la diligenza del buon padre di famiglia, e non può, senza il consenso del concedente, o salvo uso contrario, svolgere attività a suo esclusivo profitto o compiere prestazioni a favore di terzi.

2149. ***Divieto di subconcessione.*** — Il mezzadro non può cedere la mezzadria, né affidare ad altri la coltivazione del podere, senza il consenso del concedente.

2150. ***Rappresentanza della famiglia colonica.*** — Nei rapporti relativi alla mezzadria il mezzadro rappresenta, nei confronti del concedente, i componenti della famiglia colonica.[1]

Le obbligazioni contratte dal mezzadro nell'esercizio della mezzadria sono garantite dai suoi beni e da quelli comuni della famiglia colonica. I componenti della famiglia colonica non rispondono con i loro beni, se non hanno prestato espressa garanzia.

[1] V. ora l'art. 48 della L. 3 mag. 1982, n. 203.

2151. ***Spese per la coltivazione.***[1] — Le spese per la coltivazione del podere e per l'esercizio delle attività connesse ivi comprese quelle per l'impiego e la manutenzione dei mezzi meccanici ed escluse quelle per la mano d'opera previste dall'art. 2147, sono a carico del concedente e del mezzadro in parti eguali.

Se il mezzadro è sfornito di mezzi propri, il concedente deve anticipare senza interesse, sino alla scadenza dell'anno agrario in corso, le spese indicate nel comma precedente [salvo rivalsa mediante prelevamento sui prodotti e sugli utili].

[1] L'art. 2151 è stato così sost. dall'art. 5 della L. n. 756/64.

2152. ***Miglioramenti.*** — Il concedente che intende compiere miglioramenti sul podere deve valersi del lavoro dei componenti della famiglia colonica che siano forniti della necessaria capacità lavorativa, e questi sono tenuti a prestarlo verso compenso.[1]

La misura del compenso, se non è stabilita dalle norme corporative, dalla convenzione o dagli usi, è determinata dal giudice [sentite, ove occorra, le associazioni professionali] e tenuto conto dell'eventuale incremento di reddito realizzato dal mezzadro.

[1] L'art. 8 L. 756/64 stabilisce che il mezzadro, anche se il concedente si opponga, può eseguire innovazioni.

2153. ***Riparazioni di piccola manutenzione.*** — Salvo diverse disposizioni delle norme corporative, della convenzione o degli usi, sono a carico del mezzadro le riparazioni di piccola manutenzione della casa colonica e degli strumenti di lavoro, di cui egli e la famiglia colonica si servono.

2154. ***Anticipazioni di carattere alimentare alla famiglia colonica.*** — Se la quota dei prodotti spettante al mezzadro, per scarsezza del raccolto a lui non imputabile, non è sufficiente ai bisogni alimentari della famiglia colonica, e questa non è in grado di provvedervi, il concedente deve somministrare senza interesse il necessario per il mantenimento della famiglia colonica, [salvo rivalsa mediante prelevamento sulla parte dei prodotti e degli utili spettanti al mezzadro].[1]

Il giudice, con riguardo alle circostanze, può disporre il rimborso rateale.

[1] L'ultima parte del primo comma è da ritenersi abrog. per effetto degli artt. 5 e 17 L. 756/64.

2155. ***Raccolta e divisione dei prodotti.*** — Il mezzadro non può iniziare le operazioni di raccolta senza il consenso del concedente[1] ed è obbligato a custodire i prodotti sino alla divisione.

I prodotti sono divisi in natura sul fondo con l'intervento delle parti.[2]

Salvo diverse disposizioni delle norme corporative, della convenzione o degli usi, il mezzadro deve trasportare ai magazzini del concedente la quota a questo assegnata nella divisione.[2]

[1] V. ora l'art. 6 della L. n. 756/64, in nota all'art. 2145.

[2] Per la ripartizione e la vendita dei prodotti v. ora l'art. 4, L. n. 756/64. Il terzo comma è da ritenersi abrog. insieme agli artt. 2156 e 2157 per effetto della stessa legge (art. 17).

2156. ***Vendita dei prodotti.*** — La vendita dei prodotti, che in conformità degli usi non si dividono in natura, è fatta dal concedente previo accordo col mezzadro e, in mancanza, sulla base del prezzo di mercato.

La divisione si effettua sul ricavato della vendita, dedotte le spese.[1]

[1] V. nota all'art. 2155.

2157. ***Diritto di preferenza del concedente.*** — Il mezzadro, nella vendita dei prodotti assegnatigli in natura, deve, a parità di condizioni, preferire il concedente.[1]

[1] V. nota all'art. 2155.

2158. ***Morte di una delle parti.*** — La mezzadria non si scioglie per la morte del concedente.

In caso di morte del mezzadro la mezzadria si scioglie alla fine dell'anno agrario in corso, salvo che tra gli eredi del mezzadro vi sia la persona idonea a sostituirlo ed i componenti della famiglia colonica si accordino nel designarla.

Se la morte del mezzadro è avvenuta negli ultimi quattro mesi dell'anno agrario, i componenti della famiglia colonica possono chiedere che la mezzadria continui sino alla fine dell'anno successivo, purché assicurino la buona coltivazione del podere. La richiesta deve essere fatta entro due mesi dalla morte del mezzadro, o, se ciò non è possibile, prima dell'inizio del nuovo anno agrario.

In tutti i casi, se il podere non è coltivato con la dovuta diligenza, il concedente può fare eseguire a sue spese i lavori necessari, [salvo rivalsa mediante prelevamento sui prodotti e sugli utili].[1]

[1] V. art. 4, comma 2, della L. 15 set. 1964, n. 756.

2159. ***Scioglimento del contratto.*** — Salve le norme generali sulla risoluzione dei contratti per inadempimento, ciascuna delle parti può chiedere lo scioglimento del contratto quando si verificano fatti tali da non consentire la prosecuzione del rapporto.

2160. ***Trasferimento del diritto di godimento del fondo.*** — Se viene trasferito il diritto di godimento del fondo, la mezzadria continua nei confronti di chi subentra al concedente, salvo che il mezzadro, entro un mese dalla notizia del trasferimento, dichiari di recedere dal contratto. In tal caso il recesso ha effetto alla fine dell'anno agrario in corso o di quello successivo, se non è comunicato almeno tre mesi prima della fine dell'anno agrario in corso.

I crediti e i debiti del concedente verso il mezzadro risultanti dal libretto colonico passano a chi subentra nel godimento del fondo, salva per i debiti la responsabilità sussidiaria dell'originario concedente.

2161. ***Libretto colonico.*** — Il concedente deve istituire un libretto colonico da tenersi in due esemplari, uno per ciascuna delle parti.

Il concedente deve annotare di volta in volta su entrambi gli esemplari i crediti e i debiti delle parti relativi alla mezzadria, con indicazione della data e del fatto che li ha determinati.

Le annotazioni devono, alla fine dell'anno agrario, essere sottoscritte per accettazione dal concedente e dal mezzadro.

Il mezzadro deve presentare il libretto colonico al concedente per le annotazioni e per i saldi annuali.

2162. ***Efficacia probatoria del libretto colonico.*** — Le annotazioni eseguite sui due esemplari del libretto colonico fanno prova a favore e contro ciascuno dei contraenti, se il mezzadro non ha reclamato entro novanta giorni dalla consegna del libretto fattagli dal concedente.

Se una delle parti non presenta il proprio libretto, fa fede quello presentato.

In ogni caso le annotazioni delle partite fanno prova contro chi le ha scritte.

Con la sottoscrizione delle parti alla chiusura annuale del conto colonico, questo s'intende approvato. Le risultanze del conto possono essere impugnate soltanto per errori materiali, omissioni, falsità e duplicazioni di partite entro novanta giorni dalla consegna del libretto al mezzadro.

2163. ***Assegnazione delle scorte al termine della mezzadria.*** — Salvo diverse disposizioni delle norme corporative, della convenzione o degli usi, l'assegnazione delle scorte al termine della mezzadria deve farsi secondo le norme seguenti:

1) se si tratta di scorte vive, secondo la specie, il sesso, il numero, la qualità e il peso, ovvero, in mancanza di tali determinazioni, secondo il valore, tenuto conto della differenza di esso tra il tempo del conferimento e quello della riconsegna;

2) se si tratta di scorte morte circolanti, per quantità e qualità, valutando le eccedenze e le diminuzioni in base ai prezzi di mercato nel tempo della riconsegna;

3) se si tratta di scorte morte fisse, per specie, quantità, qualità e stato d'uso.

SEZIONE III

Della colonia parziaria[1]

[1] V. la nuova disciplina della L. 15 set. 1964, n. 756 (artt. 9-15); per la conversione in affitto v. L. 3 mag. 1982, n. 203 (art. 25).

2164. ***Nozione.*** — Nella colonia parziaria il concedente ed uno o più coloni si associano per la coltivazione di un fondo e per l'esercizio delle attività connesse, al fine di dividerne i prodotti e gli utili.

La misura della ripartizione dei prodotti e degli utili è stabilita dalle norme corporative, dalla convenzione o dagli usi.[1]

[1] V. ora gli artt. 9 e 10 della L. n. 756/64.

2165. ***Durata.***[1] — La colonia parziaria è contratta per il tempo necessario affinché il colono possa svolgere e portare a compimento un ciclo normale di rotazione delle colture praticate nel fondo.

Se non si fa luogo a rotazione di colture, la colonia non può avere una durata inferiore a due anni.

[1] Per la proroga legale v. il secondo comma dell'art. 14 della L. n. 756/64.

2166. ***Obblighi del concedente.*** — Il concedente deve consegnare il fondo in istato di servire alla produzione alla quale è destinato.

2167. ***Obblighi del colono.*** — Il colono deve prestare il lavoro proprio secondo [le direttive del concedente e][1] le necessità della coltivazione.

Egli deve custodire il fondo e mantenerlo in normale stato di produttività; deve altresì custodire e conservare le altre cose affidategli dal concedente con la diligenza del buon padre di famiglia.

[1] V. nota all'art. 2145. L'art. 6, commi 1 e 2 della L. n. 756/64, si applica anche al rapporto di colonia.

2168. ***Morte di una delle parti.*** — La colonia parziaria non si scioglie per la morte del concedente.

In caso di morte del colono, si applicano a favore degli eredi di questo le disposizioni del secondo, terzo e quarto comma dell'art. 2158.

2169. ***Rinvio.*** — Sono applicabili alla colonia parziaria le norme dettate per la mezzadria negli artt. 2145, secondo comma, 2147, secondo comma, 2149, 2151, secondo comma, 2152, 2155, 2156, 2157, 2159, 2160 e 2163, nonché quelle concernenti la tenuta e l'efficacia probatoria del libretto colonico, qualora le parti l'abbiano d'accordo istituito.

SEZIONE IV
Della soccida[1]

[1] Per l'art. 2 della L. 15 set. 1964, n. 756, la nuova disciplina dei contratti agrari non si applica alla soccida con conferimento di pascolo.

§ 1.
Disposizioni generali

2170. ***Nozione.*** — Nella soccida il soccidante e il soccidario si associano per l'allevamento e lo sfruttamento di una certa quantità di bestiame e per l'esercizio delle attività connesse, al fine di ripartire l'accrescimento del bestiame e gli altri prodotti e utili che ne derivano.

L'accrescimento consiste tanto nei parti sopravvenuti, quanto nel maggior valore intrinseco che il bestiame abbia al termine del contratto.

§ 2.
Della soccida semplice

2171. ***Nozione.*** — Nella soccida semplice il bestiame è conferito dal soccidante.

La stima del bestiame all'inizio del contratto non ne trasferisce la proprietà al soccidario.

La stima deve indicare il numero, la razza, la qualità, il sesso, il peso e l'età del bestiame e il relativo prezzo di mercato. La stima serve di base per determinare il prelevamento a cui ha diritto il soccidante alla fine del contratto, a norma dell'art. 2181.

2172. ***Durata del contratto.*** — Se nel contratto non è stabilito un termine, la soccida ha la durata di tre anni.

Alla scadenza del termine il contratto non cessa di diritto, e la parte che non intende rinnovarlo deve darne disdetta almeno sei mesi prima della scadenza o nel maggior termine fissato dalle norme corporative, dalla convenzione o dagli usi.

Se non è data disdetta, il contratto s'intende rinnovato di anno in anno.

2173. ***Direzione dell'impresa e assunzione di mano d'opera.*** — La direzione dell'impresa spetta al soccidante, il quale deve esercitarla secondo le regole della buona tecnica dell'allevamento.

La scelta di prestatori di lavoro estranei alla famiglia del soccidario deve essere fatta col consenso del soccidante, anche quando secondo la convenzione o gli usi la relativa spesa è posta a carico del soccidario.

2174. ***Obblighi del soccidario.*** — Il soccidario deve prestare, secondo le direttive del soccidante, il lavoro occorrente per la custodia e l'allevamento del bestiame affidatogli, per la lavorazione dei prodotti e per il trasporto sino ai luoghi di ordinario deposito.

Il soccidario deve usare la diligenza del buon allevatore.

2175. ***Perimento del bestiame.*** — Il soccidario non risponde del bestiame che provi essere perito per causa a lui non imputabile, ma deve rendere conto delle parti recuperabili.

2176. ***Reintegrazione del bestiame conferito.*** — Nella soccida stipulata per un tempo non inferiore a tre anni, qualora durante la prima metà del periodo contrattuale perisca la maggior parte del bestiame inizialmente conferito, per causa non imputabile al soccidario, questi può chiederne la reintegrazione con altri capi di valore intrinseco eguale a quello che i capi periti avevano all'inizio del contratto, tenuto conto del numero, della razza, della qualità, del sesso, del peso e dell'età.

Se il soccidante non provvede alla reintegrazione, il soccidario può recedere dal contratto.

2177. ***Trasferimento dei diritti sul bestiame.*** — Se la proprietà o il godimento del bestiame dato a soccida viene trasferito ad altri, il contratto non si scioglie, e i crediti e i debiti del soccidante, derivanti dalla soccida, passano all'acquirente in proporzione della quota acquistata, salva per i debiti la responsabilità sussidiaria del soccidante.

Se il trasferimento riguarda la maggior parte del

bestiame, il soccidario può, nel termine di un mese da quando ha avuto conoscenza del trasferimento, recedere dal contratto con effetto dalla fine dell'anno in corso.

2178. ***Accrescimenti, prodotti, utili e spese.*** — Gli accrescimenti, i prodotti, gli utili e le spese si dividono tra le parti secondo le proporzioni stabilite dalle norme corporative, dalla convenzione o dagli usi.

È nullo il patto per il quale il soccidario debba sopportare nella perdita una parte maggiore di quella spettantegli nel guadagno.

2179. ***Morte di una delle parti.*** — La soccida non si scioglie per la morte del soccidante.

In caso di morte del soccidario si osservano, in quanto applicabili, nei riguardi degli eredi le disposizioni del secondo, terzo e quarto comma dell'art. 2158.

2180. ***Scioglimento del contratto.*** — Salve le norme generali sulla risoluzione dei contratti per inadempimento, ciascuna delle parti può chiedere lo scioglimento del contratto, quando si verificano fatti tali da non consentire la prosecuzione del rapporto.

2181. ***Prelevamento e divisione al termine del contratto.*** — Al termine del contratto le parti procedono a nuova stima del bestiame.

Il soccidante preleva, d'accordo con il soccidario, un complesso di capi che, avuto riguardo al numero, alla razza, al sesso, al peso, alla qualità e all'età, sia corrispondente alla consistenza del bestiame apportato all'inizio della soccida. Il di più si divide a norma dell'art. 2178.

Se non vi sono capi sufficienti ad eguagliare la stima iniziale, il soccidante prende quelli che rimangono.

§ 3.

Della soccida parziaria[1]

[1] Per la conversione in affitto dei contratti di soccida parziaria v. art. 25 L. 3 mag. 1982, n. 203.

2182. ***Conferimento del bestiame.*** — Nella soccida parziaria il bestiame è conferito da entrambi i contraenti nelle proporzioni convenute.

Essi divengono comproprietari del bestiame in proporzione del rispettivo conferimento.

2183. ***Reintegrazione del bestiame conferito.*** — Nella soccida stipulata per un tempo non inferiore a tre anni, qualora durante la prima metà del periodo contrattuale perisca per causa non imputabile al soccidario la maggior parte del bestiame inizialmente conferito, e i contraenti non si accordino per la reintegrazione, ciascuno di essi ha diritto di recedere dal contratto.

Salvo diverso accordo delle parti, il recesso ha effetto con la fine dell'anno in corso.

Il bestiame rimasto è diviso fra le parti nella proporzione indicata nell'art. 2184.

Se è convenuto che nella divisione del bestiame da farsi alla scadenza del contratto sia attribuita ad uno dei contraenti una quota maggiore di quella corrispondente al suo conferimento, tale quota deve essere ridotta in rapporto alla minor durata della soccida.

2184. ***Divisione del bestiame, dei prodotti e degli utili.*** — Gli accrescimenti, i prodotti, gli utili, le spese e, al termine del contratto, il bestiame conferito si dividono nella proporzione stabilita dalle norme corporative, dalla convenzione o dagli usi.

2185. ***Rinvio.*** — Per quanto non è disposto dagli articoli precedenti, si applicano alla soccida parziaria le disposizioni relative alla soccida semplice.

§ 4.

Della soccida con conferimento di pascolo[1]

[1] V. l'art. 2 L. 15 set. 1964, n. 756 e l'art. 24 L. 11 feb. 1971, n. 11. V. altresì la L. 3 mag. 1982, n. 203 (art. 25).

2186. ***Nozioni e norme applicabili.*** — Si ha rapporto di soccida anche quando il bestiame è conferito dal soccidario e il soccidante conferisce il terreno per il pascolo.

In tal caso il soccidario ha la direzione dell'impresa e al soccidante spetta il controllo della gestione.

Si osservano inoltre le disposizioni dell'art. 2184 e, in quanto applicabili, quelle dettate per la soccida semplice.

SEZIONE V

Disposizione finale

2187. ***Usi.*** — Nei rapporti di associazione agraria regolati dalle sezioni II, III e IV di questo capo, per quanto non è espressamente disposto, si applicano, in mancanza di convenzione, gli usi (*Trans.* 195).

CAPO III

Delle imprese commerciali e delle altre imprese soggette a registrazione[1]

[1] Sui requisiti per l'esercizio dell'attività commerciale, v. la nota all'art. 2084.

SEZIONE I

Del registro delle imprese

2188. ***Registro delle imprese.*** — È istituito il registro delle imprese per le iscrizioni previste dalla legge.[1]

Il registro è tenuto dall'ufficio del registro delle imprese sotto la vigilanza di un giudice delegato dal presidente del tribunale.

Il registro è pubblico.

[1] Il registro delle imprese è stato istituito presso le camere di commercio dall'art. 8 della L. 29 dic. 1993, n. 580; v. altresì il Regolamento di attuazione emanato con D.P.R. 7 dic. 1995, n. 581 come modif. con D.P.R. 16 set. 1996, n. 559.

2189. ***Modalità dell'iscrizione.*** — Le iscrizioni nel registro sono eseguite su domanda sottoscritta dall'interessato.

Prima di procedere all'iscrizione, l'ufficio del registro deve accertare l'autenticità della sottoscrizione e il concorso delle condizioni richieste dalla legge per l'iscrizione.

Il rifiuto dell'iscrizione deve essere comunicato con raccomandata al richiedente. Questi può ricorrere entro otto giorni al giudice del registro, che provvede con decreto.

2190. ***Iscrizione d'ufficio.*** — Se un'iscrizione obbligatoria non è stata richiesta, l'ufficio del registro invita mediante raccomandata l'imprenditore a richiederla entro un congruo termine. Decorso inutilmente il termine assegnato, il giudice del registro può ordinarla con decreto.

2191. ***Cancellazione d'ufficio.*** — Se un'iscrizione è avvenuta senza che esistano le condizioni richieste dalla legge, il giudice del registro, sentito l'interessato, ne ordina con decreto la cancellazione.

2192. ***Ricorso contro il decreto del giudice del registro.*** — Contro il decreto del giudice del registro emesso a norma degli articoli precedenti, l'interessato, entro quindici giorni dalla comunicazione, può ricorrere al tribunale dal quale dipende l'ufficio del registro.

Il decreto che pronunzia sul ricorso deve essere iscritto di ufficio nel registro.

2193. ***Efficacia dell'iscrizione.*** — I fatti dei quali la legge prescrive l'iscrizione, se non sono stati iscritti, non possono essere opposti ai terzi da chi è obbligato a richiederne l'iscrizione, a meno che questi provi che i terzi ne abbiano avuto conoscenza.

L'ignoranza dei fatti dei quali la legge prescrive l'iscrizione non può essere opposta dai terzi dal momento in cui l'iscrizione è avvenuta.

Sono salve le disposizioni particolari della legge.

2194. ***Inosservanza dell'obbligo d'iscrizione.*** — Salvo quanto disposto dagli artt. 2626 e 2634, chiunque omette di richiedere la iscrizione nei modi e nel termine stabiliti dalla legge, è punito con la sanzione amministrativa da euro 10 a euro 516.[1]

[1] Depenalizzato dall'art. 1 della L. 24 dic. 1975, n. 706. Sanzione aggiornata a sensi dell'art. 114 della L. 24 nov. 1981, n. 689. A seguito delle modificazioni operate dall'art. 1 D.lgs. 11 apr. 2002, n. 61, il riferimento agli artt. 2626 e 2634 è da intendersi all'art. 2630.

SEZIONE II
Dell'obbligo di registrazione[1]

[1] V. gli artt. 2188 c.c. e 100 disp. att.

2195. ***Imprenditori soggetti a registrazione.*** — Sono soggetti all'obbligo dell'iscrizione nel registro delle imprese gli imprenditori che esercitano:

1) un'attività industriale diretta alla produzione di beni o di servizi;

2) un'attività intermediaria nella circolazione dei beni;

3) un'attività di trasporto per terra, per acqua o per aria;

4) un'attività bancaria o assicurativa;

5) altre attività ausiliarie delle precedenti.

Le disposizioni della legge che fanno riferimento alle attività e alle imprese commerciali si applicano, se non risulta diversamente, a tutte le attività indicate in questo articolo e alle imprese che le esercitano.

2196. ***Iscrizione dell'impresa.*** — Entro trenta giorni dall'inizio dell'impresa l'imprenditore che esercita un'attività commerciale deve chiedere l'iscrizione all'ufficio del registro delle imprese nella cui circoscrizione stabilisce la sede, indicando:

1) il cognome e il nome, il luogo e la data di nascita,[1] la cittadinanza;

2) la ditta;

3) l'oggetto dell'impresa;

4) la sede dell'impresa;

5) il cognome e il nome degli institori e procuratori.

[...].[2]

L'imprenditore deve inoltre chiedere l'iscrizione delle modificazioni relative agli elementi suindicati e della cessazione dell'impresa, entro trenta giorni da quello in cui le modificazioni o la cessazione si verificano.

[1] Numero così modif. dalla L. 31 ott. 1955, n. 1064.
[2] Comma abrog. dall'art. 33, L. 24 nov. 2000, n. 340.

2197. ***Sedi secondarie.*** — L'imprenditore che istituisce nel territorio dello Stato sedi secondarie con una rappresentanza stabile deve, entro trenta giorni, chiederne l'iscrizione all'ufficio del registro delle imprese del luogo dove è la sede principale dell'impresa.

Nello stesso termine la richiesta deve essere fatta all'ufficio del luogo nel quale è istituita la sede secondaria, e indicando altresì la sede principale, e il cognome e il nome del rappresentante preposto alla sede secondaria. [Il rappresentante deve depositare presso il medesimo ufficio la sua firma autografa.][1]

La disposizione del secondo comma si applica anche all'imprenditore che ha all'estero la sede principale dell'impresa.

L'imprenditore che istituisce sedi secondarie con rappresentanza stabile all'estero deve, entro trenta giorni, chiederne l'iscrizione all'ufficio del registro nella cui circoscrizione si trova la sede principale.

[1] Periodo abrog. dall'art. 33, L. 24 nov. 2000, n. 340.

2198. ***Minori, interdetti e inabilitati.*** — I provvedimenti di autorizzazione all'esercizio di una impresa commerciale da parte di un minore emancipato o di un inabilitato o nell'interesse di un minore non emancipato o di un interdetto e i provvedimenti con i quali l'autorizzazione viene revocata devono essere comunicati senza indugio a cura del cancelliere all'ufficio del registro delle imprese per l'iscrizione (*Trans.* 190).

2199. ***Indicazione dell'iscrizione.*** — L'imprenditore deve indicare negli atti e nella corrispondenza, che si riferiscono all'impresa, il registro presso il quale è iscritto.

2200. ***Società.*** — Sono soggette all'obbligo dell'iscrizione nel registro delle imprese le società costituite secondo uno dei tipi regolati nei capi III e seguenti del titolo V e le società cooperative, anche se non esercitano un'attività commerciale.

L'iscrizione delle società nel registro delle imprese è regolata dalle disposizioni dei titoli V e VI.

2201. ***Enti pubblici.*** — Gli enti pubblici che hanno per oggetto esclusivo o principale un'attività commerciale sono soggetti all'obbligo dell'iscrizione nel registro delle imprese.[1]

[1] Per l'obbligo di redazione del bilancio consolidato v. D.L. 9 apr. 1991, n. 127.

2202. ***Piccoli imprenditori.*** — Non sono soggetti all'obbligo dell'iscrizione nel registro delle imprese i piccoli imprenditori.

SEZIONE III
Disposizioni particolari per le imprese commerciali

§ 1.
Della rappresentanza

2203. ***Preposizione institoria.*** — È institore colui che è preposto dal titolare all'esercizio di una impresa commerciale.

La preposizione può essere limitata all'esercizio di una sede secondaria o di un ramo particolare dell'impresa.

Se sono preposti più institori, questi possono agire disgiuntamente, salvo che nella procura sia diversamente disposto.

2204. ***Poteri dell'institore.*** — L'institore può compiere tutti gli atti pertinenti all'esercizio dell'impresa a cui è preposto, salve le limitazioni contenute nella procura. Tuttavia non può alienare o ipotecare i beni immobili del preponente, se non è stato a ciò espressamente autorizzato.

L'institore può stare in giudizio in nome del preponente per le obbligazioni dipendenti da atti compiuti nell'esercizio dell'impresa a cui è preposto.

2205. ***Obblighi dell'institore.*** — Per le imprese o le sedi secondarie alle quali è preposto, l'institore è tenuto, insieme con l'imprenditore, all'osservanza delle disposizioni riguardanti l'iscrizione nel registro delle imprese e la tenuta delle scritture contabili.

2206. ***Pubblicità della procura.*** — La procura con sottoscrizione del preponente autenticata deve essere depositata per l'iscrizione presso il competente ufficio del registro delle imprese.

In mancanza dell'iscrizione, la rappresentanza si reputa generale e le limitazioni di essa non sono opponibili ai terzi, se non si prova che questi le conoscevano al momento della conclusione dell'affare.

2207. ***Modificazione e revoca della procura.*** — Gli atti con i quali viene successivamente limitata o revocata la procura devono essere depositati, per l'iscrizione nel registro delle imprese, anche se la procura non fu pubblicata.

In mancanza dell'iscrizione, le limitazioni o la revoca non sono opponibili ai terzi, se non si prova che questi le conoscevano al momento della conclusione dell'affare.

2208. ***Responsabilità personale dell'institore.*** — L'institore è personalmente obbligato se omette di far conoscere al terzo che egli tratta per il preponente; tuttavia il terzo può agire anche contro il preponente per gli atti compiuti dall'institore, che siano pertinenti all'esercizio dell'impresa a cui è preposto.

2209. ***Procuratori.*** — Le disposizioni degli artt. 2206 e 2207 si applicano anche ai procuratori, i quali, in base a un rapporto continuativo, abbiano il potere di compiere per l'imprenditore gli atti pertinenti all'esercizio dell'impresa, pur non essendo preposti ad esso.

2210. ***Poteri dei commessi dell'imprenditore.*** — I commessi dell'imprenditore, salve le limitazioni contenute nell'atto di conferimento della rappresentanza, possono compiere gli atti che ordinariamente comporta la specie delle operazioni di cui sono incaricati.

Non possono tuttavia esigere il prezzo delle merci delle quali non facciano la consegna, né concedere dilazioni o sconti che non sono d'uso, salvo che siano a ciò espressamente autorizzati.

2211. ***Poteri di deroga alle condizioni generali di contratto.*** — I commessi, anche se autorizzati a concludere contratti in nome dell'imprenditore, non hanno il potere di derogare alle condizioni generali di contratto o alle clausole stampate sui moduli dell'impresa, se non sono muniti di una speciale autorizzazione scritta.

2212. ***Poteri dei commessi relativi agli affari***

conclusi. — Per gli affari da essi conclusi, i commessi dell'imprenditore sono autorizzati a ricevere per conto di questo le dichiarazioni che riguardano l'esecuzione del contratto e i reclami relativi alle inadempienze contrattuali.

Sono altresì legittimati a chiedere i provvedimenti cautelari nell'interesse dell'imprenditore.

2213. ***Poteri dei commessi preposti alla vendita.*** — I commessi preposti alla vendita nei locali dell'impresa possono esigere il prezzo delle merci da essi vendute, salvo che alla riscossione sia palesemente destinata una cassa speciale.

Fuori dei locali dell'impresa non possono esigere il prezzo, se non sono autorizzati o se non consegnano quietanza firmata dall'imprenditore.

§ 2.
Delle scritture contabili[1]

[1] *Trans.* 200. Per l'efficacia probatoria delle scritture contabili vedi gli artt. 2709-2711.

Per l'efficacia dei documenti informatici, v. ora l'art. 5 del D.P.R. 10 nov. 1997, n. 513.

2214. ***Libri obbligatori e altre scritture contabili.*** — L'imprenditore che esercita un'attività commerciale deve tenere il libro giornale e il libro degli inventari.

Deve altresì tenere le altre scritture contabili che siano richieste dalla natura e dalle dimensioni dell'impresa e conservare ordinatamente per ciascun affare gli originali delle lettere, dei telegrammi e delle fatture ricevute, nonché le copie delle lettere, dei telegrammi e delle fatture spedite.

Le disposizioni di questo paragrafo non si applicano ai piccoli imprenditori.

2215. ***Modalità di tenuta delle scritture contabili.***[1] — I libri contabili, prima di essere messi in uso, devono essere numerati progressivamente in ogni pagina e, qualora sia previsto l'obbligo della bollatura o della vidimazione, devono essere bollati in ogni foglio dall'ufficio del registro delle imprese o da un notaio secondo le disposizioni delle leggi speciali. L'ufficio del registro o il notaio deve dichiarare nell'ultima pagina dei libri il numero dei fogli che li compongono.

Il libro giornale e il libro degli inventari devono essere numerati progressivamente e non sono soggetti a bollatura né a vidimazione.

[1] Articolo così modif. dall'art. 8, L. 18 ott. 2001, n. 383.

2215-*bis*. ***Documentazione informatica.***[1] — I libri, i repertori, le scritture e la documentazione la cui tenuta è obbligatoria per disposizione di legge o di regolamento o che sono richiesti dalla natura o dalle dimensioni dell'impresa possono essere formati e tenuti con strumenti informatici.

Le registrazioni contenute nei documenti di cui al primo comma debbono essere rese consultabili in ogni momento con i mezzi messi a disposizione dal soggetto tenutario e costituiscono informazione primaria e originale da cui è possibile effettuare, su diversi tipi di supporto, riproduzioni e copie per gli usi consentiti dalla legge.

Gli obblighi di numerazione progressiva e di vidimazione previsti dalle disposizioni di legge o di regolamento per la tenuta dei libri, repertori e scritture sono assolti, in caso di tenuta con strumenti informatici, mediante apposizione, almeno una volta all'anno, della marcatura temporale e della firma digitale dell'imprenditore o di altro soggetto dal medesimo delegato.[2]

Qualora per un anno non siano state eseguite registrazioni, la firma digitale e la marcatura temporale devono essere apposte all'atto di una nuova registrazione e da tale apposizione decorre il periodo annuale di cui al terzo comma.[2]

I libri, i repertori e le scritture tenuti con strumenti informatici, secondo quanto previsto dal presente articolo, hanno l'efficacia probatoria di cui agli articoli 2709 e 2710 del codice civile.

Per i libri e per i registri la cui tenuta è obbligatoria per disposizione di legge o di regolamento di natura tributaria, il termine di cui al terzo comma opera secondo le norme in materia di conservazione digitale contenute nelle medesime disposizioni.[3]

[1] Articolo introdotto dall'art. 16, L. 28 gen. 2009, n. 2.

[2] Commi così modif. dall'art. 6, c. 2, D.L. 13 mag. 2011, n. 70, conv. con modif. in L. 12 lug. 2011, n. 106.

[3] Comma aggiunto dall'art. 6, c. 2, D.L. 13 mag. 2011, n. 70, conv. con modif. in L. 12 lug. 2011, n. 106.

2216. ***Contenuto del libro giornale.***[1] — Il libro giornale deve indicare giorno per giorno le operazioni relative all'esercizio dell'impresa.

[1] Articolo così sost. dall'art. 7-*bis* del D.L. 10 giu. 1994, n. 357, conv. in L. 8 ago. 1994, n. 489.

2217. ***Redazione dell'inventario.*** — L'inventario deve redigersi all'inizio dell'esercizio dell'impresa e successivamente ogni anno, e deve contenere la indicazione e la valutazione delle attività e delle passività relative all'impresa, nonché delle attività e delle passività dell'imprenditore estranee alla medesima.

L'inventario si chiude con il bilancio e con il conto dei profitti e delle perdite, il quale deve dimostrare con evidenza e verità gli utili conseguiti o le perdite subite. Nelle valutazioni di bilancio l'imprenditore deve attenersi ai criteri stabiliti per i bilanci delle società per azioni, in quanto applicabili.

L'inventario deve essere sottoscritto dall'imprenditore entro tre mesi dal termine per la presentazione della dichiarazione dei redditi ai fini delle imposte dirette.[1]

[1] Comma così sost. dall'art. 7-*bis* del D.L. 10 giu. 1994, n. 357, conv. in L. 8 ago. 1994, n. 489.

2218. ***Bollatura facoltativa.***[1] — L'imprenditore può far bollare nei modi indicati dall'art. 2215 gli altri libri da lui tenuti.

[1] Articolo così sost. dall'art. 7-*bis* del D.L. 10 giu. 1994, n. 357, conv. in L. 8 ago. 1994, n. 489.

2219. ***Tenuta della contabilità.*** — Tutte le scritture devono essere tenute secondo le norme di una ordinata contabilità, senza spazi in bianco, senza interlinee e senza trasporti in margine. Non vi si possono fare abrasioni e, se è necessaria qualche cancellazione, questa deve eseguirsi in modo che le parole cancellate siano leggibili.

2220. ***Conservazione delle scritture contabili.*** — Le scritture devono essere conservate per dieci anni dalla data dell'ultima registrazione.

Per lo stesso periodo devono conservarsi le fatture, le lettere e i telegrammi ricevuti e le copie delle fatture, delle lettere e dei telegrammi spediti.[1]

Le scritture e documenti di cui al presente articolo possono essere conservati sotto forma di registrazioni su supporti di immagini, sempre che le registrazioni corrispondano ai documenti e possano in ogni momento essere resi leggibili con mezzi messi a disposizione dal soggetto che utilizza detti supporti.[2]

[1] V. l'art. 25 della L. 4 gen. 1968, n. 15.

[2] Comma aggiunto dal comma 4 dell'art. 7-*bis* del D.L. 10 giu. 1994, n. 357, conv. in L. 8 ago. 1994, n. 489. In virtù del nono comma del medesimo art. 7-*bis* «Le disposizioni di cui all'ultimo comma dell'art. 2220 del c.c., introdotto dal comma 4 del presente articolo, si applicano a tutte le scritture e i documenti rilevanti ai fini delle disposizioni tributarie. Con decreto del Ministro delle finanze sono determinate le modalità per la conservazione su supporti di immagini delle scritture e dei documenti di cui al presente comma».

§ 3.
Dell'insolvenza

2221. ***Fallimento e concordato preventivo.***[1]

[1] Articolo abrog. dall'art. 384, c. 1, D.lgs. 12 gen. 2019, n. 14, a decorrere dal 15 lug. 2022.

TITOLO III
Del lavoro autonomo

CAPO I
Disposizioni generali

2222. ***Contratto d'opera.*** — Quando una persona si obbliga a compiere verso un corrispettivo un'opera o un servizio, con lavoro prevalentemente proprio e senza vincolo di subordinazione nei confronti del committente, si applicano le norme di questo capo, salvo che il rapporto abbia una disciplina particolare nel libro IV.

2223. ***Prestazione della materia.*** — Le disposizioni di questo capo si osservano anche se la materia è fornita dal prestatore d'opera, purché le parti non abbiano avuto prevalentemente in considerazione la materia, nel qual caso si applicano le norme sulla vendita.

2224. ***Esecuzione dell'opera.*** — Se il prestatore d'opera non procede all'esecuzione dell'opera secondo le condizioni stabilite dal contratto e a regola di arte, il committente può fissare un congruo termine, entro il quale il prestatore d'opera deve conformarsi a tali condizioni.

Trascorso inutilmente il termine fissato, il committente può recedere dal contratto, salvo il diritto al risarcimento dei danni.

2225. ***Corrispettivo.*** — Il corrispettivo, se non è convenuto dalle parti e non può essere determinato secondo le tariffe professionali o gli usi, è stabilito dal giudice in relazione al risultato ottenuto e al lavoro normalmente necessario per ottenerlo.

2226. ***Difformità e vizi dell'opera.*** — L'accettazione espressa o tacita dell'opera libera il prestatore d'opera dalla responsabilità per difformità o per vizi della medesima, se all'atto dell'accettazione questi erano noti al committente o facilmente riconoscibili, purché in questo caso non siano stati dolosamente occultati.

Il committente deve, a pena di decadenza, denunziare le difformità e i vizi occulti al prestatore d'opera entro otto giorni dalla scoperta. L'azione si prescrive entro un anno dalla consegna (*Trans.* 201).

I diritti del committente nel caso di difformità o di vizi dell'opera sono regolati dall'art. 1668.

2227. ***Recesso unilaterale dal contratto.*** — Il committente può recedere dal contratto, ancorché sia iniziata l'esecuzione dell'opera, tenendo indenne il prestatore d'opera delle spese, del lavoro eseguito e del mancato guadagno.

2228. ***Impossibilità sopravvenuta dell'esecuzione dell'opera.*** — Se l'esecuzione dell'opera diventa impossibile per causa non imputabile ad alcuna delle parti, il prestatore d'opera ha diritto ad un compenso per il lavoro prestato in relazione all'utilità della parte dell'opera compiuta.

CAPO II
Delle professioni intellettuali[1]

[1] V. *Trans.* 202.

2229. ***Esercizio delle professioni intellettuali.*** — La legge determina le professioni intellettuali per l'esercizio delle quali è necessaria la iscrizione in appositi albi o elenchi.

L'accertamento dei requisiti per l'iscrizione negli albi o negli elenchi, la tenuta dei medesimi e il potere disciplinare sugli iscritti sono demandati alle associazioni professionali, sotto la vigilanza dello Stato,[1] salvo che la legge disponga diversamente.

Contro il rifiuto dell'iscrizione o la cancellazione dagli albi o elenchi, e contro i provvedimenti disciplinari che importano la perdita o la sospensione del diritto all'esercizio della professione è ammesso ricorso in via giurisdizionale nei modi e nei termini stabiliti dalle leggi speciali.[1]

[1] V. D.L.L. 23 nov. 1944, n. 382 sui Consigli degli ordini e collegi.

2230. ***Prestazione d'opera intellettuale.*** — Il contratto che ha per oggetto una prestazione d'opera intellettuale è regolato dalle norme seguenti e, in quanto compatibili con queste e con la natura del rapporto, dalle disposizioni del capo precedente.

Sono salve le disposizioni delle leggi speciali.

2231. ***Mancanza d'iscrizione.*** — Quando l'esercizio di un'attività professionale è condizionato alla iscrizione in un albo o elenco, la prestazione eseguita da chi non è iscritto non gli dà azione per il pagamento della retribuzione.

La cancellazione dall'albo o elenco risolve il contratto in corso, salvo il diritto del prestatore d'opera al rimborso delle spese incontrate e a un compenso adeguato all'utilità del lavoro compiuto.

2232. ***Esecuzione dell'opera.*** — Il prestatore d'opera deve eseguire personalmente l'incarico assunto. Può tuttavia valersi, sotto la propria direzione e responsabilità, di sostituti e ausiliari, se la collaborazione di altri è consentita dal contratto o dagli usi e non è incompatibile con l'oggetto della prestazione.

2233. ***Compenso.*** — Il compenso, se non è convenuto dalle parti e non può essere determinato secondo le tariffe o gli usi, è determinato dal giudice, sentito il parere dell'associazione professionale a cui il professionista appartiene.

In ogni caso la misura del compenso deve essere adeguata all'importanza dell'opera e al decoro della professione.

Sono nulli, se non redatti in forma scritta, i patti conclusi tra gli avvocati ed i praticanti abilitati con i loro clienti che stabiliscono i compensi professionali.[1]

[1] Comma sostituito dall'art. 2 D.L. 4 lug. 2006, n. 223.

2234. ***Spese e acconti.*** — Il cliente, salvo diversa pattuizione deve anticipare al prestatore d'opera le spese occorrenti al compimento dell'opera e corrispondere, secondo gli usi, gli acconti sul compenso.

2235. ***Divieto di ritenzione.*** — Il prestatore d'opera non può ritenere le cose e i documenti ricevuti, se non per il periodo strettamente necessario alla tutela dei propri diritti secondo le leggi professionali.[1]

[1] V. art. 66 R.D.L. 27 nov. 1933, n. 1578.

2236. ***Responsabilità del prestatore d'opera.*** — Se la prestazione implica la soluzione di problemi tecnici di speciale difficoltà, il prestatore d'opera non risponde dei danni, se non in caso di dolo o di colpa grave.

2237. ***Recesso.*** — Il cliente può recedere dal contratto, rimborsando al prestatore d'opera le spese sostenute e pagando il compenso per l'opera svolta.

Il prestatore d'opera può recedere dal contratto per giusta causa. In tal caso egli ha diritto al rimborso delle spese fatte e al compenso per l'opera svolta, da determinarsi con riguardo al risultato utile che ne sia derivato al cliente.

Il recesso del prestatore d'opera deve essere esercitato in modo da evitare pregiudizio al cliente.

2238. ***Rinvio.*** — Se l'esercizio della professione costituisce elemento di un'attività organizzata in forma d'impresa, si applicano anche le disposizioni del titolo II.

In ogni caso, se l'esercente una professione intellettuale impiega sostituti o ausiliari, si applicano le disposizioni delle sezioni II, III e IV del capo I del titolo II.

TITOLO IV
Del lavoro subordinato in particolari rapporti

CAPO I
Disposizioni generali

2239. ***Norme applicabili.*** — I rapporti di lavoro subordinato che non sono inerenti all'esercizio di un'impresa sono regolati dalle disposizioni delle sezioni II, III e IV del capo I del titolo II, in quanto compatibili con la specialità del rapporto.

CAPO II
Del lavoro domestico[1]

[1] V. *Trans.* 203 e L. 2 apr. 1958, n. 339, che regola il rapporto di 4 ore o di durata superiore. V. anche la nota all'art. 2068.

2240. ***Norme applicabili.*** — Il rapporto di lavoro che ha per oggetto la prestazione di servizi di carattere domestico è regolato dalle disposizioni di questo capo e, in quanto più favorevole al prestatore di lavoro, dalla convenzione e dagli usi.

2241. ***Periodo di prova.*** — Il patto di prova si presume per i primi otto giorni.

2242. ***Vitto, alloggio e assistenza.*** — Il prestatore di lavoro ammesso alla convivenza familiare ha diritto, oltre alla retribuzione in danaro, al vitto, all'alloggio e, per le infermità di breve durata, alla cura e alla assistenza medica.

Le parti devono contribuire alle istituzioni di previdenza e di assistenza, nei casi e nei modi stabiliti dalla legge.[1]

[1] V. nota all'art. 2115.

2243. ***Periodo di riposo.*** — Il prestatore di lavoro, oltre al riposo settimanale secondo gli usi, ha diritto, [dopo un anno di ininterrotto servizio],[1] ad un periodo di ferie retribuito, che non può essere inferiore a otto giorni.

[1] La Corte cost., con sent. 17 feb. 1969, n. 16, ha dichiarato l'ill. cost. dell'art. 2243 limitatamente all'inciso «dopo un anno di ininterrotto servizio».

2244. ***Recesso.*** — Al contratto di lavoro domestico sono applicabili le norme sul recesso volontario e per giusta causa, stabilite negli artt. 2118 e 2119.

Il periodo di preavviso non può essere inferiore a otto giorni, o, se l'anzianità di servizio è superiore a due anni, a quindici giorni.

2245. ***Indennità di anzianità.*** — In caso di cessazione del contratto è dovuta al prestatore di lavoro un'indennità proporzionale agli anni di servizio, salvo il caso di licenziamento per colpa di lui o di dimissioni volontarie.[1]

L'ammontare dell'indennità è determinata sulla base dell'ultima retribuzione in danaro, nella misura di otto giorni per ogni anno di servizio.

Se gli usi lo stabiliscono, l'indennità è dovuta anche nel caso di dimissioni volontarie.[1]

[1] La parte finale del comma 1 e il comma 3 sono da ritenersi abrog. per effetto dell'art. 17 della L. 2 apr. 1958, n. 339, e della sent. 4 mag. 1972, n. 85, della Corte cost.

2246. ***Certificato di lavoro.*** — Alla cessazione del contratto il prestatore di lavoro ha diritto al rilascio di un certificato che attesti la natura delle mansioni disimpegnate e il periodo di servizio prestato.

TITOLO V
Delle società

CAPO I
Disposizioni generali

2247. ***Contratto di società.***[1] — Con il contratto di società due o più persone conferiscono beni o servizi per l'esercizio in comune di una attività economica allo scopo di dividerne gli utili.

[1] Rubrica così sost. dall'art. 1 del D.L. 3 mar. 1993, n. 88.

2248. ***Comunione a scopo di godimento.*** — La comunione costituita o mantenuta al solo scopo del godimento di una o più cose è regolata dalle norme del titolo VII del libro III.

2249. ***Tipi di società.*** — Le società che hanno per oggetto l'esercizio di una attività commerciale devono costituirsi secondo uno dei tipi regolati nei capi III e seguenti di questo titolo (*Att.* 205, 206).

Le società che hanno per oggetto l'esercizio di un'attività diversa sono regolate dalle disposizioni sulla società semplice, a meno che i soci abbiano voluto costituire la società secondo uno degli altri tipi regolati nei capi III e seguenti di questo titolo.

Sono salve le disposizioni riguardanti le società cooperative e quelle delle leggi speciali che per l'esercizio di particolari categorie d'imprese prescrivono la costituzione della società secondo un determinato tipo.

2250. ***Indicazione negli atti e nella corrispondenza.*** — Negli atti e nella corrispondenza delle società soggette all'obbligo dell'iscrizione nel registro delle imprese devono essere indicati la sede della società e l'ufficio del registro delle imprese presso il quale questa è iscritta e il *numero d'iscrizione*.[1]

Il capitale delle società per azioni, in accomandita per azioni e a responsabilità limitata deve essere negli atti e nella corrispondenza indicato secondo la somma effettivamente versata e quale risulta esistente dall'ultimo bilancio.

Dopo lo scioglimento delle società previste dal primo comma deve essere espressamente indicato negli atti e nella corrispondenza che la società è in liquidazione.

Negli atti e nella corrispondenza delle società per azioni ed a responsabilità limitata deve essere indicato se queste hanno un unico socio.[2]

Gli atti delle società costituite secondo uno dei tipi regolati nei capi V, VI e VII del presente titolo, per i quali è obbligatoria l'iscrizione o il deposito, possono essere altresì pubblicati in apposita sezione del registro delle imprese in altra lingua ufficiale delle Comunità europee, con traduzione giurata di un esperto.[3]

In caso di discordanza con gli atti pubblicati in lingua italiana, quelli pubblicati in altra lingua ai sensi del quinto comma non possono essere opposti ai terzi, ma questi possono avvalersene, salvo che la società dimostri che essi erano a conoscenza della loro versione in lingua italiana.[3]

Le società di cui al quinto comma che dispongono di uno spazio elettronico destinato alla comunicazione collegato ad una rete telematica ad accesso pubblico forniscono, attraverso tale mezzo, tutte le informazioni di cui al primo, secondo, terzo e quarto comma.[3]

[1] Parole aggiunte con l'art. 1 del D.P.R. 29 dic. 1969, n. 1127.

[2] Comma aggiunto dall'art. 2 del D.L. 3 mar. 1993, n. 88. L'inosservanza delle disposizioni previste dai commi 1, 2, 3 e 4 del presente articolo è sanzionata ai sensi dell'art. 2630 c.c.

[3] Comma aggiunto dall'art. 42 L. 7 lug. 2009, n. 88.

CAPO II
Della società semplice

SEZIONE I
Disposizioni generali

2251. ***Contratto sociale.*** — Nella società semplice il contratto non è soggetto a forme speciali, salve quelle richieste dalla natura dei beni conferiti.

2252. ***Modificazioni del contratto sociale.*** — Il contratto sociale può essere modificato soltanto con il consenso di tutti i soci, se non è convenuto diversamente.

SEZIONE II

Dei rapporti tra i soci

2253. ***Conferimenti.*** — Il socio è obbligato a eseguire i conferimenti determinati nel contratto sociale.

Se i conferimenti non sono determinati, si presume che i soci siano obbligati a conferire, in parti eguali tra loro, quanto è necessario per il conseguimento dell'oggetto sociale.

2254. ***Garanzia e rischi dei conferimenti.*** — Per le cose conferite in proprietà la garanzia dovuta dal socio e il passaggio dei rischi sono regolati dalle norme sulla vendita.

Il rischio delle cose conferite in godimento resta a carico del socio che le ha conferite. La garanzia per il godimento è regolata dalle norme sulla locazione.

2255. ***Conferimento di crediti.*** — Il socio che ha conferito un credito risponde della insolvenza del debitore, nei limiti indicati dall'art. 1267 per il caso di assunzione convenzionale della garanzia.

2256. ***Uso illegittimo delle cose sociali.*** — Il socio non può servirsi, senza il consenso degli altri soci, delle cose appartenenti al patrimonio sociale per fini estranei a quelli della società.

2257. ***Amministrazione disgiuntiva.*** — L'istituzione degli assetti di cui all'articolo 2086, secondo comma, spetta esclusivamente agli amministratori. Salvo diversa pattuizione, l'amministrazione della società spetta a ciascuno dei soci disgiuntamente dagli altri.[1]

Se l'amministrazione spetta disgiuntamente a più soci, ciascun socio amministratore ha diritto di opporsi all'operazione che un altro voglia compiere, prima che sia compiuta.

La maggioranza dei soci, determinata secondo la parte attribuita a ciascun socio negli utili, decide sull'opposizione.

[1] Comma così sost. dall'art. 40, D.lgs. 26 ott. 2020, n. 147, con decorrenza 20 nov. 2020.

2258. ***Amministrazione congiuntiva.*** — Se l'amministrazione spetta congiuntamente a più soci, è necessario il consenso di tutti i soci amministratori per il compimento delle operazioni sociali.

Se è convenuto che per l'amministrazione o per determinati atti sia necessario il consenso della maggioranza, questa si determina a norma dell'ultimo comma dell'articolo precedente.

Nei casi preveduti da questo articolo, i singoli amministratori non possono compiere da soli alcun atto, salvo che vi sia urgenza di evitare un danno alla società.

2259. ***Revoca della facoltà di amministrare.*** — La revoca dell'amministratore nominato con il contratto sociale non ha effetto se non ricorre una giusta causa.

L'amministratore nominato con atto separato è revocabile secondo le norme sul mandato.

La revoca per giusta causa può in ogni caso essere chiesta giudizialmente da ciascun socio.

2260. ***Diritti e obblighi degli amministratori.*** — I diritti e gli obblighi degli amministratori sono regolati dalle norme sul mandato.

Gli amministratori sono solidalmente responsabili verso la società per l'adempimento degli obblighi ad essi imposti dalla legge e dal contratto sociale. Tuttavia la responsabilità non si estende a quelli che dimostrino di essere esenti da colpa.

2261. ***Controllo dei soci.*** — I soci che non partecipano alla amministrazione hanno diritto di avere dagli amministratori notizia dello svolgimento degli affari sociali, di consultare i documenti relativi all'amministrazione e di ottenere il rendiconto quando gli affari per cui fu costituita la società sono stati compiuti.

Se il compimento degli affari sociali dura oltre un anno, i soci hanno diritto di avere il rendiconto dell'amministrazione al termine di ogni anno, salvo che il contratto stabilisca un termine diverso.

2262. ***Utili.*** — Salvo patto contrario, ciascun socio ha diritto di percepire la sua parte di utili dopo l'approvazione del rendiconto.

2263. ***Ripartizione dei guadagni e delle perdite.*** — Le parti spettanti ai soci nei guadagni e nelle perdite si presumono proporzionali ai conferimenti. Se il valore dei conferimenti non è determinato dal contratto, esse si presumono eguali.

La parte spettante al socio che ha conferito la propria opera, se non è determinata dal contratto, è fissata dal giudice secondo equità.

Se il contratto determina soltanto la parte di ciascun socio nei guadagni, nella stessa misura si presume che debba determinarsi la partecipazione alle perdite.

2264. ***Partecipazione ai guadagni e alle perdite rimessa alla determinazione di un terzo.*** — La determinazione della parte di ciascun socio nei guadagni e nelle perdite può essere rimessa ad un terzo.

La determinazione del terzo può essere impugnata soltanto nei casi previsti dall'art. 1349 e nel termine di tre mesi dal giorno in cui il socio, che pretende di esserne leso, ne ha avuto comunicazione. L'impugnazione non può essere proposta dal socio che ha volontariamente eseguito la determinazione del terzo.

2265. ***Patto leonino.*** — È nullo il patto con il quale uno o più soci sono esclusi da ogni partecipazione agli utili o alle perdite.

SEZIONE III

Dei rapporti con i terzi

2266. ***Rappresentanza della società.*** — La società acquista diritti e assume obbligazioni per mezzo dei soci che ne hanno la rappresentanza e sta in giudizio nella persona dei medesimi.

In mancanza di diversa disposizione del contratto, la rappresentanza spetta a ciascun socio amministratore e si estende a tutti gli atti che rientrano nell'oggetto sociale.

Le modificazioni e l'estinzione dei poteri di rappresentanza sono regolate dall'art. 1396.

2267. ***Responsabilità per le obbligazioni sociali.*** — I creditori della società possono far valere i loro diritti sul patrimonio sociale. Per le obbligazioni sociali rispondono inoltre personalmente e solidalmente i soci che hanno agito in nome e per conto della società e, salvo patto contrario, gli altri soci.

Il patto deve essere portato a conoscenza dei terzi con mezzi idonei; in mancanza, la limitazione della responsabilità o la esclusione della solidarietà non è opponibile a coloro che non ne hanno avuto conoscenza.

2268. ***Escussione preventiva del patrimonio sociale.*** — Il socio richiesto del pagamento di debiti sociali può domandare, anche se la società è in liquidazione, la preventiva escussione del patrimonio sociale, indicando i beni sui quali il creditore possa agevolmente soddisfarsi.

2269. ***Responsabilità del nuovo socio.*** — Chi entra a far parte di una società già costituita risponde con gli altri soci per le obbligazioni sociali anteriori all'acquisto della qualità di socio.

2270. ***Creditore particolare del socio.*** — Il creditore particolare del socio, finché dura la società, può far valere i suoi diritti sugli utili spettanti al debitore e compiere atti conservativi sulla quota spettante a quest'ultimo nella liquidazione.

Se gli altri beni del debitore sono insufficienti a soddisfare i suoi crediti, il creditore particolare del socio può inoltre chiedere in ogni tempo la liquidazione della quota del suo debitore. La quota deve essere liquidata entro tre mesi dalla domanda, salvo che sia deliberato lo scioglimento della società.

2271. ***Esclusione della compensazione.*** — Non è ammessa compensazione fra il debito che un terzo ha verso la società e il credito che egli ha verso un socio.

SEZIONE IV
Dello scioglimento della società

2272. ***Cause di scioglimento.*** — La società si scioglie:

1) per il decorso del termine;

2) per il conseguimento dell'oggetto sociale o per la sopravvenuta impossibilità di conseguirlo;

3) per la volontà di tutti i soci;

4) quando viene a mancare la pluralità dei soci, se nel termine di sei mesi questa non è ricostituita;

5) per le altre cause previste dal contratto sociale.

5-*bis*) per l'apertura della procedura di liquidazione controllata.[1]

[1] Numero aggiunto dall'art. 382, c. 1, D.lgs. 12 gen. 2019, n. 14, a decorrere dal 15 lug. 2022.

2273. ***Proroga tacita.*** — La società è tacitamente prorogata a tempo indeterminato quando, decorso il tempo per cui fu contratta, i soci continuano a compiere le operazioni sociali.

2274. ***Poteri degli amministratori dopo lo scioglimento.*** — Avvenuto lo scioglimento della società, i soci amministratori conservano il potere di amministrare, limitatamente agli affari urgenti, fino a che siano presi i provvedimenti necessari per la liquidazione.

2275. ***Liquidatori.*** — Se il contratto non prevede il modo di liquidare il patrimonio sociale e i soci non sono d'accordo nel determinarlo, la liquidazione è fatta da uno o più liquidatori, nominati con il consenso di tutti i soci o, in caso di disaccordo, dal presidente del tribunale.

I liquidatori possono essere revocati per volontà di tutti i soci e in ogni caso dal tribunale per giusta causa su domanda di uno o più soci.

2276. ***Obblighi e responsabilità dei liquidatori.*** — Gli obblighi e la responsabilità dei liquidatori sono regolati dalle disposizioni stabilite per gli amministratori, in quanto non sia diversamente disposto dalle norme seguenti o dal contratto sociale.

2277. ***Inventario.*** — Gli amministratori devono consegnare ai liquidatori i beni e i documenti sociali e presentare ad essi il conto della gestione relativa al periodo successivo all'ultimo rendiconto.

I liquidatori devono prendere in consegna i beni e i documenti sociali, e redigere, insieme con gli amministratori, l'inventario dal quale risulti lo stato attivo e passivo del patrimonio sociale. L'inventario deve essere sottoscritto dagli amministratori e dai liquidatori.

2278. ***Poteri dei liquidatori.*** — I liquidatori possono compiere gli atti necessari per la liquidazione e, se i soci non hanno disposto diversamente, possono vendere anche in blocco i beni sociali e fare transazioni e compromessi.

Essi rappresentano la società anche in giudizio.

2279. ***Divieto di nuove operazioni.*** — I liquidatori non possono intraprendere nuove operazioni. Contravvenendo a tale divieto, essi rispondono personalmente e solidalmente per gli affari intrapresi.

2280. ***Pagamento dei debiti sociali.*** — I liquidatori non possono ripartire tra i soci, neppure parzialmente, i beni sociali, finché non siano pagati i creditori della società o non siano accantonate le somme necessarie per pagarli.

Se i fondi disponibili risultano insufficienti per il pagamento dei debiti sociali, i liquidatori possono chiedere ai soci i versamenti ancora dovuti sulle rispettive quote e, se occorre, le somme necessarie, nei limiti della rispettiva responsabilità e in proporzione della parte di ciascuno nelle perdite. Nella stessa proporzione si ripartisce tra i soci il debito del socio insolvente.

2281. ***Restituzione dei beni conferiti in godimento.*** — I soci che hanno conferito beni in godimento hanno diritto di riprenderli nello stato in cui si trovano. Se i beni sono periti o deteriorati per causa imputabile agli amministratori, i soci hanno diritto al risarcimento del danno a carico del patrimonio sociale, salva la azione contro gli amministratori.

2282. ***Ripartizione dell'attivo.*** — Estinti i debiti sociali, l'attivo residuo è destinato al rimborso dei conferimenti. L'eventuale eccedenza è ripartita tra i soci in proporzione della parte di ciascuno nei guadagni.

L'ammontare dei conferimenti non aventi per oggetto somme di danaro è determinato secondo la valutazione che ne è stata fatta nel contratto o, in mancanza, secondo il valore che essi avevano nel momento in cui furono eseguiti.

2283. ***Ripartizione di beni in natura.*** — Se è convenuto che la ripartizione dei beni sia fatta in natura, si applicano le disposizioni sulla divisione delle cose comuni.

SEZIONE V

Dello scioglimento del rapporto sociale limitatamente a un socio

2284. ***Morte del socio.*** — Salvo contraria disposizione del contratto sociale, in caso di morte di uno dei soci, gli altri devono liquidare la quota agli eredi, a meno che preferiscano sciogliere la società, ovvero continuarla con gli eredi stessi e questi vi acconsentano.

2285. ***Recesso del socio.*** — Ogni socio può recedere dalla società quando questa è contratta a tempo indeterminato o per tutta la vita di uno dei soci.

Può inoltre recedere nei casi previsti nel contratto sociale ovvero quando sussiste una giusta causa.

Nei casi previsti nel primo comma il recesso deve essere comunicato agli altri soci con un preavviso di almeno tre mesi.

2286. ***Esclusione.*** — L'esclusione di un socio può avere luogo per gravi inadempienze delle obbligazioni che derivano dalla legge o dal contratto sociale, nonché per l'interdizione, l'inabilitazione del socio o per la sua condanna ad una pena che importa l'interdizione, anche temporanea, dai pubblici uffici.

Il socio che ha conferito nella società la propria opera o il godimento di una cosa può altresì essere escluso per la sopravvenuta inidoneità a svolgere l'opera conferita o per il perimento della cosa dovuto a causa non imputabile agli amministratori.

Parimenti può essere escluso il socio che si è obbligato con il conferimento a trasferire la proprietà di una cosa, se questa è perita prima che la proprietà sia acquistata dalla società (*Trans.* 208).

2287. ***Procedimento di esclusione.*** — L'esclusione è deliberata dalla maggioranza dei soci, non computandosi nel numero di questi il socio da escludere, ed ha effetto decorsi trenta giorni dalla data della comunicazione al socio escluso.

Entro questo termine il socio escluso può fare opposizione davanti al tribunale, il quale può sospendere l'esecuzione.

Se la società si compone di due soci, l'esclusione di uno di essi è pronunciata dal tribunale, su domanda dell'altro.

2288. ***Esclusione di diritto.*** — È escluso di diritto il socio nei confronti del quale è stata aperta o al quale è stata estesa la procedura di liquidazione giudiziale o di liquidazione controllata.[1]

Parimenti è escluso di diritto il socio nei cui confronti un suo creditore particolare abbia ottenuto la liquidazione della quota a norma dell'art. 2270.

[1] Comma così sost. dall'art. 382, c. 2, D.lgs. 12 gen. 2019, n. 14, a decorrere dal 15 lug. 2022.

2289. ***Liquidazione della quota del socio uscente.*** — Nei casi in cui il rapporto sociale si scioglie limitatamente a un socio, questi o i suoi eredi hanno diritto soltanto ad una somma di danaro che rappresenti il valore della quota.

La liquidazione della quota è fatta in base alla situazione patrimoniale della società nel giorno in cui si verifica lo scioglimento.

Se vi sono operazioni in corso, il socio o i suoi eredi partecipano agli utili e alle perdite inerenti alle operazioni medesime.

Salvo quanto è disposto nell'art. 2270, il pagamento della quota spettante al socio deve essere fatto entro sei mesi dal giorno in cui si verifica lo scioglimento del rapporto.

2290. ***Responsabilità del socio uscente o dei suoi eredi.*** — Nei casi in cui il rapporto sociale si scioglie limitatamente a un socio, questi o i suoi eredi sono responsabili verso i terzi per le obbligazioni sociali fino al giorno in cui si verifica lo scioglimento.

Lo scioglimento deve essere portato a conoscenza dei terzi con mezzi idonei; in mancanza non è opponibile ai terzi che lo hanno senza colpa ignorato.

CAPO III

Della società in nome collettivo[1]

[1] Per le indicazioni obbligatorie negli atti e nella corrispondenza v. 2250.

2291. ***Nozione.*** — Nella società in nome collettivo tutti i soci rispondono solidalmente e illimitatamente per le obbligazioni sociali.

Il patto contrario non ha effetto nei confronti dei terzi.

2292. *Ragione sociale.* — La società in nome collettivo agisce sotto una ragione sociale costituita dal nome di uno o più soci con l'indicazione del rapporto sociale.

La società può conservare nella ragione sociale il nome del socio receduto o defunto, se il socio receduto o gli eredi del socio defunto vi consentono (*Trans.* 207).

2293. *Norme applicabili.* — La società in nome collettivo è regolata dalle norme di questo capo e, in quanto queste non dispongano, dalle norme del capo precedente.

2294. *Incapace.* — La partecipazione di un incapace alla società in nome collettivo è subordinata in ogni caso all'osservanza delle disposizioni degli artt. 320, 371, 397, 424 e 425 (*Trans.* 208).

2295. *Atto costitutivo.* — L'atto costitutivo della società deve indicare:

1) il cognome e il nome, il *luogo e la data di nascita*,[1] il domicilio, la cittadinanza dei soci;

2) la ragione sociale;

3) i soci che hanno l'amministrazione e la rappresentanza della società;

4) la sede della società e le eventuali sedi secondarie;

5) l'oggetto sociale;[2]

6) i conferimenti di ciascun socio, il valore ad essi attribuito e il modo di valutazione;

7) le prestazioni a cui sono obbligati i soci di opera;

8) le norme secondo le quali gli utili devono essere ripartiti e la quota di ciascun socio negli utili e nelle perdite;

9) la durata della società.

[1] Comma così modif. dalla L. 31 ott. 1955, n. 1064.

[2] Alle società in nome collettivo, in accomandita ed a responsabilità limitata, ed alle persone singole è vietato l'esercizio delle assicurazioni, salva la stipulazione di contratti di rendita vitalizia ai sensi degli artt. 1872 e seg. del c.c. (T.U. 13 feb. 1959, n. 499, art. 3).

2296. *Pubblicazione.* — L'atto costitutivo della società, con sottoscrizione autenticata dei contraenti, o una copia autentica di esso se la stipulazione è avvenuta per atto pubblico, deve entro trenta giorni essere depositato per l'iscrizione, a cura degli amministratori, presso l'ufficio del registro delle imprese nella cui circoscrizione è stabilita la sede sociale (*Att.* 100).

Se gli amministratori non provvedono al deposito nel termine indicato nel comma precedente, ciascun socio può provvedervi a spese dalla società, o far condannare gli amministratori ad eseguirlo.

Se la stipulazione è avvenuta per atto pubblico, è obbligato ad eseguire il deposito anche il notaio (*Att.* 99-101).

2297. *Mancata registrazione.* — Fino a quando la società non è iscritta nel registro delle imprese, i rapporti tra la società e i terzi, ferma restando la responsabilità illimitata e solidale di tutti i soci, sono regolati dalle disposizioni relative alla società semplice (*Trans.* 205).

Tuttavia si presume che ciascun socio che agisce per la società abbia la rappresentanza sociale, anche in giudizio. I patti che attribuiscono la rappresentanza ad alcuno soltanto dei soci o che limitano i poteri di rappresentanza non sono opponibili ai terzi, a meno che si provi che questi ne erano a conoscenza.

2298. *Rappresentanza della società.* — L'amministratore che ha la rappresentanza della società può compiere tutti gli atti che rientrano nell'oggetto sociale, salve le limitazioni che risultano dall'atto costitutivo o dalla procura. Le limitazioni non sono opponibili ai terzi, se non sono iscritte nel registro delle imprese o se non si prova che i terzi ne hanno avuto conoscenza.

[...][1]

[1] Comma abrog. dall'art. 33, L. 24 nov. 2000, n. 340.

2299. *Sedi secondarie.* — Un estratto dell'atto costitutivo deve essere depositato per la iscrizione presso l'ufficio del registro delle imprese del luogo in cui la società istituisce sedi secondarie con una rappresentanza stabile entro trenta giorni dall'istituzione delle medesime.

L'estratto deve indicare l'ufficio del registro presso il quale è iscritta la società e la data dell'iscrizione.

[...][1]

L'istituzione di sedi secondarie deve essere denunciata per l'iscrizione nello stesso termine anche all'ufficio del registro del luogo dove è iscritta la società.

[1] Comma abrog. dall'art. 33, L. 24 nov. 2000, n. 340.

2300. *Modificazioni dell'atto costitutivo.* — Gli amministratori devono richiedere nel termine di trenta giorni all'ufficio del registro delle imprese l'iscrizione delle modificazioni dell'atto costitutivo e degli altri fatti relativi alla società, dei quali è obbligatoria l'iscrizione.

Se la modificazione dell'atto costitutivo risulta da deliberazione dei soci, questa deve essere depositata in copia autentica.

Le modificazioni dell'atto costitutivo, finché non sono iscritte, non sono opponibili ai terzi, a meno che si provi che questi ne erano a conoscenza (*Trans.* 211).

2301. *Divieto di concorrenza.* — Il socio non può, senza il consenso degli altri soci, esercitare per conto proprio o altrui una attività concorrente con quella della società, né partecipare come socio illimitatamente responsabile ad altra società concorrente.

Il consenso si presume, se l'esercizio dell'attività o la partecipazione ad altra società preesisteva al contratto sociale, e gli altri soci ne erano a conoscenza.

In caso d'inosservanza delle disposizioni del primo comma la società ha diritto al risarcimento del danno, salva l'applicazione dell'art. 2286.

2302. ***Scritture contabili.*** — Gli amministratori devono tenere i libri e le altre scritture contabili prescritti dall'art. 2214.

2303. ***Limiti alla distribuzione degli utili.*** — Non può farsi luogo a ripartizione di somme tra soci se non per utili realmente conseguiti.

Se si verifica una perdita del capitale sociale, non può farsi luogo a ripartizione di utili fino a che il capitale non sia reintegrato o ridotto in misura corrispondente.

2304. ***Responsabilità dei soci.*** — I creditori sociali, anche se la società è in liquidazione, non possono pretendere il pagamento dai singoli soci, se non dopo l'escussione del patrimonio sociale.

2305. ***Creditore particolare del socio.*** — Il creditore particolare del socio, finché dura la società, non può chiedere la liquidazione della quota del socio debitore.

2306. ***Riduzione di capitale.*** — La deliberazione di riduzione di capitale, mediante rimborso ai soci delle quote pagate o mediante liberazione di essi dall'obbligo di ulteriori versamenti, può essere eseguita soltanto dopo tre mesi dal giorno della iscrizione nel registro delle imprese, purché entro questo termine nessun creditore sociale anteriore all'iscrizione abbia fatto opposizione.

Il tribunale, nonostante l'opposizione, può disporre che l'esecuzione abbia luogo, previa prestazione da parte della società di una idonea garanzia.

2307. ***Proroga della società.*** — Il creditore particolare del socio può fare opposizione alla proroga della società, entro tre mesi dalla iscrizione della deliberazione di proroga nel registro delle imprese.

Se l'opposizione è accolta, la società deve, entro tre mesi dalla notificazione della sentenza, liquidare la quota del socio debitore dell'opponente.

In caso di proroga tacita ciascun socio può sempre recedere dalla società, dando preavviso a norma dell'art. 2285, e il creditore particolare del socio può chiedere la liquidazione della quota del suo debitore a norma dell'art. 2270.

2308. ***Scioglimento della società.*** — La società si scioglie, oltre che per le cause indicate dall'articolo 2272, per provvedimento dell'autorità governativa nei casi stabiliti dalla legge e per l'apertura della procedura di liquidazione giudiziale.[1]

[1] Comma così sost. dall'art. 382, c. 3, D.lgs. 12 gen. 2019, n. 14, a decorrere dal 15 lug. 2022.

2309. ***Pubblicazione della nomina dei liquidatori.*** — La deliberazione dei soci o la sentenza che nomina i liquidatori e ogni atto successivo che importa cambiamento nelle persone dei liquidatori devono essere, entro trenta giorni dalla notizia della nomina, depositati in copia autentica a cura dei liquidatori medesimi per la iscrizione presso l'ufficio del registro delle imprese.

[...][1]

[1] Comma abrog. dall'art. 33, L. 24 nov. 2000, n. 340.

2310. ***Rappresentanza della società in liquidazione.*** — Dall'iscrizione della nomina dei liquidatori la rappresentanza della società, anche in giudizio, spetta ai liquidatori.

2311. ***Bilancio finale di liquidazione e piano di riparto.*** — Compiuta la liquidazione, i liquidatori devono redigere il bilancio finale e proporre ai soci il piano di riparto.

Il bilancio, sottoscritto dai liquidatori, e il piano di riparto devono essere comunicati mediante raccomandata ai soci, e s'intendono approvati se non sono stati impugnati nel termine di due mesi dalla comunicazione.

In caso d'impugnazione del bilancio e del piano di riparto, il liquidatore può chiedere che le questioni relative alla liquidazione siano esaminate separatamente da quelle relative alla divisione, alle quali il liquidatore può restare estraneo.

Con l'approvazione del bilancio i liquidatori sono liberati di fronte ai soci.

2312. ***Cancellazione della società.*** — Approvato il bilancio finale di liquidazione, i liquidatori devono chiedere la cancellazione della società dal registro delle imprese.

Dalla cancellazione della società i creditori sociali che non sono stati soddisfatti possono far valere i loro crediti nei confronti dei soci e, se il mancato pagamento è dipeso da colpa dei liquidatori, anche nei confronti di questi.

Le scritture contabili e i documenti che non spettano ai singoli soci sono depositati presso la persona designata dalla maggioranza.

Le scritture contabili e i documenti devono essere conservati per dieci anni a decorrere dalla cancellazione della società dal registro delle imprese.

CAPO IV

Della società in accomandita semplice[1]

[1] Per le indicazioni obbligatorie negli atti e nella corrispondenza v. 2250.

2313. ***Nozione.*** — Nella società in accomandita semplice i soci accomandatari rispondono solidalmente e illimitatamente per le obbligazioni sociali, e i soci accomandanti rispondono limitatamente alla quota conferita.

Le quote di partecipazione dei soci non possono essere rappresentate da azioni.

2314. ***Ragione sociale.*** — La società agisce sotto una ragione sociale costituita dal nome di almeno uno dei soci accomandatari, con l'indicazione di società in accomandita semplice, salvo il disposto del secondo comma dell'art. 2292.

L'accomandante, il quale consente che il suo nome sia compreso nella ragione sociale, risponde di fronte ai terzi illimitatamente e solidalmente con i soci accomandatari per le obbligazioni sociali.

2315. ***Norme applicabili.*** — Alla società in accomandita semplice si applicano le disposizioni relative alla società in nome collettivo, in quanto siano compatibili con le norme seguenti.

2316. ***Atto costitutivo.*** — L'atto costitutivo deve indicare i soci accomandatari e i soci accomandanti.

2317. ***Mancata registrazione.*** — Fino a quando la società non è iscritta nel registro delle imprese, ai rapporti fra la società e i terzi si applicano le disposizioni dell'art. 2297.

Tuttavia per le obbligazioni sociali i soci accomandanti rispondono limitatamente alla loro quota, salvo che abbiano partecipato alle operazioni sociali.

2318. ***Soci accomandatari.*** — I soci accomandatari hanno i diritti e gli obblighi dei soci della società in nome collettivo.

L'amministrazione della società può essere conferita soltanto ai soci accomandatari.

2319. ***Nomina e revoca degli amministratori.*** — Se l'atto costitutivo non dispone diversamente, per la nomina degli amministratori e per la loro revoca nel caso indicato nel secondo comma dell'art. 2259 sono necessari il consenso dei soci accomandatari e l'approvazione di tanti soci accomandanti che rappresentino la maggioranza del capitale da essi sottoscritto.

2320. ***Soci accomandanti.*** — I soci accomandanti non possono compiere atti di amministrazione, né trattare o concludere affari in nome della società, se non in forza di procura speciale per singoli affari. Il socio accomandante che contravviene a tale divieto assume responsabilità illimitata e solidale verso i terzi per tutte le obbligazioni sociali e può essere escluso a norma dell'art. 2286.

I soci accomandanti possono tuttavia prestare la loro opera sotto la direzione degli amministratori e, se l'atto costitutivo lo consente, dare autorizzazioni e pareri per determinate operazioni e compiere atti di ispezione e di sorveglianza.

In ogni caso essi hanno diritto di avere comunicazione annuale del bilancio e del conto dei profitti e delle perdite, e di controllarne l'esattezza, consultando i libri e gli altri documenti della società.

2321. ***Utili percepiti in buona fede.*** — I soci accomandanti non sono tenuti alla restituzione degli utili riscossi in buona fede secondo il bilancio regolarmente approvato.

2322. ***Trasferimento della quota.*** — La quota di partecipazione del socio accomandante è trasmissibile per causa di morte.

Salvo diversa disposizione dell'atto costitutivo, la quota può essere ceduta, con effetto verso la società, con il consenso dei soci che rappresentano la maggioranza del capitale.

2323. ***Cause di scioglimento.*** — La società si scioglie, oltre che per le cause previste nell'art. 2308, quando rimangono soltanto soci accomandanti o soci accomandatari, sempreché nel termine di sei mesi non sia stato sostituito il socio che è venuto meno.

Se vengono a mancare tutti gli accomandatari, per il periodo indicato dal comma precedente gli accomandanti nominano un amministratore provvisorio per il compimento degli atti di ordinaria amministrazione. L'amministratore provvisorio non assume la qualità di socio accomandatario.

2324. ***Diritti dei creditori sociali dopo la liquidazione.*** — Salvo il diritto previsto dal secondo comma dell'art. 2312 nei confronti degli accomandatari e dei liquidatori, i creditori sociali che non sono stati soddisfatti nella liquidazione della società possono far valere i loro crediti anche nei confronti degli accomandanti, limitatamente alla quota di liquidazione (*Trans.* 218).

CAPO V[1]
Società per azioni

[1] Il capo V del titolo V del Libro V del codice civile è stato sostituito dall'art. 1 D.lgs. 17 gen. 2003, n. 6, in vigore dall'1 gen. 2004.

SEZIONE I
Disposizioni generali

2325. ***Responsabilità.*** — Nella società per azioni per le obbligazioni sociali risponde soltanto la società con il suo patrimonio.

In caso di insolvenza della società, per le obbligazioni sociali sorte nel periodo in cui le azioni sono appartenute ad una sola persona, questa risponde illimitatamente quando i conferimenti non siano stati effettuati secondo quanto previsto dall'art. 2342 o fin quando non sia stata attuata la pubblicità prescritta dall'art. 2362.

2325-*bis*. ***Società che fanno ricorso al mercato del capitale di rischio.***[1] — Ai fini dell'applicazione del presente titolo, sono società che fanno ricorso al mercato del capitale di rischio le società con azioni quotate in mercati regolamentati o diffuse fra il pubblico in misura rilevante.

Le norme di questo titolo si applicano alle società con azioni quotate in mercati regolamentati in quanto non sia diversamente disposto da altre norme di questo codice o di leggi speciali.

[1] Articolo così modif., da ultimo, dall'art. 5, D.lgs. 6 feb. 2004, n. 37.

2326. ***Denominazione sociale.*** — La denominazione sociale, in qualunque modo formata, deve contenere l'indicazione di società per azioni.

2327. ***Ammontare minimo del capitale.*** — La

società per azioni deve costituirsi con un capitale non inferiore a cinquantamila euro.[1]

[1] Articolo così modif dall'art. 20, c. 7, D.L. 24 giu. 2014, n. 91, conv. con modif. in L. 11 ago. 2014, n. 116.

2328. ***Atto costitutivo.*** — La società può essere costituita per contratto o per atto unilaterale.

L'atto costitutivo deve essere redatto per atto pubblico e deve indicare:

1) il cognome e il nome o la denominazione, la data e il luogo di nascita o lo Stato[1] di costituzione, il domicilio o la sede, la cittadinanza dei soci e degli eventuali promotori, nonché il numero delle azioni assegnate a ciascuno di essi;

2) la denominazione e il comune ove sono poste la sede della società e le eventuali sedi secondarie;

3) l'attività che costituisce l'oggetto sociale;

4) l'ammontare del capitale sottoscritto e di quello versato;

5) il numero e l'eventuale valore nominale delle azioni, le loro caratteristiche e le modalità di emissione e circolazione;

6) il valore attribuito ai crediti e beni conferiti in natura;

7) le norme secondo le quali gli utili devono essere ripartiti;

8) i benefici eventualmente accordati ai promotori o ai soci fondatori;

9) il sistema di amministrazione adottato, il numero degli amministratori e i loro poteri, indicando quali tra essi hanno la rappresentanza della società;

10) il numero dei componenti il collegio sindacale;

11) la nomina dei primi amministratori e sindaci ovvero dei componenti del consiglio di sorveglianza[1] e, quando previsto, del soggetto incaricato di effettuare la revisione legale dei conti;[2]

12) l'importo globale, almeno approssimativo, delle spese per la costituzione poste a carico della società;

13) la durata della società ovvero, se la società è costituita a tempo indeterminato, il periodo di tempo, comunque non superiore ad un anno, decorso il quale il socio potrà recedere.

Lo statuto contenente le norme relative al funzionamento della società, anche se forma oggetto di atto separato, costituisce parte integrante dell'atto costitutivo. In caso di contrasto tra le clausole dell'atto costitutivo e quelle dello statuto prevalgono le seconde.

[1] Parole inserite dall'art. 5 D.lgs. 6 feb. 2004, n. 37.
[2] Comma così modif. dall'art. 37, D.lgs. 27 gen. 2010, n. 39.

2329. ***Condizioni per la costituzione.*** — Per procedere alla costituzione della società è necessario:

1) che sia sottoscritto per intero il capitale sociale;

2) che siano rispettate le previsioni degli artt. 2342, 2343 e 2343-*ter*[1] relative ai conferimenti;

3) che sussistano le autorizzazioni e le altre condizioni richieste dalle leggi speciali per la costituzione della società, in relazione al suo particolare oggetto.

[1] Numero così modif. dall'art. 1, D.lgs. 4 ago. 2008, n. 142.

2330. ***Deposito dell'atto costitutivo e iscrizione della società.*** — Il notaio che ha ricevuto l'atto costitutivo deve depositarlo entro dieci giorni[1] presso l'ufficio del registro delle imprese nella cui circoscrizione è stabilita la sede sociale, allegando i documenti comprovanti la sussistenza delle condizioni previste dall'art. 2329.

Se il notaio o gli amministratori non provvedono al deposito nel termine indicato nel comma precedente, ciascun socio può provvedervi a spese della società.

L'iscrizione della società nel registro delle imprese è richiesta contestualmente al deposito dell'atto costitutivo. L'ufficio del registro delle imprese, verificata la regolarità formale della documentazione, iscrive la società nel registro.

Se la società istituisce sedi secondarie, si applica l'art. 2299.

[1] Parole così modif. dall'art. 3, c. 1-*quinquies*, D.L. 14 dic. 2018, n. 135, conv. con modif. in L. 11 feb. 2019, n. 12, a decorrere dalla data di entrata in vigore della L. 12/2019.

2331. ***Effetti dell'iscrizione.*** — Con l'iscrizione nel registro la società acquista la personalità giuridica.

Per le operazioni compiute in nome della società prima dell'iscrizione sono illimitatamente e solidalmente responsabili verso i terzi coloro che hanno agito. Sono altresì solidalmente e illimitatamente responsabili il socio unico fondatore e quelli tra i soci che nell'atto costitutivo o con atto separato hanno deciso, autorizzato o consentito il compimento dell'operazione.

Qualora successivamente all'iscrizione la società abbia approvato un'operazione prevista dal precedente comma, è responsabile anche la società ed essa è tenuta a rilevare coloro che hanno agito.

Le somme depositate a norma del secondo comma dell'art. 2342 non possono essere consegnate agli amministratori se non provano l'avvenuta iscrizione della società nel registro. Se entro novanta giorni dalla stipulazione dell'atto costitutivo o dal rilascio delle autorizzazioni previste dal numero 3) dell'art. 2329 l'iscrizione non ha avuto luogo, esse sono restituite ai sottoscrittori e l'atto costitutivo perde efficacia.

Prima dell'iscrizione nel registro è vietata l'emissione delle azioni ed esse, salvo l'offerta pubblica di sottoscrizione ai sensi dell'art. 2333, non possono costituire oggetto di offerta al pubblico di prodotti finanziari.[1]

[1] Periodo così modif. dall'art. 5, D.lgs. 28 mar. 2007, n. 51.

2332. ***Nullità della società.*** — Avvenuta l'iscrizione nel registro delle imprese, la nullità della società può essere pronunciata soltanto nei seguenti casi:

1) mancata stipulazione dell'atto costitutivo nella forma dell'atto pubblico;

2) illiceità dell'oggetto sociale;

3) mancanza nell'atto costitutivo di ogni indicazione riguardante la denominazione della società, o i conferimenti, o l'ammontare del capitale sociale o l'oggetto sociale.

La dichiarazione di nullità non pregiudica l'efficacia degli atti compiuti in nome della società dopo l'iscrizione nel registro delle imprese.

I soci non sono liberati dall'obbligo di conferimento fino a quando non sono soddisfatti i creditori sociali.

La sentenza che dichiara la nullità nomina i liquidatori.

La nullità non può essere dichiarata quando la causa di essa è stata eliminata e di tale eliminazione è stata data pubblicità con iscrizione nel registro delle imprese.

Il dispositivo della sentenza che dichiara la nullità deve essere iscritto, a cura degli amministratori o dei liquidatori nominati ai sensi del quarto comma, nel registro delle imprese.

SEZIONE II

Della costituzione per pubblica sottoscrizione

2333. ***Programma e sottoscrizione delle azioni.*** — La società può essere costituita anche per mezzo di pubblica sottoscrizione sulla base di un programma che ne indichi l'oggetto e il capitale, le principali disposizioni dell'atto costitutivo e dello statuto, l'eventuale partecipazione che i promotori si riservano agli utili e il termine entro il quale deve essere stipulato l'atto costitutivo.

Il programma con le firme autenticate dei promotori, prima di essere reso pubblico, deve essere depositato presso un notaio.

Le sottoscrizioni delle azioni devono risultare da atto pubblico o da scrittura privata autenticata. L'atto deve indicare il cognome e il nome o la denominazione, il domicilio o la sede del sottoscrittore, il numero delle azioni sottoscritte e la data della sottoscrizione.

2334. ***Versamenti e convocazione dell'assemblea dei sottoscrittori.*** — Raccolte le sottoscrizioni, i promotori, con raccomandata o nella forma prevista nel programma, devono assegnare ai sottoscrittori un termine non superiore a trenta giorni per fare il versamento prescritto dal secondo comma dell'art. 2342.

Decorso inutilmente questo termine, è in facoltà dei promotori di agire contro i sottoscrittori morosi o di scioglierli dall'obbligazione assunta. Qualora i promotori si avvalgano di quest'ultima facoltà, non può procedersi alla costituzione della società prima che siano collocate le azioni che quelli avevano sottoscritte.

Salvo che il programma stabilisca un termine diverso, i promotori, nei venti giorni successivi al termine fissato per il versamento prescritto dal primo comma del presente articolo, devono convocare l'assemblea dei sottoscrittori mediante raccomandata, da inviarsi a ciascuno di essi almeno dieci giorni prima di quello fissato per l'assemblea, con l'indicazione delle materie da trattare.

2335. ***Assemblea dei sottoscrittori.*** — L'assemblea dei sottoscrittori:

1) accerta l'esistenza delle condizioni richieste per la costituzione della società;

2) delibera sul contenuto dell'atto costitutivo e dello statuto;

3) delibera sulla riserva di partecipazione agli utili fatta a proprio favore dai promotori;

4) nomina gli amministratori, ed i sindaci ovvero i componenti del consiglio di sorveglianza e, quando previsto, il soggetto incaricato di effettuare la revisione legale dei conti.[1]

L'assemblea è validamente costituita con la presenza della metà dei sottoscrittori.

Ciascun sottoscrittore ha diritto a un voto, qualunque sia il numero delle azioni sottoscritte, e per la validità delle deliberazioni si richiede il voto favorevole della maggioranza dei presenti.

Tuttavia per modificare le condizioni stabilite nel programma è necessario il consenso di tutti i sottoscrittori.

[1] Numero così modif. dall'art. 37, D.lgs. 27 gen. 2010, n. 39.

2336. ***Stipulazione e deposito dell'atto costitutivo.*** — Eseguito quanto è prescritto nell'articolo precedente, gli intervenuti all'assemblea, in rappresentanza anche dei sottoscrittori assenti, stipulano l'atto costitutivo, che deve essere depositato per l'iscrizione nel registro delle imprese a norma dell'art. 2330.

SEZIONE III

Dei promotori e dei soci fondatori

2337. ***Promotori.*** — Sono promotori coloro che nella costituzione per pubblica sottoscrizione hanno firmato il programma a norma del secondo comma dell'art. 2333.

2338. ***Obbligazioni dei promotori.*** — I promotori sono solidalmente responsabili verso i terzi per le obbligazioni assunte per costituire la società.

La società è tenuta a rilevare i promotori dalle obbligazioni assunte e a rimborsare loro le spese sostenute, sempre che siano state necessarie per la costituzione della società o siano state approvate dall'assemblea.

Se per qualsiasi ragione la società non si costituisce, i promotori non possono rivalersi verso i sottoscrittori delle azioni.

2339. *Responsabilità dei promotori.* — I promotori sono solidalmente responsabili verso la società e verso i terzi:

1) per l'integrale sottoscrizione del capitale sociale e per i versamenti richiesti per la costituzione della società;

2) per l'esistenza dei conferimenti in natura in conformità della relazione giurata indicata nell'art. 2343;

3) per la veridicità delle comunicazioni da essi fatte al pubblico per la costituzione della società.

Sono del pari solidalmente responsabili verso la società e verso i terzi coloro per conto dei quali i promotori hanno agito.

2340. *Limiti dei benefici riservati ai promotori.* — I promotori possono riservarsi nell'atto costitutivo, indipendentemente dalla loro qualità di soci, una partecipazione non superiore complessivamente a un decimo degli utili netti risultanti dal bilancio e per un periodo massimo di cinque anni.

Essi non possono stipulare a proprio vantaggio altro beneficio.

2341. *Soci fondatori.* — La disposizione del primo comma dell'art. 2340 si applica anche ai soci che nella costituzione simultanea o in quella per pubblica sottoscrizione stipulano l'atto costitutivo.

SEZIONE III-*bis*

Dei patti parasociali

2341-*bis*. *Patti parasociali.* — I patti, in qualunque forma stipulati, che al fine di stabilizzare gli assetti proprietari o il governo della società:

a) hanno per oggetto l'esercizio del diritto di voto nelle società per azioni o nelle società che le controllano;

b) pongono limiti al trasferimento delle relative azioni o delle partecipazioni in società che le controllano;

c) hanno per oggetto o per effetto l'esercizio anche congiunto di un'influenza dominante su tali società, non possono avere durata superiore a cinque anni e si intendono stipulati per questa durata anche se le parti hanno previsto un termine maggiore; i patti sono rinnovabili alla scadenza.

Qualora il patto non preveda un termine di durata, ciascun contraente ha diritto di recedere con un preavviso di centottanta giorni.

Le disposizioni di questo articolo non si applicano ai patti strumentali ad accordi di collaborazione nella produzione o nello scambio di beni o servizi e relativi a società interamente possedute dai partecipanti all'accordo.

2341-*ter*. *Pubblicità dei patti parasociali.* — Nelle società che fanno ricorso al mercato del capitale di rischio i patti parasociali devono essere comunicati alla società e dichiarati in apertura di ogni assemblea. La dichiarazione deve essere trascritta nel verbale e questo deve essere depositato presso l'ufficio del registro delle imprese.

In caso di mancanza della dichiarazione prevista dal comma precedente i possessori delle azioni cui si riferisce il patto parasociale non possono esercitare il diritto di voto e le deliberazioni assembleari adottate con il loro voto determinante sono impugnabili a norma dell'art. 2377.

SEZIONE IV

Dei conferimenti

2342. *Conferimenti.* — Se nell'atto costitutivo non è stabilito diversamente, il conferimento deve farsi in danaro.

Alla sottoscrizione dell'atto costitutivo deve essere versato presso una banca almeno il venticinque per cento dei conferimenti in danaro o, nel caso di costituzione con atto unilaterale, il loro intero ammontare.

Per i conferimenti di beni in natura e di crediti si osservano le disposizioni degli artt. 2254 e 2255. Le azioni corrispondenti a tali conferimenti devono essere integralmente liberate al momento della sottoscrizione.

Se viene meno la pluralità dei soci, i versamenti ancora dovuti devono essere effettuati entro novanta giorni.

Non possono formare oggetto di conferimento le prestazioni di opera o di servizi.

2343. *Stima dei conferimenti di beni in natura e di crediti.* — Chi conferisce beni in natura o crediti deve presentare la relazione giurata di un esperto designato dal tribunale nel cui circondario ha sede la società, contenente la descrizione dei beni o dei crediti conferiti, l'attestazione che il loro valore è almeno pari a quello ad essi attribuito ai fini della determinazione del capitale sociale e dell'eventuale soprapprezzo e i criteri di valutazione seguiti. La relazione deve essere allegata all'atto costitutivo.

L'esperto risponde dei danni causati alla società, ai soci e ai terzi. Si applicano le disposizioni dell'art. 64 del codice di procedura civile.

Gli amministratori devono, nel termine di centottanta giorni dalla iscrizione della società, controllare le valutazioni contenute nella relazione indicata nel primo comma e, se sussistano fondati motivi, devono procedere alla revisione della stima. Fino a quando le valutazioni non sono state controllate, le azioni corrispondenti ai conferimenti sono inalienabili e devono restare depositate presso la società.

Se risulta che il valore dei beni o dei crediti conferiti era inferiore di oltre un quinto a quello per cui avvenne il conferimento, la società deve proporzionalmente ridurre il capitale sociale, annullando le azioni che risultano scoperte. Tuttavia il socio conferente può versare la differenza in danaro o recedere dalla società; il socio recedente ha diritto alla restituzione del conferimento, qualora sia possibile in tutto o in parte in natura. L'atto costitutivo può prevedere, salvo in ogni caso quanto disposto dal quinto comma dell'art. 2346, che per effetto dell'annullamento delle azioni disposto nel presente comma si determini una loro diversa ripartizione tra i soci.

2343-*bis*. *Acquisto della società da promotori, fondatori, soci e amministratori.* — L'acquisto da parte della società, per un corrispettivo pari o superiore al decimo del capitale sociale, di beni o di crediti dei promotori, dei fondatori, dei soci o degli amministratori, nei due anni dalla iscrizione della società nel registro delle imprese, deve essere autorizzato dall'assemblea ordinaria.

L'alienante deve presentare la relazione giurata di un esperto designato dal tribunale nel cui circondario ha sede la società ovvero la documentazione di cui all'articolo 2343-*ter* primo e secondo comma contenente la descrizione dei beni o dei crediti, il valore a ciascuno di essi attribuito, i criteri di valutazione seguiti, nonché l'attestazione che tale valore non è inferiore al corrispettivo, che deve comunque essere indicato.

La relazione deve essere depositata nella sede della società durante i quindici giorni che precedono l'assemblea. I soci possono prenderne visione. Entro trenta giorni dall'autorizzazione il verbale dell'assemblea, corredato dalla relazione dell'esperto designato dal tribunale, deve essere depositato a cura degli amministratori presso l'ufficio del registro delle imprese.[1]

Le disposizioni del presente articolo non si applicano agli acquisti che siano effettuati a condizioni normali nell'ambito delle operazioni correnti della società né a quelli che avvengono nei mercati regolamentati o sotto il controllo dell'autorità giudiziaria o amministrativa.

In caso di violazione delle disposizioni del presente articolo gli amministratori e l'alienante sono solidalmente responsabili per i danni causati alla società, ai soci ed ai terzi.

[1] Comma così modif. dall'art. 20, c. 4, D.L. 24 giu. 2014, n. 91, conv. con modif. in L. 11 ago. 2014, n. 116.

2343-*ter*. *Conferimento di beni in natura o crediti senza relazione di stima.*[1] — Nel caso di conferimento di valori mobiliari ovvero di strumenti del mercato monetario non è richiesta la relazione di cui all'art. 2343, primo comma, se il valore ad essi attribuito ai fini della determinazione del capitale sociale e dell'eventuale sovrapprezzo è pari o inferiore al prezzo medio ponderato al quale sono stati negoziati su uno o più mercati regolamentati nei sei mesi precedenti il conferimento.

Fuori dai casi in cui è applicabile il primo comma, non è altresì richiesta la relazione di cui all'articolo 2343, primo comma, qualora il valore attribuito, ai fini della determinazione del capitale sociale e dell'eventuale sovrapprezzo, ai beni in natura o crediti conferiti sia pari o inferiore:

a) al fair value iscritto nel bilancio dell'esercizio precedente quello nel quale è effettuato il conferimento a condizione che il bilancio sia sottoposto a revisione legale e la relazione del revisore non esprima rilievi in ordine alla valutazione dei beni oggetto del conferimento, ovvero;

b) al valore risultante da una valutazione riferita ad una data precedente di non oltre sei mesi il conferimento e conforme ai principi e criteri generalmente riconosciuti per la valutazione dei beni oggetto del conferimento, a condizione che essa provenga da un esperto indipendente da chi effettua il conferimento, dalla società e dai soci che esercitano individualmente o congiuntamente il controllo sul soggetto conferente o sulla società medesima, dotato di adeguata e comprovata professionalità.

Chi conferisce beni o crediti ai sensi del primo e secondo comma presenta la documentazione dalla quale risulta il valore attribuito ai conferimenti e la sussistenza, per i conferimenti di cui al secondo comma, delle condizioni ivi indicate. La documentazione è allegata all'atto costitutivo.

L'esperto di cui al secondo comma, lettera *b*), risponde dei danni causati alla società, ai soci e ai terzi.

Ai fini dell'applicazione del secondo comma, lettera *a*), per la definizione di "fair value" si fa riferimento ai principi contabili internazionali adottati dall'Unione europea.

[1] Articolo ins. dall'art. 1, D.lgs. 4 ago. 2008, n. 142 e modif. dall'art. 1, D.lgs. 29 nov. 2010, n. 224.

2343-*quater*. *Fatti eccezionali o rilevanti che incidono sulla valutazione*[1]. — Gli amministratori verificano, nel termine di trenta giorni dalla iscrizione della società, se, nel periodo successivo a quello di cui all'articolo 2343-*ter*, primo comma, sono intervenuti fatti eccezionali che hanno inciso sul prezzo dei valori mobiliari o degli strumenti del mercato monetario conferiti in modo tale da modificare sensibilmente il valore di tali beni alla data di iscrizione della società nel registro delle imprese, comprese le situazioni in cui il mercato dei valori o strumenti non è più liquido. Gli amministratori verificano altresì nel medesimo termine se, successivamente al termine dell'esercizio cui si riferisce il bilancio di cui alla lettera *a*) del secondo comma dell'articolo 2343-*ter*, o alla data della valutazione di cui alla lettera *b*) del medesimo comma, si sono verificati fatti nuovi rilevanti tali da modificare sensibilmente il valore dei beni o dei crediti conferiti alla data di iscrizione della società nel registro delle imprese, nonché i requisiti di professionalità ed indipendenza dell'esperto che ha reso la valutazione di cui all'articolo 2343-*ter*, secondo comma, lettera *b*).

Qualora gli amministratori ritengano che siano intervenuti i fatti di cui al primo comma, ovvero ritengano non idonei i requisiti di professionalità e indipendenza dell'esperto che ha reso la valutazione di cui all'articolo 2343-*ter*, secondo comma, lettera *b*), si procede, su iniziativa degli amministratori, ad una nuova

valutazione ai sensi e per gli effetti dell'articolo 2343.

Fuori dai casi di cui al secondo comma, è depositata per l'iscrizione nel registro delle imprese, nel medesimo termine di cui al primo comma, una dichiarazione degli amministratori contenente le seguenti informazioni:

a) la descrizione dei beni o dei crediti conferiti per i quali non si è fatto luogo alla relazione di cui all'art. 2343, primo comma;

b) il valore ad essi attribuito, la fonte di tale valutazione e, se del caso, il metodo di valutazione;

c) la dichiarazione che tale valore è almeno pari a quello loro attribuito ai fini della determinazione del capitale sociale e dell'eventuale sovrapprezzo;

d) la dichiarazione che non sono intervenuti fatti eccezionali o rilevanti che incidono sulla valutazione di cui alla lettera *b*);

e) la dichiarazione di idoneità dei requisiti di professionalità e indipendenza dell'esperto di cui all'art. 2343-*ter*, secondo comma, lettera *b*).

Fino all'iscrizione della dichiarazione le azioni sono inalienabili e devono restare depositate presso la società.

[1] Articolo ins. dall'art. 1, D.lgs. 4 ago. 2008, n. 142 e modif. dall'art. 1, D.lgs. 29 nov. 2010, n. 224.

2344. ***Mancato pagamento delle quote.*** — Se il socio non esegue i pagamenti dovuti, decorsi quindici giorni dalla pubblicazione di una diffida nella *Gazzetta Ufficiale* della Repubblica, gli amministratori, se non ritengono utile promuovere azione per l'esecuzione del conferimento, offrono le azioni agli altri soci, in proporzione alla loro partecipazione, per un corrispettivo non inferiore ai conferimenti ancora dovuti. In mancanza di offerte possono far vendere le azioni a rischio e per conto del socio, a mezzo di una banca o di un intermediario autorizzato alla negoziazione in mercati regolamentati.

Qualora la vendita non possa aver luogo per mancanza di compratori, gli amministratori possono dichiarare decaduto il socio, trattenendo le somme riscosse, salvo il risarcimento dei maggiori danni.

Le azioni non vendute, se non possono essere rimesse in circolazione entro l'esercizio in cui fu pronunziata la decadenza del socio moroso, devono essere estinte con la corrispondente riduzione del capitale.

Il socio in mora nei versamenti non può esercitare il diritto di voto.

2345. ***Prestazioni accessorie.*** — Oltre l'obbligo dei conferimenti, l'atto costitutivo può stabilire l'obbligo dei soci di eseguire prestazioni accessorie non consistenti in danaro, determinandone il contenuto, la durata, le modalità e il compenso, e stabilendo particolari sanzioni per il caso di inadempimento. Nella determinazione del compenso devono essere osservate le norme applicabili ai rapporti aventi per oggetto le stesse prestazioni.

Le azioni alle quali è connesso l'obbligo delle prestazioni anzidette devono essere nominative e non sono trasferibili senza il consenso degli amministratori.

Se non è diversamente disposto dall'atto costitutivo, gli obblighi previsti in questo articolo non possono essere modificati senza il consenso di tutti i soci.

SEZIONE V
Delle azioni e di altri strumenti finanziari partecipativi

2346. ***Emissione delle azioni.*** — La partecipazione sociale è rappresentata da azioni; salvo diversa disposizione di leggi speciali lo statuto può escludere l'emissione dei relativi titoli o prevedere l'utilizzazione di diverse tecniche di legittimazione e circolazione.

Se determinato nello statuto, il valore nominale di ciascuna azione corrisponde ad una frazione del capitale sociale; tale determinazione deve riferirsi senza eccezioni a tutte le azioni emesse dalla società.

In mancanza di indicazione del valore nominale delle azioni, le disposizioni che ad esso si riferiscono si applicano con riguardo al loro numero in rapporto al totale delle azioni emesse.

A ciascun socio è assegnato un numero di azioni proporzionale alla parte del capitale sociale sottoscritta e per un valore non superiore a quello del suo conferimento. Lo statuto può prevedere una diversa assegnazione delle azioni.[1]

In nessun caso il valore dei conferimenti può essere complessivamente inferiore all'ammontare globale del capitale sociale.

Resta salva la possibilità che la società, a seguito dell'apporto da parte dei soci o di terzi anche di opera o servizi, emetta strumenti finanziari forniti di diritti patrimoniali o anche di diritti amministrativi, escluso il voto nell'assemblea generale degli azionisti. In tal caso lo statuto ne disciplina le modalità e condizioni di emissione, i diritti che conferiscono, le sanzioni in caso di inadempimento delle prestazioni e, se ammessa, la legge di circolazione.

[1] Comma così modif. dall'art. 7, D.lgs. 28 dic. 2004, n. 310.

2347. ***Indivisibilità delle azioni.*** — Le azioni sono indivisibili. Nel caso di comproprietà di un'azione, i diritti dei comproprietari devono essere esercitati da un rappresentante comune nominato secondo le modalità previste dagli artt. 1105 e 1106.

Se il rappresentante comune non è stato nominato, le comunicazioni e le dichiarazioni fatte dalla società a uno dei comproprietari sono efficaci nei confronti di tutti.

I comproprietari dell'azione rispondono solidalmente delle obbligazioni da essa derivanti.

2348. ***Categorie di azioni.*** — Le azioni devono essere di uguale valore e conferiscono ai loro possessori uguali diritti.

Si possono tuttavia creare, con lo statuto o con successive modificazioni di questo, categorie di azioni fornite di diritti diversi anche per quanto concerne la incidenza delle perdite. In tal caso la società, nei limiti imposti dalla legge, può liberamente determinare il contenuto delle azioni delle varie categorie.

Tutte le azioni appartenenti ad una medesima categoria conferiscono uguali diritti.

2349. ***Azioni e strumenti finanziari a favore dei prestatori di lavoro.*** — Se lo statuto lo prevede, l'assemblea straordinaria può deliberare l'assegnazione di utili ai prestatori di lavoro dipendenti della società o di società controllate mediante l'emissione, per un ammontare corrispondente agli utili stessi, di speciali categorie di azioni da assegnare individualmente ai prestatori di lavoro, con norme particolari riguardo alla forma, al modo di trasferimento ed ai diritti spettanti agli azionisti. Il capitale sociale deve essere aumentato in misura corrispondente.

L'assemblea straordinaria può altresì deliberare l'assegnazione ai prestatori di lavoro dipendenti della società o di società controllate di strumenti finanziari, diversi dalle azioni, forniti di diritti patrimoniali o anche di diritti amministrativi, escluso il voto nell'assemblea generale degli azionisti. In tal caso possono essere previste norme particolari riguardo alle condizioni di esercizio dei diritti attribuiti, alla possibilità di trasferimento ed alle eventuali cause di decadenza o riscatto.

2350. ***Diritto agli utili e alla quota di liquidazione.*** — Ogni azione attribuisce il diritto a una parte proporzionale degli utili netti e del patrimonio netto risultante dalla liquidazione, salvi i diritti stabiliti a favore di speciali categorie di azioni.

Fuori dai casi di cui all'art. 2447-*bis*, la società può emettere azioni fornite di diritti patrimoniali correlati ai risultati dell'attività sociale in un determinato settore. Lo statuto stabilisce i criteri di individuazione dei costi e ricavi imputabili al settore, le modalità di rendicontazione, i diritti attribuiti a tali azioni, nonché le eventuali condizioni e modalità di conversione in azioni di altra categoria.

Non possono essere pagati dividendi ai possessori delle azioni previste dal precedente comma se non nei limiti degli utili risultanti dal bilancio della società.

2351. ***Diritto di voto.*** — Ogni azione attribuisce il diritto di voto.

Salvo quanto previsto dalle leggi speciali, lo statuto può prevedere la creazione di azioni senza diritto di voto, con diritto di voto limitato a particolari argomenti, con diritto di voto subordinato al verificarsi di particolari condizioni non meramente potestative. Il valore di tali azioni non può complessivamente superare la metà del capitale sociale.

Lo statuto può altresì prevedere che, in relazione alla quantità delle azioni possedute da uno stesso soggetto, il diritto di voto sia limitato a una misura massima o disporne scaglionamenti.[1]

Salvo quanto previsto dalle leggi speciali, lo statuto può prevedere la creazione di azioni con diritto di voto plurimo anche per particolari argomenti o subordinato al verificarsi di particolari condizioni non meramente potestative. Ciascuna azione a voto plurimo può avere fino a un massimo di tre voti.[1]

Gli strumenti finanziari di cui agli artt. 2346, sesto comma, e 2349, secondo comma, possono essere dotati del diritto di voto su argomenti specificamente indicati e in particolare può essere ad essi riservata, secondo modalità stabilite dallo statuto, la nomina di un componente indipendente del consiglio di amministrazione o del consiglio di sorveglianza o di un sindaco. Alle persone così nominate si applicano le medesime norme previste per gli altri componenti dell'organo cui partecipano.

[1] Comma così sost. dall'art. 20, c. 8-*bis*, D.L. 24 giu. 2014, n. 91, conv. con modif. in L. 11 ago. 2014, n. 116.

2352. ***Pegno, usufrutto e sequestro delle azioni.*** — Nel caso di pegno o usufrutto sulle azioni, il diritto di voto spetta, salvo convenzione contraria, al creditore pignoratizio o all'usufruttuario. Nel caso di sequestro delle azioni il diritto di voto è esercitato dal custode.

Se le azioni attribuiscono un diritto di opzione, questo spetta al socio ed al medesimo sono attribuite le azioni in base ad esso sottoscritte. Qualora il socio non provveda almeno tre giorni prima della scadenza al versamento delle somme necessarie per l'esercizio del diritto di opzione e qualora gli altri soci non si offrano di acquistarlo, questo deve essere alienato per suo conto a mezzo banca od intermediario autorizzato alla negoziazione nei mercati regolamentati.

Nel caso di aumento del capitale sociale ai sensi dell'art. 2442, il pegno, l'usufrutto o il sequestro si estendono alle azioni di nuova emissione.

Se sono richiesti versamenti sulle azioni, nel caso di pegno, il socio deve provvedere al versamento delle somme necessarie almeno tre giorni prima della scadenza; in mancanza il creditore pignoratizio può vendere le azioni nel modo stabilito dal secondo comma del presente articolo. Nel caso di usufrutto, l'usufruttuario deve provvedere al versamento, salvo il suo diritto alla restituzione al termine dell'usufrutto.

Se l'usufrutto spetta a più persone, si applica il secondo comma dell'art. 2347.

Salvo che dal titolo o dal provvedimento del giudice risulti diversamente, i diritti amministrativi diversi da quelli previsti nel presente articolo spettano, nel caso di pegno o di usufrutto, sia al socio sia al creditore pignoratizio o all'usufruttuario; nel caso di sequestro sono esercitati dal custode.

2353. ***Azioni di godimento.*** — Salvo diversa disposizione dello statuto, le azioni di godimento attribuite ai possessori delle azioni rimborsate non danno diritto di voto nell'assemblea. Esse concorrono nella ripartizione degli utili che residuano dopo il pagamento delle azioni non rimborsate di un dividendo pari all'interesse legale e, nel caso di liquidazione, nella ripartizione del patrimonio sociale residuo dopo il rimborso delle altre azioni al loro valore nominale.

2354. ***Titoli azionari.*** — I titoli possono essere nominativi o al portatore, a scelta del socio, se lo statuto o le leggi speciali non stabiliscono diversamente.

Finché le azioni non siano interamente liberate, non possono essere emessi titoli al portatore.

I titoli azionari devono indicare:

1) la denominazione e la sede della società;

2) la data dell'atto costitutivo e della sua iscrizione e l'ufficio del registro delle imprese dove la società è iscritta;

3) il loro valore nominale o, se si tratta di azioni senza valore nominale, il numero complessivo delle azioni emesse, nonché l'ammontare del capitale sociale;

4) l'ammontare dei versamenti parziali sulle azioni non interamente liberate;

5) i diritti e gli obblighi particolari ad essi inerenti.

I titoli azionari devono essere sottoscritti da uno degli amministratori. è valida la sottoscrizione mediante riproduzione meccanica della firma.

Le disposizioni di questo articolo si applicano anche ai certificati provvisori che si distribuiscono ai soci prima dell'emissione dei titoli definitivi.

Sono salve le disposizioni delle leggi speciali in tema di strumenti finanziari negoziati o destinati alla negoziazione nelle sedi di negoziazione.[1]

Lo statuto può assoggettare le azioni alla disciplina prevista dalle leggi speciali di cui al precedente comma.

[1] Comma così modif. dall'art. 4, c. 2, D.lgs. 12 ago. 2016, n. 176.

2355. ***Circolazione delle azioni.*** — Nel caso di mancata emissione dei titoli azionari il trasferimento delle azioni ha effetto nei confronti della società dal momento dell'iscrizione nel libro dei soci.

Le azioni al portatore si trasferiscono con la consegna del titolo.

Il trasferimento delle azioni nominative si opera mediante girata autenticata da un notaio o da altro soggetto secondo quanto previsto dalle leggi speciali. Il giratario che si dimostra possessore in base a una serie continua di girate ha diritto di ottenere l'annotazione del trasferimento nel libro dei soci, ed è comunque legittimato ad esercitare i diritti sociali; resta salvo l'obbligo della società, previsto dalle leggi speciali, di aggiornare il libro dei soci.

Il trasferimento delle azioni nominative con mezzo diverso dalla girata si opera a norma dell'art. 2022.

Nei casi previsti ai commi sesto e settimo dell'art. 2354, il trasferimento si opera mediante scritturazione sui conti destinati a registrare i movimenti degli strumenti finanziari; in tal caso, se le azioni sono nominative, si applica il terzo comma e la scritturazione sul conto equivale alla girata.

2355-*bis*. ***Limiti alla circolazione delle azioni.*** — Nel caso di azioni nominative ed in quello di mancata emissione dei titoli azionari, lo statuto può sottoporre a particolari condizioni il loro trasferimento e può, per un periodo non superiore a cinque anni dalla costituzione della società o dal momento in cui il divieto viene introdotto, vietarne il trasferimento.

Le clausole dello statuto che subordinano il trasferimento delle azioni al mero gradimento di organi sociali o di altri soci sono inefficaci se non prevedono, a carico della società o degli altri soci, un obbligo di acquisto oppure il diritto di recesso dell'alienante; resta ferma l'applicazione dell'art. 2357. Il corrispettivo dell'acquisto o rispettivamente la quota di liquidazione sono determinati secondo le modalità e nella misura previste dall'art. 2437-*ter*.

La disposizione del precedente comma si applica in ogni ipotesi di clausole che sottopongono a particolari condizioni il trasferimento a causa di morte delle azioni, salvo che sia previsto il gradimento e questo sia concesso.

Le limitazioni al trasferimento delle azioni devono risultare dal titolo.

2356. ***Responsabilità in caso di trasferimento di azioni non liberate.*** — Coloro che hanno trasferito azioni non liberate sono obbligati in solido con gli acquirenti per l'ammontare dei versamenti ancora dovuti, per il periodo di tre anni dall'annotazione del trasferimento nel libro dei soci.

Il pagamento non può essere ad essi domandato se non nel caso in cui la richiesta al possessore dell'azione sia rimasta infruttuosa.

2357. ***Acquisto delle proprie azioni.*** — La società non può acquistare azioni proprie se non nei limiti degli utili distribuibili e delle riserve disponibili risultanti dall'ultimo bilancio regolarmente approvato. Possono essere acquistate soltanto azioni interamente liberate.

L'acquisto deve essere autorizzato dall'assemblea, la quale ne fissa le modalità, indicando in particolare il numero massimo di azioni da acquistare, la durata, non superiore ai diciotto mesi, per la quale l'autorizzazione è accordata, il corrispettivo minimo ed il corrispettivo massimo.

Il valore nominale delle azioni acquistate a norma del primo e secondo comma dalle società che fanno ricorso al mercato del capitale di rischio non può eccedere la quinta parte del capitale sociale, tenendosi conto a tal fine anche delle azioni possedute da società controllate.[1]

Le azioni acquistate in violazione dei commi precedenti debbono essere alienate secondo modalità da determinarsi dall'assemblea, entro un anno dal loro acquisto. In mancanza, deve procedersi senza indugio al loro annullamento e alla corrispondente riduzione del capitale. Qualora l'assemblea non provveda, gli amministratori e i sindaci devono chiedere che la riduzione sia disposta dal tribunale secondo il procedimento previsto dall'art. 2446, secondo comma.

Le disposizioni del presente articolo si applicano anche agli acquisti fatti per tramite di società fiduciaria o per interposta persona.

[1] Comma sostituito dall'art. 7 della L. 9 apr. 2009, n. 33.

2357-*bis*. *Casi speciali di acquisto delle proprie azioni.* — Le limitazioni contenute nell'art. 2357 non si applicano quando l'acquisto di azioni proprie avvenga:

1) in esecuzione di una deliberazione dell'assemblea di riduzione del capitale, da attuarsi mediante riscatto e annullamento di azioni;

2) a titolo gratuito, sempre che si tratti di azioni interamente liberate;

3) per effetto di successione universale o di fusione o scissione;

4) in occasione di esecuzione forzata per il soddisfacimento di un credito della società, sempre che si tratti di azioni interamente liberate.

Se il valore nominale delle azioni proprie supera il limite della quinta parte del capitale per effetto di acquisti avvenuti a norma dei numeri 2), 3) e 4) del primo comma del presente articolo, si applica per l'eccedenza il penultimo comma dell'articolo 2357, ma il termine entro il quale deve avvenire l'alienazione è di tre anni.[1]

[1] Comma sostituito dall'art. 7 della L. 9 apr. 2009, n. 33.

2357-*ter*. *Disciplina delle proprie azioni.* — Gli amministratori non possono disporre delle azioni acquistate a norma dei due articoli precedenti se non previa autorizzazione dell'assemblea, la quale deve stabilire le relative modalità. A tal fine possono essere previste, nei limiti stabiliti dal primo e secondo comma dell'art. 2357, operazioni successive di acquisto ed alienazione.

Finché le azioni restano in proprietà della società, il diritto agli utili e il diritto di opzione sono attribuiti proporzionalmente alle altre azioni. Il diritto di voto è sospeso, ma le azioni proprie sono tuttavia computate ai fini del calcolo delle maggioranze e delle quote richieste per la costituzione e per le deliberazioni dell'assemblea. Nelle società che fanno ricorso al mercato del capitale di rischio il computo delle azioni proprie è disciplinato dall'articolo 2368, terzo comma.[1]

L'acquisto di azioni proprie comporta una riduzione del patrimonio netto di eguale importo, tramite l'iscrizione nel passivo del bilancio di una specifica voce, con segno negativo.[2]

[1] Comma sostituito dall'art. 1 del D.lgs. 29 nov. 2010, n. 224.

[2] Comma così sost. dall'art. 6, D.lgs. 18 ago. 2015, n. 139. Le disposizioni del D.lgs. 139/2015 entrano in vigore dal 1° gen. 2016 e si applicano ai bilanci relativi agli esercizi finanziari aventi inizio a partire da quella data.

2357-*quater*. *Divieto di sottoscrizione delle proprie azioni.* — Salvo quanto previsto dall'art. 2357-*ter*, secondo comma, la società non può sottoscrivere azioni proprie.

Le azioni sottoscritte in violazione del divieto stabilito nel precedente comma si intendono sottoscritte e devono essere liberate dai promotori e dai soci fondatori o, in caso di aumento del capitale sociale, dagli amministratori. La presente disposizione non si applica a chi dimostri di essere esente da colpa.

Chiunque abbia sottoscritto in nome proprio, ma per conto della società, azioni di quest'ultima è considerato a tutti gli effetti sottoscrittore per conto proprio. Della liberazione delle azioni rispondono solidalmente, a meno che dimostrino di essere esenti da colpa, i promotori, i soci fondatori e, nel caso di aumento del capitale sociale, gli amministratori.

2358. *Altre operazioni sulle proprie azioni.*[1] — La società non può, direttamente o indirettamente, accordare prestiti, né fornire garanzie per l'acquisto o la sottoscrizione delle proprie azioni, se non alle condizioni previste dal presente articolo.

Tali operazioni sono preventivamente autorizzate dall'assemblea straordinaria.

Gli amministratori della società predispongono una relazione che illustri, sotto il profilo giuridico ed economico, l'operazione, descrivendone le condizioni, evidenziando le ragioni e gli obiettivi imprenditoriali che la giustificano, lo specifico interesse che l'operazione presenta per la società, i rischi che essa comporta per la liquidità e la solvibilità della società ed indicando il prezzo al quale il terzo acquisirà le azioni. Nella relazione gli amministratori attestano altresì che l'operazione ha luogo a condizioni di mercato, in particolare per quanto riguarda le garanzie prestate e il tasso di interesse praticato per il rimborso del finanziamento, e che il merito di credito della controparte è stato debitamente valutato. La relazione è depositata presso la sede della società durante i trenta giorni che precedono l'assemblea. Il verbale dell'assemblea, corredato dalla relazione degli amministratori, è depositato entro trenta giorni per l'iscrizione nel registro delle imprese.

In deroga all'art. 2357-*ter*, quando le somme o le garanzie fornite ai sensi del presente articolo sono utilizzate per l'acquisto di azioni detenute dalla società ai sensi dell'art. 2357 e 2357-*bis* l'assemblea straordinaria autorizza gli amministratori a disporre di tali azioni con la delibera di cui al secondo comma. Il prezzo di acquisto delle azioni è determinato secondo i criteri di cui all'art. 2437-*ter*, secondo comma. Nel caso di azioni negoziate in un mercato regolamentato il prezzo di acquisto è pari almeno al prezzo medio ponderato al quale le azioni sono state negoziate nei sei mesi che precedono la pubblicazione dell'avviso di convocazione dell'assemblea.

Qualora la società accordi prestiti o fornisca garanzie per l'acquisto o la sottoscrizione delle azioni proprie a singoli amministratori della società o della controllante o alla stessa controllante ovvero a terzi che agiscono in nome proprio e per conto dei predetti soggetti, la relazione di cui al terzo comma attesta altresì che l'operazione realizza al meglio l'interesse della società.

L'importo complessivo delle somme impiegate e delle garanzie fornite ai sensi del presente articolo non può eccedere il limite degli utili distribuibili e delle riserve disponibili risultanti dall'ultimo bilancio regolarmente approvato, tenuto conto anche dell'eventuale acquisto di proprie azioni ai sensi dell'art. 2357. Una riserva indisponibile pari all'importo complessivo delle somme impiegate e delle garanzie fornite è iscritta al passivo del bilancio.

La società non può, neppure per tramite di società fiduciaria, o per interposta persona, accettare azioni proprie in garanzia. Salvo quanto previsto dal comma sesto, le disposizioni del presente articolo non si applicano alle operazioni effettuate per favorire l'acquisto di azioni da parte di dipendenti della società o di quelli di società controllanti o controllate.

Resta salvo quanto previsto dagli artt. 2391-*bis* e 2501-*bis*.

[1] Articolo così modif. dall'art. 1, D.lgs. 4 ago. 2008, n. 142.

2359. ***Società controllate e società collegate.*** — Sono considerate società controllate:

1) le società in cui un'altra società dispone della maggioranza dei voti esercitabili nell'assemblea ordinaria;

2) le società in cui un'altra società dispone di voti sufficienti per esercitare un'influenza dominante nell'assemblea ordinaria;

3) le società che sono sotto influenza dominante di un'altra società in virtù di particolari vincoli contrattuali con essa.

Ai fini dell'applicazione dei numeri 1) e 2) del primo comma si computano anche i voti spettanti a società controllate, a società fiduciarie e a persona interposta: non si computano i voti spettanti per conto di terzi.

Sono considerate collegate le società sulle quali un'altra società esercita un'influenza notevole. L'influenza si presume quando nell'assemblea ordinaria può essere esercitato almeno un quinto dei voti ovvero un decimo se la società ha azioni quotate in mercati regolamentati.[1]

[1] Comma così modif. dall'art. 8, D.lgs. 28 dic. 2004, n. 310.

2359-*bis*. ***Acquisto di azioni o quote da parte di società controllate.*** — La società controllata non può acquistare azioni o quote della società controllante se non nei limiti degli utili distribuibili e delle riserve disponibili risultanti dall'ultimo bilancio regolarmente approvato. Possono essere acquistate soltanto azioni interamente liberate.

L'acquisto deve essere autorizzato dall'assemblea a norma del secondo comma dell'art. 2357.

In nessun caso il valore nominale delle azioni acquistate a norma dei commi primo e secondo può eccedere la quinta parte del capitale della società controllante qualora questa sia una società che faccia ricorso al mercato del capitale di rischio, tenendosi conto a tal fine delle azioni possedute dalla medesima società controllante o dalle società da essa controllate.[1]

Una riserva indisponibile, pari all'importo delle azioni o quote della società controllante iscritto all'attivo del bilancio deve essere costituita e mantenuta finché le azioni o quote non siano trasferite.

La società controllata da altra società non può esercitare il diritto di voto nelle assemblee di questa.

Le disposizioni di questo articolo si applicano anche agli acquisti fatti per il tramite di società fiduciaria o per interposta persona.

[1] Comma sostituito dall'art. 1 D.lgs. 29 nov. 2010, n. 224.

2359-*ter*. ***Alienazione o annullamento delle azioni o quote della società controllante.*** — Le azioni o quote acquistate in violazione dell'art. 2359-*bis* devono essere alienate secondo modalità da determinarsi dall'assemblea entro un anno dal loro acquisto.

In mancanza, la società controllante deve procedere senza indugio al loro annullamento e alla corrispondente riduzione del capitale, con rimborso secondo i criteri indicati dagli artt. 2437-*ter* e 2437-*quater*. Qualora l'assemblea non provveda, gli amministratori e i sindaci devono chiedere che la riduzione sia disposta dal tribunale secondo il procedimento previsto dall'art. 2446, secondo comma.

2359-*quater*. ***Casi speciali di acquisto o di possesso di azioni o quote della società controllante.*** — Le limitazioni dell'art. 2359-*bis* non si applicano quando l'acquisto avvenga ai sensi dei numeri 2, 3 e 4 del primo comma dell'art. 2357-*bis*.

Le azioni o quote così acquistate, che superino il limite stabilito dal terzo comma dell'art. 2359-*bis*, devono tuttavia essere alienate, secondo modalità da determinarsi dall'assemblea, entro tre anni dall'acquisto. Si applica il secondo comma dell'art. 2359-*ter*.

Se il limite indicato dal terzo comma dell'art. 2359-*bis* è superato per effetto di circostanze sopravvenute, la società controllante, entro tre anni dal momento in cui si è verificata la circostanza che ha determinato il superamento del limite, deve procedere all'annullamento delle azioni o quote in misura proporzionale a quelle possedute da ciascuna società, con conseguente riduzione del capitale e con rimborso alle società controllate secondo i criteri indicati dagli artt. 2437-*ter* e 2437-*quater*. Qualora l'assemblea non provveda, gli amministratori e i sindaci devono chiedere che la riduzione sia disposta dal tribunale secondo il procedimento previsto dall'art. 2446, secondo comma.

2359-*quinquies*. ***Sottoscrizione di azioni o quote della società controllante.*** — La società controllata non può sottoscrivere azioni o quote della società controllante.

Le azioni o quote sottoscritte in violazione del comma precedente si intendono sottoscritte e devono essere liberate dagli amministratori, che non dimostrino di essere esenti da colpa.

Chiunque abbia sottoscritto in nome proprio, ma per conto della società controllata, azioni o quote della società controllante è considerato a tutti gli effetti sottoscrittore per conto proprio. Della liberazione delle azioni o quote rispondono solidalmente gli amministratori della società controllata che non dimostrino di essere esenti da colpa.

2360. ***Divieto di sottoscrizione reciproca di azioni.*** — È vietato alle società di costituire o di aumentare il capitale mediante sottoscrizione reciproca di azioni, anche per tramite di società fiduciaria o per interposta persona.

2361. ***Partecipazioni.*** — L'assunzione di partecipazioni in altre imprese, anche se prevista genericamente nello statuto, non è consentita, se per la misura e per l'oggetto della partecipazione ne risulta sostanzialmente modificato l'oggetto sociale determinato dallo statuto.

L'assunzione di partecipazioni in altre imprese comportante una responsabilità illimitata per le obbligazioni delle medesime deve essere deliberata dall'assemblea; di tali partecipazioni gli amministratori danno specifica informazione nella nota integrativa del bilancio, indicando la denominazione, la sede legale e la forma giuridica di ciascun soggetto partecipato.[1]

[1] Comma così modif. dall'art. 24, c. 2, L. 23 dic. 2021, n. 238.

2362. ***Unico azionista.*** — Quando le azioni risultano appartenere ad una sola persona o muta la persona dell'unico socio, gli amministratori devono depositare per l'iscrizione del registro delle imprese una dichiarazione contenente l'indicazione del cognome e nome o della denominazione, della data e del luogo di nascita o di costituzione, del domicilio o lo Stato della sede e cittadinanza dell'unico socio.

Quando si costituisce o ricostituisce la pluralità dei soci, gli amministratori ne devono depositare apposita dichiarazione per l'iscrizione nel registro delle imprese.

L'unico socio o colui che cessa di essere tale può provvedere alla pubblicità prevista nei commi precedenti.

Le dichiarazioni degli amministratori previste dai precedenti commi devono essere depositate entro trenta giorni dall'iscrizione nel libro dei soci e devono indicare la data di iscrizione.

I contratti della società con l'unico socio o le operazioni a favore dell'unico socio sono opponibili ai creditori della società solo se risultano dal libro delle adunanze e delle deliberazioni del consiglio di amministrazione o da atto scritto avente data certa anteriore al pignoramento.

SEZIONE VI
Dell'assemblea

2363. ***Luogo di convocazione dell'assemblea.*** — L'assemblea è convocata nel comune dove ha sede la società, se lo statuto non dispone diversamente.

L'assemblea è ordinaria o straordinaria.

2364. ***Assemblea ordinaria nelle società prive di consiglio di sorveglianza.*** — Nelle società prive di consiglio di sorveglianza, l'assemblea ordinaria:

1) approva il bilancio;

2) nomina e revoca gli amministratori; nomina i sindaci e il presidente del collegio sindacale e, quando previsto, il soggetto incaricato di effettuare la revisione legale dei conti;[1]

3) determina il compenso degli amministratori e dei sindaci, se non è stabilito dallo statuto;

4) delibera sulla responsabilità degli amministratori e dei sindaci;

5) delibera sugli altri oggetti attribuiti dalla legge alla competenza dell'assemblea, nonché sulle autorizzazioni eventualmente richieste dallo statuto per il compimento di atti degli amministratori, ferma in ogni caso la responsabilità di questi per gli atti compiuti;

6) approva l'eventuale regolamento dei lavori assembleari.

L'assemblea ordinaria deve essere convocata almeno una volta l'anno, entro il termine stabilito dallo statuto e comunque non superiore a centoventi giorni dalla chiusura dell'esercizio sociale. Lo statuto può prevedere un maggior termine, comunque non superiore a centottanta giorni, nel caso di società tenute alla redazione del bilancio consolidato ovvero[2] quando lo richiedono particolari esigenze relative alla struttura ed all'oggetto della società; in questi casi gli amministratori segnalano nella relazione prevista dall'art. 2428 le ragioni della dilazione.

[1] Numero così modif. dall'art. 37, D.lgs. 27 gen. 2010, n. 39.

[2] Comma così modif. dall'art. 9, D.lgs. 28 dic. 2004, n. 310.

2364-*bis*. *Assemblea ordinaria nelle società con consiglio di sorveglianza.* — Nelle società ove è previsto il consiglio di sorveglianza, l'assemblea ordinaria:

1) nomina e revoca i consiglieri di sorveglianza;

2) determina il compenso ad essi spettante, se non è stabilito nello statuto;

3) delibera sulla responsabilità dei consiglieri di sorveglianza;

4) delibera sulla distribuzione degli utili;

5) nomina il soggetto incaricato di effettuare la revisione legale dei conti.[1]

Si applica il secondo comma dell'art. 2364.

[1] Numero così modif. dall'art. 37, D.lgs. 27 gen. 2010, n. 39.

2365. *Assemblea straordinaria.* — L'assemblea straordinaria delibera sulle modificazioni dello statuto, sulla nomina, sulla sostituzione e sui poteri dei liquidatori e su ogni altra materia espressamente attribuita dalla legge alla sua competenza.

Fermo quanto disposto dagli artt. 2420-*ter* e 2443, lo statuto può attribuire alla competenza dell'organo amministrativo o del consiglio di sorveglianza o del consiglio di gestione le deliberazioni concernenti la fusione nei casi previsti dagli artt. 2505 e 2505-*bis*, l'istituzione o la soppressione di sedi secondarie, la indicazione di quali tra gli amministratori hanno la rappresentanza della società, la riduzione del capitale in caso di recesso del socio, gli adeguamenti dello statuto a disposizioni normative, il trasferimento della sede sociale nel territorio nazionale. Si applica in ogni caso l'art. 2436.

2366. *Formalità per la convocazione.* — L'assemblea è convocata dall'amministratore unico, dal consiglio di amministrazione o dal consiglio di gestione mediante avviso contenente l'indicazione del giorno, dell'ora e del luogo dell'adunanza e l'elenco delle materie da trattare.[1]

L'avviso deve essere pubblicato nella *Gazzetta Ufficiale* della Repubblica o in almeno un quotidiano indicato nello statuto almeno quindici giorni prima di quello fissato per l'assemblea. Se i quotidiani indicati nello statuto hanno cessato le pubblicazioni, l'avviso deve essere pubblicato nella *Gazzetta Ufficiale*. Per le società che fanno ricorso al mercato del capitale di rischio, le modalità di pubblicazione dell'avviso sono definite dalle leggi speciali.[1,2]

Lo statuto delle società che non fanno ricorso al mercato del capitale di rischio può, in deroga al comma precedente, consentire la convocazione mediante avviso comunicato ai soci con mezzi che garantiscano la prova dell'avvenuto ricevimento almeno otto giorni prima dell'assemblea.

In mancanza delle formalità previste per la convocazione[3], l'assemblea si reputa regolarmente costituita, quando è rappresentato l'intero capitale sociale e partecipa all'assemblea la maggioranza dei componenti degli organi amministrativi e di controllo. Tuttavia in tale ipotesi ciascuno dei partecipanti può opporsi alla discussione degli argomenti sui quali non si ritenga sufficientemente informato.

Nell'ipotesi di cui al comma precedente, dovrà essere data tempestiva comunicazione delle deliberazioni assunte ai componenti degli organi amministrativi e di controllo non presenti.

[1] Commi così modif. dall'art. 1, c. 1, D.lgs. 18 giu. 2012, n. 91. La formulazione di questi commi si applica alle assemblee il cui avviso di convocazione sia pubblicato dopo il 1° gen. 2013, ai sensi di quanto disposto dall'art. 5, c. 1, D.lgs. 18 giu. 2012, n. 91.

[2] Periodo aggiunto dall'art. 1 D.lgs. 27 gen. 2010, n 27.

[3] Comma così modif. dall'art. 1 D.lgs. 27 gen. 2010, n 27.

2367. *Convocazione su richiesta di soci.* — Gli amministratori o il consiglio di gestione devono convocare senza ritardo l'assemblea, quando ne è fatta domanda da tanti soci che rappresentino almeno il ventesimo del capitale sociale nelle società che fanno ricorso al mercato del capitale di rischio e il decimo del capitale sociale nelle altre[1] o la minore percentuale prevista nello statuto, e nella domanda sono indicati gli argomenti da trattare.

Se gli amministratori o il consiglio di gestione, oppure in loro vece i sindaci o il consiglio di sorveglianza o il comitato per il controllo sulla gestione, non provvedono, il tribunale, sentiti i componenti degli organi amministrativi e di controllo, ove il rifiuto di provvedere risulti ingiustificato, ordina con decreto la convocazione dell'assemblea, designando la persona che deve presiederla.

La convocazione su richiesta di soci non è ammessa per argomenti sui quali l'assemblea delibera, a norma di legge, su proposta degli amministratori o sulla base di un progetto o di una relazione da essi predisposta.

[1] Parole così sostituite dall'art. 1 D.lgs. 27 gen. 2010, n 27.

2368. *Costituzione dell'assemblea e validità delle deliberazioni.* — L'assemblea ordinaria è regolarmente costituita quando è rappresentata[1] almeno la metà del capitale sociale, escluse dal computo le azioni prive del diritto di voto nell'assemblea medesima. Essa delibera a maggioranza assoluta, salvo che lo statuto richieda una maggioranza più elevata. Per la nomina alle cariche sociali lo statuto può stabilire norme particolari.

L'assemblea straordinaria delibera con il voto favorevole di [tanti soci che rappresentino][2] più della metà del capitale sociale, se lo statuto non richiede una maggioranza più elevata. Nelle società che fanno ricorso al mercato del capitale di rischio l'assemblea straordinaria è regolarmente costituita quando è rappresentata[1] almeno la metà del capitale sociale o la maggiore percentuale prevista dallo statuto e delibera con il voto favorevole di almeno i due terzi del capitale rappresentato in assemblea.

Salvo diversa disposizione di legge le azioni per le quali non può essere esercitato il diritto di voto sono computate ai fini della regolare costituzione dell'assemblea. Le medesime azioni e quelle per le quali il diritto di voto non è stato esercitato a seguito della dichiarazione del soggetto al quale spetta il diritto di voto[1] di astenersi per conflitto di interessi non sono computate ai fini del calcolo della maggioranza e della quota di capitale richiesta per l'approvazione della deliberazione.

[1] Parole così sostituite dall'art. 1 D.lgs. 27 gen. 2010, n 27.

[2] Parole soppresse dall'art. 1 D.lgs. 27 gen. 2010, n 27.

2369. ***Seconda convocazione e convocazioni successive.*** — Se all'assemblea non è complessivamente rappresentata la parte di capitale richiesta dall'articolo precedente, l'assemblea deve essere nuovamente convocata. Salvo che lo statuto disponga diversamente, le assemblee delle società, diverse dalle società cooperative, che fanno ricorso al mercato del capitale di rischio, si tengono in unica convocazione alla quale si applicano, per l'assemblea ordinaria, le maggioranze indicate dal terzo e quarto comma, nonché dell'articolo 2368, primo comma, secondo periodo, e per l'assemblea straordinaria, le maggioranze previste dal settimo comma del presente articolo. Restano salve le disposizioni di legge o dello statuto che richiedono maggioranze più elevate per l'approvazione di talune deliberazioni.[1]

Nell'avviso di convocazione dell'assemblea può essere fissato il giorno per la seconda convocazione. Questa non può aver luogo nello stesso giorno fissato per la prima. Se il giorno per la seconda convocazione non è indicato nell'avviso, l'assemblea deve essere riconvocata entro trenta giorni dalla data della prima, e il termine stabilito dal secondo comma dell'art. 2366 è ridotto a otto giorni.

In seconda convocazione l'assemblea ordinaria delibera sugli oggetti che avrebbero dovuto essere trattati nella prima, qualunque sia la parte di capitale rappresentata [dai soci partecipanti][2], e l'assemblea straordinaria è regolarmente costituita con la partecipazione di oltre un terzo del capitale sociale e delibera con il voto favorevole di almeno i due terzi del capitale rappresentato in assemblea.

Lo statuto può richiedere maggioranze più elevate, tranne che per l'approvazione del bilancio e per la nomina e la revoca delle cariche sociali.

Nelle società che non fanno ricorso al mercato del capitale di rischio è necessario, anche in seconda convocazione, il voto favorevole di [tanti soci che rappresentino][2] più di un terzo del capitale sociale per le deliberazioni concernenti il cambiamento dell'oggetto sociale, la trasformazione della società, lo scioglimento anticipato, la proroga della società, la revoca dello stato di liquidazione, il trasferimento della sede sociale all'estero e l'emissione delle azioni di cui al secondo comma dell'art. 2351.[3]

Lo statuto può prevedere eventuali ulteriori convocazioni dell'assemblea, alle quali si applicano le disposizioni del terzo, quarto e quinto comma.

Nelle società che fanno ricorso al mercato del capitale di rischio l'assemblea straordinaria è costituita, nelle convocazioni successive alla seconda, quando è rappresentato[4] almeno un quinto del capitale sociale, salvo che lo statuto richieda una quota di capitale più elevata, e delibera con il voto favorevole di almeno i due terzi del capitale rappresentato in assemblea.[5]

[1] Comma sostituito dall'art. 1, D.lgs. 27 gen. 2010, n 27 e quindi così modif. dall'art. 1, c. 2, del D.lgs. 18 giu. 2012, n. 91. La formulazione di questo comma si applica alle assemblee il cui avviso di convocazione sia pubblicato dopo il 1° gen. 2013, ai sensi di quanto disposto dall'art. 5, c. 1, D.lgs. 18 giu. 2012, n. 91.

[2] Parole soppresse dall'art. 1, D.lgs. 27 gen. 2010, n 27.

[3] Comma così modif. dall'art. 5, D.lgs. 6 feb. 2004, n. 37.

[4] Parole sostituite dall'art. 1, D.lgs. 27 gen. 2010, n 27.

[5] Parole aggiunte dall'art. 1, D.lgs. 27 gen. 2010, n 27.

2370. ***Diritto d'intervento all'assemblea ed esercizio del voto.***[1] — Possono intervenire all'assemblea coloro ai quali spetta il diritto di voto.

Lo statuto delle società le cui azioni non sono ammesse alla gestione accentrata, può richiedere il preventivo deposito delle azioni presso la sede sociale o presso le banche indicate nell'avviso di convocazione, fissando il termine entro il quale debbono essere depositate ed eventualmente prevedendo che non possano essere ritirate prima che l'assemblea abbia avuto luogo. Qualora le azioni emesse dalle società indicate al primo periodo siano diffuse fra il pubblico in misura rilevante il termine non può essere superiore a due giorni non festivi.

Se le azioni sono nominative, le società di cui al secondo comma provvedono all'iscrizione nel libro dei soci di coloro che hanno partecipato all'assemblea o che hanno effettuato il deposito.

Lo statuto può consentire l'intervento all'assemblea mediante mezzi di telecomunicazione ovvero l'espressione del voto per corrispondenza o in via elettronica. Chi esprime il voto per corrispondenza o in via elettronica si considera intervenuto all'assemblea.

Resta fermo quanto previsto dalle leggi speciali in materia di legittimazione all'intervento e all'esercizio del diritto di voto nell'assemblea nonché in materia di aggiornamento del libro soci nelle società con azioni ammesse alla gestione accentrata.

[1] Articolo così sostituito dall'art. 1 D.lgs. 27 gen. 2010, n 27.

2371. ***Presidenza dell'assemblea.*** — L'assemblea è presieduta dalla persona indicata nello statuto o, in mancanza, da quella eletta con il voto della maggioranza dei presenti. Il presidente è assistito da un segretario designato nello stesso modo. Il presidente dell'assemblea verifica la regolarità della costituzione, accerta l'identità e la legittimazione dei presenti, regola il suo svolgimento ed accerta i risultati delle votazioni; degli esiti di tali accertamenti deve essere dato conto nel verbale.

L'assistenza del segretario non è necessaria quando il verbale dell'assemblea è redatto da un notaio.

2372. *Rappresentanza nell'assemblea.* — Coloro ai quali spetta il diritto di voto possono farsi rappresentare nell'assemblea salvo che, nelle società che non fanno ricorso al mercato del capitale di rischio e nelle società cooperative, lo statuto disponga diversamente. La rappresentanza deve essere conferita per iscritto e i documenti relativi devono essere conservati dalla società.[1]

Nelle società che fanno ricorso al mercato del capitale di rischio la rappresentanza può essere conferita solo per singole assemblee, con effetto anche per le successive convocazioni, salvo che si tratti di procura generale o di procura conferita da una società, associazione, fondazione o altro ente collettivo o istituzione ad un proprio dipendente.

La delega non può essere rilasciata con il nome del rappresentante in bianco ed è sempre revocabile nonostante ogni patto contrario. Il rappresentante può farsi sostituire solo da chi sia espressamente indicato nella delega.

Se la rappresentanza è conferita ad una società, associazione, fondazione od altro ente collettivo o istituzione, questi possono delegare soltanto un proprio dipendente o collaboratore.

La rappresentanza non può essere conferita né ai membri degli organi amministrativi o di controllo o ai dipendenti della società, né alle società da essa controllate o ai membri degli organi amministrativi o di controllo o ai dipendenti di queste.

La stessa persona non può rappresentare in assemblea più di venti soci o, se si tratta di società previste nel secondo comma di questo articolo, più di cinquanta soci se la società ha capitale non superiore a cinque milioni di euro, più di cento soci se la società ha capitale superiore a cinque milioni di euro e non superiore a venticinque milioni di euro, e più di duecento soci se la società ha capitale superiore a venticinque milioni di euro.

Le disposizioni del quinto e del sesto comma di questo articolo si applicano anche nel caso di girata delle azioni per procura.

Le disposizioni del quinto e del sesto comma non si applicano alle società con azioni quotate nei mercati regolamentati diverse dalle società cooperative. Resta fermo quanto previsto dall'articolo 2539.[2]

[1] Comma sostituito dall'art. 1 D.lgs. 27 gen. 2010, n 27.

[2] Comma aggiunto dall'art. 1 D.lgs. 27 gen. 2010, n 27.

2373. *Conflitto d'interessi.* — La deliberazione approvata con il voto determinante di coloro[1] che abbiano, per conto proprio o di terzi, un interesse in conflitto con quello della società è impugnabile a norma dell'art. 2377 qualora possa recarle danno.

Gli amministratori non possono votare nelle deliberazioni riguardanti la loro responsabilità. I componenti del consiglio di gestione non possono votare nelle deliberazioni riguardanti la nomina, la revoca o la responsabilità dei consiglieri di sorveglianza.

[1] Parole sostituite dall'art. 1 D.lgs. 27 gen. 2010, n 27.

2374. *Rinvio dell'assemblea.* — I soci intervenuti che riuniscono un terzo del capitale rappresentato nell'assemblea, se dichiarano di non essere sufficientemente informati sugli oggetti posti in deliberazione, possono chiedere che l'assemblea sia rinviata a non oltre cinque giorni.

Questo diritto non può esercitarsi che una sola volta per lo stesso oggetto.

2375. *Verbale delle deliberazioni dell'assemblea.* — Le deliberazioni dell'assemblea devono constare da verbale sottoscritto dal presidente e dal segretario o dal notaio. Il verbale deve indicare la data dell'assemblea e, anche in allegato, l'identità dei partecipanti e il capitale rappresentato da ciascuno; deve altresì indicare le modalità e il risultato delle votazioni e deve consentire, anche per allegato, l'identificazione dei soci favorevoli, astenuti o dissenzienti. Nel verbale devono essere riassunte, su richiesta dei soci, le loro dichiarazioni pertinenti all'ordine del giorno.

Il verbale dell'assemblea straordinaria deve essere redatto da un notaio.

Il verbale deve essere redatto senza ritardo, nei tempi necessari per la tempestiva esecuzione degli obblighi di deposito o di pubblicazione.

2376. *Assemblee speciali.* — Se esistono diverse categorie di azioni o strumenti finanziari che conferiscono diritti amministrativi, le deliberazioni dell'assemblea, che pregiudicano i diritti di una di esse, devono essere approvate anche dall'assemblea speciale degli appartenenti alla categoria interessata.

Alle assemblee speciali si applicano le disposizioni relative alle assemblee straordinarie.

Quando le azioni o gli strumenti finanziari sono ammessi al sistema di gestione accentrata la legittimazione all'intervento e al voto nella relativa assemblea è disciplinata dalle leggi speciali.[1]

[1] Comma aggiunto dall'art. 1, c. 3, del D.lgs. 18 giu. 2012, n. 91. La formulazione di questo comma si applica alle assemblee il cui avviso di convocazione sia pubblicato dopo il 1° gen. 2013, ai sensi di quanto disposto dall'art, 5, c. 1, D.lgs. 18 giu. 2012, n. 91.

2377. *Annullabilità delle deliberazioni.* — Le deliberazioni dell'assemblea, prese in conformità della legge e dell'atto costitutivo, vincolano tutti i soci, ancorché non intervenuti o dissenzienti.[1]

Le deliberazioni che non sono prese in conformità della legge o dello statuto possono essere impugnate dai soci assenti, dissenzienti od astenuti, dagli amministratori, dal consiglio di sorveglianza e dal collegio sindacale.

L'impugnazione può essere proposta dai soci quando possiedono tante azioni aventi diritto di voto con riferimento alla deliberazione che rappresentino, anche congiuntamente, l'uno per mille del capitale sociale nelle società che fanno ricorso al mercato del capitale di rischio e il cinque per cento nelle altre; lo statuto può ridurre o escludere questo requisito. Per l'impugnazione delle deliberazioni delle assemblee speciali queste percentuali sono riferite al capitale rappresentato dalle azioni della categoria.

I soci che non rappresentano la parte di capitale indicata nel comma precedente e quelli che, in quanto privi di voto, non sono legittimati a proporre l'impugnativa hanno diritto al risarcimento del danno loro cagionato dalla non conformità della deliberazione alla legge o allo statuto.

La deliberazione non può essere annullata:

1) per la partecipazione all'assemblea di persone non legittimate, salvo che tale partecipazione sia stata determinante ai fini della regolare costituzione dell'assemblea a norma degli artt. 2368 e 2369;

2) per l'invalidità di singoli voti o per il loro errato conteggio, salvo che il voto invalido o l'errore di conteggio siano stati determinanti ai fini del raggiungimento della maggioranza richiesta;

3) per l'incompletezza o l'inesattezza del verbale, salvo che impediscano l'accertamento del contenuto, degli effetti e della validità della deliberazione.

L'impugnazione o la domanda di risarcimento del danno sono proposte nel termine di novanta giorni dalla data della deliberazione, ovvero, se questa è soggetta ad iscrizione nel registro delle imprese, entro novanta giorni dall'iscrizione o, se è soggetta solo a deposito presso l'ufficio del registro delle imprese, entro novanta giorni dalla data di questo.

L'annullamento della deliberazione ha effetto rispetto a tutti i soci ed obbliga gli amministratori, il consiglio di sorveglianza e il consiglio di gestione a prendere i conseguenti provvedimenti sotto la propria responsabilità. In ogni caso sono salvi i diritti acquistati in buona fede dai terzi in base ad atti compiuti in esecuzione della deliberazione.

L'annullamento della deliberazione non può aver luogo, se la deliberazione impugnata è sostituita con altra presa in conformità della legge e dello statuto. In tal caso il giudice provvede sulle spese di lite, ponendole di norma a carico della società, e sul risarcimento dell'eventuale danno.

Restano salvi i diritti acquisiti dai terzi sulla base della deliberazione sostituita.

[1] Il primo comma è stato inserito dall'art. 5 D.lgs. 6 feb. 2004, n. 37.

2378. ***Procedimento d'impugnazione.*** — L'impugnazione è proposta con atto di citazione davanti al tribunale del luogo dove la società ha sede.

Il socio o i soci opponenti devono dimostrarsi possessori al tempo dell'impugnazione del numero delle azioni previsto dal terzo comma dell'art. 2377. Fermo restando quanto disposto dall'art. 111 del codice di procedura civile, qualora nel corso del processo venga meno a seguito di trasferimenti per atto tra vivi il richiesto numero delle azioni, il giudice, previa se del caso revoca del provvedimento di sospensione dell'esecuzione della deliberazione, non può pronunciare l'annullamento e provvede sul risarcimento dell'eventuale danno, ove richiesto.

Con ricorso depositato contestualmente al deposito, anche in copia, della citazione, l'impugnante può chiedere la sospensione dell'esecuzione della deliberazione. In caso di eccezionale e motivata urgenza, il presidente del tribunale, omessa la convocazione della società convenuta, provvede sull'istanza con decreto motivato, che deve altresì contenere la designazione del giudice per la trattazione della causa di merito e la fissazione, davanti al giudice designato, entro quindici giorni, dell'udienza per la conferma, modifica o revoca dei provvedimenti emanati con il decreto, nonché la fissazione del termine per la notificazione alla controparte del ricorso e del decreto.

Il giudice designato per la trattazione della causa di merito, sentiti gli amministratori e sindaci, provvede valutando comparativamente il pregiudizio che subirebbe il ricorrente dalla esecuzione e quello che subirebbe la società dalla sospensione dell'esecuzione della deliberazione; può disporre in ogni momento che i soci opponenti prestino idonea garanzia per l'eventuale risarcimento dei danni. All'udienza, il giudice, ove lo ritenga utile, esperisce il tentativo di conciliazione eventualmente suggerendo le modificazioni da apportare alla deliberazione impugnata e, ove la soluzione appaia realizzabile, rinvia adeguatamente l'udienza.

Tutte le impugnazioni relative alla medesima deliberazione, anche se separatamente proposte ed ivi comprese le domande proposte ai sensi del quarto comma dell'art. 2377, devono essere istruite congiuntamente e decise con unica sentenza. Salvo quanto disposto dal quarto comma del presente articolo, la trattazione della causa di merito ha inizio trascorso il termine stabilito nel sesto comma dell'art. 2377. I dispositivi del provvedimento di sospensione e della sentenza che decide sull'impugnazione devono essere iscritti, a cura degli amministratori, nel registro delle imprese.[1]

[1] Periodo aggiunto dall'art. 5 D.lgs. 6 feb. 2004, n. 37.

2379. ***Nullità delle deliberazioni.*** — Nei casi di mancata convocazione dell'assemblea, di mancanza del verbale e di impossibilità o illiceità dell'oggetto la deliberazione può essere impugnata da chiunque vi abbia interesse entro tre anni dalla sua iscrizione o deposito nel registro delle imprese, se la deliberazione vi è soggetta, o dalla trascrizione nel libro delle adunanze dell'assemblea, se la deliberazione non è soggetta né a iscrizione né a deposito. Possono essere impugnate senza limiti di tempo le deliberazioni che modificano l'oggetto sociale prevedendo attività illecite o impossibili.

Nei casi e nei termini previsti dal precedente comma l'invalidità può essere rilevata d'ufficio dal giudice.

Ai fini di quanto previsto dal primo comma la convocazione non si considera mancante nel caso d'irregolarità dell'avviso, se questo proviene da un componente dell'organo di amministrazione o di controllo della società ed è idoneo a consentire a coloro che hanno diritto di intervenire di essere preventivamente avvertiti della convocazione e della data dell'assemblea. Il verbale non si considera mancante se contiene la data della deliberazione e il suo oggetto ed è sottoscritto dal presidente dell'assemblea, o dal presidente del consiglio d'amministrazione o del consiglio di sorveglianza e dal segretario o dal notaio.

Si applicano, in quanto compatibili, il settimo e ottavo comma dell'art. 2377.

2379-*bis*. *Sanatoria della nullità.* — L'impugnazione della deliberazione invalida per mancata convocazione non può essere esercitata da chi anche successivamente abbia dichiarato il suo assenso allo svolgimento dell'assemblea.

L'invalidità della deliberazione per mancanza del verbale può essere sanata mediante verbalizzazione eseguita prima dell'assemblea successiva. La deliberazione ha effetto dalla data in cui è stata presa, salvi i diritti dei terzi che in buona fede ignoravano la deliberazione.

2379-*ter*. *Invalidità delle deliberazioni di aumento o di riduzione del capitale e della emissione di obbligazioni.* — Nei casi previsti dall'art. 2379 l'impugnativa dell'aumento di capitale, della riduzione del capitale ai sensi dell'art. 2445 o della emissione di obbligazioni non può essere proposta dopo che siano trascorsi centottanta giorni dall'iscrizione della deliberazione nel registro delle imprese o, nel caso di mancata convocazione, novanta giorni dall'approvazione del bilancio dell'esercizio nel corso del quale la deliberazione è stata anche parzialmente eseguita.

Nelle società che fanno ricorso al mercato del capitale di rischio l'invalidità della deliberazione di aumento del capitale non può essere pronunciata dopo che a norma dell'art. 2444 sia stata iscritta nel registro delle imprese l'attestazione che l'aumento è stato anche parzialmente eseguito; l'invalidità della deliberazione di riduzione del capitale ai sensi dell'art. 2445 o della deliberazione di emissione delle obbligazioni non può essere pronunciata dopo che la deliberazione sia stata anche parzialmente eseguita.

Resta salvo il diritto al risarcimento del danno eventualmente spettante ai soci e ai terzi.

SEZIONE VI-*bis*

Dell'amministrazione e del controllo

§ 1.

Disposizioni generali

2380. *Sistemi di amministrazione e di controllo.* — Se lo statuto non dispone diversamente, l'amministrazione e il controllo della società sono regolati dai successivi paragrafi 2, 3 e 4.

Lo statuto può adottare per l'amministrazione e per il controllo della società il sistema di cui al paragrafo 5, oppure quello di cui al paragrafo 6; salvo che la deliberazione disponga altrimenti, la variazione di sistema ha effetto alla data dell'assemblea convocata per l'approvazione del bilancio relativo all'esercizio successivo.

Salvo che sia diversamente stabilito, le disposizioni che fanno riferimento agli amministratori si applicano a seconda dei casi al consiglio di amministrazione o al consiglio di gestione.

§ 2.

Degli amministratori

2380-*bis*. *Amministrazione della società.* — La gestione dell'impresa si svolge nel rispetto della disposizione di cui all'articolo 2086, secondo comma, e spetta esclusivamente agli amministratori, i quali compiono le operazioni necessarie per l'attuazione dell'oggetto sociale. L'istituzione degli assetti di cui all'articolo 2086, secondo comma, spetta esclusivamente agli amministratori.[1]

L'amministrazione della società può essere affidata anche a non soci.

Quando l'amministrazione è affidata a più persone, queste costituiscono il consiglio di amministrazione.

Se lo statuto non stabilisce il numero degli amministratori, ma ne indica solamente un numero massimo e minimo, la determinazione spetta all'assemblea.

Il consiglio di amministrazione sceglie tra i suoi componenti il presidente, se questi non è nominato dall'assemblea.

[1] Comma così sost. dall'art. 377, c. 2, D.lgs. 12 gen. 2019, n. 14, con decorrenza 16 mar. 2019. Successivamente è stato aggiunto l'ultimo periodo dall'art. 40, D.lgs. 26 ott. 2020, n. 147, con decorrenza 20 nov. 2020.

2381. *Presidente, comitato esecutivo e amministratori delegati.* — Salvo diversa previsione dello statuto, il presidente convoca il consiglio di amministrazione, ne fissa l'ordine del giorno, ne coordina i lavori e provvede affinché adeguate informazioni sulle materie iscritte all'ordine del giorno vengano fornite a tutti i consiglieri.

Se lo statuto o l'assemblea lo consentono, il consiglio di amministrazione può delegare proprie attribuzioni ad un comitato esecutivo composto da alcuni dei suoi componenti, o ad uno o più dei suoi componenti.

Il consiglio di amministrazione determina il contenuto, i limiti e le eventuali modalità di esercizio della delega; può sempre impartire direttive agli organi delegati e avocare a sè operazioni rientranti nella delega. Sulla base delle informazioni ricevute valuta l'adeguatezza dell'assetto organizzativo, amministrativo e contabile della società; quando elaborati, esamina i piani strategici, industriali e finanziari della società; valuta, sulla base della relazione degli organi delegati, il generale andamento della gestione.

Non possono essere delegate le attribuzioni indicate negli artt. 2420-*ter*, 2423, 2443, 2446, 2447, 2501-*ter* e 2506-*bis*.

Gli organi delegati curano che l'assetto organizzativo, amministrativo e contabile sia adeguato alla natura e alle dimensioni dell'impresa e riferiscono al consiglio di amministrazione e al collegio sindacale, con la periodicità fissata dallo statuto e in ogni caso almeno ogni sei mesi, sul generale andamento della gestione e sulla sua prevedibile evoluzione nonché sulle operazioni di maggior rilievo, per le loro dimensioni o caratteristiche, effettuate dalla società e dalle sue controllate.

Gli amministratori sono tenuti ad agire in modo informato; ciascun amministratore può chiedere agli organi delegati che in consiglio siano fornite informazioni relative alla gestione della società.

2382. ***Cause di ineleggibilità e di decadenza.*** — Non può essere nominato amministratore, e se nominato decade dal suo ufficio, l'interdetto, l'inabilitato, il fallito, o chi è stato condannato ad una pena che importa l'interdizione, anche temporanea, dai pubblici uffici o l'incapacità ad esercitare uffici direttivi.

2383. ***Nomina e revoca degli amministratori.*** — La nomina degli amministratori spetta all'assemblea, fatta eccezione per i primi amministratori, che sono nominati nell'atto costitutivo, e salvo il disposto degli artt. 2351, 2449 e 2450. La nomina è in ogni caso preceduta dalla presentazione, da parte dell'interessato, di una dichiarazione circa l'inesistenza, a suo carico, delle cause di ineleggibilità previste dall'articolo 2382 e di interdizioni dall'ufficio di amministratore adottate nei suoi confronti in uno Stato membro dell'Unione europea.[1]

Gli amministratori non possono essere nominati per un periodo superiore a tre esercizi, e scadono alla data dell'assemblea convocata per l'approvazione del bilancio relativo all'ultimo esercizio della loro carica.

Gli amministratori sono rieleggibili, salvo diversa disposizione dello statuto, e sono revocabili dall'assemblea in qualunque tempo, anche se nominati nell'atto costitutivo, salvo il diritto dell'amministratore al risarcimento dei danni, se la revoca avviene senza giusta causa.

Entro trenta giorni dalla notizia della loro nomina gli amministratori devono chiederne l'iscrizione nel registro delle imprese indicando per ciascuno di essi il cognome e il nome, il luogo e la data di nascita, il domicilio e la cittadinanza, nonché a quali tra essi è attribuita la rappresentanza della società, precisando se disgiuntamente o congiuntamente.

Le cause di nullità o di annullabilità della nomina degli amministratori che hanno la rappresentanza della società non sono opponibili ai terzi dopo l'adempimento della pubblicità di cui al quarto comma, salvo che la società provi che i terzi ne erano a conoscenza.

[1] Comma ins. dall'art. 6, c. 2, D.lgs. 8 nov. 2021, n. 183.

2384. ***Poteri di rappresentanza.*** — Il potere di rappresentanza attribuito agli amministratori dallo statuto o dalla deliberazione di nomina è generale.

Le limitazioni ai poteri degli amministratori che risultano dallo statuto o da una decisione degli organi competenti non sono opponibili ai terzi, anche se pubblicate, salvo che si provi che questi abbiano intenzionalmente agito a danno della società.

2385. ***Cessazione degli amministratori.*** — L'amministratore che rinunzia all'ufficio deve darne comunicazione scritta al consiglio d'amministrazione e al presidente del collegio sindacale. La rinunzia ha effetto immediato, se rimane in carica la maggioranza del consiglio di amministrazione, o, in caso contrario, dal momento in cui la maggioranza del consiglio si è ricostituita in seguito all'accettazione dei nuovi amministratori.

La cessazione degli amministratori per scadenza del termine ha effetto dal momento in cui il consiglio di amministrazione è stato ricostituito.

La cessazione degli amministratori dall'ufficio per qualsiasi causa deve essere iscritta entro trenta giorni nel registro delle imprese a cura del collegio sindacale.

2386. ***Sostituzione degli amministratori.*** — Se nel corso dell'esercizio vengono a mancare uno o più amministratori, gli altri provvedono a sostituirli con deliberazione approvata dal collegio sindacale, purché la maggioranza sia sempre costituita da amministratori nominati dall'assemblea. Gli amministratori così nominati restano in carica fino alla prossima assemblea.

Se viene meno la maggioranza degli amministratori nominati dall'assemblea, quelli rimasti in carica devono convocare l'assemblea perché provveda alla sostituzione dei mancanti.

Salvo diversa disposizione dello statuto o dell'assemblea, gli amministratori nominati ai sensi del comma precedente scadono insieme con quelli in carica all'atto della loro nomina.

Se particolari disposizioni dello statuto prevedono che a seguito della cessazione di taluni amministratori cessi l'intero consiglio, l'assemblea per la nomina del nuovo consiglio è convocata d'urgenza dagli amministratori rimasti in carica; lo statuto può tuttavia prevedere l'applicazione in tal caso di quanto disposto nel successivo comma.

Se vengono a cessare l'amministratore unico o tutti gli amministratori, l'assemblea per la nomina dell'amministratore o dell'intero consiglio deve essere convocata d'urgenza dal collegio sindacale, il quale può compiere nel frattempo gli atti di ordinaria amministrazione.

2387. ***Requisiti di onorabilità, professionalità e indipendenza.*** — Lo statuto può subordinare l'assunzione della carica di amministratore al possesso di speciali requisiti di onorabilità, professionalità ed indipendenza, anche con riferimento ai requisiti al riguardo previsti da codici di comportamento redatti da associazioni di categoria o da società di gestione di mercati regolamentati. Si applica in tal caso l'art. 2382.

Resta salvo quanto previsto da leggi speciali in relazione all'esercizio di particolari attività.

2388. ***Validità delle deliberazioni del consiglio.*** — Per la validità delle deliberazioni del consiglio di amministrazione è necessaria la presenza della maggioranza degli amministratori in carica, quando lo statuto non richiede un maggior numero di presenti. Lo statuto può prevedere che la presenza alle riunioni del consiglio avvenga anche mediante mezzi di telecomunicazione.

Le deliberazioni del consiglio di amministrazione sono prese a maggioranza assoluta dei presenti, salvo diversa disposizione dello statuto.

Il voto non può essere dato per rappresentanza.

Le deliberazioni che non sono prese in conformità della legge o dello statuto possono essere impugnate solo dal collegio sindacale e dagli amministratori assenti o dissenzienti entro novanta giorni dalla data della deliberazione; si applica in quanto compatibile l'art. 2378. Possono essere altresì impugnate dai soci le deliberazioni lesive dei loro diritti; si applicano in tal caso, in quanto compatibili, gli artt. 2377 e 2378.

In ogni caso sono salvi i diritti acquistati in buona fede dai terzi in base ad atti compiuti in esecuzione delle deliberazioni.

2389. ***Compensi degli amministratori.*** — I compensi spettanti ai membri del consiglio di amministrazione e del comitato esecutivo sono stabiliti all'atto della nomina o dall'assemblea.

Essi possono essere costituiti in tutto o in parte da partecipazioni agli utili o dall'attribuzione del diritto di sottoscrivere a prezzo predeterminato azioni di futura emissione.

La rimunerazione degli amministratori investiti di particolari cariche in conformità dello statuto è stabilita dal consiglio di amministrazione, sentito il parere del collegio sindacale. Se lo statuto lo prevede, l'assemblea può determinare un importo complessivo per la remunerazione di tutti gli amministratori, inclusi quelli investiti di particolari cariche.

2390. ***Divieto di concorrenza.*** — Gli amministratori non possono assumere la qualità di soci illimitatamente responsabili in società concorrenti, né esercitare un'attività concorrente per conto proprio o di terzi, né essere amministratori o direttori generali in società concorrenti, salvo autorizzazione dell'assemblea.

Per l'inosservanza di tale divieto l'amministratore può essere revocato dall'ufficio e risponde dei danni.

2391. ***Interessi degli amministratori.*** — L'amministratore deve dare notizia agli altri amministratori e al collegio sindacale di ogni interesse che, per conto proprio o di terzi, abbia in una determinata operazione della società, precisandone la natura, i termini, l'origine e la portata; se si tratta di amministratore delegato, deve altresì astenersi dal compiere l'operazione, investendo della stessa l'organo collegiale, se si tratta di amministratore unico, deve darne notizia anche alla prima assemblea utile.[1]

Nei casi previsti dal precedente comma la deliberazione del consiglio di amministrazione deve adeguatamente motivare le ragioni e la convenienza per la società dell'operazione.

Nei casi di inosservanza a quanto disposto nei due precedenti commi del presente articolo ovvero nel caso di deliberazioni del consiglio o del comitato esecutivo adottate con il voto determinante dell'amministratore interessato, le deliberazioni medesime, qualora possano recare danno alla società, possono essere impugnate dagli amministratori e dal collegio sindacale entro novanta giorni dalla loro data; l'impugnazione non può essere proposta da chi ha consentito con il proprio voto alla deliberazione se sono stati adempiuti gli obblighi di informazione previsti dal primo comma. In ogni caso sono salvi i diritti acquistati in buona fede dai terzi in base ad atti compiuti in esecuzione della deliberazione.

L'amministratore risponde dei danni derivati alla società dalla sua azione od omissione.

L'amministratore risponde altresì dei danni che siano derivati alla società dalla utilizzazione a vantaggio proprio o di terzi di dati, notizie o opportunità di affari appresi nell'esercizio del suo incarico.

[1] Parole aggiunte dall'art. 11, D.lgs. 28 dic. 2004, n. 310.

2391-*bis*. ***Operazioni con parti correlate.***[1] — Gli organi di amministrazione delle società che fanno ricorso al mercato del capitale di rischio adottano, secondo principi generali indicati dalla Consob, regole che assicurano la trasparenza e la correttezza sostanziale e procedurale delle operazioni con parti correlate e li rendono noti nella relazione sulla gestione; a tali fini possono farsi assistere da esperti indipendenti, in ragione della natura, del valore o delle caratteristiche dell'operazione.

I principi e le regole previsti dal primo comma si applicano alle operazioni realizzate direttamente o per il tramite di società controllate e disciplinano le operazioni stesse in termini di competenza decisionale, di motivazione e di documentazione. L'organo di controllo vigila sull'osservanza delle regole adottate ai sensi del primo comma e ne riferisce nella relazione all'assemblea.[2]

La Consob, nel definire i principi indicati nel primo comma, individua, in conformità all'articolo 9-*quater* della direttiva 2007/36/CE, almeno:

a) le soglie di rilevanza delle operazioni con parti correlate tenendo conto di indici quantitativi legati al controvalore dell'operazione o al suo impatto su uno o più parametri dimensionali della società. La Consob può individuare anche criteri di rilevanza che tengano conto della natura dell'operazione e della tipologia di parte correlata;

b) regole procedurali e di trasparenza proporzionate rispetto alla rilevanza e alle caratteristiche delle operazioni, alle dimensioni della società ovvero alla tipologia di società che fa ricorso al mercato del capitale di rischio, nonché i casi di esenzione dall'applicazione, in tutto o in parte, delle predette regole;

c) i casi in cui gli amministratori, fermo restando quanto previsto dall'articolo 2391, e gli azionisti coinvolti nell'operazione sono tenuti ad astenersi dalla votazione sulla stessa ovvero misure di salvaguardia a tutela dell'interesse della società che consentono ai predetti azionisti di prendere parte alla votazione sull'operazione.[3]

[1] Articolo ins. dall'art. 12, D.lgs. 28 dic. 2004, n. 310.
[2] Comma così modif. dall'art. 1, D.lgs. 10 mag. 2019, n. 49, a decorrere dal 10 giu. 2019.
[3] Comma ins. dall'art. 1, D.lgs. 10 mag. 2019, n. 49, a decorrere dal 10 giu. 2019.

2392. ***Responsabilità verso la società.*** — Gli amministratori devono adempiere i doveri ad essi imposti dalla legge e dallo statuto con la diligenza richiesta dalla natura dell'incarico e dalle loro specifiche competenze. Essi sono solidalmente responsabili verso la società dei danni derivanti dall'inosservanza di tali doveri, a meno che si tratti di attribuzioni proprie del comitato esecutivo o di funzioni in concreto attribuite ad uno o più amministratori.

In ogni caso gli amministratori, fermo quanto disposto dal comma terzo dell'art. 2381, sono solidalmente responsabili se, essendo a conoscenza di fatti pregiudizievoli, non hanno fatto quanto potevano per impedirne il compimento o eliminarne o attenuarne le conseguenze dannose.

La responsabilità per gli atti o le omissioni degli amministratori non si estende a quello tra essi che, essendo immune da colpa, abbia fatto annotare senza ritardo il suo dissenso nel libro delle adunanze e delle deliberazioni del consiglio, dandone immediata notizia per iscritto al presidente del collegio sindacale.

2393. ***Azione sociale di responsabilità.*** — L'azione di responsabilità contro gli amministratori è promossa in seguito a deliberazione dell'assemblea, anche se la società è in liquidazione.

La deliberazione concernente la responsabilità degli amministratori può essere presa in occasione della discussione del bilancio, anche se non è indicata nell'elenco delle materie da trattare, quando si tratta di fatti di competenza dell'esercizio cui si riferisce il bilancio.

L'azione di responsabilità può anche essere promossa a seguito di deliberazione del collegio sindacale, assunta con la maggioranza dei due terzi dei suoi componenti.[1]

L'azione può essere esercitata entro cinque anni dalla cessazione dell'amministratore dalla carica.

La deliberazione dell'azione di responsabilità importa la revoca dall'ufficio degli amministratori contro cui è proposta, purché sia presa con il voto favorevole di almeno un quinto del capitale sociale. In questo caso, l'assemblea prevede alla sostituzione degli amministratori.[2]

La società può rinunziare all'esercizio dell'azione di responsabilità e può transigere, purché la rinunzia e la transazione siano approvate con espressa deliberazione dell'assemblea, e purché non vi sia il voto contrario di una minoranza di soci che rappresenti almeno il quinto del capitale sociale o, nelle società che fanno ricorso al mercato del capitale di rischio, almeno un ventesimo del capitale sociale, ovvero la misura prevista nello statuto per l'esercizio dell'azione sociale di responsabilità ai sensi dei commi primo e secondo dell'art. 2393-*bis*.

[1] Comma inserito dall'art. 3 L. 28 dic. 2005, n. 262.
[2] Comma sostituito dall'art. 3 L. 28 dic. 2005, n. 262.

2393-*bis*. ***Azione sociale di responsabilità esercitata dai soci.*** — L'azione sociale di responsabilità può essere esercitata anche dai soci che rappresentino almeno un quinto del capitale sociale o la diversa misura prevista nello statuto, comunque non superiore al terzo.

Nelle società che fanno ricorso al mercato del capitale di rischio, l'azione di cui al comma precedente può essere esercitata dai soci che rappresentino un quarantesimo[1] del capitale sociale o la minore misura prevista nello statuto.

La società deve essere chiamata in giudizio e l'atto di citazione è ad essa notificato anche in persona del presidente del collegio sindacale.

I soci che intendono promuovere l'azione nominano, a maggioranza del capitale posseduto, uno o più rappresentanti comuni per l'esercizio dell'azione e per il compimento degli atti conseguenti.

In caso di accoglimento della domanda, la società rimborsa agli attori le spese del giudizio e quelle sopportate nell'accertamento dei fatti che il giudice non abbia posto a carico dei soccombenti o che non sia possibile recuperare a seguito della loro escussione.

I soci che hanno agito possono rinunciare all'azione o transigerla; ogni corrispettivo per la rinuncia o transazione deve andare a vantaggio della società.

Si applica all'azione prevista dal presente articolo l'ultimo comma dell'articolo precedente.

[1] Comma così modif. dall'art. 3, L. 28 dic. 2005, n. 262.

2394. ***Responsabilità verso i creditori sociali.*** — Gli amministratori rispondono verso i creditori sociali per l'inosservanza degli obblighi inerenti alla conservazione dell'integrità del patrimonio sociale.

L'azione può essere proposta dai creditori quando il patrimonio sociale risulta insufficiente al soddisfacimento dei loro crediti.

La rinunzia all'azione da parte della società non impedisce l'esercizio dell'azione da parte dei creditori sociali. La transazione può essere impugnata dai creditori sociali soltanto con l'azione revocatoria quando ne ricorrono gli estremi.

2394-*bis*. ***Azioni di responsabilità nelle procedure concorsuali.*** — In caso di fallimento, liquidazione coatta amministrativa e amministrazione straordinaria le azioni di responsabilità previste dai precedenti articoli spettano al curatore del fallimento, al commissario liquidatore e al commissario straordinario.

2395. ***Azione individuale del socio e del terzo.*** — Le disposizioni dei precedenti articoli non pregiudicano il diritto al risarcimento del danno spettante al singolo socio o al terzo che sono stati direttamente danneggiati da atti colposi o dolosi degli amministratori.

L'azione può essere esercitata entro cinque anni dal compimento dell'atto che ha pregiudicato il socio o il terzo.

2396. ***Direttori generali.*** — Le disposizioni che regolano la responsabilità degli amministratori si applicano anche ai direttori generali nominati dall'assemblea o per disposizione dello statuto, in relazione ai compiti loro affidati, salve le azioni esercitabili in base al rapporto di lavoro con la società.

§ 3.

Del collegio sindacale

2397. ***Composizione del collegio.*** — Il collegio sindacale si compone di tre o cinque membri effettivi, soci o non soci. Devono inoltre essere nominati due sindaci supplenti.

Almeno un membro effettivo ed uno supplente devono essere scelti tra i revisori legali iscritti nell'apposito registro.[1] I restanti membri, se non iscritti in tale registro, devono essere scelti fra gli iscritti negli albi professionali individuati con decreto del Ministro della giustizia, o fra i professori universitari di ruolo, in materie economiche o giuridiche.

[...][2]

[1] Comma così modif. dall'art. 37, D.lgs. 27 gen. 2010, n. 39.

[2] Comma aggiunto dall'art. 14, c. 14, L. 12 nov. 2011, n. 183, quindi abrog. dall'art. 35, c. 1, del D.L. 9 feb. 2012, n. 5, conv. con modif. in L. 4 apr. 2012, n. 35.

2398. ***Presidenza del collegio.*** — Il presidente del collegio sindacale è nominato dall'assemblea.

2399. ***Cause d'ineleggibilità e di decadenza.*** — Non possono essere eletti alla carica di sindaco e, se eletti, decadono dall'ufficio:

a) coloro che si trovano nelle condizioni previste dall'art. 2382;

b) il coniuge, i parenti e gli affini entro il quarto grado degli amministratori della società, gli amministratori, il coniuge, i parenti e gli affini entro il quarto grado degli amministratori delle società da questa controllate, delle società che la controllano e di quelle sottoposte a comune controllo;

c) coloro che sono legati alla società o alle società da questa controllate o alle società che la controllano o a quelle sottoposte a comune controllo da un rapporto di lavoro o da un rapporto continuativo di consulenza o di prestazione d'opera retribuita, ovvero da altri rapporti di natura patrimoniale che ne compromettano l'indipendenza.

La cancellazione o la sospensione dal registro dei revisori legali e delle società di revisione legale e la perdita dei requisiti previsti dall'ultimo comma dell'art. 2397 sono causa di decadenza dall'ufficio di sindaco.[1]

Lo statuto può prevedere altre cause di ineleggibilità o decadenza, nonché cause di incompatibilità e limiti e criteri per il cumulo degli incarichi.

[1] Comma così modif. dall'art. 37 D.lgs. 27 gen. 2010, n. 39.

2400. ***Nomina e cessazione dall'ufficio.*** — I sindaci sono nominati per la prima volta nell'atto costitutivo e successivamente dall'assemblea, salvo il disposto degli artt. 2351, 2449 e 2450. Essi restano in carica per tre esercizi, e scadono alla data dell'assemblea convocata per l'approvazione del bilancio relativo al terzo esercizio della carica. La cessazione dei sindaci per scadenza del termine ha effetto dal momento in cui il collegio è stato ricostituito.

I sindaci possono essere revocati solo per giusta causa. La deliberazione di revoca deve essere approvata con decreto dal tribunale, sentito l'interessato.

La nomina dei sindaci, con l'indicazione per ciascuno di essi del cognome e del nome, del luogo e della data di nascita e del domicilio, e la cessazione dall'ufficio devono essere iscritte, a cura degli amministratori, nel registro delle imprese nel termine di trenta giorni.

Al momento della nomina dei sindaci e prima della accettazione dell'incarico, sono resi noti all'assemblea gli incarichi di amministrazione e di controllo da essi ricoperti presso altre società.[1]

[1] Comma aggiunto dall'art. 2, L. 28 dic. 2005, n. 262.

2401. ***Sostituzione.*** — In caso di morte, di rinunzia o di decadenza di un sindaco, subentrano i supplenti in ordine di età, nel rispetto dell'art. 2397, secondo comma. I nuovi sindaci restano in carica fino alla prossima assemblea, la quale deve provvedere alla nomina dei sindaci effettivi e supplenti necessari per l'integrazione del collegio, nel rispetto dell'art. 2397, secondo comma. I nuovi nominati scadono insieme con quelli in carica.

In caso di sostituzione del presidente, la presidenza è assunta fino alla prossima assemblea dal sindaco più anziano.

Se con i sindaci supplenti non si completa il collegio sindacale, deve essere convocata l'assemblea perché provveda all'integrazione del collegio medesimo.

2402. ***Retribuzione.*** — La retribuzione annuale dei sindaci, se non è stabilita nello statuto, deve essere determinata dalla assemblea all'atto della nomina per l'intero periodo di durata del loro ufficio.

2403. ***Doveri del collegio sindacale.*** — Il collegio sindacale vigila sull'osservanza della legge e dello statuto, sul rispetto dei principi di corretta amministrazione ed in particolare sull'adeguatezza dell'assetto organizzativo, amministrativo e contabile adottato dalla società e sul suo concreto funzionamento.

Esercita inoltre il controllo contabile nel caso previsto dall'art. 2409-*bis*, terzo comma.

2403-*bis*. ***Poteri del collegio sindacale.*** — I sindaci possono in qualsiasi momento procedere, anche individualmente, ad atti di ispezione e di controllo.

Il collegio sindacale può chiedere agli amministratori notizie, anche con riferimento a società controllate, sull'andamento delle operazioni sociali o su determinati affari. Può altresì scambiare informazioni con i corrispondenti organi delle società controllate in merito ai sistemi di amministrazione e controllo ed all'andamento generale dell'attività sociale.

Gli accertamenti eseguiti devono risultare dal libro previsto dall'art. 2421, primo comma, n. 5).

Nell'espletamento di specifiche operazioni di ispezione e di controllo i sindaci sotto la propria responsabilità ed a proprie spese possono avvalersi di propri dipendenti ed ausiliari che non si trovino in una delle condizioni previste dall'art. 2399.

L'organo amministrativo può rifiutare agli ausiliari e ai dipendenti dei sindaci l'accesso a informazioni riservate.

2404. ***Riunioni e deliberazioni del collegio.*** — Il collegio sindacale deve riunirsi almeno ogni novanta giorni. La riunione può svolgersi, se lo statuto lo consente indicandone le modalità, anche con mezzi di telecomunicazione.

Il sindaco che, senza giustificato motivo, non partecipa durante un esercizio sociale a due riunioni del collegio decade dall'ufficio.

Delle riunioni del collegio deve redigersi verbale, che viene trascritto nel libro previsto dall'art. 2421, primo comma, n. 5), e sottoscritto dagli intervenuti.

Il collegio sindacale è regolarmente costituito con la presenza della maggioranza dei sindaci e delibera a maggioranza assoluta dei presenti. Il sindaco dissenziente ha diritto di fare iscrivere a verbale i motivi del proprio dissenso.

2405. ***Intervento alle adunanze del consiglio di amministrazione e alle assemblee.*** — I sindaci devono assistere alle adunanze del consiglio di amministrazione, alle assemblee e alle riunioni del comitato esecutivo.

I sindaci, che non assistono senza giustificato motivo alle assemblee o, durante un esercizio sociale, a due adunanze consecutive del consiglio d'amministrazione o del comitato esecutivo, decadono dall'ufficio.

2406. ***Omissioni degli amministratori.*** — In caso di omissione o di ingiustificato ritardo da parte degli amministratori, il collegio sindacale deve convocare l'assemblea ed eseguire le pubblicazioni prescritte dalla legge.

Il collegio sindacale può altresì, previa comunicazione al presidente del consiglio di amministrazione, convocare l'assemblea qualora nell'espletamento del suo incarico ravvisi fatti censurabili di rilevante gravità e vi sia urgente necessità di provvedere.

2407. ***Responsabilità.*** — I sindaci devono adempiere i loro doveri con la professionalità e la diligenza richieste dalla natura dell'incarico; sono responsabili della verità delle loro attestazioni e devono conservare il segreto sui fatti e sui documenti di cui hanno conoscenza per ragione del loro ufficio.

Essi sono responsabili solidalmente con gli amministratori per i fatti o le omissioni di questi, quando il danno non si sarebbe prodotto se essi avessero vigilato in conformità degli obblighi della loro carica.

All'azione di responsabilità contro i sindaci si applicano, in quanto compatibili, le disposizioni degli artt. 2393, 2393-*bis*, 2394, 2394-*bis* e 2395.

2408. ***Denunzia al collegio sindacale.*** — Ogni socio può denunziare i fatti che ritiene censurabili al collegio sindacale, il quale deve tener conto della denunzia nella relazione all'assemblea.

Se la denunzia è fatta da tanti soci che rappresentino un ventesimo del capitale sociale o un cinquantesimo nelle società che fanno ricorso al mercato del capitale di rischio, il collegio sindacale deve indagare senza ritardo sui fatti denunziati e presentare le sue conclusioni ed eventuali proposte all'assemblea; deve altresì, nelle ipotesi previste dal secondo comma dell'art. 2406, convocare l'assemblea. Lo statuto può prevedere per la denunzia percentuali minori di partecipazione.

2409. ***Denunzia al tribunale.*** — Se vi è fondato sospetto che gli amministratori, in violazione dei loro doveri, abbiano compiuto gravi irregolarità nella gestione che possono arrecare danno alla società o a una o più società controllate, i soci che rappresentano il decimo del capitale sociale o, nelle società che fanno ricorso al mercato del capitale di rischio, il ventesimo del capitale sociale possono denunziare i fatti al tribunale con ricorso notificato anche alla società. Lo statuto può prevedere percentuali minori di partecipazione.

Il tribunale, sentiti in camera di consiglio gli amministratori e i sindaci, può ordinare l'ispezione dell'amministrazione della società a spese dei soci richiedenti, subordinandola, se del caso, alla prestazione di una cauzione. Il provvedimento è reclamabile.

Il tribunale non ordina l'ispezione e sospende per un periodo determinato il procedimento se l'assemblea sostituisce gli amministratori e i sindaci con soggetti di adeguata professionalità, che si attivano senza indugio per accertare se le violazioni sussistono e, in caso positivo, per eliminarle, riferendo al tribunale sugli accertamenti e le attività compiute.

Se le violazioni denunziate sussistono ovvero se gli accertamenti e le attività compiute ai sensi del terzo comma risultano insufficienti alla loro eliminazione, il tribunale può disporre gli opportuni provvedimenti provvisori e convocare l'assemblea per le conseguenti deliberazioni. Nei casi più gravi può revocare gli amministratori ed eventualmente anche i sindaci e nominare un amministratore giudiziario, determinandone i poteri e la durata.

L'amministratore giudiziario può proporre l'azione di responsabilità contro gli amministratori e i sindaci. Si applica l'ultimo comma dell'art. 2393.

Prima della scadenza del suo incarico l'amministratore giudiziario rende conto al tribunale che lo ha nominato; convoca e presiede l'assemblea per la nomina dei nuovi amministratori e sindaci o per proporre, se del caso, la messa in liquidazione della società o la sua ammissione ad una procedura concorsuale.

I provvedimenti previsti da questo articolo possono essere adottati anche su richiesta del collegio sindacale, del consiglio di sorveglianza o del comitato per il controllo sulla gestione, nonché, nelle società che fanno ricorso al mercato del capitale di rischio, del pubblico ministero; in questi casi le spese per l'ispezione sono a carico della società.

§ 4.

Della revisione legale dei conti[1]

[1] Rubrica così modif. dall'art. 37, D.lgs. 27 gen. 2010, n. 39.

2409-*bis*. ***Revisione legale dei conti.***[1] — La revisione legale dei conti sulla società è esercitata da un revisore legale dei conti o da una società di revisione legale iscritti nell'apposito registro.

Lo statuto delle società che non siano tenute alla redazione del bilancio consolidato può prevedere che la revisione legale dei conti sia esercitata dal collegio sindacale. In tal caso il collegio sindacale è costituito da revisori legali iscritti nell'apposito registro.

[1] Articolo sostituito dall'art. 37 D.lgs. 27 gen. 2010, n. 39.

2409-*ter*-2409-*sexies*. .... [1]

[1] Articoli abrog. dall'art. 37, D.lgs. 27 gen. 2010, n. 39.

2409-*septies*. ***Scambio di informazioni.*** — Il collegio sindacale e i soggetti incaricati della revisione legale dei conti si scambiano tempestivamente le informazioni rilevanti per l'espletamento dei rispettivi compiti.[1]

[1] Articolo così modif. dall'art. 37, D.lgs. 27 gen. 2010, n. 39.

§ 5.

Del sistema dualistico

2409-*octies*. ***Sistema basato su un consiglio di gestione e un consiglio di sorveglianza.*** — Lo statuto può prevedere che l'amministrazione ed il controllo siano esercitati da un consiglio di gestione e da un consiglio di sorveglianza in conformità alle norme seguenti.

2409-*nonies*. ***Consiglio di gestione.*** — La gestione dell'impresa si svolge nel rispetto della disposizione di cui all'articolo 2086, secondo comma, e spetta esclusivamente al consiglio di gestione, il quale compie le operazioni necessarie per l'attuazione dell'oggetto sociale.[1] Può delegare proprie attribuzioni ad uno o più dei suoi componenti; si applicano in tal caso il terzo, quarto e quinto comma dell'art. 2381. L'istituzione degli assetti di cui all'articolo 2086, secondo comma, spetta esclusivamente al consiglio di gestione.[2]

È costituito da un numero di componenti, anche non soci, non inferiore a due.

Fatta eccezione per i primi componenti, che sono nominati nell'atto costitutivo, e salvo quanto disposto dagli artt. 2351, 2449 e 2450, la nomina dei componenti il consiglio di gestione spetta al consiglio di sorveglianza, previa determinazione del loro numero nei limiti stabiliti dallo statuto.

I componenti del consiglio di gestione non possono essere nominati consiglieri di sorveglianza, e restano in carica per un periodo non superiore a tre esercizi, con scadenza alla data della riunione del consiglio di sorveglianza convocato per l'approvazione del bilancio relativo all'ultimo esercizio della loro carica.

I componenti del consiglio di gestione sono rieleggibili, salvo diversa disposizione dello statuto, e sono revocabili dal consiglio di sorveglianza in qualunque tempo, anche se nominati nell'atto costitutivo, salvo il diritto al risarcimento dei danni se la revoca avviene senza giusta causa.

Se nel corso dell'esercizio vengono a mancare uno o più componenti del consiglio di gestione, il consiglio di sorveglianza provvede senza indugio alla loro sostituzione.

[1] Periodo aggiunto dall'art. 377, c. 3, D.lgs. 12 gen. 2019, n. 14, con decorrenza 16 mar. 2019.

[2] Periodo aggiunto dall'art. 40, D.lgs. 26 ott. 2020, n. 147, con decorrenza 20 nov. 2020.

2409-*decies*. *Azione sociale di responsabilità.* — L'azione di responsabilità contro i consiglieri di gestione è promossa dalla società o dai soci, ai sensi degli artt. 2393 e 2393-*bis*.

L'azione sociale di responsabilità può anche essere proposta a seguito di deliberazione del consiglio di sorveglianza. La deliberazione è assunta dalla maggioranza dei componenti del consiglio di sorveglianza e, se è presa a maggioranza dei due terzi dei suoi componenti, importa la revoca dall'ufficio dei consiglieri di gestione contro cui è proposta, alla cui sostituzione provvede contestualmente lo stesso consiglio di sorveglianza.

L'azione può essere esercitata dal consiglio di sorveglianza entro cinque anni dalla cessazione dell'amministratore dalla carica.

Il consiglio di sorveglianza può rinunziare all'esercizio dell'azione di responsabilità e può transigerla, purché la rinunzia e la transazione siano approvate dalla maggioranza assoluta dei componenti del consiglio di sorveglianza e purché non si opponga la percentuale di soci indicata nell'ultimo comma dell'art. 2393.

La rinuncia all'azione da parte della società o del consiglio di sorveglianza non impedisce l'esercizio delle azioni previste dagli artt. 2393-*bis*, 2394 e 2394-*bis*.

2409-*undecies*. *Norme applicabili.* — Al consiglio di gestione si applicano, in quanto compatibili, le disposizioni degli artt. 2380-*bis*, quinto comma, 2381, sesto comma, 2382, 2383, quarto e quinto comma, 2384, 2385, 2387, 2390, 2392, 2394, 2394-*bis*, 2395.

Si applicano alle deliberazioni del consiglio di gestione gli artt. 2388 e 2391, e la legittimazione ad impugnare le deliberazioni spetta anche al consiglio di sorveglianza.

2409-*duodecies*. *Consiglio di sorveglianza.* — Salvo che lo statuto non preveda un maggior numero, il consiglio di sorveglianza si compone di un numero di componenti, anche non soci, non inferiore a tre.

Fatta eccezione per i primi componenti che sono nominati nell'atto costitutivo, e salvo quanto disposto dagli artt. 2351, 2449 e 2450, la nomina dei componenti il consiglio di sorveglianza spetta all'assemblea, previa determinazione del loro numero nei limiti stabiliti dallo statuto.

I componenti del consiglio di sorveglianza restano in carica per tre esercizi e scadono alla data della successiva assemblea prevista dal secondo comma dell'art. 2364-*bis*. La cessazione per scadenza del termine ha effetto dal momento in cui il consiglio di sorveglianza è stato ricostituito.

Almeno un componente effettivo del consiglio di sorveglianza deve essere scelto tra i revisori legali iscritti nell'apposito registro.[1]

I componenti del consiglio di sorveglianza sono rieleggibili, salvo diversa disposizione dello statuto, e sono revocabili dall'assemblea in qualunque tempo con deliberazione adottata con la maggioranza prevista dal quinto[2] comma dell'art. 2393, anche se nominati nell'atto costitutivo, salvo il diritto al risarcimento dei danni, se la revoca avviene senza giusta causa.

Lo statuto, fatto salvo quanto previsto da leggi speciali in relazione all'esercizio di particolari attività, può subordinare l'assunzione della carica al possesso di particolari requisiti di onorabilità, professionalità e indipendenza.

Se nel corso dell'esercizio vengono a mancare uno o più componenti del consiglio di sorveglianza, l'assemblea provvede senza indugio alla loro sostituzione.

Il presidente del consiglio di sorveglianza è eletto dall'assemblea.

Lo statuto determina i poteri del presidente del consiglio di sorveglianza.

Non possono essere eletti alla carica di componente del consiglio di sorveglianza e, se eletti, decadono dall'ufficio:

a) coloro che si trovano nelle condizioni previste dall'art. 2382;

b) i componenti del consiglio di gestione;

c) coloro che sono legati alla società o alle società da questa controllate o a quelle sottoposte a comune controllo da un rapporto di lavoro o da un rapporto continuativo di consulenza o di prestazione d'opera retribuita che ne compromettano l'indipendenza.[3]

Lo statuto può prevedere altre cause di ineleggibilità o decadenza, nonché cause di incompatibilità e limiti e criteri per il cumulo degli incarichi.

[1] Comma così modif. dall'art. 39 D.lgs. 27 gen. 2010, n. 39.

[2] Comma così modif. dall'art. 3 L. 28 dic. 2005, n. 262.

[3] Lettera così modif. dall'art. 13 D.lgs. 28 dic. 2004, n. 310.

2409-*terdecies*. *Competenza del consiglio di sorveglianza.* — Il consiglio di sorveglianza:

a) nomina e revoca i componenti del consiglio di gestione; ne determina il compenso, salvo che la relativa competenza sia attribuita dallo statuto all'assemblea;

b) approva il bilancio di esercizio e, ove redatto, il bilancio consolidato;

c) esercita le funzioni di cui all'art. 2403, primo comma;

d) promuove l'esercizio dell'azione di responsabilità nei confronti dei componenti del consiglio di gestione;

e) presenta la denunzia al tribunale di cui all'art. 2409;

f) riferisce per iscritto almeno una volta all'anno all'assemblea sull'attività di vigilanza svolta, sulle omissioni e sui fatti censurabili rilevati.

f-bis) se previsto dallo statuto, delibera in ordine alle operazioni strategiche e ai piani industriali e finanziari della società predisposti dal consiglio di gestione, ferma in ogni caso la responsabilità di questo per gli atti compiuti.[1]

Lo statuto può prevedere che in caso di mancata approvazione del bilancio o qualora lo richieda almeno un terzo dei componenti del consiglio di gestione o del consiglio di sorveglianza la competenza per l'approvazione del bilancio di esercizio sia attribuita all'assemblea.

I componenti del consiglio di sorveglianza devono adempiere i loro doveri con la diligenza richiesta dalla natura dell'incarico. Sono responsabili solidalmente con i componenti del consiglio di gestione per i fatti o le omissioni di questi quando il danno non si sarebbe prodotto se avessero vigilato in conformità degli obblighi della loro carica.

I componenti del consiglio di sorveglianza possono assistere alle adunanze del consiglio di gestione e devono partecipare alle assemblee.

[1] Lettera inserita dall'art. 5 D.lgs. 6 feb. 2004, n. 37 e successivamente modificata dall'art. 14 D.lgs. 28 dic. 2004, n. 310.

2409-*quaterdecies*. *Norme applicabili.* — Al consiglio di sorveglianza ed ai suoi componenti si applicano, in quanto compatibili, gli artt. 2388, 2400, terzo e quarto[1] comma, 2402, 2403-*bis*, secondo e terzo comma, 2404, primo, terzo e quarto comma, 2406, 2408 e 2409-*septies*.

Alla deliberazione del consiglio di sorveglianza con cui viene approvato il bilancio di esercizio si applica l'art. 2434-*bis* ed essa può venire impugnata anche dai soci ai sensi dell'art. 2377.

[1] Comma così modif. dall'art. 2 L. 28 dic. 2005, n. 262.

2409-*quinquiesdecies*. *Revisione legale.*[1] — La revisione legale dei conti è svolta a norma dell'articolo 2409-*bis* primo comma.

[1] Articolo sostituito dall'art. 37 D.lgs. 27 gen. 2010, n. 39.

§ 6.
Del sistema monistico

2409-*sexiesdecies*. *Sistema basato sul consiglio di amministrazione e un comitato costituito al suo interno.* — Lo statuto può prevedere che l'amministrazione ed il controllo siano esercitati rispettivamente dal consiglio di amministrazione e da un comitato costituito al suo interno.

2409-*septiesdecies*. *Consiglio di amministrazione.* — La gestione dell'impresa spetta esclusivamente al consiglio di amministrazione.

Almeno un terzo dei componenti del consiglio di amministrazione deve essere in possesso dei requisiti di indipendenza stabiliti per i sindaci dall'art. 2399, primo comma, e, se lo statuto lo prevede, di quelli al riguardo previsti da codici di comportamento redatti da associazioni di categoria o da società di gestione di mercati regolamentati.

Al momento della nomina dei componenti del consiglio di amministrazione e prima dell'accettazione dell'incarico, sono resi noti all'assemblea gli incarichi di amministrazione e di controllo da essi ricoperti presso altre società.[1]

[1] Comma aggiunto dall'art. 2 L. 28 dic. 2005, n. 262.

2409-*octiesdecies*. *Comitato per il controllo sulla gestione.* — Salvo diversa disposizione dello statuto, la determinazione del numero e la nomina dei componenti del comitato per il controllo sulla gestione spetta al consiglio di amministrazione. Nelle società che fanno ricorso al mercato del capitale di rischio il numero dei componenti del comitato non può essere inferiore a tre.

Il comitato è composto da amministratori in possesso dei requisiti di onorabilità e professionalità stabiliti dallo statuto e dei requisiti di indipendenza di cui all'art. 2409-*septiesdecies*, che non siano membri del comitato esecutivo ed ai quali non siano attribuite deleghe o particolari cariche e comunque non svolgano, anche di mero fatto, funzioni attinenti alla gestione dell'impresa sociale o di società che la controllano o ne sono controllate.

Almeno uno dei componenti del comitato per il controllo sulla gestione deve essere scelto fra i revisori legali iscritti nell'apposito registro.[1]

In caso di morte, rinunzia revoca o decadenza di un componente del comitato per il controllo sulla gestione, il consiglio di amministrazione provvede senza indugio a sostituirlo scegliendolo tra gli altri amministratori in possesso dei requisiti previsti dai commi precedenti; se ciò non è possibile, provvede senza indugio a norma dell'art. 2386 scegliendo persona provvista dei suddetti requisiti.

Il comitato per il controllo sulla gestione:

a) elegge al suo interno, a maggioranza assoluta dei suoi membri, il presidente;

b) vigila sull'adeguatezza della struttura organizzativa della società, del sistema di controllo interno e del sistema amministrativo e contabile, nonché sulla sua idoneità a rappresentare correttamente i fatti di gestione;

c) svolge gli ulteriori compiti affidatigli dal consiglio di amministrazione con particolare riguardo ai rapporti con il soggetto incaricato di effettuare la revisione legale dei conti.[1]

Al comitato per il controllo sulla gestione si applicano altresì, in quanto compatibili, gli artt.

2404, primo, terzo e quarto comma, 2405, primo comma, e 2408.

[1] Commi così modif. dall'art. 37 D.lgs. 27 gen. 2010, n. 39.

2409-*noviesdecies*. *Norme applicabili e revisione legale.* [1] — Al consiglio di amministrazione si applicano, in quanto compatibili, gli articoli da 2380-*bis*, 2381, 2382, 2383, 2384, 2385, 2386, 2387, 2388, 2389, 2390, 2391, 2392, 2393, 2393-*bis*, 2394, 2394-*bis*, 2395.

La revisione legale dei conti è svolta ai sensi dell'art. 2409-bis, primo comma.[2]

[1] Rubrica così modif. dall'art. 37, D.lgs. 27 gen. 2010, n. 39.

[2] Comma sostituito dall'art. 37 D.lgs. 27 gen. 2010, n. 39.

SEZIONE VII
Delle obbligazioni

2410. *Emissione.* — Se la legge o lo statuto non dispongono diversamente, l'emissione di obbligazioni è deliberata dagli amministratori.

In ogni caso la deliberazione di emissione deve risultare da verbale redatto da notaio ed è depositata ed iscritta a norma dell'art. 2436.

2411. *Diritti degli obbligazionisti.* — Il diritto degli obbligazionisti alla restituzione del capitale ed agli interessi può essere, in tutto o in parte, subordinato alla soddisfazione dei diritti di altri creditori della società.

I tempi e l'entità del pagamento degli interessi possono variare in dipendenza di parametri oggettivi anche relativi all'andamento economico della società.

La disciplina della presente sezione si applica inoltre agli strumenti finanziari, comunque denominati, che condizionano i tempi e l'entità del rimborso del capitale all'andamento economico della società.

2412. *Limiti all'emissione.* — La società può emettere obbligazioni al portatore o nominative per somma complessivamente non eccedente il doppio del capitale sociale, della riserva legale e delle riserve disponibili risultanti dall'ultimo bilancio approvato. I sindaci attestano il rispetto del suddetto limite.

Il limite di cui al primo comma può essere superato se le obbligazioni emesse in eccedenza sono destinate alla sottoscrizione da parte di investitori professionali soggetti a vigilanza prudenziale a norma delle leggi speciali. In caso di successiva circolazione delle obbligazioni, chi le trasferisce risponde della solvenza della società nei confronti degli acquirenti che non siano investitori professionali.

Non è soggetta al limite di cui al primo comma, e non rientra nel calcolo al fine del medesimo, l'emissione di obbligazioni garantite da ipoteca di primo grado su immobili di proprietà della società, sino a due terzi del valore degli immobili medesimi.

Al computo del limite di cui al primo comma concorrono gli importi relativi a garanzie comunque prestate dalla società per obbligazioni emesse da altre società, anche estere.[1]

I commi primo e secondo non si applicano alle emissioni di obbligazioni destinate ad essere quotate in mercati regolamentati o in sistemi multilaterali di negoziazione ovvero di obbligazioni che danno il diritto di acquisire ovvero di sottoscrivere azioni.[2]

Quando ricorrono particolari ragioni che interessano l'economia nazionale, la società può essere autorizzata con provvedimento dell'autorità governativa, ad emettere obbligazioni per somma superiore a quanto previsto nel presente articolo, con l'osservanza dei limiti, delle modalità e delle cautele stabilite nel provvedimento stesso.

Restano salve le disposizioni di leggi speciali relative a particolari categorie di società e alle riserve di attività.

....[3]

[1] Comma aggiunto dall'art. 11, L. 28 dic. 2005, n. 262.

[2] Comma così sost. dall'art. 32, c. 26 D.L. 22 giu. 2012, n. 83, conv. con modif. in L. 7 ago. 2012, n. 134.

[3] Comma abrog. dall'art. 11, L. 28 dic. 2005, n. 262.

2413. *Riduzione del capitale.* — Salvo i casi previsti dal terzo, quarto e quinto comma dell'art. 2412, la società che ha emesso obbligazioni non può ridurre volontariamente il capitale sociale o distribuire riserve se rispetto all'ammontare delle obbligazioni ancora in circolazione il limite di cui al primo comma dell'articolo medesimo non risulta più rispettato.

Se la riduzione del capitale sociale è obbligatoria, o le riserve diminuiscono in conseguenza di perdite, non possono distribuirsi utili sinché l'ammontare del capitale sociale, della riserva legale e delle riserve disponibili non eguagli la metà dell'ammontare delle obbligazioni in circolazione.[1]

[1] Comma così modif. dall'art. 5, D.lgs. 6 feb. 2004, n. 37.

2414. *Contenuto delle obbligazioni.* — I titoli obbligazionari devono indicare:

1) la denominazione, l'oggetto e la sede della società, con l'indicazione dell'ufficio del registro delle imprese presso il quale la società è iscritta;

2) il capitale sociale e le riserve esistenti al momento dell'emissione;

3) la data della deliberazione di emissione e della sua iscrizione nel registro;

4) l'ammontare complessivo dell'emissione, il valore nominale di ciascun titolo, i diritti con essi attribuiti, il rendimento o i criteri per la sua determinazione e il modo di pagamento e di rimborso, l'eventuale subordinazione dei diritti degli obbligazionisti a quelli di altri creditori della società;

5) le eventuali garanzie da cui sono assistiti.

6) la data di rimborso del prestito e gli estremi dell'eventuale prospetto informativo.[1]

[1] Il n. 6 è stato aggiunto dall'art. 5 D.lgs. 6 feb. 2004, n. 37.

2414-*bis*. *Costituzione delle garanzie.* — La deliberazione di emissione di obbligazioni che preveda la costituzione di garanzie reali a favore dei sottoscrittori deve designare un notaio che, per conto dei sottoscrittori, compia le formalità necessarie per la costituzione delle garanzie medesime.

Qualora un azionista pubblico garantisca i titoli obbligazionari si applica il n. 5 dell'art. 2414.[1]

Le garanzie, reali e personali e di qualunque altra natura e le cessioni di credito in garanzia, che assistono i titoli obbligazionari possono essere costituite in favore dei sottoscrittori delle obbligazioni o anche di un loro rappresentante che sarà legittimato a esercitare in nome e per conto dei sottoscrittori tutti i diritti, sostanziali e processuali, relativi alle garanzie medesime.[2]

[1] Comma aggiunto dall'art. 5 D.lgs. 6 feb. 2004, n. 37.

[2] Comma aggiunto dall'art. 13, c. 2, D.L. 12 set. 2014, n. 133, conv. in L. 11 nov. 2014, n. 164.

2415. *Assemblea degli obbligazionisti.* — L'assemblea degli obbligazionisti delibera:

1) sulla nomina e sulla revoca del rappresentante comune;

2) sulle modificazioni delle condizioni del prestito;

3) sulla proposta di amministrazione controllata e di concordato;

4) sulla costituzione di un fondo per le spese necessarie alla tutela dei comuni interessi e sul rendiconto relativo;

5) sugli altri oggetti d'interesse comune degli obbligazionisti.

L'assemblea è convocata dal consiglio di amministrazione, dal consiglio di gestione o dal rappresentante degli obbligazionisti, quando lo ritengono necessario, o quando ne è fatta richiesta da tanti obbligazionisti che rappresentino il ventesimo dei titoli emessi e non estinti.[1]

Si applicano all'assemblea degli obbligazionisti le disposizioni relative all'assemblea straordinaria dei soci e le sue deliberazioni sono iscritte, a cura del notaio che ha redatto il verbale, nel registro delle imprese. Per la validità delle deliberazioni sull'oggetto indicato nel primo comma, numero 2, è necessario anche in seconda convocazione il voto favorevole degli obbligazionisti che rappresentino la metà delle obbligazioni emesse e non estinte. Quando le obbligazioni sono ammesse al sistema di gestione accentrata la legittimazione all'intervento e al voto nell'assemblea degli obbligazionisti è disciplinata dalle leggi speciali.[2]

La società, per le obbligazioni da essa eventualmente possedute, non può partecipare alle deliberazioni.

All'assemblea degli obbligazionisti possono assistere gli amministratori, i sindaci e i componenti del consiglio di gestione o di sorveglianza.[3]

[1] Comma così modif. dall'art. 1, c. 4, del D.lgs. 18 giu. 2012, n. 91. La formulazione di questo comma si applica alle assemblee il cui avviso di convocazione sia pubblicato dopo il 1° gen. 2013, ai sensi di quanto disposto dall'art. 5, c. 1, D.lgs. 18 giu. 2012, n. 91.

[2] Periodo aggiunto dall'art. 1, c. 4, del D.lgs. 18 giu. 2012, n. 91. La formulazione di questo comma si applica alle assemblee il cui avviso di convocazione sia pubblicato dopo il 1° gen. 2013, ai sensi di quanto disposto dall'art. 5, c. 1, D.lgs. 18 giu. 2012, n. 91.

[3] Comma sostituito dall'art. 1, c. 4, del D.lgs. 18 giu. 2012, n. 91. La formulazione di questo comma si applica alle assemblee il cui avviso di convocazione sia pubblicato dopo il 1° gen. 2013, ai sensi di quanto disposto dall'art. 5, c. 1, D.lgs. 18 giu. 2012, n. 91.

2416. *Impugnazione delle deliberazioni dell'assemblea.* — Le deliberazioni prese dall'assemblea degli obbligazionisti sono impugnabili a norma degli artt. 2377 e 2379. Le percentuali previste nell'art. 2377 sono calcolate con riferimento all'ammontare del prestito obbligazionario e alla circostanza che le obbligazioni siano quotate in mercati regolamentati.

L'impugnazione è proposta innanzi al tribunale, nella cui giurisdizione la società ha sede, in contraddittorio del rappresentante degli obbligazionisti.

2417. *Rappresentante comune.* — Il rappresentante comune può essere scelto al di fuori degli obbligazionisti e possono essere nominate anche le persone giuridiche autorizzate all'esercizio dei servizi di investimento nonché le società fiduciarie. Non possono essere nominati rappresentanti comuni degli obbligazionisti e, se nominati, decadono dall'ufficio, gli amministratori, i sindaci, i dipendenti della società debitrice e coloro che si trovano nelle condizioni indicate nell'art. 2399.

Se non è nominato dall'assemblea a norma dell'art. 2415, il rappresentante comune è nominato con decreto dal tribunale su domanda di uno o più obbligazionisti o degli amministratori della società.

Il rappresentante comune dura in carica per un periodo non superiore a tre esercizi sociali e può essere rieletto. L'assemblea degli obbligazionisti ne fissa il compenso. Entro trenta giorni dalla notizia della sua nomina il rappresentante comune deve richiederne l'iscrizione nel registro delle imprese.

2418. *Obblighi e poteri del rappresentante comune.* — Il rappresentante comune deve provvedere all'esecuzione delle deliberazioni dell'assemblea degli obbligazionisti, tutelare gli interessi comuni di questi nei rapporti con la società e assistere alle operazioni di sorteggio delle obbligazioni. Egli ha diritto di assistere all'assemblea dei soci.

Per la tutela degli interessi comuni ha la rappresentanza processuale degli obbligazionisti anche nell'amministrazione controllata, nel concordato preventivo, nel fallimento, nella liquidazione coatta amministrativa e nell'amministrazione straordinaria della società debitrice.

2419. ***Azione individuale degli obbligazionisti.*** — Le disposizioni degli articoli precedenti non precludono le azioni individuali degli obbligazionisti, salvo che queste siano incompatibili con le deliberazioni dell'assemblea previste dall'art. 2415.

2420. ***Sorteggio delle obbligazioni.*** — Le operazioni per l'estrazione a sorte delle obbligazioni devono farsi, a pena di nullità, alla presenza del rappresentante comune o, in mancanza, di un notaio.

2420-*bis*. ***Obbligazioni convertibili in azioni.*** — L'assemblea straordinaria può deliberare l'emissione di obbligazioni convertibili in azioni, determinando il rapporto di cambio e il periodo e le modalità della conversione. La deliberazione non può essere adottata se il capitale sociale non sia stato interamente versato.

Contestualmente la società deve deliberare l'aumento del capitale sociale per un ammontare corrispondente alle azioni da attribuire in conversione. Si applicano, in quanto compatibili, le disposizioni del secondo, terzo, quarto e quinto comma dell'art. 2346.

Nel primo mese di ciascun semestre gli amministratori provvedono all'emissione delle azioni spettanti agli obbligazionisti che hanno chiesto la conversione nel semestre precedente. Entro il mese successivo gli amministratori devono depositare per l'iscrizione nel registro delle imprese un'attestazione dell'aumento del capitale sociale in misura corrispondente al valore nominale delle azioni emesse. Si applica la disposizione del secondo comma dell'art. 2444.

Fino a quando non siano scaduti i termini fissati per la conversione, la società non può deliberare né la riduzione volontaria del capitale sociale, né la modificazione delle disposizioni dello statuto concernenti la ripartizione degli utili, salvo che ai possessori di obbligazioni convertibili sia stata data la facoltà, mediante avviso depositato presso l'ufficio del registro delle imprese almeno novanta giorni prima della convocazione dell'assemblea, di esercitare il diritto di conversione nel termine di trenta giorni dalla pubblicazione.

Nei casi di aumento del capitale mediante imputazione di riserve e di riduzione del capitale per perdite, il rapporto di cambio è modificato in proporzione alla misura dell'aumento o della riduzione.

Le obbligazioni convertibili in azioni devono indicare in aggiunta a quanto stabilito nell'art. 2414, il rapporto di cambio e le modalità della conversione.

2420-*ter*. ***Delega agli amministratori.*** — Lo statuto può attribuire agli amministratori la facoltà di emettere in una o più volte obbligazioni convertibili, fino ad un ammontare determinato e per il periodo massimo di cinque anni dalla data di iscrizione della società nel registro delle imprese. In tal caso la delega comprende anche quella relativa al corrispondente aumento del capitale sociale.

Tale facoltà può essere attribuita anche mediante modificazione dello statuto, per il periodo massimo di cinque anni dalla data della deliberazione.

Si applica il secondo comma dell'art. 2410.

SEZIONE VIII
Dei libri sociali

2421. ***Libri sociali obbligatori.*** — Oltre i libri e le altre scritture contabili prescritti nell'art. 2214, la società deve tenere:

1) il libro dei soci, nel quale devono essere indicati distintamente per ogni categoria il numero delle azioni, il cognome e il nome dei titolari delle azioni nominative, i trasferimenti e i vincoli ad esse relativi e i versamenti eseguiti;

2) il libro delle obbligazioni, il quale deve indicare l'ammontare delle obbligazioni emesse e di quelle estinte, il cognome e il nome dei titolari delle obbligazioni nominative e i trasferimenti e i vincoli ad esse relativi;

3) il libro delle adunanze e delle deliberazioni delle assemblee, in cui devono essere trascritti anche i verbali redatti per atto pubblico;

4) il libro delle adunanze e delle deliberazioni del consiglio di amministrazione o del consiglio di gestione;

5) il libro delle adunanze e delle deliberazioni del collegio sindacale ovvero del consiglio di sorveglianza o del comitato per il controllo sulla gestione;

6) il libro delle adunanze e delle deliberazioni del comitato esecutivo, se questo esiste;

7) il libro delle adunanze e delle deliberazioni delle assemblee degli obbligazionisti, se sono state emesse obbligazioni;

8) il libro degli strumenti finanziari emessi ai sensi dell'art. 2447-*sexies*.

I libri indicati nel primo comma, numeri 1), 2), 3), 4) e 8) sono tenuti a cura degli amministratori o dei componenti del consiglio di gestione, il libro indicato nel numero 5) a cura del collegio sindacale ovvero del consiglio di sorveglianza o del comitato per il controllo sulla gestione, il libro indicato nel numero 6) a cura del comitato esecutivo e il libro indicato nel numero 7) a cura del rappresentante comune degli obbligazionisti.

I libri di cui al presente articolo, prima che siano messi in uso, devono essere numerati progressivamente in ogni pagina e bollati in ogni foglio a norma dell'art. 2215.

2422. ***Diritto d'ispezione dei libri sociali.*** — I soci hanno diritto di esaminare i libri indicati nel primo comma, numeri 1) e 3) dell'art. 2421 e di ottenerne estratti a proprie spese.

Eguale diritto spetta al rappresentante comune

degli obbligazionisti per i libri indicati nei numeri 2) e 3) dell'art. 2421, e al rappresentante comune dei possessori di strumenti finanziari ed ai singoli possessori per il libro indicato al numero 8), ai singoli obbligazionisti per il libro indicato nel numero 7) dell'articolo medesimo.

SEZIONE IX
Del bilancio

2423. *Redazione del bilancio.* — Gli amministratori devono redigere il bilancio di esercizio, costituito dallo stato patrimoniale, dal conto economico, dal rendiconto finanziario e dalla nota integrativa.[1]

Il bilancio deve essere redatto con chiarezza e deve rappresentare in modo veritiero e corretto la situazione patrimoniale e finanziaria della società e il risultato economico dell'esercizio.

Se le informazioni richieste da specifiche disposizioni di legge non sono sufficienti a dare una rappresentazione veritiera e corretta, si devono fornire le informazioni complementari necessarie allo scopo.

Non occorre rispettare gli obblighi in tema di rilevazione, valutazione, presentazione e informativa quando la loro osservanza abbia effetti irrilevanti al fine di dare una rappresentazione veritiera e corretta. Rimangono fermi gli obblighi in tema di regolare tenuta delle scritture contabili. Le società illustrano nella nota integrativa i criteri con i quali hanno dato attuazione alla presente disposizione.[2]

Se, in casi eccezionali, l'applicazione di una disposizione degli articoli seguenti è incompatibile con la rappresentazione veritiera e corretta, la disposizione non deve essere applicata. La nota integrativa deve motivare la deroga e deve indicarne l'influenza sulla rappresentazione della situazione patrimoniale, finanziaria e del risultato economico. Gli eventuali utili derivanti dalla deroga devono essere iscritti in una riserva non distribuibile se non in misura corrispondente al valore recuperato.

Il bilancio deve essere redatto in unità di euro, senza cifre decimali, ad eccezione della nota integrativa che può essere redatta in migliaia di euro.

[1] Comma così modif. dall'art. 6, D.lgs. 18 ago. 2015, n. 139. Le disposizioni del D.lgs. 139/2015 entrano in vigore dal 1° gen. 2016 e si applicano ai bilanci relativi agli esercizi finanziari aventi inizio a partire da quella data.

[2] Comma ins. dall'art. 6, D.lgs. 18 ago. 2015, n. 139. V. nota 1.

2423-*bis*. *Principi di redazione del bilancio.* — Nella redazione del bilancio devono essere osservati i seguenti principi:

1) la valutazione delle voci deve essere fatta secondo prudenza e nella prospettiva della continuazione dell'attività[, nonché tenendo conto della funzione economica dell'elemento dell'attivo o del passivo considerato][1];

1-*bis*) la rilevazione e la presentazione delle voci è effettuata tenendo conto della sostanza dell'operazione o del contratto;[2]

2) si possono indicare esclusivamente gli utili realizzati alla data di chiusura dell'esercizio;

3) si deve tener conto dei proventi e degli oneri di competenza dell'esercizio, indipendentemente dalla data dell'incasso o del pagamento;

4) si deve tener conto dei rischi e delle perdite di competenza dell'esercizio, anche se conosciuti dopo la chiusura di questo;

5) gli elementi eterogenei ricompresi nelle singole voci devono essere valutati separatamente;

6) i criteri di valutazione non possono essere modificati da un esercizio all'altro.

Deroghe al principio enunciato nel numero 6) del comma precedente sono consentite in casi eccezionali. La nota integrativa deve motivare la deroga e indicarne l'influenza sulla rappresentazione della situazione patrimoniale e finanziaria e del risultato economico.

[1] Parole soppresse dall'art. 6, D.lgs. 18 ago. 2015, n. 139. Le disposizioni del D.lgs. 139/2015 entrano in vigore dal 1° gen. 2016 e si applicano ai bilanci relativi agli esercizi finanziari aventi inizio a partire da quella data.

[2] Numero ins. dall'art. 6, D.lgs. 18 ago. 2015, n. 139. V. nota 1.

2423-*ter*. *Struttura dello stato patrimoniale e del conto economico.* — Salve le disposizioni di leggi speciali per le società che esercitano particolari attività, nello stato patrimoniale e nel conto economico devono essere iscritte separatamente, e nell'ordine indicato, le voci previste negli artt. 2424 e 2425.

Le voci precedute da numeri arabi possono essere ulteriormente suddivise, senza eliminazione della voce complessiva e dell'importo corrispondente; esse possono essere raggruppate soltanto quando il raggruppamento, a causa del loro importo, è irrilevante ai fini indicati nel secondo comma dell'art. 2423 o quando esso favorisce la chiarezza del bilancio. In questo secondo caso la nota integrativa deve contenere distintamente le voci oggetto di raggruppamento.

Devono essere aggiunte altre voci qualora il loro contenuto non sia compreso in alcuna di quelle previste dagli artt. 2424 e 2425.

Le voci precedute da numeri arabi devono essere adattate quando lo esige la natura dell'attività esercitata.

Per ogni voce dello stato patrimoniale e del conto economico deve essere indicato l'importo della voce corrispondente dell'esercizio precedente. Se le voci non sono comparabili, quelle relative all'esercizio precedente devono essere adattate; la non comparabilità e l'adattamento o l'impossibilità di questo devono essere segnalati e commentati nella nota integrativa.

Sono vietati i compensi di partite. Nei casi in cui la compensazione è ammessa dalla legge, sono indicati nella nota integrativa gli importi lordi oggetto di compensazione.[1]

[1] Periodo aggiunto dall'art. 24, c. 2, L. 23 dic. 2021, n. 238.

2424. ***Contenuto dello stato patrimoniale.*** — Lo stato patrimoniale deve essere redatto in conformità al seguente schema. Attivo:

A) Crediti verso soci per versamenti ancora dovuti, con separata indicazione della parte già richiamata.

B) Immobilizzazioni, con separata indicazione di quelle concesse in locazione finanziaria:

I – Immobilizzazioni immateriali:

1) costi di impianto e di ampliamento;

2) costi di sviluppo;

3) diritti di brevetto industriale e diritti di utilizzazione delle opere dell'ingegno;

4) concessioni, licenze, marchi e diritti simili;

5) avviamento;

6) immobilizzazioni in corso e acconti;

7) altre.

Totale.

II – Immobilizzazioni materiali:

1) terreni e fabbricati;

2) impianti e macchinario;

3) attrezzature industriali e commerciali;

4) altri beni;

5) immobilizzazioni in corso e acconti.

Totale.

III – Immobilizzazioni finanziarie, con separata indicazione, per ciascuna voce dei crediti, degli importi esigibili entro l'esercizio successivo:

1) partecipazioni in:

a) imprese controllate;

b) imprese collegate;

c) imprese controllanti;

d) imprese sottoposte al controllo delle controllanti;

d-bis) altre imprese;

2) crediti:

a) verso imprese controllate;

b) verso imprese collegate;

c) verso controllanti;

d) verso imprese sottoposte al controllo delle controllanti;

d-bis) verso altri;

3) altri titoli;

4) strumenti finanziari derivati attivi.

Totale.

Totale immobilizzazioni (B).

C) Attivo circolante:

I – Rimanenze:

1) materie prime, sussidiarie e di consumo;

2) prodotti in corso di lavorazione e semilavorati;

3) lavori in corso su ordinazione;

4) prodotti finiti e merci;

5) acconti.

Totale

II – Crediti, con separata indicazione, per ciascuna voce, degli importi esigibili oltre l'esercizio successivo:

1) verso clienti;

2) verso imprese controllate;

3) verso imprese collegate;

4) verso controllanti;

5) verso imprese sottoposte al controllo delle controllanti;

5-*bis*) crediti tributari;

5-*ter*) imposte anticipate;

5-*quater*) verso altri;

Totale.

III – Attività finanziarie che non costituiscono immobilizzazioni:

1) partecipazioni in imprese controllate;

2) partecipazioni in imprese collegate;

3) partecipazioni in imprese controllanti;

3-*bis*) partecipazioni in imprese sottoposte al controllo delle controllanti;

4) altre partecipazioni;

5) strumenti finanziari derivati attivi;

6) altri titoli.

Totale.

IV – Disponibilità liquide:

1) depositi bancari e postali;

2) assegni;

3) danaro e valori in cassa.

Totale.

Totale attivo circolante (C).

D) Ratei e risconti.

Passivo:

A) Patrimonio netto:

I – Capitale.

II – Riserva da soprapprezzo delle azioni.

III – Riserve di rivalutazione.

IV – Riserva legale.

V – Riserve statutarie.

VI – Altre riserve, distintamente indicate.

VII – Riserva per operazioni di copertura dei flussi finanziari attesi.

VIII – Utili (perdite) portati a nuovo.

IX – Utile (perdita) dell'esercizio.

X – Riserva negativa per azioni proprie in portafoglio.

Totale.

B) Fondi per rischi e oneri:

1) per trattamento di quiescenza e obblighi simili;

2) per imposte, anche differite;

3) strumenti finanziari derivati passivi;

4) altri.

Totale.

C) Trattamento di fine rapporto di lavoro subordinato.

D) Debiti, con separata indicazione, per ciascuna voce, degli importi esigibili oltre l'esercizio successivo:

1) obbligazioni;

2) obbligazioni convertibili;

3) debiti verso soci per finanziamenti;

4) debiti verso banche;

5) debiti verso altri finanziatori;

6) acconti;

7) debiti verso fornitori;
8) debiti rappresentati da titoli di credito;
9) debiti verso imprese controllate;
10) debiti verso imprese collegate;
11) debiti verso controllanti;
11-*bis*) debiti verso imprese sottoposte al controllo delle controllanti;
12) debiti tributari;
13) debiti verso istituti di previdenza e di sicurezza sociale;
14) altri debiti.
Totale.
E) Ratei e risconti.[1]

Se un elemento dell'attivo o del passivo ricade sotto più voci dello schema, nella nota integrativa deve annotarsi, qualora ciò sia necessario ai fini della comprensione del bilancio, la sua appartenenza anche a voci diverse da quella nella quale è iscritto.

[...][2]

È fatto salvo quanto disposto dall'art. 2447-*septies* con riferimento ai beni e rapporti giuridici compresi nei patrimoni destinati ad uno specifico affare ai sensi della lettera *a*) del primo comma dell'art. 2447-*bis*.

[1] Comma così sost. dall'art. 6, D.lgs. 18 ago. 2015, n. 139. Le disposizioni del D.lgs. 139/2015 entrano in vigore dal 1° gen. 2016 e si applicano ai bilanci relativi agli esercizi finanziari aventi inizio a partire da quella data.

[2] Comma abrog. dall'art. 6, D.lgs. 18 ago. 2015, n. 139. V. nota 1.

2424-*bis*. *Disposizioni relative a singole voci dello stato patrimoniale.* — Gli elementi patrimoniali destinati ad essere utilizzati durevolmente devono essere iscritti tra le immobilizzazioni.

Le partecipazioni in altre imprese in misura non inferiore a quelle stabilite dal terzo comma dell'art. 2359 si presumono immobilizzazioni.

Gli accantonamenti per rischi ed oneri sono destinati soltanto a coprire perdite o debiti di natura determinata, di esistenza certa o probabile, dei quali tuttavia alla chiusura dell'esercizio sono indeterminati o l'ammontare o la data di sopravvenienza.

Nella voce: "trattamento di fine rapporto di lavoro subordinato" deve essere indicato l'importo calcolato a norma dell'art. 2120.

Le attività oggetto di contratti di compravendita con obbligo di retrocessione a termine devono essere iscritte nello stato patrimoniale del venditore.

Nella voce ratei e risconti attivi devono essere iscritti i proventi di competenza dell'esercizio esigibili in esercizi successivi, e i costi sostenuti entro la chiusura dell'esercizio ma di competenza di esercizi successivi. Nella voce ratei e risconti passivi devono essere iscritti i costi di competenza dell'esercizio esigibili in esercizi successivi e i proventi percepiti entro la chiusura dell'esercizio ma di competenza di esercizi successivi. Possono essere iscritte in tali voci soltanto quote di costi e proventi, comuni a due o più esercizi, l'entità dei quali vari in ragione del tempo.

Le azioni proprie sono rilevate in bilancio a diretta riduzione del patrimonio netto, ai sensi di quanto disposto dal terzo comma dell'articolo 2357-*ter*.[1]

[1] Comma aggiunto dall'art. 6, D.lgs. 18 ago. 2015, n. 139. Le disposizioni del D.lgs. 139/2015 entrano in vigore dal 1° gen. 2016 e si applicano ai bilanci relativi agli esercizi finanziari aventi inizio a partire da quella data.

2425. *Contenuto del conto economico.*[1] — Il conto economico deve essere redatto in conformità al seguente schema:

A) Valore della produzione:
1) ricavi delle vendite e delle prestazioni;
2) variazioni delle rimanenze di prodotti in corso di lavorazione, semilavorati e finiti;
3) variazioni dei lavori in corso su ordinazione;
4) incrementi di immobilizzazioni per lavori interni;
5) altri ricavi e proventi, con separata indicazione dei contributi in conto esercizio.
Totale.
B) Costi della produzione:
6) per materie prime, sussidiarie, di consumo e di merci;
7) per servizi;
8) per godimento di beni di terzi;
9) per il personale:
a) salari e stipendi;
b) oneri sociali;
c) trattamento di fine rapporto;
d) trattamento di quiescenza e simili;
e) altri costi;
10) ammortamenti e svalutazioni:
a) ammortamento delle immobilizzazioni immateriali;
b) ammortamento delle immobilizzazioni materiali;
c) altre svalutazioni delle immobilizzazioni;
d) svalutazioni dei crediti compresi nell'attivo circolante e delle disponibilità liquide;
11) variazioni delle rimanenze di materie prime, sussidiarie, di consumo e merci;
12) accantonamenti per rischi;
13) altri accantonamenti;
14) oneri diversi di gestione.
Totale.
Differenza tra valore e costi della produzione (A – B).
C) Proventi e oneri finanziari:
15) proventi da partecipazioni, con separata indicazione di quelli relativi ad imprese controllate e collegate e di quelli relativi a controllanti e a imprese sottoposte al controllo di queste ultime;
16) altri proventi finanziari:
a) da crediti iscritti nelle immobilizzazioni, con separata indicazione di quelli da imprese controllate e collegate e di quelli da controllanti e da imprese sottoposte al controllo di queste ultime;

CODICE CIVILE

b) da titoli iscritti nelle immobilizzazioni che non costituiscono partecipazioni;

c) da titoli iscritti nell'attivo circolante che non costituiscono partecipazioni;

d) proventi diversi dai precedenti, con separata indicazione di quelli da imprese controllate e collegate e di quelli da controllanti e da imprese sottoposte al controllo di queste ultime;

17) interessi e altri oneri finanziari, con separata indicazione di quelli verso imprese controllate e collegate e verso controllanti;

17-*bis*) utili e perdite su cambi. Totale (15 + 16 – 17 ± 17-*bis*).

D) Rettifiche di valore di attività e passività finanziarie:

18) rivalutazioni:

a) di partecipazioni;

b) di immobilizzazioni finanziarie che non costituiscono partecipazioni;

c) di titoli iscritti all'attivo circolante che non costituiscono partecipazioni;

d) di strumenti finanziari derivati;

19) svalutazioni:

a) di partecipazioni;

b) di immobilizzazioni finanziarie che non costituiscono partecipazioni;

c) di titoli iscritti nell'attivo circolante che non costituiscono partecipazioni;

d) di strumenti finanziari derivati.

Totale delle rettifiche (18 – 19).

Risultato prima delle imposte (A – B ± C ± D);

20) imposte sul reddito dell'esercizio, correnti, differite e anticipate;

21) utile (perdite) dell'esercizio.

[1] Articolo così modif. dall'art. 6, D.lgs. 18 ago. 2015, n. 139. Le disposizioni del D.lgs. 139/2015 entrano in vigore dal 1° gen. 2016 e si applicano ai bilanci relativi agli esercizi finanziari aventi inizio a partire da quella data.

2425-*bis*. *Iscrizione dei ricavi, proventi, costi ed oneri.* — I ricavi e i proventi, i costi e gli oneri devono essere indicati al netto dei resi, degli sconti, abbuoni e premi, nonché delle imposte direttamente connesse con la vendita dei prodotti e la prestazione dei servizi.

I ricavi e i proventi, i costi e gli oneri relativi ad operazioni in valuta devono essere determinati al cambio corrente alla data nella quale la relativa operazione è compiuta.

I proventi e gli oneri relativi ad operazioni di compravendita con obbligo di retrocessione a termine, ivi compresa la differenza tra prezzo a termine e prezzo a pronti, devono essere iscritti per le quote di competenza dell'esercizio.

Le plusvalenze derivanti da operazioni di compravendita con locazione finanziaria al venditore sono ripartite in funzione della durata del contratto di locazione.[1]

[1] Comma aggiunto dall'art. 16 D.lgs. 28 dic. 2004, n. 310.

2425-*ter*. *Rendiconto finanziario.*[1] — Dal rendiconto finanziario risultano, per l'esercizio a cui è riferito il bilancio e per quello precedente, l'ammontare e la composizione delle disponibilità liquide, all'inizio e alla fine dell'esercizio, ed i flussi finanziari dell'esercizio derivanti dall'attività operativa, da quella di investimento, da quella di finanziamento, ivi comprese, con autonoma indicazione, le operazioni con i soci.

[1] Articolo ins. dall'art. 6, D.lgs. 18 ago. 2015, n. 139. Le disposizioni del D.lgs. 139/2015 entrano in vigore dal 1° gen. 2016 e si applicano ai bilanci relativi agli esercizi finanziari aventi inizio a partire da quella data.

2426. *Criteri di valutazioni.* — Nelle valutazioni devono essere osservati i seguenti criteri:

1) le immobilizzazioni sono iscritte al costo di acquisto o di produzione. Nel costo di acquisto si computano anche i costi accessori. Il costo di produzione comprende tutti i costi direttamente imputabili al prodotto. Può comprendere anche altri costi, per la quota ragionevolmente imputabile al prodotto, relativi al periodo di fabbricazione e fino al momento dal quale il bene può essere utilizzato; con gli stessi criteri possono essere aggiunti gli oneri relativi al finanziamento della fabbricazione, interna o presso terzi; le immobilizzazioni rappresentate da titoli sono rilevate in bilancio con il criterio del costo ammortizzato, ove applicabile;[1]

2) il costo delle immobilizzazioni, materiali e immateriali, la cui utilizzazione è limitata nel tempo deve essere sistematicamente ammortizzato in ogni esercizio in relazione con la loro residua possibilità di utilizzazione. Eventuali modifiche dei criteri di ammortamento e dei coefficienti applicati devono essere motivate nella nota integrativa;

3) l'immobilizzazione che, alla data della chiusura dell'esercizio, risulti durevolmente di valore inferiore a quello determinato secondo i numeri 1) e 2) deve essere iscritta a tale minore valore. Il minor valore non può essere mantenuto nei successivi bilanci se sono venuti meno i motivi della rettifica effettuata; questa disposizione non si applica a rettifiche di valore relative all'avviamento.

Per le immobilizzazioni consistenti in partecipazioni in imprese controllate o collegate che risultino iscritte per un valore superiore a quello derivante dall'applicazione del criterio di valutazione previsto dal successivo numero 4) o, se non vi sia obbligo di redigere il bilancio consolidato, al valore corrispondente alla frazione di patrimonio netto risultante dall'ultimo bilancio dell'impresa partecipata, la differenza dovrà essere motivata nella nota integrativa;[1]

4) le immobilizzazioni consistenti in partecipazioni in imprese controllate o collegate possono essere valutate, con riferimento ad una o più tra dette imprese, anziché secondo il criterio indicato al numero 1), per un importo pari alla corrispondente frazione del patrimonio netto risultante dall'ultimo bilancio delle imprese medesime, detratti i dividendi ed operate le rettifiche richieste dai principi di redazione del bilancio consolidato nonché

quelle necessarie per il rispetto dei principi indicati negli artt. 2423 e 2423-*bis*.

Quando la partecipazione è iscritta per la prima volta in base al metodo del patrimonio netto, il costo di acquisto superiore al valore corrispondente del patrimonio netto riferito alla data di acquisizione o risultante dall'ultimo bilancio dell'impresa controllata o collegata può essere iscritto nell'attivo, purché ne siano indicate le ragioni nella nota integrativa. La differenza, per la parte attribuibile a beni ammortizzabili o all'avviamento, deve essere ammortizzata.

Negli esercizi successivi le plusvalenze, derivanti dall'applicazione del metodo del patrimonio netto, rispetto al valore indicato nel bilancio dell'esercizio precedente sono iscritte in una riserva non distribuibile;[1]

5) i costi di impianto e di ampliamento e i costi di sviluppo aventi utilità pluriennale possono essere iscritti nell'attivo con il consenso, ove esistente, del collegio sindacale. I costi di impianto e ampliamento devono essere ammortizzati entro un periodo non superiore a cinque anni. I costi di sviluppo sono ammortizzati secondo la loro vita utile; nei casi eccezionali in cui non è possibile stimarne attendibilmente la vita utile, sono ammortizzati entro un periodo non superiore a cinque anni. Fino a che l'ammortamento dei costi di impianto e ampliamento e di sviluppo non è completato possono essere distribuiti dividendi solo se residuano riserve disponibili sufficienti a coprire l'ammontare dei costi non ammortizzati;[1]

6) l'avviamento può essere iscritto nell'attivo con il consenso, ove esistente, del collegio sindacale, se acquisito a titolo oneroso, nei limiti del costo per esso sostenuto. L'ammortamento dell'avviamento è effettuato secondo la sua vita utile; nei casi eccezionali in cui non è possibile stimarne attendibilmente la vita utile, è ammortizzato entro un periodo non superiore a dieci anni. Nella nota integrativa è fornita una spiegazione del periodo di ammortamento dell'avviamento;[1]

7) il disaggio e l'aggio su prestiti sono rilevati secondo il criterio stabilito dal numero 8);[1]

8) i crediti e i debiti sono rilevati in bilancio secondo il criterio del costo ammortizzato, tenendo conto del fattore temporale e, per quanto riguarda i crediti, del valore di presumibile realizzo;[1]

8-*bis*) le attività e passività monetarie in valuta sono iscritte al cambio a pronti alla data di chiusura dell'esercizio; i conseguenti utili o perdite su cambi devono essere imputati al conto economico e l'eventuale utile netto è accantonato in apposita riserva non distribuibile fino al realizzo. Le attività e passività in valuta non monetarie devono essere iscritte al cambio vigente al momento del loro acquisto;[1]

9) le rimanenze, i titoli e le attività finanziarie che non costituiscono immobilizzazioni sono iscritti al costo di acquisto o di produzione, calcolato secondo il numero 1), ovvero al valore di realizzazione desumibile dall'andamento del mercato, se minore; tale minor valore non può essere mantenuto nei successivi bilanci se ne sono venuti meno i motivi. I costi di distribuzione non possono essere computati nel costo di produzione;

10) il costo dei beni fungibili può essere calcolato col metodo della media ponderata o con quelli: "primo entrato, primo uscito o: "ultimo entrato, primo uscito; se il valore così ottenuto differisce in misura apprezzabile dai costi correnti alla chiusura dell'esercizio, la differenza deve essere indicata, per categoria di beni, nella nota integrativa;

11) i lavori in corso su ordinazione possono essere iscritti sulla base dei corrispettivi contrattuali maturati con ragionevole certezza;

11-*bis*) gli strumenti finanziari derivati, anche se incorporati in altri strumenti finanziari, sono iscritti al fair value. Le variazioni del fair value sono imputate al conto economico oppure, se lo strumento copre il rischio di variazione dei flussi finanziari attesi di un altro strumento finanziario o di un'operazione programmata, direttamente ad una riserva positiva o negativa di patrimonio netto; tale riserva è imputata al conto economico nella misura e nei tempi corrispondenti al verificarsi o al modificarsi dei flussi di cassa dello strumento coperto o al verificarsi dell'operazione oggetto di copertura. Gli elementi oggetto di copertura contro il rischio di variazioni dei tassi di interesse o dei tassi di cambio o dei prezzi di mercato o contro il rischio di credito sono valutati simmetricamente allo strumento derivato di copertura; si considera sussistente la copertura in presenza, fin dall'inizio, di stretta e documentata correlazione tra le caratteristiche dello strumento o dell'operazione coperti e quelle dello strumento di copertura. Non sono distribuibili gli utili che derivano dalla valutazione al fair value degli strumenti finanziari derivati non utilizzati o non necessari per la copertura. Le riserve di patrimonio che derivano dalla valutazione al fair value di derivati utilizzati a copertura dei flussi finanziari attesi di un altro strumento finanziario o di un'operazione programmata non sono considerate nel computo del patrimonio netto per le finalità di cui agli articoli 2412, 2433, 2442, 2446 e 2447 e, se positive, non sono disponibili e non sono utilizzabili a copertura delle perdite.[2]

12) [...][3]

Ai fini della presente Sezione, per la definizione di "strumento finanziario", di "attività finanziaria" e "passività finanziaria", di "strumento finanziario derivato", di "costo ammortizzato", di "fair value", di "attività monetaria" e "passività monetaria", "parte correlata" e "modello e tecnica di valutazione generalmente accettato" si fa riferimento ai principi contabili internazionali adottati dall'Unione europea.[4]

Ai fini dell'applicazione delle disposizioni del primo comma, numero 11-*bis*), sono considerati strumenti finanziari derivati anche quelli collegati a merci che conferiscono all'una o all'altra parte contraente il diritto di procedere alla liquidazione del contratto per contanti o mediante altri strumenti finanziari, ad eccezione del caso in cui si verifichino contemporaneamente le seguenti condizioni:

a) il contratto sia stato concluso e sia mantenuto per soddisfare le esigenze previste dalla società che redige il bilancio di acquisto, di vendita o di utilizzo delle merci;

b) il contratto sia stato destinato a tale scopo fin dalla sua conclusione;

c) si prevede che il contratto sia eseguito mediante consegna della merce.[4]

Il fair value è determinato con riferimento:

a) al valore di mercato, per gli strumenti finanziari per i quali è possibile individuare facilmente un mercato attivo; qualora il valore di mercato non sia facilmente individuabile per uno strumento, ma possa essere individuato per i suoi componenti o per uno strumento analogo, il valore di mercato può essere derivato da quello dei componenti o dello strumento analogo;

b) al valore che risulta da modelli e tecniche di valutazione generalmente accettati, per gli strumenti per i quali non sia possibile individuare facilmente un mercato attivo; tali modelli e tecniche di valutazione devono assicurare una ragionevole approssimazione al valore di mercato.[4]

Il fair value non è determinato se l'applicazione dei criteri indicati al quarto comma non dà un risultato attendibile.[4]

[1] Numeri così modif. dall'art. 6, D.lgs. 18 ago. 2015, n. 139. Le disposizioni del D.lgs. 139/2015 entrano in vigore dal 1° gen. 2016 e si applicano ai bilanci relativi agli esercizi finanziari aventi inizio a partire da quella data.

[2] Numero ins. dall'art. 6, D.lgs. 18 ago. 2015, n. 139. V. nota 1.

[3] Numero abrog. dall'art. 6, D.lgs. 18 ago. 2015, n. 139. V. nota 1.

[4] Comma aggiunto dall'art. 6, D.lgs. 18 ago. 2015, n. 139. V. nota 1.

2427. ***Contenuto della nota integrativa.*** — 1. La nota integrativa deve indicare, oltre a quanto stabilito da altre disposizioni:

1) i criteri applicati nella valutazione delle voci del bilancio, nelle rettifiche di valore e nella conversione dei valori non espressi all'origine in moneta avente corso legale nello Stato;

2) i movimenti delle immobilizzazioni, specificando per ciascuna voce: il costo; le precedenti rivalutazioni, ammortamenti e svalutazioni; le acquisizioni, gli spostamenti da una ad altra voce, le alienazioni avvenuti nell'esercizio; le rivalutazioni, gli ammortamenti e le svalutazioni effettuati nell'esercizio; il totale delle rivalutazioni riguardanti le immobilizzazioni esistenti alla chiusura dell'esercizio;

3) la composizione delle voci: "costi di impianto e di ampliamento" e: "costi di sviluppo", nonché le ragioni della iscrizione ed i rispettivi criteri di ammortamento;[1]

3-*bis*) la misura e le motivazioni delle riduzioni di valore applicate alle immobilizzazioni materiali e immateriali facendo a tal fine esplicito riferimento al loro concorso alla futura produzione di risultati economici, alla loro prevedibile durata utile e, per quanto rilevante, al loro valore di mercato, segnalando altresì le differenze rispetto a quelle operate negli esercizi precedenti ed evidenziando la loro influenza sui risultati economici dell'esercizio;[2]

4) le variazioni intervenute nella consistenza delle altre voci dell'attivo e del passivo; in particolare, per le voci del patrimonio netto, per i fondi e per il trattamento di fine rapporto, la formazione e le utilizzazioni;

5) l'elenco delle partecipazioni, possedute direttamente o per tramite di società fiduciaria o per interposta persona, in imprese controllate e collegate, indicando per ciascuna la denominazione, la sede, il capitale, l'importo del patrimonio netto, l'utile o la perdita dell'ultimo esercizio, la quota posseduta e il valore attribuito in bilancio o il corrispondente credito;

6) distintamente per ciascuna voce, l'ammontare dei crediti e dei debiti di durata residua superiore a cinque anni, e dei debiti assistiti da garanzie reali su beni sociali, con specifica indicazione della natura delle garanzie e con specifica ripartizione secondo le aree geografiche;

6-*bis*) eventuali effetti significativi delle variazioni nei cambi valutari verificatesi successivamente alla chiusura dell'esercizio;

6-*ter*) distintamente per ciascuna voce, l'ammontare dei crediti e dei debiti relativi ad operazioni che prevedono l'obbligo per l'acquirente di retrocessione a termine;

7) la composizione delle voci "ratei e risconti attivi" e "ratei e risconti passivi e della voce" altri fondi dello stato patrimoniale, nonché la composizione della voce "altre riserve";[1]

7-*bis*) le voci di patrimonio netto devono essere analiticamente indicate, con specificazione in appositi prospetti della loro origine, possibilità di utilizzazione e distribuibilità, nonché della loro avvenuta utilizzazione nei precedenti esercizi;

8) l'ammontare degli oneri finanziari imputati nell'esercizio ai valori iscritti nell'attivo dello stato patrimoniale, distintamente per ogni voce;

9) l'importo complessivo degli impegni, delle garanzie e delle passività potenziali non risultanti dallo stato patrimoniale, con indicazione della natura delle garanzie reali prestate; gli impegni esistenti in materia di trattamento di quiescenza e simili, nonché gli impegni assunti nei confronti di imprese controllate, collegate, nonché controllanti e imprese sottoposte al controllo di quest'ultime sono distintamente indicati;[1]

10) la ripartizione dei ricavi delle vendite e delle

prestazioni secondo categorie di attività e secondo aree geografiche;[1]

11) l'ammontare dei proventi da partecipazioni, indicati nell'art. 2425, numero 15), diversi dai dividendi;

12) la suddivisione degli interessi ed altri oneri finanziari, indicati nell'art. 2425, n. 17), relativi a prestiti obbligazionari, a debiti verso banche, e altri;

13) l'importo e la natura dei singoli elementi di ricavo o di costo di entità o incidenza eccezionali;[1]

14) un apposito prospetto contenente:

a) la descrizione delle differenze temporanee che hanno comportato la rilevazione di imposte differite e anticipate, specificando l'aliquota applicata e le variazioni rispetto all'esercizio precedente, gli importi accreditati o addebitati a conto economico oppure a patrimonio netto, le voci escluse dal computo e le relative motivazioni;

b) l'ammontare delle imposte anticipate contabilizzato in bilancio attinenti a perdite dell'esercizio o di esercizi precedenti e le motivazioni dell'iscrizione, l'ammontare non ancora contabilizzato e le motivazioni della mancata iscrizione;

15) il numero medio dei dipendenti, ripartito per categoria;

16) l'ammontare dei compensi, delle anticipazioni e dei crediti concessi agli spettanti agli amministratori ed ai sindaci, cumulativamente per ciascuna categoria, precisando il tasso d'interesse, le principali condizioni e gli importi eventualmente rimborsati, cancellati o oggetto di rinuncia, nonché gli impegni assunti per loro conto per effetto di garanzie di qualsiasi tipo prestate, precisando il totale per ciascuna categoria;[1]

16-*bis*) salvo che la società sia inclusa in un ambito di consolidamento e le informazioni siano contenute nella nota integrativa del relativo bilancio consolidato, l'importo totale dei corrispettivi spettanti al revisore legale o alla società di revisione legale per la revisione legale dei conti annuali, l'importo totale dei corrispettivi di competenza per gli altri servizi di verifica svolti, l'importo totale dei corrispettivi di competenza per i servizi di consulenza fiscale e l'importo totale dei corrispettivi di competenza per altri servizi diversi dalla revisione contabile;[3]

17) il numero e il valore nominale di ciascuna categoria di azioni della società e il numero e il valore nominale delle nuove azioni della società sottoscritte durante l'esercizio;

18) le azioni di godimento, le obbligazioni convertibili in azioni, i warrants, le opzioni e i titoli o valori simili emessi dalla società, specificando il loro numero e i diritti che essi attribuiscono;[1]

19) il numero e le caratteristiche degli altri strumenti finanziari emessi dalla società, con l'indicazione dei diritti patrimoniali e partecipativi che conferiscono e delle principali caratteristiche delle operazioni relative;

19-*bis*) i finanziamenti effettuati dai soci alla società, ripartiti per scadenze e con la separata indicazione di quelli con clausola di postergazione rispetto agli altri creditori;

20) i dati richiesti dal terzo comma dell'art. 2447-*septies* con riferimento ai patrimoni destinati ad uno specifico affare ai sensi della lettera *a*) del primo comma dell'art. 2447-*bis*;

21) i dati richiesti dall'art. 2447-*decies*, ottavo comma;

22) le operazioni di locazione finanziaria che comportano il trasferimento al locatario della parte prevalente dei rischi e dei benefici inerenti ai beni che ne costituiscono oggetto, sulla base di un apposito prospetto dal quale risulti il valore attuale delle rate di canone non scadute quale determinato utilizzando tassi di interesse pari all'onere finanziario effettivo inerenti i singoli contratti, l'onere finanziario effettivo attribuibile ad essi e riferibile all'esercizio, l'ammontare complessivo al quale i beni oggetto di locazione sarebbero stati iscritti alla data di chiusura dell'esercizio qualora fossero stati considerati immobilizzazioni, con separata indicazione di ammortamenti, rettifiche e riprese di valore che sarebbero stati inerenti all'esercizio.

22-*bis*) le operazioni realizzate con parti correlate, precisando l'importo, la natura del rapporto e ogni altra informazione necessaria per la comprensione del bilancio relativa a tali operazioni, qualora le stesse non siano state concluse a normali condizioni di mercato. Le informazioni relative alle singole operazioni possono essere aggregate secondo la loro natura, salvo quando la loro separata evidenziazione sia necessaria per comprendere gli effetti delle operazioni medesime sulla situazione patrimoniale e finanziaria e sul risultato economico della società;[1,4]

22-*ter*) la natura e l'obiettivo economico di accordi non risultanti dallo stato patrimoniale, con indicazione del loro effetto patrimoniale, finanziario ed economico, a condizione che i rischi e i benefici da essi derivanti siano significativi e che l'indicazione degli stessi sia necessaria per valutare la situazione patrimoniale e finanziaria e il risultato economico della società.[1,4]

22-*quater*) la natura e l'effetto patrimoniale, finanziario ed economico dei fatti di rilievo avvenuti dopo la chiusura dell'esercizio;[5]

22-*quinquies*) il nome e la sede legale dell'impresa che redige il bilancio consolidato dell'insieme più grande di imprese di cui l'impresa fa parte in quanto impresa controllata, nonché il luogo in cui è disponibile la copia del bilancio consolidato;[5]

22-sexies) il nome e la sede legale dell'impresa che redige il bilancio consolidato dell'insieme più piccolo di imprese di cui l'impresa fa parte in quanto impresa controllata nonché il luogo in cui è disponibile la copia del bilancio consolidato;[5]

22-*septies*) la proposta di destinazione degli utili o di copertura delle perdite;[5]

2. Le informazioni in nota integrativa relative alle voci dello stato patrimoniale e del conto economico sono presentate secondo l'ordine in cui le relative voci sono indicate nello stato patrimoniale e nel conto economico.[6]

[1] Numeri così modif. dall'art. 6, D.lgs. 18 ago. 2015, n. 139. Le disposizioni del D.lgs. 139/2015 entrano in vigore dal 1° gen. 2016 e si applicano ai bilanci relativi agli esercizi finanziari aventi inizio a partire da quella data.

[2] Numero così modif. dall'art. 18, D.lgs. 28 dic. 2004, n. 310.

[3] Lettera aggiunta dall'art. 37 D.lgs. 27 gen. 2010, n. 39.

[4] Numero ins. dall'art. 1, D.lgs. 3 nov. 2008, n. 173.

[5] Numero ins. dall'art. 6, D.lgs. 18 ago. 2015, n. 139. V. nota 1.

[6] Comma così sost. dall'art. 6, D.lgs. 18 ago. 2015, n. 139. V. nota 1.

2427-*bis*. *Informazioni relative al "fair value" degli strumenti finanziari.*[1,2] — 1. Nella nota integrativa sono indicati:

1) per ciascuna categoria di strumenti finanziari derivati:

a) il loro *fair value*;

b) informazioni sulla loro entità e sulla loro natura, compresi i termini e le condizioni significative che possono influenzare l'importo, le scadenze e la certezza dei flussi finanziari futuri;

b-bis) gli assunti fondamentali su cui si basano i modelli e le tecniche di valutazione, qualora il fair value non sia stato determinato sulla base di evidenze di mercato;

b-ter) le variazioni di valore iscritte direttamente nel conto economico, nonché quelle imputate alle riserve di patrimonio netto;

b-quater) una tabella che indichi i movimenti delle riserve di fair value avvenuti nell'esercizio;[3]

2) per le immobilizzazioni finanziarie iscritte a un valore superiore al loro *fair value*, con esclusione delle partecipazioni in società controllate e collegate ai sensi dell'art. 2359 e delle partecipazioni in *joint venture*:

a) il valore contabile e il *fair value* delle singole attività, o di appropriati raggruppamenti di tali attività;

b) i motivi per i quali il valore contabile non è stato ridotto, inclusa la natura degli elementi sostanziali sui quali si basa il convincimento che tale valore possa essere recuperato.

2-4. [...][4]

5. [...][5]

[1] Articolo inserito dall'art. 1 D.lgs. 30 dic. 2003, n. 394.

[2] Rubrica così modif. dall'art. 6, D.lgs. 18 ago. 2015, n. 139. Le disposizioni del D.lgs. 139/2015 entrano in vigore dal 1° gen. 2016 e si applicano ai bilanci relativi agli esercizi finanziari aventi inizio a partire da quella data.

[3] Numero così modif. dall'art. 6, D.lgs. 18 ago. 2015, n. 139. V. nota 2.

[4] Comma abrog. dall'art. 6, D.lgs. 18 ago. 2015, n. 139. V. nota 2.

[5] Comma abrog. dall'art. 1, D.lgs. 3 nov. 2008, n. 173.

2428. *Relazione sulla gestione.* — Il bilancio deve essere corredato da una relazione degli amministratori contenente un'analisi fedele, equilibrata ed esauriente della situazione della società e dell'andamento e del risultato della gestione[1] nel suo complesso e nei vari settori in cui essa ha operato, anche attraverso imprese controllate, con particolare riguardo ai costi, ai ricavi e agli investimenti nonché una descrizione dei principali rischi e incertezze cui la società è esposta.[2]

L'analisi di cui al primo comma è coerente con l'entità e la complessità degli affari della società e contiene, nella misura necessaria alla comprensione della situazione della società e dell'andamento e del risultato della sua gestione, gli indicatori di risultato finanziari e, se del caso, quelli non finanziari pertinenti all'attività specifica della società, comprese le informazioni attinenti all'ambiente e al personale. L'analisi contiene, ove opportuno, riferimenti agli importi riportati nel bilancio e chiarimenti aggiuntivi su di essi.[3]

Dalla relazione devono in ogni caso risultare:

1) le attività di ricerca e di sviluppo;

2) i rapporti con imprese controllate, collegate, controllanti e imprese sottoposte al controllo di queste ultime;

3) il numero e il valore nominale sia delle azioni proprie sia delle azioni o quote di società controllanti possedute dalla società, anche per tramite di società fiduciaria o per interposta persona, con l'indicazione della parte di capitale corrispondente;

4) il numero e il valore nominale sia delle azioni proprie sia delle azioni o quote di società controllanti acquistate o alienate dalla società, nel corso dell'esercizio, anche per tramite di società fiduciaria o per interposta persona, con l'indicazione della corrispondente parte di capitale, dei corrispettivi e dei motivi degli acquisti e delle alienazioni;

5) [...];[4]

6) l'evoluzione prevedibile della gestione.

6-*bis*) in relazione all'uso da parte della società di strumenti finanziari e se rilevanti per la valutazione della situazione patrimoniale e finanziaria e del risultato economico dell'esercizio:

a) gli obiettivi e le politiche della società in materia di gestione del rischio finanziario, compresa la politica di copertura per ciascuna principale categoria di operazioni previste;

b) l'esposizione della società al rischio di prezzo, al rischio di credito, al rischio di liquidità e al rischio di variazione dei flussi finanziari.[5]

[...].[6]

Dalla relazione deve inoltre risultare l'elenco delle sedi secondarie della società.

[1] Parole aggiunte dall'art. 1 D.lgs. 2 feb. 2007, n. 32.

[2] Parole aggiunte dall'art. 1 D.lgs. 2 feb. 2007, n. 32.

[3] Comma aggiunto dall'art. 1 D.lgs. 2 feb. 2007, n. 32.

[4] Numero abrog. dall'art. 6, D.lgs. 18 ago. 2015, n. 139. Le disposizioni del D.lgs. 139/2015 entrano in vigore dal 1°

gen. 2016 e si applicano ai bilanci relativi agli esercizi finanziari aventi inizio a partire da quella data.

[5] Il comma 6-*bis* è stato inserito dall'art. 3 D.lgs. 30 dic. 2003, n. 394.

[6] Comma abrog. dall'art. 2, D.lgs. 6 nov. 2007, n. 195.

2429. ***Relazione dei sindaci e deposito del bilancio.*** — Il bilancio deve essere comunicato dagli amministratori al collegio sindacale e al soggetto incaricato della revisione legale dei conti[1], con la relazione, almeno trenta giorni prima di quello fissato per l'assemblea che deve discuterlo.

Il collegio sindacale deve riferire all'assemblea sui risultati dell'esercizio sociale e sull'attività svolta nell'adempimento dei propri doveri, e fare le osservazioni e le proposte in ordine al bilancio e alla sua approvazione, con particolare riferimento all'esercizio della deroga di cui all'art. 2423, quarto comma. [Il collegio sindacale, se esercita il controllo contabile, redige anche la relazione prevista dall'art. 2409-*ter*.][2]

Il bilancio, con le copie integrali dell'ultimo bilancio delle società controllate e un prospetto riepilogativo dei dati essenziali dell'ultimo bilancio delle società collegate, deve restare depositato in copia nella sede della società, insieme con le relazioni degli amministratori, dei sindaci e del soggetto incaricato della revisione legale dei conti, durante i quindici giorni che precedono l'assemblea, e finché sia approvato. I soci possono prenderne visione.[1]

Il deposito delle copie dell'ultimo bilancio delle società controllate prescritto dal comma precedente può essere sostituito, per quelle incluse nel consolidamento, dal deposito di un prospetto riepilogativo dei dati essenziali dell'ultimo bilancio delle medesime.

[1] Commi così modif. dall'art. 37 D.lgs. 27 gen. 2010, n. 39.

[2] Periodo abrog. dall'art. 37, D.lgs. 27 gen. 2010, n. 39.

2430. ***Riserva legale.*** — Dagli utili netti annuali deve essere dedotta una somma corrispondente almeno alla ventesima parte di essi per costituire una riserva, fino a che questa non abbia raggiunto il quinto del capitale sociale.

La riserva deve essere reintegrata a norma del comma precedente se viene diminuita per qualsiasi ragione.

Sono salve le disposizioni delle leggi speciali.

2431. ***Soprapprezzo delle azioni.*** — Le somme percepite dalla società per l'emissione di azioni ad un prezzo superiore al loro valore nominale, ivi comprese quelle derivate dalla conversione di obbligazioni, non possono essere distribuite fino a che la riserva legale non abbia raggiunto il limite stabilito dall'art. 2430.

2432. ***Partecipazione agli utili.*** — Le partecipazioni agli utili eventualmente spettanti ai promotori, ai soci fondatori e agli amministratori sono computate sugli utili netti risultanti dal bilancio, fatta deduzione della quota di riserva legale.

2433. ***Distribuzione degli utili ai soci.*** — La deliberazione sulla distribuzione degli utili è adottata dall'assemblea che approva il bilancio ovvero, qualora il bilancio sia approvato dal consiglio di sorveglianza, dall'assemblea convocata a norma dell'art. 2364-*bis*, secondo comma.

Non possono essere pagati dividendi sulle azioni, se non per utili realmente conseguiti e risultanti dal bilancio regolarmente approvato.

Se si verifica una perdita del capitale sociale, non può farsi luogo a ripartizione di utili fino a che il capitale non sia reintegrato o ridotto in misura corrispondente.

I dividendi erogati in violazione delle disposizioni del presente articolo non sono ripetibili, se i soci li hanno riscossi in buona fede in base a bilancio regolarmente approvato, da cui risultano utili netti corrispondenti.

2433-*bis*. ***Acconti sui dividendi.*** — La distribuzione di acconti sui dividendi è consentita solo alle società il cui bilancio è assoggettato per legge a revisione legale dei conti, secondo il regime previsto dalle leggi speciali per gli enti di interesse pubblico.[1]

La distribuzione di acconti sui dividendi deve essere prevista dallo statuto ed è deliberata dagli amministratori dopo il rilascio da parte del soggetto incaricato di effettuare la revisione legale dei conti[1] di un giudizio positivo sul bilancio dell'esercizio precedente e la sua approvazione.

Non è consentita la distribuzione di acconti sui dividendi quando dall'ultimo bilancio approvato risultino perdite relative all'esercizio o a esercizi precedenti.

L'ammontare degli acconti sui dividendi non può superare la minor somma tra l'importo degli utili conseguiti dalla chiusura dell'esercizio precedente, diminuito delle quote che dovranno essere destinate a riserva per obbligo legale o statutario, e quello delle riserve disponibili.

Gli amministratori deliberano la distribuzione di acconti sui dividendi sulla base di un prospetto contabile e di una relazione, dai quali risulti che la situazione patrimoniale, economica e finanziaria della società consente la distribuzione stessa. Su tali documenti deve essere acquisito il parere del soggetto incaricato della revisione legale dei conti.[1]

Il prospetto contabile, la relazione degli amministratori e il parere del soggetto incaricato della revisione legale dei conti[1] debbono restare depositati in copia nella sede della società fino all'approvazione del bilancio dell'esercizio in corso. I soci possono prenderne visione.

Ancorché sia successivamente accertata l'inesistenza degli utili di periodo risultanti dal prospetto, gli acconti sui dividendi erogati in conformità con le altre disposizioni del presente articolo non sono ripetibili se i soci li hanno riscossi in buona fede.

[1] Comma così modif. dall'art. 37 D.lgs. 27 gen. 2010, n. 39.

2434. ***Azione di responsabilità.*** — L'approvazione del bilancio non implica liberazione degli amministratori, dei direttori generali, dei dirigenti preposti alla redazione dei documenti contabili societari[1] e dei sindaci per le responsabilità incorse nella gestione sociale.

[1] Parole inserite dall'art. 15 L. 28 dic. 2005, n. 262.

2434-*bis*. ***Invalidità della deliberazione di approvazione del bilancio.*** — Le azioni previste dagli artt. 2377 e 2379 non possono essere proposte nei confronti delle deliberazioni di approvazione del bilancio dopo che è avvenuta l'approvazione del bilancio dell'esercizio successivo.

La legittimazione ad impugnare la deliberazione di approvazione del bilancio su cui il soggetto incaricato di effettuare la revisione legale dei conti ha emesso un giudizio privo di rilievi spetta a tanti soci che rappresentino almeno il cinque per cento del capitale sociale.[1]

Il bilancio dell'esercizio nel corso del quale viene dichiarata l'invalidità di cui al comma precedente tiene conto delle ragioni di questa.

[1] Comma così modif. dall'art. 37 D.lgs. 27 gen. 2010, n. 39.

2435. ***Pubblicazione del bilancio e dell'elenco dei soci e dei titolari di diritti su azioni.*** — Entro trenta giorni dall'approvazione una copia del bilancio, corredata dalle relazioni previste dagli artt. 2428 e 2429 e dal verbale di approvazione dell'assemblea o del consiglio di sorveglianza, deve essere, a cura degli amministratori, depositata presso l'ufficio del registro delle imprese o spedita al medesimo ufficio a mezzo di lettera raccomandata.

Entro trenta giorni dall'approvazione del bilancio le società non aventi azioni quotate in mercati regolamentati sono tenute altresì a depositare per l'iscrizione nel registro delle imprese l'elenco dei soci riferito alla data di approvazione del bilancio, con l'indicazione del numero delle azioni possedute, nonché dei soggetti diversi dai soci che sono titolari di diritti o beneficiari di vincoli sulle azioni medesime. L'elenco deve essere corredato dall'indicazione analitica delle annotazioni effettuate nel libro dei soci a partire dalla data di approvazione del bilancio dell'esercizio precedente.

2435-*bis*. ***Bilancio in forma abbreviata.*** — Le società, che non abbiano emesso titoli negoziati sui mercati regolamentati, possono redigere il bilancio in forma abbreviata quando, nel primo esercizio o, successivamente, per due esercizi consecutivi, non abbiano superato due dei seguenti limiti:

1) totale dell'attivo dello stato patrimoniale: 4.400.000 euro;[1]

2) ricavi delle vendite e delle prestazioni: 8.800.000 euro;[1]

3) dipendenti occupati in media durante l'esercizio: 50 unità.

Nel bilancio in forma abbreviata lo stato patrimoniale comprende solo le voci contrassegnate nell'art. 2424 con lettere maiuscole e con numeri romani; le voci A e D dell'attivo possono essere comprese nella voce CII; la voce E del passivo può essere compresa nella voce D; nelle voci CII dell'attivo e D del passivo devono essere separatamente indicati i crediti e i debiti esigibili oltre l'esercizio successivo. Le società che redigono il bilancio in forma abbreviata sono esonerate dalla redazione del rendiconto finanziario.[2]

Nel conto economico del bilancio in forma abbreviata le seguenti voci previste dall'art. 2425 possono essere tra loro raggruppate:

– voci A2 e A3
– voci B9(c), B9(d), B9(e)
– voci B10(a), B10(b), B10(c)
– voci C16(b) e C16(c)
– voci D18(a), D18(b), D18(c), D18(d)
– voci D19(a), D19(b), D19(c), D19(d)[3]

[...][4]

Fermo restando le indicazioni richieste dal terzo, quarto e quinto comma dell'articolo 2423, dal secondo, quinto e sesto comma dell'articolo 2423-*ter*, dal secondo comma dell'articolo 2424, dal primo comma, numeri 4) e 6), dell'articolo 2426, la nota integrativa fornisce le indicazioni richieste dal primo comma dell'articolo 2427, numeri 1), 2), 6), per quest'ultimo limitatamente ai soli debiti senza indicazione della ripartizione geografica, 8), 9), 13), 15), per quest'ultimo anche omettendo la ripartizione per categoria, 16), 22-*bis*), 22-*ter*), per quest'ultimo anche omettendo le indicazioni riguardanti gli effetti patrimoniali, finanziari ed economici, 22-*quater*), 22-*sexies*), per quest'ultimo anche omettendo l'indicazione del luogo in cui è disponibile la copia del bilancio consolidato, nonché dal primo comma dell'articolo 2427-*bis*, numero 1).[5]

Le società possono limitare l'informativa richiesta ai sensi dell'art. 2427, primo comma, n. 22-*bis*, alle operazioni realizzate direttamente o indirettamente con i loro maggiori azionisti ed a quelle con i membri degli organi di amministrazione e controllo, nonché con le imprese in cui la società stessa detiene una partecipazione.[6]

Qualora le società indicate nel primo comma forniscano nella nota integrativa le informazioni richieste dai numeri 3) e 4) dell'art. 2428, esse sono esonerate dalla redazione della relazione sulla gestione.

Le società che redigono il bilancio in forma abbreviata, in deroga a quanto disposto dall'articolo 2426, hanno la facoltà di iscrivere i titoli al costo di acquisto, i crediti al valore di presumibile realizzo e i debiti al valore nominale.[7]

Le società che a norma del presente articolo redigono il bilancio in forma abbreviata devono redigerlo in forma ordinaria quando per il secondo esercizio consecutivo abbiano superato due dei limiti indicati nel primo comma.

[1] Importo modif. dall'art. 1, D.lgs. 3 nov. 2008, n. 173.
[2] Comma così modif. dall'art. 6, D.lgs. 18 ago. 2015, n. 139. Le disposizioni del D.lgs. 139/2015 entrano in vigore dal 1° gen. 2016 e si applicano ai bilanci relativi agli esercizi finanziari aventi inizio a partire da quella data.
[3] Comma così modif. dall'art. 6, D.lgs. 18 ago. 2015, n. 139. V. nota 2.
[4] Comma abrog. dall'art. 6, D.lgs. 18 ago. 2015, n. 139. V. nota 2.
[5] Comma così modif. in ultimo dall'art. 24, c. 2, L. 23 dic. 2021, n. 238.
[6] Comma ins. dall'art. 1, D.lgs. 3 nov. 2008, n. 173 e così modif. dall'art. 6, D.lgs. 18 ago. 2015, n. 139. V. nota 2.
[7] Comma ins. dall'art. 6, D.lgs. 18 ago. 2015, n. 139. V. nota 2.

2435-*ter*. *Bilancio delle micro-imprese.*[1] — Sono considerate micro-imprese le società di cui all'articolo 2435-*bis* che nel primo esercizio o, successivamente, per due esercizi consecutivi, non abbiano superato due dei seguenti limiti:

1) totale dell'attivo dello stato patrimoniale: 175.000 euro;

2) ricavi delle vendite e delle prestazioni: 350.000 euro;

3) dipendenti occupati in media durante l'esercizio: 5 unità.

Fatte salve le norme del presente articolo, gli schemi di bilancio e i criteri di valutazione delle micro-imprese sono determinati secondo quanto disposto dall'articolo 2435-*bis*. Le micro-imprese sono esonerate dalla redazione:

1) del rendiconto finanziario;

2) della nota integrativa quando in calce allo stato patrimoniale risultino le informazioni previste dal primo comma dell'articolo 2427, numeri 9) e 16);

3) della relazione sulla gestione: quando in calce allo stato patrimoniale risultino le informazioni richieste dai numeri 3) e 4) dell'articolo 2428.

Non sono applicabili le disposizioni di cui al quinto comma dell'articolo 2423 e al numero 11-*bis* del primo comma dell'articolo 2426.

Le società che si avvalgono delle esenzioni previste del presente articolo devono redigere il bilancio, a seconda dei casi, in forma abbreviata o in forma ordinaria quando per il secondo esercizio consecutivo abbiano superato due dei limiti indicati nel primo comma.

Agli enti di investimento e alle imprese di partecipazione finanziaria non si applicano le disposizioni previste dal presente articolo, dal sesto comma dell'articolo 2435-*bis* e dal secondo comma dell'articolo 2435-*bis* con riferimento alla facoltà di comprendere la voce D dell'attivo nella voce CII e la voce E del passivo nella voce D.[2]

[1] Articolo ins. dall'art. 6, D.lgs. 18 ago. 2015, n. 139. Le disposizioni del D.lgs. 139/2015 entrano in vigore dal 1° gen. 2016 e si applicano ai bilanci relativi agli esercizi finanziari aventi inizio a partire da quella data.
[2] Comma aggiunto dall'art. 24, c. 2, L. 23 dic. 2021, n. 238.

SEZIONE X
Delle modificazioni dello statuto

2436. *Deposito, iscrizione e pubblicazione delle modificazioni.* — Il notaio che ha verbalizzato la deliberazione di modifica dello statuto, entro trenta giorni, verificato l'adempimento delle condizioni stabilite dalla legge, ne richiede l'iscrizione nel registro delle imprese contestualmente al deposito e allega le eventuali autorizzazioni richieste.

L'ufficio del registro delle imprese, verificata la regolarità formale della documentazione, iscrive la delibera nel registro.

Se il notaio ritiene non adempiute le condizioni stabilite dalla legge, ne dà comunicazione tempestivamente, e comunque non oltre il termine previsto dal primo comma del presente articolo, agli amministratori. Gli amministratori, nei trenta giorni successivi, possono convocare l'assemblea per gli opportuni provvedimenti oppure ricorrere al tribunale per il provvedimento di cui ai successivi commi; in mancanza la deliberazione è definitivamente inefficace.

Il tribunale, verificato l'adempimento delle condizioni richieste dalla legge e sentito il pubblico ministero, ordina l'iscrizione nel registro delle imprese con decreto soggetto a reclamo.

La deliberazione non produce effetti se non dopo l'iscrizione.

Dopo ogni modifica dello statuto deve esserne depositato nel registro delle imprese il testo integrale nella sua redazione aggiornata.

2437. *Diritto di recesso.* — Hanno diritto di recedere, per tutte o parte delle loro azioni, i soci che non hanno concorso alle deliberazioni riguardanti:

a) la modifica della clausola dell'oggetto sociale, quando consente un cambiamento significativo dell'attività della società;

b) la trasformazione della società;

c) il trasferimento della sede sociale all'estero;

d) la revoca dello stato di liquidazione;

e) l'eliminazione di una o più cause di recesso previste dal successivo comma ovvero dallo statuto;

f) la modifica dei criteri di determinazione del valore dell'azione in caso di recesso;

g) le modificazioni dello statuto concernenti i diritti di voto o di partecipazione.

Salvo che lo statuto disponga diversamente, hanno diritto di recedere i soci che non hanno concorso all'approvazione delle deliberazioni riguardanti:

a) la proroga del termine;

b) l'introduzione o la rimozione di vincoli alla circolazione dei titoli azionari.

Se la società è costituita a tempo indeterminato e le azioni non sono quotate in un mercato regolamentato il socio può recedere con il preavviso di almeno centottanta giorni; lo statuto può prevedere un termine maggiore, non superiore ad un anno.

Lo statuto delle società che non fanno ricorso al mercato del capitale di rischio può prevedere ulteriori cause di recesso.

Restano salve le disposizioni dettate in tema di recesso per le società soggette ad attività di direzione e coordinamento.

È nullo ogni patto volto ad escludere o rendere più gravoso l'esercizio del diritto di recesso nelle ipotesi previste dal primo comma del presente articolo.

2437-*bis*. *Termini e modalità di esercizio.* — Il diritto di recesso è esercitato mediante lettera raccomandata che deve essere spedita entro quindici giorni dall'iscrizione nel registro delle imprese della delibera che lo legittima, con l'indicazione delle generalità del socio recedente, del domicilio per le comunicazioni inerenti al procedimento, del numero e della categoria delle azioni per le quali il diritto di recesso viene esercitato. Se il fatto che legittima il recesso è diverso da una deliberazione, esso è esercitato entro trenta giorni dalla sua conoscenza da parte del socio.

Le azioni per le quali è esercitato il diritto di recesso non possono essere cedute e devono essere depositate presso la sede sociale.

Il recesso non può essere esercitato e, se già esercitato, è privo di efficacia, se, entro novanta giorni, la società revoca la delibera che lo legittima ovvero se è deliberato lo scioglimento della società.

2437-*ter*. *Criteri di determinazione del valore delle azioni.* — Il socio ha diritto alla liquidazione delle azioni per le quali esercita il recesso.

Il valore di liquidazione delle azioni è determinato dagli amministratori, sentito il parere del collegio sindacale e del soggetto incaricato della revisione legale dei conti, tenuto conto della consistenza patrimoniale della società e delle sue prospettive reddituali, nonché dell'eventuale valore di mercato delle azioni.[1]

Il valore di liquidazione delle azioni quotate in mercati regolamentati è determinato facendo riferimento alla media aritmetica dei prezzi di chiusura nei sei mesi che precedono la pubblicazione ovvero ricezione dell'avviso di convocazione dell'assemblea le cui deliberazioni legittimano il recesso. Lo statuto delle società con azioni quotate in mercati regolamentati può prevedere che il valore di liquidazione sia determinato secondo i criteri indicati dai commi 2 e 4 del presente articolo, fermo restando che in ogni caso tale valore non può essere inferiore al valore che sarebbe dovuto in applicazione del criterio indicato dal primo periodo del presente comma.[2]

Lo statuto può stabilire criteri diversi di determinazione del valore di liquidazione, indicando gli elementi dell'attivo e del passivo del bilancio che possono essere rettificati rispetto ai valori risultanti dal bilancio, unitamente ai criteri di rettifica, nonché altri elementi suscettibili di valutazione patrimoniale da tenere in considerazione.

I soci hanno diritto a conoscere la determinazione del valore di cui al secondo comma del presente articolo nei quindici giorni precedenti alla data fissata per l'assemblea; ciascun socio ha diritto di prenderne visione e di ottenerne copia a proprie spese.

In caso di contestazione da proporre contestualmente alla dichiarazione di recesso il valore di liquidazione è determinato entro novanta giorni dall'esercizio del diritto di recesso tramite relazione giurata di un esperto nominato dal tribunale, che provvede anche sulle spese, su istanza della parte più diligente; si applica in tal caso il primo comma dell'art. 1349.

[1] Comma così modif. dall'art. 37 D.lgs. 27 gen. 2010, n. 39.

[2] Comma così modif. dall'art. 20, c. 3, D.L. 24 giu. 2014, n. 91, conv. con modif. in L. 11 ago. 2014, n. 116.

2437-*quater*. *Procedimento di liquidazione.* — Gli amministratori offrono in opzione le azioni del socio recedente agli altri soci in proporzione al numero delle azioni possedute. Se vi sono obbligazioni convertibili, il diritto di opzione spetta anche ai possessori di queste, in concorso con i soci, sulla base del rapporto di cambio.

L'offerta di opzione è depositata presso il registro delle imprese entro quindici giorni dalla determinazione definitiva del valore di liquidazione. Per l'esercizio del diritto di opzione deve essere concesso un termine non inferiore a trenta giorni dal deposito dell'offerta.

Coloro che esercitano il diritto di opzione, purché ne facciano contestuale richiesta, hanno diritto di prelazione nell'acquisto delle azioni che siano rimaste non optate.

Qualora i soci non acquistino in tutto o in parte le azioni del recedente, gli amministratori possono collocarle presso terzi; nel caso di azioni quotate in mercati regolamentati, il loro collocamento avviene mediante offerta nei mercati medesimi.

In caso di mancato collocamento ai sensi delle disposizioni dei commi precedenti entro centottanta giorni dalla comunicazione del recesso,[1] le azioni del recedente vengono rimborsate mediante acquisto da parte della società utilizzando riserve disponibili anche in deroga a quanto previsto dal terzo comma dell'art. 2357.

In assenza di utili e riserve disponibili, deve essere convocata l'assemblea straordinaria per deliberare la riduzione del capitale sociale, ovvero lo scioglimento della società.

Alla deliberazione di riduzione del capitale sociale si applicano le disposizioni del comma secondo, terzo e quarto dell'art. 2445; ove l'opposizione sia accolta la società si scioglie.

[1] Parole inserite dall'art. 5 D.lgs. 6 feb. 2004, n. 37.

2437-*quinquies*. *Disposizioni speciali per le società con azioni quotate in mercati regolamen-*

tati. — Se le azioni sono quotate in mercati regolamentati hanno diritto di recedere i soci che non hanno concorso alla deliberazione che comporta l'esclusione dalla quotazione.

2437-*sexies*. *Azioni riscattabili.* — Le disposizioni degli artt. 2437-*ter* e 2437-*quater* si applicano, in quanto compatibili, alle azioni o categorie di azioni per le quali lo statuto prevede un potere di riscatto da parte della società o dei soci. Resta salva in tal caso l'applicazione della disciplina degli artt. 2357 e 2357-*bis*.

2438. *Aumento di capitale.* — Un aumento di capitale non può essere eseguito fino a che le azioni precedentemente emesse non siano interamente liberate.

In caso di violazione del precedente comma, gli amministratori sono solidalmente responsabili per i danni arrecati ai soci ed ai terzi. Restano in ogni caso salvi gli obblighi assunti con la sottoscrizione delle azioni emesse in violazione del precedente comma.

2439. *Sottoscrizione e versamenti.* — Salvo quanto previsto nel quarto comma dell'art. 2342, i sottoscrittori delle azioni di nuova emissione devono, all'atto della sottoscrizione, versare alla società almeno il venticinque per cento del valore nominale delle azioni sottoscritte. Se è previsto un soprapprezzo, questo deve essere interamente versato all'atto della sottoscrizione.

Se l'aumento di capitale non è integralmente sottoscritto entro il termine che, nell'osservanza di quelli stabiliti dall'art. 2441, secondo e terzo comma, deve risultare dalla deliberazione, il capitale è aumentato di un importo pari alle sottoscrizioni raccolte soltanto se la deliberazione medesima lo abbia espressamente previsto.

2440. *Conferimenti di beni in natura e di crediti.*[1] — Se l'aumento di capitale avviene mediante conferimento di beni in natura o di crediti si applicano le disposizioni degli articoli 2342, terzo e quinto comma, e 2343.

L'aumento di capitale mediante conferimento di beni in natura o di crediti può essere sottoposto, su decisione degli amministratori, alla disciplina di cui agli articolo 2343-*ter* e 2343-*quater*.

Ai fini dell'applicazione dell'articolo 2343-*ter*, primo comma, rileva il periodo di negoziazione di sei mesi precedenti la data alla quale si riferisce la relazione degli amministratori redatta ai sensi dell'articolo 2441, sesto comma. Il conferimento è eseguito entro sessanta giorni da tale data, ovvero entro novanta giorni qualora l'aumento sia deliberato da una società che fa ricorso al mercato del capitale di rischio.

Qualora trovi applicazione l'articolo 2343-*ter*, secondo comma, il conferimento è eseguito, nel caso di cui alla lettera *a*), entro il termine dell'esercizio successivo a quello cui si riferisce il bilancio, ovvero, nel caso di cui alla lettera *b*), entro sei mesi dalla data cui si riferisce la valutazione.

La verifica prevista dall'articolo 2343-*quater*, primo comma, è eseguita dagli amministratori nel termine di trenta giorni dall'esecuzione del conferimento ovvero, se successiva, dalla data di iscrizione nel registro delle imprese della deliberazione di aumento del capitale. La dichiarazione di cui all'articolo 2343-*quater*, terzo comma, è allegata all'attestazione prevista dall'articolo 2444.

Qualora siano conferiti beni in natura o crediti valutati ai sensi dell'articolo 2343-*ter*, secondo comma, nel termine indicato al quinto comma uno o più soci che rappresentino, e che rappresentavano alla data della delibera di aumento del capitale, almeno il ventesimo del capitale sociale, nell'ammontare precedente l'aumento medesimo, possono richiedere che si proceda, su iniziativa degli amministratori, ad una nuova valutazione ai sensi e per gli effetti dell'articolo 2343; la domanda dei soci non ha effetto qualora gli amministratori all'esito della verifica prevista dal quinto comma procedano ai sensi dell'articolo 2343-*quater*, secondo comma.

[1] Articolo così sostituito dall'art. 1 D.lgs. 29 nov. 2010, n. 224.

2440-*bis*. *Aumento di capitale delegato liberato mediante conferimenti di beni in natura e di crediti senza relazione di stima.*[1]

[1] Articolo abrog. dall'art. 1, D.lgs. 29 nov. 2010, n. 224.

2441. *Diritto di opzione.* — Le azioni di nuova emissione e le obbligazioni convertibili in azioni devono essere offerte in opzione ai soci in proporzione al numero delle azioni possedute. Se vi sono obbligazioni convertibili il diritto di opzione spetta anche ai possessori di queste, in concorso con i soci, sulla base del rapporto di cambio.

L'offerta di opzione deve essere depositata presso l'ufficio del registro delle imprese e contestualmente resa nota mediante un avviso pubblicato sul sito internet della società, con modalità atte a garantire la sicurezza del sito medesimo, l'autenticità dei documenti e la certezza della data di pubblicazione, o, in mancanza, mediante deposito presso la sede della società. Per l'esercizio del diritto di opzione deve essere concesso un termine non inferiore a quattordici giorni dalla pubblicazione dell'offerta nel sito internet della società con le modalità sopra descritte, o, in mancanza, dall'iscrizione dell'offerta nel registro delle imprese[1,2].

Coloro che esercitano il diritto di opzione, purché ne facciano contestuale richiesta, hanno diritto di prelazione nell'acquisto delle azioni e delle obbligazioni convertibili in azioni che siano rimaste non optate. Se le azioni sono quotate in mercati regolamentati o negoziate in sistemi multilaterali di negoziazione, i diritti di opzione non esercitati devono essere offerti nel mercato regolamentato o nel sistema multilaterale di negoziazione dagli amministratori, per conto della società, entro il mese successivo alla scadenza del termine stabilito a norma del secondo comma, per almeno due sedute, salvo che i diritti di opzione siano già stati integralmente venduti.[3]

Il diritto di opzione non spetta per le azioni di nuova emissione che, secondo la deliberazione di aumento del capitale, devono essere liberate mediante conferimenti in natura. Nelle società con azioni quotate in mercati regolamentati o negoziate in sistemi multilaterali di negoziazione lo statuto può altresì escludere il diritto di opzione nei limiti del dieci per cento del capitale sociale preesistente, a condizione che il prezzo di emissione corrisponda al valore di mercato delle azioni e ciò sia confermato in apposita relazione da un revisore legale o da una società di revisione legale. Le ragioni dell'esclusione o della limitazione nonché i criteri adottati per la determinazione del prezzo di emissione devono risultare da apposita relazione degli amministratori, depositata presso la sede sociale e pubblicata nel sito internet della società entro il termine della convocazione dell'assemblea, salvo quanto previsto dalle leggi speciali.[4]

Quando l'interesse della società lo esige, il diritto di opzione può essere escluso o limitato con la deliberazione di aumento di capitale.[5]

Le proposte di aumento di capitale sociale con esclusione o limitazione del diritto di opzione, ai sensi del primo periodo del quarto comma o del quinto comma del presente articolo, devono essere illustrate dagli amministratori con apposita relazione, dalla quale devono risultare le ragioni dell'esclusione o della limitazione, ovvero, qualora l'esclusione derivi da un conferimento in natura, le ragioni di questo e in ogni caso i criteri adottati per la determinazione del prezzo di emissione. La relazione deve essere comunicata dagli amministratori al collegio sindacale o al consiglio di sorveglianza e al soggetto incaricato della revisione legale dei conti almeno trenta giorni prima di quello fissato per l'assemblea. Entro quindici giorni il collegio sindacale deve esprimere il proprio parere sulla congruità del prezzo di emissione delle azioni. Il parere del collegio sindacale e, nell'ipotesi prevista dal quarto comma, la relazione giurata dell'esperto designato dal Tribunale ovvero la documentazione indicata dall'articolo 2343-*ter*, terzo comma, devono restare depositati nella sede della società durante i quindici giorni che precedono l'assemblea e finché questa non abbia deliberato; i soci possono prenderne visione. La deliberazione determina il prezzo di emissione delle azioni in base al valore del patrimonio netto, tenendo conto, per le azioni quotate in mercati regolamentati, anche dell'andamento delle quotazioni nell'ultimo semestre.[6]

Non si considera escluso né limitato il diritto di opzione qualora la deliberazione di aumento di capitale preveda che le azioni di nuova emissione siano sottoscritte da banche, da enti o società finanziarie soggetti al controllo della Commissione nazionale per le società e la borsa ovvero da altri soggetti autorizzati all'esercizio dell'attività di collocamento di strumenti finanziari, con obbligo di offrirle agli azionisti della società, con operazioni di qualsiasi tipo, in conformità con i primi tre commi del presente articolo. Nel periodo di detenzione delle azioni offerte agli azionisti e comunque fino a quando non sia stato esercitato il diritto di opzione, i medesimi soggetti non possono esercitare il diritto di voto. Le spese dell'operazione sono a carico della società e la deliberazione di aumento del capitale deve indicarne l'ammontare.

Con deliberazione dell'assemblea presa con la maggioranza richiesta per le assemblee straordinarie può essere escluso il diritto di opzione per le azioni di nuova emissione, se queste sono offerte in sottoscrizione ai dipendenti della società o di società che la controllano o che sono da essa controllate.[5]

[1] Periodo così sost. dall'art. 44, c. 4, D.L. 16 lug. 2020, n. 76, conv. con modif. in L. 11 set. 2020, n. 120.

[2] Comma così sost. dall'art. 20, c. 6, D.L. 24 giu. 2014, n. 91, conv. con modif. in L. 11 ago. 2014, n. 116.

[3] Comma così modif. dall'art. 44, c. 4, D.L. 16 lug. 2020, n. 76, conv. con modif. in L. 11 set. 2020, n. 120.

[4] Comma così modif. dall'art. 2, c. 1, D.lgs. 11 ott. 2012, n. 184, dall'art. 37, D.lgs. 27 gen. 2010, n. 39, e infine dall'art. 44, c. 4, D.L. 16 lug. 2020, n. 76, conv. con modif. in L. 11 set. 2020, n. 120.

[5] Comma così modif. dall'art. 2, c. 1, D.lgs. 11 ott. 2012, n. 184.

[6] Comma così modif. dall'art. 19, D.lgs. 28 dic. 2004, n. 310, dall'art. 37, D.lgs. 27 gen. 2010, n. 39, e infine dall'art. 1, D.lgs. 29 nov. 2010, n. 224.

2442. ***Passaggio di riserve a capitale.*** — L'assemblea può aumentare il capitale, imputando a capitale le riserve e gli altri fondi iscritti in bilancio in quanto disponibili.

In questo caso le azioni di nuova emissione devono avere le stesse caratteristiche di quelle in circolazione, e devono essere assegnate gratuitamente agli azionisti in proporzione di quelle da essi già possedute.

L'aumento di capitale può attuarsi anche mediante aumento del valore nominale delle azioni in circolazione.

2443. ***Delega agli amministratori.*** — Lo statuto può attribuire agli amministratori la facoltà di aumentare in una o più volte il capitale fino ad un ammontare determinato e per il periodo massimo di cinque anni dalla data dell'iscrizione della società nel registro delle imprese. Tale facoltà può prevedere anche l'adozione delle deliberazioni di cui al quarto e quinto comma dell'art. 2441; in questo caso si applica in quanto compatibile il sesto comma dell'art. 2441 e lo statuto determina i criteri cui gli amministratori devono attenersi.

La facoltà di cui al secondo periodo del precedente comma può essere attribuita anche mediante modificazione dello statuto, [approvata con la maggioranza prevista dal quinto comma dell'art. 2441,][1] per il periodo massimo di cinque anni dalla data della deliberazione.

Il verbale della deliberazione degli amministratori di aumentare il capitale deve essere redatto da un notaio e deve essere depositato e iscritto a norma dall'art. 2436.

Se agli amministratori è attribuita la facoltà di adottare le deliberazioni di cui all'articolo 2441, quarto comma, qualora essi decidano di deliberare l'aumento di capitale con conferimenti di beni in natura o di crediti senza la relazione dell'esperto di cui all'articolo 2343, avvalendosi delle disposizioni contenute nell'articolo 2343-*ter*, il conferimento non può avere efficacia, salvo che consti il consenso di tutti i soci, prima del decorso del termine di trenta giorni dall'iscrizione nel registro delle imprese della deliberazione di aumento, contenente anche le dichiarazioni previste nelle lettere *a*), *b*), *c*) ed *e*), di cui all'articolo 2343-*quater*, terzo comma. Entro detto termine uno o più soci che rappresentano, e che rappresentavano alla data della delibera di aumento del capitale, almeno il ventesimo del capitale sociale, nell'ammontare precedente l'aumento medesimo, possono richiedere che si proceda, su iniziativa degli amministratori, ad una nuova valutazione ai sensi e per gli effetti di cui all'articolo 2343. In mancanza di tale domanda, gli amministratori depositano per l'iscrizione nel registro delle imprese unitamente all'attestazione di cui all'articolo 2444 la dichiarazione prevista all'articolo 2343-*quater*, terzo comma, lettera *d*).[2]

[1] Parole soppresse dall'art. 2, c. 2, D.lgs. 11 ott. 2012, n. 184.
[2] Comma aggiunto dall'art. 1 D.lgs. 29 nov. 2010, n. 224.

2444. ***Iscrizione nel registro delle imprese.*** — Nei trenta giorni dall'avvenuta sottoscrizione delle azioni di nuova emissione gli amministratori devono depositare per l'iscrizione nel registro delle imprese un'attestazione che l'aumento del capitale è stato eseguito.

Fino a che l'iscrizione nel registro non sia avvenuta, l'aumento del capitale non può essere menzionato negli atti della società.

2445. ***Riduzione del capitale sociale.*** — La riduzione del capitale sociale può aver luogo sia mediante liberazione dei soci dall'obbligo dei versamenti ancora dovuti, sia mediante rimborso del capitale ai soci, nei limiti ammessi dagli artt. 2327 e 2413.

L'avviso di convocazione dell'assemblea deve indicare le ragioni e le modalità della riduzione. Nel caso di società cui si applichi l'articolo 2357, terzo comma, la riduzione deve comunque effettuarsi con modalità tali che le azioni proprie eventualmente possedute dopo la riduzione non eccedano la quinta parte del capitale sociale.[1]

La deliberazione può essere eseguita soltanto dopo novanta giorni dal giorno dell'iscrizione nel registro delle imprese, purché entro questo termine nessun creditore sociale anteriore all'iscrizione abbia fatto opposizione.

Il tribunale, quando ritenga infondato il pericolo di pregiudizio per i creditori oppure la società abbia prestato idonea garanzia, dispone che l'operazione abbia luogo nonostante l'opposizione.

[1] Comma sostituito dall'art. 7 della L. 9 apr. 2009, n. 33.

2446. ***Riduzione del capitale per perdite.*** — Quando risulta che il capitale è diminuito di oltre un terzo in conseguenza di perdite, gli amministratori o il consiglio di gestione, e nel caso di loro inerzia il collegio sindacale ovvero il consiglio di sorveglianza, devono senza indugio convocare l'assemblea per gli opportuni provvedimenti. All'assemblea deve essere sottoposta una relazione sulla situazione patrimoniale della società, con le osservazioni del collegio sindacale o del comitato per il controllo sulla gestione. La relazione e le osservazioni devono restare depositate in copia nella sede della società durante gli otto giorni che precedono l'assemblea, perché i soci possano prenderne visione. Nell'assemblea gli amministratori devono dare conto dei fatti di rilievo avvenuti dopo la redazione della relazione.

Se entro l'esercizio successivo la perdita non risulta diminuita a meno di un terzo, l'assemblea ordinaria o il consiglio di sorveglianza che approva il bilancio di tale esercizio deve ridurre il capitale in proporzione delle perdite accertate. In mancanza gli amministratori e i sindaci o il consiglio di sorveglianza devono chiedere al tribunale che venga disposta la riduzione del capitale in ragione delle perdite risultanti dal bilancio. Il tribunale provvede, sentito il pubblico ministero, con decreto soggetto a reclamo, che deve essere iscritto nel registro delle imprese a cura degli amministratori.

Nel caso in cui le azioni emesse dalla società siano senza valore nominale, lo statuto, una sua modificazione ovvero una deliberazione adottata con le maggioranze previste per l'assemblea straordinaria possono prevedere che la riduzione del capitale di cui al precedente comma sia deliberata dal consiglio di amministrazione. Si applica in tal caso l'art. 2436.

2447. ***Riduzione del capitale sociale al di sotto del limite legale.*** — Se, per la perdita di oltre un terzo del capitale, questo si riduce al disotto del minimo stabilito dall'art. 2327, gli amministratori o il consiglio di gestione e, in caso di loro inerzia, il consiglio di sorveglianza devono senza indugio convocare l'assemblea per deliberare la riduzione del capitale ed il contemporaneo aumento del medesimo ad una cifra non inferiore al detto minimo, o la trasformazione della società.

SEZIONE XI
Dei patrimoni destinati ad uno specifico affare

2447-*bis*. *Patrimoni destinati ad uno specifico affare.* — La società può:

a) costituire uno o più patrimoni ciascuno dei quali destinato in via esclusiva ad uno specifico affare;

b) convenire che nel contratto relativo al finanziamento di uno specifico affare al rimborso totale o parziale del finanziamento medesimo siano destinati i proventi dell'affare stesso, o parte di essi.

Salvo quanto disposto in leggi speciali, i patrimoni destinati ai sensi della lettera *a*) del primo comma non possono essere costituiti per un valore complessivamente superiore al dieci per cento del patrimonio netto della società e non possono comunque essere costituiti per l'esercizio di affari attinenti ad attività riservate in base alle leggi speciali.

2447-*ter*. *Deliberazione costitutiva del patrimonio destinato.* — La deliberazione che ai sensi della lettera *a*) del primo comma dell'art. 2447-*bis* destina un patrimonio ad uno specifico affare deve indicare:

a) l'affare al quale è destinato il patrimonio;

b) i beni e i rapporti giuridici compresi in tale patrimonio;

c) il piano economico-finanziario da cui risulti la congruità del patrimonio rispetto alla realizzazione dell'affare, le modalità e le regole relative al suo impiego, il risultato che si intende perseguire e le eventuali garanzie offerte ai terzi;

d) gli eventuali apporti di terzi, le modalità di controllo sulla gestione e di partecipazione ai risultati dell'affare;

e) la possibilità di emettere strumenti finanziari di partecipazione all'affare, con la specifica indicazione dei diritti che attribuiscono;

f) la nomina di un revisore legale o di una società di revisione legale per la revisione dei conti dell'affare, quando la società non è già assoggettata alla revisione legale;[1]

g) le regole di rendicontazione dello specifico affare.

Salvo diversa disposizione dello statuto, la deliberazione di cui al presente articolo è adottata dall'organo amministrativo a maggioranza assoluta dei suoi componenti.

[1] Lettera sostituita dall'art. 37 D.lgs. 27 gen. 2010, n. 39.

2447-*quater*. *Pubblicità della costituzione del patrimonio destinato.* — La deliberazione prevista dal precedente articolo deve essere depositata e iscritta a norma dell'art. 2436.

Nel termine di sessanta giorni dall'iscrizione della deliberazione nel registro delle imprese i creditori sociali anteriori all'iscrizione possono fare opposizione. Il tribunale, nonostante l'opposizione, può disporre che la deliberazione sia eseguita previa prestazione da parte della società di idonea garanzia.

2447-*quinquies*. *Diritti dei creditori.* — Decorso il termine di cui al secondo comma del precedente articolo ovvero dopo l'iscrizione nel registro delle imprese del provvedimento del tribunale ivi previsto, i creditori della società non possono far valere alcun diritto sul patrimonio destinato allo specifico affare né, salvo che per la parte spettante alla società, sui frutti o proventi da esso derivanti.

Qualora nel patrimonio siano compresi immobili o beni mobili iscritti in pubblici registri, la disposizione del precedente comma non si applica fin quando la destinazione allo specifico affare non è trascritta nei rispettivi registri.

Qualora la deliberazione prevista dall'art. 2447-*ter* non disponga diversamente, per le obbligazioni contratte in relazione allo specifico affare la società risponde nei limiti del patrimonio ad esso destinato. Resta salva tuttavia la responsabilità illimitata della società per le obbligazioni derivanti da fatto illecito.

Gli atti compiuti in relazione allo specifico affare debbono recare espressa menzione del vincolo di destinazione; in mancanza ne risponde la società con il suo patrimonio residuo.

2447-*sexies*. *Libri obbligatori e altre scritture contabili.* — Con riferimento allo specifico affare cui un patrimonio è destinato ai sensi della lettera *a*) del primo comma dell'art. 2447-*bis*, gli amministratori tengono separatamente i libri e le scritture contabili prescritti dagli artt. 2214 e seguenti. Qualora siano emessi strumenti finanziari, la società deve altresì tenere un libro indicante le loro caratteristiche, l'ammontare di quelli emessi e di quelli estinti, le generalità dei titolari degli strumenti nominativi e i trasferimenti e i vincoli ad essi relativi.

2447-*septies*. *Bilancio.* — I beni e i rapporti compresi nei patrimoni destinati ai sensi della lettera *a*) del primo comma dell'art. 2447-*bis* sono distintamente indicati nello stato patrimoniale della società.

Per ciascun patrimonio destinato gli amministratori redigono un separato rendiconto, allegato al bilancio, secondo quanto previsto dagli artt. 2423 e seguenti.

Nella nota integrativa del bilancio della società gli amministratori devono illustrare il valore e la tipologia dei beni e dei rapporti giuridici compresi in ciascun patrimonio destinato, ivi inclusi quelli apportati da terzi, i criteri adottati per la imputazione degli elementi comuni di costo e di ricavo, nonché il corrispondente regime della responsabilità.

Qualora la deliberazione costitutiva del patrimonio destinato preveda una responsabilità illimitata della società per le obbligazioni contratte in relazione allo specifico affare, l'impegno da ciò derivante deve risultare in calce allo stato patrimoniale e formare oggetto di valutazione secondo criteri da illustrare nella nota integrativa.

2447-*octies*. *Assemblee speciali.* — Per ogni categoria di strumenti finanziari previsti dalla lettera *e*) del primo comma dell'art. 2447-*ter* l'assemblea dei possessori delibera:

1) sulla nomina e sulla revoca dei rappresentanti comuni di ciascuna categoria, con funzione di controllo sul regolare andamento dello specifico affare, e sull'azione di responsabilità nei loro confronti;

2) sulla costituzione di un fondo per le spese necessarie alla tutela dei comuni interessi dei possessori degli strumenti finanziari e sul rendiconto relativo;

3) sulle modificazioni dei diritti attribuiti dagli strumenti finanziari;

4) sulle controversie con la società e sulle relative transazioni e rinunce;

5) sugli altri oggetti di interesse comune a ciascuna categoria di strumenti finanziari.

Alle assemblee speciali si applicano le disposizioni contenute negli artt. 2415, secondo, terzo, quarto e quinto comma, 2416 e 2419.

Al rappresentante comune si applicano gli artt. 2417 e 2418.

2447-*nonies*. *Rendiconto finale.* — Quando si realizza ovvero è divenuto impossibile l'affare cui è stato destinato un patrimonio ai sensi della lettera *a*) del primo comma dell'art. 2447-*bis*, gli amministratori redigono un rendiconto finale che, accompagnato da una relazione dei sindaci e del soggetto incaricato della revisione legale dei conti[1], deve essere depositato presso l'ufficio del registro delle imprese.

Nel caso in cui non siano state integralmente soddisfatte le obbligazioni contratte per lo svolgimento dello specifico affare cui era destinato il patrimonio, i relativi creditori possono chiederne la liquidazione mediante lettera raccomandata da inviare alla società entro novanta giorni dal deposito di cui al comma precedente. In tale caso, si applicano esclusivamente le disposizioni sulla liquidazione delle società di cui al capo VIII del presente titolo, in quanto compatibili.[2]

Sono comunque salvi, con riferimento ai beni e rapporti compresi nel patrimonio destinato, i diritti dei creditori previsti dall'art. 2447-*quinquies*.

La deliberazione costitutiva del patrimonio destinato può prevedere anche altri casi di cessazione della destinazione del patrimonio allo specifico affare. In tali ipotesi ed in quella di fallimento della società si applicano le disposizioni del presente articolo.

[1] Comma così modif. dall'art. 37 D.lgs. 27 gen. 2010, n. 39.

[2] Periodo modif. dall'art. 20 D.lgs. 28 dic. 2004, n. 310.

2447-*decies*. *Finanziamento destinato ad uno specifico affare.* — Il contratto relativo al finanziamento di uno specifico affare ai sensi della lettera *b*) del primo comma dell'art. 2447-*bis* può prevedere che al rimborso totale o parziale del finanziamento siano destinati, in via esclusiva, tutti o parte dei proventi dell'affare stesso.

Il contratto deve contenere:

a) una descrizione dell'operazione che consenta di individuarne lo specifico oggetto; le modalità ed i tempi di realizzazione; i costi previsti ed i ricavi attesi;

b) il piano finanziario dell'operazione, indicando la parte coperta dal finanziamento e quella a carico della società;

c) i beni strumentali necessari alla realizzazione dell'operazione;

d) le specifiche garanzie che la società offre in ordine all'obbligo di esecuzione del contratto e di corretta e tempestiva realizzazione dell'operazione;

e) i controlli che il finanziatore, o soggetto da lui delegato, può effettuare sull'esecuzione dell'operazione;

f) la parte dei proventi destinati al rimborso del finanziamento e le modalità per determinarli;

g) le eventuali garanzie che la società presta per il rimborso di parte del finanziamento;

h) il tempo massimo di rimborso, decorso il quale nulla più è dovuto al finanziatore.

I proventi dell'operazione costituiscono patrimonio separato da quello della società, e da quello relativo ad ogni altra operazione di finanziamento effettuata ai sensi della presente disposizione, a condizione:

a) che copia del contratto sia depositata per l'iscrizione presso l'ufficio del registro delle imprese;

b) che la società adotti sistemi di incasso e di contabilizzazione idonei ad individuare in ogni momento i proventi dell'affare ed a tenerli separati dal restante patrimonio della società.

Alle condizioni di cui al comma precedente, sui proventi, sui frutti di essi e degli investimenti eventualmente effettuati in attesa del rimborso al finanziatore, non sono ammesse azioni da parte dei creditori sociali; alle medesime condizioni, delle obbligazioni nei confronti del finanziatore risponde esclusivamente il patrimonio separato, salva l'ipotesi di garanzia parziale di cui al secondo comma, lettera *g*).

I creditori della società, sino al rimborso del finanziamento, o alla scadenza del termine di cui al secondo comma, lettera *h*) sui beni strumentali destinati alla realizzazione dell'operazione possono esercitare esclusivamente azioni conservative a tutela dei loro diritti.

Se il fallimento della società impedisce la realizzazione o la continuazione dell'operazione cessano le limitazioni di cui al comma precedente, ed il finanziatore ha diritto di insinuazione al passivo per il suo credito, al netto delle somme di cui ai commi terzo e quarto.

Fuori dall'ipotesi di cartolarizzazione previste dalle leggi vigenti, il finanziamento non può essere rappresentato da titoli destinati alla circolazione.

La nota integrativa alle voci di bilancio relative ai proventi di cui al terzo comma, ed ai beni di cui al quarto comma, deve contenere l'indicazione della destinazione dei proventi e dei vincoli relativi ai beni.

SEZIONE XII

2448. ***Effetti della pubblicazione nel registro delle imprese.*** — Gli atti per i quali il codice prescrive l'iscrizione o il deposito nel registro delle imprese sono opponibili ai terzi soltanto dopo tale pubblicazione, a meno che la società provi che i terzi ne erano a conoscenza.

Per le operazioni compiute entro il quindicesimo giorno dalla pubblicazione di cui al comma precedente, gli atti non sono opponibili ai terzi che provino di essere stati nella impossibilità di averne conoscenza.

SEZIONE XIII

Delle società con partecipazione dello Stato o di enti pubblici

2449. ***Società con partecipazione dello Stato o di enti pubblici.***[1] — Se lo Stato o gli enti pubblici hanno partecipazioni in una società per azioni che non fa ricorso al mercato del capitale di rischio, lo statuto può ad essi conferire la facoltà di nominare un numero di amministratori e sindaci, ovvero componenti del consiglio di sorveglianza, proporzionale alla partecipazione al capitale sociale.

Gli amministratori e i sindaci o i componenti del consiglio di sorveglianza nominati a norma del primo comma possono essere revocati soltanto dagli enti che li hanno nominati. Essi hanno i diritti e gli obblighi dei membri nominati dall'assemblea. Gli amministratori non possono essere nominati per un periodo superiore a tre esercizi e scadono alla data dell'assemblea convocata per l'approvazione del bilancio relativo all'ultimo esercizio della loro carica.

I sindaci, ovvero i componenti del consiglio di sorveglianza, restano in carica per tre esercizi e scadono alla data dell'assemblea convocata per l'approvazione del bilancio relativo al terzo esercizio della loro carica.

Alle società che fanno ricorso al capitale di rischio si applicano le disposizioni del sesto comma dell'art. 2346. Il consiglio di amministrazione può altresì proporre all'assemblea, che delibera con le maggioranze previste per l'assemblea ordinaria, che i diritti amministrativi previsti dallo statuto a favore dello Stato o degli enti pubblici siano rappresentati da una particolare categoria di azioni. A tal fine è in ogni caso necessario il consenso dello Stato o dell'ente pubblico a favore del quale i diritti amministrativi sono previsti.

[1] Articolo così modif. dall'art. 13, L. 25 feb. 2008, n. 34.

2450. ***Amministratori e sindaci nominati dallo Stato o da enti pubblici.***[1]

[1] Articolo abrog. dall'art. 3, L. 6 apr. 2007, n. 46.

SEZIONE XIV

Delle società di interesse nazionale

2451. ***Norme applicabili.*** — Le disposizioni di questo capo si applicano anche alle società per azioni d'interesse nazionale, compatibilmente con le disposizioni delle leggi speciali che stabiliscono per tali società una particolare disciplina circa la gestione sociale, la trasferibilità delle azioni, il diritto di voto e la nomina degli amministratori, dei sindaci e dei dirigenti.

CAPO VI[1]

Della società in accomandita per azioni

[1] Il capo VI del titolo V del Libro V del codice civile è stato sostituito dall'art. 2 D.lgs. 17 gen. 2003, n. 6, in vigore dall'1 gen. 2004.

2452. ***Responsabilità e partecipazioni.*** — Nella società in accomandita per azioni i soci accomandatari rispondono solidalmente e illimitatamente per le obbligazioni sociali, e i soci accomandanti sono obbligati nei limiti della quota di capitale sottoscritta. Le quote di partecipazione dei soci sono rappresentate da azioni.

2453. ***Denominazione sociale.*** — La denominazione della società è costituita dal nome di almeno uno dei soci accomandatari, con l'indicazione di società in accomandita per azioni.

2454. ***Norme applicabili.*** — Alla società in accomandita per azioni sono applicabili le norme relative alla società per azioni, in quanto compatibili con le disposizioni seguenti.

2455. ***Soci accomandatari.*** — L'atto costitutivo deve indicare i soci accomandatari.

I soci accomandatari sono di diritto amministratori e sono soggetti agli obblighi degli amministratori della società per azioni.

2456. ***Revoca degli amministratori.*** — La revoca degli amministratori deve essere deliberata con la maggioranza prescritta per le deliberazioni dell'assemblea straordinaria della società per azioni.

Se la revoca avviene senza giusta causa, l'amministratore revocato ha diritto al risarcimento dei danni.

2457. ***Sostituzione degli amministratori.*** — L'assemblea con la maggioranza indicata nell'articolo precedente provvede a sostituire l'amministratore che, per qualunque causa, ha cessato dal suo ufficio. Nel caso di pluralità di amministratori, la nomina deve essere approvata dagli amministratori rimasti in carica.

Il nuovo amministratore assume la qualità di socio accomandatario dal momento dell'accettazione della nomina.

2458. ***Cessazione dall'ufficio di tutti i soci amministratori.*** — In caso di cessazione dall'ufficio di tutti gli amministratori, la società si scioglie se nel termine di centottanta giorni non si è provveduto alla loro sostituzione e i sostituti non hanno accettato la carica.

Per questo periodo il collegio sindacale nomina un amministratore provvisorio per il compimento degli atti di ordinaria amministrazione. L'amministratore provvisorio non assume la qualità di socio accomandatario.

2459. ***Sindaci, consiglio di sorveglianza e azione di responsabilità.*** — I soci accomandatari non hanno diritto di voto per le azioni ad essi spettanti nelle deliberazioni dell'assemblea che concernono la nomina e la revoca dei sindaci ovvero dei componenti del consiglio di sorveglianza e l'esercizio dell'azione di responsabilità.

2460. ***Modificazioni dell'atto costitutivo.*** — Le modificazioni dell'atto costitutivo devono essere approvate dall'assemblea con le maggioranze prescritte per l'assemblea straordinaria della società per azioni, e devono inoltre essere approvate da tutti i soci accomandatari.

2461. ***Responsabilità degli accomandatari verso i terzi.*** — La responsabilità dei soci accomandatari verso i terzi è regolata dall'art. 2304.

Il socio accomandatario che cessa dall'ufficio di amministratore non risponde per le obbligazioni della società sorte posteriormente all'iscrizione nel registro delle imprese della cessazione dall'ufficio.

CAPO VII[1]

Della società a responsabilità limitata

[1] Il capo VII del titolo V del Libro V del codice civile è stato sostituito dall'art. 3 D.lgs. 17 gen. 2003, n. 6 in vigore dall'1 gen. 2004.

SEZIONE I

Disposizioni generali

2462. ***Responsabilità.*** — Nella società a responsabilità limitata per le obbligazioni sociali risponde soltanto la società con il suo patrimonio.

In caso di insolvenza della società, per le obbligazioni sociali sorte nel periodo in cui l'intera partecipazione è appartenuta ad una sola persona, questa risponde illimitatamente quando i conferimenti non siano stati effettuati secondo quanto previsto dall'art. 2464, o fin quando non sia stata attuata la pubblicità prescritta dall'art. 2470.

2463. ***Costituzione.*** — La società può essere costituita con contratto o con atto unilaterale.

L'atto costitutivo deve essere redatto per atto pubblico e deve indicare:

1) il cognome e il nome o la denominazione, la data e il luogo di nascita o lo Stato di costituzione, il domicilio o la sede, la cittadinanza di ciascun socio;

2) la denominazione, contenente l'indicazione di società a responsabilità limitata, e il comune ove sono poste la sede della società e le eventuali sedi secondarie;

3) l'attività che costituisce l'oggetto sociale;

4) l'ammontare del capitale, non inferiore a diecimila euro, sottoscritto e di quello versato;

5) i conferimenti di ciascun socio e il valore attribuito ai crediti e ai beni conferiti in natura;

6) la quota di partecipazione di ciascun socio;

7) le norme relative al funzionamento della società, indicando quelle concernenti l'amministrazione, la rappresentanza;

8) le persone cui è affidata l'amministrazione e l'eventuale soggetto incaricato di effettuare la revisione legale dei conti.[1]

9) l'importo globale, almeno approssimativo, delle spese per la costituzione poste a carico della società.

Si applicano alla società a responsabilità limitata le disposizioni degli artt. 2329, 2330, 2331, 2332 e 2341.

L'ammontare del capitale può essere determinato in misura inferiore a euro diecimila, pari almeno a un euro. In tal caso i conferimenti devono farsi in denaro e devono essere versati per intero alle persone cui è affidata l'amministrazione.[2]

La somma da dedurre dagli utili netti risultanti dal bilancio regolarmente approvato, per formare la riserva prevista dall'articolo 2430, deve essere almeno pari a un quinto degli stessi, fino a che la riserva non abbia raggiunto, unitamente al capitale, l'ammontare di diecimila euro. La riserva così formata può essere utilizzata solo per imputazione a capitale e per copertura di eventuali perdite. Essa deve essere reintegrata a norma del presente comma se viene diminuita per qualsiasi ragione.[2]

[1] Numero così modif. dall'art. 37, D.lgs. 27 gen. 2010, n. 39.

[2] Comma aggiunto dall'art. 9, c. 15-*ter*, D.L. 28 giu. 2013, n. 76, conv. con modif. in L. 9 ago. 2013, n. 99.

2463-*bis*. ***Società a responsabilità limitata semplificata.***[1,2] — La società a responsabilità limitata semplificata può essere costituita con contratto o atto unilaterale da persone fisiche [che non abbiano compiuto i trentacinque anni di età alla data della costituzione][3]

L'atto costitutivo deve essere redatto per atto pubblico in conformità al modello standard tipizzato con decreto del Ministro della giustizia, di concerto con il Ministro dell'economia e delle finanze e con il Ministro dello sviluppo economico, e deve indicare:

1) il cognome, il nome, la data, il luogo di nascita, il domicilio, la cittadinanza di ciascun socio;

2) la denominazione sociale contenente l'indicazione di società a responsabilità limitata semplificata e il comune ove sono poste la sede della società e le eventuali sedi secondarie;

3) l'ammontare del capitale sociale, pari almeno ad 1 euro e inferiore all'importo di 10.000 euro previsto all'articolo 2463, secondo comma, numero 4), sottoscritto e interamente versato alla data della costituzione. Il conferimento deve farsi in denaro ed essere versato all'organo amministrativo;

4) i requisiti previsti dai numeri 3), 6), 7) e 8) del secondo comma dell'articolo 2463;

5) luogo e data di sottoscrizione;

6) gli amministratori, [i quali devono essere scelti tra i soci][3].

Le clausole del modello standard tipizzato sono inderogabili.[4]

La denominazione di società a responsabilità limitata semplificata, l'ammontare del capitale sottoscritto e versato, la sede della società e l'ufficio del registro delle imprese presso cui questa è iscritta devono essere indicati negli atti, nella corrispondenza della società e nello spazio elettronico destinato alla comunicazione collegato con la rete telematica ad accesso pubblico.

[...][5]

Salvo quanto previsto dal presente articolo, si applicano alla società a responsabilità limitata semplificata le disposizioni del presente capo in quanto compatibili.

[1] Articolo aggiunto dall'art. 3, c. 1, del D.L. 24 gen. 2012, n. 1, conv. con modif. in L. 24 mar. 2012, n. 27.

[2] L'art. 44 del D. L. 22 giu. 2012, n. 83, conv. con modif. in L. 7 ago. 2012, n. 134 così recita: «Art. 44. Società a responsabilità limitata a capitale ridotto – 1. Fermo quanto previsto dall'articolo 2463-*bis* del codice civile, la società a responsabilità limitata a capitale ridotto può essere costituita con contratto o atto unilaterale da persone fisiche che abbiano compiuto i trentacinque anni di età alla data della costituzione.

2. L'atto costitutivo deve essere redatto per atto pubblico e deve indicare gli elementi di cui al secondo comma dell'articolo 2463-*bis* del codice civile, ma per disposizione dello stesso atto costitutivo l'amministrazione della società può essere affidata a una o più persone fisiche anche diverse dai soci.

3. La denominazione di società a responsabilità limitata a capitale ridotto, l'ammontare del capitale sottoscritto e versato, la sede della società e l'ufficio del registro delle imprese presso cui questa è iscritta devono essere indicati negli atti, nella corrispondenza della società e nello spazio elettronico destinato alla comunicazione collegato con la rete telematica ad accesso pubblico.

4. Salvo quanto previsto dal presente articolo, si applicano alla società a responsabilità limitata a capitale ridotto le disposizioni del libro V, titolo V, capo VII, del codice civile, in quanto compatibili.

4-*bis*. Al fine di favorire l'accesso dei giovani imprenditori al credito, il Ministro dell'economia e delle finanze promuove, senza nuovi o maggiori oneri a carico della finanza pubblica, un accordo con l'Associazione bancaria italiana per fornire credito a condizioni agevolate ai giovani di età inferiore a trentacinque anni, che intraprendono attività imprenditoriale attraverso la costituzione di una società a responsabilità limitata a capitale ridotto.».

[3] Parole soppresse dall'art. 9, c. 13, D.L. 28 giu. 2013, n. 76, conv. con modif. in L. 9 ago. 2013, n. 99.

[4] Comma inserito dall'art. 9, c. 13, D.L. 28 giu. 2013, n. 76, conv. con modif. in L. 9 ago. 2013, n. 99.

[5] Comma soppresso dall'art. 9, c. 13, D.L. 28 giu. 2013, n. 76, conv. con modif. in L. 9 ago. 2013, n. 99.

SEZIONE II

Dei conferimenti e delle quote

2464. ***Conferimenti.*** — Il valore dei conferimenti non può essere complessivamente inferiore all'ammontare globale del capitale sociale.

Possono essere conferiti tutti gli elementi dell'attivo suscettibili di valutazione economica.

Se nell'atto costitutivo non è stabilito diversamente, il conferimento deve farsi in danaro.

Alla sottoscrizione dell'atto costitutivo deve essere versato all'organo amministrativo nominato nell'atto costitutivo almeno il venticinque per cento dei conferimenti in danaro e l'intero soprapprezzo o, nel caso di costituzione con atto unilaterale, il loro intero ammontare. I mezzi di pagamento sono indicati nell'atto. Il versamento può essere sostituito dalla stipula, per un importo almeno corrispondente, di una polizza di assicurazione o di una fideiussione bancaria con le caratteristiche determinate con decreto del Presidente del Consiglio dei Ministri; in tal caso il socio può in ogni momento sostituire la polizza o la fideiussione con il versamento del corrispondente importo in danaro.[1]

Per i conferimenti di beni in natura e di crediti si osservano le disposizioni degli artt. 2254 e 2255. Le quote corrispondenti a tali conferimenti devono essere integralmente liberate al momento della sottoscrizione.

Il conferimento può anche avvenire mediante la prestazione di una polizza di assicurazione o di una fideiussione bancaria con cui vengono garantiti, per l'intero valore ad essi assegnato, gli obblighi assunti dal socio aventi per oggetto la prestazione d'opera o di servizi a favore della società. In tal caso, se l'atto costitutivo lo prevede, la polizza o la fideiussione possono essere sostituite dal socio con il versamento a titolo di cauzione del corrispondente importo in danaro presso la società.

Se viene meno la pluralità dei soci, i versamenti ancora dovuti devono essere effettuati nei novanta giorni.

[1] Comma così modif. dall'art. 9, c. 15-*bis*, D.L. 28 giu. 2013, n. 76, conv. con modif. in L. 9 ago. 2013, n. 99.

2465. ***Stima dei conferimenti di beni in natura e di crediti.*** — Chi conferisce beni in natura o crediti deve presentare la relazione giurata di un revisore legale o di una società di revisione legale iscritti nell'apposito registro.[1] La relazione, che deve contenere la descrizione dei beni o crediti conferiti, l'indicazione dei criteri di valutazione adottati e l'attestazione che il loro valore è almeno pari a quello ad essi attribuito ai fini della determinazione del capitale sociale e dell'eventuale soprapprezzo, deve essere allegata all'atto costitutivo.

La disposizione del precedente comma si applica in caso di acquisto da parte della società, per un corrispettivo pari o superiore al decimo del capitale sociale, di beni o di crediti dei soci fondatori, dei soci e degli amministratori, nei due anni dalla iscrizione della società nel registro delle imprese. In tal caso l'acquisto, salvo diversa disposizione dell'atto costitutivo, deve essere autorizzato con decisione dei soci a norma dell'art. 2479.

Nei casi previsti dai precedenti commi si applicano il secondo comma dell'art. 2343 ed il quarto e quinto comma dell'art. 2343-*bis*.

[1] Comma così modif. dall'art. 37 D.lgs. 27 gen. 2010, n. 39.

2466. ***Mancata esecuzione dei conferimenti.*** — Se il socio non esegue il conferimento nel termine prescritto, gli amministratori diffidano il socio moroso ad eseguirlo nel termine di trenta giorni.

Decorso inutilmente questo termine gli amministratori, qualora non ritengano utile promuovere azione per l'esecuzione dei conferimenti dovuti, possono vendere agli altri soci in proporzione della loro partecipazione la quota del socio moroso. La vendita è effettuata a rischio e pericolo del medesimo per il valore risultante dall'ultimo bilancio approvato. In mancanza di offerte per l'acquisto, se l'atto costitutivo lo consente, la quota è venduta all'incanto.

Se la vendita non può aver luogo per mancanza di compratori, gli amministratori escludono il socio, trattenendo le somme riscosse. Il capitale deve essere ridotto in misura corrispondente.

Il socio moroso non può partecipare alle decisioni dei soci.

Le disposizioni dei precedenti commi si applicano anche nel caso in cui per qualsiasi motivo siano scadute o divengano inefficaci la polizza assicurativa o la garanzia bancaria prestate ai sensi dell'art. 2464. Resta salva in tal caso la possibilità del socio di sostituirle con il versamento del corrispondente importo di danaro.

2467. ***Finanziamenti dei soci.***[1] — Il rimborso dei finanziamenti dei soci a favore della società è postergato rispetto alla soddisfazione degli altri creditori.[2]

Ai fini del precedente comma s'intendono finanziamenti dei soci a favore della società quelli, in qualsiasi forma effettuati, che sono stati concessi in un momento in cui, anche in considerazione del tipo di attività esercitata dalla società, risulta un eccessivo squilibrio dell'indebitamento rispetto al patrimonio netto oppure in una situazione finanziaria della società nella quale sarebbe stato ragionevole un conferimento.

[1] Ai sensi dell'art. 1, c. 239, L. 27 dic. 2017, n. 205, le disposizioni del presente articolo non si applicano alle somme versate dai soci alle cooperative a titolo di prestito sociale.

[2] Comma così sost. dall'art. 383, c. 1, D.lgs. 12 gen. 2019, n. 14, a decorrere dal 15 lug. 2022.

2468. ***Quote di partecipazione.*** — Le partecipazioni dei soci non possono essere rappresentate da azioni né costituire oggetto di offerta al pubblico di prodotti finanziari.[1]

Salvo quanto disposto dal terzo comma del presente articolo, i diritti sociali spettano ai soci in misura proporzionale alla partecipazione da ciascuno posseduta. Se l'atto costitutivo non prevede diversamente, le partecipazioni dei soci sono determinate in misura proporzionale al conferimento.

Resta salva la possibilità che l'atto costitutivo preveda l'attribuzione a singoli soci di particolari diritti riguardanti l'amministrazione della società o la distribuzione degli utili.

Salvo diversa disposizione dell'atto costitutivo e salvo in ogni caso quanto previsto dal primo comma dell'art. 2473, i diritti previsti dal precedente comma possono essere modificati solo con il consenso di tutti i soci.

Nel caso di comproprietà di una partecipazione, i diritti dei comproprietari devono essere esercitati da un rappresentante comune nominato secondo le modalità previste dagli artt. 1105 e 1106. [Nel caso di pegno, usufrutto o sequestro delle partecipazioni si applica l'art. 2352].[2]

[1] Periodo così modif. dall'art. 5, D.lgs. 28 mar. 2007, n. 51.

[2] Periodo soppresso dall'art. 21 D.lgs. 28 dic. 2004, n. 310.

2469. ***Trasferimento delle partecipazioni.*** — Le partecipazioni sono liberamente trasferibili per atto tra vivi e per successione a causa di morte, salvo contraria disposizione dell'atto costitutivo.

Qualora l'atto costitutivo preveda l'intrasferibilità delle partecipazioni o ne subordini il trasferimento al gradimento di organi sociali, di soci o di terzi senza prevederne condizioni e limiti, o ponga condizioni o limiti che nel caso concreto impediscono il trasferimento a causa di morte, il socio o i suoi eredi possono esercitare il diritto di recesso ai sensi dell'art. 2473. In tali casi l'atto costitutivo può stabilire un termine, non superiore a due anni dalla costituzione della società o dalla sottoscrizione della partecipazione, prima del quale il recesso non può essere esercitato.

2470. ***Efficacia e pubblicità.*** — Il trasferimento delle partecipazioni ha effetto di fronte alla società dal momento dal deposito di cui al[1] successivo comma.

L'atto di trasferimento, con sottoscrizione autenticata, deve essere depositato entro trenta giorni, a cura del notaio autenticante, presso l'ufficio del registro delle imprese nella cui circoscrizione è stabilita la sede sociale. [L'iscrizione del trasferimento nel libro dei soci ha luogo, su richiesta dell'alienante o dell'acquirente, verso esibizione del titolo da cui risultino il trasferimento e l'avvenuto deposito.][2] In caso di trasferimento a causa di morte il deposito è effettuato[3] a richiesta dell'erede o del legatario verso presentazione della documentazione richiesta per l'annotazione nel libro dei soci dei corrispondenti trasferimenti in materia di società per azioni.

Se la quota è alienata con successivi contratti a più persone, quella tra esse che per prima ha effettuato in buona fede l'iscrizione nel registro delle imprese è preferita alle altre, anche se il suo titolo è di data posteriore.

Quando l'intera partecipazione appartiene ad un solo socio o muta la persona dell'unico socio, gli amministratori devono depositare per l'iscrizione nel registro delle imprese una dichiarazione contenente l'indicazione del cognome e nome o della denominazione, della data e del luogo di nascita o lo Stato di costituzione, del domicilio o della sede e cittadinanza dell'unico socio.

Quando si costituisce o ricostituisce la pluralità dei soci, gli amministratori ne devono depositare apposita dichiarazione per l'iscrizione nel registro delle imprese.

L'unico socio o colui che cessa di essere tale può provvedere alla pubblicità prevista nei commi precedenti.

Le dichiarazioni degli amministratori previste dai commi quarto e quinto devono essere depositate entro trenta giorni dall'avvenuta variazione della compagine sociale.[4]

[1] Comma così modif. dall'art. 16, L. 28 gen. 2009, n. 2.
[2] Periodo soppresso dall'art. 16 L. 28 gen. 2009, n. 2.
[3] Parole sostituite dall'art. 16 L. 28 gen. 2009, n. 2.
[4] Comma modif. dall'art. 16, L. 28 gen. 2009, n. 2.

2471. ***Espropriazione della partecipazione.*** — La partecipazione può formare oggetto di espropriazione. Il pignoramento si esegue mediante notificazione al debitore e alla società e successiva iscrizione nel registro delle imprese. [Gli amministratori procedono senza indugio all'annotazione nel libro dei soci.][1]

L'ordinanza del giudice che dispone la vendita della partecipazione deve essere notificata alla società a cura del creditore.

Se la partecipazione non è liberamente trasferibile e il creditore, il debitore e la società non si accordano sulla vendita della quota stessa, la vendita ha luogo all'incanto; ma la vendita è priva di effetto se, entro dieci giorni dall'aggiudicazione, la società presenta un altro acquirente che offra lo stesso prezzo.

Le disposizioni del comma precedente si applicano anche in caso di fallimento di un socio.

[1] Parole soppresse dall'art. 16 L. 28 gen. 2009, n. 2.

2471-*bis*. ***Pegno, usufrutto e sequestro della partecipazione.*** — La partecipazione può formare oggetto di pegno, usufrutto e sequestro. Salvo quanto disposto dal terzo comma dell'articolo che precede, si applicano le disposizioni dell'art. 2352.

2472. ***Responsabilità dell'alienante per i versamenti ancora dovuti.*** — Nel caso di cessione della partecipazione l'alienante è obbligato solidalmente con l'acquirente, per il periodo di tre anni dall'iscrizione del trasferimento nel registro delle imprese[1], per i versamenti ancora dovuti.

Il pagamento non può essere domandato all'alienante se non quando la richiesta al socio moroso è rimasta infruttuosa.

[1] Comma così modif. dall'art. 16 L. 28 gen. 2009, n. 2.

2473. ***Recesso del socio.*** — L'atto costitutivo determina quando il socio può recedere dalla società e le relative modalità. In ogni caso il diritto di recesso compete ai soci che non hanno consentito al cambiamento dell'oggetto o del tipo di società, alla sua fusione o scissione, alla revoca dello stato di liquidazione al trasferimento della sede all'estero alla eliminazione di una o più cause di recesso previste dall'atto costitutivo e al compimento di operazioni che comportano una sostanziale modificazione dell'oggetto della società determinato nell'atto costitutivo o una rilevante modificazione dei diritti attribuiti ai soci a norma dell'art. 2468, quarto comma. Restano salve le disposizioni in materia di recesso per le società soggette ad attività di direzione e coordinamento.

Nel caso di società contratta a tempo indeterminato il diritto di recesso compete al socio in ogni momento e può essere esercitato con un preavviso di almeno centottanta giorni; l'atto costitutivo può prevedere un periodo di preavviso di durata maggiore purché non superiore ad un anno.

I soci che recedono dalla società hanno diritto di ottenere il rimborso della propria partecipazione in proporzione del patrimonio sociale. Esso a tal fine è determinato tenendo conto del suo valore di mercato al momento della dichiarazione di recesso; in caso di disaccordo la determinazione è compiuta tramite relazione giurata di un esperto nominato dal tribunale, che provvede anche sulle spese, su istanza della parte più diligente; si applica in tal caso il primo comma dell'art. 1349.

Il rimborso delle partecipazioni per cui è stato esercitato il diritto di recesso deve essere eseguito entro centottanta giorni dalla comunicazione del medesimo fatta alla società. Esso può avvenire anche mediante acquisto da parte degli altri soci proporzionalmente alle loro partecipazioni oppure da parte di un terzo concordemente individuato da soci medesimi. Qualora ciò non avvenga, il rimborso è effettuato utilizzando riserve disponibili o, in mancanza, corrispondentemente riducendo il capitale sociale; in quest'ultimo caso si applica l'art. 2482 e, qualora sulla base di esso non risulti possibile il rimborso della partecipazione del socio receduto, la società viene posta in liquidazione.

Il recesso non può essere esercitato e, se già esercitato, è privo di efficacia, se la società revoca la delibera che lo legittima ovvero se è deliberato lo scioglimento della società.

2473-*bis*. *Esclusione del socio.* — L'atto costitutivo può prevedere specifiche ipotesi di esclusione per giusta causa del socio. In tal caso si applicano le disposizioni del precedente articolo, esclusa la possibilità del rimborso della partecipazione mediante riduzione del capitale sociale.

2474. *Operazioni sulle proprie partecipazioni.* — In nessun caso la società può acquistare o accettare in garanzia partecipazioni proprie, ovvero accordare prestiti o fornire garanzia per il loro acquisto o la loro sottoscrizione.

SEZIONE III

Dell'amministrazione della società e dei controlli

2475. *Amministrazione della società.* — L'istituzione degli assetti di cui all'articolo 2086, secondo comma, spetta esclusivamente agli amministratori. Salvo diversa disposizione dell'atto costitutivo, l'amministrazione della società è affidata a uno o più soci nominati con decisione dei soci presa ai sensi dell'articolo 2479. Si applica l'articolo 2382.[1]

All'atto di nomina degli amministratori si applicano il primo, quarto e quinto comma dell'art. 2383.[2]

Quando l'amministrazione è affidata a più persone, queste costituiscono il consiglio di amministrazione. L'atto costitutivo può tuttavia prevedere, salvo quanto disposto nell'ultimo comma del presente articolo, che l'amministrazione sia ad esse affidata disgiuntamente oppure congiuntamente; in tali casi si applicano, rispettivamente, gli artt. 2257 e 2258.

Qualora sia costituito un consiglio di amministrazione, l'atto costitutivo può prevedere che le decisioni siano adottate mediante consultazione scritta o sulla base del consenso espresso per iscritto. In tal caso dai documenti sottoscritti dagli amministratori devono risultare con chiarezza l'argomento oggetto della decisione ed il consenso alla stessa.

La redazione del progetto di bilancio e dei progetti di fusione o scissione, nonché le decisioni di aumento del capitale ai sensi dell'art. 2481 sono in ogni caso di competenza dell'organo amministrativo.

Si applica, in quanto compatibile, l'articolo 2381.[2]

[1] Comma così sost. dall'art. 40, D.lgs. 26 ott. 2020, n. 147, con decorrenza 20 nov. 2020. L'ultimo periodo è stato aggiunto dall'art. 6, D.lgs. 8 nov. 2021, n. 183.

[2] Comma così modif. dall'art. 6, c. 1, D.lgs. 8 nov. 2021, n. 183.

[3] Comma aggiunto dall'art. 377, c. 5, D.lgs. 12 gen. 2019, n. 14, con decorrenza 16 mar. 2019.

2475-*bis*. *Rappresentanza della società.* — Gli amministratori hanno la rappresentanza generale della società.

Le limitazioni ai poteri degli amministratori che risultano dall'atto costitutivo o dall'atto di nomina, anche se pubblicate, non sono opponibili ai terzi, salvo che si provi che questi abbiano intenzionalmente agito a danno della società.

2475-*ter*. *Conflitto di interessi.* — I contratti conclusi dagli amministratori che hanno la rappresentanza della società in conflitto di interessi, per conto proprio o di terzi, con la medesima possono essere annullati su domanda della società, se il conflitto era conosciuto o riconoscibile dal terzo.

Le decisioni adottate dal consiglio di amministrazione con il voto determinante di un amministratore in conflitto di interessi con la società, qualora le cagionino un danno patrimoniale, possono essere impugnate entro tre mesi dagli amministratori e, ove esistenti, dai soggetti previsti dall'art. 2477. In ogni caso sono salvi i diritti acquistati in buona fede dai terzi in base ad atti compiuti in esecuzione della decisione.

2476. *Responsabilità degli amministratori e controllo dei soci.* — Gli amministratori sono solidalmente responsabili verso la società dei danni derivanti dall'inosservanza dei doveri ad essi imposti dalla legge e dall'atto costitutivo per l'amministrazione della società. Tuttavia la responsabilità non si estende a quelli che dimostrino di essere esenti da colpa e, essendo a cognizione che l'atto si stava per compiere, abbiano fatto constare del proprio dissenso.

I soci che non partecipano all'amministrazione hanno diritto di avere dagli amministratori notizie sullo svolgimento degli affari sociali e di consultare, anche tramite professionisti di loro fiducia, i libri sociali ed i documenti relativi all'amministrazione.

L'azione di responsabilità contro gli amministratori è promossa da ciascun socio, il quale può altresì chiedere, in caso di gravi irregolarità nella gestione della società, che sia adottato provvedimento cautelare di revoca degli amministratori medesimi. In tal caso il giudice può subordinare il provvedimento alla prestazione di apposita cauzione.

In caso di accoglimento della domanda la società, salvo il suo diritto di regresso nei confronti degli amministratori, rimborsa agli attori le spese di giudizio e quelle da essi sostenute per l'accertamento dei fatti.

Salvo diversa disposizione dell'atto costitutivo, l'azione di responsabilità contro gli amministratori può essere oggetto di rinuncia o transazione da parte della società, purché vi consenta una maggioranza dei soci rappresentante almeno i due terzi del capitale sociale e purché non si oppongano tanti soci che rappresentano almeno il decimo del capitale sociale.

Gli amministratori rispondono verso i creditori sociali per l'inosservanza degli obblighi inerenti alla conservazione dell'integrità del patrimonio sociale. L'azione può essere proposta dai creditori quando il patrimonio sociale risulta insufficiente al soddisfacimento dei loro crediti. La rinunzia all'azione da parte della società non impedisce l'esercizio dell'azione da parte dei creditori sociali. La transazione può essere impugnata dai creditori sociali soltanto con l'azione revocatoria quando ne ricorrono gli estremi.[1]

Le disposizioni dei precedenti commi non pregiudicano il diritto al risarcimento dei danni spettante al singolo socio o al terzo che sono stati direttamente danneggiati da atti dolosi o colposi degli amministratori.

Sono altresì solidalmente responsabili con gli amministratori, ai sensi dei precedenti commi, i soci che hanno intenzionalmente deciso o autorizzato il compimento di atti dannosi per la società, i soci o i terzi.

L'approvazione del bilancio da parte dei soci non implica liberazione degli amministratori e dei sindaci per le responsabilità incorse nella gestione sociale.

[1] Comma ins. dall'art. 378, c. 1, D.lgs. 12 gen. 2019, n. 14, con decorrenza 16 mar. 2019.

2477. ***Sindaco e revisione legale dei conti.***[1] — L'atto costitutivo può prevedere, determinandone le competenze e i poteri, ivi compresa la revisione legale dei conti, la nomina di un organo di controllo o di un revisore. Se lo statuto non dispone diversamente, l'organo di controllo è costituito da un solo membro effettivo.[2]

La nomina dell'organo di controllo o del revisore è obbligatoria se la società:

a) è tenuta alla redazione del bilancio consolidato;

b) controlla una società obbligata alla revisione legale dei conti;

c) ha superato per due esercizi consecutivi almeno uno dei seguenti limiti: 1) totale dell'attivo dello stato patrimoniale: 4 milioni di euro; 2) ricavi delle vendite e delle prestazioni: 4 milioni di euro; 3) dipendenti occupati in media durante l'esercizio: 20 unità.[3]

L'obbligo di nomina dell'organo di controllo o del revisore di cui alla lettera *c)* del secondo comma cessa quando, per tre esercizi consecutivi, non è superato alcuno dei predetti limiti.[3]

Nel caso di nomina di un organo di controllo, anche monocratico, si applicano le disposizioni sul collegio sindacale previste per le società per azioni.[4]

L'assemblea che approva il bilancio in cui vengono superati i limiti indicati al secondo[5] comma deve provvedere, entro trenta giorni, alla nomina dell'organo di controllo o del revisore. Se l'assemblea non provvede, alla nomina provvede il tribunale su richiesta di qualsiasi soggetto interessato o su segnalazione del conservatore del registro delle imprese.[6]

Si applicano le disposizioni dell'articolo 2409 anche se la società è priva di organo di controllo.[7]

[1] Articolo così sost. dall'art. 14, c. 13, L. 12 nov. 2011, n. 183 a decorrere dall'1 gen. 2012 ai sensi di quanto disposto dal c. 1 dell'art. 36 della medesima legge.

[2] Comma così modif. dall'art. 35, c. 2, lett. *b)*, D.L. 9 feb. 2012, n. 5, conv. con modif. in L. 4 apr. 2012, n. 35.

[3] Comma così sost. dall'art. 2-*bis*, c. 2, D.L. 18 apr. 2019, n. 32, conv. con modif. in L. 14 giu. 2019, n. 55.

[4] Comma così sost. dall'art. 35, c. 2, lett. *c)*, D.L. 9 feb. 2012, n. 5, conv. con modif. in L. 4 apr. 2012, n. 35.

[5] Parola così modif. dall'art. 2-*bis*, c. 3, D.L. 18 apr. 2019, n. 32, conv. con modif. in L. 14 giu. 2019, n. 55.

[6] Comma così modif. in ultimo dall'art. 379, c. 2, D.lgs. 12 gen. 2019, n. 14, con decorrenza 16 mar. 2019.

[7] Comma aggiunto dall'art. 379, c. 2, D.lgs. 12 gen. 2019, n. 14, con decorrenza 16 mar. 2019.

2478. ***Libri sociali obbligatori.*** — Oltre i libri e le altre scritture contabili prescritti nell'art. 2214, la società deve tenere:

[...][1]

2) il libro delle decisioni dei soci, nel quale sono trascritti senza indugio sia i verbali delle assemblee, anche se redatti per atto pubblico, sia le decisioni prese ai sensi del primo periodo del terzo comma dell'art. 2479; la relativa documentazione è conservata dalla società;

3) il libro delle decisioni degli amministratori;

4) il libro delle decisioni del collegio sindacale nominato ai sensi dell'art. 2477.

I libri indicati nei numeri 2) e 3) del primo comma[2] devono essere tenuti a cura degli amministratori; il libro indicato nel numero 4) del primo comma deve essere tenuto[2] a cura dei sindaci.

I contratti della società con l'unico socio o le operazioni a favore dell'unico socio sono opponibili ai creditori della società solo se risultano dal libro indicato nel numero 3 del primo comma o da atto scritto avente data certa anteriore al pignoramento.

[1] Numero abrog. dall'art. 16, L. 28 gen. 2009, n. 2.

[2] Parole così modif. dall'art. 16, L. 28 gen. 2009, n. 2.

2478-*bis*. ***Bilancio e distribuzione degli utili ai soci.*** — Il bilancio deve essere redatto con l'osservanza delle disposizioni di cui alla sezione IX, del capo V del presente libro.[1] Esso è presentato ai soci entro il termine stabilito dall'atto costitutivo e comunque non superiore a centoventi giorni dalla chiusura dell'esercizio sociale, salva la possibilità di un maggior termine nei limiti ed alle condizioni previsti dal secondo comma dell'art. 2364.

Entro trenta giorni dalla decisione dei soci di approvazione del bilancio deve essere depositata[2] presso l'ufficio del registro delle imprese, a norma dell'art. 2435, copia del bilancio approvato [e l'elenco dei soci e degli altri titolari di diritti sulle partecipazioni sociali.][3]

La decisione dei soci che approva il bilancio decide sulla distribuzione degli utili ai soci.

Possono essere distribuiti esclusivamente gli utili realmente conseguiti e risultanti da bilancio regolarmente approvato.

Se si verifica una perdita del capitale sociale, non può farsi luogo a ripartizione degli utili fino a che il capitale non sia reintegrato o ridotto in misura corrispondente.

Gli utili erogati in violazione delle disposizioni del presente articolo non sono ripetibili se i soci li hanno riscossi in buona fede in base a bilancio regolarmente approvato, da cui risultano utili netti corrispondenti.

[1] Periodo così sost. dall'art. 6, D.lgs. 18 ago. 2015, n. 139. Le disposizioni del D.lgs. 139/2015 entrano in vigore dal 1° gen. 2016 e si applicano ai bilanci relativi agli esercizi finanziari aventi inizio a partire da quella data.

[2] Comma così modif. dall'art. 16, L. 28 gen. 2009, n. 2.

[3] Parole soppresse dall'art. 16, L. 28 gen. 2009, n. 2.

SEZIONE IV

Delle decisioni dei soci

2479. ***Decisioni dei soci.*** — I soci decidono sulle materie riservate alla loro competenza dall'atto costitutivo, nonché sugli argomenti che uno o più amministratori o tanti soci che rappresentano almeno un terzo del capitale sociale sottopongono alla loro approvazione.

In ogni caso sono riservate alla competenza dei soci:

1) l'approvazione del bilancio e la distribuzione degli utili;

2) la nomina, se prevista nell'atto costitutivo, degli amministratori;

3) la nomina nei casi previsti dall'art. 2477 dei sindaci e del presidente del collegio sindacale o del soggetto incaricato di effettuare la revisione legale dei conti;[1]

4) le modificazioni dell'atto costitutivo;

5) la decisione di compiere operazioni che comportano una sostanziale modificazione dell'oggetto sociale determinato nell'atto costitutivo o una rilevante modificazione dei diritti dei soci.

L'atto costitutivo può prevedere che le decisioni dei soci siano adottate mediante consultazione scritta o sulla base del consenso espresso per iscritto. In tal caso dai documenti sottoscritti dai soci devono risultare con chiarezza l'argomento oggetto della decisione ed il consenso alla stessa.

Qualora nell'atto costitutivo non vi sia la previsione di cui al terzo comma e comunque con riferimento alle materie indicate nei numeri 4) e 5) del secondo comma dal presente articolo nonché nel caso previsto dal quarto comma dell'art. 2482-*bis*[2] oppure quando lo richiedono uno o più amministratori o un numero di soci che rappresentano almeno un terzo del capitale sociale, le decisioni dei soci debbono essere adottate mediante deliberazione assembleare ai sensi dell'art. 2479-*bis*.

Ogni socio ha diritto di partecipare alle decisioni previste dal presente articolo ed il suo voto vale in misura proporzionale alla sua partecipazione.

Salvo diversa disposizione dell'atto costitutivo, le decisioni dei soci sono prese con il voto favorevole di una maggioranza che rappresenti almeno la metà del capitale sociale.[3]

[1] Numero così modif. dall'art. 37 D.lgs. 27 gen. 2010, n. 39.

[2] Parole inserite dall'art. 5 D.lgs. 6 feb. 2004, n. 37.

[3] Comma aggiunto dall'art. 5 D.lgs. 6 feb. 2004, n. 37.

2479-*bis*. ***Assemblea dei soci.*** — L'atto costitutivo determina i modi di convocazione dell'assemblea dei soci, tali comunque da assicurare la tempestiva informazione sugli argomenti da trattare. In mancanza la convocazione è effettuata mediante lettera raccomandata spedita ai soci almeno otto giorni prima dell'adunanza nel domicilio risultante dal registro delle imprese[1].

Se l'atto costitutivo non dispone diversamente, il socio può farsi rappresentare in assemblea e la relativa documentazione è conservata secondo quanto prescritto dall'art. 2478, primo comma, numero 2).

Salvo diversa disposizione dell'atto costitutivo l'assemblea si riunisce presso la sede sociale ed è regolarmente costituita con la presenza di tanti soci che rappresentano almeno la metà del capitale sociale e delibera a maggioranza assoluta e, nei casi previsti dai numeri 4) e 5) del secondo comma dell'art. 2479, con il voto favorevole dei soci che rappresentano almeno la metà del capitale sociale.

L'assemblea è presieduta dalla persona indicata nell'atto costitutivo o, in mancanza, da quella designata dagli intervenuti. Il presidente dell'assemblea verifica la regolarità della costituzione, accerta l'identità e la legittimazione dei presenti, regola il suo svolgimento ed accerta i risultati delle votazioni; degli esiti di tali accertamenti deve essere dato conto nel verbale.

In ogni caso la deliberazione s'intende adottata quando ad essa partecipa l'intero capitale sociale e tutti gli amministratori e sindaci sono presenti o informati della riunione e nessuno si oppone alla trattazione dell'argomento.

[1] Comma così modif. dall'art. 16 L. 28 gen. 2009, n. 2.

2479-*ter*. ***Invalidità delle decisioni dei soci.*** — Le decisioni dei soci che non sono prese in conformità della legge o dell'atto costitutivo possono essere impugnate dai soci che non vi hanno consentito, da ciascun amministratore e dal collegio sindacale entro novanta giorni dalla loro trascrizione nel libro delle decisioni dei soci. Il tribunale, qualora ne ravvisi l'opportunità e ne sia fatta richiesta dalla società o da chi ha proposto l'impugnativa, può assegnare un termine non superiore a centottanta giorni per l'adozione di una nuova decisione idonea ad eliminare la causa di invalidità.

Qualora possano recare danno alla società, sono impugnabili a norma del precedente comma le decisioni assunte con la partecipazione determinante di soci che hanno, per conto proprio o di terzi, un interesse in conflitto con quello della società.

Le decisioni aventi oggetto illecito o impossibile e quelle prese in assenza assoluta di informazione possono essere impugnate da chiunque vi abbia interesse entro tre anni dalla trascrizione indicata nel primo periodo del primo comma. Possono essere impugnate senza limiti di tempo le deliberazioni che modificano l'oggetto sociale prevedendo attività impossibili o illecite.[1]

Si applicano, in quanto compatibili, gli artt. 2377, primo, quinto, settimo, ottavo e nono comma, 2378, 2379-*bis*, 2379-*ter* e 2434-*bis*.

[1] Comma così modif. dall'art. 22 D.lgs. 28 dic. 2004, n. 310.

SEZIONE V

Delle modificazioni dell'atto costitutivo

2480. ***Modificazioni dell'atto costitutivo.*** — Le modificazioni dell'atto costitutivo sono deliberate dall'assemblea dei soci a norma dell'art. 2479-*bis*. Il verbale è redatto da notaio e si applica l'art. 2436.

2481. ***Aumento di capitale.*** — L'atto costitutivo può attribuire agli amministratori la facoltà di aumentare il capitale sociale, determinandone i limiti e le modalità di esercizio; la decisione degli amministratori, che deve risultare da verbale redatto senza indugio da notaio, deve essere depositata ed iscritta a norma dell'art. 2436.

La decisione di aumentare il capitale sociale non può essere attuata fin quando i conferimenti precedentemente dovuti non sono stati integralmente eseguiti.

2481-*bis*. ***Aumento di capitale mediante nuovi conferimenti.*** — In caso di decisione di aumento del capitale sociale mediante nuovi conferimenti spetta ai soci il diritto di sottoscriverlo in proporzione delle partecipazioni da essi possedute. L'atto costitutivo può prevedere, salvo per il caso di cui all'art. 2482-*ter*, che l'aumento di capitale possa essere attuato anche mediante offerta di quote di nuova emissione a terzi; in tal caso spetta ai soci che non hanno consentito alla decisione il diritto di recesso a norma dell'art. 2473.

La decisione di aumento di capitale prevede l'eventuale soprapprezzo e le modalità ed i termini entro i quali può essere esercitato il diritto di sottoscrizione. Tali termini non possono essere inferiori a trenta giorni dal momento in cui viene comunicato ai soci che l'aumento di capitale può essere sottoscritto. La decisione può anche consentire, disciplinandone le modalità, che la parte dell'aumento di capitale non sottoscritta da uno o più soci sia sottoscritta dagli altri soci o da terzi.

Se l'aumento di capitale non è integralmente sottoscritto nel termine stabilito dalla decisione, il capitale è aumentato di un importo pari alle sottoscrizioni raccolte soltanto se la deliberazione medesima lo abbia espressamente consentito.

Salvo quanto previsto dal secondo periodo del quarto comma e dal sesto comma dell'art. 2464, i sottoscrittori dell'aumento di capitale devono, all'atto della sottoscrizione, versare alla società almeno il venticinque per cento della parte di capitale sottoscritta e, se previsto, l'intero soprapprezzo. Per i conferimenti di beni in natura o di crediti si applica quanto disposto dal quinto comma dell'art. 2464.

Se l'aumento di capitale è sottoscritto dall'unico socio, il conferimento in danaro deve essere integralmente versato all'atto della sottoscrizione.

Nei trenta giorni dall'avvenuta sottoscrizione gli amministratori devono depositare per l'iscrizione nel registro delle imprese un'attestazione che l'aumento di capitale è stato eseguito.

2481-*ter*. ***Passaggio di riserve a capitale.*** — La società può aumentare il capitale imputando ad esso le riserve e gli altri fondi iscritti in bilancio in quanto disponibili.

In questo caso la quota di partecipazione di ciascun socio resta immutata.

2482. ***Riduzione del capitale sociale.*** — La riduzione del capitale sociale può avere luogo, nei limiti previsti dal numero 4) dell'art. 2463, mediante rimborso ai soci delle quote pagate o mediante liberazione di essi dall'obbligo dei versamenti ancora dovuti.

La decisione dei soci di ridurre il capitale sociale può essere eseguita soltanto dopo novanta giorni dal giorno dell'iscrizione nel registro delle imprese della decisione medesima, purché entro questo termine nessun creditore sociale anteriore all'iscrizione abbia fatto opposizione.

Il tribunale, quando ritenga infondato il pericolo di pregiudizio per i creditori oppure la società abbia prestato un'idonea garanzia, dispone che l'esecuzione abbia luogo nonostante l'opposizione.

2482-*bis*. ***Riduzione del capitale per perdite.*** — Quando risulta che il capitale è diminuito di oltre un terzo in conseguenza di perdite, gli amministratori devono senza indugio convocare l'assemblea dei soci per gli opportuni provvedimenti.

All'assemblea deve essere sottoposta una relazione degli amministratori sulla situazione patrimoniale della società, con le osservazioni nei casi previsti dall'art. 2477 del collegio sindacale o del soggetto incaricato di effettuare la revisione legale dei conti.[1] Se l'atto costitutivo non prevede diversamente, copia della relazione e delle osservazioni deve essere depositata nella sede della società almeno otto giorni prima dell'assemblea, perché i soci possano prenderne visione.

Nell'assemblea gli amministratori devono dare

conto dei fatti di rilievo avvenuti dopo la redazione della relazione prevista nel precedente comma.

Se entro l'esercizio successivo la perdita non risulta diminuita a meno di un terzo, deve essere convocata l'assemblea per l'approvazione del bilancio e per la riduzione del capitale in proporzione delle perdite accertate. In mancanza gli amministratori e i sindaci o il soggetto incaricato di effettuare la revisione legale dei conti[1] nominati ai sensi dell'art. 2477 devono chiedere al tribunale che venga disposta la riduzione del capitale in ragione delle perdite risultanti dal bilancio.

Il tribunale, anche su istanza di qualsiasi interessato, provvede con decreto soggetto a reclamo, che deve essere iscritto nel registro delle imprese a cura degli amministratori.

Si applica, in quanto compatibile, l'ultimo comma dell'art. 2446.

[1] Periodo così modif. dall'art. 37, D.lgs. 27 gen. 2010, n. 39.

2482-*ter*. *Riduzione del capitale al disotto del minimo legale.* — Se, per la perdita di oltre un terzo del capitale, questo si riduce al disotto del minimo stabilito dal numero 4) dell'art. 2463, gli amministratori devono senza indugio convocare l'assemblea per deliberare la riduzione del capitale ed il contemporaneo aumento del medesimo ad una cifra non inferiore al detto minimo è fatta salva la possibilità di deliberare la trasformazione della società.

2482-*quater*. *Riduzione del capitale per perdite e diritti dei soci.* — In tutti i casi di riduzione del capitale per perdite è esclusa ogni modificazione delle quote di partecipazione e dei diritti spettanti ai soci.

2483. *Emissione di titoli di debito.* — Se l'atto costitutivo lo prevede, la società può emettere titoli di debito. In tal caso l'atto costitutivo attribuisce la relativa competenza ai soci o agli amministratori determinando gli eventuali limiti, le modalità e le maggioranze necessarie per la decisione.

I titoli emessi ai sensi del precedente comma possono essere sottoscritti soltanto da investitori professionali soggetti a vigilanza prudenziale a norma delle leggi speciali. In caso di successiva circolazione dei titoli di debito, chi li trasferisce risponde della solvenza della società nei confronti degli acquirenti che non siano investitori professionali ovvero soci della società medesima.

La decisione di emissione dei titoli prevede le condizioni del prestito e le modalità del rimborso ed è iscritta a cura degli amministratori presso il registro delle imprese. Può altresì prevedere che, previo consenso della maggioranza dei possessori dei titoli, la società possa modificare tali condizioni e modalità.

Restano salve le disposizioni di leggi speciali relative a particolari categorie di società e alle riserve di attività.

CAPO VIII[1]
Scioglimento e liquidazione delle società di capitali

[1] Il capo VIII del titolo V del libro V del codice civile è stato così sostituito dall'art. 4 D.lgs. 17 gen. 2003, n. 6, in vigore dall'1 gen. 2004.

2484. *Cause di scioglimento.* — Le società per azioni, in accomandita per azioni e a responsabilità limitata si sciolgono:

1) per il decorso del termine;

2) per il conseguimento dell'oggetto sociale o per la sopravvenuta impossibilità di conseguirlo, salvo che l'assemblea, all'uopo convocata senza indugio, non deliberi le opportune modifiche statutarie;

3) per l'impossibilità di funzionamento o per la continuata inattività dell'assemblea;

4) per la riduzione del capitale al disotto del minimo legale, salvo quanto è disposto dagli artt. 2447 e 2482-*ter*;

5) nelle ipotesi previste dagli artt. 2437-*quater* e 2473;

6) per deliberazione dell'assemblea;

7) per le altre cause previste dall'atto costitutivo o dallo statuto;

7-*bis*) per l'apertura della procedura di liquidazione giudiziale e della liquidazione controllata. Si applicano, in quanto compatibili, gli articoli 2487 e 2487-*bis*.[1]

La società inoltre si scioglie per le altre cause previste dalla legge; in queste ipotesi le disposizioni dei seguenti articoli si applicano in quanto compatibili.

Gli effetti dello scioglimento si determinano, nelle ipotesi previste dai numeri 1), 2), 3), 4) e 5) del primo comma, alla data dell'iscrizione presso l'ufficio del registro delle imprese della dichiarazione con cui gli amministratori ne accertano la causa e, nell'ipotesi prevista dal numero 6) del medesimo comma, alla data dell'iscrizione della relativa deliberazione.

Quando l'atto costitutivo o lo statuto prevedono altre cause di scioglimento, essi devono determinare la competenza a deciderle od accertarle, e ad effettuare gli adempimenti pubblicitari di cui al precedente comma.

[1] Numero aggiunto dall'art. 380, c. 1, D.lgs. 12 gen. 2019, n. 14, a decorrere dal 15 lug. 2022.

2485. *Obblighi degli amministratori.* — Gli amministratori devono senza indugio accertare il verificarsi di una causa di scioglimento e procedere agli adempimenti previsti dal terzo comma dell'art. 2484. Essi, in caso di ritardo od omissione, sono personalmente e solidalmente responsabili per i danni subiti dalla società, dai soci, dai creditori sociali e dai terzi.

Quando gli amministratori omettono gli adempimenti di cui al precedente comma, il tribunale, su istanza di singoli soci o amministratori ovvero dei sindaci, accerta il verificarsi della causa di scioglimento, con decreto che deve essere iscritto a norma del terzo comma dell'art. 2484.

2486. ***Poteri degli amministratori.*** — Al verificarsi di una causa di scioglimento e fino al momento della consegna di cui all'art. 2487-*bis*, gli amministratori conservano il potere di gestire la società, ai soli fini della conservazione dell'integrità e del valore del patrimonio sociale.

Gli amministratori sono personalmente e solidalmente responsabili dei danni arrecati alla società, ai soci, ai creditori sociali ed ai terzi, per atti od omissioni compiuti in violazione del precedente comma.

Quando è accertata la responsabilità degli amministratori a norma del presente articolo, e salva la prova di un diverso ammontare, il danno risarcibile si presume pari alla differenza tra il patrimonio netto alla data in cui l'amministratore è cessato dalla carica o, in caso di apertura di una procedura concorsuale, alla data di apertura di tale procedura e il patrimonio netto determinato alla data in cui si è verificata una causa di scioglimento di cui all'articolo 2484, detratti i costi sostenuti e da sostenere, secondo un criterio di normalità, dopo il verificarsi della causa di scioglimento e fino al compimento della liquidazione. Se è stata aperta una procedura concorsuale e mancano le scritture contabili o se a causa dell'irregolarità delle stesse o per altre ragioni i netti patrimoniali non possono essere determinati, il danno è liquidato in misura pari alla differenza tra attivo e passivo accertati nella procedura.[1]

[1] Comma aggiunto dall'art. 378, c. 2, D.lgs. 12 gen. 2019, n. 14, con decorrenza 16 mar. 2019.

2487. ***Nomina e revoca dei liquidatori; criteri di svolgimento della liquidazione.*** — Salvo che nei casi previsti dai numeri 2), 4) e 6) del primo comma dell'art. 2484 non abbia già provveduto l'assemblea e salvo che l'atto costitutivo o lo statuto non dispongano in materia, gli amministratori, contestualmente all'accertamento della causa di scioglimento, debbono convocare l'assemblea dei soci perché deliberi, con le maggioranze previste per le modificazioni dell'atto costitutivo o dello statuto, su:

a) il numero dei liquidatori e le regole di funzionamento del collegio in caso di pluralità di liquidatori;

b) la nomina dei liquidatori, con indicazione di quelli cui spetta la rappresentanza della società;

c) i criteri in base ai quali deve svolgersi la liquidazione; i poteri dei liquidatori, con particolare riguardo alla cessione dell'azienda sociale, di rami di essa, ovvero anche di singoli beni o diritti, o blocchi di essi; gli atti necessari per la conservazione del valore dell'impresa, ivi compreso il suo esercizio provvisorio, anche di singoli rami, in funzione del migliore realizzo.

Se gli amministratori omettono la convocazione di cui al comma precedente, il tribunale vi provvede su istanza di singoli soci o amministratori, ovvero dei sindaci, e, nel caso in cui l'assemblea non si costituisca o non deliberi, adotta con decreto le decisioni ivi previste.

L'assemblea può sempre modificare, con le maggioranze richieste per le modificazioni dell'atto costitutivo o dello statuto, le deliberazioni di cui al primo comma.

I liquidatori possono essere revocati dall'assemblea o, quando sussiste una giusta causa, dal tribunale su istanza di soci, dei sindaci o del pubblico ministero.

2487-*bis*. ***Pubblicità della nomina dei liquidatori ed effetti.*** — La nomina dei liquidatori e la determinazione dei loro poteri, comunque avvenuta, nonché le loro modificazioni, devono essere iscritte, a loro cura, nel registro delle imprese.

Alla denominazione sociale deve essere aggiunta l'indicazione trattarsi di società in liquidazione.

Avvenuta l'iscrizione di cui al primo comma gli amministratori cessano dalla carica e consegnano ai liquidatori i libri sociali, una situazione dei conti alla data di effetto dello scioglimento ed un rendiconto sulla loro gestione relativo al periodo successivo all'ultimo bilancio approvato. Di tale consegna viene redatto apposito verbale. Quando nei confronti della società è stata aperta la procedura di liquidazione giudiziale o di liquidazione controllata, il rendiconto sulla gestione è consegnato anche, rispettivamente, al curatore o al liquidatore della liquidazione controllata.[1]

[1] Periodo aggiunto dall'art. 380, c. 2, D.lgs. 12 gen. 2019, n. 14, a decorrere dal 15 lug. 2022.

2487-*ter*. ***Revoca dello stato di liquidazione.*** — La società può in ogni momento revocare lo stato di liquidazione, occorrendo previa eliminazione della causa di scioglimento, con deliberazione dell'assemblea presa con le maggioranze richieste per le modificazioni dell'atto costitutivo o dello statuto. Si applica l'art. 2436.

La revoca ha effetto solo dopo sessanta giorni dall'iscrizione nel registro delle imprese della relativa deliberazione, salvo che consti il consenso dei creditori della società o il pagamento dei creditori che non hanno dato il consenso. Qualora nel termine suddetto i creditori anteriori all'iscrizione abbiano fatto opposizione, si applica l'ultimo comma dell'art. 2445.

2488. ***Organi sociali.*** — Le disposizioni sulle decisioni dei soci, sulle assemblee e sugli organi amministrativi e di controllo si applicano, in quanto compatibili, anche durante la liquidazione.

2489. ***Poteri, obblighi e responsabilità dei liquidatori.*** — Salvo diversa disposizione statutaria, ovvero adottata in sede di nomina, i liquidatori hanno il potere di compiere tutti gli atti utili per la liquidazione della società.

I liquidatori debbono adempiere i loro doveri con la professionalità e diligenza richieste dalla natura dell'incarico e la loro responsabilità per i danni derivanti dall'inosservanza di tali doveri è disciplinata secondo le norme in tema di responsabilità degli amministratori.

2490. ***Bilanci in fase di liquidazione.*** — I liquidatori devono redigere il bilancio e presentarlo, alle scadenze previste per il bilancio di esercizio della società, per l'approvazione all'assemblea o, nel caso previsto dal terzo comma dell'art. 2479, ai soci. Si applicano, in quanto compatibili con la natura, le finalità e lo stato della liquidazione, le disposizioni degli artt. 2423 e seguenti.

Nella relazione i liquidatori devono illustrare l'andamento, le prospettive, anche temporali, della liquidazione, ed i principi e criteri adottati per realizzarla.

Nella nota integrativa i liquidatori debbono indicare e motivare i criteri di valutazione adottati.

Nel primo bilancio successivo alla loro nomina i liquidatori devono indicare le variazioni nei criteri di valutazione adottati rispetto all'ultimo bilancio approvato, e le ragioni e conseguenze di tali variazioni. Al medesimo bilancio deve essere allegata la documentazione consegnata dagli amministratori a norma del terzo comma dell'art. 2487-*bis*, con le eventuali osservazioni dei liquidatori.

Quando sia prevista una continuazione, anche parziale, dell'attività di impresa, le relative poste di bilancio devono avere una indicazione separata; la relazione deve indicare le ragioni e le prospettive della continuazione; la nota integrativa deve indicare e motivare i criteri di valutazione adottati.

Qualora per oltre tre anni consecutivi non venga depositato il bilancio di cui al presente articolo, la società è cancellata d'ufficio dal registro delle imprese con gli effetti previsti dall'art. 2495.

2491. ***Poteri e doveri particolari dei liquidatori.*** — Se i fondi disponibili risultano insufficienti per il pagamento dei debiti sociali, i liquidatori possono chiedere proporzionalmente ai soci i versamenti ancora dovuti.

I liquidatori non possono ripartire tra i soci acconti sul risultato della liquidazione, salvo che dai bilanci risulti che la ripartizione non incide sulla disponibilità di somme idonee alla integrale e tempestiva soddisfazione dei creditori sociali; i liquidatori possono condizionare la ripartizione alla prestazione da parte del socio di idonee garanzie.

I liquidatori sono personalmente e solidalmente responsabili per i danni cagionati ai creditori sociali con la violazione delle disposizioni del comma precedente.

2492. ***Bilancio finale di liquidazione.*** — Compiuta la liquidazione, i liquidatori devono redigere il bilancio finale, indicando la parte spettante a ciascun socio o azione nella divisione dell'attivo.

Il bilancio, sottoscritto dai liquidatori e accompagnato dalla relazione dei sindaci e del soggetto incaricato di effettuare la revisione legale dei conti, è depositato presso l'ufficio del registro delle imprese.[1]

Nei novanta giorni successivi all'iscrizione dell'avvenuto deposito, ogni socio può proporre reclamo davanti al tribunale in contraddittorio dei liquidatori.

Entro i cinque giorni successivi alla presentazione del reclamo, il cancelliere comunica la notizia in via telematica, ai fini dell'annotazione, al competente ufficio del registro delle imprese.[2]

I reclami devono essere riuniti e decisi in unico giudizio, nel quale tutti i soci possono intervenire. La trattazione della causa ha inizio quando sia decorso il termine suddetto. La sentenza fa stato anche riguardo ai non intervenuti Un estratto della sentenza definitiva che decide sul reclamo è trasmesso, entro cinque giorni, dal cancelliere al competente ufficio del registro delle imprese per la relativa annotazione.[3]

[1] Comma così modif. dall'art. 37, D.lgs. 27 gen. 2010, n. 39.

[2] Comma ins. dall'art. 40, c. 12-*ter*, D.L. 16 lug. 2020, n. 76, conv. con modif. in L. 11 set. 2020, n. 120.

[3] Periodo aggiunto dall'art. 40, c. 12-*ter*, D.L. 16 lug. 2020, n. 76, conv. con modif. in L. 11 set. 2020, n. 120.

2493. ***Approvazione tacita del bilancio.*** — Decorso il termine di novanta giorni senza che siano stati proposti reclami, il bilancio finale di liquidazione s'intende approvato, e i liquidatori, salvi i loro obblighi relativi alla distribuzione dell'attivo risultante dal bilancio, sono liberati di fronte ai soci.

Indipendentemente dalla decorrenza del termine, la quietanza, rilasciata senza riserve all'atto del pagamento dell'ultima quota di riparto, importa approvazione del bilancio.

2494. ***Deposito delle somme non riscosse.*** — Le somme spettanti ai soci, non riscosse entro novanta giorni dall'iscrizione dell'avvenuto deposito del bilancio a norma dell'art. 2492, devono essere depositate presso una banca con l'indicazione del cognome e del nome del socio o dei numeri delle azioni, se queste sono al portatore.

2495. ***Cancellazione della società.*** — Approvato il bilancio finale di liquidazione, i liquidatori devono chiedere la cancellazione della società dal registro delle imprese, salvo quanto disposto dal secondo comma[1].

Decorsi cinque giorni dalla scadenza del termine previsto dal terzo comma dell'articolo 2492, il conservatore del registro delle imprese iscrive la cancellazione della società qualora non riceva notizia della presentazione di reclami da parte del cancelliere.[2]

Ferma restando l'estinzione della società, dopo la cancellazione i creditori sociali non soddisfatti possono far valere i loro crediti nei confronti dei soci, fino alla concorrenza delle somme da questi riscosse in base al bilancio finale di liquidazione, e nei confronti dei liquidatori, se il mancato pagamento è dipeso da colpa di questi. La domanda, se proposta entro un anno dalla cancellazione, può essere notificata presso l'ultima sede della società.

[1] Parole aggiunte dall'art. 40, c. 12-*ter*, D.L. 16 lug. 2020, n. 76, conv. con modif. in L. 11 set. 2020, n. 120.

[2] Comma ins. dall'art. 40, c. 12-*ter*, D.L. 16 lug. 2020, n. 76, conv. con modif. in L. 11 set. 2020, n. 120.

2496. ***Deposito dei libri sociali.*** — Compiuta la liquidazione, la distribuzione dell'attivo o il deposito indicato nell'art. 2494, i libri della società devono essere depositati e conservati per dieci anni presso l'ufficio del registro delle imprese; chiunque può esaminarli, anticipando le spese.

CAPO IX[1]

Direzione e coordinamento di società

[1] Il capo IX del titolo V del Libro V del codice civile è stato così sostituito dall'art. 5 D.lgs. 17 gen. 2003, n. 6, in vigore dall'1 gen. 2004.

2497. ***Responsabilità.*** — Le società o gli enti che, esercitando attività di direzione e coordinamento di società, agiscono nell'interesse imprenditoriale proprio o altrui in violazione dei principi di corretta gestione societaria e imprenditoriale delle società medesime, sono direttamente responsabili nei confronti dei soci di queste per il pregiudizio arrecato alla redditività ed al valore della partecipazione sociale, nonché nei confronti dei creditori sociali per la lesione cagionata all'integrità del patrimonio della società. Non vi è responsabilità quando il danno risulta mancante alla luce del risultato complessivo dell'attività di direzione e coordinamento ovvero integralmente eliminato anche a seguito di operazioni a ciò dirette.[1]

Risponde in solido chi abbia comunque preso parte al fatto lesivo e, nei limiti del vantaggio conseguito, chi ne abbia consapevolmente tratto beneficio.

Il socio ed il creditore sociale possono agire contro la società o l'ente che esercita l'attività di direzione e coordinamento, solo se non sono stati soddisfatti dalla società soggetta alla attività di direzione e coordinamento.

Nel caso di fallimento, liquidazione coatta amministrativa e amministrazione straordinaria di società soggetta ad altrui direzione e coordinamento, l'azione spettante ai creditori di questa è esercitata dal curatore o dal commissario liquidatore o dal commissario straordinario.

[1] Ai sensi dell'art. 19, c. 6, L. 3 ago. 2009, n. 102 "per enti si intendono i soggetti giuridici collettivi, diversi dallo Stato che detengono la partecipazione sociale nell'ambito della propria attività imprenditoriale ovvero per finalità di natura economica o finanziaria".

2497-*bis*. ***Pubblicità.*** — La società deve indicare la società o l'ente alla cui attività di direzione o coordinamento è soggetta negli atti e nella corrispondenza, nonché mediante iscrizione, a cura degli amministratori, presso la sezione del registro delle imprese di cui al comma successivo.[1]

È istituita presso il registro delle imprese apposita sezione nella quale sono indicate le società o gli enti che esercitano attività di direzione e coordinamento e quelle che vi sono soggette.

Gli amministratori che omettono l'indicazione di cui al comma primo ovvero l'iscrizione di cui al comma secondo, o le mantengono quando la soggezione è cessata, sono responsabili dei danni che la mancata conoscenza di tali fatti abbia recato ai soci o ai terzi.

La società deve esporre, in apposita sezione della nota integrativa, un prospetto riepilogativo dei dati essenziali dell'ultimo bilancio della società o dell'ente che esercita su di essa l'attività di direzione e coordinamento.

Parimenti, gli amministratori devono indicare nella relazione sulla gestione i rapporti intercorsi con chi esercita l'attività di direzione e coordinamento e con le altre società che vi sono soggette, nonché l'effetto che tale attività ha avuto sull'esercizio dell'impresa sociale e sui suoi risultati.

[1] Periodo così modif. dall'art. 5, D.lgs. 6 feb. 2004, n. 37.

2497-*ter*. ***Motivazione delle decisioni.*** — Le decisioni delle società soggette ad attività di direzione e coordinamento, quando da questa influenzate, debbono essere analiticamente motivate e recare puntuale indicazione delle ragioni e degli interessi la cui valutazione ha inciso sulla decisione. Di esse viene dato adeguato conto nella relazione di cui all'art. 2428.

2497-*quater*. ***Diritto di recesso.*** — Il socio di società soggetta ad attività di direzione e coordinamento può recedere:

a) quando la società o l'ente che esercita attività di direzione e coordinamento ha deliberato una trasformazione che implica il mutamento del suo scopo sociale, ovvero ha deliberato una modifica del suo oggetto sociale consentendo l'esercizio di attività che alterino in modo sensibile e diretto le condizioni economiche e patrimoniali della società soggetta ad attività di direzione e coordinamento;

b) quando a favore del socio sia stata pronunciata, con decisione esecutiva, condanna di chi esercita attività di direzione e coordinamento ai sensi dell'art. 2497; in tal caso il diritto di recesso può essere esercitato soltanto per l'intera partecipazione del socio;

c) all'inizio ed alla cessazione dell'attività di direzione e coordinamento, quando non si tratta di una società con azioni quotate in mercati regolamentati e ne deriva un'alterazione delle condizioni di rischio dell'investimento e non venga promossa un'offerta pubblica di acquisto.

Si applicano, a seconda dei casi ed in quanto compatibili, le disposizioni previste per il diritto di recesso del socio nella società per azioni o in quella a responsabilità limitata.

2497-*quinquies*. *Finanziamenti nell'attività di direzione e coordinamento.* — Ai finanziamenti effettuati a favore della società da chi esercita attività di direzione e coordinamento nei suoi confronti o da altri soggetti ad essa sottoposti si applica l'art. 2467.

2497-*sexies*. *Presunzioni.* — Ai fini di quanto previsto nel presente capo, si presume salvo prova contraria che l'attività di direzione e coordinamento di società sia esercitata dalla società o ente tenuto al consolidamento dei loro bilanci o che comunque le controlla[1] ai sensi dell'art. 2359.

[...].[2]

[1] Periodo così modif. ai sensi dell'art. 5, D.lgs. 6 feb. 2004, n. 37.

[2] Comma soppresso dall'art. 5 D.lgs. 6 feb. 2004, n. 37.

2497-*septies*. *Coordinamento tra società.*[1] — Le disposizioni del presente capo si applicano altresì alla società o all'ente che, fuori delle ipotesi di cui all'art. 2497-*sexies*, esercita attività di direzione e coordinamento di società sulla base di un contratto con le società medesime o di clausole dei loro statuti.

[1] Articolo aggiunto dall'art. 5 D.lgs. 6 feb. 2004, n. 37.

CAPO X[1]
Della trasformazione, della fusione e della scissione

[1] Il capo X del titolo V del libro V del codice civile è stato aggiunto dall'art. 6 D.lgs. 17 gen. 2003, n. 6, in vigore dall'1 gen. 2004.

SEZIONE I
Della trasformazione

2498. *Continuità dei rapporti giuridici.* — Con la trasformazione l'ente trasformato conserva i diritti e gli obblighi e prosegue in tutti i rapporti anche processuali dell'ente che ha effettuato la trasformazione.

2499. *Limiti alla trasformazione.* — Può farsi luogo alla trasformazione anche in pendenza di procedura concorsuale, purché non vi siano incompatibilità con le finalità o lo stato della stessa.

2500. *Contenuto, pubblicità ed efficacia dell'atto di trasformazione.* — La trasformazione in società per azioni, in accomandita per azioni o a responsabilità limitata deve risultare da atto pubblico, contenente le indicazioni previste dalla legge per l'atto di costituzione del tipo adottato.

L'atto di trasformazione è soggetto alla disciplina prevista per il tipo adottato ed alle forme di pubblicità relative, nonché alla pubblicità richiesta per la cessazione dell'ente che effettua la trasformazione.

La trasformazione ha effetto dall'ultimo degli adempimenti pubblicitari di cui al comma precedente.

2500-*bis*. *Invalidità della trasformazione.* — Eseguita la pubblicità di cui all'articolo precedente, l'invalidità dell'atto di trasformazione non può essere pronunciata.

Resta salvo il diritto al risarcimento del danno eventualmente spettante ai partecipanti all'ente trasformato ed ai terzi danneggiati dalla trasformazione.

2500-*ter*. *Trasformazione di società di persone.* — Salvo diversa disposizione del contratto sociale, la trasformazione di società di persone in società di capitali è decisa con il consenso della maggioranza dei soci determinata secondo la parte attribuita a ciascuno negli utili; in ogni caso al socio che non ha concorso alla decisione spetta il diritto di recesso.

Nei casi previsti dal precedente comma il capitale della società risultante dalla trasformazione deve essere determinato sulla base dei valori attuali degli elementi dell'attivo e del passivo e deve risultare da relazione di stima redatta a norma dell'articolo 2343 ovvero dalla documentazione di cui all'articolo 2343-ter ovvero, infine, nel caso di società a responsabilità limitata, dell'articolo 2465. Si applicano altresì, nel caso di società per azioni o in accomandita per azioni, il secondo, terzo e, in quanto compatibile, quarto comma dell'articolo 2343 ovvero, nelle ipotesi di cui al primo e secondo comma dell'articolo 2343-ter, il terzo comma del medesimo articolo.[1]

[1] Comma così modif. dall'art. 20, c. 5, D.L. 24 giu. 2014, n. 91, conv. con modif. in L. 11 ago. 2014, n. 116.

2500-*quater*. *Assegnazione di azioni o quote.* — Nel caso previsto dall'art. 2500-*ter*, ciascun socio ha diritto all'assegnazione di un numero di azioni o di una quota proporzionale alla sua partecipazione, salvo quanto disposto dai commi successivi.

Il socio d'opera ha diritto all'assegnazione di un numero di azioni o di una quota in misura corrispondente alla partecipazione che l'atto costitutivo gli riconosceva precedentemente alla trasformazione o, in mancanza, d'accordo tra i soci ovvero, in difetto di accordo, determinata dal giudice secondo equità.

Nelle ipotesi di cui al comma precedente, le azioni o quote assegnate agli altri soci si riducono proporzionalmente.

2500-*quinquies*. *Responsabilità dei soci.* — La trasformazione non libera i soci a responsabilità illimitata dalla responsabilità per le obbligazioni sociali sorte prima degli adempimenti previsti dal terzo comma dell'art. 2500, se non risulta che i creditori sociali hanno dato il loro consenso alla trasformazione.

Il consenso si presume se i creditori, ai quali la deliberazione di trasformazione sia stata comunicata per raccomandata o con altri mezzi che garantiscano la prova dell'avvenuto ricevimento, non lo hanno espressamente negato nel termine di sessanta giorni dal ricevimento della comunicazione.

2500-*sexies*. *Trasformazione di società di capitali.* — Salvo diversa disposizione dello statuto, la deliberazione di trasformazione di società di capitali in società di persone è adottata con le maggioranze previste per le modifiche dello statuto. è comunque richiesto il consenso dei soci che con la trasformazione assumono responsabilità illimitata.

Gli amministratori devono predisporre una relazione che illustri le motivazioni e gli effetti della trasformazione. Copia della relazione deve restare depositata presso la sede sociale durante i trenta giorni che precedono l'assemblea convocata per deliberare la trasformazione; i soci hanno diritto di prenderne visione e di ottenerne gratuitamente copia.

Ciascun socio ha diritto all'assegnazione di una partecipazione proporzionale al valore della sua quota o delle sue azioni.

I soci che con la trasformazione assumono responsabilità illimitata, rispondono illimitatamente anche per le obbligazioni sociali sorte anteriormente alla trasformazione.

2500-*septies*. *Trasformazione eterogenea da società di capitali.* — Le società disciplinate nei capi V, VI, VII del presente titolo possono trasformarsi in consorzi, società consortili, società cooperative, comunioni di azienda, associazioni non riconosciute e fondazioni.

Si applica l'art. 2500-*sexies*, in quanto compatibile.

La deliberazione deve essere assunta con il voto favorevole dei due terzi degli aventi diritto, e comunque con il consenso dei soci che assumono responsabilità illimitata.

La deliberazione di trasformazione in fondazione produce gli effetti che il capo II del titolo II del Libro primo ricollega all'atto di fondazione o alla volontà del fondatore.

2500-*octies*. *Trasformazione eterogenea in società di capitali.* — I consorzi, le società consortili, le comunioni d'azienda, le associazioni riconosciute e le fondazioni possono trasformarsi in una delle società disciplinate nei capi V, VI e VII del presente titolo.

La deliberazione di trasformazione deve essere assunta, nei consorzi, con il voto favorevole della maggioranza assoluta dei consorziati; nelle comunioni di aziende all'unanimità; nelle società consortili e nelle associazioni con la maggioranza richiesta dalla legge o dall'atto costitutivo per lo scioglimento anticipato.

La trasformazione di associazioni in società di capitali può essere esclusa dall'atto costitutivo o, per determinate categorie di associazioni, dalla legge; non è comunque ammessa per le associazioni che abbiano ricevuto contributi pubblici oppure liberalità e oblazioni del pubblico. Il capitale sociale della società risultante dalla trasformazione è diviso in parti uguali fra gli associati, salvo diverso accordo tra gli stessi.

La trasformazione di fondazioni in società di capitali è disposta dall'autorità governativa, su proposta dell'organo competente. Le azioni o quote sono assegnate secondo le disposizioni dell'atto di fondazione o, in mancanza, dell'art. 31.

2500-*novies*. *Opposizione dei creditori.* — In deroga a quanto disposto dal terzo comma dell'art. 2500, la trasformazione eterogenea ha effetto dopo sessanta giorni dall'ultimo degli adempimenti pubblicitari previsti dallo stesso articolo, salvo che consti il consenso dei creditori o il pagamento dei creditori che non hanno dato il consenso.

I creditori possono, nel suddetto termine di sessanta giorni, fare opposizione. Si applica in tal caso l'ultimo comma dell'art. 2445.

SEZIONE II
Della fusione delle società

2501. *Forme di fusione.* — La fusione di più società può eseguirsi mediante la costituzione di una nuova società, o mediante l'incorporazione in una società di una o più altre.

La partecipazione alla fusione non è consentita alle società in liquidazione che abbiano iniziato la distribuzione dell'attivo.

2501-*bis*. *Fusione a seguito di acquisizione con indebitamento.* — Nel caso di fusione tra società, una delle quali abbia contratto debiti per acquisire il controllo dell'altra, quando per effetto della fusione il patrimonio di quest'ultima viene a costituire garanzia generica o fonte di rimborso di detti debiti, si applica la disciplina del presente articolo.

Il progetto di fusione di cui all'art. 2501-*ter* deve indicare le risorse finanziarie previste per il soddisfacimento delle obbligazioni della società risultante dalla fusione.

La relazione di cui all'art. 2501-*quinquies* deve indicare le ragioni che giustificano l'operazione e contenere un piano economico e finanziario con indicazione della fonte delle risorse finanziarie e la descrizione degli obiettivi che si intendono raggiungere.

La relazione degli esperti di cui all'art. 2501-*sexies*, attesta la ragionevolezza delle indicazioni contenute nel progetto di fusione ai sensi del precedente secondo comma.

Al progetto deve essere allegata una relazione del soggetto incaricato della revisione legale dei conti della società obiettivo o della società acquirente.[1]

Alle fusioni di cui al primo comma non si applicano le disposizioni degli artt. 2505 e 2505-*bis*.

[1] Comma così modif. dall'art. 37, D.lgs. 27 gen. 2010, n. 39.

2501-*ter*. *Progetto di fusione*. — L'organo amministrativo delle società partecipanti alla fusione redige un progetto di fusione, dal quale devono in ogni caso risultare:

1) il tipo, la denominazione o ragione sociale, la sede delle società partecipanti alla fusione;

2) l'atto costitutivo della nuova società risultante dalla fusione o di quella incorporante, con le eventuali modificazioni derivanti dalla fusione;

3) il rapporto di cambio delle azioni o quote, nonché l'eventuale conguaglio in danaro;

4) le modalità di assegnazione delle azioni o delle quote della società che risulta dalla fusione o di quella incorporante;

5) la data dalla quale tali azioni o quote partecipano agli utili;

6) la data a decorrere dalla quale le operazioni delle società partecipanti alla fusione sono imputate al bilancio della società che risulta dalla fusione o di quella incorporante;

7) il trattamento eventualmente riservato a particolari categorie di soci e ai possessori di titoli diversi dalle azioni;

8) i vantaggi particolari eventualmente proposti a favore dei soggetti cui compete l'amministrazione delle società partecipanti alla fusione.

Il conguaglio in danaro indicato nel numero 3) del comma precedente non può essere superiore al dieci per cento del valore nominale delle azioni o delle quote assegnate.

Il progetto di fusione è depositato per l'iscrizione nel registro delle imprese del luogo ove hanno sede le società partecipanti alla fusione. In alternativa al deposito presso il registro delle imprese il progetto di fusione è pubblicato nel sito Internet della società, con modalità atte a garantire la sicurezza del sito medesimo, l'autenticità dei documenti e la certezza della data di pubblicazione.[1]

Tra l'iscrizione o la pubblicazione nel sito Internet del progetto e la data fissata per la decisione in ordine alla fusione devono intercorrere almeno trenta giorni, salvo che i soci rinuncino al termine con consenso unanime.[2]

[1] Comma così sost. dall'art. 1, c. 1, D.lgs. 22 giu. 2012, n. 123.

[2] Comma così modif. dall'art. 1, c. 1, D.lgs. 22 giu. 2012, n. 123.

2501-*quater*. *Situazione patrimoniale*. — L'organo amministrativo delle società partecipanti alla fusione redige, con l'osservanza delle norme sul bilancio d'esercizio, la situazione patrimoniale delle società stesse, riferita ad una data non anteriore di oltre centoventi giorni al giorno in cui il progetto di fusione è depositato nella sede della società ovvero pubblicato sul sito Internet di questa.[1]

La situazione patrimoniale può essere sostituita dal bilancio dell'ultimo esercizio, se questo è stato chiuso non oltre sei mesi prima del giorno del deposito o della pubblicazione indicato nel primo comma, ovvero, nel caso di società quotata in mercati regolamentati, dalla relazione finanziaria semestrale prevista dalle leggi speciali, purché non riferita ad una data antecedente sei mesi dal giorno di deposito o pubblicazione indicato al primo comma.[1]

La situazione patrimoniale non è richiesta se vi rinunciano all'unanimità i soci e i possessori di altri strumenti finanziari che attribuiscono il diritto di voto di ciascuna delle società partecipanti alla fusione.[2]

[1] Comma così modif. dall'art. 1, c. 2, lett. *a*), D.lgs. 22 giu. 2012, n. 123.

[2] Comma agg. dall'art. 1, c. 2, lett. *c*), D.lgs. 22 giu. 2012, n. 123.

2501-*quinquies*. *Relazione dell'organo amministrativo*. — L'organo amministrativo delle società partecipanti alla fusione deve predisporre una relazione che illustri e giustifichi, sotto il profilo giuridico ed economico, il progetto di fusione e in particolare il rapporto di cambio delle azioni o delle quote.

La relazione deve indicare i criteri di determinazione del rapporto di cambio. Nella relazione devono essere segnalate le eventuali difficoltà di valutazione.

L'organo amministrativo segnala ai soci in assemblea e all'organo amministrativo delle altre società partecipanti alla fusione le modifiche rilevanti degli elementi dell'attivo e del passivo eventualmente intervenute tra la data in cui il progetto di fusione è depositato presso la sede della società ovvero pubblicato nel sito Internet di questa e la data della decisione sulla fusione.[1]

La relazione di cui al primo comma non è richiesta se vi rinunciano all'unanimità i soci e i possessori di altri strumenti finanziari che attribuiscono il diritto di voto di ciascuna delle società partecipanti alla fusione.[1]

[1] Comma agg. dall'art. 1, c. 3, D.lgs. 22 giu. 2012, n. 123.

2501-*sexies*. *Relazione degli esperti*. — Uno o più esperti per ciascuna società redigono una relazione sulla congruità del rapporto di cambio delle azioni o delle quote, che indichi:

a) il metodo o i metodi seguiti per la determinazione del rapporto di cambio proposto e i valori risultanti dall'applicazione di ciascuno di essi;

b) le eventuali difficoltà di valutazione.[1]

La relazione deve contenere, inoltre, un parere sull'adeguatezza del metodo o dei metodi seguiti per la determinazione del rapporto di cambio e sull'importanza relativa attribuita a ciascuno di essi nella determinazione del valore adottato.

L'esperto o gli esperti sono scelti tra i soggetti di cui al primo comma dell'art. 2409-*bis* e, se la società incorporante o la società risultante dalla fusione è una società per azioni o in accomandita per azioni, sono designate dal tribunale del luogo in cui ha sede la società. Se la società è quotata in mercati regolamentati, l'esperto è scelto tra le società di revisione sottoposte alla vigilanza della Commissione Nazionale per le Società e la Borsa.[2]

In ogni caso, le società partecipanti alla fusione possono congiuntamente richiedere al tribunale del luogo in cui ha sede la società risultante dalla fusione o quella incorporante la nomina di uno o più esperti comuni.

Ciascun esperto ha diritto di ottenere dalle società partecipanti alla fusione tutte le informazioni e i documenti utili e di procedere ad ogni necessaria verifica.

L'esperto risponde dei danni causati alle società partecipanti alle fusioni, ai loro soci e ai terzi. Si applicano le disposizioni dell'art. 64 del codice di procedura civile.

Ai soggetti di cui ai precedenti terzo e quarto comma è altresì affidata, in ipotesi di fusione di società di persone con società di capitali, la relazione di stima del patrimonio della società di persone a norma dell'art. 2343.

La relazione di cui al primo comma non è richiesta se vi rinunciano all'unanimità i soci e i possessori di altri strumenti finanziari che attribuiscono il diritto di vuoto di ciascuna società partecipante alla fusione.[3]

[1] Comma così modif. dall'art. 1, c. 4, D.lgs. 22 giu. 2012, n. 123.
[2] Periodo così sost. dall'art. 37 D.lgs. 27 gen. 2010, n. 39.
[3] Comma agg. dall'art. 1, D.lgs. 13 ott. 2009, n. 147 e quindi modif. dall'art. 1, c. 4, D.lgs. 22 giu. 2012, n. 123.

2501-*septies*. *Deposito di atti.* — Devono restare depositati in copia nella sede delle società partecipanti alla fusione, ovvero pubblicati sul sito Internet delle stesse, durante i trenta giorni che precedono la decisione in ordine alla fusione, salvo che i soci rinuncino al termine con consenso unanime, e finché la fusione sia decisa:[1]

1) il progetto di fusione con le relazioni, ove redatte, indicate negli articoli 2501-*quinquies* e 2501-*sexies*;[2]

2) i bilanci degli ultimi tre esercizi delle società partecipanti alla fusione, con le relazioni dei soggetti cui compete l'amministrazione e la revisione legale;[3]

3) le situazioni patrimoniali della società partecipanti alla fusione ove redatte a norma dell'articolo 2501-*quater*, primo comma, ovvero, nel caso previsto dall'articolo 2501-*quater*, secondo comma, la relazione finanziaria semestrale.[4]

I soci hanno diritto di prendere visione di questi documenti e di ottenerne gratuitamente copia. Su richiesta del socio le copie gli sono trasmesse telematicamente. La società non è tenuta a fornire copia dei documenti, qualora gli stessi siano stati pubblicati sul sito Internet della società dal quale sia possibile effettuarne liberamente copia o stampa.[1]

[1] Comma così modif. dall'art. 1, c. 5, lett. *a*) e *d*), D.lgs. 22 giu. 2012, n. 123.
[2] Numero così modif. dall'art. 1, c. 5, lett. *b*), D.lgs. 22 giu. 2012, n. 123.
[3] Numero così modif. dall'art. 37, D.lgs. 27 gen. 2010, n. 39.
[4] Numero così sost. dall'art. 1, c. 5, lett. *c*), D.lgs. 22 giu. 2012, n. 123.

2502. *Decisione in ordine alla fusione.* — La fusione è decisa da ciascuna delle società che vi partecipano mediante approvazione del relativo progetto. Se l'atto costitutivo o lo statuto non dispongono diversamente, tale approvazione avviene, nelle società di persone, con il consenso della maggioranza dei soci determinata secondo la parte attribuita a ciascuno negli utili, salva la facoltà di recesso per il socio che non abbia consentito alla fusione e, nelle società di capitali, secondo le norme previste per la modificazione dell'atto costitutivo o statuto.

La decisione di fusione può apportare al progetto di cui all'art. 2501-*ter* solo le modifiche che non incidono sui diritti dei soci o dei terzi.

2502-*bis*. *Deposito e iscrizione della decisione di fusione.* — La deliberazione di fusione delle società previste nei capi V, VI e VII deve essere depositata per l'iscrizione nel registro delle imprese, insieme con i documenti indicati nell'art. 2501-*septies*. Si applica l'art. 2436.

La decisione di fusione delle società previste nei capi II, III e IV deve essere depositata per l'iscrizione nell'ufficio del registro delle imprese, insieme con i documenti indicati nell'art. 2501-*septies*; il deposito va effettuato a norma dell'art. 2436 se la società risultante dalla fusione o quella incorporante è regolata dai capi V, VI, VII.

2503. *Opposizione dei creditori.* — La fusione può essere attuata solo dopo sessanta giorni dall'ultima delle iscrizioni previste dall'art. 2502-*bis*, salvo che consti il consenso dei creditori delle società che vi partecipano anteriori all'iscrizione o alla pubblicazione prevista nel terzo comma dell'art. 2501-*ter*, o il pagamento dei creditori che non hanno dato il consenso, ovvero il deposito delle somme corrispondenti presso una banca, salvo che la relazione di cui all'art. 2501-*sexies* sia redatta, per tutte le società partecipanti alla fusione, da un'unica società di revisione la quale asseveri, sotto la propria responsabilità ai sensi del sesto comma dell'art. 2501-*sexies*, che la situazione patrimoniale e finanziaria delle società partecipanti alla fusione rende non necessarie garanzie a tutela dei suddetti creditori.[1]

Se non ricorre alcuna di tali eccezioni, i creditori indicati al comma precedente possono, nel suddetto termine di sessanta giorni, fare opposizione. Si applica in tal caso l'ultimo comma dell'art. 2445.

[1] Comma così modif. dall'art. 1, c. 6, D.lgs. 22 giu. 2012, n. 123.

2503-*bis*. *Obbligazioni.* — I possessori di obbligazioni delle società partecipanti alla fusione possono fare opposizione a norma dell'art. 2503, salvo che la fusione sia approvata dall'assemblea degli obbligazionisti.

Ai possessori di obbligazioni convertibili deve essere data facoltà, mediante avviso da pubblicarsi nella *Gazzetta Ufficiale* della Repubblica italiana almeno novanta giorni prima della iscrizione del progetto di fusione, di esercitare il diritto di conversione nel termine di trenta giorni dalla pubblicazione dell'avviso.

Ai possessori di obbligazioni convertibili che non abbiano esercitato la facoltà di conversione devono essere assicurati diritti equivalenti a quelli loro spettanti prima della fusione, salvo che la modificazione dei loro diritti sia stata approvata dall'assemblea prevista dall'art. 2415.

2504. ***Atto di fusione.*** — La fusione deve risultare da atto pubblico.

L'atto di fusione deve essere depositato per l'iscrizione, a cura del notaio o dei soggetti cui compete l'amministrazione della società risultante dalla fusione o di quella incorporante, entro trenta giorni, nell'ufficio del registro delle imprese dei luoghi ove è posta la sede delle società partecipanti alla fusione, di quella che ne risulta o della società incorporante.

Il deposito relativo alla società risultante dalla fusione o di quella incorporante non può precedere quelli relativi alle altre società partecipanti alla fusione.

2504-*bis*. ***Effetti della fusione.*** — La società che risulta dalla fusione o quella incorporante assumono i diritti e gli obblighi delle società partecipanti alla fusione, proseguendo in tutti i loro rapporti, anche processuali, anteriori alla fusione.

La fusione ha effetto quando è stata eseguita l'ultima delle iscrizioni prescritte dall'art. 2504. Nella fusione mediante incorporazione può tuttavia essere stabilita una data successiva.

Per gli effetti ai quali si riferisce il primo comma dell'art. 2501-*ter*, numeri 5) e 6), possono essere stabilite date anche anteriori.

Nel primo bilancio successivo alla fusione le attività e le passività sono iscritte ai valori risultanti dalle scritture contabili alla data di efficacia della fusione medesima; se dalla fusione emerge un disavanzo, esso deve essere imputato, ove possibile, agli elementi dell'attivo e del passivo delle società partecipanti alla fusione e, per la differenza e nel rispetto delle condizioni previste dal numero 6 dell'art. 2426, ad avviamento. Se dalla fusione emerge un avanzo, esso è iscritto ad apposita voce del patrimonio netto, ovvero, quando sia dovuto a previsione di risultati economici sfavorevoli, in una voce dei fondi per rischi ed oneri.[1]

Quando si tratta di società che fa ricorso al mercato del capitale di rischio, devono altresì essere allegati alla nota integrativa prospetti contabili indicanti i valori attribuiti alle attività e passività delle società che hanno partecipato alla fusione e la relazione di cui all'art. 2501-*sexies*.

La fusione attuata mediante costituzione di una nuova società di capitali ovvero mediante incorporazione in una società di capitali non libera i soci a responsabilità illimitata dalla responsabilità per le obbligazioni delle rispettive società partecipanti alla fusione anteriori all'ultima delle iscrizioni prescritte dall'art. 2504, se non risulta che i creditori hanno dato il loro consenso.

[1] Periodo aggiunto dall'art. 23 D.lgs. 28 dic. 2004, n. 310.

2504-*ter*. ***Divieto di assegnazione di azioni o quote.*** — La società che risulta dalla fusione non può assegnare azioni o quote in sostituzione di quelle delle società partecipanti alla fusione possedute, anche per il tramite di società fiduciarie o di interposta persona, dalle società medesime.

La società incorporante non può assegnare azioni o quote in sostituzione di quelle delle società incorporate possedute, anche per il tramite di società fiduciaria o di interposta persona, dalle incorporate medesime o dalla società incorporante.

2504-*quater*. ***Invalidità della fusione.*** — Eseguite le iscrizioni dell'atto di fusione a norma del secondo comma dell'art. 2504, l'invalidità dell'atto di fusione non può essere pronunciata.

Resta salvo il diritto al risarcimento del danno eventualmente spettante ai soci o ai terzi danneggiati dalla fusione.

2505. ***Incorporazione di società interamente possedute.*** — Alla fusione per incorporazione di una società in un'altra che possiede tutte le azioni o le quote della prima non si applicano le disposizioni dell'art. 2501-*ter*, primo comma, numeri 3), 4) e 5) e degli artt. 2501-*quinquies* e 2501-*sexies*.

L'atto costitutivo o lo statuto può prevedere che la fusione per incorporazione di una società in un'altra che possiede tutte le azioni o le quote della prima sia decisa, con deliberazione risultante da atto pubblico, dai rispettivi organi amministrativi, sempre che siano rispettate, con riferimento a ciascuna delle società partecipanti alla fusione, le disposizioni dell'articolo 2501-*ter*, terzo e quarto comma, nonché, quanto alla società incorporante, quelle dell'articolo 2501-*septies*.[1]

I soci della società incorporante che rappresentano almeno il cinque per cento del capitale sociale possono in ogni caso, con domanda indirizzata alla società entro otto giorni dal deposito o dalla pubblicazione di cui al terzo comma dell'art. 2501-*ter*, chiedere che la decisione di approvazione della fusione da parte della incorporante medesima sia adottata a norma del primo comma dell'art. 2502.[1]

[1] Commi così modif. dall'art. 1, c. 7, D.lgs. 22 giu. 2012, n. 123.

2505-*bis*. ***Incorporazione di società possedute al novanta per cento.*** — Alla fusione per incorporazione di una o più società in un'altra che possiede almeno il novanta per cento delle loro azioni o quote non si applicano le disposizioni degli articoli 2501-*quater*, 2501-*quinquies*, 2501-*sexies* e

2501-*septies*, qualora venga concesso agli altri soci della società incorporata il diritto di far acquistare le loro azioni o quote dalla società incorporante per un corrispettivo determinato alla stregua dei criteri previsti per il recesso.[1]

L'atto costitutivo o lo statuto possono prevedere che la fusione per incorporazione di una o più società in un'altra che possiede almeno il novanta per cento delle loro azioni o quote sia decisa, quanto alla società incorporante, dal suo organo amministrativo, con deliberazione risultante da atto pubblico, sempre che siano rispettate le disposizioni dell'articolo 2501-*septies*, e che l'iscrizione o la pubblicazione prevista dall'articolo 2501-*ter*, terzo comma, sia fatta, per la società incorporante, almeno trenta giorni prima della data fissata per la decisione di fusione da parte della società incorporata.[1]

Si applica la disposizione di cui al terzo comma dell'art. 2505.

[1] Commi così modif. dall'art. 1, c. 8, D.lgs. 22 giu. 2012, n. 123.

2505-*ter*. *Effetti della pubblicazione degli atti del procedimento di fusione nel registro delle imprese.* — Alle iscrizioni nel registro delle imprese ai sensi degli artt. 2501-*ter*, 2502-*bis* e 2504 conseguono gli effetti previsti dall'art. 2448.

2505-*quater*. *Fusioni cui non partecipano società con capitale rappresentato da azioni.* — Se alla fusione non partecipano società regolate dai capi V e VI del presente titolo, né società cooperative per azioni, non si applicano le disposizioni degli artt. 2501, secondo comma, e 2501-*ter*, secondo comma; [le disposizioni dell'art. 2501-*sexies* possono essere derogate con il consenso di tutti i soci delle società partecipanti alla fusione;][1] i termini di cui agli artt. 2501-*ter*, quarto comma, 2501-*septies*, primo comma, e 2503, primo comma, sono ridotti alla metà.

[1] Parole soppresse dall'art. 1 D.lgs. 13 ott. 2009, n. 147.

SEZIONE III
Della scissione delle società

2506. *Forme di scissione.* — Con la scissione una società assegna l'intero suo patrimonio a più società, preesistenti o di nuova costituzione, o parte del suo patrimonio, in tal caso anche ad una sola società, e le relative azioni o quote ai suoi soci.

È consentito un conguaglio in danaro, purché non superiore al dieci per cento del valore nominale delle azioni o quote attribuite; è consentito inoltre che, per consenso unanime, ad alcuni soci non vengano distribuite azioni di una delle società beneficiarie della scissione, ma azioni della società scissa.

La società scissa può, con la scissione, attuare il proprio scioglimento senza liquidazione, ovvero continuare la propria attività.

La partecipazione alla scissione non è consentita alle società in liquidazione che abbiano iniziato la distribuzione dell'attivo.

2506-*bis*. *Progetto di scissione.* — L'organo amministrativo delle società partecipanti alla scissione redige un progetto dal quale devono risultare i dati indicati nel primo comma dell'art. 2501-*ter* ed inoltre l'esatta descrizione degli elementi patrimoniali da assegnare a ciascuna delle società beneficiarie e dell'eventuale conguaglio in danaro.

Se la destinazione di un elemento dell'attivo non è desumibile dal progetto, esso, nell'ipotesi di assegnazione dell'intero patrimonio della società scissa, è ripartito tra le società beneficiarie in proporzione della quota del patrimonio netto assegnato a ciascuna di esse, così come valutato ai fini della determinazione del rapporto di cambio; se l'assegnazione del patrimonio della società è solo parziale, tale elemento rimane in capo alla società trasferente.

Degli elementi del passivo, la cui destinazione non è desumibile dal progetto, rispondono in solido, nel primo caso, le società beneficiarie, nel secondo la società scissa e le società beneficiarie. La responsabilità solidale è limitata al valore effettivo del patrimonio netto attribuito a ciascuna società beneficiaria.

Dal progetto di scissione devono risultare i criteri di distribuzione delle azioni o quote delle società beneficiarie. Qualora il progetto preveda una attribuzione delle partecipazioni ai soci non proporzionale alla loro quota di partecipazione originaria, il progetto medesimo deve prevedere il diritto dei soci che non approvino la scissione di far acquistare le proprie partecipazioni per un corrispettivo determinato alla stregua dei criteri previsti per il recesso, indicando coloro a cui carico è posto l'obbligo di acquisto.

Il progetto di scissione è depositato per l'iscrizione nel registro delle imprese ovvero pubblicato sul sito Internet della società a norma dell'articolo 2501-*ter*, commi terzo e quarto.[1]

[1] Comma così modif. dall'art. 1, c. 9, D.lgs. 22 giu. 2012, n. 123.

2506-*ter*. *Norme applicabili.* — L'organo amministrativo delle società partecipanti alla scissione redige la situazione patrimoniale e la relazione illustrativa in conformità agli artt. 2501-*quater* e 2501-*quinquies*.

La relazione dell'organo amministrativo deve inoltre illustrare i criteri di distribuzione delle azioni o quote e deve indicare il valore effettivo del patrimonio netto assegnato alle società beneficiarie e di quello che eventualmente rimanga nella società scissa. Quando la scissione si realizza mediante aumento di capitale con conferimento di beni in natura o di crediti, la relazione dell'organo amministrativo menziona, ove prevista, l'elaborazione della relazione di cui all'articolo 2343 e il registro delle imprese presso il quale tale relazione è depositata.[1]

Si applica alla scissione l'articolo 2501-*sexies;* la situazione patrimoniale prevista dall'articolo 2501-*quater* e le relazioni previste dagli articoli 2501-*quinquies* e 2501-*sexies*, non sono richieste quando la scissione avviene mediante la costituzione di una o più nuove società e non siano previsti criteri di attribuzione delle azioni o quote diversi da quello proporzionale.[2]

Con il consenso unanime dei soci e dei possessori di altri strumenti finanziari che danno diritto di voto nelle società partecipanti alla scissione l'organo amministrativo può essere esonerato dalla redazione dei documenti previsti nei precedenti commi.

Sono altresì applicabili alla scissione gli artt. 2501-*septies*, 2502, 2502-*bis*, 2503, 2503-*bis*, 2504, 2504-*ter*, 2504-*quater*, 2505 primo e secondo comma, 2505-*bis* e 2505-*ter*. Tutti i riferimenti alla fusione contenuti in detti articoli s'intendono riferiti anche alla scissione.[2]

[1] Periodo aggiunto dall'art. 27, c. 1, L. 30 ott. 2014, n. 161.

[2] Commi così modif. dall'art. 1, c. 10, D.lgs. 22 giu. 2012, n. 123.

2506-*quater*. *Effetti della scissione.* — La scissione ha effetto dall'ultima delle iscrizioni dell'atto di scissione nell'ufficio del registro delle imprese in cui sono iscritte le società beneficiarie; può essere tuttavia stabilita una data successiva, tranne che nel caso di scissione mediante costituzione di società nuove. Per gli effetti a cui si riferisce l'art. 2501-*ter*, numeri 5) e 6), possono essere stabilite date anche anteriori. Si applica il quarto comma dell'art. 2504-*bis*.

Qualunque società beneficiaria può effettuare gli adempimenti pubblicitari relativi alla società scissa.

Ciascuna società è solidalmente responsabile, nei limiti del valore effettivo del patrimonio netto ad essa assegnato o rimasto, dei debiti della società scissa non soddisfatti dalla società cui fanno carico.

CAPO XI[1]

Delle società costituite all'estero

[1] Il capo XI del titolo V del Libro V del codice civile è stato aggiunto dall'art. 7 D.lgs. 17 gen. 2003, n. 6, in vigore dall'1 gen. 2004.

2507. *Rapporti con il diritto comunitario.* — L'interpretazione ed applicazione delle disposizioni contenute nel presente capo è effettuata in base ai principi dell'ordinamento delle Comunità europee.

2508. *Società estere con sede secondaria nel territorio dello Stato.* — Le società costituite all'estero, le quali stabiliscono nel territorio dello Stato una o più sedi secondarie con rappresentanza stabile, sono soggette, per ciascuna sede, alle disposizioni della legge italiana sulla pubblicità degli atti sociali. Esse devono inoltre pubblicare, secondo le medesime disposizioni, il cognome, il nome, la data e il luogo di nascita delle persone che le rappresentano stabilmente nel territorio dello Stato, con indicazione dei relativi poteri.

Ai terzi che hanno compiuto operazioni con le sede secondaria non può essere opposto che gli atti pubblicati ai sensi dei commi precedenti sono difformi da quelli pubblicati nello Stato ove è situata la sede principale.

Le società costituite all'estero sono altresì soggette, per quanto riguarda le sedi secondarie, alle disposizioni che regolano l'esercizio dell'impresa o che la subordinano all'osservanza di particolari condizioni.

Negli atti e nella corrispondenza delle sedi secondarie di società costituite all'estero devono essere contenute le indicazioni richieste dall'art. 2250; devono essere altresì indicati l'ufficio del registro delle imprese presso la quale è iscritta la sede secondaria e il numero di iscrizione.

2508-*bis*. *Registrazione e cancellazione telematica della sede secondaria di una società soggetta alla legge di uno Stato membro dell'Unione europea.*[1] — L'atto istitutivo di sedi secondarie nel territorio dello Stato da parte di società di capitali soggette alla legge di uno Stato membro dell'Unione europea e gli atti di nomina dei soggetti che rappresentano stabilmente la società per le attività della sede secondaria, con l'indicazione dei relativi poteri, sono depositati, ai fini della loro iscrizione nel registro delle imprese, presso un notaio esercente in Italia con le modalità disciplinate dagli articoli 47-*bis*, 47-*ter* e 52-*bis* della legge 16 febbraio 1913, n. 89, anche con le modalità in videoconferenza di cui alle disposizioni di attuazione della direttiva (UE) 2019/1151 del Parlamento europeo e del Consiglio del 20 giugno 2019. Gli atti da depositare, ai fini della procedura di cui al periodo precedente, sono contenuti in duplicati informatici o copie informatiche rilasciate dal competente registro delle imprese delle quali è garantita, ai sensi del decreto legislativo 7 marzo 2005, n. 82, la provenienza dal medesimo registro e la conformità ai corrispondenti documenti o informazioni nello stesso iscritti. Il notaio può richiedere la presenza fisica delle parti, o di alcune di esse, se dubita dell'identità dei richiedenti o se rileva il mancato rispetto delle norme riguardanti la capacità di agire e la capacità dei richiedenti di rappresentare una società

Ai fini della registrazione delle sedi secondarie di cui al primo comma, sono forniti i seguenti dati:

a) l'indirizzo della sede secondaria;

b) l'attività della sede secondaria;

c) il registro di iscrizione della società;

d) il numero di iscrizione della società nel registro di cui al punto *c*);

e) la denominazione della società;

f) la forma legale della società;

g) l'ampiezza dei poteri dei soggetti che rappresentano stabilmente la società per le attività della sede secondaria;

h) gli estremi dell'atto costitutivo e, eventualmente, dello statuto ove presente come documento separato;

i) i dati personali dei legali rappresentanti della società;

l) i dati personali dei soggetti che rappresentano stabilmente la società per le attività della sede secondaria;

m) l'eventuale stato di liquidazione della società, i dati personali dei liquidatori e i poteri agli stessi conferiti, nonché l'eventuale conclusione della procedura di liquidazione;

n) la pendenza di una procedura di insolvenza o di altra procedura di ristrutturazione aziendale connessa a crisi aziendale della società;

o) la data di chiusura della sede secondaria.

Ai medesimi fini di cui al secondo comma, sono altresì depositati:

a) la nomina, la cessazione o la revoca dei liquidatori;

b) la nomina, la cessazione o la revoca dei legali rappresentanti della società;

c) la nomina, la cessazione o la revoca dei soggetti che rappresentano stabilmente la società per le attività della sede secondaria;

d) l'ultimo bilancio di esercizio della società;

e) l'atto costitutivo e lo statuto, ove presente come documento separato, della società, e le relative modifiche;

f) una dichiarazione resa dai soggetti che rappresentano stabilmente la società per le attività della sede secondaria circa l'inesistenza, a loro carico, delle cause di ineleggibilità previste dall'articolo 2382 e di interdizioni dall'ufficio di amministratore adottate nei loro confronti in uno Stato membro dell'Unione europea.

La capacità di agire dei richiedenti e il loro potere di rappresentare la società sono verificate, mediante il sistema di interconnessione di cui all'articolo 22 della direttiva (UE) 2017/1132, dalle risultanze del registro delle imprese in cui è iscritta la società. Nel caso di indisponibilità del sistema di interconnessione, è utilizzato un certificato rilasciato dal competente registro da non oltre sei mesi. Se il potere rappresentativo deriva da una procura e questa non è acquisibile tramite il sistema di interconnessione di cui all'articolo 22 della direttiva (UE) 2017/1132, la procura è consegnata in originale al notaio.

Se la registrazione della sede secondaria non può essere completata nel termine di dieci giorni dal momento della presentazione dei documenti e delle informazioni di cui al secondo, terzo e quarto comma, l'ufficio del registro delle imprese comunica ai richiedenti i motivi del ritardo.

Gli atti di cui al terzo comma e i documenti di cui al quarto comma redatti in una lingua straniera sono accompagnati dalla traduzione giurata.

Gli uffici del registro delle imprese comunicano, tramite il sistema di interconnessione di cui all'articolo 22 della direttiva (UE) 2017/1132, ai registri delle imprese di altri Stati membri in cui sono registrate sedi secondarie di società di capitali regolate dalla legge italiana, le modifiche ai seguenti elementi:

a) denominazione della società;

b) sede legale della società;

c) numero di iscrizione della società nel registro;

d) forma legale della società;

e) legali rappresentanti, con specificazione se in forma congiunta o disgiunta, amministratori, componenti degli organi di controllo o di supervisione;

f) bilanci societari.

Ove siano destinatari della comunicazione di cui all'ottavo comma, in qualità di uffici di registrazione di una sede secondaria di società soggette alla legge di un altro Stato membro dell'Unione europea, gli uffici del registro delle imprese rilasciano attestazione di ricezione della comunicazione e provvedono senza ritardo all'iscrizione dei conseguenti aggiornamenti.

L'istanza con cui si richiede la registrazione della sede secondaria di una società di capitali soggetta alla legge di uno Stato membro dell'Unione europea ai sensi del primo comma, è sottoscritta elettronicamente da un notaio esercente nel territorio dello Stato. Gli adempimenti pubblicitari successivi alla registrazione possono essere assolti mediante firma elettronica qualificata o firma digitale da un amministratore della società o dallo stabile preposto.

[1] Articolo ins. dall'art. 6, c. 1, D.lgs. 8 nov. 2021, n. 183.

2509. ***Società estere di tipo diverso da quelle nazionali.*** — Le società costituite all'estero, che sono di tipo diverso da quelli regolati in questo codice, sono soggette alle norme della società per azioni, per ciò che riguarda gli obblighi relativi all'iscrizione degli atti sociali nel registro delle imprese e la responsabilità degli amministratori.

2509-*bis*. ***Responsabilità in caso di inosservanza delle formalità.*** — Fino all'adempimento delle formalità sopra indicate, coloro che agiscono in nome della società rispondono illimitatamente e solidalmente per le obbligazioni sociali.

2510. ***Società con prevalenti interessi stranieri.*** — Sono salve le disposizioni delle leggi speciali che vietano o sottopongono a particolari condizioni l'esercizio di determinate attività da parte di società nelle quali siano rappresentati interessi stranieri.

TITOLO VI[1]
Delle società cooperative e delle mutue assicuratrici

[1] Il titolo VI del Libro V del codice civile è stato sostituito dall'art. 8 D.lgs. 17 gen. 2003, n. 6, in vigore dall'1 gen. 2004.

CAPO I
Delle società cooperative

SEZIONE I
Disposizioni generali - Cooperative a mutualità prevalente

2511. ***Società cooperative.*** — Le cooperative sono società a capitale variabile con scopo mutualistico iscritte presso l'albo delle società cooperative di cui all'art. 2512, secondo comma, e all'art. 223-*sexiesdecies* delle disposizioni per l'attuazione del presente codice.[1]

[1] Parole aggiunte dall'art. 10 L. 23 lug. 2009, n. 99.

2512. ***Cooperativa a mutualità prevalente.*** — Sono società cooperative a mutualità prevalente, in ragione del tipo di scambio mutualistico, quelle che:

1) svolgono la loro attività prevalentemente in favore dei soci, consumatori o utenti di beni o servizi;

2) si avvalgono prevalentemente, nello svolgimento della loro attività, delle prestazioni lavorative dei soci;

3) si avvalgono prevalentemente, nello svolgimento della loro attività, degli apporti di beni o servizi da parte dei soci.

Le società cooperative a mutualità prevalente si iscrivono in un apposito albo, presso il quale depositano annualmente i propri bilanci.[1]

[1] Il termine di presentazione delle domande di iscrizione è stabilito al 31 mar. 2005 a sensi dell'art. 19-*ter* L. 27 dic. 2004, n. 306.

2513. ***Criteri per la definizione della prevalenza.*** — Gli amministratori e i sindaci documentano la condizione di prevalenza di cui al precedente articolo nella nota integrativa al bilancio, evidenziando contabilmente i seguenti parametri:

a) i ricavi dalle vendite dei beni e dalle prestazioni di servizi verso i soci sono superiori al cinquanta per cento del totale dei ricavi delle vendite e delle prestazioni ai sensi dell'art. 2425, primo comma, punto A1;

b) il costo del lavoro dei soci è superiore al cinquanta per cento del totale del costo del lavoro di cui all'art. 2425, primo comma, punto B9, computate le altre forme di lavoro inerenti lo scopo mutualistico;[1]

c) il costo della produzione per servizi ricevuti dai soci ovvero per beni conferiti dai soci è rispettivamente superiore al cinquanta per cento del totale dei costi dei servizi di cui all'art. 2425, primo comma, punto B7, ovvero al costo delle merci o materie prime acquistate o conferite, di cui all'art. 2425, primo comma, punto B6.

Quando si realizzano contestualmente più tipi di scambio mutualistico, la condizione di prevalenza è documentata facendo riferimento alla media ponderata delle percentuali delle lettere precedenti.

Nelle cooperative agricole la condizione di prevalenza sussiste quando la quantità o il valore dei prodotti conferiti dai soci è superiore al cinquanta per cento della quantità o del valore totale dei prodotti.

[1] Periodo aggiunto dall'art. 25 D.lgs. 28 dic. 2004, n. 310.

2514. ***Requisiti delle cooperative a mutualità prevalente.*** — Le cooperative a mutualità prevalente devono prevedere nei propri statuti:

a) il divieto di distribuire i dividendi in misura superiore all'interesse massimo dei buoni postali fruttiferi, aumentato di due punti e mezzo rispetto al capitale effettivamente versato;

b) il divieto di remunerare gli strumenti finanziari offerti in sottoscrizione ai soci cooperatori in misura superiore a due punti rispetto al limite massimo previsto per i dividendi;

c) il divieto di distribuire le riserve fra i soci cooperatori;

d) l'obbligo di devoluzione, in caso di scioglimento della società, dell'intero patrimonio sociale, dedotto soltanto il capitale sociale e i dividendi eventualmente maturati, ai fondi mutualistici per la promozione e lo sviluppo della cooperazione.

Le cooperative deliberano l'introduzione e la soppressione delle clausole di cui al comma precedente con le maggioranze previste per l'assemblea straordinaria.

2515. ***Denominazione sociale.*** — La denominazione sociale, in qualunque modo formata, deve contenere l'indicazione di società cooperativa.

L'indicazione di cooperativa non può essere usata da società che non hanno scopo mutualistico.

[...][1]

[1] Comma abrog. dall'art. 10, L. 23 lug. 2009, n. 99.

2516. ***Rapporti con i soci.*** — Nella costituzione e nell'esecuzione dei rapporti mutualistici deve essere rispettato il principio di parità di trattamento.

2517. ***Enti mutualistici.*** — Le disposizioni del presente titolo non si applicano agli enti mutualistici diversi dalle società.

2518. ***Responsabilità per le obbligazioni sociali.*** — Nelle società cooperative per le obbligazioni sociali risponde soltanto la società con il suo patrimonio.

2519. ***Norme applicabili.*** — Alle società cooperative, per quanto non previsto dal presente titolo, si applicano in quanto compatibili le disposizioni sulla società per azioni.

L'atto costitutivo può prevedere che trovino applicazione, in quanto compatibili, le norme sulla società a responsabilità limitata nelle cooperative con un numero di soci cooperatori inferiore a venti ovvero con un attivo dello stato patrimoniale non superiore ad un milione di euro.

2520. ***Leggi speciali.*** — Le cooperative regolate dalle leggi speciali sono soggette alle disposizioni del presente titolo, in quanto compatibili.

La legge può prevedere la costituzione di cooperative destinate a procurare beni o servizi a soggetti appartenenti a particolari categorie anche di non soci.

SEZIONE II
Della costituzione

2521. ***Atto costitutivo.*** — La società deve costituirsi per atto pubblico.

L'atto costitutivo stabilisce le regole per lo svolgimento dell'attività mutualistica e può prevedere che la società svolga la propria attività anche con terzi.

L'atto costitutivo deve indicare:

1) il cognome e il nome o la denominazione, il luogo e la data di nascita o di costituzione, il domicilio o la sede, la cittadinanza dei soci;

2) la denominazione, e il comune ove è posta la sede della società e le eventuali sedi secondarie;

3) la indicazione specifica dell'oggetto sociale con riferimento ai requisiti e gli interessi dei soci;

4) la quota di capitale sottoscritta da ciascun socio, i versamenti eseguiti e, se il capitale è ripartito in azioni, il loro valore nominale;

5) il valore attribuito ai crediti e ai beni conferiti in natura;

6) i requisiti e le condizioni per l'ammissione dei soci e il modo e il tempo in cui devono essere eseguiti i conferimenti;

7) le condizioni per l'eventuale recesso o per la esclusione dei soci;

8) le regole per la ripartizione degli utili e i criteri per la ripartizione dei ristorni;

9) le forme di convocazione dell'assemblea, in quanto si deroga alle disposizioni di legge;

10) il sistema di amministrazione adottato, il numero degli amministratori e i loro poteri, indicando quali tra essi hanno la rappresentanza della società;

11) il numero dei componenti del collegio sindacale;

12) la nomina dei primi amministratori e sindaci;

13) l'importo globale, almeno approssimativo, delle spese per la costituzione poste a carico delle società.

Lo statuto contenente le norme relative al funzionamento della società, anche se forma oggetto di atto separato, si considera parte integrante dell'atto costitutivo.

I rapporti tra la società e i soci possono essere disciplinati da regolamenti che determinano i criteri e le regole inerenti allo svolgimento dell'attività mutualistica tra la società e i soci. I regolamenti, quando non costituiscono parte integrante dell'atto costitutivo, sono predisposti dagli amministratori e approvati dall'assemblea con le maggioranze previste per le assemblee straordinarie.

2522. ***Numero dei soci.*** — Per costituire una società cooperativa è necessario che i soci siano almeno nove.

Può essere costituita una società cooperativa da almeno tre soci quando i medesimi sono persone fisiche e la società adotta le norme della società a responsabilità limitata; nel caso di attività agricola possono essere soci anche le società semplici.[1]

Se successivamente alla costituzione il numero dei soci diviene inferiore a quello stabilito nei precedenti commi, esso deve essere integrato nel termine massimo di un anno, trascorso il quale la società si scioglie e deve essere posta in liquidazione.

La legge determina il numero minimo di soci necessario per la costituzione di particolari categorie di cooperative.

[1] Parole aggiunte dall'art. 26 D.lgs. 28 dic. 2004, n. 310.

2523. ***Deposito dell'atto costitutivo e iscrizione della società.*** — Il notaio che ha ricevuto l'atto costitutivo deve depositarlo entro dieci giorni presso l'ufficio del registro delle imprese nella cui circoscrizione è stabilita la sede sociale, a norma dell'art. 2330.

Gli effetti dell'iscrizione e della nullità sono regolati rispettivamente dagli artt. 2331 e 2332.

2524. ***Variabilità del capitale.*** — Il capitale sociale non è determinato in un ammontare prestabilito.

Nelle società cooperative l'ammissione di nuovi soci, nelle forme previste dall'art. 2528 non importa modificazione dell'atto costitutivo.

La società può deliberare aumenti di capitale con modificazione dell'atto costitutivo nelle forme previste dagli artt. 2438 e seguenti.

L'esclusione o la limitazione del diritto di opzione può essere autorizzata dall'assemblea su proposta motivata degli amministratori.

SEZIONE III
Delle quote e delle azioni

2525. ***Quote e azioni.*** — Il valore nominale di ciascuna azione o quota non può essere inferiore a venticinque euro né per le azioni superiore a cinquecento euro.[1]

Ove la legge non preveda diversamente, nelle società cooperative nessun socio può avere una quota superiore a centomila euro, né tante azioni il cui valore nominale superi tale somma.

L'atto costitutivo, nelle società cooperative con più di cinquecento soci, può elevare il limite previsto nel precedente comma sino al due per cento del capitale sociale. Le azioni eccedenti tale limite possono essere riscattate o alienate nell'interesse del socio dagli amministratori e, comunque, i relativi diritti patrimoniali sono destinati a riserva indivisibile a norma dell'art. 2545-*ter*.

I limiti di cui ai commi precedenti non si applicano nel caso di conferimenti di beni in natura o di crediti, nei casi previsti dagli artt. 2545-*quinquies* e 2545-*sexies*, e con riferimento ai soci diversi dalle persone fisiche ed ai sottoscrittori degli strumenti finanziari dotati di diritti di amministrazione.

Alle azioni si applicano, in quanto compatibili, le disposizioni degli artt. 2346, 2347, 2348, 2349, 2354 e 2355. Tuttavia nelle azioni non è indicato l'ammontare del capitale né quello dei versamenti parziali sulle azioni non completamente liberate.

[1] Comma così modif. dall'art. 27 D.lgs. 28 dic. 2004, n. 310.

2526. ***Soci finanziatori e altri sottoscrittori di titoli di debito.*** — L'atto costitutivo può prevedere l'emissione di strumenti finanziari, secondo la disciplina prevista per le società per azioni.

L'atto costitutivo stabilisce i diritti patrimoniali o anche amministrativi[1] attribuiti ai possessori degli strumenti finanziari e le eventuali condizioni cui è sottoposto il loro trasferimento. I privilegi previsti nella ripartizione degli utili e nel rimborso del capitale non si estendono alle riserve indivisibili a norma dell'art. 2545-*ter*. Ai possessori di strumenti finanziari non può, in ogni caso, essere attribuito più di un terzo dei voti spettanti all'insieme dei soci presenti ovvero rappresentati in ciascuna assemblea generale.

Il recesso dei possessori di strumenti finanziari forniti del diritto di voto è disciplinato dagli artt. 2437 e seguenti.

La cooperativa cui si applicano le norme sulla società a responsabilità limitata può offrire in sottoscrizione strumenti privi di diritti di amministrazione solo a investitori qualificati.

[1] Parole così modif. dall'art. 5 D.lgs. 6 feb. 2004, n. 37.

2527. ***Requisiti dei soci.*** — L'atto costitutivo stabilisce i requisiti per l'ammissione dei nuovi soci e la relativa procedura, secondo criteri non discriminatori coerenti con lo scopo mutualistico e l'attività economica svolta.

Non possono in ogni caso divenire soci quanti esercitano in proprio imprese in concorrenza con quella della cooperativa.[1]

L'atto costitutivo può prevedere, determinandone i diritti e gli obblighi, l'ammissione del nuovo socio cooperatore in una categoria speciale in ragione dell'interesse alla sua formazione ovvero del suo inserimento nell'impresa. I soci ammessi alla categoria speciale non possono in ogni caso superare un terzo del numero totale dei soci cooperatori. Al termine di un periodo comunque non superiore a cinque anni il nuovo socio è ammesso a godere i diritti che spettano agli altri soci cooperatori.

[1] Comma così modif. dall'art. 28, D.lgs. 28 dic. 2004, n. 310.

2528. ***Procedura di ammissione e carattere aperto della società.*** — L'ammissione di un nuovo socio è fatta con deliberazione degli amministratori su domanda dell'interessato. La deliberazione di ammissione deve essere comunicata all'interessato e annotata a cura degli amministratori nel libro dei soci.

Il nuovo socio deve versare, oltre l'importo della quota o delle azioni, il soprapprezzo eventualmente determinato dall'assemblea in sede di approvazione del bilancio su proposta degli amministratori.

Il consiglio di amministrazione deve entro sessanta giorni motivare la deliberazione di rigetto della domanda di ammissione e comunicarla agli interessati.

Qualora la domanda di ammissione non sia accolta dagli amministratori, chi l'ha proposta può entro sessanta giorni dalla comunicazione del diniego chiedere che sull'istanza si pronunci l'assemblea, la quale delibera sulle domande non accolte, se non appositamente convocata, in occasione della sua prossima successiva convocazione.

Gli amministratori nella relazione al bilancio illustrano le ragioni delle determinazioni assunte con riguardo all'ammissione dei nuovi soci.

2529. ***Acquisto delle proprie quote o azioni.*** — L'atto costitutivo può autorizzare gli amministratori ad acquistare o rimborsare quote o azioni della società, purché sussistano le condizioni previste dal secondo comma dell'art. 2545-*quinquies* e l'acquisto o il rimborso è fatto nei limiti degli utili distribuibili e delle riserve disponibili risultanti dall'ultimo bilancio regolarmente approvato.

2530. ***Trasferibilità della quota o delle azioni.*** — La quota o le azioni dei soci cooperatori non possono essere cedute con effetto verso la società, se la cessione non è autorizzata dagli amministratori.

Il socio che intende trasferire la propria quota o le proprie azioni deve darne comunicazione agli amministratori con lettera raccomandata.

Il provvedimento che concede o nega l'autorizzazione deve essere comunicato al socio entro sessanta giorni dal ricevimento della richiesta.

Decorso tale termine, il socio è libero di trasferire la propria partecipazione e la società deve iscrivere nel libro dei soci l'acquirente che abbia i requisiti previsti per divenire socio.

Il provvedimento che nega al socio l'autorizzazione deve essere motivato. Contro il diniego il socio entro sessanta giorni dal ricevimento della comunicazione può proporre opposizione al tribunale.

Qualora l'atto costitutivo vieti la cessione della quota o delle azioni il socio può recedere dalla società, con preavviso di novanta giorni. Il diritto di recesso, in caso di divieto statutario di trasferimento della partecipazione, non può essere esercitato prima che siano decorsi due anni dall'ingresso del socio nella società.

2531. ***Mancato pagamento delle quote o delle azioni.*** — Il socio che non esegue in tutto o in parte il pagamento delle quote o delle azioni sottoscritte può, previa intimazione da parte degli amministratori, essere escluso a norma dell'art. 2533.

2532. ***Recesso del socio.*** — Il socio cooperatore può recedere dalla società nei casi previsti dalla legge e dall'atto costitutivo. Il recesso non può essere parziale.

La dichiarazione di recesso deve essere comunicata con raccomandata alla società. Gli amministratori devono esaminarla entro sessanta giorni dalla ricezione. Se non sussistono i presupposti del recesso, gli amministratori devono darne immediata comunicazione al socio, che entro sessanta giorni dal ricevimento della comunicazione, può proporre opposizione innanzi il tribunale.

Il recesso ha effetto per quanto riguarda il rapporto sociale dalla comunicazione del provvedimento di accoglimento della domanda. Ove la legge o l'atto costitutivo non preveda diversamente, per i rapporti mutualistici tra socio e società il recesso ha effetto con la chiusura dell'esercizio in corso, se comunicato tre mesi prima, e, in caso contrario, con la chiusura dell'esercizio successivo.

2533. ***Esclusione del socio.*** — L'esclusione del socio, oltre che nel caso indicato all'art. 2531, può aver luogo:

1) nei casi previsti dall'atto costitutivo;

2) per gravi inadempienze delle obbligazioni che derivano dalla legge, dal contratto sociale, dal regolamento o dal rapporto mutualistico;

3) per mancanza o perdita dei requisiti previsti per la partecipazione alla società;

4) nei casi previsti dall'art. 2286;

5) nei casi previsti dell'art. 2288, primo comma.

L'esclusione deve essere deliberata dagli amministratori o, se l'atto costitutivo lo prevede, dall'assemblea.

Contro la deliberazione di esclusione il socio può proporre opposizione al tribunale, nel termine di sessanta giorni dalla comunicazione.

Qualora l'atto costitutivo non preveda diversamente, lo scioglimento del rapporto sociale determina anche la risoluzione dei rapporti mutualistici pendenti.

2534. ***Morte del socio.*** — In caso di morte del socio, gli eredi hanno diritto alla liquidazione della quota o al rimborso delle azioni secondo le disposizioni dell'articolo seguente.

L'atto costitutivo può prevedere che gli eredi provvisti dei requisiti per l'ammissione alla società subentrino nella partecipazione del socio deceduto.

Nell'ipotesi prevista dal secondo comma, in caso di pluralità di eredi, questi debbono nominare un rappresentante comune, salvo che la quota sia divisibile e la società consenta la divisione.

2535. ***Liquidazione della quota o rimborso delle azioni del socio uscente.*** — La liquidazione della quota o il rimborso delle azioni ha luogo sulla base del bilancio dell'esercizio in cui si sono verificati il recesso, l'esclusione o la morte del socio.

La liquidazione della partecipazione sociale, eventualmente ridotta in proporzione alle perdite imputabili al capitale, avviene sulla base dei criteri stabiliti nell'atto costitutivo. Salvo diversa disposizione, la liquidazione comprende anche il rimborso del soprapprezzo, ove versato, qualora sussista nel patrimonio della società e non sia stato destinato ad aumento gratuito del capitale ai sensi dell'art. 2545-*quinquies*, terzo comma.

Il pagamento deve essere fatto entro centottanta giorni dall'approvazione del bilancio. L'atto costitutivo può prevedere che, per la frazione della quota o le azioni assegnate al socio ai sensi degli articoli dell'art. 2545-*quinquies* e 2545-*sexies*, la liquidazione o il rimborso, unitamente agli interessi legali, possa essere corrisposto in più rate entro un termine massimo di cinque anni.

2536. ***Responsabilità del socio uscente e dei suoi eredi.*** — Il socio che cessa di far parte della società risponde verso questa per il pagamento dei conferimenti non versati, per un anno dal giorno in cui il recesso, la esclusione o la cessione della quota si è verificata.

Se entro un anno dallo scioglimento del rapporto associativo si manifesta l'insolvenza della società, il socio uscente è obbligato verso questa nei limiti di quanto ricevuto per la liquidazione della quota o per il rimborso delle azioni.

Nello stesso modo e per lo stesso termine sono responsabili verso la società gli eredi del socio defunto.

2537. ***Creditore particolare del socio.*** — Il creditore particolare del socio cooperatore, finché dura la società, non può agire esecutivamente sulla quota e sulle azioni del medesimo.

SEZIONE IV
Degli organi sociali

2538. ***Assemblea.*** — Nelle assemblee hanno diritto di voto coloro che risultano iscritti da almeno novanta giorni nel libro dei soci.

Ciascun socio cooperatore ha un voto, qualunque sia il valore della quota o il numero delle azioni possedute. L'atto costitutivo determina i limiti al diritto di voto degli strumenti finanziari offerti in sottoscrizione ai soci cooperatori.

Ai soci cooperatori persone giuridiche l'atto costitutivo può attribuire più voti, ma non oltre cinque, in relazione all'ammontare della quota oppure al numero dei loro membri.

Nelle cooperative in cui i soci realizzano lo scopo mutualistico attraverso l'integrazione delle rispettive imprese o di talune fasi di esse, l'atto costitutivo può prevedere che il diritto di voto sia attribuito in ragione della partecipazione allo scambio mutualistico. Lo statuto stabilisce un limite per il voto plurimo per tali categorie di soci, in modo che nessuno di essi possa esprimere più del decimo dei voti in ciascuna assemblea generale. In ogni caso, ad essi non può essere attribuito più di un terzo dei voti spettanti all'insieme dei soci presenti o rappresentati in ciascuna assemblea generale.

Le maggioranze richieste per la costituzione delle assemblee e per la validità delle deliberazioni sono determinate dall'atto costitutivo e sono calcolate secondo il numero dei voti spettanti ai soci.

L'atto costitutivo può prevedere che il voto venga espresso per corrispondenza, ovvero mediante altri mezzi di telecomunicazione. In tal caso l'avviso di convocazione deve contenere per esteso la deliberazione proposta. Se sono poste in votazione proposte diverse da quelle indicate nell'avviso di convocazione, i voti espressi per corrispondenza non si computano ai fini della regolare costituzione dell'assemblea.

2539. ***Rappresentanza nell'assemblea.*** — Nelle cooperative disciplinate dalle norme sulla società per azioni ciascun socio può rappresentare sino ad un massimo di dieci soci.

Il socio imprenditore individuale può farsi rappresentare nell'assemblea anche dal coniuge, dai parenti entro il terzo grado e dagli affini entro il secondo che collaborano all'impresa.

2540. ***Assemblee separate.*** — L'atto costitutivo delle società cooperative può prevedere lo svolgimento di assemblee separate, anche rispetto a specifiche materie ovvero in presenza di particolari categorie di soci.

Lo svolgimento di assemblee separate deve essere previsto quando la società cooperativa ha più di tremila soci e svolge la propria attività in più province ovvero se ha più di cinquecento soci e si realizzano più gestioni mutualistiche.

L'atto costitutivo stabilisce il luogo, i criteri e le modalità di convocazione e di partecipazione all'assemblea generale dei soci delegati e assicura in ogni caso la proporzionale rappresentanza delle minoranze espresse dalle assemblee separate.

I delegati debbono essere soci. Alla assemblea generale possono assistere anche i soci che hanno preso parte alle assemblee separate.

Le deliberazioni della assemblea generale possono essere impugnate ai sensi dell'art. 2377 anche dai soci assenti e dissenzienti nelle assemblee separate quando, senza i voti espressi dai delegati delle assemblee separate irregolarmente tenute, verrebbe meno la maggioranza richiesta per la validità della deliberazione.

Le deliberazioni delle assemblee separate non possono essere autonomamente impugnate.

Le disposizioni del presente articolo non si applicano alle società cooperative con azioni ammesse alla quotazione in mercati regolamentati.

2541. ***Assemblee speciali dei possessori degli strumenti finanziari.*** — Se sono stati emessi strumenti finanziari privi di diritto di voto, l'assemblea speciale di ciascuna categoria delibera:

1) sull'approvazione delle deliberazioni dell'assemblea della società cooperativa che pregiudicano i diritti della categoria;

2) sull'esercizio dei diritti ad essa eventualmente attribuiti ai sensi dell'art. 2526;

3) sulla nomina e sulla revoca dei rappresentanti comuni di ciascuna categoria e sull'azione di responsabilità nei loro confronti;

4) sulla costituzione di un fondo per le spese, necessario alla tutela dei comuni interessi dei possessori degli strumenti finanziari e sul rendiconto relativo;

5) sulle controversie con la società cooperativa e sulle relative transazioni e rinunce;

6) sugli altri oggetti di interesse comune a ciascuna categoria di strumenti finanziari.

La assemblea speciale è convocata dagli amministratori della società cooperativa o dal rappresentante comune, quanto lo ritengano necessario o quando almeno un terzo dei possessori degli strumenti finanziari ne faccia richiesta.

Il rappresentante comune deve provvedere all'esecuzione delle deliberazioni dell'assemblea speciale e deve tutelare gli interessi comuni dei possessori degli strumenti finanziari nei rapporti con la società cooperativa.

Il rappresentante comune ha diritto di esaminare i libri di cui all'art. 2421, numeri 1) e 3) e di ottenere estratti; ha altresì il diritto di assistere all'assemblea della società cooperativa e di impugnarne le deliberazioni.

2542. ***Consiglio di amministrazione.*** — La nomina degli amministratori spetta all'assemblea fatta eccezione per i primi amministratori che sono nominati nell'atto costitutivo e salvo quanto disposto nell'ultimo comma del presente articolo.

L'amministrazione della società è affidata ad un organo collegiale formato da almeno tre soggetti. Alle cooperative di cui all'articolo 2519, secondo comma, si applica la disposizione prevista dall'articolo 2383, secondo comma.[1]

La maggioranza degli amministratori è scelta tra i soci cooperatori ovvero tra le persone indicate dai soci cooperatori persone giuridiche.

[...].[2]

L'atto costitutivo può prevedere che uno o più amministratori siano scelti tra gli appartenenti alle diverse categorie dei soci, in proporzione dell'interesse che ciascuna categoria ha nell'attività sociale. In ogni caso, ai possessori di strumenti finanziari non può essere attribuito il diritto di eleggere più di un terzo degli amministratori.

La nomina di uno o più amministratori può essere attribuita dall'atto costitutivo allo Stato o ad enti pubblici. In ogni caso, la nomina della maggioranza degli amministratori è riservata all'assemblea.

[1] Comma ins. dall'art. 1, c. 936, L. 27 dic. 2017, n. 205.
[2] Comma soppresso dall'art. 29, D.lgs. 28 dic. 2004, n. 310.

2543. ***Organo di controllo.*** — La nomina del collegio sindacale è obbligatoria nei casi previsti dal secondo e terzo comma dell'art. 2477, nonché quando la società emette strumenti finanziari non partecipativi.

L'atto costitutivo può attribuire il diritto di voto nell'elezione dell'organo di controllo proporzionalmente alle quote o alle azioni possedute ovvero in ragione della partecipazione allo scambio mutualistico.

I possessori degli strumenti finanziari dotati di diritti di amministrazione possono eleggere, se lo statuto lo prevede, nel complesso sino ad un terzo dei componenti dell'organo di controllo.

2544. ***Sistemi di amministrazione.*** — Indipendentemente dal sistema di amministrazione adottato non possono essere delegati dagli amministratori, oltre le materie previste dall'art. 2381, i poteri in materia di ammissione, di recesso e di esclusione dei soci e le decisioni che incidono sui rapporti mutualistici con i soci.

Se la cooperativa ha adottato il sistema di amministrazione di cui all'art. 2409-*octies*, i possessori di strumenti finanziari non possono eleggere più di un terzo dei componenti del consiglio di sorveglianza e più di un terzo dei componenti del consiglio di gestione. I componenti del consiglio di sorveglianza eletti dai soci cooperatori devono essere scelti tra i soci cooperatori ovvero tra le persone indicate dai soci cooperatori persone giuridiche.

Se la cooperativa ha adottato il sistema di amministrazione di cui all'art. 2409-*sexiesdecies*. agli amministratori eletti dai possessori di strumenti finanziari, in misura comunque non superiore ad un terzo, non possono essere attribuite deleghe operative né gli stessi possono fare parte del comitato esecutivo.

2545. ***Relazione annuale sul carattere mutualistico della cooperativa.*** — Gli amministratori e i sindaci della società, in occasione della approvazione del bilancio di esercizio debbono, nelle relazioni previste dagli artt. 2428 e 2429 indicare specificamente i criteri seguiti nella gestione sociale per il conseguimento dello scopo mutualistico.

2545-*bis*. ***Diritti dei soci.*** — Nelle società cooperative cui si applica la disciplina della società per azioni, oltre a quanto stabilito dal primo comma dell'art. 2422, i soci, quando almeno un decimo del numero complessivo lo richieda ovvero almeno un ventesimo quando la cooperativa ha più di tremila soci, hanno diritto di esaminare, attraverso un rappresentante, eventualmente assistito da un professionista di sua fiducia, il libro delle adunanze e delle deliberazioni del consiglio di amministrazione e il libro delle deliberazioni del comitato esecutivo, se esiste.

I diritti di cui al comma precedente non spettano ai soci in mora per la mancata esecuzione dei conferimenti o inadempienti rispetto alle obbligazioni contratte con la società.

2545-*ter*. ***Riserve indivisibili.*** — Sono indivisibili le riserve che per disposizione di legge o dello statuto non possono essere ripartite tra i soci, neppure in caso di scioglimento della società.

Le riserve indivisibili possono essere utilizzate per la copertura di perdite solo dopo che sono esaurite le riserve che la società aveva destinato ad operazioni di aumento di capitale e quelle che possono essere ripartite tra i soci in caso di scioglimento della società.

2545-*quater*. ***Riserve legali, statutarie e volontarie.*** — Qualunque sia l'ammontare del fondo di riserva legale, deve essere a questo destinato almeno il trenta per cento degli utili netti annuali.

Una quota degli utili netti annuali deve essere corrisposta ai fondi mutualistici per la promozione e lo sviluppo della cooperazione, nella misura e con le modalità previste dalla legge.

L'assemblea determina, nel rispetto di quanto previsto dall'art. 2545-*quinquies*, la destinazione degli utili non assegnati ai sensi del primo e secondo comma.

2545-*quinquies*. ***Diritto agli utili e alle riserve dei soci cooperatori.*** — L'atto costitutivo indica le modalità e la percentuale massima di ripartizione dei dividendi tra i soci cooperatori.

Possono essere distribuiti dividendi, acquistate proprie quote o azioni ovvero assegnate ai soci le riserve divisibili se il rapporto tra il patrimonio netto e il complessivo indebitamento della società è superiore ad un quarto. La condizione[1] non si applica nei confronti dei possessori di strumenti finanziari.

L'atto costitutivo può autorizzare l'assemblea ad assegnare ai soci le riserve divisibili attraverso:

a) l'emissione degli strumenti finanziari di cui all'art. 2526;

b) mediante aumento proporzionale delle quote sottoscritte e versate, o mediante l'emissione di nuove azioni, anche in deroga a quanto previsto dall'art. 2525, nella misura massima complessiva del venti per cento del valore originario.

Le riserve divisibili, spettanti al socio in caso di scioglimento del rapporto, possono essere assegnate, se lo statuto non prevede diversamente, attraverso l'emissione di strumenti finanziari liberamente trasferibili e devono esserlo ove il rapporto tra il patrimonio netto e il complessivo indebitamento della società sia inferiore ad un quarto.

Le disposizioni dei commi secondo e terzo non si

applicano alle cooperative con azioni quotate in mercati regolamentati.[2]

[1] Parole modif. dall'art. 30, D.lgs. 28 dic. 2004, n. 310.
[2] Comma aggiunto dall'art. 30, D.lgs. 28 dic. 2004, n. 310.

2545-*sexies*. *Ristorni*. — L'atto costitutivo determina i criteri di ripartizione dei ristorni ai soci proporzionalmente alla quantità e qualità degli scambi mutualistici.

Le cooperative devono riportare separatamente nel bilancio i dati relativi all'attività svolta con i soci, distinguendo eventualmente le diverse gestioni mutualistiche.

L'assemblea può deliberare la ripartizione dei ristorni a ciascun socio anche mediante aumento proporzionale delle rispettive quote o con l'emissione di nuove azioni, in deroga a quanto previsto dall'art. 2525, ovvero mediante l'emissione di strumenti finanziari.

2545-*septies*. *Gruppo cooperativo paritetico*. — Il contratto con cui più cooperative appartenenti anche a categorie diverse regolano, anche in forma consortile, la direzione e il coordinamento delle rispettive imprese deve indicare:

1) la durata;

2) la cooperativa o le cooperative cui è attribuita direzione del gruppo, indicandone i relativi poteri;

3) l'eventuale partecipazione di altri enti pubblici e privati;

4) i criteri e le condizioni di adesione e di recesso dal contratto;

5) i criteri di compensazione e l'equilibrio nella distribuzione dei vantaggi derivanti dall'attività comune.

La cooperativa può recedere dal contratto senza che ad essa possano essere imposti oneri di alcun tipo qualora, per effetto dell'adesione al gruppo, le condizioni dello scambio risultino pregiudizievoli per i propri soci.

Le cooperative aderenti ad un gruppo sono tenute a depositare in forma scritta l'accordo di partecipazione presso l'albo delle società cooperative.

SEZIONE V
Delle modificazioni dell'atto costitutivo

2545-*octies*. *Perdita della qualifica di cooperativa a mutualità prevalente*. — La cooperativa perde la qualifica di cooperativa a mutualità prevalente quando, per due esercizi consecutivi, non rispetti la condizione di prevalenza, di cui all'art. 2513, ovvero quando modifichi le previsioni statutarie di cui all'art. 2514.

In questo caso, sentito il parere del revisore esterno, ove presente, gli amministratori devono redigere un apposito bilancio, da notificarsi entro sessanta giorni dalla approvazione al Ministero delle attività produttive,[1] al fine di determinare il valore effettivo dell'attivo patrimoniale da imputare alle riserve indivisibili. Il bilancio deve essere verificato senza rilievi da una società di revisione.

Qualora la cooperativa abbia perso la qualifica di cooperativa a mutualità prevalente per il mancato rispetto della condizione di prevalenza di cui all'articolo 2513, l'obbligo di cui al secondo comma si applica soltanto nel caso in cui la cooperativa medesima modifichi le previsioni statutarie di cui all'articolo 2514 o abbia emesso strumenti finanziari.[2]

In tutti i casi di perdita della citata qualifica, la cooperativa è tenuta a segnalare espressamente tale condizione attraverso gli strumenti di comunicazione informatica previsti dall'articolo 223-*sexiesdecies* delle disposizioni per l'attuazione del presente codice.[2]

Lo stesso obbligo sussiste per la cooperativa nel caso in cui le risultanze contabili relative al primo anno successivo alla perdita della detta qualifica evidenzino il rientro nei parametri della mutualità prevalente.[2]

In seguito alle predette segnalazioni, l'amministrazione presso la quale è tenuto l'albo delle società cooperative provvede alla variazione della sezione di iscrizione all'albo medesimo senza alcun ulteriore onere istruttorio.[2]

L'omessa o ritardata comunicazione della perdita della qualifica di cooperativa a mutualità prevalente è segnalata all'amministrazione finanziaria e comporta l'applicazione della sanzione amministrativa della sospensione semestrale di ogni attività dell'ente, intesa come divieto di assumere nuove eventuali obbligazioni contrattuali.[2]

[1] Periodo modif. dall'art. 31, D.lgs. 28 dic. 2004, n. 310.
[2] Comma aggiunto dall'art. 10, L. 23 lug. 2009, n. 99.

2545-*novies*. *Modificazioni dell'atto costitutivo*. — Alle deliberazioni che importano modificazioni dell'atto costitutivo si applica l'art. 2436.

La fusione e la scissione di società cooperative sono disciplinate dal titolo V, capo X, sezione II e III.

2545-*decies*. *Trasformazione*. — Le società cooperative diverse da quelle a mutualità prevalente possono deliberare, con il voto favorevole di almeno la metà dei soci della cooperativa, la trasformazione in una società del tipo previsto dal titolo V, capi II, III, IV, V, VI e VII, o in consorzio.

Quando i soci sono meno di cinquanta, la deliberazione deve essere approvata con il voto favorevole dei due terzi di essi. Quando i soci sono più di diecimila, l'atto costitutivo può prevedere che la trasformazione sia deliberata con il voto favorevole dei due terzi dei votanti se all'assemblea sono presenti, personalmente o per delega, almeno il venti per cento dei soci.

All'esito della trasformazione gli strumenti finanziari con diritto di voto sono convertiti in partecipazioni ordinarie, conservando gli eventuali privilegi.

2545-*undecies*. *Devoluzione del patrimonio e bilancio di trasformazione.* — La deliberazione di trasformazione devolve il valore effettivo del patrimonio, dedotti il capitale versato e rivalutato e i dividendi non ancora distribuiti, eventualmente aumentato fino a concorrenza dell'ammontare minimo del capitale della nuova società, esistenti alla data di trasformazione ai fondi mutualistici per la promozione e lo sviluppo della cooperazione.

Alla proposta di deliberazione di trasformazione gli amministratori allegano una relazione giurata di un esperto designato dal tribunale nel cui circondario ha sede la società cooperativa, attestante il valore effettivo del patrimonio dell'impresa.

L'assemblea non può procedere alla deliberazione di cui ai precedenti commi qualora la cooperativa non sia stata sottoposta a revisione da parte dell'autorità di vigilanza nell'anno precedente o, comunque, gli amministratori non ne abbiano fatto richiesta da almeno novanta giorni.[1]

[1] Comma aggiunto dall'art. 32 D.lgs. 28 dic. 2004, n. 310.

2545-*duodecies*. *Scioglimento.* — La società cooperativa si scioglie per le cause indicate ai numeri 1), 2), 3), 5), 6) e 7) dell'art. 2484, nonché per la perdita del capitale sociale.

2545-*terdecies*. *Insolvenza.* — In caso di insolvenza della società, l'autorità governativa alla quale spetta il controllo sulla società dispone la liquidazione coatta amministrativa. Le cooperative che svolgono attività commerciale sono soggette anche a liquidazione giudiziale.[1]

La dichiarazione di fallimento preclude la liquidazione coatta amministrativa e il provvedimento di liquidazione coatta amministrativa preclude la dichiarazione di fallimento.

[1] Comma così sost. dall'art. 381, c. 1, D.lgs. 12 gen. 2019, n. 14, a decorrere dal 15 lug. 2022.

SEZIONE VI
Dei controlli

2545-*quaterdecies*. *Controllo sulle società cooperative.* — Le società cooperative sono sottoposte alle autorizzazioni, alla vigilanza e agli altri controlli sulla gestione previsti dalle leggi speciali.

2545-*quinquiesdecies*. *Controllo giudiziario.* — I fatti previsti dall'art. 2409 possono essere denunciati al tribunale dai soci che siano titolari del decimo del capitale sociale ovvero da un decimo del numero complessivo dei soci, e, nelle società cooperative che hanno più di tremila soci, da un ventesimo dei soci.

Il ricorso deve essere notificato a cura dei ricorrenti anche all'autorità di vigilanza.

Il tribunale, sentiti in camera di consiglio gli amministratori, i sindaci e l'autorità di vigilanza, dichiara improcedibile il ricorso se per i medesimi fatti sia stato già nominato un ispettore o un commissario dall'autorità di vigilanza.

L'autorità di vigilanza dispone la sospensione del procedimento dalla medesima iniziato se il tribunale per i medesimi fatti ha nominato un ispettore o un amministratore giudiziario.

2545-*sexiesdecies*. *Gestione commissariale.* — Fuori dai casi di cui all'articolo 2545-*septiesdecies*, in caso di irregolare funzionamento della società cooperativa, l'autorità di vigilanza può revocare gli amministratori e i sindaci, affidare la gestione della società a un commissario, determinando i poteri e la durata, al fine di sanare le irregolarità riscontrate e, nel caso di crisi o insolvenza, autorizzarlo a domandare la nomina del collegio o del commissario per la composizione assistita della crisi stessa o l'accesso a una delle procedure regolatrici previste nel codice della crisi e dell'insolvenza. Ove l'importanza della società cooperativa lo richieda, l'autorità di vigilanza può nominare un vice commissario che collabora con il commissario e lo sostituisce in caso di impedimento.[1]

Ove l'importanza della società cooperativa lo richieda, l'autorità di vigilanza può nominare un vice commissario che collabora con il commissario e lo sostituisce in caso di impedimento.

Al commissario possono essere conferiti per determinati atti anche i poteri dell'assemblea, ma le relative deliberazioni non sono valide senza l'approvazione dell'autorità di vigilanza.

Se l'autorità di vigilanza accerta irregolarità nelle procedure di ammissione dei nuovi soci, può diffidare la società cooperativa e, qualora non si adegui, assumere i provvedimenti di cui al quarto comma.[2]

Laddove vengano accertate una o più irregolarità suscettibili di specifico adempimento, l'autorità di vigilanza, previa diffida, può nominare un commissario, anche nella persona del legale rappresentante o di un componente dell'organo di controllo societario, che si sostituisce agli organi amministrativi dell'ente, limitatamente al compimento degli specifici adempimenti indicati.[3]

[1] Comma così sost. dall'art. 381, c. 2, D.lgs. 12 gen. 2019, n. 14, a decorrere dal 15 lug. 2022.

[2] Comma così modif. dall'art. 1, c. 936, L. 27 dic. 2017, n. 205.

[3] Comma aggiunto dall'art. 1, c. 936, L. 27 dic. 2017, n. 205.

2545-*septiesdecies*. *Scioglimento per atto dell'autorità.* — L'autorità di vigilanza, con provvedimento da pubblicarsi nella *Gazzetta Ufficiale* e da iscriversi nel registro delle imprese, può sciogliere le società cooperative e gli enti mutualistici che non perseguono lo scopo mutualistico o non sono in condizione di raggiungere gli scopi per cui sono stati costituiti o che per due anni consecutivi non hanno depositato il bilancio di esercizio o non hanno compiuto atti di gestione.

Se vi è luogo a liquidazione, con lo stesso provvedimento sono nominati uno o più commissari liquidatori.

2545-*octiesdecies*. *Sostituzione dei liquidatori.* — In caso di irregolarità o di eccessivo ritardo nello svolgimento della liquidazione ordinaria di una società cooperativa, l'autorità di vigilanza può sostituire i liquidatori o, se questi sono stati nominati dall'autorità giudiziaria, può chiederne la sostituzione al tribunale.

Fatti salvi i casi di liquidazione per i quali è intervenuta la nomina di un liquidatore da parte dell'autorità giudiziaria, l'autorità di vigilanza dispone la pubblicazione nella *Gazzetta Ufficiale*, per la conseguente cancellazione dal registro delle imprese, dell'elenco delle società cooperative e degli enti mutualistici in liquidazione ordinaria che non hanno depositato i bilanci di esercizio relativi agli ultimi cinque anni.

Entro il termine perentorio di trenta giorni dalla pubblicazione i creditori e gli altri interessati possono presentare all'autorità di vigilanza formale e motivata domanda intesa a consentire la prosecuzione della liquidazione. Trascorso il suddetto termine, a seguito di comunicazione da parte dell'autorità di vigilanza, il conservatore del registro delle imprese territorialmente competente provvede alla cancellazione della società cooperativa o dell'ente mutualistico dal registro medesimo.

CAPO II
Delle mutue assicuratrici

2546. ***Nozione.*** — Nella società di mutua assicurazione le obbligazioni sono garantite dal patrimonio sociale.

I soci sono tenuti al pagamento dei contributi fissi o variabili, entro il limite massimo determinato dall'atto costitutivo.

Nelle mutue assicuratrici non si può acquistare la qualità di socio, se non assicurandosi presso la società, e si perde la qualità di socio con l'estinguersi dell'assicurazione, salvo quanto disposto dall'art. 2548.

2547. ***Norme applicabili.*** — Le società di mutua assicurazione sono soggette alle autorizzazioni, alla vigilanza e agli altri controlli stabiliti dalle leggi speciali sull'esercizio dell'assicurazione, e sono regolate dalle norme stabilite per le società cooperative, in quanto compatibili con la loro natura.

2548. ***Conferimenti per la costituzione di fondi di garanzia.*** — L'atto costitutivo può prevedere la costituzione di fondi di garanzia per il pagamento delle indennità, mediante speciali conferimenti da parte di assicurati o di terzi, attribuendo anche a questi ultimi la qualità di socio.

L'atto costitutivo può attribuire a ciascuno dei soci sovventori più voti, ma non oltre cinque, in relazione all'ammontare del conferimento.

I voti attribuiti ai soci sovventori, come tali, devono in ogni caso essere inferiori al numero dei voti spettanti ai soci assicurati.

I soci sovventori possono essere nominati amministratori. La maggioranza degli amministratori deve essere costituita da soci assicurati.

TITOLO VII
Dell'associazione in partecipazione

2549. ***Nozione.*** — Con il contratto di associazione in partecipazione l'associante attribuisce all'associato una partecipazione agli utili della sua impresa o di uno o più affari verso il corrispettivo di un determinato apporto (*Trans.* 219).

Nel caso in cui l'associato sia una persona fisica l'apporto di cui al primo comma non può consistere, nemmeno in parte, in una prestazione di lavoro.[1]

[...].[2]

[1] Comma così sost dall'art. 53, c. 1, D.lgs. 15 giu. 2015, n. 81. Ai sensi di quanto disposto dall'art. 53, c. 2, D.lgs. 81/2015 «I contratti di associazione in partecipazione in atto alla data di entrata in vigore del presente decreto, nei quali l'apporto dell'associato persona fisica consiste, in tutto o in parte, in una prestazione di lavoro, sono fatti salvi fino alla loro cessazione.».

[2] Comma abrog. dall'art. 53, c. 1, D.lgs. 15 giu. 2015, n. 81. V. nota 1.

2550. ***Pluralità di associazioni.*** — Salvo patto contrario, l'associante non può attribuire partecipazioni per la stessa impresa o per lo stesso affare ad altre persone senza il consenso dei precedenti associati.

2551. ***Diritti ed obbligazioni dei terzi.*** — I terzi acquistano diritti e assumono obbligazioni soltanto verso l'associante.

2552. ***Diritti dell'associante e dell'associato.*** — La gestione dell'impresa o dell'affare spetta all'associante.

Il contratto può determinare quale controllo possa esercitare l'associato sull'impresa o sullo svolgimento dell'affare per cui l'associazione è stata contratta.

In ogni caso l'associato ha diritto al rendiconto dell'affare compiuto, o a quello annuale della gestione se questa si protrae per più di un anno.

2553. ***Divisione degli utili e delle perdite.*** — Salvo patto contrario, l'associato partecipa alle perdite nella stessa misura in cui partecipa agli utili, ma le perdite che colpiscono l'associato non possono superare il valore del suo apporto.

2554. ***Partecipazione agli utili e alle perdite.*** — Le disposizioni degli artt. 2551 e 2552 si applicano anche al contratto di cointeressenza agli utili di una impresa senza partecipazione alle perdite, e al contratto con il quale un contraente attribuisce la partecipazione agli utili e alle perdite della sua impresa, senza il corrispettivo di un determinato apporto.

Per le partecipazioni agli utili attribuite ai prestatori di lavoro resta salva la disposizione dell'art. 2102.

TITOLO VIII
Dell'azienda

CAPO I
Disposizioni generali

2555. ***Nozione.*** — L'azienda è il complesso dei beni organizzati dall'imprenditore per l'esercizio dell'impresa.

2556. ***Imprese soggette a registrazione.*** — Per le imprese soggette a registrazione i contratti che hanno per oggetto il trasferimento della proprietà o il godimento dell'azienda devono essere provati per iscritto, salva l'osservanza delle forme stabilite dalla legge per il trasferimento dei singoli beni che compongono l'azienda o per la particolare natura del contratto.[1]

I contratti di cui al primo comma, in forma pubblica o per scrittura privata autenticata, devono essere depositati per l'iscrizione nel registro delle imprese, nel termine di trenta giorni, a cura del notaio rogante o autenticante.[2,3]

[1] V. gli artt. 1, 4 del D.P.R. 26 apr. 1986, n. 131.

[2] Comma così sost. dall'art. 6 della L. 12 ago. 1993, n. 310.

[3] Il registro delle imprese è stato istituito presso le camere di commercio dall'art. 8 della L. 29 dic. 1993, n. 580. V. altresì il Regolamento di attuazione emanato con D.P.R. 7 dic. 1995, n. 581, modif. con D.P.R. 16 set. 1996, n. 559.

2557. ***Divieto di concorrenza.*** — Chi aliena l'azienda deve astenersi, per il periodo di cinque anni dal trasferimento, dall'iniziare una nuova impresa che per l'oggetto, l'ubicazione o altre circostanze sia idonea a sviare la clientela dall'azienda ceduta.

Il patto di astenersi dalla concorrenza in limiti più ampi di quelli previsti dal comma precedente è valido, purché non impedisca ogni attività professionale dell'alienante. Esso non può eccedere la durata di cinque anni dal trasferimento.

Se nel patto è indicata una durata maggiore o la durata non è stabilita, il divieto di concorrenza vale per il periodo di cinque anni dal trasferimento.

Nel caso di usufrutto o di affitto dell'azienda il divieto di concorrenza disposto dal primo comma vale nei confronti del proprietario o del locatore per la durata dell'usufrutto o dell'affitto.

Le disposizioni di questo articolo si applicano alle aziende agricole solo per le attività ad esse connesse, quando rispetto a queste sia possibile uno sviamento di clientela.

2558. ***Successione nei contratti.*** — Se non è pattuito diversamente, l'acquirente dell'azienda subentra nei contratti stipulati per l'esercizio dell'azienda stessa che non abbiano carattere personale.[1,2]

Il terzo contraente può tuttavia recedere dal contratto entro tre mesi dalla notizia del trasferimento, se sussiste una giusta causa, salvo in questo caso la responsabilità dell'alienante.

Le stesse disposizioni si applicano anche nei confronti dell'usufruttuario e dell'affittuario per la durata dell'usufrutto e dell'affitto.

[1] V. art. 132 L. 22 apr. 1941, n. 633.

[2] V. artt. 36 e 73 L. 27 lug. 1978, n. 392.

2559. ***Crediti relativi all'azienda ceduta.*** — La cessione dei crediti relativi all'azienda ceduta, anche in mancanza di notifica al debitore o di sua accettazione, ha effetto, nei confronti dei terzi, dal momento dell'iscrizione del trasferimento nel registro delle imprese *(Att.* 100).[1] Tuttavia il debitore ceduto è liberato se paga in buona fede all'alienante.

Le stesse disposizioni si applicano anche nel caso di usufrutto dell'azienda, se esso si estende ai crediti relativi alla medesima.

[1] V. la nota 3 all'art. 2556.

2560. ***Debiti relativi all'azienda ceduta.*** — L'alienante non è liberato dai debiti, inerenti all'esercizio dell'azienda ceduta anteriori al trasferimento, se non risulta che i creditori vi hanno consentito.

Nel trasferimento di un'azienda commerciale risponde dei debiti suddetti anche l'acquirente dell'azienda se essi risultano dai libri contabili obbligatori (*Trans.* 220).

2561. ***Usufrutto dell'azienda.*** — L'usufruttuario dell'azienda deve esercitarla sotto la ditta che la contraddistingue.

Egli deve gestire l'azienda senza modificarne la destinazione e in modo da conservare l'efficienza dell'organizzazione e degli impianti e le normali dotazioni di scorte.

Se non adempie a tale obbligo o cessa arbitrariamente dalla gestione dell'azienda, si applica l'art. 1015.

La differenza tra le consistenze d'inventario all'inizio e al termine dell'usufrutto è regolata in danaro, sulla base dei valori correnti al termine dell'usufrutto.

2562. ***Affitto dell'azienda.*** — Le disposizioni dell'articolo precedente si applicano anche nel caso di affitto dell'azienda.

CAPO II
Della ditta e dell'insegna

2563. ***Ditta.*** — L'imprenditore ha diritto all'uso esclusivo della ditta da lui prescelta.[1]

La ditta, comunque sia formata, deve contenere almeno il cognome o la sigla dell'imprenditore, salvo quanto è disposto dall'art. 2565 (*Trans.* 221).

[1] Vedi ora D.lgs. 10 feb. 2005, n. 30.

2564. ***Modificazione della ditta.*** — Quando la ditta è uguale o simile a quella usata da altro imprenditore e può creare confusione per l'oggetto dell'impresa e per il luogo in cui questa è esercitata, deve essere integrata o modificata con indicazioni idonee a differenziarla.

Per le imprese commerciali l'obbligo dell'integrazione o modificazione spetta a chi ha iscritto la propria ditta nel registro delle imprese in epoca posteriore.

2565. ***Trasferimento della ditta.*** — La ditta non può essere trasferita separatamente dall'azienda.

Nel trasferimento dell'azienda per atto tra vivi la ditta non passa all'acquirente senza il consenso dell'alienante.

Nella successione dell'azienda per causa di morte la ditta si trasmette al successore, salvo diversa disposizione testamentaria.

2566. ***Registrazione della ditta.*** — Per le imprese commerciali, l'ufficio del registro delle imprese deve rifiutare l'iscrizione della ditta, se questa non è conforme a quanto è prescritto dal secondo comma dell'art. 2563 o, trattandosi di ditta derivata, se non è depositata copia dell'atto in base al quale ha avuto luogo la successione nell'azienda.

2567. ***Società.*** — La ragione sociale e la denominazione delle società sono regolate dai titoli V e VI di questo libro.

Tuttavia si applicano anche ad esse le disposizioni dell'art. 2564.

2568. ***Insegna.*** — Le disposizioni del primo comma dell'art. 2564 si applicano all'insegna.

CAPO III
Del marchio[1]

[1] Vedi ora D.lgs. 10 feb. 2005, n. 30.

2569. ***Diritto di esclusività.*** — Chi ha registrato nelle forme stabilite dalla legge un nuovo marchio idoneo a distinguere prodotti o servizi ha diritto di valersene in modo esclusivo per i prodotti o servizi per i quali è stato registrato.

In mancanza di registrazione il marchio è tutelato a norma dell'art. 2571.

2570. ***Marchi collettivi.***[1] — I soggetti che svolgono la funzione di garantire l'origine, la natura o la qualità di determinati prodotti o servizi possono ottenere la registrazione di marchi collettivi per concederne l'uso, secondo le norme dei rispettivi regolamenti, a produttori o commercianti.

[1] Articolo così sostituito dall'art. 82 del D.L. 4 dic. 1992, n. 480.

2571. ***Preuso.*** — Chi ha fatto uso di un marchio non registrato ha la facoltà di continuare ad usarne, nonostante la registrazione da altri ottenuta, nei limiti in cui anteriormente se ne è valso.

2572. ***Divieto di soppressione del marchio.*** — Il rivenditore può apporre il proprio marchio ai prodotti che mette in vendita, ma non può sopprimere il marchio del produttore.

2573. ***Trasferimento del marchio.*** — Il marchio può essere trasferito o concesso in licenza per la totalità o per una parte dei prodotti o servizi per i quali è stato registrato, purché in ogni caso dal trasferimento o dalla licenza non derivi inganno in quei caratteri dei prodotti o servizi che sono essenziali nell'apprezzamento del pubblico.[1]

Quando il marchio è costituito da un segno figurativo, da una denominazione di fantasia o da una ditta derivata, si presume che il diritto all'uso esclusivo di esso sia trasferito insieme con l'azienda.

[1] Comma così sost. dall'art. 83 del D.L. 4 dic. 1992, n. 480.

2574. ***Leggi speciali.*** — Le condizioni per la registrazione dei marchi e degli atti di trasferimento dei medesimi, nonché gli effetti della registrazione sono stabiliti dalle leggi speciali.[1]

[1] V. D.lgs. 10 feb. 2005, n. 30.

TITOLO IX
Dei diritti sulle opere dell'ingegno e sulle invenzioni industriali[1]

[1] Vedi ora D.lgs. 10 feb. 2005, n. 30.

CAPO I
Del diritto di autore sulle opere dell'ingegno letterarie e artistiche

2575. ***Oggetto del diritto.*** — Formano oggetto del diritto di autore le opere dell'ingegno di carattere creativo che appartengono alle scienze, alla letteratura, alla musica, alle arti figurative, all'architettura, al teatro e alla cinematografia, qualunque ne sia il modo o la forma di espressione.[1]

[1] V. artt. 1 e 2 L. 22 apr. 1941, n. 633.

2576. ***Acquisto del diritto.*** — Il titolo originario dell'acquisto del diritto di autore è costituito dalla creazione dell'opera, quale particolare espressione del lavoro intellettuale.[1]

[1] V. art. 6 L. 22 apr. 1941, n. 633.

2577. ***Contenuto del diritto.*** — L'autore ha il diritto esclusivo di pubblicare l'opera e di utilizzarla economicamente in ogni forma e modo, nei limiti e per gli effetti fissati dalla legge.[1]

L'autore, anche dopo la cessione dei diritti previsti dal comma precedente, può rivendicare la paternità dell'opera e può opporsi a qualsiasi deformazione, mutilazione o altra modificazione dell'opera stessa, che possa essere di pregiudizio al suo onore e alla sua reputazione.[2]

[1] V. art. 12 L. 22 apr. 1941, n. 633.
[2] V. art. 20 L. cit., modif. da D.P.R. 8 gen. 1979, n. 19.

2578. ***Progetti di lavori.*** — All'autore di progetti di lavori di ingegneria o di altri lavori analoghi che costituiscono soluzioni originali di problemi tecnici, compete, oltre il diritto esclusivo di riproduzione dei piani e disegni dei progetti medesimi, il diritto di ottenere un equo compenso da coloro che eseguono il progetto tecnico a scopo di lucro senza il suo consenso.[1]

[1] V. art. 99 L. 22 apr. 1941, n. 633.

2579. *Interpreti ed esecutori.* — Agli artisti attori o interpreti di opere o composizioni drammatiche o letterarie, e agli artisti esecutori di opere o composizioni musicali, anche se le opere o composizioni sovraindicate sono in dominio pubblico, compete, nei limiti, per gli effetti e con le modalità fissati dalle leggi speciali,[1] indipendentemente dall'eventuale retribuzione loro spettante per la recitazione, rappresentazione od esecuzione, il diritto ad un equo compenso nei confronti di chiunque diffonda o trasmetta per radio, telefono od altro apparecchio equivalente, ovvero incida, registri o comunque riproduca su dischi fonografici, pellicola cinematografica od altro apparecchio equivalente la suddetta recitazione, rappresentazione od esecuzione.

Gli artisti attori od interpreti e gli artisti esecutori hanno diritto di opporsi alla diffusione, trasmissione o riproduzione della loro recitazione, rappresentazione od esecuzione che possa essere di pregiudizio al loro onore e alla loro reputazione.

[1] V. L. 22 apr. 1941, n. 633, e il regolamento approvato con R.D. 18 mag. 1942, n. 1369, e successive modifiche.

2580. *Soggetti del diritto.* — Il diritto di autore spetta all'autore ed ai suoi aventi causa nei limiti e per gli effetti fissati dalle leggi speciali.[1]

[...][2]

[1] V. L. 22 apr. 1941, n. 633, e il regolamento approvato con R.D. 18 mag. 1942, n. 1369, e successive modifiche.
[2] Comma abrog. dall'art. 12, L. 8 mar. 1975, n. 39.

2581. *Trasferimento dei diritti di utilizzazione.* — I diritti di utilizzazione sono trasferibili.

Il trasferimento per atto tra vivi deve essere provato per iscritto.

2582. *Ritiro dell'opera dal commercio.* — L'autore, qualora concorrano gravi ragioni morali, ha diritto di ritirare l'opera dal commercio, salvo l'obbligo d'indennizzare coloro che hanno acquistato i diritti di riprodurre, diffondere, eseguire, rappresentare o mettere in commercio l'opera medesima.

Questo diritto è personale e intrasmissibile.

2583. *Leggi speciali.* — L'esercizio dei diritti contemplati in questo capo e la loro durata sono regolati dalle leggi speciali.[1]

[1] V. nota all'art. 2579.

CAPO II

Del diritto di brevetto per invenzioni industriali[1]

[1] Le norme del Capo II devono ritenersi implicitamente abrog. nella parte in cui sono incompatibili con il D.lgs. 10 feb. 2005, n. 30, che ha riformato la legislazione in materia di brevetti.

2584. *Diritto di esclusività.* — Chi ha ottenuto un brevetto per un'invenzione industriale ha il diritto esclusivo di attuare l'invenzione e di disporne entro i limiti e alle condizioni stabilite dalla legge.

Il diritto si estende anche al commercio del prodotto a cui l'invenzione si riferisce.

2585. *Oggetto del brevetto.* — Possono costituire oggetto di brevetto le nuove invenzioni atte ad avere un'applicazione industriale, quali un metodo o un processo di lavorazione industriale, una macchina, uno strumento, un utensile o un dispositivo meccanico, un prodotto o un risultato industriale e l'applicazione tecnica di un principio scientifico, purché essa dia immediati risultati industriali.

In quest'ultimo caso il brevetto è limitato ai soli risultati indicati dall'inventore.

2586. *Brevetto per nuovi metodi o processi di fabbricazione.* — Il brevetto concernente un nuovo metodo o processo di fabbricazione industriale ne attribuisce al titolare l'uso esclusivo.[1]

[1] Il secondo comma è stato abrog. dall'art. 13, D.L. 19 mar. 1996, n. 198.

2587. *Brevetto dipendente da brevetto altrui.* — Il brevetto per invenzione industriale, la cui attuazione implica quella d'invenzioni protette da precedenti brevetti per invenzioni industriali ancora in vigore, non pregiudica i diritti dei titolari di questi ultimi, e non può essere attuato né utilizzato senza il consenso di essi.

Sono salve le disposizioni delle leggi speciali.

2588. *Soggetti del diritto.* — Il diritto di brevetto spetta all'autore dell'invenzione e ai suoi aventi causa.

2589. *Trasferibilità.* — I diritti nascenti dalle invenzioni industriali, tranne il diritto di esserne riconosciuto autore, sono trasferibili.

2590. *Invenzione del prestatore di lavoro.* — Il prestatore di lavoro ha diritto di essere riconosciuto autore dell'invenzione fatta nello svolgimento del rapporto di lavoro.

I diritti e gli obblighi delle parti relativi all'invenzione sono regolati dalle leggi speciali.

2591. *Rinvio alle leggi speciali.* — Le condizioni e le modalità per la concessione del brevetto, l'esercizio dei diritti che ne derivano e la loro durata sono regolati dalle leggi speciali.

CAPO III

Del diritto di brevetto per modelli di utilità e di registrazione per disegni e modelli[1]

[1] Rubrica così modif. dall'art. 21, D.lgs. 2 feb. 2001, n. 95.

2592. *Modelli di utilità.* — Chi, in conformità della legge, ha ottenuto un brevetto per un'invenzione atta a conferire a macchine o parti di esse, strumenti, utensili od oggetti particolare efficacia o comodità di applicazione o d'impiego, ha il diritto esclusivo di attuare l'invenzione, di disporne e di fare commercio dei prodotti a cui si riferisce.

Il brevetto per le macchine nel loro complesso non comprende la protezione delle singole parti.

2593. ***Modelli e disegni.***[1] — Chi ha ottenuto una registrazione per un nuovo disegno o modello che abbia carattere individuale, ha il diritto esclusivo di utilizzarlo e di vietare a terzi di utilizzarlo senza il suo consenso, in conformità alle leggi speciali.

[1] Articolo così modif. dall'art. 21, D.lgs. 2 feb. 2001, n. 95.

2594. ***Norme applicabili.*** — Ai diritti di brevetto e di registrazioni contemplati in questo capo, si applicano gli artt. 2588, 2589 e 2590. Le condizioni e le modalità per la concessione del brevetto e della registrazione, l'esercizio dei diritti che ne derivano e la loro durata sono regolati dalle leggi speciali.[1]

[1] Vedi ora D.lgs. 10 feb. 2005, n. 30.

TITOLO X
Della disciplina della concorrenza e dei consorzi[1]

[1] V. L. 10 ott. 1990, n. 287, *Norme per la tutela della concorrenza e del mercato.*

CAPO I
Della disciplina della concorrenza

SEZIONE I
Disposizioni generali

2595. ***Limiti legati della concorrenza.*** — La concorrenza deve svolgersi in modo da non ledere gli interessi dell'economia nazionale e nei limiti stabiliti dalla legge [e dalle norme corporative].

2596. ***Limiti contrattuali della concorrenza.*** — Il patto che limita la concorrenza deve essere provato per iscritto. Esso è valido se circoscritto ad una determinata zona o ad una determinata attività, e non può eccedere la durata di cinque anni.

Se la durata del patto non è determinata o è stabilita per un periodo superiore a cinque anni, il patto è valido per la durata di un quinquennio (*Trans.* 222).

2597. ***Obbligo di contrattare nel caso di monopolio.*** — Chi esercita un'impresa in condizione di monopolio legale ha l'obbligo di contrattare con chiunque richieda le prestazioni che formano oggetto dell'impresa, osservando la parità di trattamento.

SEZIONE II
Della concorrenza sleale

2598. ***Atti di concorrenza sleale.*** — Ferme le disposizioni che concernono la tutela dei segni distintivi e dei diritti di brevetto, compie atti di concorrenza sleale chiunque:

1) usa nomi o segni distintivi idonei a produrre confusione con i nomi o con i segni distintivi legittimamente usati da altri, o imita servilmente i prodotti di un concorrente, o compie con qualsiasi altro mezzo atti idonei a creare confusione con i prodotti e con l'attività di un concorrente;

2) diffonde notizie e apprezzamenti sui prodotti e sull'attività di un concorrente, idonei a determinarne il discredito, o si appropria di pregi dei prodotti o dell'impresa di un concorrente;

3) si vale direttamente o indirettamente di ogni altro mezzo non conforme ai principi della correttezza professionale e idoneo a danneggiare l'altrui azienda.[1]

[1] Sul divieto di taluni atti di concorrenza sleale, v. L. 22 apr. 1941, n. 633, artt. 101, 102.

V. altresì, in materia di tutela del segreto, D.lgs. 10 feb. 2005, n. 30.

2599. ***Sanzioni.*** — La sentenza che accerta atti di concorrenza sleale ne inibisce la continuazione e dà gli opportuni provvedimenti affinché ne vengano eliminati gli effetti.

2600. ***Risarcimento del danno.*** — Se gli atti di concorrenza sleale sono compiuti con dolo o con colpa, l'autore è tenuto al risarcimento dei danni.

In tale ipotesi può essere ordinata la pubblicazione della sentenza.

Accertati gli atti di concorrenza, la colpa si presume.

2601. ***Azione delle associazioni professionali.*** — Quando gli atti di concorrenza sleale pregiudicano gli interessi di una categoria professionale, l'azione per la repressione della concorrenza sleale può essere promossa anche dalle associazioni professionali e dagli enti che rappresentano la categoria.[1]

[1] Per la legittimazione all'azione delle camere di commercio v. ora l'art. 2 della L. 29 dic. 1993, n. 580.

CAPO II
Dei consorzi per il coordinamento della produzione e degli scambi[1]

[1] V. L. 21 mag. 1981, n. 240, concernente provvidenze a favore dei consorzi e delle società consortili tra piccole e medie imprese.

SEZIONE I
Disposizioni generali

2602. ***Nozione e norme applicabili.***[1] — Con il contratto di consorzio più imprenditori istituiscono un'organizzazione comune per la disciplina o per lo svolgimento di determinate fasi delle rispettive imprese.

Il contratto di cui al precedente comma è regolato dalle norme seguenti, salve le diverse disposizioni delle leggi speciali.

[1] Articolo così sostituito dall'art. 1 della L. 10 mag. 1976, n. 377.

CODICE CIVILE

2603. *Forma e contenuto del contratto.* — Il contratto deve essere fatto per iscritto sotto pena di nullità.

Esso deve indicare:

1) l'oggetto e la durata del consorzio;

2) la sede dell'ufficio eventualmente costituito;

3) gli obblighi assunti e i contributi dovuti dai consorziati;

4) le attribuzioni e i poteri degli organi consortili anche in ordine alla rappresentanza in giudizio;

5) le condizioni di ammissione di nuovi consorziati;

6) i casi di recesso e di esclusione;

7) le sanzioni per l'inadempimento degli obblighi dei consorziati.

Se il consorzio ha per oggetto il contingentamento della produzione o degli scambi, il contratto deve inoltre stabilire le quote dei singoli consorziati o i criteri per la determinazione di esse.

Se l'atto costitutivo deferisce la risoluzione di questioni relative alla determinazione delle quote ad una o più persone, le decisioni di queste possono essere impugnate innanzi all'autorità giudiziaria, se sono manifestamente inique od erronee, entro trenta giorni dalla notizia.

2604. *Durata del consorzio.*[1] — In mancanza di determinazione della durata del contratto, questo è valido per dieci anni.

[1] Articolo così sostituito dall'art. 2 della L. 10 mag. 1976, n. 377.

2605. *Controllo sull'attività dei singoli consorziati.* — I consorziati devono consentire i controlli e le ispezioni da parte degli organi previsti dal contratto, al fine di accertare l'esatto adempimento delle obbligazioni assunte.

2606. *Deliberazioni consortili.* — Se il contratto non dispone diversamente, le deliberazioni relative all'attuazione dell'oggetto del consorzio sono prese col voto favorevole della maggioranza dei consorziati.

Le deliberazioni che non sono prese in conformità alle disposizioni di questo articolo o a quelle del contratto possono essere impugnate davanti all'autorità giudiziaria entro trenta giorni. Per i consorziati assenti il termine decorre dalla comunicazione o, se si tratta di deliberazione soggetta ad iscrizione, dalla data di questa.

2607. *Modificazioni del contratto.* — Il contratto, se non è diversamente convenuto, non può essere modificato senza il consenso di tutti i consorziati.

Le modificazioni devono essere fatte per iscritto sono pena di nullità.

2608. *Organi preposti al consorzio.* — La responsabilità verso i consorziati di coloro che sono preposti al consorzio è regolata dalle norme sul mandato.

2609. *Recesso ed esclusione.* — Nei casi di recesso e di esclusione previsti dal contratto, la quota di partecipazione del consorziato receduto o escluso si accresce proporzionalmente a quelle degli altri.

Il mandato conferito dai consorziati per l'attuazione degli scopi del consorzio, ancorché dato con unico atto, cessa nei confronti del consorziato receduto o escluso.

2610. *Trasferimento dell'azienda.* — Salvo patto contrario, in caso di trasferimento a qualunque titolo dell'azienda l'acquirente subentra nel contratto di consorzio.

Tuttavia, se sussiste una giusta causa, in caso di trasferimento dell'azienda per atto fra vivi, gli altri consorziati possono deliberare, entro un mese dalla notizia dell'avvenuto trasferimento, l'esclusione dell'acquirente dal consorzio.

2611. *Cause di scioglimento.* — Il contratto di consorzio si scioglie:

1) per il decorso del tempo stabilito per la sua durata;

2) per il conseguimento dell'oggetto o per l'impossibilità di conseguirlo;

3) per volontà unanime dei consorziati;

4) per deliberazione dei consorziati, presa a norma dell'art. 2606, se sussiste una giusta causa;

5) per provvedimento dell'autorità governativa, nei casi ammessi dalla legge;

6) per le altre cause previste nel contratto.

SEZIONE II
Dei consorzi con attività esterna

2612. *Iscrizione nel registro delle imprese.* — Se il contratto prevede l'istituzione di un ufficio destinato a svolgere un'attività con i terzi, un estratto del contratto deve, a cura degli amministratori, entro trenta giorni dalla stipulazione, essere depositato per l'iscrizione presso l'ufficio del registro delle imprese del luogo dove l'ufficio ha sede.

L'estratto deve indicare:

1) la denominazione e l'oggetto del consorzio e la sede dell'ufficio;

2) il cognome e il nome dei consorziati;

3) la durata del consorzio;

4) le persone a cui vengono attribuite la presidenza, la direzione e la rappresentanza del consorzio ed i rispettivi poteri;

5) il modo di formazione del fondo consortile e le norme relative alla liquidazione.

Del pari devono essere iscritte nel registro delle imprese le modificazioni del contratto concernenti gli elementi sopra indicati (*Att.* 108).

2613. *Rappresentanza in giudizio.* — I consorzi possono essere convenuti in giudizio in persona di coloro ai quali il contratto attribuisce la presidenza o la direzione, anche se la rappresentanza è attribuita ad altre persone.

2614. ***Fondo consortile.*** — I contributi dei consorziati e i beni acquistati con questi contributi costituiscono il fondo consortile. Per la durata del consorzio i consorziati non possono chiedere la divisione del fondo, e i creditori particolari dei consorziati non possono far valere i loro diritti sul fondo medesimo.

2615. ***Responsabilità verso i terzi.*** — Per le obbligazioni assunte in nome del consorzio dalle persone che ne hanno la rappresentanza, i terzi possono far valere i loro diritti esclusivamente sul fondo consortile.[1]

Per le obbligazioni assunte dagli organi del consorzio per conto dei singoli consorziati rispondono questi ultimi solidalmente col fondo consortile. In caso d'insolvenza nei rapporti tra i consorziati il debito dell'insolvente si ripartisce tra tutti in proporzione delle quote.

[1] Comma così modif. dall'art. 3, L. 10 mag. 1976, n. 377.

2615-*bis*. ***Situazione patrimoniale.***[1] — Entro due mesi dalla chiusura dell'esercizio annuale le persone che hanno la direzione del consorzio redigono la situazione patrimoniale osservando le norme relative al bilancio di esercizio delle società per azioni e la depositano presso l'ufficio del registro delle imprese.

Alle persone che hanno la direzione del consorzio sono applicati gli artt. 2621, n. 1), e 2626.

Negli atti e nella corrispondenza del consorzio devono essere indicati la sede di questo, l'ufficio del registro delle imprese presso il quale esso è iscritto e il numero di iscrizione.

[1] Articolo aggiunto dall'art. 4 della L. 10 mag. 1976, n. 377.

SEZIONE II-*bis*

2615-*ter*. ***Società consortili.***[1] — Le società previste nei capi III e seguenti del titolo V possono assumere come oggetto gli scopi indicati nell'art. 2602.

In tal caso l'atto costitutivo può stabilire l'obbligo dei soci di versare contributi in denaro.

[1] Articolo aggiunto dall'art. 4 della L. 10 mag. 1976, n. 377.

SEZIONE III

Dei consorzi obbligatori[1]

[1] Le norme per l'attuazione delle disposizioni contenute nelle sez. III e IV non sono state emanate.
Conseguentemente la disciplina dei consorzi obbligatori e i controlli dell'autorità governativa sui consorzi volontari continuano ad essere regolati dalle leggi anteriori (art. 111 *Att.*).

2616. ***Costituzione.*** — Con provvedimento dell'autorità governativa [sentite le corporazioni interessate], può essere disposta, anche per zone determinate, la costituzione di consorzi obbligatori fra esercenti lo stesso ramo o rami similari di attività economica, qualora la costituzione stessa risponda alle esigenze dell'organizzazione della produzione (*Att.* 111).

Nello stesso modo, ricorrendo le condizioni di cui al comma precedente, possono essere trasformati in obbligatori i consorzi costituiti volontariamente.

2617. ***Consorzi per l'ammasso dei prodotti agricoli.*** — Quando la legge prescrive l'ammasso di determinati prodotti agricoli, la gestione collettiva di questi è fatta per conto degli imprenditori interessati a mezzo di consorzi obbligatori, secondo le disposizioni delle leggi speciali.

SEZIONE IV

Dei controlli dell'autorità governativa[1]

[1] V. la nota alla sezione III.

2618. ***Approvazione del contratto consortile.*** — I contratti previsti nel presente capo, se sono tali da influire sul mercato generale dei beni in essi contemplati, sono soggetti ad approvazione da parte dell'autorità governativa [sentite le corporazioni interessate] (*Att.* 111).

2619. ***Controllo sull'attività del consorzio.*** — L'attività dei consorzi è sottoposta alla vigilanza dell'autorità governativa.

Quando l'attività del consorzio risulta non conforme agli scopi per cui è stato costituito, l'autorità governativa può sciogliere gli organi del consorzio e affidare la gestione a un commissario governativo ovvero, nei casi più gravi, può disporre lo scioglimento del consorzio stesso (*Att.* 108).

2620. ***Estensione delle norme di controllo alle società.*** — Le disposizioni di questa sezione si applicano anche alle società che si costituiscono per raggiungere gli scopi indicati nell'art. 2602.

L'autorità governativa può sempre disporre lo scioglimento della società, quando la costituzione di questa non abbia avuto l'approvazione prevista nell'art. 2618.

TITOLO XI
Disposizioni penali in materia di società, di consorzi e di altri enti privati[1]

[1] Rubrica così sost. dall'art. 2, D.lgs. 15 mar. 2017, n. 38.

CAPO I
Delle falsità

2621. ***False comunicazioni sociali.***[1] — Fuori dai casi previsti dall'art. 2622, gli amministratori, i direttori generali, i dirigenti preposti alla redazione dei documenti contabili societari, i sindaci e i liquidatori, i quali, al fine di conseguire per sé o per altri un ingiusto profitto, nei bilanci, nelle relazioni o nelle altre comunicazioni sociali dirette ai soci o al pubblico, previste dalla legge, consapevolmente espongono fatti materiali rilevanti non rispondenti al vero ovvero omettono fatti materiali rilevanti la cui comunicazione è imposta dalla legge sulla situazione economica, patrimoniale o finanziaria della società o del gruppo al quale la stessa appartiene, in modo concretamente idoneo ad indurre altri in errore, sono puniti con la pena della reclusione da uno a cinque anni.

La stessa pena si applica anche se le falsità o le omissioni riguardano beni posseduti o amministrati dalla società per conto di terzi.

[1] Articolo così sost. dall'art. 9, L. 27 mag. 2015, n. 69.

2621-*bis*. *Fatti di lieve entità.*[1] — Salvo che costituiscano più grave reato, si applica la pena da sei mesi a tre anni di reclusione se i fatti di cui all'articolo 2621 sono di lieve entità, tenuto conto della natura e delle dimensioni della società e delle modalità o degli effetti della condotta.

Salvo che costituiscano più grave reato, si applica la stessa pena di cui al comma precedente quando i fatti di cui all'articolo 2621 riguardano società che non superano i limiti indicati dal secondo comma dell'articolo 1 del regio decreto 16 marzo 1942, n. 267. In tale caso, il delitto è procedibile a querela della società, dei soci, dei creditori o degli altri destinatari della comunicazione sociale.

[1] Articolo ins. dall'art. 10, L. 27 mag. 2015, n. 69.

2621-*ter*. *Non punibilità per particolare tenuità.*[1] — Ai fini della non punibilità per particolare tenuità del fatto, di cui all'articolo 131-*bis* del codice penale, il giudice valuta, in modo prevalente, l'entità dell'eventuale danno cagionato alla società, ai soci o ai creditori conseguente ai fatti di cui agli articoli 2621 e 2621-*bis*.

[1] Articolo ins. dall'art. 10, L. 27 mag. 2015, n. 69.

2622. *False comunicazioni sociali delle società quotate.*[1] — Gli amministratori, i direttori generali, i dirigenti preposti alla redazione dei documenti contabili societari, i sindaci e i liquidatori di società emittenti strumenti finanziari ammessi alla negoziazione in un mercato regolamentato italiano o di altro Paese dell'Unione europea, i quali, al fine di conseguire per sé o per altri un ingiusto profitto, nei bilanci, nelle relazioni o nelle altre comunicazioni sociali dirette ai soci o al pubblico consapevolmente espongono fatti materiali non rispondenti al vero ovvero omettono fatti materiali rilevanti la cui comunicazione è imposta dalla legge sulla situazione economica, patrimoniale o finanziaria della società o del gruppo al quale la stessa appartiene, in modo concretamente idoneo ad indurre altri in errore, sono puniti con la pena della reclusione da tre a otto anni.

Alle società indicate nel comma precedente sono equiparate:

1) le società emittenti strumenti finanziari per i quali è stata presentata una richiesta di ammissione alla negoziazione in un mercato regolamentato italiano o di altro Paese dell'Unione europea;

2) le società emittenti strumenti finanziari ammessi alla negoziazione in un sistema multilaterale di negoziazione italiano;

3) le società che controllano società emittenti strumenti finanziari ammessi alla negoziazione in un mercato regolamentato italiano o di altro Paese dell'Unione europea;

4) le società che fanno appello al pubblico risparmio o che comunque lo gestiscono.

Le disposizioni di cui ai commi precedenti si applicano anche se le falsità o le omissioni riguardano beni posseduti o amministrati dalla società per conto di terzi..

[1] Articolo così sost. dall'art. 11, L. 27 mag. 2015, n. 69.

2623. *Falso in prospetto.*[1]

[1] Articolo abrog. dall'art. 34, L. 28 dic. 2005, n. 262.

2624. *Falsità nelle relazioni o nelle comunicazioni delle società di revisione.*[1]

[1] Articolo abrog. dall'art. 37, D.lgs. 27 gen. 2010, n. 39.

2625. *Impedito controllo.* — Gli amministratori che, occultando documenti o con altri idonei artifici, impediscono o comunque ostacolano lo svolgimento delle attività di controllo [o di revisione][1] legalmente attribuite a soci o ad altri organi sociali sono puniti con la sanzione amministrativa pecuniaria fino a 10.329 euro.[2]

Se la condotta ha cagionato un danno ai soci, si applica la reclusione fino ad un anno e si procede a querela della persona offesa.

La pena è raddoppiata se si tratta di società con titoli quotati in mercati regolamentati italiani o di altri Stati dell'Unione europea, o diffusi tra il pubblico in misura rilevante ai sensi dell'art. 116 del T.U. di cui al D.lgs. 24 feb. 1998, n. 58.[3]

[1] Parole soppresse dall'art. 37 D.lgs. 27 gen. 2010, n. 39.
[2] Comma così modif. dall'art. 37 D.lgs. 27 gen. 2010, n. 39.
[3] Comma aggiunto dall'art. 39 L. 28 dic. 2005, n. 262.

CAPO II

Degli illeciti commessi dagli amministratori

2626. *Indebita restituzione dei conferimenti.* — Gli amministratori che, fuori dei casi di legittima riduzione del capitale sociale, restituiscono, anche simulatamente i conferimenti ai soci o li liberano dall'obbligo di eseguirli, sono puniti con la reclusione fino ad un anno.

2627. *Illegale ripartizione degli utili e delle riserve.* — Salvo che il fatto non costituisca più grave reato, gli amministratori che ripartiscono utili o acconti su utili non effettivamente conseguiti o destinati per legge a riserva, ovvero che ripartiscono riserve, anche non costituite con utili, che non possono per legge essere distribuite, sono puniti con l'arresto fino ad un anno.

La restituzione degli utili o la ricostituzione delle riserve prima del termine previsto per l'approvazione del bilancio estingue il reato.

2628. ***Illecite operazioni sulle azioni o quote sociali, o della società controllante.*** — Gli amministratori che, fuori dei casi consentiti dalla legge, acquistano o sottoscrivono azioni o quote sociali, cagionando una lesione all'integrità del capitale sociale o delle riserve non distribuibili per legge, sono puniti con la reclusione fino ad un anno.

La stessa pena si applica agli amministratori che, fuori dei casi consentiti dalla legge, acquistano, o sottoscrivono azioni o quote emesse dalla società controllante cagionando una lesione del capitale sociale o delle riserve non distribuibili per legge.

Se il capitale sociale o le riserve sono ricostituiti prima del termine previsto per l'approvazione del bilancio relativo all'esercizio in relazione al quale è stata posta in essere la condotta, il reato è estinto.

2629. ***Operazioni in pregiudizio dei creditori.*** — Gli amministratori che, in violazione dello disposizioni di legge a tutela dei creditori, effettuano riduzioni del capitale sociale o fusioni con altra società o scissioni, cagionando danno ai creditori, sono puniti, a querela della persona offesa, con la reclusione da sei mesi a tre anni.

Il risarcimento del danno ai creditori prima del giudizio estingue il reato.

CAPO III
Degli illeciti commessi mediante omissione

2629-*bis*. ***Omessa comunicazione del conflitto d'interessi.***[1] — L'amministratore o il componente del consiglio di gestione di una società con titoli quotati in mercati regolamentati italiani o di altro Stato dell'Unione europea o diffusi tra il pubblico in misura rilevante ai sensi dell'art. 116 del testo unico di cui al decreto legislativo 24 febbraio 1998, n. 58, e successive modificazioni, ovvero di un soggetto sottoposto a vigilanza ai sensi del testo unico di cui al decreto legislativo 1 settembre 1993, n. 385, del citato testo unico di cui al decreto legislativo n. 58 del 1998, del decreto legislativo 7 settembre 2005, n. 209 o del decreto legislativo 21 aprile 1993, n. 124, che viola gli obblighi previsti dall'art. 2391, primo comma, è punito con la reclusione da uno a tre anni, se dalla violazione siano derivati danni alla società o a terzi.[2]

[1] Articolo ins. dall'art. 31, L. 28 dic. 2005, n. 262.
[2] Comma così modif. dall'art. 6 D.lgs. 29 dic. 2006, n. 303.

2630. ***Omessa esecuzione di denunce, comunicazioni e depositi.***[1] — Chiunque, essendovi tenuto per legge a causa delle funzioni rivestite in una società o in un consorzio, omette di eseguire, nei termini prescritti, denunce, comunicazioni o depositi presso il registro delle imprese, ovvero omette di fornire negli atti, nella corrispondenza e nella rete telematica le informazioni prescritte dall'articolo 2250, primo, secondo, terzo e quarto comma, è punito con la sanzione amministrativa pecuniaria da 103 euro a 1.032 euro. Se la denuncia, la comunicazione o il deposito avvengono nei trenta giorni successivi alla scadenza dei termini prescritti, la sanzione amministrativa pecuniaria è ridotta ad un terzo.

Se si tratta di omesso deposito dei bilanci, la sanzione amministrativa pecuniaria è aumentata di un terzo.

[1] Articolo così sost. dall'art. 9, L. 11 nov. 2011, n. 180.

2631. ***Omessa convocazione dell'assemblea.*** — Gli amministratori e i sindaci che omettono di convocare l'assemblea dei soci nei casi previsti dalla legge o dallo statuto, nel termini ivi previsti, sono puniti con la sanzione amministrativa pecuniaria da 1.032 a 6.197 euro. Ove la legge o lo statuto non prevedano espressamente un termine, entro il quale effettuare la convocazione, questa si considera omessa allorché siano trascorsi trenta giorni dal momento in cui amministratori e sindaci sono venuti a conoscenza del presupposto che obbliga alla convocazione dell'assemblea dei soci.

La sanzione amministrativa pecuniaria è aumentata di un terzo in caso di convocazione a seguito di perdite o per effetto di espressa legittima richiesta da parte dei soci.

CAPO IV
Degli altri illeciti, delle circostanze attenuanti e delle misure di sicurezza patrimoniali

2632. ***Formazione fittizia del capitale.***[1] — Gli amministratori e i soci conferenti che, anche in parte, formano od aumentano fittiziamente il capitale sociale mediante attribuzione di azioni o quote in misura complessivamente superiore all'ammontare del capitale sociale, sottoscrizione reciproca di azioni o quote, sopravvalutazione rilevante dei conferimenti di beni in natura o di crediti, ovvero del patrimonio della società nel caso di trasformazione, sono puniti con la reclusione fino a un anno.

[1] Articolo così modif. dall'art. 9, D.lgs. 17 gen. 2003, n. 6.

2633. ***Indebita ripartizione dei beni sociali da parte dei liquidatori.*** — I liquidatori che, ripartendo i beni sociali tra i soci prima del pagamento dei creditori sociali o dell'accantonamento delle somme necessario a soddisfarli, cagionano danno ai creditori, sono puniti, a querela della persona offesa, con la reclusione da sei mesi a tre anni.

Il risarcimento del danno ai creditori prima del giudizio estingue il reato.

2634. ***Infedeltà patrimoniale.*** — Gli amministratori, i direttori generali e i liquidatori, che, avendo un interesse in conflitto con quello della società, al fine di procurare a sé o ad altri un ingiusto profitto o altro vantaggio, compiono o concorrono a deliberare atti di disposizione dei beni sociali, cagionando intenzionalmente alla società un danno patrimoniale, sono puniti con la reclusione da sei mesi a tre anni.

La stessa pena si applica se il fatto è commesso in relazione a beni posseduti o amministrati dalla società per conto di terzi, cagionando a questi ultimi un danno patrimoniale.

In ogni caso non è ingiusto il profitto della società collegata o del gruppo, se compensato da vantaggi, conseguiti o fondatamente prevedibili, derivanti dal collegamento o dall'appartenenza al gruppo.

Per i delitti previsti dal primo e secondo comma si procede a querela della persona offesa.

2635. ***Corruzione tra privati.***[1] — Salvo che il fatto costituisca più grave reato, gli amministratori, i direttori generali, i dirigenti preposti alla redazione dei documenti contabili societari, i sindaci e i liquidatori, di società o enti privati che, anche per interposta persona, sollecitano o ricevono, per sé o per altri, denaro o altra utilità non dovuti, o ne accettano la promessa, per compiere o per omettere un atto in violazione degli obblighi inerenti al loro ufficio o degli obblighi di fedeltà, sono puniti con la reclusione da uno a tre anni. Si applica la stessa pena se il fatto è commesso da chi nell'ambito organizzativo della società o dell'ente privato esercita funzioni direttive diverse da quelle proprie dei soggetti di cui al precedente periodo.[2]

Si applica la pena della reclusione fino a un anno e sei mesi se il fatto è commesso da chi è sottoposto alla direzione o alla vigilanza di uno dei soggetti indicati al primo comma.

Chi, anche per interposta persona, offre, promette o dà denaro o altra utilità non dovuti alle persone indicate nel primo e nel secondo comma, è punito con le pene ivi previste.[2]

Le pene stabilite nei commi precedenti sono raddoppiate se si tratta di società con titoli quotati in mercati regolamentati italiani o di altri Stati dell'Unione europea o diffusi tra il pubblico in misura rilevante ai sensi dell'articolo 116 del testo unico delle disposizioni in materia di intermediazione finanziaria, di cui al decreto legislativo 24 febbraio 1998, n. 58, e successive modificazioni.

[...][3]

Fermo quanto previsto dall'articolo 2641, la misura della confisca per valore equivalente non può essere inferiore al valore delle utilità date, promesse o offerte.[4]

[1] Articolo così sost. dall'art. 1, c. 76, L. 6 nov. 2012, n. 190.
[2] Comma così modif. dall'art. 3, D.lgs. 15 mar. 2017, n. 38.
[3] Comma abrog. dall'art. 1, c. 5, L. 9 gen. 2019, n. 3.
[4] Comma ins. dall'art. 3, D.lgs. 29 ott. 2016, n. 202, e così modif. dall'art. 3, D.lgs. 15 mar. 2017, n. 38.

2635-*bis*. ***Istigazione alla corruzione tra privati.***[1] — Chiunque offre o promette denaro o altra utilità non dovuti agli amministratori, ai direttori generali, ai dirigenti preposti alla redazione dei documenti contabili societari, ai sindaci e ai liquidatori, di società o enti privati, nonché a chi svolge in essi un'attività lavorativa con l'esercizio di funzioni direttive, affinché compia od ometta un atto in violazione degli obblighi inerenti al proprio ufficio o degli obblighi di fedeltà, soggiace, qualora l'offerta o la promessa non sia accettata, alla pena stabilita nel primo comma dell'articolo 2635, ridotta di un terzo.

La pena di cui al primo comma si applica agli amministratori, ai direttori generali, ai dirigenti preposti alla redazione dei documenti contabili societari, ai sindaci e ai liquidatori, di società o enti privati, nonché a chi svolge in essi attività lavorativa con l'esercizio di funzioni direttive, che sollecitano per sé o per altri, anche per interposta persona, una promessa o dazione di denaro o di altra utilità, per compiere o per omettere un atto in violazione degli obblighi inerenti al loro ufficio o degli obblighi di fedeltà, qualora la sollecitazione non sia accettata.

[...][2]

[1] Articolo ins. dall'art. 4, D.lgs. 15 mar. 2017, n. 38.
[2] Comma abrog. dall'art. 1, c. 5, L. 9 gen. 2019, n. 3.

2635-*ter*. ***Pene accessorie.***[1] — La condanna per il reato di cui all'articolo 2635, primo comma, importa in ogni caso l'interdizione temporanea dagli uffici direttivi delle persone giuridiche e delle imprese di cui all'articolo 32-*bis* del codice penale nei confronti di chi sia già stato condannato per il medesimo reato o per quello di cui all'articolo 2635-*bis*, secondo comma.

[1] Articolo ins. dall'art. 5, D.lgs. 15 mar. 2017, n. 38.

2636. ***Illecita influenza sull'assemblea.*** — Chiunque, con atti simulati o fraudolenti, determina la maggioranza in assemblea, allo scopo di procurare a sé o ad altri un ingiusto profitto, è punito con la reclusione da sei mesi a tre anni.

2637. ***Aggiotaggio.*** — Chiunque diffonde notizie false, ovvero pone in essere operazioni simulate o altri artifici concretamente idonei a provocare una sensibile alterazione del prezzo di strumenti finanziari, non quotati o per i quali non è stata presentata una richiesta di ammissione alle negoziazioni in un mercato regolamentato, ovvero ad incidere in modo significativo sull'affidamento che il pubblico ripone nella stabilità patrimoniale di banche o di gruppi bancari, è punito con la pena della reclusione da uno a cinque anni.[1]

[1] Comma così modif. dall'art. 9, n. 4, L. 18 apr. 2005, n. 62.

2638. ***Ostacolo all'esercizio delle funzioni delle autorità pubbliche di vigilanza.*** — Gli amministratori, i direttori generali, i dirigenti preposti alla redazione dei documenti contabili societari,[1] i sindaci e i liquidatori di società o enti e gli altri soggetti sottoposti per legge alle autorità pubbliche di vigilanza, o tenuti ad obblighi nei loro confronti, i quali nelle comunicazioni alle predette autorità previste in base alla legge, al fine di ostacolare l'esercizio delle funzioni di vigilanza, espongono fatti materiali, non rispondenti al vero, ancorché oggetto di valutazioni, sulla situazione economica, patrimoniale o finanziaria dei sottoposti alla vigilanza ovvero, allo stesso fine, occultano con altri mezzi fraudolenti, in tutto o in parte, fatti che avrebbero dovuto comunicare, concernenti la situazione medesima, sono puniti con la reclusione da uno a quattro anni. La punibilità è estesa anche al caso in cui le informazioni riguardino beni posseduti o amministrati dalla società per conto di terzi.

Sono puniti con la stessa pena gli amministratori, i direttori generali, i dirigenti preposti alla redazione dei documenti contabili societari,[1] i sindaci e i liquidatori di società o enti e gli altri soggetti sottoposti per legge alle autorità pubbliche di vigilanza o tenuti ad obblighi nei loro confronti, i quali, in qualsiasi forma, anche omettendo le comunicazioni dovute alle predette autorità, consapevolmente ne ostacolano le funzioni.

La pena è raddoppiata se si tratta di società con titoli quotati in mercati regolamentati italiani o di altri Stati dell'Unione europea o diffusi tra il pubblico in misura rilevante ai sensi dell'art. 116 del T.U. di cui al D.lgs. 24 feb. 1998, n. 58.[2]

3-*bis*. Agli effetti della legge penale, le autorità e le funzioni di risoluzione di cui al decreto di recepimento della direttiva 2014/59/UE sono equiparate alle autorità e alle funzioni di vigilanza.[3]

[1] Parole inserite dall'art. 15, L. 28 dic. 2005, n. 262.
[2] Comma aggiunto dall'art. 39, L. 28 dic. 2005, n. 262.
[3] Comma aggiunto dall'art. 101, D.lgs. 16 nov. 2015, n. 180.

2639. ***Estensione delle qualifiche soggettive.*** — Per i reati previsti dal presente titolo al soggetto formalmente investito della qualifica o titolare della funzione prevista dalla legge civile è equiparato sia chi è tenuto a svolgere la stessa funzione, diversamente qualificata, sia chi esercita in modo continuativo e significativo i poteri tipici inerenti alla qualifica o alla funzione.

Fuori dei casi di applicazione delle norme riguardanti i delitti dei pubblici ufficiali contro la pubblica amministrazione, le disposizioni sanzionatorie relative agli amministratori si applicano anche a coloro che sono legalmente incaricati dall'autorità giudiziaria o dall'autorità pubblica di vigilanza di amministrare la società o i beni dalla stessa posseduti o gestiti per conto di terzi.

2640. ***Circostanza attenuante.*** — Se i fatti previsti come reato agli articoli precedenti hanno cagionato un'offesa di particolare tenuità la pena è diminuita.

2641. ***Confisca.*** — In caso di condanna o di applicazione della pena su richiesta delle parti per uno dei reati previsti dal presente titolo è ordinata la confisca del prodotto o del profitto del reato e dei beni utilizzati per commetterlo.

Quando non è possibile l'individuazione o l'apprensione dei beni indicati nel comma primo, la confisca ha ad oggetto una somma di denaro o beni di valore equivalente.

Per quanto non stabilito nei commi precedenti si applicano le disposizioni dell'art. 240 del codice penale.

2642. [***Comunicazione della sentenza di condanna.***][1]

[1] Articolo implicitamente abrog. dall'art. 1, D.lgs. 11 apr. 2002, n. 61, che ha sost, il Titolo XI senza riproporre l'art. 2642.

LIBRO SESTO

DELLA TUTELA DEI DIRITTI[1]

[1] V. *Att.* 112-113; *Trans.* 224-248 e L. 27 feb. 1985, n. 52.
I cancellieri, per gli atti e provvedimenti soggetti a trascrizione da essi ricevuti o ai quali essi hanno comunque partecipato, devono richiedere la formalità entro il termine di trenta giorni dalla data dell'atto o del provvedimento ovvero dalla sua pubblicazione, se questa è prescritta (art. 6, D.lgs. 31 ott. 1990, n. 347).

TITOLO I
Della trascrizione

CAPO I
Della trascrizione degli atti relativi ai beni immobili

2643. ***Atti soggetti a trascrizione.*** — Si devono rendere pubblici col mezzo della trascrizione:

1) i contratti che trasferiscono la proprietà di beni immobili;

2) i contratti che costituiscono, trasferiscono o modificano il diritto di usufrutto su beni immobili, il diritto di superficie, i diritti del concedente e dell'enfiteuta;

2-*bis*) i contratti che trasferiscono, costituiscono o modificano i diritti edificatori comunque denominati, previsti da normative statali o regionali, ovvero da strumenti di pianificazione territoriale.[1]

3) i contratti che costituiscono la comunione dei diritti menzionati nei numeri precedenti;

4) i contratti che costituiscono o modificano servitù prediali, il diritto di uso sopra beni immobili, il diritto di abitazione;

5) gli atti tra vivi di rinunzia ai diritti menzionati nei numeri precedenti;

6) i provvedimenti con i quali nell'esecuzione forzata si trasferiscono la proprietà di beni immobili o altri diritti reali immobiliari, eccettuato il caso di vendita seguita nel processo di liberazione degli immobili dalle ipoteche a favore del terzo acquirente;

7) gli atti e le sentenze di affrancazione del fondo enfiteutico;

8) i contratti di locazione di beni immobili che hanno durata superiore a nove anni;

9) gli atti e le sentenze da cui risulta liberazione o cessione di pigioni o di fitti non ancora scaduti, per un termine maggiore di tre anni;

10) i contratti di società, e di associazione con i quali si conferisce il godimento di beni immobili o di altri diritti reali immobiliari, quando la durata della società o dell'associazione eccede i nove anni o è indeterminata (*Att.* 231);

11) gli atti di costituzione dei consorzi che hanno l'effetto indicato dal numero precedente;

12) i contratti di anticresi;

12-*bis*) gli accordi di mediazione che accertano l'usucapione con la sottoscrizione del processo verbale autenticata da un pubblico ufficiale a ciò autorizzato;[2]

13) le transazioni che hanno per oggetto controversie sui diritti menzionati nei numeri precedenti;

14) le sentenze che operano la costituzione, il trasferimento o la modificazione di uno dei diritti menzionati nei numeri precedenti.[3]

[1] Numero aggiunto dall'art. 5, c. 3, D.L. 13 mag. 2011, n. 70, conv. con modif. in L. 12 lug. 2011, n. 106.

[2] Numero aggiunto dall'art. 84-*bis*, c. 1, D.L. 21 giu. 2013, n. 69, conv. con modif. in L. 9 ago. 2013, n. 98.

[3] Ai sensi dell'art. 5, D.lgs. 31 ott. 1990, n. 347, nel caso di successione ereditaria comprendente beni immobili o diritti reali immobiliari, a chiunque devoluti e qualunque ne sia il valore, l'ufficio del registro redige il certificato di successione (...) e ne richiede la trascrizione (...).

2644. ***Effetti della trascrizione.*** — Gli atti enunciati nell'articolo precedente non hanno effetto riguardo ai terzi che a qualunque titolo hanno acquistato diritti sugli immobili in base a un atto trascritto o iscritto anteriormente alla trascrizione degli atti medesimi.

Seguita la trascrizione, non può aver effetto contro colui che ha trascritto alcuna trascrizione o iscrizione di diritti acquistati verso il suo autore, quantunque l'acquisto risalga a data anteriore (*Trans.* 224, 225, 227).

2645. ***Altri atti soggetti a trascrizione.*** — Deve del pari rendersi pubblico, agli effetti previsti dall'articolo precedente, ogni altro atto o provvedimento che produce in relazione a beni immobili o a diritti immobiliari taluno degli effetti dei contratti menzionati nell'art. 2643, salvo che dalla legge risulti che la trascrizione non è richiesta o è richiesta a effetti diversi.

2645-*bis*. ***Trascrizione di contratti preliminari.***[1] — 1. I contratti preliminari aventi ad oggetto la conclusione di taluno dei contratti di cui ai numeri 1), 2), 3) e 4) dell'art. 2643, anche se sottoposti a condizione o relativi a edifici da costruire o in corso di costruzione, devono essere trascritti se risultano da atto pubblico o da scrittura privata con sottoscrizione autentica o accertata giudizialmente.

2. La trascrizione del contratto definitivo o di altro atto che costituisca comunque esecuzione dei contratti preliminari di cui al comma 1, ovvero della sentenza che accoglie la domanda diretta ad ottenere l'esecuzione in forma specifica dei contratti preliminari predetti, prevale sulle trascrizioni ed iscrizioni eseguite contro il promittente alienante dopo la trascrizione del contratto preliminare.

3. Gli effetti della trascrizione del contratto preliminare cessano e si considerano come mai prodotti se entro un anno dalla data convenuta tra le parti per la conclusione del contratto definitivo, e in ogni caso entro tre anni dalla trascrizione predetta, non sia eseguita la trascrizione del contratto definitivo o di altro atto che costituisca comunque esecuzione del contratto preliminare o della domanda giudiziale di cui all'art. 2652, primo comma, numero 2).

4. I contratti preliminari aventi ad oggetto porzioni di edifici da costruire o in corso di costruzione devono indicare, per essere trascritti, la superficie utile della porzione di edificio e la quota del diritto spettante al promissario acquirente relativa all'intero costruendo edificio espressa in millesimi.

5. Nel caso previsto nel comma 4 la trascrizione è eseguita con riferimento al bene immobile per la quota determinata secondo le modalità di cui al comma stesso. Non appena l'edificio viene ad esistenza gli effetti della trascrizione si producono rispetto alle porzioni materiali corrispondenti alle quote di proprietà predeterminate nonché alle relative parti comuni. L'eventuale differenza di superficie o di quota contenuta nei limiti di un ventesimo rispetto a quelle indicate nel contratto preliminare non produce effetti.

6. Ai fini delle disposizioni di cui al comma 5, si intende esistente l'edificio nel quale sia stato eseguito il rustico, comprensivo delle mura perimetrali delle singole unità, e sia stata completata la copertura.

[1] Articolo aggiunto dall'art. 3 del D.L. 31 dic. 1996, n. 669, conv. con modif. in L. 28 feb. 1977, n. 30.

2645-*ter*. *Trascrizione di atti di destinazione per la realizzazione di interessi meritevoli di tutela riferibili a persone con disabilità, a pubbliche amministrazioni, o ad altri enti o persone fisiche.*[1,2] — Gli atti in forma pubblica con cui beni immobili o beni mobili iscritti in pubblici registri sono destinati, per un periodo non superiore a novanta anni o per la durata della vita della persona fisica beneficiaria, alla realizzazione di interessi meritevoli di tutela riferibili a persone con disabilità, a pubbliche amministrazioni, o ad altri enti o persone fisiche ai sensi dell'art. 1322, secondo comma, possono essere trascritti al fine di rendere opponibile ai terzi il vincolo di destinazione; per la realizzazione di tali interessi può agire, oltre al conferente, qualsiasi interessato anche durante la vita del conferente stesso. I beni conferiti e i loro frutti possono essere impiegati solo per la realizzazione del fine di destinazione e possono costituire oggetto di esecuzione salvo quanto previsto dall'art. 2915, primo comma, solo per debiti contratti per tale scopo.

[1] Articolo aggiunto dall'art. 29-*novies* L. 23 feb. 2006, n. 51.

[2] Ai sensi dell'art. 6, L. 22 giu. 2016, n. 112, i beni e i diritti conferiti in trust ovvero gravati da vincoli di destinazione di cui al presente articolo, istituiti in favore delle persone con disabilità grave come definita dall'art. 3, c. 3, L. 5 feb. 1992, n. 104, accertata con le modalità di cui all'art. 4 della medesima legge, sono esenti dall'imposta sulle successioni e donazioni prevista dall'art. 2, commi da 47 a 49, del D.L. 3 ott. 2006, n. 262, conv. con modif. in L. 24 nov. 2006, n. 286. Le esenzioni e le agevolazioni di cui all'art. 6, L. 112/2016 sono ammesse a condizione che il trust ovvero i fondi speciali ovvero il vincolo di destinazione di cui al presente articolo perseguano come finalità esclusiva l'inclusione sociale, la cura e l'assistenza delle persone con disabilità grave, in favore delle quali sono istituiti. La suddetta finalità deve essere espressamente indicata nell'atto istitutivo del trust, nel regolamento dei fondi speciali o nell'atto istitutivo del vincolo di destinazione.

2645-*quater*. *Trascrizione di atti costitutivi di vincolo.*[1] — Si devono trascrivere, se hanno per oggetto beni immobili, gli atti di diritto privato, i contratti e gli altri atti di diritto privato, anche unilaterali, nonché le convenzioni e i contratti con i quali vengono costituiti a favore dello Stato, della regione, degli altri enti pubblici territoriali ovvero di enti svolgenti un servizio di interesse pubblico, vincoli di uso pubblico o comunque ogni altro vincolo a qualsiasi fine richiesto dalle normative statali e regionali, dagli strumenti urbanistici comunali nonché dai conseguenti strumenti di pianificazione territoriale e dalle convenzioni urbanistiche a essi relative.

[1] Articolo aggiunto dall'art. 6, c. 5-*quaterdecies*, D.L. 2 mar. 2012, n. 16, conv. con modif. in L. 26 apr. 2012, n. 44.

2646. *Trascrizione delle divisioni.* — Si devono trascrivere le divisioni che hanno per oggetto beni immobili, come pure i provvedimenti di aggiudicazione degli immobili divisi mediante incanto, i provvedimenti di attribuzione delle quote tra condividenti e i verbali di estrazione a sorte delle quote.

Si devono pure trascrivere la domanda di divisione giudiziale e l'atto di opposizione indicato dall'art. 1113, per gli effetti ivi enunciati.

2647. *Costituzione del fondo patrimoniale e separazione di beni.*[1] — Devono essere trascritti, se hanno per oggetto beni immobili, la costituzione del fondo patrimoniale, le convenzioni matrimoniali che escludono i beni medesimi dalla comunione tra i coniugi, gli atti e i provvedimenti di scioglimento della comunione, gli atti di acquisto di beni personali a norma delle lettere *c*), *d*), *e*) ed *f*) dell'art. 179, a carico, rispettivamente, dei coniugi titolari del fondo patrimoniale o del coniuge titolare del bene escluso o che cessa di far parte della comunione.

Le trascrizioni previste dal precedente comma devono essere eseguite anche relativamente ai beni immobili che successivamente entrano a far parte del patrimonio familiare[2] o risultano esclusi dalla comunione tra i coniugi.

La trascrizione del vincolo derivante dal fondo patrimoniale costituito per testamento deve essere eseguita d'ufficio dal conservatore contemporaneamente alla trascrizione dell'acquisto a causa di morte.

[1] Articolo così sost. dall'art. 206, L. 19 mag. 1975, n. 151.
[2] *Recte*: "fondo patrimoniale".

2648. ***Accettazione di eredità e acquisto di legato.*** — Si devono trascrivere l'accettazione dell'eredità che importi acquisto dei diritti enunciati nei numeri 1, 2 e 4 dell'art. 2643 o liberazione dai medesimi e l'acquisto del legato che abbia lo stesso oggetto.

La trascrizione dell'accettazione dell'eredità si opera in base alla dichiarazione del chiamato all'eredità, contenuta in un atto pubblico ovvero in una scrittura privata con sottoscrizione autenticata o accertata giudizialmente.

Se il chiamato ha compiuto uno degli atti che importano accettazione tacita dell'eredità, si può richiedere la trascrizione sulla base di quell'atto, qualora esso risulti da sentenza, da atto pubblico o da scrittura privata con sottoscrizione autenticata o accertata giudizialmente (*Trans.* 228).

La trascrizione dell'acquisto del legato si opera sulla base di un estratto autentico del testamento.

2649. ***Cessione dei beni ai creditori.*** — Deve essere trascritta, qualora comprenda beni immobili, la cessione che il debitore fa dei suoi beni ai creditori, perché questi procedano alla liquidazione dei medesimi e alla ripartizione del ricavato.

Non hanno effetto, rispetto ai creditori, le trascrizioni o iscrizioni di diritti acquistati verso il debitore, se eseguite dopo che la cessione è stata trascritta (*Trans.* 231).

2650. ***Continuità delle trascrizioni.*** — Nei casi in cui, per le disposizioni precedenti, un atto di acquisto è soggetto a trascrizione, le successive trascrizioni o iscrizioni a carico dell'acquirente non producono effetto, se non è stato trascritto l'atto anteriore di acquisto.

Quando l'atto anteriore di acquisto è stato trascritto, le successive trascrizioni o iscrizioni producono effetto secondo il loro ordine rispettivo, salvo il disposto dell'art. 2644.

L'ipoteca legale a favore dell'alienante e quella a favore del condividente, iscritte contemporaneamente alla trascrizione del titolo di acquisto o della divisione, prevalgono sulle trascrizioni o iscrizioni eseguite anteriormente contro l'acquirente o il condividente tenuto al conguaglio (*Trans.* 229).

2651. ***Trascrizione di sentenze.*** — Si devono trascrivere le sentenze da cui risulta estinto per prescrizione o acquistato per usucapione ovvero in altro modo non soggetto a trascrizione uno dei diritti indicati dai numeri 1, 2 e 4 dell'art. 2643.

2652. ***Domande riguardanti atti soggetti a trascrizione. Effetti delle relative trascrizioni rispetto ai terzi.*** — Si devono trascrivere, qualora si riferiscano ai diritti menzionati nell'art. 2643, le domande giudiziali indicate dai numeri seguenti, agli effetti per ciascuna di esse previsti:

1) le domande di risoluzione dei contratti e quelle indicate dal secondo comma dell'art. 648 e dall'ultimo comma dell'art. 793, le domande di rescissione, le domande di revocazione delle donazioni, nonché quelle indicate dall'art. 524.

Le sentenze che accolgono tali domande non pregiudicano i diritti acquistati dai terzi in base a un atto trascritto o iscritto anteriormente alla trascrizione della domanda;

2) le domande dirette a ottenere l'esecuzione in forma specifica dell'obbligo a contrarre.

La trascrizione della sentenza che accoglie la domanda prevale sulle trascrizioni e iscrizioni eseguite contro il convenuto dopo la trascrizione della domanda;

3) le domande dirette a ottenere l'accertamento giudiziale della sottoscrizione di scritture private in cui si contiene un atto soggetto a trascrizione o a iscrizione.

La trascrizione o l'iscrizione dell'atto contenuto nella scrittura produce effetto dalla data in cui è stata trascritta la domanda;

4) le domande dirette all'accertamento della simulazione di atti soggetti a trascrizione.

La sentenza che accoglie la domanda non pregiudica i diritti acquistati dai terzi di buona fede in base a un atto trascritto o iscritto anteriormente alla trascrizione della domanda;

5) le domande di revoca degli atti soggetti a trascrizione, che siano stati compiuti in pregiudizio dei creditori.

La sentenza che accoglie la domanda non pregiudica i diritti acquistati a titolo oneroso dai terzi di buona fede in base a un atto trascritto o iscritto anteriormente alla trascrizione della domanda;

6) le domande dirette a far dichiarare la nullità o a far pronunziare l'annullamento di atti soggetti a trascrizione e le domande dirette a impugnare la validità della trascrizione.

Se la domanda è trascritta dopo cinque anni dalla data della trascrizione dell'atto impugnato, la sentenza che l'accoglie non pregiudica i diritti acquistati a qualunque titolo dai terzi di buona fede in base a un atto trascritto o iscritto anteriormente alla trascrizione della domanda. Se però la domanda è diretta a far pronunziare l'annullamento per una causa diversa dall'incapacità legale, la sentenza che l'accoglie non pregiudica i diritti acquistati dai terzi di buona fede in base a un atto trascritto o iscritto anteriormente alla trascrizione della domanda, anche se questa è stata trascritta prima che siano decorsi cinque anni dalla data della trascrizione dell'atto impugnato, purché in questo caso i terzi abbiano acquistato a titolo oneroso (*Trans.* 227).

7) le domande con le quali si contesta il fondamento di un acquisto a causa di morte.

Salvo quanto è disposto dal secondo e dal terzo comma dell'art. 534, se la trascrizione della domanda è eseguita dopo cinque anni dalla data della trascrizione dell'acquisto, la sentenza che accoglie la domanda non pregiudica i terzi di buona fede che, in base a un atto trascritto o iscritto anteriormente alla trascrizione della domanda, hanno a qualunque titolo acquistato diritti da chi appare erede o legatario;

8) le domande di riduzione delle donazioni e delle disposizioni testamentarie per lesione di legittima.

Se la trascrizione è eseguita dopo dieci anni dall'apertura della successione, la sentenza che accoglie la domanda non pregiudica i terzi che hanno acquistato a titolo oneroso diritti in base a un atto trascritto o iscritto anteriormente alla trascrizione della domanda;

9) le domande di revocazione e quelle di opposizione di terzo contro le sentenze soggette a trascrizione per le cause previste dai numeri 1, 2, 3 e 6 dell'art. 395 del codice di procedura civile e dal secondo comma dell'art. 404 dello stesso codice.

Se la domanda è trascritta dopo cinque anni dalla trascrizione della sentenza impugnata, la sentenza che l'accoglie non pregiudica i diritti acquistati dai terzi di buona fede in base a un atto trascritto o iscritto anteriormente alla trascrizione della domanda (*Trans.* 226).

Alla domanda giudiziale è equiparato l'atto notificato con il quale la parte, in presenza di compromesso o di clausola compromissoria, dichiara all'altra la propria intenzione di promuovere il procedimento arbitrale, propone la domanda e procede, per quanto le spetta, alla nomina degli arbitri.[1]

[1] Comma così inserito dall'art. 26 della L. 5 gen. 1994, n. 25, in vigore dal 17 aprile 1994.

2653. ***Altre domande e atti soggetti a trascrizione a diversi effetti.*** — Devono parimenti essere trascritti:

1) le domande dirette a rivendicare la proprietà o altri diritti reali di godimento su beni immobili e le domande dirette all'accertamento dei diritti stessi.

La sentenza pronunziata contro il convenuto indicato nella trascrizione della domanda ha effetto anche contro coloro che hanno acquistato diritti dal medesimo in base a un atto trascritto dopo la trascrizione della domanda;

2) la domanda di devoluzione del fondo enfiteutico.

La pronunzia di devoluzione ha effetto anche nei confronti di coloro che hanno acquistato diritti dall'enfiteuta in base a un atto trascritto posteriormente alla trascrizione della domanda;

3) le domande e le dichiarazioni di riscatto nella vendita di beni immobili.

Se la trascrizione di tali domande o dichiarazioni è eseguita dopo sessanta giorni dalla scadenza del termine per l'esercizio del riscatto, restano salvi i diritti acquistati dai terzi dopo la scadenza del termine medesimo in base a un atto trascritto o iscritto anteriormente alla trascrizione della domanda o della dichiarazione;

4) le domande di separazione degli immobili dotali e quelle di scioglimento della comunione tra coniugi avente per oggetto beni immobili.

La sentenza che pronunzia la separazione o lo scioglimento non ha effetto a danno dei terzi che, anteriormente alla trascrizione della domanda, hanno validamente acquistato dal marito diritti relativi a beni dotali o a beni della comunione;

5) gli atti e le domande che interrompono il corso dell'usucapione di beni immobili.

L'interruzione non ha effetto riguardo ai terzi che hanno acquistato diritti dal possessore in base a un atto trascritto o iscritto, se non dalla data della trascrizione dell'atto o della domanda (*Trans.* 226).

Alla domanda giudiziale è equiparato l'atto notificato con il quale la parte, in presenza di compromesso o di clausola compromissoria dichiara all'altra la propria intenzione di promuovere il procedimento arbitrale, propone la domanda e procede, per quanto le spetta, alla nomina degli arbitri.[1]

[1] Comma così inserito dall'art. 26 della L. 5 gen. 1994, n. 25 in vigore dal 17 aprile 1994.

2654. ***Annotazione di domande o atti soggetti a trascrizione.***[1] — La trascrizione degli atti e delle domande indicati dai due articoli precedenti deve essere anche annotata in margine alla trascrizione o iscrizione, quando si riferisce a un atto trascritto o iscritto.

[1] Ai sensi dell'art. 7, D.lgs. 31 ott. 1990, n. 347, le annotazioni previste dagli artt. 2654, 2655 e 2896 devono essere richieste, a cura delle parti o dei loro procuratori o dei notai o altri pubblici ufficiali che hanno ricevuto o autenticato l'atto, entro il termine di trenta giorni dalla data dell'atto o della pubblicazione della sentenza o della pronunzia del decreto.

2655. ***Annotazione di atti e di sentenze.***[1] — Qualora un atto trascritto o iscritto sia dichiarato nullo o sia annullato, risoluto, rescisso o revocato o sia soggetto a condizione risolutiva, la dichiarazione di nullità e, rispettivamente, l'annullamento, la risoluzione, la rescissione, la revocazione, l'avveramento della condizione devono annotarsi in margine alla trascrizione o alla iscrizione dell'atto.

Si deve del pari annotare, in margine alla trascrizione della relativa domanda, la sentenza di devoluzione del fondo enfiteutico.

Se tali annotazioni non sono eseguite, non producono effetto le successive trascrizioni o iscrizioni a carico di colui che ha ottenuto la dichiarazione di nullità o l'annullamento, la risoluzione, la rescissione, la revoca o la devoluzione o a favore del quale si è avverata la condizione. Eseguita l'annotazione le trascrizioni o iscrizioni già compiute hanno il loro effetto secondo l'ordine rispettivo (*Trans.* 224).

L'annotazione si opera in base alla sentenza o alla convenzione da cui risulta uno dei fatti sopra indicati; se si tratta di condizione, può eseguirsi in virtù della dichiarazione unilaterale del contraente in danno del quale la condizione stessa si è verificata.[2]

[1] V. la nota all'art. 2654.

[2] Relativamente ai *libri fondiari* v. *Trans.* 230, 231; il R.D. 28 mar. 1929, n. 499, modif. con L. 4 dic. 1956, n. 1376, e con L. 29 ott. 1974, n. 594; il D.P.R. 24 feb. 1971, n. 234 con norme di attuazione.

2656. ***Forme per l'annotazione.*** — L'annotazione si esegue secondo le norme stabilite dagli articoli seguenti per la trascrizione, in quanto applicabili.

2657. ***Titolo per la trascrizione.*** — La trascrizione non si può eseguire se non in forza di sentenza, di atto pubblico o di scrittura privata con sottoscrizione autenticata o accertata giudizialmente.

Le sentenze e gli atti seguiti in paese estero devono essere legalizzati.[1]

[1] V. art. 17 L. 4 gen. 1968, n. 15.

2658. ***Atti da presentare al conservatore.***[1] — La parte che domanda la trascrizione del titolo deve presentare al conservatore dei registri immobiliari copia autenticata, se si tratta di atti pubblici o di sentenze, e, se si tratta di scritture private, deve presentare l'originale, salvo che questo si trovi depositato in un pubblico archivio o negli atti di un notaio. In questo caso basta la presentazione di una copia autenticata dall'archivista o dal notaio, dalla quale risulti che la scrittura ha i requisiti indicati dall'articolo precedente.

Per la trascrizione di una domanda giudiziale occorre presentare copia autentica del documento che la contiene, munito della relazione di notifica alla controparte.

2659. ***Nota di trascrizione.***[1] — Chi domanda la trascrizione di un atto tra vivi deve presentare al conservatore dei registri immobiliari, insieme con la copia del titolo, una nota in doppio originale, nella quale devono essere indicati:

1) il cognome e il nome, il luogo e la data di nascita e il numero di codice fiscale delle parti, nonché il regime patrimoniale delle stesse, se coniugate secondo quanto risulta da loro dichiarazione, resa nel titolo o da certificato dell'ufficiale di stato civile; la denominazione o la ragione sociale; la sede e il numero di codice fiscale delle persone giuridiche, delle società previste dai cap. II, III e IV del titolo V del libro quinto e delle associazioni non riconosciute, con l'indicazione, per queste ultime e per le società semplici, anche delle generalità delle persone che le rappresentano secondo l'atto costitutivo. Per i condominii devono essere indicati l'eventuale denominazione, l'ubicazione e il codice fiscale;[2]

2) il titolo di cui si chiede la trascrizione e la data del medesimo;

3) il cognome e il nome del pubblico ufficiale che ha ricevuto l'atto o autenticato le firme, o l'autorità giudiziaria che ha pronunziato la sentenza;

4) la natura e la situazione dei beni a cui si riferisce il titolo, con le indicazioni richieste dall'art. 2826, nonché, nel caso previsto dall'art. 2645-*bis*, comma 4, la superficie e la quota espressa in millesimi di cui a quest'ultima disposizione.[3]

Se l'acquisto, la rinuncia o la modificazione del diritto sono sottoposti a termine o a condizione, se ne deve fare menzione nella nota di trascrizione. Tale menzione non è necessaria se, al momento in cui l'atto si trascrive, la condizione sospensiva si è verificata o la condizione risolutiva è mancata ovvero il termine iniziale è scaduto.

[1] Articolo così sost. dall'art. 1, L. 27 feb. 1985, n. 52.

[2] Numero così modif. dall'art. 17, L. 11 dic. 2012, n. 220, in vigore dal 17 giu. 2013.

[3] Numero così sost. dall'art. 3, D.L. 31 dic. 1996, n. 669, conv. con modif. in L. 28 feb. 1997, n. 30.

2660. ***Trascrizione degli acquisti a causa di morte.*** — Chi domanda la trascrizione di un acquisto a causa di morte deve presentare, oltre l'atto indicato dall'art. 2648, il certificato di morte dell'autore della successione e una copia o un estratto autentico del testamento, se l'acquisto segue in base a esso.

Deve anche presentare una nota in doppio originale con le seguenti indicazioni:

1) il cognome e il nome, il luogo e la data di nascita dell'erede o legatario e del defunto;[1]

2) la data di morte;

3) se la successione è devoluta per legge, il vincolo che univa all'autore il chiamato e la quota a questo spettante;

4) se la successione è devoluta per testamento, la forma e la data del medesimo, il nome del pubblico ufficiale che l'ha ricevuto o che l'ha in deposito;

5) la natura e la situazione dei beni con le indicazioni richieste dall'art. 2826;

6) la condizione o il termine, qualora siano apposti alla disposizione testamentaria, salvo il caso contemplato dal secondo comma del precedente articolo, nonché la sostituzione fidecommissaria, qualora sia stata disposta a norma dell'art. 692 (*Trans.* 228).

[1] Numero così sostituito dall'art. 2 della L. 27 feb. 1985, n. 52.

2661. ***Ulteriori trascrizioni in base allo stesso titolo.*** — Quando si domanda la trascrizione di un acquisto a causa di morte e per la stessa successione è stato già trascritto altro acquisto in base allo stesso titolo, basta presentare l'atto di accettazione se si tratta di acquisto a titolo di erede. Deve essere anche indicata la trascrizione anteriormente eseguita, se si tratta dello stesso ufficio, e, se si tratta di ufficio diverso, deve essere presentato il certificato della trascrizione medesima.

Se chi ha trascritto anteriormente ha presentato un estratto del testamento, alla domanda di nuova trascrizione deve essere allegato, qualora occorra, un altro estratto o la copia dell'intero testamento.

2662. ***Trascrizione di acquisti a causa di morte in luogo di altri chiamati.*** — Qualora l'acquisto a causa di morte si colleghi alla rinunzia o alla morte di uno dei chiamati, chi domanda la trascrizione deve presentare il documento comprovante la morte o la rinunzia, facendone menzione nella nota.

Se invece l'acquisto dipende da altra ragione che impedisce ad alcuno dei chiamati di succedere, non è necessario esibire un documento che giustifichi la ragione stessa, ma il richiedente risponde dei danni, quando le sue dichiarazioni non corrispondono a verità.

Qualora alcuna delle cause di impedimento sopra indicate si sia constatata dopo la trascrizione dell'acquisto a causa di morte, essa si annota in margine alla trascrizione stessa, purché risulti da regolare documento.

2663. ***Ufficio in cui deve farsi la trascrizione.*** — La trascrizione deve essere fatta presso ciascun ufficio dei registri immobiliari nella cui circoscrizione sono situati i beni.

2664. ***Conservazione dei titoli. Trascrizione e restituzione della nota.*** — Il conservatore dei registri immobiliari deve custodire negli archivi, in appositi volumi, i titoli che gli sono consegnati e deve inserire, con numerazione progressiva annuale, nella raccolta delle note costituente il registro particolare delle trascrizioni uno degli originali della nota, indicandovi il giorno della consegna del titolo e il numero dell'ordine assegnato nel registro generale.[1]

Il conservatore deve restituire al richiedente uno degli originali della nota, nel quale deve certificare l'eseguita trascrizione con le indicazioni sopra accennate.

[1] Comma così sostituito dall'art. 3 della L. 27 feb. 1985, n. 52.

2665. ***Omissioni o inesattezze nelle note.*** — L'omissione o l'inesattezza di alcuna delle indicazioni richieste nelle note menzionate negli artt. 2659 e 2660 non nuoce alla validità della trascrizione, eccetto che induca incertezza sulle persone, sul bene o sul rapporto giuridico a cui si riferisce l'atto o, rispettivamente, la sentenza o la domanda.

2666. ***Limiti soggettivi dell'efficacia della trascrizione.*** — La trascrizione, da chiunque si faccia, giova a tutti coloro che vi hanno interesse.

2667. ***Atti compiuti per persona incapace.*** — I rappresentanti di persone incapaci e coloro che hanno prestato assistenza alle medesime devono curare che si esegua la trascrizione degli atti, delle sentenze o delle domande giudiziali che sono soggetti a trascrizione e rispetto ai quali essi hanno esercitato il loro ufficio.

La mancanza della trascrizione può anche essere opposta ai minori, agli interdetti e a qualsiasi altro incapace, salvo ai medesimi il regresso contro i tutori, gli amministratori o i curatori che avevano l'obbligo della trascrizione.

La mancanza della trascrizione non può essere opposta dalle persone che avevano l'obbligo di eseguirla per i propri rappresentati o amministrati, né dai loro eredi.

2668. ***Cancellazione della trascrizione.*** — La cancellazione della trascrizione delle domande enunciate dagli artt. 2652 e 2653 e delle relative annotazioni si esegue quando è debitamente consentita dalle parti interessate ovvero è ordinata giudizialmente con sentenza passata in giudicato.

Deve essere giudizialmente ordinata, qualora la domanda sia rigettata o il processo sia estinto per rinunzia o per inattività delle parti.

Si deve cancellare l'indicazione della condizione o del termine negli atti trascritti, quando l'avveramento o la mancanza della condizione ovvero la scadenza del termine risulta da sentenza o da dichiarazione, anche unilaterale, della parte, in danno della quale la condizione sospensiva si è verificata o la condizione risolutiva è mancata ovvero il termine iniziale è scaduto.

Si deve cancellare la trascrizione dei contratti preliminari quando la cancellazione è debitamente consentita dalle parti interessate ovvero è ordinata giudizialmente con sentenza passata in giudicato.[1]

[1] Comma così inserito dall'art. 3 del D.L. 30 dic. 1996, n. 669, conv. con modif. in L. 28 feb. 1977, n. 30.

2668-*bis*. ***Durata dell'efficacia della trascrizione della domanda giudiziale.***[1] — La trascrizione della domanda giudiziale conserva il suo effetto per venti anni dalla sua data. L'effetto cessa se la trascrizione non è rinnovata prima che scada detto termine.

Per ottenere la rinnovazione si presenta al conservatore una nota in doppio originale conforme a quella della precedente trascrizione, in cui si dichiara che si intende rinnovare la trascrizione originaria.

In luogo del titolo si può presentare la nota precedente.

Il conservatore deve osservare le disposizioni dell'articolo 2664.

Se al tempo della rinnovazione gli immobili a cui si riferisce il titolo risultano dai registri delle trascrizioni passati agli eredi o aventi causa di colui contro il quale venne eseguita la formalità, la rinnovazione deve essere fatta anche nei confronti degli eredi o aventi causa e la nota deve contenere le indicazioni stabilite dall'articolo 2659, se queste risultano dai registri medesimi.

[1] Articolo aggiunto dell'art. 62 L. 18 giu. 2009, n. 69.

2668-*ter*. ***Durata dell'efficacia della trascrizione del pignoramento immobiliare e del sequestro conservativo sugli immobili.***[1] — Le disposizioni di cui all'articolo 2668-bis si applicano anche nel caso di trascrizione del pignoramento immobiliare e del sequestro conservativo sugli immobili.

[1] Articolo aggiunto dell'art. 62 L. 18 giu. 2009, n. 69.

2669. ***Trascrizione anteriore al pagamento dell'imposta di registro.*** — La trascrizione può essere domandata, quantunque non sia stata ancora pagata l'imposta di registro a cui è soggetto il titolo, se si tratta di atto pubblico ricevuto nello Stato o di sentenza pronunziata da un'autorità giudiziaria dello Stato.[1]

[1] V. art. 64, c. 2, n. 3, del D.P.R. 26 ott. 1972, n. 634. Il secondo comma dell'art. 2669 è stato abrog. dall'art. 30 della L. 27 feb. 1985, n. 52.

2670. ***Spese della trascrizione.*** — Le spese della trascrizione devono essere anticipate da chi la domanda, salvo il diritto al rimborso verso l'interessato.

Se più sono gli interessati, ciascuno di essi deve rimborsare la persona che ha eseguito la trascrizione della parte di spesa corrispondente alla quota per cui è interessato.

2671. ***Obbligo dei pubblici ufficiali.*** — Il notaio o altro pubblico ufficiale che ha ricevuto o autenticato l'atto soggetto a trascrizione ha l'obbligo di curare che questa venga eseguita nel più breve tempo possibile, ed è tenuto al risarcimento dei danni in caso di ritardo, salva l'applicazione delle pene pecuniarie previste dalle leggi speciali, se lascia trascorrere trenta giorni dalla data dell'atto ricevuto o autenticato.

Rimangono ferme le disposizioni delle leggi speciali che stabiliscono a carico di altre persone l'obbligo di richiedere la trascrizione di determinati atti e le relative sanzioni.[1]

[1] V. art. 5 D.P.R. 26 ott. 1972, n. 635.

Per l'obbligo di trascrizione a fini fiscali v. D.L. 31 ott. 1990, n. 347.

Ai sensi dell'art. 6 del D.L. 29 dic. 1992, n. 516 «Per gli atti ricevuti od autenticati all'estero i termini decorrono dalla data del deposito effettuato a norma dell'art. 106, n. 4 della L. 16 feb. 1913, n. 89.

Per gli atti ricevuti o autenticati all'estero per i quali sia prevista la pubblicità nel registro delle imprese, i termini decorrono dalla data stabilita nel comma 1, ma il deposito per l'iscrizione deve avvenire entro il quarantacinquesimo giorno successivo al compimento dell'atto».

2672. ***Leggi speciali.*** — Sono salve le disposizioni delle leggi speciali che richiedono la trascrizione di atti non contemplati dal presente capo e le altre disposizioni che non sono incompatibili con quelle contenute nel capo medesimo.

CAPO II

Della pubblicità dei registri immobiliari e della responsabilità dei conservatori

2673. ***Obblighi del conservatore.*** — Il conservatore dei registri immobiliari deve rilasciare a chiunque ne fa richiesta copia delle trascrizioni, delle iscrizioni e delle annotazioni, o il certificato che non ve ne è alcuna.

Deve altresì permettere l'ispezione dei suoi registri nei modi e nelle ore fissati dalla legge.[1]

Il conservatore deve anche rilasciare copia dei documenti che sono depositati presso di lui in originale o i cui originali sono depositati negli atti di un notaio o in pubblico archivio fuori della circoscrizione del tribunale nella quale ha sede il suo ufficio.

[1] Comma così sostituito dall'art. 4 della L. 27 feb. 1985, n. 52.

2674. ***Divieto di rifiutare gli atti del proprio ufficio.*** — Il conservatore può ricusare di ricevere le note e i titoli, se non sono in carattere intelligibile e non può riceverli quando il titolo non ha i requisiti stabiliti dagli artt. 2657, 2660, primo comma, 2821, 2835 e 2837 o non è presentato con le modalità previste dall'art. 2658 e quando la nota non contiene le indicazioni prescritte dagli artt. 2659, 2660 e 2839, numeri 1), 3), 4) e 7).[1]

In ogni altro caso il conservatore non può ricusare o ritardare di ricevere la consegna dei titoli presentati e di eseguire le trascrizioni, iscrizioni o annotazioni richieste, nonché di spedire le copie o i certificati. Le parti possono far stendere immediatamente verbale del rifiuto o del ritardo da un notaio o da un ufficiale giudiziario assistito da due testimoni.[2]

[1] Comma così sostituito dall'art. 5 della L. 27 feb. 1985, n. 52.

[2] Comma così sostituito dall'art. 1 della L. 21 gen. 1983, n. 22.

2674-*bis*. ***Trascrizione e iscrizione con riserva e impugnazione.***[1] — Al di fuori dei casi di cui al precedente articolo, qualora emergano gravi e fondati dubbi sulla trascrivibilità di un atto o sulla iscrivibilità di una ipoteca, il conservatore, su istanza della parte richiedente, esegue la formalità con riserva.

La parte a favore della quale è stata eseguita la formalità con riserva deve proporre reclamo all'autorità giudiziaria.

[1] Articolo così inserito dall'art. 7 della L. 27 feb. 1985, n. 52.

2675. ***Responsabilità del conservatore.***[1]

[1] Articolo abrog. dall'art. 2, L. 21 gen. 1983, n. 22.

2676. ***Diversità tra registri, copie e certificati.*** — Nel caso di diversità tra i risultati dei registri e quelli delle copie o dei certificati rilasciati dal conservatore dei registri immobiliari, prevale ciò che risulta dai registri.[1]

[1] Articolo così sostituito dall'art. 3 della L. 21 gen. 1983, n. 22.

2677. *Orario per le domande di trascrizione e iscrizione.*[1] — Il conservatore non può ricevere alcuna domanda di trascrizione o di iscrizione fuorché nelle ore, determinate dalla legge, nelle quali l'ufficio è aperto al pubblico.

[1] Articolo così sostituito dall'art. 9 della L. 27 feb. 1985, n. 52. Ai sensi dell'art. 24 della medesima legge «Nelle conservatorie l'orario per il pubblico è fissato dalle ore 8 alle ore 12 dei giorni feriali.

Nell'ultimo giorno lavorativo del mese è limitato fino alle ore 11».

2678. *Registro generale.*[1] — Il conservatore è obbligato a tenere un registro generale d'ordine in cui giornalmente deve annotare, secondo l'ordine di presentazione, ogni titolo che gli è rimesso perché sia trascritto, iscritto o annotato.

Questo registro deve indicare il numero d'ordine, il giorno della richiesta ed il relativo numero di presentazione, la persona dell'esibitore e le persone per cui la richiesta è fatta, i titoli presentati con la nota, l'oggetto della richiesta, e cioè se questa è fatta per trascrizione, per iscrizione o per annotazione, e le persone riguardo alle quali la trascrizione, la iscrizione o l'annotazione si deve eseguire.

Appena avvenuta l'accettazione del titolo e della nota il conservatore ne deve dare ricevuta in carta libera all'esibitore, senza spesa; la ricevuta contiene l'indicazione del numero di presentazione.

[1] Articolo così sostituito dall'art. 10 della L. 27 feb. 1985, n. 52.

2679. *Altri registri da tenersi dal conservatore.*[1] — Oltre al registro generale, il conservatore deve tenere, nei modi previsti dall'art. 2664, i registri particolari:

1) per le trascrizioni;

2) per le iscrizioni;

3) per le annotazioni.

Deve inoltre tenere gli altri registri che sono ordinati dalla legge.

[1] Articolo così sostituito dall'art. 11 della L. 27 feb. 1985, n. 52.

2680. *Tenuta del registro d'ordine.*[1] — Il registro generale deve essere vidimato in ogni foglio dal presidente o da un giudice del tribunale nella cui circoscrizione è stabilito l'ufficio, indicando nel relativo processo verbale il numero dei fogli e il giorno in cui sono stati vidimati.

Questo registro deve essere scritto di seguito, senza spazi in bianco o interlinee e senza aggiunte. Le cancellature di parole devono essere approvate dal conservatore in fine di ciascun foglio con la sua firma e con l'indicazione del numero delle parole cancellate.

Il registro, alla fine di ciascun giorno, deve essere chiuso con l'indicazione del numero dei titoli annotati e firmato dal conservatore.

In esso si deve rigorosamente osservare la serie delle date, dei fogli e dei numeri d'ordine.

[1] Articolo così sostituito dall'art. 12 della L. 27 feb. 1985, n. 52.

2681. *Divieto di rimozione dei registri.* — I registri sopra indicati non possono essere rimossi dall'ufficio del conservatore, fuorché per ordine di una corte d'appello, qualora ne sia riconosciuta la necessità, e mediante le cautele determinate dalla stessa corte.

2682. *Sanzioni contro il conservatore.*[1]

[1] Articolo abrog. dall'art. 2, L. 21 gen. 1983, n. 22. V. ora *Att.* art. 232-*bis*.

CAPO III
Della trascrizione degli atti relativi ad alcuni beni mobili

SEZIONE I
Della trascrizione relativamente alle navi, agli aeromobili e agli autoveicoli

2683. *Beni per i quali è disposta la pubblicità.* — Devono essere resi pubblici col mezzo della trascrizione, osservate le altre forme di pubblicità stabilite dalla legge, gli atti menzionati negli articoli seguenti, quando hanno per oggetto:

1) le navi e i galleggianti iscritti nei registri indicati dal codice della navigazione;

2) gli aeromobili iscritti nei registri indicati dallo stesso codice;

3) gli autoveicoli iscritti nel pubblico registro automobilistico.[1]

[1] V. R.D.L. 15 mar. 1927, n. 436 e R.D. 29 lug. 1927, n. 1814.

2684. *Atti soggetti a trascrizione.* — Sono soggetti alla trascrizione per gli effetti stabiliti dall'art. 2644:

1) i contratti che trasferiscono la proprietà o costituiscono la comunione;

2) i contratti che costituiscono o modificano diritti di usufrutto o di uso o che trasferiscono il diritto di usufrutto;

3) gli atti tra vivi di rinunzia ai diritti indicati dai numeri precedenti;

4) le transazioni che hanno per oggetto controversie sui diritti indicati dai numeri precedenti;

5) i provvedimenti con i quali nel giudizio di espropriazione si trasferiscono la proprietà o gli altri diritti menzionati nei numeri precedenti;

6) le sentenze che operano la costituzione, la modificazione o il trasferimento di uno dei diritti indicati dai numeri precedenti.

2685. *Altri atti soggetti a trascrizione.*[1] — Si devono trascrivere le divisioni e gli altri atti menzionati nell'art. 2646, la costituzione del fondo patrimoniale e gli altri atti menzionati nell'art. 2647, l'accettazione dell'eredità e l'acquisto del legato che importano acquisto dei diritti indicati dai nn. 1 e 2 dell'art. 2684 o liberazione dai medesimi.

La trascrizione ha gli effetti stabiliti per i beni immobili.

[1] Articolo così sostituito dall'art. 207 della L. 19 mag. 1975, n. 151.

2686. *Sentenze.* — Devono essere trascritte, agli effetti dell'art. 2644, le sentenze da cui risulta acquistato, modificato o estinto uno dei diritti indicati dai numeri 1 e 2 dell'art. 2684 in forza di un titolo non trascritto.

2687. *Cessione dei beni ai creditori.* — Deve essere trascritta, per gli effetti indicati dall'art. 2649, la cessione che il debitore fa dei suoi beni ai creditori, perché questi procedano alla liquidazione dei medesimi e alla ripartizione del ricavato (*Trans.* 231).

2688. *Continuità delle trascrizioni.* — Nei casi in cui, per le disposizioni precedenti, un atto di acquisto è soggetto a trascrizione, le successive trascrizioni o iscrizioni non producono effetto se non è stato trascritto l'atto anteriore di acquisto.

Quando l'atto anteriore di acquisto è stato trascritto, le successive trascrizioni o iscrizioni producono il loro effetto secondo l'ordine rispettivo, salvo il disposto dell'art. 2644.

2689. *Usucapione.* — Devono essere trascritte le sentenze da cui risulta acquistato per usucapione uno dei diritti indicati dai numeri 1 e 2 dell'art. 2684.

2690. *Domande relative ad atti soggetti a trascrizione.* — Devono essere trascritte, qualora si riferiscano ai diritti menzionati dall'art. 2684:

1) le domande indicate dai numeri 1, 2, 3, 4 e 5 dell'art. 2652 per gli effetti ivi disposti;

2) le domande dirette all'accertamento di uno dei contratti indicati dai numeri 1 e 2 dell'art. 2684.

La trascrizione della sentenza che accoglie la domanda prevale sulle trascrizioni e iscrizioni eseguite contro il convenuto dopo la trascrizione della domanda;

3) le domande dirette a far pronunziare la nullità o a far pronunziare l'annullamento di atti soggetti a trascrizione e le domande dirette a impugnare la validità della trascrizione.

La sentenza che accoglie la domanda non pregiudica i diritti acquistati a qualunque titolo dai terzi di buona fede in base a un atto trascritto o iscritto anteriormente alla trascrizione della domanda medesima, se questa è stata resa pubblica dopo tre anni dalla data della trascrizione dell'atto che si impugna. Se però la domanda è diretta a far pronunziare l'annullamento per una causa diversa dall'incapacità legale, la sentenza che l'accoglie non pregiudica i diritti acquistati dai terzi di buona fede in base a un atto trascritto o iscritto anteriormente alla trascrizione della domanda, anche se questa è stata trascritta prima che siano decorsi tre anni dalla data della trascrizione dell'atto impugnato, purché in questo caso i terzi abbiano acquistato a titolo oneroso;

4) le domande con le quali si contesta il fondamento di un acquisto a causa di morte.

Salvo quanto è disposto dal secondo e dal terzo comma dell'art. 534, se la domanda è trascritta dopo tre anni dalla data della trascrizione dell'atto impugnato, la sentenza che l'accoglie non pregiudica i terzi di buona fede che, in base a un atto trascritto o iscritto anteriormente alla trascrizione della domanda, hanno a qualunque titolo acquistato diritti da chi appare erede o legatario;

5) le domande di riduzione delle donazioni e delle disposizioni testamentarie per lesione di legittima.

Se la trascrizione è eseguita dopo tre anni dall'apertura della successione, la sentenza che accoglie la domanda non pregiudica i terzi che hanno acquistato a titolo oneroso diritti in base a un atto trascritto o iscritto anteriormente alla trascrizione della domanda;

6) le domande di revocazione e quelle di opposizione di terzo contro le sentenze soggette a trascrizione per le cause previste dai numeri 1, 2, 3 e 6 dell'art. 395 del codice di procedura civile e dal secondo comma dell'art. 404 dello stesso codice.

Se la domanda è trascritta dopo tre anni dalla trascrizione della sentenza impugnata, la sentenza che l'accoglie non pregiudica i diritti acquistati dai terzi di buona fede in base a un atto trascritto o iscritto anteriormente alla trascrizione della domanda.

Alla domanda giudiziale è equiparato l'atto notificato con il quale la parte, in presenza di compromesso o di clausola compromissoria, dichiara all'altra la propria intenzione di promuovere il procedimento arbitrale, propone la domanda e procede, per quanto le spetta, alla nomina degli arbitri.[1]

[1] Comma così inserito dall'art. 26 della L. 5 gen. 1994, n. 25, in vigore dal 17 aprile 1994.

2691. *Altre domande e atti soggetti a trascrizione.* — Devono del pari trascriversi, quando si riferiscono ai beni menzionati nell'art. 2683, le domande e gli atti indicati dai numeri 1, 3, 4 e 5 dell'art. 2653, per gli effetti ivi disposti.

Alla domanda giudiziale è equiparato l'atto notificato con il quale la parte, in presenza di compromesso o di clausola compromissoria, dichiara all'altra la propria intenzione di promuovere il procedimento arbitrale, propone la domanda e procede, per quanto le spetta, alla nomina degli arbitri.[1]

[1] Comma così inserito dall'art. 26 della L. 5 gen. 1994, n. 25, in vigore dal 17 aprile 1994.

2692. *Annotazione della trascrizione delle domande e degli atti.* — La trascrizione delle domande e degli atti indicati dai due articoli precedenti dev'essere anche annotata secondo le modalità stabilite dall'art. 2654.

Si osservano inoltre le disposizioni del primo, terzo e quarto comma dell'art. 2655 e quelle dell'art. 2656.

2693. ***Trascrizione del pignoramento e del sequestro.*** — Deve essere trascritto, dopo la notificazione, il provvedimento che ordina il sequestro conservativo per gli effetti disposti dall'art. 2906. Si deve trascrivere del pari l'atto di pignoramento per gli effetti disposti dagli artt. 2913, 2914, 2915 e 2916.

2694. ***Richiamo di altre leggi.*** — Sono salve le disposizioni del codice della navigazione e delle leggi speciali che richiedono la trascrizione di atti non contemplati dal presente capo e le altre disposizioni non incompatibili con quelle contenute nel capo medesimo.

2695. ***Forme e modalità della trascrizione.*** — Le forme e le modalità delle trascrizioni previste in questo capo sono regolate dal codice della navigazione,[1] per quanto riguarda le navi e gli aeromobili, e dalla legge speciale per quanto riguarda gli autoveicoli.[2]

In mancanza, si osservano le norme concernenti la trascrizione degli atti relativi ai beni immobili, in quanto sono applicabili.

[1] Artt. 250-257 per le navi; artt. 865-871, 875, 876 per gli aeromobili.

[2] V. nota all'art. 2683.

SEZIONE II

Della trascrizione relativamente ad altri beni mobili

2696. ***Rinvio.*** — Per gli altri beni mobili per cui è disposta la trascrizione di determinati atti si osservano le disposizioni delle leggi che li riguardano.[1]

[1] Per le invenzioni, i modelli e i marchi v. leggi speciali citt. in nota agli artt. 2569, 2584 e 2594.

TITOLO II
Delle prove

CAPO I
Disposizioni generali

2697. ***Onere della prova.*** — Chi vuol far valere un diritto in giudizio deve provare i fatti che ne costituiscono il fondamento (*Trans.* 233).

Chi eccepisce l'inefficacia di tali fatti ovvero eccepisce che il diritto si è modificato o estinto deve provare i fatti su cui l'eccezione si fonda.

2698. ***Patti relativi all'onere della prova.*** — Sono nulli i patti con i quali è invertito ovvero è modificato l'onere della prova, quando si tratta di diritti di cui le parti non possono disporre o quando l'inversione o la modificazione ha per effetto di rendere a una delle parti eccessivamente difficile l'esercizio del diritto.

CAPO II
Della prova documentale

SEZIONE I

Dell'atto pubblico

2699. ***Atto pubblico.*** — L'atto pubblico è il documento redatto, con le richieste formalità, da un notaio o da altro pubblico ufficiale autorizzato ad attribuirgli pubblica fede nel luogo dove l'atto è formato.[1]

[1] V. la L. 16 feb. 1913, n. 89 sul notariato che stabilisce le formalità per gli atti pubblici, modif. con R.D.L. 14 lug. 1937, n. 1166; il regolamento 10 set. 1914, n. 1326; e il D.M. 20 giu. 1973, sulla tariffa notarile.

2700. ***Efficacia dell'atto pubblico.*** — L'atto pubblico fa piena prova, fino a querela di falso, della provenienza del documento dal pubblico ufficiale che lo ha formato, nonché delle dichiarazioni delle parti e degli altri fatti che il pubblico ufficiale attesta avvenuti in sua presenza o da lui compiuti.

2701. ***Conversione dell'atto pubblico.*** — Il documento formato da ufficiale pubblico incompetente o incapace ovvero senza l'osservanza delle formalità prescritte, se è stato sottoscritto dalle parti, ha la stessa efficacia probatoria della scrittura privata.

SEZIONE II

Della scrittura privata

2702. ***Efficacia della scrittura privata.*** — La scrittura privata fa piena prova, fino a querela di falso, della provenienza delle dichiarazioni da chi l'ha sottoscritta se colui contro il quale la scrittura è prodotta ne riconosce la sottoscrizione, ovvero se questa è legalmente considerata come riconosciuta.[1]

[1] Sull'efficacia probatoria dei documenti informatici, v. l'art. 5 del D.P.R. 10 nov. 1997, n. 513.

2703. ***Sottoscrizione autenticata.*** — Si ha per riconosciuta la sottoscrizione autenticata dal notaio o da altro pubblico ufficiale a ciò autorizzato.

L'autenticazione consiste nell'attestazione da parte del pubblico ufficiale che la sottoscrizione è stata apposta in sua presenza. Il pubblico ufficiale deve previamente accertare la identità della persona che sottoscrive.[1]

[1] Sul riconoscimento della firma digitale, v. l'art. 16 del D.P.R. 10 nov. 1997, n. 513.

2704. ***Data della scrittura privata nei confronti dei terzi.*** — La data della scrittura privata della quale non è autenticata la sottoscrizione non è certa e computabile riguardo ai terzi, se non dal giorno in cui la scrittura è stata registrata o dal giorno della morte o della sopravvenuta impossibilità fisica di colui o di uno di coloro che l'hanno sottoscritta o dal giorno in cui il contenuto della scrittura è riprodotto in atti pubblici o, infine, dal giorno in cui si verifica un altro fatto che stabilisca in modo egualmente certo l'anteriorità della formazione del documento.

La data della scrittura privata che contiene dichiarazioni unilaterali non destinate a persona determinata può essere accertata con qualsiasi mezzo di prova.

Per l'accertamento della data nelle quietanze il giudice, tenuto conto delle circostanze, può ammettere qualsiasi mezzo di prova.

2705. ***Telegramma.*** — Il telegramma ha l'efficacia probatoria della scrittura privata, se l'originale consegnato all'ufficio di partenza è sottoscritto dal mittente, ovvero se è stato consegnato o fatto consegnare dal mittente medesimo, anche senza sottoscriverlo.

La sottoscrizione può essere autenticata da notaio.

Se l'identità della persona che ha sottoscritto l'originale del telegramma è stata accertata nei modi stabiliti dai regolamenti, è ammessa la prova contraria.

Il mittente può fare indicare nel telegramma se l'originale è stato firmato con o senza autenticazione.

2706. ***Conformità tra originale e riproduzione del telegramma.*** — La riproduzione del telegramma consegnata al destinatario si presume, fino a prova contraria, conforme all'originale.

Il mittente, se ha fatto collazionare il telegramma secondo le disposizioni dei regolamenti, si presume esente da colpa per le divergenze verificatesi tra originale e riproduzione.

2707. ***Carte e registri domestici.*** — Le carte e i registri domestici fanno prova contro chi li ha scritti:

1) quando enunciano espressamente un pagamento ricevuto;

2) quando contengono la menzione espressa che l'annotazione è stata fatta per supplire alla mancanza di titolo in favore di chi è indicato come creditore.

2708. ***Annotazione in calce, in margine o a tergo di un documento.*** — L'annotazione fatta dal creditore in calce, in margine o a tergo di un documento rimasto in suo possesso fa prova, benché non sottoscritta da lui, se tende ad accertare la liberazione del debitore.

Lo stesso valore ha l'annotazione fatta dal creditore in calce, in margine o a tergo di una quietanza o di un esemplare del documento del debito posseduto dal debitore.

SEZIONE III
Delle scritture contabili delle imprese soggette a registrazione

2709. ***Efficacia probatoria contro l'imprenditore.*** — I libri e le altre scritture contabili delle imprese soggette a registrazione fanno prova contro l'imprenditore. Tuttavia chi vuol trarne vantaggio non può scinderne il contenuto.

2710. ***Efficacia probatoria tra imprenditori.*** — I libri bollati e vidimati nelle forme di legge, quando sono regolarmente tenuti, possono fare prova tra imprenditori per i rapporti inerenti all'esercizio dell'impresa.[1]

[1] Cfr. art. 71 L. 16 lug. 1905, n. 646.

2711. ***Comunicazione ed esibizione.*** — La comunicazione integrale dei libri, delle scritture contabili e della corrispondenza può essere ordinata dal giudice solo nelle controversie relative allo scioglimento della società, alla comunione dei beni e alla successione per causa di morte.

Negli altri casi il giudice può ordinare, anche d'ufficio, che si esibiscano i libri per estrarne le registrazioni concernenti la controversia in corso. Può ordinare altresì l'esibizione di singole scritture contabili, lettere, telegrammi o fatture concernenti la controversia stessa.

SEZIONE IV
Delle riproduzioni meccaniche

2712. ***Riproduzioni meccaniche.*** — Le riproduzioni fotografiche, informatiche[1] o cinematografiche, le registrazioni fonografiche e, in genere, ogni altra rappresentazione meccanica di fatti e di cose formano piena prova dei fatti e delle cose rappresentate, se colui contro il quale sono prodotte non ne disconosce la conformità ai fatti o alle cose medesime.

[1] Parola inserita dall'art. 23-*quater* del D.lgs. 30 dic. 2010, n. 235.

SEZIONE V
Delle taglie o tacche di contrassegno

2713. ***Taglie o tacche di contrassegno.*** — Le taglie o tacche di contrassegno corrispondenti al contrassegno di riscontro formano piena prova tra coloro che usano provare in tal modo le somministrazioni che fanno o ricevono al minuto.

SEZIONE VI
Delle copie degli atti

2714. ***Copie di atti pubblici.*** — Le copie di atti pubblici spedite nelle forme prescritte da depositari pubblici autorizzati fanno fede come l'originale.

La stessa fede fanno le copie di copie di atti pubblici originali, spedite da depositari pubblici di esse, a ciò autorizzati.[1]

[1] V. per la ricostituzione degli atti e documenti distrutti in occasione di pubbliche calamità, R.D.L. 15 nov. 1925, n. 2071 e D.L.L. 15 mar. 1946, n. 272.

Sull'efficacia probatoria dei documenti informatici, v. l'art. 5 del D.P.R. 10 nov. 1997, n. 513.

2715. ***Copie di scritture private originali depositate.*** — Le copie delle scritture private depositate presso pubblici uffici e spedite da pubblici depositari autorizzati hanno la stessa efficacia della scrittura originale da cui sono estratte.[1]

[1] Sull'efficacia probatoria dei documenti informatici, v. l'art. 5 del D.P.R. 10 nov. 1997, n. 513.

2716. ***Mancanza dell'atto originale o di copia depositata.*** — In mancanza dell'originale dell'atto pubblico o di una copia di esso presso un pubblico depositario, le copie spedite in conformità dell'art. 2714 fanno piena prova; ma se tali copie, o anche la copia esistente presso un pubblico depositario quando manca l'originale, presentano cancellature, abrasioni, intercalazioni o altri difetti esteriori, è rimesso al giudice di apprezzarne l'efficacia probatoria.

In mancanza dell'originale scrittura privata, le copie di essa spedite in conformità dell'art. 2715 fanno egualmente prova; ma se presentano cancellature, abrasioni, intercalazioni o altri difetti esteriori, è rimesso parimenti al giudice di apprezzarne l'efficacia probatoria. Resta in ogni caso salva la questione circa l'autenticità dell'originale mancante.

2717. ***Valore probatorio di altre copie.*** — Le copie rilasciate da pubblici ufficiali fuori dei casi contemplati dagli articoli precedenti hanno l'efficacia di un principio di prova per iscritto.

2718. ***Valore probatorio di copie parziali.*** — Le copie parziali o le riproduzioni per estratto, rilasciate nella forma prescritta da pubblici ufficiali che ne sono depositari e sono debitamente autorizzati, fanno piena prova solo per quella parte dell'originale che riproducono letteralmente.

2719. ***Copie fotografiche di scritture.*** — Le copie fotografiche di scritture hanno la stessa efficacia delle autentiche, se la loro conformità con l'originale è attestata da pubblico ufficiale competente ovvero non è espressamente disconosciuta.

SEZIONE VII

Degli atti di ricognizione o di rinnovazione

2720. ***Efficacia probatoria.*** — L'atto di ricognizione o di rinnovazione fa piena prova delle dichiarazioni contenute nel documento originale, se non si dimostra, producendo questo ultimo, che vi è stato errore nella ricognizione o nella rinnovazione.

CAPO III

Della prova testimoniale[1]

[1] V. artt. 244-257 c.p.c.; 102-108 *Att.* c.p.c.; 241 c.c.

2721. ***Ammissibilità: limiti di valore.*** — La prova per testimoni dei contratti non è ammessa quando il valore dell'oggetto eccede euro 2,58.

Tuttavia l'autorità giudiziaria può consentire la prova oltre il limite anzidetto, tenuto conto della qualità delle parti, della natura del contratto e di ogni altra circostanza (*Trans.* 233).

2722. ***Patti aggiunti o contrari al contenuto di un documento.*** — La prova per testimoni non è ammessa se ha per oggetto patti aggiunti o contrari al contenuto di un documento, per i quali si alleghi che la stipulazione è stata anteriore o contemporanea.

2723. ***Patti posteriori alla formazione del documento.*** — Qualora si alleghi che, dopo la formazione di un documento, è stato stipulato un patto aggiunto o contrario al contenuto di esso, l'autorità giudiziaria può consentire la prova per testimoni soltanto se, avuto riguardo alla qualità delle parti, alla natura del contratto e a ogni altra circostanza, appare verosimile che siano state fatte aggiunte o modificazioni verbali.

2724. ***Eccezioni al divieto della prova testimoniale.*** — La prova per testimoni è ammessa in ogni caso:

1) quando vi è un principio di prova per iscritto: questo è costituito da qualsiasi scritto, proveniente dalla persona contro la quale è diretta la domanda o dal suo rappresentante, che faccia apparire verosimile il fatto allegato;

2) quando il contraente è stato nell'impossibilità morale o materiale di procurarsi una prova scritta;

3) quando il contraente ha senza sua colpa perduto il documento che gli forniva la prova.

2725. ***Atti per i quali è richiesta la prova per iscritto o la forma scritta.*** — Quando, secondo la legge o la volontà delle parti, un contratto deve essere provato per iscritto, la prova per testimoni è ammessa soltanto nel caso indicato dal n. 3 dell'articolo precedente.

La stessa regola si applica nei casi in cui la forma scritta è richiesta sotto pena di nullità.

2726. ***Prova del pagamento e della remissione.*** — Le norme stabilite per la prova testimoniale dei contratti si applicano anche al pagamento e alla remissione del debito.

CAPO IV

Delle presunzioni

2727. ***Nozione.*** — Le presunzioni sono le conseguenze che la legge o il giudice trae da un fatto noto per risalire a un fatto ignorato.

2728. ***Prova contro le presunzioni legali.*** —

Le presunzioni legali dispensano da qualunque prova coloro a favore dei quali esse sono stabilite.

Contro le presunzioni sul fondamento delle quali la legge dichiara nulli certi atti o non ammette l'azione in giudizio non può essere data prova contraria, salvo che questa sia consentita dalla legge stessa.

2729. ***Presunzioni semplici.*** — Le presunzioni non stabilite dalla legge sono lasciate alla prudenza del giudice, il quale non deve ammettere che presunzioni gravi, precise e concordanti.

Le presunzioni non si possono ammettere nei casi in cui la legge esclude la prova per testimoni.

CAPO V

Della confessione[1]

[1] V. artt. 228-232 c.p.c.

2730. ***Nozione.*** — La confessione è la dichiarazione che una parte fa della verità di fatti ad essa sfavorevoli e favorevoli all'altra parte.

La confessione è giudiziale o stragiudiziale.

2731. ***Capacità richiesta per la confessione.*** — La confessione non è efficace se non proviene da persona capace di disporre del diritto, a cui i fatti confessati si riferiscono. Qualora sia resa da un rappresentante, è efficace solo se fatta entro i limiti e nei modi in cui questi vincola il rappresentato.

2732. ***Revoca della confessione.*** — La confessione non può essere revocata se non si prova che è stata determinata da errore di fatto o da violenza.

2733. ***Confessione giudiziale.*** — È giudiziale la confessione resa in giudizio.

Essa forma piena prova contro colui che l'ha fatta, purché non verta su fatti relativi a diritti non disponibili.

In caso di litisconsorzio necessario, la confessione resa da alcuni soltanto dei litisconsorti è liberamente apprezzata dal giudice.

2734. ***Dichiarazioni aggiunte alla confessione.*** — Quando alla dichiarazione indicata dall'art. 2730 si accompagna quella di altri fatti o circostanze tendenti a infirmare l'efficacia del fatto confessato ovvero a modificarne o a estinguerne gli effetti, le dichiarazioni fanno piena prova nella loro integrità se l'altra parte non contesta la verità dei fatti o delle circostanze aggiunte. In caso di contestazione, è rimesso al giudice di apprezzare, secondo le circostanze, l'efficacia probatoria delle dichiarazioni.

2735. ***Confessione stragiudiziale.*** — La confessione stragiudiziale fatta alla parte o a chi la rappresenta ha la stessa efficacia probatoria di quella giudiziale. Se è fatta a un terzo o se è contenuta in un testamento, è liberamente apprezzata dal giudice.

La confessione stragiudiziale non può provarsi per testimoni se verte su un oggetto per il quale la prova testimoniale non è ammessa dalla legge.

CAPO VI

Del giuramento[1]

[1] V. artt. 233-243 c.p.c.

2736. ***Specie.*** — Il giuramento è di due specie:

1) è decisorio quello che una parte deferisce all'altra per farne dipendere la decisione totale o parziale della causa;

2) è suppletorio quello che è deferito d'ufficio dal giudice a una delle parti al fine di decidere la causa quando la domanda o le eccezioni non sono pienamente provate, ma non sono del tutto sfornite di prova, ovvero quello che è deferito al fine di stabilire il valore della cosa domandata, se non si può accertarlo altrimenti.

2737. ***Capacità delle parti.*** — Per deferire o riferire il giuramento si richiedono le condizioni indicate dall'art. 2731.

2738. ***Efficacia.*** — Se è stato prestato il giuramento deferito o riferito, l'altra parte non è ammessa a provare il contrario, né può chiedere la revocazione della sentenza qualora il giuramento sia stato dichiarato falso.

Può tuttavia domandare il risarcimento dei danni nel caso di condanna penale per falso giuramento. Se la condanna penale non può essere pronunziata perché il reato è estinto, il giudice civile può conoscere del reato al solo fine del risarcimento.[1]

In caso di litisconsorzio necessario, il giuramento prestato da alcuni soltanto dei litisconsorti è liberamente apprezzato dal giudice.

[1] La Corte cost., con sent. 4 apr. 1996, n. 105, ha dichiarato l'ill. cost. dell'art. 2738 c. 2 «nella parte in cui non prevede che il giudice civile possa conoscere del reato di falso giuramento al solo fine del risarcimento anche nel caso in cui la sentenza irrevocabile di assoluzione pronunziata nel giudizio penale non abbia efficacia di giudicato nei confronti del danneggiato».

2739. ***Oggetto.*** — Il giuramento non può essere deferito o riferito per la decisione di cause relative a diritti di cui le parti non possono disporre, né sopra un fatto illecito o sopra un contratto per la validità del quale sia richiesta la forma scritta, né per negare un fatto che da un atto pubblico risulti avvenuto alla presenza del pubblico ufficiale che ha formato l'atto stesso.

Il giuramento non può essere deferito che sopra un fatto proprio della parte a cui si deferisce o sulla conoscenza che essa ha di un fatto altrui e non può essere riferito qualora il fatto che ne è l'oggetto non sia comune a entrambe le parti.

TITOLO III
Della responsabilità patrimoniale, delle cause di prelazione e della conservazione della garanzia patrimoniale

CAPO I
Disposizioni generali

2740. ***Responsabilità patrimoniale.*** — Il debitore risponde dell'adempimento delle obbligazioni con tutti i suoi beni presenti e futuri.

Le limitazioni della responsabilità non sono ammesse se non nei casi stabiliti dalla legge.

2741. ***Concorso dei creditori e cause di prelazione.*** — I creditori hanno eguale diritto di essere soddisfatti sui beni del debitore, salve le cause legittime di prelazione.

Sono cause legittime di prelazione i privilegi, il pegno e le ipoteche.

2742. ***Surrogazione dell'indennità alla cosa.*** — Se le cose soggette a privilegio, pegno o ipoteca sono perite o deteriorate, le somme dovute dagli assicuratori per indennità della perdita o del deterioramento sono vincolate al pagamento dei crediti privilegiati, pignoratizi o ipotecari, secondo il loro grado, eccetto che le medesime vengano impiegate a riparare la perdita o il deterioramento. L'autorità giudiziaria può, su istanza degli interessati, disporre le opportune cautele per assicurare l'impiego delle somme nel ripristino o nella riparazione della cosa.

Gli assicuratori sono liberati qualora paghino dopo trenta giorni dalla perdita o dal deterioramento, senza che sia stata fatta opposizione. Quando però si tratta di immobili su cui gravano iscrizioni, gli assicuratori non sono liberati se non dopo che è decorso senza opposizione il termine di trenta giorni dalla notificazione ai creditori iscritti del fatto che ha dato luogo alla perdita o al deterioramento.

Sono del pari vincolate al pagamento dei crediti suddetti le somme dovute per causa di servitù coattive o di comunione forzosa o di espropriazione per pubblico interesse, osservate, per questa ultima, le disposizioni della legge speciale.

2743. ***Diminuzione della garanzia.*** — Qualora la cosa data in pegno o sottoposta a ipoteca perisca o si deteriori, anche per caso fortuito, in modo da essere insufficiente alla sicurezza del creditore, questi può chiedere che gli sia prestata idonea garanzia su altri beni e, in mancanza, può chiedere l'immediato pagamento del suo credito.

2744. ***Divieto del patto commissorio.*** — È nullo il patto col quale si conviene che, in mancanza del pagamento del credito nel termine fissato, la proprietà della cosa ipotecata o data in pegno passi al creditore. Il patto è nullo anche se posteriore alla costituzione dell'ipoteca o del pegno.

CAPO II
Dei privilegi

SEZIONE I
Disposizioni generali

2745. ***Fondamento del privilegio.*** — Il privilegio è accordato dalla legge in considerazione della causa del credito. La costituzione del privilegio può tuttavia dalla legge essere subordinata alla convenzione delle parti; può anche essere subordinata a particolari forme di pubblicità (*Trans.* 234).

2746. ***Distinzione dei privilegi.*** — Il privilegio è generale o speciale. Il primo si esercita su tutti i beni mobili del debitore, il secondo su determinati beni mobili o immobili.

2747. ***Efficacia del privilegio.*** — Il privilegio generale non può esercitarsi in pregiudizio dei diritti spettanti ai terzi sui mobili che ne formano oggetto, salvo quanto è disposto dagli artt. 2913, 2914, 2915 e 2916.

Se la legge non dispone diversamente, il privilegio speciale sui mobili, sempre che sussista la particolare situazione alla quale è subordinato, può esercitarsi in pregiudizio dei diritti acquistati dai terzi posteriormente al sorgere di esso.

2748. ***Efficacia del privilegio speciale rispetto al pegno e alle ipoteche.*** — Se la legge non dispone altrimenti, il privilegio speciale sui beni mobili non può esercitarsi in pregiudizio del creditore pignoratizio.

I creditori che hanno privilegio sui beni immobili sono preferiti ai creditori ipotecari se la legge non dispone diversamente.

2749. ***Estensione del privilegio.*** — Il privilegio accordato al credito si estende alle spese ordinarie per l'intervento nel processo di esecuzione. Si estende anche agli interessi dovuti per l'anno in corso alla data del pignoramento e per quelli dell'anno precedente.

Gli interessi successivamente maturati hanno privilegio nei limiti della misura legale fino alla data della vendita.

2750. ***Privilegi marittimi aeronautici e privilegi stabiliti da leggi speciali.*** — I privilegi sulla nave, sul nolo e sulle cose caricate e i privilegi sull'aeromobile, sul nolo e sulle cose caricate sono regolati dal codice della navigazione.[1]

Ai privilegi previsti da leggi speciali[2] si applicano le norme di questo capo, se non è diversamente disposto.

[1] Artt. 548-551; 552-560; 561-564 (nave, nolo e cose caricate); - artt. 1022, 1023, 1025, 1026 (aeromobili, nolo e cose caricate).

[2] Sul privilegio per la riscossione delle imposte ipotecarie v. ora art. 8 D.L. 31 ott. 1990, n. 347.

SEZIONE II
Dei privilegi sui mobili[1]

[1] La materia regolata dalle Sezioni II, III e IV di questo Capo è stata ampiamente modificata dalla L. 29 lug. 1975, n. 426, in vigore dal 14 set. 1975. Per la disciplina transitoria l'art. 15 della stessa legge dispone:

«*Le disposizioni dei precedenti articoli si osservano anche per i crediti sorti anteriormente all'entrata in vigore della presente legge. Esse si applicano altresì se il privilegio è stato fatto valere anteriormente qualora la procedura sia ancora in corso al momento dell'entrata in vigore della legge stessa.*

I titolari di crediti privilegiati, intervenuti nell'esecuzione o ammessi al passivo fallimentare in data anteriore all'entrata in vigore della presente legge, possono contestare i crediti che, per effetto delle nuove norme di cui ai precedenti articoli, sono stati anteposti ai loro crediti nel grado del privilegio, proponendo opposizione a norma dell'art. 512 del codice di procedura civile, fino alla distribuzione della somma ricavata dalla vendita, oppure l'impugnazione prevista dall'art. 100 del R.D. 16 mar. 1942, n. 267, fino a che il giudice competente non abbia reso esecutivo il riparto finale, secondo le norme contenute nello stesso decreto.

Ai crediti relativi a tributi soppressi in attuazione della L. 9 ott. 1971, n. 825, continuano ad applicarsi in materia di privilegi le disposizioni di legge vigenti anteriormente all'entrata in vigore della presente legge».

§ 1.
Dei privilegi generali sui mobili

2751. ***Crediti per spese funebri, d'infermità, alimenti.***[1] — Hanno privilegio generale sui mobili, nell'ordine che segue, i crediti riguardanti:

1) le spese funebri necessarie secondo gli usi;

2) le spese d'infermità fatte negli ultimi sei mesi della vita del debitore;

3) le somministrazioni di vitto, vesti e alloggio nei limiti della stretta necessità, fatte al debitore per lui e per la sua famiglia negli ultimi sei mesi;

4) i crediti di alimenti per gli ultimi tre mesi a favore delle persone alle quali gli alimenti sono dovuti per legge».

[1] Articolo così sostituito dalla L. 29 lug. 1975, n. 426.

2751-*bis*. ***Crediti per retribuzioni e provvigioni, crediti dei coltivatori diretti, delle società od enti cooperativi e delle imprese artigiane.***[1] — Hanno privilegio generale sui mobili i crediti riguardanti:

1) le retribuzioni dovute, sotto qualsiasi forma, ai prestatori di lavoro subordinato e tutte le indennità dovute per effetto della cessazione del rapporto di lavoro, nonché il credito del lavoratore per i danni conseguenti alla mancata corresponsione, da parte del datore di lavoro, dei contributi previdenziali ed assicurativi obbligatori ed il credito per il risarcimento del danno subìto per effetto di un licenziamento inefficace, nullo o annullabile;[2]

2) le retribuzioni dei professionisti, compresi il contributo integrativo da versare alla rispettiva cassa di previdenza ed assistenza e il credito di rivalsa per l'imposta sul valore aggiunto, e di ogni altro prestatore d'opera [intellettuale] dovute per gli ultimi due anni di prestazione;[3]

3) le provvigioni derivanti dal rapporto di agenzia dovute per l'ultimo anno di prestazione e le indennità dovute per la cessazione del rapporto medesimo;[4]

4) i crediti del coltivatore diretto, sia proprietario che affittuario, mezzadro, colono, soccidario o comunque compartecipante, per i corrispettivi della vendita dei prodotti, nonché i crediti del mezzadro o del colono indicati dall'art. 2765;

5) i crediti dell'impresa artigiana, definita ai sensi delle disposizioni legislative vigenti, nonché delle società ed enti cooperativi di produzione e lavoro per i corrispettivi dei servizi prestati e della vendita dei manufatti;[5]

5-*bis*) i crediti delle società cooperative agricole e dei loro consorzi per i corrispettivi della vendita dei prodotti.[6]

5-*ter*) i crediti delle imprese fornitrici di lavoro temporaneo di cui alla L. 24 giu. 1997, n. 196, per gli oneri retributivi e previdenziali addebitati alle imprese utilizzatrici.[7]

[1] Articolo aggiunto dall'art. 2 della L. 29 lug. 1975, n. 426. V. anche la nota all'inizio della Sezione II. La Corte cost., con sent. 28 nov. 1983, n. 326 ha dichiarato l'ill. cost. dell'art. 2751-*bis* n. 1 «nella parte in cui non munisce del privilegio generale istituito dall'art. 2 della L. n. 426/1975 il credito del lavoratore subordinato per danni conseguenti ad infortunio sul lavoro, del quale sia responsabile il datore di lavoro, se e nei limiti in cui il creditore non sia soddisfatto della percezione delle indennità previdenziali e assistenziali obbligatorie dovute al lavoratore subordinato in dipendenza dello stesso infortunio».

V. altresì l'art. 1 della L. 18 gen. 1994, n. 44.

[2] La Corte cost., con sent. 29 mag. 2002, n. 220, ha dichiarato l'ill. cost. del presente numero «nella parte in cui non munisce del privilegio generale sui mobili il credito del lavoratore subordinato per danni conseguenti a malattia professionale, della quale sia responsabile il datore di lavoro».

La Corte cost., con sent. 6 apr. 2004, n. 113, ha dichiarato l'ill. cost. del presente numero «nella parte in cui non munisce del privilegio generale sui mobili il credito del lavoratore subordinato per danni da demansionamento subiti a causa dell'illegittimo comportamento del datore di lavoro».

[3] Numero così modif. dall'art. 1, c. 474, L. 27 dic. 2017, n. 205.

La Corte cost., con sent. 29 gen. 1998, n. 1, ha dichiarato l'ill. cost. del presente numero limitatamente alla parola «intellettuale».

[4] La Corte cost., con sent. 1 lug. 2022, n. 167, ha dichiarato l'ill. cost. del presente numero nella parte in cui non prevede, in favore dell'agente che svolga una prestazione di opera continuativa e coordinata, prevalentemente personale, il privilegio generale sui mobili esteso al credito di rivalsa per l'imposta sul valore aggiunto (IVA) sulle provvigioni dovute per l'ultimo anno di prestazione.

[5] Numero così sost. dall'art. 36, c. 1, del D.L. 9 feb. 2012, n. 5, conv. con modif. in L. 4 apr. 2012, n. 35.

[6] Numero aggiunto dall'art. 18, L. 31 gen. 1992, n. 59.

[7] Numero aggiunto dall'art. 117, L. 23 dic. 2000, n. 388.

2752. ***Crediti per tributi diretti dello Stato, per imposta sul valore aggiunto e per tributi degli enti locali.*** — Hanno privilegio generale sui mobili del debitore i crediti dello Stato per le imposte e le sanzioni dovute secondo le norme in materia di imposta sul reddito delle persone fisiche, imposta sul reddito delle persone giuridiche, imposta sul reddito delle società, imposta regionale sulle attività produttive ed imposta locale sui redditi.[1]

[...].[2]

Hanno altresì privilegio generale sui mobili del debitore i crediti dello Stato per le imposte, le pene pecuniarie e le soprattasse dovute secondo le norme relative all'imposta sul valore aggiunto.

Hanno lo stesso privilegio, subordinatamente a quello dello Stato, i crediti per le imposte, tasse e tributi dei comuni e delle province previsti dalla legge per la finanza locale e dalle norme relative all'imposta comunale sulla pubblicità e ai diritti sulle pubbliche affissioni.

[1] Comma così modif. dall'art. 33, D.lgs. 26 feb. 1999, n. 46, dall'art. 39 D.L. 1 ott. 2007, n. 159, conv. in L. 29 nov. 2007, n. 222, e dal D.L. 6 lug. 2011, n. 98, conv. in L. 15 lug. 2011, n. 111.

[2] Comma soppresso dall'art. 33, D.lgs. 26 feb. 1999, n. 46.

2753. ***Crediti per contributi di assicurazione obbligatoria per l'invalidità, la vecchiaia, e i superstiti.***[1] — Hanno privilegio generale sui mobili del datore di lavoro i crediti derivanti dal mancato versamento dei contributi ad istituti, enti o fondi speciali, compresi quelli sostitutivi o integrativi, che gestiscono forme di assicurazione obbligatoria per l'invalidità, la vecchiaia ed i superstiti.

[1] Articolo così sost. dalla L. 29 lug. 1975, n. 426.

2754. ***Crediti per contributi relativi ad altre forme di assicurazione.***[1] — Hanno pure privilegio generale sui mobili del datore di lavoro i crediti per i contributi dovuti a istituti ed enti per forme di tutela previdenziale e assistenziale diverse da quelle indicate dal precedente articolo, nonché gli accessori, limitatamente al cinquanta per cento del loro ammontare, relativi a tali crediti ed a quelli indicati dal precedente articolo.

[1] Articolo così sost. dalla L. 29 lug. 1975, n. 426.

§ 2.

Dei privilegi sopra determinati mobili

2755. ***Spese per atti conservativi o di espropriazione.*** — I crediti per spese di giustizia fatte per atti conservativi o per l'espropriazione di beni mobili nell'interesse comune dei creditori hanno privilegio sui beni stessi.

2756. ***Crediti per prestazioni e spese di conservazione e miglioramento.*** — I crediti per le prestazioni e le spese relative alla conservazione o al miglioramento di beni mobili hanno privilegio sui beni stessi, purché questi si trovino ancora presso chi ha fatto le prestazioni o le spese.

Il privilegio ha effetto anche in pregiudizio dei terzi che hanno diritti sulla cosa, qualora chi ha fatto le prestazioni o le spese sia stato in buona fede.

Il creditore può ritenere la cosa soggetta al privilegio finché non è soddisfatto del suo credito e può anche venderla secondo le norme stabilite per la vendita del pegno.

2757. ***Crediti per somministrazioni e lavori occorrenti per la produzione agricola.*** — I crediti per le somministrazioni di sementi, di materie fertilizzanti e antiparassitarie e di acqua per irrigazione, come pure i crediti per lavori di coltivazione e di raccolta dell'annata agricola hanno privilegio sui frutti, alla cui produzione abbiano concorso.

Il privilegio si può esercitare finché i frutti si trovano nel fondo o nelle sue dipendenze.

Si applica la disposizione del secondo comma dell'art. 2756.

2758. ***Crediti per tributi indiretti.***[1] — I crediti dello Stato per i tributi indiretti[2] hanno privilegio sui mobili ai quali i tributi si riferiscono e sugli altri beni indicati dalle leggi relative, con l'effetto da esse stabilito.

Eguale privilegio hanno i crediti di rivalsa verso il cessionario ed il committente previsti dalle norme relative all'imposta sul valore aggiunto, sui beni che hanno formato oggetto della cessione o ai quali si riferisce il servizio.

Il privilegio, per quanto riguarda l'imposta di successione, non ha effetto in pregiudizio dei creditori che hanno esercitato il diritto di separazione dei beni del defunto da quelli dell'erede.

[1] Articolo così sost. dalla L. 29 lug. 1975, n. 426.

[2] Con riferimento all'imposta di registro v. art. 56 D.P.R. 26 apr. 1986, n. 131; con riferimento all'imposta sulle successioni e donazioni v. art. 41 D.L. 31 ott. 1990, n. 346.

2759. ***Crediti per le imposte sul reddito.***[1] — I crediti dello Stato per l'imposta sul reddito delle persone fisiche, sul reddito delle persone giuridiche e per l'imposta locale sui redditi, dovuta per i due anni anteriori a quello in cui si procede, hanno privilegio, limitatamente all'imposta o alla quota d'imposta imputabile al reddito d'impresa, sopra i mobili che servono all'esercizio di imprese commerciali e sopra le merci che si trovano nel locale adibito all'esercizio stesso o nell'abitazione dell'imprenditore.

Il privilegio si applica sui beni indicati nel comma precedente ancorché appartenenti a persona diversa dall'imprenditore, salvo che si tratti di beni rubati o smarriti, di merci affidate all'imprenditore per la lavorazione o di merci non ancora nazionalizzate munite di regolare bolletta doganale.

Qualora l'accertamento del reddito iscritto a ruolo sia stato determinato sinteticamente ai fini dell'imposta sul reddito delle persone fisiche, la ripartizione proporzionale dell'imposta, prevista dal primo comma, viene effettuata sulla base dei redditi iscritti o iscrivibili ai fini dell'imposta locale sui redditi.

[1] Articolo così sost. dalla L. 29 lug. 1975, n. 426.

2760. ***Crediti dell'albergatore.*** — I crediti dell'albergatore per mercedi e somministrazioni verso le persone albergate hanno privilegio sulle cose da queste portate nell'albergo e nelle dipendenze e che continuano a trovarvisi.

Il privilegio ha effetto anche in pregiudizio dei terzi che hanno diritti sulle cose stesse, a meno che l'albergatore fosse a conoscenza di tali diritti al tempo in cui le cose sono state portate nell'albergo.

2761. ***Crediti del vettore, dello spedizioniere, del mandatario, del depositario e del sequestratario.*** — I crediti dipendenti dal contratto di trasporto e di spedizione e quelli per le spese d'imposta anticipate dal vettore o dallo spedizioniere hanno privilegio sulle cose trasportate o spedite finché queste rimangono presso di lui. Tale privilegio può essere esercitato anche su beni oggetto di un trasporto o di una spedizione diversi da quelli per cui è sorto il credito purché tali trasporti o spedizioni costituiscano esecuzione di un unico contratto per prestazioni periodiche o continuative.

I crediti derivanti dall'esecuzione del mandato hanno privilegio sulle cose del mandante che il mandatario detiene per l'esecuzione del mandato.

Qualora il mandatario abbia provveduto a pagare i diritti doganali per conto del mandante, il suo credito ha il privilegio di cui all'articolo 2752.

I crediti derivanti dal deposito o dal sequestro convenzionale a favore del depositario e del sequestratario hanno parimenti privilegio sulle cose che questi detengono per effetto del deposito o del sequestro.

Si applicano a questi privilegi le disposizioni del secondo e del terzo comma dell'articolo 2756.

[1] Articolo così sost. dall'art. 30-*bis*, D.L. 6 nov. 2021, n. 152, conv. con modif. in L. 29 dic. 2021, n. 233.

2762. ***Privilegio del venditore di macchine.*** — Chi ha venduto macchine per un prezzo superiore a euro 15,49 ha privilegio per il prezzo non pagato sulle macchine vendute e consegnate, anche se sono incorporate o congiunte all'immobile di proprietà del compratore o di un terzo.

Il privilegio è subordinato alla trascrizione dei documenti, dai quali la vendita e il credito risultano, nel registro indicato dal secondo comma dell'art. 1524. La trascrizione è eseguita presso il tribunale nella giurisdizione del quale è collocata la macchina.

Il privilegio dura per un triennio dalla data della vendita e ha effetto fino a quando la macchina si trova in possesso del compratore nel luogo dove è stata eseguita la trascrizione, salvo il caso di sottrazione fraudolenta.[1]

Il privilegio stabilito in questo articolo spetta anche alle banche autorizzate all'esercizio di prestiti con garanzia sul macchinario, le quali abbiano anticipato al compratore il prezzo per l'acquisto. Il privilegio sussiste a condizione che il documento rilasciato a prova della sovvenzione indichi lo scopo, l'ammontare e la scadenza del credito, contenga l'esatta designazione della macchina soggetta al privilegio e sia trascritto a norma del secondo comma di questo articolo.

Se il privilegio della banca concorre con quello del venditore, è preferito il creditore che ha trascritto per primo.

[1] Per le macchine contrassegnate v. l'art. 6 della L. 28 nov. 1965, n. 1329.

2763. ***Crediti per canoni enfiteutici.*** — I crediti del concedente per il canone dovuto dall'enfiteuta per l'anno in corso e per il precedente, hanno privilegio sui frutti dell'anno e su quelli raccolti anteriormente, purché si trovino nel fondo o nelle sue dipendenze.

2764. ***Crediti del locatore di immobili.*** — Il creditore delle pigioni e dei fitti degli immobili ha privilegio sui frutti dell'anno e su quelli raccolti anteriormente, nonché sopra tutto ciò che serve a fornire l'immobile o a coltivare il fondo locato.

Il privilegio sussiste per il credito dell'anno in corso, dell'antecedente e dei successivi, se la locazione ha data certa, e, in caso diverso, per quello dell'anno in corso e del susseguente.

Lo stesso privilegio ha il credito dipendente da mancate riparazioni le quali siano a carico del conduttore, il credito per i danni arrecati all'immobile locato, per la mancata restituzione delle scorte e ogni altro credito dipendente da inadempimento del contratto.

Il privilegio sui frutti sussiste finché si trovano nel fondo o nelle sue dipendenze. Esso si può far valere anche nei confronti del subconduttore.

Il privilegio sulle cose che servono a fornire l'immobile locato o alla coltivazione del fondo sussiste pure se le cose appartengono al subconduttore, nei limiti in cui il locatore ha azione contro il medesimo.

Il privilegio sulle cose che servono a fornire l'immobile locato ha luogo altresì nei confronti dei terzi, finché le cose si trovano nell'immobile, salvo che si provi che il locatore conoscesse il diritto del terzo al tempo in cui sono state introdotte.

Qualora le cose che servono a fornire la casa o il fondo locato ovvero a coltivare il medesimo vengano asportate dall'immobile senza il consenso del locatore, questi conserva su di esse il privilegio, purché ne domandi il sequestro, nei modi stabiliti dal codice di procedura civile per il sequestro conservativo, entro il termine di trenta giorni dall'asportazione, se si tratta di mobili che servono a fornire o a coltivare il fondo rustico, e di quindici giorni, se si tratta di mobili che servono a fornire la casa. Restano salvi in ogni caso i diritti acquistati dopo l'asportazione dai terzi che ignoravano l'esistenza del privilegio.

2765. ***Crediti derivanti dai contratti di mez-***

zadria e di colonìa. — Colui che concede un fondo a mezzadria o a colonìa e il mezzadro o il colono hanno, per i crediti derivanti dal contratto, privilegio sulla rispettiva parte dei frutti e sulle cose che servono a coltivare o a fornire il fondo dato a mezzadria o a colonìa.

Il privilegio sui frutti sussiste finché questi si trovano nel fondo o nelle sue dipendenze.

Si applicano le disposizioni degli ultimi tre commi dell'art. 2764.

2766. [***Crediti degli istituti di credito agrario.***][1]

[1] Articolo abrog. dall'art. 161, D.L. 1 set. 1993, n. 385. Per le misure a garanzia del credito agrario v. tuttavia l'art. 44 del citato decreto nel testo introdotto dall'art. 1 del D.L. 4 gen. 1994, n. 1, conv. in L. 17 feb. 1994, n. 135.

2767. ***Crediti per risarcimento di danni contro l'assicurato.*** — Nel caso di assicurazione della responsabilità civile, il credito del danneggiato per il risarcimento ha privilegio sull'indennità dovuta dall'assicuratore (*Trans.* 235).

2768. ***Crediti dipendenti da reato.*** — Per i crediti dipendenti da reato hanno privilegio sulle cose sequestrate lo Stato e le altre persone indicate dal codice penale, secondo le disposizioni del codice stesso e del codice di procedura penale.

2769. ***Sequestro della cosa soggetta a privilegio.*** — Il creditore che ha privilegio su una cosa mobile, se ha fondati motivi di temere la rimozione della cosa dalla particolare situazione alla quale è subordinata la sussistenza del privilegio, può domandarne il sequestro conservativo.

SEZIONE III
Dei privilegi sopra gli immobili

2770. ***Crediti per atti conservativi o di espropriazione.*** — I crediti per le spese di giustizia fatte per atti conservativi o per l'espropriazione di beni immobili nell'interesse comune dei creditori sono privilegiati sul prezzo degli immobili stessi.

Del pari ha privilegio il credito dell'acquirente di un immobile per le spese fatte per la dichiarazione di liberazione dell'immobile dalle ipoteche.

2771. [***Crediti per le imposte sui redditi immobiliari.***][1]

[1] Articolo abrog. dall'art. 23, c. 38, D.L. 6 lug. 2011, n. 98, conv. in L. 15 lug. 2011, n. 111.

2772. ***Crediti per tributi indiretti.***[1] — Hanno pure privilegio i crediti dello Stato per ogni tributo indiretto, nonché quelli derivanti dall'applicazione dell'imposta comunale sull'incremento di valore degli immobili, sopra gli immobili ai quali il tributo si riferisce.

I crediti dello Stato, derivanti dall'applicazione dell'imposta sul valore aggiunto, hanno privilegio, in caso di responsabilità solidale del cessionario, sugli immobili che hanno formato oggetto della cessione o ai quali si riferisce il servizio prestato.

Eguale privilegio hanno i crediti di rivalsa, verso il cessionario ed il committente, previsti dalle norme relative all'imposta sul valore aggiunto, sugli immobili che hanno formato oggetto della cessione o ai quali si riferisce il servizio.

Il privilegio non si può esercitare in pregiudizio dei diritti che i terzi hanno anteriormente acquistato sugli immobili.

Per le imposte suppletive il privilegio non si può neppure esercitare in pregiudizio dei diritti acquistati successivamente dai terzi.

Lo stesso privilegio, per quanto riguarda l'imposta di successione, non ha effetto a danno dei creditori del defunto che hanno iscritto la loro ipoteca nei tre mesi dalla morte di lui, né ha effetto a danno dei creditori che hanno esercitato il diritto di separazione dei beni del defunto da quelli dell'erede.

[1] Articolo così sost. dalla L. 29 lug. 1975, n. 426.
V. altresì art. 8 e art. 17 c. 4 D.L. 31 ott. 1990, n. 347.

2773. ***Crediti dei comuni e delle province per tributi.***[1]

[1] Articolo abrog. dall'art. 9 della L. 29 lug. 1975, n. 426.

2774. ***Crediti per concessione di acque.*** — I crediti dello Stato per i canoni dovuti dai concessionari di acque pubbliche o di acque derivate da canali demaniali ovvero per i lavori eseguiti d'ufficio sono privilegiati sugli impianti, in conformità delle leggi speciali.

Tale privilegio, per quanto riguarda i canoni, non è opponibile ai terzi che hanno acquistato diritti sugli immobili anteriormente all'atto di concessione o, trattandosi di crediti per lavori, anteriormente al sorgere dei crediti stessi.

2775. ***Contributi per opere di bonifica e di miglioramento.*** — I crediti per i contributi indicati dall'art. 864 sono privilegiati sugli immobili che traggono beneficio dalle opere di bonifica o di miglioramento.

La costituzione del privilegio per le opere di miglioramento è subordinata all'osservanza delle leggi speciali.

2775-*bis*. ***Credito per mancata esecuzione di contratti preliminari.***[1] — Nel caso di mancata esecuzione del contratto preliminare trascritto ai sensi dell'art. 2645-*bis*, i crediti del promissario acquirente che ne conseguono hanno privilegio speciale sul bene immobile oggetto del contratto preliminare, sempre che gli effetti della trascrizione non siano cessati al momento della risoluzione del contratto risultante da atto avente data certa, ovvero al momento della domanda giudiziale di risoluzione del contratto o di condanna al pagamento, ovvero al momento della trascrizione del pignoramento o al momento dell'intervento nella esecuzione promossa da terzi.

Il privilegio non è opponibile ai creditori garantiti da ipoteca relativa a mutui erogati al promissario acquirente per l'acquisto del bene immobile nonché ai creditori garantiti da ipoteca ai sensi dell'art. 2825-*bis*.

[1] Articolo ins. dall'art. 3, D.L. 31 dic. 1996, n. 669, conv. con modif. in L. 28 feb. 1997, n. 30.

2776. ***Collocazione sussidiaria sugli immobili.***[1] — I crediti relativi al trattamento di fine rapporto nonché all'indennità di cui all'art. 2118 sono collocati sussidiariamente, in caso di infruttuosa esecuzione sui mobili, sul prezzo degli immobili, con preferenza rispetto ai crediti chirografari.

I crediti indicati dagli artt. 2751 e 2751-*bis*, ad eccezione di quelli indicati al precedente comma, ed i crediti per contributi dovuti a istituti, enti o fondi speciali, compresi quelli sostitutivi o integrativi, che gestiscono forme di assicurazione obbligatoria per l'invalidità, la vecchiaia ed i superstiti, di cui all'art. 2753, sono collocati sussidiariamente, in caso di infruttuosa esecuzione sui mobili, sul prezzo degli immobili, con preferenza rispetto ai crediti chirografari, ma dopo i crediti indicati al primo comma.

I crediti dello Stato indicati dal primo e[2] dal terzo comma dell'art. 2752 sono collocati sussidiariamente, in caso di infruttuosa esecuzione sui mobili, sul prezzo degli immobili, con preferenza rispetto ai crediti chirografari, ma dopo i crediti indicati al comma precedente.

[1] Articolo così sostituito dall'art. 1 della L. 29 mag. 1982, n. 297.

[2] Parole aggiunte dall'art. 23, c. 39, D.L. 6 lug. 2011, n. 98, conv. in L. 15 lug. 2011, n. 111.

SEZIONE IV
Dell'ordine dei privilegi

2777. ***Preferenza delle spese di giustizia e di altri crediti.***[1] — I crediti per spese di giustizia enunciati dagli artt. 2755 e 2770 sono preferiti ad ogni altro credito anche pignoratizio o ipotecario.

Immediatamente dopo le spese di giustizia sono collocati i crediti aventi privilegio generale mobiliare di cui all'art. 2751-*bis* nell'ordine seguente:[2]

a) i crediti di cui all'art. 2751-*bis*, n. 1;

b) i crediti di cui all'art. 2751-*bis*, nn. 2 e 3;

c) i crediti di cui all'art. 2751-*bis*, nn. 4 e 5.

I privilegi che le leggi speciali dichiarano preferiti ad ogni altro credito sono sempre posposti al privilegio per le spese di giustizia ed ai privilegi indicati nell'art. 2751-*bis*.

[1] Articolo così sostituito dalla L. 29 lug. 1975, n. 426.

[2] V. la nota all'inizio della Sezione II di questo Capo.

2778. ***Ordine degli altri privilegi sui mobili.***[1] — Salvo quanto è disposto dall'art. 2777, nel concorso di crediti aventi privilegio generale o speciale sulla medesima cosa, la prelazione si esercita nell'ordine che segue:

1) i crediti per contributi ad istituti, enti o fondi speciali - compresi quelli sostitutivi o integrativi - che gestiscono forme di assicurazione obbligatoria per l'invalidità, la vecchiaia, ed i superstiti, indicati dall'art. 2753;

2) i crediti per le imposte sui redditi immobiliari, indicati dall'art. 2771, quando il privilegio si esercita separatamente sopra i frutti, i fitti e le pigioni degli immobili;

3) i crediti degli istituti esercenti il credito agrario, indicati dai due primi commi dell'art. 2766;[3]

4) i crediti per prestazioni e spese di conservazione e miglioramento di beni mobili, indicati dall'art. 2756;

5) i crediti per le mercedi dovute ai lavoratori impiegati nelle opere di coltivazione e di raccolta, indicate dall'art. 2757;

6) i crediti per sementi e materie fertilizzanti e antiparassitarie e per somministrazione di acqua per irrigazione, nonché i crediti per i lavori di coltivazione e di raccolta indicati dall'art. 2757. Qualora tali crediti vengano in concorso tra loro, sono preferiti quelli di raccolta, seguono quelli di coltivazione e, infine, gli altri crediti indicati dallo stesso articolo;

7) i crediti per i tributi indiretti, indicati dall'art. 2758, salvo che la legge speciale accordi un diverso grado di preferenza, e i crediti per le imposte sul reddito, indicati dall'art. 2759;

8) i crediti per contributi dovuti a istituti ed enti per forme di tutela previdenziale e assistenziale indicati dall'art. 2754, nonché gli accessori, limitatamente al cinquanta per cento del loro ammontare, relativi a tali crediti ed a quelli indicati dal precedente n. 1) del presente articolo;[2]

9) i crediti degli istituti esercenti il credito agrario, indicati dal terzo comma dell'art. 2766;[3]

10) i crediti dipendenti da reato, indicati dall'art. 2768, sulle cose sequestrate, nei casi e secondo l'ordine stabiliti dal codice penale e dal codice di procedura penale;

11) i crediti per risarcimento, indicati dall'art. 2767;

12) i crediti dell'albergatore, indicati dall'art. 2760;

13) i crediti del vettore, del mandatario, del depositario e del sequestratario, indicati dall'art. 2761;

14) i crediti del venditore di macchine o della banca per le anticipazioni del prezzo, indicati dall'art. 2762;

15) i crediti per canoni enfiteutici, indicati dall'art. 2763;

16) i crediti del locatore e i crediti del concedente dipendenti dai contratti di mezzadria e colonia, indicati rispettivamente dagli artt. 2764 e 2765;

17) i crediti per spese funebri, d'infermità, per somministrazioni ed alimenti, nell'ordine indicato dall'art. 2751;

18) i crediti dello Stato per tributi diretti, indicati dal primo comma dell'art. 2752;

19) i crediti dello Stato indicati dal terzo comma dell'art. 2752;

20) i crediti degli enti locali per tributi, indicati dal quarto comma dell'art. 2752.

[1] Articolo così sostituito dalla L. 29 lug. 1975, n. 426.
[2] Per i crediti per premi dovuti all'INAIL v. art. 4 n. 3 D.L. 9 ott. 1989, n. 338, conv. in L. 7 dic. 1989, n. 389.
[3] Numero abrog. dall'art. 161.1, D.L. 1 set. 1993, n. 385. L'art. 44 del menzionato decreto, nel testo derivante dall'art. 1 del D.L. 4 gen. 1994, n. 1, conv. in L. 17 feb. 1994, n. 135, ha peraltro ricollocato dopo il n. 2 il privilegio per il credito agrario e peschereccio.

2779. ***Concorso dei privilegi con ipoteche sugli autoveicoli.***[1] — Se i privilegi indicati dall'articolo precedente concorrono con le ipoteche sugli autoveicoli, menzionate nell'art. 2810, queste sono posposte ai privilegi menzionati nei primi dieci numeri dell'art. 2778 e sono preferite a tutti gli altri.

[1] Articolo così sostituito dalla L. 29 lug. 1975, n. 426.

2780. ***Ordine dei privilegi sugli immobili.***[1] — Quando sul prezzo dello stesso immobile concorrono più crediti privilegiati, la prelazione ha luogo secondo l'ordine seguente:

1) i crediti per le imposte sui redditi immobiliari, indicati dall'art. 2771;

2) i crediti per i contributi, indicati dall'art. 2775;

3) i crediti dello Stato per le concessioni di acque, indicati dall'art. 2774;

4) i crediti per i tributi indiretti, indicati dall'art. 2772;

5) i crediti per l'imposta comunale sull'incremento di valore degli immobili;

5-*bis*) i crediti del promissario acquirente per mancata esecuzione dei contratti preliminari, indicati all'art. 2775-*bis*.[2]

[1] Articolo così sost. dalla L. 29 lug. 1975, n. 426.
[2] Numero ins. dall'art. 3, D.L. 31 dic. 1996, n. 669, conv. con modif. in L. 28 feb. 1997, n. 30.

2781. ***Concorso di privilegi speciali con crediti pignoratizi.*** — Qualora con crediti assistiti da privilegio speciale concorra un credito garantito con pegno e uno dei privilegi debba essere preferito rispetto al pegno, tale privilegio prevale su quegli altri che devono essere posposti al pegno, anche se anteriori di grado.

2782. ***Concorso di crediti egualmente privilegiati.*** — I crediti egualmente privilegiati concorrono tra loro in proporzione del rispettivo importo.

La stessa disposizione si osserva quando concorrono tra loro più crediti privilegiati ai quali le leggi speciali attribuiscono genericamente una prelazione su ogni altro credito.

2783. ***Preferenza non determinata dalla legge.*** — Quando dalla legge non risulta il grado di preferenza di un determinato privilegio speciale, esso prende grado dopo ogni altro privilegio speciale regolato nel codice.

2783-*bis*. ***Crediti derivanti dall'applicazione dei prelievi di cui agli artt. 49 e 50 del Trattato che istituisce la Comunità europea del carbone e dell'acciaio.*** — I crediti derivanti dall'applicazione dei prelievi di cui agli artt. 49 e 50 del Trattato che istituisce la Comunità europea del carbone e dell'acciaio, nonché dalle relative maggiorazioni di mora, sono equiparati, ai fini dell'applicazione delle disposizioni del presente capo, ai crediti dello Stato per l'imposta sul valore aggiunto.[1]

[1] Articolo aggiunto dall'art. 40 della L. 29 dic. 1990, n. 428.

2783-*ter*. ***Crediti dello Stato attinenti alle risorse proprie tradizionali di pertinenza del bilancio generale dell'Unione europea.*** — I crediti dello Stato attinenti alle risorse proprie tradizionali di cui all'articolo 2, paragrafo 1, lettera *a*), della decisione n. 2007/436/CE/Euratom del Consiglio, del 7 giugno 2007, di pertinenza del bilancio generale dell'Unione europea sono equiparati, ai fini dell'applicazione delle disposizioni del presente capo, ai crediti dello Stato per l'imposta sul valore aggiunto.[1]

[1] Articolo aggiunto dall'art. 9, c. 3, D.L. 2 mar. 2012, n. 16, conv. con modif. in L. 26 apr. 2012, n. 44.

CAPO III
Del pegno

SEZIONE I
Disposizioni generali

2784. ***Nozione.*** — Il pegno è costituito a garanzia dell'obbligazione dal debitore o da un terzo per il debitore (*Trans.* 237).

Possono essere dati in pegno i beni mobili, le universalità di mobili, i crediti e altri diritti aventi per oggetto beni mobili.

2785. ***Rinvio a leggi speciali.*** — Le disposizioni del presente capo non derogano alle leggi speciali concernenti casi e forme particolari di costituzione di pegno, né a quelle concernenti gli istituti autorizzati a fare prestiti sopra pegni.

SEZIONE II
Del pegno dei beni mobili

2786. ***Costituzione.*** — Il pegno si costituisce con la consegna al creditore della cosa o del documento che conferisce l'esclusiva disponibilità della cosa.

La cosa o il documento possono essere anche consegnati a un terzo designato dalle parti o possono essere posti in custodia di entrambe, in modo che il costituente sia nell'impossibilità di disporne senza la cooperazione del creditore.

2787. ***Prelazione del creditore pignoratizio.*** — Il creditore ha diritto di farsi pagare con prelazione sulla cosa ricevuta in pegno.

La prelazione non si può far valere se la cosa data in pegno non è rimasta in possesso del creditore o presso il terzo designato dalle parti.

Quando il credito garantito eccede la somma di

euro 2,58, la prelazione non ha luogo se il pegno non risulta da scrittura con data certa, la quale contenga sufficiente indicazione del credito e della cosa.

Se però il pegno risulta da polizza o da altra scrittura di enti che, debitamente autorizzati, compiono professionalmente operazioni di credito su pegno, la data della scrittura può essere accertata con ogni mezzo di prova (*Trans.* 237).

2788. ***Prelazione per il credito degli interessi.*** — La prelazione ha luogo anche per gli interessi dell'anno in corso alla data del pignoramento o, in mancanza di questo, alla data della notificazione del precetto. La prelazione ha luogo inoltre per gli interessi successivamente maturati, nei limiti della misura legale, fino alla data della vendita.

2789. ***Rivendicazione della cosa da parte del creditore pignoratizio.*** — Il creditore che ha perduto il possesso della cosa ricevuta in pegno, oltre le azioni a difesa del possesso, può anche esercitare l'azione di rivendicazione, se questa spetta al costituente.

2790. ***Conservazione della cosa e spese relative.*** — Il creditore è tenuto a custodire la cosa ricevuta in pegno e risponde, secondo le regole generali, della perdita e del deterioramento di essa.

Colui che ha costituito il pegno è tenuto al rimborso delle spese occorse per la conservazione della cosa (*Trans.* 237).

2791. ***Pegno di cosa fruttifera.*** — Se è data in pegno una cosa fruttifera, il creditore, salvo patto contrario, ha la facoltà di fare suoi i frutti, imputandoli prima alle spese e agli interessi e poi al capitale.

2792. ***Divieto di uso e disposizione della cosa.*** — Il creditore non può, senza il consenso del costituente, usare della cosa, salvo che l'uso sia necessario per la conservazione di essa. Egli non può darla in pegno o concederne ad altri il godimento.

In ogni caso, deve imputare l'utile ricavato prima alle spese e agli interessi e poi al capitale.

2793. ***Sequestro della cosa.*** — Se il creditore abusa della cosa data in pegno, il costituente può domandarne il sequestro.

2794. ***Restituzione della cosa.*** — Colui che ha costituito il pegno non può esigerne la restituzione, se non sono stati interamente pagati il capitale e gli interessi e non sono state rimborsate le spese relative al debito e al pegno.

Se il pegno è stato costituito dal debitore e questi ha verso lo stesso creditore un altro debito sorto dopo la costituzione del pegno e scaduto prima che sia pagato il debito anteriore, il creditore ha soltanto il diritto di ritenzione a garanzia del nuovo credito.

2795. ***Vendita anticipata.*** — Se la cosa data in pegno si deteriora in modo da far temere che essa divenga insufficiente alla sicurezza del creditore, questi, previo avviso a colui che ha costituito il pegno, può chiedere al giudice l'autorizzazione a vendere la cosa.

Con il provvedimento che autorizza la vendita il giudice dispone anche circa il deposito del prezzo a garanzia del credito. Il costituente può evitare la vendita e farsi restituire il pegno, offrendo altra garanzia reale che il giudice riconosca idonea.

Il costituente può del pari, in caso di deterioramento o di diminuzione di valore della cosa data in pegno, domandare al giudice l'autorizzazione a venderla oppure chiedere la restituzione del pegno, offrendo altra garanzia reale che il giudice riconosca idonea.

Il costituente può chiedere al giudice l'autorizzazione a vendere la cosa, qualora si presenti un'occasione favorevole. Con il provvedimento di autorizzazione il giudice dispone le condizioni della vendita e il deposito del prezzo.

2796. ***Vendita della cosa.*** — Il creditore per il conseguimento di quanto gli è dovuto può far vendere la cosa ricevuta in pegno secondo le forme stabilite dall'articolo seguente.

2797. ***Forme della vendita.*** — Prima di procedere alla vendita il creditore, a mezzo di ufficiale giudiziario, deve intimare al debitore di pagare il debito e gli accessori, avvertendolo che, in mancanza, si procederà alla vendita. L'intimazione deve essere notificata anche al terzo che abbia costituito il pegno.

Se entro cinque giorni dall'intimazione non è proposta opposizione, o se questa è rigettata, il creditore può far vendere la cosa al pubblico incanto o, se la cosa ha un prezzo di mercato, anche a prezzo corrente, a mezzo di persona autorizzata a tali atti (*Att.* 83). Se il debitore non ha residenza o domicilio eletto nel luogo di residenza del creditore, il termine per l'opposizione è determinato a norma dell'art. 166 del c.p.c.[1]

Il giudice, sull'opposizione del costituente, può limitare la vendita a quella tra più cose date in pegno, il cui valore basti a pagare il debito.

Per la vendita della cosa data in pegno le parti possono convenire forme diverse.

[1] Per effetto della L. 14 lug. 1950, n. 581, il termine è ora determinato in base all'art. 163-*bis* del c.p.c. e non dall'art. 166 indicato nel testo originale.

2798. ***Assegnazione della cosa in pagamento.*** — Il creditore può sempre domandare al giudice che la cosa gli venga assegnata in pagamento fino alla concorrenza del debito, secondo la stima da farsi con perizia o secondo il prezzo corrente, se la cosa ha un prezzo di mercato.

2799. ***Indivisibilità del pegno.*** — Il pegno è indivisibile e garantisce il credito finché questo non è integralmente soddisfatto, anche se il debito o la cosa data in pegno è divisibile.

SEZIONE III
Del pegno di crediti e di altri diritti

2800. ***Condizioni della prelazione.*** — Nel pegno di crediti la prelazione non ha luogo, se non quando il pegno risulta da atto scritto e la costituzione di esso è stata notificata al debitore del credito dato in pegno ovvero è stata da questo accettata con scrittura avente data certa.

2801. ***Consegna del documento.*** — Se il credito costituito in pegno risulta da un documento, il costituente è tenuto a consegnarlo al creditore.

2802. ***Riscossione d'interessi e di prestazioni periodiche.*** — Il creditore pignoratizio è tenuto a riscuotere gli interessi del credito o le altre prestazioni periodiche, imputandone l'ammontare in primo luogo alle spese e agli interessi e poi al capitale. Egli è tenuto a compiere gli atti conservativi del credito ricevuto in pegno (*Trans.* 237).

2803. ***Riscossione del credito dato in pegno.*** — Il creditore pignoratizio è tenuto a riscuotere, alla scadenza, il credito ricevuto in pegno e, se questo ha per oggetto danaro o altre cose fungibili, deve, a richiesta del debitore, effettuarne il deposito nel luogo stabilito d'accordo o altrimenti determinato dall'autorità giudiziaria. Se il credito garantito è scaduto, il creditore può ritenere del danaro ricevuto quanto basta per il soddisfacimento delle sue ragioni e restituire il residuo al costituente o, se si tratta di cose diverse dal danaro, può farle vendere o chiederne l'assegnazione secondo le norme degli artt. 2797 e 2798.

2804. ***Assegnazione o vendita del credito dato in pegno.*** — Il creditore pignoratizio non soddisfatto può in ogni caso chiedere che gli sia assegnato in pagamento il credito ricevuto in pegno, fino a concorrenza del suo credito.

Se il credito non è ancora scaduto, egli può anche farlo vendere nelle forme stabilite dall'art. 2797.

2805. ***Eccezioni opponibili dal debitore del credito dato in pegno.*** — Il debitore del credito dato in pegno può opporre al creditore pignoratizio le eccezioni che gli spetterebbero contro il proprio creditore.

Se il debitore medesimo ha accettato senza riserve la costituzione del pegno, non può opporre al creditore pignoratizio la compensazione verificatasi anteriormente (*Trans.* 237).

2806. ***Pegno di diritti diversi dai crediti.*** — Il pegno di diritti diversi dai crediti si costituisce nella forma rispettivamente richiesta per il trasferimento dei diritti stessi, fermo il disposto del terzo comma dell'art. 2787.

Sono salve le disposizioni delle leggi speciali.

2807. ***Norme applicabili al pegno di crediti.*** — Per tutto ciò che non è regolato nella presente sezione si osservano, in quanto applicabili, le norme della sezione precedente.

CAPO IV
Delle ipoteche

SEZIONE I
Disposizioni generali

2808. ***Costituzione ed effetti dell'ipoteca.*** — L'ipoteca attribuisce al creditore il diritto di espropriare, anche in confronto del terzo acquirente, i beni vincolati a garanzia del suo credito e di essere soddisfatto con preferenza sul prezzo ricavato dall'espropriazione (*Trans.* 238).

L'ipoteca può avere per oggetto beni del debitore o di un terzo e si costituisce mediante iscrizione nei registri immobiliari.

L'ipoteca è legale, giudiziale o volontaria.

2809. ***Specialità e indivisibilità dell'ipoteca.*** — L'ipoteca deve essere iscritta su beni specialmente indicati e per una somma determinata in danaro.

Essa è indivisibile e sussiste per intero sopra tutti i beni vincolati, sopra ciascuno di essi e sopra ogni loro parte.

2810. ***Oggetto dell'ipoteca.*** — Sono capaci d'ipoteca:

1) i beni immobili che sono in commercio con le loro pertinenze;
2) l'usufrutto dei beni stessi;
3) il diritto di superficie;
4) il diritto dell'enfiteuta e quello del concedente sul fondo enfiteutico.

Sono anche capaci d'ipoteca le rendite dello Stato nel modo determinato dalle leggi relative al debito pubblico, e inoltre le navi, gli aeromobili e gli autoveicoli, secondo le leggi che li riguardano.[1]

Sono considerati ipoteche i privilegi iscritti sugli autoveicoli a norma della legge speciale.[1]

[1] V. R.D.L. 15 mar. 1927, n. 436.

2811. ***Miglioramenti e accessioni.*** — L'ipoteca si estende ai miglioramenti, nonché alle costruzioni e alle altre accessioni dell'immobile ipotecato, salve le eccezioni stabilite dalla legge.

2812. ***Diritti costituiti sulla cosa ipotecata.*** — Le servitù di cui sia stata trascritta la costituzione dopo l'iscrizione dell'ipoteca non sono opponibili al creditore ipotecario, il quale può far subastare la cosa come libera. La stessa disposizione si applica per i diritti di usufrutto, di uso e di abitazione.

Tali diritti si estinguono con l'espropriazione del fondo e i titolari sono ammessi a far valere le loro ragioni sul ricavato, con preferenza rispetto alle ipoteche iscritte posteriormente alla trascrizione dei diritti medesimi.

Per coloro che hanno acquistato il diritto di superficie o il diritto d'enfiteusi sui beni soggetti all'ipoteca e hanno trascritto l'acquisto posteriormente all'iscrizione dell'ipoteca, si osservano le disposizioni relative ai terzi acquirenti.

CODICE CIVILE

Le cessioni e le liberazioni di pigioni e di fitti non scaduti, che non siano trascritte o siano inferiori al triennio, sono opponibili ai creditori ipotecari solo se hanno data certa anteriore al pignoramento e per un termine non superiore a un anno dal giorno del pignoramento.

Le cessioni e le liberazioni trascritte non sono opponibili ai creditori ipotecari anteriori alla trascrizione, se non per il termine stabilito dal comma precedente (*Trans.* 238).

2813. ***Pericolo di danno alle cose ipotecate.*** — Qualora il debitore o un terzo compia atti da cui possa derivare il perimento o il deterioramento dei beni ipotecati, il creditore può domandare all'autorità giudiziaria che ordini la cessazione di tali atti o disponga le cautele necessarie per evitare il pregiudizio della sua garanzia.

2814. ***Ipoteca sull'usufrutto e sulla nuda proprietà.*** — Le ipoteche costituite sull'usufrutto si estinguono col cessare di questo. Tuttavia, se la cessazione si verifica per rinunzia o per abuso da parte dell'usufruttuario ovvero per acquisto della nuda proprietà da parte del medesimo, l'ipoteca perdura fino a che non si verifichi l'evento che avrebbe altrimenti prodotto l'estinzione dell'usufrutto.

Se la nuda proprietà è gravata da ipoteca, questa, avvenendo l'estinzione dell'usufrutto, si estende alla piena proprietà. Ma nei casi in cui, secondo la disposizione del comma precedente, perdura l'ipoteca costituita sull'usufrutto, l'estensione non pregiudica il credito garantito con l'ipoteca stessa.

2815. ***Ipoteca sul diritto del concedente e sul diritto dell'enfiteuta.*** — Nel caso di affrancazione, le ipoteche gravanti sul diritto del concedente si risolvono sul prezzo dovuto per l'affrancazione; le ipoteche gravanti sul diritto dell'enfiteuta si estendono alla piena proprietà.

Nel caso di devoluzione o di cessazione dell'enfiteusi per decorso del termine, le ipoteche gravanti sul diritto dell'enfiteuta si risolvono sul prezzo dovuto per i miglioramenti, senza deduzione di quanto è dovuto al concedente per i canoni non soddisfatti. Il prezzo dei miglioramenti, se da atto scritto non risulta concordato con i creditori ipotecari, deve determinarsi giudizialmente, anche in contradditorio dei medesimi. Le ipoteche gravanti sul diritto del concedente si estendono alla piena proprietà.

Quando l'enfiteusi si estingue per prescrizione, si estinguono le ipoteche che gravano sul diritto dell'enfiteuta.

Se per causa diversa da quelle sopra indicate vengono a riunirsi in una medesima persona il diritto del concedente e il diritto dell'enfiteuta, le ipoteche gravanti sull'uno e sull'altro continuano a gravarli separatamente; ma se l'ipoteca grava soltanto sull'uno o sull'altro diritto, essa si estende alla piena proprietà.

2816. ***Ipoteca sul diritto di superficie.*** — Le ipoteche che hanno per oggetto il diritto di superficie si estinguono nel caso di devoluzione della superficie al proprietario del suolo per decorso del termine. Se però il superficiario ha diritto a un corrispettivo, le ipoteche iscritte contro di lui si risolvono sul corrispettivo medesimo. Le ipoteche iscritte contro il proprietario del suolo non si estendono alla superficie.

Se per altre cause si riuniscono nella medesima persona il diritto del proprietario del suolo e quello del superficiario, le ipoteche sull'uno e sull'altro diritto continuano a gravare separatamente i diritti stessi.

SEZIONE II
Dell'ipoteca legale

2817. ***Persone a cui compete.***[1] — Hanno ipoteca legale:

1) l'alienante sopra gli immobili alienati per l'adempimento degli obblighi che derivano dall'atto di alienazione;

2) i coeredi, i soci e altri condividenti per il pagamento dei conguagli sopra gli immobili assegnati ai condividenti ai quali incombe tale obbligo;

3) lo Stato sopra i beni dell'imputato e della persona civilmente responsabile, secondo le disposizioni del c.p. e del c.p.p.

[1] Articolo così sostituito dall'art. 208 della L. 19 mag. 1975, n 151.

Il n. 3 risulta ora privo di oggetto essendo state abrogate le disposizioni del c.p. che prevedevano l'ipoteca legale (cfr. art. 218 c. 1 *Disp. att.* c.p.p.).

SEZIONE III
Dell'ipoteca giudiziale

2818. ***Provvedimenti da cui deriva.*** — Ogni sentenza che porta condanna al pagamento di una somma o all'adempimento di altra obbligazione ovvero al risarcimento dei danni da liquidarsi successivamente è titolo per iscrivere ipoteca sui beni del debitore.

Lo stesso ha luogo per gli altri provvedimenti giudiziali ai quali la legge attribuisce tale effetto.

2819. ***Sentenze arbitrali.*** — Si può iscrivere ipoteca in base al lodo degli arbitri, quando è stato reso esecutivo.

2820. ***Sentenze straniere.*** — Si può parimenti iscrivere ipoteca in base alle sentenze pronunziate dalle autorità giudiziarie straniere, dopo che ne è stata dichiarata l'efficacia dall'autorità giudiziaria italiana, salvo che le convenzioni internazionali dispongano diversamente.

SEZIONE IV
Dell'ipoteca volontaria

2821. ***Concessione d'ipoteca.*** — L'ipoteca può essere concessa anche mediante dichiarazione unilaterale. La concessione deve farsi per atto pubblico o per scrittura privata, sotto pena di nullità.

Non può essere concessa per testamento.

2822. ***Ipoteca su beni altrui.*** — Se l'ipoteca è concessa da chi non è proprietario della cosa, l'iscrizione può essere validamente presa solo quando la cosa è acquistata dal concedente.

Se l'ipoteca è concessa da persona che agisce come rappresentante senza averne la qualità, l'iscrizione può essere validamente presa solo quando il proprietario ha ratificato la concessione.

2823. ***Ipoteca su beni futuri.*** — L'ipoteca su cosa futura può essere validamente iscritta solo quando la cosa è venuta a esistenza.

2824. ***Ipoteca iscritta in base a titolo annullabile.*** — L'iscrizione d'ipoteca eseguita in virtù di un titolo annullabile rimane convalidata con la convalida del titolo.

2825. ***Ipoteca su beni indivisi.*** — L'ipoteca costituita sulla propria quota da uno dei partecipanti alla comunione produce effetto rispetto a quei beni o a quella porzione di beni che a lui verranno assegnati nella divisione.

Se nella divisione sono assegnati a un partecipante beni diversi da quello da lui ipotecato, l'ipoteca si trasferisce su questi altri beni, col grado derivante dall'originaria iscrizione e nei limiti del valore del bene in precedenza ipotecato, quale risulta dalla divisione, purché l'ipoteca sia nuovamente iscritta con l'indicazione di detto valore entro novanta giorni dalla trascrizione della divisione medesima.

Il trasferimento però non pregiudica le ipoteche iscritte contro tutti i partecipanti, né l'ipoteca legale spettante ai condividenti per i conguagli.

I creditori ipotecari e i cessionari di un partecipante, al quale siano stati assegnati beni diversi da quelli ipotecati o ceduti, possono far valere le loro ragioni anche sulle somme a lui dovute per conguagli o, qualora sia stata attribuita una somma di danaro in luogo di beni in natura, possono far valere le loro ragioni su tale somma, con prelazione determinata dalla data di iscrizione o di trascrizione dei titoli rispettivi, nel limite però del valore dei beni precedentemente ipotecati o ceduti.

I debitori delle somme sono tuttavia liberati quando le abbiano pagate al condividente dopo trenta giorni da che la divisione è stata notificata ai creditori ipotecari o ai cessionari senza che da costoro sia stata fatta opposizione (*Trans.* 239).

2825-*bis*. ***Ipoteca sul bene oggetto di contratto preliminare.***[1] — L'ipoteca iscritta su edificio o complesso condominiale, anche da costruire o in corso di costruzione, a garanzia di finanziamento dell'intervento edilizio ai sensi degli artt. 38 e seguenti del D.lgs. 1 set. 1993, n. 385, prevale sulla trascrizione anteriore dei contratti preliminari di cui all'art. 2645-*bis*, limitatamente alla quota di debito derivante dal suddetto finanziamento che il promissario acquirente si sia accollata con il contratto preliminare o con altro atto successivo eventualmente adeguata ai sensi dell'art. 39, comma 3, del citato D.lgs. n. 385 del 1993. Se l'accollo risulta da atto successivo, questo è annotato in margine alla trascrizione del contratto preliminare.

[1] Articolo così ins. dall'art. 3, D.L. 31 dic. 1996, n. 669, conv. con modif. in L. 28 feb. 1997, n. 30.

2826. ***Indicazioni dell'immobile ipotecato.***[1] — Nell'atto di concessione dell'ipoteca l'immobile deve essere specificamente designato con l'indicazione della sua natura, del comune in cui si trova, nonché dei dati di identificazione catastale; per i fabbricati in corso di costruzione devono essere indicati i dati di identificazione catastale del terreno su cui insistono.

[1] Articolo così sost. dall'art. 13, L. 27 feb. 1985, n. 52.

SEZIONE V
Dell'iscrizione e rinnovazione delle ipoteche

§ 1.
Dell'iscrizione

2827. ***Luogo dell'iscrizione.*** — L'ipoteca si iscrive nell'ufficio dei registri immobiliari del luogo in cui si trova l'immobile.

2828. ***Immobili su cui può iscriversi l'ipoteca giudiziale.*** — L'ipoteca giudiziale si può iscrivere su qualunque degli immobili appartenenti al debitore e su quelli che gli pervengono successivamente alla condanna, a misura che egli li acquista.

2829. ***Iscrizione sui beni del defunto.*** — L'iscrizione d'ipoteca sui beni di un defunto può eseguirsi con la semplice indicazione della sua persona, osservate per il resto le regole ordinarie. Se però risulta trascritto l'acquisto dei beni da parte degli eredi, l'iscrizione deve eseguirsi contro costoro.

2830. ***Ipoteca giudiziale sui beni dell'eredità beneficiata e dell'eredità giacente.*** — Se l'eredità è accettata con beneficio d'inventario o se si tratta di eredità giacente, non possono essere iscritte ipoteche giudiziali sui beni ereditari, neppure in base a sentenze pronunziate anteriormente alla morte del debitore.

2831. ***Ipoteca a garanzia di obbligazioni all'ordine o al portatore.*** — Le obbligazioni risultanti dai titoli all'ordine o al portatore possono essere garantite con ipoteca.

Per i titoli all'ordine l'ipoteca è iscritta a favore dell'attuale possessore e si trasmette ai successivi possessori; questi non sono tenuti a effettuare l'annotazione prevista dall'art. 2843.

Per i titoli al portatore l'ipoteca a favore degli obbligazionisti è iscritta con l'indicazione dell'emittente, della data dell'atto di emissione, della serie, del numero e del valore delle obbligazioni emesse. In margine all'iscrizione deve essere annotato il nome del rappresentante degli obbligazionisti, appena questo sia nominato. Per l'annotazione deve presentarsi copia della deliberazione o del provvedimento giudiziale di nomina.

2832. ***Iscrizione dell'ipoteca legale della moglie.***[1]

[1] Articolo abrog. dall'art. 209 della L. 19 mag. 1975, n. 151.

2833. ***Responsabilità per mancata iscrizione.***[1]

[1] Articolo abrog. dall'art. 209 della L. 19 mag. 1975, n. 151.

2834. ***Iscrizione dell'ipoteca legale dell'alienante e del condividente.***[1] — Il conservatore dei registri immobiliari, nel trascrivere un atto di alienazione o di divisione, deve iscrivere d'ufficio l'ipoteca legale che spetta all'alienante o al condividente a norma dei numeri 1 e 2 dell'art. 2817, a meno che gli sia presentato un atto pubblico o una scrittura privata con sottoscrizione autenticata o accertata giudizialmente, da cui risulti che gli obblighi sono stati adempiuti o che vi è stata rinunzia all'ipoteca da parte dell'alienante o del condividente.

[1] Articolo così sostituito dall'art. 4 della L. 21 gen. 1983, n 22.

2835. ***Iscrizione in base a scrittura privata.*** — Se il titolo per l'iscrizione risulta da scrittura privata, la sottoscrizione di chi ha concesso l'ipoteca deve essere autenticata o accertata giudizialmente.

Il richiedente deve presentare la scrittura originale o, se questa è depositata in pubblico archivio o negli atti d'un notaio, una copia autenticata, con la certificazione che ricorrono i requisiti innanzi indicati.

L'originale o la copia rimane in deposito nell'ufficio dei registri immobiliari.

2836. ***Iscrizione in base ad atto pubblico o a sentenza.*** — Se il titolo per l'iscrizione risulta da un atto pubblico ricevuto nello Stato o da una sentenza o da altro provvedimento giudiziale ad essa parificato, si deve presentare copia del titolo.

.... [1]

[1] Il secondo comma è stato abrog. dall'art. 30, L. 27 feb. 1985, n. 52.

2837. ***Atti formati all'estero.*** — Gli atti formati in paese estero che si presentano per l'iscrizione devono essere legalizzati.[1]

[1] V. art. 17 L. 4 gen. 1968, n. 15.

2838. ***Somma per cui l'iscrizione è eseguita.*** — Se la somma di danaro non è altrimenti determinata negli atti in base ai quali è eseguita l'iscrizione o in atto successivo, essa è determinata dal creditore nella nota per l'iscrizione.

Qualora tra la somma enunciata nell'atto e quella enunciata nella nota vi sia divergenza, l'iscrizione ha efficacia per la somma minore.

2839. ***Formalità per l'iscrizione dell'ipoteca.***[1] — Per eseguire l'iscrizione deve presentarsi il titolo costitutivo insieme con una nota sottoscritta dal richiedente in doppio originale.

La nota deve indicare:

1) il cognome, il nome, il luogo e la data di nascita e il numero di codice fiscale del creditore, del debitore e dell'eventuale terzo datore di ipoteca; la denominazione o la ragione sociale, la sede e il numero di codice fiscale delle persone giuridiche, delle società previste dai capi II, III e IV del titolo V del libro quinto e delle associazioni non riconosciute, con l'indicazione, per queste ultime e per le società semplici, anche delle generalità delle persone che le rappresentano secondo l'atto costitutivo.

Per le obbligazioni all'ordine o al portatore si devono osservare le norme dell'art. 2831. Per le obbligazioni all'ordine si deve inoltre esibire il titolo al conservatore, il quale vi annota l'eseguita iscrizione dell'ipoteca. Per le obbligazioni al portatore si deve presentare copia dell'atto di emissione e del piano di ammortamento;

2) il domicilio eletto dal creditore nella circoscrizione del tribunale in cui ha sede l'ufficio dei registri immobiliari;

3) il titolo, la sua data e il nome del pubblico ufficiale che lo ha ricevuto o autenticato;

4) l'importo della somma per la quale l'iscrizione è presa;

5) gli interessi e le annualità che il credito produce;

6) il tempo della esigibilità;

7) la natura e la situazione dei beni gravati, con le indicazioni prescritte dall'art. 2826.

[1] Articolo così sost. dall'art. 14 della L. 27 feb. 1985, n. 52.

2840. ***Certificato dell'iscrizione.*** — Eseguita l'iscrizione, il conservatore restituisce al richiedente uno degli originali della nota, certificando, in calce al medesimo, la data e il numero d'ordine dell'iscrizione.

I titoli consegnati al conservatore sono custoditi secondo quanto è disposto dall'art. 2664.

2841. ***Omissioni e inesattezze nei titoli o nelle note.*** — L'omissione o l'inesattezza di alcune delle indicazioni nel titolo, in base al quale è presa l'iscrizione, o nella nota non nuoce alla validità dell'iscrizione, salvo che induca incertezza sulla persona del creditore o del debitore o sull'ammontare del credito ovvero sulla persona del proprietario del bene gravato, quando l'indicazione ne è necessaria, o sull'identità dei singoli beni gravati.

Nel caso di altre omissioni o inesattezze, si può ordinare la rettificazione a istanza e a spese della parte interessata.

2842. ***Variazione del domicilio eletto.*** — È in facoltà del creditore, del suo mandatario o del suo erede o avente causa di variare il domicilio eletto nell'iscrizione, sostituendone un altro nella stessa circoscrizione.

Il cambiamento deve essere annotato dal conservatore in margine o in calce all'iscrizione.

La dichiarazione circa il cambiamento del domicilio deve risultare da atto ricevuto o autenticato da notaio e deve rimanere depositata nell'ufficio del conservatore.

2843. ***Annotazione di cessione, di surrogazione e di altri atti dispositivi del credito.*** — La trasmissione o il vincolo dell'ipoteca per cessione, surrogazione, pegno, postergazione di grado o costituzione in dote del credito ipotecario, nonché per sequestro, pignoramento o assegnazione del credito medesimo si deve annotare in margine all'iscrizione dell'ipoteca.

La trasmissione o il vincolo dell'ipoteca non ha effetto finché l'annotazione non sia stata eseguita. Dopo l'annotazione l'iscrizione non si può cancellare senza il consenso dei titolari dei diritti indicati nell'annotazione medesima e le intimazioni o notificazioni che occorrono in dipendenza dell'iscrizione devono essere loro fatte nel domicilio eletto.

Per l'annotazione deve essere consegnata al conservatore copia del titolo e, qualora questo sia una scrittura privata o un atto formato in paese estero, si applicano le disposizioni degli artt. 2835 e 2837.

2844. ***Azioni e notificazioni.*** — Le azioni a cui le iscrizioni possono dar luogo contro i creditori sono promosse davanti all'autorità giudiziaria competente, per mezzo di citazione da farsi alla persona in mani proprie o all'ultimo domicilio da essi eletto.

La stessa disposizione si applica per ogni altra notificazione relativa alle dette iscrizioni.

Se non è stata fatta elezione di domicilio o se è morta la persona ovvero è cessato l'ufficio presso cui si era eletto il domicilio, le citazioni e le notificazioni possono essere fatte all'ufficio presso il quale l'iscrizione è stata presa.

Se si tratta di giudizio promosso dal debitore contro il suo creditore per la riduzione dell'ipoteca o per la cancellazione totale o parziale dell'iscrizione, il creditore deve essere citato nei modi ordinari stabiliti dal codice di procedura civile.

2845. ***Notificazioni relative a iscrizioni per obbligazioni all'ordine e al portatore.*** — Se la iscrizione è presa per obbligazioni risultanti da titoli all'ordine, le citazioni e notificazioni previste dall'articolo precedente devono farsi nei confronti di chi ha preso l'iscrizione a norma degli artt. 2831 e 2839, salvo che dai registri risulti l'annotazione a favore di un possessore successivo.

Se si tratta di obbligazioni al portatore, le citazioni e le notificazioni devono essere fatte al rappresentante degli obbligazionisti il cui nome è annotato in margine all'iscrizione. Le citazioni e le notificazioni devono essere iscritte nel registro delle imprese e pubblicate per estratto in un giornale quotidiano designato dall'autorità giudiziaria.

Se manca per qualsiasi causa il rappresentante o il nome di lui non è stato annotato in margine all'iscrizione dell'ipoteca, le citazioni e le notificazioni sono fatte nei confronti di un curatore da nominarsi dall'autorità giudiziaria. Il decreto di nomina del curatore deve essere pubblicato con le modalità prescritte nel comma precedente.

2846. ***Spese d'iscrizione.*** — Le spese d'iscrizione dell'ipoteca sono a carico del debitore, se non vi è patto contrario, ma devono essere anticipate dal richiedente.

§ 2.
Della rinnovazione

2847. ***Durata dell'efficacia dell'iscrizione.*** — L'iscrizione conserva il suo effetto per venti anni dalla sua data. L'effetto cessa se l'iscrizione non è rinnovata prima che scada detto termine (*Trans.* 240).

2848. ***Nuova iscrizione dell'ipoteca.*** — Nonostante il decorso del termine indicato dall'articolo precedente, il creditore può procedere a nuova iscrizione; in tal caso l'ipoteca prende grado dalla data della nuova iscrizione.

La nuova iscrizione non può essere presa contro i terzi acquirenti dell'immobile ipotecato che hanno trascritto il loro titolo.

2849. ***Durata dell'ipoteca legale della moglie.***[1]

[1] Articolo abrog. dall'art. 209, L. 19 mag. 1975, n. 151.

2850. ***Formalità per la rinnovazione.*** — Per ottenere la rinnovazione si presenta al conservatore una nota in doppio originale conforme a quella della precedente iscrizione, in cui si dichiari che si intende rinnovare l'iscrizione originaria.

In luogo del titolo si può presentare la nota precedente.

Il conservatore deve osservare le disposizioni dell'art. 2840.

2851. ***Rinnovazione rispetto a beni trasferiti agli eredi o aventi causa.*** — Se al tempo della rinnovazione gli immobili ipotecati risultano dai registri delle trascrizioni passati agli eredi del debitore o ai suoi aventi causa, la rinnovazione deve essere fatta anche nei confronti degli eredi o aventi causa e la nota deve contenere le indicazioni stabilite dall'art. 2839, se queste risultano dai registri medesimi.

SEZIONE VI
Dell'ordine delle ipoteche

2852. ***Grado dell'ipoteca.*** — L'ipoteca prende grado dal momento della sua iscrizione, anche se è iscritta per un credito condizionale. La stessa norma si applica per i crediti che possano eventualmente nascere in dipendenza di un rapporto già esistente.

2853. ***Richieste contemporanee d'iscrizione.*** — Il numero d'ordine delle iscrizioni determina il loro grado. Nondimeno, se più persone presentano contemporaneamente la nota per ottenere iscrizione contro la stessa persona o sugli stessi immobili, le iscrizioni sono eseguite sotto lo stesso numero, e di ciò si fa menzione nella ricevuta spedita dal conservatore a ciascuno dei richiedenti.

2854. ***Ipoteche iscritte nello stesso grado.*** — I crediti con iscrizione ipotecaria dello stesso grado sugli stessi beni concorrono fra loro in proporzione dell'importo relativo.

2855. ***Estensione degli effetti dell'iscrizione.*** — L'iscrizione del credito fa collocare nello stesso grado le spese dell'atto di costituzione d'ipoteca, quelle dell'iscrizione e rinnovazione e quelle ordinarie occorrenti per l'intervento nel processo di esecuzione. Per il credito di maggiori spese giudiziali le parti possono estendere l'ipoteca con patto espresso, purché sia presa la corrispondente iscrizione.

Qualunque sia la specie d'ipoteca, l'iscrizione di un capitale che produce interessi fa collocare nello stesso grado gli interessi dovuti, purché ne sia enunciata la misura nell'iscrizione. La collocazione degli interessi è limitata alle due annate anteriori e a quella in corso al giorno del pignoramento, ancorché sia stata pattuita l'estensione a un maggior numero di annualità; le iscrizioni particolari prese per altri arretrati hanno effetto dalla loro data.

L'iscrizione del capitale fa pure collocare nello stesso grado gli interessi maturati dopo il compimento dell'annata in corso alla data del pignoramento, però soltanto nella misura legale e fino alla data della vendita (*Trans.* 241).

2856. ***Surrogazione del creditore perdente.*** — Il creditore che ha ipoteca sopra uno o più immobili, qualora si trovi perdente perché sul loro prezzo si è in tutto o in parte soddisfatto un creditore anteriore, la cui ipoteca si estendeva ad altri beni dello stesso debitore, può surrogarsi nell'ipoteca iscritta a favore del creditore soddisfatto, al fine di esercitare l'azione ipotecaria su questi altri beni con preferenza rispetto ai creditori posteriori alla propria iscrizione. Lo stesso diritto spetta ai creditori perdenti in seguito alla detta surrogazione.

Questa disposizione si applica anche ai creditori perdenti per causa di privilegi immobiliari.

2857. ***Limiti della surrogazione.*** — La surrogazione non si può esercitare sui beni dati in ipoteca da un terzo, né sui beni alienati dal debitore, quando l'alienazione è stata trascritta anteriormente all'iscrizione del creditore perdente.

Trattandosi di beni acquistati dal debitore posteriormente a detta iscrizione, se il creditore soddisfatto aveva esteso a essi la sua ipoteca giudiziale, il creditore perdente può esercitare la surrogazione anche su tali beni.

Per far valere il diritto alla surrogazione deve essere eseguita annotazione in margine all'ipoteca del creditore soddisfatto; per l'annotazione deve presentarsi al conservatore copia dello stato di graduazione dal quale risulta l'incapienza.

SEZIONE VII
Degli effetti dell'ipoteca rispetto al terzo acquirente

2858. ***Facoltà del terzo acquirente.*** — Il terzo acquirente dei beni ipotecati, che ha trascritto il suo titolo di acquisto e non è personalmente obbligato, se non preferisce pagare i creditori iscritti, può rilasciare i beni stessi ovvero liberarli dalle ipoteche, osservando le norme contenute nella sezione XII di questo capo. In mancanza, l'espropriazione segue contro di lui secondo le forme prescritte dal codice di procedura civile (*Trans.* 242).

2859. ***Eccezioni opponibili dal terzo acquirente.*** — Se la domanda diretta a ottenere la condanna del debitore è posteriore alla trascrizione del titolo del terzo acquirente, questi, ove non abbia preso parte al giudizio, può opporre al creditore procedente tutte le eccezioni non opposte dal debitore e quelle altresì che spetterebbero a questo dopo la condanna.

Le eccezioni suddette però non sospendono il corso dei termini stabiliti per la liberazione del bene dalle ipoteche.

2860. ***Capacità per il rilascio.*** — Può procedere al rilascio soltanto chi ha la capacità di alienare.

2861. ***Termine ed esecuzione del rilascio.*** — Il rilascio dei beni ipotecati si esegue con dichiarazione alla cancelleria del tribunale competente per l'espropriazione. La dichiarazione deve essere fatta non oltre i dieci giorni dalla data del pignoramento.

Il certificato della cancelleria attestante la dichiarazione deve, a cura del terzo, essere annotato in margine alla trascrizione dell'atto di pignoramento e deve essere notificato, entro cinque giorni dalla sua data, al creditore procedente.

Sull'istanza di questo o di qualunque altro interessato, il tribunale provvede alla nomina di un amministratore, in confronto del quale prosegue il processo di espropriazione.

Il terzo rimane responsabile della custodia dell'immobile fino alla consegna all'amministratore.

2862. ***Ipoteche e altri diritti reali a carico e a favore del terzo.*** — Il rilascio non pregiudica le ipoteche, le servitù e gli altri diritti reali resi pubblici contro il terzo prima dell'annotazione del rilascio.

Le ipoteche, le servitù e gli altri diritti reali che già spettavano al terzo prima dell'acquisto riprendono efficacia dopo il rilascio o dopo la vendita all'incanto eseguita contro di lui.

Del pari riprendono efficacia le servitù che al momento della iscrizione dell'ipoteca esistevano a favore del fondo ipotecato e a carico di altro fondo del terzo. Esse sono comprese nell'espropriazione del fondo ipotecato.

2863. ***Ricupero dell'immobile rilasciato e abbandono dell'esecuzione.*** — Finché non sia avvenuta la vendita, il terzo può ricuperare l'immobile rilasciato, pagando i crediti iscritti e i loro accessori, oltre le spese.

Qualora la vendita sia avvenuta e, dopo pagati i creditori iscritti, vi sia un residuo del prezzo, questo spetta al terzo acquirente.

Il rilascio non ha effetto se il processo di esecuzione si estingue per rinunzia o per inattività delle parti.

2864. ***Danni causati dal terzo e miglioramenti.*** — Il terzo è tenuto a risarcire i danni che da sua colpa grave sono derivati all'immobile in pregiudizio dei creditori iscritti.

Egli non può ritenere l'immobile per causa di miglioramenti; ma ha il diritto di far separare dal prezzo di vendita la parte corrispondente ai miglioramenti eseguiti dopo la trascrizione del suo titolo, fino a concorrenza del valore dei medesimi al tempo della vendita.

Se il prezzo non copre il valore dell'immobile nello stato in cui era prima dei miglioramenti e insieme quello dei miglioramenti, esso deve dividersi in due parti proporzionali ai detti valori.

2865. ***Frutti dovuti dal terzo.*** — I frutti dell'immobile ipotecato sono dovuti dal terzo a decorrere dal giorno in cui è stato eseguito il pignoramento.

Nel caso di liberazione dell'immobile dalle ipoteche i frutti sono del pari dovuti dal giorno del pignoramento o, in mancanza di pignoramento, dal giorno della notificazione eseguita in conformità dell'art. 2890.

2866. ***Diritti del terzo nei confronti del debitore e di altri terzi acquirenti.*** — Il terzo che ha pagato i creditori iscritti ovvero ha rilasciato l'immobile e sofferto l'espropriazione ha ragione d'indennità verso il suo autore, anche se si tratta di acquisto a titolo gratuito.

Ha pure diritto di subingresso nelle ipoteche costituite a favore del creditore soddisfatto sugli altri beni del debitore; se questi sono stati acquistati da terzi, non ha azione che contro coloro i quali hanno trascritto il loro acquisto in data posteriore alla trascrizione del suo titolo. Per esercitare il subingresso deve fare eseguire la relativa annotazione in conformità dell'art. 2843 (*Trans.* 242).

Il subingresso non pregiudica l'esercizio del diritto di surrogazione stabilito dall'art. 2856 a favore dei creditori che hanno un'iscrizione anteriore alla trascrizione del titolo del terzo acquirente.

2867. ***Terzo debitore di somma in dipendenza dell'acquisto.*** — Se il terzo acquirente, che ha trascritto il suo titolo, è debitore, in dipendenza dell'acquisto, di una somma attualmente esigibile, la quale basti a soddisfare tutti i creditori iscritti contro il precedente proprietario, ciascuno di questi può obbligarlo al pagamento.

Se il debito del terzo non è attualmente esigibile, o è minore o diverso da ciò che è dovuto ai detti creditori, questi, purché di comune accordo, possono egualmente richiedere che venga loro pagato, fino alla rispettiva concorrenza, ciò che il terzo deve nei modi e termini della sua obbligazione.

Nell'uno e nell'altro caso l'acquirente non può evitare di pagare, offrendo il rilascio dell'immobile, ma, eseguito il pagamento, l'immobile è liberato da ogni ipoteca, non esclusa quella che spetta all'alienante, e il terzo ha diritto di ottenere che si cancellino le relative iscrizioni.

SEZIONE VIII
Degli effetti dell'ipoteca rispetto al terzo datore

2868. ***Beneficio di escussione.*** — Chi ha costituito un'ipoteca a garanzia del debito altrui non può invocare il beneficio della preventiva escussione del debitore, se il beneficio non è stato convenuto.

2869. ***Estinzione dell'ipoteca per fatto del creditore.*** — L'ipoteca costituita dal terzo si estingue se, per fatto del creditore, non può avere effetto la surrogazione del terzo nei diritti, nel pegno, nelle ipoteche e nei privilegi del creditore.

2870. ***Eccezioni opponibili dal terzo datore.*** — Il terzo datore che non ha preso parte al giudizio diretto alla condanna del debitore può opporre al creditore le eccezioni indicate dall'art. 2859.

2871. ***Diritti del terzo datore che ha pagato i creditori iscritti o ha sofferto l'espropriazione.*** — Il terzo datore che ha pagato i creditori iscritti o ha sofferto l'espropriazione ha regresso contro il debitore. Se vi sono più debitori obbligati in solido, il terzo che ha costituito l'ipoteca a garanzia di tutti ha regresso contro ciascuno per l'intero.

Il terzo datore ha regresso contro i fideiussori del debitore. Ha inoltre regresso contro gli altri terzi datori per la loro rispettiva porzione e può esercitare, anche nei confronti dei terzi acquirenti, il subingresso previsto dal secondo comma dell'art. 2866.

SEZIONE IX
Della riduzione delle ipoteche

2872. ***Modalità della riduzione.*** — La riduzione delle ipoteche si opera riducendo la somma per la quale è stata presa l'iscrizione o restringendo l'iscrizione a una parte soltanto dei beni.

Questa restrizione può aver luogo anche se l'ipoteca ha per oggetto un solo bene, qualora questo abbia parti distinte o tali che si possano comodamente distinguere (*Trans.* 243).

2873. ***Esclusione della riduzione.*** — Non è ammessa domanda di riduzione riguardo alla quantità dei beni né riguardo alla somma, se la quantità dei beni o la somma è stata determinata per convenzione o per sentenza.

Tuttavia, se sono stati eseguiti pagamenti parziali così da estinguere almeno il quinto del debito originario, si può chiedere una riduzione proporzionale per quanto riguarda la somma (*Trans.* 243).

Nel caso d'ipoteca iscritta su un edificio, il costituente che dopo l'iscrizione ha eseguito sopraelevazioni può chiedere che l'ipoteca sia ridotta, per modo che le sopraelevazioni ne restino esenti in tutto o in parte, osservato il limite stabilito dall'art. 2876 per il valore della cautela (*Trans.* 243).

2874. ***Riduzione dell'ipoteca legale e dell'ipoteca giudiziale.*** — Le ipoteche legali, eccettuate quelle indicate dai numeri 1 e 2 dell'art. 2817, e le ipoteche giudiziali devono ridursi su domanda degli interessati, se i beni compresi nell'iscrizione hanno un valore che eccede la cautela da somministrarsi o se la somma determinata dal creditore nell'iscrizione eccede di un quinto quella che l'autorità giudiziaria dichiara dovuta.

2875. ***Eccesso nel valore dei beni.*** — Si reputa che il valore dei beni ecceda la cautela da somministrarsi, se tanto alla data dell'iscrizione dell'ipoteca, quanto posteriormente, supera di un terzo l'importo dei crediti iscritti, accresciuto degli accessori a norma dell'art. 2855.

2876. ***Limiti della riduzione.*** — La riduzione si opera rispettando l'eccedenza del quinto per ciò che riguarda la somma del credito e l'eccedenza del terzo per ciò che riguarda il valore della cautela.

2877. ***Spese della riduzione.*** — Le spese necessarie per eseguire la riduzione, anche se consentita dal creditore, sono sempre a carico del richiedente, a meno che la riduzione abbia luogo per eccesso nella determinazione del credito fatta dal creditore, nel qual caso sono a carico di quest'ultimo.

Se la riduzione è stata ordinata con sentenza, le spese del giudizio sono a carico del soccombente, salvo che siano compensate tra le parti.

SEZIONE X

Dell'estinzione delle ipoteche

2878. ***Cause di estinzione.*** — L'ipoteca si estingue:

1) con la cancellazione dell'iscrizione;

2) con la mancata rinnovazione dell'iscrizione entro il termine indicato dall'art. 2847;

3) con l'estinguersi dell'obbligazione;

4) col perimento del bene ipotecato, salvo quanto è stabilito dall'art. 2742;

5) con la rinunzia del creditore;

6) con lo spirare del termine a cui l'ipoteca è stata limitata o col verificarsi della condizione risolutiva;

7) con la pronunzia del provvedimento che trasferisce all'acquirente il diritto espropriato e ordina la cancellazione delle ipoteche.[1]

[1] Ai sensi dell'art. 13, comma 8-*sexies*, L. 2 apr. 2007, n. 40: "Ai fini di cui all'art. 2878 del codice civile, e in deroga all'art. 2847 del codice civile, se il creditore è soggetto esercente attività bancaria o finanziaria, l'ipoteca iscritta a garanzia di obbligazioni derivanti da contratti di mutuo si estingue automaticamente alla data di avvenuta estinzione dell'obbligazione garantita".

2879. ***Rinunzia all'ipoteca.*** — La rinunzia del creditore all'ipoteca deve essere espressa e deve risultare da atto scritto, sotto pena di nullità.

La rinunzia non ha effetto di fronte ai terzi che anteriormente alla cancellazione dell'ipoteca abbiano acquistato il diritto all'ipoteca medesima ed eseguito la relativa annotazione a termini dell'art. 2843.

2880. ***Prescrizione rispetto a beni acquistati da terzi.*** — Riguardo ai beni acquistati da terzi, l'ipoteca si estingue per prescrizione, indipendentemente dal credito, col decorso di venti anni dalla data della trascrizione del titolo di acquisto, salve le cause di sospensione e d'interruzione.

2881. ***Nuova iscrizione dell'ipoteca.*** — Salvo diversa disposizione di legge, se la causa estintiva dell'obbligazione è dichiarata nulla o altrimenti non sussiste ovvero è dichiarata nulla la rinunzia fatta dal creditore all'ipoteca, e l'iscrizione non è stata conservata, si può procedere a nuova iscrizione e questa prende grado dalla sua data.

SEZIONE XI

Della cancellazione dell'iscrizione

2882. ***Formalità per la cancellazione.*** — La cancellazione consentita dalle parti interessate deve essere eseguita dal conservatore in seguito a presentazione dell'atto contenente il consenso del creditore.

Per quest'atto devono essere osservate le forme prescritte dagli artt. 2821, 2835 e 2837.

2883. ***Capacità per consentire la cancellazione.*** — Chi non ha la capacità richiesta per liberare il debitore non può consentire la cancellazione dell'iscrizione, se non è assistito dalle persone il cui intervento è necessario per la liberazione.

Il rappresentante legale dell'incapace e ogni altro amministratore, anche se autorizzati a esigere il credito e a liberare il debitore, non possono consentire la cancellazione dell'iscrizione, ove il credito non sia soddisfatto.

2884. ***Cancellazione ordinata con sentenza.***

— La cancellazione deve essere eseguita dal conservatore, quando è ordinata con sentenza passata in giudicato o con altro provvedimento definitivo emesso dalle autorità competenti.

2885. ***Cancellazione sotto condizione.*** — Se è stato convenuto od ordinato che la cancellazione non debba aver luogo che sotto la condizione di nuova ipoteca, di nuovo impiego o sotto altra condizione, la cancellazione non può essere eseguita se non si fa constare al conservatore che la condizione è stata adempiuta.

2886. ***Formalità per la cancellazione.*** — Chi richiede la cancellazione totale o parziale deve presentare al conservatore l'atto su cui la richiesta è fondata.

La cancellazione di un'iscrizione o la rettifica deve essere eseguita in margine all'iscrizione medesima, con l'indicazione del titolo dal quale è stata consentita od ordinata e della data in cui si esegue, e deve portare la sottoscrizione del conservatore.

2887. ***Cancellazione delle ipoteche a garanzia dei titoli all'ordine.*** — La cancellazione della ipoteca costituita a garanzia dell'obbligazione risultante da un titolo all'ordine è consentita dal creditore risultante nei registri immobiliari e l'atto di consenso deve essere presentato al conservatore insieme con il titolo, il quale è restituito dopo che il conservatore vi ha eseguito l'annotazione della cancellazione.[1]

La cancellazione dell'ipoteca importa la perdita del diritto di regresso contro i giranti anteriori alla cancellazione medesima.

[1] Comma così sostituito dall'art. 15 della L. 27 feb. 1985, n. 52.

2888. ***Rifiuto di cancellazione.*** — Qualora il conservatore rifiuti di procedere alla cancellazione di una iscrizione, il richiedente può proporre reclamo all'autorità giudiziaria (*Att.* 113).

SEZIONE XII

Del modo di liberare i beni dalle ipoteche

2889. ***Facoltà di liberare i beni dalle ipoteche.*** — Il terzo acquirente dei beni ipotecati, che ha trascritto il suo titolo e non è personalmente obbligato a pagare i creditori ipotecari, ha facoltà di liberare i beni da ogni ipoteca iscritta anteriormente alla trascrizione del suo titolo di acquisto (*Trans.* 244).

Tale facoltà spetta all'acquirente anche dopo il pignoramento, purché nel termine di trenta giorni proceda in conformità dell'articolo che segue.

2890. ***Notificazione.*** — L'acquirente deve far notificare, per mezzo di ufficiale giudiziario, ai creditori iscritti, nel domicilio da essi eletto e al precedente proprietario un atto nel quale siano indicati:

1) il titolo, la data del medesimo e la data della sua trascrizione;

2) la qualità e la situazione dei beni col numero del catasto o altra loro designazione, quale risulta dallo stesso titolo;

3) il prezzo stipulato o il valore da lui stesso dichiarato, se si tratta di beni pervenutigli a titolo lucrativo o di cui non sia stato determinato il prezzo.

In ogni caso, il prezzo o il valore dichiarato non può essere inferiore a quello stabilito come base degli incanti dal codice di procedura civile in caso di espropriazione.

Nell'atto della notificazione il terzo acquirente deve eleggere domicilio nel comune dove ha sede il tribunale competente per l'espropriazione e deve offrire di pagare il prezzo o il valore dichiarato.

Un estratto sommario della notificazione è inserito nel giornale degli annunzi giudiziari.

2891. ***Diritto dei creditori di far vendere i beni.*** — Entro il termine di quaranta giorni dalla notificazione indicata dall'articolo precedente, qualunque dei creditori iscritti o dei relativi fideiussori ha diritto di richiedere la espropriazione dei beni con ricorso al presidente del tribunale competente a norma del codice di procedura civile, purché adempia le condizioni che seguono:

1) che la richiesta sia notificata al terzo acquirente nel domicilio da lui eletto a norma dell'articolo precedente e al proprietario anteriore;

2) che contenga la dichiarazione del richiedente di aumentare di un decimo il prezzo stipulato o il valore dichiarato;

3) che contenga l'offerta di una cauzione per una somma eguale al quinto del prezzo aumentato come sopra;

4) che l'originale e le copie della richiesta siano sottoscritti dal richiedente o da un suo procuratore munito di mandato speciale.

L'omissione di alcuna di queste condizioni produce nullità della richiesta.

2892. ***Divieto di proroga dei termini.*** — I termini fissati dal secondo comma dell'art. 2889 e dal primo comma dell'art. 2891 non possono essere prorogati.

2893. ***Mancata richiesta dell'incanto.*** — Se l'incanto non è domandato nel tempo e nel modo prescritti dall'art. 2891, il valore del bene rimane definitivamente stabilito nel prezzo che l'acquirente ha posto a disposizione dei creditori a norma dell'art. 2890, n. 3.

La liberazione del bene dalle ipoteche avviene dopo che è stato depositato il prezzo e si è provveduto nei modi indicati dal codice di procedura civile.

2894. ***Effetti del mancato deposito del prezzo.*** — Se il terzo acquirente non deposita il prezzo entro il termine stabilito dall'art. 792 del codice di procedura civile, la richiesta di liberazione del bene dalle ipoteche rimane senza effetto, salva la responsabilità del richiedente per i danni verso i creditori iscritti.

2895. *Desistenza del creditore.* — La desistenza del creditore che ha richiesto l'incanto non può impedire l'espropriazione, a meno che vi consentano espressamente gli altri creditori iscritti.

2896. *Aggiudicazione al terzo acquirente.* — Se l'aggiudicazione segue a favore del terzo acquirente, il decreto di trasferimento deve essere annotato in margine alla trascrizione dell'atto di acquisto.[1]

[1] V. nota all'art. 2654.

2897. *Regresso dell'acquirente divenuto compratore all'incanto.* — Il terzo acquirente al quale è stato aggiudicato l'immobile ha regresso contro il venditore per il rimborso di ciò che eccede il prezzo stipulato nel contratto di vendita.

2898. *Beni non ipotecati per il credito per il quale si procede.* — Nel caso in cui il titolo d'acquisto del terzo acquirente comprende mobili e immobili, o comprende più immobili, gli uni ipotecati e gli altri liberi, ovvero non tutti gravati dalle stesse iscrizioni, situati nella giurisdizione dello stesso tribunale o in diverse giurisdizioni di tribunali, alienati per un unico prezzo ovvero per prezzi distinti, il prezzo di ciascun immobile assoggettato a particolari e separate iscrizioni deve dichiararsi nella notificazione, ragguagliato al prezzo totale espresso nel titolo.

Il creditore che richiede la espropriazione non può in nessun caso essere costretto a estendere la sua domanda ai mobili, o ad altri immobili, fuori di quelli che sono ipotecati per il suo credito, salvo il regresso del terzo acquirente contro il suo autore per il risarcimento del danno che venga a soffrire a causa della separazione dei beni compresi nell'acquisto e delle relative coltivazioni.

SEZIONE XIII
Della rinunzia e dell'astensione del creditore nell'espropriazione forzata

2899. *Divieto di rinunzia a un'ipoteca a danno di altro creditore.* — Il creditore, che ha ipoteca su vari immobili, dopo che gli è stata fatta la notificazione indicata dall'art. 2890, se si tratta del processo di liberazione dalle ipoteche, o dopo la notificazione del provvedimento che dispone la vendita, in caso di espropriazione, non può rinunziare alla sua ipoteca sopra uno di quegli immobili né astenersi dall'intervenire nel giudizio di espropriazione, qualora sia con ciò favorito un creditore a danno di altro creditore anteriormente iscritto; se egli rinunzia o si astiene, è responsabile dei danni, a meno che vi siano giusti motivi.

La stessa disposizione si applica nel caso in cui la rinunzia o l'astensione favorisca un terzo acquirente a danno di un creditore con ipoteca anteriore o di un altro terzo acquirente che abbia un titolo anteriormente trascritto.

CAPO V
Dei mezzi di conservazione della garanzia patrimoniale

SEZIONE I
Dell'azione surrogatoria

2900. *Condizioni, modalità ed effetti.* — Il creditore, per assicurare che siano soddisfatte o conservate le sue ragioni, può esercitare i diritti e le azioni che spettano verso i terzi al proprio debitore e che questi trascura di esercitare, purché i diritti e le azioni abbiano contenuto patrimoniale e non si tratti di diritti o di azioni che, per loro natura o per disposizione di legge, non possono essere esercitati se non dal loro titolare.

Il creditore, qualora agisca giudizialmente, deve citare anche il debitore al quale intende surrogarsi.

SEZIONE II
Dell'azione revocatoria

2901. *Condizioni.* — Il creditore, anche se il credito è soggetto a condizione o a termine, può domandare che siano dichiarati inefficaci nei suoi confronti gli atti di disposizione del patrimonio con i quali il debitore rechi pregiudizio alle sue ragioni, quando concorrono le seguenti condizioni:

1) che il debitore conoscesse il pregiudizio che l'atto arrecava alle ragioni del creditore o, trattandosi di atto anteriore al sorgere del credito, l'atto fosse dolosamente preordinato al fine di pregiudicarne il soddisfacimento;

2) che, inoltre, trattandosi di atto a titolo oneroso, il terzo fosse consapevole del pregiudizio e, nel caso di atto anteriore al sorgere del credito, fosse partecipe della dolosa preordinazione.

Agli effetti della presente norma, le prestazioni di garanzia, anche per debiti altrui, sono considerate atti a titolo oneroso, quando sono contestuali al credito garantito.

Non è soggetto a revoca l'adempimento di un debito scaduto.

L'inefficacia dell'atto non pregiudica i diritti acquistati a titolo oneroso dai terzi di buona fede, salvi gli effetti della trascrizione della domanda di revocazione.

2902. *Effetti.* — Il creditore, ottenuta la dichiarazione di inefficacia, può promuovere nei confronti dei terzi acquirenti le azioni esecutive o conservative sui beni che formano oggetto dell'atto impugnato.

Il terzo contraente, che abbia verso il debitore ragioni di credito dipendenti dall'esercizio dell'azione revocatoria, non può concorrere sul ricavato dei beni che sono stati oggetto dell'atto dichiarato inefficace, se non dopo che il creditore è stato soddisfatto.

2903. *Prescrizione dell'azione.* — L'azione

revocatoria si prescrive in cinque anni dalla data dell'atto.

2904. ***Rinvio.*** — Sono salve le disposizioni sull'azione revocatoria in materia fallimentare e in materia penale.

SEZIONE III
Del sequestro conservativo

2905. ***Sequestro nei confronti del debitore o del terzo.*** — Il creditore può chiedere il sequestro conservativo dei beni del debitore, secondo le regole stabilite dal codice di procedura civile.

Il sequestro può essere chiesto anche nei confronti del terzo acquirente dei beni del debitore, qualora sia stata proposta l'azione per far dichiarare l'inefficacia dell'alienazione.

2906. ***Effetti.*** — Non hanno effetto in pregiudizio del creditore sequestrante le alienazioni e gli altri atti che hanno per oggetto la cosa sequestrata, in conformità delle regole stabilite per il pignoramento.

Non ha parimenti effetto in pregiudizio del creditore opponente il pagamento eseguito dal debitore, qualora l'opposizione sia stata proposta nei casi e con le forme stabilite dalla legge (*Trans.* 245).

TITOLO IV
Della tutela giurisdizionale dei diritti

CAPO I
Disposizioni generali

2907. ***Attività giurisdizionale.*** — Alla tutela giurisdizionale dei diritti provvede l'autorità giudiziaria su domanda di parte e, quando la legge lo dispone, anche su istanza del pubblico ministero o d'ufficio.

La tutela giurisdizionale dei diritti, nell'interesse delle categorie professionali, è attuata su domanda delle associazioni legalmente riconosciute, nei casi determinati dalla legge e con le forme da questa stabilite.

2908. ***Effetti costitutivi delle sentenze.*** — Nei casi previsti dalla legge, l'autorità giudiziaria può costituire, modificare o estinguere rapporti giuridici, con effetto tra le parti, i loro eredi o aventi causa.

2909. ***Cosa giudicata.*** — L'accertamento contenuto nella sentenza passata in giudicato fa stato a ogni effetto tra le parti, i loro eredi o aventi causa.

CAPO II
Dell'esecuzione forzata

SEZIONE I
Dell'espropriazione

§ 1.
Disposizioni generali

2910. ***Oggetto dell'espropriazione.*** — Il creditore, per conseguire quanto gli è dovuto, può fare espropriare i beni del debitore, secondo le regole stabilite dal codice di procedura civile.

Possono essere espropriati anche i beni di un terzo quando sono vincolati a garanzia del credito o quando sono oggetto di un atto che è stato revocato perché compiuto in pregiudizio del creditore.

2911. ***Beni gravati da pegno o ipoteca.*** — Il creditore che ha pegno su beni del debitore non può pignorare altri beni del debitore medesimo, se non sottopone a esecuzione anche i beni gravati dal pegno. Non può parimenti, quando ha ipoteca, pignorare altri immobili, se non sottopone a pignoramento anche gli immobili gravati dall'ipoteca.

La stessa disposizione si applica se il creditore ha privilegio speciale su determinati beni.

§ 2.
Degli effetti del pignoramento

2912. ***Estensione del pignoramento.*** — Il pignoramento comprende gli accessori, le pertinenze e i frutti della cosa pignorata (*Trans.* 245).

2913. ***Inefficacia delle alienazioni del bene pignorato.*** — Non hanno effetto in pregiudizio del creditore pignorante e dei creditori che intervengono nell'esecuzione gli atti di alienazione dei beni sottoposti a pignoramento, salvi gli effetti del possesso di buona fede per i mobili non iscritti in pubblici registri.

2914. ***Alienazioni anteriori al pignoramento.*** — Non hanno effetto in pregiudizio del creditore pignorante e dei creditori che intervengono nell'esecuzione, sebbene anteriori al pignoramento;

1) le alienazioni di beni immobili o di beni mobili iscritti in pubblici registri, che siano state trascritte successivamente al pignoramento;

2) le cessioni di crediti che siano state notificate al debitore ceduto o accettate dal medesimo successivamente al pignoramento;

3) le alienazioni di universalità di mobili che non abbiano data certa;

4) le alienazioni di beni mobili di cui non sia stato trasmesso il possesso anteriormente al pignoramento, salvo che risultino da atto avente data certa.

2915. ***Atti che limitano la disponibilità dei beni pignorati.*** — Non hanno effetto in pregiudi-

CODICE CIVILE

zio del creditore pignorante e dei creditori che intervengono nell'esecuzione gli atti che importano vincoli di indisponibilità, se non sono stati trascritti prima del pignoramento, quando hanno per oggetto beni immobili o beni mobili iscritti in pubblici registri, e, negli altri casi, se non hanno data certa anteriore al pignoramento.

Non hanno del pari effetto in pregiudizio del creditore pignorante e dei creditori che intervengono nell'esecuzione gli atti e le domande per la cui efficacia rispetto ai terzi acquirenti la legge richiede la trascrizione, se sono trascritti successivamente al pignoramento.

2916. ***Ipoteche e privilegi.*** — Nella distribuzione della somma ricavata dall'esecuzione non si tiene conto:

1) delle ipoteche, anche se giudiziali, iscritte dopo il pignoramento;

2) dei privilegi per la cui efficacia è necessaria l'iscrizione, se questa ha luogo dopo il pignoramento;

3) dei privilegi per crediti sorti dopo il pignoramento.

2917. ***Estinzione del credito pignorato.*** — Se oggetto del pignoramento è un credito, la estinzione di esso per cause verificatesi in epoca successiva al pignoramento non ha effetto in pregiudizio del creditore pignorante e dei creditori che intervengono nell'esecuzione.

2918. ***Cessioni e liberazioni di pigioni e di fitti.*** — Le cessioni e le liberazioni di pigioni e di fitti non ancora scaduti per un periodo eccedente i tre anni non hanno effetto in pregiudizio del creditore pignorante e dei creditori che intervengono nell'esecuzione, se non sono trascritte anteriormente al pignoramento. Le cessioni e le liberazioni per un tempo inferiore ai tre anni e le cessioni e le liberazioni superiori ai tre anni non trascritte non hanno effetto, se non hanno data certa anteriore al pignoramento e, in ogni caso, non oltre il termine di un anno dalla data del pignoramento.

§ 3.
Effetti della vendita forzata e dell'assegnazione

2919. ***Effetto traslativo della vendita forzata.*** — La vendita forzata trasferisce all'acquirente i diritti che sulla cosa spettavano a colui che ha subìto l'espropriazione, salvi gli effetti del possesso di buona fede. Non sono però opponibili all'acquirente i diritti acquistati da terzi sulla cosa, se i diritti stessi non hanno effetto in pregiudizio del creditore pignorante e dei creditori intervenuti nell'esecuzione.

2920. ***Diritti di terzi sulla cosa mobile venduta.*** — Se oggetto della vendita è una cosa mobile, coloro che avevano la proprietà o altri diritti reali su di essa, ma non hanno fatto valere le loro ragioni sulla somma ricavata dall'esecuzione, non possono farle valere nei confronti dell'acquirente di buona fede, né possono ripetere dai creditori la somma distribuita. Resta ferma la responsabilità del creditore procedente di mala fede per i danni e per le spese.

2921. ***Evizione.*** — L'acquirente della cosa espropriata, se ne subisce l'evizione, può ripetere il prezzo non ancora distribuito, dedotte le spese, e, se la distribuzione è già avvenuta, può ripeterne da ciascun creditore la parte che ha riscossa e dal debitore l'eventuale residuo, salva la responsabilità del creditore procedente per i danni e per le spese.

Se l'evizione è soltanto parziale, l'acquirente ha diritto di ripetere una parte proporzionale del prezzo. La ripetizione ha luogo anche se l'aggiudicatario, per evitare la evizione, ha pagato una somma di danaro.

In ogni caso l'acquirente non può ripetere il prezzo nei confronti dei creditori privilegiati o ipotecari ai quali la causa di evizione non era opponibile.

2922. ***Vizi della cosa. Lesione.*** — Nella vendita forzata non ha luogo la garanzia per i vizi della cosa.

Essa non può essere impugnata per causa di lesione.

2923. ***Locazioni.*** — Le locazioni consentite da chi ha subìto l'espropriazione sono opponibili all'acquirente se hanno data certa anteriore al pignoramento, salvo che, trattandosi di beni mobili, l'acquirente ne abbia conseguito il possesso in buona fede.

Le locazioni immobiliari eccedenti i nove anni che non sono state trascritte anteriormente al pignoramento non sono opponibili all'acquirente, se non nei limiti di un novennio dall'inizio della locazione.

In ogni caso l'acquirente non è tenuto a rispettare la locazione qualora il prezzo convenuto sia inferiore di un terzo al giusto prezzo o a quello risultante da precedenti locazioni.

Se la locazione non ha data certa, ma la detenzione del conduttore è anteriore al pignoramento della cosa locata, l'acquirente non è tenuto a rispettare la locazione che per la durata corrispondente a quella stabilita per le locazioni a tempo indeterminato.

Se nel contratto di locazione è convenuto che esso possa risolversi in caso di alienazione, l'acquirente può intimare licenza al conduttore secondo le disposizioni dell'art. 1603.

2924. ***Cessioni e liberazioni di pigioni e di fitti.*** — Le cessioni e le liberazioni di pigioni e di fitti non ancora scaduti non sono opponibili all'acquirente, salvo che si tratti di cessioni o di liberazioni eccedenti il triennio e trascritte anteriormente al pignoramento o si tratti di anticipazioni fatte in conformità degli usi locali.

2925. ***Norme applicabili all'assegnazione***

forzata. — Le norme concernenti la vendita forzata si applicano anche all'assegnazione forzata, salvo quanto è disposto negli articoli seguenti.

2926. ***Diritti dei terzi sulla cosa assegnata.*** — Se l'assegnazione ha per oggetto beni mobili, i terzi che ne avevano la proprietà possono, entro il termine di sessanta giorni dall'assegnazione, rivolgersi contro l'assegnatario che ha ricevuto in buona fede il possesso, al solo scopo di ripetere la somma corrispondente al suo credito soddisfatto con l'assegnazione. La stessa facoltà spetta ai terzi che avevano sulla cosa altri diritti reali, nei limiti del valore del loro diritto.

L'assegnatario conserva le sue ragioni nei confronti del debitore, ma si estinguono le garanzie prestate da terzi.

2927. ***Evizione della cosa assegnata.*** — L'assegnatario, se subisce l'evizione della cosa, ha diritto di ripetere quanto ha pagato agli altri creditori, salva la responsabilità del creditore procedente per i danni e per le spese.

L'assegnatario conserva le sue ragioni nei confronti del debitore espropriato, ma non le garanzie prestate da terzi.

2928. ***Assegnazione di crediti.*** — Se oggetto dell'assegnazione è un credito, il diritto dell'assegnatario verso il debitore che ha subìto l'espropriazione non si estingue che con la riscossione del credito assegnato.

2929. ***Nullità del processo esecutivo.*** — La nullità degli atti esecutivi che hanno preceduto la vendita o l'assegnazione non ha effetto riguardo all'acquirente o all'assegnatario, salvo il caso di collusione con il creditore procedente. Gli altri creditori non sono in nessun caso tenuti a restituire quanto hanno ricevuto per effetto dell'esecuzione.

SEZIONE I-*bis*
Dell'espropriazione di beni oggetto di vincoli di indisponibilità o di alienazioni a titolo gratuito[1]

[1] Sezione ins. dall'art. 12, D.L. 27 giu. 2015, n. 83, conv. con modif. in L. 6 ago. 2015, n. 132.

2929-*bis*. ***Espropriazione di beni oggetto di vincoli di indisponibilità o di alienazioni a titolo gratuito.***[1] — Il creditore che sia pregiudicato da un atto del debitore, di costituzione di vincolo di indisponibilità o di alienazione, che ha per oggetto beni immobili o mobili iscritti in pubblici registri, compiuto a titolo gratuito successivamente al sorgere del credito, può procedere, munito di titolo esecutivo, a esecuzione forzata, ancorché non abbia preventivamente ottenuto sentenza dichiarativa di inefficacia, se trascrive il pignoramento nel termine di un anno dalla data in cui l'atto è stato trascritto. La disposizione di cui al presente comma si applica anche al creditore anteriore che, entro un anno dalla trascrizione dell'atto pregiudizievole, interviene nell'esecuzione da altri promossa.

Quando il bene, per effetto o in conseguenza dell'atto, è stato trasferito a un terzo, il creditore promuove l'azione esecutiva nelle forme dell'espropriazione contro il terzo proprietario ed è preferito ai creditori personali di costui nella distribuzione del ricavato. Se con l'atto è stato riservato o costituito alcuno dei diritti di cui al primo comma dell'articolo 2812, il creditore pignora la cosa come libera nei confronti del proprietario. Tali diritti si estinguono con la vendita del bene e i terzi titolari sono ammessi a far valere le loro ragioni sul ricavato, con preferenza rispetto ai creditori cui i diritti sono opponibili.[2]

Il debitore, il terzo assoggettato a espropriazione e ogni altro interessato alla conservazione del vincolo possono proporre le opposizioni all'esecuzione di cui al titolo V del libro terzo del codice di procedura civile quando contestano la sussistenza dei presupposti di cui al primo comma o che l'atto abbia arrecato pregiudizio alle ragioni del creditore o che il debitore abbia avuto conoscenza del pregiudizio arrecato.[2]

L'azione esecutiva di cui al presente articolo non può esercitarsi in pregiudizio dei diritti acquistati a titolo oneroso dall'avente causa del contraente immediato, salvi gli effetti della trascrizione del pignoramento.[2]

[1] Articolo ins. dall'art. 12, D.L. 27 giu. 2015, n. 83, conv. con modif. in L. 6 ago. 2015, n. 132. Ai sensi dell'art. 23 del D.L. 83/2015, la disposizione si applica esclusivamente alle procedure esecutive iniziate successivamente alla data di entrata in vigore del presente decreto.

[2] Commi così sost. dall'art. 4, c. 1-*bis*, D.L. 3 mag. 2016, n. 59, conv. con modif. in L. 30 giu. 2016, n. 119.

SEZIONE II
Dell'esecuzione forzata in forma specifica

2930. ***Esecuzione forzata per consegna o rilascio.*** — Se non è adempiuto l'obbligo di consegnare una cosa determinata, mobile o immobile, l'avente diritto può ottenere la consegna o il rilascio forzati a norma delle disposizioni del codice di procedura civile.

2931. ***Esecuzione forzata degli obblighi di fare.*** — Se non è adempiuto un obbligo di fare, l'avente diritto può ottenere che esso sia eseguito a spese dell'obbligato nelle forme stabilite dal codice di procedura civile.

2932. ***Esecuzione specifica dell'obbligo di concludere un contratto.*** — Se colui che è obbligato a concludere un contratto non adempie l'obbligazione, l'altra parte, qualora sia possibile e non sia escluso dal titolo, può ottenere una sentenza che produca gli effetti del contratto non concluso.

Se si tratta di contratti che hanno per oggetto il trasferimento della proprietà di una cosa determinata o la costituzione o il trasferimento di un altro diritto, la domanda non può essere accolta se la parte che l'ha proposta non esegue la sua prestazione o non ne fa offerta nei modi di legge, a meno che la prestazione non sia ancora esigibile (*Trans.* 246).

2933. ***Esecuzione forzata degli obblighi di non fare.*** — Se non è adempiuto un obbligo di non fare, l'avente diritto può ottenere che sia distrutto, a spese dell'obbligato, ciò che è stato fatto in violazione dell'obbligo.

Non può essere ordinata la distruzione della cosa e l'avente diritto può conseguire solo il risarcimento dei danni, se la distruzione della cosa è di pregiudizio all'economia nazionale.

TITOLO V
Della prescrizione e della decadenza

CAPO I
Della prescrizione

SEZIONE I
Disposizioni generali

2934. ***Estinzione dei diritti.*** — Ogni diritto si estingue per prescrizione, quando il titolare non lo esercita per il tempo determinato dalla legge.

Non sono soggetti alla prescrizione i diritti indisponibili e gli altri diritti indicati dalla legge.

2935. ***Decorrenza della prescrizione.*** — La prescrizione comincia a decorrere dal giorno in cui il diritto può essere fatto valere.[1]

[1] V. nota all'art. 2948.

2936. ***Inderogabilità delle norme sulla prescrizione.*** — È nullo ogni patto diretto a modificare la disciplina legale della prescrizione.

2937. ***Rinunzia alla prescrizione.*** — Non può rinunziare alla prescrizione chi non può disporre validamente del diritto.

Si può rinunziare alla prescrizione solo quando questa è compiuta.

La rinunzia può risultare da un fatto incompatibile con la volontà di valersi della prescrizione.

2938. ***Non rilevabilità d'ufficio.*** — Il giudice non può rilevare d'ufficio la prescrizione non opposta.

2939. ***Opponibilità della prescrizione da parte dei terzi.*** — La prescrizione può essere opposta dai creditori e da chiunque vi ha interesse, qualora la parte non la faccia valere. Può essere opposta anche se la parte vi ha rinunziato.

2940. ***Pagamento del debito prescritto.*** — Non è ammessa la ripetizione di ciò che è stato spontaneamente pagato in adempimento di un debito prescritto.

SEZIONE II
Della sospensione della prescrizione

2941. ***Sospensione per rapporti tra le parti.*** — La prescrizione rimane sospesa (*Trans.* 247):

1) tra i coniugi;

2) tra chi esercita la responsabilità genitoriale di cui all'art. 316 o i poteri a essa inerenti e le persone che vi sono sottoposte;[1]

3) tra il tutore e il minore o l'interdetto soggetti alla tutela, finché non sia stato reso e approvato il conto finale, salvo quanto è disposto dall'art. 387 per le azioni relative alla tutela;

4) tra il curatore e il minore emancipato o l'inabilitato;

5) tra l'erede e l'eredità accettata con beneficio d'inventario;

6) tra le persone i cui beni sono sottoposti per legge o per provvedimento del giudice all'amministrazione altrui e quelle da cui l'amministrazione è esercitata, finché non sia stato reso e approvato definitivamente il conto;

7) tra le persone giuridiche e i loro amministratori, finché sono in carica, per le azioni di responsabilità contro di essi;[2]

8) tra il debitore che ha dolosamente occultato l'esistenza del debito e il creditore, finché il dolo non sia stato scoperto.

[1] Numero così modif. dall'art. 92, D.lgs. 28 dic. 2013, n. 154, in vigore dal 7 feb. 2014.

[2] La Corte cost., con sent. 24 lug. 1998, n. 322, ha dichiarato l'ill. cost. dell'art. 2941, n. 7 «nella parte in cui non prevede che la prescrizione rimane sospesa tra la s.a.s. ed i suoi amministratori, finché sono in carica, per le azioni di responsabilità contro di essi».

La Corte cost., con sent. 11 dic. 2015, n. 262, ha dichiarato l'ill. cost. del presente numero «nella parte in cui non prevede che la prescrizione sia sospesa tra la società in nome collettivo e i suoi amministratori, finché sono in carica, per le azioni di responsabilità contro di essi».

2942. ***Sospensione per la condizione del titolare.*** — La prescrizione rimane sospesa:

1) contro i minori non emancipati e gli interdetti per infermità di mente, per il tempo in cui non hanno rappresentante legale e per sei mesi successivi alla nomina del medesimo o alla cessazione dell'incapacità;

2) in tempo di guerra, contro i militari in servizio e gli appartenenti alle forze armate dello Stato e contro coloro che si trovano per ragioni di servizio al seguito delle forze stesse, per il tempo indicato dalle disposizioni delle leggi di guerra.

SEZIONE III
Dell'interruzione della prescrizione

2943. ***Interruzione da parte del titolare.*** — La prescrizione è interrotta dalla notificazione dell'atto con il quale si inizia un giudizio, sia questo di cognizione ovvero conservativo o esecutivo.

È pure interrotta dalla domanda proposta nel corso di un giudizio.

L'interruzione si verifica anche se il giudice adito è incompetente.

La prescrizione è inoltre interrotta da ogni altro atto che valga a costituire in mora il debitore e dall'atto notificato con il quale una parte, in presenza di compromesso o clausola compromissoria, dichiara la propria intenzione di promuovere il procedimento arbitrale, propone la domanda e procede, per quanto le spetta, alla nomina degli arbitri.[1]

[1] Comma così sost. dall'art. 25 della L. 5 gen. 1994, n. 25, in vigore dal 17 aprile 1994.

2944. *Interruzione per effetto di riconoscimento.* — La prescrizione è interrotta dal riconoscimento del diritto da parte di colui contro il quale il diritto stesso può essere fatto valere.

2945. *Effetti e durata della interruzione.* — Per effetto dell'interruzione s'inizia un nuovo periodo di prescrizione.

Se l'interruzione è avvenuta mediante uno degli atti indicati dai primi due commi dell'art. 2943, la prescrizione non corre fino al momento in cui passa in giudicato la sentenza che definisce il giudizio.

Se il processo si estingue, rimane fermo l'effetto interruttivo e il nuovo periodo di prescrizione comincia dalla data dell'atto interruttivo.

Nel caso di arbitrato la prescrizione non corre dal momento della notificazione dell'atto contenente la domanda di arbitrato sino al momento in cui il lodo che definisce il giudizio non è più impugnabile o passa in giudicato la sentenza resa sull'impugnazione.[1]

[1] Comma così inserito dall'art. 25 della L. 5 gen. 1994, n. 25 in vigore dal 17 aprile 1994.

SEZIONE IV
Del termine della prescrizione

§ 1.
Della prescrizione ordinaria

2946. *Prescrizione ordinaria.* — Salvi i casi in cui la legge dispone diversamente, i diritti si estinguono per prescrizione con il decorso di dieci anni (*Att.* 252).

§ 2.
Delle prescrizioni brevi

2947. *Prescrizione del diritto al risarcimento del danno.* — Il diritto al risarcimento del danno derivante da fatto illecito si prescrive in cinque anni dal giorno in cui il fatto si è verificato.

Per il risarcimento del danno prodotto dalla circolazione dei veicoli di ogni specie il diritto si prescrive in due anni.

In ogni caso, se il fatto è considerato dalla legge come reato e per il reato è stabilita una prescrizione più lunga, questa si applica anche all'azione civile. Tuttavia, se il reato è estinto per causa diversa dalla prescrizione o è intervenuta sentenza irrevocabile nel giudizio penale, il diritto al risarcimento del danno si prescrive nei termini indicati dai primi due commi, con decorrenza dalla data di estinzione del reato o dalla data in cui la sentenza è divenuta irrevocabile.

2948. *Prescrizione di cinque anni.* — Si prescrivono in cinque anni:

1) le annualità delle rendite perpetue o vitalizie;

1-*bis*) il capitale nominale dei titoli di Stato emessi al portatore;[1]

2) le annualità delle pensioni alimentari;

3) le pigioni delle case, i fitti dei beni rustici e ogni altro corrispettivo di locazioni;[2]

4) gli interessi e, in generale, tutto ciò che deve pagarsi periodicamente ad anno o in termini più brevi;[3]

5) le indennità spettanti per la cessazione del rapporto di lavoro.

[1] Numero ins. dall'art. 2, L. 12 ago. 1993, n. 313 e quindi modif. dall'art. 54 della L. 27 dic. 1997, n. 449.

[2] Il diritto al rimborso delle spese ripetibili si prescrive in due anni (art. 6, L. 22 dic. 1973, n. 841).

[3] La Corte cost., con sent. 10 giu. 1966, n. 63, ha dichiarato l'ill. cost. degli artt. 2948 n. 4, 2955 n. 2, 2956 n. 1, «limitatamente alla parte in cui consentono che la prescrizione del diritto alla retribuzione decorra durante il rapporto di lavoro».

La Corte cost., con sent. 12 dic. 1972, n. 174, ha tuttavia ritenuto che la parziale invalidazione statuita con la sentenza n. 63/1966 non trova applicazione nei casi in cui sia assicurata la stabilità del rapporto.

La Corte cost., con sent. 20 nov. 1969, n. 143, e sent. 21 mag. 1975, n. 115, ha deciso che la dichiarazione di parziale illegittimità di cui alla sentenza n. 63/1966 riguarda i soli rapporti di lavoro privati e non si estende ai rapporti di impiego sia dei dipendenti dello Stato, sia dei dipendenti di altri enti pubblici, anche di carattere economico.

2949. *Prescrizione in materia di società.* — Si prescrivono in cinque anni i diritti che derivano dai rapporti sociali, se la società è iscritta nel registro delle imprese.

Nello stesso termine si prescrive l'azione di responsabilità che spetta ai creditori sociali verso gli amministratori nei casi stabiliti dalla legge.

2950. *Prescrizione del diritto del mediatore.* — Si prescrive in un anno il diritto del mediatore al pagamento della provvigione.

2951. *Prescrizione in materia di spedizione e di trasporto.* — Si prescrivono in un anno i diritti derivanti dal contratto di spedizione e dal contratto di trasporto.

La prescrizione si compie con il decorso di diciotto mesi se il trasporto ha inizio o termine fuori d'Europa.

Il termine decorre dall'arrivo a destinazione della persona o, in caso di sinistro, dal giorno di questo, ovvero dal giorno in cui è avvenuta o sarebbe dovuta avvenire la riconsegna della cosa al luogo di destinazione.

Si prescrivono parimenti in un anno dalla richiesta del trasporto i diritti verso gli esercenti pubblici servizi di linea indicati dall'art. 1679.

2952. *Prescrizione in materia di assicurazione.* — Il diritto al pagamento delle rate di premio si prescrive in un anno dalle singole scadenze.

Gli altri diritti derivanti dal contratto di assicurazione e dal contratto di riassicurazione si prescrivono in due anni dal giorno in cui si è verificato il fatto su cui il diritto si fonda, ad esclusione del contratto di assicurazione sulla vita i cui diritti si prescrivono in dieci anni.[1]

Nell'assicurazione della responsabilità civile, il termine decorre dal giorno in cui il terzo ha richiesto il risarcimento all'assicurato o ha promosso contro di questo l'azione.

La comunicazione all'assicuratore della richiesta del terzo danneggiato o dell'azione da questo proposta sospende il corso della prescrizione finché il credito del danneggiato non sia divenuto liquido ed esigibile oppure il diritto del terzo danneggiato non sia prescritto.

La disposizione del comma precedente si applica all'azione del riassicurato verso il riassicuratore per il pagamento dell'indennità.

[1] Comma così sost. dall'art. 22, c. 14, D.L. 18 ott. 2012, n. 179, conv. con modif. in L. 17 dic. 2012, n. 221.

2953. *Effetti del giudicato sulle prescrizioni brevi.* — I diritti per i quali la legge stabilisce una prescrizione più breve di dieci anni, quando riguardo ad essi è intervenuta sentenza di condanna passata in giudicato, si prescrivono con il decorso di dieci anni.

§ 3.

Delle prescrizioni presuntive

2954. *Prescrizione di sei mesi.* — Si prescrive in sei mesi il diritto degli albergatori e degli osti per l'alloggio e il vitto che somministrano, e si prescrive nello stesso termine il diritto di tutti coloro che danno alloggio con o senza pensione.

2955. *Prescrizione di un anno.* — Si prescrive in un anno il diritto:

1) degli insegnanti, per la retribuzione delle lezioni che impartiscono a mesi o a giorni o a ore;

2) dei prestatori di lavoro, per le retribuzioni corrisposte a periodi non superiori al mese;[1]

3) di coloro che tengono convitto o casa di educazione e d'istruzione, per il prezzo della pensione e dell'istruzione;

4) degli ufficiali giudiziari, per il compenso degli atti compiuti nella loro qualità;

5) dei commercianti, per il prezzo delle merci vendute a chi non ne fa commercio;

6) dei farmacisti, per il prezzo dei medicinali.

[1] V. la nota all'art. 2948.

2956. *Prescrizione di tre anni.* — Si prescrive in tre anni il diritto:

1) dei prestatori di lavoro, per le retribuzioni corrisposte a periodi superiori al mese;[1]

2) dei professionisti, per il compenso dell'opera prestata e per il rimborso delle spese correlative;

3) dei notai, per gli atti del loro ministero;

4) degli insegnanti, per la retribuzione delle lezioni impartite a tempo più lungo di un mese.

[1] V. la nota all'art. 2948.

2957. *Decorrenza delle prescrizioni presuntive.* — Il termine della prescrizione decorre dalla scadenza della retribuzione periodica[1] o dal compimento della prestazione.

Per le competenze dovute agli avvocati, ai procuratori e ai patrocinatori legali il termine decorre dalla decisione della lite, dalla conciliazione delle parti o dalla revoca del mandato; per gli affari non terminati, la prescrizione decorre dall'ultima prestazione.

[1] V. la nota all'art. 2948.

2958. *Corso della prescrizione.* — La prescrizione decorre anche se vi è stata continuazione di somministrazioni o di prestazioni.[1]

[1] V. la nota all'art. 2948.

2959. *Ammissioni di colui che oppone la prescrizione.* — L'eccezione è rigettata, se chi oppone la prescrizione nei casi indicati dagli artt. 2954, 2955 e 2956 ha comunque ammesso in giudizio che l'obbligazione non è stata estinta.

2960. *Delazione di giuramento.* — Nei casi indicati dagli artt. 2954, 2955 e 2956, colui al quale la prescrizione è stata opposta può deferire all'altra parte il giuramento per accertare se si è verificata la estinzione del debito.

Il giuramento può essere deferito al coniuge superstite e agli eredi o ai loro rappresentanti legali per dichiarare se hanno notizia dell'estinzione del debito.

2961. *Restituzione di documenti.* — I cancellieri, gli arbitri, gli avvocati, i procuratori e i patrocinatori legali sono esonerati dal rendere conto degli incartamenti relativi alle liti dopo tre anni da che queste sono state decise o sono altrimenti terminate.

Tale esonero si verifica, per gli ufficiali giudiziari, dopo due anni dal compimento degli atti ad essi affidati.

Anche alle persone designate in questo articolo può essere deferito il giuramento perché dichiarino se ritengono o sanno dove si trovano gli atti o le carte.

Si applica in questo caso il disposto dell'art. 2959.

§ 4.

Del computo dei termini

2962. *Compimento della prescrizione.* — In tutti i casi contemplati dal presente codice e dalle altre leggi, la prescrizione si verifica quando è compiuto l'ultimo giorno del termine.

2963. *Computo dei termini di prescrizione.* — I termini di prescrizione contemplati dal presente codice e dalle altre leggi si computano secondo il calendario comune.

Non si computa il giorno nel corso del quale cade il momento iniziale del termine e la prescrizione si verifica con lo spirare dell'ultimo istante del giorno finale.

Se il termine scade in giorno festivo, è prorogato di diritto al giorno seguente non festivo.[1]

La prescrizione a mesi si verifica nel mese di scadenza e nel giorno di questo corrispondente al giorno del mese iniziale.

Se nel mese di scadenza manca tale giorno, il termine si compie con l'ultimo giorno dello stesso mese.

[1] V. L. 27 mag. 1949, n. 260, modif. con L. 31 mar. 1954, n. 90, e L. 5 mar. 1977, n. 54, in materia di ricorrenze festive.

CAPO II
Della decadenza

2964. *Inapplicabilità di regole della prescrizione.* — Quando un diritto deve esercitarsi entro un dato termine sotto pena di decadenza, non si applicano le norme relative all'interruzione della prescrizione. Del pari non si applicano le norme che si riferiscono alla sospensione, salvo che sia disposto altrimenti.

2965. *Decadenze stabilite contrattualmente.* — È nullo il patto con cui si stabiliscono termini di decadenza che rendono eccessivamente difficile a una delle parti l'esercizio del diritto.

2966. *Cause che impediscono la decadenza.* — La decadenza non è impedita se non dal compimento dell'atto previsto dalla legge o dal contratto. Tuttavia, se si tratta di un termine stabilito dal contratto o da una norma di legge relativa a diritti disponibili, la decadenza può essere anche impedita dal riconoscimento del diritto proveniente dalla persona contro la quale si deve far valere il diritto soggetto a decadenza.[1]

[1] V. per il riconoscimento del debito, v. art. 1309; per la promessa di pagamento e per la ricognizione di debito, v. art. 1988, 2720.

2967. *Effetto dell'impedimento della decadenza.* — Nei casi in cui la decadenza è impedita, il diritto rimane soggetto alle disposizioni che regolano la prescrizione.

2968. *Diritti indisponibili.* — Le parti non possono modificare la disciplina legale della decadenza né possono rinunziare alla decadenza medesima, se questa è stabilita dalla legge in materia sottratta alla disponibilità delle parti.

2969. *Rilievo d'ufficio.* — La decadenza non può essere rilevata d'ufficio dal giudice, salvo che, trattandosi di materia sottratta alla disponibilità delle parti, il giudice debba rilevare le cause d'improponibilità dell'azione.

DISPOSIZIONI PER L'ATTUAZIONE DEL CODICE CIVILE E DISPOSIZIONI TRANSITORIE

(approvate con R.D. 30 marzo 1942, n. 318)[1,2]

[1] Tali disposizioni sostituiscono quelle emanate per i singoli libri del codice civile con i Regi decreti 24 apr. 1939, n. 640, 8 apr. 1940, n. 206, 3 ott. 1941, n. 1130, 15 gen. 1942, n. 6, 16 feb. 1942, n. 71 e 16 mar. 1942, n. 217.

[2] Per le modifiche in vigore dal 31 ott. 2025 v. D.lgs. 13 lug. 2017, n. 116.

CAPO I
Disposizioni di attuazione

SEZIONE I
Disposizioni relative al Libro I

1-2.[1]

[1] Articoli abrog. dall'art. 11, D.P.R. 10 feb. 2000, n. 361.

3. Il notaio che interviene per la stipulazione di atti tra vivi ovvero per la pubblicazione di testamenti, con i quali si dispongono fondazioni o si fanno donazioni o lasciti in favore di enti da istituire, è obbligato a farne denunzia al prefetto entro trenta giorni.

La denunzia deve contenere gli estremi essenziali dell'atto, il testo letterale concernente la liberalità, la indicazione degli eredi e della loro residenza.

Il prefetto è autorizzato a promuovere, nei modi e nei casi stabiliti dalla legge, gli atti conservativi che reputa necessari per l'esecuzione della disposizione sia nei confronti degli eredi, sia nei confronti dei terzi.

Può anche chiedere al tribunale, in caso di urgenza o di necessità, la nomina di un amministratore provvisorio dei beni. Il tribunale provvede con decreto in camera di consiglio.

4.[1]

[1] Articolo abrog. dall'art. 11, D.P.R. 10 feb. 2000, n. 361.

5. La domanda per ottenere l'autorizzazione prevista nell'art. 17 del codice deve essere presentata al prefetto della provincia in cui la persona giuridica ha la sua sede e accompagnata dai documenti necessari per dimostrare l'entità, le condizioni, la opportunità dell'acquisto, nonché la destinazione dei beni.

Il prefetto raccoglie le opportune informazioni, sente, quando trattasi di atti di ultima volontà, coloro ai quali per successione sarebbero devoluti i beni lasciati alla persona giuridica, e, ove non sia delegato a concedere la chiesta autorizzazione, trasmette la domanda al ministero competente secondo l'attività che la persona giuridica svolge. In tal caso l'autorizzazione è data con decreto del Capo dello Stato.

Durante il procedimento i rappresentanti della persona giuridica possono compiere gli atti che tendono a conservarne i diritti.

6. L'acquisto di beni immobili in seguito a subastazione effettuata a carico di un debitore della persona giuridica non è soggetto alla necessità dell'autorizzazione. Tuttavia entro trenta giorni dall'acquisto i rappresentanti della persona giuridica devono darne comunicazione al prefetto.

7. Il notaio che interviene per la stipulazione di atti tra vivi ovvero per la pubblicazione di testamenti, nei quali si dispongono donazioni o lasciti in favore di una persona giuridica, deve darne notizia entro trenta giorni al rappresentante della persona giuridica e al prefetto della provincia in cui questa ha la sua sede.

8. La convocazione dell'assemblea delle associazioni deve farsi nelle forme stabilite dallo statuto e, se questo non dispone, mediante avviso personale che deve contenere l'ordine del giorno degli argomenti da trattare.

Se non è vietato dall'atto costitutivo o dallo statuto, gli associati possono farsi rappresentare nell'assemblea da altri associati mediante delega scritta anche in calce all'avviso di convocazione.

9. Nell'ipotesi prevista dal quarto comma dell'art. 23 del codice il provvedimento di sospensione deve essere comunicato agli amministratori, i quali possono entro quindici giorni proporre reclamo.

In tal caso l'autorità governativa, se non ritiene di revocare il provvedimento, ne dà comunicazione al pubblico ministero, il quale promuove l'azione di annullamento della deliberazione.

10. .... [1]

[1] Articolo abrog. dall'art. 11, D.P.R. 10 feb. 2000, n. 361.

11. Quando la persona giuridica è dichiarata estinta o quando l'associazione è sciolta, il presidente del tribunale, su istanza degli amministratori, dei soci, dei creditori, del pubblico ministero o anche di ufficio, nomina uno o più commissari liquidatori, salvo che l'atto costitutivo o lo statuto non preveda una diversa forma di nomina e a questa si proceda entro un mese dal provvedimento. La preventiva designazione dei liquidatori nell'atto costitutivo o nello statuto non ha effetto.

Quando lo scioglimento della associazione è deliberato dalla assemblea, la nomina può essere fatta dall'assemblea medesima con la maggioranza prevista dall'art. 21 del codice.

Possono essere nominati liquidatori anche gli amministratori uscenti.

In ogni caso la nomina fatta dall'assemblea o nelle forme previste nell'atto costitutivo o nello statuto deve essere comunicata immediatamente al presidente del tribunale.

12. I liquidatori esercitano la loro funzione sotto la diretta sorveglianza del presidente del tribunale e si considerano ad ogni effetto di legge pubblici ufficiali. Essi possono essere revocati e sostituiti in ogni tempo anche d'ufficio dallo stesso presidente con provvedimento non soggetto a reclamo.

I liquidatori deliberano a maggioranza.

13. I liquidatori, entro quindici giorni dalla comunicazione avutane, devono procedere alla annotazione della loro nomina nel registro dove la persona giuridica è iscritta, e richiedere agli amministratori la consegna dei beni e delle scritture della persona giuridica. All'atto della consegna è redatto inventario, di cui è trasmessa copia al presidente del tribunale.

Se gli amministratori si rifiutano di procedere alla consegna, il presidente del tribunale autorizza il rilascio coattivo con decreto non soggetto a reclamo. In questo caso l'inventario è redatto dall'ufficiale giudiziario procedente.

14. Entro trenta giorni dalla formazione dell'inventario i liquidatori, dopo avere determinato la consistenza dell'attivo e del passivo dell'ente, se riconoscono che il patrimonio non è sufficiente al pagamento integrale delle passività, devono iniziare la liquidazione generale dei beni nell'interesse di tutti i creditori, dandone avviso mediante annotazione nel registro delle persone giuridiche.

Il medesimo avviso deve essere dato nel caso in cui i liquidatori non ritengono di dover procedere alla liquidazione generale, essendovi eccedenza dell'attivo sul passivo.

In quest'ultimo caso i creditori dell'ente possono fare opposizione entro trenta giorni dall'annotazione chiedendo la liquidazione generale del patrimonio.

Le opposizioni si propongono davanti al presidente del tribunale. Contro il provvedimento di questo è ammesso reclamo davanti al presidente della corte nel termine di quindici giorni. Il provvedimento definitivo è annotato nel registro a cura dei liquidatori.

15. Quando non sono intervenute opposizioni ai sensi dell'articolo precedente o queste sono state rigettate con provvedimento definitivo, i liquidatori provvedono a riscuotere i crediti dell'ente, a convertire in danaro, nei limiti in cui è necessario, i beni e a pagare i creditori a misura che si presentano.

I liquidatori possono provvedere al pagamento anche dei creditori il cui credito non è attualmente esigibile, e devono provvedere alle cautele necessarie per assicurare il pagamento dei creditori condizionali.

Soddisfatti i creditori, i liquidatori formano l'inventario dei beni residuati e rendono conto della gestione al presidente del tribunale.

Copia dell'inventario e del rendiconto approvato dal presidente del tribunale deve essere trasmessa all'autorità governativa.

I liquidatori distribuiscono i beni residuati a norma dell'art. 31 del codice, provocando, quando è necessario, le disposizioni dell'autorità governativa.

16. Quando è disposta la liquidazione generale del patrimonio dell'ente si osservano, in quanto applicabili, le disposizioni degli articoli 304, 308, 309, 310, 311, 312 e 313 del codice della crisi e dell'insolvenza, salve le disposizioni seguenti.[1]

[1] Comma così sost. dall'art. 371, c. 1, D.lgs. 12 gen. 2019, n. 14, a decorrere dal 15 lug. 2022.

17. I termini, che secondo le disposizioni richiamate nell'articolo precedente decorrono dalla data del provvedimento di liquidazione o di nomina dei liquidatori o dalla sua pubblicazione nella *Gazzetta Ufficiale*, decorrono dalla data in cui è stato annotato nel registro il provvedimento che dispone la liquidazione generale della persona giuridica ai sensi del precedente art. 14.

18. La pubblicità del provvedimento che ordina la liquidazione e del bilancio finale di liquidazione si attua mediante annotazione nel registro delle persone giuridiche a cura dei liquidatori. Nei casi in cui le norme richiamate nell'art. 16 richiedono il deposito di atti nella cancelleria del tribunale, il deposito si deve effettuare presso la cancelleria in cui è tenuto il registro delle persone giuridiche.

19. Le attribuzioni, che secondo le norme sulla liquidazione coatta amministrativa sono demandate all'autorità che ha nominato il liquidatore, spettano al presidente del tribunale.

20. Chiusa la liquidazione, il presidente del tribunale ordina la cancellazione dell'ente dal registro delle persone giuridiche.

[...].[1]

[1] Comma abrog. dall'art. 11, D.P.R. 10 feb. 2000, n. 361.

21. La competenza per i provvedimenti relativi alla liquidazione spetta al tribunale del capoluogo della provincia in cui è registrata la persona giuridica.

22-30... [1]

[1] Articoli abrog. dall'art. 11, D.P.R. 10 feb. 2000, n. 361.

31. Il trasferimento della residenza si prova con la doppia dichiarazione fatta al comune che si abbandona e a quello dove si intende fissare la dimora abituale. Nella dichiarazione fatta al comune che si abbandona deve risultare il luogo in cui è fissata la nuova residenza.

32.[1] Il pubblico ministero deve essere sempre sentito nei procedimenti di volontaria giurisdizione riguardanti il fondo patrimoniale.

[1] Articolo così sostituito dagli artt. 213 e 214 della L. 19 mag. 1975, n. 151.

33.[1] Nel caso previsto dall'art. 183 del codice, il tribunale, in camera di consiglio, provvede con decreto, su istanza dell'altro coniuge, e sentito il pubblico ministero.

[1] Articolo così sostituito dagli artt. 213 e 214 della L. 19 mag. 1975, n. 151.

34.[1]

[1] Articolo abrog. dall'art. 106, D.lgs. 28 dic. 2013, n. 154, in vigore dal 7 feb. 2014.

34-*bis*.[1] Il notaio rogante deve, nel termine di 30 giorni dalla data del matrimonio o dalla data dell'atto pubblico di modifica delle convenzioni, ovvero da quella dell'omologazione nel caso previsto dal secondo comma dell'art. 163 del codice, richiedere l'annotazione a margine dell'atto di matrimonio della convenzione matrimoniale dell'atto di modifica della stessa.

Nello stesso termine deve richiedere l'annotazione di cui all'ultimo comma dell'art. 163 del codice.

[1] Articolo aggiunto dall'art. 216 della L. 19 mag. 1975, n. 151.

35.[1] Sulla domanda di adozione e di revoca della adozione di minore età provvede il tribunale per i minorenni.

[1] Articolo così sost. dall'art. 96, D.lgs. 28 dic. 2013, n. 154, in vigore dal 7 feb. 2014.

36.[1] La rinunzia alla cittadinanza di cui all'art. 143-*ter* del codice deve essere fatta dinanzi all'ufficiale di stato civile del luogo dove la rinunziante risiede, ed è trascritta nei registri di cittadinanza.

Qualora la rinunziante risieda all'estero, la rinunzia deve essere fatta dinanzi all'agente diplomatico o consolare del luogo di residenza. L'agente la trascrive in apposito registro e ne rimette immediatamente copia al Ministero dell'interno che ne cura, a mezzo dell'autorità competente, la trascrizione nei registri di cittadinanza.

[1] Articolo così sostituito dall'art. 218 della L. 19 mag. 1975, n. 151. Per la disciplina transitoria la stessa L. dispone all'art. 219: «*La donna che per effetto di matrimonio con straniero o di mutamento di cittadinanza da parte del marito, ha perduto la cittadinanza italiana prima dell'entrata in vigore della presente legge, la riacquista con dichiarazione resa all'autorità competente a norma dell'art. 36 delle disposizioni di attuazione del c.c.*

È abrogata ogni norma della L. 13 giu. 1912, n. 555, che sia incompatibile con le disposizioni della presente legge».

37.[1] L'iscrizione nel registro previsto dall'art. 314 del codice si esegue senza spese.

L'iscrizione della sentenza che revoca l'adozione deve essere altresì annotata in margine all'iscrizione del decreto di adozione.

[1] Articolo così sostituito dall'art. 220 della L. 19 mag. 1975, n. 151.

37-*bis*. I figli maggiorenni portatori di handicap grave previsti dall'articolo 337-*septies*, secondo comma, del codice civile, sono coloro i quali siano portatori di handicap ai sensi dell'articolo 3, comma 3, della legge 5 febbraio 1992, n. 104.

[1] Articolo aggiunto dall'art. 96, D.lgs. 28 dic. 2013, n. 154, in vigore dal 7 feb. 2014.

38.[1] Sono di competenza del tribunale per i minorenni i procedimenti previsti dagli articoli 84, 90, 250, ultimo comma, 251, 317-*bis*, ultimo comma, 330, 332, 333, 334, 335 e 371, ultimo comma, del codice civile. Sono di competenza del tribunale ordinario i procedimenti previsti dagli articoli 330, 332, 333, 334 e 335 del codice civile, anche se instaurati su ricorso del pubblico ministero, quando è già pendente o è instaurato successivamente, tra le stesse parti, giudizio di separazione, scioglimento o cessazione degli effetti civili del matrimonio, ovvero giudizio ai sensi degli articoli 250, quarto comma, 268, 277, secondo comma, e 316 del codice civile, dell'articolo 710 del codice di procedura civile e dell'articolo 9 della legge 1° dicembre 1970, n. 898. In questi casi il tribunale per i minorenni, d'ufficio o su richiesta di parte, senza indugio e comunque entro il termine di quindici giorni dalla richiesta, adotta tutti gli opportuni provvedimenti temporanei e urgenti nell'interesse del minore e trasmette gli atti al tribunale ordinario, innanzi al quale il procedimento, previa riunione, continua. I provvedimenti adottati dal tribunale per i minorenni conservano la loro efficacia fino a quando sono confermati, modificati o revocati con provvedimento emesso dal tribunale ordinario. Il pubblico ministero della procura della Repubblica presso il tribunale per i minorenni, nei casi di trasmissione degli atti dal tribunale per i minorenni al tribunale ordinario, provvede alla trasmissione dei propri atti al pubblico ministero della procura della Repubblica presso il tribunale ordinario.[2]

Il tribunale per i minorenni è competente per il ricorso previsto dall'articolo 709-*ter* del codice di procedura civile quando è già pendente o è instaurato successivamente, tra le stesse parti, un procedimento previsto dagli articoli 330, 332, 333, 334 e 335 del codice civile. Nei casi in cui è già pendente o viene instaurato autonomo procedimento previsto dall'articolo 709-*ter* del codice di procedura civile davanti al tribunale ordinario, quest'ultimo, d'ufficio o a richiesta di parte, senza indugio e comunque non oltre quindici giorni dalla richiesta, adotta tutti gli opportuni provvedimenti temporanei e urgenti nell'interesse del minore e trasmette gli atti al tribunale per i minorenni, innanzi al quale il procedimento, previa riunione, continua. I provvedimenti adottati dal tribunale ordinario conservano la loro efficacia fino a quando sono confermati, modificati o revocati con provvedimento emesso dal tribunale per i minorenni.[2]

Sono emessi dal tribunale ordinario i provvedimenti relativi ai minori per i quali non è espressamente stabilita la competenza di una diversa autorità giudiziaria. Nei procedimenti in materia di affidamento e di mantenimento dei minori si applicano, in quanto compatibili, gli articoli 737 e seguenti del codice di procedura civile.

Fermo restando quanto previsto per le azioni di stato, il tribunale competente provvede in ogni caso in camera di consiglio, sentito il pubblico ministero, e i provvedimenti emessi sono immediatamente esecutivi, salvo che il giudice disponga diversamente. Quando il provvedimento è emesso dal tribunale per i minorenni, il reclamo si propone davanti alla sezione di corte di appello per i minorenni.

[1] Articolo così sost. dall'art. 3, c. 1, L. 10 dic. 2012, n. 219; le disposizioni di cui al presente art. si applicano ai giudizi instaurati a decorrere dalla data di entrata in vigore della legge stessa. Ai processi relativi all'affidamento e al mantenimento dei figli di genitori non coniugati pendenti davanti al tribunale per i minorenni alla data di entrata in vigore della presente legge si applicano, in quanto compatibili, gli artt. 737 e s. del cpc e il c. 2, art. 3 della L. 10 dic. 2012, n. 219.

[2] L'art. 1, c. 28, L. 26 nov. 2021 n. 206, ha sost. l'originario primo comma con gli attuali primi due commi. La disposizione si applica ai procedimenti instaurati a decorrere dal 22 giu. 2022.

38-*bis*.[1] Quando la salvaguardia del minore è assicurata con idonei mezzi tecnici, quali l'uso di un vetro specchio unitamente ad impianto citofonico, i difensori delle parti, il curatore speciale del minore, se già nominato, ed il pubblico ministero possono seguire l'ascolto del minore, in luogo diverso da quello in cui egli si trova, senza chiedere l'autorizzazione del giudice prevista dall'articolo 336-*bis*, secondo comma, del codice civile.

[1] Articolo ins. dall'art. 96, D.lgs. 28 dic. 2013, n. 154, in vigore dal 7 feb. 2014.

39.[1]

[1] Articolo abrog. dall'art. 11, L. 9 gen. 2004, n. 6.

40. La domanda per l'interdizione del minore emancipato e quella per l'interdizione o l'inabilitazione del minore nell'ultimo anno della minore età devono essere proposte davanti al tribunale per i minorenni.

41.[1] I provvedimenti previsti nell'art. 145 del codice sono di competenza del tribunale del circondario del luogo in cui è stata stabilita la residenza familiare o, se questa manchi, del tribunale del luogo del domicilio di uno dei coniugi. Il tribunale provvede in composizione monocratica.

[1] Articolo così sostituito dall'art. 151 D.lgs. 19 feb. 1998, n. 51.

42. I provvedimenti indicati nell'art. 423 del codice e le sentenze di revoca previste nell'art. 429 del codice stesso devono essere trasmessi in copia in carta libera, entro dieci giorni dalla pubblicazione, al giudice tutelare a cura del cancelliere dell'autorità giudiziaria che li ha pronunziati.

43. I provvedimenti del giudice tutelare sono emessi con decreto.

Nei casi urgenti la richiesta di un provvedimento può essere fatta al giudice anche verbalmente.

44.[1] Il giudice tutelare può convocare in qualunque momento il tutore, il protutore, il curatore e l'amministratore di sostegno allo scopo di chiedere informazioni, chiarimenti e notizie sulla gestione della tutela, della curatela o dell'amministrazione di sostegno, e di dare istruzioni inerenti agli interessi morali e patrimoniali del minore o del beneficiario.

[1] Articolo così sostituito dall'art. 12 L. 9 gen. 2004, n. 6.

45. La competenza a decidere dei reclami avverso i decreti del giudice tutelare spetta al tribunale ordinario quando si tratta dei provvedimenti indicati negli artt. 320, 321, 372, 373, 374, 376, secondo comma, 386, 394 e 395 del codice.[1]

La competenza spetta al tribunale per i minorenni in tutti gli altri casi.

Nell'ipotesi prevista nell'art. 386, ultimo comma, del codice l'autorità giudiziaria competente provvede in sede contenziosa.

[1] Tali sono: autorizzazione al padre che amministra i beni dei figli a compiere atti di straordinaria amministrazione, a riscuotere capitali, (320); nomina di un curatore speciale in caso di conflitto di interessi (320); accettazione da parte della madre o di un ascendente di eredità e donazioni che il padre non può o non vuole accettare (321); investimento di capitali del pupillo (372, 373); autorizzazione al tutore a compiere atti di straordinaria amministrazione (374); reimpiego del prezzo dei beni venduti (376); approvazione del conto della tutela (386); autorizzazione all'emancipato a compiere atti di straordinaria amministrazione (394); nomina di curatore speciale all'emancipato (395).

46. Tutti gli atti della procedura della tutela, compresi l'inventario, i conti annuali e il conto finale, sono esenti da tasse di bollo e di registro.

Sono del pari esenti da tasse di bollo e di registro gli atti previsti nel titolo XI del libro I del codice.

46-*bis*.[1] Gli atti e i provvedimenti relativi ai procedimenti previsti dal titolo XII del libro primo del codice civile non sono soggetti all'obbligo di registrazione e sono esenti dal contributo unificato previsto dall'art. 9 del testo unico delle disposizioni legislative e regolamentari in materia di spese di giustizia di cui al D.P.R. 30 mag. 2002, n. 115.

[1] Articolo introdotto dall'art. 13 L. 9 gen. 2004, n. 6.

47.[1] Presso l'ufficio del giudice tutelare sono tenuti un registro delle tutele dei minori e degli interdetti, un registro delle curatele dei minori emancipati ed un registro delle amministrazioni di sostegno.

[1] Articolo così modif. dall'art. 14, L. 9 gen. 2004, n. 6.

48. Nel registro delle tutele, in un capitolo speciale per ciascuna di esse, si devono annotare a cura del cancelliere:

– il giorno in cui si è aperta la tutela;

– la data e gli estremi essenziali della sentenza che ha pronunciato la interdizione se trattasi di interdetti;

– il nome, il cognome, la condizione e il domicilio del tutore e del protutore, la data della loro nomina e della prestazione del giuramento da parte del tutore;

– le risultanze dell'inventario e del conto annuale;

– l'esonero e la rimozione del tutore o del protutore e in generale tutti i provvedimenti che portano modificazioni allo stato personale e patrimoniale della persona sottoposta a tutela;

– la chiusura della tutela e la menzione del provvedimento che ne ha provocato la chiusura;

– le risultanze del rendiconto definitivo.

49. Nel registro delle curatele, in un capitolo speciale per ciascuna di esse, si devono annotare a cura del cancelliere:

– la data e gli estremi essenziali del provvedimento che concede l'emancipazione o della sentenza che pronunzia l'inabilitazione;

– il nome, il cognome, la condizione, l'età e il domicilio della persona emancipata o inabilitata;

– il nome, il cognome, la condizione e il domicilio del curatore nominato all'emancipato o all'inabilitato;

– la data del provvedimento che revoca l'emancipazione o della sentenza che revoca l'inabilitazione.

49-*bis*.[1] Nel registro delle amministrazioni di sostegno, in un capitolo speciale per ciascuna di esse, si devono annotare a cura del cancelliere:

1) la data e gli estremi essenziali del provvedimento che dispone l'amministrazione di sostegno e di ogni altro provvedimento assunto dal giudice nel corso della stessa, compresi quelli emanati in via di urgenza ai sensi dell'art. 405 del codice;

2) le complete generalità della persona beneficiaria;

3) le complete generalità dell'amministratore di sostegno o del legale rappresentante del soggetto che svolge la relativa funzione, quando non si tratta di persona fisica;

4) la data e gli estremi essenziali del provvedimento che dispone la revoca o la chiusura dell'amministrazione di sostegno.

[1] Articolo ins. dall'art. 15. L. 9 gen. 2004, n. 6.

50.[1] Il cancelliere è responsabile della tenuta dei registri, che sono da lui numerati e vidimati prima di essere posti in uso.

[1] Articolo così sost. dall'art. 152, D.lgs. 19 feb. 1998, n. 51.

51.[1] Nel registro delle tutele devono essere annotati, in capitoli speciali per ciascun minore, i provvedimenti emanati dal tribunale per i minorenni ai sensi degli artt. 252, 262, 279, 316, 317-*bis*, 330, 332, 333, 334 e 335 del codice.

A tal fine la cancelleria del tribunale che ha emesso il provvedimento deve trasmetterne copia in carta libera entro dieci giorni all'ufficio del giudice tutelare del luogo in cui il minore ha il domicilio per la prescritta annotazione.

[1] Articolo così sost. dall'art. 223, L. 19 mag. 1975, n. 151. Nel registro delle tutele devono essere annotati altresì i provvedimenti emanati dal Tribunale dei minorenni ai sensi dell'art. 10 della L. 4 mag. 1983, n. 184 (cfr. art. 69 di tale legge).

SEZIONE II
Disposizioni relative al Libro II

51-*bis*.[1] I provvedimenti previsti negli artt. 485 primo comma, 508 primo comma, 509 primo comma, 517 secondo comma, 528 primo comma, 529, 530 primo comma, 620 secondo e sesto comma, 621 primo comma, 730 primo comma e 736 secondo comma, del codice, sono adottati dal tribunale in composizione monocratica.

[1] Articolo così sost. dall'art. 153 D.lgs. 19 feb. 1998, n. 51.

52.[1] Presso la cancelleria di ogni pretura è tenuto, a cura del cancelliere il registro delle successioni.

In questo registro sono inseriti gli estremi degli atti e delle dichiarazioni indicati dalla legge. L'inserzione è fatta d'ufficio dal cancelliere, se si tratta di dichiarazioni da lui ricevute o di provvedimenti del tribunale; su istanza della parte e dietro produzione di copia autentica dell'atto, negli altri casi.

Il registro è diviso in tre parti. Nella prima sono registrati le dichiarazioni di accettazione dell'eredità con beneficio d'inventario e tutti gli atti e le indicazioni relativi al beneficio d'inventario e all'amministrazione e liquidazione delle eredità beneficiate, comprese le nomine del curatore previste dagli artt. 508 e 509 del codice e la menzione della pubblicazione dell'invito ai creditori per la presentazione delle dichiarazioni di credito. Nella seconda sono registrate le dichiarazioni di rinunzia all'eredità. Nella terza sono registrati i provvedimenti di nomina dei curatori delle eredità giacenti, nonché gli atti relativi alla curatela e le dichiarazioni di accettazione o di rinunzia degli esecutori testamentari.

Il registro deve essere alla fine munito di una rubrica alfabetica contenente l'indicazione del nome delle persone la cui successione si è aperta e il riferimento alla pagina nella quale sono contenute le diverse indicazioni.

[1] Articolo così modif. dall'art. 154, D.lgs. 19 feb. 1998, n. 51 con decorrenza dal 2 giu. 1999.

53.[1] Il registro, prima di essere posto in uso, deve essere numerato e vidimato in ciascun foglio dal cancelliere. Nell'ultima pagina il cancelliere indica il numero dei fogli di cui esso è composto.

Il registro può essere esaminato da chiunque ne faccia domanda e la cancelleria deve rilasciare gli estratti e i certificati che sono richiesti.

[1] Articolo così modif. dall'art. 155, D.lgs. 19 feb. 1998, n. 51 con decorrenza dal 2 giu. 1999.

54. I creditori e i legatari non separatisti, se hanno proposto domanda giudiziale allo scopo di far valere sugli immobili separati il diritto loro attribuito dal secondo comma dell'art. 514 del codice, possono fare annotare tale domanda in margine all'iscrizione in separazione.

Eseguita l'annotazione della domanda di concorso il vincolo della separazione non può cessare se non col consenso di coloro che hanno eseguito l'annotazione, salvo che la loro pretesa sia stata giudizialmente esclusa.

55.[1] Le copie dei verbali e dei testamenti, che sono trasmesse alla cancelleria del *tribunale* secondo l'art. 622 del codice, devono, a cura del cancelliere, essere raccolte in appositi volumi e annotate in una rubrica alfabetica generale. Le copie possono essere esaminate da chiunque ne faccia richiesta.

[1] Articolo così modif. dall'art. 156, D.lgs. 19 feb. 1998, n. 51 con decorrenza dal 2 giu. 1999.

SEZIONE III
Disposizioni relative al Libro III

56. Il provvedimento dell'autorità amministrativa con il quale si dispone che si proceda all'espropriazione a norma dell'art. 838 del codice è dato con decreto motivato del ministro competente. Il decreto deve contenere la designazione precisa del bene soggetto a espropriazione e deve essere notificato all'interessato, il quale può impugnarlo con ricorso al consiglio di Stato.

Si osservano nell'espropriazione, in quanto applicabili, le norme della legge generale sull'espropriazione per pubblica utilità.

57. Le azioni previste dagli artt. 848 e 849 del codice sono di competenza del tribunale, qualunque sia il valore della causa.

Nel caso regolato dall'art. 849 il giudice fissa con ordinanza l'udienza per la comparizione del rappresentante dell'associazione professionale, il quale può delegare altra persona. Si osservano nel resto, in quanto applicabili, le disposizioni dettate dal codice di procedura civile per i consulenti tecnici.

57-*bis*.[1] L'autorizzazione prevista nell'art. 915, primo comma, del codice è data dal tribunale in composizione monocratica.

[1] Articolo ins. dall'art. 157, D.lgs. 19 feb. 1998, n. 51 con decorrenza dal 2 giu. 1999.

58. Le modalità e gli effetti dell'affrancazione del fondo enfiteutico sono regolati dalle disposizioni della legge 11 giugno 1925, n. 998, e del R. decreto 7 febbraio 1926, n. 426.

Il prezzo di affrancazione può essere corrisposto anche in titoli del debito pubblico consolidato di qualsiasi specie, osservate, per la determinazione del loro valore, le disposizioni dell'art. 9 della legge anzidetta.

Le disposizioni del primo comma del presente articolo si applicano anche alla riduzione in misura fissa dei canoni enfiteutici, dei censi e di altre prestazioni perpetue consistenti in una quota di prodotti naturali.

59. La domanda per la nomina dell'amministratore o per la designazione dell'istituto di credito nei casi previsti dall'art. 1003 del codice, se non è proposta in corso di giudizio, si propone con ricorso al presidente del tribunale: nel caso di nomina dell'amministratore, al presidente del tribunale del luogo in cui si trovano gli immobili o si trova la parte più rilevante di essi.

Il presidente del tribunale provvede con decreto, sentita l'altra parte.

Contro tale provvedimento si può proporre reclamo al presidente della corte d'appello nel termine di dieci giorni dalla notificazione.

60. Gli uffici tecnici che devono essere sentiti a norma del terzo comma dell'art. 1092 del codice sono l'ufficio locale del genio civile e il locale ispettorato dell'agricoltura.

61. Qualora un edificio o un gruppo di edifici appartenenti per piani o porzioni di piano a proprietari diversi si possa dividere in parti che abbiano le caratteristiche di edifici autonomi, il condominio può essere sciolto e i comproprietari di ciascuna parte possono costituirsi in condominio separato.

Lo scioglimento è deliberato dall'assemblea con la maggioranza prescritta dal secondo comma dell'art. 1136 del codice, o è disposto dall'autorità giudiziaria su domanda di almeno un terzo dei comproprietari di quella parte dell'edificio della quale si chiede la separazione.

62. La disposizione del primo comma dell'articolo precedente si applica anche se restano in comune con gli originari partecipanti alcune delle cose indicate dall'art. 1117 del codice.

Qualora la divisione non possa attuarsi senza modificare lo stato delle cose e occorrano opere per la sistemazione diversa dei locali o delle dipendenze tra i condomini, lo scioglimento del condominio deve essere deliberato dall'assemblea con la maggioranza prescritta dal quinto comma dell'art. 1136 del codice stesso.

63.[1] Per la riscossione dei contributi in base allo stato di ripartizione approvato dall'assemblea, l'amministratore, senza bisogno di autorizzazione di questa, può ottenere un decreto di ingiunzione immediatamente esecutivo, nonostante opposizione, ed è tenuto a comunicare ai creditori non ancora soddisfatti che lo interpellino i dati dei condomini morosi.

I creditori non possono agire nei confronti degli obbligati in regola con i pagamenti, se non dopo l'escussione degli altri condomini.

In caso di mora nel pagamento dei contributi che si sia protratta per un semestre, l'amministratore può sospendere il condomino moroso dalla fruizione dei servizi comuni suscettibili di godimento separato.

Chi subentra nei diritti di un condomino è obbligato solidalmente con questo al pagamento dei contributi relativi all'anno in corso e a quello precedente.

Chi cede diritti su unità immobiliari resta obbligato solidalmente con l'avente causa per i contributi maturati fino al momento in cui è trasmessa all'amministratore copia autentica del titolo che determina il trasferimento del diritto.

[1] Articolo così sost. dall'art. 18, L. 11 dic. 2012, n. 220, in vigore dal 17 giu. 2013.

64.[1] Sulla revoca dell'amministratore, nei casi indicati dall'undicesimo comma dell'articolo 1129 e dal quarto comma dell'articolo 1131 del codice, il tribunale provvede in camera di consiglio, con decreto motivato, sentito l'amministratore in contraddittorio con il ricorrente.

Contro il provvedimento del tribunale può essere proposto reclamo alla corte d'appello nel termine di dieci giorni dalla notificazione o dalla comunicazione.

[1] Articolo così sost. dall'art. 19, L. 11 dic. 2012, n. 220, in vigore dal 17 giu. 2013.

65. Quando per qualsiasi causa manca il legale rappresentante dei condomini, chi intende iniziare o proseguire una lite contro i partecipanti a un condominio può richiedere la nomina di un curatore speciale ai sensi dell'art. 80 del codice di procedura civile.

Il curatore speciale deve senza indugio convocare l'assemblea dei condomini per avere istruzioni sulla condotta della lite.

66.[1] L'assemblea, oltre che annualmente in via ordinaria per le deliberazioni indicate dall'art. 1135 del codice, può essere convocata in via straordinaria dall'amministratore quando questi lo ritiene necessario o quando ne è fatta richiesta da almeno due condomini che rappresentino un sesto del valore dell'edificio. Decorsi inutilmente dieci giorni dalla richiesta, i detti condomini possono provvedere direttamente alla convocazione.

In mancanza dell'amministratore, l'assemblea tanto ordinaria quanto straordinaria può essere convocata a iniziativa di ciascun condomino.

L'avviso di convocazione, contenente specifica indicazione dell'ordine del giorno, deve essere comunicato almeno cinque giorni prima della data fissata per l'adunanza in prima convocazione, a mezzo di posta raccomandata, posta elettronica certificata, fax o tramite consegna a mano, e deve contenere l'indicazione del luogo e dell'ora della riunione o, se prevista in modalità di videoconferenza, della piattaforma elettronica sulla quale si terrà la riunione e dell'ora della stessa. In caso di omessa, tardiva o incompleta convocazione degli aventi diritto, la deliberazione assembleare è annullabile ai sensi dell'articolo 1137 del codice su istanza dei dissenzienti o assenti perché non ritualmente convocati.[1,2]

L'assemblea in seconda convocazione non può tenersi nel medesimo giorno solare della prima.[2]

L'amministratore ha facoltà di fissare più riunioni consecutive in modo da assicurare lo svolgimento dell'assemblea in termini brevi, convocando gli aventi diritto con un unico avviso nel quale sono indicate le ulteriori date ed ore di eventuale prosecuzione dell'assemblea validamente costituitasi.[2]

Anche ove non espressamente previsto dal regolamento condominiale, previo consenso della maggioranza dei condomini, la partecipazione all'assemblea può avvenire in modalità di videoconferenza. In tal caso, il verbale, redatto dal segretario e sottoscritto dal presidente, è trasmesso all'amministratore e a tutti i condomini con le medesime formalità previste per la convocazione.[3]

[1] Comma così modif. dall'art. 63, c. 1-*bis*, D.L. 14 ago. 2020, n. 104, conv. con modif. in L. 13 ott. 2020, n. 126.

[2] L'originario c. 3 è stato sost. dagli attuali commi 3, 4 e 5 dall'art. 20, L. 11 dic. 2012, n. 220, in vigore dal 17 giu. 2013.

[3] Comma ins. dall'art. 63, c. 1-*bis*, D.L. 14 ago. 2020, n. 104, conv. con modif. in L. 13 ott. 2020, n. 126 e poi così modif. dall'art. 5-*bis*, D.L. 7 ott. 2020, n. 125, conv. con modif. in L. 27 nov. 2020, n. 159.

67.[1] Ogni condomino può intervenire all'assemblea anche a mezzo di rappresentante, munito di delega scritta. Se i condomini sono più di venti, il delegato non può rappresentare più di un quinto dei condomini e del valore proporzionale.

Qualora un'unità immobiliare appartenga in proprietà indivisa a più persone, queste hanno diritto a un solo rappresentante nell'assemblea, che è designato dai comproprietari interessati a norma dell'articolo 1106 del codice.

Nei casi di cui all'articolo 1117-*bis* del codice, quando i partecipanti sono complessivamente più di sessanta, ciascun condominio deve designare, con la maggioranza di cui all'articolo 1136, quinto comma, del codice, il proprio rappresentante all'assemblea per la gestione ordinaria delle parti comuni a più condominii e per la nomina dell'amministratore. In mancanza, ciascun partecipante può chiedere che l'autorità giudiziaria nomini il rappresentante del proprio condominio. Qualora alcuni dei condominii interessati non abbiano nominato il proprio rappresentante, l'autorità giudiziaria provvede alla nomina su ricorso anche di uno solo dei rappresentanti già nominati, previa diffida a provvedervi entro un congruo termine. La diffida ed il ricorso all'autorità giudiziaria sono notificati al condominio cui si riferiscono in persona dell'amministratore o, in mancanza, a tutti i condomini. Ogni limite o condizione al potere di rappresentanza si considera non apposto. Il rappresentante risponde con le regole del mandato e comunica tempestivamente all'amministratore di ciascun condominio l'ordine del giorno e le decisioni assunte dall'assemblea dei rappresentanti dei condominii. L'amministratore riferisce in assemblea.

All'amministratore non possono essere conferite deleghe per la partecipazione a qualunque assemblea.

L'usufruttuario di un piano o porzione di piano dell'edificio esercita il diritto di voto negli affari che attengono all'ordinaria amministrazione e al semplice godimento delle cose e dei servizi comuni. Nelle altre deliberazioni, il diritto di voto spetta ai proprietari, salvi i casi in cui l'usufruttuario intenda avvalersi del diritto di cui all'articolo 1006 del codice ovvero si tratti di lavori od opere ai sensi degli articoli 985 e 986 del codice. In tutti questi casi l'avviso di convocazione deve essere comunicato sia all'usufruttuario sia al nudo proprietario.

Il nudo proprietario e l'usufruttuario rispondono solidalmente per il pagamento dei contributi dovuti all'amministrazione condominiale.

[1] Articolo così sost. dall'art. 21, L. 11 dic. 2012, n. 220, in vigore dal 17 giu. 2013.

68.[1] Ove non precisato dal titolo ai sensi dell'articolo 1118, per gli effetti indicati dagli articoli 1123, 1124, 1126 e 1136 del codice, il valore proporzionale di ciascuna unità immobiliare è espresso in millesimi in apposita tabella allegata al regolamento di condominio.

Nell'accertamento dei valori di cui al primo comma non si tiene conto del canone locatizio, dei miglioramenti e dello stato di manutenzione di ciascuna unità immobiliare.

[1] Articolo così sost. dall'art. 22, L. 11 dic. 2012, n. 220, in vigore dal 17 giu. 2013.

69.[1] I valori proporzionali delle singole unità immobiliari espressi nella tabella millesimale di cui all'articolo 68 possono essere rettificati o modificati all'unanimità. Tali valori possono essere rettificati o modificati, anche nell'interesse di un solo condomino, con la maggioranza prevista dall'articolo 1136, secondo comma, del codice, nei seguenti casi:

1) quando risulta che sono conseguenza di un errore;

2) quando, per le mutate condizioni di una parte dell'edificio, in conseguenza di sopraelevazione, di incremento di superfici o di incremento o diminuzione delle unità immobiliari, è alterato per più di un quinto il valore proporzionale dell'unità immobiliare anche di un solo condomino. In tal caso il relativo costo è sostenuto da chi ha dato luogo alla variazione.

Ai soli fini della revisione dei valori proporzionali espressi nella tabella millesimale allegata al regolamento di condominio ai sensi dell'articolo 68, può essere convenuto in giudizio unicamente il condominio in persona dell'amministratore. Questi è tenuto a darne senza indugio notizia all'assemblea dei condomini. L'amministratore che non adempie a quest'obbligo può essere revocato ed è tenuto al risarcimento degli eventuali danni.

Le norme di cui al presente articolo si applicano per la rettifica o la revisione delle tabelle per la ripartizione delle spese redatte in applicazione dei criteri legali o convenzionali.

[1] Articolo così sost. dall'art. 23, L. 11 dic. 2012, n. 220, in vigore dal 17 giu. 2013.

70.[1] Per le infrazioni al regolamento di condominio può essere stabilito, a titolo di sanzione, il pagamento di una somma fino ad euro 200 e, in caso di recidiva, fino ad euro 800. La somma è devoluta al fondo di cui l'amministratore dispone per le spese ordinarie. L'irrogazione della sanzione è deliberata dall'assemblea con le maggioranze di cui al secondo comma dell'articolo 1136 del Codice.[2]

[1] Articolo così sost. dall'art. 24, L. 11 dic. 2012, n. 220, in vigore dal 17 giu. 2013.

71. Il registro indicato dal quarto comma dell'art. 1129 e dal terzo comma dell'art. 1138 del codice è tenuto presso l'associazione professionale dei proprietari di fabbricati.

71-*bis*.[1] Possono svolgere l'incarico di amministratore di condominio coloro:

a) che hanno il godimento dei diritti civili;

b) che non sono stati condannati per delitti contro la pubblica amministrazione, l'amministrazione della giustizia, la fede pubblica, il patrimonio o per ogni altro delitto non colposo per il quale la legge commina la pena della reclusione non inferiore, nel minimo, a due anni e, nel massimo, a cinque anni;

c) che non sono stati sottoposti a misure di prevenzione divenute definitive, salvo che non sia intervenuta la riabilitazione;

d) che non sono interdetti o inabilitati;

e) il cui nome non risulta annotato nell'elenco dei protesti cambiari;

f) che hanno conseguito il diploma di scuola secondaria di secondo grado;

g) che hanno frequentato un corso di formazione iniziale e svolgono attività di formazione periodica in materia di amministrazione condominiale.

I requisiti di cui alle lettere *f*) e *g*) del primo comma non sono necessari qualora l'amministratore sia nominato tra i condomini dello stabile.

Possono svolgere l'incarico di amministratore di condominio anche società di cui al titolo V del libro V del codice. In tal caso, i requisiti devono essere

CODICE CIVILE

posseduti dai soci illimitatamente responsabili, dagli amministratori e dai dipendenti incaricati di svolgere le funzioni di amministrazione dei condominii a favore dei quali la società presta i servizi.

La perdita dei requisiti di cui alle lettere *a*), *b*), *c*), *d*) ed *e*) del primo comma comporta la cessazione dall'incarico. In tale evenienza ciascun condomino può convocare senza formalità l'assemblea per la nomina del nuovo amministratore.

A quanti hanno svolto attività di amministrazione di condominio per almeno un anno, nell'arco dei tre anni precedenti alla data di entrata in vigore della presente disposizione, è consentito lo svolgimento dell'attività di amministratore anche in mancanza dei requisiti di cui alle lettere f) e g) del primo comma. Resta salvo l'obbligo di formazione periodica.

[1] Articolo ins. dall'art. 25, L. 11 dic. 2012, n. 220, in vigore dal 17 giu. 2013.

71-*ter*.[1] Su richiesta dell'assemblea, che delibera con la maggioranza di cui al secondo comma dell'articolo 1136 del codice, l'amministratore è tenuto ad attivare un sito internet del condominio che consenta agli aventi diritto di consultare ed estrarre copia in formato digitale dei documenti previsti dalla delibera assembleare. Le spese per l'attivazione e la gestione del sito internet sono poste a carico dei condomini.

[1] Articolo ins. dall'art. 25, L. 11 dic. 2012, n. 220, in vigore dal 17 giu. 2013.

71-*quater*.[1] Per controversie in materia di condominio, ai sensi dell'articolo 5, comma 1, del decreto legislativo 4 marzo 2010, n. 28, si intendono quelle derivanti dalla violazione o dall'errata applicazione delle disposizioni del libro III, titolo VII, capo II, del codice e degli articoli da 61 a 72 delle presenti disposizioni per l'attuazione del codice.

La domanda di mediazione deve essere presentata, a pena di inammissibilità, presso un organismo di mediazione ubicato nella circoscrizione del tribunale nella quale il condominio è situato.

Al procedimento è legittimato a partecipare l'amministratore, previa delibera assembleare da assumere con la maggioranza di cui all'articolo 1136, secondo comma, del codice.

Se i termini di comparizione davanti al mediatore non consentono di assumere la delibera di cui al terzo comma, il mediatore dispone, su istanza del condominio, idonea proroga della prima comparizione.

La proposta di mediazione deve essere approvata dall'assemblea con la maggioranza di cui all'articolo 1136, secondo comma, del codice. Se non si raggiunge la predetta maggioranza, la proposta si deve intendere non accettata.

Il mediatore fissa il termine per la proposta di conciliazione di cui all'articolo 11 del decreto legislativo 4 marzo 2010, n. 28, tenendo conto della necessità per l'amministratore di munirsi della delibera assembleare.

[1] Articolo ins. dall'art. 25, L. 11 dic. 2012, n. 220, in vigore dal 17 giu. 2013.

72. I regolamenti di condominio non possono derogare alle disposizioni dei precedenti artt. 63, 66, 67 e 69.

SEZIONE IV
Disposizioni relative al Libro IV

73. Gli atti di offerta reale e quelli di deposito previsti dagli artt. 1209, primo comma, 1212 e 1214 del codice, sono eseguiti da un notaio o da un ufficiale giudiziario.

Le offerte per intimazione, previste dagli artt. 1209, secondo comma, e 1216, primo comma, sono eseguite con atto di ufficiale giudiziario.

73-*bis*.[1] I provvedimenti previsti negli artt. 1211, 1514 primo comma, 1515 terzo comma e 1841 del codice sono adottati dal tribunale in composizione monocratica.

[1] Articolo ins. dall'art. 158, D.lgs. 19 feb. 1998, n. 51.

74. Il processo verbale dell'offerta reale deve essere redatto in conformità delle disposizioni dell'art. 126 del codice di procedura civile e deve in particolare contenere la specificazione dell'oggetto dell'offerta e le dichiarazioni del creditore.

Quando l'offerta è accettata, il pubblico ufficiale esegue il pagamento e riceve le dichiarazioni del creditore per quietanza e per liberazione dalle garanzie.

Se il creditore non è presente all'offerta, il processo verbale deve essergli notificato nelle forme prescritte per la citazione.

L'intimazione prescritta dall'art. 1212, n. 1, del codice, può essere fatta con lo stesso atto di notificazione del verbale dell'offerta. In ogni caso tra l'intimazione e il deposito deve trascorrere un termine non minore di giorni tre.

75. L'atto di intimazione, nei casi previsti dagli artt. 1209, secondo comma, e 1216, primo comma, del codice, deve contenere l'indicazione del giorno, dell'ora e del luogo in cui il debitore intende procedere alla consegna delle cose mobili o al rilascio dell'immobile a favore del creditore, con rispetto di un intervallo non minore di giorni tre.

La mancata comparizione del creditore o il suo rifiuto di accettare l'offerta sono accertati con verbale redatto da un notaio o da un ufficiale giudiziario nel luogo, nel giorno e nell'ora indicati nell'atto di intimazione, con tutte le altre indicazioni prescritte dal primo comma dell'articolo precedente, e da tale giorno decorrono gli effetti della mora.

76. I depositi che hanno per oggetto titoli di credito o somme di danaro debbono essere eseguiti presso la Cassa dei depositi e prestiti secondo le norme della legge speciale, oppure presso un istituto di credito.

77. Il deposito di cose mobili diverse dal danaro

e dai titoli di credito, nei casi previsti dagli artt. 1210, primo comma, e 1214 del codice e in ogni altro caso in cui esso sia prescritto dalla legge o dal giudice ovvero sia voluto dalle parti, si esegue presso stabilimenti di pubblico deposito a norma delle leggi speciali.

Qualora non esistano stabilimenti di pubblico deposito nel luogo in cui deve essere eseguita la prestazione, o se ricorrono particolari ragioni, il pretore del luogo predetto, su ricorso della parte interessata, può autorizzare con decreto il deposito presso altro locale idoneo.

78. Il pubblico ufficiale, che a norma dell'art. 1210 del codice procede al deposito di danaro, di titoli di credito o di altre cose mobili, deve redigere processo verbale della relativa operazione in conformità del successivo art. 1212, n. 3 e dell'art. 126 del codice di procedura civile, e consegnarne copia al depositario, nonché al creditore comparso, se la richiede.

Se il creditore non è stato presente, deve essergli notificata copia del processo verbale nelle forme prescritte per gli atti di citazione.

79. Il sequestratario dell'immobile, nel caso previsto dal secondo comma dell'art. 1216 del codice, è nominato, se non vi è giudizio pendente, dal presidente del tribunale del luogo in cui si trova l'immobile.

Il presidente del tribunale provvede con decreto, sentito il creditore. Contro tale decreto è ammesso reclamo al presidente della corte di appello, entro dieci giorni dalla notificazione.

La consegna dell'immobile al sequestratario deve risultare da processo verbale redatto da un notaio o da un ufficiale giudiziario. Copia del processo verbale deve essere notificata al creditore che non sia stato presente.

80. L'atto d'intimazione previsto dall'art. 1217 del codice, se non è determinato il tempo in cui la prestazione deve essere eseguita, e in ogni caso se la prestazione medesima deve effettuarsi in località diversa dal domicilio del creditore, deve contenere l'indicazione del giorno, dell'ora e del luogo in cui il debitore intende eseguire la prestazione, col rispetto di un intervallo di almeno tre giorni, a meno che la natura del rapporto non imponga un intervallo minore.

Il mancato ricevimento della prestazione da parte del creditore nel giorno stabilito può essere accertato nelle forme di uso e da tale giorno decorrono gli effetti della mora.

81. Nei casi previsti dagli artt. 1286, terzo comma, e 1287, terzo comma, del codice, l'istanza per la fissazione del termine entro il quale deve essere fatta la scelta e quella per la scelta della prestazione da parte del giudice si propongono, se non vi è giudizio pendente, davanti l'autorità giudiziaria del luogo in cui la prestazione deve eseguirsi, osservate le disposizioni previste rispettivamente dagli artt. 749 e 750 del codice di procedura civile.

82. L'istanza per la nomina del terzo nei casi previsti dal secondo comma dell'art. 1473 del codice, qualora non vi sia giudizio in corso, si propone con ricorso al presidente del tribunale del luogo in cui deve eseguirsi la consegna della cosa a norma dell'art. 1510 del codice.

Il ricorso deve essere notificato alle altre parti interessate e al terzo. Il presidente del tribunale provvede con decreto; contro di questo è ammesso reclamo al primo presidente della corte di appello entro dieci giorni dalla notificazione.

La nomina deve cadere normalmente su persona esperta iscritta in albi o elenchi o ruoli istituiti a norma di legge.

83. Sono autorizzati alle operazioni di vendita con o senza incanto a norma dell'art. 1515 del codice, o alle operazioni di compra a norma del successivo art. 1516:

1) gli agenti di cambio, per i valori pubblici e per i titoli di credito specificati nelle leggi sulle borse;

2) i mediatori in merci iscritti presso le Camere di commercio, per le merci e le derrate.

La vendita all'incanto deve essere annunziata con le forme di una pubblicità commerciale adeguata alla natura ed al valore delle cose poste in vendita.

Il verbale d'incanto è depositato nella cancelleria della pretura del luogo in cui si è proceduto alla vendita.

Le operazioni di vendita senza incanto e quelle di compra devono essere documentate mediante certificato, fattura o fissato bollato, in doppio esemplare, uno dei quali è consegnato alla parte richiedente e l'altro, vistato da questa, è conservato dalla persona che ha eseguito l'incarico.

Il compenso dovuto alla persona predetta, se non esiste una tariffa approvata, è stabilito con decreto del pretore del luogo in cui l'incarico è stato eseguito.

84. Il contratto di vendita con riserva di proprietà di macchine per prezzo superiore a euro 15,49, deve essere iscritto, agli effetti previsti dal secondo comma dell'art. 1524 del codice, nel registro istituito presso la cancelleria del tribunale nella cui giurisdizione la macchina viene collocata.

Le sottoscrizioni delle parti devono essere autenticate, se il contratto non risulta da atto pubblico.

SEZIONE V

Disposizioni relative al Libro V

85-91. .... [1]

[1] Gli artt. 85-91 devono ritenersi abrogati. Gli artt. 92-94 sono richiamati dagli artt. 103 e 106. V. la nota all'art. 2088 c.c.

92.[1] Il decreto, previsto dall'art. 2409 del codice, che nomina l'amministratore giudiziario nella società di cui ai capi V, VI e VII[2] del titolo V del libro V del codice priva l'imprenditore, dalla sua data, dell'amministrazione della società nei limiti dei poteri conferiti all'amministratore giudiziario.

Salvo che il decreto disponga diversamente, l'amministratore giudiziario non può compiere atti eccedenti l'ordinaria amministrazione, senza l'autorizzazione del tribunale.

Entro i limiti dei poteri conferitigli, l'amministratore sta in giudizio nelle controversie, anche pendenti, relative alla gestione della società.

All'amministratore giudiziario possono essere attribuiti per determinati atti i poteri dell'assemblea. Le relative deliberazioni non sono efficaci senza l'approvazione del tribunale.

Il compenso dell'amministratore giudiziario è determinato dal tribunale.

[1] Articolo così sost. dall'art. 9 D.lgs. 17 gen. 2003, n. 6, in vigore dall'1 gen. 2004.

[2] Parole così modif. dall'art. 379, c. 4, D.lgs. 12 gen. 2019, n. 14, con decorrenza 16 mar. 2019.

93. L'amministratore giudiziario è, per quanto attiene all'esercizio delle sue funzioni, pubblico ufficiale.

94.[1] L'amministratore giudiziario deve adempiere ai doveri del proprio ufficio con la diligenza richiesta dalla natura del proprio ufficio e può essere revocato dal tribunale su richiesta dei soggetti legittimati a chiederne la nomina.

L'amministratore che cessa dal suo ufficio deposita nella cancelleria del tribunale del luogo, ove è la sede principale dell'impresa, il conto della gestione. L'avvenuto deposito è comunicato immediatamente alla società.

Il presidente del tribunale con decreto fissa l'udienza, in termine non inferiore a quindici giorni dal deposito, nella quale le parti possono presentare le loro osservazioni, e nomina un giudice per la procedura. Non sono ammesse contestazioni relative ai criteri tecnici della gestione nei limiti dei poteri conferiti all'amministratore.

Si applicano le disposizioni degli artt. 2623, secondo comma, e seguenti dal c.p.c.

[1] Articolo così sost. dall'art. 9 D.lgs. 17 gen. 2003, n. 6, in vigore dall'1 gen. 2004.

95. Quando le leggi o le norme corporative non dispongono, l'appartenenza alla categoria di impiegato o di operaio è determinata dal R.D.L. 13 nov. 1924, n. 1825.

96. L'imprenditore deve far conoscere al prestatore di lavoro al momento dell'assunzione, la categoria e la qualifica che gli sono assegnate in relazione alle mansioni per cui è stato assunto.

Le qualifiche dei prestatori di lavoro, nell'ambito di ciascuna delle categorie indicate dall'art. 2095 del codice, possono essere stabilite e raggruppate per gradi secondo la loro importanza nell'ordinamento dell'impresa. Il prestatore di lavoro assume il grado gerarchico corrispondente alla qualifica e alle mansioni.

I contratti collettivi di lavoro possono stabilire che, nel caso di divergenza tra l'imprenditore e il prestatore di lavoro circa l'assegnazione della qualifica, l'accertamento dei fatti rilevanti per la determinazione della qualifica venga fatto da un collegio costituito da un funzionario dell'ispettorato *del lavoro*, che presiede, e da un delegato di ciascuna delle associazioni professionali che rappresentano le categorie interessate.

Sui fatti rilevanti per la determinazione della qualifica che hanno formato oggetto dell'accertamento compiuto con tali forme, non sono ammesse nuove indagini o prove, salvo che l'accertamento sia viziato da errore manifesto.

97. Nel caso previsto dall'art. 2106 del codice, ai prestatori di lavoro addetti alle imprese esercitate da enti pubblici inquadrati sindacalmente, le sanzioni disciplinari stabilite nei regolamenti emanati dagli enti medesimi si applicano solo in quanto compatibili con le particolari disposizioni dei contratti collettivi a cui gli enti sono soggetti.

98. Nei rapporti d'impiego inerenti all'esercizio dell'impresa, in mancanza di norme corporative o di usi più favorevoli, per quanto concerne il trattamento cui ha diritto l'impiegato nei casi d'infortunio, di malattia, di gravidanza o di puerperio, la durata del periodo feriale, del periodo di preavviso, la misura dell'indennità sostitutiva di questo e l'ammontare dell'anzianità in caso di cessazione del rapporto, si applicano le corrispondenti norme del R.D.L. 13 nov. 1924, n. 1825.

Le richiamate norme si applicano altresì ai rapporti d'impiego dei dipendenti di enti pubblici anche se non inquadrati sindacalmente, in quanto il rapporto non sia diversamente disciplinato da leggi o regolamenti speciali, nonché ai rapporti d'impiego non inerenti all'esercizio di un'impresa, in quanto non esistano convenzioni od usi più favorevoli al prestatore di lavoro.

99. Le disposizioni relative all'istituzione del registro delle imprese previsto dall'art. 2188 del codice saranno emanate con decreto [reale]. Tale decreto stabilirà altresì la data di attuazione del registro delle imprese, nonché le condizioni per la iscrizione delle imprese individuali e sociali esistenti in tale momento.

100-101. ....[1]

[1] Articoli abrog. dall'art. 111-*sexies Att.* ins. dall'art. 9, D.lgs. 17 gen. 2003, n. 6, con decorrenza dall'1 gen. 2003.

101-*bis*.[1] Copia integrale o parziale di ogni atto per il quale è prescritta l'iscrizione o il deposito nel registro delle imprese deve essere rilasciata a chi ne faccia richiesta, anche per corrispondenza, senza che il costo di tale copia possa eccedere il costo amministrativo.

[1] Articolo aggiunto dall'art. 20, D.P.R. 29 dic. 1969, n. 1127.

101-*ter*.[1] Ai fini della pubblicità prescritta dagli artt. 2506 e 2507 del codice civile la società richiedente deve allegare agli atti e documenti ivi previsti la traduzione giurata in lingua italiana e deve indicare gli estremi della pubblicità attuata nello Stato ove è situata la sede principale. Dell'avvenuto deposito dei documenti deve essere fatta menzione nel Bollettino ufficiale delle società per azioni e a responsabilità limitata.

[1] Articolo ins. dall'art. 5, D.L. 29 dic. 1992, n. 516.

101-*quater*.[1] Le società soggette alla legislazione di un altro Stato appartenente alla Comunità economica europea, le quali stabiliscono nel territorio dello Stato più sedi secondarie con rappresentanza stabile, possono attuare la pubblicità dell'atto costitutivo, dello statuto e dei bilanci nell'ufficio del registro delle imprese di una soltanto delle sedi secondarie, depositando negli altri l'attestazione dell'eseguita pubblicità.

[1] Articolo ins. dall'art. 5, D.L. 29 dic. 1992, n. 516.

102. Le norme per la formazione del ruolo, per la nomina e per la disciplina dei revisori ufficiali dei conti e quelle per la vigilanza e per la disciplina dei sindaci delle società saranno emanate con decreto del Capo dello Stato.

Fino all'entrata in vigore di tale decreto continueranno ad applicarsi le disposizioni anteriori.

103.[1] I provvedimenti del tribunale previsti dall'art. 2409 del codice sono disposti con decreto, il quale deve essere comunicato, a cura del cancelliere, entro cinque giorni, all'ufficio del registro delle imprese per l'iscrizione.

[1] Articolo così sost. dall'art. 9, D.lgs. 17 gen. 2003, n. 6, in vigore dall'1 gen. 2004.

104.[1] Il tribunale, prima di procedere alla nomina del rappresentante degli obbligazionisti prevista dall'art. 2417 del codice, deve sentire gli amministratori o il consiglio di gestione della società.

[1] Articolo così sost. dall'art. 9, D.lgs. 17 gen. 2003, n. 6, in vigore dall'1 gen. 2004.

105. La liquidazione coatta amministrativa delle società cooperative è regolata dalle norme generali sulla liquidazione coatta amministrativa delle società, salvo che le leggi speciali dispongano diversamente.

106.[1] Le norme degli artt. 92, 93 e 94 di queste disposizioni si applicano anche al commissario governativo incaricato della gestione della società cooperativa a norma dell'art. 2545-*sexiesdecies* del codice, intendendosi sostituiti nei poteri del tribunale, per quanto riguarda le disposizioni dei precedenti artt. 92 e 94, primo comma, l'autorità governativa che ha nominato il commissario.

[1] Articolo così sost. dall'art. 9, D.lgs. 17 gen. 2003, n. 6, in vigore dall'1 gen. 2004.

107. Alle mutue assicuratrici regolate da leggi speciali le disposizioni del capo II del titolo VI del liro V del codice si applicano in quanto compatibili con le leggi medesime.

108-109. ....[1]

[1] Articoli abrog. dall'art. 111-*sexies Att.* ins. dall'art. 9, D.lgs. 17 gen. 2003, n. 6, con decorrenza dall'1 gen. 2003.

110. La competenza dell'autorità governativa nell'esercizio dei poteri ad essa demandati dal libro V del codice è determinata dalle leggi speciali.

111. Le norme per l'attuazione delle disposizioni contenute nelle sezioni III e IV del capo II del titolo X del libro V del codice saranno emanate con decreto del Presidente della Repubblica.

Fino all'entrata in vigore di tale decreto, la disciplina dei consorzi obbligatori e i controlli dell'autorità governativa sui consorzi volontari continuano ad essere regolati dalle leggi anteriori.

111-*bis*.[1] La misura rilevante di cui all'articolo 2325-*bis* del codice è quella stabilita a norma dell'articolo 116 del decreto legislativo 24 febbraio 1998, n. 58. Nel caso previsto dall'articolo 2409-*bis*, secondo comma, del codice, si applicano alla società di revisione le disposizioni degli articoli 155, comma 2, 162, commi 1 e 2, 163, commi 1 e 4 del decreto legislativo n. 58 del 1998.[2]

Ai fini di cui all'art. 2343-*ter*, per valori mobiliari e strumenti del mercato monetario si intendono quelli di cui all'art. 1, c. 1-*bis* e 1-*ter*, del T.U. in materia di intermediazione finanziaria di cui al D.lgs. 24 feb. 1998, n. 58.[3]

[1] Articolo ins. dall'art. 9, D.lgs. 17 gen. 2003, n. 6, in vigore dall'1 gen. 2004.

[2] Comma così modif. dall'art. 3, c. 1, D.lgs. 11 ott. 2012, n. 184.

[3] Comma ins. dall'art. 2, D.lgs. 4 ago. 2008, n. 142.

111-*ter*.[1] Chi richiede l'iscrizione presso il registro delle imprese dell'atto costitutivo di una società deve indicarne nella domanda l'indirizzo, comprensivo della via e del numero civico, ove è posta la sua sede. In caso di successiva modificazione di tale indirizzo gli amministratori ne depositano apposite dichiarazioni presso il registro delle imprese.

[1] Articolo ins. dall'art. 9, D.lgs. 17 gen. 2003, n. 6, in vigore dall'1 gen. 2004.

111-*quater*.[1] La società di revisione di cui all'art. 2447-*ter* del codice è scelta tra quelle iscritte nell'albo speciale delle società di revisione tenuto dalla Commissione nazionale per le società e la borsa a norma delle leggi speciali.

[1] Articolo ins. dall'art. 9, D.lgs. 17 gen. 2003, n. 6, in vigore dall'1 gen. 2004.

111-*quinquies*.[1] L'art. 2632 del codice, come modificato dal D.lgs. 11 apr. 2002, n. 61, è sostituito dal seguente: Art. 2632. *Formazione fittizia del capitale.* — Gli amministratori e i soci conferenti che, anche in parte, formano od aumentano fittiziamente il capitale sociale mediante attribuzioni di azioni o quote in misura complessivamente superiore all'ammontare del capitale sociale, sottoscrizione reciproca di azioni o quote, sopravvalutazione rilevante dei conferimenti di beni in natura o di crediti ovvero del patrimonio della società nel caso di trasformazione, sono puniti con la reclusione fino ad un anno.

[1] Articolo ins. dall'art. 9, D.lgs. 17 gen. 2003, n. 6, in vigore dall'1 gen. 2004.

111-*sexies*. Gli artt. 100, 101, 108 e 109 sono abrogati.[1]

[1] Articolo ins. dall'art. 9, D.lgs. 17 gen. 2003, n. 6, in vigore dall'1 gen. 2004.

111-*septies*.[1] Le cooperative sociali che rispettino le norme di cui alla L. 8 nov. 1991, n. 381, sono considerate, indipendentemente dai requisiti di cui all'art. 2513 del codice, cooperative a mutualità prevalente. Le cooperative agricole che esercitano le attività di cui all'art. 2135 del codice sono considerate cooperative a mutualità prevalente se soddisfano le condizioni di cui al terzo comma dell'art. 2513 del codice. Le piccole società cooperative costituite ai sensi della L. 7 ago. 1997, n. 266, nel termine previsto all'art. 223-*duodecies* del codice devono trasformarsi nella società cooperativa disciplinata dall'art. 2522 del codice.

[1] Articolo ins. dall'art. 9 D.lgs. 17 gen. 2003, n. 6, in vigore dall'1 gen. 2004.

111-*octies*.[1] Sono investitori istituzionali destinati alle società cooperative quelli costituiti ai sensi della L. 25 feb. 1985, n. 49, i fondi mutualistici e i fondi pensione costituiti da società cooperative.

[1] Articolo ins. dall'art. 9 D.lgs. 17 gen. 2003, n. 6, in vigore dall'1 gen. 2004.

111-*nonies*.[1] Le società di revisione di cui al secondo comma dell'art. 2545-*octies* del codice sono quelle di cui al D.lgs. 27 gen. 1992, n. 88.

[1] Articolo ins. dall'art. 9 D.lgs. 17 gen. 2003, n. 6, in vigore dall'1 gen. 2004.

111-*decies*.[1] Ferma restando la natura indivisibile delle riserve accantonate, non rilevano ai fini dell'obbligo di devoluzione previsto dall'art. 17 della L. 23 dic. 2000, n. 388, la modificazione delle clausole previste dall'art. 26 del D.lgs. Capo provvisorio dello Stato 14 dic. 1947, n. 1577, ovvero la decadenza dei benefici fiscali per effetto della perdita del requisito della prevalenza come disciplinato dagli artt. 2512 e 2513 del codice.

Gli amministratori devono, tuttavia, redigere un bilancio ai sensi dell'art. 2545-*octies* del codice.

[1] Articolo ins. dall'art. 9 D.lgs. 17 gen. 2003, n. 6, in vigore dall'1 gen. 2004.

111-*undecies*.[1] Il Ministro delle attività produttive, di concerto con il Ministro dell'economia e delle finanze, stabilisce, con proprio decreto, regimi derogatori al requisito della prevalenza, così come definite dall'art. 2513 del codice, in relazione alla struttura dell'impresa e del mercato in cui le cooperative operano, a specifiche disposizioni normative cui le cooperative devono uniformarsi e alla circostanza che la realizzazione del bene destinato allo scambio mutualistico richieda il decorso di un periodo di tempo superiore all'anno di esercizio.

[1] Articolo ins. dall'art. 9 D.lgs. 17 gen. 2003, n. 6, in vigore dall'1 gen. 2004.

111-*duodecies*.[1] Qualora tutti i loro soci illimitatamente responsabili, di cui all'art. 2361, comma secondo, del codice, siano società per azioni, in accomandita per azioni o società a responsabilità limitata, le società in nome collettivo o in accomandita semplice devono redigere il bilancio secondo le norme previste per le società per azioni; esse devono inoltre redigere e pubblicare il bilancio consolidato come disciplinato dall'art. 26 del D.lgs. 9 apr. 1991, n. 127, ed in presenza dei presupposti ivi previsti.

Il primo comma si applica anche qualora i soci illimitatamente responsabili siano società di capitali soggette al diritto di un altro Stato membro dell'Unione europea o società soggette al diritto di un altro Stato assimilabili giuridicamente alle imprese a responsabilità limitata disciplinate dal diritto di uno Stato membro dell'Unione europea.[2]

[1] Articolo ins. dall'art. 9 D.lgs. 17 gen. 2003, n. 6, in vigore dall'1 gen. 2004.

[2] Comma aggiunto dall'art. 24, c. 1, L. 23 dic. 2021, n. 238.

111-*terdecies*.[1] La deliberazione prevista dal secondo comma dell'art. 2446 del codice è verbalizzata ed iscritta nel registro delle imprese a norma dell'art. 2436 del codice.

[1] Articolo ins. dall'art. 5 D.lgs. 6 feb. 2004 n. 37.

111-*quaterdecies*.[1] La durata del primo incarico di controllo contabile può coincidere con quello di revisione affidato alla stessa società.

[1] Articolo ins. dall'art. 35 D.lgs. 28 dic. 2004, n. 310.

SEZIONE VI
Disposizioni relative al Libro VI

112. ....[1]

[1] Articolo abrog. dall'art. 2 della L. 21 gen. 1983, n. 22.

113. Il reclamo menzionato nell'art. 2888 del codice si propone al tribunale, il quale provvede con decreto motivato in camera di consiglio, sentiti il conservatore e il pubblico ministero.

Contro il provvedimento che non accoglie la domanda il richiedente può proporre reclamo alla corte d'appello.

Il tribunale o la corte può ordinare che la domanda di cancellazione sia proposta nelle forme ordinarie in contraddittorio delle persone che ritiene abbiano interesse contrario alla cancellazione medesima.

113-*bis*.[1] Il conservatore, nel caso in cui non riceva i titoli e le note ai sensi dell'art. 2674 del codice, indica sulle note i motivi del rifiuto e restituisce uno degli originali alla parte richiedente. La parte può avvalersi del procedimento stabilito nell'art. 745 del c.p.c.

Dello stesso procedimento la parte può avvalersi per il ritardo nel rilascio di certificati o di copie.

Il pubblico ministero comunica al Ministero di grazia e giustizia e al Ministero delle finanze la decisione adottata.

[1] Articolo così inserito dall'art. 6 della L. 27 feb. 1985, n. 52.

113-*ter*.[1] Il reclamo previsto nell'art. 2674-*bis* del codice si propone con ricorso, entro il termine perentorio di trenta giorni dalla esecuzione della formalità, davanti al tribunale nella cui circoscrizione è stabilita la conservatoria; entro lo stesso termine il ricorso deve essere notificato al conservatore, a pena di improcedibilità.

Il tribunale provvede in camera di consiglio, con decreto motivato, immediatamente esecutivo, sentiti il pubblico ministero, il conservatore e le parti interessate.

Contro il provvedimento del tribunale è consentito reclamo alla corte d'appello, con ricorso notificato, a pena di improcedibilità, anche al conservatore.

A margine della formalità eseguita con riserva il conservatore annota la proposizione del reclamo, il decreto immediatamente esecutivo del tribunale e il decreto definitivo.

Quando il reclamo non è proposto o è rigettato definitivamente, la formalità perde ogni effetto.

[1] Articolo così inserito dall'art. 8 della L. 27 feb. 1985, n. 52.

CAPO II
Disposizioni transitorie

SEZIONE I
Disposizioni relative al Libro I

114. La pronunzia di immissione nel possesso definitivo dei beni dell'assente, emessa a termine degli artt. 36 e 38 del codice del 1865, equivale a tutti gli effetti alla dichiarazione di morte presunta prevista nell'art. 58 del nuovo codice.

Fino al 30 giugno 1942 non può essere dichiarata la morte presunta nell'ipotesi prevista nell'art. 58 del nuovo codice, se non quando concorrono le condizioni indicate negli artt. 36 e 38 del codice del 1865 per la pronunzia di immissione definitiva nei beni dell'assente.

115. Il termine di tre mesi, previsto nel secondo comma dell'art. 14 della legge 27 maggio 1929, n. 847, è ridotto a un mese.

Il capo primo della legge suddetta è abrogato.

116. L'impugnazione prevista nello art. 123, primo comma, del codice non può essere proposta dal coniuge impotente per i matrimoni anteriori all'1 luglio 1939.

I matrimoni che sono stati celebrati anteriormente all'1 luglio 1939 davanti ad un ufficiale dello stato civile incompetente o senza la presenza dei testimoni non si possono più impugnare.

117. Se il matrimonio è stato annullato prima dell'1 luglio 1939 ed è stata riconosciuta la mala fede di entrambi i coniugi, i figli nati o concepiti durante il matrimonio possono acquistare lo stato di figli nati fuori del matrimonio riconosciuti ai sensi dell'art. 128, ultimo comma, del codice con effetto dal giorno della domanda giudiziale proposta in contraddittorio dei genitori o dei loro eredi.

[1] Articolo così modif. dall'art. 96, D.lgs. 28 dic. 2013, n. 154, in vigore dal 7 feb. 2014.

118. Gli atti di costituzione di dote aventi per oggetto beni futuri, stipulati prima dell'1 luglio 1939, conservano la loro efficacia anche rispetto ai beni che pervengono alla moglie dopo tale data.

119. I lucri dotali in favore del coniuge sopravvivente, stipulati prima dell'1 luglio 1939, conservano la loro efficacia.

Conservano parimenti la loro efficacia le ipoteche iscritte a garanzia dei lucri medesimi.

120. L'azione di disconoscimento di paternità è soggetta ai termini e alle cause di decadenza previsti nel nuovo codice, anche quando si tratta di impugnare la legittimità di figli nati prima dell'entrata in vigore dello stesso codice, sempre che l'azione non sia già estinta a norma delle disposizioni del codice del 1865.

121. Le azioni di reclamo di stato di figlio nato nel matrimonio, spettanti agli eredi che non siano discendenti del figlio a norma dell'art. 178 del codice del 1865, possono essere continuate quando la domanda è stata proposta prima dell'1 luglio 1939.

[1] Articolo così modif. dall'art. 96, D.lgs. 28 dic. 2013, n. 154, in vigore dal 7 feb. 2014.

122. Le disposizioni del codice relative al riconoscimento dei figli nati fuori del matrimonio si applicano anche ai figli nati o concepiti prima dell'1 luglio 1939.

Il riconoscimento di figli nati fuori del matrimonio, compiuto prima di tale data fuori dei casi in cui era ammesso secondo le leggi anteriori, non può essere annullato, se al momento in cui fu fatto concorrevano le condizioni per cui sarebbe ammissibile secondo le disposizioni del codice.

Tale riconoscimento vale anche agli effetti delle successioni aperte prima dell'1 luglio 1939, purché i diritti successori del figlio non siano stati esclusi con sentenza passata in giudicato o non sia intervenuta transazione tra le parti interessate o non siano trascorsi tre anni dall'apertura della successione senza che il figlio abbia fatto valere alcuna ragione ereditaria sui beni della successione.

[1] Articolo così modif. dall'art. 96, D.lgs. 28 dic. 2013, n. 154, in vigore dal 7 feb. 2014.

123. L'azione per la dichiarazione giudiziale di paternità può essere proposta dai figli nati prima dell'1 luglio 1939 solo nel caso in cui ricorrono le condizioni previste dall'art. 189 del codice del 1865. L'azione può essere proposta, sempre che ricorrano tali condizioni, anche dai figli nati fuori del matrimonio per i quali è ammessa dall'art. 278 del nuovo codice.

I figli nati fuori del matrimonio che si trovano nelle condizioni previste nei numeri 1 e 4 dell'art. 269 del codice, ma che non possono ottenere la dichiarazione giudiziale di paternità perché nati prima dell'1 luglio 1939, possono agire soltanto per ottenere gli alimenti.

Nei casi in cui l'azione per la dichiarazione giudiziale di paternità è ammessa secondo le norme del codice del 1865, essa è soggetta al termine stabilito dall'art. 271 del nuovo codice.

Le disposizioni del codice relative alle forme dei giudizi per la dichiarazione giudiziale di paternità o di maternità naturale si applicano anche ai figli nati o concepiti prima dell'1 luglio 1939.

I giudizi relativi alla dichiarazione di paternità o di maternità proposti prima dell'1 luglio 1939 non possono essere proseguiti se non è intervenuto il decreto contemplato dall'art. 274 del codice stesso, salvo il caso che si sia già ottenuta una sentenza anche se interlocutoria.

[1] Articolo così modif. dall'art. 96, D.lgs. 28 dic. 2013, n. 154, in vigore dal 7 feb. 2014.

124-125.[1]

[1] Articoli abrog. dall'art. 106, D.lgs. 28 dic. 2013, n. 154, in vigore dal 7 feb. 2014.

126. La disposizione del secondo comma dell'art. 293 del nuovo codice è applicabile anche alle adozioni costituite prima dell'1 luglio 1939, a meno che siano state già impugnate ai sensi dell'art. 205 del codice del 1865.

127. Le disposizioni del codice sulla revoca dell'adozione si applicano anche alle adozioni costituite prima dell'1 luglio 1939.

127-*bis*.[1] I divieti contenuti nei numeri 6, 7, 8 e 9 dell'articolo 87 del codice civile sono applicabili all'affiliazione.

[1] Articolo ins. dall'art. 96, D.lgs. 28 dic. 2013, n. 154, in vigore dal 7 feb. 2014.

128. ....[1]

[1] L'art. 128 deve ritenersi abrogato essendo stato soppresso l'art. 342 c.c.

129. Le norme del codice in materia di tutela e di curatela si applicano anche alle tutele e alle curatele che si sono aperte prima dell'1 luglio 1939.

Tuttavia i tutori, i protutori e i curatori già nominati conservano l'ufficio, salve le disposizioni degli artt. 383, 384 e 393 del codice, e sempre che non ricorrano cause d'incapacità previste dal codice stesso.

130. La disposizione dell'art. 428 del codice è applicabile anche se gli atti in essa contemplati sono stati compiuti prima dell'1 luglio 1939.

131. Le ipoteche legali sui beni del tutore iscritte a norma degli artt. 292, 293 e 1969, n. 3, del codice del 1865 possono essere cancellate quando il tutore ne fa istanza al giudice tutelare, il quale, se ordina la cancellazione, provvede secondo l'art. 381 del nuovo codice.

SEZIONE II
Disposizioni relative al Libro II

132. L'erede col beneficio di inventario può promuovere la procedura di liquidazione ai sensi dell'art. 503 del codice anche se l'accettazione è stata fatta prima del 21 aprile 1940.

133. La rinunzia all'eredità o al legato, fatta dopo il 21 aprile 1940, produce tutti gli effetti previsti dal codice, ancorché si tratti di successione apertasi anteriormente a quella data.

134. La disposizione dell'art. 528 del codice è applicabile anche per le successioni apertesi prima del 21 aprile 1940, se il chiamato non ha ancora accettato e non è nel possesso di beni ereditari.

L'obbligo del curatore di procedere alla liquidazione dell'eredità giacente incombe anche sui curatori già nominati, se, in caso di opposizione dei creditori o legatari, il pretore ritiene opportuno disporre la liquidazione.

135. Le norme sulla riduzione delle donazioni sono applicabili anche alle donazioni fatte anteriormente al 21 aprile 1940, purché la successione si sia aperta dopo. Tali donazioni sono soggette a riduzione, avuto riguardo alla misura dei diritti riservati ai legittimari stabilita dal codice.

La medesima disposizione si applica per le regole stabilite dal codice sulla collazione, sull'imputazione e sulla riunione fittizia.

Tuttavia per le donazioni di beni mobili fatte anteriormente al 21 aprile 1940, si tiene conto del valore risultante dalla stima annessa all'atto di donazione.

136. Le disposizioni degli artt. 580 e 594 del codice si applicano anche alle successioni apertesi prima del 21 aprile 1940, se i diritti dei figli nati fuori del matrimonio[1] non riconoscibili o non riconosciuti non sono stati definiti con sentenza passata in giudicato o mediante convenzione.

Possono inoltre valersi delle disposizioni degli artt. 580 e 594 i figli nati fuori del matrimonio[1] che si trovano nelle condizioni previste dai numeri 1 e 4 dell'art. 269 del codice, ma che non possono ottenere la dichiarazione giudiziale di paternità perché nati anteriormente all'1 lug. 1939.[2]

I figli nati fuori del matrimonio[1] indicati dal comma precedente hanno facoltà di chiedere l'assegno vitalizio anche per le successioni già aperte, ma non oltre cinque anni prima del 21 aprile 1940; l'assegno in questo caso deve essere calcolato con riguardo allo stato e al valore che i beni ereditari avevano a tale data.

[1] L'art. 105, D.lgs. 28 dic. 2013, n. 154, in vigore dal 7 feb. 2014 ha disposto in tutta la legislazione vigente le parole «figli naturali» vengano sost. da «figli nati fuori del matrimonio».

[2] V. nota all'art. 123 *Trans.*

137. Non possono essere promosse né proseguite azioni per la dichiarazione di nullità, per vizio di forma, per incapacità a ricevere o per altre cause, di disposizioni testamentarie e di donazioni che sono valide secondo il codice. La nullità ammessa anche da questo non può essere pronunziata se non nei limiti da esso previsti.

138. Le condizioni di vedovanza ammesse dall'ultimo comma dell'art. 850 del codice del 1865, relative alle successioni apertesi prima del 21 aprile 1940, conservano la loro efficacia.

139. I diritti derivanti da una disposizione testamentaria sotto condizione sospensiva si trasmettono agli eredi dell'onorato, se questi muore dopo il 21 aprile 1940 senza che la condizione si sia verificata.

140. Ancorché la divisione sia stata già effettuata, si applica la norma dell'art. 759 del codice, se l'evizione ha luogo dopo il 21 aprile 1940.

141. Le norme sulla revocazione per ingratitudine sono applicabili alle donazioni anteriori, se la causa di revocazione si è verificata dopo il 21 aprile 1940. Tuttavia la norma del secondo comma dell'art. 802 del codice è applicabile anche se la causa di revocazione è anteriore.

SEZIONE III
Disposizioni relative al Libro III

142-149. .... [1]

[1] Articoli abrog. dall'art. 18 della L. 22 lug. 1966, n. 607.

150. Per l'acquisto dei frutti al termine dell'usufrutto, se questo ha avuto inizio anteriormente al 28 ottobre 1941, si osserva il disposto dell'art. 480 del codice del 1865.

151. Le disposizioni dell'art. 999 del codice si applicano anche alle locazioni concluse dall'usufruttuario anteriormente al 28 ottobre 1941.

152. Il diritto di ritenzione ammesso dagli artt. 1006 e 1011 del codice spetta all'usufruttuario anche per le somme a lui dovute in dipendenza di anticipazioni effettuate prima del 28 ottobre 1941.

153. La disposizione dell'art. 1023 del codice si applica anche ai diritti di uso e di abitazione costituiti prima del 28 ottobre 1941.

154. Se l'interclusione del fondo si è verificata per effetto di vendita anteriore al 28 ottobre 1941, il compratore non è tenuto a dare il passaggio senza indennità.

155. Le disposizioni concernenti la revisione dei regolamenti di condominio e la trascrizione di essi si applicano anche ai regolamenti formati prima del 28 ottobre 1941.

Cessano di avere effetto le disposizioni dei regolamenti di condominio che siano contrarie alle norme richiamate nell'ultimo comma dell'art. 1138 del codice e nell'art. 72 di queste disposizioni.

155-*bis*.[1] L'assemblea, ai fini dell'adeguamento degli impianti non centralizzati di cui all'articolo 1122-*bis*, primo comma, del codice, già esistenti alla data di entrata in vigore del predetto articolo, adotta le necessarie prescrizioni con le maggioranze di cui all'articolo 1136, commi primo, secondo e terzo, del codice.

[1] Articolo ins. dall'art. 26, L. 11 dic. 2012, n. 220, in vigore dal 17 giu. 2013.

156. I condominî costituiti in forma di società cooperativa possono conservare tale forma di amministrazione.

Ai rapporti di condominio negli edifici di cooperative edilizie le quali godono del contributo dello Stato nel pagamento degli interessi sui mutui si applicano le disposizioni delle leggi speciali.

157. Per i diritti spettanti al possessore, all'usufruttuario o all'enfiteuta a causa di riparazioni, di miglioramenti o di addizioni eseguite anteriormente al 28 ottobre 1941 si applicano le norme del codice del 1865, salvo quanto è stabilito dall'art. 152 di queste disposizioni.

158. Il termine per l'usucapione delle servitù discontinue apparenti comincia a decorrere dal 28 ottobre 1941.

La disposizione dell'art. 1075 del codice si applica se la prescrizione del modo della servitù non si è compiuta prima del 28 ottobre 1941.

SEZIONE IV
Disposizioni relative al Libro IV

159. Il luogo in cui devono essere adempiute le obbligazioni che scadono dopo l'entrata in vigore del codice, si determina in conformità dell'art. 1182 del codice stesso, anche se si tratta di obbligazioni sorte anteriormente.

160. Le disposizioni del codice relative alla mora del creditore, all'inadempimento e alla mora del debitore si applicano anche se si tratta di obbligazione sorta prima dell'entrata in vigore del codice stesso, se l'offerta di pagamento sia stata compiuta, ovvero l'inadempimento o la mora si sia verificato posteriormente.

161. I crediti di somme di danaro che siano divenuti esigibili prima dell'entrata in vigore del nuovo codice, producono, da questa data, interessi di pieno diritto, anche se tale effetto non si verificava secondo le disposizioni del codice del 1865.

Gli interessi legali che si maturano dopo la data predetta devono essere computati al saggio stabilito dall'art. 1284 del nuovo codice.

162. La disposizione dell'art. 1283 del codice si applica anche se si tratta di obbligazioni sorte anteriormente alla entrata in vigore del codice stesso, quando gl'interessi sono dovuti per almeno sei mesi.

163. Il giudice può ridurre la penale manifestamente eccessiva anche se il contratto sia stato concluso anteriormente all'entrata in vigore del codice e anche se il pagamento della penale sia stato giudizialmente domandato e il giudizio sia pendente alla data suddetta.

164. Le disposizioni del secondo e terzo comma dell'art. 1385 del codice si applicano anche se il contratto sia stato concluso anteriormente al giorno dell'entrata in vigore del codice stesso, e anche se a tale data sia stato già iniziato il giudizio e questo sia tuttora pendente.

165. Gli effetti dell'annullamento o della risoluzione dei contratti rispetto ai terzi sono regolati dalle disposizioni del codice civile del 1865 se la domanda sia stata proposta anteriormente all'entrata in vigore del nuovo codice.

166. Per le vendite immobiliari stipulate anteriormente all'entrata in vigore del codice, la rescissione a causa di lesione è regolata dalle disposizioni del codice del 1865.

167. Le disposizioni dell'art. 1462 del codice si applicano anche se la clausola ivi prevista sia inserita in un contratto stipulato prima del giorno dell'entrata in vigore del codice stesso, quando l'eccezione del debitore sia opposta dopo o, se proposta prima, il relativo giudizio sia ancora pendente alla data predetta.

168. Le disposizioni relative agli effetti dell'eccessiva onerosità sopravvenuta si applicano anche per i contratti conclusi prima dell'entrata in vigore del codice se le circostanze e gli avvenimenti da cui deriva la eccessiva onerosità si siano verificati dopo.

169. Le disposizioni che regolano le conseguenze del sopravvenuto mutamento nelle condizioni patrimoniali del debitore si applicano anche quando si tratti di contratti anteriori all'entrata in vigore del codice, se il mutamento si avveri posteriormente.

170. Le disposizioni del secondo comma dell'art. 1473 del codice si applicano anche ai contratti di vendita conclusi anteriormente all'entrata in vigore del codice stesso, se il rifiuto o l'impedimento del terzo ad accettare l'incarico si verificano dopo.

171. Le disposizioni degli artt. 1478, 1479 e 1480 del codice si applicano anche ai contratti di vendita conclusi anteriormente al giorno dell'entrata in vigore di esso, se a tale data non ne era stato domandato in giudizio l'annullamento.

172. Le disposizioni che impongono la denunzia dei vizi o della mancanza di qualità della cosa venduta e stabiliscono i termini per farla si applicano anche se il contratto sia stato concluso anteriormente all'entrata in vigore del codice, purché la consegna o il ricevimento della cosa abbiano avuto luogo posteriormente.

173. Le disposizioni relative al riscatto convenzionale nel contratto di vendita, tranne quella del primo comma dell'art. 1501, si applicano anche ai contratti conclusi anteriormente all'entrata in vigore del codice quando il diritto di riscatto venga esercitato posteriormente.

174. Le disposizioni dell'art. 1512 del codice si applicano ai contratti di vendita anteriori all'entrata in vigore di esso se il difetto di funzionamento sia scoperto posteriormente.

175. Qualora secondo le leggi anteriori i contratti di vendita di cose mobili con riserva di proprietà fossero opponibili ai creditori o ai terzi aventi causa dal compratore indipendentemente dai requisiti prescritti dall'art. 1524 del codice, le formalità relative, trattandosi di contratti conclusi anteriormente al giorno dell'entrata in vigore di esso, devono essere adempiute entro tre mesi dalla data medesima. In mancanza, la riserva di proprietà non può essere opposta ai creditori del compratore che abbiano pignorato la cosa e ai terzi aventi causa dal medesimo che abbiano acquistato diritti sulla cosa stessa posteriormente alla data anzidetta.

176. Le disposizioni degli artt. 1525 e 1526 del codice si applicano ai contratti conclusi anteriormente al giorno dell'entrata in vigore di esso e anche se la risoluzione per inadempimento sia stata giudizialmente domandata e il giudizio sia tuttora pendente alla data suddetta.

177. Le disposizioni degli artt. 1531, secondo comma, e 1550, secondo comma, del codice, relative all'esercizio del diritto di voto, si applicano anche ai contratti di vendita a termine o di riporto di titoli di credito, che siano in corso di esecuzione all'entrata in vigore del codice stesso.

178. La prescrizione stabilita dallo art. 1541 del codice si applica anche se si tratta di contratto di vendita anteriore alla data dell'entrata in vigore del codice stesso qualora la consegna dell'immobile sia stata eseguita posteriormente e al momento della consegna non sia già decorso il termine stabilito dall'art. 1478 del codice del 1865.

179. I patti di preferenza previsti dall'art. 1566 del codice che alla data dell'entrata in vigore di questo devono ancora durare oltre cinque anni, sono validi nei limiti di un quinquennio computabile da tale data.

Le modalità per l'esercizio del diritto di preferenza stabilite dal secondo comma dell'art. 1566 predetto, si osservano se l'esercizio medesimo ha luogo dopo l'entrata in vigore del codice, anche se il patto sia stato stipulato anteriormente.

180. I rapporti di locazione in corso al giorno dell'entrata in vigore del nuovo codice sono regolati dal codice del 1865.

Tuttavia si applicano, con effetto da tale data, le disposizioni del nuovo codice dichiarate inderogabili, o che siano comunque di ordine pubblico, e tutte le altre che regolano fatti o situazioni non previste specificamente dalla legge anteriore.

181. Le disposizioni degli artt. 1665, 1666, 1667 e 1668 del codice si applicano anche per i contratti anteriori, se l'opera o singole partite di essa siano compiute o comunque alla loro consegna si addivenga dopo l'entrata in vigore del codice stesso.

182. Le disposizioni dell'art. 1694 e della seconda parte dell'art. 1698 del codice si osservano anche se il contratto sia anteriore all'entrata in vigore del codice stesso.

183. Le disposizioni degli artt. 1706 e 1707 del codice si applicano anche se il mandato sia stato conferito anteriormente all'entrata in vigore del codice stesso.

184. Le cause di estinzione del mandato sono regolate dal codice se si verificano dopo l'entrata in vigore di questo, anche se si tratta di mandato conferito anteriormente.

185. La disposizione del secondo comma dell'art. 1815 del codice si applica anche se il contratto di mutuo sia anteriore all'entrata in vigore del codice stesso.

186. Il creditore di una rendita e di ogni altra prestazione annua costituita anteriormente all'entrata in vigore del nuovo codice, può pretendere dal debitore il rilascio di un nuovo documento secondo la disposizione dell'art. 1870 del codice stesso, ma il termine di nove anni decorre dall'entrata in vigore di questo se non scada prima il termine di ventotto anni stabilito dall'art. 2136 del codice del 1865.

187. Le disposizioni degli artt. 1888, secondo e terzo comma, 1889, 1902, 1903, secondo comma, 1930 e 1931 del codice si applicano anche ai contratti in corso.

Si applicano parimenti ai contratti suddetti le disposizioni degli artt. 1897, 1898 e 1926, quando le modificazioni del rischio da esse previste si verificano dopo l'entrata in vigore del codice, la disposizione del secondo comma dell'art. 1899, se la proroga tacita non è già avvenuta anteriormente all'entrata in vigore medesima, le disposizioni dell'art. 1901 relativamente ai premi che scadono dopo l'entrata in vigore medesima, le disposizioni degli artt. 1914, secondo comma, e 1915, secondo comma, per i sinistri verificatisi dopo l'entrata in vigore medesima.

188. Le disposizioni dell'art. 1921 del codice si applicano alle dichiarazioni di revoca posteriori all'entrata in vigore di esso, anche se il contratto di assicurazione sia stato concluso anteriormente.

Qualora i fatti che producono la decadenza del beneficiario o che autorizzano la revoca del beneficio si siano verificati dopo l'entrata in vigore predetta, si applicano le disposizioni dell'art. 1922 del codice, anche se il contratto di assicurazione sia anteriore.

189. Le disposizioni del primo comma dell'art. 1943 del codice si osservano quando la presentazione del fideiussore avviene posteriormente all'entrata in vigore del codice stesso, anche se l'obbligazione di dare un fideiussore sia sorta anteriormente.

La disposizione del precedente comma non si applica se la obbligazione di dare un fideiussore deriva da un contratto.

190. La disposizione dell'art. 1957 del codice si applica anche alle fideiussioni anteriori all'entrata in vigore del codice stesso se l'obbligazione principale scade dopo.

Se l'obbligazione è già scaduta, il termine di sei mesi stabilito dal primo comma dell'art. 1957 decorre dall'entrata in vigore suddetta.

191. La disposizione del secondo comma dell'art. 1962 del codice si applica anche ai contratti di anticresi anteriori, ma il termine di dieci anni decorre dall'entrata in vigore del codice stesso.

192. Il debitore può valersi della facoltà accordatagli dall'art. 1964 del codice, anche se il contratto di anticresi sia anteriore all'entrata in vigore del codice stesso.

193. Le disposizioni degli artt. 1979, 1980, 1982, 1983, 1984 e 1985 del codice si applicano anche ai contratti di cessione dei beni ai creditori, conclusi anteriormente all'entrata in vigore di esso.

194. Le disposizioni degli artt. 2045, 2057 e 2058 del codice si applicano anche se i fatti da cui deriva la responsabilità del loro autore sono avvenuti anteriormente all'entrata in vigore del codice stesso.

SEZIONE V
Disposizioni relative al Libro V

195. Le disposizioni contenute nelle sezioni III e IV del capo I del titolo II del libro V del codice e quelle contenute nelle sezioni II, III, IV e V del capo II dello stesso titolo si applicano anche ai rapporti in corso al momento dell'entrata in vigore del codice, salvo quanto è stabilito negli articoli seguenti.

196. Nei contratti di lavoro a tempo determinato in corso al giorno dell'entrata in vigore del codice, che devono ancora durare per un periodo superiore a quello indicato dall'ultimo comma dell'art. 2097 del codice stesso, il prestatore di lavoro può recedere dal contratto, decorso il quinquennio o il decennio dal giorno suddetto.

197. Le rinunzie e le transazioni successive alla cessazione del rapporto di lavoro previste dall'art. 2113 del codice, che hanno avuto luogo nei tre mesi anteriori all'entrata in vigore del codice, sono impugnabili a norma dell'articolo medesimo, e il termine per l'impugnazione decorre dalla data predetta.

198. I patti di non concorrenza previsti dall'art. 2125 del codice, che al giorno dell'entrata in vigore del codice devono ancora durare per un periodo superiore a quello stabilito nell'articolo stesso, sono efficaci per il periodo previsto nella detta disposizione a decorrere dalla data predetta.

199. L'inabilitato, che al giorno dell'entrata in vigore del codice esercita un'impresa commerciale, non può continuarla se non con l'autorizzazione prevista dall'art. 425 del codice stesso. Questa autorizzazione produce effetto fino dal detto giorno qualora sia pubblicata, secondo le nuove disposizioni, entro tre mesi successivi.

200. Le disposizioni del codice, relative alla tenuta delle scritture contabili e alla redazione del bilancio per gli imprenditori che esercitano un'attività commerciale e per le società soggette a registrazione, entreranno in vigore l'1 gennaio 1943.

Fino a tale data le scritture contabili si considerano regolarmente tenute a tutti gli effetti previsti dal codice in quanto siano regolarmente tenute secondo le leggi anteriori.

Fino all'attuazione delle disposizioni relative al registro delle imprese, la numerazione, la bollatura e la vidimazione dei libri contabili prescritte dal codice saranno eseguite dal cancelliere del tribunale o della pretura, o da un notaio secondo le leggi anteriori, e le relative richieste dovranno essere annotate nel registro dei libri di commercio istituito presso la cancelleria del tribunale a norma delle leggi anteriori.

201. Ai contratti d'opera stipulati prima dell'entrata in vigore del codice non si applica la decadenza prevista nel secondo comma dell'art. 2226 del codice, salvo che la consegna dell'opera avvenga posteriormente all'entrata in vigore del codice stesso.

202. Le disposizioni contenute nel capo II del titolo III del libro V del codice si applicano anche ai rapporti di prestazione di opera intellettuale in corso al giorno dell'entrata in vigore del codice stesso, salva l'osservanza delle leggi speciali.

203. Le disposizioni contenute nel capo II del titolo IV del libro V del codice si applicano anche ai rapporti di lavoro domestico in corso al giorno dell'entrata in vigore del codice stesso.

204. Le società civili a tempo determinato, esistenti al giorno dell'entrata in vigore del codice, continuano ad essere soggette alle leggi anteriori per la durata del contratto, purché questa risulti da atto scritto di data anteriore al 27 febbraio 1942.

Le società civili a tempo indeterminato e quelle, il cui termine di durata non risulta da atto scritto di data anteriore al 27 febbraio 1942, sono soggette alle norme del codice sulle società semplici a partire dall'1 luglio 1945.[1] Tuttavia anche dopo tale data le obbligazioni sociali sorte antecedentemente alla data suddetta sono regolate dalle disposizioni delle leggi anteriori.

Alle società civili costituite in forma di società per azioni, esistenti al giorno dell'entrata in vigore del codice, si applicano le disposizioni relative a questo tipo di società.

[1] Termine prorogato fino alla attuazione della revisione del codice civile.
V. L. 18 ott. 1950, n. 920.

205. Le società commerciali e le società cooperative, esistenti al giorno dell'entrata in vigore del codice, ma non legalmente costituite secondo le leggi anteriori, devono adempiere, entro il 31 dicembre 1942, le formalità stabilite dal codice secondo le norme dettate dall'art. 100 di queste disposizioni.

206. Le società commerciali e le società cooperative, legalmente costituite al giorno dell'entrata in vigore del codice, devono provvedere ad uniformare l'atto costitutivo e lo statuto alle nuove disposizioni entro il 30 giugno 1945.[1] Fino a questa data le disposizioni dell'atto costitutivo e dello statuto, in vigore al momento dell'attuazione del codice, conservano la loro efficacia, anche se non sono a questo conformi, salve le norme degli articoli seguenti.

[1] V. la nota all'art. 204.

207. Non è necessario il consenso del socio receduto o degli eredi del socio defunto, richiesto dal secondo comma dell'art. 2292 del codice, se il socio è receduto o defunto almeno un anno prima dell'entrata in vigore del codice stesso, ed il suo nome è stato conservato nella ragione sociale senza opposizione del socio receduto o degli eredi del socio defunto.

208. L'incapace, che sia socio di una società in nome collettivo o socio accomandatario di una società in accomandita, deve ottenere le autorizzazioni previste dagli artt. 320, 371, 397, 424 e 425 del codice entro tre mesi dall'entrata in vigore di questo.

Se entro tale termine non sono state ottenute le autorizzazioni prescritte, l'incapace può essere escluso a norma dell'art. 2286 del codice.

209. Hanno immediata applicazione con l'entrata in vigore del codice, anche per le società esistenti a tale data, nonostante ogni contraria disposizione dell'atto costitutivo o dello statuto, gli artt. 2357 a 2362, 2367, 2373, 2377 a 2379, 2389, 2391 a 2396, 2398 a 2409, 2422 e 2446, nonché le disposizioni del titolo XI del libro V del codice.

Le società, che anteriormente al giorno dell'entrata in vigore del codice hanno investito in tutto o in parte il proprio capitale in difformità delle disposizioni degli artt. 2359 e 2360, devono uniformarsi alle disposizioni stesse entro il 30 giugno 1945.[1]

[1] V. la nota all'art. 204.

210. L'emissione di obbligazioni da parte di società per azioni esistenti al giorno dell'entrata in vigore del codice, è regolata dalle nuove disposizioni.

Gli artt. 2415, 2416, 2417, 2418, 2419 e 2420 del codice si applicano anche alle obbligazioni emesse anteriormente alla suddetta data.

211. Le modificazioni dell'atto costitutivo e dello statuto delle società commerciali e delle società cooperative, esistenti al giorno dell'entrata in vigore del codice, nonché la trasformazione e la fusione delle società stesse sono regolate dalle nuove disposizioni.

211-*bis*.[1] Il secondo periodo dell'art. 2441, settimo comma, del codice non si applica alle azioni detenute, alla data del 7 marzo 1992, dai soggetti indicati nel medesimo comma, con obbligo di offrirle agli azionisti.

[1] Articolo così inserito dall'art. 210 del D.lgs. 24 feb. 1998, n. 58.

212.[1] Le deliberazioni di modifica dello statuto di società iscritte nel registro delle imprese alla data del 31 agosto 2014 con cui è prevista la creazione di azioni a voto plurimo ai sensi dell'articolo 2351 del codice sono prese, anche in prima convocazione, con il voto favorevole di almeno i due terzi del capitale rappresentato in assemblea.

[1] Articolo così sost. dall'art. 20, c. 8-*ter*, D.L. 24 giu. 2014, n. 91, conv. con modif. in L. 11 ago. 2014, n. 116.

213. Salvo contraria disposizione dell'atto costitutivo o dello statuto, la durata dell'ufficio degli amministratori delle società esistenti al giorno dell'entrata in vigore del codice, resta regolata dalla legge anteriore sino al 30 giugno 1945.[1] Gli amministratori in carica a questa data decadono dall'ufficio alla prima scadenza, per decorrenza del termine, di uno o più amministratori, successiva alla data stessa, salva la disposizione del secondo comma dell'art. 2385 del codice.

[1] V. la nota all'art. 204.

214. Le disposizioni dell'art. 2387 del codice non si applicano agli amministratori in carica al giorno dell'entrata in vigore del codice stesso per la durata della loro nomina.

215. Le società per azioni, che al giorno dell'entrata in vigore del codice hanno un capitale non inferiore a cinquecentomila lire, possono conservare la forma della società per azioni per il tempo stabilito per la loro durata antecedentemente al 27 febbraio 1942.

Le società per azioni, che al giorno dell'entrata in vigore del codice, hanno un capitale inferiore a cinquecentomila lire, e che entro il 30 giugno 1945[1] non abbiano provveduto a conformarsi a uno dei tipi sociali previsti dal codice, sono sciolte, e gli amministratori devono entro un mese convocare l'assemblea per le deliberazioni relative alla liquidazione secondo le norme stabilite dal codice stesso.

[1] V. la nota all'art. 204.

216. Le società a garanzia limitata, esistenti al giorno dell'entrata in vigore del codice nella Venezia Giulia e Tridentina, a norma del R. decreto 4 novembre 1928, n. 2325, se non hanno provveduto a conformarsi al codice entro il 30 giugno 1945,[1] sono soggette a decorrere dall'1 luglio 1945 alle nuove disposizioni sulla società a responsabilità limitata.

[1] V. la nota all'art. 204.

217. Le società cooperative in nome collettivo e quelle per azioni, esistenti al giorno dell'entrata in vigore del codice, sono soggette alle disposizioni dettate dal codice stesso rispettivamente per le società cooperative a responsabilità illimitata e per le società cooperative a responsabilità limitata, salvo quanto disposto dagli artt. 206 e seguenti di queste disposizioni.

Le società cooperative in accomandita, esistenti al giorno dell'entrata in vigore del codice, che, entro il 30 giugno 1945[1] non abbiano provveduto a conformarsi al medesimo, devono essere poste in liquidazione.

Le disposizioni di questo articolo si applicano anche ai consorzi conservati in vigore nella Venezia Giulia e Tridentina a norma del primo comma dell'art. 41 del R. decreto 4 novembre 1928, n. 2325.

[1] V. la nota all'art. 204.

218.[1] Le società in liquidazione dall'1 gennaio 2004 sono liquidate secondo le leggi anteriori.

Le società in liquidazione dall'1 gennaio 2004 sono liquidate secondo le nuove disposizioni.

[1] Articolo così sostituito dall'art. 9 D.lgs. 17 gen. 2003, n. 6, in vigore dall'1 gen. 2004.

219. I rapporti di associazione in partecipazione costituiti anteriormente all'entrata in vigore del codice sono regolati dalle leggi anteriori.

220. La disposizione del secondo comma dell'art. 2560 del codice non si applica ai trasferimenti di azienda anteriori all'entrata in vigore del codice.

221. L'imprenditore deve, entro il 30 giugno 1945,[1] uniformare alla disposizione dell'art. 2563 del codice la ditta costituita anteriormente all'entrata in vigore del codice stesso.

[1] V. la nota all'art. 204.

222. La disposizione dell'art. 2596 del codice non si applica ai patti limitativi della concorrenza conclusi anteriormente al 27 febbraio 1942.

Tuttavia i patti limitativi della concorrenza, conclusi prima del 27 febbraio 1942 per tempo indeterminato, o che alla data di entrata in vigore del codice devono ancora durare per oltre cinque anni, hanno efficacia entro i limiti di un quinquennio da questa ultima data.

223. I contratti di consorzio previsti dal capo II del titolo X del libro V del codice, stipulati anteriormente all'entrata in vigore del codice stesso, sono soggetti alle nuove disposizioni a partire dall'1 luglio 1945.

Entro il 30 giugno 1945[1] tali contratti devono essere uniformati alle disposizioni stesse: le relative deliberazioni sono prese con il voto favorevole della maggioranza dei consorziati e possono essere impugnate davanti l'autorità giudiziaria dai consorziati assenti o dissenzienti entro trenta giorni dalla data della deliberazione. In mancanza il consorzio è sciolto.

[1] V. la nota all'art. 204.

223-*bis*. Le società di cui al capi V, VI e VII del titolo V del libro V, del codice civile, iscritte nel registro delle imprese alla data dell'1 gen. 2004, devono uniformare l'atto costitutivo e lo statuto alle nuove disposizioni inderogabili entro il 30 settembre 2004.

Le decisioni di trasformazione della società a responsabilità limitata in società per azioni possono essere prese entro il 30 set. 2004, anche in deroga a clausole statutarie, con il voto favorevole di una maggioranza che rappresenti più della metà del capitale sociale.[1]

Le deliberazioni dell'assemblea straordinaria di mero adattamento dell'atto costitutivo e dello statuto a nuove disposizioni inderogabili possono essere assunte, entro il termine di cui al primo comma, a maggioranza semplice, qualunque sia la parte di capitale rappresentata in assemblea. Con la medesima maggioranza ed entro il medesimo termine possono essere assunte le deliberazioni dell'assemblea straordinaria aventi ad oggetto l'introduzione nello statuto di clausole che escludono l'applicazione di nuove disposizioni di legge, derogabili con specifica clausola statutaria; fino alla avvenuta adozione della modifica statutaria e comunque non oltre il 30 set. 2004, per tali società resta in vigore la relativa disciplina statutaria e di legge vigente alla data del 31 dic. 2003.[2]

Le modifiche statutarie necessarie per l'attribuzione all'organo amministrativo, al consiglio di sorveglianza o al consiglio di gestione della competenza all'adeguamento dello statuto alle disposizioni di cui all'art. 2365, secondo comma, del codice sono deliberate dall'assemblea straordinaria con le modalità e le maggioranze indicate nei commi precedenti.

Fino alla data indicata al primo comma, le previgenti disposizioni dell'atto costitutivo e dello statuto conservano la loro efficacia anche se non sono conformi alle disposizioni inderogabili del presente decreto.

Dalla data dell'1 gennaio 2004 non possono essere iscritte nel registro delle imprese le società di cui ai capi V, VI e VII del titolo V del libro V del codice civile, anche se costituite anteriormente a detta data, che siano regolate da atto costitutivo e statuto non conformi al decreto medesimo. Si applica in tale caso l'art. 2331, quarto comma, del codice.

Le società costituite anteriormente all'1 gennaio 2004 possono, in sede di costituzione o di modificazione dello statuto, adottare clausole statutarie conformi ai decreti legislativi attuativi della L. 3 ott. 2001, n. 366. Tali clausole avranno efficacia a decorrere dal momento successivo alla data dell'1 gennaio 2004, in cui saranno iscritte nel registro delle imprese con contestuale deposito dello statuto nella sua nuova versione.

[1] Comma introdotto dall'art. 5, D.lgs. 6 feb. 2004, n. 37.
[2] Comma così modif. dall'art. 5, D.lgs. 6 feb. 2004, n. 37.

223-*ter*.[1] Le società per azioni costituite prima dell'1 gennaio 2004 con un capitale sociale inferiore a centoventimila euro possono conservare la forma della società per azioni per il tempo stabilito, antecedentemente alla data dell'1 gennaio 2004, per la loro durata.

[1] Articolo introdotto dall'art. 9 D.lgs. 17 gen. 2003, n. 6, in vigore dall'1 gen. 2004.

223-*quater*.[1] Nel caso in cui la legge prevede che le autorizzazioni di cui agli artt. 2329, numero 3), e 2436, secondo comma, del codice civile siano rilasciate successivamente alla stipulazione dell'atto costitutivo o, rispettivamente, alla deliberazione, i termini previsti dalle suddette disposizioni decorrono dal giorno in cui l'originale o la copia autentica del provvedimento di autorizzazione è stato consegnato al notaio.

L'autorità competente al rilascio delle autorizzazioni di cui al primo comma è altresì legittimata, qualora l'iscrizione nel registro delle imprese sia avvenuta nonostante la loro mancanza o invalidità, a proporre istanza per la cancellazione della società medesima dal registro. Il tribunale provvede, sentita la società, in camera di consiglio e nel caso di accoglimento dell'istanza si applica l'art. 2332 del codice.

[1] Articolo introdotto dall'art. 9 D.lgs. 17 gen. 2003, n. 6, in vigore dall'1 gen. 2004.

223-*quinquies*.[1] Tutti i termini previsti in disposizioni speciali con riferimento all'omologazione dell'atto costitutivo o di deliberazioni assembleari decorrono dalla data di iscrizione di tali atti nel registro delle imprese.

[1] Articolo introdotto dall'art. 9 D.lgs. 17 gen. 2003, n. 6, in vigore dall'1 gen. 2004.

223-*sexies*.[1] Le disposizioni degli artt. 2377, 2378, 2379, 2379-*bis*, 2379-*ter* e 2434-*bis* del codice civile si applicano anche alle deliberazioni anteriori alla data dell'1 gennaio 2004, salvo che l'azione sia stata già proposta. Tuttavia se i termini scadono entro il 31 marzo 2004, le azioni per l'annullamento o la dichiarazione di nullità delle deliberazioni possono essere esercitate entro il 31 marzo 2004.

[1] Articolo introdotto dall'art. 9 D.lgs. 17 gen. 2003, n. 6, in vigore dall'1 gen. 2004.

223-*septies*.[1] Se non diversamente disposto, le norme del codice civile che fanno riferimento agli amministratori e ai sindaci trovano applicazione, in quanto compatibili, anche ai componenti del consiglio di gestione e del consiglio di sorveglianza, per le società che abbiano adottato il sistema dualistico, e ai componenti del consiglio di amministrazione e ai componenti del comitato per il controllo sulla gestione, per le società che abbiano adottato il sistema monistico.

Ogni riferimento al collegio sindacale o ai sindaci presente nelle leggi speciali è da intendersi effettuato anche al consiglio di sorveglianza e al comitato per il controllo sulla gestione o ai loro componenti, ove compatibile con le specificità di tali organi.

[1] Articolo introdotto dall'art. 9 D.lgs. 17 gen. 2003, n. 6, in vigore dall'1 gen. 2004.

223-*octies*.[1] La trasformazione prevista dall'art. 2500-*octies* del codice civile è consentita alle associazioni e fondazioni costituite prima dell'1 gennaio 2004 soltanto quando non comporta distrazione, dalle originarie finalità, di fondi o valori creati con contributi di terzi o in virtù di particolari regimi fiscali di agevolazione. Nell'ipotesi di fondi creati in virtù di particolari regimi fiscali di agevolazione, la trasformazione è consentita nel caso in cui siano previamente versate le relative imposte.

La trasformazione di cui al primo comma non è consentita alle fondazioni bancarie.

[1] Articolo introdotto dall'art. 9 D.lgs. 17 gen. 2003, n. 6, in vigore dall'1 gen. 2004.

223-*novies*.[1] I procedimenti previsti dall'art. 2409 del codice, pendenti alla data dell'1 gennaio 2004, proseguono secondo le norme anteriormente vigenti.

Il tribunale ha il potere di dichiarare cessata la materia del contendere, qualora le modifiche introdotte comportino la sanatoria delle irregolarità denunciate.

[1] Articolo introdotto dall'art. 9 D.lgs. 17 gen. 2003, n. 6, in vigore dall'1 gen. 2004.

223-*decies*.[1] Gli articoli da 2415 a 2420 del codice civile si applicano anche alle obbligazioni emesse anteriormente all'1 gennaio 2004.

[1] Articolo introdotto dall'art. 9 D.lgs. 17 gen. 2003, n. 6, in vigore dall'1 gen. 2004.

223-*undecies*.[1] I bilanci relativi ad esercizi chiusi prima dell'1 gennaio 2004 sono redatti secondo le leggi anteriormente vigenti.

I bilanci relativi ad esercizi chiusi tra l'1 gennaio 2004 e il 30 settembre 2004 possono essere redatti secondo le leggi anteriormente vigenti o secondo le nuove disposizioni.

I bilanci relativi ad esercizi chiusi dopo la data del 30 settembre 2004 sono redatti secondo le nuove disposizioni.

[1] Articolo introdotto dall'art. 9 D.lgs. 17 gen. 2003, n. 6, in vigore dall'1 gen. 2004.

223-*duodecies*.[1] Le società di cui al capo I del titolo VI del libro V del codice civile, iscritte nel registro delle imprese alla data dell'1 gennaio 2004, devono uniformare l'atto costitutivo e lo statuto alle nuove disposizioni inderogabili entro il 31 marzo 2005.[2]

Le deliberazioni necessarie per l'adeguamento dell'atto costitutivo e dello statuto alle nuove disposizioni inderogabili possono essere adottate, in terza convocazione, a maggioranza semplice dei presenti.

L'art. 2365, secondo comma, del codice civile, nella parte relativa all'adeguamento dello statuto a disposizioni normative, trova applicazione anche per l'adeguamento alle norme introdotte con i decreti legislativi attuativi della legge n. 366 del 2001. Le modifiche statutarie necessarie per l'attribuzione all'organo amministrativo, al consiglio di sorveglianza o al consiglio di gestione della competenza all'adeguamento dello statuto alle disposizioni di cui al presente decreto sono deliberate dall'assemblea straordinaria con le modalità e le maggioranze indicate nei commi precedenti.

Fino alla data indicata al primo comma le previgenti disposizioni dell'atto costitutivo e dello statuto conservano la loro efficacia anche se non sono conformi alle disposizioni inderogabili del presente decreto.

Dalla data dell'1 gennaio 2004 non possono essere iscritte nel registro delle imprese le società di cui al capo I del titolo VI del libro V del codice, anche se costituite anteriormente a detta data, che siano regolate da atto costitutivo e statuto non conformi al decreto medesimo. Si applica in tale caso l'art. 2331, quarto comma, del codice civile.

Le disposizioni fiscali di carattere agevolativo previste dalle leggi speciali si applicano soltanto alle cooperative a mutualità prevalente.

Conservano le agevolazioni fiscali le società cooperative e i loro consorzi che, con le modalità e le maggioranze previste per le deliberazioni assembleari dall'art. 2538 del codice, adeguano i propri statuti alle disposizioni che disciplinano le società cooperative a mutualità prevalente entro il 31 marzo 2005.

[1] Articolo introdotto dall'art. 9 D.lgs. 17 gen. 2003, n. 6,

in vigore dall'1 gen. 2004. Il termine di cui al c. 7 è stato prorogato al 31 mar. 2005 dell'art. 19-*ter* L. 27 dic. 2004, n. 306.

[2] Termine prorogato dall'art. 36 D.lgs. 28 dic. 2004, n. 310.

223-*terdecies*.[1] Alle banche popolari e alle banche di credito cooperativo si applica l'art. 223-*duodecies*; il termine per l'adeguamento degli statuti alle nuove disposizioni inderogabili del codice civile è fissato al 30 giugno 2005. Entro lo stesso termine le banche cooperative provvedono all'iscrizione presso l'Albo delle società cooperative.

Ai consorzi agrari continuano ad applicarsi le norme vigenti alla data di entrata in vigore della legge n. 366 del 2001.

[1] Articolo così sostituito dall'art. 37 D.lgs. 28 dic. 2004, n. 310.

223-*quaterdecies*.[1] Nelle cooperative che hanno adottato e osservano le clausole previste dall'art. 14 del decreto del Presidente della Repubblica 29 settembre 1973, n. 601, alla data dell'1 gennaio 2004, la deliberazione di trasformazione deve devolvere il patrimonio in essere alla data di trasformazione, dedotti il capitale versato e rivalutato ed i dividendi non ancora distribuiti, eventualmente aumentato sino a concorrenza dell'ammontare minimo del capitale della nuova società, ai fondi mutualistici per la promozione e lo sviluppo della cooperazione.

[1] Articolo introdotto dall'art. 9 D.lgs. 17 gen. 2003, n. 6, in vigore dall'1 gen. 2004.

223-*quinquiesdecies*. Le cooperative che non hanno adottato le clausole previste dall'art. 14 del decreto del Presidente della Repubblica 29 settembre 1973, n. 601, alla data dell'1 gennaio 2004, possono deliberare la trasformazione in società lucrative con le maggioranze previste dall'art. 2545-*decies* del codice senza che trovi applicazione la devoluzione del patrimonio ai fondi mutualistici.

In deroga all'art. 2545-*quater* del codice civile, le cooperative di cui al primo comma, qualora non accedano ai benefici fiscali, devono destinare al fondo di riserva legale il venti per cento degli utili nettu annuali.[1]

L'obbligo di devolvere le riserve indivisibili previsto dall'art. 2545-*undecies* del codice si applica, salva la rinunzia ai benefici fiscali da parte della cooperativa, limitatamente alle riserve indivisibili accantonate ai sensi dell'art. 2545-*ter*, primo comma, del codice dall'1 gennaio 2004.

[1] Comma aggiunto dall'art. 5 D.lgs. 6 feb. 2004, n. 37.

223-*sexiesdecies*.[1] Entro il 30 giugno 2004, il Ministro delle attività produttive predispone un Albo delle società cooperative tenuto a cura del Ministero delle attività produttive, ove si iscrivono le cooperative a mutualità prevalente, e a tal fine consente di comunicare annualmente attraverso strumenti di comunicazione informatica le notizie di bilancio, anche ai fini della dimostrazione del possesso del requisito di cui all'articolo 2513 del codice, all'amministrazione presso la quale è tenuto l'albo. L'omessa comunicazione comporta l'applicazione della sanzione amministrativa della sospensione semestrale di ogni attività dell'ente, intesa come divieto di assumere nuove eventuali obbligazioni contrattuali[2]. In una diversa sezione del medesimo Albo sono tenute ad iscriversi anche le cooperative diverse da quelle a mutualità prevalente.

Il Ministro delle attività produttive, di concerto con il Ministro dell'economia e delle finanze, adegua ogni tre anni, con proprio decreto le previsioni di cui all'artt. 2519 e 2525 del codice tenuto conto delle variazioni dell'indice nazionale generale annuo dei prezzi al consumo delle famiglie di operai e impiegati, calcolate dall'Istat.

[1] Articolo introdotto dall'art. 9 D.lgs. 17 gen. 2003, n. 6, in vigore dall'1 gen. 2004.

[2] Parole sostituite dall'art. 10 L. 23 lug. 2009, n. 99.

223-*septiesdecies*.[1] Fermo restando quanto previsto degli artt. 2545-*septiesdecies* e 2545-*octiesdecies* del codice, [entro il 31 dicembre 2004][2] gli enti cooperativi che non hanno depositato i bilanci di esercizio da oltre cinque anni, qualora non risulti l'esistenza di valori patrimoniali immobiliari, sono sciolti senza nomina del liquidatore con provvedimento dell'autorità di vigilanza da iscriversi nel registro delle imprese. Entro il termine perentorio di trenta giorni dalla pubblicazione nella *Gazzetta Ufficiale* i creditori o gli altri interessati possono presentare formale e motivata domanda all'autorità governativa, intesa ad ottenere la nomina del commissario liquidatore; in mancanza, a seguito di comunicazione dell'autorità di vigilanza, il conservatore del registro delle imprese territorialmente competente provvede alla cancellazione della società cooperativa o dell'ente mutualistico dal registro medesimo.

Ai fini dello scioglimento e della cancellazione ai sensi del primo comma, l'ente di cui all'articolo 7 della legge 29 dicembre 1993, n. 580, trasmette all'autorità di vigilanza, alla chiusura di ogni semestre solare, l'elenco degli enti cooperativi, anche in liquidazione ordinaria, che non hanno depositato i bilanci di esercizio da oltre cinque anni. L'autorità di vigilanza verifica l'assenza di valori patrimoniali immobiliari mediante apposita indagine massiva nei pubblici registri, in attuazione delle convenzioni che devono essere all'uopo stipulate con le competenti autorità detentrici dei registri predetti.[3]

[1] Articolo introdotto dall'art. 9, D.lgs. 17 gen. 2003, n. 6, in vigore dall'1 gen. 2004.

[2] Parole soppresse dall'art. 10, L. 23 lug. 2009, n. 99.

[3] Comma aggiunto dall'art. 40, c. 11, D.L. 16 lug. 2020, n. 76, conv. con modif. in L. 11 set. 2020, n. 120.

223-*octiesdecies*.[1] I bilanci relativi ad esercizi chiusi prima dell'1 gennaio 2004 sono redatti secondo le leggi anteriormente vigenti.

I bilanci relativi ad esercizi chiusi tra la data

dell'1 gennaio 2004 e quella del 31 dicembre 2004 possono essere redatti secondo le leggi anteriormente vigenti o secondo le nuove disposizioni.

I bilanci relativi ad esercizi chiusi dopo la data del 31 dicembre 2004 sono redatti secondo le nuove disposizioni.

[1] Articolo introdotto dall'art. 9 D.lgs. 17 gen. 2003, n. 6, in vigore dall'1 gen. 2004.

223-*noviesdecies*.[1] Le società cooperative poste in liquidazione prima dell'1 gennaio 2004 sono liquidate secondo le leggi anteriori.

Le società cooperative poste in liquidazione dopo l'1 gennaio 2004 sono liquidate secondo le nuove disposizioni.

[1] Articolo introdotto dall'art. 9 D.lgs. 17 gen. 2003, n. 6, in vigore dall'1 gen. 2004.

223-*vicies*.[1] I procedimenti riguardanti società cooperative previsti dall'art. 2409 del codice, pendenti all'1 gennaio 2004, proseguono secondo le norme anteriormente vigenti.

[1] Articolo introdotto dall'art. 9 D.lgs. 17 gen. 2003, n. 6, in vigore dall'1 gen. 2004.

223-*vicies semel*.[1] Il limite di cinque anni previsto dall'art. 2341-*bis* si applica ai patti parasociali stipulati prima dell'1 gennaio 2004 e decorre dalla medesima data.

[1] Articolo introdotto dall'art. 9 D.lgs. 17 gen. 2003, n. 6, in vigore dall'1 gen. 2004.

223-*vicies bis*.[1] Qualora la fattispecie di cui al primo comma dell'art. 2362 del codice sia precedente all'1 gennaio 2004, il termine ivi previsto decorre dalla sua data di entrata in vigore.

[1] Articolo introdotto dall'art. 9 D.lgs. 17 gen. 2003, n. 6, in vigore dall'1 gen. 2004.

223-*vicies ter*.[1] Non si applica la lettera *e*) del primo comma dell'art. 2437 del codice alla eliminazione delle cause di recesso, previste nel secondo comma del medesimo articolo, purché deliberata entro il 30 giugno 2004.

[1] Articolo introdotto dall'art. 9 D.lgs. 17 gen. 2003, n. 6, in vigore dall'1 gen. 2004.

SEZIONE VI
Disposizioni relative al Libro VI

224. Salvo quanto è disposto dagli articoli seguenti, la trascrizione di un atto, eseguita in conformità delle leggi anteriori a effetti diversi da quelli stabiliti dal codice, produce gli effetti previsti dal codice stesso, a decorrere dal giorno dell'entrata in vigore di questo.

225. Le disposizioni del codice che regolano gli effetti dell'omissione della trascrizione o della annotazione non si applicano agli atti anteriori all'entrata in vigore del codice stesso, per i quali la trascrizione non era richiesta secondo le leggi precedenti o era richiesta a effetti diversi.

226. La trascrizione delle domande giudiziali prevista dagli artt. 2652 e 2653 del codice, anche se eseguita prima dell'entrata in vigore di questo, non pregiudica in nessun caso i diritti acquistati dai terzi prima di tale entrata in vigore, se essi erano fatti salvi dalle leggi anteriori.

227. Le disposizioni del codice, secondo le quali la trascrizione di una domanda giudiziale eseguita oltre un certo termine non pregiudica i diritti acquistati dai terzi, non si applicano ai diritti che sono stati acquistati anteriormente all'entrata in vigore del codice stesso e che non erano fatti salvi dalle leggi anteriori, a meno che i diritti medesimi siano resi pubblici prima della trascrizione della domanda e il termine stabilito dal codice per la loro salvezza sia decorso dal giorno dell'entrata in vigore di questo.

228. La trascrizione del testamento o del certificato di denunciata successione, eseguita a norma delle leggi anteriori, produce dal giorno dell'entrata in vigore del codice gli stessi effetti che questo attribuisce alla trascrizione della accettazione dell'eredità.

229. Le disposizioni degli artt. 2650 e 2834 del codice relative all'ipoteca legale a favore del condividente non si applicano alle divisioni stipulate prima dell'entrata in vigore del codice stesso, ancorché trascritte successivamente.

230. Salvo quanto è disposto dai successivi artt. 231 e 232, le norme del R. decreto 28 marzo 1929, n. 499, e della legge sui libri fondiari nel testo allegato al decreto medesimo,[1] fino a che non sarà provveduto al loro coordinamento con le disposizioni del codice, continuano ad avere vigore nei territori delle nuove province, e in luogo delle disposizioni del codice del 1865 s'intendono richiamate le corrispondenti disposizioni del nuovo codice.

[1] Per i *Libri fondiari* v. la nota all'art. 2655 c.c.

231. Formano oggetto di annotazione, secondo le disposizioni della legge sui libri fondiari, anche:

1) gli atti menzionati dai numeri 10, 11, e 12 dell'art. 2643 del codice agli effetti previsti dall'art. 19 della legge sui libri fondiari;

2) gli atti di costituzione del patrimonio familiare agli effetti previsti dalle disposizioni del codice;

3) la cessione dei beni ai creditori agli effetti previsti dalle disposizioni del codice stesso;

4) le domande e gli atti indicati dagli artt. 2652 e 2653 del codice agli effetti disposti dagli articoli medesimi, in quanto non siano incompatibili con gli effetti stabiliti dalla legge sui libri fondiari.[1]

[1] Per i *Libri fondiari*, v. la nota all'art. 2655 c.c.

232. L'annotazione del vincolo dotale e della comunione dei beni tra coniugi prevista dall'art. 19 lett. *c*) della legge sui libri fondiari o l'omissione dell'annotazione medesima produce dal giorno dell'entrata in vigore del codice gli effetti da questo stabiliti.[1]

[1] Per i *libri fondiari* v. la nota all'art. 2655 c.c.

232-*bis*.[1] A decorrere dal 25 nov. 1973, la responsabilità per danni del conservatore dei registri immobiliari è regolata dalle norme relative agli impiegati civili dello Stato, salvo che per i rapporti definiti con sentenza passata in giudicato, con transazione, o comunque esauriti.

[1] Articolo inserito dall'art. 5 della L. 21 gen. 1983, n. 22.

233. Le disposizioni del codice relative alle prove si applicano anche nei giudizi pendenti, se non è stata pronunziata sentenza definitiva, ancorché di primo grado.

La prova testimoniale per gli atti seguiti anteriormente all'entrata in vigore del codice rimane tuttavia ammissibile anche nei casi in cui non è da questo consentita, se essa poteva essere ammessa a norma del codice civile del 1865 o del codice di commercio del 1882.

234. Le disposizioni del codice relative ai diritti dei creditori privilegiati, all'ordine dei privilegi e all'efficacia di questi rispetto al pegno, alle ipoteche e agli altri diritti reali si osservano anche per i privilegi sorti anteriormente all'entrata in vigore del codice stesso, se sono fatti valere posteriormente.

235. La disposizione dell'art. 2767 del codice si applica anche ai crediti per risarcimento sorti prima dell'entrata in vigore del codice stesso, se l'indennità dovuta dall'assicuratore non è stata ancora corrisposta.

236. Quando un credito al quale le leggi speciali attribuiscono il privilegio del creditore pignoratizio viene in concorso con i crediti indicati dall'art. 2778 del codice, esso è preferito a quelli di cui ai numeri 12 e seguenti dello stesso articolo e posposto agli altri.

237. Se il pegno è stato costituito anteriormente all'entrata in vigore del codice, le condizioni per l'efficacia della prelazione sono determinate dalle leggi anteriori.

Si osservano invece le disposizioni del codice per ciò che concerne i poteri e gli obblighi del creditore pignoratizio.

Continua tuttavia ad applicarsi la disposizione del secondo comma dell'art. 1888 del codice del 1865, se il secondo credito è divenuto esigibile anteriormente all'entrata in vigore del nuovo codice.

238. L'opponibilità ai creditori ipotecari dei diritti costituiti sulla cosa ipotecata e delle cessioni o liberazioni di pigioni o di fitti è regolata dalle disposizioni del codice, quantunque si tratti di diritti sorti o di cessioni o liberazioni effettuate anteriormente all'entrata in vigore del codice stesso, sempre che il pignoramento sia eseguito posteriormente.

239. Le disposizioni dell'art. 2825 del codice si applicano anche alle ipoteche costituite e alle cessioni effettuate anteriormente all'entrata in vigore del codice stesso, se la divisione ha luogo posteriormente.

240. Le ipoteche iscritte prima dell'entrata in vigore del codice conservano la loro efficacia per venti anni dall'entrata in vigore del codice stesso, a meno che per la cessazione di tale efficacia, secondo le disposizioni del codice del 1865, rimanga a decorrere un termine più breve.

241. La disposizione dell'ultimo comma dell'art. 2855 del codice non si applica alle ipoteche iscritte prima dell'entrata in vigore del codice stesso. La estensione degli effetti dell'iscrizione continua a essere regolata dalle leggi anteriori.

242. Le disposizioni del codice secondo le quali l'esercizio di determinate facoltà del terzo acquirente dell'immobile ipotecato è subordinato alla trascrizione del titolo, non si applicano a coloro il cui acquisto è anteriore all'entrata in vigore del codice stesso, se a norma del codice del 1865 la trascrizione non era a quell'effetto richiesta.

243. Le disposizioni degli artt. 2872, secondo comma, e 2873, secondo e terzo comma, del codice si applicano anche alle ipoteche iscritte anteriormente all'entrata in vigore del codice stesso.

244. Se il processo di liberazione dei beni dalle ipoteche è in corso all'entrata in vigore del codice, esso prosegue secondo le norme delle leggi anteriori, ma, per quanto concerne l'espropriazione, si osservano le disposizioni dell'art. 222 delle norme di attuazione e transitorie relative al codice di procedura civile, approvate con R. decreto 18 dicembre 1941, n. 1368.

245. Gli effetti del sequestro conservativo e del pignoramento eseguiti anteriormente all'entrata in vigore del nuovo codice sono determinati dalle disposizioni del codice del 1865.

246. Le disposizioni dell'art. 2932 del codice si applicano anche se l'obbligo di concludere il contratto è sorto anteriormente all'entrata in vigore del codice stesso, purché l'inadempimento si verifichi posteriormente.

247. Cessano di avere effetto dalla data dell'entrata in vigore del codice le cause di sospensione della prescrizione che non sono da questo ammesse.

248. Rimangono immutate le disposizioni vigenti circa il termine della prescrizione nei riguardi dei buoni del tesoro ordinari e pluriennali, dei titoli del debito pubblico, delle cartelle della sezione autonoma del credito comunale e provinciale, dei libretti postali di risparmio, dei buoni postali fruttiferi e di quelli della cassa depositi e prestiti.

Rimangono parimenti immutate le disposizioni delle leggi speciali che stabiliscono termini di prescrizione diversi da quello ordinario.

CAPO III
Disposizioni generali e finali

249-250. .... [1]

[1] Articoli abrog.

251. Quando nel codice o in queste disposizioni si fa riferimento a istituti di credito, in detta espressione s'intendono comprese, oltre l'istituto di emissione, le imprese autorizzate e controllate, a norma delle leggi vigenti, dal Comitato interministeriale per il credito ed il risparmio.[1]

Tuttavia il deposito prescritto dal n. 2 dell'art. 2329 deve essere eseguito presso l'istituto d'emissione.[2]

[1] V. D.P.L. 17 lug. 1947, n. 691.
[2] L'ultimo comma dell'art. 251 è stato abrog. dall'art. 36, D.P.R. 10 feb. 1986, n. 30.

252. Quando per l'esercizio di un diritto ovvero per la prescrizione o per l'usucapione il codice stabilisce un termine più breve di quello stabilito dalle leggi anteriori, il nuovo termine si applica anche all'esercizio dei diritti sorti anteriormente e alle prescrizioni e usucapioni in corso, ma il nuovo termine decorre dall'1 luglio 1939 se esso è stabilito da I libro del codice, dal 21 aprile 1940 se è stabilito dal II libro, dal 28 ottobre 1941 se è stabilito dal III libro e dall'entrata in vigore del codice stesso se è stabilito dagli altri libri, purché, a norma della legge precedente, non rimanga a decorrere un termine minore.

La stessa disposizione si applica in ogni altro caso in cui l'acquisto di un diritto è subordinato al decorso di un termine più breve di quello stabilito dalle leggi anteriori.

253. Le trascrizioni e le annotazioni di vincolo previste dal codice e da queste disposizioni, quando si tratta di rendite del debito pubblico o di altri beni per i quali leggi speciali stabiliscano determinate forme di pubblicità, si eseguono con l'osservanza di dette leggi.[1]

[1] V. per le navi, c.n. 238-239, 242, 250-257; Regol. navi. merc. 413, 416-421; per gli aeromobili, c.n. 853-854, 857, 865-871; per gli autoveicoli, R.D.L. 15 mar. 1927, n. 436.

254. I modelli dei registri delle persone giuridiche, delle legittimazioni per decreto del *Capo dello Stato*, delle adozioni, delle tutele e curatele, delle successioni e di quello previsto dal secondo comma dell'art. 1524 del codice[1] sono determinati con decreto del Ministro di grazia e giustizia.

[1] Registro per la trascrizione del patto di riservato dominio nella vendita di macchine. Il modello del registro è stato approvato con D.M. 18 apr. 1942.

255. Per la tenuta del registro[1] previsto dal secondo comma dell'art. 1524 del codice e per le formalità della trascrizione, si osservano, in quanto applicabili, le disposizioni degli artt. 2658, primo comma, 2659, 2664, 2673, 2677 e 2680, primo, secondo e quarto comma del codice stesso.

Le trascrizioni devono essere eseguite giornalmente al momento della presentazione della nota e dell'atto da trascriversi.

Il numero d'ordine della trascrizione è quello progressivo del registro delle trascrizioni.

Il cancelliere deve formare un fascicolo per ogni trascrizione secondo le disposizioni stabilite per i fascicoli di cancelleria dell'art. 36 del R. decreto 18 dicembre 1941, n. 1368.[2]

[1] Registro per la trascrizione del patto di riservato dominio nella vendita di macchine. Il modello del registro è stato approvato con D.M. 18 apr. 1942.
[2] Disposizioni di attuazione del c.p.c.

256. Quando nelle leggi e nei regolamenti sono richiamate le disposizioni del codice civile del 1865 e del codice di commercio del 1882 s'intendono richiamate le disposizioni corrispondenti del nuovo codice.

RIFORMA DEL DIRITTO DI FAMIGLIA[1]

L. 19 mag. 1975, n. 151

[1] Gli artt. 1-210 hanno sostituito, modificato o aggiunto articoli del c.c. (v. *ivi*).

NORME FINALI E TRANSITORIE

211. Il coniuge cui i figli sono affidati ha diritto in ogni caso a percepire gli assegni familiari per i figli, sia che ad essi abbia diritto per un suo rapporto di lavoro, sia che di essi sia titolare l'altro coniuge.

212.[1]

[1] Articolo abrog. per effetto dell'art. 6, L. 6 mar. 1987, n. 74.

213-218. (*Omissis*).[1]

[1] Gli artt. da 213 a 218 e da 220 a 223 hanno sostituito articoli delle disposizioni di attuazione del c.c. (v. ivi).

219. La donna che per effetto di matrimonio con straniero o di mutamento di cittadinanza da parte del marito, ha perduto la cittadinanza italiana prima dell'entrata in vigore della presente legge, la riacquista con dichiarazione resa all'autorità competente a norma dell'art. 36 delle disposizioni di attuazione del c.c.

È abrogata ogni norma della L. 13 giu. 1912, n. 555, che sia incompatibile con le disposizioni della presente legge.

220-223. (*Omissis*).[1]

[1] V. la nota agli artt. 213-218.

224. Le cause di invalidità dei matrimoni celebrati anteriormente all'entrata in vigore della presente legge e le relative azioni sono regolate dalle disposizioni anteriori.

225. Nel caso previsto dal penultimo comma dell'art. 128 del c.c. il figlio acquista lo stato di figlio nato nel matrimonio[1] anche se il matrimonio è stato dichiarato nullo anteriormente alla data di entrata in vigore della presente legge.

[1] Le parole «figlio legittimo», sono state sost. dalle parole «figlio nato nel matrimonio» dall'art. 105, c. 2, D.lgs. 28 dic. 2013, n. 154.

226. Le disposizioni sulla separazione personale, comprese quelle di natura patrimoniale, si applicano anche ai matrimoni anteriori e ai giudizi in corso al momento dell'entrata in vigore della presente legge.

Nel provvedere sulle domande di revisione delle disposizioni patrimoniali a norma della presente legge, il giudice deve tener conto anche degli accordi intervenuti fra le parti in sede di separazione consensuale omologata anteriormente all'entrata in vigore della presente legge.

227. Le doti e i patrimoni familiari costituiti prima dell'entrata in vigore della presente legge continuano ad essere disciplinati dalle norme anteriori.

228. Le famiglie già costituite alla data di entrata in vigore della presente legge, decorso il termine di due anni dalla detta data, sono assoggettate al regime della comunione legale per i beni acquistati successivamente alla data medesima a meno che entro lo stesso termine[1] uno dei coniugi non manifesti volontà contraria in un atto ricevuto da notaio o dall'ufficiale dello stato civile del luogo in cui fu celebrato il matrimonio.

Entro lo stesso termine i coniugi possono convenire che i beni acquistati anteriormente alla data indicata nel primo comma siano assoggettati al regime della comunione, salvi i diritti dei terzi.

Gli atti di cui al presente articolo compresi i trasferimenti eventuali e conseguenti di diritti sono esenti da imposte e tasse e gli onorari professionali ad essi relativi sono ridotti alla metà. Essi non possono essere opposti a terzi se non sono annotati a margine dell'atto di matrimonio.

[1] Termine prorogato al 15 gen. 1978 con D.L. 9 set. 1977, n. 688.

229. Le disposizioni sul disconoscimento di paternità, comprese quelle relative alla legittimazione attiva della madre e del figlio, si applicano anche ai figli nati prima della data di entrata in vigore della presente legge.

L'azione del padre è proponibile se a tale data non sia decorso il termine stabilito dalla legge predetta, il quale è prorogato della metà se, alla medesima data, manca meno di un mese dalla sua scadenza.

L'azione della madre deve riguardare i figli minori d'età ed essere proposta entro sei mesi dalla data di entrata in vigore della presente legge. Entro lo stesso termine deve essere proposta l'azione del figlio se il termine stabilito dalla legge nei suoi confronti ha una scadenza anteriore.[1]

[1] La Corte cost., con sent. 1 apr. 1982, n. 64, ha dichiarato l'ill. cost. dell'art. 229 «nella parte in cui non prevede che l'azione di disconoscimento di paternità sia proponibile dal padre entro sei mesi dalla data di entrata in vigore della legge stessa, nell'ipotesi che nel periodo compreso fra il trecentesimo e il centottantesimo giorno prima della nascita la moglie abbia commesso adulterio».

230. Le disposizioni della presente legge relative al riconoscimento dei figli nati fuori del matrimonio[1] si applicano anche ai figli nati o concepiti prima della sua entrata in vigore.

Il riconoscimento di figli nati fuori del matrimonio[1], compiuto prima di tale data fuori dei casi in cui era ammesso secondo le leggi anteriori, non può essere annullato, se al momento in cui fu fatto concorrevano le condizioni per cui sarebbe ammissibile secondo le disposizioni della presente legge.

Tale riconoscimento vale anche agli effetti delle successioni aperte prima dell'entrata in vigore della presente legge, purché i diritti successori del figlio non siano stati esclusi con sentenza passata in giudicato o definiti con convenzione tra le parti interessate o non siano trascorsi tre anni dall'apertura della successione senza che il figlio abbia fatto valere alcuna ragione ereditaria sui beni della successione.

[1] Le parole «figli naturali», sono state sost. dalle parole «figli nati fuori del matrimonio» dall'art. 105, c. 3, D.lgs. 28 dic. 2013, n. 154.

231. Nel caso di riconoscimento di minori che alla data di entrata in vigore della presente legge risultino affiliati od affidati a norma della L. 5 giu. 1967, n. 431 (314/2 c.c.), il tribunale per i minorenni decide in ordine all'affidamento, tenendo conto dell'interesse morale e materiale del minore.

232. Le disposizioni della presente legge relative all'azione per la dichiarazione giudiziale di paternità e maternità, nonché alle azioni previste dall'art. 279 del c.c., si applicano anche ai figli nati o concepiti prima della sua entrata in vigore.

233. La legittimazione per provvedimento del giudice si applica anche ai figli nati anteriormente all'entrata in vigore della presente legge.

Dalla stessa data non possono essere proseguiti procedimenti per la legittimazione per decreto del Capo dello Stato, ma della presentazione della domanda di legittimazione a norma delle disposizioni anteriori si tiene conto agli effetti del secondo comma dell'art. 290 del c.c.

234. Le disposizioni dell'art. 310 del c.c. si applicano anche nel caso in cui l'adozione sia avvenuta anteriormente all'entrata in vigore della presente legge indipendentemente dal momento in cui il riconoscimento è avvenuto.

235. Dall'entrata in vigore della presente legge cessano di avere efficacia le condizioni stabilite dal padre ai sensi dell'abrogato art. 338 del c.c. per l'educazione dei figli e per l'amministrazione dei beni e non possono essere iniziate o proseguite azioni per l'inosservanza delle suddette condizioni.

Dalla stessa data il curatore del nascituro cessa di diritto dal suo ufficio.

236. Dall'entrata in vigore della presente legge cessano di avere efficacia i provvedimenti emanati dal tribunale ai sensi dell'abrogato art. 340 del c.c. e non possono essere iniziate o proseguite azioni per l'inosservanza, avvenuta in precedenza, dei suddetti provvedimenti.

237. Le disposizioni degli artt. 580 e 594 del c.c. si applicano anche alle successioni apertesi prima dell'entrata in vigore della presente legge se i diritti dei figli nati fuori del matrimonio[1] non riconoscibili non sono stati definiti con sentenza passata in giudicato o mediante convenzione.

[1] Le parole «figli naturali», sono state sost. dalle parole «figli nati fuori del matrimonio» dall'art. 105, c. 3, D.lgs. 28 dic. 2013, n. 154.

238. La disposizione dell'art. 692 del c.c. si applica anche alle successioni apertesi prima dell'entrata in vigore della presente legge a meno che la nullità della sostituzione non sia stata già pronunziata con sentenza passata in giudicato.

Salvo quanto previsto dal comma precedente, le sostituzioni fedecommissarie anteriori all'entrata in vigore della presente legge sono regolate dalle disposizioni anteriori.

239. Dall'entrata in vigore della presente legge non può essere più pronunziata la nullità prevista dall'abrogato art. 780 del c.c. rispetto agli atti anteriori.

240. La presente legge entra in vigore centoventi giorni dopo la sua pubblicazione sulla *Gazzetta Ufficiale* (G.U. 23 mag. 1975, n. 135).

INDICE-SOMMARIO DEL CODICE CIVILE

CODICE CIVILE

LIBRO PRIMO
DELLE PERSONE E DELLA FAMIGLIA

LIBRO SECONDO
DELLE SUCCESSIONI

LIBRO TERZO
DELLA PROPRIETÀ

LIBRO QUARTO
DELLE OBBLIGAZIONI

LIBRO QUINTO
DEL LAVORO

LIBRO SESTO
DELLA TUTELA DEI DIRITTI

DISPOSIZIONI PER L'ATTUAZIONE DEL CODICE CIVILE
E DISPOSIZIONI TRANSITORIE
(R.D. 30 mar. 1942, n. 318)

RIFORMA DEL DIRITTO DI FAMIGLIA
(L. 19 mag. 1975, n. 151)

CODICE DI PROCEDURA CIVILE

DISPOSIZIONI DI ATTUAZIONE
SEMPLIFICAZIONE DEI PROCEDIMENTI CIVILI

APPROVAZIONE DEL TESTO DEL CODICE DI PROCEDURA CIVILE IN VIGORE DAL 21 aprile 1942

Regio Decreto 28 ott. 1940, n. 1443
(G.U. 28 ott. 1940, n. 253, Suppl.)

VITTORIO EMANUELE III
PER GRAZIA DI DIO E PER VOLONTÀ DELLA NAZIONE
RE D'ITALIA E DI ALBANIA
IMPERATORE D'ETIOPIA

Vista la L. 30 dic. 1923, n. 2814, che autorizza il Governo del Re Imperatore ad emanare un nuovo Codice di procedura civile;

Sentito il parere della Commissione delle Assemblee legislative, a termini dell'art. 2 della L. 30 dic. 1923, n. 2814, e dell'art. 3 della L. 24 dic. 1925, n. 2260;

Udito il Consiglio dei Ministri;

Sulla proposta del Nostro Guardasigilli, Ministro Segretario di Stato per la grazia e giustizia;

Abbiamo decretato e decretiamo:

1. Il testo del Codice di procedura civile è approvato ed avrà esecuzione a cominciare dal 21 aprile 1942.

2. Un esemplare del Codice di procedura civile, firmato da Noi e contrassegnato dal Nostro Ministro Segretario di Stato per la grazia e giustizia, servirà di originale e sarà depositato e custodito nell'Archivio del Regno.

3. La pubblicazione del Codice di procedura civile si eseguirà col trasmetterne un esemplare stampato a ciascuno dei Comuni del Regno, per essere depositato nella sala comunale e tenuto ivi esposto, durante un mese successivo, per sei ore in ciascun giorno, affinchè ognuno possa prenderne cognizione.

Dato a San Rossore, addì 28 ottobre 1940

VITTORIO EMANUELE

MUSSOLINI - GRANDI

Visto: *il Guardasigilli*: Grandi

CODICE DI PROCEDURA CIVILE

LIBRO PRIMO

DISPOSIZIONI GENERALI[1,2]

[1] Il testo del codice è aggiornato con le riforme di cui alla L. 18 giu. 2009, n. 69 in vigore dal 4 lug. 2009. Riportiamo di seguito il testo delle disposizioni transitorie:
art. 58 – *Disposizioni transitorie* 1. Fatto salvo quanto previsto dai commi successivi, le disposizioni della presente legge che modificano il codice di procedura civile e le disposizioni per l'attuazione del codice di procedura civile si applicano ai giudizi instaurati dopo la data della sua entrata in vigore.
2. Ai giudizi pendenti in primo grado alla data di entrata in vigore della presente legge si applicano gli articoli 132, 345 e 616 del codice di procedura civile e l'articolo 118 delle disposizioni per l'attuazione del codice di procedura civile, come modificati dalla presente legge.
3. Le disposizioni di cui ai commi quinto e sesto dell'articolo 155 del codice di procedura civile si applicano anche ai procedimenti pendenti alla data del 1° marzo 2006.
4. La trascrizione della domanda giudiziale, del pignoramento immobiliare e del sequestro conservativo sugli immobili eseguita venti anni prima dell'entrata in vigore della presente legge o in un momento ancora anteriore conserva il suo effetto se rinnovata ai sensi degli articoli 2668-*bis* e 2668-*ter* del codice civile entro dodici mesi dalla data di entrata in vigore della presente legge.
5. Le disposizioni di cui all'articolo 47 si applicano alle controversie nelle quali il provvedimento impugnato con il ricorso per cassazione è stato pubblicato ovvero, nei casi in cui non sia prevista la pubblicazione, depositato successivamente alla data di entrata in vigore della presente legge.
[2] Per le modifiche in vigore dal 31 ott. 2025 v. D.lgs. 13 lug. 2017, n. 116.

TITOLO I
Degli organi giudiziari

CAPO I
Del giudice

SEZIONE I
Della giurisdizione e della competenza in generale[1]

[1] Sull'attività giurisdizionale v.: art. 2908 c.c. e art. 1 dell'ordinamento giudiziario. Sul difetto di giurisdizione v. art. 37 c.p.c.

1. ***Giurisdizione dei giudici ordinari.*** — La giurisdizione civile, salvo speciali disposizioni di legge, è esercitata dai giudici ordinari secondo le norme del presente codice.

2. [***Inderogabilità convenzionale della giurisdizione***].[1]

[1] Articolo abrog. dall'art. 73, L. 31 mag. 1995, n. 218, con decor. 1 set. 1995. Per la disciplina transitoria v. art. 72 L. *cit*. Per la nuova disciplina v. art. 4 L. *cit*. in nota all'art. 6.

3. [***Pendenza di lite davanti a giudice straniero***].[1]

[1] Articolo abrog. dall'art. 73, L. 31 mag. 1995, n. 218, con decor. 1 set. 1995. Per la disciplina transitoria v. art. 72 L. *cit*. Per la nuova disciplina v. art. 7 L. *cit*. in nota all'art. 6.

4. [***Giurisdizione rispetto allo straniero***].[1]

[1] Articolo abrog. dall'art. 73, L. 31 mag. 1995, n. 218, con decor. 1 sett. 1995. Per la disciplina transitoria v. art. 73 L. *cit*. Per la nuova disciplina v. l'art. 3 L. *cit*. in nota all'art. 6.

5. ***Momento determinante della giurisdizione e della competenza.*** — La giurisdizione e la competenza si determinano con riguardo alla legge vigente e allo stato di fatto esistente al momento della proposizione della domanda, e non hanno rilevanza rispetto ad esse i successivi mutamenti della legge e dello stato medesimo.[1]

[1] Articolo così sost. dall'art. 2 della L. 26 nov. 1990, n. 353 con decorrenza 1 gen. 1993. La norma si applica anche ai giudizi già pendenti alla data del 1 gen. 1993 (cfr. art. 90 L. *cit.*, in *Att.*).

6. ***Inderogabilità convenzionale della competenza.*** — La competenza non può essere derogata per accordo delle parti, salvo che nei casi stabiliti dalla legge.[1]

[1] L. 31 mag. 1995, n. 218: (*Omissis*).
Titolo II - **Giurisdizione italiana**
Art. 3. *Ambito della giurisdizione.* – 1. La giurisdizione italiana sussiste quando il convenuto è domiciliato o residente in Italia o vi ha un rappresentante che sia autorizzato a stare in giudizio a norma dell'art. 77 del c.p.c. e negli altri casi in cui è prevista dalla legge.

2. La giurisdizione sussiste inoltre in base ai criteri stabiliti dalle sezioni 2, 3 o 4 del titolo II della Convenzione concernente la competenza giurisdizionale e l'esecuzione delle decisioni in materia civile e commerciale e protocollo, firmati a Bruxelles il 27 sett. 1968, resi esecutivi con la L. 21 giu. 1971, n. 804, e successive modificazioni in vigore per l'Italia, anche allorché il convenuto non sia domiciliato nel territorio di uno Stato contraente, quando si tratti di una delle materie comprese nel campo di applicazione della Convenzione. Rispetto alle altre materie la giurisdizione sussiste anche in base ai criteri stabiliti per la competenza per territorio.

Art. 4. *Accettazione e deroga della giurisdizione.* – 1. Quando non vi sia giurisdizione in base all'art. 3, essa nondimeno sussiste se le parti l'abbiano convenzionalmente accettata e tale accettazione sia provata per iscritto, ovvero il convenuto compaia nel processo senza eccepire il difetto di giurisdizione nel primo atto difensivo.

2. La giurisdizione italiana può essere convenzionalmente derogata a favore di un giudice straniero o di un arbitrato estero se la deroga è provata per iscritto e la causa verte su diritti disponibili.

3. La deroga è inefficace se il giudice o gli arbitri indicati declinano la giurisdizione o comunque non possono conoscere della causa.

Art. 5. *Azioni reali relative ad immobili siti all'estero.* – 1. La giurisdizione italiana non sussiste rispetto ad azioni reali aventi ad oggetto beni immobili situati all'estero.

Art. 6. *Questioni preliminari.* – 1. Il giudice italiano conosce, incidentalmente, le questioni che non rientrano nella giurisdizione italiana e la cui soluzione è necessaria per decidere sulla domanda proposta.

Art. 7. *Pendenza di un processo straniero.* – 1. Quando, nel corso del giudizio, sia eccepita la previa pendenza tra le stesse parti di domanda avente il medesimo oggetto e il medesimo titolo dinanzi a un giudice straniero, il giudice italiano, se ritiene che il provvedimento straniero possa produrre effetto per l'ordinamento italiano, sospende il giudizio. Se il giudice straniero declina la propria giurisdizione o il se provvedimento straniero non è riconosciuto nell'ordinamento italiano, il giudizio in Italia prosegue, previa riassunzione ad istanza della parte interessata.

2. La pendenza della causa innanzi al giudice straniero si determina secondo la legge dello Stato in cui il processo si svolge.

3. Nel caso di pregiudizialità di una causa straniera, il giudice italiano può sospendere il processo se ritiene che il provvedimento straniero possa produrre effetti per l'ordinamento italiano.

Art. 8. *Momento determinante della giurisdizione.* – 1. Per la determinazione della giurisdizione italiana si applica l'art. 5 del c.p.c. Tuttavia la giurisdizione sussiste se i fatti e le norme che la determinano sopravvengono nel corso del processo.

Art. 9. *Giurisdizione volontaria.* – 1. In materia di giurisdizione volontaria, la giurisdizione sussiste, oltre che nei casi specificamente contemplati dalla presente legge e in quelli in cui è prevista la competenza per territorio di un giudice italiano, quando il provvedimento richiesto concerne un cittadino italiano o una persona residente in Italia o quando esso riguarda situazioni o rapporti ai quali è applicabile la legge italiana.

Art. 10. *Materia cautelare.* – 1. In materia cautelare, la giurisdizione italiana sussiste quando il provvedimento deve essere eseguito in Italia o quando il giudice italiano ha giurisdizione nel merito.

Art. 11. *Rilevabilità del difetto di giurisdizione.* – 1. Il difetto di giurisdizione può essere rilevato, in qualunque stato e grado del processo, soltanto dal convenuto costituito che non abbia espressamente o tacitamente accettato la giurisdizione italiana. È rilevato dal giudice d'ufficio, sempre in qualunque stato e grado del processo, se il convenuto è contumace, se ricorre l'ipotesi di cui all'art. 5, ovvero se la giurisdizione italiana è esclusa per effetto di una norma internazionale.

Art. 12. *Legge regolatrice del processo.* – 1. Il processo civile che si svolge in Italia è regolato dalla legge italiana.

SEZIONE II

Della competenza per materia e valore[1]

[1] V. l'art. 90 della L. 26 nov. 1990, n. 353, in *Att.*

7. ***Competenza del giudice di pace.***[1] — Il giudice di pace è competente per le cause relative a beni mobili di valore non superiore a cinquemila euro[2], quando dalla legge non sono attribuite alla competenza di altro giudice.

Il giudice di pace è altresì competente per le cause di risarcimento del danno prodotto dalla circolazione di veicoli e di natanti, purché il valore della controversia non superi ventimila euro[2].

[...].[3]

È competente qualunque ne sia il valore:

1) per le cause relative ad apposizione di termini ed osservanza delle distanze stabilite dalla legge, dai regolamenti o dagli usi riguardo al piantamento degli alberi e delle siepi;

2) per le cause relative alla misura ed alle modalità d'uso dei servizi di condominio di case;

3) per le cause relative a rapporti tra proprietari o detentori di immobili adibiti a civile abitazione in materia di immissioni di fumo o di calore, esalazioni, rumori, scuotimenti e simili propagazioni che superino la normale tollerabilità;

3-*bis*) per le cause relative agli interessi o accessori da ritardato pagamento di prestazioni previdenziali o assistenziali.[4]

4) [...].[3]

[1] Articolo così sost. dall'art. 17, L. 21 nov. 1991, n. 374, in vigore dall'1 mag. 1995.

[2] Importo così modif. dall'art. 45, L. 18 giu. 2009, n. 69. Per espressa previsione dell'art. 58, L. 69/2009, "le disposizioni della presente legge che modificano il codice di procedura civile e le disposizioni per l'attuazione del codice di procedura civile si applicano ai giudizi instaurati dopo la data della sua entrata in vigore" (avvenuta il 4 lug. 2009).

[3] Il terzo comma e il n. 4 dell'ultimo comma sono stati abrog. dall'art. 1, D.L. 18 ott. 1995, n. 432, conv. in L. 20 dic. 1995, n. 534.

[4] Numero aggiunto dall'art. 45, L. 18 giu. 2009, n. 69. V. nota 2.

8. [***Competenza del pretore.***][1]

[1] Articolo abrog. dall'art. 49, D.lgs. 18 feb. 1998, n. 51, con decorrenza dal 3 giu. 1999.

9. ***Competenza del tribunale.***[1] — Il tribunale è competente per tutte le cause che non sono di competenza di altro giudice.

Il tribunale è altresì esclusivamente competente per le cause in materia di imposte e tasse, per quelle relative allo stato e alla capacità delle persone e ai diritti onorifici, per la querela di falso, per l'esecuzione forzata e, in generale, per ogni causa di valore indeterminabile.

[1] Articolo così sost. dall'art. 50, D.lgs. 19 feb. 1998, n. 51 con decorrenza dal 2 giu. 1999.

10. ***Determinazione del valore.*** — Il valore della causa, ai fini della competenza, si determina dalla domanda a norma delle disposizioni seguenti.

A tale effetto le domande proposte nello stesso processo contro la medesima persona si sommano tra loro, e gli interessi scaduti, le spese e i danni anteriori alla proposizione si sommano col capitale.

11. ***Cause relative a quote di obbligazione tra più parti.*** — Se è chiesto da più persone o contro più persone l'adempimento per quote di un'obbligazione, il valore della causa si determina dalla intera obbligazione.

12. ***Cause relative a rapporti obbligatori, a locazioni e a divisione.*** — Il valore delle cause relative all'esistenza, alla validità o alla risoluzione di un rapporto giuridico obbligatorio si determina in base a quella parte del rapporto che è in contestazione.

[...].[1]

Il valore delle cause per divisione si determina da quello della massa attiva da dividersi.

[1] Il secondo comma è stato abrog. dall'art. 89, L. 26 nov. 1990, n. 353, con decorrenza 30 apr. 1995. La disposizione è ancora applicabile ai giudizi pendenti alla data del 30 aprile 1995 (v. art. 90 L. *cit.*).

13. ***Cause relative a prestazioni alimentari e a rendite.*** — Nelle cause per prestazioni alimentari periodiche, se il titolo è controverso, il valore si determina in base all'ammontare delle somme dovute per due anni.

Nelle cause relative a rendite perpetue, se il titolo è controverso, il valore si determina cumulando venti annualità; nelle cause relative a rendite temporanee o vitalizie, cumulando le annualità domandate fino ad un massimo di dieci.

Le regole del comma precedente si applicano anche per determinare il valore delle cause relative al diritto del concedente.

14. ***Cause relative a somme di danaro e a beni mobili.*** — Nelle cause relative a somme di danaro o a beni mobili, il valore si determina in base alla somma indicata o al valore dichiarato dall'attore; in mancanza di indicazione o dichiarazione, la causa si presume di competenza del giudice adito.

Il convenuto può contestare, ma soltanto nella prima difesa, il valore come sopra dichiarato o presunto; in tal caso il giudice decide, ai soli fini della competenza, in base a quello che risulta dagli atti e senza apposita istruzione.

Se il convenuto non contesta il valore dichiarato o presunto, questo rimane fissato, anche agli effetti del merito, nei limiti della competenza del giudice adito.

15. ***Cause relative a beni immobili.***[1] — Il valore delle cause relative a beni immobili è determinato moltiplicando il reddito dominicale del terreno e la rendita catastale del fabbricato alla data della proposizione della domanda:

– per duecento per le cause relative alla proprietà;

– per cento per le cause relative all'usufrutto, all'uso, all'abitazione, alla nuda proprietà e al diritto dell'enfiteuta;

– per cinquanta con riferimento al fondo servente per le cause relative alle servitù.

Il valore delle cause per il regolamento di confini si desume dal valore della parte di proprietà controversa, se questa è determinata; altrimenti il giudice lo determina a norma del comma seguente.

Se per l'immobile all'atto della proposizione della domanda non risulta il reddito dominicale o la rendita catastale, il giudice determina il valore della causa secondo quanto emerge dagli atti; e se questi non offrono elementi per la stima, ritiene la causa di valore indeterminabile.

[1] Articolo così sostituito dall'art. 7 della L. 30 lug. 1984, n. 399.

16. [***Esecuzione forzata***].[1]

[1] Articolo abrog. dall'art. 51, D.lgs. 19 feb. 1998, n. 51.

17. ***Cause relative all'esecuzione forzata.*** — Il valore delle cause di opposizione all'esecuzione forzata (615) si determina dal credito per cui si procede;

– quello delle cause relative alle opposizioni proposte da terzi a norma dell'art. 619, dal valore dei beni controversi;

– quello delle cause relative a controversie sorte in sede di distribuzione, dal valore del maggiore dei crediti contestati.

SEZIONE III

Della competenza per territorio[1]

[1] V. l'art. 90 della L. 26 nov. 1990, n. 353, in *Att.*

18. ***Foro generale delle persone fisiche.*** — Salvo che la legge disponga altrimenti,[1] è competente il giudice del luogo in cui il convenuto ha la residenza o il domicilio,[2] e, se questi sono sconosciuti, quello del luogo in cui il convenuto ha la dimora.

Se il convenuto non ha residenza, né domicilio, né dimora nello *Stato* o se la dimora è sconosciuta, è competente il giudice del luogo in cui risiede l'attore.[3]

[1] Foro facoltativo per le cause relative a diritti di obbligazione (20); foro per le cause: relative a diritti reali e ad azioni possessorie (21); ereditarie (22); tra soci e tra condomini (23); relative alle gestioni tutelari e patrimoniali (24); foro della pubblica amministrazione (25); dell'esecuzione forzata (26); relativo alle opposizioni all'esecuzione (27); stabilito per accordo delle parti (28, 29); del domicilio eletto (29); giudice competente nelle controversie individuali di lavoro (413); in materia di previdenza e di assistenza obbligatorie (444); nel procedimento di in-

giunzione (637); nel procedimento per convalida di sfratto (661); nel sequestro (672, 673); per l'efficacia delle sentenze straniere (796).

[2] Sulla residenza v. anche la L. 24 dic. 1954, n. 1228.

[3] V., per la notificazione di atti nelle due ipotesi, gli artt. 142 e 143.

19. ***Foro generale delle persone giuridiche e delle associazioni non riconosciute.*** — Salvo che la legge disponga altrimenti, qualora sia convenuta una persona giuridica, è competente il giudice del luogo dove essa ha sede. È competente altresì il giudice del luogo dove la persona giuridica ha uno stabilimento e un rappresentante autorizzato a stare in giudizio per l'oggetto della domanda.

Ai fini della competenza, le società non aventi personalità giuridica, le associazioni non riconosciute e i comitati di cui agli artt. 36 s. c.c., hanno sede dove svolgono attività in modo continuativo.

20. ***Foro facoltativo per le cause relative a diritti di obbligazione.*** — Per le cause relative a diritti di obbligazione è anche competente il giudice del luogo in cui è sorta o deve eseguirsi l'obbligazione dedotta in giudizio

21. ***Foro per le cause relative a diritti reali e ad azioni possessorie.***[1] — Per le cause relative a diritti reali su beni immobili, per le cause in materia di locazione e comodato di immobili e di affitto di aziende, nonché per le cause relative ad apposizione di termini ed osservanza delle distanze stabilite dalla legge, dai regolamenti e dagli usi riguardo al piantamento degli alberi e delle siepi è competente il giudice del luogo dove è posto l'immobile o l'azienda. Qualora l'immobile sia compreso in più circoscrizioni giudiziarie, è competente il giudice della circoscrizione nella quale è compresa la parte soggetta a maggior tributo verso lo Stato; quando non è sottoposto a tributo, è competente ogni giudice nella cui circoscrizione si trova una parte dell'immobile. Per le azioni possessorie e per la denuncia di nuova opera e di danno temuto è competente il giudice del luogo nel quale è avvenuto il fatto denunciato.

[1] Articolo così modif. dall'art. 52, D.lgs. 19 feb. 1998 n. 51, che ha sostituito il primo periodo con decorrenza dal 2 giu. 1999.

22. ***Foro per le cause ereditarie.*** — È competente il giudice del luogo dell'aperta successione per le cause:

1) relative a petizione o divisione di eredità e per qualunque altra tra coeredi fino alla divisione;

2) relative alla rescissione della divisione e alla garanzia delle quote, purché proposte entro un biennio dalla divisione;

3) relative a crediti verso il defunto o a legati dovuti dall'erede, purché proposte prima della divisione e in ogni caso entro un biennio dall'apertura della successione;

4) contro l'esecutore testamentario, purché proposte entro i termini indicati nel numero precedente.

Se la successione si è aperta fuori dello Stato, le cause suindicate sono di competenza del giudice del luogo in cui è posta la maggior parte dei beni situati nello Stato, o, in mancanza di questi, del luogo di residenza del convenuto o di alcuno dei convenuti.

23. ***Foro per le cause tra soci e tra condomini.*** — Per le cause tra soci è competente il giudice del luogo dove ha sede la società; per le cause tra condomini, ovvero tra condomini e condominio, il giudice del luogo dove si trovano i beni comuni o la maggior parte di essi.[1]

Tale norma si applica anche dopo lo scioglimento della società o del condominio, purché la domanda sia proposta entro un biennio dalla divisione.

[1] Comma così modif. dall'art. 31, L. 11 dic. 2012, n. 220, in vigore dal 17 giu. 2013.

24. ***Foro per le cause relative alle gestioni tutelari e patrimoniali.*** — Per le cause relative alla gestione di una tutela o di un'amministrazione patrimoniale[1] conferita per legge o per provvedimento dell'autorità è competente il giudice del luogo d'esercizio della tutela o dell'amministrazione.

[1] V. per l'amministrazione del fondo patrimoniale, 168 c.c.; della comun. legale fra coniugi, 180 s. c.c.; dell'eredità giacente, 528 c.c.; dell'eredità, 641-644 c.c.; dei beni dell'assente, 52 c.c.

25. ***Foro della pubblica amministrazione.*** — Per le cause nelle quali è parte un'amministrazione dello Stato è competente, a norma delle leggi speciali sulla rappresentanza e difesa dello Stato in giudizio e nei casi ivi previsti, il giudice del luogo dove ha sede l'ufficio dell'avvocatura dello Stato,[1] nel cui distretto si trova il giudice che sarebbe competente secondo le norme ordinarie. Quando l'amministrazione è convenuta, tale distretto si determina con riguardo al giudice del luogo in cui è sorta o deve eseguirsi l'obbligazione o in cui si trova la cosa mobile o immobile oggetto della domanda.

[1] V. R.D.L. 30 ott. 1933, n. 1611 e L. 3 apr. 1979, n. 103.

26. ***Foro dell'esecuzione forzata.*** — Per l'esecuzione forzata su cose mobili o immobili è competente il giudice del luogo in cui le cose si trovano. Se le cose immobili soggette all'esecuzione non sono interamente comprese nella circoscrizione di un solo tribunale, si applica l'art. 21.

Per l'esecuzione forzata su autoveicoli, motoveicoli e rimorchi è competente il giudice del luogo in cui il debitore ha la residenza, il domicilio, la dimora o la sede.[1]

Per l'esecuzione forzata degli obblighi di fare e di non fare è competente il giudice del luogo dove l'obbligo deve essere adempiuto.

[1] Comma così sost. dall'art. 19, c. 1, D.L. 12 set. 2014, n. 132, conv. con modif. in L. 10 nov. 2014, n. 162. La disposizione si applica ai procedimenti iniziati a decorrere dal

trentesimo giorno successivo alla data di entrata in vigore della legge di conversione del D.L. 132/2014.

26-*bis*. *Foro relativo all'espropriazione forzata di crediti.*[1] — Quando il debitore è una delle pubbliche amministrazioni indicate dall'articolo 413, quinto comma, per l'espropriazione forzata di crediti è competente, salvo quanto disposto dalle leggi speciali, il giudice del luogo dove ha sede l'ufficio dell'Avvocatura dello Stato nel cui distretto il creditore ha la residenza, il domicilio, la dimora o la sede.[2]

Fuori dei casi di cui al primo comma, per l'espropriazione forzata di crediti è competente il giudice del luogo in cui il debitore ha la residenza, il domicilio, la dimora o la sede.

[1] Articolo così sost. dall'art. 19, c. 1, D.L. 12 set. 2014, n. 132, conv. con modif. in L. 10 nov. 2014, n. 162. La disposizione si applica ai procedimenti iniziati a decorrere dal trentesimo giorno successivo alla data di entrata in vigore della legge di conversione del D.L. 132/2014.

[2] Comma così modif. dall'art. 1, c. 29, L. 26 nov. 2021, n. 206. La disposizione si applica ai procedimenti instaurati a decorrere dal 180° giorno successivo alla data di entrata in vigore della L. 206/2021.

27. *Foro relativo alle opposizioni all'esecuzione.* — Per le cause di opposizione all'esecuzione forzata di cui agli artt. 615 e 619 è competente il giudice del luogo dell'esecuzione, salva la disposizione dell'art. 480, terzo comma.

Per le cause di opposizione a singoli atti esecutivi è competente il giudice davanti al quale si svolge l'esecuzione.

28. *Foro stabilito per accordo delle parti.* — La competenza per territorio può essere derogata per accordo delle parti, salvo che per le cause previste nei nn. 1, 2, 3 e 5 dell'art. 70, per i casi di esecuzione forzata, di opposizione alla stessa, di procedimenti cautelari e possessori, di procedimenti in camera di consiglio e per ogni altro caso in cui l'inderogabilità sia disposta espressamente dalla legge.

29. *Forma ed effetti dell'accordo delle parti.* — L'accordo delle parti per la deroga della competenza territoriale deve riferirsi ad uno o più affari determinati e risultare da atto scritto.

L'accordo non attribuisce al giudice designato competenza esclusiva quando ciò non è espressamente stabilito.

30. *Foro del domicilio eletto.* — Chi ha eletto domicilio a norma dell'art. 47 c.c. può essere convenuto davanti al giudice del domicilio stesso (*Att.* 58).

30-*bis*. *Foro per le cause in cui sono parti i magistrati.*[1] — Le cause in cui sono comunque parti magistrati, che secondo le norme del presente capo sarebbero attribuite alla competenza di un ufficio giudiziario compreso nel distretto di corte d'appello in cui il magistrato esercita le proprie funzioni, sono di competenza del giudice, ugualmente competente per materia, che ha sede nel capoluogo del distretto di corte d'appello determinato ai sensi dell'art. 11 del codice di procedura penale.[2]

Se nel distretto determinato ai sensi del primo comma il magistrato è venuto ad esercitare le proprie funzioni successivamente alla sua chiamata in giudizio, è competente il giudice che ha sede nel capoluogo del diverso distretto di corte d'appello individuato ai sensi dell'art. 11 del codice di procedura penale con riferimento alla nuova destinazione.

[1] Articolo aggiunto dall'art. 9, L. 2 dic. 1998, n. 420.

La Corte cost., con sentenza 12 nov. 2002, n. 444, ha dichiarato l'ill. cost. dell'art. 30-*bis* "nella parte in cui si applica ai processi di esecuzione forzata promossi da o contro magistrati in servizio nel distretto di corte d'appello comprendente l'ufficio giudiziario competente ai sensi dell'art. 26 del codice di procedura civile".

[2] La Corte cost., con sentenza 25 mag. 2004, n. 147, ha dichiarato l'ill. cost. del c. 1, ad eccezione della parte relativa alle azioni civili concernenti le restituzioni ed il risarcimento del danno da reato, di cui sia parte un magistrato, nei termini di cui all'art. 11 c.p.p.

SEZIONE IV
Delle modificazioni della competenza per ragione di connessione

31. *Cause accessorie.* — La domanda accessoria può essere proposta al giudice territorialmente competente per la domanda principale affinché sia decisa nello stesso processo, osservata, quanto alla competenza per valore, la disposizione dell'art. 10, secondo comma.

[...][1]

[1] Comma abrog. dall'art. 53, D.lgs. 19 feb. 1998, n. 51.

32. *Cause di garanzia.*[1] — La domanda di garanzia può essere proposta al giudice competente per la causa principale affinché sia decisa nello stesso processo. Qualora essa ecceda la competenza per valore del giudice adito, questi rimette entrambe le cause al giudice superiore assegnando alle parti un termine perentorio per la riassunzione.

[1] Articolo così sostituito dall'art. 54 D.lgs. 19 feb. 1998, n. 51 con decorrenza dal 2 giu. 1999.

33. *Cumulo soggettivo.* — Le cause contro più persone che a norma degli artt. 18 e 19 dovrebbero essere proposte davanti a giudici diversi, se sono connesse per l'oggetto o per il titolo possono essere proposte davanti al giudice del luogo di residenza o domicilio di una di esse, per essere decise nello stesso processo.

34. *Accertamenti incidentali.* — Il giudice, se per legge o per esplicita domanda di una delle parti è necessario decidere con efficacia di giudicato una questione pregiudiziale che appartiene per materia o valore alla competenza di un giudice superiore, rimette tutta la causa a quest'ultimo, asse-

CODICE DI PROCEDURA CIVILE

gnando alle parti un termine perentorio per la riassunzione (*Att.* 125) della causa davanti a lui.

35. ***Eccezione di compensazione.*** — Quando è opposto in compensazione un credito che è contestato ed eccede la competenza per valore del giudice adito, questi, se la domanda è fondata su titolo non controverso o facilmente accertabile, può decidere su di essa e rimettere le parti al giudice competente per la decisione relativa all'eccezione di compensazione, subordinando, quando occorre, l'esecuzione della sentenza alla prestazione di una cauzione; altrimenti provvede a norma dell'articolo precedente.

36. ***Cause riconvenzionali.*** — Il giudice competente per la causa principale conosce anche delle domande riconvenzionali che dipendono dal titolo dedotto in giudizio dall'attore o da quello che già appartiene alla causa come mezzo di eccezione, purché non eccedano la sua competenza per materia o valore; altrimenti applica le disposizioni dei due articoli precedenti.

SEZIONE V
Del difetto di giurisdizione, della incompetenza e della litispendenza

37. ***Difetto di giurisdizione.*** — Il difetto di giurisdizione del giudice ordinario nei confronti della pubblica amministrazione o dei giudici speciali è rilevato, anche d'ufficio, in qualunque stato e grado del processo.

[...].[1]

[1] Comma abrog. dall'art. 73, L. 31 mag. 1995, n. 218, con decorrenza 1 set. 1995. Per la nuova disciplina v. in nota all'art. 6.

38. ***Incompetenza.***[1] — L'incompetenza per materia, quella per valore e quella per territorio sono eccepite, a pena di decadenza, nella comparsa di risposta tempestivamente depositata. L'eccezione di incompetenza per territorio si ha per non proposta se non contiene l'indicazione del giudice che la parte ritiene competente.

Fuori dei casi previsti dall'articolo 28, quando le parti costituite aderiscono all'indicazione del giudice competente per territorio, la competenza del giudice indicato rimane ferma se la causa è riassunta entro tre mesi dalla cancellazione della stessa dal ruolo.

L'incompetenza per materia, quella per valore e quella per territorio nei casi previsti dall'articolo 28 sono rilevate d'ufficio non oltre l'udienza di cui all'articolo 183.

Le questioni di cui ai commi precedenti sono decise, ai soli fini della competenza, in base a quello che risulta dagli atti e, quando sia reso necessario dall'eccezione del convenuto o dal rilievo del giudice, assunte sommarie informazioni.

[1] Articolo così sostituito dall'art. 45 della L. 18 giu. 2009, n. 69. Per espressa previsione dell'art. 58, L. 69/2009, "le disposizioni della presente legge che modificano il codice di procedura civile e le disposizioni per l'attuazione del codice di procedura civile si applicano ai giudizi instaurati dopo la data della sua entrata in vigore" (avvenuta il 4 lug. 2009).

39. ***Litispendenza e continenza di cause.*** — Se una stessa causa è proposta davanti a giudici diversi, quello successivamente adito, in qualunque stato e grado del processo, anche d'ufficio, dichiara con ordinanza la litispendenza e dispone la cancellazione della causa dal ruolo.[1]

Nel caso di continenza di cause, se il giudice preventivamente adito è competente anche per la causa proposta successivamente, il giudice di questa dichiara con ordinanza[2] la continenza e fissa un termine perentorio entro il quale le parti debbono riassumere la causa davanti al primo giudice (*Att.* 125). Se questi non è competente anche per la causa successivamente proposta, la dichiarazione della continenza e la fissazione del termine sono da lui pronunciate.

La prevenzione è determinata dalla notificazione della citazione, ovvero dal deposito del ricorso.[3]

[1] Comma sostituito dall'art. 45 della L. 18 giu. 2009, n. 69. Per espressa previsione dell'art. 58, L. 69/2009, "le disposizioni della presente legge che modificano il codice di procedura civile e le disposizioni per l'attuazione del codice di procedura civile si applicano ai giudizi instaurati dopo la data della sua entrata in vigore" (avvenuta il 4 lug. 2009).

[2] Parola sostituita dall'art. 45 della L. 18 giu. 2009, n. 69. V. nota 1.

[3] Parole aggiunte dall'art. 45 della L. 18 giu. 2009, n. 69. V. nota 1.

40. ***Connessione.*** — Se sono proposte davanti a giudici diversi più cause le quali, per ragione di connessione, possono essere decise in un solo processo, il giudice fissa con ordinanza[1] alle parti un termine perentorio per la riassunzione della causa accessoria davanti al giudice della causa principale, e negli altri casi davanti a quello preventivamente adito.

La connessione non può essere eccepita dalle parti né rilevata d'ufficio dopo la prima udienza, e la rimessione non può essere ordinata quando lo stato della causa principale o preventivamente proposta non consente l'esauriente trattazione e decisione delle cause connesse.

Nei casi previsti negli artt. 31, 32, 34, 35 e 36, le cause, cumulativamente proposte o successivamente riunite, debbono essere trattate e decise col rito ordinario, salva l'applicazione del solo rito speciale quando una di tali cause rientri fra quelle indicate negli artt. 409 e 442.[2]

Qualora le cause connesse siano assoggettate a differenti riti speciali debbono essere trattate e decise col rito previsto per quella tra esse in ragione della quale viene determinata la competenza o, in subordine, col rito previsto per la causa di maggior valore.[2]

Se la causa è stata trattata con un rito diverso da

quello divenuto applicabile ai sensi del terzo comma, il giudice provvede a norma degli artt. 426, 427 e 439.[2]

Se una causa di competenza del giudice di pace sia connessa per i motivi di cui agli artt. 31, 32, 34, 35 e 36 con altra causa di competenza [del pretore o] del tribunale, le relative domande possono essere proposte innanzi [al pretore o] al tribunale affinché siano decise nello stesso processo.[3]

Se le cause connesse ai sensi del sesto comma sono proposte davanti al giudice di pace e [e al pretore o] al tribunale, il giudice di pace deve pronunziare anche d'ufficio la connessione a favore [del pretore o] del tribunale.[4]

[1] La parola sentenza è stata sostituita in tutto l'articolo dalla parola ordinanza ai sensi dall'art. 45 della L. 18 giu. 2009, n. 69. Per espressa previsione dell'art. 58, L. 69/2009, "le disposizioni della presente legge che modificano il codice di procedura civile e le disposizioni per l'attuazione del codice di procedura civile si applicano ai giudizi instaurati dopo la data della sua entrata in vigore" (avvenuta il 4 lug. 2009).

[2] Comma aggiunto dall'art. 5 della L. 26 nov. 1990, n. 353, con decorrenza 1 gen. 1993.

Le disposizioni si applicano anche ai giudizi già pendenti alla data del 1 gen. 1993 (cfr. art. 90 L. *cit.*, in *Att.*).

[3] Le parole tra parentesi quadre sono state soppresse dall'art. 55 D.lgs. 19 feb. 1998, n. 51, con decorrenza dal 2 giu. 1999.

[4] Comma aggiunto dall'art. 19 della L. 21 nov. 1991, n. 374, in vigore dall'1 mag. 1995.

SEZIONE VI
Del regolamento di giurisdizione e di competenza

41. ***Regolamento di giurisdizione.*** — Finché la causa non sia decisa nel merito in primo grado, ciascuna parte può chiedere alle sezioni unite della corte di cassazione che risolvano le questioni di giurisdizione di cui all'art. 37. L'istanza si propone con ricorso a norma degli artt. 364 s., e produce gli effetti di cui all'art. 367.

La pubblica amministrazione che non è parte in causa può chiedere in ogni stato e grado del processo che sia dichiarato dalle sezioni unite della corte di cassazione il difetto di giurisdizione del giudice ordinario a causa dei poteri attribuiti dalla legge all'amministrazione stessa, finché la giurisdizione non sia stata affermata con sentenza passata in giudicato.

42. ***Regolamento necessario di competenza.***[1] — L'ordinanza che, pronunciando sulla competenza anche ai sensi degli artt. 39 e 40, non decide il merito della causa e i provvedimenti che dichiarano la sospensione del processo ai sensi dell'art. 295 possono essere impugnati soltanto con istanza di regolamento di competenza.[2]

[1] Articolo così sost. dall'art. 6 della L. 26 nov. 1990, n. 353, con decorrenza 1 gen. 1993.

La norma si applica anche ai giudizi già pendenti alla data del 1 gen. 1993 (cfr. art. 90 L. *cit.* in *Att.*)..

[2] La parola sentenza è stata sostituita in tutto l'articolo dalla parola ordinanza ai sensi dall'art. 45 della L. 18 giu. 2009, n. 69. Per espressa previsione dell'art. 58, L. 69/2009, "le disposizioni della presente legge che modificano il codice di procedura civile e le disposizioni per l'attuazione del codice di procedura civile si applicano ai giudizi instaurati dopo la data della sua entrata in vigore" (avvenuta il 4 lug. 2009).

43. ***Regolamento facoltativo di competenza.***[1] — Il provvedimento che ha pronunciato sulla competenza insieme col merito può essere impugnato con l'istanza di regolamento di competenza, oppure nei modi ordinari quando insieme con la pronuncia sulla competenza si impugna quella sul merito.

La proposizione dell'impugnazione ordinaria non toglie alle altre parti la facoltà di proporre l'istanza di regolamento.

Se l'istanza di regolamento è proposta prima dell'impugnazione ordinaria, i termini per la proposizione di questa riprendono a decorrere dalla comunicazione dell'ordinanza che regola la competenza; se è proposta dopo, si applica la disposizione dell'art. 48.

[1] Articolo così modif. dall'art. 45, L. 18 giu. 2009, n. 69. Per espressa previsione dell'art. 58, L. 69/2009, "le disposizioni della presente legge che modificano il codice di procedura civile e le disposizioni per l'attuazione del codice di procedura civile si applicano ai giudizi instaurati dopo la data della sua entrata in vigore" (avvenuta il 4 lug. 2009).

44. ***Efficacia dell'ordinanza***[1] ***che pronuncia sulla competenza.*** — L'ordinanza[1] che, anche a norma degli artt. 39 e 40, dichiara l'incompetenza del giudice che l'ha pronunciata, se non è impugnata con l'istanza di regolamento, rende incontestabile l'incompetenza dichiarata e la competenza del giudice in essa indicato se la causa è riassunta nei termini di cui all'art. 50, salvo che si tratti di incompetenza per materia o di incompetenza per territorio nei casi previsti nell'art. 28.

[1] La parola sentenza è stata sostituita in tutto l'articolo dalla parola ordinanza ai sensi dall'art. 45 della L. 18 giu. 2009, n. 69. Per espressa previsione dell'art. 58, L. 69/2009, "le disposizioni della presente legge che modificano il codice di procedura civile e le disposizioni per l'attuazione del codice di procedura civile si applicano ai giudizi instaurati dopo la data della sua entrata in vigore" (avvenuta il 4 lug. 2009).

45. ***Conflitto di competenza.*** — Quando, in seguito all'ordinanza[1] che dichiara l'incompetenza del giudice adito per ragione di materia o per territorio nei casi di cui all'art. 28, la causa nei termini di cui all'art. 50 è riassunta davanti ad altro giudice, questi, se ritiene di essere a sua volta incompetente, richiede d'ufficio il regolamento di competenza.

[1] La parola sentenza è stata sostituita in tutto l'articolo dalla parola ordinanza ai sensi dall'art. 45 della L. 18 giu. 2009, n. 69. Per espressa previsione dell'art. 58, L. 69/2009, "le disposizioni della presente legge che modificano il codice di procedura civile e le disposizioni per l'attua-

zione del codice di procedura civile si applicano ai giudizi instaurati dopo la data della sua entrata in vigore" (avvenuta il 4 lug. 2009).

46. *Casi di inapplicabilità del regolamento di competenza.* — Le disposizioni degli artt. 42 e 43 non si applicano nei giudizi davanti ai conciliatori.

47. *Procedimento del regolamento di competenza.* — L'istanza di regolamento di competenza si propone alla corte di cassazione con ricorso sottoscritto dal procuratore o dalla parte se questa si è costituita personalmente (*Att.* 133-144).

Il ricorso deve essere notificato alle parti che non vi hanno aderito entro il termine perentorio di trenta giorni dalla comunicazione dell'ordinanza[1] che abbia pronunciato sulla competenza o dalla notificazione dell'impugnazione ordinaria nel caso previsto nell'art. 43, secondo comma. L'adesione delle parti può risultare anche dalla sottoscrizione del ricorso (*Att.* 136).

La parte che propone l'istanza, nei cinque giorni successivi all'ultima notificazione del ricorso alle parti, deve chiedere ai cancellieri degli uffici davanti ai quali pendono i processi che i relativi fascicoli siano rimessi alla cancelleria della corte di cassazione. Nel termine perentorio di venti giorni dalla stessa notificazione deve depositare nella cancelleria il ricorso con i documenti necessari.

Il regolamento d'ufficio è richiesto con ordinanza dal giudice, il quale dispone la rimessione del fascicolo di ufficio alla cancelleria della corte di cassazione (*Att.* 137).

Le parti, alle quali è notificato il ricorso o comunicata l'ordinanza del giudice, possono, nei venti giorni successivi, depositare nella cancelleria della corte di cassazione scritture difensive e documenti.

[1] La parola sentenza è stata sostituita in tutto l'articolo dalla parola ordinanza ai sensi dall'art. 45 della L. 18 giu. 2009, n. 69. Per espressa previsione dell'art. 58, L. 69/2009, "le disposizioni della presente legge che modificano il codice di procedura civile e le disposizioni per l'attuazione del codice di procedura civile si applicano ai giudizi instaurati dopo la data della sua entrata in vigore" (avvenuta il 4 lug. 2009).

48. *Sospensione dei processi.* — I processi relativamente ai quali è chiesto il regolamento di competenza sono sospesi dal giorno in cui è presentata l'istanza al cancelliere a norma dell'articolo precedente o dalla pronuncia dell'ordinanza che richiede il regolamento.

Il giudice può autorizzare il compimento degli atti che ritiene urgenti.

49. *Ordinanza[1] di regolamento di competenza.* — Il regolamento è pronunciato con ordinanza[1] in camera di consiglio entro i venti giorni successivi alla scadenza del termine previsto nell'art. 47, ultimo comma.

Con l'ordinanza[1] la corte di cassazione statuisce sulla competenza, dà i provvedimenti necessari per la prosecuzione del processo davanti al giudice che dichiara competente e rimette, quando occorre, le parti in termini affinché provvedano alla loro difesa.

[1] La parola sentenza è stata sostituita in tutto l'articolo dalla parola ordinanza ai sensi dall'art. 45 della L. 18 giu. 2009, n. 69. Per espressa previsione dell'art. 58, L. 69/2009, "le disposizioni della presente legge che modificano il codice di procedura civile e le disposizioni per l'attuazione del codice di procedura civile si applicano ai giudizi instaurati dopo la data della sua entrata in vigore" (avvenuta il 4 lug. 2009).

50. *Riassunzione della causa.* — Se la riassunzione della causa davanti al giudice dichiarato competente avviene nel termine fissato nell'ordinanza[1] dal giudice e in mancanza in quello di tre[2] mesi dalla comunicazione dell'ordinanza[1] di regolamento o dell'ordinanza[1] che dichiara l'incompetenza del giudice adito, il processo continua davanti al nuovo giudice (*Att.* 125).

Se la riassunzione non avviene nei termini su indicati, il processo si estingue.

[1] La parola sentenza è stata sostituita in tutto l'articolo dalla parola ordinanza ai sensi dall'art. 45 della L. 18 giu. 2009, n. 69. Per espressa previsione dell'art. 58, L. 69/2009, "le disposizioni della presente legge che modificano il codice di procedura civile e le disposizioni per l'attuazione del codice di procedura civile si applicano ai giudizi instaurati dopo la data della sua entrata in vigore" (avvenuta il 4 lug. 2009).

[2] Termine modif. dall'art. 45, L. 18 giu. 2009, n. 69. V. nota 1.

SEZIONE VI-*bis*
Della composizione del tribunale[1]

[1] La sezione VI-*bis* è stata inserita dall'art. 56 D.lgs. 19 feb. 1998 n. 51, con decorrenza dal 2 giu. 1999.

50-*bis*. *Cause nelle quali il tribunale giudica in composizione collegiale.* — Il tribunale giudica in composizione collegiale:

1) nelle cause nelle quali è obbligatorio l'intervento del pubblico ministero salvo che sia altrimenti disposto;

2) nelle cause di opposizione, impugnazione, revocazione e in quelle conseguenti a dichiarazioni tardive di crediti di cui al R.D. 16 mar. 1942, n. 267 [al D.L. 30 gen. 1979, n. 26, convertito con modificazioni dalla L. 3 apr. 1979, n. 95],[1] e alle altre leggi speciali disciplinanti la liquidazione coatta amministrativa;

3) nelle cause devolute alle sezioni specializzate;

4) nelle cause di omologazione del concordato fallimentare e del concordato preventivo;

5) nelle cause di impugnazione delle deliberazioni dell'assemblea e del consiglio di amministrazione, nonché nelle cause di responsabilità da chiunque promosse contro gli organi amministrativi e di controllo, i direttori generali, i dirigenti preposti alla redazione dei documenti contabili societari[2] e i liquidatori delle società, delle mutue assicuratrici e società cooperative, delle associazioni in partecipazione e dei consorzi;

6) nelle cause di impugnazione dei testamenti e di riduzione per la lesione di legittima;

7) nelle cause di cui alla L. 13 apr. 1988, n. 117.

7-*bis*) nelle cause di cui all'art. 140-*bis* del codice del consumo, di cui al D.lgs. 6 set. 2005, n. 206.[3]

Il tribunale giudica altresì in composizione collegiale nei procedimenti in camera di consiglio disciplinati dagli artt. 737 e seguenti, salvo che sia altrimenti disposto.

[1] Parole soppresse dall'art. 98 D.lgs. 8 lug. 1999, n. 270.
[2] Parole inserite dall'art. 15 L. 28 dic. 2005, n. 263.
[3] Il n. 7-*bis*) è stato aggiunto dall'art. 2, c. 448, L. 24 dic. 2007, n. 744.

50-*ter*. *Cause nelle quali il tribunale giudica in composizione monocratica.* — Fuori dei casi previsti dall'art. 50-*bis*, il tribunale giudica in composizione monocratica.

50-*quater*. *Inosservanza delle disposizioni sulla composizione collegiale o monoratica del tribunale.* — Le disposizioni di cui agli artt. 50-*bis* e 50-*ter* non si considerano attinenti alla costituzione del giudice. Alla nullità derivante dalla loro inosservanza si applica l'art. 161, primo comma.

SEZIONE VII
Dell'astensione, della ricusazione e della responsabilità dei giudici

51. *Astensione del giudice.* — Il giudice ha l'obbligo di astenersi:

1) se ha interesse nella causa o in altra vertente su identica questione di diritto;

2) se egli stesso o la moglie è parente fino al quarto grado o legato da vincoli di affiliazione, o è convivente o commensale abituale di una delle parti o di alcuno dei difensori;

3) se egli stesso o la moglie ha causa pendente o grave inimicizia o rapporti di credito o debito con una delle parti o alcuno dei suoi difensori;

4) se ha dato consiglio o prestato patrocinio nella causa, o ha deposto in essa come testimone, oppure ne ha conosciuto come magistrato in altro grado del processo o come arbitro o vi ha prestato assistenza come consulente tecnico;

5) se è tutore, curatore, amministratore di sostegno, procuratore, agente o datore di lavoro di una delle parti; se, inoltre, è amministratore o gerente di un ente, di un'associazione anche non riconosciuta, di un comitato, di una società o stabilimento che ha interesse nella causa.

In ogni altro caso in cui esistono gravi ragioni di convenienza, il giudice può richiedere al capo dell'ufficio l'autorizzazione ad astenersi; quando l'astensione riguarda il capo dell'ufficio, l'autorizzazione è chiesta al capo dell'ufficio superiore (*Att.* 78).

52. *Ricusazione del giudice.* — Nei casi in cui è fatto obbligo al giudice di astenersi, ciascuna delle parti può proporne la ricusazione mediante ricorso contenente i motivi specifici e i mezzi di prova.

Il ricorso, sottoscritto dalla parte o dal difensore, deve essere depositato in cancelleria due giorni prima dell'udienza, se al ricusante è noto il nome dei giudici che sono chiamati a trattare o decidere la causa, e prima dell'inizio della trattazione o discussione di questa nel caso contrario.

La ricusazione sospende il processo.

53. *Giudice competente.*[1] — Sulla ricusazione decide il presidente del Tribunale se è ricusato un giudice di pace; il collegio se è ricusato uno dei componenti del tribunale o della corte.

La decisione è pronunciata con ordinanza non impugnabile, udito il giudice ricusato e assunte, quando occorre, le prove offerte.

[1] Articolo così modif. dall'art. 57, D.lgs. 19 feb. 1998, 51, che ha sostituito il primo comma con decorrenza dal 2 giu. 1999.

54. *Ordinanza sulla ricusazione.* — L'ordinanza che accoglie il ricorso designa il giudice che deve sostituire quello ricusato.

La ricusazione è dichiarata inammissibile, se non è stata proposta nelle forme e nei termini fissati nell'art. 52.

Il giudice, con l'ordinanza con cui dichiara inammissibile o rigetta la ricusazione, provvede sulle spese e può condannare la parte che l'ha proposta ad una pena pecuniaria non superiore a euro 250.[1]

Dell'ordinanza è data notizia dalla cancelleria al giudice e alle parti, le quali debbono provvedere alla riassunzione della causa nel termine perentorio di sei mesi (*Att.* 125).

[1] Comma modif. dall'art. 45, L. 18 giu. 2009, n. 69. Per espressa previsione dell'art. 58, L. 69/2009, "le disposizioni della presente legge che modificano il codice di procedura civile e le disposizioni per l'attuazione del codice di procedura civile si applicano ai giudizi instaurati dopo la data della sua entrata in vigore" (avvenuta il 4 lug. 2009).

55. [*Responsabilità civile del giudice*].[1]

[1] Gli artt. 55, 56 e 74 sono stati abrog. con referendum popolare, con decorrenza dal 120° giorno successivo alla pubblicazione del D.P.R. 9 dic. 1987, n. 497 sulla G.U. di pari data (n. 287).

56. [*Autorizzazione*].[1]

[1] V. la nota all'art. 55.

CAPO II
Del cancelliere e dell'ufficiale giudiziario

57. *Attività del cancelliere.*[1] — Il cancelliere documenta a tutti gli effetti, nei casi e nei modi previsti dalla legge, le attività proprie e quelle degli organi giudiziari e delle parti.

Egli assiste il giudice in tutti gli atti dei quali deve essere formato processo verbale (*Att.* 44).

Quando il giudice provvede per iscritto, salvo che la legge disponga altrimenti, il cancelliere stende la scrittura e vi appone la sua sottoscrizione dopo quella del giudice.

[1] V. per i registri di cancelleria e per gli atti del cancelliere, *Att.* 28-46.

58. ***Altre attività del cancelliere.*** — Il cancelliere attende al rilascio di copie ed estratti autentici dei documenti prodotti,[1] all'iscrizione delle cause a ruolo (*Att.* 71), alla formazione del fascicolo d'ufficio e alla conservazione di quelli delle parti (*Att.* 72-77), alle comunicazioni e alle notificazioni prescritte dalla legge o dal giudice nonché alle altre incombenze che la legge gli attribuisce.

[1] Per il rilascio di copie v. 743-745; *Att.* 76, 100.

59. ***Attività dell'ufficiale giudiziario.***[1] — L'ufficiale giudiziario assiste il giudice in udienza, provvede all'esecuzione dei suoi ordini, esegue la notificazione degli atti e attende alle altre incombenze che la legge gli attribuisce.[2]

[1] V. per gli atti dell'Uff. Giud. *Att.* 47-51.

[2] Intimazione ai testimoni (250); ricerca delle cose da pignorare (513); vendita all'incanto (534); pignoramento (543, 555, 557); esecuzione per consegna (606) o per rilascio (608- 611); intimazione di sfratto (660).

60. ***Responsabilità del cancelliere e dell'ufficiale giudiziario.*** — Il cancelliere e l'ufficiale giudiziario sono civilmente responsabili:

1) quando, senza giusto motivo, ricusano di compiere gli atti che sono loro legalmente richiesti oppure omettono di compierli nel termine che, su istanza di parte, è fissato dal giudice dal quale dipendono o dal quale sono stati delegati;

2) quando hanno compiuto un atto nullo con dolo o colpa grave.

CAPO III
Del consulente tecnico, del custode e degli altri ausiliari del giudice

61. ***Consulente tecnico.***[1] — Quando è necessario, il giudice può farsi assistere, per il compimento di singoli atti o per tutto il processo, da uno o più consulenti di particolare competenza tecnica.

La scelta dei consulenti tecnici deve essere normalmente fatta tra le persone iscritte in albi speciali formati a norma delle disposizioni di attuazione al presente codice (*Att.* 13-24).

[1] V. per i consulenti tecnici: 191-201 e 212; *Att.* 13-23 e per i compensi L. 8 lug. 1980, n. 319, e D.P.R. 30 mag. 2002, n. 115.

62. ***Attività del consulente.*** — Il consulente compie le indagini che gli sono commesse dal giudice e fornisce, in udienza e in camera di consiglio, i chiarimenti che il giudice gli richiede a norma degli artt. 194 s., e degli artt. 441 e 463 (*Att.* 90-92).[1]

[1] In virtù dell'art. 1 della L. 11 ago. 1973, n. 533, agli artt. 441 e 463 sono sostituiti gli artt. 424 e 445.

63. ***Obbligo di assumere l'incarico e ricusazione del consulente.*** — Il consulente scelto tra gli iscritti in un albo ha l'obbligo di prestare il suo ufficio, tranne che il giudice riconosca che ricorre un giusto motivo di astensione.

Il consulente può essere ricusato dalle parti per i motivi indicati nell'art. 51.

Della ricusazione del consulente conosce il giudice che l'ha nominato (*Att.* 89).

64. ***Responsabilità del consulente.*** — Si applicano al consulente tecnico le disposizioni del codice penale relative ai periti.[1]

In ogni caso il consulente tecnico che incorre in colpa grave nell'esecuzione degli atti che gli sono richiesti, è punito con l'arresto fino a un anno o con l'ammenda fino a euro 10.329. Si applica l'art. 35 del c.p. In ogni caso è dovuto il risarcimento dei danni causati alle parti.[2]

[1] V. c.p. 366 (rifiuto di uffici legalmente dovuti); 373 s. (falsa perizia).

[2] Comma così sostituito dall'art. 25 della L. 4 giu. 1985, n. 281.

65. ***Custode.***[1] — La conservazione e l'amministrazione dei beni pignorati o sequestrati sono affidate a un custode quando la legge non dispone altrimenti.

Il compenso al custode è stabilito, con decreto, dal giudice dell'esecuzione nel caso di nomina fatta dall'ufficiale giudiziario e in ogni altro caso dal giudice che l'ha nominato.

[1] Articolo così modif. dall'art. 58, D.lgs. 19 feb. 1998, n. 51 che ha sostituito il comma 2 con decorrenza dal 2 giu. 1999.

66. ***Sostituzione del custode.***[1] — Il giudice, d'ufficio o su istanza di parte, può disporre in ogni tempo la sostituzione del custode.

Il custode che non ha diritto a compenso può chiedere in ogni tempo di essere sostituito; altrimenti può chiederlo soltanto per giusti motivi.

Il provvedimento di sostituzione è dato, con ordinanza non impugnabile, dal giudice di cui all'art. 65, secondo comma.

[1] Articolo così modif. dall'art. 59, D.lgs. 19 feb. 1998, n. 51 che ha sostituito l'ultimo c. con decorrenza 2 giu. 1999.

67. ***Responsabilità del custode.*** — Ferme le disposizioni del codice penale, il custode che non esegue l'incarico assunto può essere condannato dal giudice a una pena pecuniaria da euro 250 a euro 500[1].

Egli è tenuto al risarcimento dei danni cagionati alle parti, se non esercita la custodia da buon padre di famiglia.

[1] Importo modif. dall'art. 45, L. 18 giu. 2009, n. 69. Per espressa previsione dell'art. 58, L. 69/2009, "le disposizioni della presente legge che modificano il codice di procedura civile e le disposizioni per l'attuazione del codice di procedura civile si applicano ai giudizi instaurati dopo la data della sua entrata in vigore" (avvenuta il 4 lug. 2009).

68. ***Altri ausiliari.*** — Nei casi previsti dalla legge e quando ne sorge necessità, il giudice, il cancelliere o l'ufficiale giudiziario si può fare assistere da esperti in una determinata arte o professione e, in generale, da persona idonea al compimento di atti che egli non è in grado di compiere da sé solo.[1]

Il giudice può commettere a un notaio il compimento di determinati atti nei casi previsti dalla legge.[2]

Il giudice può sempre richiedere l'assistenza della forza pubblica.

[1] Sono ausiliari del giudice: l'interprete (122, 124); il traduttore (123); l'esperto per riproduzioni, copie ed esperimenti (212, 261); lo stimatore (518, 535, 773; *Att.* 161); l'esperto per la valutazione dell'immobile espropriato (568; *Att.* 161).

[2] V. per il notaio: 212 (estratti di libri e registri); 733 (vendita di beni di incapaci); 765, 769 (inventario); 786, 790, 791 (divisione).

Att. 52. *Liquidazione del compenso.* – Il compenso agli ausiliari di cui all'art. 68 del codice è liquidato con decreto del giudice che li ha nominati o dal capo dell'ufficio giudiziario al quale appartiene il cancelliere o l'ufficiale giudiziario che li ha chiamati, tenuto conto dell'attività svolta.

Att. 53. *Contenuto ed efficacia dei provvedimenti che liquidano compensi.* – I decreti con i quali il giudice liquida a favore del custode e degli altri ausiliari i compensi loro dovuti debbono indicare la parte che è tenuta a corrisponderli. Tali decreti costituiscono titolo esecutivo contro la parte stessa.

TITOLO II
Del pubblico ministero

69. ***Azione del pubblico ministero.*** — Il pubblico ministero esercita l'azione civile nei casi stabiliti dalla legge.[1]

[1] V. c.c. 23^1, 48^1, 50^1, 58^1, 62^2, 85^2, 102^5, 117^1, 119^1, 125, 303, 307 s., 336^1, 410 n. 3, 417, 418^2, 420, 429^1, 848, 2098^2, 2409 ultimo comma, 2450^4.

70. ***Intervento in causa del pubblico ministero.*** — Il pubblico ministero deve intervenire, a pena di nullità rilevabile d'ufficio:

1) nelle cause che egli stesso potrebbe proporre;

2) nelle cause matrimoniali comprese quelle di separazione personale dei coniugi;

3) nelle cause riguardanti lo stato e la capacità delle persone;[1]

4)[2]

5) negli altri casi previsti dalla legge.[3]

Deve intervenire nelle cause davanti alla corte di cassazione nei casi stabiliti dalla legge.[4]

Può infine intervenire in ogni altra causa in cui ravvisa un pubblico interesse.

[1] V. per l'interdizione e l'inabilitazione, 713, 720; per l'assenza, 721, 723; per la morte presunta, 728.

[2] Numero abrog. dall'art. 2, L. 11 ago. 1973, n. 533.

[3] V. art. 221 ultimo comma (querela di falso), 754^1 (apposizione dei sigilli), 796 ultimo comma (delibazione delle sentenze straniere), L.F. 132 (giudizio di omologa del concordato). Per le modalità di intervento del P.M. v. *Att.* 2, 3.

La Corte cost., con sent. 25 giu. 1996, n. 214, ha dichiarato l'ill. cost. dell'art. 70 «nella parte in cui non prescrive l'intervento obbligatorio del pubblico ministero nei giudizi tra genitori naturali "che comportino, provvedimenti relativi ai figli", nei sensi di cui agli artt. 9 della L. n. 898 del 1970 e 710 c.p.c. come risulta a seguito della sentenza n. 416 del 1992».

[4] Comma così sost. dall'art. 75, c. 1, lett. *a*), D.L. 21 giu. 2013, n. 69, conv. con modif. in L. 9 ago. 2013, n. 98. Le disposizioni di cui al presente comma si applicano ai giudizi dinanzi alla Corte di cassazione nei quali il decreto di fissazione dell'udienza o dell'adunanza in camera di consiglio sia adottato a partire dal giorno successivo alla data di entrata in vigore della legge di conversione del D.L. 69/2013.

71. ***Comunicazione degli atti processuali al pubblico ministero.*** — Il giudice, davanti al quale è proposta una delle cause indicate nel primo comma dell'articolo precedente, ordina la comunicazione degli atti al pubblico ministero affinché possa intervenire.

Lo stesso ordine il giudice può dare ogni volta che ravvisi uno dei casi previsti nell'ultimo comma dell'articolo precedente.

72. ***Poteri del pubblico ministero.***[1] — Il pubblico ministero, che interviene nelle cause che avrebbe potuto proporre, ha gli stessi poteri che competono alle parti e li esercita nelle forme che la legge stabilisce per queste ultime.

Negli altri casi di intervento previsti nell'art. 70, tranne che nelle cause davanti alla corte di cassazione, il pubblico ministero può produrre documenti, dedurre prove, prendere conclusioni nei limiti delle domande proposte dalle parti.

Il pubblico ministero può proporre impugnazioni contro le sentenze relative a cause matrimoniali, salvo che per quelle di separazione personale dei coniugi.[2]

Lo stesso potere spetta al pubblico ministero contro le sentenze che dichiarino l'efficacia o l'inefficacia di sentenze straniere relative a cause matrimoniali, salvo che per quelle di separazione personale dei coniugi.

Nelle ipotesi prevedute nei commi terzo e quarto, la facoltà di impugnazione spetta tanto al pubblico ministero presso il giudice che ha pronunziato la sentenza quanto a quello presso il giudice competente a decidere sull'impugnazione.

Il termine decorre dalla comunicazione della sentenza a norma dell'art. 133.

Restano salve le disposizioni dell'art. 397.

[1] L'art. 72 è stato così modif. con L. 30 lug. 1950, n. 534.

[2] V. ora l'art. 5^3 della L. 1 dic. 1970, n. 898, che, in materia di scioglimento del matrimonio, consente l'impugnazione del P.M. limitatamente agli interessi patrimoniali dei figli minori o legalmente incapaci.

73. ***Astensione del pubblico ministero.*** — Ai magistrati del pubblico ministero che intervengono nel processo civile si applicano le disposizioni del presente codice relative all'astensione dei giudici, ma non quelle relative alla ricusazione.

74. [***Responsabilità del pubblico ministero***].[1]

[1] Articolo abrog. V. la nota all'art. 55.

TITOLO III
Delle parti e dei difensori

CAPO I
Delle parti

75. ***Capacità processuale.*** — Sono capaci di stare in giudizio le persone che hanno il libero esercizio dei diritti che vi si fanno valere.[1]

Le persone che non hanno il libero esercizio dei diritti non possono stare in giudizio se non rappresentate, assistite o autorizzate secondo le norme che regolano la loro capacità.[2]

Le persone giuridiche stanno in giudizio per mezzo di chi le rappresenta a norma della legge o dello statuto.[3]

Le associazioni e i comitati, che non sono persone giuridiche, stanno in giudizio per mezzo delle persone indicate negli artt. 36 s. c.c.[4]

[1] La capacità di agire si acquista al compimento del 18° anno (2 c.c. modif. da L. 8 mar. 1975, n. 39).

[2] Per il minore v. artt. 320, 357 e 394 c.c.; per l'interdetto v. art. 424 c.c.; per il fallito, art. 43 L.F.

L'emancipato e l'inabilitato stanno in giudizio con l'assistenza del curatore (349 e 424 c.c.).

[3] V. art. 11 s. c.c.

[4] La Corte cost., con sentenza 16 ott. 1986, n. 220, ha dichiarato l'ill. cost. degli artt. 75 e 300 c.p.c. «nella parte in cui non prevedono, ove emerga una situazione di scomparsa del convenuto, la interruzione del processo e la segnalazione, ad opera del giudice, del caso al pubblico ministero perché promuova la nomina di un curatore, nei cui confronti debba l'attore riassumere il giudizio».

76. [***Famiglia reale***].[1]

[1] Articolo abrog. in virtù dell'entrata in vigore della Costituzione della Repubblica Italiana, nel 1948.

77. ***Rappresentanza del procuratore e dell'institore.*** — Il procuratore generale e quello preposto a determinati affari non possono stare in giudizio per il preponente, quando questo potere non è stato loro conferito espressamente per iscritto, tranne che per gli atti urgenti e per le misure cautelari.

Tale potere si presume conferito al procuratore generale di chi non ha residenza o domicilio nello *Stato* e all'institore.

78. ***Curatore speciale.*** — Se manca la persona a cui spetta la rappresentanza o l'assistenza e vi sono ragioni di urgenza, può essere nominato all'incapace, alla persona giuridica o all'associazione non riconosciuta un curatore speciale che li rappresenti o assista finché subentri colui al quale spetta la rappresentanza o l'assistenza.

Si procede altresì alla nomina di un curatore speciale al rappresentato, quando vi è conflitto d'interessi col rappresentante.

Il giudice provvede alla nomina del curatore speciale del minore, anche d'ufficio e a pena di nullità degli atti del procedimento:

1) con riguardo ai casi in cui il pubblico ministero abbia chiesto la decadenza dalla responsabilità genitoriale di entrambi i genitori, o in cui uno dei genitori abbia chiesto la decadenza dell'altro;

2) in caso di adozione di provvedimenti ai sensi dell'articolo 403 del codice civile o di affidamento del minore ai sensi degli articoli 2 e seguenti della legge 4 maggio 1983, n. 184;

3) nel caso in cui dai fatti emersi nel procedimento venga alla luce una situazione di pregiudizio per il minore tale da precluderne l'adeguata rappresentanza processuale da parte di entrambi i genitori;

4) quando ne faccia richiesta il minore che abbia compiuto quattordici anni.[1]

In ogni caso il giudice può nominare un curatore speciale quando i genitori appaiono per gravi ragioni temporaneamente inadeguati a rappresentare gli interessi del minore; il provvedimento di nomina del curatore deve essere succintamente motivato.[1]

[1] Comma aggiunto dall'art. 1, c. 30, L. 26 nov. 2021, n. 206. La disposizione si applica ai procedimenti instaurati a decorrere dal 22 giu. 2022.

79. ***Istanza di nomina del curatore speciale.*** — La nomina del curatore speciale di cui all'articolo precedente può essere in ogni caso chiesta dal pubblico ministero. Può essere chiesta anche dalla persona che deve essere rappresentata o assistita, sebbene incapace, nonché dai suoi prossimi congiunti e, in caso di conflitto di interessi, dal rappresentante.

Può essere inoltre chiesta da qualunque altra parte in causa che vi abbia interesse.

80. ***Provvedimento di nomina del curatore speciale.*** — L'istanza per la nomina del curatore speciale si propone al giudice di pace [al pretore][1] o al presidente dell'ufficio giudiziario davanti al quale s'intende proporre la causa. Se la necessità di nominare un curatore speciale sorge nel corso di un procedimento, anche di natura cautelare, alla nomina provvede, d'ufficio, il giudice che procede.[2]

Il giudice, assunte le opportune informazioni e sentite possibilmente le persone interessate, provvede con decreto. Questo è comunicato al pubblico ministero affinché provochi, quando occorre, i provvedimenti per la costituzione della normale rappresentanza o assistenza dell'incapace, della persona giuridica o dell'associazione non riconosciuta.

Al curatore speciale del minore il giudice può attribuire nel provvedimento di nomina, ovvero con provvedimento non impugnabile adottato nel corso del giudizio, specifici poteri di rappresentanza sostanziale. Il curatore speciale del minore procede al suo ascolto. Il minore che abbia compiuto quattordici anni, i genitori che esercitano la responsabilità genitoriale, il tutore o il pubblico ministero possono chiedere con istanza motivata al presidente del tribunale o al giudice che procede, che decide con decreto non impugnabile, la revoca del curatore per gravi inadempienze o perché mancano o sono venuti meno i presupposti per la sua nomina.[3]

[1] Le parole "al pretore" sono state soppresse dall'art. 60, D.lgs. 19 feb. 1998, n. 51, con decorrenza 2 giu. 1999.

[2] Periodo aggiunto dall'art. 1, c. 31, L. 26 nov. 2021, n. 206. La disposizione si applica ai procedimenti instaurati a decorrere dal 22 giu. 2022 .

[3] Comma aggiunto dall'art. 1, c. 31, L. 26 nov. 2021, n. 206. V. nota 2.

81. ***Sostituzione processuale.*** — Fuori dei casi espressamente previsti dalla legge, nessuno può far valere nel processo in nome proprio un diritto altrui.

CAPO II

Dei difensori

82. ***Patrocinio.***[1] — Davanti al giudice di pace le parti possono stare in giudizio personalmente nelle cause il cui valore non eccede euro 1.100.[2]

Negli altri casi, le parti non possono stare in giudizio se non col ministero o con l'assistenza di un difensore. Il giudice di pace tuttavia, in considerazione della natura ed entità della causa, con decreto emesso anche su istanza verbale della parte, può autorizzarla a stare in giudizio di persona.

Salvi i casi in cui la legge dispone altrimenti, davanti [al pretore][3] al tribunale e alla corte d'appello le parti debbono stare in giudizio col ministero di un procuratore legalmente esercente; e davanti alla Corte di cassazione col ministero di un avvocato iscritto nell'apposito albo.

[1] Articolo così sost. dall'art. 20 della L. 21 nov. 1991, n. 374, in vigore dall'1 mag. 1995.

[2] Importo così modif. dall'art. 13, c. 1, lett. *a*), D.L. 22 dic. 2011, n. 212, conv. con modif. in L. 17 feb. 2012, n. 10.

[3] Le parole "al pretore" sono state soppresse dall'art. 61 D.lgs. 19 feb. 1998 n. 51 con decorrenza dal 2 giu. 1999.

83. ***Procura alle liti.*** — Quando la parte sta in giudizio col ministero di un difensore, questi deve essere munito di procura.

La procura alle liti può essere generale o speciale, e deve essere conferita con atto pubblico o scrittura privata autenticata.

La procura speciale può essere anche apposta in calce o a margine della citazione, del ricorso, del controricorso, della comparsa di risposta o d'intervento, del precetto o della domanda d'intervento nell'esecuzione, ovvero della memoria di nomina del nuovo difensore, in aggiunta o in sostituzione del difensore originariamente designato.[1] In tali casi l'autografia della sottoscrizione della parte deve essere certificata dal difensore. La procura si considera apposta in calce anche se rilasciata su foglio separato che sia però congiunto materialmente all'atto cui si riferisce, o su documento informatico separato sottoscritto con firma digitale e congiunto all'atto cui si riferisce mediante strumenti informatici, individuati con apposito decreto del Ministero della giustizia. Se la procura alle liti è stata conferita su supporto cartaceo, il difensore che si costituisce attraverso strumenti telematici ne trasmette la copia informatica autenticata con firma digitale, nel rispetto della normativa, anche regolamentare, concernente la sottoscrizione, la trasmissione e la ricezione dei documenti informatici e trasmessi in via telematica[2]

La procura speciale si presume conferita soltanto per un determinato grado del processo, quando nell'atto non è espressa volontà diversa.

[1] Parole aggiunte dall'art. 45 della L. 18 giu. 2009, n. 69. Per espressa previsione dell'art. 58, L. 69/2009, "le disposizioni della presente legge che modificano il codice di procedura civile e le disposizioni per l'attuazione del codice di procedura civile si applicano ai giudizi instaurati dopo la data della sua entrata in vigore" (avvenuta il 4 lug. 2009).

[2] Periodo aggiunto dall'art. 45 della L. 18 giu. 2009, n. 69. V. nota 1.

84. ***Poteri del difensore.*** — Quando la parte sta in giudizio col ministero del difensore, questi può compiere e ricevere, nell'interesse della parte stessa, tutti gli atti del processo che dalla legge non sono ad essa espressamente riservati.[1]

In ogni caso non può compiere atti che importano disposizione del diritto in contesa, se non ne ha ricevuto espressamente il potere.[2]

[1] Querela di falso (221); interrogatorio (231); giuramento (233, 234); rinuncia agli atti del giudizio (306); rinuncia al ricorso per cassazione (390).

[2] Capacità per la confessione (2731 c.c.); pronuncia secondo equità (114); tentativo di conciliazione (185); risposta all'interrogatorio (231); mancata risposta (233); riferimento del giuramento (234).

85. ***Revoca e rinuncia alla procura.*** — La procura può essere sempre revocata e il difensore può sempre rinunciarvi, ma la revoca e la rinuncia non hanno effetto nei confronti dell'altra parte finché non sia avvenuta la sostituzione del difensore.

86. ***Difesa personale della parte.*** — La parte o la persona che la rappresenta o assiste, quando ha la qualità necessaria per esercitare l'ufficio di difensore con procura presso il giudice adito, può stare in giudizio senza il ministero di altro difensore.

87. ***Assistenza degli avvocati e del consulente tecnico.*** — La parte può farsi assistere da uno o più avvocati, e anche da un consulente tecnico nei casi e con i modi stabiliti nel presente codice.

CAPO III

Dei doveri delle parti e dei difensori

88. ***Dovere di lealtà e di probità.*** — Le parti e i loro difensori hanno il dovere di comportarsi in giudizio con lealtà e probità.[1]

In caso di mancanza dei difensori a tale dovere, il giudice deve riferirne alle autorità che esercitano il potere disciplinare su di essi.

[1] V. artt. 5 e 6 Codice deontologico.

89. ***Espressioni sconvenienti od offensive.*** — Negli scritti presentati e nei discorsi pronunciati davanti al giudice, le parti e i loro difensori non debbono usare espressioni sconvenienti od offensive.

Il giudice, in ogni stato dell'istruzione, può disporre con ordinanza che si cancellino le espressioni sconvenienti od offensive, e, con la sentenza che decide la causa, può inoltre assegnare alla persona offesa una somma a titolo di risarcimento del danno anche non patrimoniale sofferto, quando le espressioni offensive non riguardano l'oggetto della causa.[1]

[1] L'art. 89 c.p.c. va integrato col disposto del cpv. dell'art. 598 del c.p., per il quale il giudice in tema di scritture offensive può assegnare alla persona offesa una somma a titolo di risarcimento del danno non patrimoniale «*quando le offese concernono l'oggetto della causa o del ricorso amministrativo*».

CAPO IV
Della responsabilità delle parti per le spese e per i danni processuali

90. [***Onere delle spese***].[1]

[1] Articolo abrog. dall'art. 299, D.P.R. 30 mag. 2002, n. 115.

91. ***Condanna alle spese.*** — Il giudice, con la sentenza che chiude il processo davanti a lui, condanna la parte soccombente al rimborso delle spese a favore dell'altra parte e ne liquida l'ammontare insieme con gli onorari di difesa. Se accoglie la domanda in misura non superiore all'eventuale proposta conciliativa, condanna la parte che ha rifiutato senza giustificato motivo la proposta al pagamento delle spese del processo maturate dopo la formulazione della proposta, salvo quanto disposto dal secondo comma dell'articolo 92.[1]

Le spese della sentenza sono liquidate dal cancelliere con nota in margine alla stessa; quelle della notificazione della sentenza, del titolo esecutivo e del precetto sono liquidate dall'ufficiale giudiziario con nota in margine all'originale e alla copia notificata.

I reclami contro le liquidazioni di cui al comma precedente sono decisi con le forme previste negli artt. 287 e 288 dal capo dell'ufficio a cui appartiene il cancelliere o l'ufficiale giudiziario.

Nelle cause previste dall'articolo 82, primo comma, le spese, competenze ed onorari liquidati dal giudice non possono superare il valore della domanda.[2]

[1] Periodo sostituito dall'art. 45 della L. 18 giu. 2009, n. 69. Per espressa previsione dell'art. 58, L. 69/2009, "le disposizioni della presente legge che modificano il codice di procedura civile e le disposizioni per l'attuazione del codice di procedura civile si applicano ai giudizi instaurati dopo la data della sua entrata in vigore" (avvenuta il 4 lug. 2009).

[2] Comma aggiunto dall'art. 13, c. 1, lett. *b*), D.L. 22 dic. 2011, n. 212, conv. con modif. in L. 17 feb. 2012, n. 10.

92. ***Condanna alle spese per singoli atti. Compensazione delle spese.*** — Il giudice, nel pronunciare la condanna di cui all'articolo precedente, può escludere la ripetizione delle spese sostenute dalla parte vincitrice, se le ritiene eccessive o superflue; e può, indipendentemente dalla soccombenza, condannare una parte al rimborso delle spese, anche non ripetibili, che, per trasgressione al dovere di cui all'art. 88, essa ha causato all'altra parte.

Se vi è soccombenza reciproca ovvero nel caso di assoluta novità della questione trattata o mutamento della giurisprudenza rispetto alle questioni dirimenti, il giudice può compensare le spese tra le parti, parzialmente o per intero.[1]

Se le parti si sono conciliate, le spese si intendono compensate, salvo che le parti stesse abbiano diversamente convenuto nel processo verbale di conciliazione.

[1] Comma così sost. dall'art. 13, D.L. 12 set. 2014, n. 132, conv. con modif. in L. 10 nov. 2014, n. 162, la disposizione si applica ai procedimenti introdotti a decorrere dal trentesimo giorno successivo all'entrata in vigore della legge di conversione del D.L. 132/2014.

La Corte cost., con sent. 19 apr. 2018, n. 77, ha dichiarato, tra l'altro: l'ill. cost. del presente comma, nel testo modificato dall'art. 13, c. 1, D.L. 12 set. 2014, n. 132, conv. con modif. in L. 10 nov. 2014, n. 162, nella parte in cui non prevede che il giudice possa compensare le spese tra le parti, parzialmente o per intero, anche qualora sussistano altre analoghe gravi ed eccezionali ragioni.

93. ***Distrazione delle spese.*** — Il difensore con procura può chiedere che il giudice, nella stessa sentenza in cui condanna alle spese, distragga in favore suo e degli altri difensori gli onorari non riscossi e le spese che dichiara di avere anticipate.

Finché il difensore non abbia conseguito il rimborso che gli è stato attribuito, la parte può chiedere al giudice, con le forme stabilite per la correzione delle sentenze, la revoca del provvedimento, qualora dimostri di aver soddisfatto il credito del difensore per gli onorari e le spese.

94. ***Condanna di rappresentanti o curatori.*** — Gli eredi beneficiati, i tutori, i curatori e in generale coloro che rappresentano o assistono la parte in giudizio possono essere condannati personalmente, per motivi gravi che il giudice deve specificare nella sentenza, alle spese dell'intero processo o di singoli atti, anche in solido con la parte rappresentata o assistita.

95. ***Spese del processo di esecuzione.*** — Le spese sostenute dal creditore procedente e da quelli intervenuti che partecipano utilmente alla distribuzione sono a carico di chi ha subito l'esecuzione, fermo il privilegio stabilito dal codice civile.

96. ***Responsabilità aggravata.*** — Se risulta che la parte soccombente ha agito o resistito in giudizio con mala fede o colpa grave, il giudice, su istanza dell'altra parte, la condanna, oltre che alle spese, al risarcimento dei danni, che liquida, anche di ufficio, nella sentenza.

Il giudice che accerta l'inesistenza del diritto per cui è stato eseguito un provvedimento cautelare o trascritta domanda giudiziale, o iscritta ipoteca giudiziale, oppure iniziata o compiuta l'esecuzione forzata, su istanza della parte danneggiata condanna al risarcimento dei danni l'attore o il creditore procedente, che ha agito senza la normale prudenza. La liquidazione dei danni è fatta a norma del comma precedente.

In ogni caso, quando pronuncia sulle spese ai sensi dell'articolo 91, il giudice, anche d'ufficio, può altresì condannare la parte soccombente al pagamento, a favore della controparte, di una somma equitativamente determinata.[1]

[1] Comma aggiunto dall'art. 45 della L. 18 giu. 2009, n. 69. Per espressa previsione dell'art. 58, L. 69/2009, "le disposizioni della presente legge che modificano il codice di procedura civile e le disposizioni per l'attuazione del codice di procedura civile si applicano ai giudizi instaurati dopo la data della sua entrata in vigore" (avvenuta il 4 lug. 2009).

97. ***Responsabilità di più soccombenti.*** — Se le parti soccombenti sono più, il giudice condanna ciascuna di esse alle spese e ai danni in proporzione del rispettivo interesse nella causa. Può anche pronunciare condanna solidale di tutte o di alcune tra esse, quando hanno interesse comune.

Se la sentenza non statuisce sulla ripartizione delle spese e dei danni, questa si fa per quote uguali.

98. ***Cauzione per le spese.***[1]

[1] La Corte cost., con sent. 29 nov. 1960, n. 67 ha dichiarato l'ill. cost. dell'art. 98 c.p.c.

TITOLO IV
Dell'esercizio dell'azione

99. ***Principio della domanda.*** — Chi vuole far valere un diritto in giudizio deve proporre domanda al giudice competente.[1]

[1] La domanda proposta nel corso di un giudizio produce l'interruzione della prescrizione.

100. ***Interesse ad agire.*** — Per proporre una domanda o per contraddire alla stessa è necessario avervi interesse.

101. ***Principio del contraddittorio.*** — Il giudice, salvo che la legge disponga altrimenti,[1] non può statuire sopra alcuna domanda, se la parte contro la quale è proposta non è stata regolarmente citata e[2] non è comparsa.

Se ritiene di porre a fondamento della decisione una questione rilevata d'ufficio, il giudice riserva la decisione, assegnando alle parti, a pena di nullità, un termine, non inferiore a venti e non superiore a quaranta giorni dalla comunicazione, per il deposito in cancelleria di memorie contenenti osservazioni sulla medesima questione.[3]

[1] Come nelle domande di sequestro (671, 672); di provvedimenti di urgenza (700); nei procedimenti possessori (703); nei procedimenti per interdizione e inabilitazione (712); nel ricorso per ingiunzione (633); nei procedimenti di denuncia di nuova opera e di danno temuto (689, 690); nell'istruzione preventiva in caso di eccezionale urgenza (697).

[2] *Rectius*: o.

[3] Comma aggiunto dall'art. 45 della L. 18 giu. 2009, n. 69. Per espressa previsione dell'art. 58, L. 69/2009, "le disposizioni della presente legge che modificano il codice di procedura civile e le disposizioni per l'attuazione del codice di procedura civile si applicano ai giudizi instaurati dopo la data della sua entrata in vigore" (avvenuta il 4 lug. 2009).

102. ***Litisconsorzio necessario.*** — Se la decisione non può pronunciarsi che in confronto di più parti, queste debbono agire o essere convenute nello stesso processo.

Se questo è promosso da alcune o contro alcune soltanto di esse, il giudice ordina l'integrazione del contraddittorio in un termine perentorio da lui stabilito.[1]

[1] La Corte cost., con sent. 8 feb. 2006, n. 41, ha dichiarato l'ill. cost. del combinato disposto degli artt. 38 e 102 del c.p.c., nella parte in cui, in ipotesi di litisconsorzio necessario, consente di ritenere improduttiva di effetti l'eccezione di incompetenza territoriale derogabile proposta non da tutti i litisconsorti intervenuti.

103. ***Litisconsorzio facoltativo.*** — Più parti possono agire o essere convenute nello stesso processo, quando tra le cause che si propongono esiste connessione per l'oggetto o per il titolo dal quale dipendono, oppure quando la decisione dipende, totalmente o parzialmente, dalla risoluzione di identiche questioni.

Il giudice può disporre, nel corso dell'istruzione o nella decisione, la separazione delle cause, se vi è istanza di tutte le parti, ovvero quando la continuazione della loro riunione ritarderebbe o renderebbe più gravoso il processo, e può rimettere al giudice inferiore le cause di sua competenza.

104. ***Pluralità di domande contro la stessa parte.*** — Contro la stessa parte possono proporsi nel medesimo processo più domande anche non altrimenti connesse, purché sia osservata la norma dell'art. 10, secondo comma.

È applicabile la disposizione del secondo comma dell'articolo precedente.

105. ***Intervento volontario.*** — Ciascuno può intervenire in un processo tra altre persone per far valere, in confronto di tutte le parti o di alcune di esse, un diritto relativo all'oggetto o dipendente dal titolo dedotto nel processo medesimo.[1]

Può altresì intervenire per sostenere le ragioni di alcuna delle parti, quando vi ha un proprio interesse.

[1] «Il prefetto può intervenire in tutti i giudizi nei quali sia interessata la pubblica beneficenza, in qualunque stato e grado si trovino, ed agire anche con qualsiasi mezzo di impugnativa contro le sentenze già pronunciate in tale

materia»: art. 14 D.P.R. 19 ago. 1954, n. 968 (G.U. 22 ott. 1954, n. 244).

106. ***Intervento su istanza di parte.*** — Ciascuna parte può chiamare nel processo un terzo al quale ritiene comune la causa o dal quale pretende essere garantita.

107. ***Intervento per ordine del giudice.*** — Il giudice, quando ritiene opportuno che il processo si svolga in confronto di un terzo al quale la causa è comune, ne ordina l'intervento.

108. ***Estromissione del garantito.*** — Se il garante comparisce e accetta di assumere la causa in luogo del garantito, questi può chiedere, qualora le altre parti non si oppongano, la propria estromissione. Questa è disposta dal giudice con ordinanza; ma la sentenza di merito pronunciata nel giudizio spiega i suoi effetti anche contro l'estromesso.

109. ***Estromissione dell'obbligato.*** — Se si contende a quale di più parti spetta una prestazione e l'obbligato si dichiara pronto a eseguirla a favore di chi ne ha diritto, il giudice può ordinare il deposito della cosa o della somma dovuta e, dopo il deposito, può estromettere l'obbligato dal processo.

110. ***Successione nel processo.*** — Quando la parte vien meno per morte o per altra causa, il processo è proseguito dal successore universale o in suo confronto.

111. ***Successione a titolo particolare nel diritto controverso.*** — Se nel corso del processo si trasferisce il diritto controverso per atto tra vivi a titolo particolare, il processo prosegue tra le parti originarie.

Se il trasferimento a titolo particolare avviene a causa di morte, il processo è proseguito dal successore universale o in suo confronto.

In ogni caso il successore a titolo particolare può intervenire o essere chiamato nel processo e, se le altre parti vi consentono, l'alienante o il successore universale può esserne estromesso.

La sentenza pronunciata contro questi ultimi spiega sempre i suoi effetti anche contro il successore a titolo particolare ed è impugnabile anche da lui, salve le norme sull'acquisto in buona fede dei mobili e sulla trascrizione.

TITOLO V
Dei poteri del giudice

112. ***Corrispondenza tra il chiesto e il pronunciato.*** — Il giudice deve pronunciare su tutta la domanda e non oltre i limiti di essa; e non può pronunciare di ufficio su eccezioni, che possono essere proposte soltanto dalle parti.[1]

[1] «Il giudice non può rilevare d'ufficio la prescrizione non opposta» (2938 c.c.). «La decadenza non può essere rilevata d'ufficio dal giudice, salvo che, trattandosi di materia sottratta alla disponibilità delle parti, il giudice debba rilevare le cause d'improponibilità dell'azione» (2969 c.c.).

Il vizio di extrapetizione attribuito al giudice di primo grado e non dedotto ritualmente in appello non è più deducibile in cassazione.

113. ***Pronuncia secondo diritto.*** — Nel pronunciare sulla causa il giudice deve seguire le norme del diritto, salvo che la legge gli attribuisca il potere di decidere secondo equità.

Il giudice di pace decide secondo equità le cause il cui valore non eccede millecento euro, salvo quelle derivanti da rapporti giuridici relativi a contratti conclusi secondo le modalità di cui all'art. 1342 del codice civile.[1]

[1] Comma così modif. dall'art. 1, L. 7 apr. 2003, n. 63. La disposizione si applica ai giudizi instaurati con citazione notificata dal 10 feb. 2003.

La Corte cost., con sent. 6 lug. 2004, n. 206, ha dichiarato l'ill. cost. dell'art. 113 c. 2 «nella parte in cui non prevede che il giudice di pace debba osservare i principi informatori della materia».

114. ***Pronuncia secondo equità a richiesta di parte.*** — Il giudice, sia in primo grado che in appello, decide il merito della causa secondo equità quando esso riguarda diritti disponibili delle parti e queste gliene fanno concorde richiesta (*Att.* 112, 118, 119).[1]

[1] La sentenza che il giudice ha pronunciato secondo equità su richiesta di parte è inappellabile (art. 339 c. 2; v. altresì il c. 3 dello stesso art.).

115. ***Disponibilità delle prove.***[1] — Salvi i casi previsti dalla legge, il giudice deve porre a fondamento della decisione le prove proposte dalle parti o dal pubblico ministero, nonché i fatti non specificatamente contestati dalla parte costituita.

Il giudice può tuttavia, senza bisogno di prova, porre a fondamento della decisione le nozioni di fatto che rientrano nella comune esperienza.

[1] Articolo sostituito dall'art. 45 della L. 18 giu. 2009, n. 69. Per espressa previsione dell'art. 58, L. 69/2009, "le disposizioni della presente legge che modificano il codice di procedura civile e le disposizioni per l'attuazione del codice di procedura civile si applicano ai giudizi instaurati dopo la data della sua entrata in vigore" (avvenuta il 4 lug. 2009).

116. ***Valutazione delle prove.*** — Il giudice deve valutare le prove secondo il suo prudente apprezzamento, salvo che la legge disponga altrimenti.

Il giudice può desumere argomenti di prova dalle risposte che le parti gli danno a norma dell'articolo seguente, dal loro rifiuto ingiustificato a consentire le ispezioni che egli ha ordinate e, in generale, dal contegno delle parti stesse nel processo.

117. ***Interrogatorio non formale delle parti.*** — Il giudice, in qualunque stato e grado del processo, ha facoltà di ordinare la comparizione personale delle parti in contraddittorio tra loro per interrogarle liberamente sui fatti della causa. Le parti possono farsi assistere dai difensori.

118. ***Ordine d'ispezione di persone e di cose.*** — Il giudice può ordinare alle parti e ai terzi di consentire sulla loro persona o sulle cose in loro possesso le ispezioni che appaiono indispensabili per conoscere i fatti della causa (*Att.* 93), purché ciò possa compiersi senza grave danno per la parte o per il terzo, e senza costringerli a violare uno dei segreti previsti negli artt. 351 e 352 c.p.p.

Se la parte rifiuta di eseguire tale ordine senza giusto motivo, il giudice può da questo rifiuto desumere argomenti di prova a norma dell'art. 116, secondo comma.

Se rifiuta il terzo, il giudice lo condanna a una pena pecuniaria da euro 250 a euro 1.500[1].

[1] Importo modif. dall'art. 45, L. 18 giu. 2009, n. 69. Per espressa previsione dell'art. 58, L. 69/2009, "le disposizioni della presente legge che modificano il codice di procedura civile e le disposizioni per l'attuazione del codice di procedura civile si applicano ai giudizi instaurati dopo la data della sua entrata in vigore" (avvenuta il 4 lug. 2009).

119. ***Imposizione di cauzione.*** — Il giudice, nel provvedimento col quale impone una cauzione,[1] deve indicare l'oggetto di essa, il modo di prestarla, e il termine entro il quale la prestazione deve avvenire.[2]

[1] Il giudice può imporre una cauzione: nell'eccezione di compensazione (35); per l'esecuzione provvisoria (282, 642); per la sospensione dell'esecuzione (373, 624); per l'esecuzione immediata (482); nella vendita a mezzo di commissionario (532) o con incanto (576); nel procedimento di sfratto (663); per il sequestro (674); per l'immissione in possesso dei beni dell'assente (725; 50 c.c.); a carico dell'erede o del legatario (750; 639, 647 c.c.); a carico del tutore (381 c.c.).

[2] *Att.* 86. *Forma della cauzione.* – Salvo che sia diversamente disposto dal giudice a norma dell'art. 119 del codice, la cauzione deve essere prestata in danaro o in titoli del debito pubblico nei modi stabiliti per i depositi giudiziari.

Il documento contenente la prova del testamento è inserita nel fascicolo d'ufficio.

120. ***Pubblicità della sentenza.*** — Nei casi in cui la pubblicità della decisione di merito può contribuire a riparare il danno, compreso quello derivante per effetto di quanto previsto all'articolo 96, il giudice, su istanza di parte, può ordinarla a cura e spese del soccombente, mediante inserzione per estratto, ovvero mediante comunicazione, nelle forme specificamente indicate, in una o più testate giornalistiche, radiofoniche o televisive e in siti internet da lui designati.[1]

Se l'inserzione non avviene nel termine stabilito dal giudice, può procedervi la parte a favore della quale è stata disposta, con diritto a ripetere le spese dall'obbligato.

[1] Comma modif. dall'art. 45, L. 18 giu. 2009, n. 69. Per espressa previsione dell'art. 58, L. 69/2009, "le disposizioni della presente legge che modificano il codice di procedura civile e le disposizioni per l'attuazione del codice di procedura civile si applicano ai giudizi instaurati dopo la data della sua entrata in vigore" (avvenuta il 4 lug. 2009).

TITOLO VI
Degli atti processuali

CAPO I
Delle forme degli atti e dei provvedimenti

SEZIONE I
Degli atti in generale

121. ***Libertà di forme.*** — Gli atti del processo, per i quali la legge non richiede forme determinate, possono essere compiuti nella forma più idonea al raggiungimento del loro scopo.

122. ***Uso della lingua italiana. Nomina dell'interprete.*** — In tutto il processo è prescritto l'uso della lingua italiana.[1]

Quando deve essere sentito chi non conosce la lingua italiana, il giudice può nominare un interprete.

Questi, prima di esercitare le sue funzioni, presta giuramento davanti al giudice di adempiere fedelmente il suo ufficio.

[1] Per l'uso della lingua italiana v. R.D.L. 15 ott. 1925, n. 1796.

Per l'uso delle lingue francese e tedesca v. L. cost. 26 feb. 1948, n. 4 e D.P.R. 3 gen. 1960, n. 103.

123. ***Nomina del traduttore.*** — Quando occorre procedere all'esame di documenti che non sono scritti in lingua italiana, il giudice può nominare un traduttore, il quale presta giuramento a norma dell'articolo precedente.

124. ***Interrogazione del sordo e del muto.*** — Se nel procedimento deve essere sentito un sordo, un muto o un sordomuto le interrogazioni e le risposte possono essere fatte per iscritto.

Quando occorre, il giudice nomina un interprete, il quale presta giuramento a norma dell'art. 122, ultimo comma.

125. ***Contenuto e sottoscrizione degli atti di parte.*** — Salvo che la legge disponga altrimenti, la citazione, il ricorso, la comparsa, il controricorso, il precetto debbono indicare l'ufficio giudiziario, le parti, l'oggetto, le ragioni della domanda e le conclusioni o la istanza, e, tanto nell'originale quanto nelle copie da notificare, debbono essere sottoscritti dalla parte, se essa sta in giudizio personalmente, oppure dal difensore che indica il proprio codice fiscale.[1] Il difensore deve altresì indicare il proprio numero di fax.[2]

La procura al difensore dell'attore può essere rilasciata in data posteriore alla notificazione dell'atto, purché anteriormente alla costituzione della parte rappresentata.

La disposizione del comma precedente non si applica quando la legge richiede che la citazione sia sottoscritta da difensore munito di mandato speciale.

[1] Parole aggiunte dall'art. 4, c. 8 L. 22 feb. 2010, n. 24.

[2] Periodo aggiunto dall'art. 2, c. 35-*ter*, lett. *a*) del D.L. 13 ago. 2011, n. 138, conv. in L. 14 set. 2011, n. 148, e infine così sost. dall'art. 45-*bis*, c. 1, D.L. 24 giu. 2014, n. 90, conv. con modif. in L. 11 ago. 2014, n. 114.

126. ***Contenuto del processo verbale.*** — Il processo verbale (*Att.* 46) deve contenere l'indicazione delle persone intervenute e delle circostanze di luogo e di tempo nelle quali gli atti che documenta sono compiuti; deve inoltre contenere la descrizione delle attività svolte e delle rilevazioni fatte, nonché le dichiarazioni ricevute.

Il processo verbale è sottoscritto dal cancelliere. Se vi sono altri intervenuti, il cancelliere, quando la legge non dispone altrimenti, dà loro lettura del processo verbale.[1,2]

[1] Comma così sost. dall'art. 45, c. 1, D.L. 24 giu. 2014, n. 90, conv. con modif. in L. 11 ago. 2014, n. 114.

[2] *Att.* 44. *Compilazione dei processi verbali.* – Oltre che nei casi specificamente indicati dalla legge, il cancelliere deve compilare processo verbale di tutti gli atti che compie con l'intervento di terzi interessati. Nel processo verbale fa risultare le attività da lui compiute, quelle delle persone intervenute nell'atto e le dichiarazioni da esse rese.

SEZIONE II
Delle udienze

127. ***Direzione dell'udienza.*** — L'udienza è diretta dal giudice singolo o dal presidente del collegio (*Att.* 84).

Il giudice che la dirige può fare o prescrivere quanto occorre affinché la trattazione delle cause avvenga in modo ordinato e proficuo, regola la discussione, determina i punti sui quali essa deve svolgersi e la dichiara chiusa quando la ritiene sufficiente (*Att.* 113, 116, 117).

128. ***Udienza pubblica.*** — L'udienza in cui si discute la causa è pubblica (*Att.* 84) a pena di nullità, ma il giudice che la dirige può disporre che si svolga a porte chiuse, se ricorrono ragioni di sicurezza dello Stato, di ordine pubblico o di buon costume.

Il giudice esercita i poteri di polizia per il mantenimento dell'ordine e del decoro e può allontanare chi contravviene alle sue prescrizioni.

129. ***Doveri di chi interviene o assiste all'udienza.*** — Chi interviene o assiste all'udienza non può portare armi o bastoni e deve stare a capo scoperto e in silenzio.

È vietato fare segni di approvazione o di disapprovazione o cagionare in qualsiasi modo disturbo.

130. ***Redazione del processo verbale.*** — Il cancelliere redige il processo verbale di udienza sotto la direzione del giudice (*Att.* 44 s.).[1]

Il processo verbale è sottoscritto da chi presiede l'udienza e dal cancelliere; di esso non si dà lettura, salvo espressa istanza di parte.

[1] *Att.* 46. *Forma degli atti giudiziari.* – I processi verbali e gli altri atti giudiziari debbono essere scritti in carattere chiaro e facilmente leggibile, in continuazione, senza spazi in bianco e senza alterazioni o abrasioni.

Le aggiunte, soppressioni e modificazioni eventuali debbono essere fatte in calce all'atto, con nota di richiamo senza cancellare la parte soppressa o modificata.

SEZIONE III
Dei provvedimenti

131. ***Forma dei provvedimenti in generale.*** — La legge prescrive in quali casi il giudice pronuncia sentenza, ordinanza o decreto.

In mancanza di tali prescrizioni, i provvedimenti sono dati in qualsiasi forma idonea al raggiungimento del loro scopo.

Dei provvedimenti collegiali è compilato sommario processo verbale, il quale deve contenere la menzione dell'unanimità della decisione o del dissenso, succintamente motivato, che qualcuno dei componenti del collegio, da indicarsi nominativamente, abbia eventualmente espresso su ciascuna delle questioni decise. Il verbale, redatto dal meno anziano dei componenti togati del collegio e sottoscritto da tutti i componenti del collegio stesso, è conservato a cura del presidente in plico sigillato presso la cancelleria dell'ufficio.[1]

[1] Comma introdotto dall'art. 16 della L. 13 apr. 1988, n. 17. La Corte cost., con sent. 19 gen. 1989, n. 18, ha dichiarato l'ill. cost. dell'art. 16 c. 1 e 2 «nella parte in cui dispongono che "è compilato sommario processo verbale" anziché "può, se uno dei componenti dell'organo collegiale lo richieda, essere compilato sommario processo verbale"».

132. ***Contenuto della sentenza.*** — La sentenza è pronunciata in nome del Popolo italiano e reca l'intestazione: «Repubblica italiana».[1]

Essa deve contenere:

1) l'indicazione del giudice che l'ha pronunciata;

2) l'indicazione delle parti e dei loro difensori;

3) le conclusioni del pubblico ministero e quelle delle parti;

4) la concisa esposizione delle ragioni di fatto e di diritto della decisione;[2]

5) il dispositivo, la data della deliberazione e la sottoscrizione del giudice.

La sentenza emessa dal giudice collegiale è sottoscritta soltanto dal presidente e dal giudice estensore. Se il presidente non può sottoscrivere per morte o per altro impedimento, la sentenza viene sottoscritta dal componente più anziano del collegio, purché prima della sottoscrizione sia menzionato l'impedimento; se l'estensore non può sottoscrivere la sentenza per morte o altro impedimento è sufficiente la sottoscrizione del solo presidente, purché prima della sottoscrizione sia menzionato l'impedimento.[3]

[1] D.P.L. 19 giu. 1946, n. 1 e Cost. 101. «La giustizia è amministrata in nome del popolo. I giudici sono soggetti soltanto alla legge».

[2] Numero così modif. dall'art. 45, L. 18 giu. 2009, n. 69.

Si applica ai giudizi pendenti in primo grado alla data di entrata in vigore della L. 18 giu. 2009, n. 69 (avvenuta il 4 lug. 2009).

[3] Comma così sost. dalla L. 8 ago. 1977, n. 532.

133. *Pubblicazione e comunicazione della sentenza.* — La sentenza è resa pubblica mediante deposito nella cancelleria del giudice che l'ha pronunciata.

Il cancelliere dà atto del deposito in calce alla sentenza e vi appone la data e la firma, ed entro cinque giorni, mediante biglietto contenente il testo integrale della sentenza, ne dà notizia alle parti che si sono costituite. La comunicazione non è idonea a far decorrere i termini per le impugnazioni di cui all'articolo 325.[1]

[...][2]

[1] Comma così modif. dall'art. 45, c. 1, D.L. 24 giu. 2014, n. 90, conv. con modif. in L. 11 ago. 2014, n. 114.

[2] Comma abrog. dall'art. 25, c. 1, lett. *b*), L. 12 nov. 2011, n. 183, in vigore dall'1 feb. 2012.

134. *Forma, contenuto e comunicazione dell'ordinanza.* — L'ordinanza è succintamente motivata. Se è pronunciata in udienza, è inserita nel processo verbale; se è pronunciata fuori dell'udienza è scritta in calce al processo verbale, oppure in foglio separato, munito della data e della sottoscrizione del giudice o, quando questo è collegiale, del presidente.

Il cancelliere comunica alle parti l'ordinanza pronunciata fuori dell'udienza, salvo che la legge ne prescriva la notificazione.

L'avviso di cui al secondo comma può essere effettuato a mezzo telefax o a mezzo di posta elettronica nel rispetto della normativa, anche regolamentare, concernente la sottoscrizione, la trasmissione e la ricezione dei documenti informatici e teletrasmessi. A tal fine il difensore indica nel primo scritto difensivo utile il numero di fax o indirizzo di posta elettronica presso cui dichiara di voler ricevere l'avviso.[1]

[1] Comma abrog. dall'art. 25, c. 1, lett. *c*), L. 12 nov. 2011, n. 183, in vigore dall'1 feb. 2012.

135. *Forma e contenuto del decreto.* — Il decreto è pronunciato d'ufficio o su istanza anche verbale della parte.

Se è pronunciato su ricorso, è scritto in calce al medesimo.

Quando l'istanza è proposta verbalmente, se ne redige processo verbale e il decreto è inserito nello stesso.

Il decreto non è motivato salvo che la motivazione sia prescritta espressamente dalla legge;[1] è datato ed è sottoscritto dal giudice o, quando questo è collegiale, dal presidente.

[1] Rigetto o accoglimento della domanda nel procedimento di ingiunzione (640, 641); concessione del sequestro (672, 673); provvedimenti in camera di consiglio (737).

SEZIONE IV
Delle comunicazioni e delle notificazioni

136. *Comunicazioni.* — Il cancelliere, con biglietto di cancelleria [in carta non bollata][1] (*Att.* 45), fa le comunicazioni che sono prescritte dalla legge o dal giudice al pubblico ministero, alle parti, al consulente, agli altri ausiliari del giudice e ai testimoni, e dà notizia di quei provvedimenti per i quali è disposta dalla legge tale forma abbreviata di comunicazione.

Il biglietto è consegnato dal cancelliere al destinatario, che ne rilascia ricevuta, ovvero trasmesso a mezzo posta elettronica certificata, nel rispetto della normativa, anche regolamentare, concernente la sottoscrizione, la trasmissione e la ricezione dei documenti informatici.[2]

Salvo che la legge disponga diversamente, se non è possibile procedere ai sensi del comma che precede, il biglietto viene trasmesso a mezzo telefax, o è rimesso all'ufficiale giudiziario per la notifica.[2]

[...][3]

[1] Parole soppresse dall'art. 16, c. 1, D.L. 18 ott. 2012, n. 179, conv. con modif. in L. 17 dic. 2012, n. 221.

[2] Commi prima modif. dall'art. 2, L. 28 dic. 2005, n. 263, con decorrenza 1 mar. 2006 e quindi modif. dall'art. 25, c. 1, lett. *d*), L. 12 nov. 2011, n. 183, in vigore dall'1 feb. 2012.

[3] Comma abrog. dall'art. 25, c. 1, lett. *d*), L. 12 nov. 2011, n. 183, in vigore dall'1 feb. 2012.

137. *Notificazioni.* — Le notificazioni, quando non è disposto altrimenti, sono eseguite dall'ufficiale giudiziario, su istanza di parte o su richiesta del pubblico ministero o del cancelliere.

L'ufficiale giudiziario esegue la notificazione mediante consegna al destinatario di copia conforme all'originale dell'atto da notificarsi.

Se l'atto da notificare o comunicare è costituito da un documento informatico e il destinatario non possiede indirizzo di posta elettronica certificata, l'ufficiale giudiziario esegue la notificazione mediante consegna di una copia dell'atto su supporto cartaceo, da lui dichiarata conforme all'originale, e conserva il documento informatico per i due anni successivi. Se richiesto, l'ufficiale giudiziario invia l'atto notificato anche attraverso strumenti telematici all'indirizzo di posta elettronica dichiarato dal destinatario della notifica o dal suo procuratore, ovvero consegna ai medesimi, previa esazione dei relativi diritti, copia dell'atto notificato, su supporto informatico non riscrivibile.[1]

Se la notificazione non può essere eseguita in mani proprie del destinatario, tranne che nel caso previsto dal secondo comma dell'art. 143, l'ufficiale giudiziario consegna o deposita la copia dell'atto da notificare in busta che provvede a sigillare e su cui trascrive il numero cronologico della notificazione, dandone atto nella relazione in calce all'originale e alla copia dell'atto stesso. Sulla busta non sono apposti segni o indicazioni dai quali possa desumersi il contenuto dell'atto.

Le disposizioni di cui al quarto[2] comma si applicano anche alle comunicazioni effettuate con biglietto di cancelleria ai sensi degli artt. 133 e 136.[3]

[1] Comma inserito dall'art. 45 della L. 18 giu. 2009, n. 69. Per espressa previsione dell'art. 58, L. 69/2009, "le disposizioni della presente legge che modificano il codice di procedura civile e le disposizioni per l'attuazione del codice di procedura civile si applicano ai giudizi instaurati dopo la data della sua entrata in vigore" (avvenuta il 4 lug. 2009).

[2] Comma così modif. dall'art. 45, L. 18 giu. 2009, n. 69. V. nota 1.

[3] I commi 3 e 4 sono stati aggiunti dall'art. 174, D.lgs. 30 giu. 2003, n. 196, in vigore dall'1 gen. 2004. L'art. 174, D.lgs. n. 196/2003, è stato poi abrog. dall'art. 27, c. 1, D.lgs. 10 ago. 2018, n. 101.

138. ***Notificazione in mani proprie.*** — L'ufficiale giudiziario esegue la notificazione di regola mediante consegna della copia nelle mani proprie del destinatario, presso la casa di abitazione oppure, se ciò non è possibile ovunque lo trovi nell'ambito della circoscrizione dell'ufficio giudiziario al quale è addetto.[1]

Se il destinatario rifiuta di ricevere la copia, l'ufficiale giudiziario ne dà atto nella relazione, e la notificazione si considera fatta in mani proprie.

[1] Comma così modif. dall'art. 174, D.lgs. 30 giu. 2003, n. 196, in vigore dall'1 gen. 2004. L'art. 174, D.lgs. n. 196/2003, è stato poi abrog. dall'art. 27, c. 1, D.lgs. 10 ago. 2018, n. 101. Il testo previgente del comma era: «L'ufficiale giudiziario può sempre eseguire la notificazione mediante consegna della copia nelle mani proprie del destinatario, ovunque lo trovi nell'ambito della circoscrizione dell'ufficio giudiziario al quale è addetto».

139. ***Notificazione nella residenza, nella dimora o nel domicilio.*** — Se non avviene nel modo previsto nell'articolo precedente, la notificazione deve essere fatta nel comune di residenza[1] del destinatario, ricercandolo nella casa di abitazione o dove ha l'ufficio o esercita l'industria o il commercio.

Se il destinatario non viene trovato in uno di tali luoghi, l'ufficiale giudiziario consegna copia dell'atto a una persona di famiglia o addetta alla casa, all'ufficio o all'azienda, purché non minore di quattordici anni o non palesemente incapace.

In mancanza delle persone indicate nel comma precedente, la copia è consegnata al portiere dello stabile dove è l'abitazione, l'ufficio o l'azienda, e, quando anche il portiere manca, a un vicino di casa che accetti di riceverla.

Il portiere o il vicino deve sottoscrivere una ricevuta,[2] e l'ufficiale giudiziario dà notizia al destinatario dell'avvenuta notificazione dell'atto, a mezzo di lettera raccomandata.

Se il destinatario vive abitualmente a bordo di una nave mercantile, l'atto può essere consegnato al capitano o a chi ne fa le veci.

Quando non è noto il comune di residenza, la notificazione si fa nel comune di dimora, e, se anche questa è ignota, nel comune di domicilio, osservate in quanto è possibile le disposizioni precedenti.

[1] V. la nota all'art. 18.

[2] Le parole *"una ricevuta"* sono state sostituite alle precedenti parole "l'originale" dall'art. 174, D.lgs. 30 giu. 2003, n. 196, in vigore dall'1 gen. 2004. L'art. 174, D.lgs. n. 196/2003, è stato poi abrog. dall'art. 27, c. 1, D.lgs. 10 ago. 2018, n. 101.

140. ***Irreperibilità o rifiuto di ricevere la copia.*** — Se non è possibile eseguire la consegna per irreperibilità o per incapacità o rifiuto delle persone indicate nell'articolo precedente, l'ufficiale giudiziario deposita la copia nella casa del comune dove la notificazione deve eseguirsi, affigge avviso (*Att.* 48) del deposito *in busta chiusa e sigillata*[1] alla porta dell'abitazione o dell'ufficio o dell'azienda del destinatario, e gliene dà notizia per raccomandata con avviso di ricevimento.[2]

[1] Parole inserite dall'art. 174, D.lgs. 30 giu. 2003, n. 196, in vigore dall'1 gen. 2004. L'art. 174, D.lgs. n. 196/2003, è stato poi abrog. dall'art. 27, c. 1, D.lgs. 10 ago. 2018, n. 101.

[2] La Corte cost., con sent. 14 gen. 2010, n. 3, ha dichiarato l'ill. cost. dell'art. 140 nella parte in cui prevede che la notifica si perfeziona, per il destinatario, con la spedizione della raccomandata informativa, "anziché con il ricevimento della stessa o, comunque, decorsi dieci giorni dalla relativa spedizione."

Att. 48. *Avviso al destinatario della notificazione.* – L'avviso prescritto nell'art. 140 del codice deve contenere:

1) il nome della persona che ha chiesto la notificazione e del destinatario;

2) l'indicazione della natura dell'atto notificato;

3) l'indicazione del giudice che ha pronunciato il provvedimento notificato o davanti al quale si deve comparire con la data o il termine di comparizione;

4) la data e la firma dell'ufficiale giudiziario.

141. ***Notificazione presso il domiciliatario.*** — La notificazione degli atti a chi ha eletto domicilio presso una persona o un ufficio può essere fatta mediante consegna di copia alla persona o al capo dell'ufficio in qualità di domiciliatario, nel luogo indicato nell'elezione.

Quando l'elezione di domicilio è stata inserita in un contratto, la notificazione presso il domiciliatario è obbligatoria, se così è stato espressamente dichiarato.

La consegna, a norma dell'art. 138, della copia nelle mani della persona o del capo dell'ufficio presso i quali si è eletto domicilio, equivale a consegna nelle mani proprie del destinatario.

La notificazione non può essere fatta nel domicilio eletto se è chiesta dal domiciliatario o questi è morto o si è trasferito fuori della sede indicata nell'elezione di domicilio o è cessato l'ufficio.

142. ***Notificazione a persona non residente, né dimorante, né domiciliata nello Stato.*** — Salvo quanto disposto nel secondo comma, se il destinatario non ha residenza, dimora o domicilio nello Stato e non vi ha eletto domicilio o costituito un procuratore a norma dell'art. 77, l'atto è notificato mediante spedizione al destinatario per mezzo della posta con raccomandata e mediante consegna di altra copia al pubblico ministero che ne cura la trasmissione al Ministero degli affari esteri per la consegna alla persona alla quale è diretta.[1]

Le disposizioni di cui al primo comma si applicano soltanto nei casi in cui risulta impossibile eseguire la notificazione in uno dei modi consentiti dalle Convenzioni internazionali e dagli artt. 30 e 75 del D.P.R. 5 gen. 1967, n. 200.[3]

[1] Comma così modif. dall'art. 174, D.lgs. 30 giu. 2003, n. 196, in vigore dall'1 gen. 2004. L'art. 174, D.lgs. n. 196/2003, è stato poi abrog. dall'art. 27, c. 1, D.lgs. 10 ago. 2018, n. 101. Il testo previgente del comma era: «L'ufficiale giudiziario può sempre eseguire la notificazione mediante consegna della copia nelle mani proprie del destinatario, ovunque lo trovi nell'ambito della circoscrizione dell'ufficio giudiziario al quale è addetto».

[2] *Att.* 49. *Nota da consegnarsi al pubblico ministero.* – L'ufficiale, che esegue la notificazione a norma degli artt. 142, 143 e 146 del codice, deve consegnare al pubblico ministero, insieme con la copia dell'atto, una nota contenente:

1) l'indicazione del nome e della qualità della persona che ha chiesto la notificazione;
2) il nome, la residenza o la dimora del destinatario;
3) la natura dell'atto notificato;
4) il giudice che ha pronunciato il provvedimento notificato o davanti al quale si deve comparire;
5) la data e la firma dell'ufficiale giudiziario.

La nota è trasmessa dal pubblico ministero insieme con l'atto al Ministero degli affari esteri o al comando militare posto nella circoscrizione del tribunale, i quali provvedono d'urgenza alla consegna.

[3] La Corte cost., con sent. 3 mar. 1994, n. 69, ha dichiarato l'ill. cost. degli artt. 142 c. 3, 143 c. 3 e 680 c. 1 c.p.c. «nella parte in cui non prevedono che la notificazione all'estero del sequestro si perfezioni, ai fini dell'osservanza del prescritto termine, con il tempestivo compimento delle formalità imposte al notificante dalle convenzioni internazionali e dagli artt. 30 e 75 del D.P.R. 5 gen. 1967, n. 200».

143. ***Notificazione a persona di residenza, dimora e domicilio sconosciuti.*** — Se non sono conosciuti la residenza, la dimora e il domicilio del destinatario e non vi è il procuratore previsto nell'art. 77, l'ufficiale giudiziario esegue la notificazione mediante deposito di copia dell'atto nella casa comunale dell'ultima residenza o, se questa è ignota, in quella del luogo di nascita del destinatario, [e mediante affissione di altra copia nell'albo dell'ufficio giudiziario davanti al quale si procede].[1]

Se non sono noti né il luogo dell'ultima residenza né quello di nascita, l'ufficiale giudiziario consegna una copia dell'atto al pubblico ministero (*Att.* 49).

Nei casi previsti nel presente articolo e nei primi due commi dell'articolo precedente la notificazione si ha per eseguita nel ventesimo giorno successivo a quello in cui sono compiute le formalità prescritte.[2]

[1] Parole soppresse dall'art. 174, D.lgs. 30 giu. 2003, n. 196, in vigore dall'1 gen. 2004. L'art. 174, D.lgs. n. 196/2003, è stato poi abrog. dall'art. 27, c. 1, D.lgs. 10 ago. 2018, n. 101.

[2] La Corte cost., con sent. 3 mar. 1994, n. 69, ha dichiarato l'ill. cost. degli artt. 142 c. 3, 143 c. 3 e 680 c. 1 c.p.c. «nella parte in cui non prevedono che la notificazione all'estero del sequestro si perfezioni, ai fini dell'osservanza del prescritto termine, con il tempestivo compimento delle formalità imposte al notificante dalle convenzioni internazionali e dagli artt. 30 e 75 del D.P.R. 5 gen. 1967, n. 200».

144. ***Notificazione alle amministrazioni dello Stato.*** — Per le amministrazioni dello Stato si osservano le disposizioni delle leggi speciali che prescrivono la notificazione presso gli uffici dell'avvocatura dello Stato.[1]

Fuori dei casi previsti nel comma precedente, le notificazioni si fanno direttamente, presso l'amministrazione destinataria, a chi la rappresenta nel luogo in cui risiede il giudice davanti al quale si procede. Esse si eseguono mediante consegna di copia nella sede dell'ufficio al titolare o alle persone indicate nell'articolo seguente.

[1] V. artt. 11 e 52 R.D. 30 ott. 1933, n. 1611, e art. 10 L. 3 apr. 1979, n. 103.

145. ***Notificazione alle persone giuridiche.*** — La notificazione alle persone giuridiche si esegue nella loro sede, mediante consegna di copia dell'atto al rappresentante o alla persona incaricata di ricevere le notificazioni o, in mancanza, ad altra persona addetta alla sede stessa ovvero al portiere dello stabile in cui è la sede. La notificazione può anche essere eseguita, a norma degli artt. 138, 139 e 141, alla persona fisica che rappresenta l'ente qualora nell'atto da notificare ne sia indicata la qualità e risultino specificati residenza, domicilio e dimora abituale.[1]

La notificazione alle società non aventi personalità giuridica, alle associazioni non riconosciute e ai comitati di cui gli art. 36 s. c.c. si fa a norma del comma precedente, nella sede indicata nell'art. 19, secondo comma ovvero alla persona fisica che rappresenta l'ente qualora nell'atto da notificare ne sia indicata la qualità e risultino specificati residenza, domicilio e dimora abituale.[2]

Se la notificazione non può essere eseguita a norma dei commi precedenti, la notificazione alla persona fisica indicata nell'atto, che rappresenta l'ente, può essere eseguita anche a norma degli artt. 140 o 143.[1]

[1] Periodo aggiunto dall'art. 2 L. 28 dic. 2005, n. 263, con decorrenza 1 mar. 2006.

[2] Periodo aggiunto dall'art. 2 L. 28 dic. 2005, n. 263, con decorrenza 1 mar. 2006.

[3] Comma modif. dall'art. 2, L. 28 dic. 2005, n. 263, con decorrenza 1 mar. 2006.

146. ***Notificazione a militari in attività di servizio.*** — Se il destinatario è militare in attività di servizio e la notificazione non è eseguita in mani proprie, osservate le disposizioni di cui agli artt. 139 s., si consegna una copia al pubblico ministero, che ne cura l'invio al comandante del corpo al quale il militare appartiene.[1]

[1] V. la nota 2 all'art. 142.

CODICE DI PROCEDURA CIVILE

147. ***Tempo delle notificazioni.***[1] — Le notificazioni non possono farsi prima delle ore 7 e dopo le ore 21.

[1] Articolo modif. dall'art. 2, L. 28 dic. 2005, n. 263, con decorrenza 1 marzo 2006.

148. ***Relazione di notificazione*** — L'ufficiale giudiziario certifica la eseguita notificazione mediante relazione da lui datata e sottoscritta, apposta in calce all'originale e alla copia dell'atto.

La relazione indica la persona alla quale è consegnata la copia e le sue qualità, nonché il luogo della consegna, oppure le ricerche, anche anagrafiche, fatte dall'ufficiale giudiziario, i motivi della mancata consegna e le notizie raccolte sulla reperibilità del destinatario.[1]

[1] Con D.P.R. 13 feb. 2001, n. 123, è stato approvato il regolamento che disciplina l'uso di strumenti informatici e telematici nel processo civile.

149. ***Notificazione a mezzo del servizio postale.*** — Se non ne è fatto espresso divieto dalla legge, la notificazione può eseguirsi anche a mezzo del servizio postale.[1]

In tal caso l'ufficiale giudiziario scrive la relazione di notificazione sull'originale e sulla copia dell'atto, facendovi menzione dell'ufficio postale per mezzo del quale spedisce la copia al destinatario in piego raccomandato con avviso di ricevimento. Quest'ultimo è allegato all'originale.

La notifica si perfeziona, per il soggetto notificante, al momento della consegna del plico all'ufficiale giudiziario e, per il destinatario, dal momento in cui lo stesso ha la legale conoscenza dell'atto.[2]

[1] V. art. 1 L. 20 nov. 1982, n. 890. V. altresì L. 53/1994.
[2] Comma aggiunto dall'art. 3 L. 28 dic. 2005, n. 263, con decorrenza 1 mar. 2006.

149-*bis*. ***Notificazione a mezzo posta elettronica.***[1] — Se non è fatto espresso divieto dalla legge, la notificazione può eseguirsi a mezzo posta elettronica certificata, anche previa estrazione di copia informatica del documento cartaceo.

Se procede ai sensi del primo comma, l'ufficiale giudiziario trasmette copia informatica dell'atto sottoscritta con firma digitale all'indirizzo di posta elettronica certificata del destinatario risultante da pubblici elenchi o comunque accessibili alle pubbliche amministrazioni.[2]

La notifica si intende perfezionata nel momento in cui il gestore rende disponibile il documento informatico nella casella di posta elettronica certificata del destinatario.

L'ufficiale giudiziario redige la relazione di cui all'articolo 148, primo comma, su documento informatico separato, sottoscritto con firma digitale e congiunto all'atto cui si riferisce mediante strumenti informatici, individuati con apposito decreto del Ministero della giustizia. La relazione contiene le informazioni di cui all'articolo 148, secondo comma, sostituito il luogo della consegna con l'indirizzo di posta elettronica presso il quale l'atto è stato inviato.

Al documento informatico originale o alla copia informatica del documento cartaceo sono allegate, con le modalità previste dal quarto comma, le ricevute di invio e di consegna previste dalla normativa, anche regolamentare, concernente la trasmissione e la ricezione dei documenti informatici trasmessi in via telematica.

Eseguita la notificazione, l'ufficiale giudiziario restituisce all'istante o al richiedente, anche per via telematica, l'atto notificato, unitamente alla relazione di notificazione e agli allegati previsti dal quinto comma.

[1] Articolo ins. dall'art. 4, c. 8 L. 22 feb. 2010, n. 24.
[2] Comma così modif. dall'art. 16, c. 2, D.L. 18 ott. 2012, n. 179, conv. con modif. in L. 17 dic. 2012, n. 221.

150. ***Notificazione per pubblici proclami.*** — Quando la notificazione nei modi ordinari è sommamente difficile per il rilevante numero dei destinatari o per la difficoltà di identificarli tutti, il capo dell'ufficio giudiziario davanti al quale si procede può autorizzare, su istanza della parte interessata e sentito il pubblico ministero, la notificazione per pubblici proclami (*Att.* 50).

L'autorizzazione è data con decreto steso in calce all'atto da notificarsi; in esso sono designati, quando occorre, i destinatari ai quali la notificazione deve farsi nelle forme ordinarie e sono indicati i modi che appaiono più opportuni per portare l'atto a conoscenza degli altri interessati.

In ogni caso, copia dell'atto è depositata nella casa comunale del luogo in cui ha sede l'ufficio giudiziario davanti al quale si promuove o si svolge il processo, e un estratto di esso è inserito nella *Gazzetta Ufficiale* della Repubblica e nel Foglio degli annunzi legali delle province dove risiedono i destinatari o si presume che risiede la maggior parte di essi.

La notificazione si ha per avvenuta quando, eseguito ciò che è prescritto nel presente articolo, l'ufficiale giudiziario deposita una copia dell'atto, con la relazione e i documenti giustificativi dell'attività svolta, nella cancelleria del giudice davanti al quale si procede (*Att.* 51).

Questa forma di notificazione non è ammessa nei procedimenti davanti al giudice di pace.

151. ***Forme di notificazione ordinate dal giudice.*** — Il giudice può prescrivere, anche di ufficio, con decreto steso in calce all'atto, che la notificazione sia eseguita in modo diverso da quello stabilito dalla legge, e anche per mezzo di telegramma collazionato con avviso di ricevimento quando lo consigliano circostanze particolari o esigenze di maggiore celerità, *di riservatezza o di tutela della dignità*.[1]

[1] Parole aggiunte dall'art. 174, D.lgs. 30 giu. 2003, n. 196, in vigore dall'1 gen. 2004. L'art. 174, D.lgs. n. 196/2003, è stato poi abrog. dall'art. 27, c. 1, D.lgs. 10 ago. 2018, n. 101.

CAPO II
Dei termini[1]

[1] Sulla sospensione dei termini nel periodo feriale, v. la L. 7 ott. 1969, n. 742 (che ha sostituito la L. 14 lug. 1965, n. 818).

152. ***Termini legali e termini giudiziari.*** — I termini per il compimento degli atti del processo sono stabiliti dalla legge; possono essere stabiliti dal giudice anche a pena di decadenza, soltanto se la legge lo permette espressamente.

I termini stabiliti dalla legge sono ordinatori, tranne che la legge stessa li dichiari espressamente perentori.

153. ***Improrogabilità dei termini perentori.*** — I termini perentori non possono essere abbreviati o prorogati, nemmeno sull'accordo delle parti.

La parte che dimostra di essere incorsa in decadenze per causa ad essa non imputabile può chiedere al giudice di essere rimessa in termini. Il giudice provvede a norma dell'articolo 294, secondo e terzo comma.[1]

[1] Comma aggiunto dall'art. 45 della L. 18 giu. 2009, n. 69. Per espressa previsione dell'art. 58, L. 69/2009, "le disposizioni della presente legge che modificano il codice di procedura civile e le disposizioni per l'attuazione del codice di procedura civile si applicano ai giudizi instaurati dopo la data della sua entrata in vigore" (avvenuta il 4 lug. 2009).

154. ***Prorogabilità del termine ordinatorio.*** — Il giudice, prima della scadenza, può abbreviare o prorogare, anche di ufficio, il termine che non sia stabilito a pena di decadenza. La proroga non può avere una durata superiore al termine originario. Non può essere consentita proroga ulteriore, se non per motivi particolarmente gravi e con provvedimento motivato.[1]

[1] D.L.L. 9 apr. 1948, n. 437, per la proroga dei termini di decadenza in conseguenza del mancato funzionamento degli uffici giudiziari.

155. ***Computo dei termini.*** — Nel computo dei termini a giorni o ad ore, si escludono il giorno o l'ora iniziali.

Per il computo dei termini a mesi o ad anni, si osserva il calendario comune.

I giorni festivi si computano nel termine.

Se il giorno di scadenza è festivo, la scadenza è prorogata di diritto al primo giorno seguente non festivo.[1]

La proroga prevista dal quarto comma si applica altresì ai termini per il compimento degli atti processuali svolti fuori dell'udienza che scadono nella giornata del sabato.[2]

Resta fermo il regolare svolgimento delle udienze e di ogni altra attività giudiziaria, anche svolta da ausiliari, nella giornata del sabato, che ad ogni effetto è considerata lavorativa.[2]

[1] La norma si applica anche ai giudizi avanti la Corte cost. (sent. 15 giu. 1960, n. 39, della Corte stessa).

[2] Comma aggiunto dall'art. 2 L. 28 dic. 2005, n. 263, si applica anche ai procedimenti pendenti alla data dell'1 mar. 2006, ai sensi dell'art. 58, L. 18 giu. 2009, n. 69. Per espressa previsione dell'art. 58, L. 69/2009, "le disposizioni della presente legge che modificano il codice di procedura civile e le disposizioni per l'attuazione del codice di procedura civile si applicano ai giudizi instaurati dopo la data della sua entrata in vigore" (avvenuta il 4 lug. 2009).

CAPO III
Della nullità degli atti

156. ***Rilevanza della nullità.*** — Non può essere pronunciata la nullità per inosservanza di forme di alcun atto del processo, se la nullità non è comminata dalla legge.[1]

Può tuttavia essere pronunciata quando l'atto manca dei requisiti formali indispensabili per il raggiungimento dello scopo.

La nullità non può mai essere pronunciata, se l'atto ha raggiunto lo scopo a cui è destinato.

[1] Il codice commina la nullità nei seguenti casi: pubblicità dell'udienza (128); vizi relativi alla costituzione del giudice o all'intervento del P.M. (158); vizi della notificazione (160); mancanza della sottoscrizione del giudice nella sentenza (161); omissioni o incertezze nella citazione o assegnazione di un termine a comparire minore di quello stabilito dalla legge (164); omissione delle prove della falsità nella querela di falso (221); mancanza di sottoscrizione di avvocato munito di procura speciale nel ricorso e controricorso per cassazione (365, 370, 371); omissione di indicazioni nel ricorso e controricorso per cassazione (366, 370, 371); omissioni nella domanda di revocazione (398); omissioni nel contenuto del precetto (480); casi di nullità del lodo (808, 829).

157. ***Rilevabilità e sanatoria della nullità.*** — Non può pronunciarsi la nullità senza istanza di parte, se la legge non dispone che sia pronunciata di ufficio.

Soltanto la parte nel cui interesse è stabilito un requisito può opporre la nullità dell'atto per la mancanza del requisito stesso, ma deve farlo nella prima istanza o difesa successiva all'atto o alla notizia di esso.

La nullità non può essere opposta dalla parte che vi ha dato causa, né da quella che vi ha rinunciato anche tacitamente.

158. ***Nullità derivante dalla costituzione del giudice.*** — La nullità derivante da vizi relativi alla costituzione del giudice o all'intervento del pubblico ministero è insanabile e deve essere rilevata d'ufficio, salva la disposizione dell'art. 161.

159. ***Estensione della nullità.*** — La nullità di un atto non importa quella degli atti precedenti, né di quelli successivi che ne sono indipendenti.

La nullità di una parte dell'atto non colpisce le altre parti che ne sono indipendenti.

Se il vizio impedisce un determinato effetto, l'atto può tuttavia produrre gli altri effetti ai quali è idoneo.

160. ***Nullità della notificazione.*** — La notificazione è nulla se non sono osservate le disposizioni circa la persona alla quale deve essere consegnata la copia, o se vi è incertezza assoluta sulla persona a cui è fatta o sulla data, salva l'applicazione degli artt. 156 e 157.[1]

[1] V. 291[1], 354[1]; art. 4 L. 25 mar. 1958, n. 260.

161. ***Nullità della sentenza.*** — La nullità delle sentenze soggette ad appello o a ricorso per cassazione può essere fatta valere soltanto nei limiti e secondo le regole proprie di questi mezzi di impugnazione.

Questa disposizione non si applica quando la sentenza manca della sottoscrizione del giudice (*Att.* 119).

162. ***Pronuncia sulla nullità.*** — Il giudice che pronuncia la nullità deve disporre, quando sia possibile, la rinnovazione degli atti ai quali la nullità si estende.

Se la nullità degli atti del processo è imputabile al cancelliere, all'ufficiale giudiziario o al difensore, il giudice, col provvedimento col quale la pronuncia, pone le spese della rinnovazione a carico del responsabile e, su istanza di parte, con la sentenza che decide la causa può condannare quest'ultimo al risarcimento dei danni causati dalla nullità a norma dell'art. 60, n. 2.

LIBRO SECONDO
DEL PROCESSO DI COGNIZIONE

TITOLO I
Del procedimento davanti al tribunale[1]

[1] Si veda il D.lgs. 4 mar. 2010, n. 28, in materia di mediazione.

CAPO I
Dell'introduzione della causa[1]

[1] «Chi intende esercitare in giudizio un'azione relativa a una controversia in materia di risarcimento del danno da circolazione di veicoli e natanti ovvero chi intende proporre in giudizio una domanda di pagamento a qualsiasi titolo di somme non eccedenti cinquantamila euro deve procedere all'esperimento del procedimento di negoziazione assistita, pena l'improcedibilità».

SEZIONE I
Della citazione e della costituzione delle parti

163. ***Contenuto della citazione.*** — La domanda si propone mediante citazione a comparire a udienza fissa (*Att.* 69-*bis*-77).

Il presidente del tribunale stabilisce al principio dell'anno giudiziario, con decreto approvato dal primo presidente della corte di appello, i giorni della settimana e le ore delle udienze destinate esclusivamente alla prima comparizione delle parti (*Att.* 80).

L'atto di citazione deve contenere:[1]

1) l'indicazione del tribunale davanti al quale la domanda è proposta;

2) il nome, il cognome, la residenza e il codice fiscale dell'attore, il nome, il cognome, il codice fiscale, la residenza o il domicilio o la dimora del convenuto e delle persone che rispettivamente li rappresentano o li assistono.[2] Se attore o convenuto è una persona giuridica, un'associazione non riconosciuta o un comitato, la citazione deve contenere la denominazione o la ditta, con l'indicazione dell'organo o ufficio che ne ha la rappresentanza in giudizio;[3]

3) la determinazione della cosa oggetto della domanda;

4) l'esposizione dei fatti e degli elementi di diritto costituenti le ragioni della domanda, con le relative conclusioni;

5) l'indicazione specifica dei mezzi di prova dei quali l'attore intende valersi[4] e in particolare dei documenti che offre in comunicazione;

6) il nome e il cognome del procuratore e l'indicazione della procura, qualora questa sia stata già rilasciata;

7) l'indicazione del giorno dell'udienza di comparizione; l'invito al convenuto a costituirsi nel termine di venti giorni prima dell'udienza indicata ai sensi e nelle forme stabilite dall'art. 166, ovvero di dieci giorni prima in caso di abbreviazione dei termini, e a comparire, nell'udienza indicata, dinanzi al giudice designato ai sensi dell'art. 168-*bis*, con l'avvertimento che la costituzione oltre i suddetti termini implica le decadenze di cui agli art. 38 e 167.[5]

L'atto di citazione, sottoscritto a norma dell'art. 125, è consegnato dalla parte o dal procuratore all'ufficiale giudiziario, il quale lo notifica a norma degli artt. 137 e seguenti.

[1] V. l'art. 164.

[2] Parole così modif. dall'art. 4, c. 8, L. 22 feb. 2010, n. 24.

[3] Le Amministrazioni dello Stato sono citate nella persona del Ministro competente; le società nella persona dell'amministratore che ne ha la rappresentanza (2298, 2384, 2487, 2516 c.c.).

[4] La prova per testimoni deve essere dedotta mediante indicazione specifica delle persone da interrogare e dei fatti, formulati in articoli separati, sui quali ciascuna di esse deve essere interrogata (244).

[5] Comma così modif. dall'art. 46, L. 18 giu. 2009, n. 69. Per espressa previsione dell'art. 58, L. 69/2009, "le disposizioni della presente legge che modificano il codice di procedura civile e le disposizioni per l'attuazione del codice di procedura civile si applicano ai giudizi instaurati dopo la data della sua entrata in vigore" (avvenuta il 4 lug. 2009).

163-*bis*. ***Termini per comparire.*** — Tra il giorno della notificazione della citazione e quello dell'udienza di comparizione debbono intercorrere termini liberi non minori di novanta giorni se il luogo della notificazione si trova in Italia e di centocinquanta giorni se si trova all'estero.[1]

Nelle cause che richiedono pronta spedizione il presidente può, su istanza dell'attore e con decreto motivato in calce dell'atto originale e delle copie della citazione, abbreviare fino alla metà i termini indicati dal primo comma.

Se il termine assegnato dall'attore ecceda il minimo indicato dal primo comma, il convenuto, costituendosi prima della scadenza del termine minimo, può chiedere al presidente del tribunale che, sempre osservata la misura di quest'ultimo termine, l'udienza per la comparizione delle parti sia fissata con congruo anticipo su quella indicata dall'attore (*Att.* 70, 70-*bis*, 83). Il presidente provvede con decreto, che deve essere comunicato dal cancelliere all'attore, almeno cinque giorni liberi prima dell'udienza fissata dal presidente.

[1] Comma modif. dall'art. 2, L. 28 dic. 2005, n. 263, con decorrenza 1 mar. 2006.

164. ***Nullità della citazione.*** — La citazione è nulla se è omesso o risulta assolutamente incerto alcuno dei requisiti stabiliti nei numeri 1) e 2) dell'art. 163, se manca l'indicazione della data dell'udienza di comparizione, se è stato assegnato un termine a comparire inferiore a quello stabilito dalla legge ovvero se manca l'avvertimento previsto dal numero 7) dell'art. 163.

Se il convenuto non si costituisce in giudizio, il giudice, rilevata la nullità della citazione ai sensi del primo comma, ne dispone d'ufficio la rinnovazione entro un termine perentorio. Questa sana i vizi e gli effetti sostanziali e processuali della domanda si producono sin dal momento della prima notificazione. Se la rinnovazione non viene eseguita, il giudice ordina la cancellazione della causa dal ruolo e il processo si estingue a norma dell'art. 307, comma terzo.

La costituzione del convenuto sana i vizi della citazione e restano salvi gli effetti sostanziali e processuali di cui al secondo comma; tuttavia, se il convenuto deduce l'inosservanza dei termini a comparire o la mancanza dell'avvertimento previsto dal numero 7) dell'art. 163, il giudice fissa una nuova udienza nel rispetto dei termini.

La citazione è altresì nulla se è omesso o risulta assolutamente incerto il requisito stabilito nel numero 3) dell'art. 163 ovvero se manca l'esposizione dei fatti di cui al numero 4) dello stesso articolo.

Il giudice, rilevata la nullità ai sensi del comma precedente, fissa all'attore un termine perentorio per rinnovare la citazione o, se il convenuto si è costituito, per integrare la domanda. Restano ferme le decadenze maturate e salvi i diritti quesiti anteriormente alla rinnovazione o alla integrazione.

Nel caso di integrazione della domanda, il giudice fissa l'udienza ai sensi del secondo[1] comma dell'art. 183 e si applica l'art. 167.

[1] Comma così sost. dal D.L. 14 mar. 2005, n. 35, conv. in L. 14 mag. 2005, n. 80, con decorrenza 1 gen. 2006.

165. ***Costituzione dell'attore.*** — L'attore, entro dieci giorni dalla notificazione della citazione al convenuto, ovvero entro cinque giorni nel caso di abbreviazione di termini a norma del secondo comma dell'art. 163-*bis*, deve costituirsi in giudizio a mezzo del procuratore, o personalmente nei casi consentiti dalla legge, depositando in cancelleria la nota d'iscrizione a ruolo[1] e il proprio fascicolo[2] contenente l'originale della citazione, la procura e i documenti offerti in comunicazione (*Att.* 38-43). Se si costituisce personalmente, deve dichiarare la residenza o eleggere domicilio nel comune ove ha sede il tribunale.

Se la citazione è notificata a più persone, l'originale della citazione deve essere inserito nel fascicolo entro dieci giorni dall'ultima notificazione.

[1] *Att.* 71. *Nota d'iscrizione a ruolo.* – La nota d'iscrizione della causa nel ruolo generale deve contenere l'indicazione delle parti, nonché le generalità ed il codice fiscale ove attribuito della parte che iscrive la causa a ruolo, del procuratore che si costituisce, dell'oggetto della domanda, della data di notificazione della citazione e dell'udienza fissata per la prima comparizione delle parti.

[2] *Att.* 72. *Deposito del fascicolo di parte e iscrizione a ruolo.* – Insieme con la nota d'iscrizione a ruolo la parte deve consegnare al cancelliere il proprio fascicolo. Esso è custodito in unica cartella col fascicolo d'ufficio che il cancelliere forma a norma dell'art. 168 secondo comma del codice.

Nella stessa cartella sono custoditi i fascicoli delle parti che si costituiscono successivamente.

Att. 73. *Copia degli atti di parte.* – Le parti debbono consegnare al cancelliere insieme col proprio fascicolo le copie degli atti di parte, che a norma dell'art. 168 secondo comma del codice debbono essere inserite nel fascicolo d'ufficio.

Il cancelliere deve rifiutare di ricevere il fascicolo di parte che non contenga le copie degli atti indicate nel comma precedente.

Att. 74. *Contenuto del fascicolo di parte.* – Gli atti e i documenti di causa sono inseriti in sezioni separate del fascicolo di parte (165, 166 c.p.c.).

Gli atti sono costituiti dagli originali o dalle copie notificate della citazione, della comparsa di risposta o d'intervento, delle memorie, delle comparse conclusionali e delle sentenze.

Sulla copertina del fascicolo debbono essere iscritte le indicazioni richieste per il fascicolo d'ufficio (168 c.p.c.).

Il cancelliere, dopo aver controllato la regolarità anche fiscale degli atti e dei documenti, sottoscrive l'indice del fascicolo ogni volta che viene inserito in esso un atto o documento.

Att. 76. *Potere delle parti sui fascicoli.* – Le parti o i loro difensori regolarmente costituiti possono esaminare gli atti e i documenti inseriti nel fascicolo d'ufficio e in quelli delle altre parti e farsene rilasciare copia dal cancelliere, osservate le leggi sul bollo.

166. ***Costituzione del convenuto.***[1] — Il convenuto deve costituirsi a mezzo del procuratore, o personalmente nei casi consentiti dalla legge, almeno venti giorni prima dell'udienza di comparizione fissata nell'atto di citazione, o almeno dieci giorni prima nel caso di abbreviazione di termini a norma del secondo comma dell'art. 163-*bis*, ovvero almeno venti giorni prima dell'udienza fissata a norma dell'art. 168-*bis*, quinto comma[2], depositando in cancelleria il proprio fascicolo contenente la comparsa di cui all'art. 167 con la copia della citazione notificata, la procura e i documenti che offre in comunicazione.

[1] Articolo così sost. dall'art. 10 della L. 26 nov. 1990, n. 353, con decorrenza 30 apr. 1995.

[2] Parole aggiunte dall'art. 1 del D.L. 7 ott. 1994, n. 571, conv. in L. 6 dic. 1994, n. 673.

167. ***Comparsa di risposta.***[1] — Nella comparsa di risposta il convenuto deve proporre tutte le sue difese prendendo posizione sui fatti posti dall'attore a fondamento della domanda, indicare le proprie generalità e il codice fiscale,[2] i mezzi di prova di cui intende valersi e i documenti che offre in comunicazione, formulare le conclusioni.

A pena di decadenza deve proporre le eventuali domande riconvenzionali e le eccezioni processuali e di merito che non siano rilevabili d'ufficio.[3] Se è omesso o risulta assolutamente incerto l'oggetto o il titolo della domanda riconvenzionale, il giudice, rilevata la nullità, fissa al convenuto un termine perentorio per integrarla. Restano ferme le decadenze maturate e salvi i diritti acquisiti anteriormente alla integrazione.

Se intende chiamare un terzo in causa, deve farne dichiarazione nella stessa comparsa e provvedere ai sensi dell'art. 269.

[1] Articolo così sost. dall'art. 11 della L. 26 nov. 1990, n. 353, con decorrenza 30 apr. 1995.

[2] Comma così modif. dall'art. 4, c. 8 L. 22 feb. 2010, n. 24.

[3] Parole aggiunte dall'art. 2 D.L. 14 mar. 2005, n. 35, conv. in L. 14 mag. 2005, n. 80, con decorrenza 1 gen. 2006.

168. ***Iscrizione della causa a ruolo e formazione del fascicolo d'ufficio.*** — All'atto della costituzione dell'attore o, se questi non si è costituito, all'atto della costituzione del convenuto, su presentazione della nota di iscrizione a ruolo, il cancelliere iscrive la causa nel ruolo generale (*Att.* 71).[1]

Contemporaneamente il cancelliere forma il fascicolo d'ufficio, nel quale inserisce la nota d'iscrizione a ruolo, copia dell'atto di citazione, delle comparse e delle memorie in carta non bollata e, successivamente, i processi verbali d'udienza, i provvedimenti del giudice, gli atti d'istruzione e la copia del dispositivo delle sentenze.

[1] V. art. 1 L. 7 feb. 1979, n. 59.

168-*bis*. ***Designazione del giudice istruttore.*** — Formato un fascicolo d'ufficio a norma dell'articolo precedente, il cancelliere lo presenta senza indugio al presidente del tribunale, il quale, con decreto scritto in calce della nota d'iscrizione a ruolo, designa il giudice istruttore davanti al quale le parti debbono comparire, se non creda di procedere egli stesso all'istruzione. Nei tribunali divisi in più sezioni il presidente assegna la causa ad una di esse, e il presidente di questa provvede nelle stesse forme alla designazione del giudice istruttore.

La designazione del giudice istruttore deve in ogni caso avvenire non oltre il secondo giorno successivo alla costituzione della parte più diligente.

Subito dopo la designazione del giudice istruttore il cancelliere iscrive la causa sul ruolo della sezione, su quello del giudice istruttore e gli trasmette il fascicolo.[1]

Se nel giorno fissato per la comparizione il giudice istruttore designato non tiene udienza, la comparizione delle parti è d'ufficio rimandata all'udienza immediatamente successiva tenuta dal giudice designato.[1]

Il giudice istruttore può differire, con decreto da emettere entro cinque giorni dalla presentazione del fascicolo, la data della prima udienza fino ad un massimo di quarantacinque giorni. In tal caso il cancelliere comunica alle parti costituite la nuova data della prima udienza.[1,2]

[1] Comma così sost. dall'art. 12 della L. 26 nov. 1990, n. 353, con decorrenza 30 apr. 1995.

[2] L'art. 2 del D.L. 7 ott. 1994, n. 571, conv. in L. 6 dic. 1994, n. 673 ha soppresso l'ultimo periodo del quinto comma («Restano ferme le decadenze riferite alla data di udienza fissata nella citazione»).

169. ***Ritiro dei fascicoli di parte.*** — Ciascuna parte può ottenere dal giudice istruttore l'autorizzazione di ritirare il proprio fascicolo dalla cancelleria; ma il fascicolo deve essere di nuovo depositato ogni volta che il giudice lo disponga.[1]

Ciascuna parte ha la facoltà di ritirare il fascicolo all'atto della rimessione della causa al collegio a norma dell'art. 189, ma deve restituirlo al più tardi al momento del deposito della comparsa conclusionale (*Att.* 77).

[1] *Att. 77. Ritiro del fascicolo di parte.* – Per ritirare il proprio fascicolo a norma dell'art. 169 del codice, la parte deve fare istanza con ricorso al giudice istruttore. Il ricorso e il decreto di autorizzazione sono inseriti dal cancelliere nel fascicolo d'ufficio.

In calce al decreto il cancelliere fa scrivere la dichiarazione di ritiro del fascicolo e annota la restituzione di esso.

170. ***Notificazioni e comunicazioni nel corso del procedimento.*** — Dopo la costituzione in giudizio tutte le notificazioni e le comunicazioni si fanno al procuratore costituito, salvo che la legge disponga altrimenti.[1]

È sufficiente la consegna di una sola copia dell'atto, anche se il procuratore è costituito per più parti.

Le notificazioni e le comunicazioni alla parte che si è costituita personalmente si fanno nella residenza dichiarata o nel domicilio eletto.

Le comparse e le memorie consentite dal giudice si comunicano mediante deposito in cancelleria oppure mediante notificazione o mediante scambio documentato con l'apposizione sull'originale, in calce o in margine, del visto della parte o del procuratore. [...][2]

[1] Vedi anche l'art. 51, c. 1 e 3, D.L. 25 giu. 2008, n. 112, conv. con modif. in L. 6 ago. 2008, n. 133.

[2] Gli ultimi tre periodi sono stati soppressi dall'art. 25, c. 1, lett. *e*), L. 12 nov. 2011, n. 183, in vigore dall'1 feb. 2012.

171. ***Ritardata costituzione delle parti.*** — Se nessuna delle parti si costituisce nei termini stabiliti, si applicano le disposizioni dell'art. 307, primo e secondo comma.

Se una delle parti si è costituita entro il termine rispettivamente a lei assegnato, l'altra può costituirsi successivamente fino alla prima udienza, ma restano ferme per il convenuto le decadenze di cui all'art. 167.[1]

La parte che non si costituisce neppure in tale

udienza è dichiarata contumace con ordinanza del giudice istruttore, salva la disposizione dell'art. 291.

[1] Comma così sost. dall'art. 13 della L. 26 nov. 1990, n. 353, con decorrenza 30 apr. 1995.

SEZIONE II
Della designazione del giudice istruttore[1]

[1] V. anche art. 168-*bis*.

172-173. ....[1]

[1] Articoli abrog. dall'art. 11, L. 14 lug. 1950, n. 581.

174. ***Immutabilità del giudice istruttore.*** — Il giudice designato è investito di tutta l'istruzione della causa e della relazione al collegio (*Att.* 97).

Soltanto in caso di assoluto impedimento o di gravi esigenze di servizio può essere sostituito con decreto del presidente. La sostituzione può essere disposta, quando è indispensabile, anche per il compimento di singoli atti (*Att.* 79).[1]

[1] La sostituzione è disposta d'ufficio o su istanza di parte, proposta con ricorso al presidente del tribunale (*Att.* 79).

CAPO II
Dell'istruzione della causa[1]

[1] V. sull'istruzione della causa *Att.* 78-112-*bis*.

SEZIONE I
Dei poteri del giudice istruttore in generale

175. ***Direzione del procedimento.*** — Il giudice istruttore esercita tutti i poteri intesi al più sollecito e leale svolgimento del procedimento.

Egli fissa le udienze successive e i termini entro i quali le parti debbono compiere gli atti processuali.

Quando il giudice ha omesso di provvedere a norma del comma precedente, si applica la disposizione dell'art. 289.

176. ***Forma dei provvedimenti.*** — Tutti i provvedimenti del giudice istruttore, salvo che la legge disponga altrimenti[1] hanno la forma dell'ordinanza.

Le ordinanze pronunciate in udienza si ritengono conosciute dalle parti presenti e da quelle che dovevano comparirvi; quelle pronunciate fuori dell'udienza sono comunicate a cura del cancelliere entro i tre giorni successivi [anche a mezzo telefax o a mezzo di posta elettronica nel rispetto della normativa, anche regolamentare, concernente la sottoscrizione, la trasmissione e la ricezione dei documenti informatici e teletrasmessi. A tal fine il difensore indica nel primo scritto difensivo utile il numero di fax o l'indirizzo di posta elettronica presso cui dichiara di voler ricevere la comunicazione].[2]

[1] Il G.I. *con decreto:* attribuisce efficacia di titolo esecutivo al verbale di conciliazione (199); fissa la nuova udienza dopo la sospensione (297) o dopo l'interruzione (302, 303); provvede sul sequestro in corso di causa (673, 681); fissa l'udienza di discussione del progetto di divisione (789).

[2] Parole soppresse dall'art. 25, c. 1, lett. *f)*, L. 12 nov. 2011, n. 183, in vigore dall'1 feb. 2012.

177. ***Effetti e revoca delle ordinanze.*** — Le ordinanze, comunque motivate, non possono mai pregiudicare la decisione della causa.

Salvo quanto disposto dal seguente comma, le ordinanze possono essere sempre modificate o revocate dal giudice che le ha pronunciate.

Non sono modificabili né revocabili dal giudice che le ha pronunciate:

1) le ordinanze pronunciate sull'accordo delle parti, in materia della quale queste possono disporre; esse sono tuttavia revocabili dal giudice istruttore o dal collegio, quando vi sia l'accordo di tutte le parti;

2) le ordinanze dichiarate espressamente non impugnabili dalla legge;[1]

3) le ordinanze per le quali la legge predisponga uno speciale mezzo di reclamo;[2]

4)[3]

[1] V. gli artt. 53, 66, 179, 181, 192, 263 s., 270, 306, 348, 367, 373, 483, 593, 648, 649, 652, 665, 668, 684, 695, 749, 779.

[2] Numero così sost. dall'art. 14 della L. 26 nov. 1990, n. 353, con decorrenza 30 apr. 1995.

[3] Numero abrog., a far data dal 30 apr. 1995, dall'art. 89, L. 26 nov. 1990, n. 353, come modif., da ultimo, dall'art. 3, D.L. 7 ott. 1994, n. 571, conv. in L. 6 dic. 1994, n. 673.

178. ***Controllo del collegio sulle ordinanze.*** — Le parti, senza bisogno di mezzi d'impugnazione, possono proporre al collegio quando la causa è rimessa a questo a norma dell'art. 189, tutte le questioni risolute dal giudice istruttore, con ordinanza revocabile.

L'ordinanza del giudice istruttore, che non operi in funzione di giudice unico, quando dichiara l'estinzione del processo è impugnabile dalle parti con reclamo immediato al collegio.[1]

Il reclamo deve essere proposto nel termine perentorio di dieci giorni, decorrente dalla pronuncia della ordinanza se avvenuta in udienza, o altrimenti decorrente dalla comunicazione dell'ordinanza medesima.

Il reclamo è presentato con semplice dichiarazione nel verbale d'udienza, o con ricorso al giudice istruttore.

Se il reclamo è presentato in udienza, il giudice assegna nella stessa udienza, ove le parti lo richiedano, il termine per la comunicazione di una memoria, e quello successivo per la comunicazione di una replica. Se il reclamo è proposto con ricorso, questo è comunicato a mezzo della cancelleria alle altre parti, insieme con decreto, in calce, del giudice istruttore, che assegna un termine per la comunicazione dell'eventuale memoria di risposta. Scaduti tali termini, il collegio provvede entro i quindici giorni successivi.[2]

[1] Comma così sost. dall'art. 15 della L. 26 nov. 1990, n. 353, con decorrenza 30 apr. 1995.
[2] L'ultimo periodo è stato aggiunto dall'art. 15 della L. 26 nov. 1990, n. 353, con decorrenza 30 apr. 1995.

179. ***Ordinanze di condanna a pene pecuniarie.*** — Se la legge non dispone altrimenti, le condanne a pene pecuniarie previste nel presente codice sono pronunciate con ordinanza del giudice istruttore.

L'ordinanza pronunciata in udienza in presenza dell'interessato e previa contestazione dell'addebito non è impugnabile; altrimenti il cancelliere la notifica al condannato, il quale, nel termine perentorio di tre giorni, può proporre reclamo con ricorso allo stesso giudice che l'ha pronunciata. Questi, valutate le giustificazioni addotte, pronuncia sul reclamo con ordinanza non impugnabile.

Le ordinanze di condanna previste nel presente articolo costituiscono titolo esecutivo.

SEZIONE II.
Della trattazione della causa

180. ***Forma di trattazione.***[1] — La trattazione della causa è orale. Della trattazione della causa si redige processo verbale.

[1] Articolo così sost. dall'art. 2 D.L. 14 mar. 2005, conv. in L. 14 mag. 2005, con decorrenza 1 mar. 2006.

181. ***Mancata comparizione delle parti.*** — Se nessuna delle parti compare alla prima udienza, il giudice fissa un'udienza successiva, di cui il cancelliere dà comunicazione alle parti costituite. Se nessuna delle parti compare alla nuova udienza, il giudice ordina che la causa sia cancellata dal ruolo e dichiara l'estinzione del processo.[1]

Se l'attore costituito non comparisce alla prima udienza, e il convenuto non chiede che si proceda in assenza di lui, il giudice fissa una nuova udienza, della quale il cancelliere dà comunicazione all'attore. Se questi non comparisce alla nuova udienza, il giudice, se il convenuto non chiede che si proceda in assenza di lui, ordina che la causa sia cancellata dal ruolo e dichiara l'estinzione del processo.

[1] Comma così modif. dall'art. 50, D.L. 25 giu. 2008, n. 112. La disposizione si applica ai giudizi instaurati dopo il 25 giu. 2008.

182. ***Difetto di rappresentanza o di autorizzazione.*** — Il giudice istruttore verifica d'ufficio la regolarità della costituzione delle parti e, quando occorre, le invita a completare o a mettere in regola gli atti e i documenti che riconosce difettosi.

Quando rileva un difetto di rappresentanza, di assistenza o di autorizzazione ovvero un vizio che determina la nullità della procura al difensore, il giudice assegna alle parti un termine perentorio per la costituzione della persona alla quale spetta la rappresentanza o l'assistenza, per il rilascio delle necessarie autorizzazioni, ovvero per il rilascio della procura alle liti o per la rinnovazione della stessa. L'osservanza del termine sana i vizi, e gli effetti sostanziali e processuali della domanda si producono fin dal momento della prima notificazione.[1]

[1] Comma sost. dall'art. 46 della L. 18 giu. 2009, n. 69. Per espressa previsione dell'art. 58, L. 69/2009, "le disposizioni della presente legge che modificano il codice di procedura civile e le disposizioni per l'attuazione del codice di procedura civile si applicano ai giudizi instaurati dopo la data della sua entrata in vigore" (avvenuta il 4 lug. 2009).

183. ***Prima comparizione delle parti e trattazione della causa.***[1] — All'udienza fissata per la prima comparizione delle parti e la trattazione il giudice istruttore verifica d'ufficio la regolarità del contraddittorio e, quando occorre, pronuncia i provvedimenti previsti dall'art. 102, secondo comma, dall'art. 164, secondo, terzo e quinto comma, dall'art. 167, secondo e terzo comma, dall'art. 182 e dall'art. 291, primo comma.

Quando pronunzia i provvedimenti di cui al primo comma, il giudice fissa una nuova udienza di trattazione.

Il giudice istruttore fissa altresì una nuova udienza se deve procedersi a norma dell'art. 185.[2]

Nell'udienza di trattazione ovvero in quella eventualmente fissata ai sensi del terzo comma, il giudice richiede alle parti, sulla base dei fatti allegati, i chiarimenti necessari e indica le questioni rilevabili d'ufficio delle quali ritiene opportuna la trattazione.

Nella stessa udienza l'attore può proporre le domande e le eccezioni che sono conseguenza della domanda riconvenzionale o delle eccezioni proposte dal convenuto. Può altresì chiedere di essere autorizzato a chiamare un terzo ai sensi degli artt. 106 e 269, terzo comma, se l'esigenza è sorta dalle difese del convenuto. Le parti possono precisare e modificare le domande, le eccezioni e le conclusioni già formulate.

Se richiesto, il giudice concede alle parti i seguenti termini perentori:

1) un termine di ulteriori trenta giorni per il deposito di memorie limitate alle sole precisazioni o modificazioni delle domande, delle eccezioni e delle conclusioni già proposte;

2) un termine di ulteriori trenta giorni per replicare alle domande ed eccezioni nuove, o modificate dall'altra parte, per proporre le eccezioni che sono conseguenza delle domande e delle eccezioni medesime e per l'indicazione dei mezzi di prova e produzioni documentali;

3) un termine di ulteriori venti giorni per le sole indicazioni di prova contraria.

Salva l'applicazione dell'art. 187, il giudice provvede sulle richieste istruttorie fissando l'udienza di cui all'art. 184 per l'assunzione dei mezzi di prova ritenuti ammissibili e rilevanti. Se provvede mediante ordinanza emanata fuori udienza, questa deve essere pronunciata entro trenta giorni.

Nel caso in cui vengono disposti d'ufficio mezzi di prova con l'ordinanza di cui al settimo comma, ciascuna parte può dedurre, entro un termine perentorio assegnato dal giudice con la medesima ordinanza, i mezzi di prova che si rendono necessari in relazione ai primi nonché depositare memoria di replica nell'ulteriore termine perentorio parimenti assegnato dal giudice, che si riserva di provvedere ai sensi del settimo comma.

Con l'ordinanza che ammette le prove il giudice può in ogni caso disporre, qualora lo ritenga utile, il libero interrogatorio delle parti; all'interrogatorio disposto dal giudice istruttore si applicano le disposizioni di cui al terzo comma.[3]

[...][4]

[1] Articolo così modif. dall'art. D.L. 14 mar. 2005, n. 35, conv. in L. 14 mag. 2005, n. 80 con decorrenza 1 mar. 2006.

[2] Comma sost. dall'art. 1 L. 28 dic. 2005, n. 263.

[3] I commi 6, 7, 8 e 9 sono stati introdotti dall'art. 1 L. 28 dic. 2005, n. 263.

[4] Comma abrog. dall'art. 25, c. 1, lett. *g*), L. 12 nov. 2011, n. 183, in vigore dall'1 feb. 2012.

183-*bis*. *Passaggio dal rito ordinario al rito sommario di cognizione.*[1] — Nelle cause in cui il tribunale giudica in composizione monocratica, il giudice nell'udienza di trattazione, valutata la complessità della lite e dell'istruzione probatoria, può disporre, previo contraddittorio anche mediante trattazione scritta, con ordinanza non impugnabile, che si proceda a norma dell'articolo 702-*ter* e invita le parti ad indicare, a pena di decadenza, nella stessa udienza i mezzi di prova, ivi compresi i documenti, di cui intendono avvalersi e la relativa prova contraria. Se richiesto, può fissare una nuova udienza e termine perentorio non superiore a quindici giorni per l'indicazione dei mezzi di prova e produzioni documentali e termine perentorio di ulteriori dieci giorni per le sole indicazioni di prova contraria.

[1] Articolo ins. dall'art. 14, D.L. 12 set. 2014, n. 132, conv. con modif. in L. 10 nov. 2014, n. 162. La disposizione si applica ai procedimenti introdotti a decorrere dal trentesimo giorno successivo all'entrata in vigore della legge di conversione del D.L. 132/2014.

184. *Udienza di assunzione dei mezzi di prova.*[1] — Nell'udienza fissata con l'ordinanza prevista dal settimo comma dell'art. 183, il giudice istruttore procede all'assunzione dei mezzi di prova ammessi.

[...][2]

[1] Articolo così modif. dall'art. 2, D.L. 14 mar. 2005, n. 35, conv. in L. 14 mag. 2005, n. 80, e successivamente dall'art. 1 L. 28 dic. 2005, n. 263, con decorrenza 1 mar. 2006.

[2] Comma abrog. dall'art. 1, L. 28 dic. 2005, n. 263, con decorrenza 1 mar. 2006.

184-*bis*. [*Rimessione in termini.*][1]

[1] Articolo abrog. dall'art. 46, L. 18 giu. 2009, n. 69. Per espressa previsione dell'art. 58, L. 69/2009, "le disposizioni della presente legge che modificano il codice di procedura civile e le disposizioni per l'attuazione del codice di procedura civile si applicano ai giudizi instaurati dopo la data della sua entrata in vigore" (avvenuta il 4 lug. 2009).

185. *Tentativo di conciliazione.* — Il giudice istruttore, in caso di richiesta congiunta delle parti, fissa la comparizione delle medesime al fine di interrogarle liberamente e di provocarne la conciliazione. Il giudice istruttore ha altresì facoltà di fissare la predetta udienza di comparizione personale a norma dell'art. 117. Quando è disposta la comparizione personale, le parti hanno facoltà di farsi rappresentare da un procuratore generale o speciale il quale deve essere a conoscenza dei fatti della causa. La procura deve essere conferita con atto pubblico o scrittura privata autenticata e deve attribuire al procuratore il potere di conciliare o transigere la controversia. Se la procura è conferita con scrittura privata, questa può essere autenticata anche dal difensore della parte. La mancata conoscenza, senza giustificato motivo, dei fatti della causa da parte del procuratore è valutata ai sensi del secondo comma dell'art. 116.[1]

Il tentativo di conciliazione può essere rinnovato in qualunque momento dell'istruzione.

Quando le parti si sono conciliate, si forma processo verbale della convenzione conclusa. Il processo verbale costituisce titolo esecutivo (*Att.* 88).

[1] Comma inserito dall'art. 1 L. 28 dic. 2005, n. 263, con decorrenza 1 mar. 2006.

185-*bis*. *Proposta di conciliazione del giudice.*[1] — Il giudice, alla prima udienza, ovvero sino a quando è esaurita l'istruzione, formula alle parti ove possibile, avuto riguardo alla natura del giudizio, al valore della controversia e all'esistenza di questioni di facile e pronta soluzione di diritto, una proposta transattiva o conciliativa. La proposta di conciliazione non può costituire motivo di ricusazione o astensione del giudice.

[1] Articolo inserito dall'art. 77, c. 1, lett. *a*), D.L. 21 giu. 2013, n. 69, conv. con modif. in L. 9 ago. 2013, n. 98.

186. *Pronuncia dei provvedimenti.* — Sulle domande e sulle eccezioni delle parti, il giudice istruttore, sentite le loro ragioni, dà in udienza i provvedimenti opportuni; ma può anche riservarsi di pronunciarli entro i cinque giorni successivi.

186-*bis*. *Ordinanza per il pagamento di somme non contestate.*[1] — Su istanza di parte il giudice istruttore può disporre, fino al momento della precisazione delle conclusioni, il pagamento delle somme non contestate dalle parti costituite. Se l'istanza è proposta fuori dall'udienza, il giudice dispone la comparizione delle parti ed assegna il termine per la notificazione.

L'ordinanza costituisce titolo esecutivo e conserva la sua efficacia in caso di estinzione del processo.

L'ordinanza è soggetta alla disciplina delle ordinanze revocabili di cui agli artt. 177, primo e secondo comma, e 178, primo comma.

[1] Articolo inserito dall'art. 20, L. 26 nov. 1990, n. 353, e quindi modif. dall'art. 2, L. 28 dic. 2005, n. 263.

186-*ter*. *Istanza di ingiunzione.*[1] — Fino al

momento della precisazione delle conclusioni, quando ricorrano i presupposti di cui all'art. 633, primo comma, numero 1), e secondo comma, e di cui all'art. 634, la parte può chiedere al giudice istruttore, in ogni stato del processo, di pronunciare con ordinanza ingiunzione di pagamento o di consegna. Se l'istanza è proposta fuori dall'udienza, il giudice dispone la comparizione delle parti ed assegna il termine per la notificazione.

L'ordinanza deve contenere i provvedimenti previsti dall'art. 641, ultimo comma, ed è dichiarata provvisoriamente esecutiva ove ricorrano i presupposti di cui all'art. 642, nonché, ove la controparte non sia rimasta contumace, quelli di cui all'art. 648, primo comma. La provvisoria esecutorietà non può essere mai disposta ove la controparte abbia disconosciuto la scrittura privata prodotta contro di lei o abbia proposto querela di falso contro l'atto pubblico.

L'ordinanza è soggetta alla disciplina delle ordinanze revocabili di cui agli artt. 177 e 178, primo comma.

Se il processo si estingue l'ordinanza che non ne sia già munita acquista efficacia esecutiva ai sensi dell'art. 653, primo comma.

Se la parte contro cui è pronunciata l'ingiunzione è contumace, l'ordinanza deve essere notificata ai sensi e per gli effetti dell'art. 644. In tal caso l'ordinanza deve altresì contenere l'espresso avvertimento che, ove la parte non si costituisca entro il termine di venti giorni dalla notifica, diverrà esecutiva ai sensi dell'art. 647.

L'ordinanza dichiarata esecutiva costituisce titolo per l'iscrizione dell'ipoteca giudiziale.

[1] Articolo inserito dall'art. 21, L. 26 nov. 1990, n. 353, e quindi modif. dall'art. 2, L. 28 dic. 2005, n. 26.

186-*quater*. *Ordinanza successiva alla chiusura dell'istruzione.*[1] — Esaurita l'istruzione, il giudice istruttore, su istanza della parte che ha proposto domanda di condanna al pagamento di somme ovvero alla consegna o al rilascio di beni, può disporre con ordinanza il pagamento, ovvero la consegna o il rilascio, nei limiti per cui ritiene già raggiunta la prova. Con l'ordinanza il giudice provvede sulle spese processuali.

L'ordinanza è titolo esecutivo. Essa è revocabile con la sentenza che definisce il giudizio.

Se, dopo la pronuncia dell'ordinanza, il processo si estingue, l'ordinanza acquista l'efficacia della sentenza impugnabile sull'oggetto dell'istanza.

L'ordinanza acquista l'efficacia della sentenza impugnabile sull'oggetto dell'istanza se la parte intimata non manifesta entro trenta giorni dalla sua pronuncia in udienza o dalla comunicazione, con ricorso notificato all'altra parte e depositato in cancelleria, la volontà che sia pronunciata la sentenza.

[1] Comma così sost. dall'art. 2 L. 28 dic. 2005, n. 263, con decorrenza 1 mar. 2006.

187. *Provvedimenti del giudice istruttore.* — Il giudice istruttore, se ritiene che la causa sia matura per la decisione di merito senza bisogno di assunzione di mezzi di prova, rimette le parti davanti al collegio (*Att.* 80-*bis*).

Può rimettere le parti al collegio affinché sia decisa separatamente una questione di merito avente carattere preliminare, solo quando la decisione di essa può definire il giudizio.

Il giudice provvede analogamente se sorgono questioni attinenti alla giurisdizione o alla competenza o ad altre pregiudiziali, ma può anche disporre che siano decise unitamente al merito.

Qualora il collegio provveda a norma dell'art. 279, secondo comma, numero 4), i termini di cui all'art. 183, ottavo comma[1] non concessi prima della rimessione al collegio, sono assegnati dal giudice istruttore, su istanza di parte, nella prima udienza dinanzi a lui.[2]

Il giudice dà ogni altra disposizione relativa al processo.

[1] Comma così modif. dall'art. 1, L. 28 dic. 2005, con decorrenza 1 mar. 2006.

[2] Comma così sost. dall'art. 22 della L. 26 nov. 1990, n. 353, con decorrenza 30 apr. 1995.

188. *Attività istruttoria del giudice.* — Il giudice istruttore provvede all'assunzione dei mezzi di prova e, esaurita l'istruzione, rimette le parti al collegio per la decisione a norma dell'articolo seguente.

189. *Rimessione al collegio.* — Il giudice istruttore, quando rimette la causa al collegio, a norma dei primi tre commi dell'art. 187 o dell'art. 188, invita le parti a precisare davanti a lui le conclusioni che intendono sottoporre al collegio stesso, nei limiti di quelle formulate negli atti introduttivi o a norma dell'art. 183. Le conclusioni di merito debbono essere interamente formulate anche nei casi previsti dall'art. 187, secondo e terzo comma.[1]

La rimessione investe il collegio di tutta la causa, anche quando avviene a norma dell'art. 187, secondo e terzo comma.

[1] Comma così sost. dall'art. 23 della L. 26 nov. 1990, n. 353, con decorrenza 30 apr. 1995.

190. *Comparse conclusionali e memorie.*[1] — Le comparse conclusionali debbono essere depositate entro il termine perentorio di sessanta giorni dalla rimessione della causa al collegio e le memorie di replica entro i venti giorni successivi.

Per il deposito delle comparse conclusionali il giudice istruttore, quando rimette la causa al collegio, può fissare un termine più breve, comunque non inferiore a venti giorni.

[1] Articolo così sost. dall'art. 24 della L. 26 nov. 1990, n. 353, con decorrenza 30 apr. 1995.

190-*bis*. [*Decisione del giudice istruttore in funzione di giudice unico*].[1]

[1] Articolo abrog. dall'art. 63, D.lgs. 19 feb. 1998 n. 51, con decorrenza dal 2 giu. 1999, ancora applicabile ai giudizi instaurati dopo il 30 apr. 1995 ma prima del 2 giu. 1999.

SEZIONE III

Dell'istruzione probatoria

§ 1.

Della nomina e delle indagini del consulente tecnico[1]

[1] V. la nota all'art. 61.

191. ***Nomina del consulente tecnico.*** — Nei casi previsti dagli articoli 61 e seguenti il giudice istruttore, con ordinanza ai sensi dell'articolo 183, settimo comma, o con altra successiva ordinanza, nomina un consulente, formula i quesiti e fissa l'udienza nella quale il consulente deve comparire.[1]

Possono essere nominati più consulenti soltanto in caso di grave necessità o quando la legge espressamente lo dispone.

[1] Comma sostituito dall'art. 46 della L. 18 giu. 2009, n. 69. Per espressa previsione dell'art. 58, L. 69/2009, "le disposizioni della presente legge che modificano il codice di procedura civile e le disposizioni per l'attuazione del codice di procedura civile si applicano ai giudizi instaurati dopo la data della sua entrata in vigore" (avvenuta il 4 lug. 2009).

192. ***Astensione e ricusazione del consulente.*** — L'ordinanza è notificata al consulente tecnico a cura del cancelliere, con invito a comparire all'udienza fissata dal giudice.

Il consulente che non ritiene di accettare l'incarico o quello che, obbligato a prestare il suo ufficio intende astenersi, deve farne denuncia o istanza al giudice che l'ha nominato almeno tre giorni prima dell'udienza di comparizione; nello stesso termine le parti debbono proporre le loro istanze di ricusazione, depositando nella cancelleria ricorso al giudice istruttore.

Questi provvede con ordinanza non impugnabile (*Att.* 89).[1]

[1] *Att.* 89. *Ordinanza sull'astensione o ricusazione del consulente tecnico.* – L'ordinanza sull'astensione o sulla ricusazione del consulente tecnico prevista nell'art. 192 del codice è scritta in calce al ricorso del consulente o della parte.

Il ricorso e l'ordinanza sono inseriti nel fascicolo d'ufficio.

193. ***Giuramento del consulente.*** — All'udienza di comparizione il giudice istruttore ricorda al consulente l'importanza delle funzioni che è chiamato ad adempiere, e ne riceve il giuramento di bene e fedelmente adempiere le funzioni affidategli al solo scopo di fare conoscere ai giudici la verità.

194. ***Attività del consulente.*** — Il consulente tecnico assiste alle udienze alle quali è invitato dal giudice istruttore; compie, anche fuori della circoscrizione giudiziaria, le indagini di cui all'art. 62, da sè solo o insieme col giudice secondo che questi dispone. Può essere autorizzato a domandare chiarimenti alle parti, ad assumere informazioni da terzi e a eseguire piante, calchi e rilievi.

Anche quando il giudice dispone che il consulente compia indagini da sè solo, le parti possono intervenire alle operazioni in persona e a mezzo dei propri consulenti tecnici e dei difensori, e possono presentare al consulente, per iscritto o a voce, osservazioni e istanze.[1]

[1] *Att.* 90. *Indagini del consulente senza la presenza del giudice.* – Il consulente tecnico che, a norma dell'art. 194 del codice, è autorizzato a compiere indagini senza che sia presente il giudice, deve dare comunicazione alle parti del giorno, ora e luogo di inizio delle operazioni, con dichiarazione inserita nel processo verbale di udienza o con biglietto a mezzo del cancelliere.

Il consulente non può ricevere altri scritti defensionali oltre quelli contenenti le osservazioni e le istanze di parte consentite dall'art. 194 del codice.

In ogni caso deve essere comunicata alle parti avverse copia degli scritti defensionali.

Att. 92. *Questioni sorte durante le indagini del consulente.* – Se, durante le indagini che il consulente tecnico compie da sè solo, sorgono questioni sui suoi poteri o sui limiti dell'incarico conferitogli, il consulente deve informarne il giudice, salvo che la parte interessata vi provveda con ricorso.

Il ricorso della parte non sospende le indagini del consulente.

Il giudice, sentite le parti, dà i provvedimenti opportuni.

195. ***Processo verbale o relazione.*** — Delle indagini del consulente si forma processo verbale, quando sono compiute con l'intervento del giudice istruttore, ma questi può anche disporre che il consulente rediga relazione scritta.

Se le indagini sono compiute senza l'intervento del giudice, il consulente deve farne relazione, nella quale inserisce anche le osservazioni e le istanze delle parti.

La relazione deve essere trasmessa dal consulente alle parti costituite nel termine stabilito dal giudice con ordinanza resa all'udienza di cui all'articolo 193. Con la medesima ordinanza il giudice fissa il termine entro il quale le parti devono trasmettere al consulente le proprie osservazioni sulla relazione e il termine, anteriore alla successiva udienza, entro il quale il consulente deve depositare in cancelleria la relazione, le osservazioni delle parti e una sintetica valutazione sulle stesse.[1]

[1] Comma sostituito dall'art. 46 della L. 18 giu. 2009, n. 69. Per espressa previsione dell'art. 58, L. 69/2009, "le disposizioni della presente legge che modificano il codice di procedura civile e le disposizioni per l'attuazione del codice di procedura civile si applicano ai giudizi instaurati dopo la data della sua entrata in vigore" (avvenuta il 4 lug. 2009).

196. ***Rinnovazione delle indagini e sostituzione del consulente.*** — Il giudice ha sempre la facoltà di disporre la rinnovazione delle indagini e, per gravi motivi, la sostituzione del consulente tecnico.

197. ***Assistenza all'udienza e audizione in camera di consiglio.*** — Quando lo ritiene opportuno il presidente invita il consulente tecnico ad assistere alla discussione davanti al collegio e ad esprimere il suo parere in camera di consiglio in presenza delle parti, le quali possono chiarire e svolgere le loro ragioni per mezzo dei difensori.

198. ***Esame contabile.*** — Quando è necessario esaminare documenti contabili e registri, il giudice istruttore può darne incarico al consulente tecnico, affidandogli il compito di tentare la conciliazione delle parti.

Il consulente sente le parti e, previo consenso di tutte, può esaminare anche documenti e registri non prodotti in causa. Di essi tuttavia senza il consenso di tutte le parti non può fare menzione nei processi verbali o nella relazione di cui all'art. 195.

199. ***Processo verbale di conciliazione.*** — Se le parti si conciliano, si redige processo verbale della conciliazione, che è sottoscritto dalle parti e dal consulente tecnico e inserito nel fascicolo d'ufficio.

Il giudice istruttore attribuisce con decreto efficacia di titolo esecutivo al processo verbale.

200. ***Mancata conciliazione.*** — Se la conciliazione delle parti non riesce, il consulente espone i risultati delle indagini compiute e il suo parere in una relazione, che deposita in cancelleria nel termine fissato dal giudice istruttore.

Le dichiarazioni delle parti, riportate dal consulente nella relazione, possono essere valutate dal giudice a norma dell'art. 116, secondo comma.

201. ***Consulente tecnico di parte.*** — Il giudice istruttore, con l'ordinanza di nomina del consulente, assegna alle parti un termine[1] entro il quale possono nominare, con dichiarazione ricevuta dal cancelliere, un loro consulente tecnico.[2]

Il consulente della parte, oltre ad assistere a norma dell'art. 194 alle operazioni del consulente del giudice, partecipa all'udienza e alla camera di consiglio ogni volta che vi interviene il consulente del giudice, per chiarire e svolgere, con l'autorizzazione del presidente, le sue osservazioni sui risultati delle indagini tecniche (*Att.* 91).

[1] *Att.* 145. *Termine per la nomina del C.T.* – Per le controversie di lavoro e per quelle in materia di previdenza e di assistenza il termine previsto dall'art. 201 del codice non deve superare i giorni 6.

[2] *Att.* 91. *Comunicazione a consulenti di parte.* – Nella dichiarazione di cui all'art. 201 primo comma del codice deve essere indicato il domicilio o il recapito del consulente della parte.

Il cancelliere deve dare comunicazione al consulente tecnico di parte regolarmente nominato, delle indagini predisposte dal consulente d'ufficio, perché vi possa assistere a norma degli artt. 194 e 201 del codice.

§ 2.

Dell'assunzione dei mezzi di prova in generale

202. ***Tempo, luogo e modo dell'assunzione.*** — Quando dispone mezzi di prova, il giudice istruttore, se non può assumerli nella stessa udienza, stabilisce il tempo, il luogo e il modo dell'assunzione.

Se questa non si esaurisce nell'udienza fissata, il giudice ne differisce la prosecuzione ad un giorno prossimo.

203. ***Assunzione fuori della circoscrizione del tribunale.***[1] — Se i mezzi di prova debbono assumersi fuori della circoscrizione del tribunale, il giudice istruttore delega a procedervi il giudice istruttore del luogo, salvo che le parti richiedano concordemente e il presidente del tribunale consenta che vi si trasferisca il giudice stesso.

Nell'ordinanza di delega, il giudice delegante fissa il termine entro il quale la prova deve assumersi e l'udienza di comparizione delle parti per la prosecuzione del giudizio.

Il giudice delegato, su istanza della parte interessata, procede all'assunzione del mezzo di prova e d'ufficio ne rimette il processo verbale al giudice delegante prima dell'udienza fissata per la prosecuzione del giudizio, anche se l'assunzione non è esaurita.

Le parti possono rivolgere al giudice istruttore, direttamente o a mezzo del giudice delegato, istanza per la proroga del termine.

[1] Articolo così sostituito dall'art. 64 D.lgs. 19 feb. 1998 n. 51, con decorrenza del 2 giu. 1999.

204. ***Rogatorie alle autorità estere e ai consoli italiani.*** — Le rogatorie dei giudici italiani alle autorità estere per l'esecuzione di provvedimenti istruttori sono trasmesse per via diplomatica.[1]

Quando la rogatoria riguarda cittadini italiani residenti all'estero, il giudice istruttore delega il console competente, che provvede a norma della legge consolare[2].

Per l'assunzione dei mezzi di prova e la prosecuzione del giudizio, il giudice pronuncia i provvedimenti previsti negli ultimi tre commi dell'articolo precedente.

[1] V. gli artt. 8 a 16 della Convenzione dell'Aja.

[2] V. art. 30 e 82 s. D.P.R. 5 gen. 1967, n. 200.

205. ***Risoluzione degli incidenti relativi alla prova.*** — Il giudice che procede all'assunzione dei mezzi di prova, anche se delegato a norma dell'art. 203, pronuncia con ordinanza su tutte le questioni che sorgono nel corso della stessa.

206. ***Assistenza delle parti all'assunzione.*** — Le parti possono assistere personalmente all'assunzione dei mezzi di prova.

207. ***Processo verbale dell'assunzione.*** — Dell'assunzione dei mezzi di prova si redige processo verbale sotto la direzione del giudice.

Le dichiarazioni delle parti e dei testimoni sono riportate in prima persona e sono lette al dichiarante [che le sottoscrive][1].

Il giudice, quando lo ritiene opportuno, nel riportare le dichiarazioni descrive il contegno della parte e del testimone.

[1] Parole abrog. dall'art. 45, c. 1, D.L. 24 giu. 2014, n. 90, conv. con modif. in L. 11 ago. 2014, n. 114.

208. ***Decadenza dall'assunzione.***[1] — Se non si presenta la parte su istanza della quale deve iniziarsi o proseguirsi la prova, il giudice istruttore la dichiara decaduta dal diritto di farla assumere, salvo che l'altra parte presente non ne chieda l'assunzione.

La parte interessata può chiedere nell'udienza successiva al giudice la revoca dell'ordinanza che ha pronunciato la sua decadenza dal diritto di assumere la prova. Il giudice dispone la revoca con ordinanza, quando riconosce che la mancata comparizione è stata cagionata da causa non imputabile alla stessa parte.

[1] Articolo così sost. dall'art. 26 della L. 26 nov. 1990, n. 353, con decorrenza 30 apr. 1995.

209. ***Chiusura dell'assunzione.*** — Il giudice istruttore dichiara chiusa l'assunzione quando sono eseguiti i mezzi ammessi o quando, dichiarata la decadenza di cui all'articolo precedente, non vi sono altri mezzi da assumere, oppure quando egli ravvisa superflua, per i risultati già raggiunti, l'ulteriore assunzione.

§ 3.
Dell'esibizione delle prove[1]

[1] Sulle copie degli att. v. artt. 2714-2719 c.c.

210. ***Ordine di esibizione alla parte o al terzo.*** — Negli stessi limiti entro i quali può essere ordinata a norma dell'art. 118 l'ispezione di cose in possesso di una parte o di un terzo (*Att.* 94), il giudice istruttore, su istanza di parte, può ordinare all'altra parte o a un terzo di esibire in giudizio un documento o altra cosa di cui ritenga necessaria l'acquisizione al processo.

Nell'ordinare la esibizione, il giudice dà i provvedimenti opportuni circa il tempo, il luogo e il modo dell'esibizione (*Att.* 95).

Se l'esibizione importa una spesa, questa deve essere in ogni caso anticipata dalla parte che ha proposta l'istanza di esibizione.

211. ***Tutela dei diritti del terzo.*** — Quando l'esibizione è ordinata ad un terzo, il giudice istruttore deve cercare di conciliare nel miglior modo possibile l'interesse della giustizia col riguardo dovuto ai diritti del terzo, e prima di ordinare l'esibizione può disporre che il terzo sia citato in giudizio, assegnando alla parte istante un termine per provvedervi.

Il terzo può sempre fare opposizione contro l'ordinanza d'esibizione, intervenendo nel giudizio prima della scadenza del termine assegnatogli.

212. ***Esibizione di copia del documento e dei libri di commercio.*** — Il giudice istruttore può disporre che, in sostituzione dell'originale, si esibisca una copia anche fotografica o un estratto autentico del documento.

Nell'ordinare l'esibizione di libri di commercio o di registri al fine di estrarne determinate partite, il giudice, su istanza dell'interessato, può disporre che siano prodotti estratti, per la formazione dei quali nomina un notaio e, quando occorre, un esperto affinché lo assista.

213. ***Richiesta d'informazioni alla pubblica amministrazione.*** — Fuori dei casi previsti negli artt. 210 e 211, il giudice può richiedere d'ufficio alla pubblica amministrazione le informazioni scritte relative ad atti e documenti dell'amministrazione stessa, che è necessario acquisire al processo.[1]

[1] *Att.* 96. *Informazioni della pubblica amministrazione.* – La nota contenente le informazioni che la pubblica amministrazione fornisce su richiesta del giudice a norma dell'art. 213 del codice, è inserita nel fascicolo d'ufficio.

Att. 97. *Divieto di private informazioni.* – Il giudice non può ricevere private informazioni sulle cause pendenti davanti a sè, né può ricevere memorie se non per mezzo della cancelleria.

V. altresì L. 7 ago. 1990, n. 241.

§ 4.
Del riconoscimento e della verificazione della scrittura privata[1]

[1] Sulla scrittura privata: v. artt. 2702-2708 c.c.

214. ***Disconoscimento della scrittura privata.*** — Colui contro il quale è prodotta una scrittura privata, se intende disconoscerla, è tenuto a negare formalmente la propria scrittura o la propria sottoscrizione.

Gli eredi o aventi causa possono limitarsi a dichiarare di non conoscere la scrittura o la sottoscrizione del loro autore.

215. ***Riconoscimento tacito della scrittura privata.*** — La scrittura privata prodotta in giudizio si ha per riconosciuta:

1) se la parte, alla quale la scrittura è attribuita o contro la quale è prodotta, è contumace, salva la disposizione dell'art. 293, terzo comma;

2) se la parte comparsa non la disconosce o non dichiara di non conoscerla nella prima udienza o nella prima risposta successiva alla produzione.

Quando nei casi ammessi dalla legge la scrittura è prodotta in copia autentica, il giudice istruttore può concedere un termine per deliberare alla parte che ne fa istanza nei modi di cui al n. 2.

216. ***Istanza di verificazione.*** — La parte che intende valersi della scrittura disconosciuta deve chiederne la verificazione, proponendo i mezzi di prova che ritiene utili e producendo o indicando le scritture che possono servire di comparazione.

L'istanza per la verificazione può anche proporsi in via principale con citazione, quando la parte dimostra di avervi interesse; ma se il convenuto riconosce la scrittura, le spese sono poste a carico dell'attore.

217. ***Custodia della scrittura e provvedimenti istruttori.*** — Quando è chiesta la verificazione, il giudice istruttore dispone le cautele opportune per la custodia del documento, stabilisce il termine per il deposito in cancelleria delle scritture di comparazione, nomina, quando occorre, un consulente tecnico e provvede all'ammissione delle altre prove (*Att.* 98).

Nel determinare le scritture che debbono servire di comparazione, il giudice ammette, in mancanza di accordo delle parti, quelle la cui provenienza dalla persona che si afferma autrice della scrittura è riconosciuta oppure accertata per sentenza di giudice o per atto pubblico.

218. ***Scritture di comparazione presso depositari.*** — Se le scritture di comparazione si trovano presso depositari pubblici o privati e l'asportazione non ne è vietata, il giudice istruttore può disporne il deposito in cancelleria in un termine da lui fissato.

Se la comparazione deve eseguirsi nel luogo dove si trovano le scritture, il giudice dà le disposizioni necessarie per le operazioni, che debbono compiersi in presenza del depositario.[1]

[1] *Att.* 98. *Deposito di documenti fatto da pubblico depositario.* – Il pubblico depositario, al quale è stato ordinato dal giudice istruttore il deposito in cancelleria delle scritture di comparazione a norma dell'art. 218 del codice, deve farne copia.

Le copie sono verificate dal cancelliere che della verificazione redige processo verbale. Questo è conservato in cancelleria unitamente alle scritture originali e una copia di esso è consegnata al depositario.

Il pubblico depositario può rilasciare copia delle scritture in base a quella da lui fatta, facendo menzione del processo verbale di verificazione di cui al comma precedente.

219. ***Redazione di scritture di comparazione.*** — Il giudice istruttore può ordinare alla parte di scrivere sotto dettatura, anche alla presenza del consulente tecnico.

Se la parte invitata a comparire personalmente non si presenta o rifiuta di scrivere senza giustificato motivo, la scrittura si può ritenere riconosciuta.

220. ***Pronuncia del collegio.*** — Sull'istanza di verificazione pronuncia sempre il collegio.

Il collegio, nella sentenza che dichiara la scrittura o la sottoscrizione di mano della parte che l'ha negata, può condannare quest'ultima a una pena pecuniaria non inferiore a euro 2 e non superiore a euro 20.

§ 5.
Della querela di falso[1]

[1] *Att.* 99. *Proposizione della querela di falso.* – La querela di falso proposta con atto di citazione deve essere confermata nella prima udienza davanti al giudice istruttore dalla parte personalmente o dal difensore munito di procura speciale.

Se la parte che propone personalmente in udienza la querela di falso è analfabeta, la dichiarazione è raccolta dal cancelliere in apposito processo verbale che tiene luogo della dichiarazione scritta.

Att. 100. *Copie del documento impugnato.* – Il cancelliere non può rilasciare copia del documento impugnato di falso che si trova depositato in cancelleria senza l'autorizzazione del giudice istruttore.

L'autorizzazione è data con decreto.

Att. 101. *Rinvio.* – Nel procedimento di falso si osservano, in quanto applicabili, le disposizioni del codice relative alla verificazione di scrittura privata.

221. ***Modo di proposizione e contenuto della querela.*** — La querela di falso può proporsi tanto in via principale quanto in corso di causa in qualunque stato e grado di giudizio, finché la verità del documento non sia stata accertata con sentenza passata in giudicato (*Att.* 99).

La querela deve contenere, a pena di nullità, l'indicazione degli elementi e delle prove della falsità, e deve essere proposta personalmente dalla parte oppure a mezzo di procuratore speciale, con atto di citazione o con dichiarazione da unirsi al verbale d'udienza.

È obbligatorio l'intervento nel processo del pubblico ministero.

222. ***Interpello della parte che ha prodotto la scrittura.*** — Quando è proposta querela di falso in corso di causa, il giudice istruttore interpella la parte che ha prodotto il documento se intende valersene in giudizio. Se la risposta è negativa, il documento non è utilizzabile in causa; se è affermativa, il giudice, che ritiene il documento rilevante, autorizza la presentazione della querela nella stessa udienza o in una successiva; ammette i mezzi istruttori che ritiene idonei, e dispone i modi e i termini della loro assunzione.

223. ***Processo verbale di deposito del documento.*** — Nell'udienza in cui è presentata la querela, si forma processo verbale di deposito nelle mani del cancelliere del documento impugnato.

Il processo verbale è redatto in presenza del pubblico ministero e delle parti, e deve contenere la descrizione dello stato in cui il documento si trova, con indicazione delle cancellature, abrasioni, aggiunte, scritture interlineari e di ogni altra particolarità che vi si riscontra.

Il giudice istruttore, il pubblico ministero e il cancelliere appongono la firma sul documento. Il giudice può anche ordinare che di esso sia fatta copia fotografica (*Att.* 100).

224. ***Sequestro del documento.*** — Se il documento impugnato di falso si trova presso un depositario, il giudice istruttore può ordinarne il sequestro con le forme previste nel codice di procedura penale, dopo di che si redige il processo verbale di cui all'articolo precedente.

Se non è possibile il deposito del documento in cancelleria, il giudice dispone le necessarie cautele per la conservazione di esso e redige il processo verbale alla presenza del depositario, nel luogo dove il documento si trova.

225. ***Decisione sulla querela.*** — Sulla querela di falso pronuncia sempre il collegio (*Att.* 65, 101).

Il giudice istruttore può rimettere le parti al collegio per la decisione sulla querela indipendentemente dal merito. In tal caso, su istanza di parte, può disporre che la trattazione della causa continui davanti a sè relativamente a quelle domande che possono essere decise indipendentemente dal documento impugnato.

226. *Contenuto della sentenza.* — Il collegio, con la sentenza che rigetta la querela di falso, ordina la restituzione del documento e dispone che, a cura del cancelliere, sia fatta menzione della sentenza sull'originale o sulla copia che ne tiene luogo; condanna inoltre la parte querelante a una pena pecuniaria non inferiore a euro 2 e non superiore a euro 20.

Con la sentenza che accerta la falsità il collegio, anche d'ufficio, dà le disposizioni di cui all'art. 480 del c.p.p.[1]

[1] V. ora art. 537 c.p.p.

227. *Esecuzione della sentenza che ha pronunciato sulla querela.* — L'esecuzione delle sentenze previste nell'articolo precedente non può aver luogo prima che siano passate in giudicato.

Se non è richiesta dalle parti, l'esecuzione è promossa dal pubblico ministero a spese del soccombente con l'osservanza, in quanto applicabili, delle norme dell'art. 481 del c.p.p.[1]

[1] V. ora artt. 537 e 675 c.p.p.

§ 6.

Della confessione giudiziale e dell'interrogatorio formale[1]

[1] Sulla confessione v. artt. 2730-2735 c.c.

228. *Confessione giudiziale.* — La confessione giudiziale è spontanea o provocata mediante interrogatorio formale.

229. *Confessione spontanea.* — La confessione spontanea può essere contenuta in qualsiasi atto processuale firmato dalla parte personalmente, salvo il caso dell'art. 117.

230. *Modo dell'interrogatorio.* — L'interrogatorio deve essere dedotto per articoli separati e specifici.[1]

Il giudice istruttore procede all'assunzione dell'interrogatorio nei modi e termini stabiliti nell'ordinanza che l'ammette.

Non possono farsi domande su fatti diversi da quelli formulati nei capitoli, a eccezione delle domande su cui le parti concordano e che il giudice ritiene utili; ma il giudice può sempre chiedere i chiarimenti opportuni sulle risposte date.

[1] *Att.* 102. *Ammissione d'interrogatorio o di prova testimoniale.* – Nell'ordinanza che ammette l'interrogatorio o la prova testimoniale non è necessario che siano ripetuti i capitoli relativi, se il giudice fa richiamo a quelli contenuti nell'atto di citazione e nella comparsa di risposta o nei processi verbali di causa.

231. *Risposta.* — La parte interrogata deve rispondere personalmente. Essa non può servirsi di scritti preparati, ma il giudice istruttore può consentire di valersi di note o appunti, quando deve fare riferimento a nomi o a cifre, o quando particolari circostanze lo consigliano.

232. *Mancata risposta.* — Se la parte non si presenta o rifiuta di rispondere senza giustificato motivo, il collegio, valutato ogni altro elemento di prova, può ritenere come ammessi i fatti dedotti nell'interrogatorio.

Il giudice istruttore, che riconosce giustificata la mancata presentazione della parte per rispondere all'interrogatorio, dispone per l'assunzione di esso anche fuori della sede giudiziaria.

§ 7.

Del giuramento[1]

[1] Sul giuramento v. artt. 2736-2739 e 2960 c.c.

233. *Deferimento del giuramento decisorio.* — Il giuramento decisorio può essere deferito in qualunque stato della causa davanti al giudice istruttore, con dichiarazione fatta all'udienza dalla parte o dal procuratore munito di mandato speciale o con atto sottoscritto dalla parte.

Esso deve essere formulato in articoli separati, in modo chiaro e specifico.

234. *Riferimento.* — Finché non abbia dichiarato di essere pronta a giurare, la parte, alla quale il giuramento decisorio è stato deferito, può riferirlo all'avversario nei limiti fissati dal codice civile.

235. *Irrevocabilità.* — La parte, che ha deferito o riferito il giuramento decisorio, non può più revocarlo quando l'avversario ha dichiarato di essere pronto a prestarlo.

236. *Caso di revocabilità.* — Se nell'ammettere il giuramento decisorio il giudice modifica la formula proposta dalla parte, questa può revocarlo.

237. *Risoluzione delle contestazioni.* — Le contestazioni sorte tra le parti circa l'ammissione del giuramento decisorio sono decise dal collegio.

L'ordinanza del collegio che ammette il giuramento deve essere notificata personalmente alla parte.

238. *Prestazione.* — Il giuramento decisorio[1] è prestato personalmente dalla parte ed è ricevuto dal giudice istruttore. Questi ammonisce il giurante sull'importanza [religiosa e][2] morale dell'atto e sulle conseguenze penali delle dichiarazioni false, e quindi lo invita a giurare (371 c.p.).

Il giurante, in piedi, pronuncia a chiara voce le parole: «consapevole della responsabilità che col giuramento assumo [davanti a Dio e agli uomini][2], giuro...», e continua ripetendo le parole della formula su cui giura.

[1] Il giuramento fiscale è stato soppresso. V. art. 46 del D.P.R. 26 ott. 1972, n. 636, sul contenzioso tributario.

[2] La Corte cost., con sent. 8 ott. 1996, n. 334, ha dichiarato l'ill. cost. dell'art. 238 c. 2 «limitatamente alle parole "davanti a Dio e agli uomini"»; con la stessa sentenza è stata dichiarata l'ill. cost. dell'art. 238 c. 1, seconda proposizione «limitatamente alle parole "religiosa e"».

239. ***Mancata prestazione.*** — La parte alla quale il giuramento decisorio è deferito, se non si presenta senza giustificato motivo all'udienza all'uopo fissata, o, comparendo, rifiuta di prestarlo o non lo riferisce all'avversario, soccombe rispetto alla domanda o al punto di fatto relativamente al quale il giuramento è stato ammesso; e del pari soccombe la parte avversaria, se rifiuta di prestare il giuramento che le è riferito.

Il giudice istruttore, se ritiene giustificata la mancata comparizione della parte che deve prestare il giuramento, provvede a norma dell'art. 232 secondo comma.

240. ***Deferimento del giuramento suppletorio.***[1] — Nelle cause riservate alla decisione collegiale, il giuramento suppletorio può essere deferito esclusivamente dal collegio.

[1] Articolo così sost. dall'art. 27. L. 26 nov. 1990, n. 353, con decorrenza 30 apr. 1995.

241. ***Ammissibilità e contenuto del giuramento d'estimazione.*** — Il giuramento sul valore della cosa domandata può essere deferito dal collegio a una delle parti, soltanto se non è possibile accertare altrimenti il valore della cosa stessa. In questo caso il collegio deve anche determinare la somma fino a concorrenza della quale il giuramento avrà efficacia.

242. ***Divieto di riferire il giuramento suppletorio.*** — Il giuramento deferito d'ufficio a una delle parti non può da questa essere riferito all'altra.

243. ***Rinvio alle norme sul giuramento decisorio.*** — Per la prestazione del giuramento deferito d'ufficio si applicano le disposizioni relative al giuramento decisorio.

§ 8.

Della prova per testimoni[1]

[1] La misura dell'indennità ai testimoni è stabilita dalla L. 13 lug. 1965, n. 836. Per la liquidazione v. *Att.* 107. Per l'assunzione di testimoni fuori della circoscrizione del tribunale v. 203. Sulla prova testimoniale v. artt. 2721-2726 c.c.

244. ***Modo di deduzione.*** — La prova per testimoni deve essere dedotta mediante indicazione specifica delle persone da interrogare e dei fatti, formulati in articoli separati, sui quali ciascuna di esse deve essere interrogata (*Att.* 102).

[...].[1]

[1] Commi abrog. dall'art. 89, L. 26 nov. 1990, n. 353, con decorrenza 30 apr. 1995.

Le disposizioni continuano ad applicarsi ai giudizi pendenti alla data del 30 apr. 1995 (v. art. 90 L. 353/1990 *cit.*).

245. ***Ordinanza di ammissione.*** — Con l'ordinanza che ammette la prova il giudice istruttore riduce le liste dei testimoni sovrabbondanti ed elimina i testimoni che non possono essere sentiti per legge (*Att.* 102).

La rinuncia fatta da una parte all'audizione dei testimoni da essa indicati non ha effetto se le altre non vi aderiscono e se il giudice non vi consente.

246. ***Incapacità a testimoniare.*** — Non possono essere assunte come testimoni le persone aventi nella causa un interesse che potrebbe legittimare la loro partecipazione al giudizio.

247. ***Divieto di testimoniare.***[1]

[1] La Corte cost., con sent. 23 lug. 1974, n. 248, ha dichiarato l'ill. cost. dell'art. 247.

248. ***Audizione dei minori degli anni quattordici.***[1]

[1] La Corte cost., con sent. 11 giu. 1975, n. 139, ha dichiarato l'ill. cost. dell'art. 248.

249. ***Facoltà d'astensione.***[1] — Si applicano all'audizione dei testimoni le disposizioni degli artt. 200, 201 e 202 del codice di procedura penale relative alla facoltà di astensione dei testimoni.

[1] Articolo così modif. dall'art. 46 della L. 18 giu. 2009, n. 69. Per espressa previsione dell'art. 58, L. 69/2009, "le disposizioni della presente legge che modificano il codice di procedura civile e le disposizioni per l'attuazione del codice di procedura civile si applicano ai giudizi instaurati dopo la data della sua entrata in vigore" (avvenuta il 4 lug. 2009).

250. ***Intimazione ai testimoni.*** — L'ufficiale giudiziario, su richiesta della parte interessata, intima (*Att.* 103, 104) ai testimoni ammessi dal giudice istruttore di comparire nel luogo, nel giorno e nell'ora fissati, indicando il giudice che assume la prova e la causa nella quale debbono essere sentiti.[1]

L'intimazione di cui al primo comma, se non è eseguita in mani proprie del destinatario o mediante servizio postale, è effettuata in busta chiusa e sigillata.[2]

L'intimazione al testimone ammesso su richiesta delle parti private a comparire in udienza può essere effettuata dal difensore attraverso l'invio di copia dell'atto mediante lettera raccomandata con avviso di ricevimento o a mezzo posta elettronica certificata o a mezzo telefax.[3]

Il difensore che ha spedito l'atto da notificare con lettera raccomandata deposita nella cancelleria del giudice copia dell'atto inviato, attestandone la conformità all'originale, e l'avviso di ricevimento.[4]

[1] *Att.* 103. *Termine per l'intimazione al testimone.* – L'intimazione di cui all'art. 250 del codice deve essere fatta ai testimoni almeno sette giorni prima dell'udienza in cui sono chiamati a comparire.

Con l'autorizzazione del giudice il termine può essere ridotto nei casi d'urgenza.

L'intimazione a cura del difensore contiene:

1) l'indicazione della parte richiedente e della controparte, nonché gli estremi dell'ordinanza con la quale è stata ammessa la prova testimoniale;

CODICE DI PROCEDURA CIVILE

2) il nome, il cognome e il domicilio della persona da citare;

3) il giorno, l'ora e il luogo della comparizione, nonché il giudice davanti al quale la persona deve presentarsi;

4) l'avvertimento che, in caso di mancata comparizione senza giustificato motivo, la persona citata potrà essere condannata al pagamento di una pena pecuniaria non inferiore a 100 euro e non superiore a 1000 euro.

[2] Comma aggiunto dall'art. 174, D.lgs. 30 giu. 2003, n. 196, in vigore dall'1 gen. 2004. L'art. 174, D.lgs. n. 196/2003, è stato poi abrog. dall'art. 27, c. 1, D.lgs. 10 ago. 2018, n. 101.

[3] Comma così modif. dall'art. 25, c. 1, lett. *h*), L. 12 nov. 2011, n. 183, in vigore dall'1 feb. 2012.

[4] Comma aggiunto dall'art. 2, D.L. 14 mar. 2005, n. 35, conv. in L. 14 mag. 2005, n. 80.

251. ***Giuramento dei testimoni.*** — I testimoni sono esaminati separatamente.

Il giudice istruttore ammonisce il testimone sulla importanza religiosa e morale del giuramento e sulle conseguenze penali delle dichiarazioni false o reticenti, e legge la formula «consapevole della responsabilità che con il giuramento assumete davanti a Dio se credente[1] e agli uomini, giurate di dire la verità, null'altro che la verità». Quindi il testimone, in piedi, presta il giuramento pronunciando le parole: «lo giuro».[2]

[1] La Corte cost., con sent. 10 ott. 1979, n. 117, ha dichiarato l'ill. cost. del c. 2 dell'art. 251 nella parte in cui non è contenuto l'inciso «se credente».

[2] La Corte cost., con sent. 5 mag. 1995, n. 149, ha dichiarato l'ill. cost. del c. 2:

a) nella parte in cui prevede che il giudice istruttore "ammonisce il testimone sull'importanza religiosa, se credente, e morale del giuramento e sulle", anziché stabilire che il giudice istruttore "avverte il testimone dell'obbligo di dire la verità e delle";

b) nella parte in cui prevede che il giudice istruttore "legge la formula: "Consapevole della responsabilità che con il giuramento assumete davanti a Dio, se credente, e agli uomini, giurate di dire la verità, null'altro che la verità", anziché stabilire che il giudice istruttore "lo invita a rendere la seguente dichiarazione: "Consapevole della responsabilità morale e giuridica che assumo con la mia deposizione, mi impegno a dire tutta la verità e a non nascondere nulla di quanto è a mia conoscenza";

c) nella parte in cui prevede: «Quindi il testimone, in piedi, presta il giuramento pronunciando le parole: "lo giuro"».

252. ***Identificazione dei testimoni.*** — Il giudice istruttore richiede al testimone il nome, il cognome, il *luogo e la data di nascita*,[1] e la professione, lo invita a dichiarare se ha rapporti di parentela, affinità, affiliazione o dipendenza con alcuna delle parti, oppure interesse nella causa.

Le parti possono fare osservazioni sull'attendibilità del testimone e questi deve fornire in proposito i chiarimenti necessari. Delle osservazioni e dei chiarimenti si fa menzione nel processo verbale prima dell'audizione del testimone.

[1] Parole così sost. a «la paternità, l'età» dall'art. 2 della L. 31 ott. 1955, n. 1064.

253. ***Interrogazioni e risposte.*** — Il giudice istruttore interroga il testimone sui fatti intorno ai quali è chiamato a deporre. Può altresì rivolgergli, d'ufficio o su istanza di parte, tutte le domande che ritiene utili a chiarire i fatti medesimi.

È vietato alle parti e al pubblico ministero di interrogare direttamente i testimoni.

Alle risposte dei testimoni si applica la disposizione dell'art. 231.

254. ***Confronto dei testimoni.*** — Se vi sono divergenze tra le deposizioni di due o più testimoni, il giudice istruttore, su istanza di parte o d'ufficio, può disporre che essi siano messi a confronto.

255. ***Mancata comparizione dei testimoni.*** — Se il testimone regolarmente intimato non si presenta, il giudice istruttore può ordinare una nuova intimazione oppure disporne l'accompagnamento alla stessa udienza o ad altra successiva. Con la medesima ordinanza il giudice, in caso di mancata comparizione senza giustificato motivo, può condannarlo ad una pena pecuniaria non inferiore a cento euro e non superiore a mille euro.[1] In caso di ulteriore mancata comparizione senza giustificato motivo, il giudice dispone l'accompagnamento del testimone all'udienza stessa o ad altra successiva e lo condanna a una pena pecuniaria non inferiore a 200 euro e non superiore a 1.000 euro.[2]

Se il testimone si trova nell'impossibilità di presentarsi o ne è esentato dalla legge o dalle convenzioni internazionali, il giudice si reca nella sua abitazione o nel suo ufficio; e, se questi sono situati fuori della circoscrizione del tribunale, delega all'esame il giudice istruttore del luogo.

[1] Comma così sostituito dall'art. 2 L. 28 dic. 2005, n. 263, con decorrenza 1 mar. 2006.

[2] Periodo aggiunto dall'art. 46 della L. 18 giu. 2009, n. 69. Per espressa previsione dell'art. 58, L. 69/2009, "le disposizioni della presente legge che modificano il codice di procedura civile e le disposizioni per l'attuazione del codice di procedura civile si applicano ai giudizi instaurati dopo la data della sua entrata in vigore" (avvenuta il 4 lug. 2009).

256. ***Rifiuto di deporre e falsità della testimonianza.*** — Se il testimone, presentandosi, rifiuta di giurare o di deporre senza giustificato motivo, o se vi è fondato sospetto che egli non abbia detto la verità o sia stato reticente, il giudice istruttore lo denuncia al pubblico ministero, al quale trasmette copia del processo verbale.

257. ***Assunzione di nuovi testimoni e rinnovazione dell'esame.*** — Se alcuno dei testimoni si riferisce, per la conoscenza dei fatti, ad altre persone il giudice istruttore può disporre d'ufficio che esse siano chiamate a deporre.

Il giudice può anche disporre che siano sentiti i testimoni dei quali ha ritenuto l'audizione superflua a norma dell'art. 245 o dei quali ha consentito la rinuncia; e del pari può disporre che siano nuovamente esaminati i testimoni già interrogati, al fine di chiarire la loro deposizione o di correggere irregolarità avveratesi nel precedente esame.

257-*bis*. *Testimonianza scritta.*[1] — Il giudice, su accordo delle parti, tenuto conto della natura della causa e di ogni altra circostanza, può disporre di assumere la deposizione chiedendo al testimone, anche nelle ipotesi di cui all'articolo 203, di fornire, per iscritto e nel termine fissato, le risposte ai quesiti sui quali deve essere interrogato.

Il giudice, con il provvedimento di cui al primo comma, dispone che la parte che ha richiesto l'assunzione predisponga il modello di testimonianza in conformità agli articoli ammessi e lo faccia notificare al testimone.

Il testimone rende la deposizione compilando il modello di testimonianza in ogni sua parte, con risposta separata a ciascuno dei quesiti, e precisa quali sono quelli cui non è in grado di rispondere, indicandone la ragione.[2]

Il testimone sottoscrive la deposizione apponendo la propria firma autenticata su ciascuna delle facciate del foglio di testimonianza, che spedisce in busta chiusa con plico raccomandato o consegna alla cancelleria del giudice.

Quando il testimone si avvale della facoltà d'astensione di cui all'articolo 249, ha l'obbligo di compilare il modello di testimonianza, indicando le complete generalità e i motivi di astensione.

Quando il testimone non spedisce o non consegna le risposte scritte nel termine stabilito, il giudice può condannarlo alla pena pecuniaria di cui all'articolo 255, primo comma.

Quando la testimonianza ha ad oggetto documenti di spesa già depositati dalle parti, essa può essere resa mediante dichiarazione sottoscritta dal testimone e trasmessa al difensore della parte nel cui interesse la prova è stata ammessa, senza il ricorso al modello di cui al secondo comma.

Il giudice, esaminate le risposte o le dichiarazioni, può sempre disporre che il testimone sia chiamato a deporre davanti a lui o davanti al giudice delegato.

[1] Articolo aggiunto dall'art. 46 della L. 18 giu. 2009, n. 69. Per espressa previsione dell'art. 58, L. 69/2009, "le disposizioni della presente legge che modificano il codice di procedura civile e le disposizioni per l'attuazione del codice di procedura civile si applicano ai giudizi instaurati dopo la data della sua entrata in vigore" (avvenuta il 4 lug. 2009).

[2] In proposito, si vedano l'art. 103 *Att.* e il D.M. 17 feb. 2010.

§ 9.
Delle ispezioni, delle riproduzioni meccaniche e degli esperimenti

258. *Ordinanza d'ispezione.* — L'ispezione di luoghi, di cose mobili e immobili, o delle persone è disposta dal giudice istruttore, il quale fissa il tempo, il luogo e il modo dell'ispezione (*Att.* 93).

259. *Modo dell'ispezione.* — All'ispezione procede personalmente il giudice istruttore, assistito, quando occorre, da un consulente tecnico, anche se l'ispezione deve eseguirsi fuori della circoscrizione del tribunale, tranne che esigenze di servizio gli impediscano di allontanarsi dalla sede. In tal caso delega il giudice istruttore del luogo a norma dell'art. 203.

260. *Ispezione corporale.* — Il giudice istruttore può astenersi dal partecipare all'ispezione corporale e disporre che vi proceda il solo consulente tecnico.

All'ispezione corporale deve procedersi con ogni cautela diretta a garantire il rispetto della persona.[1]

[1] *Att.* 93. *Assistenza alla persona sottoposta all'ispezione.* – Chi è sottoposto ad ispezione corporale può farsi assistere da persona di sua fiducia che sia riconosciuta idonea dal giudice.

261. *Riproduzioni, copie ed esperimenti.* — Il giudice istruttore può disporre che siano eseguiti rilievi, calchi e riproduzioni anche fotografiche di oggetti, documenti e luoghi, e, quando occorre, rilevazioni cinematografiche o altre che richiedono l'impiego di mezzi, strumenti o procedimenti meccanici.

Egualmente, per accertare se un fatto sia o possa essersi verificato in un dato modo, il giudice può ordinare di procedere alla riproduzione del fatto stesso, facendone eventualmente eseguire la rilevazione fotografica o cinematografica.

Il giudice presiede all'esperimento e, quando occorre, ne affida l'esecuzione a un esperto che presta giuramento a norma dell'art. 193.

262. *Poteri del giudice istruttore.* — Nel corso dell'ispezione o dell'esperimento il giudice istruttore può sentire testimoni per informazioni e dare i provvedimenti necessari per l'esibizione della cosa o per accedere alla località.[1]

Può anche disporre l'accesso in luoghi appartenenti a persone estranee al processo, sentite se è possibile queste ultime, e prendendo in ogni caso le cautele necessarie alla tutela dei loro interessi.

[1] *Att.* 94. *Istanza di esibizione.* – La istanza di esibizione di un documento o di una cosa in possesso di una parte o di un terzo deve contenere la specifica indicazione del documento o della cosa e, quando è necessario, l'offerta della prova che la parte o il terzo possiede.

Att. 95. *Notificazione della ordinanza di esibizione.* – Il giudice, nell'ordinanza con la quale dispone l'esibizione di un documento o di una cosa in possesso di una parte contumace o di un terzo, fissa il termine entro il quale l'ordinanza deve essere notificata e indica la parte che deve provvedere alla notificazione.

§ 10.
Del rendimento dei conti

263. *Presentazione e accettazione del conto.* — Se il giudice ordina la presentazione di un conto, questo deve essere depositato in cancelleria con i documenti giustificativi, almeno cinque giorni prima dell'udienza fissata per la discussione di esso.

Se il conto viene accettato, il giudice istruttore ne dà atto nel processo verbale e ordina il pagamento delle somme che risultano dovute. L'ordinanza non è impugnabile e costituisce titolo esecutivo.

264. ***Impugnazione e discussione.*** — La parte che impugna il conto deve specificare le partite che intende contestare. Se chiede un termine per la specificazione, il giudice istruttore fissa un'udienza per tale scopo.

Se le parti, in seguito alla discussione, concordano nel risultato del conto, il giudice provvede a norma del secondo comma dell'articolo precedente.

In ogni caso il giudice può disporre, con ordinanza[1] non impugnabile, il pagamento del sopravanzo che risulta dal conto o dalla discussione dello stesso.

[1] Questa ordinanza è titolo esecutivo (*Att.* 109). V. ora l'art. 186-*bis*.

265. ***Giuramento.*** — Il collegio può ammettere il creditore a determinare con giuramento le somme a lui dovute, se la parte tenuta al rendiconto non lo presenta o rimane contumace. Si applica in tal caso la disposizione dell'art. 241.

Il collegio può altresì ordinare a chi rende il conto di asseverare con giuramento le partite per le quali non si può o non si suole richiedere ricevuta; ma può anche ammetterle senza giuramento, quando sono verosimili e ragionevoli.

266. ***Revisione del conto approvato.*** — La revisione del conto che la parte ha approvato può essere chiesta, anche in separato processo, soltanto in caso di errore materiale, omissione, falsità o duplicazione di partite.

SEZIONE IV
Dell'intervento di terzi e della riunione di procedimenti

§ 1.
Dell'intervento di terzi

267. ***Costituzione del terzo interveniente.*** — Per intervenire nel processo a norma dell'art. 105, il terzo deve costituirsi presentando in udienza o depositando in cancelleria una comparsa formata a norma dell'art. 167 con le copie per le altre parti, i documenti e la procura.

Il cancelliere dà notizia dell'intervento alle altre parti, se la costituzione del terzo non è avvenuta in udienza.

268. ***Termine per l'intervento.***[1] — L'intervento può aver luogo sino a che non vengano precisate le conclusioni.

Il terzo non può compiere atti che al momento dell'intervento non sono più consentiti ad alcuna altra parte, salvo che comparisca volontariamente per l'integrazione necessaria del contraddittorio.

[1] Articolo così sost. dall'art. 28 della L. 26 nov. 1990, n. 353, con decorrenza 30 apr. 1995.

269. ***Chiamata di un terzo in causa.*** — Alla chiamata di un terzo nel processo a norma dell'art. 106, la parte provvede mediante citazione a comparire nell'udienza fissata dal giudice istruttore ai sensi del presente articolo, osservati i termini dell'art. 163-*bis*.

Il convenuto che intenda chiamare un terzo in causa deve, a pena di decadenza, farne dichiarazione nella comparsa di risposta e contestualmente chiedere al giudice istruttore lo spostamento della prima udienza allo scopo di consentire la citazione del terzo nel rispetto dei termini dell'art. 163-*bis*. Il giudice istruttore, entro cinque giorni dalla richiesta, provvede con decreto a fissare la data della nuova udienza. Il decreto è comunicato dal cancelliere alle parti costituite. La citazione è notificata al terzo a cura del convenuto.

Ove, a seguito delle difese svolte dal convenuto nella comparsa di risposta, sia sorto l'interesse dell'attore a chiamare in causa un terzo, l'attore deve, a pena di decadenza, chiederne l'autorizzazione al giudice istruttore nella prima udienza. Il giudice istruttore, se concede l'autorizzazione, fissa una nuova udienza allo scopo di consentire la citazione del terzo nel rispetto dei termini dell'art. 163-*bis*. La citazione è notificata al terzo a cura dell'attore entro il termine perentorio stabilito dal giudice.

La parte che chiama in causa il terzo deve depositare la citazione notificata entro il termine previsto dall'art. 165, e il terzo deve costituirsi a norma dell'art. 166.

Nell'ipotesi prevista dal terzo comma restano ferme per le parti le preclusioni ricollegate alla prima udienza di trattazione, ma i termini eventuali di cui al sesto comma dell'art. 183 sono fissati dal giudice istruttore nella udienza di comparizione del terzo.[1]

[1] Comma sostituito dall'art. 2 L. 28 dic. 2005, n. 263, con decorrenza 1 mar. 2006.

270. ***Chiamata di un terzo per ordine del giudice.*** — La chiamata di un terzo nel processo a norma dell'art. 107 può essere ordinata in ogni momento dal giudice istruttore per una udienza che all'uopo egli fissa.

Se nessuna delle parti provvede alla citazione del terzo, il giudice istruttore dispone con ordinanza non impugnabile la cancellazione della causa dal ruolo.

271. ***Costituzione del terzo chiamato.***[1] — Al terzo si applicano, con riferimento all'udienza per la quale è citato, le disposizioni degli artt. 166 e 167, primo comma. Se intende chiamare a sua volta in causa un terzo, deve farne dichiarazione a pena di decadenza nella comparsa di risposta ed essere poi autorizzato dal giudice ai sensi del terzo comma dell'art. 269.[2]

[1] Articolo così sost. dall'art. 30 della L. 26 nov. 1990, n. 353, con decorrenza 30 apr. 1995.

[2] La Corte cost., con sent. 23 lug. 1997, n. 260, ha dichiarato l'ill. cost. dell'art. 271 «nella parte in cui non prevede

per il terzo chiamato in causa l'applicazione dell'art. 167, secondo comma, del medesimo codice».

272. *Decisione delle questioni relative all'intervento.* — Le questioni relative all'intervento sono decise dal collegio insieme col merito, salvo che il giudice istruttore disponga a norma dell'art. 187 secondo comma.

§ 2.

Della riunione dei procedimenti

273. *Riunione di procedimenti relativi alla stessa causa.* — Se più procedimenti relativi alla stessa causa pendono davanti allo stesso giudice, questi, anche d'ufficio, ne ordina la riunione.

Se il giudice istruttore o il presidente della sezione ha notizia che per la stessa causa pende procedimento davanti ad altro giudice o ad altra sezione dello stesso tribunale, ne riferisce al presidente, il quale, sentite le parti, ordina con decreto la riunione, determinando la sezione o designando il giudice davanti al quale il procedimento deve proseguire.

274. *Riunione di procedimenti relativi a cause connesse.* — Se più procedimenti relativi a cause connesse pendono davanti allo stesso giudice, questi, anche d'ufficio, può disporne la riunione.[1]

Se il giudice istruttore o il presidente della sezione ha notizia che per una causa connessa pende procedimento davanti ad altro giudice o davanti ad altra sezione dello stesso tribunale, ne riferisce al presidente, il quale, sentite le parti, ordina con decreto che le cause siano chiamate alla medesima udienza davanti allo stesso giudice o alla stessa sezione per i provvedimenti opportuni.

[1] *Att.* 151. *Riunione di procedimenti.* – La riunione, ai sensi dell'art. 274 del codice, dei procedimenti relativi a controversie in materia di lavoro e di previdenza e di assistenza connesse anche soltanto per identità delle questioni dalla cui risoluzione dipende, totalmente o parzialmente, la loro decisione deve essere sempre disposta dal giudice, salvo nelle ipotesi che essa renda troppo gravoso o comunque ritardi eccessivamente il processo.

Le competenze e gli onorari saranno ridotti in considerazione dell'unitaria trattazione delle controversie riunite.

274-*bis*. [*Rapporti tra collegio e giudice istruttore in funzione di giudice unico*].[1]

[1] Articolo abrog. dall'art. 67, D.lgs. 19 feb. 1998, n. 51, con decorrenza dal 2 giu. 1999. La disposizione era stata inserita dall'art. 31 della L. 26 nov. 1990, n. 353, con decorrenza 30 apr. 1995.

CAPO III

Della decisione della causa[1]

[1] V. *Att.* 113-127.

275. *Decisione del collegio.*[1] — Rimessa la causa al collegio, la sentenza è depositata in cancelleria entro sessanta giorni dalla scadenza del termine per il deposito delle memorie di replica di cui all'art. 190.

Ciascuna delle parti, nel precisare le conclusioni, può chiedere che la causa sia discussa oralmente dinanzi al collegio. In tal caso, fermo restando il rispetto dei termini indicati nell'art. 190 per il deposito delle difese scritte, la richiesta deve essere riproposta al presidente del tribunale alla scadenza del termine per il deposito delle memorie di replica.

Il presidente provvede sulla richiesta fissando con decreto la data dell'udienza di discussione, da tenersi entro sessanta giorni.

Nell'udienza il giudice istruttore fa la relazione orale della causa. Dopo la relazione, il presidente ammette le parti alla discussione; la sentenza è depositata in cancelleria entro i sessanta giorni successivi.

[1] Articolo così sost. dall'art. 32 della L. 26 nov. 1990, n. 353, con decorrenza 30 apr. 1995.

276. *Deliberazione.* — La decisione è deliberata in segreto nella camera di consiglio. Ad essa possono partecipare soltanto i giudici che hanno assistito alla discussione.

Il collegio, sotto la direzione del presidente, decide gradatamente le questioni pregiudiziali proposte dalle parti o rilevabili d'ufficio e quindi il merito della causa.

La decisione è presa a maggioranza di voti. Il primo a votare è il relatore, quindi l'altro giudice e infine il presidente.

Se intorno a una questione si prospettano più soluzioni e non si forma la maggioranza alla prima votazione, il presidente mette ai voti due delle soluzioni per escluderne una, quindi mette ai voti la non esclusa e quella eventualmente restante, e così successivamente finché le soluzioni siano ridotte a due, sulle quali avviene la votazione definitiva.

Chiusa la votazione, il presidente scrive e sottoscrive il dispositivo. La motivazione è quindi stesa dal relatore, a meno che il presidente non creda di stenderla egli stesso o affidarla all'altro giudice.[1]

[1] Motivazione della sentenza (*Att.* 118); redazione della sentenza (*Att.* 119).

«La scelta dell'estensore della sentenza prevista nell'art. 276 ultimo comma del codice è fatta dal presidente tra i componenti il collegio che hanno espresso voto conforme alla decisione» (*Att.* 118).

277. *Pronuncia sul merito.* — Il collegio nel deliberare sul merito deve decidere tutte le domande proposte e le relative eccezioni, definendo il giudizio.

Tuttavia il collegio, anche quando il giudice istruttore gli ha rimesso la causa a norma dell'art. 187 primo comma, può limitare la decisione ad alcune domande, se riconosce che per esse soltanto non sia necessaria una ulteriore istruzione, e se la loro sollecita definizione è di interesse apprezzabile per la parte che ne ha fatto istanza.

278. *Condanna generica. Provvisionale.* —

Quando è già accertata la sussistenza di un diritto, ma è ancora controversa la quantità della prestazione dovuta, il collegio, su istanza di parte, può limitarsi a pronunciare con sentenza la condanna generica alla prestazione, disponendo con ordinanza che il processo prosegua per la liquidazione.[1]

In tal caso il collegio, con la stessa sentenza e sempre su istanza di parte, può altresì condannare il debitore al pagamento di una provvisionale, nei limiti della quantità per cui ritiene già raggiunta la prova.

[1] Per la riserva d'appello contro la sentenza v. 340 e *Att.* 129.

279. *Forma dei provvedimenti del collegio.* — Il collegio pronuncia ordinanza quando provvede soltanto su questioni relative all'istruzione della causa, senza definire il giudizio, nonché quando decide soltanto questioni di competenza. In tal caso, se non definisce il giudizio, impartisce con la stessa ordinanza i provvedimenti per l'ulteriore istruzione della causa.[1]

Il collegio pronuncia sentenza:

1) quando definisce il giudizio, decidendo questioni di giurisdizione [o di competenza][2];

2) quando definisce il giudizio, decidendo questioni pregiudiziali attinenti al processo o questioni preliminari di merito;

3) quando definisce il giudizio, decidendo totalmente il merito;

4) quando, decidendo alcune delle questioni di cui ai numeri 1, 2 e 3, non definisce il giudizio e impartisce distinti provvedimenti per l'ulteriore istruzione della causa;[3]

5) quando, valendosi della facoltà di cui agli artt. 103, secondo comma, e 104, secondo comma, decide solo alcune delle cause fino a quel momento riunite, e con distinti provvedimenti dispone la separazione delle altre cause e l'ulteriore istruzione riguardo alle medesime, ovvero la rimessione al giudice inferiore delle cause di sua competenza.

I provvedimenti per l'ulteriore istruzione, previsti dai nn. 4 e 5, sono dati con separata ordinanza.

I provvedimenti del collegio, che hanno forma di ordinanza, comunque motivati, non possono mai pregiudicare la decisione della causa; salvo che la legge disponga altrimenti, essi sono modificabili e revocabili dallo stesso collegio, e non sono soggetti ai mezzi di impugnazione previsti per le sentenze. Le ordinanze del collegio sono sempre immediatamente esecutive. Tuttavia, quando sia stato proposto appello immediato contro una delle sentenze previste dal n. 4 del secondo comma, il giudice istruttore, su istanza concorde delle parti, qualora ritenga che i provvedimenti della ordinanza collegiale siano dipendenti da quelli contenuti nella sentenza impugnata, può disporre con ordinanza non impugnabile che l'esecuzione o la prosecuzione dell'ulteriore istruttoria sia sospesa sino alla definizione del giudizio di appello.[4]

L'ordinanza è depositata in cancelleria insieme con la sentenza.

[1] Comma sostituito dall'art. 46 della L. 18 giu. 2009, n. 69. Per espressa previsione dell'art. 58, L. 69/2009, "le disposizioni della presente legge che modificano il codice di procedura civile e le disposizioni per l'attuazione del codice di procedura civile si applicano ai giudizi instaurati dopo la data della sua entrata in vigore" (avvenuta il 4 lug. 2009).

[2] Parole soppresse dall'art. 46 della L. 18 giu. 2009, n. 69. V. nota 1.

[3] *Att.* 129. *Riserva d'appello. Estinzione del processo.* – La riserva d'appello contro le sentenze previste nell'art. 278 e nel n. 4 del secondo comma dell'art. 279 del codice, può essere fatta nell'udienza del giudice istruttore con dichiarazione orale da inserirsi nel processo verbale, o con dichiarazione scritta su foglio a parte da allegarsi ad esso.

La riserva può essere fatta anche con atto notificato ai procuratori delle altre parti costituite, a norma dell'art. 170 primo e terzo comma del codice, o personalmente alla parte, se questa non è costituita.

Se il processo si estingue in primo grado, la sentenza di merito contro la quale fu fatta la riserva acquista efficacia di sentenza definitiva dal giorno in cui diventa irrevocabile l'ordinanza, o passa in giudicato la sentenza, che pronuncia l'estinzione del processo. Da questa data decorrono i termini stabiliti dall'art. 325 del codice per impugnare la sentenza già notificata, e, se questa non è stata notificata, decorre il termine di decadenza stabilito dall'art. 327 del codice stesso.

Att. 129-bis. Sospensione dell'istruzione nel caso di riforma di sentenza non definitiva. – Se sia stato proposto ricorso per cassazione contro la sentenza di appello che abbia riformato alcuna delle sentenze previste nel n. 4 del secondo comma dell'art. 279 del codice, il giudice istruttore, su istanza della parte interessata, qualora ritenga che i provvedimenti dati con l'ordinanza collegiale per l'ulteriore istruzione della causa siano dipendenti da quelli contenuti nella sentenza riformata, può disporre con ordinanza non impugnabile che l'esecuzione o la prosecuzione della ulteriore istruzione rimanga sospesa fino alla definizione del giudizio di cassazione.

Se la sentenza è cassata, la causa deve essere riassunta davanti al giudice istruttore nelle forme stabilite dall'art. 125, entro il termine perentorio di sei mesi dalla comunicazione della sentenza che accoglie il ricorso.

Att. 133-bis. Sospensione dell'istruzione in pendenza di ricorso per cassazione. – Se sia stato proposto ricorso immediato per cassazione contro alcuna delle sentenze previste nel n. 4 del secondo comma dell'art. 279 del codice, l'istruttore, su istanza concorde delle parti, qualora ritenga che i provvedimenti dati con l'ordinanza collegiale per l'ulteriore istruzione della causa siano dipendenti da quelli contenuti nella sentenza impugnata, può disporre con ordinanza non impugnabile che l'esecuzione o la prosecuzione dell'ulteriore istruzione rimanga sospesa fino alla definizione del giudizio di cassazione.

Se il ricorso è rigettato o dichiarato inammissibile la causa deve essere riassunta davanti all'istruttore nelle forme stabilite dall'art. 125, entro il termine perentorio di sei mesi dalla comunicazione della sentenza di rigetto.

[4] *Att. 125-bis. Riassunzione delle cause sospese durante l'istruzione.* – Se il giudice istruttore ha sospeso l'esecuzione o la prosecuzione dell'ulteriore istruzione a norma dell'art. 279 quarto comma del codice, le parti debbono riassumere la causa davanti a lui nelle forme stabilite dall'articolo che precede entro il termine perentorio di sei mesi dalla comunicazione della sentenza che definisce il

giudizio sull'appello immediato che ha dato luogo alla sospensione.

Att. 126. *Fascicolo della causa riassunta.* – Il cancelliere del giudice davanti al quale la causa è riassunta deve immediatamente richiedere il fascicolo d'ufficio al cancelliere del giudice che ha precedentemente conosciuto della causa.

280. *Contenuto e disciplina dell'ordinanza del collegio.* — Con la sua ordinanza il collegio fissa l'udienza per la comparizione delle parti davanti al giudice istruttore o davanti a sè nel caso previsto nell'articolo seguente.

Il cancelliere inserisce l'ordinanza nel fascicolo d'ufficio e ne dà tempestiva comunicazione alle parti a norma dell'art. 176 secondo comma.

Per effetto dell'ordinanza il giudice istruttore è investito di tutti i poteri per l'ulteriore trattazione della causa.

281. *Rinnovazione di prove davanti al collegio.* — Quando ne ravvisa la necessità, il collegio, anche d'ufficio, può disporre la riassunzione davanti a sè di uno o più mezzi di prova.

CAPO III-*bis*[1]

Del procedimento davanti al tribunale in composizione monocratica

281-*bis*. *Norme applicabili.* — Nel procedimento davanti al tribunale in composizione monocratica si osservano, in quanto applicabili, le disposizioni dei capi precedenti, ove non derogate dalle disposizioni del presente capo.

281-*ter*. *Poteri istruttori del giudice.* — Il giudice può disporre d'ufficio la prova testimoniale formulandone i capitoli, quando le parti nella esposizione dei fatti si sono riferite a persone che appaiono in grado di conoscere la verità.

281-*quater*. *Decisione del tribunale in composizione monocratica.* — Le cause nelle quali il tribunale giudica in composizione monocratica sono decise, con tutti i poteri del collegio, dal giudice designato a norma dell'art. 168-*bis* o dell'art. 484, secondo comma.

281-*quinquies*. *Decisione a seguito di trattazione scritta o mista.* — Il giudice, fatte precisare le conclusioni a norma dell'art. 189, dispone lo scambio delle comparse conclusionali e delle memorie di replica a norma dell'art. 190 e, quindi, deposita la sentenza in cancelleria entro trenta giorni dalla scadenza del termine per il deposito delle memorie di replica.

Se una delle parti lo richiede, il giudice, disposto lo scambio delle sole comparse conclusionali a norma dell'art. 190, fissa l'udienza di discussione orale non oltre trenta giorni dalla scadenza del termine per il deposito delle comparse medesime; la sentenza è depositata entro i trenta giorni successivi all'udienza di discussione.

281-*sexies*. *Decisione a seguito di trattazione orale.* — Se non dispone a norma dell'art. 281-*quinquies*, il giudice, fatte precisare le conclusioni, può ordinare la discussione orale della causa nella stessa udienza o, su istanza di parte, in un'udienza successiva e pronunciare sentenza al termine della discussione, dando lettura del dispositivo e della concisa esposizione delle ragioni di fatto e di diritto della decisione.

In tal caso, la sentenza si intende pubblicata con la sottoscrizione da parte del giudice del verbale che la contiene ed è immediatamente depositata in cancelleria.

[1] Capo inserito dall'art. 68 D.lgs. 19 feb. 1998, n. 51, con decorrenza dal 2 giu. 1999.

CAPO III-*ter*[1]

Dei rapporti tra collegio e giudice monocratico

281-*septies*. *Rimessione della causa al giudice monocratico.* — Il collegio, quando rileva che una causa, rimessa davanti a lui per la decisione, deve essere decisa dal tribunale in composizione monocratica, rimette la causa davanti al giudice istruttore con ordinanza non impugnabile perché provveda, quale giudice monocratico, a norma degli artt. 281-*quater*, 281-*quinquies* e 281-*sexies*.

281-*octies*. *Rimessione della causa al tribunale in composizione collegiale.* — Il giudice, quando rileva che una causa, riservata per la decisione davanti a sé in funzione di giudice monocratico, deve essere decisa dal tribunale in composizione collegiale, provvede a norma degli artt. 187, 188 e 189.

281-*nonies*. *Connessione.* — In caso di connessione tra cause che debbono essere decise dal tribunale in composizione collegiale e cause che debbono essere decise dal tribunale in composizione monocratica, il giudice istruttore ne ordina la riunione e, all'esito dell'istruttoria, le rimette, a norma dell'art. 189, al collegio, il quale pronuncia su tutte le domande, a meno che disponga la separazione a norma dell'art. 279, secondo comma, n. 5).[1]

[1] Capo inserito dall'art. 68 D.lgs. 19 feb. 1998, n. 51, con decorrenza dal 2 giu. 1999.

CAPO IV

Dell'esecutorietà e della notificazione delle sentenze

282. *Esecuzione provvisoria.*[1] — La sentenza di primo grado è provvisoriamente esecutiva tra le parti.[2]

[1] Articolo così sost. dall'art. 33 della L. 26 nov. 1990, n. 353, con decorrenza 1 gen. 1993.

[2] Gli artt. 282, 283, 337 c. 1, 431 c. 5 e 6 nel testo novellato si applicano, oltre che ai giudizi iniziati dopo l'1 gen. 1993, anche alle sentenze pubblicate dopo il 19 apr. 1995 (cfr. art. 90 L. *cit.* in *Att.*).

CODICE DI PROCEDURA CIVILE

283. ***Provvedimenti sull'esecuzione provvisoria in appello.***[1] — Il giudice dell'appello, su istanza di parte, proposta con l'impugnazione principale o con quella incidentale, quando sussistono gravi e fondati motivi, anche in relazione alla possibilità di insolvenza di una delle parti, sospende in tutto o in parte l'efficacia esecutiva o l'esecuzione della sentenza impugnata, con o senza cauzione.

Se l'istanza prevista dal comma che precede è inammissibile o manifestamente infondata il giudice, con ordinanza non impugnabile, può condannare la parte che l'ha proposta ad una pena pecuniaria non inferiore ad euro 250 e non superiore ad euro 10.000. L'ordinanza è revocabile con la sentenza che definisce il giudizio.[2]

[1] Articolo così sostituito dall'art. 2 L. 28 dic. 2005, n. 263, con decorrenza 1 mar. 2006.

[2] Comma aggiunto dall'art. 27, c. 1, lett. *a*), L. 12 nov. 2011, n. 183, in vigore dall'1 feb. 2012.

284. ....[1]

[1] Articolo abrog. dall'art. 25 della L. 14 lug. 1950, n. 581.

285. ***Modo di notificazione della sentenza.*** — La notificazione della sentenza, al fine della decorrenza del termine per l'impugnazione, si fa, su istanza di parte, a norma dell'art. 170 [primo e terzo comma].[1]

[1] Parole soppresse dall'art. 46 della L. 18 giu. 2009, n. 69. Per espressa previsione dell'art. 58, L. 69/2009, "le disposizioni della presente legge che modificano il codice di procedura civile e le disposizioni per l'attuazione del codice di procedura civile si applicano ai giudizi instaurati dopo la data della sua entrata in vigore" (avvenuta il 4 lug. 2009).

286. ***Notificazione nel caso di interruzione.*** — Se dopo la chiusura della discussione si è avverato uno dei casi previsti nell'art. 299, la notificazione della sentenza si può fare, anche a norma dell'art. 303 secondo comma, a coloro ai quali spetta stare in giudizio.

Se si è avverato uno dei casi previsti nell'art. 301, la notificazione si fa alla parte personalmente.

CAPO V

Della correzione delle sentenze e delle ordinanze

287. ***Casi di correzione.***[1] — Le sentenze [contro le quali non sia stato proposto appello][2] e le ordinanze non revocabili possono essere corrette, su ricorso di parte, dallo stesso giudice che le ha pronunciate, qualora egli sia incorso in omissioni o in errori materiali o di calcolo.

[1] Il procedimento di correzione degli errori materiali, ex art. 287 s., non è soggetto al pagamento del contributo unificato. Così è stato stabilito dal Ministero della Giustizia con circolare 18 mar. 2003, interpretando il combinato disposto degli artt. 10 e 3 c. 1 lett. *o*) del D.P.R. 30 mag. 2002, n. 115.

[2] La Corte cost., con sent. 10 nov. 2004, n. 335, ha dichiarato l'ill. cost. dell'art. 287 limitatamente alle parole «contro le quali non sia stato proposto appello».

288. ***Procedimento di correzione.*** — Se tutte le parti concordano nel chiedere la stessa correzione, il giudice provvede con decreto.

Se è chiesta da una delle parti, il giudice, con decreto da notificarsi insieme col ricorso a norma dell'art. 170 primo e terzo comma, fissa l'udienza nella quale le parti debbono comparire davanti a lui. Sull'istanza il giudice provvede con ordinanza, che deve essere annotata sull'originale del provvedimento.[1]

Se è chiesta la correzione di una sentenza dopo un anno dalla pubblicazione, il ricorso e il decreto debbono essere notificati alle altre parti personalmente.

Le sentenze possono essere impugnate relativamente alle parti corrette nel termine ordinario decorrente dal giorno in cui è stata notificata l'ordinanza di correzione.

[1] *Att.* 121. *Ordinanza di correzione delle sentenze.* – L'ordinanza di correzione delle sentenze è notificata alle parti a cura del cancelliere.

289. ***Integrazione dei provvedimenti istruttori.*** — I provvedimenti istruttori, che non contengono la fissazione dell'udienza successiva o del termine entro il quale le parti debbono compiere gli atti processuali, possono essere integrati, su istanza di parte o d'ufficio, entro il termine perentorio di sei mesi dall'udienza in cui i provvedimenti furono pronunciati, oppure dalla loro notificazione o comunicazione se prescritte.[1]

L'integrazione è disposta dal presidente del collegio nel caso di provvedimento collegiale e dal giudice istruttore negli altri casi con decreto che è comunicato a tutte le parti a cura del cancelliere.

[1] *Att.* 122. *Forma dell'istanza per integrazione dei provvedimenti istruttori.* – L'istanza per l'integrazione di un provvedimento istruttorio a norma dell'art. 289 del codice è fatta con ricorso diretto al giudice istruttore o, in mancanza, al presidente del collegio.

CAPO VI

Del procedimento in contumacia

290. ***Contumacia dell'attore.*** — Nel dichiarare la contumacia dell'attore a norma dell'art. 171 ultimo comma, il giudice istruttore, se il convenuto ne fa richiesta, ordina che sia proseguito il giudizio e dà le disposizioni previste nell'art. 187, altrimenti dispone che la causa sia cancellata dal ruolo, e il processo si estingue.

291. ***Contumacia del convenuto.*** — Se il convenuto non si costituisce e il giudice istruttore rileva un vizio che importi nullità nella notificazione della citazione, fissa all'attore un termine perentorio per rinnovarla. La rinnovazione impedisce ogni decadenza.[1]

Se il convenuto non si costituisce neppure all'udienza fissata a norma del comma precedente, il giudice provvede a norma dell'art. 171 ultimo comma.

Se l'ordine di rinnovamento della citazione di cui al primo comma non è eseguito, il giudice ordina la cancellazione della causa dal ruolo e il processo si estingue a norma dell'art. 307, comma terzo.

[1] Il primo comma dell'articolo 291 si applica anche nei giudizi davanti ai giudici amministrativi e contabili ai sensi dell'art. 46 della L. 18 giu. 2009, n. 69.

292. ***Notificazione e comunicazione di atti al contumace.*** — L'ordinanza che ammette l'interrogatorio o il giuramento e le comparse contenenti domande nuove o riconvenzionali da chiunque proposte sono notificate personalmente al contumace nei termini che il giudice istruttore fissa con ordinanza.[1]

Le altre comparse si considerano comunicate con il deposito in cancelleria e con l'apposizione del visto del cancelliere sull'originale.

Tutti gli altri atti non sono soggetti a notificazione o comunicazione.

Le sentenze sono notificate alla parte personalmente[2].

[1] La Corte cost., con sent. 6 giu. 1989, n. 317, ha dichiarato l'ill. cost. dell'art. 292 c. 1, in relazione all'art. 215 n. 1 «nella parte in cui non prevede la notificazione al contumace del verbale in cui si dà atto della produzione della scrittura privata non indicata in atti notiicati in precedenza».

[2] La Corte cost., con sent. 26 nov. 1986, n. 250, ha dichiarato l'ill. cost. dell'art. 292 «nella parte in cui non prevede la notificazione al contumace del verbale in cui si dà atto della produzione della scrittura privata nei procedimenti di cognizione ordinaria dinanzi al pretore e al conciliatore di cui al Titolo II del libro II del c.p.c.».

293. ***Costituzione del contumace.*** — La parte che è stata dichiarata contumace può costituirsi in ogni momento del procedimento fino all'udienza di precisazione delle conclusioni.[1]

La costituzione può avvenire mediante deposito di una comparsa, della procura e dei documenti in cancelleria o mediante comparizione all'udienza.

In ogni caso il contumace che si costituisce può disconoscere, nella prima udienza o nel termine assegnatogli dal giudice istruttore, le scritture contro di lui prodotte.

[1] Comma così modif. dall'art. 2, L. 28 dic. 2005, con decorrenza 1 mar. 2006.

294. ***Rimessione in termini del contumace.*** — Il contumace che si costituisce può chiedere al giudice istruttore di essere ammesso a compiere attività che gli sarebbero precluse, se dimostra che la nullità della citazione o della sua notificazione gli ha impedito di avere conoscenza del processo o che la costituzione è stata impedita da causa a lui non imputabile.

Il giudice, se ritiene verosimili i fatti allegati, ammette, quando occorre, la prova dell'impedimento, e quindi provvede sulla rimessione in termini delle parti.

I provvedimenti previsti nel comma precedente sono pronunciati con ordinanza.

Le disposizioni dei commi precedenti si applicano anche se il contumace che si costituisce intende svolgere, senza il consenso delle altre parti, attività difensive che producono ritardo nella rimessione al collegio della causa che sia già matura per la decisione rispetto alle parti già costituite.

CAPO VII
Della sospensione, interruzione ed estinzione del processo

SEZIONE I
Della sospensione del processo

295. ***Sospensione necessaria.***[1] — Il giudice dispone che il processo sia sospeso in ogni caso in cui egli stesso o altro giudice deve risolvere una controversia, dalla cui definizione dipende la decisione della causa.

[1] Articolo così sost. dall'art. 35, L. 26 nov. 1990, n. 353, con decorrenza 1 gen. 1993.

La norma si applica anche ai giudizi già pendenti alla data dell'1 gen. 1993 (cfr. art. 90, L. *cit.* in *Att.*).

296. ***Sospensione su istanza delle parti.***[1] — Il giudice istruttore, su istanza di tutte le parti, ove sussistano giustificati motivi, può disporre, per una sola volta, che il processo rimanga sospeso per un periodo non superiore a tre mesi, fissando l'udienza per la prosecuzione del processo medesimo.

[1] Articolo sostituito dall'art. 46 della L. 18 giu. 2009, n. 69. Per espressa previsione dell'art. 58, L. 69/2009, "le disposizioni della presente legge che modificano il codice di procedura civile e le disposizioni per l'attuazione del codice di procedura civile si applicano ai giudizi instaurati dopo la data della sua entrata in vigore" (avvenuta il 4 lug. 2009).

297. ***Fissazione della nuova udienza dopo la sospensione.*** — Se col provvedimento di sospensione non è stata fissata l'udienza in cui il processo deve proseguire, le parti debbono chiederne la fissazione entro il termine perentorio di tre[1] mesi dalla cessazione della causa di sospensione di cui all'art. 3 del codice di procedura penale o dal passaggio in giudicato della sentenza che definisce la controversia civile o amministrativa di cui all'art. 295.[2]

Nell'ipotesi dell'articolo precedente l'istanza deve essere proposta dieci giorni prima della scadenza del termine di sospensione.

L'istanza si propone con ricorso al giudice istruttore o, in mancanza, al presidente del tribunale.

Il ricorso, col decreto che fissa l'udienza, è notificato a cura dell'istante alle altre parti nel termine stabilito dal giudice.

[1] Termine modif. dall'art. 46, L. 18 giu. 2009, n. 69. Per espressa previsione dell'art. 58, L. 69/2009, "le disposizioni della presente legge che modificano il codice di procedura civile e le disposizioni per l'attuazione del codice di procedura civile si applicano ai giudizi instaurati dopo la data della sua entrata in vigore" (avvenuta il 4 lug. 2009).

[2] La Corte cost., con sent. 4 mar. 1970, n. 34, ha dichiarato l'ill. cost. dell'art. 297, c. 1, «nella parte in cui dispone

la decorrenza del termine utile per la richiesta di fissazione della nuova udienza dalla cessazione della causa di sospensione anziché dalla conoscenza che ne abbiano le parti del processo sospeso».

298. ***Effetti della sospensione.*** — Durante la sospensione non possono essere compiuti atti del procedimento.

La sospensione interrompe i termini in corso, i quali ricominciano a decorrere dal giorno della nuova udienza fissata nel provvedimento di sospensione o nel decreto di cui all'articolo precedente.

SEZIONE II

Dell'interruzione del processo

299. ***Morte o perdita della capacità prima della costituzione.*** — Se prima della costituzione in cancelleria o all'udienza davanti al giudice istruttore, sopravviene la morte oppure la perdita della capacità di stare in giudizio di una delle parti o del suo rappresentante legale o la cessazione di tale rappresentanza, il processo è interrotto, salvo che coloro ai quali spetta di proseguirlo si costituiscano volontariamente, oppure l'altra parte provveda a citarli in riassunzione, osservati i termini di cui all'art. 163-*bis* (*Att.* 123).

300. ***Morte o perdita della capacità della parte costituita o del contumace.*** — Se alcuno degli eventi previsti nell'articolo precedente si avvera nei riguardi della parte che si è costituita a mezzo di procuratore, questi lo dichiara in udienza o lo notifica alle altre parti.

Dal momento di tale dichiarazione o notificazione il processo è interrotto, salvo che avvenga la costituzione volontaria o la riassunzione a norma dell'articolo precedente.

Se la parte è costituita personalmente, il processo è interrotto al momento dell'evento.

Se l'evento riguarda la parte dichiarata contumace, il processo è interrotto dal momento in cui il fatto interruttivo è documentato dall'altra parte, o è notificato ovvero è certificato dall'ufficiale giudiziario nella relazione di notificazione di uno dei provvedimenti di cui all'articolo 292.[1]

Se alcuno degli eventi previsti nell'articolo precedente si avvera o è notificato dopo la chiusura della discussione davanti al collegio, esso non produce effetto se non nel caso di riapertura dell'istruzione.[2]

[1] Comma sostituito dall'art. 46 della L. 18 giu. 2009, n. 69. Per espressa previsione dell'art. 58, L. 69/2009, "le disposizioni della presente legge che modificano il codice di procedura civile e le disposizioni per l'attuazione del codice di procedura civile si applicano ai giudizi instaurati dopo la data della sua entrata in vigore" (avvenuta il 4 lug. 2009).

[2] La Corte cost., con sent. 16 ott. 1986, n. 220, ha dichiarato l'ill. cost. degli artt. 75 e 300 c.p.c. «nella parte in cui non prevedono, ove emerga una situazione di scomparsa del convenuto, la interruzione del processo e la segnalazione, ad opera del giudice, del caso al pubblico ministero perché promuova la nomina di un curatore, nei cui confronti debba l'attore riassumere il giudizio».

301. ***Morte o impedimento del procuratore.*** — Se la parte è costituita a mezzo di procuratore, il processo è interrotto dal giorno della morte, radiazione o sospensione del procuratore stesso.[1]

In tal caso si applica la disposizione dell'art. 299.

Non sono cause d'interruzione la revoca della procura o la rinuncia ad essa.

[1] V. la nota all'art. 297 per la decorrenza dell'interruzione.

302. ***Prosecuzione del processo.*** — Nei casi previsti negli articoli precedenti la costituzione per proseguire il processo può avvenire all'udienza o a norma dell'art. 166. Se non è fissata alcuna udienza, la parte può chiedere con ricorso al giudice istruttore o, in mancanza, al presidente del tribunale la fissazione dell'udienza. Il ricorso e il decreto sono notificati alle altre parti a cura dell'istante.

303. ***Riassunzione del processo.*** — Se non avviene la prosecuzione del processo a norma dell'articolo precedente, l'altra parte può chiedere la fissazione dell'udienza, notificando quindi il ricorso e il decreto a coloro che debbono costituirsi per proseguirlo.

In caso di morte della parte il ricorso deve contenere gli estremi della domanda, e la notificazione entro un anno dalla morte può essere fatta collettivamente e impersonalmente agli eredi, nell'ultimo domicilio del defunto.

Se vi sono altre parti in causa, il decreto è notificato anche ad esse.

Se la parte che ha ricevuto la notificazione non comparisce all'udienza fissata, si procede in sua contumacia (*Att.* 125-126).

304. ***Effetti dell'interruzione.*** — In caso d'interruzione del processo si applica la disposizione dell'art. 298.

305. ***Mancata prosecuzione o riassunzione.***[1] — Il processo deve essere proseguito o riassunto entro il termine perentorio di tre[2] mesi dall'interruzione, altrimenti si estingue.

[1] La Corte cost., con sent. 15 dic. 1967, n. 139, ha dichiarato l'ill. cost. dell'art. 305 «per la parte in cui fa decorrere dalla data dell'interruzione del processo il termine per la sua prosecuzione o la sua riassunzione anche nei casi regolati dal precedente art. 301, di morte, radiazione o sospensione del procuratore costituito».

Per la decorrenza del termine v. la nota all'art. 297.

La Corte cost., con sent. 6 lug. 1971, n. 159, ha dichiarato l'ill. cost. dell'art. 305:

a) «nella parte in cui dispone che il termine utile per la prosecuzione o per la sospensione del processo interrotto ai sensi dell'art. 299 decorre dall'interruzione anziché dalla data in cui le parti ne abbiano avuto conoscenza»;

b) «nella parte in cui dispone che il termine utile per la prosecuzione o per la riassunzione del processo interrotto ai sensi del precedente art. 300, comma terzo, decorre dall'interruzione anziché dalla data in cui le parti ne abbiano avuto conoscenza».

[2] Termine modif. dall'art. 46, L. 18 giu. 2009, n. 69. Per espressa previsione dell'art. 58, L. 69/2009, "le disposizioni della presente legge che modificano il codice di procedura civile e le disposizioni per l'attuazione del codice di procedura civile si applicano ai giudizi instaurati dopo la data della sua entrata in vigore" (avvenuta il 4 lug. 2009).

SEZIONE III
Dell'estinzione del processo[1]

[1] V. c.p.c. artt. 50, 98, 171, 181, 270, 291, 305-310, 393, 629 s., 653.

306. ***Rinuncia agli atti del giudizio.*** — Il processo si estingue per rinuncia agli atti del giudizio quando questa è accettata dalle parti costituite che potrebbero aver interesse alla prosecuzione. L'accettazione non è efficace se contiene riserve o condizioni.

Le dichiarazioni di rinuncia e di accettazione sono fatte dalle parti o da loro procuratori speciali, verbalmente all'udienza o con atti sottoscritti e notificati alle altre parti.

Il giudice, se la rinuncia e l'accettazione sono regolari, dichiara l'estinzione del processo.

Il rinunciante deve rimborsare le spese alle altre parti, salvo diverso accordo tra loro. La liquidazione delle spese è fatta dal giudice istruttore con ordinanza non impugnabile.

307. ***Estinzione del processo per inattività delle parti.*** — Se dopo la notificazione della citazione nessuna delle parti siasi costituita entro il termine stabilito dall'art. 166, ovvero, se, dopo la costituzione delle stesse, il giudice, nei casi previsti dalla legge, abbia ordinata la cancellazione della causa dal ruolo, il processo, salvo il disposto [del secondo comma][1] dell'art. 181 e dell'art. 290, deve essere riassunto davanti allo stesso giudice nel termine perentorio di tre mesi[2], che decorre rispettivamente dalla scadenza del termine per la costituzione del convenuto a norma dell'art. 166, o dalla data del provvedimento di cancellazione; altrimenti il processo si estingue (*Att.* 125).

Il processo, una volta riassunto a norma del precedente comma, si estingue se nessuna delle parti siasi costituita, ovvero se nei casi previsti dalla legge il giudice ordini la cancellazione della causa dal ruolo.

Oltre che nei casi previsti dai commi precedenti, e salvo diverse disposizioni di legge, il processo si estingue altresì qualora le parti alle quali spetta di rinnovare la citazione, o di proseguire, riassumere o integrare il giudizio, non vi abbiano provveduto entro il termine perentorio stabilito dalla legge, o dal giudice che dalla legge sia autorizzato a fissarlo. Quando la legge autorizza il giudice a fissare il termine, questo non può essere inferiore ad un mese né superiore a tre[2].

L'estinzione opera di diritto ed è dichiarata, anche d'ufficio, con ordinanza del giudice istruttore ovvero con sentenza del collegio.[3]

[1] Parole soppresse dall'art. 46 della L. 18 giu. 2009, n. 69. Per espressa previsione dell'art. 58, L. 69/2009, "le disposizioni della presente legge che modificano il codice di procedura civile e le disposizioni per l'attuazione del codice di procedura civile si applicano ai giudizi instaurati dopo la data della sua entrata in vigore" (avvenuta il 4 lug. 2009).

[2] Termine modif. dall'art. 46, L. 18 giu. 2009, n. 69. V. nota 1.

[3] Comma sost. dall'art. 46, L. 18 giu. 2009, n. 69. V. nota 1.

308. ***Comunicazione e impugnabilità dell'ordinanza.*** — La ordinanza che dichiara l'estinzione è comunicata a cura del cancelliere se è pronunciata fuori dell'udienza. Contro di essa è ammesso reclamo nei modi di cui all'art. 178 commi terzo, quarto e quinto.

Il collegio provvede in camera di consiglio con sentenza, se respinge il reclamo, e con ordinanza non impugnabile, se l'accoglie. (*Att.* 130).

309. ***Mancata comparizione all'udienza.*** — Se nel corso del processo nessuna delle parti si presenta all'udienza, il giudice provvede a norma del primo comma dell'art. 181.

310. ***Effetti dell'estinzione del processo.*** — L'estinzione del processo non estingue l'azione.[1]

L'estinzione rende inefficaci gli atti compiuti, ma non le sentenze di merito pronunciate nel corso del processo e le pronunce[2] che regolano la competenza.

Le prove raccolte sono valutate dal giudice a norma dell'art. 116 secondo comma.

Le spese del processo estinto stanno a carico delle parti che le hanno anticipate.

[1] V. per gli effetti dell'estinzione: del procedimento di impugnazione, art. 338; del processo esecutivo, art. 632; sulla prescrizione, art. 2945 c.c.

[2] Parole sostituite dall'art. 46 della L. 18 giu. 2009, n. 69. Per espressa previsione dell'art. 58, L. 69/2009, "le disposizioni della presente legge che modificano il codice di procedura civile e le disposizioni per l'attuazione del codice di procedura civile si applicano ai giudizi instaurati dopo la data della sua entrata in vigore" (avvenuta il 4 lug. 2009).

TITOLO II[1]
Del procedimento davanti al giudice di pace

[1] Titolo così modif. dagli artt. 69-72, D.lgs. 19 feb. 1998, n. 51 con decorrenza dal 2 giu. 1999.

311. ***Rinvio alle norme relative al procedimento davanti al tribunale.***[1] — Il procedimento davanti al giudice di pace, per tutto ciò che non è regolato dal presente titolo o in altre espresse disposizioni, è retto dalle norme relative al procedimento davanti al tribunale in composizione monocratica, in quanto applicabili.

[1] Articolo così sostituito dall'art. 70, D.lgs. 19 feb. 1998, n. 51 con decorrenza dal 2 giu. 1999.

312. [*Poteri istruttori del giudice.*][1]

[1] Articolo abrog. dall'art. 71, D.lgs. 19 feb. 1998, n. 51 con decorrenza dal 2 giu. 1999.

313. ***Querela di falso.*** — Se è proposta querela di falso [il pretore o][1] il giudice di pace, quando ritiene il documento impugnato rilevante per la decisione, sospende il giudizio e rimette le parti davanti al tribunale per il relativo procedimento. Può anche disporre a norma dell'art. 225, secondo comma.

[1] Le parole "il pretore o" sono state soppresse dall'art. 72, D.lgs. 19 feb. 1998, n. 51, con decorrenza dal 2 giu. 1999.

314. [*Decisione a seguito di trattazione scritta*].[1]

[1] Articolo abrog. dall'art. 71, D.lgs. 19 feb. 1998, n. 51 con decorrenza dal 2 giu. 1999.

315. [*Decisione a seguito di discussione orale*].[1]

[1] Articolo abrog. dall'art. 71, D.lgs. 19 feb. 1998, n. 51 con decorrenza dal 2 giu. 1999.

316. ***Forma della domanda.***[1] — Davanti al giudice di pace la domanda si propone mediante citazione a comparire a udienza fissa.

La domanda si può anche proporre verbalmente. Di essa il giudice fa redigere processo verbale che, a cura dell'attore, è notificato con citazione a comparire a udienza fissa.

[1] Articolo così sost. dall'art. 25, L. 21 nov. 1991, n. 374, con decorrenza dall'1 mag. 1995.

317. ***Rappresentanza davanti al giudice di pace.***[1] — Davanti al giudice di pace le parti possono farsi rappresentare da persona munita di mandato scritto in calce alla citazione o in atto separato, salvo che il giudice ordini la loro comparizione personale.

Il mandato a rappresentare comprende sempre quello a transigere e a conciliare.

[1] Articolo così sost. dall'art. 26 L. 21 nov. 1991, n. 374, con decorrenza dall'1 mag. 1995.

318. ***Contenuto della domanda.***[1] — La domanda, comunque proposta, deve contenere, oltre l'indicazione del giudice e delle parti, l'esposizione dei fatti e l'indicazione dell'oggetto.[2]

Tra il giorno della notificazione di cui all'art. 316 e quello della comparizione devono intercorrere termini liberi non minori di quelli previsti dall'art. 163-*bis*, ridotti alla metà. Se la citazione indica un giorno nel quale il giudice di pace non tiene udienza, la comparizione è d'ufficio rimandata all'udienza immediatamente successiva.

[1] Articolo così sost. dall'art. 27 L. 21 nov. 1991, n. 374, con decorrenza dall'1 mag. 1995.

[2] La Corte cost., con sent. 22 apr. 1997, n. 110, ha dichiarato l'ill. cost. del c. 1 "nella parte in cui non prevede che l'atto introduttivo del giudizio dinanzi al giudice di pace debba contenere l'indicazione della scrittura privata che l'attore offre in comunicazione".

319. ***Costituzione delle parti.***[1] — Le parti si costituiscono depositando in cancelleria la citazione o il processo verbale di cui all'art. 316 con la relazione della notificazione e, quando occorre, la procura, oppure presentando tali documenti al giudice in udienza. Le parti, che non hanno precedentemente dichiarato la residenza o eletto domicilio nel comune in cui ha sede l'ufficio del giudice di pace, debbono farlo con dichiarazione ricevuta nel processo verbale al momento della costituzione.

[1] Articolo così sostituito dall'art. 28 L. 21 nov. 1991, n. 374, con decorrenza dall'1 mag. 1995.

320. ***Trattazione della causa.***[1] — Nella prima udienza il giudice interroga liberamente le parti e tenta la conciliazione.

Se la conciliazione riesce se ne redige processo verbale a norma dell'art. 185, ultimo comma.

Se la conciliazione non riesce, il giudice di pace invita le parti a precisare definitivamente i fatti che ciascuna pone a fondamento delle domande, difese ed eccezioni, a produrre i documenti e a richiedere i mezzi di prova da assumere.

Quando sia reso necessario dalle attività svolte dalle parti in prima udienza, il giudice di pace fissa per una sola volta una nuova udienza per ulteriori produzioni e richieste di prova.

I documenti prodotti dalle parti possono essere inseriti nel fascicolo di ufficio ed ivi conservati fino alla definizione del giudizio.

[1] Articolo così sostituito dall'art. 29 L. 21 nov. 1991, n. 374, con decorrenza dall'1 mag. 1995.

321. ***Decisione.***[1] — Il giudice di pace, quando ritiene matura la causa per la decisione, invita le parti a precisare le conclusioni e a discutere la causa.

La sentenza è depositata in cancelleria entro quindici giorni dalla discussione.

[1] Articolo così sostituito dall'art. 30 L. 21 nov. 1991, n. 374, con decorrenza dall'1 mag. 1995.

322. ***Conciliazione in sede non contenziosa.***[1] — L'istanza per la conciliazione in sede non contenziosa è proposta anche verbalmente al giudice di pace competente per territorio, secondo le disposizioni della sezione III, capo I, titolo I, del libro primo.

Il processo verbale di conciliazione in sede non contenziosa costituisce titolo esecutivo a norma dell'art. 185, ultimo comma, se la controversia rientra nella competenza del giudice di pace.

Negli altri casi il processo verbale ha valore di scrittura privata riconosciuta in giudizio.

[1] Articolo così sostituito dall'art. 31 L. 21 nov. 1991, n. 374, con decorrenza dall'1 mag. 1995.

TITOLO III
Delle impugnazioni

CAPO I
Delle impugnazioni in generale[1]

[1] V. *Att.* 123.

323. *Mezzi di impugnazione.* — I mezzi per impugnare le sentenze, oltre al regolamento di competenza nei casi previsti dalla legge, sono: l'appello, il ricorso per cassazione, la revocazione e l'opposizione di terzo.

324. *Cosa giudicata formale.* — S'intende passata in giudicato la sentenza che non è più soggetta né a regolamento di competenza, né ad appello, né a ricorso per cassazione, né a revocazione per i motivi di cui ai nn. 4 e 5 dell'art. 395 (*Att.* 124).[1]

[1] V. anche gli artt. 2909 e 2953 c.c.

325. *Termini per le impugnazioni.* — Il termine per proporre l'appello, la revocazione e l'opposizione di terzo di cui all'art. 404, secondo comma, è di trenta giorni. È anche di trenta giorni il termine per proporre la revocazione e l'opposizione di terzo sopra menzionata contro la sentenza delle corti di appello.[1]

Il termine per proporre ricorso per cassazione è di giorni sessanta.

[1] Comma così sost. dall'art. 32 della L. 21 nov. 1991, n. 374, in vigore dall'1 mag. 1995.

326. *Decorrenza dei termini.* — I termini stabiliti nell'articolo precedente sono perentori e decorrono dalla notificazione della sentenza, tranne per i casi previsti nei nn. 1, 2, 3 e 6 dell'art. 395 e negli artt. 397 e 404 secondo comma, riguardo ai quali il termine decorre dal giorno in cui è stato scoperto il dolo o la falsità o la collusione o è stato recuperato il documento o è passata in giudicato la sentenza di cui al numero 6 dell'art. 395, o il pubblico ministero ha avuto conoscenza della sentenza.

Nel caso previsto nell'art. 332, l'impugnazione proposta contro una parte fa decorrere nei confronti dello stesso soccombente il termine per proporla contro le altre parti.

327. *Decadenza dall'impugnazione.* — Indipendentemente dalla notificazione, l'appello, il ricorso per cassazione e la revocazione per i motivi indicati nei numeri 4 e 5 dell'art. 395, non possono proporsi dopo decorsi sei mesi[1] dalla pubblicazione della sentenza.

Questa disposizione non si applica quando la parte contumace dimostra di non aver avuto conoscenza del processo per nullità della citazione o della notificazione di essa, e per nullità della notificazione degli atti di cui all'art. 292.

[1] Termine modif. dall'art. 46, L. 18 giu. 2009, n. 69. Per espressa previsione dell'art. 58, L. 69/2009, "le disposizioni della presente legge che modificano il codice di procedura civile e le disposizioni per l'attuazione del codice di procedura civile si applicano ai giudizi instaurati dopo la data della sua entrata in vigore" (avvenuta il 4 lug. 2009).

328. *Decorrenza dei termini contro gli eredi della parte defunta.* — Se, durante la decorrenza del termine di cui all'art. 325, sopravviene alcuno degli eventi previsti nell'art. 299, il termine stesso è interrotto e il nuovo decorre dal giorno in cui la notificazione della sentenza è rinnovata.

Tale rinnovazione può essere fatta agli eredi collettivamente e impersonalmente, nell'ultimo domicilio del defunto.

Se dopo sei mesi dalla pubblicazione della sentenza si verifica alcuno degli eventi previsti nell'art. 299, il termine di cui all'articolo precedente è prorogato per tutte le parti di sei mesi dal giorno dell'evento.[1]

[1] La Corte cost., con sent. 3 mar. 1986, n. 41, ha dichiarato l'ill. cost. dell'art. 328 c.p.c. «nella parte in cui non prevede tra i motivi di interruzione del termine di cui all'art. 325 del c.p.c. la morte, la radiazione e la sospensione dall'albo del procuratore costituito, sopravvenute nel corso del termine stesso».

329. *Acquiescenza totale o parziale.* — Salvi i casi di cui ai nn. 1, 2, 3 e 6 dell'art. 395, l'acquiescenza risultante da accettazione espressa o da atti incompatibili con la volontà di avvalersi delle impugnazioni ammesse dalla legge ne esclude la proponibilità.

L'impugnazione parziale importa acquiescenza alle parti della sentenza non impugnate.

330. *Luogo di notificazione dell'impugnazione.* — Se nell'atto di notificazione della sentenza la parte ha dichiarato la sua residenza o eletto domicilio nella circoscrizione del giudice che l'ha pronunciata, l'impugnazione deve essere notificata nel luogo indicato; altrimenti si notifica ai sensi dell'art. 170[1] presso il procuratore costituito o nella residenza dichiarata o nel domicilio eletto per il giudizio.

L'impugnazione può essere notificata nei luoghi sopra menzionati collettivamente e impersonalmente agli eredi della parte defunta dopo la notificazione della sentenza.

Quando manca la dichiarazione di residenza o l'elezione di domicilio e, in ogni caso, dopo un anno dalla pubblicazione della sentenza, l'impugnazione, se è ancora ammessa dalla legge, si notifica personalmente a norma degli artt. 137 e seguenti (*Att.* 123).

[1] Parole inserite dall'art. 46 della L. 18 giu. 2009, n. 69. Per espressa previsione dell'art. 58, L. 69/2009, "le disposizioni della presente legge che modificano il codice di procedura civile e le disposizioni per l'attuazione del codice di procedura civile si applicano ai giudizi instaurati dopo la data della sua entrata in vigore" (avvenuta il 4 lug. 2009).

331. *Integrazione del contraddittorio in cause inscindibili.* — Se la sentenza pronunciata tra più parti in causa inscindibile o in cause tra loro dipendenti non è stata impugnata nei confronti di tutte, il giudice ordina l'integrazione del contraddittorio fissando il termine nel quale la notificazione deve essere fatta e, se è necessario, l'udienza di comparizione.

L'impugnazione è dichiarata inammissibile se nessuna delle parti provvede all'integrazione nel termine fissato.

332. ***Notificazione dell'impugnazione relativa a cause scindibili.*** — Se l'impugnazione di una sentenza pronunciata in cause scindibili è stata proposta soltanto da alcuna delle parti o nei confronti di alcuna di esse, il giudice ne ordina la notificazione alle altre, in confronto delle quali l'impugnazione non è preclusa o esclusa, fissando il termine nel quale la notificazione deve essere fatta e, se è necessario, l'udienza di comparizione.

Se la notificazione ordinata dal giudice non avviene, il processo rimane sospeso fino a che non siano decorsi i termini previsti negli artt. 325 e 327 primo comma.

333. ***Impugnazioni incidentali.*** — Le parti alle quali sono state fatte le notificazioni previste negli articoli precedenti debbono proporre, a pena di decadenza, le loro impugnazioni in via incidentale nello stesso processo.

334. ***Impugnazioni incidentali tardive.*** — Le parti, contro le quali è stata proposta impugnazione e quelle chiamate ad integrare il contraddittorio a norma dell'art. 331, possono proporre impugnazione incidentale anche quando per esse è decorso il termine o hanno fatto acquiescenza alla sentenza.

In tal caso, se l'impugnazione principale è dichiarata inammissibile, l'impugnazione incidentale perde ogni efficacia.

335. ***Riunione delle impugnazioni separate.*** — Tutte le impugnazioni proposte separatamente contro la stessa sentenza debbono essere riunite, anche d'ufficio, in un solo processo.

336. ***Effetti della riforma o della cassazione.*** — La riforma o la cassazione parziale ha effetto anche sulle parti della sentenza dipendenti dalla parte riformata o cassata.

La riforma o la cassazione estende i suoi effetti ai provvedimenti e agli atti dipendenti dalla sentenza riformata o cassata.[1]

[1] Comma così sost. dall'art. 48 della L. 26 nov. 1990, n. 353, con decorrenza 1 gen. 1993.

La norma si applica anche ai giudizi già pendenti alla data dell'1 gen. 1993 (cfr. art. 90 L. *cit.* in *Att.*).

337. ***Sospensione dell'esecuzione e dei processi.*** — L'esecuzione della sentenza non è sospesa per effetto dell'impugnazione di essa, salve le disposizioni degli artt. 283, 373, 401 e 407.[1,2]

Quando l'autorità di una sentenza è invocata in un diverso processo, questo può essere sospeso se tale sentenza è impugnata.

[1] Comma così sost. dall'art. 49 della L. 26 nov. 1990, n. 353, con decorrenza 1 gen. 1993.

[2] V. nota 2 all'art. 282 per la disciplina transitoria.

338. ***Effetti dell'estinzione del procedimento di impugnazione.*** — L'estinzione del procedimento di appello o di revocazione nei casi previsti nei nn. 4 e 5 dell'art. 395 fa passare in giudicato la sentenza impugnata, salvo che ne siano stati modificati gli effetti con provvedimenti pronunciati nel procedimento estinto.

CAPO II

Dell'appello[1]

[1] V. *Att.* 128-132.

339. ***Appellabilità delle sentenze.*** — Possono essere impugnate con appello le sentenze pronunciate in primo grado, purché l'appello non sia escluso dalla legge o dall'accordo delle parti a norma dell'art. 360 secondo comma.

È inappellabile la sentenza che il giudice ha pronunciato secondo equità a norma dell'art. 114.

Le sentenze del giudice di pace pronunciate secondo equità a norma dell'art. 113, secondo comma, sono appellabili esclusivamente per violazione delle norme sul procedimento, per violazione di norme costituzionali o comunitarie ovvero dei principi regolatori della materia.[1]

[1] Comma modif. dall'art. 1, D.lgs. 2 feb. 2006, n. 40.

340. ***Riserva facoltativa di appello contro sentenze non definitive.*** — Contro le sentenze previste dall'art. 278 e dal n. 4 del secondo comma dell'art. 279, l'appello può essere differito (*Att.* 123-*bis*), qualora la parte soccombente ne faccia riserva, a pena di decadenza, entro il termine per appellare e, in ogni caso, non oltre la prima udienza dinanzi al giudice istruttore successiva alla comunicazione della sentenza stessa (*Att.* 129).

Quando sia stata fatta la riserva di cui al precedente comma, l'appello deve essere proposto unitamente a quello contro la sentenza che definisce il giudizio o con quello che venga proposto, dalla stessa o da altra parte, contro altra sentenza successiva che non definisca il giudizio.

La riserva non può più farsi, e se già fatta rimane priva di effetto, quando contro la stessa sentenza da alcuna delle altre parti sia proposto immediatamente appello.

341. ***Giudice dell'appello.***[1] — L'appello contro le sentenze del giudice di pace e del tribunale si propone rispettivamente al tribunale e alla corte di appello nella cui circoscrizione ha sede il giudice che ha pronunciato la sentenza.

[1] Articolo così sostituito dall'art. 73 del D.lgs. 19 feb. 1998, n. 51 con decorrenza dal 2 giu. 1999.

342. ***Forma dell'appello.***[1] — L'appello si propone con citazione contenente le indicazioni prescritte dall'articolo 163. L'appello deve essere motivato. La motivazione dell'appello deve contenere, a pena di inammissibilità:

1) l'indicazione delle parti del provvedimento che si intende appellare e delle modifiche che vengono richieste alla ricostruzione del fatto compiuta dal giudice di primo grado;

2) l'indicazione delle circostanze da cui deriva la violazione della legge e della loro rilevanza ai fini della decisione impugnata.[2]

Tra il giorno della citazione e quello della prima udienza di trattazione devono intercorrere termini liberi non minori di quelli previsti dall'art. 163-*bis*.

[1] Articolo così sost. dall'art. 50 della L. 26 nov. 1990, n. 353, con decorrenza 30 apr. 1995.

[2] Comma così modif. dall'art. 54, c. 1, lett. *0a*), D.L. 22 giu. 2012, n. 83, conv. con modif. in L. 7 ago. 2012, n. 134. Le modifiche introdotte dal D.L. 22 giu. 2012, n. 83, conv. in L. 7 ago. 2012, n. 134, si applicano ai giudizi di appello introdotti con ricorso depositato o con citazione di cui sia stata chiesta la notificazione dal trentesimo giorno successivo a quello (12 ago. 2012) di entrata in vigore della legge di conversione.

343. ***Modo e termine dell'appello incidentale.*** — L'appello incidentale si propone, a pena di decadenza, nella comparsa di risposta, all'atto della costituzione in cancelleria ai sensi dell'art. 166.[1]

Se l'interesse a proporre l'appello incidentale sorge dall'impugnazione proposta da altra parte che non sia l'appellante principale, tale appello si propone nella prima udienza successiva alla proposizione della impugnazione stessa.

[1] Comma così sost. dall'art. 51 della L. 26 nov. 1990, n. 353, con decorrenza 30 apr. 1995.

344. ***Intervento in appello.*** — Nel giudizio d'appello è ammesso soltanto l'intervento dei terzi che potrebbero proporre opposizione a norma dell'art. 404.

345. ***Domande ed eccezioni nuove.***[1] — Nel giudizio d'appello non possono proporsi domande nuove e, se proposte, debbono essere dichiarate inammissibili d'ufficio. Possono tuttavia domandarsi gli interessi, i frutti e gli accessori maturati dopo la sentenza impugnata, nonché il risarcimento dei danni sofferti dopo la sentenza stessa.

Non possono proporsi nuove eccezioni, che non siano rilevabili anche d'ufficio.

Non sono ammessi nuovi mezzi di prova *e non possono essere prodotti nuovi documenti*[2], salvo [che il collegio non li ritenga indispensabili ai fini della decisione della causa ovvero][3] che la parte dimostri di non aver potuto proporli *o produrli*[2] nel giudizio di primo grado per causa ad essa non imputabile. Può sempre deferirsi il giuramento decisorio.

[1] Articolo così sost. dall'art. 52 della L. 26 nov. 1990, n. 353, con decorrenza 30 apr. 1995.

[2] Parole inserite dall'art. 46 della L. 18 giu. 2009, n. 69. Il comma così modificato si applica ai giudizi pendenti in primo grado alla data di entrata in vigore della L. 18 giu. 2009, n. 69 (avvenuta il 4 lug. 2009).

[3] Parole soppresse dall'art. 54, c. 1, lett. *0b*), D.L. 22 giu. 2012, n. 83, conv. con modif. in L. 7 ago. 2012, n. 134.

346. ***Decadenza dalle domande e dalle eccezioni non riproposte.*** — Le domande e le eccezioni non accolte nella sentenza di primo grado che non sono espressamente riproposte in appello, si intendono rinunciate.

347. ***Forme e termini della costituzione in appello.*** — La costituzione in appello avviene secondo le forme e i termini per i procedimenti davanti al tribunale.[1]

L'appellante deve inserire nel proprio fascicolo copia della sentenza appellata.

Il cancelliere provvede a norma dell'art. 168 e richiede la trasmissione del fascicolo d'ufficio al cancelliere del giudice di primo grado (*Att.* 123-*bis*).

[1] Comma così sost. dall'art. 53 della L. 26 nov. 1990, n. 353, con decorrenza 30 apr. 1995.

348. ***Improcedibilità dell'appello.***[1] — L'appello è dichiarato improcedibile, anche d'ufficio, se l'appellante non si costituisce in termini.

Se l'appellante non compare alla prima udienza, benché si sia anteriormente costituito, il collegio, con ordinanza non impugnabile, rinvia la causa ad una prossima udienza, della quale il cancelliere dà comunicazione all'appellante. Se anche alla nuova udienza l'appellante non compare, l'appello è dichiarato improcedibile anche d'ufficio.

[1] Articolo così sost. dall'art. 54 della L. 26 nov. 1990, n. 353, con decorrenza 30 apr. 1995.

348-*bis*. ***Inammissibilità dell'appello.***[1] — Fuori dei casi in cui deve essere dichiarata con sentenza l'inammissibilità o l'improcedibilità dell'appello, l'impugnazione è dichiarata inammissibile dal giudice competente quando non ha una ragionevole probabilità di essere accolta.

Il primo comma non si applica quando:

a) l'appello è proposto relativamente a una delle cause di cui all'articolo 70, primo comma;

b) l'appello è proposto a norma dell'articolo 702-*quater*.

[1] Articolo aggiunto dall'art. 54, c. 1, lett. *a*), D.L. 22 giu. 2012, n. 83, conv. con modif. in L. 7 ago. 2012, n. 134. Le modifiche introdotte dal D.L. 22 giu. 2012, n. 83, conv. in L. 7 ago. 2012, n. 134, si applicano ai giudizi di appello introdotti con ricorso depositato o con citazione di cui sia stata chiesta la notificazione dal trentesimo giorno successivo a quello (12 ago. 2012) di entrata in vigore della legge di conversione.

348-*ter*. ***Pronuncia sull'inammissibilità dell'appello.***[1] — All'udienza di cui all'articolo 350 il giudice, prima di procedere alla trattazione, sentite le parti, dichiara inammissibile l'appello, a norma dell'articolo 348-*bis*, primo comma, con ordinanza succintamente motivata, anche mediante il rinvio agli elementi di fatto riportati in uno o più atti di causa e il riferimento a precedenti conformi. Il giudice provvede sulle spese a norma dell'articolo 91.

L'ordinanza di inammissibilità è pronunciata solo quando sia per l'impugnazione principale che per quella incidentale di cui all'articolo 333 ricorrono i presupposti di cui al primo comma dell'articolo 348-*bis*. In mancanza, il giudice procede alla trattazione di tutte le impugnazioni comunque proposte contro la sentenza.

Quando è pronunciata l'inammissibilità, contro il provvedimento di primo grado può essere proposto, a norma dell'articolo 360, ricorso per cassazione. In tal caso il termine per il ricorso per cassazione avverso il provvedimento di primo grado decorre dalla comunicazione o notificazione, se anteriore, dell'ordinanza che dichiara l'inammissibilità. Si applica l'articolo 327, in quanto compatibile.

Quando l'inammissibilità è fondata sulle stesse ragioni, inerenti alle questioni di fatto, poste a base della decisione impugnata, il ricorso per cassazione di cui al comma precedente può essere proposto esclusivamente per i motivi di cui ai numeri 1), 2), 3) e 4) del primo comma dell'articolo 360.

La disposizione di cui al quarto comma si applica, fuori dei casi di cui all'articolo 348-*bis*, secondo comma, lettera *a*), anche al ricorso per cassazione avverso la sentenza d'appello che conferma la decisione di primo grado.

[1] Articolo aggiunto dall'art. 54, c. 1, lett. *a*), D.L. 22 giu. 2012, n. 83, conv. con modif. in L. 7 ago. 2012, n. 134. Le modifiche introdotte dal D.L. 22 giu. 2012, n. 83, conv. in L. 7 ago. 2012, n. 134, si applicano ai giudizi di appello introdotti con ricorso depositato o con citazione di cui sia stata chiesta la notificazione dal trentesimo giorno successivo a quello (12 ago. 2012) di entrata in vigore della legge di conversione.

349. [***Nomina dell'istruttore***].[1]

[1] Articolo abrog. dall'art. 5 del D.P.R. 17 ott. 1950, n. 857.

350. ***Trattazione.*** — Davanti alla corte di appello la trattazione dell'appello è collegiale ma il presidente del collegio può delegare per l'assunzione dei mezzi istruttori uno dei suoi componenti; davanti al tribunale l'appello è trattato e deciso dal giudice monocratico.[1]

Nella prima udienza di trattazione il giudice[2] verifica la regolare costituzione del giudizio e, quando occorre, ordina l'integrazione di esso o la notificazione prevista dall'art. 332, oppure dispone che si rinnovi la notificazione dell'atto di appello.

Nella stessa udienza il giudice[2] dichiara la contumacia dell'appellato, provvede alla riunione degli appelli proposti contro la stessa sentenza e procede al tentativo di conciliazione ordinando, quando occorre, la comparizione personale delle parti.

[1] Comma così modif. dall'art. 27, c. 1, lett. *b*), L. 12 nov. 2011, n. 183, in vigore dall'1 feb. 2012.

[2] La parola "collegio" è stata sostituita con la parola "giudice" dall'art. 74, lett. *b*), D.lgs. 19 feb. 1998, n. 51 con decorrenza dal 2 giu. 1999.

351. ***Provvedimenti sull'esecuzione provvisoria.***[1] — Sull'istanza prevista dall'art. 283 il giudice provvede con ordinanza non impugnabile nella prima udienza.[2]

La parte può, con ricorso al giudice, chiedere che la decisione sulla sospensione sia pronunziata prima dell'udienza di comparizione. Davanti alla corte di appello il ricorso è presentato al presidente del collegio.

Il presidente del collegio o il tribunale, con decreto in calce al ricorso, ordina la comparizione delle parti in camera di consiglio, rispettivamente, davanti al collegio o davanti a sé. Con lo stesso decreto, se ricorrono giusti motivi di urgenza, può disporre provvisoriamente l'immediata sospensione dell'efficacia esecutiva o dell'esecuzione della sentenza; in tal caso all'udienza in camera di consiglio il collegio o il tribunale conferma, modifica o revoca il decreto con ordinanza non impugnabile.

Il giudice, all'udienza prevista dal primo comma, se ritiene la causa matura per la decisione, può provvedere ai sensi dell'articolo 281-*sexies*. Se per la decisione sulla sospensione è stata fissata l'udienza di cui al terzo comma, il giudice fissa apposita udienza per la decisione della causa nel rispetto dei termini a comparire.[3]

[1] Articolo così sostituito dall'art. 75 D.lgs. 19 feb. 1998, n. 51, con decorrenza dal 2 giu. 1999.

[2] Comma così modif. dall'art. 27, c. 1, lett. *c*), L. 12 nov. 2011, n. 183, in vigore dall'1 feb. 2012.

[3] Comma aggiunto dall'art. 27, c. 1, lett. *c*), L. 12 nov. 2011, n. 183, in vigore dall'1 feb. 2012.

352. ***Decisione.***[1] — Esaurita l'attività prevista negli artt. 350 e 351, il giudice, ove non provveda ai sensi dell'art. 356, invita le parti a precisare le conclusioni e dispone lo scambio delle comparse conclusionali e delle memorie di replica ai sensi dell'art. 190; la sentenza è depositata in cancelleria entro sessanta giorni dalla scadenza del termine per il deposito delle memorie di replica.

Se l'appello è proposto alla corte di appello, ciascuna delle parti, nel precisare le conclusioni, può chiedere che la causa sia discussa oralmente dinanzi al collegio. In tal caso, fermo restando il rispetto dei termini indicati nell'art. 190 per il deposito delle difese scritte, la richiesta deve essere riproposta al presidente della Corte alla scadenza del termine per il deposito delle memorie di replica.

Il presidente provvede sulla richiesta fissando con decreto la data dell'udienza di discussione da tenersi entro sessanta giorni; con lo stesso decreto designa il relatore.

La discussione è preceduta dalla relazione della causa; la sentenza è depositata in cancelleria entro i sessanta giorni successivi.

Se l'appello è proposto al tribunale, il giudice, quando una delle parti lo richiede, dispone lo scambio delle sole comparse conclusionali a norma dell'art. 190 e fissa l'udienza di discussione non oltre sessanta giorni dalla scadenza del termine per il deposito delle comparse medesime; la sentenza è depositata in cancelleria entro i sessanta giorni successivi".

Quando non provvede ai sensi dei commi che precedono, il giudice può decidere la causa ai sensi dell'articolo 281-*sexies*.[2]

[1] Articolo così sostituito dall'art. 76 D.lgs. 19 feb. 1998 n. 51 con decorrenza dal 2 giu. 1999.

[2] Comma aggiunto dall'art. 27, c. 1, lett. *d*), L. 12 nov. 2011, n. 183, in vigore dall'1 feb. 2012.

353. ***Rimessione al primo giudice per ragioni di giurisdizione.***[1] — Il giudice d'appello, se riforma la sentenza di primo grado dichiarando che il giudice ordinario ha sulla causa la giurisdizione negata dal primo giudice, pronuncia sentenza con la quale rimanda le parti davanti al primo giudice.

Le parti debbono riassumere il processo nel termine perentorio di tre[2] mesi dalla notificazione della sentenza (*Att.* 125).

Se contro la sentenza d'appello è proposto ricorso per cassazione, il termine è interrotto.

[1] Rubrica modif. dall'art. 46, L. 18 giu. 2009, n. 69. Per espressa previsione dell'art. 58, L. 69/2009, "le disposizioni della presente legge che modificano il codice di procedura civile e le disposizioni per l'attuazione del codice di procedura civile si applicano ai giudizi instaurati dopo la data della sua entrata in vigore" (avvenuta il 4 lug. 2009).

[2] Termine modif. dall'art. 46, L. 18 giu. 2009, n. 69. V. nota 1.

354. ***Rimessione al primo giudice per altri motivi.*** — Fuori dei casi previsti nell'articolo precedente, il giudice d'appello non può rimettere la causa al primo giudice, tranne che dichiari nulla la notificazione della citazione introduttiva, ovvero riconosca che nel giudizio di primo grado doveva essere integrato il contraddittorio o non doveva essere estromessa una parte, ovvero dichiari la nullità della sentenza di primo grado a norma dell'art. 161 secondo comma.

Il giudice d'appello rimette la causa al primo giudice anche nel caso di riforma della sentenza che ha pronunciato sulla estinzione del processo a norma e nelle forme dell'art. 308.

Nei casi di rimessione al primo giudice previsti nei commi precedenti, si applicano le disposizioni dell'art. 353.

Se il giudice d'appello dichiara la nullità di altri atti compiuti in primo grado, ne ordina, in quanto possibile, la rinnovazione a norma dell'art. 356.

355. ***Provvedimenti sulla querela di falso.*** — Se nel giudizio d'appello è proposta querela di falso, il giudice, quando ritiene il documento impugnato rilevante per la decisione della causa, sospende con ordinanza il giudizio e fissa alle parti un termine perentorio entro il quale debbono riassumere la causa di falso davanti al tribunale.

356. ***Ammissione e assunzione di prove.*** — Ferma l'applicabilità della norma di cui al numero 4) del secondo comma dell'art. 279, il giudice d'appello, se dispone l'assunzione di una prova oppure la rinnovazione totale o parziale dell'assunzione già avvenuta in primo grado o comunque dà disposizioni per effetto delle quali il procedimento deve continuare, pronuncia ordinanza e provvede a norma degli artt. 191 e seguenti.[1]

Quando sia stato proposto appello immediato contro una delle sentenze previste dal n. 4 del secondo comma dell'art. 279, il giudice d'appello non può disporre nuove prove riguardo alle domande e alle questioni, rispetto alle quali il giudice di primo grado, non definendo il giudizio, abbia disposto, con separata ordinanza, la prosecuzione dell'istruzione.

[1] Comma così sost. dall'art. 58 della L. 26 nov. 1990, n. 353, con decorrenza 30 apr. 1995.

357. [***Reclamo contro ordinanze***].[1]

[1] Articolo abrog. dall'art. 89, L. 26 nov. 1990, n. 353, con decorrenza 30 apr. 1995.

358. ***Non riproponibilità di appello dichiarato inammissibile o improcedibile.*** — L'appello dichiarato inammissibile,[1] o improcedibile non può essere riproposto, anche se non è decorso il termine fissato dalla legge.

[1] L'appello è dichiarato inammissibile:
– se è decorso il termine per proporlo (325, 327);
– nei casi di acquiescenza (329);
– se nessuna delle parti provvede all'integrazione del contraddittorio nel termine fissato (331);
– se la sentenza è inappellabile (339).
Per l'improcedibilità v. artt. 348 e 350.

359. ***Rinvio alle norme relative al procedimento davanti al tribunale.*** — Nei procedimenti d'appello davanti alla corte o al tribunale si osservano, in quanto applicabili, le norme dettate per il procedimento di primo grado davanti al tribunale, se non sono incompatibili con le disposizioni del presente capo (*Att.* 131, 132).

[...][1].

[1] Comma abrog. dall'art. 89, L. 26 nov. 1990, n. 353, con decorrenza 1 gen. 1993.

CAPO III

Del ricorso per cassazione[1]

[1] V. *Att.* 133-134; Cost. 111.
L'art. 19 della L. 11 ago. 1973, n. 533 ha istituito la «Sezione lavoro della Corte di cassazione».

SEZIONE I
Dei provvedimenti impugnabili e dei ricorsi

360. ***Sentenze impugnabili e motivi di ricorso.*** — Le sentenze pronunciate in grado d'appello o in unico grado possono essere impugnate con ricorso per cassazione:

1) per motivi attinenti alla giurisdizione;

2) per violazione delle norme sulla competenza, quando non è prescritto il regolamento di competenza;

3) per violazione o falsa applicazione di norme di diritto e dei contratti e accordi collettivi nazionali di lavoro;

CODICE DI PROCEDURA CIVILE

4) per nullità della sentenza o del procedimento;

5) per omesso esame circa un fatto decisivo per il giudizio che è stato oggetto di discussione tra le parti.[1]

Può inoltre essere impugnata con ricorso per cassazione una sentenza appellabile del tribunale, se le parti sono d'accordo per omettere l'appello; ma in tale caso l'impugnazione può proporsi soltanto a norma del primo comma, n. 3.

Non sono immediatamente impugnabili con ricorso per cassazione le sentenze che decidono di questioni insorte senza definire, neppure parzialmente, il giudizio. Il ricorso per cassazione avverso tali sentenze può essere proposto, senza necessità di riserva, allorché sia impugnata la sentenza che definisce, anche parzialmente, il giudizio.

Le disposizioni di cui al primo comma e terzo comma si applicano alle sentenze ed ai provvedimenti diversi dalla sentenza contro i quali è ammesso il ricorso per cassazione per violazione di legge.[2]

[1] Comma così modif. dall'art. 54, c. 1, lett. *b*), D.L. 22 giu. 2012, n. 83, conv. con modif. in L. 7 ago. 2012, n. 134. La modifica introdotta dal D.L. 22 giu. 2012, n. 83, conv. con modif. in L. 7 ago. 2012, n. 134, si applica alle sentenze pubblicate dal trentesimo giorno successivo a quello (12 ago. 2012) di entrata in vigore della legge di conversione.

[2] Articolo così modif. dall'art. 2, D.lgs. 2 feb. 2006, n. 40.

360-*bis*. *Inammissibilità del ricorso.*[1] — Il ricorso è inammissibile:

1) quando il provvedimento impugnato ha deciso le questioni di diritto in modo conforme alla giurisprudenza della Corte e l'esame dei motivi non offre elementi per confermare o mutare l'orientamento della stessa;

2) quando è manifestamente infondata la censura relativa alla violazione dei princìpi regolatori del giusto processo.

[1] Articolo inserito dall'art. 47 della L. 18 giu. 2009, n. 69. Si applica alle controversie nelle quali il provvedimento impugnato con il ricorso per cassazione è stato pubblicato ovvero, nei casi in cui non sia prevista la pubblicazione, depositato successivamente alla data di entrata in vigore della L. 18 giu. 2009, n. 69 (avvenuta il 4 lug. 2009).

361. *Riserva facoltativa di ricorso contro sentenze non definitive.* — Contro le sentenze previste dall'art. 278 e contro quelle che decidono una o alcune delle domande senza definire l'intero giudizio, il ricorso per cassazione può essere differito, qualora la parte soccombente ne faccia riserva, a pena di decadenza, entro il termine per la proposizione del ricorso e in ogni caso non oltre la prima udienza successiva alla comunicazione della sentenza stessa.[1]

Qualora sia stata fatta la riserva di cui al precedente comma, il ricorso deve essere proposto unitamente a quello contro la sentenza che definisce il giudizio, o con quello che venga proposto, dalla stessa o da altra parte, contro altra sentenza successiva che non definisca il giudizio.

La riserva non può farsi, e se già fatta rimane priva di effetto, quando contro la stessa sentenza da alcune delle altre parti sia proposto immediatamente ricorso.

[1] Comma così modif. dall'art. 3, D.lgs. 2 feb. 2006, n. 40.

362. *Altri casi di ricorso.* — Possono essere impugnate con ricorso per cassazione, nel termine di cui all'art. 325 secondo comma, le decisioni in grado d'appello o in unico grado di un giudice speciale, per motivi attinenti alla giurisdizione del giudice stesso.

Possono essere denunciati in ogni tempo con ricorso per cassazione:

1) i conflitti positivi o negativi di giurisdizione tra giudici speciali o tra questi e i giudici ordinari;

2) i conflitti negativi di attribuzione tra la pubblica amministrazione e il giudice ordinario.

363. *Principio di diritto nell'interesse della legge.*[1] — Quando le parti non hanno proposto ricorso nei termini di legge o vi hanno rinunciato, ovvero il provvedimento non è ricorribile in cassazione e non è altrimenti impugnabile, il Procuratore generale presso la Corte di cassazione può chiedere che la Corte annunci nell'interesse della legge il principio di diritto al quale il giudice di merito avrebbe dovuto attenersi.

La richiesta del procuratore generale, contenente una sintetica esposizione del fatto e delle ragioni di diritto poste a fondamento dell'istanza, è rivolta al primo presidente, il quale può disporre che la Corte si pronunci a sezioni unite se ritiene che la questione è di particolare importanza.

Il principio di diritto può essere pronunciato dalla Corte anche d'ufficio, quando il ricorso proposto dalle parti è dichiarato inammissibile, se la Corte ritiene che la questione decisa è di particolare importanza.

La pronuncia della Corte non ha effetto sul provvedimento del giudice di merito.

[1] Articolo così modif. dall'art. 4, D.lgs. 2 feb. 2006, n. 40.

364. [*Deposito per il caso di soccombenza*].[1]

[1] Articolo abrog. dalla L. 18 ott. 1977, n. 793.

365. *Sottoscrizione del ricorso.* — Il ricorso è diretto alla corte e sottoscritto, a pena di inammissibilità, da un avvocato iscritto nell'apposito albo,[1] munito di procura speciale.

[1] Per l'albo speciale v. R.D.L. 27 nov. 1933, n. 1578, artt. 33-35.

366. *Contenuto del ricorso.*[1] — Il ricorso deve contenere, a pena di inammissibilità:

1) l'indicazione delle parti;

2) l'indicazione della sentenza o decisione impugnata;

3) l'esposizione sommaria dei fatti della causa;

4) i motivi per i quali si chiede la cassazione, con l'indicazione delle norme di diritto su cui si fondano, [secondo quanto previsto dall'art. 366-*bis*];[2]

5) l'indicazione della procura, se conferita con

atto separato, e, nel caso di ammissione al gratuito patrocinio, del relativo decreto.

6) la specifica indicazione degli atti processuali, dei documenti e dei contratti o accordi collettivi sui quali il ricorso si fonda.

Se il ricorrente non ha eletto domicilio in Roma ovvero non ha indicato l'indirizzo di posta elettronica certificata comunicato al proprio ordine, le notificazioni gli sono fatte presso la cancelleria della Corte di cassazione.[3]

Nel caso previsto nell'art. 360, secondo comma, l'accordo delle parti deve risultare mediante visto apposto sul ricorso dalle altre parti o dai loro difensori muniti di procura speciale, oppure mediante atto separato, anche anteriore alla sentenza impugnata, da unirsi al ricorso stesso.

Le comunicazioni della cancelleria e le notificazioni tra i difensori di cui agli articoli 372 e 390 sono effettuate ai sensi dell'articolo 136, secondo e terzo comma.[4]

[1] Articolo così modif. dall'art. 5, D.lgs. 2 feb. 2006, n. 40.
[2] L'art. 366 bis è stato abrog. dall'art. 47, L. 18 giu. 2009, n. 69.
[3] Comma così modif. dall'art. 25, c. 1, lett. *i*), L. 12 nov. 2011, n. 183, in vigore dall'1 feb. 2012.
[4] Comma così sost. dall'art. 25, c. 1, lett. *i*), L. 12 nov. 2011, n. 183, in vigore dall'1 feb. 2012.

366-*bis*. *Formulazione dei motivi.*[1] [...].

[1] Articolo abrog. dall'art. 47, L. 18 giu. 2009, n. 69. L'abrogazione è efficace nei confronti delle controversie nelle quali il provvedimento impugnato con il ricorso per cassazione è stato pubblicato ovvero, nei casi in cui non sia prevista la pubblicazione, depositato successivamente alla data di entrata in vigore della L. 18 giu. 2009, n. 69 (avvenuta il 4 lug. 2009).

367. *Sospensione del processo di merito.* — Una copia del ricorso per cassazione proposto a norma dell'art. 41, primo comma, è depositata, dopo la notificazione alle altre parti, nella cancelleria del giudice davanti a cui pende la causa, il quale sospende il processo se non ritiene l'istanza manifestamente inammissibile o la contestazione della giurisdizione manifestamente infondata. Il giudice istruttore o il collegio provvede con ordinanza.[1]

Se la Corte di cassazione dichiara la giurisdizione del giudice ordinario, le parti debbono riassumere il processo entro il termine perentorio di sei mesi dalla comunicazione della sentenza (*Att.* 125).

[1] Comma così sost. dall'art. 61 della L. 26 nov. 1990, n. 353, con decorrenza 1 gen. 1993.

368. *Questione di giurisdizione sollevata dal prefetto.* — Nel caso previsto nell'art. 41 secondo comma, la richiesta per la decisione della Corte di cassazione è fatta dal prefetto con decreto motivato.

Il decreto è notificato, su richiesta del prefetto, alle parti e al procuratore della Repubblica presso il tribunale, se la causa pende davanti a questo [o davanti a un pretore,][1] oppure al procuratore generale presso la Corte d'appello, se pende davanti alla Corte.

Il pubblico ministero comunica il decreto del prefetto al capo dell'ufficio giudiziario davanti al quale pende la causa. Questi sospende il procedimento con decreto che è notificato alle parti a cura del pubblico ministero entro dieci giorni dalla sua pronuncia, sotto pena di decadenza della richiesta.

La Corte di cassazione è investita della questione di giurisdizione con ricorso a cura della parte più diligente, nel termine perentorio di trenta giorni dalla notificazione del decreto.

Si applica la disposizione dell'ultimo comma dell'articolo precedente.

[1] Parole tra parentesi quadre soppresse dall'art. 77, D.lgs. 19 feb. 1998 n. 51 con decorrenza dal 2 giu. 1999.

369. *Deposito del ricorso.* — Il ricorso deve essere depositato nella cancelleria della Corte, a pena di improcedibilità, nel termine di giorni venti dall'ultima notificazione alle parti contro le quali è proposto.

Insieme col ricorso debbono essere depositati, sempre a pena di improcedibilità:

1) il decreto di concessione del gratuito patrocinio;[1]

2) copia autentica della sentenza o della decisione impugnata con la relazione di notificazione, se questa è avvenuta, tranne che nei casi di cui ai due articoli precedenti; oppure copia autentica dei provvedimenti dai quali risulta il conflitto nei casi di cui ai nn. 1 e 2 dell'art. 362;

3) la procura speciale, se questa è conferita con atto separato;

4) gli atti processuali, i documenti, i contratti o accordi collettivi sui quali il ricorso si fonda.[2]

Il ricorrente deve chiedere alla cancelleria del giudice che ha pronunciato la sentenza impugnata o del quale si contesta la giurisdizione, la tramissione alla cancelleria della Corte di cassazione del fascicolo d'ufficio: tale richiesta è restituita dalla cancelleria al richiedente munita di visto, e deve essere depositata insieme col ricorso.[3]

[1] Numero così sostituito dalla L. 18 ott. 1977, n. 793.
[2] Numero così modif. dall'art. 7, D.lgs. 2 feb. 2006, n. 40.
[3] V. per il deposito del ricorso e del controricorso a mezzo della posta, *Att.* 134; per il deposito per spese postali, *Att.* 135; per le copie, *Att.* 137.

370. *Controricorso.* — La parte contro la quale il ricorso è diretto, se intende contraddire, deve farlo mediante controricorso da notificarsi al ricorrente nel domicilio eletto entro venti giorni dalla scadenza del termine stabilito per il deposito del ricorso. In mancanza di tale notificazione, essa non può presentare memorie, ma soltanto partecipare alla discussione orale.

Al controricorso si applicano le norme degli artt. 365 e 366, in quanto è possibile.

Il controricorso è depositato nella cancelleria della Corte entro venti giorni dalla notificazione, insieme con gli atti e i documenti e con la procura

CODICE DI PROCEDURA CIVILE

speciale, se conferita con atto separato (*Att.* 134, 135, 137).[1]

[1] Ai sensi dell'art. 1 della L. 20 gen. 1992, n. 55: «1. La notificazione del controricorso e del ricorso incidentale dinanzi alla Corte di cassazione può essere effettuata anche dall'ufficiale giudiziario del luogo ove ha sede il giudice che ha pronunziato il provvedimento impugnato, a mezzo del servizio postale».

371. ***Ricorso incidentale.*** — La parte di cui all'articolo precedente deve proporre con l'atto contenente il controricorso l'eventuale ricorso incidentale contro la stessa sentenza.

La parte alla quale è stato notificato il ricorso per integrazione a norma degli artt. 331 e 332 deve proporre l'eventuale ricorso incidentale nel termine di quaranta giorni dalla notificazione, con atto notificato al ricorrente principale e alle altre parti nello stesso modo del ricorso principale.

Al ricorso incidentale si applicano le disposizioni degli artt. 365, 366 e 369.[1]

Per resistere al ricorso incidentale può essere notificato un controricorso a norma dell'articolo precedente.

Se il ricorrente principale deposita la copia della sentenza o della decisione impugnata, non è necessario che la depositi anche il ricorrente per incidente.[2]

[1] Comma così sostituito dalla L. 18 ott. 1977, n. 793.
[2] V. la nota 1 all'art. 370.

371-*bis*. ***Deposito dell'atto di integrazione del contraddittorio.***[1] — Qualora la Corte abbia ordinato l'integrazione del contraddittorio, assegnando alle parti un termine perentorio per provvedervi, il ricorso notificato, contenente nell'intestazione le parole «atto di integrazione del contraddittorio», deve essere depositato nella cancelleria della Corte stessa, a pena di improcedibilità, entro venti giorni dalla scadenza del termine assegnato. (*Att.* 144-*bis*)

[1] Articolo così inserito dall'art. 62, L. 26 nov. 1990, n. 353, con decorrenza 1 gen. 1993.

372. ***Produzione di altri documenti.*** — Non è ammesso il deposito di atti e documenti non prodotti nei precedenti gradi del processo, tranne di quelli che riguardano la nullità della sentenza impugnata e l'ammissibilità del ricorso e del controricorso.

Il deposito dei documenti relativi all'ammissibilità può avvenire indipendentemente da quello del ricorso e del controricorso, ma deve essere notificato, mediante elenco, alle altre parti.

373. ***Sospensione dell'esecuzione.***[1] — Il ricorso per cassazione non sospende l'esecuzione della sentenza. Tuttavia il giudice che ha pronunciato la sentenza impugnata può, su istanza di parte e qualora dall'esecuzione possa derivare grave e irreparabile danno, disporre con ordinanza non impugnabile che l'esecuzione sia sospesa o che sia prestata congrua cauzione (*Att.* 86).[2]

L'istanza si propone con ricorso al giudice di pace, al tribunale in composizione monocratica[3] o al presidente del collegio, il quale, con decreto in calce al ricorso, ordina la comparizione delle parti rispettivamente dinanzi a sè o al collegio in camera di consiglio. Copia del ricorso e del decreto sono notificate al procuratore dell'altra parte, ovvero alla parte stessa, se questa sia stata in giudizio senza ministero di difensore o non si sia costituita nel giudizio definito con la sentenza impugnata. Con lo stesso decreto, in caso di eccezionale urgenza può essere disposta provvisoriamente l'immediata sospensione dell'esecuzione.

[1] Articolo così sost. dall'art. 44, L. 14 lug. 1950, n. 581. Il comma 2 è stato quindi sost. come al testo dall'art. 63, L. 26 nov. 1990, n. 353, con decorrenza 1 gen. 1993.
[2] *Att.* 131-*bis*. *Sospensione dell'esecuzione delle sentenze impugnate per cassazione.* – Sull'istanza di sospensione dell'esecuzione della sentenza prevista dall'art. 373 del codice, il giudice non può decidere se la parte istante non ha dimostrato di avere depositato il ricorso per cassazione contro la sentenza medesima.
[3] La parola "pretore" è stata sostituita con le parole "tribunale in composizione monocratica" dall'art. 78, D.lgs. 18 feb. 1998, n. 51 con decorrenza 2 giu. 1999.

SEZIONE II
Del procedimento e dei provvedimenti[1]

[1] *Att.* 141. *Deliberazione dei provvedimenti.* – Nel deliberare i provvedimenti la corte applica le disposizioni dell'art. 276 del codice.
Il relatore vota per primo, quindi votano i consiglieri in ordine inverso di anzianità e per ultimo il presidente.
La scelta dell'estensore della sentenza è fatta dal presidente tra i componenti il collegio che hanno espresso voto conforme alla decisione.

374. ***Pronuncia a sezioni unite.***[1] — La Corte pronuncia a sezioni unite nei casi previsti nel n. 1) dell'art. 360 e nell'art. 362. Tuttavia, tranne che nei casi di impugnazione delle decisioni del Consiglio di Stato e della Corte dei conti, il ricorso può essere assegnato alle sezioni semplici, se sulla questione di giurisdizione proposta si sono già pronunciate le sezioni unite.

Inoltre il primo presidente può disporre che la Corte pronunci a sezioni unite sui ricorsi che presentano una questione di diritto già decisa in senso difforme dalle sezioni semplici, e su quelli che presentano una questione di massima di particolare importanza.

Se la sezione semplice ritiene di non condividere il principio di diritto enunciato dalle sezioni unite, rimette a queste ultime, con ordinanza motivata, la decisione del ricorso.

In tutti gli altri casi la Corte pronuncia a sezione semplice.

[1] Articolo così modif. dall'art. 8, D.lgs. 2 feb. 2006, n. 40.

375. ***Pronuncia in camera di consiglio.*** — La Corte, sia a sezioni unite che a sezione semplice, pronuncia con ordinanza in camera di consiglio quando riconosce di dovere:

1) dichiarare l'inammissibilità del ricorso principale e di quello incidentale eventualmente proposto, anche per mancanza dei motivi previsti dall'articolo 360;[1]

2-3)[2]

4) pronunciare sulle istanze di regolamento di competenza e di giurisdizione;[3]

5) accogliere o rigettare il ricorso principale e l'eventuale ricorso incidentale per manifesta fondatezza o infondatezza.[1]

La Corte, a sezione semplice, pronuncia con ordinanza in camera di consiglio in ogni altro caso, salvo che la trattazione in pubblica udienza sia resa opportuna dalla particolare rilevanza della questione di diritto sulla quale deve pronunciare, ovvero che il ricorso sia stato rimesso dall'apposita sezione di cui all'articolo 376 in esito alla camera di consiglio che non ha definito il giudizio.[4]

[1] Numero così modif. dall'art. 47, L. 18 giu. 2009, n. 69. Si applica alle controversie nelle quali il provvedimento impugnato con il ricorso per cassazione è stato pubblicato ovvero, nei casi in cui non sia prevista la pubblicazione, depositato successivamente alla data di entrata in vigore della L. 18 giu. 2009, n. 69 (avvenuta il 4 lug. 2009).

[2] Numeri abrog. dall'art. 1-*bis*, D.L. 31 ago. 2016, n. 168, conv. con modif. in L. 25 ott. 2016, n. 197. Si applica ai ricorsi depositati successivamente alla data di entrata in vigore della legge di conversione D.L. 168/2016, nonché a quelli già depositati alla medesima data per i quali non è stata fissata udienza o adunanza in camera di consiglio.

[3] Numero così modif. dall'art. 9, D.lgs. 2 feb. 2006, n. 40.

[4] Comma ins. dall'art. 1-*bis*, D.L. 31 ago. 2016, n. 168, conv. con modif. in L. 25 ott. 2016, n. 197. Per l'applicazione v. nota 2.

376. ***Assegnazione dei ricorsi alle sezioni.*** — Il primo presidente, tranne quando ricorrono le condizioni previste dall'articolo 374, assegna i ricorsi ad apposita sezione, che verifica se sussistono i presupposti per la pronuncia in camera di consiglio ai sensi dell'articolo 375, primo comma, numeri 1) e 5). Se, a un sommario esame del ricorso, la suddetta sezione non ravvisa tali presupposti, il presidente, omessa ogni formalità, rimette gli atti alla sezione semplice.[1]

La parte, che ritiene di competenza delle sezioni unite un ricorso assegnato a una sezione semplice, può proporre al primo presidente istanza di rimessione alle sezioni unite, fino a dieci giorni prima dell'udienza di discussione del ricorso (*Att.* 139).

All'udienza della sezione semplice, la rimessione può essere disposta soltanto su richiesta del pubblico ministero o d'ufficio, con ordinanza inserita nel processo verbale.

[1] Periodo sost. dall'art. 1-*bis*, D.L. 31 ago. 2016, n. 168, conv. con modif. in L. 25 ott. 2016, n. 197. Si applica ai ricorsi depositati successivamente alla data di entrata in vigore della legge di conversione D.L. 168/2016, nonché a quelli già depositati alla medesima data per i quali non è stata fissata udienza o adunanza in camera di consiglio.

377. ***Fissazione dell'udienza o dell'adunanza in camera di consiglio e decreto preliminare del presidente.***[1] — Il primo presidente, su presentazione del ricorso a cura del cancelliere, fissa l'udienza o l'adunanza della camera di consiglio e nomina il relatore per i ricorsi assegnati alle sezioni unite. Per i ricorsi assegnati alle sezioni semplici provvede allo stesso modo il presidente della sezione.

Dell'udienza è data comunicazione dal cancelliere agli avvocati delle parti almeno venti giorni prima.

Il primo presidente, il presidente della sezione semplice o il presidente della sezione di cui all'articolo 376, primo comma, quando occorre, ordina con decreto l'integrazione del contraddittorio o dispone che sia eseguita la notificazione dell'impugnazione a norma dell'articolo 332, ovvero che essa sia rinnovata.[2]

[1] Rubrica così sost. dall'art. 1-*bis*, D.L. 31 ago. 2016, n. 168, conv. con modif. in L. 25 ott. 2016, n. 197. Si applica ai ricorsi depositati successivamente alla data di entrata in vigore della legge di conversione D.L. 168/2016, nonché a quelli già depositati alla medesima data per i quali non è stata fissata udienza o adunanza in camera di consiglio.

[2] Comma ins. dall'art. 1-*bis*, D.L. 31 ago. 2016, n. 168, conv. con modif. in L. 25 ott. 2016, n. 197. Per l'applicazione v. nota 1.

378. ***Deposito di memorie di parte.*** — Le parti possono presentare le loro memorie in cancelleria non oltre cinque giorni prima dell'udienza.[1]

[1] *Att.* 140. *Deposito delle memorie di parte.* – Le parti che depositano memorie a norma dell'art. 378 del codice debbono unire almeno tre copie in carta libera, oltre le copie per ciascuna delle altre parti.

Il cancelliere non può ricevere le memorie che non siano accompagnate dalle tre copie in carta libera.

379. ***Discussione.*** — All'udienza il relatore riferisce i fatti rilevanti per la decisione del ricorso, il contenuto del provvedimento impugnato e, in riassunto, se non vi è discussione delle parti, i motivi del ricorso e del controricorso.

Dopo la relazione il presidente invita il pubblico ministero a esporre oralmente le sue conclusioni motivate e, quindi, i difensori delle parti a svolgere le loro difese.[1]

Non sono ammesse repliche.[2]

[1] I precedenti c. 2 e c. 3 sono stati così sost. dall'attuale c. 2 dall'art. 1-*bis*, D.L. 31 ago. 2016, n. 168, conv. con modif. in L. 25 ott. 2016, n. 197. Si applica ai ricorsi depositati successivamente alla data di entrata in vigore della legge di conversione D.L. 168/2016, nonché a quelli già depositati alla medesima data per i quali non è stata fissata udienza o adunanza in camera di consiglio.

[2] Comma così sost. dall'art. 1-*bis*, D.L. 31 ago. 2016, n. 168, conv. con modif. in L. 25 ott. 2016, n. 197. Per l'applicazione v. nota 1.

380. ***Deliberazione della sentenza.*** — La Corte, dopo la discussione della causa, delibera, nella stessa seduta, la sentenza in camera di consiglio.[1]

Si applica alla deliberazione della Corte la disposizione dell'art. 276 (*Att.* 141).

[1] Comma così sostituito dalla L. 8 ago. 1977, n. 532.

380-*bis*. ***Procedimento per la decisione in ca-***

mera di consiglio sull'inammissibilità o sulla manifesta fondatezza o infondatezza del ricorso.[1] — Nei casi previsti dall'articolo 375, primo comma, numeri 1) e 5), su proposta del relatore della sezione indicata nell'articolo 376, primo comma, il presidente fissa con decreto l'adunanza della Corte indicando se è stata ravvisata un'ipotesi di inammissibilità, di manifesta infondatezza o di manifesta fondatezza del ricorso.

Almeno venti giorni prima della data stabilita per l'adunanza, il decreto è notificato agli avvocati delle parti, i quali hanno facoltà di presentare memorie non oltre cinque giorni prima.

Se ritiene che non ricorrano le ipotesi previste dall'articolo 375, primo comma, numeri 1) e 5), la Corte in camera di consiglio rimette la causa alla pubblica udienza della sezione semplice.

[1] Articolo così sost. dall'art. 1-*bis*, D.L. 31 ago. 2016, n. 168, conv. con modif. in L. 25 ott. 2016, n. 197. Si applica ai ricorsi depositati successivamente alla data di entrata in vigore della legge di conversione D.L. 168/2016, nonché a quelli già depositati alla medesima data per i quali non è stata fissata udienza o adunanza in camera di consiglio.

380-*bis*.1. ***Procedimento per la decisione in camera di consiglio dinanzi alla sezione semplice.***[1] — Della fissazione del ricorso in camera di consiglio dinanzi alla sezione semplice ai sensi dell'articolo 375, secondo comma, è data comunicazione agli avvocati delle parti e al pubblico ministero almeno quaranta giorni prima. Il pubblico ministero può depositare in cancelleria le sue conclusioni scritte non oltre venti giorni prima dell'adunanza in camera di consiglio. Le parti possono depositare le loro memorie non oltre dieci giorni prima dell'adunanza in camera di consiglio. In camera di consiglio la Corte giudica senza l'intervento del pubblico ministero e delle parti.

[1] Articolo ins. dall'art. 1-*bis*, D.L. 31 ago. 2016, n. 168, conv. con modif. in L. 25 ott. 2016, n. 197. Si applica ai ricorsi depositati successivamente alla data di entrata in vigore della legge di conversione D.L. 168/2016, nonché a quelli già depositati alla medesima data per i quali non è stata fissata udienza o adunanza in camera di consiglio.

380-*ter*. ***Procedimento per la decisione sulle istanze di regolamento di giurisdizione e di competenza.***[1] — Nei casi previsti dall'articolo 375, primo comma, numero 4), il presidente richiede al pubblico ministero le sue conclusioni scritte.

Le conclusioni e il decreto del presidente che fissa l'adunanza sono notificati, almeno venti giorni prima, agli avvocati delle parti, che hanno facoltà di presentare memorie non oltre cinque giorni prima della medesima adunanza.

In camera di consiglio la Corte giudica senza l'intervento del pubblico ministero e delle parti.

[1] Articolo così sost. dall'art. 1-*bis*, D.L. 31 ago. 2016, n. 168, conv. con modif. in L. 25 ott. 2016, n. 197. Si applica ai ricorsi depositati successivamente alla data di entrata in vigore della legge di conversione D.L. 168/2016, nonché a quelli già depositati alla medesima data per i quali non è stata fissata udienza o adunanza in camera di consiglio.

381. ***Provvedimento sul deposito.***[1]

[1] Articolo abrog. dalla L. 18 ott. 1977, n. 793.

382. ***Decisione delle questioni di giurisdizione e di competenza.*** — La Corte, quando decide una questione di giurisdizione, statuisce su questa, determinando, quando occorre, il giudice competente.

Quando cassa per violazione delle norme sulla competenza, statuisce su questa.

Se riconosce che il giudice del quale si impugna il provvedimento e ogni altro giudice difettano di giurisdizione, cassa senza rinvio. Egualmente provvede in ogni altro caso in cui ritiene che la causa non poteva essere proposta o il processo proseguito.

383. ***Cassazione con rinvio.*** — La Corte, quando accoglie il ricorso per motivi diversi da quelli richiamati nell'articolo precedente, rinvia la causa ad altro giudice di grado pari a quello che ha pronunciato la sentenza cassata.

Nel caso previsto nell'art. 360 secondo comma, la causa può essere rinviata al giudice che avrebbe dovuto pronunciare sull'appello al quale le parti hanno rinunciato.

La Corte, se riscontra una nullità del giudizio di primo grado per la quale il giudice di appello avrebbe dovuto rimettere le parti al primo giudice, rinvia la causa a quest'ultimo.

Nelle ipotesi di cui all'articolo 348-*ter*, commi terzo e quarto, la Corte, se accoglie il ricorso per motivi diversi da quelli indicati dall'articolo 382, rinvia la causa al giudice che avrebbe dovuto pronunciare sull'appello e si applicano le disposizioni del libro secondo, titolo terzo, capo terzo, sezione terza.[1]

[1] Comma ins. dall'art. 54, c. 1, lett. *c*), D.L. 22 giu. 2012, n. 83, conv. con modif. in L. 7 ago. 2012, n. 134. Le modifiche introdotte dal D.L. 83/2012 si applicano ai giudizi di appello introdotti con ricorso depositato o con citazione di cui sia stata chiesta la notificazione dal trentesimo giorno successivo a quello (12 ago. 2012) di entrata in vigore della legge di conversione.

384. ***Enunciazione del principio di diritto e decisione della causa nel merito.***[1] — La Corte enuncia il principio di diritto quando decide il ricorso proposto a norma dell'art. 360, primo comma, n. 3), e in ogni altro caso in cui, decidendo su altri motivi del ricorso, risolve una questione di diritto di particolare importanza.

La Corte, quando accoglie il ricorso, cassa la sentenza rinviando la causa ad altro giudice, il quale deve uniformarsi al principio di diritto e comunque a quanto statuito dalla Corte, ovvero decide la causa nel merito qualora non siano necessari ulteriori accertamenti di fatto.

Se ritiene di porre a fondamento della sua decisione una questione rilevata d'ufficio, la Corte riserva la decisione, assegnando con ordinanza al pubblico ministero e alle parti un termine non inferiore a venti e non superiore a sessanta giorni dalla comunicazione per il deposito in cancelleria di osservazioni sulla medesima questione.

Non sono soggette a cassazione le sentenze erroneamente motivate in diritto, quando il dispositivo sia conforme al diritto; in tal caso la Corte si limita a correggere la motivazione.

[1] Articolo così modif. dall'art. 12, D.lgs. 2 feb. 2006, n. 40.

385. ***Provvedimenti sulle spese.*** — La Corte, se rigetta il ricorso, condanna il ricorrente alle spese.

Se cassa senza rinvio o per violazione delle norme sulla competenza, provvede sulle spese di tutti i precedenti giudizi, liquidandole essa stessa o rimettendone la liquidazione al giudice che ha pronunciato la sentenza cassata.

Se rinvia la causa ad altro giudice, può provvedere sulle spese del giudizio di cassazione o rimetterne la pronuncia al giudice di rinvio.

[...][1]

[1] Comma abrog. dall'art. 46, L. 18 giu. 2009, n. 69. Per espressa previsione dell'art. 58, L. 69/2009, "le disposizioni della presente legge che modificano il codice di procedura civile e le disposizioni per l'attuazione del codice di procedura civile si applicano ai giudizi instaurati dopo la data della sua entrata in vigore" (avvenuta il 4 lug. 2009).

386. ***Effetti della decisione sulla giurisdizione.*** — La decisione sulla giurisdizione è determinata dall'oggetto della domanda e, quando prosegue il giudizio, non pregiudica le questioni sulla pertinenza del diritto e sulla proponibilità della domanda.

387. ***Non riproponibilità del ricorso dichiarato inammissibile o improcedibile.*** — Il ricorso dichiarato inammissibile o improcedibile non può essere riproposto, anche se non è scaduto il termine fissato dalla legge.

388. ***Trasmissione di copia del dispositivo al giudice di merito.***[1] — Copia della sentenza è trasmessa dal cancelliere della Corte a quello del giudice che ha pronunciato la sentenza impugnata, affinché ne sia presa nota in margine all'originale di quest'ultima. La trasmissione può avvenire anche in via telematica.

[1] Articolo così modif. dall'art. 14, D.lgs. 2 feb. 2006, n. 40.

389. ***Domande conseguenti alla cassazione.*** — Le domande di restituzione o di riduzione in pristino e ogni altra conseguente alla sentenza di cassazione si propongono al giudice di rinvio e, in caso di cassazione senza rinvio, al giudice che ha pronunciato la sentenza cassata.[1]

[1] *Att.* 144. *Forma della domanda di restituzione o di riduzione in pristino.* – Le domande conseguenti alla cassazione della sentenza previste nell'art. 389 del codice debbono essere proposte con citazione da notificarsi personalmente alla parte a norma degli artt. 137 e seguenti del codice.

390. ***Rinuncia.*** — La parte può rinunciare al ricorso principale o incidentale finché non sia cominciata la relazione alla udienza, o sino alla data dell'adunanza camerale, o finché non siano notificate le conclusioni scritte del pubblico ministero nei casi di cui all'articolo 380-*ter*.[1]

La rinuncia deve farsi con atto sottoscritto dalla parte e dal suo avvocato o anche da questo solo se è munito di mandato speciale a tale effetto.

L'atto di rinuncia è notificato alle parti costituite o comunicato agli avvocati delle stesse, che vi appongono il visto.

[1] Comma così modif. dall'art. 1-*bis*, D.L. 31 ago. 2016, n. 168, conv. con modif. in L. 25 ott. 2016, n. 197. Si applica ai ricorsi depositati successivamente alla data di entrata in vigore della legge di conversione D.L. 168/2016, nonché a quelli già depositati alla medesima data per i quali non è stata fissata udienza o adunanza in camera di consiglio.

391. ***Pronuncia sulla rinuncia.*** — Sulla rinuncia e nei casi di estinzione del processo disposta per legge la Corte provvede con ordinanza in camera di consiglio, salvo che debba decidere altri ricorsi contro lo stesso provvedimento fissati per la pubblica udienza. Provvede il presidente, con decreto, se non è stata ancora fissata la data della decisione.[1]

Il decreto, l'ordinanza o la sentenza che dichiara l'estinzione può condannare la parte che vi ha dato causa alle spese.[2]

Il decreto ha efficacia di titolo esecutivo se nessuna delle parti chiede la fissazione dell'udienza nel termine di dieci giorni dalla comunicazione.[3]

La condanna non è pronunciata, se alla rinuncia hanno aderito le altre parti personalmente o i loro avvocati autorizzati con mandato speciale.

[1] Comma così sost. dall'art. 1-*bis*, D.L. 31 ago. 2016, n. 168, conv. con modif. in L. 25 ott. 2016, n. 197. Si applica ai ricorsi depositati successivamente alla data di entrata in vigore della legge di conversione D.L. 168/2016, nonché a quelli già depositati alla medesima data per i quali non è stata fissata udienza o adunanza in camera di consiglio.

[2] Comma così modif. dall'art. 1-*bis*, D.L. 31 ago. 2016, n. 168, conv. con modif. in L. 25 ott. 2016, n. 197. Per l'applicazione v. nota 1.

[3] Comma così modif. dall'art. 15, D.lgs. 2 feb. 2006, n. 40.

391-*bis*. ***Correzione degli errori materiali e revocazione delle sentenze della Corte di cassazione.*** — Se la sentenza o l'ordinanza pronunciata dalla Corte di cassazione è affetta da errore materiale o di calcolo ai sensi dell'articolo 287, ovvero da errore di fatto ai sensi dell'articolo 395, numero 4), la parte interessata può chiederne la correzione o la revocazione con ricorso ai sensi degli articoli 365 e seguenti. La correzione può essere chiesta, e può essere rilevata d'ufficio dalla Corte, in qualsiasi tempo. La revocazione può essere chiesta entro il termine perentorio di sessanta giorni dalla notificazione ovvero di sei mesi dalla pubblicazione del provvedimento.[1]

Sulla correzione la Corte pronuncia nell'osservanza delle disposizioni di cui all'articolo 380-*bis*, primo e secondo comma.[1]

Sul ricorso per correzione dell'errore materiale pronuncia con ordinanza.[2]

Sul ricorso per revocazione, anche per le ipotesi regolate dall'articolo 391-*ter*, la Corte pronuncia nell'osservanza delle disposizioni di cui all'articolo 380-*bis*, primo e secondo comma, se ritiene l'inammissibilità, altrimenti rinvia alla pubblica udienza della sezione semplice.[1]

La pendenza del termine per la revocazione della sentenza della Corte di cassazione non impedisce il passaggio in giudicato della sentenza impugnata con ricorso per cassazione respinto.

In caso di impugnazione per revocazione della sentenza della Corte di cassazione non è ammessa la sospensione dell'esecuzione della sentenza passata in giudicato, né è sospeso il giudizio di rinvio o il termine per riassumerlo.[3]

[1] Comma così sost. dall'art. 1-*bis*, D.L. 31 ago. 2016, n. 168, conv. con modif. in L. 25 ott. 2016, n. 197. Si applica ai ricorsi depositati successivamente alla data di entrata in vigore della legge di conversione D.L. 168/2016, nonché a quelli già depositati alla medesima data per i quali non è stata fissata udienza o adunanza in camera di consiglio.

[2] Comma aggiunto dall'art. 16, D.lgs. 2 feb. 2006, n. 40.

[3] La Corte cost., con sent. 18 apr. 1996, n. 119, ha dichiarato l'ill. cost. dell'art. 391-*bis* nuovo testo «nella parte in cui prevede un termine per la proposizione dell'istanza di correzione degli errori materiali delle sentenze della Corte di cassazione».

391-*ter*. *Altri casi di revocazione ed opposizione di terzo.*[1] — Il procedimento con il quale la Corte ha deciso la causa nel merito è, altresì, impugnabile per revocazione, per i motivi di cui ai numeri 1, 2, 3 e 6 del primo comma dell'art. 395 e per opposizione di terzo. I relativi ricorsi si propongono alla stessa Corte e debbono contenere gli elementi, rispettivamente, degli artt. 398, commi secondo e terzo e, 405, comma secondo.

Quando pronuncia la revocazione o accoglie l'opposizione di terzo, la Corte decide la causa nel merito qualora non siano necessari ulteriori accertamenti di fatto; altrimenti, pronuncita la revocazione ovvero dichiarata ammissibile l'opposizione di terzo, rinvia la causa al giudice che ha pronunciato la sentenza cassata.

[1] Articolo ins. dall'art. 17, D.lgs. 2 feb. 2006, n. 40.

SEZIONE III
Del giudizio di rinvio

392. *Riassunzione della causa.* — La riassunzione della causa davanti al giudice di rinvio può essere fatta da ciascuna delle parti non oltre tre mesi[1] dalla pubblicazione della sentenza della Corte di cassazione.

La riassunzione si fa con citazione, la quale è notificata personalmente a norma degli artt. 137 e seguenti (*Att.* 125-126).

[1] Le parole «tre mesi» sono state sostituite a quelle «un anno» dall'art. 46, L. 18 giu. 2009, n. 69. Per espressa previsione dell'art. 58, L. 69/2009, «le disposizioni della presente legge che modificano il codice di procedura civile e le disposizioni per l'attuazione del codice di procedura civile si applicano ai giudizi instaurati dopo la data della sua entrata in vigore» (avvenuta il 4 lug. 2009).

393. *Estinzione del processo.* — Se la riassunzione non avviene entro il termine di cui all'articolo precedente, o si avvera successivamente a essa una causa di estinzione del giudizio di rinvio, l'intero processo si estingue; ma la sentenza della Corte di cassazione conserva il suo effetto vincolante anche nel nuovo processo che sia instaurato con la riproposizione della domanda.

394. *Procedimento in sede di rinvio.* — In sede di rinvio si osservano le norme stabilite per il procedimento davanti al giudice al quale la Corte ha rinviato la causa. In ogni caso deve essere prodotta copia autentica della sentenza di cassazione.

Le parti conservano la stessa posizione processuale che avevano nel procedimento in cui fu pronunciata la sentenza cassata.

Nel giudizio di rinvio può deferirsi il giuramento decisorio, ma le parti non possono prendere conclusioni diverse da quelle prese nel giudizio nel quale fu pronunciata la sentenza cassata, salvo che la necessità delle nuove conclusioni sorga dalla sentenza di cassazione.

CAPO IV
Della revocazione

395. *Casi di revocazione.* — Le sentenze pronunciate in grado d'appello o in unico grado possono essere impugnate per revocazione:[1]

1) se sono l'effetto del dolo di una delle parti in danno dell'altra;[2]

2) se si è giudicato in base a prove riconosciute o comunque dichiarate false dopo la sentenza oppure che la parte soccombente ignorava essere state riconosciute o dichiarate tali prima della sentenza;

3) se dopo la sentenza sono stati trovati uno o più documenti decisivi che la parte non aveva potuto produrre in giudizio per causa di forza maggiore o per fatto dell'avversario;

4) se la sentenza è l'effetto di un errore di fatto risultante dagli atti o documenti della causa. Vi è questo errore quando la decisione è fondata sulla supposizione di un fatto la cui verità è incontrastabilmente esclusa, oppure quando è supposta l'inesistenza di un fatto la cui verità è positivamente stabilita, e tanto nell'uno quanto nell'altro caso se il fatto non costituì un punto controverso sul quale la sentenza ebbe a pronunciare[3];

5) se la sentenza è contraria ad altra precedente avente fra le parti autorità di cosa giudicata, purché non abbia pronunciato sulla relativa eccezione;

6) se la sentenza è effetto del dolo del giudice, accertato con sentenza passata in giudicato.

[1] Per la trascrizione delle domande di revocazione contro le sentenze soggette a trascrizione per le cause previste

dai nn. 1, 2, 3 e 6 dell'art. 395, v. artt. 2652, n. 9 e 2690, n. 6 c.c.

[2] La Corte cost., con sent. 20 feb. 1995, n. 51, ha dichiarato l'ill. cost. dell'art. 395 prima parte e n. 1 «nella parte in cui non prevede la revocazione avverso i provvedimenti di convalida di sfratto per morosità che siano l'effetto del dolo di una delle parti in danno dell'altra».

[3] La Corte cost., con sent. 28 gen. 1986, n. 17, ha dichiarato l'ill. cost. dell'art. 395 prima parte e n. 4 «nella parte in cui non prevede la revocazione di sentenze della Corte di cassazione rese su ricorsi basati sul n. 4 dell'art. 360 c.p.c. e affette dall'errore di cui al n. 4 dell'art. 395 dello stesso codice».

La Corte cost., con sent. 20 dic. 1989, n. 558, ha dichiarato l'ill. cost. dell'art. 395 prima parte e n. 4 «nella parte in cui non prevede la revocazione per errore di fatto avverso i provvedimenti di convalida di sfratto o licenza per finita locazione emessi in assenza o per mancata opposizione dell'intimato»; e «là dove non prevede la revocazione per errore di fatto per i provvedimenti di convalida di sfratto per morosità resi sui medesimi presupposti».

La Corte cost., con sent. 31 gen. 1991, n. 36, ha dichiarato l'ill. cost. dell'art. 395, n. 4 «nella parte in cui non prevede la revocazione di sentenze della Corte di cassazione per errore di fatto nella lettura di atti interni al suo stesso giudizio».

396. ***Revocazione delle sentenze per le quali è scaduto il termine per l'appello.*** — Le sentenze per le quali è scaduto il termine per l'appello possono essere impugnate per revocazione nei casi dei nn. 1, 2, 3 e 6 dell'articolo precedente, purché la scoperta del dolo o della falsità o il recupero dei documenti o la pronuncia della sentenza di cui al numero 6 siano avvenuti dopo la scadenza del termine suddetto.

Se i fatti menzionati nel comma precedente avvengono durante il corso del termine per l'appello, il termine stesso è prorogato dal giorno dell'avvenimento in modo da raggiungere i trenta giorni da esso.

397. ***Revocazione proponibile dal pubblico ministero.*** — Nelle cause in cui l'intervento del pubblico ministero è obbligatorio a norma dell'art. 70 primo comma, le sentenze previste nei due articoli precedenti possono essere impugnate per revocazione dal pubblico ministero:

1) quando la sentenza è stata pronunciata senza che egli sia stato sentito;

2) quando la sentenza è l'effetto della collusione posta in opera dalle parti per frodare la legge.

398. ***Proposizione della domanda.*** — La revocazione si propone con citazione davanti allo stesso giudice che ha pronunciato la sentenza impugnata.

La citazione deve indicare, a pena d'inammissibilità, il motivo della revocazione e le prove relative alla dimostrazione dei fatti di cui ai nn. 1, 2, 3 e 6 dell'art. 395, del giorno della scoperta o dell'accertamento del dolo o della falsità, o del recupero dei documenti.

La citazione deve essere sottoscritta da un difensore munito di procura speciale.[1]

La proposizione della revocazione non sospende il termine per proporre il ricorso per cassazione o il procedimento relativo. Tuttavia il giudice davanti a cui è proposta la revocazione, su istanza di parte, può sospendere l'uno o l'altro fino alla comunicazione della sentenza che abbia pronunciato sulla revocazione, qualora ritenga non manifestamente infondata la revocazione proposta.[2]

[1] Comma così sost. dall'art. 7, L. 18 ott. 1977, n. 793.

[2] Comma così sost. dall'art. 68, L. 26 nov. 1990, n. 353, con decorrenza 1 gen. 1993.

399. ***Deposito della citazione e della risposta.*** — Se la revocazione è proposta davanti al tribunale o alla corte d'appello, la citazione deve essere depositata, a pena di improcedibilità, entro venti giorni dalla notificazione, nella cancelleria del giudice adito, insieme con la copia autentica della sentenza impugnata.

Le altre parti debbono costituirsi nello stesso termine mediante deposito in cancelleria di una comparsa contenente le loro conclusioni.

Se la revocazione è proposta davanti al giudice di pace, il deposito e la costituzione di cui ai due commi precedenti debbono farsi a norma dell'art. 319.[1]

[1] Comma così sost. dall'art. 79, D.lgs. 19 feb. 1998, n. 51, con decorrenza dal 2 giu. 1999.

400. ***Procedimento.*** — Davanti al giudice adito si osservano le norme stabilite per il procedimento davanti a lui, in quanto non derogate da quelle del presente capo.

401. ***Sospensione dell'esecuzione.*** — Il giudice della revocazione può pronunciare, su istanza di parte inserita nell'atto di citazione, l'ordinanza prevista nell'art. 373, con lo stesso procedimento in camera di consiglio ivi stabilito.

402. ***Decisione.*** — Con la sentenza che pronuncia la revocazione il giudice decide il merito della causa e dispone la eventuale restituzione di ciò che siasi conseguito con la sentenza revocata.[1]

Il giudice, se per la decisione del merito della causa ritiene di dover disporre nuovi mezzi istruttori, pronuncia, con sentenza, la revocazione della sentenza impugnata e rimette con ordinanza le parti davanti all'istruttore.[1]

[1] Comma così sost. dalla L. 18 ott. 1977, n. 793.

403. ***Impugnazione della sentenza di revocazione.*** — Non può essere impugnata per revocazione la sentenza pronunciata nel giudizio di revocazione.

Contro di essa sono ammessi i mezzi d'impugnazione ai quali era originariamente soggetta la sentenza impugnata per revocazione.

CAPO V

Dell'opposizione di terzo

404. ***Casi di opposizione di terzo.*** — Un terzo può fare opposizione contro la sentenza passata in giudicato o comunque esecutiva pronunciata tra altre persone quando pregiudica i suoi diritti.

Gli aventi causa e i creditori di una delle parti possono fare opposizione alla sentenza, quando è l'effetto di dolo o collusione a loro danno.[1,2]

[1] Per la trascrizione delle domande di opposizione di terzo contro le sentenze soggette a trascrizione per le cause previste dal secondo comma dell'art. 404, v. artt. 2652, n. 9 e 2690, n. 6 c.c.

[2] La Corte cost., con sent. 7 giu. 1984, n. 167, ha dichiarato l'ill. cost. dell'art. 404 «nella parte in cui non ammette l'opposizione di terzo avverso la ordinanza di convalida di sfratto per finita locazione, emanata per la mancata comparizione dell'intimato o per la mancata opposizione dell'intimato pur comparso».

La Corte cost., con sent. 25 ott. 1985, n. 237, ha dichiarato l'ill. cost. dell'art. 404 «nella parte in cui non ammette l'opposizione di terzo attraverso l'ordinanza di sfratto per morosità».

La Corte cost., con sent. 20 dic. 1988, n. 1105, ha dichiarato l'ill. cost. dell'art. 404 «nella parte in cui non ammette opposizione di terzo avverso l'ordinanza con la quale il pretore dispone l'affrancazione del fondo ex. art. 4 L. 22 lug. 1966, n. 607».

La Corte cost., con sent. 26 mag. 1995, n. 192, ha dichiarato l'ill. cost. dell'art. 404, c. 1 «nella parte in cui non ammette l'opposizione di terzo avverso l'ordinanza di convalida di licenza per finita locazione».

405. ***Domanda di opposizione.*** — L'opposizione è proposta davanti allo stesso giudice che ha pronunciato la sentenza, secondo le forme prescritte per il procedimento davanti a lui.

La citazione deve contenere, oltre agli elementi di cui all'art. 163, anche l'indicazione della sentenza impugnata e, nel caso del secondo comma dell'articolo precedente, l'indicazione del giorno in cui il terzo è venuto a conoscenza del dolo o della collusione, e della relativa prova.

406. ***Procedimento.*** — Davanti al giudice adito si osservano le norme stabilite per il procedimento davanti a lui, in quanto non derogate da quelle del presente capo.

407. ***Sospensione dell'esecuzione.*** — Il giudice dell'opposizione può pronunziare, su istanza di parte inserita nell'atto di citazione, l'ordinanza prevista nell'art. 373, con lo stesso procedimento in camera di consiglio ivi stabilito.

408. ***Decisione.*** — Il giudice, se dichiara inammissibile o improcedibile la domanda o la rigetta per infondatezza dei motivi, condanna l'opponente al pagamento di una pena pecuniaria di euro 2,00 se la sentenza impugnata è del giudice di pace, di euro 2,00 se è del tribunale e di euro 2,00 in ogni altro caso (*Att.* 127).

[1] Le pene sono state fissate nella misura unica dalla L. 24 nov. 1981, n. 689.

TITOLO IV

Norme per le controversie in materia di lavoro[1]

[1] Il titolo IV è stato integralmente sostituito dall'art. 1 della L. 11 ago. 1973, n. 533.

Ai sensi e per gli effetti dell'art. 3, L. 21 feb. 2006, n. 102, alle cause relative al risarcimento dei danni per morte o lesioni, conseguenti ad incidenti stradali, si applicano le norme processuali di cui al libro II, titolo IV, capo I.

Per la giurisdizione del giudice ordinario nelle controversie riguardanti il rapporto di lavoro dei dipendenti delle amministrazioni pubbliche v. l'art. 68 del D.L. 3 feb. 1993, n. 29 e succ. modif.

CAPO I

Delle controversie individuali di lavoro

SEZIONE I

Disposizioni generali

409. ***Controversie individuali di lavoro.*** — Si osservano le disposizioni del presente capo nelle controversie relative a:

1) rapporti di lavoro subordinato privato, anche se non inerenti all'esercizio di una impresa;

2) rapporti di mezzadria, di colonia parziaria, di compartecipazione agraria, di affitto a coltivatore diretto, nonché rapporti derivanti da altri contratti agrari, salva la competenza delle sezioni specializzate agrarie;[1]

3) rapporti di agenzia, di rappresentanza commerciale ed altri rapporti di collaborazione che si concretino in una prestazione di opera continuativa e coordinata, prevalentemente personale anche se non a carattere subordinato. La collaborazione si intende coordinata quando, nel rispetto delle modalità di coordinamento stabilite di comune accordo dalle parti, il collaboratore organizza autonomamente l'attività lavorativa.[2]

4) rapporti di lavoro dei dipendenti di enti pubblici che svolgono esclusivamente o prevalentemente attività economica;

5) rapporti di lavoro dei dipendenti di enti pubblici ed altri rapporti di lavoro pubblico, sempreché non siano devoluti dalla legge ad altro giudice.

[1] V. L. 2 mar. 1963, n. 320.

[2] Numero così modif. dall'art. 15, L. 22 mag. 2017, n. 81.

410. ***Tentativo di conciliazione.***[1] — Chi intende proporre in giudizio una domanda relativa ai rapporti previsti dall'articolo 409 può promuovere, anche tramite l'associazione sindacale alla quale aderisce o conferisce mandato, un previo tentativo di conciliazione presso la commissione di conciliazione individuata secondo i criteri di cui all'articolo 413.

La comunicazione della richiesta di espletamento del tentativo di conciliazione interrompe la prescrizione e sospende, per la durata del tentativo di conciliazione e per i venti giorni successivi alla sua conclusione, il decorso di ogni termine di decadenza.

Le commissioni di conciliazione sono istituite presso la Direzione provinciale del lavoro. La commissione è composta dal direttore dell'ufficio stesso o da un suo delegato o da un magistrato collocato a riposo, in qualità di presidente, da quattro rappresentanti effettivi e da quattro supplenti dei datori di lavoro e da quattro rappresentanti effettivi e da quattro supplenti dei lavoratori, designati dalle rispettive organizzazioni sindacali maggiormente rappresentative a livello territoriale.

Le commissioni, quando se ne ravvisi la necessità, affidano il tentativo di conciliazione a proprie sottocommissioni, presiedute dal direttore della Direzione provinciale del lavoro o da un suo delegato, che rispecchino la composizione prevista dal terzo comma. In ogni caso per la validità della riunione è necessaria la presenza del Presidente e di almeno un rappresentante dei datori di lavoro e almeno un rappresentante dei lavoratori.

La richiesta del tentativo di conciliazione, sottoscritta dall'istante, è consegnata o spedita mediante raccomandata con avviso di ricevimento. Copia della richiesta del tentativo di conciliazione deve essere consegnata o spedita con raccomandata con ricevuta di ritorno a cura della stessa parte istante alla controparte.

La richiesta deve precisare:

1) nome, cognome e residenza dell'istante e del convenuto; se l'istante o il convenuto sono una persona giuridica, un'associazione non riconosciuta o un comitato, l'istanza deve indicare la denominazione o la ditta nonché la sede;

2) il luogo dove è sorto il rapporto ovvero dove si trova l'azienda o sua dipendenza alla quale è addetto il lavoratore o presso la quale egli prestava la sua opera al momento della fine del rapporto;

3) il luogo dove devono essere fatte alla parte istante le comunicazioni inerenti alla procedura;

4) l'esposizione dei fatti e delle ragioni posti a fondamento della pretesa.

Se la controparte intende accettare la procedura di conciliazione, deposita presso la commissione di conciliazione, entro venti giorni dal ricevimento della copia della richiesta, una memoria contenente le difese e le eccezioni in fatto e in diritto, nonché le eventuali domande in via riconvenzionale. Ove ciò non avvenga, ciascuna delle parti è libera di adire l'autorità giudiziaria. Entro i dieci giorni successivi al deposito, la commissione fissa la comparizione delle parti per il tentativo di conciliazione, che deve essere tenuto entro i successivi trenta giorni. Dinanzi alla commissione il lavoratore può farsi assistere anche da un'organizzazione cui aderisce o conferisce mandato.

La conciliazione della lite da parte di chi rappresenta la pubblica amministrazione, anche in sede giudiziale ai sensi dell'articolo 420, commi primo, secondo e terzo, non può dar luogo a responsabilità, salvi i casi di dolo e colpa grave.

[1] Articolo sost. dall'art. 31 c. 1 della L. 4 nov. 2010, n. 183.

410-*bis*. [***Termine per l'espletamento del tentativo di conciliazione***].[1]

[1] Articolo inserito dall'art. 37 del D.lgs. 31 mar. 1998, n. 80 e poi abrog. dall'art. 31 c. 16 della L. 4 nov. 2010, n. 183.

411. ***Processo verbale di conciliazione.***[1] — Se la conciliazione esperita ai sensi dell'articolo 410 riesce, anche limitatamente ad una parte della domanda, viene redatto separato processo verbale sottoscritto dalle parti e dai componenti della commissione di conciliazione. Il giudice, su istanza della parte interessata, lo dichiara esecutivo con decreto.

Se non si raggiunge l'accordo tra le parti, la commissione di conciliazione deve formulare una proposta per la bonaria definizione della controversia. Se la proposta non è accettata, i termini di essa sono riassunti nel verbale con indicazione delle valutazioni espresse dalle parti. Delle risultanze della proposta formulata dalla commissione e non accettata senza adeguata motivazione il giudice tiene conto in sede di giudizio.

Ove il tentativo di conciliazione sia stato richiesto dalle parti, al ricorso depositato ai sensi dell'articolo 415 devono essere allegati i verbali e le memorie concernenti il tentativo di conciliazione non riuscito. Se il tentativo di conciliazione si è svolto in sede sindacale, ad esso non si applicano le disposizioni di cui all'articolo 410. Il processo verbale di avvenuta conciliazione è depositato presso la Direzione provinciale del lavoro a cura di una delle parti o per il tramite di un'associazione sindacale. Il direttore, o un suo delegato, accertatane l'autenticità, provvede a depositarlo nella cancelleria del tribunale nella cui circoscrizione è stato redatto. Il giudice, su istanza della parte interessata, accertata la regolarità formale del verbale di conciliazione, lo dichiara esecutivo con decreto.

[1] Articolo sost. dall'art. 31 c. 3 della L. 4 nov. 2010, n. 183.

412. ***Risoluzione arbitrale della controversia.***[1] — In qualunque fase del tentativo di conciliazione, o al suo termine in caso di mancata riuscita, le parti possono indicare la soluzione, anche parziale, sulla quale concordano, riconoscendo, quando è possibile, il credito che spetta al lavoratore, e possono accordarsi per la risoluzione della lite, affidando alla commissione di conciliazione il mandato a risolvere in via arbitrale la controversia.

Nel conferire il mandato per la risoluzione arbitrale della controversia, le parti devono indicare:

1) il termine per l'emanazione del lodo, che non può comunque superare i sessanta giorni dal conferimento del mandato, spirato il quale l'incarico deve intendersi revocato;

2) le norme invocate dalle parti a sostegno delle loro pretese e l'eventuale richiesta di decidere secondo equità, nel rispetto dei princìpi generali del-

l'ordinamento e dei princìpi regolatori della materia, anche derivanti da obblighi comunitari.

Il lodo emanato a conclusione dell'arbitrato, sottoscritto dagli arbitri e autenticato, produce tra le parti gli effetti di cui all'articolo 1372 e all'articolo 2113, quarto comma, del codice civile.

Il lodo è impugnabile ai sensi dell'articolo 808-*ter*. Sulle controversie aventi ad oggetto la validità del lodo arbitrale irrituale, ai sensi dell'articolo 808-*ter*, decide in unico grado il tribunale, in funzione di giudice del lavoro, nella cui circoscrizione è la sede dell'arbitrato. Il ricorso è depositato entro il termine di trenta giorni dalla notificazione del lodo. Decorso tale termine, o se le parti hanno comunque dichiarato per iscritto di accettare la decisione arbitrale, ovvero se il ricorso è stato respinto dal tribunale, il lodo è depositato nella cancelleria del tribunale nella cui circoscrizione è la sede dell'arbitrato. Il giudice, su istanza della parte interessata, accertata la regolarità formale del lodo arbitrale, lo dichiara esecutivo con decreto.

[1] Articolo così sost. dall'art. 31 c. 5 della L. 4 nov. 2010, n. 183.

412-*bis*. [***Procedibilità della domanda***].[1]

[1] Articolo inserito dall'art. 39 del D.lgs. 31 mar. 1998, n. 80 e poi abrog. dall'art. 31 c. 16 della L. 4 nov. 2010, n. 183.

412-*ter*. *Altre modalità di conciliazione e arbitrato previsto dalla contrattazione collettiva.*[1] — La conciliazione e l'arbitrato, nelle materie di cui all'articolo 409, possono essere svolti altresì presso le sedi e con le modalità previste dai contratti collettivi sottoscritti dalle associazioni sindacali maggiormente rappresentative.

[1] Articolo così sost. dall'art. 31 c. 6 della L. 4 nov. 2010, n. 183.

412-*quater*. *Altre modalità di conciliazione e arbitrato.*[1] — Ferma restando la facoltà di ciascuna delle parti di adire l'autorità giudiziaria e di avvalersi delle procedure di conciliazione e di arbitrato previste dalla legge, le controversie di cui all'articolo 409 possono essere altresì proposte innanzi al collegio di conciliazione e arbitrato irrituale costituito secondo quanto previsto dai commi seguenti.

Il collegio di conciliazione e arbitrato è composto da un rappresentante di ciascuna delle parti e da un terzo membro, in funzione di presidente, scelto di comune accordo dagli arbitri di parte tra i professori universitari di materie giuridiche e gli avvocati ammessi al patrocinio davanti alla Corte di cassazione.

La parte che intenda ricorrere al collegio di conciliazione e arbitrato deve notificare all'altra parte un ricorso sottoscritto, salvo che si tratti di una pubblica amministrazione, personalmente o da un suo rappresentante al quale abbia conferito mandato e presso il quale deve eleggere il domicilio. Il ricorso deve contenere la nomina dell'arbitro di parte e indicare l'oggetto della domanda, le ragioni di fatto e di diritto sulle quali si fonda la domanda stessa, i mezzi di prova e il valore della controversia entro il quale si intende limitare la domanda. Il ricorso deve contenere il riferimento alle norme invocate dal ricorrente a sostegno della sua pretesa e l'eventuale richiesta di decidere secondo equità, nel rispetto dei princìpi generali dell'ordinamento e dei princìpi regolatori della materia, anche derivanti da obblighi comunitari.

Se la parte convenuta intende accettare la procedura di conciliazione e arbitrato nomina il proprio arbitro di parte, il quale entro trenta giorni dalla notifica del ricorso procede, ove possibile, concordemente con l'altro arbitro, alla scelta del presidente e della sede del collegio. Ove ciò non avvenga, la parte che ha presentato ricorso può chiedere che la nomina sia fatta dal presidente del tribunale nel cui circondario è la sede dell'arbitrato. Se le parti non hanno ancora determinato la sede, il ricorso è presentato al presidente del tribunale del luogo in cui è sorto il rapporto di lavoro o ove si trova l'azienda o una sua dipendenza alla quale è addetto il lavoratore o presso la quale egli prestava la sua opera al momento della fine del rapporto.

In caso di scelta concorde del terzo arbitro e della sede del collegio, la parte convenuta, entro trenta giorni da tale scelta, deve depositare presso la sede del collegio una memoria difensiva sottoscritta, salvo che si tratti di una pubblica amministrazione, da un avvocato cui abbia conferito mandato e presso il quale deve eleggere il domicilio. La memoria deve contenere le difese e le eccezioni in fatto e in diritto, le eventuali domande in via riconvenzionale e l'indicazione dei mezzi di prova.

Entro dieci giorni dal deposito della memoria difensiva il ricorrente può depositare presso la sede del collegio una memoria di replica senza modificare il contenuto del ricorso. Nei successivi dieci giorni il convenuto può depositare presso la sede del collegio una controreplica senza modificare il contenuto della memoria difensiva.

Il collegio fissa il giorno dell'udienza, da tenere entro trenta giorni dalla scadenza del termine per la controreplica del convenuto, dandone comunicazione alle parti, nel domicilio eletto, almeno dieci giorni prima.

All'udienza il collegio esperisce il tentativo di conciliazione. Se la conciliazione riesce, si applicano le disposizioni dell'articolo 411, commi primo e terzo.

Se la conciliazione non riesce, il collegio provvede, ove occorra, a interrogare le parti e ad ammettere e assumere le prove, altrimenti invita all'immediata discussione orale. Nel caso di ammissione delle prove, il collegio può rinviare ad altra udienza, a non più di dieci giorni di distanza, l'assunzione delle stesse e la discussione orale.

La controversia è decisa, entro venti giorni dall'udienza di discussione, mediante un lodo. Il lodo emanato a conclusione dell'arbitrato, sottoscritto dagli arbitri e autenticato, produce tra le parti gli effetti di cui agli articoli 1372 e 2113, quarto comma, del codice civile. Il lodo è impugnabile ai sensi dell'articolo 808-*ter*. Sulle controversie aventi ad oggetto la validità del lodo arbitrale irrituale, ai sensi dell'articolo 808-*ter*, decide in unico grado il tribunale, in funzione di giudice del lavoro, nella cui circoscrizione è la sede dell'arbitrato. Il ricorso è depositato entro il termine di trenta giorni dalla notificazione del lodo. Decorso tale termine, o se le parti hanno comunque dichiarato per iscritto di accettare la decisione arbitrale, ovvero se il ricorso è stato respinto dal tribunale, il lodo è depositato nella cancelleria del tribunale nella cui circoscrizione è la sede dell'arbitrato. Il giudice, su istanza della parte interessata, accertata la regolarità formale del lodo arbitrale, lo dichiara esecutivo con decreto.

Il compenso del presidente del collegio è fissato in misura pari al 2 per cento del valore della controversia dichiarato nel ricorso ed è versato dalle parti, per metà ciascuna, presso la sede del collegio mediante assegni circolari intestati al presidente almeno cinque giorni prima dell'udienza. Ciascuna parte provvede a compensare l'arbitro da essa nominato. Le spese legali e quelle per il compenso del presidente e dell'arbitro di parte, queste ultime nella misura dell'1 per cento del suddetto valore della controversia, sono liquidate nel lodo ai sensi degli articoli 91, primo comma, e 92.

I contratti collettivi nazionali di categoria possono istituire un fondo per il rimborso al lavoratore delle spese per il compenso del presidente del collegio e del proprio arbitro di parte.

[1] Articolo così sost. dall'art. 31 c. 8 della L. 4 nov. 2010, n. 183.

SEZIONE II
Del procedimento[1]

[1] Per le tasse e per i diritti di qualsiasi natura v. l'art. 10 della L. 11 ago. 1973, n. 533.

§1.
Del procedimento di primo grado

413. ***Giudice competente.*** — Le controversie previste dall'art. 409 sono in primo grado di competenza del tribunale[1] in funzione di giudice del lavoro.

Competente per territorio è il giudice nella cui circoscrizione è sorto il rapporto ovvero si trova l'azienda o una sua dipendenza alla quale è addetto il lavoratore o presso la quale egli prestava la sua opera al momento della fine del rapporto.

Tale competenza permane dopo il trasferimento dell'azienda o la cessazione di essa o della sua dipendenza, purché la domanda sia proposta entro sei mesi dal trasferimento o dalla cessazione.

Competente per territorio per le controversie previste dal n. 3) dell'art. 409 è il giudice nella cui circoscrizione si trova il domicilio dell'agente, del rappresentante di commercio ovvero del titolare degli altri rapporti di collaborazione di cui al predetto n. 3 dell'art. 409.

Competente per territorio per le controversie relative ai rapporti di lavoro alle dipendenze delle pubbliche amministrazioni è il giudice nella cui circoscrizione ha sede l'ufficio al quale il dipendente è addetto o era addetto al momento della cessazione del rapporto.[2]

Nelle controversie nelle quali è parte una Amministrazione dello Stato non si applicano le disposizioni dell'art. 6 del R.D. 30 ott. 1933, n. 1611.[3]

Qualora non trovino applicazione le disposizioni dei commi precedenti, si applicano quelle dell'art. 18.

Sono nulle le clausole derogative della competenza per territorio.

[1] La parola "pretore" è stata sostituita con la parola "tribunale" dall'art. 82, D.lgs. 19 feb. 1998, n. 51 con decorrenza dal 2 giu. 1999.

[2] Comma aggiunto dall'art. un. della L. 11 feb. 1992, n. 128.

[3] Comma inserito dall'art. 40 del D.lgs. 31 mar. 1998, n. 80.

414. ***Forma della domanda.*** — La domanda si propone con ricorso, il quale deve contenere:

1) l'indicazione del giudice;

2) il nome, il cognome, nonché la residenza o il domicilio eletto del ricorrente nel comune in cui ha sede il giudice adito, il nome, il cognome e la residenza o il domicilio o la dimora del convenuto; se ricorrente o convenuto è una persona giuridica, un'associazione non riconosciuta o un comitato, il ricorso deve indicare la denominazione o ditta nonché la sede del ricorrente o del convenuto;

3) la determinazione dell'oggetto della domanda;

4) l'esposizione dei fatti e degli elementi di diritto sui quali si fonda la domanda con le relative conclusioni;

5) l'indicazione specifica dei mezzi di prova di cui il ricorrente intende avvalersi e in particolare dei documenti che si offrono in comunicazione.

415. ***Deposito del ricorso e decreto di fissazione dell'udienza.*** — Il ricorso è depositato nella cancelleria del giudice competente insieme con i documenti in esso indicati.

Il giudice, entro 5 giorni dal deposito del ricorso, fissa, con decreto, l'udienza di discussione, alla quale le parti sono tenute a comparire personalmente.

Tra il giorno del deposito del ricorso e l'udienza di discussione non devono decorrere più di 60 giorni.

Il ricorso, unitamente al decreto di fissazione dell'udienza, deve essere notificato al convenuto, a cura dell'attore, entro 10 giorni dalla data di pronuncia del decreto, salvo quanto disposto dall'art. 417.

Tra la data di notificazione al convenuto e quella

dell'udienza di discussione deve intercorrere un termine non minore di 30 giorni.

Il termine di cui al comma precedente è elevato a 40 giorni e quello di cui al terzo comma è elevato a 80 giorni nel caso in cui la notificazione prevista dal quarto comma debba effettuarsi all'estero.

Nelle controversie relative ai rapporti di lavoro dei dipendenti delle pubbliche amministrazioni di cui al quinto comma dell'art. 413, il ricorso è notificato direttamente presso l'amministrazione destinataria ai sensi dell'art. 144, secondo comma. Per le amministrazioni statali o ad esse equiparate, ai fini della rappresentanza e difesa in giudizio, si osservano le disposizioni delle leggi speciali che prescrivono la notificazione presso gli uffici dell'Avvocatura dello Stato competente per territorio.[1]

[1] Comma aggiunto dall'art. 41 del D.lgs. 31 mar. 1998, n. 80.

416. *Costituzione del convenuto.* — Il convenuto deve costituirsi almeno 10 giorni prima dell'udienza, dichiarando la residenza o eleggendo domicilio nel comune in cui ha sede il giudice adito.

La costituzione del convenuto si effettua mediante deposito in cancelleria di una memoria difensiva, nella quale devono essere proposte, a pena di decadenza, le eventuali domande in via riconvenzionale e le eccezioni processuali e di merito che non siano rilevabili d'ufficio.

Nella stessa memoria il convenuto deve prendere posizione, in maniera precisa e non limitata ad una generica contestazione, circa i fatti affermati dall'attore a fondamento della domanda, proporre tutte le sue difese in fatto e in diritto ed indicare specificamente, a pena di decadenza, i mezzi di prova dei quali intende avvalersi ed in particolare i documenti che deve contestualmente depositare.

417. *Costituzione e difesa personali delle parti.* — In primo grado la parte può stare in giudizio personalmente quando il valore della causa non eccede euro 129,11.

La parte che sta in giudizio personalmente propone la domanda nelle forme di cui all'art. 414 o si costituisce nelle forme di cui all'art. 416 con elezione di domicilio nell'ambito del territorio della Repubblica.

Può proporre la domanda anche verbalmente davanti al *giudice*[1] che ne fa redigere processo verbale.

Il ricorso o il processo verbale con il decreto di fissazione dell'udienza devono essere notificati al convenuto e allostesso attore a cura della cancelleria entro i termini di cui all'art. 415.

Alle parti che stanno in giudizio personalmente ogni ulteriore atto o memoria deve essere notificato dalla cancelleria.

[1] Parole così modif. dall'art. 83 D.lgs. 19 feb. 1998 n. 51, con decorrenza dal 2 giu. 1999.

417-*bis*. *Difesa delle pubbliche amministrazioni.*[1] — Nelle controversie relative ai rapporti di lavoro dei dipendenti delle pubbliche amministrazioni di cui al quinto comma dell'art. 413, limitatamente al giudizio di primo grado le amministrazioni stesse possono stare in giudizio avvalendosi direttamente di propri dipendenti.[2]

Per le amministrazioni statali o ad esse equiparate, ai fini della rappresentanza e difesa in giudizio, la disposizione di cui al comma precedente si applica salvo che l'Avvocatura dello Stato competente per territorio, ove vengano in rilievo questioni di massima o aventi notevoli riflessi economici, determini di assumere direttamente la trattazione della causa dandone immediata comunicazione ai competenti uffici dell'amministrazione interessata, nonché al Dipartimento della funzione pubblica, anche per l'eventuale emanazione di direttive agli uffici per la gestione del contenzioso del lavoro. In ogni altro caso l'Avvocatura dello Stato trasmette immediatamente, e comunque non oltre 7 giorni dalla notifica degli atti introduttivi, gli atti stessi ai competenti uffici dell'amministrazione interessata per gli adempimenti di cui al comma precedente.

Gli enti locali, anche al fine di realizzare economie di gestione, possono utilizzare le strutture dell'amministrazione civile del Ministero dell'interno, alle quali conferiscono mandato nei limiti di cui al primo comma.

[1] Articolo inserito dall'art. 42 del D.lgs. 31 mar. 1998, n. 80.

[2] Comma così modif. dall'art. 19 del D.lgs. 29 ott. 1998, n. 387.

418. *Notificazione della domanda riconvenzionale.* — Il convenuto che abbia proposta una domanda in via riconvenzionale a norma del secondo comma dell'art. 416 deve, con istanza contenuta nella stessa memoria, a pena di decadenza dalla riconvenzionale medesima, chiedere al giudice che, a modifica del decreto di cui al secondo comma dell'art. 415, pronunci, non oltre 5 giorni, un nuovo decreto per la fissazione dell'udienza.

Tra la proposizione della domanda riconvenzionale e l'udienza di discussione non devono decorrere più di 50 giorni.

Il decreto che fissa l'udienza deve essere notificato all'attore, a cura dell'ufficio, unitamente alla memoria difensiva, entro 10 giorni dalla data in cui è stato pronunciato.

Tra la data di notificazione all'attore del decreto pronunciato a norma del primo comma e quella dell'udienza di discussione deve intercorrere un termine non minore di 25 giorni.

Nel caso in cui la notificazione del decreto debba farsi all'estero il termine di cui al secondo comma è elevato a 70 giorni, e quello di cui al comma precedente è elevato a 35 giorni.

419. *Intervento volontario.* — Salvo che sia effettuato per l'integrazione necessaria del contradditorio, l'intervento del terzo ai sensi dell'art. 105 non può aver luogo oltre il termine stabilito per la costituzione del convenuto, con le modalità previste dagli artt. 414 e 416 in quanto applicabili.[1]

[1] La Corte cost., con sent. 29 giu. 1983, n. 193, ha dichiarato l'ill. cost. dell'art. 419 c.p.c. «nella parte in cui, ove un terzo spieghi intervento volontario, non attribuisce al giudice il potere dovere di fissare – con il rispetto del termine di cui all'art. 415, comma quinto (elevabile a quaranta giorni allorquando la notificazione ad alcuna delle parti originarie contumaci debba effettuarsi all'estero) – una nuova udienza, non meno di dieci giorni prima della quale potranno le parti originarie depositare memoria, e di disporre che, entro cinque giorni, siano notificati alle parti originarie il provvedimento di fissazione e la memoria dell'interveniente, e che sia notificato a quest'ultimo il provvedimento di fissazione della nuova udienza».

420. ***Udienza di discussione della causa.*** — Nell'udienza fissata per la discussione della causa il giudice interroga liberamente le parti presenti, tenta la conciliazione della lite e formula alle parti una proposta transattiva[1] o conciliativa[2]. La mancata comparizione personale delle parti, o il rifiuto della proposta transattiva o conciliativa[2] del giudice, senza giustificato motivo, costituiscono comportamento valutabile dal giudice ai fini del giudizio.[1] Le parti possono, se ricorrono gravi motivi, modificare le domande, eccezioni e conclusioni già formulate, previa autorizzazione del giudice.

Le parti hanno facoltà di farsi rappresentare da un procuratore generale o speciale, il quale deve essere a conoscenza dei fatti della causa. La procura deve essere conferita con atto pubblico o scrittura privata autenticata e deve attribuire al procuratore il potere di conciliare o transigere la controversia. La mancata conoscenza, senza gravi ragioni, dei fatti della causa da parte del procuratore è valutata dal giudice ai fini della decisione.

Il verbale di conciliazione ha efficacia di titolo esecutivo.

Se la conciliazione non riesce e il giudice ritiene la causa matura per la decisione, o se sorgono questioni attinenti alla giurisdizione o alla competenza o ad altre pregiudiziali la cui decisione può definire il giudizio, il giudice invita le parti alla discussione e pronuncia sentenza anche non definitiva dando lettura del dispositivo.

Nella stessa udienza ammette i mezzi di prova già proposti dalle parti e quelli che le parti non abbiano potuto proporre prima, se ritiene che siano rilevanti, disponendo, con ordinanza resa nell'udienza, per la loro immediata assunzione.

Qualora ciò non sia possibile, fissa altra udienza, non oltre 10 giorni dalla prima, concedendo alle parti, ove ricorrano giusti motivi, un termine perentorio non superiore a 5 giorni prima dell'udienza di rinvio per il deposito in cancelleria di note difensive.

Nel caso in cui vengano ammessi nuovi mezzi di prova, a norma del quinto comma, la controparte può dedurre i mezzi di prova che si rendano necessari in relazione a quelli ammessi, con assegnazione di un termine perentorio di 5 giorni. Nell'udienza fissata a norma del precedente comma il giudice ammette, se rilevanti, i nuovi mezzi di prova dedotti dalla controparte e provvede alla loro assunzione.

L'assunzione delle prove deve essere esaurita nella stessa udienza o, in caso di necessità, in udienza da tenersi nei giorni feriali immediatamente successivi.

Nel caso di chiamata in causa a norma degli artt. 102, secondo comma, 106 e 107, il giudice fissa una nuova udienza e dispone che, entro 5 giorni, siano notificati al terzo il provvedimento nonché il ricorso introduttivo e l'atto di costituzione del convenuto, osservati i termini di cui ai commi terzo, quinto e sesto dell'art. 415. Il termine massimo entro il quale deve tenersi la nuova udienza decorre dalla pronuncia del provvedimento di fissazione.

Il terzo chiamato deve costituirsi non meno di 10 giorni prima dell'udienza fissata, depositando la propria memoria a norma dell'art. 416.

A tutte le notificazioni e comunicazioni occorrenti provvede l'ufficio.

Le udienze di mero rinvio sono vietate.

[1] Parole così modif. dall'art. 31 c. 4 della L. 4 nov. 2010, n. 183.

[2] Parole aggiunte dall'art. 77, c. 1, lett. *b*), D.L. 21 giu. 2013, n. 69, conv. con modif. in L. 9 ago. 2013, n. 98.

420-*bis*. ***Accertamento pregiudiziale sull'efficacia, validità ed interpretazione dei contratti e accordi collettivi.*** — Quando per la definizione di una controversia di cui all'art. 409 è necessario risolvere in via pregiudiziale una questione concernente l'efficacia, la validità o l'interpretazione delle clausole di un contratto o accordo collettivo nazionale, il giudice decide con sentenza tale questione, impartendo distinti provvedimenti per l'ulteriore istruzione o, comunque, per la prosecuzione della causa fissando una successiva udienza in data non anteriore a novanta giorni.

La sentenza è impugnabile soltanto con ricorso immediato per cassazione da proporsi entro sessanta giorni dalla comunicazione dell'avviso di deposito della sentenza.

Copia del ricorso per cassazione deve, a pena di inammissibilità del ricorso, essere depositata presso la cancelleria del giudice che ha emesso la sentenza impugnata entro venti giorni dalla notificazione del ricorso alle altre parti; il processo è sospeso dalla data del deposito.[1]

[1] Articolo inserito dall'art. 18 D.lgs. 2 feb. 2006, n. 40.

421. ***Poteri istruttori del giudice.*** — Il giudice indica alle parti in ogni momento le irregolarità degli atti e dei documenti che possono essere sanate assegnando un termine per provvedervi, salvo gli eventuali diritti quesiti.

Può altresì disporre d'ufficio in qualsiasi momento l'ammissione di ogni mezzo di prova, anche fuori dei limiti stabiliti dal c.c., ad eccezione del giuramento decisorio, nonché la richiesta di informazioni e osservazioni, sia scritte che orali, alle associazioni sindacali indicate dalle parti. Si osserva la disposizione del comma sesto dell'art. 420.[1]

Dispone, su istanza di parte, l'accesso sul luogo di lavoro, purché necessario al fine dell'accertamento dei fatti, e dispone altresì, se ne ravvisa l'utilità, l'esame dei testimoni sul luogo stesso.

Il giudice, ove lo ritenga necessario, può ordinare la comparizione, per interrogarle liberamente sui fatti della causa, anche di quelle persone che siano incapaci di testimoniare a norma dell'art. 246 o a cui sia vietato a norma dell'art. 247.

[1] Comma così modif. dall'art. 53, D.L. 25 giu. 2008, n. 112.

422. ***Registrazione su nastro.*** — Il giudice può autorizzare la sostituzione della verbalizzazione da parte del cancelliere con la registrazione su nastro delle deposizioni di testi e delle audizioni delle parti o di consulenti.

423. ***Ordinanze per il pagamento di somme.*** — Il giudice, su istanza di parte, in ogni stato del giudizio, dispone con ordinanza il pagamento delle somme non contestate.

Egualmente, in ogni stato del giudizio, il giudice può, su istanza del lavoratore, disporre con ordinanza il pagamento di una somma a titolo provvisorio quando ritenga il diritto accertato e nei limiti della quantità per cui ritiene già raggiunta la prova.

Le ordinanze di cui ai commi precedenti costituiscono titolo esecutivo.

L'ordinanza di cui al secondo comma è revocabile con la sentenza che decide la causa.

424. ***Assistenza del consulente tecnico.*** — Se la natura della controversia lo richiede, il giudice, in qualsiasi momento, nomina uno o più consulenti tecnici, scelti in albi speciali, a norma dell'art. 61. A tal fine il giudice può disporre ai sensi del sesto comma dell'art. 420.

Il consulente può essere autorizzato a riferire verbalmente ed in tal caso le sue dichiarazioni sono integralmente raccolte a verbale, salvo quanto previsto dal precedente art. 422.

Se il consulente chiede di presentare relazione scritta, il giudice fissa un termine non superiore a 20 giorni, non prorogabile, rinviando la trattazione ad altra udienza.

425. ***Richiesta di informazioni e osservazioni alle associazioni sindacali.*** — Su istanza di parte, l'associazione sindacale indicata dalla stessa ha facoltà di rendere in giudizio, tramite un suo rappresentante, informazioni e osservazioni orali o scritte. Tali informazioni e osservazioni possono essere rese anche nel luogo di lavoro ove sia stato disposto l'accesso ai sensi del terzo comma dell'art. 421.

A tal fine, il giudice può disporre ai sensi del sesto comma dell'art. 420.

Il giudice può richiedere alle associazioni sindacali il testo dei contratti e accordi collettivi di lavoro, anche aziendali, da applicare nella causa.

426. ***Passaggio dal rito ordinario al rito speciale.*** — Il *giudice*[1], quando rileva che una causa promossa nelle forme ordinarie riguarda uno dei rapporti previsti dall'art. 409, fissa con ordinanza l'udienza di cui all'art. 420 e il termine perentorio entro il quale le parti dovranno provvedere all'eventuale integrazione degli atti introduttivi mediante deposito di memorie e documenti in cancelleria.[2]

Nell'udienza come sopra fissata provvede a norma degli articoli che precedono.

[1] Parole così modif. dall'art. 83 D.lgs. 19 feb. 1998, n. 51 con decorrenza 2 giu. 1999.

[2] La Corte cost., con sent. 14 gen. 1977, n. 14, ha dichiarato l'ill. cost. del combinato disposto dell'art. 426 e dell'art. 20, L. 11 ago. 1973, n. 533, «nella parte in cui, con riguardo alle cause pendenti al momento dell'entrata in vigore della legge, non è prevista la comunicazione anche alla parte contumace dell'ordinanza che fissa l'udienza di discussione e il termine perentorio per l'integrazione degli atti».

427. ***Passaggio dal rito speciale al rito ordinario.*** — Il *giudice*[1], quando rileva che una causa promossa nelle forme stabilite dal presente capo riguarda un rapporto diverso da quelli previsti dall'art. 409, se la causa stessa rientra nella sua competenza dispone che gli atti siano messi in regola con le disposizioni tributarie, altrimenti la rimette con ordinanza al giudice competente, fissando un termine perentorio non superiore a 30 giorni per la riassunzione con il rito ordinario.

In tal caso le prove acquisite durante lo stato di rito speciale avranno l'efficacia consentita dalle norme ordinarie.

[1] Parole così modif. dall'art. 83 D.lgs. 19 feb. 1998 n. 51 con decorrenza 2 giu. 1999.

428. ***Incompetenza del giudice.*** — Quando una causa relativa ai rapporti di cui all'art. 409 sia stata proposta a giudice incompetente, l'incompetenza può essere eccepita dal convenuto soltanto nella memoria difensiva di cui all'art. 416 ovvero rilevata d'ufficio dal giudice non oltre l'udienza di cui all'art. 420.

Quando l'incompetenza sia stata eccepita o rilevata ai sensi del comma precedente, il giudice rimette la causa al *tribunale*[1] in funzione di giudice del lavoro, fissando un termine perentorio non superiore a 30 giorni per la riassunzione con rito speciale.

[1] Parole così modif. dall'art. 84 D.lgs. 19 feb. 1998 n. 51 con decorrenza 2 giu. 1999.

429. ***Pronuncia della sentenza.*** — Nell'udienza il giudice, esaurita la discussione orale e udite le conclusioni delle parti, pronuncia sentenza con cui definisce il giudizio dando lettura del dispositivo e della esposizione delle ragioni di fatto e di diritto della decisione. In caso di particolare complessità della controversia, il giudice fissa nel dispositivo un termine, non superiore a sessanta giorni, per il deposito della sentenza.[1]

Se il giudice lo ritiene necessario, su richiesta delle parti, concede alle stesse un termine non superiore a 10 giorni per il deposito di note difensive, rinviando la causa all'udienza immediatamente successiva alla scadenza del termine suddetto, per la discussione e la pronuncia della sentenza.

Il giudice, quando pronuncia sentenza di condanna al pagamento di somme di denaro per crediti di lavoro, deve determinare, oltre gli interessi nella misura legale, il maggior danno eventualmente subito dal lavoratore per la diminuzione di valore del suo credito, condannando al pagamento della somma relativa con decorrenza dal giorno della maturazione del diritto.[2]

[1] Comma così modif. dall'art. 53, D.L. 25 giu. 2008, n. 112. La disposizione si applica ai giudizi instaurati dopo il 25 giu. 2008.

[2] *Att.* 150. *Calcolo della svalutazione monetaria.* – Ai fini del calcolo di cui all'art. 429, ultimo comma, del codice, il giudice applicherà l'indice dei prezzi calcolato dall'ISTAT per la scala mobile per i lavoratori dell'industria.

430. ***Deposito della sentenza.*** — La sentenza deve essere depositata in cancelleria entro 15 giorni dalla pronuncia. Il cancelliere ne dà immediata comunicazione alle parti.

431. ***Esecutorietà della sentenza.*** — Le sentenze che pronunciano condanna a favore del lavoratore per crediti derivanti dai rapporti di cui all'art. 409 sono provvisoriamente esecutive.

All'esecuzione si può procedere con la sola copia del dispositivo, in pendenza del termine per il deposito della sentenza.

Il giudice di appello può disporre con ordinanza non impugnabile che l'esecuzione sia sospesa quando dalla stessa possa derivare all'altra parte gravissimo danno.

La sospensione disposta a norma del comma precedente può essere anche parziale e, in ogni caso, l'esecuzione provvisoria resta autorizzata fino alla somma di euro 258,23.

Le sentenze che pronunciano condanna a favore del datore di lavoro sono provvisoriamente esecutive e sono soggette alla disciplina degli artt. 282 e 283.[1]

Il giudice di appello può disporre con ordinanza non impugnabile che l'esecuzione sia sospesa in tutto o in parte quando ricorrono gravi motivi.[1]

Se l'istanza per la sospensione di cui al terzo ed al sesto comma è inammissibile o manifestamente infondata il giudice, con ordinanza non impugnabile, può condannare la parte che l'ha proposta ad una pena pecuniaria non inferiore ad euro 250 e non superiore ad euro 10.000. L'ordinanza è revocabile con la sentenza che definisce il giudizio.[2]

[1] Commi aggiunti dall'art. 69 della L. 26 nov. 1990, n. 353, con decorrenza 1 gen. 1993.

[2] Comma aggiunto dall'art. 27, c. 1, lett. *e*), L. 12 nov. 2011, n. 183, in vigore dall'1 feb. 2012.

432. ***Valutazione equitativa delle prestazioni.*** — Quando sia certo il diritto ma non sia possibile determinare la somma dovuta, il giudice la liquida con valutazione equitativa.

§ 2.
Delle impugnazioni

433. ***Giudice d'appello.*** — L'appello contro le sentenze pronunciate nei processi relativi alle controversie previste nell'art. 409 deve essere proposto con ricorso davanti *alla corte di appello*[1] territorialmente competente in funzione di giudice del lavoro.

Ove l'esecuzione sia iniziata, prima della notificazione della sentenza, l'appello può essere proposto con riserva dei motivi che dovranno essere presentati nel termine di cui all'art. 434.

[1] Parole così modif. dall'art. 85, del D.lgs. 19 feb. 1998 n. 51 con decorrenza 2 giu. 1999.

434. ***Deposito del ricorso in appello.*** — Il ricorso deve contenere le indicazioni prescritte dall'articolo 414. L'appello deve essere motivato. La motivazione dell'appello deve contenere, a pena di inammissibilità:

1) l'indicazione delle parti del provvedimento che si intende appellare e delle modifiche che vengono richieste alla ricostruzione del fatto compiuta dal giudice di primo grado;

2) l'indicazione delle circostanze da cui deriva la violazione della legge e della loro rilevanza ai fini della decisione impugnata.[1]

Il ricorso deve essere depositato nella cancelleria della corte di appello entro trenta giorni dalla notificazione della sentenza, oppure entro quaranta giorni nel caso in cui la notificazione abbia dovuto effettuarsi all'estero.[2]

[1] Comma così sost. dall'art. 54, c. 1, lett. *c-bis*), D.L. 22 giu. 2012, n. 83, conv. con modif. in L. 7 ago. 2012, n. 134. Le modifiche introdotte dal D.L. 22 giu. 2012, n. 83, conv. in L. 7 ago. 2012, n. 134, si applicano ai giudizi di appello introdotti con ricorso depositato o con citazione di cui sia stata chiesta la notificazione dal trentesimo giorno successivo a quello (12 ago. 2012) di entrata in vigore della legge di conversione.

[2] Comma modif. dall'art. 85 D.lgs. 19 feb. 1998, n. 51.

435. ***Decreto del presidente.*** — Il presidente *della corte di appello*[1] entro 5 giorni dalla data di deposito del ricorso nomina il giudice relatore e fissa, non oltre 60 giorni dalla data medesima, l'udienza di discussione dinanzi al collegio.

L'appellante, nei 10 giorni successivi al deposito del decreto, provvede alla notifica del ricorso e del decreto all'appellato.[2]

Tra la data di notificazione all'appellato e quella dell'udienza di discussione deve intercorrere un termine non minore di 25 giorni.

Nel caso in cui la notificazione prevista dal secondo comma deve effettuarsi all'estero, i termini di cui al primo e al terzo comma sono elevati, rispettivamente, a 80 e 60 giorni.

[1] Parole così modif. dall'art. 85 D.lgs. 19 feb. 1998 n. 51 con decorrenza dal 2 giu. 1999.

[2] La Corte cost., con sent. 14 gen. 1977, n. 15, ha dichiarato l'ill. cost. dell'art. 435, c. 2, «nella parte in cui non dispone che l'avvenuto deposito del decreto presidenziale di fissazione dell'udienza di discussione sia comunicato all'appellante e che da tale comunicazione decorra il termine per la notificazione all'appellato».

436. *Costituzione dell'appellato e appello incidentale.* — L'appellato deve costituirsi almeno 10 giorni prima dell'udienza.

La costituzione dell'appellato si effettua mediante deposito in cancelleria del fascicolo e di una memoria difensiva, nella quale deve essere contenuta dettagliata esposizione di tutte le sue difese.

Se propone appello incidentale, l'appellato deve esporre nella stessa memoria i motivi specifici su cui fonda l'impugnazione. L'appello incidentale deve essere proposto, a pena di decadenza, nella memoria di costituzione, da notificarsi, a cura dell'appellato, alla controparte almeno 10 giorni prima dell'udienza fissata a norma dell'articolo precedente.

Si osservano, in quanto applicabili, le disposizioni dell'art. 416.

436-*bis*. *Inammissibilità dell'appello e pronuncia.*[1] — All'udienza di discussione si applicano gli articoli 348-*bis* e 348-*ter*.

[1] Articolo ins. così modif. dall'art. 54, c. 1, lett. *d*), D.L. 22 giu. 2012, n. 83, conv. con modif. in L. 7 ago. 2012, n. 134. Le modifiche introdotte dal D.L. 22 giu. 2012, n. 83, conv. in L. 7 ago. 2012, n. 134, si applicano ai giudizi di appello introdotti con ricorso depositato o con citazione di cui sia stata chiesta la notificazione dal trentesimo giorno successivo a quello (12 ago. 2012) di entrata in vigore della legge di conversione.

437. *Udienza di discussione.* — Nell'udienza il giudice incaricato fa la relazione orale della causa. Il collegio, sentiti i difensori delle parti, pronuncia sentenza dando lettura del dispositivo nella stessa udienza.

Non sono ammesse nuove domande ed eccezioni. Non sono ammessi nuovi mezzi di prova, tranne il giuramento estimatorio, salvo che il collegio, anche d'ufficio, li ritenga indispensabili ai fini della decisione della causa. È salva la facoltà delle parti di deferire il giuramento decisorio in qualsiasi momento della causa.

Qualora ammetta le nuove prove, il collegio fissa, entro 20 giorni, l'udienza nella quale esse debbono essere assunte e deve essere pronunciata la sentenza. In tal caso il collegio con la stessa ordinanza può adottare i provvedimenti di cui all'art. 423.

Sono applicabili le disposizioni di cui ai commi secondo e terzo dell'art. 429.

438. *Deposito della sentenza di appello.* — Il deposito della sentenza di appello è effettuato con l'osservanza delle norme di cui all'art. 430.

Si applica il disposto del secondo comma dell'art. 431.

439. *Cambiamento del rito in appello.* — *La corte di appello*[1] se ritiene che il procedimento in primo grado non si sia svolto secondo il rito prescritto, procede a norma degli artt. 426 e 427.

[1] Parole così modif. dall'art. 85 D.lgs. 19 feb. 1998, n. 51 con decorrenza dal 2 giu. 1999.

440. *Appellabilità delle sentenze.* — Sono inappellabili le sentenze che hanno deciso una controversia di valore non superiore a euro 25,82.

441. *Consulente tecnico in appello.* — Il collegio, nell'udienza di cui al primo comma dell'art. 437, può nominare un consulente tecnico rinviando ad altra udienza da fissarsi non oltre 30 giorni. In tal caso con la stessa ordinanza può adottare i provvedimenti di cui all'art. 423.

Il consulente deve depositare il proprio parere almeno 10 giorni prima della nuova udienza.

CAPO II
Delle controversie in materia di previdenza e di assistenza obbligatorie

442. *Controversie in materia di previdenza e di assistenza obbligatorie.* — Nei procedimenti relativi a controversie derivanti dall'applicazione delle norme riguardanti le assicurazioni sociali, gli infortuni sul lavoro, le malattie professionali, gli assegni familiari nonché ogni altra forma di previdenza e di assistenza obbligatorie, si osservano le disposizioni di cui al capo primo di questo titolo.

Anche per le controversie relative alla inosservanza degli obblighi di assistenza e di previdenza derivanti da contratti e accordi collettivi si osservano le disposizioni di cui al capo primo di questo titolo.[1]

Per le controversie di cui all'articolo 7, terzo comma, numero 3-*bis*), non si osservano le disposizioni di questo capo, né quelle di cui al capo primo di questo titolo[2]

[1] La Corte cost., con sent. 12 apr. 1991, n. 156, ha dichiarato l'ill. cost. dell'art. 442 «nella parte in cui non prevede che il giudice, quando pronuncia sentenza di condanna al pagamento di somme di denaro per crediti relativi a prestazioni di previdenza sociale, deve determinare, oltre gli interessi nella misura legale, il maggior danno eventualmente subito dal titolare per la diminuzione del suo credito, applicando l'indice dei prezzi calcolato dall'ISTAT per la scala mobile nel settore dell'industria e condannando al pagamento della somma relativa con decorrenza dal giorno in cui si sono verificate le condizioni legali di responsabilità dell'istituto o ente debitore per il ritardo dell'adempimento».

La Corte cost., con sent. 27 apr. 1993, n. 196, ha dichiarato l'ill. cost. dell'art. 442 «nella parte in cui non prevede, quando il giudice pronuncia sentenza di condanna al pagamento di somme di denaro per crediti relativi a prestazioni di assistenza sociale obbligatoria, il medesimo trattamento dei crediti relativi a prestazioni di previdenza sociale in ordine agli interessi legali e al risarcimento del maggior danno sofferto dal titolare per la diminuzione di valore del suo credito».

[2] Comma aggiunto dall'art. 46 della L. 18 giu. 2009, n. 69. Per espressa previsione dell'art. 58, L. 69/2009, "le disposizioni della presente legge che modificano il codice di procedura civile e le disposizioni per l'attuazione del codice di procedura civile si applicano ai giudizi instaurati dopo la data della sua entrata in vigore" (avvenuta il 4 lug. 2009).

443. *Rilevanza del procedimento amministrativo.* — La domanda relativa alle controversie in materia di previdenza e assistenza obbligatorie di cui al primo comma dell'art. 442 non è procedibile se non quando siano esauriti i procedimenti prescritti dalle leggi speciali per la composizione in sede amministrativa o siano decorsi i termini ivi fissati per il compimento dei procedimenti stessi o siano, comunque, decorsi 180 giorni dalla data in cui è stato proposto il ricorso amministrativo. (V. *Att.* 148).

Se il giudice nella prima udienza di discussione rileva l'improcedibilità della domanda a norma del comma precedente, sospende il giudizio e fissa all'attore un termine perentorio di 60 giorni per la presentazione del ricorso in sede amministrativa.

Il processo deve essere riassunto, a cura dell'attore, nel termine perentorio di 180 giorni che decorre dalla cessazione della causa della sospensione.

444. *Giudice competente.* — Le controversie in materia di previdenza e di assistenza obbligatorie indicate nell'art. 442 sono di competenza del tribunale, in funzione di giudice del lavoro, nella cui circoscrizione ha la residenza l'attore.[1] Se l'attore è residente all'estero la competenza è del tribunale, in funzione di giudice del lavoro, nella cui circoscrizione l'attore aveva l'ultima residenza prima del trasferimento all'estero ovvero, quando la prestazione è chiesta dagli eredi, nella cui circoscrizione il defunto aveva la sua ultima residenza.[2]

Se la controversia in materia di infortuni sul lavoro e malattie professionali riguarda gli addetti alla navigazione marittima o alla pesca marittima, è competente il tribunale, in funzione di giudice del lavoro, del luogo in cui ha sede l'ufficio del porto di iscrizione della nave.

Per le controversie relative agli obblighi dei datori di lavoro e all'applicazione delle sanzioni civili per l'inadempimento di tali obblighi è competente il tribunale in funzione di giudice del lavoro, del luogo in cui ha sede l'ufficio dell'ente.

[1] Comma così sost. dall'art. 86 lett. *a*) D.lgs. 19 feb. 1998 n. 51, con decorrenza dal 2 giu. 1999.

[2] Periodo aggiunto dall'art. 46 della L. 18 giu. 2009, n. 69. Per espressa previsione dell'art. 58, L. 69/2009, "le disposizioni della presente legge che modificano il codice di procedura civile e le disposizioni per l'attuazione del codice di procedura civile si applicano ai giudizi instaurati dopo la data della sua entrata in vigore" (avvenuta il 4 lug. 2009).

445. *Consulente tecnico.* — Nei processi regolati nel presente capo, relativi a domande di prestazioni previdenziali o assistenziali che richiedano accertamenti tecnici, il giudice nomina uno o più consulenti tecnici scelti in appositi albi, ai sensi dell'art. 424.

Nei casi di particolare complessità il termine di cui all'art. 424 può essere prorogato fino a 60 giorni.

445-*bis*. *Accertamento tecnico preventivo obbligatorio.*[1] — Nelle controversie in materia di invalidità civile, cecità civile, sordità civile, handicap e disabilità, nonché di pensione di inabilità e di assegno di invalidità, disciplinati dalla legge 12 giugno 1984, n. 222, chi intende proporre in giudizio domanda per il riconoscimento dei propri diritti presenta con ricorso al giudice competente ai sensi dell'articolo 442 codice di procedura civile, presso il Tribunale nel cui circondario risiede l'attore, istanza di accertamento tecnico per la verifica preventiva delle condizioni sanitarie legittimanti la pretesa fatta valere. Il giudice procede a norma dell'articolo 696-*bis* codice di procedura civile, in quanto compatibile nonché secondo le previsioni inerenti all'accertamento peritale di cui all'articolo 10, comma 6-*bis*, del decreto-legge 30 settembre 2005, n. 203, convertito, con modificazioni, dalla legge 2 dicembre 2005, n. 248, e all'articolo 195.

L'espletamento dell'accertamento tecnico preventivo costituisce condizione di procedibilità della domanda di cui al primo comma. L'improcedibilità deve essere eccepita dal convenuto a pena di decadenza o rilevata d'ufficio dal giudice, non oltre la prima udienza. Il giudice ove rilevi che l'accertamento tecnico preventivo non è stato espletato ovvero che è iniziato ma non si è concluso, assegna alle parti il termine di quindici giorni per la presentazione dell'istanza di accertamento tecnico ovvero di completamento dello stesso.

La richiesta di espletamento dell'accertamento tecnico interrompe la prescrizione.

Il giudice, terminate le operazioni di consulenza, con decreto comunicato alle parti, fissa un termine perentorio non superiore a trenta giorni, entro il quale le medesime devono dichiarare, con atto scritto depositato in cancelleria, se intendono contestare le conclusioni del consulente tecnico dell'ufficio.

In assenza di contestazione, il giudice, se non procede ai sensi dell'articolo 196, con decreto pronunciato fuori udienza entro trenta giorni dalla scadenza del termine previsto dal comma precedente omologa l'accertamento del requisito sanitario secondo le risultanze probatorie indicate nella relazione del consulente tecnico dell'ufficio provvedendo sulle spese. Il decreto, non impugnabile né modificabile, è notificato agli enti competenti, che provvedono, subordinatamente alla verifica di tutti gli ulteriori requisiti previsti dalla normativa vigente, al pagamento delle relative prestazioni, entro 120 giorni.

Nei casi di mancato accordo la parte che abbia dichiarato di contestare le conclusioni del consulente tecnico dell'ufficio deve depositare, presso il giudice di cui al comma primo, entro il termine perentorio di trenta giorni dalla formulazione della dichiarazione di dissenso, il ricorso introduttivo del giudizio, specificando, a pena di inammissibilità, i motivi della contestazione.

La sentenza che definisce il giudizio previsto dal comma precedente è inappellabile.[2]

[1] Articolo inserito dall'art. 38, c. 1, lett. *b*), D.L. 6 lug. 2011, n. 98, conv. con modif. in L. 15 lug. 2011, n. 111.

[2] Comma aggiunto dall'art. 27, c. 1, lett. *f*), L. 12 nov. 2011, n. 183, in vigore dall'1 feb. 2012.

446. ***Istituti di patronato e di assistenza sociale.*** — Gli istituti di patronato e di assistenza sociale legalmente riconosciuti, possono, su istanza dell'assistito, in ogni grado del giudizio, rendere informazioni e osservazioni orali o scritte nella forma di cui all'art. 425.

447. ***Esecuzione provvisoria.*** — Le sentenze pronunciate nei giudizi relativi alle controversie di cui all'art. 442 sono provvisoriamente esecutive.

Si applica il disposto dell'art. 431.

447-*bis*. ***Norme applicabili alle controversie in materia di locazione, di comodato e di affitto.***[1] — Le controversie in materia di locazione e di comodato di immobili urbani e quelle di affitto di aziende sono disciplinate dagli articoli 414, 415, 416, 417, 418, 419, 420, 421, primo comma, 422, 423, primo e terzo comma, 424, 425, 426, 427, 428, 429, primo e secondo comma, 430, 433, 434, 435, 436, 436-bis, 437, 438, 439, 440, 441, in quanto applicabili.[2]

Sono nulle le clausole di deroga alla competenza.

Il giudice può disporre d'ufficio, in qualsiasi momento, l'ispezione della cosa e l'ammissione di ogni mezzo di prova, ad eccezione del giuramento decisorio, nonché la richiesta di informazioni, sia scritte che orali, alle associazioni di categoria indicate dalle parti.

Le sentenze di condanna di primo grado sono provvisoriamente esecutive.

All'esecuzione si può procedere con la sola copia del dispositivo in pendenza del termine per il deposito della sentenza.

Il giudice d'appello può disporre con ordinanza non impugnabile che l'efficacia esecutiva o l'esecuzione siano sospese quando dalle stesse possa derivare all'altra parte gravissimo danno.

[1] Articolo così modif. dall'art. 87, D.lgs. 18 feb. 1998, n. 51, con decorrenza dal 2 giu. 1999.

[2] Comma così modif. dall'art. 54, c. 1, lett. *e*), D.L. 22 giu. 2012, n. 83, conv. con modif. in L. 7 ago. 2012, n. 134. Le modifiche introdotte dal D.L. 22 giu. 2012, n. 83, conv. in L. 7 ago. 2012, n. 134, si applicano ai giudizi di appello introdotti con ricorso depositato o con citazione di cui sia stata chiesta la notificazione dal trentesimo giorno successivo a quello (12 ago. 2012) di entrata in vigore della legge di conversione.

448-473. ....[1]

[1] Articoli abrog. dall'art. 1 della L. 11 ago. 1973, n. 533, che ha sostituito come al testo il titolo IV del libro II.

LIBRO TERZO[1,2]

DEL PROCESSO DI ESECUZIONE

[1] Le modifiche apportate al libro terzo dal D.L. 27 giu. 2015, n. 83, conv. in L. 6 ago. 2015, n. 132 (in vigore dal 21 ago. 2015) si applicano a norma dell'art. 23 dello stesso D.L. 83/2015 qui riportato: «1. (*Omissis*).
2. Le disposizioni di cui all'art. 2, c. 2, lett. *b*), all'art. 11 nella parte in cui introduce l'ultimo periodo dell'art. 107, c. 1, del R.D 16 mar. 1942, n. 267, all'art. 13, c. 1, lett. *b*), n. 1), lett. *e*), n. 1, lett. *ee*) e all'art. 14, c. 1, lett. *b*) e *c*) si applicano decorsi trenta giorni dalla pubblicazione in *Gazzetta Ufficiale* delle specifiche tecniche previste dall'art. 161-*quater* delle disposizioni per l'attuazione del codice di procedura civile.
3-5. (*Omissis*).
6. Le disposizioni di cui agli artt. 12 e 13, c. 1, lett. *d*), *l*), *m*), *n*), si applicano esclusivamente alle procedure esecutive iniziate successivamente alla data di entrata in vigore del presente decreto.
7. Le disposizioni di cui agli artt. 7, 13, c. 1, lett. *a*), *f*), n. 1) si applicano a decorrere dalla data di entrata in vigore della legge di conversione del presente decreto.
8. (*Omissis*).
9. Le disposizioni di cui all'art. 13, diverse da quelle indicate nel presente articolo, si applicano anche ai procedimenti pendenti alla data di entrata in vigore del presente decreto. Quando è già stata disposta la vendita, la stessa ha comunque luogo con l'osservanza delle norme precedentemente in vigore e le disposizioni di cui al presente decreto si applicano quando il giudice o il professionista delegato dispone una nuova vendita.
10. Le disposizioni di cui all'art. 13, c. 1, lett. *f*), n. 2) e lett. *g*), si applicano alle vendite disposte dal giudice o dal professionista delegato successivamente alla data di entrata in vigore del presente decreto, anche nelle procedure esecutive pendenti alla medesima data.
11-11-*bis*. (*Omissis*).».

[2] Per le modifiche in vigore dal 31 ott. 2025 v. D.lgs. 13 lug. 2017, n. 116.

TITOLO I
Del titolo esecutivo e del precetto

474. *Titolo esecutivo.* — L'esecuzione forzata non può avere luogo che in virtù di un titolo esecutivo per un diritto certo, liquido ed esigibile.

Sono titoli esecutivi:

1) le sentenze, i provvedimenti e gli altri atti ai quali la legge attribuisce espressamente efficacia esecutiva;[1]

2) le scritture private autenticate, relativamente alle obbligazioni di somme di denaro in esse contenute, le cambiali, nonché gli altri titoli di credito ai quali la legge attribuisce espressamente la stessa efficacia;[2]

3) gli atti ricevuti da notaio o da altro pubblico ufficiale autorizzato dalla legge a riceverli.

L'esecuzione forzata per consegna o rilascio non può aver luogo che in virtù dei titoli esecutivi di cui ai numeri 1) e 3) del secondo comma.[3] Il precetto deve contenere trascrizione integrale, ai sensi dell'art. 480, secondo comma, delle scritture private autenticate di cui al numero 2) del secondo comma.[4]

[1] Sono provvedimenti ai quali la legge attribuisce efficacia esecutiva: l'ordinanza per il pagamento di somme non contestate (186-*bis*); il processo verbale di conciliazione (199); il dispositivo delle sentenze in materia di lavoro (431); il decreto di sequestro (677); il decreto di ingiunzione esecutivo (642, 647); l'ordinanza con la quale il presidente del tribunale o il G.I. dà i provvedimenti temporanei e urgenti nella separazione personale (708; *Att.* 189); il verbale di separazione consensuale omologato (711); la sentenza straniera e i provvedimenti stranieri di volontaria giurisdizione dichiarati efficaci nello Stato (796, 800, 801); la decisione resa in uno Stato contraente della Convenzione di Bruxelles 27 set. 1968, purché munita della formula esecutiva (artt. 31-49 della L. 21 giu. 1971, n. 804; il lodo arbitrale (825); il certificato di credito nei contratti di Borsa.

[2] Numero così modif. dall'art. 1, L. 28 dic. 2005, n. 263. Sono titoli di credito aventi la stessa efficacia esecutiva della cambiale (L.C. 63 e 104), l'assegno bancario (chèque) (L.A. 55), l'assegno circolare (L.A. 118), la lettera di vettura (1684 c.c.), la fede di deposito (1790 c.c.), la nota di pegno (1791 c.c.), la polizza di carico (457, 956 c.n.); per gli effetti dell'irregolarità fiscale, v. art. 20 del D.P.R. 26 ott. 1972, n. 642.

[3] Comma così modif. dall'art. 2, D.L. 14 mar. 2005, n. 35, conv. in L. 14 mag. 2005, n. 80, con decorrenza 1 mar. 2006.

[4] Periodo aggiunto dall'art. 1, L. 28 dic. 2005, n. 263, con decorrenza 1 mar. 2006.

475. ***Spedizione in forma esecutiva.*** — Le sentenze e gli altri provvedimenti dell'autorità giudiziaria e gli atti ricevuti da notaio o da altro pubblico ufficiale, per valere come titolo per l'esecuzione forzata, debbono essere muniti della formula esecutiva, salvo che la legge disponga altrimenti.[1]

La spedizione del titolo in forma esecutiva può farsi soltanto alla parte a favore della quale fu pronunciato il provvedimento o stipulata l'obbligazione, o ai suoi successori,[2] con l'indicazione in calce della persona alla quale è spedita.

La spedizione in forma esecutiva consiste nell'intestazione: «Repubblica italiana. In nome della legge»[3] e nell'apposizione da parte del cancelliere o notaio o altro pubblico ufficiale, sull'originale o sulla copia, della seguente formula:

«Comandiamo a tutti gli ufficiali giudiziari che

ne siano richiesti e a chiunque spetti, di mettere a esecuzione il presente titolo, al pubblico ministero di darvi assistenza, e a tutti gli ufficiali della forza pubblica di concorrervi, quando ne siano legalmente richiesti».

[1] *Att.* 153. *Rilascio del titolo esecutivo.* – Il cancelliere rilascia la copia in forma esecutiva a norma dell'art. 475 del codice quando la sentenza o il provvedimento del giudice è formalmente perfetto. La copia deve essere munita del sigillo della cancelleria.

La copia in forma esecutiva degli atti ricevuti da notaio o da altro pubblico ufficiale deve essere munita del sigillo del notaio o dell'ufficio al quale appartiene l'ufficiale pubblico.

[2] Siano essi a titolo universale o particolare, a causa di morte o per atto fra vivi.

[3] V. la nota all'art. 132.

476. ***Altre copie in forma esecutiva.*** — Non può spedirsi senza giusto motivo più di una copia in forma esecutiva alla stessa parte.

Le ulteriori copie sono chieste dalla parte interessata, in caso di provvedimento con ricorso al capo dell'ufficio che lo ha pronunciato e negli altri casi al presidente del tribunale nella cui circoscrizione l'atto fu formato.

Sull'istanza si provvede con decreto.

Il cancelliere, il notaio o altro pubblico ufficiale che contravviene alle disposizioni del presente articolo è condannato a una pena pecuniaria da euro 1000 a 5000, con decreto del capo dell'ufficio o del presidente del tribunale competente a norma del secondo comma (*Att.* 154).[1,2]

[1] Comma così modif. dall'art. 2, D.L. 14 nov. 2005, n. 35, conv. in L. 14 mag. 2005, n. 80, con decorrenza 1 gen. 2006.

[2] *Att.* 154. *Procedimento per indebito rilascio di copie esecutive.* – Il capo dell'ufficio giudiziario competente, a norma dell'art. 476 del codice, a conoscere delle contravvenzioni per rilascio indebito di copie in forma esecutiva, contesta all'incolpato l'addebito, a mezzo di atto notificato a cura del cancelliere e lo invita a presentare per iscritto le sue difese nel termine di cinque giorni. Negli uffici in cui vi è un solo cancelliere l'atto contenente l'addebito è comunicato a lui direttamente dal capo dell'ufficio.

Il decreto di condanna di cui all'art. 476 ultimo comma del codice, costituisce titolo esecutivo per la riscossione della pena pecuniaria a cura del cancelliere.

477. ***Efficacia del titolo esecutivo contro gli eredi.*** — Il titolo esecutivo contro il defunto ha efficacia contro gli eredi, ma si può loro notificare il precetto soltanto dopo dieci giorni dalla notificazione del titolo.

Entro un anno dalla morte, la notificazione può farsi agli eredi collettivamente e impersonalmente, nell'ultimo domicilio del defunto.

478. ***Prestazione della cauzione.*** — Se l'efficacia del titolo esecutivo è subordinata a cauzione, non si può iniziare l'esecuzione forzata finché quella non sia stata prestata. Della prestazione si fa constare con annotazione in calce o in margine al titolo spedito in forma esecutiva, o con atto separato che deve essere unito al titolo (*Att.* 85, 86, 155).[1]

[1] V. per la cauzione gli artt. 282 (esecuzione provvisoria), 642, 648; 665 (ordinanza di rilascio del conduttore); 373 (ordinanza di sospensione dell'esecuzione).

479. ***Notificazione del titolo esecutivo e del precetto.*** — Se la legge non dispone altrimenti, l'esecuzione forzata deve essere preceduta dalla notificazione del titolo in forma esecutiva e del precetto.

La notificazione del titolo esecutivo deve essere fatta alla parte personalmente a norma degli artt. 137 e seguenti [ma, se esso è costituito da una sentenza, la notificazione, entro l'anno dalla pubblicazione, può essere fatta a norma dell'art. 170].[1]

Il precetto può essere redatto di seguito al titolo esecutivo ed essere notificato insieme con questo, purché la notificazione sia fatta alla parte personalmente.

[1] Parole soppresse dall'art. 2 D.L. 14 mar. 2005, n. 35, conv. in L. 14 mag. 2005, n. 80, con decorrenza 1 mar. 2006.

480. ***Forma del precetto.*** — Il precetto consiste nell'intimazione di adempiere l'obbligo risultante dal titolo esecutivo entro un termine non minore di dieci giorni, salva l'autorizzazione di cui all'art. 482, con l'avvertimento che, in mancanza, si procederà a esecuzione forzata.

Il precetto deve contenere a pena di nullità l'indicazione delle parti, della data di notificazione del titolo esecutivo, se questa è fatta separatamente, o la trascrizione integrale del titolo stesso, quando è richiesta dalla legge.[1] In quest'ultimo caso l'ufficiale giudiziario, prima della relazione di notificazione, deve certificare di avere riscontrato che la trascrizione corrisponde esattamente al titolo originale. Il precetto deve altresì contenere l'avvertimento che il debitore può, con l'ausilio di un organismo di composizione della crisi o di un professionista nominato dal giudice, porre rimedio alla situazione di sovraindebitamento concludendo con i creditori un accordo di composizione della crisi o proponendo agli stessi un piano del consumatore.[2]

Il precetto deve inoltre contenere la dichiarazione di residenza o l'elezione di domicilio della parte istante nel comune in cui ha sede il giudice competente per la esecuzione. In mancanza le opposizioni al precetto si propongono davanti al giudice del luogo in cui è stato notificato, e le notificazioni alla parte istante si fanno presso la cancelleria del giudice stesso.

Il precetto deve essere sottoscritto a norma dell'art. 125 e notificato alla parte personalmente a norma degli artt. 137 e seguenti.

[1] Cfr. L.C. 63, L.A. 55.

[2] Periodo aggiunto dall'art. 13, c. 1, lett. *a*), D.L. 27 giu. 2015, n. 83, conv. con modif. in L. 6 ago. 2015, n. 132.

481. ***Cessazione dell'efficacia del precetto.*** — Il precetto diventa inefficace, se nel termine di novanta giorni dalla sua notificazione non è iniziata l'esecuzione.[1]

Se contro il precetto è proposta opposizione, il termine rimane sospeso e riprende a decorrere a norma dell'art. 627.

[1] Per le navi e gli aeromobili il precetto diviene inefficace trascorsi 30 giorni senza che si sia proceduto al pignoramento.

482. ***Termine ad adempiere.***[1] — Non si può iniziare l'esecuzione forzata prima che sia decorso il termine indicato nel precetto e in ogni caso non prima che siano decorsi dieci giorni dalla notificazione di esso; ma il presidente del tribunale competente per l'esecuzione o un giudice da lui delegato se vi è pericolo nel ritardo, può autorizzare l'esecuzione immediata, con cauzione o senza. L'autorizzazione è data con decreto scritto in calce al precetto e trascritto a cura dell'ufficiale giudiziario nella copia da notificarsi.

[1] Articolo così modif. dall'art. 88, D.lgs. 19 feb. 1998, n. 51 con decorrenza dal 2 giu. 1999.

TITOLO II
Dell'espropriazione forzata

CAPO I
Dell'espropriazione forzata in generale[1]

[1] V. artt. 2910 e 2911 c.c.

SEZIONE I
Dei modi e delle forme dell'espropriazione forzata in generale

483. ***Cumulo dei mezzi di espropriazione.***[1] — Il creditore può valersi cumulativamente dei diversi mezzi di espropriazione forzata previsti dalla legge, ma, su opposizione del debitore, il giudice dell'esecuzione, con ordinanza non impugnabile, può limitare l'espropriazione al mezzo che il creditore sceglie o, in mancanza, a quello che il giudice stesso determina.

Se è iniziata anche l'esecuzione immobiliare, l'ordinanza è pronunciata dal giudice di quest'ultima.

[1] Articolo così sostituito dall'art. 89 D.lgs. 19 feb. 1998, n. 51 con decorrenza dal 2 giu. 1999.

484. ***Giudice dell'esecuzione.*** — L'espropriazione è diretta da un giudice.

La nomina del giudice dell'esecuzione è fatta dal presidente del tribunale, su presentazione a cura del cancelliere del fascicolo entro due giorni dalla sua formazione.[1]

[...].[2]

Si applicano al giudice dell'esecuzione le disposizioni degli artt. 174 e 175.

[1] Comma così modif. dall'art. 90, lett. *a*), D.lgs. 18 feb. 1998, n. 51 con decorrenza dal 2 giu. 1999.

[2] Comma abrog. dall'art. 90, lett. *b*), D.lgs. 19 feb. 1998, n. 51 con decorrenza dal 2 giu. 1999.

485. ***Audizione degli interessati.*** — Quando la legge richiede o il giudice ritiene necessario che le parti ed eventualmente altri interessati siano sentiti, il giudice stesso fissa con decreto l'udienza alla quale il creditore pignorante, i creditori intervenuti, il debitore ed eventualmente gli altri interessati debbono comparire davanti a lui.

Il decreto è comunicato dal cancelliere.

Se risulta o appare probabile che alcuna delle parti non sia comparsa per cause indipendenti dalla sua volontà, il giudice dell'esecuzione fissa una nuova udienza della quale il cancelliere dà comunicazione alla parte non comparsa.

486. ***Forma delle domande e delle istanze.*** — Le domande e le istanze che si propongono al giudice dell'esecuzione, se la legge non dispone altrimenti, sono proposte oralmente quando avvengono all'udienza, e con ricorso da depositarsi in cancelleria negli altri casi (*Att.* 38-43).

487. ***Forma dei provvedimenti del giudice.*** — Salvo che la legge disponga altrimenti,[1] i provvedimenti del giudice della esecuzione sono dati con ordinanza, che può essere dal giudice stesso modificata o revocata finché non abbia avuto esecuzione.

Per le ordinanze del giudice dell'esecuzione si osservano le disposizioni degli artt. 176 e seguenti in quanto applicabili e quella dell'art. 186.

[1] Sono oggetto di decreto: l'audizione degli interessati (485); il compenso del commissionario (533); il pignoramento dei crediti alimentari (545); i provvedimenti relativi alla vendita (574, 575); il versamento del prezzo, il trasferimento del bene espropriato e la decadenza dell'aggiudicatario (585-587); la liquidazione delle spese dell'esecuzione (611); le disposizioni per eliminare le difficoltà sorte nel corso dell'esecuzione (613); il rimborso delle spese (614); la fissazione dell'udienza di comparizione nell'opposizione all'esecuzione (615) agli atti esecutivi (618) e di terzo (619); la sospensione del processo nei casi urgenti (629).

488. ***Fascicolo dell'esecuzione.*** — Il cancelliere forma per ogni procedimento d'espropriazione un fascicolo, nel quale sono inseriti tutti gli atti compiuti dal giudice, dal cancelliere e dall'ufficiale giudiziario, e gli atti e documenti depositati dalle parti e dagli eventuali interessati (*Att.* 36).

[Il pretore o][1] il presidente del tribunale competente per l'esecuzione o il giudice dell'esecuzione stessa può autorizzare il creditore a depositare, in luogo dell'orginale, una copia autentica del titolo esecutivo, con obbligo di presentare l'originale a ogni richiesta del giudice.

[1] Parole soppresse dall'art. 91 D.lgs. 19 feb. 1998 n. 51 con decorrenza dal 2 giu. 1999.

489. ***Luogo delle notificazioni e delle comunicazioni.*** — Le notificazioni e le comunicazioni ai creditori pignoranti si fanno nella residenza dichiarata o nel domicilio eletto nell'atto di precetto;

quelle ai creditori intervenuti, nella residenza dichiarata o nel domicilio eletto nella domanda di intervento.

In mancanza di dichiarazione di residenza o di elezione di domicilio le notificazioni possono farsi presso la cancelleria del giudice competente per l'esecuzione.

490. ***Pubblicità degli avvisi.*** — Quando la legge dispone che di un atto esecutivo sia data pubblica notizia, un avviso contenente tutti i dati, che possono interessare il pubblico, deve essere inserito sul portale del Ministero della giustizia in un'area pubblica denominata "portale delle vendite pubbliche.[1]

In caso di espropriazione di beni mobili registrati, per un valore superiore a 25.000 euro, e di beni immobili, lo stesso avviso, unitamente a copia dell'ordinanza del giudice e della relazione di stima redatta ai sensi dell'art. 173-*bis* delle disposizioni di attuazione del presente codice, è altresì inserito in appositi siti internet almeno quarantacinque giorni prima del termine per la presentazione delle offerte o della data dell'incanto.[2]

Anche su istanza del creditore procedente o dei creditori intervenuti muniti di titolo esecutivo il giudice può disporre inoltre che l'avviso sia inserito almeno quarantacinque giorni prima del termine per la presentazione delle offerte una o più volte sui quotidiani di informazione locali aventi maggiore diffusione nella zona interessata o, quando opportuno, sui quotidiani di informazione nazionali o che sia divulgato con le forme della pubblicità commerciale. Sono equiparati ai quotidiani, i giornali di informazione locale, multisettimanali o settimanali editi da soggetti iscritti al Registro operatori della comunicazione (ROC) e aventi caratteristiche editoriali analoghe a quelle dei quotidiani che garantiscono la maggior diffusione nella zona interessata. Nell'avviso è omessa l'indicazione del debitore.[1]

[1] Comma così sost. dall'art. 13, c. 1, lett. *b*), D.L. 27 giu. 2015, n. 83, conv. con modif. in L. 6 ago. 2015, n. 132.

[2] Comma modif. dall'art. 2, D.L. 14 mar. 2005, n. 35, conv. in L. 14 mag. 2005, n. 80, con decorrenza 1 gen. 2006.

SEZIONE II
Del pignoramento

491. ***Inizio dell'espropriazione.*** — Salva l'ipotesi prevista nell'art. 502, l'espropriazione forzata si inizia col pignoramento.[1]

[1] Per gli effetti del pignoramento v. artt. 2912-2918 c.c. V. per il pignoramento: presso il debitore, 513-524; presso terzi, 543-545; immobiliare, 555-562; nell'espropriazione di beni indivisi, 599; contro il terzo proprietario, 604.

492. ***Forma del pignoramento.***[1] — Salve le forme particolari previste nei capi seguenti, il pignoramento consiste in un'ingiunzione che l'ufficiale giudiziario fa al debitore di astenersi da qualunque atto diretto a sottrarre alla garanzia del credito esattamente indicato i beni che si assoggettano all'espropriazione e i frutti di essi.

Il pignoramento deve altresì contenere l'invito rivolto al debitore ad effettuare presso la cancelleria del giudice dell'esecuzione la dichiarazione di residenza o l'elezione di domicilio in uno dei comuni del circondario in cui ha sede il giudice competente per l'esecuzione con l'avvertimento che, in mancanza ovvero in caso di irreperibilità presso la residenza dichiarata o il domicilio eletto, le successive notifiche o comunicazioni a lui dirette saranno effettuate presso la cancelleria dello stesso giudice.

Il pignoramento deve anche contenere l'avvertimento che il debitore, ai sensi dell'art. 495, può chiedere di sostituire alle cose o ai crediti pignorati una somma di denaro pari all'importo dovuto al creditore pignorante e ai creditori intervenuti, comprensivo del capitale, degli interessi e delle spese, oltre che delle spese di esecuzione, sempre che, a pena di inammissibilità, sia da lui depositata in cancelleria, prima che sia disposta la vendita o l'assegnazione a norma degli artt. 530, 552 e 569, la relativa istanza unitamente ad una somma non inferiore ad un quinto dell'importo del credito per cui è stato eseguito il pignoramento e dei crediti dei creditori intervenuti indicati nei rispettivi atti di intervento, dedotti i versamenti effettuati di cui deve essere data prova documentale. Il pignoramento deve contenere l'avvertimento che, a norma dell'articolo 615, secondo comma, terzo periodo, l'opposizione è inammissibile se è proposta dopo che è stata disposta la vendita o l'assegnazione a norma degli articoli 530, 552 e 569, salvo che sia fondata su fatti sopravvenuti ovvero che l'opponente dimostri di non aver potuto proporla tempestivamente per causa a lui non imputabile.[2]

Quando per la soddisfazione del creditore procedente i beni assoggettati a pignoramento appaiono insufficienti ovvero per essi appare manifesta la lunga durata della liquidazione l'ufficiale giudiziario invita il debitore ad indicare ulteriori beni utilmente pignorabili, i luoghi in cui si trovano ovvero le generalità dei terzi debitori, avvertendolo della sanzione prevista per l'omessa o falsa dichiarazione.

Della dichiarazione del debitore è redatto processo verbale che lo stesso sottoscrive. Se sono indicate cose mobili queste, dal momento della dichiarazione, sono considerate pignorate anche agli effetti dell'art. 388, terzo comma, del codice penale e l'ufficiale giudiziario provvede ad accedere al luogo in cui si trovano per gli adempimenti di cui all'art. 520 oppure, quando tale luogo è compreso in altro circondario, trasmette copia del verbale all'ufficiale giudiziario territorialmente competente. Se sono indicati crediti o cose mobili che sono in possesso di terzi il pignoramento si considera perfezionato nei confronti del debitore esecutato dal momento della dichiarazione e questi è costituito custode della somma o della cosa anche agli effetti dell'art. 388, quarto comma, del codice penale quando il terzo, prima che gli sia notificato l'atto di cui all'art. 543, effettua il pagamento o restituisce il bene. Se sono indicati beni immobili il creditore procede ai sensi degli artt. 555 e seguenti.

Qualora, a seguito di intervento di altri creditori, il compendio pignorato sia divenuto insufficiente, il creditore procedente può richiedere all'ufficiale giudiziario di procedere ai sensi dei precedenti commi ai fini dell'esercizio delle facoltà di cui all'art. 499, quarto comma.

[...][3]

Se il debitore è un imprenditore commerciale l'ufficiale giudiziario, [negli stessi casi di cui al settimo comma e][4] previa istanza del creditore procedente, con spese a carico di questi, invita il debitore a indicare il luogo ove sono tenute le scritture contabili e nomina un commercialista o un avvocato ovvero un notaio iscritto nell'elenco di cui all'art. 179-*ter* delle disposizioni per l'attuazione del presente codice per il loro esame al fine dell'individuazione di cose e crediti pignorabili. Il professionista nominato può richiedere informazioni agli uffici finanziari sul luogo di tenuta nonché sulle modalità di conservazione, anche informatiche o telematiche, delle scritture contabili indicati nelle dichiarazioni fiscali del debitore e vi accede ovunque si trovi, richiedendo quando occorre l'assistenza dell'ufficiale giudiziario territorialmente competente. Il professionista trasmette apposita relazione con i risultati della verifica al creditore istante e all'ufficiale giudiziario che lo ha nominato, che provvede alla liquidazione delle spese e del compenso. Se dalla relazione risultano cose o crediti non oggetto della dichiarazione del debitore, le spese dell'accesso alle scritture contabili e della relazione sono liquidate con provvedimento che costituisce titolo esecutivo contro il debitore.

Quando la legge richiede che l'ufficiale giudiziario nel compiere il pignoramento sia munito del titolo esecutivo, il presidente del tribunale competente per l'esecuzione può concedere al creditore l'autorizzazione prevista dall'art. 488, secondo comma.

[1] Articolo così modif. dall'art. 1, L. 24 feb. 2006, n. 52.

[2] Periodo aggiunto dall'art. 4, c. 1, D.L. 3 mag. 2016, n. 59, conv. con modif. in L. 30 giu. 2016, n. 119. La disposizione si applica ai procedimenti di esecuzione forzata per espropriazione iniziati successivamente al 3 lug. 2016.

[3] Comma abrog. dall'art. 19, c. 1, D.L. 12 set. 2014, n. 132, conv. con modif. in L. 10 nov. 2014, n. 162. La disposizione si applica ai procedimenti iniziati a decorrere dal trentesimo giorno successivo alla data di entrata in vigore della legge di conversione del D.L. 132/2014.

[4] Parole soppresse dall'art. 19, c. 1, D.L. 12 set. 2014, n. 132, conv. con modif. in L. 10 nov. 2014, n. 162. La disposizione si applica ai procedimenti iniziati a decorrere dal trentesimo giorno successivo alla data di entrata in vigore della legge di conversione del D.L. 132/2014.

492-*bis*. *Ricerca con modalità telematiche dei beni da pignorare.*[1] — Su istanza del creditore [procedente][2], il presidente del tribunale del luogo in cui il debitore ha la residenza, il domicilio, la dimora o la sede, verificato il diritto della parte istante a procedere ad esecuzione forzata, autorizza la ricerca con modalità telematiche dei beni da pignorare. L'istanza deve contenere l'indicazione dell'indirizzo di posta elettronica ordinaria ed il numero di fax del difensore nonché, ai fini dell'articolo 547, dell'indirizzo di posta elettronica certificata. L'istanza non può essere proposta prima che sia decorso il termine di cui all'articolo 482. Se vi è pericolo nel ritardo, il presidente del tribunale autorizza la ricerca telematica dei beni da pignorare prima della notificazione del precetto.[3]

Fermo quanto previsto dalle disposizioni in materia di accesso ai dati e alle informazioni degli archivi automatizzati del Centro elaborazione dati istituito presso il Ministero dell'interno ai sensi dell'articolo 8 della legge 1° aprile 1981, n. 121, con l'autorizzazione di cui al primo comma il presidente del tribunale o un giudice da lui delegato dispone che l'ufficiale giudiziario acceda mediante collegamento telematico diretto ai dati contenuti nelle banche dati delle pubbliche amministrazioni [o alle quali le stesse possono accedere][2] e, in particolare, nell'anagrafe tributaria, compreso l'archivio dei rapporti finanziari, [nel pubblico registro automobilistico][2] e in quelle degli enti previdenziali, per l'acquisizione di tutte le informazioni rilevanti per l'individuazione di cose e crediti da sottoporre ad esecuzione, comprese quelle relative ai rapporti intrattenuti dal debitore con istituti di credito e datori di lavoro o committenti. Terminate le operazioni l'ufficiale giudiziario redige un unico processo verbale nel quale indica tutte le banche dati interrogate e le relative risultanze. L'ufficiale giudiziario procede a pignoramento munito del titolo esecutivo e del precetto, anche acquisendone copia dal fascicolo informatico. Nel caso di cui al primo comma, quarto periodo, il precetto è consegnato o trasmesso all'ufficiale giudiziario prima che si proceda al pignoramento.[3]

Se l'accesso ha consentito di individuare cose che si trovano in luoghi appartenenti al debitore compresi nel territorio di competenza dell'ufficiale giudiziario, quest'ultimo accede agli stessi per provvedere d'ufficio agli adempimenti di cui agli articoli 517, 518 e 520. Se i luoghi non sono compresi nel territorio di competenza di cui al periodo precedente, copia autentica del verbale è rilasciata al creditore che, entro quindici giorni dal rilascio a pena d'inefficacia della richiesta, la presenta, unitamente all'istanza per gli adempimenti di cui agli articoli 517, 518 e 520, all'ufficiale giudiziario territorialmente competente.

L'ufficiale giudiziario, quando non rinviene una

cosa individuata mediante l'accesso nelle banche dati di cui al secondo comma, intima al debitore di indicare entro quindici giorni il luogo in cui si trova, avvertendolo che l'omessa o la falsa comunicazione è punita a norma dell'articolo 388, sesto comma, del codice penale.

Se l'accesso ha consentito di individuare crediti del debitore o cose di quest'ultimo che sono nella disponibilità di terzi, l'ufficiale giudiziario notifica d'ufficio, ove possibile a norma dell'articolo 149-*bis* o a mezzo telefax, al debitore e al terzo il verbale, che dovrà anche contenere l'indicazione del credito per cui si procede, del titolo esecutivo e del precetto, dell'indirizzo di posta elettronica certificata di cui al primo comma, del luogo in cui il creditore ha eletto domicilio o ha dichiarato di essere residente, dell'ingiunzione, dell'invito e dell'avvertimento al debitore di cui all'articolo 492, primo, secondo e terzo comma, nonché l'intimazione al terzo di non disporre delle cose o delle somme dovute, nei limiti di cui all'articolo 546. Il verbale di cui al presente comma è notificato al terzo per estratto, contenente esclusivamente i dati a quest'ultimo riferibili.

Quando l'accesso ha consentito di individuare più crediti del debitore o più cose di quest'ultimo che sono nella disponibilità di terzi l'ufficiale giudiziario sottopone ad esecuzione i beni scelti dal creditore.

Quando l'accesso ha consentito di individuare sia cose di cui al terzo comma che crediti o cose di cui al quinto comma, l'ufficiale giudiziario sottopone ad esecuzione i beni scelti dal creditore.

[1] Articolo ins. dall'art. 19, c. 1, D.L. 12 set. 2014, n. 132, conv. con modif. in L. 10 nov. 2014, n. 162. La disposizione si applica ai procedimenti iniziati a decorrere dal trentesimo giorno successivo alla data di entrata in vigore della legge di conversione del D.L. 132/2014.

[2] Parole soppresse dall'art. 13, c. 1, lett. *ff*), D.L. 27 giu. 2015, n. 83, conv. con modif. in L. 6 ago. 2015, n. 132.

[3] Gli ultimi due periodi sono stati aggiunti dall'art. 13, c. 1, lett. *ff*), D.L. 27 giu. 2015, n. 83, conv. con modif. in L. 6 ago. 2015, n. 132.

493. ***Pignoramenti su istanza di più creditori.*** — Più creditori possono con unico pignoramento colpire il medesimo bene.

Il bene sul quale è stato compiuto un pignoramento può essere pignorato successivamente su istanza di uno o più creditori.

Ogni pignoramento ha effetto indipendente, anche se è unito ad altri in unico processo.

494. ***Pagamento nelle mani dell'ufficiale giudiziario.*** — Il debitore può evitare il pignoramento versando nelle mani dell'ufficiale giudiziario la somma per cui si procede e l'importo delle spese, con l'incarico di consegnarli al creditore.

All'atto del versamento si può fare riserva di ripetere la somma versata.[1]

Può altresì evitare il pignoramento di cose, depositando nelle mani dell'ufficiale giudiziario, in luogo di esse, come oggetto di pignoramento, una somma di danaro eguale all'importo del credito per cui si procede e delle spese, aumentato di due decimi (*Att.* 157).

[1] *Att.* 157. *Processo verbale di pagamento nelle mani dell'ufficiale giudiziario.* – L'ufficiale giudiziario redige processo verbale del versamento eseguito dal debitore delle somme che debbono essere consegnate al creditore a norma dell'art. 494, primo comma del codice. Nello stesso processo verbale inserisce l'eventuale riserva di ripetizione della somma versata, prevista nel secondo comma dello stesso articolo.

Il processo verbale è depositato immediatamente in cancelleria insieme con la prova del versamento al creditore della somma consegnata dal debitore. Del processo verbale si prende nota nel ruolo generale delle esecuzioni.

Alla registrazione del processo verbale provvede il cancelliere.

495. ***Conversione del pignoramento.*** — Prima che sia disposta la vendita o l'assegnazione a norma degli artt. 530, 552 e 569 il debitore può chiedere di sostituire alle cose o ai crediti pignorati una somma di denaro pari, oltre alle spese di esecuzione, all'importo dovuto al creditore pignorante e ai creditori intervenuti, comprensivo del capitale, degli interessi e delle spese.

Unitamente all'istanza deve essere depositata in cancelleria, a pena di inammissibilità, una somma non inferiore a un sesto[1] dell'importo del credito per cui è stato eseguito il pignoramento e dei crediti dei creditori intervenuti indicati nei rispettivi atti di intervento, dedotti i versamenti effettuati di cui deve essere data prova documentale. La somma è depositata dal cancelliere presso un istituto di credito indicato dal giudice.

La somma da sostituire al bene pignorato è determinata con ordinanza dal giudice dell'esecuzione, sentite le parti in udienza non oltre trenta giorni dal deposito dell'istanza di conversione.

Quando le cose pignorate siano costituite da beni immobili o cose mobili, il giudice con la stessa ordinanza può disporre, se ricorrono giustificati motivi, che il debitore versi con rateizzazioni mensili entro il termine massimo di quarantotto mesi[1] la somma determinata a norma del terzo comma, maggiorata degli interessi scalari al tasso convenzionale pattuito ovvero, in difetto, al tasso legale. Ogni sei mesi il giudice provvede, a norma dell'articolo 510, al pagamento al creditore pignorante o alla distribuzione tra i creditori delle somme versate dal debitore.[2]

Qualora il debitore ometta il versamento dell'importo determinato dal giudice ai sensi del terzo comma, ovvero ometta o ritardi di oltre trenta giorni[1] il versamento anche di una sola delle rate previste nel quarto comma, le somme versate formano parte dei beni pignorati. Il giudice dell'esecuzione, su richiesta del creditore procedente o creditore intervenuto munito di titolo esecutivo, dispone senza indugio la vendita di questi ultimi.

Con l'ordinanza che ammette la sostituzione, il giudice, quando le cose pignorate siano costituite da beni immobili o cose mobili, dispone che le cose pignorate siano liberate dal pignoramento con il versamento dell'intera somma.[2]

L'istanza può essere avanzata una sola volta, a pena di inammissibilità.

[1] Parole così sost. dall'art. 4, c. 1, D.L. 14 dic. 2018, n. 135, conv. con modif. in L. 11 feb. 2019, n. 12. Le disposizioni introdotte dal D.L. 135/2018 non si applicano alle esecuzioni iniziate anteriormente alla data di entrata in vigore della legge di conversione (13 feb. 2019).

[2] Comma così sost. dall'art. 13, c. 1, lett. *c*) e *c-bis*), D.L. 27 giu. 2015, n. 83, conv. con modif. in L. 6 ago. 2015, n. 132.

496. ***Riduzione del pignoramento.*** — Su istanza del debitore o anche d'ufficio, quando il valore dei beni pignorati è superiore all'importo delle spese e dei crediti di cui all'articolo precedente, il giudice, sentiti il creditore pignorante e i creditori intervenuti, può disporre la riduzione del pignoramento.

497. ***Cessazione dell'efficacia del pignoramento.*** — Il pignoramento perde efficacia quando dal suo compimento sono trascorsi quarantacinque[1] giorni senza che sia stata chiesta l'assegnazione o la vendita.

[1] Parola così modif. dall'art. 13, c. 1, lett. *d*), D.L. 27 giu. 2015, n. 83, conv. con modif. in L. 6 ago. 2015, n. 132.

SEZIONE III
Dell'intervento dei creditori

498. ***Avviso ai creditori iscritti.*** — Debbono essere avvertiti dell'espropriazione i creditori che sui beni pignorati hanno un diritto di prelazione risultante da pubblici registri.[1]

A tal fine è notificato a ciascuno di essi, a cura del creditore pignorante ed entro cinque giorni dal pignoramento, un avviso contenente l'indicazione del creditore pignorante, del credito per il quale si procede, del titolo e delle cose pignorante.[2]

In mancanza della prova di tale notificazione, il giudice non può provvedere sull'istanza di assegnazione o di vendita.

[1] Hanno un diritto di prelazione risultante da pubblici registri (2745 e 2673 c.c.) i creditori ipotecari (2808 c.c.), i creditori che hanno effettuato un sequestro o un pignoramento (2593 c.c.), il venditore di macchine (2762 c.c.).

[2] *Att.* 158. *Avviso al sequestrante.* – Quando dall'atto di pignoramento o dai pubblici registri risulta l'esistenza di un sequestro conservativo sui beni pignorati, il creditore pignorante deve fare notificare al sequestrante avviso del pignoramento a norma dell'art. 498 del codice.

Per la forma degli avvisi, v. *Att.* 160.

499. ***Intervento.***[1] — Possono intervenire nell'esecuzione i creditori che nei confronti del debitore hanno un credito fondato su titolo esecutivo, nonché i creditori che, al momento del pignoramento, avevano eseguito un sequestro sui beni pignorati ovvero avevano un diritto di pegno o un diritto di prelazione risultante da pubblici registri ovvero erano titolari di un credito di somma di denaro risultante dalle scritture contabili di cui all'art. 2214 del codice civile.

Il ricorso deve essere depositato prima che sia tenuta l'udienza in cui è disposta la vendita o l'assegnazione ai sensi degli artt. 530, 552 e 569, deve contenere l'indicazione del credito e quella del titolo di esso, la domanda per partecipare alla distribuzione della somma ricavata e la dichiarazione di residenza o la elezione di domicilio nel comune in cui ha sede il giudice competente per l'esecuzione. Se l'intervento ha luogo per un credito di somma di denaro risultante dalle scritture di cui al primo comma, al ricorso deve essere allegato, a pena di inammissibilità, l'estratto autentico notarile delle medesime scritture rilasciato a norma delle vigenti disposizioni.

Il creditore privo di titolo esecutivo che interviene nell'esecuzione deve notificare al debitore, entro i dieci giorni successivi al deposito, copia del ricorso, nonché copia dell'estratto autentico notarile attestante il credito se l'intervento nell'esecuzione ha luogo in forza di essa.

Ai creditori chirografari, intervenuti tempestivamente, il creditore pignorante ha facoltà di indicare, con atto notificato o all'udienza in cui è disposta la vendita o l'assegnazione, l'esistenza di altri beni del debitore utilmente pignorabili, e di invitarli ad estendere il pignoramento se sono forniti di titolo esecutivo o, altrimenti, ad anticipare le spese necessarie per l'estensione. Se i creditori intervenuti, senza giusto motivo, non estendono il pignoramento ai beni indicati ai sensi del primo periodo entro il termine di trenta giorni, il creditore pignorante ha diritto di essere loro preferito in sede di distribuzione.

Con l'ordinanza con cui è disposta la vendita o l'assegnazione ai sensi degli artt. 530, 552 e 569 il giudice fissa, altresì, udienza di comparizione davanti a sè del debitore e dei creditori intervenuti privi di titolo esecutivo, disponendone la notifica a cura di una delle parti. Tra la data dell'ordinanza e la data fissata per l'udienza non possono decorrere più di sessanta giorni.

All'udienza di comparizione il debitore deve dichiarare quali dei crediti per i quali hanno avuto luogo gli interventi egli intenda riconoscere in tutto o in parte, specificando in quest'ultimo caso la relativa misura. Se il debitore non compare, si intendono riconosciuti tutti i crediti per i quali hanno avuto luogo interventi in assenza di titolo esecutivo. In tutti i casi il riconoscimento rileva comunque ai soli effetti dell'esecuzione. I creditori intervenuti i cui crediti siano stati riconosciuti da parte del debitore partecipano alla distribuzione della somma ricavata per l'intero ovvero limitatamente alla parte del credito per la quale vi sia stato riconoscimento parziale. I creditori intervenuti i cui crediti siano stati viceversa disconosciuti dal debitore hanno diritto, ai sensi dell'art. 510, terzo comma, all'accantonamento delle somme che ad essi spetterebbero, sempre che ne facciano istanza e dimostrino di avere proposto, nei trenta giorni successivi all'udienza di cui al presente comma, l'azione necessaria affinché essi possano munirsi del titolo esecutivo.

[1] Articolo modif., da ultimo, dall'art. 1, L. 28 dic. 2005, n. 263, con decorrenza dall'1 mar. 2006.

500. ***Effetti dell'intervento.***[1] — L'intervento, secondo le disposizioni contenute nei capi seguenti e nei casi ivi previsti, dà diritto a partecipare alla distribuzione della somma ricavata, a partecipare all'espropriazione del bene pignorato e a provocarne i singoli atti.

[1] Articolo modif., da ultimo, dall'art. 1, L. 28 dic. 2005, n. 263, con decorrenza dall'1 mar. 2006.

SEZIONE IV
Della vendita e della assegnazione[1]

[1] V. artt. 2919-2929 c.c.

Att. 164. *Atti di trasferimento del bene espropriato.* – Il giudice dell'esecuzione, in seguito all'alienazione del bene espropriato, compie in luogo del debitore tutti gli atti necessari al trasferimento del bene all'acquirente.

501. ***Termine dilatorio dal pignoramento.*** — L'istanza di assegnazione o di vendita dei beni pignorati non può essere proposta se non decorsi dieci giorni dal pignoramento, tranne che per le cose deteriorabili, delle quali può essere disposta l'assegnazione o la vendita immediata.

502. ***Termine per l'assegnazione o la vendita del pegno.*** — Salve le disposizioni speciali del codice civile, per l'espropriazione delle cose date in pegno e dei mobili soggetti ad ipoteca si seguono le norme del presente codice, ma l'assegnazione o la vendita può essere chiesta senza che sia stata preceduta da pignoramento.

In tal caso il termine per la istanza di assegnazione o di vendita decorre dalla notificazione del precetto.

503. ***Modi della vendita forzata.***[1] — La vendita forzata può farsi con incanto o senza, secondo le forme previste nei capi seguenti.

L'incanto può essere disposto solo quando il giudice ritiene probabile che la vendita con tale modalità abbia luogo ad un prezzo superiore della metà rispetto al valore del bene, determinato a norma dell'articolo 568 nonché, nel caso di beni mobili, degli articoli 518 e 540-*bis*.[2]

[1] Ai sensi dell'art. 23, D.L. 27 giu. 2015, n. 83, conv. in L. 6 ago. 2015, n. 132, le disposizioni di cui al presente articolo si applicano a far data dall'entrata in vigore dello stesso D.L. 83/2015, anche ai procedimenti pendenti alla data di entrata in vigore della L. 10 nov. 2014, n. 162.

[2] Comma aggiunto dall'art. 19, c. 1, D.L. 12 set. 2014, n. 132, conv. con modif. in L. 10 nov. 2014, n. 162. La disposizione si applica ai procedimenti iniziati a decorrere dal trentesimo giorno successivo alla data di entrata in vigore della legge di conversione del D.L. 132/2014. Il comma è stato poi così modif. dall'art. 4, c. 1, D.L. 3 mag. 2016, n. 59, conv. con modif. in L. 30 giu. 2016, n. 119.

504. ***Cessazione della vendita forzata.*** — Se la vendita è fatta in più volte o in più lotti, deve cessare quando il prezzo già ottenuto raggiunge l'importo delle spese e dei crediti menzionati nell'art. 495 primo comma.[1]

[1] *Att.* 163. *Ordine di cessazione della vendita forzata.* – La cessazione della vendita forzata prevista dall'art. 504 del codice è disposta dal giudice dell'esecuzione se questi presiede alla vendita, o altrimenti dall'ufficiale incaricato della stessa che ne riferisce immediatamente al giudice che lo ha nominato. In questo caso il giudice, sentite le parti, pronuncia definitivamente sulla cessazione.

505. ***Assegnazione.*** — Il creditore pignorante può chiedere l'assegnazione dei beni pignorati, nei limiti e secondo le regole contenute nei capi seguenti.

Se sono intervenuti altri creditori, l'assegnazione può essere chiesta a vantaggio di uno solo o di più, d'accordo fra tutti.

506. ***Valore minimo per la assegnazione.*** — L'assegnazione può essere fatta soltanto per un valore non inferiore alle spese di esecuzione e ai crediti aventi diritto a prelazione anteriore a quello dell'offerente.

Se il valore eccede quello indicato nel comma precedente, sull'eccedenza concorrono l'offerente e gli altri creditori, osservate le cause di prelazione che li assistono.[1]

[1] *Att.* 162. *Deposito del prezzo di assegnazione.* – La parte del valore della cosa assegnata che eccede il credito dell'assegnatario deve essere depositata nelle forme dei depositi giudiziari.

507. ***Forma dell'assegnazione.*** — L'assegnazione si fa mediante ordinanza del giudice dell'esecuzione contenente l'indicazione dell'assegnatario, del creditore pignorante, di quelli intervenuti, del debitore, ed eventualmente del terzo proprietario, del bene assegnato e del prezzo di assegnazione.

508. ***Assunzione di debiti da parte dell'aggiudicatario o dell'assegnatario.*** — Nel caso di vendita o di assegnazione di un bene gravato da pegno o da ipoteca, l'aggiudicatario o assegnatario, con l'autorizzazione del giudice dell'esecuzione, può concordare col creditore pignoratizio o ipotecario l'assunzione del debito con le garanzie ad esso inerenti liberando il debitore.

In tal caso nel provvedimento di vendita o di assegnazione si deve menzionare l'assunzione del debito.

SEZIONE V
Della distribuzione della somma ricavata

509. ***Composizione della somma ricavata.*** — La somma da distribuire è formata da quanto proviene a titolo di prezzo o conguaglio delle cose vendute o assegnate, di rendita o provento delle cose pignorate, di multa e risarcimento di danno da parte dell'aggiudicatario.

510. ***Distribuzione della somma ricavata.***[1] — Se vi è un solo creditore pignorante senza intervento di altri creditori, il giudice dell'esecuzione, sentito il debitore, dispone a favore del creditore pignorante il pagamento di quanto gli spetta per capitale, interessi e spese.

In caso diverso la somma ricavata è dal giudice distribuita tra i creditori a norma delle disposizioni contenute nei capi seguenti, con riguardo alle cause legittime di prelazione e previo accantonamento delle somme che spetterebbero ai creditori intervenuti privi di titolo esecutivo i cui crediti non siano stati in tutto o in parte riconosciuti dal debitore.

L'accantonamento è disposto dal giudice dell'esecuzione per il tempo ritenuto necessario affinché i predetti creditori possano munirsi di titolo esecutivo e, in ogni caso, per un periodo di tempo non superiore a tre anni. Decorso il termine fissato, su istanza di una delle parti o anche d'ufficio, il giudice dispone la comparizione davanti a sé del debitore, del creditore procedente e dei creditori intervenuti, con l'eccezione di coloro che siano già stati integralmente soddisfatti, e dà luogo alla distribuzione della somma accantonata tenuto conto anche dei creditori intervenuti che si siano nel frattempo muniti di titolo esecutivo. La comparizione delle parti per la distribuzione della somma accantonata è disposto anche prima che sia decorso il termine fissato se vi è istanza di uno dei predetti creditori e non ve ne siano altri che ancora debbano munirsi di titolo esecutivo.

Il residuo della somma ricavata, dopo l'ulteriore distribuzione di cui al terzo comma ovvero dopo che sia decorso il termine nello stesso previsto, è consegnato al debitore o al terzo che ha subito l'espropriazione.

[1] Articolo così modif., da ultimo, dall'art. 1, L. 28 dic. 2005, n. 263, con decorrenza 1 mar. 2006.

511. ***Domanda di sostituzione.*** — I creditori di un creditore avente diritto alla distribuzione possono chiedere di essere a lui sostituiti, proponendo domanda a norma dell'art. 499 secondo comma.

Il giudice dell'esecuzione provvede alla distribuzione anche nei loro confronti, ma le contestazioni relative alle loro domande non possono ritardare la distribuzione tra gli altri creditori concorrenti.

512. ***Risoluzione delle controversie.***[1] — Se, in sede di distribuzione, sorge controversia tra creditori concorrenti o tra creditore e debitore o terzo assoggettato all'espropriazione, circa la sussistenza o l'ammontare di uno o più crediti o circa la sussistenza di diritti di prelazione, il giudice dell'esecuzione, sentite le parti e compiuti i necessari accertamenti, provvede con ordinanza, impugnabile nelle forme e nei termini di cui all'art. 617, secondo comma.

Il giudice può, anche con l'ordinanza di cui al primo comma, sospendere, in tutto o in parte, la distribuzione della somma ricavata.

[1] Articolo modif. dall'art. 2, D.L. 14 mar. 2005, n. 35, conv. in L. 14 mag. 2005, n. 80, con decorrenza 1 mar. 2006.

CAPO II
Dell'espropriazione mobiliare presso il debitore

SEZIONE I
Del pignoramento

513. ***Ricerca delle cose da pignorare.*** — L'ufficiale giudiziario, munito del titolo esecutivo e del precetto, può ricercare le cose da pignorare nella casa del debitore e negli altri luoghi a lui appartenenti. Può anche ricercarle sulla persona del debitore, osservando le opportune cautele per rispettarne il decoro (*Att.* 165).

Quando è necessario aprire porte, ripostigli o recipienti, vincere la resistenza opposta dal debitore o da terzi, oppure allontanare persone che disturbano l'esecuzione del pignoramento, l'ufficiale giudiziario provvede secondo le circostanze, richiedendo, quando occorre, l'assistenza della forza pubblica.

Il *presidente del tribunale o un giudice da lui delegato*[1], su ricorso del creditore, può autorizzare con decreto l'ufficiale giudiziario a pignorare cose determinate che non si trovano in luoghi appartenenti al debitore, ma delle quali egli può direttamente disporre.

In ogni caso l'ufficiale giudiziario può sottoporre a pignoramento, secondo le norme della presente sezione, le cose del debitore che il terzo possessore consente di esibirgli.

[1] Parole così sostituite dall'art. 92 D.lgs. 19 feb. 1998, n. 51 con decorrenza dal 2 giu. 1999.

514. ***Cose mobili assolutamente impignorabili.*** — Oltre alle cose dichiarate impignorabili da speciali disposizioni di legge, non si possono pignorare:

1) le cose sacre e quelle che servono all'esercizio del culto;

2) l'anello nuziale, i vestiti, la biancheria, i letti, i tavoli per la consumazione dei pasti con le relative sedie, gli armadi guardaroba, i cassettoni, il frigorifero, le stufe ed i fornelli di cucina anche se a gas o elettrici, la lavatrice, gli utensili di casa e di cucina unitamente ad un mobile idoneo a contenerli, in quanto indispensabili al debitore ed alle persone della sua famiglia con lui conviventi; sono tuttavia esclusi i mobili, meno i letti, di rilevante valore economico, anche per accertato pregio artistico o di antiquariato;[1]

3) i commestibili e i combustibili necessari per un mese al mantenimento del debitore e delle altre persone indicate nel numero precedente;

4)[2]

5) le armi e gli oggetti che il debitore ha l'obbligo di conservare per l'adempimento di un pubblico servizio;

6) le decorazioni al valore, le lettere, i registri e in generale gli scritti di famiglia, nonché i manoscritti, salvo che formino parte di una collezione.[3]

6-*bis*) gli animali di affezione o da compagnia tenuti presso la casa del debitore o negli altri luoghi a lui appartenenti, senza fini produttivi, alimentari o commerciali;

6-*ter*) gli animali impiegati ai fini terapeutici o di assistenza del debitore, del coniuge, del convivente o dei figli.[4]

[1] Il n. 2 è stato così sostituito con L. 8 mag. 1971, n. 302.

[2] Numero abrog. dall'art. 3, L. 24 feb. 2006, n. 52.

[3] Per i crediti impignorabili v. 545; per l'impignorabilità dei frutti v. 170 c.c.; dell'usufrutto legale, 326 c.c.; delle cose nel contratto estimatorio, 1558 c.c.; della rendita, 1881 c.c; delle somme dovute dall'assicuratore, 1923 c.c; di fondi speciali per la previdenza, 2117 c.c.; della quota del socio, 2305, 2351 c.c.; del fondo consortile, 2614 c.c. V. anche Fall. 46.

[4] Lettera aggiunta dall'art. 77, L. 28 dic. 2015, n. 221.

515. ***Cose mobili relativamente impignorabili.*** — Le cose, che il proprietario di un fondo vi tiene per il servizio e la coltivazione del medesimo, possono essere pignorate separatamente dall'immobile soltanto in mancanza di altri mobili; tuttavia il giudice dell'esecuzione,[1] su istanza del debitore e sentito il creditore, può escludere dal pignoramento, con ordinanza non impugnabile, quelle tra le cose suindicate che sono di uso necessario per la coltura del fondo e può anche permetterne l'uso sebbene pignorate, con le opportune cautele per la loro conservazione e ricostituzione (*Att.* 165).

Le stesse disposizioni il giudice dell'esecuzione[1] può dare relativamente alle cose destinate dal coltivatore al servizio o alla coltivazione del fondo.

Gli strumenti, gli oggetti e i libri indispensabili per l'esercizio della professione, dell'arte o del mestiere del debitore possono essere pignorati nei limiti di un quinto, quando il presumibile valore di realizzo degli altri beni rinvenuti dall'ufficiale giudiziario o indicati dal debitore non appare sufficiente per la soddisfazione del credito; il predetto limite non si applica per i debitori costituiti in forma societaria e in ogni caso se nelle attività del debitore risulta una prevalenza del capitale investito sul lavoro.[2]

[1] Parole così sostituite dall'art. 93 D.lgs. 19 feb. 1998, n. 51 con decorrenza dal 2 giu. 1999.

[2] Comma aggiunto dall'art. 4 L. 24 feb. 2006, n. 52.

516. ***Cose pignorabili in particolari circostanze di tempo.*** — I frutti non ancora raccolti o separati dal suolo non possono essere pignorati separatamente dall'immobile a cui accedono, se non nelle ultime sei settimane anteriori al tempo ordinario della loro maturazione, tranne che il creditore pignorante si assuma le maggiori spese della custodia.

I bachi da seta possono essere pignorati solo quando sono nella maggior parte sui rami per formare il bozzolo.

517. ***Scelta delle cose da pignorare.***[1] — Il pignoramento deve essere eseguito sulle cose che l'ufficiale giudiziario ritiene di più facile e pronta liquidazione, nel limite di un presumibile valore di realizzo pari all'importo del credito precettato aumentato della metà.

In ogni caso l'ufficiale giudiziario deve preferire il denaro contante, gli oggetti preziosi e i titoli di credito e ogni altro bene che appaia di sicura realizzazione.

[1] Articolo così modif. dall'art. 5, L. 24 feb. 2006, n. 52.

518. ***Forma del pignoramento.***[1] — L'ufficiale giudiziario redige delle sue operazioni processo verbale nel quale dà atto dell'ingiunzione di cui all'art. 492 e descrive le cose pignorate, nonché il loro stato, mediante rappresentazione fotografica ovvero altro mezzo di ripresa audiovisiva, determinandone approssimativamente il presumibile valore di realizzo con l'assistenza, se ritenuta utile o richiesta dal creditore, di un esperto stimatore da lui scelto. Se il pignoramento cade su frutti non ancora raccolti o separati dal suolo, l'ufficiale giudiziario ne descrive la natura, la qualità e l'ubicazione.

Quando ritiene opportuno differire le operazioni di stima l'ufficiale giudiziario redige un primo verbale di pignoramento, procedendo senza indugio e comunque entro il termine perentorio di trenta giorni alla definitiva individuazione dei beni da assoggettare al pignoramento sulla base dei valori indicati dall'esperto, al quale è consentito in ogni caso accedere al luogo in cui i beni si trovano.

Il giudice dell'esecuzione liquida le spese ed il compenso spettanti all'esperto, tenuto conto dei valori di effettiva vendita o assegnazione dei beni o, in qualunque altro caso, sulla base dei valori stimati.

Nel processo verbale l'ufficiale giudiziario fa relazione delle disposizioni date per conservare le cose pignorate.

Se il debitore non è presente, l'ufficiale giudiziario rivolge l'ingiunzione alle persone indicate nell'art. 139, secondo comma, e consegna loro un avviso dell'ingiunzione stessa per il debitore. In mancanza di dette persone, affigge l'avviso alla porta dell'immobile in cui ha eseguito il pignoramento.

Compiute le operazioni, l'ufficiale giudiziario consegna senza ritardo al creditore il processo verbale, il titolo esecutivo e il precetto. Il creditore deve depositare nella cancelleria del tribunale competente per l'esecuzione la nota di iscrizione a ruolo, con copie conformi degli atti di cui al periodo precedente, entro quindici giorni dalla consegna. La conformità di tali copie è attestata dall'avvocato del creditore ai soli fini del presente articolo. Il cancelliere al momento del deposito forma il fascicolo dell'esecuzione. Sino alla scadenza del termine di cui all'articolo 497 copia del processo verbale è conservata dall'ufficiale giudiziario a disposizione del debitore. Il pignoramento perde efficacia quando la nota di iscrizione a ruolo e le copie degli atti di cui al primo periodo del presente comma sono depositate oltre il termine di quindici giorni dalla consegna al creditore.[2]

Su istanza del creditore, da depositare non oltre il termine per il deposito dell'istanza di vendita, il giudice, nominato uno stimatore quando appare opportuno, ordina l'integrazione del pignoramento se ritiene che il presumibile valore di realizzo dei beni pignorati sia inferiore a quello indicato nel primo comma. In tale caso l'ufficiale giudiziario riprende senza indugio le operazioni di ricerca dei beni.

[1] Articolo così modif. dall'art. 6, L. 24 feb. 2006, n. 52.

[2] Comma così sost. dall'art. 18, c. 1, D.L. 12 set. 2014, n. 132, conv. con modif. in L. 10 nov. 2014, n. 162. La disposizione si applica ai procedimenti esecutivi iniziati a decorrere dal trentesimo giorno successivo all'entrata in vigore della legge di conversione del D.L. 132/2014.

519. ***Tempo del pignoramento.*** — Il pignoramento non può essere eseguito nei giorni festivi,[1] né fuori delle ore indicate nell'art. 147, salvo che ne sia data autorizzazione dal presidente del tribunale o un giudice da lui delegato.[2]

Il pignoramento iniziato nelle ore prescritte può essere proseguito fino al suo compimento.

[1] V. L. 27 mag. 1949, n. 260, in materia di ricorrenze festive.

[2] Parole così sostituite dall'art. 94 D.lgs. 19 feb. 1998 n. 51 con decorrenza dal 2 giu. 1999.

520. ***Custodia dei mobili pignorati.*** — L'ufficiale giudiziario consegna al cancelliere del tribunale[1] il danaro, i titoli di credito e gli oggetti preziosi colpiti dal pignoramento. Il danaro deve essere depositato dal cancelliere nelle forme dei depositi giudiziari, mentre i titoli di credito e gli oggetti preziosi sono custoditi nei modi che il giudice dell'esecuzione[1] determina.[2]

Per la conservazione delle altre cose l'ufficiale giudiziario provvede, quando il creditore ne fa richiesta, trasportandole presso un luogo di pubblico deposito oppure affidandole a un custode diverso dal debitore; nei casi di urgenza, l'ufficiale giudiziario affida la custodia agli istituti autorizzati di cui all'art. 159 delle disposizioni per l'attuazione del presente codice.[3]

[1] Parole così sostituite dall'art. 95 D.lgs. 19 feb. 1998 con decorrenza dal 2 giu. 1999.

[2] *Att.* 166. *Modalità della custodia.* – Il giudice dell'esecuzione dà con decreto le disposizioni circa i modi di custodire i titoli di credito e gli oggetti preziosi pignorati.

[3] Comma aggiunto dall'art. 7 L.24 feb. 2006, n. 52.

521. ***Nomina e obblighi del custode.*** — Non possono essere nominati custode il creditore o il suo coniuge senza il consenso del debitore, né il debitore o le persone della sua famiglia che convivono con lui senza il consenso del creditore.

Il custode sottoscrive il processo verbale dal quale risulta la sua nomina.

Al fine della conservazione delle cose pignorate, l'ufficiale giudiziario autorizza il custode a lasciarle nell'immobile appartenente al debitore o a trasportarle altrove.

Il custode non può usare delle cose pignorate senza l'autorizzazione del giudice dell'esecuzione[1] e deve rendere il conto a norma dell'art. 593.

Quando è depositata l'istanza di vendita il giudice dispone la sostituzione del custode nominando l'istituto di cui al primo comma dell'art. 534 che entro trenta giorno, previo invio di comunicazione contenente la data e l'orario approssimativo dell'accesso, provvede al trasporto dei beni pignorati presso la propria sede o altri locali nella propria disponibilità. Le persone incaricate dall'istituto, quando risulta necessario per apprendere i beni, possono aprire porte, ripostigli e recipienti e richiedere l'assistenza della forza pubblica. Per i beni che risultano difficilmente trasportabili con l'impiego dei mezzi usualmente utilizzati l'istituto può chiedere di essere autorizzato a provvedere alla loro custodia nel luogo in cui si trovano.[2]

[1] Parole così sostituite dall'art. 93 D.lgs. 19 feb. 1998, n. 51 con decorrenza dal 2 giu. 1999.

[2] Comma aggiunto dall'art. 8 L. 24 feb. 2006, n. 52.

521-*bis*. ***Pignoramento e custodia di autoveicoli, motoveicoli e rimorchi.***[1] — Oltre che con le forme previste dall'articolo 518, il pignoramento di autoveicoli, motoveicoli e rimorchi può essere eseguito anche mediante notificazione al debitore e successiva trascrizione di un atto nel quale si indicano esattamente, con gli estremi richiesti dalla legge speciale per la loro iscrizione nei pubblici registri, i beni e i diritti che si intendono sottoporre ad esecuzione, e gli si fa l'ingiunzione prevista nell'articolo 492. Il pignoramento contiene altresì l'intimazione a consegnare entro dieci giorni i beni pignorati, nonché i titoli e i documenti relativi alla proprietà e all'uso dei medesimi, all'istituto vendite giudiziarie autorizzato ad operare nel territorio del circondario nel quale è compreso il luogo in cui il debitore ha la residenza, il domicilio, la dimora o la sede o, in mancanza, a quello più vicino.[2]

Col pignoramento il debitore è costituito custode dei beni pignorati e di tutti gli accessori comprese le pertinenze e i frutti, senza diritto a compenso.

Al momento della consegna l'istituto vendite giudiziarie assume la custodia del bene pignorato e ne dà immediata comunicazione al creditore pignorante, a mezzo posta elettronica certificata ove possibile.

Decorso il termine di cui al primo comma, gli organi di polizia che accertano la circolazione dei beni pignorati o comunque li rinvengono procedono al ritiro della carta di circolazione nonché, ove possibile, dei titoli e dei documenti relativi alla proprietà e all'uso dei beni pignorati e consegnano il bene pignorato all'istituto vendite giudiziarie più vicino al luogo in cui il bene pignorato è stato rinvenuto. Si applica il terzo comma.[2]

Eseguita l'ultima notificazione, l'ufficiale giudiziario consegna senza ritardo al creditore l'atto di pignoramento perché proceda alla trascrizione nei pubblici registri. Entro trenta giorni dalla comunicazione di cui al terzo comma, il creditore deve depositare nella cancelleria del tribunale competente per l'esecuzione la nota di iscrizione a ruolo, con copie conformi del titolo esecutivo, del precetto, dell'atto di pignoramento e della nota di trascrizione. La conformità di tali copie è attestata dall'avvocato del creditore ai soli fini del presente articolo.

Il cancelliere forma il fascicolo dell'esecuzione. Il pignoramento perde efficacia quando la nota di iscrizione a ruolo e le copie dell'atto di pignoramento, del titolo esecutivo e del precetto sono depositate oltre il termine di cui al quinto comma.

In deroga a quanto previsto dall'articolo 497, l'istanza di assegnazione o l'istanza di vendita deve essere depositata entro quarantacinque giorni dal deposito da parte del creditore della nota di iscrizione a norma del presente articolo ovvero dal deposito da parte di quest'ultimo delle copie conformi degli atti, a norma dell'articolo 159-*ter* delle disposizioni per l'attuazione del presente codice.[3]

Si applicano in quanto compatibili le disposizioni del presente capo.

[1] Articolo ins. dall'art. 19, c. 1, D.L. 12 set. 2014, n. 132, conv. con modif. in L. 10 nov. 2014, n. 162. La disposizione si applica ai procedimenti iniziati a decorrere dal trentesimo giorno successivo alla data di entrata in vigore della legge di conversione del D.L. 132/2014.

[2] Comma così modif. dall'art. 13, c. 1, lett. *d-bis*), D.L. 27 giu. 2015, n. 83, conv. con modif. in L. 6 ago. 2015, n. 132.

[3] Comma ins. dall'art. 13, c. 1, lett. *d-bis*), D.L. 27 giu. 2015, n. 83, conv. con modif. in L. 6 ago. 2015, n. 132.

522. ***Compenso del custode.*** — Il custode non ha diritto a compenso se non l'ha chiesto e se non gli è stato riconosciuto dall'ufficiale giudiziario all'atto della nomina.

Nessun compenso può attribuirsi alle persone indicate nel primo comma dell'articolo precedente.

523. ***Unione di pignoramenti.*** — L'ufficiale giudiziario, che trova un pignoramento già iniziato da altro ufficiale giudiziario, continua le operazioni insieme con lui. Essi redigono unico processo verbale.

524. ***Pignoramento successivo.*** — L'ufficiale giudiziario, che trova un pignoramento già compiuto, ne dà atto nel processo verbale descrivendo i mobili precedentemente pignorati, e quindi procede al pignoramento degli altri beni o fa constare nel processo verbale che non ve ne sono.

Il processo verbale è depositato in cancelleria e inserito nel fascicolo formato in base al primo pignoramento, se quello successivo è compiuto anteriormente all'udienza prevista nell'art. 525 *primo*[1] comma ovvero alla presentazione del ricorso per l'assegnazione o la vendita dei beni pignorati nella ipotesi prevista nel *secondo*[1] comma dell'art. 525. In tal caso il cancelliere ne dà notizia al creditore primo pignorante e l'esecuzione si svolge in unico processo.

Il pignoramento successivo, se è compiuto dopo l'udienza di cui sopra ovvero dopo la presentazione del ricorso predetto, ha gli effetti di un intervento tardivo rispetto ai beni colpiti dal primo pignoramento. Se colpisce altri beni, per questi ha luogo separato processo.

[1] Parole così modif. dall'art. 2 D.L. 14 mar. 2005, n. 35, conv. in L. 14 mag. 2005, n. 80, con decorrenza 1 mar. 2006.

SEZIONE II
Dell'intervento dei creditori

525. ***Condizione e tempo dell'intervento.*** — [...].[1]

Per gli effetti di cui agli articoli seguenti l'intervento deve avere luogo non oltre la prima udienza fissata per l'autorizzazione della vendita o per l'assegnazione. Di tale intervento il cancelliere dà notizia al creditore pignorante.

Qualora il valore dei beni pignorati, determinato a norma dell'art. 518, non superi 20.000 euro, l'intervento di cui al comma precedente deve aver luogo non oltre la data di presentazione del ricorso, prevista dall'art. 529.[2]

[1] Comma abrog. dall'art. 2, D.L. 14 mar. 2005, n. 35, conv. in L. 14 mag. 2005, n. 80, con decorrenza 1 mar. 2006.

[2] Comma modif. dall'art. 2, D.L. 14 mar. 2005, n. 35, conv. in L. 14 mag. 2005, n. 80, con decorrenza 1 mar. 2006.

526. ***Facoltà dei creditori intervenuti.*** — I creditori intervenuti *a norma dell'art. 525*[1] partecipano all'espropriazione dei mobili pignorati e, se muniti di titolo esecutivo, possono provocarne i singoli atti.

[1] Parole aggiunte dall'art. 2, D.L. 14 mar. 2005, n. 35, conv. in L. 14 mag. 2005, n. 80, con decorrenza 1 mar. 2006.

527. [***Diritto dei creditori intervenuti alla distribuzione***].[1]

[1] Articolo abrog. dall'art. 2, D.L. 14 mar. 2005, n. 35, conv. in L. 14 mag. 2005, n. 80, con decorrenza 1 mar. 2006.

528. ***Intervento tardivo.*** — I creditori chirografari che intervengono successivamente ai termini di cui all'art. 525, ma prima del provvedimento di distribuzione, concorrono alla distribuzione della parte della somma ricavata che sopravanza dopo soddisfatti i diritti del creditore pignorante, dei creditori privilegiati e di quelli intervenuti in precedenza.[1]

I creditori che hanno un diritto di prelazione sulle cose pignorate, anche se intervengono a norma del comma precedente, concorrono alla distribuzione della somma ricavata in ragione dei loro diritti di prelazione.

[1] Comma modif. dall'art. 2, D.L. 14 mar. 2005, n. 35, conv. in L. 14 mag. 2005, n. 80, con decorrenza 1 mar. 2006.

SEZIONE III
Dell'assegnazione e della vendita

529. ***Istanza di assegnazione o di vendita.*** — Decorso il termine di cui all'art. 501, il creditore pignorante e ognuno dei creditori intervenuti muniti di titolo esecutivo possono chiedere la distribuzione del danaro e la vendita di tutti gli altri beni.

Dei titoli di credito e delle altre cose il cui valore risulta dal listino di borsa o di mercato possono chiedere anche l'assegnazione.

Al ricorso si deve unire il certificato d'iscrizione dei privilegi gravanti sui mobili pignorati.

530. ***Provvedimento per l'assegnazione o per l'autorizzazione della vendita.*** — Sull'istanza di cui all'articolo precedente il giudice dell'esecuzione[1] fissa l'udienza per l'audizione delle parti.

All'udienza le parti possono fare osservazioni circa l'assegnazione e circa il tempo e le modalità della vendita, e debbono proporre, a pena di decadenza, le opposizioni agli atti esecutivi, se non sono già decadute dal diritto di proporle.

Se non vi sono opposizioni o se su di esse si raggiunge l'accordo delle parti comparse, il giudice dell'esecuzione[1] dispone con ordinanza l'assegnazione (*Att.* 162) o la vendita.

Se vi sono opposizioni il giudice dell'esecuzione[1] le decide con sentenza e dispone con ordinanza l'assegnazione o la vendita.

Qualora ricorra l'ipotesi prevista dal secondo[2] comma dell'art. 525, e non siano intervenuti creditori, fino alla presentazione del ricorso, il giudice dell'esecuzione[1] provvederà con decreto per l'assegnazione o la vendita; altrimenti provvederà a norma dei commi precedenti, ma saranno sentiti soltanto i creditori intervenuti nel termine previsto dal secondo[2] comma dell'art. 525.

Il giudice dell'esecuzione stabilisce che il versamento della cauzione, la presentazione delle offerte, lo svolgimento della gara tra gli offerenti, ai sensi dell'articolo 532, nonché il pagamento del prezzo, siano effettuati con modalità telematiche, salvo che le stesse siano pregiudizievoli per gli interessi dei creditori o per il sollecito svolgimento della procedura.[3]

In ogni caso il giudice dell'esecuzione può disporre che sia effettuata la pubblicità prevista dall'articolo 490, secondo comma, almeno dieci giorni prima della scadenza del termine per la presentazione delle offerte o della data dell'incanto. Il giudice dispone che sia sempre effettuata la pubblicità prevista dall'articolo 490, primo comma, nel rispetto del termine di cui al periodo precedente.[4,5]

Fuori dell'ipotesi prevista dal secondo comma dell'articolo 525, il giudice dell'esecuzione può disporre che il versamento del prezzo abbia luogo ratealmente ed entro un termine non superiore a dodici mesi; si applicano, in quanto compatibili, le disposizioni di cui agli articoli 569, terzo comma, terzo periodo, 574, primo comma, secondo periodo, e 587, primo comma, secondo periodo.[6]

[1] Parole così sost. dall'art. 93, D.lgs. 19 feb. 1998, n. 51 con decorrenza dal 2 giu. 1999.

[2] Comma così modif. dall'art. 2, D.L. 14 mar. 2005, n. 35, conv. in L. 14 mag. 2005, n. 80, con decorrenza 1 mar. 2006.

[3] Comma aggiunto dall'art. 4, c. 8, L. 22 feb. 2010, n. 24, e poi così sost. dall'art. 48, c. 1, D.L. 24 giu. 2014, n. 90, conv. con modif. in L. 11 ago. 2014, n. 114.

[4] Comma aggiunto dall'art. 4, c. 8, L. 22 feb. 2010, n. 24.

[5] Periodo aggiunto dall'art. 13, c. 1, lett. *e*), D.L. 27 giu. 2015, n. 83, conv. con modif. in L. 6 ago. 2015, n. 132.

[6] Comma aggiunto dall'art. 13, c. 1, lett. *e*), D.L. 27 giu. 2015, n. 83, conv. con modif. in L. 6 ago. 2015, n. 132.

531. ***Vendita di frutti pendenti o di speciali beni mobili.*** — La vendita di frutti pendenti non può essere disposta se non per il tempo della loro maturazione, salvo diverse consuetudini locali.

La vendita dei bachi da seta non può essere fatta prima che siano in bozzoli.

Delle cose indicate nell'art. 515 il giudice dell'esecuzione[1] può differire la vendita per il periodo che ritiene necessario a soddisfare le esigenze dell'azienda agraria.

[1] Parole così sost. dall'art. 93 D.lgs. 19 feb. 1998, n. 51 con decorrenza dal 2 giu. 1999.

532. ***Vendita a mezzo di commissionario.*** — Il giudice dell'esecuzione dispone la vendita senza incanto o tramite commissionario[1] dei beni pignorati. Le cose pignorate devono essere affidate all'istituto vendite giudiziarie, ovvero, con provvedimento motivato, ad altro soggetto specializzato nel settore di competenza iscritto nell'elenco di cui all'articolo 169-*sexies* delle disposizioni per l'attuazione del presente codice, affinché proceda alla vendita in qualità di commissionario.[2]

Nello stesso provvedimento di cui al primo comma il giudice, dopo avere sentito, se necessario, uno stimatore dotato di specifica preparazione tecnica e commerciale in relazione alla peculiarità del bene stesso, fissa il prezzo minimo della vendita e l'importo globale fino al raggiungimento del quale la vendita deve essere eseguita, e può imporre al commissionario una cauzione. Il giudice fissa altresì il numero complessivo, non superiore a tre, degli esperimenti di vendita, i criteri per determinare i relativi ribassi, le modalità di deposito della somma ricavata dalla vendita e il termine finale non superiore a sei mesi, alla cui scadenza il soggetto incaricato della vendita deve restituire gli atti in cancelleria. Quando gli atti sono restituiti a norma del periodo precedente, il giudice, se non vi sono istanze a norma dell'articolo 540-*bis*, dispone la chiusura anticipata del processo esecutivo, anche quando non sussistono i presupposti di cui all'articolo 164-*bis* delle disposizioni di attuazione del presente codice.[3]

Se il valore delle cose risulta da listino di Borsa o di mercato, la vendita non può essere fatta a prezzo inferiore al minimo ivi segnato.

[1] Parole ins. dall'art. 9 L. 24 feb. 2006, n. 52.

[2] Comma così modif. dall'art. 13, c. 1, lett. *f*), D.L. 27 giu. 2015, n. 83, conv. con modif. in L. 6 ago. 2015, n. 132.

[3] Comma così modif. dall'art. 2, D.L. 14 mar. 2005, n. 35, conv. in L. 14 mag. 2005, n. 80, con decorrenza 1 mar. 2006. Gli ultimi due periodi sono stati così sost. dall'art. 4, c. 1, D.L. 3 mag. 2016, n. 59, conv. con modif. in L. 30 giu. 2016, n. 119.

533. ***Obblighi del commissionario.*** — Il commissionario assicura agli interessati la possibilità di esaminare, anche con modalità telematiche, le cose poste in vendita almeno tre giorni prima della data fissata per l'esperimento di vendita e non può consegnare la cosa all'acquirente prima del pagamento integrale del prezzo.[1] Egli è tenuto in ogni caso a documentare le operazioni di vendita mediante certificato, fattura o fissato bollato in doppio esemplare, uno dei quali deve essere consegnato al cancelliere col prezzo ricavato dalla vendita, nel termine stabilito dal giudice dell'esecuzione[2] nel suo provvedimento.

Qualora la vendita non avvenga nel termine fissato a norma dell'articolo 532, secondo comma, il commissionario restituisce gli atti in cancelleria e fornisce prova dell'attività specificamente svolta in relazione alla tipologia del bene per reperire potenziali acquirenti. In ogni caso fornisce prova di avere effettuato la pubblicità disposta dal giudice.[3]

Il compenso al commissionario è stabilito dal giudice dell'esecuzione[2] con decreto.

[1] Periodo così sost. dall'art. 4, c. 8, L. 22 feb. 2010, n. 24.

[2] Parole così sost. dall'art. 93 D.lgs. 19 feb. 1998, n. 51, con decorrenza dal 2 giu. 1999.

[3] Comma così sost. dall'art. 13, c. 1, lett. *g*), D.L. 27 giu. 2015, n. 83, conv. con modif. in L. 6 ago. 2015, n. 132.

534. ***Vendita all'incanto.*** — Quando la vendita deve essere fatta ai pubblici incanti, il giudice dell'esecuzione[1] con il provvedimento di cui all'art. 530, stabilisce il giorno, l'ora e il luogo in cui deve eseguirsi, e ne affida l'esecuzione al cancelliere o all'ufficiale giudiziario o a un istituto all'uopo autorizzato (*Att.* 159, 168).[1]

Nello stesso provvedimento il giudice dell'esecuzione[2] può disporre che, oltre alla pubblicità prevista dal primo comma dell'art. 490, sia data anche una pubblicità straordinaria a norma del comma terzo dello stesso articolo.

[1] Per la turbata libertà degli incanti e per l'astensione v. c.p. 353, 354.

[2] Parole così sost. dall'art. 93, D.lgs. 19 feb. 1998, n. 51 con decorrenza dal 2 giu. 1999.

534-*bis*. ***Delega delle operazioni di vendita.***[1,2] — Il giudice, con il provvedimento di cui all'art. 530 delega all'istituto di cui al primo comma dell'art. 534, ovvero in mancanza a un notaio avente sede preferibilmente nel circondario, o a un avvocato o a un commercialista o esperto contabile, iscritti nei relativi elenchi di cui all'art. 179-*ter* delle disposizioni di attuazione del presente codice, il compimento delle operazioni di vendita con incanto ovvero senza incanto di beni mobili iscritti nei pubblici registri. La delega e gli atti conseguenti sono regolati dalle disposizioni di cui all'art. 591-*bis*, in quanto compatibili con le previsioni della presente sezione.

[1] Articolo così sost. dall'art. 2, D.L. 14 mar. 2005, n. 35, conv. in L. 14 mag. 2005, n. 80, con decorrenza 1 mar. 2006 e così modif. dall'art. 13, c. 1, lett. *h*), D.L. 27 giu. 2015, n. 83, conv. con modif. in L. 6 ago. 2015, n. 132.

[2] Per i compensi ai professionisti delegati a norma del presente articolo, v. nota all'art. 179-*bis Att.*

534-*ter*. ***Ricorso al giudice dell'esecuzione.*** — Quando, nel corso delle operazioni di vendita [con incanto][1] insorgono difficoltà il professionista delegato o il commissionario possono rivolgersi al giudice dell'esecuzione, il quale provvede con decreto. Le parti e gli interessati possono proporre reclamo avverso il predetto decreto ed avverso gli atti del professionista o del commissionario con ricorso allo stesso giudice, il quale provvede con ordinanza; il ricorso non sospende le operazioni di vendita salvo che il giudice, concorrendo gravi motivi, disponga la sospensione.[2]

Contro il provvedimento del giudice è ammesso il reclamo ai sensi dell'articolo 669-*terdecies*.[3]

[1] Parole abrog. dall'art. 1, L. 28 gen. 2005, n. 263, con decorrenza 1 mar. 2006.

[2] Comma così modif. dall'art. 13, c. 1, lett. *i*), D.L. 27 giu. 2015, n. 83, conv. con modif. in L. 6 ago. 2015, n. 132.

[3] Comma così sost. dall'art. 13, c. 1, lett. *i*), D.L. 27 giu. 2015, n. 83, conv. con modif. in L. 6 ago. 2015, n. 132.

535. ***Prezzo base dell'incanto.*** — Se il valore delle cose risulta da listino di borsa o di mercato, il prezzo base è determinato dal minimo del giorno precedente alla vendita.

In ogni altro caso il giudice dell'esecuzione,[1] nel provvedimento di cui all'art. 530, sentito quando occorre uno stimatore, fissa il prezzo di apertura dell'incanto o autorizza, se le circostanze lo consigliano, la vendita al migliore offerente senza determinare il prezzo minimo.

[1] Parole così sostituite dall'art. 93 D.lgs. 19 feb. 1998, n. 51 con decorrenza dal 2 giu. 1999.

536. ***Trasporto e ricognizione delle cose da vendere.*** — Chi è incaricato della vendita fa trasportare, quando occorre, le cose pignorate nel luogo stabilito per l'incanto, e può richiedere l'intervento della forza pubblica.

In ogni caso, prima di addivenire agli incanti deve fare, in concorso col custode, la ricognizione degli oggetti da vendersi, confrontandoli con la descrizione contenuta nel processo verbale di pignoramento.

537. ***Modo dell'incanto.*** — Le cose da vendere si offrono singolarmente oppure a lotti secondo la convenienza, per il prezzo base di cui all'art. 535. L'aggiudicazione al maggiore offerente segue quando, dopo una duplice pubblica enunciazione del prezzo raggiunto, non è fatta una maggiore offerta.

Se la vendita non può compiersi nel giorno stabilito, è continuata nel primo giorno seguente non festivo.[1]

Dell'incanto si redige processo verbale, che si deposita immediatamente nella cancelleria.[2]

[1] L. 27 mag. 1949, n. 260 in materia di ricorrenze festive.
[2] *Att.* 169. *Registrazione del processo verbale di vendita.* – Il cancelliere del tribunale presso il quale è depositato il processo verbale di vendita, a norma dell'art. 537, ultimo comma del codice, cura la registrazione di esso.

538. ***Nuovo incanto.*** — Quando una cosa messa all'incanto resta invenduta, il soggetto a cui è stata affidata l'esecuzione della vendita fissa un nuovo incanto, ad un prezzo base inferiore di un quinto rispetto a quello precedente.[1]

[1] Articolo così modif. dall'art. 10, L. 24 feb. 2006, n. 52.

539. ***Vendita o assegnazione degli oggetti d'oro e d'argento.*** — Gli oggetti d'oro e d'argento non possono in nessun caso essere venduti per un prezzo inferiore al valore intrinseco.

Se restano invenduti, sono assegnati per tale valore ai creditori.

540. ***Pagamento del prezzo e rivendita.*** — [...][1]

Se il prezzo non è pagato, si procede immediatamente a nuovo incanto, a spese e sotto la responsabilità dell'aggiudicatario inadempiente.

La somma ricavata dalla vendita è immediatamente consegnata al cancelliere per essere depositata con le forme dei depositi giudiziari.[2]

[1] Comma abrog. dall'art. 4, c. 8 L. 22 feb. 2010, n. 24.
[2] *Att.* 168. *Reclamo contro l'operato dell'ufficiale incaricato della vendita.* – I reclami contro l'operato dell'ufficiale incaricato della vendita sono proposti dagli interessati con ricorso al giudice dell'esecuzione.
Il ricorso non sospende le operazioni di vendita, salvo che il giudice con decreto disponga la sospensione.
Sul ricorso il giudice dell'esecuzione pronuncia senza indugio con ordinanza non impugnabile, sentiti il ricorrente e le parti.

540-*bis*. ***Integrazione del pignoramento.***[1] — Quando le cose pignorate risultano invendute a seguito del secondo o successivo esperimento ovvero quando la somma assegnata, ai sensi degli articoli 510, 541 e 542, non è sufficiente a soddisfare le ragioni dei creditori, il giudice, ad istanza di uno di questi, provvede a norma dell'ultimo comma dell'articolo 518. Se sono pignorate nuove cose, il giudice ne dispone la vendita senza che vi sia necessità di nuova istanza. In caso contrario, dichiara l'estinzione del procedimento, salvo che non siano da completare le operazioni di vendita.

[1] Articolo aggiunto dall'art. 48 della L. 18 giu. 2009, n. 69. Per espressa previsione dell'art. 58, L. 69/2009, "le disposizioni della presente legge che modificano il codice di procedura civile e le disposizioni per l'attuazione del codice di procedura civile si applicano ai giudizi instaurati dopo la data della sua entrata in vigore" (avvenuta il 4 lug. 2009).

SEZIONE IV
Della distribuzione della somma ricavata

541. ***Distribuzione amichevole.*** — Se i creditori concorrenti chiedono la distribuzione della somma ricavata secondo un piano concordato, il giudice dell'esecuzione,[1] sentito il debitore, provvede in conformità.

[1] Parole così sostituite dall'art. 93 D.lgs. 19 feb. 1998, n. 51 con decorrenza dal 2 giu. 1999.

542. ***Distribuzione giudiziale.*** — Se i creditori non raggiungono l'accordo di cui all'articolo precedente o il giudice dell'esecuzione[1] non l'approva, ognuno di essi può chiedere che si proceda alla distribuzione della somma ricavata.

Il giudice dell'esecuzione[1], sentite le parti, distribuisce la somma ricavata a norma degli artt. 510 e seguenti e ordina il pagamento delle singole quote.

[1] Parole così sostituite dall'art. 93 D.lgs. 19 feb. 1998, n. 51 con decorrenza dal 2 giu. 1999.

CAPO III
Dell'espropriazione presso terzi

SEZIONE I
Del pignoramento e dell'intervento

543. ***Forma del pignoramento.*** — Il pignoramento di crediti del debitore verso terzi o di cose del debitore che sono in possesso di terzi, si esegue mediante atto notificato [personalmente][1] al terzo e al debitore a norma degli artt. 137 e seguenti.

L'atto deve contenere, oltre all'ingiunzione al debitore di cui all'art. 492:

1) l'indicazione del credito per il quale si procede, del titolo esecutivo e del precetto;

2) l'indicazione, almeno generica, delle cose o delle somme dovute e l'intimazione al terzo di non disporne senza ordine di giudice;

3) la dichiarazione di residenza o l'elezione di domicilio nel comune in cui ha sede il tribunale competente nonché l'indicazione dell'indirizzo di posta elettronica certificata del creditore procedente;

4) la citazione del debitore a comparire davanti al giudice competente, con l'invito al terzo a comunicare la dichiarazione di cui all'articolo 547 al creditore procedente entro dieci giorni a mezzo raccomandata ovvero a mezzo di posta elettronica certificata; con l'avvertimento al terzo che in caso di mancata comunicazione della dichiarazione, la stessa dovrà essere resa dal terzo comparendo in un'apposita udienza e che quando il terzo non

compare o, sebbene comparso, non rende la dichiarazione, il credito pignorato o il possesso di cose di appartenenza del debitore, nell'ammontare o nei termini indicati dal creditore, si considereranno non contestati ai fini del procedimento in corso e dell'esecuzione fondata sul provvedimento di assegnazione.[2]

Nell'indicare l'udienza di comparizione si deve rispettare il termine previsto nell'art. 501.

Eseguita l'ultima notificazione, l'ufficiale giudiziario consegna senza ritardo al creditore l'originale dell'atto di citazione. Il creditore deve depositare nella cancelleria del tribunale competente per l'esecuzione la nota di iscrizione a ruolo, con copie conformi dell'atto di citazione, del titolo esecutivo e del precetto, entro trenta giorni dalla consegna. La conformità di tali copie è attestata dall'avvocato del creditore ai soli fini del presente articolo. Il cancelliere al momento del deposito forma il fascicolo dell'esecuzione. Il pignoramento perde efficacia quando la nota di iscrizione a ruolo e le copie degli atti di cui al secondo periodo sono depositate oltre il termine di trenta giorni dalla consegna al creditore.[3]

Il creditore, entro la data dell'udienza di comparizione indicata nell'atto di pignoramento, notifica al debitore e al terzo l'avviso di avvenuta iscrizione a ruolo con indicazione del numero di ruolo della procedura e deposita l'avviso notificato nel fascicolo dell'esecuzione. La mancata notifica dell'avviso o il suo mancato deposito nel fascicolo dell'esecuzione determina l'inefficacia del pignoramento.[4]

Qualora il pignoramento sia eseguito nei confronti di più terzi, l'inefficacia si produce solo nei confronti dei terzi rispetto ai quali non è notificato o depositato l'avviso. In ogni caso, ove la notifica dell'avviso di cui al presente comma non sia effettuata, gli obblighi del debitore e del terzo cessano alla data dell'udienza indicata nell'atto di pignoramento.[4]

Quando procede a norma dell'articolo 492-*bis*, l'ufficiale giudiziario consegna senza ritardo al creditore il verbale, il titolo esecutivo ed il precetto, e si applicano le disposizioni di cui al quarto comma. Decorso il termine di cui all'articolo 501, il creditore pignorante e ognuno dei creditori intervenuti muniti di titolo esecutivo possono chiedere l'assegnazione o la vendita delle cose mobili o l'assegnazione dei crediti. Sull'istanza di cui al periodo precedente il giudice fissa l'udienza per l'audizione del creditore e del debitore e provvede a norma degli articoli 552 o 553. Il decreto con cui viene fissata l'udienza di cui al periodo precedente è notificato a cura del creditore procedente e deve contenere l'invito e l'avvertimento al terzo di cui al numero 4) del secondo comma.[5]

[1] Parola soppressa dall'art. 19, c. 1, D.L. 12 set. 2014, n. 132, conv. con modif. in L. 10 nov. 2014, n. 162. La disposizione si applica ai procedimenti iniziati a decorrere dal trentesimo giorno successivo alla data di entrata in vigore della legge di conversione del D.L. 132/2014.

[2] Numero così sost. dall'art. 19, c. 1, D.L. 12 set. 2014, n. 132, conv. con modif. in L. 10 nov. 2014, n. 162. Per l'applicazione v. nota 1.

[3] Comma così sost. dall'art. 18, c. 1, D.L. 12 set. 2014, n. 132, conv. con modif. in L. 10 nov. 2014, n. 162. Per l'applicazione v. nota 1.

[4] Comma ins. dall'art. 1, c. 32, L. 26 nov. 2021, n. 206. La disposizione si applica ai procedimenti instaurati a decorrere dal 22 giu. 2022.

[5] Comma aggiunto dall'art. 19, c. 1, D.L. 12 set. 2014, n. 132, conv. con modif. in L. 10 nov. 2014, n. 162. Per l'applicazione v. nota 1.

544. ***Pegno o ipoteca a garanzia del credito pignorato.*** — Se il credito pignorato è garantito da pegno, s'intima a chi detiene la cosa data in pegno di non eseguirne la riconsegna senza ordine di giudice.[1]

Se il credito pignorato è garantito da ipoteca, l'atto di pignoramento deve essere annotato nei libri fondiari.

[1] *Att. 182. Intimazione al detentore del pegno.* – Il creditore pignorante deve fare l'intimazione di cui all'art. 544 del codice con l'atto di pignoramento, se il pegno è detenuto dal debitore, o con atto separato, notificato a norma degli artt. 137 s. del codice, se il pegno è detenuto da altri.

545. ***Crediti impignorabili.*** — Non possono essere pignorati i crediti alimentari tranne che per causa di alimenti, e sempre con l'autorizzazione del presidente del tribunale o di un giudice da lui delegato e per la parte del medesimo determinata mediante decreto.[1]

Non possono essere pignorati crediti aventi per oggetto sussidi di grazia o di sostentamento a persone comprese nell'elenco dei poveri, oppure sussidi dovuti per maternità, malattie o funerali da casse di assicurazione, da enti di assistenza o da istituti di beneficenza.

Le somme dovute dai privati a titolo di stipendio, di salario o di altre indennità relative al rapporto di lavoro o di impiego, comprese quelle dovute a causa di licenziamento, possono essere pignorate per crediti alimentari nella misura autorizzata dal presidente del tribunale o da un giudice da lui delegato.[2]

Tali somme possono essere pignorate nella misura di un quinto per tributi dovuti allo Stato, alle province ed ai comuni, ed in eguale misura per ogni altro credito.

Il pignoramento per un simultaneo concorso delle cause indicate precedentemente, non può estendersi oltre alla metà dell'ammontare delle somme predette.

Restano in ogni caso ferme le altre limitazioni contenute in speciali disposizioni di legge.

Le somme da chiunque dovute a titolo di pensione, di indennità che tengono luogo di pensione o di altri assegni di quiescenza non possono essere pignorate per un ammontare corrispondente al doppio della misura massima mensile dell'assegno sociale, con un minimo di 1.000 euro. La parte eccedente tale ammontare è pignorabile nei limiti previsti dal terzo, dal quarto e dal quinto comma nonché dalle speciali disposizioni di legge.[3]

Le somme dovute a titolo di stipendio, salario, altre indennità relative al rapporto di lavoro o di impiego, comprese quelle dovute a causa di licenziamento, nonché a titolo di pensione, di indennità che tengono luogo di pensione, o di assegni di quiescenza, nel caso di accredito su conto bancario o postale intestato al debitore, possono essere pignorate, per l'importo eccedente il triplo dell'assegno sociale, quando l'accredito ha luogo in data anteriore al pignoramento; quando l'accredito ha luogo alla data del pignoramento o successivamente, le predette somme possono essere pignorate nei limiti previsti dal terzo, quarto, quinto e settimo comma, nonché dalle speciali disposizioni di legge.[4]

Il pignoramento eseguito sulle somme di cui al presente articolo in violazione dei divieti e oltre i limiti previsti dallo stesso e dalle speciali disposizioni di legge è parzialmente inefficace. L'inefficacia è rilevata dal giudice anche d'ufficio.[4]

[1] Comma così sost. dall'art. 97, lett. *a*), D.lgs. 19 feb. 1998, n. 51, con decorrenza 2 giu. 1999.

[2] Parole così sost. dall'art. 97, lett. *b*), D.lgs. 19 feb. 1998, n. 51, con decorrenza 2 giu. 1999.

[3] Comma così sost. dall'art. 21-*bis*, D.L. 9 ago. 2022, n. 115, conv. con modif. in L. 21 set. 2022, n. 142.

[4] Comma aggiunto dall'art. 13, c. 1, lett. *l*), D.L. 27 giu. 2015, n. 83, conv. con modif. in L. 6 ago. 2015, n. 132.

La Corte cost. con sent. 31 gen. 2019, n. 12, ha dichiarato l'ill. cost. dell'art. 23, c. 6, del D.L. 27 giu. 2015, n. 83, conv. con modif. in L. 6 ago. 2015, n. 132, nella parte in cui non prevede che l'ottavo comma dell'art. 545 del c.p.c., introdotto dall'art. 13, c. 1, lett. *l*), del medesimo D.L., si applichi anche alle procedure esecutive aventi ad oggetto prestazioni pensionistiche pendenti alla data di entrata in vigore di detto decreto-legge.

546. ***Obblighi del terzo.*** — Dal giorno in cui gli è notificato l'atto previsto nell'art. 543, il terzo è soggetto, relativamente alle cose e alle somme da lui dovute e nei limiti dell'importo del credito precettato aumentato della metà[1] agli obblighi che la legge impone al custode. Nel caso di accredito su conto bancario o postale intestato al debitore di somme a titolo di stipendio, salario, altre indennità relative al rapporto di lavoro o di impiego, comprese quelle dovute a causa di licenziamento, nonché a titolo di pensione, di indennità che tengono luogo di pensione, o di assegni di quiescenza, gli obblighi del terzo pignorato non operano, quando l'accredito ha luogo in data anteriore al pignoramento, per un importo pari al triplo dell'assegno sociale; quando l'accredito ha luogo alla data del pignoramento o successivamente, gli obblighi del terzo pignorato operano nei limiti previsti dall'articolo 545 e dalle speciali disposizioni di legge.[2]

Nel caso di pignoramento eseguito presso più terzi, il debitore può chiedere la riduzione proporzionale dei singoli pignoramenti a norma dell'art. 496 ovvero la dichiarazione di inefficacia di taluno di essi; il giudice dell'esecuzione, convocate le parti, provvede con ordinanza non oltre venti giorni dall'istanza.[3]

[1] Parole inserite dall'art. 2, D.L. 14 mar. 2005, n. 35, conv. in L. 14 mag. 2005, n. 80, con decorrenza 1 mar. 2006.

[2] Periodo aggiunto dall'art. 13, c. 1, lett. *m*), D.L. 27 giu. 2015, n. 83, conv. con modif. in L. 6 ago. 2015, n. 132.

[3] Comma aggiunto dall'art. 2, D.L. 14 mar. 2005, n. 35, conv. in L. 14 mag. 2005, n. 80, con decorrenza 1 mar. 2006.

547. ***Dichiarazione del terzo.*** — Con dichiarazione a mezzo raccomandata inviata al creditore procedente o trasmessa a mezzo di posta elettronica certificata, il terzo, personalmente o a mezzo di procuratore speciale o del difensore munito di procura speciale, deve specificare di quali cose o di quali somme è debitore o si trova in possesso e quando ne deve eseguire il pagamento o la consegna.[1]

Deve altresì specificare i sequestri precedentemente eseguiti presso di lui e le cessioni che gli sono state notificate o che ha accettato.

Il creditore pignorante deve chiamare nel processo il sequestrante nel termine perentorio fissato dal giudice.

[1] Comma così sost. dall'art. 19, c. 1, D.L. 12 set. 2014, n. 132, conv. con modif. in L. 10 nov. 2014, n. 162. La disposizione si applica ai procedimenti iniziati a decorrere dal trentesimo giorno successivo alla data di entrata in vigore della legge di conversione del D.L. 132/2014.

548. ***Mancata dichiarazione del terzo.***[1] — [...][2]

Quando all'udienza il creditore dichiara di non aver ricevuto la dichiarazione, il giudice, con ordinanza, fissa un'udienza successiva. L'ordinanza è notificata al terzo almeno dieci giorni prima della nuova udienza. Se questi non compare alla nuova udienza o, comparendo, rifiuta di fare la dichiarazione, il credito pignorato o il possesso del bene di appartenenza del debitore, nei termini indicati dal creditore, si considera non contestato ai fini del procedimento in corso e dell'esecuzione fondata sul provvedimento di assegnazione se l'allegazione del creditore consente l'identificazione del credito o dei beni di appartenenza del debitore in possesso del terzo e il giudice provvede a norma degli articoli 552 o 553.[3]

Il terzo può impugnare nelle forme e nei termini di cui all'articolo 617[, primo comma,][4] l'ordinanza di assegnazione di crediti adottata a norma del presente articolo, se prova di non averne avuto tempestiva conoscenza per irregolarità della notificazione o per caso fortuito o forza maggiore.

[1] Articolo così sost. dall'art. 1, c. 20, L. 24 dic. 2012, n. 228.

[2] Comma abrogato dall'art. 19, c. 1, D.L. 12 set. 2014, n. 132, conv. con modif. in L. 10 nov. 2014, n. 162. La disposizione si applica ai procedimenti iniziati a decorrere dal trentesimo giorno successivo alla data di entrata in vigore della legge di conversione del D.L. 132/2014.

[3] Comma così sost. dall'art. 19, c. 1, D.L. 12 set. 2014, n. 132, conv. con modif. in L. 10 nov. 2014, n. 162. La disposizione si applica ai procedimenti iniziati a decorrere dal trentesimo giorno successivo alla data di entrata in vigore

della legge di conversione del D.L. 132/2014. Il comma è stato poi così modif. dall'art. 13, D.L. 27 giu. 2015, n. 83, conv. con modif. in L. 6 ago. 2015, n. 132.

[4] Parole soppresse dall'art. 13, c. 1, lett. *m-bis*), D.L. 27 giu. 2015, n. 83, conv. con modif. in L. 6 ago. 2015, n. 132.

549. ***Contestata dichiarazione del terzo.***[1] — Se sulla dichiarazione sorgono contestazioni o se a seguito della mancata dichiarazione del terzo non è possibile l'esatta identificazione del credito o dei beni del debitore in possesso del terzo, il giudice dell'esecuzione, su istanza di parte, provvede con ordinanza, compiuti i necessari accertamenti nel contraddittorio tra le parti e con il terzo.[2] L'ordinanza produce effetti ai fini del procedimento in corso e dell'esecuzione fondata sul provvedimento di assegnazione ed è impugnabile nelle forme e nei termini di cui all'articolo 617.

[1] Articolo così sost. dall'art. 1, c. 20, L. 24 dic. 2012, n. 228.

[2] Periodo così sost. dall'art. 13, c. 1, lett. *m-ter*), D.L. 27 giu. 2015, n. 83, conv. con modif. in L. 6 ago. 2015, n. 132.

550. ***Pluralità di pignoramenti.*** — Il terzo deve indicare i pignoramenti che sono stati eseguiti presso di lui.

Se altri pignoramenti sono eseguiti dopo che il terzo abbia fatto la sua dichiarazione, egli può limitarsi a richiamare la dichiarazione precedente e i pignoramenti ai quali si riferiva.

Si applicano le disposizioni dell'art. 524 secondo e terzo comma.

551. ***Intervento.*** — L'intervento di altri creditori è regolato a norma degli artt. 525 e seguenti.

Agli effetti di cui all'art. 526 l'intervento non deve avere luogo oltre la prima udienza di comparizione delle parti.

SEZIONE II
Dell'assegnazione e della vendita

552. ***Assegnazione e vendita di cose dovute dal terzo.*** — Se il terzo si dichiara o è dichiarato possessore di cose appartenenti al debitore, il *giudice dell'esecuzione*,[1] sentite le parti, provvede per l'assegnazione o la vendita delle cose mobili a norma degli artt. 529 e seguenti, o per l'assegnazione dei crediti a norma dell'articolo seguente.

[1] Parole così sostituite dall'art. 93 D.lgs. 19 feb. 1998, n. 51 con decorrenza dal 2 giu. 1999.

553. ***Assegnazione e vendita di crediti.*** — Se il terzo si dichiara o è dichiarato debitore di somme esigibili immediatamente o in termine non maggiore di novanta giorni, il *giudice dell'esecuzione*[1] le assegna in pagamento, salvo esazione, ai creditori concorrenti.

Se le somme dovute dal terzo sono esigibili in termine maggiore, o si tratta di censi o di rendite perpetue o temporanee, e i creditori non ne chiedono d'accordo l'assegnazione, si applicano le regole richiamate nell'articolo precedente per la vendita di cose mobili.

Il valore delle rendite perpetue e dei censi, quando sono assegnati ai creditori, deve essere ragguagliato in ragione di euro 0,052 di capitale per euro 0,00258 di rendita.

[1] Parole così sostituite dall'art. 93 D.lgs. 19 feb. 1998, n. 51 con decorrenza dal 2 giu. 1999.

554. ***Pegno o ipoteca a garanzia del credito assegnato.*** — Se il credito assegnato o venduto è garantito da pegno, il *giudice dell'esecuzione*[1] dispone che la cosa data in pegno sia affidata all'assegnatario o aggiudicatario del credito oppure ad un terzo che designa, sentite le parti.

Se il credito assegnato o venduto è garantito da ipoteca, il provvedimento di assegnazione o l'atto di vendita va annotato nei libri fondiari.

[1] Parole così sostituite dall'art. 93 D.lgs. 19 feb. 1998, n. 51 con decorrenza dal 2 giu. 1999.

CAPO IV
Dell'espropriazione immobiliare

SEZIONE I
Del pignoramento

555. ***Forma del pignoramento.*** — Il pignoramento immobiliare si esegue mediante notificazione al debitore e successiva trascrizione di un atto nel quale gli si indicano esattamente, con gli estremi richiesti dal c.c. per l'individuazione dell'immobile ipotecato,[1] i beni e i diritti immobiliari che si intendono sottoporre a esecuzione, e gli si fa l'ingiunzione prevista nell'art. 492.[2]

Immediatamente dopo la notificazione l'ufficiale giudiziario consegna copia autentica dell'atto con le note di trascrizione al competente conservatore dei registri immobiliari, che trascrive l'atto e gli restituisce una delle note.

Le attività previste nel comma precedente possono essere compiute anche dal creditore pignorante, al quale l'ufficiale giudiziario, se richiesto, deve consegnare gli atti di cui sopra.

[1] V. artt. 2826 e 2841 c.c.

[2] *Att.* 170. *Atto di pignoramento immobiliare.* – L'atto di pignoramento di beni immobili previsto nell'art. 555 del codice deve essere sottoscritto, prima della relazione di notificazione, dal creditore pignorante a norma dell'art. 125 del codice.

556. ***Espropriazione di mobili insieme con immobili.*** — Il creditore può fare pignorare insieme coll'immobile anche i mobili che lo arredano, quando appare opportuno che l'espropriazione avvenga unitamente.

In tal caso l'ufficiale giudiziario forma atti separati per l'immobile e per i mobili, ma li deposita insieme nella cancelleria del tribunale.

557. ***Deposito dell'atto di pignoramento.***[1] — Eseguita l'ultima notificazione, l'ufficiale giudiziario consegna senza ritardo al creditore l'atto di pignoramento e la nota di trascrizione restituitagli dal conservatore dei registri immobiliari.

Il creditore deve depositare nella cancelleria del tribunale competente per l'esecuzione la nota di iscrizione a ruolo, con copie conformi del titolo esecutivo, del precetto, dell'atto di pignoramento e della nota di trascrizione entro quindici giorni dalla consegna dell'atto di pignoramento. La conformità di tali copie è attestata dall'avvocato del creditore ai soli fini del presente articolo. Nell'ipotesi di cui all'articolo 555, ultimo comma, il creditore deve depositare la nota di trascrizione appena restituitagli dal conservatore dei registri immobiliari.

Il cancelliere forma il fascicolo dell'esecuzione. Il pignoramento perde efficacia quando la nota di iscrizione a ruolo e le copie dell'atto di pignoramento, del titolo esecutivo e del precetto sono depositate oltre il termine di quindici giorni dalla consegna al creditore.

[1] Articolo così sost. dall'art. 18, c. 1, D.L. 12 set. 2014, n. 132, conv. con modif. in L. 10 nov. 2014, n. 162. La disposizione si applica ai procedimenti esecutivi iniziati a decorrere dal trentesimo giorno successivo all'entrata in vigore della legge di conversione del D.L. 132/2014.

558. ***Limitazione dell'espropriazione.*** — Se un creditore ipotecario estende il pignoramento a immobili non ipotecati a suo favore, il giudice dell'esecuzione può applicare il disposto dell'art. 496, oppure può sospenderne la vendita fino al compimento di quella relativa agli immobili ipotecati.

559. ***Custodia dei beni pignorati.*** — Col pignoramento il debitore è costituito custode dei beni pignorati e di tutti gli accessori, comprese le pertinenze, e i frutti, senza diritto a compenso.

Su istanza del creditore pignorante o di un creditore intervenuto, il giudice dell'esecuzione, sentito il debitore, può nominare custode una persona diversa dallo stesso debitore. Il giudice provvede a nominare una persona diversa quando l'immobile non sia occupato dal debitore.[1]

Il giudice provvede alla sostituzione del custode in caso di inosservanza degli obblighi su di lui incombenti.[2]

Il giudice, se custode dei beni pignorati è il debitore e salvo che per la particolare natura degli stessi ritenga che la sostituzione non abbia utilità, dispone, al momento in cui pronuncia l'ordinanza con cui è autorizzata la vendita o disposta la delega delle relative operazioni, che custode dei beni medesimi sia la persona incaricata delle dette operazioni o l'istituto di cui al primo comma dell'art. 534.[2]

Qualora tale istituto non sia disponibile o debba essere sostituito, è nominato custode altro soggetto.[2]

I provvedimenti di cui ai commi che precedono sono pronunciati con ordinanza non impugnabile.[3]

[1] Periodo aggiunto dall'art. 2 D.L. 14 mar. 2005, n. 35, conv. in L. 14 mag. 2005, n. 80, con decorrenza 1 mar. 2006.

[2] Comma aggiunto dall'art. 2 D.L. 14 mar. 2005, n. 35, conv. in L. 14 mag. 2005, n. 80, con decorrenza 1 mar. 2006.

[3] Comma aggiunto dall'art. 1 L. 28 dic. 2005, n. 263, con decorrenza 1 mar. 2006.

560. ***Modo della custodia.***[1] — Il debitore e il terzo nominato custode debbono rendere il conto a norma dell'articolo 593.

Il custode nominato ha il dovere di vigilare affinché il debitore e il nucleo familiare conservino il bene pignorato con la diligenza del buon padre di famiglia e ne mantengano e tutelino l'integrità.

Il debitore e i familiari che con lui convivono non perdono il possesso dell'immobile e delle sue pertinenze sino al decreto di trasferimento, salvo quanto previsto dal sesto comma.

Il debitore deve consentire, in accordo con il custode, che l'immobile sia visitato da potenziali acquirenti.

Le modalità del diritto di visita sono contemplate e stabilite nell'ordinanza di cui all'articolo 569.

Il giudice ordina, sentiti il custode e il debitore, la liberazione dell'immobile pignorato per lui ed il suo nucleo familiare, qualora sia ostacolato il diritto di visita di potenziali acquirenti, quando l'immobile non sia adeguatamente tutelato e mantenuto in uno stato di buona conservazione, per colpa o dolo del debitore e dei membri del suo nucleo familiare, quando il debitore viola gli altri obblighi che la legge pone a suo carico, o quando l'immobile non è abitato dal debitore e dal suo nucleo familiare. A richiesta dell'aggiudicatario, l'ordine di liberazione può essere attuato dal custode senza l'osservanza delle formalità di cui agli articoli 605 e seguenti; il giudice può autorizzarlo ad avvalersi della forza pubblica e nominare ausiliari ai sensi dell'articolo 68. Quando nell'immobile si trovano beni mobili che non debbono essere consegnati, il custode intima alla parte tenuta al rilascio di asportarli, assegnando ad essa un termine non inferiore a trenta giorni, salvi i casi di urgenza da provarsi con giustificati motivi. Quando vi sono beni mobili di provata o evidente titolarità di terzi, l'intimazione è rivolta anche a questi ultimi con le stesse modalità di cui al periodo precedente. Dell'intimazione è dato atto nel verbale. Se uno dei soggetti intimati non è presente, l'intimazione gli è notificata dal custode. Se l'asporto non è eseguito entro il termine assegnato, i beni mobili sono considerati abbandonati e il custode, salva diversa disposizione del giudice dell'esecuzione, ne dispone lo smaltimento o la distruzione. Dopo la notifica o la comunicazione del decreto di trasferimento, il custode, su istanza dell'aggiudicatario o dell'assegnatario, provvede all'attuazione del provvedimento di cui all'articolo 586, secondo comma, decorsi sessanta giorni e non oltre centoventi giorni dalla predetta istanza, con le modalità definite nei periodi dal secondo al settimo del presente comma.[2]

Al debitore è fatto divieto di dare in locazione l'immobile pignorato se non è autorizzato dal giudice dell'esecuzione.

Fermo quanto previsto dal sesto comma, quando l'immobile pignorato è abitato dal debitore e dai suoi familiari il giudice non può mai disporre il rilascio dell'immobile pignorato prima della pronuncia del decreto di trasferimento ai sensi dell'articolo 586.

[1] Articolo così sost. dall'art. 4, c. 2, D.L. 14 dic. 2018, n. 135, conv. con modif. in L. 11 feb. 2019, n. 12. Le disposizioni introdotte dal D.L. 135/2018 non si applicano alle esecuzioni iniziate anteriormente alla data di entrata in vigore della legge di conversione (13 feb. 2019).

[2] Comma così modif. dall'art. 18-quater, c. 1, D.L. 30 dic. 2019, n. 162, conv. con modif. in L. 28 feb. 2020, n. 8. Le disposizioni si applicano anche alle procedure di espropriazione immobiliare pendenti alla data di entrata in vigore della legge 8/2020.

561. ***Pignoramento successivo.*** — Il conservatore dei registri immobiliari, se nel trascrivere un atto di pignoramento trova che sugli stessi beni è stato eseguito un altro pignoramento, ne fa menzione nella nota di trascrizione che restituisce.

L'atto di pignoramento con gli altri documenti indicati nell'art. 557 è depositato in cancelleria e inserito nel fascicolo formato in base al primo pignoramento, se quello successivo è compiuto anteriormente all'udienza prevista *nell'art. 564*.[1] In tale caso l'esecuzione si svolge in unico processo.

Se il pignoramento successivo è compiuto dopo l'udienza di cui sopra, si applica l'art. 524 ultimo comma.

[1] Parole così sost. dall'art. 2, D.L. 14 mar. 2005, n. 35, conv. in L. 14 mag. 2005, n. 80, con decorrenza 1 mar. 2006.

562. ***Inefficacia del pignoramento e cancellazione della trascrizione.*** — Se il pignoramento diviene inefficace per il decorso del termine previsto nell'art. 497, il giudice dell'esecuzione con l'ordinanza di cui all'art. 630 dispone che sia cancellata la trascrizione.

Il conservatore dei registri immobiliari provvede alla cancellazione su presentazione dell'ordinanza.[1]

[1] *Att.* 172. *Cancellazione della trascrizione del pignoramento.* – Il giudice dell'esecuzione deve sentire le parti prima di disporre la cancellazione della trascrizione del pignoramento a norma dell'art. 562 del codice e in ogni altro caso in cui deve dichiarare l'inefficacia del pignoramento per estinzione del processo.

SEZIONE II
Dell'intervento dei creditori

563. ***Condizioni e tempo dell'intervento.***[1]

[1] Articolo abrog. dall'art. 2, D.L. 14 mar. 2005, n. 35, conv. in L. 14 mag. 2005, n. 80, con decorrenza 1 mar. 2006.

564. ***Facoltà dei creditori intervenuti.***[1] — I creditori intervenuti non oltre la prima udienza fissata per l'autorizzazione della vendita partecipano all'espropriazione dell'immobile pignorato e, se muniti di titolo esecutivo, possono provocarne i singoli atti.

[1] Articolo modif. dall'art. 2, D.L. 14 mar. 2005, n. 35, conv. in L. 14 mag. 2005, n. 80, con decorrenza 1 mar. 2006.

565. ***Intervento tardivo.*** — I creditori chirografari che intervengono oltre l'udienza indicata *nell'art. 564*,[1] ma prima di quella prevista nell'art. 596, concorrono alla distribuzione di quella parte della somma ricavata che sopravanza dopo soddisfatti i diritti del creditore pignorante e di quelli intervenuti in precedenza e a norma dell'articolo seguente.

[1] Parole così sost. dall'art. 2 D.L. 14 mar. 2005, n. 35, conv. in L. 14 mag. 2005, n. 80, con decorrenza 1 gen. 2006.

566. ***Intervento dei creditori iscritti e privilegiati.*** — I creditori iscritti e i privilegiati che intervengono oltre l'udienza indicata *nell'art. 564*,[1] ma prima di quella prevista nell'art. 596, concorrono alla distribuzione della somma ricavata in ragione dei loro diritti di prelazione, e, quando sono muniti di titolo esecutivo, possono provocare atti dell'espropriazione.

[1] Parole così sost. dall'art. 2 D.L. 14 mar. 2005, n. 35, conv. in L. 14 mag. 2005, n. 80, con decorrenza 1 mar. 2006.

SEZIONE III
Della vendita e dell'assegnazione

§ 1.
Disposizioni generali

567. ***Istanza di vendita.***[1] — Decorso il termine di cui all'art. 501, il creditore pignorante e ognuno dei creditori intervenuti muniti di titolo esecutivo possono chiedere la vendita dell'immobile pignorato.

Il creditore che richiede la vendita deve provvedere, entro sessanta[2] giorni dal deposito del ricorso, ad allegare allo stesso l'estratto del catasto [e delle mappe censuarie, il certificato di destinazione urbanistica come previsto nella vigente normativa, di data non anteriore a tre mesi dal deposito del ricorso],[3] nonché i certificati delle iscrizioni e trascrizioni relative all'immobile pignorato effettuate nei venti anni anteriori alla trascrizione del pignoramento;[4] tale documentazione può essere sostituita da un certificato notarile attestante le risultanze delle visure catastali e dei registri immobiliari.

Il termine di cui al secondo comma può essere prorogato una sola volta su istanza dei creditori o dell'esecutato, per giusti motivi e per una durata non superiore ad ulteriori sessanta[2] giorni. Un termine di sessanta[2] giorni è inoltre assegnato al creditore dal giudice, quando lo stesso ritiene che la documentazione, da questi depositata, debba essere completata. Se la proroga non è richiesta o non è concessa, oppure se la documentazione non è integrata nel termine assegnato ai sensi di quanto previsto nel periodo precedente, il giudice dell'esecuzione, anche d'ufficio, dichiara l'inefficacia del pignoramento relativamente all'immobile per il quale non è stata depositata la prescritta documentazione. L'inefficacia è dichiarata con ordinanza, sentite le parti. Il giudice, con l'ordinanza, dispone la cancellazione della trascrizione del pignoramento. Si applica l'art. 562, secondo comma. Il giudice dichiara altresì l'estinzione del processo esecutivo se non vi sono altri beni pignorati.

[1] Articolo sost. dall'art. 2, D.L. 14 mar. 2005, n. 35, conv. in L. 14 mag. 2005, n. 80, con decorrenza 1 mar. 2006.

[2] Parola così modif. dall'art. 13, c. 1, lett. *n*), D.L. 27 giu. 2015, n. 83, conv. con modif. in L. 6 ago. 2015, n. 132.

[3] Parole soppresse dall'art. 1, L. 28 dic. 2005, n. 263, con decorrenza 1 mar. 2006.

[4] Parole ins. dall'art. 1, L. 28 dic. 2005, n. 263, con decorrenza 1 mar. 2006.

568. ***Determinazione del valore dell'immobile.***[1] — Agli effetti dell'espropriazione il valore dell'immobile è determinato dal giudice avuto riguardo al valore di mercato sulla base degli elementi forniti dalle parti e dall'esperto nominato ai sensi dell'articolo 569, primo comma.

Nella determinazione del valore di mercato l'esperto procede al calcolo della superficie dell'immobile, specificando quella commerciale, del valore per metro quadro e del valore complessivo, esponendo analiticamente gli adeguamenti e le correzioni della stima, ivi compresa la riduzione del valore di mercato praticata per l'assenza della garanzia per vizi del bene venduto, e precisando tali adeguamenti in maniera distinta per gli oneri di regolarizzazione urbanistica, lo stato d'uso e di manutenzione, lo stato di possesso, i vincoli e gli oneri giuridici non eliminabili nel corso del procedimento esecutivo, nonché per le eventuali spese condominiali insolute.[2]

[1] Articolo così sost. dall'art. 13, c. 1, lett. *o*), D.L. 27 giu. 2015, n. 83, conv. con modif. in L. 6 ago. 2015, n. 132.

[2] *Att.* 161. *Giuramento dell'esperto e dello stimatore.* – L'esperto nominato dal giudice a norma dell'art. 568, ultimo comma del codice presta giuramento di bene e fedelmente procedere alle operazioni affidategli.

L'ufficiale giudiziario che per la stima delle cose da pignorare si avvale dell'opera di uno stimatore, prima che questi incominci le sue operazioni, deve raccogliere il giuramento di bene e fedelmente procedere alla stima.

569. ***Provvedimento per l'autorizzazione della vendita.***[1] — A seguito dell'istanza di cui all'art. 567 il giudice dell'esecuzione, entro quindici giorni dal deposito della documentazione di cui al secondo comma dell'art. 567, nomina l'esperto che presta giuramento in cancelleria mediante sottoscrizione del verbale di accettazione e fissa l'udienza per la comparizione delle parti e dei creditori di cui all'art. 498 che non siano intervenuti. Tra la data del provvedimento e la data fissata per l'udienza non possono decorrere più di novanta giorni. Salvo quanto disposto dagli articoli 565 e 566, non oltre trenta giorni prima dell'udienza, il creditore pignorante e i creditori già intervenuti ai sensi dell'articolo 499 depositano un atto, sottoscritto personalmente dal creditore e previamente notificato al debitore esecutato, nel quale è indicato l'ammontare del residuo credito per cui si procede, comprensivo degli interessi maturati, del criterio di calcolo di quelli in corso di maturazione e delle spese sostenute fino all'udienza. In difetto, agli effetti della liquidazione della somma di cui al primo comma dell'articolo 495, il credito resta definitivamente fissato nell'importo indicato nell'atto di precetto o di intervento, maggiorato dei soli interessi al tasso legale e delle spese successive.[2,3]

All'udienza le parti possono fare osservazioni circa il tempo e le modalità della vendita, e debbono proporre, a pena di decadenza, le opposizioni agli atti esecutivi, se non sono già decadute dal diritto di proporle.

Nel caso in cui il giudice disponga con ordinanza la vendita forzata, fissa un termine non inferiore a novanta giorni, e non superiore a centoventi, entro il quale possono essere proposte offerte d'acquisto ai sensi dell'articolo 571. Il giudice con la medesima ordinanza stabilisce le modalità con cui deve essere prestata la cauzione, se la vendita è fatta in uno o più lotti, il prezzo base determinato a norma dell'articolo 568, l'offerta minima, il termine, non superiore a centoventi giorni dall'aggiudicazione, entro il quale il prezzo dev'essere depositato, con le modalità del deposito e fissa, al giorno successivo alla scadenza del termine, l'udienza per la deliberazione sull'offerta e per la gara tra gli offerenti di cui all'articolo 573. Quando ricorrono giustificati motivi, il giudice dell'esecuzione può disporre che il versamento del prezzo abbia luogo ratealmente ed entro un termine non superiore a dodici mesi. Il giudice provvede ai sensi dell'articolo 576 solo quando ritiene probabile che la vendita con tale modalità possa aver luogo ad un prezzo superiore della metà rispetto al valore del bene, determinato a norma dell'articolo 568.[4]

Con la stessa ordinanza, il giudice stabilisce, salvo che sia pregiudizievole per gli interessi dei creditori o per il sollecito svolgimento della procedura, che il versamento della cauzione, la presentazione delle offerte, lo svolgimento della gara tra gli offerenti e, nei casi previsti, l'incanto, nonché il pagamento del prezzo, siano effettuati con modalità telematiche, nel rispetto della normativa regolamentare di cui all'articolo 161-*ter* delle disposizioni per l'attuazione del presente codice.[5]

Se vi sono opposizioni il tribunale le decide con

sentenza e quindi il giudice dell'esecuzione dispone la vendita con ordinanza.

Con la medesima ordinanza il giudice fissa il termine entro il quale essa deve essere notificata, a cura del creditore che ha chiesto la vendita o di un altro autorizzato, ai creditori di cui all'art. 498 che non sono comparsi.

[1] Articolo sost. dall'art. 2, D.L. 14 mar. 2005, n. 35, conv. in L. 14 mag. 2005, n. 80, con decorrenza 1 mar. 2006.

[2] Comma così modif. dall'art. 13, c. 1, lett. *p*), D.L. 27 giu. 2015, n. 83, conv. con modif. in L. 6 ago. 2015, n. 132.

[3] Gli ultimi due periodi sono stati aggiunti dall'art. 4, c. 2, D.L. 14 dic. 2018, n. 135, conv. con modif. in L. 11 feb. 2019, n. 12. Le disposizioni introdotte dal D.L. 135/2018 non si applicano alle esecuzioni iniziate anteriormente alla data di entrata in vigore della legge di conversione (13 feb. 2019).

[4] Comma così sost. dall'art. 13, c. 1, lett. *p*), D.L. 27 giu. 2015, n. 83, conv. con modif. in L. 6 ago. 2015, n. 132.

[5] Comma aggiunto dall'art. 4, c. 8, L. 22 feb. 2010, n. 24, e così modif. dall'art. 4, c. 1, D.L. 3 mag. 2016, n. 59, conv. con modif. in L. 30 giu. 2016, n. 119.

§ 2.
Vendita senza incanto

570. ***Avviso della vendita.*** — Dell'ordine di vendita è dato dal cancelliere, a norma dell'art. 490, pubblico avviso contenente l'indicazione [del debitore],[1] degli estremi previsti nell'art. 555, del valore dell'immobile determinato a norma dell'art. 568, del sito Internet sul quale è pubblicata la relativa relazione di stima, del nome e del recapito telefonico del custode nominato in sostituzione del debitore[2] con l'avvertimento che maggiori informazioni anche relative alle generalità del debitore[2] possono essere fornite dalla cancelleria del tribunale a chiunque vi abbia interesse.[3]

[1] Parole soppresse dall'art. 174 D.lgs. 30 giu. 2003, n. 196, in vigore dall'1 gen. 2004. L'art. 174, D.lgs. n. 196/2003, è stato poi abrog. dall'art. 27, c. 1, D.lgs. 10 ago. 2018, n. 101.

[2] Parole inserite dall'art. 1 L. 28 dic. 2005, n. 263, con decorrenza 1 mar. 2006.

[3] Parole aggiunte dall'ar. 174 D.lgs. 30 giu. 2003, n. 196, in vigore dall'1 gen. 2004. L'art. 174, D.lgs. n. 196/2003, è stato poi abrog. dall'art. 27, c. 1, D.lgs. 10 ago. 2018, n. 101.

571. ***Offerte d'acquisto.***[1] — Ognuno, tranne il debitore, è ammesso a offrire per l'acquisto dell'immobile pignorato personalmente o a mezzo di procuratore legale anche a norma dell'art. 579, ultimo comma. L'offerente deve presentare nella cancelleria dichiarazione contenente l'indicazione del prezzo, del tempo e modo del pagamento e ogni altro elemento utile alla valutazione dell'offerta. [Se un termine più lungo non è fissato dall'offerente, l'offerta non può essere revocata prima di venti giorni].[2]

L'offerta non è efficace se perviene oltre il termine stabilito ai sensi dell'art. 569, terzo comma, se è inferiore di oltre un quarto al prezzo stabilito nell'ordinanza o se l'offerente non presta cauzione, con le modalità stabilite nell'ordinanza di vendita, in misura non inferiore al decimo del prezzo da lui proposto.[3]

L'offerta è irrevocabile, salvo che:

1) [...];[4]

2) il giudice ordini l'incanto;

3) siano decorsi centoventi giorni dalla sua presentazione ed essa non sia stata accolta.[5]

L'offerta deve essere depositata in busta chiusa all'esterno della quale sono annotati, a cura del cancelliere ricevente, il nome, previa identificazione, di chi materialmente provvede al deposito, il nome del giudice dell'esecuzione o del professionista delegato ai sensi dell'art. 591-*bis* e la data dell'udienza fissata per l'esame delle offerte. Se è stabilito che la cauzione è da versare mediante assegno circolare, lo stesso deve essere inserito nella busta. Le buste sono aperte all'udienza fissata per l'esame delle offerte alla presenza degli offerenti.

[1] Articolo sost. dall'art. 2, D.L. 14 mar. 2005, n. 35, conv. in L. 14 mag. 2005, n. 80, con decorrenza 1 mar. 2006.

[2] Parole abrog. dall'art. 1, L. 28 dic. 2005, n. 263, con decorrenza 1 mar. 2006.

[3] Comma così modif. dall'art. 13, D.L. 27 giu. 2015, c. 1, lett. *q*), n. 83, conv. con modif. in L. 6 ago. 2015, n. 132.

[4] Numero abrog. dall'art. 19, L. 24 feb. 2006, n. 52.

[5] Comma aggiunto dall'art. 1, L. 28 dic. 2005, n. 263, con decorrenza 1 mar. 2006.

572. ***Deliberazione sull'offerta.***[1] — Sull'offerta il giudice dell'esecuzione sente le parti e i creditori iscritti non intervenuti.

Se l'offerta è pari o superiore al valore dell'immobile stabilito nell'ordinanza di vendita, la stessa è senz'altro accolta.[2]

Se il prezzo offerto è inferiore rispetto al prezzo stabilito nell'ordinanza di vendita in misura non superiore ad un quarto, il giudice può far luogo alla vendita quando ritiene che non vi sia seria possibilità di conseguire un prezzo superiore con una nuova vendita e non sono state presentate istanze di assegnazione ai sensi dell'articolo 588.[2]

Si applicano [anche in questi casi][3] le disposizioni degli artt. 573, 574 e 577.

[1] Articolo sost. dall'art. 2, D.L. 14 mar. 2005, n. 35, conv. in L. 14 mag. 2005, n. 80, con decorrenza 1 mar. 2006.

[2] Comma così sost. dall'art. 13, c. 1, lett. *r*), D.L. 27 giu. 2015, n. 83, conv. con modif. in L. 6 ago. 2015, n. 132.

[3] Parole abrog. dall'art. 1, L. 28 dic. 2005, n. 263, con decorrenza 1 mar. 2006.

573. ***Gara tra gli offerenti.***[1] — Se vi sono più offerte, il giudice dell'esecuzione invita in ogni caso gli offerenti a una gara sull'offerta più alta.[2]

Se sono state presentate istanze di assegnazione a norma dell'articolo 588 e il prezzo indicato nella migliore offerta o nell'offerta presentata per prima è inferiore al valore dell'immobile stabilito nell'ordinanza di vendita, il giudice non fa luogo alla vendita e procede all'assegnazione.[3]

Ai fini dell'individuazione della migliore offerta, il giudice tiene conto dell'entità del prezzo, delle cauzioni prestate, delle forme, dei modi e dei tempi del pagamento nonché di ogni altro elemento utile indicato nell'offerta stessa.[4]

Se il prezzo offerto all'esito della gara di cui al primo comma è inferiore al valore dell'immobile stabilito nell'ordinanza di vendita, il giudice non fa luogo alla vendita quando sono state presentate istanze di assegnazione ai sensi dell'articolo 588.[4]

[1] Articolo sost. dall'art. 2, D.L. 14 mar. 2005, n. 35, conv. in L. 14 mag. 2005, n. 80, con decorrenza 1 mar. 2006.

[2] Comma così modif. dall'art. 13, c. 1, lett. *s*), D.L. 27 giu. 2015, n. 83, conv. con modif. in L. 6 ago. 2015, n. 132.

[3] Comma così sost. dall'art. 13, c. 1, lett. *s*), D.L. 27 giu. 2015, n. 83, conv. con modif. in L. 6 ago. 2015, n. 132.

[4] Comma aggiunto dall'art. 13, c. 1, lett. *s*), D.L. 27 giu. 2015, n. 83, conv. con modif. in L. 6 ago. 2015, n. 132.

574. ***Provvedimenti relativi alla vendita.*** — Il giudice dell'esecuzione, quando fa luogo alla vendita, dispone con decreto il modo del versamento del prezzo e il termine, dalla comunicazione del decreto, entro il quale il versamento deve farsi, e, quando questo è avvenuto, pronuncia il decreto previsto nell'art. 586. Quando l'ordinanza che ha disposto la vendita ha previsto che il versamento del prezzo abbia luogo ratealmente, col decreto di cui al primo periodo il giudice dell'esecuzione può autorizzare l'aggiudicatario, che ne faccia richiesta, ad immettersi nel possesso dell'immobile venduto, a condizione che sia prestata una fideiussione, autonoma, irrevocabile e a prima richiesta, rilasciata da banche, società assicuratrici o intermediari finanziari che svolgono in via esclusiva o prevalente attività di rilascio di garanzie e che sono sottoposti a revisione contabile da parte di una società di revisione per un importo pari ad almeno il trenta per cento del prezzo di vendita. Il giudice dell'esecuzione individua la categoria professionale alla quale deve appartenere il soggetto che può rilasciare la fideiussione a norma del periodo precedente. La fideiussione è rilasciata a favore della procedura esecutiva a garanzia del rilascio dell'immobile entro trenta giorni dall'adozione del provvedimento di cui all'articolo 587, primo comma, secondo periodo, nonché del risarcimento dei danni eventualmente arrecati all'immobile; la fideiussione è escussa dal custode o dal professionista delegato su autorizzazione del giudice.[1]

Si applica anche a questa forma di vendita la disposizione dell'art. 583.

Se il prezzo non è depositato a norma del decreto di cui al primo comma, il giudice provvede a norma dell'art. 587.

[1] Gli ultimi tre periodi sono stati aggiunti dall'art. 13, c. 1, lett. *t*), D.L. 27 giu. 2015, n. 83, conv. con modif. in L. 6 ago. 2015, n. 132.

575. [***Termine delle offerte senza incanto.***][1]

[1] Articolo abrog. dall'art. 2, D.L. 14 mar. 2005, n. 35, conv. in L. 14 mag. 2005, n. 80, con decorrenza 1 mar. 2006.

§ 3.
Vendita con incanto

576. ***Contenuto del provvedimento che dispone la vendita.*** — Il giudice dell'esecuzione, quando ordina l'incanto, stabilisce, sentito quando occorre un esperto:

1) se la vendita si deve fare in uno o più lotti;

2) il prezzo base dell'incanto determinato a norma dell'art. 568;

3) il giorno e l'ora dell'incanto;

4) il termine che deve decorrere tra il compimento delle forme di pubblicità e l'incanto, nonché le eventuali forme di pubblicità straordinaria a norma dell'art. 490 ultimo comma;

5) l'ammontare della cauzione in misura non superiore al decimo del prezzo base d'asta e il termine entro il quale tale ammontare deve essere prestato dagli offerenti.[1]

6) la misura minima dell'aumento da apportarsi alle offerte;

7) il termine, non superiore a sessanta giorni dall'aggiudicazione, entro il quale il prezzo deve essere depositato e le modalità del deposito.

L'ordinanza è pubblicata a cura del cancelliere.

[1] Il n. 5 è stato sost. dall'art. 2 D.L. 14 mar. 2005, n. 35, conv. in L. 14 ago. 2005, n. 80, con decorrenza 1 mar. 2006.

577. ***Indivisibilità dei fondi.*** — La divisione in lotti non può essere disposta se l'immobile costituisce un'unità colturale o se il frazionamento ne potrebbe impedire la razionale coltivazione.

578. ***Delega a compiere la vendita.*** — Se una parte dei beni pignorati è situata nella circoscrizione di altro tribunale, con l'ordinanza che dispone la vendita il giudice dell'esecuzione può stabilire che l'incanto avvenga, per quella parte, davanti al tribunale del luogo in cui è situata.

In tale caso, copia dell'ordinanza è trasmessa dal cancelliere al presidente del tribunale delegato, il quale nomina un giudice per l'esecuzione della vendita.

579. ***Persone ammesse agli incanti.*** — Salvo quanto è disposto nell'articolo seguente, ognuno, eccetto il debitore è ammesso a fare offerte all'incanto.

Le offerte debbono essere fatte personalmente o a mezzo di mandatario munito di procura speciale.

I procuratori legali possono fare offerte per persone da nominare.

580. ***Prestazione della cauzione.***[1] — Per offrire all'incanto è necessario avere prestato la cauzione a norma dell'ordinanza di cui all'art. 576.

Se l'offerente non diviene aggiudicatario, la cauzione è immediatamente restituita dopo la chiusura dell'incanto, salvo che lo stesso non abbia omesso di partecipare al medesimo, personalmente o a mezzo di procuratore speciale, senza documentato e giustificato motivo. In tale caso la cauzione è restituita solo nella misura dei nove decimi dell'intero e la restante parte è trattenuta come somma rinveniente a tutti gli effetti dall'esecuzione.

[1] Articolo sost. dall'art. 2 D.L. 14 mar. 2005, n. 35, conv. in L. 14 mag. 2005, n. 80, con decorrenza 1 mar. 2006.

581. *Modalità dell'incanto.*[1] — L'incanto ha luogo davanti al giudice dell'esecuzione, nella sala delle udienze pubbliche.

Le offerte non sono efficaci se non superano il prezzo base o l'offerta precedente nella misura indicata nelle condizioni di vendita.

Allorché siano trascorsi tre minuti dall'ultima offerta senza che ne segua un'altra maggiore, l'immobile è aggiudicato all'ultimo offerente.

Ogni offerente cessa di essere tenuto per la sua offerta quando essa è superata da un'altra, anche se poi questa è dichiarata nulla.

[1] Articolo così sost. dall'art. 2 della L. 3 ago. 1998, n. 302.

582. *Dichiarazione di residenza o elezione di domicilio dell'aggiudicatario.* — L'aggiudicatario deve dichiarare la propria residenza o eleggere domicilio nel comune in cui ha sede il giudice che ha proceduto alla vendita. In mancanza le notificazioni e comunicazioni possono essergli fatte presso la cancelleria del giudice stesso.

583. *Aggiudicazione per persona da nominare.* — Il procuratore legale, che è rimasto aggiudicatario per persona da nominare, deve dichiarare in cancelleria nei tre giorni dall'incanto il nome della persona per la quale ha fatto l'offerta, depositando il mandato.

In mancanza, l'aggiudicazione diviene definitiva al nome del procuratore.

584. *Offerte dopo l'incanto.*[1] — Avvenuto l'incanto, possono ancora essere fatte offerte di acquisto entro il termine perentorio di dieci giorni, ma esse non sono efficaci se il prezzo offerto non supera di un quinto quello raggiunto nell'incanto.

Le offerte di cui al primo comma si fanno mediante deposito in cancelleria nelle forme di cui all'art. 571, prestando cauzione per una somma pari al doppio della cauzione versata ai sensi dell'art. 580.

Il giudice, verificata la regolarità delle offerte, indice la gara, della quale il cancelliere dà pubblico avviso a norma dell'art. 570 e comunicazione all'aggiudicatario, fissando il termine perentorio entro il quale possono essere fatte ulteriori offerte a norma del secondo comma.

Alla gara possono partecipare, oltre gli offerenti in aumento di cui ai commi precedenti e l'aggiudicatario, anche gli offerenti al precedente incanto che, entro il termine fissato dal giudice, abbiano integrato la cauzione nella misura di cui al secondo comma.

Se nessuno degli offerenti in aumento partecipa alla gara indetta a norma del terzo comma, l'aggiudicazione diventa definitiva, ed il giudice pronuncia a carico degli offerenti di cui al primo comma, salvo che ricorra un documentato e giustificato motivo la perdita della cauzione, il cui importo è trattenuto come rinveniente a tutti gli effetti dall'esecuzione.

[1] Articolo sost. dall'art. 2 D.L. 14 mar. 2005, n. 35, conv. in L. 14 mag. 2005, n. 80, con decorrenza 1 mar. 2006.

585. *Versamento del prezzo.*[1] — L'aggiudicatario deve versare il prezzo nel termine e nel modo fissati dall'ordinanza che dispone la vendita a norma dell'art. 576, e consegnare al cancelliere il documento comprovante l'avvenuto versamento.

Se l'immobile è stato aggiudicato a un creditore ipotecario o l'aggiudicatario è stato autorizzato ad assumersi un debito garantito da ipoteca, il giudice dell'esecuzione può limitare, con suo decreto, il versamento alla parte del prezzo occorrente per le spese e per la soddisfazione degli altri creditori che potranno risultare capienti.

Se il versamento del prezzo avviene con l'erogazione a seguito di contratto di finanziamento che preveda il versamento diretto delle somme erogate in favore della procedura e la garanzia ipotecaria di primo grado sul medesimo immobile oggetto di vendita, nel decreto di trasferimento deve essere indicato tale atto ed il conservatore dei registri immobiliari non può eseguire la trascrizione del decreto se non unitamente all'iscrizione dell'ipoteca concessa dalla parte finanziata.

[1] Articolo sost. dall'art. 2 D.L. 14 mar. 2005, n. 35, conv. in L. 14 mag. 2005, n. 80, con decorrenza 1 mar. 2006.

586. *Trasferimento del bene espropriato.* — Avvenuto il versamento del prezzo, il giudice dell'esecuzione può sospendere la vendita quando ritiene che il prezzo offerto sia notevolmente inferiore a quello giusto, ovvero pronunciare decreto col quale trasferisce all'aggiudicatario il bene espropriato, ripetendo la descrizione contenuta nell'ordinanza che dispone la vendita e ordinando che si cancellino le trascrizioni dei pignoramenti e le iscrizioni ipotecarie, se queste ultime non si riferiscono ad obbligazioni assuntesi dall'aggiudicatario a norma dell'art. 508.[1] Il giudice con il decreto ordina anche la cancellazione delle trascrizioni dei pignoramenti e delle iscrizioni ipotecarie successive alla trascrizione del pignoramento.[2]

Il decreto contiene altresì l'ingiunzione al debitore o al custode di rilasciare l'immobile venduto.

Esso costituisce titolo per la trascrizione della vendita sui libri fondiari e titolo esecutivo per il rilascio (*Att.* 164).

[1] Comma così sost. dall'art. 19-*bis* del D.L. 13 mag. 1991, n. 152, conv. in L. 12 lug. 1991, n. 203.

[2] Periodo inserito dall'art. 2 D.L. 14 mar. 2005, n. 35, conv. in L. 14 mag. 2005, n. 80, con decorrenza 1 mar. 2006.

587. *Inadempienza dell'aggiudicatario.* — Se il prezzo non è depositato nel termine stabilito, il giudice dell'esecuzione con decreto dichiara la decadenza dell'aggiudicatario, pronuncia la perdita della cauzione a titolo di multa e quindi dispone un nuovo incanto. La disposizione di cui al periodo precedente si applica altresì nei confronti dell'aggiudicatario che non ha versato anche una sola rata entro dieci giorni dalla scadenza del termine; il giudice dell'esecuzione dispone la perdita a titolo di multa anche delle rate già versate. Con il decreto adottato a norma del periodo precedente, il giudice ordina altresì all'aggiudicatario che sia stato immesso nel possesso di rilasciare l'immobile al custode; il decreto è attuato dal custode a norma dell'articolo 560, quarto comma.[1,2]

Per il nuovo incanto si procede a norma degli artt. 576 e seguenti. Se il prezzo che se ne ricava, unito alla cauzione confiscata, risulta inferiore a quello dell'incanto precedente, l'aggiudicatario inadempiente è tenuto al pagamento della differenza.

[1] Periodo aggiunto dall'art. 13, c. 1, lett. *u*), D.L. 27 giu. 2015, n. 83, conv. con modif. in L. 6 ago. 2015, n. 132 e così modif. dall'art. 4, c. 1, D.L. 3 mag. 2016, n. 59, conv. con modif. in L. 30 giu. 2016, n. 119.

[2] *Att.* 176. *Comunicazione del decreto di decadenza.* – Il decreto col quale il giudice dell'esecuzione dichiara la decadenza dell'aggiudicatario a norma dell'art. 587 del codice è comunicato dal cancelliere al creditore che ha chiesto la vendita e all'aggiudicatario.

Con lo stesso decreto il giudice dell'esecuzione fissa un'udienza per l'audizione delle parti a norma dell'art. 569 del codice.

Att. 177. *Dichiarazione di responsabilità dell'aggiudicatario.* – L'aggiudicatario inadempiente è condannato, con decreto del giudice dell'esecuzione, al pagamento della differenza tra il prezzo da lui offerto e quello minore per il quale è avvenuta la vendita.

Il decreto del giudice costituisce titolo esecutivo a favore dei creditori ai quali nella distribuzione della somma ricavata è stato attribuito il credito da esso portato.

588. ***Termine per l'istanza di assegnazione.***[1] — Ogni creditore, nel termine di dieci giorni prima della data dell'udienza fissata per la vendita, può presentare istanza di assegnazione, per sé o a favore di un terzo,[2] a norma dell'art. 589 per il caso in cui la vendita [all'incanto] non abbia luogo [per mancanza di offerte].[3]

[1] Articolo sost. dall'art. 2, D.L. 14 mar. 2005, n. 35, conv. in L. 14 mag. 2005, n. 80, con decorrenza 1 mar. 2006.

[2] Parole aggiunte dall'art. 4, c. 1, D.L. 3 mag. 2016, n. 59, conv. con modif. in L. 30 giu. 2016, n. 119. La disposizione si applica alle istanze di assegnazione presentate, nei procedimenti di esecuzione forzata per espropriazione immobiliare, successivamente al decorso del termine di trenta giorni dalla data di entrata in vigore della legge di conversione (3 lug. 2016).

[3] Comma così modif. dall'art. 13, c. 1, lett. *v*), D.L. 27 giu. 2015, n. 83, conv. con modif. in L. 6 ago. 2015, n. 132.

589. ***Istanza di assegnazione.***[1] — L'istanza di assegnazione deve contenere l'offerta di pagamento di una somma non inferiore a quella prevista nell'art. 506 ed al prezzo base stabilito per l'esperimento di vendita per cui è presentata.[2]

Fermo quanto previsto al primo comma, se nella procedura non risulta che vi sia alcuno dei creditori di cui all'art. 498 e se non sono intervenuti altri creditori oltre al procedente, questi può presentare offerta di pagamento di una somma pari alla differenza fra il suo credito in linea capitale e il prezzo che intende offrire, oltre le spese.

[1] Articolo sost. dall'art. 2, D.L. 14 mar. 2005, n. 35, conv. in L. 14 mag. 2005, n. 80, con decorrenza 1 mar. 2006.

[2] Comma così modif. dall'art. 13, c. 1, lett. *z*), D.L. 27 giu. 2015, n. 83, conv. con modif. in L. 6 ago. 2015, n. 132.

590. ***Provvedimento di assegnazione.***[1] — Se la vendita [all'incanto][2] non ha luogo per mancanza di offerte e vi sono domande di assegnazione, il giudice provvede su di esse fissando il termine entro il quale l'assegnatario deve versare l'eventuale conguaglio. Avvenuto il versamento, il giudice pronuncia il decreto di trasferimento a norma dell'art. 586.

[1] Articolo sost. dall'art. 2, D.L. 14 mar. 2005, n. 35, conv. in L. 14 mag. 2005, n. 80, con decorrenza 1 mar. 2006.

[2] Parole soppresse dall'art. 13, c. 1, lett. *aa*), D.L. 27 giu. 2015, n. 83, conv. con modif. in L. 6 ago. 2015, n. 132.

590-*bis*. ***Assegnazione a favore di un terzo.***[1] — Il creditore che è rimasto assegnatario a favore di un terzo deve dichiarare in cancelleria, nei cinque giorni dalla pronuncia in udienza del provvedimento di assegnazione ovvero dalla comunicazione, il nome del terzo a favore del quale deve essere trasferito l'immobile, depositando la dichiarazione del terzo di volerne profittare. In mancanza, il trasferimento è fatto a favore del creditore. In ogni caso, gli obblighi derivanti dalla presentazione dell'istanza di assegnazione a norma del presente articolo sono esclusivamente a carico del creditore.

[1] Articolo ins. dall'art. 4, c. 1, D.L. 3 mag. 2016, n. 59, conv. con modif. in L. 30 giu. 2016, n. 119. La disposizione si applica alle istanze di assegnazione presentate, nei procedimenti di esecuzione forzata per espropriazione immobiliare, successivamente al decorso del termine di trenta giorni dalla data di entrata in vigore della legge di conversione (3 lug. 2016).

591. ***Provvedimento di amministrazione giudiziaria o di [nuovo]***[1] ***incanto.***[2] — Se non vi sono domande di assegnazione o se decide di non accoglierle, il giudice dell'esecuzione dispone l'amministrazione giudiziaria a norma degli artt. 592 e seguenti, oppure pronuncia nuova ordinanza ai sensi dell'art. 576 perché si proceda a [nuovo][1] incanto , sempre che ritenga che la vendita con tale modalità possa aver luogo ad un prezzo superiore della metà rispetto al valore del bene, determinato a norma dell'articolo 568.[3]

Il giudice può altresì stabilire diverse condizioni di vendita e diverse forme di pubblicità, fissando un prezzo base inferiore al precedente fino al limite di un quarto e, dopo il quarto tentativo di vendita andato deserto, fino al limite della metà[4]. Il giudice, se stabilisce nuove condizioni di vendita o fissa un nuovo prezzo, assegna altresì un nuovo termine non inferiore a sessanta giorni, e non superiore a novanta, entro il quale possono essere proposte offerte d'acquisto ai sensi dell'art. 571.[3]

Se al secondo tentativo la vendita non ha luogo per mancanza di offerte e vi sono domande di assegnazione, il giudice assegna il bene al creditore o ai creditori richiedenti, fissando il termine entro il quale l'assegnatario deve versare l'eventuale conguaglio. Si applica il secondo comma dell'articolo 590.[5]

[1] Parola soppressa dall'art. 13, c. 1, lett. *bb*), D.L. 27 giu. 2015, n. 83, conv. con modif. in L. 6 ago. 2015, n. 132.

[2] Articolo sost. dall'art. 2, D.L. 14 mar. 2005, n. 35, conv. in L. 14 mag. 2005, n. 80, con decorrenza 1 mar. 2006.

[3] Comma così modif. dall'art. 13, c. 1, lett. *bb*), D.L. 27 giu. 2015, n. 83, conv. con modif. in L. 6 ago. 2015, n. 132.

[4] Parole aggiunte dall'art. 4, c. 1, D.L. 3 mag. 2016, n. 59, conv. con modif. in L. 30 giu. 2016, n. 119. Ai fini dell'applicazione del presente articolo, si tiene conto, per il computo del numero degli esperimenti di vendita, anche di quelli svolti prima dell'entrata in vigore del D.L. 59/2016.

[5] Comma così sost. dall'art. 13, c. 1, lett. *bb*), D.L. 27 giu. 2015, n. 83, conv. con modif. in L. 6 ago. 2015, n. 132.

§ 3-*bis*.
Delega delle operazioni di vendita

591-*bis*. *Delega delle operazioni di vendita.*[1,2] — Il giudice dell'esecuzione, salvo quanto previsto al secondo comma, con l'ordinanza con la quale provvede sull'istanza di vendita ai sensi dell'art. 569, terzo comma, delega ad un notaio avente preferibilmente sede nel circondario o a un avvocato ovvero a un commercialista, iscritti nei relativi elenchi di cui all'art. 179-*ter* delle disposizioni di attuazione del presente codice, il compimento delle operazioni di vendita secondo le modalità indicate al terzo comma del medesimo art. 569. Con la medesima ordinanza il giudice stabilisce il termine per lo svolgimento delle operazioni delegate, le modalità della pubblicità, il luogo di presentazione delle offerte ai sensi dell'art. 571 e il luogo ove si procede all'esame delle offerte e alla gara tra gli offerenti e alle operazioni dell'eventuale incanto. Si applica l'articolo 569 quarto comma.[3,4]

Il giudice non dispone la delega ove, sentiti i creditori, ravvisi l'esigenza di procedere direttamente alle operazioni di vendita a tutela degli interessi delle parti.[5]

Il professionista delegato provvede:

1) alla determinazione del valore dell'immobile a norma dell'art. 568, primo comma, tenendo anche conto della relazione redatta dall'esperto nominato dal giudice ai sensi dell'art. 569, primo comma, e delle eventuali note depositate dalle parti ai sensi dell'art. 173-*bis*, quarto comma, delle disposizioni di attuazione del presente codice;[6]

2) agli adempimenti previsti dall'art. 570 e, ove occorrenti, dall'art. 576, secondo comma;

3) alla deliberazione sull'offerta a norma dell'art. 572 e agli ulteriori adempimenti di cui agli artt. 573 e 574;

4) alle operazioni dell'incanto e all'aggiudicazione dell'immobile a norma dell'art. 581;

5) a ricevere o autenticare la dichiarazione di nomina di cui all'art. 583;

6) sulle offerte dopo l'incanto a norma dell'art. 584 e sul versamento del prezzo nella ipotesi di cui all'art. 585, secondo comma;

7) sulla istanza di assegnazione di cui all'art. 590 e 591, terzo comma;[6]

8) alla fissazione del nuovo incanto e del termine per la presentazione di nuove offerte d'acquisto ai sensi dell'art. 591;

9) alla fissazione dell'ulteriore incanto nel caso previsto dall'art. 587;

10) ad autorizzare l'assunzione dei debiti da parte dell'aggiudicatario o dell'assegnatario a norma dell'art. 508;

11) alla esecuzione delle formalità di registrazione, trascrizione e voltura catastale del decreto di trasferimento, alla comunicazione dello stesso a pubbliche amministrazioni negli stessi casi previsti per le comunicazioni di atti volontari di trasferimento, nonché all'espletamento delle formalità di cancellazione delle trascrizioni dei pignoramenti e delle iscrizioni ipotecarie conseguenti al decreto di trasferimento pronunciato dal giudice dell'esecuzione ai sensi dell'art. 586;

12) alla formazione del progetto di distribuzione ed alla sua trasmissione al giudice dell'esecuzione che, dopo avervi apportato le eventuali variazioni, provvede ai sensi dell'art. 596.

13) ad ordinare alla banca o all'ufficio postale la restituzione delle cauzioni e di ogni altra somma direttamente versata mediante bonifico o deposito intestato alla procedura dagli offerenti non risultati aggiudicatari. La restituzione ha luogo nelle mani del depositante o mediante bonifico a favore degli stessi conti da cui sono pervenute le somme accreditate.

Nell'avviso di cui all'art. 570 è specificato che tutte le attività, che, a norma degli artt. 571 e seguenti, devono essere compiute in cancelleria o davanti al giudice dell'esecuzione, o dal cancelliere o dal giudice dell'esecuzione, sono eseguite dal professionista delegato presso il suo studio ovvero nel luogo indicato nell'ordinanza di cui al primo comma. All'avviso si applica l'art. 173-*quater* delle disposizioni di attuazione del presente codice.

Il professionista delegato provvede altresì alla redazione del verbale delle operazioni di vendita, che deve contenere le circostanze di luogo e di tempo nelle quali le stesse si svolgono, le generalità delle persone presenti, la descrizione delle attività svolte, la dichiarazione dell'aggiudicazione provvisoria con l'identificazione dell'aggiudicatario.

Il verbale è sottoscritto esclusivamente dal professionista delegato ed allo stesso non deve essere allegata la procura speciale di cui all'art. 579, secondo comma.

Se il prezzo non è stato versato nel termine, il professionista delegato ne dà tempestivo avviso al giudice, trasmettendogli il fascicolo.

Avvenuto il versamento del prezzo con le modalità stabilite ai sensi degli artt. 574, 585 e 590, secondo comma, il professionista delegato predispone il decreto di trasferimento e trasmette senza indugio al giudice dell'esecuzione il fascicolo. Al decreto, se previsto dalla legge, deve essere allegato il certificato di destinazione urbanistica dell'immobile quale risultante dal fascicolo processuale. Il professionista delegato provvede alla trasmissione del fascicolo al giudice dell'esecuzione nel caso in cui non faccia luogo all'assegnazione o ad ulteriori incanti ai sensi dell'art. 591. Contro il decreto previsto nel presente comma è proponibile l'opposizione di cui all'art. 617.

Le somma versate dall'aggiudicatario sono depositate presso una banca o su un conto postale indicati dal giudice.

I provvedimenti di cui all'art. 586 restano riservati al giudice dell'esecuzione in ogni caso di delega al professionista delle operazioni di vendita.

Il giudice dell'esecuzione, sentito l'interessato, dispone la revoca della delega delle operazioni di vendita se non vengono rispettati i termini e le direttive per lo svolgimento delle operazioni, salvo che il professionista delegato dimostri che il mancato rispetto dei termini o delle direttive sia dipeso da causa a lui non imputabile.[5]

[1] Articolo sostituito dall'art. 1, L. 28 dic. 2005, n. 263, con decorrenza 1 mar. 2005.

[2] Per i compensi ai professionisti delegati a norma del presente articolo, v. nota all'art. 179-*bis Att.*

[3] Comma così modif. dall'art. 13, c. 1, lett. *cc*), D.L. 27 giu. 2015, n. 83, conv. con modif. in L. 6 ago. 2015, n. 132.

[4] Periodo aggiunto dall'art. 4, c. 8 L. 22 feb. 2010, n. 24.

[5] Comma aggiunto dall'art. 13, c. 1, lett. *cc*), D.L. 27 giu. 2015, n. 83, conv. con modif. in L. 6 ago. 2015, n. 132.

[6] Numero così modif. dall'art. 13, c. 1, lett. *cc*), D.L. 27 giu. 2015, n. 83, conv. con modif. in L. 6 ago. 2015, n. 132.

591-*ter*. *Ricorso al giudice dell'esecuzione.*[1] — Quando, nel corso delle operazioni di vendita, insorgono difficoltà, il professionista delegato può rivolgersi al giudice dell'esecuzione, il quale provvede con decreto. Le parti e gli interessati possono proporre reclamo avverso il predetto decreto nonché avverso gli atti del professionista delegato con ricorso allo stesso giudice, il quale provvede con ordinanza; il ricorso non sospende le operazioni di vendita salvo che il giudice, concorrendo gravi motivi, disponga la sospensione. Contro il provvedimento del giudice è ammesso il reclamo ai sensi dell'articolo 669-*terdecies*.[2]

[1] Articolo sost. dall'art. 2, D.L. 14 mar. 2005, n. 35, conv. in L. 14 mag. 2005, n. 80, con decorrenza 1 mar. 2006.

[2] Periodo così sost. dall'art. 13, c. 1, lett. *cc-bis*), D.L. 27 giu. 2015, n. 83, conv. con modif. in L. 6 ago. 2015, n. 132.

SEZIONE IV
Dell'amministrazione giudiziaria

592. *Nomina dell'amministratore giudiziario.* — L'amministrazione giudiziaria dell'immobile è disposta per un tempo non superiore a tre anni e affidata a uno o più creditori o a un istituto all'uopo autorizzato (*Att.* 159), oppure allo stesso debitore se tutti i creditori vi consentono.

All'amministratore si applica il disposto degli artt. 65 e seguenti.

593. *Rendiconto.* — L'amministratore, nel termine fissato dal giudice dell'esecuzione, e in ogni caso alla fine di ciascun trimestre, deve presentare in cancelleria il conto della sua gestione e depositare le rendite disponibili nei modi stabiliti dal giudice.

Al termine della gestione l'amministratore deve presentare il rendiconto finale.[1]

I conti parziali e quello finale debbono essere approvati dal giudice. Questi, con ordinanza non impugnabile, risolve le contestazioni che sorgono in merito ad essi, applicando le disposizioni degli artt. 263 e seguenti.[1]

[1] *Att.* 178. *Procedimento di rendiconto.* – Quando l'amministratore dell'immobile pignorato ha depositato il conto a norma dell'art. 593 del codice, il giudice dell'esecuzione, sentite le parti, provvede all'approvazione del conto.

Le disposizioni per l'assegnazione delle rendite riscosse a norma dell'art. 594 del codice sono date dal giudice dell'esecuzione con ordinanza non impugnabile.

594. *Assegnazione delle rendite.* — Durante il corso dell'amministrazione giudiziaria, il giudice dell'esecuzione può disporre che le rendite riscosse siano assegnate ai creditori secondo le norme degli artt. 596 e seguenti.[1]

[1] Vedi la nota all'art. 593.

595. *Cessazione dell'amministrazione giudiziaria.* — In ogni momento il creditore pignorante o uno dei creditori intervenuti può chiedere che il giudice dell'esecuzione, sentite le altre parti, proceda a nuovo incanto o all'assegnazione dell'immobile. Durante l'amministrazione giudiziaria ognuno può fare offerta d'acquisto a norma degli artt. 571 e seguenti.

L'amministrazione cessa, e deve essere ordinato un nuovo incanto, quando viene a scadere il termine previsto nell'ordinanza di cui all'art. 592, tranne che il giudice, su richiesta di tutte le parti, non ritenga di poter concedere una o più proroghe che non prolunghino complessivamente l'amministrazione oltre i tre anni.

SEZIONE V
Della distribuzione della somma ricavata

596. *Formazione del progetto di distribuzione.* — Se non si può provvedere a norma dell'art. 510 primo comma, il giudice dell'esecuzione o il professionista delegato a norma dell'art. 591-*bis*[1], non più tardi di trenta giorni dal versamento del prezzo, provvede a formare un progetto di distribuzione, anche parziale, contenente la graduazione dei creditori che vi partecipano, e lo deposita in cancelleria affinché possa essere consultato dai creditori e dal debitore, fissando l'udienza per la loro audizione. Il progetto di distribuzione parziale non può superare il novanta per cento delle somme da ripartire.[2,3]

Tra la comunicazione dell'invito e l'udienza debbono intercorrere almeno dieci giorni.

Il giudice dell'esecuzione può disporre la distribuzione, anche parziale, delle somme ricavate, in favore di creditori aventi diritto all'accantonamento a norma dell'articolo 510, terzo comma, ovvero di creditori i cui crediti costituiscano oggetto di controversia a norma dell'articolo 512, qualora sia presentata una fideiussione autonoma, irrevocabile e a prima richiesta, rilasciata da uno dei soggetti di cui all'articolo 574, primo comma, secondo periodo, idonea a garantire la restituzione alla procedura delle somme che risultino ripartite in eccesso, anche in forza di provvedimenti provvisoriamente esecutivi sopravvenuti, oltre agli interessi, al tasso applicato dalla Banca centrale europea alle sue più recenti operazioni di rifinanziamento principali, a decorrere dal pagamento e sino all'effettiva restituzione. La fideiussione è escussa dal custode o dal professionista delegato su autorizzazione del giudice. Le disposizioni del presente comma si applicano anche ai creditori che avrebbero diritto alla distribuzione delle somme ricavate nel caso in cui risulti insussistente, in tutto o in parte, il credito del soggetto avente diritto all'accantonamento ovvero oggetto di controversia a norma del primo periodo del presente comma.[4]

[1] Parole inserite dall'art. 2, D.L. 14 mar. 2005, n. 35, conv. in L. 14 mag. 2005, n. 80, con decorrenza 1 mar. 2006.

[2] Comma così modif. dall'art. 4, c. 1, D.L. 3 mag. 2016, n. 59, conv. con modif. in L. 30 giu. 2016, n. 119.

[3] *Att.* 179. *Graduazione e liquidazione.* – Quando lo ritiene opportuno, il giudice dell'esecuzione può limitare il progetto di distribuzione della somma ricavata di cui all'art. 596 del codice alla sola graduazione dei creditori partecipanti all'esecuzione, salva la liquidazione delle quote spettanti a ciascuno di essi dopo che sia approvata la graduazione.

Il giudice che ha disposto a norma del comma precedente forma il progetto di liquidazione delle quote entro trenta giorni dall'approvazione della graduazione.

Al progetto di liquidazione si applicano le disposizioni degli artt. 596 s. del codice.

[4] Comma aggiunto dall'art. 4, c. 1, D.L. 3 mag. 2016, n. 59, conv. con modif. in L. 30 giu. 2016, n. 119.

597. ***Mancata comparizione.*** — La mancata comparizione alla prima udienza e in quella fissata a norma dell'art. 485 ultimo comma, importa approvazione del progetto per gli effetti di cui all'articolo seguente.

598. ***Approvazione del progetto.*** — Se il progetto è approvato o si raggiunge l'accordo tra tutte le parti, se ne dà atto nel processo verbale e il giudice dell'esecuzione o il professionista delegato a norma dell'art. 591-*bis*[1] ordina il pagamento delle singole quote, altrimenti si applica la disposizione dell'art. 512.

[1] Parole inserite dall'art. 2, D.L. 14 mar. 2005, n. 35, conv. in L. 14 mag. 2005, n. 80, con decorrenza 1 mar. 2006.

CAPO V
Dell'espropriazione di beni indivisi

599. ***Pignoramento.*** — Possono essere pignorati i beni indivisi anche quando non tutti i comproprietari sono obbligati verso il creditore.

In tal caso del pignoramento è notificato avviso, a cura del creditore pignorante, anche agli altri comproprietari, ai quali è fatto divieto di lasciare separare dal debitore la sua parte delle cose comuni senza ordine di giudice.[1]

[1] *Att.* 180. *Avviso di pignoramento ai comproprietari del bene pignorato.* – L'avviso ai comproprietari dei beni indivisi nel caso previsto dall'art. 599, secondo comma del codice deve contenere l'indicazione del creditore pignorante, del bene pignorato, della data dell'atto di pignoramento e della trascrizione di esso. L'avviso è sottoscritto dal creditore pignorante.

Con lo stesso avviso o con altro separato gli interessati debbono essere invitati a comparire davanti al giudice dell'esecuzione per sentire dare i provvedimenti indicati nell'art. 600 del codice.

600. ***Convocazione dei comproprietari.*** — Il giudice della esecuzione, su istanza del creditore pignorante o dei comproprietari e sentiti tutti gli interessati, provvede, quando è possibile, alla separazione della quota in natura spettante al debitore.

Se la separazione in natura non è chiesta o non è possibile, il giudice dispone che si proceda alla divisione a norma del codice civile, salvo che ritenga probabile la vendita della quota indivisa ad un prezzo pari o superiore al valore della stessa, determinato a norma dell'art. 568.[1]

[1] Comma modif. dall'art. 2, D.L. 14 mar. 2005, n. 35, conv. in L. 14 mag. 2005, n. 80, con decorrenza 1 mar. 2006.

601. ***Divisione.*** — Se si deve procedere alla divisione, l'esecuzione è sospesa finché sulla divisione stessa non sia intervenuto un accordo fra le parti o pronunciata una sentenza avente i requisiti di cui all'art. 627.

Avvenuta la divisione, la vendita o l'assegnazione dei beni attribuiti al debitore ha luogo secondo le norme contenute nei capi precedenti.[1]

Att. 181. *Disposizioni sulla divisione.* – Il giudice dell'esecuzione, quando dispone che si proceda a divisione del bene indiviso, provvede all'istruzione della causa a norma degli artt. 175 s. del codice, se gli interessati sono tutti presenti.

Se gli interessati non sono tutti presenti, il giudice dell'esecuzione, con l'ordinanza di cui all'art. 600, secondo comma, del codice, fissa l'udienza davanti a sé per la comparizione delle parti, concedendo termine alla parte più diligente fino a sessanta giorni prima per l'integrazione del contraddittorio mediante la notifica dell'ordinanza.

CAPO VI
Dell'espropriazione contro il terzo proprietario

602. ***Modo dell'espropriazione.*** — Quando oggetto dell'espropriazione è un bene gravato da pegno o da ipoteca per un debito altrui, oppure un bene la cui alienazione da parte del debitore è stata revocata per frode, si applicano le disposizioni contenute nei capi precedenti, in quanto non siano modificate dagli articoli che seguono.

603. ***Notificazione del titolo esecutivo e del precetto.*** — Il titolo esecutivo e il precetto debbono essere notificati anche al terzo.

Nel precetto deve essere fatta espressa menzione del bene del terzo che si intende espropriare.

604. ***Disposizioni particolari.*** — Il pignoramento e in generale gli atti d'espropriazione si compiono nei confronti del terzo, al quale si applicano tutte le disposizioni relative al debitore, tranne il divieto di cui all'art. 579 primo comma.

Ogni volta che a norma dei capi precedenti deve essere sentito il debitore, è sentito anche il terzo.

TITOLO III
Dell'esecuzione per consegna o rilascio

605. ***Precetto per consegna o rilascio.*** — Il precetto per consegna di beni mobili o rilascio di beni immobili deve contenere, oltre le indicazioni di cui all'art. 480, anche la descrizione sommaria dei beni stessi.

Se il titolo esecutivo dispone circa il termine della consegna o del rilascio, l'intimazione va fatta con riferimento a tale termine.

606. ***Modo della consegna.*** — Decorso il termine indicato nel precetto, l'ufficiale giudiziario, munito del titolo esecutivo e del precetto, si reca sul luogo in cui le cose si trovano e le ricerca a norma dell'art. 513; quindi ne fa consegna alla parte istante o a persona da lei designata.

607. ***Cose pignorate.*** — Se le cose da consegnare sono pignorate, la consegna non può avere luogo, e la parte istante deve fare valere le sue ragioni mediante opposizione a norma degli artt. 619 e seguenti.

608. ***Modo del rilascio.*** — L'esecuzione inizia con la notifica dell'avviso con il quale l'ufficiale giudiziario comunica almeno dieci giorni prima alla parte, che è tenuta a rilasciare l'immobile, il giorno e l'ora in cui procederà.[1]

Nel giorno e nell'ora stabiliti, l'ufficiale giudiziario, munito del titolo esecutivo e del precetto si reca sul luogo dell'esecuzione e, facendo uso, quando occorre, dei poteri a lui consentiti dall'art. 513, immette la parte istante o una persona da lei designata nel possesso dell'immobile, del quale le consegna le chiavi, ingiungendo agli eventuali detentori di riconoscere il nuovo possessore.

[1] Comma modif. dall'art. 2, D.L. 14 mar. 2005, n. 35, conv. in L. 14 mag. 2005, n. 80, con decorrenza 1 mar. 2006.

608-*bis*. ***Estinzione dell'esecuzione per rinuncia della parte istante.***[1] — L'esecuzione di cui all'art. 605 si estingue se la parte istante, prima della consegna o del rilascio, rinuncia con atto da notificarsi alla parte esecutata e da consegnarsi all'ufficiale giudiziario procedente.

[1] Articolo introdotto dall'art. 2 D.L. 14 mar. 2005, n. 35, conv. in L. 14 mag. 2005, n. 80, con decorrenza 1 mar. 2006.

609. ***Provvedimenti circa i mobili estranei all'esecuzione.***[1] — Quando nell'immobile si trovano beni mobili che non debbono essere consegnati, l'ufficiale giudiziario intima alla parte tenuta al rilascio ovvero a colui al quale gli stessi risultano appartenere di asportarli, assegnandogli il relativo termine. Dell'intimazione si dà atto a verbale ovvero, se colui che è tenuto a provvedere all'asporto non è presente, mediante atto notificato a spese della parte istante. Quando entro il termine assegnato l'asporto non è stato eseguito l'ufficiale giudiziario, su richiesta e a spese della parte istante, determina, anche a norma dell'articolo 518, primo comma, il presumibile valore di realizzo dei beni ed indica le prevedibili spese di custodia e di asporto.

Quando può ritenersi che il valore dei beni è superiore alle spese di custodia e di asporto, l'ufficiale giudiziario, a spese della parte istante, nomina un custode e lo incarica di trasportare i beni in altro luogo. Il custode è nominato a norma dell'articolo 559. In difetto di istanza e di pagamento anticipato delle spese i beni, quando non appare evidente l'utilità del tentativo di vendita di cui al quinto comma, sono considerati abbandonati e l'ufficiale giudiziario, salva diversa richiesta della parte istante, ne dispone lo smaltimento o la distruzione.

Se sono rinvenuti documenti inerenti lo svolgimento di attività imprenditoriale o professionale che non sono stati asportati a norma del primo comma, gli stessi sono conservati, per un periodo di due anni, dalla parte istante ovvero, su istanza e previa anticipazione delle spese da parte di quest'ultima, da un custode nominato dall'ufficiale giudiziario. In difetto di istanza e di pagamento anticipato delle spese si applica, in quanto compatibile, quanto previsto dal secondo comma, ultimo periodo. Allo stesso modo si procede alla scadenza del termine biennale di cui al presente comma a cura della parte istante o del custode.

Decorso il termine fissato nell'intimazione di cui al primo comma, colui al quale i beni appartengono può, prima della vendita ovvero dello smaltimento o distruzione dei beni a norma del secondo comma, ultimo periodo, chiederne la consegna al giudice dell'esecuzione per il rilascio. Il giudice provvede con decreto e, quando accoglie l'istanza, dispone la riconsegna previa corresponsione delle spese e compensi per la custodia e per l'asporto.

Il custode provvede alla vendita senza incanto nelle forme previste per la vendita dei beni mobili pignorati, secondo le modalità disposte dal giudice dell'esecuzione per il rilascio. Si applicano, in quanto compatibili, gli articoli 530 e seguenti del codice di procedura civile. La somma ricavata è impiegata per il pagamento delle spese e dei compensi per la custodia, per l'asporto e per la vendita, liquidate dal giudice dell'esecuzione per il rilascio. Salvo che i beni appartengano ad un soggetto diverso da colui che è tenuto al rilascio, l'eventuale eccedenza è utilizzata per il pagamento delle spese di esecuzione liquidate a norma dell'articolo 611.

In caso di infruttuosità della vendita nei termini fissati dal giudice dell'esecuzione, si procede a norma del secondo comma, ultimo periodo.

Se le cose sono pignorate o sequestrate, l'ufficiale giudiziario dà immediatamente notizia dell'avvenuto rilascio al creditore su istanza del quale fu eseguito il pignoramento o il sequestro, e al giudice dell'esecuzione per l'eventuale sostituzione del custode.

[1] Articolo così sost. dall'art. 19, c. 1, D.L. 12 set. 2014, n. 132, conv. con modif. in L. 10 nov. 2014, n. 162. La disposizione si applica ai procedimenti iniziati a decorrere dal trentesimo giorno successivo alla data di entrata in vigore della legge di conversione del D.L. 132/2014.

610. ***Provvedimenti temporanei.*** — Se nel corso dell'esecuzione sorgono difficoltà che non ammettono dilazione, ciascuna parte può chiedere al *giudice dell'esecuzione*,[1] anche verbalmente, i provvedimenti temporanei occorrenti (*Att.* 183).

[1] Parole così sostituite dall'art. 93 D.lgs. 19 feb. 1998, n. 51 con decorrenza dal 2 giu. 1999.

611. ***Spese dell'esecuzione.*** — Nel processo verbale l'ufficiale giudiziario specifica tutte le spese anticipate dalla parte istante.

La liquidazione delle spese è fatta dal giudice dell'esecuzione *a norma degli artt. 91 e seguenti*[1] con decreto che costituisce titolo esecutivo.

[1] Parole aggiunte dall'art. 2 D.L. 14 mar. 2005, n. 35, conv. in L. 14 mag. 2005, n. 80, con decorrenza 1 mar. 2006.

TITOLO IV
Dell'esecuzione forzata di obblighi di fare o di non fare

612. ***Provvedimento.*** — Chi intende ottenere l'esecuzione forzata di una sentenza di condanna per violazione di un obbligo di fare o di non fare, dopo la notificazione del precetto, deve chiedere con ricorso al giudice dell'esecuzione,[1] che siano determinate le modalità dell'esecuzione.

Il giudice dell'esecuzione,[1] provvede sentita la parte obbligata. Nella sua ordinanza designa l'ufficiale giudiziario che deve procedere all'esecuzione e le persone che debbono provvedere al compimento dell'opera non eseguita o alla distruzione di quella compiuta.

[1] Parole così sostituite dall'art. 93 D.lgs. 19 feb. 1998, n. 51 con decorrenza dal 2 giu. 1999.

613. ***Difficoltà sorte nel corso dell'esecuzione.*** — L'ufficiale giudiziario può farsi assistere dalla forza pubblica e deve chiedere al giudice dell'esecuzione,[1] le opportune disposizioni per eliminare le difficoltà che sorgono nel corso dell'esecuzione. Il giudice dell'esecuzione provvede con decreto.

[1] Parole così sostituite dall'art. 93 D.lgs. 19 feb. 1998, n. 51 con decorrenza dal 2 giu. 1999.

614. ***Rimborso delle spese.*** — Al termine dell'esecuzione o nel corso di essa, la parte istante presenta al giudice la nota delle spese anticipate vistata dall'ufficiale giudiziario, con domanda di decreto d'ingiunzione.

Il giudice dell'esecuzione,[1] quando riconosce giustificate le spese denunciate, provvede con decreto a norma dell'art. 642.

[1] Parole così sostituite dall'art. 93 D.lgs. 19 feb. 1998, n. 51 con decorrenza dal 2 giu. 1999.

TITOLO IV-*bis*
Delle misure di coercizione indiretta[1]

[1] Titolo ins. dall'art. 13, c. 1, lett. *cc-ter*), D.L. 27 giu. 2015, n. 83, conv. con modif. in L. 6 ago. 2015, n. 132.

614-*bis*. ***Misure di coercizione indiretta.***[1] — Con il provvedimento di condanna all'adempimento di obblighi diversi dal pagamento di somme di denaro il giudice, salvo che ciò sia manifestamente iniquo, fissa, su richiesta di parte, la somma di denaro dovuta dall'obbligato per ogni violazione o inosservanza successiva ovvero per ogni ritardo nell'esecuzione del provvedimento. Il provvedimento di condanna costituisce titolo esecutivo per il pagamento delle somme dovute per ogni violazione o inosservanza. Le disposizioni di cui al presente comma non si applicano alle controversie di lavoro subordinato pubblico o privato e ai rapporti di collaborazione coordinata e continuativa di cui all'articolo 409.

Il giudice determina l'ammontare della somma di cui al primo comma tenuto conto del valore della controversia, della natura della prestazione, del danno quantificato o prevedibile e di ogni altra circostanza utile.

[1] Articolo così sost. dall'art. 13, c. 1, lett. *cc-ter*), D.L. 27 giu. 2015, n. 83, conv. con modif. in L. 6 ago. 2015, n. 132.

TITOLO V
Delle opposizioni[1]

[1] Per gli atti dell'Esattore, le opposizioni previste dagli artt. 615 a 618 non sono ammesse (art. 54, D.P.R. 29 set. 1973, n. 602).

CAPO I
Delle opposizioni del debitore e del terzo assoggettato all'esecuzione

SEZIONE I
Delle opposizioni all'esecuzione

615. *Forma dell'opposizione.* — Quando si contesta il diritto della parte istante a procedere ad esecuzione forzata e questa non è ancora iniziata, si può proporre opposizione al precetto con citazione davanti al giudice competente per materia o valore e per territorio a norma dell'art. 27.[1] Il giudice, concorrendo gravi motivi, sospende su istanza di parte l'efficacia esecutiva del titolo. Se il diritto della parte istante è contestato solo parzialmente, il giudice procede alla sospensione dell'efficacia esecutiva del titolo esclusivamente in relazione alla parte contestata.[2]

Quando è iniziata l'esecuzione, l'opposizione di cui al comma precedente e quella che riguarda la pignorabilità dei beni si propongono con ricorso al giudice dell'esecuzione stessa. Questi fissa con decreto l'udienza di comparizione delle parti davanti a sé e il termine perentorio per la notificazione del ricorso e del decreto. Nell'esecuzione per espropriazione l'opposizione è inammissibile se è proposta dopo che è stata disposta la vendita o l'assegnazione a norma degli articoli 530, 552, 569, salvo che sia fondata su fatti sopravvenuti ovvero l'opponente dimostri di non aver potuto proporla tempestivamente per causa a lui non imputabile.[3,4]

[1] Periodo aggiunto dall'art. 2, D.L. 14 mar. 2005, n. 35, conv. in L. 14 mag. 2005, n. 80, con decorrenza 1 mar. 2006.

[2] Periodo aggiunto dall'art. 13, c. 1, lett. *dd*), D.L. 27 giu. 2015, n. 83, conv. con modif. in L. 6 ago. 2015, n. 132.

[3] Periodo aggiunto dall'art. 4, c. 1, D.L. 3 mag. 2016, n. 59, conv. con modif. in L. 30 giu. 2016, n. 119. La disposizione si applica ai procedimenti di esecuzione forzata per espropriazione iniziati successivamente al 3 lug. 2016.

[4] *Att.* 184. *Contenuto dei ricorsi di opposizione all'esecuzione.* – I ricorsi previsti negli artt. 615, secondo comma, e 619 del codice oltre le indicazioni volute dall'art. 125 del codice, debbono contenere quelle di cui ai nn. 4 e 5 dell'art. 163 del codice.

Att. 185. *Udienza di comparizione davanti al giudice dell'esecuzione.* – All'udienza di comparizione davanti al giudice dell'esecuzione fissata sulle opposizioni all'esecuzione di terzo ed agli atti esecutivi si applicano le norme del procedimento camerale di cui agli art. 737 e seguenti del codice.

616. *Provvedimenti sul giudizio di cognizione introdotto dall'opposizione.* — Se competente per la causa è l'ufficio giudiziario al quale appartiene il giudice dell'esecuzione questi fissa un termine perentorio per l'introduzione del giudizio di merito secondo le modalità previste in ragione della materia e del rito, previa iscrizione a ruolo, a cura della parte interessata, osservati i termini a comparire di cui all'art. 163-*bis*, o altri se previsti, ridotti della metà; altrimenti rimette la causa dinanzi all'ufficio giudiziario competente assegnando un termine perentorio per la riassunzione della causa. [La causa è decisa con sentenza non impugnabile.][1]

[1] Periodo soppresso dall'art. 49, L. 18 giu. 2009, n. 69. La modifica si applica ai giudizi pendenti in primo grado alla data di entrata in vigore della L. 18 giu. 2009, n. 69 (avvenuta il 4 lug. 2009).

SEZIONE II
Delle opposizioni agli atti esecutivi

617. *Forma dell'opposizione.* — Le opposizioni relative alla regolarità formale del titolo esecutivo e del precetto si propongono, prima che sia iniziata l'esecuzione, davanti al giudice indicato nell'art. 480 terzo comma, con atto di citazione da notificarsi nel termine perentorio di venti[1] giorni dalla notificazione del titolo esecutivo o del precetto.

Le opposizioni di cui al comma precedente che sia stato impossibile proporre prima dell'inizio dell'esecuzione e quelle relative alla notificazione del titolo esecutivo e del precetto e ai singoli atti di esecuzione si propongono con ricorso al giudice dell'esecuzione nel termine perentorio di venti[1] giorni dal primo atto di esecuzione, se riguardano il titolo esecutivo o il precetto, oppure dal giorno in cui i singoli atti furono compiuti (*Att.* 186).

[1] Parole così modif. dall'art. 2, D.L. 14 mar. 2005, n. 35, conv. in L. 14 mag. 2005, n. 80, con decorrenza 1 mar. 2006.

618. *Provvedimenti del giudice dell'esecuzione.* — Il giudice dell'esecuzione fissa con decreto l'udienza di comparizione delle parti davanti a sè e il termine perentorio per la notificazione del ricorso e del decreto, e dà, nei casi urgenti i provvedimenti opportuni (*Att.* 185).

All'udienza dà con ordinanza i provvedimenti che ritiene indilazionabili ovvero sospende la procedura. In ogni caso fissa un termine perentorio per l'introduzione del giudizio di merito, previa iscrizione a ruolo a cura della parte interessata, osservati i termini a comparire di cui all'art. 163-*bis*, o altri se previsti, ridotti della metà. La causa è decisa con sentenza non impugnabile.[1]

Sono altresì non impugnabili le sentenze pronunciate a norma dell'articolo precedente primo comma.[2]

[1] Comma così modif. dall'art. 15, L. 24 feb. 2006, n. 52.

[2] *Att.* 187. *Regolamento di competenza delle sentenze in materia esecutiva.* – Le sentenze dichiarate non impugnabili che il giudice pronuncia sulle opposizioni agli atti esecutivi sono sempre soggette a regolamento di competenza a norma degli artt. 42 e seguenti del codice.

SEZIONE III

Opposizione in materia di lavoro, di previdenza e di assistenza[1]

[1] La sezione III, con l'art. 618-*bis*, è stata aggiunta dall'art. 3 della L. 13 ago. 1973, n. 533.

618-*bis*. *Procedimento.* — Per le materie trattate nei capi I e II del titolo IV del libro secondo, le opposizioni all'esecuzione e agli atti esecutivi sono disciplinate dalle norme previste per le controversie individuali di lavoro in quanto applicabili.

Resta ferma la competenza del giudice dell'esecuzione nei casi previsti dal secondo comma dell'art. 615 e dal secondo comma dell'art. 617 nei limiti dei provvedimenti assunti con ordinanza.[1]

[1] Parole aggiunte dall'art. 16, L. 24 feb. 2006, n. 52.

CAPO II

Delle opposizioni di terzi[1]

[1] L'opposizione di terzi contro l'esecuzione esattoriale è regolata dall'art. 52 del D.P.R. 29 sett. 1973, n. 602

619. *Forma dell'opposizione.* — Il terzo che pretende avere la proprietà o altro diritto reale sui beni pignorati può proporre opposizione con ricorso al giudice dell'esecuzione, prima che sia disposta la vendita o l'assegnazione dei beni (*Att.* 184).

Il giudice fissa con decreto l'udienza di comparizione delle parti davanti a sè e il termine perentorio per la notificazione del ricorso e del decreto (*Att.* 185).

Se all'udienza le parti raggiungono un accordo il giudice ne dà atto con ordinanza, adottando ogni altra decisione idonea ad assicurare, se del caso, la prosecuzione del processo esecutivo ovvero ad estinguere il processo, statuendo altresì in questo caso anche sulle spese; altrimenti il giudice provvede ai sensi dell'art. 616 tenuto conto della competenza per valore.[1]

[1] Comma così modif. dall'art. 17, L. 24 feb. 2006, n. 52.

620. *Opposizione tardiva.* — Se in seguito all'opposizione il giudice non sospende la vendita dei beni mobili o se l'opposizione è proposta dopo la vendita stessa, i diritti del terzo si fanno valere sulla somma ricavata.

621. *Limiti della prova testimoniale.* — Il terzo opponente non può provare con testimoni il suo diritto sui beni mobili pignorati nella casa o nell'azienda del debitore, tranne che l'esistenza del diritto stesso sia resa verosimile dalla professione o dal commercio esercitati dal terzo o dal debitore.

622. *Opposizione della moglie del debitore.*[1] — L'opposizione non può essere proposta dalla moglie convivente col debitore, relativamente ai beni mobili pignorati nella casa di lui, tranne che per i beni dotali o per i beni che essa provi, con atto di data certa, esserle appartenuti prima del matrimonio o esserle pervenuti per donazione o successione a causa di morte.

[1] La Corte cost., con sent. 15 dic. 1967, n. 143, ha dichiarato l'ill. cost. dell'art. 622. Cfr. art. 70 L.F. e art. 52 del D.P.R. 29 set. 1973, n. 602.

TITOLO VI

Della sospensione e dell'estinzione del processo

CAPO I

Della sospensione del processo

623. *Limiti della sospensione.* — Salvo che la sospensione sia disposta dalla legge o dal giudice davanti al quale è impugnato il titolo esecutivo, l'esecuzione forzata non può essere sospesa che con provvedimento del giudice dell'esecuzione.

624. *Sospensione per opposizione all'esecuzione.* — Se è proposta opposizione all'esecuzione a norma degli artt. 615 e 619, il giudice dell'esecuzione, concorrendo gravi motivi, sospende, su istanza di parte, il processo con cauzione o senza.

Contro l'ordinanza che provvede sull'istanza di sospensione è ammesso reclamo ai sensi dell'art. 669-*terdecies*. La disposizione di cui al periodo precedente si applica anche al provvedimento di cui all'art. 512, secondo comma.

Nei casi di sospensione del processo disposta ai sensi del primo comma, se l'ordinanza non viene reclamata o viene confermata in sede di reclamo, e il giudizio di merito non è stato introdotto nel termine perentorio assegnato ai sensi dell'articolo 616, il giudice dell'esecuzione dichiara, anche d'ufficio, con ordinanza, l'estinzione del processo e ordina la cancellazione della trascrizione del pignoramento, provvedendo anche sulle spese. L'ordinanza è reclamabile ai sensi dell'articolo 630, terzo comma.

La disposizione di cui al terzo comma si applica, in quanto compatibile, anche al caso di sospensione del processo disposta ai sensi dell'articolo 618.[1]

[1] Commi sostituiti dall'art. 49 della L. 18 giu. 2009, n. 69. Per espressa previsione dell'art. 58, L. 69/2009, "le disposizioni della presente legge che modificano il codice di procedura civile e le disposizioni per l'attuazione del codice di procedura civile si applicano ai giudizi instaurati dopo la data della sua entrata in vigore" (avvenuta il 4 lug. 2009).

624-*bis*. *Sospensione su istanza delle parti.*[1] — Il giudice dell'esecuzione, su istanza di tutti i creditori muniti di titolo esecutivo, può, sentito il debitore, sospendere il processo fino a ventiquattro mesi. L'istanza può essere proposta fino a venti giorni prima della scadenza del termine per il deposito delle offerte di acquisto o, nel caso in cui la vendita senza incanto non abbia luogo, fino a quindici giorni prima dell'incanto. Sull'istanza, il giudice provvede nei dieci giorni successivi al deposito e, se l'accoglie, dispone, nei casi di cui al secondo comma dell'art. 490, che, nei cinque giorni successivi al deposito del provvedimento di sospensione, lo stesso sia comunicato al custode e pubblicato sul sito Internet sul quale è pubblicata la relazione di stima.[2] La sospensione è disposta per una sola volta. L'ordinanza è revocabile in qualsiasi momento, anche su richiesta di un solo creditore e sentito comunque il debitore.

Entro dieci giorni dalla scadenza del termine la parte interessata deve presentare istanza per la fissazione dell'udienza in cui il processo deve proseguire.

Nelle espropriazioni mobiliari l'istanza per la sospensione può essere presentata non oltre la fissazione della data di asporto dei beni ovvero fino a dieci giorni prima della data della vendita se questa deve essere espletata nei luoghi in cui essi sono custoditi e, comunque, prima della effettuazione della pubblicità commerciale ove disposta. Nelle espropriazioni presso terzi l'istanza di sospensione non può più essere proposta dopo la dichiarazione del terzo.[3]

[1] Articolo introdotto dall'art. 2 D.L. 14 mar. 2005, n. 35, conv. in L. 14 mag. 2005, n. 80, con decorrenza 1 mar. 2006.

[2] Periodo aggiunto dall'art. 1 L. 28 dic. 2005, n. 263, con decorrenza 1 mar. 2006.

[3] Comma aggiunto dall'art. 18, L. 24 feb. 2006, n. 52.

625. ***Procedimento.*** — Sull'istanza per la sospensione del processo di cui all'articolo precedente, il giudice dell'esecuzione provvede con ordinanza, sentite le parti.

Nei casi urgenti, il giudice può disporre la sospensione con decreto, nel quale fissa l'udienza di comparizione delle parti. All'udienza provvede con ordinanza.

626. ***Effetti della sospensione.*** — Quando il processo è sospeso, nessun atto esecutivo può essere compiuto, salvo diversa disposizione del giudice dell'esecuzione.

627. ***Riassunzione.*** — Il processo esecutivo deve essere riassunto con ricorso nel termine perentorio fissato dal giudice dell'esecuzione e, in ogni caso, non più tardi di sei mesi dal passaggio in giudicato della sentenza di primo grado o dalla comunicazione della sentenza d'appello che rigetta l'opposizione.

628. ***Sospensione del termine d'efficacia del pignoramento.*** — L'opposizione ai singoli atti esecutivi sospende il decorso del termine previsto nell'art. 497.

CAPO II

Dell'estinzione del processo

629. ***Rinuncia.*** — Il processo si estingue se, prima dell'aggiudicazione o dell'assegnazione, il creditore pignorante e quelli intervenuti muniti di titolo esecutivo rinunciano agli atti.

Dopo la vendita il processo si estingue se rinunciano agli atti tutti i creditori concorrenti.

In quanto possibile, si applicano le disposizioni dell'art. 306.

630. ***Inattività delle parti.*** — Oltre che nei casi espressamente previsti dalla legge,il processo esecutivo si estingue quando le parti non lo proseguono o non lo riassumono nel termine perentorio stabilito dalla legge o dal giudice.

L'estinzione opera di diritto ed è dichiarata, anche d'ufficio, con ordinanza del giudice dell'esecuzione, non oltre la prima udienza successiva al verificarsi della stessa. L'ordinanza è comunicata a cura del cancelliere, se è pronunciata fuori dall'udienza.[1]

Contro l'ordinanza che dichiara l'estinzione ovvero rigetta l'eccezione relativa è ammesso reclamo[2] da parte del debitore o del creditore pignorante ovvero degli altri creditori intervenuti nel termine perentorio di venti giorni dall'udienza o dalla comunicazione dell'ordinanza e[3] con l'osservanza delle forme di cui all'art. 178 terzo, quarto e quinto comma. Il collegio provvede in camera di consiglio con sentenza.

[1] Comma sost. dall'art. 49, L. 18 giu. 2009, n. 69. Per espressa previsione dell'art. 58, L. 69/2009, "le disposizioni della presente legge che modificano il codice di procedura civile e le disposizioni per l'attuazione del codice di procedura civile si applicano ai giudizi instaurati dopo la data della sua entrata in vigore" (avvenuta il 4 lug. 2009).

[2] La Corte cost., con sent. 17 dic. 1981, n. 195, ha dichiarato l'ill. cost. dell'art. 630, ultimo comma, «nella parte in cui non estende, in relazione all'art. 629 c.p.c., il reclamo previsto nell'art. 630, ultimo comma stesso, alla ordinanza del giudice dell'esecuzione dichiarativa dell'estinzione del processo esecutivo per rinuncia agli atti».

[3] Parole aggiunte dall'art. 2, D.L. 14 mar. 2005, n. 35, conv. in L. 14 mag. 2005, n. 80, con decorrenza 1 gen. 2006.

631. ***Mancata comparizione all'udienza.*** — Se nel corso del processo esecutivo nessuna delle parti si presenta all'udienza, fatta eccezione per quella in cui ha luogo la vendita[1] il giudice dell'esecuzione fissa una udienza successiva di cui il cancelliere dà comunicazione alle parti.

Se nessuna delle parti si presenta alla nuova udienza, il giudice dichiara con ordinanza l'estinzione del processo esecutivo.

Si applica l'ultimo comma dell'articolo precedente.

[1] Parole aggiunte dall'art. 1, L. 28 dic. 2005, n. 263, con decorrenza 1 mar. 2006.

631-*bis*. ***Omessa pubblicità sul portale delle vendite pubbliche.***[1] — Se la pubblicazione sul portale delle vendite pubbliche non è effettuata nel termine stabilito dal giudice per causa imputabile al creditore pignorante o al creditore intervenuto munito di titolo esecutivo, il giudice dichiara con ordinanza l'estinzione del processo esecutivo e si applicano le disposizioni di cui all'articolo 630, secondo e terzo comma. La disposizione di cui al

CODICE DI PROCEDURA CIVILE

presente articolo non si applica quando la pubblicità sul portale non è stata effettuata perché i sistemi informatici del dominio giustizia non sono funzionanti, a condizione che tale circostanza sia attestata a norma dell'articolo 161-quater delle disposizioni per l'attuazione del presente codice.

[1] Articolo ins. dall'art. 13, c. 1, lett. *ee*), D.L. 27 giu. 2015, n. 83, conv. con modif. in L. 6 ago. 2015, n. 132.

632. ***Effetti dell'estinzione del processo.*** — Con l'ordinanza che pronuncia l'estinzione è disposta sempre la cancellazione della trascrizione del pignoramento. Con la medesima ordinanza il giudice dell'esecuzione provvede alla liquidazione delle spese sostenute dalle parti, se richiesto, e alla liquidazione dei compensi spettanti all'eventuale delegato ai sensi dell'art. 591-*bis*.[1]

Se l'estinzione del processo esecutivo si verifica prima dell'aggiudicazione o dell'assegnazione, essa rende inefficaci gli atti compiuti; se avviene dopo l'aggiudicazione o l'assegnazione, la somma ricavata è consegnata al debitore.

Avvenuta l'estinzione del processo, il custode rende al debitore il conto, che è discusso e chiuso davanti al giudice dell'esecuzione.

Si applica la disposizione dell'art. 310 ultimo comma.

[1] Comma anteposto all'originario primo comma dall'art. 12 della L. 3 ago. 1998, n. 302.

LIBRO QUARTO

DEI PROCEDIMENTI SPECIALI[1]

[1] Per le modifiche in vigore dal 31 ott. 2025 v. D.lgs. 13 lug. 2017, n. 116.

TITOLO I

Dei procedimenti sommari

CAPO I

Del procedimento d'ingiunzione

633. ***Condizioni di ammissibilità.*** — Su domanda di chi è creditore di una somma liquida di danaro o di una determinata quantità di cose fungibili, o di chi ha diritto alla consegna di una cosa mobile determinata, il giudice competente pronuncia ingiunzione di pagamento o di consegna:

1) se del diritto fatto valere si dà prova scritta;

2) se il credito riguarda onorari per prestazioni giudiziali o stragiudiziali o rimborso di spese fatte da avvocati, cancellieri, ufficiali giudiziari o da chiunque altro ha prestato la sua opera in occasione di un processo;

3) se il credito riguarda onorari, diritti o rimborsi spettanti ai notai a norma della loro legge professionale, oppure ad altri esercenti una libera professione o arte, per la quale esiste una tariffa legalmente approvata[1].

L'ingiunzione può essere pronunciata anche se il diritto dipende da una controprestazione o da una condizione, purché il ricorrente offra elementi atti a far presumere l'adempimento della controprestazione o l'avveramento della condizione.

[...].[2]

[1] Per i biologi: L. 24 mag. 1967, n. 396.
Per i dottori agronomi: D.M. 18 set. 1963.
Per i dottori commercialisti: D.P.R. 22 ott. 1973, n. 936.
Per i dottori in scienze agrarie: D.L.P. 1 ott. 1937, n. 1336.
Per i geometri: L. 2 mar. 1949, n. 144, modif. per gli onorari a vacazione con L. 7 ott. 1957, n. 974.
Per gli ingegneri ed architetti: L. 2 mar. 1949, n. 143, modif. con D.M. 21 ago. 1958.
Per i medici: L. 21 feb. 1963, n. 244.
Per i notai: D.M. 20 giu. 1973.
Per i periti industriali: L. 12 mar. 1957, n. 146 modif. con L. 7 mar. 1967, n. 118 e con D.M. 6 lug. 1973. Per i periti agrari: L. 28 mar. 1968, n. 434.
Per i ragionieri: D.P.R. 6 mar. 1997, n. 100.

[2] Comma abrog. dall'art. 9, D.lgs. 9 ott. 2002, n. 231.

634. ***Prova scritta.*** — Sono prove scritte idonee a norma del numero 1 dell'articolo precedente le polizze e promesse unilaterali per scrittura privata e i telegrammi, anche se mancanti dei requisiti prescritti dal c.c.

Per i crediti relativi a somministrazioni di merci e di danaro nonché per prestazioni di servizi[1] fatte da imprenditori che esercitano un'attività commerciale e da lavoratori autonomi,[2] anche a persone che non esercitano tale attività, sono altresì prove scritte idonee gli estratti autentici delle scritture contabili di cui agli artt. 2214 e seguenti del c.c., purché bollate e vidimate nelle forme di legge e regolarmente tenute, nonché gli estratti autentici delle scritture contabili prescritte dalle leggi tributarie, quando siano tenute con l'osservanza delle norme stabilite per tali scritture.[3]

[1] Parole ins. dall'art. 8, D.L. 18 ott. 1995, n. 432, conv. in L. 20 dic. 1995, n. 534.

[2] Parole ins. dall'art. 15, L. 22 mag. 2017, n. 81.

[3] V. per le scritture contabili, 2709-2711 c.c. Per il verbale delle assemblee dei condomini v. art. 63 *Att.* c.c. V. anche l'art. 58, D.P.R. 26 apr. 1986, n. 131.

635. ***Prova scritta per i crediti dello Stato e degli enti pubblici.*** — Per i crediti dello Stato, o di enti o istituti soggetti a tutela o vigilanza dello Stato, sono prove idonee anche i libri o registri della pubblica amministrazione, quando un funzionario all'uopo autorizzato o un notaio ne attesta la regolare tenuta a norma delle leggi e dei regolamenti. Restano salve le disposizioni delle leggi sulla riscossione delle entrate patrimoniali dello Stato e degli enti o istituti sopra indicati.

Per i crediti derivanti da omesso versamento agli enti di previdenza e di assistenza dei contributi relativi ai rapporti indicati nell'art. 459,[1] sono altresì prove idonee gli accertamenti eseguiti dall'ispettorato del lavoro e dai funzionari degli enti.

[1] L'art. 459 è stato abrogato con L. 11 ago. 1973, n. 533; V. ora l'art. 442.

636. ***Parcella delle spese e prestazioni.*** — Nei casi previsti nei nn. 2 e 3 dell'art. 633, la domanda deve essere accompagnata dalla parcella delle spese e prestazioni, munita della sottoscrizione del ricorrente e corredata dal parere della competente associazione professionale. Il parere non occorre se l'ammontare delle spese e delle prestazioni è determinato in base a tariffe obbligatorie.

Il giudice, se non rigetta il ricorso a norma dell'art. 640, deve attenersi al parere nei limiti della somma domandata, salva la correzione degli errori materiali.

637. ***Giudice competente.*** — Per l'ingiunzione è competente il giudice di pace o, in composizione monocratica, il tribunale che sarebbe competente per la domanda proposta in via ordinaria.

Per i crediti previsti nel numero 2 dell'art. 633 è

competente anche l'ufficio giudiziario che ha deciso la causa alla quale il credito si riferisce.

Gli avvocati o i notai possono altresì proporre domanda d'ingiunzione contro i propri clienti al giudice competente per valore del luogo dove ha sede il Consiglio dell'ordine al cui albo sono iscritti o il consiglio notarile dal quale dipendono.[1]

[1] Articolo così sost. dall'art. 100, D.lgs. 19 feb. 1998.

638. ***Forma della domanda e deposito.*** — La domanda d'ingiunzione si propone con ricorso contenente, oltre i requisiti indicati nell'art. 125, l'indicazione delle prove che si producono. Il ricorso deve contenere altresì l'indicazione del procuratore del ricorrente oppure, quando è ammessa la costituzione di persona, la dichiarazione di residenza o l'elezione di domicilio nel comune dove ha sede il giudice adito.

Se manca l'indicazione del procuratore oppure la dichiarazione di residenza o l'elezione di domicilio, le notificazioni al ricorrente possono essere fatte presso la cancelleria.

Il ricorso è depositato in cancelleria insieme con i documenti che si allegano; questi non possono essere ritirati fino alla scadenza del termine stabilito nel decreto d'ingiunzione a norma dell'art. 641.

639. ***Ricorso per consegna di cose fungibili.*** — Quando la domanda riguarda la consegna di una determinata quantità di cose fungibili, il ricorrente deve dichiarare la somma di danaro che è disposto ad accettare in mancanza della prestazione in natura, a definitiva liberazione dell'altra parte. Il giudice, se ritiene la somma dichiarata non proporzionata, prima di pronunciare sulla domanda può invitare il ricorrente a produrre un certificato della Camera di commercio.

640. ***Rigetto della domanda.*** — Il giudice, se ritiene insufficientemente giustificata la domanda, dispone che il cancelliere ne dia notizia al ricorrente, invitandolo a provvedere alla prova.

Se il ricorrente non risponde all'invito o non ritira il ricorso oppure se la domanda non è accoglibile, il giudice la rigetta con decreto motivato.

Tale decreto non pregiudica la riproposizione della domanda, anche in via ordinaria.

641. ***Accoglimento della domanda.*** — Se esistono le condizioni previste nell'art. 633, il giudice, con decreto motivato da emettere entro trenta giorni dal deposito del ricorso[1], ingiunge all'altra parte di pagare la somma o di consegnare la cosa o la quantità di cose chieste o invece di queste la somma di cui all'art. 639 nel termine di quaranta giorni, con l'espresso avvertimento che nello stesso termine[2] può essere fatta opposizione a norma degli articoli seguenti e che, in mancanza di opposizione, si procederà a esecuzione forzata.

Quando concorrono giusti motivi, il termine può essere ridotto sino a dieci giorni oppure aumentato a sessanta. Se l'intimato risiede in uno degli altri Stati dell'Unione europea, il termine è di cinquanta giorni e può essere ridotto fino a venti giorni. Se l'intimato risiede in altri Stati, il termine è di sessanta giorni e comunque non può essere inferiore a trenta né superiore a centoventi.[3]

Nel decreto, eccetto per quello emesso sulla base di titoli che hanno già efficacia esecutiva secondo le vigenti disposizioni, il giudice liquida le spese e le competenze e ne ingiunge il pagamento.[4]

[1] Parole aggiunte dall'art. 9, D.lgs. 9 ott. 2002, n. 231.
[2] V. L. 7 ott. 1969, n. 742, sulla sospensione dei termini processuali nel periodo feriale.
[3] Parole aggiunte dall'art. 9, D.lgs. 9 ott. 2002, n. 231.
[4] L'ultimo comma è stato sostituito come al testo dall'art. 2 della L. 10 mag. 1976, n. 358. L'art. 2 della L. 358/1976, *cit.*, è stato peraltro dichiarato parz. incost. con sent. 31 dic. 1986, n. 303 (in relazione all'inciso "eccetto per [...] vigenti disposizioni").

642. ***Esecuzione provvisoria.*** — Se il credito è fondato su cambiale, assegno bancario, assegno circolare, certificato di liquidazione di borsa,[1] o su atto ricevuto da notaio o da altro pubblico ufficiale autorizzato, il giudice, su istanza del ricorrente, ingiunge al debitore di pagare o consegnare senza dilazione, autorizzando in mancanza l'esecuzione provvisoria del decreto e fissando il termine ai soli effetti della opposizione.

L'esecuzione provvisoria può essere concessa anche se vi è pericolo di grave pregiudizio nel ritardo ovvero se il ricorrente produce documentazione sottoscritta dal debitore comprovante il diritto fatto valere;[2] il giudice può imporre al ricorrente una cauzione.

In tali casi il giudice può anche autorizzare l'esecuzione senza l'osservanza dei termini di cui all'art. 482.

[1] V. art. 44 L. 20 mar. 1913, n. 272, come è stato sostituito dall'art. 12 R.D.L. 30 giu. 1932, n. 815.
[2] Periodo modif. dall'art. 2, L. 28 dic. 2005, con decorrenza 1 mar. 2006.

643. ***Notificazione del decreto.*** — L'originale del ricorso e del decreto rimane depositato in cancelleria.

Il ricorso e il decreto sono notificati per copia autentica a norma degli artt. 137 e seguenti.

La notificazione determina la pendenza della lite.

644. ***Mancata notificazione del decreto.*** — Il decreto d'ingiunzione diventa inefficace qualora la notificazione non sia eseguita nel termine di sessanta[2] giorni dalla pronuncia, se deve avvenire nel territorio dello Stato, e di novanta giorni negli altri casi; ma la domanda può essere riproposta.[1]

[1] *Att.* 188. *Dichiarazione d'inefficacia del decreto d'ingiunzione.* – La parte alla quale non è stato notificato il decreto d'ingiunzione nei termini di cui all'art. 644 del codice può chiedere con ricorso al giudice, che ha pronunciato il decreto, che ne dichiari l'inefficacia.

Il giudice fissa con decreto una udienza per la comparizione delle parti davanti a sè e il termine entro il quale il ricorso e il decreto debbono essere notificati alla controparte. La notificazione è fatta nel domicilio di cui all'art.

638 del codice se avviene entro l'anno dalla pronuncia e personalmente alla parte a norma degli artt. 137 s. del codice se è fatta posteriormente.

Il giudice, sentite le parti, dichiara con ordinanza non impugnabile l'inefficacia del decreto ingiuntivo a tutti gli effetti.

Il rigetto dell'istanza non impedisce alla parte di proporre domanda di dichiarazione d'inefficacia nei modi ordinari.

[2] Termine elevato dall'art. 8 del D.L. 18 ott. 1995, n. 432, conv. in L. 20 dic. 1995, n. 534.

645. *Opposizione.*[1] — L'opposizione si propone davanti all'ufficio giudiziario al quale appartiene il giudice che ha emesso il decreto, con atto di citazione notificato al ricorrente nei luoghi di cui all'art. 638. Contemporaneamente l'ufficiale giudiziario deve notificare avviso dell'opposizione al cancelliere affinché ne prenda nota sull'originale del decreto.

In seguito all'opposizione il giudizio si svolge secondo le norme del procedimento ordinario davanti al giudice adito. L'anticipazione di cui all'articolo 163-*bis*, terzo comma, deve essere disposta fissando l'udienza per la comparizione delle parti non oltre trenta giorni dalla scadenza del termine minimo a comparire[2,3]

[1] Per i compensi spettanti agli avvocati e procuratori v. D.M. 8 apr. 2004, n. 127.

[2] Comma così modif. dall'art. 1 della L. 29 dic. 2011, n. 218.

[3] Periodo aggiunto dall'art. 78, c. 1, lett. *a*), D.L. 21 giu. 2013, n. 69, conv. con modif. in L. 9 ago. 2013, n. 98. Le disposizioni di cui al presente comma si applicano ai procedimenti instaurati, a norma dell'art. 643, ultimo comma, del c.p.c., successivamente all'entrata in vigore del D.L. 69/2013.

646. *Opposizione ai decreti riguardanti crediti di lavoro.*[1]

[1] Articolo abrog. con D.L.L. 23 nov. 1944, n. 369. V. ora gli artt. 433-437 del c.p.c. e la L. 11 ago. 1973, n. 533 sulle controversie di lavoro.

647. *Esecutorietà per mancata opposizione o per mancata attività dell'opponente.* — Se non è stata fatta opposizione nel termine stabilito, oppure l'opponente non si è costituito, il giudice che ha pronunciato il decreto, su istanza anche verbale del ricorrente lo dichiara esecutivo.[1] Nel primo caso il giudice deve ordinare che sia rinnovata la notificazione, quando risulta o appare probabile che l'intimato non abbia avuto conoscenza del decreto.

Quando il decreto è stato dichiarato esecutivo a norma del presente articolo, l'opposizione non può essere più proposta né proseguita, salvo il disposto dell'art. 650, e la cauzione eventualmente prestata è liberata.

[1] Comma così modif. dall'art. 102, D.lgs. 19 feb. 1998, n. 51, con decorrenza dal 2 giu. 1999.

648. *Esecuzione provvisoria in pendenza di opposizione.* — Il giudice istruttore, se l'opposizione non è fondata su prova scritta o di pronta soluzione, può concedere, provvedendo in prima udienza, con ordinanza non impugnabile, l'esecuzione provvisoria del decreto, qualora non sia già stata concessa a norma dell'art. 642. Il giudice deve concedere[1] l'esecuzione provvisoria parziale del decreto ingiuntivo opposto limitatamente alle somme non contestate, salvo che l'opposizione sia proposta per vizi procedurali.[2]

Deve in ogni caso concederla, se la parte che l'ha chiesta offre cauzione per l'ammontare delle eventuali restituzioni, spese e danni.[3]

[1] Parole così modif. dall'art. 4, c. 1, D.L. 3 mag. 2016, n. 59, conv. con modif. in L. 30 giu. 2016, n. 119.

[2] Periodo aggiunto dall'art. 9, D.lgs. 9 ott. 2002, n. 231 e quindi così modif. dall'art. 78, c. 1, lett. *b*), D.L. 21 giu. 2013, n. 69, conv. con modif. in L. 9 ago. 2013, n. 98. Le disposizioni di cui al presente comma si applicano ai procedimenti instaurati, a norma dell'art. 643, ultimo comma, del c.p.c., successivamente all'entrata in vigore del D.L. 69/2013.

[3] La Corte cost., con sent. 4 mag. 1984, n. 137, ha dichiarato l'ill. cost. dell'art. 648, c. 2, «nella parte in cui dispone che nel giudizio di opposizione il giudice istruttore, se la parte che ha chiesto l'esecuzione provvisoria del decreto d'ingiunzione offre cauzione per l'ammontare delle eventuali restituzioni, spese e danni, debba e non già possa concederla solo dopo aver delibato gli elementi probatori di cui all'art. 648, comma primo, e la corrispondenza della offerta cauzione all'entità degli oggetti indicati nel secondo comma dello stesso art. 648».

649. *Sospensione dell'esecuzione provvisoria.* — Il giudice istruttore, su istanza dell'opponente, quando ricorrono gravi motivi, può, con ordinanza non impugnabile, sospendere l'esecuzione provvisoria del decreto concessa a norma dell'art. 642.

650. *Opposizione tardiva.* — L'intimato può fare opposizione anche dopo scaduto il termine fissato nel decreto, se prova di non averne avuta tempestiva conoscenza per irregolarità della notificazione o per caso fortuito o forza maggiore.[1]

In questo caso l'esecutorietà può essere sospesa a norma dell'articolo precedente.

L'opposizione non è più ammessa decorsi dieci giorni dal primo atto di esecuzione.

[1] La Corte cost., con sent. 20 mag. 1976, n. 120, ha dichiarato l'ill. cost. dell'art. 650, c. 1, «nella parte in cui non consente l'opposizione tardiva dell'intimato che, pur avendo avuto conoscenza del decreto ingiuntivo, non abbia potuto, per caso fortuito o forza maggiore, fare opposizione entro il termine fissato nel decreto».

651. *Deposito per il caso di soccombenza.*[1]

[1] Articolo abrog. dalla L. 18 ott. 1977, n. 793.

652. *Conciliazione.* — Se nel giudizio di opposizione le parti si conciliano, il giudice, con ordinanza non impugnabile, dichiara o conferma l'esecutorietà del decreto, oppure riduce la somma o la quantità a quella stabilita dalle parti. In quest'ultimo caso, rimane ferma la validità degli atti esecutivi compiuti e dell'ipoteca iscritta, fino a concorrenza della somma o quantità ridotta. Della riduzione deve effettuarsi apposita annotazione nei registri immobiliari.

653. ***Rigetto o accoglimento parziale dell'opposizione.*** — Se l'opposizione è rigettata con sentenza passata in giudicato o provvisoriamente esecutiva, oppure è dichiarata con ordinanza l'estinzione del processo, il decreto, che non ne sia già munito, acquista efficacia esecutiva.

Se l'opposizione è accolta solo in parte, il titolo esecutivo è costituito esclusivamente dalla sentenza, ma gli atti di esecuzione già compiuti in base al decreto conservano i loro effetti nei limiti della somma o della quantità ridotta.

Con la sentenza che rigetta totalmente o in parte l'opposizione avverso il decreto ingiuntivo emesso sulla base dei titoli aventi efficacia esecutiva in base alle vigenti disposizioni, il giudice liquida anche le spese e gli onorari del decreto ingiuntivo.[1]

[1] L'ultimo comma dell'art. 653, sost. come al testo dall'art. 3, L. 10 mag. 1976, n. 358, è stato dichiarato incost. con sent. 31 dic. 1986, n. 303.

654. ***Dichiarazione di esecutorietà ed esecuzione.*** — L'esecutorietà non disposta con la sentenza o con l'ordinanza di cui all'articolo precedente è conferita con decreto del *giudice che ha pronunciato l'ingiunzione*[1] scritto in calce all'originale del decreto d'ingiunzione.

Ai fini dell'esecuzione non occorre una nuova notificazione del decreto esecutivo; ma nel precetto deve farsi menzione del provvedimento che ha disposto l'esecutorietà e dell'apposizione della formula.

[1] Parole così sost.e dall'art. 103, D.lgs. 19 feb. 1998, n. 51 con decorrenza dal 2 giu. 1999.

655. ***Iscrizione d'ipoteca.*** — I decreti dichiarati esecutivi a norma degli artt. 642, 647 e 648, e quelli rispetto ai quali è rigettata l'opposizione costituiscono titolo per l'iscrizione dell'ipoteca giudiziale.

656. ***Impugnazioni.*** — Il decreto di ingiunzione, divenuto esecutivo a norma dell'art. 647, può impugnarsi per revocazione nei casi indicati nei nn. 1, 2, 5 e 6 dell'art. 395 e con opposizione di terzo nei casi previsti nell'art. 404 secondo comma.

CAPO II
Del procedimento per convalida di sfratto[1]

[1] V. ora l'art. 447-*bis*.

657. ***Intimazione di licenza e di sfratto per finita locazione.*** — Il locatore o il concedente può intimare al conduttore, all'affittuario coltivatore diretto, al mezzadro o al colono licenza per finita locazione, prima della scadenza del contratto, con la contestuale citazione per la convalida, rispettando i termini prescritti dal contratto, dalla legge o dagli usi locali.

Può altresì intimare lo sfratto, con la contestuale citazione per la convalida, dopo la scadenza del contratto, se, in virtù del contratto stesso o per effetto di atti o intimazioni precedenti, è esclusa la tacita riconduzione.

658. ***Intimazione di sfratto per morosità.*** — Il locatore può intimare al conduttore lo sfratto con le modalità stabilite nell'articolo precedente anche in caso di mancato pagamento del canone di affitto alle scadenze, e chiedere nello stesso atto l'ingiunzione di pagamento per i canoni scaduti.[1]

Se il canone consiste in derrate, il locatore deve dichiarare a norma dell'art. 639 la somma che è disposto ad accettare in sostituzione.

[1] Comma così sostituito dall'art. 6 della L. 30 lug. 1984, n. 399.

659. ***Rapporto di locazione d'opera.*** — Se il godimento di un immobile è il corrispettivo anche parziale di una prestazione d'opera, l'intimazione di licenza o di sfratto con la contestuale citazione per la convalida, a norma degli articoli precedenti, può essere fatta quando il contratto viene a cessare per qualsiasi causa.

660. ***Forma dell'intimazione.*** — Le intimazioni di licenza o di sfratto indicate negli articoli precedenti debbono essere notificate a norma degli artt. 137 e seguenti, esclusa la notificazione al domicilio eletto.

Il locatore deve dichiarare nell'atto la propria residenza o eleggere domicilio nel comune dove ha sede il giudice adito, altrimenti l'opposizione prevista nell'art. 668 e qualsiasi altro atto del giudizio possono essere notificati presso la cancelleria.

La citazione per la convalida, redatta a norma dell'art. 125, in luogo dell'invito e dell'avvertimento al convenuto previsti nell'art. 163, terzo comma, numero 7), deve contenere, con l'invito a comparire nell'udienza indicata, l'avvertimento che se non comparisce o, comparendo, non si oppone, il giudice convalida la licenza o lo sfratto ai sensi dell'art. 663.

Tra il giorno della notificazione dell'intimazione e quello dell'udienza debbono intercorrere termini liberi non minori di venti giorni. Nelle cause che richiedono pronta spedizione *il giudice*[1] può, su istanza dell'intimante, con decreto motivato, scritto in calce all'originale e alle copie dell'intimazione, abbreviare fino alla metà i termini di comparizione.[2]

Le parti si costituiscono depositando in cancelleria l'intimazione con la relazione di notificazione o la comparsa di risposta, oppure presentando tali atti al giudice in udienza.[2]

Ai fini dell'opposizione e del compimento delle attività previste negli artt. da 663 a 666, è sufficiente la comparizione personale dell'intimato.[2]

Se l'intimazione non è stata notificata in mani proprie, l'ufficiale giudiziario deve spedire avviso all'intimato dell'effettuata notificazione a mezzo di lettera raccomandata, e allegare all'originale dell'atto la ricevuta di spedizione.

[1] Parole così sostituite dall'art. 105 D.lgs. 19 feb. 1998, n. 51 con decorrenza dal 2 giu. 1999.

[2] Comma inserito dall'art. 8 del D.L. 18 ott. 1995, n. 432, conv. in L. 20 dic. 1995, n. 534.

661. ***Giudice competente.***[1] — Quando si intima la licenza o lo sfratto, la citazione a comparire deve farsi inderogabilmente davanti al [pretore] tribunale[2] del luogo in cui si trova la cosa locata.

[1] Articolo così sostituito dall'art. 6 della L. 30 lug. 1984, n. 399.

[2] Parole così sostituite dall'art. 106 D.lgs. 19 feb. 1998, n. 51 con decorrenza dal 2 giu. 1999.

662. ***Mancata comparizione del locatore.*** — Gli effetti dell'intimazione cessano, se il locatore non comparisce all'udienza fissata nell'atto di citazione.

663. ***Mancata comparizione o mancata opposizione dell'intimato.*** — Se l'intimato non comparisce o comparendo non si oppone, il giudice convalida la licenza o lo sfratto e dispone con ordinanza in calce alla citazione l'apposizione su di essa della formula esecutiva: ma il giudice deve ordinare che sia rinnovata la citazione, se risulta o appare probabile che l'intimato non abbia avuto conoscenza della citazione stessa o non sia potuto comparire per caso fortuito o forza maggiore.

Nel caso che l'intimato non sia comparso, la formula esecutiva ha effetto dopo 30 giorni dalla data dell'apposizione.[1]

Se lo sfratto è stato intimato per mancato pagamento del canone, la convalida è subordinata all'attestazione in giudizio del locatore o del suo procuratore che la morosità persiste. In tale caso il giudice può ordinare al locatore di prestare una cauzione.

[1] Comma aggiunto dall'art. 5 della L. 22 dic. 1973, n. 841.

664. ***Pagamento dei canoni.*** — Nel caso previsto nell'art. 658, il giudice adito pronuncia separato decreto d'ingiunzione per l'ammontare dei canoni scaduti e da scadere fino all'esecuzione dello sfratto, e per le spese relative all'intimazione.

Il decreto è steso in calce ad una copia dell'atto di intimazione presentata dall'istante, da conservarsi in cancelleria.

Il decreto è immediatamente esecutivo, ma contro di esso può essere proposta opposizione a norma del capo precedente. L'opposizione non toglie efficacia all'avvenuta risoluzione del contratto.

665. ***Opposizione, provvedimenti del giudice.*** — Se l'intimato comparisce e oppone eccezioni non fondate su prova scritta, il giudice, su istanza del locatore, se non sussistono gravi motivi in contrario, pronuncia ordinanza non impugnabile di rilascio, con riserva delle eccezioni del convenuto.

L'ordinanza è immediatamente esecutiva, ma può essere subordinata alla prestazione di una cauzione per i danni e le spese.

666. ***Contestazione sull'ammontare dei canoni.*** — Se è intimato lo sfratto per mancato pagamento del canone, e il convenuto nega la propria morosità contestando l'ammontare della somma pretesa, il giudice può disporre con ordinanza il pagamento della somma non controversa e concedere all'uopo al convenuto un termine non superiore a venti giorni.

Se il conduttore non ottempera all'ordine di pagamento, il giudice convalida l'intimazione di sfratto e, nel caso previsto nell'art. 658, pronuncia decreto ingiuntivo per il pagamento dei canoni.

667. ***Mutamento del rito.***[1] — Pronunciati i provvedimenti previsti dagli artt. 665 e 666, il giudizio prosegue nelle forme del rito speciale, previa ordinanza di mutamento di rito ai sensi dell'art. 426.

[1] Articolo così sost. dall'art. 73 della L. 26 nov. 1990, n. 353, con decorrenza 30 apr. 1995.

668. ***Opposizione dopo la convalida.*** — Se l'intimazione di licenza o di sfratto è stata convalidata in assenza dell'intimato, questi può farvi opposizione provando di non averne avuto tempestiva conoscenza per irregolarità della notificazione o per caso fortuito o forza maggiore.[1]

Se sono decorsi dieci giorni dalla esecuzione, l'opposizione non è più ammessa, e la cauzione prestata a norma dell'art. 663 secondo comma, è liberata.

L'opposizione si propone davanti al *tribunale*[2] nelle forme prescritte per l'opposizione al decreto di ingiunzione in quanto applicabili.[3]

L'opposizione non sospende il processo esecutivo, ma il giudice, con ordinanza non impugnabile, può disporre la sospensione per gravi motivi, imponendo, quando lo ritiene opportuno, una cauzione all'opponente.

[1] La Corte cost., con sent. 18 mag. 1972, n. 89, ha dichiarato l'ill. cost. del c. 1 dell'art. 688 «limitatamente alla parte in cui non consente la tardiva opposizione all'intimato che, pur avendo avuto conoscenza della citazione, non sia potuto comparire all'udienza per caso fortuito o forza maggiore».

[2] Parole così sost. dall'art. 106 D.lgs. 19 feb. 1998, n. 51 con decorrenza dal 2 giu. 1999.

[3] Comma così sost. dall'art. 6 della L. 30 lug. 1984, n. 399.

669. ***Giudizio separato per il pagamento dei canoni.*** — Se nel caso previsto nell'art. 658 il locatore non chiede il pagamento dei canoni, la pronuncia sullo sfratto risolve la locazione, ma lascia impregiudicata ogni questione sui canoni stessi.

CAPO III
Dei procedimenti cautelari[1]

[1] V. per le sezioni specializzate agrarie l'art. 26 della L. 11 feb. 1971.

SEZIONE I
Dei procedimenti cautelari in generale[1]

[1] La sez. I è stata inserita dall'art. 74 della L. 26 nov. 1990, n. 353 (con decorrenza 1 gen. 1993), che ha altresì modif., mantenendone inalterate le rubriche, la numerazione delle sezioni originarie del capo III.

I provvedimenti cautelari emessi dopo l'1 gen. 1993 sono assoggettati integralmente alla nuova normativa. I provvedimenti cautelari emessi anteriormente all'1 gen. 1993 nell'ambito di giudizi iniziati prima di tale data e ancora pendenti alla data del 30 apr. 1995 sono assoggettati alla nuova normativa nei limiti della compatibilità: v. art. 4, c. 5 del D.L. 7 ott. 1994, n. 571, conv. in L. 6 dic. 1994, n. 673. La stessa disposizione tuttavia prevede che «tutti i sequestri autorizzati anteriormente perdono la loro efficacia se con sentenza, anche non passata in giudicato, è rigettata l'istanza di convalida ovvero è dichiarato inesistente il diritto a cautela del quale erano stati concessi».

669-*bis*. *Forma della domanda.* — La domanda si propone con ricorso depositato nella cancelleria del giudice competente.

669-*ter*. *Competenza anteriore alla causa.* — Prima dell'inizio della causa di merito la domanda si propone al giudice competente a conoscere del merito.

Se competente per la causa di merito è il giudice di pace, la domanda si propone al *tribunale*.[1]

Se il giudice italiano non è competente a conoscere la causa di merito, la domanda si propone al giudice, che sarebbe competente per materia o valore, del luogo in cui deve essere eseguito il provvedimento cautelare.

A seguito della presentazione del ricorso il cancelliere forma il fascicolo d'ufficio e lo presenta senza ritardo al presidente del tribunale [o al pretore dirigente][2] il quale designa il magistrato cui è affidata la trattazione del procedimento.

[1] Parole così modif. dall'art. 107, D.lgs. 19 feb. 1998 n. 51 con decorrenza dal 2 giu. 1999.

[2] Parole soppresse dall'art. 107, D.lgs. 19 feb. 1998 n. 51 con decorrenza dal 2 giu. 1999.

669-*quater*. *Competenza in corso di causa.* — Quando vi è causa pendente per il merito la domanda deve essere proposta al giudice della stessa.

Se la causa pende davanti al tribunale la domanda si propone all'istruttore oppure, se questi non è ancora designato o il giudizio è sospeso o interrotto, al presidente, il quale provvede ai sensi dell'ultimo comma dell'art. 669-*ter*.

Se la causa pende davanti al giudice di pace, la domanda si propone al *tribunale*.[1]

In pendenza dei termini per proporre l'impugnazione la domanda si propone al giudice che ha pronunziato la sentenza.

Se la causa pende davanti al giudice straniero, e il giudice italiano non è competente a conoscere la causa di merito, si applica il terzo comma dell'art. 669-*ter*.

Il terzo comma dell'art. 669-*ter* si applica altresì nel caso in cui l'azione civile è stata esercitata o trasferita nel processo penale, salva l'applicazione del comma 2 dell'art. 316 del c.p.p.

[1] Comma così sost. dall'art. 106 D.lgs. 19 feb. 1998, n. 51 con decorrenza dal 2 giu. 1999.

669-*quinquies*. *Competenza in caso di clausola compromissoria, di compromesso o di pendenza del giudizio arbitrale.* — Se la controversia è oggetto di clausola compromissoria o è compromessa in arbitri *anche non rituali*[1] o se è pendente il giudizio arbitrale, la domanda si propone al giudice che sarebbe stato competente a conoscere del merito.

[1] Parole aggiunte dall'art. 2 D.L. 14 mar. 2005, n. 35, conv. in L. 14 mag. 2005, n. 80, con decorrenza 1 mar. 2006.

669-*sexies*. *Procedimento.* — Il giudice, sentite le parti, omessa ogni formalità non essenziale al contraddittorio, procede nel modo che ritiene più opportuno agli atti di istruzione indispensabili in relazione ai presupposti e ai fini del provvedimento richiesto, e provvede con ordinanza all'accoglimento o al rigetto della domanda.

Quando la convocazione della controparte potrebbe pregiudicare l'attuazione del provvedimento, provvede con decreto motivato assunte ove occorra sommarie informazioni. In tal caso fissa, con lo stesso decreto, l'udienza di comparizione delle parti davanti a sè entro un termine non superiore a quindici giorni assegnando all'istante un termine perentorio non superiore a otto giorni per la notificazione del ricorso e del decreto. A tale udienza il giudice, con ordinanza, conferma, modifica o revoca i provvedimenti emanati con decreto.

Nel caso in cui la notificazione debba effettuarsi all'estero, i termini di cui al comma precedente sono triplicati.

669-*septies*. *Provvedimento negativo.*[1] — L'ordinanza di incompetenza non preclude la riproposizione della domanda. L'ordinanza di rigetto non preclude la riproposizione dell'istanza per il provvedimento cautelare quando si verifichino mutamenti delle circostanze o vengano dedotte nuove ragioni di fatto o di diritto.

Se l'ordinanza di incompetenza o di rigetto è pronunciata prima dell'inizio della causa di merito, con essa il giudice provvede definitivamente sulle spese del procedimento cautelare.

La condanna alle spese è immediatamente esecutiva.

[1] Articolo sostituito dall'art. 50 della L. 18 giu. 2009, n. 69. Per espressa previsione dell'art. 58, L. 69/2009, "le disposizioni della presente legge che modificano il codice di procedura civile e le disposizioni per l'attuazione del codice di procedura civile si applicano ai giudizi instaurati

dopo la data della sua entrata in vigore" (avvenuta il 4 lug. 2009).

669-*octies*. *Provvedimento di accoglimento.* — L'ordinanza di accoglimento, ove la domanda sia stata proposta prima dell'inizio della causa di merito, deve fissare un termine perentorio non superiore a *sessanta*[1] giorni per l'inizio del giudizio di merito, salva l'applicazione dell'ultimo comma dell'art. 669-*novies*.

In mancanza di fissazione del termine da parte del giudice, la causa di merito deve essere iniziata entro il termine perentorio di *sessanta*[1] giorni.

Il termine decorre dalla pronuncia dell'ordinanza se avvenuta in udienza o altrimenti dalla sua comunicazione.

Per le controversie individuali relative ai rapporti di lavoro alle dipendenze delle pubbliche amministrazioni, escluse quelle devolute alla giurisdizione del giudice amministrativo, il termine decorre dal momento in cui la domanda giudiziale è divenuta procedibile o in caso di mancata presentazione della richiesta di espletamento del tentativo di conciliazione, decorsi trenta giorni.

Nel caso in cui la controversia sia oggetto di compromesso o di clausola compromissoria, la parte, nei termini di cui ai commi precedenti, deve notificare all'altra un atto nel quale dichiara la propria intenzione di promuovere il procedimento arbitrale, propone la domanda e procede, per quanto le spetta, alla nomina degli arbitri.

Le disposizioni di cui al presente articolo e al primo comma dell'art. 669-*novies* non si applicano ai provvedimenti di urgenza emessi ai sensi dell'art. 700 e agli altri provvedimenti cautelari idonei ad anticipare gli effetti della sentenza di merito, previsti dal codice civile o da leggi speciali, nonché ai provvedimenti emessi a seguito di denunzia di nuova opera o di danno temuto ai sensi dell'art. 688, ma ciascuna parte può iniziare il giudizio di merito.

Il giudice, quando emette uno dei provvedimenti di cui al sesto comma prima dell'inizio della causa di merito, provvede sulle spese del procedimento cautelare.[2]

L'estinzione del giudizio di merito non determina l'inefficacia dei provvedimenti di cui al sesto[3] comma, anche quando la relativa domanda è stata proposta in corso di causa.

L'autorità del provvedimento cautelare non è invocabile in un diverso processo.[4]

[1] Parole così modif. dall'art. 2 D.L. 14 mar. 2005, n. 35, conv. in L. 14 mag. 2005, n. 80, con decorrenza 1 mar. 2006.

[2] Comma inserito dall'art. 50 della L. 18 giu. 2009, n. 69. Per espressa previsione dell'art. 58, L. 69/2009, "le disposizioni della presente legge che modificano il codice di procedura civile e le disposizioni per l'attuazione del codice di procedura civile si applicano ai giudizi instaurati dopo la data della sua entrata in vigore" (avvenuta il 4 lug. 2009).

[3] Comma così modif. dall'art. 50 della L. 18 giu. 2009, n. 69. V. nota 2.

[4] Comma aggiunto dall'art. 2 D.L. 14 mar. 2005, n. 35, conv. in L. 14 mag. 2005, n. 80, con decorrenza 1 mar. 2006.

669-*novies*. *Inefficacia del provvedimento cautelare.* — Se il procedimento di merito non è iniziato nel termine perentorio di cui all'art. 669-*octies*, ovvero successivamente al suo inizio si estingue, il provvedimento cautelare perde la sua efficacia.

In entrambi i casi, il giudice che ha emesso il provvedimento, su ricorso della parte interessata, convocate le parti con decreto in calce al ricorso, dichiara, se non c'è contestazione, con ordinanza avente efficacia esecutiva, che il provvedimento è divenuto inefficace e dà le disposizioni necessarie per ripristinare la situazione precedente. In caso di contestazione l'ufficio giudiziario al quale appartiene il giudice che ha emesso il provvedimento cautelare decide con sentenza provvisoriamente esecutiva, salva la possibilità di emanare in corso di causa i provvedimenti di cui all'art. 669-*decies*.

Il provvedimento cautelare perde altresì efficacia se non è stata versata la cauzione di cui all'art. 669-*undecies*, ovvero se con sentenza, anche non passata in giudicato, è dichiarato inesistente il diritto a cautela del quale era stato concesso. In tal caso i provvedimenti di cui al comma precedente sono pronunciati nella stessa sentenza o, in mancanza, con ordinanza a seguito di ricorso al giudice che ha emesso il provvedimento.

Se la causa di merito è devoluta alla giurisdizione di un giudice straniero o ad arbitrato italiano o estero, il provvedimento cautelare, oltre che nei casi previsti nel primo e nel terzo comma, perde altresì efficacia:

1) se la parte che l'aveva richiesto non presenta domanda di esecutorietà in Italia della sentenza straniera o del lodo arbitrale entro i termini eventualmente previsti a pena di decadenza dalla legge o dalle convenzioni internazionali;

2) se sono pronunciati sentenza straniera, anche non passata in giudicato, o lodo arbitrale che dichiarino inesistente il diritto per il quale il provvedimento era stato concesso. Per la dichiarazione di inefficacia del provvedimento cautelare e per le disposizioni di ripristino si applica il secondo comma del presente articolo.

669-*decies*. *Revoca e modifica.* — Salvo che sia stato proposto reclamo ai sensi dell'art. 669-*terdecies*, nel corso dell'istruzione il giudice istruttore della causa di merito può, su istanza di parte, modificare o revocare con ordinanza il provvedimento cautelare, anche se emesso anteriormente alla causa, se si verificano mutamenti nelle circostanze o se si allegano fatti anteriori di cui si è acquisita conoscenza successivamente al provvedimento cautelare. In tale caso, l'istante deve fornire la prova del momento in cui ne è venuto a conoscenza.

Quando il giudizio di merito non sia iniziato o sia stato dichiarato estinto, la revoca e la modifica del-

CODICE DI PROCEDURA CIVILE

l'ordinanza di accoglimento, esaurita l'eventuale fase del reclamo proposto ai sensi dell'art. 669-*terdecies*, possono essere richieste al giudice che ha provveduto sull'istanza cautelare se si verificano mutamenti nelle circostanze o se si allegano fatti anteriori di cui si è acquisita conoscenza successivamente al provvedimento cautelare. In tale caso l'istante deve fornire la prova del momento in cui ne è venuto a conoscenza.[1]

Se la causa di merito è devoluta alla giurisdizione di un giudice straniero o ad arbitrato, ovvero se l'azione civile è stata esercitata o trasferita nel processo penale, i provvedimenti previsti dal presente articolo devono essere richiesti al giudice che ha emanato il provvedimento cautelare.

[1] Commi introdotti dall'art. 2 D.L. 14 mar. 2005, n. 35, conv. in L. 14 mag. 2005, n. 80, con decorrenza 1 mar. 2006.

669-*undecies*. *Cauzione*. — Con il provvedimento di accoglimento o di conferma ovvero con il provvedimento di modifica il giudice può imporre all'istante, valutata ogni circostanza, una cauzione per l'eventuale risarcimento dei danni.

669-*duodecies*. *Attuazione*. — Salvo quanto disposto dagli artt. 677 e seguenti in ordine ai sequestri, l'attuazione delle misure cautelari aventi ad oggetto somme di denaro avviene nelle forme degli artt. 491 e seguenti in quanto compatibili, mentre l'attuazione delle misure cautelari aventi ad oggetto obblighi di consegna, rilascio, fare o non fare avviene sotto il controllo del giudice che ha emanato il provvedimento cautelare il quale ne determina anche le modalità di attuazione e, ove sorgano difficoltà o contestazioni, dà con ordinanza i provvedimenti opportuni, sentite le parti. Ogni altra questione va proposta nel giudizio di merito.

669-*terdecies*. *Reclamo contro i provvedimenti cautelari*. — Contro l'ordinanza con la quale è stato concesso o negato il provvedimento cautelare è ammesso reclamo nel termine perentorio di quindici giorni dalla pronuncia in udienza ovvero dalla comunicazione o dalla notificazione se anteriore.[1]

Il reclamo contro i provvedimenti del giudice singolo del tribunale si propone al collegio, del quale non può far parte il giudice che ha emanato il provvedimento reclamato. Quando il provvedimento cautelare è stato emesso dalla Corte d'appello, il reclamo si propone ad altra sezione della stessa Corte o, in mancanza, alla Corte d'appello più vicina.

Il procedimento è disciplinato dagli artt. 737 e 738.

Le circostanze e i motivi sopravvenuti al momento della proposizione del reclamo debbono essere proposti, nel rispetto del principio del contraddittorio, nel relativo procedimento. Il tribunale può sempre assumere informazioni e acquisire nuovi documenti. Non è consentita la rimessione al primo giudice.[2]

Il collegio, convocate le parti, pronuncia, non oltre venti giorni dal deposito del ricorso, ordinanza non impugnabile con la quale conferma, modifica o revoca il provvedimento cautelare.

Il reclamo non sospende l'esecuzione del provvedimento; tuttavia il presidente del tribunale o della Corte investiti del reclamo, quando per motivi sopravvenuti il provvedimento arrechi grave danno, può disporre con ordinanza non impugnabile la sospensione dell'esecuzione o subordinarla alla prestazione di congrua cauzione.

[1] Comma modif. dall'art. 2, D.L. 14 mar. 2005, n. 35, conv. in L. 14 mag. 2005, n. 80, con decorrenza 1 mar. 2006.

[2] Comma inserito dall'art. 2, D.L. 14 mar. 2005, n. 35, conv. in L. 14 mag. 2005 n. 80, con decorrenza 1 mar. 2006.

669-*quaterdecies*. *Ambito di applicazione*. — Le disposizioni della presente sezione si applicano ai provvedimenti previsti nelle sezioni II, III e V di questo capo, nonché, in quanto compatibili, agli altri provvedimenti cautelari previsti dal codice civile e dalle leggi speciali. L'art. 669-*septies* si applica altresì ai provvedimenti di istruzione preventiva previsti dalla sezione IV di questo capo.[1]

[1] La Corte cost., con sent. 16 mag. 2008, n. 144, ha dichiarato l'ill. cost. dell'art. 669-*quaterdecies* «nella parte in cui non prevede la reclamabilità del provvedimento di rigetto dell'istanza per l'assunzione perventiva dei mezzi di prova di cui agli artt. 692 e 696 c.p.c., potendo il danno derivante al ricorrente da un provvedimento di rigetto essere irreparabile».

La Corte cost., con sent. 28 gen. 2010, n. 26, ha dichiarato l'ill. cost. dell'art. 669-*quaterdecies* «nella parte in cui, escludendo l'applicazione dell'art. 669-*quinquies* dello stesso codice ai provvedimenti di cui all'art. 696 c.p.c., impedisce, in caso di clausola compromissoria, di compromesso o di pendenza di giudizio arbitrale, la proposizione della domanda di accertamento tecnico preventivo al giudice che sarebbe competente a conoscere del merito»

SEZIONE II

Del sequestro[1]

[1] V. la nota alla sez. I.

670. *Sequestro giudiziario*. — Il giudice può autorizzare il sequestro giudiziario:

1) di beni mobili o immobili, aziende o altre universalità di beni, quando ne è controversa la proprietà o il possesso, ed è opportuno provvedere alla loro custodia o alla loro gestione temporanea;

2) di libri, registri, documenti, modelli, campioni e di ogni altra cosa da cui si pretende desumere elementi di prova, quando è controverso il diritto alla esibizione o alla comunicazione, ed è opportuno provvedere alla loro custodia temporanea.

671. *Sequestro conservativo*. — Il giudice, su istanza del creditore che ha fondato timore di perdere la garanzia del proprio credito, può autorizzare il sequestro conservativo di beni mobili o immobili del debitore o delle somme e cose a lui dovute, nei limiti in cui la legge ne permette il pignoramento.

672. [***Sequestro anteriore alla causa.***][1]

[1] Articolo abrog. dall'art. 89, L. 26 nov. 1990, n. 353, con decorrenza 1 gen. 1993.

673. [***Sequestro in corso di causa.***][1]

[1] Articolo abrog. dall'art. 89, L. 26 nov. 1990, n. 353, con decorrenza 1 gen. 1993.

674. [***Cauzione.***][1]

[1] Articolo abrog. dall'art. 89, L. 26 nov. 1990, n. 353, con decorrenza 1 gen. 1993.

675. ***Termine d'efficacia del provvedimento.*** — Il provvedimento che autorizza il sequestro perde efficacia se non è eseguito entro il termine di trenta giorni dalla pronuncia.

676. ***Custodia nel caso di sequestro giudiziario.*** — Nel disporre il sequestro giudiziario, il giudice nomina il custode[1], stabilisce i criteri e i limiti dell'amministrazione delle cose sequestrate e le particolari cautele idonee a render più sicura la custodia e a impedire la divulgazione dei segreti.

Il giudice può nominare custode quello dei contendenti che offre maggiori garanzie e dà cauzione.

Il custode della cosa sequestrata ha gli obblighi e i diritti previsti negli artt. 521, 522 e 560.

[1] V. gli artt. 65-67.

677. ***Esecuzione del sequestro giudiziario.*** — Il sequestro giudiziario si esegue a norma degli artt. 605 e seguenti, in quanto applicabili, omessa la notificazione del precetto per consegna o rilascio nonché la comunicazione di cui all'art. 608, primo comma.

L'art. 608, primo comma, è applicabile se il custode sia persona diversa dal detentore[1].

Il giudice col provvedimento di autorizzazione del sequestro o successivamente, può ordinare al terzo detentore del bene sequestrato di esibirlo o di consentire l'immediata immissione in possesso del custode.

Al terzo si applica la disposizione dell'art. 211.

[1] Comma così modif. dall'art. unico della L. 23 mag. 1951, n. 400.

678. ***Esecuzione del sequestro conservativo sui mobili.*** — Il sequestro conservativo sui mobili e sui crediti si esegue secondo le norme stabilite per il pignoramento presso il debitore o presso terzi. In quest'ultimo caso il sequestrante deve, con l'atto del sequestro, citare il terzo a comparire davanti al tribunale[1] del luogo di residenza del terzo stesso per rendere la dichiarazione di cui all'art. 547. Il giudizio sulle controversie relative all'accertamento dell'obbligo del terzo è sospeso fino all'esito di quello sul merito, a meno che il terzo non chieda l'immediato accertamento dei propri obblighi.[2]

Se il credito è munito di privilegio sugli oggetti da sequestrare, il giudice può provvedere nei confronti del terzo detentore, a norma del secondo comma dell'articolo precedente.

Si applica l'art. 610 se nel corso della esecuzione del sequestro sorgono difficoltà che non ammettono dilazione.

[1] Parole così sostituite dall'art. 106 D.lgs. 19 feb. 1998, n. 51 con decorrenza dal 2 giu. 1999.

[2] Comma così sost. dall'art. 75 della L. 26 nov. 1990, n. 353, con decorrenza 1 gen. 1993. V. nota alla Sezione I.

679. ***Esecuzione del sequestro conservativo sugli immobili.*** — Il sequestro conservativo sugli immobili si esegue con la trascrizione del provvedimento presso l'ufficio del conservatore dei registri immobiliari del luogo in cui i beni sono situati.

Per la custodia dell'immobile si applica la disposizione dell'art. 559.

680. [***Convalida del sequestro autorizzato anteriormente alla causa.***][1]

[1] Articolo abrog. dall'art. 89, L. 26 nov. 1990, n. 353, con decorrenza 1 gen. 1993.

681. [***Convalida del sequestro autorizzato in corso di causa.***][1]

[1] Articolo abrog. dall'art. 89, L. 26 nov. 1990, n. 353, con decorrenza 1 gen. 1993.

682. [***Decisione separata sulla convalida.***][1]

[1] Articolo abrog. dall'art. 89, L. 26 nov. 1990, n. 353, con decorrenza 1 gen. 1993.

683. [***Inefficacia del sequestro.***][1]

[1] Articolo abrog. dall'art. 89, L. 26 nov. 1990, n. 353, con decorrenza 1 gen. 1993.

684. ***Revoca del sequestro.*** — Il debitore può ottenere dal giudice istruttore, con ordinanza non impugnabile, la revoca del sequestro conservativo, prestando idonea cauzione per l'ammontare del credito che ha dato causa al sequestro e per le spese, in ragione del valore delle cose sequestrate.

685. ***Vendita delle cose deteriorabili.*** — In caso di pericolo di deteriorazione delle cose che formano oggetto del sequestro, il giudice, con lo stesso provvedimento di concessione o con altro successivo, può ordinarne la vendita nei modi stabiliti per le cose pignorate.

Il prezzo ricavato dalla vendita rimane sequestrato in luogo delle cose vendute.

686. ***Conversione del sequestro conservativo in pignoramento.*** — Il sequestro conservativo si converte in pignoramento al momento in cui il creditore sequestrante ottiene sentenza di condanna esecutiva.[1]

Se i beni sequestrati sono stati oggetto di esecuzione da parte di altri creditori, il sequestrante partecipa con essi alla distribuzione della somma ricavata.

[1] *Att.* 156. *Esecuzione sui beni sequestrati.* – Il sequestrante che ha ottenuto la sentenza di condanna esecutiva prevista nell'art. 686 del codice deve depositarne copia

nella cancelleria del giudice competente per l'esecuzione nel termine perentorio di 60 giorni dalla comunicazione, e deve quindi procedere alle notificazioni previste nell'art. 498 del codice.

Se oggetto del sequestro sono beni immobili, il sequestrante deve inoltre chiedere, nel termine perentorio di cui al comma precedente, la annotazione della sentenza di condanna esecutiva in margine alla trascrizione prevista nell'art. 679 del codice.

687. ***Casi speciali di sequestro.*** — Il giudice può ordinare il sequestro delle somme o delle cose che il debitore ha offerto o messo comunque a disposizione del creditore per la sua liberazione quando è controverso l'obbligo o il modo del pagamento o della consegna, o l'idoneità della cosa offerta.

SEZIONE III

Dei procedimenti di denuncia di nuova opera e di danno temuto

688. ***Forma dell'istanza.*** — La denuncia di nuova opera o di danno temuto si propone con ricorso *al giudice*[1] competente a norma dell'art. 21.

Quando vi è causa pendente per il merito, la denuncia si propone a norma dell'art. 669-*quater*.[2]

[1] Parole così sost. dall'art. 105, D.lgs. 19 feb. 1998, n. 51 con decorrenza dal 2 giu. 1999.

[2] Comma così sost. dall'art. 76 della L. 26 nov. 1990, n. 353, con decorrenza 1 gen. 1993. V. nota alla Sezione I.

689. ***Provvedimenti immediati.***[1]

[1] Articolo abrog. dall'art. 89, L. 26 nov. 1990, n. 353, con decorrenza 1 gen. 1993.

690. ***Pronuncia sui provvedimenti immediati.***[1]

[1] Articolo abrog. dall'art. 89, L. 26 nov. 1990, n. 353, con decorrenza 1 gen. 1993.

691. ***Contravvenzione al divieto del giudice.*** — Se la parte alla quale è fatto divieto di compiere l'atto dannoso o di mutare lo stato di fatto contravviene all'ordine, il giudice, su ricorso della parte interessata, può disporre con ordinanza che le cose siano rimesse al pristino stato a spese del contravventore.

SEZIONE IV

Dei procedimenti di istruzione preventiva

692. ***Assunzione di testimoni.*** — Chi ha fondato motivo di temere che siano per mancare uno o più testimoni, le cui deposizioni possono essere necessarie in una causa da proporre, può chiedere che ne sia ordinata l'audizione a futura memoria.

693. ***Istanza.*** — L'istanza si propone con ricorso al giudice che sarebbe competente per la causa di merito.

In caso d'eccezionale urgenza, l'istanza può anche proporsi al tribunale[1] del luogo in cui la prova deve essere assunta.

Il ricorso deve contenere l'indicazione dei motivi dell'urgenza e dei fatti sui quali debbono essere interrogati i testimoni, e l'esposizione sommaria delle domande o eccezioni alle quali la prova è preordinata.

[1] Parola così sost. dall'art. 106, D.lgs. 19 feb. 1998, n. 51 con decorrenza dal 2 giu. 1999.

694. ***Ordine di comparizione.*** — Il presidente del tribunale, [il pretore o][1] il giudice di pace fissa, con decreto, l'udienza di comparizione e stabilisce il termine perentorio per la notificazione del decreto.

[1] Parole abrog. dall'art. 104, D.lgs. 19 feb. 1998, n. 51 con decorrenza dal 2 giu. 1999.

695. ***Ammissione del mezzo di prova.*** — Il presidente del tribunale, [il pretore o][1] il giudice di pace, assunte, quando occorre, sommarie informazioni, provvede con ordinanza non impugnabile e, se ammette l'esame testimoniale, fissa l'udienza per l'assunzione e designa il giudice che deve procedervi.[2]

[1] Parole abrog. dall'art. 104, D.lgs. 19 feb. 1998, n. 51 con decorrenza dal 2 giu. 1999.

[2] La Corte cost., con sent. 16 mag. 2008, n. 144, ha dichiarato l'ill. cost. dell'art. 695 «nella parte in cui non prevede la reclamabilità del provvedimento di rigetto dell'istanza per l'assunzione preventiva dei mezzi di prova di cui agli artt. 692 e 696 c.p.c., potendo il danno derivante al ricorrente da un provvedimento di rigetto essere irreparabile».

696. ***Accertamento tecnico e ispezione giudiziale.*** — Chi ha urgenza di far verificare, prima del giudizio, lo stato di luoghi o la qualità o la condizione di cose, può chiedere, a norma degli artt. 692 e seguenti, che sia disposto un accertamento tecnico o un'ispezione giudiziale. L'accertamento tecnico e l'ispezione giudiziale, se ne ricorre l'urgenza, possono essere disposti anche sulla persona dell'istante e, se questa vi consente, sulla persona nei cui confronti l'istanza è proposta.[1]

L'accertamento tecnico di cui al primo comma può comprendere anche valutazioni in ordine alle cause e ai danni relativi all'oggetto della verifica.[2]

Il presidente del tribunale o il giudice di pace provvede nelle forme stabilite negli artt. 694 e 695, in quanto applicabili, nomina il consulente tecnico e fissa la data dell'inizio delle operazioni.[3]

[1] Periodo aggiunto dall'art. 2 D.L. 14 mar. 2005, n. 35, conv. in L. 14 mag. 2005, n. 80, con decorrenza 1 mar. 2006.

[2] Comma aggiunto dall'art. 2 D.L. 14 mar. 2005, n. 35, conv. in L. 14 mag. 2005, n. 80, con decorrenza 1 mar. 2006.

[3] Vedi anche art. 128 D.lgs. 10 feb. 2005, n. 30, sulla consulenza tecnica preventiva per la tutela dei diritti di proprietà industriale.

696-*bis*. ***Consulenza tecnica preventiva ai fini della composizione della lite.***[1] — L'espletamento di una consulenza tecnica, in via preventiva, può essere richiesto anche al di fuori delle condizioni di cui al primo comma dell'art. 696, ai fini dell'accertamento e della relativa determinazione dei crediti derivanti dalla mancata o inesatta esecuzione di obbligazioni contrattuali o da fatto illecito. Il giudice procede a norma del terzo comma del medesimo art. 696. Il consulente, prima di provvedere al deposito della relazione, tenta, ove possibile, la conciliazione delle parti.

Se le parti si sono conciliate, si forma processo verbale della conciliazione.

Il giudice attribuisce con decreto efficacia di titolo esecutivo al processo verbale, ai fini dell'espropriazione e dell'esecuzione in forma specifica e per l'iscrizione di ipoteca giudiziale.

Il processo verbale è esente dall'imposta di registro.

Se la conciliazione non riesce, ciascuna parte può chiedere che la relazione depositata dal consulente sia acquisita agli atti del successivo giudizio di merito.

Si applicano gli articoli da 191 a 197, in quanto compatibili.

[1] Articolo introdotto dall'art. 2 D.L. 14 mar. 2005, n. 35, conv. in L. 14 mag. 2005, n. 80, con decorrenza 1 mar. 2006.

697. ***Provvedimenti in caso di eccezionale urgenza.*** — In caso d'eccezionale urgenza, il presidente del tribunale [il pretore o][1] il giudice di pace può pronunciare i provvedimenti indicati negli artt. 694 e 695 con decreto, dispensando il ricorrente dalla notificazione alle altre parti; in tal caso può nominare un procuratore, che intervenga per le parti non presenti all'assunzione della prova.

Non oltre il giorno successivo, a cura del cancelliere, deve essere fatta notificazione immediata del decreto alle parti non presenti all'assunzione.

[1] Parole abrog. dall'art. 104, D.lgs. 19 feb. 1998, n. 51 con decorrenza dal 2 giu. 1999.

698. ***Assunzione ed efficacia delle prove preventive.*** — Nell'assunzione preventiva dei mezzi di prova si applicano, in quanto possibile, gli artt. 191 e seguenti.

L'assunzione preventiva dei mezzi di prova non pregiudica le questioni relative alla loro ammissibilità e rilevanza, né impedisce la loro rinnovazione nel giudizio di merito.

I processi verbali delle prove non possono essere prodotti, né richiamati, né riprodotti in copia nel giudizio di merito, prima che i mezzi di prova siano stati dichiarati ammissibili nel giudizio stesso.

699. ***Istruzione preventiva in corso di causa.*** — L'istanza di istruzione preventiva può anche essere proposta in corso di causa e durante l'interruzione o la sospensione del giudizio.

Il giudice provvede con ordinanza.

SEZIONE V
Dei provvedimenti d'urgenza

700. ***Condizioni per la concessione.*** — Fuori dei casi regolati nelle precedenti sezioni di questo capo, chi ha fondato motivo di temere che durante il tempo occorrente per far valere il suo diritto in via ordinaria, questo sia minacciato da un pregiudizio imminente e irreparabile, può chiedere con ricorso al giudice i provvedimenti d'urgenza, che appaiono, secondo le circostanze, più idonei ad assicurare provvisoriamente gli effetti della decisione sul merito.

701. ***Competenza.***[1]

[1] Articolo abrog. dall'art. 89, L. 26 nov. 1990, n. 353, con decorrenza 1 gen. 1993. La disposizione è ancora applicabile ai giudizi pendenti alla data dell'1 gen. 1993 (v. artt. 90, 92 L. *cit.*).

702. ***Procedimento.***[1]

[1] Articolo abrog. dall'art. 89, L. 26 nov. 1990, n. 353, con decorrenza 1 gen. 1993. La disposizione è ancora applicabile ai giudizi pendenti alla data dell'1 gen. 1993 (v. artt. 90, 92 L. *cit.*).

CAPO III-*bis*
Del procedimento sommario di cognizione[1]

[1] Il capo III-*bis* è stato inserito dall'art. 51 della L. 18 giu. 2009, n. 69. Per espressa previsione dell'art. 58, L. 69/2009, "le disposizioni della presente legge che modificano il codice di procedura civile e le disposizioni per l'attuazione del codice di procedura civile si applicano ai giudizi instaurati dopo la data della sua entrata in vigore" (avvenuta il 4 lug. 2009).

702-*bis*. ***Forma della domanda. Costituzione delle parti.*** — Nelle cause in cui il tribunale giudica in composizione monocratica, la domanda può essere proposta con ricorso al tribunale competente. Il ricorso, sottoscritto a norma dell'articolo 125, deve contenere le indicazioni di cui ai numeri 1), 2), 3), 4), 5) e 6) e l'avvertimento di cui al numero 7) del terzo comma dell'articolo 163.

A seguito della presentazione del ricorso il cancelliere forma il fascicolo d'ufficio e lo presenta senza ritardo al presidente del tribunale, il quale designa il magistrato cui è affidata la trattazione del procedimento.

Il giudice designato fissa con decreto l'udienza di comparizione delle parti, assegnando il termine per la costituzione del convenuto, che deve avvenire non oltre dieci giorni prima dell'udienza; il ricorso, unitamente al decreto di fissazione dell'udienza, deve essere notificato al convenuto almeno trenta giorni prima della data fissata per la sua costituzione.

Il convenuto deve costituirsi mediante deposito in cancelleria della comparsa di risposta, nella quale deve proporre le sue difese e prendere posizione sui fatti posti dal ricorrente a fondamento della domanda, indicare i mezzi di prova di cui intende avvalersi e i documenti che offre in comunicazione, nonché formulare le conclusioni. A pena di decadenza deve proporre le eventuali domande riconvenzionali e le eccezioni processuali e di merito che non sono rilevabili d'ufficio.

Se il convenuto intende chiamare un terzo in garanzia deve, a pena di decadenza, farne dichiarazione nella comparsa di costituzione e chiedere al giudice designato lo spostamento dell'udienza. Il giudice, con decreto comunicato dal cancelliere alle parti costituite, provvede a fissare la data della nuova udienza assegnando un termine perentorio per la citazione del terzo. La costituzione del terzo in giudizio avviene a norma del quarto comma.

702-*ter*. *Procedimento.* — Il giudice, se ritiene di essere incompetente, lo dichiara con ordinanza.

Se rileva che la domanda non rientra tra quelle indicate nell'articolo 702-*bis*, il giudice, con ordinanza non impugnabile, la dichiara inammissibile. Nello stesso modo provvede sulla domanda riconvenzionale.[1]

Se ritiene che le difese svolte dalle parti richiedono un'istruzione non sommaria, il giudice, con ordinanza non impugnabile, fissa l'udienza di cui all'articolo 183. In tal caso si applicano le disposizioni del libro II.

Quando la causa relativa alla domanda riconvenzionale richiede un'istruzione non sommaria, il giudice ne dispone la separazione.

Se non provvede ai sensi dei commi precedenti, alla prima udienza il giudice, sentite le parti, omessa ogni formalità non essenziale al contraddittorio, procede nel modo che ritiene più opportuno agli atti di istruzione rilevanti in relazione all'oggetto del provvedimento richiesto e provvede con ordinanza all'accoglimento o al rigetto delle domande.

L'ordinanza è provvisoriamente esecutiva e costituisce titolo per l'iscrizione di ipoteca giudiziale e per la trascrizione.

Il giudice provvede in ogni caso sulle spese del procedimento ai sensi degli articoli 91 e seguenti.

[1] La Corte cost., con sent. 26 nov. 2020, n. 253, ha dichiarato l'ill. cost. dell'ultimo periodo del presente comma nella parte in cui non prevede che, qualora con la domanda riconvenzionale sia proposta una causa pregiudiziale a quella oggetto del ricorso principale e la stessa rientri tra quelle in cui il tribunale giudica in composizione collegiale, il giudice adito possa disporre il mutamento del rito fissando l'udienza di cui all'art. 183 c.p.c.

702-*quater*. *Appello.* — L'ordinanza emessa ai sensi del sesto comma dell'articolo 702-*ter* produce gli effetti di cui all'articolo 2909 del codice civile se non è appellata entro trenta giorni dalla sua comunicazione o notificazione. Sono ammessi nuovi mezzi di prova e nuovi documenti quando il collegio li ritiene indispensabili ai fini della decisione, ovvero la parte dimostra di non aver potuto proporli nel corso del procedimento sommario per causa ad essa non imputabile. Il presidente del collegio può delegare l'assunzione dei mezzi istruttori ad uno dei componenti del collegio.[1]

[1] Comma così modif. dall'art. 54, c. 1-*bis*), D.L. 22 giu. 2012, n. 83, conv. con modif. in L. 7 ago. 2012, n. 134.

CAPO IV

Dei procedimenti possessori

703. *Domande di reintegrazione e di manutenzione nel possesso.* — Le domande di reintegrazione e di manutenzione nel possesso si propongono con ricorso al *giudice*[1] competente a norma dell'art. 21.

Il giudice provvede ai sensi degli artt. 669-*bis* e seguenti in quanto compatibili.[2]

L'ordinanza che accoglie o respinge la domanda è reclamabile ai sensi dell'art. 669-*terdecies*.

Se richiesto da una delle parti, entro il termine perentorio di sessanta giorni decorrente dalla comunicazione del provvedimento che ha deciso sul reclamo ovvero, in difetto, del provvedimento di cui al terzo comma, il giudice fissa dinanzi a sé l'udienza per la prosecuzione del giudizio di merito.

Si applica l'art. 669-*novies*, terzo comma.[3]

[1] Parole così sostituite dall'art. 106 D.lgs. 19. feb. 1998, n. 51 con decorrenza dal 2 giu. 1999.

[2] Comma così modif. dall'art. 2, D.L. 14 mar. 2005, n. 35, conv. in L. 14 mag. 2005, n. 80, con decorrenza 1 mar. 2006.

[3] Commi aggiunti dall'art. 2, D.L. 14 mar. 2005, n. 35, conv. in L. 14 mag. 2005, n. 80, con decorrenza 1 mar. 2006.

704. *Domande di provvedimento possessorio nel corso di giudizio petitorio.* — Ogni domanda relativa al possesso per fatti che avvengono durante la pendenza del giudizio petitorio, deve essere proposta davanti al giudice di quest'ultimo.

La reintegrazione del possesso può essere tuttavia domandata al giudice competente a norma dell'art. 703, il quale dà i provvedimenti temporanei indispensabili; ciascuna delle parti può proseguire il giudizio dinanzi al giudice del petitorio, ai sensi dell'art. 703.[1]

[1] Comma modif. dall'art. 2, D.L. 14 nov. 2005, n. 35, conv. in L. 14 mag. 2005, n. 80, con decorrenza 1 mar. 2006.

705. *Divieto di proporre giudizio petitorio.* — Il convenuto nel giudizio possessorio non può proporre giudizio petitorio, finché il primo giudizio non sia definito e la decisione non sia stata eseguita.[1]

Il convenuto può tuttavia proporre il giudizio petitorio quando dimostra che l'esecuzione del provvedimento possessorio non può compiersi per fatto dell'attore.

[1] La Corte cost., con sent. 3 feb. 1992, n. 25, ha dichiarato l'ill. cost. del c. 1 «nella parte in cui subordina la proposizione del giudizio petitorio alla definizione della controversia possessoria e all'esecuzione della decisione nel caso che ne derivi o possa derivare un pregiudizio irreparabile al convenuto».

TITOLO II
Dei procedimenti in materia di famiglia e di stato delle persone

[1] V. anche l'art. 23 della L. 6 mar. 1987, n. 74, per il quale ai giudizi di separazione si applicano, in quanto compatibili, le regole di cui all'art. 4 della L. 1 dic. 1970, n. 898, come sostituito dall'art. 8 della stessa legge.

CAPO I
Della separazione personale dei coniugi

706. ***Forma della domanda.***[1] — La domanda di separazione personale si propone al tribunale del luogo dell'ultima residenza comune dei coniugi ovvero, in mancanza, del luogo in cui il coniuge convenuto ha residenza o domicilio, con ricorso che deve contenere l'esposizione dei fatti sui quali la domanda è fondata.

Qualora il coniuge convenuto sia residente all'estero, o risulti irreperibile, la domanda si propone al tribunale del luogo di residenza o di domicilio del ricorrente, e, se anche questi è residente all'estero, a qualunque tribunale della Repubblica.

Il presidente, nei cinque giorni successivi al deposito in cancelleria, fissa con decreto la data dell'udienza di comparizione dei coniugi davanti a sé, che deve essere tenuta entro novanta giorni dal deposito del ricorso, il termine per la notificazione del ricorso e del decreto, ed il termine entro cui il coniuge convenuto può depositare memoria difensiva e documenti. Al ricorso e alla memoria difensiva sono allegate le ultime dichiarazioni dei redditi presentate.

Nel ricorso deve essere indicata l'esistenza di figli di entrambi i coniugi.[2]

[1] Articolo così modif. dall'art. 2, D.L. 14 mar. 2005, n. 35, conv. in L. 14 mag. 2005, n. 80 con decorrenza 1 mar. 2006.

[2] Comma così sost. dall'art. 95, D.lgs. 28 dic. 2013, n. 154, in vigore dal 7 feb. 2014.

707. ***Comparizione personale delle parti.***[1] — I coniugi debbono comparire personalmente davanti al presidente con l'assistenza del difensore.

Se il ricorrente non si presenta o rinuncia, la domanda non ha effetto.

Se non si presenta il coniuge convenuto, il presidente può fissare un nuovo giorno per la comparizione, ordinando che la notificazione del ricorso e del decreto gli sia rinnovata.

[1] Articolo modif. dall'art. 2, D.L. 14 mar. 2005, n. 35, conv. in L. 14 mag. 2005, n. 80, con decorrenza 1 mar. 2006.

708. ***Tentativo di conciliazione e provvedimenti del presidente.***[1] — All'udienza di comparizione il presidente deve sentire i coniugi prima separatamente e poi congiuntamente, tentandone la conciliazione.

Se i coniugi si conciliano, il presidente fa redigere il processo verbale della conciliazione.

Se la conciliazione non riesce, il presidente, anche d'ufficio, sentiti i coniugi ed i rispettivi difensori, dà con ordinanza i provvedimenti temporanei e urgenti che reputa opportuni nell'interesse della prole e dei coniugi, nomina il giudice istruttore e fissa udienza di comparizione e trattazione davanti a questi. Nello stesso modo il presidente provvede, se il coniuge convenuto non compare, sentiti il ricorrente ed il suo difensore.

Contro i provvedimenti di cui al terzo comma si può proporre reclamo con ricorso alla corte d'appello che si pronuncia in camera di consiglio. Il reclamo deve essere proposto nel termine perentorio di dieci giorni dalla notificazione del provvedimento.[2]

[1] Articolo modif. dall'art. 2, D.L. 14 mar. 2005, n. 35, conv. in L. 14 mag. 2005, n. 80, con decorrenza 1 mar. 2006.

[2] Comma aggiunto dall'art. 2, L. 24 feb. 2006, n. 52.

709. ***Notificazione dell'ordinanza e fissazione dell'udienza.***[1] — L'ordinanza con la quale il presidente fissa l'udienza di comparizione davanti al giudice istruttore è notificata a cura dell'attore al convenuto non comparso, nel termine perentorio stabilito nell'ordinanza stessa, ed è comunicata al pubblico ministero.

Tra la data dell'ordinanza, ovvero tra la data entro cui la stessa deve essere notificata al convenuto non comparso, e quella dell'udienza di comparizione e trattazione devono intercorrere i termini di cui all'art. 163-*bis* ridotti a metà.

Con l'ordinanza il presidente assegna altresì termine al ricorrente per il deposito in cancelleria di memoria integrativa, che deve avere il contenuto di cui all'art. 163, terzo comma, numeri 2), 3), 4), 5) e 6), e termine al convenuto per la costituzione in giudizio ai sensi degli artt. 166 e 167, primo e secondo comma, nonché per la proposizione delle eccezioni processuali e di merito che non siano rilevabili d'ufficio. L'ordinanza deve contenere l'avvertimento al convenuto che la costituzione oltre il suddetto termine implica le decadenze di cui all'art. 167 e che oltre il termine stesso non potranno più essere proposte le eccezioni processuali e di merito non rilevabili d'ufficio.

I provvedimenti temporanei ed urgenti assunti dal presidente con l'ordinanza di cui al terzo comma dell'art. 708 possono essere revocati o modificati dal giudice istruttore.

[1] Articolo modif. dall'art. 2, D.L. 14 mar. 2005, n. 35, conv. in L. 14 mag. 2005, n. 80 con decorrenza 1 mar. 2006.

709-*bis*. ***Udienza di comparizione e trattazione davanti al giudice istruttore.***[1] — All'udienza davanti al giudice istruttore si applicano le disposizioni di cui agli artt. 180 e 183, commi primo, secondo, e dal quarto al decimo. Si applica altresì l'art. 184. Nel caso in cui il processo debba continuare per la richiesta di addebito, per l'affidamento dei figli o per le questioni economiche, il tribunale emette sentenza non definitiva relativa alla

CODICE DI PROCEDURA CIVILE

separazione. Avverso tale sentenza è ammesso soltanto appello immediato, che è deciso in camera di consiglio.[2]

[1] Articolo introdotto dall'art. 2 D.L. 14 mar. 2005, n. 35, conv. in L. 14 mag. 2005, n. 80, con decorrenza 1 mar. 2006.

[2] Periodo aggiunto dall'art. 1 L. 28 dic. 2005, n. 263, con decorrenza 1 mar. 2006.

709-*ter*. *Soluzione delle controversie e provvedimenti in caso di inadempienze o violazioni.*[1] — Per la soluzione delle controversie insorte tra i genitori in ordine all'esercizio della responsabilità[2] genitoriale o delle modalità dell'affidamento è competente il giudice del procedimento in corso. Per i procedimenti di cui all'art. 710 è competente il tribunale del luogo di residenza del minore.

A seguito del ricorso, il giudice convoca le parti e adotta i provvedimenti opportuni. In caso di gravi inadempienze o di atti che comunque arrechino pregiudizio al minore od ostacolino il corretto svolgimento delle modalità dell'affidamento, può modificare i provvedimenti in vigore e può, anche congiuntamente:

1) ammonire il genitore inadempiente;

2) disporre il risarcimento dei danni, a carico di uno dei genitori, nei confronti del minore;

3) disporre il risarcimento dei danni a carico di uno dei genitori nei confronti dell'altro anche individuando la somma giornaliera dovuta per ciascun giorno di violazione o di inosservanza dei provvedimenti assunti dal giudice. Il provvedimento del giudice costituisce titolo esecutivo per il pagamento delle somme dovute per ogni violazione o inosservanza ai sensi dell'articolo 614-*bis*;

4) condannare il genitore inadempiente al pagamento di una sanzione amministrativa pecuniaria, da un minimo di 75 euro a un massimo di 5.000 euro a favore della Cassa delle ammende.

I provvedimenti assunti dal giudice del procedimento sono impugnabili nei modi ordinari.

[1] Articolo aggiunto dall'art. 2 L. 8 feb. 2006, n. 54. In caso di violazione degli obblighi di natura economica, si applica l'art. 570-*bis* del codice penale.

[2] Parola così sost. dall'art. 95, D.lgs. 28 dic. 2013, n. 154, in vigore dal 7 feb. 2014.

[3] Numero così sost. dall'art. 1, c. 33, L. 26 nov. 2021, n. 206. La disposizione si applica ai procedimenti instaurati a decorrere dal 22 giu. 2022.

710. *Modificabilità dei provvedimenti relativi alla separazione dei coniugi.*[1] — Le parti possono sempre chiedere, con le forme del procedimento in camera di consiglio, la modificazione dei provvedimenti riguardanti i coniugi e la prole conseguenti la separazione.

Il tribunale, sentite le parti, provvede alla eventuale ammissione di mezzi istruttori e può delegare per l'assunzione uno dei suoi componenti.

Ove il procedimento non possa essere immediatamente definito, il tribunale può adottare provvedimenti provvisori e può ulteriormente modificarne il contenuto nel corso del procedimento.

[1] Articolo così sost. dall'art. un. della L. 29 lug. 1988, n. 331.

La Corte cost., con sent. 9 nov. 1992, n. 416, ha dichiarato l'ill. cost. dell'art. 710 (nel testo previgente e) nel testo in vigore «nella parte in cui non prevede la partecipazione del pubblico ministero per la modifica dei provvedimenti riguardanti la prole».

711. *Separazione consensuale.* — Nel caso di separazione consensuale previsto nell'art. 158 del c.c., il presidente su ricorso di entrambi i coniugi, deve sentirli nel giorno da lui stabilito e procurare di conciliarli nel modo indicato nell'art. 708.

Se il ricorso è presentato da uno solo dei coniugi, si applica l'art. 706 ultimo comma.

Se la conciliazione non riesce, si dà atto nel processo verbale del consenso dei coniugi alla separazione e delle condizioni riguardanti i coniugi stessi e la prole.

La separazione consensuale acquista efficacia con la omologazione del tribunale, il quale provvede in camera di consiglio su relazione del presidente.

Le condizioni della separazione consensuale sono modificabili a norma dell'articolo precedente.

CAPO II
Dell'interdizione, dell'inabilitazione e dell'amministrazione di sostegno[1]

[1] Rubrica così modif. dall'art. 17, L. 9 gen. 2004, n. 6.

712. *Forma della domanda.* — La domanda per interdizione o inabilitazione si propone con ricorso diretto al tribunale del luogo dove la persona nei confronti della quale è proposta ha residenza o domicilio.[1]

Nel ricorso debbono essere esposti i fatti sui quali la domanda è fondata e debbono essere indicati il nome e cognome e la residenza del coniuge o del convivente di fatto, dei parenti entro il quarto grado, degli affini entro il secondo grado e, se vi sono, del tutore o curatore dell'interdicendo o dell'inabilitando.[2]

[1] Per i cittadini residenti all'estero, v. l'art. 31 del D.P.R. 5 gen. 1967, n. 200.

[2] Comma così modif. dall'art. 1, c. 47, L. 20 mag. 2016, n. 76.

713. *Provvedimenti del presidente.* — Il presidente ordina la comunicazione del ricorso al pubblico ministero. [Quando questi gliene fa richiesta, può con decreto rigettare senz'altro la domanda;][1] altrimenti nomina il giudice istruttore e fissa l'udienza di comparizione davanti a lui del ricorrente, dell'interdicendo o dell'inabilitando e delle altre persone indicate nel ricorso, le cui informazioni ritenga utili.

Il ricorso e il decreto sono notificati a cura del ricorrente, entro il termine fissato nel decreto stesso, alle persone indicate nel comma precedente; il decreto è comunicato al pubblico ministero.

[1] La Corte cost., con sent. 5 lug. 1968, n. 87, ha dichiarato l'ill. cost. dell'art. 713, c. 1, secondo periodo, nella

parte in cui permette al tribunale di rigettare senz'altro, e cioè senza istituire contraddittorio con la parte istante, la domanda di interdizione o di inabilitazione ove il P.M. ne faccia richiesta.

714. ***Istruzione preliminare.*** — All'udienza, il giudice istruttore, con l'intervento del pubblico ministero, procede all'esame dell'interdicendo o dell'inabilitando, sente il parere delle altre persone citate, interrogandole sulle circostanze che ritiene rilevanti ai fini della decisione e può disporre anche d'ufficio l'assunzione di ulteriori informazioni, esercitando tutti i poteri istruttori previsti nell'art. 419 del c.c.

715. ***Impedimento a comparire dell'interdicendo o dell'inabilitando.*** — Se per legittimo impedimento l'interdicendo o l'inabilitando non può presentarsi davanti al giudice istruttore, questi, con l'intervento del pubblico ministero, si reca per sentirlo nel luogo dove si trova.

716. ***Capacità processuale dell'interdicendo e dell'inabilitando.*** — L'interdicendo e l'inabilitando possono stare in giudizio e compiere da soli tutti gli atti del procedimento, comprese le impugnazioni, anche quando è stato nominato il tutore o il curatore provvisorio previsto negli artt. 419 e 420 del c.c.[1]

[1] L'art. 420 c.c. è stato abrogato dall'art. 11, L. 13 mag. 1978, n. 180.

717. ***Nomina del tutore e del curatore provvisorio.*** — Il tutore o il curatore provvisorio di cui all'articolo precedente è nominato, anche d'ufficio, con decreto del giudice istruttore.

Finché non sia pronunciata la sentenza sulla domanda d'interdizione o d'inabilitazione, lo stesso giudice istruttore può revocare la nomina, anche d'ufficio.

718. ***Legittimazione all'impugnazione.*** — La sentenza che provvede sulla domanda d'interdizione o d'inabilitazione può essere impugnata da tutti coloro che avrebbero avuto diritto di proporre la domanda, anche se non parteciparono al giudizio, e dal tutore o curatore nominato con la stessa sentenza.

719. ***Termine per l'impugnazione.*** — Il termine per l'impugnazione decorre per tutte le persone indicate nell'articolo precedente dalla notificazione della sentenza, fatta nelle forme ordinarie a tutti coloro che parteciparono al giudizio.

Se è stato nominato un tutore o curatore provvisorio, l'atto di impugnazione deve essere notificato anche a lui.

720. ***Revoca dell'interdizione o dell'inabilitazione.*** — Per la revoca dell'interdizione o dell'inabilitazione si osservano le norme stabilite per la pronuncia di esse.

Coloro che avevano diritto di promuovere l'interdizione e l'inabilitazione possono intervenire nel giudizio di revoca per opporsi alla domanda, e possono altresì impugnare la sentenza pronunciata nel giudizio di revoca, anche se non parteciparono al giudizio.

720-*bis*. ***Norme applicabili ai procedimenti in materia di amministrazione di sostegno.***[1] — Ai procedimenti in materia di amministrazione di sostegno si applicano, in quanto compatibili, le disposizioni degli artt. 712, 713, 716, 719 e 720.

Contro il decreto del giudice tutelare è ammesso reclamo alla corte d'appello a norma dell'art. 739.

Contro il decreto della corte d'appello pronunciato ai sensi del secondo comma può essere proposto ricorso per cassazione.

[1] Articolo introdotto dall'art. 17 L. 9 gen. 2004, n. 6.

CAPO III

Disposizioni relative all'assenza e alla dichiarazione di morte presunta

721. ***Provvedimenti conservativi nell'interesse dello scomparso.*** — I provvedimenti indicati nell'art. 48 del c.c. sono pronunciati dal tribunale[1] in camera di consiglio, su ricorso degli interessati, sentito il pubblico ministero.

[1] V. L. 12 mar. 1950, n. 109:

Art. 1. – L'assenza o la morte presunta della persona, che al tempo della scomparsa aveva la cittadinanza italiana ed era domiciliata o residente in territorio attualmente non soggetto alla sovranità dell'Italia in forza del trattato di pace, può essere dichiarata dal tribunale italiano del luogo in cui l'istante ha il suo domicilio e la sua residenza.

722. ***Domanda per dichiarazione d'assenza.*** — La domanda per dichiarazione d'assenza si propone con ricorso, nel quale debbono essere indicati il nome e cognome e la residenza dei presunti successori legittimi dello scomparso e, se esistono, del suo procuratore o rappresentante legale.

723. ***Fissazione dell'udienza di comparizione.*** — Il presidente del tribunale fissa con decreto l'udienza per la comparizione davanti a sé o ad un giudice da lui designato del ricorrente e di tutte le persone indicate nel ricorso a norma dell'articolo precedente, e stabilisce il termine entro il quale la notificazione deve essere fatta a cura del ricorrente. Può anche ordinare che il decreto sia pubblicato in uno o più giornali.

Il decreto è comunicato al pubblico ministero.

724. ***Procedimento.*** — Il giudice interroga le persone comparse sulle circostanze che ritiene rilevanti, assume, quando occorre, ulteriori informazioni e quindi riferisce in camera di consiglio per i provvedimenti del tribunale, che questo pronuncia con sentenza.[1]

[1] V. nota all'art. 731.

725. ***Immissione in possesso temporaneo.*** — Il tribunale provvede in camera di consiglio sulle domande per apertura di atti di ultima volontà e per immissione nel possesso temporaneo dei beni dell'assente, quando sono proposte da coloro che sarebbero eredi legittimi.

Se la domanda è proposta da altri interessati, il giudizio si svolge nelle forme ordinarie in contraddittorio di coloro che sarebbero eredi legittimi.

Con lo stesso provvedimento col quale viene ordinata l'immissione nel possesso temporaneo, sono determinate la cauzione o le altre cautele previste nell'art. 50, ultimo comma del c.c., e sono date le disposizioni opportune per la conservazione delle rendite riservate all'assente a norma dell'art. 53 dello stesso codice.

726. ***Domanda per dichiarazione di morte presunta.***[1] — La domanda per dichiarazione di morte presunta si propone con ricorso, nel quale debbono essere indicati il nome, cognome e domicilio dei presunti successori legittimi dello scomparso e, se esistono, del suo procuratore o rappresentante legale e di tutte le altre persone, che a notizia del ricorrente, perderebbero diritti o sarebbero gravate da obbligazioni, per effetto della morte dello scomparso.[2]

[1] Per i militari dispersi nella guerra 1940-45 v. L. 3 giu. 1949, n. 320.
[2] Per la documentazione dell'istanza v. *Att.* 190.

727. ***Pubblicazione della domanda.*** — Il presidente del tribunale nomina un giudice a norma dell'art. 723 e ordina che a cura del ricorrente la domanda, entro il termine che egli stesso fissa, sia inserita per estratto, due volte consecutive a distanza di dieci giorni, nella *Gazzetta Ufficiale* della Repubblica e in due giornali, con invito a chiunque abbia notizie dello scomparso di farle pervenire al tribunale entro sei mesi dall'ultima pubblicazione.

Se tutte le inserzioni non vengono eseguite entro il termine fissato, la domanda s'intende abbandonata.

Il presidente del tribunale può anche disporre altri mezzi di pubblicità.

728. ***Comparizione.*** — Decorsi sei mesi dalla data dell'ultima pubblicazione, il giudice, su istanza del ricorrente, fissa con decreto l'udienza di comparizione davanti a sè del ricorrente e delle persone indicate nel ricorso a norma dell'art. 726 e il termine per la notificazione del ricorso e del decreto a cura del ricorrente.

Il decreto è comunicato al pubblico ministero.

Il giudice interroga le persone comparse sulle circostanze che ritiene rilevanti; può disporre che siano assunte ulteriori informazioni, e quindi riferisce in camera di consiglio per i provvedimenti del tribunale, che questo pronuncia con sentenza.

729. ***Pubblicazione della sentenza.*** — La sentenza che dichiara l'assenza o la morte presunta deve essere inserita per estratto nella *Gazzetta Ufficiale* della Repubblica e pubblicata nel sito internet del Ministero della giustizia. Il tribunale può anche disporre altri mezzi di pubblicità.[1]

Le inserzioni possono essere eseguite a cura di qualsiasi interessato e valgono come notificazione.

Copia della sentenza[2] e dei giornali nei quali è stato pubblicato l'estratto deve essere depositata nella cancelleria del giudice che ha pronunciato la sentenza, per l'annotazione sull'originale.

[1] Comma così modif. dall'art. 37, c. 18, D.L. 6 lug. 2011, n. 98, conv. in L. 15 lug. 2011, n. 111.
[2] *Recte:* Gazzetta ufficiale.

730. ***Esecuzione.*** — La sentenza che dichiara l'assenza o la morte presunta non può essere eseguita prima che sia passata in giudicato e che sia compiuta l'annotazione di cui all'articolo precedente.

731. ***Comunicazione all'ufficio di stato civile.*** — Il cancelliere dà notizia, a norma dell'art. 133 secondo comma, all'ufficio dello stato civile competente della sentenza di dichiarazione di morte presunta.

CAPO IV

Disposizioni relative ai minori, agli interdetti e agli inabilitati

732. ***Provvedimenti su parere del giudice tutelare.*** — I provvedimenti relativi ai minori, agli interdetti e agli inabilitati sono pronunciati dal tribunale in camera di consiglio, salvo che la legge disponga altrimenti.

Quando il tribunale deve pronunciare un provvedimento nell'interesse di minori, interdetti o inabilitati sentito il parere del giudice tutelare, il parere stesso deve essere prodotto dal ricorrente insieme col ricorso.

Qualora non sia prodotto, il presidente provvede a richiederlo d'ufficio.

733. ***Vendita di beni.*** — Se, nell'autorizzare la vendita di beni di minori, interdetti o inabilitati, il tribunale stabilisce che essa deve farsi ai pubblici incanti, designa per procedervi un ufficiale giudiziario *del tribunale*[1] del luogo in cui si trovano i beni mobili, oppure un cancelliere *dello stesso tribunale*[1] o un notaio del luogo in cui si trovano i beni immobili.

L'ufficiale designato per la vendita procede all'incanto con l'osservanza delle norme degli artt. 534 e seguenti, in quanto applicabili, e premesse le forme di pubblicità ordinate dal tribunale.[2]

[1] Parole così sostituite dall'art. 110 D.lgs. 19. feb. 1998, n. 51 con decorrenza dal 2 giu. 1999.
[2] *Att.* 191. *Efficacia del processo verbale di vendita di beni immobili appartenenti a minori.* – Il processo verbale di vendita di beni immobili appartenenti a minori costituisce titolo esecutivo per il rilascio.

734. ***Esito negativo dell'incanto.*** — Se al primo incanto non è fatta offerta superiore o uguale al prezzo fissato dal tribunale a norma dell'art. 376, primo comma, del c.c., l'ufficiale designato ne dà atto nel processo verbale e trasmette copia di questo al tribunale che ha autorizzato la vendita.

Il tribunale, se non crede di revocare l'autorizzazione o disporre una nuova vendita su prezzo base inferiore, autorizza la vendita a trattative private (*Att.* 191).

CAPO V

Dei rapporti patrimoniali tra i coniugi

735. *Sostituzione dell'amministratore del patrimonio familiare.* — La sostituzione dell'amministratore del patrimonio familiare può essere chiesta, nel caso previsto nell'art. 174 del c.c., dall'altro coniuge o da uno dei prossimi congiunti, o dal pubblico ministero, e, nel caso previsto nell'art. 176, da uno dei figli maggiorenni o emancipati, da un prossimo congiunto o dal pubblico ministero.[1]

[1] L'istituto del patrimonio familiare e gli artt. 174 e 176 c.c. che ad esso si riferiscono sono stati soppressi dalla L. 19 mag. 1975, n. 151 (riforma del diritto di famiglia), che per la disciplina transitoria dispone (art. 227): «le doti e i patrimoni familiari costituiti prima dell'entrata in vigore della presente legge continuano ad essere disciplinati dalle norme anteriori».

736. *Procedimento.* — La domanda per i provvedimenti previsti nell'articolo precedente si propone con ricorso.

Il presidente del tribunale fissa con decreto un giorno per la comparizione degli interessati davanti a sè o a un giudice da lui designato e stabilisce il termine per la notificazione del ricorso e del decreto.

Dopo l'audizione delle parti, il presidente o il giudice designato assume le informazioni che crede opportune e quindi riferisce sulla domanda al tribunale, che decide in camera di consiglio con ordinanza non impugnabile.

CAPO V-*bis*[1]

Degli ordini di protezione contro gli abusi familiari

736-*bis*. *Provvedimenti di adozione degli ordini di protezione contro gli abusi familiari.* — Nei casi di cui all'art. 342-*bis* del codice civile, l'istanza si propone, anche dalla parte personalmente, con ricorso al tribunale del luogo di residenza o di domicilio dell'istante, che provvede in camera di consiglio in composizione monocratica.

Il presidente del tribunale designa il giudice a cui è affidata la trattazione del ricorso. Il giudice, sentite le parti, procede nel modo che ritiene più opportuno agli atti di istruzione necessari, disponendo, ove occorra, anche per mezzo della polizia tributaria, indagini sui redditi, sul tenore di vita e sul patrimonio personale e comune delle parti, e provvede con decreto motivato immediatamente esecutivo.

Nel caso di urgenza, il giudice, assunte ove occorra sommarie informazioni, può adottare immediatamente l'ordine di protezione fissando l'udienza di comparizione delle parti davanti a sè entro un termine non superiore a quindici giorni ed assegnando all'istante un termine non superiore a otto giorni per la notificazione del ricorso e del decreto. All'udienza il giudice conferma, modifica o revoca l'ordine di protezione.

Contro il decreto con cui il giudice adotta l'ordine di protezione o rigetta il ricorso, ai sensi del secondo comma, ovvero conferma, modifica o revoca l'ordine di protezione precedentemente adottato nel caso di cui al terzo comma, è ammesso reclamo al tribunale entro i termini previsti dal secondo comma dell'art. 739. Il reclamo non sospende l'esecutività dell'ordine di protezione. Il tribunale provvede in camera di consiglio, in composizione collegiale, sentite le parti, con decreto motivato non impugnabile. Del collegio non fa parte il giudice che ha emesso il provvedimento impugnato.

Per quanto non previsto dal presente articolo, si applicano al procedimento, in quanto compatibili, gli artt. 737 e seguenti.

[1] Capo inserito dall'art. 3 L. 5 apr. 2001, n. 154.

CAPO VI

Disposizioni comuni ai procedimenti in camera di consiglio

737. *Forma della domanda e del provvedimento.* — I provvedimenti, che debbono essere pronunciati in camera di consiglio, si chiedono con ricorso al giudice competente e hanno forma di decreto motivato, salvo che la legge disponga altrimenti.

738. *Procedimento.* — Il presidente nomina tra i componenti del collegio un relatore, che riferisce in camera di consiglio.

Se deve essere sentito il pubblico ministero, gli atti sono a lui previamente comunicati ed egli stende le sue conclusioni in calce al provvedimento del presidente.

Il giudice può assumere informazioni.

739. *Reclami delle parti.* — Contro i decreti del giudice tutelare si può proporre reclamo con ricorso al tribunale, che pronuncia in camera di consiglio. Contro i decreti pronunciati dal tribunale in camera di consiglio in primo grado si può proporre reclamo con ricorso alla Corte d'appello, che pronuncia anch'essa in camera di consiglio.

Il reclamo deve essere proposto nel termine perentorio di dieci giorni dalla comunicazione del decreto, se è dato in confronto di una sola parte, o dalla notificazione se è dato in confronto di più parti.

Salvo che la legge disponga altrimenti, non è ammesso reclamo contro i decreti della Corte d'appello e contro quelli del tribunale pronunciati in sede di reclamo.[1]

[1] La Corte cost., con sent. 27 giu. 1986, n. 156, ha dichiarato l'ill. cost. degli artt. 739 e 741 c.p.c. nella parte in cui, disciplinando il reclamo avverso i decreti del giudice delegato di determinazione dei compensi ad incaricati per

CODICE DI PROCEDURA CIVILE

opera prestata nell'interesse della procedura di amministrazione controllata, «fanno decorrere il termine per il reclamo dal deposito del decreto in cancelleria, anziché dalla comunicazione eseguita con il rispetto delle vigenti disposizioni procedurali».

740. ***Reclami del pubblico ministero.*** — Il pubblico ministero entro dieci giorni dalla comunicazione, può proporre reclamo contro i decreti del giudice tutelare e contro quelli del tribunale per i quali è necessario il suo parere.

741. ***Efficacia dei provvedimenti.*** — I decreti acquistano efficacia quando sono decorsi i termini di cui agli articoli precedenti senza che sia stato proposto reclamo.

Se vi sono ragioni d'urgenza, il giudice può tuttavia disporre che il decreto abbia efficacia immediata.[1]

[1] V. la nota all'art. 739.

742. ***Revocabilità dei provvedimenti.*** — I decreti possono essere in ogni tempo modificati o revocati, ma restano salvi i diritti acquistati in buona fede dai terzi in forza di convenzioni anteriori alla modificazione o alla revoca.

742-*bis*. ***Ambito di applicazione degli articoli precedenti.*** — Le disposizioni del presente capo si applicano a tutti i procedimenti in camera di consiglio, ancorché non regolati dai capi precedenti o che non riguardino materia di famiglia o di stato delle persone.

TITOLO III
Della copia e della collazione di atti pubblici

743. ***Copie degli atti.*** — Qualunque depositario pubblico, autorizzato a spedire copia degli atti che detiene, deve rilasciarne copia autentica, ancorché l'istante o i suoi autori non siano stati parte nell'atto, sotto pena dei danni e delle spese, salve le disposizioni speciali della legge sulle tasse di registro e bollo.

La copia d'un testamento pubblico non può essere spedita durante la vita del testatore, tranne che a sua istanza, della quale si fa menzione nella copia.

744. ***Copie o estratti da pubblici registri.*** — I cancellieri e i depositari di pubblici registri sono tenuti, eccettuati i casi determinati dalla legge, a spedire a chiunque ne faccia istanza le copie e gli estratti degli atti giudiziari da essi detenuti, sotto pena dei danni e delle spese.

745. ***Rifiuto o ritardo nel rilascio.*** — Nel caso di rifiuto o di ritardo da parte dei cancellieri o dei depositari di cui all'articolo precedente, l'istante può ricorrere al giudice di pace [al pretore][1] o al presidente del tribunale o della Corte presso cui il cancelliere o depositario esercita le sue funzioni.

Nel caso di rifiuto o di ritardo da parte dei pubblici depositari di cui all'art. 743, l'istante può ricorrere al presidente del tribunale nella cui circoscrizione il depositario esercita le sue funzioni.

Il presidente [il pretore][1] o il giudice di pace provvede con decreto, sentito il pubblico ufficiale.

[1] Le parole "al pretore" e "il pretore" sono soppresse dall'art. 104, D.lgs. 19 feb. 1998, n. 51, con decorrenza dal 2 giu. 1999.

746. ***Collazione di copie.*** — Chi ha ottenuto la copia di un atto pubblico a norma dell'art. 743 ha diritto di collazionarla con l'originale in presenza del depositario. Se questi si rifiuta, può ricorrere *al tribunale nella cui circoscrizione*[1] il depositario esercita le sue funzioni. Il *giudice*[1] sentito il depositario, dà con decreto le disposizioni opportune per la collazione e può eseguirla egli stesso recandosi nell'ufficio del depositario.

[1] Parole così sostituite dall'art. 111 D.lgs. 19 feb. 1998, n. 51 con decorrenza dal 2 giu. 1999.

TITOLO IV
Dei procedimenti relativi all'apertura delle successioni

CAPO I
Disposizioni generali

747. ***Autorizzazione alla vendita dei beni ereditari.*** — L'autorizzazione a vendere beni ereditari si chiede con ricorso diretto [per i mobili al pretore e per gli immobili][1] al tribunale del luogo in cui si è aperta la successione.

Nel caso in cui i beni appartengano a incapaci deve essere sentito il giudice tutelare.

Il giudice provvede sul ricorso con decreto, contro il quale è ammesso reclamo a norma dell'art. 739.

Se l'istanza di autorizzazione a vendere riguarda l'oggetto di un legato di specie, il ricorso deve essere notificato al legatario.

[1] Parole soppresse dall'art. 112 D.lgs. 19 feb. 1998, n. 51 con decorrenza dal 2 giu. 1999.

748. ***Forma della vendita.*** — La vendita dei beni ereditari deve compiersi nelle forme previste per la vendita dei beni dei minori.

Il giudice, quando occorre, fissa le modalità per la conservazione e il reimpiego del prezzo ricavato.

749. ***Procedimento per la fissazione dei termini.*** — L'istanza per la fissazione di un termine entro il quale una persona deve emettere una dichiarazione o compiere un determinato atto, se non è proposta nel corso di un giudizio, si propone con ricorso al tribunale[1] del luogo in cui si è aperta la successione.

Il giudice[1] fissa con decreto l'udienza di comparizione del ricorrente e della persona alla quale il termine deve essere imposto, e stabilisce il termine entro il quale il ricorso e il decreto debbono essere notificati, a cura del ricorrente, alla persona stessa.

Il giudice provvede con ordinanza, contro la quale è ammesso reclamo al tribunale in composizione, collegiale a norma dell'art. 739. Il collegio, del quale non può far parte il giudice che ha emesso il provvedimento reclamato, provvede con ordinanza non impugnabile in camera di consiglio, previa audizione degli interessati a norma del comma precedente.[2]

Le stesse forme si osservano per chiedere la proroga di un termine stabilito dalla legge.

La proroga del termine stabilito dal giudice si chiede al giudice stesso.

[1] Parola così sostituita dall'art. 113 D.lgs. 19 feb. 1998, n. 51 con decorrenza dal 2 giu. 1999.

[2] Comma così sostituito dall'art. 113 lett. *c*) D.lgs. 19 feb. 1998 n. 51 con decorrenza dal 2 giu. 1999.

750. ***Provvedimenti del presidente del tribunale relativi alle cauzioni e agli esecutori testamentari.*** — L'istanza per l'imposizione di una cauzione a carico dell'erede o del legatario, nei casi previsti dalla legge, è proposta, quando non vi è giudizio pendente, con ricorso al presidente del tribunale del luogo in cui si è aperta la successione.

Il presidente fissa con decreto l'udienza di comparizione del ricorrente e dell'erede o legatario davanti a sè e stabilisce il termine entro il quale il ricorso e il decreto debbono essere loro notificati.

Il presidente stabilisce le modalità e l'ammontare della cauzione con ordinanza, contro la quale è ammesso reclamo al presidente della Corte d'appello a norma dell'art. 739. Il presidente della Corte d'appello provvede con ordinanza non impugnabile, previa audizione degli interessati a norma del comma precedente.

Le stesse forme si osservano nei casi previsti negli artt. 708 e 710 del c.c., relativamente agli esecutori testamentari.

751. ***Scelta dell'onerato.*** — L'istanza per la scelta prevista nell'art. 631, ultimo comma, del c.c. è proposta con ricorso, che deve essere notificato a colui al quale spettava il diritto di scelta e all'onerato.

La scelta è fatta dal presidente del tribunale con decreto.

CAPO II
Dell'apposizione e della rimozione dei sigilli

SEZIONE I
Dell'apposizione dei sigilli

752. ***Giudice competente.*** — All'apposizione dei sigilli procede il tribunale.[1]

Nei comuni in cui non ha sede il tribunale,[1] i sigilli possono essere apposti, in caso d'urgenza, dal giudice di pace. Il processo verbale è trasmesso immediatamente al tribunale.[1]

[1] Parola così sost. dall'art. 104, D.lgs. 19 feb. 1998, n. 51, con decorrenza dal 2 giu. 1999.

753. ***Persone che possono chiedere l'apposizione.*** — Possono chiedere l'apposizione dei sigilli:

1) l'esecutore testamentario;

2) coloro che possono avere diritto alla successione;

3) le persone che coabitavano col defunto, o che al momento della morte erano addette al suo servizio, se il coniuge, gli eredi o alcuno di essi sono assenti dal luogo;

4) i creditori.

L'istanza si propone mediante ricorso, nel quale il proponente deve dichiarare la residenza o eleggere domicilio nel comune in cui ha sede il tribunale.[1]

[1] Parola così sost. dall'art. 110, D.lgs. 19 feb. 1998, n. 51 con decorrenza dal 2 giu. 1999.

754. ***Apposizione d'ufficio.*** — L'apposizione dei sigilli è disposta d'ufficio o su richiesta del pubblico ministero nei casi seguenti:

1) se il coniuge o alcuno degli eredi è assente dal luogo;

2) se tra gli eredi vi sono minori o interdetti e manca il tutore o il curatore;

3) se il defunto è stato depositario pubblico, oppure ha rivestito cariche o funzioni per effetto delle quali si ritiene che possano trovarsi presso di lui atti della pubblica amministrazione o comunque di carattere riservato.

La disposizione di questo articolo non si applica nei casi indicati nei nn. 1 e 2, se il defunto ha disposto altrimenti con testamento.

Nel caso indicato nel n. 3 i sigilli si appongono soltanto sugli oggetti depositati, o ai locali o mobili nei quali possono trovarsi gli atti ivi enunciati.

755. ***Poteri del giudice.***[1] — Se le porte sono chiuse, o s'incontrano ostacoli all'apposizione dei sigilli, o sorgono altre difficoltà, tanto prima quanto durante l'apposizione, il *giudice*[1] può ordinare l'apertura delle porte e dare gli altri provvedimenti opportuni.

[1] Parole così sostituite dall'art. 105 D.lgs. 19 feb. 1998, n. 51 con decorrenza dal 2 giu. 1999.

756. ***Custodia delle chiavi.*** — Le chiavi delle serrature, sulle quali sono stati apposti i sigilli, finché non sia ordinata la rimozione di questi, debbono essere custodite dal cancelliere.

757. ***Conservazione di testamenti e di carte.*** — Se nel procedere all'apposizione dei sigilli si trovano testamenti o altre carte importanti, il *giudice*[1] provvede alla conservazione di essi.

Se non può provvedervi nello stesso giorno, nel processo verbale descrive la forma esterna delle carte, e le chiude in un involto da lui sigillato e sottoscritto, in presenza delle parti, fissando il giorno e l'ora in cui emetterà i provvedimenti ulteriori.

[1] Parole così sostituite dall'art. 105 D.lgs. 19 feb. 1998, n. 51 con decorrenza dal 2 giu. 1999.

CODICE DI PROCEDURA CIVILE

758. *Cose su cui non si possono apporre sigilli e cose deteriorabili.* — Se vi sono oggetti sui quali non è possibile apporre i sigilli, o che sono necessari all'uso personale di coloro che abitano nella casa, se ne fa descrizione nel processo verbale.

Delle cose che possono deteriorarsi, il *giudice*[1] può ordinare con decreto la vendita immediata, incaricando un commissionario a norma degli artt. 532 e seguenti.

[1] Parole così sostituite dall'art. 105 D.lgs. 19 feb. 1998, n. 51 con decorrenza dal 2 giu. 1999.

759. *Informazioni e nomina del custode.* — Durante le operazioni di apposizione dei sigilli, il *giudice*[1] assume le informazioni che ritiene opportune allo scopo di accertare che nessuna cosa sia stata asportata.

Per la conservazione delle cose sigillate nomina un custode.

[1] Parole così sostituite dall'art. 105 D.lgs. 19 feb. 1998, n. 51 con decorrenza dal 2 giu. 1999.

760. *Apposizione di sigilli durante e dopo l'inventario.* — L'apposizione dei sigilli che viene chiesta durante l'inventario può aver luogo soltanto per gli oggetti non inventariati.

Esaurito l'inventario, non si fa luogo all'apposizione dei sigilli, salvo che l'inventario sia impugnato.

761. *Accesso nei luoghi sigillati.* — Il giudice[1] e il cancelliere non possono entrare nei luoghi chiusi con l'apposizione dei sigilli, finché non ne sia stata ordinata la rimozione a norma dell'art. 762, salvo che il giudice disponga con decreto motivato l'accesso per urgenti motivi.

[1] Parole così sostituite dall'art. 105 D.lgs. 19 feb. 1998, n. 51 con decorrenza dal 2 giu. 1999.

SEZIONE II
Della rimozione dei sigilli

762. *Termine.* — I sigilli non possono essere rimossi e l'inventario non può essere eseguito se non dopo tre giorni dall'apposizione, salvo che il giudice[1] per cause urgenti stabilisca altrimenti con decreto motivato.

Se alcuno degli eredi è minore non emancipato, non si può procedere alla rimozione dei sigilli finché non gli sia stato nominato un tutore o un curatore speciale.

[1] Parole così sostituite dall'art. 105 D.lgs. 19 feb. 1998, n. 51 con decorrenza dal 2 giu. 1999.

763. *Provvedimento di rimozione.* — La rimozione dei sigilli è ordinata con decreto dal *giudice*[1] su istanza di alcuna delle persone indicate nell'art. 753 nn. 1, 2 e 4.

Nei casi previsti nell'art. 754 può essere ordinata anche d'ufficio e, se ricorrano le ipotesi di cui ai nn. 2 e 3, la rimozione deve essere seguita dall'inventario.

L'istanza e il decreto sono stesi di seguito al processo verbale di apposizione.

[1] Parole così sostituite dall'art. 105 D.lgs. 19 feb. 1998, n. 51 con decorrenza dal 2 giu. 1999.

764. *Opposizione.* — Chiunque vi ha interesse può fare opposizione alla rimozione dei sigilli con dichiarazione inserita nel processo verbale di apposizione o con ricorso al *giudice*.[1]

Il *giudice*[1] fissa con decreto un'udienza per la comparizione delle parti e stabilisce il termine perentorio entro il quale il decreto stesso deve essere notificato a cura dell'opponente.

Il *giudice*[1] provvede con ordinanza non impugnabile, e, se ordina la rimozione, può disporre che essa sia seguita dall'inventario e può dare le opportune cautele per la conservazione delle cose che sono oggetto di contestazione.

[1] Parole così sostituite dall'art. 105 D.lgs. 19 feb. 1998, n. 51 con decorrenza dal 2 giu. 1999.

765. *Ufficiale procedente.* — La rimozione dei sigilli è eseguita dall'ufficiale che può procedere all'inventario a norma dell'art. 769.

Se non occorre l'inventario, la rimozione è eseguita dal cancelliere *del tribunale*.[1] Nei comuni in cui non ha sede il *tribunale*[1] la rimozione può essere eseguita dal cancelliere del giudice di pace.

[1] Parole così sostituite dall'art. 110 D.lgs. 19 feb. 1998, n. 51 con decorrenza dal 2 giu. 1999.

766. *Avviso alle persone interessate.* — Non si può procedere alla rimozione dei sigilli senza che ne sia stato dato avviso, nelle forme stabilite nell'art. 772, alle persone indicate nell'art. 771.

767. *Alterazioni nello stato dei sigilli.* — L'ufficiale che procede alla rimozione dei sigilli deve innanzitutto riconoscerne lo stato.

Se trova in essi qualche alterazione, deve sospendere ogni operazione ulteriore, facendone immediatamente rapporto al *giudice*[1], il quale si trasferisce sul luogo per le verificazioni occorrenti e per i provvedimenti necessari anche per la prosecuzione dell'inventario.

[1] Parole così sostituite dall'art. 105 D.lgs. 19 feb. 1998, n. 51 con decorrenza dal 2 giu. 1999.

768. *Disposizione generale.* — Le disposizioni di questo capo si osservano in ogni altro caso in cui si debba procedere ad apposizione o rimozione di sigilli, salvo che la legge stabilisca altrimenti.

CAPO III
Dell'inventario[1]

[1] Sulle modalità di chiusura dell'inventario v. *Att.* 192.

769. *Istanza.* — L'inventario può essere chiesto al tribunale[1] dalle persone che hanno diritto di ottenere la rimozione dei sigilli ed è eseguito dal cancelliere del tribunale[1] o da un notaio designato dal defunto con testamento o nominato dal tribunale.[1]

L'istanza si propone con ricorso, nel quale il richiedente deve dichiarare la residenza o eleggere domicilio nel comune in cui ha sede il tribunale.[1]

Il tribunale[1] provvede con decreto.

Quando non sono stati apposti i sigilli, l'inventario può essere chiesto dalla parte che ne assume l'iniziativa direttamente al notaio designato dal defunto nel testamento ovvero, in assenza di designazione, al notaio scelto dalla stessa parte.[2]

[1] Parola così sost. dall'art. 106, D.lgs. 19 feb. 1998, n. 51, con decorrenza dal 2 giu. 1999.

[2] Comma aggiunto dall'art. 13, c. 1, lett. *b-bis*), D.L. 22 dic. 2011, n. 212, conv. con modif. in L. 17 feb. 2012, n. 10.

770. ***Inventario da eseguirsi dal notaio.*** — Quando all'inventario deve procedere un notaio, il cancelliere gli consegna, ritirandone ricevuta:

1) le chiavi da lui custodite a norma dell'art. 756;

2) copia del processo verbale di apposizione dei sigilli, dell'istanza e del decreto di rimozione;

3) una nota delle opposizioni che sono state proposte con indicazione del nome, cognome degli opponenti e della loro residenza o del domicilio da essi eletto.

La copia indicata nel n. 2 e la nota indicata nel n. 3 sono unite all'inventario.

771. ***Persone che hanno diritto di assistere all'inventario.*** — Hanno diritto di assistere alla formazione dell'inventario:

1) il coniuge superstite;

2) gli eredi legittimi presunti;

3) l'esecutore testamentario, gli eredi istituiti e i legatari;

4) i creditori che hanno fatto opposizione alla rimozione dei sigilli.

772. ***Avviso dell'inizio dell'inventario.*** — L'ufficiale che procede all'inventario deve dare avviso, almeno tre giorni prima, alle persone indicate nell'articolo precedente del luogo, giorno e ora in cui darà inizio alle operazioni.

L'avviso non è necessario per le persone che non hanno residenza o non hanno eletto domicilio nella circoscrizione del tribunale, nella quale si procede all'inventario; ma in loro vece deve essere avvertito il notaio che, su istanza di chi ha chiesto l'inventario, è nominato con decreto dal *giudice*[1] per rappresentarli.

[1] Parola così sostituita dall'art. 105 D.lgs. 19 feb. 1998, n. 51 con decorrenza dal 2 giu. 1999.

773. ***Nomina di stimatore.*** — L'ufficiale che procede all'inventario nomina, quando occorre, uno o più stimatori per la valutazione degli oggetti mobili.

774. ***Rinvio delle operazioni.*** — Quando l'inventario non può essere ultimato nel giorno del suo inizio, l'ufficiale che vi procede ne rinvia la continuazione a un giorno prossimo, avvertendone verbalmente le parti presenti.

775. ***Processo verbale d'inventario.*** — Il processo verbale d'inventario contiene:

1) la descrizione degli immobili, mediante l'indicazione della loro natura, della loro situazione, dei loro confini, e dei numeri del catasto e delle mappe censuarie;

2) la descrizione e la stima dei mobili, con la specificazione del peso e del marchio per gli oggetti d'oro e d'argento;

3) l'indicazione della quantità e specie delle monete per il danaro contante;

4) l'indicazione delle altre attività e passività;

5) la descrizione delle carte, scritture e note relative allo stato attivo e passivo, le quali debbono essere firmate in principio e in fine dall'ufficiale procedente. Lo stesso ufficiale deve accertare sommariamente lo stato dei libri e dei registri di commercio, firmarne i fogli, e lineare gli intervalli.

Se alcuno degli interessati contesta l'opportunità d'inventariare qualche oggetto, l'ufficiale lo descrive nel processo verbale, facendo menzione delle osservazioni e istanze delle parti.[1]

[1] *Att.* 192. *Modalità di chiusura dell'inventario.* – L'ufficiale che procede all'inventario deve, prima di chiuderlo, interrogare coloro che avevano la custodia dei mobili o abitavano la casa in cui questi erano posti, se siano a conoscenza che esistano altri oggetti da comprendere nell'inventario.

776. ***Consegna delle cose mobili inventariate.*** — Le cose mobili e le carte inventariate sono consegnate alla persona indicata dalle parti interessate, o, in mancanza, nominata con decreto del giudice[1] , su istanza di una delle parti, sentite le altre.

[1] Parola così sost. dall'art. 105, D.lgs. 19.2.1998 n. 51 con decorrenza dal 2 giu. 1999.

777. ***Applicabilità delle norme agli altri casi d'inventario.*** — Le disposizioni contenute in questo capo si applicano a ogni inventario ordinato dalla legge, salve le formalità speciali stabilite dal codice civile per l'inventario dei beni dei minori.

CAPO IV

Del beneficio d'inventario

778. ***Reclami contro lo stato di graduazione.*** — I reclami contro lo stato di graduazione previsti nell'art. 501 del codice civile sono proposti al giudice competente per valore del luogo dell'aperta successione.[1]

Il valore della causa è determinato da quello dell'attivo ereditario calcolato sulla stima di inventario dei mobili e a norma dell'art. 15 per gli immobili.

I reclami si propongono con citazione da notificarsi all'erede e a coloro i cui diritti sono contestati, e sono decisi in unico giudizio.

[1] Comma così sost. dall'art. 114, D.lgs. 19 feb. 1998, n. 51 con decorrenza dal 2 giu. 1999.

779. ***Istanza di liquidazione proposta dai creditori e legatari.*** — L'istanza dei creditori e legatari prevista nell'art. 509 del codice civile si propone con ricorso.

Il giudice[1] fissa con decreto l'udienza di comparizione dell'erede e di coloro che hanno presentato le dichiarazioni di credito. Il decreto è comunicato alle parti dal cancelliere.

Il tribunale provvede con ordinanza non impugnabile in camera di consiglio, previa audizione degli interessati a norma del comma precedente.

L'istanza di nomina non può essere accolta e la nomina avvenuta deve essere revocata in sede di reclamo, se alcuno dei creditori si oppone e dichiara di voler far valere la decadenza dell'erede dal beneficio d'inventario.

Se l'erede contesta l'esistenza delle condizioni previste nell'art. 509 del codice civile, il giudice provvede all'istruzione della causa, a norma del libro secondo, disponendo gli opportuni mezzi conservativi, compresa eventualmente la nomina del curatore.[2]

[1] Parola così sost. dall'art. 115 lett. *a*) D.lgs. 19 feb. 1998, n. 51 con decorrenza dal 2 giu. 1999.

[2] Comma così sost. dall'art. 115 lett. *c*) D.lgs. 19 feb. 1998 n. 51 con decorrenza dal 2 giu. 1999.

780. ***Domanda dell'erede contro l'eredità.*** — Le domande dell'erede con beneficio d'inventario contro l'eredità sono proposte contro gli altri eredi. Se non vi sono eredi o se tutti propongono la stessa domanda, il giudice nomina un curatore in rappresentanza dell'eredità.

CAPO V

Del curatore dell'eredità giacente[1]

[1] V. *Att.* 193. *Giuramento del curatore dell'eredità giacente.*

781. ***Notificazione del decreto di nomina.*** — Il decreto di nomina del curatore dell'eredità giacente è notificato alla persona nominata a cura del cancelliere, nel termine stabilito nello stesso decreto.

782. ***Vigilanza del giudice.***[1] — L'amministrazione del curatore si svolge sotto la vigilanza del giudice.[1] Questi, quando lo crede opportuno, può prefiggere, con decreto, termini per la presentazione dei conti della gestione, e può in ogni tempo revocare o sostituire il curatore.

Gli atti del curatore che eccedono l'ordinaria amministrazione debbono essere autorizzati dal giudice.[1]

[1] Parola così sost. dall'art. 105, D.lgs. 19 feb. 1998 n. 51 con decorrenza dal 2 giu. 1999.

783. ***Vendita di beni ereditari.*** — La vendita dei beni mobili deve essere promossa dal curatore nei trenta giorni successivi alla formazione dell'inventario, salvo che il giudice,[1] con decreto motivato, non disponga altrimenti.

La vendita dei beni immobili può essere autorizzata dal tribunale con decreto in camera di consiglio soltanto nei casi di necessità o utilità evidente.

[1] Parola così sost. dall'art. 105, D.lgs. 19 feb. 1998 n. 51 con decorrenza dal 2 giu. 1999.

TITOLO V

Dello scioglimento di comunioni

784. ***Litisconsorzio necessario.*** — Le domande di divisione ereditaria o di scioglimento di qualsiasi altra comunione debbono proporsi in confronto di tutti gli eredi o condomini e dei creditori opponenti se vi sono.

785. ***Pronuncia sulla domanda di divisione.*** — Se non sorgono contestazioni sul diritto alla divisione, essa è disposta con ordinanza dal giudice istruttore; altrimenti questi provvede a norma dell'art. 187.

786. ***Direzione delle operazioni.*** — Le operazioni di divisione sono dirette dal giudice istruttore, il quale, anche nel corso di esse, può delegarne la direzione a un notaio.[1]

[1] *Att.* 194. *Nomina dell'esperto nel giudizio di divisione.* – Quando per la formazione della massa da dividersi e delle quote è necessaria l'opera di un esperto, questi è nominato d'ufficio o su istanza del notaio o di uno degli interessati, dal giudice istruttore, che ne riceve il giuramento a norma dell'art. 193 del codice.

787. ***Vendita di mobili.*** — Quando occorre procedere alla vendita di mobili, censi o rendite, il giudice istruttore o il professionista[1] delegato procede a norma degli artt. 534 e seguenti, se non sorge controversia sulla necessità della vendita.

Se sorge controversia, la vendita non può essere disposta se non con sentenza del collegio.

[1] Comma così modif. dall'art. 2 L. 28 dic. 2005 con decorrenza 1 mar. 2006.

788. ***Vendita di immobili.*** — Quando occorre procedere alla vendita di immobili, il giudice istruttore provvede con ordinanza a norma dell'art. 569, terzo comma, se non sorge controversia sulla necessità della vendita.[1]

Se sorge controversia, la vendita non può essere disposta se non con sentenza del collegio.

La vendita si svolge davanti al giudice istruttore. Si applicano gli artt. 570 e seguenti.[2]

Quando le operazioni sono affidate a un professionista,[3] questi provvede direttamente alla vendita, a norma delle disposizioni del presente articolo.

[1] Comma modif. dall'art. 2, L. 28 dic. 2005, n. 263, con decorrenza 1 mar. 2006.

[2] Comma modif. dall'art. 2, L. 28 dic. 2005, n. 263, con decorrenza 1 mar. 2006.

[3] Parola modif. dall'art. 2, L. 28 dic. 2005, n. 263, con decorrenza 1 mar. 2006.

789. ***Progetto di divisione e contestazioni su di esso.*** — Il giudice istruttore predispone un progetto di divisione che deposita in cancelleria e fissa con decreto l'udienza di discussione del progetto, ordinando la comparizione dei condividenti e dei creditori intervenuti.

Il decreto è comunicato alle parti.

Se non sorgono contestazioni, il giudice istruttore, con ordinanza non impugnabile, dichiara esecutivo il progetto, altrimenti provvede a norma dell'art. 187.

In ogni caso il giudice istruttore dà con ordinanza le disposizioni necessarie per l'estrazione a sorte dei lotti.[1]

[1] *Att.* 195. *Decreto di approvazione dell'attribuzione delle quote nel giudizio di divisione.* – Il processo verbale dal quale risulta l'attribuzione delle quote nelle operazioni di divisione è approvato con decreto del giudice istruttore se non sorgono contestazioni o con la sentenza che decide sulle contestazioni sorte.

Il decreto del giudice istruttore costituisce titolo esecutivo.

790. ***Operazioni davanti al notaio.*** — Se a dirigere le operazioni di divisione è stato delegato un notaio, questi dà avviso, almeno cinque giorni prima, ai condividenti e ai creditori intervenuti del luogo, giorno e ora in cui le operazioni avranno inizio.

Le operazioni si svolgono alla presenza delle parti, assistite, se lo richiedono e a loro spese, dai propri procuratori.

Se nel corso delle operazioni sorgono contestazioni in ordine alle stesse, il notaio redige apposito processo verbale che trasmette al giudice istruttore.

Questi fissa con decreto una udienza per la comparizione delle parti, alle quali il decreto stesso è comunicato dal cancelliere.

Sulle contestazioni il giudice provvede con ordinanza.

791. ***Progetto di divisione formato dal notaio.*** — Il notaio redige unico processo verbale delle operazioni effettuate.

Formato il progetto delle quote e dei lotti, se le parti non si accordano su di esso, il notaio trasmette il processo verbale al giudice istruttore, entro cinque giorni dalla sottoscrizione (*Att.* 195).

Il giudice provvede come al penultimo comma dell'articolo precedente per la fissazione dell'udienza di comparizione delle parti e quindi emette i provvedimenti di sua competenza a norma dell'art. 187.

L'estrazione dei lotti non può avvenire se non in base a ordinanza del giudice, emessa a norma dell'art. 789 ultimo comma o a sentenza passata in giudicato.

791-*bis*. ***Divisione a domanda congiunta.***[1] — Quando non sussiste controversia sul diritto alla divisione né sulle quote o altre questioni pregiudiziali gli eredi o condomini e gli eventuali creditori e aventi causa che hanno notificato o trascritto l'opposizione alla divisione possono, con ricorso congiunto al tribunale competente per territorio, domandare la nomina di un notaio ovvero di un avvocato aventi sede nel circondario al quale demandare le operazioni di divisione. Le sottoscrizioni apposte in calce al ricorso possono essere autenticate, quando le parti lo richiedono, da un notaio o da un avvocato. Se riguarda beni immobili, il ricorso deve essere trascritto a norma dell'articolo 2646 del codice civile. Si procede a norma degli articoli 737 e seguenti del presente codice. Il giudice, con decreto, nomina il professionista incaricato eventualmente indicato dalle parti e, su richiesta di quest'ultimo, nomina un esperto estimatore.

Quando risulta che una delle parti di cui al primo comma non ha sottoscritto il ricorso, il professionista incaricato rimette gli atti al giudice che, con decreto, dichiara inammissibile la domanda e ordina la cancellazione della relativa trascrizione. Il decreto è reclamabile a norma dell'articolo 739.

Il professionista incaricato, sentite le parti e gli eventuali creditori iscritti o aventi causa da uno dei partecipanti che hanno acquistato diritti sull'immobile a norma dell'articolo 1113 del codice civile, nel termine assegnato nel decreto di nomina predispone il progetto di divisione o dispone la vendita dei beni non comodamente divisibili e dà avviso alle parti e agli altri interessati del progetto o della vendita. Alla vendita dei beni si applicano, in quanto compatibili, le disposizioni relative al professionista delegato di cui al Libro terzo, Titolo II, Capo IV, Sezione III, § 3-*bis*. Entro trenta giorni dal versamento del prezzo il professionista incaricato predispone il progetto di divisione e ne dà avviso alle parti e agli altri interessati.

Ciascuna delle parti o degli altri interessati può ricorrere al Tribunale nel termine perentorio di trenta giorni dalla ricezione dell'avviso per opporsi alla vendita di beni o contestare il progetto di divisione. Sull'opposizione il giudice procede secondo le disposizioni di cui al Libro quarto, Titolo I, Capo III-*bis*; non si applicano quelle di cui ai commi secondo e terzo dell'articolo 702-*ter*. Se l'opposizione è accolta il giudice dà le disposizioni necessarie per la prosecuzione delle operazioni divisionali e rimette le parti avanti al professionista incaricato.

Decorso il termine di cui al quarto comma senza che sia stata proposta opposizione, il professionista incaricato deposita in cancelleria il progetto con la prova degli avvisi effettuati. Il giudice dichiara esecutivo il progetto con decreto e rimette gli atti al professionista incaricato per gli adempimenti successivi.

[1] Articolo aggiunto dall'art. 76, c. 1, D.L. 21 giu. 2013, n. 69, conv. con modif. in L. 9 ago. 2013, n. 98.

TITOLO VI
Del processo di liberazione degli immobili dalle ipoteche

792. ***Deposito del prezzo.*** — L'acquirente che ha dichiarato al precedente proprietario e ai creditori iscritti di voler liberare l'immobile acquistato dalle ipoteche deve chiedere, con ricorso al presidente del tribunale competente per la espropriazione, la determinazione dei modi per il deposito del prezzo offerto. Il presidente provvede con decreto.

Se non sono state fatte richieste di espropriazione nei quaranta giorni successivi alla notificazione della dichiarazione al precedente proprietario e ai creditori iscritti, l'acquirente, nel termine perentorio di sessanta giorni dalla notificazione, deve depositare nei modi prescritti dal presidente del tribunale il prezzo offerto e presentare nella cancelleria il certificato del deposito, il titolo di acquisto col certificato di trascrizione, un estratto autentico dello stato ipotecario e l'originale dell'atto notificato al precedente proprietario e ai creditori iscritti.

793. ***Convocazione dei creditori.*** — Su presentazione da parte del cancelliere dei documenti indicati nell'articolo precedente, il presidente designa con decreto un giudice per il procedimento e fissa l'udienza di comparizione dell'acquirente, del precedente proprietario e dei creditori iscritti e stabilisce il termine perentorio entro il quale il decreto deve essere notificato alle altre parti, a cura dell'acquirente.

794. ***Provvedimenti del giudice.*** — All'udienza il giudice, accertata la regolarità del deposito e degli atti del procedimento, dispone con ordinanza la cancellazione delle ipoteche iscritte anteriormente alla trascrizione del titolo dell'acquirente che ha chiesto la liberazione, e quindi provvede alla distribuzione del prezzo a norma degli artt. 596 e seguenti.

795. ***Espropriazione.*** — Se è fatta istanza di espropriazione, il giudice, verificate le condizioni stabilite dalla legge per l'ammissibilità di essa, dispone con decreto che si proceda a norma degli artt. 567 e seguenti.

La vendita non può essere fatta che all'incanto a norma degli artt. 576 e seguenti.

L'incanto si apre sul prezzo offerto dal creditore istante.

Alla distribuzione della somma ricavata partecipano, oltre ai creditori privilegiati e ipotecari, i creditori dell'acquirente.

Quest'ultimo ha diritto di essere collocato nella graduazione con privilegio per le spese sopportate per la dichiarazione di liberazione.

TITOLO VII
Dell'efficacia delle sentenze straniere e dell'esecuzione di altri atti di autorità straniere[1,2]

[1] Gli artt. da 796 a 805 sono stati abrog. dall'art. 73, L. 31 mag. 1995, n. 218, a far data dal 31 dic. 1996. Per il testo delle nuove disposizioni v. in nota agli artt. abrogati.

[2] Per la esecutività delle decisioni in materia civile e commerciale v. la Convenzione di Bruxelles 27 sett. 1968 ratificata con L. 21 giu. 1971, n. 804.

796-805. (Abrogati).[1]

[1] L. 31 mag. 1995, n. 218: (*Omissis*).

Titolo IV - **Efficacia di sentenze ed atti stranieri**

Art. 64. *Riconoscimento di sentenze straniere.* – 1. La sentenza straniera è riconosciuta in Italia senza che sia necessario il ricorso ad alcun procedimento quando:

a) il giudice che l'ha pronunciata poteva conoscere della causa secondo i princìpi sulla competenza giurisdizionale propri dell'ordinamento italiano;

b) l'atto introduttivo del giudizio è stato portato a conoscenza del convenuto in conformità a quanto previsto dalla legge del luogo dove si è svolto il processo e non sono stati violati i diritti essenziali della difesa;

c) le parti si sono costituite in giudizio secondo la legge del luogo dove si è svolto il processo o la contumacia è stata dichiarata in conformità a tale legge;

d) essa è passata in giudicato secondo la legge del luogo in cui è stata pronunziata;

e) essa non è contraria ad altra sentenza pronunziata da un giudice italiano passata in giudicato;

f) non pende un processo davanti a un giudice italiano per il medesimo oggetto e fra le stesse parti, che abbia avuto inizio prima del processo straniero;

g) le sue disposizioni non producono effetti contrari all'ordine pubblico.

Art. 65. *Riconoscimento di provvedimenti stranieri.* – 1. Hanno effetto in Italia i provvedimenti stranieri relativi alla capacità delle persone nonché all'esistenza di rapporti di famiglia o di diritti della personalità quando essi sono stati pronunciati dalle autorità dello Stato la cui legge è richiamata dalle norme della presente legge o producono effetti nell'ordinamento di quello Stato, anche se pronunciati da autorità di altro Stato, purché non siano contrari all'ordine pubblico e siano stati rispettati i diritti essenziali della difesa.

Art. 66. *Riconoscimento di provvedimenti stranieri di giurisdizione volontaria.* – 1. I provvedimenti stranieri di volontaria giurisdizione sono riconosciuti senza che sia necessario il ricorso ad alcun procedimento, sempre che siano rispettate le condizioni di cui all'art. 65, in quanto applicabili, quando sono pronunciati dalle autorità dello Stato la cui legge è richiamata dalle disposizioni della presente legge, o producono effetti nell'ordinamento di quello Stato ancorché emanati da autorità di altro Stato, ovvero sono pronunciati da un'autorità che sia competente in base a criteri corrispondenti a quelli propri dell'ordinamento italiano.

Art. 67. *Attuazione di sentenze e provvedimenti stranieri di giurisdizione volontaria e contestazione del riconoscimento.* – 1. In caso di mancata ottemperanza o di contestazione del riconoscimento della sentenza straniera o del provvedimento straniero di volontaria giurisdizione, ovvero quando sia necessario procedere ad esecuzione forzata, chiunque vi abbia interesse può chiedere alla corte d'appello del luogo di attuazione l'accertamento dei requisiti del riconoscimento.

2. La sentenza straniera o il provvedimento straniero di volontaria giurisdizione, unitamente al provvedimento che accoglie la domanda di cui al comma 1, costituiscono titolo per l'attuazione e pe r l'esecuzione forzata.

3. Se la contestazione ha luogo nel corso di un processo, il giudice adito pronuncia con efficacia limitata al giudizio.

Art. 68. *Attuazione ed esecuzione di atti pubblici ricevuti all'estero.* – 1. Le norme di cui all'art. 67 si applicano anche rispetto all'attuazione e all'esecuzione forzata in Italia di atti pubblici ricevuti in uno Stato estero e ivi muniti di forza esecutiva.

Art. 69. *Assunzione di mezzi di prova disposti da giudizi stranieri.* – 1. Le sentenze e i provvedimenti di giudici stranieri riguardanti esami di testimoni, accertamenti tecnici, giuramenti, interrogatori o altri mezzi di prova da assumersi nella Repubblica sono resi esecutivi con decreto della corte d'appello del luogo in cui si deve procedere a tali atti.

2. Se l'assunzione dei mezzi di prova è chiesta dalla parte interessata, l'istanza è proposta alla corte mediante ricorso, al quale deve essere unita copia autentica della sentenza o del provvedimento che ha ordinato gli atti chiesti. Se l'assunzione è domandata dallo stesso giudice, la richiesta deve essere trasmessa in via diplomatica.

3. La corte delibera in camera di consiglio e, qualora autorizzi l'assunzione, rimette gli atti al giudice competente.

4. Può disporsi l'assunzione di mezzi di prova o l'espletamento di altri atti istruttori non previsti dall'ordinamento italiano sempreché essi non contrastino con i princìpi dell'ordinamento stesso.

5. L'assunzione o l'espletamento richiesti sono disciplinati dalla legge italiana. Tuttavia si osservano le forme espressamente richieste dall'autorità giudiziaria straniera in quanto compatibili con i princìpi dell'ordinamento italiano.

Art. 70. *Esecuzione richiesta in via diplomatica.* – 1. Se la richiesta per l'assunzione di mezzi di prova di atti di istruzione è fatta in via diplomatica e la parte interessata non ha costituito un procuratore che ne promuova l'assunzione, i provvedimenti necessari per questa sono pronunciati d'ufficio dal giudice procedente e le notificazioni sono fatte a cura del cancelliere.

Art. 71. *Notificazione di atti di autorità straniere.* – 1. La notificazione di citazioni a comparire davanti ad autorità straniere o di altri atti provenienti da uno Stato estero è autorizzata dal pubblico ministero presso il tribunale nella cui giurisdizionale la notificazione si deve eseguire.

2. La notificazione richiesta in via diplomatica è eseguita, a cura del pubblico ministero, da un ufficiale giudiziario da lui richiesto.

3. La notificazione avviene secondo le modalità previste dalla legge italiana. Tuttavia si osservano le modalità richieste dall'autorità straniera in quanto compatibili con i princìpi dell'ordinamento italiano. In ogni caso l'atto può essere consegnato, da chi procede alla notificazione, al destinatario che lo accetti volontariamente.

TITOLO VIII
Dell'arbitrato[1]

[1] Il titolo è stato modif. dalla L. 5 gen. 1994, n. 25, in vigore dal 17 apr. 1994.

CAPO I[1]
Della convenzione d'arbitrato

[1] Il capo I è stato modificato dall'art. 20 D.lgs. 2 feb. 2006, n. 40.

806. ***Controversie arbitrabili.*** — Le parti possono far decidere da arbitri le controversie tra di loro insorte che non abbiano per oggetto diritti indisponibili, salvo espresso divieto di legge. Le controversie di cui all'art. 409 possono essere decise da arbitri solo se previsto dalla legge o nei contratti o accordi collettivi di lavoro.

807. ***Compromesso.*** — Il compromesso deve, a pena di nullità, essere fatto per iscritto e determinare l'oggetto della controversia.

La forma scritta s'intende rispettata anche quando la volontà delle parti è espressa per telegrafo, telescrivente, telefacsimile o messaggio telematico nel rispetto della normativa, anche regolamentare, concernente la trasmissione e la ricezione dei documenti teletrasmessi.

808. ***Clausola compromissoria.*** — Le parti, nel contratto che stipulano o in un atto separato, possono stabilire che le controversie nascenti dal contratto medesimo siano decise da arbitri, purché si tratti di controversie che possono formare oggetto di convenzione d'arbitrato. La clausola compromissoria deve risultare da atto avente la forma richiesta per il compromesso dall'art. 807.

La validità della clausola compromissoria deve essere valutata in modo autonomo rispetto al contratto al quale si riferisce; tuttavia, il potere di stipulare il contratto comprende il potere di convenire la clausola compromissoria.

808-*bis*. ***Convenzione di arbitrato in materia non contrattuale.*** — Le parti possono stabilire, con apposita convenzione, che siano decise da arbitri le controversie future relative a uno o più rapporti non contrattuali determinati. La convenzione deve risultare da atto avente la forma richiesta per il compromesso dall'art. 807.

808-*ter*. ***Arbitrato irrituale.*** — Le parti possono, con disposizione espressa per iscritto, stabilire che, in deroga a quanto disposto dall'art. 824-*bis*, la controversia sia definita dagli arbitri mediante determinazione contrattuale. Altrimenti si applicano le disposizioni del presente titolo.

Il lodo contrattuale è annullabile dal giudice competente secondo le disposizioni del libro I:

1) se la convenzione dell'arbitrato è invalida, o gli arbitri hanno pronunciato su conclusioni che esorbitano dai suoi limiti e la relativa eccezione è stata sollevata nel procedimento arbitrale;

2) se gli arbitri non sono stati nominati con le

CODICE DI PROCEDURA CIVILE

forme e nei modi stabiliti dalla convenzione arbitrale;

3) se il lodo è stato pronunciato da chi non poteva essere nominato arbitro a norma dell'art. 812;

4) se gli arbitri non si sono attenuti alle regole imposte dalle parti come condizione di validità del lodo;

5) se non è stato osservato nel procedimento arbitrale il principio del contraddittorio.

Al lodo contrattuale non si applica l'art. 825.

808-*quater*. *Interpretazione della convenzione d'arbitrato.* — Nel dubbio, la convenzione d'arbitrato si interpreta nel senso che la competenza arbitrale si estende a tutte le controversie che derivano dal contratto o dal rapporto cui la convenzione si riferisce.

808-*quinquies*. *Efficacia della convenzione d'arbitrato.* — La conclusione del procedimento arbitrale senza pronuncia sul merito, non toglie efficacia alla convenzione d'arbitrato.

CAPO II[1]
Degli arbitri

[1] Il capo II è stato modificato dall'art. 21 D.lgs. 2 feb. 2006, n. 40.

809. *Numero degli arbitri.* — Gli arbitri possono essere uno o più, purché in numero dispari.

La convenzione d'arbitrato deve contenere la nomina degli arbitri oppure stabilire il numero di essi e il modo di nominarli.

In caso d'indicazione di un numero pari di arbitri, un ulteriore arbitro, se le parti non hanno diversamente convenuto, è nominato dal presidente del tribunale nei modi previsti dall'art. 810. Se manca l'indicazione del numero degli arbitri e le parti non si accordano al riguardo, gli arbitri sono tre e, in mancanza di nomina, se le parti non hanno diversamente convenuto, provvede il presidente del tribunale nei modi previsti dall'art. 810.

810. *Nomina degli arbitri.* — Quando a norma della convenzione d'arbitrato gli arbitri devono essere nominati dalle parti, ciascuna di esse, con atto notificato per iscritto, rende noto all'altra l'arbitro o gli arbitri che essa nomina, con invito a procedere alla designazione dei propri. La parte, alla quale è rivolto l'invito, deve notificare per iscritto, nei venti giorni successivi, le generalità dell'arbitro o degli arbitri da essa nominati.

In mancanza, la parte che ha fatto l'invito può chiedere, mediante ricorso, che la nomina sia fatta dal presidente del tribunale nel cui circondario è la sede dell'arbitrato. Se le parti non hanno ancora determinato la sede, il ricorso è presentato al presidente del tribunale del luogo in cui è stata stipulata la convenzione di arbitrato oppure, se tale luogo è all'estero, al presidente del tribunale di Roma.

Il presidente del tribunale competente provvede alla nomina richiestagli, se la convenzione d'arbitrato non è manifestamente inesistente o non prevede manifestamente un arbitrato estero.

Le stesse disposizioni si applicano se la nomina di uno o più arbitri è demandata dalla convenzione d'arbitrato all'autorità giudiziaria o se, essendo demandata a un terzo, questi non vi ha provveduto.

811. *Sostituzione di arbitri.* — Quando per qualsiasi motivo vengono a mancare tutti o alcuni degli arbitri nominati, si provvede alla loro sostituzione secondo quanto è stabilito per la nomina nella convenzione d'arbitrato. Se la parte a cui spetta o il terzo non vi provvede, o se la convenzione d'arbitrato nulla dispone al riguardo, si applicano le disposizioni dell'articolo precedente.

812. *Incapacità ad essere arbitro.* — Non può essere arbitro chi è privo, in tutto o in parte, della capacità legale di agire.

813. *Accettazione degli arbitri.* — L'accettazione degli arbitri deve essere data per iscritto e può risultare dalla sottoscrizione del compromesso o del verbale della prima riunione.

Agli arbitri non compete la qualifica di pubblico ufficiale o di incaricato di un pubblico servizio.

813-*bis*. *Decadenza degli arbitri.* — Se le parti non hanno diversamente convenuto, l'arbitro che omette, o ritarda di compiere un atto relativo alle sue funzioni, può essere sostituito d'accordo tra le parti o dal terzo a ciò incaricato dalla convenzione d'arbitrato. In mancanza, decorso il termine di quindici giorni da apposita diffida comunicata per mezzo di lettera raccomandata all'arbitro per ottenere l'atto, ciascuna delle parti può proporre ricorso al presidente del tribunale a norma dell'art. 810, secondo comma. Il presidente, sentiti gli arbitri e le parti, provvede con ordinanza non impugnabile e, se accerta l'omissione o il ritardo, dichiara la decadenza dell'arbitro e provvede alla sua sostituzione.

813-*ter*. *Responsabilità degli arbitri.* — Risponde dei danni cagionati alle parti l'arbitro che:

1) con dolo o colpa grave ha omesso o ritardato atti dovuti ed è stato perciò dichiarato decaduto, ovvero ha rinunciato all'incarico senza giustificato motivo;

2) con dolo o colpa grave ha omesso o impedito la pronuncia del lodo entro il termine fissato a norma degli artt. 820 o 826.

Fuori dai precedenti casi, gli arbitri rispondono esclusivamente per dolo o colpa grave entro i limiti previsti dall'art. 2, commi 2 e 3, della legge 13 aprile 1988, n. 117.

L'azione di responsabilità può essere proposta in pendenza del giudizio arbitrale soltanto nel caso previsto dal primo comma, n. 1).

Se è stato pronunciato il lodo, l'azione di responsabilità può essere proposta soltanto dopo l'accoglimento dell'impugnazione con sentenza, passata in giudicato e per i motivi per cui l'impugnazione è stata accolta.

Se la responsabilità non dipende da dolo dell'arbitro, la misura del risarcimento non può superare una somma pari al triplo del compenso convenuto o, in mancanza di determinazione convenzionale, pari al triplo del compenso previsto dalla tariffa applicabile.

Nei casi di responsabilità dell'arbitro il corrispettivo e il rimborso delle spese non gli sono dovuti o, nel casi di nullità parziale del lodo, sono soggetti a riduzione.

Ciascun arbitro risponde solo del fatto proprio.

814. ***Diritti degli arbitri.*** — Gli arbitri hanno diritto al rimborso delle spese e all'onorario per l'opera prestata, se non vi hanno rinunciato al momento dell'accettazione o con atto scritto successivo. Le parti sono tenute solidalmente al pagamento, salvo rivalsa tra loro.

Quando gli arbitri provvedono direttamente alla liquidazione delle spese e dell'onorario, tale liquidazione non è vincolante per le parti se esse non l'accettano. In tal caso l'ammontare delle spese e dell'onorario è determinato con ordinanza dal presidente del tribunale indicato nell'art. 810, secondo comma, su ricorso degli arbitri e sentite le parti.

L'ordinanza è titolo esecutivo contro le parti ed è soggetta a reclamo a norma dell'art. 825, quarto comma. Si applica l'art. 830, quarto comma.

815. ***Ricusazione degli arbitri.*** — Un arbitro può essere ricusato:

1) se non ha le qualifiche espressamente convenute dalle parti;

2) se egli stesso, o un ente, associazione o società di cui sia amministratore, ha interesse nella causa;

3) se egli stesso o il coniuge è parente fino al quarto grado o è convivente o commensale abituale di una delle parti, di un rappresentante legale di una delle parti, o di alcuno dei difensori;

4) se egli stesso o il coniuge ha causa pendente o grave inimicizia con una delle parti, con un suo rappresentante legale, o con alcuno dei suoi difensori;

5) se è legato ad una delle parti, a una società da questa controllata, al soggetto che la controlla, o a società sottoposta a comune controllo, da un rapporto di lavoro subordinato o da un rapporto continuativo di consulenza o di prestazione d'opera retribuita, ovvero da altri rapporti di natura patrimoniale o associativa che ne compromettono l'indipendenza; inoltre, se è tutore o curatore di una delle parti;

6) se ha prestato consulenza, assistenza o difesa ad una delle parti in una precedente fase della vicenda o vi ha deposto come testimone.

Una parte non può ricusare l'arbitro che essa ha nominato o contribuito a nominare se non per motivi conosciuti dopo la nomina.

La ricusazione è proposta mediante ricorso al presidente del tribunale indicato nell'art. 810, secondo comma, entro il termine perentorio di dieci giorni dalla notificazione della nomina o dalla sopravvenuta conoscenza della causa di ricusazione. Il presidente pronuncia con ordinanza non impugnabile, sentito l'arbitro ricusato e le parti e assunte, quando occorre, sommarie informazioni.

Con ordinanza il presidente provvede sulle spese. Nel caso di manifesta inammissibilità o manifesta infondatezza dell'istanza di ricusazione condanna la parte che l'ha proposta al pagamento, in favore dell'altra parte, di una somma equitativamente determinata non superiore al triplo del massimo del compenso spettante all'arbitro singolo in base alla tariffa forense.

La proposizione dell'istanza di ricusazione non sospende il procedimento arbitrale, salvo diversa determinazione degli arbitri. Tuttavia, se l'istanza è accolta, l'attività compiuta dall'arbitro ricusata o con il suo concorso è inefficace.

CAPO III[1]

Del procedimento

[1] Il capo III è stato modificato dall'art. 22 D.lgs. 2 feb. 2006, n. 40.

816. ***Sede dell'arbitrato.*** — Le parti determinano la sede dell'arbitrato nel territorio della Repubblica; altrimenti provvedono gli arbitri.

Se le parti e gli arbitri non hanno determinato la sede dell'arbitrato, questa è nel luogo in cui è stata stipulata la convenzione di arbitrato. Se tale luogo non si trova nel territorio nazionale, la sede è a Roma.

Se la convenzione d'arbitrato non dispone diversamente, gli arbitri possono tenere udienza, compiere atti istruttori, deliberare ed apporre le loro sottoscrizioni al lodo anche in luoghi diversi dalla sede dell'arbitrato ed anche all'estero.

816-*bis*. ***Svolgimento del procedimento.*** — Le parti possono stabilire nella convenzione d'arbitrato, o con atto scritto separato, purché anteriore all'inizio del giudizio arbitrale, le norme che gli arbitri debbono osservare nel procedimento e la lingua dell'arbitrato. In mancanza di tali norme gli arbitri hanno facoltà di regolare lo svolgimento del giudizio e determinare la lingua dell'arbitrato nel modo che ritengono più opportuno. Essi debbono in ogni caso attuare il principio del contraddittorio, concedendo alle parti ragionevoli ed equivalenti possibilità di difesa. Le parti possono stare in arbitrato per mezzo di difensori. In mancanza di espressa limitazione, la procura al difensore si estende a qualsiasi atto processuale, ivi compresa la rinuncia agli atti e la determinazione o proroga del termine per la pronuncia del lodo. In ogni caso, il difensore può essere destinatario della comunicazione della notificazione del lodo e della notificazione della sua impugnazione.

Le parti o gli altri arbitri possono autorizzare il

presidente del collegio arbitrale a deliberare le ordinanze circa lo svolgimento del procedimento.

Su tutte le questioni che si presentano nel corso del procedimento gli arbitri, se non ritengono di provvedere con lodo non definitivo, provvedono con ordinanza revocabile non soggetta a deposito.

816-*ter*. *Istruzione probatoria.* — L'istruttoria o singoli atti di istruzione possono essere delegati dagli arbitri ad uno di essi.

Gli arbitri possono assumere direttamente presso di sé la testimonianza, ovvero deliberare di assumere la deposizione del testimone, ove questi vi consenta, nella sua abitazione o nel suo ufficio. Possono altresì deliberare di assumere la deposizione richiedendo al testimone di fornire per iscritto risposte a quesiti nel termine che essi stabiliscono.

Se un testimone rifiuta di comparire davanti agli arbitri, questi, quando lo ritengono opportuno secondo le circostanze, possono richiedere al presidente del tribunale della sede dell'arbitrato, che ne ordini la comparizione davanti a loro.

Nell'ipotesi prevista dal precedente comma il termine per la pronuncia del lodo è sospeso dalla data dell'ordinanza alla data dell'udienza fissata per l'assunzione della testimonianza.

Gli arbitri possono farsi assistere da uno o più consulenti tecnici. Possono essere nominati consulenti tecnici sia persone fisiche, sia enti.

Gli arbitri possono chiedere alla pubblica amministrazione le informazioni scritte relative ad atti e documenti dell'amministrazione stessa, che è necessaria acquisire al giudizio.

816-*quater*. *Pluralità di parti.* — Qualora più di due parti siano vincolate dalla stessa convenzione d'arbitrato, ciascuna parte può convenire tutte o alcune delle altre nel medesimo procedimento arbitrale se la convenzione d'arbitrato devolve a un terzo la nomina degli arbitri, se gli arbitri sono nominati con l'accordo di tutte le parti, ovvero se le altre parti, dopo che la prima ha nominato l'arbitro o gli arbitri, nominano d'accordo un ugual numero di arbitri o ne affidano a un terzo la nomina.

Fuori dei casi previsti nel precedente comma il procedimento iniziato da una parte nei confronti di altre si scinde in tanti procedimenti quante sono queste ultime.

Se non si verifica l'ipotesi prevista nel primo comma e si versa in caso di litisconsorzio necessario, l'arbitrato è improcedibile.

816-*quinquies*. *Intervento di terzi e successione nel diritto controverso.* — L'intervento volontario o la chiamata in arbitrato di un terzo sono ammessi solo con l'accordo del terzo e delle parti e con il consenso degli arbitri.

Sono sempre ammessi l'intervento previsto dal secondo comma dell'art. 105 e l'intervento del litisconsorte necessario.

Si applica l'art. 111.

816-*sexies*. *Morte, estinzione o perdita di capacità della parte.* — Se la parte viene meno per morte o altra causa, ovvero perde la capacità legale, gli arbitri assumono le misure idonee a garantire l'applicazione del contraddittorio ai fini della prosecuzione del giudizio. Essi possono sospendere il procedimento.

Se nessuna delle parti ottempera alle disposizioni degli arbitri per la prosecuzione del giudizio, gli arbitri possono rinunciare all'incarico.

816-*septies*. *Anticipazione delle spese.* — Gli arbitri possono subordinare la prosecuzione del procedimento al versamento anticipato delle spese prevedibili. Salvo diverso accordo delle parti, gli arbitri determinano la misura dell'anticipazione a carico di ciascuna parte.

Se una delle parti non presta l'anticipazione richiestale, l'altra può anticipare la totalità delle spese. Se le parti non provvedono all'anticipazione nel termine fissato dagli arbitri, non sono più vincolate alla convenzione di arbitrato con riguardo alla controversia che ha dato origine al procedimento arbitrale.

817. *Eccezione d'incompetenza.* — Se la validità, il contenuto o l'ampiezza della convenzione d'arbitrato o la regolare costituzione degli arbitri sono contestate nel corso dell'arbitrato, gli arbitri decidono sulla propria competenza.

Questa disposizione si applica anche se i poteri degli arbitri sono contestati in qualsiasi sede per qualsiasi ragione sopravvenuta nel corso del procedimento. La parte che non eccepisce nella prima difesa successiva all'accettazione degli arbitri l'incompetenza di questi per inesistenza, invalidità o inefficacia della convenzione d'arbitrato, non può per questi motivo impugnare il lodo, salvo il caso di controversia non arbitrale.

La parte, che non eccepisce nel corso dell'arbitrato che le conclusioni delle altre parti esorbitano dai limiti della convenzione arbitrale, non può, per questi motivo, impugnare il lodo.

817-*bis*. *Compensazione.* — Gli arbitri sono competenti a conoscere dell'eccezione di compensazione, nei limiti del valore della domanda, anche se il controcredito non è compreso nell'ambito della convenzione di arbitrato.

818. *Provvedimenti cautelari.* — Gli arbitri non possono concedere sequestri, né altri provvedimenti cautelari, salva diversa disposizione di legge.

819. *Questioni pregiudiziali di merito.* — Gli arbitri risolvono senza autorità di giudicato tutte le questioni rilevanti per la decisione della controversia, anche se vertono su materie che non possono essere oggetto di convenzione di arbitrato, salvo che debbano essere decise con efficacia di giudicato per legge.

Su domanda di parte, le questioni pregiudiziali

sono decise con efficacia di giudicato se vertono su materie che possono essere oggetto di convenzione di arbitrato. Se tali questioni non sono comprese nella convenzione di arbitrato, la decisione con efficacia di giudicato è subordinata alla richiesta di tutte le parti.

819-*bis*. *Sospensione del procedimento arbitrale.* — Ferma l'applicazione dell'art. 816-*sexies*, gli arbitri sospendono il procedimento arbitrale con ordinanza motivata nei seguenti casi:

1) quando il processo dovrebbe essere sospeso a norma del comma terzo dell'art. 75 del codice di procedura penale, se la controversia fosse pendente davanti all'autorità giudiziaria;

2) se sorge questione pregiudiziale su materia che non può essere oggetto di convenzione d'arbitrato e per legge deve essere decisa con autorità di giudicato;

3) quando rimettono alla Corte costituzionale una questione di legittimità costituzionale ai sensi dell'art. 23 della legge 11 marzo 1953, n. 87.

Se nel procedimento arbitrale è invocata l'autorità di una sentenza e questa è impugnata, si applica il secondo comma dell'art. 337.

Una volta disposta la sospensione, il procedimento si estingue se nessuna parte deposita presso gli arbitri istanza di prosecuzione entro il termine fissato dagli arbitri stessi o, in difetto, entro un anno dalla cessazione della causa di sospensione. Nel caso previsto dal primo comma, numero 2), il procedimento si estingue altresì se entro novanta giorni dall'ordinanza di sospensione nessuna parte deposita presso gli arbitri copia autentica dell'atto con il quale la controversia sulla questione pregiudiziale è proposta davanti all'autorità giudiziaria.

819-*ter*. *Rapporti tra arbitri e autorità giudiziaria.* — La competenza degli arbitri non è esclusa dalla pendenza della stessa causa davanti al giudice, né dalla connessione tra la controversia ad essi deferita ed una causa pendente davanti al giudice. La sentenza, con la quale il giudice afferma o nega la propria competenza in relazione a una convenzione d'arbitrato, è impugnabile a norma degli artt. 42 e 43. L'eccezione di incompetenza del giudice in ragione della convenzione di arbitrato deve essere proposta, a pena di decadenza, nella comparsa di risposta. La mancata proposizione dell'eccezione esclude la competenza arbitrale limitatamente alla controversia decisa in quel giudizio.

Nei rapporti tra arbitrato e processo non si applicano regole corrispondenti agli artt. 44, 45, 48, 50 e 295.[1]

In pendenza del procedimento arbitrale non possono essere proposte domande giudiziali aventi ad oggetto l'invalidità o inefficacia della convenzione d'arbitrato.

[1] La Corte cost., con sent. 19 lug. 2013, n. 223, ha dichiarato l'ill. cost. del presente comma, nella parte in cui esclude l'applicabilità, ai rapporti tra arbitrato e processo, di regole corrispondenti all'art. 50 del presente codice.

CAPO IV[1]
Del lodo

[1] Il capo IV è stato modificato dall'art. 23 D.lgs. 2 feb. 2006, n. 40.

820. *Termine per la decisione.* — Le parti possono, con la convenzione di arbitrato o con accordo anteriore all'accettazione degli arbitri, fissare un termine per la pronuncia del lodo.

Se non è stato fissato un termine per la pronuncia del lodo, gli arbitri debbono pronunciare il lodo nel termine di duecentoquaranta giorni dall'accettazione della nomina.

In ogni caso il termine può essere prorogato:

a) mediante dichiarazioni scritte di tutte le parti indirizzate agli arbitri;

b) dal presidente del tribunale indicato nell'art. 810, secondo comma, su istanza motivata di una delle parti o degli arbitri, sentite le altre parti; il termine può essere prorogato solo prima della sua scadenza.

Se le parti non hanno disposto diversamente, il termine è prorogato di centottanta giorni nei casi seguenti e per non più di una volta nell'ambito di ciascuno di essi:

a) se debbono essere assunti mezzi di prova;

b) se è disposta consulenza tecnica d'ufficio;

c) se è pronunciato un lodo non definitivo o un lodo parziale;

d) se è modificata la composizione del collegio arbitrale o è sostituito l'arbitro unico. Il termine per la pronuncia del loro è sospeso durante la sospensione del procedimento. In ogni caso, dopo la ripresa del procedimento, il termine residuo, se inferiore, è esteso a novanta giorni.

821. *Rilevanza del decorso del termine.* — Il decorso del termine indicato nell'articolo precedente non può essere fatto valere come causa di nullità del lodo se la parte, prima della deliberazione del lodo risultante dal dispositivo sottoscritto dalla maggioranza degli arbitri, non abbia notificato alle altre parti e agli arbitri che intende far valere la loro decadenza.

Se la parte fa valere la decadenza degli arbitri, questi, verificato il decorso del termine, dichiarano estinto il procedimento.

822. *Norme per la deliberazione.* — Gli arbitri decidono secondo le norme di diritto, salvo che le parti abbiano disposto con qualsiasi espressione che gli arbitri pronunciano secondo equità.

823. *Deliberazione e requisiti del lodo.* — Il lodo è deliberato a maggioranza di voti con la partecipazione di tutti gli arbitri ed è quindi redatto per iscritto. Ciascun arbitro può chiedere che il lodo, o una parte di esso, sia deliberato dagli arbitri riuniti in conferenza personale.

Il lodo deve contenere:

1) il nome degli arbitri;

2) l'indicazione della sede dell'arbitrato;

3) l'indicazione delle parti;

4) l'indicazione della convenzione di arbitrato e delle conclusioni delle parti;

5) l'esposizione sommaria dei motivi;

6) il dispositivo;

7) la sottoscrizione degli arbitri. La sottoscrizione della maggioranza degli arbitri è sufficiente, se accompagnata dalla dichiarazione che esso è stato deliberato con la partecipazione di tutti e che gli altri non hanno voluto o non hanno potuto sottoscriverlo;

8) la data delle sottoscrizioni.

824. ***Originali e copie del lodo.*** — Gli arbitri redigono il lodo in uno o più originali. Gli arbitri danno comunicazione del lodo a ciascuna parte mediante consegna di un originale, o di una copia attestata conforme dagli stessi arbitri, anche con spedizione in plico raccomandato, entro dieci giorni dalla sottoscrizione del lodo.

824-*bis*. ***Efficacia del lodo.*** — Salvo quanto disposto dall'art. 825, il lodo ha dalla data della sua ultima sottoscrizione gli effetti della sentenza pronunciata dall'autorità giudiziaria.

825. ***Deposito del lodo.*** — La parte che intende far eseguire il lodo nel territorio della Repubblica ne propone istanza depositando il lodo in originale, o in copia conforme, insieme con l'atto contenente la convenzione di arbitrato, in originale o in copia conforme, nella cancelleria del tribunale nel cui circondario è la sede dell'arbitrato. Il tribunale, accertata la regolarità formale del lodo, lo dichiara esecutivo con decreto. Il lodo reso esecutivo è soggetto a trascrizione o annotazione, in tutti i casi nei quali sarebbe soggetta a trascrizione o annotazione la sentenza avente il medesimo contenuto.

Del deposito e del provvedimento del tribunale è data notizia dalla cancelleria alle parti nei modi stabiliti dall'art. 133, secondo comma.

Contro il decreto che nega o concede l'esecutorietà del lodo, è ammesso reclamo mediante ricorso alla corte d'appello, entro trenta giorni dalla comunicazione; la corte, sentite le parti, provvede in camera di consiglio con ordinanza.

826. ***Correzione del lodo.*** — Ciascuna parte può chiedere agli arbitri entro un anno dalla comunicazione del lodo:

a) di correggere nel testo del lodo omissioni o errori materiali o di calcolo, anche se hanno determinato una divergenza fra i diversi originali del lodo pure se relativa alla sottoscrizione degli arbitri;

b) di integrare il lodo con uno degli elementi indicati nell'art. 823, numeri 1), 2), 3), 4).

Gli arbitri, sentite le parti, provvedono entro il termine di sessanta giorni. Della correzione è data comunicazione alle parti a norma dell'art. 824.

Se gli arbitri non provvedono, l'istanza di correzione è proposta al tribunale nel cui circondario ha sede l'arbitrato.

Se il lodo è stato depositato, la correzione è richiesta al tribunale del luogo in cui è stato depositato. Si applicano le disposizioni dell'art. 288, in quanto compatibili.

Alla correzione può provvedere anche il giudice di fronte al quale il lodo è stato impugnato o fatto valere.

CAPO V[1]

Delle impugnazioni

[1] Il capo V è stato modificato dall'art. 24 D.lgs. 2 feb. 2006, n. 40.

827. ***Mezzi di impugnazione.*** — Il lodo è soggetto all'impugnazione per nullità, per revocazione e per opposizione di terzo.

I mezzi d'impugnazione possono essere proposti indipendentemente dal deposito del lodo.

Il lodo che decide parzialmente il merito della controversia è immediatamente impugnabile, ma il lodo che risolve alcune delle questioni insorte senza definire il giudizio arbitrale è impugnabile solo unitamente al lodo definitivo.

828. ***Impugnazione per nullità.*** — L'impugnazione per nullità si propone, nel termine di novanta giorni dalla notificazione del lodo, davanti alla corte d'appello nel cui distretto è la sede dell'arbitrato.

L'impugnazione non è più proponibile decorso un anno dalla data dell'ultima sottoscrizione.

L'istanza per la correzione del lodo non sospende il termine per l'impugnazione; tuttavia il lodo può essere impugnato relativamente alle parti corrette nei termini ordinari, a decorrere dalla comunicazione dell'atto di correzione.

829. ***Casi di nullità.*** — L'impugnazione per nullità è ammessa, nonostante qualunque preventiva rinuncia, nei casi seguenti:

1) se la convenzione d'arbitrato è invalida, ferma la disposizione dell'art. 817, terzo comma;

2) se gli arbitri non sono stati nominati con le forme e nei modi prescritti nei capi II e VI del presente titolo, purché la nullità sia stata dedotta nel giudizio arbitrale;

3) se il lodo è stato pronunciato da chi non poteva essere nominato arbitro a norma dell'art. 812;

4) se il lodo ha pronunciato fuori dei limiti della convenzione d'arbitrato, ferma la disposizione dell'art. 817, quarto comma, o ha deciso il merito della controversia in ogni altro caso in cui il merito non poteva essere deciso;

5) se il lodo non ha i requisiti indicati nei numeri 5), 6), 7) dell'art. 823;

6) se il lodo è stato pronunciato dopo la scadenza del termine stabilito, salvo il disposto dell'art. 821;

7) se nel procedimento non sono state osservate le forme prescritte dalle parti sotto espressa sanzione di nullità e la nullità non è stata sanata;

8) se il lodo è contrario ad altro precedente lodo non più impugnabile o a precedente sentenza pas-

sata in giudicato tra le parti purché tale lodo o tale sentenza sia stata prodotta nel procedimento;

9) se non è stato osservato nel procedimento arbitrale il principio del contraddittorio;

10) se il lodo conclude il procedimento senza decidere il merito della controversia e il merito della controversia doveva essere deciso dagli arbitri;

11) se il lodo contiene disposizioni contraddittorie;

12) se il lodo non ha pronunciato su alcuna delle domande ed eccezioni proposte dalle parti in conformità alla convenzione di arbitrato.

La parte che ha dato causa a un motivo di nullità, o vi ha rinunciato, o che non ha eccepito nella prima istanza o difesa successiva la violazione di una regola che disciplina lo svolgimento del procedimento arbitrale, non può per questo motivo impugnare il lodo.

L'impugnazione per violazione delle regole di diritto relative al merito della controversia è ammessa se espressamente disposta dalle parti o dalla legge. È ammessa in ogni caso l'impugnazione delle decisioni per contrarietà all'ordine pubblico.

L'impugnazione per violazione delle regole di diritto relative al merito della controversia è sempre ammessa:

1) nelle controversie previste dall'art. 409;

2) se la violazione delle regole di diritto concerne la soluzione di questione pregiudiziale su materia che non può essere oggetto di convenzione di arbitrato.

Nelle controversie previste dall'art. 409, il lodo è soggetto ad impugnazione anche per violazione dei contratti e accordi collettivi.

830. ***Decisione sull'impugnazione per nullità.*** — La corte d'appello decide sull'impugnazione per nullità e, se l'accoglie, dichiara con sentenza la nullità del lodo. Se il vizio incide su una parte del lodo che sia scindibile dalle altre, dichiara la nullità parziale del lodo.

Se il lodo è annullato per i motivi all'art. 829, commi primo, numeri 5), 6), 7), 8), 9), 11) o 12), terzo, quarto o quinto, la corte d'appello decide la controversia nel merito salvo che le parti non abbiano stabilito diversamente nella convenzione di arbitrato o con accordo successivo.

Tuttavia, se una delle parti, alla data della sottoscrizione della convenzione di arbitrato, risiede o ha la propria sede effettiva all'estero, la corte d'appello decide la controversia nel merito solo se le parti hanno così stabilito nella convenzione di arbitrato o ne fanno concorde richiesta.

Quando la corte d'appello non decide nel merito, alla controversia si applica la convenzione di arbitrato, salvo che la nullità dipenda dalla sua invalidità o inefficacia.

Su istanza di parte anche successiva alla proposizione dell'impugnazione, la corte d'appello può sospendere con ordinanza l'efficacia del lodo, quando ricorrono gravi motivi.

831. ***Revocazione ed opposizione di terzo.*** — Il lodo, nonostante qualsiasi rinuncia, è soggetto a revocazione nei casi indicati nei numeri 1), 2), 3) e 6) dell'art. 395, osservati i termini e le forme stabiliti nel libro secondo.

Se i casi di cui al primo comma si verificano durante il corso del processo di impugnazione per nullità, il termine per la proposizione della domanda di revocazione è sospeso fino alla comunicazione della sentenza che abbia pronunciato sulla nullità.

Il lodo è soggetto ad opposizione di terzo nei casi indicati nell'art. 404. Le impugnazioni per revocazione e per opposizione di terzo si propongono davanti alla corte d'appello nel cui distretto è la sede dell'arbitrato, osservati i termini e le forme stabiliti nel libro secondo.

La corte d'appello può riunire le impugnazioni per nullità, per revocazione e per opposizione di terzo nello stesso processo, se lo stato della causa preventivamente proposta consente l'esauriente trattazione e decisione delle altre cause.

CAPO VI[1]

Dell'arbitrato secondo regolamenti precostituiti

[1] Il capo VI è stato modificato dall'art. 25 D.lgs. 2 feb. 2006, n. 40.

832. ***Rinvio a regolamenti arbitrali.*** — La convenzione d'arbitrato può fare rinvio a un regolamento arbitrale precostituito.

Nel caso di contrasto tra quanto previsto nella convenzione di arbitrato e quanto previsto dal regolamento, prevale la convenzione di arbitrato.

Se le parti non hanno diversamente convenuto, si applica il regolamento in vigore al momento in cui il procedimento arbitrale ha inizio.

Le istituzioni di carattere associativo e quelle costituite per la rappresentanza degli interessi di categorie professionali non possono nominare arbitri nelle controversie che contrappongono i propri associati o appartenenti alla categoria professionale a terzi.

Il regolamento può prevedere ulteriori casi di sostituzione e ricusazione degli arbitri in aggiunta a quelli previsti dalla legge.

Se l'istituzione arbitrale rifiuta di amministrare l'arbitrato, la convenzione d'arbitrato mantiene efficacia e si applicano i precedenti capi di questo titolo.

833-838. ....[1]

[1] Articoli abrog. dall'art. 28, D.lgs. 2 feb. 2006, n. 40.

CAPO VII

Dei lodi stranieri[1]

[1] Capo inserito dall'art. 24 della L. 5 gen. 1994, n. 25. Per la disciplina transitoria v. l'art. 27 della L. citata.

839. ***Riconoscimento ed esecuzione dei lodi stranieri.*** — Chi vuol far valere nella Repubblica un lodo straniero deve proporre ricorso al presidente della corte d'appello nella cui circoscrizione risiede l'altra parte; se tale parte non risiede in Italia è competente la corte d'appello di Roma.

Il ricorrente deve produrre il lodo in originale o in copia conforme, insieme con l'atto di compromesso, o documento equipollente, in originale o in copia conforme.

Qualora i documenti di cui al secondo comma non siano redatti in lingua italiana la parte istante deve altresì produrne una traduzione certificata conforme.

Il presidente della corte d'appello, accertata la regolarità formale del lodo, dichiara con decreto l'efficacia del lodo straniero nella Repubblica, salvoché:

1) la controversia non potesse formare oggetto di compromesso secondo la legge italiana;

2) il lodo contenga disposizioni contrarie all'ordine pubblico.

840. ***Opposizione.*** — Contro il decreto che accorda o nega l'efficacia del lodo straniero è ammessa opposizione da proporsi con citazione dinanzi alla corte d'appello entro trenta giorni dalla comunicazione, nel caso di decreto che nega l'efficacia, ovvero dalla notificazione nel caso di decreto che l'accorda.

In seguito all'opposizione il giudizio si svolge a norma degli art. 645 e seguenti in quanto applicabili. La corte d'appello pronuncia con sentenza impugnabile per cassazione.

Il riconoscimento o l'esecuzione del lodo straniero sono rifiutati dalla corte d'appello se nel giudizio di opposizione la parte contro la quale il lodo è invocato prova l'esistenza di una delle seguenti circostanze:

1) le parti della convenzione arbitrale erano incapaci in base alla legge ad esse applicabile oppure la convenzione arbitrale non era valida secondo la legge alla quale le parti l'hanno sottoposta o, in mancanza di indicazione a tale proposito, secondo la legge dello Stato in cui il lodo è stato pronunciato;

2) la parte nei cui confronti il lodo è invocato non è stata informata della designazione dell'arbitro o del procedimento arbitrale o comunque è stata nell'impossibilità di far valere la propria difesa nel procedimento stesso;

3) il lodo ha pronunciato su una controversia non contemplata nel compromesso o nella clausola compromissoria, oppure fuori dei limiti del compromesso o della clausola compromissoria; tuttavia, se le statuizioni del lodo che concernono questioni sottoposte ad arbitrato possono essere separate da quelle che riguardano questioni non sottoposte ad arbitrato, le prime possono essere riconosciute e dichiarate esecutive;

4) la costituzione del collegio arbitrale o il procedimento arbitrale non sono stati conformi all'accordo delle parti o, in mancanza di tale accordo, alla legge del luogo di svolgimento dell'arbitrato;

5) il lodo non è ancora divenuto vincolante per le parti o è stato annullato o sospeso da un'autorità competente dello Stato nel quale, o secondo la legge del quale, è stato reso.

Allorché l'annullamento o la sospensione dell'efficacia del lodo straniero siano stati richiesti all'autorità competente indicata nel numero 5) del terzo comma, la corte d'appello può sospendere il procedimento per il riconoscimento o l'esecuzione del lodo; su istanza della parte che ha richiesto l'esecuzione può, in caso di sospensione, ordinare che l'altra parte presti idonea garanzia.

Il riconoscimento o l'esecuzione del lodo straniero sono altresì rifiutati allorché la corte d'appello accerta che:

1) la controversia non potesse formare oggetto di compromesso secondo la legge italiana;

2) il lodo contenga disposizioni contrarie all'ordine pubblico.

Sono in ogni caso salve le norme stabilite in convenzioni internazionali.

TITOLO VIII-*bis*
Dei procedimenti collettivi[1]

[1] Titolo ins. dall'art. 1, L. 12 apr. 2019, n. 31. Le disposizioni di cui alla L. 31/2019 entrano in vigore a decorrere dal 19 mag. 2021, ai sensi di quanto disposto dall'art. 7, c. 1, L. 31/2019, come modif. dall'art. 8, c. 5, D.L. 30 dic. 2019, n. 162, conv. con modif. in L. 28 feb. 2020, n. 8, e dall'art. 31-*ter*, c. 1, D.L. 28 ott. 2020, n. 137, conv. con modif. in L. 18 dic. 2020, n. 176.

840-*bis*. ***Ambito di applicazione.***[1] — I diritti individuali omogenei sono tutelabili anche attraverso l'azione di classe, secondo le disposizioni del presente titolo.

A tale fine, un'organizzazione o un'associazione senza scopo di lucro i cui obiettivi statutari comprendano la tutela dei predetti diritti o ciascun componente della classe può agire nei confronti dell'autore della condotta lesiva per l'accertamento della responsabilità e per la condanna al risarcimento del danno e alle restituzioni. Ai fini di cui al periodo precedente, ferma la legittimazione di ciascun componente della classe, possono proporre l'azione di cui al presente articolo esclusivamente le organizzazioni e le associazioni iscritte in un elenco pubblico istituito presso il Ministero della giustizia.

L'azione di classe può essere esperita nei confronti di imprese ovvero nei confronti di enti gestori di servizi pubblici o di pubblica utilità, relativamente ad atti e comportamenti posti in essere nello svolgimento delle loro rispettive attività. Sono fatte salve le disposizioni in materia di ricorso per l'efficienza delle amministrazioni e dei concessionari di servizi pubblici.

In ogni caso, resta fermo il diritto all'azione individuale, salvo quanto previsto all'articolo 840-*undecies*, nono comma.

Non è ammesso l'intervento dei terzi ai sensi dell'articolo 105.

Nel caso in cui, a seguito di accordi transattivi o conciliativi intercorsi tra le parti, vengano a mancare in tutto le parti ricorrenti, il tribunale assegna agli aderenti un termine, non inferiore a sessanta giorni e non superiore a novanta giorni, per la prosecuzione della causa, che deve avvenire con la costituzione in giudizio di almeno uno degli aderenti mediante il ministero di un difensore. Nel caso in cui, decorso inutilmente il termine di cui al primo periodo, non avvenga la prosecuzione del procedimento, il tribunale ne dichiara l'estinzione. A seguito dell'estinzione, resta comunque salvo il diritto all'azione individuale dei soggetti aderenti oppure all'avvio di una nuova azione di classe.

[1] V. nota al titolo VIII-*bis*.

840-*ter*. *Forma e ammissibilità della domanda.*[1] — La domanda per l'azione di classe si propone con ricorso esclusivamente davanti alla sezione specializzata in materia di impresa competente per il luogo ove ha sede la parte resistente.

Il ricorso, unitamente al decreto di fissazione dell'udienza, è pubblicato, a cura della cancelleria ed entro dieci giorni dal deposito del decreto, nell'area pubblica del portale dei servizi telematici gestito dal Ministero della giustizia, in modo da assicurare l'agevole reperibilità delle informazioni in esso contenute.

Il procedimento è regolato dal rito sommario di cognizione di cui agli articoli 702-*bis* e seguenti ed è definito con sentenza, resa nel termine di trenta giorni successivi alla discussione orale della causa. Non può essere disposto il mutamento del rito. Entro il termine di trenta giorni dalla prima udienza il tribunale decide con ordinanza sull'ammissibilità della domanda, ma può sospendere il giudizio quando sui fatti rilevanti ai fini del decidere è in corso un'istruttoria davanti a un'autorità indipendente ovvero un giudizio davanti al giudice amministrativo. Restano ferme le disposizioni del decreto legislativo 19 gennaio 2017, n. 3.

La domanda è dichiarata inammissibile:

a) quando è manifestamente infondata;

b) quando il tribunale non ravvisa omogeneità dei diritti individuali tutelabili ai sensi dell'articolo 840-*bis*;

c) quando il ricorrente versa in stato di conflitto di interessi nei confronti del resistente;

d) quando il ricorrente non appare in grado di curare adeguatamente i diritti individuali omogenei fatti valere in giudizio.

L'ordinanza che decide sull'ammissibilità è pubblicata, a cura della cancelleria, nell'area pubblica del portale dei servizi telematici di cui al secondo comma, entro quindici giorni dalla pronuncia.

Quando l'inammissibilità è dichiarata a norma del quarto comma, lettera *a*), il ricorrente può riproporre l'azione di classe quando si siano verificati mutamenti delle circostanze o vengano dedotte nuove ragioni di fatto o di diritto.

L'ordinanza che decide sull'ammissibilità dell'azione di classe è reclamabile dalle parti davanti alla corte di appello nel termine di trenta giorni dalla sua comunicazione o dalla sua notificazione, se anteriore. Sul reclamo la corte di appello decide, in camera di consiglio, con ordinanza entro trenta giorni dal deposito del ricorso introduttivo del reclamo. In caso di accertamento dell'ammissibilità della domanda, la corte di appello trasmette gli atti al tribunale adito per la prosecuzione della causa. Il reclamo avverso le ordinanze ammissive non sospende il procedimento davanti al tribunale.

Con l'ordinanza di inammissibilità e con quella che, in sede di reclamo, conferma l'ordinanza di inammissibilità, il giudice regola le spese.

[1] V. nota al titolo VIII-*bis*.

840-*quater*. *Pluralità delle azioni di classe.*[1] — Decorsi sessanta giorni dalla data di pubblicazione del ricorso nell'area pubblica del portale dei servizi telematici di cui all'articolo 840-*ter*, secondo comma, non possono essere proposte ulteriori azioni di classe sulla base dei medesimi fatti e nei confronti del medesimo resistente e quelle proposte sono cancellate dal ruolo. Le azioni di classe proposte tra la data di deposito del ricorso e il termine di cui al primo periodo sono riunite all'azione principale.

Il divieto di cui al primo comma, primo periodo, non opera quando l'azione di classe introdotta con il ricorso di cui al predetto comma è dichiarata inammissibile con ordinanza definitiva né quando la medesima causa è cancellata dal ruolo ovvero è definita con provvedimento che non decide nel merito. Ai fini di cui al presente comma, i provvedimenti di cui al primo periodo sono pubblicati immediatamente nell'area pubblica del portale dei servizi telematici a cura della cancelleria.

Quando una nuova azione di classe è proposta fuori dei casi di cui al secondo comma, la causa è cancellata dal ruolo e non è ammessa la riassunzione.

È fatta salva la proponibilità delle azioni di classe a tutela dei diritti che non potevano essere fatti valere entro la scadenza di cui al primo comma.

[1] V. nota al titolo VIII-*bis*.

840-*quinquies*. *Procedimento.*[1] — Con l'ordinanza con cui ammette l'azione di classe, il tribunale fissa un termine perentorio non inferiore a sessanta giorni e non superiore a centocinquanta giorni dalla data di pubblicazione dell'ordinanza nel portale dei servizi telematici di cui all'articolo 840-*ter*, secondo comma, per l'adesione all'azione medesima da parte dei soggetti portatori di diritti individuali omogenei e provvede secondo quanto previsto dall'articolo 840-*sexies*, primo comma, lettera *c*). Si applica in quanto compatibile l'articolo

840-*septies*. L'aderente non assume la qualità di parte e ha diritto ad accedere al fascicolo informatico e a ricevere tutte le comunicazioni a cura della cancelleria. I diritti di coloro che aderiscono a norma del presente comma sono accertati secondo le disposizioni di cui all'articolo 840-*octies*, successivamente alla pronuncia della sentenza che accoglie l'azione di classe.

Il tribunale, omessa ogni formalità non essenziale al contraddittorio, procede nel modo che ritiene più opportuno agli atti di istruzione rilevanti in relazione all'oggetto del giudizio.

Quando è nominato un consulente tecnico d'ufficio, l'obbligo di anticipare le spese e l'acconto sul compenso a quest'ultimo spettanti sono posti, salvo che sussistano specifici motivi, a carico del resistente; l'inottemperanza all'obbligo di anticipare l'acconto sul compenso a norma del presente comma non costituisce motivo di rinuncia all'incarico.

Ai fini dell'accertamento della responsabilità del resistente il tribunale può avvalersi di dati statistici e di presunzioni semplici.

Su istanza motivata del ricorrente, contenente l'indicazione di fatti e prove ragionevolmente disponibili dalla controparte, sufficienti a sostenere la plausibilità della domanda, il giudice può ordinare al resistente l'esibizione delle prove rilevanti che rientrano nella sua disponibilità.

Il giudice dispone a norma del quinto comma individuando specificamente e in modo circoscritto gli elementi di prova o le rilevanti categorie di prove oggetto della richiesta o dell'ordine di esibizione. La categoria di prove è individuata mediante il riferimento a caratteristiche comuni dei suoi elementi costitutivi come la natura, il periodo durante il quale sono stati formati, l'oggetto o il contenuto degli elementi di prova di cui è richiesta l'esibizione e che rientrano nella stessa categoria.

Il giudice ordina l'esibizione, nei limiti di quanto è proporzionato alla decisione e, in particolare:

a) esamina in quale misura la domanda è sostenuta da fatti e prove disponibili che giustificano l'ordine di esibizione;

b) esamina la portata e i costi dell'esibizione;

c) valuta se le prove di cui è richiesta l'esibizione contengono informazioni riservate, specialmente se riguardanti terzi.

Quando la richiesta o l'ordine di esibizione hanno per oggetto informazioni riservate, il giudice dispone specifiche misure di tutela tra le quali l'obbligo del segreto, la possibilità di non rendere visibili le parti riservate di un documento, la conduzione di audizioni a porte chiuse, la limitazione del numero di persone autorizzate a prendere visione delle prove, il conferimento ad esperti dell'incarico di redigere sintesi delle informazioni in forma aggregata o in altra forma non riservata. Si considerano informazioni riservate i documenti che contengono informazioni riservate di carattere personale, commerciale, industriale e finanziario relative a persone ed imprese, nonché i segreti commerciali.

La parte nei cui confronti è rivolta l'istanza di esibizione ha diritto di essere sentita prima che il giudice provveda.

Resta ferma la riservatezza delle comunicazioni tra gli avvocati incaricati di assistere la parte e il cliente stesso.

Alla parte che rifiuta senza giustificato motivo di rispettare l'ordine di esibizione del giudice o non adempie allo stesso il giudice applica una sanzione amministrativa pecuniaria da euro 10.000 a euro 100.000 che è devoluta a favore della Cassa delle ammende.

Salvo che il fatto costituisca reato, alla parte o al terzo che distrugge prove rilevanti ai fini del giudizio il giudice applica una sanzione amministrativa pecuniaria da euro 10.000 a euro 100.000 che è devoluta a favore della Cassa delle ammende.

Ferma restando l'applicazione delle sanzioni amministrative pecuniarie di cui ai commi undicesimo e dodicesimo, se la parte rifiuta senza giustificato motivo di rispettare l'ordine di esibizione del giudice o non adempie allo stesso, ovvero distrugge prove rilevanti ai fini del giudizio di risarcimento, il giudice, valutato ogni elemento di prova, può ritenere provato il fatto al quale la prova si riferisce.

Il tribunale accoglie o rigetta nel merito la domanda con sentenza che deve essere pubblicata nell'area pubblica del portale dei servizi telematici di cui all'articolo 840-*ter*, secondo comma, entro quindici giorni dal deposito.

[1] V. nota al titolo VIII-*bis*.

840-*sexies*. *Sentenza di accoglimento*.[1] — Con la sentenza che accoglie l'azione di classe, il tribunale:

a) provvede in ordine alle domande risarcitorie o restitutorie proposte dal ricorrente, quando l'azione è stata proposta da un soggetto diverso da un'organizzazione o da un'associazione inserita nell'elenco di cui all'articolo 840-*bis*, secondo comma;

b) accerta che il resistente, con la condotta addebitatagli dal ricorrente, ha leso diritti individuali omogenei;

c) definisce i caratteri dei diritti individuali omogenei di cui alla lettera *b*), specificando gli elementi necessari per l'inclusione nella classe dei soggetti di cui alla lettera *e*);

d) stabilisce la documentazione che deve essere eventualmente prodotta per fornire prova della titolarità dei diritti individuali omogenei di cui alla lettera *b*);

e) dichiara aperta la procedura di adesione e fissa il termine perentorio, non inferiore a sessanta giorni e non superiore a centocinquanta giorni, per l'adesione all'azione di classe da parte dei soggetti portatori di diritti individuali omogenei di cui alla lettera *b*) nonché per l'eventuale integrazione degli atti e per il compimento delle attività da parte di coloro che hanno aderito a norma dell'articolo 840-*quinquies*, primo comma; il termine decorre dalla data di pubblicazione della sentenza nell'area pubblica del portale dei servizi telematici di cui all'articolo 840-*ter*, secondo comma;

f) nomina il giudice delegato per la procedura di adesione;

g) nomina il rappresentante comune degli aderenti tra i soggetti aventi i requisiti per la nomina a curatore fallimentare;

h) determina, ove necessario, l'importo da versare a cura di ciascun aderente, ivi compresi coloro che hanno aderito a norma dell'articolo 840-*quinquies*, primo comma, a titolo di fondo spese e stabilisce le modalità di versamento.

Il rappresentante comune degli aderenti è pubblico ufficiale. Il giudice delegato può, dopo averlo sentito, revocare il rappresentante comune in ogni tempo con decreto.

Il giudice delegato può in ogni tempo disporre l'integrazione delle somme da versare a cura di ciascun aderente a titolo di fondo spese. Il mancato versamento delle somme rende inefficace l'adesione; l'inefficacia opera di diritto ed è rilevabile d'ufficio.

[1] V. nota al titolo VIII-*bis*.

840-*septies*. *Modalità di adesione all'azione di classe*.[1] — L'adesione all'azione di classe si propone mediante inserimento della relativa domanda nel fascicolo informatico, avvalendosi di un'area del portale dei servizi telematici di cui all'articolo 840-*ter*, secondo comma.

La domanda di cui al primo comma, a pena di inammissibilità, deve contenere:

a) l'indicazione del tribunale e i dati relativi all'azione di classe a cui il soggetto chiede di aderire;

b) i dati identificativi dell'aderente;

c) l'indirizzo di posta elettronica certificata ovvero il servizio elettronico di recapito certificato qualificato dell'aderente o del suo difensore;

d) la determinazione dell'oggetto della domanda;

e) l'esposizione dei fatti costituenti le ragioni della domanda di adesione;

f) l'indice dei documenti probatori eventualmente prodotti;

g) la seguente attestazione: "Consapevole della responsabilità penale prevista dalle disposizioni in materia di dichiarazioni sostitutive, attesto che i dati e i fatti esposti nella domanda e nei documenti prodotti sono veritieri";

h) il conferimento al rappresentante comune degli aderenti, già nominato o che sarà nominato dal giudice, del potere di rappresentare l'aderente e di compiere nel suo interesse tutti gli atti, di natura sia sostanziale sia processuale, relativi al diritto individuale omogeneo esposto nella domanda di adesione;

i) i dati necessari per l'accredito delle somme che verranno eventualmente riconosciute in favore dell'aderente;

l) la dichiarazione di aver provveduto al versamento del fondo spese di cui all'articolo 840-*sexies*, primo comma, lettera *h*).

L'aderente può produrre, con le modalità di cui al secondo comma, dichiarazioni di terzi, capaci di testimoniare, rilasciate ad un avvocato che attesta l'identità del dichiarante secondo le disposizioni dell'articolo 252; l'avvocato che procede a norma del presente comma è considerato pubblico ufficiale ad ogni effetto. Le dichiarazioni di cui al presente comma sono valutate dal giudice secondo il suo prudente apprezzamento.

La domanda è presentata su un modulo conforme al modello approvato con decreto del Ministro della giustizia, che stabilisce anche le istruzioni per la sua compilazione, ed è presentata a norma dell'articolo 65, comma 1, lettere *b*) e *c-bis*), del codice dell'amministrazione digitale, di cui al decreto legislativo 7 marzo 2005, n. 82.[2]

I documenti probatori sono prodotti mediante inserimento nel fascicolo informatico.

La domanda di adesione produce gli effetti della domanda giudiziale e può essere presentata anche senza il ministero di un difensore.

L'adesione diventa inefficace in caso di revoca del potere di rappresentanza conferito al rappresentante comune a norma del secondo comma, lettera *h*). L'inefficacia opera di diritto ed è rilevabile d'ufficio. La revoca è opponibile all'impresa o all'ente gestore di servizi pubblici o di pubblica utilità da quando è inserita nel fascicolo informatico.

Quando l'azione di classe è stata proposta a norma dell'articolo 840-*quater*, l'aderente deve dimostrare di non aver potuto far valere i propri diritti entro i termini ivi previsti.

[1] V. nota al titolo VIII-*bis*.

[2] Comma così modif. dall'art. 8, c. 5, D.L. 30 dic. 2019, n. 162, conv. con modif. in L. 28 feb. 2020, n. 8.

840-*octies*. *Progetto dei diritti individuali omogenei degli aderenti*.[1] — Entro il termine perentorio di centoventi giorni dalla scadenza del termine di cui all'articolo 840-*sexies*, primo comma, lettera *e*), il resistente deposita una memoria contenente le sue difese, prendendo posizione sui fatti posti dagli aderenti a fondamento della domanda ed eccependo i fatti estintivi, modificativi o impeditivi dei diritti fatti valere dagli aderenti. I fatti dedotti dagli aderenti e non specificatamente contestati dal resistente nel termine di cui al presente comma si considerano ammessi.

Il rappresentante comune degli aderenti, entro novanta giorni dalla scadenza del termine di cui al primo comma, predispone il progetto dei diritti individuali omogenei degli aderenti, rassegnando per ciascuno le sue motivate conclusioni, e lo deposita; il progetto è comunicato agli aderenti e al resistente. Il rappresentante comune può chiedere al tribunale di nominare uno o più esperti di parti-

CODICE DI PROCEDURA CIVILE

colare competenza tecnica che lo assistano per la valutazione dei fatti posti dagli aderenti a fondamento delle domande.

Il resistente e gli aderenti, entro trenta giorni dalla comunicazione di cui al secondo comma, possono depositare osservazioni scritte e documenti integrativi. Nella procedura di adesione non sono ammessi mezzi di prova diversi dalla prova documentale.

Il rappresentante comune, entro sessanta giorni dalla scadenza del termine di cui al terzo comma, apporta le eventuali variazioni al progetto dei diritti individuali omogenei e lo deposita nel fascicolo informatico.

Il giudice delegato, con decreto motivato, quando accoglie in tutto o in parte la domanda di adesione, condanna il resistente al pagamento delle somme o delle cose dovute a ciascun aderente a titolo di risarcimento o di restituzione. Il provvedimento costituisce titolo esecutivo ed è comunicato al resistente, agli aderenti, al rappresentante comune e ai difensori di cui all'articolo 840-*novies*, sesto e settimo comma.

A favore del difensore di cui l'aderente si sia avvalso è dovuto un compenso determinato con decreto del Ministro della giustizia, adottato a norma dell'articolo 13, comma 6, della legge 31 dicembre 2012, n. 247.

[1] V. nota al titolo VIII-*bis*.

840-*novies*. *Spese del procedimento.*[1] — Con il decreto di cui all'articolo 840-*octies*, quinto comma, il giudice delegato condanna altresì il resistente a corrispondere direttamente al rappresentante comune degli aderenti, a titolo di compenso, un importo stabilito in considerazione del numero dei componenti la classe in misura progressiva:

a) da 1 a 500, in misura non superiore al 9 per cento;

b) da 501 a 1.000, in misura non superiore al 6 per cento;

c) da 1.001 a 10.000, in misura non superiore al 3 per cento;

d) da 10.001 a 100.000, in misura non superiore al 2,5 per cento;

e) da 100.001 a 500.000, in misura non superiore all'1,5 per cento;

f) da 500.001 a 1.000.000, in misura non superiore all'1 per cento;

g) oltre 1.000.000, in misura non superiore allo 0,5 per cento.

Le percentuali di cui al primo comma sono calcolate sull'importo complessivo dovuto a tutti gli aderenti. Le percentuali di cui al primo comma possono essere modificate con decreto del Ministro della giustizia.

È altresì dovuto il rimborso delle spese sostenute e documentate.

L'autorità giudiziaria può aumentare o ridurre l'ammontare del compenso liquidato a norma del primo comma in misura non superiore al 50 per cento, sulla base dei seguenti criteri:

a) complessità dell'incarico;

b) ricorso all'opera di coadiutori;

c) qualità dell'opera prestata;

d) sollecitudine con cui sono state condotte le attività;

e) numero degli aderenti.

Per quanto non previsto dal primo e dal secondo comma, si applicano le disposizioni in materia di spese di giustizia.

Con il medesimo decreto di cui al primo comma, il giudice delegato condanna altresì il resistente a corrispondere direttamente all'avvocato che ha difeso il ricorrente fino alla pronuncia della sentenza di cui all'articolo 840-*sexies* un importo ulteriore rispetto alle somme dovute a ciascun aderente a titolo di risarcimento e di restituzione. Il predetto importo, riconosciuto a titolo di compenso premiale, è liquidato a norma del primo comma. Tale compenso premiale può essere ridotto in misura non superiore al 50 per cento, sulla base dei criteri stabiliti al quarto comma.

Le disposizioni del sesto comma si applicano anche ai difensori che hanno difeso i ricorrenti delle cause riunite risultati vittoriosi.

[1] V. nota al titolo VIII-*bis*.

840-*decies*. *Impugnazione della sentenza.*[1] — Gli atti di impugnazione della sentenza di cui all'articolo 840-*sexies* e i provvedimenti che definiscono i giudizi di impugnazione sono pubblicati nell'area pubblica del portale dei servizi telematici di cui all'articolo 840-*ter*, secondo comma.

Ai fini dell'impugnazione della sentenza non si applica l'articolo 325. La sentenza può essere impugnata dagli aderenti per revocazione, quando ricorrono i presupposti previsti dall'articolo 395 o quando la sentenza medesima è l'effetto della collusione tra le parti. In quest'ultimo caso il termine per proporre revocazione decorre dalla scoperta della collusione.

[1] V. nota al titolo VIII-*bis*.

840-*undecies*. *Impugnazione del decreto.*[1] — Contro il decreto di cui all'articolo 840-*octies*, quinto comma, può essere proposta opposizione con ricorso depositato presso la cancelleria del tribunale.

Il ricorso può essere proposto dal resistente, dal rappresentante comune degli aderenti e dagli avvocati di cui all'articolo 840-*novies*, sesto e settimo comma, nel termine perentorio di trenta giorni dalla comunicazione del provvedimento. Gli avvocati di cui al periodo precedente possono proporre motivi di opposizione relativi esclusivamente ai compensi e alle spese liquidati con il decreto impugnato.

Il ricorso non sospende l'esecuzione del decreto, fatta salva la facoltà del tribunale di disporre diversamente su istanza di parte in presenza di gravi e fondati motivi. Esso deve contenere:

a) l'indicazione del tribunale competente;

b) le generalità del ricorrente e l'elezione del domicilio nel comune in cui ha sede il giudice adito;

c) l'esposizione dei fatti e degli elementi di diritto su cui si basa l'opposizione, con le relative conclusioni.

Il presidente del tribunale, nei cinque giorni successivi al deposito del ricorso, designa il relatore e fissa con decreto l'udienza di comparizione entro quaranta giorni dal deposito. Il giudice delegato non può far parte del collegio.

Il ricorso, unitamente al decreto di fissazione dell'udienza, deve essere comunicato ai controinteressati entro cinque giorni dal deposito del decreto. Il resistente deve costituirsi almeno cinque giorni prima dell'udienza, depositando una memoria contenente l'esposizione delle difese in fatto e in diritto.

L'intervento di qualunque interessato non può avere luogo oltre il termine stabilito per la costituzione della parte resistente, con le modalità per questa previste.

Non sono ammessi nuovi mezzi di prova e non possono essere prodotti nuovi documenti, salvo che la parte dimostri di non aver potuto indicarli o produrli prima, per causa ad essa non imputabile.

Entro trenta giorni dall'udienza di comparizione delle parti, il tribunale provvede con decreto motivato, con il quale conferma, modifica o revoca il provvedimento impugnato.

L'aderente può proporre azione individuale a condizione che la domanda di adesione sia stata revocata prima che il decreto sia divenuto definitivo nei suoi confronti.

[1] V. nota al titolo VIII-*bis*.

840-*duodecies*. *Adempimento spontaneo*.[1] — Quando il debitore provvede spontaneamente al pagamento delle somme stabilite con il decreto di cui all'articolo 840-*octies*, quinto comma, le somme sono versate su un conto corrente bancario o postale intestato alla procedura aperta con la sentenza di cui all'articolo 840-*sexies* e vincolato all'ordine del giudice. Il rappresentante comune degli aderenti deposita con la massima sollecitudine il piano di riparto e il giudice delegato ordina il pagamento delle somme spettanti a ciascun aderente.

Il rappresentante comune, il debitore e gli avvocati di cui all'articolo 840-*novies*, sesto e settimo comma, possono proporre opposizione a norma dell'articolo 840-*undecies*.

Il rappresentante comune deposita la documentazione comprovante i pagamenti effettuati.

Per il compimento dell'attività di cui al presente articolo, al rappresentante comune non spetta alcun ulteriore compenso.

[1] V. nota al titolo VIII-*bis*.

840-*terdecies*. *Esecuzione forzata collettiva*.[1] — L'esecuzione forzata del decreto di cui all'articolo 840-*octies*, quinto comma, è promossa dal rappresentante comune degli aderenti, che compie tutti gli atti nell'interesse degli aderenti, ivi compresi quelli relativi agli eventuali giudizi di opposizione. Non è mai ammessa l'esecuzione forzata di tale decreto su iniziativa di soggetti diversi dal rappresentante comune.

Devono essere trattenute e depositate nei modi stabiliti dal giudice dell'esecuzione le somme ricavate per effetto di provvedimenti provvisoriamente esecutivi e non ancora divenuti definitivi.

Le disposizioni dei commi precedenti non si applicano relativamente ai crediti riconosciuti, con il decreto di cui all'articolo 840-*octies*, quinto comma, in favore del rappresentante comune e degli avvocati di cui all'articolo 840-*novies*, sesto e settimo comma.

Il compenso dovuto al rappresentante comune è liquidato dal giudice in misura non superiore a un decimo della somma ricavata, tenuto conto dei criteri di cui all'articolo 840-*novies*, quarto comma. Il credito del rappresentante comune liquidato a norma del presente articolo nonché quello liquidato a norma dell'articolo 840-*novies*, commi primo e secondo, hanno privilegio, nella misura del 75 per cento, sui beni oggetto dell'esecuzione.

Il rappresentante comune non può stare in giudizio senza l'autorizzazione del giudice delegato, salvo che per i procedimenti promossi per impugnare atti del giudice delegato o del tribunale.

[1] V. nota al titolo VIII-*bis*.

840-*quaterdecies*. *Accordi di natura transattiva*.[1] — Il tribunale, fino alla discussione orale della causa, formula ove possibile, avuto riguardo al valore della controversia e all'esistenza di questioni di facile e pronta soluzione di diritto, una proposta transattiva o conciliativa. La proposta del giudice è inserita nell'area pubblica del portale dei servizi telematici di cui all'articolo 840-*ter*, secondo comma, ed è comunicata all'indirizzo di posta elettronica certificata ovvero al servizio elettronico di recapito certificato qualificato indicato da ciascun aderente. L'accordo transattivo o conciliativo concluso tra le parti è inserito nell'area pubblica ed è comunicato all'indirizzo di posta elettronica certificata ovvero al servizio elettronico di recapito certificato qualificato indicato da ciascun aderente, il quale può dichiarare di voler accedere all'accordo medesimo mediante dichiarazione inserita nel fascicolo informatico nel termine indicato dal giudice.

Dopo la pronuncia della sentenza di cui all'articolo 840-*sexies*, il rappresentante comune, nell'interesse degli aderenti, può predisporre con l'impresa o con l'ente gestore di servizi pubblici o di pubblica utilità uno schema di accordo di natura transattiva.

Lo schema è inserito nell'area pubblica del portale dei servizi telematici di cui all'articolo 840-*ter*, secondo comma, ed è comunicato all'indirizzo di posta elettronica certificata ovvero al servizio elettronico di recapito certificato qualificato indicato da ciascun aderente.

Entro quindici giorni dalla comunicazione di cui al terzo comma, ciascun aderente può inserire nel fascicolo informatico le proprie motivate contestazioni allo schema di accordo. Nei confronti degli aderenti che non formulano contestazioni a norma del presente comma, lo schema di accordo si considera non contestato.

Entro trenta giorni dalla scadenza del termine di cui al quarto comma, il giudice delegato, avuto riguardo agli interessi degli aderenti, può autorizzare il rappresentante comune a stipulare l'accordo transattivo.

Il provvedimento del giudice delegato è inserito nell'area pubblica del portale dei servizi telematici di cui all'articolo 840-*ter*, secondo comma, ed è comunicato all'indirizzo di posta elettronica certificata ovvero al servizio elettronico di recapito certificato qualificato indicato da ciascun aderente nonché al ricorrente.

Entro quindici giorni dalla comunicazione di cui al sesto comma, l'aderente che ha formulato le contestazioni di cui al quarto comma può privare il rappresentante comune della facoltà di stipulare l'accordo transattivo a cui le medesime contestazioni si riferiscono.

L'accordo transattivo autorizzato dal giudice delegato e stipulato dal rappresentante comune costituisce titolo esecutivo e per l'iscrizione di ipoteca giudiziale e deve essere integralmente trascritto nel precetto ai sensi dell'articolo 480, secondo comma. Il rappresentante comune certifica l'autografia delle sottoscrizioni apposte all'accordo transattivo.

Il ricorrente può aderire all'accordo transattivo entro il termine di cui al settimo comma; in tal caso, l'accordo transattivo costituisce titolo esecutivo e per l'iscrizione di ipoteca giudiziale anche in suo favore.

Le disposizioni del presente articolo si applicano, in quanto compatibili, anche quando l'azione è promossa da un'organizzazione o un'associazione inserita nell'elenco di cui all'articolo 840-*bis*, secondo comma, e l'accordo può avere riguardo anche al risarcimento del danno o alle restituzioni in favore degli aderenti che abbiano accettato o non si siano opposti all'accordo medesimo.

[1] V. nota al titolo VIII-*bis*.

840-*quinquiesdecies*. *Chiusura della procedura di adesione.*[1] — La procedura di adesione si chiude:

a) quando le ripartizioni agli aderenti, effettuate dal rappresentante comune, raggiungono l'intero ammontare dei crediti dei medesimi aderenti;

b) quando nel corso della procedura risulta che non è possibile conseguire un ragionevole soddisfacimento delle pretese degli aderenti, anche tenuto conto dei costi che è necessario sostenere.

La chiusura della procedura di adesione è dichiarata con decreto motivato del giudice delegato, reclamabile a norma dell'articolo 840-*undecies*.

Gli aderenti riacquistano il libero esercizio delle azioni verso il debitore per la parte non soddisfatta dei loro crediti per capitale e interessi.

[1] V. nota al titolo VIII-*bis*.

840-*sexiesdecies*. *Azione inibitoria collettiva.*[1] — Chiunque abbia interesse alla pronuncia di una inibitoria di atti e comportamenti, posti in essere in pregiudizio di una pluralità di individui o enti, può agire per ottenere l'ordine di cessazione o il divieto di reiterazione della condotta omissiva o commissiva. Le organizzazioni o le associazioni senza scopo di lucro i cui obiettivi statutari comprendano la tutela degli interessi pregiudicati dalla condotta di cui al primo periodo sono legittimate a proporre l'azione qualora iscritte nell'elenco di cui all'articolo 840-*bis*, secondo comma.

L'azione può essere esperita nei confronti di imprese o di enti gestori di servizi pubblici o di pubblica utilità relativamente ad atti e comportamenti posti in essere nello svolgimento delle loro rispettive attività.

La domanda si propone con le forme del procedimento camerale, regolato dagli articoli 737 e seguenti, in quanto compatibili, esclusivamente dinanzi alla sezione specializzata in materia di impresa competente per il luogo dove ha sede la parte resistente. Il ricorso è notificato al pubblico ministero.

Si applica l'articolo 840-*quinquies* in quanto compatibile.

Il tribunale può avvalersi di dati statistici e di presunzioni semplici.

Con la condanna alla cessazione della condotta omissiva o commissiva, il tribunale può, su istanza di parte, adottare i provvedimenti di cui all'articolo 614-*bis*, anche fuori dei casi ivi previsti.

Con la condanna alla cessazione della condotta omissiva o commissiva, il tribunale può, su richiesta del pubblico ministero o delle parti, ordinare che la parte soccombente adotti le misure idonee ad eliminare o ridurre gli effetti delle violazioni accertate.

Il giudice, su istanza di parte, condanna la parte soccombente a dare diffusione del provvedimento, nei modi e nei tempi definiti nello stesso, mediante utilizzo dei mezzi di comunicazione ritenuti più appropriati.

Quando l'azione inibitoria collettiva è proposta congiuntamente all'azione di classe, il giudice dispone la separazione delle cause.

Sono fatte salve le disposizioni previste in materia dalle leggi speciali.

[1] V. nota al titolo VIII-*bis*.

DISPOSIZIONI DI ATTUAZIONE DEL CODICE DI PROCEDURA CIVILE[1] E DISPOSIZIONI TRANSITORIE

approvate con R.D. 18 dic. 1941, n. 1368
modificate con D.P. 17 ott. 1950, n. 857

[1] Come è riconosciuto nella Relazione del Guardasigilli, queste *Disposizioni* sono, in gran parte, delle vere e proprie norme integrative del codice, in nota agli articoli del quale molte sono state riportate.

TITOLO I
Del pubblico ministero[1]

[1] V. artt. 69-74 c.p.c.

1. ***Richiesta di comunicazione degli atti.*** — In ogni stato e grado del processo il pubblico ministero può richiedere al giudice la comunicazione degli atti per l'esercizio dei poteri a lui attribuiti dalla legge.

2. ***Intervento davanti all'istruttore.*** — L'intervento del pubblico ministero davanti all'istruttore avviene nei modi previsti nell'art. 267 del codice.

3. ***Intervento davanti al collegio.*** — Il pubblico ministero può spiegare il suo intervento anche quando la causa si trova davanti al collegio, mediante comparsa da depositarsi in cancelleria o all'udienza.

Il pubblico ministero che interviene all'udienza prende oralmente le sue conclusioni, che sono inserite nel ruolo d'udienza.

Se il pubblico ministero che interviene davanti al collegio non si limita ad aderire alle conclusioni di una delle parti, ma prende proprie conclusioni, produce documenti o deduce prove, il presidente, d'ufficio o su istanza di parte, può rimettere con ordinanza la causa al giudice istruttore per l'integrazione dell'istruzione.

TITOLO II
Degli esperti e degli ausiliari del giudice

CAPO I
Degli esperti della magistratura del lavoro[1]

[1] Le disposizioni di questo capo devono ritenersi abrogate per effetto dell'avvenuta soppressione dell'ordinamento corporativo.

4-12. (*Omissis*).

CAPO II
Dei consulenti tecnici del giudice

SEZIONE I
Dei consulenti tecnici nei procedimenti ordinari[1]

[1] V. artt. 61-64 c.p.c. e *Att.* 146.

13. ***Albo dei consulenti tecnici.*** — Presso ogni tribunale è istituito un albo dei consulenti tecnici.

L'albo è diviso in categorie.

Debbono essere sempre comprese nell'albo le categorie: 1) medico-chirurgica;[1] 2) industriale; 3) commerciale; 4) agricola; 5) bancaria; 6) assicurativa; 7) della neuropsichiatria infantile, della psicologia dell'età evolutiva e della psicologia giuridica o forense.[2]

[1] V. ora anche il nuovo *Att.* 146.
[2] Comma così modif. dall'art. 1, c. 34, L. 26 nov. 2021, n. 206. La disposizione si applica ai procedimenti instaurati a decorrere dal 22 giu. 2022.

14. ***Formazione dell'albo.***[1] — L'albo è tenuto dal presidente del tribunale ed è formato da un comitato da lui presieduto e composto dal procuratore della Repubblica e da un professionista iscritto nell'albo professionale, designato dal consiglio dell'ordine o dal collegio della categoria a cui appartiene il richiedente la iscrizione nell'albo dei consulenti tecnici.

Il consiglio predetto ha facoltà di designare, quando lo ritenga opportuno, un professionista iscritto nell'albo di altro ordine o collegio, previa comunicazione al consiglio che tiene l'albo a cui appartiene il professionista stesso.

Quando trattasi di domande presentate da periti estimatori, la designazione è fatta dalla Camera di commercio, industria e agricoltura.

Le funzioni di segretario del comitato sono esercitate dal cancelliere del tribunale.

[1] Articolo così sost. dall'art. unico del D.L.L. 12 ott. 1945, n. 700.

15. ***Iscrizione nell'albo.*** — Con riferimento alla categoria di cui all'articolo 13, terzo comma, numero 7), la speciale competenza tecnica sussiste qualora ricorrano, alternativamente o congiuntamente, i seguenti requisiti:

1) comprovata esperienza professionale in materia di violenza domestica e nei confronti di minori;

2) possesso di adeguati titoli di specializzazione o approfondimento post-universitari in psichiatria, psicoterapia, psicologia dell'età evolutiva o psicologia giuridica o forense, purché iscritti da almeno cinque anni nei rispettivi albi professionali;

3) aver svolto per almeno cinque anni attività clinica con minori presso strutture pubbliche o private.[1]

Possono ottenere l'iscrizione nell'albo coloro che sono forniti di speciale competenza tecnica in una determinata materia, sono di condotta morale [e politica] specchiata e sono iscritti nei rispettivi albi professionali.

Nessuno può essere iscritto in più di un albo.

Sulle domande di iscrizione decide il comitato indicato nell'articolo precedente.

Contro il provvedimento del comitato è ammesso reclamo, entro quindici giorni dalla notificazione, al comitato previsto nell'art. 5.[2]

[1] Comma ins. dall'art. 1, c. 34, L. 26 nov. 2021, n. 206. La disposizione si applica ai procedimenti instaurati a decorrere dal 22 giu. 2022.

[2] Tale comitato è presieduto dal presidente della corte d'appello e composto dal procuratore generale della Repubblica e dal presidente della sezione della corte funzionante come magistratura del lavoro.

16. ***Domande d'iscrizione.*** — Coloro che aspirano all'iscrizione nell'albo debbono farne domanda al presidente del tribunale.

La domanda deve essere corredata dai seguenti documenti:

1) estratto dell'atto di nascita;

2) certificato generale del casellario giudiziario di data non anteriore a tre mesi dalla presentazione;

3) certificato di residenza nella circoscrizione del tribunale;

4) certificato di iscrizione all'albo professionale;

5) i titoli e i documenti che l'aspirante crede di esibire per dimostrare la sua speciale capacità tecnica.

17. ***Informazioni.*** — A cura del presidente del tribunale debbono essere assunte presso le autorità [politiche e][1] di polizia specifiche informazioni sulla condotta pubblica e privata dell'aspirante.

[1] Le parole tra parentesi quadre devono ritenersi abrogate, per incompatibilità, per effetto della nuova forma istituzionale dello stato, espressa dalla Costituzione.

18. ***Revisione dell'albo.*** — L'albo è permanente. Ogni quattro anni il comitato di cui all'art. 14 deve provvedere alla revisione dell'albo per eliminare i consulenti per i quali è venuto meno alcuno dei requisiti previsti nell'art. 15 o è sorto un impedimento a esercitare l'ufficio.

19. ***Disciplina.*** — La vigilanza sui consulenti tecnici è esercitata dal presidente del tribunale, il quale, d'ufficio o su istanza del procuratore della Repubblica o del presidente dell'ordine o del collegio, può promuovere procedimento disciplinare contro i consulenti che non hanno tenuto una condotta morale [e politica][1] specchiata o non hanno ottemperato agli obblighi derivanti dagli incarichi ricevuti.

Per il giudizio disciplinare è competente il comitato indicato nell'art. 14.

[1] Le parole tra parentesi quadre devono ritenersi abrogate, per incompatibilità, per effetto della nuova forma istituzionale dello stato, espressa dalla Costituzione.

20. ***Sanzioni disciplinari.*** — Ai consulenti che non hanno osservato i doveri indicati nell'articolo precedente possono essere inflitte le seguenti sanzioni disciplinari:

1) l'avvertimento;

2) la sospensione dall'albo per un tempo non superiore ad un anno;

3) la cancellazione dall'albo.

21. ***Procedimento disciplinare.*** — Prima di promuovere il procedimento disciplinare, il presidente del tribunale contesta l'addebito al consulente e ne raccoglie la risposta scritta.

Il presidente, se dopo la contestazione ritiene di dover continuare il procedimento, fa invitare il consulente, con biglietto di cancelleria, davanti al comitato disciplinare.

Il comitato decide sentito il consulente. Contro il provvedimento è ammesso reclamo a norma dell'art. 15 ultimo comma.

22. ***Distribuzione degli incarichi.*** — Tutti i giudici che hanno sede nella circoscrizione del tribunale debbono affidare normalmente le funzioni di consulente tecnico agli iscritti nell'albo del tribunale medesimo.

Il giudice istruttore che conferisce un incarico a un consulente iscritto in albo di altro tribunale o a persona non iscritta in alcun albo, deve sentire il presidente e indicare nel provvedimento i motivi della scelta.

Le funzioni di consulente presso la Corte d'appello sono normalmente affidate agli iscritti negli albi dei tribunali del distretto. Se l'incarico è conferito ad iscritti in altri albi o a persone non iscritte in alcun albo, deve essere sentito il presidente e debbono essere indicati nel provvedimento i motivi della scelta.

23. ***Vigilanza sulla distribuzione degli incarichi.*** — Il presidente del tribunale vigila affinché, senza danno per l'amministrazione della giustizia, gli incarichi siano equamente distribuiti tra gli iscritti nell'albo, in modo tale che a nessuno dei consulenti iscritti possano essere conferiti incarichi in misura superiore al 10 per cento di quelli affidati dall'ufficio, e garantisce che sia assicurata l'adeguata trasparenza del conferimento degli incarichi anche a mezzo di strumenti informatici.[1]

Per l'attuazione di tale vigilanza il presidente fa tenere dal cancelliere un registro in cui debbono essere annotati tutti gli incarichi che i consulenti iscritti ricevono e i compensi liquidati da ciascun giudice.

Questi deve dare notizia degli incarichi dati e dei compensi liquidati al presidente del tribunale presso il quale il consulente è iscritto.

Il presidente della Corte di appello esercita la vigilanza prevista nel primo comma per gli incarichi che vengono affidati dalla Corte.

[1] Periodo aggiunto dall'art. 52 della L. 18 giu. 2009, n. 69. Per espressa previsione dell'art. 58, L. 69/2009, "le disposizioni della presente legge che modificano il codice di procedura civile e le disposizioni per l'attuazione del codice di procedura civile si applicano ai giudizi instaurati dopo la data della sua entrata in vigore" (avvenuta il 4 lug. 2009).

24. [*Liquidazione dei compensi.*][1]

[1] Articolo abrog. dall'art. 13, L. 8 lug. 1980, n. 319.

SEZIONE II
Dei consulenti tecnici nei procedimenti corporativi[1]

[1] La presente sezione deve ritenersi implicitamente abrogata dalla L. 11 ago. 1973, n. 533; v. il nuovo testo dell'art. 424 e di *Att.* 146.

25-27. (*Abrogati*).

CAPO III
Dei registri di cancelleria e degli atti del cancelliere[1]

[1] Per la vidimazione v. ora la L. 23 mar. 1956, n. 182 (G.U. 6 apr. 1956, n. 82):

«2. I registri di cancelleria, previsti dagli artt. 28, 29, 30, 31 e 32 del D. 18 dic. 1941, n. 1368, prima di essere posti in uso, debbono essere numerati e vidimati in ogni mezzo foglio:

dal dirigente la cancelleria della Pretura, se si tratta dei registri di cancelleria dell'Ufficio di conciliazione;

dal dirigente la cancelleria del Tribunale, se si tratta dei registri di cancelleria della Pretura, ad eccezione di quelli indicati nei nn. 10 e 11 dell'art. 29 del D. 18 dic. 1941, n. 1368, che sono numerati e vidimati dal dirigente la segreteria della Procura della Repubblica;

dal dirigente la segreteria della Procura della Repubblica, se si tratta dei registri di cancelleria del Tribunale;

dal dirigente la segreteria della Procura generale della Repubblica, se si tratta dei registri di cancelleria della Corte di appello;

dal dirigente la segreteria della Procura generale della Corte di cassazione, se si tratta dei registri di cancelleria della Corte di cassazione.

Il numero dei mezzi fogli, di cui è composto in registro, deve essere notato in tutte lettere, nell'ultimo di essi».

La legalizzazione delle firme è richiesta solo per gli atti da valere all'estero. V. L. 4 gen. 1968, n. 15 (art. 18).

28. ***Registri di cancelleria.*** — Con decreto del Ministro di grazia e giustizia, ovvero con decreto del Ministro delle finanze, nei casi di sua competenza, di concerto con il Ministro di grazia e giustizia, sono stabiliti i registri che devono essere tenuti, a cura delle cancellerie, presso gli uffici giudiziari.[1]

[1] Articolo così sost. dall'art. 1 della L. 2 dic. 1991, n. 399. Per la determinazione delle modalità di tenuta dei registri si veda l'art. 2 della medesima legge.

In virtù dell'art. 7, c. 2, della legge citata, sino alla data di entrata in vigore del decreto di cui all'art. 1 continuano ad applicarsi le disposizioni vigenti anteriormente.

29-32. (*Abrogati*).[1]

[1] Articoli abrog. dalla L. 2 dic. 1991, n. 399.

33. ***Divisione dei registri in più volumi.*** — Negli uffici giudiziari aventi un numero rilevante di affari, ogni capo d'ufficio, su proposta del dirigente la cancelleria, può autorizzare la divisione per materia del ruolo generale e della rubrica alfabetica generale corrispondente.

Il capo dell'ufficio può autorizzare inoltre la divisione del registro cronologico in due volumi contenenti uno i numeri pari e l'altro i numeri dispari o anche in volumi distinti per materia.

34. [***Contenuto del registro cronologico***].[1]

[1] Articolo abrog. dall'art. 7, L. 2 dic. 1991, n. 393.

35. ***Volumi dei provvedimenti originali.*** — Il cancelliere deve riunire annualmente in volumi separati gli originali delle sentenze, dei decreti d'ingiunzione e dei processi verbali di conciliazione, nonché le copie dei verbali contenenti le sentenze pronunciate a norma dell'art. 281-*sexies*.[1]

[1] Parole aggiunte dall'art. 117 D.lgs. 19 feb. 1998 n. 51 con decorrenza dal 2 giu. 1999.

36. ***Fascicoli di cancelleria.*** — Il cancelliere deve formare un fascicolo per ogni affare del proprio ufficio, anche quando la formazione di esso non è prevista espressamente dalla legge.

Ogni fascicolo riceve la numerazione del ruolo generale sotto la quale è iscritto l'affare.

Sulla copertina di ogni fascicolo sono indicati l'ufficio, la sezione alla quale appartiene il giudice incaricato dell'affare e il giudice stesso, le parti, i rispettivi difensori muniti di procura e l'oggetto.

Nella facciata interna della copertina è contenuto l'indice degli atti inseriti nel fascicolo con l'indicazione della natura e della data di ciascuno di essi.

Gli atti sono inseriti nel fascicolo in ordine cronologico e muniti di un numero progressivo corrispondente a quello risultante dall'indice.

37. ***Modo di tenuta dei registri.***[1]

[1] Articolo abrog. dall'art. 7, L. 2 dic. 1991, n. 399. V. tuttavia l'art. 7 della medesima legge citato in nota all'art. 28.

38-43. ....[1]

[1] Articoli abrog. dall'art. 299, D.P.R. 30 mag. 2002, n. 115.

44. ***Compilazione dei processi verbali.*** — Oltre che nei casi specificamente indicati dalla legge, il cancelliere deve compilare processo verbale di tutti gli atti che compie con l'intervento di terzi interessati. Nel processo verbale fa risultare le attività da lui compiute, quelle delle persone intervenute nell'atto e le dichiarazioni da esse rese.

45. ***Forma delle comunicazioni del cancelliere.*** — Quando viene redatto su supporto cartaceo il biglietto, col quale il cancelliere esegue le comunicazioni a norma dell'art. 136 del codice, si compone di due parti uguali, una delle quali deve essere consegnata al destinatario e l'altra deve essere conservata nel fascicolo d'ufficio.[1]

Il biglietto contiene in ogni caso l'indicazione dell'ufficio giudiziario, della sezione alla quale la causa è assegnata, dell'istruttore se è nominato, del numero del ruolo generale sotto il quale l'affare è iscritto e del ruolo dell'istruttore il nome delle parti ed il testo integrale del provvedimento comunicato.[1]

Nella parte che viene inserita nel fascicolo d'ufficio deve essere stesa la relazione di notificazione dell'ufficiale giudiziario o scritta la ricevuta del destinatario. Se l'ufficiale giudiziario si avvale del servizio postale, il cancelliere conserva nel fascicolo d'ufficio anche la ricevuta della raccomandata.[2]

Quando viene trasmesso a mezzo posta elettronica certificata il biglietto di cancelleria è costituito dal messaggio di posta elettronica certificata, formato ed inviato nel rispetto della normativa, anche regolamentare, concernente la trasmissione e la ricezione dei documenti informatici.[3]

[1] Comma così modif. dall'art. 16, c. 3, D.L. 18 ott. 2012, n. 179, conv. con modif. in L. 17 dic. 2012, n. 221.

[2] Comma così sost. dalla L. 7 feb. 1979, n. 59.

[3] Comma ins. dall'art. 16, c. 3, D.L. 18 ott. 2012, n. 179, conv. con modif. in L. 17 dic. 2012, n. 221.

46. ***Forma degli atti giudiziari.*** — I processi verbali e gli altri atti giudiziari debbono essere scritti in carattere chiaro e facilmente leggibile, in continuazione, senza spazi in bianco e senza alterazioni o abrasioni.

Le aggiunte, soppressioni o modificazioni eventuali debbono essere fatte in calce all'atto, con nota di richiamo senza cancellare la parte soppressa o modificata.

CAPO IV

Degli atti dell'ufficiale giudiziario[1]

[1] V. artt. 59 e 60 c.p.c.

47. ***Ora della notificazione.*** — Nella relazione di notificazione di cui all'art. 148 del codice, se la parte interessata lo chiede, deve essere inserita l'indicazione dell'ora nella quale la notificazione è stata eseguita.

48. ***Avviso al destinatario della notificazione.*** — L'avviso prescritto nell'art. 140 del codice deve contenere:

1) il nome della persona che ha chiesto la notificazione e del destinatario;

2) l'indicazione della natura dell'atto notificato;

3) l'indicazione del giudice che ha pronunciato il provvedimento notificato o davanti al quale si deve comparire con la data o il termine di comparizione;

4) la data e la firma dell'ufficiale giudiziario.

49. ***Nota da consegnarsi al pubblico ministero.*** — L'ufficiale, che esegue la notificazione a norma degli artt. 142, 143 e 146 del codice, deve consegnare al pubblico ministero, insieme con la copia dell'atto, una nota contenente:

1) l'indicazione del nome e della qualità della persona che ha chiesto la notificazione;

2) il nome, la residenza o la dimora del destinatario;

3) la natura dell'atto notificato;

4) il giudice che ha pronunciato il provvedimento notificato o davanti al quale si deve comparire;

5) la data e la firma dell'ufficiale giudiziario.

La nota è trasmessa dal pubblico ministero insieme con l'atto al ministero degli affari esteri o al comando militare posto nella circoscrizione del tribunale, i quali provvedono d'urgenza alla consegna.

50. ***Istanza di autorizzazione alla notificazione per pubblici proclami.*** — L'istanza di autorizzazione a procedere alla notificazione per pubblici proclami a norma dell'art. 150 del codice è fatta con ricorso steso in calce all'atto.

Il pubblico ministero stende il suo parere di seguito al ricorso.

51. ***Destinazione della copia dell'atto notificato depositata in cancelleria.*** — La copia che l'ufficiale giudiziario deposita in cancelleria a norma dell'art. 150 quarto comma del codice è custodita dal cancelliere per essere inserita nel fascicolo d'ufficio.

Nella copia depositata e in quella da consegnare alla parte che ha chiesto la notificazione, l'ufficiale giudiziario deve certificare la data dell'avvenuto deposito in cancelleria.

CAPO V

Delle persone che possono assistere il giudice

52. ***Liquidazione del compenso.*** — Il compenso agli ausiliari di cui all'art. 68 del codice è liquidato con decreto dal giudice che li ha nominati o dal capo dell'ufficio giudiziario al quale appartiene il cancelliere o l'ufficiale giudiziario che li ha chiamati, tenuto conto dell'attività svolta.[1]

[1] V. ora L. 8 lug. 1980, n. 319 e D.P.R. 14 nov. 1983, n. 820.

53. ***Contenuto ed efficacia dei provvedimenti che liquidano compensi.*** — I decreti con i quali il giudice liquida a favore del custode e degli altri ausiliari i compensi loro dovuti debbono indicare la parte che è tenuta a corrisponderli. Tali decreti costituiscono titolo esecutivo contro la parte stessa.

TITOLO III
Del processo di cognizione

CAPO I[1]
Del procedimento davanti [al pretore e] al giudice di pace[2]

[1] Capo così modificato dagli artt. 118-127 D.lgs. 19 feb. 1998, n. 51 con decorrenza dal 2 giu. 1999.

[2] Rubrica così modificata dall'art. 118 D.lgs. 19 feb. 1998, n. 51 con decorrenza dal 2 giu. 1999.

54. ***Determinazione dei giorni d'udienza.***[1] — Le udienze di istruzione e di discussione delle cause sono tenute nei giorni e nelle ore che il capo dell'ufficio del giudice di pace stabilisce annualmente con decreto approvato dal presidente del tribunale d'intesa col procuratore della Repubblica. Il decreto deve rimanere affisso per tutto l'anno in ciascuna sala di udienza dell'ufficio del giudice di pace.

[1] Articolo così sostituito dall'art. 119 D.lgs. 19 feb. 1998, n. 51 con decorrenza dal 2 giu. 1999.

55. ***Distribuzione delle udienze tra i magistrati.*** — Il capo dell'ufficio [di pretura o][1] del giudice di pace distribuisce con decreto al principio di ogni trimestre le udienze di istruzione o di discussione tra i magistrati addetti all'ufficio.

[1] Parole soppresse dall'art. 120 D.lgs. 19 feb. 1998, n. 51 con decorrenza dal 2 giu. 1999.

56. ***Designazione del giudice per ciascuna causa.*** — Dopo il deposito in cancelleria dell'atto introduttivo del giudizio a norma dell'art. 319 del codice o, in mancanza, il giorno stesso dell'udienza fissata a norma dell'art. 316 del codice, su presentazione da parte del cancelliere dell'atto, il capo dell'ufficio del giudice di pace designa il magistrato che viene incaricato dell'istruzione della causa.[1]

Se nel giorno fissato per la comparizione l'udienza è tenuta da un magistrato diverso da quello designato, la causa, dopo la costituzione delle parti, è rinviata d'ufficio alla prima udienza del magistrato designato.

[1] Comma così sostituito dall'art. 121 D.lgs. 19 feb. 1998, n. 51 con decorrenza dal 2 giu. 1999.

57. ***Rinvio dell'udienza di comparizione.*** — Se non vi è udienza nel giorno fissato nell'atto di citazione o nel processo verbale indicato *nell'art. 316*[1] secondo comma del codice, la comparizione si intende rimandata all'udienza immediatamente successiva tenuta dal giudice designato.

Se nell'udienza di comparizione non possono essere sentite le parti, [il pretore o][2] il giudice di pace dà atto nel processo verbale della loro comparizione e rimanda la causa all'udienza immediatamente successiva.

[1] Parole così sostituite dall'art. 122 lett. *a*), D.lgs. 19 feb. 1998, n. 51 con decorrenza dal 2 giu. 1999.

[2] Parole soppresse dall'art. 122 lett. *b*). D.lgs. 19 feb. 1998, n. 51 con decorrenza dal 2 giu. 1999.

58. ***Mancanza di dichiarazione di residenza o di elezione di domicilio.*** — Alla parte, che non ha fatto dichiarazione di residenza o elezione di domicilio *a norma dell'art. 314*[1] del codice, le notificazioni e le comunicazioni durante il procedimento possono essere fatte presso la cancelleria, salvo contrarie disposizioni di legge.

[1] Parole così sostituite dall'art. 123 D.lgs. 19 feb. 1998, n. 51 con decorrenza dal 2 giu. 1999.

59. ***Dichiarazione di contumacia.*** — La dichiarazione di contumacia della parte non costituita è fatta [dal pretore o][1] dal giudice di pace a norma dell'art. 171 ultimo comma del codice, quando è decorsa almeno un'ora dall'apertura dell'udienza.

[1] Parole soppresse dall'art. 124 D.lgs. 19 feb. 1998, n. 51 con decorrenza dal 2 giu. 1999.

60. ***Tempo degli atti di istruzione.*** — Gli atti di istruzione debbono essere assunti [dal pretore o][1] dal giudice di pace non oltre la terza udienza successiva a quella in cui sono stati ammessi o alla comunicazione dell'ordinanza di ammissione se questa non è stata pronunziata in udienza.

[1] Parole soppresse dall'art. 124 D.lgs. 19 feb. 1998, n. 51 con decorrenza dal 2 giu. 1999.

61. ***Ordine di trattazione e discussione delle cause.***[1] — Nella trattazione e nella discussione il giudice di pace deve dare la precedenza alle cause per le quali sono stati abbreviati i termini a norma dell'art. 163-*bis* del codice.

[1] Articolo così sostituito dall'art. 125 D.lgs. 19 feb. 1998, n. 51 con decorrenza dal 2 giu. 1999.

62. ***Udienza di discussione.*** — [Il pretore o][1] il giudice di pace, quando dichiara chiusa l'istruzione, invita le parti a formulare nella stessa udienza o in una udienza successiva le conclusioni che, a norma dell'art. 189 del codice, intendono sottoporre alla sua decisione e a procedere alla discussione della causa.

L'udienza di discussione può essere rinviata soltanto una volta, per grave impedimento dell'ufficio o delle parti da specificarsi nel provvedimento di rinvio.

[1] Parole soppresse dall'art. 126 D.lgs. 19 feb. 1998, n. 51 con decorrenza dal 2 giu. 1999.

63. ***Giudice decidente.*** — La causa deve essere decisa [dal pretore o][1] dal giudice di pace che ha proceduto all'istruzione, salvo che sia stato sostituito a norma dell'art. 174 del codice.

[1] Parole soppresse dall'art. 124 D.lgs. 19 feb. 1998, n. 51 con decorrenza dal 2 giu. 1999.

64. [***Pubblicazione della sentenza***].[1]

[1] Articolo abrog. dall'art. 127, D.lgs. 19 feb. 1998, n. 51 con decorrenza dal 2 giu. 1999.

65. ***Querela di falso.*** — [Il pretore o][1] il giudice di pace, quando rimette le parti davanti al tribunale per il processo di falso, stabilisce un termine perentorio entro il quale le parti stesse debbono riassumere la causa davanti al tribunale.

[1] Parole soppresse dall'art. 126 D.lgs. 19 feb. 1998, n. 51 con decorrenza dal 2 giu. 1999.

66. [*Tempo degli atti dei conciliatori*].[1]

[1] Articolo abrog. dall'art. 47, L. 21 nov. 1991, n. 374 con decorrenza dall'1 mag. 1995.

67. [*Luogo delle udienze*].[1]

[1] Articolo abrog. dall'art. 47, L. 21 nov. 1991, n. 374 con decorrenza dall'1 mag. 1995.

68. ***Istanza di conciliazione.*** — L'istanza di conciliazione in sede non contenziosa può essere proposta al giudice di pace con ricorso o verbalmente.

Se l'istanza è proposta con ricorso, il giudice di pace fa invitare dal cancelliere le parti a comparire davanti a lui in un giorno e in un'ora determinati per cercare di conciliarle.

Se è proposta verbalmente, il giudice di pace redige di essa processo verbale e dà la disposizione di cui al comma precedente.

69. ***Mancata comparizione della parte invitata.*** — Se la parte invitata non si presenta, il giudice di pace ne dè atto nel processo verbale; di questo la parte istante può ottenere copia.

CAPO II
Del procedimento davanti al tribunale

SEZIONE I
Dell'introduzione della causa

69-*bis*. ***Determinazione delle udienze di prima comparizione.***[1] — Il decreto del presidente del tribunale, che stabilisce, a norma del secondo comma dell'art. 163 del codice, i giorni della settimana e le ore delle udienze destinate esclusivamente alla prima comparizione delle parti, deve essere affisso in tutte le sale d'udienza del tribunale entro il 30 novembre di ogni anno e rimanervi durante il successivo anno giudiziario cui si riferisce.

[1] Articolo così sost. dall'art. 78 della L. 26 nov. 1990, n. 353, con decorrenza 30 apr. 1995.

70. ***Istanza di abbreviazione dei termini.*** — L'istanza di abbreviazione dei termini di comparizione, prevista nell'art. 163-*bis* ultimo comma del codice, è proposta con ricorso diretto al presidente del tribunale, ovvero, se la causa è stata già assegnata ad una sezione, al presidente di questa.

Il decreto del presidente, scritto in calce al ricorso, fissa la udienza di prima comparizione e deve essere comunicato, insieme col ricorso stesso, ai procuratori delle parti costituite almeno cinque giorni liberi prima dell'udienza fissata dal presidente. Alle parti non costituite il decreto e il ricorso debbono essere notificati personalmente in un congruo termine stabilito dal presidente.

Se all'udienza fissata dal presidente non compariscono tutte le parti alle quali deve essere fatta la comunicazione o la notificazione, il giudice istruttore verifica la regolarità della comunicazione o della notificazione, e ne ordina, quando occorre, la rinnovazione, fissando una nuova udienza di prima comparizione. In tal caso deve essere osservato per la comunicazione lo stesso termine stabilito nel comma precedente; per la notificazione alle parti non costituite il giudice istruttore stabilisce un nuovo termine congruo.

70-*bis*. ***Computo dei termini di comparizione.*** — I termini di comparizione, stabiliti nell'art. 163-*bis* del codice, debbono essere osservati in relazione all'udienza fissata nell'atto di citazione, anche se la causa è rinviata ad altra udienza a norma dell'art. 168-*bis* quarto comma dello stesso codice.

70-*ter*. ***Notificazione della comparsa di risposta.***[1] — La citazione può anche contenere, oltre a quanto previsto dall'art. 163, terzo comma, numero 7), del codice, l'invito al convenuto o ai convenuti, in caso di pluralità degli stessi, a notificare al difensore dell'attore la comparsa di risposta ai sensi dell'art. 4 del decreto legislativo 17 gennaio 2003, n. 5, entro un termine non inferiore a sessanta giorni dalla notificazione della citazione, ma inferiore di almeno dieci giorni al termine indicato ai sensi del primo comma dell'art. 163-*bis* del codice.

Se tutti i convenuti notificano la comparsa di risposta ai sensi del precedente comma, il processo prosegue nelle forme e secondo le modalità previste dal decreto legislativo 17 gennaio 2003, n. 5.

[1] Articolo introdotto dall'art. 2 D.L. 14 mar. 2005, n. 35, conv. in L. 14 mag. 2005, n. 80 con decorrenza 1 mar. 2006.

71. ***Nota d'iscrizione a ruolo.*** — La nota d'iscrizione della causa nel ruolo generale deve contenere l'indicazione delle parti, nonché le generalità ed il codice fiscale, ove attribuito, della parte che iscrive la causa a ruolo,[1] del procuratore che si costituisce, dell'oggetto della domanda, della data di notificazione della citazione e dell'udienza fissata per la prima comparizione delle parti.

[1] Parole aggiunte dall'art. 3 L. 10 mag. 2002, n. 91.

72. ***Deposito del fascicolo di parte e iscrizione a ruolo.*** — Insieme con la nota d'iscrizione a ruolo la parte deve consegnare al cancelliere il proprio fascicolo. Esso è custodito in unica cartella col fascicolo d'ufficio che il cancelliere forma a norma dell'art. 168 secondo comma del codice.

Nella stessa cartella sono custoditi i fascicoli delle parti che si costituiscono successivamente.

73. ***Copia degli atti di parte.*** — Le parti debbono consegnare al cancelliere insieme col proprio fascicolo le copie degli atti di parte, che a norma dell'art. 168 secondo comma del codice debbono essere inserite nel fascicolo d'ufficio.

Il cancelliere deve rifiutare di ricevere il fascicolo

di parte che non contenga le copie degli atti indicate nel comma precedente.

74. *Contenuto del fascicolo di parte.* — Gli atti e i documenti di causa sono inseriti in sezioni separate del fascicolo di parte.

Gli atti sono costituiti dagli originali o dalle copie notificate della citazione, della comparsa di risposta o d'intervento, delle memorie, delle comparse conclusionali e delle sentenze.

Sulla copertina del fascicolo debbono essere iscritte le indicazioni richieste per il fascicolo di ufficio.

Il cancelliere, dopo aver controllato la regolarità anche fiscale degli atti e dei documenti, sottoscrive l'indice del fascicolo ogni volta che viene inserito in esso un atto o documento.

75. *Nota delle spese.* — Il difensore al momento del passaggio in decisione della causa deve unire al fascicolo di parte la nota delle spese, indicando in modo distinto e specifico gli onorari e le spese, con riferimento all'articolo della tariffa dal quale si desume ciascuna partita.

76. *Potere delle parti sui fascicoli.* — Le parti o i loro difensori muniti di procura[1] possono esaminare gli atti e i documenti inseriti nel fascicolo d'ufficio e in quelli delle altre parti e farsene rilasciare copia del cancelliere, osservate le leggi sul bollo.

[1] Comma così modif. dall'art. 7 del D.L. 7 ott. 1994, n. 571, conv. in L. 6 dic. 1994, n. 673.

77. *Ritiro del fascicolo di parte.* — Per ritirare il proprio fascicolo a norma dell'art. 169 del codice, la parte deve fare istanza con ricorso al giudice istruttore. Il ricorso e il decreto di autorizzazione sono inseriti dal cancelliere nel fascicolo d'ufficio.

In calce al decreto il cancelliere fa scrivere la dichiarazione di ritiro del fascicolo e annota la restituzione di esso.

SEZIONE II

Dell'istruzione della causa

78. *Astensione del giudice istruttore.* — Il giudice istruttore, che riconosce l'esistenza di un motivo di astensione a norma dell'art. 51 del codice, deve farne espressa dichiarazione oppure istanza scritta al presidente del tribunale appena ricevuto il decreto di nomina.

Se il motivo d'astensione sorge dopo che l'istruzione è iniziata, il giudice istruttore ne dà subito notizia al capo dell'ufficio giudiziario competente e dichiara o chiede di astenersi.

79. *Sostituzione del giudice istruttore.* — La sostituzione del giudice istruttore nei casi previsti nell'art. 174 del codice è disposta d'ufficio o su istanza di parte.

L'istanza è proposta con ricorso al presidente del tribunale, il quale provvede con decreto designando altro giudice della stessa sezione.

L'istanza e il decreto sono inseriti nel fascicolo d'ufficio.

80. *Determinazione delle udienze dei giudici istruttori.* — Il presidente del tribunale stabilisce con decreto, al principio e alla metà dell'anno giudiziario, i giorni della settimana e le ore in cui egli stesso, i presidenti di sezione e ciascun giudice istruttore debbono tenere le udienze destinate esclusivamente alla prima comparizione delle parti, e le udienze d'istruzione. Il decreto deve rimanere affisso in tutte le sale d'udienza del tribunale durante il periodo al quale si riferisce. Se nel corso dell'anno uno o più giudici istruttori cessano di fare parte del tribunale, o della sezione, debbono di volta in volta essere apportate al decreto le necessarie modificazioni.

80-*bis*. *Rinvio al collegio nell'udienza di prima comparizione.* — La rimessione al collegio, a norma dell'art. 187 del codice può essere disposta dal giudice istruttore anche nell'udienza destinata esclusivamente alla prima comparizione delle parti.

81. *Fissazione delle udienze d'istruzione.* — Le udienze di istruzione per ogni causa sono fissate di volta in volta dal giudice istruttore.

Nello stesso processo l'intervallo tra l'udienza destinata esclusivamente alla prima comparizione delle parti e la prima udienza d'istruzione, e quello tra le successive udienze di istruzione, non può essere superiore a quindici giorni, salvo che, per speciali circostanze, delle quali dovrà farsi menzionare nel provvedimento, sia necessario un intervallo maggiore.

81-*bis*. *Calendario del processo.*[1] — Il giudice, quando provvede sulle richieste istruttorie, sentite le parti e tenuto conto della natura, dell'urgenza e della complessità della causa, fissa, nel rispetto del principio di ragionevole durata del processo, il calendario delle udienze successive, indicando gli incombenti che verranno in ciascuna di esse espletati, compresi quelli di cui all'articolo 189, primo comma. I termini fissati nel calendario possono essere prorogati, anche d'ufficio, quando sussistono gravi motivi sopravvenuti. La proroga deve essere richiesta dalle parti prima della scadenza dei termini.

Il mancato rispetto dei termini fissati nel calendario di cui al comma precedente da parte del giudice, del difensore o del consulente tecnico d'ufficio può costituire violazione disciplinare, e può essere considerato ai fini della valutazione di professionalità e della nomina o conferma agli uffici direttivi e semidirettivi.

Quando il difensore documenta il proprio stato di gravidanza, il giudice, ai fini della fissazione del calendario del processo ovvero della proroga dei termini in esso previsti, tiene conto del periodo compreso tra i due mesi precedenti la data presunta del parto e i tre mesi successivi. La disposizione del primo periodo si applica anche nei casi di adozione nazionale e internazionale nonché di affidamento del minore avendo riguardo ai periodi previsti dall'articolo 26 del testo unico delle disposizioni legislative in materia di tutela e sostegno della maternità e della paternità, di cui al decreto legislativo 26 marzo 2001, n. 151. Dall'applicazione del presente comma non può derivare grave pregiudizio alle parti nelle cause per le quali è richiesta un'urgente trattazione.[2]

[1] Articolo inserito dall'art. 52 della L. 18 giu. 2009, n. 69, per espressa previsione dell'art. 58, L. 69/2009, "le disposizioni della presente legge che modificano il c.p.c. e le disposizioni per l'attuazione del c.p.c. si applicano ai giudizi instaurati dopo la data della sua entrata in vigore" (avvenuta il 4 lug. 2009), e poi così modif. dall'art. 1-*ter* del D.L. 13 ago. 2011, n. 138, conv. in L. 14 set. 2011, n. 148.

[2] Comma ins. dall'art. 1, c. 465, L. 27 dic. 2017, n. 205.

82. ***Rinvio delle udienze di prima comparizione e d'istruzione.*** — Qualora il giudice istruttore designato non tenga udienza nel giorno fissato per la prima comparizione delle parti, questa si intende rinviata d'ufficio alla udienza di prima comparizione immediatamente successiva, assegnata allo stesso giudice.

La stessa disposizione si applica anche nel caso che il presidente abbia designato un giudice diverso da quelli che tengono udienze di prima comparizione nel giorno fissato dall'attore.[1]

Se nel giorno fissato non si tiene udienza d'istruzione per festività sopravvenuta o impedimento del giudice istruttore, ovvero per qualsiasi altro motivo, la causa s'intende rinviata d'ufficio alla prima udienza di istruzione immediatamente successiva.

Il giudice istruttore può, su istanza di parte o d'ufficio, fissare altra udienza d'istruzione, ferme le disposizioni dell'articolo precedente. Il decreto è comunicato dal cancelliere alle parti non presenti alla pronuncia del provvedimento.

Se le parti alle quali deve essere fatta la comunicazione prevista nel primo e nel terzo comma precedenti, o alcuna di esse, non compariscono nella nuova udienza, il giudice istruttore verifica la regolarità della comunicazione e ne ordina, quando occorre, la rinnovazione, rinviando la causa, secondo i casi, all'udienza di prima comparizione immediatamente successiva, ovvero ad altra udienza d'istruzione.

[1] Commi inseriti dall'art. 79 della L. 26 nov. 1990, n. 353 in sost. dell'originario primo comma, con decorrenza 30 apr. 1995.

83. ***Ordine di trattazione delle cause.*** — Il giudice istruttore fissa l'ordine di trattazione delle cause, dando la precedenza a quelle per le quali sono stati abbreviati i termini e a quelle rinviate a norma degli articoli precedenti.

83-*bis*. ***Trattazione scritta della causa.*** — Il giudice istruttore quando autorizza la trattazione scritta della causa, a norma dell'art. 180 primo comma del codice, può stabilire quale delle parti deve comunicare per prima la propria comparsa, ed il termine entro il quale l'altra parte deve rispondere.

83-*ter*. ***Inosservanza delle disposizioni sulle attribuzioni delle sezioni distaccate del tribunale.***[1] — L'inosservanza delle disposizioni di ordinamento giudiziario relative alla ripartizione tra sede principale e sezioni distaccate, o tra diverse sezioni distaccate, delle cause nelle quali il tribunale giudica in composizione monocratica è rilevata non oltre l'udienza di prima comparizione.

Il giudice, se ravvisa l'inosservanza o ritiene comunque non manifestamente infondata la relativa questione, dispone la trasmissione del fascicolo d'ufficio al presidente del tribunale, che provvede con decreto non impugnabile.

[1] L'art. 83-*ter* è stato inserito dall'art. 128 D.lgs. 19 feb. 1998, n. 51 con decorrenza dal 2 giu. 1999.

84. ***Svolgimento delle udienze.*** — Le udienze del giudice istruttore non sono pubbliche.

Per ciascuna causa sono ammessi davanti al giudice i difensori delle parti e le parti stesse. Queste debbono assistere all'udienza in silenzio, salvo che non ottengano dal giudice, a mezzo del proprio difensore, l'autorizzazione ad interloquire.

Le parti e i loro difensori non possono dettare le loro deduzioni nel processo verbale se non ne sono autorizzati dal giudice.

85. ***Istanza per imposizione di cauzione.***[1]

[1] Incostituzionale. V. la nota all'art. 98 c.p.c.

86. ***Forma della cauzione.*** — Salvo che sia diversamente disposto dal giudice a norma dell'art. 119 del codice, la cauzione deve essere prestata in danaro o in titoli del debito pubblico nei modi stabiliti per i depositi giudiziari.

Il documento contenente la prova del versamento è inserito nel fascicolo d'ufficio.

87. ***Produzione dei documenti.*** — I documenti offerti in comunicazione dalle parti dopo la costituzione sono prodotti mediante deposito in cancelleria, ed il relativo elenco deve essere comunicato alle altre parti nelle forme stabilite dall'art. 170 ultimo comma del codice. Possono anche essere prodotti all'udienza; in questo caso dei documenti prodotti si fa menzione nel verbale.

88. ***Processo verbale di avvenuta conciliazione.*** — La convenzione conclusa tra le parti per effetto della conciliazione davanti al giudice istruttore è raccolta in separato processo verbale, sottoscritto dalle parti stesse, dal giudice e dal cancelliere.

Quando il verbale di udienza, contenente gli accordi di cui al primo comma ovvero un verbale di conciliazione ai sensi degli articoli 185 e 420 del codice, è redatto con strumenti informatici, alla sottoscrizione delle parti, del cancelliere e dei difensori tiene luogo apposita dichiarazione del giudice che tali soggetti, resi pienamente edotti del contenuto degli accordi, li hanno accettati. Il verbale di conciliazione recante tale dichiarazione ha valore di titolo esecutivo e gli stessi effetti della conciliazione sottoscritta in udienza.[1]

Se la conciliazione avviene tra i procuratori non autorizzati a conciliare, il giudice ne prende atto nel processo verbale d'udienza e fissa un'udienza per la comparizione delle parti e per la formazione del processo verbale indicato nel comma precedente.

Se le parti non risiedono nella circoscrizione del giudice, questi può autorizzare a ratificare la convenzione conclusa dai procuratori con dichiarazione ricevuta dal cancelliere della pretura della loro residenza o, se il luogo di residenza non è sede di pretura, da notaio, fissando all'uopo un termine. La dichiarazione di ratifica è unita al processo verbale di udienza contenente la convenzione.

[1] Comma ins. dall'art. 3, c. 1-*bis*, D.L. 30 apr. 2020, n. 28, conv. con modif. in L. 25 giu. 2020, n. 70.

89. ***Ordinanza sull'astensione o ricusazione del consulente tecnico.*** — L'ordinanza sull'astensione o sulla ricusazione del consulente tecnico prevista nell'art. 192 del codice è scritta in calce al ricorso del consulente o della parte.

Il ricorso e l'ordinanza sono inseriti nel fascicolo d'ufficio.

90. ***Indagini del consulente senza la presenza del giudice.*** — Il consulente tecnico che, a norma dell'art. 194 del codice, è autorizzato a compiere indagini senza che sia presente il giudice, deve dare comunicazione alle parti del giorno, ora e luogo di inizio delle operazioni, con dichiarazione inserita nel processo verbale d'udienza o con biglietto a mezzo del cancelliere.

Il consulente non può ricevere altri scritti defensionali oltre quelli contenenti le osservazioni e le istanze di parte consentite dall'art. 194 del codice.

In ogni caso deve essere comunicata alle parti avverse copia degli scritti defensionali.

91. ***Comunicazioni a consulenti di parte.*** — Nella dichiarazione di cui all'art. 201 primo comma del codice deve essere indicato il domicilio o il recapito del consulente della parte.

Il cancelliere deve dare comunicazione al consulente tecnico di parte, regolarmente nominato, delle indagini predisposte dal consulente d'ufficio, perché vi possa assistere a norma degli artt. 194 e 201 del codice.

92. ***Questioni sorte durante le indagini del consulente.*** — Se, durante le indagini che il consulente tecnico compie da sè solo, sorgono questioni sui suoi poteri o sui limiti dell'incarico conferitogli, il consulente deve informare il giudice, salvo che la parte interessata vi provveda con ricorso.

Il ricorso della parte non sospende le indagini del consulente.

Il giudice, sentite le parti, dà i provvedimenti opportuni.

93. ***Assistenza alla persona sottoposta all'ispezione.*** — Chi è sottoposto ad ispezione corporale può farsi assistere da persona di sua fiducia che sia riconosciuta idonea dal giudice.

94. ***Istanza di esibizione.*** — L'istanza di esibizione di un documento o di una cosa in possesso di una parte o di un terzo deve contenere la specifica indicazione del documento o della cosa e, quando è necessario, l'offerta della prova che la parte o il terzo li possiede.

95. ***Notificazione dell'ordinanza di esibizione.*** — Il giudice, nell'ordinanza con la quale dispone l'esibizione di un documento o di una cosa in possesso di una parte contumace o di un terzo, fissa il termine entro i quale l'ordinanza deve essere notificata e indica la parte che deve provvedere alla notificazione.

96. ***Informazioni della pubblica amministrazione.*** — La nota contenente le informazioni, che la pubblica amministrazione fornisce su richiesta del giudice a norma dell'art. 213 del codice, è inserita nel fascicolo d'ufficio.

97. ***Divieto di private informazioni.*** — Il giudice non può ricevere private informazioni sulle cause pendenti davanti a sé, né può ricevere memorie se non per mezzo della cancelleria.

98. ***Deposito di documenti fatto da pubblico depositario.*** — Il pubblico depositario, al quale è stato ordinato dal giudice istruttore il deposito in cancelleria delle scritture di comparazione a norma dell'art. 218 del codice, deve farne copia.

Le copie sono verificate dal cancelliere che della verificazione redige processo verbale. Questo è conservato in cancelleria unitamente alle scritture originali e una copia di esso è consegnata al depositario.

Il pubblico depositario può rilasciare copia delle scritture in base a quella da lui fatta, facendo menzione del processo di verificazione di cui al comma precedente.

99. ***Proposizione della querela di falso.*** — La querela di falso proposta con atto di citazione deve essere confermata nella prima udienza davanti al giudice istruttore dalla parte personalmente o dal difensore munito di procura speciale.

Se la parte che propone personalmente in udienza la querela di falso è analfabeta, la dichiarazione è raccolta dal cancelliere in apposito processo verbale che tiene luogo della dichiarazione scritta.

100. ***Copie del documento impugnato.*** — Il cancelliere non può rilasciare copia del documento impugnato di falso che si trova depositato in cancelleria senza l'autorizzazione del giudice istruttore.

L'autorizzazione è data con decreto.

101. ***Rinvio.*** — Nel procedimento di falso si osservano, in quanto applicabili, le disposizioni del codice relative alla verificazione di scrittura privata.

102. ***Ammissione d'interrogatorio o di prova testimoniale.*** — Nell'ordinanza che ammette l'interrogatorio o la prova testimoniale non è necessario che siano ripetuti i capitoli relativi, se il giudice fa richiamo a quelli contenuti nell'atto di citazione e nella comparsa di risposta o nei processi verbali di causa.

103. ***Termine per l'intimazione al testimone.*** — L'intimazione di cui all'art. 250 del codice deve essere fatta ai testimoni almeno sette[1] giorni prima dell'udienza in cui sono chiamati a comparire.

Con l'autorizzazione del giudice il termine può essere ridotto nei casi d'urgenza.

L'intimazione a cura del difensore contiene:

1) l'indicazione della parte richiedente e della controparte, nonché gli estremi dell'ordinanza con la quale è stata ammessa la prova testimoniale;

2) il nome, il cognome e il domicilio della persona da citare;

3) il giorno, l'ora e il luogo della comparizione, nonché il giudice davanti al quale la persona deve presentarsi;

4) l'avvertimento che in caso di mancata comparizione senza giustificato motivo la persona citata potrà essere condannata al pagamento di una pena pecuniaria non inferiore a 100 euro e non superiore a 1000 euro.[1]

[1] Comma aggiunto dall'art. 2 L. 28 dic. 2005, n. 263, con decorrenza 1 mar. 2005.

103-*bis*. ***Modello di testimonianza.***[1] — La testimonianza scritta è resa su di un modulo conforme al modello approvato con decreto del Ministro della giustizia, che individua anche le istruzioni per la sua compilazione, da notificare unitamente al modello. Il modello, sottoscritto in ogni suo foglio dalla parte che ne ha curato la compilazione, deve contenere, oltre all'indicazione del procedimento e dell'ordinanza di ammissione da parte del giudice procedente, idonei spazi per l'inserimento delle complete generalità del testimone, dell'indicazione della sua residenza, del suo domicilio e, ove possibile, di un suo recapito telefonico. Deve altresì contenere l'ammonimento del testimone ai sensi dell'articolo 251 del codice e la formula del giuramento di cui al medesimo articolo, oltre all'avviso in ordine alla facoltà di astenersi ai sensi degli articoli 200, 201 e 202 del codice di procedura penale, con lo spazio per la sottoscrizione obbligatoria del testimone, nonché le richieste di cui all'articolo 252, primo comma, del codice, ivi compresa l'indicazione di eventuali rapporti personali con le parti, e la trascrizione dei quesiti ammessi, con l'avvertenza che il testimone deve rendere risposte specifiche e pertinenti a ciascuna domanda e deve altresì precisare se ha avuto conoscenza dei fatti oggetto della testimonianza in modo diretto o indiretto.[2]

Al termine di ogni risposta è apposta, di seguito e senza lasciare spazi vuoti, la sottoscrizione da parte del testimone.

Le sottoscrizioni devono essere autenticate da un segretario comunale o dal cancelliere di un ufficio giudiziario. L'autentica delle sottoscrizioni è in ogni caso gratuita nonché esente dall'imposta di bollo e da ogni diritto

[1] Articolo inserito dall'art. 52 della L. 18 giu. 2009, n. 69. Per espressa previsione dell'art. 58, L. 69/2009, "le disposizioni della presente legge che modificano il codice di procedura civile e le disposizioni per l'attuazione del codice di procedura civile si applicano ai giudizi instaurati dopo la data della sua entrata in vigore" (avvenuta il 4 lug. 2009).

[2] V. D.M. 17 feb. 2010.

104. ***Mancata intimazione ai testimoni.*** — Se la parte senza giusto motivo non fa chiamare i testimoni davanti al giudice, questi la dichiara, anche d'ufficio, decaduta dalla prova, salvo che l'altra parte dichiari di avere interesse all'audizione.[1]

Se il giudice riconosce giustificata l'omissione fissa una nuova udienza per l'assunzione della prova.

[1] Comma sostituito dall'art. 52 della L. 18 giu. 2009, n. 69. Per espressa previsione dell'art. 58, L. 69/2009, "le disposizioni della presente legge che modificano il codice di procedura civile e le disposizioni per l'attuazione del codice di procedura civile si applicano ai giudizi instaurati dopo la data della sua entrata in vigore" (avvenuta il 4 lug. 2009).

105. ***Forma speciale di esame testimoniale.*** — La disposizione dell'art. 255 secondo comma del codice, relativa all'esenzione della comparizione dei testimoni davanti al giudice, si applica in ogni caso ai Cardinali che svolgono una funzione di rilievo particolare presso la Santa Sede[1] e ai Grandi Ufficiali dello Stato.

Rivestono funzioni di rilievo particolare presso la Santa Sede il cardinale decano del Sacro Collegio, i cardinali prefetti dei dicasteri della Curia romana aventi la qualifica di congregazione, il cardinale prefetto del Supremo tribunale della Segnatura apostolica ed il cardinale che presiede la Penitenzieria apostolica.[2]

[1] Parole aggiunte dall'art. 5, L. 22 apr. 2021, n. 70.
[2] Comma aggiunto dall'art. 5, L. 22 apr. 2021, n. 70.

106. ***Disposizioni relative al testimone non comparso.*** — Il giudice istruttore può pronunciare i provvedimenti di cui all'art. 255 primo comma del codice contro il testimone non comparso dopo che è decorsa un'ora da quella indicata per la comparizione.

Il provvedimento di condanna costituisce titolo esecutivo contro il testimone.

107. [***Liquidazione delle indennità ai testimoni***].[1]

[1] Articolo abrog. dall'art. 299, D.P.R. 30 mag. 2002, n. 115.

108. ***Procuratore autorizzato ad assistere alle prove delegate.*** — Il difensore munito di mandato alla lite può assistere all'assunzione delle prove che si eseguono fuori della circoscrizione del tribunale a norma dell'art. 203 del codice.

Il difensore stesso può anche incaricare un procuratore del luogo mediante delega scritta, che deve essere unita al processo verbale di assunzione della prova.

109. ***Ordinanza di pagamento durante il rendiconto.*** — La ordinanza prevista nell'art. 264 ultimo comma del codice costituisce titolo esecutivo.

110. [***Fissazione dell'udienza di trattazione***].[1]

[1] Articolo abrog. dall'art. 89, L. 26 nov. 1990, n. 353, con decorrenza 30 apr. 1995.

111. ***Produzione delle comparse.*** — Le comparse debbono essere inserite nel fascicolo di parte quattro giorni prima dell'udienza che il giudice istruttore ha fissato per la discussione.

Il cancelliere non deve consentire che s'inseriscano nei fascicoli di parte comparse che non risultano comunicate alle altre parti e di cui non gli sono contemporaneamente consegnate le copie in carta libera per il fascicolo di ufficio e per gli altri componenti il collegio. Quando le comparse sono depositate con modalità telematiche, il presente comma non si applica.[1]

L'inserzione tardiva delle comparse può essere autorizzata dal presidente del tribunale per gravi ragioni fino a due giorni prima dell'udienza.

Le comparse debbono essere scritte in carattere chiaro e facilmente leggibile, altrimenti la parte può rifiutarsi di riceverle e il cancelliere può non consentire che s'inseriscano nel fascicolo.

[1] Periodo aggiunto dall'art. 45, c. 1-*bis*, D.L. 24 giu. 2014, n. 90, conv. con modif. in L. 11 ago. 2014, n. 114.

112. ***Istanza di decisione secondo equità.*** — L'istanza per il giudizio di equità, consentita alle parti dall'art. 114 del codice, deve essere espressa in ogni caso nelle conclusioni prese a norma dell'art. 180 del codice.

112-*bis*. [***Rimessione della causa al collegio in pendenza di reclamo***].[1]

[1] Articolo abrog. dall'art. 89, L. 26 nov. 1990, n. 353, con decorrenza 30 apr. 1995.

SEZIONE III
Della decisione della causa

113. ***Determinazione dei giorni delle camere di consiglio e composizione dei collegi.***[1] — Al principio di ogni trimestre il presidente del tribunale o della sezione determina con decreto i giorni in cui si tengono le camere di consiglio e la composizione dei relativi collegi giudicanti.

Se alla camera di consiglio sono chiamati giudici in numero superiore a quello stabilito, il collegio, per ciascuna causa, è formato dal presidente, dal relatore e dal giudice più anziano.

[1] Articolo così sost. dall'art. 80 della L. 26 nov. 1990, n. 353, con decorrenza 30 apr. 1995.

114. ***Determinazione dei giorni d'udienza e composizione dei collegi.***[1] — All'inizio di ciascun anno giudiziario, il presidente del tribunale stabilisce, con decreto approvato dal primo presidente della Corte d'appello, i giorni della settimana e le ore in cui il tribunale o le sezioni tengono le udienze di discussione di cui ai commi terzo e quarto dell'art. 275 del codice.

Il decreto del presidente deve restare affisso per tutto l'anno in ciascuna sala di udienza del tribunale.

Al principio di ogni trimestre il presidente del tribunale determina con decreto la composizione del collegio giudicante per ogni udienza di discussione di cui ai commi terzo e quarto dall'art. 275 del codice.

Se all'udienza sono chiamati giudici in numero superiore a quello stabilito, il collegio, per ciascuna causa, è formato dal presidente, dal relatore e dal giudice più anziano.

[1] Articolo così sost. dall'art. 80 della L. 26 nov. 1990, n. 353, con decorrenza 30 apr. 1995.

115. ***Rinvio della discussione.*** — Si applica alle udienze del collegio la disposizione dell'art. 82.

Il collegio può inoltre rinviare la discussione della causa per non più di una volta soltanto per grave impedimento del tribunale o delle parti e non oltre la seconda udienza successiva a quella fissata dal giudice istruttore a norma dell'art. 190 del codice.

116. ***Ordine di discussione delle cause.*** — L'ordine di discussione delle cause per ciascuna udienza è fissato dal presidente ed è affisso il giorno precedente l'udienza alla porta della sala a questa destinata.

Le cause sono chiamate dall'ufficiale giudiziario di servizio secondo l'ordine stabilito, salvo che il presidente disponga altrimenti per ragioni di opportunità.

117. ***Svolgimento della discussione.*** — I difensori debbono leggere davanti al collegio le loro conclusioni e possono svolgere sobriamente le ragioni che le sorreggono.

Essi debbono chiedere al presidente la facoltà di parlare e debbono dirigere la parola soltanto al tribunale. Il pubblico ministero ha la parola per ultimo.

Il presidente può consentire una sola replica. Non sono ammesse note d'udienza dopo la discussione; ma il presidente può consentirle quando il pubblico ministero prende proprie conclusioni, produce documenti e deduce prove a norma dell'art. 3 ultimo comma e la causa non è rimessa al giudice istruttore.

118. ***Motivazione della sentenza.*** — La motivazione della sentenza di cui all'articolo 132, secondo comma, numero 4), del codice consiste nella succinta esposizione dei fatti rilevanti della causa e delle ragioni giuridiche della decisione, anche con riferimento a precedenti conformi.[1]

Debbono essere esposte concisamente e in ordine le questioni discusse e decise dal collegio ed indicati le norme di legge e i principi di diritto applicati. Nel caso previsto nell'art. 114 del codice debbono essere esposte le ragioni di equità sulle quali è fondata la decisione.

In ogni caso deve essere omessa ogni citazione di autori giuridici.

La scelta dell'estensore della sentenza prevista nell'art. 276 ultimo comma del codice è fatta dal presidente tra i componenti il collegio che hanno espresso voto conforme alla decisione.

[1] Comma sostituito dall'art. 52 della L. 18 giu. 2009, n. 69. Si applica ai giudizi pendenti in primo grado alla data di entrata in vigore della L. 18 giu. 2009, n. 69.Per espressa previsione dell'art. 58, L. 69/2009, "le disposizioni della presente legge che modificano il codice di procedura civile e le disposizioni per l'attuazione del codice di procedura civile si applicano ai giudizi instaurati dopo la data della sua entrata in vigore" (avvenuta il 4 lug. 2009).

119. ***Redazione della sentenza.*** — L'estensore deve consegnare la minuta della sentenza da lui redatta al presidente del tribunale o della sezione. Il presidente, datane lettura, quando lo ritiene opportuno, al collegio, la sottoscrive insieme con l'estensore e la consegna al cancelliere, il quale scrive il testo originale o *ne affida la scritturazione al dattilografo di ruolo, sotto la sua direzione*,[1] a norma dell'art. 132 del codice.

Il presidente e il relatore, verificata la corrispondenza dell'originale alla minuta consegnata al cancelliere, sottoscrivono la sentenza e la fanno sottoscrivere all'altro giudice.

Il giudice che ha steso la motivazione aggiunge la qualifica di estensore alla sua sottoscrizione.

Quando la sentenza è pronunciata secondo equità se ne deve dare atto nel dispositivo.

[1] Parole aggiunte dall'art. 14, L. 28 lug. 1960, n. 777.

120. [***Pubblicazione delle sentenze***].[1]

[1] Articolo abrog. dall'art. 129, D.lgs. 19 feb. 1998 n. 51 con decorrenza dal 2 giu. 1999.

121. ***Ordinanza di correzione delle sentenze.*** — L'ordinanza di correzione delle sentenze è notificata alle parti a cura del cancelliere.

122. ***Forma dell'istanza per integrazione dei provvedimenti istruttori.*** — L'istanza per l'integrazione di un provvedimento istruttorio a norma dell'art. 289 del codice è fatta con ricorso diretto al giudice istruttore o, in mancanza, al presidente del collegio.

123. ***Avviso d'impugnazione alla cancelleria.*** — L'ufficiale giudiziario che ha notificato un atto d'impugnazione deve darne immediatamente avviso scritto al cancelliere del giudice che ha pronunciato la sentenza impugnata.

Il cancelliere deve fare annotazione dell'impugnazione sull'originale della sentenza.

123-*bis*. ***Trasmissione del fascicolo d'ufficio al giudice superiore.*** — Se l'impugnazione è proposta contro una sentenza non definitiva, non si applicano le disposizioni degli artt. 347 ultimo comma e 369 ultimo comma del codice. Tuttavia il giudice della impugnazione può, se lo ritiene necessario, richiedere la trasmissione del fascicolo d'ufficio, ovvero ordinare alla parte interessata di produrre copia di determinati atti.

124. ***Certificato di passaggio in giudicato della sentenza.*** — A prova del passaggio in giudicato della sentenza il cancelliere certifica, in calce alla copia contenente la relazione di notificazione, che non è stato proposto nei termini di legge appello o ricorso per cassazione, né istanza di revocazione per i motivi di cui ai nn. 4 e 5 dell'art. 395 del codice.

Ugualmente il cancelliere certifica in calce alla copia della sentenza che non è stata proposta impugnazione nel termine previsto dall'art. 327 del codice.

125. ***Riassunzione della causa.*** — Salvo che dalla legge sia disposto altrimenti, la riassunzione della causa è fatta con comparsa, che deve contenere:

1) l'indicazione del giudice davanti al quale si deve comparire;

2) il nome delle parti e dei loro difensori con procura;

3) il richiamo dell'atto introduttivo del giudizio;

4) l'indicazione dell'udienza in cui le parti debbono comparire, osservati i termini stabiliti dall'art. 163-*bis* del codice;

5) l'invito a costituirsi nei termini stabiliti dall'art. 166 del codice;

6) l'indicazione del provvedimento del giudice in base al quale è fatta la riassunzione, e, nel caso dell'art. 307, primo comma del codice, l'indicazione della data della notificazione della citazione non seguita dalla costituzione delle parti, ovvero del provvedimento che ha ordinato la cancellazione della causa dal ruolo.

Se, prima della riassunzione, il giudice istruttore abbia tenuto l'udienza di prima comparizione, e la causa debba essere riassunta davanti allo stesso giudice, le parti debbono essere citate a comparire in una udienza d'istruzione. Se il giudice istruttore già designato non fa più parte del tribunale o della sezione, la parte che provvede alla riassunzione deve preliminarmente chiedere la sostituzione con ricorso al presidente del tribunale o della sezione.

La comparsa è notificata a norma dell'art. 170 del

codice, ed alle parti non costituite deve essere notificata personalmente.

125-*bis*. *Riassunzione delle cause sospese durante l'istruzione.* — Se il giudice istruttore ha sospeso l'esecuzione o la prosecuzione dell'ulteriore istruzione a norma dell'art. 279 quarto comma del codice, le parti debbono riassumere la causa davanti a lui nelle forme stabilite dall'articolo che precede, entro il termine perentorio di sei mesi dalla comunicazione della sentenza che definisce il giudizio sull'appello immediato che ha dato luogo alla sospensione.

126. *Fascicolo della causa riassunta.* — Il cancelliere del giudice davanti al quale la causa è riassunta deve immediatamente richiedere il fascicolo d'ufficio al cancelliere del giudice che ha precedentemente conosciuto della causa.

127. *Riscossione della pena pecuniaria a carico dell'opponente.* — La riscossione della pena pecuniaria, alla quale sia stato condannato il terzo opponente a norma dell'art. 408 del codice, è fatta dal cancelliere.

CAPO III
Del procedimento d'appello

128. *Determinazione dei giorni d'udienza.* — Il decreto del primo presidente della Corte di appello, che stabilisce, a norma dell'art. 163 secondo comma del codice, i giorni della settimana e le ore delle udienze destinate esclusivamente alla prima comparizione delle parti, deve essere affisso in tutte le sale d'udienza della Corte d'appello entro il 30 novembre di ogni anno, e rimanervi durante il successivo anno giudiziario cui si riferisce.

Il primo presidente della Corte d'appello stabilisce con decreto, al principio e alla metà dell'anno giudiziario, i giorni della settimana e le ore in cui debbono tenersi le udienze destinate esclusivamente alla prima comparizione delle parti, e le udienze d'istruzione. Il decreto deve rimanere affisso in tutte le sale di udienza della Corte d'appello durante il periodo al quale si riferisce.[1]

[1] Comma così sost. dall'art. 81 della L. 26 nov. 1990, n. 353, con decorrenza 30 apr. 1995.

129. *Riserva d'appello. Estinzione del processo.* — La riserva d'appello contro le sentenze previste nell'art. 278 e nel n. 4 del secondo comma dell'art. 279 del codice, può essere fatta nell'udienza del giudice istruttore con dichiarazione orale da inserirsi nel processo verbale, o con dichiarazione scritta su foglio a parte da allegarsi ad esso.

La riserva può essere fatta anche con atto notificato ai procuratori delle altre parti costituite, a norma dell'art. 170 primo e terzo comma del codice, o personalmente alla parte, se questa non è costituita.

Se il processo si estingue in primo grado, la sentenza di merito contro la quale fu fatta la riserva acquista efficacia di sentenza definitiva dal giorno in cui diventa irrevocabile l'ordinanza, o passa in giudicato la sentenza, che pronuncia l'estinzione del processo. Da questa data decorrono i termini stabiliti dall'art. 325 del codice per impugnare la sentenza già notificata, e, se questa non è stata notificata, decorre il termine di decadenza stabilito dall'art. 327 del codice stesso.

129-*bis*. *Sospensione dell'istruzione nel caso di riforma di sentenza non definitiva.* — Se sia stato proposto ricorso per cassazione contro sentenza d'appello che abbia riformato alcuna delle sentenze previste nel n. 4 del secondo comma dell'art. 279 del codice, il giudice istruttore, su istanza della parte interessata, qualora ritenga che i provvedimenti dati con l'ordinanza collegiale per l'ulteriore istruzione della causa siano dipendenti da quelli contenuti nella sentenza riformata, può disporre con ordinanza non impugnabile che l'esecuzione o la prosecuzione dell'ulteriore istruzione rimanga sospesa fino alla definizione del giudizio di cassazione.

Se la sentenza è cassata, la causa deve essere riassunta davanti al giudice istruttore nelle forme stabilite dall'art. 125, entro il termine perentorio di sei mesi dalla comunicazione della sentenza che accoglie il ricorso.

130. *Appello contro la sentenza di estinzione del processo.*[1] — Nel giudizio d'appello contro la sentenza che ha dichiarato l'estinzione del processo a norma dell'art. 308 del codice o che ha provveduto sul reclamo previsto nell'art. 630 del codice stesso, il collegio, quando è necessario, autorizza le parti a presentare memorie, fissando i rispettivi termini, e provvede in camera di consiglio con sentenza.

[1] Articolo così sost. dall'art. 82 della L. 26 nov. 1990, n. 353, con decorrenza 30 apr. 1995.

131. *Deliberazione dei provvedimenti.* — Nel deliberare i provvedimenti la corte d'appello applica le disposizioni dell'art. 276 del codice.

Il relatore vota per primo, quindi votano i consiglieri in ordine inverso di anzianità e per ultimo il presidente.

La scelta dell'estensore della sentenza è fatta dal presidente tra i componenti il collegio che hanno espresso voto conforme alla decisione.

131-*bis*. *Sospensione dell'esecuzione delle sentenze impugnate per cassazione.* — Sull'istanza di sospensione dell'esecuzione della sentenza prevista dall'art. 373 del codice, il giudice non può decidere se la parte istante non ha dimostrato di avere depositato il ricorso per cassazione contro la sentenza medesima.

132. *Rinvio.* — Nei procedimenti d'appello si osservano, in quanto applicabili, le norme dettate nel capo secondo, se non sono incompatibili con quelle contenute nel presente capo.

CAPO IV
Del procedimento davanti alla corte suprema di cassazione

133. ***Riserva di ricorso. Estinzione del processo.*** — La riserva di ricorso per cassazione prevista nell'art. 361 del codice deve essere fatta nei modi stabiliti dall'art. 129 primo e secondo comma.

Si applicano al ricorso per cassazione le disposizioni dell'art. 129 terzo comma.

L'art. 129, terzo comma, si applica altresì se il processo si estingue dopo la pronuncia delle sentenze previste dall'art. 360, terzo comma, del codice.[1]

[1] Comma aggiunto dall'art. 19 D.lgs. 2 feb. 2006, n. 40.

133-*bis*. ***Sospensione della istruzione in pendenza di ricorso per cassazione.*** — Se sia stato proposto ricorso immediato per cassazione contro alcuna delle sentenze previste nel n. 4 del secondo comma dell'art. 279 del codice, l'istruttore, su istanza concorde delle parti, qualora ritenga che i provvedimenti dati con l'ordinanza collegiale per l'ulteriore istruzione della causa siano dipendenti da quelli contenuti nella sentenza impugnata, può disporre con ordinanza non impugnabile che l'esecuzione o la prosecuzione dell'ulteriore istruzione rimanga sospesa fino alla definizione del giudizio di cassazione.

Se il ricorso è rigettato o dichiarato inammissibile la causa deve essere riassunta davanti all'istruttore nelle forme stabilite dall'art. 125, entro il termine perentorio di sei mesi dalla comunicazione della sentenza di rigetto.

134. ***Deposito del ricorso e del controricorso a mezzo della posta.*** — Gli avvocati che hanno sottoscritto il ricorso o il controricorso possono provvedere al deposito degli stessi e degli atti indicati negli artt. 369 e 370 del codice mediante l'invio per posta, in plico raccomandato, al cancelliere della Corte di cassazione.

Agli atti devono essere uniti:

1) le marche [o le ricevute dei versamenti sui conti correnti postali dovuti per imposta di bollo, per tassa di iscrizione a ruolo, per diritti di cancelleria e][1] per [diritto di chiamata di causa,][2] diritti, indennità di trasferta e spese postali per la notificazione dei biglietti di cancelleria e degli altri atti del procedimento eseguita su richiesta del cancelliere;

2) le marche a favore della Cassa nazionale di previdenza e di assistenza per gli avvocati e procuratori applicate sul ricorso o sul controricorso;

3) le copie in carta semplice del ricorso o del controricorso e della sentenza o della decisione impugnata di cui all'art. 137;

4) un doppio elenco in carta semplice di tutte le carte e marche [o ricevute di versamenti sui conti correnti postali][3] inviate, sottoscritto dall'avvocato.

All'atto del ricevimento del plico, il cancelliere controlla l'esattezza dell'elenco e ne restituisce, mediante raccomandata con avviso di ricevimento e con tassa a carico del destinatario, una copia al mittente nella quale attesta la data di arrivo del piego in cancelleria e gli eventuali inadempimenti degli oneri di cui ai numeri 1), 2) e 3) del secondo comma.

Nel termine per la presentazione del ricorso o del controricorso, ovvero, successivamente, fino al trentesimo giorno dal ricevimento della raccomandata con la quale l'elenco è stato restituito, il difensore può provvedere all'invio in cancelleria delle marche o ricevute di versamenti su conti correnti postali e delle copie mancanti.

Il deposito e le varie integrazioni di cui al comma precedente si hanno per avvenuti a tutti gli effetti, alla data di spedizione dei plichi con la posta raccomandata.

Nel fascicolo di ufficio il cancelliere allega la busta utilizzata per l'invio del ricorso o del controricorso ed, eventualmente, quella utilizzata per l'invio delle suddette marche o ricevute di versamenti su conti correnti postali e copie.

[...][4]

[1] Periodo soppresso dall'art. 299, DP.R. 30 mag. 2002, n. 115.

[2] Parole soppresse dall'art. 299 D.P.R. 30 mag. 2002, n. 115.

[3] Parole soppresse dall'art. 299 D.P.R. 30 mag. 2002, n. 115.

[4] Comma abrog. dall'art. 299, D.P.R. 30 mag. 2002, n. 115.

134-*bis*. ***Residenza o sede delle parti.***[1] — All'atto del deposito di ricorso, controricorso o memoria, i difensori dichiarano il luogo di residenza o la sede della parte.

[1] Articolo inserito dall'art. 19 D.lgs. 2 feb. 2006, n. 40.

135. ***Invio di copie alle parti.***[1] — Agli avvocati non residenti in Roma, i quali ne abbiano fatto richiesta all'atto del deposito del ricorso o del controricorso, sono inviati in copia, mediante lettera raccomandata con tassa a carico del destinatario, l'avviso dell'udienza di discussione e il dispositivo della sentenza della Corte.

[1] Articolo sostituito dalla L. 7 feb. 1979, n. 59.

136. ***Ricorso per regolamento di competenza.***[1]

[1] Articolo abrog. dalla L. 18 ott. 1977, n. 793.

137. ***Copie del ricorso e del controricorso.*** — Le parti debbono depositare insieme col ricorso o col controricorso almeno tre copie in carta libera di questi atti e della sentenza o decisione impugnata. Quando il ricorso o il controricorso sono depositati con modalità telematiche, il presente comma non si applica.[1]

Se non sono depositate le copie di cui al comma precedente, il cancelliere della corte provvede a farle fare a spese della parte [la quale è tenuta in solido con il suo difensore a pagare il relativo importo. In caso di inadempienza il dirigente la cancelleria ingiunge alla parte ed al suo difensore di pagare entro trenta giorni, sotto pena degli atti esecutivi, la somma dovuta].[2]

[...].[3]

[...].[3]

Una copia del ricorso o del controricorso e della sentenza impugnata deve essere subito trasmessa dal cancelliere al pubblico ministero.

[...].[3]

[1] Periodo aggiunto dall'art. 45, c. 1-*bis*, D.L. 24 giu. 2014, n. 90, conv. con modif. in L. 11 ago. 2014, n. 114.

[2] Periodo soppresso dall'art. 299, D.P.R. 30 mag. 2002, n. 115.

[3] Commi abrog. dall'art. 299, D.P.R. 30 mag. 2002, n. 115.

138. ***Procedimento in camera di consiglio.***[1]

[1] Articolo abrog. dall'art. 19, D.lgs. 2 feb. 2006, n. 40.

139. ***Istanza di rimessione alle sezioni unite.*** — L'istanza prevista nell'art. 376 del codice si propone con ricorso diretto al primo presidente, contenente l'indicazione del ricorso di cui si chiede la rimessione alle sezioni unite e le ragioni per le quali si ritiene che sia di competenza di queste.

Il ricorso è depositato in cancelleria nel termine previsto nell'art. 376 secondo comma del codice ed è inserito nel fascicolo d'ufficio.

140. ***Deposito delle memorie di parte.*** — Le parti che depositano memorie a norma dell'art. 378 del codice debbono unire almeno tre copie in carta libera, oltre le copie per ciascuna delle altre parti.

Il cancelliere non può ricevere le memorie che non siano accompagnate dalle tre copie in carta libera.

141. ***Deliberazione dei provvedimenti.*** — Nel deliberare i provvedimenti la corte applica le disposizioni dell'art. 276 del codice.

Il relatore vota per primo, quindi votano i consiglieri in ordine inverso di anzianità e per ultimo il presidente.

La scelta dell'estensore della sentenza è fatta dal presidente tra i componenti il collegio che hanno espresso voto conforme alla decisione.

142. ***Ricorso di competenza delle sezioni unite e delle sezioni semplici.***[1] — Se nel ricorso sono contenuti motivi di competenza delle sezioni semplici insieme con motivi di competenza delle sezioni unite, queste, se non ritengono opportuno decidere l'intero ricorso, dopo aver deciso i motivi di propria competenza, rimettono, con ordinanza, alla sezione semplice la causa per la decisione, con separata sentenza, degli ulteriori motivi.

Le sezioni unite possono disporre ai sensi del primo comma anche nel caso di rimessione ai sensi dell'art. 374, terzo comma, del codice.

[1] Articolo così modif. dall'art. 19, D.lgs. 2 feb. 2006, n. 40.

143. ***Formulazione del principio di diritto affermato dalla corte.*** — La corte enuncia specificamente nella sentenza di accoglimento, pronunciata a norma dell'art. 384 del codice, il principio di diritto al quale il giudice di rinvio deve uniformarsi.

144. ***Forma della domanda di restituzione o di riduzione in pristino.*** — Le domande conseguenti alla cassazione della sentenza previste nell'art. 389 del codice debbono essere proposte con citazione da notificarsi personalmente alla parte a norma degli artt. 137 e seguenti del codice.

144-*bis*. ***Attestazione del cancelliere in caso di mancata integrazione del contraddittorio.***[1] — Qualora non sia stato osservato il disposto di cui all'art. 371-*bis* del codice, il cancelliere lo attesta con apposita dichiarazione, da allegare al fascicolo d'ufficio, per gli adempimenti di cui all'art. 138.

[1] Articolo così inserito dall'art. 84 della L. 26 nov. 1990, n. 353, con decorrenza 1 gen. 1993.

CAPO V

Disposizioni relative alle controversie di lavoro ed a quelle di previdenza e di assistenza

144-*ter*. ***Controversie individuali di lavoro.***[1] — Tra le controversie previste dall'art. 409 del codice non si considerano in ogni caso comprese quelle di cui all'art. 50-*bis*, primo comma, n. 5) seconda parte, del codice.

[1] Articolo così inserito dall'art. 130 D.lgs. 19 feb. 1998, n. 51, con decorrenza dal 2 giu. 1999.

144-*quater*. ***Restituzione del fascicolo d'ufficio e dei fascicoli di parte.***[1] — Dopo la definizione del giudizio, il fascicolo d'ufficio trasmesso ai sensi dell'art. 369 del codice e gli atti ed i documenti depositati dalle parti e già prodotti nei precedenti gradi del processo sono restituiti, decorsi novanta giorni dal deposito della decisione, alla cancelleria del giudice che ha pronunciato la sentenza impugnata.

[1] Articolo inserito dall'art. 19 D.lgs. 2 feb. 2006, n. 40.

145. ***Termine per la nomina del consulente tecnico.***[1] — Per le controversie di lavoro e per quelle in materia di previdenza e di assistenza il termine previsto dall'art. 201 del codice non deve superare i giorni 6.[1]

[1] Gli artt. 145-152 sono stati sostituiti come al testo dall'art. 9 della L. 11 ago. 1973, n. 533.

146. ***Albo dei consulenti tecnici.***[1] — Nell'albo dei consulenti tecnici istituiti presso ogni tribunale debbono essere inclusi, per i processi relativi a domande di prestazioni previdenziali e assistenziali, i medici legali e delle assicurazioni e i medici del lavoro.

[1] V. la nota all'art. 145.

146-*bis*. ***Accertamento pregiudiziale sull'efficacia, validità ed interpretazione dei contratti e accordi collettivi.***[1] — Nel caso di cui all'art. 420-

CODICE DI PROCEDURA CIVILE

bis del codice si applica, in quanto compatibile, l'art. 64, commi 4, 6, 7 e 8 del D.lgs. 30 mar. 2001, n. 165.

[1] Articolo inserito dall'art. 19 D.lgs. 2 feb. 2006, n. 40.

147. ***Conciliazione, arbitrati e collegiali mediche nelle controversie in materia di previdenza e di assistenza obbligatorie.***[1] — Nelle controversie in materia di previdenza e di assistenza obbligatoria sono privi di qualsiasi efficacia vincolante, sostanziale e processuale, gli arbitrati rituali, gli arbitrati irrituali, le collegiali mediche, quale né sia la natura giuridica, e le conciliazioni stragiudiziali intervenute anteriormente o posteriormente alla proposizione della azione giudiziaria.

Nelle controversie di cui al comma precedente i ricorsi amministrativi hanno effetto sospensivo di ogni provvedimento che implichi l'annullamento del rapporto assicurativo.

[1] V. la nota all'art. 145.

148. ***Abrogazione delle disposizioni di leggi speciali circa la proponibilità della domanda in materia di previdenza e di assistenza obbligatorie.***[1] — Sono abrogate tutte le disposizioni contenute nelle leggi speciali in materia di previdenza e di assistenza obbligatorie che, in difformità da quanto stabilito dall'art. 443 del codice, condizionano la proponibilità della domanda giudiziaria al preventivo esperimento dei procedimenti amministrativi contenziosi.

[1] V. la nota all'art. 145.

149. ***Controversie in materia di invalidità pensionabile.***[1] — Nelle controversie in materia di invalidità pensionabile deve essere valutato dal giudice anche l'aggravamento della malattia, nonché tutte le infermità comunque incidenti sul complesso invalidante che si siano verificate nel corso tanto del procedimento amministrativo che di quello giudiziario.

[1] V. la nota all'art. 145.

150. ***Calcolo della svalutazione monetaria.*** — Ai fini del calcolo di cui all'art. 429, ultimo comma, del codice, il giudice applicherà l'indice dei prezzi calcolato dall'ISTAT per la scala mobile per i lavoratori dell'industria.[1]

[1] V. la nota all'art. 145.

151. ***Riunione di procedimenti.*** — La riunione, ai sensi dell'art. 274 del codice, dei procedimenti relativi a controversie in materia di lavoro e di previdenza e di assistenza e a controversie dinanzi al giudice di pace, connesse anche soltanto per identità delle questioni dalla cui risoluzione dipende, totalmente o parzialmente, la loro decisione, deve essere sempre disposta dal giudice, tranne nelle ipotesi che essa renda troppo gravoso o comunque ritardi eccessivamente il processo. In queste ipotesi la riunione, salvo gravi e motivate ragioni, è, comunque, disposta tra le controversie che si trovano nella stessa fase processuale. Analogamente si provvede nel giudizio di appello.[1]

Le competenze e gli onorari saranno ridotti in considerazione dell'unitaria trattazione delle controversie riunite.

[1] Comma modif. dall'art. 19, D.lgs. 2 feb. 2006, n. 40.

152. ***Esenzione dal pagamento di spese, competenze e onorari nei giudizi per prestazioni previdenziali.***[1] — Nei giudizi promossi per ottenere prestazioni previdenziali o assistenziali la parte soccombente, salvo comunque quanto previsto dall'art. 96, primo comma, del codice di procedura civile, non può essere condannata al pagamento delle spese, competenze ed onorari quando risulti titolare, nell'anno precedente a quello della pronuncia, di un reddito imponibile ai fini IRPEF, risultante dall'ultima dichiarazione, pari o inferiore a due volte l'importo del reddito stabilito ai sensi degli artt. 76, commi da 1 a 3, e 77 del testo unico delle disposizioni legislative e regolamentari in materia di spese di giustizia di cui al D.P.R. 30 mag. 2002, n. 115. L'interessato che, con riferimento all'anno precedente a quello di instaurazione del giudizio, si trova nelle condizioni indicate nel presente articolo formula apposita dichiarazione sostitutiva di certificazione nelle conclusioni dell'atto introduttivo e si impegna a comunicare, fino a che il processo non sia definito, le variazioni rilevanti dei limiti di reddito verificatesi nell'anno precedente. Si applicano i commi 2 e 3 dell'art. 79 e l'art. 88 del citato testo unico di cui al D.P.R. n. 115 del 2002. Le spese, competenze ed onorari liquidati dal giudice nei giudizi per prestazioni previdenziali non possono superare il valore della prestazione dedotta in giudizio.[2] A tale fine la parte ricorrente, a pena di inammissibilità di ricorso, formula apposita dichiarazione del valore della prestazione dedotta in giudizio, quantificandone l'importo nelle conclusioni dell'atto introduttivo[3,4].

[1] Articolo così sost. dall'art. 42 D.L. 30 set. 2003, n. 269, conv. in L. 24 nov. 2003, n. 326.

[2] Periodo aggiunto dall'art. 52, L. 18 giu. 2009, n. 69. Per espressa previsione dell'art. 58, L. 69/2009, "le disposizioni della presente legge che modificano il codice di procedura civile e le disposizioni per l'attuazione del codice di procedura civile si applicano ai giudizi instaurati dopo la data della sua entrata in vigore" (avvenuta il 4 lug. 2009).

[3] Periodo aggiunto dall'art. 38, c. 1, lett. *b*), D.L. 6 lug. 2011, n. 98, conv. in L. 15 lug. 2011, n. 111.

[4] La Corte cost., con sent. 20 nov. 2017, n. 241, ha dichiarato l'ill. cost. di questo periodo.

152-*bis*. ***Liquidazione di spese processuali.***[1] - Nelle liquidazioni delle spese di cui all'articolo 91 del codice di procedura civile a favore delle pubbliche amministrazioni di cui all'articolo 1, comma 2, del decreto legislativo 30 marzo 2001, n. 165, e successive modificazioni, se assistite da propri dipendenti ai sensi dell'articolo 417-*bis* del codice di procedura civile,si applica il decreto adottato ai sensi dell'articolo 9, comma 2, del decreto-legge 24 gennaio 2012, n. 1, convertito, con modificazioni, dalla legge 24 marzo 2012, n. 27, per la liquidazione del compenso spettante agli avvocati, con la riduzione del venti per cento dell'importo complessivo ivi previsto. La riscossione avviene mediante iscrizione al ruolo ai sensi del decreto del Presidente della Repubblica 29 settembre 1973, n. 600.[2]

[1] Articolo aggiunto dall'art. 4, c. 42, L. 12 nov. 2011, n. 183. Si applica alle controversie insorte successivamente alla data di entrata in vigore della presente legge (1 gen. 2012).

[2] Comma così modif. dall'art. 1, c. 31, L. 24 dic. 2012, n. 228. Il testo del comma in vigore precedentemente era il seguente: « Nelle liquidazioni delle spese di cui all'articolo 91 del codice di procedura civile a favore delle pubbliche amministrazioni di cui all'articolo 1, comma 2, del decreto legislativo 30 marzo 2001, n. 165, e successive modificazioni, se assistite da propri dipendenti ai sensi dell'articolo 417-*bis* del codice di procedura civile, si applica la tariffa vigente per gli avvocati, con la riduzione del 20 per cento degli onorari di avvocato ivi previsti. La riscossione avviene mediante iscrizione al ruolo ai sensi del decreto del Presidente della Repubblica 29 settembre 1973, n. 600.

TITOLO IV
Del processo di esecuzione

CAPO I
Del titolo esecutivo e dell'espropriazione forzata in generale

153. ***Rilascio del titolo esecutivo.*** — Il cancelliere rilascia la copia in forma esecutiva a norma dell'art. 475 del codice quando la sentenza o il provvedimento del giudice è formalmente perfetto. La copia deve essere munita del sigillo della cancelleria.

La copia in forma esecutiva degli atti ricevuti da notaio o da altro pubblico ufficiale deve essere munita del sigillo del notaio o dell'ufficio al quale appartiene l'ufficiale pubblico.

154. ***Procedimento per indebito rilascio di copie esecutive.*** — Il capo dell'ufficio giudiziario competente, a norma dell'art. 476 del codice, a conoscere delle contravvenzioni per rilascio indebito di copie in forma esecutiva, contesta all'incolpato l'addebito, a mezzo di atto notificato a cura del cancelliere e lo invita a presentare per iscritto le sue difese nel termine di cinque giorni. Negli uffici in cui vi è un solo cancelliere l'atto contenente l'addebito è comunicato a lui direttamente dal capo dell'ufficio.

Il decreto di condanna di cui all'art. 476 ultimo comma del codice costituisce titolo esecutivo per la riscossione della pena pecuniaria a cura del cancelliere.

155. ***Certificato di prestata cauzione.*** — Il certificato di prestata cauzione indicato nell'art. 478 del codice è rilasciato dal cancelliere del giudice che ha pronunciato il provvedimento costituente titolo esecutivo.

155-*bis*. ***Archivio dei rapporti finanziari.***[1] — Per archivio dei rapporti finanziari di cui all'articolo 492-bis, secondo comma, del codice si intende la sezione di cui all'articolo 7, sesto comma, del decreto del Presidente della Repubblica 29 settembre 1973, n. 605.

[1] Articolo ins. dall'art. 19, c. 2, D.L. 12 set. 2014, n. 132, conv. con modif. in L. 10 nov. 2014, n. 162. La disposizione si applica ai procedimenti iniziati a decorrere dal trentesimo giorno successivo alla data di entrata in vigore della legge di conversione del D.L. 132/2014.

155-*ter*. ***Partecipazione del creditore alla ricerca dei beni da pignorare con modalità telematiche.***[1] — La partecipazione del creditore alla ricerca dei beni da pignorare di cui all'articolo 492-*bis* del codice ha luogo a norma dell'articolo 165 di queste disposizioni.

Nei casi di cui all'articolo 492-bis, sesto e settimo comma, l'ufficiale giudiziario, terminate le operazioni di ricerca dei beni con modalità telematiche, comunica al creditore le banche dati interrogate e le informazioni dalle stesse risultanti a mezzo telefax o posta elettronica anche non certificata, dandone atto a verbale. Il creditore entro dieci giorni dalla comunicazione indica all'ufficiale giudiziario i beni da sottoporre ad esecuzione; in mancanza la richiesta di pignoramento perde efficacia.

[1] Articolo ins. dall'art. 19, c. 2, D.L. 12 set. 2014, n. 132, conv. con modif. in L. 10 nov. 2014, n. 162. La disposizione si applica ai procedimenti iniziati a decorrere dal trentesimo giorno successivo alla data di entrata in vigore della legge di conversione del D.L. 132/2014.

155-*quater*. ***Modalità di accesso alle banche dati.***[1] — Le pubbliche amministrazioni che gestiscono banche dati contenenti informazioni utili ai fini della ricerca di cui all'articolo 492-*bis* del codice mettono a disposizione degli ufficiali giudiziari gli accessi, con le modalità di cui all'articolo 58 del codice di cui al decreto legislativo 7 marzo 2005, n. 82, e successive modificazioni, su richiesta del Ministero della giustizia. Sino a quando non sono definiti dall'Agenzia per l'Italia digitale gli standard di comunicazione e le regole tecniche di cui al comma 2 del predetto articolo 58 e, in ogni caso, quando l'amministrazione che gestisce la banca dati o il Ministero della giustizia non dispongono dei sistemi informatici per la cooperazione applicativa di cui all'articolo 72, comma 1, lettera *e*), del medesimo codice di cui al decreto legislativo n. 82 del 2005, l'accesso è consentito previa stipulazione, senza nuovi o maggiori oneri per la finanza pubblica, di una convenzione finalizzata alla fruibilità informatica dei dati, sentito il Garante per la protezione dei dati personali. Il Ministero della giustizia pubblica sul portale dei servizi telematici l'elenco delle banche dati per le quali è operativo l'accesso da parte dell'ufficiale giudiziario per le finalità di cui all'articolo 492-*bis* del codice.[2]

Il Ministro della giustizia può procedere al trattamento dei dati acquisiti senza provvedere all'informativa di cui all'articolo 13 del decreto legislativo 30 giugno 2003, n. 196.

È istituito, presso ogni ufficio notifiche, esecuzioni e protesti, il registro cronologico denominato "Modello ricerca beni", conforme al modello adottato con il decreto del Ministro della giustizia di cui al primo comma.

L'accesso da parte dell'ufficiale giudiziario alle banche dati di cui all'articolo 492-*bis* del codice e a quelle individuate con il decreto di cui al primo comma è gratuito. La disposizione di cui al periodo precedente si applica anche all'accesso effettuato a norma dell'articolo 155-quinquies di queste disposizioni.

[1] Articolo ins. dall'art. 19, c. 2, D.L. 12 set. 2014, n. 132, conv. con modif. in L. 10 nov. 2014, n. 162. La disposizione si applica ai procedimenti iniziati a decorrere dal trentesimo giorno successivo alla data di entrata in vigore della legge di conversione del D.L. 132/2014.

[2] Comma così sost. dall'art. 14, D.L. 27 giu. 2015, n. 83, conv. con modif. in L. 6 ago. 2015, n. 132.

155-*quinquies*. *Accesso alle banche dati tramite i gestori.*[1] — Quando le strutture tecnologiche, necessarie a consentire l'accesso diretto da parte dell'ufficiale giudiziario alle banche dati di cui all'articolo 492-*bis* del codice e a quelle individuate con il decreto di cui all'articolo 155-*quater*, primo comma, non sono funzionanti, il creditore [procedente][2], previa autorizzazione a norma dell'articolo 492-*bis*, primo comma, del codice, può ottenere dai gestori delle banche dati previste dal predetto articolo e dall'articolo 155-*quater* di queste disposizioni le informazioni nelle stesse contenute.

La disposizione di cui al primo comma si applica, limitatamente a ciascuna delle banche dati comprese nell'anagrafe tributaria, ivi incluso l'archivio dei rapporti finanziari, nonché a quelle degli enti previdenziali, sino all'inserimento di ognuna di esse nell'elenco di cui all'articolo 155-quater, primo comma.[3]

[1] Articolo ins. dall'art. 19, c. 2, D.L. 12 set. 2014, n. 132, conv. con modif. in L. 10 nov. 2014, n. 162. La disposizione si applica ai procedimenti iniziati a decorrere dal trentesimo giorno successivo alla data di entrata in vigore della legge di conversione del D.L. 132/2014.

[2] Parola soppressa dall'art. 14, D.L. 27 giu. 2015, n. 83, conv. con modif. in L. 6 ago. 2015, n. 132.

[3] Comma aggiunto dall'art. 14, D.L. 27 giu. 2015, n. 83, conv. con modif. in L. 6 ago. 2015, n. 132.

155-*sexies*. *Ulteriori casi di applicazione delle disposizioni per la ricerca con modalità telematiche dei beni da pignorare.*[1] — Le disposizioni in materia di ricerca con modalità telematiche dei beni da pignorare si applicano anche per l'esecuzione del sequestro conservativo e per la ricostruzione dell'attivo e del passivo nell'ambito di procedure concorsuali di procedimenti in materia di famiglia e di quelli relativi alla gestione di patrimoni altrui. Ai fini del recupero o della cessione dei crediti, il curatore, il commissario e il liquidatore giudiziale possono avvalersi delle medesime disposizioni anche per accedere ai dati relativi ai soggetti nei cui confronti la procedura ha ragioni di credito, anche in mancanza di titolo esecutivo nei loro confronti. Quando di tali disposizioni ci si avvale nell'ambito di procedure concorsuali e di procedimenti in materia di famiglia, l'autorizzazione spetta al giudice del procedimento.[2]

[1] Articolo ins. dall'art. 19, c. 2, D.L. 12 set. 2014, n. 132, conv. con modif. in L. 10 nov. 2014, n. 162.

[2] Periodi aggiunti dall'art. 5, D.L. 3 mag. 2016, n. 59, conv. con modif. in L. 30 giu. 2016, n. 119.

156. *Esecuzione sui beni sequestrati.* — Il sequestrante che ha ottenuto la sentenza di condanna esecutiva prevista nell'art. 686 del codice deve depositarne copia nella cancelleria del giudice competente per l'esecuzione nel termine perentorio di sessanta giorni dalla comunicazione, e deve quindi procedere alle notificazioni previste nell'art. 498 del codice.[1]

Se oggetto del sequestro sono beni immobili, il sequestrante deve inoltre chiedere, nel termine perentorio di cui al comma precedente, l'annotazione della sentenza di condanna esecutiva in margine alla trascrizione prevista nell'art. 679 del codice.

[1] Comma così sost. dall'art. 85 della L. 26 nov. 1990, n. 353, con decorrenza 1 gen. 1993.

Per il regime relativo ai giudizi pendenti alla data del 30 apr. 1995 si veda l'art. 4, c. 5, del D.L. 7 ott. 1994, n. 571, conv. in L. 6 dic. 1994, n. 673, citato in nota alla Sez. I - *Dei procedimenti cautelari in genere*, nel c.p.c. (art. 669-*bis* s.).

156-*bis*. *Esecuzione sui beni sequestrati in forza di sentenza straniera o di lodo arbitrale.*[1] — Se la causa di merito è devoluta alla giurisdizione di un giudice straniero o è compromessa in arbitri, il sequestrante deve, a pena di perdita di efficacia del sequestro conservativo ottenuto, proporre domanda di esecutorietà in Italia della sentenza straniera o del lodo entro il termine perentorio di sessanta giorni, decorrente dal momento in cui la domanda di esecutorietà è proponibile.

La dichiarazione di esecutorietà produce gli effetti di cui all'art. 686 del codice e diventa applicabile il precedente art. 156.

[1] Articolo così inserito dall'art. 86 della L. 26 nov. 1990, n. 353, con decorrenza 1 gen. 1993.

Per il regime relativo ai giudizi pendenti alla data del 30 apr. 1995 si veda l'art. 4, c. 5, del D.L. 7 ott. 1994, n. 571, conv. in L. 6 dic. 1994, n. 673, citato in nota alla Sez. I - *Dei procedimenti cautelari in genere*, nel c.p.c. (art. 669-*bis* s.).

157. *Processo verbale di pagamento nelle mani dell'ufficiale giudiziario.* — L'ufficiale giudiziario redige processo verbale del versamento eseguito dal debitore delle somme che debbono essere consegnate al creditore a norma dell'art. 494 primo comma del codice. Nello stesso processo verbale inserisce l'eventuale riserva di ripetizione della somma versata, prevista nel secondo comma dello stesso articolo.

Il processo verbale è depositato immediatamente in cancelleria insieme con la prova del versamento al creditore della somma consegnata dal debitore. Del processo verbale si prende nota nel ruolo generale delle esecuzioni.

Alla registrazione del processo verbale provvede il cancelliere.

158. ***Avviso al sequestrante.*** — Quando dall'atto di pignoramento o dai pubblici registri risulta l'esistenza di un sequestro conservativo sui beni pignorati, il creditore pignorante deve fare notificare al sequestrante avviso del pignoramento a norma dell'art. 498 del codice.

159. ***Istituti autorizzati all'incanto e all'amministrazione dei beni.*** — Gli istituti ai quali possono essere affidate la vendita all'incanto dei beni mobili a norma dell'art. 534 del codice o l'amministrazione giudiziaria dei beni immobili a norma dell'art. 592 del codice sono autorizzati con decreto del Ministro di grazia e giustizia.

Agli istituti autorizzati alle vendite all'incanto dei mobili pignorati può essere affidata anche la custodia e la vendita dei mobili stessi previste negli artt. 520 secondo comma e 532 del codice; ad essi può essere inoltre affidata qualsiasi altra vendita mobiliare disposta dall'autorità giudiziaria.

Il Ministro di grazia e giustizia stabilisce le modalità e i controlli per l'esecuzione degli incarichi indicati nei commi precedenti, nonché la misura dei compensi dovuti agli istituti.[1]

[1] Comma così sost. dall'art. 87 della L. 26 nov. 1990, n. 353, con decorrenza 1 gen. 1993.

La norma si applica anche ai giudizi già pendenti alla data dell'1 gen. 1993 (cfr. art. 90 L. *cit.* in *Att.*).

159-*bis*. ***Nota d'iscrizione a ruolo del processo esecutivo per espropriazione.***[1] — La nota d'iscrizione a ruolo del processo esecutivo per espropriazione deve in ogni caso contenere l'indicazione delle parti, nonché le generalità e il codice fiscale, ove attribuito, della parte che iscrive la causa a ruolo, del difensore, della cosa o del bene oggetto di pignoramento. Il Ministro della giustizia, con proprio decreto avente natura non regolamentare, può indicare ulteriori dati da inserire nella nota di iscrizione a ruolo.

[1] Articolo ins. dall'art. 18, c. 2, D.L. 12 set. 2014, n. 132, conv. con modif. in L. 10 nov. 2014, n. 162. La disposizione si applica ai procedimenti esecutivi iniziati a decorrere dal trentesimo giorno successivo all'entrata in vigore della legge di conversione del D.L. 132/2014.

159-*ter*. ***Iscrizione a ruolo del processo esecutivo per espropriazione a cura di soggetto diverso dal creditore.***[1] — Colui che, prima che il creditore abbia depositato la nota di iscrizione a ruolo prevista dagli articoli 518, 521-*bis*, 543 e 557 del codice, deposita per primo un atto o un'istanza deve depositare la nota di iscrizione a ruolo e una copia dell'atto di pignoramento. Quando al deposito della nota di iscrizione a ruolo procede uno dei soggetti di cui all'articolo 16-*bis*, comma 1, del decreto-legge 18 ottobre 2012, n. 179, convertito, con modificazioni, dalla legge 17 dicembre 2012, n. 221, e successive modificazioni, diverso dal creditore, il deposito può aver luogo con modalità non telematiche e la copia dell'atto di pignoramento può essere priva dell'attestazione di conformità. Quando l'istanza proviene dall'ufficiale giudiziario, anche nel caso di cui all'articolo 520, primo comma, del codice, all'iscrizione a ruolo provvede d'ufficio il cancelliere. Quando l'iscrizione a ruolo ha luogo a norma del presente articolo, il creditore, nei termini di cui agli articoli 518, 521-*bis*, 543 e 557 del codice, provvede, a pena di inefficacia del pignoramento, al deposito delle copie conformi degli atti previsti dalle predette disposizioni e si applica l'articolo 164-*ter* delle presenti disposizioni.

[1] Articolo ins. dall'art. 14, D.L. 27 giu. 2015, n. 83, conv. con modif. in L. 6 ago. 2015, n. 132. Ai sensi dell'art. 23, D.L. 83/2015, il deposito telematico delle note di iscrizione a ruolo ai sensi del presente articolo può essere effettuato dai soggetti di cui all'art. 16-*bis*, c. 1, D.L. 18 ott. 2012, n. 179, conv. con modif. dalla L. 17 dic. 2012, n. 221 e successive modif., diversi dal creditore, a decorrere dal 2 gen. 2016.

160. ***Forma degli avvisi.*** — Gli avvisi che la legge prescrive siano fatti ai creditori e agli intervenuti nel procedimento esecutivo debbono essere sottoscritti dal creditore procedente o dal cancelliere a cura del quale sono notificati.

161. ***Giuramento dell'esperto e dello stimatore.*** — L'esperto nominato dal giudice a norma dell'art. 568 ultimo comma del codice presta giuramento di bene e fedelmente procedere alle operazioni affidategli.

L'ufficiale giudiziario che per la stima delle cose da pignorare si avvale dell'opera di uno stimatore, prima che questi incominci le sue operazioni, deve raccoglierne il giuramento di bene e fedelmente procedere alla stima.

Il compenso dell'esperto o dello stimatore nominato dal giudice o dall'ufficiale giudiziario è calcolato sulla base del prezzo ricavato dalla vendita. Prima della vendita non possono essere liquidati acconti in misura superiore al cinquanta per cento del compenso calcolato sulla base del valore di stima.[1]

[1] Comma aggiunto dall'art. 14, D.L. 27 giu. 2015, n. 83, conv. con modif. in L. 6 ago. 2015, n. 132.

161-*bis*. ***Rinvio della vendita dopo la prestazione della cauzione.***[1] — Il rinvio della vendita può essere disposto solo con il consenso dei creditori e degli offerenti che abbiano prestato cauzione ai sensi degli artt. 571 e 580 del codice.

[1] Articolo aggiunto dall'art. 1 L. 28 dic. 2005, n. 263, con decorrenza 1 mar. 2006.

161-*ter*. ***Vendite con modalità telematiche.***[1] — Il Ministro della giustizia stabilisce con proprio decreto le regole tecnico-operative per lo svolgimento della vendita di beni mobili e immobili mediante gara telematica nei casi previsti dal codice, nel rispetto dei principi di competitività, traspa-

CODICE DI PROCEDURA CIVILE

renza, semplificazione, efficacia, sicurezza, esattezza e regolarità delle procedure telematiche.

Con successivi decreti le regole tecnico-operative di cui al primo comma sono adeguate all'evoluzione scientifica e tecnologica. Se occorre, le medesime regole tecnico-operative sono integrate al fine di assicurare un agevole collegamento tra il portale delle vendite pubbliche e i portali dei gestori delle vendite telematiche.[2]

[1] Articolo aggiunto dall'art. 4, c. 8-*bis* L. 22 feb. 2010, n. 24.

[2] Periodo aggiunto dall'art. 14, D.L. 27 giu. 2015, n. 83, conv. con modif. in L. 6 ago. 2015, n. 132. Ai sensi dell'art. 23, D.L. 83/2015, la disposizione si applica decorsi trenta giorni dalla pubblicazione in *Gazzetta Ufficiale* delle specifiche tecniche previste dall'articolo 161-*quater* delle disposizioni per l'attuazione del codice di procedura civile.

161-*quater*. *Modalità di pubblicazione sul portale delle vendite pubbliche.*[1] — La pubblicazione sul portale delle vendite pubbliche è effettuata a cura del professionista delegato per le operazioni di vendita o del commissionario o, in mancanza, del creditore pignorante o del creditore intervenuto munito di titolo esecutivo ed in conformità alle specifiche tecniche, che possono determinare anche i dati e i documenti da inserire. Le specifiche tecniche sono stabilite dal responsabile per i sistemi informativi automatizzati del Ministero della giustizia entro sei mesi dalla data di entrata in vigore della presente disposizione e sono rese disponibili mediante pubblicazione nel portale delle vendite pubbliche. Quando la pubblicità riguarda beni immobili o beni mobili registrati, la pubblicazione non può essere effettuata in mancanza della prova dell'avvenuto pagamento del contributo per la pubblicazione, previsto dall'articolo 18-*bis* del decreto del Presidente della Repubblica 30 maggio 2002, n. 115.

Il portale delle vendite pubbliche deve inviare all'indirizzo di posta elettronica ordinaria o certificata, ad ogni interessato che ne ha fatto richiesta e si è registrato mediante un'apposita procedura disciplinata dalle specifiche tecniche di cui al primo comma, un avviso contenente le informazioni relative alle vendite di cui è stata effettuata la pubblicità.

Il portale delle vendite pubbliche provvede all'archiviazione e alla gestione dei dati relativi alle vendite in esso pubblicate.

Il mancato funzionamento dei sistemi informatici è attestato dal responsabile dei sistemi informativi automatizzati del Ministero della giustizia.

[1] Articolo ins. dall'art. 14, D.L. 27 giu. 2015, n. 83, conv. con modif. in L. 6 ago. 2015, n. 132. Ai sensi dell'art. 23, D.L. 83/2015, la disposizione si applica decorsi trenta giorni dalla pubblicazione in *Gazzetta Ufficiale* delle specifiche tecniche previste dall'articolo 161-*quater* delle disposizioni per l'attuazione del codice di procedura civile.

162. *Deposito del prezzo di assegnazione.* — La parte del valore della cosa assegnata che eccede il credito dell'assegnatario deve essere depositata nelle forme dei depositi giudiziari.

163. *Ordine di cessazione della vendita forzata.* — La cessazione della vendita forzata prevista dall'art. 504 del codice è disposta dal giudice dell'esecuzione se questi presiede alla vendita, o altrimenti dall'ufficiale incaricato della stessa che ne riferisce immediatamente al giudice che lo ha nominato. In questo caso il giudice, sentite le parti, pronuncia definitivamente sulla cessazione.

164. *Atti di trasferimento del bene espropriato.* — Il giudice dell'esecuzione, in seguito all'alienazione del bene espropriato, compie in luogo del debitore tutti gli atti necessari al trasferimento del bene all'acquirente.

164-*bis*. *Infruttuosità dell'espropriazione forzata.*[1] — Quando risulta che non è più possibile conseguire un ragionevole soddisfacimento delle pretese dei creditori, anche tenuto conto dei costi necessari per la prosecuzione della procedura, delle probabilità di liquidazione del bene e del presumibile valore di realizzo, è disposta la chiusura anticipata del processo esecutivo.

[1] Articolo ins. dall'art. 19, c. 2, D.L. 12 set. 2014, n. 132, conv. con modif. in L. 10 nov. 2014, n. 162.

164-*ter*. *Inefficacia del pignoramento per mancato deposito della nota di iscrizione a ruolo.*[1] — Quando il pignoramento è divenuto inefficace per mancato deposito della nota di iscrizione a ruolo nel termine stabilito, il creditore entro cinque giorni dalla scadenza del termine ne fa dichiarazione al debitore e all'eventuale terzo, mediante atto notificato. In ogni caso ogni obbligo del debitore e del terzo cessa quando la nota di iscrizione a ruolo non è stata depositata nei termini di legge.

La cancellazione della trascrizione del pignoramento si esegue quando è ordinata giudizialmente ovvero quando il creditore pignorante dichiara, nelle forme richieste dalla legge, che il pignoramento è divenuto inefficace per mancato deposito della nota di iscrizione a ruolo nel termine stabilito.

[1] Articolo ins. dall'art. 18, c. 2-*bis*, D.L. 12 set. 2014, n. 132, conv. con modif. in L. 10 nov. 2014, n. 162. La disposizione si applica ai procedimenti esecutivi iniziati a decorrere dal trentesimo giorno successivo all'entrata in vigore della legge di conversione del D.L. 132/2014.

CAPO II
Dell'espropriazione mobiliare

165. *Assistenza del creditore al pignoramento.*[1] — All'atto della richiesta del pignoramento il creditore può dichiarare che intende partecipare personalmente alle operazioni.

Nel caso di cui al primo comma l'ufficiale giudiziario deve comunicare la data e l'ora dell'accesso, da effettuare entro quindici giorni, con un preavviso di tre giorni, riducibile nei casi di urgenza.

Il creditore, a sue spese, può partecipare alle operazioni di pignoramento eseguite a norma degli artt. 513 e 518 del codice, con l'assistenza o a mezzo di difensore e di esperto o di uno di essi.

[1] Articolo così modif. dall'art. 20, L. 24 feb. 2006, n. 52.

166. *Modalità della custodia.* — Il *giudice dell'esecuzione*[1] dà con decreto le disposizioni circa i modi di custodire i titoli di credito e gli oggetti preziosi pignorati.

[1] Parole così modif. dall'art. 131, D.lgs. 19 feb. 1998, n. 51 con decorrenza dal 2 giu. 1999.

167. *Processo verbale di consegna al commissionario.* — Il cancelliere redige processo verbale della consegna delle cose pignorate al commissionario per la vendita. In esso debbono essere descritte le cose consegnate. La descrizione può farsi con riferimento a quella contenuta nell'atto di pignoramento, del quale il commissionario deve dichiarare di avere presa esatta cognizione.

168. *Reclamo contro l'operato dell'ufficiale incaricato della vendita.* — I reclami contro l'operato dell'ufficiale incaricato della vendita sono proposti dagli interessati con ricorso al *giudice dell'esecuzione*[1].

Il ricorso non sospende le operazioni di vendita, salvo che il *giudice dell'esecuzione*[1] con decreto disponga la sospensione.

Sul ricorso il *giudice dell'esecuzione*[1] pronuncia senza indugio con ordinanza non impugnabile, sentiti il ricorrente e le parti.

[1] Parole così modif. dall'art. 131, D.lgs. 19 feb. 1998 n. 51 con decorrenza dal 2 giu. 1999.

169. *Registrazione del processo verbale di vendita.* — Il cancelliere *del tribunale*[1] presso il quale è depositato il processo verbale di vendita, a norma dell'art. 537 ultimo comma del codice, cura la registrazione di esso.

[1] Parole così modif. dall'art. 131, D.lgs. 19 feb. 1998, n. 51 con decorrenza dal 2 giu. 1999.

169-*bis*. *Determinazione dei compensi per le operazioni delegate dal giudice dell'esecuzione.*[1,2] — Con il decreto di cui all'art. 179-*bis* è stabilita la misura dei compensi dovuti ai notai, agli avvocati e ai commercialisti per le operazioni di vendita dei beni mobili iscritti nei pubblici registri.

[1] Articolo modif. dall'art. 2, D.L. 14 mar. 2005, n. 35, conv. in L. 14 mag. 2005, n. 80, con decorrenza 1 mar. 2006.

[2] V. nota all'art. 179-*bis Att.*

169-*ter*. *Elenco dei professionisti che provvedono alle operazioni di vendita.*[1] — Nelle comunicazioni previste dall'art. 179-*ter* sono indicati anche gli elenchi dei notai, degli avvocati, dei commercialisti disponibili a provvedere alle operazioni di vendita di beni mobili iscritti nei pubblici registri.

[1] Articolo modif. dall'art. 2, D.L. 14 mar. 2005, n. 35, conv. in L. 14 mag. 2005, n. 80, con decorrenza 1 mar. 2006.

169-*quater*. *Ulteriori modalità del pagamento del prezzo di acquisto.*[1] — Il prezzo di acquisto può essere versato con sistemi telematici di pagamento ovvero con carte di debito, di credito o prepagate o con altri mezzi di pagamento con moneta elettronica disponibili nei circuiti bancario e postale.

[1] Articolo aggiunto dall'art. 4, c. 8-*bis* L. 22 feb. 2010, n. 24.

169-*quinquies*. *Prospetto riepilogativo delle stime e delle vendite.*[1] — I soggetti nominati commissionari a norma dell'articolo 532 del codice, o ai quali sono affidate le vendite con incanto a norma dell'articolo 534 del medesimo codice, al termine di ciascun semestre trasmettono al giudice dell'esecuzione, al presidente del tribunale e all'ufficiale giudiziario dirigente un prospetto informativo, redatto su supporto informatico, riepilogativo di tutte le vendite effettuate nel periodo con indicazione, per ciascuna procedura esecutiva, della tipologia dei beni pignorati, del valore ad essi attribuito ai sensi dell'articolo 518 del codice, della stima effettuata dall'esperto nominato e del prezzo di vendita.

[1] Articolo aggiunto dall'art. 4, c. 8-*bis* L. 22 feb. 2010, n. 24.

169-*sexies*. *Elenco dei soggetti specializzati per la custodia e la vendita dei mobili pignorati.*[1] — Presso ogni tribunale è istituito un elenco dei soggetti specializzati di cui all'articolo 532 del codice per la custodia e la vendita dei beni mobili pignorati. Alle domande di iscrizione all'elenco è allegata la documentazione comprovante le competenze maturate, anche relativamente a specifiche categorie di beni. L'elenco è formato dal presidente del tribunale, che provvede sentito il procuratore della Repubblica. Si applicano gli articoli 13 e seguenti in quanto compatibili.

[1] Articolo ins. dall'art. 14, D.L. 27 giu. 2015, n. 83, conv. con modif. in L. 6 ago. 2015, n. 132.

CAPO III
Dell'espropriazione immobiliare

170. *Atto di pignoramento immobiliare.* — L'atto di pignoramento di beni immobili previsto nell'art. 555 del codice deve essere sottoscritto, prima della relazione di notificazione, dal creditore pignorante a norma dell'art. 125 del codice.

171. *Procedimento per le autorizzazioni al debitore e al custode.* — Le autorizzazioni al debitore e al custode previste nell'art. 560 del codice sono date dal giudice dell'esecuzione, sentite le parti e gli altri interessati.

172. *Cancellazione della trascrizione del pignoramento.* — Il giudice dell'esecuzione deve sentire le parti prima di disporre la cancellazione della trascrizione del pignoramento a norma dell'art. 562 del codice e in ogni altro caso in cui deve dichiarare l'inefficacia del pignoramento per estinzione del processo.

173. ***Pubblicità dell'istanza di assegnazione o di vendita.***[1]

[1] Articolo abrog. dall'art. 1, L. 28 dic. 2005, con decorrenza 1 mar. 2006.

173-*bis*. ***Contenuto della relazione di stima e compiti dell'esperto.***[1] — L'esperto provvede alla redazione della relazione di stima dalla quale devono risultare:

1) l'identificazione del bene, comprensiva dei confini e dei dati catastali;

2) una sommaria descrizione del bene;

3) lo stato di possesso del bene, con l'indicazione, se occupato da terzi, del titolo in base al quale è occupato, con particolare riferimento alla esistenza di contratti registrati in data antecedente al pignoramento;

4) l'esistenza di formalità, vincoli o oneri, anche di natura condominiale, gravanti sul bene, che resteranno a carico dell'acquirente, ivi compresi i vincoli derivanti da contratti incidenti sulla attitudine edificatoria dello stesso o i vincoli connessi con il suo carattere storico-artistico;

5) l'esistenza di formalità, vincoli e oneri, anche di natura condominiale, che saranno cancellati o che comunque risulteranno non opponibili all'acquirente;

6) la verifica della regolarità edilizia e urbanistica del bene nonché l'esistenza della dichiarazione di agibilità dello stesso, previa acquisizione o aggiornamento del certificato di destinazione urbanistica previsto dalla vigente normativa.

7) in caso di opere abusive, il controllo della possibilità di sanatoria ai sensi dell'articolo 36 del decreto del Presidente della Repubblica 6 giugno 2001, n. 380 e gli eventuali costi della stessa; altrimenti, la verifica sull'eventuale presentazione di istanze di condono, indicando il soggetto istante e la normativa in forza della quale l'istanza sia stata presentata, lo stato del procedimento, i costi per il conseguimento del titolo in sanatoria e le eventuali oblazioni già corrisposte o da corrispondere; in ogni altro caso, la verifica, ai fini della istanza di condono che l'aggiudicatario possa eventualmente presentare, che gli immobili pignorati si trovino nelle condizioni previste dall'articolo 40, sesto comma, della legge 28 febbraio 1985, n. 47 ovvero dall'articolo 46, comma 5 del decreto del Presidente della Repubblica 6 giugno 2001, n. 380, specificando il costo per il conseguimento del titolo in sanatoria;[2]

8) la verifica che i beni pignorati siano gravati da censo, livello o uso civico e se vi sia stata affrancazione da tali pesi, ovvero che il diritto sul bene del debitore pignorato sia di proprietà ovvero derivante da alcuno dei suddetti titoli;[2]

9) l'informazione sull'importo annuo delle spese fisse di gestione o di manutenzione, su eventuali spese straordinarie già deliberate anche se il relativo debito non sia ancora scaduto, su eventuali spese condominiali non pagate negli ultimi due anni anteriori alla data della perizia, sul corso di eventuali procedimenti giudiziari relativi al bene pignorato.[2]

L'esperto, prima di ogni attività, controlla la completezza dei documenti di cui all'art. 567, secondo comma, del codice, segnalando immediatamente al giudice quelli mancanti o inidonei.

L'esperto, terminata la relazione, ne invia copia ai creditori procedenti o intervenuti e al debitore, anche se non costituito, almeno trenta[3] giorni prima dell'udienza fissata ai sensi dell'art. 569 del codice, a mezzo posta elettronica certificata ovvero, quando ciò non è possibile, a mezzo telefax o a mezzo posta ordinaria.[4]

Le parti possono depositare all'udienza note alla relazione purché abbiano provveduto, almeno quindici giorni prima, ad inviare le predette note al perito, secondo le modalità fissate al terzo comma: in tale caso l'esperto interviene all'udienza per rendere i chiarimenti.[5]

[1] Articolo modif. dall'art. 2, D.L. 14 mar. 2005, n. 35, conv. in L. 14 mag. 2005, n. 80, con decorrenza 1 mar. 2006.

[2] Numero ins. dall'art. 14, D.L. 27 giu. 2015, n. 83, conv. con modif. in L. 6 ago. 2015, n. 132.

[3] Parola così modif. dall'art. 14, D.L. 27 giu. 2015, n. 83, conv. con modif. in L. 6 ago. 2015, n. 132.

[4] Comma così modif. dall'art. 25, c. 2, lett. *a*), L. 12 nov. 2011, n. 183, in vigore dall'1 feb. 2012.

[5] Parole aggiunte dall'art. 1, L. 23 dic. 2005, n. 263, con decorrenza 1 mar. 2006.

173-*ter*. ***Pubblicità degli avvisi tramite internet.***[1] — Il Ministro della giustizia stabilisce con proprio decreto i siti internet destinati all'inserimento degli avvisi di cui all'art. 490 del codice e i criteri e le modalità con cui gli stessi sono formati e resi disponibili.

[1] Articolo modif. dall'art. 2, D.L. 14 mar. 2005, n. 35, conv. in L. 14 mag. 2005, n. 80, con decorrenza 1 mar. 2006.

173-*quater*. ***Avviso delle operazioni di vendita [con incanto]***[1] ***da parte del professionista delegato.***[2] — L'avviso di cui al terzo comma dell'art. 591-*bis* del codice deve contenere l'indicazione della destinazione urbanistica del terreno risultante dal certificato di destinazione urbanistica di cui all'art. 30 del testo unico di cui al decreto del Presidente della Repubblica 6 giugno 2001, n. 380, nonché le notizie di cui all'art. 46 del citato testo unico e di cui all'art. 40 della legge 28 febbraio 1985, n. 47, e successive modificazioni; in caso di insufficienza di tali notizie, tale da determinare le nullità di cui all'art. 46, comma 1, del citato testo unico, ovvero di cui all'art. 40, secondo comma, della citata legge 28 febbraio 1985, n. 47, ne va fatta menzione nell'avviso con avvertenza che l'aggiudicatario potrà, ricorrendone i presupposti, avvalersi delle disposizioni di cui all'art. 46, comma 5, del citato testo unico e di cui all'art. 40, sesto comma, della citata legge 28 febbraio 1985, n. 47.

[1] Parole soppresse dall'art. 1 L. 23 dic. 2005, n. 263, con decorrenza 1 mar. 2006.

[2] Articolo modif. dall'art. 2, D.L. 14 mar. 2005, n. 35, conv. in L. 14 mag. 2005, n. 80, con decorrenza 1 mar. 2006.

173-*quinquies*. *Ulteriori modalità di presentazione delle offerte d'acquisto, di prestazione della cauzione e di versamento del prezzo.*[1] — Il giudice, con l'ordinanza di vendita di cui all'articolo 569, terzo comma, del codice, può disporre che la presentazione dell'offerta d'acquisto e la prestazione della cauzione ai sensi degli articoli 571, 579, 580 e 584 del medesimo codice possano avvenire con sistemi telematici di pagamento ovvero con carte di debito, di credito o prepagate o con altri mezzi di pagamento disponibili nei circuiti bancario e postale. È consentita la prestazione della cauzione anche mediante fideiussione autonoma, irrevocabile e a prima richiesta, rilasciata da banche, società assicuratrici o intermediari finanziari che svolgono in via esclusiva o prevalente attività di rilascio di garanzie e che sono sottoposti a revisione contabile da parte di una società di revisione. Il giudice dell'esecuzione, con l'ordinanza di vendita, individua la categoria professionale alla quale deve appartenere il soggetto che può rilasciare la fideiussione a norma del periodo precedente. La fideiussione è rilasciata in favore della procedura esecutiva ed è escussa dal custode o dal professionista delegato su autorizzazione del giudice. In ogni caso, è stabilito che l'offerente comunichi, a mezzo posta elettronica certificata, la dichiarazione contenente le indicazioni prescritte dall'articolo 571.[2]

Il versamento del prezzo può essere effettuato con le stesse modalità di cui al primo comma.

[1] Articolo sost. dall'art. 4, c. 8-*bis*, L. 22 feb. 2010, n. 24.

[2] Comma così sost. dall'art. 14, D.L. 27 giu. 2015, n. 83, conv. con modif. in L. 6 ago. 2015, n. 132.

174. *Dichiarazione di residenza dell'offerente.* — Chi offre un prezzo per l'acquisto senza incanto dell'immobile pignorato deve dichiarare la residenza o eleggere il domicilio nel comune nel quale ha sede il tribunale. In mancanza le comunicazioni gli sono fatte presso la cancelleria.

175. *Convocazione delle parti per l'incanto.* — Il giudice dell'esecuzione, prima di ordinare l'incanto a norma dell'art. 575 del codice, dispone l'audizione delle parti e dei creditori a norma dell'art. 569 del codice.

176. *Comunicazione del decreto di decadenza.* — Il decreto col quale il giudice dell'esecuzione dichiara la decadenza dell'aggiudicatario a norma dell'art. 587 del codice è comunicato dal cancelliere al creditore che ha chiesto la vendita e all'aggiudicatario.

Con lo stesso decreto il giudice dell'esecuzione fissa un'udienza per l'audizione delle parti a norma dell'art. 569 del codice.

177. *Dichiarazione di responsabilità dell'aggiudicatario.* — L'aggiudicatario inadempiente è condannato, con decreto del giudice dell'esecuzione, al pagamento della differenza tra il prezzo da lui offerto e quello minore per il quale è avvenuta la vendita.

Il decreto del giudice costituisce titolo esecutivo a favore dei creditori ai quali nella distribuzione della somma ricavata è stato attribuito il credito da esso portato.

178. *Procedimento di rendiconto.* — Quando l'amministratore dell'immobile pignorato ha depositato il conto a norma dell'art. 593 del codice, il giudice dell'esecuzione, sentite le parti, provvede all'approvazione del conto.

Le disposizioni per l'assegnazione delle rendite riscosse a norma dell'art. 594 del codice sono date dal giudice dell'esecuzione con ordinanza non impugnabile.

179. *Graduazione e liquidazione.* — Quando lo ritiene opportuno, il giudice dell'esecuzione può limitare il progetto di distribuzione della somma ricavata di cui all'art. 596 del codice alla sola graduazione dei creditori partecipanti all'esecuzione, salva la liquidazione delle quote spettanti a ciascuno di essi dopo che sia approvata la graduazione.

I giudice che ha disposto a norma del comma precedente forma il progetto di liquidazione delle quote entro trenta giorni dall'approvazione della graduazione.

Al progetto di liquidazione si applicano le disposizioni degli artt. 596 e seguenti del codice.

179-*bis*. *Determinazione e liquidazione dei compensi per le operazioni delegate dal giudice dell'esecuzione.*[1,2] — Con decreto del Ministro della giustizia, di concerto con il Ministro dell'economia e delle finanze, sentiti il Consiglio nazionale del notariato, il Consiglio nazionale dell'ordine degli avvocati e il Consiglio nazionale dell'ordine dei dottori commercialisti e degli esperti contabili, è stabilita ogni triennio la misura dei compensi dovuti a notai, avvocati, e commercialisti[3] per le operazioni di vendita di beni immobili.

Il compenso dovuto al professionista è liquidato dal giudice dell'esecuzione con specifica determinazione della parte riguardante le operazioni di vendita e le successive che sono poste a carico dell'aggiudicatario. Il provvedimento di liquidazione del compenso costituisce titolo esecutivo.

[1] D.M. 15 ott. 2015, n. 227 «Art. 2. Criteri per la determinazione del compenso nell'espropriazione forzata immobiliare. – 1. Il compenso del professionista delegato per le operazioni di vendita di beni immobili è determinato sulla base dei seguenti criteri:

a) quando il prezzo di aggiudicazione o il valore di assegnazione è pari o inferiore a euro 100.000:

1) per tutte le attività comprese tra il conferimento dell'incarico e la redazione dell'avviso di vendita, ivi incluso

lo studio della documentazione depositata a norma dell'art. 567, c. 2, del c.p.c., spetta un compenso pari ad euro 1.000;

2) per tutte le attività svolte successivamente alla redazione dell'avviso di vendita e fino all'aggiudicazione o all'assegnazione, spetta un compenso pari ad euro 1.000;

3) per tutte le attività svolte nel corso della fase di trasferimento della proprietà, spetta un compenso pari ad euro 1.000;

4) per tutte le attività svolte nel corso della fase di distribuzione della somma ricavata, spetta un compenso pari ad euro 1.000;

b) quando il prezzo di aggiudicazione o il valore di assegnazione è superiore a euro 100.000 e pari o inferiore a euro 500.000:

1) per tutte le attività comprese tra il conferimento dell'incarico e la redazione dell'avviso di vendita, ivi incluso lo studio della documentazione depositata a norma dell'art. 567, c. 2, del c.p.c., spetta un compenso pari ad euro 1.500;

2) per tutte le attività svolte successivamente alla redazione dell'avviso di vendita e fino all'aggiudicazione o all'assegnazione, spetta un compenso pari ad euro 1.500;

3) per tutte le attività svolte nel corso della fase di trasferimento della proprietà, spetta un compenso pari ad euro 1.500;

4) per tutte le attività svolte nel corso della fase di distribuzione della somma ricavata, spetta un compenso pari ad euro 1.500;

c) quando il prezzo di aggiudicazione o il valore di assegnazione è superiore a euro 500.000:

1) per tutte le attività comprese tra il conferimento dell'incarico e la redazione dell'avviso di vendita, ivi incluso lo studio della documentazione depositata a norma dell'art. 567, c. 2, del c.p.c., spetta un compenso pari ad euro 2.000;

2) per tutte le attività svolte successivamente alla redazione dell'avviso di vendita e fino all'aggiudicazione o all'assegnazione, spetta un compenso pari ad euro 2.000;

3) per tutte le attività svolte nel corso della fase di trasferimento della proprietà, spetta un compenso pari ad euro 2.000;

4) per tutte le attività svolte nel corso della fase di distribuzione della somma ricavata, spetta un compenso pari ad euro 2.000.

2. Quando le attività di cui al c. 1, numeri 1), 2) e 3) riguardano più lotti, in presenza di giusti motivi il compenso determinato secondo i criteri ivi previsti può essere liquidato per ciascun lotto. Allo stesso modo si procede per la liquidazione del compenso relativo alle attività di cui al c. 1, numero 4), quando la distribuzione ha ad oggetto somme riferibili a più debitori.

3. Tenuto conto della complessità delle attività svolte, il giudice dell'esecuzione può aumentare o ridurre l'ammontare del compenso liquidato a norma del c. 1 in misura non superiore al 60 per cento.

4. Al professionista delegato spetta un rimborso forfettario delle spese generali in misura pari al 10 per cento dell'importo del compenso determinato a norma del presente articolo, nonché il rimborso delle spese effettivamente sostenute e documentate. I costi degli ausiliari incaricati sono ricompresi tra le spese.

5. In ogni caso l'ammontare complessivo del compenso e delle spese generali liquidato a norma del presente articolo non può essere superiore al 40 per cento del prezzo di aggiudicazione o del valore di assegnazione.

6. In presenza di giustificati motivi sono ammessi acconti sul compenso finale.

7. Sono poste a carico dell'aggiudicatario o dell'assegnatario la metà del compenso relativo alla fase di trasferimento della proprietà, nonché le relative spese generali e le spese effettivamente sostenute per l'esecuzione delle formalità di registrazione, trascrizione e voltura catastale. In presenza di giustificati motivi, il compenso a carico dell'aggiudicatario o dell'assegnatario può essere determinato in misura diversa da quella prevista dal periodo precedente.

8. Quando il processo esecutivo è definito senza che il bene sia aggiudicato o assegnato, ai fini della liquidazione del compenso si tiene conto del prezzo previsto per l'ultimo esperimento di vendita ovvero, in mancanza, del valore di stima.

Art. 3. Criteri per la determinazione del compenso nell'espropriazione forzata di beni mobili iscritti nei pubblici registri. – 1. Il compenso del professionista delegato per le operazioni di vendita di beni mobili iscritti nei pubblici registri è determinato sulla base dei seguenti criteri:

1) per tutte le attività svolte nel corso della fase di autorizzazione della vendita spetta un compenso pari ad euro 200;

2) per tutte le attività svolte nel corso della fase delle operazioni di vendita o di assegnazione, spetta un compenso pari ad euro 250;

3) per tutte le attività svolte nel corso della fase di trasferimento della proprietà, spetta un compenso pari ad euro 200;

4) per tutte le attività svolte nel corso della fase di distribuzione, spetta un compenso pari ad euro 250.

2. Quando il prezzo di aggiudicazione o il valore di assegnazione è superiore a euro 25.000 ma inferiore a 40.000 euro, il compenso di cui al c. 1 è raddoppiato.

3. Si applicano le disposizioni di cui all'art. 2, commi 2 e 3, ma il compenso liquidato non può essere aumentato in misura superiore al 40 per cento.

4. Quando il prezzo di aggiudicazione o il valore di assegnazione del bene eccede l'importo di euro 40.000,00, il compenso è liquidato secondo i criteri di cui all'art. 2, c. 1, lett. *a*).

5. Si applicano le disposizioni di cui all'art. 2, commi 4 e 6. In ogni caso, l'ammontare complessivo del compenso e delle spese generali non può eccedere la misura del 30 per cento del prezzo di aggiudicazione o del valore di assegnazione.

6. Si applicano le disposizioni di cui all'art. 2, commi 7 e 8.».

[2] Articolo modif. dall'art. 2, D.L. 14 mar. 2005, n. 35, conv. in L. 14 mag. 2005, n. 80, con decorrenza 1 mar. 2006.

[3] Parole modif. dall'art. 1, L. 28 dic. 2005, n. 263, con decorrenza 1 mar. 2006.

179-*ter*. *Elenco dei professionisti che provvedono alle operazioni di vendita.*[1] — Presso ogni tribunale è istituito un elenco dei professionisti che provvedono alle operazioni di vendita. Possono ottenere l'iscrizione nell'elenco i professionisti di cui agli articoli 534-*bis* e 591-*bis*, primo comma, del codice, che dimostrano di aver assolto gli obblighi di prima formazione, stabiliti con decreto avente natura non regolamentare del Ministro della giustizia. Con il medesimo decreto sono stabiliti gli obblighi di formazione periodica da assolvere ai fini della conferma dell'iscrizione, sono fissate le modalità per la verifica dell'effettivo assolvimento degli obblighi formativi e sono individuati il contenuto e le modalità di presentazione delle domande.

È istituita presso ciascuna corte di appello una commissione, la cui composizione è disciplinata dal decreto di cui al primo comma. Con il medesimo decreto sono disciplinate le modalità di funzionamento della commissione. L'incarico di componente della commissione ha durata triennale, può essere rinnovato una sola volta e non comporta alcuna indennità o retribuzione a carico dello Stato, né alcun tipo di rimborso spese.

La commissione provvede alla tenuta dell'elenco, all'esercizio della vigilanza sugli iscritti, alla valutazione delle domande di iscrizione e all'adozione dei provvedimenti di cancellazione dall'elenco.

La Scuola superiore della magistratura elabora le linee guida generali per la definizione dei programmi dei corsi di formazione e di aggiornamento, sentiti il Consiglio nazionale forense, il Consiglio nazionale dei dottori commercialisti e degli esperti contabili e il Consiglio nazionale notarile. La commissione esercita le funzioni di cui al terzo comma, anche tenendo conto delle risultanze dei rapporti riepilogativi di cui all'articolo 16-*bis*, commi 9-*sexies* e 9-*septies*, del decreto-legge 18 ottobre 2012, n. 179, convertito, con modificazioni, dalla legge 17 dicembre 2012, n. 221. Valuta altresì i motivi per i quali sia stato revocato l'incarico in una o più procedure esecutive.

Quando ricorrono speciali ragioni, l'incarico può essere conferito a persona non iscritta in alcun elenco; nel provvedimento di conferimento dell'incarico devono essere analiticamente indicati i motivi della scelta. Per quanto non disposto diversamente dal presente articolo, si applicano le disposizioni di cui agli articoli 13 e seguenti in quanto compatibili. I professionisti cancellati dall'elenco non possono essere reinseriti nel triennio in corso e nel triennio successivo.

[1] Articolo così sost. dall'art. 5-*bis*, c. 1, D.L. 3 mag. 2016, n. 59, conv. con modif. in L. 30 giu. 2016, n. 119.

179-*quater*. *Distribuzione degli incarichi.* [1] — Il presidente del tribunale vigila affinché, senza danno per l'amministrazione della giustizia, le deleghe siano equamente distribuite tra gli iscritti nell'elenco di cui all'art. 179-*ter*.

Per l'attuazione di tale vigilanza debbono essere annotate dal cancelliere in apposito registro tutte le deleghe che gli iscritti ricevono e i relativi compensi liquidati.

Il registro è pubblico e liberamente consultabile e dello stesso possono essere rilasciate copie o estratti.

[1] Articolo ins. dall'art. 11, L. 3 ago. 1998, n. 302.

CAPO IV
Disposizioni comuni

180. *Avviso di pignoramento ai comproprietari del bene pignorato.* — L'avviso ai comproprietari dei beni indivisi nel caso previsto dall'art. 599 secondo comma del codice deve contenere l'indicazione del creditore pignorante, del bene pignorato, della data dell'atto di pignoramento e della trascrizione di esso. L'avviso è sottoscritto dal creditore pignorante.

Con lo stesso avviso o con altro separato gli interessati debbono essere invitati a comparire davanti al giudice dell'esecuzione per sentire dare i provvedimenti indicati nell'art. 600 del codice.

181. *Disposizioni sulla divisione.* [1] — Il giudice dell'esecuzione, quando dispone che si proceda a divisione del bene indiviso, provvede all'istruzione della causa a norma degli artt. 175 e seguenti del codice, se gli interessati sono tutti presenti.

Se gli interessati non sono tutti presenti, il giudice dell'esecuzione, con l'ordinanza di cui all'art. 600, secondo comma, del codice, fissa l'udienza davanti a sé per la comparizione delle parti, concedendo termine alla parte più diligente fino a sessanta giorni prima per l'integrazione del contraddittorio mediante la notifica dell'ordinanza.

[1] Articolo modif. dall'art. 2, D.L. 14 mar. 2005, n. 35, conv. in L. 14 mag. 2005, n. 80, con decorrenza 1 mar. 2006.

182. *Intimazione al detentore del pegno.* — Il creditore pignorante deve fare l'intimazione di cui all'art. 544 del codice con l'atto di pignoramento, se il pegno è detenuto dal debitore, o con atto separato, notificato a norma degli artt. 137 e seguenti del codice, se il pegno è detenuto da altri.

183. *Provvedimenti temporanei nell'esecuzione per consegna o rilascio.* — I provvedimenti temporanei di cui all'art. 610 del codice sono dati dal [pretore] *giudice dell'esecuzione*[1] con decreto.

[1] Parole così modif. dall'art. 131, D.lgs. 19 feb. 1998, n. 51 con decorrenza dal 2 giu. 1999.

184. *Contenuto dei ricorsi di opposizione all'esecuzione.* — I ricorsi previsti negli artt. 615 secondo comma e 619 del codice, oltre le indicazioni volute dall'art. 125 del codice, debbono contenere quelle di cui ai nn. 4 e 5 dell'art. 163 del codice.

185. *Udienza di comparizione davanti al giudice dell'esecuzione.* [1] — All'udienza di comparizione davanti al giudice dell'esecuzione, fissata sulle opposizioni di terzo ed agli atti esecutivi si applicano le norme del procedimento camerale di cui agli artt. 737 e seguenti del codice.

[1] Articolo così modif. dall'art. 13, L. 24 feb. 2006, n. 52.

186. *Fascicolo della causa di opposizione all'esecuzione.* — Se per la causa di opposizione all'esecuzione è competente un giudice diverso da quello dell'esecuzione, il cancelliere del giudice davanti al quale la causa è riassunta deve immediatamente richiedere al cancelliere del giudice dell'esecuzione la trasmissione del ricorso di opposizione, di copia del processo verbale dell'udienza di comparizione di cui agli artt. 615 e 619 del codice e dei documenti allegati relativi alla causa di opposizione.

186-*bis*. ***Trattazione delle opposizioni in materia esecutiva.***[1] — I giudizi di merito di cui all'articolo 618, secondo comma, del codice sono trattati da un magistrato diverso da quello che ha conosciuto degli atti avverso i quali è proposta opposizione.

[1] Articolo inserito dall'art. 52 della L. 18 giu. 2009, n. 69. Per espressa previsione dell'art. 58, L. 69/2009, "le disposizioni della presente legge che modificano il codice di procedura civile e le disposizioni per l'attuazione del codice di procedura civile si applicano ai giudizi instaurati dopo la data della sua entrata in vigore" (avvenuta il 4 lug. 2009).

187. ***Regolamento di competenza delle sentenze in materia esecutiva.*** — Le sentenze dichiarate non impugnabili che il giudice pronuncia sulle opposizioni agli atti esecutivi sono sempre soggette a regolamento di competenza a norma degli artt. 42 e seguenti del codice.

187-*bis*. ***Intangibilità nei confronti dei terzi degli effetti degli atti esecutivi compiuti.***[1] — In ogni caso di estinzione o di chiusura anticipata del processo esecutivo avvenuta dopo l'aggiudicazione, anche provvisoria, o l'assegnazione, restano fermi nei confronti dei terzi aggiudicatari o assegnatari, in forza dell'art. 632 secondo comma del codice, gli effetti di tali atti. Dopo il compimento degli stessi atti, l'istanza di cui all'art. 495 del codice non è più ammissibile.

[1] Articolo introdotto dall'art. 2 D.L. 14 mar. 2005, n. 35, conv. in L. 14 mag. 2005, n. 80.

TITOLO V
Dei procedimenti speciali

188. ***Dichiarazione di inefficacia del decreto d'ingiunzione.*** — La parte alla quale non è stato notificato il decreto d'ingiunzione nei termini di cui all'art. 644 del codice può chiedere con ricorso al giudice, che ha pronunciato il decreto, che ne dichiari l'inefficacia.

Il giudice fissa con decreto una udienza per la comparizione delle parti davanti a sè e il termine entro il quale il ricorso e il decreto debbono essere notificati alla controparte. La notificazione è fatta nel domicilio di cui all'art. 638 del codice se avviene entro l'anno dalla pronuncia e personalmente alla parte a norma degli artt. 137 e seguenti del codice se è fatta posteriormente.

Il giudice, sentite le parti, dichiara con ordinanza non impugnabile l'inefficacia del decreto ingiuntivo a tutti gli effetti.

Il rigetto dell'istanza non impedisce alla parte di proporre domanda di dichiarazione d'inefficacia nei modi ordinari.

189. ***Provvedimenti relativi alla separazione personale dei coniugi.*** — L'ordinanza con la quale il presidente del tribunale o il giudice istruttore dà i provvedimenti di cui all'art. 708 del codice costituisce titolo esecutivo.

Essa conserva la sua efficacia anche dopo l'estinzione del processo finché non sia sostituita con altro provvedimento emesso dal presidente o dal giudice istruttore a seguito di nuova presentazione del ricorso per separazione personale dei coniugi.

190. ***Documentazione dell'istanza di dichiarazione di assenza o di morte presunta.*** — Ai ricorsi indicati negli artt. 722 e 726 del codice debbono essere allegati i documenti comprovanti lo stato di famiglia, il fatto e il tempo della scomparsa.

191. ***Efficacia del processo verbale di vendita di beni immobili appartenenti a minori.*** — Il processo verbale di vendita dei beni immobili appartenenti a minori costituisce titolo esecutivo per il rilascio.

192. ***Modalità di chiusura dell'inventario.*** — L'ufficiale che procede all'inventario deve, prima di chiuderlo, interrogare coloro che avevano la custodia dei mobili o abitavano la casa in cui questi erano posti, se siano a conoscenza che esistano altri oggetti da comprendere nell'inventario.

193. ***Giuramento del curatore dell'eredità giacente.*** — Il curatore dell'eredità giacente, prima d'iniziare l'esercizio delle sue funzioni, deve prestare giuramento davanti al pretore[1] di custodire e amministrare fedelmente i beni dell'eredità.

[1] Per la soppressione dell'ufficio del pretore vedi il D.lgs. 19 feb. 1998, n. 51.

194. ***Nomina dell'esperto nel giudizio di divisione.*** — Quando per la formazione della massa da dividersi e delle quote è necessaria l'opera di un esperto, questi è nominato, d'ufficio o su istanza del notaio o di uno degli interessati, dal giudice istruttore, che ne riceve il giuramento a norma dell'art. 193 del codice.

195. ***Decreto di approvazione dell'attribuzione delle quote nel giudizio di divisione.*** — Il processo verbale dal quale risulta l'attribuzione delle quote nelle operazioni di divisione è approvato con decreto del giudice istruttore se non sorgono contestazioni o con la sentenza che decide sulle contestazioni sorte.

Il decreto del giudice istruttore costituisce titolo esecutivo.

196. ***Reclamo contro il decreto che nega l'esecutorietà del lodo.***[1]

[1] Articolo abrog. dall'art. 17, L. 5 gen. 1994, n. 25.

TITOLO V-*bis*
Dei procedimenti collettivi[1]

[1] Titolo ins. dall'art. 1, L. 12 apr. 2019, n. 31. Le disposizioni di cui alla L. 31/2019 entrano in vigore a decorrere dal 19 mag. 2021, ai sensi di quanto disposto dall'art. 7, c. 1, L. 31/2019, come modif. dall'art. 8, c. 5, D.L. 30 dic. 2019, n. 162, conv. con modif. in L. 28 feb. 2020, n. 8, e dall'art. 31-*ter*, c. 1, D.L. 28 ott. 2020, n. 137, conv. con modif. in L. 18 dic. 2020, n. 176.

196-*bis*. *Comunicazioni a cura della cancelleria e avvisi in materia di azione di classe.*[1] — Tutte le comunicazioni a cura della cancelleria previste dalle disposizioni contenute nel titolo VIII-*bis* del libro quarto del codice sono eseguite con modalità telematiche all'indirizzo di posta elettronica certificata ovvero al servizio elettronico di recapito certificato qualificato dichiarato dall'aderente. Si applicano le disposizioni in materia di comunicazioni telematiche.

Il portale dei servizi telematici gestito dal Ministero della giustizia deve inviare all'indirizzo di posta elettronica ordinaria o certificata ovvero al servizio elettronico di recapito certificato qualificato, ad ogni interessato che ne ha fatto richiesta e si è registrato mediante un'apposita procedura, un avviso contenente le informazioni relative agli atti per i quali le disposizioni del titolo VIII-*bis* del libro quarto del codice prevedono la pubblicazione. La richiesta può essere limitata alle azioni di classe relative a specifiche imprese o enti gestori di servizi pubblici o di pubblica utilità, anche prima della loro proposizione.

[1] V. nota al titolo V-*bis*.

196-*ter*. *Elenco delle organizzazioni e associazioni legittimate all'azione di classe.*[1] — Con decreto del Ministro della giustizia, di concerto con il Ministro dello sviluppo economico, previo parere delle Commissioni parlamentari competenti, sono stabiliti i requisiti per l'iscrizione nell'elenco di cui all'articolo 840-*bis*, secondo comma, del codice, i criteri per la sospensione e la cancellazione delle organizzazioni e associazioni iscritte, nonché il contributo dovuto ai fini dell'iscrizione e del mantenimento della stessa. Il contributo di cui al presente comma è fissato in misura tale da consentire comunque di far fronte alle spese di istituzione, di sviluppo e di aggiornamento dell'elenco. I requisiti per l'iscrizione comprendono la verifica delle finalità programmatiche, dell'adeguatezza a rappresentare e tutelare i diritti omogenei azionati e della stabilità e continuità delle associazioni e delle organizzazioni stesse, nonché la verifica delle fonti di finanziamento utilizzate. Con il medesimo decreto sono stabilite le modalità di aggiornamento dell'elenco.

[1] V. nota al titolo V-*bis*.

TITOLO VI
Disposizioni transitorie

197-231. (*Omissis*).

SEMPLIFICAZIONE DEI PROCEDIMENTI CIVILI

D.lgs. 1 set. 2011, n. 150

Disposizioni complementari al codice di procedura civile in materia di riduzione e semplificazione dei procedimenti civili di cognizione, ai sensi dell'articolo 54 della L. 18 giu. 2009, n. 69

(G.U. 21 set. 2011, n. 220)

CAPO I

Disposizioni generali

1. ***Definizioni.*** — 1. Ai fini del presente decreto si intende per:

a) Rito ordinario di cognizione: il procedimento regolato dalle norme del titolo I e del titolo III del libro secondo del codice di procedura civile;

b) Rito del lavoro: il procedimento regolato dalle norme della sezione II del capo I del titolo IV del libro secondo del codice di procedura civile;

c) Rito sommario di cognizione: il procedimento regolato dalle norme del capo III *bis* del titolo I del libro quarto del codice di procedura civile.

2. ***Disposizioni comuni alle controversie disciplinate dal rito del lavoro.*** — 1. Nelle controversie disciplinate dal Capo II, non si applicano, salvo che siano espressamente richiamati, gli articoli 413, 415, settimo comma, 417, 417-*bis*, 420-*bis*, 421, terzo comma, 425, 426, 427, 429, terzo comma, 431, dal primo al quarto comma e sesto comma, 433, 438, secondo comma, e 439 del codice di procedura civile.

2. L'ordinanza prevista dall'articolo 423, secondo comma, del codice di procedura civile può essere concessa su istanza di ciascuna parte.

3. L'articolo 431, quinto comma, si applica alle sentenze di condanna a favore di ciascuna delle parti.

4. Salvo che sia diversamente disposto, i poteri istruttori previsti dall'articolo 421, secondo comma, del codice di procedura civile non vengono esercitati al di fuori dei limiti previsti dal codice civile.

3. ***Disposizioni comuni alle controversie disciplinate dal rito sommario di cognizione.*** — 1. Nelle controversie disciplinate dal Capo III, non si applicano i commi secondo e terzo dell'articolo 702-*ter* del codice di procedura civile.

2. Quando la causa è giudicata in primo grado in composizione collegiale, con il decreto di cui all'articolo 702-*bis*, terzo comma, del codice di procedura civile il presidente del collegio designa il giudice relatore. Il presidente può delegare l'assunzione dei mezzi istruttori ad uno dei componenti del collegio.

3. Fermo quanto previsto dai commi 1 e 2, quando è competente la corte di appello in primo grado il procedimento è regolato dagli articoli 702-*bis* e 702-*ter* del codice di procedura civile.

4. ***Mutamento del rito.*** — 1. Quando una controversia viene promossa in forme diverse da quelle previste dal presente decreto, il giudice dispone il mutamento del rito con ordinanza.

2. L'ordinanza prevista dal comma 1 viene pronunciata dal giudice, anche d'ufficio, non oltre la prima udienza di comparizione delle parti.

3. Quando la controversia rientra tra quelle per le quali il presente decreto prevede l'applicazione del rito del lavoro, il giudice fissa l'udienza di cui all'articolo 420 del codice di procedura civile e il termine perentorio entro il quale le parti devono provvedere all'eventuale integrazione degli atti introduttivi mediante deposito di memorie e documenti in cancelleria.

4. Quando dichiara la propria incompetenza, il giudice dispone che la causa sia riassunta davanti al giudice competente con il rito stabilito dalle disposizioni del presente decreto.

5. Gli effetti sostanziali e processuali della domanda si producono secondo le norme del rito seguito prima del mutamento. Restano ferme le decadenze e le preclusioni maturate secondo le norme del rito seguito prima del mutamento.

5. ***Sospensione dell'efficacia esecutiva del provvedimento impugnato.*** — 1. Nei casi in cui il presente decreto prevede la sospensione dell'efficacia esecutiva del provvedimento impugnato il giudice vi provvede, se richiesto e sentite le parti, con ordinanza non impugnabile, quando ricorrono gravi e circostanziate ragioni esplicitamente indicate nella motivazione.

2. In caso di pericolo imminente di un danno grave e irreparabile, la sospensione può essere disposta con decreto pronunciato fuori udienza. La sospensione diviene inefficace se non è confermata, entro la prima udienza successiva, con l'ordinanza di cui al comma 1.

CAPO II

Delle controversie regolate dal rito del lavoro

6. ***Dell'opposizione ad ordinanza-ingiunzione.*** — 1. Le controversie previste dall'articolo 22 della legge 24 novembre 1981, n. 689, sono regolate dal rito del lavoro, ove non diversamente stabilito dalle disposizioni del presente articolo.

2. L'opposizione si propone davanti al giudice del luogo in cui è stata commessa la violazione.

3. Salvo quanto previsto dai commi 4 e 5, e salve le competenze stabilite da altre disposizioni di legge, l'opposizione si propone davanti al giudice di pace.

4. L'opposizione si propone davanti al tribunale quando la sanzione è stata applicata per una violazione concernente disposizioni in materia:

a) di tutela del lavoro, di igiene sui luoghi di lavoro e di prevenzione degli infortuni sul lavoro;

b) di previdenza e assistenza obbligatoria;

c) di tutela dell'ambiente dall'inquinamento, della flora, della fauna e delle aree protette;

d) di igiene degli alimenti e delle bevande;

e) valutaria;

f) di antiriciclaggio.

5. L'opposizione si propone altresì davanti al tribunale:

a) se per la violazione è prevista una sanzione pecuniaria superiore nel massimo a 15.493 euro;

b) quando, essendo la violazione punita con sanzione pecuniaria proporzionale senza previsione di un limite massimo, è stata applicata una sanzione superiore a 15.493 euro;

c) quando è stata applicata una sanzione di natura diversa da quella pecuniaria, sola o congiunta a quest'ultima, fatta eccezione per le violazioni previste dal regio decreto 21 dicembre 1933, n. 1736, dalla legge 15 dicembre 1990, n. 386 e dal decreto legislativo 30 aprile 1992, n. 285.

6. Il ricorso è proposto, a pena di inammissibilità, entro trenta giorni dalla notificazione del provvedimento, ovvero entro sessanta giorni se il ricorrente risiede all'estero, e può essere depositato anche a mezzo del servizio postale.

7. L'efficacia esecutiva del provvedimento impugnato può essere sospesa secondo quanto previsto dall'articolo 5.

8. Con il decreto di cui all'articolo 415, secondo comma, del codice di procedura civile il giudice ordina all'autorità che ha emesso il provvedimento impugnato di depositare in cancelleria, dieci giorni prima dell'udienza fissata, copia del rapporto con gli atti relativi all'accertamento, nonché alla contestazione o notificazione della violazione. Il ricorso e il decreto sono notificati, a cura della cancelleria, all'opponente e all'autorità che ha emesso l'ordinanza.

9. Nel giudizio di primo grado l'opponente e l'autorità che ha emesso l'ordinanza possono stare in giudizio personalmente. L'autorità che ha emesso l'ordinanza può avvalersi anche di funzionari appositamente delegati. Nel giudizio di opposizione all'ordinanza-ingiunzione di cui all'articolo 205 del decreto legislativo 30 aprile 1992, n. 285, il prefetto può farsi rappresentare in giudizio dall'amministrazione cui appartiene l'organo accertatore, la quale vi provvede a mezzo di propri funzionari appositamente delegati, laddove sia anche destinataria dei proventi della sanzione, ai sensi dell'articolo 208 del medesimo decreto.

10. Alla prima udienza, il giudice:

a) quando il ricorso è proposto oltre i termini di cui al comma 6, lo dichiara inammissibile con sentenza;

b) quando l'opponente o il suo difensore non si presentano senza addurre alcun legittimo impedimento, convalida con ordinanza appellabile il provvedimento opposto e provvede sulle spese, salvo che l'illegittimità del provvedimento risulti dalla documentazione allegata dall'opponente, ovvero l'autorità che ha emesso l'ordinanza abbia omesso il deposito dei documenti di cui al comma 8.

11. Il giudice accoglie l'opposizione quando non vi sono prove sufficienti della responsabilità dell'opponente.

12. Con la sentenza che accoglie l'opposizione il giudice può annullare in tutto o in parte l'ordinanza o modificarla anche limitatamente all'entità della sanzione dovuta, che è determinata in una misura in ogni caso non inferiore al minimo edittale. Nel giudizio di opposizione davanti al giudice di pace non si applica l'articolo 113, secondo comma, del codice di procedura civile.

13. Salvo quanto previsto dall'articolo 10, comma 6-*bis*, del decreto del Presidente della Repubblica 30 maggio 2002, n. 115, gli atti del processo e la decisione sono esenti da ogni tassa e imposta.

7. ***Dell'opposizione al verbale di accertamento di violazione del codice della strada.*** — 1. Le controversie in materia di opposizione al verbale di accertamento di violazione del codice della strada di cui all'articolo 204-*bis* del decreto legislativo 30 aprile 1992, n. 285, sono regolate dal rito del lavoro, ove non diversamente stabilito dalle disposizioni del presente articolo.

2. L'opposizione si propone davanti al giudice di pace del luogo in cui è stata commessa la violazione.

3. Il ricorso è proposto, a pena di inammissibilità, entro trenta giorni dalla data di contestazione della violazione o di notificazione del verbale di accertamento, ovvero entro sessanta giorni se il ricorrente risiede all'estero e può essere depositato anche a mezzo del servizio postale. Il ricorso è altresì inammissibile se è stato previamente presentato ricorso ai sensi dell'articolo 203 del decreto legislativo 30 aprile 1992, n. 285.

4. L'opposizione si estende anche alle sanzioni accessorie.

5. La legittimazione passiva spetta al prefetto, quando le violazioni opposte sono state accertate

da funzionari, ufficiali e agenti dello Stato, nonché da funzionari e agenti delle Ferrovie dello Stato, delle ferrovie e tranvie in concessione e dell'ANAS; spetta a regioni, province e comuni, quando le violazioni sono state accertate da funzionari, ufficiali e agenti, rispettivamente, delle regioni, delle province e dei comuni.

6. L'efficacia esecutiva del provvedimento impugnato può essere sospesa secondo quanto previsto dall'articolo 5.

7. Con il decreto di cui all'articolo 415, secondo comma, del codice di procedura civile il giudice ordina all'autorità che ha emesso il provvedimento impugnato di depositare in cancelleria, dieci giorni prima dell'udienza fissata, copia del rapporto con gli atti relativi all'accertamento, nonché alla contestazione o notificazione della violazione. Il ricorso ed il decreto sono notificati, a cura della cancelleria, all'opponente ed ai soggetti di cui al comma 5.

8. Nel giudizio di primo grado le parti possono stare in giudizio personalmente. L'amministrazione resistente può avvalersi anche di funzionari appositamente delegati.

9. Alla prima udienza, il giudice:

a) nei casi previsti dal comma 3 dichiara inammissibile il ricorso con sentenza;

b) quando l'opponente o il suo difensore non si presentano senza addurre alcun legittimo impedimento, convalida con ordinanza appellabile il provvedimento opposto e provvede sulle spese, salvo che la illegittimità del provvedimento risulti dalla documentazione allegata dall'opponente, ovvero l'autorità che ha emesso il provvedimento impugnato abbia omesso il deposito dei documenti di cui al comma 7.

10. Con la sentenza che accoglie l'opposizione il giudice può annullare in tutto o in parte il provvedimento opposto. Il giudice accoglie l'opposizione quando non vi sono prove sufficienti della responsabilità dell'opponente. Non si applica l'articolo 113, secondo comma, del codice di procedura civile.

11. Con la sentenza che rigetta l'opposizione il giudice determina l'importo della sanzione in una misura compresa tra il minimo e il massimo edittale stabilito dalla legge per la violazione accertata. Il pagamento della somma deve avvenire entro i trenta giorni successivi alla notificazione della sentenza e deve essere effettuato a vantaggio dell'amministrazione cui appartiene l'organo accertatore, con le modalità di pagamento da questa determinate.

12. Quando rigetta l'opposizione, il giudice non può escludere l'applicazione delle sanzioni accessorie o la decurtazione dei punti dalla patente di guida.

13. Salvo quanto previsto dall'articolo 10, comma 6-*bis*, del decreto del Presidente della Repubblica 30 maggio 2002, n. 115, gli atti del processo e la decisione sono esenti da ogni tassa e imposta.

8-9. (*Omissis*).

10. ***Delle controversie in materia di applicazione delle disposizioni in materia di protezione dei dati personali.***[1] — 1. Le controversie previste dall'articolo 152 del decreto legislativo 30 giugno 2003, n. 196, sono regolate dal rito del lavoro, ove non diversamente disposto dal presente articolo.

2. Sono competenti, in via alternativa, il tribunale del luogo in cui il titolare del trattamento risiede o ha sede ovvero il tribunale del luogo di residenza dell'interessato.

3. Il ricorso avverso i provvedimenti del Garante per la protezione dei dati personali, ivi compresi quelli emessi a seguito di un reclamo dell'interessato, è proposto, a pena di inammissibilità, entro trenta giorni dalla data di comunicazione del provvedimento ovvero entro sessanta giorni se il ricorrente risiede all'estero.

4. Decorso il termine previsto per la decisione del reclamo dall'articolo 143, comma 3, del decreto legislativo n. 196 del 2003, chi vi ha interesse può, entro trenta giorni dalla scadenza del predetto termine, ricorrere al Tribunale competente ai sensi del presente articolo. La disposizione di cui al primo periodo si applica anche qualora sia scaduto il termine trimestrale di cui all'articolo 143, comma 3, del decreto legislativo n. 196 del 2003 senza che l'interessato sia stato informato dello stato del procedimento.

5. L'interessato può dare mandato a un ente del terzo settore soggetto alla disciplina del decreto legislativo 3 luglio 2017, n. 117, che sia attivo nel settore della tutela dei diritti e delle libertà degli interessati con riguardo alla protezione dei dati personali, di esercitare per suo conto l'azione, ferme le disposizioni in materia di patrocinio previste dal codice di procedura civile.

6. Il giudice fissa l'udienza di comparizione delle parti con decreto con il quale assegna al ricorrente il termine perentorio entro cui notificarlo alle altre parti e al Garante. Tra il giorno della notificazione e l'udienza di comparizione intercorrono non meno di trenta giorni.

7. L'efficacia esecutiva del provvedimento impugnato può essere sospesa secondo quanto previsto dall'articolo 5.

8. Se alla prima udienza il ricorrente non compare senza addurre alcun legittimo impedimento, il giudice dispone la cancellazione della causa dal ruolo e dichiara l'estinzione del processo, ponendo a carico del ricorrente le spese di giudizio.

9. Nei casi in cui non sia parte in giudizio, il Garante può presentare osservazioni, da rendere per iscritto o in udienza, sulla controversia in corso con riferimento ai profili relativi alla protezione dei dati personali. Il giudice dispone che sia data comunicazione al Garante circa la pendenza della controversia, trasmettendo copia degli atti intro-

duttivi, al fine di consentire l'eventuale presentazione delle osservazioni.

10. La sentenza che definisce il giudizio non è appellabile e può prescrivere le misure necessarie anche in deroga al divieto di cui all'articolo 4 della legge 20 marzo 1865, n. 2248, allegato E), anche in relazione all'eventuale atto del soggetto pubblico titolare o responsabile dei dati, nonché il risarcimento del danno.

[1] Articolo così sost. dall'art. 17, c. 1, D.lgs. 10 ago 2018, n. 101.

11. ***Delle controversie agrarie.*** — 1. Le controversie in materia di contratti agrari o conseguenti alla conversione dei contratti associativi in affitto sono regolate dal rito del lavoro, ove non diversamente disposto dal presente articolo.

2. Sono competenti le sezioni specializzate agrarie di cui alla legge 2 marzo 1963, n. 320.

3. Chi intende proporre in giudizio una domanda relativa a una controversia nelle materie indicate dal comma 1 è tenuto a darne preventiva comunicazione, mediante lettera raccomandata con avviso di ricevimento, all'altra parte e all'ispettorato provinciale dell'agricoltura competente per territorio.

4. Il capo dell'ispettorato, entro venti giorni dalla comunicazione di cui al comma 3, convoca le parti ed i rappresentanti delle associazioni professionali di categoria da esse indicati per esperire il tentativo di conciliazione.

5. Se la conciliazione riesce, viene redatto processo verbale sottoscritto dalle parti, dai rappresentanti delle associazioni di categoria e dal funzionario dell'ispettorato.

6. Se la conciliazione non riesce, si forma egualmente processo verbale, nel quale vengono precisate le posizioni delle parti.

7. Nel caso in cui il tentativo di conciliazione non si definisca entro sessanta giorni dalla comunicazione di cui al comma 3, ciascuna delle parti è libera di adire l'autorità giudiziaria competente.

8. Quando l'affittuario viene convenuto in giudizio per morosità, il giudice, alla prima udienza, prima di ogni altro provvedimento, concede al convenuto stesso un termine, non inferiore a trenta e non superiore a novanta giorni, per il pagamento dei canoni scaduti, i quali, con l'instaurazione del giudizio, vengono rivalutati, fin dall'origine, in base alle variazioni del valore della moneta secondo gli indici ISTAT e maggiorati degli interessi di legge. Il pagamento entro il termine fissato dal giudice sana a tutti gli effetti la morosità.

9. Quando il giudice pronuncia sentenza di condanna al pagamento di somme di denaro in favore dell'affittuario, si applica l'articolo 429, terzo comma, del codice di procedura civile.

10. Costituisce grave ed irreparabile danno, ai sensi dell'articolo 373 del codice di procedura civile, anche l'esecuzione di sentenza che privi il concessionario di un fondo rustico del principale mezzo di sostentamento suo e della sua famiglia, o possa risultare fonte di serio pericolo per l'integrità economica dell'azienda o per l'allevamento di animali.

11. Il rilascio del fondo può avvenire solo al termine dell'annata agraria durante la quale è stata emessa la sentenza che lo dispone.

12. ***Dell'impugnazione dei provvedimenti in materia di registro dei protesti.*** — 1. Le controversie aventi ad oggetto l'impugnazione dei provvedimenti di rigetto delle istanze previste dall'articolo 4 della legge 12 febbraio 1955, n. 77, e quelle avverso la mancata decisione sulle medesime istanze sono regolate dal rito del lavoro.

2. È competente il giudice di pace del luogo in cui risiede il debitore protestato.

13. ***Dell'opposizione ai provvedimenti in materia di riabilitazione del debitore protestato.*** — 1. Le controversie aventi ad oggetto l'opposizione al provvedimento di diniego di riabilitazione di cui all'articolo 17, comma 3, della legge 7 marzo 1996, n. 108, ovvero al decreto di riabilitazione ai sensi del comma 4 del medesimo articolo sono regolate dal rito del lavoro, ove non diversamente disposto dal presente articolo.[1]

2. È competente la corte di appello.

3. Il ricorso è proposto, a pena di inammissibilità, entro trenta giorni dalla comunicazione del provvedimento di diniego di riabilitazione o dalla pubblicazione del decreto di riabilitazione effettuata ai sensi dell'articolo 17, comma 4, della legge 7 marzo 1996, n. 108, ovvero entro sessanta giorni se il ricorrente risiede all'estero.

[1] Comma così corretto da Comunicato 21 ott. 2011, pubblicato nella G.U. 21 ott. 2011, n. 246.

CAPO III

Delle controversie regolate dal rito sommario di cognizione

14. ***Delle controversie in materia di liquidazione degli onorari e dei diritti di avvocato.*** — 1. Le controversie previste dall'articolo 28 della legge 13 giugno 1942, n. 794, e l'opposizione proposta a norma dell'articolo 645 del codice di procedura civile contro il decreto ingiuntivo riguardante onorari, diritti o spese spettanti ad avvocati per prestazioni giudiziali sono regolate dal rito sommario di cognizione, ove non diversamente disposto dal presente articolo.

2. È competente l'ufficio giudiziario di merito adito per il processo nel quale l'avvocato ha prestato la propria opera. Il tribunale decide in composizione collegiale.

3. Nel giudizio di merito le parti possono stare in giudizio personalmente.

4. L'ordinanza che definisce il giudizio non è appellabile.

15. ***Dell'opposizione a decreto di pagamento***

di spese di giustizia. — 1. Le controversie previste dall'articolo 170 del decreto del Presidente della Repubblica 30 maggio 2002, n. 115, sono regolate dal rito sommario di cognizione, ove non diversamente disposto dal presente articolo.

2. Il ricorso è proposto al capo dell'ufficio giudiziario cui appartiene il magistrato che ha emesso il provvedimento impugnato. Per i provvedimenti emessi da magistrati dell'ufficio del giudice di pace e del pubblico ministero presso il tribunale è competente il presidente del tribunale. Per i provvedimenti emessi da magistrati dell'ufficio del pubblico ministero presso la corte di appello è competente il presidente della corte di appello.

3. Nel giudizio di merito le parti possono stare in giudizio personalmente.

4. L'efficacia esecutiva del provvedimento impugnato può essere sospesa secondo quanto previsto dall'articolo 5.

5. Il presidente può chiedere a chi ha provveduto alla liquidazione o a chi li detiene, gli atti, i documenti e le informazioni necessari ai fini della decisione.

6. L'ordinanza che definisce il giudizio non è appellabile.

16-28. (*Omissis*).

29. ***Delle controversie in materia di opposizione alla stima nelle espropriazioni per pubblica utilità.*** — 1. Le controversie aventi ad oggetto l'opposizione alla stima di cui all'articolo 54 del decreto del Presidente della Repubblica 8 giugno 2001, n. 327[1], sono regolate dal rito sommario di cognizione, ove non diversamente disposto dal presente articolo.

2. È competente la corte di appello nel cui distretto si trova il bene espropriato.

3. L'opposizione va proposta, a pena di inammissibilità, entro il termine di trenta giorni dalla notifica del decreto di esproprio o dalla notifica della stima peritale, se quest'ultima sia successiva al decreto di esproprio. Il termine è di sessanta giorni se il ricorrente risiede all'estero.

4. Il ricorso è notificato all'autorità espropriante, al promotore dell'espropriazione e, se del caso, al beneficiario dell'espropriazione, se attore è il proprietario del bene, ovvero all'autorità espropriante e al proprietario del bene, se attore è il promotore dell'espropriazione. Il ricorso è notificato anche al concessionario dell'opera pubblica, se a questi sia stato affidato il pagamento dell'indennità.

[1] La G.U. riporta il seguente riferimento normativo non corretto: «decreto legislativo 8 giugno 2001, n. 327».

30. ***Delle controversie in materia di attuazione di sentenze e provvedimenti stranieri di giurisdizione volontaria e contestazione del riconoscimento.*** — 1. Le controversie aventi ad oggetto l'attuazione di sentenze e provvedimenti stranieri di giurisdizione volontaria di cui all'articolo 67 della legge 31 maggio 1995, n. 218, sono regolate dal rito sommario di cognizione.

2. È competente la corte di appello del luogo di attuazione del provvedimento.

CAPO IV
Delle controversie regolate dal rito ordinario di cognizione

31-33. (*Omissis*).

CAPO V
Disposizioni finali ed abrogazioni

34. ***Modificazioni e abrogazioni.*** (*Omissis*).

35. ***Clausola di invarianza finanziaria.*** — 1. Dall'attuazione del presente decreto non devono derivare nuovi o maggiori oneri a carico della finanza pubblica. Le amministrazioni interessate provvedono agli adempimenti previsti dal presente decreto con l'utilizzo delle risorse umane, strumentali e finanziarie disponibili a legislazione vigente.

36. ***Disposizioni transitorie e finali.*** — 1. Le norme del presente decreto si applicano ai procedimenti instaurati successivamente alla data di entrata in vigore dello stesso.

2. Le norme abrogate o modificate dal presente decreto continuano ad applicarsi alle controversie pendenti alla data di entrata in vigore dello stesso.

INDICE-SOMMARIO DEL CODICE DI PROCEDURA CIVILE

LIBRO QUARTO
DEI PROCEDIMENTI SPECIALI

DISPOSIZIONI DI ATTUAZIONE DEL CODICE DI PROCEDURA CIVILE E DISPOSIZIONI TRANSITORIE

SEMPLIFICAZIONE DEI PROCEDIMENTI CIVILI

APPENDICE DI

LEGGI COMPLEMENTARI

DEL CODICE CIVILE

E DEL CODICE DI PROCEDURA CIVILE

CON INDICE CRONOLOGICO

ADOZIONE

- 1 -

L. 4 mag. 1983, n. 184

Diritto del minore ad una famiglia[1]

(G.U. 17 mag. 1983, n. 133, Sup.)

[1] Il titolo della legge è stato modificato dall'art. 1, L. 28 mar. 2001, n. 149. In precedenza, la legge titolava «Disciplina dell'adozione e dell'affidamento dei minori».

Le norme processuali contenute nella L. 149/2001, che prevedono l'obbligatorietà della difesa tecnica delle parti interessate nei procedimenti per la dichiarazione dello stato di adottabilità e nei procedimenti *de potestate*, sono operative dal 1° luglio 2007.

TITOLO I
Principi generali[1]

[1] Rubrica modif. dall'art. 1, L. 28 mar. 2001, n. 149.

1.[1] 1. Il minore ha diritto di crescere ed essere educato nell'ambito della propria famiglia.

2. Le condizioni di indigenza dei genitori o del genitore esercente la responsabilità[2] genitoriale non possono essere di ostacolo all'esercizio del diritto del minore alla propria famiglia. A tal fine a favore della famiglia sono disposti interventi di sostegno e di aiuto.

3. Lo Stato, le regioni e gli enti locali, nell'ambito delle proprie competenze, sostengono, con idonei interventi, nel rispetto della loro autonomia e nei limiti delle risorse finanziarie disponibili, i nuclei familiari a rischio, al fine di prevenire l'abbandono e di consentire al minore di essere educato nell'ambito della propria famiglia. Essi promuovono altresì iniziative di formazione dell'opinione pubblica sull'affidamento e l'adozione e di sostegno all'attività delle comunità di tipo familiare, organizzano corsi di preparazione ed aggiornamento professionale degli operatori sociali nonché incontri di formazione e preparazione per le famiglie e le persone che intendono avere in affidamento o in adozione minori. I medesimi enti possono stipulare convenzioni con enti o associazioni senza fini di lucro che operano nel campo della tutela dei minori e delle famiglie per la realizzazione delle attività di cui al presente comma.

4. Quando la famiglia non è in grado di provvedere alla crescita e all'educazione del minore, si applicano gli istituti di cui alla presente legge.

5. Il diritto del minore a vivere, crescere ed essere educato nell'ambito di una famiglia è assicurato senza distinzione di sesso, di etnia, di età, di lingua, di religione e nel rispetto della identità culturale del minore e comunque non in contrasto con i princìpi fondamentali dell'ordinamento.

[1] Articolo sost. dall'art. 1, L. 28 mar. 2001, n. 149.

[2] Parola così modif. dall'art. 100, c. 1, lett. *a*), D.lgs. 28 dic. 2013, n. 154, in vigore dal 7 feb. 2014.

TITOLO I-*bis*
Dell'affidamento del minore[1]

[1] Rubrica ins. dall'art. 2, L. 28 mar. 2001, n. 149.

2.[1] 1. Il minore temporaneamente privo di un ambiente familiare idoneo, nonostante gli interventi di sostegno e aiuto disposti ai sensi dell'art. 1, è affidato ad una famiglia, preferibilmente con figli minori, o ad una persona singola, in grado di assicurargli il mantenimento, l'educazione, l'istruzione e le relazioni affettive di cui egli ha bisogno.

1-*bis*. Gli enti locali possono promuovere la sensibilizzazione e la formazione di affidatari per favorire l'affidamento familiare dei minori stranieri non accompagnati, in via prioritaria rispetto al ricovero in una struttura di accoglienza.[2]

1-*ter*. Dall'attuazione delle disposizioni di cui al comma 1-bis non devono derivare nuovi o maggiori oneri per la finanza pubblica; gli enti locali provvedono nei limiti delle risorse disponibili nei propri bilanci.[2]

2. Ove non sia possibile l'affidamento nei termini di cui al comma 1, è consentito l'inserimento del minore in una comunità di tipo familiare o, in mancanza, in un istituto di assistenza pubblico o privato, che abbia sede preferibilmente nel luogo più vicino a quello in cui stabilmente risiede il nu-

cleo familiare di provenienza. Per i minori di età inferiore a sei anni l'inserimento può avvenire solo presso una comunità di tipo familiare.

3. In caso di necessità e urgenza l'affidamento può essere disposto anche senza porre in essere gli interventi di cui all'art. 1, commi 2 e 3.

3-*bis*. I provvedimenti adottati ai sensi dei commi 2 e 3 devono indicare espressamente le ragioni per le quali non si ritiene possibile la permanenza nel nucleo familiare originario e le ragioni per le quali non sia possibile procedere ad un affidamento ad una famiglia, fermo restando quanto disposto dall'articolo 4, comma 3.[3]

4. Il ricovero in istituto deve essere superato entro il 31 dicembre 2006 mediante affidamento ad una famiglia e, ove ciò non sia possibile, mediante inserimento in comunità di tipo familiare caratterizzate da organizzazione e da rapporti interpersonali analoghi a quelli di una famiglia.

5. Le regioni, nell'ambito delle proprie competenze e sulla base di criteri stabiliti dalla Conferenza permanente per i rapporti tra lo Stato, le regioni e le province autonome di Trento e di Bolzano, definiscono gli *standard* minimi dei servizi e dell'assistenza che devono essere forniti dalle comunità di tipo familiare e dagli istituti e verificano periodicamente il rispetto dei medesimi.

[1] Articolo sost. dall'art. 2, L. 28 mar. 2001, n. 149.
[2] Comma ins. dall'art. 7, L. 7 apr. 2017, n. 47.
[3] Comma ins. all'art. 9, L. 29 lug. 2020, n. 107.

3.[1] 1. I legali rappresentanti delle comunità di tipo familiare e degli istituti di assistenza pubblici o privati esercitano i poteri tutelari sul minore affidato, secondo le norme del capo I del titolo X del libro primo del codice civile, fino a quando non si provveda alla nomina di un tutore in tutti i casi nei quali l'esercizio della responsabilità genitoriale o della tutela sia impedito.

2. Nei casi previsti dal comma 1, entro trenta giorni dall'accoglienza del minore, i legali rappresentanti devono proporre istanza per la nomina del tutore. Gli stessi e coloro che prestano anche gratuitamente la propria attività a favore delle comunità di tipo familiare e degli istituti di assistenza pubblici o privati non possono essere chiamati a tale incarico.

3. Nel caso in cui i genitori riprendano l'esercizio della responsabilità genitoriale, le comunità di tipo familiare e gli istituti di assistenza pubblici o privati chiedono al giudice tutelare di fissare eventuali limiti o condizioni a tale esercizio.

[1] Articolo sost. dall'art. 3, L. 28 mar. 2001, n. 149, e quindi così modif. dall'art. 100, c. 1, lett. *b*), D.lgs. 28 dic. 2013, n. 154, in vigore dal 7 feb. 2014.

4.[1] 1. L'affidamento familiare è disposto dal servizio sociale locale, previo consenso manifestato dai genitori o dal genitore esercente la responsabilità genitoriale, ovvero dal tutore, sentito il minore che ha compiuto gli anni dodici e anche il minore di età inferiore, in considerazione della sua capacità di discernimento. Il giudice tutelare del luogo ove si trova il minore rende esecutivo il provvedimento con decreto.

2. Ove manchi l'assenso dei genitori esercenti la responsabilità genitoriale o del tutore, provvede il tribunale per i minorenni. Si applicano gli artt. 330 e seguenti del codice civile.

3. Nel provvedimento di affidamento familiare devono essere indicate specificatamente le motivazioni di esso, nonché i tempi e i modi dell'esercizio dei poteri riconosciuti all'affidatario, e le modalità attraverso le quali i genitori e gli altri componenti il nucleo familiare possono mantenere i rapporti con il minore. Deve altresì essere indicato il servizio sociale locale cui è attribuita la responsabilità del programma di assistenza, nonché la vigilanza durante l'affidamento con l'obbligo di tenere costantemente informati il giudice tutelare od il tribunale per i minorenni, a seconda che si tratti di provvedimento emesso ai sensi dei commi 1 e 2. Il servizio sociale locale cui è attribuita la responsabilità del programma di assistenza, nonché la vigilanza durante l'affidamento, deve riferire senza indugio al giudice tutelare o al tribunale per i minorenni del luogo in cui il minore si trova, a seconda che si tratti di provvedimento emesso ai sensi dei commi 1 o 2, ogni evento di particolare rilevanza ed è tenuto a presentare una relazione semestrale sull'andamento del programma di assistenza, sulla sua presumibile ulteriore durata e sull'evoluzione delle condizioni di difficoltà del nucleo familiare di provenienza.

4. Nel provvedimento di cui al comma 3, deve inoltre essere indicato il periodo di presumibile durata dall'affidamento che deve essere rapportabile al complesso di interventi volti al recupero della famiglia d'origine. Tale periodo non può superare la durata di ventiquattro mesi ed è prorogabile, dal tribunale per i minorenni, qualora la sospensione dell'affidamento rechi pregiudizio al minore.

5. L'affidamento familiare cessa con provvedimento della stessa autorità che lo ha disposto, valutato l'interesse del minore, quando sia venuta meno la situazione di difficoltà temporanea della famiglia d'origine che lo ha determinato, ovvero nel caso in cui la prosecuzione di esso rechi pregiudizio al minore.

5-*bis*. Qualora, durante un prolungato periodo di affidamento, il minore sia dichiarato adottabile ai sensi delle disposizioni del capo II del titolo II e qualora, sussistendo i requisiti previsti dall'articolo 6, la famiglia affidataria chieda di poterlo adottare, il tribunale per i minorenni, nel decidere sull'adozione, tiene conto dei legami affettivi significativi e del rapporto stabile e duraturo consolidatosi tra il minore e la famiglia affidataria.[2]

5-*ter*. Qualora, a seguito di un periodo di affidamento, il minore faccia ritorno nella famiglia di origine o sia dato in affidamento ad altra famiglia o sia adottato da altra famiglia, è comunque tutelata, se rispondente all'interesse del minore, la continuità delle positive relazioni socio-affettive consolidatesi durante l'affidamento.[2]

5-*quater*. Il giudice, ai fini delle decisioni di cui ai commi 5-*bis* e 5-*ter*, tiene conto anche delle valutazioni documentate dei servizi sociali, ascoltato il minore che ha compiuto gli anni dodici o anche di età inferiore se capace di discernimento.[2]

5-*quinquies*. Nel caso di minore rimasto privo di un ambiente familiare idoneo a causa della morte del genitore, cagionata volontariamente dal coniuge, anche legalmente separato o divorziato, dall'altra parte dell'unione civile, anche se l'unione civile è cessata, dal convivente o da persona legata al genitore stesso, anche in passato, da relazione affettiva, il tribunale competente, eseguiti i necessari accertamenti, provvede privilegiando la continuità delle relazioni affettive consolidatesi tra il minore stesso e i parenti fino al terzo grado. Nel caso in cui vi siano fratelli o sorelle, il tribunale provvede assicurando, per quanto possibile, la continuità affettiva tra gli stessi.[3]

5-*sexies*. Su segnalazione del tribunale competente, i servizi sociali assicurano ai minori di cui al comma 5-*quinquies* un adeguato sostegno psicologico e l'accesso alle misure di sostegno volte a garantire il diritto allo studio e l'inserimento nell'attività lavorativa.[3]

6. Il giudice tutelare, trascorso il periodo di durata previsto, ovvero intervenute le circostanze di cui al comma 5, sentiti il servizio sociale locale interessato ed il minore che ha compiuto gli anni dodici e anche il minore di età inferiore, in considerazione della sua capacità di discernimento, richiede, se necessario, al competente tribunale per i minorenni l'adozione di ulteriori provvedimenti nell'interesse del minore.

7. Le disposizioni del presente articolo si applicano, in quanto compatibili, anche nel caso di minori inseriti presso una comunità di tipo familiare o un istituto di assistenza pubblico o privato.

[1] Articolo sost. dall'art. 4, L. 28 mar. 2001, n. 149, e quindi così modif. dall'art. 100, c. 1, lett. *c*), D.lgs. 28 dic. 2013, n. 154, in vigore dal 7 feb. 2014.
[2] Comma ins. dall'art. 1, L. 19 ott. 2015, n. 173.
[3] Comma ins. dall'art. 10, L. 11 gen. 2018, n. 4.

5.[1] 1. L'affidatario deve accogliere presso di sé il minore e provvedere al suo mantenimento e alla sua educazione e istruzione, tenendo conto delle indicazioni dei genitori per i quali non vi sia stata pronuncia ai sensi degli artt. 330 e 333 del codice civile, o del tutore, ed osservando le prescrizioni stabilite dall'autorità affidante. Si applicano, in quanto compatibili, le disposizioni dell'art. 316 del codice civile. In ogni caso l'affidatario esercita i poteri connessi con la responsabilità genitoriale in relazione agli ordinari rapporti con la istituzione scolastica e con le autorità sanitarie. L'affidatario o l'eventuale famiglia collocataria devono essere convocati, a pena di nullità, nei procedimenti civili in materia di responsabilità genitoriale, di affidamento e di adottabilità relativi al minore affidato ed hanno facoltà di presentare memorie scritte nell'interesse del minore.[2]

2. Il servizio sociale, nell'ambito delle proprie competenze, su disposizione del giudice ovvero secondo le necessità del caso, svolge opera di sostegno educativo e psicologico, agevola i rapporti con la famiglia di provenienza ed il rientro nella stessa del minore secondo le modalità più idonee, avvalendosi anche delle competenze professionali delle altre strutture del territorio e dell'opera delle associazioni familiari eventualmente indicate dagli affidatari.

3. Le norme di cui ai commi 1 e 2 si applicano in quanto compatibili, nel caso di minori ospitati presso una comunità di tipo familiare o che si trovino presso un istituto di assistenza pubblico o privato.

4. Lo Stato, le regioni e gli enti locali, nell'ambito delle proprie competenze e nei limiti delle disponibilità finanziarie dei rispettivi bilanci, intervengono con misure di sostegno e di aiuto economico in favore della famiglia affidataria.

[1] Articolo sost. dall'art. 5, L. 28 mar. 2001, n. 149, e quindi così modif. dall'art. 100, c. 1, lett. *d*), D.lgs. 28 dic. 2013, n. 154, in vigore dal 7 feb. 2014.
[2] Periodo così sost. dall'art. 2, L. 19 ott. 2015, n. 173.

TITOLO II
Dell'adozione

CAPO I
Disposizioni generali

6.[1] 1. L'adozione è consentita a coniugi uniti in matrimonio da almeno tre anni. Tra i coniugi non deve sussistere e non deve avere avuto luogo negli ultimi tre anni separazione personale neppure di fatto.

2. I coniugi devono essere affettivamente idonei e capaci di educare, istruire e mantenere i minori che intendano adottare.

3. L'età degli adottanti deve superare di almeno diciotto e di non più di quarantacinque anni l'età dell'adottando.

4. Il requisito della stabilità del rapporto di cui al comma 1 può ritenersi realizzato anche quando i coniugi abbiano convissuto in modo stabile e continuativo prima del matrimonio per un periodo di tre anni, nel caso in cui il tribunale per i minorenni accerti la continuità e la stabilità della convivenza, avuto riguardo a tutte le circostanze del caso concreto.

5. I limiti di cui al comma 3 possono essere derogati, qualora il tribunale per i minorenni accerti che dalla mancata adozione derivi un danno grave e non altrimenti evitabile per il minore.

6. Non è preclusa l'adozione quando il limite

massimo di età degli adottanti sia superato da uno solo di essi in misura non superiore a dieci anni, ovvero quando essi siano genitori di figli anche adottivi dei quali almeno uno sia in età minore, ovvero quando l'adozione riguardi un fratello o una sorella del minore già dagli stessi adottato.[2]

7. Ai medesimi coniugi sono consentite più adozioni anche con atti successivi e costituisce criterio preferenziale ai fini dell'adozione l'avere già adottato un fratello dell'adottando o il fare richiesta di adottare più fratelli, ovvero la disponibilità dichiarata all'adozione di minori che si trovino nelle condizioni indicate dall'art. 3, comma 1, della L. 5 feb. 1992, n. 104, concernente l'assistenza, l'integrazione sociale e i diritti delle persone handicappate.

8. Nel caso di adozione dei minori di età superiore a dodici anni o con handicap accertato ai sensi dell'art. 4 della L. 5 feb. 1992, n. 104, lo Stato, le regioni e gli enti locali possono intervenire, nell'ambito delle proprie competenze e nei limiti delle disponibilità finanziarie dei rispettivi bilanci, con specifiche misure di carattere economico, eventualmente anche mediante misure di sostegno alla formazione e all'inserimento sociale, fino all'età di diciotto anni degli adottati.

[1] Articolo sost. dall'art. 6, L. 28 mar. 2001, n. 149.
[2] Comma così modif. dall'art. 100, c. 1, lett. *e*), D.lgs. 28 dic. 2013, n. 154, in vigore dal 7 feb. 2014.

7.[1] 1. L'adozione è consentita a favore dei minori dichiarati in stato di adottabilità ai sensi degli articoli seguenti.

2. Il minore, il quale ha compiuto gli anni quattordici, non può essere adottato se non presta personalmente il proprio consenso, che deve essere manifestato anche quando il minore compia l'età predetta nel corso del procedimento. Il consenso dato può comunque essere revocato sino alla pronuncia definitiva dell'adozione.

3. Se l'adottando ha compiuto gli anni dodici deve essere personalmente sentito; se ha un'età inferiore, deve essere sentito, in considerazione della sua capacità di discernimento.

[1] Articolo sost. dall'art. 7, L. 28 mar. 2001, n. 149.

CAPO II
Della dichiarazione di adottabilità[1]

[1] In via transitoria, fino alla emanazione di una specifica disciplina sulla difesa di ufficio nei procedimenti per la dichiarazione dello stato di adottabilità disciplinati dal titolo II, capo II della L. 4 mag. 1983, n. 184, e successive modifiche, e comunque non oltre il 30 giu. 2002, ai predetti procedimenti e ai relativi giudizi di opposizione continuano ad applicarsi le disposizioni processuali vigenti. (D.L. 24 apr. 2001, n. 150).

8.[1] 1. Sono dichiarati in stato di adottabilità dal tribunale per i minorenni del distretto nel quale si trovano, i minori in situazione di abbandono perchè privi di assistenza morale e materiale da parte dei genitori o dei parenti tenuti a provvedervi, purché la mancanza di assistenza non sia dovuta a causa di forza maggiore di carattere transitorio.

2. La situazione di abbandono sussiste, sempre che ricorrano le condizioni di cui al comma 1, anche quando i minori si trovino presso istituti di assistenza pubblici o privati o comunità di tipo familiare ovvero siano in affidamento familiare.

3. Non sussiste causa di forza maggiore quando i soggetti di cui al comma 1 rifiutano le misure di sostegno offerte dai servizi sociali locali, anche all'esito della segnalazione di cui all'articolo 79-*bis*, e tale rifiuto viene ritenuto ingiustificato dal giudice.[2]

4. Il procedimento di adottabilità deve svolgersi fin dall'inizio con l'assistenza legale del minore e dei genitori o degli altri parenti di cui al comma 2 dell'art. 10.

[1] Articolo sost. dall'art. 8, L. 28 mar. 2001, n. 149.
[2] Comma così modif. dall'art. 100, c. 1, lett. *f*), D.lgs. 28 dic. 2013, n. 154, in vigore dal 7 feb. 2014.

9.[1] 1. Chiunque ha facoltà di segnalare all'autorità pubblica situazioni di abbandono di minori di età. I pubblici ufficiali, gli incaricati di un pubblico servizio, gli esercenti un servizio di pubblica necessità, debbono riferire al più presto al procuratore della Repubblica presso il tribunale per i minorenni del luogo in cui il minore si trova sulle condizioni di ogni minore in situazione di abbandono di cui vengano a conoscenza in ragione del proprio ufficio.

2. Gli istituti di assistenza pubblici o privati e le comunità di tipo familiare devono trasmettere semestralmente al procuratore della Repubblica presso il tribunale per i minorenni del luogo ove hanno sede l'elenco di tutti i minori collocati presso di loro con l'indicazione specifica, per ciascuno di essi, della località di residenza dei genitori, dei rapporti con la famiglia e delle condizioni psicofisiche del minore stesso. Il procuratore della Repubblica presso il tribunale per i minorenni, assunte le necessarie informazioni, chiede al tribunale, con ricorso, di dichiarare l'adottabilità di quelli tra i minori segnalati o collocati presso le comunità di tipo familiare o gli istituti di assistenza pubblici o privati o presso una famiglia affidataria, che risultano in situazioni di abbandono, specificandone i motivi.

3. Il procuratore della Repubblica presso il tribunale per i minorenni, che trasmette gli atti al medesimo tribunale con relazione informativa, ogni sei mesi, effettua o dispone ispezioni negli istituti di assistenza pubblici o privati ai fini di cui al comma 2. Può procedere a ispezioni straordinarie in ogni tempo.

4. Chiunque, non essendo parente entro il quarto grado, accoglie stabilmente nella propria abitazione un minore, qualora l'accoglienza si protragga per un periodo superiore a sei mesi, deve, trascorso tale periodo, darne segnalazione al procuratore della Repubblica presso il tribunale per i minoren-

ni. L'omissione della segnalazione può comportare l'inidoneità ad ottenere affidamenti familiari o adottivi e l'incapacità all'ufficio tutelare.

5. Nello stesso termine di cui al comma 4, uguale segnalazione deve essere effettuata dal genitore che affidi stabilmente a chi non sia parente entro il quarto grado il figlio minore per un periodo non inferiore a sei mesi. L'omissione della segnalazione può comportare la decadenza dalla responsabilità genitoriale sul figlio a norma dell'art. 330 del codice civile e l'apertura della procedura di adottabilità.[2]

[1] Articolo sost. dall'art. 9, L. 28 mar. 2001, n. 149.
[2] Comma così modif. dall'art. 100, c. 1, lett. g), D.lgs. 28 dic. 2013, n. 154, in vigore dal 7 feb. 2014.

10.[1] 1. Il presidente del tribunale per i minorenni o un giudice da lui delegato, ricevuto il ricorso di cui all'art. 9, comma 2, provvede all'immediata apertura di un procedimento relativo allo stato di abbandono del minore. Dispone immediatamente, all'occorrenza, tramite i servizi sociali locali o gli organi di pubblica sicurezza, più approfonditi accertamenti sulle condizioni giuridiche e di fatto del minore, sull'ambiente in cui ha vissuto e vive ai fini di verificare se sussiste lo stato di abbandono.

2. All'atto dell'apertura del procedimento, sono avvertiti i genitori o, in mancanza, i parenti entro il quarto grado che abbiano rapporti significativi con il minore. Con lo stesso atto il presidente del tribunale per i minorenni li invita a nominare un difensore e li informa della nomina di un difensore di ufficio per il caso che essi non vi provvedano. Tali soggetti, assistiti dal difensore, possono partecipare a tutti gli acccertamenti disposti dal tribunale, possono presentare istanze anche istruttorie e prendere visione ed estrarre copia degli atti contenuti nel fascicolo previa autorizzazione del giudice.

3. Il tribunale può disporre in ogni momento e fino all'affidamento preadottivo ogni opportuno provvedimento provvisorio nell'interesse del minore, ivi compresi il collocamento temporaneo presso una famiglia o una comunità di tipo familiare, la sospensione della responsabilità genitoriale dei genitori sul minore, la sospensione dell'esercizio delle funzioni del tutore e la nomina di un tutore provvisorio.[2]

4. In caso di urgente necessità, i provvedimenti di cui al comma 3 possono essere adottati dal presidente del tribunale per i minorenni o da un giudice da lui delegato.

5. Il tribunale, entro trenta giorni, deve confermare, modificare o revocare i provvedimenti urgenti assunti ai sensi del comma 4. Il tribunale provvede in camera di consiglio con l'intervento del pubblico ministero, sentite tutte le parti interessate ed assunta ogni necessaria informazione. Deve inoltre essere sentito il minore che ha compiuto gli anni dodici e anche il minore di età inferiore, in considerazione della sua capacità di discernimento. I provvedimenti adottati debbono essere comunicati al pubblico ministero ed ai genitori. Si applicano le norme di cui agli artt. 330 e seguenti del codice civile.

[1] Articolo sost. dall'art. 10, L. 28 mar. 2001, n. 149.
[2] Comma così modif. dall'art. 100, c. 1, lett. *h*), D.lgs. 28 dic. 2013, n. 154, in vigore dal 7 feb. 2014.

11.[1] Quando dalle indagini previste nell'art. precedente risultano deceduti i genitori del minore e non risultano esistenti parenti entro il quarto grado che abbiano rapporti significativi con il minore, il tribunale per i minorenni provvede a dichiarare lo stato di adottabilità, salvo che esistano istanze di adozione ai sensi dell'art. 44. In tal caso il tribunale per i minorenni decide nell'esclusivo interesse del minore.

Nel caso in cui non risulti l'esistenza di genitori che abbiano riconosciuto il minore o la cui paternità o maternità sia stata dichiarata giudizialmente, il tribunale per i minorenni, senza eseguire ulteriori accertamenti, provvede immediatamente alla dichiarazione dello stato di adottabilità a meno che non vi sia richiesta di sospensione della procedura da parte di chi, affermando di essere uno dei genitori, chiede termine per provvedere al riconoscimento. La sospensione può essere disposta dal tribunale per un periodo massimo di due mesi sempreché nel frattempo il minore sia assistito dal genitore o dai parenti fino al quarto grado o in altro modo conveniente permanendo comunque un rapporto con il genitore.

Nel caso di non riconoscibilità per difetto di età del genitore, la procedura è rinviata anche d'ufficio sino al compimento del sedicesimo anno di età del genitore, purché sussistano le condizioni menzionate nel comma precedente. Al compimento del sedicesimo anno, il genitore può chiedere ulteriore sospensione per altri due mesi. Il genitore autorizzato al riconoscimento prima del compimento del sedicesimo anno ai sensi dell'articolo 250, quinto comma, del codice civile, può chiedere ulteriore sospensione per altri due mesi dopo l'autorizzazione.[2]

Ove il tribunale sospenda o rinvii la procedura ai sensi dei commi precedenti, nomina al minore, se necessario, un tutore provvisorio.

Se entro detti termini viene effettuato il riconoscimento, deve dichiararsi chiusa la procedura, ove non sussista abbandono morale e materiale. Se trascorrono i termini senza che sia stato effettuato il riconoscimento, si provvede senza altra formalità di procedura alla pronuncia dello stato di adottabilità.

Il tribunale, in ogni caso, anche a mezzo dei servizi locali, informa entrambi i presunti genitori, se possibile, o comunque quello reperibile, che si possono avvalere delle facoltà di cui al secondo e terzo comma.

Intervenuta la dichiarazione di adottabilità e l'affidamento preadottivo, il riconoscimento è privo di efficacia. Il giudizio per la dichiarazione giudiziale di paternità o maternità è sospeso di diritto e si estingue ove segua la pronuncia di adozione divenuta definitiva.

[1] Comma così modif. dall'art. 100, c. 1, lett. *i*), D.lgs. 28 dic. 2013, n. 154, in vigore dal 7 feb. 2014.

[2] Periodo aggiunto dall'art. 100, c. 1, lett. *i*), D.lgs. 28 dic. 2013, n. 154, in vigore dal 7 feb. 2014.

12. Quando attraverso le indagini effettuate consta l'esistenza dei genitori o di parenti entro il quarto grado indicati nell'art. precedente, che abbiano mantenuto rapporti significativi con il minore, e ne è nota la residenza, il presidente del tribunale per i minorenni con decreto motivato fissa la loro comparizione, entro un congruo termine, dinanzi a sè o ad un giudice da lui delegato.

Nel caso in cui i genitori o i parenti risiedano fuori dalla circoscrizione del tribunale per i minorenni che procede, la loro audizione può essere delegata al tribunale per i minorenni del luogo della loro residenza.

In caso di residenza all'estero è delegata l'autorità consolare competente.

Udite le dichiarazioni dei genitori o dei parenti, il presidente del tribunale per i minorenni o il giudice delegato, ove ne ravvisi l'opportunità, impartisce con decreto motivato ai genitori o ai parenti prescrizioni idonee a garantire l'assistenza morale, il mantenimento, l'istruzione e l'educazione del minore stabilendo al tempo stesso periodici accertamenti da eseguirsi direttamente o avvalendosi del giudice tutelare o dei servizi locali, ai quali può essere affidato l'incarico di operare al fine di più validi rapporti tra il minore e la famiglia.

Il presidente o il giudice delegato può, altresì, chiedere al pubblico ministero di promuovere l'azione per la corresponsione degli alimenti a carico di chi vi è tenuto per legge e, al tempo stesso, dispone, ove d'uopo, provvedimenti temporanei *ai sensi del comma 3 dell'art. 10.*[1]

[1] Parole modif. dall'art. 12, L. 28 mar. 2001, n. 149.

13. Nel caso in cui i genitori ed i parenti di cui all'art. precedente risultino irreperibili ovvero non ne sia conosciuta la residenza, la dimora o il domicilio, il tribunale per i minorenni provvede alla loro convocazione ai sensi degli artt. 140 e 143 del c.p.c., previe nuove ricerche tramite gli organi di pubblica sicurezza.

14.[1] Il tribunale per i minorenni può disporre, prima della dichiarazione di adottabilità, la sospensione del procedimento, quando da particolari circostanze emerse dalle indagini effettuate risulta che la sospensione può riuscire utile nell'interesse del minore. In tal caso la sospensione è disposta con decreto motivato per un periodo non superiore ad un anno.

La sospensione è comunicata ai servizi sociali competenti perché adottino le iniziative opportune.

[1] Articolo sost. dall'art. 13, L. 28 mar. 2001, n. 149.

15.[1] 1. A conclusione delle indagini e degli accertamenti previsti dagli articoli precedenti, ove risulti la situazione di abbandono di cui all'art. 8, lo stato di adottabilità del minore è dichiarato dal tribunale per i minorenni quando:

a) i genitori ed i parenti convocati ai sensi degli artt. 12 e 13 non si sono presentati senza giustificato motivo;

b) l'audizione dei soggetti di cui alla lettera *a*) ha dimostrato il persistere della mancanza di assistenza morale e materiale e la non disponibilità ad ovviarvi;

c) le prescrizioni impartite ai sensi dell'articolo 12 sono rimaste inadempiute per responsabilità dei genitori ovvero è provata l'irrecuperabilità delle capacità genitoriali dei genitori in un tempo ragionevole.[2]

2. La dichiarazione dello stato di adottabilità del minore è disposta dal tribunale per i minorenni in camera di consiglio con sentenza, sentito il pubblico ministero, nonché il rappresentante dell'istituto di assistenza pubblico o privato o della comunità di tipo familiare presso cui il minore è collocato o la persona cui egli è affidato. Deve essere, parimenti, sentito il tutore, ove esista, ed il minore che abbia compiuto gli anni dodici e, anche se il minore di età inferiore, in considerazione della sua capacità di discernimento.

3. La sentenza è notificata per esteso al pubblico ministero, ai genitori, ai parenti indicati nel primo comma dell'art. 12, al tutore, nonché al curatore speciale ove esistano, con contestuale avviso agli stessi del loro diritto di proporre impugnazione nelle forme e nei termini di cui all'art. 17.

[1] Articolo sost. dall'art. 14, L. 28 mar. 2001, n. 149.

[2] Lettera così sost. dall'art. 100, c. 1, lett. *l*), D.lgs. 28 dic. 2013, n. 154, in vigore dal 7 feb. 2014.

16.[1] 1. Il tribunale per i minorenni, esaurita la procedura prevista nei precedenti articoli e qualora ritenga che non sussistano i presupposti per la pronuncia dello stato di adottabilità dichiara che non vi è luogo a provvedere.

2. La sentenza è notificata per esteso al pubblico ministero, ai genitori, ai parenti indicati nel primo comma dell'art. 12, nonché al tutore e al curatore speciale ove esistano. Il tribunale per i minorenni adotta i provvedimenti opportuni nell'interesse del minore.

3. Si applicano gli artt. 330 e seguenti del c.c.

[1] Articolo sost. dall'art. 15, L. 28 mar. 2001, n. 149.

17.[1] 1. Avverso la sentenza il pubblico ministero e le altre parti possono proporre impugnazione avanti la Corte d'appello, sezione per i minorenni, entro trenta giorni dalla notificazione. La Corte, sentite le parti e il pubblico ministero ed effettuato ogni altro opportuno accertamento, pronuncia sentenza in camera di consiglio e provvede al deposito della stessa in cancelleria, entro quindici giorni dalla pronuncia. La sentenza è notificata d'ufficio al pubblico ministero e alle altre parti.

2. Avverso la sentenza della Corte d'appello è ammesso ricorso per Cassazione, entro trenta giorni dalla notificazione, per i motivi di cui ai numeri 3, 4 e 5 del primo comma dell'art. 360 del c.p.c. Si applica altresì il secondo comma dello stesso articolo.

3. L'udienza di discussione dell'appello e del ricorso deve essere fissata entro sessanta giorni dal deposito dei rispettivi atti introduttivi.

[1] Articolo sost. dall'art. 16, L. 28 mar. 2001, n. 149.

18.[1] 1. La sentenza definitiva che dichiara lo stato di adottabilità è trascritta, a cura del cancelliere del tribunale per i minorenni, su apposito registro conservato presso la cancelleria del tribunale stesso. La trascrizione deve essere effettuata entro il decimo giorno successivo a quello della comunicazione che la sentenza di adottabilità è divenuta definitiva. A questo effetto, il cancelliere del giudice dell'impugnazione deve inviare immediatamente apposita comunicazione al cancelliere del tribunale per i minorenni.

[1] Articolo sost. dall'art. 17, L. 28 mar. 2001, n. 149.

19.[1] Durante lo stato di adottabilità è sospeso l'esercizio della responsabilità genitoriale.

Il tribunale per i minorenni nomina un tutore, ove già non esista, e adotta gli ulteriori provvedimenti nell'interesse del minore.

[1] Articolo così modif. dall'art. 100, c. 1, lett. *m)*, D.lgs. 28 dic. 2013, n. 154, in vigore dal 7 feb. 2014.

20. Lo stato di adottabilità cessa per adozione o per il raggiungimento della maggiore età da parte dell'adottando.

21.[1] 1. Lo stato di adottabilità cessa altresì per revoca, nell'interesse del minore, in quanto siano venute meno le condizioni di cui all'art. 8, comma 1, successivamente alla sentenza di cui al comma 2 dell'art. 15.

2. La revoca è pronunciata dal tribunale per i minorenni d'ufficio o su istanza del pubblico ministero, dei genitori, del tutore.

3. Il tribunale provvede in camera di consiglio, sentito il pubblico ministero.

4. Nel caso in cui sia in atto l'affidamento preadottivo, lo stato di adottabilità non può essere revocato.

[1] Articolo sost. dall'art. 18, L. 28 mar. 2001, n. 149.

CAPO III
Dell'affidamento preadottivo

22.[1] 1. Coloro che intendono adottare devono presentare domanda al tribunale per i minorenni, specificando l'eventuale disponibilità ad adottare più fratelli ovvero minori che si trovino nelle condizioni indicate dall'art. 3, c. 1, della L. 5 feb 1992, n. 104, concernente l'assistenza, l'integrazione sociale e i diritti delle persone handicappate. È ammissibile la presentazione di più domande anche successive a più tribunali per i minorenni, purché in ogni caso se ne dia comunicazione a tutti i tribunali precedentemente aditi. I tribunali cui la domanda è presentata possono richiedere copia degli atti di parte ed istruttori, relativi ai medesimi coniugi, agli altri tribunali; gli atti possono altresì essere comunicati d'ufficio. La domanda decade dopo due anni dalla presentazione e può essere rinnovata.

2. In ogni momento a coloro che intendono adottare devono essere fornite, se richieste, notizie sullo stato del procedimento.

3. Il tribunale per i minorenni, accertati previamente i requisiti di cui all'art. 6, dispone l'esecuzione delle adeguate indagini di cui al comma 4, ricorrendo ai servizi socio-assistenziali degli enti locali singoli o associati, nonché avvalendosi delle competenti professionalità delle aziende sanitarie locali ed ospedaliere, dando precedenza nella istruttoria alle domande dirette all'adozione di minori di età superiore a cinque anni o con handicap accertato ai sensi dell'art. 4 della L. 5 feb. 1992, n. 104.

4. Le indagini, che devono essere tempestivamente avviate e concludersi entro centoventi giorni, riguardano in particolare la capacità di educare il minore, la situazione personale ed economica, la salute, l'ambiente familiare dei richiedenti, i motivi per i quali questi ultimi desiderano adottare il minore. Con provvedimento motivato, il termine entro il quale devono concludersi le indagini può essere prorogato una sola volta e per non più di centoventi giorni.

5. Il tribunale per i minorenni, in base alle indagini effettuate, sceglie tra le coppie che hanno presentato domanda quella maggiormente in grado di corrispondere alle esigenze del minore.

6. Il tribunale per i minorenni, in camera di consiglio, sentiti il pubblico ministero, gli ascendenti dei richiedenti ove esistano, il minore che abbia compiuto gli anni dodici e anche il minore di età inferiore, in considerazione della sua capacità di discernimento, omessa ogni altra formalità di procedura, dispone, senza indugio, l'affidamento preadottivo, determinandone le modalità con ordinanza. Il minore che abbia compiuto gli anni quattordici deve manifestare espresso consenso all'affidamento alla coppia prescelta.

7. Il tribunale per i minorenni deve in ogni caso informare i richiedenti sui fatti rilevanti, relativi al minore, emersi dalle indagini. Non può essere disposto l'affidamento di uno solo di più fratelli, tutti in stato di adottabilità, salvo che non sussistano gravi ragioni. L'ordinanza è comunicata al pubblico ministero, ai richiedenti ed al tutore. Il provvedimento di affidamento preadottivo è immediatamente, e comunque non oltre dieci giorni, annotato a cura del cancelliere a margine della trascrizione di cui all'art. 18.

8. Il tribunale per i minorenni vigila sul buon andamento dell'affidamento preadottivo avvalendosi anche del giudice tutelare e dei servizi locali sociali e consultoriali. In caso di accertate difficoltà, convoca, anche separatamente, gli affidatari e il minore,

alla presenza, se del caso, di uno psicologo, al fine di valutare le cause all'origine delle difficoltà. Ove necessario, dispone interventi di sostegno psicologico e sociale.

[1] Articolo sost. dall'art. 19, L. 28 mar. 2001, n. 149.

23.[1] 1. L'affidamento preadottivo è revocato dal tribunale per i minorenni d'ufficio o su istanza del pubblico ministero o del tutore o di coloro che esercitano la vigilanza di cui all'ultimo comma dell'art. 22, c. 8, quando vengano accertate difficoltà di idonea convivenza ritenute non superabili. Il provvedimento relativo alla revoca è adottato dal tribunale per i minorenni, in camera di consiglio, con decreto motivato. Debbono essere sentiti, oltre al pubblico ministero ed al presentatore dell'istanza di revoca, il minore che abbia compiuto gli anni dodici e anche il minore di età inferiore, in considerazione della sua capacità di discernimento, gli affidatari, il tutore e coloro che abbiano svolto attività di vigilanza o di sostegno.

2. Il decreto è comunicato al pubblico ministero, al presentatore dell'istanza di revoca, agli affidatari ed al tutore. Il decreto che dispone la revoca dell'affidamento preadottivo è annotato a cura del cancelliere entro dieci giorni a margine della trascrizione di cui all'art. 18.

3. In caso di revoca, il tribunale per i minorenni adotta gli opportuni provvedimenti temporanei in favore del minore ai sensi dell'art. 10, c. 3. Si applicano gli artt. 330 e seguenti del c.c.

[1] Articolo sost. dall'art. 20, L. 28 mar. 2001, n. 149.

24. Il pubblico ministero e il tutore possono impugnare il decreto del tribunale relativo all'affidamento preadottivo o alla sua revoca, entro dieci giorni dalla comunicazione, con reclamo alla sezione per i minorenni della corte d'appello.

La corte d'appello, sentiti il ricorrente, il pubblico ministero e, ove occorra, le persone indicate nell'art. 23 ed effettuati ogni altro accertamento ed indagine opportuni, decide in camera di consiglio con decreto motivato.

CAPO IV

Della dichiarazione di adozione

25.[1] 1. Il tribunale per i minorenni che ha dichiarato lo stato di adottabilità, decorso un anno dall'affidamento, sentiti i coniugi adottanti, il minore che abbia compiuto gli anni dodici e il minore di età inferiore, in considerazione della sua capacità di discernimento, il pubblico ministero, il tutore e coloro che abbiano svolto attività di vigilanza o di sostegno, verifica che ricorrano tutte le condizioni previste dal presente capo e, senza altra formalità di procedura, provvede sull'adozione con sentenza in camera di consiglio, decidendo di far luogo o di non fare luogo all'adozione. Il minore che abbia compiuto gli anni quattordici deve manifestare espresso consenso all'adozione nei confronti della coppia prescelta.

1-*bis*. Le disposizioni di cui al comma 1 si applicano anche nell'ipotesi di prolungato periodo di affidamento ai sensi dell'articolo 4, comma 5-*bis*.[2]

2. Qualora la domanda di adozione venga proposta da coniugi che hanno discendenti, questi, se maggiori degli anni dodici, debbono essere sentiti.[3]

3. Nell'interesse del minore il termine di cui al comma 1 può essere prorogato di un anno, d'ufficio o su domanda dei coniugi affidatari, con ordinanza motivata.

4. Se uno dei coniugi muore o diviene incapace durante l'affidamento preadottivo, l'adozione, nell'interesse del minore, può essere ugualmente disposta ad istanza dell'altro coniuge nei confronti di entrambi, con effetto, per il coniuge deceduto, dalla data della morte.

5. Se nel corso dell'affidamento preadottivo interviene separazione tra i coniugi affidatari, l'adozione può essere disposta nei confronti di uno solo o di entrambi, nell'esclusivo interesse del minore, qualora il coniuge o i coniugi ne facciano richiesta.

6. La sentenza che decide sull'adozione è comunicata al pubblico ministero, ai coniugi adottanti ed al tutore.

7. Nel caso di provvedimento negativo viene meno l'affidamento preadottivo ed il tribunale per i minorenni assume gli opportuni provvedimenti temporanei in favore del minore ai sensi dell'art. 10, c. 3. Si applicano gli artt. 330 e seguenti del c.c.

[1] Articolo sost. dall'art. 21, L. 28 mar. 2001, n. 149.
[2] Comma ins. dall'art. 3, L. 19 ott. 2015, n. 173.
[3] Comma così modif. dall'art. 100, c. 1, lett. *n*), D.lgs. 28 dic. 2013, n. 154, in vigore dal 7 feb. 2014.

26.[1] 1. Avverso la sentenza che dichiara se fare luogo o non fare luogo all'adozione, entro trenta giorni dalla notifica, può essere proposta impugnazione davanti alla sezione per i minorenni della Corte d'appello da parte del pubblico ministero, dagli adottanti e dal tutore del minore. La Corte d'appello, sentite le parti ed esperito ogni accertamento ritenuto opportuno, pronuncia sentenza. La sentenza è notificata d'ufficio alle parti per esteso.

2. Avverso la sentenza della Corte d'appello è ammesso ricorso per Cassazione che deve essere proposto entro trenta giorni dalla notifica della stessa, solo per i motivi di cui al primo comma, numero 3, dell'art. 360 del c.p.c.

3. L'udienza di discussione dell'appello e del ricorso per Cassazione deve essere fissata entro sessanta giorni dal deposito dei rispettivi atti introduttivi.

4. La sentenza che pronuncia l'adozione, divenuta definitiva, è immediatamente trascritta nel registro di cui all'art. 18 e comunicata all'ufficiale dello stato civile che la annota a margine dell'atto di nascita dell'adottato. A questo effetto, il cancelliere del giudice dell'impugnazione deve immediatamente dare co-

municazione della definitività della sentenza al cancelliere del tribunale per i minorenni.

5. Gli effetti dell'adozione si producono dal momento della definitività della sentenza.

[1] Articolo sost. dall'art. 22, L. 28 mar. 2001, n. 149.

27. Per effetto dell'adozione l'adottato acquista lo stato di figlio nato nel matrimonio degli adottanti, dei quali assume e trasmette il cognome.[1]

Se l'adozione è disposta nei confronti della moglie separata, ai sensi dell'art. 25, comma 5[2] l'adottato assume il cognome della famiglia di lei.

Con l'adozione cessano i rapporti dell'adottato verso la famiglia d'origine, salvo i divieti matrimoniali.

[1] La Corte cost., con sent. 31 mag. 2022, n. 131, ha dichiarato: 1) l'ill. cost. dell'art. 262, c. 1, del c.c., nella parte in cui prevede, con riguardo all'ipotesi del riconoscimento effettuato contemporaneamente da entrambi i genitori, che il figlio assume il cognome del padre, anziché prevedere che il figlio assume i cognomi dei genitori, nell'ordine dai medesimi concordato, fatto salvo l'accordo, al momento del riconoscimento, per attribuire il cognome di uno di loro soltanto; 2) in via consequenziale, ai sensi dell'art. 27, L. 11 mar. 1953, n. 87, l'ill. cost. della norma desumibile dagli artt. 262, c. 1, e 299, c. 3, del c.c., 27, c. 1, della L. 4 mag. 1983, n. 184 e 34 del D.P.R. 3 nov. 2000, n. 396, nella parte in cui prevede che il figlio nato nel matrimonio assume il cognome del padre, anziché prevedere che il figlio assume i cognomi dei genitori, nell'ordine dai medesimi concordato, fatto salvo l'accordo, alla nascita, per attribuire il cognome di uno di loro soltanto; 3) in via consequenziale, ai sensi dell'art 27 della L. n. 87 del 1953, l'ill. cost. dell'art. 27, c. 1, della L. n. 184 del 1983, nella parte in cui prevede che l'adottato assume il cognome degli adottanti, anziché prevedere che l'adottato assume i cognomi degli adottanti, nell'ordine dai medesimi concordato, fatto salvo l'accordo, raggiunto nel procedimento di adozione, per attribuire il cognome di uno di loro soltanto.

[2] Parole modif. dall'art. 23, L. 28 mar. 2001, n. 149.

28.[1] 1. Il minore adottato è informato di tale sua condizione ed i genitori adottivi vi provvedono nei modi e termini che essi ritengono più opportuni.

2. Qualunque attestazione di stato civile riferita all'adottato deve essere rilasciata con la sola indicazione del nuovo cognome e con l'esclusione di qualsiasi riferimento alla paternità e alla maternità del minore e dell'annotazione di cui all'art. 26, c. 4.

3. L'ufficiale di stato civile, l'ufficiale di anagrafe e qualsiasi altro ente pubblico o privato, autorità o pubblico ufficio debbono rifiutarsi di fornire notizie, informazioni, certificazioni, estratti o copie dai quali possa comunque risultare il rapporto di adozione, salvo autorizzazione espressa dall'autorità giudiziaria. Non è necessaria l'autorizzazione qualora la richiesta provenga dall'ufficiale di stato civile, per verificare se sussistano impedimenti matrimoniali.

4. Le informazioni concernenti l'identità dei genitori biologici possono essere fornite ai genitori adottivi, quali esercenti la responsabilità genitoriale, su autorizzazione del tribunale per i minorenni, solo se sussistono gravi e comprovati motivi. Il tribunale accerta che l'informazione sia preceduta e accompagnata da adeguata preparazione e assistenza del minore. Le informazioni possono essere fornite anche al responsabile di una struttura ospedaliera o di un presidio sanitario, ove ricorrano i presupposti della necessità e della urgenza e vi sia grave pericolo per la salute del minore.[2]

5. L'adottato, raggiunta l'età di venticinque anni, può accedere a informazioni che riguardano la sua origine e l'identità dei propri genitori biologici. Può farlo anche raggiunta la maggiore età, se sussistono gravi e comprovati motivi attinenti alla sua salute psico-fisica. L'istanza deve essere presentata al tribunale per i minorenni del luogo di residenza.

6. Il tribunale per i minorenni procede all'audizione delle persone di cui ritenga opportuno l'ascolto; assume tutte le informazioni di carattere sociale e psicologico, al fine di valutare che l'accesso alle notizie di cui al comma 5 non comporti grave turbamento all'equilibrio psico-fisico del richiedente. Definita l'istruttoria, il tribunale per i minorenni autorizza con decreto l'accesso alle notizie richieste.

7. L'accesso alle informazioni non è consentito nei confronti della madre che abbia dichiarato alla nascita di non volere essere nominata ai sensi dell'articolo 30, comma 1, del decreto del Presidente della Repubblica 3 novembre 2000, n. 396.[3]

8. Fatto salvo quanto previsto dai commi precedenti, l'autorizzazione non è richiesta per l'adottato maggiore di età quando i genitori adottivi sono deceduti o divenuti irreperibili.

[1] Articolo sost. dall'art. 24, L. 28 mar. 2001, n. 149.

[2] Comma così modif. dall'art. 100, c. 1, lett. *p*); D.lgs. 28 dic. 2013, n. 154, in vigore dal 7 feb. 2014.

[3] Comma così sost. dall'art. 177, c. 2, D.lgs. 30 giu. 2003, n. 196 a decorrere dal 1° gen. 2004. La Corte cost., con sent. 22 nov. 2013, n. 278, ha dichiarato l'ill. cost. del presente comma, nella parte in cui non prevede – attraverso un procedimento, stabilito dalla legge, che assicuri la massima riservatezza – la possibilità per il giudice di interpellare la madre – che abbia dichiarato di non voler essere nominata ai sensi dell'art. 30, c. 1, del D.P.R. 3 nov. 2000, n. 396 – su richiesta del figlio, ai fini di una eventuale revoca di tale dichiarazione.

TITOLO III
Dell'adozione internazionale

CAPO I
Dell'adozione di minori stranieri[1]

[1] Capo così sost. dall'art. 3 della L. 31 dic. 1998, n. 476, con efficacia dalla data di entrata in vigore della Convenzione indicata sub. 2. V. tuttavia l'art. 8 della L. n. 476/1998, *citata*.

29. 1. L'adozione di minori stranieri ha luogo conformemente ai princìpi e secondo le direttive della Convenzione per la tutela dei minori e la cooperazione in materia di adozione internazionale, fatta a L'Aja il 29 mag. 1993, di seguito denominata "Convenzione", a norma delle disposizioni contenute nella presente legge.

29-*bis*. 1. Le persone residenti in Italia, che si trovano nelle condizioni prescritte dall'art. 6 e che intendono adottare un minore straniero residente all'estero, presentano dichiarazione di disponibilità al tribunale per i minorenni del distretto in cui hanno la residenza e chiedono che lo stesso dichiari la loro idoneità all'adozione.

2. Nel caso di cittadini italiani residenti in uno Stato straniero, fatto salvo quanto stabilito nell'art. 36, comma 4, è competente il tribunale per i minorenni del distretto in cui si trova il luogo della loro ultima residenza; in mancanza, è competente il tribunale per i minorenni di Roma.

3. Il tribunale per i minorenni, se non ritiene di dover pronunciare immediatamente decreto di inidoneità per manifesta carenza dei requisiti, trasmette, entro quindici giorni dalla presentazione, copia della dichiarazione di disponibilità ai servizi degli enti locali.

4. I servizi socio-assistenziali degli enti locali singoli o associati, anche avvalendosi per quanto di competenza delle aziende sanitarie locali e ospedaliere, svolgono le seguenti attività:

a) informazione sull'adozione internazionale e sulle relative procedure, sugli enti autorizzati e sulle altre forme di solidarietà nei confronti dei minori in difficoltà, anche in collaborazione con gli enti autorizzati di cui all'art. 39-*ter*;

b) preparazione degli aspiranti all'adozione, anche in collaborazione con i predetti enti;

c) acquisizione di elementi sulla situazione personale, familiare e sanitaria degli aspiranti genitori adottivi, sul loro ambiente sociale, sulle motivazioni che li determinano, sulla loro attitudine a farsi carico di un'adozione internazionale, sulla loro capacità di rispondere in modo adeguato alle esigenze di più minori o di uno solo, sulle eventuali caratteristiche particolari dei minori che essi sarebbero in grado di accogliere, nonché acquisizione di ogni altro elemento utile per la valutazione da parte del tribunale per i minorenni della loro idoneità all'adozione.

5. I servizi trasmettono al tribunale per i minorenni, in esito all'attività svolta, una relazione completa di tutti gli elementi indicati al comma 4, entro i quattro mesi successivi alla trasmissione della dichiarazione di disponibilità.

30. 1. Il tribunale per i minorenni, ricevuta la relazione di cui al'art. 29-*bis*, c. 5, sente gli aspiranti all'adozione, anche a mezzo di un giudice delegato, dispone se necessario gli opportuni approfondimenti e pronuncia, entro i due mesi successivi, decreto motivato, attestante la sussistenza ovvero l'insussistenza dei requisiti per adottare.

2. Il decreto di idoneità ad adottare ha efficacia per tutta la durata della procedura, che deve essere promossa dagli interessati entro un anno dalla comunicazione del provvedimento. Il decreto contiene anche indicazioni per favorire il migliore incontro tra gli aspiranti all'adozione ed il minore da adottare.

3. Il decreto è trasmesso immediatamente, con copia della relazione e della documentazione esistente negli atti, alla Commissione di cui all'art. 38 e, se già indicato dagli aspiranti all'adozione, all'ente autorizzato di cui all'art. 39-*ter*.

4. Qualora il decreto di idoneità, previo ascolto degli interessati, sia revocato per cause sopravvenute che incidano in modo rilevante sul giudizio di idoneità, il tribunale per i minorenni comunica immediatamente il relativo provvedimento alla Commissione ed all'ente autorizzato di cui al comma 3.

5. Il decreto di idoneità ovvero di inidoneità e quello di revoca sono reclamabili davanti alla corte d'appello, a termini degli artt. 739 e 740 del c.p.c., da parte del pubblico ministero e degli interessati.

31. 1. Gli aspiranti all'adozione, che abbiano ottenuto il decreto di idoneità, devono conferire incarico a curare la procedura di adozione ad uno degli enti autorizzati di cui all'art. 39-*ter*.

2. Nelle situazioni considerate dall'art. 44, primo comma, lettera *a*) il tribunale per i minorenni può autorizzare gli aspiranti adottanti, valutate le loro personalità, ad effettuare direttamente le attività previste alle lettere *b*), *d*), *e*), *f*) ed *h*) del c. 3 del presente articolo.

3. L'ente autorizzato che ha ricevuto l'incarico di curare la procedura di adozione:

a) informa gli aspiranti sulle procedure che inizierà e sulle concrete prospettive di adozione;

b) svolge le pratiche di adozione presso le competenti autorità del Paese indicato dagli aspiranti all'adozione tra quelli con cui esso intrattiene rapporti, trasmettendo alle stesse la domanda di adozione, unitamente al decreto di idoneità ed alla relazione ad esso allegata, affinché le autorità straniere formulino le proposte di incontro tra gli aspiranti all'adozione ed il minore da adottare;

c) raccoglie dall'autorità straniera la proposta di incontro tra gli aspiranti all'adozione ed il minore da adottare, curando che sia accompagnata da tutte le informazioni di carattere sanitario riguardanti il minore, dalle notizie riguardanti la sua famiglia di origine e le sue esperienze di vita;

d) trasferisce tutte le informazioni e tutte le notizie riguardanti il minore agli aspiranti genitori adottivi, informandoli della proposta di incontro tra gli aspiranti all'adozione ed il minore da adottare e assistendoli in tutte le attività da svolgere nel Paese straniero;

e) riceve il consenso scritto all'incontro tra gli aspiranti all'adozione ed il minore da adottare, proposto dall'autorità straniera, da parte degli aspiranti all'adozione, ne autentica le firme e trasmette l'atto di consenso all'autorità straniera, svolgendo tutte le altre attività dalla stessa richieste; l'autenticazione delle firme degli aspiranti adottanti può essere effettuata anche dall'impiegato comunale delegato all'autentica o da un notaio o da un segretario di qualsiasi ufficio giudiziario;

f) riceve dall'autorità straniera attestazione della sussistenza delle condizioni di cui all'art. 4 della Convenzione e concorda con la stessa, qualora ne sussistano i requisiti, l'opportunità di procedere all'adozione ovvero, in caso contrario, prende atto del mancato accordo e ne dà immediata informazione alla Commissione di cui all'art. 38 comunicandone le ragioni; ove sia richiesto dallo Stato di origine, approva la decisione di affidare il minore o i minori ai futuri genitori adottivi;

g) informa immediatamente la Commissione, il tribunale per i minorenni e i servizi dell'ente locale della decisione di affidamento dell'autorità straniera e richiede alla Commissione, trasmettendo la documentazione necessaria, l'autorizzazione all'ingresso e alla residenza permanente del minore o dei minori in Italia;

h) certifica la data di inserimento del minore presso i coniugi affidatari o i genitori adottivi;

i) riceve dall'autorità straniera copia degli atti e della documentazione relativi al minore e li trasmette immediatamente al tribunale per i minorenni e alla Commissione;

l) vigila sulle modalità di trasferimento in Italia e si adopera affinché questo avvenga in compagnia degli adottanti o dei futuri adottanti;

m) svolge in collaborazione con i servizi dell'ente locale attività di sostegno del nucleo adottivo fin dall'ingresso del minore in Italia su richiesta degli adottanti;

n)[1]

o) certifica, nell'ammontare complessivo agli effetti di quanto previsto dall'art. 10, c. 1, lett. *l-bis*), del testo unico delle imposte sui redditi, approvato con D.P.R. 22 dic. 1986, n. 917, le spese sostenute dai genitori adottivi per l'espletamento della procedura di adozione.

[1] Lettera abrog. dall'art. 86, lett. *c*), D.lgs. 26 mar. 2001, n. 151.

32. 1. La Commissione di cui all'art. 38, ricevuti gli atti di cui all'art. 31 e valutate le conclusioni dell'ente incaricato, dichiara che l'adozione risponde al superiore interesse del minore e ne autorizza l'ingresso e la residenza permanente in Italia.

2. La dichiarazione di cui al comma 1 non è ammessa:

a) quando dalla documentazione trasmessa dall'autorità del Paese straniero non emerge la situazione di abbandono del minore e la constatazione dell'impossibilità di affidamento o di adozione nello Stato di origine;

b) qualora nel Paese straniero l'adozione non determini per l'adottato l'acquisizione dello stato di figlio nato nel matrimonio e la cessazione dei rapporti giuridici fra il minore e la famiglia di origine, a meno che i genitori biologici abbiano espressamente consentito al prodursi di tali effetti.[1]

3. Anche quando l'adozione pronunciata nello Stato straniero non produce la cessazione dei rapporti giuridici con la famiglia d'origine, la stessa può essere convertita in una adozione che produca tale effetto, se il tribunale per i minorenni la riconosce conforme alla Convenzione. Solo in caso di riconoscimento di tale conformità, è ordinata la trascrizione.

4. Gli uffici consolari italiani all'estero collaborano, per quanto di competenza, con l'ente autorizzato per il buon esito della procedura di adozione. Essi, dopo aver ricevuto formale comunicazione da parte della Commissione ai sensi dell'art. 39, c. 1, lett. *h*), rilasciano il visto di ingresso per adozione a beneficio del minore adottando.

[1] Lettera così modif. dall'art. 100, c. 1, lett. *q*), D.lgs. 28 dic. 2013, n. 154, in vigore dal 7 feb. 2014.

33. 1. Ai minori che non sono muniti di visto di ingresso rilasciato ai sensi dell'articolo 32 della presente legge e che non sono accompagnati da almeno un genitore o da parenti entro il quarto grado si applicano le disposizioni dell'articolo 19, comma 1-*bis*, del testo unico di cui al decreto legislativo 25 luglio 1998, n. 286.[1]

2. È fatto divieto alle autorità consolari italiane di concedere a minori stranieri il visto di ingresso nel territorio dello Stato a scopo di adozione, al di fuori delle ipotesi previste dal presente Capo e senza la previa autorizzazione della Commissione di cui all'art. 38.

3. Coloro che hanno accompagnato alla frontiera un minore al quale non viene consentito l'ingresso in Italia provvedono a proprie spese al suo rimpatrio immediato nel Paese d'origine. Gli uffici di frontiera segnalano immediatamente il caso alla Commissione affinché prenda contatto con il Paese di origine del minore per assicurarne la migliore collocazione nel suo superiore interesse.

4. Il divieto di cui al comma 1 non opera nel caso in cui, per eventi bellici, calamità naturali o eventi eccezionali secondo quanto previsto dall'art. 18 della L. 6 mar. 1998, n. 40, o per altro grave impedimento di carattere oggettivo, non sia possibile l'espletamento delle procedure di cui al presente Capo e sempre che sussistano motivi di esclusivo interesse del minore all'ingresso nello Stato. In questi casi gli uffici di frontiera segnalano l'ingresso del minore alla Commissione ed al tribunale per i minorenni competente in relazione al luogo di residenza di coloro che lo accompagnano.

5. Qualora sia comunque avvenuto l'ingresso di un minore nel territorio dello Stato al di fuori delle situazioni consentite, il pubblico ufficiale o l'ente autorizzato che ne ha notizia lo segnala al tribunale per i minorenni competente in relazione al luogo in cui il minore si trova. Il tribunale, adottato ogni opportuno provvedimento temporaneo nell'interesse del minore, provvede ai sensi dell'art. 37-

bis, qualora ne sussistano i presupposti, ovvero segnala la situazione alla Commissione affinché prenda contatto con il Paese di origine del minore e si proceda ai sensi dell'art. 34.

[1] Comma così sost. dall'art. 3, c. 2, L. 7 apr. 2017, n. 47.

34. 1. Il minore che ha fatto ingresso nel territorio dello Stato sulla base di un provvedimento straniero di adozione o di affidamento a scopo di adozione gode, dal momento dell'ingresso, di tutti i diritti attribuiti al minore italiano in affidamento familiare.

2. Dal momento dell'ingresso in Italia e per almeno un anno, ai fini di una corretta integrazione familiare e sociale, i servizi socio-assistenziali degli enti locali e gli enti autorizzati, su richiesta degli interessati, assistono gli affidatari, i genitori adottivi e il minore. Essi in ogni caso riferiscono al tribunale per i minorenni sull'andamento dell'inserimento, segnalando le eventuali difficoltà per gli opportuni interventi.

3. Il minore adottato acquista la cittadinanza italiana per effetto della trascrizione del provvedimento di adozione nei registri dello stato civile.

35. 1. L'adozione pronunciata all'estero produce nell'ordinamento italiano gli effetti di cui all'art. 27.

2. Qualora l'adozione sia stata pronunciata nello Stato estero prima dell'arrivo del minore in Italia, il tribunale verifica che nel provvedimento dell'autorità che ha pronunciato l'adozione risulti la sussistenza delle condizioni delle adozioni internazionali previste dall'art. 4 della Convenzione.

3. Il tribunale accerta inoltre che l'adozione non sia contraria ai princìpi fondamentali che regolano nello Stato il diritto di famiglia e dei minori, valutati in relazione al superiore interesse del minore, e se sussistono la certificazione di conformità alla Convenzione di cui alla lett. *i*) e l'autorizzazione prevista dalla lett. *h*) del c. 1 dell'art. 39, ordina la trascrizione del provvedimento di adozione nei registri dello stato civile.

4. Qualora l'adozione debba perfezionarsi dopo l'arrivo del minore in Italia, il tribunale per i minorenni riconosce il provvedimento dell'autorità straniera come affidamento preadottivo, se non contrario ai princìpi fondamentali che regolano nello Stato il diritto di famiglia e dei minori, valutati in relazione al superiore interesse del minore, e stabilisce la durata del predetto affidamento in un anno che decorre dall'inserimento del minore nella nuova famiglia. Decorso tale periodo, se ritiene che la sua permanenza nella famiglia che lo ha accolto è tuttora conforme all'interesse del minore, il tribunale per i minorenni pronuncia l'adozione e ne dispone la trascrizione nei registri dello stato civile. In caso contrario, anche prima che sia decorso il periodo di affidamento preadottivo, lo revoca e adotta i provvedimenti di cui all'art. 21 della Convenzione. In tal caso il minore che abbia compiuto gli anni 14 deve sempre esprimere il consenso circa i provvedimenti da assumere; se ha raggiunto gli anni 12 deve essere personalmente sentito; se di età inferiore, *deve essere sentito*[1] ove ciò non alteri il suo equilibrio psico-emotivo, tenuto conto della valutazione dello psicologo nominato dal tribunale.

5. Competente per la pronuncia dei provvedimenti è il tribunale per i minorenni del distretto in cui gli aspiranti all'adozione hanno la residenza nel momento dell'ingresso del minore in Italia.

6. Fatto salvo quanto previsto nell'art. 36, non può comunque essere ordinata la trascrizione nei casi in cui:

a) il provvedimento di adozione riguarda adottanti non in possesso dei requisiti previsti dalla legge italiana sull'adozione;

b) non sono state rispettate le indicazioni contenute nella dichiarazione di idoneità;

c) non è possibile la conversione in adozione produttiva degli effetti di cui all'art. 27;

d) l'adozione o l'affidamento stranieri non si sono realizzati tramite le autorità centrali e un ente autorizzato;

e) l'inserimento del minore nella famiglia adottiva si è manifestato contrario al suo interesse.

[1] Parole modif. dall'art. 32, L. 28 mar. 2001, n. 149.

36. 1. L'adozione internazionale dei minori provenienti da Stati che hanno ratificato la Convenzione, o che nello spirito della Convenzione abbiano stipulato accordi bilaterali, può avvenire solo con le procedure e gli effetti previsti dalla presente legge.

2. L'adozione o l'affidamento a scopo adottivo, pronunciati in un Paese non aderente alla Convenzione né firmatario di accordi bilaterali, possono essere dichiarati efficaci in Italia a condizione che:

a) sia accertata la condizione di abbandono del minore straniero o il consenso dei genitori biologici ad una adozione che determini per il minore adottato l'acquisizione dello stato di figlio nato nel matrimonio degli adottanti e la cessazione dei rapporti giuridici fra il minore e la famiglia d'origine;[1]

b) gli adottanti abbiano ottenuto il decreto di idoneità previsto dall'art. 30 e le procedure adottive siano state effettuate con l'intervento della Commissione di cui all'art. 38 e di un ente autorizzato;

c) siano state rispettate le indicazioni contenute nel decreto di idoneità;

d) sia stata concessa l'autorizzazione prevista dall'art. 39, c. 1, lett. *h*).

3. Il relativo provvedimento è assunto dal tribunale per i minorenni che ha emesso il decreto di idoneità all'adozione. Di tale provvedimento è data comunicazione alla Commissione, che provvede a quanto disposto dall'art. 39, c. 1, lett. *e*).

4. L'adozione pronunciata dalla competente autorità di un Paese straniero a istanza di cittadini italiani, che dimostrino al momento della pronuncia di aver soggiornato continuativamente nello

stesso e di avervi avuto la residenza da almeno due anni, viene riconosciuta ad ogni effetto in Italia con provvedimento del tribunale per i minorenni, purché conforme ai princìpi della Convenzione.

[1] Lettera così modif. dall'art. 100, c. 1, lett. *r*), D.lgs. 28 dic. 2013, n. 154, in vigore dal 7 feb. 2014.

37. 1. Successivamente all'adozione, la Commissione di cui all'art. 38 può comunicare ai genitori adottivi, eventualmente tramite il tribunale per i minorenni, solo le informazioni che hanno rilevanza per lo stato di salute dell'adottato.

2. Il tribunale per i minorenni che ha emesso i provvedimenti indicati dagli artt. 35 e 36 e la Commissione conservano le informazioni acquisite sull'origine del minore, sull'identità dei suoi genitori biologici[1] e sull'anamnesi sanitaria del minore e della sua famiglia di origine.

3. Per quanto concerne l'accesso alle altre informazioni valgono le disposizioni vigenti in tema di adozione di minori italiani.

[1] Parola così sost. dall'art. 100, c. 1, lett. *s*), D.lgs. 28 dic. 2013, n. 154, in vigore dal 7 feb. 2014.

37-*bis*. 1. Al minore straniero che si trova nello Stato in situazione di abbandono si applica la legge italiana in materia di adozione, di affidamento e di provvedimenti necessari in caso di urgenza.

38. 1. Ai fini indicati dall'art. 6 della Convenzione è costituita presso la Presidenza del Consiglio dei ministri la Commissione per le adozioni internazionali.

2. La Commissione è composta da:

a) un presidente nominato dal Presidente del Consiglio dei ministri nella persona di un magistrato avente esperienza nel settore minorile ovvero di un dirigente dello Stato avente analoga specifica esperienza;

b) due rappresentanti della Presidenza del Consiglio dei ministri;

c) un rappresentante del Ministero del lavoro e delle politiche sociali;

d) un rappresentante del Ministero degli affari esteri;

e) un rappresentante del Ministero dell'interno;

f) due rappresentanti del Ministero della giustizia;

g) un rappresentante del Ministero della salute;

h) un rappresentante del Ministero dell'economia e delle finanze;

i) un rappresentante del Ministero dell'istruzione, dell'università e della ricerca;

l) tre rappresentanti della Conferenza unificata di cui all'art. 8 del D.lgs. 28 ago. 1997, n. 281;

m) tre rappresentanti designati, sulla base di apposito decreto del Presidente del Consiglio dei ministri, da associazioni familiari a carattere nazionale, almeno uno dei quali designato dal *Forum* delle associazioni familiari.[1]

3. Il presidente dura in carica quattro anni e l'incarico può essere rinnovato una sola volta.[2]

4. I componenti della Commissione rimangono in carica quattro anni.

5. La Commissione si avvale di personale dei ruoli della Presidenza del Consiglio dei ministri e di altre amministrazioni pubbliche.

[1] Comma così modif. dall'art. 2, L. 16 gen. 2003, n. 3.
[2] Comma così modif. dall'art. 39-*duodetricies*, L. 23 feb. 2006, n. 51.

39. 1. La Commissione per le adozioni internazionali:

a) collabora con le autorità centrali per le adozioni internazionali degli altri Stati, anche raccogliendo le informazioni necessarie, ai fini dell'attuazione delle convenzioni internazionali in materia di adozione;

b) propone la stipulazione di accordi bilaterali in materia di adozione internazionale;

c) autorizza l'attività degli enti di cui all'art. 39-*ter*, cura la tenuta del relativo albo, vigila sul loro operato, lo verifica almeno ogni tre anni, revoca l'autorizzazione concessa nei casi di gravi inadempienze, insufficienze o violazione delle norme della presente legge. Le medesime funzioni sono svolge dalla Commissione con riferimento all'attività svolta dai servizi per l'adozione internazionale, di cui all'art. 39-*bis*;

d) agisce al fine di assicurare l'omogenea diffusione degli enti autorizzati sul territorio nazionale e delle relative rappresentanze nei Paesi stranieri;

e) conserva tutti gli atti e le informazioni relativi alle procedure di adozione internazionale;

f) promuove la cooperazione fra i soggetti che operano nel campo dell'adozione internazionale e della protezione dei minori;

g) promuove iniziative di formazione per quanti operino o intendano operare nel campo dell'adozione;

h) autorizza l'ingresso e il soggiorno permanente del minore straniero adottato o affidato a scopo di adozione;

i) certifica la conformità dell'adozione alle disposizioni della Convenzione, come previsto dall'art. 23, c. 1, della Convenzione stessa;

l) per le attività di informazione e formazione, collabora anche con enti diversi da quelli di cui all'art. 39-*ter*.

2. La decisione dell'ente autorizzato di non concordare con l'autorità straniera l'opportunità di procedere all'adozione è sottoposta ad esame della Commissione, su istanza dei coniugi interessati; ove non confermi il precedente diniego, la Commissione può procedere direttamente, o delegando altro ente o ufficio, agli incombenti di cui all'art. 31.

3. La Commissione attua incontri periodici con i rappresentanti degli enti autorizzati al fine di esaminare le problematiche emergenti e coordinare la programmazione degli interventi attuativi dei princìpi della Convenzione.

4. La Commissione presenta al Presidente del

Consiglio dei ministri, che la trasmette al Parlamento, una relazione biennale sullo stato delle adozioni internazionali, sullo stato della attuazione della Convenzione e sulla stipulazione di accordi bilaterali anche con Paesi non aderenti alla stessa.

39-*bis*. 1. Le regioni e le province autonome di Trento e di Bolzano nell'ambito delle loro competenze:

a) concorrono a sviluppare una rete di servizi in grado di svolgere i compiti previsti dalla presente legge;

b) vigilano sul funzionamento delle strutture e dei servizi che operano nel territorio per l'adozione internazionale, al fine di garantire livelli adeguati di intervento;

c) promuovono la definizione di protocolli operativi e convenzioni fra enti autorizzati e servizi, nonché forme stabili di collegamento fra gli stessi e gli organi giudiziari minorili.

2. Le regioni e le province autonome di Trento e di Bolzano possono istituire un servizio per l'adozione internazionale che sia in possesso dei requisiti di cui all'artt. 39-*ter* e svolga per le coppie che lo richiedano al momento della presentazione della domanda di adozione internazionale le attività di cui all'art. 31, c. 3.

3. I servizi per l'adozione internazionale di cui al c. 2 sono istituiti e disciplinati con legge regionale o provinciale in attuazione dei princìpi di cui alla presente legge. Alle regioni e alle province autonome di Trento e di Bolzano sono delegate le funzioni amministrative relative ai servizi per l'adozione internazionale.

39-*ter*. 1. Al fine di ottenere l'autorizzazione prevista dall'art. 39, c. 1, lett. *c*), e per conservarla, gli enti debbono essere in possesso dei seguenti requisiti:

a) essere diretti e composti da persone con adeguata formazione e competenza nel campo dell'adozione internazionale, e con idonee qualità morali;

b) avvalersi dell'apporto di professionisti in campo sociale, giuridico e psicologico, iscritti al relativo albo professionale, che abbiano la capacità di sostenere i coniugi prima, durante e dopo l'adozione;

c) disporre di un'adeguata struttura organizzativa in almeno una regione o in una provincia autonoma in Italia e delle necessarie strutture personali per operare nei Paesi stranieri in cui intendono agire;

d) non avere fini di lucro, assicurare una gestione contabile assolutamente trasparente, anche sui costi necessari per l'espletamento della procedura, ed una metodologia operativa corretta e verificabile;

e) non avere e non operare pregiudiziali discriminazioni nei confronti delle persone che aspirano all'adozione, ivi comprese le discriminazioni di tipo ideologico e religioso;

f) impegnarsi a partecipare ad attività di promozione dei diritti dell'infanzia, preferibilmente attraverso azioni di cooperazione allo sviluppo, anche in collaborazione con le organizzazioni non governative, e di attuazione del principio di sussidiarietà dell'adozione internazionale nei Paesi di provenienza dei minori;

g) avere sede legale nel territorio nazionale.

39-*quater*.[1]

[1] Articolo abrog. dall'art. 86, D.lgs. 26 mar. 2001, n. 151.

CAPO II

Dell'espatrio di minori a scopo di adozione

40. I residenti all'estero, stranieri o cittadini italiani, che intendono adottare un cittadino italiano minore di età, devono presentare domanda al console italiano competente per territorio, che la inoltra al tribunale per i minorenni del distretto dove si trova il luogo di dimora del minore, ovvero il luogo del suo ultimo domicilio; in mancanza di dimora o di precedente domicilio nello Stato, è competente il tribunale per i minorenni di Roma.

Agli stranieri stabilmente residenti in Paesi che hanno ratificato la Convenzione, in luogo della procedura disciplinata dal primo comma si applicano le procedure stabilite nella Convenzione per quanto riguarda l'intervento ed i compiti delle autorità centrali e degli enti autorizzati. Per il resto si applicano le disposizioni della presente legge.[1]

[1] Comma inserito dall'art. 5 della L. 31 dic. 1998, n. 476. V. la nota al capo I.

41. Il console del luogo ove risiedono gli adottanti vigila sul buon andamento dell'affidamento preadottivo avvalendosi, ove lo ritenga opportuno, dell'ausilio di idonee organizzazioni assistenziali italiane o straniere.

Qualora insorgano difficoltà di ambientamento del minore nella famiglia dei coniugi affidatari o si verifichino, comunque, fatti incompatibili con l'affidamento preadottivo, il console deve immediatamente darne notizia scritta al tribunale per i minorenni che ha pronunciato l'affidamento.

Il console del luogo ove risiede il minore vigila per quanto di propria competenza perché i provvedimenti dell'autorità italiana relativi al minore abbiano esecuzione e se del caso provvede al rimpatrio del minore.

Nel caso di adozione di minore stabilmente residente in Italia da parte di cittadini stranieri residenti stabilmente in Paesi che hanno ratificato la Convenzione, le funzioni attribuite al console dal presente articolo sono svolte dall'autorità centrale straniera e dall'ente autorizzato.[1]

[1] Comma inserito dall'art. 5 della L. 31 dic. 1998, n. 476. V. la nota al capo I.

42. Qualora sia in corso nel territorio dello Stato un procedimento di adozione di un minore affidato a stranieri, o a cittadini italiani residenti all'estero, non può essere reso esecutivo un provvedimento di adozione dello stesso minore pronunciato da autorità straniera.

43. Le disposizioni *di cui ai commi 4 e 5 dell'art. 9*[1] si applicano anche ai cittadini italiani residenti all'estero.

Per quanto riguarda lo svolgimento delle funzioni consolari, si applicano, in quanto compatibili, gli artt. 34, 35 e 36 del D.P.R. 5 gen. 1967, n. 200.

Competente ad accertare la situazione di abbandono del cittadino minore di età che si trovi all'estero e a disporre i conseguenti provvedimenti temporanei nel suo interesse ai sensi dell'art. 10, compreso se del caso il rimpatrio, è il tribunale per i minorenni del distretto ove si trova il luogo di ultimo domicilio del minore; in mancanza di precedente domicilio nello Stato è competente il tribunale per i minorenni di Roma.

[1] Parole modif. dall'art. 33, L. 28 mar. 2001, n. 149.

TITOLO IV
Dell'adozione in casi particolari

CAPO I
Dell'adozione in casi particolari e dei suoi effetti

44.[1] I minori possono essere adottati anche quando non ricorrono le condizioni di cui al comma 1 dell'art. 7:

a) da persone unite al minore da vincolo di parentela fino al sesto grado o da preesistente rapporto stabile e duraturo, anche maturato nell'ambito di un prolungato periodo di affidamento, quando il minore sia orfano di padre e di madre;[2]

b) dal coniuge nel caso in cui il minore sia figlio anche adottivo dell'altro coniuge;

c) quando il minore si trovi nelle condizioni indicate dall'art. 3, comma 1, della L. 5 feb. 1992, n. 104, e sia orfano di padre e di madre;

d) quando vi sia la constatata impossibilità di affidamento preadottivo.

2. L'adozione, nei casi indicati nel precedente comma, è consentita anche in presenza di figli [legittimi][3].

3. Nei casi di cui alle lettere *a*) e *c*) e *d*) del comma 1 l'adozione è consentita, oltre che ai coniugi, anche a chi non è coniugato. Se l'adottante è persona coniugata e non separata, l'adozione può essere tuttavia disposta solo a seguito di richiesta da parte di entrambi i coniugi.

4. Nei casi di cui alle lett. *a*) e *d*) del comma 1 l'età dell'adottante deve superare di almeno diciotto anni quella di coloro che egli intende adottare.

[1] Articolo sost. dall'art. 25, L. 28 mar. 2001, n. 149.
[2] Lettera così modif. dall'art. 4, L. 19 ott. 2015, n. 173.
[3] Parola soppressa dall'art. 100, c. 1, lett. *t*), D.lgs. 28 dic. 2013, n. 154, in vigore dal 7 feb. 2014.

45.[1] 1. Nel procedimento di adozione nei casi previsti dall'art. 44 si richiede il consenso dell'adottante e dell'adottando che abbia compiuto il quattordicesimo anno di età.

2. Se l'adottando ha compiuto gli anni dodici deve essere personalmente sentito; se ha una età inferiore deve essere sentito, in considerazione della sua capacità di discernimento.

3. In ogni caso, se l'adottando non ha compiuto gli anni quattordici, l'adozione deve essere disposta dopo che sia stato sentito il suo legale rappresentante.

4. Quando l'adozione deve essere disposta nel caso previsto dall'art. 44, comma 1, lett. *c*), deve essere sentito il legame rappresentante dell'adottando in luogo di questi, se lo stesso non può essere o non può prestare il proprio consenso ai sensi del presente articolo a causa delle sue condizioni di minorazione.

[1] Articolo sost. dall'art. 26, L. 28 mar. 2001, n. 149.

46. Per l'adozione è necessario l'assenso dei genitori e del coniuge dell'adottando.

Quando è negato l'assenso previsto dal primo comma, il tribunale, sentiti gli interessati, su istanza dell'adottante, può, ove ritenga il rifiuto ingiustificato o contrario all'interesse dell'adottando, pronunziare ugualmente l'adozione, salvo che l'assenso sia stato rifiutato dai genitori esercenti la responsabilità genitoriale o dal coniuge, se convivente dell'adottando. Parimenti il tribunale può pronunciare l'adozione quando è impossibile ottenere l'assenso per incapacità o irreperibilità delle persone chiamate ad esprimerlo.[1]

[1] Comma così modif. dall'art. 100, c. 1, lett. *u*), D.lgs. 28 dic. 2013, n. 154, in vigore dal 7 feb. 2014.

47.[1] 1. L'adozione produce i suoi effetti dalla data della sentenza che la pronuncia. Finché la sentenza non è emanata, tanto l'adottante quanto l'adottando possono revocare il loro consenso.

2. Se uno dei coniugi muore dopo la prestazione del consenso e prima della emanazione della sentenza, si può procedere, su istanza dell'altro coniuge, al compimento degli atti necessari per l'adozione.

3. Se l'adozione è ammessa, essa produce i suoi effetti dal momento della morte dell'adottante.

[1] Articolo sost. dall'art. 27, L. 28 mar. 2001, n. 149.

48. Se il minore è adottato da due coniugi, o dal coniuge di uno dei genitori, la responsabilità genitoriale sull'adottato ed il relativo esercizio spettano ad entrambi.[1]

L'adottante ha l'obbligo di mantenere l'adottato, di istruirlo ed educarlo conformemente a quanto prescritto dall'art. 147 del c.c.

Se l'adottato ha beni propri, l'amministrazione di essi, durante la minore età dell'adottato stesso, spetta all'adottante, il quale non ne ha l'usufrutto legale, ma può impiegarne le rendite per le spese di mantenimento, istruzione ed educazione del minore con l'obbligo di investirne l'eccedenza in modo fruttifero. Si applicano le disposizioni dell'art. 382 del c.c.

[1] Comma così modif. dall'art. 100, c. 1, lett. *v*), D.lgs. 28 dic. 2013, n. 154, in vigore dal 7 feb. 2014.

49.[1] 1. L'adottante deve fare l'inventario dei beni dell'adottato e trasmetterlo al giudice tutelare entro un mese dalla data del decreto di adozione. Si osservano, in quanto applicabili, le disposizioni contenute nella sezione III del capo I del titolo X del libro primo del c.c.

2. L'adottante che omette di fare l'inventario nel termine stabilito o fa un inventario infedele può essere privato dell'amministrazione dei beni dal giudice tutelare, salvo l'obbligo del risarcimento dei danni.

[1] Articolo sost. dall'art. 28, L. 28 mar. 2001, n. 149.

50.[1] Se cessa l'esercizio da parte dell'adottante o degli adottanti della responsabilità genitoriale, il tribunale per i minorenni su istanza dell'adottato, dei suoi parenti o affini o del pubblico ministero, o anche d'ufficio, può emettere i provvedimenti opportuni circa la cura della persona dell'adottato, la sua rappresentanza e l'amministrazione dei suoi beni, anche se ritiene conveniente che l'esercizio della responsabilità genitoriale sia ripreso dai genitori. Si applicano le norme di cui agli artt. 330 e seguenti del c.c.

[1] Articolo così modif. dall'art. 100, c. 1, lett. *z*), D.lgs. 28 dic. 2013, n. 154, in vigore dal 7 feb. 2014.

51. La revoca dell'adozione può essere pronunciata dal tribunale su domanda dell'adottante, quando l'adottato maggiore di quattordici anni abbia attentato alla vita di lui o del suo coniuge, dei suoi discendenti o ascendenti, ovvero si sia reso colpevole verso di loro di delitto punibile con pena restrittiva della libertà personale non inferiore nel minimo a tre anni.

Se l'adottante muore in conseguenza dell'attentato, la revoca dell'adozione può essere chiesta da coloro ai quali si devolverebbe l'eredità in mancanza dell'adottato e dei suoi discendenti.

Il tribunale, assunte informazioni ed effettuato ogni opportuno accertamento e indagine, sentiti il pubblico ministero, l'adottante e l'adottato, pronuncia la sentenza.

Il tribunale, sentito il pubblico ministero ed il minore, può emettere altresì i provvedimenti opportuni con decreto in camera di consiglio circa la cura della persona del minore, la rappresentanza e l'amministrazione dei beni.

Si applicano gli artt. 330 e seguenti del c.c.

Nei casi in cui siano adottati i provvedimenti di cui al quarto comma, il tribunale li segnala al giudice tutelare ai fini della nomina di un tutore.

52. Quando i fatti previsti nell'art. precedente sono stati compiuti dall'adottante contro l'adottato, oppure contro il coniuge o i discendenti o gli ascendenti di lui, la revoca può essere pronunciata su domanda dell'adottato o su istanza del pubblico ministero.

Il tribunale, assunte informazioni ed effettuato ogni opportuno accertamento e indagine, sentiti il pubblico ministero, l'adottante e l'adottato che abbia compiuto gli anni dodici e anche di età inferiore, in considerazione della sua capacità di discernimento,[1] pronuncia sentenza.

Inoltre il tribunale, sentiti il pubblico ministero ed il minore che abbia compiuto gli anni dodici e, se opportuno, anche di età inferiore, può dare provvedimenti opportuni con decreto in camera di consiglio circa la cura della persona del minore, la sua rappresentanza e l'amministrazione dei beni, anche se ritiene conveniente che l'esercizio della responsabilità genitoriale sia ripreso dai genitori.[2]

Si applicano gli artt. 330 e seguenti del c.c.

Nei casi in cui siano adottati i provvedimenti di cui al terzo comma il tribunale li segnala al giudice tutelare al fine della nomina di un tutore.

[1] Parole modif. dall'art. 32, L. 28 mar. 2001, n. 149.

[2] Articolo così modif. dall'art. 100, c. 1, lett. *aa*), D.lgs. 28 dic. 2013, n. 154, in vigore dal 7 feb. 2014.

53. La revoca dell'adozione può essere promossa dal pubblico ministero in conseguenza della violazione dei doveri incombenti sugli adottanti.

Si applicano le disposizioni di cui ai precedenti articoli.

54. Gli effetti dell'adozione cessano quando passa in giudicato la sentenza di revoca.

Se tuttavia la revoca è pronunziata dopo la morte dell'adottante per fatto imputabile all'adottato, l'adottato e i suoi discendenti sono esclusi dalla successione dell'adottante.

55. Si applicano al presente capo le disposizioni degli artt. 293, 294, 295, 299, 300 e 304 del codice civile.[1]

[1] La Corte cost., con sent. 28 mar. 2022, n. 79, ha dichiarato l'ill. cost. del presente articolo, nella parte in cui, mediante rinvio all'art. 300, c. 2, del c.c., prevede che l'adozione in casi particolari non induce alcun rapporto civile tra l'adottato e i parenti dell'adottante.

CAPO II

Delle forme dell'adozione in casi particolari

56. Competente a pronunciarsi sull'adozione è il tribunale per i minorenni del distretto dove si trova il minore.

Il consenso dell'adottante e dell'adottando che ha compiuto i quattordici anni e del legale rappresentante dell'adottando deve essere manifestato personalmente al presidente del tribunale o ad un giudice da lui delegato.[1]

L'assenso delle persone indicate nell'art. 46 può essere dato da persona munita di procura speciale rilasciata per atto pubblico o per scrittura privata autenticata.

Si applicano gli artt. 313 e 314 del c.c., ferma restando la competenza del tribunale per i minorenni e della sezione per i minorenni della corte di appello.

[1] La Corte cost., con sent. 18 feb. 1988, n. 182, ha dichiarato l'ill. cost. dell'art. 56, c. 2, nella parte in cui è previsto il consenso anziché l'audizione del legale rappresentante il minore.

57. Il tribunale verifica:

1) se ricorrono le circostanze di cui all'art. 44;

2) se l'adozione realizza il preminente interesse del minore.

A tal fine il tribunale per i minorenni, sentiti i genitori dell'adottando, dispone l'esecuzione di adeguate indagini da effettuarsi, tramite i servizi locali e gli organi di pubblica sicurezza, sull'adottante, sul minore e sulla di lui famiglia.

L'indagine dovrà riguardare in particolare:

a) l'idoneità affettiva e la capacità di educare e istruire il minore, la situazione personale ed economica, la salute, l'ambiente familiare degli adottanti;[1]

b) i motivi per i quali l'adottante desidera adottare il minore;

c) la personalità del minore;

d) la possibilità di idonea convivenza, tenendo conto della personalità dell'adottante e del minore.

[1] Lettera modif. dall'art. 29, L. 28 mar. 2001, n. 149.

TITOLO V
Modifiche al Titolo VIII del Libro I del Codice Civile

58-67. (*Omissis*).[1]

[1] Le modifiche al titolo VIII del Libro I del c.c. di cui agli artt. 58-60 e 67 sono già state inserite nel testo.

TITOLO VI
Norme finali, penali e transitorie

68. Il primo comma dell'art. 38 delle disp. att. del c.c. è sostituito dal seguente: (*Omissis*).

69. In aggiunta a quanto disposto nell'art. 51 delle disp. att. del c.c., nel registro delle tutele devono essere annotati i provvedimenti emanati dal tribunale per i minorenni ai sensi dell'art. 10 della presente legge.

70.[1] 1. I pubblici ufficiali o gli incaricati di un pubblico servizio che omettono di riferire al tribunale per i minorenni sulle condizioni di ogni minore in situazione di abbandono di cui vengano a conoscenza in ragione del proprio ufficio, sono puniti ai sensi dell'art. 328 del c.p. Gli esercenti un servizio di pubblica necessità sono puniti con la pena della reclusione fino ad un anno o con la multa fino a euro 1291,14.

2. I rappresentanti degli istituti di assistenza pubblici o privati che omettono di trasmettere semestralmente alla procura della Repubblica presso il tribunale per i minorenni l'elenco di tutti i minori ricoverati o assistiti, ovvero forniscono informazioni inesatte circa i rapporti familiari concernenti i medesimi, sono puniti con la pena della reclusione fino ad un anno o con la multa fino a euro 2582,28.

[1] Articolo modif. dall'art. 34, L. 28 mar. 2001, n. 149.

71. Chiunque, in violazione delle norme di legge in materia di adozione, affida a terzi con carattere definitivo un minore, ovvero lo avvia all'estero perché sia definitivamente affidato, è punito con la reclusione da uno a tre anni.[1]

Se il fatto è commesso dal tutore ovvero da altra persona cui il minore è affidato per ragioni di educazione, di istruzione, di vigilanza e di custodia, la pena è aumentata della metà.

Se il fatto è commesso dal genitore la condanna comporta la perdita della relativa responsabilità genitoriale e l'apertura della procedura di adottabilità; se è commesso dal tutore consegue la rimozione dall'ufficio; se è commesso dalla persona cui il minore è affidato consegue la inidoneità ad ottenere affidamenti familiari o adottivi e l'incapacità all'ufficio tutelare.[2]

Se il fatto è commesso da pubblici ufficiali, da incaricati di un pubblico servizio, da esercenti la professione sanitaria o forense, da appartenenti ad istituti di assistenza pubblici o privati nei casi di cui all'art. 61, numeri 9 e 11, del c.p., la pena è raddoppiata.

La pena stabilita nel primo comma del presente articolo si applica anche a coloro che, consegnando o promettendo denaro od altra utilità a terzi, accolgono minori in illecito affidamento con carattere di definitività. La condanna comporta la inidoneità ad ottenere affidamenti familiari o adottivi e l'incapacità all'ufficio tutelare.

Chiunque svolge opera di mediazione al fine di realizzare l'affidamento di cui al primo comma, è punito con la reclusione fino ad un anno o con multa da euro 258,23 a euro 2582,28.[1]

[1] Commi così modif. dall'art. 35, L. 28 mar. 2001, n. 149.
[2] Comma così modif. dall'art. 100, c. 1, lett. *bb*), D.lgs. 28 dic. 2013, n. 154, in vigore dal 7 feb. 2014.

72. Chiunque, per procurarsi danaro o altra utilità, in violazione delle disposizioni della presente legge, introduce nello Stato uno straniero minore di età perchè sia definitivamente affidato a cittadini italiani è punito con la reclusione da uno a tre anni.

La pena stabilita nel precedente comma si applica anche a coloro che, consegnando o promettendo danaro o altra utilità a terzi, accolgono stranieri minori di età in illecito affidamento con carattere di definitività. La condanna comporta l'inidoneità a ottenere affidamenti familiari o adottivi e l'incapacità all'ufficio tutelare.

72-*bis*.[1] 1. Chiunque svolga per conto di terzi pratiche inerenti all'adozione di minori stranieri senza avere previamente ottenuto l'autorizzazione prevista dall'art. 39, c. 1, lett. *c*) è punito con la pena della reclusione fino a un anno o con la multa da euro 516 a euro 5.164.

2. La pena è della reclusione da sei mesi a tre anni e della multa da euro 1.033 a euro 3.099 per i legali rappresentanti ed i responsabili di associazioni o di agenzie che trattano le pratiche di cui al comma 1.

3. Fatti salvi i casi previsti dall'art. 36, c. 4, coloro che, per l'adozione di minori stranieri, si avvalgono dell'opera di associazioni, organizzazioni, enti o persone non autorizzati nelle forme di legge sono puniti con le pene di cui al comma 1 diminuite di un terzo.

[1] Articolo inserito dall'art. 6, L. 31 dic. 1998, n. 476. V. la nota al capo I.

73. Chiunque essendone a conoscenza in ragione del proprio ufficio fornisce qualsiasi notizia atta a rintracciare un minore nei cui confronti sia stata pronunciata adozione o rivela in qualsiasi modo notizie circa lo stato di figlio adottivo è punito con la reclusione fino a sei mesi o con la multa euro 103,29 a euro 1032,91.[1]

Se il fatto è commesso da un pubblico ufficiale o da un incaricato di pubblico servizio, si applica la pena della reclusione da sei mesi a tre anni.

Le disposizioni di cui ai commi precedenti si applicano anche a chi fornisce tali notizie successivamente all'affidamento preadottivo e senza l'autorizzazione del tribunale per i minorenni.

[1] Comma modif. dall'art. 36, L. 28 mar. 2001, n. 149, e quindi dall'art. 100, c. 1, lett. *cc*), D.lgs. 28 dic. 2013, n. 154, in vigore dal 7 feb. 2014.

74. Gli ufficiali di stato civile trasmettono immediatamente al competente tribunale per i minorenni comunicazione, sottoscritta dal dichiarante, dell'avvenuto riconoscimento da parte di persona coniugata di un figlio nato fuori del matrimonio non riconosciuto dall'altro genitore. Il tribunale dispone l'esecuzione di opportune indagini per accertare la veridicità del riconoscimento.[1]

Nel caso in cui vi siano fondati motivi per ritenere che ricorrano gli estremi dell'impugnazione del riconoscimento il tribunale per i minorenni assume, anche d'ufficio, i provvedimenti di cui all'art. 264, secondo comma, del c.c.

[1] Comma così modif. dall'art. 100, c. 1, lett. *dd*), D.lgs. 28 dic. 2013, n. 154, in vigore dal 7 feb. 2014.

75. ....[1]

[1] Articolo abrog. dall'art. 299, D.P.R. 30 mag. 2002, n. 115.

76. Alle procedure relative all'adozione di minori stranieri in corso o già definite al momento di entrata in vigore della presente legge continuano ad applicarsi le disposizioni vigenti alla data medesima.[1]

[1] La Corte cost., con sent. 18 lug. 1986, n. 199, ha dichiarato l'ill. cost. dell'art. 76 «nella parte in cui preclude l'applicazione dell'art. 37 alle procedure già iniziate nei confronti di minore straniero in stato di abbandono in Italia».

77. Gli artt. da 404 a 413 del c.c. sono abrogati. Per le affiliazioni già pronunciate alla data di entrata in vigore della presente legge si applicano i divieti e le autorizzazioni di cui all'art. 87 del c.c.

78. Il quarto comma dell'art. 87 del c.c. è sostituito dal seguente: (*Omissis*).

79. Entro tre anni dall'entrata in vigore della presente legge i coniugi che risultino forniti dei requisiti di cui all'art. 6 possono chiedere al tribunale per i minorenni di dichiarare, sempreché il provvedimento risponda agli interessi dell'adottato e dell'affiliato, con decreto motivato, l'estensione degli effetti della adozione nei confronti degli affiliati o adottati ai sensi dell'art. 291 del c.c., precedentemente in vigore, se minorenni all'epoca del relativo provvedimento.[1]

Il tribunale dispone l'esecuzione delle opportune indagini di cui all'art. 57, sugli adottanti e sull'adottato o affiliato.

Gli adottati o affiliati che abbiano compiuto gli anni dodici e, in considerazione della loro capacità di discernimento,[2] anche i minori di età inferiore devono essere sentiti; se hanno compiuto gli anni quattordici devono prestare il consenso.

Il coniuge dell'adottato o affiliato, se convivente e non legalmente separato, deve prestare l'assenso.

I discendenti degli adottanti o affilianti che hanno superato gli anni quattordici devono essere sentiti.

Se gli adottati e affiliati sono figli legittimi o riconosciuti è necessario l'assenso dei genitori. Nel caso di irreperibilità o di rifiuto non motivato, su ricorso degli adottanti o affilianti, sentiti il pubblico ministero, i genitori dell'adottato o affiliato e quest'ultimo, se ha compiuto gli anni dodici, decide il tribunale con sentenza che, in caso di accoglimento della domanda, tiene luogo dell'assenso mancante.

Al decreto relativo all'estensione degli effetti dell'adozione si applicano le disposizioni di cui agli artt. 25, 27 e 28, in quanto compatibili.

Il decreto del tribunale per i minorenni che nega l'estensione degli effetti dell'adozione può essere impugnato anche dall'adottato o affiliato se maggiorenne.[3]

[1] La Corte cost., con sent. 18 lug. 1986, n. 198, ha dichiarato l'ill. cost. dell'art. 79 c. 1 «nella parte in cui, nell'ipotesi di coniugi non più uniti in matrimonio alla data della presentazione della domanda di estensione degli effetti dell'adozione, non consente di pronunziare l'estensione stessa nei confronti degli adottati ai sensi dell'art. 291 del c.c., precedentemente in vigore».

La Corte cost., con sent. 18 feb. 1988, n. 183, ha dichiarato l'ill. cost. dell'art. 79 c. 1 «nella parte in cui non consente l'estensione degli effetti dell'adozione legittimante nei confronti dei minori adottati con adozione ordinaria quando la differenza di età tra adottanti e adottato superi i 40 anni».

[2] Parole modif. dall'art. 32, L. 28 mar. 2001, n. 149.

[3] Ai sensi dell'art. 105, D.lgs. 28 dic. 2013, n. 154, le parole "figli legittimi" e "figlio legittimo", in tutta la legislazione vigente, ovunque presenti, sosno sostituite dalle parole "figli nati nel matrimonio" o "figlio nato nel matrimonio".

79-*bis*.[1] 1. Il giudice segnala ai comuni le situazioni di indigenza di nuclei familiari che richiedono interventi di sostegno per consentire al minore di essere educato nell'ambito della propria famiglia.

[1] Articolo ins. dall'art. 100, c. 1, lett. *ee*), D.lgs. 28 dic. 2013, n. 154, in vigore dal 7 feb. 2014.

80.[1] 1. Il giudice, se del caso ed anche in relazione alla durata dell'affidamento, può disporre che gli assegni familiari e le prestazioni previdenziali relative al minore siano erogati temporaneamente in favore dell'affidatario.

2. Le disposizioni di cui all'art. 12 del testo unico delle imposte sui redditi, approvato con decreto del Presidente della Repubblica 22 dic. 1986, n. 917, e successive modificazioni [all'art. 6 della L. 9 dic. 1977, n. 903],[2] e alla L. 8 mar. 2000, n. 53, si applicano anche agli affidatari di cui al comma 1.

3. Alle persone affidatarie si estendono tutti i benefici in tema di astensione obbligatoria e facoltativa del lavoro, di permessi per malattia, di riposi giornalieri, previsti per i genitori biologici.

4. Le regioni determinano le condizioni e modalità di sostegno alle famiglie, persone e comunità di tipo familiare che hanno minori in affidamento, affinché tale affidamento si possa fondare sulla disponibilità e l'idoneità all'accoglienza indipendentemente dalle condizioni economiche.

[1] Articolo sost. dall'art. 38, L. 28 mar. 2001, n. 149.

[2] Parole abrog. dall'art. 86, D.lgs. 26 mar. 2001, n. 151.

81. L'ultimo comma dell'art. 244 del c.c. è sostituito dal seguente: (*Omissis*).

82. Gli atti, i documenti ed i provvedimenti relativi alle procedure previste dalla presente legge nei riguardi di persone minori di età, sono esenti dalle imposte di bollo e di registro e da ogni spesa, tassa e diritto dovuti ai pubblici uffici.

Sono ugualmente esenti gli atti ed i documenti relativi all'esecuzione dei provvedimenti pronunciati dal giudice nei procedimenti su indicati.

Agli oneri derivanti dall'attuazione della presente legge, valutati in annui euro 51.645,68, si provvede mediante corrispondente riduzione del capitolo 1589 dello stato di previsione del Ministero di grazia e giustizia per l'anno finanziario 1983 e corrispondenti capitoli degli esercizi successivi.

Il Ministro del tesoro è autorizzato ad apportare con propri decreti le occorrenti variazioni di bilancio.

- 2 -

L. 31 dic. 1998, n. 476

Ratifica ed esecuzione della Convenzione per la tutela dei minori e la cooperazione in materia di adozione internazionale, fatta a L'Aja il 29 maggio 1993

(G.U. 12 gen. 1999, n. 8)

1. (*Omissis*).

2. 1. Piena ed intera esecuzione è data alla Convenzione a decorrere dalla sua entrata in vigore, in conformità all'articolo 46 della Convenzione medesima.[1]

[1] Art. 46 della Convenzione:

«1. La Convenzione entra in vigore il primo giorno del mese successivo allo scadere di un periodo di tre mesi dopo il deposito del terzo strumento di ratifica, di accettazione o d'approvazione previsto dall'art. 43.

2. In seguito la Convenzione entrerà in vigore:

a) per ogni Stato che la ratifica, l'accetta o l'approva posteriormente, o che vi aderisce, il primo giorno del mese successivo allo scadere di un periodo di tre mesi dopo il deposito del proprio strumento di ratifica, d'accettazione, d'approvazione o di adesione;

b) (*Omissis*)».

3-9. (*Omissis*).

ANAGRAFI

- 1 -

L. 24 dic. 1954, n. 1228

Ordinamento delle anagrafi della popolazione residente

(G.U. 12 gen. 1955, n. 8)

1. In ogni Comune deve essere tenuta l'anagrafe della popolazione residente.

L'iscrizione e la richiesta di variazione anagrafica possono dar luogo alla verifica, da parte dei competenti uffici comunali, delle condizioni igienico-sanitarie dell'immobile in cui il richiedente intende fissare la propria residenza, ai sensi delle vigenti norme sanitarie.[1]

Nell'anagrafe della popolazione residente sono registrate le posizioni relative alle singole persone, alle famiglie ed alle convivenze, che hanno fissato nel Comune la residenza, nonché le posizioni relative alle persone senza fissa dimora che hanno stabilito nel Comune il proprio domicilio, in conformità del regolamento per l'esecuzione della presente legge.

Gli atti anagrafici sono atti pubblici.

Per l'esercizio delle funzioni di vigilanza di cui all'articolo 12, è istituito, presso il Ministero dell'interno, l'Indice nazionale delle anagrafi (INA), alimentato e costantemente aggiornato, tramite collegamento informatico, da tutti i comuni.

L'Indice nazionale delle anagrafi (INA) promuove la circolarità delle informazioni anagrafiche essenziali al fine di consentire alle amministrazioni pubbliche centrali e locali collegate la disponibilità, in tempo reale, dei dati relativi alle generalità, alla cittadinanza, alla famiglia anagrafica, all'indirizzo anagrafico delle persone residenti in Italia e dei cittadini italiani residenti all'estero iscritti nell'Anagrafe degli italiani residenti all'estero (AIRE), certificati dai comuni e, limitatamente al codice fiscale, dall'Agenzia delle Entrate.[2]

Con decreto del Ministro dell'interno, ai sensi dell'articolo 17, comma 3, della legge 23 agosto 1988, n. 400, di concerto con il Ministro per la funzione pubblica e il Ministro per l'innovazione e le tecnologie, sentiti il Centro nazionale per l'informatica nella pubblica amministrazione (CNIPA), il Garante per la protezione dei dati personali e l'Istituto nazionale di statistica (ISTAT), è adottato il regolamento dell'INA. Il regolamento disciplina le modalità di aggiornamento dell'INA da parte dei comuni e le modalità per l'accesso da parte delle amministrazioni pubbliche centrali e locali al medesimo INA, per assicurarne la piena operatività.

[1] Comma aggiunto dall'art. 1 della L. 15 lug. 2009, n. 94.
[2] Comma così sost. dall'art. 40, c. 3, del D.L. 24 gen. 2012, n. 1, conv. con modif. in L. 24 mar. 2012, n. 27.

2. È fatto obbligo ad ognuno di chiedere per sè e per le persone sulle quali esercita la patria potestà o la tutela, la iscrizione nell'anagrafe del Comune di dimora abituale e di dichiarare alla stessa i fatti determinanti mutazione di posizioni anagrafiche, a norma del regolamento, fermo restando, agli effetti dell'art. 44 c.c., l'obbligo di denuncia del trasferimento anche all'anagrafe del Comune di precedente residenza.

L'assenza temporanea dal Comune di dimora abituale non produce effetti sul riconoscimento della residenza.

Ai fini dell'obbligo di cui al primo comma, la persona che non ha fissa dimora si considera residente nel comune dove ha stabilito il proprio domicilio. La persona stessa, al momento della richiesta di iscrizione, è tenuta a fornire all'ufficio di anagrafe gli elementi necessari allo svolgimento degli accertamenti atti a stabilire l'effettiva sussistenza del domicilio. In mancanza del domicilio, si considera residente nel comune di nascita.[1]

È comunque istituito, senza nuovi o maggiori oneri a carico del bilancio dello Stato, presso il Ministero dell'interno un apposito registro nazionale delle persone che non hanno fissa dimora. Con decreto del Ministro dell'interno, da adottare nel termine di centottanta giorni dalla data di entrata in vigore della presente disposizione, sono stabilite le modalità di funzionamento del registro attraverso l'utilizzo del sistema INA-SAIA.[2]

Per i nati all'estero si considera Comune di residenza quello di nascita del padre o, in mancanza, quello della madre. Per tutti gli altri, soggetti all'obbligo della residenza, ai quali non possono applicarsi i criteri sopraindicati, è istituito apposito registro presso il Ministero dell'interno.

Il personale diplomatico e consolare straniero, nonché il personale straniero da esso dipendente, non sono soggetti all'obbligo dell'iscrizione anagrafica.

[1] Comma così sost. dall'art. 3 della L. 15 lug. 2009, n. 94.
[2] Comma aggiunto dall'art. 3 della L. 15 lug. 2009, n. 94.

3. Il sindaco, quale ufficiale del Governo, è ufficiale dell'anagrafe.

Egli può delegare e revocare, in tutto o in parte, le funzioni di ufficiale d'anagrafe al segretario comunale o ad altri impiegati idonei del Comune. Ogni delegazione, munita della firma autografa del delegato, ed ogni revoca devono essere approvate dal prefetto.

4. L'Ufficiale d'anagrafe provvede alla regolare tenuta dell'anagrafe della popolazione residente ed è responsabile della esecuzione degli adempimenti prescritti per la formazione e la tenuta degli atti anagrafici.

Egli ordina gli accertamenti necessari ad appurare la verità dei fatti denunciati dagli interessati, relativi alle loro posizioni anagrafiche, e dispone indagini per accertare le contravvenzioni alle disposizioni della presente legge e del regolamento per la sua esecuzione.

Egli invita le persone aventi obblighi anagrafici a

presentarsi all'ufficio per fornire le notizie e i chiarimenti necessari alla regolare tenuta dell'anagrafe. Può interpellare, allo stesso fine, gli enti, amministrazioni ed uffici pubblici e privati.

Il personale dell'anagrafe ha l'obbligo di osservare il segreto su tutte le notizie di cui viene a conoscenza a causa delle sue funzioni.

5-13. (*Omissis*).

- 2 -

D.P.R. 30 mag. 1989, n. 223

Approvazione del nuovo regolamento anagrafico della popolazione residente

(G.U. 8 giu. 1989, n. 132)

CAPO I

Registrazione anagrafica della popolazione residente, ufficiale di anagrafe delegato, famiglie e convivenze anagrafiche[1]

[1] Rubrica così modif. dall'art. 1, D.P.R. 17 lug. 2015, n. 126.

01. ***Adempimenti anagrafici.***[1] — 1. Gli adempimenti anagrafici di cui al presente regolamento sono effettuati nell'anagrafe nazionale della popolazione residente di cui all'articolo 62 del decreto legislativo 7 marzo 2005, n. 82, e successive modificazioni.

[1] Articolo ins. dall'art. 1, D.P.R. 17 lug. 2015, n. 126.

1. ***Anagrafe della popolazione residente.*** — 1. L'anagrafe della popolazione residente è la raccolta sistematica dell'insieme delle posizioni relative alle singole persone, alle famiglie ed alle convivenze che hanno fissato nel comune la residenza, nonché delle posizioni relative alle persone senza fissa dimora che hanno stabilito nel comune il proprio domicilio.

2. L'anagrafe è costituita da schede individuali, di famiglia e di convivenza.

3. Nelle schede di cui al comma 2 sono registrate le posizioni anagrafiche desunte dalle dichiarazioni degli interessati, dagli accertamenti d'ufficio e dalle comunicazioni degli uffici di stato civile.

2. ***Delega delle funzioni di ufficiale di anagrafe.*** — 1. Il sindaco può delegare e revocare in tutto o in parte le funzioni di ufficiale di anagrafe ad un assessore, al segretario comunale o ad impiegati di ruolo del comune ritenuti idonei.

1-*bis*. In caso di esigenze straordinarie e temporalmente limitate, è consentita la delega a impiegati non di ruolo del comune ritenuti idonei e che abbiano ricevuto apposita formazione.[1]

2. In caso di assenza del sindaco, la funzione di ufficiale di anagrafe può essere esercitata dall'assessore delegato o dall'assessore anziano ed, in mancanza degli assessori, dal consigliere anziano.

3. Ogni delega o revoca deve essere approvata dal prefetto come previsto dall'ultimo comma dell'art. 3 della L. 24 dic. 1954, n. 1228.

[1] Comma aggiunto dall'art. 1, D.P.R. 5 mag. 2009, n. 79.

3. ***Popolazione residente.*** — 1. Per persone residenti nel comune s'intendono quelle aventi la propria dimora abituale nel comune.

2. Non cessano di appartenere alla popolazione residente le persone temporaneamente dimoranti in altri comuni o all'estero per l'esercizio di occupazioni stagionali o per causa di durata limitata.

4. ***Famiglia anagrafica.*** — 1. Agli effetti anagrafici per famiglia si intende un insieme di persone legate da vincoli di matrimonio, unione civile, parentela, affinità, adozione, tutela o da vincoli affettivi, coabitanti ed aventi dimora abituale nello stesso comune.[1]

2. Una famiglia anagrafica può essere costituita da una sola persona.

[1] Comma così modif. dall'art. 3, D.lgs. 19 gen. 2017, n. 5.

5. ***Convivenza anagrafica.*** — 1. Agli effetti anagrafici per convivenza s'intende un insieme di persone normalmente coabitanti per motivi religiosi, di cura, di assistenza, militari, di pena e simili, aventi dimora abituale nello stesso comune.

2. Le persone addette alla convivenza per ragioni di impiego o di lavoro, se vi convivono abitualmente, sono considerate membri della convivenza, purché non costituiscano famiglie a se stanti.

3. Le persone ospitate anche abitualmente in alberghi, locande, pensioni e simili non costituiscono convivenza anagrafica.

6. ***Responsabili delle dichiarazioni anagrafiche.*** — 1. Ciascun componente della famiglia è responsabile per sé e per le persone sulle quali esercita la potestà o la tutela delle dichiarazioni anagrafiche di cui all'art. 13. Ciascun componente può rendere inoltre le dichiarazioni relative alle mutazioni delle posizioni degli altri componenti della famiglia.

2. Agli effetti degli stessi adempimenti la convivenza ha un suo responsabile da individuare nella persona che normalmente dirige la convivenza stessa.

3. Le persone che rendono le dichiarazioni anagrafiche debbono comprovare la propria identità mediante l'esibizione di un documento di riconoscimento.

CAPO II

Iscrizioni, mutazioni e cancellazioni anagrafiche

7. ***Iscrizioni anagrafiche.*** — 1. L'iscrizione nell'anagrafe della popolazione residente viene effettuata:

a) per nascita, presso il comune di residenza dei genitori o presso il comune di residenza della madre qualora i genitori risultino residenti in comuni diversi, ovvero, quando siano ignoti i genitori, nel comune ove è residente la persona o la convivenza cui il nato è stato affidato;

b) per esistenza giudizialmente dichiarata;

c) per trasferimento di residenza dall'estero dichiarato dall'interessato non iscritto, oppure accertato secondo quanto è disposto dall'articolo 15, comma 1, del presente regolamento, anche tenuto conto delle particolari disposizioni relative alle persone senza fissa dimora di cui all'articolo 2, comma terzo, della legge 24 dicembre 1954, n. 1228, nonché per mancanza di precedente iscrizione.

2. Per le persone già cancellate per irreperibilità e successivamente ricomparse devesi procedere a nuova iscrizione anagrafica.

3. Gli stranieri iscritti in anagrafe hanno l'obbligo di rinnovare all'ufficiale di anagrafe la dichiarazione di dimora abituale nel comune di residenza, entro sessanta giorni dal rinnovo del permesso di soggiorno, corredata dal permesso medesimo e, comunque, non decadono dall'iscrizione nella fase di rinnovo del permesso di soggiorno. Per gli stranieri muniti di carta di soggiorno, il rinnovo della dichiarazione di dimora abituale è effettuato entro sessanta giorni dal rinnovo della carta di soggiorno. L'ufficiale di anagrafe aggiornerà la scheda anagrafica dello straniero, dandone comunicazione al questore.

4. Il registro di cui all'articolo 2, comma quinto, della legge 24 dicembre 1954, n. 1228, è tenuto dal Ministero dell'interno presso la prefettura di Roma. Il funzionario incaricato della tenuta di tale registro ha i poteri e i doveri dell'ufficiale di anagrafe.

[1] Articolo così sost. dall'art. 1, D.P.R. 17 lug. 2015, n. 126.

8. ***Posizioni che non comportano l'iscrizione anagrafica.***[1]

[1] Articolo abrog. dall'art. 2, D.P.R. 17 lug. 2015, n. 126.

9. ***Trasferimento di residenza della famiglia.***[1]

[1] Articolo abrog. dall'art. 2, D.P.R. 17 lug. 2015, n. 126.

10. ***Mutazioni anagrafiche.*** — 1. La registrazione nell'anagrafe della popolazione residente delle mutazioni relative alle posizioni anagrafiche degli iscritti viene effettuata:

a) ad istanza dei responsabili di cui all'art. 6 del presente regolamento;

b) d'ufficio, per le mutazioni conseguenti alle comunicazioni di stato civile e per movimenti nell'ambito del comune o del territorio nazionale, non dichiarati dall'interessato ed accertati secondo quanto è disposto dall'art. 4 della legge 24 dicembre 1954, n. 1228, e dall'art. 15, comma 1, del presente regolamento.[1]

[1] Lettera così modif. dall'art. 1, D.P.R. 17 lug. 2015, n. 126.

10-*bis*. ***Posizioni che non comportano mutazioni anagrafiche.***[1] — 1. Non deve essere disposta, né d'ufficio, né a richiesta dell'interessato, la mutazione anagrafica, per trasferimento di residenza, delle seguenti categorie di persone:

a) militari di leva, di carriera, o che abbiano, comunque, contratto una ferma, pubblici dipendenti, personale dell'arma dei carabinieri, della polizia di Stato, della guardia di finanza, distaccati presso scuole per frequentare corsi di avanzamento o di perfezionamento;

b) ricoverati in istituti di cura, di qualsiasi natura, purché la permanenza nel comune non superi i due anni, a decorrere dal giorno dell'allontanamento dal comune di iscrizione anagrafica;

c) detenuti in attesa di giudizio.

2. Il trasferimento di residenza della famiglia, anche nell'ambito dello stesso comune comporta, di regola, anche il trasferimento di residenza dei componenti assenti perché appartenenti ad una delle categorie indicate nel comma 1.

[1] Articolo ins. dall'art. 1, D.P.R. 17 lug. 2015, n. 126.

11. ***Cancellazioni anagrafiche.*** — 1. La cancellazione dall'anagrafe della popolazione residente viene effettuata:

a) per morte, compresa la morte presunta giudizialmente dichiarata;

b) per trasferimento all'estero dello straniero;[1]

c) per irreperibilità accertata a seguito delle risultanze delle operazioni del censimento generale della popolazione, ovvero, quando, a seguito di ripetuti accertamenti, opportunamente intervallati, la persona sia risultata irreperibile, nonché, per i cittadini stranieri per irreperibilità accertata, ovvero per effetto del mancato rinnovo della dichiarazione di cui all'art. 7, comma 3, trascorso un anno dalla scadenza del permesso di soggiorno o della carta di soggiorno, previo avviso da parte dell'ufficio, con invito a provvedere nei successivi 30 giorni.[2]

2. I nominativi delle persone risultate irreperibili devono essere comunicati, a cura dell'ufficiale di anagrafe, al prefetto entro trenta giorni dall'avvenuta cancellazione per irreperibilità; entro pari termine devono essere segnalate anche le eventuali reiscrizioni. Per le cancellazioni dei cittadini stranieri la comunicazione è effettuata al questore.3

[1] Lettera così sost. dall'art. 1, D.P.R. 17 lug. 2015, n. 126.

[2] Lettera così modif. dall'art. 15, D.P.R. 31 ago. 1999, n. 394.

[3] Periodo aggiunto dall'art. 15 D.P.R. 31 ago. 1999, n. 394.

CAPO III

Adempimenti anagrafici

12. ***Comunicazioni dello stato civile.*** — 1. Devono essere effettuate dall'ufficiale di stato civile le comunicazioni concernenti le nascite, le morti, le celebrazioni di matrimonio e le costituzioni di unione civile, nonché le sentenze dell'autorità giudiziaria e gli altri provvedimenti relativi allo stato civile delle persone.[1]

2. Le comunicazioni relative alle celebrazioni di matrimonio e alle costituzioni di unione civile devono essere effettuate mediante modelli conformi agli standard indicati dall'Istituto nazionale di statistica. Le comunicazioni relative alle nascite e alle morti sono effettuate dall'ufficio di stato civile ai sensi della disciplina prevista dall'articolo 2, comma 3, del decreto-legge 18 ottobre 2012, n. 179, convertito, con modificazioni, dalla legge 17 dicembre 2012, n. 221, nonché dall'articolo 62, comma 6, del decreto legislativo 7 marzo 2005, n. 82.[1,2]

3. Nei comuni in cui l'ufficio di stato civile è organicamente distinto dall'ufficio di anagrafe, le comunicazioni a quest'ultimo ufficio devono essere effettuate nel termine di tre giorni dalla formazione dell'atto di stato civile, ovvero dalla trascrizione di atti o verbali formati da altra autorità competente, ovvero dall'annotazione in atti già esistenti di sentenze e provvedimenti emessi da altra autorità.

4. Nei comuni in cui l'ufficio di stato civile non è organicamente distinto da quello di anagrafe, la registrazione sugli atti anagrafici delle notizie relative agli eventi di cui al comma 1, deve essere effettuata nel termine stabilito dall'art. 17 del presente regolamento.

5. Le comunicazioni concernenti lo stato civile riflettenti persone non residenti nel comune devono essere effettuate agli uffici di stato civile e di anagrafe del comune di residenza entro il termine di dieci giorni con l'osservanza delle disposizioni sull'«ordinamento dello stato civile». Per le persone residenti all'estero le comunicazioni devono essere effettuate con le stesse modalità al comune competente.[2]

[1] Comma così modif. dall'art. 3, D.lgs. 19 gen. 2017, n. 5.
[2] Comma così sost. dall'art. 1, D.P.R. 17 lug. 2015, n. 126.

13. ***Dichiarazioni anagrafiche.*** — 1. Le dichiarazioni anagrafiche da rendersi dai responsabili di cui all'art. 6 del presente regolamento concernono i seguenti fatti:

a) trasferimento di residenza da altro comune o dall'estero ovvero trasferimento di residenza all'estero;

b) costituzione di nuova famiglia o di nuova convivenza, ovvero mutamenti intervenuti nella composizione della famiglia o della convivenza;

c) cambiamento di abitazione;

d) cambiamento dell'intestatario della scheda di famiglia o del responsabile della convivenza;

e) cambiamento della qualifica professionale;

f) cambiamento del titolo di studio.

2. Le dichiarazioni anagrafiche di cui al comma 1 devono essere rese nel termine di venti giorni dalla data in cui si sono verificati i fatti. Le dichiarazioni di cui al comma 1, lettere *a*), *b*), e *c*), sono rese mediante una modulistica conforme a quella predisposta dal Ministero dell'interno, d'intesa con l'Istituto nazionale di statistica, e pubblicata sul sito istituzionale del Ministero dell'interno.[1]

3. Le dichiarazioni anagrafiche di cui al comma 1 sono sottoscritte di fronte all'ufficiale d'anagrafe ovvero inviate al comune competente, corredate dalla necessaria documentazione, con le modalità di cui all'articolo 38 del decreto del Presidente della Repubblica 28 dicembre 2000, n. 445. Il comune pubblica sul proprio sito istituzionale gli indirizzi, anche di posta elettronica, ai quali inoltrare le dichiarazioni. Le dichiarazioni di cui al secondo periodo del comma 2 sono rese anche in modalità telematica attraverso i servizi resi disponibili dall'ANPR[2].

3-*bis*. L'ufficiale d'anagrafe provvede alla comunicazione di avvio del procedimento nei confronti degli interessati, ai sensi dell'articolo 7 della legge 7 agosto 1990, n. 241.[3]

4. Le dichiarazioni anagrafiche sono esenti da qualsiasi tassa o diritto.

[1] Comma così sost. dall'art. 1, c. 1, lett. *b*), D.P.R. 30 lug. 2012, n. 154.
[2] Periodo aggiunto dall'art. 30, D.L. 16 lug. 2020, n. 76, conv. con modif. in L. 11 set. 2020, n. 120.
[3] Comma ins. dall'art. 1, c. 1, lett. *b*), D.P.R. 30 lug. 2012, n. 154.

14. ***Documentazione per l'iscrizione di persone trasferitesi dall'estero.*** — 1. Chi trasferisce la residenza dall'estero deve comprovare all'atto della dichiarazione di cui all'art. 13, comma 1, lettera *a*), la propria identità mediante l'esibizione del passaporto o di altro documento equipollente. Se il trasferimento concerne anche la famiglia, deve esibire inoltre atti autentici che ne dimostrino la composizione, rilasciati dalle competenti autorità dello Stato di provenienza se straniero o apolide, o dalle autorità consolari se cittadino italiano.

2. Per ottenere l'iscrizione gli stranieri devono esibire anche il permesso di soggiorno di durata non inferiore ad un anno o risultare iscritti nello schedario della popolazione temporanea di uno stesso comune da almeno un anno. Se l'iscrizione è effettuata per questo secondo motivo, l'ufficiale di anagrafe deve darne comunicazione alla competente autorità di polizia.[1]

[1] Per l'abrogazione del 2° comma v. l'art. 13 del D.L. 30 dic. 1989, n. 416.

15. ***Accertamenti di ufficio in caso di omessa dichiarazione delle parti.*** — 1. Qualora l'ufficiale di anagrafe accerti, a seguito delle indagini di cui all'art. 4 della L. 24 dic. 1954, n. 1228, che non siano state rese, per fatti che comportino l'istituzione o la mutazione di posizioni anagrafiche, le prescritte dichiarazioni di cui all'art. 13 del presente regolamento, deve invitare gli interessati a renderle.

2. Nel caso di mancata dichiarazione, l'ufficiale di anagrafe provvede ai conseguenti adempimenti e li notifica agli interessati entro dieci giorni.

16. ***Segnalazioni particolari.*** — 1. Quando risulti che una persona o una famiglia abbia trasferito la residenza senza aver reso la dichiarazione di cui all'articolo 13, l'ufficiale di anagrafe deve darne notizia al comune competente in relazione al luogo ove la persona o la famiglia risulta di fatto trasferitasi, per i conseguenti provvedimenti.

2. La persona che, ai fini della iscrizione, dichiari per sé o per i componenti della famiglia di provenire dall'estero, qualora risulti già iscritta, è registrata come proveniente dal luogo di residenza già registrato.

[1] Articolo così sost. dall'art. 1, D.P.R. 17 lug. 2015, n. 126.

17. *Termine per le registrazioni anagrafiche.* — 1. L'ufficiale di anagrafe deve effettuare le registrazioni nell'anagrafe entro due giorni lavorativi dalla data di ricezione delle comunicazioni dello stato civile o dalle dichiarazioni rese dagli interessati, ovvero dagli accertamenti da lui disposti.[1]

[1] Comma così modif. dall'art. 1, c. 1, lett. *d*), D.P.R. 30 lug. 2012, n. 154.

18. *Procedimento d'iscrizione e variazione anagrafica.*[1] — 1. Entro due giorni lavorativi successivi alla presentazione delle dichiarazioni di cui all'articolo 13, comma 1, lettere *a*), *b*) e *c*), l'ufficiale d'anagrafe effettua le iscrizioni o le registrazioni delle mutazioni anagrafiche dichiarate, con decorrenza dalla data della presentazione delle dichiarazioni.

[1] Articolo così sost. dall'art. 1, D.P.R. 17 lug. 2015, n. 126.

18-*bis*. *Accertamenti sulle dichiarazioni rese e ripristino delle posizioni anagrafiche precedenti.*[1] — 1. L'ufficiale d'anagrafe, entro quarantacinque giorni dalla ricezione delle dichiarazioni rese ai sensi dell'articolo 13, comma 1, lettere *a*), *b*) e *c*), accerta la effettiva sussistenza dei requisiti previsti dalla legislazione vigente per la registrazione. Se entro tale termine l'ufficiale d'anagrafe, tenuto anche conto degli esiti degli eventuali accertamenti svolti dal comune di provenienza, non invia all'interessato la comunicazione di cui all'articolo 10-*bis* della legge 7 agosto 1990, n. 241, quanto dichiarato si considera conforme alla situazione di fatto in essere alla data della ricezione della dichiarazione, ai sensi dell'articolo 20 della legge citata.

2. Qualora a seguito degli accertamenti di cui al comma 1 sia effettuata la comunicazione di cui all'articolo 10-*bis* della legge 7 agosto 1990, n. 241, e non vengano accolte le osservazioni presentate o sia decorso inutilmente il termine per la presentazione delle stesse, l'ufficiale d'anagrafe provvede al ripristino della posizione anagrafica precedente, mediante annullamento dell'iscrizione o della mutazione registrata, a decorrere dalla data della ricezione della dichiarazione di cui all'articolo 13, comma 1, lettere *a*), *b*) e *c*).

[1] Articolo così sost. dall'art. 1, D.P.R. 17 lug. 2015, n. 126.

19. *Accertamenti richiesti dall'ufficiale di anagrafe.* — 1. Gli uffici di cui all'art. 4, comma terzo, della L. 24 dic. 1954, n. 1228, sono tenuti a fornire all'ufficiale di anagrafe le notizie da esso richieste per la regolare tenuta dell'anagrafe della popolazione residente.

2. L'ufficiale di anagrafe è tenuto a verificare la sussistenza del requisito della dimora abituale di chi richiede l'iscrizione o la mutazione anagrafica. Gli accertamenti devono essere svolti a mezzo degli appartenenti ai corpi di polizia municipale o di altro personale comunale che sia stato formalmente autorizzato, utilizzando un modello conforme all'apposito esemplare predisposto dall'Istituto nazionale di statistica.[1]

3. Ove nel corso degli accertamenti emergano discordanze con la dichiarazione resa, l'ufficiale di anagrafe segnala quanto è emerso alla competente autorità di pubblica sicurezza.[1]

[1] Comma così modif. dall'art. 1, D.P.R. 17 lug. 2015, n. 126.

19-*bis*. *Vertenze anagrafiche.*[1] — 1. Le vertenze che sorgono tra uffici anagrafici sono risolte dal prefetto se esse interessano comuni appartenenti alla stessa provincia e dal Ministero dell'interno, sentito l'Istituto nazionale di statistica, se esse interessano comuni appartenenti a province diverse.

2. Le segnalazioni al Ministero dell'interno vengono effettuate dalle competenti prefetture, dopo aver disposto gli opportuni accertamenti il cui esito viene comunicato, corredato degli atti dei comuni interessati, con eventuale parere.

[1] Articolo ins. dall'art. 1, c. 1, lett. *g*), D.P.R. 30 lug. 2012, n. 154.

CAPO IV

Formazione ed ordinamento delle schede anagrafiche della popolazione residente e degli italiani residenti all'estero[1]

[1] Rubrica così modif. dall'art. 1, D.P.R. 17 lug. 2015, n. 126.

20. *Schede individuali.*[1] — 1. A ciascuna persona residente nel comune deve essere intestata una scheda individuale, sulla quale devono essere obbligatoriamente indicati il cognome, il nome, il sesso, la data e il luogo di nascita, il codice fiscale, la cittadinanza, l'indirizzo dell'abitazione. Nella scheda sono altresì indicati i seguenti dati: la paternità e la maternità, ed estremi dell'atto di nascita, lo stato civile, ed eventi modificativi, nonché estremi dei relativi atti, il cognome e il nome del coniuge o della parte dell'unione civile, la professione o la condizione non professionale, il titolo di studio, gli estremi della carta d'identità, il domicilio digitale, la condizione di senza fissa dimora.[2]

2. Nella scheda riguardante i cittadini stranieri sono comunque indicate la cittadinanza e gli estremi del documento di soggiorno.

3. Per le donne coniugate o vedove le schede devono essere intestate al cognome da nubile.

3-*bis*. Per le parti dell'unione civile le schede devono essere intestate al cognome posseduto prima dell'unione civile.[3]

4. Le schede individuali debbono essere tenute costantemente aggiornate e devono essere archiviate quando le persone alle quali sono intestate cessino di far parte della popolazione residente.

[1] Articolo così sost. dall'art. 1, D.P.R. 17 lug. 2015, n. 126.
[2] Comma così modif. dall'art. 3, D.lgs. 19 gen. 2017, n. 5.
[3] Comma ins. dall'art. 3, D.lgs. 19 gen. 2017, n. 5.

21. ***Schede di famiglia.*** — 1. Per ciascuna famiglia residente deve essere compilata una scheda di famiglia, nella quale devono essere indicate le posizioni anagrafiche relative alla famiglia ed alle persone che la costituiscono.[1]

2. La scheda di famiglia deve essere intestata alla persona indicata all'atto della dichiarazione di costituzione della famiglia di cui al comma 1 dell'art. 6 del presente regolamento. Il cambiamento dell'intestatario avviene solo nei casi di decesso o di trasferimento.

3. In caso di mancata indicazione dell'intestatario o di disaccordo sulla sua designazione, sia al momento della costituzione della famiglia, sia all'atto del cambiamento dell'intestatario stesso, l'ufficiale di anagrafe provvederà d'ufficio intestando la scheda al componente più anziano e dandone comunicazione all'intestatario della scheda di famiglia.

4. Nella scheda di famiglia, successivamente alla sua istituzione, devono essere iscritte le persone che entrano a far parte della famiglia e cancellate le persone che cessino di farne parte; in essa devono essere tempestivamente annotate altresì le mutazioni relative alle posizioni di cui al comma 1.

5. La scheda deve essere archiviata per scioglimento della famiglia ovvero per la cancellazione delle persone che ne fanno parte.[1]

[1] Comma così sost. dall'art. 1, D.P.R. 17 lug. 2015, n. 126.

22. ***Schede di convivenza.***[1] — 1. Per ciascuna convivenza residente nel comune deve essere compilata una scheda di convivenza, nella quale sono indicate le posizioni anagrafiche relative alla medesima ed a quelle dei conviventi, la specie e la denominazione della convivenza nonché il nominativo della persona che la dirige. Per ciascuna convivenza residente nel comune deve essere compilata una scheda di convivenza, conforme all'apposito esemplare predisposto dall'Istituto nazionale di statistica, nella quale devono essere indicate le posizioni anagrafiche relative alla medesima, nonché quelle dei conviventi residenti.

2. Nella scheda di convivenza, successivamente alla sua istituzione, devono essere iscritte le persone che entrano a far parte della convivenza e cancellate le persone che cessano di farne parte.

3. La scheda di convivenza deve essere aggiornata alle mutazioni relative alla denominazione o specie della convivenza, al responsabile di essa, alla sede della stessa ed alle posizioni anagrafiche dei conviventi.

4. La scheda di convivenza deve essere archiviata per cessazione della convivenza o per trasferimento di essa o all'estero.

[1] Articolo così sost. dall'art. 1, D.P.R. 17 lug. 2015, n. 126.

23. ***Tenuta delle schede anagrafiche in formato elettronico.***[1] — 1. Le schede individuali, di famiglia e di convivenza devono essere conservate e costantemente aggiornate, in formato elettronico, ai sensi della disciplina prevista dall'articolo 62, comma 6, del decreto legislativo 7 marzo 2005, n. 82.

[1] Articolo così sost. dall'art. 1, D.P.R. 17 lug. 2015, n. 126.

24. ***Ordinamento e collocazione delle schede individuali.***[1]

[1] Articolo abrog. dall'art. 2, D.P.R. 17 lug. 2015, n. 126.

25. ***Ordinamento e collocazione delle schede di famiglia e di convivenza.***[1]

[1] Articolo abrog. dall'art. 2, D.P.R. 17 lug. 2015, n. 126.

26. ***Archiviazione degli atti.***[1]

[1] Articolo abrog. dall'art. 2, D.P.R. 17 lug. 2015, n. 126.

27. ***Italiani residenti all'estero.***[1] — 1. Gli adempimenti anagrafici relativi agli italiani residenti all'estero sono disciplinati dalla legge 27 ottobre 1988, n. 470, e dal relativo regolamento di esecuzione, in quanto compatibili con la disciplina prevista dall'articolo 62 del decreto legislativo 7 marzo 2005, n. 82, e dal presente regolamento.

[1] Articolo così sost. dall'art. 1, D.P.R. 17 lug. 2015, n. 126.

CAPO V
Uffici anagrafici periferici, anagrafi separate, schedario della popolazione temporanea

28. ***Uffici anagrafici periferici.***[1]

[1] Articolo abrog. dall'art. 2, D.P.R. 17 lug. 2015, n. 126.

29. ***Istituzione delle anagrafi separate.***[1]

[1] Articolo abrog. dall'art. 2, D.P.R. 17 lug. 2015, n. 126.

30. ***Attribuzioni delle anagrafi separate.***[1]

[1] Articolo abrog. dall'art. 2, D.P.R. 17 lug. 2015, n. 126.

31. ***Corrispondenza delle anagrafi separate con l'anagrafe centrale.***[1]

[1] Articolo abrog. dall'art. 2, D.P.R. 17 lug. 2015, n. 126.

32. ***Schedario della popolazione temporanea.*** — 1. Lo schedario della popolazione temporanea concerne i cittadini italiani o gli stranieri che, essendo dimoranti nel comune da non meno di quattro mesi, non si trovano ancora in condizione di stabilirvi la residenza per qualsiasi motivo. Gli stranieri dimoranti nel comune da non meno di quattro mesi sono comunque iscritti nello schedario della popolazione temporanea quando non siano in possesso del permesso di soggiorno di durata non inferiore ad un anno di cui al comma 2 dell'art. 14.

2. L'iscrizione viene effettuata a domanda dell'interessato o d'ufficio quando l'ufficiale di anagrafe venga a conoscenza della presenza della persona nel comune da non meno di quattro mesi.

3. L'iscrizione nello schedario della popolazione temporanea esclude il rilascio di certificazioni anagrafiche.

4. La revisione dello schedario della popolazione temporanea deve essere effettuata periodicamente, almeno una volta l'anno, allo scopo di eliminare le schede relative a persone non più dimoranti temporaneamente nel comune:

a) perché se ne sono allontanate o sono decedute;

b) perché vi hanno stabilito la dimora abituale.

5. Ogni iscrizione o cancellazione dallo schedario deve essere comunicata all'ufficiale di anagrafe dell'eventuale comune di residenza.

CAPO VI
Certificazioni anagrafiche

33. *Certificati anagrafici.*[1] — 1. Fatti salvi i divieti di comunicazione di dati, stabiliti da speciali disposizioni di legge, e quanto previsto dall'articolo 35, l'ufficiale di anagrafe rilascia a chiunque ne faccia richiesta, previa identificazione, i certificati concernenti la residenza, lo stato di famiglia degli iscritti nell'anagrafe nazionale della popolazione residente, nonché ogni altra informazione ivi contenuta.

2. Al rilascio di cui al comma 1 provvedono anche gli ufficiali d'anagrafe di comuni diversi da quello in cui risiede la persona cui i certificati si riferiscono. Il rilascio di certificati anagrafici in modalità telematica è effettuato mediante i servizi dell'ANPR con le modalità indicate nell'articolo 62, comma 3, del decreto legislativo 7 marzo 2005 n. 82, e si applica a decorrere dall'attivazione del relativo servizio da parte del Ministero dell'interno e di Sogei S.p.a.[2]

3. Le certificazioni anagrafiche hanno validità di tre mesi dalla data di rilascio.

[1] Articolo così sost. dall'art. 1, D.P.R. 17 lug. 2015, n. 126.
[2] Periodo aggiunto dall'art. 30, D.L. 16 lug. 2020, n. 76, conv. con modif. in L. 11 set. 2020, n. 120.

34. *Rilascio di elenchi degli iscritti nell'anagrafe nazionale della popolazione residente e di dati anagrafici per fini statistici e di ricerca.*[1] — 1. Alle amministrazioni pubbliche che ne facciano motivata richiesta, per esclusivo uso di pubblica utilità, l'ufficiale di anagrafe rilascia, anche periodicamente, elenchi degli iscritti, residenti nel comune, in conformità alle misure di sicurezza, agli standard di comunicazione e alle regole tecniche previsti dal decreto del Presidente del Consiglio dei ministri 10 novembre 2014, n. 194, e dall'articolo 58 del decreto legislativo 7 marzo 2005, n. 82.

2. L'ufficiale di anagrafe rilascia dati anagrafici, relativi agli iscritti residenti nel comune, resi anonimi ed aggregati, agli interessati che ne facciano richiesta per fini statistici e di ricerca.

3. Il comune può esigere dai richiedenti un rimborso spese per il materiale fornito.

[1] Articolo così sost. dall'art. 1, D.P.R. 17 lug. 2015, n. 126.

35. *Contenuto dei certificati anagrafici.*[1] — 1. I certificati anagrafici devono contenere l'indicazione del comune e della data di rilascio; l'oggetto della certificazione; le generalità delle persone cui la certificazione si riferisce, salvo le particolari disposizioni di cui alla legge 31 ottobre 1955, n. 1064, e la firma dell'ufficiale di anagrafe sostituita dal sigillo elettronico qualificato, ai sensi del Regolamento (UE) n. 910/2014 del Parlamento europeo e del Consiglio, del 23 luglio 2014, nelle certificazioni rilasciate in modalità telematica mediante i servizi dell'ANPR.[2]

2. Non costituiscono materia di certificazione le notizie riportate nelle schede anagrafiche concernenti la professione, arte o mestiere, la condizione non professionale, il titolo di studio, il domicilio digitale, la condizione di senza fissa dimora e il titolo di soggiorno.

3. Il certificato di stato di famiglia deve rispecchiare la composizione familiare quale risulta dall'anagrafe all'atto del rilascio del certificato.

4. Previa motivata richiesta, l'ufficiale di anagrafe rilascia certificati attestanti situazioni anagrafiche pregresse.

5. Presso gli uffici anagrafici, gli iscritti esercitano i diritti di cui alla parte I, titolo II del decreto legislativo 30 giugno 2003, n. 196, sui dati contenuti nell'anagrafe nazionale della popolazione residente, nei limiti e nel rispetto delle modalità previsti dal medesimo decreto legislativo.

[1] Articolo così sost. dall'art. 1, D.P.R. 17 lug. 2015, n. 126.
[2] Comma così modif. dall'art. 30, D.L. 16 lug. 2020, n. 76, conv. con modif. in L. 11 set. 2020, n. 120.

36. *Ricorsi in materia di certificazioni anagrafiche.* — 1. Avverso il rifiuto opposto dall'ufficiale di anagrafe al rilascio dei certificati anagrafici e in caso di errori contenuti in essi, l'interessato può produrre ricorso al prefetto.

37. *Divieto di consultazione delle schede anagrafiche.* — 1. È vietato alle persone estranee all'ufficio di anagrafe l'accesso all'ufficio stesso e quindi la consultazione diretta degli atti anagrafici. Sono escluse da tale divieto le persone appositamente incaricate dall'autorità giudiziaria e gli appartenenti alle forze dell'ordine ed al Corpo della Guardia di finanza. I nominativi delle persone autorizzate ad effettuare la consultazione diretta degli atti anagrafici devono figurare in apposite richieste dell'ufficio o del comando di appartenenza; tale richiesta deve essere esibita all'ufficiale di anagrafe, unitamente ad un documento di riconoscimento. Resta salvo altresì il disposto dell'art. 33, secondo comma, del D.P.R. 29 set. 1973, n. 600.

2.[1]

3.[1]

4. All'ufficiale di anagrafe devono essere comunicati i nomi e gli estremi dei documenti del personale abilitato alla consultazione, il quale opererà secondo modalità tecniche adottate d'intesa tra gli uffici anagrafici comunali e gli organi interessati.

[1] Comma abrog. dall'art. 77, D.P.R. 28 dic. 2000, n. 444, e dall'art. 77, D.P.R. 28 dic- 2000, n. 445.

CAPO VII
Adempimenti topografici ed ecografici

38. ***Adempimenti topografici.*** — 1. La ripartizione del territorio comunale in sezioni di censimento e le delimitazioni delle località abitate (centri e nuclei abitati), stabilite in occasione del censimento generale della popolazione sugli appositi piani topografici approvati dall'Istituto nazionale di statistica, devono rimanere invariate sino al successivo censimento salvo quanto previsto nel comma 3 dell'art. 39.[1]

2. La cartografia concernente le predette ripartizioni viene conservata presso l'ufficio statistica, ove esista, ovvero presso l'ufficio topografico ed ecografico; nei comuni nei quali non esistono tali uffici la predetta cartografia viene custodita a cura dell'ufficio anagrafe.

3. Al fine di una migliore gestione dei dati topografici ed ecografici possono essere utilizzate le più avanzate metodologie e tecnologie cartografiche.

[1] Comma così modif. dall'art. 1, D.P.R. 17 lug. 2015, n. 126.

39. ***Aggiornamento del piano topografico.*** — 1. A cura degli uffici di cui all'art. 38 deve essere formata una copia del piano topografico stabilito in occasione dell'ultimo censimento.

2. In detta copia, devono essere riportate le mutazioni dipendenti dallo sviluppo edilizio, ivi comprese nuove opere pubbliche e simili.

33. Nel periodo intercensuario l'Istituto nazionale di statistica impartisce le opportune istruzioni affinché vengano aggiornate periodicamente le delimitazioni delle località abitate in base all'intervenuto sviluppo edilizio.[1]

4. Nello stesso periodo è fatto obbligo ai comuni di segnalare tempestivamente all'Istituto nazionale di statistica, oltre che alle regioni competenti, l'insorgere di eventuali contestazioni territoriali.[1]

[1] Comma così modif. dall'art. 1, D.P.R. 17 lug. 2015, n. 126.

40. ***Formazione del piano topografico a seguito di variazioni territoriali.*** — 1. I comuni costituiti dopo l'ultimo censimento generale della popolazione devono provvedere alla formazione del proprio piano topografico. Del pari devono provvedere alla formazione di un nuovo piano topografico i comini che, a decorrere dalla data di tale censimento, hanno avuto modifiche territoriali.

2. La formazione di tali piani topografici deve essere effettuata al momento stesso della variazione territoriale, ma facendo riferimento, per quanto concerne la delimitazione delle località abitate, alla situazione rilevata all'ultimo censimento ed agli eventuali successivi aggiornamenti previsti dal comma 4 dell'art. 39.

41. ***Adempimenti ecografici.*** — 1. Ogni area di circolazione deve avere una propria distinta denominazione da indicarsi su targhe di materiale resistente.

2. Costituisce area di circolazione ogni spazio (piazza, piazzale, via, viale, vicolo, largo, calle e simili) del suolo pubblico destinato alla viabilità.

3. L'attribuzione dei nomi deve essere effettuata secondo le norme di cui al R.D.L. 10 mag. 1923, n. 1158, convertito dalla legge 17 aprile 1925, n. 473, e alla legge 23 giugno 1927, n. 1188, in quanto applicabili.

4. In caso di cambiamento di denominazione dell'area di circolazione deve essere indicata anche la precedente denominazione.

5. Nell'ambito del territorio comunale non può essere attribuita una stessa denominazione ad aree di circolazione dello stesso tipo, anche se comprese in frazioni amministrative diverse.

42. ***Numerazione civica.*** — 1. Le porte e gli altri accessi dall'area di circolazione all'interno dei fabbricati di qualsiasi genere devono essere provvisti di appositi numeri da indicarsi su targhe di materiale resistente.

2. L'obbligo della numerazione si estende anche internamente ai fabbricati per gli accessi che immettono nelle abitazioni o in ambienti destinati all'esercizio di attività professionali, commerciali e simili.

3. La numerazione degli accessi, sia esterni sia interni, deve essere effettuata in conformità alle norme stabilite dall'Istituto nazionale di statistica in occasione dell'ultimo censimento generale della popolazione e alle successive eventuali determinazioni dell'Istituto stesso.[1]

[1] Comma così modif. dall'art. 1, D.P.R. 17 lug. 2015, n. 126.

43. ***Obblighi dei proprietari di fabbricati.*** — 1. Gli obblighi di cui all'art. 42 devono essere adempiuti non appena ultimata la costruzione del fabbricato.

2. A costruzione ultimata e comunque prima che il fabbricato possa essere occupato, il proprietario deve presentare al comune apposita domanda per ottenere sia l'indicazione del numero civico, sia il permesso di abitabilità se trattasi di fabbricato ad uso di abitazione, ovvero di agibilità se trattasi di fabbricato destinato ad altro uso.

3. Con la domanda di cui al comma 2 il proprietario del fabbricato deve chiedere, occorrendo, an-

che la determinazione dei criteri per l'indicazione della numerazione interna da effettuarsi a cura del proprietario stesso. Qualora l'indicazione della numerazione interna non venga effettuata dal proprietario, vi provvede il comune addebitandogli la relativa spesa.

4. La domanda deve essere presentata mediante modello conforme all'apposito esemplare predisposto dall'Istituto nazionale di statistica. In essa inoltre dovrà essere indicato il numero totale degli accessi, individuati secondo quanto prescritto nel comma 3 dell'art. 42.[1]

[1] Comma così modif. dall'art. 1, D.P.R. 17 lug. 2015, n. 126.

44. ***Comunicazioni da parte degli uffici topografico ed ecografico.*** — 1. Nei comuni in cui gli adempimenti topografici ed ecografici sono esplicati da uffici organicamente distinti da quello di anagrafe, gli uffici predetti devono comunicare a quest'ultimo le disposizioni ed i provvedimenti, da essi presi, concernenti l'onomastica delle aree di circolazione e la numerazione civica.

2. Le comunicazioni predette devono essere effettuate entro lo stesso mese in cui i provvedimenti sono stati adottati: per i provvedimenti presi nell'ultima settimana del mese, la comunicazione può aver luogo nei primi sette giorni del mese successivo.

45. ***Stradario.*** — 1. In ciascun comune l'ufficio preposto agli adempimenti ecografici deve curare la compilazione e l'aggiornamento dello stradario secondo le indicazioni fornite dall'Istituto nazionale di statistica.[1]

[1] Comma così modif. dall'art. 1, D.P.R. 17 lug. 2015, n. 126.

CAPO VIII

Revisioni da effettuarsi in occasione dei censimenti - Altri adempimenti statistici

46. ***Revisione delle anagrafi.*** — 1. A seguito di ogni censimento generale della popolazione, i comuni devono provvedere alla revisione dell'anagrafe al fine di accertare la corrispondenza quantitativa e qualitativa di essa con le risultanze del censimento.

2. La documentazione desunta dai censimenti per la revisione delle anagrafi è soggetta alle norme che tutelano la riservatezza dei dati censuari.

3. La revisione viene effettuata secondo modalità tecniche stabilite nell'occasione dall'Istituto nazionale di statistica.[1]

4. Nell'intervallo tra due censimenti l'anagrafe deve essere costantemente aggiornata, in modo che le sue risultanze coincidano, in ogni momento, con la situazione di fatto relativa al numero delle famiglie, delle convivenze e delle persone residenti nel comune.

4-*bis*. Il comune di dimora abituale risultante dall'ultimo censimento della popolazione, se diverso dal comune di residenza, dispone la relativa mutazione anagrafica a decorrere dalla presentazione della dichiarazione di cui all'articolo 13, comma 1, lettera *a*).[2]

4-*ter*. Se in base all'ultimo censimento della popolazione, risulta abitualmente dimorante nel territorio nazionale la persona non iscritta, il comune di dimora abituale ne dispone l'iscrizione con la stessa decorrenza di cui al comma 4-*bis*.[2]

[1] Comma così modif. dall'art. 1, D.P.R. 17 lug. 2015, n. 126.

[2] Comma ins. dall'art. 1, D.P.R. 17 lug. 2015, n. 126.

47. ***Revisione dell'onomastica stradale e della numerazione civica.*** — 1. Nel quadro dei lavori preparatori ai censimenti generali della popolazione, i comuni devono provvedere alla revisione dell'onomastica delle aree di circolazione e della numerazione civica, al fine di adeguarle alla situazione di fatto esistente, avendo particolare riguardo ai cambiamenti di denominazione, all'apertura di nuove strade, a nuove costruzioni, ampliamenti, demolizioni, ecc.

2. La revisione predetta viene effettuata d'ufficio, indipendentemente dalla richiesta dei proprietari dei fabbricati di cui all'art. 43 ed a prescindere dall'eventuale carattere abusivo delle abitazioni di nuova costruzione.

3. È fatto obbligo ai comuni di osservare le modalità tecniche stabilite nell'occasione dall'Istituto nazionale di statistica.[1]

[1] Comma così modif. dall'art. 1, D.P.R. 17 lug. 2015, n. 126.

48. ***Rilevazioni statistiche concernenti il movimento della popolazione residente.*** — 1. Fermi restando i servizi resi dall'anagrafe nazionale della popolazione residente, le rilevazioni statistiche concernenti il movimento naturale della popolazione residente ed i trasferimenti di residenza vengono effettuate dall'ufficiale di anagrafe in conformità ai metodi, ai formati e agli standard indicati dall'Istituto nazionale di statistica, tenuto anche conto della disciplina prevista dall'articolo 3, commi 1 e 2, del decreto-legge 18 ottobre 2012, n. 179, convertito, con modificazioni, dalla legge 17 dicembre 2012, n. 221.

[1] Articolo così sost. dall'art. 1, D.P.R. 17 lug. 2015, n. 126.

49. ***Rilevazioni statistiche concernenti le abitazioni.*** — 1. I competenti uffici comunali provvedono, nei termini e secondo le istruzioni impartite dall'Istituto nazionale di statistica, alle varie rilevazioni di carattere ecografico concernenti, in particolare, le abitazioni di nuova costruzione, gli ampliamenti e le demolizioni.[1]

[1] Comma così modif. dall'art. 1, D.P.R. 17 lug. 2015, n. 126.

50. ***Adempimenti dell'ufficio di statistica.*** — 1. Nei comuni nei quali esista un ufficio di statistica organicamente distinto ai sensi della legge 16 novembre 1939, n. 1823, i modelli di rilevazione, debitamente compilati in ogni loro parte, devono essere trasmessi all'Istituto nazionale di statistica tramite il predetto ufficio, il quale deve curare altresì il controllo tecnico dei dati in essi riportati.[1]

[1] Comma così modif. dall'art. 1, D.P.R. 17 lug. 2015, n. 126.

CAPO IX
Vigilanza, sanzioni e disposizioni generali

51. ***Particolari compiti del sindaco.*** — 1. Il sindaco è tenuto a provvedere alle attrezzature occorrenti per la conservazione e la sollecita consultazione degli atti anagrafici, tenendo presenti le metodologie e le tecnologie più avanzate per la gestione delle anagrafi.

2. Inoltre il sindaco assicura la regolare esecuzione degli adempimenti topografici ed ecografici.

52. ***Vigilanza del prefetto.*** — 1. Il prefetto vigila affinché gli adempimenti anagrafici, topografici, ecografici e di carattere statistico dei comuni siano effettuati in conformità alle norme del presente regolamento.[1]

2. La vigilanza viene esercitata a mezzo di ispezioni da effettuarsi, almeno una volta all'anno in tutti i comuni, da funzionari della prefettura appartenenti alle carriere direttiva e di concetto, competenti in materia anagrafica e statistica.

3. L'esito dell'ispezione deve essere comunicato all'Istituto nazionale di statistica.2

[1] Comma così sost. dall'art. 1, D.P.R. 17 lug. 2015, n. 126.
[2] Comma così modif. dall'art. 1, D.P.R. 17 lug. 2015, n. 126.

53. ***Vigilanza nelle regioni a statuto speciale.*** — 1. Le funzioni che in materia di ordinamento delle anagrafi della popolazione residente sono demandate ai prefetti, vengono esercitate, nelle regioni a statuto speciale nelle quali manchi l'organo prefettizio, dagli organi cui siano state devolute le attribuzioni dei prefetti attinenti a servizi statali svolti dai comuni.

54. ***Vigilanza esercitata dal Ministero dell'interno e dall'Istituto nazionale di statistica.***[1] — 1. L'alta vigilanza sulla regolare tenuta delle anagrafi è esercitata dal Ministero dell'interno e dall'Istituto nazionale di statistica per mezzo di propri funzionari ispettori.

2. L'Istituto nazionale di statistica vigila, tra l'altro, affinché da parte di tutti i comuni siano adottati modelli conformi agli appositi esemplari predisposti dall'Istituto stesso e promuove da parte dei comuni l'adozione di sistemi organizzativi e funzionali dei servizi anagrafici rispondenti ai progressi della tecnica amministrativa ed alle esigenze dei servizi stessi.

[1] Rubrica e commi così modif. dall'art. 1, D.P.R. 17 lug. 2015, n. 126.

55. ***Irregolarità ed inadempienze anagrafiche da parte dei comuni.*** — 1. Qualora, a seguito delle ispezioni di cui agli articoli precedenti, risultassero situazioni irregolari nella tenuta delle anagrafi e degli ordinamenti topografici ed ecografici, il prefetto o, rispettivamente, il Ministero dell'interno e l'Istituto nazionale di statistica possono disporre ispezioni di carattere straordinario, il cui onere viene posto a carico dei comuni inadempienti, salvo rivalsa nei confronti degli eventuali responsabili.[1]

[1] Comma così modif. dall'art. 1, D.P.R. 17 lug. 2015, n. 126.

56. ***Procedura per l'applicazione delle sanzioni.*** — 1. Le contravvenzioni alle disposizioni della L. 24 dic. 1954, n. 1228, ed a quelle del presente regolamento commesse dalle persone aventi obblighi anagrafici devono essere accertate, con apposito verbale, dall'ufficiale di anagrafe.

2. Il verbale deve espressamente indicare se al contravventore sia stata o meno personalmente contestata la contravvenzione.

3. Al contravventore ammesso a pagare all'atto della contestazione la somma stabilita dall'art. 11, comma terzo, della citata legge l'ufficiale di anagrafe è tenuto a rilasciare ricevuta dell'eseguito pagamento sull'apposito modulo, da staccare da un bollettario a madre e figlia, vidimato dal sindaco o da un suo delegato.

57. ***Termine per l'adeguamento delle anagrafi al regolamento.***[1]

[1] Articolo abrog. dall'art. 2, D.P.R. 17 lug. 2015, n. 126.

58. ***Abrogazione di precedenti norme in materia anagrafica.*** — 1. Sono abrogati il "Regolamento di esecuzione della legge 24 dicembre 1954, n. 1228, sull'ordinamento delle anagrafi della popolazione residente", approvato con D.P.R. 31 gen. 1958, n. 136, ed ogni altra disposizione regolamentare contraria al presente regolamento.

ASSICURAZIONI PRIVATE

- 1 -

D.lgs. 7 set. 2005, n. 209

Codice delle assicurazioni private

(G.U. 13 ott. 2005, n. 239, Suppl. ord.)

(*stralcio*)

CAPO IV
Procedure liquidative

143. ***Denuncia di sinistro.*** — 1. Nel caso di sinistro avvenuto tra veicoli a motore per i quali vi sia obbligo di assicurazione, i conducenti dei veicoli coinvolti o, se persone diverse, i rispettivi proprietari sono tenuti a denunciare il sinistro alla propria impresa di assicurazione, avvalendosi del modulo fornito dalla medesima, il cui modello è approvato dall'IVASS.[1] In caso di mancata presentazione della denuncia di sinistro si applica l'art. 1915 del codice civile per l'omesso avviso di sinistro.

2. Quando il modulo sia firmato congiuntamente da entrambi i conducenti coinvolti nel sinistro si presume, salvo prova contraria da parte dell'impresa di assicurazione, che il sinistro si sia verificato nelle circostanze, con le modalità e con le conseguenze risultanti dal modulo stesso.

[1] Ai sensi dell'art. 1, c. 213, D.lgs. 12 mag. 2015, n. 74, la parola «ISVAP» è stata sostituita da «IVASS», le parole «Ministro delle attività produttive» da «Ministro dello sviluppo economico» e le parole «Ministero delle attività produttive» da «Ministero dello sviluppo economico».

144. ***Azione diretta del danneggiato.*** — 1. Il danneggiato per sinistro causato dalla circolazione di un veicolo o di un natante, per i quali vi è obbligo di assicurazione, ha azione diretta per il risarcimento del danno nei confronti dell'impresa di assicurazione del responsabile civile, entro i limiti delle somme per le quali è stata stipulata l'assicurazione.

2. Per l'intero massimale di polizza l'impresa di assicurazione non può opporre al danneggiato eccezioni derivanti dal contratto, né clausole che prevedano l'eventuale contributo dell'assicurato al risarcimento del danno. L'impresa di assicurazione ha tuttavia diritto di rivalsa verso l'assicurato nella misura in cui avrebbe avuto contrattualmente diritto di rifiutare o ridurre la propria prestazione.

3. Nel giudizio promosso contro l'impresa di assicurazione è chiamato anche il responsabile del danno.

4. L'azione diretta che spetta al danneggiato nei confronti dell'impresa di assicurazione è soggetta al termine di prescrizione cui sarebbe soggetta l'azione verso il responsabile.

145. ***Proponibilità dell'azione di risarcimento.*** — 1. Nel caso si applichi la procedura di cui all'art. 148, l'azione per il risarcimento dei danni causati dalla circolazione dei veicoli e dei natanti, per i quali vi è obbligo di assicurazione, può essere proposta solo dopo che siano decorsi sessanta giorni, ovvero novanta in caso di danno alla persona, decorrenti da quello in cui il danneggiato abbia chiesto all'impresa di assicurazione il risarcimento del danno, a mezzo lettera raccomandata con avviso di ricevimento, anche se inviata per conoscenza, avendo osservato le modalità ed i contenuti previsti all'art. 148.

2. Nel caso in cui si applichi la procedura di cui all'art. 149 l'azione per il risarcimento dei danni causati dalla circolazione dei veicoli e dei natanti, per i quali vi è obbligo di assicurazione, può essere proposta solo dopo che siano decorsi sessanta giorni, ovvero novanta in caso di danno alla persona, decorrenti da quello in cui il danneggiato abbia chiesto alla propria impresa di assicurazione il risarcimento del danno, a mezzo lettera raccomandata con avviso di ricevimento, inviata per conoscenza all'impresa di assicurazione dell'altro veicolo coinvolto, avendo osservato le modalità ed i contenuti previsti dagli artt. 149 e 150.

145-*bis*. ***Valore probatorio delle cosiddette «scatole nere» e di altri dispositivi elettronici.***[1] — 1. Quando uno dei veicoli coinvolti in un incidente risulta dotato di un dispositivo elettronico che presenta le caratteristiche tecniche e funzionali stabilite ai sensi dell'articolo 132-*ter*, comma 1, lettere *b*) e *c*), e fatti salvi, in quanto equiparabili, i dispositivi elettronici già in uso alla data di entrata in vigore delle citate disposizioni, le risultanze del dispositivo formano piena prova, nei procedimenti civili, dei fatti a cui esse si riferiscono, salvo che la parte contro la quale sono state prodotte dimostri il mancato funzionamento o la manomissione del predetto dispositivo. Le medesime risultanze sono rese fruibili alle parti.

2. L'interoperabilità e la portabilità dei meccanismi elettronici che registrano l'attività del veicolo di cui all'articolo 132-*ter*, comma 1, lettera *b*), anche nei casi di sottoscrizione da parte dell'assicurato di un contratto di assicurazione con un'impresa assicuratrice diversa da quella che ha provveduto a installare i meccanismi elettronici, sono garantite da operatori, di seguito denominati «provider di telematica assicurativa», i cui dati identificativi sono comunicati all'IVASS da parte delle imprese di assicurazione che ne utilizzano i servizi. I dati sull'attività del veicolo sono gestiti in sicurezza dagli operatori del settore sulla base dello standard tecnologico comune indicato nell'articolo 32, comma 1-*ter*, del decreto-legge 24 gennaio 2012, n. 1, convertito, con modificazioni, dalla legge 24 marzo 2012, n. 27, e successive modificazioni, e sono successivamente inviati alle rispettive imprese di assicurazione.

3. Le modalità per assicurare l'interoperabilità dei meccanismi elettronici nonché delle apparec-

chiature di telecomunicazione a essi connesse e dei relativi sistemi di gestione dei dati, in caso di sottoscrizione da parte dell'assicurato di un contratto di assicurazione con un'impresa diversa da quella che ha provveduto a installare tale meccanismo, o di portabilità tra diversi provider di telematica assicurativa, sono determinate dal regolamento previsto dall'articolo 32, comma 1-*bis*, del decreto-legge 24 gennaio 2012, n. 1, convertito, con modificazioni, dalla legge 24 marzo 2012, n. 27, e successive modificazioni. Gli operatori rispondono del funzionamento ai fini dell'interoperabilità.

4.[2]

5. I dati sono trattati dall'impresa di assicurazione nel rispetto delle disposizioni del codice in materia di protezione dei dati personali, di cui al decreto legislativo 30 giugno 2003, n. 196. L'impresa di assicurazione è titolare del trattamento dei dati ai sensi dell'articolo 28 del citato codice di cui al decreto legislativo n. 196 del 2003. Salvo consenso espresso dell'assicurato in relazione alla disponibilità di ulteriori servizi connessi con la mobilità del veicolo, è fatto divieto all'impresa di assicurazione, nonché ai soggetti a essa collegati, di utilizzare i dispositivi di cui al presente articolo al fine di raccogliere dati ulteriori rispetto a quelli destinati alla finalità di determinazione delle responsabilità in occasione dei sinistri e ai fini tariffari, o di rilevare la posizione e le condizioni del veicolo in maniera continuativa o comunque sproporzionata rispetto alla medesima finalità.

6. È fatto divieto all'assicurato di disinstallare, manomettere o comunque rendere non funzionante il dispositivo installato. In caso di violazione del divieto di cui al periodo precedente da parte dell'assicurato, la riduzione del premio di cui all'articolo 132-*ter* non è applicata per la durata residua del contratto. L'assicurato che abbia goduto della riduzione di premio è tenuto alla restituzione dell'importo corrispondente alla riduzione accordata, fatte salve le eventuali sanzioni penali.

[1] Articolo ins. dall'art. 1, c. 20, L. 4 ago. 2017, n. 124.

[2] Comma abrog. dall'art. 1, c. 25, D.lgs. 21 mag. 2018, n. 68.

146. ***Diritto di accesso agli atti.*** — 1. Fermo restando quanto previsto per l'accesso ai singoli dati personali dal codice in materia di protezione dei dati personali, le imprese di assicurazione esercenti l'assicurazione obbligatoria della responsabilità civile derivante dalla circolazione dei veicoli a motore e dei natanti sono tenute a consentire ai contraenti ed ai danneggiati il diritto di accesso agli atti a conclusione dei procedimenti di valutazione, constatazione e liquidazione dei danni che li riguardano.

2. L'esercizio del diritto di accesso non è consentito quando abbia ad oggetto atti relativi ad accertamenti che evidenziano indizi o prove di comportamenti fraudolenti. È invece sospeso in pendenza di controversia giudiziaria tra l'impresa e il richiedente, fermi restando i poteri attribuiti dalla legge all'autorità giudiziaria.

3. Se, entro sessanta giorni dalla richiesta scritta, l'assicurato o il danneggiato non è messo in condizione di prendere visione degli atti richiesti ed estrarne copia a sue spese, può inoltrare reclamo all'IVASS[1] anche al fine di veder garantito il proprio diritto.

4. Il Ministro dello sviluppo economico,[1] di concerto con il Ministro della giustizia, con regolamento adottato su proposta dell'IVASS,[1] individua la tipologia degli atti soggetti e di quelli esclusi dall'accesso e determina gli obblighi delle imprese, gli oneri a carico dei richiedenti, nonché i termini e le altre condizioni per l'esercizio del diritto di cui al comma 1.

[1] Ai sensi dell'art. 1, c. 213, D.lgs. 12 mag. 2015, n. 74, la parola «ISVAP» è stata sostituita da «IVASS», le parole «Ministro delle attività produttive» da «Ministro dello sviluppo economico» e le parole «Ministero delle attività produttive» da «Ministero dello sviluppo economico».

147. ***Stato di bisogno del danneggiato.*** — 1. Nel corso del giudizio di primo grado, gli aventi diritto al risarcimento che, a causa del sinistro, vengano a trovarsi in stato di bisogno, possono chiedere che sia loro assegnata una somma da imputarsi nella liquidazione definitiva del danno.

2. Il giudice civile o penale, sentite le parti, qualora da un sommario accertamento risultino gravi elementi di responsabilità a carico del conducente, con ordinanza immediatamente esecutiva provvede all'assegnazione della somma ai sensi del comma 1, nei limiti dei quattro quinti della presumibile entità del risarcimento che sarà liquidato con la sentenza. Se la causa civile è sospesa ai sensi dell'art. 75, comma 3, del codice di procedura penale, l'istanza è proposta al presidente del tribunale dinanzi al quale è pendente la causa.

3. L'istanza può essere riproposta nel corso del giudizio.

4. L'ordinanza è irrevocabile fino alla decisione del merito.

148. ***Procedura di risarcimento.*** — 1. Per i sinistri con soli danni a cose, la richiesta di risarcimento deve recare l'indicazione degli aventi diritto al risarcimento e del luogo, dei giorni e delle ore in cui le cose danneggiate sono disponibili, per non meno di cinque giorni non festivi, per l'ispezione diretta ad accertare l'entità del danno. Entro sessanta giorni dalla ricezione di tale documentazione, l'impresa di assicurazione formula al danneggiato congrua e motivata offerta per il risarcimento, ovvero comunica specificatamente i motivi per i quali non ritiene di fare offerta. Il termine di sessanta giorni è ridotto a trenta quando il modulo di denuncia sia stato sottoscritto dai conducenti coinvolti nel sinistro. Il danneggiato può procedere alla riparazione delle cose danneggiate solo dopo lo spirare del termine indicato al periodo precedente, entro il quale devono essere comunque completate le operazioni di accertamento del danno da parte dell'assicuratore, ovvero dopo il completamento delle medesime operazioni, nel caso in cui esse si siano concluse prima della scadenza del predetto termine. Qualora le cose danneggiate non siano state messe a disposizione per l'ispezione nei termini previsti dal presente articolo, ovvero siano state riparate prima dell'ispezione stessa, l'impresa, ai fini dell'offerta risarcitoria, effettuerà le proprie valutazioni sull'entità del danno solo previa presentazione di fattura che attesti gli interventi riparativi effettuati. Resta comunque fermo il diritto dell'assicurato al risarcimento anche qualora ritenga di non procedere alla riparazione.[1]

2. L'obbligo di proporre al danneggiato congrua e motivata[2] offerta per il risarcimento del danno, ovvero di comunicare i motivi per cui non si ritiene di fare offerta, sussiste anche per i sinistri che abbiano causato lesioni personali o il decesso. La richiesta di risarcimento deve essere presentata dal danneggiato o dagli aventi diritto con le modalità indicate al comma 1. La richiesta deve contenere l'indicazione del codice fiscale degli aventi diritto al risarcimento e la descrizione delle circostanze nelle quali si è verificato il sinistro ed essere accompagnata, ai fini dell'accertamento e della valutazione del danno da parte dell'impresa, dai dati relativi all'età, all'attività del danneggiato, al suo reddito, all'entità delle lesioni subite, da attestazione medica comprovante l'avvenuta guarigione con o senza postumi permanenti, nonché dalla dichiarazione ai sensi dell'art. 142, comma 2, o, in caso di decesso, dallo stato di famiglia della vittima. L'impresa di assicurazione è tenuta a provvedere all'adempimento del predetto obbligo entro novanta giorni dalla ricezione di tale documentazione.

2-*bis*. Ai fini di prevenzione e contrasto dei fenomeni fraudolenti, l'impresa di assicurazione provvede alla consultazione dell'archivio informatico integrato di cui all'articolo 21 del decreto-legge 18 ottobre 2012, n. 179, convertito, con modificazioni, dalla legge 17 dicembre 2012, n. 221, e successive modificazioni, e, qualora dal risultato della consultazione, avuto riguardo al codice fiscale dei soggetti coinvolti ovvero ai veicoli danneggiati, emergano gli indici di anomalia definiti dall'IVASS con apposito provvedimento, o qualora altri indicatori di frode siano segnalati dai dispositivi elettronici di cui all'articolo 132-ter, comma 1, del presente codice o siano emersi in sede di perizia da cui risulti documentata l'incongruenza del danno dichiarato dal richiedente, l'impresa può decidere, entro i termini di cui ai commi 1 e 2 del presente articolo, di non fare offerta di risarcimento, motivando tale decisione con la necessità di condurre ulteriori approfondimenti in relazione al sinistro. La relativa comunicazione è trasmessa dall'impresa al danneggiato e all'IVASS[3], al quale è anche trasmessa la documentazione relativa alle analisi condotte sul sinistro. Entro trenta giorni dalla comunicazione della predetta decisione, l'impresa deve comunicare al danneggiato le sue determinazioni conclusive in merito alla richiesta di risarcimento. All'esito degli approfondimenti condotti ai sensi del primo periodo, l'impresa può non formulare offerta di risarcimento, qualora, entro il termine di cui al terzo periodo, presenti querela, nelle ipotesi in cui è prevista, informandone contestualmente l'assicurato nella comunicazione concernente le determinazioni conclusive in merito alla richiesta di risarcimento di cui al medesimo terzo periodo; in tal caso i termini di cui ai commi 1 e 2 sono sospesi e il termine per la presentazione della querela, di cui all'articolo 124, primo comma, del codice penale, decorre dallo spirare del termine di trenta giorni entro il quale l'impresa comunica al danneggiato le sue determinazioni conclusive. Nei predetti casi, l'azione in giudizio prevista dall'articolo 145 è proponibile solo dopo la ricezione delle determinazioni conclusive dell'impresa o, in sua mancanza, allo spirare del termine di sessanta giorni di sospensione della procedura. Rimane salvo il diritto del danneggiato di ottenere l'accesso agli atti nei termini previsti dall'articolo 146, salvo il caso di presentazione di querela o denuncia.[4]

3. Il danneggiato, in pendenza dei termini di cui ai commi 1 e 2 e fatto salvo quanto stabilito dal comma 5, non può rifiutare gli accertamenti strettamente necessari alla valutazione del danno alle cose, nei termini di cui al comma 1, o del danno alla persona, da parte dell'impresa. Qualora ciò accada, i termini per l'offerta risarcitoria o per la comunicazione dei motivi per i quali l'impresa non ritiene di fare offerta sono sospesi.[5]

4. L'impresa di assicurazione può richiedere ai competenti organi di polizia le informazioni acquisite relativamente alle modalità dell'incidente, alla residenza e al domicilio delle parti e alla targa di immatricolazione o altro analogo segno distintivo, ma è tenuta al rispetto dei termini stabiliti dai commi 1 e 2 anche in caso di sinistro che abbia determinato sia danni a cose che lesioni personali o il decesso.

5. In caso di richiesta incompleta l'impresa di assicurazione richiede al danneggiato entro trenta giorni dalla ricezione della stessa le necessarie integrazioni; in tal caso i termini di cui ai commi 1 e 2 decorrono nuovamente dalla data di ricezione dei dati o dei documenti integrativi.

6. Se il danneggiato dichiara di accettare la somma offertagli, l'impresa provvede al pagamento entro quindici giorni dalla ricezione della comunicazione.

7. Entro ugual termine l'impresa corrisponde la somma offerta al danneggiato che abbia comunicato di non accettare l'offerta. La somma in tal modo corrisposta è imputata nella liquidazione definitiva del danno.

8. Decorsi trenta giorni dalla comunicazione senza che l'interessato abbia fatto pervenire alcuna

risposta, l'impresa corrisponde al danneggiato la somma offerta con le stesse modalità, tempi ed effetti di cui al comma 7.

9. Agli effetti dell'applicazione delle disposizioni di cui al presente articolo, l'impresa di assicurazione non può opporre al danneggiato l'eventuale inadempimento da parte dell'assicurato dell'obbligo di avviso del sinistro di cui all'art. 1913 del codice civile.

10. In caso di sentenza a favore del danneggiato, quando la somma offerta ai sensi dei commi 1 o 2 sia inferiore alla metà di quella liquidata, al netto di eventuale rivalutazione ed interessi, il giudice trasmette, contestualmente al deposito in cancelleria, copia della sentenza all'IVASS per gli accertamenti relativi all'osservanza delle disposizioni del presente capo.

11. L'impresa, quando corrisponde compensi professionali per l'eventuale assistenza prestata da professionisti, è tenuta a richiedere la documentazione probatoria relativa alla prestazione stessa e ad indicarne il corrispettivo separatamente rispetto alle voci di danno nella quietanza di liquidazione. L'impresa, che abbia provveduto direttamente al pagamento dei compensi dovuti al professionista, ne dà comunicazione al danneggiato, indicando l'importo corrisposto.

11-*bis*. Resta ferma per l'assicurato la facoltà di ottenere l'integrale risarcimento per la riparazione a regola d'arte del veicolo danneggiato avvalendosi di imprese di autoriparazione di propria fiducia abilitate ai sensi della legge 5 febbraio 1992, n. 122. A tal fine, l'impresa di autoriparazione fornisce la documentazione fiscale e un'idonea garanzia sulle riparazioni effettuate, con una validità non inferiore a due anni per tutte le parti non soggette a usura ordinaria.[6]

[1] Comma così sost. dall'art. 32, c. 3, D.L. 24 gen. 2012, n. 1, conv. con modif. in L. 24 mar. 2012, n. 27.

[2] Parole ins. dall'art. 1, c. 7, D.lgs. 6 nov. 2007, n. 198.

[3] Ai sensi dell'art. 1, c. 213, D.lgs. 12 mag. 2015, n. 74, la parola «ISVAP» è stata sostituita da «IVASS», le parole «Ministro delle attività produttive» da «Ministro dello sviluppo economico» e le parole «Ministero delle attività produttive» da «Ministero dello sviluppo economico».

[4] Comma ins. dall'art. 32, c. 3, D.L. 24 gen. 2012, n. 1, conv. con modif. in L. 24 mar. 2012, n. 27 e così modif. dall'art. 1, c. 21 e c. 22, L. 4 ago. 2017, n. 124.

[5] Comma così sost. dall'art. 32, c. 3, D.L. 24 gen. 2012, n. 1, conv. con modif. in L. 24 mar. 2012, n. 27.

[6] Comma aggiunto dall'art. 1, c. 9, L. 4 ago. 2017, n. 124.

149. ***Procedura di risarcimento diretto.*** — 1. In caso di sinistro tra due veicoli a motore identificati ed assicurati per la responsabilità civile obbligatoria, dal quale siano derivati danni ai veicoli coinvolti o ai loro conducenti, i danneggiati devono rivolgere la richiesta di risarcimento all'impresa di assicurazione che ha stipulato il contratto relativo al veicolo utilizzato.

2. La procedura di risarcimento diretto riguarda i danni al veicolo nonché i danni alle cose trasportate di proprietà dell'assicurato o del conducente. Essa si applica anche al danno alla persona subito dal conducente non responsabile se risulta contenuto nel limite previsto dall'art. 139. La procedura non si applica ai sinistri che coinvolgono veicoli immatricolati all'estero ed al risarcimento del danno subito dal terzo trasportato come disciplinato dall'art. 141.

3. L'impresa, a seguito della presentazione della richiesta di risarcimento diretto, è obbligata a provvedere alla liquidazione dei danni per conto dell'impresa di assicurazione del veicolo responsabile, ferma la successiva regolazione dei rapporti fra le imprese medesime.

4. Se il danneggiato dichiara di accettare la somma offerta, l'impresa di assicurazione provvede al pagamento entro quindici giorni dalla ricezione della comunicazione e il danneggiato è tenuto a rilasciare quietanza liberatoria valida anche nei confronti del responsabile del sinistro e della sua impresa di assicurazione.

5. L'impresa di assicurazione, entro quindici giorni, corrisponde la somma offerta al danneggiato che abbia comunicato di non accettare l'offerta o che non abbia fatto pervenire alcuna risposta. La somma in tale modo corrisposta è imputata all'eventuale liquidazione definitiva del danno.

6. In caso di comunicazione dei motivi che impediscono il risarcimento diretto ovvero nel caso di mancata comunicazione di offerta o di diniego di offerta entro i termini previsti dall'art. 148 o di mancato accordo, il danneggiato può proporre l'azione diretta di cui all'art. 145, comma 2, nei soli confronti della propria impresa di assicurazione. L'impresa di assicurazione del veicolo del responsabile può chiedere di intervenire nel giudizio e può estromettere l'altra impresa, riconoscendo la responsabilità del proprio assicurato ferma restando, in ogni caso, la successiva regolazione dei rapporti tra le imprese medesime secondo quanto previsto nell'ambito del sistema di risarcimento diretto.

149-*bis*. ***Trasparenza delle procedure di risarcimento.***[1] — 1. In caso di cessione del credito derivante dal diritto al risarcimento dei danni causati dalla circolazione dei veicoli a motore e dei natanti, la somma da corrispondere a titolo di rimborso delle spese di riparazione dei veicoli danneggiati è versata previa presentazione della fattura emessa dall'impresa di autoriparazione abilitata ai sensi della legge 5 febbraio 1992, n. 122, che ha eseguito le riparazioni.

[1] Articolo ins. dall'art. 1, c. 24, L. 4 ago. 2017, n. 124.

150. ***Disciplina del sistema di risarcimento diretto.*** — 1. Con decreto del Presidente della Repubblica, su proposta del Ministro dello sviluppo economico,[1] da emanarsi entro novanta giorni dalla data di entrata in vigore del presente codice sono stabiliti:

a) i criteri di determinazione del grado di responsabilità delle parti anche per la definizione dei rapporti interni tra le imprese di assicurazione;

b) il contenuto e le modalità di presentazione

della denuncia di sinistro e gli adempimenti necessari per il risarcimento del danno;

c) le modalità, le condizioni e gli adempimenti dell'impresa di assicurazione per il risarcimento del danno;

d) i limiti e le condizioni di risarcibilità dei danni accessori;

e) i principi per la cooperazione tra le imprese di assicurazione, ivi compresi i benefici derivanti agli assicurati dal sistema di risarcimento diretto.

2. Le disposizioni relative alla procedura prevista dall'art. 149 non si applicano alle imprese di assicurazione con sede legale in altri Stati membri che operano nel territorio della Repubblica ai sensi degli artt. 23 e 24, salvo che le medesime abbiano aderito al sistema di risarcimento diretto.

3. L'IVASS[1] vigila sul sistema di risarcimento diretto e sui principi adottati dalle imprese per assicurare la tutela dei danneggiati, il corretto svolgimento delle operazioni di liquidazione e la stabilità delle imprese.

[1] Ai sensi dell'art. 1, c. 213, D.lgs. 12 mag. 2015, n. 74, la parola «ISVAP» è stata sostituita da «IVASS», le parole «Ministro delle attività produttive» da «Ministro dello sviluppo economico» e le parole «Ministero delle attività produttive» da «Ministero dello sviluppo economico».

150-*bis*. *Certificato di chiusa inchiesta.*[1] — 1. È fatto obbligo alla compagnia di assicurazione di risarcire il danno derivante da furto o incendio di autoveicolo, indipendentemente dalla richiesta del rilascio del certificato di chiusa inchiesta, fatto salvo quanto disposto dal comma 2.

2. Nei procedimenti giudiziari nei quali si procede per il reato di cui all'articolo 642 del codice penale, limitatamente all'ipotesi che il bene assicurato sia un autoveicolo, il risarcimento del danno derivante da furto o incendio dell'autoveicolo stesso è effettuato previo rilascio del certificato di chiusa inchiesta.

[1] Articolo aggiunto dall'art. 34-*ter*, c. 1, del D.L. 24 gen. 2012, n. 1, conv. con modif. in L. 24 mar. 2012, n. 27.

(*Omissis*).

- 2 -

D.P.R. 18 lug. 2006, n. 254

Regolamento recante disciplina del risarcimento diretto dei danni derivanti dalla circolazione stradale, a norma dell'art. 150 del decreto legislativo 7 settembre 2005, n. 209 - Codice delle assicurazioni private

(G.U. 28 ago. 2006, n. 199)

1. *Definizioni.* — 1. Ai fini del presente regolamento si intende per:

a) "codice": il codice delle assicurazioni private di cui al decreto legislativo 7 settembre 2005, n. 209;

b) "Isvap": l'Istituto per la vigilanza sulle assicurazioni private e di interesse collettivo;

c) "impresa": la società autorizzata ad esercitare nel territorio della Repubblica l'assicurazione obbligatoria per la responsabilità civile autoveicoli;

d) "sinistro": la collisione avvenuta nel territorio della Repubblica tra due veicoli a motore identificati e assicurati per la responsabilità civile obbligatoria dalla quale siano derivati danni ai veicoli o lesioni di lieve entità ai loro conducenti, senza coinvolgimento di altri veicoli responsabili;

e) "danneggiato": il proprietario o il conducente del veicolo che abbia subito danni a seguito del sinistro;

f) "lesioni": le lesioni di lieve entità definite all'art. 139 del codice.

2. Restano ferme, inoltre, le definizioni contenute nell'art. 1 del codice.

2. *Oggetto del regolamento.* — 1. Il presente regolamento disciplina le modalità attuative del sistema del risarcimento diretto, nell'ambito dell'assicurazione obbligatoria della responsabilità civile per i danni derivanti dalla circolazione stradale, in attuazione dell'art. 150 del codice.

3. *Ambito di applicazione.* — 1. La disciplina del risarcimento diretto si applica in tutte le ipotesi di danni al veicolo e di lesioni di lieve entità al conducente, anche quando nel sinistro siano coinvolti terzi trasportati.

2. Qualora i terzi trasportati subiscano lesioni, la relativa richiesta del risarcimento del danno resta soggetta alla specifica procedura prevista dall'art. 141 del codice.

4. *Veicoli immatricolati all'estero.* — 1. La disciplina del risarcimento diretto si applica ai sinistri che coinvolgono:

a) veicoli immatricolati in Italia;

b) veicoli immatricolati nella Repubblica di San Marino e nello Stato Città del Vaticano, se assicurati con imprese con sede legale nello Stato italiano o con imprese che esercitino l'assicurazione obbligatoria responsabilità civile auto ai sensi degli artt. 23 e 24 del codice e che abbiano aderito al sistema del risarcimento diretto.

5. *Modalità della richiesta di risarcimento.* — 1. Il danneggiato che si ritiene non responsabile, in tutto o in parte, del sinistro rivolge la richiesta di risarcimento all'impresa che ha stipulato il contratto relativo al veicolo utilizzato.

2. La richiesta è presentata mediante lettera raccomandata con avviso di ricevimento o con consegna a mano o a mezzo telegramma o telefax o in via telematica, salvo che nel contratto sia esplicitamente esclusa tale ultima forma di presentazione della richiesta di risarcimento.

3. L'impresa che ha ricevuto la richiesta ne dà immediata comunicazione all'impresa dell'assicurato ritenuto in tutto o in parte responsabile del

sinistro, fornendo le sole informazioni necessarie per la verifica della copertura assicurativa e per l'accertamento delle modalità di accadimento del sinistro.

6. *Contenuto della richiesta.* — 1. Nell'ipotesi di danni al veicolo e alle cose, la richiesta di risarcimento contiene i seguenti elementi:

a) i nomi degli assicurati;

b) le targhe dei due veicoli coinvolti;

c) la denominazione delle rispettive imprese;

d) la descrizione delle circostanze e delle modalità del sinistro;

e) le generalità di eventuali testimoni;

f) l'indicazione dell'eventuale intervento degli Organi di polizia;

g) il luogo, i giorni e le ore in cui le cose danneggiate sono disponibili per la perizia diretta ad accertare l'entità del danno.

2. Nell'ipotesi di lesioni subite dai conducenti, la richiesta indica, inoltre:

a) l'età, l'attività e il reddito del danneggiato;

b) l'entità delle lesioni subite;

c) la dichiarazione di cui all'art. 142 del codice circa la spettanza o meno di prestazioni da parte di istituti che gestiscono assicurazioni sociali obbligatorie;

d) l'attestazione medica comprovante l'avvenuta guarigione, con o senza postumi permanenti;

e) l'eventuale consulenza medico-legale di parte, corredata dall'indicazione del compenso spettante al professionista.

7. *Integrazione e regolarizzazione della richiesta.* — 1. In caso di richiesta incompleta, l'impresa, entro trenta giorni dalla ricezione, offrendo l'assistenza tecnica e informativa prevista dall'art. 9, invita il danneggiato a fornire le integrazioni e i chiarimenti necessari per la regolarizzazione della richiesta.

2. Nell'ipotesi di cui al comma 1, i termini per la formulazione dell'offerta o per la comunicazione della mancata offerta sono sospesi fino alla data di ricezione delle integrazioni e dei chiarimenti richiesti.

8. *Determinazioni dell'impresa.* — 1. Con apposita comunicazione inviata al danneggiato, l'impresa indica, alternativamente:

a) una congrua offerta di risarcimento del danno, eventualmente in forma specifica, se previsto dal contratto;

b) gli specifici motivi che impediscono di formulare l'offerta di risarcimento del danno.

2. La comunicazione di cui al comma 1 è inviata entro i seguenti termini:

a) novanta giorni, nel caso di lesioni;

b) sessanta giorni, nel caso di danni riguardanti solo i veicoli o le cose;

c) trenta giorni, nel caso di danni ai veicoli o alle cose, qualora il modulo di denuncia del sinistro sia sottoscritto da entrambi i conducenti coinvolti nel sinistro.

9. *Assistenza tecnica e informativa ai danneggiati.* — 1. L'impresa, nell'adempimento degli obblighi contrattuali di correttezza e buona fede, fornisce al danneggiato ogni assistenza informativa e tecnica utile per consentire la migliore prestazione del servizio e la piena realizzazione del diritto al risarcimento del danno. Tali obblighi comprendono, in particolare, oltre a quanto stabilito espressamente dal contratto, il supporto tecnico nella compilazione della richiesta di risarcimento, anche ai fini della quantificazione dei danni alle cose e ai veicoli, il suo controllo e l'eventuale integrazione, l'illustrazione e la precisazione dei criteri di responsabilità di cui all'allegato A.

2. Nel caso in cui la somma offerta dall'impresa di assicurazione sia accettata dal danneggiato, sugli importi corrisposti non sono dovuti compensi per la consulenza o assistenza professionale di cui si sia avvalso il danneggiato diversa da quella medico-legale per i danni alla persona.

10. *Accesso telematico.* — 1. Ai fini della liquidazione dei danni derivanti dal sinistro, l'impresa ha diritto di accedere in via telematica agli archivi previsti dall'art. 132, comma 3, del codice, per la verifica dei dati tecnici e del proprietario dell'altro veicolo.

11. *Sinistri esclusi dal sistema di risarcimento diretto.* — 1. Nel caso in cui il sinistro non rientra nell'ambito di applicazione previsto dall'art. 3, l'impresa ne informa il danneggiato a mezzo raccomandata con avviso di ricevimento, entro trenta giorni decorrenti dalla ricezione della richiesta di risarcimento.

2. Entro il termine di cui al comma 1, l'impresa è tenuta a trasmettere la richiesta, corredata della documentazione acquisita per ogni ulteriore valutazione, all'impresa del responsabile qualora quest'ultima sia nota in base agli elementi in suo possesso.

3. I termini previsti dagli artt. 145 e 148 del codice iniziano a decorrere dal momento in cui l'impresa del responsabile del sinistro riceve la comunicazione di cui al comma 2.

12. *Criteri di determinazione del grado di responsabilità delle parti.* — 1. L'impresa adotta le proprie determinazioni in ordine alla richiesta del danneggiato, applicando i criteri di accertamento della responsabilità dei sinistri stabiliti nella tabella di cui all'allegato A, in conformità alla disciplina legislativa e regolamentare in materia di circolazione stradale.

2. Qualora il sinistro non rientri in alcuna delle ipotesi previste dalla tabella di cui al comma 1, l'accertamento della responsabilità è compiuto con riferimento alla fattispecie concreta, nel rispetto dei principi generali in tema di responsabilità derivante dalla circolazione dei veicoli.

13. ***Organizzazione e gestione del sistema di risarcimento diretto.*** — 1. Le imprese di assicurazione stipulano fra loro una convenzione ai fini della regolazione dei rapporti organizzativi ed economici per la gestione del risarcimento diretto.

2. Per la regolazione contabile dei rapporti economici, la convenzione deve prevedere una stanza di compensazione dei risarcimenti effettuati. Le compensazioni avvengono sulla base di costi medi che possono essere differenziati per grandi tipologie di veicoli assicurati e per danni a cose e danni alle persone, nonché, limitatamente ai danni a cose, per macroaree territorialmente omogenee in numero non superiore a tre. I predetti criteri di differenziazione, applicati alternativamente o congiuntamente, non devono determinare una eccessiva frammentazione dei costi medi da prendere a base per le compensazioni. Le compensazioni possono avvenire anche sulla base di meccanismi che prevedano l'applicazione di franchigie a carico dell'impresa che ha risarcito il danno, secondo le regole definite dalla convenzione.[1]

2-*bis*. Le differenziazioni delle compensazioni da applicare ai sensi del comma 2 sono stabilite e possono essere modificate con decreto del Ministro dello sviluppo economico, sentiti l'ISVAP e il Comitato tecnico di cui al comma 4, sulla base dell'andamento effettivo dei costi e dell'esperienza maturata sul sistema, senza tuttavia determinare mutamenti frequenti e in nessun caso per periodi di applicazione inferiori ad una annualità.[1]

3. L'attività della stanza di compensazione deve svolgersi in regime di completa autonomia rispetto alle imprese di assicurazione ed ai loro organismi associativi.

4. I valori dei costi medi e delle eventuali franchigie di cui al comma 2 vengono calcolati annualmente sulla base dei risarcimenti effettivamente corrisposti nell'esercizio precedente per i sinistri rientranti nell'ambito di applicazione del sistema di risarcimento diretto. Per il calcolo annuale dei valori da assumere ai fini delle compensazioni, sulla base dei dati forniti dalla stanza di compensazione di cui al comma 2, è istituito presso il Ministero dello sviluppo economico un Comitato tecnico composto dai seguenti componenti: *a*) un rappresentante del Ministero dello sviluppo economico, con funzioni di Presidente; *b*) un rappresentante dell'ISVAP; *c*) un rappresentante dell'Associazione nazionale fra le imprese assicuratrici; *d*) un esperto in scienze statistiche ed attuariali; *e*) due rappresentanti del Consiglio nazionale dei consumatori e degli utenti. L'esperto di cui alla lettera *d*) non deve avere svolto, nei due anni precedenti la nomina, incarichi presso imprese di assicurazione.

5. Per il primo anno di applicazione del sistema di risarcimento diretto, il Comitato tecnico calcola i valori di cui al comma 4 sulla base di statistiche di mercato.

6. I componenti il Comitato sono nominati con decreto del Ministro dello sviluppo economico per la durata di un triennio e possono essere riconfermati una sola volta. Il Comitato delibera a maggioranza e, in caso di parità, prevale il voto del Presidente.

7. Il costo relativo al funzionamento della convenzione è posto a carico delle imprese che aderiscono al sistema di risarcimento diretto.

8. Le imprese con sede legale in altri Stati membri dell'Unione europea che operano nel territorio della Repubblica, ai sensi degli artt. 23 e 24 del codice, hanno facoltà di aderire al sistema di risarcimento diretto mediante sottoscrizione della convenzione di cui al comma 1.

9. Non costituiscono prestazioni di servizi ai fini dell'imposta sul valore aggiunto le regolazioni dei rapporti tra imprese nell'ambito della procedura di risarcimento diretto.

10. Le informazioni, acquisite nell'ambito dei rapporti organizzativi ed economici per la gestione del risarcimento diretto, possono essere utilizzati, esclusivamente, per le finalità della stessa stanza di compensazione.

[1] Il comma 2 è sostituito dai commi 2 e 2-*bis* ai sensi dell'art. 1 D.P.R. 18 feb. 2009, n. 28.

14. ***Benefici derivanti agli assicurati.*** — 1. Il sistema del risarcimento diretto dovrà consentire effettivi benefici per gli assicurati, attraverso l'ottimizzazione della gestione, il controllo dei costi e l'innovazione dei contratti che potranno contemplare l'impiego di clausole che prevedano il risarcimento del danno in forma specifica con contestuale riduzione del premio per l'assicurato.

2. In presenza di clausole che prevedono il risarcimento del danno in forma specifica, nel contratto deve essere espressamente indicata la percentuale di sconto applicata.

15. ***Entrata in vigore.*** — 1. Il presente regolamento entra in vigore il 1° gennaio 2007 e si applica ai sinistri verificatisi a partire dal 1° febbraio 2007.

2. Per i sinistri che coinvolgono ciclomotori, il presente regolamento si applica a condizione che i ciclomotori stessi siano muniti di targa ai sensi del decreto del Presidente della Repubblica 6 marzo 2006, n. 153.

AUTORE (DIRITTI DI)

- 1 -

L. 22 apr. 1941, n. 633

Protezione del diritto d'autore e di altri diritti connessi al suo esercizio

(G.U. 16 lug. 1941, n. 166)

TITOLO I
Disposizioni sul diritto di autore[1,2]

[1] V. artt. 2575-2583 c.c.; 528, 529, 725 c.p.; 72 T.U. p.s.

CAPO I
Opere protette

1. Sono protette ai sensi di questa legge le opere dell'ingegno di carattere creativo che appartengono alla letteratura, alla musica, alle arti figurative, all'architettura, al teatro ed alla cinematografia, qualunque ne sia il modo o la forma di espressione.

Sono altresì protetti i programmi per elaboratore come opere letterarie ai sensi della Convenzione di Berna sulla protezione delle opere letterarie ed artistiche ratificata e resa esecutiva con L. 20 giu. 1978, n. 399,1 nonché le banche di dati che per la scelta o la disposizione del materiale costituiscono una creazione intellettuale dell'autore.

2. In particolare sono comprese nella protezione:[1]

1) le opere letterarie, drammatiche, scientifiche, didattiche, religiose, tanto se in forma scritta quanto se orale;

2) le opere e le composizioni musicali, con o senza parole, le opere drammatico-musicali e le variazioni musicali (33 s.) costituenti di per sè opera originale;

3) le opere coreografiche e pantomimiche (33 s.), delle quali sia fissata la traccia per iscritto o altrimenti;

4) le opere della scultura, della pittura, dell'arte del disegno, della incisione e delle arti figurative similari, compresa la scenografia, [anche se applicate all'industria, sempreché il loro valore artistico sia scindibile dal carattere industriale del prodotto al quale sono associate];

5) i disegni e le opere dell'architettura;

6) le opere dell'arte cinematografica (32, 44 s.), muta o sonora, sempreché non si tratti di semplice documentazione protetta ai sensi delle norme del capo quinto del titolo secondo (87 s.);

7) le opere fotografiche e quelle espresse con procedimento analogo a quello della fotografia sempre che non si tratti di semplice fotografia protetta ai sensi delle norme del capo V del titolo II;

8) i programmi per elaboratore, in qualsiasi forma espressi purché originali quale risultato di creazione intellettuale dell'autore. Restano esclusi dalla tutela accordata dalla presente legge le idee e i principi che stanno alla base di qualsiasi elemento di un programma, compresi quelli alla base delle sue interfacce. Il termine programma comprende anche il materiale preparatorio per la progettazione del programma stesso.

9) Le banche di dati di cui al secondo comma dell'art. 1, intese come raccolte di opere, dati o altri elementi indipendenti sistematicamente o metodicamente disposti ed individualmente accessibili mediante mezzi elettronici o in altro modo. La tutela delle banche di dati non si estende al loro contenuto e lascia impregiudicati diritti esistenti su tale contenuto.

10) Le opere del disegno industriale che presentino di per sè carattere creativo e valore artistico.

[1] V. l'elenco delle opere protette dalla Convenzione di Berna del 9 set. 1889, nel testo di Parigi del 24 lug. 1971, reso esecutivo in Italia con L. 20 giu. 1978, n. 309.

3. Le opere collettive, costituite dalla riunione di opere o di parti di opere, che hanno carattere di creazione autonoma, come risultato della scelta e del coordinamento ad un determinato fine letterario, scientifico, didattico, religioso, politico od artistico, quali le enciclopedie, i dizionari, le antologie, le riviste e i giornali, sono protette come opere originali, indipendentemente e senza pregiudizio dei diritti di autore sulle opere o sulle parti di opere di cui sono composte (7, 26, 38, 40, 42).

4. Senza pregiudizio dei diritti esistenti sull'opera originaria, sono altresì protette le elaborazioni di carattere creativo dell'opera stessa, quali le traduzioni in altra lingua, le trasformazioni da una in altra forma letteraria od artistica, le modificazioni ed aggiunte che costituiscano un rifacimento sostanziale dell'opera originaria, gli adattamenti, le riduzioni, i compendi, le variazioni non costituenti opera originale (7, 18).

5. Le disposizioni di questa legge non si applicano ai testi degli atti ufficiali dello Stato e delle Amministrazioni pubbliche, sia italiane che straniere.

CAPO II
Soggetti del diritto

6. Il titolo originario dell'acquisto del diritto di autore è costituito dalla creazione dell'opera, quale particolare espressione del lavoro intellettuale (2576 c.c.).

7. È considerato autore dell'opera collettiva chi organizza e dirige la creazione dell'opera stessa (8, 26, 38, 40, 42, 130).

È considerato autore delle elaborazioni l'elaboratore, nei limiti del suo lavoro (4).

8. È reputato autore dell'opera, salvo prova contraria, chi è in essa indicato come tale, nelle forme d'uso, ovvero è annunciato come tale nella recitazione, esecuzione, rappresentazione e radiodiffusione dell'opera stessa (103).

Valgono come nome lo pseudonimo (9, 21, 27 s.; 9 c.c.), il nome d'arte, la sigla o il segno convenzionale, che siano notoriamente conosciuti come equivalenti al nome vero.

9. Chi abbia rappresentato, eseguito o comunque pubblicato un'opera anonima o pseudonima (8, 21, 27 s.) è ammesso a far valere i diritti dell'autore, finché questi non si sia rivelato.

Questa disposizione non si applica allorché si tratti degli pseudonimi indicati nel secondo comma dell'art. precedente.

10. Se l'opera è stata creata con il contributo indistinguibile ed inscindibile di più persone, il diritto di autore appartiene in comune a tutti i coautori (26).

Le parti indivise si presumono di valore eguale, salvo la prova per iscritto di diverso accordo.

Sono applicabili le disposizioni che regolano la comunione (1100 s., c.c.). La difesa del diritto morale può peraltro essere sempre esercitata individualmente da ciascun coautore e l'opera non può essere pubblicata, se inedita, né può essere modificata o utilizzata in forma diversa da quella della prima pubblicazione, senza l'accordo di tutti i coautori. Tuttavia, in caso di ingiustificato rifiuto di uno o più coautori, la pubblicazione, la modificazione o la nuova utilizzazione dell'opera può essere autorizzata dall'autorità giudiziaria alle condizioni e con le modalità da essa stabilite (20 s.).

11. Alle Amministrazioni dello Stato, alle Province ed ai Comuni spetta il diritto di autore sulle opere create e pubblicate sotto il loro nome ed a loro conto e spese (29).

Lo stesso diritto spetta agli enti privati che non perseguano scopi di lucro, salvo diverso accordo con gli autori delle opere pubblicate, nonché alle Accademie e agli altri enti pubblici culturali sulla raccolta dei loro atti e sulle loro pubblicazioni (29).

CAPO III

Contenuto e durata del diritto di autore

SEZIONE I

Protezione della utilizzazione economica dell'opera

12. L'autore (8) ha il diritto esclusivo di pubblicare l'opera (2577 c.c.).

Ha altresì il diritto esclusivo di utilizzare economicamente l'opera in ogni forma e modo, originale o derivato, nei limiti fissati da questa legge, ed in particolare con l'esercizio dei diritti esclusivi indicati negli articoli seguenti (2577 c.c.).

È considerata come prima pubblicazione la prima forma di esercizio del diritto di utilizzazione.

12-*bis*. Salvo patto contrario, il datore di lavoro è titolare del diritto esclusivo di utilizzazione economica del programma per elaboratore o della banca dati creati dal lavoratore dipendente nell'esecuzione delle sue mansioni o su istruzioni impartite dallo stesso datore di lavoro.

12-*ter*. Salvo patto contrario, qualora un'opera di disegno industriale sia creata dal lavoratore dipendente nell'esercizio delle sue mansioni, il datore di lavoro è titolare dei diritti esclusivi di utilizzazione economica dell'opera.

13. Il diritto esclusivo di riprodurre ha per oggetto la moltiplicazione in copie diretta o indiretta, temporanea o permanente, in tutto o in parte dell'opera, in qualunque modo o forma, come la copiatura a mano, la stampa, la litografia, l'incisione, la fotografia, la fonografia, la cinematografia ed ogni altro procedimento di riproduzione.

14. Il diritto esclusivo di trascrivere ha per oggetto l'uso dei mezzi atti a trasformare l'opera orale in opera scritta o riprodotta con uno dei mezzi indicati nell'art. precedente.

15. Il diritto esclusivo di eseguire, rappresentare o recitare in pubblico ha per oggetto, la esecuzione, la rappresentazione o la recitazione, comunque effettuate, sia gratuitamente che a pagamento, dell'opera musicale, dell'opera drammatica, dell'opera cinematografica, di qualsiasi altra opera di pubblico spettacolo e dell'opera orale.

Non è considerata pubblica l'esecuzione, rappresentazione o recitazione dell'opera entro la cerchia ordinaria della famiglia, del convitto, della scuola o dell'istituto di ricovero, purché non effettuata a scopo di lucro.

Non è considerata pubblica la recitazione di opere letterarie effettuata, senza scopo di lucro, all'interno di musei, archivi e biblioteche pubblici ai fini esclusivi di promozione culturale e di valorizzazione delle opere stesse individuati in base a protocolli di intesa tra la SIAE e il Ministero dei beni e delle attività culturali e del turismo.[1]

[1] Comma aggiunto dall'art. 4, c. 1, D.L. 8 ago. 2013, n. 91, conv. con modif. in L. 7 ott. 2013, n. 112.

15-*bis*. 1. Agli autori spetta un compenso ridotto quando l'esecuzione, rappresentazione o recitazione dell'opera avvengono nella sede dei centri o degli istituti di assistenza, formalmente istituiti nonché delle associazioni di volontariato, purché destinate ai soli soci ed invitati e sempre che non vengano effettuate a scopo di lucro. In mancanza di accordi fra la Società italiana degli autori ed editori (SIAE) e le associazioni di categoria interessate, la misura del compenso sarà determinata con decreto del Presidente del Consiglio dei ministri, da emanare sentito il Ministro dell'interno.

2. Con decreto del Presidente del Consiglio dei ministri da emanare ai sensi dell'art. 17, c. 3, della L. 23 ago. 1988, n. 400, sentite le competenti Commissioni parlamentari, sono stabiliti i criteri e le

modalità per l'individuazione delle circostanze soggettive ed oggettive che devono dar luogo alla applicazione della disposizione di cui al primo periodo del comma 1. In particolare occorre prescrivere:

a) l'accertamento dell'iscrizione da almeno due anni dei soggetti ivi indicati ai registri istituiti dall'art. 6 della L. 11 ago. 1991, n. 266;

b) le modalità per l'identificazione della sede dei soggetti e per l'accertamento della quantità dei soci ed invitati, da contenere in un numero limitato e predeterminato;

c) che la condizione di socio sia conseguita in forma documentabile e con largo anticipo rispetto alla data della manifestazione di spettacolo;

d) la verifica che la manifestazione di spettacolo avvenga esclusivamente a titolo gratuito da parte degli artisti, interpreti o esecutori, ed a soli fini di solidarietà nell'esplicazione di finalità di volontariato.

2-*bis*. Agli organizzatori di spettacoli dal vivo allestiti in luoghi con capienza massima di cento partecipanti, ovvero con rappresentazione di opere di giovani esordienti al di sotto dei trentacinque anni, titolari dell'intera quota dei relativi diritti d'autore, sono riconosciute forme di esenzione o di riduzione dalla corresponsione dei diritti d'autore.[1]

2-*ter*. Con decreto del Ministro dei beni e delle attività culturali e del turismo, da emanare entro novanta giorni dalla data di entrata in vigore del presente decreto, sono definiti i criteri e le modalità delle forme di esenzione o di riduzione di cui al comma 2-*bis*, prevedendo adeguati meccanismi di controllo, anche attraverso forme di responsabilizzazione degli organizzatori, che assicurino il rispetto delle condizioni che legittimano la riduzione o l'esenzione. Con il decreto di cui al presente comma possono altresì essere individuati ulteriori eventi o ricorrenze particolari che permettano l'applicazione di forme di esenzione o di riduzione dalla corresponsione dei diritti d'autore. Il decreto di cui al presente comma prevede misure atte a garantire che, nelle fattispecie previste, la Società italiana degli autori ed editori e gli altri organismi di gestione collettiva, in coerenza con le risultanze di bilancio, remunerino in forma compensativa i titolari dei diritti d'autore. Il decreto di cui al presente comma può essere sottoposto a revisione triennale.[2]

[1] Comma ins. dall'art. 45, D.lgs. 15 mar 2017, n. 35.
[2] Comma ins. dall'art. 45, D.lgs. 15 mar 2017, n. 35, e così modif. dall'art. 19, D.L. 16 ott. 2017, n. 148, conv. con modif. in L. 4 dic. 2017, n. 172.

16. 1. Il diritto esclusivo di comunicazione al pubblico su filo o senza filo dell'opera ha per oggetto l'impiego di uno dei mezzi di diffusione a distanza, quali il telegrafo, il telefono, la radiodiffusione, la televisione ed altri mezzi analoghi, e comprende la comunicazione al pubblico via satellite, la ritrasmissione [via cavo][1], nonché la comunicazione al pubblico codificate con condizioni particolari di accesso; comprende altresì la messa a disposizione del pubblico dell'opera in maniera che ciascuno possa avervi accesso dal luogo e nel momento scelti individualmente.

2. Il diritto di cui al comma 1 non si esaurisce con alcun atto di comunicazione al pubblico, ivi compresi gli atti di messa a disposizione del pubblico.

[1] Parole soppresse dall'art. 1, D.lgs. 8 nov. 2021, n. 181.

16-*bis*. 1. Ai fini della presente legge si intende per:

a) satellite: qualsiasi satellite operante su bande di frequenza che, a norma della legislazione sulle telecomunicazioni, sono riservate alla trasmissione di segnali destinati alla ricezione diretta del pubblico o riservati alla comunicazione individuale privata purché la ricezione di questa avvenga in condizioni comparabili a quelle applicabili alla ricezione da parte del pubblico;

b) comunicazione al pubblico via satellite: l'atto di inserire sotto il controllo e la responsabilità dell'organismo di radiodiffusione operante sul territorio nazionale i segnali portatori di programmi destinati ad essere ricevuti dal pubblico in una sequenza ininterrotta di comunicazione diretta al satellite e poi a terra. Qualora i segnali portatori di programmi siano diffusi in forma codificata, vi è comunicazione al pubblico via satellite a condizione che i mezzi per la decodificazione della trasmissione siano messi a disposizione del pubblico a cura dell'organismo di radiodiffusione stesso o di terzi con il suo consenso. Qualora la comunicazione al pubblico via satellite abbia luogo nel territorio di uno stato non comunitario nel quale non esista il livello di protezione che per il detto sistema di comunicazione al pubblico stabilisce la presente legge:

1) se i segnali ascendenti portatori di programmi sono trasmessi al satellite da una stazione situata nel territorio nazionale, la comunicazione al pubblico via satellite si considera avvenuta in Italia. I diritti riconosciuti dalla presente legge, relativi alla radiodiffusione via satellite, sono esercitati nei confronti del soggetto che gestisce la stazione;

2) se i segnali ascendenti sono trasmessi da una stazione non situata in uno Stato membro dell'Unione europea, ma la comunicazione al pubblico via satellite avviene su incarico di un organismo di radiodiffusione situato in Italia, la comunicazione al pubblico si considera avvenuta nel territorio nazionale purché l'organismo di radiodiffusione vi abbia la sua sede principale. I diritti stabiliti dalla presente legge, relativi alla radiodiffusione via satellite, sono esercitati nei confronti del soggetto che gestisce l'organismo di radiodiffusione;

c) [abrogata].[1]

[1] Lettera abrog dall'art. 1, D.lgs. 8 nov. 2021, n. 181.

16-*ter*. 1. Ai fini della presente legge per "ritrasmissione" si intende qualsiasi ritrasmissione simultanea, invariata e integrale, destinata al pubblico di una emissione primaria di uno Stato membro, di programmi televisivi o radiofonici destinati al pubblico, quando la trasmissione iniziale è effettuata su filo, via etere o via satellite, esclusa la trasmissione online, e quando la ritrasmissione:

a) è effettuata da un soggetto diverso dall'organismo di diffusione radiotelevisiva che ha effettuato la trasmissione iniziale o sotto il cui controllo e responsabilità tale trasmissione iniziale è stata effettuata, indipendentemente dal modo in cui il soggetto che effettua la ritrasmissione ottiene i segnali che trasportano i programmi dall'organismo di diffusione radiotelevisiva ai fini della ritrasmissione;

b) è effettuata su un servizio di accesso a internet, come definito all'articolo 2, numero 2), del regolamento (UE) 2015/2120 del Parlamento europeo e del Consiglio del 25 novembre 2015, in un ambiente gestito, inteso come un ambiente in cui un operatore di servizi di ritrasmissione fornisce un servizio di ritrasmissione sicura agli utenti autorizzati, nel quale solamente questi ultimi possono accedere alla ritrasmissione e il livello di sicurezza è comparabile a quello utilizzato per il contenuto trasmesso attraverso le reti gestite in cui il contenuto ritrasmesso è criptato.

2. La ritrasmissione di programmi televisivi o radiofonici ai sensi del presente articolo è autorizzata dai titolari del diritto esclusivo di comunicazione al pubblico.

3. I titolari del diritto d'autore e dei diritti connessi diversi dagli organismi di diffusione radiotelevisiva esercitano il diritto di concedere o rifiutare l'autorizzazione per una ritrasmissione all'operatore di un servizio di ritrasmissione che intenda acquisirne i diritti esclusivamente attraverso un organismo di gestione collettiva.

4. Gli organismi di gestione collettiva di cui al presente articolo devono essere in possesso dei requisiti di cui all'articolo 8 del decreto legislativo 15 marzo 2017, n. 35, e operare ai sensi del medesimo decreto.

5. Quando i titolari del diritto non hanno trasferito a un organismo di gestione collettiva la gestione del diritto di cui al comma 3, il diritto di concedere o di rifiutare l'autorizzazione per una ritrasmissione a loro nome spetta all'organismo di gestione collettiva che gestisce i diritti della stessa categoria di titolari e, nel caso di una pluralità di organismi, spetta ai tre organismi maggiormente rappresentativi per ciascuna categoria di titolari, sulla base dei criteri di rappresentatività individuati dall'Autorità per le garanzie nelle comunicazioni entro novanta giorni dalla data di entrata in vigore della presente disposizione.

6. I titolari dei diritti che non hanno conferito mandato a un organismo di gestione collettiva hanno gli stessi diritti e obblighi dei titolari che hanno conferito mandato all'organismo di gestione collettiva che ha stipulato un accordo con l'operatore del servizio di ritrasmissione. I titolari che non hanno conferito mandato a un organismo di gestione collettiva possono esercitare i diritti esclusivi di comunicazione al pubblico entro il termine di tre anni decorrenti dalla data della ritrasmissione che comprende la propria opera o altro materiale protetto.

7. Quando l'emissione primaria proviene da un altro Stato membro dell'Unione europea e l'operatore del servizio di ritrasmissione intende acquisire i diritti di ritrasmissione per il territorio italiano, l'autorizzazione alla ritrasmissione è rilasciata dagli organismi di gestione collettiva nazionali ai sensi del comma 5.

8. Le disposizioni del presente articolo si applicano anche quando la trasmissione iniziale e la ritrasmissione hanno luogo nel territorio nazionale.

[1] Articolo ins. dall'art. 1, D.lgs. 8 nov. 2021, n. 181.

16-*quater*. 1. Ai fini della presente legge, per "servizio online accessorio" si intende un servizio online di fornitura al pubblico di programmi televisivi o radiofonici e di qualsiasi materiale che riveste carattere accessorio rispetto alla trasmissione, simultaneamente ad essa o per un determinato periodo di tempo dopo la trasmissione, effettuato da un organismo di diffusione radiotelevisiva, direttamente o sotto il suo controllo e la sua responsabilità.

2. Per "materiale accessorio" si intende il materiale che ha una relazione chiaramente subordinata rispetto alle trasmissioni, ivi inclusi i materiali che arricchiscono o ampliano in altro modo i programmi in questione, anche mediante anteprima, ampliamento, integrazione o valutazione dei contenuti.

3. Non rientra nella definizione di cui al comma 1 la fornitura dell'accesso a opere individuali o ad altro materiale protetto integrati in un programma televisivo o radiofonico o a opere o ad altro materiale protetto che non hanno una relazione con un programma trasmesso dall'organismo di diffusione radiotelevisiva, come i servizi che danno accesso a singole opere musicali o audiovisive, album musicali o video, quali, tra gli altri, i servizi di video su richiesta.

4. Qualora avvengano nell'ambito di uno o più Stati membri dell'Unione europea, oltre a quello dell'organismo di radiodiffusione, gli atti di comunicazione al pubblico di opere o altri materiali protetti, su filo o senza filo, e di messa a disposizione del pubblico di opere o altri materiali protetti, con modalità tali che ciascuno possa accedervi dal luogo e nel momento da esso scelti, avvenuti nell'ambito di un servizio online accessorio di cui al presente articolo, nonché gli atti di riproduzione di opere o altri materiali protetti necessari per la fornitura, l'accesso o l'utilizzo di tale servizio online, si considerano effettuati esclusivamente nel territorio dello Stato membro dell'Unione europea in cui si trova la sede principale dell'organismo di dif-

fusione radiotelevisiva nelle ipotesi in cui vengono forniti al pubblico:

a) programmi radiofonici;

b) programmi televisivi d'informazione e di attualità oppure programmi di produzione interna interamente ideati, finanziati e realizzati con risorse proprie dall'organismo di diffusione radiotelevisiva.

5. Il principio di cui al comma 4 non si applica alle trasmissioni di eventi sportivi e di opere e altro materiale protetto in esse inclusi.

6. Nelle ipotesi di cui al comma 4, i titolari dei diritti d'autore e dei diritti connessi e gli organismi di diffusione radiotelevisiva determinano l'importo dovuto per il loro utilizzo, tenendo conto di tutti gli aspetti che caratterizzano, a livello quantitativo e qualitativo, il servizio online accessorio, inclusi la durata della disponibilità online dei programmi, il pubblico e le versioni linguistiche fornite. L'importo del pagamento da effettuare può essere calcolato anche sulla base dei ricavi dell'organismo di diffusione radiotelevisiva.

7. Il principio del paese d'origine di cui al comma 4 non pregiudica la libertà contrattuale dei titolari dei diritti d'autore e dei diritti connessi e degli organismi di diffusione radiotelevisiva di limitare lo sfruttamento dei diritti di cui ai precedenti commi e degli altri diritti previsti dalla presente legge in capo ai medesimi soggetti.

8. I commi 6 e 7 si applicano anche quando il servizio online accessorio è effettuato esclusivamente sul territorio nazionale.

[1] Articolo ins. dall'art. 1, D.lgs. 8 nov. 2021, n. 181. Ai sensi dell'art. 2, c. 1, D.lgs. 181/2021: «Gli accordi aventi ad oggetto l'esercizio del diritto d'autore e dei diritti connessi relativi agli atti di comunicazione al pubblico di opere o altro materiale protetto, su filo o senza filo, agli atti di messa a disposizione del pubblico di opere o altro materiale protetto, su filo o senza filo, con modalità tali che ciascuno possa accedervi dal luogo e nel momento da esso scelti, che hanno luogo nel corso della fornitura di un servizio online accessorio, nonché agli atti di riproduzione necessari per la fornitura, l'accesso o l'uso di tale servizio online, vigenti alla data del 7 giu. 2021, sono soggetti alla disciplina di cui all'art. 16-*quater* della L. 633 del 1941 a decorrere dal 7 giu. 2023, se scadono dopo tale data».

16-*quinquies*. 1. Ai fini della presente legge, per "immissione diretta" si intende il processo tecnico mediante il quale un organismo di diffusione radiotelevisiva trasmette i propri segnali che trasportano i programmi a un organismo diverso dagli organismi di diffusione radiotelevisiva, con modalità che non consentono al pubblico durante la trasmissione di accedere ai predetti segnali.

2. L'organismo di diffusione radiotelevisiva e il distributore di segnali partecipano ad un unico atto di comunicazione al pubblico quando il primo trasmette, mediante immissione diretta e senza trasmissione simultanea al pubblico, i propri segnali che trasportano i programmi esclusivamente ad un distributore di segnali, il quale provvede a trasmetterli al pubblico.

3. Non si applica il comma 2 quando il distributore di segnali si limita a fornire all'organismo di diffusione radiotelevisiva i mezzi tecnici per garantire la ricezione delle trasmissioni o per migliorarne la ricezione.

4. L'organismo di diffusione radiotelevisiva e il distributore di segnali partecipano, ciascuno in base al proprio contributo, all'atto di comunicazione al pubblico di cui al comma 2 e sono tenuti a munirsi dell'autorizzazione dei titolari dei diritti in relazione al contributo specifico da loro fornito alla trasmissione del programma.

5. I titolari dei diritti rilasciano l'autorizzazione di cui al comma 4 esclusivamente attraverso gli organismi di gestione collettiva, come previsto all'articolo 16-*ter*.

6. Quando gli organismi di diffusione radiotelevisiva trasmettono i segnali portatori di programmi direttamente al pubblico e simultaneamente li trasmettono ad altri organismi mediante il processo tecnico di immissione diretta, le trasmissioni in tal modo effettuate dai distributori di segnali costituiscono un atto di comunicazione al pubblico distinto da quello effettuato dall'organismo di diffusione radiotelevisiva al quale si applica l'articolo 16-*ter*.

[1] Articolo ins. dall'art. 1, D.lgs. 8 nov. 2021, n. 181. Ai sensi dell'art. 2, c. 2, D.lgs. 181/2021: «Le autorizzazioni aventi ad oggetto gli atti di comunicazione al pubblico di cui all'art. 16-*quinquies* della L. 633 del 1941, vigenti alla data del 7 giu. 2021, sono soggette alla disciplina di cui al citato articolo a decorrere dal 7 giu. 2025, se scadono dopo tale data».

17. 1. Il diritto esclusivo di distribuzione ha per oggetto la messa in commercio o in circolazione o comunque a disposizione del pubblico, con qualsiasi mezzo ed a qualsiasi titolo dell'originale dell'opera o degli esemplari di essa e comprende, altresì, il diritto esclusivo di introdurre nel territorio degli Stati della Comunità Europea, a fini di distribuzione, le riproduzioni fatte negli Stati extracomunitari.

2. Il diritto di distribuzione dell'originale o di copie dell'opera non si esaurisce nella Comunità Europea se non nel caso in cui la prima vendita o il primo atto di trasferimento della proprietà nella Comunità sia effettuato dal titolare del diritto o con il suo consenso.

3. Quanto disposto dal comma 2 non si applica alla messa a disposizione del pubblico di opere in modo che ciascuno possa avervi accesso dal luogo e nel momento scelti individualmente, anche nel caso in cui sia consentita la realizzazione di copie dell'opera.

4. Ai fini dell'esaurimento di cui al comma 2, non costituisce esercizio del diritto esclusivo di distribuzione la consegna gratuita di esemplari delle opere, effettuata o consentita dal titolare a fini pro-

mozionali ovvero di insegnamento o di ricerca scientifica.

18. Il diritto esclusivo di tradurre ha per oggetto la traduzione dell'opera in altra lingua o dialetto.

Il diritto esclusivo di elaborare comprende tutte le forme di modificazione, di elaborazione e di trasformazione dell'opera previste nell'art. 4.

L'autore (8) ha altresì il diritto esclusivo di pubblicare le sue opere in raccolta.

Ha infine il diritto esclusivo di introdurre nell'opera qualsiasi modificazione.

18-*bis*. 1. Il diritto esclusivo di noleggiare ha per oggetto la cessione in uso degli originali, di copie o di supporti di opere, tutelate dal diritto d'autore, fatta per un periodo limitato di tempo ed ai fini del conseguimento di un beneficio economico o commerciale diretto o indiretto.

2. Il diritto esclusivo di dare in prestito ha per oggetto la cessione in uso degli originali, di copie o di supporti di opere, tutelate dal diritto d'autore, fatta da istituzioni aperte al pubblico, per un periodo di tempo limitato, a fini diversi da quelli di cui al comma 1.

3. L'autore ha il potere esclusivo di autorizzare il noleggio o il prestito da parte di terzi.

4. I suddetti diritti e poteri non si esauriscono con la vendita o con la distribuzione in qualsiasi forma degli originali, di copie o di supporti delle opere.

5. L'autore, anche in caso di cessione del diritto di noleggio ad un produttore di fonogrammi o di opere cinematografiche o audiovisive o sequenze di immagini in movimento, conserva il diritto di ottenere un'equa remunerazione per il noleggio da questi a sua volta concluso con terzi. Ogni patto contrario è nullo. In difetto di accordo da concludersi tra le categorie interessate quali individuate dall'art. 16, primo comma, del regolamento, detto compenso è stabilito dall'Autorità per le garanzie nelle comunicazioni secondo le procedure previste da apposito regolamento da adottare entro sessanta giorni dalla data di entrata in vigore della presente disposizione.[1]

6. I commi da 1 a 4 non si applicano in relazione a progetti o disegni di edifici e ad opere di arte applicata.

[1] Comma così modif. dall'art. 1, D.lgs. 8 nov. 2021, n. 177. Le disposizioni del D.lgs. 177/2021 si applicano anche alle opere e agli altri materiali protetti dalla normativa nazionale in materia di diritto d'autore e diritti connessi vigente alla data del 7 giu. 2021. Sono fatti salvi i contratti conclusi e i diritti acquisiti fino al 6 giu. 2021.

19. I diritti esclusivi previsti dagli articoli precedenti sono fra loro indipendenti. L'esercizio di uno di essi non esclude l'esercizio esclusivo di ciascuno degli altri diritti.

Essi hanno per oggetto l'opera nel suo insieme ed in ciascuna delle sue parti.

SEZIONE II
Protezione dei diritti sull'opera a difesa della personalità dell'autore (Diritto morale dell'autore)

20. Indipendentemente dai diritti esclusivi di utilizzazione economica dell'opera, previsti nelle disposizioni della sezione precedente, ed anche dopo la cessione dei diritti stessi, l'autore conserva il diritto di rivendicare la paternità dell'opera e di opporsi a qualsiasi deformazione, mutilazione od altra modificazione, ed a ogni atto a danno dell'opera stessa, che possano essere di pregiudizio al suo onore o alla sua reputazione.

Tuttavia nelle opere dell'architettura l'autore non può opporsi alle modificazioni che si rendessero necessarie nel corso della realizzazione. Del pari non potrà opporsi a quelle altre modificazioni che si rendesse necessario apportare all'opera già realizzata. Però se all'opera sia riconosciuta dalla competente autorità statale importante carattere artistico spetteranno all'autore lo studio e l'attuazione di tali modificazioni. (Regolamento 15).

21. L'autore di un'opera anonima o pseudonima ha sempre il diritto di rivelarsi (28) e di far riconoscere in giudizio la sua qualità di autore (8, 9, 22, 27 s.; Regol. 1).

Nonostante qualunque precedente patto contrario, gli aventi causa dell'autore che si sia rivelato ne dovranno indicare il nome nelle pubblicazioni, riproduzioni (13), trascrizioni (14), esecuzioni, rappresentazioni, recitazioni (15) e diffusioni (16) o in qualsiasi altra forma di manifestazione o annuncio al pubblico (Regol. 1).

22. I diritti indicati nei precedenti articoli sono inalienabili.

Tuttavia l'autore che abbia conosciute ed accettate le modificazioni della propria opera non è più ammesso ad agire per impedirne l'esecuzione o per chiederne la soppressione.

23. Dopo la morte dell'autore il diritto previsto nell'art. 20 può essere fatto valere, senza limite di tempo, dal coniuge e dai figli, e, in loro mancanza, dai genitori e dagli altri ascendenti e dai discendenti diretti; mancando gli ascendenti ed i discendenti, dai fratelli e dalle sorelle e dai loro discendenti.

L'azione, qualora finalità pubbliche lo esigano, può altresì essere esercitata dal Ministro per i beni e le attività culturali.

24. Il diritto di pubblicare le opere inedite spetta agli eredi dell'autore o ai legatari delle opere stesse, salvo che l'autore abbia espressamente vietata la pubblicazione o l'abbia affidata ad altri.

Qualora l'autore abbia fissato un termine per la pubblicazione, le opere inedite non possono essere pubblicate prima della sua scadenza.

Quando le persone indicate nel primo comma siano più e vi sia tra loro dissenso, decide l'autorità giudiziaria, sentito il pubblico ministero. È rispettata, in ogni caso, la volontà del defunto, quando risulti da scritto.

Sono applicabili a queste opere le disposizioni contenute nella sezione seconda del capo secondo del titolo terzo (115 s.).

SEZIONE III
Durata dei diritti di utilizzazione economica dell'opera[1]

[1] La durata dei diritti di cui agli artt. 25, 26, 27, 27-*bis*, 31, 32, 32-*bis* è stata elevata a 70 anni dall'art. 17 della L. 6 feb. 1996, n. 52 - Legge comunitaria 1994 con assorbimento della proroga di 6 anni di cui al D.L.L. 20 lug. 1945, n. 440.

V. peraltro il testo dell'art. 17, citato e, in relazione alla disciplina prevista negli artt. da 2 a 5 del D.L. 20 lug. 1945, n. 440, l'art. 1 c. 57 del D.L. 23 ott. 1996, n. 545, conv. con modif. dalla L. 23 dic. 1996, n. 650.

25. I diritti di utilizzazione economica dell'opera (12) durano tutta la vita dell'autore (8) e sino al termine del settantesimo anno solare dopo la sua morte.[1]

[1] V. la nota alla intitolazione della sezione.

26. Nelle opere indicate nell'art. 10, nonché in quelle drammatico-musicali, coreografiche e pantomimiche, la durata dei diritti di utilizzazione economica spettanti a ciascuno dei coautori o dei collaboratori si determina sulla vita del coautore che muore per ultimo.

Nelle opere collettive (37, 38, 40, 42) la durata dei diritti di utilizzazione economica spettante ad ogni collaboratore si determina sulla vita di ciascuno. La durata dei diritti di utilizzazione economica dell'opera come un tutto è di settanta anni dalla prima pubblicazione, qualunque sia la forma nella quale la pubblicazione è stata effettuata, salve le disposizioni dell'art. 30 per le riviste, i giornali e le altre opere periodiche.[1]

[1] V. la nota alla intitolazione della sezione.

27. Nelle opere anonime (8, 9,21) o pseudonime, fuori del caso previsto nel capoverso dell'art. 8, la durata dei diritti di utilizzazione economica è di settanta anni a partire dalla prima pubblicazione, qualunque sia la forma nella quale essa è stata effettuata.

Se prima della scadenza di detto termine l'autore si è rivelato (28) o la rivelazione è fatta dalle persone indicate dall'art. 23 o da persone autorizzate dall'autore (8), nelle forme stabilite dall'art. seguente, si applica il termine di durata determinato nell'art. 25.[1]

[1] V. la nota alla intitolazione della sezione.

27-*bis*.[1].

[1] Articolo abrog. dall'art. 17, D.lgs. 25 mag. 1997, n. 154.

28. Per acquistare il beneficio della durata normale dei diritti esclusivi di utilizzazione economica, la rivelazione deve essere fatta mediante denuncia all'Ufficio della proprietà letteraria, scientifica ed artistica presso *la Presidenza del Consiglio dei Ministri*, secondo le disposizioni stabilite nel regolamento.

La denuncia di rivelazione è pubblicata nelle forme stabilite da dette disposizioni ed ha effetto a partire dalla data del deposito della denuncia di fronte ai terzi che abbiano acquistati diritti sull'opera come anonima o pseudonima (Regol. 2).[1]

[1] Ai sensi dell'art. 17 L. 12 dic. 2002, n. 273, la denuncia di cui all'art. 28 della presente legge dev'essere effettuata contestualmente alla domanda di registrazione del disegno o modello, o comunque prima del rilascio della registrazione.

29. La durata dei diritti esclusivi di utilizzazione economica spettanti, a termini dell'art. 11, alle Amministrazioni dello Stato, alle Province, ai Comuni, alle Accademie, agli enti pubblici culturali nonché agli enti privati che non perseguano scopi di lucro, è di venti anni a partire dalla prima pubblicazione, qualunque sia la forma nella quale la pubblicazione è stata effettuata. Per le comunicazioni e le memorie pubblicate dalle Accademie e dagli altri enti pubblici culturali tale durata è ridotta a due anni; trascorsi i quali, l'autore riprende integralmente la libera disponibilità dei suoi scritti.

30. Quando le parti o i volumi di una stessa opera siano pubblicati separatamente in tempi diversi, la durata dei diritti di utilizzazione economica, che sia fissata ad anni, decorre per ciascuna parte o per ciascun volume dall'anno della pubblicazione. Le frazioni di anno giovano all'autore.

Se si tratta di opera collettiva periodica, quale la rivista o il giornale, la durata dei diritti è calcolata egualmente a partire dalla fine di ogni anno dalla pubblicazione dei singoli fascicoli o numeri.

31. Nelle opere pubblicate per la prima volta dopo la morte dell'autore, che non ricadono nella previsione dell'art. 85-*ter*, la durata dei diritti esclusivi di utilizzazione economica è di settant'anni a partire dalla morte dell'autore.

32. Fermo restando quanto stabilito dall'art. 44, i diritti di utilizzazione economica dell'opera cinematografica o assimilata durano sino al termine del settantesimo anno dopo la morte dell'ultima persona sopravvissuta fra le seguenti persone: il direttore artistico, gli autori della sceneggiatura, ivi compreso l'autore del dialogo, e l'autore della musica specificamente creata per essere utilizzata nell'opera cinematografica o assimilata.

32-*bis*. I diritti di utilizzazione economica dell'opera fotografica durano sino al termine del settantesimo anno dopo la morte dell'autore.

32-*ter*. I termini finali di durata dei diritti di utilizzazione economica previsti dalle disposizioni della presente sezione si computano, nei rispettivi casi, a decorrere dal 1° gennaio dell'anno successivo a quello in cui si verifica la morte dell'autore o altro evento considerato dalla norma.

32-*quater*.[1] — 1. Alla scadenza della durata di protezione di un'opera delle arti visive, anche come individuate all'articolo 2, il materiale derivante da un atto di riproduzione di tale opera non è soggetto al diritto d'autore o a diritti connessi, salvo che costituisca un'opera originale. Restano ferme le disposizioni in materia di riproduzione dei beni culturali di cui al decreto legislativo 22 gennaio 2004, n. 42.

[1] Articolo ins. dall'art. 1, D.lgs. 8 nov. 2021, n. 177. V. nota 1, art. 18-*bis*.

CAPO IV
Norme particolari ai diritti di utilizzazione economica per talune categorie di opere

SEZIONE I
Opere drammatico-musicali, composizioni musicali con parole, opere coreografiche e pantomimiche

33. In difetto di particolari convenzioni tra i collaboratori, rispetto alle opere liriche, alle operette, ai melologhi, alle composizioni musicali con parole, ai balli e balletti musicali, si applicano le disposizioni dei tre successivi articoli.

34. L'esercizio dei diritti di utilizzazione economica (12) spetta all'autore della parte musicale, salvi tra le parti i diritti derivanti dalla comunione.

Il profitto della utilizzazione economica è ripartito in proporzione del valore del rispettivo contributo letterario o musicale.

Nelle opere liriche si considera che il valore della parte musicale rappresenti la frazione di tre quarti del valore complessivo dell'opera.

Nelle operette, nei melologhi, nelle composizioni musicali con parole, nei balli e balletti musicali, il valore dei due contributi si considera uguale.

Ciascuno dei collaboratori ha diritto di utilizzare separatamente e indipendentemente la propria opera salvo il disposto degli articoli seguenti.

35. L'autore della parte letteraria non può disporne, per congiungerla ad altro testo musicale, all'infuori dei casi seguenti:

1) allorché, dopo che egli ha consegnato come testo definitivo il manoscritto della parte letteraria al compositore, questi non lo ponga in musica nel termine di cinque anni, se si tratta di libretto per opera lirica o per operetta, e, nel termine di un anno, se si tratta di ogni altra opera letteraria da mettere in musica;

2) allorché, dopo che l'opera è stata musicata e considerata dalle parti come pronta per essere eseguita o rappresentata, essa non è rappresentata od eseguita nei termini indicati nel numero precedente, salvo i maggiori termini che possono essere stati accordati per l'esecuzione o rappresentazione ai sensi degli artt. 139 e 141;

3) allorché, dopo una prima rappresentazione od esecuzione, l'opera cessi di essere rappresentata od eseguita per il periodo di dieci anni, se si tratta di opera lirica, oratorio, poema sinfonico od operetta o per il periodo di due anni, se si tratta di altra composizione.

Il compositore nei casi previsti ai numeri 2 e 3 può altrimenti utilizzare la musica.

36. Nel caso previsto dal n. 1 dell'art. precedente l'autore della parte letteraria ne riacquista la libera disponibilità, senza pregiudizio dell'eventuale azione di danni a carico del compositore.

Nei casi previsti dai numeri 2 e 3, e senza pregiudizio dell'azione di danni prevista nel comma precedente, il rapporto di comunione formatosi sull'opera già musicata rimane fermo, ma l'opera stessa non può essere rappresentata od eseguita che con il consenso di entrambi i collaboratori.

37. Nelle opere coreografiche o pantomimiche e nelle altre composte di musica, di parole e di danze o di mimica, quali le riviste musicali ed opere simili, in cui la parte musicale non ha funzione o valore principale, l'esercizio dei diritti di utilizzazione economica, salvo patto contrario, spetta all'autore della parte coreografica o pantomimica e, nelle riviste musicali, all'autore della parte letteraria.

Con le modificazioni richieste dalle norme del comma precedente sono applicabili a queste opere le disposizioni degli artt. 35 e 36.

SEZIONE II
Opere collettive, riviste e giornali

38. Nell'opera collettiva (3, 7, 26, 40, 42, 130), salvo patto in contrario, il diritto di utilizzazione economica spetta all'editore dell'opera stessa, senza pregiudizio del diritto derivante dall'applicazione dell'art. 7.

Ai singoli collaboratori dell'opera collettiva è riservato il diritto di utilizzare la propria opera separatamente, con l'osservanza dei patti convenuti, e in difetto, delle norme seguenti.

39. Se un articolo è inviato alla rivista o giornale, per essere riprodotto, da persona estranea alla redazione del giornale o della rivista e senza precedenti accordi contrattuali, l'autore riprende il diritto di disporne liberamente quando non abbia ricevuto notizia dell'accettazione nel termine di un mese dall'invio o quando la riproduzione non avvenga nel termine di sei mesi dalla notizia dell'accettazione.

Trattandosi di articolo fornito da un redattore, il direttore della rivista o giornale ne può differire la riproduzione anche al di là dei termini indicati nel comma precedente. Decorso però il termine di sei mesi dalla consegna del manoscritto, l'autore può utilizzare l'art. per riprodurlo in volume o per estratto separato, se si tratta di giornale, ed anche in altro periodico, se si tratta di rivista.

40. Il collaboratore di opera collettiva (3, 7, 26, 38, 42) che non sia rivista o giornale ha diritto, salvo patto contrario, che il suo nome figuri nella riproduzione della sua opera nelle forme d'uso.

Nei giornali questo diritto non compete, salvo patto contrario, al personale della redazione.

41. Senza pregiudizio della applicazione della disposizione contenuta nell'art. 20, il direttore del giornale ha diritto, salvo patto contrario, di introdurre nell'art. da riprodurre quelle modificazioni di forma che sono richieste dalla natura e dai fini del giornale.

Negli articoli da riprodursi senza indicazione del nome dell'autore, questa facoltà si estende alla soppressione o riduzione di parti di detto articolo.

42. L'autore dell'art. o altra opera che sia stato riprodotto in un'opera collettiva (3, 7, 26, 28, 40) ha diritto di riprodurlo in estratti separati o raccolti in volumi, purché indichi l'opera collettiva dalla quale è tratto e la data di pubblicazione.

Trattandosi di articoli apparsi in riviste o giornali, l'autore, salvo patto contrario, ha altresì il diritto di riprodurli in altre riviste o giornali.

43. L'editore o direttore della rivista o del giornale non ha obbligo di conservare o di restituire i manoscritti degli articoli non riprodotti che gli siano pervenuti senza sua richiesta.

43-*bis*.[1] 1. Agli editori di pubblicazioni di carattere giornalistico, sia in forma singola che associata o consorziata, sono riconosciuti per l'utilizzo online delle loro pubblicazioni di carattere giornalistico da parte di prestatori di servizi della società dell'informazione di cui all'articolo 1, comma 1, lett. *b*), del decreto legislativo 15 dicembre 2017, n. 223, comprese le imprese di media monitoring e rassegne stampa, i diritti esclusivi di riproduzione e comunicazione di cui agli articoli 13 e 16.

2. Per pubblicazione di carattere giornalistico si intende un insieme composto principalmente da opere letterarie di carattere giornalistico, che può includere altre opere e materiali protetti, come fotografie o videogrammi, e costituisce un singolo elemento all'interno di una pubblicazione periodica o regolarmente aggiornata, recante un titolo unico, quale un quotidiano o una rivista di interesse generale o specifico, con la funzione di informare il pubblico su notizie, o altri argomenti, pubblicata su qualsiasi mezzo di comunicazione sotto l'iniziativa, la responsabilità editoriale e il controllo di un editore o di un'agenzia di stampa. Ai fini del presente articolo le pubblicazioni periodiche a fini scientifici o accademici non sono considerate quali pubblicazioni di carattere giornalistico.

3. Per editori di pubblicazioni di carattere giornalistico si intendono i soggetti che, sia in forma singola che associata o consorziata, nell'esercizio di un'attività economica, editano le pubblicazioni di cui al comma 2, anche se stabiliti in un altro Stato membro.

4. Sono fatti salvi in ogni caso i diritti riconosciuti dalla presente legge a favore degli autori e degli altri titolari di diritti concernenti opere o altri materiali inclusi in una pubblicazione a carattere giornalistico, compreso il diritto di sfruttarli anche in forme diverse dalla pubblicazione a carattere giornalistico.

5. Quando un'opera o altri materiali protetti sono inclusi in una pubblicazione di carattere giornalistico sulla base di una licenza non esclusiva, i diritti di cui al comma 1 non possono essere invocati per impedire l'utilizzo da parte di altri utilizzatori autorizzati o per impedire l'utilizzo di opere o di altri materiali la cui protezione sia scaduta.

6. I diritti di cui al comma 1 non sono riconosciuti in caso di utilizzi privati o non commerciali delle pubblicazioni di carattere giornalistico da parte di singoli utilizzatori, né in caso di collegamenti ipertestuali o di utilizzo di singole parole o di estratti molto brevi di pubblicazioni di carattere giornalistico.

7. Per estratto molto breve di pubblicazione di carattere giornalistico si intende qualsiasi porzione di tale pubblicazione che non dispensi dalla necessità di consultazione dell'articolo giornalistico nella sua integrità.

8. Per l'utilizzo online delle pubblicazioni di carattere giornalistico i prestatori di servizi della società dell'informazione riconoscono ai soggetti di cui al comma 1 un equo compenso. Entro sessanta giorni dalla data di entrata in vigore della presente disposizione, l'Autorità per le garanzie nelle comunicazioni adotta un regolamento per l'individuazione dei criteri di riferimento per la determinazione dell'equo compenso di cui al primo periodo, tenendo conto, tra l'altro del numero di consultazioni online dell'articolo, degli anni di attività e della rilevanza sul mercato degli editori di cui al comma 3 e del numero di giornalisti impiegati, nonché dei costi sostenuti per investimenti tecnologici e infrastrutturali da entrambe le parti, e dei benefici economici derivanti, ad entrambe le parti, dalla pubblicazione quanto a visibilità e ricavi pubblicitari.

9. La negoziazione, per la stipula del contratto avente ad oggetto l'utilizzo dei diritti di cui al comma 1, tra i prestatori di servizi della società dell'informazione, comprese le imprese di media monitoring e rassegne stampa, e gli editori di cui al comma 3, è condotta tenendo conto anche dei criteri definiti dal regolamento di cui al comma 8. Nel corso della negoziazione i prestatori di servizi delle società dell'informazione non limitano la visibilità dei contenuti degli editori nei risultati di ricerca. L'ingiustificata limitazione di tali contenuti nella fase delle trattative può essere valutata ai fini della

verifica del rispetto dell'obbligo di buona fede di cui all'articolo 1337 del codice civile.

10. Fermo restando il diritto di adire l'autorità giudiziaria ordinaria di cui al comma 11, se entro trenta giorni dalla richiesta di avvio del negoziato di una delle parti interessate non è raggiunto un accordo sull'ammontare del compenso, ciascuna delle parti può rivolgersi all'Autorità per le garanzie nelle comunicazioni per la determinazione dell'equo compenso, esplicitando nella richiesta la propria proposta economica. Entro sessanta giorni dalla richiesta della parte interessata, anche quando una parte, pur regolarmente convocata non si è presentata, l'Autorità indica, sulla base dei criteri stabiliti dal regolamento di cui al comma 8, quale delle proposte economiche formulate è conforme ai suddetti criteri oppure, qualora non reputi conforme nessuna delle proposte, indica d'ufficio l'ammontare dell'equo compenso.

11. Quando, a seguito della determinazione dell'equo compenso da parte dell'Autorità per le garanzie nelle comunicazioni, le parti non addivengono alla stipula del contratto, ciascuna parte può adire la sezione del giudice ordinario specializzata in materia di impresa, competente ai sensi dell'articolo 3, comma 1, lettera *b*), del decreto legislativo 27 giugno 2003, n. 168, anche al fine di esperire l'azione di cui all'articolo 9 della legge 18 giugno 1998, n. 192.

12. I prestatori di servizi della società dell'informazione, comprese le imprese di media monitoring e rassegne stampa, sono obbligati a mettere a disposizione, su richiesta della parte interessata, anche tramite gli organismi di gestione collettiva o entità di gestione indipendenti di cui al decreto legislativo 15 marzo 2017 n. 35, qualora mandatari, o dell'Autorità per le garanzie nelle comunicazioni, i dati necessari a determinare la misura dell'equo compenso. L'adempimento dell'obbligo di cui al primo periodo non esonera gli editori di cui al comma 3 dal rispetto della riservatezza delle informazioni di carattere commerciale, industriale e finanziario di cui sono venuti a conoscenza. Sull'adempimento dell'obbligo di informazione a carico dei prestatori di servizi vigila l'Autorità per le garanzie nelle comunicazioni. In caso di mancata comunicazione di tali dati entro trenta giorni dalla richiesta ai sensi del primo periodo, l'Autorità applica una sanzione amministrativa pecuniaria a carico del soggetto inadempiente fino all'uno per cento del fatturato realizzato nell'ultimo esercizio chiuso anteriormente alla notifica della contestazione. Per le sanzioni amministrative di cui al quarto periodo è escluso il beneficio del pagamento in misura ridotta previsto dall'articolo 16 della legge 24 novembre 1981, n. 689.

13. Gli editori di cui al comma 3, sia in forma singola che associata o consorziata, riconoscono agli autori degli articoli giornalistici una quota, compresa tra il 2 per cento e il 5 per cento, dell'equo compenso di cui al comma 8, da determinare, per i lavoratori autonomi, su base convenzionale. Per i lavoratori con rapporto di lavoro subordinato tale quota può essere determinata mediante accordi collettivi.

14. I diritti di cui al presente articolo si estinguono due anni dopo la pubblicazione dell'opera di carattere giornalistico. Tale termine è calcolato a decorrere dal 1° gennaio dell'anno successivo alla data di pubblicazione dell'opera di carattere giornalistico.

15. Le disposizioni di cui al presente articolo non si applicano alle pubblicazioni di carattere giornalistico pubblicate per la prima volta anteriormente al 6 giugno 2019.

16. Ai diritti di cui al comma 1 si applicano le disposizioni relative alle eccezioni e alle limitazioni previste dal Capo V del Titolo I, alle misure tecnologiche di protezione previste dal Titolo II-*ter*, alle difese e sanzioni giudiziarie di cui al Capo III del Titolo III, nonché l'articolo 2 della legge 20 novembre 2017 n. 167.

[1] Articolo ins. dall'art. 1, D.lgs. 8 nov. 2021, n. 177. V. nota 1, art. 18-*bis*.

SEZIONE III
Opere cinematografiche[1]

[1] Sul pubblico registro per la cinematografia, v. D.P.C. Min. 8 apr. 1998, n. 163.

44. Si considerano coautori dell'opera cinematografica (2, 32) l'autore del soggetto, l'autore della sceneggiatura, l'autore della musica e il direttore artistico.

[1] Comma così modif. dall'art. 20-*bis*, D.L. 9 ago. 2022, n. 115, conv. con modif. in L. 21 set. 2022, n. 142.

45. L'esercizio dei diritti di utilizzazione economica dell'opera cinematografica spetta a chi ha organizzato la produzione dell'opera stessa, nei limiti indicati dai successivi articoli.

Si presume produttore dell'opera cinematografica chi è indicato come tale sulla pellicola cinematografica. Se l'opera è registrata ai sensi del secondo comma dell'art. 103, prevale la presunzione stabilita dall'art. medesimo (Regol. 3).

46. L'esercizio dei diritti di utilizzazione economica (12), spettante al produttore, ha per oggetto lo sfruttamento cinematografico dell'opera prodotta.

Salvo patto contrario, il produttore non può eseguire o proiettare elaborazioni, trasformazioni o traduzioni dell'opera prodotta senza il consenso degli autori indicati nell'art. 44.

Gli autori della musica, delle composizioni musicali e delle parole che accompagnano la musica hanno diritto di percepire direttamente da coloro che proiettano pubblicamente l'opera un compenso separato per la proiezione. Il compenso è stabilito, in difetto di accordo fra le parti, secondo le norme del regolamento (Regol. 16).

Gli autori del soggetto e della sceneggiatura, il direttore artistico, gli adattatori dei dialoghi, i direttori del doppiaggio e i traduttori, nonché gli artisti interpreti e esecutori, primari e comprimari, inclusi i doppiatori, hanno diritto a ricevere un ulteriore compenso in misura percentuale sugli incassi derivanti dalle proiezioni pubbliche dell'opera. Tale compenso è irrinunciabile e le relative forme ed entità sono stabilite con accordi tra le categorie interessate.[1]

[1] Comma così sost. dall'art. 1, D.lgs. 8 nov. 2021, n. 177. V. nota 1, art. 18-*bis*.

46-*bis*. 1. Fermo restando quanto stabilito dall'art. 46, in caso di cessione del diritto di diffusione al produttore, spetta agli autori di opere cinematografiche e assimilate un compenso adeguato e proporzionatoa carico degli organismi di emissione per ciascuna utilizzazione delle opere stesse a mezzo della comunicazione al pubblico via etere, via cavo e via satellite.[1]

2. Per ciascuna utilizzazione di opere cinematografiche e assimilate diversa da quella prevista nel comma 1 e nell'art. 18-*bis*, comma 5, agli autori delle opere stesse spetta un equo compenso a carico di coloro che esercitano i diritti di sfruttamento per ogni distinta utilizzazione economica.

3. Per ciascuna utilizzazione di opere cinematografiche ed assimilate espresse originariamente in lingua straniera spetta, altresì, un compenso adeguato e proporzionato agli autori delle elaborazioni costituenti traduzione o adattamento della versione in lingua italiana dei dialoghi.[1]

4. Ciascun compenso tra quelli previsti dai commi 1, 2 e 3 non è rinunciabile e, in difetto di accordo da concludersi tra le categorie interessate quali individuate dall'art. 16, primo comma, del regolamento, è stabilito dall'Autorità per le garanzie nelle comunicazioni secondo le procedure previste da apposito regolamento da adottare entro sessanta giorni dall'entrata in vigore della presente disposizione.[1]

[1] Comma così modif. dall'art. 1, D.lgs. 8 nov. 2021, n. 177. V. nota 1, art. 18-*bis*.

47. Il produttore ha facoltà di apportare alle opere utilizzate nell'opera cinematografica le modifiche necessarie per il loro adattamento cinematografico.

L'accertamento delle necessità o meno delle modifiche apportate o da apportarsi all'opera cinematografica, quando manchi l'accordo tra il produttore e uno o più degli autori menzionati nell'art. 44 della presente legge, è fatto da un collegio di tecnici nominato dal *Presidente del Consiglio dei Ministri*, secondo le norme fissate dal regolamento. (Regol. 17).

Gli accertamenti fatti da tale collegio hanno carattere definitivo.

48. Gli autori dell'opera cinematografica hanno diritto che i loro nomi, con l'indicazione della loro qualità professionale e del loro contributo nell'opera, siano menzionati nella proiezione della pellicola cinematografica.

49. Gli autori delle parti letterarie o musicali dell'opera cinematografica possono riprodurle o comunque utilizzarle separatamente, purché non ne risulti pregiudizio ai diritti di utilizzazione il cui esercizio spetta al produttore.

50. Se il produttore non porta a compimento l'opera cinematografica nel termine di tre anni dal giorno della consegna della parte letteraria o musicale, o non fa proiettare l'opera compiuta entro i tre anni dal compimento, gli autori di dette parti hanno diritto di disporre liberamente dell'opera stessa (Regol. 4).

SEZIONE IV
Opere radiodiffuse

51. In ragione della natura e dei fini della radiodiffusione, come servizio riservato allo Stato, che lo esercita direttamente o per mezzo di concessioni, il diritto esclusivo di radiodiffusione, direttamente o con qualsiasi mezzo intermediario, è regolato dalle norme particolari seguenti.

52. L'ente esercente il servizio della radiodiffusione ha la facoltà di eseguire la radiodiffusione di opere dell'ingegno dai teatri, dalle sale di concerto e da ogni altro luogo pubblico, alle condizioni e nei limiti indicati nel presente articolo e nei seguenti.

I proprietari, gli impresari e quanti concorrono allo spettacolo sono tenuti a permettere gli impianti e le prove tecniche necessarie per preparare la radiodiffusione.

È necessario il consenso dell'autore per radiodiffondere le opere nuove e le prime rappresentazioni stagionali delle opere non nuove.

Non è considerata nuova l'opera teatrale rappresentata pubblicamente in tre diversi teatri, o altro luogo pubblico.

53. Nelle stagioni di rappresentazioni o di concerti di durata non inferiore a due mesi, il diritto dell'ente indicato nel precedente articolo può essere esercitato per le rappresentazioni una volta la settimana e per i concerti ogni cinque o frazione di cinque concerti.

Per durata della stagione teatrale o di concerto s'intende quella risultante dai manifesti o dai programmi pubblicati prima dell'inizio della stagione.

54. L'accertamento della conformità delle radiodiffusioni alle buone norme tecniche, è di esclusiva spettanza degli organi dello Stato predisposti alla vigilanza delle radiodiffusioni, con i poteri stabiliti dall'art. 2, capoverso, della L. 14 giu. 1928, n. 1352, e dall'art. 2 del R.D.L. 3 feb. 1936, n. 654, convertito nella L. 4 giu. 1936, n. 1552.

Il nome dell'autore ed il titolo dell'opera devono

essere radiodiffusi contemporaneamente all'opera.

55. 1. Senza pregiudizio dei diritti dell'autore sulla radiodiffusione della sua opera, l'ente esercente è autorizzato a registrare su disco o su supporto l'opera stessa, al fine della sua radiodiffusione differita per necessità orarie o tecniche, purché la registrazione suddetta sia, dopo l'uso, distrutta o resa inservibile.

2. È consentita la conservazione in archivi ufficiali delle registrazioni di cui al comma 1 che abbiano un eccezionale carattere documentario senza possibilità di ulteriore utilizzazione a fini economici o commerciali salva, per quest'ultima, l'autorizzazione dell'autore dell'opera e dei titolari di diritti connessi.

56. L'autore dell'opera radiodiffusa, a termini degli articoli precedenti, ha il diritto di ottenere dall'ente esercente il servizio della radiodiffusione il pagamento di un compenso da liquidarsi, nel caso di disaccordo tra le parti, dall'autorità giudiziaria.

La domanda non può essere promossa dinanzi l'autorità giudiziaria prima che sia esperito il tentativo di conciliazione nei modi e nelle forme che saranno stabiliti nel regolamento (Regolamento 18).

57. Il compenso è liquidato in base al numero delle trasmissioni.

Il regolamento determina i criteri per stabilire il numero e le modalità delle trasmissioni differite o ripetute (Regol. 5).

58. Per l'esecuzione in pubblici esercizi a mezzo di apparecchi radioriceventi sonori, muniti di altoparlante, di opere radiodiffuse, è dovuto all'autore un equo compenso, che è determinato periodicamente d'accordo fra la *Società Italiana degli Autori ed Editori* (S.I.A.E.) (180 s.)[1] e la rappresentanza della associazione sindacale competente (Regol. 19).

[1] Già Ente Italiano per il Diritto d'Autore (E.I.D.A.) (D.L.L. 20 lug. 1945, n. 433).

59. La radiodiffusione delle opere dell'ingegno dai locali dell'ente esercente il servizio della radiodiffusione è sottoposta al consenso dell'autore a norma delle disposizioni contenute nel capo terzo di questo titolo (12 s.); ad essa non sono applicabili le disposizioni degli articoli precedenti, salvo quelle dell'art. 55.

60. Qualora *la Presidenza del Consiglio dei Ministri* lo disponga, l'ente esercente effettua trasmissioni speciali di propaganda culturale ed artistica destinate all'estero, contro pagamento di un compenso da liquidarsi a termine di regolamento (Regol. 20).

SEZIONE V
Opere registrate su supporti

61. L'autore ha il diritto esclusivo, ai sensi delle disposizioni contenute nella sezione I del capo III di questo titolo (12 s.):

a) di adattare e di registrare l'opera su qualunque supporto riproduttore di suoni, di voci o di immagini, qualunque sia la tecnologia utilizzata;

b) di riprodurre, di distribuire, di noleggiare, di dare in prestito gli esemplari dell'opera così adattata o registrata;

c) di eseguire pubblicamente e di comunicare l'opera al pubblico mediante l'impiego di qualunque suppporto.

2. La cessione del diritto di riproduzione o del diritto di distribuzione non comprende, salvo patto contrario, la cessione del diritto di esecuzione pubblica o di comunicazione al pubblico.

3. Per quanto riguarda la radiodiffusione, il diritto di autore resta regolato dalle norme contenute nella precedente sezione.

62. 1. I supporti fonografici nei quali l'opera dell'ingegno è riprodotta, non possono essere distribuiti se non portino stabilmente apposte le indicazioni seguenti:

a) titolo dell'opera riprodotta;

b) nome dell'autore;

c) nome dell'artista interprete od esecutore. I complessi orchestrali o corali sono indicati col nome d'uso;

d) data della fabbricazione.

63. 1. I supporti devono essere fabbricati od utilizzati in modo che venga rispettato il diritto morale dell'autore, ai termini degli artt. 20 e 21.

2. Si considerano lecite le modificazioni dell'opera richieste dalle necessità tecniche della registrazione.

64. La concessione in uso a case editrici fonografiche nazionali delle matrici dei dischi della Discoteca di Stato, per trarne dischi da diffondere mediante vendita sia in Italia che all'estero a termini dell'art. 5 della legge 2 febbraio 1939, n. 467, contenente norme per il riordinamento della Discoteca di Stato, allorché siano registrate opere tutelate, è sottoposta al pagamento dei diritti di autore, secondo le norme contenute nel regolamento (Regol. 21).

SEZIONE VI
Programmi per elaboratore

64-*bis*. 1. Fatte salve le disposizioni dei successivi artt. 64-*ter* e 64-*quater*, i diritti esclusivi conferiti dalla presente legge sui programmi per elaboratore comprendono il diritto di effettuare o autorizzare:

a) la riproduzione, permanente o temporanea, totale o parziale, del programma per elaboratore con qualsiasi mezzo o in qualsiasi forma. Nella misura in cui operazioni quali il caricamento, la visualizzazione, l'esecuzione, la trasmissione o la memorizzazione del programma per elaborare richiedano una riproduzione, anche tali operazioni sono soggette all'autorizzazione del titolare dei diritti;

b) la traduzione, l'adattamento, la trasformazione e ogni altra modificazione del programma per elaboratore, nonché la riproduzione dell'opera che ne risulti, senza pregiudizio dei diritti di chi modifica il programma;

c) qualsiasi forma di distribuzione al pubblico, compresa la locazione, del programma per elaboratore originale o di copie dello stesso. La prima vendita di una copia del programma nella Comunità Economica Europea da parte del titolare dei diritti, o con il suo consenso, esaurisce il diritto di distribuzione di detta copia all'interno della Comunità, ad eccezione del diritto di controllare l'ulteriore locazione del programma o di una copia dello stesso.

64-*ter*. 1. Salvo patto contrario, non sono soggette all'autorizzazione del titolare dei diritti le attività indicate nell'art. 64-*bis*, lettere *a*) e *b*), allorché tali attività sono necessarie per l'uso del programma per elaboratore conformemente alla sua destinazione da parte del legittimo acquirente, inclusa la correzione degli errori.

2. Non può essere impedito per contratto, a chi ha il diritto di usare una copia del programma per elaboratore di effettuare una copia di riserva del programma, qualora tale copia sia necessaria per l'uso.

3. Chi ha il diritto di usare una copia del programma per elaboratore può, senza l'autorizzazione del titolare dei diritti, osservare, studiare o sottoporre a prova il funzionamento del programma, allo scopo di determinare le idee ed i principi su cui è basato ogni elemento del programma stesso, qualora egli compia tali atti durante operazioni di caricamento, visualizzazione, esecuzione, trasmissione o memorizzazione del programma che egli ha il diritto di eseguire. Le clausole contrattuali pattuite in violazione del presente comma e del comma 2 sono nulle.

64-*quater*. 1. L'autorizzazione del titolare dei diritti non è richiesta qualora la riproduzione del codice del programma di elaboratore e la traduzione della sua forma ai sensi dell'art. 64-*bis*, lettere *a*) e *b*), compiute al fine di modificare la forma del codice, siano indispensabili per ottenere le informazioni necessarie per conseguire l'interoperabilità, con altri programmi, di un programma per elaboratore creato autonomamente purché siano soddisfatte le seguenti condizioni:

a) le predette attività siano eseguite dal licenziatario o da altri che abbia il diritto di usare una copia del programma oppure, per loro conto, da chi è autorizzato a tal fine;

b) le informazioni necessarie per conseguire l'interoperabilità non siano già facilmente e rapidamente accessibili ai soggetti indicati alla lettera *a*);

c) le predette attività siano limitate alle parti del programma originale necessarie per conseguire l'interoperabilità.

2. Le disposizioni di cui al comma 1 non consentono che le informazioni ottenute in virtù della loro applicazione:

a) siano utilizzate a fini diversi dal conseguimento dell'interoperabilità del programma creato autonomamente;

b) siano comunicate a terzi, fatta salva la necessità di consentire l'interoperabilità del programma creato autonomamente;

c) siano utilizzate per lo sviluppo, la produzione o la commercializzazione di un programma per elaboratore sostanzialmente simile nella sua forma espressiva, o per ogni altra attività che violi il diritto di autore.

3. Le clausole contrattuali pattuite in violazione dei commi 1 e 2 sono nulle.

4. Conformemente alla convenzione di Berna sulla tutela delle opere letterarie ed artistiche ratificata e resa esecutiva con L. 20 giu. 1978, n. 399, le disposizioni del presente articolo non possono essere interpretate in modo da consentire che la loro applicazione arrechi indebitamente pregiudizio agli interessi legittimi del titolare dei diritti o sia in conflitto con il normale sfruttamento del programma.

SEZIONE VII
Banche di dati[1]

[1] La sezione VII è stata introdotta dall'art. 4 D.lgs. 6 mag. 1999, n. 169. Le disposizioni qui contenute si applicano anche alle banche di dati create prima del 1° gen. 1998 e che, entro la data di entrata in vigore del D.lgs. 6 mag. 1999, n. 169, soddisfino i requisiti di cui all'art. 2 del decreto medesimo, fatti salvi gli eventuali atti conclusi e i diritti acquisiti anteriormente.

64-*quinquies*. 1. L'autore di una banca di dati ha il diritto esclusivo di eseguire o autorizzare:

a) la riproduzione permanente o temporanea, totale o parziale, con qualsiasi mezzo e in qualsiasi forma;

b) la traduzione, l'adattamento, una diversa disposizione e ogni altra modifica;

c) qualsiasi forma di distribuzione al pubblico dell'originale o di copie della banca di dati; la prima vendita di una copia nel territorio dell'Unione europea da parte dei titolare del diritto o con il suo consenso esaurisce il diritto di controllare, all'interno dell'Unione stessa, le vendite successive della copia;

d) qualsiasi presentazione, dimostrazione o comunicazione in pubblico, ivi compresa la trasmissione effettuata con qualsiasi mezzo e in qualsiasi forma;

e) qualsiasi riproduzione, distribuzione, comunicazione, presentazione o dimostrazione in pubblico dei risultati delle operazioni di cui alla lettera *b*).

64-*sexies*. 1. Non sono soggetti all'autorizzazione di cui all'art. 64-*quinquies* da parte del titolare del diritto:

a) l'accesso o la consultazione della banca di dati quando abbiano esclusivamente finalità didattiche o di ricerca scientifica, non svolta nell'ambito di un'impresa, purché si indichi la fonte e nei limiti di quanto giustificato dallo scopo non commerciale perseguito. Nell'ambito di tali attività di accesso e consultazione, le eventuali operazioni di riproduzione permanente della totalità o di parte sostanziale del contenuto su altro supporto sono comunque soggette all'autorizzazione del titolare del diritto;

b) l'impiego di una banca di dati per fini di sicurezza pubblica o per effetto di una procedura amministrativa o giurisdizionale.

2. Non sono soggette all'autorizzazione dell'autore le attività indicate nell'art. 64-*quinquies* poste in essere da parte dell'utente legittimo della banca di dati o di una sua copia, se tali attività sono necessarie per l'accesso al contenuto della stessa banca di dati e per il suo normale impiego; se l'utente legittimo è autorizzato ad utilizzare solo una parte della banca di dati, il presente comma si applica unicamente a tale parte.

3. Le clausole contrattuali pattuite in violazione del comma 2 sono nulle ai sensi dell'art. 1418 del codice civile.

4. Conformemente alla Convenzione di Berna per la protezione delle opere letterarie e artistiche, ratificata e resa esecutiva con legge 20 giugno 1978, n. 399, le disposizioni di cui ai commi 1 e 2 non possono essere interpretate in modo da consentire che la loro applicazione arrechi indebitamente pregiudizio al titolare del diritto o entri in conflitto con il normale impiego della banca di dati.

CAPO V
Eccezioni e limitazioni

SEZIONE I
Reprografia ed altre eccezioni e limitazioni

65. 1. Gli articoli di attualità di carattere economico, politico o religioso, pubblicati nelle riviste o nei giornali, oppure radiodiffusi o messi a disposizione del pubblico, e gli altri materiali dello stesso carattere possono essere liberamente riprodotti o comunicati al pubblico in altre riviste o giornali, anche radiotelevisivi, se la riproduzione o l'utilizzazione non è stata espressamente riservata, purché si indichino la fonte da cui sono tratti, la data e il nome dell'autore se riportato.

2. La riproduzione o comunicazione al pubblico di opere o materiali protetti utilizzati in occasione, di avvenimenti di attualità è consentita ai fini dell'esercizio del diritto di cronaca e nei limiti dello scopo informativo, sempre che si indichi, salvo caso di impossibilità, la fonte, incluso il nome dell'autore, se riportato.

66. 1. I discorsi su argomenti di interesse politico od amministrativo tenuti in pubbliche assemblee o comunque in pubblico, nonché gli estratti di conferenze aperte al pubblico, possono essere liberamente riprodotti o comunicati al pubblico, nei limiti giustificati dallo scopo informativo, nelle riviste o nei giornali anche radiotelevisivi o telematici, purché indichino la fonte, il nome dell'autore, la data e il luogo in cui il discorso fu tenuto.

67. 1. Opere o brani di opere possono essere riprodotti a fini di pubblica sicurezza, nelle procedure parlamentari, giudiziarie o amministrative, purché si indichino la fonte e, ove possibile, il nome dell'autore.

68. 1. È libera la riproduzione di singole opere o brani di opere per uso personale dei lettori, fatta a mano o con mezzi di riproduzione non idonei a spaccio o diffusione dell'opera nel pubblico.

2. È libera la fotocopia di opere esistenti nelle biblioteche accessibili al pubblico o in quelle scolastiche, nei musei pubblici o negli archivi pubblici, effettuata dai predetti organismi per i propri servizi, senza alcun vantaggio economico o commerciale diretto o indiretto.

2-*bis*. Gli istituti di tutela del patrimonio culturale di cui all'articolo 70-*ter*, comma 3, per finalità di conservazione e nella misura a tal fine necessaria, hanno sempre il diritto di riprodurre e realizzare copie di opere o di altri materiali protetti, presenti in modo permanente nelle loro raccolte, in qualsiasi formato e su qualsiasi supporto. E' nulla qualsiasi pattuizione avente ad oggetto limitazioni o esclusioni di tale diritto.[1]

3. Fermo restando il divieto di riproduzione di spartiti e partiture musicali, è consentita, nei limiti del quindici per cento di ciascun volume o fascicolo di periodico, escluse le pagine di pubblicità, la riproduzione per uso personale di opere dell'ingegno effettuata mediante fotocopia, xerocopia o sistema analogo.

4. I responsabili dei punti o centri di riproduzione, i quali utilizzino nel proprio ambito o mettano a disposizione di terzi, anche gratuitamente, apparecchi per fotocopia, xerocopia o analogo sistema di riproduzione, devono corrispondere un compenso agli autori ed agli editori delle opere dell'ingegno pubblicate per le stampe che, mediante tali apparecchi, vengono riprodotte per gli usi previsti nel comma 3. La misura di detto compenso e le modalità per la riscossione e la ripartizione sono determinate secondo i criteri posti all'art. 181-*ter* della presente legge. Salvo diverso accordo tra la SIAE e le associazioni delle categorie interessate,

tale compenso non può essere inferiore per ciascuna pagina riprodotta al prezzo medio a pagina rilevato annualmente dall'ISTAT per i libri.

5. Le riproduzioni per uso personale delle opere esistenti nelle biblioteche pubbliche, fatte all'interno delle stesse con i mezzi di cui al comma 3, possono essere effettuate liberamente, nei limiti stabiliti dal medesimo comma 3, con corresponsione di un compenso in forma forfettaria a favore degli aventi diritto, di cui al comma 2 dell'art. 181-*ter*, determinato ai sensi del secondo periodo del comma 1 del medesimo art. 181-*ter*. Tale compenso è versato direttamente ogni anno dalle biblioteche, nei limiti degli introiti riscossi per il servizio, senza oneri aggiuntivi a carico del bilancio dello Stato o degli enti dai quali le biblioteche dipendono. I limiti di cui al comma 3 non si applicano alle opere fuori dai cataloghi editoriali e rare in quanto di difficile reperibilità sul mercato.

6. È vietato lo spaccio al pubblico delle copie di cui ai commi precedenti e, in genere, ogni utilizzazione in concorrenza con i diritti di utilizzazione economica spettante all'autore.

[1] Comma ins. dall'art. 1, D.lgs. 8 nov. 2021, n. 177. V. nota 1, art. 18-*bis*.

68-*bis*. 1. Salvo quanto disposto in ordine alla responsabilità dei prestatori intermediari dalla normativa in materia di commercio elettronico, sono esentati dal diritto di riproduzione gli atti di riproduzione temporanea privi di rilievo economico proprio che sono transitori o accessori e parte integrante ed essenziale di un procedimento tecnologico, eseguiti all'unico scopo di consentire la trasmissione in rete tra terzi con l'intervento di un intermediario, o un utilizzo legittimo di un'opera o di altri materiali.

69. 1. Il prestito eseguito dalle biblioteche e discoteche dello Stato e degli enti pubblici, ai fini esclusivi di promozione culturale e studio personale, non è soggetto ad autorizzazione da parte del titolare del relativo diritto e ha ad oggetto esclusivamente:

a) gli esemplari a stampa delle opere eccettuati gli spartiti e le partiture musicali;

b) i fonogrammi ed i videogrammi. contenenti opere cinematografiche o audiovisive o sequenze d'immagini in movimento, siano esse sonore o meno, decorsi almeno diciotto mesi dal primo atto di esercizio del diritto di distribuzione, ovvero, non essendo stato esercitato il diritto di distribuzione, decorsi almeno ventiquattro mesi dalla realizzazione delle dette opere e sequenze di immagini.

2. Per i servizi delle biblioteche, discoteche e cineteche dello Stato e degli enti pubblici è consentita la riproduzione, senza alcun vantaggio economico o commerciale diretto o indiretto, in un unico esemplare, dei fonogrammi e dei videogrammi contenenti opere cinematografiche o audiovisive o sequenza di immagini in movimento, siano esse sonore o meno, esistenti presso le medesime biblioteche, cineteche e discoteche dello Stato e degli enti pubblici.

69-*bis*.[1] 1. Le biblioteche, gli istituti di istruzione e i musei, accessibili al pubblico, nonché gli archivi, gli istituti per il patrimonio cinematografico o sonoro e le emittenti di servizio pubblico hanno la facoltà di utilizzare le opere orfane di cui all'articolo 69-*quater*, contenute nelle loro collezioni, con le seguenti modalità:

a) riproduzione dell'opera orfana ai fini di digitalizzazione, indicizzazione, catalogazione, conservazione o restauro;

b) messa disposizione del pubblico dell'opera in maniera che ciascuno possa avervi accesso dal luogo e nel momento scelti individualmente.

2. Le opere orfane possono essere utilizzate dalle organizzazioni di cui al comma 1 unicamente per scopi connessi alla loro missione di interesse pubblico, in particolare la conservazione, il restauro e la concessione dell'accesso a fini culturali e formativi di opere e fonogrammi contenuti nelle proprie collezioni.

3. I ricavi eventualmente generati nel corso degli utilizzi di cui al comma 2 sono impiegati per coprire i costi per la digitalizzazione delle opere orfane e per la messa a disposizione del pubblico delle stesse.

4. Le organizzazioni di cui al comma 1 devono indicare, in qualsiasi utilizzo dell'opera orfana, nelle formule d'uso, il nome degli autori e degli altri titolari dei diritti che sono stati individuati.

5. Le organizzazioni di cui al comma 1, nell'adempimento della propria missione di interesse pubblico, hanno la facoltà di concludere accordi volti alla valorizzazione e fruizione delle opere orfane attraverso gli utilizzi di cui al comma 1. Tali accordi non possono imporre ai beneficiari dell'eccezione di cui al presente articolo alcuna restrizione sull'utilizzo di opere orfane e non possono conferire alla controparte contrattuale alcun diritto di utilizzazione delle opere orfane o di controllo dell'utilizzo da parte dei beneficiari. Gli accordi non devono essere in contrasto con lo sfruttamento normale delle opere, né arrecare un ingiustificato pregiudizio agli interessi dei titolari dei diritti.

[1] Le disposizioni si applicano alle opere e ai fonogrammi di cui all'articolo 69-*ter*, c. 1, L. 633/1941, che sono tutelate ai sensi della normativa sul diritto d'autore alla data del 29 ott. 2014 e successivamente. Le predette disposizioni non si applicano agli atti conclusi e ai diritti acquisiti prima del 29 ott. 2014.

69-*ter*.[1] 1. Gli utilizzi di cui all'articolo 69-*bis* si applicano alle seguenti opere protette ai sensi della presente legge, di prima pubblicazione in uno Stato membro dell'Unione europea o, in caso di mancata pubblicazione, di prima diffusione dell'emissione in uno Stato membro dell'Unione europea e considerate orfane ai sensi dell'articolo articolo 69-*quater*:

a) opere pubblicate sotto forma di libri, riviste,

quotidiani, rotocalchi o altre pubblicazioni conservati nelle collezioni di biblioteche, istituti di istruzione o musei, accessibili al pubblico, nonché nelle collezioni di archivi o di istituti per il patrimonio cinematografico o sonoro;

b) opere cinematografiche o audiovisive e fonogrammi conservati nelle collezioni di biblioteche, istituti di istruzione o musei, accessibili al pubblico, nonché nelle collezioni di archivi o di istituti per il patrimonio cinematografico o sonoro;

c) opere cinematografiche o audiovisive e fonogrammi prodotti da emittenti di servizio pubblico fino al 31 dicembre 2002 e che siano conservati nei loro archivi. Per opere prodotte fino al 31 dicembre 2002 si intendono anche quelle commissionate da emittenti di servizio pubblico per un uso proprio esclusivo o per uso esclusivo di altre emittenti di servizio pubblico coproduttrici. Le opere cinematografiche e audiovisive e i fonogrammi contenuti negli archivi di emittenti di servizio pubblico che non sono stati prodotti o commissionati da tali emittenti ma che queste sono state autorizzate a utilizzare mediante un accordo di licenza non possono essere considerate orfane.

2. Gli utilizzi di cui all'articolo 69-*bis* si applicano altresì alle opere e ai fonogrammi in qualsiasi forma che rientrano nelle categorie di opere o materiali di cui al comma 1, depositati presso le organizzazioni di cui all'articolo 69-*bis*, comma 1, entro il 29 ottobre 2014, che non sono mai stati pubblicati ovvero diffusi, ma che siano stati resi pubblicamente accessibili dalle predette organizzazioni con il consenso dei titolari dei diritti. Le utilizzazioni sono consentite solo se è ragionevole presumere, sulla base di documentate espressioni di volontà, che i titolari dei diritti non si opporrebbero a tale utilizzo.

3. Gli utilizzi di cui all'articolo 69-*bis* si applicano altresì alle opere e agli altri contenuti protetti che sono inclusi, incorporati o che formano parte integrante delle opere o dei fonogrammi di cui al comma 1.

[1] V. nota 1 art. 69-*bis*.

69-*quater*.[1] 1. Un'opera o un fonogramma, come individuati dall'articolo 69-*ter*, sono considerati orfani se nessuno dei titolari dei diritti su tale opera o fonogramma è stato individuato oppure, anche se uno o più di loro siano stati individuati, nessuno di loro è stato rintracciato, al termine di una ricerca diligente svolta e registrata conformemente al presente articolo.

2. La ricerca diligente è svolta anteriormente all'utilizzo dell'opera o del fonogramma dalle organizzazioni di cui all'articolo 69-*bis*, comma 1, o da soggetto da loro incaricato, secondo i principi di buona fede e correttezza professionale. La ricerca è svolta consultando fonti di informazione appropriate e comunque quelle previste dall'articolo 69-*septies* per ciascuna categoria di opere o di fonogrammi. Con decreto del Ministro dei beni e delle attività culturali e del turismo, sentite le associazioni dei titolari dei diritti e degli utilizzatori maggiormente rappresentative, possono essere individuate ulteriori fonti di informazione che devono essere consultate, per ciascuna categoria di opere o fonogrammi, nel corso della ricerca diligente.

3. Se, nel corso di una ricerca svolta in Italia, emergono motivi per ritenere che informazioni pertinenti sui titolari dei diritti debbano essere recuperate in altri Paesi, si procede alla consultazione anche delle fonti di informazioni disponibili in tali Paesi.

4. Le organizzazioni di cui all'articolo 69-*bis*, comma 1, comunicano al Ministero dei beni e delle attività culturali e del turismo, Direzione generale per le biblioteche, gli istituti culturali e il diritto d'autore, l'inizio della ricerca diligente e gli esiti delle ricerche che hanno indotto a ritenere che un'opera o un fonogramma possano essere considerati orfani, nonché gli esiti delle ricerche che hanno indotto a ritenere che un'opera o un fonogramma non possano essere considerati orfani. Tali informazioni devono includere gli estremi identificativi delle opere o dei fonogrammi e i riferimenti per contattare l'organizzazione interessata. Le organizzazioni di cui all'articolo 69-*bis*, comma 1, comunicano, altresì, qualsiasi modifica dello status di opera orfana delle opere e dei fonogrammi da loro utilizzati. Presso il Ministero dei beni e delle attività culturali e del turismo, Direzione generale per le biblioteche, gli istituti culturali e il diritto d'autore, è costituita una banca dati delle ricerche condotte dalle organizzazioni di cui all'articolo 69-*bis*, comma 1.

5. Le opere e i fonogrammi sono considerate orfane e la ricerca diligente, svolta dalle organizzazioni di cui all'articolo 69-*bis*, comma 1, o da soggetto da loro incaricato, è conclusa decorso il termine di novanta giorni dalla data di pubblicazione, su un'apposita pagina del sito del Ministero dei beni e delle attività culturali e del turismo, dell'esito della consultazione delle fonti senza che la titolarità sia stata rivendicata da alcuno. Il Ministero dei beni e delle attività culturali e del turismo comunica all'organizzazione che ha effettuato la ricerca l'eventuale rivendicazione dell'opera da parte di uno o più titolari.

6. Le organizzazioni di cui all'articolo 69-*bis*, comma 1, comunicano al Ministero dei beni e delle attività culturali e del turismo gli utilizzi delle opere orfane, anche laddove la ricerca sia stata effettuata da altri. Il decreto di cui al comma 2 può prevedere l'obbligo di comunicazione di ulteriori informazioni a carico delle organizzazioni.

7. Ove vi sia più di un titolare dei diritti su un'opera o su un fonogramma e non tutti i titolari siano stati individuati oppure, anche quando individuati, non siano stati rintracciati, al termine di una ricerca diligente svolta ai sensi del presente articolo, l'opera o il fonogramma possono essere utiliz-

zati secondo i termini e nei limiti delle autorizzazioni concesse dai titolari dei diritti identificati e rintracciati.

8. La ricerca diligente è svolta nello Stato membro dell'Unione europea di prima pubblicazione o, in caso di mancata pubblicazione, di prima diffusione dell'emissione. Per le opere cinematografiche o audiovisive il cui produttore ha sede o risiede abitualmente in uno Stato membro dell'Unione europea, la ricerca diligente è svolta nello Stato membro dell'Unione europea in cui sia stabilita la sua sede principale o la sua abituale residenza. Nel caso di opere cinematografiche o audiovisive coprodotte da produttori aventi sedi in Stati membri dell'Unione europea diversi, la ricerca diligente deve essere svolta in ciascuno degli Stati membri in questione.

9. Nel caso di cui all'articolo 69-*ter*, comma 2, la ricerca diligente è effettuata nello Stato membro dell'Unione europea in cui è stabilita l'organizzazione che ha reso l'opera o il fonogramma pubblicamente accessibile.

10. In tutti casi in cui la ricerca è effettuata in Italia, si applicano le procedure di cui al presente articolo. Laddove la ricerca è effettuata da titolati soggetti italiani in un altro Stato membro dell'Unione europea, la ricerca diligente è svolta seguendo le procedure e consultando le fonti di informazione prescritte dalla legislazione nazionale di tale Stato membro.

11. Sono considerate orfane le opere e i fonogrammi già considerati opere orfane, ai sensi della direttiva 2012/28/UE, in un altro Stato membro dell'Unione europea.

12.[2]

13. Restano impregiudicate le disposizioni in materia di opere anonime o pseudonime.

14. Le organizzazioni di cui all'articolo 69-*bis*, comma 1, conservano la documentazione relativa alle loro ricerche diligenti in modo che sia disponibile a richiesta degli interessati.

15. Il Ministero dei beni e delle attività culturali e del turismo trasmette senza indugio all'Ufficio per l'armonizzazione nel mercato interno per la registrazione nella banca dati online pubblicamente accessibile:

a) gli esiti delle ricerche diligenti effettuate ai sensi del presente articolo che hanno permesso di concludere che un'opera o un fonogramma sono considerati un'opera orfana;

b) l'utilizzo che le organizzazioni fanno delle opere orfane conformemente alla presente legge;

c) qualsiasi modifica dello status di opera orfana delle opere e dei fonogrammi utilizzati dalle organizzazioni;

d) le pertinenti informazioni di contatto dell'organizzazione interessata.

[1] V. nota 1 art. 69-*bis*.
[2] Comma abrog. dall'art. 1, D.lgs. 8 nov. 2021, n. 177.

69-*quinquies*.[1] 1. Il titolare dei diritti su un'opera o su un fonogramma considerati opere orfane ha, in qualunque momento, la possibilità di porre fine a tale status in relazione ai diritti a lui spettanti. Gli utilizzi delle opere non più orfane possono proseguire solo se autorizzati dai titolari dei relativi diritti. Gli accordi di cui all'articolo 69-*bis*, comma 5, cessano di avere efficacia.

2. Ai titolari dei diritti che pongono fine allo status di opera orfana spetta un equo compenso per l'utilizzo di cui all'articolo 69-*bis*.

3. La misura e le modalità di determinazione e corresponsione dell'equo compenso di cui al comma 2 sono stabilite mediante accordi stipulati fra le associazioni di categoria maggiormente rappresentative dei titolari dei diritti di cui alla presente legge e le associazioni delle categorie interessate di cui all'articolo 69-*bis*, comma 1. Nella stipula dei predetti accordi le parti tengono in debito conto gli obiettivi di promozione culturale correlati all'uso effettuato dell'opera, la natura non commerciale dell'utilizzo fatto dalle organizzazioni per conseguire gli obiettivi connessi alla loro missione di interesse pubblico, quali la promozione dell'apprendimento e la diffusione della cultura, nonché l'eventuale danno arrecato ai titolari dei diritti.

4. I titolari dei diritti o il soggetto utilizzatore, rientrante fra quelli previsti dall'articolo 69-*bis*, comma 1, nel caso in cui non vi sia l'accordo di cui al comma 3 o nel caso in cui non ritengano di aderirvi, possono esperire il tentativo di conciliazione di cui all'articolo 194-*bis*, al fine di determinare la misura dell'equo compenso. In difetto di accordo, i predetti soggetti possono adire la competente Autorità giudiziaria, affinché, secondo i criteri di cui al comma 3, determini la misura e la modalità di determinazione dell'equo compenso.

5. Il compenso di cui al comma 2 è dovuto dalle organizzazioni che hanno utilizzato l'opera o il fonogramma.

[1] V. nota 1 art. 69-*bis*.

69-*sexies*.[1] 1. I titolari dei diritti possono richiedere di porre fine allo status di opera orfana in relazione ai diritti loro spettanti rivendicando la titolarità presso le organizzazioni di cui all'articolo 69-*bis*, comma 1.

2. In caso di controversia sulla titolarità dei diritti si applica il tentativo obbligatorio di conciliazione previsto dall'articolo 194-*bis*.

3. Il Ministero dei beni e delle attività culturali e del turismo comunica prontamente all'Ufficio per l'armonizzazione nel mercato interno, per la registrazione nella banca dati online pubblicamente accessibile, qualsiasi modifica dello status di opera orfana.

[1] V. nota 1 art. 69-*bis*.

69-*septies*.[1] 1. Le fonti di cui all'articolo 69-*quater*, comma 2, comprendono le seguenti:

a) per tutte le categorie di opere: il Registro Pubblico Generale delle Opere Protette presso il

Ministero dei beni e delle attività culturali e del turismo;

b) per i libri pubblicati:

1) il Sistema Bibliotecario Nazionale, inclusi i registri d'autorità per gli autori;

2) le associazioni nazionali degli editori e degli autori, gli editori che hanno pubblicato le opere, se noti, e gli agenti letterari operanti in Italia;

3) il deposito legale;

4) la banca dati dell'agenzia italiana ISBN, per i libri pubblicati e per gli editori;

5) la banca dati WATCH (*Writers, Artists and their Copyright Holders*);

6) le banche dati della SIAE e del servizio Clearedi;

7) le banche dati dei libri in commercio ALICE ed ESAIE (per i titoli scolastici);

8) l'Anagrafe Nazionale Nominativa dei Professori e dei Ricercatori e delle Pubblicazioni Scientifiche (ANPRePS);

Le fonti sopra riportate possono essere consultate o direttamente o attraverso sistemi che ne consentono l'interrogazione integrata quali VIAF (*Virtual International Authority Files*) e ARROW (*Accessible Registries of Rights Information and Orphan Works*).

c) per i quotidiani, i rotocalchi e le riviste:

1) l'ISSN (*International Standard Serial Number*) per i periodici;

2) gli indici e i cataloghi di raccolte storiche e collezioni di biblioteche;

3) il deposito legale;

4) le associazioni italiane degli editori e le associazioni italiane degli autori e dei giornalisti;

5) le banche dati delle società di gestione collettiva, inclusi gli organismi che gestiscono i diritti di riproduzione.

d) per le opere visive, inclusi gli oggetti d'arte, la fotografia, le illustrazioni, il design, l'architettura, le bozze di tali opere e di altro materiale riprodotto in libri, riviste, quotidiani e rotocalchi o altre opere:

1) le fonti di cui alle lettere *a*), *b*) e *c*);

2) le banche dati delle società di gestione collettiva, in particolare riguardanti le arti visive e incluse le organizzazioni che gestiscono i diritti di riproduzione;

3) se del caso, le banche dati di agenzie fotografiche.

e) per le opere audiovisive e i fonogrammi:

1) il deposito legale;

2) le associazioni italiane dei produttori;

3) le banche dati di istituti per il patrimonio cinematografico o sonoro e le biblioteche nazionali;

4) le banche dati con i relativi standard e identificatori, come ISAN (*International Standard Audiovisual Number*) per il materiale audiovisivo, ISWC (*International Standard Music Work Code*) per le composizioni musicali e ISRC (*International Standard Recording Code*) per i fonogrammi;

5) le banche dati delle società di gestione collettiva, in particolare per autori, interpreti o esecutori, produttori di fonogrammi e produttori di opere audiovisive;

6) l'elenco di quanti hanno partecipato alla realizzazione e altre informazioni riportate sulla confezione dell'opera;

7) le banche dati di altre associazioni pertinenti che rappresentano una categoria specifica di titolari dei diritti.».

[1] V. nota 1 art. 69-*bis*.

70. Il riassunto, la citazione o la riproduzione di brani o di parti di opera e la loro comunicazione al pubblico sono liberi se effettuati per uso di critica, o di discussione, nei limiti giustificati da tali fini e purché non costituiscano concorrenza all'utilizzazione economica dell'opera; se effettuati ai fini di insegnamento o di ricerca scientifica l'utilizzo deve inoltre avvenire per finalità illustrative e per fini non commerciali.

1-*bis*. È consentita la libera pubblicazione attraverso la rete *internet*, a titolo gratuito, di immagini e musiche a bassa risoluzione o degradate, per uso didattico o scientifico e solo nel caso in cui tale utilizzo non sia a scopo di lucro. Con decreto del Ministro per i beni e le attività culturali, sentiti il Ministro della Pubblica istruzione e il Ministro dell'università e della ricerca, previo parere delle Commissioni parlamentari competenti, sono definiti i limiti all'uso didattico o scientifico di cui al presente comma.

2. Nelle antologie ad uso scolastico la riproduzione non può superare la misura determinata dal regolamento, il quale fissa la modalità per la determinazione dell'equo compenso.

3. Il riassunto, la citazione o la riproduzione debbono essere sempre accompagnati dalla menzione del titolo dell'opera, dei nomi dell'autore, dell'editore e, se si tratti di traduzione, del traduttore, qualora tali indicazioni figurino sull'opera riprodotta.

70-*bis*.[1] — 1. Sono liberi il riassunto, la citazione, la riproduzione, la traduzione e l'adattamento di brani o di parti di opere e di altri materiali e la loro comunicazione al pubblico se effettuati con mezzi digitali, esclusivamente per finalità illustrative ad uso didattico, nei limiti di quanto giustificato dallo scopo non commerciale perseguito, nonché sotto la responsabilità di un istituto di istruzione, nei suoi locali o in altro luogo o in un ambiente elettronico sicuro, accessibili solo al personale docente di tale istituto e agli alunni o studenti iscritti al corso di studi in cui le opere o gli altri materiali sono utilizzati.

2. Il riassunto, la citazione e la riproduzione di brani o di parti di opere e di altri materiali e la loro comunicazione al pubblico sono sempre accompagnati dalla menzione del titolo dell'opera, dei nomi dell'autore, dell'editore e del traduttore, qualora tali indicazioni figurino sull'opera.

3. L'eccezione di cui al comma 1 non si applica al

materiale destinato principalmente al mercato dell'istruzione e agli spartiti e alle partiture musicali quando sono disponibili sul mercato opportune licenze volontarie che autorizzano gli utilizzi ivi previsti e quando tali licenze rispondono alle necessità e specificità degli istituti di istruzione e sono da questi facilmente conoscibili ed accessibili.

4. Gli utilizzi di opere e di altri materiali di cui al comma 1 aventi luogo in Italia da parte di un istituto di istruzione che ha sede in un altro Stato membro si intendono effettuati esclusivamente nel suddetto Stato membro.

5. Sono nulle le pattuizioni contrarie a quanto previsto dal presente articolo.

[1] Art. ins. dall'art. 1, D.lgs. 8 nov. 2021, n. 177. V. nota 1, art. 18-*bis*.

70-*ter*.[1] — 1. Sono consentite le riproduzioni compiute da organismi di ricerca e da istituti di tutela del patrimonio culturale, per scopi di ricerca scientifica, ai fini dell'estrazione di testo e di dati da opere o da altri materiali disponibili in reti o banche di dati cui essi hanno lecitamente accesso, nonché la comunicazione al pubblico degli esiti della ricerca ove espressi in nuove opere originali.

2. Ai fini della presente legge per estrazione di testo e di dati si intende qualsiasi tecnica automatizzata volta ad analizzare grandi quantità di testi, suoni, immagini, dati o metadati in formato digitale con lo scopo di generare informazioni, inclusi modelli, tendenze e correlazioni.

3. Ai fini della presente legge per istituti di tutela del patrimonio culturale si intendono le biblioteche, i musei, gli archivi, purché aperti al pubblico o accessibili al pubblico, inclusi quelli afferenti agli istituti di istruzione, agli organismi di ricerca e agli organismi di radiodiffusione pubblici, nonché gli istituti per la tutela del patrimonio cinematografico e sonoro e gli organismi di radiodiffusione pubblici.

4. Ai fini della presente legge, per organismi di ricerca si intendono le università, comprese le relative biblioteche, gli istituti di ricerca o qualsiasi altra entità il cui obiettivo primario è quello di condurre attività di ricerca scientifica o di svolgere attività didattiche che includano la ricerca scientifica, che alternativamente:

a) operino senza scopo di lucro o il cui statuto prevede il reinvestimento degli utili nelle attività di ricerca scientifica, anche in forma di partenariato pubblico-privato;

b) perseguano una finalità di interesse pubblico riconosciuta da uno Stato membro dell'Unione europea.

5. Non si considerano organismi di ricerca quelli sui quali è esercitata da imprese commerciali un'influenza determinante tale da consentire un accesso su base preferenziale ai risultati generati dalle attività di ricerca scientifica.

6. Le copie di opere o di altri materiali realizzate in conformità al comma 1 sono memorizzate con un adeguato livello di sicurezza e possono essere conservate e utilizzate unicamente per scopi di ricerca scientifica, inclusa la verifica dei risultati della ricerca.

7. I titolari dei diritti sono autorizzati ad applicare, in misura non eccedente a quanto necessario allo scopo, misure idonee a garantire la sicurezza e l'integrità delle reti e delle banche dati in cui sono ospitati le opere o gli altri materiali.

8. Le misure di cui ai commi 6 e 7 possono essere definite anche sulla base di accordi tra le associazioni dei titolari dei diritti, gli istituti di tutela del patrimonio culturale e gli organismi di ricerca.

9. Sono nulle le pattuizioni in contrasto con i commi 1, 6 e 7 del presente articolo.

[1] Art. ins. dall'art. 1, D.lgs. 8 nov. 2021, n. 177. V. nota 1, art. 18-*bis*.

70-*quater*.[1] — 1. Fermo restando quanto previsto dall'articolo 70-*ter*, sono consentite le riproduzioni e le estrazioni da opere o da altri materiali contenuti in reti o in banche di dati cui si ha legittimamente accesso ai fini dell'estrazione di testo e di dati. L'estrazione di testo e di dati è consentita quando l'utilizzo delle opere e degli altri materiali non è stato espressamente riservato dai titolari del diritto d'autore e dei diritti connessi nonché dai titolari delle banche dati.

2. Le riproduzioni e le estrazioni eseguite ai sensi del comma 1 possono essere conservate solo per il tempo necessario ai fini dell'estrazione di testo e di dati.

3. Per lo svolgimento delle attività di cui al presente articolo sono in ogni caso garantiti livelli di sicurezza non inferiori a quelli definiti per lo svolgimento delle attività di cui all'articolo 70-*ter*.

[1] Art. ins. dall'art. 1, D.lgs. 8 nov. 2021, n. 177. V. nota 1, art. 18-*bis*.

70-*quinquies*.[1] — 1. L'editore al quale un autore ha trasferito o concesso l'utilizzo di un diritto mediante contratto di trasferimento o licenza ha diritto a una quota, comunque non superiore al 50 per cento, del compenso previsto a favore dell'autore per gli utilizzi dell'opera in virtù di qualsiasi eccezione o limitazione al diritto trasferito o concesso. Tale quota può essere determinata da accordi collettivi, fermo restando il rispetto del limite di cui al primo periodo.

2. La disposizione di cui al comma 1 si applica senza pregiudizio del diritto di prestito di cui all'articolo 69.

[1] Art. ins. dall'art. 1, D.lgs. 8 nov. 2021, n. 177. V. nota 1, art. 18-*bis*.

70-*sexies*.[1] — 1. Quando sono applicate le misure tecnologiche di cui all'articolo 102-*quater*, anche in base ad accordi o a provvedimenti dell'autorità amministrativa o giudiziaria, i soggetti di cui agli articoli 70-*bis*, comma 1, e 70-*ter*, commi 3 e 4, che hanno acquisito il possesso legittimo di esemplari dell'opera o del materiale protetto, oppure vi hanno avuto accesso legittimo, hanno diritto di estrarne una copia alle condizioni, con i limiti e per le finalità previste dai suddetti articoli, purché tale estrazione di copia non sia in contrasto con lo sfruttamento normale dell'opera o degli altri materiali, e a condizione che non arrechi un ingiustificato pregiudizio ai titolari dei diritti.

[1] Art. ins. dall'art. 1, D.lgs. 8 nov. 2021, n. 177. V. nota 1, art. 18-*bis*.

71. 1. Le bande musicali e le fanfare. dei corpi armati dello Stato possono eseguire in pubblico brani musicali o parti di opere in musica, senza pagamento di alcun compenso per diritti di autore, purché l'esecuzione sia effettuata senza scopo di lucro.

71-*bis*. 1. Ai portatori di particolari handicap sono consentite, per uso personale, la riproduzione di opere e materiali protetti o l'utilizzazione della comunicazione al pubblico degli stessi, purché siano direttamente collegate all'handicap, non abbiano carattere commerciale e si limitino a quanto richiesto dall'handicap.

2. Con decreto del Ministro per i Beni e. le Attività Culturali, di concerto con il Ministro del Lavoro e delle Politiche Sociali, sentito il comitato di cui all'art. 190, sono individuate le categorie di portatori di handicap di cui al comma 1, e i criteri per l'individuazione dei singoli beneficiari nonché, ove necessario, le modalità di fruizione dell'eccezione.

2-*bis*. Fermo restando quanto disposto ai commi 1 e 2 del presente articolo e in deroga agli articoli 13, 16, 17, 18-*bis*, comma 2, 64-*bis*, 64-*quinquies*, 72, comma 1, lettere *a*), *b*) e *d*), 78-*ter*, comma 1, lettere *a*), *b*) e *d*), 79, comma 1, lettere *b*), *d*) ed *e*), 80, comma 2, lettere *b*), *c*) ed *e*), e 102-*bis*, sono liberi gli atti di riproduzione, di comunicazione al pubblico, messa a disposizione del pubblico, distribuzione e prestito di opere o altro materiale, protetti ai sensi della normativa vigente sul diritto d'autore e sui diritti ad esso connessi, intendendosi per tali le opere letterarie, fotografiche e delle arti figurative in forma di libri, riviste, quotidiani, rotocalchi o altri tipi di scritti, notazioni, compresi gli spartiti musicali, e relative illustrazioni, su qualsiasi supporto, anche in formato audio, quali gli audiolibri, e in formato digitale, protette da diritto d'autore o da diritti connessi, pubblicate o altrimenti rese lecitamente accessibili al pubblico, previa la loro trasformazione, ai sensi del comma 2-*quater*, in "copie in formato accessibile", intendendosi per tali quelle rese in una maniera o formato alternativi che consentano al beneficiario di avere accesso in maniera agevole e confortevole come una persona che non ha alcuna menomazione né alcuna delle disabilità di cui al comma 2-*ter*.[1]

2-*ter*. L'eccezione di cui al comma 2-*bis* è riconosciuta alle seguenti categorie di beneficiari, indipendentemente da altre forme di disabilità:

a) non vedenti;

b) con una disabilità visiva che non può essere migliorata in modo tale da garantire una funzionalità visiva sostanzialmente equivalente a quella di una persona priva di tale disabilità e per questo non in grado di leggere le opere stampate in misura sostanzialmente equivalente alle persone prive di tale disabilità;

c) con disabilità percettiva o di lettura e per questo non in grado di leggere le opere stampate in misura sostanzialmente equivalente a quella di una persona priva di tale disabilità;

d) con una disabilità fisica che le impedisce di tenere o di maneggiare un libro oppure di fissare o spostare lo sguardo nella misura che sarebbe normalmente necessaria per leggere.[1]

2-*quater*. La disposizione di cui al comma 2-*bis* si applica alle operazioni necessarie per apportare modifiche, convertire o adattare un'opera o altro materiale ai fini della produzione di una copia in formato accessibile. Sono altresì comprese le modifiche che possono essere necessarie nei casi in cui il formato di un'opera o di altro materiale sia già accessibile a taluni beneficiari mentre non lo è per altri, per via delle diverse menomazioni o disabilità o della diversa gravità di tali menomazioni o disabilità. Per consentire l'utilizzo delle opere e degli altri materiali protetti ai sensi del presente articolo trova applicazione l'articolo 71-*quinquies*.[1]

2-*quinquies*. In attuazione di quanto previsto dai commi 2-*ter* e 2-*quater* è consentito:

a) a un beneficiario, o una persona che agisce per suo conto secondo le norme vigenti, di realizzare, per suo uso esclusivo, una copia in formato accessibile di un'opera o di altro materiale cui il beneficiario ha legittimamente accesso;

b) a un'entità autorizzata di realizzare, senza scopo di lucro, una copia in formato accessibile di un'opera o di altro materiale cui ha legittimamente accesso, ovvero, senza scopo di lucro, di comunicare, mettere a disposizione, distribuire o dare in prestito la stessa copia a un beneficiario o a un'altra entità autorizzata affinché sia destinata a un uso esclusivo da parte di un beneficiario.[1]

2-*sexies*. Ai fini di quanto previsto al comma 2-*quinquies*, lettera *b*), per "entità autorizzata" si intende un'entità, pubblica o privata, riconosciuta o autorizzata secondo le norme vigenti a fornire ai beneficiari, senza scopo di lucro, istruzione, formazione, possibilità di lettura adattata o accesso alle informazioni. Nella categoria rientrano anche gli enti pubblici o le organizzazioni senza scopo di lucro che forniscono ai beneficiari istruzione, formazione, possibilità di lettura adattata o accesso alle informazioni come loro attività primarie, obbligo istituzionale o come parte delle loro missioni di interesse pubblico. Le entità autorizzate stabilite sul territorio nazionale trasmettono al Ministero per i beni e le attività culturali una dichiarazione sostitutiva di atto di notorietà, resa nelle forme stabilite dalla normativa vigente, attestando la loro denominazione, i dati identificativi, i contatti, il possesso dei requisiti soggettivi di cui al presente comma. Entro sessanta giorni dalla data di entrata in vigore della presente disposizione il Ministro per i beni e le attività culturali, di concerto con il Ministro della salute e con il Ministro per la famiglia e le disabilità, stabilisce con proprio decreto le modalità per la verifica del possesso dei requisiti e del rispetto degli obblighi di cui ai commi 2-*undecies*, 2-*duodecies* e 2-*terdecies*.[1]

2-*septies*. Ogni copia in formato accessibile, realizzata ai sensi dei commi da 2-*bis* a 2-*sexies*, deve rispettare l'integrità dell'opera o di altro materiale interessato, essendo consentiti unicamente le modifiche, le conversioni e gli adattamenti strettamente necessari per rendere l'opera, o altro materiale, accessibile nel formato alternativo e rispondenti alle necessità specifiche dei beneficiari di cui al comma 2-*ter*. A tal fine, ogni copia in formato accessibile deve essere sempre accompagnata dalla menzione del titolo dell'opera, o di altro materiale, dei nomi di coloro che risultano autori, editori e traduttori dell'opera nonché delle ulteriori indicazioni che figurano sull'opera o altro materiale secondo quanto previsto dalla legge. Nel determinare se le modifiche, conversioni o adattamenti siano necessari, i beneficiari non hanno l'obbligo di condurre verifiche sulla disponibilità di altre versioni accessibili dell'opera o altro materiale. L'eccezione di cui al comma 2-*bis* non si applica all'entità autorizzata nel caso in cui siano già disponibili in commercio versioni accessibili di un'opera o di altro materiale, fatta salva la possibilità di miglioramento dell'accessibilità o della qualità delle stesse.[1]

2-*octies*. L'esercizio delle attività previste dai commi 2-*bis* e seguenti è consentito nei limiti giustificati dal fine perseguito, per finalità non commerciali, dirette o indirette, e senza scopo di lucro; esso non è subordinato al rispetto di ulteriori requisiti in capo ai beneficiari. Sono prive di effetti giuridici le clausole contrattuali dirette a impedire o limitare l'applicazione dei commi da 2-*bis* a 2-*septies*. Gli utilizzi consentiti non devono porsi in contrasto con lo sfruttamento normale dell'opera o di altro materiale e non devono arrecare ingiustificato pregiudizio ai legittimi interessi dei titolari dei relativi diritti.[1]

2-*novies*. Alle entità autorizzate non è imposto alcun obbligo di produzione e diffusione di copie in formato accessibile di opere o altro materiale protetto e possono chiedere ai beneficiari esclusivamente il rimborso del costo per la trasformazione delle opere in formato accessibile nonché delle spese necessarie per la consegna delle stesse.[1]

2-*decies*. Le entità autorizzate stabilite nel territorio dello Stato italiano possono effettuare le operazioni di cui ai commi 2-*bis*, 2-*quater* e 2-*quinquies* per un beneficiario o un'altra entità autorizzata stabilita in un altro Stato membro dell'Unione europea. I beneficiari o le entità autorizzate stabilite nel territorio dello Stato italiano possono ottenere o avere accesso a una copia in formato accessibile da un'entità autorizzata stabilita in qualsiasi altro Stato membro dell'Unione europea.[1]

2-*undecies*. Le entità autorizzate stabilite nel territorio dello Stato italiano, nel pieno rispetto delle disposizioni vigenti in ordine al trattamento dei dati personali, devono:

a) distribuire, comunicare e rendere disponibili le copie in formato accessibile unicamente ai beneficiari o ad altre entità autorizzate;

b) prendere opportune misure per prevenire la riproduzione, la distribuzione, la comunicazione al pubblico o la messa a disposizione del pubblico non autorizzate delle copie in formato accessibile;

c) prestare la dovuta diligenza nel trattare le opere o altro materiale e le relative copie in formato accessibile e nel registrare tutte le operazioni effettuate;

d) pubblicare e aggiornare, se del caso nel proprio sito web, o tramite altri canali online o offline, informazioni sul modo in cui le entità autorizzate rispettano gli obblighi di cui alle lettere *a*), *b*) e *c*).[1]

2-*duodecies*. Le entità autorizzate stabilite nel territorio dello Stato italiano devono fornire le seguenti informazioni in modo accessibile, su richiesta, alle categorie di beneficiari di cui al comma 2-*ter*, alle entità autorizzate, anche stabilite all'estero, e ai titolari dei diritti:

a) l'elenco delle opere o di altro materiale per cui dispongono di copie in formato accessibile e i formati disponibili;

b) il nome e i contatti delle entità autorizzate con le quali hanno avviato lo scambio di copie in formato accessibile a norma del comma 2-*decies*.[1]

2-*terdecies*. Le informazioni di cui alle lettere *a*) e *b*) del comma 2-*duodecies* sono comunicate annualmente ai competenti uffici del Ministero per i beni e le attività culturali ai fini della comunicazione periodica alla Commissione europea.[1]

[1] Comma aggiunto dall'art. 15, L. 3 mag. 2019, n. 37.

71-*ter*. 1. È libera la comunicazione o la messa a disposizione destinata a singoli individui, a scopo di ricerca o di attività privata di studio, su terminali aventi tale unica funzione situati nei locali delle biblioteche accessibili al pubblico, degli istituti di istruzione, nei musei e negli archivi, limitatamente alle opere o ad altri materiali contenuti nelle loro collezioni e non soggetti a vincoli derivanti da atti di cessione o da licenza.

71-*quater*. 1. È consentita la riproduzione di emissioni radiotelevisive effettuate da ospedali pubblici e da istituti di prevenzione e pena, per un utilizzo esclusivamente interno, purché i titolari dei diritti ricevano un equo compenso determinato con Decreto del Ministro per i Beni e le Attività Culturali, sentito il comitato di cui all'art. 190.

71-*quinquies*. 1. I titolari di diritti che abbiano apposto le misure tecnologiche di cui all'art. 102-

quater sono tenuti alla rimozione delle stesse per consentire l'utilizzo delle opere o dei materiali protetti, dietro richiesta dell'autorità competente, per fini di sicurezza pubblica o per assicurare il corretto svolgimento di un procedimento amministrativo, parlamentare o giudiziario.

2. I titolari dei diritti sono tenuti ad adottare idonee soluzioni, anche mediante la stipula di appositi accordi con le associazioni di categoria rappresentative dei beneficiari, per consentire l'esercizio delle eccezioni di cui agli artt. 55; 68, commi 1 e 2; 69, comma 2; 70 comma 1; 71-*bis* e 71-*quater*, su espressa richiesta dei beneficiari ed a condizione che i beneficiari stessi abbiano acquisito il possesso legittimo degli esemplari dell'opera o del materiale protetto o vi abbiano avuto accesso legittimo ai fini del loro utilizzo, nel rispetto e nei limiti delle disposizioni di cui ai citati articoli, ivi compresa la corresponsione dell'equo compenso, se previsto.

3. I titolari dei diritti non sono tenuti agli adempimenti di cui al comma 2 in relazione alle opere o ai materiali messi a disposizione del pubblico in modo che ciascuno vi possa avere accesso dal luogo o nel momento scelto individualmente quando l'accesso avvenga sulla base di accordi contrattuali.

4. Le associazioni di categoria dei titolari dei diritti e gli enti o le associazioni rappresentative dei beneficiari delle eccezioni di cui al comma 2 possono svolgere trattative volte a consentire l'esercizio di dette eccezioni. In mancanza di accordo, ciascuna delle parti può rivolgersi al comitato di cui all'art. 190 perché esperisca un tentativo obbligatorio di conciliazione, secondo le modalità di cui all'art. 194-bis.

5. Dall'applicazione della presente disposizione non derivano nuovi o maggiori oneri a carico della finanza pubblica.

SEZIONE II

Riproduzione privata ad uso personale

71-*sexies*. 1. È consentita la riproduzione privata di fonogrammi e videogrammi su qualsiasi supporto, effettuata da una persona fisica per uso esclusivamente personale, purché senza scopo di lucro e senza fini direttamente o indirettamente commerciali, nel rispetto delle misure tecnologiche di cui all'art. 102-*quater*.

2. La riproduzione di cui al comma 1 non può essere effettuata da terzi. La prestazione di servizi finalizzata a consentire la riproduzione di fonogrammi e videogrammi da parte di persona fisica per uso personale costituisce attività di riproduzione soggetta alle disposizioni di cui agli artt. 13, 72, 78-*bis*, 79 e 80.

La disposizione di cui al comma 1 non si applica alle opere o ai materiali protetti messi a disposizione del pubblico in modo che ciascuno possa avervi accesso dal luogo e nel momento scelti, individualmente, quando l'opera è protetta dalle misure tecnologiche di cui all'art. 102-*quater* ovvero quando l'accesso è consentito sulla base di accordi contrattuali.

4. Fatto salvo quanto disposto dal comma 3, i titolari dei diritti sono tenuti a consentire che, nonostante l'applicazione delle misure tecnologiche di cui all'art. 102-*quater*, la persona fisica. che abbia acquisito il possesso legittimo di esemplari dell'opera o del materiale protetto, ovvero vi abbia avuto accesso legittimo, possa effettuare una copia privata, anche solo analogica per uso personale, a condizione che tale possibilità non sia in contrasto con lo sfruttamento normale dell'opera o degli altri materiali e non arrechi ingiustificato pregiudizio ai titolari dei diritti.

71-*septies*. 1. Gli autori ed i produttori di fonogrammi, nonché i produttori originari di opere audiovisive, gli artisti interpreti ed esecutori ed i produttori di videogrammi, e i loro aventi causa, hanno diritto ad un compenso per la riproduzione privata di fonogrammi e di videogrammi di cui all'art. 71-*sexies*. Detto compenso è costituito, per gli apparecchi esclusivamente destinati alla registrazione analogica e digitale di fonogrammi o videogrammi, da una quota del prezzo pagato dall'acquirente finale al venditore che per gli apparecchi polifunzionali è calcolata sul prezzo di un apparecchio avendo caratteristiche equivalenti a quelle della componente interna destinata alla registrazione, ovvero, qualora ciò non fosse possibile da un importo fisso per apparecchio. Per i supporti di registrazione audio e video, quali supporti analogici, supporti digitali, memorie fisse o trasferibili destinate alla registrazione di fonogrammi o videogrammi, il compenso è costituito da una somma commisurata alla capacità di registrazione resa dai medesimi supporti. Per i sistemi di videoregistrazione da remoto, il compenso di cui al presente comma è dovuto dal soggetto che presta il servizio ed è commisurato alla remunerazione ottenuta per la prestazione del servizio stesso.

2. Il compenso di cui al comma 1 è determinato nel rispetto della normativa comunitaria e comunque tenendo conto dei diritti di riproduzione con decreto del Ministro per i Beni e le Attività Culturali, da adottare entro il 31 dicembre 2009 sentito il comitato di cui all'art. 190 e le associazioni di categoria maggiormente rappresentative dei produttori degli apparecchi e dei supporti di cui al comma 1. Per la determinazione del compenso si tiene conto dell'apposizione o meno delle misure tecnologiche di cui all'art. 102-*quater*, nonché della diversa incidenza della copia digitale rispetto alla copia analogica. Il decreto è sottoposto ad aggiornamento triennale.

3. Il compenso è dovuto da chi fabbrica o importa nel territorio dello Stato, allo scopo di trarne profitto, gli apparecchi e i supporti indicati nel comma 1. I predetti soggetti devono presentare alle Società

italiana degli autori ed editori (SIAE), ogni tre mesi, una dichiarazione dalla quale risultino le cessioni effettuate e i compensi dovuti, che devono essere contestualmente corrisposti. In caso di mancata corresponsione del compenso, è responsabile in solido per il pagamento il distributore degli apparecchi o dei supporti di registrazione.

4. La violazione degli obblighi di cui al comma 3 è punita con la sanzione amministrativa pecuniaria pari al doppio del compenso dovuto, nonché, nei casi più gravi o di recidiva, con la sospensione della licenza o autorizzazione all'esercizio della attività commerciale o industriale da quindici giorni a tre mesi, ovvero con la revoca della licenza o autorizzazione stessa.

71-*octies*. 1. Il compenso di cui all'art. 71-*septies* per apparecchi e supporti di registrazione audio è corrisposto alla Società Italiana degli Autori e Editori (S.I.A.E.), la quale provvede a ripartirlo al netto delle spese, per il cinquanta per cento agli autori e loro aventi causa e per il restante cinquanta per cento, in parti uguali, tra produttori di fonogrammi e gli artisti interpreti o esecutori, anche tramite le imprese che svolgono attività di intermediazione dei diritti connessi al diritto d'autore, di cui al decreto legislativo 15 marzo 2017, n. 35.[1]

2. [Abrogato][2]

3. Il compenso di cui all'art. 71-*septies* per gli apparecchi e i supporti di registrazione video è corrisposto alla Società Italiana degli Autori ed Editori (S.I.A.E.), la quale provvede a ripartirlo al netto delle spese, anche tramite le loro associazioni di categoria maggiormente rappresentative, per il trenta per cento agli autori, per il restante settanta per cento in parti uguali tra i produttori originari di opere audiovisive, i produttori di videogrammi e gli artisti interpreti o esecutori. La quota spettante agli artisti interpreti o esecutori è destinata per il cinquanta per cento alle attività e finalità di cui all'art. 7, comma 2, della L. 5 feb. 1992, n. 93.

3-*bis*. Al fine di favorire la creatività dei giovani autori, il 10 per cento di tutti i compensi incassati ai sensi dell'articolo 71-*septies*, calcolato prima delle ripartizioni effettuate dalla Società italiana degli autori ed editori (SIAE) ai sensi dei commi 1 e 3 del presente articolo, è destinato dalla Società, sulla base di apposito atto di indirizzo annuale del Ministro dei beni e delle attività culturali e del turismo, ad attività di promozione culturale nazionale e internazionale.[3]

3-*ter*. Entro il 31 dicembre di ogni anno, la Società italiana degli autori ed editori (SIAE) trasmette al Ministero della cultura il rendiconto dettagliato delle spese di cui ai commi 1 e 3 sostenute per la gestione delle attività di cui ai medesimi commi nonché l'elenco dei soggetti beneficiari del riparto dei compensi con i relativi importi.[4]

3-*quater*. Entro il 31 dicembre di ogni anno, i soggetti abilitati a ripartire il compenso di cui all'articolo 71-*septies* trasmettono al Ministero della cultura e alla Società italiana degli autori ed editori (SIAE) il rendiconto dettagliato della destinazione delle somme e della relativa ripartizione in favore dei beneficiari nonché delle spese sostenute in quanto strettamente connesse all'attività di ripartizione. Al fine di favorire l'economicità, l'efficacia e l'efficienza delle attività di ripartizione di cui al presente articolo e di ridurne le spese di gestione, la Società italiana degli autori ed editori (SIAE) definisce modelli e procedure, approvati dal Ministero della cultura, relativi alle attività di ripartizione, che consentono altresì alla medesima Società la verifica della necessità e della congruità delle spese rendicontate e delle eventuali somme accantonate o comunque non distribuite. La Società italiana degli autori ed editori (SIAE) può procedere a verifiche amministrativo-contabili, anche a campione, per accertare la regolarità dei dati rendicontati e può disporre il reintegro degli importi detratti a copertura di spese di gestione o di eventuali accantonamenti, al fine della successiva ripartizione tra i beneficiari. Il mancato rispetto degli obblighi di rendicontazione di cui al presente comma determina per i soggetti inadempienti l'impossibilità di partecipare alle successive ripartizioni nonché l'obbligo di restituzione degli importi complessivi ricevuti dalla Società italiana degli autori ed editori (SIAE). La Società italiana degli autori ed editori (SIAE) riferisce al Ministero della cultura sugli esiti delle verifiche di cui al presente comma.[4]

[1] Comma così modif. dall'art. 65 , D.L. 25 mag. 2021, n. 73, conv. con modif. in L. 23 lug. 2021, n. 106.

[2] Comma abrog. dall'art. 65 , D.L. 25 mag. 2021, n. 73, conv. con modif. in L. 23 lug. 2021, n. 106.

[3] Comma aggiunto dall'art. 1, c. 335, L. 28 dic. 2015, n. 208.

[4] Comma aggiunto dall'art. 65 , D.L. 25 mag. 2021, n. 73, conv. con modif. in L. 23 lug. 2021, n. 106.

SEZIONE III
Disposizioni comuni

71-*nonies*. 1. Le eccezioni e limitazioni disciplinate dal presente capo e da ogni altra disposizione, della presente legge, quando sono applicate ad opere o ad altri materiali protetti messi a disposizione del pubblico in modo che ciascuno possa avervi accesso dal luogo e nel momento scelto individualmente, non devono essere in contrasto con lo sfruttamento normale delle opere o degli altri materiali, né arrecare un ingiustificato pregiudizio agli interessi dei titolari.

71-*decies*. 1. Le eccezioni e limitazioni al diritto d'autore contenute nel presente capo si applicano anche ai diritti connessi di cui ai capi I, I-*bis*, II e III e, in quanto applicabili, agli altri capi del titolo II nonché al capo I del titolo II-*bis*.

TITOLO II
Disposizioni sui diritti connessi all'esercizio del diritto di autore

CAPO I
Diritti del produttore di fonogrammi

72. 1. Salvi i diritti spettanti all'autore a termini del titolo 1, il produttore di fonogrammi ha il diritto esclusivo, per la durata e alle condizioni stabilite dagli articoli che seguono:

a) di autorizzare la riproduzione diretta o indiretta, temporanea o permanente, dei suoi fonogrammi in qualunque modo o forma, in tutto o in parte e con qualsiasi processo di duplicazione;

b) di autorizzare la distribuzione degli esemplari dei suoi fonogrammi. Il diritto esclusivo di distribuzione non si esaurisce nel territorio della Comunità, se non nel caso di prima vendita del supporto contenente il fonogramma effettuata o consentita dal produttore in uno Stato membro;

c) di autorizzare il noleggio ed il prestito degli esemplari dei suoi fonogrammi. Tale diritto non si esaurisce con la vendita o con la distribuzione in qualsiasi forma degli esemplari;

d) di autorizzare la messa a disposizione del pubblico dei suoi fonogrammi in maniera tale che ciascuno possa avervi accesso dal luogo e nel momento scelti individualmente. Tale diritto non si esaurisce con alcun atto di messa a disposizione del pubblico.

73. Il produttore di fonogrammi, nonché gli artisti interpreti e gli artisti esecutori che abbiano compiuto l'interpretazione o l'esecuzione fissata o riprodotta nei fonogrammi, indipendentemente dai diritti di distribuzione, noleggio e prestito loro spettanti, hanno diritto ad un compenso per l'utilizzazione a scopo di lucro dei fonogrammi a mezzo della cinematografia, della diffusione radiofonica e televisiva, ivi compresa la comunicazione al pubblico via satellite, nelle pubbliche feste danzanti, nei pubblici esercizi ed in occasione di qualsiasi altra pubblica utilizzazione dei fonogrammi stessi. Il compenso è riconosciuto, per ciascun fonogramma utilizzato, distintamente al produttore di fonogrammi ed agli artisti interpreti o esecutori. L'esercizio di tale diritto spetta a ciascuna delle imprese che svolgono attività di intermediazione dei diritti connessi al diritto d'autore, di cui all'articolo 3, comma 2, del decreto del Presidente del Consiglio dei ministri 19 dicembre 2012, pubblicato nella *Gazzetta Ufficiale* n. 59 dell'11 marzo 2013, alle quali il produttore di fonogrammi e gli artisti interpreti o esecutori hanno conferito per iscritto il rispettivo mandato.[1]

2. La misura dei compenso e le quote di ripartizione, nonché le relative modalità, sono determinate secondo le norme del regolamento.

2-*bis*. Il compenso dovuto agli artisti interpreti o esecutori ai sensi dei commi 1 e 2 non è da essi rinunciabile né può in alcun modo formare oggetto di cessione.[2]

3. Nessun compenso è dovuto per l'utilizzazione ai fini dell'insegnamento e della comunicazione istituzionale fatta dall'Amministrazione dello Stato o da enti a ciò autorizzati dallo Stato.

[1] Comma così modif. dall'art. 1, c. 56, L. 4 ago. 2017, n. 124.
[2] Comma ins. dall'art. 1, c. 177, L. 4 ago. 2017, n. 124.

73-*bis*. 1. Gli artisti interpreti o esecutori e il produttore del fonogramma utilizzato hanno diritto ad un equo compenso anche quando l'utilizzazione di cui all'art. 73 è effettuata a scopo non di lucro.

2. Salvo diverso accordo tra le parti, tale compenso è determinato, riscosso e ripartito secondo le norme del regolamento.

74. 1. Il produttore ha il diritto di opporsi a che l'utilizzazione dei fonogrammi, prevista negli artt. 73 e 73-*bis* sia effettuata in condizioni tali da arrecare un grave pregiudizio ai suoi interessi industriali.

2. Su richiesta dell'interessato, il Ministero per i Beni e le Attività Culturali, in attesa della decisione dell'autorità giudiziaria, può nondimeno autorizzare l'utilizzazione dei fonogrammi previi accertamenti tecnici e disponendo, se occorra, quanto è necessario per eliminare le cause che turbano la regolarità dell'utilizzazione.

75. La durata dei diritti previsti nel presente capo è di cinquanta anni dalla fissazione. Tuttavia se durante tale periodo il fonogramma è lecitamente pubblicato, i diritti scadono settanta anni dopo la data della prima pubblicazione lecita.

Se nel periodo di tempo indicato nel primo comma non sono effettuate pubblicazioni lecite e se il fonogramma è lecitamente comunicato al pubblico durante detto periodo, i diritti scadono settanta anni dopo la data di tale prima comunicazione al pubblico.

[1] Articolo così sost. dall'art. 1, D.lgs. 21 feb. 2014, n. 22. Le disposizioni del presente articolo si applicano alle fissazioni di esecuzioni e ai fonogrammi per i quali l'artista, interprete o esecutore, e il produttore di fonogrammi erano ancora protetti, in virtù delle disposizioni in vigore prima dell'entrata in vigore del presente decreto legislativo, alla data del 1° nov. 2013 e alle fissazioni di esecuzioni e ai fonogrammi successivi a tale data. Salvo che il contratto disponga diversamente, un contratto di trasferimento o cessione dei diritti sul fonogramma, concluso anteriormente alla data di entrata in vigore del D.lgs. 21 feb. 2014, n. 22, continua a produrre i suoi effetti oltre la data alla quale, in base alla normativa vigente alla data del 31 ott. 2013, l'artista, interprete o esecutore non sarebbe più protetto. I contratti di trasferimento o cessione che autorizzano un artista, interprete o esecutore, a ricevere pagamenti ricorrenti e che sono stati conclusi anteriormente alla data di entrata in vigore del D.lgs. 21 feb. 2014, n. 22, possono essere rinegoziati dalle parti a vantaggio dell'artista, interprete o esecutore, dopo il cinquantesimo anno dalla pubblicazione lecita del fonogramma o, in mancanza di tale pubblicazione, dopo il cinquantesimo

anno dalla sua lecita comunicazione al pubblico. Se la rinegoziazione non raggiunge il buon fine, può promuoversi la procedura di conciliazione di cui all'art. 194-*bis* della presente legge.

76. 1. I supporti contenenti fonogrammi non possono essere distribuiti se non portano stabilmente apposte le indicazioni di cui all'art. 62, in quanto applicabili.

77. .... [1]

[1] Articolo abrog. dall'art. 41, D.lgs. 9 apr. 2003, n. 68.

78. 1. Il produttore di fonogrammi è la persona fisica o giuridica che assume l'iniziativa e la responsabilità della prima fissazione dei suoni provenienti da una interpretazione o esecuzione o di altri suoni o di rappresentazioni di suoni.

2. È considerato come luogo della produzione quello nel quale avviene la diretta registrazione originale.

CAPO I-*bis*
Diritti dei produttori di opere cinematografiche o audiovisive o sequenze di immagini in movimento

78-*bis*. 1. L'utilizzazione dei fonogrammi da parte di emittenti radiotelevisive è soggetta alle disposizioni di cui al presente capo.

78-*ter*. 1. Il produttore di opere cinematografiche o audiovisive o di sequenze di immagini in movimento è titolare del diritto esclusivo:

a) di autorizzare la riproduzione diretta o indiretta, temporanea o permanente, in qualunque modo o forma, in tutto o in parte, degli originali e delle copie delle proprie realizzazioni;

b) di autorizzare la distribuzione con qualsiasi mezzo, compresa la vendita dell'originale e delle copie di tali realizzazioni. Il diritto di distribuzione non si esaurisce nel territorio della Comunità Europea se non nel caso di prima vendita effettuata o consentita dal produttore in uno Stato membro,

c) di autorizzare il noleggio ed il prestito dell'originale e delle copie delle sue realizzazioni. La vendita o la distribuzione, sotto qualsiasi forma, non esauriscono il diritto di noleggio e di prestito;

d) di autorizzare la messa a disposizione del pubblico dell'originale e delle copie delle proprie realizzazioni, in maniera tale che ciascuno possa avervi accesso dal luogo e nel momento scelti individualmente. Tale diritto non si esaurisce con alcun atto di messa a disposizione del pubblico.

2. La durata dei diritti di cui al comma 1 è di cinquanta anni dalla fissazione. Se l'opera cinematografica, o audiovisiva o la sequenza di immagini in movimento è pubblicata o comunicata al pubblico durante tale termine, la durata è di cinquanta anni dalla prima pubblicazione o, se anteriore, dalla prima comunicazione al pubblico dell'opera cinematografica o audiovisiva o della sequenza di immagini in movimento.

CAPO I-*ter*
Diritti audiovisivi sportivi

78-*quater*. Ai diritti audivisivi sportivi di cui alla legge 19 luglio 2007, n. 106, e relativi decreti legislativi attuativi, si applicano le disposizioni della presente legge, in quanto compatibili.

CAPO II
Diritti relativi all'emissione radiofonica e televisiva

79. 1. Senza pregiudizio dei diritti sanciti da questa legge a favore degli autori, dei produttori di fonogrammi, dei produttori di opere cinematografiche o audiovisive o di sequenze di immagini in movimento, degli artisti interpreti, e degli artisti esecutori, coloro che esercitano l'attività di emissione radiofonica o televisiva hanno il diritto esclusivo:

a) di autorizzare la fissazione delle proprie emissioni effettuate su filo o via etere: il diritto non spetta al distributore [via cavo][1] qualora ritrasmette semplicemente [via cavo][1] le emissioni di altri organismi di radiodiffusione;

b) di autorizzare la riproduzione diretta o indiretta, temporanea o permanente, in qualunque modo o forma, in tutto o in parte, delle fissazioni delle proprie emissioni;

c) di autorizzare la ritrasmissione su filo o via etere delle proprie emissioni, nonché la loro comunicazione al pubblico, se questa avviene in luoghi accessibili mediante pagamento di un diritto di ingresso;

d) di autorizzare la messa a disposizione del pubblico in maniera tale che ciascuno possa avervi accesso nel luogo o nel momento scelti individualmente, delle fissazioni delle proprie emissioni, siano esse effettuate su filo o via etere;

e) di autorizzare la distribuzione delle fissazioni delle proprie emissioni. Il diritto di distribuzione non si esaurisce nel territorio della Comunità Europea se non nel caso di prima vendita effettuata o consentita dal titolare in uno Stato membro.

I diritti di cui alle lettere *c*) e *d*) non si esauriscono con alcun atto di comunicazione al pubblico o di messa a disposizione del pubblico.

2. I soggetti di cui al comma 1 hanno altresì il diritto esclusivo di utilizzare la fissazione delle proprie emissioni per nuove trasmissioni o ritrasmissioni o per nuove registrazioni.

3. L'espressione radio-diffusione ha riguardo all'emissione radiofonica e televisiva.

4. L'espressione su filo o via etere include le emissioni via cavo e via satellite.

5. La durata dei diritti di cui al comma 1 è di cinquanta anni dalla prima diffusione di una emissione.

[1] Parole soppresse dall'art. 1, D.lgs. 8 nov. 2021, n. 181.

79-*bis*.[1] 1. L'articolo 16-*ter* non si applica ai diritti sulla ritrasmissione esercitati dagli organismi di diffusione radiotelevisiva in relazione alle proprie trasmissioni, indipendentemente dal fatto che tali diritti appartengano direttamente o siano stati trasferiti a tali organismi da altri titolari dei diritti.

2. Qualora gli organismi di diffusione radiotelevisiva e gli operatori dei servizi di ritrasmissione avviino trattative finalizzate alla conclusione di un accordo per l'autorizzazione alla ritrasmissione dei programmi televisivi e radiofonici, tali trattative devono essere condotte in buona fede, ai sensi dell'articolo 1337 del codice civile.

[1] Articolo ins. dall'art. 1, D.lgs. 8 nov. 2021, n. 181.

CAPO III
Diritti degli artisti interpreti e degli artisti esecutori

80.[1] 1. Si considerano artisti interpreti ed artisti esecutori gli attori, i cantanti, i musicisti, i ballerini e le altre persone, inclusi i doppiatori che rappresentano, cantano, recitano, declamano o eseguono in qualunque modo opere dell'ingegno, siano esse tutelate o di dominio pubblico.

2. Gli artisti interpreti e gli artisti esecutori hanno, indipendentemente dall'eventuale retribuzione loro spettante per le prestazioni artistiche dal vivo, il diritto esclusivo di:

a) autorizzare la fissazione delle loro prestazioni artistiche;

b) autorizzare la riproduzione diretta o indiretta, temporanea o permanente, in qualunque modo o forma, in tutto o in parte, della fissazione delle loro prestazioni artistiche;

c) autorizzare la comunicazione al pubblico, in qualsivoglia forma e modo, ivi compresa la messa a disposizione del pubblico in maniera tale che ciascuno possa avervi accesso dal luogo e nel momento scelti individualmente, delle proprie prestazioni artistiche dal vivo, nonché la diffusione via etere e la comunicazione via satellite delle prestazioni artistiche dal vivo, a meno che le stesse siano rese in funzione di una loro radiodiffusione o siano già oggetto di una fissazione utilizzata per la diffusione. Se la fissazione consiste in un supporto fonografico, qualora essa sia utilizzata a scopo di lucro, è riconosciuto a favore degli artisti interpreti o esecutori il compenso di cui all'art. 73; qualora non sia utilizzata a scopo di lucro, è riconosciuto a favore degli artisti interpreti o esecutori interessati l'equo compenso di cui all'art. 73

d) autorizzare la messa a disposizione del pubblico in maniera tale che ciascuno possa avervi accesso dal luogo e nel momento scelti individualmente, delle fissazioni delle proprie prestazioni artistiche e delle relative riproduzioni e, secondo apposite clausole contrattuali, in caso di cessione del diritto a un produttore di fonogrammi, di ottenere la corrispondente equa remunerazione, adeguata e proporzionata, anche per il tramite degli organismi di gestione collettiva e delle entità di gestione indipendente.

e) autorizzare la distribuzione delle fissazioni delle loro prestazioni artistiche. Il diritto non si esaurisce nel territorio della Comunità europea se non nel caso di prima vendita da parte del titolare del diritto o con il suo consenso in uno Stato membro;

f) autorizzare il noleggio o il prestito delle fissazioni delle loro prestazioni artistiche e delle relative riproduzioni: l'artista interprete o esecutore, anche in caso di cessione del diritto di noleggio ad un produttore di fonogrammi o di opere cinematografiche o audiovisive o di sequenze di immagini in movimento, conserva il diritto di ottenere un'equa remunerazione per il noleggio concluso dal produttore con terzi. Ogni patto contrario è nullo. In difetto di accordo da concludersi tra i soggetti interessati, detto compenso è stabilito dall'Autorità per le garanzie nelle comunicazioni secondo le procedure previste da apposito regolamento da adottare entro sessanta giorni dalla data di entrata in vigore della presente disposizione.

3. I diritti di cui al comma 2, lettera *c*) non si esauriscono con alcun atto di comunicazione al pubblico, ivi compresi gli atti di messa a disposizione del pubblico.

[1] Articolo così modif. dall'art. 1, D.lgs. 8 nov. 2021, n. 177. V. nota 1, art. 18-*bis*.

81. Gli artisti interpreti e gli artisti esecutori hanno diritto di opporsi alla comunicazione al pubblico o alla riproduzione della loro recitazione, rappresentazione o esecuzione che possa essere di pregiudizio al loro onore o alla loro reputazione.

Sono applicabili le disposizioni del comma secondo dell'art. 74 (Regol. 26).

Per quanto attiene alla radiodiffusione, le controversie nascenti dall'applicazione del presente articolo sono regolate dalle norme contenute nel comma primo dell'art. 54.

82. Agli effetti dell'applicazione delle disposizioni che precedono, si comprendono nella denominazione di artisti interpreti e di artisti esecutori:

1) coloro che sostengono nell'opera o composizione drammatica, letteraria o musicale, una parte di notevole importanza artistica, anche se di artista esecutore comprimario;

2) i direttori dell'orchestra o del coro;

3) i complessi orchestrali o corali, a condizione che la parte orchestrale o corale abbia valore artistico di per sè stante e non di semplice accompagnamento.

83. Gli artisti interpreti e gli artisti esecutori che sostengono le prime parti nell'opera o composizione drammatica, letteraria o musicale, hanno diritto che il loro nome sia indicato nella diffusione o trasmissione della loro recitazione, esecuzione o rappresentazione e venga stabilmente apposto sui supporti contenenti la relativa fissazione, quali fonogrammi, videogrammi o pellicole cinematografiche.

84.[1] 1. Salva diversa volontà delle parti, si presume che gli artisti interpreti ed esecutori abbiano ceduto i diritti di fissazione, riproduzione, radiodiffusione, ivi compresa la comunicazione al pubblico via satellite, distribuzione, nonché il diritto di autorizzare il noleggio contestualmente alla stipula del contratto per la produzione di un'opera cinematografica o audiovisiva o sequenza di immagini in movimento.

2. Agli artisti interpreti ed esecutori che nell'opera cinematografica e assimilata, ivi inclusa l'opera teatrale trasmessa sostengono una parte di notevole importanza artistica, anche se di artista comprimario, spetta, per ciascuna utilizzazione dell'opera cinematografica e assimilata, ivi inclusa l'opera teatrale trasmessa a mezzo della comunicazione al pubblico via etere, via cavo e via satellite un compenso adeguato e proporzionato a carico degli organismi di emissione.

3. Per ciascuna utilizzazione di opere cinematografiche e assimilate, ivi incluse le opere teatrali trasmesse, diversa da quella prevista nel comma 2 e nell'art. 80, comma 2, lettera *e*), agli artisti interpreti ed esecutori, quali individuati nel comma 2, spetta un compenso adeguato e proporzionato a carico di coloro che esercitano i diritti di sfruttamento per ogni distinta utilizzazione economica.

4. Il compenso previsto dai commi 2 e 3 non è rinunciabile e, in difetto di accordo da concludersi tra i soggetti interessati, è stabilito dall'Autorità per le garanzie nelle comunicazioni secondo le procedure previste da apposito regolamento da adottare entro sessanta giorni dalla data di entrata in vigore della presente disposizione.

[1] Articolo così modif. dall'art. 1, D.lgs. 8 nov. 2021, n. 177. V. nota 1, art. 18-*bis*.

84-*bis*.[1] Qualora un contratto di trasferimento o cessione conferisca all'artista, interprete o esecutore, il diritto a esigere una remunerazione non ricorrente, l'artista, interprete o esecutore, ha il diritto di ottenere una remunerazione annua supplementare da parte del produttore di fonogrammi per ogni anno completo immediatamente successivo al cinquantesimo anno dalla pubblicazione lecita del fonogramma o, in mancanza di tale pubblicazione, al cinquantesimo anno dalla sua lecita comunicazione al pubblico. La rinuncia al diritto di ottenere tale remunerazione non produce effetti.

L'importo complessivo, che il produttore di fonogrammi deve riservare al pagamento della remunerazione annua supplementare di cui al primo comma, corrisponde al 20 per cento del ricavo che il produttore di fonogrammi ha percepito, nel corso dell'anno che precede quello in cui è versata detta remunerazione, dalla riproduzione, distribuzione e messa a disposizione del fonogramma in questione, dopo il cinquantesimo anno dalla pubblicazione lecita del fonogramma o, in mancanza di tale pubblicazione, dopo il cinquantesimo anno dalla sua lecita comunicazione al pubblico. Per ricavo si intende il ricavo che deriva al produttore di fonogrammi prima della detrazione delle spese.

Le società di gestione collettiva, in possesso dei requisiti di cui al decreto adottato ai sensi dell'articolo 39, comma 3, del decreto-legge 24 gennaio 2012, n. 1, convertito, con modificazioni, dalla legge 24 marzo 2012, n. 27, amministrano il diritto ad ottenere la remunerazione annua supplementare spettante agli artisti, interpreti o esecutori, di cui al primo comma.

I produttori di fonogrammi sono tenuti, su richiesta degli artisti, interpreti o esecutori, o delle società di gestione collettiva di cui al terzo comma cui gli artisti, interpreti o esecutori, hanno concesso mandato, a fornire ogni informazione necessaria a garantire il pagamento della remunerazione annua supplementare di cui al primo comma.

Qualora un artista, interprete o esecutore, abbia diritto a pagamenti ricorrenti, dai pagamenti ad esso effettuati non è detratto alcun pagamento anticipato né alcuna deduzione prevista contrattualmente dopo il cinquantesimo anno dalla pubblicazione lecita del fonogramma o, in mancanza di tale pubblicazione, dopo il cinquantesimo anno dalla sua lecita comunicazione al pubblico.

[1] Articolo ins. dall'art. 2, D.lgs. 21 feb. 2014, n. 22. V. nota 1 art. 75.

84-*ter*.[1] Se, decorsi cinquanta anni dalla prima pubblicazione lecita del fonogramma o, in mancanza di tale pubblicazione, decorsi cinquanta anni dalla sua prima lecita comunicazione al pubblico, il produttore del fonogramma non mette in vendita un numero sufficiente di copie del fonogramma o non lo mette a disposizione del pubblico, su filo o senza filo, in maniera tale che ciascun membro del pubblico possa accedervi dal luogo e nel momento da esso scelti, l'artista, interprete o esecutore, può recedere dal contratto con cui l'artista ha trasferito o ceduto i suoi diritti di fissazione dell'esecuzione al produttore di fonogrammi. La rinuncia al diritto di recesso non produce effetti.

Il diritto di recedere dal contratto di trasferimento o cessione di cui al primo comma può essere esercitato, se il produttore di fonogrammi, entro un anno dalla comunicazione dell'artista, interprete o esecutore, dell'intenzione di recedere dal contratto di trasferimento o cessione ai sensi del primo comma, non realizza entrambe le forme di utilizzazione di cui al medesimo comma.

Qualora un fonogramma contenga la fissazione delle esecuzioni di una pluralità di artisti, interpreti o esecutori, essi possono recedere dai loro contratti di trasferimento o cessione con il consenso di tutti gli artisti, interpreti o esecutori, in conformità a quanto disposto dall'articolo 10. In caso di ingiustificato rifiuto di uno o più degli artisti, interpreti o esecutori, l'Autorità giudiziaria accerta il diritto di recesso da tutti i contratti di trasferimento o cessione da parte dei soggetti istanti.

In caso di recesso dal contratto di trasferimento o cessione, decadono i diritti del produttore di fonogrammi sul fonogramma.

[1] Articolo ins. dall'art. 2, D.lgs. 21 feb. 2014, n. 22. V. nota 1 art. 75.

85.[1] I diritti di cui al presente capo durano cinquanta anni a partire dalla esecuzione, rappresentazione o recitazione. Tuttavia:

a) se una fissazione dell'esecuzione, rappresentazione o recitazione, con un mezzo diverso dal fonogramma, è lecitamente pubblicata o lecitamente comunicata al pubblico durante tale termine, i diritti durano cinquanta anni a partire dalla prima pubblicazione, o, se anteriore, dalla prima comunicazione al pubblico;

b) se una fissazione dell'esecuzione in un fonogramma è lecitamente pubblicata o lecitamente comunicata al pubblico durante detto periodo, i diritti durano settanta anni dalla data della prima pubblicazione o, se anteriore, da quella della prima comunicazione al pubblico.

[1] Articolo così sost. dall'art. 1, D.lgs. 21 feb. 2014, n. 22. V. nota 1 art. 75.

85-*bis*. 1. In aggiunta ai diritti già disciplinati nel presente capo e nei capi precedenti, ai detentori dei diritti connessi è riconosciuto il diritto di autorizzare la ritrasmissione [via cavo][1] secondo le disposizioni di cui all'art. 110-*bis*.

[1] Parole soppresse dall'art. 1, D.lgs. 8 nov. 2021, n. 181.

CAPO III-*bis*
Diritti relativi ad opere pubblicate o comunicate al pubblico per la prima volta successivamente alla estinzione dei diritti patrimoniali d'autore

85-*ter*. 1. Senza pregiudizio dei diritti morali dell'autore, a chi, dopo la scadenza dei termini di protezione del diritto d'autore, lecitamente pubblica o comunica al pubblico per la prima volta un'opera non pubblicata anteriormente spettano i diritti di utilizzazione economica riconosciuti dalle disposizioni contenute nella sezione I del capo III, del titolo I della presente legge, in quanto applicabili.

2. La durata dei diritti esclusivi di utilizzazione economica di cui al comma 1 è di venticinque anni a partire dalla prima lecita pubblicazione o comunicazione al pubblico.

CAPO III-*ter*
Diritti relativi ad edizioni critiche e scientifiche di opere di pubblico dominio

85-*quater*. 1. Senza pregiudizio dei diritti morali dell'autore, a colui il quale pubblica, in qualunque modo o con qualsiasi mezzo, edizioni critiche e scientifiche di opere di pubblico dominio spettano i diritti esclusivi di utilizzazione economica dell'opera, quale risulta dall'attività di revisione critica e scientifica.

2. Fermi restando i rapporti contrattuali con il titolare del diritto di utilizzazione economica di cui al comma 1, spetta al curatore della edizione critica e scientifica il diritto alla indicazione del nome.

3. La durata dei diritti esclusivi di cui al comma 1 è di venti anni a partire dalla prima lecita pubblicazione, in qualunque modo o con qualsiasi mezzo effettuata.

85-*quinquies*. I termini finali di durata dei diritti previsti dal capi I, I-*bis*, II, III, III-*bis*, e dal presente capo del titolo II si computano, nei rispettivi casi, a decorrere dal 1° gennaio dell'anno successivo a quello in cui si verifica l'evento considerato dalla norma.

CAPO IV
Diritti relativi a bozzetti di scene teatrali

86. All'autore di bozzetti di scene teatrali che non costituiscono opera dell'ingegno coperta dal diritto di autore ai sensi delle disposizioni del titolo I, compete un diritto a compenso quando il bozzetto è usato ulteriormente in altri teatri, oltre quello per il quale è stato composto.

Questo diritto dura cinque anni a partire dalla prima rappresentazione nella quale il bozzetto è stato adoperato.

CAPO V
Diritti relativi alle fotografie[1]

[1] V. ora per la tutela delle opere fotografiche il n. 7 dell'art. 2 e l'art. 32 *bis*, aggiunti con D.P.R. 8 gen. 1979, n. 19, in applicazione della convenzione di Berna.

87. Sono considerate fotografie ai fini dell'applicazione delle disposizioni di questo capo le immagini di persone o di aspetti, elementi o fatti della vita naturale e sociale, ottenute col processo fotografico o con processo analogo, comprese le riproduzioni di opere dell'arte figurativa e i fotogrammi delle pellicole cinematografiche.

Non sono comprese le fotografie di scritti, documenti, carte di affari, oggetti materiali, disegni tecnici e prodotti simili.

88. Spetta al fotografo il diritto esclusivo di riproduzione, diffusione e spaccio della fotografia, salve le disposizioni stabilite dalla sezione seconda del capo sesto di questo titolo, per ciò che riguarda il ritratto (96 s.) e senza pregiudizio, riguardo alle fotografie riproducenti opere dell'arte figurativa, dei diritti di autore sull'opera riprodotta.

Tuttavia se l'opera è stata ottenuta nel corso e nell'adempimento di un contratto di impiego o di lavoro, entro i limiti dell'oggetto e delle finalità del contratto, il diritto esclusivo compete al datore di lavoro.

La stessa norma si applica, salvo patto contrario,

a favore del committente quando si tratti di fotografia di cose in possesso del committente medesimo e salvo pagamento a favore del fotografo, da parte di chi utilizza commercialmente la riproduzione, di un equo corrispettivo (98).

Il Presidente del Consiglio dei Ministri, con le norme stabilite dal regolamento (Regol. 27), può fissare apposite tariffe per determinare il compenso dovuto da chi utilizza la fotografia.

89. La cessione del negativo o di analogo mezzo di riproduzione della fotografia comprende, salvo patto contrario, la cessione dei diritti previsti all'art. precedente, sempreché tali diritti spettino al cedente (109).

90. Gli esemplari della fotografia devono portare le seguenti indicazioni:

1) il nome del fotografo, o, nel caso previsto nel primo capoverso dell'art. 88, della ditta da cui il fotografo dipende o del committente;

2) la data dell'anno di produzione della fotografia;

3) il nome dell'autore dell'opera d'arte fotografata.

Qualora gli esemplari non portino le suddette indicazioni, la loro riproduzione non è considerata abusiva e non sono dovuti i compensi indicati agli artt. 91 e 98, a meno che il fotografo non provi la malafede del riproduttore (Regol. 9).

91. La riproduzione di fotografie nelle antologie ad uso scolastico ed in generale nelle opere scientifiche o didattiche è lecita, contro pagamento di un equo compenso, che è determinato nelle forme previste dal regolamento (Regol. 27).

Nella riproduzione deve indicarsi il nome del fotografo e la data dell'anno della fabbricazione, se risultano dalla fotografia riprodotta.

La riproduzione di fotografie pubblicate su giornali od altri periodici, concernenti persone o fatti di attualità od aventi comunque pubblico interesse, è lecita contro pagamento di un equo compenso.

Sono applicabili le disposiz. dell'ultimo comma dell'art. 88.

92. Il diritto esclusivo sulle fotografie dura vent'anni dalla produzione della fotografia.

CAPO VI
Diritti relativi alla corrispondenza epistolare ed al ritratto

93. Le corrispondenze epistolari, gli epistolari, le memorie familiari e personali e gli altri scritti della medesima natura, allorché abbiano carattere confidenziale o si riferiscano alla intimità della vita privata, non possono essere pubblicati, riprodotti od in qualunque modo portati alla conoscenza del pubblico senza il consenso dell'autore, e, trattandosi di corrispondenze epistolari e di epistolari, anche del destinatario.[1]

Dopo la morte dell'autore o del destinatario occorre il consenso del coniuge e dei figli, o, in loro mancanza, dei genitori; mancando il coniuge, i figli e i genitori, dei fratelli e delle sorelle, e, in loro mancanza, degli ascendenti e dei discendenti diretti fino al quarto grado.

Quando le persone indicate nel comma precedente siano più e vi sia tra loro dissenso, decide la autorità giudiziaria, sentito il pubblico ministero.

È rispettata, in ogni caso, la volontà del defunto quando risulti da scritto.

[1] V. artt. 616, 618, 619 e 620 c.p.

94. Il consenso indicato all'art. precedente non è necessario quando la conoscenza dello scritto è richiesta ai fini di un giudizio civile o penale o per esigenza di difesa dell'onore o della reputazione personale o familiare.

95. Le disposizioni degli articoli precedenti si applicano anche alle corrispondenze epistolari che costituiscono opere tutelate dal diritto di autore ed anche se cadute in dominio pubblico. Non si applicano agli atti e corrispondenze ufficiali o agli atti e corrispondenze che presentano interesse di Stato.

SEZIONE II
Diritti relativi al ritratto

96. Il ritratto di una persona non può essere esposto, riprodotto o messo in commercio senza il consenso di questa, salve le disposizioni dell'art. seguente (10 c.c.).

Dopo la morte della persona ritrattata si applicano le disposizioni del 2°, 3° e 4° comma dell'art. 93 (10 c.c.).

97. Non occorre il consenso della persona ritrattata quando la riproduzione dell'immagine è giustificata dalla notorietà o dall'ufficio pubblico coperto, da necessità di giustizia o di polizia, da scopi scientifici, didattici o culturali, o quando la riproduzione è collegata a fatti, avvenimenti, cerimonie di interesse pubblico o svoltisi in pubblico.

Il ritratto non può tuttavia essere esposto o messo in commercio, quando l'esposizione o messa in commercio rechi pregiudizio all'onore, alla reputazione od anche al decoro della persona ritrattata (10 c.c.).

98. Salvo patto contrario, il ritratto fotografico eseguito su commissione può dalla persona fotografata o dai suoi successori o aventi causa essere pubblicato, riprodotto o fatto riprodurre senza il consenso del fotografo, salvo pagamento a favore di quest'ultimo, da parte di chi utilizza commercialmente la riproduzione, di un equo corrispettivo (88).

Il nome del fotografo, allorché figuri sulla fotografia originaria, deve essere indicato.

Sono applicabili le disposizioni dell'ultimo comma dell'art. 88.

CAPO VII

Diritti relativi ai progetti di lavori dell'ingegneria

99. All'autore di progetti di lavori di ingegneria, o di altri lavori analoghi, che costituiscano soluzioni originali di problemi tecnici, compete, oltre al diritto esclusivo di riproduzione dei piani e disegni dei progetti medesimi, il diritto ad un equo compenso a carico di coloro che realizzino il progetto tecnico a scopo di lucro senza il suo consenso (2578 c.c.).

Per esercitare il diritto al compenso l'autore deve inserire sopra il piano o disegno una dichiarazione di riserva ed eseguire il deposito del piano o disegno presso *la Presidenza del Consiglio dei Ministri*, secondo le norme stabilite dal regolamento (Regol. 11).

Il diritto a compenso previsto in questo articolo dura venti anni dal giorno del deposito prescritto nel secondo comma.

CAPO VII-*bis*

Titolarità dei diritti connessi

99-*bis*. 1. È reputato titolare di un diritto connesso, salvo prova contraria, chi, nelle forme d'uso, è individuato come tale nei materiali protetti, ovvero è annunciato come tale nella recitazione, esecuzione rappresentazione o comunicazione al pubblico.

CAPO VIII

Protezione del titolo, delle rubriche, dell'aspetto esterno dell'opera, degli articoli e di notizie - Divieto di taluni atti di concorrenza sleale

100. Il titolo dell'opera, quando individui l'opera stessa, non può essere riprodotto sopra altra opera senza il consenso dell'autore.

Il divieto non si estende ad opere che siano di specie o carattere, così diverso da risultare esclusa ogni possibilità di confusione.

È vietata egualmente, nelle stesse condizioni, la riproduzione delle rubriche che siano adoperate nella pubblicazione periodica in modo così costante da individuare l'abituale e caratteristico contenuto della rubrica.

Il titolo del giornale, delle riviste o di altre pubblicazioni periodiche non può essere riprodotto in altre opere della stessa specie o carattere se non siano decorsi due anni da quando è cessata la pubblicazione del giornale.

101. La riproduzione di informazioni e notizie è lecita purché non sia effettuata con l'impiego di atti contrari agli usi onesti in materia giornalistica e purché se ne citi la fonte (2598 n. 3, c.c.).

Sono considerati atti illeciti:

a) la riproduzione o la radiodiffusione, senza autorizzazione, dei bollettini di informazioni distribuiti dalle agenzie giornalistiche o di informazioni, prima che siano trascorse sedici ore dalla diramazione del bollettino stesso e, comunque, prima della loro pubblicazione in un giornale o altro periodico che ne abbia ricevuto la facoltà da parte dell'agenzia. A tal fine, affinché le agenzie suddette abbiano azione contro coloro che li abbiano illecitamente utilizzati, occorre che i bollettini siano muniti dell'esatta indicazione del giorno e dell'ora di diramazione;

b) la riproduzione sistematica di informazioni o notizie, pubblicate o radiodiffuse, a fine di lucro, sia da parte di giornali o altri periodici, sia da parte di imprese di radiodiffusione (65).

102. È vietata come atto di concorrenza sleale (2598 c.c.), la riproduzione o imitazione sopra altre opere della medesima specie, delle testate, degli emblemi, dei fregi, delle disposizioni di segni o caratteri di stampa e di ogni altra particolarità di forma o di colore nell'aspetto esterno dell'opera dell'ingegno, quando detta riproduzione o imitazione sia atta a creare confusione di opera o di autore.

TITOLO II-*bis*[1]

Disposizioni sui diritti del costitutore di una banca di dati - Diritti e obblighi dell'utente

[1] Il titolo II-*bis* è stato introdotto dall'art. 5 D.lgs. 6 mag. 1999, n. 169. Le disposizioni del capo I del titolo II-*bis* si applicano anche alle banche di dati costituite completamente nei 15 anni precedenti il 1° gen. 1998 e che, alla data di entrata in vigore del D.lgs. 6 mag. 1999, n. 169, soddisfino i requisiti di cui all'art. 5 del decreto medesimo, fatti salvi gli eventuali atti conclusi e i diritti acquisiti anteriormente.

CAPO I

Diritti del costitutore di una banca di dati

102-*bis*. 1. Ai fini del presente titolo si intende per:

a) costitutore di una banca di dati: chi effettua investimenti rilevanti per la costituzione di una banca di dati o per la sua verifica o la sua presentazione, impegnando, a tal fine, mezzi finanziari, tempo o lavoro;

b) estrazione: il trasferimento permanente o temporaneo della totalità o di una parte sostanziale del contenuto di una banca di dati su un altro supporto con qualsiasi mezzo o in qualsivoglia forma. L'attività di prestito dei soggetti di cui all'art. 69, comma 1, non costituisce atto di estrazione;

c) reimpiego: qualsivoglia forma di messa a disposizione del pubblico della totalità o di una parte sostanziale del contenuto della banca di dati mediante distribuzione di copie, noleggio, trasmissione effettuata con qualsiasi mezzo e in qualsiasi forma. L'attività di prestito dei soggetti di cui all'art. 69, comma 1, non costituisce atto di reimpiego.

2. La prima vendita di una copia della banca di dati effettuata o consentita dal titolare in uno Stato membro dell'Unione europea esaurisce il diritto di controllare la rivendita della copia nel territorio dell'Unione europea.

3. Indipendentemente dalla tutelabilità della banca di dati a norma del diritto d'autore o di altri diritti e senza pregiudizio dei diritti sul contenuto o parti di esso, il costitutore di una banca di dati ha il diritto, per la durata e alle condizioni stabilite dal presente Capo, di vietare le operazioni di estrazione ovvero reimpiego della totalità o di una parte sostanziale della stessa.

4. Il diritto di cui al comma 3 si applica alle banche i cui costitutori o titolari di diritti sono cittadini di uno Stato membro dell'Unione europea o residenti abituali nel territorio dell'Unione europea.

5. La disposizione di cui al comma 3 si applica altresì alle imprese e società costituite secondo la normativa di uno Stato membro dell'Unione europea ed aventi la sede sociale, l'amministrazione centrale o il centro d'attività principale all'interno della Unione europea; tuttavia, qualora la società o l'impresa abbia all'interno della Unione europea soltanto la propria sede sociale, deve sussistere un legame effettivo e continuo tra l'attività della medesima e l'economia di uno degli Stati membri dell'Unione europea.

6. Il diritto esclusivo del costitutore sorge al momento del completamento della banca di dati e si estingue trascorsi quindici anni dal 1° gennaio dell'anno successivo alla data del completamento stesso.

7. Per le banche di dati in qualunque modo messe a disposizione del pubblico prima dello scadere del periodo di cui al comma 6, il diritto di cui allo stesso comma 6 si estingue trascorsi quindici anni dal 1° gennaio dell'anno successivo alla data della prima messa a disposizione del pubblico.

8. Se vengono apportate al contenuto della banca di dati modifiche o integrazioni sostanziali comportanti nuovi investimenti rilevanti ai sensi del comma 1, lettera *a*), dal momento del completamento o della prima messa a disposizione del pubblico della banca di dati così modificata o integrata, e come tale espressamente identificata, decorre un autonomo termine di durata della protezione, pari a quello di cui ai commi 6 e 7.

9. Non sono consentiti l'estrazione o il reimpiego ripetuti e sistematici di parti non sostanziali del contenuto della banca di dati, qualora presuppongano operazioni contrarie alla normale gestione della banca di dati o arrechino un pregiudizio ingiustificato al costitutore della banca di dati.

10. Il diritto di cui al comma 3 può essere acquistato o trasmesso in tutti i modi e forme consentiti dalla legge.

CAPO II

Diritti e obblighi dell'utente

102-*ter*. 1. L'utente legittimo della banca di dati messa a disposizione del pubblico non può arrecare pregiudizio al titolare del diritto d'autore o di un altro diritto connesso relativo ad opere o prestazioni contenute in tale banca.

2. L'utente legittimo di una banca di dati messa in qualsiasi modo a disposizione del pubblico non può eseguire operazioni che siano in contrasto con la normale gestione della banca di dati o che arrechino un ingiustificato pregiudizio al costitutore della banca di dati.

3. Non sono soggette all'autorizzazione del costitutori della banca di dati messa per qualsiasi motivo a disposizione del pubblico le attività di estrazione o reimpiego di parti non sostanziali, valutate in termini qualitativi e quantitativi, del contenuto della banca di dati per qualsivoglia fine effettuate dall'utente legittimo. Se l'utente legittimo è autorizzato ad effettuare l'estrazione o il reimpiego solo di una parte della banca di dati, il presente comma si applica unicamente a tale parte.

4. Le clausole contrattuali pattuite in violazione dei commi 1, 2 e 3 sono nulle.

TITOLO II-*ter*

Misure tecnologiche di protezione - Informazioni sul regime dei diritti

102-*quater*. 1. I titolari di diritti d'autore e di diritti connessi nonché del diritto di cui all'art. 102-*bis*, comma 3, possono apporre sulle opere o sui materiali protetti misure tecnologiche di protezione efficaci che comprendono tutte le tecnologie, i dispositivi o i componenti che, nel normale corso del loro funzionamento, sono destinati a impedire o limitare atti non autorizzati dai titolari dei diritti.

2. Le misure tecnologiche di protezione sono considerate efficaci nel caso in cui l'uso dell'opera o del materiale protetto sia controllato dai titolari tramite l'applicazione di un dispositivo di accesso o di un procedimento di protezione, quale la cifratura, la distorsione o qualsiasi altra trasformazione dell'opera o del materiale protetto, ovvero sia limitato mediante un meccanismo di controllo delle copie che realizzi l'obiettivo di protezione.

3. Resta salva l'applicazione delle disposizioni relative ai programmi per elaboratore di cui al capo IV sezione VI del titolo I.

102-*quinquies*. 1. Informazioni elettroniche sul regime dei diritti possono essere inserite dai titolari di diritti d'autore e di diritti connessi nonché del diritto di cui all'art. 102-*bis*, comma 3, sulle opere o sui materiali protetti o possono essere fatte apparire nella comunicazione al pubblico degli stessi.

2. Le informazioni elettroniche sul regime dei diritti identificano l'opera o il materiale protetto,

nonché l'autore o qualsiasi altro titolare dei diritti. Tali informazioni possono altresì contenere indicazioni circa i termini o le condizioni d'uso dell'opera o dei materiali, nonché qualunque numero o codice che rappresenti le informazioni stesse o altri elementi di identificazione.

TITOLO II-*quater*
Utilizzo di contenuti protetti da parte dei prestatori di servizi di condivisione di contenuti online[1]

[1] Titolo ins. dall'art. 1, D.lgs. 8 nov. 2021, n. 177. V. nota 1, art. 18-*bis*.

102-*sexies*. — 1. Ai fini del presente Titolo si intende per prestatore di servizi di condivisione di contenuti online un prestatore di servizi della società dell'informazione che presenta cumulativamente i seguenti requisiti:

a) ha come scopo principale, o tra i principali scopi, di memorizzare e dare accesso al pubblico a grandi quantità di opere o di altri materiali protetti dal diritto d'autore;

b) le opere o gli altri materiali protetti sono caricati dai suoi utenti;

c) le opere o gli altri materiali protetti sono organizzati e promossi allo scopo di trarne profitto direttamente o indirettamente.

2. Non sono considerati prestatori di servizi di condivisione di contenuti online ai sensi del presente Titolo quelli che danno accesso alle enciclopedie online senza scopo di lucro, ai repertori didattici o scientifici senza scopo di lucro, nonché le piattaforme di sviluppo e di condivisione di software open source, i fornitori di servizi di comunicazione elettronica, i prestatori di mercati online, di servizi cloud da impresa a impresa e di servizi cloud che consentono agli utenti di caricare contenuti per uso personale, salvo che il mercato online o il servizio cloud consenta di condividere opere protette dal diritto d'autore tra più utenti.

3. I prestatori di servizi di condivisione di contenuti online, quando concedono l'accesso al pubblico a opere protette dal diritto d'autore o ad altri materiali protetti caricati dai loro utenti, compiono un atto di comunicazione al pubblico o un atto di messa a disposizione del pubblico per i quali devono ottenere un'autorizzazione dai titolari dei diritti, anche mediante la conclusione di un accordo di licenza, ottenuta direttamente o tramite gli organismi di gestione collettiva e le entità di gestione indipendente di cui al decreto legislativo del 15 marzo 2017, n. 35.

4. L'autorizzazione di cui al comma 3 include gli atti compiuti dagli utenti che caricano sulla piattaforma del prestatore di servizi opere protette dal diritto d'autore quando non agiscono per scopi commerciali o la loro attività non genera ricavi significativi.

5. Non si applica la limitazione di responsabilità di cui all'articolo 16 del decreto legislativo 9 aprile 2003, n. 70, ai casi di cui al presente Titolo.

102-*septies*. — 1. I prestatori di servizi di condivisione di contenuti online, in mancanza dell'autorizzazione di cui all'articolo 102-*sexies*, sono responsabili per gli atti non autorizzati di comunicazione al pubblico e di messa a disposizione del pubblico di opere e di altri materiali protetti dal diritto d'autore, salvo che dimostrino di avere soddisfatto cumulativamente le seguenti condizioni:

a) aver compiuto i massimi sforzi per ottenere un'autorizzazione secondo elevati standard di diligenza professionale di settore;

b) aver compiuto, secondo elevati standard di diligenza professionale di settore i massimi sforzi per assicurarsi che non sono rese disponibili opere e altri materiali specifici per i quali hanno ricevuto le informazioni pertinenti e necessarie dai titolari dei diritti;

c) avere, dopo la ricezione di una segnalazione sufficientemente motivata da parte dei titolari dei diritti, tempestivamente disabilitato l'accesso o rimosso dai propri siti web le opere o gli altri materiali oggetto di segnalazione e aver compiuto, secondo il livello di diligenza richiesto alla lettera *b*), i massimi sforzi per impedirne il caricamento in futuro.

2. Per stabilire, secondo il principio di proporzionalità, se il prestatore di servizi di condivisione di contenuti online è esente da responsabilità, sono presi in considerazione, con valutazione caso per caso, anche la tipologia, il pubblico e la dimensione del servizio e la tipologia di opere o di altri materiali caricati dagli utenti del servizio, nonché la disponibilità di strumenti adeguati ed efficaci e il relativo costo per i prestatori di servizi. In ogni caso, non è esente da responsabilità il prestatore di servizi di condivisione di contenuti online che pratica o facilita la pirateria in materia di diritto d'autore.

3. I prestatori di servizi di condivisione di contenuti online forniscono tempestivamente ai titolari dei diritti, su richiesta di questi ultimi, informazioni complete e adeguate sulle modalità di attuazione delle disposizioni di cui al comma 1 e, quando sono stati conclusi accordi di licenza tra i prestatori di servizi e i titolari dei diritti, informazioni sull'utilizzo dei contenuti oggetto degli accordi.

4. L'applicazione delle disposizioni del presente Titolo non comporta un obbligo generale di sorveglianza.

102-*octies*. — 1. I nuovi prestatori di servizi di condivisione di contenuti online, che operano nel mercato dell'Unione europea da meno di tre anni e hanno un fatturato annuo inferiore a 10 milioni di euro, calcolati in conformità alla raccomandazione 2003/361/CE della Commissione europea 6 maggio 2003 relativa alla definizione delle microimprese, piccole e medie imprese, sono responsabili ai sensi dell'articolo 102-*septies* salvo che dimostrino cumulativamente di aver compiuto i massimi sforzi per ottenere un'autorizzazione e di avere, in seguito alla ricezione di una segnalazione sufficientemente circostanziata, tempestivamente disabilitato l'accesso alle opere o ad altri materiali segnalati o aver rimosso dai propri siti web tali opere o altri materiali.

2. I prestatori di servizi di cui al comma 1 che hanno un numero medio di visitatori unici mensili riferiti all'anno solare precedente superiore a 5 milioni, per l'esenzione di responsabilità di cui al comma 1 devono dimostrare altresì di aver compiuto i massimi sforzi per impedire il futuro caricamento di opere o di altri materiali segnalati per i quali i titolari dei diritti hanno fornito informazioni pertinenti e necessarie.

102-*nonies*. — 1. La cooperazione tra i prestatori di servizi di condivisione di contenuti online e i titolari dei diritti non pregiudica la disponibilità delle opere o di altri materiali caricati dagli utenti nel rispetto del diritto d'autore e dei diritti connessi, incluso il caso in cui tali opere o altri materiali siano oggetto di un'eccezione o limitazione.

2. Gli utenti, quando caricano e mettono a disposizione contenuti da loro generati tramite un prestatore di servizi di condivisione di contenuti online, possono avvalersi delle seguenti eccezioni o limitazioni al diritto d'autore e ai diritti connessi:

a) citazione, critica, recensione;

b) utilizzo a scopo di caricatura, parodia o pastiche.

3. I prestatori di servizi di condivisione di contenuti online informano i propri utenti, tramite la comunicazione dei loro termini e condizioni del servizio, della possibilità di utilizzare opere e altri materiali avvalendosi delle eccezioni o delle limitazioni al diritto d'autore e ai diritti connessi.

4. L'applicazione delle disposizioni del presente Titolo non comporta l'identificazione dei singoli utenti né il trattamento dei dati personali, ferma restando l'applicazione del regolamento (UE) 2016/679 del Parlamento europeo e del Consiglio del 27 aprile 2016 e del decreto legislativo 30 giugno 2003, n. 196.

102-*decies*. — 1. Quando i titolari dei diritti chiedono al prestatore di servizi di condivisione di contenuti online di disabilitare l'accesso a loro specifiche opere o ad altri materiali o di rimuoverli, indicano i motivi della richiesta. Le decisioni sulla richiesta di disabilitazione o la rimozione dei contenuti sono soggette a verifica umana. Il prestatore dà immediata comunicazione agli utenti dell'avvenuta disabilitazione o rimozione.

2. I prestatori di servizi di condivisione di contenuti online istituiscono e rendono disponibili agli utenti dei servizi meccanismi di reclamo celeri ed efficaci per la contestazione della decisione di disabilitazione dell'accesso o di rimozione di specifiche opere o di altri materiali da essi caricati. A tal fine l'Autorità per le garanzie nelle comunicazioni adotta apposite linee guida.

3. Nelle more della decisione sul reclamo, i contenuti in contestazione rimangono disabilitati.

4. La decisione adottata dal prestatore di servizi di condivisione di contenuti online a seguito del reclamo di cui al comma 2 può essere contestata con ricorso presentato all'Autorità per le garanzie nelle comunicazioni, secondo le modalità da essa definite tramite regolamento, da adottare entro sessanta giorni dalla data di entrata in vigore della presente disposizione. E' fatto salvo il diritto di ricorrere all'autorità giudiziaria.

TITOLO II-*quinquies*
Utilizzi di opere e altri materiali fuori commercio[1]

[1] Titolo ins. dall'art. 1, D.lgs. 8 nov. 2021, n. 177. V. nota 1, art. 18-*bis*.

102-*undecies*. — 1. Un'opera o altri materiali sono da considerare fuori commercio quando si può presumere in buona fede che l'intera opera o gli altri materiali non sono disponibili al pubblico tramite i consueti canali commerciali all'interno dell'Unione europea, in qualsiasi versione o supporto di memorizzazione. Si presumono fuori commercio le opere non disponibili nei canali commerciali da almeno dieci anni. Con decreto del Ministro della cultura possono essere individuati ulteriori requisiti specifici ai fini della definizione delle opere fuori commercio, previa consultazione con i titolari dei diritti, gli organismi di gestione collettiva e gli istituti di tutela del patrimonio culturale.

2. Gli istituti di tutela del patrimonio culturale di cui all'articolo 70-*ter*, comma 3, nel determinare se un'opera o altri materiali, presenti in modo permanente nelle loro raccolte, sono fuori commercio ne valutano la disponibilità effettiva nei canali commerciali abituali, compiendo un ragionevole sforzo secondo i principi di buona fede e correttezza professionale mediante la consultazione delle fonti d'informazione appropriate, e tenendo conto delle caratteristiche dell'opera o degli altri materiali e di elementi sufficienti facilmente accessibili sulla loro futura disponibilità nei canali commerciali abituali.

3. Quando nel corso della verifica svolta all'interno dell'Unione europea sulla disponibilità commerciale, emergono elementi per ritenere che informazioni pertinenti sulla disponibilità dell'opera in commercio devono essere acquisite in Paesi terzi, si procede ad una verifica della effettiva disponibilità in tali paesi.

4. Quando le opere o gli altri materiali sono stati pubblicati o comunicati al pubblico in più lingue, la valutazione della effettiva disponibilità nei canali commerciali abituali ha rilevanza ai fini della licenza solo in relazione alla lingua o alle lingue per le quali la valutazione è stata effettuata.

5. Le disposizioni del presente Titolo non si ap-

plicano agli insiemi di opere o di altri materiali fuori commercio composti prevalentemente da:

a) opere o altri materiali diversi dalle opere cinematografiche o audiovisive, pubblicati o trasmessi per la prima volta in un paese terzo;

b) opere cinematografiche o audiovisive i cui produttori hanno sede o residenza abituale in un paese terzo;

c) opere o altri materiali di cittadini di paesi terzi, per i quali non è ragionevolmente possibile indicare uno Stato membro dell'Unione europea o un paese terzo ai sensi delle lettere *a*) e *b*).

6. In deroga al comma 5, le disposizioni del presente Titolo si applicano quando l'organismo di gestione collettiva, coinvolto nel rilascio della licenza ai sensi dell'articolo 102-*duodecies*, è sufficientemente rappresentativo dei titolari dei diritti nel paese terzo.

102-*duodecies*. — 1. Quando l'istituto di tutela del patrimonio culturale accerta, secondo i criteri di cui all'articolo 102-*undecies*, che l'opera o gli altri materiali sono fuori commercio, richiede all'organismo di gestione collettiva di cui al decreto legislativo 15 marzo 2017, n. 35 rappresentativo dei titolari dei diritti per tipologia di opera o di diritto oggetto della licenza, il rilascio di una licenza non esclusiva a fini non commerciali per la riproduzione, la distribuzione, la comunicazione al pubblico o la messa a disposizione del pubblico dell'opera o degli altri materiali, concordando, quando possibile, l'ambito di applicazione territoriale della licenza. Alla richiesta deve essere allegata la documentazione relativa alla verifica della disponibilità sui canali commerciali abituali effettuata dall'istituto di tutela del patrimonio culturale richiedente.

2. Il rilascio della licenza non esclusiva di cui al comma 1 compete all'organismo di gestione collettiva dello Stato in cui ha sede l'istituto di tutela del patrimonio culturale, quando il titolare dei diritti ha affidato a quell'organismo di gestione il mandato per la gestione delle opere o di altri materiali. In caso di pluralità di autori, i quali hanno conferito il mandato a più organismi di gestione collettiva, la legittimazione al rilascio della licenza compete a ciascuno di essi, previa comunicazione agli altri.

3. Quando il titolare dei diritti non ha conferito il mandato ad alcun organismo di gestione collettiva, il rilascio della licenza di cui al comma 1 compete all'organismo di gestione collettiva che a livello nazionale, sulla base dei mandati ricevuti, è sufficientemente rappresentativo dei titolari di diritti nel pertinente tipo di opere o di altri materiali e nella tipologia di diritti oggetto della licenza e garantisce parità di trattamento a tutti i titolari dei diritti in riferimento alle condizioni di licenza, con gli stessi criteri impiegati nei confronti dei propri associati. Nel caso di pluralità di organismi di gestione collettiva, il rilascio della licenza compete ai tre organismi maggiormente rappresentativi per ciascuna categoria di titolari.

4. Nei casi in cui non esistono organismi di gestione collettiva sufficientemente rappresentativi dei titolari di diritti su banche di dati e programmi per elaboratore, gli istituti di tutela del patrimonio culturale hanno la facoltà di riprodurre e comunicare al pubblico, nonché estrarre, tradurre, adattare, adeguare e modificare le opere o altri materiali che siano fuori commercio e presenti in modo permanente nelle loro raccolte, per consentirne la messa a disposizione, a fini non commerciali, a condizione che sia indicato il nome dell'autore o di qualsiasi altro titolare di diritti individuabile, salvo in caso di impossibilità, e che siano messe a disposizione su siti web non commerciali.

5. Gli utilizzi di opere e di altri materiali di cui al comma 4 aventi luogo in Italia da parte di un istituto di tutela del patrimonio culturale che ha sede in un altro Stato membro si intendono effettuati esclusivamente nel suddetto Stato membro.

102-*terdecies*. — 1. L'organismo di gestione collettiva cui è stata presentata la richiesta di una licenza non esclusiva a fini non commerciali per la riproduzione, la distribuzione, la comunicazione al pubblico o la messa a disposizione del pubblico di opere o di altri materiali fuori commercio informa tutti i titolari dei diritti e accerta l'adeguatezza della verifica della disponibilità nei canali commerciali abituali. Quando accerta la non adeguatezza della verifica chiede ulteriori elementi all'istituto di tutela del patrimonio culturale, in mancanza dei quali rigetta la richiesta. Quando accerta l'adeguatezza della verifica, comunica la richiesta di licenza al Ministero della cultura, che la pubblica nel proprio sito istituzionale.

2. Trascorsi trenta giorni dalla data di pubblicazione, l'organismo di gestione collettiva, in mancanza di opposizione da parte dei titolari dei diritti, rilascia la licenza e ne dà comunicazione, unitamente a tutte le informazioni pertinenti, al portale unico europeo gestito dall'Ufficio dell'Unione europea per la proprietà intellettuale che procede alla pubblicazione della licenza. Sono pertinenti le informazioni relative all'identificazione dell'opera o degli altri materiali fuori commercio oggetto della licenza e alle facoltà attribuite ai titolari dei diritti ai sensi dell'articolo 102-*quaterdecies*, nonché, quando disponibili e ove opportuno, quelle sulle parti della licenza, i territori interessati e gli utilizzi.

3. I diritti di utilizzo conferiti dalla licenza possono essere esercitati decorsi sei mesi dalla data di pubblicazione sul portale unico di cui al comma 2.

102-*quaterdecies*. — 1. I titolari dei diritti hanno facoltà di escludere in qualunque momento le opere o gli altri materiali dall'applicazione del meccanismo di concessione delle licenze previsto dall'articolo 102-*duodecies*, dandone comunicazione all'organismo di gestione collettiva, sia prima del rilascio della licenza sia successivamente o all'inizio dell'utilizzo da parte dell'istituto di tutela del patrimonio culturale. Se l'esclusione interviene dopo il rilascio della licenza, l'organismo di gestione collettiva la revoca e ne dà comunicazione all'istituto di tutela del patrimonio culturale e al Ministero della cultura. La revoca non pregiudica il legittimo utilizzo effettuato dal licenziatario fino alla ricezione della sua comunicazione e, in caso di pregiudizio economico conseguente a un particolare utilizzo, il titolare del diritto mantiene il diritto di chiedere il relativo indennizzo.

2. Le comunicazioni e pubblicazioni previste dall'articolo 102-*terdecies*, commi 1 e 2, sono effettuate anche in caso di revoca della licenza conseguente all'esercizio della facoltà di esclusione di cui al comma 1.

3. I titolari dei diritti hanno facoltà di escludere in qualunque momento le proprie opere dall'applicazione dell'eccezione di cui all'articolo 102-*duodecies*, comma 4, dandone comunicazione all'istituto di tutela del patrimonio culturale successivamente alla comunicazione sul portale unico europeo di cui al comma 4 oppure successivamente alla messa a disposizione dell'opera sul sito web utilizzato dall'istituto. L'esclusione non pregiudica il legittimo utilizzo effettuato dall'istituto dopo la pubblicazione sul sito web fino alla ricezione della sua comunicazione.

4. La pubblicazione sul sito web dell'opera deve essere preceduta dalla comunicazione al portale unico europeo gestito dall'Ufficio dell'Unione europea per la proprietà intellettuale e gli utilizzi consentiti in virtù dell'operatività dell'eccezione di cui all'articolo 102-*duodecies*, comma 4, possono avere inizio solo decorsi sei mesi dalla data di pubblicazione sul portale unico.

102-*quinquiesdecies*. — 1. Una licenza rilasciata, ai sensi e per gli effetti del presente Titolo, avente ad oggetto opere o altri materiali fuori commercio in Italia o in un Paese dell'Unione europea, può consentire l'utilizzo delle opere o degli altri materiali fuori commercio da parte dell'istituto di tutela del patrimonio culturale in qualsiasi Stato membro dell'Unione europea, fatti salvi i limiti territoriali convenzionalmente stabiliti.

102-*sexiesdecies*. — 1. Quando un'opera risulta al contempo fuori commercio, ai sensi degli articoli da 102-*undecies* a 102-*quinquiesdecies*, e orfana, ai sensi dell'articolo 69-*quater*, si applicano per il suo utilizzo le disposizioni del presente Titolo.

2. Quando prima di essere dichiarata fuori commercio l'opera è stata utilizzata quale opera orfana, il titolare dei diritti può chiedere l'equo compenso ai soggetti di cui all'articolo 69-*bis* relativamente a tale periodo di utilizzazione.

102-*septiesdecies*. — 1. Il Ministero della cultura promuove un regolare dialogo tra gli organismi rappresentativi degli utilizzatori e dei titolari di diritti, inclusi gli organismi di gestione collettiva e qualunque altra organizzazione rappresentativa di interessi per i singoli settori, al fine di favorire l'applicazione delle procedure di concessione delle licenze per le opere fuori commercio e di garantire l'efficacia delle misure di salvaguardia per i titolari dei diritti.

TITOLO III
Disposizioni comuni

CAPO I
Registri di pubblicità e deposito delle opere

103. È istituito presso la *Presidenza del Consiglio dei Ministri*, un registro pubblico generale delle opere protette ai sensi di questa legge.

[Abrogato].[1]

Nel registro di cui al primo comma sono registrate le opere soggette all'obbligo del deposito con la indicazione del nome dell'autore, del produttore, della data della pubblicazione e con le altre indicazioni stabilite dal regolamento.[2]

Alla Società italiana degli autori ed editori è affidata, altresì, la tenuta di un registro pubblico speciale per i programmi per elaboratore. In tale registro viene registrato il nome del titolare dei diritti esclusivi di utilizzazione economica e la data di pubblicazione del programma, intendendosi per pubblicazione il primo atto di esercizio dei diritti esclusivi.

La registrazione fa fede, sino a prova contraria, della esistenza dell'opera e del fatto della sua pubblicazione. Gli autori ed i produttori indicati nel registro sono reputati, sino a prova contraria, autori o produttori delle opere che sono loro attribuite. [Per le opere cinematografiche e per le opere audiovisive la presunzione si applica alle annotazioni del registro indicato nel secondo comma.][3]

La tenuta dei registri di pubblicità è disciplinata nel regolamento (Regol. 80).

I registri di cui al presente articolo possono essere tenuti utilizzando mezzi e strumenti informatici.

[1] Comma abrog. dall'art. 32, L. 14 nov. 2016, n. 220.
[2] Comma così modif. dall'art. 32, L. 14 nov. 2016, n. 220.
[3] Periodo soppresso dall'art. 32, L. 14 nov. 2016, n. 220.

104. Possono, altresì, essere registrati nel registro, sulla istanza della parte interessata, con le forme stabilite dal regolamento, gli atti tra vivi che trasferiscono in tutto o in parte i diritti riconosciuti da questa legge, o costituiscono sopra di essi diritti di godimento o di garanzia, come pure gli atti di divisione o di società relativi ai diritti medesimi.

Le registrazioni hanno anche altri effetti di carattere giuridico od amministrativo in base alle disposizioni contenute in questa legge o in altre leggi speciali.

105. Gli autori e i produttori delle opere e dei prodotti protetti ai sensi di questa legge o i loro aventi causa devono depositare presso la Presidenza del Consiglio dei Ministri un esemplare o copia dell'opera o del prodotto, nei termini e nelle forme stabilite dal regolamento (Regol. 31).

Qualora si tratti di opera drammati co-musicale o sinfonica di cui non sia stata stampata la partitura d'orchestra, basterà una copia o un esemplare della riduzione per canto e pianoforte o per pianoforte solo.

Per i programmi per elaboratore la registrazione è facoltativa e onerosa.

Per le fotografie è escluso l'obbligo del deposito, salvo il disposto del secondo comma dell'art. 92 (Regol. 35).

106. L'omissione del deposito non pregiudica l'acquisto e l'esercizio del diritto di autore sulle opere protette a termini delle disposizioni del titolo I di questa legge e delle disposizioni delle convenzioni internazionali, salva, per le opere straniere, l'applicazione dell'art. 188 di questa legge.

[...].[1]

Il Presidente del Consiglio dei Ministri può far procedere al sequestro di un esemplare o di una copia dell'opera di cui fu omesso il deposito, nelle forme stabilite dal regolamento (Regol. 36).

[1] Comma abrog. dall'art. 41, D.lgs. 9 apr. 2003, n. 68.

CAPO II

Trasmissione dei diritti di utilizzazione

SEZIONE I

Norme generali

107. I diritti di utilizzazione (12) spettanti agli autori delle opere dell'ingegno, nonché i diritti connessi aventi carattere patrimoniale, possono essere acquistati, alienati o trasmessi in tutti i modi e forme consentiti dalla legge, salva l'applicazione delle norme contenute in questo capo (2581 c.c.).

Gli autori, gli adattatori dei dialoghi, i direttori del doppiaggio e gli artisti interpreti e esecutori, inclusi i doppiatori, che concedono in licenza o trasferiscono i propri diritti esclusivi per lo sfruttamento delle loro opere o di altri materiali protetti hanno il diritto, direttamente o tramite gli organismi di gestione collettiva e le entità di gestione indipendenti di cui al decreto legislativo 15 marzo 2017 n. 35 cui abbiano conferito apposito mandato, a una remunerazione adeguata e proporzionata al valore dei diritti concessi in licenza o trasferiti, nonché commisurata ai ricavi che derivano dal loro sfruttamento, anche tenendo conto, in quanto pertinenti, della particolarità del settore di riferimento e dell'esistenza di accordi di contrattazione collettiva, fatto salvo il diritto al compenso previsto da altre disposizioni di legge, ivi incluse quelle di cui agli articoli 46-*bis* e 84. Sono nulle le pattuizioni contrarie a quanto previsto dal presente comma. È ammessa una remunerazione forfettaria per l'autore o l'artista quando il suo contributo all'opera o all'esecuzione ha carattere meramente accessorio e i costi delle operazioni di calcolo sono sproporzionati allo scopo.[1]

[1] Comma aggiunto dall'art. 1, D.lgs. 8 nov. 2021, n. 177. V. nota 1, art. 18-*bis*.

109. La cessione di uno o più esemplari dell'opera non importa, salvo patto contrario, la trasmissione dei diritti di utilizzazione (12) regolati da questa legge.

Tuttavia la cessione di uno stampo, di un rame inciso o di altro simile mezzo usato per riprodurre un'opera d'arte, comprende, salvo patto contrario, la facoltà di riprodurre l'opera stessa (13), sempreché tale facoltà spetti al cedente.

110. La trasmissione dei diritti di utilizzazione (12) deve essere provata per iscritto (2581 c.c.).

110-*bis*. 1. L'autorizzazione alla ritrasmissione delle emissioni di radiodiffusione è concessa mediante contratto tra i titolari dei diritti d'autore, i detentori di diritti connessi e i soggetti che effettuano la ritrasmissione individuati ai sensi dell'articolo 16-*ter*.[1]

2. In caso di mancata autorizzazione per la ritrasmissione [via cavo][2] di un'emissione di radiodiffusione, le parti interessate possono far ricorso ad un terzo, scelto di comune accordo, per la formulazione di una proposta di contratto. In caso di mancato accordo la scelta viene effettuata dal presidente del tribunale ove ha la residenza o la sede una delle parti interessate.

3. La proposta del terzo si ritiene accettata se nessuna delle parti interessate vi si oppone entro novanta giorni dalla notifica.

[1] Comma così sost. dall'art. 1, D.lgs. 8 nov. 2021, n. 181.
[2] Parole soppresse dall'art. 1, D.lgs. 8 nov. 2021, n. 181.

110-*ter*.[1] — 1. In caso di difficoltà nel raggiungere un accordo contrattuale per la concessione di una licenza per lo sfruttamento delle opere audiovisive su servizi di video on demand, ciascuna delle parti, ai fini della definizione dell'accordo, può chiedere l'assistenza dell'Autorità per le garanzie nelle comunicazioni, che fornisce indicazioni sulle opportune soluzioni negoziali, anche con riferimento alla determinazione del compenso dovuto.

[1] Articolo ins. dall'art. 1, D.lgs. 8 nov. 2021, n. 177. V. nota 1, art. 18-*bis*.

110-*quater*.[1] — 1. I soggetti ai quali sono stati concessi in licenza o trasferiti i diritti e i loro aventi causa hanno l'obbligo di fornire agli autori e artisti interpreti e esecutori, anche tramite gli organismi di gestione collettiva e le entità di gestione indipendenti di cui al decreto legislativo 15 marzo 2017 n. 35, con cadenza almeno semestrale, informazioni aggiornate, pertinenti e complete sullo sfruttamento delle opere e prestazioni artistiche, e la remunerazione dovuta. In particolare:

a) l'identità di tutti soggetti interessati dalle cessioni o licenze, ivi inclusi gli utilizzatori secondari di opere e prestazioni che abbiano stipulato accordi con i contraenti diretti di autori e artisti interpreti o esecutori;

b) le modalità di sfruttamento delle opere e delle prestazioni artistiche;

c) i ricavi generati da tali sfruttamenti, ivi inclusi introiti pubblicitari e di merchandising, e la remunerazione contrattualmente dovuta, secondo quanto stabilito negli accordi di concessione di licenza o trasferimento dei diritti;

d) con riferimento specifico ai fornitori di servizi di media audiovisivi non lineari, i numeri di acquisti, visualizzazioni, abbonati.

2. L'adempimento dell'obbligo di cui al comma 1 è richiesto in misura proporzionata ed effettiva per garantire un livello elevato di trasparenza in ogni settore. Resta fermo l'obbligo dei soggetti che hanno ricevuto le informazioni del rispetto della riservatezza delle stesse, in particolare di quelle che costituiscono dati aziendali e informazioni commerciali sensibili, anche attraverso la sottoscrizione di accordi di riservatezza.

3. Quando il cessionario o il licenziatario dei diritti di cui al comma 1 concede i medesimi diritti in licenza a terzi, gli autori e gli artisti interpreti o esecutori hanno diritto di ricevere, anche tramite gli organismi di gestione collettiva e le entità di gestione indipendenti di cui al decreto legislativo 15 marzo 2017 n. 35, informazioni supplementari direttamente da parte dei sublicenziatari, se la loro prima controparte contrattuale non detiene tutte le informazioni necessarie. A tale fine la prima controparte contrattuale fornisce informazioni sull'identità dei sublicenziatari. Per le opere cinematografiche e audiovisive la richiesta di informazioni può essere effettuata dagli aventi diritto anche indirettamente tramite la controparte contrattuale dell'autore e artista interprete o esecutore.

4. Sull'adempimento degli obblighi di comunicazione e di informazione cui ai commi 1, 2 e 3, vigila l'Autorità per le garanzie nelle comunicazioni che, in caso di violazione di tali obblighi, applica una sanzione amministrativa pecuniaria a carico del soggetto inadempiente fino all'1 per cento del fatturato realizzato nell'ultimo esercizio chiuso anteriormente alla notifica della contestazione. Per le sanzioni amministrative di cui al primo periodo è escluso il beneficio del pagamento in misura ridotta previsto dall'articolo 16 della legge 24 novembre 1981, n. 689. In ogni caso la mancata comunicazione delle informazioni di cui ai commi 1, 2 e 3 costituisce una presunzione legale di inadeguatezza del compenso in favore dei titolari dei diritti.

5. Si applicano le regole di trasparenza degli accordi collettivi che soddisfano le condizioni di cui ai commi 1, 2 e 3 ai contratti che ne sono regolati.

6. Agli organismi di gestione collettiva e alle entità di gestione indipendenti di cui all'articolo 2, commi 1 e 2, del decreto legislativo 15 marzo 2017, n. 35 si applica l'articolo 24 del medesimo decreto quanto agli obblighi di informazione di cui al presente articolo.

7. Le disposizioni del presente articolo si applicano a decorrere dal 7 giugno 2022.

[1] Articolo ins. dall'art. 1, D.lgs. 8 nov. 2021, n. 177. V. nota 1, art. 18-*bis*.

110-*quinquies*.[1] — 1. Fatto salvo quanto stabilito in materia dagli accordi collettivi, gli autori e gli artisti interpreti o esecutori, direttamente o tramite gli organismi di gestione collettiva o entità di gestione indipendenti di cui al decreto legislativo 15 marzo 2017 n. 35, hanno diritto a una remunerazione ulteriore, adeguata ed equa, dalla parte con cui hanno stipulato un contratto per lo sfruttamento dei diritti o dai suoi aventi causa, se la remunerazione concordata si rivela sproporzionatamente bassa rispetto ai proventi originati nel tempo dallo sfruttamento delle loro opere o prestazioni artistiche, considerate tutte le possibili tipologie di proventi derivanti dallo sfruttamento dell'opera o prestazione artistica, a qualsiasi titolo e in qualsiasi forma, ivi inclusa la messa a disposizione dei fonogrammi online.

2. Le disposizioni di cui al comma 1 non si applicano ai contratti conclusi dagli organismi di gestione collettiva e dalle entità di gestione indipendenti di cui all'articolo 2, commi 1 e 2, del decreto legislativo 15 marzo 2017, n. 35.

[1] Articolo ins. dall'art. 1, D.lgs. 8 nov. 2021, n. 177. V. nota 1, art. 18-*bis*.

110-*sexies*.[1] — 1. Per la risoluzione delle controversie aventi ad oggetto gli obblighi di trasparenza di cui all'articolo 110-*quater* e il meccanismo di adeguamento contrattuale di cui all'articolo 110-*quinques*, ciascuna delle parti può rivolgersi all'Autorità per le garanzie nelle comunicazioni, che risolve la controversia nel termine di novanta giorni dalla richiesta, in conformità a quanto stabilito da apposito regolamento, da adottare entro sessanta giorni dalla data di entrata in vigore della presente disposizione, fermo restando il diritto di adire l'autorità giudiziaria.

2. La procedura di risoluzione della controversia di cui al comma 1 può essere avviata anche dagli organismi rappresentativi degli autori e degli artisti interpreti o esecutori, su richiesta specifica di uno o più autori o artisti interpreti o esecutori.

[1] Articolo ins. dall'art. 1, D.lgs. 8 nov. 2021, n. 177. V. nota 1, art. 18-*bis*.

110-*septies*.[1] — 1. L'autore o l'artista interprete o esecutore che ha concesso in licenza o trasferito in esclusiva i propri diritti relativi ad un'opera o ad altri materiali, in caso di mancato sfruttamento può agire per la risoluzione, anche parziale, del contratto di licenza o di trasferimento dei diritti dell'opera o degli altri materiali protetti, oppure revocare l'esclusiva del contratto. Si applicano le disposizioni del codice civile in materia di risoluzione contrattuale.

2. Il comma 1 non si applica quando il mancato sfruttamento è dovuto a circostanze alle quali l'autore, l'artista interprete o esecutore può ragionevolmente porre rimedio.

3. Nel caso di opera collettiva la risoluzione di cui al comma 1 deve essere chiesta da tutti gli autori ed artisti interpreti o esecutori con il maggior rilievo nel contributo all'opera o all'esecuzione.

4. Salvo diversa previsione contrattuale o diversa disposizione di legge, lo sfruttamento dell'opera o della prestazione artistica deve avvenire nel termine stabilito dal contratto, comunque non superiore a cinque anni o a due anni successivi alla disponibilità dell'opera da parte dell'editore o del produttore. In mancanza, l'autore o artista interprete o esecutore assegna un termine congruo per lo sfruttamento dei diritti concessi in licenza o trasferiti. Decorso il termine, l'autore o l'artista interprete o esecutore può revocare l'esclusiva del contratto o risolvere il contratto, ai sensi del comma 1. Nel caso di opera collettiva, per l'assegnazione del termine e la risoluzione del contratto o la revoca dell'esclusiva si applica il comma 3.

[1] Articolo ins. dall'art. 1, D.lgs. 8 nov. 2021, n. 177. V. nota 1, art. 18-*bis*.

111. I diritti di pubblicazione dell'opera dell'ingegno e di utilizzazione dell'opera pubblicata non possono formare oggetto di pegno (2784 c.c.), pignoramento (491 c.p.c.) e sequestro (670 c.p.c.), né per atto contrattuale, né per via di esecuzione forzata, finché spettano personalmente all'autore.

Possono invece essere dati in pegno o essere pignorati o sequestrati i proventi dell'utilizzazione e gli esemplari dell'opera, secondo le norme del codice di procedura civile.

112. I diritti spettanti all'autore, ad eccezione di quelli di pubblicare un'opera durante la vita di lui, possono essere espropriati per ragioni di interesse dello Stato (113 s.).

113. L'espropriazione è disposta per decreto presidenziale, su proposta del *Presidente del Consiglio dei Ministri*, di concerto con il *Ministro della Pubblica Istruzione*, sentito il Consiglio di Stato.

Nel decreto di espropriazione od in altro successivo è stabilita l'indennità spettante all'espropriato.

Il decreto ha forza di titolo esecutivo nei riguardi sia degli aventi diritto, che dei terzi detentori delle cose materiali necessarie per l'esercizio dei diritti espropriati (Regol. 38).

114. Contro il decreto di espropriazione per ragioni di interesse dello Stato, è ammesso ricorso in sede giurisdizionale al Consiglio di Stato, tranne per le controversie riguardanti l'ammontare delle indennità, le quali rimangono di competenza dell'autorità giudiziaria.

114-*bis*.[1] — 1. Qualsiasi pattuizione contraria agli articoli 110-*quater*, 110-*quinquies* e 110-*sexies* è inopponibile agli autori, artisti interpreti o esecutori dell'opera o di altro materiale al quale la pattuizione si riferisce.

2. Le disposizioni di cui agli articoli 110-*quater* e 110-*quinquies* costituiscono norme di applicazione necessaria ai sensi dell'articolo 3, paragrafo 4, del regolamento CE n. 593/2008 del Parlamento europeo e del Consiglio del 17 giugno 2008 sulla legge applicabile alle obbligazioni contrattuali (Roma I).

3. Le disposizioni di cui agli articoli 107, secondo comma, 110-*quater*, 110-*quinquies* e 110-*sexies* e 110-*septies* non si applicano agli autori di programmi per elaboratore.

[1] Articolo ins. dall'art. 1, D.lgs. 8 nov. 2021, n. 177. V. nota 1, art. 18-*bis*.

SEZIONE II
Trasmissione a causa di morte

115. Dopo la morte dell'autore, il diritto di utilizzazione dell'opera, quando l'autore stesso non abbia altrimenti disposto, deve rimanere indiviso fra gli eredi per il periodo di 3 anni dalla morte medesima, salvo che l'autorità giudiziaria, sopra istanza di uno o più coeredi, consenta, per gravi ragioni, che la divisione si effettui senza indugio.

Decorso il detto periodo gli eredi possono stabilire, per comune accordo, che il diritto rimanga ancora in comunione per la durata che sarà da essi fissata, entro i limiti indicati nelle disposizioni contenute nei codici (1111 c.c.).

La comunione è regolata dalle disposizioni del codice civile (1100 c.c.) e da quelle che seguono.

116. L'amministrazione e la rappresentanza degli interessi della comunione è conferita a uno dei coeredi od a persona estranea alla successione.

Se i coeredi trascurano la nomina dell'amministratore o se non si accordano sulla nomina medesima, entro l'anno dall'apertura della successione, l'amministrazione è conferita alla S.I.A.E., con decreto del tribunale del luogo dell'aperta successione, emanato su ricorso di uno dei coeredi o della Società medesima.

La stessa procedura è seguita quando si tratti di provvedere alla nomina di un nuovo amministratore.

117. L'amministratore cura la gestione dei diritti di utilizzazione dell'opera (12).

Non può però autorizzare nuove edizioni, traduzioni o altre elaborazioni, nonché l'adattamento dell'opera alla cinematografia, alla radiodiffusione ed alla incisione su apparecchi meccanici, senza il consenso degli eredi rappresentanti la maggioranza per valore delle quote ereditarie, salvi i provvedimenti dell'autorità giudiziaria a tutela della minoranza, secondo le norme del codice civile in materia di comunione (1109 c.c.).

SEZIONE III
Contratto di edizione

118. Il contratto con il quale l'autore concede ad un editore l'esercizio del diritto di pubblicare per le stampe, per conto e a spese dell'editore stesso, l'opera dell'ingegno, è regolato, oltreché dalle disposizioni contenute nei codici, dalle disposizioni generali di questo capo e dalle disposizioni particolari che seguono.

119. Il contratto può avere per oggetto tutti i diritti di utilizzazione (12 s. che spettano all'autore nel campo dell'edizione, o taluni di essi (19) con il contenuto e per la durata che sono determinati dalla legge vigente al momento del contratto.

Salvo patto contrario, si presume che siano stati trasferiti i diritti esclusivi (12 s.).

Non possono essere compresi i futuri diritti eventualmente attribuiti da leggi posteriori, che comportino una protezione del diritto di autore più larga nel suo contenuto o di maggiore durata.

Salvo pattuizione espressa, la alienazione non si estende ai diritti di utilizzazione dipendenti dalle eventuali elaborazioni e trasformazioni di cui l'opera è suscettibile, compresi gli adattamenti alla cinematografia, alla radiodiffusione ed alla registrazione su apparecchi meccanici (4, 18).

L'alienazione di uno o più diritti di utilizzazione non implica, salvo patto contrario, il trasferimento di altri diritti che non siano necessariamente dipendenti dal diritto trasferito, anche se compresi, secondo le disposizioni del titolo I, nella stessa categoria di facoltà esclusive (12 s.).

120. Se il contratto ha per oggetto opere che non sono state ancora create si devono osservare le norme seguenti:

1) è nullo il contratto che abbia per oggetto tutte le opere o categorie di opere che l'autore possa creare, senza limite di tempo;

2) senza pregiudizio delle norme regolanti i contratti di lavoro o di impiego, i contratti concernenti l'alienazione dei diritti esclusivi di autore per opere da crearsi non possono avere una durata superiore ai dieci anni;

3) se fu determinata l'opera da creare, ma non fu fissato il termine nel quale l'opera deve essere consegnata, l'editore ha sempre il diritto di ricorrere all'autorità giudiziaria per la fissazione di un termine. Se il termine fu fissato, l'autorità giudiziaria ha facoltà di prorogarlo.

121. Se l'autore (8) muore o si trova nella impossibilità di condurre l'opera a termine, dopo che una parte notevole ed a sè stante è stata compiuta e consegnata, l'editore ha la scelta di considerare risoluto il contratto, oppure di considerarlo compiuto per la parte consegnata, pagando un compenso proporzionato, salvo che l'autore abbia manifestato o manifesti la volontà che l'opera non sia pubblicata se non compiuta interamente, o uguale volontà sia manifestata dalle persone indicate nell'art. 23.

Se la risoluzione ha luogo a richiesta dell'autore (8) o dei suoi eredi l'opera incompiuta non può essere ceduta ad altri, sotto pena del risarcimento del danno.

122. Il contratto di edizione può essere «per edizione» o «a termine».

Il contratto «per edizione» conferisce all'editore il diritto di eseguire una o più edizioni entro vent'anni dalla consegna del manoscritto completo.

Nel contratto devono essere indicati il numero delle edizioni e il numero degli esemplari di ogni edizione. Possono tuttavia essere previste più ipotesi, sia nei riguardi del numero delle edizioni e del numero degli esemplari, sia nei riguardi del compenso relativo.

Se mancano tali indicazioni si intende che il contratto ha per oggetto una sola edizione per il numero massimo di duemila esemplari.

Il contratto di edizione «a termine» conferisce all'editore il diritto di eseguire quel numero di edizioni che stima necessario durante il termine, che non può eccedere venti anni, e per il numero minimo di esemplari per edizione, che deve essere indicato nel contratto, a pena di nullità del contratto medesimo. Tale termine di venti anni non si applica ai contratti di edizione riguardanti:

– enciclopedie, dizionari;
– schizzi, disegni, vignette, illustrazioni, fotografie e simili, ad uso industriale;
– lavori di cartografia;
– opere drammatico-musicali e sinfoniche.

In entrambe le forme di contratto l'editore è libero di distribuire le edizioni nel numero di ristampe che stimi conveniente.

123. Gli esemplari dell'opera sono contrassegnati in conformità delle norme stabilite dal regolamento (Regol. 12).

124. Se più edizioni sono prevedute nel contratto, l'editore è obbligato ad avvisare l'autore dell'epoca presumibile dell'esaurimento della edizione in corso, entro un congruo termine, prima dell'epoca stessa.

Egli deve contemporaneamente dichiarare all'autore se intende o no procedere ad una nuova edizione.

Se l'editore ha dichiarato di rinunciare ad una nuova edizione o se, avendo dichiarato di voler procedere ad una nuova edizione, non vi procede nel termine di due anni dalla notifica di detta dichiarazione, il contratto si intende risoluto.

L'autore ha diritto al risarcimento dei danni per la mancata nuova edizione se non sussistano giusti motivi da parte dell'editore.

125. L'autore è obbligato:

1) a consegnare l'opera nelle condizioni stabilite dal contratto e in forma che non ne renda troppo difficile o costosa la stampa;

2) a garantire il pacifico godimento dei diritti ceduti per tutta la durata del contratto.

L'autore ha altresì l'obbligo e il diritto di correggere le bozze di stampa secondo le modalità fissate dall'uso.

126. L'editore è obbligato:

1) a riprodurre e porre in vendita l'opera col nome dell'autore, ovvero anonima o pseudonima, se ciò è previsto nel contratto, in conformità dell'originale e secondo le buone norme della tecnica editoriale;

2) a pagare all'autore i compensi pattuiti.

127. La pubblicazione o la riproduzione dell'opera deve aver luogo entro il termine fissato dal contratto (122); tale termine non può essere superiore a due anni, decorrenti dal giorno della effettiva consegna all'editore dell'esemplare completo e definitivo dell'opera.

In mancanza di termini contrattuali, la pubblicazione o la riproduzione dell'opera deve aver luogo non oltre due anni dalla richiesta scritta fattane all'editore. L'autorità giudiziaria può peraltro fissare un termine più breve quando sia giustificato dalla natura dell'opera e da ogni altra circostanza del caso.

È nullo ogni patto che contenga rinunzia alla fissazione di un termine o che contenga fissazione di un termine superiore al termine massimo sopra stabilito.

Il termine di due anni non si applica alle opere collettive (3).

128. Se l'acquirente del diritto di pubblicazione o riproduzione non fa pubblicare o riprodurre l'opera nel termine concordato o in quello stabilito dal giudice (122), l'autore ha diritto di domandare la risoluzione del contratto.

L'autorità giudiziaria può accordare all'acquirente una dilazione, non superiore alla metà del termine predetto, subordinandola, ove occorra, alla prestazione di idonea garanzia. Può altresì limitare la pronunzia di risoluzione soltanto ad una parte del contenuto del contratto.

Nel caso di risoluzione totale l'acquirente deve restituire l'originale dell'opera ed è obbligato al risarcimento dei danni a meno che provi che la pubblicazione o riproduzione è mancata malgrado la dovuta diligenza.

129. L'autore può introdurre nell'opera tutte le modificazioni che crede, purché non ne alterino il carattere e la destinazione fino a che l'opera non sia stata pubblicata per la stampa, salvo a sopportare le maggiori spese derivanti dalla modificazione.

L'autore ha il medesimo diritto nei riguardi delle nuove edizioni. L'editore deve interpellarlo in proposito prima di procedere alle nuove edizioni (124). In difetto di accordo tra le parti il termine per eseguire le modificazioni è fissato dall'autorità giudiziaria.

Se la natura dell'opera esige che essa sia aggiornata prima di una nuova edizione e l'autore rifiuti di aggiornarla, l'editore può farla aggiornare da altri, avendo cura, nella nuova edizione, di segnalare e distinguere l'opera dell'aggiornatore.

130. Il compenso spettante all'autore è costituito da una partecipazione, calcolata, salvo patto in contrario, in base ad una percentuale sul prezzo di copertina degli esemplari venduti. Tuttavia il compenso può essere rappresentato da una somma a stralcio per le edizioni di:

– dizionari, enciclopedie, antologie, ed altre opere di collaborazione;
– traduzioni, articoli di giornali o di riviste;
– discorsi o conferenze;
– opere scientifiche;
– lavori di cartografia;
– opere musicali o drammatico-musicali;
– opere delle arti figurative.

Nei contratti a partecipazione l'editore è obbligato a rendere conto annualmente delle copie vendute.

131. Nel contratto di edizione il prezzo di copertina è fissato dall'editore, previo tempestivo avviso all'autore. Questi può opporsi al prezzo fissato o modificato dall'editore, se sia tale da pregiudicare gravemente i suoi interessi e la diffusione dell'opera.

132. L'editore non può trasferire ad altri, senza il consenso dell'autore, i diritti acquistati, salvo pattuizione contraria oppure nel caso di cessione dell'azienda (2558 s., c.c.). Tuttavia, in questo ultimo caso i diritti dell'editore cedente non possono essere trasferiti se vi sia pregiudizio alla reputazione o alla diffusione dell'opera.

133. Se l'opera non trova smercio sul mercato al prezzo fissato, l'editore prima di svendere gli esemplari stessi a sottoprezzo o di mandarli al macero, deve interpellare l'autore se intende acquistarli per un prezzo calcolato su quello ricavabile dalla vendita a sottoprezzo o ad uso di macero.

134. I contratti di edizione si estinguono:

1) per il decorso del termine contrattuale;

2) per la impossibilità di portarli a compimento a cagione dell'insuccesso dell'opera;

3) per la morte dell'autore, prima che l'opera sia compiuta, salva l'applicazione delle norme dell'art. 121;

4) perché l'opera non può essere pubblicata, riprodotta o messa in commercio per effetto di una decisione giudiziaria o di una disposizione di legge;

5) nei casi di risoluzione contemplati dall'art. 128 o nel caso previsto dall'art. 133;

6) nel caso di ritiro dell'opera dal commercio, a sensi delle disposizioni della sezione quinta di questo capo (162).

135. Il fallimento dell'editore non determina la risoluzione del contratto di edizione (Fall. 83).

Il contratto di edizione è tuttavia risolto se il curatore, entro un anno dalla dichiarazione del fallimento, non continua l'esercizio dell'azienda editoriale o non la cede ad un altro editore nelle condizioni indicate nell'art. 132.

SEZIONE IV
Contratti di rappresentazione e di esecuzione

136. Il contratto con il quale l'autore concede la facoltà di rappresentare in pubblico un'opera drammatica, drammatico-musicale, coreografica, pantomimica o qualunque altra opera destinata alla rappresentazione, è regolato, oltreché dalle disposizioni contenute nei codici, dalle disposizioni generali di questo capo e dalle disposizioni particolari che seguono.

Salvo patto contrario, la concessione di detta facoltà non è trasferibile ad altri.

137. L'autore è obbligato:

1) a consegnare il testo dell'opera qualora questa non sia stata pubblicata per le stampe;

2) a garantire il pacifico godimento dei diritti ceduti per tutta la durata del contratto.

138. Il concessionario è obbligato:

1) a rappresentare l'opera senza apportarvi aggiunte, tagli o variazioni non consentite dall'autore, e previo annuncio al pubblico, nelle forme d'uso, del titolo dell'opera, del nome dell'autore e del nome dell'eventuale traduttore o riduttore;

2) a lasciare invigilare la rappresentazione dall'autore;

3) a non mutare, senza gravi motivi, i principali interpreti dell'opera e i direttori dell'orchestra e dei cori, se furono designati d'accordo con l'autore.

139. Per la rappresentazione dell'opera si applicano le norme degli artt. 127 e 128, meno per quanto riguarda il termine fissato al secondo comma dell'art. 127 che viene elevato a cinque anni, quando si tratti di opere drammatico-musicali.

140. Se il cessionario del diritto di rappresentazione trascura, nonostante la richiesta dell'autore, di ulteriormente rappresentare l'opera dopo una prima rappresentazione, od un primo ciclo di rappresentazioni, l'autore della parte musicale o letteraria che dimostri la colpa del cessionario, ha diritto di chiedere la risoluzione del contratto, con le conseguenze stabilite nel terzo comma dell'art. 128.

141. Il contratto che ha per oggetto la esecuzione di una composizione musicale è regolato dalle disposizioni di questa sezione in quanto siano applicabili alla natura ed all'oggetto del contratto medesimo.

SEZIONE V
Ritiro dell'opera dal commercio

142. L'autore (8), qualora concorrano gravi ragioni morali, ha diritto di ritirare l'opera dal commercio, salvo l'obbligo di indennizzare coloro che hanno acquistati i diritti di riprodurre, diffondere, eseguire, rappresentare o spacciare l'opera medesima (2582 c.c.).

Questo diritto è personale e non è trasmissibile.

Agli effetti dell'esercizio di questo diritto l'autore deve notificare il suo intendimento alle persone alle quali ha ceduto i diritti ed alla *Presidenza del Consiglio dei Ministri*, la quale dà pubblica notizia dell'intendimento medesimo nelle forme stabilite dal regolamento (Regol. 13).

Entro il termine di un anno a decorrere dall'ultima data delle notifiche e pubblicazioni, gli interessati possono ricorrere all'autorità giudiziaria per opporsi all'esercizio della pretesa dell'autore, o per ottenere la liquidazione ed il risarcimento del danno.

143. L'autorità giudiziaria, se riconosce che sussistono gravi ragioni morali invocate dall'autore (8), ordina il divieto della riproduzione, diffusione, esecuzione, rappresentazione o spaccio dell'opera, a condizione del pagamento di una indennità a favore degli interessati, fissando la somma dell'indennizzo e il termine per il pagamento.

L'autorità giudiziaria può anche pronunciare provvisoriamente il divieto con decreto su ricorso, se sussistono ragioni di urgenza, prima della scadenza del termine indicato nell'ultimo comma dell'art. precedente, previo, occorrendo, il pagamento di una idonea cauzione.

Se l'indennità non è pagata nel termine fissato dall'autorità giudiziaria cessa di pieno diritto l'efficacia della sentenza.

La continuazione della riproduzione, diffusione, esecuzione, rappresentazione o spaccio dell'opera, dopo trascorso il termine per ricorrere all'autorità giudiziaria, previsto nell'ultimo comma dell'art. precedente, o dopo dichiarato sospeso il commercio dell'opera, è soggetto alle sanzioni civili e penali comminate da questa legge per le violazioni del diritto di autore (156 s.).

SEZIONE VI
Diritti dell'autore sulle vendite successive di opere d'arte e di manoscritti

144. 1. Gli autori delle opere d'arte e di manoscritti hanno diritto ad un compenso sul prezzo di ogni vendita successiva alla prima cessione delle opere stesse da parte dell'autore.

2. Ai fini del primo comma si intende come vendita successiva quella comunque effettuata che comporta l'intervento, in qualità di venditori, aquirenti o intermediari, di soggetti che operano professionalmente nel mercato dell'arte, come le case

d'asta, le gallerie d'arte e, in generale, qualsiasi commerciante di opere d'arte.

3. Il diritto di cui al comma 1 non si applica alle vendite quando il venditore abbia acquistato l'opera direttamente dall'autore meno di tre anni prima di tali vendite e il prezzo di vendita non sia superiore a 10.000,00 euro. La vendita si presume effettuata oltre i tre anni dall'acquisto salva prova contraria fornita dal venditore.

145. 1. Ai fini dell'art. 144, per opere si intendono gli originali delle opere delle arti figurative, comprese nell'art. 2, come i quadri, i "collages", i dipinti, i disegni, le incisioni, le stampe, le litografie, le sculture, gli arazzi, le ceramiche, le opere in vetro e le fotografie, nonché gli originali dei manoscritti, purché si tratti di creazioni eseguite dall'autore stesso o di esemplari considerati come opere d'arte e originali.

2. Le copie delle opere delle arti figurative prodotte in numero limitato dall'autore stesso o sotto la sua autorità, sono considerate come originali purché siano numerate, firmate o altrimenti debitamente autorizzate dall'autore.

146. 1. Il diritto di cui all'art. 144 è riconosciuto anche agli autori e ai loro aventi causa di paesi non facenti parte dell'Unione europea, solo ove la legislazione di tali paesi preveda lo stesso diritto a favore degli autori che siano cittadini italiani e dei loro aventi causa.

2. Agli autori di paesi non facenti parte dell'Unione europea non in possesso della cittadinanza italiana, ma abitualmente residenti in Italia, è riservato lo stesso trattamento previsto dalla presente sezione per i cittadini italiani.

147. 1. Il diritto di cui all'art. 144 non può formare oggetto di alienazione o di rinuncia, nemmeno preventivamente.

148. 1. Il diritto di cui all'art. 144 dura per tutta la vita dell'autore e per settant'anni dopo la sua morte.

149. 1. Il diritto di cui all'art. 144 spetta dopo la morte dell'autore agli eredi, secondo le norme del codice civile; in difetto di successori entro il sesto grado, il diritto è devoluto all'Ente nazionale di previdenza e assistenza per i pittori e scultori, musicisti, scrittori ed autori drammatici (ENAP) per i propri fini istituzionali.

150. 1. Il compenso previsto dall'art. 144 è dovuto solo se il prezzo della vendita non è inferiore a 3.000,00 euro.

2. Fatto salvo quanto disposto dal comma 1, i compensi dovuti ai sensi dell'art. 144 non così determinati:

a) 4 per cento per la parte del prezzo di vendita fino a 50.000,00 euro;

b) 3 per cento per la parte del prezzo di vendita compresa tra 50.000,01 euro e 200.000,00 euro;

c) 1 per cento per la parte del prezzo di vendita compresa tra 200.000,01 euro e 350.000,00 euro;

d) 0,5 per cento per la parte del prezzo di vendita compresa tra 350.000,01 euro e 500.000,00 euro;

e) 0,25 per cento per la parte del prezzo di vendita superiore a 500.000,00 euro.

3. L'importo totale del compenso non può essere comunque superiore a 12.500,00 euro.

151. 1. Il prezzo della vendita, ai fini dell'applicazione delle percentuali di cui all'art. 150, è calcolato al netto dell'imposta.

152. 1. Il compenso di cui agli artt. 144 e 150 è a carico del venditore.

2. Fermo restando quanto disposto nel comma 1, l'obbligo di prelevare e di trattenere dal prezzo di vendita il compenso dovuto e di versarne, nel termine stabilito dal regolamento, il relativo importo alla Società italiana degli autori ed editori (SIAE), è a carico dei soggetti di cui all'art. 144, comma 2.

3. Fino al momento in cui il versamento alla Società italiana degli autori ed editori (SIAE) non sia stato effettuato, i soggetti di cui al comma 2 sono costituiti depositari, ad ogni effetto di legge, delle somme prelevate.

4. I soggetti di cui al comma 2, intervenuti nella vendita quali acquirenti o intermediari, rispondono solidalmente con il venditore del pagamento del compenso da questi dovuto.

153. 1. Le vendite delle opere e dei manoscritti di cui alla presente sezione, il cui prezzo minimo sia quello indicato al comma 1 dell'art. 150, debbono essere denunciate, a cura del professionista intervenuto quale venditore acquirante o intermediario, mediante dichiarazione alla Società italiana degli autori ed editori (SIAE), nel termine e con le modalità stabilite nel regolamento.

2. Il soggetto di cui al comma 1 ha, altresì, l'obbligo di fornire alla Società italiana degli autori ed editori (SIAE), su richiesta di quest'ultima, per un periodo di tre anni successivi alla vendita, tutte le informazioni atte ad assicurare il pagamento dei compensi previsti dagli articoli precedenti, anche tramite l'esibizione della documentazione relativa alla vendita stessa.

154. 1. La Società italiana degli autori ed editori (SIAE) provvede, secondo quanto disposto dal regolamento, a comunicare agli aventi diritto l'avvenuta vendita e la percezione del compenso ed a rendere pubblico, anche tramite il proprio sito informatico istituzionale, per tutto il periodo di cui al comma 2, l'elenco degli aventi diritto che non abbiano ancora rivendicato il compenso. Provvede, altresì, al successivo pagamento del compenso al netto della provvigione, comprensiva delle spese, la cui misura è determinata con decreto del Ministro per i beni e le attività culturali, sentita la Società italiana degli autori ed editori (SIAE). Il decreto è sottoposto ad aggiornamento triennale.

2. Presso la Società italiana degli autori ed editori (SIAE) sono tenuti a disposizione i compensi di cui al comma 1, che non sia stato possibile versare agli aventi diritto, per un periodo di cinque anni, decorrente dalla data a decorrere dalla quale gli stessi sono divenuti esigibili secondo quanto disposto dal regolamento. Decorso tale periodo senza che sia intervenuta alcuna rivendicazione dei compensi, questi ultimi sono devoluti all'Ente nazionale di previdenza e assistenza per i pittori e scultori, musicisti scrittori ed autori drammatici (ENAP) per i propri fini istituzionali, con gli interessi legali dalla data di percezione delle somme fino a quella del pagamento al netto della provvigione di cui al comma 1.

155. 1. Le disposizioni di cui alla presente Sezione si applicano anche alle opere anonime e pseudonime.

CAPO III
Difese e sanzioni giudiziarie

SEZIONE I
Difese e sanzioni civili

§ 1.
Norme relative ai diritti di utilizzazione economica

156. 1. Chi ha ragione di temere la violazione di un diritto di utilizzazione economica a lui spettante in virtù di questa legge oppure intende impedire la continuazione o la ripetizione di una violazione già avvenuta sia da parte dell'autore della violazione che di un intermediario i cui servizi sono utilizzati per tale violazione può agire in giudizio per ottenere che il suo diritto sia accertato e sia vietato il proseguimento della violazione. Pronunciando l'inibitoria, il giudice può fissare una somma dovuta per ogni violazione o inosservanza successivamente constatata o per ogni ritardo nell'esecuzione del provvedimento.

2. Sono fatte salve le disposizioni di cui al decreto legislativo 9 aprile 2003, n. 70.

3. L'azione è regolata dalle norme di questa sezione e dalle disposizioni del codice di procedura civile.

3-*bis*. Sono devolute alla cognizione delle sezioni specializzate in materia d'impresa previste dal decreto legislativo 27 giugno 2003, n. 168, tutte le controversie aventi ad oggetto i diritti d'autore e i diritti connessi al diritto d'autore previsti dalla presente legge.[1]

[1] Comma agg. dall'art. 39, c. 1, D.lgs. 15 mar. 2017, n. 35.

156-*bis*. — Qualora una parte abbia fornito seri elementi dai quali si possa ragionevolmente desumere la fondatezza delle proprie domande ed abbia individuato documenti, elementi o informazioni detenuti dalla controparte che confermino tali indizi, essa può ottenere che il giudice ne disponga l'esibizione oppure che richieda le informazioni alla controparte. Può ottenere altresì, che il giudice ordini alla controparte di fornire gli elementi per l'identificazione dei soggetti implicati nella produzione e distribuzione dei prodotti o dei servizi che costituiscono violazione dei diritti di cui alla presente legge.

2. In caso di violazione commessa su scala commerciale il giudice può anche disporre, su richiesta di parte, l'esibizione della documentazione bancaria, finanziaria e commerciale che si trovi in possesso della controparte.

3. Il giudice, nell'assumere i provvedimenti di cui ai commi 1 e 2, adotta le misure idonee a garantire la tutela delle informazioni riservate, sentita la controparte.

4. Il giudice desume argomenti di prova dalle risposte che le parti danno e dal rifiuto ingiustificato di ottemperare agli ordini.

156-*ter*. 1. L'autorità giudiziaria sia nei giudizi cautelari che di merito può ordinare, su istanza giustificata e proporzionata del richiedente, che vengano fornite informazioni sull'origine e sulle reti di distribuzione di merci o di prestazione di servizi che violano un diritto di cui alla presente legge da parte dell'autore della violazione e da ogni altra persona che:

a) sia stata trovata in possesso di merci oggetto di violazione di un diritto, su scala commerciale; sia stata sorpresa a utilizzare servizi oggetto di violazione di un diritto, su scala commerciale;

b) sia stata sorpresa a fornire su scala commerciale servizi utilizzati in attività di violazione di un diritto;

c) sia stata indicata dai soggetti di cui alle lettere *a*) o *b*) come persona implicata nella produzione, fabbricazione o distribuzione di tali prodotti o nella fornitura di tali servizi.

2. Le informazioni di cui al comma 1 possono tra l'altro comprendere il nome e indirizzo dei produttori, dei fabbricanti, dei distributori, dei fornitori e degli altri precedenti detentori dei prodotti o dei servizi, nonché dei grossisti e dei dettaglianti, nonché informazioni sulle quantità prodotte, fabbricate, consegnate, ricevute o ordinate, nonché sul prezzo dei prodotti o servizi in questione.

3. Le informazioni vengono acquisite tramite interrogatorio dei soggetti di cui al comma 1.

4. Il richiedente deve fornire l'indicazione specifica delle persone da interrogare e dei fatti sui quali ognuna di esse deve essere interrogata.

5. Il giudice, ammesso l'interrogatorio, richiede ai soggetti di cui al comma 1 le informazioni indicate dalla parte; può altresì rivolgere loro, d'ufficio o su istanza di parte, tutte le domande che ritenere utili per chiarire le circostanze sulle quali si svolge l'interrogatorio.

6. Si applicano gli artt. 249, 250, 252, 255 e 257, primo comma, del codice di procedura civile.

157. Chi si trova nell'esercizio dei diritti di rappresentazione o di esecuzione di un'opera adatta a pubblico spettacolo, compresa l'opera cinematografica, o di un'opera o composizione musicale (136 s.), può richiedere al prefetto della provincia, secondo le norme stabilite dal regolamento, la proibizione della rappresentazione o della esecuzione, ogni qualvolta manchi la prova scritta del consenso da esso prestato (Regol. 14).

Il prefetto provvede sulla richiesta, in base alle notizie e ai documenti a lui sottoposti, permettendo o vietando la rappresentazione o l'esecuzione, salvo alla parte interessata di adire l'autorità giudiziaria, per i definitivi provvedimenti di sua competenza.

158. 1. Chi venga leso nell'esercizio di un diritto di utilizzazione economica a lui spettante può agire in giudizio per ottenere, oltre al risarcimento del danno che, a spese dell'autore della violazione, sia distrutto o rimosso lo stato di fatto da cui risulta la violazione.

2. Il risarcimento dovuto al danneggiato è liquidato secondo le disposizioni degli artt. 1223, 1226 e 1227 del codice civile. Il lucro cessante è valutato dal giudice ai sensi dell'art. 2056, secondo comma, del codice civile, anche tenuto conto degli utili realizzati in violazione del diritto. Il giudice può altresì liquidare il danno in via forfettaria sulla base quanto meno dell'importo dei diritti che avrebbero dovuto essere riconosciuti, qualora l'autore della violazione avesse chiesto al titolare l'autorizzazione per l'utilizzazione del diritto.

3. Sono altresì dovuti i danni non patrimoniali ai sensi dell'art. 2059 del codice civile.

159. 1. La rimozione o la distruzione prevista nell'art. 158 non può avere per oggetto che gli esemplari o copie illecitamente riprodotte o diffuse, nonché gli apparecchi impiegati per la riproduzione o diffusione che non sono prevalentemente adoperati per diversa riproduzione o diffusione.

2. Se gli esemplari, le copie e gli apparecchi di cui al comma 1 sono suscettibili, previa adeguata modifica, di una utilizzazione legittima da parte dell'autore della violazione, può essere disposto dal giudice il loro ritiro temporaneo dal commercio con possibilità di un loro reinserimento a seguito degli adeguamenti imposti a garanzia del rispetto del diritto.

3. Se una parte dell'esemplare, della copia o dell'apparecchio di cui al comma 1 può essere impiegata per una diversa riproduzione o diffusione, l'interessato può chiedere, a sue spese, la separazione di questa parte nel proprio interesse.

4. Se l'esemplare o la copia dell'opera o l'apparecchio di cui si chiede la rimozione o la distruzione hanno singolare pregio artistico o scientifico, il giudice ne può ordinare di ufficio il deposito in un pubblico museo.

5. Il danneggiato può sempre chiedere che gli esemplari, le copie e gli apparecchi soggetti alla distruzione gli siano aggiudicati per un determinato prezzo in conto del risarcimento dovutogli.

6. I provvedimenti della distruzione e della aggiudicazione non colpiscono gli esemplari o le copie contraffatte acquistati in buona fede per uso personale.

7. L'applicazione delle misure di cui al presente articolo deve essere proporzionata alla gravità della violazione e tenere conto degli interessi dei terzi.

160. La rimozione o la distruzione non può essere domandata nell'ultimo anno della durata del diritto. In tal caso, deve essere ordinato il sequestro dell'opera o del prodotto sino alla scadenza della durata medesima. Qualora siano stati risarciti i danni derivati dalla violazione del diritto, il sequestro può essere autorizzato anche ad una data anteriore a quella sopraindicata.

161. 1. Agli effetti dell'esercizio delle azioni previste negli articoli precedenti, nonché della salvaguardia delle prove relative alla contraffazione, possono essere ordinati dall'Autorità giudiziaria la descrizione, l'accertamento, la perizia od il sequestro di ciò che si ritenga costituire violazione del diritto di utilizzazione; può inoltre farsi ricorso ai procedimenti d'istruzione preventiva.

2. Il sequestro non può essere concesso nelle opere che risultano dal contributo di più persone, salvo i casi di particolare gravità o quando la violazione del diritto di autore è imputabile a tutti i coautori.

3. L'Autorità giudiziaria può anche ordinare, in casi particolarmente gravi, il sequestro dei proventi dovuti all'autore dell'opera o del prodotto contestato.

4. Le disposizioni della presente sezione si applicano a chi mette in circolazione in qualsiasi modo o detiene per scopi commerciali copie non autorizzate di programmi e qualsiasi mezzo inteso unicamente a consentire o facilitare la rimozione arbitraria o l'elusione funzionale dei dispositivi applicati a protezione di un programma per elaboratore.

162. 1. Salvo quanto diversamente disposto dalla presente legge, i procedimenti di cui all'art. 161 sono disciplinati dalle norme del codice di procedura civile concernenti i procedimenti cautelare di sequestro e di istruzione preventiva per quanto riguarda la descrizione. l'accertamento e la perizia.

2. La descrizione e il sequestro vengono eseguiti a mezzo di ufficiale giudiziario, con l'assistenza, ove occorra, di uno o più periti ed anche con l'impiego di mezzi tecnici di accertamento, fotografici o di altra natura. Nel caso di pubblici spettacoli non si applicano le limitazioni di giorni e di ore previste

per atti di questa natura dal codice di procedura civile.

3. Gli interessati possono essere autorizzati ad assistere alle operazioni anche a mezzo di propri rappresentanti e ad essere assistiti da tecnici di loro fiducia.

4. Alla descrizione non si applicano i commi secondo e terzo dell'art. 693 del codice di procedura civile. Ai fini dell'art. 697 del codice di procedura civile, il carattere dell'eccezionale urgenza deve valutarsi anche alla stregua dell'esigenza di non pregiudicare l'attuazione del provvedimento. Si applica anche alla descrizione il disposto degli artt. 669-*octies*, 669-*undecies* e 675 del codice di procedura civile.

5. Decorso il termine di cui all'art. 675 del codice di procedura civile, possono essere completate le operazioni di descrizione e di sequestro già iniziate. ma non possono esserne iniziate altre fondate sullo stesso provvedimento; resta salva la facoltà di chiedere al giudice di disporre ulteriori provvedimenti di descrizione o sequestro nel corso del procedimento di merito.

6. Descrizione e sequestro possono concernere oggetti appartenenti a soggetti anche non identificati nel ricorso, purché si tratti di oggetti prodotti, offerti, importati o distribuiti dalla parte nei cui confronti siano stati emessi i suddetti provvedimenti e purché tali oggetti non siano adibiti ad uso personale, ovvero si tratti di opere diffuse con qualunque mezzo. Il verbale delle operazioni di sequestro e di descrizione, con il ricorso ed il provvedimento deve essere notificato al terzo cui appartengono gli oggetti sui quali descrizione o sequestro sono stati eseguiti entro quindici giorni dalla conclusione delle operazioni stesse a pena di inefficacia.

162-*bis*. 1. Se il giudice, nel rilasciare il provvedimento cautelare, non stabilisce il termine entro cui le parti devono iniziare il giudizio di merito, quest'ultimo deve essere iniziato entro il termine di venti giorni lavorativi o di trentuno giorni di calendario, qualora questi rappresentino un periodo più lungo.

2. Il termine di cui al comma 1 decorre dalla pronuncia dell'ordinanza se avvenuta in udienza o, altrimenti, dalla sua comunicazione.

3. Se il giudizio di merito non è iniziato nel termine perentorio di cui al comma 1 ovvero se successivamente al suo inizio si estingue, il provvedimento cautelare perde la sua efficacia.

4. Le disposizioni di cui al comma 3 non si applicano ai provvedimenti di urgenza emessi ai sensi dell'art. 700 del codice di procedura civile ed agli altri provvedimenti cautelari idonei ad anticipare gli effetti della sentenza di merito. In tali casi ciascuna parte può iniziare il giudizio di merito.

162-*ter*. 1. Quando la parte lesa faccia valere l'esistenza di circostanze atte a pregiudicare il pagamento del risarcimento del danno, l'autorità giudiziaria può disporre ai sensi dell'art. 671 del codice di procedura civile il sequestro conservativo di beni mobili e immobili del presunto autore della violazione fino alla concorrenza del presumibile ammontare del danno, compreso il blocco dei suoi conti bancari e di altri beni. A tale fine, nei casi di violazioni commesse su scala commerciale, l'Autorità giudiziaria può disporre la comunicazione delle documentazioni bancarie, finanziarie o commerciali, o l'appropriato accesso alle pertinenti informazioni.

163. 1. Il titolare di un diritto di utilizzazione economica può chiedere che sia disposta l'inibitoria di qualsiasi attività, ivi comprese quelle costituenti servizi prestati da intermediari, che costituisca violazione del diritto stesso secondo le norme del codice di procedura civile concernenti i procedimenti cautelari.

2. Pronunciando l'inibitoria, il giudice può fissare una somma dovuta per ogni violazione o inosservanza successivamente constatata o per ogni ritardo nell'esecuzione del provvedimento.

3. Ove in sede giudiziaria si accerti la mancata corresponsione del compenso realtivo ai diritti di cui agli artt. 73 e 73-*bis*, oltre alla liquidazione dello stesso può essere disposta l'interdizione dall'utilizzo dei fonogrammi per un periodo da un minimo di quindici giorni ad un massimo di centottanta giorni.

4. Ove in sede giudiziaria si accerti l'utilizzazione di fonogrammi che, ai sensi dell'art. 74, arrecano pregiudizio al produttore fotografico, oltre alla interdizione definitiva dal loro utilizzo, può essere comminata una sanzione amministrativa da un minimo di euro 260,00 ad un massimo di euro 5.200,00.

164. Se le azioni previste in questa sezione e nella seguente sono promosse dall'ente di diritto pubblico indicato nell'art. 180 si osservano le regole seguenti:

1) i funzionari appartenenti agli enti sopramenzionati possono esercitare le azioni di cui sopra nell'interesse degli aventi diritto senza bisogno di mandato, bastando che consti della loro qualità;

2) l'ente di diritto pubblico è dispensato dall'obbligo di prestare cauzione per la esecuzione degli atti per i quali questa cautela è prescritta o autorizzata;

3) l'ente di diritto pubblico designa i funzionari autorizzati a compiere attestazioni di credito per diritto d'autore, nonché in relazione ad altre funzioni attribuite all'ente; dette attestazioni sono atti aventi efficacia di titolo esecutivo a norma dell'art. 474 del codice di procedura civile.

165. L'autore dell'opera oggetto del diritto di utilizzazione, anche dopo la cessione di tale diritto, ha sempre la facoltà di intervenire nei giudizi promossi dal cessionario, a tutela dei suoi interessi.

166. Sull'istanza della parte interessata, o di

ufficio, il giudice può ordinare che la sentenza venga pubblicata per la sola parte dispositiva in uno o più giornali ed anche ripetutamente a spese della parte soccombente (120 c.p.c.).

167. I diritti di utilizzazione economica riconosciuti da questa legge possono anche essere fatti valere giudizialmente:

a) da chi si trovi nel possesso legittimo dei diritti stessi;

b) da chi possa agire in rappresentanza del titolare dei diritti.

§ 2.
Norme particolari ai giudizi concernenti l'esercizio del diritto morale

168. Nei giudizi concernenti l'esercizio del diritto morale sono applicabili, in quanto lo consente la natura di questo diritto, le norme contenute nel paragrafo precedente (156 s.), salva la applicazione delle disposizioni dei seguenti articoli.

169. L'azione a difesa dell'esercizio dei diritti che si riferiscono alla paternità dell'opera può dar luogo alla sanzione della rimozione o distruzione (158 s.) solo quando la violazione non possa essere convenientemente riparata mediante aggiunte o soppressioni sull'opera delle indicazioni che si riferiscono alla paternità dell'opera stessa o con altri mezzi di pubblicità.

170. L'azione a difesa dei diritti che si riferiscono all'integrità dell'opera può condurre alla rimozione o distruzione (158 s.) dell'esemplare deformato, mutilato o comunque modificato dell'opera, solo quando non sia possibile ripristinare detto esemplare nella forma primitiva a spese della parte interessata ad evitare la rimozione o la distruzione.

SEZIONE II
Difese e sanzioni penali

171. Salvo quanto previsto dall'art. 171 *bis* e dall'art. 171-*ter* è punito con la multa da euro 51,65 a euro 2065,83 chiunque senza averne diritto, a qualsiasi scopo e in qualsiasi forma:

a) riproduce, trascrive, recita in pubblico, diffonde, vende o mette in vendita o pone altrimenti in commercio un'opera altrui o ne rivela il contenuto prima che sia reso pubblico, o introduce e mette in circolazione nella Repubblica esemplari prodotti all'estero contrariamente alla legge italiana;

a-bis) mette a disposizione del pubblico, immettendola in un sistema di reti telematiche, mediante connessioni di qualsiasi genere, un'opera dell'ingegno protetta, o parte di essa;

b) rappresenta, esegue o recita in pubblico o diffonde, con o senza variazioni od aggiunte, un'opera altrui adatta a pubblico spettacolo od una composizione musicale. La rappresentazione o esecuzione comprende la proiezione pubblica dell'opera cinematografica, l'esecuzione in pubblico delle composizioni musicali inserite nelle opere cinematografiche e la radiodiffusione mediante altoparlante azionato in pubblico;

c) compie i fatti indicati nelle precedenti lettere mediante una delle forme di elaborazione previste da questa legge;

d) riproduce un numero di esemplari o esegue o rappresenta un numero di esecuzioni o di rappresentazioni maggiori di quello che aveva il diritto rispettivamente di riprodurre o di rappresentare;

e) [abrogata];

f) in violazione dell'art. 79 ritrasmette su filo o per radio o altri apparecchi analoghi le trasmissioni o ritrasmissioni radiofoniche o smercia dischi fonografici o altri apparecchi indebitamente registrati.

Chiunque commette la violazione di cui al primo comma, lettera *a-bis*), è ammesso a pagare, prima dell'apertura del dibattimento, ovvero prima dell'apertura del decreto penale di condanna, una somma corrispondente alla metà del massimo della pena stabilita dal primo comma per il reato commesso, oltre le spese del procedimento. Il pagamento estingue il reato.

La pena è della reclusione fino ad un anno o della multa non inferiore a euro 516,46 se i reati di cui sopra sono commessi sopra un'opera altrui non destinata alla pubblicità, ovvero con usurpazione della paternità dell'opera, ovvero con deformazione, mutilazione o altra modificazione dell'opera medesima, qualora ne risulti offesa all'onore od alla reputazione dell'autore.

La violazione delle disposizioni di cui al terzo e al quarto comma dell'art. 68 comporta la sospensione delle attività di fotocopia, xerocopia o analogo sistema di riproduzione da 6 mesi a un anno, nonché la sanzione amministrativa pecuniaria da euro 1032,91 a euro 5164,57.

171-*bis*. 1. Chiunque abusivamente duplica, per trarne profitto, programmi per elaboratore o ai medesimi fini importa, distribuisce, vende, detiene a scopo commerciale o imprenditoriale o concede in locazione programmi contenuti in supporti non contrassegnati dalla Società italiana degli autori ed editori (SIAE), è soggetto alla pena della reclusione da sei mesi a tre anni e della multa da euro 2582,28 a euro 15493,71. La stessa pena si applica se il fatto concerne qualsiasi mezzo inteso unicamente a consentire o facilitare la rimozione arbitraria o l'elusione funzionale di dispositivi applicati a protezione di un programma per elaboratori. La pena non è inferiore nel minimo a due anni di reclusione e la multa a euro 15.493,71 se il fatto è di rilevante gravità.

2. Chiunque, al fine di trarne profitto, su supporti non contrassegnati SIAE riproduce, trasferisce su altro supporto, distribuisce, comunica, presenta o dimostra in pubblico il contenuto di una banca di

dati in violazione delle disposizioni di cui agli artt. 64-*quinquies* e 64-*sexies*, ovvero esegue l'estrazione o il reimpiego della banca di dati in violazione delle disposizioni di cui agli artt. 102-*bis* e 102-*ter*, ovvero distribuisce, vende o concede in locazione una banca di dati, è soggetto alla pena della reclusione da sei mesi a tre anni e della multa da euro 2582,28 a euro 15.493,71. La pena non è inferiore nel minimo a due anni di reclusione e la multa a euro 15.493,71 se il fatto è di rilevante gravità.

171-*ter*. 1. È punito, se il fatto è commesso per uso non personale, con la reclusione da sei mesi a tre anni e con la multa da euro 2582,28 e euro 15.493,71 chiunque ai fini di lucro:

a) abusivamente duplica, riproduce, trasmette o diffonde in pubblico con qualsiasi procedimento, in tutto o in parte, un'opera dell'ingegno destinata al circuito televisivo. cinematografico, della vendita o del noleggio, dischi, nastri o supporti analoghi ovvero ogni altro supporto contenente fonogrammi o videogrammi di opere musicali, cinematografiche o audiovisive assimilate o sequenze di immagini in movimento;

b) abusivamente riproduce, trasmette o diffonde in pubblico, con qualsiasi procedimento, opere o parti di opere letterarie, drammatiche, scientifiche o didattiche, musicali o drammaticomusicali, ovvero multimediali, anche se inserite in opere collettive o composite o banche dati;

c) pur non avendo concorso alla duplicazione o riproduzione, introduce nel territorio dello Stato, detiene per la vendita o la distribuzione, distribuisce, pone in commercio, concede in noleggio o comunque cede a qualsiasi titolo, proietta in pubblico, trasmette a mezzo della televisione con qualsiasi procedimento, trasmette a mezzo della radio, fa ascoltare in pubblico le duplicazioni o riproduzioni abusive di cui alle lettere *a*) e *b*);

d) detiene per la vendita o la distribuzione, pone in commercio, vende, noleggia, cede a qualsiasi titolo, proietta in pubblico, trasmette a mezzo della radio o della televisione con qualsiasi procedimento videocassette, musicassette, qualsiasi supporto contenente fonogrammi o videogrammi di opere musicali, cinematografiche o audiovisive o sequenze di immagini in movimento, od altro supporto per il quale è prescritta, ai sensi della presente legge, l'apposizione di contrassegno da parte della Società italiana degli Autori ed Editori (SIAE) privi del contrassegno medesimo o dotati di contrassegno contraffatto o alterato;

e) in assenza di accordo con il legittimo distributore, ritrasmette o diffonde con qualsiasi mezzo un servizio criptato ricevuto per mezzo di apparati o parti di apparati atti alla decodificazione di trasmissioni ad accesso condizionato;

f) introduce nel territorio dello Stato, detiene per la vendita o la distribuzione, distribuisce, vende, concede in noleggio, cede a qualsiasi titolo, promuove commercialmente, installa dispositivi o elementi di decodificazione speciale che consentono l'accesso ad un servizio criptato senza il pagamento del canone dovuto;

g) fabbrica, importa, distribuisce, vende, noleggia, cede a qualsiasi titolo, pubblicizza per la vendita o il noleggio, o detiene per scopi commerciali, attrezzature, prodotti o componenti ovvero presta servizi che abbiano la prevalente finalità o l'uso commerciale di eludere efficaci misure tecnologiche di cui all'art. 102-*quater* ovvero siano principalmente progettati, prodotti, adattati o realizzati con la finalità di rendere possibile o facilitare l'elusione di predette misure. Fra le misure tecnologiche sono comprese quelle applicate, o che residuano, a seguito della rimozione delle misure medesime conseguentemente a iniziativa volontaria dei titolari dei diritti o ad accordi tra questi ultimi e i beneficiari di eccezioni ovvero a seguito di esecuzione di provvedimenti dell'autorità amministrativa o giurisdizionale;

h) abusivamente rimuove o altera le informazioni elettroniche di cui all'art. 102-*quinquies*, ovvero distribuisce, importa a fini di distribuzione, diffonde per radio o per televisione, comunica o mette a disposizione del pubblico opere o altri materiali protetti dai quali siano state rimosse o alterate le informazioni elettroniche stesse.

2. È punito con la reclusione da uno a quattro anni e con la multa da euro 2582,28 a euro 15.493,71 chiunque:

a) riproduce, duplica, trasmette o diffonde abusivamente, vende o pone altrimenti in commercio, cede a qualsiasi titolo o importa abusivamente oltre cinquanta copie o esemplari di opere tutelate dal diritto d'autore e da diritti connessi:

a-bis) in violazione dell'art. 16, a fini di lucro comunica al pubblico, immettendola in un sistema di reti telematiche, mediante connessioni di qualsiasi genere, un'opera dell'ingegno protetta dal diritto d'autore, o parte di essa;

b) esercitando in forma imprenditoriale attività di riproduzione, distribuzione, vendita o commercializzazione, importazione di opere tutelate dal diritto d'autore e da diritti connessi, si rende colpevole dei fatti previsti dal comma 1;

c) promuove o organizza le attività illecite di cui al comma I.

3. La pena è diminuita se il fatto è di particolare tenuità.

4. La condanna per uno dei reati previsti nel comma 1 comporta:

a) l'applicazione delle pene accessorie di cui agli artt. 30 e 32-*bis* del codice penale;

b) la pubblicazione della sentenza ai sensi dell'articolo 36 del codice penale;

c) la sospensione per un periodo di un anno della concessione o autorizzazione di diffusione radiotelevisiva per l'esercizio dell'attività produttiva o commerciale.

5. Gli importi derivanti dall'applicazione delle

sanzioni pecuniarie previste dai precedenti commi sono versati all'Ente nazionale di previdenza ed assistenza per i pittori e scultori, musicisti, scrittori ed autori drammatici.

171-*quater*.[1] 1. Salvo che il fatto costituisca reato, è soggetto alla sanzione amministrativa pecuniaria da euro 5.000 a euro 30.000, chiunque, abusivamente ed a fini di lucro:

a) concede in noleggio o comunque concede in uso a qualunque titolo, originali, copie o supporti lecitamente ottenuti di opere tutelate dal diritto di autore;

b) esegue la fissazione su supporto audio, video o audiovideo delle prestazioni artistiche di cui all'art. 80.

[1] Articolo così modif. dall'art. 3, c. 2, D.lgs. 15 gen. 2016, n. 8.

171-*quinquies*. 1. Ai fini delle disposizioni di cui alla presente legge è equiparata alla concessione in noleggio la vendita con patto di riscatto ovvero sotto condizione risolutiva quando sia previsto che nel caso di riscatto o di avveramento della condizione il venditore restituisca una somma comunque inferiore a quella pagata oppure quando sia previsto da parte dell'acquirente, al momento della consegna, il pagamento di una somma a titolo di acconto o ad altro titolo comunque inferiore al prezzo di vendita.

171-*sexies*.[1] 1. Quando il materiale sequestrato è, per entità, di difficile custodia, l'autorità giudiziaria può ordinarne la distruzione, osservate le disposizioni di cui all'art. 83 delle norme di attuazione, di coordinamento e transitorie del codice di procedura penale, approvate con D.lgs. 28 lug. 1989, n. 271.

2. È sempre ordinata la confisca degli strumenti e dei materiali serviti o destinati a commettere i reati di cui agli artt. 171-*bis*, 171-*ter* e l'illecito amministrativo di cui all'articolo 171-*quater*, nonché delle videocassette, degli altri supporti audiovisivi o fonografici o informatici o multimediali abusivamente duplicati, riprodotti, ceduti, commerciati, detenuti o introdotti sul territorio nazionale, ovvero non provvisti di contrassegno SIAE, ove richiesto, o provvisti di contrassegno SIAE contraffatto o alterato, o destinato ad opera diversa. La confisca è ordinata anche nel caso di applicazione della pena su richiesta delle parti a norma dell'art. 444 del codice di procedura penale.

3. Le disposizioni di cui ai precedenti commi si applicano anche se i beni appartengono ad un soggetto giuridico diverso, nel cui interesse abbia agito uno dei partecipanti al reato.

[1] Articolo così modif. dall'art. 3, c. 2, D.lgs. 15 gen. 2016, n. 8.

171-*septies*. 1. La pena di cui all'art. 171-*ter*, comma 1, si applica anche:

a) ai produttori o importatori dei supporti non soggetti al contrassegno di cui all'art. 181-*bis*, i quali non comunicano alla SIAE entro trenta giorni dalla data di immissione in commercio sul territorio nazionale o di importazione i dati necessari alla univoca identificazione dei supporti medesimi;

b) salvo che il fatto non costituisca più grave reato, a chiunque dichiari falsamente l'avvenuto assolvimento degli obblighi di cui all'art. 181-*bis*, comma 3, della presente legge.

171-*octies*. 1. Qualora il fatto non costituisca più grave reato, è punito con la reclusione da sei mesi a tre anni e con la multa da euro 2582,28 a euro 25.822,84 chiunque a fini fraudolenti produce, pone in vendita, importa, promuove, installa, modifica, utilizza per uso pubblico e privato apparati o parti di apparati atti alla decodificazione di trasmissioni audiovisive ad accesso condizionato effettuate via etere, via satellite, via cavo, in forma sia analogica sia digitale. Si intendono ad accesso condizionato tutti i segnali audiovisivi trasmessi da emittenti italiane o estere in forma tale da rendere gli stessi visibili esclusivamente a gruppi chiusi di utenti selezionati dal soggetto che effettua l'emissione del segnale, indipendentemente dalla imposizione di un canone per la fruizione di tale servizio.

2. La pena non è inferiore a due anni di reclusione e la multa a euro 15.493,71 se il fatto è di rilevante gravità.

171-*octies*-1. 1. Chiunque si rifiuti senza giustificato motivo di rispondere alle domande del giudice ai sensi dell'art. 156-*ter* ovvero fornisce allo stesso false informazioni è punito con le pene previste dall'art. 372 del codice penale, ridotte della metà.

171-*novies*. 1. La pena principale per i reati di cui agli artt. 171-*bis*, 171-*ter* e 171-*quater* è diminuita da un terzo alla metà e non si applicano le pene accessorie a colui che, prima che la violazione gli sia stata specificatamente contestata in un atto dell'autorità giudiziaria, la denuncia spontaneamente o, fornendo tutte le informazioni in suo possesso, consente l'individuazione del promotore o organizzatore dell'attività illecita di cui agli artt. 171-*ter* e 171-*quater*, di altro duplicatore o di altro distributore ovvero il sequestro di notevoli quantità di supporti audiovisivi e fonografici o di strumenti o materiali serviti o destinati alla commissione dei reati.

2. Le disposizioni del presente articolo non si applicano al promotore o organizzatore delle attività illecite previste dall'art. 171-*bis*, comma 1, e dall'art. 171-*ter*, comma 1.

172. 1. Se i fatti preveduti nell'art. 171 sono commessi per colpa la pena è della sanzione amministrativa fino a 1.032.00 euro.

2. Con la stessa pena è punito chiunque esercita l'attività di intermediario in violazione del disposto degli artt. 180 e 183.

3. La violazione delle disposizioni di cui al comma 2 dell'art. 152 e all'art. 153 comporta la sospensione dell'attività professionale o commerciale da sei mesi ad un anno, nonché la sanzione amministrativa da 1.034,00 euro a 5.165,00 euro.

173. Le sanzioni previste negli articoli precedenti si applicano quando il fatto non costituisce reato più grave previsto dal codice penale o da altre leggi.

174. Nei giudizi penali regolati da questa sezione la persona offesa, costituitasi parte civile, può sempre chiedere al giudice penale l'applicazione dei provvedimenti e delle sanzioni previsti dagli artt. 159 e 160.

174-*bis*. 1. Ferme le sanzioni penali applicabili, la violazione delle disposizioni previste nella presente sezione è punita con la sanzione amministrativa pecuniaria pari al doppio del prezzo di mercato dell'opera o del supporto oggetto della violazione, in misura comunque non inferiore a euro 103,00. Se il prezzo non è facilmente determinabile, la violazione è punita con la sanzione amministrativa da euro 103,00 a euro 1.032,00. La sanzione amministrativa si applica nella misura stabilita per ogni violazione o per ogni esemplare abusivamente duplicato o riprodotto.

174-*ter*. 1. Chiunque abusivamente utilizza con qualsiasi procedimento, anche via etere o via cavo, duplica, riproduce, in tutto o in parte, con qualsiasi procedimento, anche avvalendosi di strumenti atti ad eludere le misure tecnologiche di protezione, opere o materiali protetti, oppure acquista o noleggia supporti audiovisivi, fonografici, informatici o multimediali non conformi alle prescrizioni della presente legge, ovvero attrezzature, prodotti o componenti atti ad eludere misure di protezione tecnologiche è punito, purché il fatto non concorra con i reati di cui agli artt. 171, 171-*bis*, 171-*ter*, 171-*quater*, 171-*quinquies*, 171-*septies* e 171-*octies*, con la sanzione amministrativa pecuniaria di euro 154 e con le sanzioni accessorie della confisca del materiale e della pubblicazione del provvedimento su un giornale quotidiano a diffusione nazionale.

2. In caso di recidiva o di fatto grave per la quantità delle violazioni o delle copie acquistate o noleggiate, la sanzione amministrativa è aumentata sino ad euro 1.032,00 ed il fatto è punito con la confisca degli strumenti e del materiale, con la pubblicazione del provvedimento su due o più giornali quotidiani a diffusione nazionale o su uno o più periodici specializzati nel settore dello spettacolo e, se si tratta di attività imprenditoriale, con la revoca della concessione o autorizzazione di diffusione radiotelevisiva o dell'autorizzazione per l'esercizio dell'attività produttiva o commerciale.

174-*quater*. 1. I proventi derivanti dalle sanzioni amministrative, applicati ai sensi degli artt. 174-*bis* e 174-*ter*, affluiscono all'entrata del bilancio dello Stato per essere riassegnati, con decreto del Ministro dell'economia e delle finanze;

a) in misura pari al cinquanta per cento ad un fondo iscritto allo stato di previsione del Ministero della giustizia destinato al potenziamento delle strutture e degli strumenti impiegati nella prevenzione e nell'accertamento dei reati previsti dalla presente legge. Il fondo è istituito con decreto adottato dal Ministro della giustizia, di concerto con il Ministro dell'interno, ai sensi dell'art. 17, comma 3 della L. 23 ago. 1988, n. 400;

b) nella restante misura, ad apposito capitolo dello stato di previsione del Ministero dell'economia e delle finanze per la promozione delle campagne informative di cui al comma 3-*bis* dell'art. 26 della L. 23 ago. 1988, n. 400, e successive modificazioni.

174-*quinquies*. 1. Quando esercita l'azione penale per taluno dei reati non colposi previsti nella presente sezione commessi nell'ambito di un esercizio commerciale o di un'attività soggetta ad autorizzazione, il pubblico ministero ne dà comunicazione al questore, indicando gli elementi utili per l'adozione del provvedimento di cui al comma 2.

2. Valutati gli elementi indicati nella comunicazione di cui al comma 1, il questore, sentiti gli interessati, può disporre, con provvedimento motivato, la sospensione dell'esercizio o dell'attività per un periodo non inferiore a quindici giorni e non superiore a tre mesi, senza pregiudizio del sequestro penale eventualmente adottato.

3. In caso di condanna per taluno dei reati di cui al comma 1, è sempre disposta, a titolo di sanzione amministrativa accessoria, la cessazione temporanea dell'esercizio o dell'attività per un periodo da tre mesi ad un anno, computata la durata della sospensione disposta a norma del comma 2. Si applica l'art. 24 della L. 24 nov. 1981, n. 689. In caso di recidiva specifica è disposta la revoca della licenza di esercizio o dell'autorizzazione allo svolgimento dell'attività.

4. Le disposizioni di cui al presente articolo si applicano anche nei confronti degli stabilimenti di sviluppo e di stampa, di sincronizzazione e postproduzione nonché di masterizzazione, tipografia e che comunque esercitino attività di produzione industriale connesse alla realizzazione dei supporti contraffatti e nei confronti dei centri di emissione o ricezione di programmi televisivi. Le agevolazioni di cui all'art. 45 della L. 4 nov. 1965, n. 1213, e successive modificazioni, sono sospese in caso di esercizio dell'azione penale; se vi è condanna, sono revocate e non possono essere nuovamente concesse per almeno un biennio.

TITOLO IV

Diritto demaniale

175-179. [Abrogati]

TITOLO V
Enti di diritto pubblico per la protezione e l'esercizio dei diritti di autore

180. L'attività di intermediario, comunque attuata, sotto ogni forma diretta o indiretta di intervento, mediazione, mandato, rappresentanza ed anche di cessione per l'esercizio dei diritti di rappresentazione, di esecuzione, di recitazione, di radiodiffusione ivi compresa la comunicazione al pubblico via satellite e di riproduzione meccanica e cinematografica di opere tutelate, è riservata in via esclusiva alla Società italiana degli autori e degli editori (S.I.A.E.) ed agli altri organismi di gestione collettiva di cui al decreto legislativo 15 marzo 2017, n. 35.[1]

Tale attività è esercitata per effettuare:

1) la concessione, per conto e nell'interesse degli aventi diritto, di licenze e autorizzazioni per l'utilizzazione economica di opere tutelate;

2) la percezione dei proventi derivanti da dette licenze ed autorizzazioni;

3) la ripartizione dei proventi medesimi tra gli aventi diritto.

L'attività della Società italiana degli autori ed editori (S.I.A.E.) si esercita altresì secondo le norme stabilite dal regolamento in quei paesi stranieri nei quali essa ha una rappresentanza organizzata.[1]

La suddetta esclusività di poteri non pregiudica la facoltà spettante all'autore, ai suoi successori o agli aventi causa, di esercitare direttamente i diritti loro riconosciuti da questa legge.

Nella ripartizione dei proventi prevista al n. 3 del secondo comma una quota parte deve essere in ogni caso riservata all'autore. I limiti e le modalità della ripartizione sono determinati dal regolamento (Regol. 59).

Quando, però, i diritti di utilizzazione economica dell'opera possono dar luogo a percezione di proventi in paesi stranieri in favore di cittadini italiani domiciliati o residenti nello *Stato*, ed i titolari di tali diritti non provvedono per qualsiasi motivo alla percezione dei proventi, trascorso un anno dalla loro esigibilità, è conferito alla S.I.A.E. il potere di esercitare i diritti medesimi per conto e nell'interesse dell'autore o dei suoi successori od aventi causa.

I proventi di cui al precedente comma, riscossi dalla S.I.A.E., detratte le spese di riscossione, saranno tenuti a disposizione degli aventi diritto, per un periodo di tre anni; trascorso questo termine senza che siano stati reclamati dagli aventi diritto, saranno versati alla confederazione nazionale professionisti ed artisti, per scopi di assistenza alle categorie degli autori, scrittori e musicisti.

[1] Comma così modif. dall'art. 19, D.L. 16 ott. 2017, n. 148, conv. con modif. in L. 4 dic. 2017, n. 172.

180-*bis*.[1]

[1] Articolo abrog- dall'art. 1, D.lgs. 8 nov. 2021, n. 181.

180-*ter*.[1] — 1. Per i diritti di cui agli articoli 18-*bis*, 46-*bis*, 73, 73-*bis*, 80 e 84, i tre organismi di gestione collettiva maggiormente rappresentativi per ciascuna categoria di titolari dei diritti possono stipulare accordi di licenza, per lo sfruttamento di opere o di altri materiali, aventi effetto anche nei confronti di altri titolari di diritti non associati ad essi o ad altri organismi di gestione collettiva di settore, assicurando parità di trattamento.

2. I titolari dei diritti di cui al comma 1 possono escludere le loro opere o gli altri materiali, in qualunque momento e in modo semplice ed efficace, dal meccanismo di concessione di licenze di cui al comma 1.

3. Le somme riscosse dall'organismo di gestione collettiva, se non richieste dal titolare dei diritti di cui al comma 1, vengono tenute a disposizione per il periodo indicato dall'articolo 19 del decreto legislativo 15 marzo 2017, n. 35, e utilizzate secondo le modalità ivi previste.

4. Con regolamento dell'Autorità per le garanzie nelle comunicazioni, da adottare entro tre mesi dalla data di entrata in vigore del presente articolo, sono definiti i criteri per la determinazione della maggiore rappresentatività degli organismi di gestione collettiva del settore, le misure di pubblicità volte ad informare della possibilità di concedere le licenze, nonché la procedura con cui può essere esercitata la facoltà prevista al comma 2.

5. Il presente articolo non pregiudica l'applicazione di altri meccanismi di concessione di licenze collettive con effetto esteso, ove previsti.

[1] Articolo ins. dall'art. 1, D.lgs. 8 nov. 2021, n. 177. V. nota 1, art. 18-*bis*.

181. Oltre alle funzioni indicate nell'art. precedente ed a quelle demandategli da questa legge o da altre disposizioni, la S.I.A.E. può esercitare altri compiti connessi con la protezione delle opere dell'ingegno, in base al suo statuto.

La S.I.A.E. può assumere per conto dello Stato o di enti pubblici o privati servizi di accertamento e di percezione di tasse, contributi, diritti.

181-*bis*. 1. Ai sensi dell'art. 181 e agli effetti di cui agli artt. 171-*bis* e 171-*ter*, la Società italiana degli autori ed editori (SIAE) appone un contrassegno su ogni supporto contenente programmi per elaboratore o multimediali nonché su ogni supporto contenente suoni, voci o immagini in movimento, che reca la fissazione di opere o di parti di opere tra quelle indicate nell'art. 1, primo comma, destinati ad essere posti comunque in commercio o ceduti in uso a qualunque titolo a fine di lucro. Analogo sistema tecnico per il controllo delle riproduzioni di cui all'art. 68 potrà essere adottato con decreto del Presidente del Consiglio dei ministri, sulla base di accordi tra la SIAE e le associazioni delle categorie interessate.

2. Il contrassegno è apposto sui supporti di cui al comma 1 ai soli fini della tutela dei diritti relativi alle opere dell'ingegno, previa attestazione da parte del richiedente dell'assolvimento degli obblighi

derivanti dalla normativa sul diritto d'autore e sui diritti connessi. In presenza di seri indizi, la SIAE verifica, anche successivamente, circostanze ed elementi rilevanti ai fini dell'apposizione.

3. Fermo restando l'assolvimento degli obblighi relativi ai diritti di cui alla presente legge, il contrassegno, secondo modalità e nelle ipotesi previste nel regolamento di cui al comma 4, che tiene conto di apposite convenzioni stipulate tra la SIAE e le categorie interessate, può non essere apposto sui supporti contenenti programmi per elaboratore disciplinati dal D.lgs. 29 dic. 1992, n. 518, utilizzati esclusivamente mediante elaboratore elettronico, sempre che tali programmi non contengano suoni, voci o sequenze di immagini in movimento tali da costituire opere fonografiche, cinematografiche o audiovisive intere, non realizzate espressamente per il programma per elaboratore, ovvero loro brani o parti eccedenti il cinquanta per cento dell'opera intera da cui sono tratti, che diano luogo a concorrenza all'utilizzazione economica delle opere medesime. In tali ipotesi la legittimità dei prodotti, anche ai fini della tutela penale di cui all'art. 171-*bis*, è comprovata da apposite dichiarazioni identificative che produttori e importatori preventivamente rendono alla SIAE.

4. I tempi, le caratteristiche e la collocazione del contrassegno sono individuati da un regolamento di esecuzione da emanare con decreto del Presidente del Consiglio dei ministri entro centottanta giorni dalla data di entrata in vigore della presente disposizione, sentite la SIAE e le associazioni di categoria interessate, nei termini più idonei a consentirne la agevole applicabilità, la facile visibilità e a prevenire l'alterazione e la falsificazione delle opere. Fino alla data di entrata in vigore del predetto regolamento, resta operativo il sistema di individuazione dei tempi, delle caratteristiche e della collocazione del contrassegno determinatosi sotto la disciplina previgente. Le spese e gli oneri, anche per il controllo, sono a carico dei richiedenti e la loro misura, in assenza di accordo tra la SIAE e le categorie interessate, è determinata con decreto del Presidente del Consiglio dei ministri, sentito il comitato consultivo permanente per il diritto di autore.

5. Il contrassegno deve avere, comunque, caratteristiche tali da non poter essere trasferito su altro supporto. Deve contenere elementi tali da permettere la identificazione del titolo dell'opera per la quale è stato richiesto, del nome dell'autore, del produttore o del titolare del diritto d'autore. Deve contenere altresì l'indicazione di un numero progressivo per ogni singola opera riprodotta o registrata nonché della sua destinazione alla vendita, al noleggio e a qualsiasi altra forma di distribuzione.

6. L'apposizione materiale del contrassegno può essere affidata anche in parte al richiedente o ad un terzo da questi delegato, i quali assumono le conseguenti responsabilità a termini di legge. I medesimi soggetti informano almeno trimestralmente la SIAE circa l'attività svolta e lo stadio di utilizzo del materiale consegnato. Ai fini della tempestiva apposizione del contrassegno, fuori dei casi in cui esista apposita convenzione tra il produttore e la SIAE, l'importatore ha l'obbligo di dare alla SIAE preventiva notizia dell'ingresso nel territorio nazionale dei prodotti. Si osservano le disposizioni di cui al comma 4.

7. Nei casi di cui al comma 6, la SIAE e il richiedente possono concordare che l'apposizione del contrassegno sia sostituita da attestazione temporanea resa ai sensi del comma 2, corredata dalla presa d'atto della SIAE.

8. Agli effetti dell'applicazione della legge penale, il contrassegno è considerato segno distintivo di opera dell'ingegno.

181-*ter*. 1. I compensi per le riproduzioni di cui al quarto e quinto comma dell'art. 68 sono riscossi e ripartiti, al netto di una provvigione, dalla Società italiana degli autori ed editori (SIAE). In mancanza di accordi tra la SIAE e le associazioni delle categorie interessate, la misura e le modalità di pagamento dei detti compensi, nonché la misura della provvigione spettante alla Società, sono determinate con decreto del Presidente del Consiglio dei ministri, sentite le parti interessate e il comitato consultivo di cui all'art. 190. L'efficacia delle disposizioni di cui ai cormi quarto e quinto dell'art. 68 decorre dalla data di stipulazione dei detti accordi ovvero dalla data di entrata in vigore del decreto del Presidente del Consiglio dei ministri.

2. La ripartizione fra gli aventi diritto, per i quali la SIAE non svolga già attività di intermediazione ai sensi dell'art. 180, può avvenire anche tramite le principali associazioni delle categorie interessate, individuate con proprio decreto dal Presidente del Consiglio dei ministri, sentito il comitato consultivo di all'art. 190, in base ad apposite convenzioni.

182. [Abrogato].

182-*bis*. 1. All'Autorità per le Garanzie nelle Comunicazioni ed alla Società italiana degli autori ed editori (SIAE) è attribuita, nell'ambito delle rispettive competenze previste dalla legge, al fine di prevenire ed accertare le violazioni della presente legge, la vigilanza;

a) sull'attività di riproduzione e duplicazione con qualsiasi procedimento, su supporto audiovisivo, fonografico e qualsiasi altro supporto nonché su impianti di utilizzazione in pubblico, via etere e via cavo, nonché sull'attività di diffusione radiotelevisiva con qualsiasi mezzo effettuata;

b) sulla proiezione in sale cinematografiche di opere e registrazioni tutelate dalla normativa sul diritto d'autore e sui diritti connessi al suo esercizio;

c) sulla distribuzione, la vendita, il noleggio,

l'emissione e l'utilizzazione in qualsiasi forma dei supporti di cui alla lett. *a*);

d) sui centri di riproduzione pubblici o privati, i quali utilizzano nel proprio ambito o mettono a disposizione di terzi, anche gratuitamente, apparecchi per fotocopia, xerocopia o analogo sistema di riproduzione.

d) *bis* sull'attività di fabbricazione, importazione e distribuzione degli apparecchi e dei supporti di cui all'art. 71-*septies*.

d) *ter* sulle case d'asta, le gallerie e in genere qualsiasi soggetto che eserciti professionalmente il commercio di opere d'arte o di manoscritti.

2. La SIAE, nei limiti dei propri compiti istituzionali, si coordina, a norma del comma 1, con l'Autorità per le garanzie nelle comunicazioni.

3. Per lo svolgimento dei compiti indicati nel comma 1, l'Autorità per le Garanzie nelle Comunicazioni può conferire funzioni ispettive a propri funzionari ed agire in coordinamento con gli ispettori della SIAE. Gli ispettori possono accedere ai locali dove vengono svolte le attività di riproduzione, duplicazione, vendita, emissione via etere e via cavo o proiezione cinematografica nonché le attività ad esse connesse; possono altresì accedere ai locali dove vengono svolte le attività di riproduzione, duplicazione, vendita, emissione via etere e via cavo o proiezione cinematografica, nonché le attività ad esse connesse; possono altresì accedere ai locali dove vengono svolte le attività di cui alla lettera *e*) del comma 1. Possono richiedere l'esibizione della documentazione relativa all'attività svolta, agli strumenti e al materiale in lavorazione, in distribuzione, in fase di utilizzazione attraverso l'emissione o la ricezione via etere e via cavo o la proiezione cinematografica, nonché quella relativa agli apparecchi e supporti di registrazione di cui all'art. 71-*septies*. Nel caso in cui i suddetti locali non siano luoghi aperti al pubblico, stabilimenti industriali o esercizi commerciali o emittenti radiotelevisive, l'accesso degli ispettori deve essere autorizzato dall'autorità giudiziaria.

182-*ter*. 1. Gli ispettori, in caso di accertamento di violazione delle norme di legge, compilano processo verbale, da trasmettere immediatamente agli organi di polizia giudiziaria per il compimento degli atti previsti dagli artt. 347 e seguenti del codice di procedura penale.

183. L'esercizio delle attività per il collocamento presso le compagnie e le imprese teatrali di opere drammatiche, non musicali, italiane, è sottoposto alla preventiva autorizzazione del Ministero del turismo e dello spettacolo, secondo le norme del regolamento.

A tale autorizzazione non è sottoposto l'autore ed i suoi successori per causa di morte.

Vi sono peraltro soggetti i traduttori di opere straniere.

L'esercizio della attività di collocamento è soggetto alla vigilanza del *Ministero del turismo* secondo le norme del regolamento (172 e Regol. 60).

184. Chiunque collochi in paesi stranieri opere italiane drammatiche, non musicali, deve farne denunzia entro tre giorni, all'Ente italiano per gli scambi teatrali (E.I.S.T.), il quale trasmette mensilmente l'elenco delle denunce ricevute al Ministero del turismo e dello spettacolo con le sue eventuali osservazioni e proposte.

L'Ente italiano per gli scambi teatrali esercita inoltre altre funzioni che gli sono demandate dal suo statuto.

All'Ente italiano per gli scambi teatrali si applicano le disposizioni dell'art. 182.

TITOLO VI

Sfera di applicazione della legge

185. Questa legge si applica a tutte le opere di autori italiani, dovunque pubblicate per la prima volta, salve le disposizioni dell'art. 189.

Si applica egualmente alle opere di autori stranieri domiciliati in Italia, che siano state pubblicate per la prima volta in Italia.

Può essere applicata ad opere di autori stranieri, fuori delle condizioni di protezione indicate nel comma precedente, quando sussistano le condizioni previste negli articoli seguenti.

186. Le convenzioni internazionali per la protezione delle opere dell'ingegno regolano la sfera di applicazione di questa legge alle opere di autori stranieri.

Se le convenzioni contengono un patto generico di reciprocità o di parità di trattamento, detto patto è interpretato secondo le norme di equivalenza di fatto delle due protezioni stabilite negli articoli seguenti.[1]

Salve le convenzioni internazionali per la protezione dei fonogrammi, la formalità prevista quale condizione dell'esercizio dei diritti spettanti al produttore di fonogrammi che non possono esser considerati nazionali, si riterrà soddisfatta qualora su tutti gli esemplari del supporto fonografico sia apposto in modo stabile il simbolo (P) accompagnato dall'indicazione dell'anno di prima pubblicazione.

[1] L'applicazione delle disposiz. contenute negli artt. 186 comma 2°, 187, 188, 189 comma 2°, è stata sospesa dal D.L. 23 ago. 1946, n. 82, in virtù del quale, qualora non sussistano le condizioni di cui agli artt. 185[2], 189[1], le opere di autori stranieri sono protette a condizione di reciprocità, salva l'applicazione delle convenzioni internazionali (G.U. 12 set. 1946, n. 206).

187. In difetto di convenzioni internazionali, le opere di autori stranieri che non rientrano nelle condizioni previste nel secondo comma dell'art. 185 godono della protezione sancita da questa legge, a condizione che lo Stato di cui è cittadino l'autore straniero conceda alle opere di autori italiani una protezione effettivamente equivalente e nei limiti di detta equivalenza.

Se lo straniero è apolide o di nazionalità controversa, la norma del comma precedente è riferita allo Stato nel quale l'opera è stata pubblicata per la prima volta.[1]

[1] V. la nota 1 dell'art. 186.

188. L'equivalenza di fatto, osservate le norme che seguono, è accertata e regolata con decreto presidenziale da emanarsi a norma dell'art. 3 n. 1, della L. 31 gen. 1926, n. 100.

La durata della protezione dell'opera straniera non può in niun caso eccedere quella di cui l'opera gode nello Stato di cui è cittadino l'autore straniero.

Se la legge di detto Stato abbraccia nella durata della protezione un periodo di licenza obbligatoria, l'opera straniera è sottoposta in Italia ad una norma equivalente.

Se la legge di detto Stato sottopone la protezione alla condizione dell'adempimento di formalità, di dichiarazioni di riserva o di depositi di copie dell'opera, o ad altre formalità qualsiasi, l'opera straniera è sottoposta in Italia a formalità equivalenti determinate con decreto del *Capo dello Stato.*

Il decreto del Capo dello Stato può altresì sottoporre la protezione dell'opera straniera all'adempimento di altre particolari formalità o condizioni.[1]

[1] V. la nota 1 all'art. 186.

189. Le disposizioni dell'art. 185 si applicano all'opera cinematografica, al disco fonografico o apparecchio analogo, ai diritti degli interpreti, attori o artisti esecutori, alla fotografia ed alle opere dell'ingegneria, in quanto si tratti di opere o prodotti realizzati in Italia o che possano considerarsi nazionali a termini di questa legge o di altra legge speciale.

In difetto della condizione sopraindicata sono applicabili a dette opere, diritti o prodotti, le disposizioni degli artt. 186, 187 e 188.[1]

[1] V. la nota 1 all'art. 186.

TITOLO VII
Comitato consultivo permanente per il diritto di autore

190. È istituito presso la Presidenza del Consiglio dei Ministri un Comitato consultivo permanente per il diritto di autore.

Il Comitato provvede allo studio delle materie attinenti al diritto di autore o ad esso connesse e dà pareri sulle questioni relative quando ne sia richiesto dal Presidente del Consiglio dei Ministri o quando sia prescritto da speciali disposizioni.

Il Comitato esperisce il tentativo di conciliazione di cui all'art. 71-*quinquies*, c. 4.

191. Il Comitato è composto:

a) di un presidente designato dal Presidente del Consiglio dei Ministri;

b), *c*)[1]

d) di un rappresentante dei Ministeri degli affari esteri, di grazia e giustizia, delle finanze, dell'industria e di due rappresentanti del Ministero della P.I.;

e) dei direttori generali per il teatro, per la cinematografia, per la stampa italiana, dell'ispettore per la radiodiffusione e la televisione della Presidenza del Consiglio dei Ministri, e del Direttore generale preposto all'ufficio della proprietà letteraria, scientifica ed artistica;

f)[1]

g) del presidente della S.I.A.E.;

h) di tre esperti in materia di diritto di autore designati dal *Presidente del Consiglio dei Ministri.*

I membri del Comitato sono nominati con decreto del *Presidente del Consiglio dei Ministri* e durano in carica un quadriennio.

[1] Soppresso con R.D. 9 ago. 1943, n. 721. In luogo delle persone indicate alle lettere *b*) e *f*) il Comitato è composto ora da rappresentanti dei Sindacati delle categorie interessate.

192. Il Comitato si riunisce in sessione ordinaria ogni anno alla data stabilita dal Presidente del Consiglio dei Ministri ed in via straordinaria tutte le volte che ne sarà richiesto dal Presidente stesso.

193. Il Comitato può essere convocato: *a*) in adunanza generale; *b*) in commissioni speciali.

Partecipano all'adunanza generale tutti i membri del comitato. Le commissioni speciali sono costituite per lo studio di determinate questioni, di volta in volta, con provvedimento del presidente ovvero per l'effettuazione del tentativo di conciliazione di cui all'art. 71-*quinquies* comma 4. In tale caso la commissione speciale è composta da tre membri, scelti tra gli esperti in materia, di diritto d'autore di cui all'art. 191, primo comma, lettera *h*), ed i rappresentanti dei Ministeri. Il presidente della commissione è comunque scelto tra i rappresentanti dei Ministeri.

Il Presidente del Consiglio dei Ministri, su proposta del presidente del Comitato, può invitare alle riunioni anche persone estranee al Comitato, particolarmente competenti nelle questioni da esaminare, senza diritto a voto.

194. La segreteria è affidata al capo dell'Ufficio della proprietà letteraria, scientifica ed artistica presso la Presidenza del Consiglio dei Ministri.

194-*bis*. La richiesta di conciliazione di cui all'art. 71-*quinquies* comma 4 sottoscritta dall'associazione o dall'ente proponente, è consegnata al comitato di cui all'art. 190 o spedita mediante raccomandata con avviso di ricevimento. Entro dieci giorni dal ricevimento della richiesta, il presidente del comitato nomina la commissione speciale di cui all'art. 193 comma secondo. Copia della richiesta deve essere consegnata o spedita a cura dello stesso proponente alla controparte.

2. La richiesta deve precisare:

a) il luogo dove devono essere fatte al richiedente le comunicazioni inerenti alla procedura;

b) l'indicazione delle ragioni poste a fondamento della richiesta.

3. Entro trenta giorni dal ricevimento della richiesta la parte convenuta, qualora non accolga la richiesta della controparte, deposita presso la commissione predetta osservazioni scritte. Entro i dieci giorni successivi al deposito, il presidente della commissione fissa la data per il tentativo di conciliazione.

4. Se la conciliazione riesce, viene redatto separato processo verbale sottoscritto dalle parti e dal presidente della commissione. Il verbale costituisce titolo esecutivo.

5. Se non si raggiunge l'accordo tra le parti, la commissione formula una proposta per la definizione della controversia. Se la proposta non è accettata, i termini di essa sono riassunti nel verbale con l'indicazione delle valutazioni espresse dalle parti.

6. Nel successivo giudizio sono acquisiti, anche d'ufficio, i verbali concernenti il tentativo di conciliazione non riuscito. Il giudice valuta il comportamento tenuto dalle parti nella fase conciliativa ai fini del regolamento delle spese.

7. La domanda giudiziale diventa procedibile trascorsi novanta giorni dalla promozione del tentativo di conciliazione.

8. Il giudice che rileva che non è stato promosso il tentativo di conciliazione secondo le disposizioni di cui ai precedenti commi o che la domanda giudiziale è stata promossa prima della scadenza del termine di novanta giorni dalla promozione del tentativo, sospende il giudizio e fissa alle parti il termine perentorio di sessanta giorni per promuovere il tentativo di conciliazione. Espletato quest'ultimo o decorso il termine di 90 giorni, il processo può essere riassunto entro il termine perentorio di 180 giorni. Ove il processo non sia stato tempestivamente riassunto, il giudice dichiara d'ufficio l'estinzione del processo con decreto cui si applica la disposizione di cui all'art. 308 del codice di procedura civile.

195. Ai membri del Comitato sono corrisposti gettoni di presenza per ogni giornata di adunanza ai sensi delle disposizioni in vigore.

TITOLO VIII
Disposizioni generali, transitorie e finali

196. È considerato come luogo di prima pubblicazione, il luogo dove sono esercitati per la prima volta i diritti di utilizzazione previsti negli artt. 12 e seguenti di questa legge.

Nei riguardi delle opere dell'arte figurativa, del cinema, del disco fonografico o di altro apparecchio analogo riproduttore di suoni o di voci, della fotografia e di ogni altra opera identificata dalla sua forma materiale, si considera come equivalente al luogo della prima pubblicazione il luogo della fabbricazione.

197. I contratti di edizione, di rappresentazione e di esecuzione sono sottoposti alla tassa graduale di registro del 0,50 per cento.[1]

[1] V. ora D.P.R. 26 apr. 1986, n. 131.

198. Nel bilancio di previsione del *Ministero del tesoro* è stanziata, in apposito capitolo della parte ordinaria, a cominciare dall'esercizio in cui questa legge andrà in vigore, una somma di lire centosessanta milioni sui proventi del diritto previsto dagli artt. 175 e 176, da erogarsi, con le modalità stabilite dal regolamento, in favore delle Casse di assistenza e di previdenza degli scrittori, attori drammatici e musicisti.

199. La presente legge si applica anche alle opere comunque pubblicate prima e dopo l'entrata in vigore della legge medesima.

Rimangono pienamente salvi e impregiudicati gli effetti legali degli atti e contratti fatti o stipulati prima di detta entrata in vigore, in conformità delle disposizioni vigenti.

199-*bis*. 1. Le disposizioni della presente legge si applicano anche ai programmi creati prima della sua entrata in vigore, fatti salvi gli eventuali atti conclusi e i diritti acquisiti anteriormente a tale data.

200. Sino all'entrata in vigore del nuovo c.p.c., le funzioni attribuite dall'art. 162 al giudice istruttore sono esercitate dal presidente del collegio avanti al quale pende la lite.

201. Riguardo alle opere pubblicate ed ai prodotti già fabbricati prima dell'entrata in vigore di questa legge, che vengono sottoposti per la prima volta all'obbligo del deposito o di altre formalità, detto deposito e dette formalità devono essere adempiute nei termini e secondo le norme stabilite dal regolamento.

202. Agli effetti dell'art. 147 non sono presi in considerazione i prezzi conseguiti nelle vendite effettuate anteriormente alla entrata in vigore di questa legge.

203. Con decreto del Capo dello Stato potranno essere emanate norme particolari per regolare il diritto esclusivo di televisione.

Finchè non saranno emanate le disposizioni previste nel precedente comma, la televisione è regolata dai principi generali di questa legge in quanto applicabili.

204. A decorrere dall'entrata in vigore di questa legge, la società italiana autori ed editori assume la denominazione di "società italiana degli autori ed editori (SIAE)".

205. Sono abrogate la L. 18 mar. 1926, n. 256, e le successive leggi di modificazione; la L. 17 giu. 1937, n. 1251; la L. 2 giu. 1939, n. 739, nonché ogni altra legge o disposizione di legge contraria ed incompatibile con le disposizioni di questa legge.

206. Il regolamento per l'esecuzione della presente legge determina le sanzioni per la violazione delle norme del regolamento stesso.

Dette sanzioni potranno comportare l'ammenda non superiore a euro 20 lire 40.000) (Regol. 64).

La presente legge entra in vigore contemporaneamente al regolamento (18 dic. 1942).

- 2 -

R.D. 18 mag. 1942, n. 1369

Approvazione del regolamento per l'esecuzione della L. 22 apr. 1941, n. 633, per la protezione del diritto di autore e di altri diritti connessi al suo esercizio

(G.U. 3 dic. 1942, n. 286)

CAPO I

Disposizioni generali sull'esercizio di diritti regolati dalla legge

1. (Art. 21 della legge). La rivelazione del nome dell'autore, agli effetti degli artt. 21 e 23 della legge, deve essere comunicata agli aventi causa dell'autore a mezzo di raccomandata con avviso di ricevimento, a meno che essa non sia stata già effettuata ai sensi dell'art. 28 della legge e con le modalità stabilite nel successivo art. 2 di questo regolamento.

2. (Art. 28 della legge). La rivelazione del nome, agli effetti dell'acquisto del beneficio della durata normale dei diritti su un'opera anonima o pseudonima, ai sensi dell'art. 28 della legge, deve essere fatta con una dichiarazione, in doppio esemplare, inviata all'ufficio della proprietà letteraria, artistica e scientifica presso la *Presidenza del Consiglio dei Ministri*.

La dichiarazione, redatta in conformità dell'allegato modulo *A*, deve essere sottoscritta dall'autore o dalle persone indicate nel primo comma dell'art. 23 della legge o da un procuratore speciale e deve contenere la indicazione:

a) dello pseudonimo, se fu usato;

b) del titolo dell'opera;

c) dell'editore o di chi abbia comunque resa pubblica l'opera;

d) della data di pubblicazione;

e) di ogni altro elemento atto a identificare l'opera.

L'ufficio restituisce al dichiarante un esemplare della dichiarazione con il visto che attesta l'avvenuta presentazione. La dichiarazione è annotata nel registro pubblico generale previsto dall'art. 103 della legge, dopoché l'opera sia stata depositata, e di essa è inserita notizia nel bollettino dell'ufficio.

3. (Art. 45 della legge). Il nome o la denominazione sociale del produttore, agli effetti del secondo comma dell'art. 45 della legge, deve essere apposto, con la indicazione della sede dell'impresa produttrice, sulla pellicola cinematografica originale e sulle copie destinate alla pubblica proiezione.

4. (Art. 50 della legge). Il giorno della consegna completa e definitiva della parte letteraria o musicale dell'opera, ai sensi e per gli effetti dell'art. 50 della legge, è accertato d'accordo tra le parti interessate. In difetto di accordo è stabilito con i mezzi di prova ordinari.

5. (Art. 55 della legge). La radiodiffusione differita di un'opera registrata a termini dell'art. 55 della legge, deve intendersi consentita per un periodo di quindici giorni, decorrenti, nel caso di recitazione, rappresentazione od esecuzione pubblica, dalla data in cui essa abbia avuto luogo, o, nel caso di recitazione, rappresentazione od esecuzione effettuata negli studi dell'ente esercente, dalla prima radiodiffusione.

Per quanto riguarda le trasmissioni di propaganda dirette all'estero il termine predetto è di tre mesi.

Nei suddetti periodi di quindici giorni e di tre mesi la radiodiffusione differita può effettuarsi anche più volte per una medesima registrazione, sempre che sussistano necessità orarie o tecniche, ai termini dell'art. 55 della legge.

L'ente esercente, comunicando agli organi competenti i programmi delle opere radiodiffuse, ai fini del controllo del numero delle radiodiffusioni differite, specificherà quali di dette radiodiffusioni debbano considerarsi differite.

6. (Art. 55 della legge). L'ente esercente il servizio della radiodiffusione, trascorsi i periodi indicati nell'art. precedente e qualora non intervenga un diverso accordo con l'autore, ha l'obbligo di distruggere o, comunque, di rendere inservibili le registrazioni, a termini dell'art. 55 della legge.

Il controllo sull'adempimento di tale obbligo spetta alla *Presidenza del Consiglio*.

L'ente esercente è tenuto, su richiesta dell'interessato, a dare comunicazione dell'effettuata distruzione o degli altri modi usati per rendere inservibile la registrazione.

7. (Art. 65 della legge). La dichiarazione di riserva per la riproduzione in altre riviste, o in altri giornali, anche radiofonici, di articoli di attualità di carattere economico, politico, religioso, pubblicati nelle riviste e giornali, ai sensi dell'art. 65 della legge, si effettua mediante l'indicazione, anche in forma abbreviata, delle parole «riproduzione riservata» o altre analoghe, all'inizio o alla fine dell'articolo.

8. (Art. 77 della legge). Chi intende riservarsi i diritti previsti nel capo primo del titolo secondo della legge sui dischi fonografici o altri apparecchi analoghi riproduttori di suoni o di voci, deve presentare all'ufficio della proprietà letteraria, artistica e scientifica una dichiarazione in doppio originale per i dischi o apparecchi, per i quali egli intende fare la detta riserva. Questa dichiarazione deve essere formulata secondo l'allegato modulo *B*.

Alla dichiarazione deve essere unito un esemplare di ciascun disco o apparecchio.

L'ufficio restituisce al dichiarante un esemplare della dichiarazione con il visto dell'eseguito deposito.

Gli esemplari dei suddetti dischi o apparecchi debbono portare l'indicazione, anche in forma abbreviata, dell'effettuato deposito.

9. (Art. 90 della legge). Le indicazioni richieste dall'art. 90 della legge possono essere apposte sugli esemplari delle fotografie, anche in forma abbreviata, purché i nomi e la data siano identificabili.

10. (Art. 92, 2° comma della legge). Chi intende riservarsi i diritti previsti dall'art. 92, secondo comma della legge, sulle fotografie riproducenti opere dell'arte figurativa e architettonica o di spiccato valore artistico o aventi carattere tecnico-scientifico, deve presentare all'ufficio della proprietà letteraria, artistica o scientifica, una dichiarazione in doppio originale, sottoscritta da lui o da un suo procuratore, per le fotografie per le quali egli intende fare la detta riserva. Questa dichiarazione deve essere formulata secondo l'allegato modulo *C*.

Lo stesso obbligo incombe a chi intenda riservarsi analoghi diritti sui semplici documentari cinematografici che rispondano ai requisiti di cui all'art. 92, secondo comma, della legge. Per ogni documentario deve essere presentata una dichiarazione conforme all'allegato modulo *D*.

Alla dichiarazione di cui al primo e secondo comma di questo articolo deve essere unito un esemplare di ciascuna fotografia e, per i documenti di cui sopra, una sommaria descrizione del film accompagnata da fotografia o diapositive, conformemente all'art. 82 del presente regolamento.

È applicabile la disposizione del terzo comma del precedente art. 8.

11. (Art. 99 della legge). Chi, a sensi dell'art. 99 della legge, intende riservarsi il diritto ad un equo compenso a carico di coloro che realizzano il progetto tecnico a scopo di lucro, deve presentare all'ufficio della proprietà letteraria, artistica e scientifica una dichiarazione, in doppio originale, sottoscritta da lui o da un suo procuratore per ciascun progetto tecnico per il quale intende fare la riserva. Questa dichiarazione deve essere formulata secondo il modulo *E* allegato a questo regolamento.

Alla dichiarazione deve essere unita per il deposito una copia del piano o disegno del progetto.

È applicabile la disposizione del terzo comma del precedente art. 8.

12. (Art. 123 della legge). L'obbligo di far contrassegnare gli esemplari dell'opera, a norma dell'art. 123 della legge, spetta all'editore.

Il contrassegno è apposto sugli esemplari dell'opera dalle associazioni sindacali interessate, a mezzo della *Società Italiana degli Autori ed Editori* (*S.I.A.E.*), salvo che l'autore non vi provveda direttamente, contrassegnando ciascun esemplare con la propria firma autografa. In tal caso, l'autore direttamente o per mezzo dell'editore deve darne comunicazione alla propria associazione sindacale di categoria, prima della messa in circolazione dell'opera.

Le categorie di opere che devono essere oggetto del contrassegno in applicazione delle disposizioni della legge e in ispecie degli artt. 122 e 130, nonché le modalità del contrassegno medesimo e l'indicazione di chi debba sopportare la relativa spesa, possono essere stabilite anche da accordi economici collettivi tra le associazioni sindacali interessate, salvo in ogni caso il diritto dell'autore di contrassegnare con la propria firma autografa ciascun esemplare dell'opera ai sensi del comma precedente.

13. (Art. 142 della legge). La notificazione da parte dell'autore del suo intendimento di ritirare l'opera dal commercio, ai sensi e per gli effetti dell'art. 142 della legge, è fatta nei riguardi delle persone alle quali egli ha ceduti i diritti sull'opera, mediante comunicazione a mezzo di raccomandata con avviso di ricevimento. Nei confronti della *Presidenza del Consiglio* la notificazione è costituita da una dichiarazione, in doppio originale, presentata all'ufficio della proprietà letteraria, artistica e scientifica, personalmente o per mezzo di procuratore munito di procura speciale.

Nella dichiarazione debbono indicarsi:

a) il nome e la residenza dell'autore;

b) lo pseudonimo, nel caso di opera pseudonima;

c) il nome e la sede della impresa stampatrice, editrice o produttrice;

d) la data di pubblicazione dell'opera;

e) il numero d'ordine del deposito eseguito;

f) ogni altro elemento atto ad identificare l'opera.

Alla dichiarazione deve unirsi la prova della notificazione effettuata ai cessionari.

L'ufficio registra nella parte quarta del registro generale pubblico previsto dall'art. 103 della legge e dall'art. 30 di questo regolamento il contenuto della dichiarazione, indicando il giorno della sua presentazione e il numero d'ordine assegnatole e restituisce il secondo esemplare, in cui è certificata l'eseguita registrazione con le indicazioni suddette. La dichiarazione è anche annotata nella parte prima e nella parte terza del registro, qualora l'opera risulti depositata. Notizia della dichiarazione è pubblicata nel bollettino dell'ufficio.

14. (Art. 157 della legge). La richiesta di proibizione della rappresentazione o della esecuzione dell'opera, ai sensi dell'art. 157 della legge, deve essere presentata, per iscritto, al prefetto della Provincia, in cui la rappresentazione o la esecuzione deve aver luogo, almeno otto ore prima di quella annunciata per il suo inizio.

CAPO II
Determinazione dei compensi e accertamenti tecnici

15. (Art. 20, 2° comma della legge). L'importanza del carattere artistico, ai sensi e per gli effetti del secondo comma dell'art. 20 della legge, è riconosciuta con decreto del Ministro della P.I.

Il Ministro procede all'accertamento su domanda dell'autore, entro il più breve termine possibile.

16. (Art. 46 della legge). La misura del compenso separato per la esecuzione pubblica, a mezzo della proiezione della pellicola sonora, delle composizioni musicali o delle parole che le accompagnano, inserite nelle opere cinematografiche, ai sensi dell'art. 46 della legge, è determinata con accordi generali e periodici tra la S.I.A.E e le associazioni sindacali competenti [della Confederazione dei professionisti e artisti e della Confederazione degli industriali].[1]

In caso di dissenso provvede il *Presidente del Consiglio* con suo decreto.

Gli accordi, salvo che non sia diversamente stabilito, hanno la durata di un anno dalla data della loro stipulazione. Qualora tre mesi prima della scadenza dell'anno non ne sia stata chiesta la revisione, s'intendono rinnovati per eguale periodo. La revisione può essere chiesta da uno degli enti indicati nel primo comma.

Salvo il caso previsto nel secondo comma, gli accordi continuano ad aver vigore, anche se ne sia stata chiesta la revisione, fino a che non siano sostituiti da nuovi accordi.

[1] Parole soppresse con D.L. 23 nov. 1944, n. 369.

17. (art. 47 della legge). Il collegio di tecnici indicato nel secondo comma dell'art. 47 della legge è costituito in conformità delle disposizioni contenute nei successivi artt. 28 e 29.

18. (Art. 56 della legge). Il tentativo di conciliazione previsto dall'art. 56 della legge, relativo ai giudizi per la determinazione del compenso all'autore dell'opera radiodiffusa, è esperito dalle associazioni sindacali che rappresentano le categorie cui appartengono gli interessati. Si applicano, in tale caso, le norme contenute negli artt. 430 a 433 del c.p.c.

19. (Art. 58 della legge). La misura del compenso dovuto ai sensi dell'art. 58 della legge per le esecuzioni nei pubblici esercizi a mezzo di apparecchi radioriceventi muniti di altoparlante è determinata con accordi fra la S.I.A.E e, rispettivamente, le competenti Federazioni nazionali degli alberghi e turismo e dei pubblici esercizi o degli industriali dello spettacolo.

In caso di dissenso provvede il *Presidente del Consiglio* con suo decreto.

Riguardo alla durata, alla rinnovazione, alla revisione e alla validità dell'accordo, fino alla stipulazione di nuovi accordi, si applicano le norme dei commi terzo e quarto dell'art. 16 di questo regolamento.

Le modalità per la riscossione del compenso saranno concordate tra la S.I.A.E. e le associazioni sindacali competenti ai sensi del primo comma, previa autorizzazione dei ministri competenti.

20. (Art. 60 della legge). La misura del compenso per le radiotrasmissioni speciali di propaganda culturale e artistica destinate all'estero, ai sensi dell'art. 60 della legge, è determinata fra l'ente esercente la radiodiffusione e il titolare del diritto di radiotrasmissione.

In caso di disaccordo decide il *Presidente del Consiglio* con suo decreto.

Il *Presidente del Consiglio* può stabilire apposite tariffe, sentito il Comitato consultivo permanente per il diritto di autore.

21. (Art. 64 della legge). Le condizioni per le concessioni in uso a case editrici fonografiche nazionali delle matrici dei dischi della Discoteca di Stato, per trarne dischi da diffondere mediante vendita sia in Italia che all'estero, compresa la misura dei compensi per diritti di autore, sono stabilite dal *Presidente del Consiglio*, su conforme parere della commissione costituita a termini dell'art. 3 della legge 2 febbraio 1939, n. 467, contenente norme per il riordinamento della Discoteca di Stato.

Il parere della commissione deve essere trasmesso, prima della decisione, al Comitato consultivo permanente per il diritto di autore.

22. (Art. 70 della legge). La misura della riproduzione di brani di opere letterarie o scientifiche in antologie ad uso scolastico, ai sensi del secondo comma dell'art. 70 della legge, non può superare, per ciascuna antologia e nei confronti dell'opera dalla quale i brani sono riprodotti, se si tratta di prosa, dodicimila lettere, se si tratta di poesia, centottanta versi, con un ulteriore margine di altri trenta versi ove ciò si renda necessario per assicurare al brano riprodotto un senso compiuto. La misura della riproduzione in antologie, qualora si tratti di opera musicale, non può superare venti battute. Trattandosi di antologie cinematografiche costituite da parti di opere cinematografiche diverse, la misura della riproduzione non può superare cinquanta metri di pellicola.[1]

L'equo compenso per tale riproduzione, salvo diretto accordo tra le parti, è determinato secondo criteri stabiliti dal *Presidente del Consiglio*, di concerto col Ministro della P.I., su proposta del Comitato consultivo permanente per il diritto di autore, in adunanza generale.

[1] V. i D.D. ai nn. 4 e 5.

23.[1] (Art. 73 della legge). La misura del compenso dovuto, ai sensi dell'art. 73 della legge, da chi utilizza a scopo di lucro il disco o altro apparecchio analogo riproduttore di suoni o di voci è determinata con decreto del Presidente del Consiglio dei Ministri, su proposta del comitato consultivo permanente per il diritto d'autore, in adunanza generale.

Con la stessa procedura sono determinate le quote e le modalità di ripartizione con gli artisti interpreti o esecutori del suddetto compenso.

Le norme di cui sopra sono applicabili in quanto non diversamente stabilito tra le parti.

[1] Articolo così sostituito dall'art. 4 del D.P.R. 14 mag. 1974, n. 490. Per la misura del compenso v. D.P.C. 15 lug. 1976 (G.U. 31 lug. 1976, n. 201) e D.P.C. 1 set. 1975 (G.U. 20 set. 1975, n. 252).

24. (Art. 74 della legge). L'accertamento tecnico relativo alla autorizzazione della utilizzazione del disco o apparecchio analogo, ai sensi del secondo comma dell'art. 74 della legge, è fatto dal collegio tecnico previsto dall'art. 28 con la procedura prevista all'art. 20 di questo regolamento.

Il collegio suddetto, ove occorra, propone al *Presidente del Consiglio* i provvedimenti da adottare per eliminare le cause che turbano la regolarità della utilizzazione.

25. (Articoli 80 e 84 della legge). La misura e i criteri di determinazione e di ripartizione dei compensi dovuti agli artisti attori o interpreti di opere o composizioni drammatico-letterarie e agli artisti esecutori di opere o composizioni musicali, ai sensi degli artt. 80 e 84 della legge, nonché le modalità della loro esazione e del pagamento agli aventi diritto, sono stabiliti dal *Presidente del Consiglio*, su proposta del Comitato consultivo permanente per il diritto di autore in adunanza generale.

Con provvedimento del *Presidente del Consiglio*, l'accertamento e la riscossione dei compensi potranno essere affidati alla *S.I.A.E.* o ad altro ente pubblico appositamente costituito.

I compensi vengono stabiliti come sopra in quanto non sia diversamente pattuito tra le parti ovvero stabilito con norme economiche corporative da contratti collettivi di lavoro.

Restano ferme, per quanto concerne la radiodiffusione da luoghi pubblici, le disposizioni della L. 14 giu. 1928, n. 1352.[1]

[1] «Norme per la radiodiffusione di esecuzioni artistiche».

26. (Art. 81 della legge). L'accertamento tecnico, relativo all'autorizzazione della riproduzione dell'opera dell'attore, interprete o artista esecutore, ai sensi del comma secondo dell'art. 81 della legge, è fatto in conformità delle norme contenute negli artt. 28 e 29 di questo regolamento.

27. (Articoli 88 e 91 della legge). Le tariffe previste dagli artt. 88 e 91 della legge, per determinare il compenso a favore del fotografo da parte di chi utilizza la fotografia, nel caso di fotografie su commissione e di fotografie riprodotte nelle antologie ad uso scolastico, sono stabilite dal *Presidente del Consiglio*, su proposta del Comitato consultivo permanente per il diritto di autore, in adunanza generale. (V. ai nn. 4 e 5).

28. I collegi tecnici indicati negli artt. 17, 24 e 26 sono costituiti ogni triennio con decreto del *Presidente del Consiglio*. Ciascuno di essi è composto di un presidente e di quattro o sei membri.

I membri sono nominati pariteticamente tra le persone comprese negli elenchi a tale scopo presentati dalle competenti associazioni sindacali.

Il presidente è scelto tra i membri del Comitato consultivo permanente per il diritto di autore.

Un funzionario designato dal *Presidente del Consiglio* adempie le funzioni di segretario del collegio.

29. Gli accertamenti dei collegi tecnici sono promossi su istanza dell'interessato alla *Presidenza del Consiglio*. L'istanza deve contenere, oltre all'esposizione dei fatti, la formulazione dei quesiti sui quali si chiede l'accertamento ed è comunicata d'ufficio agli interessati.

Il collegio, udite, qualora ne facciano richiesta, le parti interessate, e adempiuti gli altri mezzi istruttori che ritenga necessari, procede all'accertamento tecnico, facendolo constare in un processo verbale, che è sottoscritto dal presidente e dal segretario del collegio.

Il segretario comunica agli interessati le conclusioni del collegio relative all'accertamento tecnico e può rilasciare alle parti, a loro richiesta, copia autentica del processo verbale.

Ai componenti del collegio tecnico sono corrisposti gettoni di presenza per ogni giornata di adunanza ai sensi delle disposizioni in vigore.

Le spese relative agli accertamenti sono a carico della parte richiedente.

CAPO III
Registri di pubblicità e deposito di esemplari delle opere

30. (Art. 103 della legge). Il registro pubblico generale delle opere protette, previsto dall'art. 103 della legge, è tenuto dall'ufficio della proprietà letteraria, artistica e scientifica, istituito presso la *Presidenza del Consiglio*.

Il registro è composto di quattro parti.

La *prima parte* riguarda le opere contemplate nel titolo primo della legge.

La *seconda parte* riguarda le opere contemplate nel titolo secondo della legge.

La *terza parte* riguarda le opere straniere le quali,

ai sensi dell'art. 188 della legge, sono sottoposte a formalità equivalenti a quelle cui sono sottoposte le opere italiane nello Stato straniero.

La *quarta parte* contiene le registrazioni degli atti indicati nell'art. 104 della legge, dei provvedimenti di espropriazione dei diritti spettanti all'autore, ai sensi dell'art. 113 della legge, e delle dichiarazioni di ritiro dall'opera dal commercio.

Le registrazioni sono progressive per ognuna delle quattro parti sopra indicate e per ciascuna delle opere o degli atti o dei provvedimenti ivi registrati.

L'ufficio cura la tenuta di schedari per genere di opere sulla base delle registrazioni effettuate. Le schede sono classificate per nome di autore o di produttore e per titoli di opere.

31. (Art. 105 della legge). Il deposito delle opere, ai sensi dell'art. 105 della legge e per gli effetti del successivo art. 106 della legge, si effettua per tutte le opere, ad eccezione di quelle contemplate nell'art. 32 di questo regolamento, con la presentazione all'ufficio della proprietà letteraria, artistica e scientifica di un esemplare dell'opera, accompagnato da una dichiarazione, in doppio originale nei modi indicati nel successivo art. 34.

L'ufficio inserisce nel registro generale, previsto nell'art. 103 della legge, il contenuto della dichiarazione, indicando il giorno della sua presentazione e il numero d'ordine assegnatole nella relativa parte del registro, ai sensi dell'art. 30 di questo regolamento, e conserva nei suoi archivi gli esemplari delle opere, apponendovi il numero di registrazione. Restituisce, quindi, a chi effettua il deposito, un originale della dichiarazione, certificando in esso l'eseguita registrazione, con le indicazioni suddette.

32. (Articoli 103, 104 e 105 della legge). La presentazione all'ufficio della proprietà letteraria, artistica e scientifica dell'esemplare dell'opera per il deposito stabilito dall'art. 105 della legge, si effettua come segue per le seguenti categorie di opere.

Per tutti i giornali quotidiani e per le riviste, con la presentazione di almeno un numero di essi ogni anno.

Per le opere di scultura, pittura, delle arti del disegno, della incisione e delle arti figurative similari, per i disegni e per le opere dell'architettura, con la presentazione di un esemplare della riproduzione fotografica dell'opera, atta a individuarla.

Per le opere cinematografiche, con la presentazione di un esemplare della sceneggiatura corrispondente al film prodotto e di fotografie o diapositive sufficienti ad individuare l'opera.

Per le opere di pubblico spettacolo e per le opere musicali quando non siano pubblicate per le stampe, con la presentazione di un esemplare dell'opera.

Per le opere drammatico-musicali e sinfoniche di cui non sia stampata la partitura per orchestra, con la presentazione di una riduzione per canto e pianoforte o per pianoforte solo.

Per le opere registrate su apparecchi meccanici, ai termini della sezione quinta del capo quarto del titolo primo della legge, con la presentazione del catalogo del produttore.

Per i dischi fonografici ed altri apparecchi analoghi, sui quali si intenda esercitare i diritti previsti nel capo primo del titolo secondo della legge, con la presentazione di un esemplare conforme alla matrice originale.

Per le fotografie indicate nel secondo comma dell'art. 92 della legge, con la presentazione di un esemplare della fotografia stessa.

Per i semplici documentari di cui all'art. 10, secondo comma, di questo regolamento, con la presentazione di una sommaria descrizione del film, accompagnata da fotografie o diapositive sufficienti ad individuarlo.

Per i progetti di lavori di ingegneria o di altri lavori analoghi al fine previsto nel primo comma dell'art. 99 della legge, con la presentazione del piano o disegno e della descrizione del lavoro, da cui risulti la soluzione originale costituita dal progetto.

Per i bozzetti di scene teatrali indicati nell'art. 86 della legge, con la presentazione di fotografie o di disegni in modo che se ne possa ricostruire l'immagine completa.

33. Le opere a stampa non sono ammesse al deposito se non portano impresse, oltre il nome e cognome dell'autore ed il titolo dell'opera, anche l'indicazione dello stabilimento tipografico e dell'anno di pubblicazione. Le opere anonime o pubblicate con uno pseudonimo, devono sempre portare impresse la indicazione della impresa editrice.

Per le opere tradotte, sulla copertina o sul frontespizio dell'esemplare devono essere impressi, oltre il nome e cognome del traduttore, il titolo dell'opera e la indicazione della lingua da cui è stata fatta la traduzione.

34. (Articolo 103 e seguenti della legge). La dichiarazione che accompagna l'esemplare dell'opera da depositare presso l'ufficio della proprietà letteraria, artistica e scientifica ai sensi del precedente art. 31, deve contenere le seguenti indicazioni per le particolari categorie di opere sottoelencate.

a) *Riviste e giornali*:

1) titolo della rivista o giornale; 2) carattere e periodicità della pubblicazione; 3) nome, domicilio e nazionalità del direttore, dell'editore e dello stampatore; 4) luogo della pubblicazione; 5) nome e domicilio di chi effettua il deposito.

b) *Opere di scultura, pittura, delle arti del disegno, della incisione e delle arti figurative e similari, disegni ed opere della architettura*:

1) titolo dell'opera; 2) nome dell'autore o suo pseudonimo e sua nazionalità; 3) data di pubblicazione dell'opera; 4) nome e domicilio di chi effettua il deposito.

c) *Opere cinematografiche*:

1) titolo dell'opera; 2) nome degli autori o loro pseudonimi; 3) nome o pseudonimo dei principali interpreti; 4) nome, domicilio e nazionalità del produttore; 5) data e luogo della produzione e della prima proiezione pubblica; 6) metraggio della pellicola; 7) nome e domicilio di chi effettua il deposito.

d) Per i *dischi fonografici* o *apparecchi analoghi* sui quali si intende esercitare i diritti previsti nel capo primo del titolo secondo della legge, per *le fotografie* indicate nel secondo comma dell'art. 92 della legge, per *i semplici documentari cinematografici*, per *i lavori dell'ingegneria od altri lavori analoghi* indicati nell'art. 99 della legge, la dichiarazione deve essere effettuata, rispettivamente, a norma degli artt. 8, 10 e 11 di questo regolamento.

La dichiarazione, per ogni altra categoria di opere, deve contenere le indicazioni seguenti:

1) titolo dell'opera; 2) nome e nazionalità dell'autore o suo pseudonimo; 3) nome, nazionalità e domicilio del pubblicatore, dello stampatore e del produttore; 4) anno e luogo di edizione o di fabbricazione; 5) nome e domicilio di chi effettua il deposito.

Per le *opere di pubblico spettacolo* e per le *opere musicali* occorre indicare anche la data e il luogo della prima pubblica esecuzione o rappresentazione.

Le indicazioni suddette debbono essere completate, trattandosi di deposito di opere di elaborazione, ai sensi dell'art. 4 della legge, con i dati riguardanti l'opera originale. In particolare, per le traduzioni da altra lingua o dialetto, debbono essere anche indicate la lingua o dialetto dell'opera originale.

Le indicazioni contenute nella dichiarazione non debbono essere difformi da quelle apposte sugli esemplari dell'opera cui esse si riferiscono.

La dichiarazione può essere contenuta in uno stesso foglio per serie di opere dello stesso genere.

35. (Articoli 105 e 106 della legge). I depositi prescritti dall'art. 105 della legge devono essere fatti entro il termine di novanta giorni dalla pubblicazione dell'opera o dalla messa in commercio del prodotto.[1]

Per le opere di pubblico spettacolo, ivi comprese quelle musicali, e per le opere divulgate a mezzo della recitazione, qualora non siano pubblicate per le stampe, il deposito, per gli effetti stabiliti al comma primo dell'art. 106 della legge, deve essere fatto entro il termine di sessanta giorni dalla prima rappresentazione o proiezione od esecuzione pubblica o comunque dalla divulgazione dell'opera.

L'obbligo spetta a colui che abbia provveduto alla pubblicazione, rappresentazione od esecuzione pubblica o che abbia messo in circolazione l'opera per la prima volta.

Per le opere delle arti figurative di cui alla lettera *b*) dell'art. 34 di questo regolamento e delle quali non sia stato effettuato ancora il deposito, l'esposizione pubblica o l'alienazione non costituiscono pubblicazione agli effetti del termine stabilito nel primo comma di questo articolo.

[1] Termine prorogato al 31 dic. 1946, con D.L.L. 20 lug. 1945, n. 440; riaperto per un anno, a favore delle opere pubblicate per la prima volta negli Stati Uniti d'America fra il 3 set. 1939 e il 9 gen. 1952, con D.P.R. 11 dic. 1951, n. 1527.

36. (Articoli 103, 104, 105 e 106 della legge). Il sequestro di un esemplare o di una copia dell'opera previsto dall'ultimo comma dell'art. 106 della legge è eseguito in via amministrativa, con l'assistenza, ove occorra, della forza pubblica.

Il sequestro si effettua a carico di colui che, a' sensi dell'art. 35 di questo regolamento, è obbligato al deposito, e può eseguirsi presso i tipografi, i librai, gli editori o i produttori e, in genere, presso coloro che si trovano, comunque, in possesso di esemplari o di copie dell'opera per destinarli al commercio. Il sequestro non può essere eseguito presso chi sia in possesso dell'esemplare o della copia per uso personale.

L'esemplare o la copia sequestrata è trasmessa all'ufficio della proprietà letteraria, artistica e scientifica.

Qualora sia omesso il deposito di una fotografia dell'opera, la fotografia di questa è effettuata d'ufficio, a spese dell'inadempiente.

37. (Articoli 103, 104, 105 e 106 della legge). Chi ha interesse a registrare nel registro pubblico generale un atto fra quelli indicati nell'art. 104 della legge deve presentare all'ufficio della proprietà letteraria, artistica e scientifica copia autentica dell'atto, o l'originale della scrittura privata, con firme autenticate, accompagnato da una copia dell'atto.

Deve altresì presentare all'ufficio, insieme col titolo, una dichiarazione, in doppio originale, contenente le seguenti indicazioni:

1) nome, cognome e domicilio del richiedente;

2) natura e data del titolo di cui si domanda la registrazione;

3) nome del pubblico ufficiale che ha ricevuto l'atto o autenticate le firme;

4) il numero di registrazione dell'eseguito deposito dell'opera, oggetto dell'atto.

L'ufficio custodisce negli archivi, in appositi volumi, le copie degli atti che gli vengono consegnati e registra nella parte quarta del registro generale il contenuto della dichiarazione, indicando il giorno della consegna del titolo, il numero d'ordine assegnatogli nel registro progressivo e il numero del volume in cui ha collocato il titolo stesso.

L'ufficio restituisce al richiedente l'originale dell'atto e uno dei due originali della dichiarazione, nella quale certifica l'eseguita registrazione con le indicazioni sopra accennate.

38. (Art. 113 della legge). Il decreto di espropriazione, previsto nell'art. 113 della legge, è registrato nella parte quarta del registro generale pubblico, a cura dell'ufficio della proprietà letteraria, artistica e scientifica. Il decreto, qualora l'opera risulti registrata, deve essere anche annotato in margine alla registrazione.

Il *Presidente del Consiglio* provvede a pubblicare notizia del decreto di espropriazione nel bollettino dell'ufficio della proprietà letteraria, artistica e scientifica.

39. (Articoli 103, 104, 105 e 106 della legge). Il registro pubblico speciale per le opere cinematografiche è tenuto dalla *S.I.A.E.* per gli effetti e con le modalità del R.D.L. 16 giugno 1938, n. 1061, convertito nella legge 18 gennaio 1939, n. 458.

La registrazione delle opere cinematografiche in tale registro speciale non esonera dall'obbligo del deposito dell'opera nei modi stabiliti nell'art. 31 di questo regolamento, per la conseguente registrazione dell'opera cinematografica nel registro pubblico generale.

40. (Articolo 103, 104, 105 e 106 della legge). La presentazione all'ufficio della proprietà letteraria, artistica e scientifica di domande, dichiarazioni ed esemplari di opere o prodotti per il deposito, ovvero ai sensi di altre disposizioni della legge o di questo regolamento, può aver luogo direttamente o per mezzo del servizio postale in pacco postale, busta o plico raccomandati.

41. (Articoli 103, 104, 105 e 106 della legge). Il registro pubblico generale, contemplato nell'art. 103 della legge, le istanze, le dichiarazioni e i documenti allegati sono pubblici. Chiunque può prenderne visione e ottenere, per certificato o per estratto, notizia delle registrazioni o delle annotazioni che si trovano nel registro, nonché copia delle istanze, delle dichiarazioni e dei documenti allegati.

L'ufficio della proprietà letteraria, artistica e scientifica può anche, a domanda, e senza che l'amministrazione incorra in responsabilità alcuna, effettuare ricerche sul registro per fornire informazioni sui dati ivi esistenti. A tal fine il richiedente deve indicare chiaramente, nella sua domanda, la natura dell'opera, il titolo e l'autore di essa e la data probabile del deposito; allorché si tratti di cessioni o, in generale, di contratti per l'utilizzazione dell'opera, debbono essere anche indicati i nomi dei contraenti.

42. L'ufficio della proprietà letteraria, artistica e scientifica provvede a dar notizia nel suo bollettino delle opere depositate, nonché degli atti registrati a' sensi degli artt. 37 e 39 di questo regolamento.

Nel bollettino dell'ufficio è anche inserita l'indicazione dei decreti di espropriazione emanati ai sensi dell'art. 113 della legge, e ogni altro annunzio o notizia da pubblicarsi a norma di legge.

43.[1]

[1] Articolo abrog. dall'art. 3, D.P.R. 29 dic. 2007, n. 275.

CAPO IV
Diritti sulle vendite successive[1]

[1] Rubrica modif. dall'art. 1, D.P.R. 29 dic. 2007, n. 275.

44.[1] 1. Entro il termine di novanta giorni dall'effettuazione della vendita dell'opera d'arte o del manoscritto, i soggetti di cui al primo comma dell'art. 153 della legge 22 aprile 1941, n. 633, d'ora in avanti denominata: "Legge", nell'ordine di venditore, acquirente o intermediario, presentano alla Società italiana degli autori ed editori (*S.I.A.E.*) la dichiarazione prevista dallo stesso articolo e provvedono al versamento ad essa del compenso di cui all'art. 144 della legge.

[1] Articolo così sostituito dall'art. 2 D.P.R. 29 dic. 2007, n. 275.

45.[1] 1. La dichiarazione di cui all'art. 44 contiene il nome e il domicilio del dichiarante, il nome dell'autore del manoscritto o dell'opera venduta e, se conosciuto, anche il domicilio, il prezzo raggiunto nella vendita al netto dell'imposta e, ove identificabile, il genere artistico a cui appartiene l'opera (quale la pittura, la scultura, il disegno, la stampa), nonché, qualora indicati nell'esemplare dell'opera o, comunque, a conoscenza del dichiarante, il titolo dell'opera e la data di creazione.

2. La dichiarazione di cui all'art. 44 può essere redatta anche per via telematica secondo il modello che verrà predisposto dalla *S.I.A.E.*

3. Qualora si tratti delle copie di cui all'art. 145, comma 2, della legge, la dichiarazione indica se l'opera abbia o meno dei segni distintivi particolari (quali il numero di stampa, la data, la firma).

4. Se l'opera è pseudonima o anonima, se ne fa menzione nella dichiarazione. In tal caso la dichiarazione contiene anche le misure dell'esemplare dell'opera, una sua succinta descrizione e ogni altro elemento necessario per la sua individuazione. La dichiarazione può, inoltre, essere accompagnata da fotografie dell'opera dichiarata o da altra documentazione atta a meglio identificarla.

[1] Articolo così sostituito dall'art. 2 D.P.R. 29 dic. 2007, n. 275.

46.[1] 1. La *S.I.A.E.*, ricevuta la dichiarazione di cui all'art. 44, ne restituisce copia al dichiarante con l'indicazione della data di ricezione.

2. La *S.I.A.E.*, avvalendosi anche della collaborazione dell'Ente nazionale di previdenza e assistenza per i pittori e scultori, musicisti, scrittori ed autori drammatici (ENAP), cura la tenuta di un separato elenco contenente le generalità degli autori e dei loro aventi causa ed il relativo domicilio, ove conosciuti. A tale fine, gli autori o i loro aventi causa comunicano alla *S.I.A.E.* le proprie generalità, il domicilio e le eventuali variazioni di quest'ultimo.

[1] Articolo così sostituito dall'art. 2 D.P.R. 29 dic. 2007, n. 275.

47.[1] 1. Entro il primo mese di ciascun trimestre la *S.I.A.E.* comunica per iscritto agli aventi diritto, ove noti, o ai loro aventi causa, l'ammontare dei compensi resisi disponibili nel trimestre precedente, nonché l'avvenuta vendita e pubblica sul proprio sito internet istituzionale l'elenco in formato elettronico delle dichiarazioni di cui all'art. 44 e delle vendite effettuate nel trimestre precedente, con l'indicazione dell'ammontare dei compensi resisi disponibili nel medesimo periodo.

2. La *S.I.A.E.* pubblica, inoltre, nel proprio sito internet istituzionale l'elenco in formato elettronico degli aventi diritto che non abbiano ancora rivendicato il compenso per tutto il periodo di cui all'art. 154, comma 2, della legge, che decorre dalla scadenza del sessantesimo giorno dalla comunicazione di cui al comma 1, ovvero, nei casi in cui gli autori o i loro aventi causa non siano noti, dalla data di pubblicazione di cui al medesimo comma. Detto elenco è, altresì, pubblicato, con cadenza semestrale, nella *Gazzetta Ufficiale*.

[1] Articolo così sostituito dall'art. 2 D.P.R. 29 dic. 2007, n. 275.

48.[1] 1. Entro sessanta giorni dalla comunicazione di cui all'art. 47, comma 1, ovvero, nei casi in cui gli autori o i loro aventi causa non risultino noti, dalla data di pubblicazione prevista dal medesimo comma dell'art. 47, gli interessati possono segnalare alla *S.I.A.E.* errori materiali od omissioni ai fini della loro correzione. Decorso il termine medesimo, la *S.I.A.E.* versa all'avente diritto i compensi dovuti, detratta la provvigione di cui all'art. 154 della legge.

2. Per gli aventi diritto che non siano cittadini italiani la *S.I.A.E.* potrà versare le somme dovute anche tramite le società di gestione collettiva dei relativi Paesi.

[1] Articolo così sostituito dall'art. 2 D.P.R. 29 dic. 2007, n. 275.

CAPO V
Diritto demaniale

49-51. (*Omissis*).

52-56....[1]

[1] Articoli abrog. dall'art. 3, della L. 22 mag. 1993, n. 159.

CAPO VI
Regolamento degli intermediari

57....[1]

[1] Articolo abrog. dall'art. 7, D.lgs. 29 ott. 1999, n. 419.

58. (Art. 180 della legge). La *S.I.A.E.* che, ai sensi e per gli effetti dell'art. 180 della legge, esercita in via esclusiva, sia in Italia che all'estero, l'attività di intermediaria per l'esercizio dei diritti di rappresentazione, di esecuzione, di recitazione, di radiodiffusione e di riproduzione meccanica e cinematografica di opere letterarie, teatrali e musicali, deve pubblicare nel suo bollettino l'elenco dei paesi stranieri nei quali essa svolge la sua attività, ai sensi del terzo comma del suddetto art. 180 della legge, e le limitazioni e le condizioni alle quali tale attività di rappresentanza è sottoposta.

La pubblicazione suddetta è comunicata alla *Presidenza del Consiglio dei Ministri*.

59. (Art. 180 della legge, comma 5°). La *S.I.A.E.* non può accettare dichiarazione di opere per l'esercizio della tutela attribuitale dalla legge se una quota parte dei proventi derivanti dalle licenze ed autorizzazioni indicate nel n. 1) dell'art. 180 della legge non è riservata all'autore.

Quote fisse di ripartizione tra gli aventi diritto dei proventi suddetti per una o più facoltà di autore fra quelle indicate nel primo comma dell'art. 180 della legge possono essere stabilite dalla *S.I.A.E.* solo mediante accordi di carattere generale fra la *S.I.A.E.* stessa e le associazioni sindacali interessate.

L'accordo è approvato dal *Presidente del Consiglio*, sentito il parere del Comitato consultivo permanente per il diritto di autore.

60. (Art. 183 della legge). L'autorizzazione ad esercitare l'attività per il collocamento delle opere drammatiche, non musicali, italiane e delle traduzioni delle opere straniere presso le compagnie e le imprese teatrali, e la vigilanza su tale esercizio ai sensi dell'art. 183 della legge, sono regolate dalla legge 22 gennaio 1942, n. 103, contenente le norme per la disciplina del suddetto collocamento.

61. (Articoli 183 e 184 della legge). Il Consiglio direttivo dell'Ente *teatrale italiano* (E.T.I.) è nominato dal Ministro del turismo e dello spettacolo che provvede altresì con suo decreto alla nomina del presidente del Consiglio stesso.

I bilanci preventivi e i conti consuntivi dell'Ente sono trasmessi annualmente, dopo l'approvazione del Consiglio direttivo, al Ministero del turismo e dello spettacolo per l'approvazione definitiva.

L'Ente *teatrale italiano* deve mensilmente trasmettere al Ministero del turismo e dello spettacolo l'elenco delle opere drammatiche, non musicali, collocate in Italia, nonché l'elenco delle opere drammatiche italiane, non musicali, collocate all'estero, ai sensi dell'art. 184 della legge, fornendo altresì per ciascuna opera le indicazioni richieste dal Ministero del turismo e dello spettacolo.

62. (Articoli 183 e 184 della legge). Il servizio di esazione dei diritti di rappresentazione sulle opere collocate ai sensi dell'art. 183 della legge, è attribuito, in via esclusiva, alla *S.I.A.E.*

La *S.I.A.E.*, a mezzo delle proprie rappresentanze all'estero o attraverso le società estere, provvede alla esazione dei diritti riflettenti le opere collocate, ai sensi dell'art. 184 della legge.

63. Il pubblico ufficiale e il funzionario, autorizzato a compiere le attestazioni e a ricevere gli atti previsti nell'art. 164, n. 3 della legge, sono il presidente dell'Ente di diritto pubblico e i funzionari all'uopo designati, secondo le norme stabilite dall'Ente.

CAPO VII

Disposizioni penali

64. (Art. 206 della legge). Salvo che il fatto costituisca reato più grave, è punito con la ammenda da euro 5,16 a euro 20,66, chiunque:

a) non provvede, entro il termine e nelle forme stabilite ai sensi delle disposizioni contenute nel capo III di questo Regol. (30-43), al deposito e alla denuncia dell'opera, o inserisce nella denuncia indicazioni non rispondenti a verità;

b) non consegna il programma fedele delle pubbliche esecuzioni all'ufficio incaricato dell'esazione del diritto demaniale, ai sensi dell'art. 51;

c) non presenti alla *S.I.A.E.*, il rendiconto dell'edizione dell'opera di pubblico dominio, ai sensi dell'art. 53;[1]

d) ometta di denunciare all'E.T.I. le opere drammatiche non musicali, collocate in paesi stranieri.

[1] Lett. implicitamente abrog. a seguito dell'abrogazione dell'art. 53.

CAPO VIII

Disposizioni transitorie

65-67. (*Omissis*).

- 3 -

D.P.C.M. 17 gen. 2014

Riordino della materia del diritto connesso al diritto d'autore, di cui alla legge 22 aprile 1941, n. 633 e successive modificazioni[1]

(G.U. 5 mag. 2014, n. 102)

[1] A decorrere dal 18 ott. 2018, sono inapplicabili le disposizioni del presente provvedimento incompatibili con il D.M. 5 set. 2018.

1. ***Definizioni di artista primario e comprimario nel settore musicale e nel settore delle opere cinematografiche e assimilate.*** — 1. In attesa di pervenire ad una definizione di artista primario e comprimario in linea anche con le future opportunità derivanti dall'evoluzione tecnologica ed al fine di consentire un corretto ed effettivo funzionamento del mercato dell'amministrazione, intermediazione e riscossione dei diritti connessi, fino al 31 dicembre 2014, la qualificazione dei titolari dei diritti connessi previsti dalla legge 22 aprile 1941, n. 633, recante «Protezione del diritto d'autore e di altri diritti connessi al suo esercizio», e successive modificazioni (di seguito LdA), comune per tutte le imprese di cui all'art. 3, comma 2, del decreto del Presidente del Consiglio dei ministri 19 dicembre 2012, risponde ai seguenti criteri:

a) nel settore musicale è artista primario l'artista, o il collettivo artistico, il cui nome è indicato sulla copertina del supporto che contiene il fonogramma ovvero, in assenza di supporto, sul formato digitale dell'opera o che, comunque, è indicato come tale dal produttore di fonogrammi, anche eventualmente menzionato insieme ad altri artisti primari;

b) nel settore musicale è artista comprimario l'artista esecutore che, nell'esecuzione dell'opera, sostiene una parte di notevole importanza artistica e il cui nome è menzionato nella confezione del fonogramma o nello stesso o che, comunque, è indicato come tale dal produttore di fonogrammi;

c) nel settore musicale un complesso orchestrale o corale dotato di personalità giuridica, è artista comprimario dei fonogrammi in cui la parte eseguita dall'orchestra non è di mero accompagnamento ma è parte principale della composizione per i quali il direttore di orchestra o coro è artista primario; non sono aventi diritto a compenso i singoli componenti dei complessi orchestrali o corali la cui esecuzione è diretta da un direttore di orchestra o coro; per i fonogrammi in cui la parte orchestrale riveste parte di mero accompagnamento al fianco di altre parti strumentali, il direttore di orchestra o coro è artista comprimario, mentre il complesso orchestrale o corale non è artista avente diritto;

d) nel settore musicale sono artisti primari, i solisti dei complessi orchestrali o corali che eseguono le relative parti, anche sotto la conduzione di un direttore di orchestra, in fonogrammi il cui titolo ne richiami l'importanza nella composizione; sono, altresì, artisti comprimari le prime parti dell'orchestra e il maestro del basso continuo al cembalo; inoltre, per particolari tipologie di organico ovvero di composizione, in cui singoli componenti di un collettivo orchestrale o corale che hanno reso la propria esecuzione sotto conduzione, hanno sostenuto parti di specifico rilievo, è riconosciuto il ruolo di artista comprimario per effetto di specifica dichiarazione del produttore di fonogrammi o, in assenza, del direttore di orchestra o coro. Ciascun componente di complessi di piccole e medie dimensioni che esegue partiture senza raddoppi di parte e senza conduzione, è primario; se uno dei componenti è specificamente indicato come maestro concertatore, tale componente è artista primario, mentre gli altri componenti sono artisti comprimari; tale criterio si applica anche ai gruppi musicali in cui è esplicitato, nel nome del gruppo, il ruolo di artista primario assunto dal solista. Nel caso di orchestra da camera senza direttore, il maestro concertatore, primo violino di spalla, è artista primario, mentre i restanti componenti sono artisti comprimari;

e) nel settore musicale sono artisti primari dei fonogrammi che riproducono opere liriche i cantanti che interpretano i ruoli protagonisti, mentre sono artisti comprimari i cantanti che interpretano i ruoli minori ed il coro, secondo i criteri di cui alla lettera *b*);

f) nel settore delle opere cinematografiche e assimilate è artista primario l'artista indicato come tale dal produttore ai sensi dell'art. 4 ovvero che abbia la maggiore rilevanza nei titoli dell'opera come protagonista del suo intreccio narrativo;

g) nel settore delle opere cinematografiche e assimilate è artista comprimario l'artista indicato come tale dal produttore ai sensi dell'art. 4 ovvero che appaia tale dai titoli dell'opera interpretando un ruolo, seppure non protagonista, comunque rilevante rispetto al suo intreccio narrativo.

2. Le amministrazioni di cui all'art. 3, comma 1, lettera *a*), del decreto del Presidente del Consiglio dei ministri 19 dicembre 2012, sentito il Comitato consultivo permanente per il diritto d'autore di cui all'art. 190 della LdA, provvedono all'analisi e, entro il 31 dicembre 2014, possono adottare differenti criteri per la definizione di artista primario e comprimario. Fino all'adozione di tale provvedimento restano comunque fermi i criteri contemplati al comma 1.

2. ***Criteri di ripartizione dei compensi dovuti agli artisti interpreti ed esecutori per diritti connessi al diritto d'autore di cui alla legge 22 aprile 1941, n. 633 e successive modificazioni.*** — 1. Al fine di garantire l'effettiva riscossione da parte degli artisti del compenso dovuto dagli utilizzatori, le imprese accreditate ai sensi del decreto del Presidente del Consiglio dei ministri 19 dicembre 2012 concludono accordi sulle condizioni e modalità con cui favorire la più equa e celere ripartizione dei compensi dovuti ai rispettivi mandanti. Con particolare riguardo ai casi in cui i compensi dovuti sul medesimo fonogramma o sulla medesima opere cinematografica o assimilata siano dovuti ad aventi diritto appartenenti a diverse imprese intermediarie, l'eventuale mancato accordo fra intermediari, entro novanta giorni dall'adozione del presente decreto, impone all'utilizzatore di versare i compensi secondo il criterio di ripartizione più favorevole al comprimario.

2. Fermo restando quanto previsto al comma 1, le imprese di cui all'art. 3, comma 2, del decreto del Presidente del Consiglio dei ministri 19 dicembre 2012 riservano agli artisti comprimari almeno il trenta per cento del compenso complessivo di una determinata opera cinematografica o assimilata o di un determinato fonogramma.

3. Gli accordi di cui al comma 1 sono notificati alle amministrazioni di cui all'art. 3 comma 1, lettera *a*), del decreto del Presidente del Consiglio dei ministri 19 dicembre 2012.

4. Le imprese di cui all'art. 3, comma 2, del decreto del Presidente del Consiglio dei ministri 19 dicembre 2012, che abbiano ricevuto mandato dagli artisti interpreti o esecutori, con riferimento alle somme annualmente riscosse, procedono ad un accantonamento, non inferiore al venticinque per cento delle somme medesime, in un fondo appositamente costituito e vincolato, come evidenziato in bilancio. Tali accantonamenti sono destinati all'erogazione dei compensi in favore degli artisti aventi diritto individuati all'esito della risoluzione delle controversie derivanti dalla eventuale contestazione per il mancato inserimento o per l'errata classificazione, fra artisti primari e artisti comprimari, degli artisti di un fonogramma o di un'opera cinematografica o assimilata.

5. Trascorso il periodo di trecentosessantacinque giorni dall'avvenuto riparto, gli accantonamenti di cui al comma 4, al netto delle erogazioni già effettuate ai sensi del medesimo comma 4, sono ripartite tra tutti gli artisti individuati come aventi diritto.

3. ***Modalità di ripartizione dei compensi derivanti da riproduzione privata, ad uso personale, di fonogrammi e di videogrammi.*** — 1. I produttori di fonogrammi corrispondono, senza ritardo e, comunque entro sei mesi, il cinquanta per cento del compenso loro attribuito, ai sensi dell'art. 71-*octies*, comma 1, della LdA, per apparecchi e supporti di registrazione audio, agli artisti interpreti o esecutori per il tramite delle imprese di cui all'art. 3, comma 2, del decreto del Presidente del Consiglio dei ministri 19 dicembre 2012 cui hanno conferito mandato.

2. La Società italiana degli autori ed editori (S.I.A.E.) versa la quota di cui all'art. 71-*septies* della LdA, per gli apparecchi e i supporti di registrazione video spettante agli artisti interpreti o esecutori alle imprese di cui all'art. 3, comma 2, del decreto del Presidente del Consiglio dei ministri 19 dicembre 2012 cui hanno conferito mandato. Il cinquanta per cento di tale quota è utilizzato secondo quanto previsto dall'art. 71-*octies*, comma 3, della LdA.

3. I compensi di cui ai commi 1 e 2 sono attribuiti a ciascuno dei soggetti intermediari dei diritti degli artisti interpreti ed esecutori, ivi indicati, in misura percentuale rapportata, separatamente per il settore audio e per il settore video, all'ammontare dei diritti degli artisti interpreti ed esecutori amministrati da ciascun soggetto intermediario, certificati ai sensi dell'art. 2, comma 1, lettera *h*), del decreto del Presidente del Consiglio dei ministri 19 dicembre 2012, diversi da quelli derivanti da riproduzione privata ad uso personale, nel corso dell'anno di attribuzione e in base al principio contabile della competenza. A tale fine, agli oneri di comunicazione di cui all'art. 3 del decreto del Presidente del Consiglio dei ministri 19 dicembre 2012 si aggiungono gli oneri di comunicazione di tutti gli elementi indicati nel periodo precedente, la cui ottemperanza è altresì pubblicata sul sito della Presidenza del Consiglio dei ministri - Dipartimento per l'informazione e l'editoria ai sensi dell'art. 3, comma 2, del medesimo decreto del Presidente del Consiglio dei ministri 19 dicembre 2012.

4. In prima applicazione del presente decreto, con esclusivo riferimento alle annualità 2012 e 2013, salvo diverso accordo tra tutte le imprese di

settore di cui all'art. 3, comma 2, del decreto del Presidente del Consiglio dei ministri 19 dicembre 2012, i compensi derivanti da riproduzione privata, ad uso personale, di fonogrammi e di videogrammi, sono attribuiti a ciascuna delle imprese di cui all'art. 3, comma 2, del decreto del Presidente del Consiglio dei ministri 19 dicembre 2012, in misura percentuale rapportata, separatamente per il settore audio ed il settore video, al numero di mandati esplicitamente conferiti a ciascuna impresa dagli artisti interpreti ed esecutori alla data del 31 gennaio 2014. Le imprese comunicano alla SIAE entro il 28 febbraio 2014, gli accordi conclusi ovvero, in mancanza, il numero di mandati ad esse esplicitamente conferiti.

4. ***Obbligo di comunicazione dei dati e accessibilità alle banche dati informatiche.*** — 1. Al fine di garantire un livello di funzionalità adeguato all'esercizio delle attività di amministrazione, intermediazione e riscossione da svolgere, e per favorire l'eventuale interoperabilità dei sistemi informativi, le imprese di cui all'art. 3, comma 2, del decreto del Presidente del Consiglio dei ministri 19 dicembre 2012, ricevono, entro trenta giorni decorrenti dalla data di distribuzione o utilizzazione dell'opera, dal produttore o distributore, anche attraverso le associazioni di categoria, l'elenco dei fonogrammi da essi prodotti e distribuiti, con l'indicazione degli artisti interpreti ed esecutori che vi hanno preso parte.

2. Per le pubblicazioni avvenute antecedentemente alla data di adozione del presente decreto, l'obbligo di comunicazione di cui al comma 1 è assolto entro trenta giorni decorrenti dalla data della relativa richiesta formulata da ciascuna impresa di cui all'art. 3, comma 2, del decreto del Presidente del Consiglio dei ministri 19 dicembre 2012.

3. La mancata comunicazione dei dati di cui al presente articolo, ai sensi e per gli effetti dell'art. 7 del decreto-legge 30 aprile 2010, n. 64, convertito, con modificazioni, dalla legge 29 giugno 2010, n. 100, comporta la temporanea sospensione della quota di compenso spettante al singolo produttore di fonogrammi e di opere audiovisive, a norma degli articoli 71-*septies* e 71-*octies* della LdA. Tale sospensione perde efficacia qualora l'onere di comunicazione venga successivamente assolto.

4. L'elenco di cui ai commi 1 e 2 deve contenere i seguenti dati:

a) titolo originale del fonogramma e l'eventuale titolo italiano;

b) anno di pubblicazione o di distribuzione nel territorio dello Stato;

c) l'indicazione del produttore, la durata complessiva, numeri di catalogazione e codici identificativi del fonogramma (ISRC), l'indicazione dell'autore musicale, il luogo di fissazione del fonogramma, l'elenco degli artisti interpreti ed esecutori nonché la residenza degli artisti interpreti ed esecutori e ogni altro elemento o informazione utile alla corretta identificazione del fonogramma.

5. In riferimento agli articoli 73 e 73-*bis* della LdA, l'utilizzatore trasmette al produttore di fonogrammi o all'associazione di categoria cui esso appartiene, l'elenco dei fonogrammi utilizzati, comunicati al pubblico o diffusi entro trenta giorni dall'avvenuta utilizzazione, comunicazione o diffusione. Tale elenco, distintamente per ciascun fonogramma, deve contenere i seguenti dati:

a) il titolo originale del fonogramma e l'eventuale titolo italiano;

b) l'anno di distribuzione o pubblicazione, l'indicazione del produttore o del marchio, la durata complessiva di utilizzazione del singolo fonogramma, la data o il periodo al quale si riferisce l'utilizzazione, numeri di catalogazione e codici identificativi del fonogramma (ISRC);

c) l'indicazione dell'autore e degli artisti interpreti o esecutori primari e comprimari, ai sensi dell'art. 82 della LdA, nonché ogni altro elemento o informazione utile alla corretta identificazione del fonogramma.

6. Il produttore e il distributore del fonogramma, anche attraverso le associazioni di categoria, trasmettono, entro e non oltre trenta giorni dal ricevimento della documentazione di cui al comma 5, copia della documentazione stessa, alle imprese di cui all'art. 3, comma 2, del decreto del Presidente del Consiglio dei ministri 19 dicembre 2012, unitamente ad ogni altro elemento o informazione utile alla corretta identificazione del fonogramma.

7. In riferimento agli articoli 80 e 84 della LdA, l'utilizzatore trasmette alle imprese di cui all'art. 3, comma 2, del decreto del Presidente del Consiglio dei ministri 19 dicembre 2012, l'elenco delle opere cinematografiche o assimilate, commercializzate, comunicate al pubblico, diffuse, rappresentate o, comunque, pubblicamente divulgate entro trenta giorni dall'avvenuta commercializzazione, comunicazione, diffusione, rappresentazione o, comunque, pubblica divulgazione. Tale elenco, distintamente per ciascuna opera, deve contenere i seguenti dati:

a) il titolo originale dell'opera e l'eventuale titolo italiano;

b) l'anno di produzione;

c) l'anno di distribuzione, commercializzazione o pubblicazione, l'indicazione del produttore o del marchio, la durata complessiva di diffusione della singola opera cinematografica o assimilata e il numero di copie distribuite, la data o il periodo di comunicazione, diffusione, rappresentazione, distribuzione o commercializzazione o comunque pubblica divulgazione, eventuali numeri di catalogazione o identificativi dell'opera cinematografica o assimilata, l'indicazione del regista, e l'indicazione degli artisti interpreti ed esecutori primari, ivi inclusi gli artisti doppiatori, nel caso di opera cinematografica o assimilata espressa originariamente in lingua diversa dall'italiano, ovvero ogni altro elemento o informazione utile alla corretta identificazione dell'opera cinematografica o assimilata.

8. Tutti i dati e le informazioni di cui ai commi 1, 2, 3, 4, 5 e 6 sono elaborati e trasmessi in formato digitale su tracciato dati elaborabile, nonché trattati nel rispetto delle disposizioni contenute nel decreto legislativo 30 giugno 2003, n. 196.

9. Le banche dati informatiche di cui all'art. 1, comma 1, lettera *f)*, del decreto del Presidente del Consiglio dei ministri 19 dicembre 2012 sono liberamente consultabili attraverso il sito internet di ciascuna impresa di cui all'art. 3, comma 2, del medesimo decreto.

5-8. (*Omissis*)

AVVOCATI

- 1 -

Codice Deontologico Forense[1]

(G.U. 16 ott. 2014, n. 241)

[1] Approvato dal CNF in data 31 gen. 2014; in vigore dal 16 dic. 2014.

TITOLO I
Principi generali

1. ***L'avvocato.*** — 1. L'avvocato tutela, in ogni sede, il diritto alla libertà, l'inviolabilità e l'effettività della difesa, assicurando, nel processo, la regolarità del giudizio e del contraddittorio.

2. L'avvocato, nell'esercizio del suo ministero, vigila sulla conformità delle leggi ai principi della Costituzione e dell'Ordinamento dell'Unione Europea e sul rispetto dei medesimi principi, nonché di quelli della Convenzione per la salvaguardia dei diritti dell'uomo e delle libertà fondamentali, a tutela e nell'interesse della parte assistita.

3. Le norme deontologiche sono essenziali per la realizzazione e la tutela dell'affidamento della collettività e della clientela, della correttezza dei comportamenti, della qualità ed efficacia della prestazione professionale.

2. ***Norme deontologiche e ambito di applicazione.*** — 1. Le norme deontologiche si applicano a tutti gli avvocati nella loro attività professionale, nei reciproci rapporti e in quelli con i terzi; si applicano anche ai comportamenti nella vita privata, quando ne risulti compromessa la reputazione personale o l'immagine della professione forense.

2. I praticanti sono soggetti ai doveri e alle norme deontologiche degli avvocati e al potere disciplinare degli Organi forensi.

3. ***Attività all'estero e attività in Italia dello straniero.*** — 1. Nell'esercizio di attività professionale all'estero l'avvocato italiano deve rispettare le norme deontologiche interne, nonché quelle del Paese in cui viene svolta l'attività.

2. In caso di contrasto fra le due normative prevale quella del Paese ospitante, purché non confliggente con l'interesse pubblico al corretto esercizio dell'attività professionale.

3. L'avvocato straniero, nell'esercizio dell'attività professionale in Italia, è tenuto al rispetto delle norme deontologiche italiane.

4. ***Volontarietà dell'azione.*** — 1. La responsabilità disciplinare discende dalla inosservanza dei doveri e delle regole di condotta dettati dalla legge e dalla deontologia, nonché dalla coscienza e volontà delle azioni od omissioni.

2. L'avvocato, cui sia imputabile un comportamento non colposo che abbia violato la legge penale, è sottoposto a procedimento disciplinare, salva

in questa sede ogni autonoma valutazione sul fatto commesso.

5. ***Condizione per l'esercizio dell'attività professionale.*** — L'iscrizione agli albi costituisce condizione per l'esercizio dell'attività riservata all'avvocato.

6. ***Dovere di evitare incompatibilità.*** — 1. L'avvocato deve evitare attività incompatibili con la permanenza dell'iscrizione all'albo.

2. L'avvocato non deve svolgere attività comunque incompatibili con i doveri di indipendenza, dignità e decoro della professione forense.

7. ***Responsabilità disciplinare per atti di associati, collaboratori e sostituti.*** — L'avvocato è personalmente responsabile per condotte, determinate da suo incarico, ascrivibili a suoi associati, collaboratori e sostituti, salvo che il fatto integri una loro esclusiva e autonoma responsabilità.

8. ***Responsabilità disciplinare della società.*** — 1. Alla società tra avvocati si applicano, in quanto compatibili, le norme del presente codice.

2. La responsabilità disciplinare della società concorre con quella del socio quando la violazione deontologica commessa da quest'ultimo è ricollegabile a direttive impartite dalla società.

9. ***Doveri di probità, dignità, decoro e indipendenza.*** — 1. L'avvocato deve esercitare l'attività professionale con indipendenza, lealtà, correttezza, probità, dignità, decoro, diligenza e competenza, tenendo conto del rilievo costituzionale e sociale della difesa, rispettando i principi della corretta e leale concorrenza.

2. L'avvocato, anche al di fuori dell'attività professionale, deve osservare i doveri di probità, dignità e decoro, nella salvaguardia della propria reputazione e della immagine della professione forense.

10. ***Dovere di fedeltà.*** — L'avvocato deve adempiere fedelmente il mandato ricevuto, svolgendo la propria attività a tutela dell'interesse della parte assistita e nel rispetto del rilievo costituzionale e sociale della difesa.

11. ***Rapporto di fiducia e accettazione dell'incarico.*** — 1. L'avvocato è libero di accettare l'incarico.

2. Il rapporto con il cliente e con la parte assistita è fondato sulla fiducia.

3. L'avvocato iscritto nell'elenco dei difensori d'ufficio, quando nominato, non può, senza giustificato motivo, rifiutarsi di prestare la propria attività o interromperla.

4. L'avvocato iscritto nell'elenco dei difensori per il patrocinio a spese dello Stato può rifiutare la nomina o recedere dall'incarico conferito dal non abbiente solo per giustificati motivi.

12. ***Dovere di diligenza.*** — L'avvocato deve svolgere la propria attività con coscienza e diligenza, assicurando la qualità della prestazione professionale.

13. ***Dovere di segretezza e riservatezza.*** — L'avvocato è tenuto, nell'interesse del cliente e della parte assistita, alla rigorosa osservanza del segreto professionale e al massimo riserbo su fatti e circostanze in qualsiasi modo apprese nell'attività di rappresentanza e assistenza in giudizio, nonché nello svolgimento dell'attività di consulenza legale e di assistenza stragiudiziale e comunque per ragioni professionali.

14. ***Dovere di competenza.*** — L'avvocato, al fine di assicurare la qualità delle prestazioni professionali, non deve accettare incarichi che non sia in grado di svolgere con adeguata competenza.

15. ***Dovere di aggiornamento professionale e di formazione continua.*** — L'avvocato deve curare costantemente la preparazione professionale, conservando e accrescendo le conoscenze con particolare riferimento ai settori di specializzazione e a quelli di attività prevalente.

16. ***Dovere di adempimento fiscale, previdenziale, assicurativo e contributivo.*** — 1. L'avvocato deve provvedere agli adempimenti fiscali e previdenziali previsti dalle norme in materia.

2. L'avvocato deve adempiere agli obblighi assicurativi previsti dalla legge.

3. L'avvocato deve corrispondere regolarmente e tempestivamente i contributi dovuti alle Istituzioni forensi.

17. ***Informazione sull'esercizio dell'attività professionale.*** — 1. È consentita all'avvocato, a tutela dell'affidamento della collettività, l'informazione sulla propria attività professionale, sull'organizzazione e struttura dello studio,sulle eventuali specializzazioni e titoli scientifici e professionali posseduti.

2. Le informazioni diffuse pubblicamente con qualunque mezzo, anche informatico, debbono essere trasparenti, veritiere, corrette, non equivoche, non ingannevoli, non denigratorie o suggestive e non comparative.

3. In ogni caso le informazioni offerte devono fare riferimento alla natura e ai limiti dell'obbligazione professionale.

18. ***Doveri nei rapporti con gli organi di informazione.*** — 1. Nei rapporti con gli organi di informazione l'avvocato deve ispirarsi a criteri di equilibrio e misura, nel rispetto dei doveri di discrezione e riservatezza; con il consenso della parte assistita, e nell'esclusivo interesse di quest'ultima, può fornire agli organi di informazione notizie purché non coperte dal segreto di indagine.

2. L'avvocato è tenuto in ogni caso ad assicurare l'anonimato dei minori.

19. ***Doveri di lealtà e correttezza verso i colleghi e le Istituzioni forensi.*** — L'avvocato deve mantenere nei confronti dei colleghi e delle Istituzioni forensi un comportamento ispirato a correttezza e lealtà.

20. ***Responsabilità disciplinare.***[1] — 1. La violazione dei doveri e delle regole di condotta di cui ai precedenti articoli e comunque le infrazioni ai doveri e alle regole di condotta imposti dalla legge o dalla deontologia costituiscono illeciti disciplinari ai sensi dell'art. 51, comma 1, della legge 31 dicembre 2012, n. 247.

2. Tali violazioni, ove riconducibili alle ipotesi tipizzate ai titoli II, III, IV, V e VI del presente codice, comportano l'applicazione delle sanzioni ivi espressamente previste; ove non riconducibili a tali ipotesi comportano l'applicazione delle sanzioni disciplinari di cui agli articoli 52 lettera *c*) e 53 della legge 31 dicembre 2012, n. 247, da individuarsi e da determinarsi, quanto alla loro entità, sulla base dei criteri di cui agli articoli 21 e 22 di questo codice.

[1] Articolo così sost. con delibera del Consiglio nazionale forense nella seduta amministrativa del 23 feb. 2018.

21. ***Potestà disciplinare.*** — 1. Spetta agli Organi disciplinari la potestà di applicare, nel rispetto delle procedure previste dalle norme, anche regolamentari, le sanzioni adeguate e proporzionate alla violazione deontologica commessa.

2. Oggetto di valutazione è il comportamento complessivo dell'incolpato; la sanzione è unica anche quando siano contestati più addebiti nell'ambito del medesimo procedimento.

3. La sanzione deve essere commisurata alla gravità del fatto, al grado della colpa, all'eventuale sussistenza del dolo ed alla sua intensità, al comportamento dell'incolpato, precedente e successivo al fatto, avuto riguardo alle circostanze, soggettive e oggettive, nel cui contesto è avvenuta la violazione.

4. Nella determinazione della sanzione si deve altresì tenere conto del pregiudizio eventualmente subito dalla parte assistita e dal cliente, della compromissione dell'immagine della professione forense, della vita professionale, dei precedenti disciplinari.

22. ***Sanzioni.*** — 1. Le sanzioni disciplinari sono:

a) Avvertimento: consiste nell'informare l'incolpato che la sua condotta non è stata conforme alle norme deontologiche e di legge, con invito ad astenersi dal compiere altre infrazioni; può essere deliberato quando il fatto contestato non è grave e vi è motivo di ritenere che l'incolpato non commetta altre infrazioni.

b) Censura: consiste nel biasimo formale e si applica quando la gravità dell'infrazione, il grado di responsabilità, i precedenti dell'incolpato e il suo comportamento successivo al fatto inducono a ritenere che egli non incorrerà in un'altra infrazione.

c) Sospensione: consiste nell'esclusione temporanea, da due mesi a cinque anni, dall'esercizio della professione o dal praticantato e si applica per infrazioni consistenti in comportamenti e in responsabilità gravi o quando non sussistono le condizioni per irrogare la sola sanzione della censura.

d) Radiazione: consiste nell'esclusione definitiva dall'albo, elenco o registro e impedisce l'iscrizione a qualsiasi altro albo, elenco o registro, fatto salvo quanto previsto dalla legge; è inflitta per violazioni molto gravi che rendono incompatibile la permanenza dell'incolpato nell'albo, elenco o registro.

2. Nei casi più gravi, la sanzione disciplinare può essere aumentata, nel suo massimo:

a) fino alla sospensione dall'esercizio dell'attività professionale per due mesi, nel caso sia prevista la sanzione dell'avvertimento;

b) fino alla sospensione dall'esercizio dell'attività professionale non superiore a un anno, nel caso sia prevista la sanzione della censura;

c) fino alla sospensione dall'esercizio dell'attività professionale non superiore a tre anni, nel caso sia prevista la sanzione della sospensione dall'esercizio dell'attività professionale fino a un anno;

d) fino alla radiazione, nel caso sia prevista la sanzione della sospensione dall'esercizio dell'attività professionale da uno a tre anni.

3. Nei casi meno gravi, la sanzione disciplinare può essere diminuita:

a) all'avvertimento, nel caso sia prevista la sanzione della censura;

b) alla censura, nel caso sia prevista la sanzione della sospensione dall'esercizio dell'attività professionale fino a un anno;

c) alla sospensione dall'esercizio dell'attività professionale fino a due mesi nel caso sia prevista la sospensione dall'esercizio della professione da uno a tre anni.

4. Nei casi di infrazioni lievi e scusabili, all'incolpato è fatto richiamo verbale, non avente carattere di sanzione disciplinare.

TITOLO II
Rapporti con il cliente e con la parte assistita

23. ***Conferimento dell'incarico.*** — 1. L'incarico è conferito dalla parte assistita; qualora sia conferito da un terzo, nell'interesse proprio o della parte assistita, l'incarico deve essere accettato solo con il consenso di quest'ultima e va svolto nel suo esclusivo interesse.

2. L'avvocato, prima di assumere l'incarico, deve accertare l'identità della persona che lo conferisce e della parte assistita.

3. L'avvocato, dopo il conferimento del mandato, non deve intrattenere con il cliente e con la parte assistita rapporti economici, patrimoniali, commerciali o di qualsiasi altra natura, che in qualunque modo possano influire sul rapporto professionale, salvo quanto previsto dall'art. 25.

4. L'avvocato non deve consigliare azioni inutilmente gravose.

5. L'avvocato è libero di accettare l'incarico, ma deve rifiutare di prestare la propria attività quando, dagli elementi conosciuti, desuma che essa sia finalizzata alla realizzazione di operazione illecita.

6. L'avvocato non deve suggerire comportamenti, atti o negozi nulli, illeciti o fraudolenti.

7. La violazione dei doveri di cui ai commi 1 e 2 comporta l'applicazione della sanzione disciplinare dell'avvertimento. La violazione dei divieti di cui ai commi 3 e 4 comporta l'applicazione della sanzione disciplinare della censura. La violazione dei doveri di cui ai commi 5 e 6 comporta l'applicazione della sanzione disciplinare della sospensione dall'esercizio dell'attività professionale da uno a tre anni.

24. ***Conflitto di interessi.*** — 1. L'avvocato deve astenersi dal prestare attività professionale quando questa possa determinare un conflitto con gli interessi della parte assistita e del cliente o interferire con lo svolgimento di altro incarico anche non professionale.

2. L'avvocato nell'esercizio dell'attività professionale deve conservare la propria indipendenza e difendere la propria libertà da pressioni o condizionamenti di ogni genere, anche correlati a interessi riguardanti la propria sfera personale.

3. Il conflitto di interessi sussiste anche nel caso in cui il nuovo mandato determini la violazione del segreto sulle informazioni fornite da altra parte assistita o cliente, la conoscenza degli affari di una parte possa favorire ingiustamente un'altra parte assistita o cliente, l'adempimento di un precedente mandato limiti l'indipendenza dell'avvocato nello svolgimento del nuovo incarico.

4. L'avvocato deve comunicare alla parte assistita e al cliente l'esistenza di circostanze impeditive per la prestazione dell'attività richiesta.

5. Il dovere di astensione sussiste anche se le parti aventi interessi confliggenti si rivolgano ad avvocati che siano partecipi di una stessa società di avvocati o associazione professionale o che esercitino negli stessi locali e collaborino professionalmente in maniera non occasionale.

6. La violazione dei doveri di cui ai commi 1, 3 e 5 comporta l'applicazione della sanzione disciplinare della sospensione dall'esercizio dell'attività professionale da uno a tre anni. La violazione dei doveri di cui ai commi 2 e 4 comporta l'applicazione della sanzione disciplinare della censura.

25. ***Accordi sulla definizione del compenso.*** — 1. La pattuizione dei compensi, fermo quanto previsto dall'art. 29, quarto comma, è libera. È ammessa la pattuizione a tempo, in misura forfettaria, per convenzione avente ad oggetto uno o più affari, in base all'assolvimento e ai tempi di erogazione della prestazione, per singole fasi o prestazioni o per l'intera attività, a percentuale sul valore dell'affare o su quanto si prevede possa giovarsene il destinatario della prestazione, non soltanto a livello strettamente patrimoniale.

2. Sono vietati i patti con i quali l'avvocato percepisca come compenso, in tutto o in parte, una quota del bene oggetto della prestazione o della ragione litigiosa.

3. La violazione del divieto di cui al precedente comma comporta l'applicazione della sanzione disciplinare della sospensione dall'esercizio dell'attività professionale da due a sei mesi.

26. ***Adempimento del mandato.*** — 1. L'accettazione di un incarico professionale presuppone la competenza a svolgerlo.

2. L'avvocato, in caso di incarichi che comportino anche competenze diverse dalle proprie, deve prospettare al cliente e alla parte assistita la necessità di integrare l'assistenza con altro collega in possesso di dette competenze.

3. Costituisce violazione dei doveri professionali il mancato, ritardato o negligente compimento di atti inerenti al mandato o alla nomina, quando derivi da non scusabile e rilevante trascuratezza degli interessi della parte assistita.

4. Il difensore nominato d'ufficio, ove sia impedito di partecipare a singole attività processuali, deve darne tempestiva e motivata comunicazione all'autorità procedente ovvero incaricare della difesa un collega che, ove accetti, è responsabile dell'adempimento dell'incarico.

5. La violazione dei doveri di cui ai commi 1 e 2 comporta l'applicazione della sanzione disciplinare dell'avvertimento. La violazione dei doveri di cui ai commi 3 e 4 comporta l'applicazione della sanzione disciplinare della censura.

27. ***Doveri di informazione.*** — 1. L'avvocato deve informare chiaramente la parte assistita, all'atto dell'assunzione dell'incarico, delle caratteristiche e dell'importanza di quest'ultimo e delle attività da espletare, precisando le iniziative e le ipotesi di soluzione.

2. L'avvocato deve informare il cliente e la parte assistita sulla prevedibile durata del processo e sugli oneri ipotizzabili; deve inoltre, se richiesto, comunicare in forma scritta, a colui che conferisce l'incarico professionale, il prevedibile costo della prestazione.

3. L'avvocato, all'atto del conferimento dell'incarico, deve informare chiaramente la parte assistita della possibilità di avvalersi del procedimento di negoziazione assistita e, per iscritto, della possibilità di avvalersi del procedimento di mediazione; deve altresì informarla dei percorsi alternativi al contenzioso giudiziario, pure previsti dalla legge.[1]

4. L'avvocato, ove ne ricorrano le condizioni, all'atto del conferimento dell'incarico, deve informare la parte assistita della possibilità di avvalersi del patrocinio a spese dello Stato.

5. L'avvocato deve rendere noti al cliente ed alla parte assistita gli estremi della propria polizza assicurativa.

6. L'avvocato, ogni qualvolta ne venga richiesto, deve informare il cliente e la parte assistita sullo svolgimento del mandato a lui affidato e deve fornire loro copia di tutti gli atti e documenti, anche provenienti da terzi, concernenti l'oggetto del mandato e l'esecuzione dello stesso sia in sede stragiudiziale che giudiziale, fermo restando il disposto di cui all'art. 48, terzo comma, del presente codice.

7. Fermo quanto previsto dall'art. 26, l'avvocato deve comunicare alla parte assistita la necessità del compimento di atti necessari ad evitare prescrizioni, decadenze o altri effetti pregiudizievoli relativamente agli incarichi in corso.

8. L'avvocato deve riferire alla parte assistita, se nell'interesse di questa, il contenuto di quanto appreso legittimamente nell'esercizio del mandato.

9. La violazione dei doveri di cui ai commi da 1 a 5 comporta l'applicazione della sanzione disciplinare dell'avvertimento. La violazione dei doveri di cui ai commi 6, 7 e 8 comporta l'applicazione della sanzione disciplinare della censura.

[1] Comma così sost. con delibera del Consiglio nazionale forense nella seduta amministrativa del 23 feb. 2018.

28. ***Riserbo e segreto professionale.*** — 1. È dovere, oltre che diritto, primario e fondamentale dell'avvocato mantenere il segreto e il massimo riserbo sull'attività prestata e su tutte le informazioni che gli siano fornite dal cliente e dalla parte assistita, nonché su quelle delle quali sia venuto a conoscenza in dipendenza del mandato.

2. L'obbligo del segreto va osservato anche quando il mandato sia stato adempiuto, comunque concluso, rinunciato o non accettato.

3. L'avvocato deve adoperarsi affinché il rispetto del segreto professionale e del massimo riserbo sia osservato anche da dipendenti, praticanti, consulenti e collaboratori, anche occasionali, in relazione a fatti e circostanze apprese nella loro qualità o per effetto dell'attività svolta.

4. È consentito all'avvocato derogare ai doveri di cui sopra qualora la divulgazione di quanto appreso sia necessaria:

a) per lo svolgimento dell'attività di difesa;

b) per impedire la commissione di un reato di particolare gravità;

c) per allegare circostanze di fatto in una controversia tra avvocato e cliente o parte assistita;

d) nell'ambito di una procedura disciplinare.

In ogni caso la divulgazione dovrà essere limitata a quanto strettamente necessario per il fine tutelato.

5. La violazione dei doveri di cui ai commi precedenti comporta l'applicazione della sanzione disciplinare della censura e,nei casi in cui la violazione attenga al segreto professionale, l'applicazione della sospensione dall'esercizio dell'attività professionale da uno a tre anni.

29. ***Richiesta di pagamento.*** — 1. L'avvocato, nel corso del rapporto professionale, può chiedere la corresponsione di anticipi, ragguagliati alle spese sostenute e da sostenere, nonché di acconti sul compenso, commisurati alla quantità e complessità delle prestazioni richieste per l'espletamento dell'incarico.

2. L'avvocato deve tenere la contabilità delle spese sostenute e degli acconti ricevuti e deve consegnare, a richiesta del cliente, la relativa nota dettagliata.

3. L'avvocato deve emettere il prescritto documento fiscale per ogni pagamento ricevuto.

4. L'avvocato non deve richiedere compensi o acconti manifestamente sproporzionati all'attività svolta o da svolgere.

5. L'avvocato, in caso di mancato pagamento da parte del cliente, non deve richiedere un compenso maggiore di quello già indicato, salvo ne abbia fatta riserva.

6. L'avvocato non deve subordinare al riconoscimento di propri diritti, o all'esecuzione di prestazioni particolari da parte del cliente, il versamento a questi delle somme riscosse per suo conto.

7. L'avvocato non deve subordinare l'esecuzione di propri adempimenti professionali al riconoscimento del diritto a trattenere parte delle somme riscosse per conto del cliente o della parte assistita.

8. L'avvocato, nominato difensore della parte ammessa al patrocinio a spese dello Stato, non deve chiedere né percepire dalla parte assistita o da terzi, a qualunque titolo, compensi o rimborsi diversi da quelli previsti dalla legge.

9. La violazione dei doveri di cui ai commi da 1 a 5 comporta l'applicazione della sanzione disciplinare della censura. La violazione dei doveri di cui ai commi 6, 7 e 8. comporta l'applicazione della sanzione disciplinare della sospensione dall'esercizio dell'attività professionale da sei a un anno

30. ***Gestione di denaro altrui.*** — 1. L'avvocato deve gestire con diligenza il denaro ricevuto dalla parte assistita o da terzi nell'adempimento dell'incarico professionale ovvero quello ricevuto nell'interesse della parte assistita e deve renderne conto sollecitamente.

2. L'avvocato non deve trattenere oltre il tempo strettamente necessario le somme ricevute per conto della parte assistita, senza il consenso di quest'ultima.

3. L'avvocato, nell'esercizio della propria attività professionale, deve rifiutare di ricevere o gestire fondi che non siano riferibili ad un cliente.

4. L'avvocato, in caso di deposito fiduciario, deve contestualmente ottenere istruzioni scritte ed attenervisi.

5. La violazione del dovere di cui al comma 1 comporta l'applicazione della sanzione disciplinare della censura. La violazione dei doveri di cui ai commi 2 e 4 comporta l'applicazione della sanzione disciplinare della sospensione dall'esercizio dell'attività professionale da sei mesi a un anno. La violazione del dovere di cui al comma 3 comporta

l'applicazione della sanzione disciplinare della sospensione dall'esercizio dell'attività professionale da uno a tre anni.

31. ***Compensazione.*** — 1. L'avvocato deve mettere immediatamente a disposizione della parte assistita le somme riscosse per conto della stessa.

2. L'avvocato ha diritto di trattenere le somme da chiunque ricevute a rimborso delle anticipazioni sostenute, con obbligo di darne avviso al cliente.

3. L'avvocato ha diritto di trattenere le somme da chiunque ricevute imputandole a titolo di compenso:

a) quando vi sia il consenso del cliente e della parte assistita;

b) quando si tratti di somme liquidate giudizialmente a titolo di compenso a carico della controparte e l'avvocato non le abbia già ricevute dal cliente o dalla parte assistita;

c) quando abbia già formulato una richiesta di pagamento del proprio compenso espressamente accettata dal cliente.

4. La violazione del dovere di cui al comma 1 comporta l'applicazione della sanzione disciplinare della sospensione dall'esercizio dell'attività professionale da uno a tre anni. La violazione del dovere di cui al comma 2 comporta l'applicazione della sanzione disciplinare della censura.

32. ***Rinuncia al mandato.*** — 1. L'avvocato ha la facoltà di recedere dal mandato, con le cautele necessarie per evitare pregiudizi alla parte assistita.

2. In caso di rinuncia al mandato l'avvocato deve dare alla parte assistita un congruo preavviso e deve informarla di quanto necessario per non pregiudicarne la difesa.

3. In ipotesi di irreperibilità della parte assistita, l'avvocato deve comunicare alla stessa la rinuncia al mandato con lettera raccomandata all'indirizzo anagrafico o all'ultimo domicilio conosciuto o a mezzo p.e.c.; con l'adempimento di tale formalità, fermi restando gli obblighi di legge, l'avvocato è esonerato da ogni altra attività, indipendentemente dall'effettiva ricezione della rinuncia.

4. L'avvocato, dopo la rinuncia al mandato, nel rispetto degli obblighi di legge, non è responsabile per la mancata successiva assistenza, qualora non sia nominato in tempi ragionevoli altro difensore.

5. L'avvocato deve comunque informare la parte assistita delle comunicazioni e notificazioni che dovessero pervenirgli.

6. La violazione dei doveri di cui ai precedenti commi comporta l'applicazione della sanzione disciplinare della censura.

33. ***Restituzione di documenti.*** — 1. L'avvocato, se richiesto, deve restituire senza ritardo gli atti ed i documenti ricevuti dal cliente e dalla parte assistita per l'espletamento dell'incarico e consegnare loro copia di tutti gli atti e documenti, anche provenienti da terzi, concernenti l'oggetto del mandato e l'esecuzione dello stesso sia in sede stragiudiziale che giudiziale, fermo restando il disposto di cui all'art. 48, terzo comma, del presente codice.

2. L'avvocato non deve subordinare la restituzione della documentazione al pagamento del proprio compenso.

3. L'avvocato può estrarre e conservare copia di tale documentazione, anche senza il consenso del cliente e della parte assistita.

4. La violazione del dovere di cui al comma 1 comporta l'applicazione della sanzione disciplinare dell'avvertimento. La violazione del divieto di cui al comma 2 comporta l'applicazione della censura.

34. ***Azione contro il cliente e la parte assistita per il pagamento del compenso.*** — 1. L'avvocato, per agire giudizialmente nei confronti del cliente o della parte assistita per il pagamento delle proprie prestazioni professionali, deve rinunciare a tutti gli incarichi ricevuti.

2. La violazione del dovere di cui al comma precedente comporta l'applicazione della sanzione disciplinare della censura.

35. ***Dovere di corretta informazione.***[1] — 1. L'avvocato che dà informazioni sulla propria attività professionale, quale che siano i mezzi utilizzati per rendere le stesse, deve rispettare i doveri di verità, correttezza, trasparenza, segretezza e riservatezza, facendo in ogni caso riferimento alla natura e ai limiti dell'obbligazione professionale.

2. L'avvocato non deve dare informazioni comparative con altri professionisti né equivoche, ingannevoli, denigratorie, suggestive o che contengano riferimenti a titoli, funzioni o incarichi non inerenti l'attività professionale.

3. L'avvocato, nel fornire informazioni, deve in ogni caso indicare il titolo professionale, la denominazione dello studio e l'Ordine di appartenenza.

4. L'avvocato può utilizzare il titolo accademico di professore solo se sia o sia stato docente universitario di materie giuridiche; specificando in ogni caso la qualifica e la materia di insegnamento.

5. L'iscritto nel registro dei praticanti può usare esclusivamente e per esteso il titolo di "praticante avvocato", con l'eventuale indicazione di "abilitato al patrocinio" qualora abbia conseguito tale abilitazione.

6. Non è consentita l'indicazione di nominativi di professionisti e di terzi non organicamente o direttamente collegati con lo studio dell'avvocato.

7. L'avvocato non può utilizzare nell'informazione il nome di professionista defunto, che abbia fatto parte dello studio, se a suo tempo lo stesso non lo abbia espressamente previsto o disposto per testamento, ovvero non vi sia il consenso unanime degli eredi.

8. Nelle informazioni al pubblico l'avvocato non deve indicare il nominativo dei propri clienti o parti assistite, ancorché questi vi consentano.

9. Le forme e le modalità delle informazioni devono comunque rispettare i principi di dignità e decoro della professione.

10. La violazione dei doveri di cui ai precedenti commi comporta l'applicazione della sanzione disciplinare della censura.

[1] Articolo così modif. da Comunicato 3 mag. 2016.

36. ***Divieto di attività professionale senza titolo e di uso di titoli inesistenti.*** — 1. Costituisce illecito disciplinare l'uso di un titolo professionale non conseguito ovvero lo svolgimento di attività in mancanza di titolo o in periodo di sospensione.

2. Costituisce altresì illecito disciplinare il comportamento dell'avvocato che agevoli o, in qualsiasi altro modo diretto o indiretto, renda possibile a soggetti non abilitati o sospesi l'esercizio abusivo dell'attività di avvocato o consenta che tali soggetti ne possano ricavare benefici economici, anche se limitatamente al periodo di eventuale sospensione dell'esercizio dell'attività.

3. La violazione del comma 1 comporta l'applicazione della sanzione disciplinare della sospensione dall'esercizio dell'attività professionale da sei mesi a un anno. La violazione del comma 2 comporta l'applicazione della sanzione disciplinare della sospensione dall'esercizio dell'attività professionale da due a sei mesi.

37. ***Divieto di accaparramento di clientela.*** — 1. L'avvocato non deve acquisire rapporti di clientela a mezzo di agenzie o procacciatori o con modi non conformi a correttezza e decoro.

2. L'avvocato non deve offrire o corrispondere a colleghi o a terzi provvigioni o altri compensi quale corrispettivo per la presentazione di un cliente o per l'ottenimento di incarichi professionali.

3. Costituisce infrazione disciplinare l'offerta di omaggi o prestazioni a terzi ovvero la corresponsione o la promessa di vantaggi per ottenere difese o incarichi.

4. È vietato offrire, sia direttamente che per interposta persona, le proprie prestazioni professionali al domicilio degli utenti, nei luoghi di lavoro, di riposo, di svago e, in generale, in luoghi pubblici o aperti al pubblico.

5. È altresì vietato all'avvocato offrire, senza esserne richiesto, una prestazione personalizzata e, cioè, rivolta a una persona determinata per uno specifico affare.

6. La violazione dei doveri di cui ai commi precedenti comporta l'applicazione della sanzione disciplinare della censura.

TITOLO III
Rapporti con i colleghi

38. ***Rapporto di colleganza.*** — 1. L'avvocato che intenda promuovere un giudizio nei confronti di un collega per fatti attinenti all'esercizio della professione deve dargliene preventiva comunicazione per iscritto, salvo che l'avviso possa pregiudicare il diritto da tutelare.

2. L'avvocato non deve registrare una conversazione telefonica con un collega; la registrazione nel corso di una riunione è consentita soltanto con il consenso di tutti i presenti.

3. L'avvocato non deve riportare in atti processuali o riferire in giudizio il contenuto di colloqui riservati intercorsi con colleghi.

4. La violazione del dovere di cui al comma 1 comporta l'applicazione della sanzione disciplinare dell'avvertimento. La violazione dei divieti di cui ai comma 2 e 3 comporta l'applicazione della sanzione disciplinare della censura.

39. ***Rapporti con i collaboratori dello studio.*** — 1. L'avvocato deve consentire ai propri collaboratori di migliorare la loro preparazione professionale e non impedire od ostacolare la loro crescita formativa, compensandone in maniera adeguata la collaborazione, tenuto conto dell'utilizzo dei servizi e delle strutture dello studio.

2. La violazione dei doveri di cui al presente articolo comporta l'applicazione della sanzione disciplinare dell'avvertimento.

40. ***Rapporti con i praticanti.*** — 1. L'avvocato deve assicurare al praticante l'effettività e la proficuità della pratica forense, al fine di consentirgli un'adeguata formazione.

2. L'avvocato deve fornire al praticante un idoneo ambiente di lavoro e, fermo l'obbligo del rimborso delle spese, riconoscergli, dopo il primo semestre di pratica, un compenso adeguato, tenuto conto dell'utilizzo dei servizi e delle strutture dello studio.

3. L'avvocato deve attestare la veridicità delle annotazioni contenute nel libretto di pratica solo in seguito ad un adeguato controllo e senza indulgere a motivi di favore o amicizia.

4. L'avvocato non deve incaricare il praticante di svolgere attività difensiva non consentita.

5. La violazione dei doveri di cui ai commi 1, 2 e 3 comporta l'applicazione della sanzione disciplinare dell'avvertimento. La violazione del divieto di cui al comma 4 comporta l'applicazione della sanzione disciplinare della censura.

41. ***Rapporti con parte assistita da collega.*** — 1. L'avvocato non deve mettersi in contatto diretto con la controparte che sappia assistita da altro collega.

2. L'avvocato, in ogni stato del procedimento e in ogni grado del giudizio, può avere contatti con le altre parti solo in presenza del loro difensore o con il consenso di questi.

3. L'avvocato può indirizzare corrispondenza direttamente alla controparte, inviandone sempre copia per conoscenza al collega che la assiste, esclusivamente per richiedere comportamenti determinati, intimare messe in mora, evitare prescrizioni o decadenze.

4. L'avvocato non deve ricevere la controparte assistita da un collega senza informare quest'ultimo e ottenerne il consenso.

5. La violazione dei doveri e divieti di cui al presente articolo comporta l'applicazione della sanzione disciplinare della censura.

42. ***Notizie riguardanti il collega.*** — 1. L'avvocato non deve esprimere apprezzamenti denigratori sull'attività professionale di un collega.

2. L'avvocato non deve esibire in giudizio documenti relativi alla posizione personale del collega avversario né utilizzare notizie relative alla sua persona, salvo che il collega sia parte del giudizio e che l'utilizzo di tali documenti e notizie sia necessario alla tutela di un diritto.

3. La violazione dei divieti di cui ai precedenti commi comporta l'applicazione della sanzione disciplinare dell'avvertimento.

43. ***Obbligo di soddisfare le prestazioni affidate ad altro collega.*** — 1. L'avvocato che incarichi direttamente altro collega di esercitare le funzioni di rappresentanza o assistenza deve provvedere a compensarlo, ove non adempia il cliente.

2. La violazione del dovere di cui al precedente comma comporta l'applicazione della sanzione disciplinare della censura.

44. ***Divieto di impugnazione della transazione raggiunta con il collega.*** — 1. L'avvocato che abbia raggiunto con il collega avversario un accordo transattivo, accettato dalle parti, deve astenersi dal proporne impugnazione, salvo che la stessa sia giustificata da fatti sopravvenuti o dei quali dimostri di non avere avuto conoscenza.

2. La violazione del dovere di cui al precedente comma comporta l'applicazione della sanzione disciplinare della censura.

45. ***Sostituzione del collega nell'attività di difesa.*** — 1. Nel caso di sostituzione di un collega per revoca dell'incarico o rinuncia, il nuovo difensore deve rendere nota la propria nomina al collega sostituito, adoperandosi, senza pregiudizio per l'attività difensiva, perché siano soddisfatte le legittime richieste per le prestazioni svolte.

2. La violazione dei doveri di cui al precedente comma comporta l'applicazione della sanzione disciplinare dell'avvertimento.

TITOLO IV
Doveri dell'avvocato nel processo

46. ***Dovere di difesa nel processo e rapporto di colleganza.*** — 1. Nell'attività giudiziale l'avvocato deve ispirare la propria condotta all'osservanza del dovere di difesa, salvaguardando, per quanto possibile, il rapporto di colleganza.

2. L'avvocato deve rispettare la puntualità sia in sede di udienza che in ogni altra occasione di incontro con colleghi; la ripetuta violazione del divieto costituisce illecito disciplinare.

3. L'avvocato deve opporsi alle istanze irrituali o ingiustificate che, formulate nel processo dalle controparti, comportino pregiudizio per la parte assistita.

4. Il difensore nominato di fiducia deve comunicare tempestivamente al collega, già nominato d'ufficio, l'incarico ricevuto e, senza pregiudizio per il diritto di difesa, deve sollecitare la parte a provvedere al pagamento di quanto dovuto al difensore d'ufficio per l'attività svolta.

5. L'avvocato, nell'interesse della parte assistita e nel rispetto della legge, collabora con i difensori delle altre parti, anche scambiando informazioni, atti e documenti.

6. L'avvocato, nei casi di difesa congiunta, deve consultare il codifensore su ogni scelta processuale e informarlo del contenuto dei colloqui con il comune assistito, al fine della effettiva condivisione della difesa.

7. L'avvocato deve comunicare al collega avversario l'interruzione delle trattative stragiudiziali, nella prospettiva di dare inizio ad azioni giudiziarie.

8. La violazione dei doveri di cui ai commi da 1 a 6 comporta l'applicazione della sanzione disciplinare dell'avvertimento. La violazione del dovere di cui al comma 7 comporta l'applicazione della sanzione disciplinare della censura.

47. ***Obbligo di dare istruzioni e informazioni al collega.*** — 1. L'avvocato deve dare tempestive istruzioni al collega corrispondente e questi, del pari, è tenuto a dare al collega sollecite e dettagliate informazioni sull'attività svolta e da svolgere.

2. L'elezione di domicilio presso un collega deve essergli preventivamente comunicata e da questi essere consentita.

3. L'avvocato corrispondente non deve definire direttamente una controversia, in via transattiva, senza informare il collega che gli ha affidato l'incarico.

4. L'avvocato corrispondente, in difetto di istruzioni, deve adoperarsi nel modo più opportuno per la tutela degli interessi della parte, informando non appena possibile il collega che gli ha affidato l'incarico.

5. La violazione dei doveri di cui ai commi 1, 2 e 4 comporta l'applicazione della sanzione disciplinare dell'avvertimento. La violazione del divieto di cui al comma 3 comporta l'applicazione della sanzione disciplinare della censura.

48. ***Divieto di produrre la corrispondenza scambiata con il collega.*** — 1. L'avvocato non deve produrre, riportare in atti processuali o riferire in giudizio la corrispondenza intercorsa esclusivamente tra colleghi qualificata come riservata, nonché quella contenente proposte transattive e relative risposte.

2. L'avvocato può produrre la corrispondenza intercorsa tra colleghi quando la stessa:

a) costituisca perfezionamento e prova di un accordo;

b) assicuri l'adempimento delle prestazioni richieste.

3. L'avvocato non deve consegnare al cliente e alla parte assistita la corrispondenza riservata tra colleghi; può, qualora venga meno il mandato professionale, consegnarla al collega che gli succede, a sua volta tenuto ad osservare il medesimo dovere di riservatezza.

4. L'abuso della clausola di riservatezza costituisce autonomo illecito disciplinare.

5. La violazione dei divieti di cui ai precedenti commi comporta l'applicazione della sanzione disciplinare della censura.

49. ***Doveri del difensore.*** — 1. L'avvocato nominato difensore d'ufficio deve comunicare alla parte assistita che ha facoltà di scegliersi un difensore di fiducia e informarla che anche il difensore d'ufficio ha diritto ad essere retribuito.

2. L'avvocato non deve assumere la difesa di più indagati o imputati che abbiano reso dichiarazioni accusatorie nei confronti di altro indagato o imputato nel medesimo procedimento o in procedimento connesso o collegato.

3. L'avvocato indagato o imputato in un procedimento penale non può assumere o mantenere la difesa di altra parte nell'ambito dello stesso procedimento.

4. La violazione del dovere di cui al comma 1 comporta l'applicazione della sanzione disciplinare dell'avvertimento. La violazione dei divieti di cui al commi 2 e 3 comporta l'applicazione della sanzione disciplinare della sospensione dall'esercizio dell'attività professionale da sei mesi a un anno.

50. ***Dovere di verità.*** — 1. L'avvocato non deve introdurre nel procedimento prove o elementi di prova, dichiarazioni o documenti che sappia essere falsi.

2. L'avvocato non deve utilizzare nel procedimento prove o elementi di prova, dichiarazioni o documenti prodotti o provenienti dalla parte assistita che sappia o apprenda essere falsi.

3. L'avvocato che apprenda, anche successivamente, dell'introduzione nel procedimento di prove o elementi di prova, dichiarazioni o documenti falsi, provenienti dalla parte assistita, non può utilizzarli e deve rinunciare al mandato.

4. L'obbligo di rinuncia al mandato non sussiste se produzione o introduzione avvengano ad opera di parte diversa dal proprio assistito.

5. L'avvocato non deve impegnare di fronte al giudice la propria parola sulla verità dei fatti esposti in giudizio.

6. L'avvocato, nel procedimento, non deve rendere false dichiarazioni sull'esistenza o inesistenza di fatti di cui abbia diretta conoscenza e suscettibili di essere assunti come presupposto di un provvedimento del magistrato.

7. L'avvocato, nella presentazione di istanze o richieste riguardanti lo stesso fatto, deve indicare i provvedimenti già ottenuti, compresi quelli di rigetto.

8. La violazione dei divieti di cui al comma 1, 2, 3, 5 e 6 comporta l'applicazione della sanzione disciplinare della sospensione dall'esercizio dell'attività professionale da uno a tre anni. La violazione del dovere di cui al comma 7 comporta l'applicazione della sanzione disciplinare dell'avvertimento.

51. ***La testimonianza dell'avvocato.*** — 1. L'avvocato deve astenersi, salvo casi eccezionali, dal deporre, come persona informata sui fatti o come testimone, su circostanze apprese nell'esercizio della propria attività professionale e ad essa inerenti.

2. L'avvocato deve comunque astenersi dal deporre sul contenuto di quanto appreso nel corso di colloqui riservati con colleghi nonché sul contenuto della corrispondenza riservata intercorsa con questi ultimi.

3. Qualora l'avvocato intenda presentarsi come testimone o persona informata sui fatti non deve assumere il mandato e, se lo ha assunto, deve rinunciarvi e non può riassumerlo.

4. La violazione dei doveri di cui ai precedenti commi comporta l'applicazione della sanzione disciplinare della censura.

52. ***Divieto di uso di espressioni offensive o sconvenienti.*** — 1. L'avvocato deve evitare espressioni offensive o sconvenienti negli scritti in giudizio e nell'esercizio dell'attività professionale nei confronti di colleghi, magistrati, controparti o terzi.

2. La ritorsione o la provocazione o la reciprocità delle offese non escludono la rilevanza disciplinare della condotta.

3. La violazione del divieto di cui al comma 1 comporta l'applicazione della sanzione disciplinare della censura.

53. ***Rapporti con i magistrati.*** — 1. I rapporti con i magistrati devono essere improntati a dignità e a reciproco rispetto.

2. L'avvocato, salvo casi particolari, non deve interloquire con il giudice in merito al procedimento in corso senza la presenza del collega avversario.

3.L'avvocato chiamato a svolgere funzioni di magistrato onorario deve rispettare tutti gli obblighi inerenti a tali funzioni e le norme sulle incompatibilità.

4. L'avvocato non deve approfittare di rapporti di amicizia, familiarità o confidenza con i magistrati per ottenere o richiedere favori e preferenze, né ostentare l'esistenza di tali rapporti.

5. L'avvocato componente del Consiglio dell'Ordine non deve accettare incarichi giudiziari da par-

te dei magistrati del circondario, fatta eccezione per le nomine a difensore d'ufficio.

6. La violazione dei doveri e divieti di cui ai precedenti commi comporta l'applicazione della sanzione disciplinare della censura.

54. ***Rapporti con arbitri, conciliatori, mediatori, periti e consulenti tecnici.*** — 1. I divieti e doveri di cui all'art. 53, commi 1, 2 e 4, si applicano anche ai rapporti dell'avvocato con arbitri, conciliatori, mediatori, periti, consulenti tecnici d'ufficio e della controparte.

2. La violazione dei divieti e doveri di cui al presente articolo comporta l'applicazione della sanzione disciplinare della censura.

55. ***Rapporti con i testimoni e persone informate.*** — 1. L'avvocato non deve intrattenersi con testimoni o persone informate sui fatti oggetto della causa o del procedimento con forzature o suggestioni dirette a conseguire deposizioni compiacenti.

2. Il difensore, nell'ambito del procedimento penale, ha facoltà di procedere ad investigazioni difensive nei modi e termini previsti dalla legge e nel rispetto delle disposizioni che seguono e di quelle emanate dall'Autorità Garante per la protezione dei dati personali.

3. Il difensore deve mantenere il segreto sugli atti delle investigazioni difensive e sul loro contenuto, finché non ne faccia uso nel procedimento, salva la rivelazione per giusta causa nell'interesse della parte assistita.

4. Nel caso in cui il difensore si avvalga di sostituti, collaboratori, investigatori privati autorizzati e consulenti tecnici, può fornire agli stessi tutte le informazioni e i documenti necessari per l'espletamento dell'incarico, anche nella ipotesi di segretazione degli atti, imponendo il vincolo del segreto e l'obbligo di comunicare esclusivamente a lui i risultati dell'attività.

5. Il difensore deve conservare scrupolosamente e riservatamente la documentazione delle investigazioni difensive per tutto il tempo necessario o utile all'esercizio della difesa.

6. Gli avvisi che il difensore e gli altri soggetti eventualmente da lui delegati sono tenuti a dare per legge alle persone interpellate ai fini delle investigazioni, devono essere documentati per iscritto.

7. Il difensore e gli altri soggetti da lui eventualmente delegati non devono corrispondere alle persone, interpellate ai fini delle investigazioni, compensi o indennità sotto qualsiasi forma, salva la facoltà di provvedere al rimborso delle sole spese documentate.

8. Per conferire con la persona offesa dal reato, assumere informazioni dalla stessa o richiedere dichiarazioni scritte, il difensore deve procedere con invito scritto, previo avviso all'eventuale difensore della stessa persona offesa, se conosciuto; in ogni caso nell'invito è indicata l'opportunità che la persona provveda a consultare un difensore perché intervenga all'atto.

9. Il difensore deve informare i prossimi congiunti della persona imputata o sottoposta ad indagini della facoltà di astenersi dal rispondere, specificando che, qualora non intendano avvalersene, sono obbligati a riferire la verità.

10. Il difensore deve documentare in forma integrale le informazioni assunte; quando è disposta la riproduzione, anche fonografica, le informazioni possono essere documentate in forma riassuntiva.

11. Il difensore non deve consegnare copia o estratto del verbale alla persona che ha reso informazioni, né al suo difensore.

12. La violazione del divieto di cui al comma 1 comporta l'applicazione della sanzione disciplinare della sospensione dall'esercizio dell'attività professionale da due a sei mesi. La violazione dei doveri, dei divieti, degli obblighi di legge e delle prescrizioni di cui ai commi 3, 4 e 7 comporta l'applicazione della sanzione disciplinare della sospensione dall'esercizio dell'attività professionale da sei mesi a un anno. La violazione dei doveri, dei divieti, degli obblighi di legge e delle prescrizioni di cui ai commi 5, 6, 8, 9, 10 e 11 comporta l'applicazione della sanzione disciplinare della censura.

56. ***Ascolto del minore.*** — 1. L'avvocato non può procedere all'ascolto di una persona minore di età senza il consenso degli esercenti la responsabilità genitoriale, sempre che non sussista conflitto di interessi con gli stessi.

2. L'avvocato del genitore, nelle controversie in materia familiare o minorile, deve astenersi da ogni forma di colloquio e contatto con i figli minori sulle circostanze oggetto delle stesse.

3. L'avvocato difensore nel procedimento penale, per conferire con persona minore, assumere informazioni dalla stessa o richiederle dichiarazioni scritte, deve invitare formalmente gli esercenti la responsabilità genitoriale, con indicazione della facoltà di intervenire all'atto, fatto salvo l'obbligo della presenza dell'esperto nei casi previsti dalla legge e in ogni caso in cui il minore sia persona offesa dal reato.

4. La violazione dei doveri e divieti di cui ai precedenti commi comporta l'applicazione della sanzione disciplinare della sospensione dall'esercizio dell'attività professionale da sei a un anno.

57. ***Rapporti con organi di informazione e attività di comunicazione.*** — 1. L'avvocato, fatte salve le esigenze di difesa della parte assistita, nei rapporti con gli organi di informazione e in ogni attività di comunicazione, non deve fornire notizie coperte dal segreto di indagine, spendere il nome dei propri clienti e assistiti, enfatizzare le proprie capacità professionali, sollecitare articoli o interviste e convocare conferenze stampa.

2. La violazione dei divieti di cui al comma precedente comporta l'applicazione della sanzione di-

sciplinare della sospensione dall'esercizio dell'attività professionale da due a sei mesi.

58. ***Notifica in proprio.*** — 1. Il compimento di abusi nell'esercizio delle facoltà previste dalla legge in materia di notificazione costituisce illecito disciplinare.

2. Il comportamento di cui al comma precedente comporta l'applicazione della sanzione disciplinare della sospensione dall'esercizio dell'attività professionale da due a sei mesi.

59. ***Calendario del processo.*** — 1. Il mancato rispetto dei termini fissati nel calendario del processo civile, ove determinato esclusivamente dal comportamento dilatorio dell'avvocato, costituisce illecito disciplinare.

2. La violazione del comma precedente comporta l'applicazione della sanzione disciplinare dell'avvertimento.

60. ***Astensione dalle udienze.*** — 1. L'avvocato ha diritto di astenersi dal partecipare alle udienze e alle altre attività giudiziarie quando l'astensione sia proclamata dagli Organi forensi, ma deve attenersi alle disposizioni del codice di autoregolamentazione e alle norme vigenti.

2. L'avvocato che eserciti il proprio diritto di non aderire alla astensione deve informare con congruo anticipo gli altri difensori costituiti.

3. L'avvocato non può aderire o dissociarsi dalla proclamata astensione a seconda delle proprie contingenti convenienze.

4. L'avvocato che aderisca all'astensione non può dissociarsene con riferimento a singole giornate o a proprie specifiche attività né può aderirvi parzialmente, in certi giorni o per particolari proprie attività professionali.

5. La violazione dei doveri di cui ai commi 1 e 2 comporta l'applicazione della sanzione disciplinare dell'avvertimento. La violazione dei doveri di cui ai commi 3 e 4 comporta l'applicazione della sanzione disciplinare della censura.

61. ***Arbitrato.*** — 1. L'avvocato chiamato a svolgere la funzione di arbitro deve improntare il proprio comportamento preservare la fiducia in lui riposta dalle parti e deve rimanere immune da influenze e condizionamenti esterni di qualunque tipo.

5. L'avvocato nella veste di arbitro:

a) deve mantenere la riservatezza sui fatti di cui venga a conoscenza in ragione del procedimento arbitrale;

b) non deve fornire notizie su questioni attinenti al procedimento;

c) non deve rendere nota la decisione prima che questa sia formalmente comunicata a tutte le parti.

6. L'avvocato che ha svolto l'incarico di arbitro non deve intrattenere rapporti professionali con una delle parti:

a) se non siano decorsi almeno due anni dalla definizione del procedimento;

b) se l'oggetto dell'attività non sia diverso da quello del procedimento stesso.

7. Il divieto si estende ai professionisti soci, associati ovvero che esercitino negli stessi locali.

8. La violazione dei doveri e divieti di cui ai commi 1, 3, 4, 5, 6 e 7 comporta l'applicazione della sanzione disciplinare della sospensione dall'esercizio dell'attività professionale da due a sei mesi. La violazione del divieto di cui al comma 2 comporta l'applicazione della sanzione disciplinare della sospensione dall'esercizio dell'attività professionale da sei mesi a un anno.

62. ***Mediazione.*** — 1. L'avvocato che svolga la funzione di mediatore deve rispettare gli obblighi dettati dalla normativa in materia e le previsioni del regolamento dell'organismo di mediazione, nei limiti in cui queste ultime previsioni non contrastino con quelle del presente codice.

2. L'avvocato non deve assumere la funzione di mediatore in difetto di adeguata competenza.

3. Non deve assumere la funzione di mediatore l'avvocato:

a) che abbia in corso o abbia avuto negli ultimi due anni rapporti professionali con una delle parti;

b) se una delle parti sia assistita o sia stata assistita negli ultimi due anni da professionista di lui socio o con lui associato ovvero che eserciti negli stessi locali.

In ogni caso costituisce condizione ostativa all'assunzione dell'incarico di mediatore la ricorrenza di una delle ipotesi di ricusazione degli arbitri previste dal codice di rito.

4. L'avvocato che ha svolto l'incarico di mediatore non deve intrattenere rapporti professionali con una delle parti:

a) se non siano decorsi almeno due anni dalla definizione del procedimento;

b) se l'oggetto dell'attività non sia diverso da quello del procedimento stesso.

Il divieto si estende ai professionisti soci, associati ovvero che esercitino negli stessi locali.

5. L'avvocato non deve consentire che l'organismo di mediazione abbia sede, a qualsiasi titolo, o svolga attività presso il suo studio o che quest'ultimo abbia sede presso l'organismo di mediazione.

6. La violazione dei doveri e divieti di cui al 1 e 2 comma comporta l'applicazione della sanzione disciplinare della censura; la violazione dei divieti di cui ai commi 3, 4 e 5 comporta l'applicazione della sanzione disciplinare della sospensione dall'esercizio dell'attività professionale da due a sei mesi.

TITOLO V

Rapporti con terzi e controparti

63. ***Rapporti con i terzi.*** — 1. L'avvocato, anche al di fuori dell'esercizio del suo ministero, deve comportarsi, nei rapporti interpersonali, in modo tale da non compromettere la dignità della professione e l'affidamento dei terzi.

2. L'avvocato deve tenere un comportamento corretto e rispettoso nei confronti dei propri dipendenti, del personale giudiziario e di tutte le persone con le quali venga in contatto nell'esercizio della professione.

3. La violazione dei doveri di cui ai precedenti commi comporta l'applicazione della sanzione disciplinare dell'avvertimento.

64. ***Obbligo di provvedere all'adempimento di obbligazioni assunte nei confronti dei terzi.*** — 1. L'avvocato deve adempiere alle obbligazioni assunte nei confronti dei terzi.

2. L'inadempimento ad obbligazioni estranee all'esercizio della professione assume carattere di illecito disciplinare quando, per modalità o gravità, sia tale da compromettere la dignità della professione e l'affidamento dei terzi.

3. La violazione dei doveri di cui ai precedenti commi comporta l'applicazione della sanzione disciplinare della sospensione dall'esercizio dell'attività professionale da due a sei mesi.

65. ***Minaccia di azioni alla controparte.*** — 1. L'avvocato può intimare alla controparte particolari adempimenti sotto comminatoria di azioni, istanze fallimentari, denunce, querele o altre iniziative, informandola delle relative conseguenze, ma non deve minacciare azioni o iniziative sproporzionate o vessatorie.

2. L'avvocato che, prima di assumere iniziative, ritenga di invitare la controparte ad un colloquio nel proprio studio, deve precisarle che può essere accompagnata da un legale di fiducia.

3. L'avvocato può addebitare alla controparte competenze e spese per l'attività prestata in sede stragiudiziale, purché la richiesta di pagamento sia fatta a favore del proprio cliente.

4. La violazione dei doveri di cui ai precedenti commi comporta l'applicazione della sanzione disciplinare della censura.

66. ***Pluralità di azioni nei confronti della controparte.*** — 1. L'avvocato non deve aggravare con onerose o plurime iniziative giudiziali la situazione debitoria della controparte, quando ciò non corrisponda ad effettive ragioni di tutela della parte assistita.

2. La violazione del dovere di cui al precedente comma comporta l'applicazione della sanzione disciplinare della censura.

67. ***Richiesta di compenso professionale alla controparte.*** — 1. L'avvocato non deve richiedere alla controparte il pagamento del proprio compenso professionale, salvo che ciò sia oggetto di specifica pattuizione e vi sia l'accordo del proprio cliente, nonché in ogni altro caso previsto dalla legge.

2. L'avvocato, nel caso di inadempimento del cliente, può chiedere alla controparte il pagamento del proprio compenso professionale a seguito di accordi, presi in qualsiasi forma, con i quali viene definito un procedimento giudiziale o arbitrale.

3. La violazione del divieto di cui al comma 1 comporta l'applicazione della sanzione disciplinare dell'avvertimento.

68. ***Assunzione di incarichi contro una parte già assistita.*** — 1. L'avvocato può assumere un incarico professionale contro una parte già assistita solo quando sia trascorso almeno un biennio dalla cessazione del rapporto professionale.

2. L'avvocato non deve assumere un incarico professionale contro una parte già assistita quando l'oggetto del nuovo incarico non sia estraneo a quello espletato in precedenza.

3. In ogni caso, è fatto divieto all'avvocato di utilizzare notizie acquisite in ragione del rapporto già esaurito.

4. L'avvocato che abbia assistito congiuntamente coniugi o conviventi in controversie di natura familiare deve sempre astenersi dal prestare la propria assistenza in favore di uno di essi in controversie successive tra i medesimi.

5. L'avvocato che abbia assistito il minore in controversie familiari deve sempre astenersi dal prestare la propria assistenza in favore di uno dei genitori in successive controversie aventi la medesima natura, e viceversa.

6. La violazione dei divieti di cui al comma 1 e 4 comporta l'applicazione della sanzione disciplinare della sospensione dall'esercizio dell'attività professionale da due a sei mesi. La violazione dei doveri e divieti di cui ai commi 2, 3 e 5 comporta l'applicazione della sanzione disciplinare della sospensione dall'esercizio dell'attività professionale da uno a tre anni.

TITOLO VI
Rapporti con le Istituzioni forensi

69. ***Elezioni e rapporti con le Istituzioni forensi.*** — 1. L'avvocato, chiamato a far parte delle Istituzioni forensi, deve adempiere l'incarico con diligenza, indipendenza e imparzialità.

2. L'avvocato che partecipi, quale candidato o quale sostenitore di candidati, ad elezioni ad Organi rappresentativi dell'Avvocatura deve comportarsi con correttezza, evitando forme di propaganda ed iniziative non consone alla dignità delle funzioni.

3. È vietata ogni forma di iniziativa o propaganda elettorale nella sede di svolgimento delle elezioni e durante le operazioni di voto.

4. Nelle sedi di svolgimento delle operazioni di voto è consentita la sola affissione delle liste elettorali e di manifesti contenenti le regole di svolgimento delle operazioni.

5. La violazione del dovere di cui al comma 1 comporta l'applicazione della sanzione disciplinare della censura. La violazione dei doveri e divieti

di cui ai commi 2, 3 e 4 comporta l'applicazione della sanzione disciplinare dell'avvertimento.

70. ***Rapporti con il Consiglio dell'Ordine.*** — 1. L'avvocato, al momento dell'iscrizione all'albo, ha l'obbligo di dichiarare l'eventuale sussistenza di rapporti di parentela, coniugio, affinità e convivenza con magistrati, per i fini voluti dall'ordinamento giudiziario; tale obbligo sussiste anche con riferimento a sopravvenute variazioni.

2. L'avvocato deve dare comunicazione scritta e immediata al Consiglio dell'Ordine di appartenenza, e a quello eventualmente competente per territorio, della costituzione di associazioni o società professionali, dell'apertura di studi principali, secondari e di recapiti professionali e dei successivi eventi modificativi.

3. L'avvocato può partecipare ad una sola associazione o società tra avvocati.

4. L'avvocato deve assolvere gli obblighi assicurativi previsti dalla legge, nonché quelli contributivi nei confronti delle Istituzioni forensi.

5. L'avvocato deve comunicare al proprio Consiglio dell'Ordine gli estremi delle polizze assicurative ed ogni loro successiva variazione.

6. L'avvocato deve rispettare i regolamenti del Consiglio Nazionale Forense e del Consiglio dell'Ordine di appartenenza concernenti gli obblighi e i programmi formativi.

7. La violazione dei doveri di cui ai commi 1, 2, 3, 5 e 6 del presente articolo comporta l'applicazione della sanzione disciplinare dell'avvertimento; la violazione dei doveri di cui al comma 4 comporta l'applicazione della sanzione disciplinare della censura.

71. ***Dovere di collaborazione.*** — 1. L'avvocato deve collaborare con le Istituzioni forensi per l'attuazione delle loro finalità, osservando scrupolosamente il dovere di verità; a tal fine deve riferire fatti a sua conoscenza relativi alla vita forense o alla amministrazione della giustizia, che richiedano iniziative o interventi istituzionali.

2. Qualora le Istituzioni forensi richiedano all'avvocato chiarimenti, notizie o adempimenti in relazione a situazioni segnalate da terzi, tendenti ad ottenere notizie o adempimenti nell'interesse degli stessi, la mancata sollecita risposta dell'iscritto costituisce illecito disciplinare.

3. Nell'ambito di un procedimento disciplinare, o della fase ad esso preliminare, la mancata sollecita risposta agli addebiti comunicatigli e la mancata presentazione di osservazioni e difese non costituiscono autonomo illecito disciplinare, pur potendo tali comportamenti essere valutati dall'organo giudicante nella formazione del proprio libero convincimento.

4. La violazione dei doveri di cui al comma 1 comporta l'applicazione della sanzione disciplinare dell'avvertimento. La violazione dei doveri di cui al comma 2 comporta l'applicazione della sanzione disciplinare della censura.

72. ***Esame di abilitazione.*** — 1. L'avvocato che faccia pervenire, in qualsiasi modo, ad uno o più candidati, prima o durante la prova d'esame, testi relativi al tema proposto è punito con la sanzione disciplinare della sospensione dall'esercizio dell'attività professionale da due a sei mesi.

2. Qualora sia commissario di esame, la sanzione non può essere inferiore alla sospensione dall'esercizio dell'attività professionale da uno a tre anni.

3. Il candidato che, nell'aula ove si svolge l'esame di abilitazione, riceva scritti o appunti di qualunque genere, con qualsiasi mezzo, e non ne faccia immediata denuncia alla Commissione, è punito con la sanzione disciplinare della censura.

TITOLO VII
Disposizione finale

73. ***Entrata in vigore.*** — Il presente codice deontologico entra in vigore decorsi sessanta giorni dalla pubblicazione nella *Gazzetta Ufficiale*.

- 2 -

D.M. 10 mar. 2014, n. 55

Regolamento recante la determinazione dei parametri per la liquidazione dei compensi per la professione forense, ai sensi dell'art. 13, c. 6, L. 31 dic. 2012, n. 247

(G.U. 2 apr. 2014, n. 77)[1]

[1] Le disposizioni di cui al presente decreto si applicano alle liquidazioni successive al 3 apr. 2014.

CAPO I
Disposizioni generali

1. ***Ambito applicativo.*** — 1. Il presente regolamento disciplina per le prestazioni professionali i parametri dei compensi all'avvocato quando all'atto dell'incarico o successivamente il compenso non sia stato determinato in forma scritta, in ogni caso di mancata determinazione consensuale degli stessi, comprese le ipotesi di liquidazione nonché di prestazione nell'interesse di terzi o prestazioni officiose previste dalla legge, ferma restando – anche in caso di determinazione contrattuale del compenso – la disciplina del rimborso spese di cui al successivo articolo 2.

2. ***Compensi e spese.*** — 1. Il compenso dell'avvocato è proporzionato all'importanza dell'opera.

2. Oltre al compenso e al rimborso delle spese documentate in relazione alle singole prestazioni, all'avvocato è dovuta – in ogni caso ed anche in caso di determinazione contrattuale – una somma per rimborso spese forfettarie di regola nella misura del 15 per cento del compenso totale per la prestazione, fermo restando quanto previsto dai suc-

cessivi articoli 5, 11 e 27 in materia di rimborso spese per trasferta.

3. ***Applicazione analogica.*** — 1. Nell'ambito dell'applicazione dei precedenti articoli 1 e 2, per i compensi ed i rimborsi non regolati da specifica previsione si ha riguardo alle disposizioni del presente decreto che regolano fattispecie analoghe.

CAPO II

Disposizioni concernenti l'attività giudiziale

4. ***Parametri generali per la determinazione dei compensi in sede giudiziale.*** — 1. Ai fini della liquidazione del compenso si tiene conto delle caratteristiche, dell'urgenza e del pregio dell'attività prestata, dell'importanza, della natura, della difficoltà e del valore dell'affare, delle condizioni soggettive del cliente, dei risultati conseguiti, del numero e della complessità delle questioni giuridiche e di fatto trattate. In ordine alla difficoltà dell'affare si tiene particolare conto dei contrasti giurisprudenziali, e della quantità e del contenuto della corrispondenza che risulta essere stato necessario intrattenere con il cliente e con altri soggetti. Il giudice tiene conto dei valori medi di cui alle tabelle allegate, che, in applicazione dei parametri generali, possono essere aumentati di regola sino all'80 per cento, ovvero possono essere diminuiti in ogni caso non oltre il 50 per cento. Per la fase istruttoria l'aumento è di regola fino al 100 per cento e la diminuzione in ogni caso non oltre il 70 per cento.[1]

1-*bis*. Il compenso determinato tenuto conto dei parametri generali di cui al comma 1 è di regola ulteriormente aumentato del 30 per cento quando gli atti depositati con modalità telematiche sono redatti con tecniche informatiche idonee ad agevolarne la consultazione o la fruizione e, in particolare, quando esse consentono la ricerca testuale all'interno dell'atto e dei documenti allegati, nonché la navigazione all'interno dell'atto.[2]

2. Quando in una causa l'avvocato assiste più soggetti aventi la stessa posizione processuale, il compenso unico può di regola essere aumentato per ogni soggetto oltre il primo nella misura del 30 per cento, fino a un massimo di dieci soggetti, e del 10 per cento per ogni soggetto oltre i primi dieci, fino a un massimo di trenta. La disposizione di cui al periodo precedente si applica quando più cause vengono riunite, dal momento dell'avvenuta riunione e nel caso in cui l'avvocato assiste un solo soggetto contro più soggetti.[1]

3. Quando l'avvocato assiste ambedue i coniugi nel procedimento per separazione consensuale e nel divorzio a istanza congiunta, il compenso è liquidato di regola con una maggiorazione del 20 per cento su quello altrimenti liquidabile per l'assistenza di un solo soggetto.

4. Nell'ipotesi in cui, ferma l'identità di posizione processuale dei vari soggetti, la prestazione professionale nei confronti di questi non comporta l'esame di specifiche e distinte questioni di fatto e di diritto, il compenso altrimenti liquidabile per l'assistenza di un solo soggetto è ridotto in misura non superiore al 30 per cento.[1]

5. Il compenso è liquidato per fasi. Con riferimento alle diverse fasi del giudizio si intende esemplificativamente:

a) per fase di studio della controversia: l'esame e lo studio degli atti a seguito della consultazione con il cliente, le ispezioni dei luoghi, la ricerca dei documenti e la conseguente relazione o parere, scritti oppure orali, al cliente, precedenti la costituzione in giudizio;

b) per fase introduttiva del giudizio: gli atti introduttivi del giudizio e di costituzione in giudizio, e il relativo esame incluso quello degli allegati, quali ricorsi, controricorsi, citazioni, comparse, chiamate di terzo ed esame delle relative autorizzazioni giudiziali, l'esame di provvedimenti giudiziali di fissazione della prima udienza, memorie iniziali, interventi, istanze, impugnazioni, le relative notificazioni, l'esame delle corrispondenti relate, l'iscrizione a ruolo, il versamento del contributo unificato, le rinnovazioni o riassunzioni della domanda, le autentiche di firma o l'esame della procura notarile, la formazione del fascicolo e della posizione della pratica in studio, le ulteriori consultazioni con il cliente;

c) per fase istruttoria: le richieste di prova, le memorie illustrative o di precisazione o integrazione delle domande o dei motivi d'impugnazione, eccezioni e conclusioni, l'esame degli scritti o documenti delle altre parti o dei provvedimenti giudiziali pronunciati nel corso e in funzione dell'istruzione, gli adempimenti o le prestazioni connesse ai suddetti provvedimenti giudiziali, le partecipazioni e assistenze relative ad attività istruttorie, gli atti necessari per la formazione della prova o del mezzo istruttorio anche quando disposto d'ufficio, la designazione di consulenti di parte, l'esame delle corrispondenti attività e designazioni delle altre parti, l'esame delle deduzioni dei consulenti d'ufficio o delle altre parti, la notificazione delle domande nuove o di altri atti nel corso del giudizio compresi quelli al contumace, le relative richieste di copie al cancelliere, le istanze al giudice in qualsiasi forma, le dichiarazioni rese nei casi previsti dalla legge, le deduzioni a verbale, le intimazioni dei testimoni, comprese le notificazioni e l'esame delle relative relate, i procedimenti comunque incidentali comprese le querele di falso e quelli inerenti alla verificazione delle scritture private. Al fine di valutare il grado di complessità della fase rilevano, in particolare, le plurime memorie per parte, necessarie o autorizzate dal giudice, comunque denominate ma non meramente illustrative, ovvero le plurime richieste istruttorie ammesse per ciascuna parte e le plurime prove assunte per ciascuna parte. La fase rileva ai fini della liquidazione del compenso quando effettivamente svolta;

d) per fase decisionale: le precisazioni delle conclusioni e l'esame di quelle delle altre parti, le memorie, illustrative o conclusionali anche in replica, compreso il loro deposito ed esame, la discussione orale, sia in camera di consiglio che in udienza pubblica, le note illustrative accessorie a quest'ultima, la redazione e il deposito delle note spese, l'esame e la registrazione o pubblicazione del provvedimento conclusivo del giudizio, comprese le richieste di copie al cancelliere, il ritiro del fascicolo, l'iscrizione di ipoteca giudiziale del provvedimento conclusivo stesso; il giudice, nella liquidazione della fase, tiene conto, in ogni caso, di tutte le attività successive alla decisione e che non rientrano, in particolare, nella fase di cui alla lettera *e*);

e) per fase di studio e introduttiva del procedimento esecutivo: la disamina del titolo esecutivo, la notificazione dello stesso unitamente al precetto, l'esame delle relative relate, il pignoramento e l'esame del relativo verbale, le iscrizioni, trascrizioni e annotazioni, gli atti d'intervento, le ispezioni ipotecarie, catastali, l'esame dei relativi atti;

f) per fase istruttoria e di trattazione del procedimento esecutivo: ogni attività del procedimento stesso non compresa nella lettera *e*), quali le assistenze all'udienza o agli atti esecutivi di qualsiasi tipo.

6. Nell'ipotesi di conciliazione giudiziale o transazione della controversia, la liquidazione del compenso è di regola aumentato fino a un quarto rispetto a quello altrimenti liquidabile per la fase decisionale fermo quanto maturato per l'attività precedentemente svolta.

7. Costituisce elemento di valutazione negativa, in sede di liquidazione giudiziale del compenso, l'adozione di condotte abusive tali da ostacolare la definizione dei procedimenti in tempi ragionevoli.

8. Il compenso da liquidare giudizialmente a carico del soccombente costituito può essere aumentato fino a un terzo rispetto a quello altrimenti liquidabile quando le difese della parte vittoriosa sono risultate manifestamente fondate.

9. Nel caso di responsabilità processuale ai sensi dell'articolo 96 del codice di procedura civile, ovvero, comunque, nei casi d'inammissibilità o improponibilità o improcedibilità della domanda, il compenso dovuto all'avvocato del soccombente è ridotto, di regola ove concorrano gravi ed eccezionali ragioni esplicitamente indicate nella motivazione, del 50 per cento rispetto a quello altrimenti liquidabile.

10. Nel caso di controversie a norma dell'articolo 140-*bis* del decreto legislativo 6 settembre 2005 n. 206, il compenso può essere aumentato fino al triplo rispetto a quello altrimenti liquidabile.

10-*bis*. Nel caso di giudizi innanzi al Tribunale amministrativo regionale e al Consiglio di Stato il compenso relativo alla fase introduttiva del giudizio è di regola aumentato sino al 50 per cento quando sono proposti motivi aggiunti.[2]

[1] Comma così modif. dall'art. 1, D.M. 8 mar. 2018, n. 37.
[2] Comma ins. dall'art. 1, D.M. 8 mar. 2018, n. 37.

5. ***Determinazione del valore della controversia.*** — 1. Nella liquidazione dei compensi a carico del soccombente, il valore della causa – salvo quanto diversamente disposto dal presente comma – è determinato a norma del codice di procedura civile. Nei giudizi per azioni surrogatorie e revocatorie, si ha riguardo all'entità economica della ragione di credito alla cui tutela l'azione è diretta, nei giudizi di divisione alla quota o ai supplementi di quota o all'entità dei conguagli in contestazione. Quando nei giudizi di divisione la controversia interessa anche la massa da dividere, si ha riguardo a quest'ultima. Nei giudizi per pagamento di somme o liquidazione di danni, si ha riguardo di norma alla somma attribuita alla parte vincitrice piuttosto che a quella domandata. In ogni caso si ha riguardo al valore effettivo della controversia, anche in relazione agli interessi perseguiti dalle parti, quando risulta manifestamente diverso da quello presunto a norma del codice di procedura civile o alla legislazione speciale.

2. Nella liquidazione dei compensi a carico del cliente si ha riguardo al valore corrispondente all'entità della domanda. Si ha riguardo al valore effettivo della controversia quando risulta manifestamente diverso da quello presunto anche in relazione agli interessi perseguiti dalle parti.

3. Nelle cause davanti agli organi di giustizia, nella liquidazione a carico del cliente si ha riguardo all'entità economica dell'interesse sostanziale che il cliente intende perseguire; nella liquidazione a carico del soccombente si ha riguardo all'entità economica dell'interesse sostanziale che riceve tutela attraverso la decisione. In relazione alle controversie in materia di pubblici contratti, l'interesse sostanziale perseguito dal cliente privato è rapportato all'utile effettivo o ai profitti attesi dal soggetto aggiudicatario o dal soggetto escluso.

4. Nelle cause davanti agli organi di giustizia tributaria il valore della controversia è determinato in conformità all'importo delle imposte, tasse, contributi e relativi accessori oggetto di contestazione, con il limite di un quinquennio in caso di oneri poliennali.

5. Qualora il valore effettivo della controversia non risulti determinabile mediante l'applicazione dei criteri sopra enunciati, la stessa si considererà di valore indeterminabile.

6. Le cause di valore indeterminabile si considerano di regola e a questi fini di valore non inferiore a euro 26.000,00 e non superiore a euro 260.000,00, tenuto conto dell'oggetto e della complessità della controversia. Qualora la causa di valore indeterminabile risulti di particolare importanza per lo specifico oggetto, il numero e la complessità delle questioni giuridiche trattate, e la rilevanza degli effetti

ovvero dei risultati utili, anche di carattere non patrimoniale, il suo valore si considera di regola e a questi fini entro lo scaglione fino a euro 520.000,00.

6. ***Cause di valore superiore ad euro 520.000,00.*** — 1. Alla liquidazione dei compensi per le controversie di valore superiore a euro 520.000,00 si applica di regola il seguente incremento percentuale: per le controversie da euro 520.000,00 ad euro 1.000.000,00 fino al 30 per cento in più dei parametri numerici previsti per le controversie di valore fino a euro 520.000,00; per le controversie da euro 1.000.000,01 ad euro 2.000.000,00 fino al 30 per cento in più dei parametri numerici previsti per le controversie di valore sino ad euro 1.000.000,00; per le controversie da euro 2.000.000,01 ad euro 4.000.000,00 fino al 30 per cento in più dei parametri numerici previsti per le controversie di valore sino ad euro 2.000.000,00; per le controversie da euro 4.000.000,01 ad euro 8.000.000,00 fino al 30 per cento in più dei parametri numerici previsti per le controversie di valore sino ad euro 4.000.000,00; per le controversie di valore superiore ad euro 8.000.000,00 fino al 30 per cento in più dei parametri numerici previsti per le cause di valore sino ad euro 8.000.000,00; tale ultimo criterio può essere utilizzato per ogni successivo raddoppio del valore della controversia.

7. ***Giudizi non compiuti.*** — 1. Per l'attività prestata dall'avvocato nei giudizi iniziati ma non compiuti, si liquidano i compensi maturati per l'opera svolta fino alla cessazione, per qualsiasi causa, del rapporto professionale.

8. ***Pluralità di difensori e società professionali.*** — 1. Quando incaricati della difesa sono più avvocati, ciascuno di essi ha diritto nei confronti del cliente ai compensi per l'opera prestata, ma nella liquidazione a carico del soccombente sono computati i compensi per un solo avvocato.

2. All'avvocato incaricato di svolgere funzioni di domiciliatario, spetta di regola un compenso non inferiore al 20 per cento dell'importo previsto dai parametri di cui alle tabelle allegate per le fasi processuali che lo stesso domiciliatario ha effettivamente seguito e, comunque, rapportato alle prestazioni concretamente svolte.

3. Se l'incarico professionale è conferito a una società di avvocati si applica il compenso spettante a un solo professionista, anche se la prestazione è svolta da più soci.

9. ***Praticanti avvocati abilitati al patrocinio.*** — 1. Ai praticanti avvocati abilitati al patrocinio è liquidata di regola la metà dei compensi spettanti all'avvocato.

10. ***Procedimenti arbitrali rituali e irrituali.*** — 1. Per i procedimenti arbitrali rituali ed irrituali, a ciascun arbitro è di regola dovuto il compenso previsto sulla base dei parametri numerici di cui alla tabella allegata.[1]

2. Agli avvocati chiamati a difendere in arbitrati, rituali o irrituali, sono di regola liquidati i compensi previsti dai parametri di cui alla tabella n. 2.

[1] Comma così modif. dall'art. 2, D.M. 8 mar. 2018, n. 37.

11. ***Trasferte.*** — 1. Per gli affari e le cause fuori dal luogo ove svolge la professione in modo prevalente, all'avvocato incaricato della difesa è di regola liquidata l'indennità di trasferta e il rimborso delle spese a norma dell'articolo 27 della materia stragiudiziale.

CAPO III
Disposizioni concernenti l'attività penale

12-17. [*Omissis*]

CAPO IV
Disposizioni concernenti l'attività stragiudiziale

18. ***Compensi per attività stragiudiziale.*** — 1. I compensi liquidati per prestazioni stragiudiziali sono onnicomprensivi in relazione ad ogni attività inerente l'affare.

19. ***Parametri generali per la determinazione dei compensi.*** — 1. Ai fini della liquidazione del compenso si tiene conto delle caratteristiche, dell'urgenza, del pregio dell'attività prestata, dell'importanza dell'opera, della natura, della difficoltà e del valore dell'affare, della quantità e qualità delle attività compiute, delle condizioni soggettive del cliente, dei risultati conseguiti, del numero e della complessità delle questioni giuridiche e in fatto trattate. In ordine alla difficoltà dell'affare si tiene particolare conto di contrasti giurisprudenziali rilevanti, della quantità e del contenuto della corrispondenza che risulta essere stato necessario intrattenere con il cliente e con altri soggetti. Il giudice tiene conto dei valori medi di cui alla tabella allegata, che, in applicazione dei parametri generali, possono essere aumentati di regola sino all'80 per cento, ovvero possono essere diminuiti in ogni caso in misura non superiore al 50 per cento.[1]

[1] Comma così modif. dall'art. 4, D.M. 8 mar. 2018, n. 37.

20. ***Prestazioni stragiudiziali svolte precedentemente o in concomitanza con attività giudiziali.*** —

1. L'attività stragiudiziale svolta prima o in concomitanza con l'attività giudiziale, che riveste una autonoma rilevanza rispetto a quest'ultima, è di regola liquidata in base ai parametri numerici di cui alla allegata tabella.

1-*bis*. L'attività svolta dall'avvocato nel procedimento di mediazione e nella procedura di negoziazione assistita è di regola liquidata in base ai parametri numerici di cui alla allegata tabella.[1]

[1] Comma aggiunto dall'art. 5, D.M. 8 mar. 2018, n. 37.

21. ***Determinazione del valore dell'affare.*** — 1. Nella liquidazione dei compensi il valore dell'affare è determinato – salvo quanto diversamente disposto dal presente comma – a norma del codice di procedura civile. In ogni caso si ha riguardo al valore effettivo dell'affare, anche in relazione agli interessi perseguiti dalla parte, quando risulta manifestamente diverso da quello presunto a norma del codice di procedura civile o della legislazione speciale.

2. Per l'assistenza in procedure concorsuali giudiziali e stragiudiziali si ha riguardo al valore del credito del cliente creditore o all'entità del passivo del cliente debitore.

3. Per l'assistenza in affari di successioni, divisioni e liquidazioni si ha riguardo al valore della quota attribuita al cliente.

4. Per l'assistenza in affari amministrativi il compenso si determina secondo i criteri previsti nelle norme dettate per le prestazioni giudiziali, tenendo presente l'interesse sostanziale del cliente.

5. Per l'assistenza in affari in materia tributaria si ha riguardo al valore delle imposte, tasse, contributi e relativi accessori oggetto di contestazione, con il limite di un quinquennio in caso di oneri poliennali.

6. Qualora il valore effettivo dell'affare non risulti determinabile mediante l'applicazione dei criteri sopra enunciati lo stesso si considera di valore indeterminabile.

7. Gli affari di valore indeterminabile si considerano di regola e a questi fini di valore non inferiore a euro 26.000,00 e non superiore a euro 260.000,00, tenuto conto dell'oggetto e della complessità dell'affare stesso. Qualora il valore effettivo dell'affare risulti di particolare importanza per l'oggetto, per il numero e la complessità delle questioni giuridiche trattate, per la rilevanza degli effetti e dei risultati utili di qualsiasi natura, anche non patrimoniale, il suo valore si considera di regola e a questi fini entro lo scaglione fino a euro 520.000,00.

22. ***Affari di valore superiore a euro 520.000,00.*** — 1. Alla liquidazione dei compensi per gli affari di valore superiore a euro 520.000,00 si applica di regola il seguente incremento percentuale: per gli affari da euro 520.000,00 ad euro 1.000.000,00 fino al 30 per cento dei parametri numerici previsti per le controversie di valore fino a euro 520.000,00; per gli affari da euro 1.000.000,01 ad euro 2.000.000,00 fino al 30 per cento dei parametri numerici previsti per le controversie di valore sino ad euro 1.000.000,00; per gli affari da euro 2.000.000,01 ad euro 4.000.000,00 fino al 30 per cento dei parametri numerici previsti per le controversie di valore sino ad euro 2.000.000,00; per gli affari da euro 4.000.000,01 ad euro 8.000.000,00 fino al 30 per cento dei parametri numerici previsti per le controversie di valore sino ad euro 4.000.000,00; per gli affari di valore superiore ad euro 8.000.000,00, fino al 30 per cento dei parametri numerici previsti per gli affari di valore sino ad euro 8.000.000,00; tale ultimo criterio può essere utilizzato per ogni successivo raddoppio del valore dell'affare.

23. ***Pluralità di difensori e società professionali.*** — 1. Se più avvocati sono stati incaricati di prestare la loro opera nel medesimo affare, a ciascuno di essi si liquidano i compensi per l'opera prestata.

2. Se l'incarico professionale è conferito a una società di avvocati si liquida il compenso spettante a un solo professionista, anche se la prestazione sarà svolta da più soci.

24. ***Praticanti avvocati abilitati al patrocinio.*** — 1. Ai praticanti avvocati abilitati al patrocinio è liquidata di regola la metà dei compensi spettanti all'avvocato.

25. ***Incarico non portato a termine.*** — 1. Per l'attività prestata dall'avvocato negli incarichi iniziati ma non compiuti, si liquidano i compensi maturati per l'opera svolta fino alla cessazione, per qualsiasi causa, del rapporto professionale.

26. ***Prestazioni con compenso a percentuale.*** — 1. Per le prestazioni in adempimento di un incarico di gestione amministrativa, giudiziaria o convenzionale, il compenso è di regola liquidato sulla base di una percentuale, fino a un massimo del 5 per cento, computata sul valore dei beni amministrati, tenendo altresì conto della durata dell'incarico, della sua complessità e dell'impegno profuso.

27. ***Trasferte.*** — 1. All'avvocato, che per l'esecuzione dell'incarico deve trasferirsi fuori dal luogo ove svolge la professione in modo prevalente, è liquidato il rimborso delle spese sostenute e un'indennità di trasferta. Si tiene conto del costo del soggiorno documentato dal professionista, con il limite di un albergo quattro stelle, unitamente, di regola, a una maggiorazione del 10 per cento quale rimborso delle spese accessorie; per le spese di viaggio, in caso di utilizzo di autoveicolo proprio, è riconosciuta un'indennità chilometrica pari di regola a un quinto del costo del carburante al litro, oltre alle spese documentate di pedaggio autostradale e parcheggio.

CAPO V
Disciplina transitoria ed entrata in vigore

28-29. [*Omissis*]

ALLEGATO
TABELLE PARAMETRI FORENSI

1. GIUDICE DI PACE

Valore	da € 0,01 a € 1.100,00	da € 1.100,01 a € 5.200,00	da € 5.200,01 a € 26.000,00
Fase di studio della controversia	65	225	405
Fase introduttiva del giudizio	65	240	335
Fase istruttoria e/o di trattazione	65	335	540
Fase decisionale	135	405	710

2. GIUDIZI ORDINARI E SOMMARI DI COGNIZIONE INNANZI AL TRIBUNALE

Valore	da € 0,01 a € 1.100,00	da € 1.100,01 a € 5.200,00	da € 5.200,01 a € 26.000,00	da € 26.000,01 a € 52.000,00	da € 52.000,01 a € 260.000,00	da € 260.000,01 a € 520.000,00
Fase di studio della controversia	125	405	875	1.620	2.430	3.375
Fase introduttiva del giudizio	125	405	740	1.147	1.550	2.227
Fase istruttoria e/o di trattazione	190	810	1.600	1.720	5.400	9.915
Fase decisionale	190	810	1.620	2.767	4.050	5.870

3. CAUSE DI LAVORO

Valore	da € 0,01 a € 1.100,00	da € 1.100,01 a € 5.200,00	da € 5.200,01 a € 26.000,00	da € 26.000,01 a € 52.000,00	da € 52.000,01 a € 260.000,00	da € 260.000,01 a € 520.000,00
Fase di studio della controversia	200	846	1.735	3.090	4.536	6.350
Fase introduttiva del giudizio	120	405	740	1.145	1.620	2.225
Fase istruttoria e/o di trattazione	120	540	1.116	1.790	2.550	3.450
Fase decisionale	170	710	1.540	2.790	4.050	5.990

4. CAUSE DI PREVIDENZA

Valore	da € 0,01 a € 1.100,00	da € 1.100,01 a € 5.200,00	da € 5.200,01 a € 26.000,00	da € 26.000,01 a € 52.000,00	da € 52.000,01 a € 260.000,00	da € 260.000,01 a € 520.000,00
Fase di studio della controversia	125	405	885	1.620	2.430	3.375
Fase introduttiva del giudizio	115	405	740	1.147	1.620	2.225
Fase istruttoria e/o di trattazione	170	810	1.585	2.565	3.645	4.925
Fase decisionale	235	875	1.925	3.500	3.950	7.490

5. PROCEDIMENTI PER CONVALIDA LOCATIZIA

Valore	da € 0,01 a € 1.100,00	da € 1.100,01 a € 5.200,00	da € 5.200,01 a € 26.000,00	da € 26.000,01 a € 52.000,00	da € 52.000,01 a € 260.000,00	da € 260.000,01 a € 520.000,00
Fase di studio della controversia	170	505	875	1.620	2.360	3.375
Fase introduttiva del giudizio	170	470	675	1.010	1.350	1.485
Fase istruttoria e/o di trattazione	40	135	200	335	470	675
Fase decisionale	135	405	710	1.280	1.820	2.700

6. ATTO DI PRECETTO

Valore	da € 0 a € 5.200,00	da € 5.200,01 a € 26.000,00	da € 26.000,01 a € 52,000,00	da € 52.000,01 a € 260.000,00	da € 260.000,01 a € 520.000,00
Compenso	135	225	315	405	540

7. PROCEDIMENTI DI VOLONTARIA GIURISDIZIONE

Valore	da € 0 a € 5.200,00	da € 5.200,01 a € 26.000,00	da € 26.000,01 a € 52,000,00	da € 52.000,01 a € 260.000,00	da € 260.000,01 a € 520.000,00
Compenso	405	1.350	2.225	3.170	4.320

8. PROCEDIMENTI MONITORI

Valore	da € 0 a € 5.200,00	da € 5.200,01 a € 26.000,00	da € 26.000,01 a € 52,000,00	da € 52.000,01 a € 260.000,00	da € 260.000,01 a € 520.000,00
Fase di studio, istruttoria, conclusiva	450	540	1.305	2.135	4.185

9. PROCEDIMENTI DI ISTRUZIONE PREVENTIVA

Valore	da € 0 a € 5.200,00	da € 5.200,01 a € 26.000,00	da € 26.000,01 a € 52.000,00	da € 52.000,01 a € 260.000,00	da € 260.000,01 a € 520.000,00	da € 0 a € 5.200,00
Fase di studio della controversia	200	540	945	1.080	2.025	200
Fase introduttiva del giudizio	270	675	750	945	1.385	270
Fase istruttoria	335	1.010	1.215	1.620	2.225	335

10. PROCEDIMENTI CAUTELARI

Valore	da € 0,01 a € 1.100,00	da € 1.100,01 a € 5.200,00	da € 5.200,01 a € 26.000,00	da € 26.000,01 a € 52.000,00	da € 52.000,01 a € 260.000,00	€ 260.000,01 a € 520.000,00
Fase di studio della controversia	200	540	945	1.690	2.430	3.510
Fase introduttiva del giudizio	135	335	640	810	1.145	1.485
Fase istruttoria e/o di trattazione	200	810	1.147	1.890	2.700	3.780
Fase decisionale	100	370	605	1.145	1.687	2.430

11. GIUDIZI INNANZI ALLA CORTE DEI CONTI

Valore	da € 0,01 a € 1.100,00	da € 1.100,01 a € 5.200,00	da € 5.200,01 a € 26.000,00	da € 26.000,01 a € 52.000,00	da € 52.000,01 a € 260.000,00	€ 260.000,01 a € 520.000,00
Fase di studio della controversia	170	510	875	1.690	2.360	3.510
Fase introduttiva del giudizio	100	305	470	675	1.010	1.350
Fase istruttoria e/o di trattazione	100	335	540	875	1.215	1.690
Fase decisionale	170	575	1.010	1.820	2.630	3.850

12. GIUDIZI INNANZI ALLA CORTE DI APPELLO

Valore	da € 0,01 a € 1.100,00	da € 1.100,01 a € 5.200,00	da € 5.200,01 a € 26.000,00	da € 26.000,01 a € 52.000,00	da € 52.000,01 a € 260.000,00	€ 260.000,01 a € 520.000,00
Fase di studio della controversia	135	510	1.080	1.960	2.835	4.180
Fase introduttiva del giudizio	135	510	877	1.350	1.820	2.430
Fase istruttoria e/o di trattazione	170	945	1.755	2.900	4.120	5.600
Fase decisionale	200	810	1.820	3.305	4.860	6.950

13. GIUDIZI INNANZI ALLA CORTE DI CASSAZIONE E ALLE GIURISDIZIONI SUPERIORI

Valore	da € 0,01 a € 1.100,00	da € 1.100,01 a € 5.200,00	da € 5.200,01 a € 26.000,00	da € 26.000,01 a € 52.000,00	da € 52.000,01 a € 260.000,00	€ 260.000,01 a € 520.000,00
Fase di studio della controversia	240	675	1.215	2.225	3.240	4.725
Fase introduttiva del giudizio	270	740	1.080	1.875	2.360	3.105
Fase decisionale	135	370	640	1.150	1.690	2.430

14. GIUDIZI INNANZI ALLA CORTE COSTITUZIONALE, ALLA CORTE EUROPEA, ALLA CORTE DI GIUSTIZIA UE

Valore	da € 0,01 a € 1.100,00	da € 1.100,01 a € 5.200,00	da € 5.200,01 a € 26.000,00	da € 26.000,01 a € 52.000,00	da € 52.000,01 a € 260.000,00	€ 260.000,01 a € 520.000,00
Fase di studio della controversia	240	875	1.890	3.510	5.130	7.425
Fase introduttiva del giudizio	200	740	1.280	1.960	2.767	3.700
Fase istruttoria e/o di trattazione	135	675	1.280	2.090	2.970	4.050
Fase decisionale	135	740	1.280	2.360	3.440	4.930

15. GIUDIZI PENALI

(*Omissis*)

16. PROCEDURE ESECUTIVE MOBILIARI

Valore	da € 0,01 a € 1.100,00	da € 1.100,01 a € 5.200,00	da € 5.200,01 a € 26.000,00	da € 26.000,01 a € 52.000,00	da € 52.000,01 a € 260.000,00	€ 260.000,01 a € 520.000,00
Fase di studio della controversia	120	350	526	820	1.110	1.460
Fase istruttoria e/o di trattazione	60	175	290	470	700	935

17. PROCEDURE ESECUTIVE PRESSO TERZI, PER CONSEGNA E RILASCIO, IN FORMA SPECIFICA

Valore	da € 0,01 a € 1.100,00	da € 1.100,01 a € 5.200,00	da € 5.200,01 a € 26.000,00	da € 26.000,01 a € 52.000,00	da € 52.000,01 a € 260.000,00	€ 260.000,01 a € 520.000,00
Fase introduttiva	105	315	526	820	1.110	1.460
Fase di trattazione e conclusiva	225	540	810	1.295	1.835	2.480

18. PROCEDURE ESECUTIVE IMMOBILIARI

Valore	da € 0,01 a € 1.100,00	da € 1.100,01 a € 5.200,00	da € 5.200,01 a € 26.000,00	da € 26.000,01 a € 52.000,00	da € 52.000,01 a € 260.000,00	€ 260.000,01 a € 520.000,00
Fase introduttiva	140	430	650	1.000	1.365	1.800
Fase istruttoria e/o di trattazione	72	285	430	645	935	1.220

19. ISCRIZIONE IPOTECARIA / AFFARI TAVOLARI

Valore	da € 0,01 a € 1.100,00	da € 1.100,01 a € 5.200,00	da € 5.200,01 a € 26.000,00	da € 26.000,01 a € 52.000,00	da € 52.000,01 a € 260.000,00	€ 260.000,01 a € 520.000,00
Compenso	65	270	405	675	945	1.280

20. PROCEDIMENTI PER DICHIARAZIONE DI FALLIMENTO

Valore	da € 0,01 a € 1.100,00	da € 1.100,01 a € 5.200,00	da € 5.200,01 a € 26.000,00	da € 26.000,01 a € 52.000,00	da € 52.000,01 a € 260.000,00	€ 260.000,01 a € 520.000,00
Compenso	160	590	860	1.400	1.995	2.750

21. GIUDIZI INNANZI AL TRIBUNALE AMMINISTRATIVO REGIONALE

Valore	da € 0,01 a € 1.100,00	da € 1.100,01 a € 5.200,00	da € 5.200,01 a € 26.000,00	da € 26.000,01 a € 52.000,00	da € 52.000,01 a € 260.000,00	€ 260.000,01 a € 520.000,00
Fase di studio della controversia	170	605	1.080	1.955	3.240	4.185
Fase introduttiva del giudizio	170	540	875	1.350	1.820	2.430
Fase istruttoria e/o di trattazione	100	605	945	1.550	2.160	2.970
Fase decisionale	270	1.010	1.820	3.305	4.790	6.950
Fase cautelare	200	540	1.010	1.820	2.630	3.780

22. GIUDIZI INNANZI AL CONSIGLIO DI STATO[1]

Valore	da € 0,01 a € 1.100,00	da € 1.100,01 a € 5.200,00	da € 5.200,01 a € 26.000,00	da € 26.000,01 a € 52.000,00	da € 52.000,01 a € 260.000,00	da € 260.000,01 a € 520.000,00
Fase di studio della controversia	170	605	1.215	2.160	3.240	4.725
Fase introduttiva del giudizio	170	605	1.010	1.550	2.160	2.900
Fase istruttoria e/o di trattazione	100	340	675	1.010	1.485	2.025
Fase decisionale	270	1.010	1.820	3.305	4.790	6.950
Fase cautelare	200	605	1.010	1.800	2.295	3.915

[1] Tabella cosi sost. dal D.M. 8 mar. 2018, n. 37.

23. GIUDIZI INNANZI ALLA COMMISSIONE TRIBUTARIA PROVINCIALE

Valore	da € 0,01 a € 1.100,00	da € 1.100,01 a € 5.200,00	da € 5.200,01 a € 26.000,00	da € 26.000,01 a € 52.000,00	da € 52.000,01 a € 260.000,00	€ 260.000,01 a € 520.000,00
Fase di studio della controversia	170	540	945	1.685	2.430	3.510
Fase introduttiva del giudizio	100	340	540	810	1.145	1.485
Fase istruttoria e/o di trattazione	85	270	470	945	1.350	1.955
Fase decisionale	170	875	1.350	2.090	3.970	4.115
Fase cautelare	135	405	675	1.280	1.820	2.630

24. GIUDIZI INNANZI ALLA COMMISSIONE TRIBUTARIA REGIONALE

Valore	da € 0,01 a € 1.100,00	da € 1.100,01 a € 5.200,00	da € 5.200,01 a € 26.000,00	da € 26.000,01 a € 52.000,00	da € 52.000,01 a € 260.000,00	da € 260.000,01 a € 520.000,00
Fase di studio della controversia	170	605	1.080	1.955	2.900	4.185
Fase introduttiva del giudizio	100	405	605	1.010	1.350	1.820
Fase istruttoria e/o di trattazione	100	405	740	1.350	1.955	2.900
Fase decisionale	170	875	1.350	2.360	3.105	4.320
Fase cautelare	135	470	810	1.485	2.160	3.170

25. PRESTAZIONI DI ASSISTENZA STRAGIUDIZIALE

Valore	da € 0,01 a € 1.100,00	da € 1.100,01 a € 5.200,00	da € 5.200,01 a € 26.000,00	da € 26.000,01 a € 52.000,00	da € 52.000,01 a € 260.000,00	€ 260.000,01 a € 520.000,00
Compenso	270	1.215	1.890	2.295	4.320	5.870

25-*bis*. PROCEDIMENTO DI MEDIAZIONE E PROCEDURA DI NEGOZIAZIONE ASSISTITA[1]

Valore	da € 0,01 a € 1.100,00	da € 1.100,01 a € 5.200,00	da € 5.200,01 a € 26.000,00	da € 26.000,01 a € 52.000,00	da € 52.000,01 a € 260.000,00	da € 260.000,01 a € 520.000,00
Fase della attivazione	60	270	420	510	960	1.305
Fase di negoziazione	120	540	840	1.020	1.920	2.610
Conciliazione	180	810	1.260	1.530	2.880	3.915

[1] Tabella ins. dal D.M. 8 mar. 2018, n. 37.

26. ARBITRATO

Valore	da € 0,01 a € 26.000,00	da € 26.000,01 a € 52.000,00	da € 52.000,01 a € 260.000,00	€ 260.000,01 a € 520.000,00
Compenso	1.620	4.050	7.085	16.200

- 3 -

Regolamento approvato dal C.N.F. il 16 luglio 2014[1]

[1] Come modif., con delibera immediatamente esecutiva, nelle sedute amministrative del 30 lug. 2015 e del 16 dic. 2016.

TITOLO I
Principi generali

1. ***Formazione professionale continua.*** — 1. Il presente regolamento disciplina le modalità e le condizioni per l'assolvimento dell'obbligo di formazione continua da parte dell'avvocato o del tirocinante abilitato al patrocinio nonché la gestione e l'organizzazione delle attività formative.

2. ***Aggiornamento e formazione.*** — 1. La formazione continua consiste in attività di aggiornamento e di formazione che si distinguono per livelli, modalità, contenuti ed ambiti cognitivi.

2. Le attività di aggiornamento sono prevalentemente dirette all'adeguamento e all'approfondimento delle esperienze maturate e delle conoscenze acquisite nella formazione iniziale.

3. Le attività di formazione si caratterizzano per l'acquisizione di nuove conoscenze e saperi scientifici, tecnici e culturali utili al perfezionamento delle competenze professionali in materie giuridiche e interdisciplinari.

4. Le attività formative possono essere proposte su tre livelli: base, avanzato e specialistico. Il livello è determinato dal maggiore o minore grado di approfondimento e specificazione degli argomenti trattati.

3. ***Le attività formative.*** — 1. L'attività di aggiornamento è svolta mediante la frequenza di corsi, seminari e convegni con finalità tecnico-pratiche nelle materie del diritto sostanziale e processuale anche con riguardo ai contenuti formativi e ai criteri di cui agli articoli 43 e 46 della legge professionale quali ad esempio:

a) incontri su rassegne di giurisprudenza o presentazione di novità legislative;

b) seminari su aggiornamenti normativi;

c) tavole rotonde su argomenti o casi giuridici.

2. L'attività di aggiornamento può anche essere svolta a distanza o mediante partecipazione a congressi giuridici nazionali, distrettuali o interdistrettuali.

3. L'attività di aggiornamento può essere anche svolta mediante autoaggiornamento, che consiste in attività seminariali di studio autogestite dai partecipanti ovvero volte alla preparazione di relazioni o materiale didattico per le attività di aggiornamento o formazione fruibili da terzi.

4. L'attività di formazione è svolta mediante eventi caratterizzati dal perseguimento delle finalità di cui all'art. 2, comma 3, quali ad esempio:

a) corsi aventi ad oggetto temi specifici di particolare qualificazione professionale e culturale o diretti al conseguimento del titolo di specialista;

b) master di primo e secondo livello;

c) corsi di linguaggio giuridico in lingua straniera;

d) corsi di cui all'art. 22 della legge professionale;

e) scuola forense integrativa del tirocinio;

f) scuola per difensori d'ufficio;

g) corsi per mediatori professionali.

4. ***Metodologie didattiche.*** — 1. L'attività formativa può essere proposta con diverse metodologie didattiche quali, a titolo esemplificativo, la lezione frontale, la proposizione di casi e la successiva disamina, l'esercitazione, la simulazione.

2. Nell'organizzazione dell'attività formativa è possibile fare ricorso a strumenti di supporto cartacei, telematici, audiovisivi e quant'altro utile all'efficacia della stessa attività formativa.

5. ***Definizioni.*** — 1. Ai fini del presente regolamento:

a) per "legge professionale" si intende la legge 31 dicembre 2012, n. 247, recante Nuova disciplina dell'ordinamento della professione forense e le ulteriori modificazioni e integrazioni;

b) per "attività formativa" si intende ogni attività promossa, organizzata o prevista ai fini dell'assolvimento dell'obbligo di formazione, che comprende sia le attività di aggiornamento che le attività di formazione;

c) il "Credito Formativo" (CF) è l'unità di misura del carico di studio e dell'impegno necessario per l'assolvimento dell'obbligo di formazione continua e della rilevanza dell'attività formativa in relazione alle specifiche finalità previste dal presente regolamento;

d) il "periodo formativo" è l'arco temporale entro il quale si valuta lo sviluppo della formazione del professionista, che assolve all'obbligo formativo acquisendo i Crediti richiesti;

e) gli "eventi a rilevanza nazionale" e gli "eventi seriali" sono le attività di formazione che, organizzate dagli stessi soggetti promotori, sono fruibili su gran parte del territorio nazionale e prevedono la ripetizione degli stessi programmi in diversi fori o distretti nel medesimo anno formativo;

f) gli "eventi a rilevanza locale" sono quelle attività svolte nel singolo foro e rivolte ai suoi iscritti;

g) per "FAD" si intende la formazione a distanza, ovvero attività formative svolte anche con modalità telematiche, purché sia possibile il controllo della partecipazione;

h) per "accreditamento" si intende la procedura disciplinata dal presente regolamento, in base alla quale il Consiglio Nazionale Forense ed i Consigli dell'Ordine, secondo le rispettive competenze, accertano la sussistenza dei requisiti previsti perché un'attività si possa considerare formativa ai fini dell'obbligo di formazione continua e provvedono all'attribuzione di Crediti Formativi;

i) la "Commissione centrale per l'accreditamento della formazione" (indicata anche come "Commissione centrale") è l'organismo costituito presso il Consiglio Nazionale Forense per l'esercizio dei compiti previsti dal presente regolamento;

j) le "Commissioni per l'accreditamento della formazione" (indicate anche come "Commissioni locali") sono le commissioni che possono essere costituite presso ciascun Consiglio dell'Ordine, al fine di svolgere i compiti di competenza degli ordini circondariali in materia di formazione disciplinati dal presente regolamento;

k) il "POF" è il Piano dell'Offerta Formativa.

6. ***Obbligo formativo.*** — 1. L'avvocato e il tirocinante abilitato al patrocinio hanno l'obbligo di curare la competenza professionale mediante la partecipazione ad attività formative accreditate ai sensi del presente regolamento nell'interesse del cliente e della parte assistita, della amministrazione della giustizia e della collettività.

2. L'obbligo di formazione continua sussiste per il solo fatto dell'iscrizione all'Albo, agli Elenchi ed ai Registri, a prescindere dall'esercizio effettivo dell'attività professionale, salvo quanto previsto dall'art. 15.

7. ***Libertà di formazione.*** — 1. Ogni iscritto ha diritto di scegliere liberamente le attività formative alle quali partecipare in relazione alle proprie esigenze di aggiornamento e formazione professionali, ai settori di attività nei quali esercita prevalentemente la professione, ai propri interessi sociali e culturali.

2. La libertà di scelta delle attività formative concerne le attività formative organizzate sul territorio italiano e dell'Unione Europea.

3. Ai fini dell'adempimento dell'obbligo formativo potrà essere altresì riconosciuta la validità di attività formative non previamente accreditate, svolte in Italia e all'estero ai sensi del presente regolamento.

4. Le attività formative svolte in modalità e-learning ovvero streaming non potranno essere riconosciute valide ove non siano state previamente accreditate.

TITOLO II
I soggetti

8. ***Il Consiglio Nazionale Forense.*** — 1. Il CNF promuove e coordina l'attività di formazione continua anche tramite la Fondazione "Scuola Superiore dell'Avvocatura", la "Fondazione dell'Avvocatura italiana - FAI", la "Fondazione italiana per l'innovazione forense - FIIF" e ne controlla lo svolgimento ai fini del miglioramento e del perfezionamento delle competenze professionali, assicurando uniformità di riconoscimento dei Crediti Formativi sul territorio nazionale e promuovendo la più ampia e tempestiva diffusione dei programmi tra gli iscritti.

2. Il CNF, in attuazione dell'art. 35 della legge professionale, può emanare linee guida e circolari interpretative per l'applicazione del presente regolamento, al fine di assicurare l'effettività e l'uniformità della formazione permanente sul territorio nazionale.

9. ***I Consigli dell'Ordine degli Avvocati.*** 1. I Consigli dell'Ordine degli Avvocati (di seguito indicati anche come COA), anche tramite associazioni e fondazioni a tal fine costituite, sovraintendono e coordinano nelle proprie circoscrizioni l'attività di formazione continua, vigilando sull'assolvimento dell'obbligo da parte degli iscritti.

10. ***Altri soggetti.*** 1. Nel rispetto delle prescrizioni del presente regolamento le attività formative possono essere promosse, organizzate e gestite, anche da altri soggetti pubblici o privati.

2. Per l'accreditamento delle attività di formazione continua prevista dal presente regolamento i soggetti, pubblici o privati, devono dimostrare di operare in ambito forense o comunque in ambiti attinenti all'esercizio della professione di avvocato ed abbiano maturato esperienze nello svolgimento di attività formative.

3. La Cassa Nazionale di Previdenza e Assistenza Forense, per la specificità delle sue competenze, può organizzare in proprio attività formative in materia previdenziale forense.

11. ***Finanziamenti di terzi.*** 1. I soggetti di cui al presente Titolo si possono avvalere per il finanziamento di attività di formazione continua di contributi pubblici e privati di terzi che operino in aree scientifiche, tecniche e culturali connesse e senza che ciò possa determinare ingerenze di qualsiasi tipo e in qualsiasi forma nella organizzazione e nella gestione degli eventi.

TITOLO III
Modalità della formazione

12. ***Contenuto dell'obbligo formativo.*** — 1. Integra assolvimento dell'obbligo formativo la partecipazione effettiva e documentata alle attività disciplinate dai seguenti articoli, organizzate dai soggetti di cui al Titolo II del presente regolamento ed accreditate ai sensi del successivo Titolo IV.

2. L'obbligo di formazione continua comincia a decorrere dal 1° gennaio successivo alla data di iscrizione all'albo, elenco o registro.

3. Il periodo di valutazione dell'obbligo di formazione ha durata triennale.

4. L'iscritto deve conseguire, nell'arco del triennio formativo, almeno n. 60 Crediti Formativi, di cui n. 9 Crediti Formativi nelle materie obbligatorie di ordinamento e previdenza forensi e deontologia ed etica professionale.

5. Ogni anno l'iscritto deve conseguire almeno n. 15 Crediti Formativi, di cui n. 3 Crediti Formativi nelle materie obbligatorie. È consentita la compensazione dei Crediti Formativi maturati solo nell'ambito del triennio formativo e nella misura massima di n. 5 Crediti Formativi per anno. La compensazione può essere operata tra annualità consecutive all'interno del medesimo triennio formativo. La compensazione è esclusa per la materia di deontologia ed etica professionale.

6. Il numero di Crediti Formativi conseguiti in modalità e-learning ovvero streaming non può superare il limite del quaranta per cento (40%) del totale dei Crediti Formativi da conseguire nel triennio.

13. ***Altre attività e autoformazione.*** 1. Sono valutate ai fini dell'assolvimento dell'obbligo formativo anche le seguenti attività:

a) svolgimento di relazioni o lezioni nelle attività indicate all'art. 3 del presente regolamento nelle scuole di specializzazione per le professioni legali di cui all'art. 16 del decreto legislativo 17 novembre 1997, n. 398 e nei corsi di formazione per l'accesso alla professione di avvocato di cui all'art. 43 della legge professionale;

b) pubblicazioni in materie giuridiche su riviste specializzate a diffusione o di rilevanza nazionale, anche online, ovvero pubblicazione di libri, saggi, monografie su argomenti giuridici o attinenti la professione forense;

c) contratti di insegnamento in materie giuridiche presso istituti universitari ed enti equiparati;

d) partecipazione a commissioni di studio, gruppi di lavoro o commissioni consiliari, ministeriali o aventi carattere nazionale, nonché partecipazione quali componenti a Consigli Giudiziari ovvero a Consigli Distrettuali di Disciplina;

e) partecipazione alle commissioni per gli esami di abilitazione all'esercizio della professione forense, per gli esami per l'iscrizione all'albo speciale per il patrocinio davanti alle magistrature superiori, per il concorso in magistratura e per altri concorsi di rilevanza giuridico-forense, per tutta la durata dell'esame;

f) attività seminariali di studio, anche nell'ambito della propria organizzazione professionale e mediante l'utilizzo di sistemi telematici, preventivamente autorizzate o accreditate dal CNF o dal COA secondo le rispettive competenze;

g) attività di studio volte alla preparazione di relazioni o materiale didattico per le attività di aggiornamento o formazione fruibili da terzi.

14. ***Protocolli d'intesa.*** 1. Il CNF, per il perseguimento delle finalità del presente regolamento, promuove la stipula di convenzioni e protocolli a livello nazionale, europeo o internazionale, allo scopo di agevolare l'accesso alla formazione continua mediante l'ampliamento dell'offerta formativa.

2. Sono riconosciuti, ai fini dell'applicazione del presente regolamento, i Protocolli d'intesa già sottoscritti dal CNF per il reciproco riconoscimento dei Crediti Formativi conseguiti all'estero.

15. ***Esenzioni ed esoneri.*** — 1. Sono esentati dall'obbligo di formazione continua gli avvocati sospesi dall'esercizio professionale, ai sensi dell'articolo 20, comma 1 della legge professionale, per il periodo del loro mandato; gli avvocati dopo venticinque anni di iscrizione all'albo o dopo il compimento del sessantesimo anno di età; i componenti di organi con funzioni legislative e i componenti del Parlamento europeo; i docenti di ruolo e i ricercatori confermati delle università in materie giuridiche.

2. Su domanda dell'interessato, sono altresì esonerati dall'obbligo formativo gli iscritti che si trovino in una situazione di impedimento determinato da:

a) gravidanza, parto, adempimento da parte dell'uomo o della donna di doveri collegati alla paternità o alla maternità in presenza di figli minori;

b) grave malattia o infortunio od altre condizioni personali di analoga rilevanza;

c) interruzione per un periodo non inferiore a sei mesi dell'attività professionale o trasferimento di questa all'estero;

d) cause di forza maggiore;

e) altre ipotesi eventualmente indicate dal CNF.

3. L'iscritto documenta al COA di appartenenza la causa e la durata dell'impedimento.

4. L'esonero ha efficacia limitatamente al periodo di durata dell'impedimento e comporta la ridu-

zione dei CF da acquisire nel corso del triennio, anche in proporzione al contenuto ed alle modalità dell'impedimento.

16. ***Formazione specialistica.*** — 1. Gli avvocati che hanno conseguito il titolo di specialista ai sensi dell'art. 9 della legge professionale, sono soggetti all'obbligo di formazione continua ai sensi delle disposizioni del presente regolamento e del regolamento adottato con decreto del Ministro della giustizia ai sensi del citato art. 9 della legge professionale.

TITOLO IV
Accreditamento

17. ***Accreditamento delle attività formative.*** — 1. All'accreditamento delle attività formative ed alla contestuale attribuzione di Crediti Formativi provvedono il CNF ed i COA, in base alle rispettive competenze.

2. Il CNF è competente a concedere l'accreditamento per gli eventi a rilevanza interdistrettuale e nazionale, gli eventi seriali, gli eventi che si svolgono all'estero, i corsi di cui all'art. 3, comma 4, lett. *a*) diretti al conseguimento del titolo di specialista e lett. *d*) per la frequenza dei corsi di cui all'art. 22 della legge professionale, nonché per la Formazione a distanza, salvo riferita ad eventi già previamente accreditati, che devono comunque essere sottoposti alla preventiva valutazione da parte della Commissione centrale, circa la rispondenza dei requisiti tecnici proposti con quelli previsti dalla "Nota tecnica sull'accreditamento delle attività di Formazione a distanza (FAD)".

3. Il COA è competente a concedere l'accreditamento per gli eventi a rilevanza locale. Qualora l'attività formativa sia promossa ovvero organizzata in collaborazione da più COA dello stesso distretto di Corte d'appello, la competenza per l'accreditamento è del COA distrettuale.

4. Per le altre attività di cui all'art. 13 è competente:

a) il CNF ovvero il COA, a seconda della competenza ad accreditare l'iniziativa formativa, per lo svolgimento di relazioni o lezioni;

b) il CNF per le pubblicazioni a diffusione nazionale in materie giuridiche o forensi;

c) il COA per i contratti di insegnamento in materie giuridiche presso istituti universitari ed enti equiparati;

d) il CNF ovvero il COA per la partecipazione a commissioni di studio e gruppi di lavoro, a seconda del soggetto che le ha costituite;

e) il COA di appartenenza dell'iscritto per la partecipazione alle commissioni per gli esami di abilitazione all'esercizio della professione forense, e per altri concorsi di rilevanza giuridico-forense; per la partecipazione alle commissioni di concorso per uditore giudiziario la competenza è del CNF;

f) il COA per l'attività di studio e aggiornamento individuale; qualora vengano utilizzati sistemi telematici, la competenza è del CNF.

5. La Cassa Nazionale di Previdenza e Assistenza Forense provvede all'accreditamento ed alla contestuale attribuzione di Crediti Formativi degli eventi formativi organizzati in proprio nella materia previdenziale forense. I Crediti Formativi sono attribuiti da Cassa Forense nel rispetto dei criteri di cui agli articoli 20 e 21 del presente Regolamento. La Cassa Forense comunicherà senza ritardo alla Commissione centrale di cui all'art. 18 l'elenco degli eventi accreditati e dei crediti concessi.

18. ***Commissione centrale per l'accreditamento della formazione.*** — 1. Presso il CNF è costituita la Commissione centrale per l'accreditamento della formazione.

2. La Commissione centrale cura l'istruttoria e l'accreditamento degli eventi formativi di competenza del CNF, coordina le Commissioni per la formazione istituite dai COA circondariali e svolge le attività di cui ai Titoli IV e V del presente regolamento.

3. Le iniziative formative promosse dal CNF, dalla Scuola Superiore dell'Avvocatura, dalla FAI e dalla FIIF in conformità alle prescrizioni del presente regolamento non richiedono l'accreditamento da parte della Commissione Centrale.

4. Al fine di favorire il monitoraggio della formazione su scala nazionale, ciascun COA comunica alla Commissione centrale le attività accreditate, promosse o organizzate. La Commissione centrale, al fine di consentire al professionista ampia libertà di scelta rispetto all'offerta formativa presente sul territorio nazionale, ne dà notizia sul sito del CNF.

5. Al fine di assicurare l'uniforme applicazione del presente regolamento sul territorio nazionale, la Commissione centrale controlla le procedure di accreditamento e lo svolgimento di tutte le attività formative sul territorio nazionale.

19. ***Commissioni per l'accreditamento della formazione costituite presso i Consigli dell'Ordine.*** — 1. Presso ogni COA può essere costituita la Commissione per l'accreditamento delle attività formative (indicata anche come Commissione locale) riservate alla competenza dei Consigli dell'Ordine.

2. Il COA, direttamente o tramite la Commissione locale, cura l'istruttoria e l'accreditamento delle attività formative di competenza, ne controlla l'effettivo e corretto svolgimento e svolge le attività di cui ai Titoli IV e V del presente regolamento.

3. Il COA, direttamente o tramite la Commissione locale, al fine di assicurare la più uniforme applicazione del presente regolamento sul territorio nazionale, opera in coordinamento con gli altri COA o con le Commissioni per l'accreditamento della formazione istituite dagli altri COA, nonché con la Commissione centrale costituita presso il CNF.

4. Ai lavori delle Commissioni locali possono partecipare anche altri professionisti ed esperti di formazione.

20. *Determinazione dei Crediti Formativi.* 1. Per le attività di aggiornamento di cui agli articoli 2, comma 2, e art. 3, commi, 1 e 2, sono concessi, tenuto conto dei livelli di cui all'art. 2, comma 4 e dei criteri di cui all'articolo seguente, Crediti Formativi nella seguente misura:

a) per eventi della durata di mezza giornata (mattina o pomeriggio) da n. 1 a n. 3 CF;

b) per eventi della durata di una intera giornata o più giornate da n. 2 a n. 12 CF.

2. Per le attività di formazione di cui agli articoli 2, comma 3, e art. 3, comma 4, sono concessi, tenuto conto dei livelli di cui all'art. 2, comma 4 e dei criteri di cui all'articolo seguente, CF nella seguente misura:

a) per eventi della durata di mezza giornata (mattina o pomeriggio) da n. 2 a n. 4 CF;

b) per eventi della durata di una intera o più giornate da n. 6 a n. 20 CF.

3. Per le altre attività di cui all'art. 13:

a) per lo svolgimento di relazioni o lezioni n. 1 CF per ogni attività, con un massimo di n. 12 CF all'anno, oltre a quanto stabilito per la partecipazione all'evento formativo;

b) per pubblicazioni e saggi in materie giuridiche su riviste specializzate a diffusione o di rilevanza nazionale ovvero per libri e monografie, i CF attribuiti all'attività svolta non potranno superare un massimo di n. 12 CF all'anno;

c) per i contratti di insegnamento in materie giuridiche presso istituti universitari ed enti equiparati un massimo di n. 10 CF all'anno;

d) per la partecipazione a commissioni di studio e gruppi di lavoro, nonché per la partecipazione quali componenti a Consigli Giudiziari ovvero a Consigli Distrettuali di Disciplina, un massimo di n. 10 CF all'anno;

e) per la partecipazione alle commissioni per gli esami di abilitazione all'esercizio della professione forense, e per altri concorsi di rilevanza giuridico-forense n. 10 CF all'anno;

f) per l'attività di studio e aggiornamento individuale, preventivamente autorizzata, un massimo di n. 10 CF all'anno; detta attività è cumulabile con quella di cui alla lettera *a*).

4. Alle attività formative svolte in modalità Formazione a distanza si applicano i criteri di cui ai commi precedenti per la determinazione dei CF attribuibili, fermo il rispetto del limite di cui all'art. 12, comma 6 del presente regolamento.

5. Per la partecipazione agli eventi della durata di una o mezza giornata i CF sono riconosciuti solo qualora risulti documentata la partecipazione dell'iscritto all'intero evento. Per la partecipazione agli eventi di durata superiore, i CF sono riconosciuti solo qualora risulti documentata la partecipazione dell'iscritto ad almeno l'ottanta per cento (80%) dell'evento.

21. *Criteri per accreditamento.* — 1. L'accreditamento delle attività formative viene concesso sulla base dei criteri di seguito indicati. La valutazione complessiva dei criteri permette di identificare il livello dell'attività formativa e graduare conseguentemente i Crediti Formativi concessi al singolo evento:

a) coerenza dei temi trattati con le finalità del presente regolamento e attinenza alla professione sotto profili tecnici, scientifici, culturali e interdisciplinari;

b) numero dei partecipanti e durata (mezza giornata, una giornata, più giornate);

c) tipologia e qualità dei supporti di ausilio all'esposizione (quali proiezione di filmati, uso di diapositive e la distribuzione anticipata di materiale di studio);

d) metodologia didattica adottata (ad es. simulazione, tavola rotonda, lezione frontale) e partecipazione interattiva (eventuale spazio dedicato alle domande, raccolta preliminare dei quesiti);

e) esperienze e competenze specifiche dei relatori in relazione alla natura dell'evento;

f) elaborazione e distribuzione di un questionario di valutazione finale dell'evento da parte dei partecipanti;

g) metodi di controllo della continua ed effettiva partecipazione, come verifiche intermedie e verifica finale.

2. Il riconoscimento di Crediti Formativi per lo svolgimento delle attività di cui all'art. 13, comma 3, lettera *b*), viene concesso sulla base dei criteri di seguito indicati. La valutazione complessiva dei criteri permette di identificare l'attività svolta nel corso dell'anno formativo e graduare conseguentemente i Crediti Formativi concessi:

a) natura giuridica della rivista, anche sotto il profilo dei destinatari;

b) qualità del tema trattato;

c) approccio giuridico al tema trattato;

d) livello di approfondimento del tema trattato, anche sotto i profili dottrinali e giurisprudenziali;

e) contenuti sostanziali, escludendosi sunti o parafrasi di testi normativi o decisioni.

22. *Procedura di accreditamento.* — 1. Il soggetto promotore che richiede l'accreditamento presenta, con adeguato anticipo rispetto allo svolgimento dell'attività, la domanda al soggetto competente a concedere l'accreditamento (Commissione centrale presso il CNF, COA ovvero Commissione locale eventualmente costituita presso il COA). La domanda deve essere corredata dal programma e dalla documentazione idonea a dimostrare la sussistenza dei requisiti per l'accreditamento e delle esperienze e competenze specifiche dei relatori oltre ad una relazione contenente le indicazioni necessarie a consentire una piena valutazione dell'iniziativa.

2. Nella richiesta di accreditamento dovranno essere indicati, oltre agli elementi di cui all'articolo precedente, la data ed il luogo di svolgimento dell'iniziativa, nonché le sessioni singolarmente fruibili in caso di attività strutturata in più sessioni e moduli. La richiesta potrà avere ad oggetto singole iniziative ovvero gruppi di iniziative organizzate, quali parti o moduli di un'attività unitaria, purché si svolgano nell'arco di un unico anno formativo.

3. La Commissione centrale, i COA ovvero le Commissioni locali, secondo le rispettive competenze, stabiliscono le modalità di presentazione della domanda e curano l'attività istruttoria richiedendo, ove necessario, ulteriori informazioni o documentazione integrativa.

4. La Commissione centrale, i COA ovvero le Commissioni locali si pronunciano sulla domanda di accreditamento, con decisione motivata, entro 45 giorni dalla ricezione della richiesta ovvero dalla data di ricevimento della documentazione integrativa richiesta, attribuendo il numero di CF sulla base di una valutazione ponderata dei criteri oggettivi e predeterminati di cui all'articolo precedente, nel rispetto delle prescrizioni di cui all'art. 20 relative al numero minimo e massimo dei CF attribuibili a ciascuna tipologia di attività formativa.

5. La Commissione centrale, il COA ovvero la Commissione locale di appartenenza dell'iscritto, secondo le rispettive competenze, potranno riconoscere come utile ai fini dell'adempimento dell'obbligo formativo la partecipazione ad attività ed iniziative non previamente accreditate ovvero svolte all'estero, a seguito di domanda dell'interessato, corredata dell'attestato di partecipazione e di tutta la documentazione necessaria al fine di valutare il rispetto dei criteri stabiliti dal presente regolamento, da presentarsi entro novanta giorni dalla data di svolgimento.

6. La Commissione centrale valuterà le attività di cui all'art. 13, comma 1, lettera *b*), a conclusione di ciascun semestre dell'anno formativo. L'interessato, entro il semestre successivo a quello di riferimento, presenterà un'unica richiesta avente ad oggetto tutte le pubblicazioni effettuate durante il semestre, corredata del testo integrale delle pubblicazioni, dei libri e delle monografie, anche in formato PDF o eBook, nonché di ogni altra documentazione utile ai fini della valutazione. La Commissione centrale si pronuncia sulla domanda entro 180 giorni dalla ricezione della richiesta ovvero dalla data di ricevimento della documentazione integrativa richiesta, attribuendo il numero di CF sulla base di una valutazione ponderata dei criteri oggettivi e predeterminati di cui all'articolo precedente, nel rispetto delle prescrizioni di cui all'art. 20 relative al numero minimo e massimo dei CF attribuibili a ciascuna tipologia di attività formativa.

7. La richiesta di accreditamento di attività di Formazione a distanza dovrà essere integrata con le informazioni e la documentazione di cui alla "Nota tecnica sull'accreditamento delle attività di Formazione a distanza (FAD)". La Commissione centrale si pronuncia sulla domanda di accreditamento di attività svolte in modalità e-learning entro 90 giorni dalla ricezione della richiesta ovvero dalla data di ricevimento della documentazione integrativa richiesta.

TITOLO V
Valutazioni e verifiche

23. ***Piano dell'offerta formativa.*** — 1. Ciascun COA, direttamente o tramite la Commissione locale eventualmente costituita, predispone con cadenza anticipata semestrale il Piano dell'offerta formativa (POF), indicando gli eventi che intende promuovere nel corso del semestre successivo.

2. Il POF potrà essere inviato all'inizio di ogni anno o semestre al CNF ai fini dell'inserimento nel calendario nazionale e della divulgazione degli eventi.

3. Ciascun COA provvede a dare adeguata pubblicità agli avvocati delle attività ed iniziative formative promosse.

4. Il CNF, tramite la Commissione centrale, successivamente al 31 gennaio dell'anno solare successivo all'anno formativo potrà richiedere ai COA, anche indistintamente, una relazione sugli eventi formativi organizzati e promossi e sulle iniziative accreditate, ai sensi e per gli effetti del presente regolamento, anche ai fini di cui all'art. 18, comma 5.

5. La relazione, utilizzabile per la raccolta dati a fini statistici, potrà essere redatta sul modulo predisposto dalla Commissione Centrale.

6. Il CNF, tramite la Commissione Centrale, al fine di garantire l'omogeneità della formazione continua sul territorio, può richiedere ai COA chiarimenti in merito ai criteri seguiti nell'accreditamento e, ove gli stessi risultassero difformi a quelli stabiliti nel presente regolamento, ridurre o revocare i crediti concessi dal COA ovvero dalla Commissione locale presso il COA.

24. ***Verifiche.*** — 1. Il CNF ed i COA adottano misure di verifica in entrata / uscita dei partecipanti.

2. La Commissione centrale, i COA ovvero le Commissioni locali possono promuovere accertamenti durante lo svolgimento delle attività formative.

3. I CF attribuiti possono essere ridotti o revocati in base all'esito della verifica.

25. Attestato di Formazione continua. — 1. Su domanda dell'iscritto che provi l'avvenuto adempimento dell'obbligo formativo triennale, e previa verifica dell'effettività di detto adempimento, il

COA rilascia all'iscritto l'attestato di formazione continua.

2. L'attestato di formazione continua è personale ed individua, riportandone le generalità, la persona fisica dell'iscritto a cui è stato rilasciato. Esso non è estensibile allo studio, all'associazione professionale o alla società tra avvocati di cui l'iscritto faccia parte.

3. L'attestato di formazione continua può essere rilasciato anche all'iscritto che abbia superato 25 anni di iscrizione all'albo o abbia compiuto 60 anni di età qualora ne faccia richiesta.

4. L'attestato di formazione continua può essere rilasciato con riferimento all'ultimo triennio concluso ed è valido sino alla conclusione del triennio successivo.

5. L'iscritto che ha conseguito l'attestato di formazione continua può dichiarare nel sito web dello studio e darne informazione nei modi consentiti dal Codice deontologico forense.

6. Sul sito internet del COA è pubblicato l'elenco degli iscritti muniti dell'attestato di formazione continua, il cui nominativo è inserito su espressa richiesta dell'interessato dopo il rilascio dell'attestato.

7. Considerate le finalità di tutela del cittadino e degli interessi pubblici connessi al corretto esercizio della professione, per coloro che sono soggetti all'obbligo di formazione continua il possesso dell'attestato di formazione continua costituisce titolo per l'iscrizione e il mantenimento della stessa negli elenchi previsti da specifiche normative o convenzioni, o comunque indicati dai Consigli dell'Ordine su richiesta di Enti pubblici, per accettare la candidatura per la nomina di incarichi o di commissario di esame, nonché per ammettere tirocinanti alla frequenza del proprio studio.

8. Ai fini di cui al comma precedente, il possesso dell'attestato non è richiesto per i soggetti esentati dall'obbligo di formazione continua, ai sensi dell'art. 11, comma 2 della legge professionale e dell'art. 15, comma 1 del presente regolamento.

9. L'adempimento del dovere di formazione professionale continua di competenza settoriale costituisce condizione per mantenere l'iscrizione negli elenchi sopra citati.

10. L'accertamento della violazione del dovere di formazione e aggiornamento professionale e la mancata o infedele attestazione di adempimento dell'obbligo costituiscono infrazioni disciplinari ai sensi del codice deontologico.

TITOLO VI

Disposizioni transitorie e finali

26. ***Disposizioni finali.*** 1. Il presente regolamento verrà pubblicato nell'apposita pagina dedicata del sito web istituzionale del Consiglio nazionale forense, www.consiglionazionaleforense.it ed entrerà in vigore il 1° gennaio 2015.

2. Sono fatti salvi, ai fini della maturazione dei relativi Crediti Formativi, gli eventi già accreditati secondo le disposizioni previgenti.

3. In sede di prima applicazione, per coloro che al momento dell'entrata in vigore del presente regolamento risultano già iscritti negli albi ed elenchi di cui all'art. 15 della legge professionale e soggetti all'obbligo formativo, il primo periodo di valutazione triennale decorre dal 1° gennaio 2014.

4. Ai fini di cui al comma precedente, si considerano utilmente conseguiti i Crediti Formativi maturati a partire dal 1° gennaio 2014 mediante la partecipazione alle attività di formazione professionale continua accreditate ai sensi delle disposizioni previgenti.

5. In sede di prima applicazione l'attestato di formazione continua potrà essere rilasciato su richiesta dell'interessato qualora sia in regola con l'adempimento degli obblighi formativi nella misura minima relativamente all'anno 2015 ed a quello immediatamente precedente.

- 4 -

D.M. 25 feb. 2016, n. 47

Regolamento recante disposizioni per l'accertamento dell'esercizio della professione forense

(G.U. 7 apr. 2016, n. 47)

CAPO I

Disposizioni generali

1. ***Definizioni.*** — 1. Ai fini del presente regolamento, per «legge» si intende la legge 31 dicembre 2012, n. 247. Per CNF si intende il Consiglio nazionale forense di cui al titolo III, capo III, della legge.

2. ***Modalità di accertamento dell'esercizio della professione in modo effettivo, continuativo abituale e prevalente.*** — 1. Il consiglio dell'Ordine circondariale, ogni tre anni a decorrere dall'entrata in vigore del presente regolamento, verifica, con riguardo a ciascuno degli avvocati iscritti all'Albo, anche a norma dell'articolo 6 del decreto legislativo 2 febbraio 2001, n. 96, la sussistenza dell'esercizio della professione in modo effettivo, continuativo, abituale e prevalente. La verifica di cui al periodo precedente non è svolta per il periodo di cinque anni dalla prima iscrizione all'Albo. La disposizione di cui al secondo periodo si applica anche all'avvocato iscritto alla sezione speciale di cui all'articolo 6 del decreto legislativo 2 febbraio 2001, n. 96.

2. La professione forense è esercitata in modo effettivo, continuativo, abituale e prevalente quando l'avvocato:

a) è titolare di una partita IVA attiva o fa parte di una società o associazione professionale che sia titolare di partita IVA attiva;

b) ha l'uso di locali e di almeno un'utenza telefonica destinati allo svolgimento dell'attività professionale, anche in associazione professionale, società professionale o in associazione di studio con altri colleghi o anche presso altro avvocato ovvero in condivisione con altri avvocati;

c)[1]

d) è titolare di un indirizzo di posta elettronica certificata, comunicato al consiglio dell'Ordine;

e) ha assolto l'obbligo di aggiornamento professionale secondo le modalità e le condizioni stabilite dal Consiglio nazionale forense;

f) ha in corso una polizza assicurativa a copertura della responsabilità civile derivante dall'esercizio della professione, ai sensi dell'articolo 12, comma 1, della legge.

3. I requisiti previsti dal comma 2 devono ricorrere congiuntamente, ferme restando le esenzioni personali previste per legge.

4. La documentazione comprovante il possesso delle condizioni di cui al comma 2, è presentata ai sensi degli articoli 46 e 47 del decreto del Presidente della Repubblica 28 dicembre 2000, n. 445. L'obbligo di cui al comma 2, lettera *f*), decorre dall'adozione del provvedimento previsto dall'articolo 12, comma 5, della legge.

5. Con decreto del Ministero della giustizia, da adottarsi entro sei mesi dall'entrata in vigore del presente regolamento, sono stabilite le modalità con cui ciascuno degli ordini circondariali individua, con sistemi automatici, le dichiarazioni sostitutive da sottoporre annualmente a controllo a campione, a norma dell'articolo 71 del decreto del Presidente della Repubblica 28 dicembre 2000, n. 445.

[1] Lettera soppressa dall'art. 1, D.M. del Ministero della Giustizia 15 ott. 2021, n. 174.

3. ***Cancellazione dall'Albo. Impugnazioni.*** — 1. La cancellazione dall'Albo è disposta quando il consiglio dell'Ordine circondariale accerta la mancanza dell'esercizio effettivo, continuativo, abituale e prevalente della professione e l'avvocato non dimostra la sussistenza di giustificati motivi oggettivi o soggettivi.

2. Il consiglio dell'Ordine circondariale, prima di deliberare la cancellazione dall'Albo invita l'avvocato, a mezzo posta elettronica certificata ovvero, quando non è possibile, con lettera raccomandata con avviso di ricevimento, a presentare eventuali osservazioni, in forma scritta, entro un termine non inferiore a trenta giorni. L'avvocato che ne fa richiesta è ascoltato personalmente.

3. La delibera di cancellazione è notificata entro quindici giorni all'interessato.

4. Si applica l'articolo 17, comma 14, della legge, nonché, per quanto di ragione, il comma 18 del predetto articolo 17 e l'articolo 36, comma 7, della legge.

5. La cancellazione dell'avvocato dall'Albo comporta la cancellazione dagli elenchi di cui all'articolo 15 della legge a cui è eventualmente iscritto al momento della cancellazione, fatta eccezione per gli elenchi rispetto ai quali l'esercizio dell'attività professionale non costituisce condizione per l'iscrizione.

6. L'avvocato cancellato dall'Albo a norma del presente decreto è iscritto nell'elenco di cui all'articolo 15, comma 1, lettera *e*), della legge.

4. ***Nuova iscrizione all'Albo.*** — 1. L'avvocato cancellato dall'Albo nei casi previsti dall'articolo 2, comma 2, lettere *a*), *b*), *d*), *f*), ha il diritto di esservi nuovamente iscritto qualora dimostri di avere acquisito i predetti requisiti.

2. L'avvocato cancellato dall'Albo nei casi previsti dall'articolo 2, comma 2, *c*), ed *e*) non può esservi nuovamente iscritto prima che siano decorsi dodici mesi da quando la delibera di cancellazione è divenuta esecutiva.

5. (*Omissis*).

AZIONE COLLETTIVA

- 1 -

D.lgs. 6 set. 2005, n. 206
Codice del consumo
a norma dell'art. 7
della legge 29 lug. 2003, n. 229

(G.U. 8 ott. 2005, n. 235,
Suppl. ord. n. 162) (*stralcio*)

TITOLO II
Accesso alla giustizia[1]

[1] Rubrica così modif. dall'art. 2, c. 449, L. 24 dic. 2007, n. 244.

139-140-*bis*. .... [1]

[1] Articoli abrog. dall'art. 5, c. 1, L. 12 apr. 2019, n. 31, a decorrere dal 19 mag. 2021, ai sensi di quanto disposto dall'art. 7, L. 31/2019, come modif. dall'art. 8, D.L. 30 dic. 2019, n. 162, conv. con modif. in L. 28 feb. 2020, n. 8, e dall'art. 31-*ter*, D.L. 28 ott. 2020, n. 137, conv. con modif. in L. 18 dic. 2020, n. 176.

TITOLO II-*bis*
Risoluzione extragiudiziale delle controversie[1]

[1] Titolo ins. dall'art. 1, c. 1, D.lgs. 6 ago. 2015, n. 130.

141. ***Disposizioni generali: definizioni ed ambito di applicazione.***[1] — 1. Ai fini del presente titolo, si intende per:

a) «consumatore»: la persona fisica, di cui all'articolo 3, comma 1, lettera *a*);

b) «professionista»: il soggetto, di cui all'articolo 3, comma 1, lettera *c*);

c) «contratto di vendita»: il contratto di cui all'articolo 45, comma 1, lettera *e*);

d) «contratto di servizi»: il contratto di cui all'articolo 45, comma 1, lettera *f*);

e) «controversia nazionale»: una controversia relativa ad obbligazioni contrattuali derivanti da un contratto di vendita o di servizi, nell'ambito della quale il consumatore, quando ordina i beni o i servizi, risiede nello stesso Stato membro dell'Unione europea in cui è stabilito il professionista;

f) «controversia transfrontaliera»: una controversia relativa ad obbligazioni contrattuali derivanti da un contratto di vendita o di servizi, nell'ambito della quale il consumatore, quando ordina i beni o i servizi, risiede in uno Stato membro dell'Unione europea diverso da quello in cui è stabilito il professionista;

g) «procedura ADR»: una procedura di risoluzione extragiudiziale delle controversie conforme ai requisiti di cui al presente titolo ed eseguita da un organismo ADR-Alternative Dispute Resolution;

h) «organismo ADR»: qualsiasi organismo, a prescindere dalla sua denominazione, istituito su base permanente, che offre la risoluzione di una controversia attraverso una procedura ADR ed è iscritto nell'elenco di cui all'articolo 141-*decies*;

i) «autorità competente»: le autorità indicate dall'articolo 141-*octies*;

l) «domanda»: la domanda presentata all'organismo per avviare la procedura ADR;

m) «servizi non economici di interesse generale»: i servizi di interesse generale che non sono prestati a fini economici, a prescindere dalla forma giuridica sotto la quale tali servizi sono prestati, e, in particolare i servizi prestati, senza corrispettivo economico, da pubbliche amministrazioni o per conto delle stesse.

2. Ai fini del presente titolo il professionista si considera stabilito:

a) se si tratta di una persona fisica, presso la sua sede di attività;

b) se si tratta di una società o di un'altra persona giuridica o di un'associazione di persone fisiche o giuridiche, presso la sua sede legale, la sua amministrazione centrale o la sua sede di attività, comprese le filiali, le agenzie o qualsiasi altra sede.

3. Ai fini del presente titolo, l'organismo ADR si considera stabilito:

a) se è gestito da una persona fisica, nel luogo in cui svolge le attività ADR;

b) se è gestito da una persona giuridica o da un'associazione di persone fisiche o di persone giuridiche, nel luogo in cui tale persona giuridica o associazione di persone fisiche o giuridiche svolge le attività ADR o ha la sua sede legale;

c) se è gestito da un'autorità o da un altro ente pubblico, nel luogo in cui tale autorità o altro ente pubblico ha la propria sede.

4. Le disposizioni di cui al presente titolo, si applicano alle procedure volontarie di composizione extragiudiziale per la risoluzione, anche in via telematica, delle controversie nazionali e transfrontaliere, tra consumatori e professionisti residenti e stabiliti nell'Unione europea, nell'ambito delle quali l'organismo ADR propone una soluzione o riunisce le parti al fine di agevolare una soluzione amichevole e, in particolare, agli organismi di mediazione per la trattazione degli affari in materia di consumo iscritti nella sezione speciale di cui all'articolo 16, commi 2 e 4, del decreto legislativo 4 marzo 2010, n. 28, e agli altri organismi ADR istituiti o iscritti presso gli elenchi tenuti e vigilati dalle autorità di cui al comma 1, lettera *i*), previa la verifica della sussistenza dei requisiti e della conformità della propria organizzazione e delle proprie procedure alle prescrizioni del presente titolo. Le disposizioni di cui al presente titolo si applicano, altresì, alle eventuali procedure, previste ai

sensi del comma 7, in cui l'organismo ADR adotta una decisione.

5. Le disposizioni di cui al presente titolo si applicano altresì alle procedure di conciliazione paritetica di cui all'articolo 141-*ter*.

6. Sono fatte salve le seguenti disposizioni che prevedono l'obbligatorietà delle procedure di risoluzione extragiudiziale delle controversie:

a) articolo 5, comma 1-*bis*, del decreto legislativo 4 marzo 2010, n. 28, che disciplina i casi di condizione di procedibilità con riferimento alla mediazione finalizzata alla conciliazione delle controversie civili e commerciali;

b) articolo 1, comma 11, della legge 31 luglio 1997, n. 249, che prevede il tentativo obbligatorio di conciliazione nel settore delle comunicazioni elettroniche;

c) articolo 2, comma 24, lettera *b*), della legge 14 novembre 1995, n. 481, che prevede il tentativo obbligatorio di conciliazione nelle materie di competenza dell'Autorità per l'energia elettrica, il gas e il sistema idrico, e le cui modalità di svolgimento sono regolamentate dall'Autorità per l'energia elettrica, il gas e il sistema idrico con propri provvedimenti.

7. Le procedure svolte nei settori di competenza dell'Autorità per l'energia elettrica, il gas ed il sistema idrico, della Banca d'Italia, dell'Istituto per la vigilanza sulle assicurazioni, della Commissione nazionale per la società e la borsa e dell'Autorità per le garanzie nelle comunicazioni, ivi comprese quelle che prevedono la partecipazione obbligatoria del professionista, sono considerate procedure ADR ai sensi del presente Codice, se rispettano i principi, le procedure e i requisiti delle disposizioni di cui al presente titolo.[2]

8. Le disposizioni di cui al presente titolo non si applicano:

a) alle procedure presso sistemi di trattamento dei reclami dei consumatori gestiti dal professionista;

b) ai servizi non economici d'interesse generale;

c) alle controversie fra professionisti;

d) alla negoziazione diretta tra consumatore e professionista;

e) ai tentativi di conciliazione giudiziale per la composizione della controversia nel corso di un procedimento giudiziario riguardante la controversia stessa;

f) alle procedure avviate da un professionista nei confronti di un consumatore;

g) ai servizi di assistenza sanitaria, prestati da professionisti sanitari a pazienti, al fine di valutare, mantenere o ristabilire il loro stato di salute, compresa la prescrizione, la somministrazione e la fornitura di medicinali e dispositivi medici;

h) agli organismi pubblici di istruzione superiore o di formazione continua.

9. Le disposizioni di cui al presente titolo non precludono il funzionamento di eventuali organismi ADR istituiti nell'ambito delle norme e provvedimenti, di cui ai commi 7 e 8, ed in cui i funzionari pubblici sono incaricati delle controversie e considerati rappresentanti sia degli interessi dei consumatori e sia degli interessi dei professionisti.

10. Il consumatore non può essere privato in nessun caso del diritto di adire il giudice competente qualunque sia l'esito della procedura di composizione extragiudiziale.

[1] Articolo così sost. dall'art. 1, c. 2, D.lgs. 6 ago. 2015, n. 130.

[2] Comma così modif. dall'art. 4, c. 6, D.lgs. 21 mag. 2018, n. 68.

141-*bis*. *Obblighi, facoltà e requisiti degli organismi ADR.*[1] — 1. È fatto obbligo agli organismi ADR di:

a) mantenere un sito web aggiornato che fornisca alle parti un facile accesso alle informazioni concernenti il funzionamento della procedura ADR e che consenta ai consumatori di presentare la domanda e la documentazione di supporto necessaria in via telematica;

b) mettere a disposizione delle parti, su richiesta delle stesse, le informazioni di cui alla lettera *a*), su un supporto durevole, così come definito dall'articolo 45, comma 1, lettera *l*);

c) consentire al consumatore la possibilità, ove applicabile, di presentare la domanda anche in modalità diverse da quella telematica;

d) consentire lo scambio di informazioni tra le parti per via elettronica o, se applicabile, attraverso i servizi postali;

e) accettare sia le controversie nazionali sia quelle transfrontaliere, comprese le controversie oggetto del regolamento (UE) n. 524/2013, anche attraverso il ricorso a reti di organismi ADR;

f) adottare i provvedimenti necessari a garantire che il trattamento dei dati personali avvenga nel rispetto delle regole di cui al decreto legislativo 30 giugno 2003, n. 196, e successive modificazioni.

2. Gli organismi ADR possono, salve le diverse prescrizioni contenute in altre norme applicabili ovvero nelle deliberazioni delle autorità di regolazione di settore, mantenere e introdurre norme procedurali che consentano loro di rifiutare il trattamento di una determinata controversia per i seguenti motivi:

a) il consumatore non ha tentato di contattare il professionista interessato per discutere il proprio reclamo né cercato, come primo passo, di risolvere la questione direttamente con il professionista;

b) la controversia è futile o temeraria;

c) la controversia è in corso di esame o è già stata esaminata da un altro organismo ADR o da un organo giurisdizionale;

d) il valore della controversia è inferiore o superiore a una soglia monetaria prestabilita a un livello tale da non nuocere in modo significativo all'accesso del consumatore al trattamento dei reclami;

e) il consumatore non ha presentato la domanda all'organismo ADR entro un limite di tempo prestabilito, che non deve essere inferiore a un anno dalla data in cui il consumatore ha presentato il reclamo al professionista;

f) il trattamento di questo tipo di controversia rischierebbe di nuocere significativamente all'efficace funzionamento dell'organismo ADR.

3. Qualora, conformemente alle proprie norme procedurali, un organismo ADR non è in grado di prendere in considerazione una controversia che gli è stata presentata, tale organismo ADR fornisce a entrambe le parti una spiegazione motivata delle ragioni della sua decisione di non prendere in considerazione la controversia entro ventuno giorni dal ricevimento del fascicolo della domanda. Tali norme procedurali non devono nuocere in modo significativo all'accesso da parte dei consumatori alle procedure ADR, compreso in caso di controversie transfrontaliere.

4. È fatto obbligo agli organismi ADR di prevedere e garantire che le persone fisiche da essi incaricate della risoluzione delle controversie siano:

a) in possesso delle conoscenze e delle competenze in materia di risoluzione alternativa o giudiziale delle controversie dei consumatori, inclusa una comprensione generale del diritto provvedendo, se del caso, alla loro formazione;

b) nominate per un incarico di durata sufficiente a garantire l'indipendenza dell'attività da svolgere, non potendo essere sostituito o revocato nell'incarico senza una giusta causa;

c) non soggette ad istruzioni dell'una o dell'altra delle parti o dei loro rappresentanti;

d) retribuite indipendentemente dall'esito della procedura.

5. È fatto altresì obbligo alle persone fisiche incaricate della risoluzione delle controversie, di comunicare tempestivamente all'organismo ADR tutte le circostanze, emerse durante l'intera procedura ADR, idonee ad incidere sulla loro indipendenza e imparzialità o capaci di generare conflitti di interessi con l'una o l'altra delle parti della controversia che sono chiamate a risolvere. In tale ipotesi, se le parti non sono soddisfatte delle prestazioni o del funzionamento della procedura medesima, l'organismo ADR deve:

a) sostituire la persona fisica interessata, affidando la conduzione della procedura ADR ad altra persona fisica; o in mancanza

b) garantire che la persona fisica interessata si astenga dal condurre la procedura ADR e, se possibile, proporre alle parti di presentare la controversia ad un altro organismo ADR competente a trattare la controversia; o in mancanza

c) consentire alla persona fisica interessata di continuare a condurre la procedura solo se le parti, dopo essere state informate delle circostanze e del loro diritto di opporsi, non hanno sollevato obiezioni.

6. Resta fermo il diritto delle parti di ritirarsi in qualsiasi momento dalla procedura ADR, salvo quanto previsto dall'articolo 141-*quater*, comma 5, lettera *a*).

7. Nell'ipotesi prevista dal comma 5, qualora l'organismo ADR sia costituito da una sola persona fisica, si applicano unicamente le lettere *b*) e *c*) del medesimo comma.

8. Qualora le persone fisiche incaricate della procedura ADR siano assunte o retribuite esclusivamente da un'organizzazione professionale o da un'associazione di imprese di cui il professionista è membro, è assicurato che, oltre ai requisiti del presente titolo e quelli generali di cui ai commi 4 e 9, esse abbiano a loro disposizione risorse di bilancio distinte e apposite che siano sufficienti ad assolvere i loro compiti. Il presente comma non si applica qualora le persone fisiche interessate facciano parte di un organismo collegiale composto da un numero uguale di rappresentanti dell'organizzazione professionale e dell'associazione di imprese da cui sono assunte o retribuite e di una o più associazioni dei consumatori e degli utenti di cui all'articolo 137.

9. È fatto obbligo agli organismi ADR in cui le persone fisiche incaricate della risoluzione delle controversie fanno parte di un organismo collegiale, disporre che il collegio sia composto da un numero uguale di rappresentanti degli interessi dei consumatori e di rappresentanti degli interessi dei professionisti.

10. Se gli organismi ADR, ai fini del comma 4, lettera *a*), del presente articolo, provvedono alla formazione delle persone fisiche incaricate della risoluzione extragiudiziale delle controversie, le autorità competenti provvedono a monitorare i programmi di formazione istituiti dagli organismi ADR in base alle informazioni comunicate loro ai sensi dell'articolo 141-*nonies*, comma 4, lettera *g*). I programmi di formazione possono essere promossi ed eseguiti dalle stesse autorità competenti, di cui all'articolo 141-*octies*. Restano ferme le disposizioni in materia di formazione dei mediatori di cui ai commi 4-*bis*, 5 e 6 dell'articolo 16 del decreto legislativo 4 marzo 2010, n. 28.

[1] Articolo ins. dall'art. 1, c. 3, D.lgs. 6 ago. 2015, n. 130.

141-*ter*. *Negoziazioni paritetiche*.[1] — 1. Le procedure svolte dinanzi agli organismi ADR in cui parte delle persone fisiche incaricate della risoluzione delle controversie sono assunte o retribuite esclusivamente dal professionista o da un'organizzazione professionale o da un'associazione di imprese di cui il professionista è membro, sono considerate procedure ADR, ai sensi del presente Codice, se, oltre all'osservanza delle disposizioni di cui al presente titolo, rispettano i seguenti ulteriori requisiti specifici di indipendenza e trasparenza:

a) le persone fisiche incaricate della risoluzione delle controversie devono far parte di una commissione paritetica composta da un numero uguale di rappresentanti delle associazioni dei consumatori e degli utenti, di cui all'articolo 137, e di rappresentanti del professionista, e sono nominate a seguito di una procedura trasparente;

b) le persone fisiche incaricate della risoluzione delle controversie devono ricevere un incarico di almeno tre anni per garantire l'indipendenza della loro azione;

c) è fatto obbligo al rappresentante delle associazioni dei consumatori e degli utenti, di cui all'articolo 137, di non avere alcun rapporto lavorativo con il professionista, con un'organizzazione professionale o un'associazione di imprese di cui il professionista sia membro, per l'intera durata dell'incarico e per un periodo di tre anni decorrenti dalla cessazione del proprio incarico nell'organismo ADR, né di avere contributi finanziari diretti da parte degli stessi; gli eventuali contributi erogati dal professionista o dall'organizzazione professionale o dall'associazione di imprese di cui il professionista fa parte, quale parziale rimborso all'associazione dei consumatori per gli oneri sostenuti per prestare assistenza gratuita al consumatore nella procedura ADR, devono essere erogati in modo trasparente, informandone l'autorità competente o secondo le procedure dalla stessa stabilite;

d) è fatto, altresì, obbligo al rappresentante del professionista, se tale rapporto lavorativo non era già in corso al momento di conferimento dell'incarico, di non avere alcun rapporto lavorativo con il professionista, con un'organizzazione professionale o un'associazione di imprese di cui il professionista sia membro, per un periodo di tre anni decorrenti dalla cessazione del proprio incarico nell'organismo ADR;

e) l'organismo di risoluzione delle controversie, ove non abbia distinta soggettività giuridica rispetto al professionista o all'organizzazione professionale o all'associazione di imprese di cui il professionista fa parte, deve essere dotato di sufficiente autonomia e di un organo paritetico di garanzia privo di collegamenti gerarchici o funzionali con il professionista, deve essere chiaramente separato dagli organismi operativi del professionista ed avere a sua disposizione risorse finanziarie sufficienti, distinte dal bilancio generale del professionista, per lo svolgimento dei suoi compiti.

2. Rientrano nelle procedure di cui al comma 1 esclusivamente le negoziazioni paritetiche disciplinate da protocolli di intesa stipulati tra i professionisti o loro associazioni e un numero non inferiore a un terzo delle associazioni dei consumatori e degli utenti, di cui all'articolo 137, nonché quelle disciplinate da protocolli di intesa stipulati nel settore dei servizi pubblici locali secondo i criteri a tal fine indicati nell'accordo sancito in sede di Conferenza unificata Stato-regioni e Stato-città ed autonomie locali del 26 settembre 2013, pubblicato nella Gazzetta Ufficiale n. 254 del 29 ottobre 2013.

[1] Articolo ins. dall'art. 1, c. 3, D.lgs. 6 ago. 2015, n. 130.

141-*quater*. *Trasparenza, efficacia, equità e libertà.*[1] — 1. È fatto obbligo agli organismi ADR, di rendere disponibili al pubblico sui loro siti web, su supporto durevole su richiesta e in qualsiasi altra modalità funzionale al perseguimento delle finalità di trasparenza, efficacia, equità e libertà, informazioni chiare e facilmente comprensibili riguardanti:

a) le modalità di contatto, l'indirizzo postale e quello di posta elettronica;

b) il proprio inserimento nell'elenco di cui all'articolo 141-*decies*, secondo comma;

c) le persone fisiche incaricate della procedura ADR, i criteri seguiti per il conferimento dell'incarico nonché per la loro successiva designazione e la durata del loro incarico;

d) la competenza, l'imparzialità e l'indipendenza delle persone fisiche incaricate della procedura ADR qualora siano assunte o retribuite esclusivamente dal professionista;

e) l'eventuale appartenenza a reti di organismi ADR che agevolano la risoluzione delle controversie transfrontaliere;

f) il settore di competenza specifica, incluso, eventualmente, il limite di valore di competenza;

g) le norme che disciplinano la procedura di risoluzione stragiudiziale della controversia per la quale l'organismo di ADR è stato iscritto e i motivi per cui l'organismo ADR può rifiutare di trattare una determinata controversia ai sensi dell'articolo 141-*bis*, comma 2;

h) le lingue nelle quali possono essere presentati i reclami all'organismo ADR e secondo le quali si svolge la procedura ADR;

i) se l'organismo ADR risolve le controversie in base a disposizioni giuridiche, considerazioni di equità, codici di condotta o altri tipi di regole;

l) eventuali attività che le parti sono tenute a rispettare prima di avviare la procedura ADR, incluso il tentativo di risoluzione della controversia mediante negoziazione diretta con il professionista;

m) la possibilità o meno per le parti di ritirarsi dalla procedura;

n) gli eventuali costi che le parti dovranno sostenere, comprese le norme sulla ripartizione delle spese al termine della procedura;

o) la durata media della procedura ADR;

p) l'effetto giuridico dell'esito della procedura ADR;

q) l'esecutività della decisione ADR, nei casi eventualmente previsti dalle norme vigenti.

2. È fatto obbligo agli organismi ADR di rendere

disponibili al pubblico sui loro siti web, su un supporto durevole su richiesta e in altra modalità funzionale al perseguimento delle finalità di trasparenza, le relazioni annuali d'attività. Tali relazioni, con riferimento alle controversie sia nazionali che transfrontaliere, devono comprendere le seguenti informazioni:

a) numero di reclami ricevuti e tipologie di controversie cui si riferiscono;

b) eventuali cause sistematiche o significative generatrici delle controversie tra consumatori e professionisti; tali informazioni possono essere accompagnate, se del caso, da raccomandazioni idonee ad evitare o risolvere problematiche analoghe in futuro, a migliorare le norme dei professionisti e ad agevolare lo scambio di informazioni e di migliori prassi;

c) la percentuale di controversie che l'organismo ADR ha rifiutato di trattare e la quota in percentuale dei tipi di motivo per i rifiuti di cui all'articolo 141-*bis*, comma 2;

d) nel caso di procedure di cui dell'articolo 141-*ter*, le quote percentuali di soluzioni proposte a favore del consumatore e a favore del professionista, e di controversie risolte con una composizione amichevole;

e) la quota percentuale delle procedure ADR interrotte e, se noti, i motivi della loro interruzione;

f) il tempo medio necessario per la risoluzione delle controversie;

g) la percentuale di rispetto, se nota, degli esiti delle procedure ADR;

h) l'eventuale cooperazione con organismi ADR all'interno di reti di organismi ADR che agevolano la risoluzione delle controversie transfrontaliere.

3. Le procedure ADR devono rispettare le seguenti prescrizioni:

a) essere disponibili e facilmente accessibili online e offline per entrambe le parti, a prescindere dalla loro ubicazione;

b) consentire la partecipazione alle parti senza obbligo di assistenza legale; è fatto sempre salvo il diritto delle parti di ricorrere al parere di un soggetto indipendente o di essere rappresentate o assistite da terzi in qualsiasi fase della procedura;

c) essere gratuite o disponibili a costi minimi per i consumatori;

d) l'organismo ADR che ha ricevuto una domanda dà alle parti comunicazione dell'avvio della procedura relativa alla controversia non appena riceve il fascicolo completo della domanda;

e) concludersi entro il termine di novanta giorni dalla data di ricevimento del fascicolo completo della domanda da parte dell'organismo ADR; in caso di controversie particolarmente complesse, l'organismo ADR può, a sua discrezione, prorogare il termine fino a un massimo di novanta giorni; le parti devono essere informate di tale proroga e del nuovo termine di conclusione della procedura.

4. Nell'ambito delle procedure ADR deve essere garantito altresì che:

a) le parti abbiano la possibilità, entro un periodo di tempo ragionevole di esprimere la loro opinione, di ottenere dall'organismo ADR le argomentazioni, le prove, i documenti e i fatti presentati dall'altra parte, salvo che la parte non abbia espressamente richiesto che gli stessi debbano restare riservati, le eventuali dichiarazioni rilasciate e opinioni espresse da esperti e di poter esprimere osservazioni in merito;

b) le parti siano informate del fatto che non sono obbligate a ricorrere a un avvocato o consulente legale, ma possono chiedere un parere indipendente o essere rappresentate o assistite da terzi in qualsiasi fase della procedura;

c) alle parti sia notificato l'esito della procedura ADR per iscritto o su un supporto durevole, e sia data comunicazione dei motivi sui quali è fondato.

5. Nell'ipotesi di procedure ADR volte a risolvere la controversia proponendo una soluzione, gli organismi ADR garantiscono che:

a) le parti abbiano la possibilità di ritirarsi dalla procedura in qualsiasi momento. Le parti sono informate di tale diritto prima dell'avvio della procedura. Nel caso in cui è previsto l'obbligo del professionista di aderire alle procedure ADR, la facoltà di ritirarsi dalla procedura spetta esclusivamente al consumatore;

b) le parti, prima di accettare o meno o di dare seguito a una soluzione proposta, siano informate del fatto che:

1) hanno la scelta se accettare o seguire la soluzione proposta o meno;

2) la partecipazione alla procedura non preclude la possibilità di chiedere un risarcimento attraverso un normale procedimento giudiziario;

3) la soluzione proposta potrebbe essere diversa dal risultato che potrebbe essere ottenuto con la decisione di un organo giurisdizionale che applichi norme giuridiche;

c) le parti, prima di accettare o meno o di dare seguito a una soluzione proposta, siano informate dell'effetto giuridico che da ciò consegue;

d) le parti, prima di accogliere una soluzione proposta o acconsentire a una soluzione amichevole, dispongano di un periodo di riflessione ragionevole.

[1] Articolo ins. dall'art. 1, c. 3, D.lgs. 6 ago. 2015, n. 130.

141-*quinquies*. *Effetti della procedura ADR sui termini di prescrizione e decadenza.*[1] — 1. Dalla data di ricevimento da parte dell'organismo ADR, la relativa domanda produce sulla prescrizione gli effetti della domanda giudiziale. Dalla stessa data, la domanda impedisce altresì la decadenza per una sola volta.

2. Se la procedura ADR fallisce, i relativi termini

di prescrizione e decadenza iniziano a decorrere nuovamente dalla data della comunicazione alle parti della mancata definizione della controversia con modalità che abbiano valore di conoscenza legale.

3. Sono fatte salve le disposizioni relative alla prescrizione e alla decadenza contenute negli accordi internazionali di cui l'Italia è parte.

[1] Articolo ins. dall'art. 1, c. 3, D.lgs. 6 ago. 2015, n. 130.

141-*sexies*. ***Informazioni e assistenza ai consumatori.***[1] — 1. I professionisti stabiliti in Italia che si sono impegnati a ricorrere ad uno o più organismi ADR per risolvere le controversie sorte con i consumatori, sono obbligati ad informare questi ultimi in merito all'organismo o agli organismi competenti per risolvere le controversie sorte con i consumatori. Tali informazioni includono l'indirizzo del sito web dell'organismo ADR pertinente o degli organismi ADR pertinenti.

2. Le informazioni di cui al comma 1 devono essere fornite in modo chiaro, comprensibile e facilmente accessibile sul sito web del professionista, ove esista, e nelle condizioni generali applicabili al contratto di vendita o di servizi stipulato tra il professionista ed il consumatore.

3. Nel caso in cui non sia possibile risolvere una controversia tra un consumatore e un professionista stabilito nel rispettivo territorio in seguito a un reclamo presentato direttamente dal consumatore al professionista, quest'ultimo fornisce al consumatore le informazioni di cui al comma 1, precisando se intenda avvalersi dei pertinenti organismi ADR per risolvere la controversia stessa. Tali informazioni sono fornite su supporto cartaceo o su altro supporto durevole.

4. È fatta salva l'applicazione delle disposizioni relative all'informazione dei consumatori sulle procedure di ricorso extragiudiziale contenute in altri provvedimenti normativi.

5. Con riferimento all'accesso dei consumatori alle controversie transfrontaliere, salvo quanto previsto dalla normativa di settore, gli stessi possono rivolgersi al Centro nazionale della rete europea per i consumatori (ECC-NET) per essere assistiti nell'accesso all'organismo ADR che opera in un altro Stato membro ed è competente a trattare la loro controversia transfrontaliera. Il medesimo Centro nazionale è designato anche come punto di contatto ODR ai sensi dell'articolo 7, paragrafo 1, del regolamento (UE) n. 524/2013 del Parlamento europeo e del Consiglio del 21 maggio 2013, relativo alla risoluzione delle controversie online dei consumatori.

6. È fatto obbligo agli organismi ADR e al Centro nazionale della rete europea per i consumatori (ECC-NET) di rendere disponibile al pubblico sui propri siti web, fornendo un link al sito della Commissione europea, e laddove possibile su supporto durevole nei propri locali, l'elenco degli organismi ADR elaborato e pubblicato dalla Commissione ai sensi dell'articolo 20, paragrafo 4, della direttiva 2013/11/UE del Parlamento europeo e del Consiglio del 21 maggio 2013, sulla risoluzione alternativa delle controversie dei consumatori.

7. L'elenco degli organismi ADR di cui al comma 6 è posto a disposizione delle associazioni di consumatori e delle associazioni di categoria di professionisti che possono renderlo disponibile al pubblico sui loro siti web o in qualsiasi altro modo esse ritengano appropriato.

8. Sul sito istituzionale di ciascuna autorità competente è assicurata la pubblicazione delle informazioni sulle modalità di accesso dei consumatori alle procedure ADR per risolvere le controversie contemplate dal presente titolo.

9. Le autorità competenti incoraggiano le associazioni dei consumatori e degli utenti, di cui all'articolo 137, e le organizzazioni professionali, a diffondere la conoscenza degli organismi e delle procedure ADR e a promuovere l'adozione dell'ADR da parte di professionisti e consumatori. Detti organismi sono altresì incoraggiati a fornire ai consumatori le informazioni relative agli organismi ADR competenti quando ricevono i reclami dai consumatori.

[1] Articolo ins. dall'art. 1, c. 3, D.lgs. 6 ago. 2015, n. 130.

141-*septies*. ***Cooperazione.***[1] — 1. Le autorità competenti assicurano la cooperazione tra gli organismi ADR nella risoluzione delle controversie transfrontaliere e i regolari scambi con gli altri Stati membri dell'Unione europea delle migliori prassi per quanto concerne la risoluzione delle controversie transfrontaliere e nazionali.

2. Se esiste una rete europea di organismi ADR che agevola la risoluzione delle controversie transfrontaliere in un determinato settore, le autorità competenti incoraggiano ad associarsi a detta rete gli organismi ADR che trattano le controversie di tale settore.

3. Le autorità competenti incoraggiano la cooperazione tra organismi ADR e autorità nazionali preposte all'attuazione degli atti giuridici dell'Unione sulla tutela dei consumatori. Tale cooperazione comprende, in particolare, lo scambio di informazioni sulle prassi vigenti in settori commerciali specifici nei confronti delle quali i consumatori hanno ripetutamente presentato reclami. È incluso anche lo scambio di valutazioni tecniche e informazioni, se già disponibili, da parte delle autorità nazionali agli organismi ADR che ne necessitano per il trattamento di singole controversie.

4. La cooperazione e lo scambio di informazioni di cui ai commi 1, 2 e 3 devono avvenire nel rispetto delle norme sulla protezione dei dati personali di cui al decreto legislativo 30 giugno 2003, n. 196.

5. Sono fatte salve le disposizioni in materia di segreto professionale e commerciale applicabili alle autorità nazionali di cui al comma 3. Gli organi-

smi ADR sono sottoposti al segreto d'ufficio e agli altri vincoli equivalenti di riservatezza previsti dalla normativa vigente.

[1] Articolo ins. dall'art. 1, c. 3, D.lgs. 6 ago. 2015, n. 130.

141-*octies*. *Autorità competenti e punto di contatto unico.*[1] — 1. Per lo svolgimento delle funzioni di cui agli articoli 141-*nonies* e 141-*decies*, sono designate le seguenti autorità competenti:

a) Ministero della giustizia unitamente al Ministero dello sviluppo economico, con riferimento al registro degli organismi di mediazione relativo alla materia del consumo, di cui all'articolo 16, commi 2 e 4, del decreto legislativo 4 marzo 2010, n. 28;

b) Commissione nazionale per le società e la borsa (CONSOB), di cui all'articolo 1 della legge 7 giugno 1974, n. 216, con riferimento ai sistemi di risoluzione stragiudiziale delle controversie disciplinati ai sensi dell'articolo 2 del decreto legislativo 8 ottobre 2007, n. 179, e dei regolamenti attuativi, e con oneri a carico delle risorse di cui all'articolo 40, comma 3, della legge 23 dicembre 1994, n. 724, e successive modificazioni, nonché dei soggetti che si avvalgono delle procedure medesime;

b-bis) l'Istituto per la vigilanza sulle assicurazioni (IVASS) di cui all'art. 13 del decreto-legge 6 luglio 2012, n. 95, convertito, con modificazioni, dalla legge 7 agosto 2012, n. 135, con riferimento ai sistemi di risoluzione stragiudiziale delle controversie disciplinati ai sensi dell'art. 187-*ter* del decreto legislativo 7 settembre 2005, n. 209, e dei regolamenti attuativi, e con oneri a carico delle risorse di cui agli articoli 335 e 336 dello stesso decreto legislativo 7 settembre 2005 n. 209.[2]

c) Autorità per l'energia elettrica, il gas e il sistema idrico (AEEGSI), di cui all'articolo 2 della legge 14 novembre 1995, n. 481, per il settore di competenza;

d) Autorità per le garanzie nelle comunicazioni (AGCOM), di cui all'articolo 1 della legge 31 luglio 1997, n. 249, per il settore di competenza;

e) Banca d'Italia, con riferimento ai sistemi di risoluzione stragiudiziale delle controversie disciplinati ai sensi dell'articolo 128-*bis* del decreto legislativo 1° settembre 1993, n. 385;

f) altre autorità amministrative indipendenti, di regolazione di specifici settori, ove disciplinino specifiche procedure ADR secondo le proprie competenze;

g) Ministero dello sviluppo economico, con riferimento alle negoziazioni paritetiche di cui all'articolo 141-*ter* relative ai settori non regolamentati o per i quali le relative autorità indipendenti di regolazione non applicano o non adottano specifiche disposizioni, nonché con riferimento agli organismi di conciliazione istituiti ai sensi dell'articolo 2, comma 2, lettera *g*) e comma 4, della legge 29 dicembre 1993, n. 580, limitatamente alle controversie tra consumatori e professionisti, non rientranti nell'elenco di cui alla lettera *a*).

2. Il Ministero dello sviluppo economico è designato punto di contatto unico con la Commissione europea.

3. Al fine di definire uniformità di indirizzo nel compimento delle funzioni delle autorità competenti di cui al comma 1 è istituito presso il Ministero dello sviluppo economico un tavolo di coordinamento e di indirizzo. Lo stesso è composto da un rappresentante per ciascuna autorità competente. Al Ministero dello sviluppo economico è attribuito il compito di convocazione e di raccordo. Al tavolo sono assegnati compiti di definizione degli indirizzi relativi all'attività di iscrizione e di vigilanza delle autorità competenti, nonché ai criteri generali di trasparenza e imparzialità, e alla misura dell'indennità dovuta per il servizio prestato dagli organismi ADR. Ai componenti del predetto tavolo di coordinamento ed indirizzo non spetta alcun compenso, gettone di presenza o altro emolumento comunque denominato e a qualsiasi titolo dovuto.

[1] Articolo ins. dall'art. 1, c. 3, D.lgs. 6 ago. 2015, n. 130.
[2] Lettera aggiunta dall'art. 4, c. 6, D.lgs. 21 mag. 2018, n. 68.

141-*nonies*. *Informazioni da trasmettere alle autorità competenti da parte degli organismi di risoluzione delle controversie.*[1] — 1. Gli organismi di risoluzione delle controversie che intendono essere considerati organismi ADR ai sensi del presente titolo e inseriti in elenco conformemente all'articolo 141-*decies*, comma 2, devono presentare domanda di iscrizione alla rispettiva autorità competente, indicando:

a) il loro nome o denominazione, le informazioni di contatto e l'indirizzo del sito web;

b) informazioni sulla loro struttura e sul loro finanziamento, comprese le informazioni sulle persone fisiche incaricate della risoluzione delle controversie, sulla loro retribuzione, sul loro mandato e sul loro datore di lavoro;

c) le proprie norme procedurali;

d) le loro tariffe, se del caso;

e) la durata media delle procedure di risoluzione delle controversie;

f) la lingua o le lingue in cui possono essere presentati i reclami e in cui viene svolta la procedura di risoluzione delle controversie;

g) una dichiarazione sui tipi di controversie trattati mediante la procedura di risoluzione delle controversie;

h) i motivi per cui un organismo di risoluzione delle controversie può rifiutare il trattamento di una determinata controversia a norma dell'articolo 141-*bis*, comma 2;

i) una dichiarazione motivata dell'organismo di possedere o meno i requisiti di un organismo ADR che rientra nell'ambito d'applicazione della presente direttiva, e di rispettare o meno i requisiti di qualità di cui al presente titolo.

2. Qualora le informazioni di cui alle lettere da *a*) ad *h*) del comma 1 vengano modificate, gli organismi ADR informano senza indugio l'autorità competente in merito a tali modifiche.

3. Gli organismi di risoluzione delle controversie dinanzi ai quali si svolgono le procedure di cui all'articolo 141-*ter*, oltre a comunicare ai requisiti di cui al comma 1, devono altresì trasmettere le informazioni necessarie a valutare la loro conformità ai requisiti specifici aggiuntivi di indipendenza e di trasparenza di cui al comma 1 dell'articolo 141-*ter*.

4. A far data dal secondo anno di iscrizione al relativo elenco, con cadenza biennale, ogni organismo ADR trasmette alla rispettiva autorità competente informazioni concernenti:

a) il numero di reclami ricevuti ed i tipi di controversie alle quali si riferiscono;

b) la quota percentuale delle procedure ADR interrotte prima di raggiungere il risultato;

c) il tempo medio necessario per la risoluzione delle controversie ricevute;

d) la percentuale di rispetto, se nota, degli esiti delle procedure ADR;

e) eventuali problematiche sistematiche o significative che si verificano di frequente e causano controversie tra consumatori e professionisti. Le informazioni comunicate al riguardo possono essere accompagnate da raccomandazioni sul modo di evitare o risolvere problematiche analoghe in futuro;

f) se del caso, una valutazione dell'efficacia della loro cooperazione all'interno di reti di organismi ADR che agevolano la risoluzione delle controversie transfrontaliere;

g) se prevista, la formazione fornita alle persone fisiche incaricate delle risoluzioni delle controversie di cui all'articolo 141-*bis*, comma 4, lettera *a*);

h) la valutazione dell'efficacia della procedura ADR offerta dall'organismo e di eventuali modi per migliorarla.

[1] Articolo ins. dall'art. 1, c. 3, D.lgs. 6 ago. 2015, n. 130.

141-*decies*. *Ruolo delle autorità competenti*.[1] — 1. Presso ciascuna autorità competente è istituito, rispettivamente con decreto ministeriale o con provvedimenti interni, l'elenco degli organismi ADR deputati a gestire le controversie nazionali e transfrontaliere che rientrano nell'ambito di applicazione del presente titolo e che rispettano i requisiti previsti. Ciascuna autorità competente definisce il procedimento per l'iscrizione e verifica il rispetto dei requisiti di stabilità, efficienza, imparzialità, nonché il rispetto del principio di tendenziale non onerosità, per il consumatore, del servizio.

2. Ogni autorità competente provvede all'iscrizione, alla sospensione e alla cancellazione degli iscritti e vigila sull'elenco nonché sui singoli organismi ADR.

3. Ciascuna autorità competente sulla base di propri provvedimenti, tiene l'elenco e disciplina le modalità di iscrizione degli organismi ADR. Tale elenco comprende:

a) il nome, le informazioni di contatto e i siti internet degli organismi ADR di cui al comma 1;

b) le loro tariffe, se del caso;

c) la lingua o le lingue in cui possono essere presentati i reclami e in cui è svolta la procedura ADR;

d) i tipi di controversie contemplati dalla procedura ADR;

e) i settori e le categorie di controversie trattati da ciascun organismo ADR;

f) se del caso, l'esigenza della presenza fisica delle parti o dei loro rappresentanti, compresa una dichiarazione dell'organismo ADR relativa alla possibilità di svolgere la procedura ADR in forma orale o scritta;

g) i motivi per cui un organismo ADR può rifiutare il trattamento di una determinata controversia a norma dell'articolo 141-*bis*, comma 2.

4. Se un organismo ADR non soddisfa più i requisiti di cui al comma 1, l'autorità competente interessata lo contatta per segnalargli tale non conformità, invitandolo a ovviarvi immediatamente. Se allo scadere di un termine di tre mesi l'organismo ADR continua a non soddisfare i requisiti di cui al comma 1, l'autorità competente cancella l'organismo dall'elenco di cui al comma 2. Detto elenco è aggiornato senza indugio e le informazioni pertinenti sono trasmesse al Ministero dello sviluppo economico quale punto di contatto unico con la Commissione europea.

5. Ogni autorità competente notifica senza indugio l'elenco di cui ai commi 1 e 3, e ogni suo successivo aggiornamento, al Ministero dello sviluppo economico quale punto di contatto unico con la Commissione europea.

6. L'elenco e gli aggiornamenti di cui ai commi 2, 3 e 4 relativi agli organismi ADR stabiliti nel territorio della Repubblica italiana sono trasmessi alla Commissione europea dal Ministero dello sviluppo economico quale punto di contatto unico.

7. Ogni autorità competente mette a disposizione del pubblico l'elenco consolidato degli organismi ADR, elaborato dalla Commissione europea e notificato al Ministero dello sviluppo economico quale punto di contatto unico, fornendo sul proprio sito internet un link al pertinente sito internet della Commissione europea. Inoltre, ogni autorità competente mette a disposizione del pubblico tale elenco consolidato su un supporto durevole.

8. Entro il 9 luglio 2018 e successivamente ogni quattro anni, il Ministero dello sviluppo economico, quale punto di contatto unico, con il contributo delle altre autorità competenti, pubblica e trasmette alla Commissione europea una relazione sullo

sviluppo e sul funzionamento di tutti gli organismi ADR stabiliti sul territorio della Repubblica italiana. In particolare, tale relazione:

a) identifica le migliori prassi degli organismi ADR;

b) sottolinea le insufficienze, comprovate da statistiche, che ostacolano il funzionamento degli organismi ADR per le controversie sia nazionali che transfrontaliere, se del caso;

c) elabora raccomandazioni su come migliorare l'efficacia e l'efficienza del funzionamento degli organismi ADR, se del caso.

[1] Articolo ins. dall'art. 1, c. 3, D.lgs. 6 ago. 2015, n. 130.

BREVETTI E MARCHI

- 1 -

D.lgs. 10 feb. 2005, n. 30

Codice della proprietà industriale, a norma dell'art. 15 della L. 12 dic. 2002, n. 273[1]

(G.U. 4 mar. 2005, n. 52, Suppl. n. 28)

[1] Il presente provvedimento è aggiornato con le modifiche di cui al D.lgs. 131/2010, al D.lgs. 18/2019, al D.L. 34/2019 e al D.lgs. 15/2019.

Ai sensi e per gli effetti dell'art. 33, D.lgs. 15/2019:

1. Entro un anno dalla data di entrata in vigore del D.lgs. 15/2019, i titolari di marchi collettivi nazionali registrati ai sensi della normativa previgente possono formulare domanda all'Ufficio italiano brevetti e marchi per la conversione del segno in marchio collettivo o in marchio di certificazione, ai sensi della nuova disciplina.

2. La domanda di cui al c. 1 deve essere corredata dal testo del regolamento d'uso del segno, aggiornato in coerenza alla disciplina in vigore e alla scelta di conversione formulata dall'istante.

3. Alle istanze di cui al c. 1 si applicano le disposizioni previste dal codice della proprietà industriale in materia di domande di marchi di certificazione o marchi collettivi, comprese le disposizioni di cui all'art. 11 della tariffa allegata al D.P.R. 26 ott. 1972, n. 641.

4. Ferma restando la continuità con il marchio collettivo registrato, ai sensi della normativa previgente, gli effetti della registrazione del nuovo marchio decorrono, ai fini della determinazione della durata di cui all'art. 15 del codice della proprietà industriale, dalla data di deposito della domanda di cui al c. 1.

5. In caso di mancata presentazione della domanda di cui al c. 1, il marchio decade a decorrere dalla data di scadenza del termine ivi previsto.

6. I procedimenti istruttori in corso su domande di registrazione di marchi collettivi nazionali, ai sensi della normativa previgente, sono sospesi alla data di entrata in vigore del D.lgs. 15/2019. I soggetti che hanno presentato la domanda possono riavviare l'istruttoria presentando istanza di conversione della stessa, in domanda di registrazione di marchio collettivo o marchio di certificazione, ai sensi della nuova disciplina. In tal caso, gli effetti della registrazione del marchio risultante dalla domanda di conversione decorrono dalla data di deposito della domanda di registrazione convertita. In caso di mancata presentazione della domanda di conversione entro il termine di cui al c. 1, le domande di registrazione di marchi collettivi nazionali ai sensi della normativa previgente si considerano ritirate.

CAPO I
Disposizioni generali e principi fondamentali

1. ***Diritti di proprietà industriale.*** — 1. Ai fini del presente codice, l'espressione proprietà industriale comprende marchi ed altri segni distintivi, indicazioni geografiche, denominazioni di origine, disegni e modelli, invenzioni, modelli di utilità, topografie dei prodotti a semiconduttori, segreti commerciali e nuove varietà vegetali.[1]

[1] Comma così modif. dall'art. 1, D.lgs. 11 mag. 2018, n. 63.

2. *Costituzione ed acquisto dei diritti.* — 1. I diritti di proprietà industriale si acquistano mediante brevettazione, mediante registrazione o negli altri modi previsti nel presente codice. La brevettazione e la registrazione danno luogo ai titoli di proprietà industriale.

2. Sono oggetto di brevettazione le invenzioni, i modelli di utilità, le nuove varietà vegetali.

3. Sono oggetto di registrazione i marchi, i disegni e modelli, le topografie dei prodotti a semiconduttori.

4. Sono protetti, ricorrendone i presupposti di legge, i segni distintivi diversi dal marchio registrato, i segreti commerciali, le indicazioni geografiche e le denominazioni di origine.[1]

5. L'attività amministrativa di brevettazione e di registrazione ha natura di accertamento costitutivo e dà luogo a titoli soggetti ad un regime speciale di nullità e decadenza sulla base delle norme contenute nel presente codice.

[1] Comma così modif. dall'art. 2, D.lgs. 11 mag. 2018, n. 63.

3. *Trattamento dello straniero.* — 1. Ai cittadini di ciascuno Stato facente parte della Convenzione di Parigi per la protezione della proprietà industriale, testo di Stoccolma del 14 luglio 1967, ratificato con legge 28 aprile 1976, n. 424, ovvero della Organizzazione mondiale del commercio, ed ai cittadini di Stati non facenti parte delle suddette Convenzioni, ma che siano domiciliati o abbiano uno stabilimento industriale o commerciale effettivo sul territorio di uno Stato facente parte della Convenzione di Parigi per la protezione della proprietà industriale, è accordato, per le materie di cui al presente codice, lo stesso trattamento accordato ai cittadini italiani. In materia di nuove varietà vegetali, il trattamento accordato ai cittadini italiani è accordato ai cittadini di uno Stato facente parte della Convenzione internazionale per la protezione delle novità vegetali UPOV, testo di Ginevra del 19 marzo 1991, ratificato con legge 23 marzo 1998, n. 110. In materia di topografie dei prodotti a semiconduttori, il trattamento accordato ai cittadini italiani è accordato ai cittadini di un altro Stato solo se la protezione accordata da quello Stato ai cittadini italiani è analoga a quella prevista dal presente codice.

2. Ai cittadini di Stati non facenti parte né della Convenzione di Parigi per la protezione della proprietà industriale, né della Organizzazione mondiale del commercio, né, per quanto attiene alle nuove varietà vegetali, della Convenzione internazionale per la protezione delle novità vegetali, è accordato, per le materie di cui al presente codice, il trattamento accordato ai cittadini italiani, se lo Stato al quale il cittadino appartiene accorda ai cittadini italiani reciprocità di trattamento.

3. Tutti i benefici che le convenzioni internazionali sottoscritte e ratificate dall'Italia riconoscono allo straniero nel territorio dello Stato, per le materie di cui al presente codice, si intendono automaticamente estese ai cittadini italiani.

4. Il diritto di ottenere ai sensi delle convenzioni internazionali la registrazione in Italia di un marchio registrato precedentemente all'estero, al quale si fa riferimento nella domanda di registrazione, spetta al titolare del marchio all'estero, o al suo avente causa.

5. Ai cittadini sono equiparate le persone giuridiche di corrispondente nazionalità.

4. *Priorità.* — 1. Chiunque abbia regolarmente depositato, in o per uno Stato facente parte di una Convenzione internazionale ratificata dall'Italia che riconosce il diritto di priorità, una domanda diretta ad ottenere un titolo di proprietà industriale, o il suo avente causa, fruisce di un diritto di priorità a decorrere dalla prima domanda per effettuare il deposito di una domanda di brevetto d'invenzione, di modello di utilità, di privativa di nuova varietà vegetale, di registrazione di disegno o modello e di registrazione di marchio, secondo le disposizioni dell'art. 4 della Convenzione di Parigi.

2. Il termine di priorità è di dodici mesi per i brevetti d'invenzione ed i modelli di utilità e le varietà vegetali, di sei mesi per i disegni o modelli ed i marchi.

3. È riconosciuto come idoneo a far nascere il diritto di priorità qualsiasi deposito avente valore di deposito nazionale regolare, cioè idoneo a stabilire la data alla quale la prima domanda è stata depositata, a norma della legislazione nazionale dello Stato nel quale è stato effettuato, o di accordi bilaterali o plurilaterali, qualunque sia la sorte ulteriore di tale domanda.

5. *Esaurimento.* — 1. Le facoltà esclusive attribuite dal presente codice al titolare di un diritto di proprietà industriale si esauriscono una volta che i prodotti protetti da un diritto di proprietà industriale siano stati messi in commercio dal titolare o con il suo consenso nel territorio dello Stato o nel territorio di uno Stato membro della Comunità europea o dello Spazio economico europeo.

2. Questa limitazione dei poteri del titolare tuttavia non si applica [, con riferimento al marchio,] quando sussistano motivi legittimi perché il titolare stesso si opponga all'ulteriore commercializzazione dei prodotti, in particolare quando lo stato di questi è modificato o alterato dopo la loro immissione in commercio.

3. Le facoltà esclusive attribuite dalla privativa su una varietà protetta, sulle varietà essenzialmente derivate dalla varietà protetta quando questa non sia, a sua volta, una varietà essenzialmente derivata, sulle varietà che non si distinguono nettamente dalla varietà protetta e sulle varietà la cui produzione necessita del ripetuto impiego della varietà protetta, non si estendono agli atti riguardanti:

a) il materiale di riproduzione o di moltiplicazione vegetativa, quale che ne sia la forma;

b) il prodotto della raccolta, comprese piante

intere e parti di esse quando tale materiale o prodotto sia stato ceduto o commercializzato dallo stesso costitutore o con il suo consenso nel territorio dello Stato o di uno Stato membro della Comunità europea o dello Spazio economico europeo, a meno che si tratti di atti che implicano una nuova riproduzione o moltiplicazione della varietà protetta oppure un'esportazione del materiale della varietà stessa che consenta di riprodurla in uno Stato che non protegge la varietà del genere o della specie vegetale a cui appartiene, salvo che il materiale esportato sia destinato al consumo finale.

6. ***Comunione.*** — 1. Se un diritto di proprietà industriale appartiene a più soggetti, le facoltà relative sono regolate, salvo convenzioni in contrario, dalle disposizioni del codice civile relative alla comunione in quanto compatibili.

1-*bis*. In caso di diritto appartenente a più soggetti, la presentazione della domanda di brevetto o di registrazione, la prosecuzione del procedimento di brevettazione o registrazione, la presentazione della domanda di rinnovo, ove prevista, il pagamento dei diritti di mantenimento in vita, la presentazione della traduzione in lingua italiana delle rivendicazioni di una domanda di brevetto europeo o del testo del brevetto europeo concesso o mantenuto in forma modificata o limitata e gli altri procedimenti di fronte all'Ufficio italiano brevetti e marchi possono essere effettuati da ciascuno di tali soggetti nell'interesse di tutti.

CAPO II
Norme relative all'assistenza, all'ambito e all'esercizio dei diritti di proprietà industriale

SEZIONE I
Marchi

7. ***Oggetto della registrazione.*** — 1. Possono costituire oggetto di registrazione come marchio d'impresa tutti i segni, in particolare le parole, compresi i nomi di persone, i disegni, le lettere, le cifre, i suoni, la forma del prodotto o della confezione di esso, le combinazioni o le tonalità cromatiche, purché siano atti:

a) a distinguere i prodotti o i servizi di un'impresa da quelli di altre imprese; e

b) ad essere rappresentati nel registro in modo tale da consentire alle autorità competenti ed al pubblico di determinare con chiarezza e precisione l'oggetto della protezione conferita al titolare.[1]

[1] Comma così modif. dall'art. 1, D.lgs. 20 feb. 2019, n. 15.

8. ***Ritratti di persone, nomi e segni notori.*** — 1. I ritratti di persone non possono essere registrati come marchi senza il consenso delle medesime e, dopo la loro morte, senza il consenso del coniuge e dei figli; in loro mancanza o dopo la loro morte, dei genitori e degli altri ascendenti, e, in mancanza o dopo la morte anche di questi ultimi, dei parenti fino al quarto grado incluso.

2. I nomi di persona diversi da quelli di chi chiede la registrazione possono essere registrati come marchi, purché il loro uso non sia tale da ledere la fama, il credito o il decoro di chi ha diritto di portare tali nomi. L'Ufficio italiano brevetti e marchi ha tuttavia la facoltà di subordinare la registrazione al consenso stabilito al comma 1. In ogni caso, la registrazione non impedirà a chi abbia diritto al nome di farne uso nella ditta da lui prescelta, sussistendo i presupposti di cui all'art. 21, comma 1.

3. Se notori, possono essere registrati o usati come marchio solo dall'avente diritto, o con il consenso di questi, o dei soggetti di cui al comma 1: i nomi di persona, i segni usati in campo artistico, letterario, scientifico, politico o sportivo, le immagini che riproducono trofei, le denominazioni e sigle di manifestazioni e quelli di enti ed associazioni non aventi finalità economiche, nonché gli emblemi caratteristici di questi.[1]

[1] Comma così modif. dall'art. 14, D.L. 11 mar. 2020, n. 16, conv. con modif. in L. 8 mag. 2020, n. 31.

9. ***Marchi di forma e altri segni non registrabili.***[1] — 1. Non possono costituire oggetto di registrazione come marchio d'impresa i segni costituiti esclusivamente:

a) dalla forma, o altra caratteristica, imposta dalla natura stessa del prodotto;

b) dalla forma, o altra caratteristica, del prodotto necessaria per ottenere un risultato tecnico;

c) dalla forma, o altra caratteristica, che dà un valore sostanziale al prodotto.[2]

[1] Rubrica così modif. dall'art. 2, D.lgs. 20 feb. 2019, n. 15.

[2] Comma così modif. dall'art. 2, D.lgs. 20 feb. 2019, n. 15.

10. ***Stemmi.*** — 1. Gli stemmi e gli altri segni considerati nelle convenzioni internazionali vigenti in materia, nei casi e alle condizioni menzionati nelle convenzioni stesse, nonché i segni contenenti simboli, emblemi e stemmi che rivestano un interesse pubblico inclusi i segni riconducibili alle forze dell'ordine e alle forze armate e i nomi di Stati e di enti pubblici territoriali italiani non possono costituire oggetto di registrazione come marchio d'impresa, a meno che l'autorità competente non ne abbia autorizzato la registrazione.[1]

1-*bis*. Non possono altresì formare oggetto di registrazione parole, figure o segni lesivi dell'immagine o della reputazione dell'Italia.[2]

2. Trattandosi di marchio contenente parole, figure o segni con significazione politica o di alto valore simbolico, o contenente elementi araldici, l'Ufficio italiano brevetti e marchi, prima della registrazione, invia l'esemplare del marchio e quant'altro possa occorrere alle amministrazioni pubbliche interessate, o competenti, per sentirne l'av-

viso, in conformità di quanto è disposto nel comma 4.

3. L'Ufficio italiano brevetti e marchi ha la facoltà di provvedere ai termini del comma 2 in ogni caso in cui sussista dubbio che il marchio possa essere contrario alla legge, all'ordine pubblico o al buon costume.

4. Se l'amministrazione interessata, o competente, di cui ai commi 2 e 3, esprime avviso contrario alla registrazione del marchio, l'Ufficio italiano brevetti e marchi respinge la domanda.

[1] Comma così modif. dall'art. 32, c. 4, D.L. 30 apr. 2019, n. 34 conv. con modif. in L. 28 giu. 2019, n. 58.
[2] Comma ins. dall'art. 32, c. 4, D.L. 30 apr. 2019, n. 34 conv. con modif. in L. 28 giu. 2019, n. 58.

11. ***Marchio collettivo.***[1] — 1. Le persone giuridiche di diritto pubblico e le associazioni di categoria di fabbricanti, produttori, prestatori di servizi o commercianti, escluse le società di cui al libro quinto, titolo quinto, capi quinto, sesto e settimo, del codice civile, possono ottenere la registrazione di marchi collettivi che hanno la facoltà di concedere in uso a produttori o commercianti.

2. I regolamenti concernenti l'uso dei marchi collettivi, i controlli e le relative sanzioni devono essere allegati alla domanda di registrazione in conformità ai requisiti di cui all'articolo 157, comma 1-*bis*; le modificazioni regolamentari devono essere comunicate a cura dei titolari all'Ufficio italiano brevetti e marchi per essere incluse nella raccolta di cui all'articolo 185.

3. Le disposizioni dei commi 1 e 2 sono applicabili anche ai marchi collettivi stranieri registrati nel Paese di origine.

4. In deroga all'articolo 13, comma 1, un marchio collettivo può consistere in segni o indicazioni che nel commercio possono servire per designare la provenienza geografica dei prodotti o servizi. Qualsiasi soggetto i cui prodotti o servizi provengano dalla zona geografica in questione ha diritto sia a fare uso del marchio, sia a diventare membro della associazione di categoria titolare del marchio, purché siano soddisfatti tutti i requisiti di cui al regolamento. In tal caso, peraltro, l'Ufficio italiano brevetti e marchi può rifiutare, con provvedimento motivato, la registrazione quando i marchi richiesti possano creare situazioni di ingiustificato privilegio o comunque recare pregiudizio allo sviluppo di altre analoghe iniziative nella regione. L'Ufficio italiano brevetti e marchi ha facoltà di chiedere al riguardo l'avviso delle amministrazioni pubbliche, categorie e organi interessati o competenti. L'avvenuta registrazione del marchio collettivo costituito da nome geografico non autorizza il titolare a vietare a terzi l'uso nel commercio del nome stesso, purché quest'uso sia conforme ai principi della correttezza professionale.

5. I marchi collettivi sono soggetti a tutte le altre disposizioni del presente codice in quanto non contrastino con la natura di essi.

[1] Articolo così modif. dall'art. 3, D.lgs. 20 feb. 2019, n. 15.

11-*bis*. ***Marchio di certificazione.***[1] — 1. Le persone fisiche o giuridiche, tra cui istituzioni, autorità ed organismi accreditati ai sensi della vigente normativa in materia di certificazione, a garantire l'origine, la natura o la qualità di determinati prodotti o servizi, possono ottenere la registrazione per appositi marchi come marchi di certificazione, a condizione che non svolgano un'attività che comporta la fornitura di prodotti o servizi del tipo certificato.

2. I regolamenti concernenti l'uso dei marchi di certificazione, i controlli e le relative sanzioni devono essere allegati alla domanda di registrazione in conformità ai requisiti di cui all'articolo 157, comma 1-*ter*; le modificazioni regolamentari devono essere comunicate a cura dei titolari all'Ufficio italiano brevetti e marchi per essere incluse nella raccolta di cui all'articolo 185.

3. Le disposizioni dei commi 1 e 2 sono applicabili anche ai marchi di certificazione o di garanzia stranieri registrati nel Paese di origine.

4. In deroga all'articolo 13, comma 1, un marchio di certificazione può consistere in segni o indicazioni che nel commercio possono servire per designare la provenienza geografica dei prodotti o servizi. In tal caso, peraltro, l'Ufficio italiano brevetti e marchi può rifiutare, con provvedimento motivato, la registrazione quando i marchi richiesti possano creare situazioni di ingiustificato privilegio o comunque recare pregiudizio allo sviluppo di altre analoghe iniziative nella regione. L'Ufficio italiano brevetti e marchi ha facoltà di chiedere al riguardo l'avviso delle amministrazioni pubbliche, categorie e organi interessati o competenti. L'avvenuta registrazione del marchio di certificazione costituito da nome geografico non autorizza il titolare a vietare a terzi l'uso nel commercio del nome stesso, purché quest'uso sia conforme ai principi della correttezza professionale.

5. I marchi di certificazione sono soggetti a tutte le altre disposizioni del presente codice in quanto non contrastino con la natura di essi.

[1] Articolo così modif. dall'art. 4, D.lgs. 20 feb. 2019, n. 15.

11-*ter*. ***Marchio storico di interesse nazionale.***[1] — 1. I titolari o licenziatari esclusivi di marchi d'impresa registrati da almeno cinquanta anni o per i quali sia possibile dimostrare l'uso continuativo da almeno cinquanta anni, utilizzati per la commercializzazione di prodotti o servizi realizzati in un'impresa produttiva nazionale di eccellenza storicamente collegata al territorio nazionale, possono ottenere l'iscrizione del marchio nel registro dei marchi storici di interesse nazionale di cui all'articolo 185-*bis*.

2. Con decreto del Ministro dello sviluppo economico è istituito il logo «Marchio storico di interesse nazionale» che le imprese iscritte nel registro di cui

all'articolo 185-*bis*, possono utilizzare per le finalità commerciali e promozionali. Con il decreto di cui al primo periodo sono altresì specificati i criteri per l'utilizzo del logo «Marchio storico di interesse nazionale».

[1] Articolo ins. dall'art. 31, c. 1, D.L. 30 apr. 2019, n. 34, conv. con modif. in L. 28 giu. 2019, n. 58.

12. *Novità.* — 1. Non possono costituire oggetto di registrazione come marchio d'impresa i segni che alla data del deposito della domanda:

a) siano identici o simili ad un segno già noto come marchio o segno distintivo di prodotti o servizi fabbricati, messi in commercio o prestati da altri per prodotti o servizi identici o affini, se a causa dell'identità o somiglianza tra i segni e dell'identità o affinità fra i prodotti o i servizi possa determinarsi un rischio di confusione per il pubblico, che può consistere anche in un rischio di associazione fra i due segni. Si considera altresì noto il marchio che ai sensi dell'articolo 6-*bis* della Convenzione di Parigi per la protezione della proprietà industriale, testo di Stoccolma 14 luglio 1967, ratificato con legge 28 aprile 1976, n. 424, sia notoriamente conosciuto presso il pubblico interessato, anche in forza della notorietà acquisita nello Stato attraverso la promozione del marchio. L'uso precedente del segno, quando non importi notorietà di esso, o importi notorietà puramente locale, non toglie la novità, ma il terzo preutente ha diritto di continuare nell'uso del marchio, anche ai fini della pubblicità, nei limiti della diffusione locale, nonostante la registrazione del marchio stesso. L'uso precedente del segno da parte del richiedente o del suo dante causa non è di ostacolo alla registrazione;

b) siano identici o simili a un segno già noto come ditta, denominazione o ragione sociale, insegna e nome a dominio usato nell'attività economica, o altro segno distintivo adottato da altri, se a causa della identità o somiglianza fra i segni e dell'identità o affinità fra l'attività d'impresa da questi esercitata ed i prodotti o servizi per i quali il marchio è registrato possa determinarsi un rischio di confusione per il pubblico, che può consistere anche in un rischio di associazione fra i due segni. L'uso precedente del segno, quando non importi notorietà di esso, o importi notorietà puramente locale, non toglie la novità. L'uso precedente del segno da parte del richiedente o del suo dante causa non è di ostacolo alla registrazione;

c) siano identici ad un marchio già da altri registrato nello Stato o con efficacia nello Stato in seguito a domanda depositata in data anteriore o avente effetto da data anteriore in forza di un diritto di priorità o di una valida rivendicazione di preesistenza per prodotti o servizi identici;

d) siano identici o simili ad un marchio già da altri registrato nello Stato o con efficacia nello Stato, in seguito a domanda depositata in data anteriore o avente effetto da data anteriore in forza di un diritto di priorità o di una valida rivendicazione di preesistenza per prodotti o servizi identici o affini, se a causa dell'identità o somiglianza fra i segni e dell'identità o affinità fra i prodotti o i servizi possa determinarsi un rischio di confusione per il pubblico, che può consistere anche in un rischio di associazione fra i due segni;

e) siano identici o simili ad un marchio già da altri registrato nello Stato o con efficacia nello Stato, in seguito a domanda depositata in data anteriore o avente effetto da data anteriore in forza di un diritto di priorità o di una valida rivendicazione di preesistenza per prodotti o servizi identici, affini o non affini, quando il marchio anteriore goda nell'Unione europea o nello Stato, di rinomanza e quando l'uso di quello successivo senza giusto motivo trarrebbe indebitamente vantaggio dal carattere distintivo o dalla rinomanza del segno anteriore o recherebbe pregiudizio agli stessi;[1]

f) siano identici o simili ad un marchio già notoriamente conosciuto ai sensi dell'articolo 6-*bis* della Convenzione di Parigi per la protezione della proprietà industriale, per prodotti o servizi identici, affini o non affini, quando ricorrono le condizioni di cui alla lettera *e*).[1]

2. Nei casi di cui alle lettere *c*), *d*) ed *e*), non toglie la novità il marchio anteriore che sia scaduto da oltre due anni ovvero tre se si tratta di un marchio collettivo o di certificazione o possa considerarsi decaduto per non uso ai sensi dell'articolo 24 al momento della proposizione della domanda o dell'eccezione di nullità.[2]

3. Ai fini previsti al comma 1, lettere *c*), *d*) ed *e*), le domande anteriori sono assimilate ai marchi anteriori registrati, sotto riserva della conseguente registrazione.

[1] Lettera così modif. dall'art. 5, D.lgs. 20 feb. 2019, n. 15.
[2] Comma così modif. dall'art. 5, D.lgs. 20 feb. 2019, n. 15.

13. *Capacità distintiva.* — 1. Non possono costituire oggetto di registrazione come marchio d'impresa i segni privi di carattere distintivo e in particolare:

a) quelli che consistono esclusivamente in segni divenuti di uso comune nel linguaggio corrente o negli usi costanti del commercio;

b) quelli costituiti esclusivamente dalle denominazioni generiche di prodotti o servizi o da indicazioni descrittive che ad essi si riferiscono, come i segni che in commercio possono servire a designare la specie, la qualità, la quantità, la destinazione, il valore, la provenienza geografica ovvero l'epoca di fabbricazione del prodotto o della prestazione del servizio o altre caratteristiche del prodotto o servizio.

2. In deroga al comma 1[e all'art. 12, comma 1, lettera *a*)], possono costituire oggetto di registrazione come marchio d'impresa i segni che prima della domanda di registrazione, a seguito dell'uso

che ne sia stato fatto, abbiano acquistato carattere distintivo.

3. Il marchio non può essere dichiarato o considerato nullo se prima della proposizione della domanda o dell'eccezione di nullità, il segno che ne forma oggetto, a seguito dell'uso che ne è stato fatto, ha acquistato carattere distintivo.

4. Il marchio decade se, per il fatto dell'attività o dell'inattività del suo titolare sia divenuto nel commercio denominazione generica del prodotto o servizio o abbia comunque perduto la sua capacità distintiva.

14. ***Liceità e diritti dei terzi.***[1] — 1. Non possono costituire oggetto di registrazione come marchio d'impresa:

a) i segni contrari alla legge, all'ordine pubblico o al buon costume;

b) i segni idonei ad ingannare il pubblico, in particolare sulla provenienza geografica, sulla natura o sulla qualità dei prodotti o servizi, ovvero sulla tipologia di marchio;

c) i segni il cui uso costituirebbe violazione di un altrui diritto di autore, di proprietà industriale o altro diritto esclusivo di terzi;

c-bis) i segni esclusi dalla registrazione, conformemente alla legislazione dell'Unione europea o dello Stato o ad accordi internazionali in materia di cui l'Unione europea o lo Stato è parte, relativi alla protezione delle denominazioni d'origine e delle indicazioni geografiche;

c-ter) i segni esclusi dalla registrazione conformemente alla normativa dell'Unione europea o ad accordi internazionali in materia di cui l'Unione è parte, relativi alla protezione delle menzioni tradizionali per i vini;

c-quater) i segni esclusi dalla registrazione conformemente alla normativa dell'Unione europea relativa alla protezione delle specialità tradizionali garantite o ad accordi internazionali in materia di cui l'Unione europea è parte;

c-quinquies) i segni che contengono o riproducono nei loro elementi essenziali una denominazione di varietà vegetale precedentemente registrata conformemente alla legislazione dell'Unione europea o dello Stato o ad accordi internazionali di cui l'Unione europea o lo Stato sono parte, in materia di tutela dei diritti relativi alle varietà vegetali e che, in relazione a queste ultime, sono della stessa specie o di specie apparentate.

1-*bis*. Ai fini del comma 1, lettera *c-bis*), le domande anteriori di protezione di denominazione di origine o di indicazione geografica, sono assimilate alle denominazioni di origine o di indicazioni geografiche protette, sotto riserva della successiva protezione ed a condizione che la legislazione dell'Unione europea o dello Stato conferisca alla persona autorizzata ad esercitare i diritti da essa derivanti il diritto di vietare l'uso di un marchio d'impresa posteriore.

2. Il marchio d'impresa decade:

a) se sia divenuto idoneo ad indurre in inganno il pubblico, in particolare circa la natura, qualità o provenienza dei prodotti o servizi, a causa di modo e del contesto in cui viene utilizzato dal titolare o con il suo consenso, per i prodotti o servizi per i quali è registrato;

b) se sia divenuto contrario alla legge, all'ordine pubblico o al buon costume;

c) per l'omessa adozione da parte del titolare delle misure ragionevolmente idonee a prevenire un uso del marchio non conforme alle condizioni del regolamento d'uso del marchio collettivo o del marchio di certificazione e, in particolare, dei controlli previsti dalle disposizioni regolamentari sull'uso del marchio collettivo o del marchio di certificazione.

[1] Articolo così modif. dall'art. 6, D.lgs. 20 feb. 2019, n. 15.

15. ***Effetti della registrazione.*** — 1. I diritti esclusivi considerati da questo codice sono conferiti con la registrazione.

2. Gli effetti della prima registrazione decorrono dal giorno successivo alla data di deposito della domanda. Trattandosi di rinnovazione gli effetti di essa decorrono dal giorno successivo alla data di scadenza della registrazione precedente.[1]

3. Salvo il disposto dell'art. 20, comma 1, lettera *c*), la registrazione esplica effetto limitatamente ai prodotti o servizi indicati nella registrazione stessa ed ai prodotti o servizi affini.

4. La registrazione dura dieci anni a partire dalla data di deposito della domanda, salvo il caso di rinuncia del titolare.

5. La rinuncia diviene efficace con la sua annotazione nel registro dei marchi di impresa e di essa deve essere data notizia nel Bollettino Ufficiale.

[1] Comma così modif. dall'art. 7, D.lgs. 20 feb. 2019, n. 15.

16. ***Rinnovazione.*** — 1. La registrazione può essere rinnovata per lo stesso marchio precedente, con riguardo allo stesso genere di prodotti o di servizi secondo la classificazione internazionale dei prodotti e dei servizi risultante dall'Accordo di Nizza, testo di Ginevra del 13 maggio 1977, ratificato con legge 27 aprile 1982, n. 243.

2. La rinnovazione si effettua per periodi di dieci anni.

3. La rinnovazione della registrazione di un marchio che è stato oggetto di trasferimento per una parte dei prodotti o servizi è effettuata separatamente dai rispettivi titolari.

4. Restano immutate la decorrenza e la durata degli effetti della registrazione per i marchi registrati presso l'Organizzazione mondiale della proprietà intellettuale di Ginevra.

17. ***Registrazione internazionale.*** — 1. Rimangono ferme, per la registrazione dei marchi presso l'Organizzazione mondiale della proprietà intellettuale di Ginevra (OMPI), le disposizioni vigenti ai sensi delle convenzioni internazionali.

2. I marchi internazionali registrati presso l'Organizzazione mondiale della proprietà intellettuale (OMPI) di Ginevra, in base all'Accordo di Madrid concernente la registrazione internazionale dei marchi, testo di Stoccolma del 14 luglio 1967, ratificato con legge 28 aprile 1976, n. 424, ed al relativo Protocollo adottato a Madrid il 27 giugno 1989, ratificato con legge 12 marzo 1996, n. 169, recanti la designazione dell'Italia quale Paese in cui si chiede la protezione, devono rispondere ai requisiti previsti per i marchi nazionali dal presente codice.

3. L'Ufficio italiano brevetti e marchi effettua l'esame dei marchi internazionali designanti l'Italia conformemente alle disposizioni applicabili alle domande di marchi nazionali.

18. ***Protezione temporanea.*** — 1. Entro i limiti ed alle condizioni indicate nel comma 2, può essere accordata, mediante decreto del Ministero dello sviluppo economico, una protezione temporanea ai nuovi marchi apposti sui prodotti o sui materiali inerenti alla prestazione dei servizi che figurano in esposizioni nazionali o internazionali, ufficiali od ufficialmente riconosciute, tenute nel territorio dello Stato o in uno Stato estero che accordi reciprocità di trattamento.[1]

2. La protezione temporanea fa risalire la priorità della registrazione, a favore del titolare o del suo avente causa, al giorno della consegna del prodotto o del materiale inerente alla prestazione del servizio per l'esposizione, ed ha effetto sempre che la domanda di registrazione sia depositata entro sei mesi dalla data della consegna ed in ogni caso non oltre sei mesi dall'apertura dell'esposizione.

3. Nel caso di esposizione tenuta in uno Stato estero, se ivi è stabilito un termine più breve, la domanda di registrazione deve essere depositata entro questo termine.

4. Tra più marchi identici o simili per prodotti o servizi identici o affini presentati per l'esposizione nello stesso giorno, la priorità spetta al marchio per il quale è stata depositata prima la domanda di registrazione.

5. Le date di cui ai commi 2, 3 e 4 devono essere indicate dall'interessato e menzionate nell'attestato di registrazione, previa la loro verifica da parte dell'Ufficio italiano brevetti e marchi.

[1] Comma così modif. dall'art. 8, D.lgs. 20 feb. 2019, n. 15.

19. ***Diritto alla registrazione.*** — 1. Può ottenere una registrazione per marchio d'impresa chi lo utilizzi, o si proponga di utilizzarlo, nella fabbricazione o commercio di prodotti o nella prestazione di servizi della propria impresa o di imprese di cui abbia il controllo o che ne facciano uso con il suo consenso.

2. Non può ottenere una registrazione per marchio di impresa chi abbia fatto la domanda in mala fede.

3. Anche le amministrazioni dello Stato, delle regioni, delle province e dei comuni possono ottenere registrazioni di marchio, anche aventi ad oggetto elementi grafici distintivi tratti dal patrimonio culturale, storico, architettonico o ambientale del relativo territorio; in quest'ultimo caso, i proventi derivanti dallo sfruttamento del marchio a fini commerciali, compreso quello effettuato mediante la concessione di licenze e per attività di merchandising, dovranno essere destinati al finanziamento delle attività istituzionali o alla copertura degli eventuali disavanzi pregressi dell'ente.

20. ***Diritti conferiti dalla registrazione.***[1] — 1. I diritti del titolare del marchio d'impresa registrato consistono nella facoltà di fare uso esclusivo del marchio. Il titolare ha il diritto di vietare ai terzi, salvo proprio consenso, di usare nell'attività economica:

a) un segno identico al marchio per prodotti o servizi identici a quelli per cui esso è stato registrato;

b) un segno identico o simile al marchio registrato, per prodotti o servizi identici o affini, se a causa dell'identità o somiglianza fra i segni e dell'identità o affinità fra i prodotti o servizi, possa determinarsi un rischio di confusione per il pubblico, che può consistere anche in un rischio di associazione fra i due segni;

c) un segno identico o simile al marchio registrato per prodotti o servizi anche non affini, se il marchio registrato goda nello stato di rinomanza e se l'uso del segno, anche a fini diversi da quello di contraddistinguere i prodotti e servizi, senza giusto motivo consente di trarre indebitamente vantaggio dal carattere distintivo o dalla rinomanza del marchio o reca pregiudizio agli stessi .

2. Nei casi menzionati al comma 1 il titolare del marchio può in particolare vietare ai terzi di apporre il segno sui prodotti o sulle loro confezioni o sugli imballaggi; di offrire i prodotti, di immetterli in commercio o di detenerli a tali fini, oppure di offrire o fornire i servizi contraddistinti dal segno; di importare o esportare prodotti contraddistinti dal segno stesso; di utilizzare il segno nella corrispondenza commerciale e nella pubblicità; di apporre il segno su confezioni, imballaggi, etichette, cartellini, dispositivi di sicurezza o autenticazione o componenti degli stessi o su altri mezzi su cui il marchio può essere apposto ovvero di offrire, immettere in commercio, detenere a tali fini, importare o esportare tali mezzi recanti il marchio, quando vi sia il rischio che gli stessi possano essere usati in attività costituenti violazione del diritto del titolare.

2-*bis*. Il titolare del marchio può inoltre vietare ai terzi di introdurre in Italia, in ambito commerciale, prodotti che non siano stati immessi in libera pratica, quando detti prodotti oppure il relativo imballaggio provengono da Paesi terzi rispetto all'Unione europea e recano senza autorizzazione un segno identico al marchio o che non può essere distinto nei suoi aspetti essenziali da detto marchio, qualora i prodotti in questione rientrino nell'ambito di protezione del marchio, a meno che durante il procedimento per determinare l'eventuale violazione del marchio, instaurato conformemente al regolamento (UE) 608/2013 del Parlamento europeo e del Consiglio, del 12 giugno 2013, il dichiarante o il detentore dei prodotti fornisca la prova del fatto che il titolare del marchio non ha il diritto di vietare l'immissione in commercio dei prodotti nel Paese di destinazione finale.

3. Il commerciante può apporre il proprio marchio alle merci che mette in vendita, ma non può sopprimere il marchio del produttore o del commerciante da cui abbia ricevuto i prodotti o le merci.

3-*bis*. Se la riproduzione di un marchio in un dizionario, in un'enciclopedia o in un'analoga opera di consultazione in formato cartaceo o elettronico dà l'impressione che esso costituisca il nome generico dei prodotti o dei servizi per i quali il marchio è registrato, su richiesta del titolare del marchio d'impresa l'editore dell'opera provvede affinché la riproduzione del marchio sia, tempestivamente e al più tardi nell'edizione successiva in caso di opere in formato cartaceo, corredata dell'indicazione che si tratta di un marchio registrato.

[1] Articolo così modif. dall'art. 9, D.lgs. 20 feb. 2019, n. 15.

21. ***Limitazioni del diritto di marchio.*** — 1. I diritti di marchio d'impresa registrato non permettono al titolare di vietare ai terzi l'uso nell'attività economica, purché l'uso sia conforme ai principi della correttezza professionale:

a) del loro nome o indirizzo, qualora si tratti di una persona fisica;[1]

b) di segni o indicazioni che non sono distintivi o che riguardano la specie, la qualità, la quantità, la destinazione, il valore, la provenienza geografica, l'epoca di fabbricazione del prodotto o di prestazione del servizio o ad altre caratteristiche del prodotto o del servizio;[1]

c) del marchio d'impresa per identificare o fare riferimento a prodotti o servizi del titolare di tale marchio, in specie se l'uso del marchio è necessario per indicare la destinazione di un prodotto o servizio, in particolare come accessori o pezzi di ricambio.[1]

2. Non è consentito usare il marchio in modo contrario alla legge, né, in specie, in modo da ingenerare un rischio di confusione sul mercato con altri segni conosciuti come distintivi di imprese, prodotti o servizi altrui, o da indurre comunque in inganno il pubblico, in particolare circa la natura, qualità o provenienza dei prodotti o servizi, a causa del modo e del contesto in cui viene utilizzato, o da ledere un altrui diritto di autore, di proprietà industriale, o altro diritto esclusivo di terzi.

3. È vietato a chiunque di fare uso di un marchio registrato dopo che la relativa registrazione è stata dichiarata nulla, quando la causa di nullità comporta la illiceità dell'uso del marchio.

[1] Lettera così modif. dall'art. 10, D.lgs. 20 feb. 2019, n. 15.

22. ***Unitarietà dei segni distintivi.*** — 1. È vietato adottare come ditta, denominazione o ragione sociale, insegna e nome a dominio di un sito usato nell'attività economica o altro segno distintivo un segno uguale o simile all'altrui marchio se, a causa dell'identità o dell'affinità tra l'attività di impresa dei titolari di quei segni ed i prodotti o servizi per i quali il marchio è adottato, possa determinarsi un rischio di confusione per il pubblico che può consistere anche in un rischio di associazione fra i due segni.

2. Il divieto di cui al comma 1 si estende all'adozione come ditta, denominazione o ragione sociale, insegna e nome a dominio di un sito usato nell'attività economica o altro segno distintivo di un segno uguale o simile ad un marchio registrato per prodotti o servizi anche non affini, che goda nello Stato di rinomanza se l'uso del segno senza giusto motivo consente di trarre indebitamente vantaggio dal carattere distintivo o dalla rinomanza del marchio o reca pregiudizio agli stessi.

23. ***Trasferimento del marchio.*** — 1. Il marchio può essere trasferito per la totalità o per una parte dei prodotti o servizi per i quali è stato registrato.

2. Il marchio può essere oggetto di licenza anche non esclusiva per la totalità o per parte dei prodotti o dei servizi per i quali è stato registrato e per la totalità o per parte del territorio dello Stato, a condizione che, in caso di licenza non esclusiva, il licenziatario si obblighi espressamente ad usare il marchio per contraddistinguere prodotti o servizi eguali a quelli corrispondenti messi in commercio o prestati nel territorio dello Stato con lo stesso marchio dal titolare o da altri licenziatari.

3. Il titolare del marchio d'impresa può far valere il diritto all'uso esclusivo del marchio stesso contro il licenziatario che violi le disposizioni del contratto di licenza relativamente alla durata, al modo di utilizzazione del marchio, alla natura dei prodotti o servizi per i quali la licenza è concessa, al territorio in cui il marchio può essere usato o alla qualità dei prodotti fabbricati e dei servizi prestati dal licenziatario.

4. In ogni caso, dal trasferimento e dalla licenza del marchio non deve derivare inganno in quei caratteri dei prodotti o servizi che sono essenziali nell'apprezzamento del pubblico.

24. ***Uso del marchio.*** — 1. A pena di decadenza il marchio deve formare oggetto di uso effettivo da parte del titolare o con il suo consenso, per i prodotti o servizi per i quali è stato registrato, entro cinque anni dalla registrazione, e tale uso non deve essere sospeso per un periodo ininterrotto di cinque anni, salvo che il mancato uso non sia giustificato da un motivo legittimo.

1-*bis*. Nel caso di un marchio internazionale designante l'Italia e registrato ai sensi dell'accordo di Madrid per la registrazione internazionale dei marchi, testo di Stoccolma del 14 luglio 1967, ratificato con legge 28 aprile 1976, n. 424, o del relativo protocollo del 27 giugno 1989, ratificato con legge 12 marzo 1996, n. 169, il termine indicato al comma 1 decorre dalla data in cui scade il termine per l'Ufficio italiano brevetti e marchi per formulare il rifiuto provvisorio di cui all'articolo 171 o, qualora la registrazione sia stata oggetto di rifiuto provvisorio, dalla data in cui l'Ufficio italiano brevetti e marchi conferma la tutela in Italia della registrazione internazionale in modo definitivo.

1-*ter*. Nel caso di marchi collettivi o di certificazione, i requisiti di cui al comma 1 sono soddisfatti quando l'uso effettivo è effettuato da un soggetto legittimato all'uso.[1]

2. Ai fini di cui al presente articolo sono equiparati all'uso del marchio l'uso dello stesso in forma modificata ancorché non registrata, che non ne alteri il carattere distintivo, nonché l'apposizione nello Stato del marchio sui prodotti o sulle loro confezioni o imballaggi ai fini dell'esportazione di essi.[2]

3. Salvo il caso di diritti acquistati sul marchio da terzi con il deposito o con l'uso, la decadenza non può essere fatta valere qualora fra la scadenza del quinquennio di non uso e la proposizione della domanda o dell'eccezione di decadenza sia iniziato o ripreso l'uso effettivo del marchio. Tuttavia se il titolare effettua i preparativi per l'inizio o per la ripresa dell'uso del marchio solo dopo aver saputo che sta per essere proposta la domanda o eccezione di decadenza, tale inizio o ripresa non vengono presi in considerazione se non effettuati almeno tre mesi prima della proposizione della domanda o eccezione di decadenza; tale periodo assume peraltro rilievo solo se decorso successivamente alla scadenza del quinquennio di mancato uso.

4. Inoltre, neppure avrà luogo la decadenza per non uso se il titolare del marchio non utilizzato sia titolare, in pari tempo, di altro o altri marchi simili tuttora in vigore di almeno uno dei quali faccia effettiva utilizzazione per contraddistinguere gli stessi prodotti o servizi.

[1] Comma ins. dall'art. 11, D.lgs. 20 feb. 2019, n. 15.

[2] Comma così modif. dall'art. 11, D.lgs. 20 feb. 2019, n. 15.

25. ***Nullità.*** — 1. Il marchio è nullo:

a) se manca di uno dei requisiti previsti nell'art. 7 o se sussista uno degli impedimenti previsti dall'art. 12;

b) se è in contrasto con il disposto degli articoli 9, 10, 11, 11-*bis*, 13, 14, comma 1, e 19, comma 2;

c) se è in contrasto con il disposto dell'articolo 8;[1]

d) nel caso dell'articolo 118, comma 3, lettera *b*).

1-*bis*. Nel caso di contrasto con le disposizioni in materia di marchi collettivi di cui all'articolo 11, commi 1 e 2, o di marchi di certificazione di cui all'articolo 11-*bis*, commi 1 e 2, la nullità non può essere dichiarata qualora il titolare del marchio si conformi a dette disposizioni modificando il regolamento d'uso ai sensi degli articoli 11 ed 11-*bis*, comma 2.[2]

[1] Lettera così modif. dall'art. 12, D.lgs. 20 feb. 2019, n. 15.

[2] Comma aggiunto dall'art. 12, D.lgs. 20 feb. 2019, n. 15.

26. ***Decadenza.*** — 1. Il marchio decade:

a) per volgarizzazione ai sensi dell'art. 13, comma 4;

b) per illiceità sopravvenuta ai sensi dell'art. 14, comma 2;

c) per non uso ai sensi dell'art. 24.

27. ***Decadenza e nullità parziale.*** — 1. Se i motivi di decadenza o di nullità di un marchio d'impresa sussistono soltanto per una parte dei prodotti o servizi per i quali il marchio è registrato, la decadenza o nullità riguardano solo questa parte dei prodotti o servizi.

28. ***Convalidazione.*** — 1. Il titolare di un marchio d'impresa anteriore ai sensi dell'art. 12 e il titolare di un diritto di preuso che importi notorietà non puramente locale, i quali abbiano, durante cinque anni consecutivi, tollerato, essendone a conoscenza, l'uso di un marchio posteriore registrato uguale o simile, non possono domandare la dichiarazione di nullità del marchio posteriore né opporsi all'uso dello stesso per i prodotti o servizi in relazione ai quali il detto marchio è stato usato sulla base del proprio marchio anteriore o del proprio preuso, salvo il caso in cui il marchio posteriore sia stato domandato in mala fede. Il titolare del marchio posteriore non può opporsi all'uso di quello anteriore o alla continuazione del preuso.

2. La disciplina del comma 1 si applica anche al caso di marchio registrato in violazione degli artt. 8 e 14, comma 1, lettera *c*).

SEZIONE II
Indicazioni geografiche

29. ***Oggetto della tutela.*** — 1. Sono protette le indicazioni geografiche e le denominazioni di origine che identificano un paese, una regione o una località, quando siano adottate per designare un prodotto che ne è originario e le cui qualità, reputazione o caratteristiche sono dovute esclusivamente o essenzialmente all'ambiente geografico d'origine, comprensivo dei fattori naturali, umani e di tradizione.

30. ***Tutela.*** — 1. Salva la disciplina della concorrenza sleale, salve le convenzioni internazionali in materia e salvi i diritti di marchio anteriormente acquisiti in buona fede è vietato quando sia idoneo ad ingannare il pubblico o quando comporti uno sfruttamento indebito della reputazione della denominazione protetta, l'uso di indicazioni geografiche e di denominazioni di origine, nonché l'uso di qualsiasi mezzo nella designazione o presentazione di un prodotto che indichino o suggeriscano che il prodotto stesso proviene da una località diversa dal vero luogo di origine, oppure che il prodotto presenta le qualità che sono proprie dei prodotti che provengono da una località designata da un'indicazione geografica.

2. La tutela di cui al comma 1 non permette di vietare ai terzi l'uso nell'attività economica del proprio nome, o del nome del proprio dante causa nell'attività medesima, salvo che tale nome sia usato in modo da ingannare il pubblico.

SEZIONE III
Disegni e modelli

31. ***Oggetto della registrazione.*** — 1. Possono costituire oggetto di registrazione come disegni e modelli l'aspetto dell'intero prodotto o di una sua parte quale risulta, in particolare, dalle caratteristiche delle linee, dei contorni, dei colori, della forma, della struttura superficiale ovvero dei materiali del prodotto stesso ovvero del suo ornamento, a condizione che siano nuovi ed abbiano carattere individuale.

2. Per prodotto si intende qualsiasi oggetto industriale o artigianale, compresi tra l'altro i componenti che devono essere assemblati per formare un prodotto complesso, gli imballaggi, le presentazioni, i simboli grafici e caratteri tipografici, esclusi i programmi per elaboratore.

3. Per prodotto complesso si intende un prodotto formato da più componenti che possono essere sostituiti, consentendo lo smontaggio e un nuovo montaggio del prodotto.

32. ***Novità.*** — 1. Un disegno o modello è nuovo se nessun disegno o modello identico è stato divulgato anteriormente alla data di presentazione della domanda di registrazione, ovvero, qualora si rivendichi la priorità, anteriormente alla data di quest'ultima. I disegni o modelli si reputano identici quando le

33. ***Carattere individuale.*** — 1. Un disegno o modello ha carattere individuale se l'impressione generale che suscita nell'utilizzatore informato differisce dall'impressione generale suscitata in tale utilizzatore da qualsiasi disegno o modello che sia stato divulgato prima della data di presentazione della domanda di registrazione o, qualora si rivendichi la priorità, prima della data di quest'ultima.

2. Nell'accertare il carattere individuale di cui al comma 1, si prende in considerazione il margine di libertà di cui l'autore ha beneficiato nel realizzare il disegno o modello.

33-*bis*. ***Liceità.*** — 1. Non può costituire oggetto di registrazione il disegno o modello contrario all'ordine pubblico o al buon costume; il disegno o modello non può essere considerato contrario all'ordine pubblico o al buon costume per il solo fatto di essere vietato da una disposizione di legge o amministrativa.

2. Non può costituire oggetto di registrazione il disegno o modello che costituisce utilizzazione impropria di uno degli elementi elencati nell'articolo 6-*ter* della Convenzione di Parigi per la protezione della proprietà industriale, testo di Stoccolma del 14 luglio 1967, ratificato con legge 28 aprile 1976, n. 424, ovvero di segni, emblemi e stemmi diversi da quelli contemplati da detto articolo e che rivestono un particolare interesse pubblico nello Stato.

34. ***Divulgazione.*** — 1. Ai fini dell'applicazione degli artt. 32 e 33, il disegno o modello si considera divulgato se è stato reso accessibile al pubblico per effetto di registrazione o in altro modo, ovvero, se è stato esposto, messo in commercio o altrimenti reso pubblico, a meno che tali eventi non potessero ragionevolmente essere conosciuti dagli ambienti specializzati del settore interessato, operanti nella Comunità, nel corso della normale attività commerciale, prima della data di presentazione della domanda di registrazione o, qualora si rivendichi la priorità, prima della data di quest'ultima.

2. Il disegno o modello non si considera reso accessibile al pubblico per il solo fatto di essere stato rivelato ad un terzo sotto vincolo esplicito o implicito di riservatezza.

3. Ai fini dell'applicazione degli artt. 32 e 33 non si considera reso accessibile al pubblico il disegno o modello divulgato dall'autore o dal suo avente causa oppure da un qualsiasi terzo in virtù di informazioni o di atti compiuti dall'autore o dal suo avente causa nei dodici mesi precedenti la data di presentazione della domanda di registrazione ovvero, quando si rivendichi la priorità, nei dodici mesi precedenti la data di quest'ultima.

4. Non costituisce altresì divulgazione, ai fini dell'applicazione degli artt. 32 e 33, il fatto che il disegno o modello sia stato reso accessibile al pubblico nei dodici mesi precedenti la data di presentazione della domanda o la data di priorità, se ciò risulti, direttamente o indirettamente, da un abuso commesso nei confronti dell'autore o del suo avente causa.

5. [Abrogato]

35. ***Prodotto complesso.*** — 1. Il disegno o modello applicato od incorporato nel componente di un prodotto complesso possiede i requisiti della novità e del carattere individuale soltanto:

a) se il componente, una volta incorporato nel prodotto complesso, rimane visibile durante la normale utilizzazione e cioè durante l'utilizzazione da parte del consumatore finale, esclusi gli interventi di manutenzione, assistenza e riparazione;

b) se le caratteristiche visibili del componente possiedono di per sé i requisiti di novità e di individualità.

36. ***Funzione tecnica.*** — 1. Non possono costituire oggetto di registrazione come disegni o modelli quelle caratteristiche dell'aspetto del prodotto che sono determinate unicamente dalla funzione tecnica del prodotto stesso.

2. Non possono formare oggetto di registrazione per disegno o modello le caratteristiche dell'aspetto del prodotto che devono essere necessariamente riprodotte nelle loro esatte forme e dimensioni per potere consentire al prodotto in cui il disegno o modello è incorporato o al quale è applicato di essere unito o connesso meccanicamente con altro prodotto, ovvero di essere incorporato in esso oppure intorno o a contatto con esso, in modo che ciascun prodotto possa svolgere la propria funzione. Tuttavia possono costituire oggetto di registrazione i disegni o modelli che possiedono i requisiti della novità e del carattere individuale quando hanno lo scopo di consentire l'unione o la connessione multipla di prodotti intercambiabili in un sistema modulare.

37. ***Durata della protezione.*** — 1. La registrazione del disegno o modello dura cinque anni a decorrere dalla data di presentazione della domanda. Il titolare può ottenere la proroga della durata per uno o più periodi di cinque anni fino ad un massimo di venticinque anni dalla data di presentazione della domanda di registrazione.

38. ***Diritto alla registrazione ed effetti.*** — 1. I diritti esclusivi sui disegni e modelli sono attribuiti con la registrazione.

2. Il diritto alla registrazione spetta all'autore del disegno o modello ed ai suoi aventi causa.

3. Salvo patto contrario, la registrazione per disegni e modelli, che siano opera di dipendenti, in quanto tale opera rientri tra le loro mansioni, spetta al datore di lavoro, fermo restando il diritto del dipendente di essere riconosciuto come autore del disegno o modello e di fare inserire il suo nome nell'attestato di registrazione.

4. Gli effetti della registrazione decorrono dalla data in cui la domanda con la relativa documentazione è resa accessibile al pubblico.

5. L'Ufficio italiano brevetti e marchi pone a disposizione del pubblico la domanda di registrazione con le riproduzioni grafiche o i campioni e le eventuali descrizioni dopo il deposito, purché il richiedente non abbia escluso nella domanda l'accessibilità per un periodo che non può essere superiore a trenta mesi dalla data di deposito o da quella di priorità.

6. Nei confronti delle persone alle quali la domanda con la riproduzione del disegno o modello e l'eventuale descrizione è stata notificata a cura del richiedente, gli effetti della registrazione decorrono dalla data di tale notifica.

39. ***Registrazione multipla.*** — 1. Con una sola domanda può essere chiesta la registrazione per più disegni e modelli purché destinati ad essere attuati o incorporati in oggetti inseriti nella medesima classe della classificazione internazionale dei disegni e modelli, formata ai sensi delle disposizioni di cui all'accordo di Locarno dell'8 ottobre 1968, e successive modificazioni, ratificato con legge 22 maggio 1974, n. 348.

2. Salvo il disposto del comma 1 e dell'art. 40 non è ammessa la domanda concernente più registrazioni ovvero una sola registrazione per più disegni e modelli. Se la domanda non è ammissibile l'Ufficio italiano brevetti e marchi invita l'interessato, assegnandogli un termine, a limitare la domanda alla parte ammissibile, con facoltà di presentare, per i rimanenti disegni e modelli, altrettante domande che avranno effetto dalla data della prima domanda.

3. La registrazione concernente più modelli o disegni può essere limitata su istanza del titolare ad uno o più di essi.

4. La domanda o la registrazione concernente un disegno o modello che non presenta i requisiti di validità, su istanza del titolare, può essere mantenuta in forma modificata, se l'Ufficio italiano brevetti e marchi verifica che in tale forma il disegno o modello conserva la sua identità. La modificazione può risultare altresì da parziale rinuncia da parte del titolare o dalla annotazione sull'attestato di registrazione di una sentenza che dichiari la parziale nullità della registrazione stessa.

40. ***Registrazione contemporanea.*** — 1. Se un disegno o modello possiede i requisiti di registrabilità ed al tempo stesso accresce l'utilità dell'oggetto al quale si riferisce, possono essere chiesti contemporaneamente il brevetto per modello di utilità e la registrazione per disegno o modello, ma l'una e l'altra protezione non possono venire cumulate in un solo titolo.

2. Se la domanda di registrazione comprende un oggetto la cui forma o disegno gli conferisca carattere nuovo e individuale e nello stesso tempo ne accresca l'utilità, è applicabile la procedura di limitazione di cui all'art. 39, comma 2, apportando le necessarie modifiche.

41. ***Diritti conferiti dal disegno o modello.*** — 1. La registrazione di un disegno o modello conferisce al titolare il diritto esclusivo di utilizzarlo, e di vietare a terzi di utilizzarlo senza il suo consenso.

2. Costituiscono in particolare atti di utilizzazione la fabbricazione, l'offerta, la commercializzazione, l'importazione, l'esportazione o l'impiego di un prodotto in cui il disegno o modello è incorporato o al quale è applicato, ovvero la detenzione di tale prodotto per tali fini.

3. I diritti esclusivi conferiti dalla registrazione di un disegno o modello si estendono a qualunque disegno o modello che non produca nell'utilizzatore informato una impressione generale diversa.

4. Nel determinare l'estensione della protezione si tiene conto del margine di libertà dell'autore nella realizzazione del disegno o modello.

42. ***Limitazioni del diritto su disegno o modello.*** — 1. I diritti conferiti dalla registrazione del disegno o modello non si estendono:

a) agli atti compiuti in ambito privato e per fini non commerciali;

b) agli atti compiuti a fini di sperimentazione;

c) agli atti di riproduzione necessari per le citazioni o per fini didattici, purché siano compatibili con i principi della correttezza professionale, non pregiudichino indebitamente l'utilizzazione normale del disegno o modello e sia indicata la fonte.

2. I diritti esclusivi conferiti dalla registrazione del disegno o modello non sono esercitabili riguardo:

a) all'arredo e alle installazioni dei mezzi di locomozione navale e aerea immatricolati in altri paesi che entrano temporaneamente nel territorio dello Stato;

b) all'importazione nello Stato di pezzi di ricambio e accessori destinati alla riparazione dei mezzi di trasporto di cui alla lettera *a*);

c) all'esecuzione delle riparazioni sui mezzi di trasporto predetti.

43. ***Nullità.*** — 1. La registrazione è nulla:

a) se il disegno o modello non è registrabile ai sensi degli artt. 31, 32, 33, 34, 35 e 36;

b) se il disegno o modello è contrario all'ordine pubblico o al buon costume; il disegno o modello non può essere considerato contrario all'ordine pubblico o al buon costume per il solo fatto di essere vietato da una disposizione di legge o amministrativa;

c) se il titolare della registrazione non aveva diritto di ottenerla e l'autore non si sia avvalso delle facoltà accordategli dall'art. 118;

d) se il disegno o modello è in conflitto con un disegno o modello precedente che sia stato reso noto dopo la data di presentazione della domanda o, quando si rivendichi la priorità, dopo la data di quest'ultima ma il cui diritto esclusivo decorre da una data precedente per effetto di registrazione comunitaria, nazionale o internazionale ovvero per effetto della relativa domanda;

e) se il disegno o modello è tale che il suo uso costituirebbe violazione di un segno distintivo ovvero di un'opera dell'ingegno protetta dal diritto d'autore;

f) se il disegno o modello costituisce utilizzazione impropria di uno degli elementi elencati nell'art. 6-*ter* della Convenzione di Parigi per la protezione della proprietà industriale, testo di Stoccolma del 14 luglio 1967, ratificato con legge 28 aprile 1976, n. 424, ovvero di segni, emblemi e stemmi diversi da quelli contemplati da detto articolo e che rivestono un particolare interesse pubblico nello Stato.

2. La nullità della registrazione del disegno o modello che forma oggetto di diritti anteriori ai sensi del comma 1, lettere *d*) ed *e*), può essere promossa unicamente dal titolare di tali diritti o dai suoi aventi causa.

3. La nullità della registrazione del disegno o modello che costituisce utilizzazione impropria di uno degli elementi elencati nell'art. 6-*ter* della Convenzione di Parigi per la protezione industriale ovvero di segni, emblemi e stemmi che rivestono un particolare interesse pubblico nello Stato, può essere fatta valere unicamente dall'interessato alla utilizzazione

44. ***Durata del diritto di utilizzazione economica per diritto d'autore.*** — 1. I diritti di utilizzazione economica dei disegni e modelli industriali protetti ai sensi dell'art. 2, comma 1, numero 10, della legge 22 aprile 1941, n. 633, durano tutta la vita dell'autore e sino al termine del settantesimo[1] anno solare dopo la sua morte o dopo la morte dell'ultimo dei coautori.

2-3. [Abrogati]

SEZIONE IV
Invenzioni

45. ***Oggetto del brevetto.*** — 1. Possono costituire oggetto di brevetto per invenzione le invenzioni, di ogni settore della tecnica, che sono nuove e che implicano un'attività inventiva e sono atte ad avere un'applicazione industriale.

2. Non sono considerate come invenzioni ai sensi del comma 1 in particolare:

a) le scoperte, le teorie scientifiche e i metodi matematici;

b) i piani, i principi ed i metodi per attività intellettuali, per gioco o per attività commerciale ed i programmi di elaboratore;

c) le presentazioni di informazioni.

3. Le disposizioni del comma 2 escludono la brevettabilità di ciò che in esse è nominato solo nella misura in cui la domanda di brevetto o il brevetto concerne scoperte, teorie, piani, principi, metodi, programmi e presentazioni di informazioni considerati in quanto tali.

4. Non possono costituire oggetto di brevetto:

a) i metodi per il trattamento chirurgico o terapeutico del corpo umano o animale e i metodi di diagnosi applicati al corpo umano o animale;

b) le varietà vegetali e le razze animali ed i procedimenti essenzialmente biologici di produzione di animali o vegetali, comprese le nuove varietà vegetali rispetto alle quali l'invenzione consista esclusivamente nella modifica genetica di altra varietà vegetale, anche se detta modifica è il frutto di un procedimento di ingegneria genetica.

b-bis) le varietà vegetali iscritte nell'Anagrafe nazionale della biodiversità di interesse agricolo e alimentare nonché le varietà dalle quali derivano produzioni contraddistinte dai marchi di denominazione di origine protetta, di indicazione geografica protetta o di specialità tradizionali garantite e da cui derivano i prodotti agroalimentari tradizionali.

5. La disposizione del comma 4 non si applica ai procedimenti microbiologici ed ai prodotti ottenuti mediante questi procedimenti, nonché ai prodotti, in particolare alle sostanze o composizioni, per l'uso di uno dei metodi nominati.

5-*bis*. Non possono costituire oggetto di brevetto le invenzioni biotecnologiche di cui all'art. 81-*quinquies*.

46. ***Novità.*** — 1. Un'invenzione è considerata nuova se non è compresa nello stato della tecnica.

2. Lo stato della tecnica è costituito da tutto ciò che è stato reso accessibile al pubblico nel territorio dello Stato o all'estero prima della data del deposito della domanda di brevetto, mediante una descrizione scritta od orale, una utilizzazione o un qualsiasi altro mezzo.

3. È pure considerato come compreso nello stato della tecnica il contenuto di domande di brevetto italiano o di domande di brevetto europeo [o internazionali] designanti [e aventi effetto per] l'Italia, così come sono state depositate, che abbiano una data di deposito anteriore a quella menzionata nel comma 2 e che siano state pubblicate o rese accessibili al pubblico anche in questa data o più tardi.

4. Le disposizioni dei commi 1, 2 e 3 non escludono la brevettabilità di una sostanza o di una composizione di sostanze già compresa nello stato della tecnica, purché in funzione di una nuova utilizzazione.

47. ***Divulgazioni non opponibili e priorità interna.*** — 1. Per l'applicazione dell'art. 46, una divulgazione dell'invenzione non è presa in considerazione se si è verificata nei sei mesi che precedono il deposito della domanda di brevetto e risulta direttamente o indirettamente da un abuso evidente ai danni del richiedente o del suo dante causa.

2. Non è presa altresì in considerazione la divulgazione avvenuta in esposizioni ufficiali o ufficialmente riconosciute ai sensi della convenzione concernente le esposizioni internazionali, firmata a Parigi il 22 novembre 1928, e successive modificazioni.

3. Per le invenzioni per le quali si è rivendicata la priorità ai sensi delle convenzioni internazionali, lo stato della tecnica rilevante ai sensi degli articoli 46 e 48 deve valutarsi con riferimento alla data alla quale risale la priorità.

3-*bis*. Per i brevetti di invenzione e per i modelli di utilità, il deposito nazionale in Italia dà luogo al diritto di priorità anche rispetto a una successiva domanda nazionale depositata in Italia, in relazione a elementi già contenuti nella domanda di cui si rivendica la priorità.

48. ***Attività inventiva.*** — 1. Un'invenzione è considerata come implicante un'attività inventiva se, per una persona esperta del ramo, essa non risulta in modo evidente dallo stato della tecnica. Se lo stato della tecnica comprende documenti di cui al comma 3 dell'art. 46, questi documenti non sono presi in considerazione per l'apprezzamento dell'attività inventiva.

49. ***Industrialità.*** — 1. Un'invenzione è considerata atta ad avere un'applicazione industriale se il suo oggetto può essere fabbricato o utilizzato in qualsiasi genere di industria, compresa quella agricola.

50. ***Liceità.*** — 1. Non possono costituire oggetto di brevetto le invenzioni la cui attuazione è contraria all'ordine pubblico o al buon costume.

2. L'attuazione di un'invenzione non può essere considerata contraria all'ordine pubblico o al buon costume per il solo fatto di essere vietata da una disposizione di legge o amministrativa.

51. ***Sufficiente descrizione.*** — 1. Alla domanda di concessione di brevetto per invenzione industriale debbono unirsi la descrizione, le rivendicazioni[1] e i disegni necessari alla sua intelligenza.

2. L'invenzione deve essere descritta in modo sufficientemente chiaro e completo perché ogni persona esperta del ramo possa attuarla e deve essere contraddistinta da un titolo corrispondente al suo oggetto.

3. Se un'invenzione riguarda un procedimento microbiologico o un prodotto ottenuto mediante tale procedimento e implica l'utilizzazione di un microrganismo non accessibile al pubblico e che non può essere descritto in modo tale da permettere ad ogni persona esperta del ramo di attuare l'invenzione, nella domanda di brevetto si dovranno osservare, quanto alla descrizione, le norme previste dall'art. 162.

52. ***Rivendicazioni.*** — 1. Nelle rivendicazioni è indicato, specificamente, ciò che si intende debba formare oggetto del brevetto.

2. I limiti della protezione sono determinati dalle rivendicazioni. Tuttavia, la descrizione e i disegni servono ad interpretare le rivendicazioni.

3. La disposizione del comma 2 deve essere intesa in modo da garantire nel contempo un'equa protezione al titolare ed una ragionevole sicurezza giuridica ai terzi.

3-*bis*. Per determinare l'ambito della protezione conferita dal brevetto si tiene nel dovuto conto ogni elemento equivalente ad un elemento indicato nelle rivendicazioni.

53. ***Effetti della brevettazione.*** — 1. I diritti esclusivi considerati da questo codice sono conferiti con la concessione del brevetto.

2. Gli effetti del brevetto decorrono dalla data in cui la domanda con la descrizione, le rivendicazioni[1] e gli eventuali disegni è resa accessibile al pubblico.

3. Decorso il termine di diciotto mesi dalla data di deposito della domanda oppure dalla data di priorità, ovvero dopo novanta giorni dalla data di de-

posito della domanda se il richiedente ha dichiarato nella domanda stessa di volerla rendere immediatamente accessibile al pubblico, l'Ufficio italiano brevetti e marchi pone a disposizione del pubblico la domanda con gli allegati.

4. Nei confronti delle persone alle quali la domanda con la descrizione, le rivendicazioni e gli eventuali disegni è stata notificata a cura del richiedente, gli effetti del brevetto per invenzione industriale decorrono dalla data di tale notifica.

54. ***Effetti della domanda di brevetto europeo.*** — 1. La protezione conferita dalla domanda di brevetto europeo ai sensi dell'art. 67, paragrafo 1, della Convenzione sul brevetto europeo del 5 ottobre 1973, ratificata con legge 26 maggio 1978, n. 260, decorre dalla data in cui il titolare medesimo abbia resa accessibile al pubblico, tramite l'Ufficio italiano brevetti e marchi, una traduzione in lingua italiana delle rivendicazioni ovvero l'abbia notificata direttamente al presunto contraffattore. Salvo quanto disposto dall'art. 46, comma 3, gli effetti della domanda di brevetto europeo sono considerati nulli dall'origine quando la domanda stessa sia stata ritirata o respinta, ovvero quando la designazione dell'Italia sia stata ritirata.

55. ***Effetti della designazione o dell'elezione dell'Italia.*** — La domanda internazionale depositata ai sensi del Trattato di cooperazione in materia di brevetti, ratificato ai sensi della legge 26 maggio 1978, n. 260, contenente la designazione o l'elezione dell'Italia, indipendentemente dalla designazione dell'Organizzazione europea dei brevetti per la concessione di un brevetto europeo, equivale ad una domanda di brevetto per invenzione industriale o per modello di utilità depositata in Italia alla stessa data, e ne produce gli effetti, se entro trenta mesi dalla data di deposito, o di priorità, ove rivendicata, viene depositata presso l'Ufficio italiano brevetti e marchi una richiesta di apertura della procedura nazionale di concessione del brevetto italiano ai sensi dell'articolo 160-*bis*, comma 1.[1]

1-*bis*. La protezione conferita dalla domanda ai sensi del comma 1 decorre dalla data in cui il titolare della medesima abbia reso accessibile al pubblico, tramite l'Ufficio italiano brevetti e marchi, una traduzione in lingua italiana della domanda ovvero l'abbia notificata direttamente al presunto contraffattore. La designazione dell'Italia nella domanda internazionale è considerata priva di effetti sin dall'origine, salvo per quanto disposto dall'articolo 46, comma 3, quando la domanda stessa sia stata ritirata o considerata ritirata o quando la designazione dell'Italia sia stata ritirata o respinta, o quando la domanda presso l'Ufficio italiano brevetti e marchi non sia stata depositata entro il termine stabilito dal comma 1.[2]

1-*ter*. Le modalità di applicazione del presente articolo e dell'articolo 160-*bis* sono determinate con decreto del Ministero dello sviluppo economico.[2]

[1] Comma così modif. dall'art. 32, c. 16, D.L. 30 apr. 2019, n. 34, conv. in L. 28 giu. 2019, n. 58.

[2] Comma aggiunto dall'art. 32, c. 16, D.L. 30 apr. 2019, n. 34, conv. in L. 28 giu. 2019, n. 58.

56. ***Diritti conferiti dal brevetto europeo.*** — 1. Il brevetto europeo rilasciato per l'Italia ed il brevetto europeo con effetto unitario conferiscono al titolare i diritti di cui agli articoli 25 e 26 dell'Accordo su un tribunale unificato dei brevetti, ratificato e reso esecutivo ai sensi della legge 3 novembre 2016, n. 214, e impongono i limiti di cui all'articolo 27 dello stesso Accordo. Il brevetto europeo rilasciato per l'Italia ed il brevetto europeo con effetto unitario producono effetto a decorrere dalla data in cui è pubblicata nel Bollettino europeo dei brevetti la menzione della concessione del brevetto.Qualora il brevetto sia soggetto a procedura di opposizione ovvero di limitazione, l'ambito della protezione stabilito con la concessione o con la decisione di mantenimento in forma modificata o con la decisione di limitazione è confermato a decorrere dalla data in cui è pubblicata la menzione della decisione concernente l'opposizione o la limitazione.[1]

2.[2]

3. Il titolare di un brevetto europeo rilasciato per l'Italia deve fornire all'Ufficio italiano brevetti e marchi una traduzione in lingua italiana del testo del brevetto concesso dall'Ufficio europeo nonché del testo del brevetto mantenuto in forma modificata a seguito della procedura di opposizione o limitato a seguito della procedura di limitazione.[1]

4. La traduzione, dichiarata perfettamente conforme al testo originale dal titolare del brevetto ovvero dal suo mandatario, deve essere depositata entro tre mesi dalla data di ciascuna delle pubblicazioni di cui al comma 1.

4-*bis*. Per i brevetti europei, per i quali è stata presentata una richiesta di effetto unitario nei termini previsti dall'articolo 9, paragrafo 1, lettera *g*), del regolamento (UE) n. 1257/2012, il termine di cui al comma 4 decorre dalla data di ricezione della comunicazione dell'atto definitivo di rigetto o revoca dell'effetto unitario ovvero dalla data di ricezione dell'istanza di ritiro da parte dell'Ufficio europeo.[3]

5. In caso di inosservanza alle disposizioni di cui ai commi 3,4 e 4-*bis*, il brevetto europeo è considerato, fin dall'origine, senza effetto in Italia.[1]

[1] Comma così modif. dall'art. 1, D.lgs. 19 feb. 2019, n. 18.

[2] Comma abrog. dall'art. 1, D.lgs. 19 feb. 2019, n. 18.

[3] Comma ins. dall'art. 1, D.lgs. 19 feb. 2019, n. 18.

57. ***Testo della domanda o del brevetto europeo che fa fede.*** — 1. Il testo della domanda di brevetto europeo o del brevetto europeo, redatto nella lingua di procedura davanti l'Ufficio europeo dei brevetti, fa fede per quanto concerne l'estensione della protezione, salvo il disposto dell'art. 70, paragrafo 2, della Convenzione sul brevetto europeo del 5 ottobre 1973, ratificata con legge 26 maggio 1978, n. 260.

2. Tuttavia la traduzione in lingua italiana degli atti relativi alla domanda depositata o al brevetto europeo concesso è considerata facente fede nel territorio dello Stato qualora conferisca una protezione meno estesa di quella conferita dal testo redatto nella lingua di procedura dell'Ufficio europeo dei brevetti.

3. La disposizione di cui al comma 2 non si applica nel caso di azione di nullità.

4. Una traduzione rettificata può essere presentata, in qualsiasi momento, dal titolare della domanda o del brevetto; essa esplica i suoi effetti solo dopo che sia stata resa accessibile al pubblico presso l'Ufficio italiano brevetti e marchi ovvero notificata al presunto contraffattore.

5. Chiunque, in buona fede, abbia cominciato ad attuare in Italia un'invenzione, ovvero abbia fatto effettivi preparativi a questo scopo senza che detta attuazione costituisca contraffazione della domanda o del brevetto nel testo della traduzione inizialmente presentata, può proseguire a titolo gratuito lo sfruttamento dell'invenzione nella sua azienda o per i bisogni di essa anche dopo che la traduzione rettificata ha preso effetto.

58. ***Trasformazione della domanda di brevetto europeo.*** — 1. La domanda di brevetto europeo, nella quale sia stata designata l'Italia, può essere trasformata in domanda di brevetto italiano per invenzione industriale:

a) nei casi previsti dall'art. 135, paragrafo 1, lettera *a*), della Convenzione sul brevetto europeo del 5 ottobre 1973, ratificata con legge 26 maggio 1978, n. 260;

b) in caso di inosservanza del termine di cui all'art. 14, paragrafo 2, della Convenzione sul brevetto europeo, quando la domanda sia stata originariamente depositata in lingua italiana.

2. È consentita la trasformazione in domanda nazionale per modello di utilità di una domanda di brevetto europeo respinta, ritirata o considerata ritirata o del brevetto europeo anche con effetto unitario revocato il cui oggetto abbia i requisiti di brevettabilità previsti dalla legislazione italiana per i modelli di utilità.[1]

3. A coloro che richiedano la trasformazione di cui al comma 1 è consentito chiedere contemporaneamente l'eventuale trasformazione in domanda di modello di utilità ai sensi dell'art. 84.

4. Se una regolare richiesta di trasformazione ai sensi dei commi 1, 2 e 3 è stata trasmessa all'Ufficio italiano brevetti e marchi, la domanda di brevetto è considerata come depositata in Italia alla stessa data di deposito della domanda di brevetto europeo; gli atti annessi a detta domanda che sono stati presentati all'Ufficio europeo dei brevetti sono considerati come depositati in Italia alla stessa data.

[1] Comma così modif. dall'art. 1, D.lgs. 19 feb. 2019, n. 18.

59. ***Preminenza del brevetto europeo in caso di cumulo delle protezioni.*** — 1. Qualora, per la medesima invenzione un brevetto italiano ed un brevetto europeo valido in Italia o un brevetto europeo con effetto unitario, siano stati concessi allo stesso inventore o al suo avente causa con la medesima data di deposito o di priorità, il brevetto italiano, nella misura in cui esso tutela la stessa invenzione del brevetto europeo o del brevetto europeo con effetto unitario, cessa di produrre i suoi effetti alla data in cui:

a) il termine per promuovere l'opposizione al brevetto europeo o al brevetto europeo con effetto unitario è scaduto senza che sia stata fatta opposizione, ovvero

b) la procedura di opposizione si è definitivamente conclusa con il mantenimento in vigore del brevetto europeo o del brevetto europeo con effetto unitario, ovvero

c) il brevetto italiano è stato rilasciato, se tale data è posteriore a quella di cui alle lettere *a*) o *b*).[1]

2. Le disposizioni del comma 1 rimangono valide anche se, successivamente, il brevetto europeo, o il brevetto europeo con effetto unitario, venga annullato o decada.[1]

3. Alla scadenza dei termini di cui al comma 1, colui che ha promosso un'azione a tutela del brevetto italiano può chiederne la conversione nella corrispondente azione a tutela del brevetto europeo o del brevetto europeo con effetto unitario, fatti salvi i diritti che scaturiscono dal brevetto italiano per il periodo anteriore.[1]

[1] Comma così modif. dall'art. 1, D.lgs. 19 feb. 2019, n. 18.

60. ***Durata.*** — 1. Il brevetto per invenzione industriale dura venti anni a decorrere dalla data di deposito della domanda e non può essere rinnovato né può esserne prorogata la durata.

61. ***Certificato complementare per prodotti medicinali e per prodotti fitosanitari.*** — 1. Fatto salvo quanto previsto per i certificati complementari di cui all'art. 81, commi da 1 a 4, i certificati complementari per prodotti medicinali e i certificati complementari per prodotti fitosanitari, sono concessi dall'Ufficio italiano brevetti e marchi sulla base dei regolamenti (CE) n. 469/2009, (CE) n. 1901/2006 e (CE) n. 1610/96 e producono gli effetti previsti da tali regolamenti.

62. ***Diritto morale.*** — 1. Il diritto di essere riconosciuto autore dell'invenzione può essere fatto valere dall'inventore e, dopo la sua morte, dal coniuge, e dai discendenti fino al secondo grado; in loro mancanza o dopo la loro morte, dai genitori e dagli altri ascendenti ed in mancanza, o dopo la morte anche di questi, dai parenti fino al quarto grado incluso.

63. *Diritti patrimoniali.* — 1. I diritti nascenti dalle invenzioni industriali, tranne il diritto di essere riconosciuto autore, sono alienabili e trasmissibili.

2. Il diritto al brevetto per invenzione industriale spetta all'autore dell'invenzione e ai suoi aventi causa.

64. *Invenzioni dei dipendenti.* — 1. Quando l'invenzione industriale è fatta nell'esecuzione o nell'adempimento di un contratto o di un rapporto di lavoro o d'impiego, in cui l'attività inventiva è prevista come oggetto del contratto o del rapporto e a tale scopo retribuita, i diritti derivanti dall'invenzione stessa appartengono al datore di lavoro, salvo il diritto spettante all'inventore di esserne riconosciuto autore.

2. Se non è prevista e stabilita una retribuzione, in compenso dell'attività inventiva, e l'invenzione è fatta nell'esecuzione o nell'adempimento di un contratto o di un rapporto di lavoro o di impiego, i diritti derivanti dall'invenzione appartengono al datore di lavoro, ma all'inventore, salvo sempre il diritto di essere riconosciuto autore, spetta, qualora il datore di lavoro o suoi aventi causa ottengano il brevetto o utilizzino l'invenzione in regime di segretezza industriale, un equo premio per la determinazione del quale si terrà conto dell'importanza dell'invenzione, delle mansioni svolte e della retribuzione percepita dall'inventore, nonché del contributo che questi ha ricevuto dall'organizzazione del datore di lavoro. Al fine di assicurare la tempestiva conclusione del procedimento di acquisizione del brevetto e la conseguente attribuzione dell'equo premio all'inventore, può essere concesso, su richiesta dell'organizzazione del datore di lavoro interessata, l'esame anticipato della domanda volta al rilascio del brevetto.

3. Qualora non ricorrano le condizioni previste nei commi 1 e 2 e si tratti di invenzione industriale che rientri nel campo di attività del datore di lavoro quest'ultimo ha il diritto di opzione per l'uso esclusivo, o non esclusivo, dell'invenzione, o per l'acquisto del brevetto, nonché per la facoltà di chiedere, od acquisire, per la medesima invenzione, brevetti all'estero, verso corresponsione del canone o del prezzo, da fissarsi con deduzione di una somma corrispondente agli aiuti che l'inventore abbia comunque ricevuti dal datore di lavoro per pervenire all'invenzione. Il datore di lavoro potrà esercitare il diritto di opzione entro tre mesi dalla ricevuta comunicazione dell'avvenuto deposito della domanda di brevetto. I rapporti costituiti con l'esercizio dell'opzione si risolvono di diritto ove non venga integralmente pagato alla scadenza il corrispettivo dovuto.

4. Ferma la competenza del giudice ordinario relativa all'accertamento della sussistenza del diritto all'equo premio, al canone o al prezzo, se non si raggiunga l'accordo circa l'ammontare degli stessi, anche se l'inventore è un dipendente di amministrazione statale, alla determinazione dell'ammontare provvede un collegio di arbitratori, composto di tre membri, nominati uno da ciascuna delle parti ed il terzo nominato dai primi due, o, in caso di disaccordo, dal Presidente della sezione specializzata del Tribunale competente dove il prestatore d'opera esercita abitualmente le sue mansioni. Si applicano in quanto compatibili le norme degli artt. 806 e seguenti del codice di procedura civile.

5. Il collegio degli arbitratori può essere adito anche in pendenza del giudizio di accertamento della sussistenza del diritto all'equo premio, al canone o al prezzo, ma, in tal caso, l'esecutività della sua decisione è subordinata a quella della sentenza sull'accertamento del diritto. Il collegio degli arbitratori deve procedere con equo apprezzamento. Se la determinazione è manifestamente iniqua od erronea la determinazione è fatta dal giudice.

6. Agli effetti dei commi 1, 2 e 3, si considera fatta durante l'esecuzione del contratto o del rapporto di lavoro o d'impiego l'invenzione industriale per la quale sia chiesto il brevetto entro un anno da quando l'inventore ha lasciato l'azienda privata o l'amministrazione pubblica nel cui campo di attività l'invenzione rientra.

65. *Invenzioni dei ricercatori delle università e degli enti pubblici di ricerca.* — 1. In deroga all'art. 64, quando il rapporto di lavoro intercorre con un'università o con una pubblica amministrazione avente tra i suoi scopi istituzionali finalità di ricerca, il ricercatore è titolare esclusivo dei diritti derivanti dall'invenzione brevettabile di cui è autore. In caso di più autori, dipendenti delle università, delle pubbliche amministrazioni predette ovvero di altre pubbliche amministrazioni, i diritti derivanti dall'invenzione appartengono a tutti in parti uguali, salvo diversa pattuizione. L'inventore presenta la domanda di brevetto e ne dà comunicazione all'amministrazione.

2. Le Università e le pubbliche amministrazioni, nell'ambito della loro autonomia, stabiliscono l'importo massimo del canone, relativo a licenze a terzi per l'uso dell'invenzione, spettante alla stessa università o alla pubblica amministrazione, ovvero a privati finanziatori della ricerca, nonché ogni ulteriore aspetto dei rapporti reciproci.

3. In ogni caso, l'inventore ha diritto a non meno del cinquanta per cento dei proventi o dei canoni di sfruttamento dell'invenzione. Nel caso in cui le università o le amministrazioni pubbliche non provvedano alle determinazioni di cui al comma 2, alle stesse compete il trenta per cento dei proventi o canoni.

4. Trascorsi cinque anni dalla data di rilascio del brevetto, qualora l'inventore o i suoi aventi causa non ne abbiano iniziato lo sfruttamento industriale, a meno che ciò non derivi da cause indipendenti dalla loro volontà, la pubblica amministrazione di

cui l'inventore era dipendente al momento dell'invenzione acquisisce automaticamente un diritto gratuito, non esclusivo, di sfruttare l'invenzione e i diritti patrimoniali ad essa connessi, o di farli sfruttare da terzi, salvo il diritto spettante all'inventore di esserne riconosciuto autore.

5. Le disposizioni del presente articolo non si applicano nelle ipotesi di ricerche finanziate, in tutto o in parte, da soggetti privati, ovvero realizzate nell'ambito di specifici progetti di ricerca finanziati da soggetti pubblici diversi dall'università, ente o amministrazione di appartenenza del ricercatore.

66. ***Diritto di brevetto.*** — 1. I diritti di brevetto per invenzione industriale consistono nella facoltà esclusiva di attuare l'invenzione e di trarne profitto nel territorio dello Stato, entro i limiti ed alle condizioni previste dal presente codice.

2. In particolare il brevetto conferisce al titolare i seguenti diritti esclusivi:

a) se oggetto del brevetto è un prodotto, il diritto di vietare ai terzi, salvo consenso del titolare, di produrre, usare, mettere in commercio, vendere o importare a tali fini il prodotto in questione;

b) se oggetto del brevetto è un procedimento, il diritto di vietare ai terzi, salvo consenso del titolare, di applicare il procedimento, nonché di usare, mettere in commercio, vendere o importare a tali fini il prodotto direttamente ottenuto con il procedimento in questione.

2-*bis*. Il brevetto conferisce al titolare anche il diritto esclusivo di vietare ai terzi, salvo proprio consenso, di fornire o di offrire di fornire a soggetti diversi dagli aventi diritto all'utilizzazione dell'invenzione brevettata i mezzi relativi a un elemento indispensabile di tale invenzione e necessari per la sua attuazione nel territorio di uno Stato in cui la medesima sia protetta, qualora il terzo abbia conoscenza dell'idoneità e della destinazione di detti mezzi ad attuare l'invenzione o sia in grado di averla con l'ordinaria diligenza.[1]

2-*ter*. Il comma 2-*bis* non si applica quando i mezzi sono costituiti da prodotti che si trovano correntemente in commercio, a meno che il terzo non induca il soggetto a cui sono forniti a compiere gli atti vietati ai sensi del comma 2.[1]

2-*quater*. Ai fini di cui al comma 2-*bis* non si considerano aventi diritto all'utilizzazione dell'invenzione i soggetti che compiono gli atti di cui all'articolo 68, comma 1.[1]

[1] Comma ins. dall'art. 4, L. 3 nov. 2016, n. 214.

67. ***Brevetto di procedimento.*** — 1. Nel caso di brevetto di procedimento, ogni prodotto identico a quello ottenuto mediante il procedimento brevettato si presume ottenuto, salva prova contraria, mediante tale procedimento, alternativamente:

a) se il prodotto ottenuto mediante il procedimento è nuovo;

b) se risulta una sostanziale probabilità che il prodotto identico sia stato fabbricato mediante il procedimento e se il titolare del brevetto non è riuscito attraverso ragionevoli sforzi a determinare il procedimento effettivamente attuato.

2. Ai fini della prova contraria, deve tenersi conto del legittimo interesse del convenuto in contraffazione alla protezione dei suoi segreti di fabbricazione e commerciali.

3. Quando il titolare di un brevetto concernente un nuovo metodo o processo industriale somministra ad altri i mezzi univocamente destinati ad attuare l'oggetto del brevetto, si presume che abbia anche dato licenza di fare uso di tale metodo o processo purché non esistano patti contrari.

68. ***Limitazioni del diritto di brevetto.*** — 1. La facoltà esclusiva attribuita dal diritto di brevetto non si estende, quale che sia l'oggetto dell'invenzione:

a) agli atti compiuti in ambito privato ed a fini non commerciali[, ovvero in via sperimentale][1];

a-bis) agli atti compiuti a titolo sperimentale relativi all'oggetto dell'invenzione brevettata, ovvero all'utilizzazione di materiale biologico a fini di coltivazione, o alla scoperta e allo sviluppo di altre varietà vegetali;[2]

b) agli studi e sperimentazioni diretti all'ottenimento, anche in paesi esteri, di un'autorizzazione all'immissione in commercio di un farmaco ed ai conseguenti adempimenti pratici ivi compresi la preparazione e l'utilizzazione delle materie prime farmacologicamente attive a ciò strettamente necessarie;

c) alla preparazione estemporanea, e per unità, di medicinali nelle farmacie su ricetta medica, e ai medicinali così preparati, purché non si utilizzino principi attivi realizzati industrialmente.

c-bis) all'utilizzazione dell'invenzione brevettata a bordo di navi di altri Paesi dell'Unione internazionale per la protezione della proprietà industriale (Unione di Parigi) o di membri dell'Organizzazione mondiale del commercio, diversi dall'Italia, nel corpo della nave in questione, nelle macchine, nel sartiame, nell'attrezzatura e negli altri accessori, quando tali navi entrino temporaneamente o accidentalmente nelle acque italiane, purché l'invenzione sia utilizzata esclusivamente per le esigenze della nave, ovvero all'utilizzazione dell'invenzione brevettata nella costruzione o ai fini del funzionamento di aeromobili o di veicoli terrestri o altri mezzi di trasporto di altri Paesi dell'Unione internazionale per la protezione della proprietà industriale (Unione di Parigi) o di membri dell'Organizzazione mondiale del commercio, diversi dall'Italia, oppure degli accessori di tali aeromobili o veicoli terrestri, quando questi entrino temporaneamente o accidentalmente nel territorio italiano, ferme restando le disposizioni del codice della navigazione e quelle della Convenzione internazionale per l'aviazione civile, stipulata a Chicago il 7 dicembre 1944, resa esecutiva ai sensi del decreto legislativo 6 marzo 1948, n. 616, ratificato con legge 17 aprile 1956, n. 561;[2]

c-ter) agli atti consentiti ai sensi degli articoli 64-*ter* e 64-*quater* della legge 22 aprile 1941, n. 633, e alle utilizzazioni ivi consentite delle informazioni così legittimamente ottenute.[2]

1-*bis*. [Abrogato]

2. Il brevetto per invenzione industriale, la cui attuazione implichi quella di invenzioni protette da precedenti brevetti per invenzioni industriali ancora in vigore, non può essere attuato, né utilizzato, senza il consenso dei titolari di questi ultimi.

3. Chiunque, nel corso dei dodici mesi anteriori alla data di deposito della domanda di brevetto o alla data di priorità, abbia fatto uso nella propria azienda dell'invenzione può continuare ad usarne nei limiti del preuso. Tale facoltà è trasferibile soltanto insieme all'azienda in cui l'invenzione viene utilizzata. La prova del preuso e della sua estensione è a carico del preutente.

[1] Parole soppresse dall'art. 1, D.lgs. 19 feb. 2019, n. 18.
[2] Lettera aggiunta dall'art. 1, D.lgs. 19 feb. 2019, n. 18.

69. ***Onere di attuazione.*** — 1. L'invenzione industriale che costituisce oggetto di brevetto deve essere attuata nel territorio dello Stato in misura tale da non risultare in grave sproporzione con i bisogni del paese.

2. Le invenzioni riguardanti oggetti che per la prima volta figurano in una esposizione ufficiale o ufficialmente riconosciuta, tenuta nel territorio dello Stato, si considerano attuate da quando gli oggetti vi sono introdotti fino alla chiusura della medesima, purché siano stati esposti almeno per dieci giorni o, in caso di esposizione di più breve durata, per tutto il periodo di essa.

3. L'introduzione o la vendita nel territorio dello Stato di oggetti prodotti in Stati diversi da quelli membri della unione europea o dello Spazio economico europeo ovvero da quelli membri dell'Organizzazione mondiale del commercio non costituisce attuazione dell'invenzione.

70. ***Licenza obbligatoria per mancata attuazione.*** — 1. Trascorsi tre anni dalla data di rilascio del brevetto, o quattro anni dalla data di deposito della domanda se questo termine scade successivamente al precedente, qualora il titolare del brevetto o il suo avente causa, direttamente o a mezzo di uno o più licenziatari, non abbia attuato l'invenzione brevettata, producendo nel territorio dello Stato o importando oggetti prodotti in uno Stato membro della unione europea o dello Spazio economico europeo ovvero in uno Stato membro dell'Organizzazione mondiale del commercio, ovvero l'abbia attuata in misura tale da risultare in grave sproporzione con i bisogni del paese, può essere concessa licenza obbligatoria per l'uso non esclusivo dell'invenzione medesima, a favore di ogni interessato che ne faccia richiesta.

2. La licenza obbligatoria di cui al comma 1 può ugualmente venire concessa qualora l'attuazione dell'invenzione sia stata, per oltre tre anni, sospesa o ridotta in misura tale da risultare in grave sproporzione con i bisogni del paese.

3. La licenza obbligatoria non viene concessa se la mancata o insufficiente attuazione è dovuta a cause indipendenti dalla volontà del titolare del brevetto o del suo avente causa. Non sono comprese fra tali cause la mancanza di mezzi finanziari e, qualora il prodotto stesso sia diffuso all'estero, la mancanza di richiesta nel mercato interno del prodotto brevettato od ottenuto con il procedimento brevettato.

4. La concessione della licenza obbligatoria non esonera il titolare del brevetto, o il suo avente causa, dall'onere di attuare l'invenzione. Il brevetto decade qualora l'invenzione non sia stata attuata entro due anni dalla concessione della prima licenza obbligatoria o lo sia stata in misura tale da risultare in grave sproporzione con i bisogni del paese.

4-*bis*. Le disposizioni del presente articolo e degli articoli da 71 a 74 e 81-*octies* si applicano anche ai diritti sul brevetto europeo con effetto unitario relativamente al territorio nazionale.[1]

[1] Comma aggiunto dall'art. 1, D.lgs. 19 feb. 2019, n. 18.

70-*bis*. ***Licenza obbligatoria in caso di emergenza nazionale sanitaria.***[1] — 1. Nel caso di dichiarazione di stato di emergenza nazionale motivato da ragioni sanitarie, per fare fronte a comprovate difficoltà nell'approvvigionamento di specifici medicinali o dispositivi medici ritenuti essenziali, possono essere concesse, nel rispetto degli obblighi internazionali ed europei, licenze obbligatorie per l'uso, non esclusivo, non alienabile e diretto prevalentemente all'approvvigionamento del mercato interno, dei brevetti rilevanti ai fini produttivi, aventi validità vincolata al perdurare del periodo emergenziale o fino a un massimo di dodici mesi dalla cessazione dello stesso.

2. La licenza obbligatoria per i medicinali di cui al comma 1 è concessa con decreto del Ministro della salute, di concerto con il Ministro dello sviluppo economico, previo parere dell'Agenzia italiana del farmaco in merito all'essenzialità e alla disponibilità dei farmaci rispetto all'emergenza in corso e sentito il titolare dei diritti di proprietà intellettuale. Con il medesimo decreto è stabilita anche l'adeguata remunerazione a favore di quest'ultimo, determinata tenendo conto del valore economico dell'autorizzazione.

3. La licenza obbligatoria per i dispositivi medici di cui al comma 1 è concessa con decreto del Ministro della salute, di concerto con il Ministro dello sviluppo economico, previo parere dell'Agenzia nazionale per i servizi sanitari regionali in merito all'essenzialità e alla disponibilità dei dispositivi rispetto all'emergenza sanitaria in corso e sentito il titolare dei diritti di proprietà intellettuale. Con il medesimo decreto è stabilita anche l'adeguata remunerazione a favore di quest'ultimo, determina-

ta tenendo conto del valore economico dell'autorizzazione.

[1] Articolo ins. dall'art. 55-*ter*, D.L. 31 mag. 2021, n. 77, conv. con modif. in L. 29 lug. 2021, n. 108.

71. ***Brevetto dipendente.*** — 1. Può essere concessa licenza obbligatoria se l'invenzione protetta dal brevetto non possa essere utilizzata senza pregiudizio dei diritti relativi ad un brevetto concesso in base a domanda precedente. In tal caso la licenza può essere concessa al titolare del brevetto posteriore nella misura necessaria a sfruttare l'invenzione, purché questa rappresenti, rispetto all'oggetto del precedente brevetto, un importante progresso tecnico di considerevole rilevanza economica.

2. La licenza così ottenuta non è cedibile se non unitamente al brevetto sull'invenzione dipendente. Il titolare del brevetto sull'invenzione principale ha diritto a sua volta alla concessione di una licenza obbligatoria a condizioni ragionevoli sul brevetto dell'invenzione dipendente.

72. ***Disposizioni comuni.*** — 1. Chiunque domandi la concessione di una licenza obbligatoria ai sensi degli artt. 70, 70-*bis* e 71[1], deve provare di essersi preventivamente rivolto al titolare del brevetto e di non avere potuto ottenere da questi una licenza contrattuale ad eque condizioni.

2. La licenza obbligatoria può essere concessa soltanto contro corresponsione, da parte del licenziatario ed a favore del titolare del brevetto o dei suoi aventi causa, di un equo compenso e purché il richiedente la licenza fornisca le necessarie garanzie in ordine ad una soddisfacente attuazione dell'invenzione a norma delle condizioni fissate nella licenza medesima.

3. La licenza obbligatoria non può essere concessa quando risulti che il richiedente abbia contraffatto il brevetto a meno che non dimostri la sua buona fede.

4. La licenza obbligatoria può essere concessa per uno sfruttamento dell'invenzione diretto prevalentemente all'approvvigionamento del mercato interno.

5. La licenza obbligatoria è concessa per durata non superiore alla rimanente durata del brevetto e, salvo che vi sia il consenso del titolare del brevetto o del suo avente causa, può essere trasferita soltanto con l'azienda del licenziatario o con il ramo particolare di questa nel quale la licenza stessa viene utilizzata.

6. La concessione della licenza obbligatoria non pregiudica l'esercizio, anche da parte del licenziatario, dell'azione giudiziaria circa la validità del brevetto, o l'estensione dei diritti che ne derivano.

7. Nel decreto di concessione della licenza vengono determinati l'ambito, la durata, le modalità per l'attuazione, le garanzie e le altre condizioni alle quali è subordinata la concessione in relazione allo scopo della stessa, la misura e le modalità di pagamento del compenso. In caso di opposizione la misura e le modalità di pagamento del compenso sono determinate a norma dell'art. 80.

8. Le condizioni della licenza possono, con decreto del Ministero delle attività produttive, essere variate su richiesta di ognuna delle parti interessate, qualora sussistano validi motivi al riguardo. Nei casi di cui all'articolo 70-*bis*, il decreto di cui al presente comma è adottato in conformità ai commi 2 e 3 del medesimo articolo.[2]

9. Per la modificazione del compenso si applica l'art. 80.

10. Nel caso in cui il titolare del brevetto per il quale sia stata concessa licenza obbligatoria, o il suo avente causa, conceda a terzi l'uso del brevetto medesimo a condizioni più vantaggiose di quelle stabilite per la licenza obbligatoria, le condizioni stesse sono estese alla licenza obbligatoria, su istanza del licenziatario.

[1] Parole così modif. dall'art. 55-*ter*, D.L. 31 mag. 2021, n. 77, conv. con modif. in L. 29 lug. 2021, n. 108.

[2] Periodo aggiunto dall'art. 55-*ter*, D.L. 31 mag. 2021, n. 77, conv. con modif. in L. 29 lug. 2021, n. 108.

73. ***Revoca della licenza obbligatoria.*** — 1. La licenza obbligatoria è revocata con decreto del Ministero delle attività produttive qualora non risultino adempiute le condizioni stabilite per l'attuazione dell'invenzione, oppure qualora il titolare della licenza non abbia provveduto al pagamento del compenso nella misura e con le modalità prescritte.

2. La licenza obbligatoria è altresì revocata con decreto del Ministero delle attività produttive se e quando le circostanze che hanno determinato la concessione cessino di esistere ed è improbabile che tornino a verificarsi oppure su istanza concorde delle parti.

3. La revoca può essere richiesta dal titolare del brevetto con istanza presentata all'Ufficio italiano brevetti e marchi che ne dà pronta notizia mediante lettera raccomandata con avviso di ricevimento al titolare della licenza obbligatoria, il quale, entro sessanta giorni dal ricevimento della raccomandata, può opporsi motivatamente alla revoca, con istanza presentata all'Ufficio italiano brevetti e marchi. Si applicano le disposizioni dell'art. 199, commi 3, 4, 5, 6 e 7.

4. In caso di revoca colui che aveva ottenuto la licenza può attuare l'invenzione alle stesse condizioni, nei limiti del preuso o in quelli che risultano da preparativi seri ed effettivi.

74. ***Invenzioni militari.*** — 1. Le disposizioni relative alla concessione di licenza obbligatoria per mancata o insufficiente attuazione delle invenzioni, oppure su brevetto dipendente, non si applicano alle invenzioni brevettate appartenenti all'amministrazione militare o a quelle sottoposte dall'amministrazione militare al vincolo del segreto.

75. ***Decadenza per mancato pagamento dei diritti.*** — 1. Il brevetto per invenzione decade per mancato pagamento entro sei mesi dalla scadenza del diritto annuale dovuto, subordinatamente all'osservanza delle disposizioni dei commi 2, 3 e 4.

2. Trascorso il mese di scadenza del diritto annuale e trascorsi altresì inutilmente i successivi sei mesi nei quali il pagamento è ammesso con l'applicazione di un diritto di mora, e comunque scaduto il termine utile per il pagamento del diritto, l'Ufficio italiano brevetti e marchi notifica all'interessato, con comunicazione raccomandata, che non risulta effettuato, nel termine prescritto, il pagamento del diritto dovuto. L'Ufficio italiano brevetti e marchi, dopo trenta giorni dalla comunicazione anzidetta, dà atto nel registro dei brevetti, con apposita annotazione, della avvenuta decadenza del brevetto per mancato pagamento del diritto annuale, pubblicando poi nel Bollettino Ufficiale la notizia della decadenza stessa.

3. Il titolare del brevetto, ove provi di avere tempestivamente effettuato il pagamento, può chiedere, con ricorso alla Commissione dei ricorsi, entro sei mesi dalla data di pubblicazione del Bollettino Ufficiale, l'annullamento della anzidetta annotazione di decadenza e la rettifica della pubblicazione. La Commissione procede, udita la parte interessata, o i suoi incaricati, e tenute presenti le loro eventuali osservazioni scritte. Tanto della presentazione del ricorso, quanto del dispositivo della sentenza, deve essere presa nota nel registro dei brevetti e pubblicata notizia nel Bollettino Ufficiale.

4. Intervenuta la pubblicazione di cui al comma 2 e trascorsi sei mesi da tale pubblicazione, ovvero se il ricorso sia stato respinto, il brevetto si intende decaduto nei confronti di chiunque dal compimento dell'ultimo anno per il quali sia stato pagato utilmente il diritto.

76. ***Nullità.*** — 1. Il brevetto è nullo:

a) se l'invenzione non è brevettabile ai sensi degli artt. 45, 46, 48, 49, e 50;

b) se, ai sensi dell'art. 51, l'invenzione non è descritta in modo sufficientemente chiaro e completo da consentire a persona esperta di attuarla;

c) se l'oggetto del brevetto si estende oltre il contenuto della domanda iniziale o la protezione del brevetto è stata estesa;

d) se il titolare del brevetto non aveva diritto di ottenerlo e l'avente diritto non si sia valso delle facoltà accordategli dall'art. 118.

2. Se le cause di nullità colpiscono solo parzialmente il brevetto, la relativa sentenza di nullità parziale comporta una corrispondente limitazione del brevetto stesso, e nel caso previsto dall'art. 79, comma 3, stabilisce le nuove rivendicazioni conseguenti alla limitazione.

3. Il brevetto nullo può produrre gli effetti di un diverso brevetto del quale contenga i requisiti di validità e che sarebbe stato voluto dal richiedente, qualora questi ne avesse conosciuto la nullità. La domanda di conversione può essere proposta in ogni stato e grado del giudizio. La sentenza che accerta i requisiti per la validità del diverso brevetto dispone la conversione del brevetto nullo. Il titolare del brevetto convertito, entro sei mesi dal passaggio in giudicato della sentenza di conversione, presenta domanda di correzione del testo del brevetto. L'Ufficio, verificata la corrispondenza del testo alla sentenza, lo rende accessibile al pubblico.

4. Qualora la conversione comporti il prolungamento della durata originaria del brevetto nullo, i licenziatari e coloro che in vista della prossima scadenza avevano compiuto investimenti seri ed effettivi per utilizzare l'oggetto del brevetto hanno diritto di ottenere licenza obbligatoria e gratuita non esclusiva per il periodo di maggior durata.

5. Il brevetto europeo può essere dichiarato nullo per l'Italia ai sensi del presente articolo, ed altresì quando la protezione conferita dal brevetto è stata estesa.

77. ***Effetti della nullità.*** — 1. La declaratoria di nullità del brevetto ha effetto retroattivo, ma non pregiudica:

a) gli atti di esecuzione di sentenze di contraffazione passate in giudicato già compiuti;

b) i contratti aventi ad oggetto l'invenzione conclusi anteriormente al passaggio in giudicato della sentenza che ha dichiarato la nullità nella misura in cui siano già stati eseguiti. In questo caso tuttavia il giudice, tenuto conto delle circostanze, può accordare un equo rimborso di importi già versati in esecuzione del contratto;

c) i pagamenti già effettuati ai sensi degli artt. 64 e 65 a titolo di equo premio, canone o prezzo.

78. ***Rinuncia.*** — 1. Il titolare può rinunciare al brevetto con atto ricevuto dall'Ufficio italiano brevetti e marchi da annotare sul Registro dei brevetti.

2. Qualora in relazione al brevetto siano trascritti atti o sentenze che attribuiscano o accertino diritti patrimoniali di terzi sul brevetto ovvero domande giudiziali con le quali si chiede l'attribuzione o l'accertamento di tali diritti, la rinuncia è senza effetto se non accompagnata dal consenso scritto dei terzi medesimi.

79. ***Limitazione.*** — 1. Il brevetto può essere limitato su istanza del titolare alla quale devono unirsi la descrizione, le rivendicazioni e i disegni modificati.

2. Ove l'Ufficio italiano brevetti e marchi accolga l'istanza, il richiedente dovrà conformarsi alle disposizioni regolamentari relative alla ripubblicazione del brevetto e al pagamento dei relativi diritti, ove previsti.

3. In un giudizio di nullità, il titolare del brevetto ha facoltà di sottoporre al giudice, in ogni stato e grado del giudizio, una riformulazione delle rivendicazioni che rimanga entro i limiti del contenuto della domanda di brevetto quale inizialmente depositata e non estenda la protezione conferita dal brevetto concesso.

3-*bis*. Ove intervenga sia una limitazione del brevetto europeo a seguito di una procedura di limitazione di cui alla Convenzione sul brevetto europeo, sia una limitazione dello stesso brevetto europeo con effetto in Italia a seguito di una procedura nazionale, l'ambito di protezione conferito dal brevetto è determinato tenuto conto di ciascuna delle limitazioni intervenute.

4. L'Ufficio italiano brevetti e marchi pubblica sul Bollettino la notizia della limitazione del brevetto.

80. ***Licenza di diritto.*** — 1. Il richiedente o il titolare del brevetto nella domanda o con istanza anche del mandatario che pervenga all'Ufficio italiano brevetti e marchi, se non è trascritta licenza esclusiva, può offrire al pubblico licenza per l'uso non esclusivo dell'invenzione.

2. Gli effetti della licenza decorrono dalla notificazione al titolare dell'accettazione dell'offerta, anche se non è accettato il compenso.

3. In quest'ultimo caso alla determinazione della misura e delle modalità di pagamento del compenso provvede un collegio di arbitratori, composto di tre membri, nominati uno da ciascuno delle parti, ed il terzo nominato dai primi due o, in caso di disaccordo, dal presidente della commissione dei ricorsi. Il collegio degli arbitratori deve procedere con equo apprezzamento. Se la determinazione è manifestamente iniqua od erronea, oppure se una delle parti rifiuta di nominare il proprio arbitratore, la determinazione è fatta dal giudice.

4. Il compenso può essere modificato negli stessi modi prescritti nella determinazione di quello originario qualora si siano prodotti o rivelati fatti che fanno apparire manifestamente inadeguato il compenso già fissato.

5. Il richiedente o titolare del brevetto che abbia offerto al pubblico licenza sul brevetto ha diritto alla riduzione alla metà dei diritti annuali.

6. La riduzione di cui al comma 5 è concessa dall'Ufficio italiano brevetti e marchi. La dichiarazione di offerta viene annotata nel registro dei brevetti, pubblicata nel Bollettino e gli effetti di essa perdurano finché non è revocata.

81. ***Certificato complementare ai sensi della L. 19 ott. 1991, n. 349, e licenza volontaria sui principi attivi mediata dal Ministro.*** — 1. Ai certificati complementari di protezione concessi ai sensi della L. 19 ott. 1991, n. 349 si applica il regime giuridico, con gli stessi diritti esclusivi ed obblighi, del brevetto. Il certificato complementare di protezione, produce gli stessi effetti del brevetto al quale si riferisce, limitatamente alla parte o alle parti di esso oggetto dell'autorizzazione all'immissione in commercio.

2. Gli effetti del certificato complementare di protezione decorrono dal momento in cui il brevetto perviene al termine della sua durata legale e si estendono per una durata pari al periodo intercorso tra la data del deposito della domanda di brevetto e la data del decreto con cui viene concessa la prima autorizzazione all'immissione in commercio del medicamento.

3. La durata del certificato complementare di protezione non può in ogni caso essere superiore a diciotto anni a decorrere dalla data in cui il brevetto perviene a termine della sua durata legale.

4. Al fine di adeguare progressivamente la durata della copertura complementare e brevettuale a quella prevista dalla normativa comunitaria, le disposizioni di cui alla L. 19 ott. 1991, n. 349, e da regolamento (CEE) n. 1768/1992 del Consiglio, del 18 giugno 1992, trovano attuazione attraverso una riduzione della protezione complementare pari a sei mesi per ogni anno solare, a decorrere dal 1° gennaio 2004, fino al completo allineamento alla normativa europea.

5. È consentito a soggetti terzi che intendano produrre per l'esportazione principi attivi coperti da certificati complementari di protezione concessi ai sensi della L. 19 ott. 1991, n. 349, di avviare con i titolari dei certificati suddetti, presso il Ministero dello sviluppo economico, una procedura per il rilascio di licenze volontarie non esclusive a titolo oneroso nel rispetto della legislazione vigente in materia.

6. Le licenze di cui al comma 5 sono comunque valide unicamente per l'esportazione verso Paesi nei quali la protezione brevettuale e del certificato complementare di protezione non esiste, è scaduta ovvero nei quali l'esportazione del principio attivo non costituisce contraffazione del relativo brevetto in conformità alle normative vigenti nei Paesi di destinazione.

7. La licenza cessa di avere effetto allo scadere del certificato complementare a cui fa riferimento.

SEZIONE IV-*bis*

Invenzioni biotecnologiche

81-*bis*. ***Rinvio*** — 1. Le disposizioni della sezione IV sulle invenzioni industriali spiegano effetto anche nella materia delle invenzioni biotecnologiche, in quanto non siano derogate dalle norme di cui alla Sezione IV bis.

81-*ter*. ***Definizioni*** — 1. Ai fini del presente codice si intende per:

a) materiale biologico: un materiale contenente informazioni genetiche, autoriproducibile o capace di riprodursi in un sistema biologico;

b) procedimento microbiologico: qualsiasi procedimento nel quale si utilizzi un materiale microbiologico, che comporta un intervento su materiale microbiologico o che produce un materiale microbiologico.

2. Un procedimento di produzione di vegetali o di animali è essenzialmente biologico quando consiste integralmente in fenomeni naturali quali l'incrocio o la selezione.

3. La nozione di varietà vegetale è definita dall'ar-

ticolo 5 del regolamento (CE) n. 2100/94 del Consiglio, del 27 luglio 1994.

81-*quater*. *Brevettabilità* — 1. Sono brevettabili purché abbiano i requisiti di novità e attività inventiva e siano suscettibili di applicazione industriale:

a) un materiale biologico, isolato dal suo ambiente naturale o prodotto tramite un procedimento tecnico, anche se preesistente allo stato naturale;

b) un procedimento tecnico attraverso il quale viene prodotto, lavorato o impiegato materiale biologico, anche se preesistente allo stato naturale;

c) qualsiasi nuova utilizzazione di un materiale biologico o di un procedimento tecnico relativo a materiale biologico;

d) un'invenzione relativa ad un elemento isolato dal corpo umano o diversamente prodotto, mediante un procedimento tecnico, anche se la sua struttura è identica a quella di un elemento naturale, a condizione che la sua funzione e applicazione industriale siano concretamente indicate e descritte. Per procedimento tecnico si intende quello che soltanto l'uomo è capace di mettere in atto e che la natura di per se stessa non è in grado di compiere;

e) un'invenzione riguardante piante o animali ovvero un insieme vegetale, caratterizzato dall'espressione di un determinato gene e non dal suo intero genoma, se la loro applicazione non è limitata, dal punto di vista tecnico, all'ottenimento di una determinata varietà vegetale o specie animale e non siano impiegati, per il loro ottenimento, soltanto procedimenti essenzialmente biologici, secondo le modalità previste dall'articolo 170-*bis*, comma 6.

81-*quinquies*. *Esclusioni* — 1. Ferme le esclusioni di cui all'articolo 45, comma 4, sono esclusi dalla brevettabilità:

a) il corpo umano, sin dal momento del concepimento e nei vari stadi del suo sviluppo, nonché la mera scoperta di uno degli elementi del corpo stesso, ivi compresa la sequenza o la sequenza parziale di un gene, al fine di garantire che il diritto brevettuale sia esercitato nel rispetto dei diritti fondamentali sulla dignità e l'integrità dell'uomo e dell'ambiente;

b) le invenzioni il cui sfruttamento commerciale è contrario alla dignità umana, all'ordine pubblico e al buon costume, alla tutela della salute, dell'ambiente e della vita delle persone e degli animali, alla preservazione dei vegetali e della biodiversità ed alla prevenzione di gravi danni ambientali, in conformità ai principi contenuti nell'articolo 27, paragrafo 2, dell'Accordo sugli aspetti dei diritti di proprietà intellettuale attinenti al commercio (TRIPS). Tale esclusione riguarda, in particolare:

1) ogni procedimento tecnologico di clonazione umana, qualunque sia la tecnica impiegata, il massimo stadio di sviluppo programmato dell'organismo clonato e la finalità della clonazione;

2) i procedimenti di modificazione dell'identità genetica germinale dell'essere umano;

3) ogni utilizzazione di embrioni umani, ivi incluse le linee di cellule staminali embrionali umane;

4) i procedimenti di modificazione dell'identità genetica degli animali, atti a provocare su questi ultimi sofferenze senza utilità medica sostanziale per l'essere umano o l'animale, nonché gli animali risultanti da tali procedimenti;

5) le invenzioni riguardanti protocolli di screening genetico, il cui sfruttamento conduca ad una discriminazione o stigmatizzazione dei soggetti umani su basi genetiche, patologiche, razziali, etniche, sociali ed economiche, ovvero aventi finalità eugenetiche e non diagnostiche;

c) una semplice sequenza di DNA, una sequenza parziale di un gene, utilizzata per produrre una proteina o una proteina parziale, salvo che venga fornita l'indicazione e la descrizione di una funzione utile alla valutazione del requisito dell'applicazione industriale e che la funzione corrispondente sia specificatamente rivendicata; ciascuna sequenza è considerata autonoma ai fini brevettuali nel caso di sequenze sovrapposte solamente nelle parti non essenziali all'invenzione.

2. È, comunque, escluso dalla brevettabilità ogni procedimento tecnico che utilizzi cellule embrionali umane.

81-*sexies*. *Estensione della tutela* — 1. La protezione attribuita da un brevetto relativo ad un materiale biologico dotato, in seguito all'invenzione, di determinate proprietà si estende a tutti i materiali biologici da esso derivati mediante riproduzione o moltiplicazione in forma identica o differenziata e dotati delle stesse proprietà.

2. La protezione attribuita da un brevetto relativo ad un procedimento che consente di produrre un materiale biologico dotato, per effetto dell'invenzione, di determinate proprietà si estende al materiale biologico direttamente ottenuto da tale procedimento ed a qualsiasi altro materiale biologico derivato dal materiale biologico direttamente ottenuto mediante riproduzione o moltiplicazione in forma identica o differenziata e dotato delle stesse proprietà.

3. Fatto salvo quanto disposto dall'articolo 81-*quinquies*, comma 1, lettera *a*), la protezione attribuita da un brevetto ad un prodotto contenente o consistente in un'informazione genetica si estende a qualsiasi materiale nel quale il prodotto è incorporato e nel quale l'informazione genetica è contenuta e svolge la sua funzione.

81-*septies*. *Limiti all'estensione della tutela* — 1. La protezione di cui all'articolo 81-*sexies* non si estende al materiale biologico ottenuto mediante riproduzione o moltiplicazione di materiale biologico commercializzato nel territorio dello

Stato dal titolare del brevetto o con il suo consenso, qualora la riproduzione o la moltiplicazione derivi necessariamente dall'utilizzazione per la quale il materiale biologico è stato commercializzato, purché il materiale ottenuto non venga utilizzato successivamente per altre riproduzioni o moltiplicazioni.

81-*octies*. *Licenza obbligatoria*. — 1. L'Ufficio italiano brevetti e marchi rilascia una licenza obbligatoria anche a favore:

a) del costitutore, per lo sfruttamento non esclusivo dell'invenzione protetta dal brevetto, qualora tale licenza sia necessaria allo sfruttamento di una varietà vegetale;

b) del titolare di un brevetto riguardante un'invenzione biotecnologica per l'uso della privativa su un ritrovato vegetale.

2. Il rilascio della licenza di cui al comma 1 avviene secondo le procedure e alle condizioni di cui agli articoli 71 e 72, in quanto compatibili.

3. In caso di concessione della licenza obbligatoria il titolare del brevetto ed il titolare della privativa per ritrovati vegetali hanno diritto, reciprocamente, ad una licenza secondo condizioni che, in mancanza di accordo tra le parti, sono determinate dall'Ufficio italiano brevetti e marchi.

4. Il rilascio della licenza di cui al comma 1 è subordinato alla dimostrazione, da parte del richiedente:

a) che si è rivolto invano al titolare del brevetto o della privativa sui ritrovati vegetali per ottenere una licenza contrattuale;

b) che la varietà vegetale o l'invenzione costituisce un progresso tecnico significativo, di notevole interesse economico rispetto all'invenzione indicata nel brevetto o alla varietà vegetale protetta.

SEZIONE V
I modelli di utilità

82. *Oggetto del brevetto*. — 1. Possono costituire oggetto di brevetto per modello di utilità i nuovi modelli atti a conferire particolare efficacia o comodità di applicazione, o di impiego, a macchine, o parti di esse, strumenti, utensili od oggetti di uso in genere, quali i nuovi modelli consistenti in particolari conformazioni, disposizioni, configurazioni o combinazioni di parti.

2. Il brevetto per le macchine nel loro complesso non comprende la protezione delle singole parti.

3. Gli effetti del brevetto per modello di utilità si estendono ai modelli che conseguono pari utilità, purché utilizzino lo stesso concetto innovativo.

83. *Il diritto alla brevettazione*. — 1. Il diritto al brevetto spetta all'autore del nuovo modello di utilità e ai suoi aventi causa.

84. *Brevettazione alternativa*. — 1. È consentito a chi chiede il brevetto per invenzione industriale, ai sensi del presente codice, di presentare contemporaneamente domanda di brevetto per modello di utilità, da valere nel caso che la prima non sia accolta o sia accolta solo in parte.

2. Se la domanda ha per oggetto un modello anziché un'invenzione o viceversa, l'Ufficio italiano brevetti e marchi invita l'interessato, assegnandogli un termine, a modificare la domanda stessa la quale, tuttavia, ha effetto dalla data di presentazione originaria.

3. Se la domanda di brevetto per modello di utilità contiene anche un'invenzione o viceversa, è applicabile l'art. 161.

85. *Durata ed effetti della brevettazione*. — 1. Il brevetto per modello di utilità dura dieci anni dalla data di presentazione della domanda.

2. I diritti conferiti e la decorrenza degli effetti del brevetto sono regolati conformemente all'art. 53.

86. *Rinvio*. — 1. Le disposizioni della Sezione IV, sulle invenzioni industriali, oltre che a tali invenzioni, spiegano effetto anche nella materia dei modelli di utilità, in quanto applicabili.

2. In particolare sono estese ai brevetti per modello di utilità le disposizioni in materia di invenzioni dei dipendenti e licenze obbligatorie.

SEZIONE VI
Topografie dei prodotti a semiconduttori

87. *Oggetto della tutela*. — 1. È prodotto a semiconduttori ogni prodotto finito o intermedio:

a) consistente in un insieme di materiali che comprende uno strato di materiale semiconduttore;

b) che contiene uno o più strati composti di materiale conduttore, isolante o semiconduttore, disposti secondo uno schema tridimensionale prestabilito;

c) destinato a svolgere, esclusivamente o insieme ad altre funzioni, una funzione elettronica.

2. La topografia di un prodotto a semiconduttori è una serie di disegni correlati, comunque fissati o codificati:

a) rappresentanti lo schema tridimensionale degli strati di cui si compone un prodotto a semiconduttori;

b) nella qual serie ciascuna immagine riproduce in tutto o in parte una superficie del prodotto a semiconduttori in uno stadio qualsiasi della sua fabbricazione.

88. *Requisiti della tutela*. — 1. Possono costituire oggetto di diritti esclusivi le topografie risultanti dallo sforzo intellettuale creativo del loro autore che non siano comuni o familiari nell'ambito dell'industria dei prodotti a semiconduttori.

2. Possono costituire oggetto di diritti esclusivi anche le topografie risultanti dalla combinazione di elementi comuni o familiari, purché nell'insieme soddisfino ai requisiti di cui al comma 1.

89. *Diritto alla tutela*. — 1. I diritti esclusivi

sulle topografie dei prodotti a semiconduttori che presentano i requisiti di proteggibilità spettano all'autore e ai suoi aventi causa.

2. Qualora la topografia venga creata nell'ambito di un rapporto di lavoro dipendente o di impiego, si applica l'art. 64.

3. Qualora la topografia venga creata nell'esecuzione o nell'adempimento di un contratto diverso da un contratto di lavoro, il diritto alla tutela spetta, salvo che il contratto stesso disponga diversamente, al committente la topografia.

90. ***Contenuto dei diritti.*** — 1. I diritti esclusivi sulle topografie dei prodotti a semiconduttori consistono nella facoltà di:

a) riprodurre in qualsiasi modo o forma, totalmente o parzialmente, la topografia;

b) sfruttare commercialmente, ovvero detenere o distribuire a scopo di commercializzazione, ovvero importare una topografia o un prodotto a semiconduttori in cui è fissata la topografia.

2. Lo sfruttamento commerciale è costituito dalla vendita, l'affitto, il leasing o qualsiasi altro metodo di distribuzione commerciale o l'offerta per tali scopi.

91. ***Limitazione dei diritti esclusivi.*** — 1. La tutela concessa alle topografie dei prodotti a semiconduttori non si estende ai concetti, processi, sistemi, tecniche o informazioni codificate, incorporati nelle topografie stesse.

2. I diritti esclusivi di cui all'art. 90 non si estendono alle riproduzioni compiute in ambito privato, in via sperimentale, a scopo di insegnamento, di analisi o di valutazione della topografia e dei concetti, delle procedure, dei sistemi o delle tecniche incluse nella topografia stessa.

3. I diritti esclusivi non possono essere esercitati nei confronti di topografie create da terzi sulla base di un'analisi o valutazione effettuata in conformità al comma 2, qualora tali topografie rispondano ai requisiti di proteggibilità.

92. ***Registrazione.*** — 1. La topografia dei prodotti a semiconduttori è proteggibile a condizione che:

a) ne sia richiesta la registrazione in Italia ovvero, qualora la topografia sia stata oggetto di precedente sfruttamento commerciale ovunque nel mondo, ne sia richiesta la registrazione entro il termine di due anni dalla data di tale primo sfruttamento, purché tale data sia precisata in apposita dichiarazione scritta. A tali effetti lo sfruttamento commerciale non comprende lo sfruttamento in condizioni di riservatezza nel quale non vi sia stata alcuna ulteriore distribuzione ai terzi, a meno che lo sfruttamento della topografia non avvenga secondo le condizioni di riservatezza imposte dall'adozione di misure ritenute necessarie alla tutela degli interessi essenziali della sicurezza nazionale e che si riferiscono alla produzione o al commercio di armi, munizioni e materiale bellico;

b) al momento del primo sfruttamento commerciale o della richiesta di registrazione il proprietario della topografia sia cittadino o persona giuridica italiana o, se straniero, sia rispondente ai requisiti indicati nell'art. 3 del Capo I.

2. Il diritto di richiedere la registrazione si estingue con il decorso di quindici anni dalla data della prima fissazione o codificazione della topografia, ove essa non abbia formato oggetto di sfruttamento commerciale in una qualsiasi parte del mondo per lo stesso periodo. A tali effetti per sfruttamento commerciale si intende quello non comprensivo dello sfruttamento in condizione di riservatezza secondo le indicazioni contenute nel comma 1, lettera *a*).

93. ***Decorrenza e durata della tutela.*** — 1. I diritti esclusivi di cui all'art. 90 sorgono alla prima, in ordine di tempo, delle date seguenti:

a) la data del primo sfruttamento commerciale della topografia in una qualsiasi parte del mondo;

b) la data in cui è stata presentata nella debita forma la domanda di registrazione.

2. I diritti esclusivi di cui al comma 1 si estinguono dieci anni dopo la prima, in ordine di tempo, delle seguenti date:

a) la fine dell'anno civile in cui la topografia è stata per la prima volta sfruttata commercialmente in una qualsiasi parte del mondo;

b) la fine dell'anno civile in cui è stata presentata nella debita forma la domanda di registrazione.

3. Agli effetti del presente articolo per sfruttamento commerciale si intende quello non comprensivo dello sfruttamento in condizioni di riservatezza secondo le indicazioni contenute nell'art. 92, comma 1, lettera *a*).

94. ***Menzione di riserva.*** — 1. La topografia, il prodotto a semiconduttori ed il suo involucro esterno possono recare una menzione costituita da:

a) il segno T racchiuso da un cerchio;

b) la data in cui per la prima volta la topografia è stata oggetto di sfruttamento commerciale;

c) il nome, la denominazione o la sigla del titolare dei diritti sulla topografia.

2. Tale menzione prova l'avvenuta registrazione della topografia, ovvero la rivendicazione della titolarità sulla topografia, o l'intenzione di chiedere la registrazione entro il termine di due anni dalla data del primo sfruttamento commerciale.

3. La menzione non può essere riportata su prodotti per i quali la domanda di registrazione non sia stata presentata entro i due anni dalla data del primo sfruttamento commerciale ovunque nel mondo o sia stata rifiutata definitivamente.

95. ***Contraffazione.*** — 1. Costituisce atto di contraffazione e di violazione dei diritti esclusivi sulle topografie dei prodotti a semiconduttori l'esercizio, senza il consenso del titolare, delle seguenti attività, anche per interposta persona:

a) la riproduzione in qualsiasi modo e con qualsiasi mezzo della topografia;

b) la fissazione con qualsiasi mezzo della topografia in un prodotto a semiconduttori;

c) l'utilizzazione, l'importazione e la detenzione a fini di commercializzazione, nonché la commercializzazione o distribuzione del prodotto a semiconduttori in cui è fissata la topografia.

2. Non costituiscono atti di contraffazione l'importazione, la distribuzione, la commercializzazione o l'utilizzazione di prodotti a semiconduttori contraffatti, effettuati senza sapere o senza avere una ragione valida di ritenere l'esistenza dei diritti esclusivi di cui all'art. 90.

3. Nell'ipotesi di cui al comma 2 è consentita la prosecuzione dell'attività intrapresa, nei limiti dei contratti già stipulati e delle scorte esistenti, ma il titolare dei diritti esclusivi ha diritto alla corresponsione di un equo corrispettivo, a partire dal momento in cui abbia adeguatamente avvisato l'acquirente in buona fede che la topografia è stata riprodotta illegalmente. In mancanza di accordo tra le parti, per la determinazione e le modalità di pagamento dell'equo corrispettivo ragguagliato al prezzo di mercato, si applicano le disposizioni previste alla Sezione IV per la licenza di diritto.

96. ***Risarcimento del danno ed equo compenso.*** — 1. Chiunque, dopo la registrazione della topografia, o dopo la diffida di colui che ha presentato la domanda di registrazione, ove accolta, pone in essere gli atti di cui all'art. 95, è tenuto al risarcimento dei danni ai sensi delle disposizioni del Capo III.

2. Se gli atti di cui al comma 1 avvengono tra il primo atto di sfruttamento commerciale del prodotto a semiconduttori con menzione di riserva e la registrazione della topografia, il responsabile è tenuto a corrispondere solo un equo compenso al titolare della topografia registrata.

3. Se gli atti indicati alle lettere *a*) e *b*) dell'art. 95 avvengono dopo il primo atto di sfruttamento commerciale di un prodotto a semiconduttori senza menzione di riserva, il titolare della topografia registrata ha diritto ad un equo compenso e l'autore della contraffazione ha diritto di ottenere una licenza ad eque condizioni per continuare a sfruttare la topografia nei limiti dell'uso fatto prima che essa fosse registrata. Qualora il titolare della registrazione si rifiuti di rilasciare una licenza contrattuale, si applicano, in quanto compatibili, le disposizioni in materia di concessione di licenza obbligatoria di cui alla Sezione IV, incluse quelle relative alla determinazione della misura e delle modalità di pagamento del compenso in caso di opposizione.

4. Chi ha acquistato un prodotto a semiconduttori senza sapere o senza avere una ragione valida di ritenere che il prodotto è tutelato da registrazione, ha diritto a continuare lo sfruttamento commerciale del prodotto. Tuttavia, per gli atti compiuti dopo avere saputo o avere avuto valide ragioni per ritenere che il prodotto a semiconduttori è tutelato, è dovuto il pagamento di un equo compenso. L'avente causa dell'acquirente di cui al presente comma conserva gli stessi diritti ed obblighi.

5. Agli effetti del presente articolo per sfruttamento commerciale si intende quello non comprensivo dello sfruttamento in condizione di riservatezza secondo le indicazioni di cui all'art. 92, comma 1, lettera *a*).

97. ***Nullità della registrazione.*** — 1. La domanda diretta ad ottenere la dichiarazione giudiziale di nullità della registrazione della topografia può essere promossa in qualsiasi momento e da chiunque vi abbia interesse, se è omesso, non sussiste o risulta assolutamente incerto uno dei seguenti requisiti:

a) i requisiti di proteggibilità di cui all'art. 88;

b) proprietario della topografia non sia alcuno dei soggetti indicati all'art. 92, comma 1, lettere *b*);

c) non sia stata chiesta la registrazione in Italia entro il termine all'uopo previsto all'art. 92, comma 1, lettera *a*) e, qualora trattasi di topografie il cui sfruttamento commerciale sia iniziato nel biennio precedente il 18 marzo 1989, la registrazione non sia stata richiesta entro il 18 marzo 1990;

d) non sia stata precisata la data del primo atto di sfruttamento in apposita dichiarazione scritta;

e) la domanda di registrazione e i relativi allegati non consentano l'identificazione della topografia e la valutazione dei requisiti di cui alla lettera *a*).

SEZIONE VII

Segreti commerciali[1]

[1] Rubrica così sost. dall'art. 3, c. 1, D.lgs. 11 mag. 2018, n. 63.

98. ***Oggetto della tutela.*** — 1. Costituiscono oggetto di tutela i segreti commerciali. Per segreti commerciali si intendono le informazioni aziendali e le esperienze tecnico-industriali, comprese quelle commerciali, soggette al legittimo controllo del detentore, ove tali informazioni:

a) siano segrete, nel senso che non siano nel loro insieme o nella precisa configurazione e combinazione dei loro elementi generalmente note o facilmente accessibili agli esperti ed agli operatori del settore;

b) abbiano valore economico in quanto segrete;

c) siano sottoposte, da parte delle persone al cui legittimo controllo sono soggette, a misure da ritenersi ragionevolmente adeguate a mantenerle segrete.[1]

2. Costituiscono altresì oggetto di protezione i dati relativi a prove o altri dati segreti la cui elaborazione comporti un considerevole impegno ed alla cui presentazione sia subordinata l'autorizza-

zione dell'immissione in commercio di prodotti chimici, farmaceutici o agricoli implicanti l'uso di nuove sostanze chimiche.

[1] Comma così sost. dall'art. 3, c. 2, D.lgs. 11 mag. 2018, n. 63.

99. ***Tutela.*** — 1. Ferma la disciplina della concorrenza sleale, il legittimo detentore dei segreti commerciali di cui all'articolo 98, ha il diritto di vietare ai terzi, salvo proprio consenso, di acquisire, rivelare a terzi od utilizzare, in modo abusivo, tali segreti, salvo il caso in cui essi siano stati conseguiti in modo indipendente dal terzo.[1]

1-*bis*. L'acquisizione, l'utilizzazione o la rivelazione dei segreti commerciali di cui all'articolo 98 si considerano illecite anche quando il soggetto, al momento dell'acquisizione, dell'utilizzazione o della rivelazione, era a conoscenza o, secondo le circostanze, avrebbe dovuto essere a conoscenza del fatto che i segreti commerciali erano stati ottenuti direttamente o indirettamente da un terzo che li utilizzava o rivelava illecitamente ai sensi del comma 1.[2]

1-*ter*. La produzione, l'offerta, la commercializzazione di merci costituenti violazione, oppure l'importazione, l'esportazione o lo stoccaggio delle medesime merci costituiscono un utilizzo illecito dei segreti commerciali di cui all'articolo 98, quando il soggetto che svolgeva tali condotte era a conoscenza o, secondo le circostanze, avrebbe dovuto essere a conoscenza del fatto che i segreti commerciali erano stati utilizzati illecitamente ai sensi del comma 1. Per merci costituenti violazione si intendono le merci delle quali la progettazione, le caratteristiche, la funzione, la produzione o la commercializzazione beneficiano in maniera significativa dei suddetti segreti commerciali acquisiti, utilizzati o rivelati illecitamente.[2]

1-*quater*. I diritti e le azioni derivanti dalle condotte illecite di cui ai commi 1, 1-*bis* e 1-*ter* si prescrivono in cinque anni.[2]

[1] Comma così sost. dall'art. 4, c. 1, D.lgs. 11 mag. 2018, n. 63.

[2] Comma ins. dall'art. 4, c. 1, D.lgs. 11 mag. 2018, n. 63.

SEZIONE VIII

Nuove varietà vegetali

100. ***Oggetto del diritto.*** — 1. Può costituire oggetto del diritto su una nuova varietà vegetale un insieme vegetale di un taxon botanico del grado più basso conosciuto che, conformandosi integralmente o meno alle condizioni previste per il conferimento del diritto di costitutore può essere:

a) definito in base ai caratteri risultanti da un certo genotipo o da una certa combinazione di genotipi;

b) distinto da ogni altro insieme vegetale in base all'espressione di almeno uno dei suddetti caratteri;

c) considerato come un'entità rispetto alla sua idoneità a essere riprodotto in modo conforme.

101. ***Costitutore.*** — 1. Ai fini del presente codice si intende per costitutore:

a) la persona che ha creato o che ha scoperto e messo a punto una varietà;

b) la persona che è il datore di lavoro della persona sopraindicata o che ne ha commissionato il lavoro;

c) l'avente diritto o avente causa dai soggetti indicati nelle lettere *a*) e *b*).

102. ***Requisiti.*** — 1. Il diritto di costitutore è conferito quando la varietà è nuova, distinta, omogenea e stabile.

103. ***Novità.*** — 1. La varietà si reputa nuova quando, alla data di deposito della domanda di costitutore, il materiale di riproduzione o di moltiplicazione vegetativa, o un prodotto di raccolta della varietà, non è stato venduto né altrimenti ceduto a terzi, dal costitutore o con il suo consenso, ai fini dello sfruttamento della varietà:

a) sul territorio italiano da oltre un anno dalla data di deposito della domanda;

b) in qualsiasi altro Stato da oltre quattro anni o, nel caso di alberi e viti, da oltre sei anni.

104. ***Distinzione.*** — 1. La varietà si reputa distinta quando si contraddistingue nettamente da ogni altra varietà la cui esistenza, alla data del deposito della domanda, è notoriamente conosciuta.

2. In particolare un'altra varietà si reputa notoriamente conosciuta quando:

a) per essa è stata depositata, in qualsiasi Paese, una domanda per il conferimento del diritto di costitutore o l'iscrizione in un registro ufficiale, purché detta domanda abbia come effetto il conferimento del diritto di costitutore o l'iscrizione nel registro ufficiale delle varietà;

b) è presente in collezioni pubbliche.

105. ***Omogeneità.*** — 1. La varietà si reputa omogenea quando è sufficientemente uniforme nei suoi caratteri pertinenti e rilevanti ai fini della protezione, con riserva della variazione prevedibile in conseguenza delle particolarità attinenti alla sua riproduzione sessuata e alla sua moltiplicazione vegetativa.

106. ***Stabilità.*** — 1. La varietà si reputa stabile quando i caratteri pertinenti e rilevanti ai fini della protezione rimangono invariati in seguito alle successive riproduzioni o moltiplicazioni o, in caso di un particolare ciclo di riproduzione o moltiplicazione, alla fine di ogni ciclo.

107. ***Contenuto del diritto del costitutore.*** — 1. È richiesta l'autorizzazione del costitutore per i seguenti atti compiuti in relazione al materiale di riproduzione o di moltiplicazione della varietà protetta:

a) produzione o riproduzione;

b) condizionamento a scopo di riproduzione o moltiplicazione;

c) offerta in vendita, vendita o qualsiasi altra forma di commercializzazione;

d) esportazione o importazione;

e) detenzione per uno degli scopi sopra elencati.

2. L'autorizzazione del costitutore è richiesta per gli atti menzionati al comma 1 compiuti in relazione al prodotto della raccolta, comprese piante intere e parti di piante, ottenuto mediante utilizzazione non autorizzata di materiali di riproduzione o di moltiplicazione della varietà protetta, a meno che il costitutore non abbia potuto esercitare ragionevolmente il proprio diritto in relazione al suddetto materiale di riproduzione o di moltiplicazione. L'utilizzazione si presume non autorizzata salvo prova contraria.

3. Le disposizioni dei commi 1 e 2 si applicano anche:

a) alle varietà essenzialmente derivate dalla varietà protetta quando questa non sia, a sua volta, una varietà essenzialmente derivata;

b) alle varietà che non si distinguono nettamente dalla varietà protetta conformemente al requisito della distinzione;

c) alle varietà la cui produzione necessita del ripetuto impiego della varietà protetta.

4. Ai fini del comma 3, lettera *a*), si considera che una varietà è essenzialmente derivata da un'altra varietà, definita varietà iniziale, quando:

a) deriva prevalentemente dalla varietà iniziale, o da una varietà che a sua volta è prevalentemente derivata dalla varietà iniziale, pur conservando le espressioni dei caratteri essenziali che risultano dal genotipo o dalla combinazione dei genotipi della varietà iniziale;

b) si distingue nettamente dalla varietà iniziale e, salvo per quanto concerne le differenze generate dalla derivazione, risulta conforme alla varietà iniziale nell'espressione dei caratteri essenziali che risultano dal genotipo o dalla combinazione dei genotipi della varietà iniziale.

5. Le varietà essenzialmente derivate possono essere ottenute, tra l'altro, mediante selezione di un mutante naturale o indotto o da una variante somaclonale, mediante selezione di una variante individuale fra piante della varietà iniziale, mediante retroincroci o mediante trasformazione attraverso l'ingegneria genetica.

6. Durante il periodo compreso tra la pubblicazione della domanda e la concessione della privativa il costitutore ha diritto ad una equa remunerazione da parte di colui che, nel periodo suddetto, ha compiuto gli atti che, una volta conferito il diritto, richiedono l'autorizzazione del costitutore.

108. ***Limitazioni del diritto del costitutore.*** — 1. Il diritto di costitutore non si estende ad atti compiuti in ambito privato, a scopi non commerciali; ad atti compiuti a titolo sperimentale; ad atti compiuti allo scopo di creare altre varietà, nonché, ove non siano applicabili le disposizioni dell'art. 107, comma 3, ad atti di cui allo stesso art. 107, commi 1 e 2, compiuti rispetto a tali altre varietà.

2. Fermo quanto disposto dall'art. 107, comma 1, chiunque intende procedere alla moltiplicazione, in vista della certificazione, di materiale proveniente da varietà oggetto di privativa per nuova varietà vegetale, è tenuto a darne preventiva comunicazione al titolare del diritto.

109. ***Durata della protezione.*** — 1. Il diritto di costitutore, concesso a norma di questo codice, dura venti anni a decorrere dalla data della sua concessione. Per gli alberi e le viti tale diritto dura trent'anni dalla sua concessione.

2. Gli effetti della privativa decorrono dalla data in cui la domanda, corredata degli elementi descrittivi, è resa accessibile al pubblico.

3. Nei confronti delle persone alle quali la domanda, corredata degli elementi descrittivi, è stata notificata a cura del costitutore, gli effetti della privativa decorrono dalla data di tale notifica.

110. ***Diritto morale.*** — 1. Il diritto di essere considerato autore della nuova varietà vegetale può essere fatto valere dall'autore stesso e, dopo la sua morte, dal coniuge, e dai discendenti fino al secondo grado; in loro mancanza o dopo la loro morte, dai genitori e dagli altri ascendenti ed in mancanza, o dopo la morte anche di questi, dai parenti fino al quarto grado incluso.

111. ***Diritti patrimoniali.*** — 1. I diritti nascenti dalla costituzione di nuove varietà vegetali, tranne il diritto di esserne riconosciuto autore, sono alienabili e trasmissibili.

2. Qualora la nuova varietà vegetale venga creata nell'ambito di un rapporto di lavoro dipendente o di impiego, si applica l'art. 64.

112. ***Nullità del diritto.*** — 1. Il diritto di costitutore è nullo se è accertato che:

a) le condizioni fissate dalle norme sulla novità e sulla distinzione non erano effettivamente soddisfatte al momento del conferimento del diritto di costitutore;

b) le condizioni fissate dalle norme sulla omogeneità e sulla stabilità non sono state effettivamente soddisfatte al momento del conferimento del diritto di costitutore, ove il diritto di costitutore è stato conferito essenzialmente sulla base di informazioni o documenti forniti dal costitutore;

c) il diritto di costitutore è stato conferito a chi non aveva diritto, e l'avente diritto non si sia valso delle facoltà accordategli dall'art. 118.

113. ***Decadenza del diritto.*** — 1. Il diritto di costitutore decade quando viene accertato che le condizioni relative alla omogeneità e alla stabilità non sono più effettivamente soddisfatte.

2. Il diritto decade inoltre se il costitutore, previa

messa in mora da parte dell'Amministrazione competente:

a) non presenta, entro il termine di trenta giorni le informazioni, i documenti o il materiale ritenuti necessari al controllo del mantenimento della varietà;

b) non ha pagato i diritti dovuti per il mantenimento del proprio diritto;

c) non propone, in caso di cancellazione della denominazione della varietà successivamente al conferimento del diritto, un'altra denominazione adeguata.

3. Nei casi previsti nel comma 2, lettere *a*) e *c*), la decadenza è dichiarata dall'Ufficio italiano brevetti e marchi, su proposta del Ministero delle politiche agricole e forestali.

114. ***Denominazione della varietà.*** — 1. La varietà deve essere designata con una denominazione destinata ad essere la sua designazione generica.

2. La denominazione deve permettere di identificare la varietà. Essa non può consistere unicamente di cifre, a meno che non si tratti di una prassi stabilita per designare talune varietà. Essa non deve essere suscettibile di indurre in errore o di creare confusione quanto alle sue caratteristiche, al valore o alla identità della varietà o alla identità del costitutore. In particolare, essa deve essere diversa da ogni altra denominazione che designi, sul territorio di uno Stato aderente all'Unione per la protezione delle nuove varietà vegetali (UPOV), una varietà preesistente, della stessa specie vegetale o di una specie simile, a meno che quest'altra varietà non esista più e la sua denominazione non abbia assunto alcuna importanza particolare.

3. I diritti acquisiti anteriormente da terzi non sono pregiudicati.

4. La denominazione deve essere uguale a quella già registrata in uno degli Stati aderenti all'Unione per la protezione delle nuove varietà vegetali (UPOV) per designare la stessa varietà.

5. La denominazione depositata che risponde ai requisiti dei commi 1, 2, 3 e 4 è registrata.

6. La denominazione depositata e registrata, nonché le relative variazioni sono comunicate alle autorità competenti degli Stati aderenti all'UPOV.

7. La denominazione registrata deve essere utilizzata per la varietà anche dopo l'estinzione del diritto di costitutore, nella misura in cui, conformemente alle disposizioni di cui al comma 3, diritti acquisiti anteriormente non si oppongano a tale utilizzazione.

8. È consentito associare alla denominazione varietale un marchio d'impresa, un nome commerciale o una simile indicazione, purché la denominazione varietale risulti, in ogni caso, facilmente riconoscibile.

115. ***Licenze obbligatorie ed espropriazione.*** — 1. Il diritto di costitutore può formare oggetto di licenze obbligatorie non esclusive soltanto per motivi di interesse pubblico, di cui al comma 3.

2. Alle licenze obbligatorie si applicano, in quanto compatibili con le disposizioni contenute in questa sezione, le norme in materia di licenza obbligatoria di cui alla sezione IV, incluse quelle relative alla determinazione della misura e delle modalità di pagamento del compenso in caso di opposizione.

3. Con decreto ministeriale possono essere concesse, in qualunque momento, mediante pagamento di equo compenso al titolare del diritto di costitutore, licenze obbligatorie speciali, non esclusive, per l'utilizzazione di nuove varietà vegetali protette che possono servire all'alimentazione umana o del bestiame, nonché per usi terapeutici o per la produzione di medicinali.

4. Le licenze previste al comma 3 sono concesse su conforme parere del Ministero delle politiche agricole alimentari e forestali che si pronuncia sulle condizioni prescritte per la concessione delle licenze.

5. Il decreto di concessione della licenza può prevedere l'obbligo per il titolare del diritto di mettere a disposizione del licenziatario il materiale di propagazione ovvero di moltiplicazione necessario.

6. L'espropriazione ha luogo, per le nuove varietà vegetali, sentito il Ministero delle politiche agricole alimentari e forestali.

116. ***Rinvio.*** — 1. Sono applicabili alle nuove varietà vegetali le disposizioni della sezione IV in quanto non contrastino con le disposizioni della presente sezione.

117-143. (*Omissis*).

SEZIONE II

Misure contro la pirateria

144. ***Atti di pirateria e pratiche di Italian Sounding***[1] — 1. Agli effetti delle norme contenute nella presente sezione sono atti di pirateria le contraffazioni evidenti dei marchi, disegni e modelli registrati e le violazioni di altrui diritti di proprietà industriale realizzate dolosamente in modo sistematico.

1-*bis*. Agli effetti delle norme contenute nella presente sezione sono pratiche di Italian Sounding le pratiche finalizzate alla falsa evocazione dell'origine italiana di prodotti.[2]

[1] Rubrica così modif. dall'art. 32, c. 5, D.L. 30 apr. 2019, n. 34, conv. in L. 28 giu. 2019, n. 58.

[2] Comma ins. dall'art. 32, c. 5, D.L. 30 apr. 2019, n. 34, conv. in L. 28 giu. 2019, n. 58.

144-*bis*. ***Sequestro conservativo.*** — 1. Quando la parte lesa faccia valere l'esistenza di circostanze atte a pregiudicare il soddisfacimento del risarcimento del danno, l'autorità giudiziaria può disporre, ai sensi dell'art. 671 del codice di procedura civile, il sequestro conservativo dei beni mobili ed immobili del preteso autore della violazione, compreso il blocco dei suoi conti bancari e di altri beni fino alla concorrenza del presumibile ammontare del danno. A tale fine l'autorità giudiziaria può disporre la comunicazione della documentazione bancaria, finanziaria o commerciale oppure autorizzare l'accesso alle pertinenti informazioni.

145. ***Consiglio nazionale anticontraffazione e all'Italian Sounding.***[1] — 1. Presso il Ministero dello sviluppo economico è istituito il Consiglio nazionale per la lotta alla contraffazione e all'Italian Sounding, con funzioni di indirizzo, impulso e coordinamento delle azioni strategiche intraprese da ogni amministrazione, al fine di migliorare l'insieme dell'azione di contrasto della contraffazione a livello nazionale e della falsa evocazione dell'origine italiana.[2]

2. Il Consiglio nazionale per la lotta alla contraffazione e all'Italian Sounding è presieduto dal Ministro dello sviluppo economico o da un rappresentante da lui designato. Al fine di garantire la rappresentanza degli interessi pubblici e privati e assicurare le necessarie sinergie tra amministrazione pubblica e imprese, il Consiglio è composto da un rappresentante del Ministero dello sviluppo economico, da un rappresentante del Ministero dell'economia e delle finanze, da un rappresentante del Ministero degli affari esteri, da un rappresentante del Ministero della difesa, da un rappresentante del Ministero delle politiche agricole alimentari e forestali, da un rappresentante del Ministero dell'interno, da un rappresentante del Ministero della giustizia, da un rappresentante del Ministero per i beni e le attività culturali, da un rappresentante del Ministero del lavoro e delle politiche sociali, da un rappresentante del Ministero della salute, e da un rappresentante del Dipartimento della funzione pubblica, da un rappresentante del Ministero dell'istruzione, dell'università e della ricerca, e da un rappresentante designato dall'ANCI. Il Consiglio può invitare a partecipare ai propri lavori, in ragione dei temi trattati, rappresentanti di altre amministrazioni pubbliche nonché delle categorie di imprese, lavoratori e consumatori.[2]

3. Le modalità di funzionamento del Consiglio nazionale per la lotta alla contraffazione e all'Italian Sounding sono definite con decreto del Ministro dello sviluppo economico, di concerto con i Ministri dell'economia e delle finanze, degli affari esteri, della difesa, delle politiche agricole alimentari e forestali, dell'interno, della giustizia, per i beni e le attività culturali, del lavoro e delle politiche sociali e della salute. Le attività di segreteria sono svolte dalla Direzione generale per la lotta alla contraffazione - Ufficio italiano brevetti e marchi.[2]

4. La partecipazione al Consiglio nazionale per la lotta alla contraffazione e all'Italian Sounding non dà luogo alla corresponsione di compensi, emolumenti, indennità o rimborsi spese. All'attuazione dei commi 1, 2 e 3 si provvede nell'ambito delle risorse umane, finanziarie e strumentali disponibili a legislazione vigente.[2]

[1] Rubrica così modif. dall'art. 32, c. 6, D.L. 30 apr. 2019, n. 34, conv con modif. in L. 28 giu. 2019, n. 58.

[2] Comma così modif. dall'art. 32, c. 6, D.L. 30 apr. 2019, n. 34, conv con modif. in L. 28 giu. 2019, n. 58.

146. ***Interventi contro la pirateria.*** — 1. Qualora ne abbia notizia, il Ministero delle attività produttive segnala alla procura della repubblica, competente per territorio, per le iniziative di sua competenza, i casi di pirateria.

2. Fatta salva la repressione dei reati e l'applicazione della normativa nazionale e comunitaria vigente in materia, di competenza dell'Autorità doganale, il Ministero delle attività produttive, per il tramite del Prefetto della provincia interessata, e i sindaci, limitatamente al territorio comunale, possono disporre anche d'ufficio, il sequestro amministrativo della merce contraffatta e, decorsi tre mesi, previa autorizzazione dell'autorità giudiziaria di cui al comma 3, procedere alla sua distruzione, a spese del contravventore. È fatta salva la facoltà di conservare i campioni da utilizzare a fini giudiziari.

3. Competente ad autorizzare la distruzione è il presidente della sezione specializzata di cui all'art. 120, nel cui territorio è compiuto l'atto di pirateria, su richiesta dell'amministrazione statale o comunale che ha disposto il sequestro.

4. L'opposizione avverso il provvedimento di distruzione di cui al comma 2 è proposta davanti alla sezione specializzata del Tribunale competente per territorio nelle forme di cui agli artt. 22 e 23 della legge 24 novembre 1981, n. 689, e successive modificazioni. Il termine per ricorrere decorre dalla data di notificazione del provvedimento o da quella della sua pubblicazione, per estratto, nella *Gazzetta Ufficiale* della Repubblica italiana.

CAPO IV
Acquisto e mantenimento dei diritti di proprietà industriale e relative procedure

SEZIONE I
Domande in generale

147. ***Deposito delle domande e delle istanze.*** — 1. Tutte le domande, le istanze, gli atti, i documenti e i ricorsi notificati menzionati nel presente codice, ad eccezione di quanto previsto da convenzioni ed accordi internazionali, sono depositati, presso l'Ufficio italiano brevetti e marchi, presso le Camere di commercio, industria e artigianato e presso gli uffici o enti pubblici determinati con decreto del Ministro dello sviluppo economico. Con decreto dello stesso Ministro, con rispetto delle previsioni contenute nel decreto legislativo 7 marzo 2005, n. 82, sono determinate le modalità di deposito, quivi comprese quelle da attuare mediante ricorso ad altri mezzi di comunicazione. Gli uffici o enti anzidetti, all'atto del ricevimento rilasciano l'attestazione dell'avvenuto deposito ed entro i successivi dieci giorni trasmettono all'Ufficio italiano brevetti e marchi, nelle forme indicate nel decreto, gli atti depositati e la relativa attestazione.

2. Gli uffici o enti abilitati a ricevere i depositi sono tenuti ad adottare le misure necessarie per assicurare l'osservanza del segreto d'ufficio.

3. Non possono, né direttamente, né per interposta persona, chiedere brevetti per invenzioni industriali, o divenire cessionari, gli impiegati addetti all'Ufficio italiano brevetti e marchi, se non dopo due anni da quando abbiano cessato di appartenere al loro ufficio.

3-*bis*. In ciascuna domanda il richiedente deve indicare o eleggere domicilio in uno Stato membro dell'Unione europea o dello Spazio economico europeo per ricevervi tutte le comunicazioni e notificazioni da farsi a norma del presente codice. Qualora il richiedente si avvalga delle prestazioni di un mandatario, si applicano le disposizioni dell'articolo 201.

3-*ter*. Salvo quanto previsto dall'articolo 16 del decreto-legge 29 novembre 2008, n. 185, convertito, con modificazioni, dalla legge 28 gennaio 2009, n. 2, e successive modificazioni, nei casi in cui le disposizioni del presente codice prevedono l'obbligo di indicare o eleggere domicilio, le imprese, i professionisti o i loro mandatari, se vi siano, devono anche indicare il proprio indirizzo di posta elettronica certificata o analogo indirizzo di posta elettronica basato su tecnologie che certifichino la data e l'ora dell'invio e della ricezione delle comunicazioni e l'integrità del contenuto delle stesse, garantendo l'interoperabilità con analoghi sistemi internazionali. Gli oneri delle comunicazioni a cui l'Ufficio italiano brevetti e marchi è tenuto a norma del presente codice sono a carico dell'interessato, anche se persona fisica, qualora sia stata omessa l'indicazione dell'indirizzo di posta elettronica certificata o di analoga modalità di comunicazione.[1]

3-*quater*. Ove manchi l'indicazione o l'elezione del domicilio ai sensi dei commi 3-*bis* e 3-*ter*, nonché in tutti gli altri casi di irreperibilità, le comunicazioni e le notificazioni sono eseguite mediante affissione di copia dell'atto o di avviso del contenuto di esso nell'albo dell'Ufficio italiano brevetti e marchi.[1]

3-*quinquies*. Nei casi previsti al comma 3-*quater*, la comunicazione si ha per eseguita lo stesso giorno in cui è stata effettuata l'affissione nell'Albo.[2]

[1] Comma aggiunto dall'art. 7, L. 29 lug. 2015, n. 115.
[2] Comma aggiunto dall'art. 19, D.lgs. 20 feb. 2019, n. 15.

148. ***Ricevibilità ed integrazione delle domande e data di deposito.*** — 1. Le domande di brevetto, di registrazione e di rinnovazione di cui all'art. 147, comma 1, non sono ricevibili se il richiedente non è identificabile o non è raggiungibile e, nel caso dei marchi di primo deposito, anche quando la domanda non contiene la riproduzione del marchio o l'elenco dei prodotti ovvero dei servizi. L'irricevibilità, salvo quanto stabilito nel comma 3, è dichiarata dall'Ufficio italiano brevetti e marchi.

2. L'Ufficio italiano brevetti e marchi invita il richiedente a fare le necessarie integrazioni, soggette ad un diritto di mora in caso di pagamento tardivo, entro il termine di due mesi dalla data della comunicazione se constata che:

a) alla domanda di invenzioni industriali e modelli di utilità non è allegato un documento che possa essere assimilato ad una descrizione ovvero manchi parte della descrizione o un disegno in essa richiamato ovvero la domanda contiene, in sostituzione della descrizione, il riferimento ad una domanda anteriore di cui non sono forniti il numero, la data di deposito, lo stato in cui è avvenuto il deposito ed i dati identificativi del richiedente;

b) alla domanda di varietà vegetale non è allegato almeno un esemplare della descrizione con almeno un esemplare delle fotografie in essa richiamate;

c) alla domanda di modelli e disegni non è allegata la riproduzione grafica o fotografica;

d) alla domanda di topografie non è allegato un documento che ne consenta l'identificazione;

e) non sono consegnati i documenti comprovanti il pagamento dei diritti prescritti entro il termine di cui all'art. 226;

e-bis) non è indicato un domicilio [in Italia][1] ovvero un mandatario abilitato.

3. Se il richiedente ottempera all'invito dell'ufficio entro il termine di cui al comma 2 o provvede spontaneamente alla relativa integrazione, l'Ufficio riconosce quale data del deposito, da valere a tutti gli effetti, la data di ricevimento della integrazione richiesta e ne dà comunicazione al richiedente. Se il richiedente non ottempera all'invito dell'ufficio entro il termine di cui al comma 2, salvo il caso in cui, entro tale termine, abbia fatto espressa rinuncia alla parte della descrizione o disegno mancanti di cui al comma 2, lettera *a*), l'Ufficio dichiara l'irricevibilità della domanda ai sensi del comma 1.

4. Se tuttavia l'integrazione concerne solo la prova dell'avvenuto pagamento dei diritti nel termine prescritto ovvero l'indicazione del domicilio o del mandatario [in Italia][1] e tale prova o indicazione è consegnata entro il termine di cui al comma 2, l'Ufficio riconosce quale data di deposito quella del ricevimento della domanda.

5. Tutte le domande, le istanze ed i ricorsi di cui all'art. 147, con gli atti allegati, devono essere redatti in lingua italiana. Degli atti in lingua diversa dall'italiana, deve essere fornita la traduzione in lingua italiana. La traduzione può essere dichiarata conforme al testo originale dal richiedente o da un mandatario abilitato. Se la descrizione è pre-

sentata in lingua diversa da quella italiana, la traduzione in lingua italiana deve essere depositata entro il termine fissato dall'Ufficio.

5-*bis*. L'Ufficio, su istanza, rilascia copia o copia autentica dei documenti o dei riferimenti prodotti all'atto del deposito. La traduzione italiana, ove presentata successivamente, viene allegata su richiesta.

[1] Parole soppresse dall'art. 7, L. 29 lug. 2015, n. 115.

149. ***Deposito delle domande di brevetto europeo.*** — 1. Le domande di brevetto europeo possono essere depositate presso l'Ufficio italiano brevetti e marchi secondo le modalità previste dal regolamento di attuazione.

2. Si applicano le disposizioni dell'art. 198, commi 1 e 2. Ai fini dell'applicazione di tali disposizioni, la domanda deve essere corredata da un riassunto in lingua italiana che definisca in modo esauriente le caratteristiche dell'invenzione, nonché da una copia degli eventuali disegni.

3. L'Ufficio italiano brevetti e marchi informa immediatamente l'Ufficio europeo dei brevetti dell'avvenuto deposito della domanda.

150. ***Trasmissione della domanda di brevetto europeo.*** — 1. Le domande di brevetto europeo il cui oggetto, ad avviso del servizio militare brevetti del Ministero della difesa, è manifestamente non suscettibile di essere vincolato al segreto per motivi di difesa militare, sono trasmesse, a cura dell'Ufficio italiano brevetti e marchi, all'Ufficio europeo dei brevetti nel più breve termine possibile e, comunque, entro sei settimane dalla data del loro deposito.

2. Nel caso in cui le domande di brevetto europeo si considerano ritirate a norma dell'art. 77, paragrafo 5, della Convenzione sul brevetto europeo, il richiedente, entro tre mesi dalla ricezione della comunicazione, ha facoltà di chiedere la trasformazione della domanda in domanda di brevetto italiano per invenzione industriale.

3. Salvo che le disposizioni della tutela del segreto sulle invenzioni interessanti la difesa militare del Paese non lo consentano, l'Ufficio italiano brevetti e marchi, qualora non siano ancora trascorsi venti mesi dalla data di deposito o di priorità, trasmette copia della richiesta di trasformazione di cui al comma 2 ai servizi centrali degli altri Stati indicati nella richiesta medesima allegando una copia della domanda di brevetto europeo prodotta dall'istante.

151. ***Deposito della domanda internazionale.*** — 1. Le persone fisiche e giuridiche italiane e quelle che abbiano il domicilio o la sede in Italia possono depositare le domande internazionali per la protezione delle invenzioni presso l'Ufficio italiano brevetti e marchi, il quale agisce in qualità di ufficio ricevente ai sensi dell'art. 10 del Trattato di cooperazione in materia di brevetti del 19 giugno 1970, ratificato con legge 26 maggio 1978, n. 260.

2. La domanda può essere presentata presso l'Ufficio italiano brevetti e marchi secondo quanto previsto dal regolamento di attuazione; la data di deposito della domanda viene determinata a norma dell'art. 11 del Trattato di cooperazione in materia di brevetti.

3. La domanda internazionale può essere depositata anche presso l'Ufficio europeo dei brevetti, nella sua qualità di ufficio ricevente, ai sensi dell'art. 151 della Convenzione sul brevetto europeo del 5 ottobre 1973, ratificata con legge 26 maggio 1978, n. 260, e presso l'Organizzazione mondiale della proprietà intellettuale di Ginevra quale ufficio ricevente, osservate le disposizioni dell'art. 198, commi 1 e 2.

152. ***Requisiti della domanda internazionale.*** — 1. La domanda internazionale deve essere conforme alle disposizioni del Trattato di cooperazione in materia di brevetti del 19 giugno 1970, ratificato con legge 26 maggio 1978, n. 260, e del suo regolamento di esecuzione.

2. Ai soli fini dell'applicazione dell'art. 198, commi 1 e 2, la domanda deve essere corredata da un riassunto in lingua italiana che definisca in modo esauriente le caratteristiche dell'invenzione, nonché da una copia degli eventuali disegni.

3. La domanda internazionale e ciascuno dei documenti allegati, ad eccezione di quelli comprovanti il pagamento delle tasse, devono essere depositati in un originale e due copie. Le copie mancanti sono approntate dall'Ufficio italiano brevetti e marchi a spese del richiedente.

153. ***Segretezza della domanda internazionale.*** — 1. L'Ufficio italiano brevetti e marchi, salvo consenso del richiedente, rende accessibile al pubblico la domanda solo dopo che abbia avuto luogo la pubblicazione internazionale o sia pervenuta all'ufficio designato la comunicazione di cui all'art. 20 del Trattato di cooperazione in materia di brevetti del 119 giugno 1970, ratificato con legge 26 maggio 1978, n. 260, o la copia di cui all'art. 22 del medesimo Trattato o, comunque, decorsi venti mesi dalla data di priorità.

2. L'Ufficio italiano brevetti e marchi può dare comunicazione di essere stato designato, rivelando unicamente il nome del richiedente, il titolo dell'invenzione, la data del deposito e il numero della domanda internazionale.

154. ***Trasmissione della domanda internazionale.*** — 1. L'Ufficio italiano brevetti e marchi trasmette all'Ufficio internazionale e all'amministrazione che viene incaricata della ricerca la domanda internazionale entro i termini previsti dalle regole 22 e 23 del regolamento di esecuzione del trattato di cooperazione in materia di brevetti.

2. Se quindici giorni prima della scadenza del termine per la trasmissione dell'esemplare originale della domanda internazionale, fissato dalla regola 22 del regolamento di esecuzione del trattato

di cooperazione in materia di brevetti, è pervenuta dal Ministero della difesa l'imposizione del vincolo del segreto, l'Ufficio ne dà comunicazione al richiedente diffidandolo ad osservare l'obbligo del segreto.

3. Entro novanta giorni dalla comunicazione di cui al comma 2, può essere chiesta la trasformazione della domanda internazionale in una domanda nazionale che assume la stessa data di quella internazionale; se la trasformazione non viene richiesta, la domanda si intende ritirata.

155. ***Deposito di domande internazionali di disegni e modelli.*** — 1. Le persone fisiche e giuridiche italiane o quelle che abbiano il domicilio o una effettiva organizzazione in Italia possono depositare le domande internazionali per la protezione dei disegni o modelli direttamente presso l'Ufficio internazionale oppure presso l'Ufficio italiano brevetti e marchi, ai sensi dell'art. 4, comma 1, dell'accordo dell'Aja relativo al deposito internazionale dei disegni o modelli industriali del 6 novembre 1925, e successive revisioni, ratificato con legge 24 ottobre 1980, n. 744, e di seguito chiamato Accordo.

2. La domanda presso l'Ufficio italiano brevetti e marchi può anche essere inviata in plico raccomandato con avviso di ricevimento.

3. La data di deposito della domanda è quella dell'art. 6, comma 2, dell'Accordo.

4. La domanda internazionale deve essere conforme alle disposizioni dell'Accordo e del relativo regolamento di esecuzione oltre che alle istruzioni amministrative emanate dall'Ufficio internazionale, ed essere redatta in lingua francese o inglese su formulari predisposti dall'Ufficio internazionale.

156. ***Domanda di registrazione di marchio.*** — 1. La domanda di registrazione di marchio deve contenere:

a) l'identificazione del richiedente ed anche del mandatario, se vi sia;

b) la eventuale rivendicazione della priorità ovvero della data da cui decorrono gli effetti della domanda in seguito ad accoglimento di conversione di precedente domanda comunitaria o di registrazione internazionale ai sensi del protocollo relativo all'accordo di Madrid per la registrazione internazionale dei marchi del 27 giugno 1989, ratificato con legge 12 marzo 1996, n. 169;

c) la rappresentazione del marchio, che soddisfa i requisiti di cui all'articolo 7, comma 1, lettera *b*);[1]

d) l'elenco dei prodotti o dei servizi che il marchio è destinato a contraddistinguere, raggruppati secondo le classi della classificazione di cui all'Accordo di Nizza sulla classificazione internazionale dei prodotti e dei servizi ai fini della registrazione dei marchi, testo di Ginevra del 13 maggio 1977, ratificato con legge 27 aprile 1982, n. 243. I prodotti e i servizi per i quali è chiesta la protezione sono identificati dal richiedente con chiarezza e precisione sufficienti a consentire alle autorità competenti e agli operatori economici di determinare, esclusivamente su tale base, l'ambito della protezione richiesta.[2]

2. Quando vi sia mandatario, alla domanda deve essere unito l'atto di nomina ai sensi dell'art. 201.

[1] Lettera così sost. dall'art. 20, D.lgs. 20 feb. 2019, n. 15.
[2] Lettera così modif. dall'art. 20, D.lgs. 20 feb. 2019, n. 15.

157. ***Domanda di registrazione di marchio collettivo o di certificazione.***[1] — . Alla domanda di registrazione per marchio collettivo o di certificazione è allegata oltre ai documenti di cui all'articolo 156, commi 1 e 2, anche copia dei regolamenti di cui all'articolo 11 e all'articolo 11-*bis*.

1-*bis*. Il regolamento d'uso dei marchi collettivi di cui all'articolo 11 contiene le seguenti indicazioni:

a) il nome del richiedente;

b) lo scopo dell'associazione di categoria o lo scopo per il quale è stata costituita la persona giuridica di diritto pubblico;

c) i soggetti legittimati a rappresentare l'associazione di categoria o la persona giuridica di diritto pubblico;

d) nel caso di associazione di categoria, le condizioni di ammissione dei membri;

e) la rappresentazione del marchio collettivo;

f) i soggetti legittimati ad usare il marchio collettivo;

g) le eventuali condizioni d'uso del marchio collettivo, nonché le sanzioni per le infrazioni regolamentari;

h) i prodotti o i servizi contemplati dal marchio collettivo, ivi comprese, se del caso, le eventuali limitazioni introdotte a seguito dell'applicazione della normativa in materia di denominazioni di origine, indicazioni geografiche, specialità tradizionali garantite, menzioni tradizionali per vini;

i) se del caso, l'autorizzazione a diventare membri dell'associazione titolare del marchio di cui all'articolo 11, comma 4.

1-*ter*. Il regolamento d'uso dei marchi di certificazione di cui all'articolo 11-*bis* contiene le seguenti indicazioni:

a) il nome del richiedente;

b) una dichiarazione attestante che il richiedente soddisfa le condizioni di cui all'articolo 11-*bis*;

c) la rappresentazione del marchio di certificazione;

d) i prodotti o i servizi contemplati dal marchio di certificazione;

e) le caratteristiche dei prodotti o dei servizi che devono essere certificate dal marchio di certificazione;

f) le condizioni d'uso del marchio di certificazione, nonché le sanzioni previste per i casi di infrazione alle norme regolamentari;

g) le persone legittimate ad usare il marchio di certificazione;

h) le modalità di verifica delle caratteristiche e di sorveglianza dell'uso del marchio di certificazione da parte dell'organismo di certificazione.

[1] Articolo così modif. dall'art. 21, D.lgs. 20 feb. 2019, n. 15.

158. ***Divisione della domanda di registrazione di marchio.*** — 1. Ogni domanda deve aver per oggetto un solo marchio.

2. Se la domanda riguarda più marchi, l'Ufficio italiano brevetti e marchi inviterà l'interessato, assegnandogli un termine, a limitare la domanda ad un solo marchio, con facoltà di presentare, per i rimanenti marchi, altrettante domande, che avranno effetto dalla data della domanda primitiva.

3. Ogni domanda di registrazione, avente per oggetto più prodotti o servizi, può essere divisa dal richiedente in più domande parziali, nelle quali sono ripartiti i prodotti o i servizi della domanda iniziale, nei seguenti casi:

a) prima della decisione dell'ufficio relativo alla registrazione del marchio;

b) durante ogni procedura di opposizione alla decisione dell'ufficio di registrazione del marchio;

c) durante ogni procedura di ricorso contro la decisione relativa alla registrazione del marchio.

4. Le domande parziali conservano la data di deposito della domanda iniziale e, se del caso, il beneficio del diritto di priorità.

5. Il ricorso alla Commissione dei ricorsi sospende il termine assegnato dall'ufficio.

159. ***Domanda di rinnovazione di marchio.*** — 1. La domanda di rinnovazione di marchio di impresa deve essere fatta dal titolare o dal suo avente causa.

2. [Abrogato]

3. Quando vi sia mandatario, alla domanda deve essere unito l'atto di nomina ai sensi dell'art. 201.

4. Per i marchi registrati sulla base di una domanda di trasformazione di una domanda di marchio dell'Unione europea o di un marchio dell'Unione europea, presentata ai sensi del regolamento (CE) n. 40/94 del Consiglio, del 20 dicembre 1993, sul marchio dell'Unione europea e successive modificazioni, ovvero sulla base di una domanda di trasformazione di una registrazione internazionale, presentata ai sensi dell'articolo 9-*quinquies* del Protocollo relativo all'Accordo di Madrid sulla registrazione internazionale dei marchi del 27 giugno 1989, ratificato con legge 12 marzo 1996, n. 169, gli effetti della prima registrazione, ai fini della rinnovazione, decorrono rispettivamente dalla data di deposito della domanda di marchio dell'Unione europea o dalla data di registrazione internazionale.[1]

5. [Abrogato]

6. Se la domanda di rinnovazione o le tasse pagate si riferiscono soltanto ad una parte dei prodotti o dei servizi per i quali il marchio è stato registrato, la registrazione viene rinnovata soltanto per i prodotti o i servizi di cui trattasi.

[1] Comma così modif. dall'art. 22, D.lgs. 20 feb. 2019, n. 15.

160. ***Domanda di brevetto per invenzione e per modello di utilità.*** — 1. La domanda deve contenere:

a) l'identificazione del richiedente e del mandatario, se vi sia;

b) l'indicazione dell'invenzione o del modello, in forma di titolo, che ne esprima brevemente, ma con precisione, i caratteri e lo scopo.

2. Una medesima domanda non può contenere la richiesta di più brevetti, né di un solo brevetto per più invenzioni o modelli.

3. Alla domanda devono essere uniti:

a) la descrizione e le rivendicazioni di cui all'art. 51;

b) i disegni dell'invenzione, ove sia possibile;

c) la designazione dell'inventore;

d) quando vi sia mandatario, anche l'atto di nomina ai sensi dell'art. 201;

e) in caso di rivendicazione di priorità i documenti relativi.

4. La descrizione dell'invenzione o del modello deve iniziare con un riassunto che ha solo fini di informazione tecnica e deve essere seguita da una o più rivendicazioni. Queste ultime devono essere presentate, ove non siano state accluse alla descrizione al momento del deposito, entro il termine di due mesi dalla data della domanda. In tale caso resta ferma la data di deposito già riconosciuta.

160-*bis*. ***Procedura nazionale della domanda internazionale.***[1] — 1. La richiesta di apertura della procedura nazionale di cui al comma 1 dell'articolo 55, da presentare all'Ufficio italiano brevetti e marchi per la concessione del brevetto italiano per invenzione industriale o modello di utilità, deve essere accompagnata da:

a) una traduzione italiana completa della domanda internazionale come pubblicata;

b) i diritti di deposito previsti dalla Tabella A allegata al decreto 2 aprile 2007 del Ministro dello sviluppo economico, di concerto con il Ministro dell'economia e finanze.

2. Alla richiesta di cui al comma 1 si applicano le norme del presente codice, dei regolamenti attuativi e dei decreti sul pagamento dei diritti, in particolare in relazione alla ricevibilità e integrazione delle domande, alla data attribuita alla domanda, alla presentazione di ulteriori documenti e traduzioni che potranno essere richiesti al fine delle procedure di esame e del mantenimento in vita dei titoli.

3. Per la richiesta di brevetto italiano per invenzione industriale basata su una domanda internazionale ai sensi del comma 1 dell'articolo 55 la ricerca di anteriorità effettuata nella fase internazionale sostituisce la corrispondente ricerca prevista

per la domanda nazionale, ferme restando le altre norme sull'esame previste dal presente codice.

[1] Articolo ins. dall'art. 32, c. 17, D.L. 30 apr. 2019, n. 34, conv. con modif. in L. 28 giu. 2019, n. 58.

161. ***Unicità dell'invenzione e divisione della domanda.*** — 1. Ogni domanda deve avere per oggetto una sola invenzione.

2. Se la domanda comprende più invenzioni, l'Ufficio italiano brevetti e marchi inviterà l'interessato, assegnandogli un termine, a limitare tale domanda ad una sola invenzione, con facoltà di presentare, per le rimanenti invenzioni, altrettante domande, che avranno effetto dalla data della domanda primitiva. Tale facoltà può essere esercitata dal richiedente, anche in mancanza dell'invito dell'Ufficio italiano brevetti e marchi, prima che quest'ultimo abbia provveduto alla concessione del brevetto.

3. Il ricorso alla Commissione dei ricorsi sospende il termine assegnato dall'Ufficio.

162. ***Deposito, accesso e nuovo deposito di materiale biologico.*** — 1. Se un'invenzione riguarda un materiale biologico non accessibile al pubblico e che non può essere descritto nella domanda di brevetto in maniera tale da consentire ad un esperto in materia di attuare l'invenzione stessa oppure implica l'uso di tale materiale, la descrizione è ritenuta sufficiente, ai sensi dell'articolo 51, comma 3, soltanto se:

a) il materiale biologico è stato depositato presso un ente di deposito riconosciuto non oltre la data di presentazione della domanda di brevetto. Sono riconosciuti almeno gli enti di deposito internazionali che abbiano acquisito tale qualificazione ai sensi dell'articolo 7 del Trattato di Budapest, del 28 aprile 1977, ratificato con legge 14 ottobre 1985, n. 610, sul riconoscimento internazionale del deposito dei microrganismi ai fini della procedura in materia di brevetti, di seguito denominato: 'Trattato di Budapest';

b) sulle caratteristiche del materiale biologico depositato la domanda depositata fornisce tutte le informazioni rilevanti di cui dispone il depositante;

c) nella domanda di brevetto sono precisati il nome dell'ente di deposito e il numero di registrazione del deposito.

2. Le indicazioni di cui al comma 1, lettera *c*), possono essere comunicate entro un termine di 16 mesi a decorrere dalla data di deposito della domanda o precedentemente nel caso di anticipata accessibilità al pubblico o notifica a terzi ai sensi dell'articolo 53, commi 3 e 4.

3. Fermo restando il disposto dell'articolo 53, commi 2, 3 e 4, l'accesso al materiale biologico depositato è garantito mediante il rilascio di un campione. Su richiesta del depositante, il campione è rilasciato solo ad un esperto indipendente:

a) a partire dalla data di accessibilità al pubblico ai sensi dell'articolo 53, comma 3, fino alla concessione del brevetto;

b) per un periodo di 20 anni a decorrere dalla data del deposito della domanda di brevetto, in caso di rifiuto o di ritiro di quest'ultima.

4. La consegna ha luogo esclusivamente se il richiedente si impegna per la durata degli effetti del brevetto:

a) a non rendere accessibile a terzi campioni del materiale biologico depositato o di materiali da esso derivati; e

b) ad utilizzare campioni del materiale biologico depositato o di materiali da esso derivati esclusivamente a fini sperimentali, a meno che il richiedente o il titolare del brevetto non rinunci esplicitamente a tale impegno.

5. L'esperto designato è responsabile solidalmente per gli abusi commessi dal richiedente.

6. Se il materiale biologico depositato ai sensi del presente articolo non è più disponibile presso l'ente di deposito riconosciuto, è consentito un nuovo deposito del materiale alle stesse condizioni previste dal Trattato di Budapest.

7. Ogni nuovo deposito deve essere accompagnato da una dichiarazione firmata dal depositante attestante che il materiale biologico che è oggetto del nuovo deposito è identico a quello oggetto del deposito iniziale.

163. ***Domanda di certificato complementare per i medicinali e per i prodotti fitosanitari.*** — 1. La domanda di certificato deve essere depositata presso l'Ufficio italiano brevetti e marchi [che ha rilasciato il brevetto di base] con riferimento alla autorizzazione di immissione in commercio del prodotto.

2. L'Ufficio italiano brevetti e marchi pubblica almeno i seguenti dati concernenti la domanda di certificato:

a) nome e indirizzo del richiedente;

b) numero del brevetto di base;

c) titolo dell'invenzione;

d) numero o data dell'autorizzazione di immissione in commercio nonché indicazione del prodotto la cui identità risulta dall'autorizzazione stessa;

e) se del caso, numero e data della prima autorizzazione di immissione in commercio nella comunità.

2-*bis*. Fatto salvo il periodo transitorio di cui all'articolo 83 dell'Accordo su un tribunale unificato dei brevetti, ratificato e reso esecutivo ai sensi della legge 3 novembre 2016, n. 214, i diritti conferiti da un certificato complementare di protezione basato su un brevetto europeo di cui all'articolo 56 sono quelli previsti dall'articolo 30 dell'Accordo medesimo.[1]

[1] Comma aggiunto dall'art. 1, D.lgs. 19 feb. 2019, n. 18.

164. ***Domanda di privativa per varietà vegetale.*** — 1. La domanda di privativa per varietà vegetale deve contenere:

a) l'identificazione del richiedente ed anche del mandatario, se vi sia;

b) l'indicazione in italiano ed in latino del genere o della specie cui la varietà appartiene;

c) la denominazione proposta, specificando se trattasi di codice o di nome di fantasia;

d) il nome e la nazionalità dell'autore della varietà vegetale;

e) l'eventuale rivendicazione della priorità;

f) l'elenco dei documenti allegati.

2. Alla domanda devono essere uniti:

a) la descrizione della varietà vegetale. In caso di varietà ibrida, a richiesta del costitutore, le informazioni relative ai componenti genealogici non sono messi a disposizione del pubblico dall'ufficio ricevente;

b) la riproduzione fotografica della varietà vegetale e delle sue caratteristiche specifiche;

c) ogni informazione e documentazione ritenuta utile ai fini dell'esame della domanda, e, in particolare, i risultati degli esami in coltura eventualmente già intrapresi in Italia o all'estero. La documentazione redatta in lingua straniera è corredata da una traduzione in lingua italiana dichiarata conforme dal richiedente o dal suo mandatario;

d) la dichiarazione di cui all'art. 165;

e) i documenti comprovanti le priorità eventualmente rivendicate;

f) quando vi sia mandatario, l'atto di nomina ai sensi dell'art. 201;

g) [abrogata]

3. I documenti indicati al comma 2, lettere *d*) ed *e*), possono essere depositati successivamente, ma non oltre il termine di sei mesi dal deposito della domanda. I documenti indicati al comma 2, lettera *c*) possono essere presentate successivamente ma non oltre la data d'inizio delle prove di coltivazione della varietà.

4. La varietà è descritta in modo da mettere chiaramente in evidenza in quale maniera essa è stata ottenuta e quali sono i caratteri di natura morfologica o fisiologica che la differenziano da altre varietà similari conosciute.

5. Nella descrizione è indicata anche la denominazione proposta dal costitutore.

6. Se trattasi di varietà essenzialmente derivata ai sensi del comma 4 dell'art. 107, è indicata la varietà iniziale. Se trattasi di varietà geneticamente modificata sono indicati l'origine e la natura della modifica genetica.

165. ***Dichiarazione del costitutore.*** — 1. Il costitutore dichiara che:

a) la varietà di cui chiede la protezione costituisce, a sua conoscenza, una nuova varietà vegetale ai sensi dell'art. 103 e presenta i requisiti della suddetta norma;

b) ha ottenuto l'autorizzazione dei titolari di altre nuove varietà vegetali eventualmente occorrenti per la produzione di quella richiesta;

c) s'impegna a fornire, a richiesta dei competenti organi del Ministero delle politiche agricole e forestali, di seguito indicato con la sigla MIPAF, e nei termini da essi stabiliti, il materiale di riproduzione o di moltiplicazione vegetativa della varietà destinato a consentire l'esame della stessa;

d) è stata depositata per la stessa varietà, domanda di protezione in altri Stati e quale ne sia stato l'esito;

e) rinuncia al marchio d'impresa eventualmente utilizzato qualora sia identico alla denominazione proposta per la varietà.

166. ***Domanda di denominazione varietale.*** — 1. La denominazione proposta per la nuova varietà:

a) deve rispettare le disposizioni di cui all'art. 63 del regolamento (CE) n. 2100/94, del regolamento (CE) n. 637/2009 e occorrendo le linee guida del Consiglio di amministrazione dell'Ufficio comunitario delle varietà vegetali;

b) non deve risultare contraria alla legge, all'ordine pubblico e al buon costume;

c) non deve contenere nomi geografici.

167. ***Domanda di registrazione di disegni e modelli.*** — 1. La domanda deve contenere:

a) l'identificazione del richiedente ed anche del mandatario, se vi sia;

b) l'indicazione del disegno o modello, in forma di titolo ed eventualmente l'indicazione delle caratteristiche dei prodotti che si intendono rivendicare.

2. Alla domanda devono essere uniti:

a) la riproduzione grafica del disegno o modello, o la riproduzione grafica dei prodotti industriali la cui fabbricazione deve formare oggetto del diritto esclusivo, o un campione dei prodotti stessi quando trattasi di prodotti industriali aventi fondamentalmente due sole dimensioni;

b) la descrizione del disegno o modello, se necessaria per l'intelligenza del disegno o modello medesimo;

c) quando vi sia mandatario, l'atto di nomina ai sensi dell'art. 201;

d) in caso di rivendicazione di priorità i documenti relativi.

168. ***Domanda di registrazione delle topografie.*** — 1. Ogni domanda deve avere per oggetto una sola topografia di un prodotto a semiconduttori e, qualora indichi una data di primo sfruttamento commerciale, corrispondere alla topografia esistente in detta data.

2. Alla domanda di registrazione debbono essere allegati:

a) una documentazione che consenta l'identificazione della topografia, in conformità alle prescrizioni del regolamento;

b) una dichiarazione attestante la data del primo atto di sfruttamento commerciale della topografia qualora questa data sia anteriore a quella della domanda di registrazione. Se il richiedente è persona diversa da chi ha effettuato il primo atto di sfruttamento commerciale deve dichiarare il rapporto giuridico intercorso con quest'ultimo;

c) quando vi sia un mandatario l'atto di nomina ai sensi dell'art. 201;

d) l'eventuale designazione dell'autore o degli autori della topografia.

3. È consentita l'utilizzazione di termini tecnici stranieri divenuti di uso corrente nel settore specifico.

169. ***Rivendicazione di priorità.*** — 1. Quando si rivendichi la priorità di un deposito ai sensi dell'art. 4 si deve unire copia della domanda prioritaria da cui si rilevino il nome del richiedente, l'entità e l'estensione del diritto di proprietà industriale e la data in cui il deposito è avvenuto.

2. Se il deposito è stato eseguito da altri, il richiedente deve anche dare la prova di essere successore o avente causa del primo depositante. Il documento di cessione del diritto di priorità può consistere in una dichiarazione di cessione o avvenuta cessione ai sensi dell'art. 196, comma 1, lettera *a*).

3. Quando all'estero siano state depositate separate domande, in date diverse, per le varie parti di uno stesso marchio, e di tali parti si voglia rivendicare il diritto di priorità, per ognuna di esse, ancorché costituiscano un tutto unico, deve depositarsi separata domanda. Ove con una sola domanda siano rivendicate più registrazioni o più depositi delle dette diverse parti di uno stesso marchio, alle nuove domande separate si applica l'art. 158, commi 1, e 2.

4. Quando siano state depositate separate domande, in date diverse, per le varie parti di una stessa invenzione, il diritto di priorità può essere rivendicato con una unica domanda se vi sia unità di invenzione. Nel caso che con una sola domanda siano rivendicati più depositi e non si riscontri l'unità inventiva, alle nuove domande separate è applicabile l'art. 161.

5. Quando sia intervenuto il decreto ministeriale per la protezione temporanea dei nuovi marchi apposti su prodotti o su materiali inerenti alla prestazione del servizio che hanno figurato in una esposizione e si rivendichino i diritti di priorità per tale protezione temporanea, il richiedente deve allegare alla domanda di registrazione un certificato del comitato esecutivo o direttivo o della presidenza dell'esposizione, avente il contenuto prescritto nel relativo regolamento.

5-*bis*. La rivendicazione di priorità che non sia stata presentata al momento del deposito della domanda di brevetto o modello di utilità può essere presentata anche successivamente entro il termine di 16 mesi dalla data della prima priorità rivendicata. Entro lo stesso termine il richiedente può correggere i dati di una precedente dichiarazione di priorità, fermo restando che, ove tale correzione modifichi la data della prima priorità rivendicata, e questa data sia anteriore a quella originariamente indicata, il termine decorre dalla data effettiva di tale priorità, anziché da quella originariamente indicata. La rivendicazione di priorità che non sia stata presentata al momento della presentazione della domanda di disegno e modello o di marchio, può essere presentata entro il successivo termine di un mese per i disegni e modelli e di due mesi per i marchi dalla data di presentazione di detta domanda.

5-*ter*. L'istanza di correzione di cui al comma 5-*bis* relativa ad una precedente dichiarazione di priorità deve essere comunque depositata nel termine di quattro mesi dalla data di deposito della domanda di brevetto per invenzione industriale o per modello di utilità.

6. La brevettazione o la registrazione vengono effettuate senza menzione della priorità qualora entro sei mesi dal deposito della domanda non vengano prodotti, nelle forme dovute, i documenti di cui al comma 1. Per le invenzioni e i modelli di utilità il termine per deposito di tali documenti è di sedici mesi dalla data della domanda anteriore, di cui si rivendica la priorità, se tale termine è più favorevole al richiedente.

7. Qualora la priorità di un deposito compiuta agli effetti delle convenzioni internazionali vigenti venga comunque rifiutata, nel titolo di proprietà industriale deve farsi analoga annotazione del rifiuto.

8. La rivendicazione di priorità nella domanda di privativa per nuova varietà vegetale è rifiutata se è effettuata dopo il termine di dodici mesi dal deposito della prima domanda e se il richiedente non ne ha diritto. Qualora la priorità sia rifiutata non se ne fa menzione nella privativa.

170. ***Esame delle domande.*** — 1. L'esame delle domande, delle quali sia stata riconosciuta la regolarità formale, è rivolto ad accertare:

a) per i marchi: se può trovare applicazione l'articolo 11 quando si tratta di marchi collettivi o l'articolo 11-*bis* quando si tratta di marchi di certificazione; se la parola, figura o segno possono essere registrati come marchio a norma degli articoli 7, 8, 9, 10, 13, comma 1, e 14, comma 1, *a*), *b*), *c-bis*), *c-ter*), *c-quater*) e *c-quinquies*); se concorrono le condizioni di cui all'articolo 3;[1]

b) per le invenzioni ed i modelli di utilità che l'oggetto della domanda sia conforme a quanto previsto dagli articoli 45, 50 e 82, inclusi i requisiti di validità, ove sia disciplinata con decreto ministeriale la ricerca delle anteriorità e in ogni caso qualora l'assenza di essi risulti assolutamente evidente sulla base delle stesse dichiarazioni ed allegazioni del richiedente oppure sia certa alla stregua del notorio;

c) per i disegni e modelli che l'oggetto della domanda sia conforme alle prescrizioni dell'art. 31 e dell'art. 133-*bis*;

d) per le varietà vegetali, i requisiti di validità previsti nella sezione VIII del Capo II del presente codice, nonché l'osservanza delle disposizioni di cui all'art. 114 della stessa sezione. L'esame di tali requisiti è compiuto dal Ministero delle politiche agricole e forestali il quale formula parere vincolante avvalendosi della commissione di cui ai commi 3-*bis* e seguenti. La Commissione opera osservando le norme di procedura dettate con apposito regolamento di funzionamento. Al fine di accertare la permanenza dei requisiti dell'art. 25 c. 1 D.M. 22 ott. 1976, il Ministero delle politiche agricole e forestali può chiedere al titolare o al suo avente causa il materiale di riproduzione o di moltiplicazione necessario per effettuare il controllo;

e) per le topografie dei prodotti a semiconduttori, che l'oggetto della domanda sia conforme a quello previsto dall'art. 87, esclusi i requisiti di validità fino a quando non si sia provveduto a disciplinare l'esame con decreto ministeriale.

2. Per i marchi relativi a prodotti agricoli ed a quelli agroalimentari di prima trasformazione, che utilizzano denominazioni geografiche, l'Ufficio trasmette l'esemplare del marchio ed ogni altra documentazione al Ministero delle politiche agricole e forestali, che esprime il parere di competenza entro dieci giorni dal ricevimento della relativa richiesta.

2-*bis*. L'esame delle modifiche al regolamento d'uso di marchi collettivi o di marchi di certificazione è rivolto ad accertare se possono trovare applicazione le disposizioni previste rispettivamente all'articolo 11 e all'articolo 11-*bis*. Le modifiche del regolamento d'uso acquistano efficacia soltanto a decorrere dalla data di iscrizione di tali modifiche nel registro.[2]

2-*ter*. L'Ufficio italiano brevetti e marchi esamina con precedenza la domanda di marchio ove questa risulti essere il motivo in base al quale è stata proposta:

a) un'opposizione ad una domanda di registrazione di marchio dell'Unione europea;

b) un'azione di revoca di una registrazione dell'Unione europea;

c) un'istanza di decadenza o nullità ad una domanda di marchio dell'Unione europea;

d) un'azione di decadenza di una registrazione dell'Unione europea.[2]

3. Qualora non si riscontrino le condizioni sopra indicate, l'Ufficio italiano brevetti e marchi provvede ai sensi dell'art. 173, comma 7.

3-*bis*. Il parere vincolante sui requisiti di validità previsti nella sezione VIII del capo II del Codice, nonché sulla osservanza delle disposizioni di cui all'articolo 114 è espresso dal Ministero delle politiche agricole alimentari e forestali per mezzo di una Commissione consultiva composta da:

a) direttore generale della competitività per lo sviluppo rurale del Ministero delle politiche agricole alimentari e forestali, che la presiede;

b) responsabile dell'Ufficio biotecnologie, sementi e registri di varietà del Ministero delle politiche agricole alimentari e forestali che, in caso di impedimento del presidente, ne fa le veci;

c) responsabile dell'Ufficio italiano brevetti e marchi, competente in materia di privative per nuove varietà vegetali;

d) esaminatore tecnico dell'Ufficio italiano brevetti e marchi;

e) funzionario dell'Ufficio biotecnologie, sementi e registri di varietà del Ministero delle politiche agricole alimentari e forestali;

f) direttore di un Istituto di ricerca e sperimentazione agraria, designato dal Ministro delle politiche agricole alimentari e forestali.

3-*ter*. Per i membri di cui al comma 3-*bis*, lettere da *b*) ad *f*), è richiesta la designazione di un supplente.

3-*quater*. Le funzioni di segretario della commissione sono esercitate dal funzionario del Ministero delle politiche agricole alimentari e forestali di cui al comma 1, lettera *e*).

3-*quinquies*. La commissione, senza nuovi o maggiori oneri a carico del bilancio dello Stato, dura in carica 3 anni e i suoi componenti possono essere confermati; la partecipazione avviene a titolo gratuito senza corresponsione di emolumenti e al suo funzionamento si provvede nell'ambito delle risorse umane, finanziarie e strumentali disponibili a legislazione vigente.

3-*sexies*. Su richiesta motivata del presidente possono essere chiamati a fare parte della commissione, di volta in volta e per l'esame di specifiche questioni, esperti qualificati nella materia.

3-*septies*. La commissione, prima di esprimere il proprio parere, può sentire, di propria iniziativa o su loro richiesta, gli interessati o i loro rappresentanti.

3-*octies*. Il parere è corredato con la indicazione delle sperimentazioni, delle metodologie e delle ispezioni eseguite nonché dei risultati acquisiti e degli eventuali rilievi ed osservazioni del richiedente.

3-*nonies*. Con decreto del Ministro dello sviluppo economico, di concerto con il Ministro delle politiche agricole alimentari e forestali, sono definite le disposizioni attuative del Codice della proprietà industriale in materia di nuove varietà vegetali, comprensive delle disposizioni relative alla nomina ed al funzionamento della commissione di cui al comma 3-*bis*.

[1] Lettera così modif. dall'art. 23, D.lgs. 20 feb. 2019, n. 15.

[2] Comma ins. dall'art. 23, D.lgs. 20 feb. 2019, n. 15.

170-*bis*. *Adempimento in materia di invenzioni biotecnologiche.* — 1. L'Ufficio italiano brevetti e marchi, in sede di valutazione della brevettabilità di invenzioni biotecnologiche, al fine di garantire quanto previsto dall'articolo 81-*quinquies*, comma 1, lettera *b*), può richiedere il parere del Comitato nazionale per la biosicurezza e le biotecnologie.

2. La provenienza del materiale biologico di origine animale o vegetale, che sta alla base dell'invenzione, è dichiarata all'atto della richiesta di brevetto sia in riferimento al Paese di origine, consentendo di accertare il rispetto della legislazione in materia di importazione e di esportazione, sia in relazione all'organismo biologico dal quale è stato isolato.

3. La domanda di brevetto relativa ad una invenzione che ha per oggetto o utilizza materiale biologico di origine umana deve essere corredata dell'espresso consenso, libero e informato, a tale prelievo e utilizzazione, della persona da cui è stato prelevato tale materiale, in base alla normativa vigente.

4. La domanda di brevetto relativa ad una invenzione, che ha per oggetto o utilizza materiale biologico contenente microrganismi o organismi geneticamente modificati, deve essere corredata da una dichiarazione che garantisca l'avvenuto rispetto degli obblighi riguardanti tali modificazioni, derivanti dalle normative nazionali o comunitarie, ed in particolare dalle disposizioni di cui al comma 6 e di cui ai decreti legislativi 12 aprile 2001, n. 206, e 8 luglio 2003, n. 224.

5. In materia di invenzioni biotecnologiche l'utilizzazione da parte dell'agricoltore, per la riproduzione o la moltiplicazione in proprio nella sua azienda, di materiale brevettato di origine vegetale, avviene nel rispetto di quanto previsto dall'articolo 14 del regolamento (CE) n. 2100/94 del Consiglio, del 27 luglio 1994.

6. Con decreto del Ministro delle politiche agricole alimentari e forestali, di concerto con i Ministri della salute e dello sviluppo economico, sono disciplinati l'ambito e le modalità per l'esercizio della deroga di cui al paragrafo 2 dell'articolo 11 della direttiva 98/44/CE del Parlamento europeo e del Consiglio, del 6 luglio 1998, riguardante la vendita o altra forma di commercializzazione di bestiame di allevamento o di altro materiale di riproduzione di origine animale, da parte del titolare del brevetto o con il suo consenso. In particolare, il decreto prevede il divieto della ulteriore vendita del bestiame in funzione di un'attività di produzione commerciale, a meno che gli animali dotati delle stesse proprietà siano stati ottenuti mediante mezzi esclusivamente biologici e ferma restando la possibilità di vendita diretta da parte dell'allevatore per soggetti da vita rientranti nella normale attività agricola.

7. Qualora rilevi l'assenza delle condizioni di brevettabilità dell'invenzione biotecnologica o il mancato deposito delle dichiarazioni di cui ai commi 2, 3 e 4, l'Ufficio italiano brevetti e marchi provvede ai sensi dell'articolo 173, comma 7, e, nel caso di riscontrata assenza delle condizioni di brevettabilità di cui agli articoli 81-*quater*, 81-*quinquies* ed all'articolo 162, respinge la domanda.

170-*ter*. *Sanzioni*. — 1. Salvo che il fatto costituisca reato, chiunque, al fine di brevettare una invenzione, utilizza materiale biologico di origine umana, essendo a conoscenza del fatto che esso è stato prelevato ovvero utilizzato per tali fini senza il consenso espresso di chi ne può disporre, è punito è punito con la sanzione amministrativa pecuniaria da 100.000 a 1.000.000 di euro.

2. Salvo che il fatto costituisca reato, chiunque, nella dichiarazione di cui all'articolo 170-*bis*, comma 2, attesta falsamente la provenienza del materiale biologico di origine animale o vegetale, è punito con la sanzione amministrativa pecuniaria da 10.000 a 100.000 di euro.

3. Chiunque, nella domanda di brevetto di una invenzione che utilizza materiale biologico contenente microrganismi o organismi geneticamente modificati, attesta, contrariamente al vero, il rispetto degli obblighi di legge riguardanti tali modificazioni, è punito con la sanzione amministrativa pecuniaria da 10.000 a 100.000 di euro.

4. Nell'ambito dei limiti minimi e massimi previsti dal presente articolo, le sanzioni amministrative pecuniarie sono determinate nella loro entità, tenendo conto, oltre che dei criteri di cui all'articolo 11 della legge 24 novembre 1981, n. 689, della diversa potenzialità lesiva dell'interesse protetto che ciascuna infrazione presenta in astratto, delle specifiche qualità personali nonché del vantaggio patrimoniale che l'infrazione può recare al colpevole ovvero alla persona o all'ente nel cui interesse egli agisce.

5. Alle sanzioni amministrative pecuniarie previste dal presente articolo non si applica il pagamento in misura ridotta di cui all'articolo 16 della legge 24 novembre 1981, n. 689.

171. *Esame dei marchi internazionali*. — 1. L'Ufficio italiano brevetti e marchi effettua l'esame dei marchi internazionali designanti l'Italia conformemente alle norme relative ai marchi nazionali ai sensi dell'art. 170, comma 1, lettera *a*).

2. L'Ufficio italiano brevetti e marchi, se ritiene che il marchio non possa essere registrato in tutto o in parte, ovvero se è stata presentata opposizione da parte di terzi ai sensi dell'art. 176, provvede, ai sensi dell'art. 5 dell'accordo di Madrid per la registrazione internazionale dei marchi, testo di Stoccolma del 14 luglio 1967, ratificato con legge 28 aprile 1976, n. 424 o del relativo protocollo del 27 giugno 1989, ratificato con legge 12 marzo 1996, n. 169, all'emissione di un rifiuto provvisorio della registrazione internazionale e ne dà comunicazione all'Organizzazione mondiale della proprietà intellettuale.

3. Il rifiuto provvisorio ai sensi del comma 2 è emesso entro un anno per le registrazioni internazionali basate sull'accordo di Madrid per la registrazione internazionale dei marchi e diciotto mesi per quelle basate sul relativo protocollo. I termini decorrono dalle date rispettivamente indicate nelle citate Convenzioni internazionali.

4. In caso di rifiuto provvisorio, la protezione del marchio è la medesima di quella di una domanda di marchio depositata presso l'Ufficio italiano brevetti e marchi.

5. Entro il termine perentorio all'uopo fissato dall'Ufficio italiano brevetti e marchi, il titolare di una registrazione internazionale, per la quale sia stato comunicato all'Organizzazione mondiale della proprietà intellettuale un rifiuto provvisorio, tramite un mandatario nominato ai sensi dell'art. 201, può presentare le proprie deduzioni, ovvero richiedere copia dell'atto di opposizione sulla base del quale è stato emesso il rifiuto provvisorio. In tale ultimo caso, se il titolare della registrazione internazionale richiede la copia nel termine prescritto, l'Ufficio comunica alle parti l'avviso di cui all'art. 178, comma 1, e applica le altre norme sulla procedura di opposizione di cui agli artt. 178 e seguenti.

6. Qualora entro il termine di cui al comma 5 il titolare della registrazione internazionale non presenti le proprie deduzioni, ovvero non richieda copia dell'atto di opposizione secondo le modalità prescritte, l'Ufficio italiano brevetti e marchi emette il rifiuto definitivo.

7. L'Ufficio italiano brevetti e marchi comunica all'Organizzazione mondiale della proprietà intellettuale le decisioni definitive relative ai marchi internazionali designanti l'Italia.

8. Nel caso che il marchio designante l'Italia in base al protocollo di Madrid sia successivamente radiato in tutto o in parte su richiesta dell'ufficio di proprietà industriale d'origine, il suo titolare può depositare una domanda di registrazione per lo stesso segno presso l'Ufficio italiano brevetti e marchi. Tale domanda ha effetto dalla data di registrazione internazionale, con l'eventuale priorità riconosciuta, o da quella dell'iscrizione dell'estensione territoriale concernente l'Italia.

9. La domanda è depositata nel termine perentorio di tre mesi a decorrere dalla data di radiazione della registrazione internazionale e può riguardare solo i prodotti e servizi in essa compresi relativamente all'Italia.

10. Alla domanda si applicano le disposizioni vigenti per le domande nazionali.

172. ***Ritiro, rettifiche, integrazioni della domanda.*** — 1. Il richiedente può sempre ritirare la domanda durante la procedura di esame e nel caso dei marchi, anche durante la procedura di opposizione, prima che l'Ufficio italiano brevetti e marchi abbia provveduto alla concessione del titolo.

2. Il richiedente, prima che l'Ufficio italiano brevetti e marchi abbia provveduto alla concessione del titolo o deciso in merito ad una istanza o ad una opposizione, o comunque prima che la Commissione dei ricorsi, nei casi in cui sia stato interposto ricorso abbia provveduto, ha facoltà di correggere, negli aspetti non sostanziali, la domanda originariamente depositata o ogni altra istanza ad essa relativa, nonché, nel caso di domanda di brevetto per invenzione o modello di utilità, di integrare anche con nuovi esempi o limitare la descrizione, le rivendicazioni o i disegni originariamente depositati e, nel caso di domanda di marchio, di limitare o precisare i prodotti e i servizi originariamente elencati.

3. Il richiedente, su invito dell'Ufficio italiano brevetti e marchi, deve completare o rettificare la documentazione ove sia necessario per l'intelligenza del diritto di proprietà industriale o per meglio determinare l'ambito della tutela richiesta.

4. Qualora siano necessari gli accertamenti di cui all'art. 170, comma 1, lettera *d*), il Ministero delle politiche agricole e forestali invita il richiedente a presentare il materiale di riproduzione o di moltiplicazione della varietà e, nel caso di varietà ibride, può richiedere, ove necessario, anche la consegna del materiale dei componenti genealogici. Gli istituti e gli enti designati per gli accertamenti rilasciano ricevuta del materiale loro consegnato. Se il materiale è consegnato in quantità insufficiente o qualitativamente non idoneo, gli istituti e gli enti anzidetti redigono apposito processo verbale da trasmettere al Ministero delle politiche agricole e forestali.

5. Il Ministero delle politiche agricole e forestali, di concerto con gli enti e gli organismi responsabili delle prove può, anche su richiesta del titolare della domanda o di terzi, disporre che siano effettuate visite presso i campi per fare prendere visione delle prove agli interessati. Gli enti e gli organismi responsabili delle prove, ove lo ritengano necessario, invitano il titolare della domanda a visitare i campi prova. L'ente o l'organismo designato trasmette, al termine delle prove, un rapporto sui risultati ottenuti al Ministero delle politiche agricole e forestali, il quale, in caso di dubbi sui risultati medesimi, può disporre la ripetizione delle prove. Il Ministero delle politiche agricole e forestali, sulla base del rapporto d'esame, redige la descrizione ufficiale della varietà. L'Ufficio, ricevuta dal Ministero delle politiche agricole e forestali la descrizione ufficiale, la trasmette al costitutore assegnandogli un termine per le osservazioni.

6. L'Ufficio italiano brevetti e marchi deve conservare la documentazione relativa alla domanda iniziale, fare risultare la data di ricezione delle modifiche o integrazioni, ed adottare ogni altra opportuna modalità cautelare.

173. ***Rilievi.*** — 1. I rilievi ai quali dia luogo l'esame delle domande e delle istanze devono essere comunicati all'interessato con l'assegnazione di un termine per la risposta non inferiore a due mesi dalla data di ricezione della comunicazione.

2. Le osservazioni dei terzi ed i rilievi ai quali dia luogo l'esame della domanda di privativa per nuova varietà vegetale sono comunicati all'interessato con l'assegnazione di un termine, non superiore a

sei mesi, per la risposta. Nel caso in cui il rilievo riguardi la denominazione, la nuova proposta è corredata da una dichiarazione integrativa includente anche la dichiarazione di cui alla lettera *e*), del comma 1, dell'art. 165. L'ufficio ed il Ministero delle politiche agricole e forestali si comunicano reciprocamente le osservazioni e i rilievi trasmessi al richiedente e le risposte ricevute.

3. Quando, a causa di irregolarità nel conferimento del mandato, di cui all'art. 201, il mancato adempimento ai rilievi comporta il rigetto delle domande e delle istanze connesse, il rilievo deve essere comunicato al richiedente.

4. Quando il termine sia decorso senza che sia pervenuta risposta ai rilievi, la domanda o l'istanza è respinta con provvedimento da notificare al titolare della domanda stessa o dell'istanza con raccomandata con avviso di ricevimento. Tuttavia se il rilievo concerne la rivendicazione di un diritto di priorità, la mancata risposta comporta esclusivamente la perdita di tale diritto.

5. La domanda di privativa per nuova varietà vegetale è rifiutata:

– in caso di mancata risposta ai rilievi dell'ufficio e del Ministero delle politiche agricole e forestali nei termini stabiliti;

– in caso di mancata consegna dei materiali per le prove varietali ai sensi dell'art. 165, comma 1, lettera *c*), salvo che la mancata consegna sia dipesa da causa di forza maggiore;

– in caso di assenza di uno dei requisiti previsti dall'art. 170, comma 1, lettera *d*).

6. Se la domanda di privativa per nuova varietà vegetale non è accolta o se essa è ritirata, il compenso dovuto per i controlli tecnici è rimborsato solo quando non siano già stati avviati i controlli tecnici suddetti.

7. Prima di respingere in tutto o in parte una domanda o una istanza ad essa connessa, per motivi che non siano stati oggetto di rilievi ai sensi del comma 1, l'Ufficio italiano brevetti e marchi assegna al richiedente il termine di due mesi per formulare osservazioni. Scaduto detto termine, se non sono state presentate osservazioni o l'Ufficio ritiene di non potere accogliere quelle presentate, la domanda o l'istanza è respinta in tutto o in parte.

8. Per le domande di brevetto internazionale l'Ufficio italiano brevetti e marchi, compiuto l'accertamento di cui all'art. 14 del Trattato di cooperazione in materia di brevetti del 19 giugno 1970, ratificato con legge 26 maggio 1978, n. 260, invita il richiedente ad effettuare le eventuali correzioni [e a depositare i disegni non acclusi], fissando all'uopo un termine non superiore a mesi tre, ferma restando l'osservanza del termine per la trasmissione dell'esemplare originale della domanda internazionale, previsto dalla regola 22 del regolamento di esecuzione del Trattato di cooperazione in materia di brevetti. L'Ufficio italiano brevetti e marchi dichiara che la domanda s'intende ritirata nelle ipotesi previste dall'art. 14 del Trattato di cooperazione in materia di brevetti.

9. Qualora la domanda sia accolta, l'Ufficio italiano brevetti e marchi provvede alla concessione del titolo.

10. I fascicoli degli atti e dei documenti relativi alle domande di brevettazione o di registrazione, nonché le raccolte dei titoli di proprietà industriale e le raccolte delle domande sono conservati dall'Ufficio italiano brevetti e marchi fino a dieci anni dopo l'estinzione dei diritti corrispondenti. Dopo la scadenza di tale termine l'Ufficio può distruggere i fascicoli anche senza il parere dell'Archivio centrale di Stato, previa acquisizione informatica su dispositivi non alterabili degli originali degli atti e dei documenti in essi contenuti.

SEZIONE II
Osservazioni sui marchi d'impresa e opposizioni alla registrazione dei marchi

174. ***Osservazioni e opposizioni alla registrazione del marchio.*** — 1. Le domande di marchio ritenute registrabili ai sensi dell'art. 170, comma 1, lettera *a*), le registrazioni di marchio effettuate secondo la procedura di cui all'art. 179, comma 2, ed i marchi internazionali, designanti l'Italia, possono essere oggetto di osservazioni e di opposizioni in conformità alle norme di cui ai successivi articoli.

175. ***Deposito delle osservazioni dei terzi.*** — 1. Qualsiasi interessato può, senza con ciò assumere la qualità di parte nella procedura di registrazione, indirizzare all'Ufficio italiano brevetti e marchi osservazioni scritte, specificando i motivi per i quali un marchio deve essere escluso d'ufficio dalla registrazione.

2. Le osservazioni, se ritenute pertinenti e rilevanti, sono dall'Ufficio italiano brevetti e marchi comunicate al richiedente che può presentare le proprie deduzioni entro il termine di trenta giorni dalla data della comunicazione.

3. Nel caso di marchio internazionale, le osservazioni sono considerate dall'Ufficio italiano brevetti e marchi solo al fine dell'esame di cui all'art. 170, comma 1, lettera *a*).

176. ***Deposito dell'opposizione.***[1] — 1. I soggetti legittimati ai sensi dell'articolo 177 possono presentare all'Ufficio italiano brevetti e marchi opposizione avverso gli atti di cui alle lettere *a*), *b*) e *c*), la quale, a pena di inammissibilità, deve essere scritta, motivata e documentata entro il termine perentorio di tre mesi:

a) dalla data di pubblicazione di una domanda di registrazione, ritenuta registrabile ai sensi dell'articolo 170, comma 1, lettera *a*), ovvero ritenuta registrabile in base a sentenza di accoglimento passata in giudicato;

b) dalla data di pubblicazione della registrazione di un marchio, la cui domanda non è stata pubblicata ai sensi dell'articolo 179, comma 2;

c) dal primo giorno del mese successivo a quello in cui è avvenuta la pubblicazione del marchio internazionale nella *Gazette de l'Organisation Mondiale de la Propriété Intellectuelle des Marques Internationales*.

2. L'opposizione, che può riguardare una sola domanda o registrazione di marchio, è ricevibile solo se redatta in lingua italiana e deve contenere a pena di inammissibilità:

a) in relazione al marchio oggetto dell'opposizione, l'identificazione del richiedente, il numero e la data della domanda o della registrazione e i prodotti ed i servizi contro cui è proposta l'opposizione;

b) in relazione al marchio o diritto dell'opponente, l'identificazione del marchio o dei marchi anteriori di cui all'articolo 12, comma 1, lettere *c*), *d*) ed *e*), nonché dei prodotti e servizi sui quali è basata l'opposizione oppure del diritto di cui all'articolo 8;

c) i motivi su cui si fonda l'opposizione;

c-bis) se è stato nominato un mandatario, l'atto di nomina, ai sensi dell'articolo 201, o la dichiarazione di riserva di deposito ad esso relativa. Se è formulata riserva, l'atto di nomina è depositato entro il termine perentorio di due mesi dalla data del deposito dell'opposizione.

3. L'opposizione si considera ritirata se non è comprovato il pagamento dei diritti di opposizione entro i termini e con le modalità stabiliti dal decreto di cui all'art. 226.

4. Chi presenta l'opposizione, deve depositare entro il termine perentorio di due mesi dalla scadenza del termine per il raggiungimento di un accordo di conciliazione di cui all'art. 178, comma 1:

a) copia della domanda o del certificato di registrazione del marchio, della denominazione di origine o della indicazione geografica su cui è basata l'opposizione, ove non si tratti di domande o di certificati nazionali e, se del caso, la documentazione relativa al diritto di priorità o di preesistenza di cui esso beneficia, nonché la loro traduzione in lingua italiana; nel caso della preesistenza, questa deve essere già stata rivendicata in relazione a domanda od a registrazione di marchio dell'Unione europea;

b) ogni altra documentazione a prova dei fatti addotti;

c) la documentazione necessaria a dimostrare la legittimazione a presentare opposizione, qualora il marchio anteriore non risulti a suo nome dal Registro tenuto dall'Ufficio italiano brevetti e marchi, ovvero nei casi di cui all'articolo 177, comma 1, lettere *d-bis*) e *d-ter*);

d) [abrogato].

5. Con l'opposizione possono farsi valere gli impedimenti alla registrazione del marchio previsti dall'articolo 12, comma 1, lettere *c*), *d*), *e*) ed *f*), e dall'articolo 14, comma 1, lettera *c-bis*), per tutti o per una parte dei prodotti o servizi per i quali è stata chiesta la registrazione, e la mancanza del consenso alla registrazione da parte degli aventi diritto di cui all'articolo 8.[1]

[1] Articolo così modif. dall'art. 24, D.lgs. 20 feb. 2019, n. 15.

177. ***Legittimazione all'opposizione.*** — 1. Sono legittimati all'opposizione

a) il titolare di un marchio già registrato nello Stato o con efficacia nello Stato da data anteriore;

b) il soggetto che ha depositato nello Stato domanda di registrazione di un marchio in data anteriore o avente effetto nello Stato da data anteriore in forza di un diritto di priorità o di una valida rivendicazione di preesistenza;

c) il licenziatario dell'uso esclusivo del marchio;

d) le persone, gli enti e le associazioni di cui all'art. 8;

d-bis) i soggetti legittimati a tutelare i diritti conferiti da una denominazione di origine ovvero da una indicazione geografica;[1]

d-ter) il soggetto che ha depositato la domanda di protezione di una denominazione di origine ovvero di una indicazione geografica, non ancora concessa al momento della presentazione dell'opposizione.[1]

[1] Lettera aggiunta dall'art. 25, D.lgs. 20 feb. 2019, n. 15.

178. ***Esame dell'opposizione e decisioni.***[1] — 1. Entro due mesi dalla scadenza del termine di cui all'articolo 176, comma 1, l'Ufficio italiano brevetti e marchi, verificate la ricevibilità e l'ammissibilità dell'opposizione ai sensi degli articoli 148, comma 1, e 176, comma 2, comunica detta opposizione al richiedente la registrazione con l'avviso, anche all'opponente, della facoltà di raggiungere un accordo di conciliazione entro due mesi dalla data della comunicazione, prorogabili su istanza comune delle parti fino al termine massimo previsto dal regolamento di attuazione del presente Codice.

2. In assenza di accordo ai sensi del comma 1, il richiedente che abbia ricevuto la documentazione di cui all'articolo 176, commi 2 e 4, lettere *a*), *b*) e *c*), può presentare per iscritto le proprie deduzioni entro il termine all'uopo fissato dall'Ufficio e contestualmente presentare istanza di cui al comma 4.

3. Nel corso del procedimento di opposizione, l'Ufficio italiano brevetti e marchi può, in ogni momento, invitare le parti a presentare nel termine da esso fissato, in ogni caso non superiore a trenta giorni e non prorogabile, ulteriori documenti, deduzioni od osservazioni in funzione delle allegazioni, deduzioni ed osservazioni delle altre parti.

4. Su istanza del richiedente, l'opponente che fondi l'opposizione su un marchio anteriore registrato da almeno cinque anni dalla data di deposito o di priorità del marchio oggetto dell'opposizione, fornisce i documenti idonei a provare che tale marchio è stato oggetto di uso effettivo, da parte sua o con il suo consenso, per i prodotti e servizi per i quali è stato registrato e sui quali si fonda l'oppo-

sizione, nel corso del quinquennio precedente la data di deposito o priorità del marchio opposto, o che vi siano i motivi legittimi per la mancata utilizzazione. In mancanza di tale prova, da fornire entro sessanta giorni dalla data di comunicazione dell'istanza da parte dell'Ufficio italiano brevetti e marchi, l'opposizione è respinta. Se l'uso effettivo è provato solo per una parte dei prodotti o servizi per i quali il marchio anteriore è stato registrato, esso, ai soli fini dell'esame dell'opposizione, si considera registrato solo per quella parte di prodotti o servizi.

4-*bis*. Il comma 4 si applica anche nel caso in cui il marchio d'impresa anteriore sia un marchio dell'Unione europea. In tal caso l'uso effettivo del marchio dell'Unione europea è determinato a norma dell'articolo 18 del regolamento (UE) 2017/1001 del Parlamento e del Consiglio, del 14 giugno 2017, sul marchio dell'Unione europea.

5. [Abrogato]

6. In caso di opposizioni relative allo stesso marchio, le opposizioni successive alla prima sono riunite a questa.

7. Al termine del procedimento di opposizione, l'Ufficio italiano brevetti e marchi accoglie l'opposizione stessa respingendo la domanda di registrazione in tutto o in parte se risulta che il marchio non può essere registrato per la totalità o per una parte soltanto dei prodotti e servizi indicati nella domanda; in caso contrario respinge l'opposizione. Nel caso di registrazione internazionale, l'Ufficio italiano brevetti e marchi emette rifiuto definitivo parziale o totale ovvero respinge l'opposizione, dandone comunicazione all'Organizzazione mondiale della proprietà intellettuale (OMPI).

7-*bis*. L'Ufficio italiano brevetti e marchi, con il provvedimento di cui al comma 7, pone a carico del richiedente, se soccombente, il rimborso dei diritti di opposizione. Le spese di rappresentanza professionale nel procedimento sono liquidate a carico della parte soccombente, a domanda, nella misura massima individuata con decreto del Ministero dello sviluppo economico.

[1] Articolo così modif. dall'art. 26, D.lgs. 20 feb. 2019, n. 15.

179. ***Estensione della protezione.*** — 1. Se il richiedente intende estendere la protezione del marchio all'estero ai sensi dell'Accordo di Madrid per la registrazione internazionale dei marchi, testo di Stoccolma del 14 luglio 1967, ratificato con legge 28 aprile 1976, n. 424, oppure in uno Stato estero che esige la preventiva registrazione del marchio italiano, l'Ufficio italiano brevetti e marchi, anche se è già stata proposta un'opposizione, procede alla registrazione ed effettua le relative annotazioni.

2. Se la domanda di marchio, di cui al comma 1, non è già stata pubblicata, la pubblicazione della registrazione è accompagnata, in tal caso, dall'avviso che tale pubblicazione è termine iniziale per l'opposizione. L'accoglimento dell'opposizione determina la radiazione totale o parziale del marchio.

180. ***Sospensione della procedura di opposizione.***[1] — 1. Il procedimento di opposizione è sospeso:

a) durante il periodo concesso alle parti al fine di pervenire ad un accordo di conciliazione, ai sensi dell'art. 178, comma 1;

b) se l'opposizione è basata su una domanda di marchio, fino alla registrazione di tale marchio;

c) se l'opposizione è basata su un marchio internazionale, fino a quando non siano scaduti i termini per il rifiuto o la presentazione di un'opposizione avverso la registrazione di tale marchio, ovvero si siano conclusi i relativi procedimenti di esame o di opposizione;

d) se l'opposizione è proposta avverso un marchio nazionale oggetto di riesame in seguito ad osservazioni di cui all'art. 175, comma 2, fino a quando si sia concluso il relativo procedimento di riesame;

d-bis) se l'opposizione è basata su una domanda di protezione di una denominazione di origine ovvero di una indicazione geografica, fino alla protezione;

e) se è pendente un giudizio di nullità o di decadenza del marchio sul quale si fonda l'opposizione o relativo alla spettanza del diritto alla registrazione a norma dell'art. 118, fino al passaggio in giudicato della sentenza, laddove il richiedente la registrazione depositi apposita istanza;

e-bis) negli altri casi previsti dal regolamento di attuazione del presente codice.

e-ter) se è pendente un procedimento di cancellazione della denominazione di origine protetta ovvero della indicazione geografica protetta, fino al termine in cui la decisione della Commissione europea diviene definitiva.

2. Su istanza del richiedente la registrazione, la sospensione di cui comma 1, lettera *e*), può essere successivamente revocata.

3. Se l'opposizione è sospesa ai sensi del comma 1, lettere *b*), *c*), *d*) ed *e-bis*), l'Ufficio italiano brevetti e marchi esamina con precedenza la domanda di marchio o la registrazione del marchio internazionale.

3-*bis*. [Abrogato].

[1] Articolo così modif. dall'art. 27, D.lgs. 20 feb. 2019, n. 15.

181. ***Estinzione della procedura di opposizione.*** — 1. La procedura di opposizione si estingue se:

a) il marchio sul quale si fonda l'opposizione è stato dichiarato nullo o decaduto con sentenza passata in giudicato;

a-bis) la domanda di protezione della denominazione di origine o della indicazione geografica sulla quale si fonda l'opposizione è ritirata o rigettata;[1]

a-ter) la denominazione di origine protetta o l'indicazione geografica protetta sulla quale si fonda l'opposizione è cancellata;[1]

b) le parti hanno raggiunto l'accordo di cui all'art. 178, comma 1;

c) l'opposizione è ritirata;

d) la domanda o la registrazione, oggetto di opposizione, è ritirata o rigettata con decisione definitiva;

e) chi ha presentato opposizione cessa di essere legittimato a norma dell'art. 177;

e-bis) la domanda o la registrazione, oggetto di opposizione, è stata limitata cancellando i prodotti o servizi contro cui è stata fatta opposizione;[1]

e-ter) è venuto meno l'interesse ad agire.[1]

[1] Lettera ins. dall'art. 28, D.lgs. 20 feb. 2019, n. 15.

182. ***Ricorso.*** — 1. Il provvedimento con il quale l'Ufficio italiano brevetti e marchi dichiara irricevibile, inammissibile o estinta la procedura di opposizione ovvero accoglie, anche parzialmente, o respinge l'opposizione, è comunicato alle parti, le quali, entro il termine di cui all'articolo 135, comma 1, hanno facoltà di presentare ricorso alla Commissione dei ricorsi, di cui all'articolo 135.

183. ***Nomina degli esaminatori.*** — 1. Le opposizioni sono decise da funzionari nominati per un periodo di due anni con decreto del direttore generale tra gli appartenenti alla carriera direttiva o dirigenziale dell'Ufficio italiano brevetti e marchi e muniti di laurea in giurisprudenza. Gli esaminatori che hanno partecipato all'esame delle domande o delle registrazioni di marchi, oggetto di opposizione, non possono decidere sulle opposizioni suddette.

2. La nomina all'incarico di esaminatore giudicante, di cui al comma 1, rinnovabile e retribuita con compenso da stabilirsi con decreto del Ministro delle attività produttive, di concerto con il Ministro dell'economia e delle finanze, è riservata a coloro che, in possesso dei requisiti di cui al comma 1, hanno frequentato con esito favorevole, apposito corso di formazione da organizzarsi da parte dell'Ufficio italiano brevetti e marchi.

3. Se il numero dei funzionari nominati ai sensi dei commi 1 e 2 è inadeguato in relazione alle opposizioni depositate, possono essere nominati anche funzionari scelti fra il personale del Ministero delle attività produttive, a parità di requisiti e formazione, oppure esperti con notoria conoscenza della materia.

4. Il numero complessivo dei funzionari designati per l'esame delle opposizioni non può superare le trenta unità.

184. ***Entrata in vigore della procedura di opposizione.*** — 1. Le norme sul procedimento di opposizione entrano in vigore con il successivo decreto del Ministro delle attività produttive che ne stabilisce le modalità di applicazione.

SEZIONE II-*bis*

Decadenza e nullità dei marchi d'impresa registrati[1]

[1] Sezione ins. dall'art. 29, D.lgs. 20 feb. 2019, n. 15.

184-*bis*. ***Deposito dell'istanza di decadenza o nullità.***[1] — 1. Fatta salva la proponibilità dell'azione davanti all'autorità giudiziaria ai sensi dell'articolo 120, i soggetti legittimati ai sensi dell'articolo 184-*ter* possono presentare istanza, scritta e motivata, all'Ufficio italiano brevetti e marchi per l'accertamento della decadenza o la dichiarazione di nullità di un marchio d'impresa registrato.

2. Nei casi di cui al comma 1, la decadenza può essere fatta valere per i motivi di cui agli articoli 13, comma 4, 14, comma 2, lettera *a*) e 24.

3. Nei casi di cui al comma 1, la nullità del marchio può essere chiesta per i seguenti motivi:

a) il marchio d'impresa non avrebbe dovuto essere registrato in quanto non soddisfa i requisiti di cui agli articoli 7, 9, 10, comma 1, 13, commi 1, 2 e 3, 14, comma 1, lettere *a*), *b*), *c-bis*), *c-ter*), *c-quater*), *c-quinquies*) e *d*);

b) il marchio d'impresa non avrebbe dovuto essere registrato a causa dell'esistenza di un diritto anteriore ai sensi dell'articolo 12, comma 1, lettere *c*), *d*), *e*) ed *f*);

c) la domanda di registrazione del marchio d'impresa è stata presentata dall'agente o dal rappresentante senza il consenso del titolare o un giustificato motivo.

4. L'istanza di decadenza o di nullità, che può riguardare una sola registrazione di marchio, è ricevibile se redatta in lingua italiana e contiene a pena di inammissibilità:

a) in relazione al marchio di cui si chiede la dichiarazione di decadenza o di nullità, l'identificazione del titolare, il numero e la data di registrazione;

b) in relazione al diritto dell'istante, quando tale diritto sia requisito di legittimazione attiva ai sensi dell'articolo 184-*ter*, l'identificazione del marchio, della denominazione di origine, della indicazione geografica, della menzione tradizionale per vino, della specialità tradizionale garantita, della denominazione di varietà vegetale o di altro diritto esclusivo anteriore;

c) i motivi su cui si fonda la domanda e, nel caso di cui al comma 3, lettera *c*), l'eventuale istanza di trasferimento a proprio nome dell'attestato di registrazione del marchio a far data dal momento del deposito.

5. L'istanza di decadenza o di nullità contiene altresì, in relazione al marchio di cui si chiede la dichiarazione di decadenza o di nullità, l'indicazione dei prodotti ed i servizi contro cui è proposta l'istanza di decadenza o la nullità; in mancanza di tale indicazione l'istanza è considerata diretta contro tutti i prodotti o i servizi contemplati dal marchio impugnato.

6. L'istanza di decadenza o di nullità si considera ritirata se non è comprovato il pagamento dei di-

ritti di deposito delle domande di decadenza o nullità entro i termini e con le modalità stabiliti dal decreto di cui all'articolo 226.

7. All'istanza di decadenza o di nullità sono allegati:

a) i documenti a prova dei fatti addotti;

b) la documentazione volta a dimostrare la legittimazione a presentare la domanda di decadenza o di nullità, ove necessaria;

c) l'atto di nomina ai sensi dell'articolo 201, se è stato nominato un mandatario.

8. L'istanza di decadenza o di nullità può essere presentata sulla base di uno o più diritti anteriori, a condizione che appartengano tutti allo stesso titolare.

9. L'istanza di decadenza o di nullità è improcedibile qualora, su una domanda con il medesimo oggetto, i medesimi fatti costitutivi e fra le stesse parti, sia stata pronunciata una decisione o sia pendente un procedimento dinanzi all'Ufficio italiano brevetti e marchi o all'autorità giudiziaria adita ai sensi dell'articolo 122.

10. Fuori dal caso di cui al comma 9, qualora un'istanza di decadenza o di nullità sia presentata all'Ufficio italiano brevetti e marchi in pendenza di un procedimento, amministrativo o giudiziario, connesso per l'oggetto, la trattazione dell'istanza può essere sospesa fino a che il procedimento pendente sia definito con provvedimento amministrativo inoppugnabile o con sentenza passata in cosa giudicata. In tal caso l'istante può chiedere la prosecuzione del procedimento sospeso, con istanza da presentare all'Ufficio italiano brevetti e marchi entro il termine perentorio di tre mesi dalla inoppugnabilità del provvedimento adottato nel procedimento amministrativo connesso o dal passaggio in giudicato della sentenza che definisce il processo connesso. In caso contrario, il procedimento sull'istanza di decadenza o di nullità si estingue.

11. L'istanza di decadenza o di nullità è altresì improcedibile qualora sia stata presentata contestualmente ad una domanda, con il medesimo oggetto, i medesimi fatti costitutivi e fra le stesse parti, proposta davanti all'autorità giudiziaria adita ai sensi dell'articolo 122.

[1] Articolo ins. dall'art. 29, D.lgs. 20 feb. 2019, n. 15.

184-*ter*. *Legittimazione all'istanza di decadenza o nullità*.[1] — 1. Sono legittimati a presentare un'istanza di decadenza o di nullità:

a) nei casi di cui ai commi 2 e 3, lettera *a*), dell'articolo 184-*bis*, qualunque interessato;

b) nel caso di cui al comma 3, lettera *b*), dell'articolo 184-*bis*, il titolare di un marchio d'impresa anteriore o la persona autorizzata dalla legge a esercitare i diritti conferiti da una denominazione di origine o un'indicazione geografica protetta;

c) nel caso di cui al comma 3, lettera *c*), dell'articolo 184-*bis*, il titolare di marchio d'impresa interessato.

[1] Articolo ins. dall'art. 29, D.lgs. 20 feb. 2019, n. 15.

184-*quater*. *Esame della domanda di decadenza o di nullità e decisioni*.[1] — 1. Se la domanda di decadenza o di nullità è ricevibile e ammissibile l'Ufficio italiano brevetti e marchi invia una comunicazione alle parti informandole dell'inizio della fase in contraddittorio del procedimento di decadenza o nullità e invitando il titolare del marchio a depositare osservazioni entro un termine stabilito. Le osservazioni depositate dalle parti sono comunicate all'altra parte dall'Ufficio italiano brevetti e marchi.

2. Alla comunicazione di cui al comma 1 indirizzata al titolare del marchio è allegata copia dell'istanza di decadenza o nullità e qualsiasi documento presentato dal richiedente.

3. Nel corso del procedimento di decadenza o nullità l'Ufficio italiano brevetti e marchi può, in ogni momento, assegnare alle parti un termine per produrre ulteriori documenti o svolgere deduzioni od osservazioni in funzione delle allegazioni, deduzioni ed osservazioni delle altre parti.

4. In caso di più istanze di decadenza o nullità relative allo stesso marchio, le domande successive alla prima sono riunite a questa.

5. Al termine del procedimento di decadenza o nullità, l'Ufficio italiano brevetti e marchi se accoglie la domanda, accerta la decadenza o dichiara la nullità della registrazione del marchio in tutto o in parte o dispone il trasferimento della titolarità della registrazione nel caso in cui sia stata presentata l'istanza di cui all'articolo 184-*bis*, comma 4, lettera *c*). Nel caso di registrazione internazionale, l'Ufficio italiano brevetti e marchi dà comunicazione della decisione all'Organizzazione mondiale della proprietà intellettuale (OMPI).

6. L'Ufficio italiano brevetti e marchi, con il provvedimento di cui al comma 5, pone a carico della parte soccombente il rimborso delle spese a favore dell'altra parte e ne liquida l'ammontare insieme alle spese di rappresentanza professionale nel procedimento, nella misura massima individuata con decreto del Ministero dello sviluppo economico.

7. I provvedimenti che accertano la decadenza o dichiarano la nullità della registrazione o trasferiscono la titolarità della registrazione di un marchio sono annotati nel registro.

[1] Articolo ins. dall'art. 29, D.lgs. 20 feb. 2019, n. 15.

184-*quinquies*. *Prova d'uso*.[1] — 1. Nei procedimenti per la dichiarazione di nullità basata su un marchio d'impresa registrato con una data di deposito o di priorità anteriore ai sensi dell'articolo 184-*bis*, comma 3, lettera *b*), su istanza del titolare del marchio d'impresa posteriore, il titolare del marchio d'impresa anteriore fornisce la prova che, nel corso dei cinque anni precedenti la data di presentazione della domanda di dichiarazione di nullità, il marchio d'impresa anteriore è stato oggetto di uso effettivo a norma dell'articolo 24 per i prodotti o i servizi per i quali è stato registrato e su cui si fonda la domanda, o che sussistono motivi legittimi per il suo mancato uso, a condizione che la procedura di registrazione del marchio anteriore, alla data di presentazione della domanda di dichiarazione di nullità, fosse conclusa da almeno cinque anni.

2. Qualora, alla data di deposito o di priorità del marchio d'impresa posteriore, il termine di cinque anni durante il quale il marchio d'impresa anteriore doveva essere oggetto di uso effettivo, sia scaduto, il titolare del marchio d'impresa anteriore, oltre alla prova a norma del comma 1, fornisce la prova che il marchio è stato oggetto di uso effettivo nel corso del termine dei cinque anni precedenti la data di deposito o di priorità, o che sussistevano motivi legittimi per il suo mancato uso.

3. In mancanza delle prove di cui ai commi 1 e 2, da fornire entro sessanta giorni dalla data di comunicazione dell'istanza da parte dell'Ufficio italiano brevetti e marchi, la domanda di nullità sulla base di un marchio anteriore è respinta.

4. Se il marchio d'impresa anteriore è stato usato conformemente all'articolo 24 solo per una parte dei prodotti o dei servizi per i quali è stato registrato, ai fini dell'esame della domanda di nullità si intende registrato soltanto per tale parte dei prodotti o servizi.

5. I commi da 1 a 4 del presente articolo si applicano anche nel caso in cui il marchio d'impresa anteriore sia un marchio UE. In tal caso, l'uso effettivo del marchio UE è determinato a norma dell'articolo 18 del regolamento (UE) 2017/1001, del Parlamento europeo e del Consiglio, del 14 giugno 2017.

6. L'istanza del titolare del marchio d'impresa posteriore per ottenere la prova dell'uso effettivo del marchio anteriore, di cui al comma 1, deve essere presentata entro il termine assegnato dall'Ufficio italiano brevetti e marchi ai sensi dell'articolo 184-*quater*, comma 1.

[1] Articolo ins. dall'art. 29, D.lgs. 20 feb. 2019, n. 15.

184-*sexies*. *Efficacia erga omnes e decorrenza degli effetti della decadenza e della nullità.*[1] — 1. La decadenza o la nullità, anche parziale, di una registrazione di marchio ha efficacia nei confronti di tutti quando sia dichiarata con provvedimento dell'Ufficio italiano brevetti e marchi divenuto inoppugnabile.

2. La decadenza della registrazione di un marchio d'impresa, per tutti o per una parte di prodotti o servizi, produce effetti a decorrere dalla data di deposito della domanda di decadenza o, su istanza del richiedente, di quella anteriore in cui è maturata una delle cause di decadenza.

3. La nullità della registrazione di un marchio di impresa, per tutti o per una parte di prodotti o servizi, produce effetti fin dalla data della registrazione.

[1] Articolo ins. dall'art. 29, D.lgs. 20 feb. 2019, n. 15.

184-*septies*. *Sospensione della procedura di nullità o decadenza.*[1] — 1. Oltre che nel caso di cui all'articolo 184-*bis*, comma 10, il procedimento di decadenza o di nullità è sospeso:

a) se l'istanza di nullità è basata su una domanda anteriore di registrazione di marchio d'impresa, su una domanda di registrazione di denominazione di origine ovvero su una domanda di registrazione di indicazione geografica, fino a quando su tali domande non sia adottato un provvedimento inoppugnabile;

b) se l'istanza di nullità è basata su un marchio internazionale, fino a quando non siano scaduti i termini per il rifiuto o la presentazione di un'opposizione avverso la registrazione di tale marchio;

c) se l'istanza di nullità è basata su un marchio internazionale e si siano conclusi i relativi procedimenti di esame o di opposizione;

d) a domanda del titolare del marchio posteriore, se è pendente un giudizio di nullità o di decadenza del marchio anteriore sul quale si fonda la domanda di nullità o relativo alla spettanza del diritto alla registrazione, fino al passaggio in giudicato della decisione;

e) a domanda del titolare del marchio posteriore, se è pendente, dinanzi all'Ufficio italiano brevetti e marchi, un procedimento di nullità o di decadenza del marchio anteriore sul quale si fonda l'istanza o relativo alla spettanza del diritto di registrazione, fino a che il relativo provvedimento sia inoppugnabile;

f) a domanda del titolare del marchio posteriore, se è pendente un procedimento di cancellazione della denominazione di origine ovvero della indicazione geografica protetta sulla quale si fonda la domanda di nullità, fino al termine in cui la decisione della Commissione europea diviene inoppugnabile;

g) negli altri casi previsti dal regolamento di attuazione del presente codice.

2. L'istante può chiedere la prosecuzione del procedimento sospeso, con istanza da presentare all'Ufficio italiano brevetti e marchi entro il termine perentorio di tre mesi dalla inoppugnabilità del provvedimento adottato nei casi di cui al comma 1, lettere *a*), *c*), *e*) ed *f*), dalla scadenza dei termini di cui alla lettera *b*), del medesimo comma, o dal passaggio in giudicato della sentenza che definisce il processo nel caso di cui alla lettera *d*) del medesimo comma. In caso contrario, il procedimento sull'istanza di decadenza o di nullità si estingue.

3. Se il procedimento è sospeso ai sensi del comma 1, lettere *a*), *b*) e *c*), l'Ufficio italiano brevetti e marchi esamina con precedenza la domanda di marchio o la registrazione del marchio internazionale su cui si basa l'istanza di nullità.

[1] Articolo ins. dall'art. 29, D.lgs. 20 feb. 2019, n. 15.

184-*octies*. *Estinzione della procedura di decadenza o nullità.*[1] — 1. La procedura di decadenza o nullità si estingue:

a) se il marchio sul quale si fonda l'istanza è

stato dichiarato nullo o decaduto con sentenza passata in giudicato o con un provvedimento inoppugnabile;

b) se la rinuncia all'istanza di decadenza o nullità è accettata, senza riserve o condizioni, dalle parti costituite che potrebbero avere interesse alla prosecuzione;

c) se la domanda o la registrazione, oggetto dell'istanza di decadenza o nullità, è ritirata o rigettata con provvedimento inoppugnabile per i prodotti e servizi controversi;

d) se non è presentata istanza di prosecuzione nei casi di cui all'articolo 184-*bis*, comma 10, ultimo periodo, e di cui all'articolo 184-*septies*, comma 2, secondo periodo;

e) se la domanda di protezione della denominazione di origine o della indicazione geografica sulla quale si fonda l'istanza di nullità è ritirata o rigettata;

f) se la denominazione di origine protetta o l'indicazione geografica protetta o la specialità tradizionale garantita, sulla quale si fonda la domanda di nullità, è cancellata;

g) se è venuto meno l'interesse ad agire.

[1] Articolo ins. dall'art. 29, D.lgs. 20 feb. 2019, n. 15.

184-*nonies*. *Attuazione ed entrata in vigore della procedura di decadenza o nullità*.[1] — 1. Le norme sul procedimento di decadenza o nullità entrano in vigore trenta giorni dopo la data di pubblicazione del decreto del Ministro dello sviluppo economico che ne stabilisce le modalità di applicazione.

[1] Articolo ins. dall'art. 29, D.lgs. 20 feb. 2019, n. 15.

184-*decies*. *Ricorso*.[1] — 1. Il provvedimento con il quale l'Ufficio italiano brevetti e marchi dichiara irricevibile, inammissibile o estinta la procedura di decadenza o nullità ovvero accoglie, anche parzialmente, o respinge l'istanza, è comunicato alle parti.

2. Contro i provvedimenti di cui al comma 1, è ammesso il ricorso davanti alla Commissione dei ricorsi, ai sensi dell'articolo 135.

[1] Articolo ins. dall'art. 29, D.lgs. 20 feb. 2019, n. 15.

SEZIONE III
Pubblicità

185. *Raccolta dei titoli di proprietà industriale*. — 1. I titoli originali di proprietà industriale devono essere firmati dal Dirigente dell'ufficio competente o da un funzionario da lui delegato.

2. I titoli di proprietà industriale sono contrassegnati, a seconda della tipologia, da un numero progressivo, secondo la data di concessione, e contengono:

a) la data e il numero della domanda;

b) il cognome, il nome, il domicilio del titolare e, nel caso delle varietà vegetali, del costitutore, la ragione ovvero la denominazione sociale e la sede, se trattasi di persona giuridica;

c) il cognome, il nome, il domicilio del mandatario, se vi sia;

d) il cognome ed il nome dell'inventore o dell'autore;

e) gli estremi della priorità rivendicata;

f) nel caso delle varietà vegetali il genere o la specie di appartenenza della nuova varietà vegetale e la relativa denominazione.

3. Gli originali dei titoli di proprietà industriale sono riuniti in apposite raccolte. Tutti i riferimenti al registro dei marchi o dei brevetti contenuti nel Codice devono intendersi effettuati agli originali, in forma cartacea od informatica, dei corrispondenti titoli riuniti nelle raccolte.

4. Una copia certificata conforme del titolo di proprietà industriale è trasmessa al titolare. Nel caso delle privative per varietà vegetali l'ufficio informa il MIPAF della concessione.

185-*bis*. *Registro speciale dei marchi storici di interesse nazionale*.[1] — 1. È istituito, presso l'Ufficio italiano brevetti e marchi, il registro speciale dei marchi storici come definiti dall'articolo 11-*ter*.

2. L'iscrizione al registro speciale dei marchi storici è effettuata su istanza del titolare o del licenziatario esclusivo del marchio.

[1] Articolo ins. dall'art. 31, D.L. 30 apr. 2019, n. 34, conv. con modif. in L. 28 giu. 2019, n. 58.

185-*ter*. *Valorizzazione dei marchi storici nelle crisi d'impresa*.[1]

[1] Articolo ins. dall'art. 31, D.L. 30 apr. 2019, n. 34, conv. con modif. in L. 28 giu. 2019, n. 58, e quindi abrog. dall'art. 43, c. 6, D.L. 19 mag. 2020, n. 34, conv. con modif. in L. 17 lug. 2020, n. 77.

186. *Visioni e pubblicazioni*. — 1. La raccolta dei titoli di proprietà industriale e la raccolta delle domande possono essere consultate dal pubblico, dietro autorizzazione dell'Ufficio italiano brevetti e marchi, in seguito a domanda.

2. L'Ufficio italiano brevetti e marchi, fermi i termini stabiliti per l'accessibilità al pubblico delle domande, tiene a disposizione gratuita del pubblico, perché possano essere consultati, i fascicoli inerenti una domanda, un brevetto, una registrazione o un'istanza, salve le limitazioni previste dal regolamento di attuazione.

3. L'Ufficio italiano brevetti e marchi può consentire che si estragga copia delle domande, delle descrizioni, delle rivendicazioni e dei disegni, nonché degli altri documenti di cui è consentita la visione al pubblico, a chi ne faccia domanda subordinatamente a quelle cautele che siano ritenute necessarie per evitare ogni guasto o deterioramento dei documenti a disposizione del pubblico.

4. Le copie per le quali si chiede l'autenticazione di conformità all'esemplare messo a disposizione del pubblico devono essere in regola con l'imposta di bollo. Il Ministero delle attività produttive può

tuttavia stabilire che alla copiatura o comunque alla riproduzione, anche fotografica, degli atti e dei documenti anzidetti provveda esclusivamente l'Ufficio previo pagamento dei diritti di segreteria.

5. Le copie di estratti dei titoli di proprietà industriale e di certificati relativi a notizie da estrarsi dalla relativa documentazione, nonché i duplicati degli originali, sono fatti esclusivamente dall'Ufficio italiano brevetti e marchi in seguito ad istanza nella quale sia indicato il numero d'ordine del titolo del quale si chiede la copia o l'estratto.

6. La certificazione di autenticità delle copie è soggetta all'imposta di bollo e al pagamento dei diritti di segreteria da corrispondersi all'Ufficio italiano brevetti e marchi per ogni foglio e per ogni tavola di disegno.

7. La misura dei diritti previsti dal presente codice è stabilita con decreto del Ministro delle attività produttive, di concerto con il Ministro dell'economia e delle finanze. Sono determinate, nello stesso modo, le tariffe per i lavori di copiatura e quelli di riproduzione fotografica ai quali provvede l'Ufficio italiano brevetti e marchi.

8. I titoli di proprietà industriale, distinti per classi, le trascrizioni avvenute e le sentenze di cui all'art. 97, comma 6, sono pubblicati, almeno mensilmente, nel Bollettino Ufficiale previsto per ciascun tipo di titoli dagli artt. 187, 188, 189 e 190. La pubblicazione conterrà le indicazioni fondamentali comprese in ciascun titolo e, rispettivamente, nelle domande di trascrizione. Il Bollettino è reso disponibile in forma telematica e potrà contenere, inoltre, sia gli indici analitici dei diritti di proprietà industriale sia gli indici alfabetici dei titolari ed in esso potranno pure pubblicarsi i riassunti delle descrizioni.

9. Il Bollettino può essere distribuito gratuitamente alle Camere di commercio, nonché agli enti indicati in un elenco da compilarsi a cura del Ministro delle attività produttive.

187. ***Bollettino Ufficiale dei marchi d'impresa.*** — 1. Il Bollettino Ufficiale dei marchi d'impresa, da pubblicarsi con cadenza almeno mensile da parte dell'Ufficio italiano brevetti e marchi, contiene almeno le seguenti notizie relative a:

a) domande ritenute registrabili ai sensi dell'art. 170, comma 1, lettera *a*), con l'indicazione dell'eventuale priorità;

b) domande conseguenti alla richiesta di trasformazione di marchio comunitario con l'indicazione della data di deposito della relativa domanda;

c) registrazioni;

d) registrazioni accompagnate dall'avviso di cui all'art. 179, comma 2;

e) rinnovazioni;

f) domande di trascrizione degli atti indicati da questo codice e trascrizioni avvenute;

f-bis) domande soggette ad opposizione e domande rifiutate a seguito di opposizione;

f-ter) sentenze di cui all'art. 197, comma 6;

f-quater) le domande di modifica al regolamento d'uso di marchi collettivi o di marchi di certificazione e le modifiche avvenute.[1]

2. I dati identificativi delle domande e delle registrazioni, oltre quelli specifici indicati al comma 1, lettere *a*), *b*), e *d*), ed ai relativi numeri e date, sono quelli di cui all'art. 156.

3. Il Bollettino Ufficiale è corredato da indici analitici, almeno alfabetici per titolari, numerici e per classi.

[1] Lettera aggiunta dall'art. 30, D.lgs. 20 feb. 2019, n. 15.

188. ***Bollettino Ufficiale delle nuove varietà vegetali.*** — 1. La comunicazione al pubblico prevista dall'art. 30 della Convenzione internazionale per la protezione delle novità vegetali (UPOV) - testo di Ginevra del 19 marzo 1991, ratificata con legge 23 marzo 1998, n. 110, si effettua mediante pubblicazione di un "*Bollettino ufficiale delle nuove varietà vegetali*" edito a cura dell'Ufficio.

2. Il Bollettino ha frequenza almeno semestrale e contiene:

a) l'elenco delle domande di privative, distinte per specie, indicante, oltre il numero e la data di deposito della domanda, il nome e l'indirizzo del richiedente ed il nome dell'autore se persona diversa dal richiedente, la denominazione proposta e una descrizione succinta della varietà vegetale della quale è richiesta la protezione;

b) l'elenco delle privative concesse, per genere e specie, indicante il numero e la data di deposito della corrispondente domanda, il nome e l'indirizzo del titolare e la denominazione varietale definitivamente attribuita;

b-bis) sentenze di cui all'art. 197, comma 6;

c) ogni altra informazione di pubblico interesse.

3. Il Bollettino è inviato gratuitamente, in scambio, ai competenti uffici degli altri Stati membri dell'Union pour la protection des obtentions végétales (U.P.O.V.)

189. ***Bollettino Ufficiale di brevetti d'invenzione e modelli d'utilità, registrazioni di disegni e modelli, topografie di prodotti a semiconduttori.*** — 1. Il Bollettino ufficiale di brevetti d'invenzione e modelli d'utilità, registrazioni di disegni e modelli, topografie di prodotti a semiconduttori, da pubblicarsi con cadenza almeno mensile da parte dell'Ufficio italiano brevetti e marchi, contiene almeno le seguenti notizie relative a:

a) domande di brevetto o di registrazione con l'indicazione dell'eventuale priorità o richiesta di differimento dell'accessibilità al pubblico;

b) brevetti e registrazioni concessi;

c) brevetti e registrazioni decaduti per mancato pagamento delle tasse previste per il mantenimento annuale;

d) brevetti e registrazioni offerti in licenza al pubblico;

e) brevetti e registrazioni oggetto di decreto di espropriazione o di licenza obbligatoria;

f) brevetti e registrazioni oggetto di conversione;

g) domande di trascrizione degli atti di cui all'art. 138 e trascrizioni avvenute;

g-bis) sentenze di cui all'art. 197, comma 6.

2. I dati identificativi di domande, brevetti e registrazioni, oltre quelli specifici indicati al comma 1, lettere *a*), *d*), ed *e*), ed ai relativi numeri e date, sono quelli di cui agli artt. 160, comma 1, 167, comma 1, 168, commi 1 e 2, lettere *b*) e *d*).

3. Il Bollettino Ufficiale è corredato da indici analitici, almeno alfabetici per titolari, numerici e per classi.

190. ***Bollettino Ufficiale dei certificati complementari per i medicinali e per i prodotti fitosanitari.*** — 1. Il Bollettino Ufficiale delle domande e dei certificati complementari per i medicinali e per i prodotti fitosanitari, da pubblicarsi con cadenza almeno mensile da parte dell'Ufficio italiano brevetti e marchi, contiene almeno le notizie previste dall'art. 11 dei regolamenti CE n. 1768/92 del 18 giugno 1992 e n. 1610/96 del 23 luglio 1996.

SEZIONE IV
Termini

191. ***Scadenza dei termini.*** — 1. I termini previsti nel presente codice sono prorogabili su istanza presentata prima della loro scadenza all'Ufficio italiano brevetti e marchi, salvo che il termine sia indicato come improrogabile.

2. Salva diversa previsione del regolamento di attuazione del presente Codice, su richiesta motivata la proroga può essere concessa fino ad un massimo di sei mesi dalla scadenza o dalla comunicazione con cui l'Ufficio italiano brevetti e marchi ha fissato il termine ovvero due mesi dalla data di ricezione da parte dell'istante della comunicazione con cui l'Ufficio concede la proroga, se tale termine scade successivamente, ovvero la rifiuta.

192. ***Continuazione della procedura.*** — 1. Quando il richiedente di un diritto di proprietà industriale non abbia osservato un termine relativamente ad una procedura di fronte all'Ufficio italiano brevetti e marchi, la procedura è ripresa su richiesta del richiedente senza che la non osservanza del termine comporti la perdita del diritto di proprietà industriale o altra conseguenza.

2. La richiesta di continuazione della procedura deve essere presentata entro due mesi dalla scadenza del termine non osservato o dal termine di proroga previsto all'articolo 191, comma 2, ove sia stata richiesta la proroga, e deve essere accompagnata dalla prova di aver compiuto entro lo stesso termine quanto omesso entro il termine precedentemente scaduto. Con la richiesta deve essere comprovato il pagamento del diritto previsto per la continuazione della procedura nella tabella A allegata al decreto del Ministro dello sviluppo economico in data 2 aprile 2007, pubblicato nella *Gazzetta Ufficiale* n. 81 del 6 aprile 2007.

3. La disposizione di cui al presente articolo non è applicabile al termine per la rivendicazione del diritto di priorità, ai termini riguardanti la procedura di opposizione, al termine per la presentazione di un ricorso alla Commissione dei ricorsi, al periodo per la presentazione del documento di priorità, al periodo per l'integrazione della domanda o la produzione della traduzione ai sensi dell'articolo 148, al termine per il pagamento dei diritti di mantenimento dei titoli di proprietà industriale con mora, ai termini previsti per la reintegrazione del diritto di cui all'articolo 193 e al termine per la presentazione della traduzione in inglese delle rivendicazioni della domanda di brevetto di cui all'articolo 8 del decreto del Ministro dello sviluppo economico in data 27 giugno 2008 sulla ricerca di anteriorità, pubblicato nella *Gazzetta Ufficiale* n. 153 del 2 luglio 2008.

193. ***Reintegrazione.*** — 1. Il richiedente o il titolare di un titolo di proprietà industriale che, pur avendo usato la diligenza richiesta dalle circostanze, non ha potuto osservare un termine nei confronti dell'Ufficio italiano brevetti e marchi o della Commissione dei ricorsi, è reintegrato nei suoi diritti se l'inosservanza ha per conseguenza diretta il rigetto della domanda o di una istanza ad essa relativa, ovvero la decadenza del titolo di proprietà industriale o la perdita di qualsiasi altro diritto o di una facoltà di ricorso.

2. Nel termine di due mesi dalla cessazione della causa giustificativa dell'inosservanza deve essere compiuto l'atto omesso e deve essere presentata l'istanza di reintegrazione con l'indicazione dei fatti e delle giustificazioni e con la documentazione idonea. L'istanza non è ricevibile se sia trascorso un anno dalla scadenza del termine non osservato. Nel caso di mancato pagamento di un diritto di mantenimento o rinnovo, detto periodo di un anno decorre dal giorno di scadenza del termine comunque utile stabilito per il versamento del diritto. In questo caso deve anche allegarsi l'attestazione comprovante il pagamento del diritto dovuto, comprensivo del diritto di mora.

3. Prima del rigetto della istanza il richiedente o il titolare del diritto di proprietà industriale può, entro il termine fissato dall'Ufficio, presentare proprie argomentazioni o deduzioni.

4. Le disposizioni di questo articolo non sono applicabili ai termini di cui al comma 2, al termine assegnato per la divisione delle domande di brevettazione e di registrazione, nonché per la presentazione della domanda divisionale e per la presentazione degli atti di opposizione alla registrazione dei marchi.

5. Se il richiedente la registrazione o il brevetto, pur avendo usato la diligenza richiesta dalle circostanze, non ha potuto osservare il termine [per la

rivendicazione del diritto] di priorità, é reintegrato nel suo diritto se la priorità è rivendicata entro due mesi dalla scadenza di tale termine. Questa disposizione si applica, altresì, in caso di mancato rispetto del termine per produrre il documento di priorità.

6. Chiunque in buona fede abbia fatto preparativi seri ed effettivi od abbia iniziato ad utilizzare l'oggetto dell'altrui diritto di proprietà industriale nel periodo compreso fra la perdita dell'esclusiva o del diritto di acquistarla e la reintegrazione ai sensi del comma 1, può:

a) se si tratta di invenzione, modello di utilità, disegno o modello, nuova varietà vegetale o topografia di prodotti a semiconduttori, attuarli a titolo gratuito nei limiti del preuso o quale risultano dai preparativi;

b) e si tratta di marchio chiedere di essere reintegrato delle spese sostenute.

CAPO V
Procedure speciali

(*Omissis*).

CAPO VI
Ordinamento professionale

(*Omissis*).

CAPO VII
Gestione dei servizi e diritti

(*Omissis*).

CAPO VIII
Disposizioni transitorie e finali

SEZIONE I
Marchi

231. ***Domande anteriori.*** — 1. Le domande di registrazione di marchio e le domande di trascrizione depositate prima della data di entrata in vigore del decreto legislativo 4 dicembre 1992, n. 480, sono trattate secondo le disposizioni in esso contenute. Tuttavia, per quanto riguarda la regolarità formale, sono soggette alle norme preesistenti.

232. ***Limiti al diritto esclusivo sul marchio rinomato.*** — 1. Il diritto di fare uso esclusivo di un marchio registrato prima della data di entrata in vigore del decreto legislativo 4 dicembre 1992, n. 480, e che goda di rinomanza, non consente al titolare di opporsi all'ulteriore uso nel commercio di un segno identico o simile al marchio per prodotti o servizi non affini a quelli per cui esso è stato registrato.

233. ***Nullità.*** — 1. I marchi di impresa registrati prima della data di entrata in vigore del decreto legislativo 4 dicembre 1992, n. 480, sono soggetti, in quanto alle cause di nullità, alle norme di legge anteriori.

2. Non può essere dichiarata la nullità del marchio se anteriormente alla proposizione della domanda principale o riconvenzionale di nullità, il segno, a seguito dell'uso che ne sia stato fatto, abbia acquistato carattere distintivo.

3. Non può essere dichiarata la nullità del marchio se il marchio anteriore sia scaduto da oltre due anni, ovvero tre se si tratta di marchio collettivo, o possa considerarsi decaduto per non uso anteriormente alla proposizione della domanda principale o riconvenzionale di nullità.

4. Ai fini dell'applicazione dell'art. 48 del regio decreto 29 giugno 1942, n. 929, come sostituito dal decreto legislativo 4 dicembre 1992, n. 480, il termine di cinque anni decorre dalla data di entrata in vigore dello stesso.

234. ***Trasferimento e licenza del marchio.*** — 1. Le norme del decreto legislativo 4 dicembre 1992, n. 480, che disciplinano il trasferimento e la licenza del marchio si applicano anche ai marchi già concessi ma non ai contratti conclusi prima della data di entrata in vigore del decreto legislativo 4 dicembre 1992, n. 480.

235. ***Decadenza per non uso.*** — 1. Le norme del decreto legislativo 4 dicembre 1992, n. 480, che disciplinano la decadenza per non uso si applicano ai marchi già concessi alla data di entrata in vigore dello stesso decreto legislativo, purché non ancora decaduti a tale data.

236. ***Decadenza per uso ingannevole.*** — 1. Le norme del decreto legislativo 4 dicembre 1992, n. 480 che disciplinano la decadenza del marchio per uso ingannevole dello stesso si applicano ai marchi già concessi alla data di entrata in vigore dello stesso decreto legislativo, in relazione ad un uso ingannevole posto in essere dopo la sua entrata in vigore.

SEZIONE II
Disegni e modelli

237. ***Domande anteriori.*** — 1. Le domande di brevetto per disegno o modello ornamentale e le domande di trascrizione depositate prima della data di entrata in vigore del decreto legislativo 2 febbraio 2001, n. 95, sono trattate secondo le disposizioni in esso contenute. Le stesse domande sono soggette alle norme precedenti relativamente alla regolarità formale.

238. ***Proroga della privativa.*** — 1. I brevetti per disegno o modello ornamentale concessi prima della data di entrata in vigore del decreto legislativo 2 febbraio 2001, n. 95, purché non scaduti né decaduti alla data di entrata in vigore del decreto legislativo citato, possono essere prorogati fino al termine massimo di venticinque anni dalla data di deposito della domanda di brevetto. I licenziatari e coloro che in vista della prossima scadenza avevano compiuto investimenti seri ed effettivi per utilizzare il disegno o modello hanno diritto di ottenere licenza obbligatoria gratuita e non esclusiva per il periodo di maggior durata. Questa facoltà non si applica ai contraffattori dei brevetti non ancora scaduti.

2. Le tasse di concessione corrisposte in un'unica soluzione valgono per le prime due proroghe. Le tasse sulle concessioni governative relative al quarto e quinto quinquennio, a far data dal 19 aprile 2001, sono di importo corrispondente alla rata del terzo quinquennio prevista dall'art. 10, titolo IV, numero 2, lettere *c*) ed *f*), della tariffa indicata nella tabella allegata al decreto del Presidente della Repubblica 26 ottobre 1972, n. 641.

239. ***Limiti alla protezione accordata dal diritto d'autore.*** — 1. La protezione accordata ai disegni e modelli ai sensi dell'articolo 2, n. 10), della legge 22 aprile 1941, n. 633, comprende anche le opere del disegno industriale che, anteriormente alla data del 19 aprile 2001, erano, oppure erano divenute, di pubblico dominio. Tuttavia i terzi che avevano fabbricato o commercializzato, nei dodici mesi anteriori al 19 aprile 2001, prodotti realizzati in conformità con le opere del disegno industriale allora in pubblico dominio a seguito della scadenza degli effetti della registrazione non rispondono della violazione del diritto d'autore compiuta proseguendo questa attività anche dopo tale data, limitatamente ai prodotti da essi fabbricati o acquistati prima del 19 aprile 2001 e a quelli da essi fabbricati nei tredici anni successivi a tale data e purché detta attività si sia mantenuta nei limiti anche quantitativi del preuso.

240. ***Nullità.*** — 1. I brevetti per disegni e modelli ornamentali concessi prima della data di entrata in vigore del decreto legislativo 2 febbraio 2001, n. 95, sono soggetti, in quanto alle cause di nullità, alle norme di legge anteriori e, quanto agli effetti della declaratoria di nullità, alla norma di cui all'art. 77 del presente codice.

241. ***Diritti esclusivi sulle componenti di un prodotto complesso.*** — 1. Fino a che la direttiva 98/71/CE sulla protezione giuridica dei disegni e modelli non sarà modificata su proposta della Commissione a norma dell'art. 18 della direttiva medesima, i diritti esclusivi sui componenti di un prodotto complesso non possono essere fatti valere per impedire la fabbricazione e la vendita dei componenti stessi per la riparazione del prodotto complesso, al fine di ripristinarne l'aspetto originario.

SEZIONE III
Nuove varietà vegetali

242. ***Durata della privativa.*** — 1. Le disposizioni dell'art. 109 del presente codice si applicano ai brevetti per nuove varietà vegetali concessi conformemente al decreto del Presidente della Repubblica 12 agosto 1975, n. 974, non scaduti o decaduti alla data di entrata in vigore del decreto legislativo 3 novembre 1998, n. 455.

2. I licenziatari e coloro che, alla data di entrata i vigore del decreto legislativo 3 novembre 1998, n. 455, hanno compiuto seri ed effettivi investimenti per l'utilizzo delle nuove varietà vegetali coperte dal diritto di costitutore hanno diritto di ottenere licenza obbligatoria gratuita e non esclusiva per il periodo di maggior durata. Questa facoltà non si applica ai contraffattori dei diritti non ancora scaduti.

2-*bis*. I diritti annuali versati dalla data di deposito per il mantenimento in vita delle domande e delle privative per novità vegetali già depositate o concesse alla data del 29 marzo 1999 sono considerati valido pagamento dei corrispondenti diritti annuali dovuti dalla concessione della privativa in conformità all'articolo 25 del decreto legislativo 3 novembre 1998, n. 455.

SEZIONE IV
Invenzioni

243. ***Invenzioni dei ricercatori delle università e degli enti pubblici di ricerca.*** — 1. Le invenzioni dei dipendenti il cui rapporto di lavoro intercorre con un'università o con una pubblica Amministrazione avente tra i suoi compiti istituzionali finalità di ricerca sono soggette alla disciplina, dettata rispettivamente dall'articolo 24-*bis* del regio decreto 29 giugno 1939, n. 1127, introdotto dalla legge 18 ottobre 2001, n. 383, dal testo originario dell'articolo 65 del presente Codice e dal testo attuale del medesimo articolo, in vigore al momento in cui le invenzioni sono state conseguite, ancorché in dipendenza di ricerche cominciate anteriormente.

243-*bis*. ***Relazione al Parlamento in materia di protezione giuridica delle invenzioni biotecnologiche.***[1] — 1. Il Ministro dello sviluppo economico, di concerto con i Ministri della salute, delle politiche agricole alimentari e forestali, dell'ambiente e della tutela del territorio e del mare, dell'istruzione, dell'università e della ricerca e del lavoro e delle politiche sociali presenta al Parlamento ogni anno una relazione sull'applicazione delle norme previste dal Capo II, sezione IV-*bis*, del presente Codice.

SEZIONE V
Domande anteriori

244. ***Trattamento delle domande.*** — 1. Le domande di brevetto o di registrazione e quelle di trascrizione e annotazione, anche se già depositate al momento della data di entrata in vigore del presente codice, sono trattate secondo le disposizioni in esso contenute. Le domande di cui al Capo IV, sezione I, sono soggette alle norme preesistenti relativamente alle condizioni di ricevibilità.

SEZIONE VI
Norme di procedura

245. *Disposizioni procedurali.* — 1. Le norme dei capi I e IV del titolo II quelle del titolo III e le norme degli artt. 35 e 36 del titolo V del decreto legislativo 17 gennaio 2003 n. 5 si applicano ai procedimenti giudiziari ed agli arbitrati che siano iniziati con atto notificato oppure con deposito del ricorso sei mesi dopo l'entrata in vigore del codice.

2. Le controversie in grado d'appello nelle materie di cui all'articolo 134, iniziate dopo la data di entrata in vigore del presente codice, restano devolute alla cognizione delle sezioni specializzate di cui al decreto legislativo 27 giugno 2003, n. 168, anche se il giudizio di primo grado o il giudizio arbitrale sono iniziati o si sono svolti secondo le norme precedentemente in vigore, a meno che non sia già intervenuta nell'ambito di essi una pronuncia sulla competenza.

3. Le procedure di reclamo e le cause di merito nelle materie di cui all'articolo 134, iniziate dopo la data di entrata in vigore del presente codice, restano devolute alla cognizione delle sezioni specializzate di cui al decreto legislativo 27 giugno 2003, n. 168, anche se riguardano misure cautelari concesse secondo le norme precedentemente in vigore.

4. Le norme di procedura di cui all'art. 136 concernenti la funzione giurisdizionale della Commissione dei Ricorsi si applicano a partire da un anno dopo l'entrata in vigore del codice.

5. Le norme di procedura di cui agli artt. 137, 146, 194, 195, 196, 198, 199 e 200 si applicano con l'entrata in vigore del codice.

SEZIONE VI-*bis*
Brevetto europeo[1]

[1] Sezione ins. dall'art. 1, D.lgs. 19 feb. 2019, n. 18.

245-*bis*. *Regime transitorio.*[1] — 1. Le cause riguardanti il brevetto europeo rilasciato per l'Italia, pendenti fino alla data di entrata in vigore dell'Accordo su un tribunale unificato dei brevetti, ratificato e reso esecutivo ai sensi della legge 3 novembre 2016, n. 214, e quelle promosse dopo l'entrata in vigore dell'Accordo davanti all'autorità giudiziaria italiana per effetto del regime transitorio di cui all'articolo 83, paragrafo 3, dell'Accordo medesimo, sono decise in conformità alla legislazione italiana in materia.[1]

[1] Articolo ins. dall'art. 1, D.lgs. 19 feb. 2019, n. 18.

SEZIONE VII
Abrogazioni

246. *Disposizioni abrogative.* (*Omissis*).

- 2 -

L. 14 mag. 2005, n. 80
Conversione in legge, con modificazioni, del D.L. 14 mar. 2005, n. 35, recante disposizioni urgenti nell'ambito del Piano di azione per lo sviluppo economico, sociale e territoriale. Deleghe al Governo per la modifica del codice di procedura civile in materia di processo di cassazione e di arbitrato nonché per la riforma organica della disciplina delle procedure concorsuali

(G.U. 14 mag. 2005, n. 111) (*stralcio*)

CAPO I
Sviluppo del mercato interno e apertura dei mercati

1. *Rafforzamento del sistema doganale, lotta alla contraffazione e sostegno all'internazionalizzazione del sistema produttivo.*

1-6-*bis*. (*Omissis*).

7. [Salvo che il fatto costituisca reato][1] È punito con la sanzione amministrativa pecuniaria da 100 euro fino a 7.000 euro l'acquirente finale che acquista a qualsiasi titolo cose[2] che, per la loro qualità o per la condizione di chi le offre o per l'entità del prezzo, inducano a ritenere che siano state violate le norme in materia di origine e provenienza dei prodotti ed in materia di proprietà industriale[3]. [La sanzione di cui al presente comma si applica anche a coloro che si adoperano per fare acquistare o ricevere a qualsiasi titolo alcuna delle cose suindicate, senza averne prima accertata la legittima provenienza.][4] In ogni caso si procede alla confisca amministrativa delle cose di cui al presente comma. Restano ferme le norme di cui al D.L. 9 apr. 2003, n. 70.

(*Omissis*).

[1] Parole soppresse dall'art. 17 L. 23 lug. 2009, n. 99.
[2] Parole sostituite dall'art. 17 L. 23 lug. 2009, n. 99.
[3] Parola sostituita dall'art. 17 L. 23 lug. 2009, n. 99.
[4] Periodo soppresso dall'art. 17 L. 23 lug. 2009, n. 99.

- 3 -

L. 23 lug. 2009, n. 99

Disposizioni per lo sviluppo e l'internazionalizzazione delle imprese, nonché in materia di energia

(G.U. 31 lug. 2009, n. 176, S.O.) (*stralcio*)

15. ***Tutela penale dei diritti di proprietà industriale.*** — 1. Al codice penale sono apportate le seguenti modificazioni:

a) l'articolo 473 è sostituito dal seguente:

«Art. 473. (Contraffazione, alterazione o uso di marchio segni distintivi ovvero di brevetti, modelli e disegni). - Chiunque, potendo conoscere dell'esistenza del titolo di proprietà industriale, contraffà o altera marchi o segni distintivi, nazionali o esteri, di prodotti industriali, ovvero chiunque, senza essere concorso nella contraffazione o alterazione, fa uso di tali marchi o segni contraffatti o alterati, è punito con la reclusione da sei mesi a tre anni e con la multa da euro 2.500 a euro 25.000.

Soggiace alla pena della reclusione da uno a quattro anni e della multa da euro 3.500 a euro 35.000 chiunque contraffà o altera brevetti, disegni o modelli industriali, nazionali o esteri, ovvero, senza essere concorso nella contraffazione o alterazione, fa uso di tali brevetti, disegni o modelli contraffatti o alterati.

I delitti previsti dai commi primo e secondo sono punibili a condizione che siano state osservate le norme delle leggi interne, dei regolamenti comunitari e delle convenzioni internazionali sulla tutela della proprietà intellettuale o industriale»;

b) l'articolo 474 è sostituito dal seguente:

«Art. 474. (Introduzione nello Stato e commercio di prodotti con segni falsi). - Fuori dei casi di concorso nei reati previsti dall'articolo 473, chiunque introduce nel territorio dello Stato, al fine di trarne profitto, prodotti industriali con marchi o altri segni distintivi, nazionali o esteri, contraffatti o alterati è punito con la reclusione da uno a quattro anni e con la multa da euro 3.500 a euro 35.000.

Fuori dei casi di concorso nella contraffazione, alterazione, introduzione nel territorio dello Stato, chiunque detiene per la vendita, pone in vendita o mette altrimenti in circolazione, al fine di trarne profitto, i prodotti di cui al primo comma è punito con la reclusione fino a due anni e con la multa fino a euro 20.000.

I delitti previsti dai commi primo e secondo sono punibili a condizione che siano state osservate le norme delle leggi interne, dei regolamenti comunitari e delle convenzioni internazionali sulla tutela della proprietà intellettuale o industriale»;

c) dopo l'articolo 474 sono inseriti i seguenti:

«Art. 474-*bis*. (Confisca). - Nei casi di cui agli articoli 473 e 474 è sempre ordinata, salvi i diritti della persona offesa alle restituzioni e al risarcimento del danno, la confisca delle cose che servirono o furono destinate a commettere il reato e delle cose che ne sono l'oggetto, il prodotto, il prezzo o il profitto, a chiunque appartenenti.

Quando non è possibile eseguire il provvedimento di cui al primo comma, il giudice ordina la confisca di beni di cui il reo ha la disponibilità per un valore corrispondente al profitto. Si applica il terzo comma dell'articolo 322-*ter*.

Si applicano le disposizioni dell'articolo 240, commi terzo e quarto, se si tratta di cose che servirono o furono destinate a commettere il reato, ovvero che ne sono l'oggetto, il prodotto, il prezzo o il profitto, appartenenti a persona estranea al reato medesimo, qualora questa dimostri di non averne potuto prevedere l'illecito impiego, anche occasionale, o l'illecita provenienza e di non essere incorsa in un difetto di vigilanza.

Le disposizioni del presente articolo si osservano anche nel caso di applicazione della pena su richiesta delle parti a norma del titolo II del libro sesto del codice di procedura penale.

Art. 474-*ter*. (Circostanza aggravante). - Se, fuori dai casi di cui all'articolo 416, i delitti puniti dagli articoli 473 e 474, primo comma, sono commessi in modo sistematico ovvero attraverso l'allestimento di mezzi e attività organizzate, la pena è della reclusione da due a sei anni e della multa da euro 5.000 a euro 50.000.

Si applica la pena della reclusione fino a tre anni e della multa fino a euro 30.000 se si tratta dei delitti puniti dall'articolo 474, secondo comma.

Art. 474-*quater*. (Circostanza attenuante). - Le pene previste dagli articoli 473 e 474 sono diminuite dalla metà a due terzi nei confronti del colpevole che si adopera per aiutare concretamente l'autorità di polizia o l'autorità giudiziaria nell'azione di contrasto dei delitti di cui ai predetti articoli 473 e 474, nonché nella raccolta di elementi decisivi per la ricostruzione dei fatti e per l'individuazione o la cattura dei concorrenti negli stessi, ovvero per la individuazione degli strumenti occorrenti per la commissione dei delitti medesimi o dei profitti da essi derivanti»;

d) all'articolo 517, le parole: «fino a un anno o» sono sostituite dalle seguenti: «fino a due anni e»;

e) al libro secondo, titolo VIII, capo II, dopo l'articolo 517-*bis* sono aggiunti i seguenti:

«Art. 517-*ter*. (Fabbricazione e commercio di beni realizzati usurpando titoli di proprietà industriale). - Salva l'applicazione degli articoli 473 e 474 chiunque, potendo conoscere dell'esistenza del titolo di proprietà industriale, fabbrica o adopera industrialmente oggetti o altri beni realizzati usurpando un titolo di proprietà industriale o in violazione dello stesso è punito, a querela della persona offesa, con la reclusione fino a due anni e con la multa fino a euro 20.000. Alla stessa pena soggiace chi, al fine di trarne profitto, introduce nel territorio dello Stato, detiene per la vendita, pone in vendita con offerta diretta ai consumatori o mette comunque in circolazione i beni di cui al primo comma.

Si applicano le disposizioni di cui agli articoli 474-*bis*, 474-*ter*, secondo comma, e 517-*bis*, secondo comma.

I delitti previsti dai commi primo e secondo sono punibili sempre che siano state osservate le norme delle leggi interne, dei regolamenti comunitari e delle convenzioni internazionali sulla tutela della proprietà intellettuale o industriale.

Art. 517-*quater*. (Contraffazione di indicazioni geografiche o denominazioni di origine dei prodotti agroalimentari). - Chiunque contraffà o comunque altera indicazioni geografiche o denominazioni di origine di prodotti agroalimentari è punito con la reclusione fino a due anni e con la multa fino a euro 20.000.

Alla stessa pena soggiace chi, al fine di trarne profitto, introduce nel territorio dello Stato, detiene per la vendita, pone in vendita con offerta diretta ai consumatori o mette comunque in circolazione i medesimi prodotti con le indicazioni o denominazioni contraffatte.

Si applicano le disposizioni di cui agli articoli 474-*bis*, 474-*ter*, secondo comma, e 517-*bis*, secondo comma.

I delitti previsti dai commi primo e secondo sono punibili a condizione che siano state osservate le norme delle leggi interne, dei regolamenti comunitari e delle convenzioni internazionali in materia di tutela delle indicazioni geografiche e delle denominazioni di origine dei prodotti agroalimentari.

Art. 517-*quinquies*. (Circostanza attenuante). - Le pene previste dagli articoli 517-*ter* 517-*quater* sono diminuite dalla metà a due terzi nei confronti del colpevole che si adopera per aiutare concretamente l'autorità di polizia o l'autorità giudiziaria nell'azione di contrasto dei delitti di cui ai predetti articoli 517-*ter* e 517-*quater*, nonché nella raccolta di elementi decisivi per la ricostruzione dei fatti e per l'individuazione o la cattura dei concorrenti negli stessi, ovvero per la individuazione degli strumenti occorrenti per la commissione dei delitti medesimi o dei profitti da essi derivanti.

- 4 -

D.L. 11 mar. 2020, n. 16

Disposizioni urgenti per l'organizzazione e lo svolgimento dei Giochi olimpici e paralimpici invernali Milano Cortina 2026 e delle finali ATP Torino 2021-2025, nonché in materia di divieto di attività parassitarie

(G.U. 13 mar. 2020, n. 66)

conv. con modif. in L. 8 mag. 2020, n. 31 (*stralcio*)

CAPO III

Disciplina del divieto di attività parassitarie

10. ***Divieto di attività parassitarie.*** — 1. Sono vietate le attività di pubblicizzazione e commercializzazione parassitarie, fraudolente, ingannevoli o fuorvianti poste in essere in relazione all'organizzazione di eventi sportivi o fieristici di rilevanza nazionale o internazionale non autorizzate dai soggetti organizzatori e aventi la finalità di ricavare un vantaggio economico o concorrenziale.

2. Costituiscono attività di pubblicizzazione e commercializzazione parassitarie vietate ai sensi del comma 1:

a) la creazione di un collegamento anche indiretto fra un marchio o altro segno distintivo e uno degli eventi di cui al comma 1, idoneo a indurre in errore il pubblico sull'identità degli sponsor ufficiali;

b) la falsa rappresentazione o dichiarazione nella propria pubblicità di essere sponsor ufficiale di un evento di cui al comma 1;

c) la promozione del proprio marchio o altro segno distintivo tramite qualunque azione, non autorizzata dall'organizzatore, che sia idonea ad attirare l'attenzione del pubblico, posta in essere in occasione di uno degli eventi di cui al comma 1, e idonea a generare nel pubblico l'erronea impressione che l'autore della condotta sia sponsor dell'evento sportivo o fieristico medesimo;

d) la vendita e la pubblicizzazione di prodotti o di servizi abusivamente contraddistinti, anche soltanto in parte, con il logo di un evento sportivo o fieristico di cui al comma 1 ovvero con altri segni distintivi idonei a indurre in errore il pubblico circa il logo medesimo e a ingenerare l'erronea percezione di un qualsivoglia collegamento con l'evento ovvero con il suo organizzatore o con i soggetti da questo autorizzati.

3. Non costituiscono attività di pubblicizzazione parassitaria le condotte poste in essere in esecuzione di contratti di sponsorizzazione conclusi con singoli atleti, squadre, artisti o partecipanti autorizzati a uno degli eventi di cui al comma 1.

11. ***Ambito temporale di applicazione.*** — 1. I divieti di cui all'articolo 10 operano a partire dalla data di registrazione dei loghi, brand o marchi ufficiali degli eventi di cui al comma 1 del medesimo articolo 10 fino al centottantesimo giorno successivo alla data ufficiale del termine degli stessi.

12. ***Sanzioni e tutela amministrativa e giurisdizionale.*** — 1. Salvo che la condotta costituisca reato o più grave illecito amministrativo, chiunque violi i divieti di cui all'articolo 10 è punito con la sanzione amministrativa pecuniaria del pagamento di una somma da 100.000 euro a 2,5 milioni di euro.

2. All'accertamento delle violazioni e all'irrogazione delle sanzioni provvede l'Autorità garante della concorrenza e del mercato, che procede nelle forme di cui all'articolo 8 del decreto legislativo 2 agosto 2007, n. 145, in quanto compatibili, avvalendosi del Corpo della guardia di finanza, che agisce, anche d'iniziativa, con i poteri a esso attribuiti per l'accertamento dell'imposta sul valore aggiunto e dell'imposta sui redditi e provvede altresì al sequestro o alla descrizione, nel corso dell'evento sportivo o fieristico, di tutto quanto risulti prodotto, commercializzato, utilizzato o diffuso in violazione dei divieti di cui all'articolo 10 del presente decreto.

13. ***Tutela diretta dei soggetti danneggiati.*** — 1. Le previsioni del presente capo non escludono l'applicazione delle altre previsioni di legge a tutela dei soggetti che deducono la lesione di propri diritti o interessi per effetto delle condotte di cui all'articolo 10.

CARTOLARIZZAZIONE DEI CREDITI E OBBLIGAZIONI GARANTITE

- 1 -

L. 30 apr. 1999, n. 130

Disposizione sulla cartolarizzazione dei crediti

TITOLO I
Cartolarizzazione dei crediti

1. ***Ambito di applicazione e definizioni.*** — 1. La presente legge si applica alle operazioni di cartolarizzazione realizzate mediante cessione a titolo oneroso di crediti pecuniari, sia esistenti sia futuri, individuabili in blocco se si tratta di una pluralità di crediti, quando ricorrono i seguenti requisiti:

a) il cessionario sia una società prevista dall'art. 3;

b) le somme corrisposte dal debitore o dai debitori ceduti o comunque ricevute a soddisfacimento dei crediti ceduti siano destinate in via esclusiva, dalla società cessionaria, al soddisfacimento dei diritti incorporati nei titoli emessi, dalla stessa o da altra società, o derivanti dai finanziamenti alle medesime concessi da parte di soggetti autorizzati all'attività di concessione di finanziamenti, per finanziare l'acquisto di tali crediti, nonché al pagamento dei costi dell'operazione. Nel caso della concessione di finanziamenti, i riferimenti, contenuti nella presente legge, ai titoli di cui alla presente legge devono essere riferiti ai finanziamenti e i riferimenti ai portatori dei titoli devono essere riferiti ai soggetti creditori dei pagamenti dovuti da parte del soggetto finanziato ai sensi di tali finanziamenti.[1]

1-*bis*. La presente legge si applica altresì alle operazioni di cartolarizzazione realizzate mediante la sottoscrizione o l'acquisto di obbligazioni e titoli similari ovvero cambiali finanziarie, esclusi comunque titoli rappresentativi del capitale sociale, titoli ibridi e convertibili, da parte della società di cartolarizzazione. Nel caso di operazioni realizzate mediante sottoscrizione o acquisto di titoli, i richiami ai debitori ceduti si intendono riferiti alla società emittente i titoli. Nel caso in cui i titoli emessi dalla società di cartolarizzazione siano destinati a investitori qualificati ai sensi dell'articolo 100 del testo unico di cui al decreto legislativo 24 febbraio 1998, n. 58, i titoli di debito destinati ad essere sottoscritti da una società di cartolarizzazione possono essere emessi anche in deroga all'articolo 2483, secondo comma, del codice civile e il requisito della quotazione previsto dall'articolo 2412 del medesimo codice si considera soddisfatto rispetto alle obbligazioni anche in caso di quotazione dei soli titoli emessi dalla società di cartolarizzazione.[2]

1-*ter*. Le società di cartolarizzazione di cui all'articolo 3 possono, anche contestualmente e in aggiunta alle operazioni realizzate con le modalità di cui ai commi 1 e 1-*bis* del presente articolo ovvero all'articolo 7, comma 1, lettera *a*), concedere finanziamenti nei confronti di soggetti diversi dalle persone fisiche e dalle imprese che presentino un totale di bilancio inferiore a 2 milioni di euro, direttamente ovvero per il tramite di una banca o di un intermediario finanziario iscritto nell'albo di cui all'articolo 106 del testo unico delle leggi in materia bancaria e creditizia, di cui al decreto legislativo 1° settembre 1993, n. 385, che agisce in nome proprio, nel rispetto delle seguenti condizioni:[3]

a) i prenditori dei finanziamenti siano individuati da una banca o da un intermediario finanziario iscritto nell'albo di cui all'articolo 106 del decreto legislativo 1° settembre 1993, n. 385, e successive modificazioni, i quali possono svolgere altresì i compiti indicati all'articolo 2, comma 3, lettera *c*);

b) i titoli emessi dalle stesse per finanziare l'erogazione dei finanziamenti siano destinati ad investitori qualificati come definiti ai sensi dell'articolo 100 del decreto legislativo 24 febbraio 1998, n. 58;

c) la banca o l'intermediario finanziario di cui alla lettera *a*) trattenga un significativo interesse economico nell'operazione, nel rispetto delle modalità stabilite dalle disposizioni di attuazione della Banca d'Italia.[2]

1-*quater*. Nel caso in cui il finanziamento di cui al comma 1-*ter* abbia luogo per il tramite di una banca o di un intermediario finanziario iscritto nell'albo di cui all'articolo 106 del testo unico delle leggi in materia bancaria e creditizia, di cui al decreto legislativo 1° settembre 1993, n. 385, ai crediti nascenti dallo stesso, ai relativi incassi e ai proventi derivanti dall'escussione o dal realizzo dei beni e dei diritti che in qualunque modo costituiscano la garanzia del rimborso di tali crediti si applica altresì l'articolo 7, comma 2-*octies*, della presente legge.[4]

2. Nella presente legge si intende per «testo unico bancario» il decreto legislativo 1° settembre 1993, n. 385, e successive modificazioni, recante il testo unico delle leggi in materia bancaria e creditizia.

[1] Lettera così sost. dall'art. 1, c. 214, L. 30 dic. 2020, n. 178.

[2] Comma così modif. dall'art. 1, c. 1090, L. 30 dic. 2018, n. 145, a decorrere dal 1° gen. 2019.

[3] Alinea così modif. dall'art. 1, c. 1090, L. 30 dic. 2018, n. 145, a decorrere dal 1° gen. 2019, e dall'art. 4-*bis*, c. 3, D.L. 30 dic. 2019, n. 162, conv. con modif. in L. 28 feb. 2020, n. 8.

[4] Comma ins. dall'art. 4-*bis*, c. 4, D.L. 30 dic. 2019, n. 162, conv. con modif. in L. 28 feb. 2020, n. 8.

2. ***Programma dell'operazione.*** — 1. I titoli di cui all'art. 1 sono strumenti finanziari e agli stessi si applicano le disposizioni del decreto legislativo 24 febbraio 1998, n. 58, recante il testo unico delle disposizioni in materia di intermediazione finanziaria.

2. La società cessionaria o la società emittente i titoli, se diversa dalla società cessionaria, redige il prospetto informativo.

3. Nel caso in cui i titoli oggetto delle operazioni di cartolarizzazione siano offerti ad investitori professionali, il prospetto informativo contiene le seguenti indicazioni:

a) il soggetto cedente, la società cessionaria, le caratteristiche dell'operazione, con riguardo sia ai crediti sia ai titoli emessi per finanziarla;

b) i soggetti incaricati di curare l'emissione ed il collocamento dei titoli;

c) i soggetti incaricati della riscossione dei crediti ceduti e dei servizi di cassa e di pagamento;

d) le condizioni in presenza delle quali, a vantaggio dei portatori dei titoli, è consentita alla società cessionaria la cessione dei crediti acquistati;

e) le condizioni in presenza delle quali la società cessionaria può reinvestire in altre attività finanziarie i fondi derivanti dalla gestione dei crediti ceduti non immediatamente impiegati per il soddisfacimento dei diritti derivanti dai titoli;

f) le eventuali operazioni finanziarie accessorie stipulate per il buon fine dell'operazione di cartolarizzazione;

g) il contenuto minimo essenziale dei titoli emessi e l'indicazione delle forme di pubblicità del prospetto informativo idonee a garantirne l'agevole conoscibilità da parte dei portatori dei titoli;

h) i costi dell'operazione e le condizioni alle quali la società cessionaria può detrarli dalle somme corrisposte dal debitore o dai debitori ceduti, nonché l'indicazione degli utili previsti dall'operazione e il percettore;

i) gli eventuali rapporti di partecipazione tra il soggetto cedente e la società cessionaria;

i-bis) il soggetto di cui all'articolo 7.1, comma 8.[1]

4. Nel caso in cui i titoli oggetto delle operazioni di cartolarizzazione siano offerti ad investitori non professionali, l'operazione deve essere sottoposta alla valutazione del merito di credito da parte di operatori terzi.

4-*bis*. Nel caso in cui i titoli oggetto delle operazioni di cartolarizzazione siano destinati ad investitori qualificati ai sensi dell'articolo 100 del decreto legislativo 24 febbraio 1998, n. 58, i titoli possono essere sottoscritti anche da un unico investitore.[2]

5. La Commissione nazionale per le società e la borsa (CONSOB), con proprio regolamento da pubblicare nella *Gazzetta Ufficiale*, stabilisce i requisiti di professionalità e i criteri per assicurare l'indipendenza degli operatori che svolgono la valutazione del merito di credito e l'informazione sugli eventuali rapporti esistenti tra questi e i soggetti che a vario titolo partecipano all'operazione, anche qualora la valutazione non sia obbligatoria.

6. I servizi indicati nel comma 3, lettera *c*), pos-

sono essere svolti da banche o da intermediari finanziari iscritti nell'albo previsto dall'art. 106 D.lgs. 1° set. 1993, n. 385. Gli altri soggetti che intendono prestare i servizi indicati nel comma 3, lettera *c*), chiedono l'iscrizione nell'albo previsto dall'art. 106 del D.lgs. 1° set. 1993, n. 385, anche qualora non esercitino le attività elencate nel comma 1 del medesimo articolo purché possiedano i relativi requisiti.[3]

6-*bis*). I soggetti di cui al comma 6 verificano che le operazioni siano conformi alla legge ed al prospetto informativo.[4]

7. Il prospetto informativo deve essere, a semplice richiesta, consegnato ai portatori dei titoli.

[1] Lettera aggiunta dall'art. 60-*sexies*, c. 1, D.L. 24 apr. 2017, n. 50, conv. con modif. in L. 21 giu. 2017, n. 96.
[2] Comma ins. dall'art. 12, c. 1, lett. *b*), D.L. 23 dic. 2013, n. 145, conv. con modif. in L. 21 feb. 2014, n. 9.
[3] Comma così sost. dall'art. 9, D.lgs. 13 ago. 2010, n. 141.
[4] Comma ins. dall'art. 9, D.lgs. 13 ago. 2010, n. 141.

3. ***Società per la cartolarizzazione dei crediti.*** — 1. La società cessionaria, o la società emittente titoli se diversa dalla società cessionaria, hanno per oggetto esclusivo la realizzazione di una o più operazioni di cartolarizzazione dei crediti.

2. I crediti relativi a ciascuna operazione (per tali intendendosi sia i crediti vantati nei confronti del debitore o dei debitori ceduti, sia ogni altro credito maturato dalla società di cui al comma 1 nel contesto dell'operazione), i relativi incassi e le attività finanziarie acquistate con i medesimi costituiscono patrimonio separato a tutti gli effetti da quello della società e da quello relativo alle altre operazioni. Su ciascun patrimonio non sono ammesse azioni da parte di creditori diversi dai portatori dei titoli emessi per finanziare l'acquisto dei crediti stessi.[1]

2-*bis*. Le società di cui al comma 1 possono aprire conti correnti segregati presso la banca depositaria ovvero presso i soggetti di cui all'articolo 2, comma 3, lettera *c*), dove vengano accreditate le somme corrisposte dai debitori ceduti nonché ogni altra somma pagata o comunque di spettanza della società ai sensi delle operazioni accessorie condotte nell'ambito di ciascuna operazione di cartolarizzazione o comunque ai sensi dei contratti dell'operazione. Le somme accreditate su tali conti segregati costituiscono patrimonio separato a tutti gli effetti da quello del depositario e da quello degli altri depositanti. Su tali somme non sono ammesse azioni da parte di soggetti diversi da quelli di cui al comma 2 e tali somme possono essere utilizzate esclusivamente per il soddisfacimento di crediti vantati dai soggetti di cui al comma 2 e dalle controparti dei contratti derivati con finalità di copertura dei rischi insiti nei crediti e nei titoli ceduti, nonché per il pagamento degli altri costi dell'operazione. In caso di avvio nei confronti del depositario di procedimenti di cui al titolo IV del testo unico bancario, nonché di procedure concorsuali o di accordi di ristrutturazione, le somme accreditate su tali conti non sono considerate come rientranti nel patrimonio del soggetto e non sono soggette a sospensione dei pagamenti e vengono integralmente restituite alla società per conto della quale è avvenuto l'incasso, secondo i termini contrattuali e comunque senza la necessità di attendere i riparti e le altre restituzioni.[2]

2-*ter*. I soggetti che svolgono, anche su delega dei soggetti di cui all'articolo 2, comma 6, i servizi indicati nell'articolo 2, comma 3, lettera *c*), nell'ambito di operazioni di cartolarizzazione dei crediti, possono aprire presso banche conti correnti segregati dove vengano accreditate le somme incassate per conto della società cessionaria o della società emittente dai debitori ceduti. Sulle somme accreditate sui conti segregati, non sono ammesse azioni da parte dei creditori dei soggetti che svolgono i servizi indicati nell'articolo 2, comma 3, lettera *c*), se non per l'eccedenza delle somme incassate e dovute alla società cessionaria o emittente. In caso di avvio di procedimenti concorsuali o di accordi di ristrutturazione, le somme accreditate sui conti segregati, per un importo pari alle somme incassate e dovute alla società cessionaria o emittente, non vengono considerate come rientranti nel patrimonio del soggetto che svolge i servizi indicati nell'articolo 2, comma 3, lettera *c*), e vengono integralmente restituite alla società per conto della quale è avvenuto l'incasso, secondo i termini contrattuali e comunque senza la necessità di attendere i riparti e le altre restituzioni.[2]

3. Le società di cui al comma 1 si costituiscono in forma di società di capitali. Fermi restando gli obblighi di segnalazione previsti per finalità statistiche, la Banca d'Italia, in base alle deliberazioni del CICR, può imporre alle società di cui al comma 1 obblighi di segnalazione ulteriori relativi ai crediti cartolarizzati al fine di censire la posizione debitoria dei soggetti cui i crediti si riferiscono.[3]

[1] Comma così modif. dall'art. 22, c. 6, D.L. 24 giu. 2014, n. 91, conv. con modif. in L. 11 ago. 2014, n. 116.
[2] Comma così sost. dall'art. 22, c. 6, D.L. 24 giu. 2014, n. 91, conv. con modif. in L. 11 ago. 2014, n. 116.
[3] Comma modif. dall'art. 9, c. 3, D.lgs. 13 ago. 2010, n. 141, così come modif. dall'art. 6 c. 1 D.lgs. 14 dic. 2010, n. 218.

4. ***Modalità ed efficacia della cessione.*** — 1. Alle cessioni dei crediti poste in essere ai sensi della presente legge si applicano le disposizioni contenute nell'articolo 58, commi 2, 3 e 4, del testo unico bancario. Alle cessioni, anche non in blocco, aventi ad oggetto crediti di cui all'articolo 1 della legge 21 febbraio 1991, n. 52, per gli effetti di cui al comma 2 del presente articolo, è sufficiente che la pubblicazione nella *Gazzetta Ufficiale* dell'avvenuta cessione contenga l'indicazione del cedente, del cessionario e della data di cessione. Alle medesime cessioni può altresì applicarsi, su espressa volontà delle parti, il disposto dell'articolo 5, commi 1, 1-*bis* e 2, della legge 21 febbraio 1991, n. 52.[1]

2. Dalla data della pubblicazione della notizia

dell'avvenuta cessione nella *Gazzetta Ufficiale* o dalla data certa dell'avvenuto pagamento, anche in parte, del corrispettivo della cessione, sui crediti acquistati e sulle somme corrisposte dai debitori ceduti sono ammesse azioni soltanto a tutela dei diritti di cui all'articolo 1, comma 1, lettera *b*) , e, in deroga ad ogni altra disposizione, non è esercitabile dai relativi debitori ceduti la compensazione tra i crediti acquistati dalla società di cartolarizzazione e i crediti di tali debitori nei confronti del cedente sorti posteriormente a tale data. Dalla stessa data la cessione dei crediti è opponibile:

a) agli altri aventi causa del cedente, il cui titolo di acquisto non sia stato reso efficace verso i terzi in data anteriore;

b) ai creditori del cedente che non abbiano pignorato il credito prima della pubblicazione della cessione.[1]

2-*bis*. In caso di cessione di crediti derivanti da aperture di credito o da altre forme di concessione di credito con modalità rotative, anche regolate in conto corrente, l'espletamento delle formalità di opponibilità previste dal presente articolo produce gli effetti ivi indicati anche con riferimento a tutti i crediti futuri nascenti da tali contratti, a condizione che i contratti siano stipulati prima della data di espletamento di tali formalità.[1,2]

3. Ai pagamenti effettuati dai debitori ceduti alla società cessionaria non si applicano l'articolo 65 e l'articolo 67 del regio decreto 16 marzo 1942, n. 267, e successive modificazioni, ovvero, dalla data di entrata in vigore del decreto legislativo 12 gennaio 2019, n. 14, l'articolo 164, comma 1, e l'articolo 166 del medesimo decreto legislativo.[3]

4. Per le operazioni di cartolarizzazione disciplinate dalla presente legge i termini di due anni e di un anno previsti dall'art. 67 del regio decreto 16 marzo 1942, n. 267, e successive modificazioni, ovvero, dalla data di entrata in vigore del decreto legislativo 12 gennaio 2019, n. 14, dall'articolo 166 del medesimo decreto legislativo, sono ridotti, rispettivamente, a sei ed a tre mesi.[3]

4-*bis*. Alle cessioni effettuate nell'ambito di operazioni di cartolarizzazione non si applicano gli articoli 69 e 70 del regio decreto 18 novembre 1923, n. 2440, nonché le altre disposizioni che richiedano formalità diverse o ulteriori rispetto a quelle di cui alla presente legge. Dell'affidamento o trasferimento delle funzioni di cui all'articolo 2, comma 3, lettera *c*), a soggetti diversi dal cedente è dato avviso mediante pubblicazione nella *Gazzetta Ufficiale* nonché comunicazione mediante lettera raccomandata con avviso di ricevimento alle pubbliche amministrazioni debitrici.[4]

4-*ter*. In caso di cessione di crediti derivanti da aperture di credito in qualunque forma o da altre forme di concessione di credito con modalità rotative, anche regolate in conto corrente, il diritto di rendere esigibile il credito ceduto è esercitato dalla società cessionaria in conformità alle previsioni del relativo contratto o, in mancanza, con un preavviso non inferiore a quindici giorni. Nel caso di cessione di crediti aventi le caratteristiche di cui al successivo articolo 7.1, comma 1, la banca cedente può, altresì, trasferire ad una banca o intermediario finanziario di cui all'articolo 106 del decreto legislativo 1° settembre 1993, n. 385, ai sensi dell'articolo 58 del medesimo decreto legislativo n. 385 del 1993, gli impegni o la facoltà di erogazione derivanti dal relativo contratto di apertura di credito o affidamento, separatamente dal conto cui l'apertura di credito è collegata e mantenendo la domiciliazione del conto medesimo. A seguito della cessione, gli incassi registrati su tale conto continuano a essere imputati ai debiti nascenti dai contratti di apertura di credito o di affidamento, anche se sorti successivamente alla cessione, secondo le modalità contrattualmente previste. Gli incassi e i proventi derivanti dall'escussione o dal realizzo dei beni e dei diritti che in qualunque modo costituiscano la garanzia del rimborso di tali crediti costituiscono patrimonio separato a tutti gli effetti da quello della banca cedente domiciliataria del conto e da quello relativo ad altre operazioni. Su ciascun patrimonio separato non sono ammesse azioni da parte di creditori diversi dai portatori dei titoli, e, nel loro interesse, dalla società di cui all'articolo 3, comma 1, ovvero dalla banca o dalla società finanziaria di cui al citato articolo 106 del decreto legislativo n. 385 del 1993 cessionarie degli impegni o delle facoltà di erogazione, se non per l'eccedenza delle somme incassate e dovute a tali soggetti. Si applicano in quanto compatibili le disposizioni dell'articolo 3, commi 2 e 2-*bis*.[2,3,4]

[1] Gli originari commi 1 e 2 sono stati sost. dagli attuali commi 1, 2 e 2-*bis* dall'art. 12, c. 1, lett. *d*), D.L. 23 dic. 2013, n. 145, conv. con modif. in L. 21 feb. 2014, n. 9.

[2] Comma così modif. dall'art. 4-*bis*, c. 1, D.L. 30 dic. 2019, n. 162, conv. con modif. in L. 28 feb. 2020, n. 8.

[3] Comma così modif. dall'art. 23, c. 1, D.L. 30 apr. 2019, n. 34, conv. con modif. in L. 28 giu. 2019, n. 58.

[4] Comma aggiunto dall'art. 12, c. 1, lett. d), D.L. 23 dic. 2013, n. 145, conv. con modif. in L. 21 feb. 2014, n. 9.

5. ***Titoli emessi a fronte dei crediti acquistati.*** — 1. Ai titoli emessi dalla società cessionaria o dalla società emittente titoli, per finanziare l'acquisto dei crediti, si applicano gli artt. 129 e 143 del testo unico bancario.

2. Alle emissioni dei titoli non si applicano il divieto di raccolta di risparmio tra il pubblico previsto dall'art. 11, comma 2, del testo unico bancario, né i limiti quantitativi alla raccolta prescritti dalla normativa vigente; non trovano altresì applicazione gli articoli da 2410 a 2420 del codice civile.

2-*bis*. I titoli emessi nell'ambito di operazioni di cartolarizzazione di cui all'articolo 1, anche non destinati ad essere negoziati in un mercato regolamentato o in sistemi multilaterali di negoziazione e anche privi di valutazione del merito di credito da parte di operatori terzi, costituiscono attivi ammessi a copertura delle riserve tecniche delle imprese di assicurazione ai sensi dell'articolo 38 del decreto legislativo 7 settembre 2005, n. 209, e successive modificazioni. Entro 30 giorni dall'entrata in vigore della presente disposizione, l'IVASS adotta un regolamento che disciplini le misure di dettaglio per la copertura delle riserve tecniche tramite gli attivi sopra menzionati. L'investimento nei titoli di cui al presente comma è altresì compatibile con le vigenti disposizioni in materia di limiti di investimento di fondi pensione.[1]

[1] Comma aggiunto dall'art. 12, c. 1, lett. *e*), D.L. 23 dic. 2013, n. 145, conv. con modif. in L. 21 feb. 2014, n. 9 e quindi così modif. dall'art. 22, c. 6, D.L. 24 giu. 2014, n. 91, conv. con modif. in L. 11 ago. 2014, n. 116.

6. *Disposizioni fiscali e di bilancio.* — 1. Ai fini delle imposte sui redditi, ai titoli indicati nell'art. 5 si applica lo stesso trattamento stabilito per obbligazioni emesse dalle società per azioni con azioni negoziate in mercati regolamentati italiani e per titoli similari, ivi compreso il trattamento previsto dal decreto legislativo 1° aprile 1996, n. 239.

2. Se la cessione ha per oggetto crediti derivanti dalle operazioni indicate negli artt. 15, 16 e 19 del decreto del Presidente della Repubblica 29 settembre 1973, n. 601, continuano ad applicarsi le agevolazioni previste nel citato art. 15.

3. Le diminuzioni di valore registrate sugli attivi ceduti, sulle garanzie rilasciate al cessionario e sulle attività, diverse da quelle oggetto di cessione, poste a copertura delle operazioni di cartolarizzazione, nonché gli accantonamenti effettuati a fronte delle garanzie rilasciate al cessionario, possono essere imputati direttamente alle riserve patrimoniali, se relativi a contratti di cartolarizzazione stipulati entro due anni dalla data di entrata in vigore della presente legge; essi vanno imputati sul conto economico in quote costanti nell'esercizio in cui si sono registrati la diminuzione di valore o gli accantonamenti e nei quattro successivi. Delle operazioni di cartolarizzazione, delle eventuali diminuzioni di valore e degli accantonamenti non ancora inclusi nel conto economico occorre fornire indicazione nella nota integrativa di bilancio.

4. Nelle ipotesi di cui al comma 3, le diminuzioni di valore ivi previste concorrono alla determinazione del reddito di impresa negli esercizi in cui sono iscritte al conto economico.

5. Alle minori entrate derivanti dal presente articolo, pari a lire 300 milioni annue per ciascuno degli anni dal 1999 al 2005, si provvede, per gli anni 1999, 2000 e 2001, mediante corrispondente riduzione dello stanziamento iscritto, ai fini del bilancio triennale 1999-2001, nell'ambito dell'unità previsionale di base di parte corrente «Fondo speciale» dello stato di previsione del Ministero del tesoro, del bilancio e della programmazione economica per l'anno finanziario 1999, allo scopo parzialmente utilizzando l'accantonamento relativo al Ministero medesimo.

6. Il Ministro del tesoro, del bilancio e della programmazione economica è autorizzato ad apportare, con propri decreti, le occorrenti variazioni di bilancio.

7. *Altre operazioni.* — 1. Le disposizioni della presente legge si applicano, in quanto compatibili:

a) alle operazioni di cartolarizzazione dei crediti realizzate mediante l'erogazione di un finanziamento al soggetto cedente da parte della società per la cartolarizzazione dei crediti emittente i titoli, avente per effetto il trasferimento del rischio inerente ai crediti nella misura e alle condizioni concordate;[1]

b) alle cessioni a fondi comuni di investimento, aventi per oggetto crediti, costituiti ai sensi del decreto legislativo 24 febbraio 1998, n. 58;

b-bis) alle operazioni di cartolarizzazione dei proventi derivanti dalla titolarità, in capo alla società di cui all'articolo 7.2 di beni immobili, beni mobili registrati e diritti reali o personali aventi ad oggetto i medesimi beni.[2]

2. Nel caso di operazioni realizzate mediante erogazione di un finanziamento, i richiami al cedente e al cessionario devono intendersi riferiti, rispettivamente, al soggetto finanziato e al soggetto finanziatore.

2-*bis*. Nel caso di operazioni realizzate mediante cessione a un fondo comune di investimento, i servizi indicati nell'articolo 2, comma 3, lettera *c*), possono essere svolti, in alternativa ai soggetti di cui all'articolo 2, comma 6, dalla società di gestione del risparmio che gestisce il fondo. Alle cessioni dei crediti effettuate in favore del fondo si applicano gli articoli 4 e 6, comma 2, della presente legge, nonché le restanti disposizioni della presente legge, in quanto compatibili.[3]

2-*ter*. Le disposizioni di cui all'articolo 5, comma 2-*bis*, si applicano, in quanto compatibili, alle imprese ed ai soggetti ivi menzionati ai fini dell'investimento nelle quote dei fondi di cui all'articolo 7, comma 2-*bis*.[3]

2-*quater*. La presente legge si applica altresì alle operazioni di cartolarizzazione di crediti sorti dalla concessione di uno o più finanziamenti da parte della società emittente i titoli. Nel caso di operazioni realizzate mediante concessione di finanziamenti, i richiami al cedente e al cessionario devono intendersi riferiti, rispettivamente, al soggetto finanziato e al soggetto finanziatore e i richiami ai debitori ceduti si intendono riferiti ai soggetti finanziati. A tali operazioni si applicano, in quanto compatibili, le disposizioni dell'articolo 1, 2, 3, 5, 6 e 7.[4]

2-*quinquies*. Dalla data certa dell'avvenuta erogazione, anche in parte, del finanziamento relativo alle operazioni di cartolarizzazione di cui al comma 2-*quater*, sui crediti sorti e sulle somme corrisposte dai debitori sono ammesse azioni soltanto a tutela dei diritti di cui all'articolo 1, comma 1, lettera *b*).[4]

2-*sexies*. Nelle operazioni di cui al comma 2-*quater* i titoli emessi dalle società per finanziare l'erogazione dei finanziamenti o l'acquisto dei crediti sono destinati ad investitori qualificati ai sensi dell'articolo 100 del decreto legislativo 24 febbraio 1998, n. 58.[4]

2-*septies*. I soggetti di cui all'articolo 2, comma 6, in aggiunta agli altri obblighi previsti dalla presente legge, verificano la correttezza delle operazioni poste in essere ai sensi del comma 2-*quater* e la conformità delle stesse alla normativa applicabile.[4]

2-*octies*. Il soggetto finanziato titolare dei crediti oggetto di operazioni di cartolarizzazione di cui al comma 1, lettera *a*), può destinare i crediti stessi, nonché i diritti e i beni che in qualunque modo costituiscano la garanzia del rimborso di tali crediti, al soddisfacimento dei diritti della società di cartolarizzazione o ad altre finalità, anche effettuando la segregazione dei medesimi crediti, diritti e beni, con facoltà di costituire un pegno sui beni e sui diritti predetti a garanzia dei crediti derivanti dal finanziamento concesso dalla società di cartolarizzazione.[5]

2-*novies*. Il contratto relativo all'operazione suddetta può prevedere l'obbligo del soggetto finanziato di corrispondere alla società di cartolarizzazione tutte le somme derivanti dai crediti cartolarizzati, analogamente ad una cessione.[5]

[1] Lettera così modif. dall'art. 1, c. 1088, L. 30 dic. 2018, n. 145, a decorrere dal 1° gen. 2019.

[2] Lettera ins. dall'art. 1, c. 1088, L. 30 dic. 2018, n. 145, a decorrere dal 1° gen. 2019, e quindi così modif. dall'art. 23, c. 1, D.L. 30 apr. 2019, n. 34, conv. con modif. in L. 28 giu. 2019, n. 58.

[3] Comma aggiunto dall'art. 12, c. 1, lett. *f*), D.L. 23 dic. 2013, n. 145, conv. con modif. in L. 21 feb. 2014, n. 9.

[4] Comma aggiunto dall'art. 22, c. 6, D.L. 24 giu. 2014, n. 91, conv. con modif. in L. 11 ago. 2014, n. 116.

[5] Comma aggiunto dall'art. 1, c. 1088, L. 30 dic. 2018, n. 145, a decorrere dal 1° gen. 2019.

7.1. ***Cartolarizzazione di crediti deteriorati da parte di banche e intermediari finanziari.***[1] — 1. Alle cessioni di crediti, qualificati come deteriorati in base alle disposizioni dell'autorità competente, ceduti da banche e intermediari finanziari iscritti nell'albo di cui all'articolo 106 del testo unico bancario aventi sede legale in Italia ovvero, su istanza del debitore, effettuate nell'ambito di operazioni aventi una valenza sociale che prevedano la concessione in locazione al debitore, da parte della società veicolo di appoggio, dell'immobile costituito in garanzia del credito ceduto, si applicano altresì le disposizioni del presente articolo.[2]

2. Le società di cartolarizzazione di cui all'articolo 3 che si sono rese cessionarie dei crediti di cui al comma 1 possono concedere finanziamenti finalizzati a migliorare le prospettive di recupero di tali crediti e a favorire il ritorno *in bonis* del debitore ceduto, nel rispetto delle condizioni previste all'articolo 1, comma 1-*ter*.

3. Nell'ambito di piani di riequilibrio economico e finanziario concordati con il soggetto cedente o di accordi stipulati ai sensi degli articoli 124, 160, 182-*bis* e 186-*bis* del regio decreto 16 marzo 1942, n. 267, ovvero, dalla data di entrata in vigore del decreto legislativo 12 gennaio 2019, n. 14, degli articoli 57, 60, 84, 85 e 240 del medesimo decreto legislativo, ovvero di analoghi accordi o procedure volti al risanamento o alla ristrutturazione previsti da altre disposizioni di legge, le società di cartolarizzazione di cui all'articolo 3 possono acquisire o sottoscrivere azioni, quote e altri titoli e strumenti partecipativi derivanti dalla conversione di parte dei crediti del cedente e concedere finanziamenti al fine di migliorare le prospettive di recupero dei crediti oggetto di cessione e di favorire il ritorno in bonis del debitore ceduto. Non si applicano in questo caso le disposizioni degli articoli 2467 e 2497-*quinquies* del codice civile. Le somme in qualsiasi modo rivenienti da tali azioni, quote e altri titoli e strumenti partecipativi sono assimilate, agli effetti della presente legge, ai pagamenti effettuati dai debitori ceduti e sono destinate in via esclusiva al soddisfacimento dei diritti incorporati nei titoli emessi e al pagamento dei costi dell'operazione. Il finanziamento può essere concesso anche ad assuntori di passività dei debitori ceduti ovvero a soggetti con i quali i medesimi debitori hanno rapporti di controllo o di collegamento ai sensi dell'articolo 2359 del codice civile.[3]

4. Possono essere costituite una o più società veicolo d'appoggio, nella forma di società di capitali, aventi come oggetto sociale esclusivo il compito di acquisire, gestire e valorizzare, nell'interesse esclusivo dell'operazione di cartolarizzazione, direttamente o attraverso una o più ulteriori società veicolo d'appoggio, autorizzate ad assumere, totalmente o parzialmente, il debito originario, i beni immobili e mobili registrati nonché gli altri beni e diritti concessi o costituiti, in qualunque forma, a garanzia dei crediti oggetto di cartolarizzazione, ivi compresi i beni oggetto di contratti di locazione finanziaria, anche se risolti, eventualmente insieme con i rapporti derivanti da tali contratti.[4] Il trasferimento dei suddetti beni e diritti può avvenire anche ai sensi dei commi 2 e 3 dell'articolo 58 del testo unico bancario, nonché dei commi 4, 5 e 6 del medesimo articolo, anche se non avente a oggetto beni o rapporti giuridici individuabili in blocco. Le stesse modalità si applicano ai trasferimenti ai sensi del comma 5 del presente articolo. Le somme in qualsiasi modo rivenienti dalla detenzione, gestione o dismissione di tali beni e diritti sono dovute dalla società veicolo d'appoggio alla società di cartolarizzazione di cui all'articolo 3, sono assimilate, agli effetti della presente legge, ai pagamenti effettuati dai debitori ceduti e sono destinate in via esclusiva al soddisfacimento dei diritti incorporati

nei titoli emessi e al pagamento dei costi dell'operazione. I beni, diritti e le somme in qualsiasi modo derivanti dai medesimi nonché ogni altro diritto acquisito nell'ambito dell'operazione di cui al presente comma, o al successivo comma 5, costituiscono patrimonio separato a tutti gli effetti da quello delle società stesse e da quello relativo alle altre operazioni. Sul patrimonio separato non sono ammesse azioni da parte di creditori diversi dalla società di cartolarizzazione nell'interesse dei portatori dei titoli emessi dalla società per la cartolarizzazione dei crediti.[5]

4-*bis*. Si applicano le imposte di registro, ipotecaria e catastale in misura fissa sugli atti e le operazioni inerenti il trasferimento a qualsiasi titolo, anche in sede giudiziale o concorsuale, dei beni e diritti di cui ai commi 4 e 5, in favore della società veicolo d'appoggio, inclusi eventuali accolli di debito, e le garanzie di qualunque tipo, da chiunque e in qualsiasi momento prestate, in favore della società di cartolarizzazione o altro finanziatore ed in relazione all'operazione di cartolarizzazione, a valere sui beni e diritti acquistati dalle società veicolo d'appoggio ai sensi del comma 4, le relative eventuali surroghe, postergazioni, frazionamenti e cancellazioni anche parziali, ivi comprese le relative cessioni di credito.[6]

4-*ter*. Alla società veicolo d'appoggio cessionaria dei contratti e rapporti di locazione finanziaria e dei beni derivanti da tale attività si applicano le disposizioni in materia fiscale applicabili alle società che esercitano attività di locazione finanziaria. Alle cessioni di immobili oggetto di contratti di leasing risolti o altrimenti cessati per fatto dell'utilizzatore effettuate alla e dalla medesima società si applica l'articolo 35, comma 10-*ter*.1, del decreto-legge 4 luglio 2006, n. 223, convertito, con modificazioni, dalla legge 4 agosto 2006, n. 248. Per le trascrizioni nei pubblici registri e volture catastali effettuate a qualunque titolo in relazione ai beni e diritti acquisiti dalla società veicolo d'appoggio le imposte di registro, ipotecaria e catastale sono dovute in misura fissa.[7]

4-*quater*. Per gli atti e i provvedimenti recanti il successivo trasferimento, a favore di soggetti che svolgono attività d'impresa, della proprietà o di diritti reali, anche di garanzia, sui beni immobili acquistati dalle società veicolo d'appoggio in relazione all'operazione di cartolarizzazione, le imposte di registro, ipotecaria e catastale sono dovute in misura fissa, a condizione che l'acquirente dichiari, nel relativo atto, che intende trasferirli entro cinque anni dalla data di acquisto. Ove non si realizzi tale condizione entro il quinquennio successivo, le imposte di registro, ipotecaria e catastale sono dovute dall'acquirente nella misura ordinaria e si applica una sanzione amministrativa del 30 per cento, oltre agli interessi di mora di cui all'articolo 55, comma 3, del testo unico delle disposizioni concernenti l'imposta di registro, approvato con decreto del Presidente della Repubblica 26 aprile 1986, n. 131. Dalla scadenza del quinquennio decorre il termine per il recupero delle imposte ordinarie da parte dell'amministrazione finanziaria. Resta fermo quanto previsto dal comma 5.[6]

4-*quinquies*. Gli atti e i provvedimenti di cui al comma 4-*quater* emessi a favore di soggetti che non svolgono attività d'impresa sono assoggettati alle imposte di registro, ipotecaria e catastale nella misura fissa di 200 euro ciascuna sempre che in capo all'acquirente ricorrano le condizioni previste alla nota II-*bis*) all'articolo 1 della tariffa, parte prima, allegata al testo unico delle disposizioni concernenti l'imposta di registro, approvato con decreto del Presidente della Repubblica 26 aprile 1986, n. 131. In caso di dichiarazione mendace nell'atto di acquisto, ovvero di rivendita nel quinquennio dalla data dell'atto, si applicano le disposizioni indicate nella predetta nota.[6]

5. Qualora la cessione abbia ad oggetto, unitamente ai beni oggetto di locazione finanziaria, i relativi contratti di locazione finanziaria ovvero i rapporti giuridici derivanti dalla risoluzione di tali contratti, la società veicolo d'appoggio di cui al comma 4 deve essere consolidata nel bilancio di una banca o di un intermediario finanziario di cui all'articolo 106 del decreto legislativo 1° settembre 1993, n. 385, anche se non facente parte di un gruppo bancario, e deve essere costituita per specifiche operazioni di cartolarizzazione e destinata a essere liquidata una volta conclusa l'operazione; le limitazioni dell'oggetto sociale, delle possibilità operative e della capacità di indebitamento devono risultare dalla disciplina contrattuale e statutaria. Gli adempimenti derivanti dai contratti e rapporti di locazione finanziaria ceduti ai sensi del presente articolo sono eseguiti dal soggetto che presta i servizi indicati nell'articolo 2, comma 3, lettera *c*), ovvero da un soggetto abilitato all'esercizio dell'attività di locazione finanziaria individuato ai sensi del comma 8 del presente articolo. Le disposizioni in materia fiscale applicabili alle società che esercitano attività di locazione finanziaria si applicano integralmente alla società veicolo d'appoggio cessionaria dei contratti e rapporti di locazione finanziaria e dei beni derivanti da tale attività. Alle cessioni di immobili effettuate dalla medesima società si applicano integralmente le agevolazioni originariamente previste dall'articolo 35, comma 10-*ter*.1, del decreto-legge 4 luglio 2006, n. 223, convertito, con modificazioni, dalla legge 4 agosto 2006, n. 248.[4]

6. Per gli effetti di cui all'articolo 4, comma 2, le cessioni effettuate da parte di banche e intermediari finanziari ai sensi del presente articolo, aventi ad oggetto crediti non individuati in blocco, sono pubblicate mediante iscrizione nel registro delle imprese e pubblicazione nella *Gazzetta Ufficiale* dell'avviso di avvenuta cessione, recante indicazione del cedente, del cessionario, della data di cessio-

ne, delle informazioni orientative sulla tipologia di rapporti da cui i crediti ceduti derivano e sul periodo in cui tali rapporti sono sorti o sorgeranno, nonché del sito internet in cui il cedente e il cessionario renderanno disponibili, fino alla loro estinzione, i dati indicativi dei crediti ceduti e la conferma della avvenuta cessione ai debitori ceduti che ne faranno richiesta. Dalla data di pubblicazione della notizia dell'avvenuta cessione nella *Gazzetta Ufficiale*, nei confronti dei debitori ceduti si producono gli effetti indicati all'articolo 1264 del codice civile e i privilegi e le garanzie di qualsiasi tipo, da chiunque prestati o comunque esistenti a favore del cedente, nonché le trascrizioni nei pubblici registri degli atti di acquisto dei beni oggetto di locazione finanziaria compresi nella cessione conservano la loro validità e il loro grado a favore del cessionario, senza necessità di alcuna formalità o annotazione. Restano altresì applicabili le discipline speciali, anche di carattere processuale, previste per i crediti ceduti.

7. Nel caso previsto dal comma 2, la gestione dei crediti ceduti e dei finanziamenti concessi dalla società di cartolarizzazione di cui all'articolo 3 è affidata a una banca o a un intermediario finanziario iscritto nell'albo di cui all'articolo 106 del testo unico bancario.

8. Nel caso previsto dal comma 3, la società di cartolarizzazione individua un soggetto di adeguata competenza e dotato delle necessarie abilitazioni o autorizzazioni in conformità alle disposizioni di legge applicabili, cui sono conferiti, nell'interesse dei portatori dei titoli, compiti di gestione o amministrazione e potere di rappresentanza. Qualora tale soggetto sia una banca, un intermediario finanziario iscritto nell'albo di cui all'articolo 106 del testo unico bancario, una società di intermediazione mobiliare o una società di gestione del risparmio, lo stesso soggetto verifica altresì la conformità dell'attività e delle operazioni della società di cartolarizzazione di cui all'articolo 3 alla legge e al prospetto informativo.

8-*bis*. Ove l'operazione di cui al comma 1 rivesta una valenza sociale in forza della partecipazione di un'associazione di promozione sociale iscritta al registro da almeno cinque anni, ovvero di società o ente dalla stessa istituiti, che assista il futuro conduttore nella stipulazione del contratto di locazione con la società veicolo di appoggio, il limite temporale di cui al primo periodo del comma 4-*quater* è di quindici anni dalla data di acquisto e comunque non inferiore alla durata della locazione. L'eventuale soggetto cedente alla società veicolo di appoggio è esonerato dalla consegna dei documenti relativi alla regolarità urbanistico-edilizia e fiscale, qualora entro sei mesi dalla cessione sia avviata l'istruttoria per la procedura per la citata documentazione e la medesima procedura sia conclusa nel limite massimo di trentasei mesi. L'esonero non è esteso alla successiva vendita effettuata dalla società veicolo d'appoggio. Nel caso di trasferimento effettuato a partire dal 2020 alla società veicolo d'appoggio, l'immobile è esente dall'imposta municipale propria, se lo stesso continua ad essere utilizzato come abitazione principale del debitore del credito ceduto che ne aveva il possesso prima della cessione. L'esenzione non si applica per gli immobili classificati nelle categorie catastali A1, A8 e A9.[7]

[1] Articolo ins. dall'art. 60-*sexies*, c. 1, D.L. 24 apr. 2017, n. 50, conv. con modif. in L. 21 giu. 2017, n. 96.

[2] Comma così modif. dall'art. 1, c. 445, L. 27 dic. 2019, n. 160.

[3] Comma così modif. dall'art. 23, c. 1, D.L. 30 apr. 2019, n. 34, conv. con modif. in L. 28 giu. 2019, n. 58.

[4] Ai sensi dell'art. 1, c. 215. L. 30 dic. 2020, n. 178, l'art. 7.1, c. 4, primo periodo, si interpreta nel senso che l'acquisizione, da parte delle società veicolo di appoggio, dei beni immobili e mobili registrati nonché degli altri beni e diritti concessi o costituiti, in qualunque forma, a garanzia dei crediti oggetto di cartolarizzazione, compresi i beni oggetto di contratti di locazione finanziaria, anche se risolti, eventualmente insieme con i rapporti derivanti da tali contratti, può avvenire anche per effetto di scissione o altre operazioni di aggregazione..

[5] Comma così sost. dall'art. 23, c. 1, D.L. 30 apr. 2019, n. 34, conv. con modif. in L. 28 giu. 2019, n. 58.

[6] Comma aggiunto dall'art. 23, c. 1, D.L. 30 apr. 2019, n. 34, conv. con modif. in L. 28 giu. 2019, n. 58.

[7] Comma aggiunto dall'art. 1, c. 445, L. 27 dic. 2019, n. 160.

7.2. ***Cartolarizzazioni immobiliari e di beni mobili registrati.***[1] — 1. Le società che effettuano le operazioni di cui all'articolo 7, comma 1, lettera *b-bis*), non possono svolgere operazioni di cartolarizzazione di natura diversa da quelle indicate dall'articolo 7, comma 1, lettera *b-bis*). Delle obbligazioni nei confronti dei portatori dei titoli, nonché di ogni altro creditore nell'ambito di ciascuna operazione di cartolarizzazione, risponde esclusivamente il patrimonio separato con i beni e diritti di cui al comma 2 del presente articolo. A tali operazioni si applicano le disposizioni di cui all'articolo 7.1, comma 8, primo periodo.

2. Per ogni operazione sono individuati i beni ed i diritti destinati al soddisfacimento dei diritti dei portatori dei titoli e delle controparti dei contratti derivati con finalità di copertura dei rischi insiti nei crediti e nei titoli ceduti. I beni e i diritti individuati, le somme in qualsiasi modo derivanti dai medesimi beni, nonché ogni altro diritto acquisito nell'ambito dell'operazione di cartolarizzazione dalle società di cui al comma 1 costituiscono patrimonio separato a tutti gli effetti da quello delle società stesse e da quello relativo alle altre operazioni. Su ciascun patrimonio separato non sono ammesse azioni da parte di qualsiasi creditore diverso dai portatori dei titoli emessi dalle società ovvero dai concedenti i finanziamenti da esse reperiti ovvero dalle controparti dei contratti derivati con finalità di copertura dei rischi insiti nei crediti e nei titoli ceduti.

[1] Articolo ins. dall'art. 23, c. 1, D.L. 30 apr. 2019, n. 34, conv. con modif. in L. 28 giugno 2019, n. 58.

7-*bis*-7-*quater*.[1]

[1] Articoli abrog. dall'art. 2, D.lgs. 5 nov. 2021, n. 190.

TITOLO I-*bis*
Obbligazioni bancarie garantite[1]

[1] Titolo ins. dall'art. 1, D.lgs. 5 nov. 2021, n. 190. Ai sensi dell'art. 3, D.lgs. 190/2021: «1 - (*Omissis*).

2. Le disposizioni attuative del Titolo I-*bis* della L. 30 apr. 1999, n. 130, come modificate dal presente decreto, sono adottate entro l'8 lug. 2022.

3. Le disposizioni del Titolo I-*bis* della L. 30 apr. 1999, n. 130, come modificata dal presente decreto legislativo, si applicano alle obbligazioni bancarie garantite emesse a partire dalla data di entrata in vigore delle relative disposizioni attuative. Qualora le obbligazioni emesse successivamente a tale data siano incluse in programmi di emissione anteriori alla data di applicazione prevista dal primo periodo del presente comma, non si applica l'art. 7-*noviesdecies*, c. 1, della L. 30 apr. 1999, n. 130, come modificata dal presente decreto.

4. Alle obbligazioni bancarie garantite emesse prima della data di applicazione indicata al c. 2 si applicano gli artt. 7-*bis*, 7-*ter* e 7-*quater* della L. 30 apr. 1999, n. 130, nella versione precedente alle modifiche apportate con il presente decreto legislativo, e le relative disposizioni di attuazione. Su queste obbligazioni, la Banca d'Italia esercita i poteri previsti dall'articolo 7-*octiesdecies* della L. 30 apr. 1999, n. 130, come introdotto dal presente decreto.

5. Fino alla data di entrata in vigore di disposizioni che consentano l'eliminazione della sovrapposizione, per i primi trenta giorni, del requisito di copertura di liquidità previsto dal regolamento delegato (UE) 2015/61 e della riserva di liquidità del patrimonio separato prevista all'art. 7-*duodecies* della L. 30 apr. 1999, n. 130, come introdotto dal presente decreto, il deflusso netto cumulativo massimo di liquidità previsto dallo stesso articolo 7-*duodecies*, c. 1, dovrà essere calcolato su un periodo che va dal trentunesimo al centottantesimo giorno successivo.

6. Dalla data di entrata in vigore delle disposizioni di attuazione previste al c. 2, le disposizioni normative che rinviano o comunque fanno riferimento a norme modificate o sostituite della L. 30 apr. 1999, n. 130, si intendono riferite alle disposizioni del Titolo I-*bis* della L. 30 apr. 1999, n. 130, come introdotto dal presente decreto, in quanto compatibili.

7. Le obbligazioni bancarie garantite di cui al c. 4 possono essere commercializzate come "obbligazione garantita" ai sensi della direttiva (UE) 2019/2162».

CAPO I
Disposizioni di carattere generale

7-*quinquies*. *Definizioni*.[1] — 1. Ai fini del presente Titolo si intendono per:

a) «obbligazioni bancarie garantite»: le obbligazioni emesse da banche nell'ambito delle operazioni indicate all'articolo 7-*sexies*;

b) «attivi idonei»: gli attivi indicati agli articoli 7-*novies* e 7-*decies*;

c) «attività liquide»: le attività indicate all'articolo 7-*duodecies*;

d) «banca emittente»: la banca che emette le obbligazioni bancarie garantite nell'ambito dell'operazione indicata all'articolo 7-*sexies*;

e) «società cessionaria»: la società indicata all'articolo 7-*septies*;

f) «patrimonio separato»: il patrimonio della società cessionaria costituito dalle attività cedute e dalle altre attività segregate ai sensi all'articolo 7-*octies*, comma 2, nell'ambito di un'operazione di emissione di obbligazioni bancarie garantite;

g) «programma di emissione»: il programma di attività relativo all'emissione di obbligazioni bancarie garantite nel corso di un determinato periodo di tempo, anche pluriennale, e le correlate operazioni di cessione di attivi idonei, in cui i volumi previsti e le caratteristiche degli strumenti e dei contratti siano individuati in misura sufficientemente determinata e autorizzati dalla Banca d'Italia;

h) «deflusso netto di liquidità»: i deflussi per i pagamenti in scadenza in un determinato giorno di calendario, inclusi i pagamenti per capitale e interessi e i pagamenti dovuti in relazione ai contratti derivati del programma di emissione, al netto degli afflussi per pagamenti in scadenza nello stesso giorno di calendario per i diritti di credito connessi alle attività di copertura;

i) «Stati ammessi»: gli Stati appartenenti allo Spazio economico europeo e la Confederazione elvetica.

[1] Art. ins. dall'art. 1, D.lgs. 5 nov. 2021, n. 190. V. nota al titolo.

7-*sexies*. *Ambito di applicazione*.[1] — 1. Le disposizioni del presente Titolo si applicano all'emissione da parte delle banche di obbligazioni bancarie garantite nell'ambito di operazioni realizzate mediante:

a) la cessione da parte di banche, anche diverse dalla banca emittente, alla società cessionaria di attivi idonei costituiti in patrimonio separato ai sensi e per gli effetti dell'articolo 7-*octies*;

b) l'erogazione alla società cessionaria di un finanziamento concesso o garantito dalla banca cedente o da altra banca, per l'acquisto degli attivi idonei;

c) la prestazione da parte della società cessionaria della garanzia prevista all'articolo 7-*quaterdecies* in favore dei portatori delle obbligazioni bancarie garantite, nei limiti del relativo patrimonio separato.

[1] Art. ins. dall'art. 1, D.lgs. 5 nov. 2021, n. 190. V. nota al titolo.

7-*septies*. *Società cessionaria*.[1] — 1. La società cessionaria ha per oggetto esclusivo l'acquisto di attivi idonei e la prestazione di garanzie nell'ambito delle operazioni previste dall'articolo 7-*sexies*.

2. La società cessionaria si costituisce in forma di società di capitali. Fermi restando gli obblighi di segnalazione previsti per finalità statistiche, la Banca d'Italia, in base alle deliberazioni del CICR, può imporre alla società cessionaria obblighi di

segnalazione ulteriori relativi agli attivi idonei al fine di censire la posizione debitoria dei soggetti cui gli attivi si riferiscono.

3. Alla società cessionaria si applicano, nei limiti stabiliti dal Ministro dell'economia e delle finanze con regolamento adottato, sentita la Banca d'Italia, ai sensi dell'articolo 17, comma 3, della legge 23 agosto 1988, n. 400, le disposizioni previste per gli intermediari finanziari dal Titolo V del decreto legislativo 1° settembre 1993, n. 385.

[1] Art. ins. dall'art. 1, D.lgs. 5 nov. 2021, n. 190. V. nota al titolo.

7-*octies*. *Patrimonio separato.* [1] — 1. Alle operazioni di cui all'articolo 7-*sexies* si applicano le disposizioni dell'articolo 3, commi 2, 2-*bis* e 2-*ter*, dell'articolo 4 e dell'articolo 6, comma 2, salvo quanto specificato nei commi seguenti.

2. Gli attivi idonei, unitamente ai relativi elementi accessori, inclusi nel patrimonio separato della società cessionaria e le somme corrisposte dai relativi debitori, il diritto di credito connesso ai contratti di assicurazione contro il rischio danni ai sensi dell'articolo 7-*novies*, comma 2, lettera *a*), nonché ogni altro credito maturato dalla società cessionaria nel contesto dell'operazione di cui all'articolo 7-*sexies* sono destinati al soddisfacimento dei diritti, anche ai sensi dell'articolo 1180 del codice civile, dei portatori delle obbligazioni bancarie garantite e delle controparti dei contratti derivati con finalità di copertura dei rischi insiti nelle attività incluse nel patrimonio separato, inclusi quelli indicati all'articolo 7-*decies*, e degli altri contratti accessori, nonché al pagamento degli altri costi dell'operazione, in via prioritaria rispetto al rimborso dei finanziamenti di cui all'articolo 7-*sexies*, lettera *b*).

3. Le disposizioni degli articoli 3, commi 2, 2-*bis* e 2-*ter* e 4, comma 2, si applicano a beneficio dei soggetti indicati al comma 2 del presente articolo.

4. Alle cessioni di cui all'articolo 7-*sexies* non si applicano gli articoli 69 e 70 del regio decreto 18 novembre 1923, n. 2440. Dell'affidamento o trasferimento delle funzioni di cui all'articolo 2, comma 3, lettera *c*), a soggetti diversi dalla banca cedente, è dato avviso mediante pubblicazione nella *Gazzetta ufficiale* nonché comunicazione mediante lettera raccomandata con avviso di ricevimento alle pubbliche amministrazioni debitrici. Ai finanziamenti concessi alla società cessionaria e alla garanzia prestata dalla medesima società si applica l'articolo 67, quarto comma, del regio decreto 16 marzo 1942, n. 267, ovvero, dalla data di entrata in vigore del decreto legislativo 12 gennaio 2019, n. 14, l'articolo 166, comma 4, del medesimo decreto legislativo.

[1] Art. ins. dall'art. 1, D.lgs. 5 nov. 2021, n. 190. V. nota al titolo.

CAPO II
Attivi idonei

7-*novies*. *Attivi idonei.* [1] — 1. Nell'ambito delle operazioni di cui all'articolo 7-*sexies* sono considerati attivi idonei le seguenti categorie di attività:

a) attività ammissibili ai sensi dell'articolo 129, paragrafo 1, del regolamento (UE) n. 575/2013, come modificato dal regolamento (UE) n. 2160/2019, a condizione che la banca emittente rispetti gli obblighi previsti all'articolo 129, paragrafi da 1-*bis* a 3, di tale regolamento;

b) attività liquide previste all'articolo 7-*duodecies*.

2. Le attività ammissibili sono considerate attivi idonei al ricorrere delle seguenti condizioni:

a) nel caso siano assistite da garanzie reali, i beni posti a garanzia sono situati in uno Stato ammesso, sono assicurati contro il rischio danni e, nel caso di immobili residenziali e non residenziali situati in uno Stato ammesso diverso da uno Stato membro dell'Unione europea, la garanzia è opponibile in tutte le giurisdizioni pertinenti e può essere escussa in tempi ragionevoli;

b) nel caso di crediti garantiti da ipoteca su immobili residenziali e non residenziali, la cessione è successiva al decorso dei termini per la revocatoria della costituzione dell'ipoteca, ai sensi dell'art. 67 del regio decreto 16 marzo 1942, n. 267 e delle analoghe disposizioni contenute nelle leggi di altri Stati ammessi;

c) nel caso di attività ammissibili non originate direttamente dalla banca emittente, questa ha effettuato una valutazione del merito di credito dei debitori prima della cessione o ha verificato l'idoneità dei criteri di valutazione del merito di credito adottati dal soggetto che ha originato le attività ammissibili;

d) nel caso di contratti derivati indicati dall'articolo 129, paragrafo 1, lettera *c*), punto ii), del regolamento (UE) n. 575/2013, ricorrono le condizioni previste dall'articolo 7-*decies*.

3. Le banche emittenti si dotano di processi e metodologie volte ad assicurare la conformità delle attività cedute con le previsioni del presente articolo e per la valutazione e il monitoraggio delle garanzie reali che assistono le attività ammissibili indicate al comma 1, lettera *a*). L'inclusione delle attività cedute nel patrimonio separato è adeguatamente documentata.

4. La Banca d'Italia emana disposizioni attuative del presente articolo, individuando in particolare: i criteri per la valutazione delle garanzie reali al momento dell'inclusione dell'attività nel patrimonio separato, tenuto conto della normativa sulla determinazione dei requisiti prudenziali delle banche; i requisiti di idoneità, professionalità del valutatore indipendente; le procedure per verificare che le garanzie reali siano adeguatamente assicurate contro il rischio danni; le modalità di verifica dell'ido-

neità dei criteri di valutazione del merito di credito indicati al comma 2, lettera *c*).

[1] Art. ins. dall'art. 1, D.lgs. 5 nov. 2021, n. 190. V. nota al titolo.

7-*decies*. *Contratti derivati*.[1] — 1. Nell'ambito delle operazioni di cui all'articolo 7-*sexies* contratti derivati sono considerati attivi idonei quando ricorrono le seguenti condizioni:

a) sono stipulati in forma scritta;

b) sono adeguatamente documentati;

c) hanno esclusivamente finalità di copertura dei rischi insiti nelle attività incluse nel patrimonio separato, il loro volume è adeguato in caso di riduzione dell'entità del rischio coperto e sono rimossi quando il rischio coperto cessa di esistere;

d) non possono essere risolti nel caso in cui la banca emittente sia sottoposta a liquidazione coatta amministrativa o risoluzione o, nel caso in cui la banca emittente sia sottoposta a liquidazione coatta amministrativa, sia previsto il trasferimento dei contratti derivati in capo ad una controparte che rispetti i requisiti previsti alla lettera *e*) oppure la sottoscrizione di nuovi contratti derivati con una controparte che rispetti i requisiti previsti dalla lettera *e*);

e) sono stipulati con controparti che rispettino livelli minimi di ammissibilità previsti all'articolo 129, paragrafo 1, lettera *c*) del regolamento (UE) n. 575/2013;

f) i margini e le attività acquisite dalla società cessionaria a titolo di garanzia dell'adempimento degli obblighi derivanti dai contratti derivati sono segregati ai sensi dell'articolo 7-*octies*, comma 2.

2. La Banca d'Italia può adottare disposizioni attuative del presente articolo, in particolare con riferimento alla documentazione da fornire ai fini del comma 1, lettera *b*), e ai livelli di ammissibilità delle controparti indicate alla lettera *e*) secondo quanto previsto dall'articolo 129, paragrafo 1-*bis*, lettera *c*) del regolamento (UE) n. 575/2013.

[1] Art. ins. dall'art. 1, D.lgs. 5 nov. 2021, n. 190. V. nota al titolo.

CAPO III
Requisiti di copertura e liquidità

7-*undecies*. *Requisiti di copertura*.[1] — 1. La banca emittente assicura in via continuativa, per l'intera durata del programma di emissione, che:

a) il valore nominale complessivo degli attivi idonei inclusi nel patrimonio separato sia almeno pari al valore nominale delle obbligazioni bancarie garantite in essere;

b) il valore attuale netto delle attività facenti parte del patrimonio separato, al netto di tutti i costi dell'operazione gravanti sulla società cessionaria, inclusi i costi attesi relativi alla manutenzione e alla gestione in caso di liquidazione del programma di emissione e gli oneri degli eventuali contratti derivati di copertura, sia almeno pari al valore attuale netto delle obbligazioni bancarie garantite in essere;

c) gli interessi e gli altri proventi generati dalle attività facenti parte del patrimonio separato, al netto dei costi della società cessionaria, siano sufficienti a coprire gli interessi e i costi dovuti dalla banca emittente sulle obbligazioni bancarie garantite in essere, tenuto conto degli eventuali contratti derivati di copertura.

2. Nel calcolo dei rapporti indicati al comma 1, la banca emittente si attiene ai criteri di seguito indicati:

a) i crediti non garantiti, nel caso in cui intervenga un default ai sensi dell'articolo 178 del regolamento (UE) n. 575/2013, non contribuiscono al calcolo dei rapporti di cui al comma 1 del presente articolo;

b) i costi di manutenzione e gestione in caso di liquidazione del programma di emissione indicati al comma 1, lettera *b*), possono essere calcolati anche in misura forfettaria;

c) le attività liquide di cui all'articolo 7-*duodecies* contribuiscono al calcolo dei rapporti di cui al comma 1 del presente articolo a condizione che soddisfino le condizioni per essere qualificate attività ammissibili di cui all'articolo 7-*novies*, comma 1, lettera *a*);

d) il calcolo degli interessi generati dalle attività facenti parte del patrimonio separato e di quelli dovuti dalla banca emittente sulle obbligazioni bancarie garantite in essere di cui al comma 1, lettera *c*), è effettuato in base a criteri prudenti e coerenti con i principi contabili applicabili;

e) i derivati che rispettano i requisiti previsti dall'articolo 7-*decies*:

1) sono esclusi dal calcolo del rapporto indicato al comma 1, lettera *a*);

2) sono inclusi nel calcolo del valore netto delle attività facenti parte del patrimonio separato indicato al comma 1, lettera *b*), al costo corrente di sostituzione, tenendo conto degli effetti dei contratti di novazione e di altri accordi di compensazione, in conformità a quanto previsto dalla parte 3, titolo II, capitolo 6, del regolamento (UE) n. 575/2013;

3) sono inclusi nel calcolo degli interessi ed altri proventi indicati al comma 1, lettera *c*);

f) le metodologie di calcolo del numeratore e del denominatore dei rapporti indicati al comma 1 sono basate sui criteri coerenti tra loro.

3. La Banca d'Italia può adottare disposizioni attuative del presente articolo, anche con riferimento alle modalità di calcolo dei requisiti di copertura e con riferimento al livello minimo di eccesso di garanzia ai sensi dell'articolo 129, paragrafo 3 *bis*, del regolamento (UE) n. 575/2013, come modificato dal regolamento (UE) n. 2160/2019.

[1] Art. ins. dall'art. 1, D.lgs. 5 nov. 2021, n. 190. V. nota al titolo.

7-*duodecies*. *Requisito per la riserva di liqui-*

dità.[1] — 1. La banca emittente assicura in via continuativa, per l'intera durata del programma di emissione, che le attività facenti parte del patrimonio separato comprendano una riserva di liquidità pari almeno al deflusso netto cumulativo massimo di liquidità dei successivi centottanta giorni.

2. La riserva di liquidità di cui al comma 1 è composta dalle seguenti attività:

a) attività liquide di elevata qualità ai sensi del regolamento delegato (UE) 2015/61 della Commissione, adottato a norma dell'articolo 460 del regolamento (UE) n. 575/2013, che non siano state emesse dalla banca stessa, dalla sua impresa madre, salvo che quest'ultima sia un organismo del settore pubblico diverso da una banca, da una filiazione della banca emittente o da altra filiazione dell'impresa madre ovvero da una società veicolo per la cartolarizzazione con cui la banca ha stretti legami;

b) esposizioni con durata originaria pari o inferiore a novanta giorni verso banche che siano classificate nelle classi di merito di credito 1 o 2 oppure depositi a breve termine presso banche che siano classificate nelle classi di merito di credito 1, 2 o 3, ai sensi di quanto previsto dall'articolo 129, paragrafo 1, lettera *c*), del regolamento (UE) n. 575/2013, così come modificato dal regolamento (UE) n. 2160/2019.

3. Le attività non garantite indicate al comma 2 non sono incluse nella riserva di liquidità nel caso in cui intervenga un default ai sensi dell'articolo 178 del regolamento (UE) n. 575/2013.

4. In caso di programmi di emissione che prevedano l'estensione della scadenza delle obbligazioni ai sensi dell'articolo 7-*terdecies*, il calcolo del deflusso netto cumulativo massimo di liquidità è basato sulla data ultima di scadenza.

[1] Art. ins. dall'art. 1, D.lgs. 5 nov. 2021, n. 190. V. nota al titolo.

7-*terdecies*. *Scadenze estensibili.*[1] — 1. I programmi di emissione possono prevedere l'estensione automatica della scadenza delle obbligazioni nei seguenti casi:

a) inadempimento, come previsto dalla disciplina contrattuale che regola il programma o l'emissione, da parte della banca emittente nei confronti dei portatori delle obbligazioni bancarie garantite, se la cessionaria non è in grado di adempiere al pagamento nei confronti dei portatori delle obbligazioni bancarie garantite e degli altri soggetti, incluse le controparti in derivati, che hanno rango pari o superiore a quello dei portatori delle obbligazioni bancarie garantite;

b) attivazione da parte dell'autorità competente delle misure di intervento precoce indicate al Titolo IV, Capo I, del testo unico bancario nei confronti della banca emittente;

c) accertamento dei presupposti indicati all'articolo 17 del decreto legislativo 16 novembre 2015, n. 180, da parte dell'autorità competente all'esercizio della vigilanza sulla banca emittente o dell'autorità di risoluzione.

2. L'attivazione di clausole di estensione della scadenza non incide sulla gerarchia applicabile in caso di liquidazione coatta amministrativa o risoluzione della banca emittente né sull'ordine dei pagamenti originariamente previsto. Resta fermo quanto previsto agli articoli 7-*octies*, 7-*quaterdecies* e 7-*quinquiesdecies*.

3. La possibilità di estensione e le relative condizioni sono formalizzate per iscritto nella documentazione contrattuale che disciplina l'emissione; essa consente di determinare in ogni momento la data di scadenza finale delle obbligazioni bancarie garantite.

4. Le informazioni fornite agli investitori sulla struttura delle scadenze delle obbligazioni bancarie garantite includono una descrizione delle clausole di estensione della scadenza, comprese le condizioni di attivazione e le conseguenze in caso di liquidazione coatta amministrativa o risoluzione della banca emittente.

5. La banca emittente informa prontamente la Banca d'Italia in ordine all'attivazione di clausole di estensione della scadenza.

6. La Banca d'Italia può adottare disposizioni attuative del presente articolo, in particolare con riferimento alle modalità e termini per la trasmissione delle informazioni indicate al comma 5.

[1] Art. ins. dall'art. 1, D.lgs. 5 nov. 2021, n. 190. V. nota al titolo.

CAPO IV
Obblighi della banca emittente e della società cessionaria

7-*quaterdecies*. *Garanzia della società cessionaria.*[1] — 1. La garanzia indicata all'articolo 7-*sexies*, lettera *c*), prestata dalla società cessionaria nei confronti dei portatori delle obbligazioni bancarie garantite nei limiti del patrimonio separato, è irrevocabile, a prima richiesta, incondizionata e autonoma rispetto alle obbligazioni assunte dalla banca emittente. A tale garanzia non si applicano le disposizioni degli articoli 1939, 1941, primo comma, 1944, secondo comma, 1945, 1955, 1956 e 1957 del codice civile.

2. In caso di inadempimento da parte della banca emittente nei confronti dei portatori delle obbligazioni bancarie garantite, la società cessionaria provvede all'adempimento nei termini e alle condizioni originariamente convenuti, nei limiti del patrimonio separato. Gli effetti in capo alla banca emittente della decadenza dal beneficio del termine di cui all'articolo 1186 del codice civile, anche derivanti da eventi contrattualmente previsti, non si estendono in capo alla società cessionaria in relazione alla garanzia rilasciata dalla medesima.

3. In caso di liquidazione coatta amministrativa o di risoluzione della banca emittente, la società

cessionaria provvede nei limiti del patrimonio separato, all'adempimento delle obbligazioni nei confronti dei portatori delle obbligazioni bancarie garantite nei termini e alle condizioni originariamente convenuti. La società cessionaria esercita in via esclusiva i diritti dei portatori dei titoli nei confronti della banca in liquidazione secondo la disciplina applicabile a quest'ultima. Le somme rivenienti dall'esercizio di tali diritti sono comprese nel patrimonio separato. In caso di sospensione dei pagamenti ai sensi dell'articolo 74 del testo unico bancario, la società cessionaria provvede, nei limiti del patrimonio separato, all'adempimento delle obbligazioni nei confronti dei portatori delle obbligazioni bancarie garantite limitatamente ai crediti scaduti ed esigibili nel corso del periodo di sospensione. Per le somme pagate la società cessionaria esercita il regresso nei confronti della banca.

4. In caso di liquidazione coatta amministrativa della banca emittente, i portatori delle obbligazioni bancarie garantite concorrono nelle ripartizioni dell'attivo della stessa, per quanto residua a seguito dell'escussione della garanzia indicata al comma 1, con i creditori chirografari della banca emittente incluse, nel caso previsto all'articolo 7-*quinquiesdecies*, comma 2, le controparti in derivati.

[1] Art. ins. dall'art. 1, D.lgs. 5 nov. 2021, n. 190. V. nota al titolo.

7-*quinquiesdecies*. *Garanzia della banca emittente sui contratti derivati.* [1] — 1. In caso di incapienza del patrimonio separato della società cessionaria, la banca emittente risponde con il proprio patrimonio, per quanto ancora dovuto, delle obbligazioni assunte dalla società cessionaria nei confronti delle controparti in derivati previsti dall'articolo 7-*decies*.

2. In caso di liquidazione coatta amministrativa della banca emittente, le controparti in derivati indicati all'articolo 7-*decies* concorrono, per quanto loro ancora dovuto, con i creditori chirografari della banca emittente e con i portatori delle obbligazioni bancarie garantite nelle ripartizioni dell'attivo della stessa.

[1] Art. ins. dall'art. 1, D.lgs. 5 nov. 2021, n. 190. V. nota al titolo.

7-*sexiesdecies*. *Società di controllo dell'aggregato di copertura.* [1] — 1. La banca emittente incarica un soggetto abilitato alla revisione legale dei conti del controllo, in via continuativa, sulla regolarità delle operazioni di cui all'articolo 7-*sexies* e, in particolare, sul rispetto degli articoli da 7-*octies* a 7-*terdecies* e dell'articolo 7-*septiesdecies* e delle relative disposizioni attuative. La banca assicura alla società incaricata l'accesso alle informazioni necessarie per l'espletamento del proprio incarico.

2. La società individuata al comma 1 soddisfa i requisiti, anche in termini di indipendenza e separatezza, previsti dalla Banca d'Italia. La perdita di tali requisiti costituisce causa di revoca dell'incarico.

3. La società individuata al comma 1 comunica almeno annualmente alla Banca d'Italia l'esito dei controlli effettuati. Si applica l'articolo 52 del testo unico bancario.

[1] Art. ins. dall'art. 1, D.lgs. 5 nov. 2021, n. 190. V. nota al titolo.

7-*septiesdecies*. *Informativa al pubblico.* [1] — 1. La banca emittente pubblica, almeno su base trimestrale, informazioni sui programmi di emissione tali da consentire agli investitori di procedere ad una valutazione informata delle emissioni e dei rischi ad esse connessi.

2. La banca emittente pubblica le informazioni di cui al comma 1 sul proprio sito internet.

3. La Banca d'Italia detta disposizioni attuative del presente articolo.

[1] Art. ins. dall'art. 1, D.lgs. 5 nov. 2021, n. 190. V. nota al titolo.

CAPO V
Vigilanza sull'emissione di obbligazioni bancarie garantite

7-*octiesdecies*. *Vigilanza.* [1] — 1. La Banca d'Italia vigila sul rispetto delle disposizioni del presente Titolo, al fine di assicurare la sana e prudente gestione delle banche emittenti, la stabilità del mercato e la tutela dei portatori delle obbligazioni bancarie garantite.

2. Per le finalità di cui al comma 1, la Banca d'Italia esercita, in quanto compatibili, i poteri previsti dal Titolo III, Capi I e II, del testo unico bancario.

3. La vigilanza sull'emissione di obbligazioni bancarie garantite ai sensi del presente articolo è esercitata senza pregiudizio dei poteri attribuiti alla Banca d'Italia dal testo unico bancario e alla Banca d'Italia e alla Consob dal testo unico delle disposizioni in materia di intermediazione finanziaria, di cui al decreto legislativo 24 febbraio 1998, n. 58, per le finalità ivi previste, con particolare riguardo ai poteri attribuiti alla Consob in materia di appello al pubblico risparmio.

[1] Art. ins. dall'art. 1, D.lgs. 5 nov. 2021, n. 190. V. nota al titolo.

7-*noviesdecies*. *Autorizzazione del programma di emissione di obbligazioni bancarie garantite.* [1] — 1. La Banca d'Italia autorizza il programma per l'emissione di obbligazioni bancarie garantite da parte di una banca avente sede legale in Italia quando risulti assicurato il rispetto delle finalità previste dall'art. 7-*octiesdecies*. A tal fine, la Banca d'Italia verifica il rispetto almeno delle seguenti condizioni: (i) sia definito il programma di emissione delle obbligazioni bancarie garantite; (ii) le politiche, i processi e le metodologie, incluse quelle relative all'approvazione, la modifica, il rinnovo e il rifinanziamento dei prestiti compresi nell'aggregato di copertura, siano adeguate ad assicurare l'ordinato svolgimento dell'operazione; (iii) il personale responsabile dell'amministrazione e dei controlli del programma di obbligazioni bancarie garantite disponga di adeguate qualifiche e competenze; (iv) sia assicurato il rispetto delle disposizioni previste dal presente Titolo e dalle relative disposizioni attuative. Successivamente all'autorizzazione, la Banca d'Italia provvede ad includere l'informazione nell'albo indicato all'articolo 13 del testo unico bancario.

2. La Banca d'Italia revoca l'autorizzazione rilasciata ai sensi del comma 1 quando:

a) vengono meno le condizioni cui è subordinata l'autorizzazione;

b) l'autorizzazione è stata ottenuta o rilasciata presentando false dichiarazioni o con qualsiasi altro mezzo irregolare.

3. La Banca d'Italia adotta disposizioni di attuazione del presente articolo, in particolare con riferimento alle condizioni per il rilascio della autorizzazione prevista al comma 1.

[1] Art. ins. dall'art. 1, D.lgs. 5 nov. 2021, n. 190. V. nota al titolo.

7-*vicies*. *Collaborazione tra autorità*.[1] — 1. Per l'esercizio dei poteri previsti dal presente Titolo, fermi restando gli obblighi di cui all'articolo 7 del testo unico bancario, la Banca d'Italia, in qualità di autorità di vigilanza sull'emissione di obbligazioni bancarie garantite, collabora, anche mediante scambio di informazioni, con le autorità degli altri Stati membri designate ai sensi delle disposizioni nazionali di recepimento dell'articolo 18, paragrafo 2, della direttiva (UE) 2019/2162 e, ove previsto, con l'amministratore speciale indicato all'articolo 20 della medesima direttiva nei casi ivi specificati.

[1] Art. ins. dall'art. 1, D.lgs. 5 nov. 2021, n. 190. V. nota al titolo.

7-*viciessemel*. *Disciplina e procedura sanzionatoria*.[1] — 1. Nei confronti dei soggetti indicati all'articolo 144, comma 1, del testo unico bancario, nonché della società di controllo dell'aggregato di copertura e della società cessionaria, la Banca d'Italia applica le sanzioni previste dagli articoli 144, commi 1 e 9, 144-*bis*, 144-*ter*, 144-*quater*, 144-*quinquies* del testo unico bancario in caso di inosservanza degli articoli da 7-*septies* a 7-*septiesdecies*, dell'articolo 7-*octiesdecies*, comma 2 e dell'articolo 7-*noviesdecies*, comma 1, o delle relative disposizioni generali o particolari impartite dalle autorità creditizie come definite all'articolo 1, comma 1, lettera *a*), del testo unico bancario.

2. Si applicano le disposizioni in materia di procedura previste dagli articoli 145 e 145-*ter*. La Banca d'Italia può adottare disposizioni attuative in materia di procedura ai sensi dell'articolo 145-*quater* del testo unico bancario.

[1] Art. ins. dall'art. 1, D.lgs. 5 nov. 2021, n. 190. V. nota al titolo.

CAPO VI
Marchio

7-*viciesbis*. *Marchio*.[1] — 1. Le obbligazioni bancarie garantite emesse ai sensi del presente Titolo possono essere commercializzate utilizzando il marchio «obbligazione garantita europea».

2. Le obbligazioni bancarie garantite emesse ai sensi del presente Titolo che soddisfino anche i requisiti di cui all'articolo 129 del regolamento (UE) n. 575/2013, così come modificato dal regolamento (UE) n. 2160/2019, possono essere commercializzate utilizzando il marchio «obbligazione garantita europea (premium)».

3. La lista delle obbligazioni che utilizzano il marchio indicato ai commi 1 e 2 è pubblicata sul sito internet della Banca d'Italia.

[1] Art. ins. dall'art. 1, D.lgs. 5 nov. 2021, n. 190. V. nota al titolo.

CAPO VII
Disposizioni fiscali

7-*viciester*. *Disposizioni fiscali*.[1] — 1. Ogni imposta e tassa è dovuta considerando le operazioni di cui all'articolo 7-*sexies* come non effettuate e gli attivi idonei che hanno formato oggetto di cessione come iscritti nel bilancio della banca cedente, se per le cessioni è pagato un corrispettivo pari all'ultimo valore di iscrizione in bilancio degli attivi idonei, e il finanziamento di cui all'articolo 7-*sexies*, comma 1, lettera *b*), è concesso o garantito dalla medesima banca cedente.

[1] Art. ins. dall'art. 1, D.lgs. 5 nov. 2021, n. 190. V. nota al titolo.

Capo VIII
Obbligazioni bancarie collateralizzate

7-*viciesquater*. *Cessione di ulteriori crediti e titoli*.[1] — 1. Le disposizioni del presente Titolo e le relative disposizioni attuative si applicano, in quanto compatibili, alle obbligazioni emesse da banche nell'ambito di operazioni conformi allo schema previsto dall'articolo 7-*sexies* e in cui siano cedute alla società cessionaria obbligazioni e titoli similari ovvero cambiali finanziarie, crediti garantiti da ipoteca navale, crediti nei confronti di piccole e medie imprese, crediti derivanti da contratti di leasing o di factoring, nonché di titoli emessi nell'ambito di operazioni di cartolarizzazione aventi ad oggetto crediti della medesima natura. I crediti e i titoli possono essere ceduti anche da società facenti parte di un gruppo bancario.

2. Il Ministro dell'economia e delle finanze, con regolamento emanato ai sensi dell'articolo 17, comma 3, della legge 23 agosto 1988, n. 400, sentita

la Banca d'Italia, individua le categorie di crediti o titoli di cui al comma 1, cui si applicano le disposizioni previste al presente articolo, e regola l'emissione di titoli di cui al presente articolo differenziandoli dai titoli emessi ai sensi dell'articolo 7-*sexies*.

[1] Art. ins. dall'art. 1, D.lgs. 5 nov. 2021, n. 190. V. nota al titolo.

CITTADINANZA

- 1 -

L. 5 feb. 1992, n. 91

Nuove norme sulla cittadinanza

(G.U. 15 feb. 1992, n. 38)

1. 1. È cittadino per nascita:

a) il figlio di padre o di madre cittadini;

b) chi è nato nel territorio della Repubblica se entrambi i genitori sono ignoti o apolidi, ovvero se il figlio non segue la cittadinanza dei genitori secondo la legge dello Stato al quale questi appartengono.

2. È considerato cittadino per nascita il figlio di ignoti trovato nel territorio della Repubblica, se non venga provato il possesso di altra cittadinanza.

2. 1. Il riconoscimento o la dichiarazione giudiziale della filiazione durante la minore età del figlio ne determina la cittadinanza secondo le norme della presente legge.

2. Se il figlio riconosciuto o dichiarato è maggiorenne conserva il proprio stato di cittadinanza, ma può dichiarare, entro un anno dal riconoscimento o dalla dichiarazione giudiziale, ovvero dalla dichiarazione di efficacia del provvedimento straniero, di eleggere la cittadinanza determinata dalla filiazione.

3. Le disposizioni del presente articolo si applicano anche ai figli per i quali la paternità o maternità non può essere dichiarata, purché sia stato riconosciuto giudizialmente il loro diritto al mantenimento o agli alimenti.

3. 1. Il minore straniero adottato da cittadino italiano acquista la cittadinanza.

2. La disposizione del comma 1 si applica anche nei confronti degli adottati prima della data di entrata in vigore della presente legge.

3. Qualora l'adozione sia revocata per fatto dell'adottato, questi perde la cittadinanza italiana, sempre che sia in possesso di altra cittadinanza o la riacquisti.

Negli altri casi di revoca l'adottato conserva la cittadinanza italiana. Tuttavia, qualora la revoca intervenga durante la maggiore età dell'adottato, lo stesso, se in possesso di altra cittadinanza o se la riacquisti, potrà comunque rinunciare alla cittadinanza italiana entro un anno dalla revoca stessa.

4. 1. Lo straniero o l'apolide, del quale il padre o la madre o uno degli ascendenti in linea retta di secondo grado sono stati cittadini per nascita, diviene cittadino:

a) se presta effettivo servizio militare per lo Stato italiano e dichiara preventivamente di voler acquistare la cittadinanza italiana;

b) se assume pubblico impiego alle dipendenze dello Stato, anche all'estero, e dichiara di voler acquistare la cittadinanza italiana;

c) se, al raggiungimento della maggiore età, risiede legalmente da almeno due anni nel territorio della Repubblica e dichiara, entro un anno dal raggiungimento, di voler acquistare la cittadinanza italiana.

2. Lo straniero nato in Italia, che vi abbia risieduto legalmente senza interruzioni fino al raggiungimento della maggiore età, diviene cittadino se dichiara di voler acquistare la cittadinanza italiana entro un anno dalla suddetta data.[1]

[1] Ai sensi dell'art. 33, D.L. 21 giu. 2013, n. 69, conv. con modif. in L. 9 ago. 2013, n. 98, «1. Ai fini di cui all'art. 4, c. 2, della L. 5 feb. 1992, n. 91, all'interessato non sono imputabili eventuali inadempimenti riconducibili ai genitori o agli uffici della Pubblica Amministrazione, ed egli può dimostrare il possesso dei requisiti con ogni idonea documentazione.

2. Gli ufficiali di stato civile sono tenuti, nel corso dei sei mesi precedenti il compimento del diciottesimo anno di età, a comunicare all'interessato, nella sede di residenza quale risulta all'ufficio, la possibilità di esercitare il diritto di cui al c. 2 del citato art. 4 della L. n. 91 del 1992 entro il compimento del diciannovesimo anno di età. In mancanza, il diritto può essere esercitato anche oltre tale data.».

5.[1,2] 1. Il coniuge, straniero o apolide, di cittadino italiano può acquistare la cittadinanza italiana quando, dopo il matrimonio, risieda legalmente da almeno due anni nel territorio della Repubblica, oppure dopo tre anni dalla data del matrimonio se residente all'estero, qualora, al momento dell'adozione del decreto di cui all'art. 7 comma 1, non sia intervenuto lo scioglimento, l'annullamento o la cessazione degli effetti civili del matrimonio.

2. I termini di cui al comma 1 sono ridotti della metà in presenza di figli nati o adottati dai coniugi.

[1] Articolo così sost. dall'art. 1, L. 15 lug. 2009, n. 94.

[2] La Corte cost., con sent. 26 lug. 2022, n. 195, ha dichiarato l'ill. cost. del presente articolo, nella parte in cui non esclude, dal novero delle cause ostative al riconoscimento del diritto di cittadinanza, la morte del coniuge del richiedente, sopravvenuta in pendenza dei termini previsti per la conclusione del procedimento di cui al successivo art. 7, c. 1.

6. 1. Precludono l'acquisto della cittadinanza ai sensi dell'art. 5:

a) la condanna per uno dei delitti previsti nel libro secondo, titolo I, capi I, II e III, del codice penale;

b) la condanna per un delitto non colposo per quale la legge preveda una pena edittale non inferiore nel massimo a tre anni di reclusione; ovvero la condanna per un reato non politico ad una pena detentiva superiore ad un anno da parte di una autorità giudiziaria straniera, quando la sentenza sia stata riconosciuta in Italia;

c) la sussistenza, nel caso specifico, di comprovati motivi inerenti alla sicurezza della Repubblica.

2. Il riconoscimento della sentenza straniera è richiesto dal procuratore generale del distretto dove ha sede l'ufficio dello stato civile in cui è iscritto o trascritto il matrimonio, anche ai soli fini ed effetti di cui al comma 1, lettera *b*).

3. La riabilitazione fa cessare gli effetti preclusivi della condanna.

4. L'acquisto della cittadinanza è sospeso fino a comunicazione della sentenza definitiva, se sia stata promossa azione penale per uno dei delitti di cui al comma 1, lettera *a*) e lettera *b*), primo periodo, nonché per il tempo in cui è pendente il procedimento di riconoscimento della sentenza straniera, di cui al medesimo comma 1, lettera *b*), secondo periodo.

7. 1. Ai sensi dell'art. 5, la cittadinanza si acquista con decreto del Ministro dell'interno, a istanza dell'interessato, presentata al sindaco del comune di residenza o alla competente autorità consolare.[1]

2. Si applicano le disposizioni di cui all'art. 3 della L. 12 gen. 1991, n. 13.

[1] Si veda ora l'art. 1, D.P.R. 18 apr. 1994, n. 362 secondo il quale l'istanza si presenta al prefetto competente per territorio in relazione alla residenza dell'istante, ovvero, qualora ne ricorrono i presupposti, all'autorità consolare. V. altresì l'art. 8 del citato D.P.R.

8. 1. Con decreto motivato, il Ministro dell'interno respinge l'istanza di cui all'art. 7 ove sussistano le cause ostative previste nell'art. 6. Ove si tratti di ragioni inerenti alla sicurezza della Repubblica, il decreto è emanato su conforme parere del Consiglio di Stato.

L'istanza respinta può essere riproposta dopo cinque anni dall'emanazione del provvedimento.

2.[1]

[1] Comma abrog. dall'art. 14, D.L. 4 ott. 2018, n. 113, conv. in L. 1 dic. 2018, n. 132.

9. 1. La cittadinanza italiana può essere concessa con decreto del Presidente della Repubblica, sentito il Consiglio di Stato, su proposta del Ministro dell'interno:

a) allo straniero del quale il padre o la madre o uno degli ascendenti in linea retta di secondo grado sono stati cittadini per nascita, o che è nato nel territorio della Repubblica e, in entrambi i casi, vi risiede legalmente da almeno tre anni, comunque fatto salvo quanto previsto dall'art. 4, comma 1, lettera *c*);

b) allo straniero maggiorenne adottato da cittadino italiano che risiede legalmente nel territorio della Repubblica da almeno cinque anni successivamente alla adozione;

c) allo straniero che ha prestato servizio, anche all'estero, per almeno cinque anni alle dipendenze dello Stato;

d) al cittadino di uno Stato membro delle Comunità europee se risiede legalmente da almeno quattro anni nel territorio della Repubblica;

e) all'apolide che risiede legalmente da almeno cinque anni nel territorio della Repubblica;

f) allo straniero che risiede legalmente da almeno dieci anni nel territorio della Repubblica.

2. Con decreto del Presidente della Repubblica, sentito il Consiglio di Stato e previa deliberazione del Consiglio dei Ministri, su proposta del Ministro dell'interno, di concerto con il Ministro degli affari esteri, la cittadinanza può essere concessa allo straniero quando questi abbia reso eminenti servizi all'Italia, ovvero quando ricorra un eccezionale interesse dello Stato.

9.1.[1] 1. La concessione della cittadinanza italiana ai sensi degli articoli 5 e 9 è subordinata al possesso, da parte dell'interessato, di un'adeguata conoscenza della lingua italiana, non inferiore al livello B1 del Quadro comune europeo di riferimento per la conoscenza delle lingue (QCER). A tal fine, i richiedenti, che non abbiano sottoscritto l'accordo di integrazione di cui all'articolo 4-*bis* del testo unico di cui al decreto legislativo 25 luglio 1998, n. 286, o che non siano titolari di permesso di soggiorno UE per soggiornanti di lungo periodo di cui all'articolo 9 del medesimo testo unico, sono tenuti, all'atto di presentazione dell'istanza, ad attestare il possesso di un titolo di studio rilasciato da un istituto di istruzione pubblico o paritario riconosciuto dal Ministero dell'istruzione, dell'università e della ricerca e dal Ministero degli affari esteri e della cooperazione internazionale o dal Ministero dell'istruzione, dell'università e della ricerca, ovvero a produrre apposita certificazione rilasciata da un ente certificatore riconosciuto dal Ministero dell'istruzione, dell'università e della ricerca e dal Ministero degli affari esteri e della cooperazione internazionale o dal Ministero dell'istruzione, dell'università e della ricerca.

[1] Articolo ins. dall'art. 14, D.L. 4 ott. 2018, n. 113, conv. in L. 1 dic. 2018, n. 132.

9-*bis*.[1] 1. Ai fini dell'elezione, acquisto, riacquisto, rinuncia o concessione della cittadinanza, all'istanza o dichiarazione dell'interessato deve essere comunque allegata la certificazione comprovante il possesso dei requisiti richiesti per legge.

2. Le istanze o dichiarazioni di elezione, acquisto, riacquisto, rinuncia o concessione della cittadinanza sono soggette al pagamento di un contributo di importo pari a 250 euro[2].

3. Il gettito derivante dal contributo di cui al comma 2 è versato all'entrata del bilancio dello Stato per essere riassegnato allo stato di previsione del Ministero dell'interno che lo destina, per la metà, al finanziamento di progetti del Dipartimento per le libertà civili e l'immigrazione diretti alla collaborazione internazionale e alla cooperazione e assistenza ai Paesi terzi in materia di immigrazione anche attraverso la partecipazione a programmi finanziati dall'Unione europea e, per l'altra metà, alla copertura degli oneri connessi alle attività istruttorie inerenti ai procedimenti di competenza del medesimo Dipartimento in materia di immigrazione, asilo e cittadinanza.

[1] Articolo aggiunto dall'art. 1, L. 15 lug. 2009, n. 94.

[2] Parole così sost. dall'art. 14, D.L. 4 ott. 2018, n. 113, conv. in L. 1 dic. 2018, n. 132.

9-*ter*.[1] 1. Il termine di definizione dei procedimenti di cui agli articoli 5 e 9 è fissato in ventiquattro mesi prorogabili fino al massimo di trentasei mesi dalla data di presentazione della domanda..

[1] Articolo così sost. dall'art. 4, D.L. 21 ott. 2020, n. 130, conv. in L. 18 dic. 2020, n. 173. La disposizione si applica alle domande di cittadinanza presentate dalla data di entrata in vigore della legge di conversione del D.L. 130/2020.

10.[1] 1. Il decreto di concessione della cittadinanza non ha effetto se la persona a cui si riferisce non presta, entro sei mesi dalla notifica del decreto medesimo, giuramento di essere fedele alla Repubblica e di osservare la Costituzione e le leggi dello Stato.

[1] La Corte cost., con sent. 7 dic. 2017 ha dichiarato l'ill. cost. dell'art. 10 nella parte in cui non prevede che sia esonerata dal giuramento la persona incapace di soddisfare tale adempimento in ragione di grave e accertata condizione di disabilità.

10-*bis*.[1] 1. La cittadinanza italiana acquisita ai sensi degli articoli 4, comma 2, 5 e 9, è revocata in caso di condanna definitiva per i reati previsti dall'articolo 407, comma 2, lettera *a*), n. 4), del codice di procedura penale, nonché per i reati di cui agli articoli 270-*ter* e 270-*quinquies*.2, del codice penale. La revoca della cittadinanza è adottata, entro tre anni dal passaggio in giudicato della sentenza di condanna per i reati di cui al primo periodo, con decreto del Presidente della Repubblica, su proposta del Ministro dell'interno.

2. Le disposizioni di cui al comma 1, lettera *c*), si applicano ai procedimenti di conferimento della cittadinanza in corso alla data di entrata in vigore del presente decreto.

2-*bis*. Il termine per il rilascio degli estratti e dei certificati di stato civile occorrenti ai fini del riconoscimento della cittadinanza italiana è stabilito in sei mesi dalla data di presentazione della richiesta da parte di persone in possesso di cittadinanza straniera.

[1] Articolo ins. dall'art. 14, D.L. 4 ott. 2018, n. 113, conv. in L. 1 dic. 2018, n. 132.

11. 1. Il cittadino che possiede, acquista o riacquista una cittadinanza straniera conserva quella italiana, ma può ad essa rinunciare qualora risieda o stabilisca la residenza all'estero.

12. 1. Il cittadino italiano perde la cittadinanza se, avendo accettato un impiego pubblico od una carica pubblica da uno Stato o ente pubblico estero o da un ente internazionale cui non partecipi l'Italia, ovvero prestando servizio militare per uno Stato estero, non ottempera, nel termine fissato, all'intimazione che il Governo italiano può rivolgergli di abbandonare l'impiego, la carica o il servizio militare.

2. Il cittadino italiano che, durante lo stato di guerra con uno Stato estero, abbia accettato o non abbia abbandonato un impiego pubblico od una carica pubblica, od abbia prestato servizio militare per tale Stato senza esservi obbligato, ovvero ne abbia acquistato volontariamente la cittadinanza, perde la cittadinanza italiana al momento della cessazione dello stato di guerra.

13. 1. Chi ha perduto la cittadinanza la riacquista:

a) se presta effettivo servizio militare per lo Stato italiano e dichiara previamente di volerla riacquistare;

b) se, assumendo o avendo assunto un pubblico impiego alle dipendenze dello Stato, anche all'estero, dichiara di volerla riacquistare;

c) se dichiara di volerla riacquistare ed ha stabilito o stabilisce, entro un anno dalla dichiarazione, la residenza nel territorio della Repubblica;

d) dopo un anno dalla data in cui ha stabilito la residenza nel territorio della Repubblica, salvo espressa rinuncia entro lo stesso termine;

e) se, avendola perduta per non aver ottemperato all'intimazione di abbandonare l'impiego o la carica accettati da uno Stato, da un ente pubblico estero o da un ente internazionale, ovvero il servizio militare per uno Stato estero, dichiara di volerla riacquistare, sempre che abbia stabilito la residenza da almeno due anni nel territorio della Repubblica e provi di aver abbandonato l'impiego o la carica o il servizio militare, assunti o prestati nonostante l'intimazione di cui all'art. 12, comma 1.

2. Non è ammesso il riacquisto della cittadinanza a favore di chi l'abbia perduta in applicazione dell'art. 3, comma 3, nonché dell'art. 12, comma 2.

3. Nei casi indicati al comma 1, lettera *c*), *d*) ed *e*), il riacquisto della cittadinanza non ha effetto se viene inibito con decreto del Ministro dell'interno, per gravi e comprovati motivi e su conforme parere del Consiglio di Stato. Tale inibizione può intervenire entro il termine di un anno dal verificarsi delle condizioni stabilite.

14. 1. I figli minori di chi acquista o riacquista la cittadinanza italiana, se convivono con esso, acquistano la cittadinanza italiana, ma, divenuti maggiorenni, possono rinunciarvi, se in possesso di altra cittadinanza.

15. 1. L'acquisto o il riacquisto della cittadinanza ha effetto, salvo quanto stabilito dall'art. 13, comma 3, dal giorno successivo a quello in cui sono adempiute le condizioni e le formalità richieste.

16. 1. L'apolide che risiede legalmente nel territorio della Repubblica è soggetto alla legge italiana per quanto si riferisce all'esercizio dei diritti civili ed agli obblighi del servizio militare.

2. Lo straniero riconosciuto rifugiato dallo Stato italiano secondo le condizioni stabilite dalla legge o dalle convenzioni internazionali è equiparato all'apolide ai fini dell'applicazione della presente legge, con esclusione degli obblighi inerenti al servizio militare.

17. 1. Chi ha perduto la cittadinanza in applicazione degli artt. 8 e 12 della L. 13 giu. 1912, n. 555, o per non aver reso l'opzione prevista dall'art. 5 della L. 21 apr. 1983, n. 123, la riacquista se effettua una dichiarazione in tal senso entro due anni dalla data di entrata in vigore della presente legge.[1]

2. Resta fermo quanto disposto dall'art. 219 della L. 19 mag. 1975, n. 151.

[1] Termine prorogato al 31 dic. 1997 dall'art. 2 della L. 23 dic. 1996, n. 662.

18. 1. Le persone già residenti nei territori che sono appartenuti alla monarchia austro-ungarica ed emigrate all'estero prima del 16 luglio 1920 ed i loro discendenti in linea retta sono equiparati, ai fini e per gli effetti dell'art. 9, comma 1, lettera *a*), agli stranieri di origine italiana o nati nel territorio della Repubblica.

19. 1. Restano salve le disposizioni della L. 1956, n. 27, sulla trascrizione nei registri dello stato civile dei provvedimenti di riconoscimento delle opzioni per la cittadinanza italiana, effettuate ai sensi dell'art. 19 del Trattato di pace tra le potenze alleate ed associate e l'Italia firmato a Parigi il 10 febbraio 1947.

20. 1. Salvo che sia espressamente previsto, lo stato di cittadinanza acquisito anteriormente alla presente legge non si modifica se non per fatti posteriori alla data di entrata in vigore della stessa.

21. 1. Ai sensi e con le modalità di cui all'art. 9, la cittadinanza italiana può essere concessa allo straniero che sia stato affiliato da un cittadino italiano prima della data di entrata in vigore della legge 4 maggio 1983, n. 184, e che risieda legalmente nel territorio della Repubblica da almeno sette anni dopo l'affiliazione.

22. 1. Per coloro i quali, alla data di entrata in vigore della presente legge, abbiano già perduto la cittadinanza italiana ai sensi dell'art. 8 della L. 13 giu. 1912, n. 555, cessa ogni obbligo militare.

23. 1. Le dichiarazioni per l'acquisto, la conservazione, il riacquisto e la rinunzia alla cittadinanza e la prestazione del giuramento previste dalla presente legge sono rese all'ufficiale dello stato civile del comune dove il dichiarante risiede o intende stabilire la propria residenza, ovvero, in caso di residenza all'estero, davanti all'autorità diplomatica o consolare del luogo di residenza.

2. Le dichiarazioni di cui al comma 1, nonché gli atti o i provvedimenti attinenti alla perdita, alla conservazione e al riacquisto della cittadinanza italiana vengono trascritti nei registri di cittadi-

nanza e di essi viene effettuata annotazione a margine dell'atto di nascita.

24. ....[1]

[1] Articolo abrog. dall'art. 110, D.P.R. 3 nov. 2000, n. 396.

25-27. (*Omissis*)

CONCILIAZIONE DELLE CONTROVERSIE CIVILI

- 1 -

D.lgs. 4 mar. 2010, n. 28

Attuazione dell'articolo 60 della legge 18 giugno 2009, n. 69, i n materia di mediazione finalizzata alla conciliazione d elle controversie civili e commerciali

(G.U. 5 mar. 2010, n. 53)

CAPO I
Disposizioni generali

1. ***Definizioni.*** — 1. Ai fini del presente decreto legislativo, si intende per:

a) mediazione: l'attività, comunque denominata, svolta da un terzo imparziale e finalizzata ad assistere due o più soggetti nella ricerca di un accordo amichevole per la composizione di una controversia, anche con formulazione di una proposta per la risoluzione della stessa;[1]

b) mediatore: la persona o le persone fisiche che, individualmente o collegialmente, svolgono la mediazione rimanendo prive, in ogni caso, del potere di rendere giudizi o decisioni vincolanti per i destinatari del servizio medesimo;

c) conciliazione: la composizione di una controversia a seguito dello svolgimento della mediazione;

d) organismo: l'ente pubblico o privato, presso il quale può svolgersi il procedimento di mediazione ai sensi del presente decreto;

e) registro: il registro degli organismi istituito con decreto del Ministro della giustizia ai sensi dell'articolo 16 del presente decreto, nonché, sino all'emanazione di tale decreto, il registro degli organismi istituito con il decreto del Ministro della giustizia 23 luglio 2004, n. 222.

[1] Lettera così sost. dall'art. 84, c. 1, lett. *0a*), D.L. 21 giu. 2013, n. 69, conv. con modif. in L. 9 ago. 2013, n. 98. Le modifiche si applicano decorsi 30 giorni dalla data di entrata in vigore della legge di conversione del D.L. 69/2013.

2. ***Controversie oggetto di mediazione.*** — 1. Chiunque può accedere alla mediazione per la conciliazione di una controversia civile e commerciale vertente su diritti disponibili, secondo le disposizioni del presente decreto.

2. Il presente decreto non preclude le negoziazioni volontarie e paritetiche relative alle controversie civili e commerciali, né le procedure di reclamo previste dalle carte dei servizi.

CAPO II

Del procedimento di mediazione

3. *Disciplina applicabile e forma degli atti.* — 1. Al procedimento di mediazione si applica il regolamento dell'organismo scelto dalle parti.

2. Il regolamento deve in ogni caso garantire la riservatezza del procedimento ai sensi dell'articolo 9, nonché modalità di nomina del mediatore che ne assicurano l'imparzialità e l'idoneità al corretto e sollecito espletamento dell'incarico.

3. Gli atti del procedimento di mediazione non sono soggetti a formalità.

4. La mediazione può svolgersi secondo modalità telematiche previste dal regolamento dell'organismo.

4. *Accesso alla mediazione.* — 1. La domanda di mediazione relativa alle controversie di cui all'articolo 2 è presentata mediante deposito di un'istanza presso un organismo nel luogo del giudice territorialmente competente per la controversia. In caso di più domande relative alla stessa controversia, la mediazione si svolge davanti all'organismo territorialmente competente presso il quale è stata presentata la prima domanda. Per determinare il tempo della domanda si ha riguardo alla data del deposito dell'istanza.[1]

2. L'istanza deve indicare l'organismo, le parti, l'oggetto e le ragioni della pretesa.

3. All'atto del conferimento dell'incarico, l'avvocato è tenuto a informare l'assistito della possibilità di avvalersi del procedimento di mediazione disciplinato dal presente decreto e delle agevolazioni fiscali di cui agli articoli 17 e 20. L'avvocato informa altresì l'assistito dei casi in cui l'esperimento del procedimento di mediazione è condizione di procedibilità della domanda giudiziale. L'informazione deve essere fornita chiaramente e per iscritto. In caso di violazione degli obblighi di informazione, il contratto tra l'avvocato e l'assistito è annullabile. Il documento che contiene l'informazione è sottoscritto dall'assistito e deve essere allegato all'atto introduttivo dell'eventuale giudizio. Il giudice che verifica la mancata allegazione del documento, se non provvede ai sensi dell'articolo 5, comma 1-bis, informa la parte della facoltà di chiedere la mediazione.[1,2]

[1] Comma così sost. dall'art. 84, c. 1, D.L. 21 giu. 2013, n. 69, conv. con modif. in L. 9 ago. 2013, n. 98. Le modifiche si applicano decorsi 30 giorni dalla data di entrata in vigore della legge di conversione del D.L. 69/2013.

5. *Condizione di procedibilità e rapporti con il processo.* — 1.[1]

1-*bis*. Chi intende esercitare in giudizio un'azione relativa a una controversia in materia di condominio, diritti reali, divisione, successioni ereditarie, patti di famiglia, locazione, comodato, affitto di aziende, risarcimento del danno derivante da responsabilità medica e sanitaria e da diffamazione con il mezzo della stampa o con altro mezzo di pubblicità, contratti assicurativi, bancari e finanziari, è tenuto, assistito dall'avvocato, preliminarmente a esperire il procedimento di mediazione ai sensi del presente decreto ovvero i procedimenti previsti dal decreto legislativo 8 ottobre 2007, n. 179, e dai rispettivi regolamenti di attuazione ovvero il procedimento istituito in attuazione dell'articolo 128-*bis* del testo unico delle leggi in materia bancaria e creditizia di cui al decreto legislativo 1° settembre 1993, n. 385, e successive modificazioni, ovvero il procedimento istituito in attuazione dell'articolo 187-*ter* del Codice delle assicurazioni private di cui al decreto legislativo 7 settembre 2005, n. 209, per le materie ivi regolate. L'esperimento del procedimento di mediazione è condizione di procedibilità della domanda giudiziale. A decorrere dall'anno 2018, il Ministro della giustizia riferisce annualmente alle Camere sugli effetti prodotti e sui risultati conseguiti dall'applicazione delle disposizioni del presente comma. L'improcedibilità deve essere eccepita dal convenuto, a pena di decadenza, o rilevata d'ufficio dal giudice, non oltre la prima udienza. Il giudice ove rilevi che la mediazione è già iniziata, ma non si è conclusa, fissa la successiva udienza dopo la scadenza del termine di cui all'articolo 6. Allo stesso modo provvede quando la mediazione non è stata esperita, assegnando contestualmente alle parti il termine di quindici giorni per la presentazione della domanda di mediazione. Il presente comma non si applica alle azioni previste dagli articoli 37, 140 e 140-*bis* del codice del consumo di cui al decreto legislativo 6 settembre 2005, n. 206, e successive modificazioni.[2,3]

2. Fermo quanto previsto dal comma 1-*bis* e salvo quanto disposto dai commi 3 e 4, il giudice, anche in sede di giudizio di appello, valutata la natura della causa, lo stato dell'istruzione e il comportamento delle parti, può disporre l'esperimento del procedimento di mediazione; in tal caso, l'esperimento del procedimento di mediazione è condizione di procedibilità della domanda giudiziale anche in sede di appello. Il provvedimento di cui al periodo precedente è adottato prima dell'udienza di precisazione delle conclusioni ovvero, quando tale udienza non è prevista prima della discussione della causa. Il giudice fissa la successiva udienza dopo la scadenza del termine di cui all'articolo 6 e, quando la mediazione non è già stata avviata, assegna contestualmente alle parti il termine di quindici giorni per la presentazione della domanda di mediazione.[4]

2-*bis*. Quando l'esperimento del procedimento di mediazione è condizione di procedibilità della domanda giudiziale la condizione si considera avverata se il primo incontro dinanzi al mediatore si conclude senza l'accordo.[2]

3. Lo svolgimento della mediazione non preclude in ogni caso la concessione dei provvedimenti ur-

genti e cautelari, né la trascrizione della domanda giudiziale.

4. I commi 1-*bis* e 2 non si applicano:

a) nei procedimenti per ingiunzione, inclusa l'opposizione, fino alla pronuncia sulle istanze di concessione e sospensione della provvisoria esecuzione;

b) nei procedimenti per convalida di licenza o sfratto, fino al mutamento del rito di cui all'articolo 667 del codice di procedura civile;

c) nei procedimenti di consulenza tecnica preventiva ai fini della composizione della lite, di cui all'articolo 696-*bis* del codice di procedura civile;

d) nei procedimenti possessori, fino alla pronuncia dei provvedimenti di cui all'articolo 703, terzo comma, del codice di procedura civile;

e) nei procedimenti di opposizione o incidentali di cognizione relativi all'esecuzione forzata;

f) nei procedimenti in camera di consiglio;

g) nell'azione civile esercitata nel processo penale.[4]

5. Fermo quanto previsto dal comma 1-*bis* e salvo quanto disposto dai commi 3 e 4, se il contratto, lo statuto ovvero l'atto costitutivo dell'ente prevedono una clausola di mediazione o conciliazione e il tentativo non risulta esperito, il giudice o l'arbitro, su eccezione di parte, proposta nella prima difesa, assegna alle parti il termine di quindici giorni per la presentazione della domanda di mediazione e fissa la successiva udienza dopo la scadenza del termine di cui all'articolo 6. Allo stesso modo il giudice o l'arbitro fissa la successiva udienza quando la mediazione o il tentativo di conciliazione sono iniziati, ma non conclusi. La domanda è presentata davanti all'organismo indicato dalla clausola, se iscritto nel registro, ovvero, in mancanza, davanti ad un altro organismo iscritto, fermo il rispetto del criterio di cui all'articolo 4, comma 1. In ogni caso, le parti possono concordare, successivamente al contratto o allo statuto o all'atto costitutivo, l'individuazione di un diverso organismo iscritto.[4]

6. Dal momento della comunicazione alle altre parti, la domanda di mediazione produce sulla prescrizione gli effetti della domanda giudiziale. Dalla stessa data, la domanda di mediazione impedisce altresì la decadenza per una sola volta, ma se il tentativo fallisce la domanda giudiziale deve essere proposta entro il medesimo termine di decadenza, decorrente dal deposito del verbale di cui all'articolo 11 presso la segreteria dell'organismo.

[1] La Corte cost., con sent. 6 dic. 2012, n. 272, ha dichiarato l'ill. cost. del presente comma.

[2] Comma ins. dall'art. 84, c. 1, D.L. 21 giu. 2013, n. 69, conv. con modif. in L. 9 ago. 2013, n. 98.

[3] Comma così modif. dall'art. 1-*bis*, c. 2, D.lgs. 6 ago. 2015, n. 130, dall'art. 11-*ter*, c. 1, D.L. 24 apr. 2017, n. 50, conv. con modif. in L. 21 giu. 2017, n. 96, e dall'art. 2, c. 10, D.lgs. 21 mag. 2018, n. 68.

[4] Comma così sost. dall'art. 84, c. 1, lett. *c*), D.L. 21 giu. 2013, n. 69, conv. con modif. in L. 9 ago. 2013, n. 98. Le modifiche si applicano decorsi 30 giorni dalla data di entrata in vigore della legge di conversione del D.L. 69/2013.

6. *Durata.* — 1. Il procedimento di mediazione ha una durata non superiore a tre[1] mesi.

2. Il termine di cui al comma 1 decorre dalla data di deposito della domanda di mediazione, ovvero dalla scadenza di quello fissato dal giudice per il deposito della stessa e, anche nei casi in cui il giudice dispone il rinvio della causa ai sensi del sesto o del settimo periodo del comma 1-*bis* dell'articolo 5 ovvero ai sensi del comma 2 dell'articolo 5, non è soggetto a sospensione feriale.[2]

[1] Parola così modif. dall'art. 84, c. 1, lett. *f*), D.L. 21 giu. 2013, n. 69, conv. con modif. in L. 9 ago. 2013, n. 98. Le modifiche si applicano decorsi 30 giorni dalla data di entrata in vigore della legge di conversione del D.L. 69/2013.

[2] Comma così sost. dall'art. 84, c. 1, lett. *f-bis*), D.L. 21 giu. 2013, n. 69, conv. con modif. in L. 9 ago. 2013, n. 98. Le modifiche si applicano decorsi 30 giorni dalla data di entrata in vigore della legge di conversione del D.L. 69/2013.

7. *Effetti sulla ragionevole durata del processo.* — 1. Il periodo di cui all'articolo 6 e il periodo del rinvio disposto dal giudice ai sensi dell'articolo 5, commi 1-*bis* e 2, non si computano ai fini di cui all'articolo 2 della legge 24 marzo 2001, n. 89.[1]

[1] Comma così sost. dall'art. 84, c. 1, lett. *g*), D.L. 21 giu. 2013, n. 69, conv. con modif. in L. 9 ago. 2013, n. 98. Le modifiche si applicano decorsi 30 giorni dalla data di entrata in vigore della legge di conversione del D.L. 69/2013.

8. *Procedimento.* — 1. All'atto della presentazione della domanda di mediazione, il responsabile dell'organismo designa un mediatore e fissa il primo incontro tra le parti non oltre trenta giorni dal deposito della domanda. La domanda e la data del primo incontro sono comunicate all'altra parte con ogni mezzo idoneo ad assicurarne la ricezione, anche a cura della parte istante. Al primo incontro e agli incontri successivi, fino al termine della procedura, le parti devono partecipare con l'assistenza dell'avvocato. Durante il primo incontro il mediatore chiarisce alle parti la funzione e le modalità di svolgimento della mediazione. Il mediatore, sempre nello stesso primo incontro, invita poi le parti e i loro avvocati a esprimersi sulla possibilità di iniziare la procedura di mediazione e, nel caso positivo, procede con lo svolgimento. Nelle controversie che richiedono specifiche competenze tecniche, l'organismo può nominare uno o più mediatori ausiliari.[1]

2. Il procedimento si svolge senza formalità presso la sede dell'organismo di mediazione o nel luogo indicato dal regolamento di procedura dell'organismo.

3. Il mediatore si adopera affinché le parti raggiungano un accordo amichevole di definizione della controversia.

4. Quando non può procedere ai sensi del comma 1, ultimo periodo, il mediatore può avvalersi di esperti iscritti negli albi dei consulenti presso i tribunali. Il regolamento di procedura dell'organi-

smo deve prevedere le modalità di calcolo e liquidazione dei compensi spettanti agli esperti.

4-*bis*. Dalla mancata partecipazione senza giustificato motivo al procedimento di mediazione, il giudice può desumere argomenti di prova nel successivo giudizio ai sensi dell'articolo 116, secondo comma, del codice di procedura civile. Il giudice condanna la parte costituita che, nei casi previsti dall'articolo 5, non ha partecipato al procedimento senza giustificato motivo, al versamento all'entrata del bilancio dello Stato di una somma di importo corrispondente al contributo unificato dovuto per il giudizio.[2]

5. Dalla mancata partecipazione senza giustificato motivo al procedimento di mediazione il giudice può desumere argomenti di prova nel successivo giudizio ai sensi dell'articolo 116, secondo comma, del codice di procedura civile. Il giudice condanna la parte costituita che, nei casi previsti dall'articolo 5, non ha partecipato al procedimento senza giustificato motivo, al versamento all'entrata del bilancio dello Stato di una somma di importo corrispondente al contributo unificato dovuto per il giudizio.[3,4]

[1] Comma così modif. dall'art. 84, c. 1, lett. *h*), D.L. 21 giu. 2013, n. 69, conv. con modif. in L. 9 ago. 2013, n. 98. Le modifiche si applicano decorsi 30 giorni dalla data di entrata in vigore della legge di conversione del D.L. 69/2013.

[1] Comma agg. dall'art. 84, c. 1, lett. *i*), D.L. 21 giu. 2013, n. 69, conv. con modif. in L. 9 ago. 2013, n. 98. Le modifiche si applicano decorsi 30 giorni dalla data di entrata in vigore della legge di conversione del D.L. 69/2013.

[3] Periodo agg. dall'art. 2, c. 35-*sexies*, D.L. 13 ago. 2011, n. 138, conv. in L. 14 set. 2011, n. 148.

[4] La Corte cost., con sent. 6 dic. 2012, n. 272, ha dichiarato l'ill. cost. del presente comma.

9. ***Dovere di riservatezza.*** — 1. Chiunque presta la propria opera o il proprio servizio nell'organismo o comunque nell'ambito del procedimento di mediazione è tenuto all'obbligo di riservatezza rispetto alle dichiarazioni rese e alle informazioni acquisite durante il procedimento medesimo.

2. Rispetto alle dichiarazioni rese e alle informazioni acquisite nel corso delle sessioni separate e salvo consenso della parte dichiarante o dalla quale provengono le informazioni, il mediatore è altresì tenuto alla riservatezza nei confronti delle altre parti.

10. ***Inutilizzabilità e segreto professionale.*** — 1. Le dichiarazioni rese o le informazioni acquisite nel corso del procedimento di mediazione non possono essere utilizzate nel giudizio avente il medesimo oggetto anche parziale, iniziato, riassunto o proseguito dopo l'insuccesso della mediazione, salvo consenso della parte dichiarante o dalla quale provengono le informazioni. Sul contenuto delle stesse dichiarazioni e informazioni non è ammessa prova testimoniale e non può essere deferito giuramento decisorio.

2. Il mediatore non può essere tenuto a deporre sul contenuto delle dichiarazioni rese e delle informazioni acquisite nel procedimento di mediazione, né davanti all'autorità giudiziaria né davanti ad altra autorità. Al mediatore si applicano le disposizioni dell'articolo 200 del codice di procedura penale e si estendono le garanzie previste per il difensore dalle disposizioni dell'articolo 103 del codice di procedura penale in quanto applicabili.

11. ***Conciliazione.*** — 1. Se è raggiunto un accordo amichevole, il mediatore forma processo verbale al quale è allegato il testo dell'accordo medesimo. Quando l'accordo non è raggiunto, il mediatore può formulare una proposta di conciliazione. In ogni caso, il mediatore formula una proposta di conciliazione se le parti gliene fanno concorde richiesta in qualunque momento del procedimento. Prima della formulazione della proposta, il mediatore informa le parti delle possibili conseguenze di cui all'articolo 13.[1]

2. La proposta di conciliazione è comunicata alle parti per iscritto. Le parti fanno pervenire al mediatore, per iscritto ed entro sette giorni, l'accettazione o il rifiuto della proposta. In mancanza di risposta nel termine, la proposta si ha per rifiutata. Salvo diverso accordo delle parti, la proposta non può contenere alcun riferimento alle dichiarazioni rese o alle informazioni acquisite nel corso del procedimento.

3. Se è raggiunto l'accordo amichevole di cui al comma 1 ovvero se tutte le parti aderiscono alla proposta del mediatore, si forma processo verbale che deve essere sottoscritto dalle parti e dal mediatore, il quale certifica l'autografia della sottoscrizione delle parti o la loro impossibilità di sottoscrivere. Se con l'accordo le parti concludono uno dei contratti o compiono uno degli atti previsti dall'articolo 2643 del codice civile, per procedere alla trascrizione dello stesso la sottoscrizione del processo verbale deve essere autenticata da un pubblico ufficiale a ciò autorizzato. L'accordo raggiunto, anche a seguito della proposta, può prevedere il pagamento di una somma di denaro per ogni violazione o inosservanza degli obblighi stabiliti ovvero per il ritardo nel loro adempimento.

4. Se la conciliazione non riesce, il mediatore forma processo verbale con l'indicazione della proposta; il verbale è sottoscritto dalle parti e dal mediatore, il quale certifica l'autografia della sottoscrizione delle parti o la loro impossibilità di sottoscrivere. Nello stesso verbale, il mediatore dà atto della mancata partecipazione di una delle parti al procedimento di mediazione.

5. Il processo verbale è depositato presso la segreteria dell'organismo e di esso è rilasciata copia alle parti che lo richiedono.

[1] Comma così sost. dall'art. 84, c. 1, lett. *l*), D.L. 21 giu. 2013, n. 69, conv. con modif. in L. 9 ago. 2013, n. 98. Le modifiche si applicano decorsi 30 giorni dalla data di entrata in vigore della legge di conversione del D.L. 69/2013.

12. ***Efficacia esecutiva ed esecuzione.*** — 1. Ove tutte le parti aderenti alla mediazione siano assistite da un avvocato, l'accordo che sia stato sottoscritto dalle parti e dagli stessi avvocati costituisce titolo esecutivo per l'espropriazione forzata, l'esecuzione per consegna e rilascio, l'esecuzione degli obblighi di fare e non fare, nonché per l'iscrizione di ipoteca giudiziale. Gli avvocati attestano e certificano la conformità dell'accordo alle norme imperative e all'ordine pubblico. L'accordo di cui al periodo precedente deve essere integralmente trascritto nel precetto ai sensi dell'articolo 480, secondo comma, del codice di procedura civile.[1] In tutti gli altri casi l'accordo allegato al verbale è omologato, su istanza di parte, con decreto del presidente del tribunale, previo accertamento della regolarità formale e del rispetto delle norme imperative e dell'ordine pubblico. Nelle controversie transfrontaliere di cui all'articolo 2 della direttiva 2008/52/CE del Parlamento europeo e del Consiglio, del 21 maggio 2008, il verbale è omologato dal presidente del tribunale nel cui circondario l'accordo deve avere esecuzione.[2]

2. Il verbale di cui al comma 1 costituisce titolo esecutivo per l'espropriazione forzata, per l'esecuzione in forma specifica e per l'iscrizione di ipoteca giudiziale.

[1] Periodo ins. dall'art. 5, c. 4-*bis*, D.L. 12 set. 2014, n. 132, conv. con modif. in L. 10 nov. 2014, n. 162.

[2] Comma così modif. dall'art. 84, c. 1, lett. *m*), D.L. 21 giu. 2013, n. 69, conv. con modif. in L. 9 ago. 2013, n. 98. Le modifiche si applicano decorsi 30 giorni dalla data di entrata in vigore della legge di conversione del D.L. 69/2013.

13. *Spese processuali.*[1] — 1. Quando il provvedimento che definisce il giudizio corrisponde interamente al contenuto della proposta, il giudice esclude la ripetizione delle spese sostenute dalla parte vincitrice che ha rifiutato la proposta, riferibili al periodo successivo alla formulazione della stessa, e la condanna al rimborso delle spese sostenute dalla parte soccombente relative allo stesso periodo, nonché al versamento all'entrata del bilancio dello Stato di un'ulteriore somma di importo corrispondente al contributo unificato dovuto. Resta ferma l'applicabilità degli articoli 92 e 96 del codice di procedura civile. Le disposizioni di cui al presente comma si applicano altresì alle spese per l'indennità corrisposta al mediatore e per il compenso dovuto all'esperto di cui all'articolo 8, comma 4.

2. Quando il provvedimento che definisce il giudizio non corrisponde interamente al contenuto della proposta, il giudice, se ricorrono gravi ed eccezionali ragioni, può nondimeno escludere la ripetizione delle spese sostenute dalla parte vincitrice per l'indennità corrisposta al mediatore e per il compenso dovuto all'esperto di cui all'articolo 8, comma 4. Il giudice deve indicare esplicitamente, nella motivazione, le ragioni del provvedimento sulle spese di cui al periodo precedente.

3. Salvo diverso accordo, le disposizioni dei commi 1 e 2 non si applicano ai procedimenti davanti agli arbitri.

[1] Articolo così sost. dall'art. 84, c. 1, lett. *n*), D.L. 21 giu. 2013, n. 69, conv. con modif. in L. 9 ago. 2013, n. 98. Le modifiche si applicano decorsi 30 giorni dalla data di entrata in vigore della legge di conversione del D.L. 69/2013.

14. *Obblighi del mediatore.* — 1. Al mediatore e ai suoi ausiliari è fatto divieto di assumere diritti o obblighi connessi, direttamente o indirettamente, con gli affari trattati, fatta eccezione per quelli strettamente inerenti alla prestazione dell'opera o del servizio; è fatto loro divieto di percepire compensi direttamente dalle parti.

2. Al mediatore è fatto, altresì, obbligo di:

a) sottoscrivere, per ciascun affare per il quale è designato, una dichiarazione di imparzialità secondo le formule previste dal regolamento di procedura applicabile, nonché gli ulteriori impegni eventualmente previsti dal medesimo regolamento;

b) informare immediatamente l'organismo e le parti delle ragioni di possibile pregiudizio all'imparzialità nello svolgimento della mediazione;

c) formulare le proposte di conciliazione nel rispetto del limite dell'ordine pubblico e delle norme imperative;

d) corrispondere immediatamente a ogni richiesta organizzativa del responsabile dell'organismo.

3. Su istanza di parte, il responsabile dell'organismo provvede alla eventuale sostituzione del mediatore. Il regolamento individua la diversa competenza a decidere sull'istanza, quando la mediazione è svolta dal responsabile dell'organismo.

15. *Mediazione nell'azione di classe.* — 1. Quando è esercitata l'azione di classe prevista dall'articolo 140-*bis* del codice del consumo, di cui al decreto legislativo 6 settembre 2005, n. 206, e successive modificazioni, la conciliazione, intervenuta dopo la scadenza del termine per l'adesione, ha effetto anche nei confronti degli aderenti che vi abbiano espressamente consentito.

CAPO III

Organismi di mediazione

16. *Organismi di mediazione e registro. Elenco dei formatori.*[1] — 1. Gli enti pubblici o privati, che diano garanzie di serietà ed efficienza, sono abilitati a costituire organismi deputati, su istanza della parte interessata, a gestire il procedimento di mediazione nelle materie di cui all'articolo 2 del presente decreto. Gli organismi devono essere iscritti nel registro.

2. La formazione del registro e la sua revisione, l'iscrizione, la sospensione e la cancellazione degli iscritti, l'istituzione di separate sezioni del registro per la trattazione degli affari che richiedono specifiche competenze anche in materia di consumo e internazionali, nonché la determinazione delle in-

dennità spettanti agli organismi sono disciplinati con appositi decreti del Ministro della giustizia, di concerto, relativamente alla materia del consumo, con il Ministro dello sviluppo economico. Fino all'adozione di tali decreti si applicano, in quanto compatibili, le disposizioni dei decreti del Ministro della giustizia 23 luglio 2004, n. 222 e 23 luglio 2004, n. 223. A tali disposizioni si conformano, sino alla medesima data, gli organismi di composizione extragiudiziale previsti dall'articolo 141 del codice del consumo, di cui al decreto legislativo 6 settembre 2005, n. 206, e successive modificazioni.

3. L'organismo, unitamente alla domanda di iscrizione nel registro, deposita presso il Ministero della giustizia il proprio regolamento di procedura e il codice etico, comunicando ogni successiva variazione. Nel regolamento devono essere previste, fermo quanto stabilito dal presente decreto, le procedure telematiche eventualmente utilizzate dall'organismo, in modo da garantire la sicurezza delle comunicazioni e il rispetto della riservatezza dei dati. Al regolamento devono essere allegate le tabelle delle indennità spettanti agli organismi costituiti da enti privati, proposte per l'approvazione a norma dell'articolo 17. Ai fini dell'iscrizione nel registro il Ministero della giustizia valuta l'idoneità del regolamento.

4. La vigilanza sul registro è esercitata dal Ministero della giustizia e, con riferimento alla sezione per la trattazione degli affari in materia di consumo di cui al comma 2, anche dal Ministero dello sviluppo economico.

4-*bis*. Gli avvocati iscritti all'albo sono di diritto mediatori. Gli avvocati iscritti ad organismi di mediazione devono essere adeguatamente formati in materia di mediazione e mantenere la propria preparazione con percorsi di aggiornamento teorico-pratici a ciò finalizzati, nel rispetto di quanto previsto dall'articolo 55-*bis* del codice deontologico forense. Dall'attuazione della presente disposizione non devono derivare nuovi o maggiori oneri a carico della finanza pubblica.[2]

5. Presso il Ministero della giustizia è istituito, con decreto ministeriale, l'elenco dei formatori per la mediazione. Il decreto stabilisce i criteri per l'iscrizione, la sospensione e la cancellazione degli iscritti, nonché per lo svolgimento dell'attività di formazione, in modo da garantire elevati livelli di formazione dei mediatori. Con lo stesso decreto, è stabilita la data a decorrere dalla quale la partecipazione all'attività di formazione di cui al presente comma costituisce per il mediatore requisito di qualificazione professionale.

6. L'istituzione e la tenuta del registro e dell'elenco dei formatori avvengono nell'ambito delle risorse umane, finanziarie e strumentali già esistenti, e disponibili a legislazione vigente, presso il Ministero della giustizia e il Ministero dello sviluppo economico, per la parte di rispettiva competenza, e, comunque, senza nuovi o maggiori oneri per il bilancio dello Stato.

[1] Si veda il D.M. 14 feb. 2017, n. 34. *Regolamento sulle modalità di costituzione delle camere arbitrali, di conciliazione e degli organismi di risoluzione alternativa delle controversie*.

[2] Comma agg. dall'art. 84, c. 1, lett. *o*), D.L. 21 giu. 2013, n. 69, conv. con modif. in L. 9 ago. 2013, n. 98. Le modifiche si applicano decorsi 30 giorni dalla data di entrata in vigore della legge di conversione del D.L. 69/2013.

17. ***Risorse, regime tributario e indennità.*** — 1. In attuazione dell'articolo 60, comma 3, lettera *o*), della legge 18 giugno 2009, n. 69, le agevolazioni fiscali previste dal presente articolo, commi 2 e 3, e dall'articolo 20, rientrano tra le finalità del Ministero della giustizia finanziabili con la parte delle risorse affluite al «Fondo Unico Giustizia» attribuite al predetto Ministero, ai sensi del comma 7 dell'articolo 2, lettera *b*), del decreto-legge 16 settembre 2008, n. 143, convertito, con modificazioni, dalla legge 13 novembre 2008, n. 181, e dei commi 3 e 4 dell'articolo 7 del decreto del Ministro dell'economia e delle finanze 30 luglio 2009, n. 127.

2. Tutti gli atti, documenti e provvedimenti relativi al procedimento di mediazione sono esenti dall'imposta di bollo e da ogni spesa, tassa o diritto di qualsiasi specie e natura.

3. Il verbale di accordo è esente dall'imposta di registro entro il limite di valore di 50.000 euro, altrimenti l'imposta è dovuta per la parte eccedente.

4. Fermo restando quanto previsto dai commi 5-*bis* e 5-*ter* del presente articolo, con il decreto di cui all'articolo 16, comma 2, sono determinati:

a) l'ammontare minimo e massimo delle indennità spettanti agli organismi pubblici, il criterio di calcolo e le modalità di ripartizione tra le parti;

b) i criteri per l'approvazione delle tabelle delle indennità proposte dagli organismi costituiti da enti privati;

c) le maggiorazioni massime dell'indennità dovute, non superiori al 25 per cento, nell'ipotesi di successo della mediazione;

d) le riduzioni minime delle indennità dovute nelle ipotesi in cui la mediazione è condizione di procedibilità ai sensi dell'articolo 5, comma 1-*bis*, ovvero è disposta dal giudice ai sensi dell'articolo 5, comma 2.[1]

5. Quando la mediazione è condizione di procedibilità della domanda ai sensi dell'articolo 5, comma 1, all'organismo non è dovuta alcuna indennità dalla parte che si trova nelle condizioni per l'ammissione al patrocinio a spese dello Stato, ai sensi dell'articolo 76 (L) del testo unico delle disposizioni legislative e regolamentari in materia di spese di giustizia di cui al decreto del Presidente della Repubblica del 30 maggio 2002, n. 115. A tale fine la parte è tenuta a depositare presso l'organismo apposita dichiarazione sostitutiva dell'atto di notorietà, la cui sottoscrizione può essere autenticata dal medesimo mediatore, nonché a produrre, a pena di inammissibilità, se l'organismo lo richiede, la

documentazione necessaria a comprovare la veridicità di quanto dichiarato.[2]

5-*bis*. Quando la mediazione è condizione di procedibilità della domanda ai sensi dell'articolo 5, comma 1-*bis*, ovvero è disposta dal giudice ai sensi dell'articolo 5, comma 2, del presente decreto, all'organismo non è dovuta alcuna indennità dalla parte che si trova nelle condizioni per l'ammissione al patrocinio a spese dello Stato, ai sensi dell'articolo 76 (L) del testo unico delle disposizioni legislative e regolamentari in materia di spese di giustizia, di cui al decreto del Presidente della Repubblica 30 maggio 2002, n. 115, e successive modificazioni. A tale fine la parte è tenuta a depositare presso l'organismo apposita dichiarazione sostitutiva dell'atto di notorietà, la cui sottoscrizione può essere autenticata dal medesimo mediatore, nonché a produrre, a pena di inammissibilità, se l'organismo lo richiede, la documentazione necessaria a comprovare la veridicità di quanto dichiarato.[3]

5-*ter*. Nel caso di mancato accordo all'esito del primo incontro, nessun compenso è dovuto per l'organismo di mediazione.[3]

6. Il Ministero della giustizia provvede, nell'ambito delle proprie attività istituzionali, al monitoraggio delle mediazioni concernenti i soggetti esonerati dal pagamento dell'indennità di mediazione. Dei risultati di tale monitoraggio si tiene conto per la determinazione, con il decreto di cui all'articolo 16, comma 2, delle indennità spettanti agli organismi pubblici, in modo da coprire anche il costo dell'attività prestata a favore dei soggetti aventi diritto all'esonero.

7. L'ammontare dell'indennità può essere rideterminato ogni tre anni in relazione alla variazione, accertata dall'Istituto Nazionale di Statistica, dell'indice dei prezzi al consumo per le famiglie di operai e impiegati, verificatasi nel triennio precedente.

8. Alla copertura degli oneri derivanti dalle disposizioni dei commi 2 e 3, valutati in 5,9 milioni di euro per l'anno 2010 e 7,018 milioni di euro a decorrere dall'anno 2011, si provvede mediante corrispondente riduzione della quota delle risorse del «Fondo unico giustizia» di cui all'articolo 2, comma 7, lettera *b*) del decreto-legge 16 settembre 2008, n. 143, convertito, con modificazioni, dalla legge 13 novembre 2008, n. 181, che, a tale fine, resta acquisita all'entrata del bilancio dello Stato.

9. Il Ministro dell'economia e delle finanze provvede al monitoraggio degli oneri di cui ai commi 2 e 3 ed in caso si verifichino scostamenti rispetto alle previsioni di cui al comma 8, resta acquisito all'entrata l'ulteriore importo necessario a garantire la copertura finanziaria del maggiore onere a valere sulla stessa quota del Fondo unico giustizia di cui al comma 8.

[1] Comma così sost. dall'art. 84, c. 1, lett. *p*), D.L. 21 giu. 2013, n. 69, conv. con modif. in L. 9 ago. 2013, n. 98. Le modifiche si applicano decorsi 30 giorni dalla data di entrata in vigore della legge di conversione del D.L. 69/2013.

[2] La Corte cost., con sent. 6 dic. 2012, n. 272, ha dichiarato l'ill. cost. del presente comma.

[3] Comma ins. dall'art. 84, c. 1, lett. *p*), D.L. 21 giu. 2013, n. 69, conv. con modif. in L. 9 ago. 2013, n. 98. Le modifiche si applicano decorsi 30 giorni dalla data di entrata in vigore della legge di conversione del D.L. 69/2013.

18. ***Organismi presso i tribunali.*** — 1. I consigli degli ordini degli avvocati possono istituire organismi presso ciascun tribunale, avvalendosi di proprio personale e utilizzando i locali loro messi a disposizione dal presidente del tribunale. Gli organismi presso i tribunali sono iscritti al registro a semplice domanda, nel rispetto dei criteri stabiliti dai decreti di cui all'articolo 16.

19. ***Organismi presso i consigli degli ordini professionali e presso le camere di commercio.*** — 1. I consigli degli ordini professionali possono istituire, per le materie riservate alla loro competenza, previa autorizzazione del Ministero della giustizia, organismi speciali, avvalendosi di proprio personale e utilizzando locali nella propria disponibilità.

2. Gli organismi di cui al comma 1 e gli organismi istituiti ai sensi dell'articolo 2, comma 4, della legge 29 dicembre 1993, n. 580, dalle camere di commercio, industria, artigianato e agricoltura sono iscritti al registro a semplice domanda, nel rispetto dei criteri stabiliti dai decreti di cui all'articolo 16.

CAPO IV

(*Omissis*).

- 2 -

D.M. 18 ott. 2010, n. 180

Regolamento recante la determinazione dei criteri e delle modalità di iscrizione e tenuta del registro degli organismi di mediazione e dell'elenco dei formatori per la mediazione, nonché l'approvazione delle indennità spettanti agli organismi, ai sensi dell'articolo 16 d el decreto legislativo 4 marzo 2010, n. 28

(G.U. 4 nov. 2010, n. 258)

CAPO I

Disposizioni generali

1. ***Definizioni.*** — 1. Ai fini del presente decreto si intende per:

a) "Ministero": il Ministero della giustizia;

b) "decreto legislativo": il decreto legislativo 4 marzo 2010, n. 28;

c) "mediazione": l'attività, comunque denominata, svolta da un terzo imparziale e finalizzata ad assistere due o più soggetti sia nella ricerca di un accordo amichevole per la composizione di una controversia, sia nella formulazione di una proposta per la risoluzione della stessa;

d) "mediatore": la persona o le persone fisiche che, individualmente o collegialmente, svolgono la mediazione rimanendo prive, in ogni caso, del potere di rendere giudizi o decisioni vincolanti per i destinatari del servizio medesimo;

e) "conciliazione": la composizione di una controversia a seguito dello svolgimento della mediazione;

f) "organismo": l'ente pubblico o privato, ovvero la sua articolazione, presso cui può svolgersi il procedimento di mediazione ai sensi del decreto legislativo;

g) "regolamento": l'atto contenente l'autonoma disciplina della procedura di mediazione e dei relativi costi, adottato dall'organismo;

h) "indennità": l'importo posto a carico degli utenti per la fruizione del servizio di mediazione fornito dagli organismi;

i) "registro": il registro degli organismi istituito presso il Ministero;

l) "responsabile": il responsabile della tenuta del registro e dell'elenco;

m) "formatore": la persona o le persone fisiche che svolgono l'attività di formazione dei mediatori;

n) "enti di formazione": gli enti pubblici e privati, ovvero le loro articolazioni, presso cui si svolge l'attività di formazione dei mediatori;

o) "responsabile scientifico": la persona o le persone fisiche che svolgono i compiti di cui all'articolo 18, comma 2, lettera *i*), assicurando l'idoneità dell'attività svolta dagli enti di formazione;

p) "elenco": l'elenco degli enti di formazione istituito presso il Ministero;

q) "ente pubblico": la persona giuridica di diritto pubblico interno, comunitario, internazionale o straniero;

r) "ente privato": qualsiasi soggetto di diritto privato, diverso dalla persona fisica;

s) "CCIAA": le camere di commercio, industria, artigianato e agricoltura.

2. *Oggetto.* — 1. Il presente decreto disciplina:

a) l'istituzione del registro presso il Ministero;

b) i criteri e le modalità di iscrizione nel registro, nonché la vigilanza, il monitoraggio, la sospensione e la cancellazione dei singoli organismi dal registro;

c) l'istituzione dell'elenco presso il Ministero;

d) i criteri e le modalità di iscrizione nell'elenco, nonché la vigilanza, il monitoraggio, la sospensione e la cancellazione degli enti di formazione dall'elenco;

e) l'ammontare minimo e massimo e il criterio di calcolo delle indennità spettanti agli organismi costituiti da enti pubblici di diritto interno, nonché i criteri per l'approvazione delle tabelle delle indennità proposte dagli organismi costituiti dagli enti privati.

CAPO II

Registro degli organismi

3. *Registro.* — 1. È istituito il registro degli organismi abilitati a svolgere la mediazione.

2. Il registro è tenuto presso il Ministero nell'ambito delle risorse umane, finanziarie e strumentali già esistenti presso il Dipartimento per gli affari di giustizia; ne è responsabile il direttore generale della giustizia civile, ovvero persona da lui delegata con qualifica dirigenziale o con qualifica di magistrato nell'ambito della direzione generale. Il direttore generale della giustizia civile, al fine di esercitare la vigilanza, si può avvalere dell'Ispettorato generale del Ministero della giustizia. Ai fini della vigilanza sulla sezione del registro per la trattazione degli affari in materia di rapporti di consumo di cui al comma 3, parte *i*), sezione C e parte *ii*), sezione C, il responsabile esercita i poteri di cui al presente decreto sentito il Ministero dello sviluppo economico.[1]

3. Il registro è articolato in modo da contenere le seguenti annotazioni:

parte *i*): enti pubblici;

sezione A: elenco dei mediatori;

sezione B: elenco dei mediatori esperti nella materia internazionale;

sezione C: elenco dei mediatori esperti nella materia dei rapporti di consumo;

parte *ii*): enti privati;

sezione A: elenco dei mediatori;

sezione B: elenco dei mediatori esperti nella materia internazionale;

sezione C: elenco dei mediatori esperti nella materia dei rapporti di consumo;

sezione D: elenco dei soci, associati, amministratori, rappresentanti degli organismi.

4. Il responsabile cura il continuo aggiornamento dei dati.

5. La gestione del registro avviene con modalità informatiche che assicurano la possibilità di rapida elaborazione di dati con finalità connessa ai compiti di tenuta di cui al presente decreto.

6. Gli elenchi dei mediatori sono pubblici; l'accesso alle altre annotazioni è regolato dalle vigenti disposizioni di legge.

[1] Comma così modif. dall'art. 1, c. 1, del D.M. 6 lug. 2011, n. 145.

4. *Criteri per l'iscrizione nel registro.* — 1. Nel registro sono iscritti, a domanda, gli organismi di mediazione costituiti da enti pubblici e privati.

2. Il responsabile verifica la professionalità e l'efficienza dei richiedenti e, in particolare:

a) a capacità finanziaria e organizzativa del richiedente, nonché la compatibilità dell'attività di mediazione con l'oggetto sociale o lo scopo associativo; ai fini della dimostrazione della capacità finanziaria, il richiedente deve possedere un capitale non inferiore a 10.000,00 euro; ai fini della dimostrazione della capacità organizzativa, il richiedente deve attestare di poter svolgere l'attività di mediazione in almeno due regioni italiane o in almeno due province della medesima regione, anche attraverso gli accordi di cui all'articolo 7, comma 2, lettera c);[1]

b) il possesso, da parte dei mediatori, di una specifica formazione e di uno specifico aggiornamento almeno biennale, acquisiti presso gli enti di formazione in base all'articolo 18, nonché la partecipazione, da parte dei mediatori, nel biennio di aggiornamento e in forma di tirocinio assistito, ad almeno venti casi di mediazione svolti presso organismi iscritti;

c) i requisiti di onorabilità dei soci, associati, amministratori o rappresentanti dei predetti enti, conformi a quelli fissati dall'articolo 13 del decreto legislativo 24 febbraio 1998, n. 58;

d) la trasparenza amministrativa e contabile dell'organismo, ivi compreso il rapporto giuridico ed economico tra l'organismo e l'ente di cui eventualmente costituisca articolazione interna al fine della dimostrazione della necessaria autonomia finanziaria e funzionale;

e) le garanzie di indipendenza, imparzialità e riservatezza nello svolgimento del servizio di mediazione, nonché la conformità del regolamento alla legge e al presente decreto, anche per quanto attiene al rapporto giuridico con i mediatori;

f) il numero dei mediatori, non inferiore a cinque, che hanno dichiarato la disponibilità a svolgere le funzioni di mediazione per il richiedente;

g) la sede dell'organismo.

3. Il responsabile verifica altresì:

a) i requisiti di qualificazione dei mediatori, i quali devono possedere un titolo di studio non inferiore al diploma di laurea universitaria triennale ovvero, in alternativa, devono essere iscritti a un ordine o collegio professionale;

b) il possesso di una specifica formazione e di uno specifico aggiornamento almeno biennale, acquisiti presso gli enti di formazione in base all'articolo 18;

c) il possesso, da parte dei mediatori, dei seguenti requisiti di onorabilità:

a. non avere riportato condanne definitive per delitti non colposi o a pena detentiva non sospesa;

b. non essere incorso nell'interdizione perpetua o temporanea dai pubblici uffici;

c. non essere stato sottoposto a misure di prevenzione o di sicurezza;

d. non avere riportato sanzioni disciplinari diverse dall'avvertimento;

d) la documentazione idonea a comprovare le conoscenze linguistiche necessarie, per i mediatori che intendono iscriversi negli elenchi di cui all'articolo 3, comma 3, parte *i*), sezione B e parte *ii*), sezione B.

4. Gli organismi costituiti, anche in forma associata, dalle CCIAA e dai consigli degli ordini professionali sono iscritti su semplice domanda, all'esito della verifica della sussistenza del solo requisito di cui al comma 2, lettera *b*), per l'organismo e dei requisiti di cui al comma 3, per i mediatori. Per gli organismi costituiti da consigli degli ordini professionali diversi dai consigli degli ordini degli avvocati, l'iscrizione è sempre subordinata alla verifica del rilascio dell'autorizzazione da parte del responsabile, ai sensi dell'articolo 19 del decreto legislativo. Nei casi di cui al primo e al secondo periodo del presente comma, è fatto salvo quanto previsto dall'articolo 10.

5. Il possesso dei requisiti di cui ai commi 2 e 3, eccetto che per quello di cui al comma 2, lettera *b*), può essere attestato dall'interessato mediante autocertificazione. Il possesso del requisito di cui al comma 2, lettera *b*), è attestato mediante la produzione di copia della polizza assicurativa.

[1] Lettera così modif. dall'art. 2, c. 1, D.M. 4 ago. 2014, n. 139.

5. *Procedimento di iscrizione.* — 1. Il responsabile approva il modello della domanda di iscrizione e fissa le modalità di svolgimento delle verifiche, con l'indicazione degli atti, dei documenti e dei dati di cui la domanda deve essere corredata; delle determinazioni relative è data adeguata pubblicità, anche attraverso il sito internet del Ministero. Alla domanda è, in ogni caso, allegato il regolamento di procedura, con la scheda di valutazione di cui all'articolo 7, comma 5, lettera *b*), e la tabella delle indennità redatta secondo i criteri stabiliti nell'articolo 16; per gli enti privati l'iscrizione nel registro comporta l'approvazione delle tariffe.

2. La domanda e i relativi allegati, compilati secondo il modello predisposto, sono trasmessi al Ministero, anche in via telematica, con modalità che assicurano la certezza dell'avvenuto ricevimento.

3. Il procedimento di iscrizione deve essere concluso entro quaranta giorni, decorrenti dalla data di ricevimento della domanda. La richiesta di integrazione della domanda o dei suoi allegati può essere effettuata dal responsabile per una sola volta. Dalla data in cui risulta pervenuta la documentazione integrativa richiesta, decorre un nuovo termine di venti giorni.

4. Quando è scaduto il termine di cui al primo o al terzo periodo del comma 3 senza che il responsabile abbia provveduto, si procede comunque all'iscrizione.

6. *Requisiti per l'esercizio delle funzioni di mediatore.* — 1. Il richiedente è tenuto ad allegare alla domanda di iscrizione l'elenco dei mediatori che si dichiarano disponibili allo svolgimento del servizio.

2. L'elenco dei mediatori è corredato:

a) della dichiarazione di disponibilità, sottoscritta dal mediatore e contenente l'indicazione della sezione del registro alla quale questi chiede di essere iscritto;

b) del curriculum sintetico di ciascun mediatore, con indicazione specifica dei requisiti di cui all'articolo 4, comma 3, lettere *a*) e *b*);

c) dell'attestazione di possesso dei requisiti di cui all'articolo 4, comma 3, lettera *c*);

d) di documentazione idonea a comprovare le conoscenze linguistiche necessarie all'iscrizione nell'elenco dei mediatori esperti nella materia internazionale.

3. Nessuno può dichiararsi disponibile a svolgere le funzioni di mediatore per più di cinque organismi.

4. Le violazioni degli obblighi inerenti le dichiarazioni previste dal presente articolo, commesse da pubblici dipendenti o da professionisti iscritti ad albi o collegi professionali, costituiscono illecito disciplinare sanzionabile ai sensi delle rispettive normative deontologiche. Il responsabile è tenuto a informarne gli organi competenti.

7. ***Regolamento di procedura.*** — 1. Il regolamento contiene l'indicazione del luogo dove si svolge il procedimento, che è derogabile con il consenso di tutte le parti, del mediatore e del responsabile dell'organismo.

2. L'organismo può prevedere nel regolamento:

a) che il mediatore deve in ogni caso convocare personalmente le parti;

b) che, in caso di formulazione della proposta ai sensi dell'articolo 11 del decreto legislativo, la stessa può provenire da un mediatore diverso da quello che ha condotto sino ad allora la mediazione e sulla base delle sole informazioni che le parti intendono offrire al mediatore proponente, e che la proposta medesima può essere formulata dal mediatore anche in caso di mancata partecipazione di una o più parti al procedimento di mediazione;

c) la possibilità di avvalersi delle strutture, del personale e dei mediatori di altri organismi con i quali abbia raggiunto a tal fine un accordo, anche per singoli affari di mediazione, nonché di utilizzare i risultati delle negoziazioni paritetiche basate su protocolli di intesa tra le associazioni riconosciute ai sensi dell'articolo 137 del Codice del Consumo e le imprese, o loro associazioni, e aventi per oggetto la medesima controversia;

d) la formazione di separati elenchi dei mediatori suddivisi per specializzazioni in materie giuridiche;

e) che la mediazione svolta dall'organismo medesimo è limitata a specifiche materie, chiaramente individuate.

3. Il regolamento stabilisce le cause di incompatibilità allo svolgimento dell'incarico da parte del mediatore e disciplina le conseguenze sui procedimenti in corso della sospensione o della cancellazione dell'organismo dal registro ai sensi dell'articolo 10.

4. Il regolamento non può prevedere che l'accesso alla mediazione si svolge esclusivamente attraverso modalità telematiche.

5. Il regolamento deve, in ogni caso, prevedere:

a) che il procedimento di mediazione può avere inizio solo dopo la sottoscrizione da parte del mediatore designato della dichiarazione di imparzialità di cui all'articolo 14, comma 2, lettera *a*), del decreto legislativo;

b) che, al termine del procedimento di mediazione, a ogni parte del procedimento viene consegnata idonea scheda per la valutazione del servizio; il modello della scheda deve essere allegato al regolamento, e copia della stessa, con la sottoscrizione della parte e l'indicazione delle sue generalità, deve essere trasmessa per via telematica al responsabile, con modalità che assicurano la certezza dell'avvenuto ricevimento;

c) la possibilità di comune indicazione del mediatore ad opera delle parti, ai fini della sua eventuale designazione da parte dell'organismo.

d) che, nei casi di cui all'articolo 5, comma 1, del decreto legislativo, il mediatore svolge l'incontro con la parte istante anche in mancanza di adesione della parte chiamata in mediazione, e la segreteria dell'organismo può rilasciare attestato di conclusione del procedimento solo all'esito del verbale di mancata partecipazione della medesima parte chiamata e mancato accordo, formato dal mediatore ai sensi dell'articolo 11, comma 4, del decreto legislativo;[1]

e) criteri inderogabili per l'assegnazione degli affari di mediazione predeterminati e rispettosi della specifica competenza professionale del mediatore designato, desunta anche dalla tipologia di laurea universitaria posseduta.[1]

6. Fermo quanto previsto dall'articolo 9, comma 2, del decreto legislativo, il regolamento garantisce il diritto di accesso delle parti agli atti del procedimento di mediazione, che il responsabile dell'organismo è tenuto a custodire in apposito fascicolo debitamente registrato e numerato nell'ambito del registro degli affari di mediazione. Il diritto di accesso ha per oggetto gli atti depositati dalle parti nelle sessioni comuni ovvero, per ciascuna parte, gli atti depositati nella propria sessione separata.

7. Non sono consentite comunicazioni riservate delle parti al solo mediatore, eccetto quelle effettuate in occasione delle sessioni separate.

8. I dati raccolti sono trattati nel rispetto delle disposizioni del decreto legislativo 30 giugno 2003, n. 196, recante "Codice in materia di protezione dei dati personali".

[1] Lettera aggiunta dall'art. 3, c. 1. del D.M. 6 lug. 2011, n. 145.

8. ***Obblighi degli iscritti.*** — 1. L'organismo iscritto è obbligato a comunicare immediatamente al responsabile tutte le vicende modificative dei requisiti, dei dati e degli elenchi comunicati ai fini dell'iscrizione, compreso l'adempimento dell'obbligo di aggiornamento formativo dei mediatori.

2. Il responsabile dell'organismo è tenuto a rilasciare alle parti che gliene fanno richiesta il verbale di accordo di cui all'articolo 11, comma 3, del de-

creto legislativo, anche ai fini dell'istanza di omologazione del verbale medesimo.

3. Il responsabile dell'organismo trasmette altresì la proposta del mediatore di cui all'articolo 11 del decreto legislativo, su richiesta del giudice che provvede ai sensi dell'articolo 13 dello stesso decreto legislativo.

4. L'organismo iscritto è obbligato a consentire, gratuitamente e disciplinandolo nel proprio regolamento, il tirocinio assistito di cui all'articolo 4, comma 3, lettera *b*).[1]

5. L'organismo iscritto è obbligato a comunicare al Ministero della giustizia, alla fine di ogni trimestre, non oltre l'ultimo giorno del mese successivo alla scadenza del trimestre stesso, i dati statistici relativi alla attività di mediazione svolta.[2]

[1] Comma aggiunto dall'art. 4, c. 1. del D.M. 6 lug. 2011, n. 145.

[2] Comma aggiunto dall'art. 3, c. 1, D.M. 4 ago. 2014, n. 139.

9. *Effetti dell'iscrizione.* — 1. Il provvedimento di iscrizione è comunicato al richiedente con il numero d'ordine attribuito nel registro.

2. A seguito dell'iscrizione, l'organismo e il mediatore designato non possono, se non per giustificato motivo, rifiutarsi di svolgere la mediazione.

3. Dalla data della comunicazione di cui al comma 1, l'organismo è tenuto, negli atti, nella corrispondenza, nonché nelle forme di pubblicità consentite, a fare menzione del numero d'ordine.

4. A far data dal secondo anno di iscrizione, entro il 31 marzo di ogni anno successivo, ogni organismo trasmette al responsabile il rendiconto della gestione su modelli predisposti dal Ministero e disponibili sul relativo sito internet.

10. *Sospensione e cancellazione dal registro.* — 1. Se, dopo l'iscrizione, sopravvengono o risultano nuovi fatti che l'avrebbero impedita, ovvero in caso di violazione degli obblighi di comunicazione di cui agli articoli 8 e 20 o di reiterata violazione degli obblighi del mediatore, il responsabile dispone la sospensione e, nei casi più gravi, la cancellazione dal registro. Nel caso di cui all'articolo 8 comma 5, il responsabile dispone la sospensione per un periodo di dodici mesi dell'organismo che non ha comunicato i dati; ne dispone la cancellazione dal registro se l'organismo non provvede ad inviare i dati, inclusi quelli storici dei dodici mesi precedenti, entro i tre mesi successivi.[1]

2. Fermo quanto previsto dal comma 1, il responsabile dispone altresì la cancellazione degli organismi che hanno svolto meno di dieci procedimenti di mediazione in un biennio.

3. La cancellazione di cui ai commi 1 e 2 impedisce all'organismo di ottenere una nuova iscrizione, prima che sia decorso un anno.

4. Spetta al responsabile, per le finalità di cui ai commi 1 e 2, l'esercizio del potere di controllo, anche mediante acquisizione di atti e notizie, che viene esercitato nei modi e nei tempi stabiliti da circolari o atti amministrativi equipollenti, di cui viene curato il preventivo recapito, anche soltanto in via telematica, ai singoli organismi interessati.

[1] Comma così modif. dall'art. 4, c. 1, D.M. 4 ago. 2014, n. 139.

11. *Monitoraggio.* — 1. Il Ministero procede ogni sei mesi, anche attraverso i responsabili degli organismi e congiuntamente con il Ministero dello sviluppo economico per i procedimenti di mediazione inerenti gli affari in materia di rapporti di consumo, al monitoraggio statistico dei procedimenti di mediazione svolti presso gli organismi medesimi. I dati statistici vengono separatamente riferiti alla mediazione obbligatoria, volontaria e demandata dal giudice. Per ciascuna di tali categorie sono indicati i casi di successo della mediazione e i casi di esonero dal pagamento dell'indennità ai sensi dell'articolo 17, comma 5, del decreto legislativo.[1]

2. Il Ministero procede altresì alla raccolta, presso gli uffici giudiziari, dei dati relativi all'applicazione, nel processo, dell'articolo 13, comma 1, del decreto legislativo.

3. I dati raccolti ai sensi dei commi 1 e 2 sono utilizzati anche ai fini della determinazione delle indennità spettanti agli organismi pubblici.

[1] Comma così modif. dall'art. 5, c. 1, D.M. 4 ago. 2014, n. 139.

CAPO III
Servizio di mediazione e prestazione del mediatore

12. *Registro degli affari di mediazione.* — 1. Ciascun organismo è tenuto a istituire un registro, anche informatico, degli affari di mediazione, con le annotazioni relative al numero d'ordine progressivo, i dati identificativi delle parti, l'oggetto della mediazione, il mediatore designato, la durata del procedimento e il relativo esito.

2. A norma dell'articolo 2961, primo comma, del codice civile, è fatto obbligo all'organismo di conservare copia degli atti dei procedimenti trattati per almeno un triennio dalla data della loro conclusione.

13. *Obblighi di comunicazione al responsabile.* — 1. Il giudice che nega l'omologazione, provvedendo ai sensi dell'articolo 12 del decreto legislativo, trasmette al responsabile e all'organismo copia del provvedimento di diniego.

14. *Natura della prestazione.* — 1. Il mediatore designato esegue personalmente la sua prestazione.

14-*bis*. *Incompatibilità e conflitti di interesse.*[1] — 1. Il mediatore non può essere parte ovvero rappresentare o in ogni modo assistere parti in procedure di mediazione dinanzi all'organismo presso cui è iscritto o relativamente al quale è socio o riveste una carica a qualsiasi titolo; il divieto si estende ai professionisti soci, associati ovvero che esercitino la professione negli stessi locali.

2. Non può assumere la funzione di mediatore colui il quale ha in corso ovvero ha avuto negli ultimi due anni rapporti professionali con una delle parti, o quando una delle parti è assistita o è stata assistita negli ultimi due anni da professionista di lui socio o con lui associato ovvero che ha esercitato la professione negli stessi locali; in ogni caso costituisce condizione ostativa all'assunzione dell'incarico di mediatore la ricorrenza di una delle ipotesi di cui all'articolo 815, primo comma, numeri da 2 a 6, del codice di procedura civile.

3. Chi ha svolto l'incarico di mediatore non può intrattenere rapporti professionali con una delle parti se non sono decorsi almeno due anni dalla definizione del procedimento. Il divieto si estende ai professionisti soci, associati ovvero che esercitano negli stessi locali.

[1] Articolo inserito dall'art. 6, c. 1, D.M. 4 ago. 2014, n. 139.

15. ***Divieti inerenti al servizio di mediazione.*** — 1. Salvo quanto previsto dall'articolo 4, comma 2, lettera *b*), l'organismo non può assumere diritti e obblighi connessi con gli affari trattati dai mediatori che operano presso di sé, anche in virtù di accordi conclusi ai sensi dell'articolo 7, comma 2, lettera *c*).

CAPO IV
Indennità

16. ***Criteri di determinazione dell'indennità.***[1] — 1. L'indennità comprende le spese di avvio del procedimento e le spese di mediazione.

2. Per le spese di avvio, a valere sull'indennità complessiva, è dovuto da ciascuna parte per lo svolgimento del primo incontro un importo di euro 40,00 per le liti di valore fino a 250.000,00 euro e di euro 80,00 per quelle di valore superiore, oltre alle spese vive documentate che è versato dall'istante al momento del deposito della domanda di mediazione e dalla parte chiamata alla mediazione al momento della sua adesione al procedimento. L'importo è dovuto anche in caso di mancato accordo.[2]

3. Per le spese di mediazione è dovuto da ciascuna parte l'importo indicato nella tabella A allegata al presente decreto.

Tabella A

Valore della lite	Spesa (per ciascuna parte)
Fino a euro 1.000:	euro 65;
da euro 1.001 a euro 5.000:	euro 130;
da euro 5.001 a euro 10.000:	euro 240;
da euro 10.001 a euro 25.000:	euro 360;
da euro 25.001 a euro 50.000:	euro 600;
da euro 50.001 a euro 250.000:	euro 1.000;
da euro 250.001 a euro 500.000:	euro 2.000;
da euro 500.001 a euro 2.500.000:	euro 3.800;
da euro 2.500.001 a euro 5.000.000:	euro 5.200;
oltre euro 5.000.000:	euro 9.200.

4. L'importo massimo delle spese di mediazione per ciascun scaglione di riferimento, come determinato a norma della medesima tabella A:

a) può essere aumentato in misura non superiore a un quinto tenuto conto della particolare importanza, complessità o difficoltà dell'affare;

b) deve essere aumentato in misura non superiore a un quarto in caso di successo della mediazione;

c) deve essere aumentato di un quinto nel caso di formulazione della proposta ai sensi dell'articolo 11 del decreto legislativo;

d) nelle materie di cui all'articolo 5, comma 1-*bis* e comma 2, del decreto legislativo, deve essere ridotto di un terzo per i primi sei scaglioni, e della metà per i restanti, salva la riduzione prevista dalla lettera *e*) del presente comma, e non si applica alcun altro aumento tra quelli previsti dal presente articolo a eccezione di quello previsto dalla lettera *b*) del presente comma;[3]

e) deve essere ridotto a euro quaranta per il primo scaglione e ad euro cinquanta per tutti gli altri scaglioni, ferma restando l'applicazione della lettera *c*) del presente comma quando nessuna delle controparti di quella che ha introdotto la mediazione, partecipa al procedimento.

5. Si considerano importi minimi quelli dovuti come massimi per il valore della lite ricompreso nello scaglione immediatamente precedente a quello effettivamente applicabile; l'importo minimo relativo al primo scaglione è liberamente determinato.

6. Gli importi dovuti per il singolo scaglione non si sommano in nessun caso tra loro.

7. Il valore della lite è indicato nella domanda di mediazione a norma del codice di procedura civile.

8. Qualora il valore risulti indeterminato, indeterminabile, o vi sia una notevole divergenza tra le parti sulla stima, l'organismo decide il valore di riferimento, sino al limite di euro 250.000, e lo comunica alle parti. In ogni caso, se all'esito del procedimento di mediazione il valore risulta diverso, l'importo dell'indennità è dovuto secondo il corrispondente scaglione di riferimento.

9. Le spese di mediazione sono corrisposte prima dell'inizio del primo incontro di mediazione in misura non inferiore alla metà. Il regolamento di procedura dell'organismo può prevedere che le indennità debbano essere corrisposte per intero prima del rilascio del verbale di accordo di cui all'articolo 11 del decreto legislativo. In ogni caso, nelle ipotesi di cui all'articolo 5, comma 1, del decreto legislativo, l'organismo e il mediatore non possono rifiutarsi di svolgere la mediazione.

10. Le spese di mediazione comprendono anche l'onorario del mediatore per l'intero procedimento di mediazione, indipendentemente dal numero di incontri svolti. Esse rimangono fisse anche nel caso di mutamento del mediatore nel corso del procedimento ovvero di nomina di un collegio di me-

diatori, di nomina di uno o più mediatori ausiliari, ovvero di nomina di un diverso mediatore per la formulazione della proposta ai sensi dell'articolo 11 del decreto legislativo.

11. Le spese di mediazione indicate sono dovute in solido da ciascuna parte che ha aderito al procedimento.

12. Ai fini della corresponsione dell'indennità, quando più soggetti rappresentano un unico centro d'interessi si considerano come un'unica parte.

13. Gli organismi diversi da quelli costituiti dagli enti di diritto pubblico interno stabiliscono gli importi di cui al comma 3, ma restano fermi gli importi fissati dal comma 4, lettera *d*), per le materie di cui all'articolo 5, comma 1, del decreto legislativo. Resta altresì ferma ogni altra disposizione di cui al presente articolo.

14. Gli importi minimi delle indennità per ciascun scaglione di riferimento, come determinati a norma della tabella A allegata al presente decreto, sono derogabili.

[1] Articolo così modif. dall'art. 5 del D.M. 6 lug. 2011, n. 145.

[2] Comma così modif. inserito dall'art. 7, c. 1, D.M. 4 ago. 2014, n. 139.

[3] Lettera così sost. inserito dall'art. 7, c. 1, D.M. 4 ago. 2014, n. 139.

CAPO V

Enti di formazione e formatori

17. *Elenco degli enti di formazione.* — 1. È istituito l'elenco degli enti di formazione abilitati a svolgere l'attività di formazione dei mediatori.

2. L'elenco è tenuto presso il Ministero nell'ambito delle risorse umane, finanziarie e strumentali già esistenti presso il Dipartimento per gli affari di giustizia; ne è responsabile il direttore generale della giustizia civile, ovvero persona da lui delegata con qualifica dirigenziale o con qualifica di magistrato nell'ambito della direzione generale. Il direttore generale della giustizia civile, al fine di esercitare la vigilanza, si può avvalere dell'Ispettorato generale del Ministero della giustizia.[1]

3. L'elenco è articolato in modo da contenere almeno le seguenti annotazioni:

parte *i*): enti pubblici;

sezione A: elenco dei formatori;

sezione B: elenco dei responsabili scientifici;

parte *ii*): enti privati;

sezione A: elenco dei formatori;

sezione B: elenco dei responsabili scientifici;

sezione C: elenco dei soci, associati, amministratori, rappresentanti degli enti.

4. Il responsabile cura il continuo aggiornamento dei dati.

5. La gestione dell'elenco avviene con modalità informatiche che assicurano la possibilità di rapida elaborazione di dati con finalità connessa ai compiti di tenuta di cui al presente decreto.

6. Gli elenchi dei formatori e dei responsabili scientifici sono pubblici; l'accesso alle altre annotazioni è regolato dalle vigenti disposizioni di legge.

[1] Comma così modif. dall'art. 1, c. 2, del D.M. 6 lug. 2011, n. 145.

18. *Criteri per l'iscrizione nell'elenco.* — 1. Nell'elenco sono iscritti, a domanda, gli organismi di formazione costituiti da enti pubblici e privati.

2. Il responsabile verifica l'idoneità dei richiedenti e, in particolare:

a) la capacità finanziaria e organizzativa del richiedente, nonché la compatibilità dell'attività di formazione con l'oggetto sociale o lo scopo associativo; ai fini della dimostrazione della capacità finanziaria, il richiedente deve possedere un capitale non inferiore a 10.000,00 euro;[1]

b) i requisiti di onorabilità dei soci, associati, amministratori o rappresentanti dei predetti enti, conformi a quelli fissati dall'articolo 13 del decreto legislativo 24 febbraio 1998, n. 58;

c) la trasparenza amministrativa e contabile dell'ente, ivi compreso il rapporto giuridico ed economico tra l'organismo e l'ente di cui eventualmente costituisca articolazione interna al fine della dimostrazione della necessaria autonomia finanziaria e funzionale;

d) il numero dei formatori, non inferiore a cinque, che svolgono l'attività di formazione presso il richiedente;

e) la sede dell'organismo, con l'indicazione delle strutture amministrative e logistiche per lo svolgimento dell'attività didattica;

f) la previsione e la istituzione di un percorso formativo, di durata complessiva non inferiore a 50 ore, articolato in corsi teorici e pratici, con un massimo di trenta partecipanti per corso, comprensivi di sessioni simulate partecipate dai discenti, e in una prova finale di valutazione della durata minima di quattro ore, articolata distintamente per la parte teorica e pratica; i corsi teorici e pratici devono avere per oggetto le seguenti materie: normativa nazionale, comunitaria e internazionale in materia di mediazione e conciliazione, metodologia delle procedure facilitative e aggiudicative di negoziazione e di mediazione e relative tecniche di gestione del conflitto e di interazione comunicativa, anche con riferimento alla mediazione demandata dal giudice, efficacia e operatività delle clausole contrattuali di mediazione e conciliazione, forma, contenuto ed effetti della domanda di mediazione e dell'accordo di conciliazione, compiti e responsabilità del mediatore;

g) la previsione e l'istituzione di un distinto percorso di aggiornamento formativo, di durata complessiva non inferiore a 18 ore biennali, articolato in corsi teorici e pratici avanzati, comprensivi di sessioni simulate partecipate dai discenti ovvero, in alternativa, di sessioni di mediazione; i corsi di aggiornamento devono avere per oggetto le materie di cui alla lettera *f*);

h) che l'esistenza, la durata e le caratteristiche dei percorsi di formazione e di aggiornamento formativo di cui alle lettere *f*) e *g*) siano rese note, anche mediante la loro pubblicazione sul sito internet dell'ente di formazione;

i) l'individuazione, da parte del richiedente, di un responsabile scientifico di chiara fama ed esperienza in materia di mediazione, conciliazione o risoluzione alternativa delle controversie, che attesti la completezza e l'adeguatezza del percorso formativo e di aggiornamento.

3. Il responsabile verifica altresì:

a) i requisiti di qualificazione dei formatori, i quali devono provare l'idoneità alla formazione, attestando: per i docenti dei corsi teorici, di aver pubblicato almeno tre contributi scientifici in materia di mediazione, conciliazione o risoluzione alternativa delle controversie; per i docenti dei corsi pratici, di aver operato, in qualità di mediatore, presso organismi di mediazione o conciliazione in almeno tre procedure; per tutti i docenti, di avere svolto attività di docenza in corsi o seminari in materia di mediazione, conciliazione o risoluzione alternativa delle controversie presso ordini professionali, enti pubblici o loro organi, università pubbliche o private riconosciute, nazionali o straniere, nonché di impegnarsi a partecipare in qualità di discente presso i medesimi enti ad almeno 16 ore di aggiornamento nel corso di un biennio;

b) il possesso, da parte dei formatori, dei requisiti di onorabilità previsti dall'articolo 4, comma 3, lettera *c*).

[1] Lettera così modif. inserito dall'art. 8, c. 1, D.M. 4 ago. 2014, n. 139.

19. ***Procedimento d'iscrizione e vigilanza.*** — 1. Al procedimento di iscrizione nell'elenco, alla tenuta dello stesso, alla sospensione e alla cancellazione degli iscritti si applicano gli articoli 5, 6, 8, 9, 10 e 12, in quanto compatibili.

CAPO VI
Disciplina transitoria ed entrata in vigore

20. ***Disciplina transitoria.***[1] — 1. Si considerano iscritti di diritto al registro gli organismi già iscritti nel registro previsto dal decreto del Ministro della giustizia 23 luglio 2004, n. 222. Salvo quanto previsto dal comma 2, il responsabile, dopo aver provveduto all'iscrizione di cui al periodo precedente, verifica il possesso in capo a tali organismi dei requisiti previsti dall'articolo 4 e comunica agli stessi le eventuali integrazioni o modifiche necessarie. Se l'organismo ottempera alle richieste del responsabile entro trenta giorni dal ricevimento della comunicazione, l'iscrizione si intende confermata; in difetto di tale ottemperanza, l'iscrizione si intende decaduta.

2. I mediatori abilitati a prestare la loro opera presso gli organismi di cui al comma 1 devono acquisire, entro dodici mesi dalla data di entrata in vigore del presente decreto, i requisiti anche formativi in esso previsti per l'esercizio della mediazione o, in alternativa, attestare di aver svolto almeno venti procedure di mediazione, conciliazione o negoziazione volontaria e paritetica, in qualsiasi materia, di cui almeno cinque concluse con successo anche parziale. Gli stessi mediatori, fino alla scadenza dei dodici mesi di cui al periodo precedente, possono continuare a esercitare l'attività di mediazione. Dell'avvenuta acquisizione dei requisiti gli organismi di cui al comma 1 danno immediata comunicazione al responsabile.

3. Si considerano iscritti di diritto all'elenco gli enti abilitati a tenere i corsi di formazione, già accreditati presso il Ministero ai sensi del decreto del Ministro della giustizia 23 luglio 2004, n. 222. Salvo quanto previsto dal comma 4, il responsabile, dopo aver provveduto all'iscrizione di cui al periodo precedente, verifica il possesso in capo a tali enti dei requisiti previsti dall'articolo 18 e comunica agli stessi le eventuali integrazioni o modifiche necessarie. Se l'ente ottempera alle richieste del responsabile entro trenta giorni dal ricevimento della comunicazione, l'iscrizione si intende confermata; in difetto di tale ottemperanza, l'iscrizione si intende decaduta.

4. I formatori abilitati a prestare la loro attività presso gli enti di cui al comma 3 devono acquisire, entro dodici mesi dalla data di entrata in vigore del presente decreto, i requisiti di aggiornamento indicati nell'articolo 18. Gli stessi formatori, fino alla scadenza dei dodici mesi di cui al periodo precedente, possono continuare a esercitare l'attività di formazione. Dell'avvenuto aggiornamento gli enti di cui al comma 3 danno immediata comunicazione al responsabile.

[1] Articolo così modif. dall'art. 6 del D.M. 6 lug. 2011, n. 145.

21. ***Entrata in vigore.*** — 1. Il presente decreto entra in vigore il giorno successivo a quello della sua pubblicazione nella *Gazzetta Ufficiale* della Repubblica italiana.

- 3 -

D.lgs. 23 mag. 2011, n. 79

Codice della normativa statale in tema di ordinamento e mercato del turismo, a norma dell'articolo 14 della legge 28 novembre 2005, n. 246, nonché attuazione della direttiva 2008/122/CE, relativa ai contratti di multiproprietà, contratti relativi ai prodotti per le vacanze di lungo termine, contratti di rivendita e di scambio

(G.U. 6 giu. 2011, n. 129 Suppl. Ord.)

(*stralcio*)

TITOLO VII
Ordinamento

54-65. (*Omissis*).

CAPO III
La qualità del servizio e la soluzione delle controversie. Carta dei servizi

66. ***Standard dell'offerta di servizi turistici pubblici sul territorio nazionale.*** — 1. Al fine di aumentare la qualità e la competitività dei servizi turistici pubblici sul territorio nazionale le amministrazioni di cui all'articolo 1, comma 2, del decreto legislativo 30 marzo 2001, n. 165, nell'ambito delle attività istituzionali adottano la carta dei servizi turistici da esse erogati.

2. Le carte definiscono quali servizi turistici si intendono erogare, con quali modalità e quali standard di qualità si intendono garantire.

3. Le carte dei servizi di cui al comma 1 sono trasmesse alla Presidenza del Consiglio dei Ministri - Dipartimento per lo sviluppo e la competitività del turismo.

4. Il Presidente del Consiglio dei Ministri o il Ministro delegato, previa intesa con la Conferenza permanente per i rapporti tra lo Stato, le regioni e le province autonome di Trento e di Bolzano, determina con proprio decreto i livelli essenziali delle prestazioni dei servizi turistici concernenti i diritti civili e sociali, sulla base di parametri stabiliti con legge dello Stato.

67. ***Composizione delle controversie in materia di turismo.*** — 1. La procedura di mediazione, finalizzata alla conciliazione delle controversie in materia di turismo, è disciplinata dal decreto legislativo 4 marzo 2010, n. 28, e costituisce condizione di procedibilità della domanda giudiziale o arbitrale se ciò è previsto da una clausola del contratto di fornitura dei servizi. Tale clausola deve essere specificamente approvata per iscritto dal turista.

2. Resta salva la facoltà del turista di ricorrere a procedure di negoziazione volontaria o paritetica o alla procedura di conciliazione innanzi alle commissioni arbitrali o conciliative per la risoluzione delle controversie tra imprese e consumatori ed utenti inerenti la fornitura di servizi turistici, istituite ai sensi dell'articolo 2, comma 4, lettera *a*), della legge 29 dicembre 1993, n. 580. Nella procedura di conciliazione i turisti hanno facoltà di avvalersi delle associazioni dei consumatori. Tale procedura di conciliazione è disciplinata dagli articoli 140 e 141 del decreto legislativo 6 settembre 2005, n. 206.

68. ***Assistenza al turista.***[1] — 1. Il Dipartimento per lo sviluppo e la competitività del turismo, nell'ambito delle attività istituzionali, assicura l'assistenza al turista, anche attraverso call center. È altresì istituito lo sportello del turista, attivo ai recapiti e negli orari, comunicati sul sito istituzionale, presso il quale le persone fisiche e giuridiche, nonché gli enti esponenziali per la rappresentanza degli interessi dei turisti possono proporre istanze, richieste reclami nei confronti di imprese ed operatori turistici per l'accertamento dell'osservanza delle disposizioni previste nel presente codice.

2. Ai fini di assistenza il Dipartimento per lo sviluppo e la competitività del turismo assicura l'omogeneità di informazioni in ordine ai diversi servizi previsti per i turisti, anche attraverso l'individuazione di denominazioni standard, da attribuirsi a strutture pubbliche che operano in tale settore. È fatta salva la possibilità di utilizzare le procedure di negoziazione volontaria e paritetica previste dall'articolo 2, comma 2, del decreto legislativo 4 marzo 2010, n. 28.

3. Le regioni e le province autonome di Trento e di Bolzano possono prevedere la istituzione di sportelli del turista la cui gestione può essere delegata agli enti locali.

[1] La Corte cost., con sent. 5 apr. 2012, n. 80, ha dichiarato l'ill. cost. dell'art. 68.

69. ***Gestione dei reclami.***[1] — 1. Il Dipartimento per lo sviluppo e la competitività del turismo, ricevuta l'istanza di cui all'articolo 68, avvia senza ritardo l'attività istruttoria, informando contestualmente il reclamante, l'impresa o l'operatore turistico interessato, entro il termine di quindici giorni dal ricevimento dell'istanza.

2. Nel corso dell'istruttoria il Dipartimento per e lo sviluppo e la competitività del turismo può richiedere dati, notizie o documenti ai soggetti proponenti il reclamo, alle imprese, agli operatori turistici e ai soggetti sui quali esercita la vigilanza, che rispondono nel termine di trenta giorni dalla ricezione della richiesta. In tale caso il procedimento è sospeso fino alla scadenza del suddetto termine.

3. Il Dipartimento per lo sviluppo e la competitività del turismo comunica ai soggetti di cui al comma 2 l'esito dell'attività istruttoria entro il termine di quarantacinque giorni dalla ricezione del reclamo, fatti salvi i casi di sospensione dovuti alla richiesta di informazioni o all'acquisizione di dati.

4. Il Presidente del Consiglio dei Ministri o il Ministro delegato disciplina con regolamento la pro-

cedura di gestione reclami, da svolgere nell'ambito delle attività istituzionali, che si conclude entro il termine di sessanta giorni dalla ricezione del reclamo.

[1] La Corte cost., con sent. 5 apr. 2012, n. 80, ha dichiarato l'ill. cost. dell'art. 69.

- 4 -

D.L. 12 set. 2014, n. 132

Misure urgenti di degiurisdizionalizzazione ed altri interventi per la definizione dell'arretrato in materia di processo civile

(G.U. 12 set. 2014, n. 212)
conv. con modif. in L. 10 nov. 2014, n. 162

CAPO I
Eliminazione dell'arretrato e trasferimento in sede arbitrale dei procedimenti civili pendenti

1. ***Trasferimento alla sede arbitrale di procedimenti pendenti dinanzi all'autorità giudiziaria.*** — 1. Nelle cause civili dinanzi al tribunale o in grado d'appello pendenti alla data di entrata in vigore del presente decreto, che non hanno ad oggetto diritti indisponibili e che non vertono in materia di lavoro, previdenza e assistenza sociale, nelle quali la causa non è stata assunta in decisione, le parti, con istanza congiunta, possono richiedere di promuovere un procedimento arbitrale a norma delle disposizioni contenute nel titolo VIII del libro IV del codice di procedura civile. Tale facoltà è consentita altresì nelle cause vertenti su diritti che abbiano nel contratto collettivo di lavoro la propria fonte esclusiva, quando il contratto stesso abbia previsto e disciplinato la soluzione arbitrale. Per le controversie di valore non superiore a 50.000 euro in materia di responsabilità extracontrattuale o aventi ad oggetto il pagamento di somme di denaro, nei casi in cui sia parte del giudizio una pubblica amministrazione, il consenso di questa alla richiesta di promuovere il procedimento arbitrale avanzata dalla sola parte privata si intende in ogni caso prestato, salvo che la pubblica amministrazione esprima il dissenso scritto entro trenta giorni dalla richiesta.

2. Il giudice, rilevata la sussistenza delle condizioni di cui al comma 1, ferme restando le preclusioni e le decadenze intervenute, dispone la trasmissione del fascicolo al presidente del Consiglio dell'ordine del circondario in cui ha sede il tribunale ovvero la corte di appello per la nomina del collegio arbitrale per le controversie di valore superiore ad euro 100.000 e, ove le parti lo decidano concordemente, di un arbitro per le controversie di valore inferiore ad euro 100.000. Gli arbitri sono individuati, concordemente dalle parti o dal presidente del Consiglio dell'ordine, tra gli avvocati iscritti da almeno cinque anni nell'albo dell'ordine circondariale che non hanno subito negli ultimi cinque anni condanne definitive comportanti la sospensione dall'albo e che, prima della trasmissione del fascicolo, hanno reso una dichiarazione di disponibilità al Consiglio stesso.

2-*bis*. La funzione di consigliere dell'ordine e l'incarico arbitrale di cui al presente articolo sono incompatibili. Tale incompatibilità si estende anche per i consiglieri uscenti per una intera consiliatura successiva alla conclusione del loro mandato.

3. Il procedimento prosegue davanti agli arbitri. Restano fermi gli effetti sostanziali e processuali prodotti dalla domanda giudiziale e il lodo ha gli stessi effetti della sentenza.

4. Quando la trasmissione a norma del comma 2 è disposta in grado d'appello e il procedimento arbitrale non si conclude con la pronuncia del lodo entro centoventi giorni dall'accettazione della nomina del collegio arbitrale, il processo deve essere riassunto entro il termine perentorio dei successivi sessanta giorni. È in facoltà degli arbitri, previo accordo tra le parti, richiedere che il termine per il deposito del lodo sia prorogato di ulteriori trenta giorni. Quando il processo è riassunto il lodo non può essere più pronunciato. Se nessuna delle parti procede alla riassunzione nel termine, il procedimento si estingue e si applica l'articolo 338 del codice di procedura civile. Quando, a norma dell'articolo 830 del codice di procedura civile, è stata dichiarata la nullità del lodo pronunciato entro il termine di centoventi giorni di cui al primo periodo o, in ogni caso, entro la scadenza di quello per la riassunzione, il processo deve essere riassunto entro sessanta giorni dal passaggio in giudicato della sentenza di nullità.

5. Nei casi di cui ai commi 1, 2, 3 e 4, con decreto regolamentare del Ministro della giustizia, da adottare entro novanta giorni dalla data di entrata in vigore della legge di conversione del presente decreto, possono essere stabilite riduzioni dei parametri relativi ai compensi degli arbitri. Nei medesimi casi non si applica l'articolo 814, primo comma, secondo periodo, del codice di procedura civile.

5-*bis*. Con il decreto di cui al comma 5 sono altresì stabiliti i criteri per l'assegnazione degli arbitrati tra i quali, in particolare, le competenze professionali dell'arbitro, anche in relazione alle ragioni del contendere e alla materia oggetto della controversia, nonché il principio della rotazione nell'assegnazione degli incarichi, prevedendo altresì sistemi di designazione automatica.

CAPO II
Procedura di negoziazione assistita da uno o più avvocati

2. ***Convenzione di negoziazione assistita da uno o più avvocati.*** — 1. La convenzione di negoziazione assistita da uno o più avvocati è un accordo mediante il quale le parti convengono di cooperare in buona fede e con lealtà per risolvere in via amichevole la controversia tramite l'assistenza di avvocati iscritti all'albo anche ai sensi dell'articolo 6 del decreto legislativo 2 febbraio 2001, n. 96.

1-*bis*. È fatto obbligo per le amministrazioni pubbliche di cui all'articolo 1, comma 2, del decreto legislativo 30 marzo 2001, n. 165, di affidare la convenzione di negoziazione alla propria avvocatura, ove presente.

2. La convenzione di negoziazione deve precisare:

a) il termine concordato dalle parti per l'espletamento della procedura, in ogni caso non inferiore a un mese e non superiore a tre mesi, prorogabile per ulteriori trenta giorni su accordo tra le parti;

b) l'oggetto della controversia, che non deve riguardare diritti indisponibili o vertere in materia di lavoro.

3. La convenzione è conclusa per un periodo di tempo determinato dalle parti, fermo restando il termine di cui al comma 2, lettera *a*).

4. La convenzione di negoziazione è redatta, a pena di nullità, in forma scritta.

5. La convenzione è conclusa con l'assistenza di uno o più avvocati.

6. Gli avvocati certificano l'autografia delle sottoscrizioni apposte alla convenzione sotto la propria responsabilità professionale.

7. È dovere deontologico degli avvocati informare il cliente all'atto del conferimento dell'incarico della possibilità di ricorrere alla convenzione di negoziazione assistita.

3. ***Improcedibilità.*** — 1. Chi intende esercitare in giudizio un'azione relativa a una controversia in materia di risarcimento del danno da circolazione di veicoli e natanti deve, tramite il suo avvocato, invitare l'altra parte a stipulare una convenzione di negoziazione assistita. Allo stesso modo deve procedere, fuori dei casi previsti dal periodo precedente e dall'articolo 5, comma 1-*bis*, del decreto legislativo 4 marzo 2010, n. 28, chi intende proporre in giudizio una domanda di pagamento a qualsiasi titolo di somme non eccedenti cinquantamila euro. L'esperimento del procedimento di negoziazione assistita è condizione di procedibilità della domanda giudiziale. L'improcedibilità deve essere eccepita dal convenuto, a pena di decadenza, o rilevata d'ufficio dal giudice, non oltre la prima udienza. Il giudice quando rileva che la negoziazione assistita è già iniziata, ma non si è conclusa, fissa la successiva udienza dopo la scadenza del termine di cui all'articolo 2, comma 3. Allo stesso modo provvede quando la negoziazione non è stata esperita, assegnando contestualmente alle parti il termine di quindici giorni per la comunicazione dell'invito. Il presente comma non si applica alle controversie concernenti obbligazioni contrattuali derivanti da contratti conclusi tra professionisti e consumatori. Il ricorso a un sistema di risoluzione stragiudiziale delle controversie istituito ai sensi dell'articolo 187.1 del decreto legislativo 7 settembre 2005, n. 209, tiene luogo della stipula di una convenzione di negoziazione assistita ai sensi delle presenti disposizioni.[1]

2. Quando l'esperimento del procedimento di negoziazione assistita è condizione di procedibilità della domanda giudiziale la condizione si considera avverata se l'invito non è seguito da adesione o è seguito da rifiuto entro trenta giorni dalla sua ricezione ovvero quando è decorso il periodo di tempo di cui all'articolo 2, comma 2, lettera *a*).

3. La disposizione di cui al comma 1 non si applica:

a) nei procedimenti per ingiunzione, inclusa l'opposizione;

b) nei procedimenti di consulenza tecnica preventiva ai fini della composizione della lite, di cui all'articolo 696-*bis* del codice di procedura civile;

c) nei procedimenti di opposizione o incidentali di cognizione relativi all'esecuzione forzata;

d) nei procedimenti in camera di consiglio;

e) nell'azione civile esercitata nel processo penale.

4. L'esperimento del procedimento di negoziazione assistita nei casi di cui al comma 1 non preclude la concessione di provvedimenti urgenti e cautelari, né la trascrizione della domanda giudiziale.

5. Restano ferme le disposizioni che prevedono speciali procedimenti obbligatori di conciliazione e mediazione, comunque denominati. Il termine di cui ai commi 1 e 2, per materie soggette ad altri termini di procedibilità, decorre unitamente ai medesimi.

6. Quando il procedimento di negoziazione assistita è condizione di procedibilità della domanda, all'avvocato non è dovuto compenso dalla parte che si trova nelle condizioni per l'ammissione al patrocinio a spese dello Stato, ai sensi dell'articolo 76 (L) del testo unico delle disposizioni legislative e regolamentari in materia di spese di giustizia, di cui al decreto del Presidente della Repubblica 30 maggio 2002, n. 115 e successive modificazioni. A tale fine la parte è tenuta a depositare all'avvocato apposita dichiarazione sostitutiva dell'atto di notorietà, la cui sottoscrizione può essere autenticata dal medesimo avvocato, nonché a produrre, se l'avvocato lo richiede, la documentazione necessaria a comprovare la veridicità di quanto dichiarato.

7. La disposizione di cui al comma 1 non si applica quando la parte può stare in giudizio personalmente.

8. Le disposizioni di cui al presente articolo acquistano efficacia decorsi novanta giorni dall'entrata in vigore della legge di conversione del presente decreto.

[1] Periodo aggiunto dall'art. 2, c. 2, D.lgs. 30 dic. 2020, n. 187.

4. ***Non accettazione dell'invito e mancato accordo.*** — 1. L'invito a stipulare la convenzione deve indicare l'oggetto della controversia e contenere l'avvertimento che la mancata risposta all'invito entro trenta giorni dalla ricezione o il suo rifiuto può essere valutato dal giudice ai fini delle spese del giudizio e di quanto previsto dagli articoli 96 e 642, primo comma, del codice di procedura civile.

2. La certificazione dell'autografia della firma apposta all'invito avviene ad opera dell'avvocato che formula l'invito.

3. La dichiarazione di mancato accordo è certificata dagli avvocati designati.

5. ***Esecutività dell'accordo raggiunto a seguito della convenzione e trascrizione.*** — 1. L'accordo che compone la controversia, sottoscritto dalle parti e dagli avvocati che le assistono, costituisce titolo esecutivo e per l'iscrizione di ipoteca giudiziale.

2. Gli avvocati certificano l'autografia delle firme e la conformità dell'accordo alle norme imperative e all'ordine pubblico.

2-*bis*. L'accordo di cui al comma 1 deve essere integralmente trascritto nel precetto ai sensi dell'articolo 480, secondo comma, del codice di procedura civile.

3. Se con l'accordo le parti concludono uno dei contratti o compiono uno degli atti soggetti a trascrizione, per procedere alla trascrizione dello stesso la sottoscrizione del processo verbale di accordo deve essere autenticata da un pubblico ufficiale a ciò autorizzato.

4. Costituisce illecito deontologico per l'avvocato impugnare un accordo alla cui redazione ha partecipato.

4-*bis*. (*Omissis*).

6. ***Convenzione di negoziazione assistita da uno o più avvocati per le soluzioni consensuali di separazione personale, di cessazione degli effetti civili o di scioglimento del matrimonio, di modifica delle condizioni di separazione o di divorzio, di affidamento e mantenimento dei figli nati fuori del matrimonio, e loro modifica, e di alimenti.***[1] — 1. La convenzione di negoziazione assistita da almeno un avvocato per parte può essere conclusa tra coniugi al fine di raggiungere una soluzione consensuale di separazione personale, di cessazione degli effetti civili del matrimonio, di scioglimento del matrimonio nei casi di cui all'articolo 3, primo comma, numero 2), lettera *b*), della legge 1° dicembre 1970, n. 898, e successive modificazioni, di modifica delle condizioni di separazione o di divorzio.

1-*bis*. La convenzione di negoziazione assistita da almeno un avvocato per parte può essere conclusa tra i genitori al fine di raggiungere una soluzione consensuale per la disciplina delle modalità di affidamento e mantenimento dei figli minori nati fuori del matrimonio, nonché per la disciplina delle modalità di mantenimento dei figli maggiorenni non economicamente autosufficienti nati fuori del matrimonio e per la modifica delle condizioni già determinate. Può altresì essere conclusa tra le parti per raggiungere una soluzione consensuale per la determinazione dell'assegno di mantenimento richiesto ai genitori dal figlio maggiorenne economicamente non autosufficiente e per la determinazione degli alimenti, ai sensi dell'articolo 433 del codice civile, e per la modifica di tali determinazioni.[2]

2. In mancanza di figli minori, di figli maggiorenni incapaci o portatori di handicap grave ai sensi dell'articolo 3, comma 3, della legge 5 febbraio 1992, n. 104, ovvero economicamente non autosufficienti, l'accordo raggiunto a seguito di convenzione di negoziazione assistita è trasmesso al procuratore della Repubblica presso il tribunale competente il quale, quando non ravvisa irregolarità, comunica agli avvocati il nullaosta per gli adempimenti ai sensi del comma 3. In presenza di figli minori, di figli maggiorenni incapaci o portatori di handicap grave ovvero economicamente non autosufficienti, l'accordo raggiunto a seguito di convenzione di negoziazione assistita deve essere trasmesso entro il termine di dieci giorni al procuratore della Repubblica presso il tribunale competente, il quale, quando ritiene che l'accordo risponde all'interesse dei figli, lo autorizza. Quando ritiene che l'accordo non risponde all'interesse dei figli, il procuratore della Repubblica lo trasmette, entro cinque giorni, al presidente del tribunale, che fissa, entro i successivi trenta giorni, la comparizione delle parti e provvede senza ritardo. All'accordo autorizzato si applica il comma 3.

3. L'accordo raggiunto a seguito della convenzione produce gli effetti e tiene luogo dei provvedimenti giudiziali che definiscono, nei casi di cui ai commi 1 e 1-*bis*, i procedimenti di separazione personale, di cessazione degli effetti civili del matrimonio, di scioglimento del matrimonio e di modifica delle condizioni di separazione o di divorzio, di affidamento e di mantenimento dei figli minori nati fuori del matrimonio, nonché i procedimenti per la disciplina delle modalità di mantenimento dei figli maggiorenni non economicamente autosufficienti e per la modifica delle condizioni già determinate, per la determinazione degli alimenti e per la loro modifica. Nell'accordo si dà atto che gli avvocati hanno tentato di conciliare le parti e le hanno informate della possibilità di esperire la mediazione familiare e che gli avvocati hanno informato le parti dell'importanza per il minore di trascorrere tempi adeguati con ciascuno dei genitori. L'avvocato della parte è obbligato a trasmettere, entro il termine di dieci giorni, all'ufficiale dello stato civile del Comune in cui il matrimonio fu iscritto o trascritto, copia, autenticata dallo stesso, dell'accordo munito delle certificazioni di cui all'articolo 5.[3]

4. All'avvocato che viola l'obbligo di cui al comma 3, terzo periodo, è applicata la sanzione amministrativa pecuniaria da euro 2.000 ad euro 10.000.

Alla irrogazione della sanzione di cui al periodo che precede è competente il Comune in cui devono essere eseguite le annotazioni previste dall'articolo 69 del decreto del Presidente della Repubblica 3 novembre 2000, n. 396.

5. (*Omissis*).

[1] Rubrica così modif. dall'art. 1, c. 35, L. 26 nov. 2021, n. 206. La disposizione si applica ai procedimenti instaurati dal 22 giu. 2022.

[2] Comma ins. dall'art. 1, c. 35, L. 26 nov. 2021, n. 206. Per la decorrenza v. nota 1.

[3] Comma così modif. dall'art. 1, c. 35, L. 26 nov. 2021, n. 206. Per la decorrenza v. nota 1.

7.[1]

[1] Articolo soppresso dalla legge di conversione.

8. ***Interruzione della prescrizione e della decadenza.*** — 1. Dal momento della comunicazione dell'invito a concludere una convenzione di negoziazione assistita ovvero della sottoscrizione della convenzione si producono sulla prescrizione gli effetti della domanda giudiziale. Dalla stessa data è impedita, per una sola volta, la decadenza, ma se l'invito è rifiutato o non è accettato nel termine di cui all'articolo 4, comma 1, la domanda giudiziale deve essere proposta entro il medesimo termine di decadenza decorrente dal rifiuto, dalla mancata accettazione nel termine ovvero dalla dichiarazione di mancato accordo certificata dagli avvocati.

9. ***Obblighi dei difensori e tutela della riservatezza.*** — 1. I difensori non possono essere nominati arbitri ai sensi dell'articolo 810 del codice di procedura civile nelle controversie aventi il medesimo oggetto o connesse.

2. È fatto obbligo agli avvocati e alle parti di comportarsi con lealtà e di tenere riservate le informazioni ricevute. Le dichiarazioni rese e le informazioni acquisite nel corso del procedimento non possono essere utilizzate nel giudizio avente in tutto o in parte il medesimo oggetto.

3. I difensori delle parti e coloro che partecipano al procedimento non possono essere tenuti a deporre sul contenuto delle dichiarazioni rese e delle informazioni acquisite.

4. A tutti coloro che partecipano al procedimento si applicano le disposizioni dell'articolo 200 del codice di procedura penale e si estendono le garanzie previste per il difensore dalle disposizioni dell'articolo 103 del medesimo codice di procedura penale in quanto applicabili.

4-*bis*. La violazione delle prescrizioni di cui al comma 1 e degli obblighi di lealtà e riservatezza di cui al comma 2 costituisce per l'avvocato illecito disciplinare.

10. ***Antiriciclaggio.*** (*Omissis*).

11. ***Raccolta dei dati.*** — 1. I difensori che sottoscrivono l'accordo raggiunto dalle parti a seguito della convenzione sono tenuti a trasmetterne copia al Consiglio dell'ordine circondariale del luogo ove l'accordo è stato raggiunto, ovvero al Consiglio dell'ordine presso cui è iscritto uno degli avvocati.

2. Con cadenza annuale il Consiglio nazionale forense provvede al monitoraggio delle procedure di negoziazione assistita e ne trasmette i dati al Ministero della giustizia.

2-*bis*. Il Ministro della giustizia trasmette alle Camere, con cadenza annuale, una relazione sullo stato di attuazione delle disposizioni di cui al presente capo, contenente, in particolare, i dati trasmessi ai sensi del comma 2, distinti per tipologia di controversia, unitamente ai dati relativi alle controversie iscritte a ruolo nell'anno di riferimento, a loro volta distinti per tipologia.

CAPO III
Ulteriori disposizioni per la semplificazione dei procedimenti di separazione personale e di divorzio

12. ***Separazione consensuale, richiesta congiunta di scioglimento o di cessazione degli effetti civili del matrimonio e modifica delle condizioni di separazione o di divorzio innanzi all'ufficiale dello stato civile.***

13-23. (*Omissis*).

- 5 -

L. 8 mar. 2017, n. 24

Disposizioni in materia di sicurezza delle cure e della persona assistita, nonché in materia di responsabilità professionale degli esercenti le professioni sanitarie

(G.U. 17 mar. 2017, n. 64)
(stralcio)

8. ***Tentativo obbligatorio di conciliazione.*** — 1. Chi intende esercitare un'azione innanzi al giudice civile relativa a una controversia di risarcimento del danno derivante da responsabilità sanitaria è tenuto preliminarmente a proporre ricorso ai sensi dell'articolo 696-*bis* del codice di procedura civile dinanzi al giudice competente.

2. La presentazione del ricorso di cui al comma 1 costituisce condizione di procedibilità della domanda di risarcimento. È fatta salva la possibilità di esperire in alternativa il procedimento di mediazione ai sensi dell'articolo 5, comma 1-*bis*, del decreto legislativo 4 marzo 2010, n. 28. In tali casi non trova invece applicazione l'articolo 3 del decreto-legge 12 settembre 2014, n. 132, convertito, con modificazioni, dalla legge 10 novembre 2014, n. 162. L'improcedibilità deve essere eccepita dal convenuto, a pena di decadenza, o rilevata d'ufficio dal giudice, non oltre la prima udienza. Il giudice, ove rilevi che il procedimento di cui all'articolo 696-*bis* del codice di procedura civile non è stato espletato ovvero che è iniziato ma non si è concluso, assegna alle parti il termine di quindici giorni

per la presentazione dinanzi a sé dell'istanza di consulenza tecnica in via preventiva ovvero di completamento del procedimento.

3. Ove la conciliazione non riesca o il procedimento non si concluda entro il termine perentorio di sei mesi dal deposito del ricorso, la domanda diviene procedibile e gli effetti della domanda sono salvi se, entro novanta giorni dal deposito della relazione o dalla scadenza del termine perentorio, è depositato, presso il giudice che ha trattato il procedimento di cui al comma 1, il ricorso di cui all'articolo 702-*bis* del codice di procedura civile. In tal caso il giudice fissa l'udienza di comparizione delle parti; si applicano gli articoli 702-*bis* e seguenti del codice di procedura civile.

4. La partecipazione al procedimento di consulenza tecnica preventiva di cui al presente articolo, effettuato secondo il disposto dell'articolo 15 della presente legge, è obbligatoria per tutte le parti, comprese le imprese di assicurazione di cui all'articolo 10, che hanno l'obbligo di formulare l'offerta di risarcimento del danno ovvero comunicare i motivi per cui ritengono di non formularla. In caso di sentenza a favore del danneggiato, quando l'impresa di assicurazione non ha formulato l'offerta di risarcimento nell'ambito del procedimento di consulenza tecnica preventiva di cui ai commi precedenti, il giudice trasmette copia della sentenza all'Istituto per la vigilanza sulle assicurazioni (IVASS) per gli adempimenti di propria competenza. In caso di mancata partecipazione, il giudice, con il provvedimento che definisce il giudizio, condanna le parti che non hanno partecipato al pagamento delle spese di consulenza e di lite, indipendentemente dall'esito del giudizio, oltre che ad una pena pecuniaria, determinata equitativamente, in favore della parte che è comparsa alla conciliazione.

- 6 -

D.L. 24 apr. 2017, n. 50

Disposizioni urgenti in materia finanziaria, iniziative a favore degli enti territoriali, ulteriori interventi per le zone colpite da eventi sismici e misure per lo sviluppo

(G.U. 24 apr. 2017, n. 95)

conv. con modif. in L. 21 giu. 2017, n. 96

(*stralcio*)

11. *Definizione agevolata delle controversie tributarie.* — 1. Le controversie attribuite alla giurisdizione tributaria in cui è parte l'agenzia delle entrate pendenti in ogni stato e grado del giudizio, compreso quello in cassazione e anche a seguito di rinvio, possono essere definite, a domanda del soggetto che ha proposto l'atto introduttivo del giudizio o di chi vi è subentrato o ne ha la legittimazione, col pagamento di tutti gli importi di cui all'atto impugnato che hanno formato oggetto di contestazione in primo grado e degli interessi da ritardata iscrizione a ruolo di cui all'articolo 20 del decreto del Presidente della Repubblica 29 settembre 1973, n. 602, calcolati fino al sessantesimo giorno successivo alla notifica dell'atto, escluse le sanzioni collegate al tributo e gli interessi di mora di cui all'articolo 30, comma 1, del decreto del Presidente della Repubblica 29 settembre 1973, n. 602.

1-*bis*. Ciascun ente territoriale può stabilire, entro il 31 agosto 2017, con le forme previste dalla legislazione vigente per l'adozione dei propri atti, l'applicazione delle disposizioni di cui al presente articolo alle controversie attribuite alla giurisdizione tributaria in cui è parte il medesimo ente.

2. In caso di controversia relativa esclusivamente agli interessi di mora o alle sanzioni non collegate ai tributi, per la definizione è dovuto il quaranta per cento degli importi in contestazione. In caso di controversia relativa esclusivamente alle sanzioni collegate ai tributi cui si riferiscono, per la definizione non è dovuto alcun importo qualora il rapporto relativo ai tributi sia stato definito anche con modalità diverse dalla presente definizione.

3. Sono definibili le controversie il cui ricorso sia stato notificato alla controparte entro la data di entrata in vigore del presente decreto e per le quali alla data di presentazione della domanda di cui al comma 1 il processo non si sia concluso con pronuncia definitiva.

4. Sono escluse dalla definizione le controversie concernenti anche solo in parte:

a) le risorse proprie tradizionali previste dall'articolo 2, paragrafo 1, lettera *a*), delle decisioni 2007/436/CE, Euratom del Consiglio, del 7 giugno 2007, e 2014/335/UE, Euratom del Consiglio, del 26 maggio 2014, e l'imposta sul valore aggiunto riscossa all'importazione;

b) le somme dovute a titolo di recupero di aiuti di Stato ai sensi dell'articolo 16 del regolamento (UE) 2015/1589 del Consiglio, del 13 luglio 2015.

5. Al versamento degli importi dovuti si applicano le disposizioni previste dall'articolo 8 del decreto legislativo 19 giugno 1997, n. 218, con riduzione a tre del numero massimo di rate. Non è ammesso il pagamento rateale se gli importi dovuti non superano duemila euro. Il termine per il pagamento degli importi dovuti ai sensi del presente articolo o della prima rata, di importo pari al 40 per cento del totale delle somme dovute, scade il 30 settembre 2017 e il contribuente deve attenersi ai seguenti ulteriori criteri: *a*) per il 2017, la scadenza della seconda rata, pari all'ulteriore quaranta per cento delle somme dovute, è fissata al 30 novembre; *b*) per il 2018, la scadenza della terza e ultima rata, pari al residuo venti per cento delle somme dovute, è fissata al 30 giugno. Per ciascuna controversia autonoma è effettuato un separato versamento. Il contribuente che abbia manifestato la volontà di avvalersi della definizione agevolata di cui all'articolo 6, del decreto-legge 22 ottobre 2016, n. 193,

convertito, con modificazioni, dalla legge 1° dicembre 2016, n. 225, nei termini previsti dal comma 2 della stessa disposizione, può usufruire della definizione agevolata delle controversie tributarie solo unitamente a quella di cui al predetto articolo 6. La definizione si perfeziona con il pagamento degli importi dovuti ai sensi del presente articolo o della prima rata. Qualora non ci siano importi da versare, la definizione si perfeziona con la sola presentazione della domanda.

6. Entro il 30 settembre 2017, per ciascuna controversia autonoma è presentata una distinta domanda di definizione esente dall'imposta di bollo. Per controversia autonoma si intende quella relativa a ciascun atto impugnato.

7. Dagli importi dovuti ai sensi del presente articolo si scomputano quelli già versati per effetto delle disposizioni vigenti in materia di riscossione in pendenza di giudizio nonché quelli dovuti per la definizione agevolata di cui all'articolo 6 del decreto-legge 22 ottobre 2016, n. 193, convertito, con modificazioni, dalla legge 1° dicembre 2016, n. 225. La definizione non dà comunque luogo alla restituzione delle somme già versate ancorché eccedenti rispetto a quanto dovuto per la definizione. Gli effetti della definizione perfezionata prevalgono su quelli delle eventuali pronunce giurisdizionali non passate in giudicato prima dell'entrata in vigore del presente articolo.

8. Le controversie definibili non sono sospese, salvo che il contribuente faccia apposita richiesta al giudice, dichiarando di volersi avvalere delle disposizioni del presente articolo. In tal caso il processo è sospeso fino al 10 ottobre 2017. Se entro tale data il contribuente avrà depositato copia della domanda di definizione e del versamento degli importi dovuti o della prima rata, il processo resta sospeso fino al 31 dicembre 2018.

9. Per le controversie definibili sono sospesi per sei mesi i termini di impugnazione, anche incidentale, delle pronunce giurisdizionali e di riassunzione che scadono dalla data di entrata in vigore del presente articolo fino al 30 settembre 2017.

10. L'eventuale diniego della definizione va notificato entro il 31 luglio 2018 con le modalità previste per la notificazione degli atti processuali. Il diniego è impugnabile entro sessanta giorni dinanzi all'organo giurisdizionale presso il quale pende la lite. Nel caso in cui la definizione della lite è richiesta in pendenza del termine per impugnare, la pronuncia giurisdizionale può essere impugnata unitamente al diniego della definizione entro sessanta giorni dalla notifica di quest'ultimo. Il processo si estingue in mancanza di istanza di trattazione presentata entro il 31 dicembre 2018 dalla parte che ne ha interesse. L'impugnazione della pronuncia giurisdizionale e del diniego, qualora la controversia risulti non definibile, valgono anche come istanza di trattazione. Le spese del processo estinto restano a carico della parte che le ha anticipate.

11. La definizione perfezionata dal coobbligato giova in favore degli altri, inclusi quelli per i quali la controversia non sia più pendente, fatte salve le disposizioni del secondo periodo del comma 7.

12. Con uno o più provvedimenti del direttore dell'agenzia delle entrate sono stabilite le modalità di attuazione del presente articolo. Tali modalità di attuazione devono garantire il riversamento alle regioni dei proventi derivanti dalla definizione delle controversie relative all'IRAP e all'addizionale regionale all'IRPEF, in coerenza con quanto previsto dall'articolo 9 del decreto legislativo 6 maggio 2011, n. 68.

13. Qualora, a seguito del monitoraggio cui all'articolo 17, comma 12 della legge 31 dicembre 2009, n. 196, le maggiori entrate derivanti dall'attuazione del presente articolo non dovessero realizzarsi in tutto o in parte, si applica l'articolo 17, commi da 12-*bis* a 12-*quater* della citata legge n. 196 del 2009. Nel caso di realizzazione di ulteriori introiti rispetto alle maggiori entrate previste, gli stessi possono essere destinati, prioritariamente a compensare l'eventuale mancata realizzazione dei maggiori introiti di cui ai commi 575 e 633 dell'articolo 1 della legge 11 dicembre 2016 n. 232, nonché, per l'eventuale eccedenza, al reintegro anche parziale delle dotazioni finanziarie delle missioni e programmi di spesa dei Ministeri, ridotte ai sensi dell'articolo 13, da disporre con appositi decreti di variazione di bilancio adottati dal Ministro dell'economia e delle finanze.

CONCORRENZA

- 1 -

L. 10 ott. 1990, n. 287
Norme per la tutela della concorrenza e del mercato
(G.U. 13 ott. 1990, n. 240)[1]

[1] V. altresì D.P.R. 30 apr. 1998, n. 217, *Regolamento recante norme in materia di procedure istruttorie di competenza dell'autorità garante della concorrenza e del mercato*, e D.P.R. 11 lug. 2003, n. 284, per il *regolamento sulle procedure istruttorie in materia di pubblicità.*

TITOLO I
Norme sulle intese, sull'abuso di posizione dominante e sulle operazioni di concentrazione

1. ***Ambito di applicazione e rapporti con l'ordinamento comunitario.*** — 1. Le disposizioni della presente legge in attuazione dell'art. 41 della Costituzione a tutela e garanzia del diritto di iniziativa economica, si applicano alle intese, agli abusi di posizione dominante e alle concentrazioni di imprese.[1]

2. L'Autorità garante della concorrenza e del mercato di cui all'articolo 10, di seguito denominata "Autorità", applica anche parallelamente in relazione a uno stesso caso gli articoli 101 e 102 del Trattato sul funzionamento dell'Unione europea e gli articoli 2 e 3 della presente legge in materia di intese restrittive della libertà di concorrenza e di abuso di posizione dominante.[2]

3.[3]

4. L'interpretazione delle norme contenute nel presente titolo è effettuata in base ai princìpi dell'ordinamento delle Comunità europee in materia di disciplina della concorrenza.

[1] Comma così modif. dall'art. 17, D.lgs. 19 gen. 2017, n. 3.
[2] Comma così sost. dall'art. 17, D.lgs. 19 gen. 2017, n. 3.
[3] Comma abrog. dall'art. 17, D.lgs. 19 gen. 2017, n. 3.

2. ***Intese restrittive della libertà di concorrenza.*** — 1. Sono considerati intese gli accordi e/o le pratiche concordati tra imprese nonché le deliberazioni, anche se adottate ai sensi di disposizioni statutarie o regolamentari, di consorzi, associazioni di imprese ed altri organismi similari.

2. Sono vietate le intese tra imprese che abbiano per oggetto o per effetto di impedire, restringere o falsare in maniera consistente il gioco della concorrenza all'interno del mercato nazionale o in una sua parte rilevante, anche attraverso attività consistenti nel:

a) fissare direttamente o indirettamente i prezzi d'acquisto o di vendita ovvero altre condizioni contrattuali;

b) impedire o limitare la produzione, gli sbocchi o gli accessi al mercato, gli investimenti, lo sviluppo tecnico o il progresso tecnologico;

c) ripartire i mercati o le fonti di approvvigionamento;

d) applicare, nei rapporti commerciali con altri contraenti, condizioni oggettivamente diverse per prestazioni equivalenti, così da determinare per essi ingiustificati svantaggi nella concorrenza;

e) subordinare la conclusione di contratti all'accettazione da parte degli altri contraenti di prestazioni supplementari che, per loro natura o secondo gli usi commerciali, non abbiano alcun rapporto con l'oggetto dei contratti stessi.

3. Le intese vietate sono nulle ad ogni effetto.

3. ***Abuso di posizione dominante.*** — 1. È vietato l'abuso da parte di una o più imprese di una posizione dominante all'interno del mercato nazionale o in una sua parte rilevante, ed inoltre è vietato:

a) imporre direttamente o indirettamente prezzi di acquisto, di vendita o altre condizioni contrattuali ingiustificatamente gravose;

b) impedire o limitare la produzione, gli sbocchi o gli accessi al mercato, lo sviluppo tecnico o il progresso tecnologico, a danno dei consumatori;

c) applicare nei rapporti commerciali con altri contraenti condizioni oggettivamente diverse per prestazioni equivalenti, così da determinare per essi ingiustificati svantaggi nella concorrenza;

d) subordinare la conclusione dei contratti all'accettazione da parte degli altri contraenti di prestazioni supplementari che, per loro natura e secondo gli usi commerciali, non abbiano alcuna connessione con l'oggetto dei contratti stessi.

4. ***Deroghe al divieto di intese restrittive della libertà di concorrenza.*** — 1. L'Autorità può autorizzare, con proprio provvedimento, per un periodo limitato, intese o categorie di intese vietate ai sensi dell'art. 2, che diano luogo a miglioramenti nelle condizioni di offerta sul mercato i quali abbiano effetti tali da comportare un sostanziale beneficio per i consumatori e che siano individuati anche tenendo conto della necessità di assicurare alle imprese la necessaria concorrenzialità sul piano internazionale e connessi in particolare con l'aumento della produzione, o con il miglioramento qualitativo della produzione stessa o della distribuzione ovvero con il progresso tecnico o tecnologico. L'autorizzazione non può comunque consentire restrizioni non strettamente necessarie al raggiungimento delle finalità di cui al presente comma né può consentire che risulti eliminata la concorrenza da una parte sostanziale del mercato.

2. L'Autorità può revocare il provvedimento di autorizzazione in deroga di cui al comma 1, previa diffida, qualora l'interessato abusi dell'autorizzazione ovvero quando venga meno alcuno dei presupposti per l'autorizzazione.

3. La richiesta di autorizzazione è presentata all'Autorità, che si avvale dei poteri di istruttoria di

cui all'art. 14 e provvede entro centoventi giorni dalla presentazione della richiesta stessa.

5. *Operazioni di concentrazione.* — 1. L'operazione di concentrazione si realizza:

a) quando due o più imprese procedono a fusione;

b) quando uno o più soggetti in posizione di controllo di almeno un'impresa ovvero una o più imprese acquisiscono direttamente od indirettamente, sia mediante acquisto di azioni o di elementi del patrimonio, sia mediante contratto o qualsiasi altro mezzo, il controllo dell'insieme o di parti di una o più imprese;

c) quando due o più imprese procedono alla costituzione di un'impresa comune che esercita stabilmente tutte le funzioni di un'entità autonoma.[1]

2. L'assunzione del controllo di un'impresa non si verifica nel caso in cui una banca o un istituto finanziario acquisti, all'atto della costituzione di un'impresa o dell'aumento del suo capitale, partecipazioni in tale impresa al fine di rivenderle sul mercato, a condizione che durante il periodo di possesso di dette partecipazioni, comunque non superiore a ventiquattro mesi, non eserciti i diritti di voto inerenti alle partecipazioni stesse.

3. Qualora l'operazione di costituzione di un'impresa comune che realizza una concentrazione abbia per oggetto o per effetto il coordinamento del comportamento di imprese indipendenti, tale coordinamento è valutato secondo i parametri adottati per la valutazione delle intese restrittive della libertà di concorrenza, al fine di stabilire se l'operazione comporti le conseguenze di cui all'articolo 6. In tale valutazione l'Autorità tiene conto, in particolare, della presenza significativa e simultanea di due o più imprese fondatrici sullo stesso mercato dell'impresa comune, o su un mercato situato a monte o a valle di tale mercato, ovvero su un mercato contiguo strettamente legato a detto mercato, nonché della possibilità offerta alle imprese interessate, attraverso il loro coordinamento risultante direttamente dalla costituzione dell'impresa comune, di eliminare la concorrenza per una parte sostanziale dei prodotti e servizi in questione.[2]

[1] Lettera così sost. dall'art. 32, L. 5 ago. 2022, n. 118.
[2] Comma così sost. dall'art. 32, L. 5 ago. 2022, n. 118.

6. *Divieto delle operazioni di concentrazione restrittive della libertà di concorrenza.* — 1. Nei riguardi delle operazioni di concentrazione soggette a comunicazione ai sensi dell'articolo 16, l'Autorità valuta se ostacolino in modo significativo la concorrenza effettiva nel mercato nazionale o in una sua parte rilevante, in particolare a causa della costituzione o del rafforzamento di una posizione dominante. Tale situazione deve essere valutata in ragione della necessità di preservare e sviluppare la concorrenza effettiva tenendo conto della struttura di tutti i mercati interessati e della concorrenza attuale o potenziale, nonché della posizione sul mercato delle imprese partecipanti, del loro potere economico e finanziario, delle possibilità di scelta dei fornitori e degli utilizzatori, del loro accesso alle fonti di approvvigionamento o agli sbocchi di mercato, dell'esistenza di diritto o di fatto di ostacoli all'entrata, dell'andamento dell'offerta e della domanda dei prodotti e dei servizi in questione, degli interessi dei consumatori intermedi e finali, nonché del progresso tecnico ed economico purché esso sia a vantaggio del consumatore e non costituisca impedimento alla concorrenza. L'Autorità può valutare gli effetti anticompetitivi di acquisizioni di controllo su imprese di piccole dimensioni caratterizzate da strategie innovative, anche nel campo delle nuove tecnologie.[1]

2. L'Autorità, al termine dell'istruttoria di cui all'art. 16, comma 4, quando accerti che l'operazione comporta le conseguenze di cui al comma 1, vieta la concentrazione ovvero l'autorizza prescrivendo le misure necessarie ad impedire tali conseguenze.

[1] Comma così sost. dall'art. 32, L. 5 ago. 2022, n. 118.

7. *Controllo.* — 1. Ai fini del presente titolo si ha controllo nei casi contemplati dall'art. 2359 del c.c. ed inoltre in presenza di diritti, contratti o altri rapporti giuridici che conferiscono, da soli o congiuntamente, e tenuto conto delle circostanze di fatto e di diritto, la possibilità di esercitare un'influenza determinante sulle attività di un'impresa, anche attraverso:

a) diritti di proprietà o di godimento sulla totalità o su parti del patrimonio di un'impresa;

b) diritti, contratti o altri rapporti giuridici che conferiscono un'influenza determinante sulla composizione, sulle deliberazioni o sulle decisioni degli organi di un'impresa.

2. Il controllo è acquisito dalla persona o dalla impresa o dal gruppo di persone o di imprese:

a) che siano titolari dei diritti o beneficiari dei contratti o soggetti degli altri rapporti giuridici suddetti;

b) che, pur non essendo titolari di tali diritti o beneficiari di tali contratti o soggetti di tali rapporti giuridici, abbiano il potere di esercitare i diritti che ne derivano.

8. *Imprese pubbliche e in monopolio legale.* — 1. Le disposizioni contenute nei precedenti articoli si applicano sia alle imprese private che a quelle pubbliche o a prevalente partecipazione statale.

2. Le disposizioni di cui ai precedenti articoli non si applicano alle imprese che, per disposizioni di legge, esercitano la gestione di servizi di interesse economico generale ovvero operano in regime di monopolio sul mercato, per tutto quanto strettamente connesso all'adempimento degli specifici compiti loro affidati.

2-*bis*. Le imprese di cui al comma 2, qualora intendano svolgere attività in mercati diversi da quelli in cui agiscono ai sensi del medesimo comma 2, operano mediante società separate.[1]

2-*ter*. La costituzione di società e l'acquisizione di posizioni di controllo in società operanti nei mercati diversi di cui al comma 2-*bis* sono soggette a preventiva comunicazione all'Autorità.[1]

2-*quater*. Al fine di garantire pari opportunità di iniziativa economica, qualora le imprese di cui al comma 2 rendano disponibili a società da esse partecipate o controllate nei mercati diversi di cui al comma 2-*bis* beni o servizi, anche informativi, di cui abbiano la disponibilità esclusiva in dipendenza delle attività svolte ai sensi del medesimo comma 2, esse sono tenute a rendere accessibili tali beni o servizi, a condizioni equivalenti, alle altre imprese direttamente concorrenti.[1]

2-*quinquies*. Nei casi di cui ai commi 2-*bis*, 2-*ter* e 2-*quater*, l'Autorità esercita i poteri di cui all'art. 14. Nei casi di accertata infrazione agli artt. 2 e 3, le imprese sono soggette alle disposizioni e alle sanzioni di cui all'art. 15.[1]

2-*sexies*. In caso di violazione degli obblighi di comunicazione di cui al comma 2-*ter*, l'Autorità applica la sanzione amministrativa pecuniaria fino a euro 51.645,68.[1]

[1] I commi da 2-*bis* a 2-*sexies* sono stati introdotti dall'art. 11, L. 5 mar. 2001, n. 57.

9. ***Autoproduzione.*** — 1. La riserva per legge allo Stato ovvero a un ente pubblico del monopolio su un mercato, nonché la riserva per legge ad un'impresa incaricata della gestione di attività di prestazione al pubblico di beni o di servizi contro corrispettivo, non comporta per i terzi il divieto di produzione di tali beni o servizi per uso proprio, della società controllante e delle società controllate.

2. L'autoproduzione non è consentita nei casi in cui in base alle disposizioni che prevedono la riserva risulti che la stessa è stabilita per motivi di ordine pubblico, sicurezza pubblica e difesa nazionale, nonché, salvo concessione, per quanto concerne il settore delle telecomunicazioni.

TITOLO II
Istituzione e compiti dell'Autorità garante della concorrenza e del mercato

CAPO I
Istituzione dell'Autorità

10. ***Autorità garante della concorrenza e del mercato.*** — 1. È istituita l'Autorità garante della concorrenza e del mercato, denominata ai fini della presente legge Autorità, con sede in Roma.

2. L'Autorità opera in piena autonomia e con indipendenza di giudizio e di valutazione ed è organo collegiale costituito dal presidente e da quattro membri, nominati con determinazione adottata d'intesa dai Presidenti della Camera dei deputati e del Senato della Repubblica. Il presidente è scelto tra persone di notoria indipendenza che abbiano ricoperto incarichi istituzionali di grande responsabilità e rilievo. I quattro membri sono scelti tra persone di notoria indipendenza da individuarsi tra magistrati del Consiglio di Stato, della Corte dei conti o della Corte di cassazione, professori universitari ordinari di materie economiche o giuridiche, e personalità provenienti da settori economici dotate di alta e riconosciuta professionalità.

3. I membri dell'Autorità sono nominati per sette anni e non possono essere confermati. Essi non possono esercitare, a pena di decadenza, alcuna attività professionale o di consulenza, né possono essere amministratori o dipendenti di enti pubblici o privati, né ricoprire altri uffici pubblici di qualsiasi natura. I dipendenti statali sono collocati fuori ruolo per l'intera durata del mandato. I membri dell'Autorità non possono essere rimossi o destituiti per motivi connessi al corretto svolgimento dei loro compiti o al corretto esercizio dei poteri nell'applicazione della presente legge ovvero degli articoli 101 o 102 del TFUE. I membri dell'Autorità possono essere sollevati dall'incarico solamente quando è applicata la pena accessoria di cui all'articolo 28 del Codice penale con sentenza passata in giudicato; in tali casi, il Collegio dell'Autorità informa i Presidenti della Camera dei deputati e del Senato della Repubblica per i provvedimenti di competenza.[1]

3-*bis*. I membri e il personale dell'Autorità svolgono i loro compiti ed esercitano i loro poteri ai fini dell'applicazione della presente legge e degli articoli 101 e 102 del TFUE in modo indipendente da ingerenze politiche e da altre influenze esterne. Essi non sollecitano né accettano istruzioni dal Governo o da altri soggetti pubblici o privati nello svolgimento dei loro compiti o nell'esercizio dei loro poteri. I membri e il personale dell'Autorità si astengono dall'intraprendere qualsiasi azione incompatibile con lo svolgimento dei loro compiti o con l'esercizio dei loro poteri ai fini dell'applicazione della presente legge ovvero degli articoli 101 o 102 del TFUE.[1]

3-*ter*. L'Autorità adotta e pubblica un codice di condotta per i propri membri e il proprio personale, che include disposizioni in materia di conflitto di interessi e le relative sanzioni. I membri e il personale dell'Autorità, per i tre anni successivi dalla cessazione delle loro funzioni, non possono essere coinvolti in procedimenti istruttori riguardanti l'applicazione degli articoli 101 o 102 TFUE ovvero degli articoli 2 o 3 della presente legge di cui si sono occupati durante il loro rapporto di lavoro o incarico presso l'Autorità. I contratti conclusi e gli incarichi conferiti in violazione di quanto previsto dal precedente periodo sono nulli.[1]

4. L'Autorità ha diritto di corrispondere con tutte le pubbliche amministrazioni e con gli enti di diritto pubblico, e di chiedere ad essi, oltre a notizie ed informazioni, la collaborazione per l'adempimento delle sue funzioni. L'Autorità, in quanto au-

torità nazionale competente per la tutela della concorrenza e del mercato, intrattiene con gli organi delle Comunità europee i rapporti previsti dalla normativa comunitaria in materia.[2]

5. Entro novanta giorni dalla data di entrata in vigore della presente legge, con decreto del Presidente della Repubblica, su proposta del Ministro dell'industria, del commercio e dell'artigianato, sentito il Ministro del tesoro, previa deliberazione del Consiglio dei Ministri, sono stabilite procedure istruttorie che garantiscono agli interessati la piena conoscenza degli atti istruttori, il contraddittorio e la verbalizzazione.[3]

6. L'Autorità delibera le norme concernenti la propria organizzazione e il proprio funzionamento, quelle concernenti il trattamento giuridico ed economico del personale e l'ordinamento delle carriere, nonché quelle dirette a disciplinare la gestione delle spese nei limiti previsti dalla presente legge, anche in deroga alle disposizioni sulla contabilità generale dello Stato.

7. L'Autorità provvede all'autonoma gestione delle spese per il proprio funzionamento nei limiti del contributo di cui al comma 7-*ter*. L'Autorità è indipendente nell'utilizzare la propria dotazione finanziaria.[4] La gestione finanziaria si svolge in base al bilancio di previsione approvato dall'Autorità entro il 31 dicembre dell'anno precedente a quello cui il bilancio si riferisce. Il contenuto e la struttura del bilancio di previsione, il quale deve comunque contenere le spese indicate entro i limiti delle entrate previste, sono stabiliti dal regolamento di cui al comma 6, che disciplina anche le modalità per le eventuali variazioni. Il rendiconto della gestione finanziaria, approvato entro il 30 aprile dell'anno successivo, è soggetto al controllo della Corte dei conti. Il bilancio preventivo e il rendiconto della gestione finanziaria sono pubblicati nella *Gazzetta Ufficiale* della Repubblica italiana.[5]

7-*bis*. [Abrogato].[6]

7-*ter*. All'onere derivante dal funzionamento dell'Autorità garante della concorrenza e del mercato si provvede mediante un contributo di importo pari allo 0,08 per mille del fatturato risultante dall'ultimo bilancio approvato dalle società di capitale, con ricavi totali superiori a 50 milioni di euro, fermi restando i criteri stabiliti dal comma 2 dell'articolo 16 della presente legge. La soglia massima di contribuzione a carico di ciascuna impresa non può essere superiore a cento volte la misura minima.[7]

7-*quater*. Ferme restando, per l'anno 2012, tutte le attuali forme di finanziamento, ivi compresa l'applicazione dell'articolo 2, comma 241, della legge 23 dicembre 2009, n. 191, in sede di prima applicazione, per l'anno 2013, il contributo di cui al comma 7-*ter* è versato direttamente all'Autorità con le modalità determinate dall'Autorità medesima con propria deliberazione, entro il 30 ottobre 2012. Per gli anni successivi, a decorrere dall'anno 2014, il contributo è versato, entro il 31 luglio di ogni anno, direttamente all'Autorità con le modalità determinate dall'Autorità medesima con propria deliberazione. Eventuali variazioni della misura e delle modalità di contribuzione possono essere adottate dall'Autorità medesima con propria deliberazione, nel limite massimo dello 0,5 per mille del fatturato risultante dal bilancio approvato precedentemente all'adozione della delibera, ferma restando la soglia massima di contribuzione di cui al comma 7-*ter*.[7]

8. Con decreto del Presidente del Consiglio dei Ministri, su proposta del Ministro dell'industria, del commercio e dell'artigianato, d'intesa con il Ministro del tesoro, sono determinate le indennità spettanti al presidente e ai membri dell'Autorità.

[1] L'art. 1, c. 1, D.lgs. 8 nov. 2021, n. 185, ha sost. l'originario c. 3 con gli attuali commi da 3 a 3-*ter*.

[2] V. ora l'art. 54, L. 6 feb. 1996, n. 52 (Legge comunitaria 1994), anche in ordine alla applicabilità degli artt. 85-1 e 86 Tratt. CE.

[3] V. il D.P.R. 30 apr. 1998, n. 217.

[4] Periodo ins. dall'art. 1, D.lgs. 8 nov. 2021, n. 185.

[5] Comma così modif. dall'art. 5-*bis*, c. 2, D.L. 24 gen. 2012, n. 2, conv. con modif. in L. 24 mar. 2012, n. 27.

[6] Comma abrog. dall'art. 5-*bis*, c. 2, D.L. 24 gen. 2012, n. 2, conv. con modif. in L. 24 mar. 2012, n. 27.

[7] Comma ins. dall'art. 5-*bis*, c. 1, del D.L. 24 gen. 2012, n. 1, conv. con modif. in L. 24 mar. 2012, n. 27.

11. ***Personale della Autorità.*** (*Omissis*).

CAPO II

Poteri dell'Autorità in materia di intese restrittive della libertà di concorrenza e di abuso di posizione dominante

12. ***Poteri di indagine.*** — 1. L'Autorità, valutati gli elementi comunque in suo possesso e quelli portati a sua conoscenza da pubbliche amministrazioni o da chiunque vi abbia interesse, ivi comprese le associazioni rappresentative dei consumatori, procede ad istruttoria per verificare l'esistenza di infrazioni ai divieti stabiliti negli artt. 2 e 3.

1-*bis*. I tipi di prove ammissibili dinanzi all'Autorità comprendono i documenti, le dichiarazioni orali, i messaggi elettronici, le registrazioni e tutti gli altri documenti contenenti informazioni, indipendentemente dalla loro forma e dal supporto sul quale le informazioni sono conservate.[1]

1-*ter*. L'Autorità ha il potere di definire le priorità di intervento ai fini dell'applicazione della presente legge e degli articoli 101 e 102 del TFUE. L'Autorità può non dare seguito alle segnalazioni che non rientrino tra le proprie priorità di intervento.[1]

1-*quater*. I procedimenti relativi alle infrazioni degli articoli 101 o 102 del TFUE ovvero degli articoli 2 o 3 della presente legge, incluso l'esercizio dei poteri di cui al presente capo II da parte dell'Autorità, rispettano i principi generali del diritto dell'Unione europea e la Carta dei diritti fondamentali dell'Unione europea.[1]

2. L'Autorità può, inoltre, procedere, d'ufficio o su richiesta del Ministro dell'industria, del commercio e dell'artigianato o del Ministro delle partecipazioni statali, ad indagini conoscitive di natura generale nei settori economici nei quali l'evoluzione degli scambi, il comportamento dei prezzi, o altre circostanze facciano presumere che la concorrenza sia impedita, ristretta o falsata.

2-*bis*. Ai fini dell'applicazione degli articoli 2 e 3 della presente legge, nonché per l'applicazione degli articoli 101 e 102 del Trattato sul funzionamento dell'Unione europea, l'Autorità può in ogni momento richiedere a imprese e a enti che ne siano in possesso di fornire informazioni e di esibire documenti utili. Tali richieste di informazioni indicano le basi giuridiche su cui sono fondate le richieste, sono proporzionate e non obbligano i destinatari ad ammettere un'infrazione degli articoli 101 o 102 del Trattato sul funzionamento dell'Unione europea ovvero degli articoli 2 o 3 della presente legge.[2]

2-*ter*. Con provvedimento dell'Autorità, i soggetti ai quali è richiesto di fornire o esibire gli elementi di cui al comma 2-*bis* sono sottoposti alle sanzioni amministrative pecuniarie di cui all'articolo 14, comma 5, se rifiutano od omettono di fornire le informazioni o di esibire i documenti richiesti ovvero se forniscono informazioni od esibiscono documenti non veritieri, senza giustificato motivo. L'Autorità riconosce ai soggetti di cui al comma 2-*bis* un congruo periodo di tempo, anche in ragione della complessità delle informazioni in oggetto, comunque non superiore a sessanta giorni, rinnovabili con richiesta motivata, per rispondere alle richieste di informazioni avanzate dall'Autorità stessa. Sono fatte salve le diverse sanzioni previste dall'ordinamento vigente.[2]

[1] Comma ins. dall'art. 1, c. 2, D.lgs. 8 nov. 2021, n. 185.
[2] Comma aggiunto dall'art. 35, L. 5 ago. 2022, n. 118.

13. ***Comunicazione delle intese.*** — 1. Le imprese possono comunicare all'Autorità le intese intercorse. Se l'Autorità non avvia l'istruttoria di cui all'art. 14 entro centoventi giorni dalla comunicazione non può più procedere a detta istruttoria, fatto salvo il caso di comunicazioni incomplete o non veritiere.

14. ***Istruttoria.*** — 1. L'Autorità, nei casi di presunta infrazione degli articoli 101 o 102 del TFUE ovvero degli articoli 2 o 3 della presente legge, svolge l'istruttoria in tempi ragionevoli e ne notifica l'apertura alle imprese e agli enti interessati. I titolari o legali rappresentanti delle imprese ed enti hanno diritto di essere sentiti, personalmente o a mezzo di procuratore speciale, nel termine fissato contestualmente alla notifica ed hanno facoltà di presentare deduzioni e pareri in ogni stadio dell'istruttoria, nonché di essere nuovamente sentiti prima della chiusura della stessa.[1]

2. L'Autorità può in ogni momento dell'istruttoria richiedere a imprese, associazioni di imprese o persone fisiche e giuridiche che ne sono in possesso di fornire informazioni e di esibire documenti utili ai fini dell'istruttoria, entro un termine ragionevole e indicato nella richiesta. Tali richieste di informazioni sono proporzionate e non obbligano i destinatari ad ammettere un'infrazione degli articoli 101 o 102 del TFUE ovvero degli articoli 2 o 3 della presente legge. L'obbligo di fornire tutte le informazioni necessarie comprende le informazioni accessibili ai destinatari della richiesta.[2]

2-*bis*. L'Autorità può in ogni momento dell'istruttoria convocare in audizione ogni rappresentante di un'impresa o di un'associazione di imprese, un rappresentante di altre persone giuridiche e ogni persona fisica se tali rappresentanti o tali persone fisiche possono essere in possesso di informazioni rilevanti ai fini dell'istruttoria.[2]

2-*ter*. L'Autorità può disporre perizie e analisi economiche e statistiche nonché la consultazione di esperti in ordine a qualsiasi elemento rilevante ai fini dell'istruttoria.[2]

2-*quater*. L'Autorità può in ogni momento dell'istruttoria disporre presso imprese e associazioni di imprese tutte le ispezioni necessarie all'applicazione della presente legge e degli articoli 101 e 102 del TFUE. I funzionari dell'Autorità incaricati di procedere alle ispezioni possono:

a) accedere a tutti i locali, terreni e mezzi di trasporto delle imprese e associazioni di imprese;

b) controllare i libri e qualsiasi altro documento connesso all'azienda, su qualsiasi forma di supporto, e accedere a tutte le informazioni accessibili all'entità oggetto dell'accertamento ispettivo;

c) fare o acquisire, sotto qualsiasi forma, copie o estratti dei suddetti libri o documenti e, se lo ritengono opportuno, continuare dette ricerche di informazioni e la selezione di copie o estratti nei locali dell'Autorità o in altri locali da essa designati;

d) apporre sigilli a tutti i locali, libri e documenti aziendali per la durata dell'accertamento ispettivo e nella misura necessaria al suo espletamento;

e) chiedere a qualsiasi rappresentante o membro del personale dell'impresa o dell'associazione di imprese spiegazioni sui fatti o documenti relativi all'oggetto e allo scopo dell'accertamento ispettivo e verbalizzarne le risposte.[2]

2-*quinquies*. Se vi sono motivi ragionevoli di sospettare che libri o altri documenti connessi all'azienda e all'oggetto dell'ispezione, che possono essere pertinenti per provare un'infrazione degli articoli 101 o 102 del TFUE ovvero degli articoli 2 o 3 della presente legge, siano conservati in locali, terreni e mezzi di trasporto diversi da quelli di cui all'articolo 14, comma 2-*quater*, lettera *a*), della presente legge, compresa l'abitazione di dirigenti, amministratori e altri membri del personale delle imprese o associazioni di imprese interessate, l'Autorità può disporre ispezioni in tali locali, terreni e mezzi di trasporto. I funzionari dell'Autorità incaricati dell'ispezione dispongono dei poteri di cui al comma 2-*quater*, lettere *a*), *b*), e *c*), del presente articolo.[2]

2-*sexies*. L'accertamento ispettivo nei luoghi di cui al comma 2-*quinquies* del presente articolo può essere eseguito soltanto se autorizzato con decreto motivato emesso dal procuratore della Repubblica del luogo ove deve svolgersi l'accesso. Il decreto è notificato all'Autorità entro dieci giorni dall'emissione. Contro il decreto di diniego, l'Autorità può proporre opposizione, entro dieci giorni dalla notificazione, con atto presentato alla segreteria del procuratore della Repubblica che ha emesso il decreto. L'atto di opposizione è trasmesso, unitamente al decreto di diniego, al giudice per le indagini preliminari ai sensi dell'articolo 368 del codice di procedura penale.[2]

2-*septies*. Nello svolgimento dell'attività ispettiva di cui ai commi 2-*quater* e 2-*quinquies* del presente articolo, l'Autorità può avvalersi della collaborazione dei militari della Guardia di finanza, che, ai sensi dell'articolo 54, comma 4, della legge 6 febbraio 1996, n. 52, agiscono con i poteri e le facoltà previsti dai decreti del Presidente della Repubblica 26 ottobre 1972, n. 633, e 29 settembre 1973, n. 600, e dalle altre disposizioni tributarie, nonché della collaborazione di altri organi dello Stato.[2]

2-*octies*. Quando l'Autorità svolge un'ispezione ai sensi dei commi 2-*quater* e 2-*quinquies* del presente articolo o un'audizione ai sensi del comma 2-*bis* del presente articolo, in nome e per conto di altre autorità nazionali garanti della concorrenza conformemente all'articolo 22 del regolamento (CE) n. 1/2003 del Consiglio, del 16 dicembre 2002, i funzionari e le altre persone che li accompagnano autorizzati o nominati dall'autorità nazionale garante della concorrenza richiedente possono assistere all'ispezione o all'audizione svolti dall'Autorità e parteciparvi attivamente, sotto il controllo dei funzionari dell'Autorità medesima.[2]

3. Tutte le notizie, le informazioni o i dati riguardanti le imprese oggetto di istruttoria da parte dell'Autorità sono tutelati dal segreto d'ufficio anche nei riguardi delle pubbliche amministrazioni.

4. I funzionari dell'Autorità nell'esercizio delle loro funzioni sono pubblici ufficiali. Essi sono vincolati dal segreto d'ufficio.

5. L'Autorità dispone l'applicazione di una sanzione amministrativa pecuniaria fino all'1 per cento del fatturato totale realizzato a livello mondiale durante l'esercizio precedente se, dolosamente o per colpa:

a) le imprese o le associazioni di imprese ostacolano l'ispezione di cui al comma 2-*quater*, del presente articolo;

b) sono stati infranti i sigilli apposti ai sensi del comma 2-*quater*, lettera *d*), del presente articolo, ferme le ulteriori sanzioni penali previste per l'autore dell'infrazione;

c) in risposta ad una domanda rivolta nel corso di un'ispezione ai sensi del comma 2-*quater*, lettera *e*), del presente articolo, le imprese e le associazioni di imprese non forniscono una risposta completa o forniscono informazioni inesatte o fuorvianti;

d) in risposta ad una richiesta di informazioni ai sensi del comma 2 del presente articolo, le imprese e le associazioni di imprese forniscono informazioni inesatte, incomplete o fuorvianti oppure non forniscono le informazioni entro il termine stabilito;

e) le imprese o le associazioni di imprese non si presentano all'audizione convocata ai sensi del comma 2-*bis* del presente articolo.[3]

6. L'Autorità può irrogare alle imprese e associazioni di imprese penalità di mora il cui importo può giungere fino al 5 per cento del fatturato medio giornaliero realizzato a livello mondiale durante l'esercizio sociale precedente per ogni giorno di ritardo a decorrere dalla data fissata nella richiesta o nel provvedimento, al fine di costringerle:

a) a fornire informazioni complete ed esatte in risposta ad una richiesta di informazioni ai sensi del comma 2 del presente articolo;

b) a presentarsi all'audizione convocata ai sensi del comma 2-*bis* del presente articolo;

c) a sottoporsi all'ispezione di cui al comma 2-*quater* del presente articolo.[3]

7. Con provvedimento dell'Autorità, sono sottoposte alla sanzione amministrativa pecuniaria da 150 euro a 25.823 euro le persone fisiche che, dolosamente o per colpa:

a) ostacolano l'accertamento ispettivo di cui al comma 2-*quinquies* del presente articolo;

b) in risposta ad una richiesta di informazioni ai sensi del comma 2 del presente articolo, forniscono informazioni inesatte, incomplete o fuorvianti oppure non forniscono le informazioni entro il termine stabilito, salvo rifiuto motivato se le informazioni richieste possono far emergere la propria responsabilità per un illecito passibile di sanzioni amministrative di carattere punitivo o per un reato;

c) non si presentano all'audizione convocata ai sensi del comma 2-*bis* del presente articolo.[3]

8. L'Autorità può irrogare alle persone fisiche penalità di mora da 150 euro a 500 euro per ogni giorno di ritardo a decorrere dalla data fissata nella richiesta o nel provvedimento, al fine di costringerle a:

a) fornire informazioni complete ed esatte in risposta a una richiesta di informazioni ai sensi del comma 2 del presente articolo, salvo rifiuto motivato se le informazioni richieste possono far emergere la propria responsabilità per un illecito passibile di sanzioni amministrative di carattere punitivo o per un reato;

b) presentarsi all'audizione convocata ai sensi del comma 2-*bis* del presente articolo;

c) sottoporsi all'ispezione di cui al comma 2-*quinquies* del presente articolo.[3]

[1] Comma così sost. dall'art. 1, c. 3, D.lgs. 8 nov. 2021, n. 185.
[2] L'art. 1, c. 3, D.lgs. 8 nov. 2021, n. 185, ha sost. l'originario c. 2 con gli attuali commi da 2 a 2-*octies*.
[3] L'art. 1, c. 3, D.lgs. 8 nov. 2021, n. 185, ha sost. l'originario c. 5 con gli attuali commi da 5 a 8.

14-*bis*. *Misure cautelari*.[1] — 1. Nei casi di urgenza dovuta al rischio di un danno grave e irreparabile per la concorrenza, l'Autorità può, d'ufficio, ove constati ad un sommario esame la sussistenza di un'infrazione, deliberare l'adozione di misure cautelari.

2. Le decisioni adottate ai sensi del comma 1 del presente articolo sono proporzionate e applicabili fino all'adozione della decisione finale oppure per un periodo di tempo specificato che può, se necessario e opportuno, essere prorogato. L'Autorità informa la rete europea della concorrenza delle misure cautelari adottate nel contesto di procedimenti volti all'accertamento di infrazioni degli articoli 101 e 102 del TFUE.[2]

3. L'Autorità, quando le imprese non adempiano a una decisione che dispone misure cautelari, può infliggere sanzioni amministrative pecuniarie fino al 3 per cento del fatturato totale realizzato a livello mondiale durante l'esercizio precedente.[3]

[1] Articolo ins. dall'art. 14, D.L. 4 lug. 2006, n. 223.
[2] Comma così sost. dall'art. 1, c. 4, D.lgs. 8 nov. 2021, n. 185.
[3] Comma così modif. dall'art. 1, c. 4, D.lgs. 8 nov. 2021, n. 185.

14-*ter*. *Impegni*.[1] — 1. Entro tre mesi dalla notifica dell'apertura di un'istruttoria per l'accertamento della violazione degli artt. 2 o 3 della presente legge o degli artt. 81 o 82 del Trattato CE, le imprese possono presentare impegni tali da far venire meno i profili anticoncorrenziali oggetto dell'istruttoria. L'Autorità, valutata l'idoneità di tali impegni e previa consultazione degli operatori del mercato, può, nei limiti previsti dall'ordinamento comunitario, renderli obbligatori per le imprese. Tale decisione può essere adottata per un periodo di tempo determinato e chiude il procedimento senza accertare l'infrazione.[2]

2. L'Autorità in caso di mancato rispetto degli impegni resi obbligatori ai sensi del comma 1 può irrogare una sanzione amministrativa pecuniaria fino al 10 per cento del fatturato totale realizzato a livello mondiale durante l'esercizio precedente. Al fine di monitorare l'attuazione degli impegni, l'Autorità esercita i poteri di cui all'articolo 14 della presente legge.[2]

3. L'Autorità può d'ufficio riaprire il procedimento se:

a) si modifica in modo determinante la situazione di fatto rispetto ad un elemento su cui si fonda la decisione;[3]

b) le imprese interessate contravvengono agli impegni assunti;

c) la decisione si fonda su informazioni trasmesse dalle parti che sono incomplete inesatte o fuorivianti.

[1] Articolo ins. dall'art. 14, D.L. 4 lug. 2006, n. 223.
[2] Comma così modif. dall'art. 1, c. 5, D.lgs. 8 nov. 2021, n. 185.
[3] Lettera così modif. dall'art. 1, c. 5, D.lgs. 8 nov. 2021, n. 185.

14-*quater*. *Procedura di transazione*.[1] — 1. Nel corso dell'istruttoria aperta ai sensi dell'articolo 14, comma 1, l'Autorità può fissare un termine entro il quale le imprese interessate possono manifestare per iscritto la loro disponibilità a partecipare a discussioni in vista dell'eventuale presentazione di proposte di transazione.

2. L'Autorità può informare le parti che partecipano a discussioni di transazione circa:

a) gli addebiti che intende muovere nei loro confronti;

b) gli elementi probatori utilizzati per stabilire gli addebiti che intende muovere;

c) versioni non riservate di qualsiasi specifico documento accessibile, elencato nel fascicolo in quel momento, nella misura in cui la richiesta della parte sia giustificata al fine di consentirle di accertare la sua posizione in merito a un periodo di tempo o a qualsiasi altro aspetto particolare del cartello;

d) la forcella delle potenziali ammende. Tali informazioni sono riservate nei confronti di terzi salvo che l'Autorità ne abbia esplicitamente autorizzato la divulgazione.

3. In caso di esito favorevole di tali discussioni, l'Autorità può fissare un termine entro il quale le imprese interessate possono impegnarsi a seguire la procedura di transazione presentando proposte transattive che rispecchino i risultati delle discussioni svolte e in cui riconoscano la propria partecipazione a un'infrazione degli articoli 2 e 3 della presente legge ovvero degli articoli 101 e 102 del Trattato sul funzionamento dell'Unione europea, nonché la rispettiva responsabilità.

4. L'Autorità può decidere in qualsiasi momento di cessare completamente le discussioni in vista di una transazione, anche rispetto a una o più parti specifiche, qualora ritenga che sia comunque compromessa l'efficacia della procedura. Prima che l'Autorità fissi un termine per la presentazione delle proposte di transazione, le parti interessate hanno il diritto a che sia loro divulgata a tempo debito, su richiesta, l'informazione specificata nel comma 2. L'Autorità non è obbligata a tener conto di proposte di transazione ricevute dopo la scadenza del termine suddetto.

5. L'Autorità definisce con proprio provvedimento generale, in conformità con l'ordinamento dell'Unione europea e garantendo il diritto al contraddittorio, le regole procedurali che disciplinano la presentazione e la valutazione delle proposte di transazione di cui al presente articolo e l'entità della riduzione della sanzione di cui all'articolo 15,

comma 1-bis, da accordare in caso di completamento con successo della procedura.

[1] Articolo ins. dall'art. 34, L. 5 ago. 2022, n. 118.

15. *Diffide e sanzioni.* — 1. Se, a seguito dell'istruttoria di cui all'articolo 14 della presente legge, l'Autorità ravvisa un'infrazione degli articoli 101 o 102 del TFUE ovvero degli articoli 2 o 3 della presente legge, fissa alle imprese e associazioni di imprese interessate il termine per l'eliminazione dell'infrazione stessa ovvero, se l'infrazione è già cessata, ne vieta la reiterazione. A tal fine l'Autorità può imporre l'adozione di qualsiasi rimedio comportamentale o strutturale proporzionato all'infrazione commessa e necessario a far cessare effettivamente l'infrazione stessa. Al momento di scegliere fra due rimedi ugualmente efficaci, l'Autorità opta per il rimedio meno oneroso per l'impresa, in linea con il principio di proporzionalità.[1]

1-*bis*. Tenuto conto della gravità e della durata dell'infrazione, dispone inoltre l'applicazione di una sanzione amministrativa pecuniaria fino al 10 per cento del fatturato realizzato in ciascuna impresa o associazione di imprese nell'ultimo esercizio chiuso anteriormente alla notificazione della diffida, determinando i termini entro i quali l'impresa deve procedere al pagamento della sanzione. Se l'infrazione commessa da un'associazione di imprese riguarda le attività dei suoi membri, l'Autorità dispone l'applicazione di una sanzione amministrativa pecuniaria fino al 10 per cento della somma dei fatturati totali a livello mondiale realizzati nell'ultimo esercizio chiuso anteriormente alla notificazione della diffida di ciascun membro operante sul mercato interessato dall'infrazione commessa dall'associazione. Tuttavia, la responsabilità finanziaria di ciascuna impresa riguardo al pagamento della sanzione non può superare il 10 per cento del fatturato da essa realizzato nell'ultimo esercizio chiuso anteriormente alla notificazione della diffida.[1]

1-*ter*. Quando a un'associazione di imprese è irrogata una sanzione tenendo conto del fatturato dei suoi membri ai sensi degli articoli 14, comma 5, e 15, comma 1-*bis*, e l'associazione non è solvibile, essa è tenuta a richiedere ai propri membri contributi a concorrenza dell'importo della sanzione. Se tali contributi non sono stati versati integralmente all'associazione di imprese entro il termine fissato dall'Autorità, l'Autorità può esigere il pagamento della sanzione direttamente da qualsivoglia impresa i cui rappresentanti erano membri degli organi decisionali dell'associazione quando quest'ultima ha assunto la decisione che ha costituito l'infrazione. Se necessario per garantire il pagamento integrale della sanzione, dopo aver richiesto il pagamento a dette imprese, l'Autorità può anche esigere il pagamento dell'importo della sanzione ancora dovuto da qualsivoglia membro dell'associazione che operava sul mercato nel quale si è verificata l'infrazione. Tuttavia, non può esigersi il pagamento dalle imprese che dimostrano che non hanno attuato la decisione dell'associazione che ha costituito l'infrazione e che o non erano a conoscenza della sua esistenza, o si sono attivamente dissociate da essa prima dell'inizio dell'indagine.[1]

1-*quater*. Se, in base alle informazioni di cui dispone, l'Autorità ritiene che non sussistono le condizioni per ravvisare un'infrazione, l'Autorità può assumere una decisione in tal senso. Quando, dopo aver informato la Commissione europea ai sensi dell'articolo 11, paragrafo 3, del regolamento (CE) n. 1/2003, l'Autorità ritiene che sono venuti meno i motivi di intervento e chiude pertanto il procedimento istruttorio, ne informa di conseguenza la Commissione europea.[1]

2. In caso di inottemperanza alla diffida di cui al comma 1, l'Autorità applica la sanzione amministrativa pecuniaria fino al dieci per cento del fatturato ovvero, nei casi in cui sia stata applicata la sanzione di cui al comma 1, di importo minimo non inferiore al doppio della sanzione già applicata con un limite massimo del dieci per cento del fatturato come individuato al comma 1, determinando altresì il termine entro il quale il pagamento della sanzione deve essere effettuato. Nei casi di reiterata inottemperanza l'Autorità può disporre la sospensione dell'attività d'impresa fino a trenta giorni.

2-*bis*. L'Autorità può irrogare alle imprese e associazioni di imprese penalità di mora il cui importo può giungere fino al 5 per cento del fatturato medio giornaliero realizzato a livello mondiale durante l'esercizio sociale precedente per ogni giorno di ritardo a decorrere dalla data fissata nella decisione, al fine di costringerle a:

a) ottemperare alla diffida di cui al comma 1 del presente articolo;

b) ottemperare alle misure cautelari adottate ai sensi dell'articolo 14-*bis*;

c) rispettare gli impegni resi obbligatori mediante decisione ai sensi dell'articolo 14-*ter*.[2]

[1] L'art. 1, c. 6, D.lgs. 8 nov. 2021, n. 185, ha sost. l'originario c. 1 con gli attuali commi da 1 a 1-*quater*.

[2] Comma aggiunto dall'art. 14, D.L. 4 lug. 2006, n. 223, e così sost. dall'art. 1, c. 6, D.lgs. 8 nov. 2021, n. 185.

15-*bis*. *Non applicazione delle sanzioni.*[1] — 1. L'Autorità, in conformità all'ordinamento dell'Unione europea, adotta con proprio provvedimento generale un programma di trattamento favorevole che definisce i casi in cui, in virtù della qualificata collaborazione prestata dalle imprese nell'accertamento di infrazioni delle regole di concorrenza, la sanzione amministrativa pecuniaria può essere non applicata o ridotta per le imprese che rivelino la loro partecipazione a cartelli segreti.

2. Ai fini dell'applicazione di tali disposizioni, per cartello segreto si intende un accordo o pratica concordata fra due o più concorrenti, di cui è celata in tutto o in parte l'esistenza, volta a coordinare

la loro condotta concorrenziale sul mercato o a influire sui pertinenti parametri di concorrenza mediante pratiche consistenti, tra l'altro, nel fissare o coordinare i prezzi di acquisto o di vendita o di altre condizioni di transazione, anche in relazione ai diritti di proprietà intellettuale, nell'allocare quote di produzione o di vendita, nel ripartire i mercati e i clienti, tra l'altro mediante manipolazione delle gare d'appalto, le restrizioni delle importazioni o delle esportazioni o azioni anticoncorrenziali dirette contro altre imprese concorrenti.

3. L'Autorità concede l'immunità dalle sanzioni solo se il richiedente:

a) soddisfa le condizioni di cui all'articolo 15-*quater* della presente legge;

b) rivela la sua partecipazione a un cartello segreto; e

c) fornisce, per primo, elementi probatori che:

1) nel momento in cui l'Autorità riceve la domanda, consentono a quest'ultima di effettuare un accertamento ispettivo mirato riguardo al cartello segreto, purché l'Autorità non sia ancora in possesso di elementi probatori sufficienti per decidere di effettuare tale accertamento ispettivo o non abbia già effettuato detto accertamento ispettivo; o

2) a giudizio dell'Autorità, sono sufficienti a quest'ultima per constatare un'infrazione che ricade nell'ambito del programma di trattamento favorevole, a condizione che l'Autorità non sia ancora in possesso di elementi probatori sufficienti per constatare tale infrazione e che a nessuna impresa sia stata accordata l'immunità ai sensi del numero 1), in relazione a detto cartello segreto.

4. L'immunità dalle sanzioni non può essere concessa alle imprese che hanno esercitato coercizione su altre imprese perché aderissero al cartello segreto o continuassero a parteciparvi.

5. L'Autorità informa il richiedente se gli è stata concessa o meno l'immunità condizionale dalle sanzioni. Il richiedente può chiedere di essere informato per iscritto dall'Autorità circa l'esito della sua domanda. Nei casi in cui l'Autorità respinge la domanda di immunità dalle sanzioni, il richiedente interessato può chiedere che la sua domanda sia esaminata come una domanda di riduzione delle sanzioni.

[1] Articolo ins. dall'art. 1, c. 7, D.lgs. 8 nov. 2021, n. 185.

15-*ter*. *Riduzione delle sanzioni.*[1] — 1. L'Autorità concede la riduzione delle sanzioni solo se il richiedente:

a) soddisfa le condizioni di cui all'articolo 15-*quater* della presente legge;

b) rivela la sua partecipazione a un cartello segreto; e

c) fornisce, elementi probatori del presunto cartello segreto che costituiscono un valore aggiunto significativo al fine di provare un'infrazione che ricade nell'ambito del programma di trattamento favorevole rispetto agli elementi probatori già in possesso dell'Autorità al momento della presentazione della domanda.

2. Se il richiedente fornisce elementi probatori inconfutabili, che l'Autorità utilizza per provare ulteriori circostanze che determinano l'aumento delle sanzioni rispetto a quelle che sarebbero altrimenti state imposte ai partecipanti al cartello segreto, l'Autorità non tiene conto di tali ulteriori circostanze al momento di determinare la sanzione da irrogare al suddetto richiedente che ha fornito tali elementi probatori.

[1] Articolo ins. dall'art. 1, c. 7, D.lgs. 8 nov. 2021, n. 185.

15-*quater*. *Condizioni generali per l'applicazione del trattamento favorevole.*[1] — 1. Per poter beneficiare del trattamento favorevole per la partecipazione a cartelli segreti, il richiedente deve soddisfare le seguenti condizioni:

a) aver posto fine alla sua partecipazione al presunto cartello segreto al più tardi immediatamente dopo aver presentato la domanda legata a un programma di trattamento favorevole, tranne per quanto, a giudizio dell'Autorità, sia ragionevolmente necessario per preservare l'integrità della sua indagine;

b) cooperare in modo genuino, integralmente, su base continuativa e sollecitamente con l'Autorità dal momento in cui presenta la domanda fino a quando l'Autorità non ha chiuso il procedimento istruttorio nei confronti di tutte le parti oggetto dell'indagine adottando una decisione o ha altrimenti chiuso il procedimento istruttorio; tale cooperazione comporta quanto segue:

1) fornire prontamente all'Autorità tutte le pertinenti informazioni ed elementi probatori riguardanti il presunto cartello segreto di cui il richiedente venga in possesso o a cui possa accedere, in particolare:

1.1. la denominazione e l'indirizzo del richiedente;

1.2. la denominazione di tutte le altre imprese che partecipano o hanno partecipato al presunto cartello segreto;

1.3. una descrizione dettagliata del presunto cartello segreto, inclusi i prodotti che ne formano l'oggetto, l'ambito geografico, la durata e la natura della condotta del presunto cartello segreto;

1.4. informazioni su precedenti domande di trattamento favorevole presentate a qualsiasi altra autorità garante della concorrenza in relazione al presunto cartello segreto, ovvero informazioni su possibili domande future;

2) restare a disposizione dell'Autorità per rispondere a qualsiasi richiesta che possa contribuire a stabilire i fatti;

3) mettere a disposizione per audizioni di fronte all'Autorità i direttori, gli amministratori e gli altri membri del personale e compiere ragionevoli sforzi per fare altrettanto con gli ex direttori, amministratori e altri membri del personale;

4) non distruggere, falsificare o celare informazioni o elementi probatori pertinenti; e

5) non rivelare di aver presentato la domanda di trattamento favorevole né rendere nota alcuna parte del suo contenuto prima che nel procedimento istruttorio l'Autorità abbia inviato la comunicazione delle risultanze istruttorie, a meno che non sia stato convenuto altrimenti; e

c) nel periodo in cui prevede di presentare una domanda di trattamento favorevole all'Autorità, non deve:

1) aver distrutto, falsificato o celato elementi probatori pertinenti riguardanti il presunto cartello segreto; o

2) aver rivelato di voler presentare la domanda né aver reso nota nessuna parte del suo contenuto, a eccezione di altre autorità garanti della concorrenza dell'Unione europea e di Paesi terzi.

[1] Articolo ins. dall'art. 1, c. 7, D.lgs. 8 nov. 2021, n. 185.

15-*quinquies*. *Forma delle dichiarazioni legate a un programma di trattamento favorevole.*[1] — 1. Le dichiarazioni legate a un programma di trattamento favorevole relative a domande complete o semplificate ai sensi dell'articolo 15-*septies* possono essere presentate per iscritto o in forma orale. Con il provvedimento di cui all'articolo 15-*bis*, comma 1, l'Autorità può individuare altri mezzi che consentono ai richiedenti di non acquisire il possesso, la custodia o il controllo delle dichiarazioni presentate.

2. Su istanza del richiedente, l'Autorità conferma per iscritto la ricezione delle domande complete o semplificate, indicandone la data e l'ora.

3. Le dichiarazioni legate a un programma di trattamento favorevole relative a domande complete o semplificate, incluse quelle presentate ai sensi dell'articolo 15-*sexies*, sono presentate in lingua italiana. L'Autorità può concordare bilateralmente con il richiedente che la domanda sia presentata in altra lingua.

[1] Articolo ins. dall'art. 1, c. 7, D.lgs. 8 nov. 2021, n. 185.

15-*sexies*. *Numero d'ordine per le domande di non applicazione delle sanzioni.*[1] — 1. Le imprese che intendono chiedere la non applicazione delle sanzioni possono ricevere inizialmente un posto nell'elenco relativo al trattamento favorevole, se lo richiedono, per un periodo determinato di volta in volta dall'Autorità, in modo che il richiedente raccolga le informazioni e gli elementi probatori necessari per raggiungere la soglia probatoria pertinente ai fini dell'immunità dalle sanzioni. La scelta dell'Autorità in ordine all'accoglimento della domanda è pienamente discrezionale.

2. L'impresa che presenti la richiesta di cui al comma 1 fornisce all'Autorità, ove disponibili, le seguenti informazioni:

a) la denominazione e l'indirizzo del richiedente;

b) gli elementi alla base delle preoccupazioni che hanno portato alla richiesta;

c) i nomi di tutte le altre imprese che partecipano o hanno partecipato al presunto cartello segreto;

d) i prodotti e i territori interessati;

e) la durata e la natura della condotta del presunto cartello segreto;

f) informazioni su precedenti domande di trattamento favorevole presentate alle altre autorità garanti della concorrenza in relazione al presunto cartello segreto ovvero informazioni su possibili domande future.

3. Le informazioni e gli elementi di prova forniti dal richiedente nel periodo determinato ai sensi del comma 1 sono considerati come presentati alla data della richiesta iniziale.

[1] Articolo ins. dall'art. 1, c. 7, D.lgs. 8 nov. 2021, n. 185.

15-*septies*. *Domande semplificate.*[1] — 1. L'impresa che ha richiesto alla Commissione europea il trattamento favorevole in relazione a un cartello segreto che ricade nell'ambito di applicazione dell'articolo 101 del TFUE, presentando una domanda completa o richiedendo un numero d'ordine, può presentare all'Autorità una domanda in forma semplificata in relazione al medesimo cartello, a condizione che la domanda riguardi più di tre Paesi membri come territori interessati.

2. La domanda semplificata consta di una breve descrizione di ciascuno dei seguenti elementi:

a) la denominazione e l'indirizzo del richiedente;

b) la denominazione delle altre parti del presunto cartello segreto;

c) il prodotto o i prodotti che ne formano oggetto e gli ambiti geografici;

d) la durata e la natura della condotta del presunto cartello segreto;

e) lo Stato membro o gli Stati membri dove verosimilmente si trovano gli elementi probatori del presunto cartello segreto; e

f) le informazioni relative alle domande di trattamento favorevole già presentate alle altre autorità garanti della concorrenza dell'Unione europea e di Paesi terzi in relazione al presunto cartello segreto, ovvero informazioni su possibili domande future.

3. Se la Commissione europea riceve una domanda completa e l'Autorità riceve una domanda semplificata in relazione allo stesso presunto cartello, l'Autorità considera la Commissione come il principale interlocutore del richiedente in particolare nel fornire le istruzioni al richiedente sullo svolgimento di qualsiasi ulteriore indagine interna, finché non è precisato se la Commissione perseguirà, integralmente o parzialmente, il caso. In tale periodo l'Autorità può chiedere all'impresa che ha presentato una domanda semplificata di fornire chiarimenti specifici solo in merito agli elementi di cui al comma 2, prima di chiedere la presenta-

zione di una domanda completa a norma del comma 5.

4. Quando riceve una domanda semplificata, l'Autorità verifica se ha già ricevuto una domanda semplificata o completa da altri richiedenti in relazione allo stesso presunto cartello segreto. Se l'Autorità non ha ricevuto altre domande di trattamento favorevole da altri richiedenti e ritiene che la domanda semplificata soddisfa i requisiti di cui al comma 2, ne informa di conseguenza il richiedente.

5. Quando la Commissione europea informa l'Autorità di non voler perseguire, integralmente o parzialmente, il caso, l'Autorità può sollecitare i richiedenti a presentare ad essa una domanda completa. L'Autorità può esigere che il richiedente presenti la domanda completa prima che la Commissione abbia informato l'Autorità che non intende perseguire, integralmente o parzialmente, il caso, solo in circostanze eccezionali, qualora ciò si riveli strettamente necessario per la definizione o l'allocazione del caso. Quando l'Autorità richiede la presentazione di una domanda completa, indica al richiedente un termine ragionevole per la presentazione di tale domanda, nonché delle informazioni e degli elementi probatori corrispondenti. In ogni caso, resta impregiudicato il diritto del richiedente di presentare volontariamente una domanda completa all'Autorità in una fase anteriore.

6. Se il richiedente presenta la domanda completa conformemente al comma 5 entro il periodo specificato dall'Autorità, la domanda completa è considerata come presentata all'ora della domanda semplificata, a condizione che la domanda semplificata riguardi lo stesso o gli stessi prodotti e il territorio o i territori interessati e abbia la stessa durata del presunto cartello segreto di cui alla domanda di trattamento favorevole presentata alla Commissione europea, eventualmente aggiornata.

[1] Articolo ins. dall'art. 1, c. 7, D.lgs. 8 nov. 2021, n. 185.

CAPO II-*bis*

Assistenza investigativa nell'ambito della rete europea della concorrenza[1]

[1] Capo ins. dall'art. 1, c. 8, D.lgs. 8 nov. 2021, n. 185.

15-*octies*. *Cooperazione investigativa.*[1] — 1. Fatto salvo l'articolo 14, comma 2-*octies*, l'Autorità può esercitare i poteri di indagine di cui all'articolo 14 in nome e per conto di altre autorità nazionali garanti della concorrenza dei Paesi dell'Unione europea che ne fanno richiesta, al fine di accertare un'eventuale inottemperanza, da parte di imprese o associazioni di imprese, alle richieste di informazioni, agli accertamenti ispettivi, alle convocazioni in audizione, alle diffide, alle misure cautelari e alle decisioni con impegni adottate dall'autorità richiedente in relazione all'applicazione degli articoli 101 e 102 del TFUE.

2. L'Autorità può richiedere alle altre autorità nazionali garanti della concorrenza dei Paesi dell'Unione europea di esercitare i poteri di indagine ad esse conferiti dal diritto nazionale al fine di accertare un'eventuale inottemperanza, da parte di imprese o associazioni di imprese, alle richieste di informazioni, agli accertamenti ispettivi, alle convocazioni in audizione, alle diffide, alle misure cautelari e alle decisioni con impegni adottate dall'Autorità in relazione all'applicazione degli articoli 101 e 102 del TFUE.

3. L'Autorità trasmette all'autorità richiedente le informazioni raccolte ai sensi del comma 1 e utilizza come mezzo di prova le informazioni ad essa trasmesse da altre autorità ai sensi del comma 2, fatte salve le garanzie di cui all'articolo 12 del regolamento (CE) n. 1/2003.

[1] Articolo ins. dall'art. 1, c. 8, D.lgs. 8 nov. 2021, n. 185.

15-*nonies*. *Richieste di notifica.*[1] — 1. L'Autorità, su richiesta di altre autorità nazionali garanti della concorrenza dei Paesi dell'Unione europea formulata in relazione all'applicazione degli articoli 101 o 102 del TFUE, notifica ai destinatari sul territorio nazionale:

a) le comunicazioni delle risultanze istruttorie riguardanti una presunta infrazione degli articoli 101 o 102 del TFUE e le decisioni che applicano tali articoli adottate dall'autorità richiedente;

b) qualsiasi altro atto procedimentale adottato nell'ambito del procedimento istruttorio che debba essere notificato a norma del diritto nazionale dell'autorità richiedente;

c) qualsiasi altra documentazione pertinente relativa all'applicazione degli articoli 101 e 102 del TFUE, inclusa la documentazione relativa all'esecuzione delle decisioni che applicano sanzioni o penalità di mora.

2. L'Autorità, quando applica gli articoli 101 o 102 del TFUE, può richiedere alle altre autorità nazionali garanti della concorrenza dei Paesi dell'Unione europea di notificare ai destinatari sul territorio nazionale dell'autorità adita:

a) le comunicazioni delle risultanze istruttorie riguardanti una presunta infrazione degli articoli 101 o 102 del TFUE e le decisioni che applicano tali articoli;

b) qualsiasi altro atto procedimentale adottato nell'ambito del procedimento istruttorio che debba essere notificato a norma del diritto nazionale;

c) qualsiasi altra documentazione pertinente relativa all'applicazione degli articoli 101 e 102 del TFUE, inclusa la documentazione relativa all'esecuzione delle decisioni che applicano sanzioni o penalità di mora.

[1] Articolo ins. dall'art. 1, c. 8, D.lgs. 8 nov. 2021, n. 185.

15-*decies*. *Richieste di esecuzione delle decisioni che impongono sanzioni o penalità di mora.*[1] — 1. L'Autorità, su richiesta di altre autorità nazionali garanti della concorrenza dei Paesi dell'Unione europea, adotta in raccordo con le competenti amministrazioni le misure necessarie ad assicurare l'esecuzione delle decisioni definitive che impongono sanzioni o penalità di mora adottate dall'autorità richiedente in relazione all'applicazione degli articoli 101 e 102 del TFUE, se l'autorità richiedente, dopo aver compiuto ragionevoli sforzi nel proprio territorio, ha accertato che l'impresa o l'associazione di imprese nei cui confronti la sanzione o la penalità di mora è esecutiva non dispone di beni sufficienti nello Stato membro dell'autorità richiedente per consentire il recupero di detta sanzione o penalità di mora.

2. Nei casi che non ricadono nel comma 1, in particolare quando l'impresa o l'associazione di imprese, nei cui confronti la sanzione o la penalità di mora è esecutiva, è stabilita in Italia, su istanza dell'autorità richiedente l'Autorità può comunque prestare assistenza per dare esecuzione alle decisioni definitive che impongono sanzioni o penalità di mora adottate dall'autorità richiedente in relazione all'applicazione degli articoli 101 e 102 del TFUE.

3. L'Autorità può richiedere alle autorità competenti all'uopo designate dagli altri Paesi dell'Unione europea di assicurare l'esecuzione delle decisioni definitive che impongono sanzioni o penalità di mora adottate dall'Autorità in relazione all'applicazione degli articoli 101 e 102 del TFUE.

4. Le questioni relative ai termini di prescrizione per l'esecuzione di sanzioni e penalità di mora sono disciplinate dal diritto nazionale dello Stato membro dell'autorità richiedente.

5. Ai fini del presente articolo si considerano decisioni definitive quelle non più suscettibili di essere impugnate con mezzi ordinari.

[1] Articolo ins. dall'art. 1, c. 8, D.lgs. 8 nov. 2021, n. 185.

15-*undecies*. *Procedura di cooperazione*.[1] — 1. L'Autorità dà esecuzione alle richieste di cui agli articoli 15-*nonies*, comma 1, e 15-*decies*, commi 1 e 2, senza indebito ritardo, sulla scorta di uno strumento uniforme corredato di una copia dell'atto da notificare o a cui dare esecuzione.

2. Tale strumento uniforme indica i seguenti elementi:

a) la denominazione, l'indirizzo conosciuto del destinatario e altre informazioni utili alla sua identificazione;

b) un riassunto dei fatti e delle circostanze pertinenti;

c) un riassunto della copia acclusa dell'atto da notificare o a cui dare esecuzione;

d) la denominazione, l'indirizzo e altri dati di contatto dell'autorità adita;

e) il termine entro cui si dovrebbe effettuare la notifica o l'esecuzione, quali i termini decadenziali previsti dalla legge o i termini di prescrizione.

3. Per le richieste di cui all'articolo 15-*decies*, oltre ai requisiti di cui al comma 2, lo strumento uniforme contiene quanto segue:

a) le informazioni relative alla decisione che consente l'esecuzione nello Stato membro dell'autorità richiedente;

b) la data in cui la decisione è diventata definitiva;

c) l'importo della sanzione o penalità di mora;

d) le informazioni che attestano gli sforzi ragionevoli compiuti dall'autorità richiedente per dare esecuzione alla decisione nel proprio territorio. Il requisito di cui alla presente lettera non si applica alle richieste formulate ai sensi dell'articolo 15-*decies*, comma 2.

4. Lo strumento uniforme è trasmesso all'Autorità in lingua italiana. Tuttavia, l'Autorità può concordare bilateralmente con l'autorità richiedente, caso per caso, che lo strumento uniforme possa essere trasmesso in una lingua diversa. L'atto da notificare o la decisione che consente l'esecuzione della sanzione o della penalità di mora devono essere corredati da una traduzione in lingua italiana. Tuttavia, l'Autorità può concordare bilateralmente con l'autorità richiedente, caso per caso, che tale traduzione possa essere fornita in una lingua diversa.

5. Lo strumento uniforme di cui al comma 1 del presente articolo costituisce l'unica base delle misure di esecuzione adottate dall'Autorità. Esso non è oggetto di alcun atto di riconoscimento, complementamento o sostituzione.

6. L'Autorità non è tenuta a dare esecuzione a una richiesta di cui agli articoli 15-*nonies* e 15-*decies* solo se:

a) la richiesta non è conforme alle disposizioni del presente articolo; ovvero

b) l'Autorità adduce validi motivi che dimostrino come l'esecuzione della richiesta sarebbe manifestamente contraria all'ordine pubblico. Se l'Autorità intende rifiutare una richiesta di assistenza di cui agli articoli 15-*nonies* e 15-*decies* della presente legge o chiede ulteriori informazioni, contatta l'autorità richiedente.

7. L'Autorità può richiedere che l'autorità richiedente sostenga tutti i costi aggiuntivi ragionevoli, compresi i costi di traduzione, retributivi e amministrativi, in relazione alle misure adottate a norma degli articoli 15-*octies* e 15-*nonies*.

8. L'Autorità può recuperare l'importo totale dei costi sostenuti in relazione alle azioni intraprese di cui all'articolo 15-*decies* dalle sanzioni o penalità di mora riscosse per conto dell'autorità richiedente, compresi i costi di traduzione, retributivi e amministrativi. Se l'Autorità non riesce a riscuotere le sanzioni o penalità di mora, può chiedere all'autorità richiedente di farsi carico dei costi sostenuti. L'Autorità può altresì recuperare i costi sostenuti in relazione all'esecuzione di siffatte decisioni dall'impresa nei cui confronti la sanzione o la penalità di mora è esecutiva.

9. L'Autorità recupera tali importi dovuti in euro, secondo le disposizioni applicabili nel diritto nazionale. Se necessario, l'Autorità converte in euro,

in conformità del diritto nazionale, l'importo delle sanzioni o penalità di mora, applicando il tasso di cambio in vigore alla data in cui le sanzioni o penalità di mora sono state imposte.

10. L'Autorità può convenire, su base di reciprocità, la rinuncia al recupero dei costi di cui ai commi 7 e 8 nei confronti delle altre autorità nazionali di concorrenza dei Paesi dell'Unione europea.

[1] Articolo ins. dall'art. 1, c. 8, D.lgs. 8 nov. 2021, n. 185.

15-*duodecies*. *Competenza e legislazione applicabile.*[1] — 1. Le controversie rientrano nella competenza degli organi competenti dello Stato membro dell'autorità richiedente e sono disciplinate dal diritto di tale Stato membro, se riguardano:

a) la legittimità di un atto da notificare ai sensi dell'articolo 15-*nonies* o di una decisione cui dare esecuzione ai sensi dell'articolo 15-*decies*; e

b) la legittimità dello strumento uniforme che consente l'esecuzione nello Stato membro dell'autorità adita.

2. Le controversie riguardanti le misure di esecuzione adottate nello Stato membro dell'autorità adita o la validità di una notifica effettuata dall'autorità adita rientrano nella competenza degli organi competenti dello Stato membro dell'autorità adita e sono disciplinate dal diritto di tale Stato membro.

[1] Articolo ins. dall'art. 1, c. 8, D.lgs. 8 nov. 2021, n. 185.

CAPO III
Poteri dell'Autorità in materia di divieto delle operazioni di concentrazione

16. *Comunicazione delle concentrazioni.* — 1. Le operazioni di concentrazione di cui all'articolo 5 devono essere preventivamente comunicate all'Autorità qualora il fatturato totale realizzato a livello nazionale dall'insieme delle imprese interessate sia superiore a quattrocentonovantadue milioni di euro e qualora il fatturato totale realizzato individualmente a livello nazionale da almeno due delle imprese interessate sia superiore a trenta milioni di euro. Tali valori sono incrementati ogni anno di un ammontare equivalente all'aumento dell'indice del deflatore dei prezzi del prodotto interno lordo.[1]

1-*bis*. L'Autorità può richiedere alle imprese interessate di notificare entro trenta giorni un'operazione di concentrazione anche nel caso in cui sia superata una sola delle due soglie di fatturato di cui al comma 1, ovvero nel caso in cui il fatturato totale realizzato a livello mondiale dall'insieme delle imprese interessate sia superiore a 5 miliardi di euro, qualora sussistano concreti rischi per la concorrenza nel mercato nazionale, o in una sua parte rilevante, tenuto anche conto degli effetti pregiudizievoli per lo sviluppo e la diffusione di imprese di piccole dimensioni caratterizzate da strategie innovative, e non siano trascorsi oltre sei mesi dal perfezionamento dell'operazione. L'Autorità definisce con proprio provvedimento generale, in conformità all'ordinamento dell'Unione europea, le regole procedurali per l'applicazione del presente comma. In caso di omessa notifica si applicano le sanzioni di cui all'articolo 19, comma 2. Le disposizioni del presente comma non si applicano alle operazioni di concentrazione perfezionate prima della data della sua entrata in vigore.[2]

2. Per gli enti creditizi e gli altri istituti finanziari il fatturato è sostituito dalla somma delle seguenti voci di provento al netto, se del caso, dell'imposta sul valore aggiunto e di altre imposte direttamente associate ai proventi:

a) interessi e proventi assimilati;

b) proventi di azioni, quote ed altri titoli a reddito variabile, proventi di partecipazioni, proventi di partecipazioni in imprese collegate e altri proventi su titoli;

c) proventi per commissioni;

d) profitti da operazioni finanziarie;

e) altri proventi di gestione.

Per le imprese di assicurazione il fatturato è sostituito dal valore di premi lordi emessi, che comprendono tutti gli importi incassati o da incassare a titolo di contratti d'assicurazione stipulati direttamente da dette imprese o per loro conto, inclusi i premi ceduti ai riassicuratori, previa detrazione delle imposte o tasse parafiscali riscosse sull'importo dei premi o sul relativo volume complessivo.[3]

3. Entro cinque giorni dalla comunicazione di una operazione di concentrazione l'Autorità ne dà notizia al Presidente del Consiglio dei Ministri ed al Ministro dell'industria, del commercio e dell'artigianato.

4. Se l'Autorità ritiene che un'operazione di concentrazione sia suscettibile di essere vietata ai sensi dell'art. 6, avvia entro trenta giorni dal ricevimento della notifica, o dal momento in cui ne abbia comunque avuto conoscenza, l'istruttoria attenendosi alle norme dell'art. 14. L'Autorità, a fronte di un'operazione di concentrazione ritualmente comunicata, qualora non ritenga necessario avviare l'istruttoria deve dare comunicazione alle imprese interessate ed al Ministro dell'industria, del commercio e dell'artigianato delle proprie conclusioni nel merito, entro trenta giorni dal ricevimento della notifica.

5. L'offerta pubblica di acquisto che possa dar luogo ad operazione di concentrazione soggetta alla comunicazione di cui al comma 1 deve essere comunicata all'Autorità contestualmente alla sua comunicazione alla Commissione nazionale per le società e la borsa.

6. Nel caso di offerta pubblica di acquisto comunicata all'Autorità ai sensi del comma 5, l'Autorità deve notificare l'avvio dell'istruttoria entro quindici giorni dal ricevimento della comunicazione e contestualmente darne comunicazione alla Commissione nazionale per le società e la borsa.

7. L'Autorità può avviare l'istruttoria dopo la scadenza dei termini di cui al presente articolo, nel caso in cui le informazioni fornite dalle imprese con la comunicazione risultino gravemente inesatte, incomplete o non veritiere.

8. L'Autorità, entro il termine perentorio di quarantacinque giorni dall'inizio dell'istruttoria di cui al presente articolo, deve dare comunicazione alle imprese interessate ed al Ministro dell'industria, del commercio e dell'artigianato, delle proprie conclusioni nel merito. Tale termine può essere prorogato nel corso dell'istruttoria per un periodo non superiore a trenta giorni, qualora le imprese non forniscano informazioni e dati a loro richiesti che siano nella loro disponibilità.

[1] Comma così sost. dall'art. 1, c. 177, L. 4 ago. 2017, n. 124.

[2] Comma ins. dall'art. 32, L. 5 ago. 2022, n. 118.

[2] Comma così sost. dall'art. 32, L. 5 ago. 2022, n. 118.

16-*bis*. ***Richieste di informazioni in materia di concentrazioni tra imprese.***[1] — 1. Ai fini dell'esercizio dei poteri di cui al presente capo, l'Autorità può in ogni momento richiedere a imprese e a enti che ne siano in possesso di fornire informazioni e di esibire documenti utili. Tali richieste di informazioni indicano le basi giuridiche su cui sono fondate le richieste, sono proporzionate e non obbligano i destinatari ad ammettere un'infrazione degli articoli 101 o 102 del Trattato sul funzionamento dell'Unione europea ovvero degli articoli 2 o 3 della presente legge.

2. Con provvedimento dell'Autorità, i soggetti ai quali è richiesto di fornire o esibire gli elementi di cui al comma 1 sono sottoposti alle sanzioni amministrative pecuniarie di cui all'articolo 14, comma 5, se rifiutano od omettono di fornire le informazioni o di esibire i documenti richiesti ovvero se forniscono informazioni od esibiscono documenti non veritieri, senza giustificato motivo. L'Autorità riconosce ai soggetti di cui al comma 1 un congruo periodo di tempo, anche in ragione della complessità delle informazioni in oggetto, comunque non superiore a sessanta giorni, rinnovabili con richiesta motivata, per rispondere alle richieste di informazioni avanzate dall'Autorità stessa. Sono fatte salve le diverse sanzioni previste dall'ordinamento vigente.

[1] Articolo ins. dall'art. 35, L. 5 ago. 2022, n. 118.

17. ***Sospensione temporanea dell'operazione di concentrazione.*** — 1. L'Autorità, nel far luogo all'istruttoria di cui all'art. 16, può ordinare alle imprese interessate di sospendere la realizzazione della concentrazione fino alla conclusione dell'istruttoria.

2. La disposizione del comma 1 non impedisce la realizzazione di un'offerta pubblica di acquisto che sia stata comunicata all'Autorità ai sensi dell'art. 16, comma 5, sempre che l'acquirente non eserciti i diritti di voto inerenti ai titoli in questione.

18. ***Conclusione dell'istruttoria sulle concentrazioni.*** — 1. L'Autorità, se in esito all'istruttoria di cui all'art. 16 accerta che una concentrazione rientra tra quelle contemplate dall'art. 6, ne vieta l'esecuzione.

2. L'Autorità, ove nel corso dell'istruttoria non emergano elementi tali da consentire un intervento nei confronti di un'operazione di concentrazione, provvede a chiudere l'istruttoria, e deve dare immediata comunicazione alle imprese interessate ed al Ministro dell'industria, del commercio e dell'artigianato delle proprie conclusioni in merito. Tale provvedimento può essere adottato a richiesta delle imprese interessate che comprovino di avere eliminato dall'originario progetto di concentrazione gli elementi eventualmente distorsivi della concorrenza.

3. L'Autorità, se l'operazione di concentrazione è già stata realizzata, può prescrivere le misure necessarie a ripristinare condizioni di concorrenza effettiva, eliminando gli effetti distorsivi.

19. ***Sanzioni amministrative pecuniarie per inottemperanza al divieto di concentrazione o all'obbligo di notifica.*** — 1. Qualora le imprese realizzino un'operazione di concentrazione in violazione del divieto di cui all'art. 18, comma 1, o non ottemperino alle prescrizioni di cui al comma 3 del medesimo articolo, l'Autorità infligge sanzioni amministrative pecuniarie non inferiori all'uno per cento e non superiori al dieci per cento del fatturato delle attività di impresa oggetto della concentrazione.

2. Nel caso di imprese che non abbiano ottemperato agli obblighi di comunicazione preventiva di cui al comma 1 dell'art. 16, l'Autorità può infliggere alle imprese stesse sanzioni amministrative pecuniarie fino all'uno per cento del fatturato dell'anno precedente a quello in cui è effettuata la contestazione in aggiunta alle sanzioni eventualmente applicabili in base a quanto previsto dal comma 1, a seguito delle conclusioni dell'istruttoria prevista dal presente capo III, il cui inizio decorre dalla data di notifica della sanzione di cui al presente comma.

CAPO IV

Disposizioni speciali

20. ***Aziende ed istituti di credito, imprese assicurative e dei settori della radiodiffusione e dell'editoria.*** — 1.[1]

2-3.[2]

04. Nel caso in cui l'intesa, l'abuso di posizione dominante o la concentrazione riguardino imprese operanti in settori sottoposti alla vigilanza di più autorità, ciascuna di esse può adottare i provvedimenti di propria competenza.[3]

4. Nel caso di operazioni che coinvolgano imprese assicurative, i provvedimenti dell'Autorità di cui all'art. 10 sono adottati sentito il parere dell'Istituto per la vigilanza sulle assicurazioni private e d'interesse collettivo (ISVAP), che si pronuncia entro

trenta giorni dal ricevimento della documentazione posta a fondamento del provvedimento. Decorso inutilmente tale termine l'Autorità di cui all'art. 10 può adottare il provvedimento di sua competenza. Il decorso del termine del procedimento per il quale il parere viene richiesto è sospeso fino al ricevimento, da parte dell'Autorità garante della concorrenza e del mercato, del parere dell'ISVAP o comunque fino allo spirare del termine previsto per la pronuncia di tale parere.[4]

5. Per le operazioni di acquisizione del controllo di banche che costituiscono concentrazione soggetta a comunicazione preventiva ai sensi dell'art. 16, i provvedimenti della Banca d'Italia, previsti dall'art. 19 del testo unico di cui al decreto legislativo 1° settembre 1993, n. 385, per le valutazioni di sana e prudente gestione, e dell'Autorità di cui all'art. 10, ai sensi dell'art. 6, per le valutazioni relative all'assetto concorrenziale del mercato, sono adottati entro sessanta giorni lavorativi dalla presentazione dell'istanza completa della documentazione occorrente.[5]

5-*bis*. L'Autorità garante della concorrenza e del mercato, su richiesta della Banca d'Italia, può autorizzare:

a) un'intesa, in deroga al divieto dell'art. 2, per esigenze di funzionalità del sistema dei pagamenti, per un tempo limitato e tenendo conto dei criteri di cui all'art. 4, comma 1;

b) un'operazione di concentrazione riguardante banche o gruppi bancari che determini o rafforzi una posizione dominante, per esigenze di stabilità di uno o più soggetti coinvolti.

5-*ter*. Le autorizzazioni previste dal comma 5-*bis* non possono comunque consentire restrizioni della concorrenza non strettamente necessarie al perseguimento della finalità indicate.[6]

6.[2]

7-8.[7]

9. Le disposizioni della presente legge in materia di concentrazione non costituiscono deroga alle norme vigenti nei settori bancario, assicurativo, della radiodiffusione e dell'editoria.

[1] Comma abrog. dall'art. 1, L. 31 lug. 1997, n. 249.
[2] Comma abrog. dall'art. 19, L. 28 dic. 2005, n. 262.
[3] Comma inserito dall'art. 2, D.lgs. 29 dic. 2006, n. 303.
[4] Parole aggiunte dall'art. 2, D.lgs. 29 dic. 2006, n. 303.
[5] Comma modif. dall'art. 2, D.lgs. 29 dic. 2006, n. 303.
[6] I commi 5-*bis* e 5-*ter* sono stati aggiunti dall'art. 2, D.lgs. 29 dic. 2006, n. 303.
[7] Commi abrog. dall'art. 2, D.lgs. 29 dic. 2006, n. 303.

TITOLO III

Poteri conoscitivi e consultivi dell'Autorità

21. ***Poteri conoscitivi e consultivi dell'Autorità.*** — 1. Allo scopo di contribuire ad una più completa tutela della concorrenza e del mercato, l'Autorità individua i casi di particolare rilevanza nei quali norme di legge o di regolamento o provvedimenti amministrativi di carattere generale determinano distorsioni della concorrenza o del corretto funzionamento del mercato che non siano giustificate da esigenze di interesse generale.

2. L'Autorità segnala le situazioni distorsive derivanti da provvedimenti legislativi al Parlamento e al Presidente del Consiglio dei Ministri e, negli altri casi, al Presidente del Consiglio dei Ministri, al Ministri competenti e agli enti locali e territoriali interessati.

3. L'Autorità, ove ne ravvisi l'opportunità, esprime parere circa le iniziative necessarie per rimuovere o prevenire le distorsioni e può pubblicare le segnalazioni ed i pareri nei modi più congrui in relazione alla natura e all'importanza delle situazioni distorsive.

21-*bis*. ***Poteri dell'Autorità Garante della concorrenza e del mercato sugli atti amministrativi che determinano distorsioni della concorrenza.***[1] — 1. L'Autorità garante della concorrenza e del mercato è legittimata ad agire in giudizio contro gli atti amministrativi generali, i regolamenti ed i provvedimenti di qualsiasi amministrazione pubblica che violino le norme a tutela della concorrenza e del mercato.

2. L'Autorità garante della concorrenza e del mercato, se ritiene che una pubblica amministrazione abbia emanato un atto in violazione delle norme a tutela della concorrenza e del mercato, emette, entro sessanta giorni, un parere motivato, nel quale indica gli specifici profili delle violazioni riscontrate. Se la pubblica amministrazione non si conforma nei sessanta giorni successivi alla comunicazione del parere, l'Autorità può presentare, tramite l'Avvocatura dello Stato, il ricorso, entro i successivi trenta giorni.

3. Ai giudizi instaurati ai sensi del comma 1 si applica la disciplina di cui al Libro IV, Titolo V, del decreto legislativo 2 luglio 2010, n. 104.

[1] Articolo aggiunto dall'art. 35, c. 1, D.L. 6 dic. 2011, n. 201, conv. in L. 22 dic. 2011, n. 214.

22. ***Attività consultiva.*** — 1. L'Autorità può esprimere pareri sulle iniziative legislative o regolamentari e sui problemi riguardanti la concorrenza ed il mercato quando lo ritenga opportuno, o su richiesta di amministrazioni ed enti pubblici interessati. Il Presidente del Consiglio dei Ministri può chiedere il parere dell'Autorità sulle iniziative legislative o regolamentari che abbiano direttamente per effetto:

a) di sottomettere l'esercizio di una attività o l'accesso ad un mercato a restrizioni quantitative;

b) di stabilire diritti esclusivi in certe aree;

c) di imporre pratiche generalizzate in materia di prezzi e di condizioni di vendita.

23. ***Relazione annuale.*** — 1. L'Autorità presenta al Presidente del Consiglio dei Ministri, entro il 31 marzo[1] di ogni anno, una relazione sull'attività svolta nell'anno precedente. Il Presidente del Consiglio dei Ministri trasmette entro trenta giorni la relazione al Parlamento.

1-*bis*. La relazione annuale include informazioni circa la nomina e la rimozione dei membri dell'Autorità, l'importo della dotazione finanziaria di cui all'articolo 10, comma 7-*ter*, della presente legge per l'anno in questione e la variazione di tale importo rispetto agli anni precedenti. La relazione annuale è resa disponibile al pubblico sul sito internet dell'Autorità.[2]

[1] Comma così modif. dall'art. 47, L. 23 lug. 2009, n. 99.
[2] Comma ins. dall'art. 1, c. 9, D.lgs. 8 nov. 2021, n. 185.

24. ***Relazione al Governo su alcuni settori.*** — 1. L'Autorità, sentite le amministrazioni interessate, entro diciotto mesi dalla sua costituzione presenta al Presidente del Consiglio dei Ministri un rapporto circa le azioni da promuovere per adeguare ai principi della concorrenza la normativa relativa ai settori degli appalti pubblici, delle imprese concessionarie e della distribuzione commerciale.

TITOLO IV
Norme sui poteri del Governo in materia di operazioni di concentrazione

25. ***Poteri del Governo in materia di operazioni di concentrazione.*** (*Omissis*).

26. ***Pubblicità delle decisioni.*** (*Omissis*).

TITOLO V
Norme in materia di partecipazione al capitale di enti creditizi[1]

[1] Titolo abrog. dall'art. 161.1, D.L. 1° set. 1993, n. 385.

27-30. [Abrogati].

TITOLO VI
Disposizioni finali

31. (*Omissis*).

31-*bis*. ***Termini di prescrizione.***[1] — 1. I termini di prescrizione per l'irrogazione di sanzioni o di penalità di mora da parte dell'Autorità a norma della presente legge sono interrotti per la durata dei procedimenti istruttori dinanzi alle autorità nazionali garanti della concorrenza di altri Stati membri o alla Commissione per un'infrazione riguardante lo stesso accordo, la stessa decisione di un'associazione di imprese, pratica concordata o altra condotta vietata dagli articoli 101 o 102 del TFUE. L'interruzione del termine di prescrizione decorre dalla notifica della prima misura formale di indagine ad almeno una impresa oggetto del procedimento istruttorio e si applica a tutte le imprese o associazioni di imprese che hanno partecipato all'infrazione.

2. L'interruzione termina alla data in cui l'autorità nazionale garante della concorrenza in questione o la Commissione chiude il procedimento istruttorio adottando una decisione che accerta l'infrazione e ne ordina la cessazione, impone una sanzione ovvero rende obbligatori gli impegni proposti dalle parti, oppure conclude che non vi sono motivi per ulteriori azioni.

3. Per effetto dell'interruzione si inizia un nuovo periodo di prescrizione. La prescrizione opera tuttavia al più tardi allo spirare del doppio del termine previsto dall'articolo 28, comma 1, della legge 24 novembre 1981, n. 689, se l'Autorità non ha irrogato una sanzione o una penalità di mora entro tale termine.

4. Il termine di prescrizione applicabile all'irrogazione di sanzioni o di penalità di mora da parte dell'Autorità rimane sospeso fino a quando la decisione da essa adottata forma oggetto di un procedimento pendente dinanzi al giudice amministrativo, ai sensi dell'articolo 33.

[1] Articolo ins. dall'art. 1, c. 10, D.lgs. 8 nov. 2021, n. 185.

31-*ter*. ***Accesso al fascicolo.***[1] — 1. L'accesso a dichiarazioni legate al programma di trattamento favorevole di cui all'articolo 15-*bis* o alle proposte di transazione, ove previste, è concesso solo alle parti oggetto del pertinente procedimento e unicamente ai fini dell'esercizio dei loro diritti di difesa. Ai fini della presente legge, per proposta di transazione si intende la dichiarazione volontaria da parte o per conto di un'impresa a un'autorità garante della concorrenza dell'Unione europea, in cui l'impresa riconosce, o rinuncia a contestare, la sua partecipazione a un'infrazione degli articoli 101 o 102 del TFUEovvero del diritto nazionale della concorrenza e la propria responsabilità in tale infrazione, predisposta specificamente per consentire all'autorità garante della concorrenza di applicare una procedura semplificata o accelerata.

2. La parte che ha ottenuto l'accesso al fascicolo del procedimento istruttorio avviato dall'Autorità può utilizzare informazioni desunte dalle dichiarazioni legate al programma di trattamento favorevole o dalle proposte di transazione, ove previste, solo in quanto necessario per l'esercizio dei diritti di difesa nei procedimenti dinanzi all'autorità giudiziaria nei casi che sono direttamente collegati al caso per il quale è stato concesso l'accesso e solo se tali procedimenti riguardano:

a) la ripartizione tra i partecipanti al cartello della sanzione imposta loro in solido dall'Autorità; ovvero

b) il riesame di una decisione mediante la quale l'Autorità ha constatato un'infrazione degli articoli 101 o 102 del TFUE ovvero degli articoli 2 o 3 della presente legge.

3. Le parti di un procedimento istruttorio dinanzi all'Autorità, fino a quando l'Autorità non ha chiuso

il procedimento istruttorio nei confronti di tutte le parti oggetto dell'indagine adottando una decisione che accerta l'infrazione o che rende obbligatori gli impegni proposti dalle parti o non ha altrimenti concluso il procedimento, non possono utilizzare, in procedimenti dinanzi all'autorità giudiziaria, le seguenti informazioni acquisite nel corso del procedimento istruttorio dinanzi alla medesima Autorità:

a) le informazioni preparate da altre persone fisiche o giuridiche specificamente ai fini del procedimento istruttorio avviato dall'Autorità;

b) le informazioni che l'Autorità ha redatto e comunicato alle parti nel corso del suo procedimento istruttorio; e

c) ove previste, le proposte di transazione ritirate.

4. Le dichiarazioni legate a un programma di trattamento favorevole possono essere scambiate tra le autorità nazionali garanti della concorrenza a norma dell'articolo 12 del regolamento (CE) n. 1/2003 unicamente:

a) con il consenso del richiedente; ovvero

b) se anche l'autorità nazionale garante della concorrenza che riceve la dichiarazione legata a un programma di trattamento favorevole ha ricevuto una domanda di trattamento favorevole in merito alla medesima infrazione e dal medesimo richiedente dell'autorità nazionale garante della concorrenza che trasmette tale dichiarazione, a condizione che al momento in cui la dichiarazione legata a un programma di trattamento favorevole è trasmessa, il richiedente non abbia la possibilità di ritirare le informazioni che ha fornito alla autorità nazionale garante della concorrenza che riceve tale dichiarazione.

5. Le disposizioni di cui al presente articolo si applicano indipendentemente dalla forma in cui sono presentate le dichiarazioni legate a un programma di trattamento favorevole.

[1] Articolo ins. dall'art. 1, c. 10, D.lgs. 8 nov. 2021, n. 185.

31-*quater*. *Interazione tra le domande di non applicazione delle sanzioni e le sanzioni imposte alle persone fisiche.*[1] — 1. Non sono punibili gli attuali ed ex direttori, amministratori e altri membri del personale delle imprese, che in relazione alla partecipazione a un cartello segreto hanno commesso taluno dei fatti previsti dagli articoli 353, 353-*bis*, 354 e 501 del Codice penale, se:

a) tali imprese hanno presentato all'Autorità o, per le fattispecie che ricadono nell'ambito di applicazione dell'articolo 101 del TFUE, alla Commissione europea o ad altra autorità nazionale di concorrenza di un Paese dell'Unione europea una domanda di non applicazione delle sanzioni ai sensi dell'articolo 15-*bis* della presente legge in relazione al medesimo cartello segreto e tale domanda soddisfa i requisiti di cui all'articolo 15-*bis*, comma 3, lettere *b*) e *c*), della presente legge;

b) gli attuali ed ex direttori, gli amministratori e gli altri membri del personale in questione collaborano attivamente a tale riguardo con l'autorità della concorrenza che persegue il caso;

c) tale domanda è stata presentata in un momento anteriore a quello in cui gli attuali ed ex direttori, gli amministratori e gli altri membri del personale in questione hanno avuto notizia che nei loro confronti sono svolte indagini in relazione a tali fatti;

d) gli attuali ed ex direttori, gli amministratori e gli altri membri del personale in questione collaborano attivamente a tale riguardo con il pubblico ministero, fornendo indicazioni utili e concrete per assicurare la prova del reato e individuare gli altri responsabili.

2. Se la domanda di non applicazione delle sanzioni è stata presentata alla Commissione europea o ad altra autorità nazionale di concorrenza di un Paese dell'Unione europea ai sensi del comma 1, lettera a), l'Autorità assicura il raccordo necessario tra il pubblico ministero e l'autorità che ha ricevuto la domanda.

3. È fatto salvo il diritto delle vittime che hanno subito un danno a causa dell'infrazione della legislazione sulla concorrenza di chiedere il pieno risarcimento di tale danno, ai sensi dell'articolo 33, comma 2, della presente legge e del decreto legislativo 19 gennaio 2017, n. 3.

[1] Articolo ins. dall'art. 1, c. 10, D.lgs. 8 nov. 2021, n. 185.

32-34. (*Omissis*).

- 2 -

L. 6 feb. 1996, n. 52

Disposizioni per l'adempimento di obblighi derivanti dall'appartenenza dell'Italia alle Comunità Europee - Legge comunitaria 1994

(G.U. 10 feb. 1996, n. 24, Suppl.)

54. *Cooperazione con la Commissione delle Comunità europee in materia di concorrenza.* — 1. Ai sensi dell'art. 10, comma 4, della L. 10 ott. 1990, n. 287, l'Autorità garante della concorrenza e del mercato, in applicazione dei regolamenti (CEE) del Consiglio n. 17/62, n. 1017/68, n. 4056/86, n. 3975/87 e n. 4064/89, in materia di concorrenza, è competente a provvedere:

a) alla esecuzione degli accertamenti richiesti dalla Commissione delle Comunità europee;

b) alla assistenza da prestare agli agenti della Commissione delle Comunità europee in relazione all'assolvimento dei loro compiti e all'esecuzione di accertamenti nel territorio dello Stato.

2. Per l'assolvimento dell'incarico di cui al comma 1, da espletare con le modalità previste dalla normativa comunitaria, l'Autorità garante della concorrenza e del mercato dispone dei poteri di cui al Titolo II della legge 10 ottobre 1990, n. 287, e, in caso di opposizione dell'impresa interessata e su richiesta della Commissione delle Comunità eu-

ropee, può chiedere l'intervento della Guardia di finanza che esegue gli accertamenti richiesti avvalendosi dei poteri d'indagine ad essa attribuiti ai fini dell'accertamento dell'imposta sul valore aggiunto e delle imposte sui redditi.[1]

3. Gli esiti degli accertamenti eseguiti a norma dei commi 1 e 2 sono destinati esclusivamente alla Commissione delle Comunità europee e non possono essere utilizzati ad altri fini.

4. L'Autorità garante della concorrenza e del mercato, nell'espletamento delle istruttorie di cui al titolo II della L. 10 ott. 1990, n. 287, si avvale della collaborazione dei militari della Guardia di finanza che agiscono con i poteri e con le facoltà indicati al comma 2 utilizzando strutture e personale esistenti e in modo da non determinare oneri aggiuntivi.

5. L'Autorità garante della concorrente e del mercato, in quanto autorità nazionale competente in materia di concorrenza, applica, fatto salvo quanto disposto dall'art. 20 della L. 10 ott. 1990, n. 287, gli artt. 85, paragrafo 1, ed 86 del Trattato istitutivo della Comunità europea, utilizzando i poteri ed agendo secondo le procedure di cui al titolo II, capo II, della medesima legge n. 287 del 1990. L'Autorità informa la Commissione delle Comunità europee e sospende lo svolgimento del procedimento qualora la Commissione inizi, con riguardo alla medesima fattispecie, una procedura a norma dei regolamenti comunitari.

[1] Comma così sost. dall'art. 29, L. 21 dic. 1999, n. 526.

CONSUMATORI (DIRITTI DEI)

- 1 -

D.lgs. 6 set. 2005, n. 206

Codice del consumo, a norma dell'art. 7 della legge 29 luglio 2003, n. 229

(G.U. 8 ott. 2005, n. 235, Suppl. ord. n. 162)

PARTE I
DISPOSIZIONI GENERALI

TITOLO I
Disposizioni generali e finalità

1. ***Finalità ed oggetto.*** — 1. Nel rispetto della Costituzione ed in conformità ai principi contenuti nei trattati istitutivi delle Comunità europee, nel trattato dell'Unione europea, nella normativa comunitaria con particolare riguardo all'art. 153 del Trattato istitutivo della Comunità economica europea, nonché nei trattati internazionali, il presente codice armonizza e riordina le normative concernenti i processi di acquisto e consumo, al fine di assicurare un elevato livello di tutela dei consumatori e degli utenti.

2. ***Diritti dei consumatori.*** — 1. Sono riconosciuti e garantiti i diritti e gli interessi individuali e collettivi dei consumatori e degli utenti, ne è promossa la tutela in sede nazionale e locale, anche in forma collettiva e associativa, sono favorite le iniziative rivolte a perseguire tali finalità, anche attraverso la disciplina dei rapporti tra le associazioni dei consumatori e degli utenti e le pubbliche amministrazioni.

2. Ai consumatori ed agli utenti sono riconosciuti come fondamentali i diritti:

a) alla tutela della salute;

b) alla sicurezza e alla qualità dei prodotti e dei servizi;

c) ad una adeguata informazione e ad una corretta pubblicità;

c-bis) all'esercizio delle pratiche commerciali secondo principi di buona fede, correttezza e lealtà;[1]

d) all'educazione al consumo;

e) alla correttezza, alla trasparenza ed all'equità nei rapporti contrattuali;

f) alla promozione e allo sviluppo dell'associazionismo libero, volontario e democratico tra i consumatori e gli utenti;

g) all'erogazione di servizi pubblici secondo standard di qualità e di efficienza.

[1] Lettera inserita dall'art. 2 D.lgs. 23 ott. 2007, n. 221.

3. ***Definizioni.*** — 1. Ai fini del presente codice, ove non diversamente previsto,[1] si intende per:

a) consumatore o utente: la persona fisica che agisce per scopi estranei all'attività imprenditoriale, commerciale, artigianale[1] o professionale eventualmente svolta;

b) associazioni dei consumatori e degli utenti: le formazioni sociali che abbiano per scopo statutario esclusivo la tutela dei diritti e degli interessi dei consumatori o degli utenti;

c) professionista: la persona fisica o giuridica che agisce nell'esercizio della propria attività imprenditoriale, commerciale, artigianale[1] o professionale, ovvero un suo intermediario;

d) produttore: fatto salvo quanto stabilito nell'art. 103, comma 1, lettera *d*), nell'articolo 115, comma 2-*bis*[2] e nell'articolo 128, comma 2, lettera *d*)[3], il fabbricante del bene o il fornitore del servizio, o un suo intermediario, nonché l'importatore del bene o del servizio nel territorio dell'Unione europea o qualsiasi altra persona fisica o giuridica che si presenta come produttore identificando il bene o il servizio con il proprio nome, marchio o altro segno distintivo;

e) prodotto: fatto salvo quanto stabilito nell'art. 18, comma 1, lettera *c*) e[1] nell'art. 115, comma 1, qualsiasi prodotto destinato al consumatore, anche nel quadro di una prestazione di servizi, o suscettibile, in condizioni ragionevolmente prevedibili, di essere utilizzato dal consumatore, anche se non a lui destinato, fornito o reso disponibile a titolo oneroso o gratuito nell'ambito di un'attività commerciale, indipendentemente dal fatto che sia nuovo, usato o rimesso a nuovo; tale definizione non si applica ai prodotti usati, forniti come pezzi d'antiquariato, o come prodotti da riparare o da rimettere a nuovo prima dell'utilizzazione, purché il fornitore ne informi per iscritto la persona cui fornisce il prodotto;

f) codice: il presente decreto legislativo di riassetto delle disposizioni vigenti in materia di tutela dei consumatori.

[1] Parole ins. dall'art. 3, D.lgs. 23 ott. 2007, n. 221.
[2] Lettera così modif. dall'art. 3, D.lgs. 23 ott. 2007, n. 221.
[3] Parole ins. dall'art. 1, c. 2, D.lgs. 4 nov. 2021, n. 170, a decorrere dal 1° gen. 2022.

PARTE II
EDUCAZIONE, INFORMAZIONE, PRATICHE COMMERCIALI, PUBBLICITÀ[1]

[1] Rubrica così modif. dall'art. 1, D.lgs. 2 ago. 2007, n. 146.

TITOLO I
Educazione del consumatore

4. ***Educazione del consumatore.*** — 1. L'educazione dei consumatori e degli utenti è orientata a favorire la consapevolezza dei loro diritti e interessi, lo sviluppo dei rapporti associativi, la partecipazione ai procedimenti amministrativi, nonché la rappresentanza negli organismi esponenziali.

2. Le attività destinate all'educazione dei consumatori, svolte da soggetti pubblici o privati, non hanno finalità promozionale, sono dirette ad esplicitare le caratteristiche di beni e servizi e a rendere chiaramente percepibili benefici e costi conseguenti alla loro scelta; prendono, inoltre, in particolare considerazione le categorie di consumatori maggiormente vulnerabili.

TITOLO II
Informazioni ai consumatori

CAPO I
Disposizioni generali

5. ***Obblighi generali.*** — 1. Fatto salvo quanto disposto dall'art. 3, comma 1, lettera *a*), ai fini del presente titolo, si intende per consumatore o utente anche la persona fisica alla quale sono dirette le informazioni commerciali.

2. Sicurezza, composizione e qualità dei prodotti e dei servizi costituiscono contenuto essenziale degli obblighi informativi.

3. Le informazioni al consumatore, da chiunque provengano, devono essere adeguate alla tecnica di comunicazione impiegata ed espresse in modo chiaro e comprensibile, tenuto anche conto delle modalità di conclusione del contratto o delle caratteristiche del settore, tali da assicurare la consapevolezza del consumatore.

CAPO II
Indicazione dei prodotti

6. ***Contenuto minimo delle informazioni.*** — 1. I prodotti o le confezioni dei prodotti destinati al consumatore, commercializzati sul territorio nazionale, riportano, chiaramente visibili e leggibili, almeno le indicazioni relative:

a) alla denominazione legale o merceologica del prodotto;

b) al nome o ragione sociale o marchio e alla sede legale del produttore o di un importatore stabilito nell'Unione europea;

c) al Paese di origine se situato fuori dell'Unione europea;

d) all'eventuale presenza di materiali o sostanze che possono arrecare danno all'uomo, alle cose o all'ambiente;

e) ai materiali impiegati ed ai metodi di lavorazione ove questi siano determinanti per la qualità o le caratteristiche merceologiche del prodotto;

f) alle istruzioni, alle eventuali precauzioni e alla destinazione d'uso, ove utili ai fini di fruizione e sicurezza del prodotto.

7. ***Modalità di indicazione.*** — 1. Le indicazioni di cui all'art. 6 devono figurare sulle confezioni o sulle etichette dei prodotti nel momento in cui sono posti in vendita al consumatore. Le indicazioni di cui al comma 1, lettera *f*), dell'art. 6 possono essere riportate, anziché sulle confezioni o sulle etichette dei prodotti, su altra documentazione illustrativa, anche in formato digitale, che viene fornita in accompagnamento dei prodotti stessi.[1]

1 Comma così modif. dall'art. 15, D.L. 16 lug. 2020, n. 76, conv. con modif. in L. 11 set. 2020, n. 120.

8. *Ambito di applicazione.* — 1. Sono esclusi dall'applicazione del presente capo i prodotti oggetto di specifiche disposizioni contenute in direttive o in altre disposizioni comunitarie e nelle relative norme nazionali di recepimento.

2. Per i prodotti oggetto di disposizioni nazionali in materia di informazione del consumatore, le norme del presente capo si applicano per gli aspetti non disciplinati.

9. *Indicazioni in lingua italiana.* — 1. Tutte le informazioni destinate ai consumatori e agli utenti devono essere rese almeno in lingua italiana.

2. Qualora le indicazioni di cui al presente titolo siano apposte in più lingue, le medesime sono apposte anche in lingua italiana e con caratteri di visibilità e leggibilità non inferiori a quelli usati per le altre lingue.

3. Sono consentite indicazioni che utilizzino espressioni non in lingua italiana divenute di uso comune.

10. *Attuazione.* — 1. Con decreto del Ministro dello sviluppo economico[1], di concerto con il Ministro per le politiche comunitarie e con il Ministro della giustizia, sentito il parere della Conferenza unificata di cui all'art. 8 del decreto legislativo 28 agosto 1997, n. 281, sono adottate le norme di attuazione dell'art. 6, al fine di assicurare, per i prodotti provenienti da Paesi dell'Unione europea, una applicazione compatibile con i principi del diritto comunitario, precisando le categorie di prodotti o le modalità di presentazione per le quali non è obbligatorio riportare le indicazioni di cui al comma 1, lettere *a*) e *b*), dell'art. 6. Tali disposizioni di attuazione disciplinano inoltre i casi in cui sarà consentito riportare in lingua originaria alcuni dati contenuti nelle indicazioni di cui all'art. 6.

2. Fino alla data di entrata in vigore del decreto di cui al comma 1, restano in vigore le disposizioni di cui al decreto del Ministro dell'industria, del commercio e dell'artigianato 8 febbraio 1997, n. 101.

[1] Parole così modif. dall'art. 1, c. 5, D.lgs. 6 ago. 2015, n. 130.

11. *Divieti di commercializzazione.* — 1. È vietato il commercio sul territorio nazionale di qualsiasi prodotto o confezione di prodotto che non riporti, in forme chiaramente visibili e leggibili, le indicazioni di cui agli artt. 6, 7 e 9 del presente capo.

12. *Sanzioni.* — 1. Fatto salvo quanto previsto nella parte IV, titolo II, e salvo che il fatto costituisca reato, per quanto attiene alle responsabilità del produttore, ai contravventori al divieto di cui all'art. 11 si applica una sanzione amministrativa da 516 euro a 25.823 euro. La misura della sanzione è determinata, in ogni singolo caso, facendo riferimento al prezzo di listino di ciascun prodotto ed al numero delle unità poste in vendita.

2. Le sanzioni sono applicate ai sensi della legge 24 novembre 1981, n. 689. Fermo restando quanto previsto in ordine ai poteri di accertamento degli ufficiali e degli agenti di polizia giudiziaria dall'art. 13 della predetta legge 24 novembre 1981, n. 689, all'accertamento delle violazioni provvedono d'ufficio o su denunzia, gli organi di polizia amministrativa. Il rapporto previsto dall'art. 17 della legge 24 novembre 1981, n. 689, è presentato all'ufficio della camera di commercio, industria, artigianato e agricoltura della provincia in cui vi è la residenza o la sede legale del professionista.

CAPO III
Particolari modalità di informazione

SEZIONE I
Indicazione dei prezzi per unità di misura

13. *Definizioni.* — 1. Ai fini del presente capo si intende per:

a) prezzo di vendita: il prezzo finale, valido per una unità di prodotto o per una determinata quantità del prodotto, comprensivo dell'IVA e di ogni altra imposta;

b) prezzo per unità di misura: il prezzo finale, comprensivo dell'IVA e di ogni altra imposta, valido per una quantità di un chilogrammo, di un litro, di un metro, di un metro quadrato o di un metro cubo del prodotto o per una singola unità di quantità diversa, se essa è impiegata generalmente e abitualmente per la commercializzazione di prodotti specifici;

c) prodotto commercializzato sfuso: un prodotto che non costituisce oggetto di alcuna confezione preliminare ed è misurato alla presenza del consumatore;

d) prodotto venduto al pezzo: un prodotto che non può essere frazionato senza subire una modifica della sua natura o delle sue proprietà;

e) prodotto venduto a collo: insieme di pezzi omogenei contenuti in un imballaggio;

f) prodotto preconfezionato: l'unità di vendita destinata ad essere presentata come tale al consumatore ed alle collettività, costituita da un prodotto e dall'imballaggio in cui è stato immesso prima di essere posto in vendita, avvolta interamente o in parte in tale imballaggio ma comunque in modo che il contenuto non possa essere modificato senza che la confezione sia aperta o alterata.

14. *Campo di applicazione.* — 1. Al fine di migliorare l'informazione del consumatore e di agevolare il raffronto dei prezzi, i prodotti offerti dai commercianti ai consumatori recano, oltre alla indicazione del prezzo di vendita, secondo le disposizioni vigenti, l'indicazione del prezzo per unità di misura, fatto salvo quanto previsto all'art. 16.

2. Il prezzo per unità di misura non deve essere indicato quando è identico al prezzo di vendita.

3. Per i prodotti commercializzati sfusi è indicato soltanto il prezzo per unità di misura.

4. La pubblicità in tutte le sue forme ed i cataloghi recano l'indicazione del prezzo per unità di misura quando è indicato il prezzo di vendita, fatti salvi i casi di esenzione di cui all'art. 16.

5. Il codice non si applica:

a) ai prodotti forniti in occasione di una prestazione di servizi, ivi compresa la somministrazione di alimenti e bevande;

b) ai prodotti offerti nelle vendite all'asta;

c) agli oggetti d'arte e d'antiquariato.

15. ***Modalità di indicazione del prezzo per unità di misura.*** — 1. Il prezzo per unità di misura si riferisce ad una quantità dichiarata conformemente alle disposizioni in vigore.

2. Per le modalità di indicazione del prezzo per unità di misura si applica quanto stabilito dall'art. 14 del decreto legislativo 31 marzo 1998, n. 114, recante riforma della disciplina relativa al settore del commercio.

3. Per i prodotti alimentari preconfezionati immersi in un liquido di governo, anche congelati o surgelati, il prezzo per unità di misura si riferisce al peso netto del prodotto sgocciolato.

4. È ammessa l'indicazione del prezzo per unità di misura di multipli o sottomultipli, decimali delle unità di misura, nei casi in cui taluni prodotti sono generalmente ed abitualmente commercializzati in dette quantità.

5. I prezzi dei prodotti petroliferi per uso di autotrazione, esposti e pubblicizzati presso gli impianti automatici di distribuzione dei carburanti, devono essere esclusivamente quelli effettivamente praticati ai consumatori. È fatto obbligo di esporre in modo visibile dalla carreggiata stradale i prezzi praticati al consumo.

16. ***Esenzioni.*** — 1. Sono esenti dall'obbligo dell'indicazione del prezzo per unità di misura i prodotti per i quali tale indicazione non risulti utile a motivo della loro natura o della loro destinazione, o sia di natura tale da dare luogo a confusione. Sono da considerarsi tali i seguenti prodotti:

a) prodotti commercializzati sfusi che, in conformità alle disposizioni di esecuzione della legge 5 agosto 1981, n. 441, e successive modificazioni, recante disposizioni sulla vendita a peso netto delle merci, possono essere venduti a pezzo o a collo;

b) prodotti di diversa natura posti in una stessa confezione;

c) prodotti commercializzati nei distributori automatici;

d) prodotti destinati ad essere mescolati per una preparazione e contenuti in un unico imballaggio;

e) prodotti preconfezionati che siano esentati dall'obbligo di indicazione della quantità netta secondo quanto previsto dall'art. 9 del decreto legislativo 27 gennaio 1992, n. 109[1], e successive modificazioni, concernenti l'attuazione delle direttive comunitarie in materia di etichettatura dei prodotti alimentari;

f) alimenti precucinati o preparati o da preparare, costituiti da due o più elementi separati, contenuti in un unico imballaggio, che necessitano di lavorazione da parte del consumatore per ottenere l'alimento finito;

g) prodotti di fantasia;

h) gelati monodose;

i) prodotti non alimentari che possono essere venduti unicamente al pezzo o a collo.

2. Il Ministro dello sviluppo economico[2], con proprio decreto, può aggiornare l'elenco delle esenzioni di cui al comma 1, nonché indicare espressamente prodotti o categorie di prodotti non alimentari ai quali non si applicano le predette esenzioni.

[1] L'articolo 30, D.lgs. 15 dic. 2017, n. 231, ha abrog. il D.lgs. 27 gen. 1992, n. 109. V. ora il D.lgs. 231/2017.

[2] Parole così modif. dall'art. 1, c. 5, D.lgs. 6 ago. 2015, n. 130.

17. ***Sanzioni.*** — 1. Chiunque omette di indicare il prezzo per unità di misura o non lo indica secondo quanto previsto dal presente capo è soggetto alla sanzione di cui all'art. 22, comma 3, del decreto legislativo 31 marzo 1998, n. 114, da irrogare con le modalità ivi previste.

TITOLO III
Pratiche commerciali,[1] pubblicità e altre comunicazioni commerciali

[1] Parole anteposte dall'art. 4 D.lgs. 23 ott. 2007, n. 221.

CAPO I[1]
Disposizioni generali

[1] Gli artt. da 18 a 27 sono stati sostituiti dall'art. 1 D.lgs. 2 ago. 2007, n. 146.

18. ***Definizioni.*** — 1. Ai fini del presente titolo, si intende per:

a) "consumatore": qualsiasi persona fisica che, nelle pratiche commerciali oggetto del presente titolo, agisce per fini che non rientrano nel quadro della sua attività commerciale, industriale, artigianale o professionale;

b) "professionista": qualsiasi persona fisica o giuridica che, nelle pratiche commerciali oggetto del presente titolo, agisce nel quadro della sua attività commerciale, industriale, artigianale o professionale e chiunque agisce in nome o per conto di un professionista;

c) "prodotto": qualsiasi bene o servizio, compresi i beni immobili, i diritti e le obbligazioni;

d) "pratiche commerciali tra professionisti e consumatori" (di seguito denominate: "pratiche commerciali"): qualsiasi azione, omissione, condotta o dichiarazione, comunicazione commerciale ivi compresa la pubblicità e la commercializzazione del prodotto, posta in essere da un professionista, in relazione alla promozione, vendita o fornitura di un prodotto ai consumatori;

d-bis) "microimprese": entità, società o associazioni che, a prescindere dalla forma giuridica, esercitano un'attività economica, anche a titolo individuale o familiare, occupando meno di dieci persone e realizzando un fatturato annuo oppure un totale di bilancio annuo non superiori a due milioni di euro, ai sensi dell'articolo 2, paragrafo 3, dell'allegato alla raccomandazione n. 2003/361/CE della Commissione, del 6 maggio 2003;[1]

e) "falsare in misura rilevante il comportamento economico dei consumatori": l'impiego di una pratica commerciale idonea ad alterare sensibilmente la capacità del consumatore di prendere una decisione consapevole, inducendolo pertanto ad assumere una decisione di natura commerciale che non avrebbe altrimenti preso;

f) "codice di condotta": un accordo o una normativa che non è imposta dalle disposizioni legislative, regolamentari o amministrative di uno Stato membro e che definisce il comportamento dei professionisti che si impegnano a rispettare tale codice in relazione a una o più pratiche commerciali o ad uno o più settori imprenditoriali specifici;

g) "responsabile del codice": qualsiasi soggetto, compresi un professionista o un gruppo di professionisti, responsabile della formulazione e revisione di un codice di condotta ovvero del controllo del rispetto del codice da parte di coloro che si sono impegnati a rispettarlo;

h) "diligenza professionale": il normale grado della specifica competenza ed attenzione che ragionevolmente i consumatori attendono da un professionista nei loro confronti rispetto ai principi generali di correttezza e di buona fede nel settore di attività del professionista;

i) "invito all'acquisto": una comunicazione commerciale indicante le caratteristiche e il prezzo del prodotto in forme appropriate rispetto al mezzo impiegato per la comunicazione commerciale e pertanto tale da consentire al consumatore di effettuare un acquisto;

l) "indebito condizionamento": lo sfruttamento di una posizione di potere rispetto al consumatore per esercitare una pressione, anche senza il ricorso alla forza fisica o la minaccia di tale ricorso, in modo da limitare notevolmente la capacità del consumatore di prendere una decisione consapevole;

m) "decisione di natura commerciale": la decisione presa da un consumatore relativa a se acquistare o meno un prodotto, in che modo farlo e a quali condizioni, se pagare integralmente o parzialmente, se tenere un prodotto o disfarsene o se esercitare un diritto contrattuale in relazione al prodotto; tale decisione può portare il consumatore a compiere un'azione o all'astenersi dal compierla;

n) "professione regolamentata": attività professionale, o insieme di attività professionali, l'accesso alle quali e il cui esercizio, o una delle cui modalità di esercizio, è subordinata direttamente o indirettamente, in base a disposizioni legislative, regolamentari o amministrative, al possesso di determinate qualifiche professionali.

[1] Lettera aggiunta dall'art. 7, c. 1, del D.L. 24 gen. 2012, n. 1, conv. con modif. in L. 24 mar. 2012, n. 27.

19. ***Ambito di applicazione.*** — 1. Il presente titolo si applica alle pratiche commerciali scorrette tra professionisti e consumatori poste in essere prima, durante e dopo un'operazione commerciale relativa a un prodotto, nonché alle pratiche commerciali scorrette tra professionisti e microimprese. Per le microimprese la tutela in materia di pubblicità ingannevole e di pubblicità comparativa illecita è assicurata in via esclusiva dal decreto legislativo 2 agosto 2007, n. 145.[1]

2. Il presente titolo non pregiudica:

a) l'applicazione delle disposizioni normative in materia contrattuale, in particolare delle norme sulla formazione, validità od efficacia del contratto;

b) l'applicazione delle disposizioni normative, comunitarie o nazionali, in materia di salute e sicurezza dei prodotti;

c) l'applicazione delle disposizioni normative che determinano la competenza giurisdizionale;

d) l'applicazione delle disposizioni normative relative allo stabilimento, o ai regimi di autorizzazione, o i codici deontologici o altre norme specifiche che disciplinano le professioni regolamentate, per garantire livelli elevati di correttezza professionale.

3. In caso di contrasto, le disposizioni contenute in direttive o in altre disposizioni comunitarie e nelle relative norme nazionali di recepimento che disciplinano aspetti specifici delle pratiche commerciali scorrette prevalgono sulle disposizioni del presente titolo e si applicano a tali aspetti specifici.

4. Il presente titolo non è applicabile in materia di certificazione e di indicazioni concernenti il titolo degli articoli in metalli preziosi.

[1] Comma così modif. dall'art. 7, c. 2, del D.L. 24 gen. 2012, n. 1, conv. con modif. in L. 24 mar. 2012, n. 27.

CAPO II
Pratiche commerciali scorrette

20. ***Divieto delle pratiche commerciali scorrette.*** — 1. Le pratiche commerciali scorrette sono vietate.

2. Una pratica commerciale è scorretta se è contraria alla diligenza professionale, ed è falsa o idonea a falsare in misura apprezzabile il comporta-

mento economico, in relazione al prodotto, del consumatore medio che essa raggiunge o al quale è diretta o del membro medio di un gruppo qualora la pratica commerciale sia diretta a un determinato gruppo di consumatori.

3. Le pratiche commerciali che, pur raggiungendo gruppi più ampi di consumatori, sono idonee a falsare in misura apprezzabile il comportamento economico solo di un gruppo di consumatori chiaramente individuabile, particolarmente vulnerabili alla pratica o al prodotto cui essa si riferisce a motivo della loro infermità mentale o fisica, della loro età o ingenuità, in un modo che il professionista poteva ragionevolmente prevedere, sono valutate nell'ottica del membro medio di tale gruppo. È fatta salva la pratica pubblicitaria comune e legittima consistente in dichiarazioni esagerate o in dichiarazioni che non sono destinate ad essere prese alla lettera.

4. In particolare, sono scorrette le pratiche commerciali:

a) ingannevoli di cui agli artt. 21, 22 e 23 o

b) aggressive di cui agli artt. 24, 25 e 26.

5. Gli artt. 23 e 26 riportano l'elenco delle pratiche commerciali, rispettivamente ingannevoli e aggressive, considerate in ogni caso scorrette.

SEZIONE I
Pratiche commerciali ingannevoli

21. ***Azioni ingannevoli.*** — 1. È considerata ingannevole una pratica commerciale che contiene informazioni non rispondenti al vero o, seppure di fatto corretta, in qualsiasi modo, anche nella sua presentazione complessiva, induce o è idonea ad indurre in errore il consumatore medio riguardo ad uno o più dei seguenti elementi e, in ogni caso, lo induce o è idonea a indurlo ad assumere una decisione di natura commerciale che non avrebbe altrimenti preso:

a) l'esistenza o la natura del prodotto;

b) le caratteristiche principali del prodotto, quali la sua disponibilità, i vantaggi, i rischi, l'esecuzione, la composizione, gli accessori, l'assistenza post-vendita al consumatore e il trattamento dei reclami, il metodo e la data di fabbricazione o della prestazione, la consegna, l'idoneità allo scopo, gli usi, la quantità, la descrizione, l'origine geografica o commerciale o i risultati che si possono attendere dal suo uso, o i risultati e le caratteristiche fondamentali di prove e controlli effettuati sul prodotto;

c) la portata degli impegni del professionista, i motivi della pratica commerciale e la natura del processo di vendita, qualsiasi dichiarazione o simbolo relativi alla sponsorizzazione o all'approvazione dirette o indirette del professionista o del prodotto;

d) il prezzo o il modo in cui questo è calcolato o l'esistenza di uno specifico vantaggio quanto al prezzo;

e) la necessità di una manutenzione, ricambio, sostituzione o riparazione;

f) la natura, le qualifiche e i diritti del professionista o del suo agente, quali l'identità, il patrimonio, le capacità, lo status, il riconoscimento, l'affiliazione o i collegamenti e i diritti di proprietà industriale, commerciale o intellettuale o i premi e i riconoscimenti;

g) i diritti del consumatore, incluso il diritto di sostituzione o di rimborso ai sensi dell'art. 130 del presente Codice.

2. È altresì considerata ingannevole una pratica commerciale che, nella fattispecie concreta, tenuto conto di tutte le caratteristiche e circostanze del caso, induce o è idonea ad indurre il consumatore medio ad assumere una decisione di natura commerciale che non avrebbe altrimenti preso e comporti:

a) una qualsivoglia attività di commercializzazione del prodotto che ingenera confusione con i prodotti, i marchi, la denominazione sociale e altri segni distintivi di un concorrente, ivi compresa la pubblicità comparativa illecita;

b) il mancato rispetto da parte del professionista degli impegni contenuti nei codici di condotta che il medesimo si è impegnato a rispettare, ove si tratti di un impegno fermo e verificabile, e il professionista indichi in una pratica commerciale che è vincolato dal codice.

3. È considerata scorretta la pratica commerciale che, riguardando prodotti suscettibili di porre in pericolo la salute e la sicurezza dei consumatori, omette di darne notizia in modo da indurre i consumatori a trascurare le normali regole di prudenza e vigilanza.

3-*bis*. È considerata scorretta la pratica commerciale di una banca, di un istituto di credito o di un intermediario finanziario che, ai fini della stipula di un contratto di mutuo, obbliga il cliente alla sottoscrizione di una polizza assicurativa erogata dalla medesima banca, istituto o intermediario ovvero all'apertura di un conto corrente presso la medesima banca, istituto o intermediario.[1]

4. È considerata, altresì, scorretta la pratica commerciale che, in quanto suscettibile di raggiungere bambini ed adolescenti, può, anche indirettamente, minacciare la loro sicurezza.

4-*bis*. È considerata, altresì, scorretta la pratica commerciale che richieda un sovrapprezzo dei costi per il completamento di una transazione elettronica con un fornitore di beni o servizi.[2]

[1] Comma ins. dall'art. 36-*bis*, c. 1, D.L. 6 dic. 2011, n. 201, conv. con modif. in L. 22 dic. 2011, n. 214 e così modif. dall'art. 28, c. 3, del D.L. 24 gen. 2012, n. 1, conv. con modif. in L. 24 mar. 2012, n. 27.

[2] Comma ins. dall'art. 15, c. 5-*quater*, D.L. 18 ott. 2012, n. 179, conv. con modif. in L. 17 dic. 2012, n. 221.

22. ***Omissioni ingannevoli.*** — 1. È considerata ingannevole una pratica commerciale che nella fattispecie concreta, tenuto conto di tutte le caratteristiche e circostanze del caso, nonché dei limiti del mezzo di comunicazione impiegato, omette informazioni rilevanti di cui il consumatore medio ha bisogno in tale contesto per prendere una decisione consapevole di natura commerciale e induce o è idonea ad indurre in tal modo il consumatore medio ad assumere una decisione di natura commerciale che non avrebbe altrimenti preso.

2. Una pratica commerciale è altresì considerata un'omissione ingannevole quando un professionista occulta o presenta in modo oscuro, incomprensibile, ambiguo o intempestivo le informazioni rilevanti di cui al comma 1, tenendo conto degli aspetti di cui al detto comma, o non indica l'intento commerciale della pratica stessa qualora questi non risultino già evidenti dal contesto nonché quando, nell'uno o nell'altro caso, ciò induce o è idoneo a indurre il consumatore medio ad assumere una decisione di natura commerciale che non avrebbe altrimenti preso.

3. Qualora il mezzo di comunicazione impiegato per la pratica commerciale imponga restrizioni in termini di spazio o di tempo, nel decidere se vi sia stata un'omissione di informazioni, si tiene conto di dette restrizioni e di qualunque misura adottata dal professionista per rendere disponibili le informazioni ai consumatori con altri mezzi.

4. Nel caso di un invito all'acquisto sono considerate rilevanti, ai sensi del comma 1, le informazioni seguenti, qualora non risultino già evidenti dal contesto:

a) le caratteristiche principali del prodotto in misura adeguata al mezzo di comunicazione e al prodotto stesso;

b) l'indirizzo geografico e l'identità del professionista, come la sua denominazione sociale e, ove questa informazione sia pertinente, l'indirizzo geografico e l'identità del professionista per conto del quale egli agisce;

c) il prezzo comprensivo delle imposte o, se la natura del prodotto comporta l'impossibilità di calcolare ragionevolmente il prezzo in anticipo, le modalità di calcolo del prezzo e, se del caso, tutte le spese aggiuntive di spedizione, consegna o postali oppure, qualora tali spese non possano ragionevolmente essere calcolate in anticipo, l'indicazione che tali spese potranno essere addebitate al consumatore;

d) le modalità di pagamento, consegna, esecuzione e trattamento dei reclami qualora esse siano difformi dagli obblighi imposti dalla diligenza professionale;

e) l'esistenza di un diritto di recesso o scioglimento del contratto per i prodotti e le operazioni commerciali che comportino tale diritto.

5. Sono considerati rilevanti, ai sensi del comma 1, gli obblighi di informazione, previsti dal diritto comunitario, connessi alle comunicazioni commerciali, compresa la pubblicità o la commercializzazione del prodotto.

22-*bis*. *Pubblicità ingannevole delle tariffe marittime.*[1] — 1. È considerata ingannevole la pubblicità che, riguardando le tariffe praticate da compagnie marittime che operano sul territorio italiano direttamente o in code-sharing, reclamizzi il prezzo del biglietto dovuto alla compagnia marittima separatamente dagli oneri accessori, dalle tasse portuali e da tutti gli oneri comunque destinati a gravare sul consumatore, dovendo la compagnia marittima pubblicizzare un unico prezzo che includa tutte queste voci.

[1] Articolo introdotto dall'art. 22 L. 23 lug. 2009, n. 99.

23. *Pratiche commerciali considerate in ogni caso ingannevoli.* — 1. Sono considerate in ogni caso ingannevoli le seguenti pratiche commerciali:

a) affermazione non rispondente al vero, da parte di un professionista, di essere firmatario di un codice di condotta;

b) esibire un marchio di fiducia, un marchio di qualità o un marchio equivalente senza aver ottenuto la necessaria autorizzazione;

c) asserire, contrariamente al vero, che un codice di condotta ha l'approvazione di un organismo pubblico o di altra natura;

d) asserire, contrariamente al vero, che un professionista, le sue pratiche commerciali o un suo prodotto sono stati autorizzati, accettati o approvati, da un organismo pubblico o privato o che sono state rispettate le condizioni dell'autorizzazione, dell'accettazione o dell'approvazione ricevuta;

e) invitare all'acquisto di prodotti ad un determinato prezzo senza rivelare l'esistenza di ragionevoli motivi che il professionista può avere per ritenere che non sarà in grado di fornire o di far fornire da un altro professionista quei prodotti o prodotti equivalenti a quel prezzo entro un periodo e in quantità ragionevoli in rapporto al prodotto, all'entità della pubblicità fatta del prodotto e al prezzo offerti;

f) invitare all'acquisto di prodotti ad un determinato prezzo e successivamente:

1) rifiutare di mostrare l'art. pubblicizzato ai consumatori, oppure

2) rifiutare di accettare ordini per l'art. o di consegnarlo entro un periodo di tempo ragionevole, oppure

3) fare la dimostrazione dell'art. con un campione difettoso, con l'intenzione di promuovere un altro prodotto.

g) dichiarare, contrariamente al vero, che il prodotto sarà disponibile solo per un periodo molto limitato o che sarà disponibile solo a condizioni particolari per un periodo di tempo molto limitato, in modo da ottenere una decisione immediata e privare i consumatori della possibilità o del tempo sufficiente per prendere una decisione consapevole;

h) impegnarsi a fornire l'assistenza post-vendita a consumatori con i quali il professionista ha comunicato prima dell'operazione commerciale in una lingua diversa dalla lingua ufficiale dello

Stato membro in cui il professionista è stabilito e poi offrire concretamente tale servizio soltanto in un'altra lingua, senza che questo sia chiaramente comunicato al consumatore prima del suo impegno a concludere l'operazione;

i) affermare, contrariamente al vero, o generare comunque l'impressione che la vendita del prodotto è lecita;

l) presentare i diritti conferiti ai consumatori dalla legge come una caratteristica propria dell'offerta fatta dal professionista;

m) salvo quanto previsto dal decreto legislativo 31 luglio 2005, n. 177, e successive modificazioni, impiegare contenuti redazionali nei mezzi di comunicazione per promuovere un prodotto, qualora i costi di tale promozione siano stati sostenuti dal professionista senza che ciò emerga dai contenuti o da immagini o suoni chiaramente individuabili per il consumatore;

n) formulare affermazioni di fatto inesatte per quanto riguarda la natura e la portata dei rischi per la sicurezza personale del consumatore o della sua famiglia se egli non acquistasse il prodotto;

o) promuovere un prodotto simile a quello fabbricato da un altro produttore in modo tale da fuorviare deliberatamente il consumatore inducendolo a ritenere, contrariamente al vero, che il prodotto è fabbricato dallo stesso produttore;

p) avviare, gestire o promuovere un sistema di promozione a carattere piramidale nel quale il consumatore fornisce un contributo in cambio della possibilità di ricevere un corrispettivo derivante principalmente dall'entrata di altri consumatori nel sistema piuttosto che dalla vendita o dal consumo di prodotti;

q) affermare, contrariamente al vero, che il professionista è in procinto di cessare l'attività o traslocare;

r) affermare che alcuni prodotti possono facilitare la vincita in giochi basati sulla sorte;

s) affermare, contrariamente al vero, che un prodotto ha la capacità di curare malattie, disfunzioni o malformazioni;

t) comunicare informazioni inesatte sulle condizioni di mercato o sulla possibilità di ottenere il prodotto allo scopo d'indurre il consumatore all'acquisto a condizioni meno favorevoli di quelle normali di mercato;

u) affermare in una pratica commerciale che si organizzano concorsi o promozioni a premi senza attribuire i premi descritti o un equivalente ragionevole;

v) descrivere un prodotto come gratuito o senza alcun onere, se il consumatore deve pagare un supplemento di prezzo rispetto al normale costo necessario per rispondere alla pratica commerciale e ritirare o farsi recapitare il prodotto;

z) includere nel materiale promozionale una fattura o analoga richiesta di pagamento che lasci intendere, contrariamente al vero, al consumatore di aver già ordinato il prodotto;

aa) dichiarare o lasciare intendere, contrariamente al vero, che il professionista non agisce nel quadro della sua attività commerciale, industriale, artigianale o professionale, o presentarsi, contrariamente al vero, come consumatore;

bb) lasciare intendere, contrariamente al vero, che i servizi post-vendita relativi a un prodotto siano disponibili in uno Stato membro diverso da quello in cui è venduto il prodotto.

SEZIONE II

Pratiche commerciali aggressive

24. ***Pratiche commerciali aggressive.*** — 1. È considerata aggressiva una pratica commerciale che, nella fattispecie concreta, tenuto conto di tutte le caratteristiche e circostanze del caso, mediante molestie, coercizione, compreso il ricorso alla forza fisica o indebito condizionamento, limita o è idonea a limitare considerevolmente la libertà di scelta o di comportamento del consumatore medio in relazione al prodotto e, pertanto, lo induce o è idonea ad indurlo ad assumere una decisione di natura commerciale che non avrebbe altrimenti preso.

25. ***Ricorso a molestie coercizione o indebito condizionamento.*** — 1. Nel determinare se una pratica commerciale comporta, ai fini del presente capo, molestie, coercizione, compreso il ricorso alla forza fisica, o indebito condizionamento, sono presi in considerazione i seguenti elementi:

a) i tempi, il luogo, la natura o la persistenza;

b) il ricorso alla minaccia fisica o verbale;

c) lo sfruttamento da parte del professionista di qualsivoglia evento tragico o circostanza specifica di gravità tale da alterare la capacità di valutazione del consumatore, al fine di influenzarne la decisione relativa al prodotto;

d) qualsiasi ostacolo non contrattuale, oneroso o sproporzionato, imposto dal professionista qualora un consumatore intenda esercitare diritti contrattuali, compresi il diritto di risolvere un contratto o quello di cambiare prodotto o rivolgersi ad un altro professionista;

e) qualsiasi minaccia di promuovere un'azione legale ove tale azione sia manifestamente temeraria o infondata.

26. ***Pratiche commerciali considerate in ogni caso aggressive.*** — 1. Sono considerate in ogni caso aggressive le seguenti pratiche commerciali:

a) creare l'impressione che il consumatore non possa lasciare i locali commerciali fino alla conclusione del contratto;

b) effettuare visite presso l'abitazione del consumatore, ignorando gli inviti del consumatore a lasciare la sua residenza o a non ritornarvi, fuorché nelle circostanze e nella misura in cui siano giustificate dalla legge nazionale ai fini dell'esecuzione di un'obbligazione contrattuale;

c) effettuare ripetute e non richieste sollecitazioni commerciali per telefono, via fax, per posta elettronica o mediante altro mezzo di comunicazione a distanza, fuorché nelle circostanze e nella misura in cui siano giustificate dalla legge nazionale ai fini dell'esecuzione di un'obbligazione contrattuale, fatti salvi l'art. 58 e l'art. 130 del decreto legislativo 30 giugno 2003, n. 196;

d) imporre al consumatore che intenda presentare una richiesta di risarcimento del danno in virtù di una polizza di assicurazione di esibire documenti che non possono ragionevolmente essere considerati pertinenti per stabilire la fondatezza della richiesta, o omettere sistematicamente di rispondere alla relativa corrispondenza, al fine di dissuadere un consumatore dall'esercizio dei suoi diritti contrattuali;

e) salvo quanto previsto dal decreto legislativo 31 luglio 2005, n. 177, e successive modificazioni, includere in un messaggio pubblicitario un'esortazione diretta ai bambini affinché acquistino o convincano i genitori o altri adulti ad acquistare loro i prodotti reclamizzati;

f) esigere il pagamento immediato o differito o la restituzione o la custodia di prodotti che il professionista ha fornito, ma che il consumatore non ha richiesto, dall'articolo 66-*sexies*, comma 2;[1]

g) informare esplicitamente il consumatore che, se non acquista il prodotto o il servizio saranno in pericolo il lavoro o la sussistenza del professionista;

h) lasciare intendere, contrariamente al vero, che il consumatore abbia già vinto, vincerà o potrà vincere compiendo una determinata azione un premio o una vincita equivalente, mentre in effetti non esiste alcun premio né vincita equivalente oppure che qualsiasi azione volta a reclamare il premio o altra vincita equivalente è subordinata al versamento di denaro o al sostenimento di costi da parte del consumatore.

[1] Lettera così modif. dall'art. 1, D.lgs. 21 feb. 2014, n. 21. Questa modifica è in vigore dal 13 giu. 2014 e si applica ai contratti conclusi dopo tale data.

CAPO III
Applicazione

27. ***Tutela amministrativa e giurisdizionale.*** — 1. L'Autorità garante della concorrenza e del mercato, di seguito denominata "Autorità", esercita le attribuzioni disciplinate dal presente articolo anche quale autorità competente per l'applicazione del regolamento (UE) 2017/2394 del Parlamento europeo e del Consiglio, del 12 dicembre 2017, sulla cooperazione tra le autorità nazionali responsabili dell'esecuzione della normativa che tutela i consumatori e che abroga il regolamento (CE) n. 2006/2004, nei limiti delle disposizioni di legge.[1]

1-*bis*. Anche nei settori regolati, ai sensi dell'articolo 19, comma 3, la competenza ad intervenire nei confronti delle condotte dei professionisti che integrano una pratica commerciale scorretta, fermo restando il rispetto della regolazione vigente, spetta, in via esclusiva, all'Autorità garante della concorrenza e del mercato, che la esercita in base ai poteri di cui al presente articolo, acquisito il parere dell'Autorità di regolazione competente. Resta ferma la competenza delle Autorità di regolazione ad esercitare i propri poteri nelle ipotesi di violazione della regolazione che non integrino gli estremi di una pratica commerciale scorretta. Le Autorità possono disciplinare con protocolli di intesa gli aspetti applicativi e procedimentali della reciproca collaborazione, nel quadro delle rispettive competenze.[2]

2. L'Autorità, d'ufficio o su istanza di ogni soggetto o organizzazione che ne abbia interesse, inibisce la continuazione delle pratiche commerciali scorrette e ne elimina gli effetti. A tale fine, l'Autorità si avvale dei poteri investigativi ed esecutivi di cui al citato regolamento regolamento (UE) 2017/2394 anche in relazione alle infrazioni non transfrontaliere. Per lo svolgimento dei compiti di cui al comma 1 l'Autorità può avvalersi della Guardia di finanza che agisce con i poteri ad essa attribuiti per l'accertamento dell'imposta sul valore aggiunto e dell'imposta sui redditi. L'intervento dell'Autorità è indipendente dalla circostanza che i consumatori interessati si trovino nel territorio dello Stato membro in cui è stabilito il professionista o in un altro Stato membro.[1]

3. L'Autorità può disporre, con provvedimento motivato, la sospensione provvisoria delle pratiche commerciali scorrette, laddove sussiste particolare urgenza. In ogni caso, comunica l'apertura dell'istruttoria al professionista e, se il committente non è conosciuto, può richiedere al proprietario del mezzo che ha diffuso la pratica commerciale ogni informazione idonea ad identificarlo. L'Autorità può, altresì, richiedere a imprese, enti o persone che ne siano in possesso le informazioni ed i documenti rilevanti al fine dell'accertamento dell'infrazione. Si applicano le disposizioni previste dall'art. 14, commi 2, 3 e 4, della legge 10 ottobre 1990, n. 287.

3-*bis*. L'Autorità garante della concorrenza e del mercato, in conformità a quanto disposto dall'articolo 9 del regolamento (UE) 2017/2394 del Parlamento europeo e del Consiglio, del 12 dicembre 2017, può ordinare, anche in via cautelare, ai fornitori di servizi di connettività alle reti internet, ai gestori di altre reti telematiche o di telecomunicazione nonché agli operatori che in relazione ad esse forniscono servizi telematici o di telecomunicazione la rimozione di iniziative o attività destinate ai consumatori italiani e diffuse attraverso le reti telematiche o di tele-comunicazione che integrano gli estremi di una pratica commerciale scorretta. I destinatari dei predetti ordini, disposti ai sensi del primo periodo, hanno l'obbligo di inibire l'utilizzazione delle reti delle quali sono gestori o in relazione alle quali forniscono servizi, al fine di evitare la protrazione di attività pregiudizievoli per i consumatori e poste in essere in violazione del presente codice. In caso di inottemperanza, senza giustificato motivo, a quanto disposto dall'Autorità garante della concorrenza e del mercato ai sensi del primo periodo del presente comma, l'Autorità stessa può applicare una sanzione amministrativa fino a 5.000.000 di euro.[3]

4. In caso di inottemperanza, senza giustificato motivo, a quanto disposto dall'Autorità ai sensi dell'art. 14, comma 2, della legge 10 ottobre 1990, n. 287, l'Autorità applica una sanzione amministrativa pecuniaria da 2.000,00 euro a 20.000,00 euro. Qualora le informazioni o la documentazione fornite non siano veritiere, l'Autorità applica una sanzione amministrativa pecuniaria da 4.000,00 euro a 40.000,00 euro.

5. L'Autorità può disporre che il professionista fornisca prove sull'esattezza dei dati di fatto connessi alla pratica commerciale se, tenuto conto dei diritti o degli interessi legittimi del professionista e di qualsiasi altra parte nel procedimento, tale esigenza risulti giustificata, date le circostanze del caso specifico. Se tale prova è omessa o viene ritenuta insufficiente, i dati di fatto sono considerati inesatti. Incombe, in ogni caso, al professionista l'onere di provare, con allegazioni fattuali, che egli non poteva ragionevolmente prevedere l'impatto della pratica commerciale sui consumatori, ai sensi dell'art. 20, comma 3.

6. Quando la pratica commerciale è stata o deve essere diffusa attraverso la stampa periodica o quotidiana ovvero per via radiofonica o televisiva o altro mezzo di telecomunicazione, l'Autorità, prima di provvedere, richiede il parere dell'Autorità per le garanzie nelle comunicazioni.

7. Ad eccezione dei casi di manifesta scorrettezza e gravità della pratica commerciale, l'Autorità può ottenere dal professionista responsabile l'assunzione dell'impegno di porre fine all'infrazione, cessando la diffusione della stessa o modificandola in modo da eliminare i profili di illegittimità. L'Autorità può disporre la pubblicazione della dichiarazione dell'impegno in questione a cura e spese del professionista. In tali ipotesi, l'Autorità, valutata l'idoneità di tali impegni, può renderli obbligatori per il professionista e definire il procedimento senza procedere all'accertamento dell'infrazione.

8. L'Autorità, se ritiene la pratica commerciale scorretta, vieta la diffusione, qualora non ancora portata a conoscenza del pubblico, o la continuazione, qualora la pratica sia già iniziata. Con il medesimo provvedimento può essere disposta, a cura e spese del professionista, la pubblicazione della delibera, anche per estratto, ovvero di un'apposita dichiarazione rettificativa, in modo da impedire che le pratiche commerciali scorrette continuino a produrre effetti.

9. Con il provvedimento che vieta la pratica commerciale scorretta, l'Autorità dispone inoltre l'applicazione di una sanzione amministrativa pecuniaria da 5.000,00 euro a 5.000.000 euro[4], tenuto conto della gravità e della durata della violazione. Nel caso di pratiche commerciali scorrette ai sensi dell'art. 21, commi 3 e 4, la sanzione non può essere inferiore a 50.000,00 euro.

10. Nei casi riguardanti comunicazioni commerciali inserite sulle confezioni di prodotti, l'Autorità, nell'adottare i provvedimenti indicati nei commi 3 e 8, assegna per la loro esecuzione un termine che tenga conto dei tempi tecnici necessari per l'adeguamento.

11. L'Autorità garante della concorrenza e del mercato, con proprio regolamento, disciplina la procedura istruttoria, in modo da garantire il contraddittorio, la piena cognizione degli atti e la verbalizzazione.

12. In caso di inottemperanza ai provvedimenti d'urgenza e a quelli inibitori o di rimozione degli effetti di cui ai commi 3, 8 e 10 ed in caso di mancato rispetto degli impegni assunti ai sensi del comma 7, l'Autorità applica una sanzione amministrativa pecuniaria da 10.000 a 5.000.000 euro[4]. Nei casi di reiterata inottemperanza l'Autorità può disporre la sospensione dell'attività d'impresa per un periodo non superiore a trenta giorni.

13. Per le sanzioni amministrative pecuniarie conseguenti alla violazione del presente decreto si osservano, in quanto applicabili, le disposizioni contenute nel capo I, sezione I, e negli artt. 26, 27, 28 e 29 della L. 24 nov. 1981, n. 689, e successive modificazioni. Il pagamento delle sanzioni amministrative di cui al presente articolo deve essere effettuato entro trenta giorni dalla notifica del provvedimento dell'Autorità.[5]

14. Ove la pratica commerciale sia stata assentita con provvedimento amministrativo, preordinato anche alla verifica del carattere non scorretto della stessa, la tutela dei soggetti e delle organizzazioni che vi abbiano interesse, è esperibile in via giurisdizionale con ricorso al giudice amministrativo avverso il predetto provvedimento.

15. È comunque fatta salva la giurisdizione del giudice ordinario in materia di atti di concorrenza sleale, a norma dell'art. 2598 del codice civile, nonché, per quanto concerne la pubblicità comparativa, in materia di atti compiuti in violazione della disciplina sul diritto d'autore protetto dalla legge 22 aprile 1941, n. 633, e successive modificazioni, e dei marchi d'impresa protetto a norma del decreto legislativo 10 febbraio 2005, n. 30, e successive modificazioni, nonché delle denominazioni di origine riconosciute e protette in Italia e di altri segni distintivi di imprese, beni e servizi concorrenti.

[1] Comma così modif. dall'art. 37, c. 1, L. 23 dic. 2021, n. 238.

[2] Comma ins. dall'art. 1, D.lgs. 21 feb. 2014, n. 21.

[3] Comma ins. dall'art. 263-*bis*, D.L. 19 mag. 2020, n. 34, conv. con modif. in L. 17 lug. 2020, n. 77.

[4] Sanzione così modif. dall'art. 1, D.lgs. 21 feb. 2014, n. 21.

[5] Comma così modif. dall'art. 4, D.lgs. 2 lug. 2010, n. 104.

27-*bis*. *Codici di condotta.*[1] — 1. Le associazioni o le organizzazioni imprenditoriali e professionali possono adottare, in relazione a una o più pratiche commerciali o ad uno o più settori imprenditoriali specifici, appositi codici di condotta che definiscono il comportamento dei professionisti che si impegnano a rispettare tali codici con l'indicazione del soggetto responsabile o dell'organismo incaricato del controllo della loro applicazione.

2. Il codice di condotta è redatto in lingua italiana e inglese ed è reso accessibile dal soggetto o organismo responsabile al consumatore, anche per via telematica.

3. Nella redazione di codici di condotta deve essere garantita almeno la protezione dei minori e salvaguardata la dignità umana.

4. I codici di condotta di cui al comma 1 sono comunicati, per la relativa adesione, agli operatori dei rispettivi settori e conservati ed aggiornati a cura del responsabile del codice, con l'indicazione degli aderenti.

5. Dell'esistenza del codice di condotta, dei suoi contenuti e dell'adesione il professionista deve preventivamente informare i consumatori.

[1] Articolo introdotto dall'art. 1 D.lgs. 2 ago. 2007, n. 146.

27-*ter*. *Autodisciplina.*[1] — 1. I consumatori, i concorrenti, anche tramite le loro associazioni o organizzazioni, prima di avviare la procedura di cui all'art. 27, possono convenire con il professionista di adire preventivamente, il soggetto responsabile o l'organismo incaricato del controllo del codice di condotta relativo ad uno specifico settore la risoluzione concordata della controversia volta a vietare o a far cessare la continuazione della pratica commerciale scorretta.

2. In ogni caso il ricorso ai sensi del presente articolo, qualunque sia l'esito della procedura, non pregiudica il diritto del consumatore di adire l'Autorità, ai sensi dell'art. 27, o il giudice competente.

3. Iniziata la procedura davanti ad un organismo di autodisciplina, le parti possono convenire di astenersi dall'adire l'Autorità fino alla pronuncia definitiva, ovvero possono chiedere la sospensione del procedimento innanzi all'Autorità, ove lo stesso sia stato attivato anche da altro soggetto legittimato, in attesa della pronuncia dell'organismo di autodisciplina. L'Autorità, valutate tutte le circostanze, può disporre la sospensione del procedimento per un periodo non superiore a trenta giorni.

[1] Articolo introdotto dall'art. 1 D.lgs. 2 ago. 2007, n. 146.

27-*quater*. *Oneri di informazione.*[1] — 1. L'Autorità garante della concorrenza e del mercato e le associazioni o le organizzazioni imprenditoriali e professionali di cui all'art. 27-*bis*, comunicano periodicamente al Ministero dello sviluppo economico le decisioni adottate ai sensi del presente titolo.

2. Il Ministero dello sviluppo economico provvederà affinché sul proprio sito siano disponibili:

a) le informazioni generali sulle procedure relative ai meccanismi di reclamo e ricorso disponibili in caso di controversie, nonché sui codici di condotta adottati ai sensi dell'art. 27-*bis*;

b) gli estremi delle autorità, organizzazioni o associazioni presso le quali si possono ottenere ulteriori informazioni o assistenza;

c) gli estremi e la sintesi delle decisioni significative riguardo a controversie, comprese quelle adottate dagli organi di composizione extragiudiziale.

[1] Articolo introdotto dall'art. 1 D.lgs. 2 ago. 2007, n. 146.

TITOLO IV

Particolari modalità della comunicazione pubblicitaria

CAPO I

Rafforzamento della tutela del consumatore in materia di televendite

28. *Ambito di applicazione.* — 1. Le disposizioni del presente capo si applicano alle televendite, come definite nel regolamento in materia di pubblicità radiotelevisiva e televendite, adottato dall'Autorità per le garanzie nelle comunicazioni con delibera n. 538/01/CSP del 26 luglio 2001, comprese quelle di astrologia, di cartomanzia ed assimilabili e di servizi relativi a concorsi o giochi comportanti ovvero strutturati in guisa di pronostici. Le medesime disposizioni si applicano altresì agli spot di televendita.

29. *Prescrizioni.* — 1. Le televendite devono evitare ogni forma di sfruttamento della superstizione, della credulità o della paura, non devono contenere scene di violenza fisica o morale o tali da offendere il gusto e la sensibilità dei consumatori per indecenza, volgarità o ripugnanza.

30. *Divieti.* — 1. È vietata la televendita che offenda la dignità umana, comporti discriminazioni di razza, sesso o nazionalità, offenda convinzioni religiose e politiche, induca a comportamenti pregiudizievoli per la salute o la sicurezza o la protezione dell'ambiente. È vietata la televendita di sigarette o di altri prodotti a base di tabacco.

2. Le televendite non devono contenere dichiarazioni o rappresentazioni che possono indurre in errore gli utenti o i consumatori, anche per mezzo di omissioni, ambiguità o esagerazioni, in particolare per ciò che riguarda le caratteristiche e gli effetti del servizio, il prezzo, le condizioni di vendita o di pagamento, le modalità della fornitura, gli

eventuali premi, l'identità delle persone rappresentate.

31. ***Tutela dei minori.*** — 1. La televendita non deve esortare i minorenni a stipulare contratti di compravendita o di locazione di prodotti e di servizi. La televendita non deve arrecare pregiudizio morale o fisico ai minorenni e deve rispettare i seguenti criteri a loro tutela:

a) non esortare i minorenni ad acquistare un prodotto o un servizio, sfruttandone l'inesperienza o la credulità;

b) non esortare i minorenni a persuadere genitori o altri ad acquistare tali prodotti o servizi;

c) non sfruttare la particolare fiducia che i minorenni ripongono nei genitori, negli insegnanti o in altri;

d) non mostrare minorenni in situazioni pericolose.

32. ***Sanzioni.*** — 1. Salvo che il fatto costituisca reato, e fatte salve le disposizioni ed il regime sanzionatorio stabiliti per i contratti a distanza, così come disciplinati alla parte III, titolo III, capo II, sezione II, dall'art. 50 all'art. 61, del codice, nonché le ulteriori disposizioni stabilite in materia di pubblicità, alle televendite sono applicabili altresì le sanzioni di cui all'art. 2, comma 20, lettera *c*), della legge 14 novembre 1995, n. 481, e di cui all'art. 1, comma 31, della legge 31 luglio 1997, n. 249.

PARTE III
IL RAPPORTO DI CONSUMO

TITOLO I
Dei contratti del consumatore in generale

33. ***Clausole vessatorie nel contratto tra professionista e consumatore.*** — 1. Nel contratto concluso tra il consumatore ed il professionista si considerano vessatorie le clausole che, malgrado la buona fede, determinano a carico del consumatore un significativo squilibrio dei diritti e degli obblighi derivanti dal contratto.

2. Si presumono vessatorie fino a prova contraria le clausole che hanno per oggetto, o per effetto, di:

a) escludere o limitare la responsabilità del professionista in caso di morte o danno alla persona del consumatore, risultante da un fatto o da un'omissione del professionista;

b) escludere o limitare le azioni o i diritti del consumatore nei confronti del professionista o di un'altra parte in caso di inadempimento totale o parziale o di adempimento inesatto da parte del professionista;

c) escludere o limitare l'opportunità da parte del consumatore della compensazione di un debito nei confronti del professionista con un credito vantato nei confronti di quest'ultimo;

d) prevedere un impegno definitivo del consumatore mentre l'esecuzione della prestazione del professionista è subordinata ad una condizione il cui adempimento dipende unicamente dalla sua volontà;

e) consentire al professionista di trattenere una somma di denaro versata dal consumatore se quest'ultimo non conclude il contratto o recede da esso, senza prevedere il diritto del consumatore di esigere dal professionista il doppio della somma corrisposta se è quest'ultimo a non concludere il contratto oppure a recedere;

f) imporre al consumatore, in caso di inadempimento o di ritardo nell'adempimento, il pagamento di una somma di denaro a titolo di risarcimento, clausola penale o altro titolo equivalente d'importo manifestamente eccessivo;

g) riconoscere al solo professionista e non anche al consumatore la facoltà di recedere dal contratto, nonché consentire al professionista di trattenere anche solo in parte la somma versata dal consumatore a titolo di corrispettivo per prestazioni non ancora adempiute, quando sia il professionista a recedere dal contratto;

h) consentire al professionista di recedere da contratti a tempo indeterminato senza un ragionevole preavviso, tranne nel caso di giusta causa;

i) stabilire un termine eccessivamente anticipato rispetto alla scadenza del contratto per comunicare la disdetta al fine di evitare la tacita proroga o rinnovazione;

l) prevedere l'estensione dell'adesione del consumatore a clausole che non ha avuto la possibilità di conoscere prima della conclusione del contratto;

m) consentire al professionista di modificare unilateralmente le clausole del contratto, ovvero le caratteristiche del prodotto o del servizio da fornire, senza un giustificato motivo indicato nel contratto stesso;

n) stabilire che il prezzo dei beni o dei servizi sia determinato al momento della consegna o della prestazione;

o) consentire al professionista di aumentare il prezzo del bene o del servizio senza che il consumatore possa recedere se il prezzo finale è eccessivamente elevato rispetto a quello originariamente convenuto;

p) riservare al professionista il potere di accertare la conformità del bene venduto o del servizio prestato a quello previsto nel contratto o conferirgli il diritto esclusivo d'interpretare una clausola qualsiasi del contratto;

q) limitare la responsabilità del professionista rispetto alle obbligazioni derivanti dai contratti stipulati in suo nome dai mandatari o subordinare l'adempimento delle suddette obbligazioni al rispetto di particolari formalità;

r) limitare o escludere l'opponibilità dell'eccezione d'inadempimento da parte del consumatore;

s) consentire al professionista di sostituire a sé

un terzo nei rapporti derivanti dal contratto, anche nel caso di preventivo consenso del consumatore, qualora risulti diminuita la tutela dei diritti di quest'ultimo;

t) sancire a carico del consumatore decadenze, limitazioni della facoltà di opporre eccezioni, deroghe alla competenza dell'autorità giudiziaria, limitazioni all'adduzione di prove, inversioni o modificazioni dell'onere della prova, restrizioni alla libertà contrattuale nei rapporti con i terzi;

u) stabilire come sede del foro competente sulle controversie località diversa da quella di residenza o domicilio elettivo del consumatore;

v) prevedere l'alienazione di un diritto o l'assunzione di un obbligo come subordinati ad una condizione sospensiva dipendente dalla mera volontà del professionista a fronte di un'obbligazione immediatamente efficace del consumatore. È fatto salvo il disposto dell'art. 1355 del codice civile.

v-bis) imporre al consumatore che voglia accedere ad una procedura di risoluzione extragiudiziale delle controversie prevista dal titolo II-*bis* della parte V, di rivolgersi esclusivamente ad un'unica tipologia di organismi ADR o ad un unico organismo ADR;[1]

v-ter) rendere eccessivamente difficile per il consumatore l'esperimento della procedura di risoluzione extragiudiziale delle controversie prevista dal titolo II-*bis* della parte V.[1]

3. Se il contratto ha ad oggetto la prestazione di servizi finanziari a tempo indeterminato il professionista può, in deroga alle lettere *h*) e *m*) del comma 2:

a) recedere, qualora vi sia un giustificato motivo, senza preavviso, dandone immediata comunicazione al consumatore;

b) modificare, qualora sussista un giustificato motivo, le condizioni del contratto, preavvisando entro un congruo termine il consumatore, che ha diritto di recedere dal contratto.

4. Se il contratto ha ad oggetto la prestazione di servizi finanziari il professionista può modificare, senza preavviso, sempreché vi sia un giustificato motivo in deroga alle lettere *n*) e *o*) del comma 2, il tasso di interesse o l'importo di qualunque altro onere relativo alla prestazione finanziaria originariamente convenuti, dandone immediata comunicazione al consumatore che ha diritto di recedere dal contratto.

5. Le lettere *h*), *m*), *n*) e *o*) del comma 2 non si applicano ai contratti aventi ad oggetto valori mobiliari, strumenti finanziari ed altri prodotti o servizi il cui prezzo è collegato alle fluttuazioni di un corso e di un indice di borsa o di un tasso di mercato finanziario non controllato dal professionista, nonché la compravendita di valuta estera, di assegni di viaggio o di vaglia postali internazionali emessi in valuta estera.

6. Le lettere *n*) e *o*) del comma 2 non si applicano alle clausole di indicizzazione dei prezzi, ove consentite dalla legge, a condizione che le modalità di variazione siano espressamente descritte.

[1] Lettera ins. dall'art. 1, c. 9, D.lgs. 6 ago. 2015, n. 130.

34. ***Accertamento della vessatorietà delle clausole.*** — 1. La vessatorietà di una clausola è valutata tenendo conto della natura del bene o del servizio oggetto del contratto e facendo riferimento alle circostanze esistenti al momento della sua conclusione ed alle altre clausole del contratto medesimo o di un altro collegato o da cui dipende.

2. La valutazione del carattere vessatorio della clausola non attiene alla determinazione dell'oggetto del contratto, né all'adeguatezza del corrispettivo dei beni e dei servizi, purché tali elementi siano individuati in modo chiaro e comprensibile.

3. Non sono vessatorie le clausole che riproducono disposizioni di legge ovvero che siano riproduttive di disposizioni o attuative di principi contenuti in convenzioni internazionali delle quali siano parti contraenti tutti gli Stati membri dell'Unione europea o l'Unione europea.

4. Non sono vessatorie le clausole o gli elementi di clausola che siano stati oggetto di trattativa individuale.

5. Nel contratto concluso mediante sottoscrizione di moduli o formulari predisposti per disciplinare in maniera uniforme determinati rapporti contrattuali, incombe sul professionista l'onere di provare che le clausole, o gli elementi di clausola, malgrado siano dal medesimo unilateralmente predisposti, siano stati oggetto di specifica trattativa con il consumatore.

35. ***Forma e interpretazione.*** — 1. Nel caso di contratti di cui tutte le clausole o talune clausole siano proposte al consumatore per iscritto, tali clausole devono sempre essere redatte in modo chiaro e comprensibile.

2. In caso di dubbio sul senso di una clausola, prevale l'interpretazione più favorevole al consumatore.

3. La disposizione di cui al comma 2 non si applica nei casi di cui all'art. 37.

36. ***Nullità di protezione.*** — 1. Le clausole considerate vessatorie ai sensi degli artt. 33 e 34 sono nulle mentre il contratto rimane valido per il resto.

2. Sono nulle le clausole che, quantunque oggetto di trattativa, abbiano per oggetto o per effetto di:

a) escludere o limitare la responsabilità del professionista in caso di morte o danno alla persona del consumatore, risultante da un fatto o da un'omissione del professionista;

b) escludere o limitare le azioni del consumatore nei confronti del professionista o di un'altra parte in caso di inadempimento totale o parziale o di adempimento inesatto da parte del professionista;

c) prevedere l'adesione del consumatore come estesa a clausole che non ha avuto, di fatto, la possibilità di conoscere prima della conclusione del contratto.

3. La nullità opera soltanto a vantaggio del consumatore e può essere rilevata d'ufficio dal giudice.

4. Il venditore ha diritto di regresso nei confronti del fornitore per i danni che ha subito in conseguenza della declaratoria di nullità delle clausole dichiarate abusive.

5. È nulla ogni clausola contrattuale che, prevedendo l'applicabilità al contratto di una legislazione di un Paese extracomunitario, abbia l'effetto di privare il consumatore della protezione assicurata dal presente capo, laddove il contratto presenti un collegamento più stretto con il territorio di uno Stato membro dell'Unione europea.

37. ***Azione inibitoria.*** — 1. Le associazioni rappresentative dei consumatori, di cui all'art. 137, le associazioni rappresentative dei professionisti [e le camere di commercio, industria, artigianato e agricoltura][1], possono convenire in giudizio il professionista o l'associazione di professionisti che utilizzano, o che raccomandano l'utilizzo di condizioni generali di contratto e richiedere al giudice competente che inibisca l'uso delle condizioni di cui sia accertata l'abusività ai sensi del presente capo.

2. L'inibitoria può essere concessa, quando ricorrono giusti motivi di urgenza, ai sensi degli artt. 669-*bis* e seguenti del codice di procedura civile.

3. Il giudice può ordinare che il provvedimento sia pubblicato in uno o più giornali, di cui uno almeno a diffusione nazionale.

4. Per quanto non previsto dal presente articolo, alle azioni inibitorie esercitate dalle associazioni dei consumatori di cui al comma 1, si applicano le disposizioni dell'art. 140.

[1] Parole soppresse dall'art. 5, c. 4, D.lgs. 25 nov. 2016, n. 219.

37-*bis*. ***Tutela amministrativa contro le clausole vessatorie.***[1] — 1. L'Autorità garante della concorrenza e del mercato è designata, ai sensi dell'articolo 5, paragrafo 1, del regolamento (UE) 2017/2394, quale autorità competente responsabile dell'applicazione della direttiva 93/13/CEE del Consiglio, del 5 aprile 1993, concernente le clausole abusive nei contratti stipulati con i consumatori. In materia di accertamento e di sanzione delle violazioni della citata direttiva 93/13/CEE, si applica l'articolo 27 del presente codice. L'Autorità, sentite le associazioni di categoria rappresentative a livello nazionale [e le camere di commercio interessate o loro unioni][2], d'ufficio o su denuncia, ai soli fini di cui ai commi successivi, dichiara la vessatorietà delle clausole inserite nei contratti tra professionisti e consumatori che si concludono mediante adesione a condizioni generali di contratto o con la sottoscrizione di moduli, modelli o formulari. Si applicano le disposizioni previste dall'articolo 14, commi 2, 3 e 4, della legge 10 ottobre 1990, n. 287, secondo le modalità previste dal regolamento di cui al comma 5. In caso di inottemperanza, a quanto disposto dall'Autorità ai sensi dell'articolo 14, comma 2, della legge 10 ottobre 1990, n. 287, l'Autorità applica una sanzione amministrativa pecuniaria da 2.000 euro a 20.000 euro. Qualora le informazioni o la documentazione fornite non siano veritiere, l'Autorità applica una sanzione amministrativa pecuniaria da 4.000 euro a 40.000 euro.[3]

2. Il provvedimento che accerta la vessatorietà della clausola è diffuso anche per estratto mediante pubblicazione su apposita sezione del sito internet istituzionale dell'Autorità, sul sito dell'operatore che adotta la clausola ritenuta vessatoria e mediante ogni altro mezzo ritenuto opportuno in relazione all'esigenza di informare compiutamente i consumatori a cura e spese dell'operatore. In caso di inottemperanza alle disposizioni di cui al presente comma, l'Autorità applica una sanzione amministrativa pecuniaria da 5.000 euro a 50.000 euro.

3. Le imprese interessate hanno facoltà di interpellare preventivamente l'Autorità in merito alla vessatorietà delle clausole che intendono utilizzare nei rapporti commerciali con i consumatori secondo le modalità previste dal regolamento di cui al comma 5. L'Autorità si pronuncia sull'interpello entro il termine di centoventi giorni dalla richiesta, salvo che le informazioni fornite risultino gravemente inesatte, incomplete o non veritiere. Le clausole non ritenute vessatorie a seguito di interpello non possono essere successivamente valutate dall'Autorità per gli effetti di cui al comma 2. Resta in ogni caso ferma la responsabilità dei professionisti nei confronti dei consumatori.

4. In. materia di tutela giurisdizionale, contro gli atti dell'Autorità, adottati in applicazione del presente articolo, è competente il giudice amministrativo. È fatta salva la giurisdizione del giudice ordinario sulla validità delle clausole vessatorie e sul risarcimento del danno.

5. L'Autorità, con proprio regolamento, disciplina la procedura istruttoria in modo da garantire il contraddittorio e l'accesso agli atti, nel rispetto dei legittimi motivi di riservatezza. Con lo stesso regolamento l'Autorità disciplina le modalità di consultazione con le associazioni di categoria rappresentative a livello nazionale [e con le camere di commercio interessate o loro unioni][2] attraverso l'apposita sezione del sito internet di cui al comma 2 nonché la procedura di interpello. Nell'esercizio delle competenze di cui al presente articolo, l'Autorità può sentire le autorità di regolazione o vigilanza dei settori in cui i professionisti interessati operano[, nonché le camere di commercio interessate o le loro unioni][2].

6. Le attività di cui al presente articolo sono svolte con le risorse umane, strumentali e finanziarie già disponibili a legislazione vigente.

[1] Articolo aggiunto dall'art. 5, c. 1, del D.L. 24 gen. 2012, n. 1, conv. con modif. in L. 24 mar. 2012, n. 27.

[2] Parole soppresse dall'art. 5, c. 4, D.lgs. 25 nov. 2016, n. 219.

[3] Comma così modif. dall'art. 37, c. 1, L. 23 dic. 2021, n. 238.

38. ***Rinvio.*** — 1. Per quanto non previsto dal

presente[1] codice, ai contratti conclusi tra il consumatore ed il professionista si applicano le disposizioni del codice civile.

[1] Parola inserita dall'art. 6 D.lgs. 23 ott. 2007, n. 221.

TITOLO II
Esercizio dell'attività commerciale

CAPO I
Disposizioni generali

39. ***Regole nelle attività commerciali.*** — 1. Le attività commerciali sono improntate al rispetto dei principi di buona fede, di correttezza e di lealtà, valutati anche alla stregua delle esigenze di protezione delle categorie di consumatori.

CAPO II
Promozione delle vendite

SEZIONE I
Credito al consumo

40-42. (*Omissis*).[1]

[1] Articoli abrog. dall'art. 2, D.lgs. 13 ago. 2010, n. 141.

43. ***Rinvio al testo unico bancario.*** — Per la [restante][1] disciplina del credito al consumo si fa rinvio ai capi II e III del titolo VI del citato decreto legislativo n. 385 del 1993, e successive modificazioni, nonché agli artt. 144 e 145 del medesimo testo unico per l'applicazione delle relative sanzioni.

[1] Parola soppressa dall'art. 2 D.lgs. 13 ago. 2010, n. 141.

TITOLO III
Modalità contrattuali

44. ***Contratti negoziati nei locali commerciali. Rinvio.*** — 1. Ove non diversamente disciplinato dal presente codice, per la disciplina del settore del commercio si fa rinvio al decreto legislativo 31 marzo 1998, n. 114, recante riforma della disciplina relativa al settore del commercio, a norma dell'art. 4, comma 4, della legge 15 marzo 1997, n. 59.

CAPO I
Dei diritti dei consumatori nei contratti[1]

[1] Il Capo I del titolo III, limitatamente agli artt. da 45 a 67, è stato sost. dall'art. 1, D.lgs. 21 feb. 2014, n. 21. Queste modifiche sono in vigore dal 13 giu. 2014 e si applicano ai contratti conclusi dopo tale data.

45. ***Definizioni.*** — 1. Ai fini delle Sezioni da I a IV del presente capo, si intende per:

a) "consumatore": la persona fisica, di cui all'articolo 3, comma 1, lettera *a*);

b) "professionista": il soggetto, di cui all'articolo 3, comma 1, lettera *c*);

c) "bene": qualsiasi bene mobile materiale ad esclusione dei beni oggetto di vendita forzata o comunque venduti secondo altre modalità dalle autorità giudiziarie; rientrano fra i beni oggetto della presente direttiva l'acqua, il gas e l'elettricità, quando sono messi in vendita in un volume delimitato o in quantità determinata;

d) "beni prodotti secondo le indicazioni del consumatore": qualsiasi bene non prefabbricato prodotto in base a una scelta o decisione individuale del consumatore;

e) "contratto di vendita": qualsiasi contratto in base al quale il professionista trasferisce o si impegna a trasferire la proprietà di beni al consumatore e il consumatore ne paga o si impegna a pagarne il prezzo, inclusi i contratti che hanno come oggetto sia beni che servizi;

f) "contratto di servizi": qualsiasi contratto diverso da un contratto di vendita in base al quale il professionista fornisce o si impegna a fornire un servizio al consumatore e il consumatore paga o si impegna a pagarne il prezzo;

g) "contratto a distanza": qualsiasi contratto concluso tra il professionista e il consumatore nel quadro di un regime organizzato di vendita o di prestazione di servizi a distanza senza la presenza fisica e simultanea del professionista e del consumatore, mediante l'uso esclusivo di uno o più mezzi di comunicazione a distanza fino alla conclusione del contratto, compresa la conclusione del contratto stesso;

h) "contratto negoziato fuori dei locali commerciali": qualsiasi contratto tra il professionista e il consumatore:

1) concluso alla presenza fisica e simultanea del professionista e del consumatore, in un luogo diverso dai locali del professionista;

2) per cui è stata fatta un'offerta da parte del consumatore, nelle stesse circostanze di cui al numero 1;

3) concluso nei locali del professionista o mediante qualsiasi mezzo di comunicazione a distanza immediatamente dopo che il consumatore è stato avvicinato personalmente e singolarmente in un luogo diverso dai locali del professionista, alla presenza fisica e simultanea del professionista e del consumatore; oppure;

4) concluso durante un viaggio promozionale organizzato dal professionista e avente lo scopo o l'effetto di promuovere e vendere beni o servizi al consumatore;

i) "locali commerciali":

1) qualsiasi locale immobile adibito alla vendita al dettaglio in cui il professionista esercita la sua attività su base permanente; oppure;

2) qualsiasi locale mobile adibito alla vendita al dettaglio in cui il professionista esercita la propria attività a carattere abituale;

l) "supporto durevole": ogni strumento che permetta al consumatore o al professionista di conservare le informazioni che gli sono personalmente indirizzate in modo da potervi accedere in futuro per un periodo di tempo adeguato alle finalità cui esse sono destinate e che permetta la riproduzione identica delle informazioni memorizzate;

m) "contenuto digitale": i dati prodotti e forniti in formato digitale;

n) "servizio finanziario": qualsiasi servizio di natura bancaria, creditizia, assicurativa, servizi pensionistici individuali, di investimento o di pagamento;

o) "asta pubblica": metodo di vendita in cui beni o servizi sono offerti dal professionista ai consumatori che partecipano o cui è data la possibilità di partecipare all'asta di persona, mediante una trasparente procedura competitiva di offerte gestita da una casa d'aste e in cui l'aggiudicatario è vincolato all'acquisto dei beni o servizi;

p) "garanzia": qualsiasi impegno di un professionista o di un produttore (il "garante"), assunto nei confronti del consumatore, in aggiunta agli obblighi di legge in merito alla garanzia di conformità, di rimborsare il prezzo pagato, sostituire, riparare, o intervenire altrimenti sul bene, qualora esso non corrisponda alle caratteristiche, o a qualsiasi altro requisito non relativo alla conformità, enunciati nella dichiarazione di garanzia o nella relativa pubblicità disponibile al momento o prima della conclusione del contratto;

q) "contratto accessorio": un contratto mediante il quale il consumatore acquista beni o servizi connessi a un contratto a distanza o negoziato fuori dei locali commerciali e in cui tali beni o servizi sono forniti dal professionista o da un terzo in base ad un accordo tra il terzo e il professionista.

46. ***Ambito di applicazione.*** — 1. Le disposizioni delle Sezioni da I a IV del presente Capo si applicano, a qualsiasi contratto concluso tra un professionista e un consumatore, inclusi i contratti per la fornitura di acqua, gas, elettricità o teleriscaldamento, anche da parte di prestatori pubblici, nella misura in cui detti prodotti di base sono forniti su base contrattuale.

2. In caso di conflitto tra le disposizioni delle Sezioni da I a IV del presente Capo e una disposizione di un atto dell'Unione europea che disciplina settori specifici, quest'ultima e le relative norme nazionali di recepimento prevalgono e si applicano a tali settori specifici.

3. Le disposizioni delle Sezioni da I a IV del presente Capo non impediscono ai professionisti di offrire ai consumatori condizioni contrattuali più favorevoli rispetto alla tutela prevista da tali disposizioni.

47. ***Esclusioni.*** — 1. Le disposizioni delle Sezioni da I a IV del presente Capo non si applicano ai contratti:

a) per i servizi sociali, compresi gli alloggi popolari, l'assistenza all'infanzia e il sostegno alle famiglie e alle persone temporaneamente o permanentemente in stato di bisogno, ivi compresa l'assistenza a lungo termine;

b) di assistenza sanitaria, per i servizi prestati da professionisti sanitari a pazienti, al fine di valutare, mantenere o ristabilire il loro stato di salute, ivi compresa la prescrizione, la somministrazione e la fornitura di medicinali e dispositivi medici, sia essa fornita o meno attraverso le strutture di assistenza sanitaria;

c) di attività di azzardo che implicano una posta di valore pecuniario in giochi di fortuna, comprese le lotterie, i giochi d'azzardo nei casinò e le scommesse;

d) di servizi finanziari;

e) aventi ad oggetto la creazione di beni immobili o la costituzione o il trasferimento di diritti su beni immobili;

f) per la costruzione di nuovi edifici, la trasformazione sostanziale di edifici esistenti e per la locazione di alloggi a scopo residenziale;

g) che rientrano nell'ambito di applicazione della disciplina concernente i contratti del turismo organizzato, di cui al Capo I del Titolo VI dell'Allegato 1 al decreto legislativo 23 maggio 2011, n. 79;[1]

h) che rientrano nell'ambito di applicazione della disciplina concernente la tutela dei consumatori per quanto riguarda taluni aspetti dei contratti di multiproprietà, dei contratti relativi ai prodotti per le vacanze di lungo termine e dei contratti di rivendita e di scambio, di cui agli articoli da 69 a 81-*bis* del presente Codice;

i) stipulati con l'intervento di un pubblico ufficiale, tenuto per legge all'indipendenza e all'imparzialità, il quale deve garantire, fornendo un'informazione giuridica completa, che il consumatore concluda il contratto soltanto sulla base di una decisione giuridica ponderata e con conoscenza della sua rilevanza giuridica;

l) di fornitura di alimenti, bevande o altri beni destinati al consumo corrente nella famiglia e fisicamente forniti da un professionista in giri frequenti e regolari al domicilio, alla residenza o al posto di lavoro del consumatore;

m) di servizi di trasporto passeggeri, fatti salvi l'articolo 51, comma 2, e gli articoli 62 e 65;

n) conclusi tramite distributori automatici o locali commerciali automatizzati;

o) conclusi con operatori delle telecomunicazioni impiegando telefoni pubblici a pagamento per il loro utilizzo o conclusi per l'utilizzo di un solo collegamento tramite telefono, Internet o fax, stabilito dal consumatore.

2. Le disposizioni delle Sezioni da I a IV del presente Capo non si applicano ai contratti negoziati fuori dei locali commerciali in base ai quali il corrispettivo che il consumatore deve pagare non è superiore a 50 euro. Tuttavia, si applicano le disposizioni del presente Capo nel caso di più contratti stipulati contestualmente tra le medesime parti, qualora l'entità del corrispettivo globale che il con-

sumatore deve pagare, indipendentemente dall'importo dei singoli contratti, superi l'importo di 50 euro.

[1] Lettera così sost. dall'art. 2, D.lgs. 21 mag. 2018, n. 62.

SEZIONE I
Informazioni precontrattuali per i consumatori nei contratti diversi dai contratti a distanza o negoziati fuori dei locali commerciali

48. ***Obblighi d'informazione nei contratti diversi dai contratti a distanza o negoziati fuori dei locali commerciali.*** — 1. Prima che il consumatore sia vincolato da un contratto diverso da un contratto a distanza o negoziato fuori dei locali commerciali o da una corrispondente offerta, il professionista fornisce al consumatore le seguenti informazioni in modo chiaro e comprensibile, qualora esse non siano già apparenti dal contesto:

a) le caratteristiche principali dei beni o servizi, nella misura adeguata al supporto e ai beni o servizi;

b) l'identità del professionista, l'indirizzo geografico in cui è stabilito e il numero di telefono e, ove questa informazione sia pertinente, l'indirizzo geografico e l'identità del professionista per conto del quale egli agisce;

c) il prezzo totale dei beni o servizi comprensivo delle imposte o, se la natura dei beni o dei servizi comporta l'impossibilità di calcolare ragionevolmente il prezzo in anticipo, le modalità di calcolo del prezzo e, se applicabili, tutte le spese aggiuntive di spedizione, consegna o postali oppure, qualora tali spese non possano ragionevolmente essere calcolate in anticipo, l'indicazione che tali spese potranno essere addebitate al consumatore;

d) se applicabili, le modalità di pagamento, consegna ed esecuzione, la data entro la quale il professionista si impegna a consegnare i beni o a prestare il servizio e il trattamento dei reclami da parte del professionista;

e) oltre a un richiamo dell'esistenza della garanzia legale di conformità per i beni, l'esistenza e le condizioni del servizio postvendita e delle garanzie commerciali, se applicabili;

f) la durata del contratto, se applicabile, o, se il contratto è a tempo indeterminato o è un contratto a rinnovo automatico, le condizioni di risoluzione del contratto;

g) se applicabile, la funzionalità del contenuto digitale, comprese le misure applicabili di protezione tecnica;

h) qualsiasi interoperabilità pertinente del contenuto digitale con l'hardware e il software, di cui il professionista sia a conoscenza o di cui ci si può ragionevolmente attendere che sia venuto a conoscenza, se applicabili.

2. Gli obblighi di informazione precontrattuali, di cui al comma 1, si applicano anche ai contratti per la fornitura di acqua, gas o elettricità, quando non sono messi in vendita in un volume limitato o in quantità determinata, di teleriscaldamento o di contenuto digitale non fornito su un supporto materiale.

3. Gli obblighi di informazione precontrattuali, di cui al comma 1, non si applicano ai contratti che implicano transazioni quotidiane e che sono eseguiti immediatamente al momento della loro conclusione.

4. È fatta salva la possibilità di prevedere o mantenere obblighi aggiuntivi di informazione precontrattuale per i contratti ai quali si applica il presente articolo.

5. Sono fatte salve le disposizioni di cui agli articoli da 6 a 12 del presente Codice.

SEZIONE II
Informazioni precontrattuali per il consumatore e diritto di recesso nei contratti a distanza e nei contratti negoziati fuori dei locali commerciali

49. ***Obblighi di informazione nei contratti a distanza e nei contratti negoziati fuori dei locali commerciali.*** — 1. Prima che il consumatore sia vincolato da un contratto a distanza o negoziato fuori dei locali commerciali o da una corrispondente offerta, il professionista fornisce al consumatore le informazioni seguenti, in maniera chiara e comprensibile:

a) le caratteristiche principali dei beni o servizi, nella misura adeguata al supporto e ai beni o servizi;

b) l'identità del professionista;

c) l'indirizzo geografico dove il professionista è stabilito e il suo numero di telefono, di fax e l'indirizzo elettronico, ove disponibili, per consentire al consumatore di contattare rapidamente il professionista e comunicare efficacemente con lui e, se applicabili, l'indirizzo geografico e l'identità del professionista per conto del quale agisce;

d) se diverso dall'indirizzo fornito in conformità della lettera *c*), l'indirizzo geografico della sede del professionista a cui il consumatore può indirizzare eventuali reclami e, se applicabile, quello del professionista per conto del quale agisce;

e) il prezzo totale dei beni o dei servizi comprensivo delle imposte o, se la natura dei beni o servizi comporta l'impossibilità di calcolare ragionevolmente il prezzo in anticipo, le modalità di calcolo del prezzo e, se del caso, tutte le spese aggiuntive di spedizione, consegna o postali e ogni altro costo oppure, qualora tali spese non possano ragionevolmente essere calcolate in anticipo, l'indicazione che tali spese potranno essere addebitate al consumatore; nel caso di un contratto a tempo indeterminato o di un contratto comprendente un abbonamento, il prezzo totale include i costi totali per periodo di fatturazione; quando tali contratti prevedono l'addebitamento di una tariffa fissa, il prezzo totale equivale anche ai costi mensili totali; se i costi totali non possono essere ragionevolmente calcolati in anticipo, devono essere fornite le modalità di calcolo del prezzo;

f) il costo dell'utilizzo del mezzo di comunicazione a distanza per la conclusione del contratto quando tale costo è calcolato su una base diversa dalla tariffa di base;

g) le modalità di pagamento, consegna ed esecuzione, la data entro la quale il professionista si impegna a consegnare i beni o a prestare i servizi e, se del caso, il trattamento dei reclami da parte del professionista;

h) in caso di sussistenza di un diritto di recesso, le condizioni, i termini e le procedure per esercitare tale diritto conformemente all'articolo 54, comma 1, nonché il modulo tipo di recesso di cui all'allegato I, parte B;

i) se applicabile, l'informazione che il consumatore dovrà sostenere il costo della restituzione dei beni in caso di recesso e in caso di contratti a distanza qualora i beni per loro natura non possano essere normalmente restituiti a mezzo posta;

l) che, se il consumatore esercita il diritto di recesso dopo aver presentato una richiesta ai sensi dell'articolo 50, comma 3, o dell'articolo 51, comma 8, egli è responsabile del pagamento al professionista di costi ragionevoli, ai sensi dell'articolo 57, comma 3;

m) se non è previsto un diritto di recesso ai sensi dell'articolo 59, l'informazione che il consumatore non beneficerà di un diritto di recesso o, se del caso, le circostanze in cui il consumatore perde il diritto di recesso;

n) un promemoria dell'esistenza della garanzia legale di conformità per i beni;

o) se applicabili, l'esistenza e le condizioni dell'assistenza postvendita al consumatore, dei servizi postvendita e delle garanzie commerciali;

p) l'esistenza di codici di condotta pertinenti, come definiti all'articolo 18, comma 1, lettera *f*), del presente Codice, e come possa esserne ottenuta copia, se del caso;

q) la durata del contratto, se applicabile, o, se il contratto è a tempo indeterminato o è un contratto a rinnovo automatico, le condizioni per recedere dal contratto;

r) se applicabile, la durata minima degli obblighi del consumatore a norma del contratto;

s) se applicabili, l'esistenza e le condizioni di depositi o altre garanzie finanziarie che il consumatore è tenuto a pagare o fornire su richiesta del professionista;

t) se applicabile, la funzionalità del contenuto digitale, comprese le misure applicabili di protezione tecnica;

u) qualsiasi interoperabilità pertinente del contenuto digitale con l'hardware e il software, di cui il professionista sia a conoscenza o di cui ci si può ragionevolmente attendere che sia venuto a conoscenza, se applicabile;

v) se applicabile, la possibilità di servirsi di un meccanismo extra-giudiziale di reclamo e ricorso cui il professionista è soggetto e le condizioni per avervi accesso.

2. Gli obblighi di informazione precontrattuali, di cui al comma 1, si applicano anche ai contratti per la fornitura di acqua, gas o elettricità, quando non sono messi in vendita in un volume limitato o in quantità determinata, di teleriscaldamento o di contenuto digitale non fornito su un supporto materiale.

3. Nel caso di un'asta pubblica, le informazioni di cui al comma 1, lettere *b*), *c*) e *d*), possono essere sostituite dai corrispondenti dati della casa d'aste.

4. Le informazioni di cui al comma 1, lettere *h*), *i*) e *l*), possono essere fornite mediante le istruzioni tipo sul recesso di cui all'allegato I, parte A. Il professionista ha adempiuto agli obblighi di informazione di cui al comma 1, lettere *h*), *i*) e *l*), se ha presentato dette istruzioni al consumatore, debitamente compilate.

5. Le informazioni di cui al comma 1 formano parte integrante del contratto a distanza o del contratto negoziato fuori dei locali commerciali e non possono essere modificate se non con accordo espresso delle parti.

6. Se il professionista non adempie agli obblighi di informazione sulle spese aggiuntive o gli altri costi di cui al comma 1, lettera *e*), o sui costi della restituzione dei beni di cui al comma 1, lettera *i*), il consumatore non deve sostenere tali spese o costi aggiuntivi.

7. Nel caso di utilizzazione di tecniche che consentono una comunicazione individuale, le informazioni di cui al comma 1 sono fornite, ove il consumatore lo richieda, in lingua italiana.

8. Gli obblighi di informazione stabiliti nella presente sezione si aggiungono agli obblighi di informazione contenuti nel decreto legislativo 26 marzo 2010, n. 59, e successive modificazioni, e nel decreto legislativo 9 aprile 2003, n. 70, e successive modificazioni, e non ostano ad obblighi di informazione aggiuntivi previsti in conformità a tali disposizioni.

9. Fatto salvo quanto previsto dal comma 8, in caso di conflitto tra una disposizione del decreto legislativo 26 marzo 2010, n. 59, e successive modificazioni, e del decreto legislativo 9 aprile 2003, n. 70, e successive modificazioni, sul contenuto e le modalità di rilascio delle informazioni e una disposizione della presente sezione, prevale quest'ultima.

10. L'onere della prova relativo all'adempimento degli obblighi di informazione di cui alla presente sezione incombe sul professionista.

50. ***Requisiti formali per i contratti negoziati fuori dei locali commerciali.*** — 1. Per quanto riguarda i contratti negoziati fuori dei locali commerciali il professionista fornisce al consumatore le informazioni di cui all'articolo 49, comma 1, su supporto cartaceo o, se il consumatore è d'accordo, su un altro mezzo durevole. Dette informazioni devono essere leggibili e presentate in un linguaggio semplice e comprensibile.

2. Il professionista fornisce al consumatore una copia del contratto firmato o la conferma del contratto su supporto cartaceo o, se il consumatore è d'accordo, su un altro mezzo durevole, compresa, se del caso, la conferma del previo consenso espresso e dell'accettazione del consumatore in conformità all'articolo 59, comma 1, lettera *o*).

3. Se un consumatore vuole che la prestazione dei servizi ovvero la fornitura di acqua, gas o elettricità, quando non sono messi in vendita in un volume limitato o in quantità determinata, o di teleriscaldamento inizi durante il periodo di recesso previsto all'articolo 52, comma 2, il professionista esige che il consumatore ne faccia esplicita richiesta su un supporto durevole.

4. Per i contratti negoziati fuori dei locali commerciali in cui il consumatore ha chiesto espressamente i servizi del professionista ai fini dell'effettuazione di lavori di riparazione o manutenzione e in virtù dei quali il professionista e il consumatore adempiono immediatamente ai propri obblighi contrattuali e l'importo a carico del consumatore non supera i 200 euro:

a) il professionista fornisce al consumatore, prima che questi sia vincolato dal contratto, le informazioni di cui all'articolo 49, comma 1, lettere *b*) e *c*), e le informazioni concernenti il prezzo o le modalità di calcolo del prezzo, accompagnate da una stima del prezzo totale, su supporto cartaceo o, se il consumatore è d'accordo, su un altro mezzo durevole. Il professionista fornisce le informazioni di cui all'articolo 49, comma 1, lettere *a*), *h*) ed *m*), ma può scegliere di non fornirle su formato cartaceo o su un altro mezzo durevole se il consumatore ha espressamente acconsentito;

b) la conferma del contratto fornita conformemente al comma 2 del presente articolo contiene tutte le informazioni di cui all'articolo 49, comma 1.

51. ***Requisiti formali per i contratti a distanza.*** — 1. Per quanto riguarda i contratti a distanza il professionista fornisce o mette a disposizione del consumatore le informazioni di cui all'articolo 49, comma 1, in modo appropriato al mezzo di comunicazione a distanza impiegato in un linguaggio semplice e comprensibile. Nella misura in cui dette informazioni sono presentate su un supporto durevole, esse devono essere leggibili.

2. Se un contratto a distanza che deve essere concluso con mezzi elettronici impone al consumatore l'obbligo di pagare, il professionista gli comunica in modo chiaro ed evidente le informazioni di cui all'articolo 49, comma 1, lettere *a*), *e*), *q*) ed *r*), direttamente prima che il consumatore inoltri l'ordine. Il professionista garantisce che, al momento di inoltrare l'ordine, il consumatore riconosca espressamente che l'ordine implica l'obbligo di pagare. Se l'inoltro dell'ordine implica di azionare un pulsante o una funzione analoga, il pulsante o la funzione analoga riportano in modo facilmente leggibile soltanto le parole "ordine con obbligo di pagare" o una formulazione corrispondente inequivocabile indicante che l'inoltro dell'ordine implica l'obbligo di pagare il professionista. Se il professionista non osserva il presente comma, il consumatore non è vincolato dal contratto o dall'ordine.

3. I siti di commercio elettronico indicano in modo chiaro e leggibile, al più tardi all'inizio del processo di ordinazione, se si applicano restrizioni relative alla consegna e quali mezzi di pagamento sono accettati.

4. Se il contratto è concluso mediante un mezzo di comunicazione a distanza che consente uno spazio o un tempo limitato per visualizzare le informazioni, il professionista fornisce, su quel mezzo in particolare e prima della conclusione del contratto, almeno le informazioni precontrattuali riguardanti le caratteristiche principali dei beni o servizi, l'identità del professionista, il prezzo totale, il diritto di recesso, la durata del contratto e, nel caso di contratti a tempo indeterminato, le condizioni di risoluzione del contratto, conformemente all'articolo 49, comma 1, lettere *a*), *b*), *e*), *h*) e *q*). Le altre informazioni di cui all'articolo 49, comma 1, sono fornite dal professionista in un modo appropriato conformemente al comma 1 del presente articolo.

5. Fatto salvo il comma 4, se il professionista telefona al consumatore al fine di concludere un contratto a distanza, all'inizio della conversazione con il consumatore egli deve rivelare la sua identità e, ove applicabile, l'identità della persona per conto della quale effettua la telefonata, nonché lo scopo commerciale della chiamata e l'informativa di cui all'articolo 10 del decreto del Presidente della Repubblica 7 settembre 2010, n. 178.

6. Quando un contratto a distanza deve essere concluso per telefono, il professionista deve confermare l'offerta al consumatore, il quale è vincolato solo dopo aver firmato l'offerta o dopo averla accettata per iscritto; in tali casi il documento informatico può essere sottoscritto con firma elettronica ai sensi dell'articolo 21 del decreto legislativo 7 marzo 2005, n. 82, e successive modificazioni. Dette conferme possono essere effettuate, se il consumatore acconsente, anche su un supporto durevole.

7. Il professionista fornisce al consumatore la conferma del contratto concluso su un mezzo durevole, entro un termine ragionevole dopo la conclusione del contratto a distanza e al più tardi al momento della consegna dei beni oppure prima

che l'esecuzione del servizio abbia inizio. Tale conferma comprende:

a) tutte le informazioni di cui all'articolo 49, comma 1, a meno che il professionista non abbia già fornito l'informazione al consumatore su un mezzo durevole prima della conclusione del contratto a distanza; e

b) se del caso, la conferma del previo consenso espresso e dell'accettazione del consumatore conformemente all'articolo 59, lettera *o*).

8. Se un consumatore vuole che la prestazione di servizi ovvero la fornitura di acqua, gas o elettricità, quando non sono messi in vendita in un volume limitato o in quantità determinata, o di teleriscaldamento inizi durante il periodo di recesso previsto all'articolo 52, comma 2, il professionista esige che il consumatore ne faccia richiesta esplicita.

9. Il presente articolo lascia impregiudicate le disposizioni relative alla conclusione di contratti elettronici e all'inoltro di ordini per via elettronica conformemente agli articoli 12, commi 2 e 3, e 13 del decreto legislativo 9 aprile 2003, n. 70, e successive modificazioni.

52. ***Diritto di recesso.*** — 1. Fatte salve le eccezioni di cui all'articolo 59, il consumatore dispone di un periodo di quattordici giorni per recedere da un contratto a distanza o negoziato fuori dei locali commerciali senza dover fornire alcuna motivazione e senza dover sostenere costi diversi da quelli previsti all'articolo 56, comma 2, e all'articolo 57.

2. Fatto salvo l'articolo 53, il periodo di recesso di cui al comma 1 termina dopo quattordici giorni a partire:

a) nel caso dei contratti di servizi, dal giorno della conclusione del contratto;

b) nel caso di contratti di vendita, dal giorno in cui il consumatore o un terzo, diverso dal vettore e designato dal consumatore, acquisisce il possesso fisico dei beni o:

1) nel caso di beni multipli ordinati dal consumatore mediante un solo ordine e consegnati separatamente, dal giorno in cui il consumatore o un terzo, diverso dal vettore e designato dal consumatore, acquisisce il possesso fisico dell'ultimo bene;

2) nel caso di consegna di un bene costituito da lotti o pezzi multipli, dal giorno in cui il consumatore o un terzo, diverso dal vettore e designato dal consumatore, acquisisce il possesso fisico dell'ultimo lotto o pezzo;

3) nel caso di contratti per la consegna periodica di beni durante un determinato periodo di tempo, dal giorno in cui il consumatore o un terzo, diverso dal vettore e designato dal consumatore, acquisisce il possesso fisico del primo bene;

c) nel caso di contratti per la fornitura di acqua, gas o elettricità, quando non sono messi in vendita in un volume limitato o in quantità determinata, di teleriscaldamento o di contenuto digitale non fornito su un supporto materiale, dal giorno della conclusione del contratto.

3. Le parti del contratto possono adempiere ai loro obblighi contrattuali durante il periodo di recesso. Tuttavia, nel caso di contratti negoziati fuori dei locali commerciali, il professionista non può accettare, a titolo di corrispettivo, effetti cambiari che abbiano una scadenza inferiore a quindici giorni dalla conclusione del contratto per i contratti di servizi o dall'acquisizione del possesso fisico dei beni per i contratti di vendita e non può presentarli allo sconto prima di tale termine.

53. ***Non adempimento dell'obbligo d'informazione sul diritto di recesso.*** — 1. Se in violazione dell'articolo 49, comma 1, lettera *h*), il professionista non fornisce al consumatore le informazioni sul diritto di recesso, il periodo di recesso termina dodici mesi dopo la fine del periodo di recesso iniziale, come determinato a norma dell'articolo 52, comma 2.

2. Se il professionista fornisce al consumatore le informazioni di cui al comma 1 entro dodici mesi dalla data di cui all'articolo 52, comma 2, il periodo di recesso termina quattordici giorni dopo il giorno in cui il consumatore riceve le informazioni.

54. ***Esercizio del diritto di recesso.*** — 1. Prima della scadenza del periodo di recesso, il consumatore informa il professionista della sua decisione di esercitare il diritto di recesso dal contratto. A tal fine il consumatore può:

a) utilizzare il modulo tipo di recesso di cui all'allegato I, parte B; oppure

b) presentare una qualsiasi altra dichiarazione esplicita della sua decisione di recedere dal contratto.

2. Il consumatore ha esercitato il proprio diritto di recesso entro il periodo di recesso di cui all'articolo 52, comma 2, e all'articolo 53 se la comunicazione relativa all'esercizio del diritto di recesso è inviata dal consumatore prima della scadenza del periodo di recesso.

3. Il professionista, oltre alle possibilità di cui al comma 1, può offrire al consumatore l'opzione di compilare e inviare elettronicamente il modulo di recesso tipo riportato all'allegato I, parte B, o una qualsiasi altra dichiarazione esplicita sul sito web del professionista. In tali casi il professionista comunica senza indugio al consumatore una conferma di ricevimento, su un supporto durevole, del recesso esercitato.

4. L'onere della prova relativa all'esercizio del diritto di recesso conformemente al presente articolo incombe sul consumatore.

55. ***Effetti del recesso.*** — 1. L'esercizio del diritto di recesso pone termine agli obblighi delle parti:

a) di eseguire il contratto a distanza o negoziato fuori dei locali commerciali; oppure

b) di concludere un contratto a distanza o negoziato fuori dei locali commerciali nei casi in cui un'offerta sia stata fatta dal consumatore.

56. ***Obblighi del professionista nel caso di recesso.*** — 1. Il professionista rimborsa tutti i pagamenti ricevuti dal consumatore, eventualmente comprensivi delle spese di consegna, senza indebito ritardo e comunque entro quattordici giorni dal giorno in cui è informato della decisione del consumatore di recedere dal contratto ai sensi dell'articolo 54. Il professionista esegue il rimborso di cui al primo periodo utilizzando lo stesso mezzo di pagamento usato dal consumatore per la transazione iniziale, salvo che il consumatore abbia espressamente convenuto altrimenti e a condizione che questi non debba sostenere alcun costo quale conseguenza del rimborso. Nell'ipotesi in cui il pagamento sia stato effettuato per mezzo di effetti cambiari, qualora questi non siano stati ancora presentati all'incasso, deve procedersi alla loro restituzione. È nulla qualsiasi clausola che preveda limitazioni al rimborso nei confronti del consumatore delle somme versate in conseguenza dell'esercizio del diritto di recesso.

2. Fatto salvo il comma 1, il professionista non è tenuto a rimborsare i costi supplementari, qualora il consumatore abbia scelto espressamente un tipo di consegna diversa dal tipo meno costoso di consegna offerto dal professionista.

3. Salvo che il professionista abbia offerto di ritirare egli stesso i beni, con riguardo ai contratti di vendita, il professionista può trattenere il rimborso finché non abbia ricevuto i beni oppure finché il consumatore non abbia dimostrato di aver rispedito i beni, a seconda di quale situazione si verifichi per prima.

57. ***Obblighi del consumatore nel caso di recesso.*** — 1. A meno che il professionista abbia offerto di ritirare egli stesso i beni, il consumatore restituisce i beni o li consegna al professionista o a un terzo autorizzato dal professionista a ricevere i beni, senza indebito ritardo e in ogni caso entro quattordici giorni dalla data in cui ha comunicato al professionista la sua decisione di recedere dal contratto ai sensi dell'articolo 54. Il termine è rispettato se il consumatore rispedisce i beni prima della scadenza del periodo di quattordici giorni. Il consumatore sostiene solo il costo diretto della restituzione dei beni, purché il professionista non abbia concordato di sostenerlo o abbia omesso di informare il consumatore che tale costo è a carico del consumatore. Nel caso di contratti negoziati fuori dei locali commerciali in cui i beni sono stati consegnati al domicilio del consumatore al momento della conclusione del contratto, il professionista ritira i beni a sue spese qualora i beni, per loro natura, non possano essere normalmente restituiti a mezzo posta.

2. Il consumatore è responsabile unicamente della diminuzione del valore dei beni risultante da una manipolazione dei beni diversa da quella necessaria per stabilire la natura, le caratteristiche e il funzionamento dei beni. Il consumatore non è in alcun caso responsabile per la diminuzione del valore dei beni se il professionista ha omesso di informare il consumatore del suo diritto di recesso a norma dell'articolo 49, comma 1, lettera *h*).

3. Qualora un consumatore eserciti il diritto di recesso dopo aver presentato una richiesta in conformità dell'articolo 50, comma 3, o dell'articolo 51, comma 8, il consumatore versa al professionista un importo proporzionale a quanto è stato fornito fino al momento in cui il consumatore ha informato il professionista dell'esercizio del diritto di recesso, rispetto a tutte le prestazioni previste dal contratto. L'importo proporzionale che il consumatore deve pagare al professionista è calcolato sulla base del prezzo totale concordato nel contratto. Se detto prezzo totale è eccessivo, l'importo proporzionale è calcolato sulla base del valore di mercato di quanto è stato fornito.

4. Il consumatore non sostiene alcun costo per:

a) la prestazione di servizi o la fornitura di acqua, gas o elettricità, quando non sono messi in vendita in un volume limitato o in quantità determinata, o di teleriscaldamento, in tutto o in parte, durante il periodo di recesso quando:

1) il professionista ha omesso di fornire informazioni in conformità all'articolo 49, comma 1, lettere *h*) ed *l*); oppure

2) il consumatore non ha espressamente chiesto che la prestazione iniziasse durante il periodo di recesso in conformità all'articolo 50, comma 3, e dell'articolo 51, comma 8; oppure

b) la fornitura, in tutto o in parte, del contenuto digitale che non è fornito su un supporto materiale quando:

1) il consumatore non ha dato il suo previo consenso espresso circa l'inizio della prestazione prima della fine del periodo di quattordici giorni di cui all'articolo 52;

2) il consumatore non ha riconosciuto di perdere il diritto di recesso quando ha espresso il suo consenso; oppure

3) il professionista ha omesso di fornire la conferma conformemente all'articolo 50, comma 2, o all'articolo 51, comma 7.

5. Fatto salvo quanto previsto nell'articolo 56, comma 2, e nel presente articolo, l'esercizio del diritto di recesso non comporta alcuna responsabilità per il consumatore.

58. ***Effetti dell'esercizio del diritto di recesso sui contratti accessori.*** — 1. Fatto salvo quanto previsto dal decreto legislativo 13 agosto 2010, n. 141, e successive modificazioni, in materia di contratti di credito ai consumatori, se il consumatore esercita il suo diritto di recesso da un contratto a distanza o concluso fuori dei locali commerciali a norma degli articoli da 52 a 57, eventuali contratti accessori sono risolti di diritto, senza costi per il consumatore, ad eccezione di quelli previsti dall'articolo 56, comma 2, e dall'articolo 57.

59. ***Eccezioni al diritto di recesso.*** — 1. Il diritto di recesso di cui agli articoli da 52 a 58 per i contratti a distanza e i contratti negoziati fuori dei locali commerciali è escluso relativamente a:

a) i contratti di servizi dopo la completa prestazione del servizio se l'esecuzione è iniziata con l'accordo espresso del consumatore e con l'accettazione della perdita del diritto di recesso a seguito della piena esecuzione del contratto da parte del professionista;

b) la fornitura di beni o servizi il cui prezzo è legato a fluttuazioni nel mercato finanziario che il professionista non è in grado di controllare e che possono verificarsi durante il periodo di recesso;

c) la fornitura di beni confezionati su misura o chiaramente personalizzati;

d) la fornitura di beni che rischiano di deteriorarsi o scadere rapidamente;

e) la fornitura di beni sigillati che non si prestano ad essere restituiti per motivi igienici o connessi alla protezione della salute e sono stati aperti dopo la consegna;

f) la fornitura di beni che, dopo la consegna, risultano, per loro natura, inscindibilmente mescolati con altri beni;

g) la fornitura di bevande alcoliche, il cui prezzo sia stato concordato al momento della conclusione del contratto di vendita, la cui consegna possa avvenire solo dopo trenta giorni e il cui valore effettivo dipenda da fluttuazioni sul mercato che non possono essere controllate dal professionista;

h) i contratti in cui il consumatore ha specificamente richiesto una visita da parte del professionista ai fini dell'effettuazione di lavori urgenti di riparazione o manutenzione. Se, in occasione di tale visita, il professionista fornisce servizi oltre a quelli specificamente richiesti dal consumatore o beni diversi dai pezzi di ricambio necessari per effettuare la manutenzione o le riparazioni, il diritto di recesso si applica a tali servizi o beni supplementari;

i) la fornitura di registrazioni audio o video sigillate o di software informatici sigillati che sono stati aperti dopo la consegna;

l) la fornitura di giornali, periodici e riviste ad eccezione dei contratti di abbonamento per la fornitura di tali pubblicazioni;

m) i contratti conclusi in occasione di un'asta pubblica;

n) la fornitura di alloggi per fini non residenziali, il trasporto di beni, i servizi di noleggio di autovetture, i servizi di catering o i servizi riguardanti le attività del tempo libero qualora il contratto preveda una data o un periodo di esecuzione specifici;

o) la fornitura di contenuto digitale mediante un supporto non materiale se l'esecuzione è iniziata con l'accordo espresso del consumatore e con la sua accettazione del fatto che in tal caso avrebbe perso il diritto di recesso.

SEZIONE III
Altri diritti del consumatore

60. ***Ambito di applicazione.*** — 1. Gli articoli 61 e 63 si applicano ai contratti di vendita. Detti articoli non si applicano ai contratti per la fornitura di acqua, gas o elettricità, quando non sono messi in vendita in un volume limitato o in quantità determinata, di teleriscaldamento o di contenuto digitale non fornito su un supporto materiale.

2. Gli articoli 62, 64 e 65 si applicano ai contratti di vendita, ai contratti di servizio e ai contratti di fornitura di acqua, gas, elettricità, teleriscaldamento o contenuto digitale.

61. ***Consegna.*** — 1. Salva diversa pattuizione delle parti del contratto di vendita, il professionista è obbligato a consegnare i beni al consumatore senza ritardo ingiustificato e al più tardi entro trenta giorni dalla data di conclusione del contratto.

2. L'obbligazione di consegna è adempiuta mediante il trasferimento della disponibilità materiale o comunque del controllo dei beni al consumatore.

3. Se il professionista non adempie all'obbligo di consegna dei beni entro il termine pattuito ovvero entro il termine di cui al comma 1, il consumatore lo invita ad effettuare la consegna entro un termine supplementare appropriato alle circostanze. Se il termine supplementare così concesso scade senza che i beni gli siano stati consegnati, il consumatore è legittimato a risolvere il contratto, salvo il diritto al risarcimento dei danni.

4. Il consumatore non è gravato dall'onere di concedere al professionista il termine supplementare di cui al comma 3 se:

a) il professionista si è espressamente rifiutato di consegnare i beni, ovvero;

b) se il rispetto del termine pattuito dalle parti per la consegna del bene deve considerarsi essenziale, tenuto conto di tutte le circostanze che hanno accompagnato la conclusione del contratto, ovvero;

c) se il consumatore ha informato il professionista, prima della conclusione del contratto, che la consegna entro o ad una data determinata è essenziale.

5. Nei casi previsti dal comma 4, se non riceve in consegna il bene entro il termine pattuito con il professionista ovvero entro il termine di cui al comma 1, il consumatore è legittimato a risolvere immediatamente il contratto, salvo il diritto al risarcimento dei danni.

6. Nel caso di risoluzione posta in essere dal consumatore a norma dei commi 3 e 5, il professionista è tenuto a rimborsargli senza indebito ritardo tutte le somme versate in esecuzione del contratto.

7. È fatta salva la possibilità per il consumatore di far valere i diritti di cui al Capo XIV del Titolo II del Libro IV del codice civile.

62. ***Tariffe per l'utilizzo di mezzi di pagamento.*** — 1. Ai sensi dell'articolo 3, comma 4, del decreto legislativo 27 gennaio 2010, n. 11, i professionisti non possono imporre ai consumatori, in relazione all'uso di determinati strumenti di pagamento, spese per l'uso di detti strumenti, ovvero nei casi espressamente stabiliti, tariffe che superino quelle sostenute dal professionista.

2. L'istituto di emissione della carta di pagamento riaccredita al consumatore i pagamenti in caso di addebitamento eccedente rispetto al prezzo pattuito ovvero in caso di uso fraudolento della propria carta di pagamento da parte del professionista o di un terzo. L'istituto di emissione della carta di pagamento ha diritto di addebitare al professionista le somme riaccreditate al consumatore.

63. ***Passaggio del rischio.*** — 1. Nei contratti che pongono a carico del professionista l'obbligo di provvedere alla spedizione dei beni il rischio della perdita o del danneggiamento dei beni, per causa non imputabile al venditore, si trasferisce al consumatore soltanto nel momento in cui quest'ultimo, o un terzo da lui designato e diverso dal vettore, entra materialmente in possesso dei beni.

2. Tuttavia, il rischio si trasferisce al consumatore già nel momento della consegna del bene al vettore qualora quest'ultimo sia stato scelto dal consumatore e tale scelta non sia stata proposta dal professionista, fatti salvi i diritti del consumatore nei confronti del vettore.

64. ***Comunicazione telefonica.*** — 1. Qualora il professionista utilizza una linea telefonica allo scopo di essere contattato dal consumatore per telefono in merito al contratto concluso, il consumatore non è tenuto a pagare più della tariffa di base quando contatta il professionista, fermo restando il diritto dei fornitori dei servizi di comunicazione elettronica di applicare una tariffa per dette telefonate.

65. ***Pagamenti supplementari.*** — 1. Prima che il consumatore sia vincolato dal contratto o dall'offerta, il professionista chiede il consenso espresso del consumatore per qualsiasi pagamento supplementare oltre alla remunerazione concordata per l'obbligo contrattuale principale del professionista. Se il professionista non ottiene il consenso espresso del consumatore ma l'ha dedotto utilizzando opzioni prestabilite che il consumatore deve rifiutare per evitare il pagamento supplementare, il consumatore ha diritto al rimborso di tale pagamento.

SEZIONE IV
Disposizioni generali

66. ***Tutela amministrativa e giurisdizionale.*** — 1. Al fine di garantire il rispetto delle disposizioni contenute nelle Sezioni da I a IV del presente capo nonché dell'articolo 141-*sexies*, commi 1, 2 e 3 da parte degli operatori, trovano applicazione le disposizioni di cui agli articoli 27, 139, 140, 140-*bis*, 141 e 144 del presente codice.[1]

2. L'Autorità Garante della Concorrenza e del Mercato, d'ufficio o su istanza di ogni soggetto o organizzazione che ne abbia interesse, accerta le violazioni delle norme di cui alle Sezioni da I a IV del presente capo, ne inibisce la continuazione e ne elimina gli effetti.

3. In materia di accertamento e sanzione delle violazioni, si applica l'articolo 27, commi da 2 a 15, del presente codice.

4. L'Autorità Garante della Concorrenza e del Mercato svolge le funzioni di autorità competente ai sensi dell'articolo 3, numero 6), del regolamento (UE) 2017/2394 del Parlamento europeo e del Consiglio, del 12 dicembre 2017, nelle materie di cui alle sezioni da I a IV del presente capo.[2]

5. È comunque fatta salva la giurisdizione del giudice ordinario. È altresì fatta salva la possibilità di promuovere la risoluzione extragiudiziale delle controversie inerenti al rapporto di consumo, nelle materie di cui alle sezioni da I a IV del presente capo, mediante il ricorso alle procedure di cui alla parte V, titolo II-*bis*, del presente codice.[3]

[1] Comma così modif. dall'art. 1, c. 6, D.lgs. 6 ago. 2015, n. 130.

[2] Comma così modif. dall'art. 37, c. 1, L. 23 dic. 2021, n. 238.

[3] Comma così sost. dall'art. 1, c. 7, D.lgs. 6 ago. 2015, n. 130.

66-*bis*. ***Foro competente.*** — 1. Per le controversie civili inerenti all'applicazione delle Sezioni da I a IV del presente capo la competenza territoriale inderogabile è del giudice del luogo di residenza o di domicilio del consumatore, se ubicati nel territorio dello Stato.

66-*ter*. ***Carattere imperativo.*** — 1. Se il diritto applicabile al contratto è quello di uno Stato membro dell'Unione europea, i consumatori residenti in Italia non possono rinunciare ai diritti conferiti loro dalle disposizioni delle Sezioni da I a IV del presente Capo.

2. Eventuali clausole contrattuali che escludano o limitino, direttamente o indirettamente, i diritti derivanti dalle disposizioni delle Sezioni da I a IV del presente Capo, non vincolano il consumatore.

66-*quater*. ***Informazione e ricorso extragiudiziale.*** — 1. Le comunicazioni e i documenti relativi ai contratti negoziati fuori dai locali commerciali e ai contratti a distanza, ivi compresi i moduli, i formulari, le note d'ordine, la pubblicità o le comunicazioni sui siti Internet, devono contenere un riferimento al presente capo.

2. L'operatore può adottare appositi codici di condotta, secondo le modalità di cui all'articolo 27-*bis*.

3. Per la risoluzione delle controversie sorte dall'esatta applicazione dei contratti disciplinati dalle disposizioni delle sezioni da I a IV del presente ca-

po è possibile ricorrere alle procedure di risoluzione extragiudiziale delle controversie, di cui alla parte V, titolo II-*bis*, del presente codice.[1]

[1] Comma così sost. dall'art. 1, c. 7, D.lgs. 6 ago. 2015, n. 130.

66-*quinquies*. *Fornitura non richiesta.* — 1. Il consumatore è esonerato dall'obbligo di fornire qualsiasi prestazione corrispettiva in caso di fornitura non richiesta di beni, acqua, gas, elettricità, teleriscaldamento o contenuto digitale o di prestazione non richiesta di servizi, vietate dall'articolo 20, comma 5, e dall'articolo 26, comma 1, lettera *f*), del presente codice. In tali casi, l'assenza di una risposta da parte del consumatore in seguito a tale fornitura non richiesta non costituisce consenso.

2. Salvo consenso del consumatore, da esprimersi prima o al momento della conclusione del contratto, il professionista non può adempiere eseguendo una fornitura diversa da quella pattuita, anche se di valore e qualità equivalenti o superiori.

67. *Tutela in base ad altre disposizioni.* — 1. Le disposizioni delle sezioni da I a IV del presente capo non escludono né limitano i diritti che sono attribuiti al consumatore da altre norme dell'ordinamento giuridico di fonte comunitaria o adottate in conformità a norme comunitarie.

2. Per quanto non previsto dalle sezioni da I a IV del presente capo, si applicano le disposizioni del codice civile in tema di validità, formazione o efficacia dei contratti.

3. Ai contratti di cui alla sezione III del presente capo si applicano altresì le disposizioni di cui agli articoli 18, 19 e 20 del decreto legislativo 31 marzo 1998, n. 114, e successive modificazioni, recante riforma della disciplina relativa al settore del commercio, a norma dell'articolo 4, comma 4, della legge 15 marzo 1997, n. 59.

SEZIONE IV-*bis*
Commercializzazione a distanza di servizi finanziari ai consumatori[1]

[1] La sezione IV-*bis* è stata inserita dall'art. 9 D.lgs. 23 ott. 2007, n. 221.

67-*bis*. *Oggetto e campo di applicazione.* — 1. Le disposizioni della presente sezione si applicano alla commercializzazione a distanza di servizi finanziari ai consumatori, anche quando una delle fasi della commercializzazione comporta la partecipazione, indipendentemente dalla sua natura giuridica, di un soggetto diverso dal fornitore.

2. Per i contratti riguardanti servizi finanziari costituiti da un accordo iniziale di servizio seguito da operazioni successive o da una serie di operazioni distinte della stessa natura scaglionate nel tempo, le disposizioni della presente sezione si applicano esclusivamente all'accordo iniziale. Se non vi è accordo iniziale di servizio, ma le operazioni successive o distinte della stessa natura scaglionate nel tempo sono eseguite tra le stesse parti contrattuali, gli artt. 67-*quater*, 67-*quinquies*, 67-*sexies*, 67-*septies*, 67-*octies*, 67-*novies* e 67-*decies* si applicano solo quando è eseguita la prima operazione. Tuttavia, se nessuna operazione della stessa natura è eseguita entro un periodo di un anno, l'operazione successiva è considerata come la prima di una nuova serie di operazioni e, di conseguenza, si applicano le disposizioni degli artt. 67-*quater*, 67-*quinquies*, 67-*sexies*, 67-*septies*, 67-*octies*, 67-*novies* e 67-*decies*.

3. Ferme restando le disposizioni che stabiliscono regimi di autorizzazione per la commercializzazione dei servizi finanziari in Italia, sono fatte salve, ove non espressamente derogate, le disposizioni in materia bancaria, finanziaria, assicurativa, dei sistemi di pagamento e di previdenza individuale, nonché le competenze delle autorità indipendenti di settore.

67-*ter*. *Definizioni.* — 1. Ai fini della presente sezione si intende per:

a) contratto a distanza: qualunque contratto avente per oggetto servizi finanziari, concluso tra un fornitore e un consumatore ai sensi dell'art. 50, comma 1, lettera *a*);

b) servizio finanziario: qualsiasi servizio di natura bancaria, creditizia, di pagamento, di investimento, di assicurazione o di previdenza individuale;

c) fornitore: qualunque persona fisica o giuridica, soggetto pubblico o privato, che, nell'ambito delle proprie attività commerciali o professionali, è il fornitore contrattuale dei servizi finanziari oggetto di contratti a distanza;

d) consumatore: qualunque soggetto di cui all'art. 3, comma 1, lettera *a*) del presente codice;

e) tecnica di comunicazione a distanza: qualunque mezzo che, ai sensi dell'art. 50, comma 1, lettera *b*), del presente codice, possa impiegarsi per la commercializzazione a distanza di un servizio finanziario tra le parti;

f) supporto durevole: qualsiasi strumento che permetta al consumatore di memorizzare informazioni a lui personalmente dirette in modo che possano essere agevolmente recuperate durante un periodo di tempo adeguato ai fini cui sono destinate le informazioni stesse, e che consenta la riproduzione immutata delle informazioni memorizzate;

g) operatore o fornitore di tecnica di comunicazione a distanza: qualunque persona fisica o giuridica, pubblica o privata, la cui attività commerciale o professionale consista nel mettere a disposizione dei fornitori una o più tecniche di comunicazione a distanza;

h) reclamo del consumatore: una dichiarazione, sostenuta da validi elementi di prova, secondo cui un fornitore ha commesso o potrebbe commettere un'infrazione alla normativa sulla protezione degli interessi dei consumatori;

i) interessi collettivi dei consumatori: gli interessi di un numero di consumatori che sono stati o potrebbero essere danneggiati da un'infrazione.

67-*quater*. *Informazione del consumatore prima della conclusione del contratto a distanza.* — 1. Nella fase delle trattative e comunque prima che il consumatore sia vincolato da un contratto a distanza o da un'offerta, gli sono fornite le informazioni riguardanti:

a) il fornitore;

b) il servizio finanziario;

c) il contratto a distanza;

d) il ricorso.

2. Le informazioni di cui al comma 1, il cui fine commerciale deve risultare in maniera inequivocabile, sono fornite in modo chiaro e comprensibile con qualunque mezzo adeguato alla tecnica di comunicazione a distanza utilizzata, tenendo debitamente conto in particolare dei doveri di correttezza e buona fede nella fase precontrattuale e dei principi che disciplinano la protezione degli incapaci di agire e dei minori.

3. Le informazioni relative agli obblighi contrattuali, da comunicare al consumatore nella fase precontrattuale, devono essere conformi agli obblighi contrattuali imposti dalla legge applicabile al contratto a distanza anche qualora la tecnica di comunicazione impiegata sia quella elettronica.

4. Se il fornitore ha sede in uno Stato non appartenente all'Unione europea, le informazioni di cui al comma 3 devono essere conformi agli obblighi contrattuali imposti dalla legge italiana qualora il contratto sia concluso.

67-*quinquies*. *Informazioni relative al fornitore.* — 1. Le informazioni relative al fornitore riguardano:

a) l'identità del fornitore e la sua attività principale, l'indirizzo geografico al quale il fornitore è stabilito e qualsiasi altro indirizzo geografico rilevante nei rapporti tra consumatore e fornitore;

b) l'identità del rappresentante del fornitore stabilito nello Stato membro di residenza del consumatore e l'indirizzo geografico rilevante nei rapporti tra consumatore e rappresentante, quando tale rappresentante esista;[1]

c) se il consumatore ha relazioni commerciali con un professionista diverso dal fornitore, l'identità del professionista, la veste in cui agisce nei confronti del consumatore, nonché l'indirizzo geografico rilevante nei rapporti tra consumatore e professionista;

d) se il fornitore è iscritto in un registro commerciale o in un pubblico registro analogo, il registro di commercio in cui il fornitore è iscritto e il numero di registrazione o un elemento equivalente per identificarlo nel registro;

e) qualora l'attività del fornitore sia soggetta ad autorizzazione, gli estremi della competente autorità di controllo.

[1] Comma così modif. dall'art. 5, L. 15 dic. 2011, n. 217.

67-*sexies*. *Informazioni relative al servizio finanziario.* — 1. Le informazioni relative al servizio finanziario riguardano:

a) una descrizione delle principali caratteristiche del servizio finanziario;

b) il prezzo totale che il consumatore dovrà corrispondere al fornitore per il servizio finanziario, compresi tutti i relativi oneri, commissioni e spese e tutte le imposte versate tramite il fornitore o, se non è possibile indicare il prezzo esatto, la base di calcolo del prezzo, che consenta al consumatore di verificare quest'ultimo;

c) se del caso, un avviso indicante che il servizio finanziario è in rapporto con strumenti che implicano particolari rischi dovuti a loro specifiche caratteristiche o alle operazioni da effettuare, o il cui prezzo dipenda dalle fluttuazioni dei mercati finanziari su cui il fornitore non esercita alcuna influenza, e che i risultati ottenuti in passato non costituiscono elementi indicativi riguardo ai risultati futuri;

d) l'indicazione dell'eventuale esistenza di altre imposte e costi non versati tramite il fornitore o non fatturati da quest'ultimo;

e) qualsiasi limite del periodo durante il quale sono valide le informazioni fornite;

f) le modalità di pagamento e di esecuzione, nonché le caratteristiche essenziali delle condizioni di sicurezza delle operazioni di pagamento da effettuarsi nell'ambito dei contratti a distanza;

g) qualsiasi costo specifico aggiuntivo per il consumatore relativo all'utilizzazione della tecnica di comunicazione a distanza, se addebitato;

h) l'indicazione dell'esistenza di collegamenti o connessioni con altri servizi finanziari, con la illustrazione degli eventuali effetti complessivi derivanti dalla combinazione.

67-*septies*. *Informazioni relative al contratto a distanza.* — 1. Le informazioni relative al contratto a distanza riguardano:

a) l'esistenza o la mancanza del diritto di recesso conformemente all'art. 67-*duodecies* e, se tale diritto esiste, la durata e le modalità d'esercizio, comprese le informazioni relative all'importo che il consumatore può essere tenuto a versare ai sensi dell'art. 67-*terdecies*, comma 1, nonché alle conseguenze derivanti dal mancato esercizio di detto diritto;

b) la durata minima del contratto a distanza, in caso di prestazione permanente o periodica di servizi finanziari;

c) le informazioni relative agli eventuali diritti delle parti, secondo i termini del contratto a distanza, di mettere fine allo stesso prima della scadenza o unilateralmente, comprese le penali eventualmente stabilite dal contratto in tali casi;

d) le istruzioni pratiche per l'esercizio del diritto di recesso, comprendenti tra l'altro il mezzo, inclusa in ogni caso la lettera raccomandata con avviso di ricevimento, e l'indirizzo a cui deve essere inviata la comunicazione di recesso;

e) lo Stato membro o gli Stati membri sulla cui legislazione il fornitore si basa per instaurare rapporti con il consumatore prima della conclusione del contratto a distanza;

f) qualsiasi clausola contrattuale sulla legislazione applicabile al contratto a distanza e sul foro competente;

g) la lingua o le lingue in cui sono comunicate le condizioni contrattuali e le informazioni preliminari di cui al presente articolo, nonché la lingua o le lingue in cui il fornitore, con l'accordo del consumatore, si impegna a comunicare per la durata del contratto a distanza.

67-*octies*. *Informazioni relative al ricorso.* — 1. Le informazioni relative al ricorso riguardano:

a) l'esistenza o la mancanza di procedure extragiudiziali di reclamo e di ricorso accessibili al consumatore che è parte del contratto a distanza e, ove tali procedure esistono, le modalità che consentono al consumatore di avvalersene;

b) l'esistenza di fondi di garanzia o di altri dispositivi di indennizzo.

67-*novies*. *Comunicazioni mediante telefonia vocale.* — 1. In caso di comunicazioni mediante telefonia vocale:

a) l'identità del fornitore e il fine commerciale della chiamata avviata dal fornitore sono dichiarati in maniera inequivoca all'inizio di qualsiasi conversazione con il consumatore;

b) devono essere fornite, previo consenso del consumatore, solo le informazioni seguenti:

1) l'identità della persona in contatto con il consumatore e il suo rapporto con il fornitore;

2) una descrizione delle principali caratteristiche del servizio finanziario;

3) il prezzo totale che il consumatore dovrà corrispondere al fornitore per il servizio finanziario, comprese tutte le imposte versate tramite il fornitore o, se non è possibile indicare il prezzo esatto, la base di calcolo del prezzo, che consenta al consumatore di verificare quest'ultimo;

4) l'indicazione dell'eventuale esistenza di altre imposte e/o costi non versati tramite il fornitore o non fatturati da quest'ultimo;

5) l'esistenza o la mancanza del diritto di recesso conformemente all'art. 67-*duodecies* e, se tale diritto esiste, la durata e le modalità d'esercizio, comprese le informazioni relative all'importo che il consumatore può essere tenuto a versare ai sensi dell'art. 67-*terdecies*, comma 1.

2. Il fornitore comunica al consumatore che altre informazioni sono disponibili su richiesta e ne precisa la natura. Il fornitore comunica in ogni caso le informazioni complete quando adempie ai propri obblighi ai sensi dell'art. 67-*undecies*.

67-*decies*. *Requisiti aggiuntivi in materia di informazioni.* — 1. Oltre alle informazioni di cui agli artt. 67-*quater*, 67-*quinquies*, 67-*sexies*, 67-*septies* e 67-*octies* sono applicabili le disposizioni più rigorose previste dalla normativa di settore che disciplina l'offerta del servizio o del prodotto interessato.

2. Il Ministero dello sviluppo economico comunica alla Commissione europea le disposizioni nazionali sui requisiti di informazione preliminare che sono aggiuntive rispetto a quelle di cui all'art. 3, paragrafo 1, della direttiva 2002/ 65/CE.

3. Le autorità di vigilanza del settore bancario, assicurativo, finanziario e della previdenza complementare comunicano al Ministero dello sviluppo economico le disposizioni di cui al comma 2, per le materie di rispettiva competenza.

4. Le informazioni di cui al comma 2 sono messe a disposizione dei consumatori e dei fornitori, anche mediante l'utilizzo di sistemi telematici, a cura del Ministero dello sviluppo economico.

67-*undecies*. *Comunicazione delle condizioni contrattuali e delle informazioni preliminari.* — 1. Il fornitore comunica al consumatore tutte le condizioni contrattuali, nonché le informazioni di cui agli artt. 67-*quater*, 67-*quinquies*, 67-*sexies*, 67-*septies*, 67-*octies*, 67-*novies* e 67-*decies*, su supporto cartaceo o su un altro supporto durevole, disponibile e accessibile per il consumatore in tempo utile, prima che lo stesso sia vincolato da un contratto a distanza o da un'offerta.

2. Il fornitore ottempera all'obbligo di cui al comma 1 subito dopo la conclusione del contratto a distanza, se quest'ultimo è stato concluso su richiesta del consumatore utilizzando una tecnica di comunicazione a distanza che non consente di trasmettere le condizioni contrattuali né le informazioni ai sensi del comma 1.

3. In qualsiasi momento del rapporto contrattuale il consumatore, se lo richiede, ha il diritto di ricevere le condizioni contrattuali su supporto cartaceo. Inoltre lo stesso ha il diritto di cambiare la tecnica di comunicazione a distanza utilizzata, a meno che ciò non sia incompatibile con il contratto concluso o con la natura del servizio finanziario prestato.

67-*duodecies*. *Diritto di recesso.* — 1. Il consumatore dispone di un termine di quattordici giorni per recedere dal contratto senza penali e senza dover indicare il motivo.

2. Il predetto termine è esteso a trenta giorni per i contratti a distanza aventi per oggetto le assicurazioni sulla vita di cui al decreto legislativo 7 settembre 2005, n. 209, recante Codice delle assicurazioni private, e le operazioni aventi ad oggetto gli schemi pensionistici individuali.

3. Il termine durante il quale può essere esercitato il diritto di recesso decorre alternativamente:

a) dalla data della conclusione del contratto, tranne nel caso delle assicurazioni sulla vita, per le quali il termine comincia a decorrere dal momento in cui al consumatore è comunicato che il contratto è stato concluso;

b) dalla data in cui il consumatore riceve le condizioni contrattuali e le informazioni di cui all'art. 67-*undecies*, se tale data è successiva a quella di cui alla lettera *a*).

4. L'efficacia dei contratti relativi ai servizi di investimento è sospesa durante la decorrenza del termine previsto per l'esercizio del diritto di recesso.

5. Il diritto di recesso non si applica:

a) ai servizi finanziari, diversi dal servizio di gestione su base individuale di portafogli di investimento se gli investimenti non sono stati già avviati, il cui prezzo dipende da fluttuazioni del mercato finanziario che il fornitore non è in grado di controllare e che possono aver luogo durante il periodo di recesso, quali ad esempio i servizi riguardanti:

1) operazioni di cambio;

2) strumenti del mercato monetario;

3) valori mobiliari;

4) quote di un organismo di investimento collettivo;

5) contratti a termine fermo (futures) su strumenti finanziari, compresi gli strumenti equivalenti che si regolano in contanti;

6) contratti a termine su tassi di interesse (FRA);

7) contratti swaps su tassi d'interesse, su valute o contratti di scambio connessi ad azioni o a indici azionari (equity swaps);

8) opzioni per acquistare o vendere qualsiasi strumento previsto dalla presente lettera, compresi gli strumenti equivalenti che si regolano in contanti. Sono comprese in particolare in questa categoria le opzioni su valute e su tassi d'interesse;

b) alle polizze di assicurazione viaggio e bagagli o alle analoghe polizze assicurative a breve termine di durata inferiore a un mese;

c) ai contratti interamente eseguiti da entrambe le parti su esplicita richiesta scritta del consumatore prima che quest'ultimo eserciti il suo diritto di recesso;[1]

d) alle dichiarazioni dei consumatori rilasciate dinanzi ad un pubblico ufficiale a condizione che il pubblico ufficiale confermi che al consumatore sono garantiti i diritti di cui all'art. 67-*undecies*, comma 1.

6. Se esercita il diritto di recesso, il consumatore invia, prima dello scadere del termine e secondo le istruzioni che gli sono state date ai sensi dell'art. 67-*septies*, comma 1, lettera *d*), una comunicazione scritta al fornitore, mediante lettera raccomandata con avviso di ricevimento o altro mezzo indicato ai sensi dell'art. 67-*septies*, comma 1, lettera *d*).

7. Il presente articolo non si applica alla risoluzione dei contratti di credito disciplinata dagli artt. 67, comma 6, e 77.

8. Se ad un contratto a distanza relativo ad un determinato servizio finanziario è aggiunto un altro contratto a distanza riguardante servizi finanziari prestati da un fornitore o da un terzo sulla base di un accordo tra il terzo e il fornitore, questo contratto aggiuntivo è risolto, senza alcuna penale, qualora il consumatore eserciti il suo diritto di recesso secondo le modalità fissate dal presente articolo.

[1] Lettera così modif. dall'art. 5 della L. 15 dic. 2011, n. 217.

67-*terdecies*. *Pagamento del servizio fornito prima del recesso.* — 1. Il consumatore che esercita il diritto di recesso previsto dall'art. 67-*duodecies*, comma 1, è tenuto a pagare solo l'importo del servizio finanziario effettivamente prestato dal fornitore conformemente al contratto a distanza. L'esecuzione del contratto può iniziare solo previa richiesta del consumatore. Nei contratti di assicurazione l'impresa trattiene la frazione di premio relativa al periodo in cui il contratto ha avuto effetto.

2. L'importo di cui al comma 1 non può:

a) eccedere un importo proporzionale all'importanza del servizio già fornito in rapporto a tutte le prestazioni previste dal contratto a distanza;

b) essere di entità tale da poter costituire una penale.

3. Il fornitore non può esigere dal consumatore il pagamento di un importo in base al comma 1 se non è in grado di provare che il consumatore è stato debitamente informato dell'importo dovuto, in conformità all'art. 67-*septies*, comma l, lettera *a*). Egli non può tuttavia in alcun caso esigere tale pagamento se ha dato inizio all'esecuzione del contratto prima della scadenza del periodo di esercizio del diritto di recesso di cui all'art. 67-*duodecies*, comma 1, senza che vi fosse una preventiva richiesta del consumatore.

4. Il fornitore è tenuto a rimborsare al consumatore, entro e non oltre trenta giorni, tutti gli importi da questo versatigli in conformità del contratto a distanza, ad eccezione dell'importo di cui al comma 1. Il periodo decorre dal giorno in cui il fornitore riceve la comunicazione di recesso. L'impresa di assicurazione deve adempiere alle obbligazioni derivanti dal contratto, concernenti il periodo in cui il contratto medesimo ha avuto effetto.[1]

5. Il consumatore paga al fornitore il corrispettivo di cui al comma 1 e gli restituisce qualsiasi bene o importo che abbia ricevuto da quest'ultimo entro e non oltre trenta giorni dall'invio della comunicazione di recesso. Non sono ripetibili gli indennizzi e le somme eventualmente corrisposte dall'impresa agli assicurati e agli altri aventi diritto a prestazioni assicurative.[1]

6. Per i finanziamenti diretti principalmente a permettere di acquistare o mantenere diritti di proprietà su terreni o edifici esistenti o progettati, o di rinnovare o ristrutturare edifici, l'efficacia del recesso è subordinata alla restituzione di cui al comma 5.

[1] Commi così modif. dall'art. 5, L. 15 dic. 2011, n. 217.

67-*quaterdecies*. *Pagamento dei servizi finanziari offerti a distanza*. — 1. Il consumatore può effettuare il pagamento con carte di credito, debito o con altri strumenti di pagamento, ove ciò sia previsto tra le modalità di pagamento, che gli sono comunicate ai sensi dell'art. 67-*sexies*, comma 1, lettera *f*).

2. Fatta salva l'applicazione dell'art. 12 del D.L. 3 maggio 1991, n. 143, convertito, con modificazioni, dalla legge 5 luglio 1991, n. 197, l'ente che emette o fornisce lo strumento di pagamento riaccredita al consumatore i pagamenti non autorizzati o dei quali questi dimostri l'eccedenza rispetto al prezzo pattuito ovvero l'effettuazione mediante l'uso fraudolento della propria carta di pagamento da parte del fornitore o di un terzo. L'ente che emette o fornisce lo strumento di pagamento ha diritto di addebitare al fornitore le somme riaccreditate al consumatore.

3. Fermo restando quanto previsto dal decreto legislativo 7 marzo 2005, n. 82, e successive modifiche ed integrazioni, sul valore probatorio della firma elettronica e dei documenti elettronici, è in capo all'ente che emette o fornisce lo strumento di pagamento, l'onere di provare che la transazione di pagamento è stata autorizzata, accuratamente registrata e contabilizzata e che la medesima non è stata alterata da guasto tecnico o da altra carenza. L'uso dello strumento di pagamento non comporta necessariamente che il pagamento sia stato autorizzato.

4. Relativamente alle operazioni di pagamento da effettuarsi nell'ambito di contratti a distanza, il fornitore adotta condizioni di sicurezza conformi a quanto disposto ai sensi dell'art. 146 del testo unico delle leggi in materia bancaria e creditizia, di cui al decreto legislativo 1° settembre 1993, n. 385, avendo riguardo, in particolare, alle esigenze di integrità, di autenticità e di tracciabilità delle operazioni medesime.

67-*quinquiesdecies*. *Servizi non richiesti*. — 1. Il consumatore non è tenuto ad alcuna prestazione corrispettiva in caso di fornitura non richiesta. In ogni caso, l'assenza di risposta non implica consenso del consumatore.

2. Salve le sanzioni previste dall'art. 67-*septiesdecies*, ogni servizio non richiesto di cui al presente articolo costituisce pratica commerciale scorretta ai sensi degli artt. 21, 22, 23, 24, 25 e 26.

67-*sexiesdecies*. *Comunicazioni non richieste*. — 1. L'utilizzazione da parte di un fornitore delle seguenti tecniche di comunicazione a distanza richiede il previo consenso del consumatore:

a) sistemi di chiamata senza intervento di un operatore mediante dispositivo automatico;

b) telefax.

2. Le tecniche di comunicazione a distanza diverse da quelle indicate al comma 1, quando consentono una comunicazione individuale, non sono autorizzate se non è stato ottenuto il consenso del consumatore interessato.

3. Le misure di cui ai commi 1 e 2 non comportano costi per i consumatori.

3-*bis*. È fatta salva la disciplina prevista dall'articolo 130, comma 3-*bis*, del codice in materia di protezione dei dati personali, di cui al decreto legislativo 30 giugno 2003, n. 196, e successive modificazioni, per i trattamenti dei dati inclusi negli elenchi di abbonati a disposizione del pubblico.[1]

[1] Comma aggiunto dall'art. 6, c. 2, lett. *a bis*), D.L. 13 mag. 2011, n. 70, conv. in L. 12 lug. 2011, n. 106.

67-*septiesdecies*. *Sanzioni*. — 1. Salvo che il fatto costituisca reato, il fornitore che contravviene alle norme di cui alla presente sezione, ovvero che ostacola l'esercizio del diritto di recesso da parte del consumatore ovvero non rimborsa al consumatore le somme da questi eventualmente pagate, è punito con la sanzione amministrativa pecuniaria, per ciascuna violazione, da euro cinquemila a euro cinquantamila.

2. Nei casi di particolare gravità o di recidiva, nonché nell'ipotesi della violazione dell'art. 67-*noviesdecies*, comma 3, i limiti minimo e massimo della sanzione indicata al comma 1 sono raddoppiati.

3. Le autorità di vigilanza dei settori bancario, assicurativo, finanziario e della previdenza complementare, ciascuna nel proprio ambito di competenza, accertano le violazioni alle disposizioni di cui alla presente sezione e le relative sanzioni sono irrogate secondo le procedure rispettivamente applicabili in ciascun settore.

4. Il contratto è nullo, nel caso in cui il fornitore ostacola l'esercizio del diritto di recesso da parte del contraente ovvero non rimborsa le somme da questi eventualmente pagate, ovvero viola gli obblighi di informativa precontrattuale in modo da alterare in modo significativo la rappresentazione delle sue caratteristiche.

5. La nullità può essere fatta valere solo dal consumatore e obbliga le parti alla restituzione di quanto ricevuto. Nei contratti di assicurazione l'impresa è tenuta alla restituzione dei premi pagati e deve adempiere alle obbligazioni concernenti il periodo in cui il contratto ha avuto esecuzione. Non sono ripetibili gli indennizzi e le somme eventualmente corrisposte dall'impresa agli assicurati e agli altri aventi diritto a prestazioni assicurative. È fatto salvo il diritto del consumatore ad agire per il risarcimento dei danni.

6. Sono fatte salve le sanzioni previste nel decreto legislativo 30 giugno 2003, n. 196.

67-*octiesdecies*. *Irrinunciabilità dei diritti*. — 1. I diritti attribuiti al consumatore dalla presente sezione sono irrinunciabili. È nulla ogni pattuizione che abbia l'effetto di privare il consumatore della protezione assicurata dalle disposizioni della presente sezione. La nullità può essere fatta valere solo dal consumatore e può essere rilevata d'ufficio dal giudice.

2. Ove le parti abbiano scelto di applicare al contratto una legislazione diversa da quella italiana, al consumatore devono comunque essere riconosciute le condizioni di tutela previste dalla presente sezione.

67-*noviesdecies*. *Ricorso giurisdizionale o amministrativo.* — 1. Le associazioni dei consumatori iscritte all'elenco di cui all'art. 137, sono legittimate a proporre alle competenti autorità di vigilanza, nell'ambito delle rispettive attribuzioni, al fine di tutelare gli interessi collettivi dei consumatori, reclamo per l'accertamento di violazioni delle disposizioni della presente sezione.

2. Le associazioni dei consumatori iscritte all'elenco di cui all'art. 137, sono legittimate a proporre all'autorità giudiziaria l'azione inibitoria per far cessare le violazioni delle disposizioni della presente sezione nei confronti delle imprese o degli intermediari ai sensi dell'art. 140.

3. Le autorità di vigilanza nei settori bancario, assicurativo, finanziario e della previdenza complementare, nell'esercizio dei rispettivi poteri, anche al di fuori dell'ipotesi di cui al comma 1, ordinano ai soggetti vigilati la cessazione o vietano l'inizio di pratiche non conformi alle disposizioni della presente sezione.

4. Sono fatte salve, ove non espressamente derogate, le disposizioni in materia bancaria, finanziaria, assicurativa e dei sistemi di pagamento, ivi comprese le attribuzioni delle rispettive autorità di vigilanza di settore.

67-*vicies*. *Composizione extragiudiziale delle controversie.* — 1. Il Ministero dell'economia e delle finanze, il Ministero dello sviluppo economico ed il Ministero della giustizia, sentite le autorità di vigilanza di settore, possono promuovere, nell'ambito degli ordinari stanziamenti di bilancio, l'istituzione di adeguate ed efficaci procedure extragiudiziali di reclamo e di ricorso per la composizione di controversie riguardanti i consumatori, conformi ai principi previsti dall'ordinamento comunitario e da quello nazionale e che operano nell'ambito della rete europea relativa ai servizi finanziari (FIN NET).

2. Gli organi di composizione extragiudiziale delle controversie comunicano ai Ministeri di cui al comma 1 le decisioni significative che adottano sulla commercializzazione a distanza dei servizi finanziari.

67-*vicies semel*. *Onere della prova.* — 1. Sul fornitore grava l'onere della prova riguardante:

a) l'adempimento agli obblighi di informazione del consumatore;

b) la prestazione del consenso del consumatore alla conclusione del contratto;

c) l'esecuzione del contratto;

d) la responsabilità per l'inadempimento delle obbligazioni derivanti dal contratto.

2. Le clausole che hanno per effetto l'inversione o la modifica dell'onere della prova di cui al comma 1 si presumono vessatorie ai sensi dell'art. 33, comma 2, lettera *t*).

67-*vicies bis*. *Misure transitorie.* — 1. Le disposizioni della presente sezione si applicano anche nei confronti dei fornitori stabiliti in un altro Stato membro che non ha ancora recepito la direttiva 2002/65/CE e in cui non vigono obblighi corrispondenti a quelli in essa previsti.

CAPO II
Commercio elettronico

68. *Rinvio.* — 1. Alle offerte di servizi della società dell'informazione, effettuate ai consumatori per via elettronica, si applicano, per gli aspetti non disciplinati dal presente codice, le disposizioni di cui al decreto legislativo 9 aprile 2003, n. 70, recante attuazione della direttiva 2000/31/CE del Parlamento europeo e del Consiglio, dell'8 giugno 2000, relativa a taluni aspetti giuridici dei servizi della società dell'informazione, in particolare il commercio elettronico, nel mercato interno.

TITOLO IV
Disposizioni relative a singoli contratti

CAPO I
Contratti di multiproprietà, contratti relativi ai prodotti per le vacanze di lungo termine, contratti di rivendita e di scambio[1]

[1] L'originario Capo I, comprendente gli artt. da 69 a 81, è stato così sost., con l'attuale Capo I, comprendente gli artt. da 69 a 81-*bis*, dall'art. 2, c. 1, D.lgs. 23 mag. 2011, n. 79.

TITOLO IV
Disposizioni relative a singoli contratti

CAPO I
Contratti di multiproprietà, contratti relativi ai prodotti per le vacanze di lungo termine, contratti di rivendita e di scambio[1]

[1] L'originario Capo I, comprendente gli artt. da 69 a 81, è stato così sost., con l'attuale Capo I, comprendente gli artt. da 69 a 81-*bis*, dall'art. 2, c. 1, D.lgs. 23 mag. 2011, n. 79.

69. *Definizioni.*[1] — 1. Ai fini del presente capo, si intende per:

a) «contratto di multiproprietà»: un contratto di durata superiore a un anno tramite il quale un consumatore acquisisce a titolo oneroso il diritto di godimento su uno o più alloggi per il pernottamento per più di un periodo di occupazione;

b) «contratto relativo a un prodotto per le vacanze di lungo termine»: un contratto di durata superiore a un anno ai sensi del quale un consumatore acquisisce a titolo oneroso essenzialmente il diritto di ottenere sconti o altri vantaggi relativamente ad un alloggio, separatamente o unitamente al viaggio o ad altri servizi;

c) «contratto di rivendita»: un contratto ai sensi del quale un operatore assiste a titolo oneroso un consumatore nella vendita o nell'acquisto di una multiproprietà o di un prodotto per le vacanze di lungo termine;

d) «contratto di scambio»: un contratto ai sensi del quale un consumatore partecipa a titolo oneroso a un sistema di scambio che gli consente l'accesso all'alloggio per il pernottamento o ad altri servizi in cambio della concessione ad altri dell'accesso temporaneo ai vantaggi che risultano dai diritti derivanti dal suo contratto di multiproprietà;

e) «operatore»: il «professionista», di cui all'articolo 3, comma 1, lettera *c*);

f) «consumatore»: la persona fisica, di cui all'articolo 3, comma 1, lettera *a*);

g) «contratto accessorio»: un contratto ai sensi del quale il consumatore acquista servizi connessi a un contratto di multiproprietà o a un contratto relativo a un prodotto per le vacanze di lungo termine e forniti dall'operatore o da un terzo sulla base di un accordo tra il terzo e l'operatore;

h) «supporto durevole»: qualsiasi strumento che permetta al consumatore o all'operatore di memorizzare informazioni a lui personalmente dirette in modo che possano essere utilizzate per riferimento futuro per un periodo di tempo adeguato ai fini cui sono destinate le informazioni e che consenta la riproduzione immutata delle informazioni memorizzate;

i) «codice di condotta»: un accordo o un insieme di regole che definisce il comportamento degli operatori che si impegnano a rispettare tale codice in relazione a una o più pratiche commerciali o ad uno o più settori d'attività specifici;

l) «responsabile del codice»: qualsiasi soggetto, compresi un operatore o un gruppo di operatori, responsabile dell'elaborazione e della revisione di un codice di condotta o del controllo dell'osservanza del codice da parte di coloro che si sono impegnati a rispettarlo.

2. Nel calcolo della durata di un contratto di multiproprietà o di un contratto relativo a un prodotto per le vacanze di lungo termine, quale definito al comma 1, rispettivamente alle lettere *a*) e *b*), si tiene conto di qualunque disposizione del contratto che ne consenta il rinnovo tacito o la proroga.

[1] Articolo così sost. dall'art. 2, c. 1, D.lgs. 23 mag. 2011, n. 79.

70. ***Pubblicità.***[1] — 1. Se un contratto di multiproprietà, un contratto relativo a un prodotto per le vacanze di lungo termine o un contratto di rivendita o di scambio viene offerto al consumatore in persona nell'ambito di una promozione o di un'iniziativa di vendita, l'operatore indica chiaramente nell'invito lo scopo commerciale e la natura dell'evento. Le informazioni di cui all'articolo 71, comma 1, sono a disposizione del consumatore in qualsiasi momento durante l'evento.

2. È fatto obbligo all'operatore di specificare in ogni pubblicità la possibilità di ottenere le informazioni di cui all'articolo 71, comma 1, e di indicare le modalità sul come ottenerle.

3. Una multiproprietà o un prodotto per le vacanze di lungo termine non sono commercializzati o venduti come investimenti.

[1] Articolo così sost. dall'art. 2, c. 1, D.lgs. 23 mag. 2011, n. 79.

71. ***Informazioni precontrattuali.***[1] — 1. In tempo utile prima che il consumatore sia vincolato da un contratto o da un'offerta, l'operatore fornisce al consumatore, in maniera chiara e comprensibile, informazioni accurate e sufficienti, secondo le seguenti modalità:

a) nel caso di un contratto di multiproprietà, tramite il formulario informativo di cui all'allegato II-*bis* e le informazioni elencate nella parte 3 di detto formulario;

b) nel caso di un contratto relativo a un prodotto per le vacanze di lungo termine, tramite il formulario informativo di cui all'allegato II-*ter* e le informazioni elencate nella parte 3 di detto formulario;

c) nel caso di un contratto di rivendita, tramite il formulario informativo di cui all'allegato II-*quater* e le informazioni elencate nella parte 3 di detto formulario;

d) nel caso di un contratto di scambio, tramite il formulario informativo di cui all'allegato II-*quinquies* e le informazioni elencate nella parte 3 di detto formulario.

2. Le informazioni di cui al comma 1 sono fornite a titolo gratuito dall'operatore su carta o altro supporto durevole facilmente accessibile al consumatore.

3. Le informazioni di cui al comma 1, sono redatte nella lingua italiana e in una delle lingue dello Stato dell'Unione europea in cui il consumatore risiede oppure di cui è cittadino, a scelta di quest'ultimo, purché si tratti di una lingua ufficiale della Unione europea.

[1] Articolo così sost. dall'art. 2, c. 1, D.lgs. 23 mag. 2011, n. 79.

72. ***Requisiti del contratto.***[1] — 1. Il contratto deve essere redatto per iscritto, a pena di nullità, su carta o altro supporto durevole, nella lingua italiana e in una delle lingue dello Stato dell'Unione europea in cui il consumatore risiede oppure di cui è cittadino, a sua scelta, purché si tratti di una lingua ufficiale della Unione europea.

2. Nel caso di un contratto di multiproprietà re-

lativo a un bene immobile specifico, è fatto obbligo all'operatore di fornire al consumatore anche una traduzione conforme del contratto nella lingua dello Stato dell'Unione europea in cui è situato l'immobile.

3. In ogni caso, per qualsiasi tipo di contratto disciplinato dal presente Capo, all'operatore che svolge la propria attività di vendita nel territorio nazionale è fatto obbligo di fornire al consumatore il relativo contratto anche nella lingua italiana.

4. Le informazioni di cui all'articolo 71, comma 1, costituiscono parte integrante e sostanziale del contratto e non possono essere modificate salvo qualora vi sia l'accordo esplicito delle parti oppure qualora le modifiche siano causate da circostanze eccezionali e imprevedibili, indipendenti dalla volontà dell'operatore, le cui conseguenze non avrebbero potuto essere evitate neanche con la dovuta diligenza. Tali modifiche, indicate espressamente nel contratto, sono comunicate al consumatore su carta o altro supporto durevole a lui facilmente accessibile, prima della conclusione del contratto.

5. Il contratto contiene, oltre alle informazioni di cui all'articolo 71, comma 1, i seguenti ulteriori elementi:

a) l'identità, il luogo di residenza e la firma di ciascuna delle parti;

b) la data e il luogo di conclusione del contratto.

6. Prima della conclusione del contratto l'operatore informa il consumatore sulle clausole contrattuali concernenti l'esistenza del diritto di recesso, la durata del periodo di recesso di cui all'articolo 73 e il divieto di versare acconti durante il periodo di recesso di cui all'articolo 76, le quali devono essere sottoscritte separatamente dal consumatore. Il contratto include un formulario separato di recesso, come riportato nell'allegato II-*sexies*, inteso ad agevolare l'esercizio del diritto di recesso in conformità all'articolo 73.

7. Il consumatore riceve una copia o più copie del contratto all'atto della sua conclusione.

[1] Articolo così sost. dall'art. 2, c. 1, D.lgs. 23 mag. 2011, n. 79.

72-*bis*. *Obbligo di fideiussione per i contratti di multiproprietà.*[1] — 1. L'operatore non avente la forma giuridica di società di capitali ovvero con un capitale sociale versato inferiore a 5.500.000 euro e non avente sede legale e sedi secondarie nel territorio dello Stato è obbligato a prestare idonea fideiussione bancaria o assicurativa a garanzia della corretta esecuzione del contratto.

2. L'operatore è in ogni caso obbligato a prestare fideiussione bancaria o assicurativa allorquando l'alloggio oggetto del contratto di multiproprietà sia in corso di costruzione, a garanzia dell'ultimazione dei lavori.

3. Delle fideiussioni deve farsi espressa menzione nel contratto di multiproprietà a pena di nullità.

4. Le garanzie di cui ai commi 1 e 2 non possono imporre al consumatore la preventiva esclusione dell'operatore.

[1] Articolo così sost. dall'art. 2, c. 1, D.lgs. 23 mag. 2011, n. 79.

73. *Diritto di recesso.*[1] — 1. Al consumatore è concesso un periodo di quattordici giorni, naturali e consecutivi, per recedere, senza specificare il motivo, dal contratto di multiproprietà, dal contratto relativo a prodotti per le vacanze di lungo termine, dal contratto di rivendita e di scambio.

2. Il periodo di recesso si calcola:

a) dal giorno della conclusione del contratto definitivo o del contratto preliminare;

b) dal giorno in cui il consumatore riceve il contratto definitivo o il contratto preliminare, se posteriore alla data di cui alla lettera *a*).

3. Il periodo di recesso scade:

a) dopo un anno e quattordici giorni a decorrere dalla data di cui al comma 2 del presente articolo se il formulario di recesso separato previsto all'articolo 72, comma 4, non è stato compilato dall'operatore e consegnato al consumatore per iscritto, su carta o altro supporto durevole;

b) dopo tre mesi e quattordici giorni a partire dalla data di cui al comma 2 del presente articolo se le informazioni di cui all'articolo 71, comma 1, incluso il formulario informativo applicabile di cui agli allegati da III a VI, non sono state fornite al consumatore per iscritto, su carta o altro supporto durevole.

4. Se il formulario separato di recesso previsto all'articolo 72, comma 4, è stato compilato dall'operatore e consegnato al consumatore per iscritto, su carta o altro supporto durevole, entro un anno dalla data di cui al comma 2 del presente articolo, il periodo di recesso inizia a decorrere dal giorno in cui il consumatore riceve tale formulario. Analogamente, se le informazioni di cui all'articolo 71, comma 1, incluso il formulario informativo applicabile di cui agli allegati da III a VI, sono state fornite al consumatore per iscritto, su carta o altro supporto durevole, entro tre mesi dal giorno di cui al comma 2 del presente articolo, il periodo di recesso inizia a decorrere dal giorno in cui il consumatore riceve tali informazioni.

5. Nel caso in cui il contratto di scambio sia offerto al consumatore contestualmente al contratto di multiproprietà, ai due contratti si applica un unico periodo di recesso conformemente al comma 1. Il periodo di recesso per i due contratti è calcolato secondo le disposizioni del comma 2.

[1] Articolo così sost. dall'art. 2, c. 1, D.lgs. 23 mag. 2011, n. 79.

74. *Modalità di esercizio ed effetti del diritto di recesso.*[1] — 1. Il diritto di recesso da parte del consumatore si esercita dandone comunicazione scritta, su carta o altro supporto durevole che assicuri la prova della spedizione anteriore alla scadenza del periodo di recesso, alla persona indicata nel contratto o, in mancanza, all'operatore.

2. All'uopo, il consumatore può utilizzare il formulario di recesso di cui all'allegato VII fornito dall'operatore a norma dell'articolo 72, comma 4.

3. L'esercizio del diritto di recesso da parte del consumatore, nei modi indicati al comma 1, pone fine all'obbligo delle parti di eseguire il contratto.

4. Il consumatore che esercita il diritto di recesso, non sostiene alcuna spesa, non è tenuto a pagare alcuna penalità, né è debitore del valore corrispondente all'eventuale servizio reso prima del recesso.

[1] Articolo così sost. dall'art. 2, c. 1, D.lgs. 23 mag. 2011, n. 79.

75. ***Acconti.***[1] — 1. Per i contratti di multiproprietà, relativi a prodotti per le vacanze di lungo termine e di scambio è vietato qualunque versamento di danaro a titolo di acconto, prestazione di garanzie, l'accantonamento di denaro sotto forma di deposito bancario, il riconoscimento esplicito di debito od ogni altro onere da parte di un consumatore a favore dell'operatore o di un terzo prima della fine del periodo di recesso in conformità dell'articolo 73.

2. Per i contratti di rivendita è vietata qualunque forma di versamento di denaro a titolo di acconto, prestazione di garanzie, l'accantonamento di denaro sotto forma di deposito bancario, il riconoscimento esplicito del debito od ogni altro onere da parte di un consumatore a favore dell'operatore o di un terzo prima che la vendita abbia effettivamente luogo o che sia posta fine in altro modo al contratto di rivendita.

[1] Articolo così sost. dall'art. 2, c. 1, D.lgs. 23 mag. 2011, n. 79.

76. ***Disposizioni specifiche concernenti i contratti relativi a prodotti per le vacanze di lungo termine.***[1] — 1. Per i contratti relativi a prodotti per le vacanze di lungo termine, il pagamento è effettuato secondo scadenze periodiche. È vietato qualsiasi pagamento del prezzo specificato nel contratto che non sia conforme al piano di pagamento periodico concordato. I pagamenti, comprese le quote di affiliazione, sono ripartiti in rate annuali, ciascuna di pari valore, fermo restando gli adeguamenti riferiti ai sistemi di indicizzazione previsti dalla legge. L'operatore invia una richiesta scritta di pagamento, su carta o altro supporto durevole, almeno quattordici giorni, naturali e consecutivi, prima di ciascuna data di esigibilità.

2. Fatto salvo quanto previsto dall'articolo 73, a partire dal secondo pagamento rateale, il consumatore può porre fine al contratto senza incorrere in penali dando preavviso all'operatore entro quattordici giorni, naturali e consecutivi, dalla ricezione della richiesta di pagamento per ciascuna rata.

[1] Articolo così sost. dall'art. 2, c. 1, D.lgs. 23 mag. 2011, n. 79.

77. ***Risoluzione dei contratti accessori.***[1] — 1. L'esercizio da parte del consumatore del diritto di recesso dal contratto di multiproprietà o dal contratto relativo a un prodotto per le vacanze di lungo termine comporta automaticamente e senza alcuna spesa per il consumatore la risoluzione di tutti i contratti di scambio ad esso accessori e di qualsiasi altro contratto accessorio.

2. Fatto salvo quanto previsto dagli articoli 125-*ter* e 125-*quinquies* del decreto legislativo 1° settembre 1993, n. 385, in materia di contratti di credito ai consumatori, se il prezzo è interamente o parzialmente coperto da un credito concesso al consumatore dall'operatore o da un terzo in base a un accordo fra il terzo e l'operatore, il contratto di credito è risolto senza costi per il consumatore qualora il consumatore eserciti il diritto di recesso dal contratto di multiproprietà, dal contratto relativo a prodotti per le vacanze di lungo termine, o dal contratto di rivendita o di scambio.

[1] Articolo così sost. dall'art. 2, c. 1, D.lgs. 23 mag. 2011, n. 79.

78. ***Carattere imperativo delle disposizioni e applicazione in casi internazionali.***[1] — 1. Sono nulle le clausole contrattuali o i patti aggiunti di rinuncia del consumatore ai diritti previsti dal presente capo o di limitazione delle responsabilità previste a carico dell'operatore.

2. Per le controversie derivanti dall'applicazione del presente capo, la competenza territoriale inderogabile è del giudice del luogo di residenza o di domicilio del consumatore, se ubicati nel territorio dello Stato.

3. Ove le parti abbiano scelto di applicare ai contratti di cui al presente capo, una legislazione diversa da quella italiana, al consumatore devono comunque essere riconosciute le condizioni di tutela previste dal presente capo.

4. Ove la legge applicabile sia quella di un paese extracomunitario, i consumatori non possono essere privati della tutela garantita dal presente codice, nel caso di:

a) uno qualsiasi dei beni immobili interessati è situato sul territorio nazionale o di uno Stato dell'Unione europea;

b) nel caso di un contratto non direttamente collegato a beni immobili, l'operatore svolga attività commerciali o professionali in Italia o in uno Stato dell'Unione europea o diriga tali attività, con qualsiasi mezzo, verso l'Italia o uno Stato dell'Unione europea e il contratto rientri nell'ambito di dette attività.

[1] Articolo così sost. dall'art. 2, c. 1, D.lgs. 23 mag. 2011, n. 79.

79. ***Tutela amministrativa e giurisdizionale.***[1] — 1. Al fine di garantire il rispetto delle disposizioni contenute nel presente capo da parte degli operatori, i consumatori possono utilizzare gli strumenti specifici di cui agli articoli 27, 139, 140 e 140-*bis* del presente Codice.

2. È comunque fatta salva la giurisdizione del giudice ordinario.

[1] Articolo così sost. dall'art. 2, c. 1, D.lgs. 23 mag. 2011, n. 79.

80. ***Informazioni per i consumatori e ricorso extragiudiziale.***[1] — 1. L'operatore può adottare appositi codici di condotta, secondo le modalità di cui all'articolo 27-*bis*.

2. Per la risoluzione delle controversie sorte dall'esatta applicazione dei contratti disciplinati dal presente capo è possibile ricorrere alle procedure di mediazione, di cui al decreto legislativo 4 marzo 2010, n. 28. È fatta salva la possibilità di utilizzare le procedure di negoziazione volontaria e paritetica previste dall'articolo 2, comma 2, dello stesso decreto legislativo 4 marzo 2010, n. 28.

[1] Articolo così sost. dall'art. 2, c. 1, D.lgs. 23 mag. 2011, n. 79.

81. ***Sanzioni.***[1] — 1. Salvo che il fatto costituisca reato, l'operatore che contravviene alle norme di cui agli articoli 70, commi 1 e 2, 71, 72, 72-*bis*, 75, 76 e 77, è punito, per ogni singola violazione, con la sanzione amministrativa pecuniaria da 1.000 euro a 5.000 euro.

2. Si applica la sanzione amministrativa accessoria della sospensione dall'esercizio dell'attività da 30 giorni a sei mesi all'operatore che abbia commesso una ripetuta violazione delle disposizioni di cui al comma 1.

3. Ai fini dell'accertamento dell'infrazione e dell'applicazione della sanzione, si applica l'articolo 66.

[1] Articolo così sost. dall'art. 2, c. 1, D.lgs. 23 mag. 2011, n. 79.

[2] Comma così modif. dall'art. 1, D.lgs. 21 feb. 2014, n. 21. Questa modifica è in vigore dal 13 giu. 2014 e si applica ai contratti conclusi dopo tale data.

81-*bis*. ***Tutela in base ad altre disposizioni.***[1] — 1. Le disposizioni del presente capo non escludono, né limitano i diritti che sono attribuiti al consumatore da altre norme dell'ordinamento giuridico.

2. Per quanto non previsto dal presente capo, si applicano le disposizioni del codice civile in tema di contratti.

[1] Articolo così sost. dall'art. 2, c. 1, D.lgs. 23 mag. 2011, n. 79.

CAPO II
Servizi turistici

82-100.

[1] Articoli abrog. dall'art. 3, c. 1, D.lgs. 23 mag. 2011, n. 79.

TITOLO V
Erogazione di servizi pubblici

CAPO I
Servizi pubblici

101. (*Omissis*).

PARTE IV
SICUREZZA E QUALITÀ

TITOLO I
Sicurezza dei prodotti

102-113. (*Omissis*).

TITOLO II
Responsabilità per danno da prodotti difettosi

114-127.[1] (*Omissis*).

[1] Per il testo integrale degli artt. da 114 a 127 si v. voce Danno da prodotti difettosi.

TITOLO III
Garanzia legale di conformità e garanzie commericali per i beni di consumo

CAPO I
Della vendita di beni[1]

[1] Capo così sost. dall'art. 1, D.lgs. 4 nov. 2021, n. 170, a decorrere dal 1° gen. 2022.

128. ***Ambito di applicazione e definizioni.***[1] — 1. Il presente capo disciplina taluni aspetti dei contratti di vendita conclusi tra consumatore e venditore fra i quali la conformità dei beni al contratto, i rimedi in caso di difetto di conformità, le modalità di esercizio di tali rimedi e le garanzie convenzionali. A tali fini, ai contratti di vendita sono equiparati i contratti di permuta e di somministrazione nonché quelli di appalto, d'opera e tutti gli altri contratti comunque finalizzati alla fornitura di beni da fabbricare o produrre.

2. Ai fini del presente capo si intende per:

a) contratto di vendita: qualsiasi contratto in base al quale il venditore trasferisce o si impegna a trasferire la proprietà di beni al consumatore e il consumatore ne paga o si impegna a pagare il prezzo;

b) consumatore: la persona fisica di cui all'articolo 3, comma 1, lettera *a*);

c) venditore: qualsiasi persona fisica o giuridica, pubblica o privata, che nell'esercizio della propria attività imprenditoriale o professionale, anche tramite altra persona che agisca in suo nome o per suo conto, utilizza i contratti di cui al comma 1, primo periodo, ivi compreso il fornitore di piattaforme se agisce per finalità che rientrano nel quadro della sua attività e quale controparte contrattuale del consumatore per la fornitura di contenuto digitale o di servizi digitali;

d) produttore: il fabbricante di un bene, l'importatore di un bene nel territorio dell'Unione o qualsiasi altra persona che si presenta come produttore apponendo sul bene il suo nome, marchio o altro segno distintivo;

e) bene:

1) qualsiasi bene mobile materiale anche da assemblare; l'acqua, il gas e l'energia elettrica quando sono confezionati per la vendita in un volume delimitato o in quantità determinata;

2) qualsiasi bene mobile materiale che incorpora, o è interconnesso con, un contenuto digitale o un servizio digitale in modo tale che la mancanza di detto contenuto digitale o servizio digitale impedirebbe lo svolgimento delle funzioni proprie del bene ("beni con elementi digitali");

3) gli animali vivi;

f) contenuto digitale: i dati prodotti e forniti in formato digitale;

g) servizio digitale:

1) un servizio che consente al consumatore di creare, trasformare, memorizzare i dati o di accedervi in formato digitale; oppure

2) un servizio che consente la condivisione di dati in formato digitale caricati o creati dal consumatore o da altri utenti di tale servizio o qualsiasi altra interazione con tali dati;

h) compatibilità: la capacità del bene di funzionare con hardware o software con cui sono normalmente utilizzati i beni del medesimo tipo, senza che sia necessario convertire i beni, l'hardware o il software;

i) funzionalità: la capacità del bene di svolgere tutte le sue funzioni in considerazione del suo scopo;

l) interoperabilità: la capacità del bene di funzionare con hardware o software diversi da quelli con cui sono normalmente utilizzati i beni dello stesso tipo;

m) supporto durevole: ogni strumento che permetta al consumatore o al venditore di conservare le informazioni che gli sono personalmente indirizzate, in modo da potervi accedere in futuro per un periodo di tempo adeguato alle finalità cui esse sono destinate e che permetta la riproduzione identica delle informazioni memorizzate;

n) garanzia convenzionale: qualsiasi impegno di un venditore o di un produttore (il "garante"), assunto nei confronti del consumatore, in aggiunta agli obblighi di legge in merito alla garanzia di conformità, di rimborsare il prezzo pagato, sostituire, riparare, o intervenire altrimenti sul bene, qualora esso non corrisponda alle caratteristiche, o a qualsiasi altro requisito non relativo alla conformità, enunciati nella dichiarazione di garanzia o nella relativa pubblicità disponibile al momento o prima della conclusione del contratto;

o) durabilità: la capacità dei beni di mantenere le loro specifiche funzioni e prestazioni attraverso un uso normale;

p) senza spese: senza i costi necessari per rendere conformi i beni, con particolare riferimento alle spese di spedizione, di trasporto, di mano d'opera e di materiali;

q) asta pubblica: metodo di vendita in cui i beni o servizi sono offerti dal venditore ai consumatori che partecipano, o ai quali è data la possibilità di partecipare personalmente all'asta, la quale si svolge mediante una trasparente procedura competitiva gestita da una casa d'aste e in cui l'aggiudicatario è tenuto all'acquisto dei beni o servizi.

3. Le disposizioni del presente capo non si applicano ai contratti di fornitura di un contenuto digitale o di un servizio digitale, i quali rientrano nel campo di applicazione delle disposizioni di attuazione della direttiva (UE) 2019/770 del Parlamento europeo e del Consiglio, del 20 maggio 2019, relativa a determinati aspetti dei contratti di fornitura di contenuti digitali o servizi digitali. Esse si applicano ai contenuti digitali o ai servizi digitali incorporati o interconnessi con beni, ai sensi del comma 2, lettera *e*), numero 2), i quali sono forniti con il bene in forza del contratto di vendita, indipendentemente dal fatto che i predetti contenuti digitali o servizi digitali siano forniti dal venditore o da terzi. Quando è dubbio se la fornitura di un contenuto o di un servizio digitale incorporato o interconnesso faccia parte del contratto di vendita, si presume che tale fornitura rientri nel contratto di vendita.

4. Le disposizioni del presente capo non si applicano inoltre:

a) al supporto materiale che funge esclusivamente da vettore del contenuto digitale;

b) ai beni oggetto di vendita forzata o comunque venduti dalle autorità giudiziarie, anche mediante delega ai notai, o secondo altre modalità previste dalla legge.

5. Le disposizioni del presente capo si applicano alla vendita di beni usati, tenuto conto del tempo del pregresso utilizzo, limitatamente ai difetti non derivanti dall'uso normale della cosa, anche nel caso in cui siano venduti in aste pubbliche qualora non siano state messe a disposizione dei consumatori informazioni chiare e complete circa l'inapplicabilità delle disposizioni del presente capo.

[1] Vedi nota 1 all'inizio di questo Capo.

129. ***Conformità dei beni al contratto.*** — 1. Il venditore fornisce al consumatore beni che soddisfano i requisiti di cui ai commi 2 e 3, nonché le previsioni degli articoli 130 e 131in quanto compatibili, fatto salvo quanto previsto dall'articolo 132.

2. Per essere conforme al contratto di vendita, il bene deve possedere i seguenti requisiti soggettivi, ove pertinenti:

a) corrispondere alla descrizione, al tipo, alla quantità e alla qualità contrattuali e possedere la funzionalità, la compatibilità, l'interoperabilità e le altre caratteristiche come previste dal contratto di vendita;

b) essere idoneo ad ogni utilizzo particolare voluto dal consumatore, che sia stato da questi portato a conoscenza del venditore al più tardi al momento della conclusione del contratto di vendita e che il venditore abbia accettato;

c) essere fornito assieme a tutti gli accessori, alle istruzioni, anche inerenti all'installazione, previsti dal contratto di vendita; e

d) essere fornito con gli aggiornamenti come previsto dal contratto di vendita.

3. Oltre a rispettare i requisiti soggettivi di conformità, per essere conforme al contratto di vendita il bene deve possedere i seguenti requisiti oggettivi, ove pertinenti:

a) essere idoneo agli scopi per i quali si impiegano di norma beni dello stesso tipo, tenendo eventualmente conto di altre disposizioni dell'ordinamento nazionale e del diritto dell'Unione, delle norme tecniche o, in mancanza di tali norme tecniche, dei codici di condotta dell'industria applicabili allo specifico settore;

b) ove pertinente, possedere la qualità e corrispondere alla descrizione di un campione o modello che il venditore ha messo a disposizione del consumatore prima della conclusione del contratto;

c) ove pertinente essere consegnato assieme agli accessori, compresi imballaggio, istruzioni per l'installazione o altre istruzioni, che il consumatore può ragionevolmente aspettarsi di ricevere; e,

d) essere della quantità e possedere le qualità e altre caratteristiche, anche in termini di durabilità, funzionalità, compatibilità e sicurezza, ordinariamente presenti in un bene del medesimo tipo e che il consumatore può ragionevolmente aspettarsi, tenuto conto della natura del bene e delle dichiarazioni pubbliche fatte dal o per conto del venditore, o da altre persone nell'ambito dei precedenti passaggi della catena di transazioni commerciali, compreso il produttore, in particolare nella pubblicità o nell'etichetta.

[1] Vedi nota 1 all'inizio di questo Capo.

130. ***Obblighi del venditore e condotta del consumatore.***[1] — 1. Il venditore non è vincolato dalle dichiarazioni pubbliche di cui all'articolo 129, comma 3, lettera *d*), quando, anche alternativamente, dimostra che:

a) non era a conoscenza della dichiarazione pubblica in questione e non poteva conoscerla con l'ordinaria diligenza;

b) la dichiarazione pubblica è stata adeguatamente corretta entro il momento della conclusione del contratto con le stesse modalità, o con modalità simili a quelle con le quali è stata resa;

c) la decisione di acquistare il bene non è stata influenzata dalla dichiarazione pubblica.

2. Nel caso di beni con elementi digitali, il venditore è obbligato a tenere informato il consumatore sugli aggiornamenti disponibili, anche di sicurezza, necessari al fine di mantenere la conformità di tali beni, e a fornirglieli, nel periodo di tempo:

a) che il consumatore può ragionevolmente aspettarsi, date la tipologia e la finalità dei beni e degli elementi digitali, e tenendo conto delle circostanze e della natura del contratto, se il contratto di vendita prevede un unico atto di fornitura del contenuto digitale o del servizio digitale; oppure

b) indicato all'articolo 133, commi 2 o 3, a seconda dei casi, se il contratto di vendita prevede una fornitura continuativa del contenuto digitale o del servizio digitale nell'arco di un periodo di tempo.

3. Se il consumatore non installa entro un congruo termine gli aggiornamenti forniti a norma del comma 2, il venditore non è responsabile per qualsiasi difetto di conformità derivante unicamente dalla mancanza dell'aggiornamento pertinente, a condizione che:

a) il venditore abbia informato il consumatore della disponibilità dell'aggiornamento e delle conseguenze della mancata installazione dello stesso da parte del consumatore; e

b) la mancata, o errata, installazione dell'aggiornamento da parte del consumatore non sia dovuta a carenze delle istruzioni di installazione fornite dal venditore al consumatore.

4. Non vi è difetto di conformità ai sensi dell'articolo 129, comma 3, e dell'articolo 130, comma 2, se, al momento della conclusione del contratto di vendita, il consumatore era stato specificamente informato del fatto che una caratteristica particolare del bene si discostava dai requisiti oggettivi di conformità previsti da tali norme e il consumatore ha espressamente e separatamente accettato tale scostamento al momento della conclusione del contratto di vendita.

[1] Vedi nota 1 all'inizio di questo Capo.

131. ***Errata installazione dei beni.***[1] — 1. L'eventuale difetto di conformità che deriva dall'errata installazione del bene è considerato difetto di conformità del bene se:

a) l'installazione è prevista dal contratto di vendita ed è stata eseguita dal venditore o sotto la sua responsabilità; oppure

b) l'installazione, da eseguirsi a carico del consumatore, è stata effettuata dal consumatore e l'errata installazione dipende da carenze nelle istruzioni di installazione fornite dal venditore o, per i beni con elementi digitali, fornite dal venditore o dal fornitore del contenuto digitale o del servizio digitale.

[1] Vedi nota 1 all'inizio di questo Capo.

132. ***Diritti dei terzi.***[1] — 1. I rimedi di cui all'articolo 135-*bis* si estendono ai casi di impedimento o limitazione d'uso del bene venduto in conformità a quanto previsto dagli articoli 129 e 130, conseguenti ad una restrizione derivante dalla violazione di diritti dei terzi, in particolare di diritti di proprietà intellettuale, fatte salve altre disposizioni previste dall'ordinamento giuridico in tema di nullità, annullamento o altre ipotesi di scioglimento del contratto.

[1] Vedi nota 1 all'inizio di questo Capo.

133. *Responsabilità del venditore.*[1] — 1. Il venditore è responsabile nei confronti del consumatore di qualsiasi difetto di conformità esistente al momento della consegna del bene eseguita ai sensi dell'articolo 61 e che si manifesta entro due anni da tale momento. Fermo quanto previsto dall'articolo 130, comma 2, il presente comma si applica anche ai beni con elementi digitali.

2. Nel caso di beni con elementi digitali, quando il contratto di vendita prevede la fornitura continuativa del contenuto digitale o del servizio digitale per un periodo di tempo, il venditore è responsabile anche per qualsiasi difetto di conformità del contenuto digitale o del servizio digitale che si verifica o si manifesta entro due anni dal momento della consegna dei beni con elementi digitali. Se il contratto prevede una fornitura continuativa per più di due anni, il venditore risponde di qualsiasi difetto di conformità del contenuto digitale o del servizio digitale che si verifica o si manifesta nel periodo di tempo durante il quale il contenuto digitale o il servizio digitale deve essere fornito a norma del contratto di vendita.

3. L'azione diretta a far valere i difetti non dolosamente occultati dal venditore si prescrive, in ogni caso, nel termine di ventisei mesi dalla consegna del bene; il consumatore, che sia convenuto per l'esecuzione del contratto, può tuttavia far valere sempre i diritti di cui all'articolo 135-*bis*.

4. Nel caso di beni usati le parti possono limitare la durata della responsabilità di cui ai commi 1 e 2 e il termine di prescrizione di cui al comma 3 ad un periodo di tempo non inferiore ad un anno.

[1] Vedi nota 1 all'inizio di questo Capo.

134. *Diritto di regresso.*[1] — 1. Il venditore finale, quando è responsabile nei confronti del consumatore a causa di un difetto di conformità imputabile ad un'azione o ad un'omissione di una persona nell'ambito dei passaggi precedenti della medesima catena contrattuale distributiva, inclusa l'omissione di fornire gli aggiornamenti per i beni con elementi digitali a norma dell'articolo 130, comma 2, ha diritto di regresso nei confronti della persona o delle persone responsabili nella catena di transazioni commerciali.

2. Il venditore finale che abbia ottemperato ai rimedi esperiti dal consumatore può agire in regresso, entro un anno dall'esecuzione della prestazione, nei confronti del soggetto o dei soggetti responsabili per ottenere la reintegrazione di quanto prestato.

[1] Vedi nota 1 all'inizio di questo Capo.

135. *Onere della prova.*[1] — 1. Salvo prova contraria, si presume che qualsiasi difetto di conformità che si manifesta entro un anno dal momento in cui il bene è stato consegnato esistesse già a tale data, a meno che tale ipotesi sia incompatibile con la natura del bene o con la natura del difetto di conformità. Il presente comma si applica anche ai beni con elementi digitali.

2. Per i beni con elementi digitali per i quali il contratto di vendita prevede la fornitura continuativa del contenuto digitale o del servizio digitale per un periodo di tempo, l'onere della prova riguardo al fatto che il contenuto digitale o il servizio digitale era conforme entro il periodo di tempo di cui all'articolo 133, comma 2, spetta al venditore per qualsiasi difetto di conformità che si manifesta entro il termine indicato da tale articolo.

[1] Vedi nota 1 all'inizio di questo Capo.

135-*bis*. *Rimedi.*[1] — 1. In caso di difetto di conformità del bene, il consumatore ha diritto al ripristino della conformità, o a ricevere una riduzione proporzionale del prezzo, o alla risoluzione del contratto sulla base delle condizioni stabilite nei seguenti commi.

2. Ai fini del ripristino della conformità del bene, il consumatore può scegliere tra riparazione e sostituzione, purché il rimedio prescelto non sia impossibile o, rispetto al rimedio alternativo, non imponga al venditore costi sproporzionati, tenuto conto di tutte le circostanze e, in particolare, delle seguenti:

a) il valore che il bene avrebbe in assenza del difetto di conformità;

b) l'entità del difetto di conformità; e

c) la possibilità di esperire il rimedio alternativo senza notevoli inconvenienti per il consumatore.

3. Il venditore può rifiutarsi di rendere conformi i beni se la riparazione e la sostituzione sono impossibili o se i costi che il venditore dovrebbe sostenere sono sproporzionati, tenuto conto di tutte le circostanze, comprese quelle di cui al comma 2, lettere *a*) e *b*).

4. Il consumatore ha diritto ad una riduzione proporzionale del prezzo o alla risoluzione del contratto di vendita ai sensi dell'articolo 135-*quater* nel caso in cui:

a) il venditore non ha effettuato la riparazione o la sostituzione oppure non ha effettuato la riparazione o la sostituzione, ove possibile, ai sensi dell'articolo 135-*ter*, commi 1, 2 e 3, oppure ha rifiutato di rendere conformi i beni ai sensi del comma 3;

b) si manifesta un difetto di conformità, nonostante il tentativo del venditore di ripristinare la conformità del bene;

c) il difetto di conformità è talmente grave da giustificare l'immediata riduzione del prezzo o la risoluzione del contratto di vendita; oppure

d) il venditore ha dichiarato o risulta chiaramente dalle circostanze, che non procederà al ripristino della conformità del bene entro un periodo ragionevole o senza notevoli inconvenienti per il consumatore.

5. Il consumatore non ha il diritto di risolvere il contratto se il difetto di conformità è solo di lieve

entità. L'onere della prova della lieve entità del difetto è a carico del venditore.

6. Il consumatore può rifiutarsi di eseguire il pagamento di qualsiasi parte di prezzo fino a quando il venditore non abbia adempiuto agli obblighi previsti dal presente capo. Restano ferme le disposizioni del codice civile che disciplinano l'eccezione di inadempimento e il concorso del fatto del consumatore.

[1] Vedi nota 1 all'inizio di questo Capo.

135-*ter*. *Riparazione o sostituzione.*[1] — 1. La riparazione o la sostituzione sono effettuate:

a) senza spese;

b) entro un congruo periodo di tempo dal momento in cui il venditore è stato informato dal consumatore del difetto di conformità; e

c) senza notevoli inconvenienti per il consumatore, tenuto conto della natura del bene e dello scopo per il quale il consumatore ha voluto il bene.

2. Qualora si debba rimediare al difetto di conformità mediante riparazione o sostituzione dei beni, il consumatore deve metterli a disposizione del venditore. Il venditore riprende i beni sostituiti a proprie spese.

3. Qualora la riparazione richieda la rimozione del bene installato in modo conforme alla natura e allo scopo dello stesso prima che si manifesti il difetto di conformità, o qualora si riveli necessario sostituire il bene, l'obbligo di riparare o sostituire il bene comprende la rimozione del bene non conforme e l'installazione del bene sostitutivo o riparato, oppure l'obbligo di sostenere le spese di rimozione o installazione.

4. Il consumatore non è tenuto a pagare per il normale uso del bene sostituito nel periodo precedente la sostituzione.

[1] Vedi nota 1 all'inizio di questo Capo.

135-*quater*. *Riduzione del prezzo e risoluzione del contratto.*[1] — 1. La riduzione del prezzo è proporzionale alla diminuzione di valore del bene ricevuto dal consumatore rispetto al valore che avrebbe avuto se fosse stato conforme.

2. Il consumatore esercita il diritto alla risoluzione del contratto di vendita mediante una dichiarazione diretta al venditore contenente la manifestazione di volontà di risolvere il contratto di vendita.

3. Se il difetto di conformità riguarda solo alcuni dei beni consegnati a norma del contratto di vendita e sussiste una causa di risoluzione del contratto di vendita ai sensi dell'articolo 135-*bis*, il consumatore può risolvere il contratto limitatamente ai beni non conformi e a quelli acquistati insieme ai beni non conformi, qualora non sia ragionevolmente presumibile la sussistenza di un interesse del consumatore a mantenere nella propria disponibilità i beni non affetti da vizi.

4. Se il consumatore risolve interamente il contratto di vendita o, conformemente al comma 3, limitatamente ad alcuni dei beni consegnati in forza del contratto di vendita:

a) il consumatore restituisce il bene al venditore, a spese di quest'ultimo, e

b) il venditore rimborsa al consumatore il prezzo pagato per il bene al ricevimento del bene o delle prove fornite dal consumatore in ordine al fatto di aver restituito o spedito il bene.

[1] Vedi nota 1 all'inizio di questo Capo.

135-*quinquies*. *Garanzie convenzionali.*[1] 1. La garanzia convenzionale vincola chi la offre secondo le modalità indicate nella dichiarazione di garanzia medesima e nella relativa pubblicità disponibile al momento o prima della conclusione del contratto. Secondo le condizioni stabilite nel presente articolo e fatte salve eventuali altre disposizioni applicabili del diritto dell'Unione o nazionale, quando un produttore offre al consumatore una garanzia convenzionale concernente la durabilità di determinati beni nell'arco di un determinato periodo di tempo, il produttore è direttamente responsabile nei confronti del consumatore durante l'intero periodo di durata della garanzia per la riparazione o la sostituzione dei beni in conformità dell'articolo 135-*ter*. Nella dichiarazione di garanzia convenzionale di durabilità il produttore può offrire al consumatore condizioni più favorevoli. Se le condizioni stabilite nella dichiarazione di garanzia convenzionale sono meno vantaggiose per il consumatore rispetto alle condizioni stabilite nella relativa pubblicità, la garanzia convenzionale vincola secondo le condizioni stabilite nella pubblicità relativa alla garanzia convenzionale, a meno che la pubblicità associata sia stata corretta prima della conclusione del contratto secondo le stesse modalità, o con modalità simili a quelle in cui è stata resa.

2. La dichiarazione di garanzia convenzionale è fornita al consumatore su supporto durevole al più tardi al momento della consegna dei beni. La dichiarazione di garanzia convenzionale è redatta in un linguaggio semplice e comprensibile. Essa comprende i seguenti elementi:

a) una dichiarazione chiara che il consumatore dispone per legge, a titolo gratuito, di rimedi per i difetti di conformità nei confronti del venditore e che tali rimedi non sono pregiudicati dalla garanzia convenzionale;

b) nome e indirizzo del garante;

c) la procedura che il consumatore deve seguire per far valere la garanzia convenzionale;

d) la designazione dei beni cui si applica la garanzia convenzionale; e

e) le condizioni della garanzia convenzionale.

3. La garanzia deve essere redatta in lingua italiana con caratteri non meno evidenti di quelli di eventuali altre lingue.

4. Il mancato rispetto di quanto previsto dal comma 2 non pregiudica l'efficacia vincolante della garanzia convenzionale per il garante.

[1] Vedi nota 1 all'inizio di questo Capo.

135-*sexies*. *Carattere imperativo delle disposizioni.*[1] — 1. Salvo quanto altrimenti disposto dal presente capo, è nullo ogni patto, anteriore alla comunicazione al venditore del difetto di conformità, volto ad escludere o limitare a danno del consumatore, anche in modo indiretto, i diritti riconosciuti dal presente capo. La nullità può essere fatta valere solo dal consumatore e può essere rilevata d'ufficio dal giudice.

2. Il venditore può sempre offrire al consumatore condizioni contrattuali di maggior tutela rispetto a quanto previsto dalle disposizioni del presente capo.

3. È nulla ogni clausola contrattuale che, prevedendo l'applicabilità al contratto di una legislazione di uno Stato non appartenente all'Unione europea, abbia l'effetto di privare il consumatore della protezione assicurata dal presente capo, laddove il contratto presenti uno stretto collegamento con il territorio di uno Stato membro dell'Unione europea.

[1] Vedi nota 1 all'inizio di questo Capo.

135-*septies*. *Tutela in base ad altre disposizioni.*[1] — 1. Per quanto non previsto dal presente capo, si applicano le disposizioni del codice civile in tema di formazione, validità ed efficacia dei contratti, comprese le conseguenze della risoluzione del contratto e il diritto al risarcimento del danno.

2. Per gli aspetti disciplinati dal presente capo non si applicano altre disposizioni aventi l'effetto di garantire al consumatore un diverso livello di tutela.

[1] Vedi nota 1 all'inizio di questo Capo.

CAPO I-*bis*

Dei contratti di fornitura di contenuto digitale e di servizi digitali[1]

[1] Capo ins. dall'art. 1, D.lgs. 4 nov. 2021, n. 173, a decorrere dal 1° gen. 2022.

135-*octies*. *Ambito di applicazione e definizioni.*[1] — 1. Il presente capo disciplina taluni aspetti dei contratti di fornitura di contenuto digitale o di servizi digitali conclusi tra consumatore e professionista, fra i quali la conformità del contenuto digitale o del servizio digitale al contratto, i rimedi in caso di difetto di conformità al contratto o di mancata fornitura, le modalità di esercizio degli stessi, nonché la modifica del contenuto digitale o del servizio digitale.

2. Ai fini del presente capo si intende per:

a) contenuto digitale: i dati prodotti e forniti in formato digitale;

b) servizio digitale:

1) un servizio che consente al consumatore di creare, trasformare, archiviare i dati o di accedervi in formato digitale; oppure

2) un servizio che consente la condivisione di dati in formato digitale, caricati o creati dal consumatore e da altri utenti di tale servizio, o qualsiasi altra interazione con tali dati;

c) beni con elementi digitali: qualsiasi bene mobile materiale che incorpora o è interconnesso con un contenuto digitale o un servizio digitale in modo tale che la mancanza di detto contenuto digitale o servizio digitale impedirebbe lo svolgimento delle funzioni del bene;

d) integrazione: il collegamento del contenuto o del servizio digitale con le componenti dell'ambiente digitale del consumatore e l'incorporazione in dette componenti affinché il contenuto digitale o il servizio digitale sia utilizzato nel rispetto dei requisiti di conformità previsti dal presente capo;

e) professionista: qualsiasi persona fisica o giuridica, indipendentemente dal fatto che si tratti di un soggetto pubblico o privato, ovvero un suo intermediario, che agisca per finalità che rientrano nel quadro della sua attività commerciale, industriale, artigianale o professionale, in relazione ai contratti oggetto dal presente capo, ivi compreso il fornitore di piattaforme se agisce per finalità che rientrano nel quadro della sua attività e in quanto controparte contrattuale del consumatore per la fornitura di contenuto digitale o di servizi digitali;

f) consumatore: la persona fisica di cui all'articolo 3, comma 1, lettera *a*);

g) prezzo: la somma di denaro o una rappresentazione digitale del valore dovuto come corrispettivo per la fornitura di contenuto digitale o di servizio digitale;

h) dati personali: i dati personali quali definiti all'articolo 4, punto 1), del regolamento (UE) 2016/679;

i) ambiente digitale: l'hardware, il software e le connessioni di rete di cui il consumatore si serve per accedere al contenuto digitale o al servizio digitale o per usarlo;

l) compatibilità: la capacità del contenuto digitale o del servizio digitale di funzionare con hardware o software con cui sono normalmente utilizzati contenuti digitali o servizi digitali dello stesso tipo, senza che sia necessario convertire il contenuto digitale o il servizio digitale;

m) funzionalità: la capacità del contenuto digitale o del servizio digitale di svolgere tutte le sue funzioni in considerazione del suo scopo;

n) interoperabilità: la capacità del contenuto digitale o del servizio digitale di funzionare con hardware o software diversi da quelli con cui sono normalmente utilizzati i contenuti digitali o i servizi digitali dello stesso tipo;

o) supporto durevole: ogni strumento che permetta al consumatore o al professionista di archiviare le informazioni che gli sono personalmente indirizzate, in modo da potervi accedere in futuro per un periodo di tempo adeguato alle finalità cui esse sono destinate e che permetta la riproduzione identica delle informazioni archiviate.

3. Le disposizioni del presente capo si applicano

a qualsiasi contratto in cui il professionista fornisce, o si obbliga a fornire, un contenuto digitale o un servizio digitale al consumatore e il consumatore corrisponde un prezzo o si obbliga a corrispondere un prezzo.

4. Le disposizioni del presente capo si applicano altresì nel caso in cui il professionista fornisce o si obbliga a fornire un contenuto digitale o un servizio digitale al consumatore e il consumatore fornisce o si obbliga a fornire dati personali al professionista, fatto salvo il caso in cui i dati personali forniti dal consumatore siano trattati esclusivamente dal professionista ai fini della fornitura del contenuto digitale o del servizio digitale a norma del presente capo o per consentire l'assolvimento degli obblighi di legge cui è soggetto il professionista e quest'ultimo non tratti tali dati per scopi diversi da quelli previsti.

5. Le disposizioni del presente capo si applicano anche se il contenuto digitale o il servizio digitale è sviluppato secondo le specifiche indicazioni del consumatore.

6. Fatti salvi gli articoli 135-*decies*, commi 1 e 2, e 135-*septiesdecies*, le disposizioni del presente capo si applicano anche al supporto materiale che funge esclusivamente da vettore di contenuto digitale.

[1] Vedi nota 1 all'inizio di questo Capo.

135-*novies*. *Esclusioni.*[1] — 1. Le disposizioni del presente capo non si applicano ai contenuti digitali o ai servizi digitali incorporati o interconnessi con beni di cui all'articolo 135-*octies*, comma 2, lettera *c*), e che sono forniti con il bene ai sensi di un contratto di vendita relativo a tali beni, indipendentemente dal fatto che detti contenuti digitali o servizi digitali siano forniti dal venditore o da un terzo. Quando è dubbio che la fornitura del contenuto digitale incorporato o interconnesso o servizio digitale incorporato o interconnesso faccia parte del contratto di vendita, si presume che il contenuto digitale o il servizio digitale incorporato o interconnesso rientri nel contratto di vendita del bene.

2. Le disposizioni del presente capo non si applicano ai contratti concernenti:

a) la fornitura di servizi diversi dai servizi digitali, indipendentemente dal fatto che il professionista ricorra o meno a forme o mezzi digitali per ottenere il risultato del servizio o consegnarlo o trasmetterlo al consumatore;

b) servizi di comunicazioni elettroniche ai sensi dell'articolo 2, punto 4), della direttiva (UE) 2018/1972 ad eccezione dei servizi di comunicazione interpersonale senza numero di cui all'articolo 2, punto 7), di tale direttiva;

c) servizi di assistenza sanitaria, per i servizi prestati da professionisti sanitari a pazienti, al fine di valutare, mantenere o ristabilire il loro stato di salute, ivi compresa la prescrizione, la somministrazione e la fornitura di medicinali e dispositivi medici, sia essa fornita o meno attraverso le strutture di assistenza sanitaria;

d) servizi di gioco d'azzardo, vale a dire servizi che implicano una posta di valore pecuniario in giochi di fortuna, compresi quelli con un elemento di abilità, come le lotterie, i giochi d'azzardo nei casinò, il poker e le scommesse, che vengano forniti mediante strumenti elettronici o qualsiasi altra tecnologia che facilita le comunicazioni e su richiesta individuale di un destinatario di tali servizi;

e) servizi finanziari, vale a dire qualsiasi servizio di natura bancaria, creditizia, assicurativa, servizi pensionistici individuali, di investimento o di pagamento;

f) software offerto dal professionista sulla base di una licenza libera e aperta, in cui il consumatore non corrisponde un prezzo e i dati personali forniti dal consumatore stesso sono trattati esclusivamente dal professionista al fine di migliorare la sicurezza, la compatibilità o l'interoperabilità del software specifico;

g) la fornitura di contenuto digitale se il contenuto digitale è messo a disposizione del pubblico con mezzi diversi dalla trasmissione di segnale quale parte di uno spettacolo o di un evento, come le proiezioni cinematografiche digitali;

h) contenuto digitale fornito da enti pubblici, a norma della direttiva 2019/1024 del Parlamento europeo e del Consiglio relativa al riutilizzo dell'informazione del settore pubblico.

3. Fatto salvo quanto previsto dal comma 1, qualora un singolo contratto tra professionista e consumatore comprenda in un unico pacchetto elementi di fornitura di contenuto digitale o di un servizio digitale ed elementi relativi alla fornitura di altri beni o servizi, le disposizioni del presente capo si applicano unicamente agli elementi del contratto che riguardano il contenuto digitale o il servizio digitale. L'articolo 135-*vicies semel* non si applica se un pacchetto di servizi o di servizi e apparecchiature disciplinato dal codice europeo delle comunicazioni elettroniche include elementi:

a) di un servizio di comunicazione elettronica a disposizione del pubblico che fornisce accesso a Internet, ovvero connettività a praticamente tutti i punti finali di Internet, a prescindere dalla tecnologia di rete e dalle apparecchiature terminali utilizzate;

b) o di un servizio di comunicazioni interpersonale che si connette a risorse di numerazione assegnate pubblicamente - ossia uno o più numeri che figurano in un piano di numerazione nazionale o internazionale - o consente la comunicazione con uno o più numeri che figurano in un piano di numerazione nazionale o internazionale.

4. Se il consumatore ha il diritto di risolvere qualsiasi elemento del pacchetto di cui al comma 3 prima della scadenza contrattuale concordata per ragioni di mancata conformità al contratto o di man-

cata fornitura, ha diritto di risolvere il contratto in relazione a tutti gli elementi del pacchetto.

5. In caso di conflitto tra le disposizioni del presente capo e una disposizione di un altro atto dell'Unione che disciplina uno specifico settore o oggetto, la disposizione di tale altro atto dell'Unione e quelle nazionali di recepimento prevalgono su quelle del presente capo.

6. Le disposizioni nazionali e quelle del diritto dell'Unione in materia di protezione dei dati personali, in particolare quanto previsto dal regolamento (UE) 2016/679, nonché dal decreto legislativo 10 agosto 2018, n. 101 e dal decreto legislativo 30 giugno 2003, n. 196, si applicano a qualsiasi dato personale trattato in relazione ai contratti di cui all'articolo 135-*octies*, comma 3. In caso di conflitto tra le disposizioni del presente capo e quelle del diritto dell'Unione in materia di protezione dei dati personali, prevalgono queste ultime.

7. Le disposizioni del presente capo non pregiudicano il diritto dell'Unione e nazionale sul diritto d'autore e sui diritti connessi.

[1] Vedi nota 1 all'inizio di questo Capo.

135-*decies*. *Fornitura di contenuto digitale o servizio digitale e conformità al contratto.* [1] — 1. Il professionista fornisce il contenuto digitale o il servizio digitale al consumatore. Salvo diverso accordo tra le parti, il professionista fornisce il contenuto digitale o il servizio digitale al consumatore senza ritardo ingiustificato dopo la conclusione del contratto.

2. Il professionista ha adempiuto l'obbligo di fornitura quando:

a) il contenuto digitale o qualunque mezzo idoneo per accedere al contenuto digitale o per scaricarlo è reso disponibile o accessibile al consumatore, o all'impianto fisico o virtuale scelto a tal fine dal consumatore;

b) il servizio digitale è reso accessibile al consumatore o a un impianto fisico o virtuale scelto all'uopo dal consumatore.

3. Il professionista fornisce al consumatore beni che soddisfano i requisiti di cui ai commi 4 e 5, nonché quelli di cui agli articoli 135-*undecies* e 135-*duodecies* in quanto compatibili, fatto salvo quanto previsto dall'articolo 135-*terdecies*.

4. Per essere conforme al contratto il contenuto digitale o il servizio digitale deve possedere i seguenti requisiti soggettivi, ove pertinenti:

a) corrispondere alla descrizione, alla quantità e alla qualità previste dal contratto e presentare funzionalità, compatibilità, interoperabilità e le altre caratteristiche previste dal contratto;

b) essere idoneo ad ogni uso particolare voluto dal consumatore e che è stato da questi portato a conoscenza del professionista al più tardi al momento della conclusione del contratto e che il professionista ha accettato;

c) essere fornito con tutti gli accessori, le istruzioni, anche in merito all'installazione e l'assistenza ai clienti, come previsti dal contratto; e

d) essere aggiornato come previsto dal contratto.

5. Oltre a rispettare i requisiti soggettivi di conformità, il bene per essere conforme al contratto di vendita deve possedere i seguenti requisiti oggettivi, ove pertinenti:

a) essere adeguato agli scopi per cui sarebbe abitualmente utilizzato un contenuto digitale o un servizio digitale del medesimo tipo, tenendo conto, se del caso, dell'eventuale diritto dell'Unione e nazionale e delle norme tecniche esistenti, oppure, in mancanza di tali norme tecniche, dei codici di condotta dell'industria specifici del settore applicabili;

b) essere della quantità e presentare la qualità e le caratteristiche di prestazione, anche in materia di funzionalità, compatibilità, accessibilità, continuità e sicurezza, che si ritrovano abitualmente nei contenuti digitali o nei servizi digitali dello stesso tipo e che il consumatore può ragionevolmente aspettarsi, tenuto conto della natura del contenuto digitale o del servizio digitale, tenendo conto di eventuali dichiarazioni pubbliche rese da o per conto dell'operatore economico o di altri soggetti nell'ambito dei precedenti passaggi della catena contrattuale distributiva, soprattutto nei messaggi pubblicitari e nell'etichettatura, a meno che il professionista non dimostri, anche alternativamente, che:

1) non era a conoscenza e non poteva ragionevolmente essere a conoscenza della dichiarazione pubblica in questione;

2) al momento della conclusione del contratto, la dichiarazione pubblica era stata rettificata nello stesso modo, o in modo paragonabile, a quello in cui era stata resa; oppure

3) la decisione di acquistare il contenuto digitale o il servizio digitale non poteva essere influenzata dalla dichiarazione pubblica;

c) ove pertinente, essere fornito assieme agli eventuali accessori e istruzioni che il consumatore può ragionevolmente aspettarsi di ricevere; e

d) essere conforme all'eventuale versione di prova o anteprima del contenuto digitale o del servizio digitale messa a disposizione dal professionista prima della conclusione del contratto.

[1] Vedi nota 1 all'inizio di questo Capo.

135-*undecies*. *Obblighi del professionista e condotta del consumatore.* [1] — 1. Il professionista è obbligato a tenere informato il consumatore sugli aggiornamenti disponibili, anche di sicurezza, necessari al fine di mantenere la conformità del contenuto digitale o del servizio digitale, e a fornirglieli, nel periodo di tempo:

a) durante il quale il contenuto digitale o il servizio digitale deve essere fornito a norma del contratto, se questo prevede una fornitura continua per un determinato periodo di tempo; oppure *b*) che il consumatore può ragionevolmente aspettarsi, date la tipologia e la finalità del contenuto digitale o del servizio digitale e tenendo conto delle circostanze e della natura del contratto, se questo prevede un unico atto di fornitura o una serie di singoli atti di fornitura.

2. Se il consumatore non installa entro un congruo termine gli aggiornamenti forniti dal professionista ai sensi del comma 1, il professionista non è responsabile per qualsiasi difetto di conformità derivante unicamente dalla mancanza dell'aggiornamento pertinente, a condizione che:

a) il professionista abbia informato il consumatore della disponibilità dell'aggiornamento e delle conseguenze della mancata installazione dello stesso da parte del consumatore; e

b) la mancata installazione o l'installazione errata dell'aggiornamento da parte del consumatore non è dovuta a carenze delle istruzioni di installazione fornite dal professionista.

3. Se il contratto prevede che il contenuto digitale o il servizio digitale sia fornito in modo continuativo per un determinato periodo di tempo, l'obbligo di assicurare la conformità del contenuto digitale o il servizio digitale permane per l'intera durata di tale periodo.

4. Non vi è difetto di conformità ai sensi del comma 1 o dell'articolo 135-*decies*, comma 5, se, al momento della conclusione del contratto, il consumatore era stato specificamente informato del fatto che una caratteristica particolare del contenuto digitale o del servizio digitale si discostava dai requisiti oggettivi di conformità previsti da tali disposizioni e il consumatore ha espressamente e separatamente accettato tale scostamento al momento della conclusione del contratto.

5. Salvo diverso accordo tra le parti, il contenuto digitale o il servizio digitale è fornito nella versione più recente disponibile al momento della conclusione del contratto.

[1] Vedi nota 1 all'inizio di questo Capo.

135-*duodecies*. *Errata integrazione del contenuto digitale o del servizio digitale.*[1] — 1. L'eventuale difetto di conformità che deriva da un'errata integrazione del contenuto digitale o del servizio digitale nell'ambiente digitale del consumatore deve essere considerato difetto di conformità del contenuto digitale o del servizio digitale se:

a) il contenuto digitale o servizio digitale è stato integrato dal professionista o sotto la sua responsabilità; oppure

b) il contenuto digitale o il servizio digitale richiedeva integrazione da parte del consumatore e l'errata integrazione è dovuta a una carenza delle istruzioni di integrazione fornite dal professionista.

[1] Vedi nota 1 all'inizio di questo Capo.

135-*terdecies*. *Diritti dei terzi.*[1] — 1. I rimedi di cui all'articolo 135-*octiesdecies* si estendono ai casi di impedimento o limitazione d'uso del contenuto o del servizio digitale in conformità a quanto previsto dall'articolo 135-*decies*, commi 4 e 5, conseguenti ad una restrizione derivante dalla violazione di diritti dei terzi, in particolare di diritti di proprietà intellettuale, fatte salve altre disposizioni previste dall'ordinamento giuridico in tema di nullità, annullamento o altre ipotesi di scioglimento del contratto.

[1] Vedi nota 1 all'inizio di questo Capo.

135-*quaterdecies*. *Responsabilità del professionista.*[1] — 1. Il professionista è responsabile per la mancata fornitura del contenuto digitale o del servizio digitale conformemente all'articolo 135-*decies*, commi 1 e 2.

2. Qualora un contratto preveda un unico atto di fornitura o una serie di singoli atti di fornitura, il professionista è responsabile per qualsiasi difetto di conformità a norma degli articoli 135-*decies*, commi 4 e 5, 135-*undecies*, 135-*duodecies* e 135-*quindecies*, esistente al momento della fornitura, fatto salvo quanto previsto dall'articolo 135-*undecies*, comma 1, lettera *b*).

3. Il professionista è responsabile solamente per i difetti di conformità che si manifestano entro due anni a decorrere dal momento della fornitura, fatto salvo l'articolo 135-*undecies*, comma 1, lettera *b*).

4. L'azione diretta a far valere i difetti sussistenti al momento della fornitura e non dolosamente occultati dal professionista si prescrive, in ogni caso, nel termine di ventisei mesi da tale momento, ove risultino evidenti entro tale termine.

5. Se il contratto prevede la fornitura continuativa per un periodo di tempo, il professionista risponde di un difetto di conformità, a norma degli articoli 135-*decies*, commi 4 e 5, 135-*undecies* e 135-*duodecies* se il difetto si manifesta o risulta evidente nel periodo di tempo durante il quale il contenuto digitale o il servizio digitale deve essere fornito a norma del contratto.

6. L'azione diretta a far valere i difetti emersi nel corso della fornitura e non dolosamente occultati dal professionista si prescrive, in ogni caso, nel termine di ventisei mesi dall'ultimo atto di fornitura.

[1] Vedi nota 1 all'inizio di questo Capo.

135-*quindecies*. *Diritto di regresso.*[1] — 1. Il professionista, quando è responsabile nei confronti del consumatore a causa della mancata fornitura di un contenuto digitale o di un servizio digitale o per l'esistenza di un difetto di conformità imputabile ad un'azione o ad un'omissione di una persona nell'ambito dei passaggi precedenti della medesima catena contrattuale distributiva ha diritto di regresso nei confronti del soggetto o dei soggetti responsabili facenti parte della suddetta catena distributiva.

2. Il professionista che abbia ottemperato ai rimedi esperiti dal consumatore può agire, entro un anno dall'esecuzione della prestazione, in regresso

nei confronti del soggetto o dei soggetti responsabili per ottenere la reintegrazione di quanto prestato.

[1] Vedi nota 1 all'inizio di questo Capo.

135-*sexiesdecies*. *Onere della prova*.[1] — 1. L'onere della prova riguardo al fatto se il contenuto digitale o il servizio digitale sia stato fornito in conformità dell'articolo 135-*decies*, commi 1 e 2, è a carico del professionista.

2. Nei casi di cui all'articolo 135-*quaterdecies*, comma 2, l'onere della prova della conformità al contratto del contenuto digitale o del servizio digitale al momento della fornitura è a carico del professionista per un difetto di conformità che risulti evidente entro il termine di un anno dal momento in cui il contenuto digitale o il servizio digitale è stato fornito.

3. Nei casi di cui all'articolo 135-*quaterdecies*, comma 5, l'onere della prova della conformità al contratto del contenuto digitale o il servizio digitale durante il periodo di tempo in cui avviene la fornitura è a carico del professionista per un difetto di conformità che si manifesta entro tale periodo.

4. I commi 2 e 3 non si applicano se il professionista dimostra che l'ambiente digitale del consumatore non è compatibile con i requisiti tecnici del contenuto digitale o del servizio digitale e se ha informato il consumatore di tali requisiti in modo chiaro e comprensibile prima della conclusione del contratto.

5. Il consumatore collabora con il professionista per quanto ragionevolmente possibile e necessario al fine di accertare se la causa del difetto di conformità del contenuto digitale o del servizio digitale al momento specificato dall'articolo 135-*quaterdecies*, commi 2 o 5, a seconda dei casi, risieda nell'ambiente digitale del consumatore. L'obbligo di collaborazione è limitato ai mezzi tecnicamente disponibili che siano meno intrusivi per il consumatore. Se il consumatore non collabora e se il professionista ha informato il consumatore dei requisiti inerenti il necessario ambiente digitale in modo chiaro e comprensibile prima della conclusione del contratto, l'onere della prova riguardo all'esistenza del difetto di conformità al momento di cui all'articolo 135-*quaterdecies*, commi 2 e 5 è a carico del consumatore.

[1] Vedi nota 1 all'inizio di questo Capo.

135-*septiesdecies*. *Rimedio per la mancata fornitura*.[1] — 1. Se il professionista ha omesso di fornire il contenuto digitale o il servizio digitale conformemente all'articolo 135-*decies*, commi 1 e 2, il consumatore invita il professionista a fornire il contenuto digitale o il servizio digitale. Se il professionista omette nuovamente di fornire il contenuto digitale o il servizio digitale entro un termine congruo oppure entro un ulteriore termine espressamente concordato dalle parti, il consumatore ha il diritto di risolvere il contratto.

2. Il comma 1 non trova applicazione e il consumatore ha il diritto di risolvere immediatamente il contratto se:

a) il professionista ha dichiarato, o risulta altrettanto chiaramente dalle circostanze, che non fornirà il contenuto digitale o il servizio digitale;

b) il consumatore e il professionista hanno convenuto, o risulta evidente dalle circostanze che accompagnano la conclusione del contratto, che un tempo specifico per la fornitura è essenziale per il consumatore e il professionista omette di fornire il contenuto digitale o il servizio digitale entro o in tale momento.

3. Se il consumatore risolve il contratto a norma dei commi 1 e 2, si applicano le disposizioni previste dagli articoli da 135-*noviesdecies* a 135-*vicies*.

[1] Vedi nota 1 all'inizio di questo Capo.

135-*octiesdecies*. *Rimedi per difetti di conformità*.[1] — 1. In caso di difetto di conformità del bene, il consumatore ha diritto al ripristino della conformità, o a ricevere una congrua riduzione del prezzo, o alla risoluzione del contratto sulla base delle condizioni stabilite nel presente articolo.

2. Il consumatore ha diritto al ripristino della conformità del contenuto digitale o del servizio digitale, a meno che ciò non sia impossibile o imponga al professionista costi che sarebbero sproporzionati, tenuto conto di tutte le circostanze del caso e, in particolare, delle seguenti:

a) il valore che il contenuto digitale o servizio digitale avrebbe in assenza di difetto di conformità; e

b) l'entità del difetto di conformità.

3. Il professionista rende il contenuto digitale o il servizio digitale conforme ai sensi del comma 2, entro un congruo termine a partire dal momento in cui è stato informato dal consumatore in merito al difetto di conformità, senza spese e senza notevoli inconvenienti per il consumatore, tenuto conto della natura del contenuto digitale o del servizio digitale e dell'uso che il consumatore intendeva farne.

4. Il consumatore ha diritto a una riduzione proporzionale del prezzo a norma del comma 5 se il contenuto digitale o il servizio digitale è fornito in cambio del pagamento di un prezzo, o alla risoluzione del contratto conformemente al comma 6, in uno dei casi seguenti:

a) il rimedio del ripristino della conformità del contenuto digitale o del servizio digitale è impossibile o sproporzionato ai sensi del comma 2;

b) il professionista non ha ripristinato la conformità del contenuto digitale o del servizio digitale ai sensi del comma 3;

c) si manifesta un difetto di conformità, nonostante il tentativo del professionista di ripristinare la conformità del contenuto digitale o servizio digitale;

d) il difetto di conformità è talmente grave da

giustificare un'immediata riduzione del prezzo o risoluzione del contratto; oppure

e) il professionista ha dichiarato, o risulta altrettanto chiaramente dalle circostanze, che non procederà al ripristino della conformità del contenuto digitale o del servizio digitale entro un congruo termine o senza notevoli inconvenienti per il consumatore.

5. La riduzione del prezzo è proporzionale alla diminuzione di valore del contenuto digitale o del servizio digitale fornito al consumatore rispetto al valore che avrebbe se fosse stato conforme. Se il contratto stabilisce che il contenuto digitale o il servizio digitale deve essere fornito per un determinato periodo di tempo in cambio del pagamento di un prezzo, la riduzione di prezzo si applica al periodo di tempo in cui il contenuto digitale o il servizio digitale non è stato conforme.

6. Se il contenuto digitale o il servizio digitale è stato fornito in cambio del pagamento di un prezzo, il consumatore non ha diritto di risolvere il contratto se il difetto di conformità è di lieve entità. L'onere della prova riguardo al fatto che il difetto di conformità è di lieve entità è a carico del professionista.

[1] Vedi nota 1 all'inizio di questo Capo.

135-*noviesdecies*. *Risoluzione del contratto.*[1] — 1. Il consumatore esercita il diritto alla risoluzione del contratto mediante una dichiarazione al venditore in cui manifesta la volontà di risolvere il contratto.

2. In caso di risoluzione del contratto il professionista rimborsa al consumatore tutti gli importi versati in esecuzione del contratto. Tuttavia, se il contratto prevede la fornitura del contenuto digitale o del servizio digitale in cambio del pagamento di un prezzo e per un periodo di tempo, e il contenuto digitale o il servizio digitale è stato conforme per un periodo di tempo prima della risoluzione del contratto, il professionista rimborsa al consumatore solo la parte dell'importo pagato corrispondente al periodo in cui il contenuto digitale o il servizio digitale non è stato conforme e qualsiasi parte del prezzo pagato in anticipo dal consumatore relativa al periodo di durata del contratto rimanente se il contratto non fosse stato risolto.

3. Per quanto riguarda i dati personali del consumatore, il professionista è tenuto a rispettare gli obblighi derivanti dal regolamento (UE) 2016/679 nonché dal decreto legislativo n. 101 del 2018.

4. Il professionista si astiene dall'utilizzare qualsiasi contenuto diverso dai dati personali che sia stato fornito o creato dal consumatore nell'ambito dell'utilizzo del contenuto digitale o del servizio digitale fornito dal professionista, fatto salvo il caso in cui tale contenuto:

a) sia privo di utilità al di fuori del contesto del contenuto digitale o del servizio digitale fornito dal professionista;

b) si riferisca solamente all'attività del consumatore nell'utilizzo del contenuto digitale o del servizio digitale fornito dal professionista;

c) sia stato aggregato dal professionista ad altri dati e non possa essere disaggregato o comunque non senza uno sforzo sproporzionato; o

d) sia stato generato congiuntamente dal consumatore e altre persone, e altri consumatori possano continuare a utilizzare il contenuto.

5. Ad eccezione delle situazioni di cui al comma 4, lettere *a*), *b*) o *c*), il professionista mette a disposizione del consumatore, su richiesta dello stesso, contenuti diversi dai dati personali, che sono stati forniti o creati dal consumatore durante l'utilizzo del contenuto digitale o del servizio digitale fornito dal professionista. Il consumatore ha il diritto di recuperare dal professionista tali contenuti digitali gratuitamente e senza impedimenti, entro un congruo lasso di tempo e in un formato di uso comune e leggibile da dispositivo automatico.

6. Il professionista può impedire qualsiasi ulteriore utilizzo del contenuto digitale o del servizio digitale da parte del consumatore, in particolare rendendogli il contenuto digitale o il servizio digitale inaccessibile o disattivando il suo account utente, fatto salvo quanto previsto al comma 5.

7. In seguito alla risoluzione del contratto, il consumatore si astiene dall'utilizzare il contenuto digitale o il servizio digitale e dal metterlo a disposizione di terzi.

8. Se il contenuto digitale è stato fornito su un supporto materiale, il consumatore lo restituisce al professionista, su richiesta e a spese di quest'ultimo, senza indebito ritardo. Se il professionista decide di chiedere la restituzione del supporto materiale, è tenuto a presentare la richiesta entro quattordici giorni a decorrere dal giorno in cui il professionista è stato informato della decisione del consumatore di risolvere il contratto.

9. Il consumatore non è tenuto a pagare per l'uso del contenuto digitale o del servizio digitale nel periodo precedente la risoluzione del contratto durante il quale il contenuto digitale o il servizio digitale non è stato conforme.

[1] Vedi nota 1 all'inizio di questo Capo.

135-*vicies*. *Rimborso al consumatore.*[1] — 1. Eventuali rimborsi dovuti al consumatore dal professionista a norma dell'articolo 135-*octiesdecies*, commi 4 e 5, o dell'articolo 135-*noviesdecies*, comma 2, dovuti alla riduzione del prezzo o alla risoluzione del contratto sono effettuati senza ritardo ingiustificato e, in ogni caso, entro quattordici giorni dal giorno in cui il professionista è informato della decisione del consumatore di esercitare il diritto del consumatore a una riduzione di prezzo o il suo diritto alla risoluzione dal contratto.

2. Il professionista effettua il rimborso utilizzando lo stesso mezzo di pagamento usato dal consumatore per pagare il contenuto digitale o il servizio digitale, salvo che il consumatore consenta espres-

LEGGI COMPLEMENTARI - C.C. e C.P.C.

samente all'uso di un altro mezzo e non debba sostenere alcuna spesa relativa al rimborso.

3. Il professionista non impone al consumatore alcuna commissione in relazione al rimborso.

[1] Vedi nota 1 all'inizio di questo Capo.

135-*vicies semel*. *Modifica del contenuto digitale o del servizio digitale.*[1] — 1. Se il contratto prevede che il contenuto digitale o il servizio digitale sia fornito o reso accessibile al consumatore per un certo periodo di tempo, il professionista può modificare il contenuto digitale o il servizio digitale oltre a quanto è necessario per mantenere la conformità del contenuto digitale o del servizio digitale a norma degli articoli 135-*decies*, commi 4 e 5, e 135-*undecies*, se sono soddisfatte le condizioni seguenti:

a) il contratto consente tale modifica e ne fornisce una motivazione valida;

b) tale modifica è realizzata senza costi aggiuntivi per il consumatore;

c) il consumatore è informato in modo chiaro e comprensibile della modifica; e

d) nei casi di cui al comma 2, il consumatore è informato, con un anticipo ragionevole su un supporto durevole, sulle modalità e il momento in cui viene effettuata la modifica, nonché circa il suo diritto di recedere dal contratto conformemente al comma 2 o circa la possibilità di mantenere il contenuto digitale o il servizio digitale senza tale modifica secondo quanto previsto al comma 4.

2. Il consumatore ha il diritto di recedere dal contratto qualora tale modifica incida negativamente sull'utilizzo del contenuto digitale o del servizio digitale o sull'accesso allo stesso da parte del consumatore, a meno che tali conseguenze negative siano trascurabili. In tal caso, il consumatore ha diritto a recedere dal contratto gratuitamente entro un termine di trenta giorni dalla data di ricevimento dell'informazione o, se successivo, dal momento in cui il contenuto digitale o il servizio digitale è stato modificato dal professionista.

3. Se il consumatore recede dal contratto conformemente al comma 2 del presente articolo, si applicano gli articoli 135-*noviesdecies* e 135-*vicies*.

4. I commi 2 e 3 del presente articolo non si applicano se il professionista ha consentito che, senza costi aggiuntivi, il consumatore mantenga il contenuto digitale o il servizio digitale senza modifica e se è preservata la conformità del contenuto digitale o del servizio digitale.

[1] Vedi nota 1 all'inizio di questo Capo.

135-*vicies bis*. *Carattere imperativo delle disposizioni.*[1] — 1. Salvo quanto altrimenti disposto dal presente capo, è nullo ogni patto, anteriore alla comunicazione al professionista del difetto di conformità, o dell'informazione del consumatore da parte del professionista circa la modifica del contenuto digitale o del servizio digitale, volto ad escludere o limitare a danno del consumatore, anche in modo indiretto, i diritti riconosciuti dal presente capo. La nullità può essere fatta valere solo dal consumatore e può essere rilevata d'ufficio dal giudice.

2. Il professionista può sempre offrire al consumatore condizioni contrattuali di maggior tutela rispetto a quanto previsto dalle disposizioni del presente capo.

3. E' nulla ogni clausola contrattuale che, prevedendo l'applicabilità al contratto di una legislazione di uno Stato non appartenente all'Unione europea, abbia l'effetto di privare il consumatore della protezione assicurata dal presente capo, laddove il contratto presenti uno stretto collegamento con il territorio di uno Stato membro dell'Unione europea.

[1] Vedi nota 1 all'inizio di questo Capo.

135-*vicies ter*. *Tutela in base ad altre disposizioni.*[1] — 1. Per quanto non previsto dal presente capo, si applicano le disposizioni del codice civile in tema di formazione, validità ed efficacia dei contratti, comprese le conseguenze della risoluzione del contratto e il diritto al risarcimento del danno.

2. Per gli aspetti disciplinati dal presente capo non si applicano altre disposizioni aventi l'effetto di garantire al consumatore un livello di tutela diverso.

[1] Vedi nota 1 all'inizio di questo Capo.

PARTE V
ASSOCIAZIONI DEI CONSUMATORI E ACCESSO ALLA GIUSTIZIA

TITOLO I
Le associazioni rappresentative a livello nazionale

136. *Consiglio nazionale dei consumatori e degli utenti.* — 1. È istituito presso il Ministero dello sviluppo economico[1] il Consiglio nazionale dei consumatori e degli utenti, di seguito denominato: "Consiglio".

2. Il Consiglio, che si avvale, per le proprie iniziative, della struttura e del personale del Ministero dello sviluppo economico[1], è composto dai rappresentanti delle associazioni dei consumatori e degli utenti inserite nell'elenco di cui all'art. 137 e da un rappresentante designato dalla Conferenza di cui all'art. 8 del decreto legislativo 28 agosto 1997, n. 281 ed è presieduto dal Ministro dello sviluppo economico[1] o da un suo delegato. Il Consiglio è nominato con decreto del Presidente del Consiglio dei Ministri, su proposta del Ministro dello sviluppo economico[1] , e dura in carica tre anni.

3. Il Consiglio invita alle proprie riunioni rappresentanti delle associazioni di tutela ambientale riconosciute e delle associazioni nazionali delle cooperative dei consumatori. Possono altresì essere

invitati i rappresentanti di enti ed organismi che svolgono funzioni di regolamentazione o di normazione del mercato, delle categorie economiche e sociali interessate, delle pubbliche amministrazioni competenti, nonché esperti delle materie trattate.

4. È compito del Consiglio:

a) esprimere pareri, ove richiesto, sugli schemi di atti normativi che riguardino i diritti e gli interessi dei consumatori e degli utenti;

b) formulare proposte in materia di tutela dei consumatori e degli utenti, anche in riferimento ai programmi e alle politiche comunitarie;

c) promuovere studi, ricerche e conferenze sui problemi del consumo e sui diritti dei consumatori e degli utenti, ed il controllo della qualità e della sicurezza dei prodotti e dei servizi;

d) elaborare programmi per la diffusione delle informazioni presso i consumatori e gli utenti;

e) favorire iniziative volte a promuovere il potenziamento dell'accesso dei consumatori e degli utenti ai mezzi di giustizia previsti per la soluzione delle controversie;

f) favorire ogni forma di raccordo e coordinamento tra le politiche nazionali e regionali in materia di tutela dei consumatori e degli utenti, assumendo anche iniziative dirette a promuovere la più ampia rappresentanza degli interessi dei consumatori e degli utenti nell'ambito delle autonomie locali. A tale fine il presidente convoca una volta all'anno una sessione a carattere programmatico cui partecipano di diritto i presidenti degli organismi rappresentativi dei consumatori e degli utenti previsti dagli ordinamenti regionali e delle province autonome di Trento e di Bolzano;

g) stabilire rapporti con analoghi organismi pubblici o privati di altri Paesi e dell'Unione europea;

h) segnalare alla Presidenza del Consiglio dei Ministri - Dipartimento della funzione pubblica, eventuali difficoltà, impedimenti od ostacoli, relativi all'attuazione delle disposizioni in materia di semplificazione procedimentale e documentale nelle pubbliche amministrazioni. Le segnalazioni sono verificate dal predetto Dipartimento anche mediante l'Ispettorato della funzione pubblica e l'Ufficio per l'attività normativa e amministrativa di semplificazione delle norme e delle procedure.

[1] Parole così modif. dall'art. 1, c. 5, D.lgs. 6 ago. 2015, n. 130.

137. ***Elenco delle associazioni dei consumatori e degli utenti rappresentative a livello nazionale.*** — 1. Presso il Ministero dello sviluppo economico[1] è istituito l'elenco delle associazioni dei consumatori e degli utenti rappresentative a livello nazionale.

2. L'iscrizione nell'elenco è subordinata al possesso, da comprovare con la presentazione di documentazione conforme alle prescrizioni e alle procedure stabilite con decreto del Ministro dello sviluppo economico[1], dei seguenti requisiti:

a) avvenuta costituzione, per atto pubblico o per scrittura privata autenticata, da almeno tre anni e possesso di uno statuto che sancisca un ordinamento a base democratica e preveda come scopo esclusivo la tutela dei consumatori e degli utenti, senza fine di lucro;

b) tenuta di un elenco degli iscritti, aggiornato annualmente con l'indicazione delle quote versate direttamente all'associazione per gli scopi statutari;

c) numero di iscritti non inferiore allo 0,5 per mille della popolazione nazionale e presenza sul territorio di almeno cinque regioni o province autonome, con un numero di iscritti non inferiore allo 0,2 per mille degli abitanti di ciascuna di esse, da certificare con dichiarazione sostitutiva dell'atto di notorietà resa dal legale rappresentante dell'associazione con le modalità di cui agli artt. 46 e seguenti del testo unico delle disposizioni legislative e regolamentari in materia di documentazione amministrativa, di cui al decreto del Presidente della Repubblica 28 dicembre 2000, n. 445;

d) elaborazione di un bilancio annuale delle entrate e delle uscite con indicazione delle quote versate dagli associati e tenuta dei libri contabili, conformemente alle norme vigenti in materia di contabilità delle associazioni non riconosciute;

e) svolgimento di un'attività continuativa nei tre anni precedenti;

f) non avere i suoi rappresentanti legali subito alcuna condanna, passata in giudicato, in relazione all'attività dell'associazione medesima, e non rivestire i medesimi rappresentanti la qualifica di imprenditori o di amministratori di imprese di produzione e servizi in qualsiasi forma costituite, per gli stessi settori in cui opera l'associazione.

3. Alle associazioni dei consumatori e degli utenti è preclusa ogni attività di promozione o pubblicità commerciale avente per oggetto beni o servizi prodotti da terzi ed ogni connessione di interessi con imprese di produzione o di distribuzione.

4. Il Ministero dello sviluppo economico[1] provvede annualmente all'aggiornamento dell'elenco.

5. All'elenco di cui al presente articolo possono iscriversi anche le associazioni dei consumatori e degli utenti operanti esclusivamente nei territori ove risiedono minoranze linguistiche costituzionalmente riconosciute, in possesso dei requisiti di cui al comma 2, lettere *a*), *b*), *d*), *e*) e *f*), nonché con un numero di iscritti non inferiore allo 0,5 per mille degli abitanti della regione o provincia autonoma di riferimento, da certificare con dichiarazione sostitutiva dell'atto di notorietà resa dal legale rappresentante dell'associazione con le modalità di cui agli artt. 46 e seguenti del citato testo unico, di cui al decreto del Presidente della Repubblica n. 445 del 2000.

6. Il Ministero dello sviluppo economico[1] comu-

nica alla Commissione europea l'elenco di cui al comma 1, comprensivo anche degli enti di cui all'art. 139, comma 2, nonché i relativi aggiornamenti al fine dell'iscrizione nell'elenco degli enti legittimati a proporre azioni inibitorie a tutela degli interessi collettivi dei consumatori istituito presso la stessa Commissione europea.

[1] Parole così modif. dall'art. 1, c. 5, D.lgs. 6 ago. 2015, n. 130.

138. ***Agevolazioni e contributi.***[1]

[1] Articolo abrog. dall'art. 32, c. 1, lett. *m*), D.lgs. 15 mag. 2017, n. 70, a decorrere dal 1° gen. 2019.

TITOLO II
Accesso alla giustizia[1]

[1] Rubrica modif. dall'art. 2, c. 449, L. 24 dic. 2007, n. 244.

139-140-*bis*. .... [1]

[1] Articoli abrog. dall'art. 5, c. 1, L. 12 apr. 2019, n. 31, a decorrere dal 19 mag. 2021, ai sensi di quanto disposto dall'art. 7, L. 31/2019, come modif. dall'art. 8, D.L. 30 dic. 2019, n. 162, conv. con modif. in L. 28 feb. 2020, n. 8, e dall'art. 31-*ter*, D.L. 28 ott. 2020, n. 137, conv. con modif. in L. 18 dic. 2020, n. 176.

TITOLO II-*bis*
Risoluzione extragiudiziale delle controversie[1]

[1] Titolo ins. dall'art. 1, c. 1, D.lgs. 6 ago. 2015, n. 130.

141. ***Disposizioni generali: definizioni ed ambito di applicazione.***[1] — 1. Ai fini del presente titolo, si intende per:

a) «consumatore»: la persona fisica, di cui all'articolo 3, comma 1, lettera *a*);

b) «professionista»: il soggetto, di cui all'articolo 3, comma 1, lettera *c*);

c) «contratto di vendita»: il contratto di cui all'articolo 45, comma 1, lettera *e*);

d) «contratto di servizi»: il contratto di cui all'articolo 45, comma 1, lettera *f*);

e) «controversia nazionale»: una controversia relativa ad obbligazioni contrattuali derivanti da un contratto di vendita o di servizi, nell'ambito della quale il consumatore, quando ordina i beni o i servizi, risiede nello stesso Stato membro dell'Unione europea in cui è stabilito il professionista;

f) «controversia transfrontaliera»: una controversia relativa ad obbligazioni contrattuali derivanti da un contratto di vendita o di servizi, nell'ambito della quale il consumatore, quando ordina i beni o i servizi, risiede in uno Stato membro dell'Unione europea diverso da quello in cui è stabilito il professionista;

g) «procedura ADR»: una procedura di risoluzione extragiudiziale delle controversie conforme ai requisiti di cui al presente titolo ed eseguita da un organismo ADR-Alternative Dispute Resolution;

h) «organismo ADR»: qualsiasi organismo, a prescindere dalla sua denominazione, istituito su base permanente, che offre la risoluzione di una controversia attraverso una procedura ADR ed è iscritto nell'elenco di cui all'articolo 141-*decies*;

i) «autorità competente»: le autorità indicate dall'articolo 141-*octies*;

l) «domanda»: la domanda presentata all'organismo per avviare la procedura ADR;

m) «servizi non economici di interesse generale»: i servizi di interesse generale che non sono prestati a fini economici, a prescindere dalla forma giuridica sotto la quale tali servizi sono prestati, e, in particolare i servizi prestati, senza corrispettivo economico, da pubbliche amministrazioni o per conto delle stesse.

2. Ai fini del presente titolo il professionista si considera stabilito:

a) se si tratta di una persona fisica, presso la sua sede di attività;

b) se si tratta di una società o di un'altra persona giuridica o di un'associazione di persone fisiche o giuridiche, presso la sua sede legale, la sua amministrazione centrale o la sua sede di attività, comprese le filiali, le agenzie o qualsiasi altra sede.

3. Ai fini del presente titolo, l'organismo ADR si considera stabilito:

a) se è gestito da una persona fisica, nel luogo in cui svolge le attività ADR;

b) se è gestito da una persona giuridica o da un'associazione di persone fisiche o di persone giuridiche, nel luogo in cui tale persona giuridica o associazione di persone fisiche o giuridiche svolge le attività ADR o ha la sua sede legale;

c) se è gestito da un'autorità o da un altro ente pubblico, nel luogo in cui tale autorità o altro ente pubblico ha la propria sede.

4. Le disposizioni di cui al presente titolo, si applicano alle procedure volontarie di composizione extragiudiziale per la risoluzione, anche in via telematica, delle controversie nazionali e transfrontaliere, tra consumatori e professionisti residenti e stabiliti nell'Unione europea, nell'ambito delle quali l'organismo ADR propone una soluzione o riunisce le parti al fine di agevolare una soluzione amichevole e, in particolare, agli organismi di mediazione per la trattazione degli affari in materia di consumo iscritti nella sezione speciale di cui all'articolo 16, commi 2 e 4, del decreto legislativo 4 marzo 2010, n. 28, e agli altri organismi ADR istituiti o iscritti presso gli elenchi tenuti e vigilati dalle autorità di cui al comma 1, lettera *i*), previa verifica della sussistenza dei requisiti e della conformità della propria organizzazione e delle proprie procedure alle prescrizioni del presente titolo. Le disposizioni di cui al presente titolo si applicano, altresì, alle eventuali procedure, previste ai sensi del comma 7, in cui l'organismo ADR adotta una decisione.

5. Le disposizioni di cui al presente titolo si ap-

plicano altresì alle procedure di conciliazione paritetica di cui all'articolo 141-*ter*.

6. Sono fatte salve le seguenti disposizioni che prevedono l'obbligatorietà delle procedure di risoluzione extragiudiziale delle controversie:

a) articolo 5, comma 1-*bis*, del decreto legislativo 4 marzo 2010, n. 28, che disciplina i casi di condizione di procedibilità con riferimento alla mediazione finalizzata alla conciliazione delle controversie civili e commerciali;

b) articolo 1, comma 11, della legge 31 luglio 1997, n. 249, che prevede il tentativo obbligatorio di conciliazione nel settore delle comunicazioni elettroniche;

c) articolo 2, comma 24, lettera *b*), della legge 14 novembre 1995, n. 481, che prevede il tentativo obbligatorio di conciliazione nelle materie di competenza dell'Autorità per l'energia elettrica, il gas e il sistema idrico, e le cui modalità di svolgimento sono regolamentate dall'Autorità per l'energia elettrica, il gas e il sistema idrico con propri provvedimenti.

7. Le procedure svolte nei settori di competenza dell'Autorità per l'energia elettrica, il gas ed il sistema idrico, della Banca d'Italia, dell'Istituto per la vigilanza sulle assicurazioni, della Commissione nazionale per la società e la borsa e dell'Autorità per le garanzie nelle comunicazioni, ivi comprese quelle che prevedono la partecipazione obbligatoria del professionista, sono considerate procedure ADR ai sensi del presente Codice, se rispettano i principi, le procedure e i requisiti delle disposizioni di cui al presente titolo.[2]

8. Le disposizioni di cui al presente titolo non si applicano:

a) alle procedure presso sistemi di trattamento dei reclami dei consumatori gestiti dal professionista;

b) ai servizi non economici d'interesse generale;

c) alle controversie fra professionisti;

d) alla negoziazione diretta tra consumatore e professionista;

e) ai tentativi di conciliazione giudiziale per la composizione della controversia nel corso di un procedimento giudiziario riguardante la controversia stessa;

f) alle procedure avviate da un professionista nei confronti di un consumatore;

g) ai servizi di assistenza sanitaria, prestati da professionisti sanitari a pazienti, al fine di valutare, mantenere o ristabilire il loro stato di salute, compresa la prescrizione, la somministrazione e la fornitura di medicinali e dispositivi medici;

h) agli organismi pubblici di istruzione superiore o di formazione continua.

9. Le disposizioni di cui al presente titolo non precludono il funzionamento di eventuali organismi ADR istituiti nell'ambito delle norme e provvedimenti, di cui ai commi 7 e 8, ed in cui i funzionari pubblici sono incaricati delle controversie e considerati rappresentanti sia degli interessi dei consumatori e sia degli interessi dei professionisti.

10. Il consumatore non può essere privato in nessun caso del diritto di adire il giudice competente qualunque sia l'esito della procedura di composizione extragiudiziale.

[1] Articolo così sost. dall'art. 1, c. 2, D.lgs. 6 ago. 2015, n. 130.

[2] Comma così modif. dall'art. 4, c. 6, D.lgs. 21 mag. 2018, n. 68.

141-*bis*. *Obblighi, facoltà e requisiti degli organismi ADR*.[1] — 1. È fatto obbligo agli organismi ADR di:

a) mantenere un sito web aggiornato che fornisca alle parti un facile accesso alle informazioni concernenti il funzionamento della procedura ADR e che consenta ai consumatori di presentare la domanda e la documentazione di supporto necessaria in via telematica;

b) mettere a disposizione delle parti, su richiesta delle stesse, le informazioni di cui alla lettera *a*), su un supporto durevole, così come definito dall'articolo 45, comma 1, lettera *l*);

c) consentire al consumatore la possibilità, ove applicabile, di presentare la domanda anche in modalità diverse da quella telematica;

d) consentire lo scambio di informazioni tra le parti per via elettronica o, se applicabile, attraverso i servizi postali;

e) accettare sia le controversie nazionali sia quelle transfrontaliere, comprese le controversie oggetto del regolamento (UE) n. 524/2013, anche attraverso il ricorso a reti di organismi ADR;

f) adottare i provvedimenti necessari a garantire che il trattamento dei dati personali avvenga nel rispetto delle regole di cui al decreto legislativo 30 giugno 2003, n. 196, e successive modificazioni.

2. Gli organismi ADR possono, salve le diverse prescrizioni contenute in altre norme applicabili ovvero nelle deliberazioni delle autorità di regolazione di settore, mantenere e introdurre norme procedurali che consentano loro di rifiutare il trattamento di una determinata controversia per i seguenti motivi:

a) il consumatore non ha tentato di contattare il professionista interessato per discutere il proprio reclamo né cercato, come primo passo, di risolvere la questione direttamente con il professionista;

b) la controversia è futile o temeraria;

c) la controversia è in corso di esame o è già stata esaminata da un altro organismo ADR o da un organo giurisdizionale;

d) il valore della controversia è inferiore o superiore a una soglia monetaria prestabilita a un livello tale da non nuocere in modo significativo all'accesso del consumatore al trattamento dei reclami;

e) il consumatore non ha presentato la domanda all'organismo ADR entro un limite di tempo prestabilito, che non deve essere inferiore a un anno dalla data in cui il consumatore ha presentato il reclamo al professionista;

f) il trattamento di questo tipo di controversia rischierebbe di nuocere significativamente all'efficace funzionamento dell'organismo ADR.

3. Qualora, conformemente alle proprie norme procedurali, un organismo ADR non è in grado di prendere in considerazione una controversia che gli è stata presentata, tale organismo ADR fornisce a entrambe le parti una spiegazione motivata delle ragioni della sua decisione di non prendere in considerazione la controversia entro ventuno giorni dal ricevimento del fascicolo della domanda. Tali norme procedurali non devono nuocere in modo significativo all'accesso da parte dei consumatori alle procedure ADR, compreso in caso di controversie transfrontaliere.

4. È fatto obbligo agli organismi ADR di prevedere e garantire che le persone fisiche da essi incaricate della risoluzione delle controversie siano:

a) in possesso delle conoscenze e delle competenze in materia di risoluzione alternativa o giudiziale delle controversie dei consumatori, inclusa una comprensione generale del diritto provvedendo, se del caso, alla loro formazione;

b) nominate per un incarico di durata sufficiente a garantire l'indipendenza dell'attività da svolgere, non potendo essere sostituito o revocato nell'incarico senza una giusta causa;

c) non soggette ad istruzioni dell'una o dell'altra delle parti o dei loro rappresentanti;

d) retribuite indipendentemente dall'esito della procedura.

5. È fatto altresì obbligo alle persone fisiche incaricate della risoluzione delle controversie, di comunicare tempestivamente all'organismo ADR tutte le circostanze, emerse durante l'intera procedura ADR, idonee ad incidere sulla loro indipendenza e imparzialità o capaci di generare conflitti di interessi con l'una o l'altra delle parti della controversia che sono chiamate a risolvere. In tale ipotesi, se le parti non sono soddisfatte delle prestazioni o del funzionamento della procedura medesima, l'organismo ADR deve:

a) sostituire la persona fisica interessata, affidando la conduzione della procedura ADR ad altra persona fisica; o in mancanza

b) garantire che la persona fisica interessata si astenga dal condurre la procedura ADR e, se possibile, proporre alle parti di presentare la controversia ad un altro organismo ADR competente a trattare la controversia; o in mancanza

c) consentire alla persona fisica interessata di continuare a condurre la procedura solo se le parti, dopo essere state informate delle circostanze e del loro diritto di opporsi, non hanno sollevato obiezioni.

6. Resta fermo il diritto delle parti di ritirarsi in qualsiasi momento dalla procedura ADR, salvo quanto previsto dall'articolo 141-*quater*, comma 5, lettera *a*).

7. Nell'ipotesi prevista dal comma 5, qualora l'organismo ADR sia costituito da una sola persona fisica, si applicano unicamente le lettere *b*) e *c*) del medesimo comma.

8. Qualora le persone fisiche incaricate della procedura ADR siano assunte o retribuite esclusivamente da un'organizzazione professionale o da un'associazione di imprese di cui il professionista è membro, è assicurato che, oltre ai requisiti del presente titolo e quelli generali di cui ai commi 4 e 9, esse abbiano a loro disposizione risorse di bilancio distinte e apposite che siano sufficienti ad assolvere i loro compiti. Il presente comma non si applica qualora le persone fisiche interessate facciano parte di un organismo collegiale composto da un numero uguale di rappresentanti dell'organizzazione professionale e dell'associazione di imprese da cui sono assunte o retribuite e di una o più associazioni dei consumatori e degli utenti di cui all'articolo 137.

9. È fatto obbligo agli organismi ADR in cui le persone fisiche incaricate della risoluzione delle controversie fanno parte di un organismo collegiale, disporre che il collegio sia composto da un numero uguale di rappresentanti degli interessi dei consumatori e di rappresentanti degli interessi dei professionisti.

10. Se gli organismi ADR, ai fini del comma 4, lettera *a*), del presente articolo, provvedono alla formazione delle persone fisiche incaricate della risoluzione extragiudiziale delle controversie, le autorità competenti provvedono a monitorare i programmi di formazione istituiti dagli organismi ADR in base alle informazioni comunicate loro ai sensi dell'articolo 141-*nonies*, comma 4, lettera *g*). I programmi di formazione possono essere promossi ed eseguiti dalle stesse autorità competenti, di cui all'articolo 141-*octies*. Restano ferme le disposizioni in materia di formazione dei mediatori di cui ai commi 4-*bis*, 5 e 6 dell'articolo 16 del decreto legislativo 4 marzo 2010, n. 28.

[1] Articolo ins. dall'art. 1, c. 3, D.lgs. 6 ago. 2015, n. 130.

141-*ter*. *Negoziazioni paritetiche.*[1] — 1. Le procedure svolte dinanzi agli organismi ADR in cui parte delle persone fisiche incaricate della risoluzione delle controversie sono assunte o retribuite esclusivamente dal professionista o da un'organizzazione professionale o da un'associazione di imprese di cui il professionista è membro, sono considerate procedure ADR, ai sensi del presente Codice, se, oltre all'osservanza delle disposizioni di cui al presente titolo, rispettano i seguenti ulteriori requisiti specifici di indipendenza e trasparenza:

a) le persone fisiche incaricate della risoluzione delle controversie devono far parte di una commissione paritetica composta da un numero uguale di rappresentanti delle associazioni dei consumatori e degli utenti, di cui all'articolo 137, e di rappresentanti del professionista, e sono nominate a seguito di una procedura trasparente;

b) le persone fisiche incaricate della risoluzione delle controversie devono ricevere un incarico di almeno tre anni per garantire l'indipendenza della loro azione;

c) è fatto obbligo al rappresentante delle associazioni dei consumatori e degli utenti, di cui all'articolo 137, di non avere alcun rapporto lavorativo con il professionista, con un'organizzazione professionale o un'associazione di imprese di cui il professionista sia membro, per l'intera durata dell'incarico e per un periodo di tre anni decorrenti dalla cessazione del proprio incarico nell'organismo ADR, né di avere contributi finanziari diretti da parte degli stessi; gli eventuali contributi erogati dal professionista o dall'organizzazione professionale o dall'associazione di imprese di cui il professionista fa parte, quale parziale rimborso all'associazione dei consumatori per gli oneri sostenuti per prestare assistenza gratuita al consumatore nella procedura ADR, devono essere erogati in modo trasparente, informandone l'autorità competente o secondo le procedure dalla stessa stabilite;

d) è fatto, altresì, obbligo al rappresentante del professionista, se tale rapporto lavorativo non era già in corso al momento di conferimento dell'incarico, di non avere alcun rapporto lavorativo con il professionista, con un'organizzazione professionale o un'associazione di imprese di cui il professionista sia membro, per un periodo di tre anni decorrenti dalla cessazione del proprio incarico nell'organismo ADR;

e) l'organismo di risoluzione delle controversie, ove non abbia distinta soggettività giuridica rispetto al professionista o all'organizzazione professionale o all'associazione di imprese di cui il professionista fa parte, deve essere dotato di sufficiente autonomia e di un organo paritetico di garanzia privo di collegamenti gerarchici o funzionali con il professionista, deve essere chiaramente separato dagli organismi operativi del professionista ed avere a sua disposizione risorse finanziarie sufficienti, distinte dal bilancio generale del professionista, per lo svolgimento dei suoi compiti.

2. Rientrano nelle procedure di cui al comma 1 esclusivamente le negoziazioni paritetiche disciplinate da protocolli di intesa stipulati tra i professionisti o loro associazioni e un numero non inferiore a un terzo delle associazioni dei consumatori e degli utenti, di cui all'articolo 137, nonché quelle disciplinate da protocolli di intesa stipulati nel settore dei servizi pubblici locali secondo i criteri a tal fine indicati nell'accordo sancito in sede di Conferenza unificata Stato-regioni e Stato-città ed autonomie locali del 26 settembre 2013, pubblicato nella Gazzetta Ufficiale n. 254 del 29 ottobre 2013.

[1] Articolo ins. dall'art. 1, c. 3, D.lgs. 6 ago. 2015, n. 130.

141-***quater*. *Trasparenza, efficacia, equità e libertà*.**[1] — 1. È fatto obbligo agli organismi ADR, di rendere disponibili al pubblico sui loro siti web, su supporto durevole su richiesta e in qualsiasi altra modalità funzionale al perseguimento delle finalità di trasparenza, efficacia, equità e libertà, informazioni chiare e facilmente comprensibili riguardanti:

a) le modalità di contatto, l'indirizzo postale e quello di posta elettronica;

b) il proprio inserimento nell'elenco di cui all'articolo 141-*decies*, secondo comma;

c) le persone fisiche incaricate della procedura ADR, i criteri seguiti per il conferimento dell'incarico nonché per la loro successiva designazione e la durata del loro incarico;

d) la competenza, l'imparzialità e l'indipendenza delle persone fisiche incaricate della procedura ADR qualora siano assunte o retribuite esclusivamente dal professionista;

e) l'eventuale appartenenza a reti di organismi ADR che agevolano la risoluzione delle controversie transfrontaliere;

f) il settore di competenza specifica, incluso, eventualmente, il limite di valore di competenza;

g) le norme che disciplinano la procedura di risoluzione stragiudiziale della controversia per la quale l'organismo di ADR è stato iscritto e i motivi per cui l'organismo ADR può rifiutare di trattare una determinata controversia ai sensi dell'articolo 141-*bis*, comma 2;

h) le lingue nelle quali possono essere presentati i reclami all'organismo ADR e secondo le quali si svolge la procedura ADR;

i) se l'organismo ADR risolve le controversie in base a disposizioni giuridiche, considerazioni di equità, codici di condotta o altri tipi di regole;

l) eventuali attività che le parti sono tenute a rispettare prima di avviare la procedura ADR, incluso il tentativo di risoluzione della controversia mediante negoziazione diretta con il professionista;

m) la possibilità o meno per le parti di ritirarsi dalla procedura;

n) gli eventuali costi che le parti dovranno sostenere, comprese le norme sulla ripartizione delle spese al termine della procedura;

o) la durata media della procedura ADR;

p) l'effetto giuridico dell'esito della procedura ADR;

q) l'esecutività della decisione ADR, nei casi eventualmente previsti dalle norme vigenti.

2. È fatto obbligo agli organismi ADR di rendere disponibili al pubblico sui loro siti web, su un supporto durevole su richiesta e in altra modalità funzionale al perseguimento delle finalità di trasparenza, le relazioni annuali d'attività. Tali relazioni, con riferimento alle controversie sia nazionali che transfrontaliere, devono comprendere le seguenti informazioni:

a) numero di reclami ricevuti e tipologie di controversie cui si riferiscono;

b) eventuali cause sistematiche o significative generatrici delle controversie tra consumatori e professionisti; tali informazioni possono essere accompagnate, se del caso, da raccomandazioni idonee ad evitare o risolvere problematiche analoghe in futuro, a migliorare le norme dei professionisti e ad agevolare lo scambio di informazioni e di migliori prassi;

c) la percentuale di controversie che l'organismo ADR ha rifiutato di trattare e la quota in percentuale dei tipi di motivo per i rifiuti di cui all'articolo 141-*bis*, comma 2;

d) nel caso di procedure di cui dell'articolo 141-*ter*, le quote percentuali di soluzioni proposte a favore del consumatore e a favore del professionista, e di controversie risolte con una composizione amichevole;

e) la quota percentuale delle procedure ADR interrotte e, se noti, i motivi della loro interruzione;

f) il tempo medio necessario per la risoluzione delle controversie;

g) la percentuale di rispetto, se nota, degli esiti delle procedure ADR;

h) l'eventuale cooperazione con organismi ADR all'interno di reti di organismi ADR che agevolano la risoluzione delle controversie transfrontaliere.

3. Le procedure ADR devono rispettare le seguenti prescrizioni:

a) essere disponibili e facilmente accessibili online e offline per entrambe le parti, a prescindere dalla loro ubicazione;

b) consentire la partecipazione alle parti senza obbligo di assistenza legale; è fatto sempre salvo il diritto delle parti di ricorrere al parere di un soggetto indipendente o di essere rappresentate o assistite da terzi in qualsiasi fase della procedura;

c) essere gratuite o disponibili a costi minimi per i consumatori;

d) l'organismo ADR che ha ricevuto una domanda dà alle parti comunicazione dell'avvio della procedura relativa alla controversia non appena riceve il fascicolo completo della domanda;

e) concludersi entro il termine di novanta giorni dalla data di ricevimento del fascicolo completo della domanda da parte dell'organismo ADR; in caso di controversie particolarmente complesse, l'organismo ADR può, a sua discrezione, prorogare il termine fino a un massimo di novanta giorni; le parti devono essere informate di tale proroga e del nuovo termine di conclusione della procedura.

4. Nell'ambito delle procedure ADR deve essere garantito altresì che:

a) le parti abbiano la possibilità, entro un periodo di tempo ragionevole di esprimere la loro opinione, di ottenere dall'organismo ADR le argomentazioni, le prove, i documenti e i fatti presentati dall'altra parte, salvo che la parte non abbia espressamente richiesto che gli stessi debbano restare riservati, le eventuali dichiarazioni rilasciate e opinioni espresse da esperti e di poter esprimere osservazioni in merito;

b) le parti siano informate del fatto che non sono obbligate a ricorrere a un avvocato o consulente legale, ma possono chiedere un parere indipendente o essere rappresentate o assistite da terzi in qualsiasi fase della procedura;

c) alle parti sia notificato l'esito della procedura ADR per iscritto o su un supporto durevole, e sia data comunicazione dei motivi sui quali è fondato.

5. Nell'ipotesi di procedure ADR volte a risolvere la controversia proponendo una soluzione, gli organismi ADR garantiscono che:

a) le parti abbiano la possibilità di ritirarsi dalla procedura in qualsiasi momento. Le parti sono informate di tale diritto prima dell'avvio della procedura. Nel caso in cui è previsto l'obbligo del professionista di aderire alle procedure ADR, la facoltà di ritirarsi dalla procedura spetta esclusivamente al consumatore;

b) le parti, prima di accettare o meno o di dare seguito a una soluzione proposta, siano informate del fatto che:

1) hanno la scelta se accettare o seguire la soluzione proposta o meno;

2) la partecipazione alla procedura non preclude la possibilità di chiedere un risarcimento attraverso un normale procedimento giudiziario;

3) la soluzione proposta potrebbe essere diversa dal risultato che potrebbe essere ottenuto con la decisione di un organo giurisdizionale che applichi norme giuridiche;

c) le parti, prima di accettare o meno o di dare seguito a una soluzione proposta, siano informate dell'effetto giuridico che da ciò consegue;

d) le parti, prima di accogliere una soluzione proposta o acconsentire a una soluzione amichevole, dispongano di un periodo di riflessione ragionevole.

[1] Articolo ins. dall'art. 1, c. 3, D.lgs. 6 ago. 2015, n. 130.

141-*quinquies*. *Effetti della procedura ADR sui termini di prescrizione e decadenza*.[1] — 1. Dalla data di ricevimento da parte dell'organismo ADR, la relativa domanda produce sulla prescrizione gli effetti della domanda giudiziale. Dalla stessa data, la domanda impedisce altresì la decadenza per una sola volta.

2. Se la procedura ADR fallisce, i relativi termini di prescrizione e decadenza iniziano a decorrere nuovamente dalla data della comunicazione alle parti della mancata definizione della controversia con modalità che abbiano valore di conoscenza legale.

3. Sono fatte salve le disposizioni relative alla prescrizione e alla decadenza contenute negli accordi internazionali di cui l'Italia è parte.

[1] Articolo ins. dall'art. 1, c. 3, D.lgs. 6 ago. 2015, n. 130.

141-*sexies*. *Informazioni e assistenza ai consumatori.*[1] — 1. I professionisti stabiliti in Italia che si sono impegnati a ricorrere ad uno o più organismi ADR per risolvere le controversie sorte con i consumatori, sono obbligati ad informare questi ultimi in merito all'organismo o agli organismi competenti per risolvere le controversie sorte con i consumatori. Tali informazioni includono l'indirizzo del sito web dell'organismo ADR pertinente o degli organismi ADR pertinenti.

2. Le informazioni di cui al comma 1 devono essere fornite in modo chiaro, comprensibile e facilmente accessibile sul sito web del professionista, ove esista, e nelle condizioni generali applicabili al contratto di vendita o di servizi stipulato tra il professionista ed il consumatore.

3. Nel caso in cui non sia possibile risolvere una controversia tra un consumatore e un professionista stabilito nel rispettivo territorio in seguito a un reclamo presentato direttamente dal consumatore al professionista, quest'ultimo fornisce al consumatore le informazioni di cui al comma 1, precisando se intenda avvalersi dei pertinenti organismi ADR per risolvere la controversia stessa. Tali informazioni sono fornite su supporto cartaceo o su altro supporto durevole.

4. È fatta salva l'applicazione delle disposizioni relative all'informazione dei consumatori sulle procedure di ricorso extragiudiziale contenute in altri provvedimenti normativi.

5. Con riferimento all'accesso dei consumatori alle controversie transfrontaliere, salvo quanto previsto dalla normativa di settore, gli stessi possono rivolgersi al Centro nazionale della rete europea per i consumatori (ECC-NET) per essere assistiti nell'accesso all'organismo ADR che opera in un altro Stato membro ed è competente a trattare la loro controversia transfrontaliera. Il medesimo Centro nazionale è designato anche come punto di contatto ODR ai sensi dell'articolo 7, paragrafo 1, del regolamento (UE) n. 524/2013 del Parlamento europeo e del Consiglio del 21 maggio 2013, relativo alla risoluzione delle controversie online dei consumatori.

6. È fatto obbligo agli organismi ADR e al Centro nazionale della rete europea per i consumatori (ECC-NET) di rendere disponibile al pubblico sui propri siti web, fornendo un link al sito della Commissione europea, e laddove possibile su supporto durevole nei propri locali, l'elenco degli organismi ADR elaborato e pubblicato dalla Commissione ai sensi dell'articolo 20, paragrafo 4, della direttiva 2013/11/UE del Parlamento europeo e del Consiglio del 21 maggio 2013, sulla risoluzione alternativa delle controversie dei consumatori.

7. L'elenco degli organismi ADR di cui al comma 6 è posto a disposizione delle associazioni di consumatori e delle associazioni di categoria di professionisti che possono renderlo disponibile al pubblico sui loro siti web o in qualsiasi altro modo esse ritengano appropriato.

8. Sul sito istituzionale di ciascuna autorità competente è assicurata la pubblicazione delle informazioni sulle modalità di accesso dei consumatori alle procedure ADR per risolvere le controversie contemplate dal presente titolo.

9. Le autorità competenti incoraggiano le associazioni dei consumatori e degli utenti, di cui all'articolo 137, e le organizzazioni professionali, a diffondere la conoscenza degli organismi e delle procedure ADR e a promuovere l'adozione dell'ADR da parte di professionisti e consumatori. Detti organismi sono altresì incoraggiati a fornire ai consumatori le informazioni relative agli organismi ADR competenti quando ricevono i reclami dai consumatori.

[1] Articolo ins. dall'art. 1, c. 3, D.lgs. 6 ago. 2015, n. 130.

141-*septies*. *Cooperazione.*[1] — 1. Le autorità competenti assicurano la cooperazione tra gli organismi ADR nella risoluzione delle controversie transfrontaliere e i regolari scambi con gli altri Stati membri dell'Unione europea delle migliori prassi per quanto concerne la risoluzione delle controversie transfrontaliere e nazionali.

2. Se esiste una rete europea di organismi ADR che agevola la risoluzione delle controversie transfrontaliere in un determinato settore, le autorità competenti incoraggiano ad associarsi a detta rete gli organismi ADR che trattano le controversie di tale settore.

3. Le autorità competenti incoraggiano la cooperazione tra organismi ADR e autorità nazionali preposte all'attuazione degli atti giuridici dell'Unione sulla tutela dei consumatori. Tale cooperazione comprende, in particolare, lo scambio di informazioni sulle prassi vigenti in settori commerciali specifici nei confronti delle quali i consumatori hanno ripetutamente presentato reclami. È incluso anche lo scambio di valutazioni tecniche e informazioni, se già disponibili, da parte delle autorità nazionali agli organismi ADR che ne necessitano per il trattamento di singole controversie.

4. La cooperazione e lo scambio di informazioni di cui ai commi 1, 2 e 3 devono avvenire nel rispetto delle norme sulla protezione dei dati personali di cui al decreto legislativo 30 giugno 2003, n. 196.

5. Sono fatte salve le disposizioni in materia di segreto professionale e commerciale applicabili alle autorità nazionali di cui al comma 3. Gli organismi ADR sono sottoposti al segreto d'ufficio e agli altri vincoli equivalenti di riservatezza previsti dalla normativa vigente.

[1] Articolo ins. dall'art. 1, c. 3, D.lgs. 6 ago. 2015, n. 130.

141-*octies*. *Autorità competenti e punto di contatto unico.*[1] — 1. Per lo svolgimento delle funzioni di cui agli articoli 141-*nonies* e 141-*decies*, sono designate le seguenti autorità competenti:

a) Ministero della giustizia unitamente al Ministero dello sviluppo economico, con riferimento al registro degli organismi di mediazione relativo alla materia del consumo, di cui all'articolo 16, commi 2 e 4, del decreto legislativo 4 marzo 2010, n. 28;

b) Commissione nazionale per le società e la borsa (CONSOB), di cui all'articolo 1 della legge 7 giugno 1974, n. 216, con riferimento ai sistemi di risoluzione stragiudiziale delle controversie disciplinati ai sensi dell'articolo 2 del decreto legislativo 8 ottobre 2007, n. 179, e dei regolamenti attuativi, e con oneri a carico delle risorse di cui all'articolo 40, comma 3, della legge 23 dicembre 1994, n. 724, e successive modificazioni, nonché dei soggetti che si avvalgono delle procedure medesime;

b-bis) l'Istituto per la vigilanza sulle assicurazioni (IVASS) di cui all'art. 13 del decreto-legge 6 luglio 2012, n. 95, convertito, con modificazioni, dalla legge 7 agosto 2012, n. 135, con riferimento ai sistemi di risoluzione stragiudiziale delle controversie disciplinati ai sensi dell'art. 187-*ter* del decreto legislativo 7 settembre 2005, n. 209, e dei regolamenti attuativi, e con oneri a carico delle risorse di cui agli articoli 335 e 336 dello stesso decreto legislativo 7 settembre 2005 n. 209.[2]

c) Autorità per l'energia elettrica, il gas e il sistema idrico (AEEGSI), di cui all'articolo 2 della legge 14 novembre 1995, n. 481, per il settore di competenza;

d) Autorità per le garanzie nelle comunicazioni (AGCOM), di cui all'articolo 1 della legge 31 luglio 1997, n. 249, per il settore di competenza;

e) Banca d'Italia, con riferimento ai sistemi di risoluzione stragiudiziale delle controversie disciplinati ai sensi dell'articolo 128-*bis* del decreto legislativo 1° settembre 1993, n. 385;

f) altre autorità amministrative indipendenti, di regolazione di specifici settori, ove disciplinino specifiche procedure ADR secondo le proprie competenze;

g) Ministero dello sviluppo economico, con riferimento alle negoziazioni paritetiche di cui all'articolo 141-*ter* relative ai settori non regolamentati o per i quali le relative autorità indipendenti di regolazione non applicano o non adottano specifiche disposizioni, nonché con riferimento agli organismi di conciliazione istituiti ai sensi dell'articolo 2, comma 2, lettera *g*) e comma 4, della legge 29 dicembre 1993, n. 580, limitatamente alle controversie tra consumatori e professionisti, non rientranti nell'elenco di cui alla lettera *a*).

2. Il Ministero dello sviluppo economico è designato punto di contatto unico con la Commissione europea.

3. Al fine di definire uniformità di indirizzo nel compimento delle funzioni delle autorità competenti di cui al comma 1 è istituito presso il Ministero dello sviluppo economico un tavolo di coordinamento e di indirizzo. Lo stesso è composto da un rappresentante per ciascuna autorità competente. Al Ministero dello sviluppo economico è attribuito il compito di convocazione e di raccordo. Al tavolo sono assegnati compiti di definizione degli indirizzi relativi all'attività di iscrizione e di vigilanza delle autorità competenti, nonché ai criteri generali di trasparenza e imparzialità, e alla misura dell'indennità dovuta per il servizio prestato dagli organismi ADR. Ai componenti del predetto tavolo di coordinamento ed indirizzo non spetta alcun compenso, gettone di presenza o altro emolumento comunque denominato e a qualsiasi titolo dovuto.

[1] Articolo ins. dall'art. 1, c. 3, D.lgs. 6 ago. 2015, n. 130.
[2] Lettera aggiunta dall'art. 4, c. 6, D.lgs. 21 mag. 2018, n. 68.

141-*nonies*. ***Informazioni da trasmettere alle autorità competenti da parte degli organismi di risoluzione delle controversie.***[1] — 1. Gli organismi di risoluzione delle controversie che intendono essere considerati organismi ADR ai sensi del presente titolo e inseriti in elenco conformemente all'articolo 141-*decies*, comma 2, devono presentare domanda di iscrizione alla rispettiva autorità competente, indicando:

a) il loro nome o denominazione, le informazioni di contatto e l'indirizzo del sito web;

b) informazioni sulla loro struttura e sul loro finanziamento, comprese le informazioni sulle persone fisiche incaricate della risoluzione delle controversie, sulla loro retribuzione, sul loro mandato e sul loro datore di lavoro;

c) le proprie norme procedurali;

d) le loro tariffe, se del caso;

e) la durata media delle procedure di risoluzione delle controversie;

f) la lingua o le lingue in cui possono essere presentati i reclami e in cui viene svolta la procedura di risoluzione delle controversie;

g) una dichiarazione sui tipi di controversie trattati mediante la procedura di risoluzione delle controversie;

h) i motivi per cui un organismo di risoluzione delle controversie può rifiutare il trattamento di una determinata controversia a norma dell'articolo 141-*bis*, comma 2;

i) una dichiarazione motivata dell'organismo di possedere o meno i requisiti di un organismo ADR che rientra nell'ambito d'applicazione della presente direttiva, e di rispettare o meno i requisiti di qualità di cui al presente titolo.

2. Qualora le informazioni di cui alle lettere da *a*) ad *h*) del comma 1 vengano modificate, gli organismi ADR informano senza indugio l'autorità competente in merito a tali modifiche.

3. Gli organismi di risoluzione delle controversie dinanzi ai quali si svolgono le procedure di cui all'articolo 141-*ter*, oltre a comunicare ai requisiti di cui al comma 1, devono altresì trasmettere le informazioni necessarie a valutare la loro conformità ai requisiti specifici aggiuntivi di indipendenza e di trasparenza di cui al comma 1 dell'articolo 141-*ter*.

4. A far data dal secondo anno di iscrizione al

relativo elenco, con cadenza biennale, ogni organismo ADR trasmette alla rispettiva autorità competente informazioni concernenti:

a) il numero di reclami ricevuti ed i tipi di controversie alle quali si riferiscono;

b) la quota percentuale delle procedure ADR interrotte prima di raggiungere il risultato;

c) il tempo medio necessario per la risoluzione delle controversie ricevute;

d) la percentuale di rispetto, se nota, degli esiti delle procedure ADR;

e) eventuali problematiche sistematiche o significative che si verificano di frequente e causano controversie tra consumatori e professionisti. Le informazioni comunicate al riguardo possono essere accompagnate da raccomandazioni sul modo di evitare o risolvere problematiche analoghe in futuro;

f) se del caso, una valutazione dell'efficacia della loro cooperazione all'interno di reti di organismi ADR che agevolano la risoluzione delle controversie transfrontaliere;

g) se prevista, la formazione fornita alle persone fisiche incaricate delle risoluzioni delle controversie di cui all'articolo 141-*bis*, comma 4, lettera *a*);

h) la valutazione dell'efficacia della procedura ADR offerta dall'organismo e di eventuali modi per migliorarla.

[1] Articolo ins. dall'art. 1, c. 3, D.lgs. 6 ago. 2015, n. 130.

141-*decies*. *Ruolo delle autorità competenti*.[1] — 1. Presso ciascuna autorità competente è istituito, rispettivamente con decreto ministeriale o con provvedimenti interni, l'elenco degli organismi ADR deputati a gestire le controversie nazionali e transfrontaliere che rientrano nell'ambito di applicazione del presente titolo e che rispettano i requisiti previsti. Ciascuna autorità competente definisce il procedimento per l'iscrizione e verifica il rispetto dei requisiti di stabilità, efficienza, imparzialità, nonché il rispetto del principio di tendenziale non onerosità, per il consumatore, del servizio.

2. Ogni autorità competente provvede all'iscrizione, alla sospensione e alla cancellazione degli iscritti e vigila sull'elenco nonché sui singoli organismi ADR.

3. Ciascuna autorità competente sulla base di propri provvedimenti, tiene l'elenco e disciplina le modalità di iscrizione degli organismi ADR. Tale elenco comprende:

a) il nome, le informazioni di contatto e i siti internet degli organismi ADR di cui al comma 1;

b) le loro tariffe, se del caso;

c) la lingua o le lingue in cui possono essere presentati i reclami e in cui è svolta la procedura ADR;

d) i tipi di controversie contemplati dalla procedura ADR;

e) i settori e le categorie di controversie trattati da ciascun organismo ADR;

f) se del caso, l'esigenza della presenza fisica delle parti o dei loro rappresentanti, compresa una dichiarazione dell'organismo ADR relativa alla possibilità di svolgere la procedura ADR in forma orale o scritta;

g) i motivi per cui un organismo ADR può rifiutare il trattamento di una determinata controversia a norma dell'articolo 141-*bis*, comma 2.

4. Se un organismo ADR non soddisfa più i requisiti di cui al comma 1, l'autorità competente interessata lo contatta per segnalargli tale non conformità, invitandolo a ovviarvi immediatamente. Se allo scadere di un termine di tre mesi l'organismo ADR continua a non soddisfare i requisiti di cui al comma 1, l'autorità competente cancella l'organismo dall'elenco di cui al comma 2. Detto elenco è aggiornato senza indugio e le informazioni pertinenti sono trasmesse al Ministero dello sviluppo economico quale punto di contatto unico con la Commissione europea.

5. Ogni autorità competente notifica senza indugio l'elenco di cui ai commi 1 e 3, e ogni suo successivo aggiornamento, al Ministero dello sviluppo economico quale punto di contatto unico con la Commissione europea.

6. L'elenco e gli aggiornamenti di cui ai commi 2, 3 e 4 relativi agli organismi ADR stabiliti nel territorio della Repubblica italiana sono trasmessi alla Commissione europea dal Ministero dello sviluppo economico quale punto di contatto unico.

7. Ogni autorità competente mette a disposizione del pubblico l'elenco consolidato degli organismi ADR, elaborato dalla Commissione europea e notificato al Ministero dello sviluppo economico quale punto di contatto unico, fornendo sul proprio sito internet un link al pertinente sito internet della Commissione europea. Inoltre, ogni autorità competente mette a disposizione del pubblico tale elenco consolidato su un supporto durevole.

8. Entro il 9 luglio 2018 e successivamente ogni quattro anni, il Ministero dello sviluppo economico, quale punto di contatto unico, con il contributo delle altre autorità competenti, pubblica e trasmette alla Commissione europea una relazione sullo sviluppo e sul funzionamento di tutti gli organismi ADR stabiliti sul territorio della Repubblica italiana. In particolare, tale relazione:

a) identifica le migliori prassi degli organismi ADR;

b) sottolinea le insufficienze, comprovate da statistiche, che ostacolano il funzionamento degli organismi ADR per le controversie sia nazionali che transfrontaliere, se del caso;

c) elabora raccomandazioni su come migliorare l'efficacia e l'efficienza del funzionamento degli organismi ADR, se del caso.

[1] Articolo ins. dall'art. 1, c. 3, D.lgs. 6 ago. 2015, n. 130.

PARTE VI
DISPOSIZIONI FINALI

(*Omissis*).

ALLEGATO I
Informazioni relative all'esercizio del diritto di recesso

A. Istruzioni tipo sul recesso
- ai sensi dell'art. 49, comma 4 -

Diritto di recesso

Lei ha il diritto di recedere dal contratto, senza indicarne le ragioni, entro 14 giorni.

Il periodo di recesso scade dopo 14 giorni dal giorno **[...1...]**.

Per esercitare il diritto di recesso, Lei è tenuto a informarci (**[...2...]**) della sua decisione di recedere dal presente contratto tramite una dichiarazione esplicita (ad esempio lettera inviata per posta, fax o posta elettronica). A tal fine può utilizzare il modulo tipo di recesso allegato, ma non è obbligatorio **[...3...]**.

Per rispettare il termine di recesso, è sufficiente che Lei invii la comunicazione relativa all'esercizio del diritto di recesso prima della scadenza del periodo di recesso.

Effetti del recesso

Se Lei recede dal presente contratto, Le saranno rimborsati tutti i pagamenti che ha effettuato a nostro favore, compresi i costi di consegna (ad eccezione dei costi supplementari derivanti dalla Sua eventuale scelta di un tipo di consegna diverso dal tipo meno costoso di consegna standard da noi offerto), senza indebito ritardo e in ogni caso non oltre 14 giorni dal giorno in cui siamo informati della Sua decisione di recedere dal presente contratto. Detti rimborsi saranno effettuati utilizzando lo stesso mezzo di pagamento da Lei usato per la transazione iniziale, salvo che Lei non abbia espressamente convenuto altrimenti; in ogni caso, non dovrà sostenere alcun costo quale conseguenza di tale rimborso **[...4...]**.

[...5...]

[...6...]

Istruzioni per la compilazione:

1. Inserire uno dei seguenti testi tra virgolette:

a) in caso di un contratto di servizi o di un contratto per la fornitura di acqua, gas o elettricità, quando non sono messi in vendita in un volume limitato o in quantità determinata, di teleriscaldamento o di contenuto digitale che non è fornito su un supporto materiale: «della conclusione del contratto.»;

b) nel caso di un contratto di vendita: «in cui Lei o un terzo, diverso dal vettore e da Lei designato, acquisisce il possesso fisico dei beni.»;

c) nel caso di un contratto relativo a beni multipli ordinati dal consumatore in un solo ordine e consegnati separatamente: «in cui Lei o un terzo, diverso dal vettore e da Lei designato, acquisisce il possesso fisico dell'ultimo bene.»;

d) nel caso di un contratto relativo alla consegna di un bene consistente di lotti o pezzi multipli: «in cui Lei o un terzo, diverso dal vettore e da Lei designato, acquisisce il possesso fisico dell'ultimo lotto o pezzo.»;

e) nel caso di un contratto per la consegna periodica di beni durante un determinato periodo di tempo: «in cui Lei o un terzo, diverso dal vettore e da Lei designato, acquisisce il possesso fisico del primo bene.»

2. Inserire il nome, l'indirizzo geografico e, qualora disponibili, il numero di telefono e di fax e l'indirizzo di posta elettronica.

3. Se Lei dà al consumatore la possibilità di compilare e inviare elettronicamente le informazioni relative al recesso dal contratto sul Suo sito web, inserire quanto segue: «Può anche compilare e inviare elettronicamente il modulo tipo di recesso o qualsiasi altra esplicita dichiarazione sul nostro sito web **[inserire l'indirizzo]**. Nel caso scegliesse detta opzione, Le trasmetteremo senza indugio una conferma di ricevimento del recesso su un supporto durevole (ad esempio per posta elettronica).»

4. Per i contratti di vendita nei quali Lei non ha offerto di ritirare i beni in caso di recesso, inserire quanto segue: «Il rimborso può essere sospeso fino al ricevimento dei beni oppure fino all'avvenuta dimostrazione da parte del consumatore di aver rispedito i beni, se precedente.»

5. Se il consumatore ha ricevuto i beni oggetto del contratto:

a) Inserire:

- «Ritireremo i beni.»; oppure

- «È pregato di rispedire i beni o di consegnarli a noi o a ... **[inserire il nome e l'indirizzo geografico, se del caso, della persona da Lei autorizzata a ricevere i beni]**, senza indebiti ritardi e in ogni caso entro 14 giorni dal giorno in cui ci ha comunicato il suo recesso dal presente contratto. Il termine è rispettato se Lei rispedisce i beni prima della scadenza del periodo di 14 giorni.»

b) Inserire:

- «I costi della restituzione dei beni saranno a nostro carico.»,

- «I costi diretti della restituzione dei beni saranno a Suo carico.»,

- Se, in un contratto a distanza, Lei non offre di sostenere il costo della restituzione dei beni e questi ultimi, per loro natura, non possono essere normalmente restituiti a mezzo posta: «Il costo diretto di ... EUR **[inserire l'importo]** per la restituzione dei beni sarà a Suo carico.»; oppure se il costo della restituzione dei beni non può essere ragionevolmente calcolato in anticipo: «Il costo diretto della restituzione dei beni sarà a Suo carico. Il costo è stimato essere pari a un massimo di circa ... EUR **[inserire l'importo]**.», oppure

- Se, in caso di un contratto negoziato fuori dei locali commerciali, i beni, per loro natura, non possono essere normalmente restituiti a mezzo posta e sono stati consegnati al domicilio del consumatore alla data di conclusione del contratto: «Ritireremo i beni a nostre spese.»

c) inserire: «Lei è responsabile solo della diminuzione del valore dei beni risultante da una manipolazione del bene diversa da quella necessaria per stabilire la natura, le caratteristiche e il funzionamento dei beni.»

6. In caso di un contratto per la fornitura di acqua, gas ed elettricità, quando non sono messi in vendita in un volume limitato o in quantità determinata, o di teleriscaldamento, inserire quanto segue: «Se Lei ha chiesto di iniziare la prestazione di servizi o la fornitura di acqua/gas elettricità/teleriscaldamento [cancellare la dicitura inutile] durante il periodo di recesso, è tenuto a pagarci un importo proporzionale a quanto fornito fino al momento in cui Lei ha ci comunicato il Suo recesso dal presente contratto, rispetto a tutte le prestazioni previste dal contratto.»

B. Modulo di recesso tipo

- ai sensi dell'art. 49, comma 1, lett. h) -

(compilare e restituire il presente modulo solo se si desidera recedere dal contratto)

- Destinatario [il nome, l'indirizzo geografico e, qualora disponibili, il numero di telefono, di fax e gli indirizzi di posta elettronica devono essere inseriti dal professionista]:
- Con la presente io/noi (*) notifichiamo il recesso dal mio/nostro (*) contratto di vendita dei seguenti beni/servizi (*)
- Ordinato il (*)/ricevuto il (*)
- Nome del/dei consumatore(i)
- Indirizzo del/dei consumatore(i)
- Firma del/dei consumatore(i) (solo se il presente modulo è notificato in versione cartacea)
- Data

(*) Cancellare la dicitura inutile.

- 2 -

L. 2 apr. 2007, n. 40

Conversione in legge, con modificazioni, del D.L. 31 gen. 2007, n. 7, recante misure urgenti per la tutela dei consumatori, la promozione della concorrenza, lo sviluppo di attività economiche e la nascita di nuove imprese

(G.U. 2 apr. 2007, n. 77) (*stralcio*)

CAPO I

Misure urgenti per la tutela dei consumatori

1. ***Ricarica nei servizi di telefonia mobile, trasparenza e libertà di recesso dai contratti con operatori telefonici, televisivi e di servizi internet.*** — 1. Al fine di favorire la concorrenza e la trasparenza delle tariffe, di garantire ai consumatori finali un adeguato livello di conoscenza sugli effettivi prezzi del servizio, nonché di facilitare il confronto tra le offerte presenti sul mercato, è vietata, da parte degli operatori di telefonia, di reti televisive e di comunicazioni elettroniche, l'applicazione di costi fissi e di contributi per la ricarica di carte prepagate, anche via bancomat o in forma telematica, aggiuntivi rispetto al costo del traffico telefonico o del servizio richiesto. È altresì vietata la previsione di termini temporali massimi di utilizzo del traffico o del servizio acquistato. Ogni eventuale clausola difforme è nulla e non comporta la nullità del contratto, fatti salvi i vincoli di durata di eventuali offerte promozionali comportanti prezzi più favorevoli per il consumatore. Gli operatori di telefonia mobile adeguano la propria offerta commerciale alle predette disposizioni entro il termine di trenta giorni dalla data di entrata in vigore del presente decreto.

1-*bis*. I contratti di fornitura nei servizi di comunicazione elettronica disciplinati dal codice di cui al decreto legislativo 1° agosto 2003, n. 259, prevedono la cadenza di rinnovo delle offerte e della fatturazione dei servizi, ad esclusione di quelli promozionali a carattere temporaneo di durata inferiore a un mese e non rinnovabile, su base mensile o di multipli del mese.[1]

1-*ter*. Gli operatori di telefonia, di reti televisive e di comunicazioni elettroniche, indipendentemente dalla tecnologia utilizzata, si adeguano alle disposizioni di cui al comma 1-*bis* entro il termine di centoventi giorni dalla data di entrata in vigore della presente disposizione.[1]

1-*quater*. L'Autorità per le garanzie nelle comunicazioni garantisce la pubblicazione dei servizi offerti e delle tariffe generali di cui al comma 1-*bis*, in modo da assicurare che i consumatori possano compiere scelte informate.[1]

1-*quinquies*. In caso di violazione del comma 1-*bis* l'Autorità per le garanzie nelle comunicazioni ordina all'operatore la cessazione della condotta e il rimborso delle eventuali somme indebitamente percepite o comunque ingiustificatamente addebitate agli utenti, indicando il termine entro cui adempiere, in ogni caso non inferiore a trenta giorni.[1]

2. L'offerta commerciale dei prezzi dei differenti operatori della telefonia deve evidenziare tutte le voci che compongono l'offerta, al fine di consentire ai singoli consumatori un adeguato confronto.

2-*bis*. L'Autorità per le garanzie nelle comunicazioni determina le modalità per consentire all'utente, a sua richiesta, al momento della chiamata da un numero fisso o cellulare e senza alcun addebito, di conoscere l'indicazione dell'operatore che gestisce il numero chiamato.

3. I contratti per adesione stipulati con operatori di telefonia e di reti televisive e di comunicazione elettronica, indipendentemente dalla tecnologia utilizzata, devono prevedere la facoltà del contraente di recedere dal contratto o di trasferire le utenze presso altro operatore senza vincoli temporali o ritardi non giustificati e senza spese non giustificate da costi dell'operatore e non possono imporre un obbligo di preavviso superiore a trenta giorni. Le clausole difformi sono nulle, fatta salva la facoltà degli operatori di adeguare alle disposizioni del presente comma i rapporti contrattuali già stipulati alla data di entrata in vigore del presente decreto entro i successivi sessanta giorni. In ogni caso, le spese relative al recesso o al trasferimento dell'utenza ad altro operatore sono commisurate al valore del contratto e ai costi reali sopportati dall'azienda, ovvero ai costi sostenuti per dismettere la linea telefonica o trasferire il servizio, e comunque rese note al consumatore al momento della pubblicizzazione dell'offerta e in fase di sottoscrizione del contratto, nonché comunicate, in via generale, all'Autorità per le garanzie nelle comunicazioni, esplicitando analiticamente la composizione di ciascuna voce e la rispettiva giustificazione economica.[2]

3-*bis*. Le modalità utilizzabili dal soggetto contraente che intenda recedere da un contratto stipulato con operatori di telefonia e di reti televisive e di comunicazione elettronica, nonché in caso di cambio di gestore, devono essere semplici e di immediata attivazione e devono seguire le medesime forme utilizzabili al momento dell'attivazione o dell'adesione al contratto. In ogni caso, gli operatori di telefonia, di reti televisive e di comunicazioni elettroniche devono consentire la possibilità per consumatori e utenti di comunicare il recesso o il cambio di gestore con modalità telematiche.[3]

3-*ter*. Il contratto stipulato con operatori di telefonia e di reti televisive e di comunicazione elettronica, ove comprenda offerte promozionali aventi ad oggetto la fornitura sia di servizi che di beni, non può avere durata superiore a ventiquattro mesi. Nel caso di risoluzione anticipata si applicano i medesimi obblighi informativi e i medesimi limiti agli oneri per il consumatore di cui al comma 3, terzo periodo, e comunque gli eventuali relativi costi devono essere equi e proporzionati al valore del contratto e alla durata residua della promozione offerta.[3]

3-*quater*. È fatto obbligo ai soggetti gestori dei servizi di telefonia e di comunicazioni elettroniche, ai fini dell'eventuale addebito al cliente del costo di servizi in abbonamento offerti da terzi, di acquisire la prova del previo consenso espresso del medesimo. In ogni caso, è fatto divieto agli operatori di telefonia e di comunicazioni elettroniche di attivare, senza il previo consenso espresso e documentato del consumatore o dell'utente, servizi in abbonamento da parte degli stessi operatori o di terzi, inclusi quei servizi che prevedono l'erogazione di contenuti digitali forniti sia mediante SMS e MMS, sia tramite connessione dati, nonché servizi di messaggistica istantanea, con addebito su credito telefonico o documento di fatturazione, offerti sia da terzi, sia direttamente dagli operatori di accesso.[4]

4. L'Autorità per le garanzie nelle comunicazioni vigila sull'attuazione delle disposizioni di cui al presente articolo e stabilisce le modalità attuative delle disposizioni di cui al comma 2 e al comma 3-*quater*. La violazione delle disposizioni di cui ai commi 1, 1-*bis*, 1-*ter*, 2, 3, 3-*bis*, 3-*ter* e 3-*quater* è sanzionata dall'Autorità per le garanzie nelle comunicazioni applicando l'articolo 98, comma 16, del codice delle comunicazioni elettroniche, di cui al decreto legislativo 1° agosto 2003, n. 259, e successive modificazioni. L'inottemperanza agli ordini impartiti ai sensi del comma 1-quinquies è sanzionata applicando l'articolo 98, comma 11, del medesimo codice.[5]

4-*bis*. Il periodo mensile o suoi multipli di cui al comma 1-*bis* costituisce standard minimo nelle condizioni generali di contratto e nella Carta dei servizi. Nel caso di variazione dello standard da parte dell'operatore e tenendo conto delle tempistiche di cui al comma 1-*ter*, si applica un indennizzo forfetario pari ad euro 50, in favore di ciascun utente interessato dalla illegittima fatturazione, maggiorato di euro 1 per ogni giorno successivo alla scadenza del termine assegnato dall'Autorità ai sensi del comma 1-*quinquies*. L'Autorità vigila sul rispetto della presente disposizione nell'ambito delle competenze di cui all'articolo 1, comma 6, lettera *a*), numero 14, e commi 11 e 12, della legge 31 luglio 1997, n. 249.[1]

[1] Comma ins. dall'art. 19-*quinquiesdecies*, D.L. 16 ott. 2017, n. 148, conv. con modif. in L. 4 dic. 2017, n. 172.

[2] Periodo aggiunto dall'art. 1, c. 41, L. 4 ago. 2017, n. 124.

[3] Comma ins. dall'art. 1, c. 41, L. 4 ago. 2017, n. 124.

[4] Comma così sost. dall'art. 24, L. 5 ago. 2022, n. 118.

[5] Comma così modif. dall'art. 19-*quinquiesdecies*, D.L. 16 ott. 2017, n. 148, conv. con modif. in L. 4 dic. 2017, n. 172.

1-*bis*. *Misure per il mercato delle telecomunicazioni.*[1] (*Omissis*).

[1] Modifica l'art. 25, c. 6, D.lgs. 1° ago. 2003, n. 259.

2. ***Informazione sui prezzi dei carburanti e sul traffico lungo la rete autostradale e stradale.*** — 1. Al fine di favorire la concorrenza e la trasparenza dei prezzi nel settore della distribuzione dei carburanti, di garantire ai consumatori un adeguato livello di conoscenza sugli effettivi costi del servizio, nonché di facilitare il confronto tra le offerte presenti sul mercato, il gestore della rete stradale di interesse nazionale e autostradale deve utilizzare i dispositivi di informazione di pubblica utilità esistenti lungo la rete e le convenzioni con emittenti radiofoniche, nonché gli strumenti di informazione di cui al comma 3 per informare gli utenti, anche in forma comparata, dei prezzi di vendita dei carburanti praticati negli impianti di distribuzione dei carburanti presenti lungo le singole tratte della rete autostradale e delle strade statali extraurbane principali, con conseguente onere informativo dei gestori degli impianti ai concessionari circa i prezzi praticati. La violazione di tale obbligo comporta l'applicazione delle sanzioni previste dalla disciplina del commercio per la mancata esposizione dei prezzi.

2. Il gestore della rete stradale di interesse nazionale e autostradale deve utilizzare i medesimi strumenti di informazione per avvertire, in tempo reale, delle condizioni di grave limitazione del traffico che gli utenti potrebbero subire accedendo alla rete di competenza.

3. Il Ministero dei trasporti sottopone, entro trenta giorni dalla data di entrata in vigore della legge di conversione del presente decreto, al Comitato interministeriale per la programmazione economica (CIPE) una proposta intesa a disciplinare, senza oneri aggiuntivi per il bilancio pubblico, nell'ambito delle concessioni autostradali e stradali, l'installazione di strumenti di informazione di pubblica utilità e la sottoscrizione di convenzioni con organi di informazione e gestori di telefonia per facilitare la diffusione delle informazioni di cui ai commi 1 e 2.

3. ***Trasparenza delle tariffe aeree.*** — 1. Al fine di favorire la concorrenza e la trasparenza delle tariffe aeree, di garantire ai consumatori un adeguato livello di conoscenza sugli effettivi costi del servizio, nonché di facilitare il confronto tra le offerte presenti sul mercato, sono vietati le offerte e i messaggi pubblicitari di voli aerei recanti l'indicazione del prezzo al netto di spese, tasse e altri oneri aggiuntivi, ovvero riferiti a una singola tratta di andata e ritorno, a un numero limitato di titoli di viaggio o a periodi di tempo delimitati o a modalità di prenotazione, se non chiaramente indicati nell'offerta.

2. A decorrere dal trentesimo giorno successivo alla data di entrata in vigore del presente decreto, le offerte e i messaggi pubblicitari di cui al comma 1 sono sanzionati quali pubblicità ingannevole.

4-15. (*Omissis*).

- 3 -

D.lgs. 2 ago. 2007, n. 145

Attuazione dell'art. 14 della direttiva 2005/29/CE modifica la direttiva 84/450/CEE sulla pubblicità ingannevole

1. ***Finalità.*** — 1. Le disposizioni del presente decreto legislativo hanno lo scopo di tutelare i professionisti dalla pubblicità ingannevole e dalle sue conseguenze sleali, nonché di stabilire le condizioni di liceità della pubblicità comparativa.

2. La pubblicità deve essere palese, veritiera e corretta.

2. ***Definizioni.*** — 1. Ai fini del presente decreto legislativo si intende per:

a) pubblicità: qualsiasi forma di messaggio che è diffuso, in qualsiasi modo, nell'esercizio di un'attività commerciale, industriale, artigianale o professionale allo scopo di promuovere il trasferimento di beni mobili o immobili, la prestazione di opere o di servizi oppure la costituzione o il trasferimento di diritti ed obblighi su di essi;

b) pubblicità ingannevole: qualsiasi pubblicità che in qualunque modo, compresa la sua presentazione è idonea ad indurre in errore le persone fisiche o giuridiche alle quali è rivolta o che essa raggiunge e che, a causa del suo carattere ingannevole, possa pregiudicare il loro comportamento economico ovvero che, per questo motivo, sia idonea a ledere un concorrente;

c) professionista: qualsiasi persona fisica o giuridica che agisce nel quadro della sua attività commerciale, industriale, artigianale o professionale; e chiunque agisce in nome o per conto di un professionista;

d) pubblicità comparativa: qualsiasi pubblicità che identifica in modo esplicito o implicito un concorrente o beni o servizi offerti da un concorrente;

e) operatore pubblicitario: il committente del messaggio pubblicitario ed il suo autore, nonché, nel caso in cui non consenta all'identificazione di costoro, il proprietario del mezzo con cui il messaggio pubblicitario è diffuso ovvero il responsabile della programmazione radiofonica o televisiva.

3. ***Elementi di valutazione.*** — Per determinare se la pubblicità è ingannevole se ne devono considerare tutti gli elementi, con riguardo in particolare ai suoi riferimenti:

a) alle caratteristiche dei beni o dei servizi, quali la loro disponibilità, la natura, l'esecuzione, la composizione, il metodo e la data di fabbricazione o della prestazione, l'idoneità allo scopo, gli usi, la quantità, la descrizione, l'origine geografica o commerciale, o i risultati che si possono ottenere con il loro uso, o i risultati e le caratteristiche fondamentali di prove o controlli effettuati sui beni o sui servizi;

b) al prezzo o al modo in cui questo è calcolato

ed alle condizioni alle quali i beni o i servizi sono forniti;

c) alla categoria, alle qualifiche e ai diritti dell'operatore pubblicitario, quali l'identità, il patrimonio, le capacità, i diritti di proprietà intellettuale e industriale, ogni altro diritto su beni immateriali relativi all'impresa ed i premi o riconoscimenti.

4. ***Condizioni di liceità della pubblicità comparativa.*** — Per quanto riguarda il confronto, la pubblicità comparativa è lecita se sono soddisfatte le seguenti condizioni:

a) non è ingannevole ai sensi del presente decreto legislativo o degli artt. 21, 22 e 23 del decreto legislativo 6 settembre 2005, n. 206, recante "Codice del consumo";

b) confronta beni o servizi che soddisfano gli stessi bisogni o si propongono gli stessi obiettivi;

c) confronta oggettivamente una o più caratteristiche essenziali, pertinenti, verificabili e rappresentative, compreso eventualmente il prezzo, di tali beni e servizi;

d) non ingenera confusione sul mercato tra i professionisti o tra l'operatore pubblicitario ed un concorrente o tra i marchi, le denominazioni commerciali, altri segni distintivi, i beni o i servizi dell'operatore pubblicitario e quelli di un concorrente;

e) non causa discredito o denigrazione di marchi, denominazioni commerciali, altri segni distintivi, beni, servizi, attività o posizione di un concorrente;

f) per i prodotti recanti denominazione di origine, si riferisce in ogni caso a prodotti aventi la stessa denominazione;

g) non trae indebitamente vantaggio dalla notorietà connessa al marchio, alla denominazione commerciale ovvero ad altro segno distintivo di un concorrente o alle denominazioni di origine di prodotti concorrenti;

h) non presenta un bene o un servizio come imitazione o contraffazione di beni o servizi protetti da un marchio o da una denominazione commerciale depositati.

2. Il requisito della verificabilità di cui al comma 1, lettera *c*), si intende soddisfatto quando i dati addotti ad illustrazione della caratteristica del bene o servizio pubblicizzato sono suscettibili di dimostrazione.

3. Qualunque raffronto che fa riferimento a un'offerta speciale deve indicare in modo chiaro e non equivoco il termine finale dell'offerta oppure, nel caso in cui l'offerta speciale non sia ancora avviata, la data di inizio del periodo nel corso del quale si applicano il prezzo speciale o altre condizioni particolari o, se del caso, che l'offerta speciale dipende dalla disponibilità dei beni e servizi.

5. ***Trasparenza della pubblicità.*** — 1. La pubblicità deve essere chiaramente riconoscibile come tale. La pubblicità a mezzo di stampa deve essere distinguibile dalle altre forme di comunicazione al pubblico, con modalità grafiche di evidente percezione.

2. I termini "garanzia", "garantito" e simili possono essere usati solo se accompagnati dalla precisazione del contenuto e delle modalità della garanzia offerta. Quando la brevità del messaggio pubblicitario non consente di riportare integralmente tali precisazioni, il riferimento sintetico al contenuto ed alle modalità della garanzia offerta deve essere integrato dall'esplicito rinvio ad un testo facilmente conoscibile dal consumatore in cui siano riportate integralmente le precisazioni medesime.

È vietata ogni forma di pubblicità subliminale.

6. ***Pubblicità di prodotti pericolosi per la salute e la sicurezza.*** — 1. È considerata ingannevole la pubblicità che, riguardando prodotti suscettibili di porre in pericolo la salute e la sicurezza dei soggetti che essa raggiunge, omette di darne notizia in modo da indurre tali soggetti a trascurare le normali regole di prudenza e vigilanza.

7. ***Bambini e adolescenti.*** — 1. È considerata ingannevole la pubblicità che, in quanto suscettibile di raggiungere bambini ed adolescenti, abusa della loro naturale credulità o mancanza di esperienza o che, impiegando bambini ed adolescenti in messaggi pubblicitari, fermo quanto disposto dall'art. 10 della legge 3 maggio 2004, n. 112, abusa dei naturali sentimenti degli adulti per i più giovani.

2. È considerata ingannevole la pubblicità, che, in quanto suscettibile di raggiungere bambini ed adolescenti, può, anche indirettamente, minacciare la loro sicurezza.

8. ***Tutela amministrativa e giurisdizionale.*** — 1. L'Autorità garante della concorrenza e del mercato, di seguito chiamata Autorità, esercita le attribuzioni disciplinate dal presente articolo.

2. L'Autorità, d'ufficio o su istanza di ogni soggetto o organizzazione che ne abbia interesse, inibisce la continuazione ed elimina gli effetti della pubblicità ingannevole e comparativa illecita. Per lo svolgimento dei compiti di cui al comma 1, l'Autorità può avvalersi della Guardia di Finanza che agisce con i poteri ad essa attribuiti per l'accertamento dell'imposta sul valore aggiunto e dell'imposta sui redditi.

3. L'Autorità può disporre con provvedimento motivato la sospensione provvisoria della pubblicità ingannevole e comparativa illecita in caso di particolare urgenza. In ogni caso, comunica l'apertura dell'istruttoria al professionista e, se il committente non è conosciuto, può richiedere al proprietario del mezzo che ha diffuso il messaggio pubblicitario ogni informazione idonea ad identificarlo. L'Autorità può, altresì, richiedere ad ogni soggetto le informazioni ed i documenti rilevanti al fine dell'accertamento dell'infrazione. Si applicano le disposizioni previste dall'art. 14, commi 2, 3 e 4, della legge 10 ottobre 1990, n. 287.

4. In caso di inottemperanza, senza giustificato motivo, a quanto disposto dall'Autorità ai sensi del-

l'art. 14, comma 2, della legge 10 ottobre 1990, n. 287, l'Autorità applica una sanzione amministrativa pecuniaria da 2.000,00 euro a 20.000,00 euro. Qualora le informazioni o la documentazione fornite non siano veritiere, l'Autorità applica una sanzione amministrativa pecuniaria da 4.000,00 euro a 40.000,00 euro.

5. L'Autorità può disporre che il professionista fornisca prove sull'esattezza materiale dei dati di fatto contenuti nella pubblicità se, tenuto conto dei diritti o degli interessi legittimi del professionista e di qualsiasi altra parte nel procedimento, tale esigenza risulti giustificata, date le circostanze del caso specifico. Se tale prova è omessa o viene ritenuta insufficiente, i dati di fatto sono considerati inesatti.

6. Quando la pubblicità è stata o deve essere diffusa attraverso la stampa periodica o quotidiana ovvero per via radiofonica o televisiva o altro mezzo di telecomunicazione, l'Autorità, prima di provvedere, richiede il parere dell'Autorità per le garanzie nelle comunicazioni.

7. Ad eccezione dei casi di manifesta scorrettezza e gravità l'Autorità può ottenere dal professionista responsabile della pubblicità ingannevole e comparativa illecita l'assunzione dell'impegno a porre fine all'infrazione, cessando la diffusione della stessa o modificandola in modo da eliminare i profili di illegittimità. L'Autorità può disporre la pubblicazione della dichiarazione di assunzione dell'impegno in questione, a cura e spese del professionista. In tali ipotesi, l'Autorità, valutata l'idoneità di tali impegni, può renderli obbligatori per il professionista e definire il procedimento senza procedere all'accertamento dell'infrazione.

8. L'Autorità, se ritiene la pubblicità ingannevole o il messaggio di pubblicità comparativa illecito, vieta la diffusione, qualora non ancora portata a conoscenza del pubblico, o la continuazione, qualora sia già iniziata. Con il medesimo provvedimento può essere disposta, a cura e spese del professionista, la pubblicazione della delibera, anche per estratto, nonché, eventualmente, di un'apposita dichiarazione rettificativa in modo da impedire che la pubblicità ingannevole o il messaggio di pubblicità comparativa illecito continuino a produrre effetti.

9. Con il provvedimento che vieta la diffusione della pubblicità, l'Autorità dispone inoltre l'applicazione di una sanzione amministrativa pecuniaria da 5.000,00 euro a 500.000,00 euro, tenuto conto della gravità e della durata della violazione. Nel caso di pubblicità che possono comportare un pericolo per la salute o la sicurezza, nonché suscettibili di raggiungere, direttamente o indirettamente, minori o adolescenti, la sanzione non può essere inferiore a 50.000,00 euro.

10. Nei casi riguardanti pubblicità inserite sulle confezioni di prodotti, l'Autorità, nell'adottare i provvedimenti indicati nei commi 3 e 8, assegna per la loro esecuzione un termine che tenga conto dei tempi tecnici necessari per l'adeguamento.

11. L'Autorità garante della concorrenza e del mercato, con proprio regolamento, da emanarsi entro novanta giorni dalla data di pubblicazione del presente decreto legislativo, disciplina la procedura istruttoria, in modo da garantire il contraddittorio, la piena cognizione degli atti e la verbalizzazione.

12. In caso di inottemperanza ai provvedimenti d'urgenza e a quelli inibitori o di rimozione degli effetti di cui ai commi 3, 8 e 10 ed in caso di mancato rispetto degli impegni assunti ai sensi del comma 7, l'Autorità applica una sanzione amministrativa pecuniaria da 10.000,00 a 150.000,00 euro. Nei casi di reiterata inottemperanza l'Autorità può disporre la sospensione dell'attività d'impresa per un periodo non superiore a trenta giorni.

13. Per le sanzioni amministrative pecuniarie conseguenti alle violazioni del presente decreto si osservano, in quanto applicabili, le disposizioni contenute nel capo I, sezione I, e negli artt. 26, 27, 28 e 29 della L. 24 nov. 1981, n. 689, e successive modificazioni. Il pagamento delle sanzioni amministrative di cui al presente articolo deve essere effettuato entro trenta giorni dalla notifica del provvedimento dell'Autorità.[1]

14. Ove la pubblicità sia stata assentita con provvedimento amministrativo, preordinato anche alla verifica del carattere non ingannevole della stessa o di liceità del messaggio di pubblicità comparativa, la tutela dei soggetti e delle organizzazioni che vi abbiano interesse, è esperibile in via giurisdizionale con ricorso al giudice amministrativo avverso il predetto provvedimento.

15. È comunque fatta salva la giurisdizione del giudice ordinario in materia di atti di concorrenza sleale, a norma dell'art. 2598 del codice civile, nonché, per quanto concerne la pubblicità comparativa, in materia di atti compiuti in violazione della disciplina sul diritto d'autore protetto dalla legge 22 aprile 1941, n. 633, e successive modificazioni, e del marchio d'impresa protetto a norma del decreto legislativo 10 febbraio 2005, n. 30, e successive modificazioni, nonché delle denominazioni di origine riconosciute e protette in Italia e di altri segni distintivi di imprese, beni e servizi concorrenti.

16. Al fine di consentire l'esercizio delle competenze disciplinate dal presente decreto, il numero dei posti previsti per la pianta organica del personale di ruolo dell'Autorità garante della concorrenza e del mercato dall'art. 11, comma 1, della legge 10 ottobre 1990, n. 287, è incrementato di venti unità, di cui due di livello dirigenziale. Ai medesimi fini, è altresì incrementato di dieci unità il numero dei contratti di cui all'art. 11, comma 4, della legge 10 ottobre 1990, n. 287, e l'Autorità potrà avvalersi dell'istituto del comando per un contingente di dieci unità di personale. Agli oneri finanziari derivanti dalla presente disposizione si farà fronte con le risorse raccolte ai sensi dell'art. 10, comma 7-*bis*, della legge 10 ottobre 1990, n. 287.

[1] Comma modif. dall'art. 4, D.lgs. 2 lug. 2010, n. 104.

9. ***Autodisciplina.*** — Le parti interessate possono richiedere che sia inibita la continuazione degli atti di pubblicità ingannevole o di pubblicità comparativa ritenuta illecita, ricorrendo ad organismi volontari e autonomi di autodisciplina.

2. Iniziata la procedura davanti ad un organismo di autodisciplina, le parti possono convenire di astenersi dall'adire l'Autorità fino alla pronuncia definitiva, ovvero possono chiedere la sospensione del procedimento innanzi all'Autorità, ove lo stesso sia stato attivato, anche da altro soggetto legittimato, in attesa della pronuncia dell'organismo di autodisciplina. L'Autorità, valutate tutte le circostanze, può disporre la sospensione del procedimento per un periodo non superiore a trenta giorni.

10. (*Omissis*).

-4-

D.lgs. 23 mag. 2011, n. 79

Codice della normativa statale in tema di ordinamento e mercato del turismo, a norma dell'articolo 14 della legge 28 novembre 2005, n. 246, nonché attuazione della direttiva 2008/122/CE, relativa ai contratti di multiproprietà, contratti relativi ai prodotti per le vacanze di lungo termine, contratti di rivendita e di scambio

(G.U. 6 giu. 2011, n. 129, Suppl. ord.)

(*stralcio*)[1]

[1] A norma del combinato disposto degli artt. 349, c. 1, e 389, c. 1, D.lgs. 12 gen. 2019, n. 14, come sost. dall'art. 1, c. 1, D.L. 24 ago. 2021, n. 118, conv. in L. 21 ott. 2021, n. 147, a decorrere dal 16 mag. 2022, nelle disposizioni normative vigenti i termini «fallimento», «procedura fallimentare», «fallito» nonché le espressioni dagli stessi termini derivate devono intendersi sostituite, rispettivamente, con le espressioni «liquidazione giudiziale», «procedura di liquidazione giudiziale» e «debitore assoggettato a liquidazione giudiziale» e loro derivati, con salvezza della continuità delle fattispecie.

TITOLO VI
Contratti

CAPO I
Contratti del turismo organizzato[1]

[1] Tutto il Capo I è stato sost. dall'art. 1, D.lgs. 21 mag. 2018, n. 62

SEZIONE I
Pacchetti turistici e servizi turistici collegati

32. ***Ambito di applicazione.*** — 1. Le disposizioni del presente Capo si applicano ai pacchetti offerti in vendita o venduti da professionisti a viaggiatori e ai servizi turistici collegati la cui offerta o vendita a viaggiatori è agevolata da professionisti.

2. Le disposizioni del presente Capo non si applicano a:

a) pacchetti e servizi turistici collegati la cui durata sia inferiore alle 24 ore, salvo che sia incluso un pernottamento;

b) pacchetti e servizi turistici collegati la cui offerta o vendita a viaggiatori è agevolata dalle associazioni di cui all'articolo 5, laddove agiscano occasionalmente, comunque non più di due volte l'anno, senza fini di lucro e soltanto a un gruppo limitato di viaggiatori, senza offerta al pubblico; le predette associazioni sono comunque tenute a fornire a professionisti e viaggiatori informazioni adeguate sul fatto che tali pacchetti o servizi turistici collegati non sono soggetti alla presente disciplina;

c) pacchetti e servizi turistici collegati acquistati nell'ambito di un accordo generale per l'organizzazione di viaggi di natura professionale concluso tra un professionista e un'altra persona fisica o giuridica che agisce nell'ambito della propria attività commerciale, imprenditoriale, artigianale o professionale.

3. Per quanto non previsto dal presente Capo, si applicano le disposizioni del codice del consumo di cui al decreto legislativo 6 settembre 2005, n. 206.

33. ***Definizioni.*** — 1. Ai fini del presente Capo s'intende per:

a) "servizio turistico":

1) il trasporto di passeggeri;

2) l'alloggio che non costituisce parte integrante del trasporto di passeggeri e non è destinato a fini residenziali, o per corsi di lingua di lungo periodo;

3) il noleggio di auto, di altri veicoli a motore ai sensi del decreto del Ministro delle infrastrutture e dei trasporti 28 aprile 2008, pubblicato nella *Gazzetta Ufficiale della Repubblica italiana* n. 162 del 12 luglio 2008, o di motocicli che richiedono una patente di guida di categoria A, a norma del decreto legislativo 16 gennaio 2013, n. 2;

4) qualunque altro servizio turistico che non costituisce parte integrante di uno dei servizi turistici di cui ai numeri 1), 2) o 3), e non sia un servizio finanziario o assicurativo;

b) "servizio turistico integrativo": servizi accessori quali, tra gli altri, il trasporto del bagaglio fornito nell'ambito del trasporto dei passeggeri; l'uso di parcheggi a pagamento nell'ambito delle stazioni o degli aeroporti; il trasporto passeggeri su brevi distanze in occasione di visite guidate o i trasferimenti tra una struttura ricettiva e una stazione di viaggio con altri mezzi; l'organizzazione di attività di intrattenimento o sportive; la fornitura di pasti, di bevande e la pulizia forniti nell'ambito dell'alloggio; la fruizione di biciclette, sci e altre dotazioni della struttura ricettiva ovvero l'accesso a strutture in loco, quali piscine, spiagge, palestre, saune, centri benessere o termali, incluso per i clienti dell'albergo; qualunque altro servizio integrativo tipico anche secondo la prassi locale;

c) "pacchetto": la combinazione di almeno due tipi diversi di servizi turistici ai fini dello stesso viaggio o della stessa vacanza, se si verifica almeno una delle seguenti condizioni:

1) tali servizi sono combinati da un unico professionista, anche su richiesta del viaggiatore o conformemente a una sua selezione, prima che sia concluso un contratto unico per tutti i servizi;

2) tali servizi, anche se conclusi con contratti distinti con singoli fornitori di servizi turistici, sono:

2.1) acquistati presso un unico punto vendita e selezionati prima che il viaggiatore acconsenta al pagamento;

2.2) offerti, venduti o fatturati a un prezzo forfettario o globale;

2.3) pubblicizzati o venduti sotto la denominazione "pacchetto" o denominazione analoga;

2.4) combinati dopo la conclusione di un contratto con cui il professionista consente al viaggiatore di scegliere tra una selezione di tipi diversi di servizi turistici, oppure acquistati presso professionisti distinti attraverso processi collegati di prenotazione per via telematica ove il nome del viaggiatore, gli estremi del pagamento e l'indirizzo di posta elettronica siano trasmessi dal professionista con cui è concluso il primo contratto a uno o più professionisti e il contratto con quest'ultimo o questi ultimi professionisti sia concluso al più tardi 24 ore dopo la conferma della prenotazione del primo servizio turistico;

d) "contratto di pacchetto turistico": il contratto relativo all'intero pacchetto oppure, se il pacchetto è fornito in base a contratti distinti, l'insieme dei contratti riguardanti i servizi turistici inclusi nel pacchetto;

e) "inizio del pacchetto": l'inizio dell'esecuzione dei servizi turistici inclusi nel pacchetto;

f) "servizio turistico collegato": almeno due tipi diversi di servizi turistici acquistati ai fini dello stesso viaggio o della stessa vacanza, che non costituiscono un pacchetto, e che comportano la conclusione di contratti distinti con i singoli fornitori di servizi turistici, se un professionista agevola, alternativamente:

1) al momento di un'unica visita o un unico contatto con il proprio punto vendita, la selezione distinta e il pagamento distinto di ogni servizio turistico da parte dei viaggiatori;

2) l'acquisto mirato di almeno un servizio turistico aggiuntivo presso un altro professionista quando tale acquisto è concluso entro le 24 ore dalla conferma della prenotazione del primo servizio turistico;

g) "viaggiatore": chiunque intende concludere un contratto, stipula un contratto o è autorizzato a viaggiare in base a un contratto concluso, nell'ambito di applicazione del presente Capo;

h) "professionista": qualsiasi persona fisica o giuridica pubblica o privata che, nell'ambito della sua attività commerciale, industriale, artigianale o professionale agisce, nei contratti oggetto del presente Capo, anche tramite altra persona che opera in suo nome o per suo conto, in veste di organizzatore, venditore, professionista che agevola servizi turistici collegati o di fornitore di servizi turistici, ai sensi della normativa vigente;

i) "organizzatore": un professionista che combina pacchetti e li vende o li offre in vendita direttamente o tramite o unitamente a un altro professionista, oppure il professionista che trasmette i dati relativi al viaggiatore a un altro professionista conformemente alla lettera *c*), numero 2.4);

l) "venditore": il professionista diverso dall'organizzatore che vende o offre in vendita pacchetti combinati da un organizzatore;

m) "stabilimento": lo stabilimento definito dall'articolo 8, comma 1, lettera *e*), del decreto legislativo 26 marzo 2010, n. 59;

n) "supporto durevole": ogni strumento che permette al viaggiatore o al professionista di conservare le informazioni che gli sono personalmente indirizzate in modo da potervi accedere in futuro per un periodo di tempo adeguato alle finalità cui esse sono destinate e che consente la riproduzione identica delle informazioni memorizzate;

o) "circostanze inevitabili e straordinarie": una situazione fuori dal controllo della parte che invoca una tale situazione e le cui conseguenze non sarebbero state evitate nemmeno adottando tutte le ragionevoli misure;

p) "difetto di conformità": un inadempimento dei servizi turistici inclusi in un pacchetto;

q) "minore": persona di età inferiore ai 18 anni;

r) "punto vendita": qualsiasi locale, mobile o immobile, adibito alla vendita al dettaglio o sito web di vendita al dettaglio o analogo strumento di vendita online, anche nel caso in cui siti web di vendita al dettaglio o strumenti di vendita online sono presentati ai viaggiatori come un unico strumento, compreso il servizio telefonico;

s) "rientro": il ritorno del viaggiatore al luogo di partenza o ad altro luogo concordato dalle parti contraenti.

2. Non è un pacchetto turistico una combinazione di servizi turistici in cui sono presenti uno dei tipi di servizi turistici di cui al comma 1, lettera *a*), numeri 1), 2) o 3), combinati con uno o più dei servizi turistici di cui al comma 1, lettera *a*), numero 4), se tali ultimi servizi non rappresentano una parte pari o superiore al 25 per cento del valore della combinazione e non sono pubblicizzati, né rappresentano altrimenti un elemento essenziale della combinazione, oppure sono selezionati e acquistati solo dopo l'inizio dell'esecuzione di un servizio turistico di cui al comma 1, lettera *a*), numeri 1), 2) o 3).

3. La fatturazione separata degli elementi di uno stesso pacchetto di cui al comma 1, lettera *b*), non sottrae l'organizzatore o il venditore agli obblighi del presente Capo.

4. Non costituisce un servizio turistico collegato l'acquisto di uno dei tipi di servizi turistici di cui al comma 1, lettera *a*), numeri 1), 2) o 3), con uno o più dei servizi turistici di cui al comma 1, lettera *a*), numero 4), se questi ultimi servizi non rappresentano una porzione significativa pari o superiore al 25 per cento del valore combinato dei servizi e non sono pubblicizzati come un elemento essenziale del viaggio o della vacanza e non ne costituiscono, comunque, un elemento essenziale.

SEZIONE II
Obblighi di informazione e contenuto del contratto di pacchetto turistico

34. ***Informazioni precontrattuali.*** — 1. Prima della conclusione del contratto di pacchetto turistico o di un'offerta corrispondente, l'organizzatore e, nel caso in cui il pacchetto sia venduto tramite un venditore, anche quest'ultimo, forniscono al viaggiatore il pertinente modulo informativo standard di cui all'allegato A, parte I o parte II, al presente codice, nonché le seguenti informazioni:

a) le caratteristiche principali dei servizi turistici, quali:

1) la destinazione o le destinazioni del viaggio, l'itinerario e i periodi di soggiorno con relative date e, se è incluso l'alloggio, il numero di notti comprese;

2) i mezzi, le caratteristiche e le categorie di trasporto, i luoghi, le date e gli orari di partenza e ritorno, la durata e la località di sosta intermedia e le coincidenze; nel caso in cui l'orario esatto non sia ancora stabilito, l'organizzatore e, se del caso, il venditore, informano il viaggiatore dell'orario approssimativo di partenza e ritorno;

3) l'ubicazione, le caratteristiche principali e, ove prevista, la categoria turistica dell'alloggio ai sensi della regolamentazione del paese di destinazione;

4) i pasti forniti;

5) le visite, le escursioni o altri servizi inclusi nel prezzo totale pattuito del pacchetto;

6) i servizi turistici prestati al viaggiatore in quanto membro di un gruppo e, in tal caso, le dimensioni approssimative del gruppo;

7) la lingua in cui sono prestati i servizi;

8) se il viaggio o la vacanza sono idonei a persone a mobilità ridotta e, su richiesta del viaggiatore, informazioni precise sull'idoneità del viaggio o della vacanza che tenga conto delle esigenze del viaggiatore;

b) la denominazione commerciale e l'indirizzo geografico dell'organizzatore e, ove presente, del venditore, i loro recapiti telefonici e indirizzi di posta elettronica;

c) il prezzo totale del pacchetto comprensivo di tasse e tutti i diritti, imposte e altri costi aggiuntivi, ivi comprese le eventuali spese amministrative e di gestione delle pratiche, oppure, ove questi non siano ragionevolmente calcolabili prima della conclusione del contratto, un'indicazione del tipo di costi aggiuntivi che il viaggiatore potrebbe dover ancora sostenere;

d) le modalità di pagamento, compresi l'eventuale importo o percentuale del prezzo da versare a titolo di acconto e il calendario per il versamento del saldo, o le garanzie finanziarie che il viaggiatore è tenuto a pagare o fornire;

e) il numero minimo di persone richiesto per il pacchetto e il termine di cui all'articolo 41, comma 5, lettera *a*), prima dell'inizio del pacchetto per l'eventuale risoluzione del contratto in caso di mancato raggiungimento del numero;

f) le informazioni di carattere generale concernenti le condizioni in materia di passaporto e visti, compresi i tempi approssimativi per l'ottenimento dei visti e le formalità sanitarie del paese di destinazione;

g) le informazioni sulla facoltà per il viaggiatore di recedere dal contratto in qualunque momento prima dell'inizio del pacchetto dietro pagamento di adeguate spese di recesso, o, se previste, delle spese di recesso standard richieste dall'organizzatore ai sensi dell'articolo 41, comma 1;

h) le informazioni sulla sottoscrizione facoltativa o obbligatoria di un'assicurazione che copra le spese di recesso unilaterale dal contratto da parte del viaggiatore o le spese di assistenza, compreso il rientro, in caso di infortunio, malattia o decesso;

i) gli estremi della copertura di cui all'articolo 47, commi 1, 2 e 3.

2. Per i contratti di pacchetto turistico di cui all'articolo 33, comma 1, lettera *d*), stipulati per telefono, l'organizzatore o il professionista fornisce al viaggiatore le informazioni standard di cui all'allegato A, parte II, al presente decreto, e le informazioni di cui al comma 1.

3. Con riferimento ai pacchetti acquistati presso professionisti distinti di cui all'articolo 33, comma 1, lettera *c*), numero 2.4), l'organizzatore e il professionista a cui sono trasmessi i dati garantiscono che ciascuno di essi fornisca, prima che il viaggiatore sia vincolato da un contratto o da un'offerta corrispondente, le informazioni elencate al comma 1, nella misura in cui esse sono pertinenti ai rispettivi servizi turistici offerti. Contemporaneamente, l'organizzatore fornisce inoltre le informazioni standard del modulo di cui all'allegato A, parte III, al presente codice.

4. Le informazioni di cui ai commi 1, 2 e 3 sono fornite in modo chiaro e preciso e, ove sono fornite per iscritto, devono essere leggibili.

35. ***Carattere vincolante delle informazioni precontrattuali e conclusione del contratto di pacchetto turistico.*** — 1. Le informazioni fornite al viaggiatore ai sensi dell'articolo 34, comma 1, lettere *a*), *c*), *d*), *e*) e *g*), formano parte integrante del contratto di pacchetto turistico e non possono essere modificate salvo accordo esplicito delle parti contraenti.

2. L'organizzatore e il venditore comunicano al viaggiatore tutte le modifiche delle informazioni precontrattuali in modo chiaro ed evidente prima della conclusione del contratto di pacchetto turistico.

3. Se l'organizzatore e il venditore non hanno ottemperato agli obblighi in materia di informazione sulle imposte, sui diritti o su altri costi aggiuntivi di cui all'articolo 34, comma 1, lettera *c*), prima della conclusione del contratto di pacchetto turistico, il viaggiatore non è tenuto al pagamento di tali costi.

36. ***Contenuto del contratto di pacchetto turistico e documenti da fornire prima dell'inizio del pacchetto.*** — 1. I contratti di pacchetto turistico sono formulati in un linguaggio semplice e chiaro e, ove in forma scritta, leggibile.

2. Al momento della conclusione del contratto di pacchetto turistico o, comunque, appena possibile, l'organizzatore o il venditore, fornisce al viaggiatore una copia o una conferma del contratto su un supporto durevole.

3. Il viaggiatore ha diritto a una copia cartacea qualora il contratto di pacchetto turistico sia stato stipulato alla contemporanea presenza fisica delle parti.

4. Per quanto riguarda i contratti negoziati fuori dei locali commerciali, definiti all'articolo 45, comma 1, lettera *h*), del decreto legislativo 6 settembre 2005, n. 206, una copia o la conferma del contratto di pacchetto turistico è fornita al viaggiatore su carta o, se il viaggiatore acconsente, su un altro supporto durevole.

5. Il contratto di pacchetto turistico o la sua conferma riportano l'intero contenuto dell'accordo che contiene tutte le informazioni di cui all'articolo 34, comma 1, nonché le seguenti:

a) le richieste specifiche del viaggiatore accettate dall'organizzatore;

b) una dichiarazione attestante che l'organizzatore è responsabile dell'esatta esecuzione di tutti i servizi turistici inclusi nel contratto ai sensi dell'articolo 42 ed è tenuto a prestare assistenza qualora il viaggiatore si trovi in difficoltà ai sensi dell'articolo 45;

c) il nome e i recapiti, compreso l'indirizzo geografico, del soggetto incaricato della protezione in caso d'insolvenza;

d) il nome, l'indirizzo, il numero di telefono, l'indirizzo di posta elettronica e, se presente, il numero di fax del rappresentante locale dell'organizzatore, di un punto di contatto o di un altro servizio che consenta al viaggiatore di comunicare rapidamente ed efficacemente con l'organizzatore per chiedere assistenza o per rivolgere eventuali reclami relativi a difetti di conformità riscontrati durante l'esecuzione del pacchetto;

e) il fatto che il viaggiatore sia tenuto a comunicare, senza ritardo, eventuali difetti di conformità rilevati durante l'esecuzione del pacchetto ai sensi dell'articolo 42, comma 2;

f) nel caso di minori, non accompagnati da un genitore o altra persona autorizzata, che viaggiano in base a un contratto di pacchetto turistico che include l'alloggio, le informazioni che consentono di stabilire un contatto diretto con il minore o il responsabile del minore nel suo luogo di soggiorno;

g) informazioni riguardo alle esistenti procedure di trattamento dei reclami e ai meccanismi di risoluzione alternativa delle controversie (ADR - Alternative Dispute Resolution), ai sensi del decreto legislativo 6 settembre 2005, n. 206 e, se presente, all'organismo ADR da cui il professionista è disciplinato e alla piattaforma di risoluzione delle controversie online ai sensi del regolamento (UE) n. 524/2013;

h) informazioni sul diritto del viaggiatore di cedere il contratto a un altro viaggiatore ai sensi dell'articolo 38.

6. Con riferimento ai pacchetti acquistati presso professionisti distinti di cui all'articolo 33, comma 1, lettera *b*), numero 2.4), il professionista a cui i dati sono trasmessi informa l'organizzatore della conclusione del contratto che porterà alla creazione di un pacchetto e fornisce all'organizzatore le informazioni necessarie ad adempiere ai suoi obblighi. L'organizzatore fornisce tempestivamente al viaggiatore le informazioni di cui al comma 5 su un supporto durevole.

7. Le informazioni di cui ai commi 5 e 6 sono presentate in modo chiaro e preciso.

8. In tempo utile prima dell'inizio del pacchetto, l'organizzatore fornisce al viaggiatore le ricevute, i buoni e i biglietti necessari, le informazioni sull'orario della partenza previsto e il termine ultimo per l'accettazione, nonché gli orari delle soste intermedie, delle coincidenze e dell'arrivo.

37. ***Onere della prova e divieto di fornire informazioni ingannevoli.*** — 1. L'onere della prova relativo all'adempimento degli obblighi di informazione di cui alla presente sezione è a carico del professionista.

2. È fatto comunque divieto di fornire informazioni ingannevoli sulle modalità del servizio offerto, sul prezzo e sugli altri elementi del contratto qualunque sia il mezzo mediante il quale dette informazioni vengono comunicate al viaggiatore.

SEZIONE III

Modifiche al contratto di pacchetto turistico prima dell'inizio del pacchetto

38. ***Cessione del contratto di pacchetto turistico a un altro viaggiatore.*** — 1. Il viaggiatore, previo preavviso dato all'organizzatore su un supporto durevole entro e non oltre sette giorni prima dell'inizio del pacchetto, può cedere il contratto di pacchetto turistico a una persona che soddisfa tutte le condizioni per la fruizione del servizio.

2. Il cedente e il cessionario del contratto di pac-

chetto turistico sono solidalmente responsabili per il pagamento del saldo del prezzo e degli eventuali diritti, imposte e altri costi aggiuntivi, ivi comprese le eventuali spese amministrative e di gestione delle pratiche, risultanti da tale cessione.

3. L'organizzatore informa il cedente dei costi effettivi della cessione, che non possono essere irragionevoli e non eccedono le spese realmente sostenute dall'organizzatore in conseguenza della cessione del contratto di pacchetto turistico, e fornisce al cedente la prova relativa ai diritti, alle imposte o agli altri costi aggiuntivi risultanti dalla cessione del contratto.

39. ***Revisione del prezzo.*** — 1. Dopo la conclusione del contratto di pacchetto turistico, i prezzi possono essere aumentati soltanto se il contratto lo prevede espressamente e precisa che il viaggiatore ha diritto a una riduzione del prezzo, nonché le modalità di calcolo della revisione del prezzo. In tal caso, il viaggiatore ha diritto ad una riduzione del prezzo corrispondente alla diminuzione dei costi di cui al comma 2, lettere *a*), *b*) e *c*), che si verifichi dopo la conclusione del contratto e prima dell'inizio del pacchetto.

2. Gli aumenti di prezzo sono possibili esclusivamente in conseguenza di modifiche riguardanti:

a) il prezzo del trasporto di passeggeri in funzione del costo del carburante o di altre fonti di energia;

b) il livello di tasse o diritti sui servizi turistici inclusi nel contratto imposti da terzi non direttamente coinvolti nell'esecuzione del pacchetto, comprese le tasse di atterraggio, di sbarco e d'imbarco nei porti e negli aeroporti;

c) i tassi di cambio pertinenti al pacchetto.

3. Se l'aumento di prezzo di cui al presente articolo eccede l'8 per cento del prezzo complessivo del pacchetto, si applica l'articolo 40, commi 2, 3, 4 e 5.

4. Un aumento di prezzo, indipendentemente dalla sua entità, è possibile solo previa comunicazione chiara e precisa su supporto durevole da parte dell'organizzatore al viaggiatore, unitamente alla giustificazione di tale aumento e alle modalità di calcolo, almeno venti giorni prima dell'inizio del pacchetto.

5. In caso di diminuzione del prezzo, l'organizzatore ha diritto a detrarre le spese amministrative e di gestione delle pratiche effettive dal rimborso dovuto al viaggiatore, delle quali è tenuto a fornire la prova su richiesta del viaggiatore.

40. ***Modifica di altre condizioni del contratto di pacchetto turistico.*** — 1. Prima dell'inizio del pacchetto, l'organizzatore non può unilateralmente modificare le condizioni del contratto diverse dal prezzo ai sensi dell'articolo 39, salvo che si sia riservato tale diritto nel contratto e la modifica sia di scarsa importanza. L'organizzatore comunica la modifica al viaggiatore in modo chiaro e preciso su un supporto durevole.

2. Se, prima dell'inizio del pacchetto, l'organizzatore è costretto a modificare in modo significativo una o più caratteristiche principali dei servizi turistici di cui all'articolo 34, comma 1, lettera *a*), o non può soddisfare le richieste specifiche di cui all'articolo 36, comma 5, lettera *a*), oppure propone di aumentare il prezzo del pacchetto di oltre l'8 per cento ai sensi dell'articolo 39, comma 3, il viaggiatore, entro un periodo ragionevole specificato dall'organizzatore, può accettare la modifica proposta oppure recedere dal contratto senza corrispondere spese di recesso. In caso di recesso, l'organizzatore può offrire al viaggiatore un pacchetto sostitutivo di qualità equivalente o superiore.

3. L'organizzatore informa, senza ingiustificato ritardo, il viaggiatore in modo chiaro e preciso su un supporto durevole:

a) delle modifiche proposte di cui al comma 2 e della loro incidenza sul prezzo del pacchetto ai sensi del comma 4;

b) di un periodo ragionevole entro il quale il viaggiatore è tenuto a informare l'organizzatore della sua decisione ai sensi del comma 2;

c) delle conseguenze della mancata risposta del viaggiatore entro il periodo di cui alla lettera *b*) e dell'eventuale pacchetto sostitutivo offerto e del relativo prezzo.

4. Se le modifiche del contratto di pacchetto turistico o del pacchetto sostitutivo di cui al comma 2 comportano un pacchetto di qualità o costo inferiore, il viaggiatore ha diritto a un'adeguata riduzione del prezzo.

5. In caso di recesso dal contratto di pacchetto turistico ai sensi del comma 2, se il viaggiatore non accetta un pacchetto sostitutivo, l'organizzatore rimborsa senza ingiustificato ritardo e in ogni caso entro quattordici giorni dal recesso dal contratto tutti i pagamenti effettuati da o per conto del viaggiatore e si applicano le disposizioni di cui all'articolo 43, commi 2, 3, 4, 5, 6, 7, 8.

41. ***Diritto di recesso prima dell'inizio del pacchetto.*** — 1. Il viaggiatore può recedere dal contratto di pacchetto turistico in ogni momento prima dell'inizio del pacchetto, dietro rimborso all'organizzatore delle spese sostenute, adeguate e giustificabili, del cui ammontare quest'ultimo fornisce motivazione al viaggiatore che ne faccia richiesta.

2. Il contratto di pacchetto turistico può prevedere spese standard per il recesso ragionevoli, calcolate in base al momento di recesso dal contratto e ai risparmi di costo attesi e agli introiti previsti che derivano dalla riallocazione dei servizi turistici.

3. In assenza di specificazione delle spese standard di recesso, l'importo delle spese di recesso corrisponde al prezzo del pacchetto diminuito dei risparmi di costo e degli introiti che derivano dalla riallocazione dei servizi turistici.

4. In caso di circostanze inevitabili e straordinarie verificatesi nel luogo di destinazione o nelle sue immediate vicinanze e che hanno un'incidenza so-

stanziale sull'esecuzione del pacchetto o sul trasporto di passeggeri verso la destinazione, il viaggiatore ha diritto di recedere dal contratto, prima dell'inizio del pacchetto, senza corrispondere spese di recesso, ed al rimborso integrale dei pagamenti effettuati per il pacchetto, ma non ha diritto a un indennizzo supplementare.

5. L'organizzatore può recedere dal contratto di pacchetto turistico e offrire al viaggiatore il rimborso integrale dei pagamenti effettuati per il pacchetto, ma non è tenuto a versare un indennizzo supplementare se:

a) il numero di persone iscritte al pacchetto è inferiore al minimo previsto dal contratto e l'organizzatore comunica il recesso dal contratto al viaggiatore entro il termine fissato nel contratto e in ogni caso non più tardi di venti giorni prima dell'inizio del pacchetto in caso di viaggi che durano più di sei giorni, di sette giorni prima dell'inizio del pacchetto in caso di viaggi che durano tra due e sei giorni, di quarantotto ore prima dell'inizio del pacchetto nel caso di viaggi che durano meno di due giorni;

b) l'organizzatore non è in grado di eseguire il contratto a causa di circostanze inevitabili e straordinarie e comunica il recesso dal medesimo al viaggiatore senza ingiustificato ritardo prima dell'inizio del pacchetto.

6. L'organizzatore procede a tutti i rimborsi prescritti a norma dei commi 4 e 5 oppure, con riguardo a quanto previsto ai commi 1, 2 e 3, rimborsa qualunque pagamento effettuato da o per conto del viaggiatore per il pacchetto dopo aver detratto le adeguate spese, senza ingiustificato ritardo e in ogni caso entro quattordici giorni dal recesso. Nei casi di cui ai commi 4 e 5, si determina la risoluzione dei contratti funzionalmente collegati stipulati con terzi.

7. In caso di contratti negoziati fuori dei locali commerciali, il viaggiatore ha diritto di recedere dal contratto di pacchetto turistico entro un periodo di cinque giorni dalla data della conclusione del contratto o dalla data in cui riceve le condizioni contrattuali e le informazioni preliminari se successiva, senza penali e senza fornire alcuna motivazione. Nei casi di offerte con tariffe sensibilmente diminuite rispetto alle offerte correnti, il diritto di recesso è escluso. In tale ultimo caso, l'organizzatore documenta la variazione di prezzo evidenziando adeguatamente l'esclusione del diritto di recesso.

SEZIONE IV
Esecuzione del pacchetto

42. ***Responsabilità dell'organizzatore per l'inesatta esecuzione del pacchetto e per la sopravvenuta impossibilità in corso d'esecuzione del pacchetto.*** — 1. L'organizzatore è responsabile dell'esecuzione dei servizi turistici previsti dal contratto di pacchetto turistico, indipendentemente dal fatto che tali servizi turistici devono essere prestati dall'organizzatore stesso, dai suoi ausiliari o preposti quando agiscono nell'esercizio delle loro funzioni, dai terzi della cui opera si avvale o da altri fornitori di servizi turistici, ai sensi dell'articolo 1228 del codice civile.

2. Il viaggiatore, ai sensi degli articoli 1175 e 1375 del codice civile, informa l'organizzatore, direttamente o tramite il venditore, tempestivamente, tenuto conto delle circostanze del caso, di eventuali difetti di conformità rilevati durante l'esecuzione di un servizio turistico previsto dal contratto di pacchetto turistico.

3. Se uno dei servizi turistici non è eseguito secondo quanto pattuito nel contratto di pacchetto turistico, l'organizzatore pone rimedio al difetto di conformità, a meno che ciò risulti impossibile oppure risulti eccessivamente oneroso, tenendo conto dell'entità del difetto di conformità e del valore dei servizi turistici interessati dal difetto. Se l'organizzatore non pone rimedio al difetto, si applica l'articolo 43.

4. Fatte salve le eccezioni di cui al comma 3, se l'organizzatore non pone rimedio al difetto di conformità entro un periodo ragionevole fissato dal viaggiatore in relazione alla durata e alle caratteristiche del pacchetto, con la contestazione effettuata ai sensi del comma 2, il viaggiatore può ovviare personalmente al difetto e chiedere il rimborso delle spese necessarie, ragionevoli e documentate; se l'organizzatore rifiuta di porre rimedio al difetto di conformità o se è necessario ovviarvi immediatamente non occorre che il viaggiatore specifichi un termine.

5. Se un difetto di conformità, ai sensi dell'articolo 1455 del codice civile, costituisce un inadempimento di non scarsa importanza dei servizi turistici inclusi in un pacchetto e l'organizzatore non vi ha posto rimedio entro un periodo ragionevole stabilito dal viaggiatore in relazione alla durata e alle caratteristiche del pacchetto, con la contestazione effettuata ai sensi del comma 2, il viaggiatore può, senza spese, risolvere di diritto e con effetto immediato il contratto di pacchetto turistico o, se del caso, chiedere, ai sensi dell'articolo 43, una riduzione del prezzo, salvo comunque l'eventuale risarcimento dei danni. In caso di risoluzione del contratto, se il pacchetto comprendeva il trasporto dei passeggeri, l'organizzatore provvede anche al rientro del viaggiatore con un trasporto equivalente senza ingiustificato ritardo e senza costi aggiuntivi per il viaggiatore.

6. Laddove è impossibile assicurare il rientro del viaggiatore, l'organizzatore sostiene i costi dell'alloggio necessario, ove possibile di categoria equivalente a quanto era previsto dal contratto, per un periodo non superiore a tre notti per viaggiatore o per il periodo più lungo eventualmente previsto dalla normativa dell'Unione europea relativa ai di-

ritti dei passeggeri, applicabile ai pertinenti mezzi di trasporto.

7. La limitazione dei costi di cui al comma 6 non si applica alle persone a mobilità ridotta, definite dall'articolo 2, paragrafo 1, lettera *a*), del regolamento (CE) n. 1107/2006, e ai loro accompagnatori, alle donne in stato di gravidanza, ai minori non accompagnati e alle persone bisognose di assistenza medica specifica, purché l'organizzatore abbia ricevuto comunicazione delle loro particolari esigenze almeno quarantotto ore prima dell'inizio del pacchetto. L'organizzatore non può invocare circostanze inevitabili e straordinarie per limitare la responsabilità di cui al presente comma qualora il fornitore del servizio di trasporto non possa far valere le stesse circostanze ai sensi della normativa dell'Unione europea applicabile.

8. Se per circostanze sopravvenute non imputabili all'organizzatore è impossibile fornire, in corso d'esecuzione, una parte sostanziale, per valore o qualità, della combinazione dei servizi turistici pattuiti nel contratto di pacchetto turistico, l'organizzatore offre, senza supplemento di prezzo a carico del viaggiatore, soluzioni alternative adeguate di qualità, ove possibile equivalente o superiore, rispetto a quelle specificate nel contratto, affinché l'esecuzione del pacchetto possa continuare, inclusa l'eventualità che il ritorno del viaggiatore al luogo di partenza non sia fornito come concordato. Se le soluzioni alternative proposte comportano un pacchetto di qualità inferiore rispetto a quella specificata nel contratto di pacchetto turistico, l'organizzatore concede al viaggiatore un'adeguata riduzione del prezzo.

9. Il viaggiatore può respingere le soluzioni alternative proposte solo se non sono comparabili a quanto convenuto nel contratto di pacchetto turistico o se la riduzione del prezzo concessa è inadeguata.

10. Se è impossibile predisporre soluzioni alternative o il viaggiatore respinge le soluzioni alternative proposte, conformi a quanto indicato dal comma 8, al viaggiatore è riconosciuta una riduzione del prezzo. In caso di inadempimento dell'obbligo di offerta di cui al comma 8 si applica il comma 5.

11. Laddove, a causa di circostanze sopravvenute non imputabili all'organizzatore, è impossibile assicurare il rientro del viaggiatore come pattuito nel contratto di pacchetto turistico, si applicano i commi 6 e 7.

43. ***Riduzione del prezzo e risarcimento dei danni.*** — 1. Il viaggiatore ha diritto a un'adeguata riduzione del prezzo per il periodo durante il quale vi sia stato difetto di conformità, a meno che l'organizzatore dimostri che tale difetto è imputabile al viaggiatore.

2. Il viaggiatore ha diritto di ricevere dall'organizzatore, senza ingiustificato ritardo, il risarcimento adeguato per qualunque danno che può aver subito in conseguenza di un difetto di conformità.

3. Al viaggiatore non è riconosciuto il risarcimento dei danni se l'organizzatore dimostra che il difetto di conformità è imputabile al viaggiatore o a un terzo estraneo alla fornitura dei servizi turistici inclusi nel contratto di pacchetto turistico ed è imprevedibile o inevitabile oppure è dovuto a circostanze inevitabili e straordinarie.

4. All'organizzatore si applicano le limitazioni previste dalle convenzioni internazionali in vigore che vincolano l'Italia o l'Unione europea, relative alla misura del risarcimento o alle condizioni a cui è dovuto da parte di un fornitore che presta un servizio turistico incluso in un pacchetto.

5. Il contratto di pacchetto turistico può prevedere la limitazione del risarcimento dovuto dall'organizzatore, salvo che per i danni alla persona o quelli causati intenzionalmente o per colpa, purché tale limitazione non sia inferiore al triplo del prezzo totale del pacchetto.

6. Qualunque diritto al risarcimento o alla riduzione del prezzo ai sensi del presente Capo non pregiudica i diritti dei viaggiatori previsti dal regolamento (CE) n. 261/2004, dal regolamento (CE) n. 1371/2007, dal regolamento (CE) n. 392/2009, dal regolamento (UE) n. 1177/2010 e dal regolamento (UE) n. 181/2011 del Parlamento europeo e del Consiglio, nonché dalle convenzioni internazionali, fermo restando che il risarcimento o la riduzione del prezzo concessi ai sensi del presente Capo e il risarcimento o la riduzione del prezzo concessi ai sensi di detti regolamenti e convenzioni internazionali sono detratti gli uni dagli altri.

7. Il diritto alla riduzione del prezzo o al risarcimento dei danni previsti dal presente articolo si prescrive in due anni, a decorrere dalla data del rientro del viaggiatore nel luogo di partenza, fatto salvo quanto previsto al comma 8.

8. Il diritto al risarcimento dei danni alla persona si prescrive in tre anni a decorrere dalla data del rientro del viaggiatore nel luogo di partenza o nel più lungo periodo previsto per il risarcimento del danno alla persona dalle disposizioni che regolano i servizi compresi nel pacchetto.

44. ***Possibilità di contattare l'organizzatore tramite il venditore.*** — 1. Il viaggiatore può indirizzare messaggi, richieste o reclami relativi all'esecuzione del pacchetto direttamente al venditore tramite il quale l'ha acquistato, il quale, a propria volta, inoltra tempestivamente tali messaggi, richieste o reclami all'organizzatore.

2. Ai fini del rispetto dei termini o dei periodi di prescrizione, la data in cui il venditore riceve messaggi, richieste o reclami di cui al comma 1 è considerata la data di ricezione anche per l'organizzatore.

45. ***Obbligo di prestare assistenza.*** — 1. L'organizzatore presta adeguata assistenza senza ritardo al viaggiatore che si trova in difficoltà anche nelle circostanze di cui all'articolo 42, comma 7, in particolare fornendo le opportune informazioni riguardo ai servizi sanitari, alle autorità locali e all'assistenza consolare e assistendo il viaggiatore nell'effettuare comunicazioni a distanza e aiutandolo a trovare servizi turistici alternativi.

2. L'organizzatore può pretendere il pagamento di un costo ragionevole per tale assistenza qualora il problema sia causato intenzionalmente dal viaggiatore o per sua colpa, nei limiti delle spese effettivamente sostenute.

46. ***Risarcimento del danno da vacanza rovinata.*** — 1. Nel caso in cui l'inadempimento delle prestazioni che formano oggetto del pacchetto non è di scarsa importanza ai sensi dell'articolo 1455 del codice civile, il viaggiatore può chiedere all'organizzatore o al venditore, secondo la responsabilità derivante dalla violazione dei rispettivi obblighi assunti con i rispettivi contratti, oltre ed indipendentemente dalla risoluzione del contratto, un risarcimento del danno correlato al tempo di vacanza inutilmente trascorso ed all'irripetibilità dell'occasione perduta.

2. Il diritto al risarcimento si prescrive in tre anni, ovvero nel più lungo periodo per il risarcimento del danno alla persona previsto dalle disposizioni che regolano i servizi compresi nel pacchetto, a decorrere dalla data del rientro del viaggiatore nel luogo di partenza.

SEZIONE V
Protezione in caso d'insolvenza o fallimento

47. ***Efficacia e portata della protezione in caso d'insolvenza o fallimento.*** — 1. L'organizzatore e il venditore stabiliti sul territorio nazionale sono coperti da contratto di assicurazione per la responsabilità civile a favore del viaggiatore per il risarcimento dei danni derivanti dalla violazione dei rispettivi obblighi assunti con i rispettivi contratti.

2. I contratti di organizzazione di pacchetto turistico sono assistiti da polizze assicurative o garanzie bancarie che, per i viaggi all'estero e i viaggi che si svolgono all'interno di un singolo Paese, ivi compresi i viaggi in Italia, nei casi di insolvenza o fallimento dell'organizzatore o del venditore garantiscono, senza ritardo su richiesta del viaggiatore, il rimborso del prezzo versato per l'acquisto del pacchetto e il rientro immediato del viaggiatore nel caso in cui il pacchetto include il trasporto del viaggiatore, nonché, se necessario, il pagamento del vitto e dell'alloggio prima del rientro.

3. Gli organizzatori e gli intermediari possono costituirsi in consorzi o altre forme associative idonee a provvedere collettivamente, anche mediante la costituzione di un apposito fondo, per la copertura dei rischi di cui al comma 2. Le finalità del presente comma possono essere perseguite anche mediante il coinvolgimento diretto nei consorzi e nelle altre forme associative di imprese e associazioni di categoria del settore assicurativo, anche prevedendo forme di riassicurazione.

4. La garanzia di cui al comma 2 è effettiva, adeguata al volume di affari e copre i costi ragionevolmente prevedibili, gli importi dei pagamenti effettuati da o per conto dei viaggiatori in relazione a pacchetti, tenendo conto della durata del periodo compreso tra gli acconti e il saldo finale e del completamento dei pacchetti, nonché del costo stimato per i rimpatri in caso di insolvenza o fallimento dell'organizzatore o del venditore.

5. I viaggiatori beneficiano della protezione in caso d'insolvenza o fallimento dell'organizzatore o del venditore indipendentemente dal loro luogo di residenza, dal luogo di partenza o dal luogo di vendita del pacchetto e indipendentemente dallo Stato membro in cui è stabilito il soggetto incaricato di fornire protezione in caso di insolvenza o fallimento.

6. Nei casi previsti dal comma 2, in alternativa al rimborso del prezzo o al rientro immediato, può essere offerta al viaggiatore la continuazione del pacchetto con le modalità di cui agli articoli 40 e 42.

7. L'obbligo di cui al comma 1, non sussiste per l'organizzatore e il venditore di uno Stato membro dell'Unione europea che si stabilisce sul territorio nazionale se sussistono le condizioni di cui all'articolo 33 del decreto legislativo 26 marzo 2010, n. 59.

8. Gli organizzatori e i venditori non stabiliti in uno Stato membro che vendono o offrono in vendita pacchetti in Italia o in un altro Stato membro o che, con qualsiasi mezzo, dirigono tali attività verso l'Italia o un altro Stato membro sono obbligati a fornire una garanzia equivalente a quella prevista dal comma 2.

9. In ogni caso, il Ministero degli affari esteri e della cooperazione internazionale può chiedere agli interessati il rimborso, totale o parziale, delle spese sostenute per il soccorso e il rimpatrio delle persone che, all'estero, si siano esposte deliberatamente, salvi giustificati motivi correlati all'esercizio di attività professionali, a rischi che avrebbero potuto conoscere con l'uso della normale diligenza.

10. È fatta salva la facoltà di stipulare anche altre polizze assicurative di assistenza al viaggiatore.

48. ***Riconoscimento reciproco della protezione in caso d'insolvenza e cooperazione amministrativa.*** — 1. È riconosciuta conforme alla disciplina di cui all'articolo 47 qualunque protezione in caso d'insolvenza o fallimento che un organizzatore e un venditore forniscono conformemente alle corrispondenti misure previste dallo Stato membro in cui è stabilito.

2. Quale punto di contatto centrale per agevolare la cooperazione amministrativa e il controllo degli

organizzatori e dei venditori operanti in Stati membri diversi è designato il Ministero dei beni e delle attività culturali e del turismo – Direzione generale Turismo, il cui recapito è comunicato a tutti gli altri Stati membri e alla Commissione.

3. Il punto di contatto centrale mette a disposizione dei propri omologhi tutte le informazioni necessarie riguardo ai rispettivi obblighi nazionali in materia di protezione in caso d'insolvenza o fallimento e ai soggetti incaricati di fornire tale protezione per gli specifici organizzatori o venditori stabiliti sul proprio territorio, autorizzando a condizioni di reciprocità l'accesso a qualunque registro disponibile, reso accessibile al pubblico anche online, in cui sono elencati gli organizzatori e i venditori che si conformano all'obbligo di protezione in caso d'insolvenza o fallimento.

4. Se uno Stato membro dubita delle misure di protezione in caso di insolvenza di un organizzatore, chiede chiarimenti al punto di contatto di cui al comma 2. Il punto di contatto risponde alle richieste degli altri Stati membri il più rapidamente possibile, tenendo in considerazione l'urgenza e la complessità della questione, ed in ogni caso fornendo una prima risposta entro quindici giorni lavorativi dal ricevimento della richiesta.

SEZIONE VI
Servizi turistici collegati

49. ***Obblighi di protezione in caso d'insolvenza o fallimento e d'informazione in relazione ai servizi turistici collegati.*** — 1. Ai professionisti che agevolano servizi turistici collegati si applicano, per il rimborso di tutti i pagamenti che ricevono dai viaggiatori, le disposizioni degli articoli 47 e 48 nella misura in cui un servizio turistico che fa parte di un servizio turistico collegato non sia effettuato a causa dello stato di insolvenza o fallimento dei professionisti.

2. Prima che il viaggiatore sia vincolato da un contratto che porti alla creazione di un servizio turistico collegato o di una corrispondente offerta, il professionista che agevola servizi turistici collegati, anche nei casi in cui egli non è stabilito in uno Stato membro ma, con qualsiasi mezzo, dirige tali attività verso uno Stato membro, dichiara in modo chiaro, e preciso che il viaggiatore:

a) non potrà invocare nessuno dei diritti che si applicano esclusivamente ai pacchetti ai sensi del presente Capo e che ciascun fornitore di servizi sarà il solo responsabile dell'esatta esecuzione contrattuale del suo servizio;

b) potrà invocare la protezione in caso d'insolvenza o fallimento ai sensi del comma 1.

3. Il professionista fornisce al viaggiatore tali informazioni mediante il modulo informativo standard pertinente di cui all'allegato B al presente codice oppure, qualora lo specifico tipo di servizi turistici collegati non sia contemplato da nessuno dei moduli previsti in tale allegato, fornendo le informazioni ivi contenute.

4. Qualora il professionista che agevola servizi turistici collegati non abbia rispettato gli obblighi di cui ai commi 1 e 2, si applicano i diritti e gli obblighi previsti dagli articoli 38 e 41 e dalla sezione IV in relazione ai servizi turistici inclusi nel servizio turistico collegato.

5. Se un servizio turistico collegato è il risultato della stipula di un contratto tra un viaggiatore e un professionista che non agevola il servizio turistico collegato, tale professionista informa il professionista che agevola il servizio turistico collegato della stipula del pertinente contratto.

SEZIONE VII
Responsabilità del venditore

50. ***Responsabilità del venditore.*** — 1. Il venditore è responsabile dell'esecuzione del mandato conferitogli dal viaggiatore con il contratto di intermediazione di viaggio, indipendentemente dal fatto che la prestazione sia resa dal venditore stesso, dai suoi ausiliari o preposti quando agiscono nell'esercizio delle loro funzioni o dai terzi della cui opera si avvalga, dovendo l'adempimento delle obbligazioni assunte essere valutato con riguardo alla diligenza richiesta per l'esercizio della corrispondente attività professionale.

51. ***Responsabilità in caso di errore di prenotazione.*** — 1. Il professionista è responsabile degli errori dovuti a difetti tecnici nel sistema di prenotazione che gli siano imputabili e, qualora abbia accettato di organizzare la prenotazione di un pacchetto o di servizi turistici che rientrano in servizi turistici collegati, degli errori commessi durante il processo di prenotazione.

2. Il professionista non è responsabile degli errori di prenotazione imputabili al viaggiatore o dovuti a circostanze inevitabili e straordinarie.

51-*bis*. ***Obbligo del venditore di indicare la propria qualità.*** — 1. Il venditore è considerato come organizzatore se, in relazione ad un contratto di pacchetto turistico, omette di fornire al viaggiatore, a norma dell'articolo 34, il pertinente modulo informativo standard di cui all'allegato A, parte II o parte III al presente codice, e le informazioni relative alla denominazione commerciale, l'indirizzo geografico, il recapito telefonico e l'indirizzo di posta elettronica dell'organizzatore, ovvero omette di informare il viaggiatore che egli agisce in qualità di venditore.

51-*ter*. ***Obblighi specifici del venditore quando l'organizzatore è stabilito fuori dallo Spazio economico europeo.*** — 1. Se l'organizzatore è stabilito al di fuori dello Spazio economico europeo, il venditore stabilito in uno Stato membro è soggetto agli obblighi previsti per gli organizzatori alle Sezioni IV e V, salvo che fornisca la prova che l'organizzatore si conforma alle norme contenute in tali Sezioni.

51-*quater*. *Prescrizione del diritto al risarcimento del danno.* — 1. Fatto salvo quanto stabilito dall'articolo 46 e gli effetti degli articoli 51-*bis* e 51-*ter*, il diritto del viaggiatore al risarcimento dei danni previsti dalla presente Sezione si prescrive in due anni a decorrere dalla data del rientro del viaggiatore nel luogo di partenza.

SEZIONE VIII
Disposizioni generali

51-*quinquies*. *Diritto ad azioni di regresso e diritto di surrogazione.* — 1. L'organizzatore o il venditore che ha concesso un indennizzo o una riduzione di prezzo, ovvero corrisposto un risarcimento del danno o è stato costretto ad ottemperare ad altri obblighi secondo le disposizioni del presente Capo, ha il diritto di regresso nei confronti dei soggetti che abbiano contribuito al verificarsi delle circostanze o dell'evento da cui sono derivati l'indennizzo, la riduzione del prezzo, il risarcimento del danno o gli altri obblighi in questione, nonché dei soggetti tenuti a fornire servizi di assistenza ed alloggio in forza di altre disposizioni, nel caso in cui il viaggiatore non possa rientrare nel luogo di partenza.

2. L'organizzatore o il venditore che hanno risarcito il viaggiatore sono surrogati, nei limiti del risarcimento corrisposto, in tutti i diritti e le azioni di quest'ultimo verso i terzi responsabili; il viaggiatore fornisce all'organizzatore o al venditore tutti i documenti, le informazioni e gli elementi in suo possesso utili per l'esercizio del diritto di surroga.

51-*sexies*. *Inderogabilità della disciplina relativa ai diritti del viaggiatore.* — 1. La dichiarazione che un organizzatore di un pacchetto o un professionista che agevola un servizio turistico collegato agisce esclusivamente in qualità di fornitore di un servizio turistico, d'intermediario o a qualunque altro titolo, o che un pacchetto o un servizio turistico collegato non costituisce un pacchetto o un servizio turistico collegato, non esonera gli organizzatori o i professionisti dagli obblighi imposti loro dal presente Capo.

2. I viaggiatori non possono rinunciare ai diritti conferiti loro dalle disposizioni di cui al presente Capo.

3. Fatto salvo quanto diversamente stabilito da specifiche disposizioni di legge, eventuali clausole contrattuali o dichiarazioni del viaggiatore che escludano o limitino, direttamente o indirettamente, i diritti derivanti dal presente Capo o il cui scopo sia eludere l'applicazione delle disposizioni di cui al presente Capo, non vincolano il viaggiatore.

SEZIONE IX
Tutela amministrativa e giurisdizionale

51-*septies*. *Sanzioni amministrative.* — 1. Salvo che il fatto non costituisca reato o configuri una fattispecie di illecito amministrativo sanzionato con legge delle regioni e delle province autonome di Trento e di Bolzano, ovvero una pratica commerciale scorretta sanzionata dal decreto legislativo 6 settembre 2005, n. 206, il professionista, l'organizzatore o il venditore che contravviene:

a) alle disposizioni di cui agli articoli 34, 35, comma 2, 36, 38, comma 3, 39, comma 4, 40, comma 4, 41, comma 7, terzo periodo, e 49, commi 2 e 3, del presente Capo, è punito, per ogni singola violazione, con la sanzione amministrativa pecuniaria da 1.000 euro a 5.000 euro;

b) alle disposizioni di cui agli articoli 37, comma 2, 42, commi 7 e 8, e 45, comma 1, del presente Capo, è punito, per ogni singola violazione, con la sanzione amministrativa pecuniaria da 2.000 a euro 10.000 euro;

c) alle disposizioni di cui all'articolo 47, commi da 1 a 5 e commi 7 e 8, del presente Capo, è punito, per ogni singola violazione, con la sanzione amministrativa pecuniaria da 4.000 euro a 20.000 euro.

2. Fatto salvo quanto previsto al comma 1, il professionista, l'organizzatore o il venditore che omette di fornire l'informazione al viaggiatore, ovvero ostacola l'esercizio del diritto di recesso o di risoluzione ovvero fornisce informazione incompleta o errata o comunque non conforme sul diritto di recesso previsto dagli articoli 40, 41 e sul diritto di risoluzione previsto dall'articolo 42 del presente Capo, ovvero non rimborsa al consumatore le somme da questi eventualmente corrisposte, è punito con la sanzione amministrativa pecuniaria da 1.000 euro a 5.000 euro.

3. In caso di reiterazione, le sanzioni amministrative pecuniarie previste dai commi 1 e 2 sono aumentate di un terzo, laddove la reiterazione si verifica qualora sia stata commessa la stessa violazione per due volte in un anno, anche se si è proceduto al pagamento della sanzione mediante oblazione.

4. In caso di ulteriore reiterazione, le sanzioni amministrative pecuniarie previste dai commi 1 e 2 sono raddoppiate.

5. In caso di violazione degli obblighi di assicurazione previsti dagli articoli 47 e 48, al professionista, all'organizzatore o al venditore si applica la sanzione amministrativa accessoria della sospensione dall'esercizio dell'attività da quindici giorni a tre mesi e, in caso di reiterazione, l'autorità competente dispone la cessazione dell'attività.

6. Per le sanzioni amministrative pecuniarie conseguenti alle violazioni del presente decreto si osservano, in quanto applicabili, le disposizioni con-

tenute nel Capo I, Sezione I, e negli articoli 26, 27, 28 e 29 della legge 24 novembre 1981, n. 689, e successive modificazioni.

7. Fatto salvo quanto previsto dall'articolo 51-*novies*, il pagamento delle sanzioni amministrative pecuniarie di cui al presente articolo è effettuato entro trenta giorni dalla notifica del provvedimento.

8. All'articolo 148 della legge 23 dicembre 2000, n. 388, sono apportate le seguenti modificazioni: (*Omissis*).

51-*octies*. *Applicazione delle sanzioni amministrative*. — 1. Fermo restando quanto previsto agli articoli 51-*septies*, comma 1, e 51-*novies*, l'Autorità garante della concorrenza e del mercato, d'ufficio o su istanza di ogni soggetto o organizzazione che ne abbia interesse, accerta le violazioni delle disposizioni di cui all'articolo 51-*septies*, ne inibisce la continuazione e ne elimina gli effetti, avvalendosi a tal fine degli strumenti, anche sanzionatori, previsti dal decreto legislativo 6 settembre 2005, n. 206.

1-*bis*. L'Autorità garante della concorrenza e del mercato è designata, ai sensi dell'articolo 5, paragrafo 1, del regolamento (UE) 2017/2394 del Parlamento europeo e del Consiglio, del 12 dicembre 2017, quale autorità competente responsabile dell'applicazione della direttiva (UE) 2015/2302 del Parlamento europeo e del Consiglio, del 25 novembre 2015, relativa ai pacchetti turistici e ai servizi turistici collegati, che modifica il regolamento (CE) n. 2006/2004 e la direttiva 2011/83/UE del Parlamento europeo e del Consiglio e che abroga la direttiva 90/314/CEE del Consiglio. In materia di accertamento e di sanzione delle violazioni della citata direttiva (UE) 2015/2302, si applica l'articolo 27 del codice del consumo, di cui al decreto legislativo 6 settembre 2005, n. 206.[1]

[1] Comma aggiunto dall'art. 37, c. 2, L. 23 dic. 2021, n. 238.

51-*novies*. *Sanzioni amministrative previste con legge delle regioni e delle province autonome di Trento e di Bolzano*. — 1. Le regioni e le province autonome di Trento e di Bolzano prevedono sanzioni amministrative effettive, proporzionate e dissuasive per le violazioni delle disposizioni di cui al presente Capo che rientrano nell'ambito delle competenze loro riservate ai sensi degli articoli 117 e 118 della Costituzione.

- 5 -

D.lgs. 19 gen. 2017, n. 3

Attuazione della direttiva 2014/104/UE del Parlamento europeo e del Consiglio, del 26 novembre 2014, relativa a determinate norme che regolano le azioni per il risarcimento del danno ai sensi del diritto nazionale per violazioni delle disposizioni del diritto della concorrenza degli Stati membri e dell'Unione europea

(G.U. 19 gen. 2017, n. 15)

CAPO I

Disposizioni generali

1. *Ambito di applicazione e oggetto*. — 1. Il presente decreto disciplina, anche con riferimento alle azioni collettive di cui al titolo VIII-*bis* del libro quarto del codice di procedura civile, il diritto al risarcimento in favore di chiunque ha subìto un danno a causa di una violazione del diritto della concorrenza da parte di un'impresa o di un'associazione di imprese.[1]

2. Il risarcimento comprende il danno emergente, il lucro cessante e gli interessi e non determina sovracompensazioni.

[1] Comma così modif. dall'art. 6, c. 2, L. 12 apr. 2019, n. 31, in vigore a decorrere dal 19 mag. 2021, ai sensi di quanto disposto dall'art. 7, c. 1, L. 31/2019, come modif. dall'art. 8, c. 5, D.L. 30 dic. 2019, n. 162, conv. con modif. in L. 28 feb. 2020, n. 8, e dall'art. 31-*ter*, D.L. 28 ott. 2020, n. 137, conv. con modif. in L. 18 dic. 2020, n. 176.

2. *Definizioni*. — 1. Ai fini del presente decreto si intende per:

a) «autore della violazione»: l'impresa o l'associazione di imprese che ha commesso la violazione del diritto della concorrenza;

b) «diritto della concorrenza»: le disposizioni di cui agli articoli 101 o 102 del trattato sul funzionamento dell'Unione europea, le disposizioni di cui agli articoli 2, 3 e 4 della legge 10 ottobre 1990, n. 287, applicate autonomamente, nonché le disposizioni di altro Stato membro che perseguono principalmente lo stesso obiettivo degli articoli 101 e 102 del Trattato sul funzionamento dell'Unione europea e le predette disposizioni di cui agli articoli 2, 3 e 4 della legge 10 ottobre 1990, n. 287, applicate nello stesso caso e parallelamente al diritto della concorrenza dell'Unione ai sensi dell'articolo 3, paragrafo 1, del regolamento (CE) n. 1/2003, escluse le disposizioni che impongono sanzioni penali a persone fisiche, salvo qualora tali sanzioni penali costituiscano gli strumenti tramite i quali sono attuate le regole di concorrenza applicabili alle imprese;

c) «soggetto danneggiato»: una persona, fisica o giuridica, o un ente privo di personalità giuridica, che ha subìto un danno causato da una violazione del diritto della concorrenza;

d) «autorità nazionale garante della concorrenza»: un'autorità designata da altro Stato membro dell'Unione europea a norma dell'articolo 35 del regolamento (CE) n. 1/2003 come responsabile dell'applicazione degli articoli 101 e 102 del trattato sul funzionamento dell'Unione europea;

e) «autorità garante della concorrenza»: la Commissione o l'autorità garante della concorrenza e del mercato di cui all'articolo 10 della legge 10 ottobre 1990, n. 287, o l'autorità nazionale garante della concorrenza di cui alla lettera *d*), ovvero, a seconda del contesto, le predette autorità garanti della concorrenza disgiuntamente o congiuntamente alla Commissione;

f) «giudice del ricorso»: il giudice competente ai sensi dell'articolo 33, comma 1, della legge 10 ottobre 1990, n. 287, ovvero un giudice di altro Stato membro che ha il potere, in seguito alla proposizione di mezzi di impugnazione ordinari, di rivedere le decisioni emesse da un'autorità nazionale garante della concorrenza o le pronunce giurisdizionali formulate su tali decisioni, indipendentemente dal fatto che tale giudice abbia il potere di constatare una violazione del diritto della concorrenza;

g) «decisione relativa a una violazione»: la decisione di un'autorità garante della concorrenza ovvero di un giudice del ricorso che constata una violazione del diritto della concorrenza;

h) «decisione definitiva relativa a una violazione»: la decisione relativa a una violazione che non può o non può più essere impugnata con mezzi ordinari;

i) «prove»: tutti i mezzi di prova ammissibili dinanzi al giudice adito, in particolare documenti e tutti gli altri oggetti contenenti informazioni, indipendentemente dal supporto sul quale le informazioni sono registrate;

l) «cartello»: un accordo, una intesa ai sensi dell'articolo 2 della legge 10 ottobre 1990, n. 287, o una pratica concordata fra due o più concorrenti, volta a coordinare il loro comportamento concorrenziale sul mercato o a influire sui pertinenti parametri di concorrenza mediante pratiche consistenti, tra l'altro, nel fissare o coordinare i prezzi di acquisto o di vendita o altre condizioni di transazione, anche in relazione a diritti di proprietà intellettuale, nell'allocare quote di produzione o di vendita, nel ripartire i mercati e i clienti, tra l'altro mediante manipolazione delle gare d'appalto, restrizioni delle importazioni o delle esportazioni o azioni anticoncorrenziali dirette contro altre imprese concorrenti;

m) «programma di clemenza»: il programma adottato dall'autorità garante della concorrenza e del mercato ai sensi dell'articolo 15, comma 2-*bis,* della legge 10 ottobre 1990, n. 287, o altro programma della Commissione europea o di uno Stato membro relativo all'applicazione dell'articolo 101 del trattato sul funzionamento dell'Unione europea o di una disposizione corrispondente del diritto nazionale in base alla quale un partecipante a un cartello segreto, indipendentemente dalle altre imprese coinvolte nel cartello, collabora a un'indagine dell'autorità garante della concorrenza fornendo volontariamente gli elementi di cui è a conoscenza circa il cartello e il ruolo svolto al suo interno, ricevendo in cambio, per decisione o con la chiusura del procedimento, l'immunità dalle ammende per il suo coinvolgimento nel cartello o una loro riduzione;

n) «dichiarazione legata a un programma di clemenza»: una dichiarazione orale o scritta presentata volontariamente da parte o per conto di un'impresa o di una persona fisica a un'autorità garante della concorrenza, ovvero una registrazione di una tale dichiarazione, che descrive la conoscenza dell'impresa o della persona fisica in merito a un cartello e descrive il ruolo da essa svolto al suo interno, predisposta specificamente per essere presentata alla medesima autorità garante allo scopo di ottenere la non applicazione o una riduzione delle sanzioni ai sensi di un programma di clemenza e che non comprende le informazioni preesistenti;

o) «informazioni preesistenti»: le prove esistenti indipendentemente dal procedimento di un'autorità garante della concorrenza a prescindere dalla presenza o meno delle suddette informazioni nel fascicolo della predetta autorità;

p) «proposta di transazione»: la dichiarazione volontaria da parte o per conto di un'impresa a un'autorità garante della concorrenza, in cui l'impresa riconosce o rinuncia a contestare la sua partecipazione a una violazione del diritto della concorrenza e la propria responsabilità in detta violazione del diritto della concorrenza, predisposta specificamente per consentire all'autorità garante della concorrenza di applicare una procedura semplificata o accelerata;

q) «beneficiario dell'immunità»: un'impresa o una persona fisica che ha ottenuto l'immunità dalle ammende da un'autorità garante della concorrenza nell'ambito di un programma di clemenza;

r) «sovrapprezzo»: la differenza tra il prezzo effettivamente pagato e il prezzo che sarebbe altrimenti prevalso in assenza di una violazione del diritto della concorrenza;

s) «composizione consensuale delle controversie»: i procedimenti di risoluzione stragiudiziale di una controversia, riguardanti una richiesta di risarcimento del danno subito a causa di una violazione del diritto della concorrenza, di cui al decreto legislativo 4 marzo 2010, n. 28, al capo II del decreto-legge 12 settembre 2014, n. 132, convertito, con modificazioni, dalla legge 10 novembre 2014, n. 162, e al titolo II-*bis* della parte V del codice del consumo di cui al decreto legislativo 6 settembre 2005, n. 206, nonché i procedimenti di arbitrato di cui al titolo VIII del libro IV del codice di procedura civile;

t) «accordo che compone la controversia»: l'accordo amichevole di definizione della controversia raggiunto mediante il procedimento di cui al decreto legislativo 4 marzo 2010, n. 28; l'accordo raggiunto a seguito di convenzione di negoziazione assistita di cui al capo II del decreto-legge 12 settembre 2014, n. 132, convertito, con modificazioni, dalla legge 10 novembre 2014, n. 162; l'accordo amichevole raggiunto mediante il procedimento di cui al titolo II-*bis* del codice del consumo di cui al decreto legislativo 6 settembre 2005, n. 206; la determinazione contrattuale con cui è definita la controversia nell'arbitrato irrituale di cui all'articolo 808-*ter* del codice di procedura civile;

u) «acquirente diretto»: una persona fisica, una persona giuridica o un ente privo di personalità giuridica che ha acquistato direttamente da un autore della violazione beni o servizi oggetto di una violazione del diritto della concorrenza;

v) «acquirente indiretto»: una persona fisica, una persona giuridica o un ente privo di personalità giuridica che ha acquistato non direttamente da un autore della violazione, ma da un acquirente diretto o da un acquirente successivo beni o servizi oggetto di una violazione del diritto della concorrenza, oppure beni o servizi che li incorporano o che derivano dagli stessi.

CAPO II
Esibizione delle prove

3. ***Ordine di esibizione.*** — 1. Nelle azioni per il risarcimento del danno a causa di una violazione del diritto della concorrenza, su istanza motivata della parte, contenente l'indicazione di fatti e prove ragionevolmente disponibili dalla controparte o dal terzo, sufficienti a sostenere la plausibilità della domanda di risarcimento del danno o della difesa, il giudice può ordinare alle parti o al terzo l'esibizione delle prove rilevanti che rientrano nella loro disponibilità a norma delle disposizioni del presente capo.

2. Il giudice dispone a norma del comma 1 individuando specificatamente e in modo circoscritto gli elementi di prova o le rilevanti categorie di prove oggetto della richiesta o dell'ordine di esibizione. La categoria di prove è individuata mediante il riferimento a caratteristiche comuni dei suoi elementi costitutivi come la natura, il periodo durante il quale sono stati formati, l'oggetto o il contenuto degli elementi di prova di cui è richiesta l'esibizione e che rientrano nella stessa categoria.

3. Il giudice ordina l'esibizione, nei limiti di quanto è proporzionato alla decisione e, in particolare:

a) esamina in quale misura la domanda di risarcimento o la difesa sono sostenute da fatti e prove disponibili che giustificano l'ordine di esibizione;

b) esamina la portata e i costi dell'esibizione, in specie per i terzi interessati;

c) valuta se le prove di cui è richiesta l'esibizione contengono informazioni riservate, in specie se riguardanti terzi.

4. Quando la richiesta o l'ordine di esibizione hanno per oggetto informazioni riservate, il giudice dispone specifiche misure di tutela tra le quali l'obbligo del segreto, la possibilità di non rendere visibili le parti riservate di un documento, la conduzione di audizioni a porte chiuse, la limitazione del numero di persone autorizzate a prendere visione delle prove, il conferimento ad esperti dell'incarico di redigere sintesi delle informazioni in forma aggregata o in altra forma non riservata. Si considerano informazioni riservate i documenti che contengono informazioni riservate di carattere personale, commerciale, industriale e finanziario relative a persone ed imprese, nonché i segreti commerciali.

5. La parte o il terzo nei cui confronti è rivolta la istanza di esibizione hanno diritto di essere sentiti prima che il giudice provveda a norma del presente articolo.

6. Resta ferma la riservatezza delle comunicazioni tra avvocati incaricati di assistere la parte e il cliente stesso.

4. ***Esibizione delle prove contenute nel fascicolo di un'autorità garante della concorrenza.*** — 1. Il giudice ordina l'esibizione di prove contenute nel fascicolo di un'autorità garante della concorrenza quando né le parti né i terzi sono ragionevolmente in grado di fornire tale prova.

2. Il giudice ordina l'esibizione di prove contenute nel fascicolo di un'autorità garante della concorrenza a norma dell'articolo 3 e secondo quanto disposto dal presente articolo.

3. Quando il giudice valuta la proporzionalità dell'ordine di esibizione considera altresì:

a) se la richiesta è stata formulata in modo specifico quanto alla natura, all'oggetto o al contenuto dei documenti presentati a un'autorità garante della concorrenza o contenuti nel fascicolo di tale autorità o con una domanda generica attinente a documenti presentati a un'autorità garante della concorrenza;

b) se la parte richiede l'esibizione in relazione all'azione per il risarcimento del danno a causa di una violazione del diritto della concorrenza;

c) se sia necessario salvaguardare l'efficacia dell'applicazione a livello pubblicistico del diritto della concorrenza in relazione a quanto previsto dalle disposizioni di cui ai commi 1 e 4, o nel caso di richiesta di un'autorità garante della concorrenza ai sensi del comma 7.

4. Il giudice, solo dopo la conclusione del procedimento da parte dell'autorità garante della concorrenza, può ordinare l'esibizione delle seguenti categorie di prove:

a) informazioni rese nell'ambito di un procedimento di un'autorità garante della concorrenza;

b) informazioni che l'autorità garante della

concorrenza ha redatto e comunicato alle parti nel corso del suo procedimento;

c) proposte di transazione, ove specificamente disciplinate, che sono state revocate.

5. Il giudice non può ordinare a una parte o a un terzo di esibire prove aventi ad oggetto dichiarazioni legate a un programma di clemenza o proposte di transazione, ove specificamente disciplinate. In ogni caso l'attore può proporre istanza motivata perché il giudice, che può chiedere assistenza solo all'autorità garante della concorrenza, acceda alle prove di cui al periodo precedente al solo scopo di garantire che il loro contenuto corrisponda alle definizioni di cui all'articolo 2, comma 1, lettere *n*) e *p*). Gli autori dei documenti interessati possono chiedere al giudice di essere sentiti. In nessun caso il giudice consente alle altre parti o a terzi l'accesso a tali prove. Quando il giudice accerta che il contenuto delle prove non corrisponde alle definizioni di cui all'articolo 2, comma 1, lettere *n*) e *p*), ne ordina l'esibizione secondo le disposizioni di cui ai commi 4 e 6.

6. Il giudice può ordinare l'esibizione delle prove che non rientrano nelle categorie di cui ai commi 4 e 5, primo periodo, anche prima della conclusione del procedimento da parte dell'autorità garante della concorrenza.

7. Quando l'autorità garante della concorrenza intende fornire il proprio parere sulla proporzionalità della richiesta di esibizione può presentare osservazioni al giudice. Al fine di consentire all'autorità garante della concorrenza di esercitare la facoltà di cui al periodo precedente, il giudice informa la medesima autorità delle richieste di esibizione, disponendo la trasmissione degli atti che ritiene a tal fine rilevanti. Le osservazioni dell'autorità sono inserite nel fascicolo d'ufficio a norma dell'articolo 96 delle disposizioni di attuazione del codice di procedura civile.

8. Nei casi di cui al comma 4, quando sui fatti rilevanti ai fini del decidere è in corso un procedimento davanti a un'autorità garante della concorrenza ed è necessario salvaguardare l'efficacia dell'applicazione a livello pubblicistico del diritto della concorrenza, il giudice può sospendere il giudizio fino alla chiusura del predetto procedimento con una decisione dell'autorità o in altro modo.

9. Sono fatte salve le norme e prassi previste dal diritto dell'Unione o le specifiche disposizioni nazionali sulla protezione dei documenti interni delle autorità garanti della concorrenza e della corrispondenza tra tali autorità.

5. ***Limiti nell'uso delle prove ottenute solo grazie all'accesso al fascicolo di un'autorità garante della concorrenza.*** — 1. Le prove che rientrano in una delle categorie di cui all'articolo 4, commi 4 e 5, primo periodo, comunque ottenute dalle parti anche mediante l'accesso al fascicolo sono ammesse negli stessi limiti di cui all'articolo 4, commi 4 e 5.

2. Le prove che rientrano nella categoria di cui all'articolo 4, comma 6, comunque ottenute dalle parti solo mediante l'accesso al fascicolo possono essere utilizzate nell'azione per il risarcimento del danno solo dalla parte che le ha ottenute o dal suo successore nel diritto.

6. ***Sanzioni.*** — 1. Alla parte o al terzo che rifiuta senza giustificato motivo di rispettare l'ordine di esibizione del giudice a norma dell'articolo 3 o non adempie allo stesso il giudice applica una sanzione amministrativa pecuniaria da euro 15.000 a euro 150.000 che è devoluta a favore della Cassa delle ammende.

2. Salvo che il fatto costituisca reato, alla parte o al terzo che distrugge prove rilevanti ai fini del giudizio di risarcimento il giudice applica una sanzione amministrativa pecuniaria da euro 15.000 a euro 150.000 che è devoluta a favore della Cassa delle ammende.

3. Alla parte o al terzo che non rispetta o rifiuta di rispettare gli obblighi imposti dall'ordine del giudice a tutela di informazioni riservate a norma dell'articolo 3, comma 4, il giudice applica una sanzione amministrativa pecuniaria da euro 15.000 a euro 150.000 che è devoluta a favore della Cassa delle ammende.

4. Alla parte che utilizza le prove in violazione dei limiti di cui all'articolo 5 il giudice applica una sanzione amministrativa pecuniaria da euro 15.000 a euro 150.000 che è devoluta a favore della Cassa delle ammende.

5. Le sanzioni di cui ai commi 1, 2, 3 e 4 si applicano anche ai rappresentanti legali della parte o del terzo autori delle violazioni.

6. Ferma l'applicazione delle sanzioni amministrative pecuniarie di cui ai commi 1 e 2, se la parte rifiuta senza giustificato motivo di rispettare l'ordine di esibizione del giudice a norma dell'articolo 3 o non adempie allo stesso, ovvero distrugge prove rilevanti ai fini del giudizio di risarcimento, il giudice, valutato ogni elemento di prova, può ritenere provato il fatto al quale la prova si riferisce.

7. Ferma l'applicazione della sanzione amministrativa pecuniaria di cui al comma 4, se la parte utilizza prove in violazione dei limiti di cui all'articolo 5, il giudice può respingere in tutto o in parte le domande e le eccezioni alle quali le prove si riferiscono.

CAPO III
Effetto delle decisioni dell'autorità, termini di prescrizione delle azioni e responsabilità in solido

7. ***Effetti delle decisioni dell'autorità garante della concorrenza.*** — 1. Ai fini dell'azione per il risarcimento del danno si ritiene definitivamente accertata, nei confronti dell'autore, la violazione del diritto della concorrenza constatata da una decisione dell'autorità garante della concorrenza e del mercato di cui all'articolo 10 della legge 10 ottobre 1990, n. 287, non più soggetta ad impugnazione davanti al giudice del ricorso, o da una sentenza del giudice del ricorso passata in giudicato. Il sindacato del giudice del ricorso comporta la verifica diretta dei fatti posti a fondamento della decisione impugnata e si estende anche ai profili tecnici che non presentano un oggettivo margine di opinabilità, il cui esame sia necessario per giudicare la legittimità della decisione medesima. Quanto previsto al primo periodo riguarda la natura della violazione e la sua portata materiale, personale, temporale e territoriale, ma non il nesso di causalità e l'esistenza del danno.

2. La decisione definitiva con cui una autorità nazionale garante della concorrenza o il giudice del ricorso di altro Stato membro accerta una violazione del diritto della concorrenza costituisce prova, nei confronti dell'autore, della natura della violazione e della sua portata materiale, personale, temporale e territoriale, valutabile insieme ad altre prove.

3. Le disposizioni del presente articolo lasciano impregiudicati le facoltà e gli obblighi del giudice ai sensi dell'articolo 267 del trattato sul funzionamento dell'Unione europea.

8. ***Termine di prescrizione.*** — 1. Il diritto al risarcimento del danno derivante da una violazione del diritto della concorrenza si prescrive in cinque anni. Il termine di prescrizione non inizia a decorrere prima che la violazione del diritto della concorrenza sia cessata e prima che l'attore sia a conoscenza o si possa ragionevolmente presumere che sia a conoscenza di tutti i seguenti elementi:

a) della condotta e del fatto che tale condotta costituisce una violazione del diritto della concorrenza;

b) del fatto che la violazione del diritto della concorrenza gli ha cagionato un danno;

c) dell'identità dell'autore della violazione.

2. La prescrizione rimane sospesa quando l'autorità garante della concorrenza avvia un'indagine o un'istruttoria in relazione alla violazione del diritto della concorrenza cui si riferisce l'azione per il diritto al risarcimento del danno. La sospensione si protrae per un anno dal momento in cui la decisione relativa alla violazione del diritto della concorrenza è divenuta definitiva o dopo che il procedimento si è chiuso in altro modo.

9. ***Responsabilità in solido.*** — 1. In deroga a quanto previsto dall'articolo 2055, primo comma, del codice civile, fatto salvo il diritto al pieno risarcimento del danno di cui all'articolo 1, comma 2, la piccola o media impresa (PMI), come definita nella raccomandazione 2003/361/CE della Commissione, che viola il diritto della concorrenza è responsabile in solido solo nei confronti dei propri acquirenti diretti ed indiretti quando la sua quota nel mercato rilevante è rimasta inferiore al cinque per cento per il tempo in cui si è protratta la violazione del diritto della concorrenza e quando l'applicazione delle ordinarie regole in materia di responsabilità solidale determinerebbe un pregiudizio irreparabile per la sua solidità economica e la totale perdita di valore delle sue attività. La PMI è responsabile in solido anche nei confronti di soggetti danneggiati diversi da quelli di cui al periodo precedente solo quando questi non possono ottenere l'integrale risarcimento del danno dalle altre imprese coinvolte nella stessa violazione del diritto della concorrenza.

2. La deroga di cui al comma 1, primo periodo, non si applica quando la PMI ha svolto un ruolo di guida nella violazione del diritto della concorrenza o costretto altre imprese a parteciparvi ovvero quando risulta accertato che la PMI ha commesso in precedenza una violazione del diritto della concorrenza.

3. In deroga a quanto previsto dall'articolo 2055, primo comma, del codice civile il beneficiario dell'immunità è responsabile in solido:

a) nei confronti dei suoi acquirenti o fornitori diretti o indiretti;

b) nei confronti di altri soggetti danneggiati, solo quando questi non possono ottenere l'integrale risarcimento del danno dalle altre imprese coinvolte nella stessa violazione del diritto della concorrenza.

4. Il termine di prescrizione del diritto al risarcimento del danno dei soggetti danneggiati di cui ai commi 1, secondo periodo, e 3, lettera *b*), inizia a decorrere da quando risulta accertato che gli stessi non possono ottenere l'integrale risarcimento del danno dalle altre imprese coinvolte nella stessa violazione del diritto della concorrenza.

5. Il regresso contro il beneficiario dell'immunità da parte di colui che ha risarcito il danno non può superare la misura del danno che lo stesso beneficiario dell'immunità ha causato ai propri acquirenti o fornitori diretti o indiretti ed è comunque determinato ai sensi dell'articolo 2055, secondo comma, del codice civile.

CAPO IV

Trasferimento del sovrapprezzo

10. ***Risarcimento del danno e trasferimento del sovrapprezzo.*** — 1. Il risarcimento del danno da violazione del diritto della concorrenza può essere chiesto da chiunque lo ha subito, indipendentemente dal fatto che si tratti di acquirente diretto o indiretto dell'autore della violazione.

2. Il risarcimento del danno emergente cagionato dall'autore della violazione ad un dato livello della catena di approvvigionamento non supera il danno da sovrapprezzo subito a tale livello, fermo il diritto del soggetto danneggiato di chiedere il risarcimento per il lucro cessante derivante dal trasferimento integrale o parziale del sovrapprezzo.

3. Le disposizioni del Capo IV del presente decreto si applicano anche quando la violazione del di-

ritto della concorrenza riguarda una fornitura all'autore della violazione.

11. ***Eccezione di trasferimento.*** — 1. Nelle azioni per il risarcimento del danno, il convenuto che eccepisce il fatto che l'attore ha trasferito in tutto o in parte il sovrapprezzo derivante dalla violazione del diritto della concorrenza ha l'onere di provarlo anche chiedendo l'esibizione di prove all'attore o a terzi.

12. ***Acquirenti indiretti.*** — 1. Nelle azioni di risarcimento del danno per trasferimento in tutto o in parte del sovrapprezzo, l'attore deve dimostrare l'esistenza e la portata del trasferimento anche chiedendo l'esibizione di prove al convenuto o a terzi.

2. Nel caso di cui al comma 1, il trasferimento del sovrapprezzo si presume quando l'acquirente indiretto dimostra che:

a) il convenuto ha commesso una violazione del diritto della concorrenza;

b) la violazione del diritto della concorrenza ha determinato un sovrapprezzo per l'acquirente diretto del convenuto;

c) l'acquirente indiretto ha acquistato beni o servizi oggetto della violazione del diritto della concorrenza o ha acquistato beni o servizi che derivano dagli stessi o che li incorporano.

3. Il convenuto può dimostrare che il sovrapprezzo di cui al comma 2 non è stato trasferito interamente o in parte sull'acquirente indiretto.

13. ***Pluralità di azioni.*** — 1. Ferma la applicazione degli articoli 39 e 40 del codice di procedura civile e dell'articolo 30 del regolamento (UE) n. 1215/2012, nelle azioni di risarcimento del danno da trasferimento in tutto o in parte del sovrapprezzo derivante dalla violazione del diritto della concorrenza, il giudice, nel valutare se l'onere della prova previsto dagli articoli 11 e 12 è assolto, può tenere conto delle azioni di risarcimento del danno, anche proposte in altri Stati membri, relative alla medesima violazione del diritto della concorrenza ma promosse da attori che si trovano a un altro livello della catena di approvvigionamento e delle decisioni assunte in tali cause. Può, altresì, tenere conto delle informazioni di dominio pubblico risultanti dall'applicazione a livello pubblicistico del diritto della concorrenza riguardanti il caso specifico.

CAPO V
Quantificazione del danno

14. ***Valutazione del danno.*** — 1. Il risarcimento del danno causato da una violazione del diritto della concorrenza dovuto al soggetto danneggiato si deve determinare secondo le disposizioni degli articoli 1223, 1226 e 1227 del codice civile.

2. L'esistenza del danno cagionato da una violazione del diritto alla concorrenza consistente in un cartello si presume, salva prova contraria dell'autore della violazione.

3. Il giudice può chiedere assistenza all'autorità garante della concorrenza formulando specifiche richieste sugli orientamenti che riguardano la quantificazione del danno. Salvo che l'assistenza risulti non appropriata in relazione alle esigenze di salvaguardare l'efficacia dell'applicazione a livello pubblicistico del diritto della concorrenza, l'autorità garante presta l'assistenza richiesta nelle forme e con le modalità che il giudice indica sentita l'autorità medesima.

CAPO VI
Composizione consensuale delle controversie

15. ***Effetti della composizione consensuale delle controversie.*** — 1. Alla prescrizione del diritto per il risarcimento del danno da violazione del diritto della concorrenza si applicano l'articolo 5, comma 6, del decreto legislativo 4 marzo 2010, n. 28, l'articolo 8 del decreto-legge 12 settembre 2014, n. 132, convertito, con modificazioni, dalla legge 10 novembre 2014, n. 162, l'articolo 141-*quinquies* del codice del consumo di cui al decreto legislativo 6 settembre 2005, n. 206, e l'articolo 2943, quarto comma, del codice civile.

2. Fatte salve le disposizioni in materia di arbitrato, il giudice, su istanza delle parti, può sospendere sino a due anni il processo pendente per il risarcimento del danno da violazione del diritto della concorrenza quando le medesime parti hanno fatto ricorso ad una procedura di composizione consensuale della controversia. Quando la conciliazione non riesce il processo deve essere riassunto nel termine perentorio di trenta giorni dalla formalizzazione della mancata conciliazione.

3. Il periodo di sospensione di cui al comma 2 non si computa ai fini dell'articolo 2 della legge 24 marzo 2001, n. 89.

4. L'autorità garante della concorrenza e del mercato di cui all'articolo 10 della legge 10 ottobre 1990, n. 287, può considerare, ai fini della irrogazione della sanzione di cui all'articolo 15 della medesima legge, il risarcimento del danno effettuato dall'autore della violazione a seguito di una procedura di composizione consensuale della controversia e prima della decisione dell'autorità.

16. ***Effetti della composizione consensuale delle controversie sulle successive azioni per il risarcimento del danno.*** — 1. Nelle azioni per il risarcimento del danno da violazione del diritto della concorrenza, il soggetto danneggiato che ha partecipato ad un accordo che compone la controversia non può chiedere la parte di danno imputabile al coautore della violazione che vi ha partecipato ai coautori che non vi hanno partecipato.

2. I coautori della violazione che non hanno partecipato ad un accordo che compone la controver-

sia non hanno regresso nei confronti dei coautori della violazione che vi hanno partecipato per la parte del danno a questi imputabile.

3. Quando i coautori della violazione che non hanno partecipato all'accordo che compone la controversia sono insolventi, detratta la parte di danno imputabile al coautore che ha partecipato all'accordo, il soggetto danneggiato può chiedere il risarcimento ai coautori della violazione che hanno partecipato all'accordo, salvo che le parti che hanno partecipato all'accordo che compone la controversia lo abbiano espressamente escluso.

4. Fermo il disposto dell'articolo 2055, secondo comma, del codice civile, nel determinare la misura del regresso dovuto dal coautore della violazione a ciascuno degli altri coautori della violazione responsabili per il danno cagionato dalla violazione del diritto della concorrenza, il giudice tiene conto del risarcimento corrisposto dal predetto coautore interessato nell'ambito di un accordo che compone la controversia concluso in precedenza.

5. Le disposizioni del presente articolo si applicano anche quando il procedimento di composizione consensuale della controversia è definito con la pronuncia del lodo di cui al capo IV del Titolo VIII del libro IV del codice di procedura civile.

CAPO VII
Disposizioni ulteriori, transitorie e finali

17. ***Modificazioni alla legge 10 ottobre 1990, n. 287.*** (*Omissis*).

18. ***Competenza dei tribunali per le imprese.***[1] — (*Omissis*).

[1] Modifica il D.lgs. 27 giu. 2003, n. 168.

19. ***Disposizione transitoria.*** — 1. Ai fini dell'applicazione temporale del presente decreto, gli articoli 3, 4, 5, 15, comma 2, quali disposizioni procedurali, si applicano ai giudizi di risarcimento del danno da violazione del diritto della concorrenza promossi successivamente al 26 dicembre 2014.

20. ***Clausola di invarianza finanziaria.*** (*Omissis*).

CONTENZIOSO TRIBUTARIO

- 1 -

D.lgs. 31 dic. 1992, n. 545

Ordinamento degli organi speciali di giurisdizione tributaria ed organizzazione degli uffici di collaborazione in attuazione della delega al Governo contenuta nell'art. 30 della L. 30 dic. 1991, n. 413

(G.U. 13 gen. 1993, n. 9, Suppl.)[1]

[1] Ai sensi dell'art. 1, L. 31 ago. 2022, n. 130, le parole: «commissione tributaria provinciale», «commissioni tributarie provinciali», «commissione tributaria regionale», «commissioni tributarie regionali», «commissione tributaria» e «commissioni tributarie», ovunque ricorrono, sono sostituite rispettivamente dalle seguenti: «corte di giustizia tributaria di primo grado», «corti di giustizia tributaria di primo grado», «corte di giustizia tributaria di secondo grado», «corti di giustizia tributaria di secondo grado», «corte di giustizia tributaria di primo e secondo grado» e «corti di giustizia tributaria di primo e secondo grado».

CAPO I
Gli organi della giurisdizione tributaria

1. ***Le commissioni tributarie.*** — 1. Gli organi di giurisdizione in materia tributaria previsti dal D.P.R. 26 ott. 1972, n. 636, sono riordinati in commissioni tributarie provinciali, aventi sede nel capoluogo di ogni provincia, ed in commissioni tributarie regionali, aventi sede nel capoluogo di ogni regione. Fino al 31 dicembre 1996, sezioni delle commissioni provinciali e regionali possono essere ubicate, ove occorra, presso le sedi delle attuali commissioni di primo e di secondo grado. Entro il 31 dicembre 1993, con decreto del Ministro delle finanze, di concerto con il Ministro del tesoro e con il Ministro di grazia e giustizia, in relazione alle esigenze di reperimento dei locali, sono individuate dette sezioni le quali costituiscono mera articolazione interna delle commissioni tributarie non rilevante ai fini della competenza e della validità degli atti processuali. Con decreto del presidente della commissione provinciale o regionale sono determinati i criteri e le modalità di funzionamento delle sezioni.

1-*bis*. Nei comuni sedi di corte di appello o di sezione staccate di corte di appello ovvero di sezioni staccate di tribunali amministrativi regionali o comunque capoluoghi di provincia con altri 120.000 abitanti alla data di entrata in vigore della presente disposizione distanti non meno di 100 km dal comune capoluogo di regione, saranno istituite sezioni staccate delle commissioni tributarie regionali nei limiti numerici dei contingenti di personale già impiegato negli uffici di segreteria delle commissioni tributarie, senza incrementare il numero complessivo dei componenti delle medesime commissioni con corrispondente adeguamento delle sedi delle sezioni esistenti e conseguente riduzione delle relative spese. L'istituzione delle sezioni staccate non deve comunque comportare maggiori oneri a carico del bilancio dello stato.

2. In ciascuna delle province di Trento e di Bolzano la giurisdizione di cui al comma 1 è esercitata da commissioni tributarie di primo e di secondo grado, aventi competenza sul territorio della provincia corrispondente, alle quali si applicano rispettivamente le disposizioni concernenti le commissioni provinciali e regionali compatibili con le norme di legge e dello statuto regionale che le riguardano.

3. Le commissioni tributarie provinciali e regionali, il numero delle relative sezioni e i corrispondenti organici sono indicati nelle tabelle *A* e *B* allegate al presente decreto.

4. Il numero delle sezioni di ciascuna commissione può essere adeguato, in relazione al flusso medio dei processi, con decreto del Ministro delle finanze di concerto con il Ministro del tesoro ed il Ministro di grazia e giustizia.

5. Alla istituzione di nuove commissioni ed alle variazioni conseguenti, in relazione a mutamenti dell'assetto provinciale e regionale del territorio della Repubblica, si provvede con decreto del Ministro delle finanze di concerto con il Ministro del tesoro ed il Ministro di grazia e giustizia.

1-*bis*. *La giurisdizione tributaria.*[1] — 1. La giurisdizione tributaria è esercitata dai magistrati tributari e dai giudici tributari nominati presso le corti di giustizia tributaria di primo e secondo grado, presenti nel ruolo unico nazionale di cui all'articolo 4, comma 39-*bis*, della legge 12 novembre 2011, n. 183, alla data del 1° gennaio 2022.

2. I magistrati tributari di cui al comma 1 sono reclutati secondo le modalità previste dagli articoli da 4 a 4-*quater*.

3. L'organico dei magistrati tributari di cui al comma 2 è individuato in 448 unità presso le corti di giustizia tributaria di primo grado e 128 unità presso le corti di giustizia tributaria di secondo grado.

[1] Articolo ins. dall'art. 1, L. 31 ago. 2022, n. 130.

2. *La composizione delle commissioni tributarie.* — 1. A ciascuna delle commissioni tributarie provinciali e regionali è preposto un presidente che presiede anche la prima sezione. L'incarico ha durata quadriennale a decorrere dalla data di esercizio effettivo delle funzioni ed è rinnovabile per una sola volta e per un uguale periodo, previa valutazione positiva da parte del Consiglio di presidenza della giustizia tributaria dell'attività svolta nel primo triennio del quadriennio iniziale. Il Consiglio di presidenza della giustizia tributaria stabilisce con proprio regolamento il procedimento e le modalità di tale valutazione, garantendo la previa interlocuzione con l'interessato. Il Presidente non può essere nominato tra soggetti che raggiungeranno l'età pensionabile entro i quattro anni successivi alla nomina.[1]

1-*bis*. A seguito di valutazione negativa da parte del Consiglio di presidenza della giustizia tributaria e comunque all'esito dell'ottavo anno di esercizio delle funzioni di cui al comma 1, il giudice tributario è riassegnato a sua richiesta, salvo tramutamento all'esercizio di funzioni analoghe o diverse all'incarico di presidente di sezione nella commissione tributaria a cui era preposto ovvero in quella di precedente provenienza.[1]

2. Il presidente della commissione, in caso di assenza o di impedimento, è sostituito nelle funzioni non giurisdizionali dal presidente di sezione con maggiore anzianità nell'incarico subordinatamente d'età.

3. Il presidente di commissione con oltre quindici sezioni può delegare sue attribuzioni non giurisdizionali ad uno o più presidenti di sezione con i criteri di cui al comma 2.

4. A ciascuna sezione è assegnato un presidente, un vice-presidente e non meno di due magistrati o giudici tributari.[2]

5. Ogni collegio giudicante è presieduto dal presidente della sezione o dal vicepresidente e giudica con numero invariabile di tre votanti.

6. Se in una sezione mancano i componenti necessari per costituire il collegio giudicante, il presidente della commissione designa i componenti di altre sezioni.

[1] L'originario c. 1 è stato sost. dagli attuali c. 1 e 1-*bis* dall'art. 11, D.lgs. 24 set. 2015, n. 156.

[2] Comma così modif. dall'art. 1, L. 31 ago. 2022, n. 130.

3. *I presidenti delle commissioni tributarie e delle sezioni.* — 1. I presidenti delle commissioni tributarie provinciali sono nominati tra i magistrati tributari ovvero tra quelli ordinari, amministrativi, contabili o militari, in servizio o a riposo, secondo la graduatoria redatta sulla base delle disposizioni contenute nell'articolo 11.[1]

2. I presidenti di sezione delle commissioni tributarie provinciali sono nominati tra i magistrati tributari ovvero tra quelli ordinari, amministrativi, contabili o militari, in servizio o a riposo, secondo la graduatoria redatta sulla base delle disposizioni contenute nell'articolo 11. I vicepresidenti di sezione delle commissioni tributarie provinciali sono nominati tra i magistrati di cui al comma 1, ovvero tra i componenti che abbiano esercitato, per almeno cinque anni le funzioni di giudice tributario, purché in possesso del diploma di laurea in giurisprudenza o in economia e commercio, secondo la graduatoria redatta sulla base delle disposizioni contenute nell'articolo 11.[1]

3. I presidenti delle commissioni tributarie regionali sono nominati tra i magistrati tributari ovvero tra quelli ordinari, amministrativi, contabili o militari, in servizio o a riposo, secondo la graduatoria redatta sulla base delle disposizioni contenute nell'articolo 11.[1]

4. I presidenti di sezione delle commissioni tributarie regionali sono nominati tra i magistrati tributari ovvero tra quelli ordinari, amministrativi, contabili o militari, in servizio o a riposo, secondo la graduatoria redatta sulla base delle disposizioni contenute nell'articolo 11. I vicepresidenti di sezione delle commissioni tributarie regionali sono nominati tra i magistrati di cui al comma 3 ovvero tra i componenti che abbiano esercitato per almeno dieci anni le funzioni di giudice tributario regionale purché in possesso del diploma di laurea in giurisprudenza o in economia e commercio, secondo la graduatoria redatta sulla base delle disposizioni contenute nell'articolo 11.[1]

[1] Comma così modif. dall'art. 1, L. 31 ago. 2022, n. 130.

4. ***I giudici delle corti di giustizia tributaria di primo grado.***[1] — 1. La nomina a magistrato tributario si consegue mediante un concorso per esami bandito in relazione ai posti vacanti e a quelli che si renderanno vacanti nel quadriennio successivo, per i quali può essere attivata la procedura di reclutamento.

2. Il concorso per esami consiste in una prova scritta, effettuata con le procedure di cui all'articolo 8 del regio decreto 15 ottobre 1925, n. 1860, e in una prova orale.

3. La prova scritta ha la prevalente funzione di verificare la capacità di inquadramento logico sistematico del candidato e consiste nello svolgimento di due elaborati teorici rispettivamente vertenti sul diritto tributario e sul diritto civile o commerciale, nonché in una prova teorico-pratica di diritto processuale tributario.

4. La prova orale verte su: *a*) diritto tributario e diritto processuale tributario; *b*) diritto civile e diritto processuale civile; *c*) diritto penale; *d*) diritto costituzionale e diritto amministrativo; *e*) diritto commerciale e fallimentare; *f*) diritto dell'Unione europea; *g*) diritto internazionale pubblico e privato; *h*) contabilità aziendale e bilancio; *i*) elementi di informatica giuridica; *l*) colloquio in una lingua straniera, indicata dal candidato all'atto della domanda di partecipazione al concorso, scelta fra le seguenti: inglese, spagnolo, francese e tedesco.

5. Sono ammessi alla prova orale i candidati che ottengono un punteggio non inferiore a dodici ventesimi in ciascun elaborato della prova scritta. Conseguono l'idoneità i candidati che ottengono un punteggio non inferiore a sei decimi in ciascuna delle materie della prova orale di cui al comma 4, lettere da *a*) a *i*), e un giudizio di sufficienza nel colloquio nella lingua straniera prescelta, e comunque una votazione complessiva nelle due prove non inferiore a novanta punti. Non sono ammesse frazioni di punto. Agli effetti di cui all'articolo 3 della legge 7 agosto 1990, n. 241, il giudizio in ciascuna delle prove scritte e orali è motivato con l'indicazione del solo punteggio numerico e il giudizio di insufficienza è motivato con la sola formula "non idoneo".

6. Con decreto del Ministro dell'economia e delle finanze, previa deliberazione conforme del Consiglio di presidenza della giustizia tributaria, terminata la valutazione degli elaborati scritti, sono nominati componenti della commissione esaminatrice docenti universitari delle lingue indicate dai candidati ammessi alla prova orale. I commissari così nominati partecipano in soprannumero ai lavori della commissione, ovvero delle sottocommissioni, qualora formate, limitatamente alle prove orali relative alla lingua straniera della quale sono docenti.

7. Per la copertura dei posti di magistrato tributario nella provincia di Bolzano si applicano gli specifici requisiti previsti dal decreto del Presidente della Repubblica 26 luglio 1976, n. 752, fermo restando, comunque, che il colloquio di cui al comma 4, lettera *l*), deve svolgersi in una lingua diversa rispetto a quella obbligatoria per il conseguimento dell'impiego.

[1] Articolo così sost. dall'art. 1, L. 31 ago. 2022, n. 130.

4-*bis*. ***Requisiti per l'ammissione al concorso per esami.***[1] — 1. Al concorso per esami di cui all'articolo 4 sono ammessi i laureati che siano in possesso del diploma di laurea in giurisprudenza conseguito al termine di un corso universitario di durata non inferiore a quattro anni, ovvero del diploma di laurea magistrale in Scienze dell'economia (classe LM-56) o in Scienze economico-aziendali (classe LM-77) o di titoli degli ordinamenti previgenti a questi equiparati. E' necessaria, altresì, la sussistenza dei seguenti requisiti:

a) essere cittadini italiani;

b) avere l'esercizio dei diritti civili;

c) essere di condotta incensurabile;

d) non essere stati dichiarati per tre volte non idonei nel concorso per esami di cui all'articolo 4, alla data di scadenza del termine per la presentazione della domanda;

e) gli altri requisiti richiesti dalle leggi vigenti.

[1] Articolo ins. dall'art. 1, L. 31 ago. 2022, n. 130.

4-*ter*. ***Indizione del concorso e svolgimento della prova scritta.***[1] — 1. Il concorso per esami di cui all'articolo 4 si svolge con cadenza di norma annuale in una o più sedi stabilite con il decreto con il quale è bandito.

2. Il concorso è bandito con decreto del Ministro dell'economia e delle finanze, previa deliberazione conforme del Consiglio di presidenza della giustizia tributaria, che determina il numero dei posti messi a concorso. Con successivi decreti del Ministro dell'economia e delle finanze, da pubblicare nella *Gazzetta Ufficiale*, sono determinati il luogo e il calendario di svolgimento della prova scritta.

3. In considerazione del numero delle domande, la prova scritta può aver luogo contemporaneamente in Roma e in altre sedi, assicurando il collegamento a distanza della commissione esaminatrice con le diverse sedi.

4. Ove la prova scritta abbia luogo contemporaneamente in più sedi, la commissione esaminatrice espleta le operazioni inerenti alla formulazione e alla scelta dei temi e presiede allo svolgimento delle prove presso la sede di svolgimento della prova in Roma. Presso le altre sedi le funzioni della commissione per il regolare espletamento delle prove scritte sono attribuite ad un comitato di vigilanza nominato con decreto del Ministro dell'economia e delle finanze, previa delibera del Consiglio di presidenza della giustizia tributaria, e composto da cinque magistrati scelti tra i magistrati tributari di cui all'articolo 1-*bis*, comma 2, ovvero tra quelli ordinari, amministrativi, contabili o militari, in servizio o a riposo presenti nella giurisdizione tributaria di cui all'articolo 1-*bis*, dei quali uno con anzianità di servizio non inferiore a otto anni con funzioni di presidente, coadiuvato da personale amministrativo dell'Area funzionari in servizio presso il Ministero dell'economia e delle finanze, come definita dal contratto collettivo nazionale di lavoro del comparto Funzioni centrali, con funzioni di segreteria. Il comitato svolge la sua attività in ogni seduta con la presenza di non meno di tre componenti. In caso di assenza o impedimento, il presidente è sostituito dal magistrato più anziano. Si applica ai predetti magistrati la disciplina dell'esonero dalle funzioni giudiziarie o giurisdizionali limitatamente alla durata delle prove.

5. Le spese per il concorso sono poste a carico del candidato nella misura forfettaria di euro 50, da corrispondere al momento della presentazione della domanda, e sono reiscritte nell'apposito capitolo di spesa della missione "Giustizia tributaria" dello stato di previsione del Ministero dell'economia e delle finanze. Le modalità di versamento del contributo di cui al presente comma sono stabilite con decreto, avente natura non regolamentare, del Ministro dell'economia e delle finanze. Il contributo è aggiornato ogni tre anni, con le medesime modalità, sulla base della variazione dell'indice dei prezzi al consumo per le famiglie di operai e impiegati, rilevata dall'ISTAT.

[1] Articolo ins. dall'art. 1, L. 31 ago. 2022, n. 130.

4-*quater*. *Commissione di concorso*.[1] — 1. La commissione di concorso è nominata, entro il quindicesimo giorno antecedente l'inizio della prova scritta, con decreto del Ministro dell'economia e delle finanze, adottato previa delibera del Consiglio di presidenza della giustizia tributaria.

2. La commissione di concorso è composta dal presidente di una corte di giustizia tributaria di secondo grado, che la presiede, da cinque magistrati scelti tra magistrati ordinari, amministrativi, contabili e militari con almeno quindici anni di anzianità e da quattro professori universitari di ruolo, di cui uno titolare dell'insegnamento di diritto tributario, gli altri titolari di uno degli insegnamenti delle altre materie oggetto di esame. Ai professori universitari componenti della commissione si applicano, a loro richiesta, le disposizioni di cui all'articolo 13, secondo comma, del decreto del Presidente della Repubblica 11 luglio 1980, n. 382. Al presidente e ai magistrati componenti della commissione si applica la disciplina dell'esonero dalle funzioni giudiziarie o giurisdizionali, ai sensi del comma 9 del presente articolo. Per ogni componente della commissione è nominato un supplente in possesso dei medesimi requisiti richiesti per il titolare. Non possono essere nominati componenti della commissione i magistrati e i professori universitari che, nei dieci anni precedenti, abbiano prestato, a qualsiasi titolo e modo, attività di docenza nelle scuole di preparazione al concorso per magistrato ordinario, amministrativo e contabile.

3. Nel caso in cui non sia possibile completare la composizione della commissione ai sensi del comma 2, il Consiglio di presidenza della giustizia tributaria nomina d'ufficio, come componenti, magistrati che non hanno prestato il loro consenso all'esonero dalle funzioni. Non possono essere nominati i magistrati che abbiano fatto parte della commissione in uno dei tre concorsi precedenti.

4. Nella seduta di cui all'articolo 8, sesto comma, del regio decreto 15 ottobre 1925, n. 1860, la commissione definisce i criteri per la valutazione omogenea degli elaborati scritti. I criteri per la valutazione delle prove orali sono definiti prima dell'inizio delle stesse. Alle sedute per la definizione dei suddetti criteri devono partecipare tutti i componenti della commissione, salvi i casi di forza maggiore e legittimo impedimento, la cui valutazione è rimessa al Consiglio di presidenza della giustizia tributaria. In caso di mancata partecipazione, senza adeguata giustificazione, a una di tali sedute o comunque a due sedute di seguito, il Consiglio di presidenza può deliberare la revoca del componente e la sua sostituzione con le modalità previste dal comma 1.

5. Il presidente della commissione e gli altri componenti possono essere nominati anche tra i magistrati a riposo da non più di due anni e tra i professori universitari a riposo da non più di due anni che, all'atto della cessazione dal servizio, erano in possesso dei requisiti per la nomina.

6. In caso di assenza o impedimento del presidente della commissione, le relative funzioni sono svolte dal magistrato con maggiore anzianità di servizio presente in ciascuna seduta.

7. Se i candidati che hanno portato a termine la prova scritta sono più di trecento, il presidente, dopo aver provveduto alla valutazione di almeno venti candidati in seduta plenaria con la partecipazione di tutti i componenti della commissione, forma per ogni seduta due sottocommissioni, a ciascuna delle quali assegna, secondo criteri obiettivi, la metà dei candidati da esaminare. Le sottocommissioni, formate da quattro componenti, sono rispettivamente presiedute dal presidente e dal ma-

gistrato più anziano presenti, a loro volta sostituiti, in caso di assenza o impedimento, dai magistrati più anziani presenti, e assistite ciascuna da un segretario. La commissione delibera su ogni oggetto eccedente la competenza delle sottocommissioni. In caso di parità di voti, prevale quello di chi presiede.

8. A ciascuna sottocommissione si applicano, per quanto non diversamente disciplinato, le disposizioni dettate per le sottocommissioni e la commissione dagli articoli 12, 13 e 16 del regio decreto 15 ottobre 1925, n. 1860. La commissione e le sottocommissioni, se istituite, procedono all'esame orale dei candidati e all'attribuzione del punteggio finale, osservate, in quanto compatibili, le disposizioni degli articoli 14, 15 e 16 del citato regio decreto n. 1860 del 1925.

9. L'esonero dalle funzioni giudiziarie o giurisdizionali, deliberato dal Consiglio di presidenza della giustizia tributaria e dagli altri organi di autogoverno contestualmente alla nomina a componente della commissione, ha effetto dall'insediamento del magistrato sino alla formazione della graduatoria finale dei candidati.

10. Le attività di segreteria della commissione e delle sottocommissioni sono esercitate da personale amministrativo dell'Area funzionari in servizio presso il Ministero dell'economia e delle finanze, come definita dal contratto collettivo nazionale di lavoro del comparto Funzioni centrali, e sono coordinate dal titolare del competente ufficio del Dipartimento delle finanze del Ministero dell'economia e delle finanze.

[1] Articolo ins. dall'art. 1, L. 31 ago. 2022, n. 130.

4-*quinquies*. *Tirocinio dei magistrati tributari.*[1] — 1. I magistrati tributari nominati a seguito del superamento del concorso di cui all'articolo 4 svolgono un tirocinio formativo di almeno sei mesi presso le corti di giustizia tributaria con la partecipazione all'attività giurisdizionale relativa alle controversie rientranti nella rispettiva competenza in composizione collegiale. Con delibera del Consiglio di presidenza sono individuati i magistrati tributari affidatari presso i quali i magistrati tributari svolgono il tirocinio, le modalità di affidamento e i criteri per il conseguimento del giudizio di idoneità al conferimento delle funzioni giurisdizionali.

2. Il magistrato tributario in tirocinio valutato negativamente è ammesso ad un nuovo periodo di tirocinio della durata di sei mesi. Al termine del secondo tirocinio e all'esito della relativa scheda valutativa redatta dal magistrato tributario affidatario,[2] il Consiglio di presidenza della giustizia tributaria delibera nuovamente; la seconda deliberazione negativa determina la cessazione del rapporto di impiego del magistrato tributario in tirocinio

[1] Articolo ins. dall'art. 1, L. 31 ago. 2022, n. 130.
[2] Comma così modif. dall'art. 41-*bis*, D.L. 9 ago. 2022, n. 115, conv. con modif. in L. 21 set. 2022, n. 142.

5. *I giudici delle corti di giustizia tributaria di secondo grado.*[1] — 1. I giudici delle corti di giustizia tributaria di secondo grado sono nominati tra i magistrati tributari di cui all'articolo 1-*bis*, comma 2, e i giudici tributari presenti nel ruolo unico di cui all'articolo 1-*bis*, comma 1.

[1] Articolo così sost. dall'art. 1, L. 31 ago. 2022, n. 130.

5-*bis*. *Formazione continua dei giudici e magistrati tributari.*[1] — 1. Il Consiglio di Presidenza della giustizia tributaria, entro novanta giorni dalla data di entrata in vigore della presente disposizione, con proprio regolamento, definisce i criteri e le modalità per garantire, con cadenza periodica, la formazione continua e l'aggiornamento professionale dei giudici e magistrati tributari di cui all'articolo 1-*bis*, comma 1, attraverso la frequenza di corsi di carattere teorico-pratico da tenere, previa convenzione, anche presso le università accreditate ai sensi del decreto legislativo 27 gennaio 2012, n. 19.

[1] Articolo ins. dall'art. 1, L. 31 ago. 2022, n. 130.

5. *I giudici delle commissioni tributarie regionali.* — 1. I giudici delle commissioni tributarie regionali sono nominati tra:

a) i magistrati ordinari, amministrativi, militari e contabili, in servizio o a riposo e gli avvocati e procuratori dello Stato, a riposo;[1]

b) i docenti di ruolo universitari o delle scuole secondarie di secondo grado ed i ricercatori in materie giuridiche, economiche e tecnico-ragionieristiche, in servizio o a riposo;

c) i dipendenti civili dello Stato o di altre amministrazioni pubbliche, in servizio o a riposo, in possesso di laurea in giurisprudenza o economia e commercio o altra equipollente, che hanno prestato servizio per almeno dieci anni in qualifiche per le quali è richiesta una di tali lauree;

d) gli ufficiali superiori o generali della Guardia di finanza cessati dalla posizione di servizio permanente effettivo;

e) gli ispettori del Servizio centrale degli ispettori tributari cessati dall'incarico dopo almeno sette anni di servizio;

f) i notai e coloro che sono iscritti negli albi professionali degli avvocati e procuratori o dei dottori commercialisti ed hanno esercitato per almeno dieci anni le rispettive professioni;

g) coloro che sono stati iscritti negli albi professionali indicati nella lettera *f*) o dei ragionieri e dei periti commerciali ed hanno esercitato attività di amministratori, sindaci, dirigenti in società di capitali o di revisori di conti

6. *La formazione delle sezioni e dei collegi giudicanti.* — 1. Con provvedimento del Consiglio di Presidenza della giustizia tributaria sono istituite sezioni specializzate in relazione a questioni controverse individuate con il provvedimento stesso.[1]

1-*bis*. I presidenti delle commissioni tributarie assegnano il ricorso ad una delle sezioni tenendo conto, preliminarmente, della specializzazione di cui al comma 1 e applicando successivamente i criteri cronologici e casuali. I presidenti delle corti di giustizia tributaria di primo grado assegnano il ricorso al giudice monocratico nei casi previsti dall'articolo 4-*bis* del decreto legislativo 31 dicembre 1992, n. 546[2].[1]

1-*ter*. Nel caso in cui il giudice, in composizione monocratica o collegiale, rilevi che la controversia ad esso assegnata avrebbe dovuto essere trattata dalla corte di giustizia tributaria in altra composizione, la rimette al presidente della sezione per il rinnovo dell'assegnazione.[3]

2. Il presidente di ciascuna sezione, all'inizio di ogni anno, stabilisce il calendario delle udienze ed, all'inizio di ogni trimestre, la composizione dei collegi giudicanti in base ai criteri di massima stabiliti dal consiglio di presidenza. Ciascun collegio giudicante ovvero ciascun giudice monocratico deve tenere udienza almeno una volta alla settimana.[4]

3. Il presidente della commissione tributaria, col decreto di cui al comma 1, indica una o più delle sezioni, che, nel periodo di sospensione feriale dei termini processuali, procedono all'esame delle domande di sospensione cautelare del provvedimento impugnato.

[1] L'originario c. 1 è stato sost. dagli attuali c. 1 e 1-*bis* dall'art. 11, D.lgs. 24 set. 2015, n. 156.
[2] Periodo aggiunto dall'art. 1, L. 31 ago. 2022, n. 130.
[3] Comma ins. dall'art. 1, L. 31 ago. 2022, n. 130.
[4] Comma così modif. dall'art. 1, L. 31 ago. 2022, n. 130.

CAPO II

I componenti delle commissioni tributarie

7. *Requisiti generali.* — 1. I componenti delle commissioni tributarie debbono:

a) essere cittadini italiani.

b) avere l'esercizio dei diritti civili e politici;

c) non aver riportato condanne per delitti comuni non colposi o per contravvenzioni a pena detentiva o per reati tributari e non essere stati sottoposti a misure di prevenzione o di sicurezza;

d) non avere superato, alla data di scadenza del termine stabilito nel bando di concorso per la presentazione della domanda di ammissione, sessantasette[1] anni di età;

e) avere idoneità fisica e psichica;

e-bis) essere muniti di laurea magistrale o quadriennale in materie giuridiche o economico-aziendalistiche;[2]

f) avere o aver dichiarato di voler stabilire la residenza nella regione nella quale ha sede la commissione tributaria.

[1] Parola così sost. dall'art. 1, L. 31 ago. 2022, n. 130.
[2] Lettera ins. dall'art. 11, D.lgs. 24 set. 2015, n. 156.

8. *Incompatibilità.* — 01. Ai magistrati tributari reclutati ai sensi dell'articolo 4 si applicano, in quanto compatibili, le disposizioni contenute nel titolo I, capo II, dell'ordinamento giudiziario, di cui al regio decreto 30 gennaio 1941, n. 12.[1]

1. Non possono essere componenti delle commissioni tributarie, finché permangono in attività di servizio o nell'esercizio delle rispettive funzioni o attività professionali:

a) i membri del Parlamento nazionale e del Parlamento europeo;

b) i consiglieri regionali, provinciali, comunali e circoscrizionali e gli amministratori di altri enti che applicano tributi o hanno partecipazione al gettito dei tributi indicati nell'art. 2 del D.L. 31 dic. 1992, n. 546, nonché coloro che, come dipendenti di detti enti o come componenti di organi collegiali, concorrono all'accertamento dei tributi stessi;

c) i dipendenti dell'Amministrazione finanziaria che prestano servizio presso gli uffici del Dipartimento delle entrate e del Dipartimento del territorio;

d) gli appartenenti al Corpo della Guardia di finanza;

e) i soci, gli amministratori e i dipendenti delle società concessionarie del servizio di riscossione delle imposte o preposte alla gestione dell'anagrafe tributaria e di ogni altro servizio tecnico del Ministero delle finanze;

f)[2]

g) i prefetti;

h) coloro che ricoprono incarichi direttivi o esecutivi nei partiti o movimenti politici;[3]

i) coloro che in qualsiasi forma, anche se in modo saltuario o accessorio ad altra prestazione, direttamente o attraverso forme associative, esercitano l'attività di consulenza tributaria, detengono le scritture contabili e redigono i bilanci, ovvero svolgono attività di consulenza, assistenza o di rappresentanza, a qualsiasi titolo e anche nelle controversie di carattere tributario, di contribuenti singoli o associazioni di contribuenti, di società di riscossione dei tributi o di altri enti impositori;[3,4]

l) gli appartenenti alle Forze armate ed i funzionari civili dei Corpi di polizia;

m)[2]

m-bis) coloro che sono iscritti in albi professionali, elenchi, ruoli e il personale dipendente individuati nell'articolo 12 del decreto legislativo 31 dicembre 1992, n. 546, e successive modificazioni, ed esercitano, anche in forma non individuale, le attività individuate nella lettera *i*).[5]

1-*bis*. Non possono essere componenti di commissione tributaria provinciale i coniugi, i conviventi o i parenti fino al secondo grado o gli affini in primo grado di coloro che, iscritti in albi professionali, esercitano, anche in forma non individuale, le attività individuate nella lettera *i*) nella regione e nelle province confinanti con la predetta regione dove ha sede la commissione tributaria provinciale. Non possono, altresì, essere componenti delle commissioni tributarie regionali i coniugi, i conviventi o i parenti fino al terzo grado o gli affini in primo grado di coloro che, iscritti in albi professionali, esercitano, anche in forma non individuale, le attività individuate nella lettera *i*) del comma 1 nella regione dove ha sede la commissione tributaria regionale ovvero nelle regioni con essa confinanti. All'accertamento della sussistenza delle cause di incompatibilità previste nei periodi che precedono provvede il Consiglio di Presidenza della giustizia tributaria.[6]

2. Non possono essere componenti dello stesso collegio giudicante i coniugi, i conviventi, nonché i parenti ed affini entro il quarto grado.[7]

3. Nessuno può essere componente di più commissioni tributarie.

4. I componenti delle commissioni tributarie, che vengano a trovarsi in una delle condizioni di cui al comma 1, lettere *a*) e *b*) o che siano nominati giudici costituzionali, sono sospesi dall'incarico fino alla data di cessazione dell'incompatibilità; successivamente alla suddetta data essi riassumono le rispettive funzioni anche in soprannumero presso la commissione tributaria di appartenenza.

[1] Comma ins. dall'art. 1, L. 31 ago. 2022, n. 130.

[2] Lettera soppressa dall'art. 39, c. 2, lett. *c*), D.L. 6 lug. 2011, n. 98, conv. in L. 15 lug. 2011, n. 111.

[3] Lettera così modif. dall'art. 11, D.lgs. 24 set. 2015, n. 156.

[4] Lettera così sost. dall'art. 39, c. 2, lett. *c*), D.L. 6 lug. 2011, n. 98, conv. in L. 15 lug. 2011, n. 111.

[5] Lettera aggiunta dall'art. 39, c. 2, lett. *c*), D.L. 6 lug. 2011, n. 98, conv. in L. 15 lug. 2011, n. 111, e poi così modif. dall'art. 2, c. 35-*septies*, D.L. 13 ago. 2011, n. 138, conv. in L. 14 set. 2011, n. 148.

[6] Comma aggiunto dall'art. 39, c. 2, lett. *c*), D.L. 6 lug. 2011, n. 98, conv. con modif. in L. 15 lug. 2011, n. 111.

[7] Comma così modif. dall'art. 39, c. 2, lett. *c*), D.L. 6 lug. 2011, n. 98, conv. in L. 15 lug. 2011, n. 111.

9. ***Procedimenti di nomina dei componenti delle commissioni tributarie.*** — 1. Alla prima e alle successive nomine dei magistrati tributari nonché alle nomine dei giudici tributari di cui all'articolo 1-*bis*, comma 1, si provvede con decreto del Ministro dell'economia e delle finanze, previa deliberazione conforme del Consiglio di presidenza della giustizia tributaria.[1]

2. Il consiglio di presidenza procede alle deliberazioni di cui al comma 1, relative alle nomine successive alla prima, sulla base di elenchi formati relativamente ad ogni commissione tributarie e comprendenti tutti gli appartenenti alle categorie indicate negli artt. 3, 4 e 5 per il posto da conferire che hanno comunicato la propria disponibilità all'incarico e sono in possesso dei requisiti prescritti.[2]

2-*bis*. Per le commissioni tributarie regionali i posti da conferire sono attribuiti in modo da assicurare progressivamente la presenza in tali commissioni di due terzi dei giudici selezionati tra i magistrati ordinari, amministrativi, militari e contabili, in servizio o a riposo, ovvero gli avvocati dello Stato, a riposo.

3-6.[3]

[1] Comma così sost. dall'art. 1, L. 31 ago. 2022, n. 130.

[2] Comma così modif. dall'art. 1, L. 31 ago. 2022, n. 130.

[3] Commi abrog. dall'art. 1, L. 31 ago. 2022, n. 130.

10. ***Giuramento.*** — 1. I componenti delle commissioni tributarie, prima dell'immissione nelle loro funzioni, prestano giuramento, pronunziando e sottoscrivendo la formula: «Giuro di essere fedele alla Repubblica italiana, di osservare lealmente le leggi dello Stato e di adempiere con coscienza ai doveri inerenti al mio ufficio».

2. I presidenti delle commissioni tributarie regionali prestano giuramento dinanzi al presidente del consiglio di presidenza.

3. I presidenti delle commissioni tributarie provinciali prestano giuramento dinanzi al presidente della commissione tributaria regionale nella cui circoscrizione ha sede la commissione cui sono destinati.

4. I presidenti di sezione e gli altri componenti delle commissioni tributarie prestano giuramento dinanzi al presidente della commissione cui sono destinati.

5. I verbali di giuramento sono conservati presso l'ufficio cui appartiene l'organo dinanzi al quale esso è stato prestato.

11. ***Durata dell'incarico e assegnazione degli incarichi per trasferimento.***[1] — 1. La nomina dei giudici tributari presenti nel ruolo unico di cui all'articolo 4, comma 39-*bis*, della legge 12 novembre 2011, n. 183, alla data del 1° gennaio 2022, a una delle funzioni dei componenti delle commissioni tributarie provinciali e regionali non costituisce in nessun caso rapporto di pubblico impiego.[2]

2. I magistrati tributari di cui all'articolo 1-*bis*, comma 2, e i giudici tributari del ruolo unico di cui al comma 1, indipendentemente dalle funzioni svolte, cessano dall'incarico, in ogni caso, al compimento del settantacinquesimo[3] anno di età.[2]

3. I presidenti di sezione, i vice presidenti e i componenti delle commissioni tributarie provinciali e regionali non possono essere assegnati alla stessa sezione della medesima commissione per più di cinque anni consecutivi.

4. I componenti delle corti di giustizia tributaria di primo e secondo grado, indipendentemente dalla funzione o dall'incarico svolti, non possono concorrere all'assegnazione di altri incarichi prima di due anni dal giorno in cui sono stati immessi nelle funzioni dell'incarico ricoperto.[4]

4-*bis*. Ferme restando le modalità indicate nel comma 4-*ter*, l'assegnazione del medesimo incarico o di diverso incarico per trasferimento dei componenti delle corti di giustizia tributaria di primo e secondo grado in servizio è disposta, salvo giudizio di demerito, sulla base dei punteggi stabiliti dalla tabella F allegata al presente decreto. Il Consiglio di presidenza, in caso di vacanza nei posti di presidente, di presidente di sezione, di vice presidente e di componente presso una sede giudiziaria di corte di giustizia tributaria, provvede a bandire, almeno una volta l'anno e con priorità rispetto alle procedure concorsuali di cui all'articolo 4 e a quelle per diverso incarico, interpelli per il trasferimento di giudici che ricoprono la medesima funzione o una funzione superiore.[5]

4-*ter*. L'assegnazione degli incarichi è disposta nel rispetto delle seguenti modalità:

a) la vacanza nei posti di presidente, di presidente di sezione, di vice presidente delle corti di giustizia tributaria di primo e secondo grado e di componente delle corti di giustizia tributaria è portata dal Consiglio di presidenza a conoscenza di tutti i componenti delle corti di giustizia tributaria in servizio, a prescindere dalle funzioni svolte, con indicazione del termine entro il quale chi aspira all'incarico deve presentare domanda;

b) alla nomina per ciascuno degli incarichi di cui alla lettera *a*) si procede sulla base di elenchi formati relativamente ad ogni corte di giustizia tributaria e comprendenti tutti gli appartenenti alle categorie indicate negli articoli 3, 4 e 5 per il posto da conferire, che hanno comunicato la propria disponibilità all'incarico e sono in possesso dei requisiti prescritti. Alla comunicazione di disponibilità all'incarico deve essere allegata la documentazione circa l'appartenenza ad una delle categorie indicate negli articoli 3, 4 e 5 ed il possesso dei requisiti prescritti, nonché la dichiarazione di non essere in alcuna delle situazioni di incompatibilità indicate all'articolo 8. Le esclusioni dagli elenchi di coloro che hanno comunicato la propria disponibilità all'incarico, senza essere in possesso dei requisiti prescritti, sono deliberate dal Consiglio di presidenza;

c) la scelta tra gli aspiranti è adottata dal Consiglio di presidenza, salvo giudizio di demerito del candidato, secondo i criteri di valutazione ed i punteggi stabiliti dalla tabella F e, nel caso di parità di punteggio, della maggiore anzianità anagrafica.[5]

5. Il Consiglio di presidenza della giustizia tributaria esprime giudizio di demerito ove ricorra una delle seguenti condizioni:

a) sanzione disciplinare irrogata al candidato nel quinquennio antecedente la data di scadenza della domanda per l'incarico per il quale concorre;

b) rapporto annuo pari o superiore al 60 per cento tra il numero dei provvedimenti depositati oltre il termine di trenta giorni a decorrere dalla data di deliberazione e il totale dei provvedimenti depositati dal singolo candidato.[4]

5-*bis*. Nei casi di necessità di servizio, il Ministro dell'economia e delle finanze può disporre, su richiesta del Consiglio di presidenza della Giustizia Tributaria, l'anticipazione nell'assunzione delle funzioni.[6]

[1] Articolo così sost. dall'art. 3-*bis*, c. 2, D.L. 30 set. 2005, n. 203, conv. con modif. in L. 2 dic. 2005, n. 248.
[2] Comma così modif. dall'art. 1, L. 31 ago. 2022, n. 130.
[3] La parola «settantacinquesimo» sarà sost. da «settantesimo» a decorrere dal 1° gennaio 2027. Si veda anche l'art. 8, L. 31 ago. 2022, n. 130.
[4] Comma così sost. dall'art. 1, L. 31 ago. 2022, n. 130.
[5] Comma ins. dall'art. 1, L. 31 ago. 2022, n. 130.
[6] Comma ins. dall'art. 11, D.lgs. 24 set. 2015, n. 156.

12. ***Decadenza dall'incarico.*** — 1. Decadono dall'incarico i componenti delle commissioni tributarie i quali:

a) perdono uno dei requisiti di cui all'art. 7;

b) incorrono in uno dei motivi di incompatibilità previsti dall'art. 8;

c) cessano, se magistrati o altri dipendenti dell'amministrazione pubblica in attività di servizio, dall'impiego per causa diversa dal collocamento a riposo o da dimissioni volontarie, secondo i rispettivi ordinamenti;

d) omettono, senza giustificato motivo, di assumere l'incarico entro trenta giorni dalla comunicazione del decreto di nomina;

e) non partecipano, senza giustificato motivo, a tre sedute consecutive.

2. La decadenza è dichiarata con decreto del Ministro delle finanze previa deliberazione del consiglio di presidenza.

13. ***Trattamento economico.***[1] — 1. Il Ministro delle finanze con proprio decreto di concerto con il Ministro del tesoro determina il compenso fisso mensile spettante ai componenti delle corti di giustizia tributarie di primo e secondo grado presenti nel ruolo unico di cui all'articolo 4, comma 39-*bis*, della legge 12 novembre 2011, n. 183.[2]

2. Con il decreto di cui al comma 1, oltre al compenso mensile viene determinato un compenso aggiuntivo per ogni ricorso definito, anche se riunito ad altri ricorsi, secondo criteri uniformi, che debbono tener conto delle funzioni e dell'apporto di attività di ciascuno alla trattazione della controversia, compresa la delibrazione e la redazione della sentenza, nonché, per i residenti in comuni diversi della stessa regione da quello in cui ha sede la commissione, delle spese sostenute per l'intervento alle sedute della commissione. Il compenso è liquidato in relazione ad ogni provvedimento emesso.

3. La liquidazione dei compensi è disposta dalla direzione regionale delle entrate, nella cui circoscrizione ha sede la commissione tributaria di appartenenza ed i pagamenti relativi sono fatti dal dirigente responsabile della segreteria della commissione, quale funzionario delegato cui sono accreditati i fondi necessari.

3-*bis*. I compensi di cui ai commi 1, 2 e 3 sono cumulabili con i trattamenti pensionistici e di quiescenza comunque denominati.

3-*ter*. I compensi di cui ai commi 1, 2 e 3 non possono superare in ogni caso l'importo di euro 72.000 lordi annui.[3]

[1] Rubrica così modif. dall'art. 1, L. 31 ago. 2022, n. 130.
[2] Comma così modif. dall'art. 1, L. 31 ago. 2022, n. 130.
[3] Comma ins. dall'art. 1, L. 31 ago. 2022, n. 130.

13-*bis*. ***Trattamento economico dei magistrati tributari.***[1] — 1. Ai magistrati tributari reclutati per concorso, secondo le modalità di cui all'articolo 4, si applicano le disposizioni in materia di trattamento economico previsto per i magistrati ordinari, in quanto compatibili.

2. Gli stipendi del personale indicato nel comma 1 sono determinati, esclusivamente in base all'anzianità di servizio, nella misura prevista nella tabella F-*bis* allegata al presente decreto, con decorrenza dal 1° gennaio 2021 ai sensi del decreto del Presidente del Consiglio dei ministri 6 agosto 2021, pubblicato nella *Gazzetta Ufficiale* n. 229 del 24 settembre 2021, salva l'attribuzione dell'indennità integrativa speciale

[1] Articolo ins. dall'art. 1, L. 31 ago. 2022, n. 130.

14. ***Responsabilità.*** — 1. Ai componenti delle commissioni tributarie si applicano le disposizioni della L. 13 apr. 1988, n. 117, concernente il risarcimento dei danni cagionati nell'esercizio delle funzioni giurisdizionali.

15. ***Vigilanza e sanzioni disciplinari.***[1] — 1. Il presidente di ciascuna commissione tributaria esercita la vigilanza sugli altri componenti e sulla qualità e l'efficienza dei servizi di segreteria della propria commissione, al fine di segnalarne le risultanze al Dipartimento delle finanze del Ministero dell'economia e delle finanze per i provvedimenti di competenza. Il presidente di ciascuna commissione tributaria regionale esercita la vigilanza sulla attività giurisdizionale delle commissioni tributarie provinciali aventi sede nella circoscrizione della stessa e sui loro componenti.

2. I componenti delle commissioni tributarie, per comportamenti non conformi a doveri o alla dignità del proprio ufficio, sono soggetti alle sanzioni individuate nei commi da 3 a 7.

3. Si applica la sanzione dell'ammonimento per lievi trasgressioni.

4. Si applica la sanzione non inferiore alla censura, per:

a) i comportamenti che, violando i doveri di cui al comma 2, arrecano ingiusto danno o indebito vantaggio a una delle parti;

b) la consapevole inosservanza dell'obbligo di astensione nei casi previsti dalla legge;

c) i comportamenti che, a causa dei rapporti comunque esistenti con i soggetti coinvolti nel procedimento ovvero a causa di avvenute interferenze, costituiscano violazione del dovere di imparzialità;

d) i comportamenti abitualmente o gravemente scorretti nei confronti delle parti, dei loro difensori, o di chiunque abbia rapporti con il giudice nell'ambito della Commissione tributaria, ovvero nei confronti di altri giudici o di collaboratori;

e) l'ingiustificata interferenza nell'attività giudiziaria di altro giudice;

f) l'omessa comunicazione al Presidente della Commissione tributaria da parte del giudice destinatario delle avvenute interferenze;

g) il perseguimento di fini diversi da quelli di giustizia;

h) la scarsa laboriosità, se abituale;

i) la grave o abituale violazione del dovere di riservatezza;

l) l'uso della qualità di giudice tributario al fine di conseguire vantaggi ingiusti;

m) la reiterata e grave inosservanza delle norme regolamentari o delle disposizioni sul servizio adottate dagli organi competenti.

5. Si applica la sanzione non inferiore alla sospensione dalle funzioni per un periodo da un mese a due anni, per:

a) il reiterato o grave ritardo nel compimento degli atti relativi all'esercizio delle funzioni;

b) i comportamenti che, violando i doveri di cui al comma 2, arrecano grave e ingiusto danno o indebito vantaggio a una delle parti;

c) l'uso della qualità di giudice tributario al fine di conseguire vantaggi ingiusti, se abituale e grave;

d) il frequentare persona che consti essere stata dichiarata delinquente abituale, professionale o per tendenza o aver subito condanna per delitti non colposi alla pena della reclusione superiore a tre anni o essere sottoposta ad una misura di prevenzione, salvo che sia intervenuta la riabilitazione, ovvero l'intrattenere rapporti consapevoli di affari con una di tali persone.

6. Si applica la sanzione dell'incapacità a esercitare un incarico direttivo per l'interferenza, nell'attività di altro giudice tributario, da parte del presidente della commissione o della sezione, se ripetuta o grave.

7. Si applica la rimozione dall'incarico nei casi di recidiva in trasgressioni di cui ai commi 5 e 6.

[1] Articolo così sost. dall'art. 11, D.lgs. 24 set. 2015, n. 156.

16. ***Procedimento disciplinare.*** — 1. Il procedimento disciplinare è promosso dal Presidente del Consiglio dei Ministri o dal presidente della commissione tributaria regionale nella cui circoscrizione presta servizio l'incolpato.

2. Il consiglio di presidenza, nel termine di dieci giorni dalla richiesta di apertura del procedimento disciplinare, affida ad un suo componente l'incarico di procedere agli accertamenti preliminari da svolgersi entro trenta giorni.

3. Il consiglio di presidenza, sulla base delle risultanze emerse provvede a contestare i fatti all'incolpato con invito a presentare entro trenta giorni le sue giustificazioni, a seguito delle quali, se non ritiene di archiviare gli atti, incarica un proprio componente di procedere alla istruttoria, che deve essere conclusa entro novanta giorni col deposito degli atti relativi presso la segreteria. Di tali deliberazioni deve essere data immediata comunicazione all'incolpato.

4. Il presidente del consiglio di presidenza, trascorso comunque il termine di cui al comma 3, fissa la data della discussione davanti allo stesso con

decreto da notificare almeno quaranta giorni prima all'incolpato, il quale può prendere visione ed estrarre copia degli atti e depositare le sue difese non oltre dieci giorni prima della discussione.

5. Nella seduta fissata per la discussione, il componente del consiglio di presidenza di cui al comma 3 svolge la relazione. L'incolpato ha per ultimo la parola e può farsi assistere da altro componente di commissione tributaria.

6. La sanzione disciplinare deliberata dal consiglio di presidenza è applicata con decreto del Ministro delle finanze.

7. Per quanto non contemplato dalla presente legge si applicano le disposizioni sul procedimento disciplinare vigenti per i magistrati ordinari in quanto compatibili.

CAPO III
Il consiglio di presidenza della giustizia tributaria

17. ***Composizione.*** — 1. Il consiglio di presidenza della giustizia tributaria è costituito con decreto del Presidente della Repubblica, su proposta del Ministro delle finanze, ed ha sede in Roma presso il Ministero delle finanze.

2. Il consiglio di presidenza è composto da quindici membri eletti tra i giudici tributari.

2-*bis*. Il Consiglio di Presidenza elegge nel suo seno un presidente tra i componenti eletti dal Parlamento.[1]

2-*ter*. I componenti del consiglio di presidenza della giustizia tributaria eletti dal Parlamento, finché sono in carica, non possono esercitare attività professionale in àmbito tributario, né alcuna altra attività suscettibile di interferire con le funzioni degli organi di giustizia tributaria.[2]

3. I componenti del consiglio di presidenza sono eletti da tutti i componenti delle commissioni tributarie provinciali e regionali con voto personale, diretto e segreto, e non sono immediatamente rieleggibili.

4.[3]

[1] Comma così sost. dall'art. 39, c. 2, lett. *f*), D.L. 6 lug. 2011, n. 98, conv. in L. 15 lug. 2011, n. 111.

[2] Comma aggiunto dall'art. 16-*quater*, D.L. 28 dic. 2001, n. 452 nel testo integrato dalla relativa legge di conversione.

[3] Comma abrog. dall'art. 85, L. 21 nov. 2000, n. 342.

18. ***Durata.*** — 1. Il consiglio di presidenza dura in carica per quattro anni.

2. I componenti del consiglio di presidenza, che nel corso del quadriennio cessano per qualsiasi causa di farne parte o, se eletti in qualità di giudice, conseguono la nomina a presidente, sono sostituiti per il restante periodo dal primo dei non eletti di corrispondente qualifica.

19. ***Il presidente.***[1]

[1] Articolo abrog. dall'art. 85, L. 21 nov. 2000, n. 341.

20. ***Ineleggibilità.*** — 1. Non possono essere eletti al consiglio di presidenza, e sono altresì esclusi dal voto, i componenti delle commissioni tributarie sottoposti, a seguito di giudizio disciplinare, ad una sanzione più grave dell'ammonimento.

2. Il componente di commissione tributaria sottoposto alla sanzione della censura è eleggibile dopo tre anni dalla data del relativo provvedimento, se non gli è stata applicata altra sanzione disciplinare.

21. ***Elezione del consiglio di presidenza.*** — 1. Le elezioni del Consiglio di presidenza della giustizia tributaria hanno luogo entro quattro mesi dallo scadere del precedente Consiglio. Esse sono indette con provvedimento del Presidente del Consiglio di presidenza, da pubblicare nella *Gazzetta Ufficiale della Repubblica italiana* almeno quarantacinque giorni prima della data stabilita per le elezioni. Esse si svolgono in un giorno festivo dalle ore 9 alle ore 21.[1]

2. Il Presidente del Consiglio di presidenza nomina, con propria delibera, l'ufficio centrale elettorale, che si insedia presso lo stesso Consiglio di presidenza, ed è costituito da un presidente di Commissione tributaria, che lo presiede, e da due giudici tributari. Con la stessa delibera sono nominati, altresì, i tre giudici supplenti, che sostituiscono i componenti effettivi in caso di loro assenza o impedimento.[2]

2-*bis*. Le candidature devono essere presentate all'ufficio centrale elettorale, a mezzo plico raccomandato, almeno venticinque giorni prima delle elezioni mediante compilazione della apposita scheda di presentazione. Ciascun candidato è presentato da non meno di venti e da non oltre trenta giudici tributari. Le firme di presentazione possono essere apposte e depositate anche su più schede di presentazione, se i candidati raccolgono firme di presentazione in Commissioni diverse da quella di appartenenza.[2]

2-*ter*. Nessuno può presentare più di un candidato né essere, contemporaneamente, candidato e presentatore di se stesso. L'inosservanza delle disposizioni del presente comma determina la nullità di ogni firma di presentazione proposta dal medesimo soggetto.[2]

2-*quater*. Nei dieci giorni successivi alla scadenza del termine di cui al comma 3, l'ufficio elettorale centrale accerta che nei confronti del candidato non sussistono le cause di ineleggibilità di cui all'articolo 20. Lo stesso Ufficio verifica, altresì, il rispetto delle disposizioni di cui ai commi 3 e 4, esclude, con provvedimento motivato, le candidature non presentate dal prescritto numero di presentatori ovvero quelle dei candidati ineleggibili, e trasmette immediatamente le candidature ammesse al Consiglio di presidenza della giustizia tributaria. L'elenco dei candidati è pubblicato sul sito istituzionale del Consiglio ed inviato dallo stesso per posta elettronica a tutti i componenti delle

Commissioni tributarie. Detto elenco è altresì affisso, a cura dei Presidenti di commissione, presso ciascuna Commissione tributaria.[2]

2-*quinquies*. Le operazioni elettorali si svolgono presso le sedi delle commissioni tributarie provinciali e regionali e presso ciascuna di queste sedi è istituito l'ufficio elettorale locale, che assicura l'espletamento delle operazioni di voto, composto dal presidente della commissione o da un suo delegato, che lo presiede, e da due giudici tributari, nominati dal presidente delle rispettive commissioni almeno venti giorni prima della data fissata per le elezioni. Sono nominati altresì tre supplenti, i quali sostituiscono i componenti effettivi in caso di loro assenza o impedimento. Non possono far parte degli Uffici elettorali giudici tributari che abbiano riportato sanzioni disciplinari più gravi dell'ammonimento.[2]

2-*sexies*. Gli uffici elettorali locali presiedono alle operazioni di voto che si svolgono presso di esse e provvedono allo scrutinio di tutte le schede elettorali, previa apertura delle urne e conteggio delle schede, determinando il totale dei voti validi e il totale delle preferenze per ciascun candidato. Le operazioni di scrutinio hanno inizio il giorno successivo a quello di voto e di esse, come pure delle contestazioni decise ai sensi dell'articolo 22, comma 4, si dà atto nel processo verbale.[2]

2-*septies*. Con regolamento del Consiglio di Presidenza sono stabilite le disposizioni di attuazione del presente articolo.[2]

[1] Comma così modif. dall'art. 11, D.lgs. 24 set. 2015, n. 156.

[2] Gli originari c. 2 e 2-*bis* sono stati sost. dagli attuali c. da 2 e 2-*septies* dall'art. 11, D.lgs. 24 set. 2015, n. 156.

22. ***Votazioni.***[1] — 1. Ciascun elettore può esprimere il voto per non più di sei candidati. Le schede devono essere preventivamente controfirmate dai componenti dell'ufficio elettorale ed essere riconsegnate chiuse dall'elettore.

2. Il voto, personale, diretto e segreto, viene espresso presso la sede della commissione presso la quale è espletata la funzione giurisdizionale.

3. Gli uffici elettorali locali presiedono alle operazioni di voto che si svolgono presso di esse e provvedono allo scrutinio di tutte le schede elettorali, previa apertura delle urne e conteggio delle schede, determinando il totale dei voti validi e il totale delle preferenze per ciascun candidato. Le operazioni di scrutinio hanno inizio il giorno successivo a quello di voto e di esse, come pure delle contestazioni decise ai sensi del comma 4, si deve dare atto nel processo verbale delle operazioni.

4. L'ufficio elettorale regionale decide a maggioranza sulle contestazioni sorte durante le operazioni di voto nonché su quelle relative alla validità delle schede, dandone atto nel processo verbale delle operazioni.

5. Al termine delle operazioni elettorali il verbale di scrutinio è trasmesso all'ufficio elettorale centrale che provvede alla proclamazione degli eletti.

[1] Articolo così sost. dall'art. 11, D.lgs. 24 set. 2015, n. 156.

23. ***Proclamazione degli eletti. Reclami.*** — 1. L'ufficio elettorale centrale proclama eletti coloro che, nell'ambito di ciascuna categoria di eleggibili, hanno riportato il maggior numero di voti. A parità di voti è eletto il più anziano di età. I nominativi degli eletti sono comunicati al Consiglio di Presidenza della giustizia tributaria e al Dipartimento delle finanze del Ministero dell'economia e delle finanze.[1]

2. I reclami relativi alla eleggibilità e alle operazioni elettorali sono indirizzati al consiglio di presidenza e debbono pervenire alla segreteria dello stesso entro il quindicesimo giorno successivo alla proclamazione dei risultati. Essi non hanno effetto sospensivo.

3. Il consiglio di presidenza decide sui reclami nella sua prima adunanza.

3-*bis*. Nei quindici giorni successivi all'emanazione del decreto del Presidente della Repubblica, di cui all'articolo 17, comma 1, il Presidente in carica del Consiglio di presidenza della giustizia tributaria convoca per l'insediamento il Consiglio nella sua nuova composizione.[2]

3-*ter*. Il Consiglio di Presidenza scade al termine del quadriennio e continua ad esercitare le proprie funzioni fino all'insediamento del nuovo Consiglio.[2]

[1] Periodo aggiunto dall'art. 11, D.lgs. 24 set. 2015, n. 156.

[2] Comma aggiunto dall'art. 11, D.lgs. 24 set. 2015, n. 156.

24. ***Attribuzioni.*** — 1. Il consiglio di presidenza:

a) verifica i titoli di ammissione dei propri componenti e decide sui reclami attinenti alle elezioni;

b) disciplina con regolamento interno il proprio funzionamento;

c) delibera sulle nomine e su ogni altro provvedimento riguardante i componenti delle commissioni tributarie;

d) formula al Ministro delle finanze proposto per l'adeguamento e l'ammodernamento delle strutture e dei servizi, sentiti i presidenti delle commissioni tributarie;

e) predispone elementi per la redazione della relazione del Ministro delle finanze di cui all'art. 29, comma 2, anche in ordine alla produttività comparata delle commissioni;

f) stabilisce i criteri di massima per la formazione delle sezioni e dei collegi giudicanti;

g) stabilisce i criteri di massima per la ripartizione dei ricorsi nell'ambito delle commissioni tributarie divise in sezioni;

h) assicura l'aggiornamento professionale dei giudici tributari attraverso l'organizzazione di corsi di formazione permanente, in sede centrale e decentrata nell'ambito degli stanziamenti annuali dell'apposita voce di bilancio in favore dello stesso Consiglio e sulla base di un programma di formazione annuale, comunicato al Ministero dell'economia e delle finanze entro il mese di ottobre dell'anno precedente lo svolgimento dei corsi;[1]

i) esprime parere sugli schemi di regolamento e di convenzioni previsti dal presente decreto o che comunque riguardano il funzionamento delle commissioni tributarie;

l) esprime parere sulla ripartizione fra le commissioni tributarie dei fondi stanziati nel bilancio del Ministero delle finanze per le spese di loro funzionamento;

m) esprime parere sul decreto di cui all'articolo 13, comma 1;[2]

n) delibera su ogni altra materia ad esso attribuita dalla legge.

2. Il consiglio di presidenza vigila sul funzionamento dell'attività giurisdizionale delle commissioni tributarie e può disporre ispezioni nei confronti del personale giudicante [affidandone l'incarico ad uno dei suoi componenti][3].

2-*bis*. Al fine di garantire l'esercizio efficiente delle attribuzioni di cui al comma 2, presso il Consiglio di presidenza è istituito, con carattere di autonomia e indipendenza, l'Ufficio ispettivo, a cui sono assegnati sei magistrati o giudici tributari, tra i quali è nominato un direttore. L'Ufficio ispettivo può svolgere, col supporto della Direzione della giustizia tributaria del Dipartimento delle finanze, attività presso le corti di giustizia tributaria di primo e secondo grado, finalizzate alle verifiche di rispettiva competenza.[4]

2-*ter*. I componenti dell'Ufficio ispettivo sono esonerati dall'esercizio delle funzioni giurisdizionali presso le corti di giustizia tributaria. Ai giudici tributari componenti dell'Ufficio è corrisposto un trattamento economico, sostitutivo di quello previsto dall'articolo 13, pari alla metà dell'ammontare più elevato corrisposto nello stesso periodo ai giudici tributari per l'incarico di presidente di corte di giustizia tributaria.[4]

[1] Lettera così sost. dall'art. 11, D.lgs. 24 set. 2015, n. 156.

[2] Lettera così sost. dall'art. 39, c. 2, lett. *g*), D.L. 6 lug. 2011, n. 98, conv. in L. 15 lug. 2011, n. 111.

[3] Parole soppresse dall'art. 1, L. 31 ago. 2022, n. 130. Ai sensi dell'art. 8, L. 130/2022, la disposizione si applica a decorrere dal 1° gennaio 2023.

[4] Comma ins. dall'art. 1, L. 31 ago. 2022, n. 130. V. nota 3.

24-*bis*. *Ufficio del massimario nazionale.*[1] — 1. È istituito presso il Consiglio di presidenza della giustizia tributaria l'Ufficio del massimario nazionale, al quale sono assegnati un direttore, che ne è il responsabile, e quindici magistrati o giudici tributari.

2. Il direttore, i magistrati e i giudici tributari assegnati all'Ufficio sono nominati con delibera del Consiglio di presidenza tra i componenti delle corti di giustizia tributaria di primo e secondo grado. La nomina del direttore e dei componenti dell'ufficio è effettuata tra i candidati che hanno maturato non meno di sette anni di effettivo esercizio nelle funzioni giurisdizionali. L'incarico del direttore e dei componenti dell'Ufficio ha durata quinquennale e non è rinnovabile.

3. L'Ufficio del massimario nazionale provvede a rilevare, classificare e ordinare in massime le decisioni delle corti di giustizia tributaria di secondo grado e le più significative tra quelle emesse dalle corti di giustizia tributaria di primo grado.

4. Le massime delle decisioni di cui al comma 3 alimentano la banca dati della giurisprudenza tributaria di merito, gestita dal Ministero dell'economia e delle finanze.

5. Mediante convenzione tra il Ministero dell'economia e delle finanze, il Consiglio di presidenza della giustizia tributaria e la Corte di cassazione sono stabilite le modalità per la consultazione della banca dati della giurisprudenza tributaria di merito da parte della Corte.

6. L'Ufficio del massimario nazionale si avvale delle risorse previste nel contingente di cui all'articolo 32 e dei servizi informatici del sistema informativo della fiscalità del Ministero dell'economia e delle finanze.

7. I componenti dell'Ufficio del massimario nazionale possono essere esonerati dall'esercizio delle funzioni giurisdizionali presso le corti di giustizia tributaria di primo e secondo grado. In caso di esonero, ai giudici tributari componenti dell'Ufficio è corrisposto un trattamento economico, sostitutivo di quello previsto dall'articolo 13, pari alla metà dell'ammontare più elevato corrisposto nello stesso periodo ai giudici tributari per l'incarico di presidente di corte di giustizia tributaria

[1] Articolo ins. dall'art. 1, L. 31 ago. 2022, n. 130. Ai sensi dell'art. 8, L. 130/2022, la disposizione si applica a decorrere dal 1° gennaio 2023.

25. *Convocazione.* — 1. Il consiglio di presidenza è convocato dal presidente o, in sua assenza, dal componente che lo sostituisce, di iniziativa propria o su richiesta di almeno un terzo dei suoi componenti.

26. *Deliberazioni.* — 1. Il consiglio di presidenza delibera con la presenza di almeno quattro componenti.

2. Le deliberazioni sono adottate a maggioranza e a voto palese; in caso di parità prevale il voto del presidente.

3. Le deliberazioni sono adottate a scrutinio segreto, se riguardano persone o su richiesta di almeno due compoonenti presenti.

27. *Trattamento dei componenti del consiglio di presidenza.* — 1. I componenti del consiglio di presidenza sono esonerati dalle funzioni proprie conservando la titolarità dell'ufficio ed il relativo trattamento economico ragguagliato, quanto alla parte variabile, a quella più elevata conferita nello stesso periodo ai presidenti di commissione tributaria regionale.

2. Ai componenti del consiglio di presidenza spetta, se con residenza fuori Roma, il trattamento di missione nella misura prevista per la qualifica rivestita e comunque non inferiore a quella prevista per il dirigente generale dello Stato, livello *C*.

28. ***Scioglimento del consiglio di presidenza.*** — 1. Il consiglio di presidenza, qualora ne sia impossibile il funzionamento, è sciolto con decreto del Presidente della Repubblica, su proposta del Ministro delle finanze, previa deliberazione del Consiglio dei Ministri.

2. Le nuove elezioni sono indette entro un mese dalla data di scioglimento ed hanno luogo entro il bimestre successivo.

29. ***Alta sorveglianza.*** — 1. Il Presidente del Consiglio dei Ministri esercita l'alta sorveglianza sulle commissioni tributarie e sui giudici tributari. Il Presidente del Consiglio dei Ministri e il Ministro delle finanze hanno facoltà di chiedere al consiglio di presidenza e ai presidenti delle commissioni informazioni circa il funzionamento della giustizia tributaria ed i servizi relativi e possono fare, al riguardo, le comunicazioni che ritengono opportune al consiglio di presidenza.

2. Il Ministro dell'economia e delle finanze presenta entro il 30 ottobre di ciascun anno una relazione al Parlamento sullo stato della giustizia tributaria nell'anno precedente anche sulla base degli elementi predisposti dal Consiglio di presidenza, con particolare riguardo alla durata dei processi e all'efficacia degli istituti deflattivi del contenzioso.[1]

[1] Comma così sost. dall'art. 11, D.lgs. 24 set. 2015, n. 156.

29-*bis*.[1] Autonomia contabile del Consiglio di presidenza della giustizia tributaria. — 1. Il Consiglio di presidenza provvede all'autonoma gestione delle spese per il proprio funzionamento, nei limiti del fondo stanziato a tale scopo nel bilancio dello Stato e iscritto con unico capitolo nello stato di previsione della spesa del Ministro del tesoro, del bilancio e della programmazione economica. La gestione si svolge in base al bilancio di previsione e a rendiconto consuntivo soggetto al controllo della Corte dei conti. il bilancio e il rendiconto sono pubblicati nella *Gazzetta Ufficiale*.

[1] Articolo introdotto dall'art. 36 L. 18 feb. 1999, n. 28.

CAPO IV

Gli uffici di segreteria

30-35. (*Omissis*).

CAPO V

I servizi amministrativi del contenzioso

36-41. (*Omissis*).

CAPO VI

Disposizioni finali e transitorie

42. ***Insediamento delle commissioni tributarie.*** — 1. Le commissioni tributarie provinciali e regionali sono insediate in unica data entro il 1° aprile 1996[1] con decreto del Ministro delle finanze pubblicato nella *Gazzetta Ufficiale* della Repubblica italiana almeno sessanta giorni prima.

2. Dalla stessa data sono soppresse le commissioni tributarie di primo e di secondo grado previste dal D.P.R. 26 ott. 1972, n. 636.

3. La commissione tributaria centrale prevista dal decreto di cui al comma 2 è soppressa e cessa di funzionare, tenuto conto dei ricorsi pendenti, entro la data stabilita con decreto del Presidente del Consiglio dei Ministri, su proposta del Ministro delle finanze.[2]

4. Al reperimento delle sedi necessarie all'insediamento di cui al comma 1 si applicano le disposizioni dell'art. 48 del D.P.R. 27 mar. 1992, n. 287.

[1] Termine così fissato da ultimo dall'art. 1 del D.L. 26 set. 1995, n. 403, conv. in L. 20 nov. 1995, n. 495.

[2] Comma così modif. da ultimo dall'art. 19 della L. 8 mag. 1998, n. 146.

43. ***Nomina dei primi componenti nelle commissioni tributarie regionali e provinciali.*** — 1. I componenti delle commissioni tributarie di primo e di secondo grado e della commissione tributaria centrale, previste dal D.P.R. 26 ott. 1972, n. 636, in possesso dei requisiti di cui agli artt. 3, 4 e 5, in relazione a ciascun incarico da conferire, sono nominati a domanda componenti delle commissioni tributarie provinciali e regionali con precedenza rispetto agli altri aspiranti e fino alla concorrenza dei posti disponibili, anche se hanno superato il limite di età di cui all'art. 7, comma 1, lettera *d*.

2. La domanda di nomina, con l'indicazione completa del posto o dei posti richiesti in ordine di preferenza (presidente di commissione, presidente di sezione, vicepresidente di sezione, giudice tributario, commissione provinciale o regionale, sede) è rivolta al Ministro delle finanze con le modalità ed entro i termini che saranno stabiliti con decreto dello stesso Ministro.

3. Sono formati, per ciascuna commissione tributaria, con l'applicazione dei criteri e dei punteggi di cui alla tabella *F*, distinti elenchi per la nomina a presidente di sezione, a vicepresidente di sezione ed a giudice. A parità di punteggio prevale il candidato più anziano di età. Il periodo di esercizio delle funzioni nelle commissioni di primo e secondo grado e nella commissione centrale è considerato a tutti gli effetti.

4. I componenti delle commissioni di primo e secondo grado già aventi sede nella regione sono nominati componenti nelle commissioni tributarie rispettivamente provinciali e regionali costituite nella stessa regione con conferma, anche in

deroga all'art. 8, comma 1, lettera *c*), del grado, della funzione e dell'incarico e con precedenza su goni altro richiedente collocato negli elenchi di cui al comma 3, salva la precedenza eventualmente spettante nei gradi, nelle funzioni e negli incarichi al presidente, ai presidenti di sezione ed ai componenti della commissione tributaria centrale; dette precedenze vanno determinate in base ai punteggi previsti nelle tabelle *E* ed *F*. I componenti le commissioni tributarie di primo e secondo grado, in possesso del diploma di laurea in giurisprudenza ovvero in economia e commercio, con un'anzianità di servizio, senza demerito, di almeno dieci anni per il primo grado e di quindici anni per il secondo grado, sono nominati, con l'applicazione dei criteri e dei punteggi di cui alla tabella *F*, nei limiti dei posti disponibili, rispettivamente vicepresidenti della commissione provinciale e vicepresidenti della commissione regionale.

5. Sono formati, per le nomine di componenti nei posti rimasti disponibili dopo la formazione degli elenchi di cui al comma 3, elenchi di coloro che hanno dichiarato la propria disponibilità secondo il procedimento previsto dall'art. 9, sostituita al consiglio di presidenza della giustizia tributaria la commissione di cui al comma 6.

6. Gli elenchi di cui ai commi 3 e 5 sono formati da una commissione nominata dal Ministro delle finanze, costituita da un presidente di sezione del Consiglio di Stato, che la presiede, da due magistrati ordinari con qualifica non inferiore a magistrato di cassazione, da due magistrati amministrativi e da due magistrati della Corte dei conti, con qualifica equiparata, e da due dirigenti generali del Ministero delle finanze. La commissione si avvale della Direzione centrale degli affari giuridici e del contenzioso del Ministero. Gli elenchi predetti sono approvati con decreto del Ministro delle finanze.[1]

7. Le nomine dei componenti le commissioni tributarie provinciali e regionali nella prima applicazione del presente decreto sono disposte secondo l'ordine degli elenchi con decreto del Presidente della Repubblica su proposta del Ministro delle finanze.

8. I componenti delle commissioni tributarie provinciali e regionali nominati secondo le disposizioni del presente articolo prestano giuramento dinanzi al presidente rispettivamente del tribunale e della corte di appello, nella cui circoscrizione la commissione relativa ha sede. Si applicano le disposizioni dell'art. 10, commi 1 e 5.

8-*bis*. Fermo restando quanto previsto dall'art. 24, il Consiglio di presidenza della giustizia tributaria delibera su ogni provvedimento riguardante i componenti delle commissioni tributarie, nonché su eventuali rettifiche degli elenchi di cui ai commi 3 e 5, relativamente al periodo di tempo intercorrente tra la approvazione dei detti elenchi e la data del suo insediamento.[3]

9. Gli elenchi di cui ai commi 3 e 5 sono sottoposti a ratifica del consiglio di presidenza della giustizia tributaria, che procede alle eventuali rettifiche e promuove i conseguenti provvedimenti subito dopo la sua prima elezione.[2]

10. Prima della costituzione del consiglio di presidenza della giustizia tributaria, le nomine dei giudici tributari sono effettuate secondo le disposizioni contenute nel D.P.R. 26 ott. 1972, n. 636, con l'osservanza dei requisiti previsti dagli artt. 3, 4 e 5 del presente decreto legislativo; in tali ipotesi si applica il disposto del primo periodo del comma 4.

[1] Comma così sost. dall'art. 1 del D.L. 26 set. 1995, n. 403, conv. in L. 20 nov. 1995, n. 495.

[2] Comma abrog. dall'art. 12, del D.L. 403/ 95, *citato*.

[3] Comma così inserito dall'art. 11 del D.L. 8 ago. 1996, n. 437, conv. con modif. in L. 24 ott. 1996, n. 556.

44. ***Nomina nelle commissioni tributarie provinciali e regionali dei componenti della commissione tributaria centrale.*** — 1. Coloro che sono rimasti a comporre la commissione tributaria centrale fino alla cessazione dell'attività di tale organo, a partire da tale data entrano a far parte dell'ordinamento giudiziario tributario e sono nominati nelle commissioni tributarie provinciali e regionali, su loro domanda, con precedenza sugli altri aspiranti con i criteri di valutazione ed i punteggi di cui alla tabella *F* ed, a parità di punteggio, secondo la maggiore anzianità di età.[1]

[1] Comma così modif. dall'art. 3-*bis*, D.L. 30 set. 2005, n. 203, conv. con modif. in L. 2 dic. 2005, n. 248.

44-*bis*. ***Decisione di controversie pendenti al 1° aprile 1996.***[1] — 1. In deroga all'art. 2, comma 5, le controversie pendenti alla data del 1° aprile 1996 dinanzi alle commissioni tributarie di primo grado, di valore inferiore a cinque milioni di lire, sono trattate e decise da un giudice singolo designato dal presidente della sezione fra i componenti della stessa.

2. Oltre ai compensi fisso e aggiuntivo spettanti ai sensi dell'art. 13, al giudice unico è dovuto, per ogni ricorso definito nella qualità, un compenso uguale a quello globalmente stabilito per le sentenze collegiali.

[1] Articolo inserito dall'art. 32 della L. 8 mag. 1998, n. 146.

44-*ter*. ***Modifica delle tabelle.***[1] — 1. I criteri di valutazione e i punteggi di cui alle tabelle *E* ed *F* allegate al presente decreto sono modificati, su conforme parere del consiglio di presidenza della giustizia tributaria, con decreto del Ministro dell'economia e delle finanze.

[1] Articolo aggiunto dall'art. 23, L. 28 dic. 2001, n. 448.

45. ***Prima costituzione del consiglio di presidenza della giustizia tributaria.*** — 1. Nella prima applicazione del presente decreto di consiglio di presidenza è eletto da tutti i componenti delle commissioni tributarie provinciali e regionali nominati a norma dell'art. 43.

2. Le elezioni hanno luogo entro il 31 dic. 1996.[1]

[1] Comma così modif. dall'art. 11 del D.L. 8 ago. 1996, n. 437, conv. con modif. in L. 24 ott. 1996, n. 556.

46. ***Personale addetto alle segreterie delle commissioni tributarie soppresse.*** (*Omissis*).

47. ***Rinunzia all'assegnazione alle segreterie delle commissioni tributarie provinciali e regionali.*** (*Omissis*).

48. ***Modalità particolari di inquadramento del personale delle segreterie.*** (*Omissis*).

49. ***Norme abrogate.*** — 1. A decorrere dalla data di insediamento delle commissioni tributarie provinciali e regionali sono abrogati gli artt. da 2 a 14[1] del D.P.R. 26 ott. 1972, n. 636, salvo quanto disposto dal comma 2.

2. Gli artt. 4, 5, 6, 7, 8, 9, 10, 11, 12, quarto[1] comma, 13, 13-*bis* e 14 del D.P.R. 26 ott. 1972, n. 636, continuano ad applicarsi relativamente alla commissione tributaria centrale fino alla cessazione del suo funzionamento.

[1] Comma così modif. dall'art. 69 del D.L. 30 ago. 1993, n. 331, conv. in L. 29 ott. 1993, n. 427.

50. ***Regolamenti*** — 1. I regolamenti previsti dal presente decreto sono emanati entro il 28 febbraio 1994.[1]

[1] Comma così modif. dall'art. 69 del D.L. 30 ago. 1993, n. 331, conv. in L. 29 ott. 1993, n. 427.

51. ***Entrata in vigore.*** — 1. Il presente decreto entra in vigore il 15 gennaio 1993.

2. Le disposizioni contenute nel capo II si applicano ai componenti delle commissioni tributarie provinciali e regionali e quelle contenute nel capo IV hanno effetto dalla data di insediamento delle commissioni tributarie provinciali e regionali, salvo quelle di cui all'art. 35 che hanno effetto a decorrere dalla data di ultimazione delle procedure selettive previste dall'art. 63, comma 205, della L. 28 dic. 1995, n. 549.[1]

[1] Comma così integrato dall'art. 11 del D.L. 8 ago. 1996, n. 437, conv. con modif. in L. 24 ott. 1996, n. 556.

- 2 -

D.lgs. 31 dic. 1992, n. 546

Disposizioni sul processo tributario in attuazione della delega al Governo contenuta nell'art. 40 della L. 30 dic. 1991, n. 413

(G.U. 13 gen. 1993, n. 9, Suppl.)[1]

[1] Ai sensi dell'art. 4, L. 31 ago. 2022, n. 130, le parole: «commissione tributaria provinciale», «commissioni tributarie provinciali», «commissione tributaria regionale», «commissioni tributarie regionali», «commissione tributaria» e «commissioni tributarie», ovunque ricorrono, si intendano sostituite rispettivamente dalle seguenti: «corte di giustizia tributaria di primo grado», «corti di giustizia tributaria di primo grado», «corte di giustizia tributaria di secondo grado», «corti di giustizia tributaria di secondo grado», «corte di giustizia tributaria di primo e secondo grado» e «corti di giustizia tributaria di primo e secondo grado».

TITOLO I
Disposizioni generali

CAPO I
Del giudice tributario e suoi ausiliari

1. ***Gli organi della giurisdizione tributaria.*** — 1. La giurisdizione tributaria è esercitata dalle commissioni tributarie provinciali e dalle commissioni tributarie regionali di cui all'art. 1 del D.P.R. 31 dic. 1992, n. 545.

2. I giudici tributari applicano le norme del presente decreto e, per quanto da esse non disposto e con esse compatibili, le norme del codice di procedura civile.

2. ***Oggetto della giurisdizione tributaria.*** — 1. Appartengono alla giurisdizione tributaria tutte le controversie aventi ad oggetto i tributi di ogni genere e specie, comunque denominati[1] compresi quelli regionali, provinciali e comunali e il contributo per il Servizio sanitario nazionale, le sovrimposte e le addizionali, le relative sanzioni nonché gli interessi e ogni altro accessorio. Restano escluse dalla giurisdizione tributaria soltanto le controversie riguardanti gli atti della esecuzione forzata tributaria successivi alla notifica della cartella di pagamento e, ove previsto, dell'avviso di cui all'art. 50 del decreto del Presidente della Repubblica 29 sett. 1973, n. 602, per le quali continuano ad applicarsi le disposizioni del medesimo decreto del Presidente della Repubblica.[2]

2. Appartengono altresì alla giurisdizione tributaria le controversie promosse dai singoli possessori concernenti l'intestazione, la delimitazione, la figura, l'estensione, il classamento dei terreni e la ripartizione dell'estimo fra i compossessori a titolo di promiscuità di una stessa particella, nonché le controversie concernenti la consistenza, il classamento delle singole unità immobiliari urbane e l'attribuzione della rendita catastale. Appartengo-

no alla giurisdizione tributaria anche le controversie [relative alla debenza del canone per l'occupazione di spazi ed aree pubbliche previsto dall'art. 63 del D.lgs. 15 dic. 1997, n. 446, e successive modificazioni, e del canone per lo scarico e la depurazione delle acque reflue e per lo smaltimento dei rifiuti urbani, nonché le controversie][3] attinenti l'imposta o il canone comunale sulla pubblicità e il diritto sulle pubbliche affissioni.[4]

3. Il giudice tributario risolve in via incidentale ogni questione da cui dipende la decisione delle controversie rientranti nella propria giurisdizione, fatta eccezione per le questioni in materia di querela di falso e sullo stato o la capacità delle persone, diversa dalla capacità di stare in giudizio.

[1] Parole inserite dall'art. 3-*bis*, L. 2 dic. 2005, n. 248.
[2] Comma così modif. dall'art. 9, D.lgs. 24 set. 2015, n. 156.
[3] Parole soppresse dall'art. 9, D.lgs. 24 set. 2015, n. 156.
[4] Periodo aggiunto dall'art. 3-*bis*, L. 2 dic. 2005, n. 248.

3. ***Difetto di giurisdizione.*** — 1. Il difetto di giurisdizione delle commissioni tributarie è rilevato, anche d'ufficio, in ogni stato e grado del processo.

2. È ammesso il regolamento preventivo di giurisdizione previsto dall'art. 41, primo comma del c.p.c.

4. ***Competenza per territorio.*** — 1. Le commissioni tributarie provinciali sono competenti per le controversie proposte nei confronti degli enti impositori, degli agenti della riscossione e dei soggetti iscritti all'albo di cui all'articolo 53 del decreto legislativo 15 dicembre 1997, n. 446, che hanno sede nella loro circoscrizione. Se la controversia è proposta nei confronti di articolazioni dell'Agenzia delle Entrate, con competenza su tutto o parte del territorio nazionale, individuate con il regolamento di amministrazione di cui all'articolo 71 del decreto legislativo 30 luglio 1999, n. 300, è competente la commissione tributaria provinciale nella cui circoscrizione ha sede l'ufficio al quale spettano le attribuzioni sul rapporto controverso.[1]

2. Le commissioni tributarie regionali sono competenti per le impugnazioni avverso le decisioni delle commissioni tributarie provinciali, che hanno sede nella loro circoscrizione.

[1] Comma così sost. dall'art. 9, D.lgs. 24 set. 2015, n. 156.
La Corte cost., con sent. 3 mar. 2016, n. 44 ha dichiarato: l'ill. cost. del presente comma nel testo vigente anteriormente alla sua sostituzione a opera dell'art. 9, D.lgs. 156/2015, nella parte in cui prevede che per le controversie proposte nei confronti dei concessionari del servizio di riscossione è competente la commissione tributaria provinciale nella cui circoscrizione i concessionari stessi hanno sede, anziché quella nella cui circoscrizione ha sede l'ente locale concedente. In applicazione dell'art. 27, L. 11 mar. 1953, n. 87, l'ill. cost. del presente comma nel testo vigente a seguito della sostituzione a opera dell'art. 9, D.lgs. 156/2015, nella parte in cui prevede che per le controversie proposte nei confronti dei soggetti iscritti nell'albo di cui all'art. 53 del D.lgs. 15 dic. 1997, n. 446 è competente la commissione tributaria provinciale nella cui circoscrizione i medesimi soggetti hanno sede, anziché quella nella cui circoscrizione ha sede l'ente locale impositore.

4-*bis*. ***Competenza del giudice monocratico.*** — 1. Le corti di giustizia tributaria di primo grado decidono in composizione monocratica le controversie di valore fino a 3.000 euro. Sono escluse le controversie di valore indeterminabile.

2. Per valore della lite si intende quello determinato ai sensi dell'articolo 12, comma 2. Si tiene conto anche dell'imposta virtuale calcolata a seguito delle rettifiche di perdita.

3. Nel procedimento davanti alla corte di giustizia tributaria di primo grado in composizione monocratica si osservano, in quanto applicabili e ove non derogate dal presente decreto, le disposizioni ivi contenute relative ai giudizi in composizione collegiale.

[1] Articolo ins. dall'art. 4, L. 31 ago. 2022, n. 130. La disposizione si applica ai ricorsi notificati a decorrere dal 1° gen. 2023. Entro il 31 dic. 2022, con decreto del Ministro dell'economia e delle finanze, ai sensi dell'art. 13 del D.lgs. 31 dic. 1992, n. 545, è stabilita la misura del compenso variabile spettante al presidente e al presidente di sezione delle corti di giustizia tributaria e al giudice monocratico per le controversie di cui all'art. 4, c. 1, lett. *b*).

5. ***Incompetenza.*** — 1. La competenza delle commissioni tributarie è inderogabile.

2. L'incompetenza della commissione tributaria è rilevabile, anche d'ufficio, soltanto nel grado al quale il vizio si riferisce.

3. La sentenza della commissione tributaria che dichiara la propria incompetenza rende incontestabile l'incompetenza dichiarata e la competenza della commissione tributaria in essa indicata, se il processo viene riassunto a norma del comma 5.

4. Non si applicano le disposizioni del c.p.c. sui regolamenti di competenza.

5. La riassunzione del processo davanti alla commissione tributaria dichiarata competente deve essere effettuata a istanza di parte nel termine di sei mesi dalla comunicazione della sentenza stessa. Se la riassunzione avviene nei termini suindicati il processo continua davanti alla nuova commissione, altrimenti si estingue.

6. ***Astensione e ricusazione dei componenti delle commissioni tributarie.*** — 1. L'astensione e la ricusazione dei componenti delle commissioni tributarie sono disciplinate dalle disposizioni del codice di procedura civile in quanto applicabili.

2. Il giudice tributario ha l'obbligo di astenersi e può essere ricusato anche nel caso di cui all'art. 13, comma 3, e in ogni caso in cui abbia o abbia avuto rapporto di lavoro autonomo ovvero di collaborazione con una delle parti.

3. Sulla ricusazione decide il collegio al quale appartiene il componente della commissione tributaria ricusato, senza la sua partecipazione e con l'integrazione di altro membro della stessa commissione designato dal suo presidente.

7. *Poteri delle commissioni tributarie.* — 1. Le commissioni tributarie, ai fini istruttori e nei limiti dei fatti dedotti dalle parti, esercitano tutte le facoltà di accesso, di richiesta di dati, di informazioni e chiarimenti conferite agli uffici tributari ed all'ente locale da ciascuna legge d'imposta.

2. Le commissioni tributarie, quando occorre acquisire elementi conoscitivi di particolare complessità, possono richiedere apposite relazioni ad organi tecnici dell'amministrazione dello Stato o di altri enti pubblici compreso il Corpo della Guardia di finanza, ovvero disporre consulenza tecnica. I compensi spettanti ai consulenti tecnici non possono eccedere quelli previsti dalla L. 8 lug. 1980, n. 319, e successive modificazioni e integrazioni.

3.[1]

4. Non è ammesso il giuramento. La corte di giustizia tributaria, ove lo ritenga necessario ai fini della decisione e anche senza l'accordo delle parti, può ammettere la prova testimoniale, assunta con le forme di cui all'articolo 257-*bis* del codice di procedura civile. Nei casi in cui la pretesa tributaria sia fondata su verbali o altri atti facenti fede fino a querela di falso, la prova è ammessa soltanto su circostanze di fatto diverse da quelle attestate dal pubblico ufficiale.[2]

5. Le commissioni tributarie, se ritengono illegittimo un regolamento o un atto generale rilevante ai fini della decisione, non lo applicano, in relazione all'oggetto dedotto in giudizio, salva l'eventuale impugnazione nella diversa sede competente.

5-*bis*. L'amministrazione prova in giudizio le violazioni contestate con l'atto impugnato. Il giudice fonda la decisione sugli elementi di prova che emergono nel giudizio e annulla l'atto impositivo se la prova della sua fondatezza manca o è contraddittoria o se è comunque insufficiente a dimostrare, in modo circostanziato e puntuale, comunque in coerenza con la normativa tributaria sostanziale, le ragioni oggettive su cui si fondano la pretesa impositiva e l'irrogazione delle sanzioni. Spetta comunque al contribuente fornire le ragioni della richiesta di rimborso, quando non sia conseguente al pagamento di somme oggetto di accertamenti impugnati.[3]

[1] Comma abrog. dall'art. 3-*bis*, L. 2 dic. 2005, n. 248.
[2] Comma così sost. dall'art. 4, L. 31 ago. 2022, n. 130. La disposizione si applica ai ricorsi notificati a decorrere dalla data di entrata in vigore della L. 130/2022.
[3] Comma ins. dall'art. 6, L. 31 ago. 2022, n. 130.

8. *Errore sulla norma tributaria.* — 1. La commissione tributaria dichiara non applicabili le sanzioni non penali previste dalle leggi tributarie quando la violazione è giustificata da obiettive condizioni di incertezza sulla portata e sull'ambito di applicazione delle disposizioni alle quali si riferisce.

9. *Organi di assistenza alle commissioni tributarie.* — 1. Il personale dell'ufficio di segreteria assiste la commissione tributaria secondo le disposizioni del c.p.c. concernenti il cancelliere.

2. Le attività dell'ufficiale giudiziario in udienza sono disimpegnate dal personale ausiliario addetto alla segreteria.

CAPO II
Delle parti e della loro rappresentanza e assistenza in giudizio

10. *Le parti.*[1] — 1. Sono parti nel processo dinanzi alle commissioni tributarie oltre al ricorrente, l'ufficio dell'Agenzia delle entrate e dell'Agenzia delle dogane e dei monopoli di cui al decreto legislativo 30 luglio 1999, n. 300, gli altri enti impositori, l'agente della riscossione ed i soggetti iscritti nell'albo di cui all'articolo 53 del decreto legislativo 15 dicembre 1997, n. 446, che hanno emesso l'atto impugnato o non hanno emesso l'atto richiesto. Se l'ufficio è un'articolazione dell'Agenzia delle entrate, con competenza su tutto o parte del territorio nazionale, individuata con il regolamento di amministrazione di cui all'articolo 71 del decreto legislativo 30 luglio 1999, n. 300, è parte l'ufficio al quale spettano le attribuzioni sul rapporto controverso.

[1] Articolo così sost. dall'art. 9, D.lgs. 24 set. 2015, n. 156.

11. *Capacità di stare in giudizio.* — 1. Le parti diverse da quelle indicate nei commi 2 e 3 possono stare in giudizio anche mediante procuratore generale o speciale. La procura speciale, se conferita al coniuge e ai parenti o affini entro il quarto grado ai soli fini della partecipazione all'udienza pubblica, può risultare anche da scrittura privata non autenticata.

2. L'ufficio dell'Agenzia delle entrate e dell'Agenzia delle dogane e dei monopoli di cui al decreto legislativo 30 luglio 1999, n. 300 nonché dell'agente della riscossione, nei cui confronti è proposto il ricorso, sta in giudizio direttamente o mediante la struttura territoriale sovraordinata. Stanno altresì in giudizio direttamente le cancellerie o segreterie degli uffici giudiziari per il contenzioso in materia di contributo unificato.[1]

3. L'ente locale nei cui confronti è proposto il ricorso può stare in giudizio anche mediante il dirigente dell'ufficio tributi, ovvero, per gli enti locali privi di figura dirigenziale, mediante il titolare della posizione organizzativa in cui è collocato detto ufficio.[2]

3-*bis*.[3]

[1] Comma così sost. dall'art. 9, D.lgs. 24 set. 2015, n. 156.
[2] Comma modif. dall'art. 3-*bis*, D.L. 31 mar. 2005, n. 44, conv. in L. 31 mag. 2005, n. 88.
[3] Comma ins. dall'art. 1, c. 30, L. 24 dic. 2012, n. 228, e poi soppresso dall'art. 9, D.lgs. 24 set. 2015, n. 156.

12. *L'assistenza tecnica.*[1] — 1. Le parti, diverse dagli enti impositori, dagli agenti della riscossione e dai soggetti iscritti nell'albo di cui all'articolo 53 del decreto legislativo 15 dicembre 1997, n. 446, devono essere assistite in giudizio da un difensore abilitato.

2. Per le controversie di valore fino a tremila euro le parti possono stare in giudizio senza assistenza tecnica. Per valore della lite si intende l'importo del tributo al netto degli interessi e delle eventuali sanzioni irrogate con l'atto impugnato; in caso di controversie relative esclusivamente alle irrogazioni di sanzioni, il valore è costituito dalla somma di queste.

3. Sono abilitati all'assistenza tecnica, se iscritti nei relativi albi professionali o nell'elenco di cui al comma 4:

a) gli avvocati;

b) i soggetti iscritti nella Sezione A commercialisti dell'Albo dei dottori commercialisti e degli esperti contabili;

c) i consulenti del lavoro;

d) i soggetti di cui all'articolo 63, terzo comma, del decreto del Presidente della Repubblica 29 settembre 1973, n. 600;

e) i soggetti già iscritti alla data del 30 settembre 1993 nei ruoli di periti ed esperti tenuti dalle camere di commercio, industria, artigianato e agricoltura per la sub-categoria tributi, in possesso di diploma di laurea in giurisprudenza o in economia e commercio o equipollenti o di diploma di ragioniere limitatamente alle materie concernenti le imposte di registro, di successione, i tributi locali, l'IVA, l'IRPEF, l'IRAP e l'IRES;

f) i funzionari delle associazioni di categoria che, alla data di entrata in vigore del decreto legislativo 31 dicembre 1992, n. 545, risultavano iscritti negli elenchi tenuti dalle Intendenze di finanza competenti per territorio, ai sensi dell'ultimo periodo dell'articolo 30, terzo comma, del decreto del Presidente della Repubblica 26 ottobre 1972, n. 636;

g) i dipendenti delle associazioni delle categorie rappresentate nel Consiglio nazionale dell'economia e del lavoro (C.N.E.L.) e i dipendenti delle imprese, o delle loro controllate ai sensi dell'articolo 2359 del codice civile, primo comma, numero 1), limitatamente alle controversie nelle quali sono parti, rispettivamente, gli associati e le imprese o loro controllate, in possesso del diploma di laurea magistrale in giurisprudenza o in economia ed equipollenti, o di diploma di ragioneria e della relativa abilitazione professionale;

h) i dipendenti dei centri di assistenza fiscale (CAF) di cui all'articolo 32 del decreto legislativo 9 luglio 1997, n. 241, e delle relative società di servizi, purché in possesso di diploma di laurea magistrale in giurisprudenza o in economia ed equipollenti, o di diploma di ragioneria e della relativa abilitazione professionale, limitatamente alle controversie dei propri assistiti originate da adempimenti per i quali il CAF ha prestato loro assistenza.

4. L'elenco dei soggetti di cui al comma 3, lettere *d*), *e*), *f*), *g*) ed *h*), è tenuto dal Dipartimento delle finanze del Ministero dell'economia e delle finanze che vi provvede con le risorse umane, strumentali e finanziarie disponibili a legislazione vigente senza nuovi o maggiori oneri a carico del bilancio dello Stato. Con decreto del Ministro dell'economia e delle finanze, sentito il Ministero della giustizia, emesso ai sensi dell'articolo 17, comma 3, della legge 23 agosto 1988, n. 400, sono disciplinate le modalità di tenuta dell'elenco, nonché i casi di incompatibilità, diniego, sospensione e revoca della iscrizione anche sulla base dei principi contenuti nel codice deontologico forense. L'elenco è pubblicato nel sito internet del Ministero dell'economia e delle finanze.

5. Per le controversie di cui all'articolo 2, comma 2, primo periodo, sono anche abilitati all'assistenza tecnica, se iscritti nei relativi albi professionali:

a) gli ingegneri;

b) gli architetti;

c) i geometri;

d) i periti industriali;

e) i dottori agronomi e forestali;

f) gli agrotecnici;

g) i periti agrari.

6. Per le controversie relative ai tributi doganali sono anche abilitati all'assistenza tecnica gli spedizionieri doganali iscritti nell'apposito albo.

7. Ai difensori di cui ai commi da 1 a 6 deve essere conferito l'incarico con atto pubblico o con scrittura privata autenticata od anche in calce o a margine di un atto del processo, nel qual caso la sottoscrizione autografa è certificata dallo stesso incaricato. All'udienza pubblica l'incarico può essere conferito oralmente e se ne dà atto a verbale.

8. Le Agenzie delle entrate, delle dogane e dei monopoli di cui al decreto legislativo 30 luglio 1999, n. 300, possono essere assistite dall'Avvocatura dello Stato.

9. I soggetti in possesso dei requisiti richiesti nei commi 3, 5 e 6 possono stare in giudizio personalmente, ferme restando le limitazioni all'oggetto della loro attività previste nei medesimi commi.

10. Si applica l'articolo 182 del codice di procedura civile ed i relativi provvedimenti sono emessi dal presidente della commissione o della sezione o dal collegio.

[1] Articolo così sost. dall'art. 9, D.lgs. 24 set. 2015, n. 156.

13. [*Assistenza tecnica gratuita.*][1]

[1] Articolo abrog. dall'art. 299, D.P.R. 30 mag. 2002, n. 115.

14. ***Litisconsorzio ed intervento.*** — 1. Se l'oggetto del ricorso riguarda inscindibilmente più soggetti, questi devono essere tutti parte nello stesso processo e la controversia non può essere decisa limitatamente ad alcuni di essi.

2. Se il ricorso non è stato proposto da o nei confronti di tutti i soggetti indicati nel comma 1 è ordinata l'integrazione del contraddittorio mediante la loro chiamata in causa entro un termine stabilito a pena di decadenza.

3. Possono intervenire volontariamente o essere chiamati in giudizio i soggetti che, insieme al ricorrente, sono destinatari dell'atto impugnato o parti del rapporto tributario controverso.

4. Le parti chiamate si costituiscono in giudizio nelle forme prescritte per la parte resistente, in quanto applicabili.

5. I soggetti indicati nei commi 1 e 3 intervengono nel processo notificando apposito atto a tutte le parti e costituendosi nelle forme di cui al comma precedente.

6. Le parti chiamate in causa o intervenute volontariamente non possono impugnare autonomamente l'atto se per esse al momento della costituzione è già decorso il termine di decadenza.

15. ***Spese del giudizio.*** — 1. La parte soccombente è condannata a rimborsare le spese del giudizio che sono liquidate con la sentenza. [La commissione tributaria può dichiarare compensate in tutto o in parte le spese, a norma dell'art. 92, secondo comma, del c.p.c.][1]

2. Le spese di giudizio possono essere compensate in tutto o in parte dalla commissione tributaria soltanto in caso di soccombenza reciproca o qualora sussistano gravi ed eccezionali ragioni che devono essere espressamente motivate.[2]

2-*bis*. Si applicano le disposizioni di cui all'articolo 96, commi primo e terzo, del codice di procedura civile.[2]

2-*ter*. Le spese di giudizio comprendono, oltre al contributo unificato, gli onorari e i diritti del difensore, le spese generali e gli esborsi sostenuti, oltre il contributo previdenziale e l'imposta sul valore aggiunto, se dovuti.[2]

2-*quater*. Con l'ordinanza che decide sulle istanze cautelari la commissione provvede sulle spese della relativa fase. La pronuncia sulle spese conserva efficacia anche dopo il provvedimento che definisce il giudizio, salvo diversa statuizione espressa nella sentenza di merito.[2]

2-*quinquies*. I compensi agli incaricati dell'assistenza tecnica sono liquidati sulla base dei parametri previsti per le singole categorie professionali. Agli iscritti negli elenchi di cui all'articolo 12, comma 4, si applicano i parametri previsti per i dottori commercialisti e gli esperti contabili.[2]

2-*sexies*. Nella liquidazione delle spese a favore dell'ente impositore, dell'agente della riscossione e dei soggetti iscritti nell'albo di cui all'articolo 53 del decreto legislativo 15 dicembre 1997, n. 446, se assistiti da propri funzionari, si applicano le disposizioni per la liquidazione del compenso spettante agli avvocati, con la riduzione del venti per cento dell'importo complessivo ivi previsto. La riscossione avviene mediante iscrizione a ruolo a titolo definitivo dopo il passaggio in giudicato della sentenza.[2]

2-*septies*. Nelle controversie di cui all'articolo 17-*bis* le spese di giudizio di cui al comma 1 sono maggiorate del 50 per cento a titolo di rimborso delle maggiori spese del procedimento.[2]

2-*octies*. Qualora una delle parti ovvero il giudice abbia formulato una proposta conciliativa, non accettata dall'altra parte senza giustificato motivo, restano a carico di quest'ultima le spese del giudizio maggiorate del 50 per cento, ove il riconoscimento delle sue pretese risulti inferiore al contenuto della proposta ad essa effettuata. Se è intervenuta conciliazione le spese si intendono compensate, salvo che le parti stesse abbiano diversamente convenuto nel processo verbale di conciliazione.[2,3]

[1] Periodo soppresso dall'art. 9, D.lgs. 24 set. 2015, n. 156.

[2] I c. 2 e 2-*bis* sono stati sost. dagli attuali c. da 2 a 2-*octies* dall'art. 9, D.lgs. 24 set. 2015, n. 156.

[3] Comma così sost. dall'art. 4, L. 31 ago. 2022, n. 130. La disposizione si applica ai ricorsi notificati a decorrere dalla data di entrata in vigore della L. 130/2022.

16. ***Comunicazioni e notificazioni.*** — 1. Le comunicazioni sono fatte mediante avviso della segreteria della commissione tributaria consegnato alle parti, che ne rilasciano immediatamente ricevuta, o spedito a mezzo del servizio postale in plico senza busta raccomandato con avviso di ricevimento sul quale non sono apposti segni o indicazioni dai quali possa desumersi il contenuto dell'avviso.[1] Le comunicazioni agli enti impositori, agli agenti della riscossione ed ai soggetti iscritti nell'albo di cui all'articolo 53 del decreto legislativo 15 dicembre 1997, n. 446, possono essere fatte mediante trasmissione di elenco in duplice esemplare, uno dei quali, immediatamente datato e sottoscritto per ricevuta, è restituito alla segreteria della commissione tributaria. La segreteria può anche richiedere la notificazione dell'avviso da parte dell'ufficio giudiziario o del messo comunale nelle forme di cui al comma 2.[2]

1-*bis*.[3]

2. Le notificazioni sono fatte secondo le norme degli artt. 137 e seguenti del c.p.c., salvo quanto disposto dall'art. 17.

3. Le notificazioni possono essere fatte anche direttamente a mezzo del servizio postale mediante spedizione dell'atto in plico senza busta raccomandato con avviso di ricevimento sul quale non sono apposti segni o indicazioni dai quali possa desumersi il contenuto dell'atto,[1] ovvero all'ufficio del Ministero delle finanze ed all'ente locale mediante consegna dell'atto all'impiegato addetto che ne rilascia ricevuta sulla copia.

4. Gli enti impositori, gli agenti della riscossione e i soggetti iscritti nell'albo di cui all'articolo 53 del decreto legislativo 15 dicembre 1997, n. 446, provvedono alle notificazioni anche a mezzo del messo comunale o di messo autorizzato dall'amministrazione finanziaria, con l'osservanza delle disposizioni di cui al comma 2.[4]

5. Qualunque comunicazione o notificazione a mezzo del servizio postale si considera fatta nella data della spedizione; i termini che hanno inizio

dalla notificazione o dalla comunicazione decorrono dalla data in cui l'atto è ricevuto.

[1] Parole aggiunte dall'art. 37, D.L. 4 lug. 2006, 223.

[2] Comma così modif. dall'art. 39, c. 8, D.L. 6 lug. 2011, n. 98, conv. in L. 15 lug. 2011, n. 111, e dall'art. 9, D.lgs. 24 set. 2015, n. 156.

[3] Comma soppresso dall'art. 9, D.lgs. 24 set. 2015, n. 156.

[4] Comma così modif. dall'art. 9, D.lgs. 24 set. 2015, n. 156.

16-*bis*. *Comunicazioni, notificazioni e depositi telematici.*[1] — 1. Le comunicazioni sono effettuate anche mediante l'utilizzo della posta elettronica certificata, ai sensi del decreto legislativo 7 marzo 2005, n. 82, e successive modificazioni. Tra le pubbliche amministrazioni di cui all'articolo 2, comma 2, del decreto legislativo 7 marzo 2005, n. 82, le comunicazioni possono essere effettuate ai sensi dell'articolo 76 del decreto legislativo n. 82 del 2005. L'indirizzo di posta elettronica certificata del difensore o delle parti è indicato nel ricorso o nel primo atto difensivo. La comunicazione si intende perfezionata con la ricezione avvenuta nei confronti di almeno uno dei difensori della parte.[2]

2. Nelle ipotesi di mancata indicazione dell'indirizzo di posta elettronica certificata del difensore o della parte ed ove lo stesso non sia reperibile da pubblici elenchi, ovvero nelle ipotesi di mancata consegna del messaggio di posta elettronica certificata per cause imputabili al destinatario, le comunicazioni sono eseguite esclusivamente mediante deposito in segreteria della Commissione tributaria. Nei casi di cui al periodo precedente le notificazioni sono eseguite ai sensi dell'articolo 16.[3]

3. Le parti, i consulenti e gli organi tecnici indicati nell'articolo 7, comma 2, notificano e depositano gli atti processuali i documenti e i provvedimenti giurisdizionali esclusivamente con modalità telematiche, secondo le disposizioni contenute nel decreto del Ministro dell'economia e delle finanze 23 dicembre 2013, n. 163, e nei successivi decreti di attuazione. In casi eccezionali, il Presidente della Commissione tributaria o il Presidente di sezione, se il ricorso è già iscritto a ruolo, ovvero il collegio se la questione sorge in udienza, con provvedimento motivato possono autorizzare il deposito con modalità diverse da quelle telematiche.[4]

3-*bis*. I soggetti che stanno in giudizio senza assistenza tecnica ai sensi dell'articolo 12, comma 2, hanno facoltà di utilizzare, per le notifiche e i depositi, le modalità telematiche indicate nel comma 3, previa indicazione nel ricorso o nel primo atto difensivo dell'indirizzo di posta elettronica certificata al quale ricevere le comunicazioni e le notificazioni.[5]

4. L'indicazione dell'indirizzo di posta elettronica certificata valevole per le comunicazioni e le notificazioni equivale alla comunicazione del domicilio eletto.

[1] Rubrica così sost. dall'art. 16, D.L. 23 ott. 2018, n. 119, conv. in L. 17 dic. 2018, n. 136.

[2] Periodo così sost. dall'art. 16, D.L. 23 ott. 2018, n. 119, conv. in L. 17 dic. 2018, n. 136.

[3] Comma così sost. dall'art. 16, D.L. 23 ott. 2018, n. 119, conv. in L. 17 dic. 2018, n. 136.

[4] Comma così sost. dall'art. 16, D.L. 23 ott. 2018, n. 119, conv. in L. 17 dic. 2018, n. 136, la disposizione si applica ai giudizi instaurati, in primo e in secondo grado, con ricorso notificato a decorrere dal 1° lug. 2019. Il testo previgente era «3. Le notificazioni tra le parti e i depositi presso la competente Commissione tributaria possono avvenire in via telematica secondo le disposizioni contenute nel decreto del Ministro dell'economia e delle finanze 23 dicembre 2013, n. 163, e dei successivi decreti di attuazione.».

[5] Comma ins. dall'art. 16, D.L. 23 ott. 2018, n. 119, conv. in L. 17 dic. 2018, n. 136. V. nota 4.

17. *Luogo delle comunicazioni e notificazioni.* — 1. Le comunicazioni e le notificazioni sono fatte, salva la consegna in mani proprie, nel domicilio eletto o, in mancanza, nella residenza o nella sede dichiarata dalla parte all'atto della sua costituzione in giudizio. Le variazioni del domicilio o della residenza o della sede hanno effetto dal decimo giorno successivo a quello in cui sia stata notificata alla segreteria della commissione e alle parti costituite la denuncia di variazione.

2. L'indicazione della residenza o della sede e l'elezione del domicilio hanno effetto anche per i successivi gradi del processo.

3. Se mancano l'elezione di domicilio o la dichiarazione della residenza o della sede nel territorio dello Stato o se per la loro assoluta incertezza la notificazione o la comunicazione degli atti non è possibile, questi sono comunicati o notificati presso la segreteria della commissione.

3-*bis*.[1]

[1] Comma abrog. dall'art. 9, D.lgs. 24 set. 2015, n. 156.

17-*bis*. *Il reclamo e la mediazione.*[1] — 1. Per le controversie di valore non superiore a cinquantamila euro[2], il ricorso produce anche gli effetti di un reclamo e può contenere una proposta di mediazione con rideterminazione dell'ammontare della pretesa. Il valore di cui al periodo precedente è determinato secondo le disposizioni di cui all'articolo 12, comma 2. Le controversie di valore indeterminabile non sono reclamabili, ad eccezione di quelle di cui all'articolo 2, comma 2, primo periodo.

1-*bis*. Sono esclusi dalla mediazione i tributi costituenti risorse proprie tradizionali di cui all'articolo 2, paragrafo 1, lettera *a*), della decisione 2014/335/UE, Euratom del Consiglio, del 26 maggio 2014.[3]

2. Il ricorso non è procedibile fino alla scadenza del termine di novanta giorni dalla data di notifica, entro il quale deve essere conclusa la procedura di cui al presente articolo. Si applica la sospensione dei termini processuali nel periodo feriale.

3. Il termine per la costituzione in giudizio del ricorrente decorre dalla scadenza del termine di cui al comma 2. Se la Commissione rileva che la costituzione è avvenuta in data anteriore rinvia la

trattazione della causa per consentire l'esame del reclamo.

4. Le Agenzie delle entrate, delle dogane e dei monopoli di cui al decreto legislativo 30 luglio 1999, n. 300, provvedono all'esame del reclamo e della proposta di mediazione mediante apposite strutture diverse ed autonome da quelle che curano l'istruttoria degli atti reclamabili. Per gli altri enti impositori la disposizione di cui al periodo precedente si applica compatibilmente con la propria struttura organizzativa.

5. L'organo destinatario, se non intende accogliere il reclamo o l'eventuale proposta di mediazione, formula d'ufficio una propria proposta avuto riguardo all'eventuale incertezza delle questioni controverse, al grado di sostenibilità della pretesa e al principio di economicità dell'azione amministrativa. L'esito del procedimento rileva anche per i contributi previdenziali e assistenziali la cui base imponibile è riconducibile a quella delle imposte sui redditi.

6. Nelle controversie aventi ad oggetto un atto impositivo o di riscossione, la mediazione si perfeziona con il versamento, entro il termine di venti giorni dalla data di sottoscrizione dell'accordo tra le parti, delle somme dovute ovvero della prima rata. Per il versamento delle somme dovute si applicano le disposizioni, anche sanzionatorie, previste per l'accertamento con adesione dall'articolo 8 del decreto legislativo 19 giugno 1997, n. 218. Nelle controversie aventi per oggetto la restituzione di somme la mediazione si perfeziona con la sottoscrizione di un accordo nel quale sono indicate le somme dovute con i termini e le modalità di pagamento. L'accordo costituisce titolo per il pagamento delle somme dovute al contribuente.

7. Le sanzioni amministrative si applicano nella misura del trentacinque per cento del minimo previsto dalla legge. Sulle somme dovute a titolo di contributi previdenziali e assistenziali non si applicano sanzioni e interessi.

8. La riscossione e il pagamento delle somme dovute in base all'atto oggetto di reclamo sono sospesi fino alla scadenza del termine di cui al comma 2, fermo restando che in caso di mancato perfezionamento della mediazione sono dovuti gli interessi previsti dalle singole leggi d'imposta.

9. Le disposizioni di cui al presente articolo si applicano, in quanto compatibili, anche agli agenti della riscossione ed ai soggetti iscritti nell'albo di cui all'articolo 53 del decreto legislativo 15 dicembre 1997, n. 446.

9-*bis*. In caso di rigetto del reclamo o di mancato accoglimento della proposta di mediazione formulata ai sensi del comma 5, la soccombenza di una delle parti, in accoglimento delle ragioni già espresse in sede di reclamo o mediazione, comporta, per la parte soccombente, la condanna al pagamento delle relative spese di giudizio. Tale condanna può rilevare ai fini dell'eventuale responsabilità amministrativa del funzionario che ha immotivatamente rigettato il reclamo o non accolto la proposta di mediazione.[4]

10. Il presente articolo non si applica alle controversie di cui all'articolo 47-*bis*.

[1] Articolo così sost. dall'art. 9, D.lgs. 24 set. 2015, n. 156.
[2] Parole così sost. dall'art. 10, c. 1, D.L. 24 apr. 2017, n. 50, conv. con modif. in L. 21 giu. 2017, n. 96. La modifica si applica agli atti impugnabili notificati a decorrere dal 1° gen. 2018.
[3] Comma ins. dall'art. 10, c. 3-*bis*, D.L. 24 apr. 2017, n. 50, conv. con modif. in L. 21 giu. 2017, n. 96.
[4] Comma ins. dall'art. 4, L. 31 ago. 2022, n. 130.

TITOLO II
Il processo

CAPO I
Il procedimento dinanzi alla commissione tributaria provinciale

SEZIONE I
Introduzione del giudizio

18. ***Il ricorso.*** — 1. Il processo è introdotto con ricorso alla commissione tributaria provinciale.

2. Il ricorso deve contenere l'indicazione:

a) della commissione tributaria cui è diretto;

b) del ricorrente e del suo legale rappresentante, della relativa residenza o sede legale o del domicilio eventualmente eletto nel territorio dello Stato, nonché del codice fiscale e dell'indirizzo di posta elettronica certificata;[1]

c) dell'ufficio [del Ministero delle finanze o dell'ente locale o del concessionario del servizio di riscossione][2] nei cui confronti il ricorso è proposto;

d) dell'atto impugnato e dell'oggetto della domanda;

e) dei motivi.

3. Il ricorso deve essere sottoscritto dal difensore e contenere l'indicazione:

a) della categoria di cui all'articolo 12 alla quale appartiene il difensore;

b) dell'incarico a norma dell'articolo 12, comma 7, salvo che il ricorso non sia sottoscritto personalmente;

c) dell'indirizzo di posta elettronica certificata del difensore.[3]

4. Il ricorso è inammissibile se manca o è assolutamente incerta una delle indicazioni di cui al comma 2, ad eccezione di quella relativa al codice fiscale e all'indirizzo di posta elettronica certificata,[1] o non è sottoscritto a norma del comma precedente.

[1] Parole aggiunte dall'art. 2, c. 35-*quater* del D.L. 13 ago. 2011, n. 138, conv. in L. 14 set. 2011, n. 148.
[2] Parole soppresse dall'art. 9, D.lgs. 24 set. 2015, n. 156.
[3] Comma così sost. dall'art. 9, D.lgs. 24 set. 2015, n. 156.

19. ***Atti impugnabili e oggetto del ricorso.*** — 1. Il ricorso può essere proposto avverso:

a) l'avviso di accertamento del tributo;

b) l'avviso di liquidazione del tributo;

c) il provvedimento che irroga le sanzioni;

d) il ruolo e la cartella di pagamento;

e) l'avviso di mora;

e-bis) l'iscrizione di ipoteca sugli immobili di cui all'art. 77 del D.P.R. 29 set. 1973, n. 602, e successive modificazioni;[1]

e-ter) il fermo di beni mobili registrati di cui all'art. 86 del D.P.R. 29 set. 1973, n. 602, e successive modificazioni;[1]

f) gli atti relativi alle operazioni catastali indicate nell'art. 2, comma 2;[2]

g) il rifiuto espresso o tacito della restituzione di tributi, sanzioni pecuniarie ed interessi o altri accessori non dovuti;

h) il diniego o la revoca di agevolazioni o il rigetto di domande di definizione agevolata di rapporti tributari;

h-bis) la decisione di rigetto dell'istanza di apertura di procedura amichevole presentata ai sensi della direttiva (UE) 2017/1852 del Consiglio del 10 ottobre 2017 o ai sensi degli Accordi e delle Convenzioni internazionali per evitare le doppie imposizioni di cui l'Italia è parte ovvero ai sensi della Convenzione relativa all'eliminazione delle doppie imposizioni in caso di rettifica degli utili di imprese associate n. 90/436/CEE;[3]

i) ogni altro atto per il quale la legge ne preveda l'autonoma impugnabilità davanti alle commissioni tributarie.

2. Gli atti espressi di cui al comma 1 devono contenere l'indicazione del termine entro il quale il ricorso deve essere proposto e della commissione tributaria competente, nonché delle relative forme da osservare ai sensi dell'art. 20.

3. Gli atti diversi da quelli indicati non sono impugnabili autonomamente. Ognuno degli atti autonomamente impugnabili può essere impugnato solo per vizi propri. La mancata notificazione di atti autonomamente impugnabili, adottati precedentemente all'atto notificato, ne consente l'impugnazione unitamente a quest'ultimo.

[1] Lettere ins. dall'art. 35, D.L. 4 lug. 2006, n. 223.

[2] Lettera così modif. dall'art. 12, c. 3, D.L. 2 mar. 2012, n. 16, conv. con modif. in L. 26 apr. 2012, n. 44.

[3] Lettera ins. dall'art. 22, c. 1, D.lgs. 10 giu. 2020, n. 49. La disposizione si applica alle istanze di apertura di procedura amichevole presentate a decorrere dal 1° lug. 2019 sulle questioni controverse riguardanti il reddito o il patrimonio, relativi al periodo d'imposta che inizia il 1° gen. 2018 e ai successivi periodi d'imposta.

20. ***Proposizione del ricorso.*** — 1. Il ricorso è proposto mediante notifica a norma dei commi 2 e 3 del precedente art. 16.

2. La spedizione del ricorso a mezzo posta dev'essere fatta in plico raccomandato senza busta con avviso di ricevimento. In tal caso il ricorso s'intende proposto al momento della spedizione nelle forme sopra indicate.

3. Resta fermo quanto disposto dall'art. 10 del D.P.R. 28 nov. 1980, n. 787, sui centri di servizio.

21. ***Termine per la proposizione del ricorso.*** — 1. Il ricorso deve essere proposto a pena di inammissibilità entro sessanta giorni dalla data di notificazione dell'atto impugnato. La notificazione della cartella di pagamento vale anche come notificazione del ruolo.

2. Il ricorso avverso il rifiuto tacito della restituzione di cui all'art. 19, comma 1, lettera *g*), può essere proposto dopo il novantesimo giorno dalla domanda di restituzione presentata entro i termini previsti da ciascuna legge d'imposta e fino a quando il diritto alla restituzione non è prescritto.[1] La domanda di restituzione, in mancanza di disposizioni specifiche, non può essere presentata dopo due anni dal pagamento ovvero, se posteriore, dal giorno in cui si è verificato il presupposto per la restituzione.

[1] Periodo così sost. dall'art. 69 del D.L. 30 ago. 1993, n. 331, conv. in L. 29 ott. 1993, n. 427.

22. ***Costituzione in giudizio del ricorrente.*** — 1. Il ricorrente, entro trenta giorni dalla proposizione del ricorso, a pena d'inammissibilità deposita, nella segreteria della commissione tributaria adita, o trasmette a mezzo posta, in plico raccomandato senza busta con avviso di ricevimento, l'originale del ricorso notificato a norma degli artt. 137 e seguenti del c.p.c. ovvero copia del ricorso consegnato o spedito per posta, con fotocopia della ricevuta di deposito o della spedizione per raccomandata a mezzo del servizio postale. All'atto della costituzione in giudizio, il ricorrente deve depositare la nota di iscrizione al ruolo, contenente l'indicazione delle parti, del difensore che si costituisce, dell'atto impugnato, della materia del contendere, del valore della controversia e della data di notificazione del ricorso.[1]

2. L'inammissibilità del ricorso è rilevabile d'ufficio in ogni stato e grado del giudizio, anche se la parte resistente si costituisce a norma dell'articolo seguente.[2]

3. In caso di consegna o spedizione a mezzo di servizio postale la conformità dell'atto depositato a quello consegnato o spedito è attestata conforme dallo stesso ricorrente. Se l'atto depositato nella segreteria della commissione non è conforme a quello consegnato o spedito alla parte nei cui confronti il ricorso è proposto, il ricorso è inammissibile e si applica il comma precedente.

4. Unitamente al ricorso ed ai documenti previsti al comma 1, il ricorrente deposita il proprio fascicolo, con l'originale o la fotocopia dell'atto impugnato, se notificato, ed i documenti che produce, in originale o fotocopia.

5. Ove sorgano contestazioni il giudice tributario ordina l'esibizione degli originali degli atti e documenti di cui ai precedenti commi.

[1] Periodo aggiunto dall'art. 2, c. 35-*quater* del D.L. 13 ago. 2011, n. 138, conv. in L. 14 set. 2011, n. 148 e così modif. dall'art. 3-*bis*, D.L. 30 set. 2005, n. 203, conv. con modif. in L. 2 dic. 2005, n. 248.

[2] La Corte cost., con sent. 6 dic. 2002, n. 520, ha dichiarato l'ill. cost. dell'art. 22, c. 1 e c. 2, "nella parte in cui non consente, per il deposito degli atti ai fini della costituzione in giudizio, l'utilizzo del servizio postale".

23. ***Costituzione in giudizio della parte resistente.*** — 1. L'ente impositore, l'agente della riscossione ed i soggetti iscritti all'albo di cui all'articolo 53 del decreto legislativo 15 dicembre 1997, n. 446 nei cui confronti è stato proposto il ricorso si costituiscono in giudizio entro sessanta giorni dal giorno in cui il ricorso è stato notificato, consegnato o ricevuto a mezzo del servizio postale.[1]

2. La costituzione della parte resistente è fatta mediante deposito presso la segreteria della commissione adita del proprio fascicolo contenente le controdeduzioni in tante copie quante sono le parti in giudizio e i documenti offerti in comunicazione.

3. Nelle controdeduzioni la parte resistente espone le sue difese prendendo posizione sui motivi dedotti dal ricorrente e indica le prove di cui intende valersi, proponendo altresì le eccezioni processuali e di merito che non siano rilevabili d'ufficio e instando, se del caso, per la chiamata di terzi in causa.

[1] Comma così modif. dall'art. 9, D.lgs. 24 set. 2015, n. 156.

24. ***Produzione di documenti e motivi aggiunti.*** — 1. I documenti devono essere elencati negli atti di parte cui sono allegati ovvero, se prodotti separatamente, in apposita nota sottoscritta da depositare in originale ed in numero di copie in carta semplice pari a quello delle altre parti.

2. L'integrazione dei motivi di ricorso, resa necessaria dal deposito di documenti non conosciuti ad opera delle altre parti o per ordine della commissione, è ammessa entro il termine perentorio di sessanta giorni dalla data in cui l'interessato ha notizia di tale deposito.

3. Se è stata già fissata la trattazione della controversia, l'interessato, a pena di inammissibilità, deve dichiarare, non oltre la trattazione in camera di consiglio o la discussione in pubblica udienza, che intende proporre motivi aggiunti. In tal caso la trattazione o l'udienza debbono essere rinviate ad altra data per consentire gli adempimenti di cui al comma seguente.

4. L'integrazione dei motivi si effettua mediante atto avente i requisiti di cui all'art. 18 per quanto applicabile. Si applicano l'art. 20, commi 1 e 2, l'art. 22, 1, 2, 3 e 5, e l'art. 23, comma 3.

25. ***Iscrizione del ricorso nel registro generale. Fascicolo d'ufficio del processo e fascicolo di parte.*** — 1. La segreteria della commissione tributaria iscrive il ricorso nel registro generale e forma il fascicolo d'ufficio del processo, inserendovi i fascicoli del ricorrente e delle altre parti, con gli atti e i documenti prodotti, nonché, successivamente, gli originali dei verbali di udienza, delle ordinanze e dei decreti e copia delle sentenze.

2. I fascicoli delle parti restano acquisiti al fascicolo d'ufficio e sono ad esse restituiti al termine del processo. Le parti possono ottenere copia autentica degli atti e documenti contenuti nei fascicoli di parte e d'ufficio. [I richiedenti diversi dall'ufficio tributario devono corrispondere le spese del rilascio delle copie mediante applicazione e annullamento da parte della segreteria di marche da bollo nella misura stabilita con decreto del Ministro delle finanze in base al costo del servizio].[1]

3. La segreteria sottopone al presidente della commissione tributaria il fascicolo del processo appena formato.

[1] Periodo soppresso dall'art. 299, D.P.R. 30 mag. 2002, n. 115.

25-*bis*. ***Potere di certificazione di conformità.***[1] — 1. Al fine del deposito e della notifica con modalità telematiche della copia informatica, anche per immagine, di un atto processuale di parte, di un provvedimento del giudice o di un documento formato su supporto analogico e detenuto in originale o in copia conforme, il difensore e il dipendente di cui si avvalgono l'ente impositore, l'agente della riscossione ed i soggetti iscritti nell'albo di cui all'articolo 53 del decreto legislativo 15 dicembre 1997, n. 446, attestano la conformità della copia al predetto atto secondo le modalità di cui al decreto legislativo 7 marzo 2005, n. 82.

2. Analogo potere di attestazione di conformità è esteso, anche per l'estrazione di copia analogica, agli atti e ai provvedimenti presenti nel fascicolo informatico, formato dalla segreteria della Commissione tributaria ai sensi dell'articolo 14 del decreto del Ministro dell'economia e delle finanze 23 dicembre 2013, n. 163, o trasmessi in allegato alle comunicazioni telematiche dell'ufficio di segreteria. Detti atti e provvedimenti, presenti nel fascicolo informatico o trasmessi in allegato alle comunicazioni telematiche dell'ufficio di segreteria, equivalgono all'originale anche se privi dell'attestazione di conformità all'originale da parte dell'ufficio di segreteria.

3. La copia informatica o cartacea munita dell'attestazione di conformità ai sensi dei commi precedenti equivale all'originale o alla copia conforme dell'atto o del provvedimento detenuto ovvero presente nel fascicolo informatico.

4. L'estrazione di copie autentiche ai sensi del presente articolo, esonera dal pagamento dei diritti di copia.

5. Nel compimento dell'attestazione di conformità i soggetti di cui al presente articolo assumono ad ogni effetto la veste di pubblici ufficiali.

[1] Articolo ins. dall'art. 16, D.L. 23 ott. 2018, n. 119, conv. in L. 17 dic. 2018, n. 136.

26. ***Assegnazione del ricorso.*** — 1. Il presidente della commissione tributaria assegna il ricorso ad una delle sezioni; ai di fuori dei casi di cui all'art. 29, comma 1, il presidente della commissione potrà assumere gli opportuni provvedimenti affinché i ricorsi concernenti identiche questioni di diritto a carattere ripetitivo vengano assegnati alla medesima sezione per essere trattati congiuntamente.

SEZIONE II

L'esame preliminare del ricorso

27. ***Esame preliminare del ricorso.*** — 1. Il presidente della sezione, scaduti i termini per la costituzione in giudizio delle parti, esamina preliminarmente il ricorso e ne dichiara l'inammissibilità nei casi espressamente previsti, se manifesta.

2. Il presidente, ove ne sussistano i presupposti, dichiara inoltre la sospensione, l'interruzione e l'estinzione del processo.

3. I provvedimenti di cui ai commi precedenti hanno forma di decreto e sono soggetti a reclamo innanzi alla commissione.

28. ***Reclamo contro i provvedimenti presidenziali.*** — 1. Contro i provvedimenti del presidente è ammesso reclamo da notificare alle altre parti costituite nelle forme di cui all'art. 20, commi 1 e 2, entro il termine perentorio di giorni trenta dalla loro comunicazione da parte della segreteria.

2. Il reclamante, nel termine perentorio di quindici giorni dall'ultima notificazione, a pena d'inammissibilità rilevabile d'ufficio, effettua il deposito secondo quanto disposto dall'art. 22, comma 1, osservato anche il comma 3 dell'articolo richiamato.

3. Nei successivi quindici giorni dalla notifica del reclamo le altre parti possono presentare memorie.

4. Scaduti i termini, la commissione decide immediatamente il reclamo in camera di consiglio.

5. La commissione pronuncia sentenza se dichiara l'inammissibilità del ricorso o l'estinzione del processo; negli altri casi pronuncia ordinanza non impugnabile nella quale sono dati i provvedimenti per la prosecuzione del processo.

29. ***Riunione dei ricorsi.*** — 1. In qualunque momento il presidente della sezione dispone con decreto la riunione dei ricorsi assegnati alla sezione da lui presieduta che hanno lo stesso oggetto o sono fra loro connessi.

2. Se i processi pendono dinanzi a sezioni diverse della stessa commissione il presidente di questa, di ufficio o su istanza di parte o su segnalazione dei presidenti delle sezioni, determina con decreto la sezione davanti alla quale i processi devono proseguire, riservando a tale sezione di provvedere ai sensi del comma precedente.

3. Il collegio, se rileva che la riunione dei processi connessi ritarda o rende più gravosa la loro trattazione, può, con ordinanza motivata, disporne la separazione.

SEZIONE III

La trattazione della controversia

30. ***Nomina del relatore e fissazione della data di trattazione.*** — 1. Se non ritiene di adottare preliminarmente i provvedimenti di cui all'art. 27, il presidente, scaduto in ogni caso il termine per la costituzione delle parti, fissa la trattazione della controversia secondo quanto previsto dagli artt. 33 e 34 e nomina il relatore.

2. Almeno una udienza per ogni mese e per ciascuna sezione è riservata alla trattazione di controversie per le quali l'ammontare dei tributi accertati e delle conseguenti soprattasse e pene pecuniarie non sia inferiore a cento milioni di lire. Un'altra udienza per ogni mese e per ciascuna sezione è comunque riservata alla trattazione di controversie nei confronti di società con personalità giuridica, nonché di controversie inerenti l'applicazione dell'art. 37-*bis* del D.P.R. 29 set. 1973, n. 600.[1]

[1] Comma così sost. dall'art. 7 del D.lgs. 8 ott. 1997, n. 358.

31. ***Avviso di trattazione.*** — 1. La segreteria dà comunicazione alle parti costituite della data di trattazione almeno trenta giorni liberi prima.

2. Uguale avviso deve essere dato quando la trattazione sia stata rinviata dal presidente in caso di giustificato impedimento del relatore, che non possa essere sostituito, o di alcuna delle parti o per esigenze del servizio.

32. ***Deposito di documenti e di memorie.*** — 1. Le parti possono depositare documenti fino a venti giorni liberi prima della data di trattazione osservato l'art. 24, comma 1.

2. Fino a dieci giorni liberi prima della data di cui al precedente comma ciascuna delle parti può depositare memorie illustrative con le copie per le altre parti.

3. Nel solo caso di trattazione della controversia in camera di consiglio sono consentite brevi repliche scritte fino a cinque giorni liberi prima della data della camera di consiglio.

33. ***Trattazione in camera di consiglio.*** — 1. La controversia è trattata in camera di consiglio salvo che almeno una delle parti non abbia chiesto la discussione in pubblica udienza, con apposita istanza da depositare nella segreteria e notificare alle altre parti costituite entro il termine di cui all'art. 32, comma 2.

2. Il relatore espone al collegio, senza la presenza delle parti, i fatti e le questioni della controversia.

3. Della trattazione in camera di consiglio è redatto processo verbale dal segretario.

34. ***Discussione in pubblica udienza.*** — 1. All'udienza pubblica il relatore espone al collegio i fatti e le questioni della controversia e quindi il presidente ammette le parti presenti alla discussione.

2. Dell'udienza è redatto processo verbale dal segretario.

3. La commissione può disporre il differimento della discussione a udienza fissa, su istanza della parte interessata, quando la sua difesa tempestiva, scritta o orale, è resa particolarmente difficile a causa dei documenti prodotti o delle questioni sollevate dalle altre parti. Si applica l'art. 31, comma 2, salvo che il differimento sia disposto in udienza con tutte le parti costituite presenti.

35. ***Deliberazioni del collegio giudicante.*** — 1. Il collegio giudicante, subito dopo la discussione in pubblica udienza o, se queta non vi è stata, subito dopo l'esposizione del relatore, delibera la decisione in segreto nella camera di consiglio.

2. Quando ne ricorrono i motivi la deliberazione in camera di consiglio può essere rinviata di non oltre trenta giorni.

3. Alle deliberazioni del collegio si applicano le disposizioni di cui agli artt. 276 e seguenti del c.p.c. Non sono tuttavia ammesse sentenze non definitive o limitate solo ad alcune domande.

SEZIONE IV
La decisione della controversia

36. ***Contenuto della sentenza.*** — 1. La sentenza è pronunciata in nome del popolo italiano ed è intestata alla Repubblica italiana.

2. La sentenza deve contenere:

1) l'indicazione della composizione del collegio, delle parti e dei loro difensori se vi sono;

2) la concisa esposizione dello svolgimento del processo;

3) le richieste delle parti;

4) la succinta esposizione dei motivi in fatto e diritto;

5) il dispositivo.

3. La sentenza deve inoltre contenere la data della deliberazione ed è sottoscritta dal presidente e dall'estensore.

37. ***Pubblicazione e comunicazione della sentenza.*** — 1. La sentenza è resa pubblica, nel testo integrale originale, mediante deposito nella segreteria della commissione tributaria entro trenta giorni dalla data della deliberazione. Il segretario fa risultare l'avvenuto deposito apponendo sulla sentenza la propria firma e la data.

2. Il dispositivo della sentenza è comunicato alle parti costituite entro dieci giorni dal deposito di cui al precedente comma.

38. ***Richiesta di copie e notificazione della sentenza.*** — 1. Ciascuna parte può richiedere alla segreteria copie autentiche della sentenza e la segreteria è tenuta a rilasciarle entro cinque giorni dalla richiesta, previa corresponsione delle spese. [a norma dell'art. 25, comma 2.][1]

2. Le parti hanno l'onere di provvedere direttamente alla notificazione della sentenza alle altre parti a norma dell'art. 16[2] depositando, nei successivi trenta giorni, l'originale o copia autentica dell'originale notificato, ovvero copia autentica della sentenza consegnata o spedita per posta, con fotocopia della ricevuta di deposito o della spedizione per raccomandata a mezzo del servizio postale unitamente all'avviso di ricevimento[3] nella segreteria, che ne rilascia ricevuta e l'inserisce nel fascicolo d'ufficio.

3. Se nessuna delle parti provvede alla notificazione della sentenza, si applica l'art. 327, comma 1, del c.p.c. Tale disposizione non si applica se la parte non costituita dimostri di non avere avuto conoscenza del processo per nullità della notificazione del ricorso e della comunicazione dell'avviso di fissazione d'udienza.

[1] Parole soppresse dall'art. 299 D.P.R. 30 pag. 2002, n. 115.

[2] Comma così modif. dall'art. 3 D.L. 25 mar. 2010, n. 40, conv. in L. 22 mag. 2010, n. 73.

[3] Parole inserite dall'art. 3 D.L. 25 mar. 2010, n. 40, conv. in L. 22 mag. 2010, n. 73.

SEZIONE V
Sospensione, interruzione ed estinzione del processo

39. ***Sospensione del processo.*** — 1. Il processo è sospeso quando è presentata querela di falso o deve essere decisa in via pregiudiziale una questione sullo stato o la capacità delle persone, salvo che si tratti della capacità di stare in giudizio.

1-*bis*. La commissione tributaria dispone la sospensione del processo in ogni altro caso in cui essa stessa o altra commissione tributaria deve risolvere una controversia dalla cui definizione dipende la decisione della causa.[1]

1-*ter*. Il processo tributario è altresì sospeso nei seguenti casi:

a) su richiesta conforme delle parti, nel caso in cui sia stata presentata un'istanza di apertura di procedura amichevole ai sensi degli Accordi e delle Convenzioni internazionali per evitare le doppie imposizioni di cui l'Italia è parte ovvero ai sensi della Convenzione relativa all'eliminazione delle doppie imposizioni in caso di rettifica degli utili di imprese associate n. 90/436/CEE;

b) su richiesta del contribuente, nel caso in cui sia stata presentata un'istanza di apertura di procedura amichevole ai sensi della direttiva (UE) 2017/1852 del Consiglio del 10 ottobre 2017.[2]

[1] Comma aggiunto dall'art. 9, D.lgs. 24 set. 2015, n. 156.

[2] Comma così sost. dall'art. 22, c. 2, D.lgs. 10 giu. 2020, n. 49. La disposizione si applica alle istanze di apertura di procedura amichevole presentate a decorrere dal 1° lug. 2019 sulle questioni controverse riguardanti il reddito o il patrimonio, relativi al periodo d'imposta che inizia il 1° gen. 2018 e ai successivi periodi d'imposta.

40. ***Interruzione del processo.*** — 1. Il processo è interrotto se, dopo la proposizione del ricorso, si verifica:

a) il venir meno, per morte o altre cause, o la perdita della capacità di stare in giudizio di una delle parti, diversa dall'ufficio tributario, o del suo legale rappresentante o la cessazione di tale rappresentanza;

b) la morte, la radiazione o sospensione dall'albo o dall'elenco di uno dei difensori incaricati a sensi dell'art. 12.

2. L'interruzione si ha al momento dell'evento se la parte sta in giudizio personalmente e nei casi di cui al comma 1, lettera b). In ogni altro caso l'interruzione si ha al momento in cui l'evento è dichiarato o in pubblica udienza o per iscritto con apposita comunicazione del difensore della parte a cui l'evento si riferisce.

3. Se uno degli eventi di cui al comma 1 si avvera dopo l'ultimo giorno per il deposito di memorie in caso di trattazione della controversia in camera di consiglio o dopo la chiusura della discussione in pubblica udienza, esso non produce effetto a meno che non sia pronunciata sentenza e il processo prosegua davanti al giudice adito.

4. Se uno degli eventi di cui al comma 1, lettera a), si verifica durante il termine per la proposizione del ricorso il termine è prorogato di sei mesi a decorrere dalla data dell'evento. Si applica anche a questi termini la sospensione prevista dalla L. 7 ott. 1969, n. 742.

41. ***Provvedimenti sulla sospensione e sull'interruzione del processo.*** — 1. La sospensione è disposta e l'interruzione è dichiarata dal presidente della sezione con decreto o dalla commissione con ordinanza.

2. Avverso il decreto del presidente è ammesso reclamo a sensi dell'art. 28.

42. ***Effetti della sospensione e dell'interruzione del processo.*** — 1. Durante la sospensione e l'interruzione non possono essere compiuti atti del processo.

2. I termini in corso sono interrotti e ricominciano a decorrere dalla presentazione dell'istanza di cui all'articolo seguente.

43. ***Ripresa del processo sospeso o interrotto.*** — 1. Dopo che è cessata la causa che ne ha determinato la sospensione il processo continua se entro sei mesi da tale data viene presentata da una delle parti istanza di trattazione al presidente di sezione della commissione, che provvede a norma dell'art. 30.

2. Se entro sei mesi da quando è stata dichiarata l'interruzione del processo la parte colpita dall'evento o i suoi successori o qualsiasi altra parte presentano istanza di trattazione al presidente di sezione della commissione, quest'ultimo provvede a norma del comma precedente.

3. La comunicazione di cui all'art. 31, oltre che alle altre parti costituite nei luoghi indicati dall'art. 17, deve essere fatta alla parte colpita dall'evento o ai suoi successori personalmente. Entro un anno dalla morte di una delle parti la comunicazione può essere effettuata agli eredi collettivamente o impersonalmente nel domicilio eletto o, in mancanza, nella residenza dichiarata dal defunto risultante dagli atti del processo. La parte colpita dall'evento o i suoi successori possono costituirsi anche solo presentando documenti o memorie o partecipando alla discussione assistiti, nei casi previsti, da difensore incaricato nelle forme prescritte.

44. ***Estinzione del processo per rinuncia al ricorso.*** — 1. Il processo si estingue per rinuncia al ricorso.

2. Il ricorrente che rinuncia deve rimborsare le spese alle altre parti salvo diverso accordo fra loro. La liquidazione è fatta dal presidente della sezione o dalla commissione con ordinanza non impugnabile[, che costituisce titolo esecutivo][1].

3. La rinuncia non produce effetto se non è accettata dalle parti costituite che abbiano effettivo interesse alla prosecuzione del processo.

4. La rinuncia e l'accettazione, ove necessaria, sono sottoscritte dalle parti personalmente o da loro procuratori speciali, nonché, se vi sono, dai rispettivi difensori e si depositano nella segreteria della commissione.

5. Il presidente della sezione o la commissione, se la rinuncia e l'accettazione, ove necessaria, sono regolari, dichiarano l'estinzione del processo. Si applica l'ultimo comma dell'articolo seguente.

[1] Parole soppresse dall'art. 9, D.lgs. 24 set. 2015, n. 156.

45. ***Estinzione del processo per inattività delle parti.*** — 1. Il processo si estingue nei casi in cui le parti alle quali spetta di proseguire, riassumere o integrare il giudizio non vi abbiano provveduto entro il termine perentorio stabilito dalla legge o dal giudice che dalla legge sia autorizzato a fissarlo.

2. Le spese del processo estinto a norma del comma 1 restano a carico delle parti che le hanno anticipate.

3. L'estinzione del processo per inattività delle parti è rilevata anche d'ufficio solo nel grado di giudizio in cui si verifica e rende inefficaci gli atti compiuti.

4. L'estinzione è dichiarata dal presidente della sezione con decreto o dalla commissione con sentenza. Avverso il decreto del presidente è ammesso reclamo alla commissione che provvede a norma dell'art. 28.

46. ***Estinzione del giudizio per cessazione della materia del contendere.*** — 1. Il giudizio si estingue, in tutto o in parte, nei casi di definizione delle pendenze tributarie previsti dalla legge o in ogni altro caso di cessazione della materia del contendere.

2. La cessazione della materia del contendere è dichiarata[, salvo quanto diversamente disposto da singole norme di legge,][1] con decreto del presidente o con sentenza della commissione. Il provve-

dimento presidenziale è reclamabile a norma dell'art. 28.

3. Nei casi di definizione delle pendenze tributarie previsti dalla legge le spese del giudizio estinto restano a carico della parte che le ha anticipate.[2]

[1] Parole soppresse dall'art. 9, D.lgs. 24 set. 2015, n. 156.
[2] Comma così sost. dall'art. 9, D.lgs. 24 set. 2015, n. 156.

CAPO II
I procedimenti cautelare e conciliativo[1]

[1] Titolo così modif. dall'art. 12 del D.L. 8 ago. 1996, n. 437, conv. con modif. in L. 24 ott. 1996, n. 556.

47. ***Sospensione dell'atto impugnato.*** — 1. Il ricorrente, se dall'atto impugnato può derivargli un danno grave ed irreparabile, può chiedere alla commissione provinciale competente la sospensione dell'esecuzione dell'atto stesso con istanza motivata proposta nel ricorso o con atto separato notificato alle altre parti e depositato in segreteria sempre che siano osservate le disposizioni di cui all'art. 22.

2. Il presidente fissa con decreto la trattazione della istanza di sospensione per la prima camera di consiglio utile e comunque non oltre il trentesimo giorno dalla presentazione della medesima istanza,disponendo che ne sia data comunicazione alle parti almeno cinque giorni liberi prima. L'udienza di trattazione dell'istanza di sospensione non può, in ogni caso, coincidere con l'udienza di trattazione del merito della controversia.[1]

3. In caso di eccezionale urgenza il presidente, previa deliberazione del merito, può disporre con decreto motivato la provvisoria sospensione dell'esecuzione fino alla pronuncia del collegio.[2]

4. Il collegio, sentite le parti in camera di consiglio e delibato il merito, provvede con ordinanza motivata non impugnabile nella stessa udienza di trattazione dell'istanza. Il dispositivo dell'ordinanza deve essere immediatamente comunicato alle parti in udienza.[1,3]

5. La sospensione può anche essere parziale e subordinata alla prestazione della garanzia di cui all'articolo 69, comma 2. La prestazione della garanzia è esclusa per i ricorrenti con "bollino di affidabilità fiscale". Ai fini della disposizione di cui al periodo precedente, i ricorrenti con "bollino di affidabilità fiscale" sono i contribuenti soggetti alla disciplina di cui all'articolo 9-*bis* del decreto-legge 24 aprile 2017, n. 50, convertito, con modificazioni, dalla legge 21 giugno 2017, n. 96, ai quali sia stato attribuito un punteggio di affidabilità pari ad almeno 9 negli ultimi tre periodi d'imposta precedenti a quello di proposizione del ricorso per i quali tali punteggi siano disponibili.[2,4]

5-*bis*. [Abrogato][5]

6. Nei casi di sospensione dell'atto impugnato la trattazione della controversia deve essere fissata non oltre novanta giorni dalla pronuncia.

7. Gli effetti della sospensione cessano dalla data di pubblicazione della sentenza di primo grado.

8. In caso di mutamento delle circostanze la commissione su istanza motivata di parte può revocare o modificare il provvedimento cautelare prima della sentenza, osservate per quanto possibile le forme di cui ai commi 1, 2 e 4.

8-*bis*. Durante il periodo di sospensione cautelare si applicano gli interessi al tasso previsto per la sospensione amministrativa.[6]

[1] Comma così modif. dall'art. 9, D.lgs. 24 set. 2015, n. 156.
[2] Comma così modif. dall'art. 9, D.lgs. 24 set. 2015, n. 156.
[3] Periodo aggiunto dall'art. 9, D.lgs. 24 set. 2015, n. 156.
[4] Secondo e terzo periodo aggiunti dall'art. 2, L. 31 ago. 2022, n. 130.
[5] Comma aggiunto dall'art. 9, D.lgs. 24 set. 2015, n. 156.
[6] Comma aggiunto dall'art. 9, D.lgs. 24 set. 2015, n. 156.

47-*bis*. ***Sospensione di atti volti al recupero di aiuti di Stato e definizione delle relative controversie.*** — 1. Qualora sia chiesta in via cautelare la sospensione dell'esecuzione di un atto volto al recupero di aiuti di Stato dichiarati incompatibili in esecuzione di una decisione adottata dalla Commissione europea ai sensi dell'articolo 14 del regolamento (CE) n. 659/1999 del Consiglio, del 22 marzo 1999, di seguito denominata: «decisione di recupero», la Commissione tributaria provinciale può concedere la sospensione dell'efficacia del titolo di pagamento conseguente a detta decisione se ricorrono cumulativamente le seguenti condizioni:

a) gravi motivi di illegittimità della decisione di recupero, ovvero evidente errore nella individuazione del soggetto tenuto alla restituzione dell'aiuto di Stato o evidente errore nel calcolo della somma da recuperare e nei limiti di tale errore;

b) pericolo di un pregiudizio imminente e irreparabile.

2. Qualora la sospensione si fondi su motivi attinenti alla illegittimità della decisione di recupero la Commissione tributaria provinciale provvede con separata ordinanza alla sospensione del giudizio e all'immediato rinvio pregiudiziale della questione alla Corte di giustizia delle Comunità europee, con richiesta di trattazione d'urgenza ai sensi dell'articolo 104-*ter* del regolamento di procedura della Corte di giustizia del 19 giugno 1991, pubblicato nella *Gazzetta Ufficiale delle Comunità europee* n. L 176 del 4 luglio 1991, e successive modificazioni, se ad essa non sia stata già deferita la questione di validità dell'atto comunitario contestato. Non può, in ogni caso, essere accolta l'istanza di sospensione dell'atto impugnato per motivi attinenti alla legittimità della decisione di recupero quando la parte istante, pur avendone facoltà perché individuata o chiaramente individuabile, non abbia proposto impugnazione avverso la decisione di recupero ai sensi dell'articolo 230 del Trattato istitutivo della Comunità europea, e successive

modificazioni, ovvero quando, avendo proposto l'impugnazione, non abbia richiesto la sospensione della decisione di recupero ai sensi dell'articolo 242 del Trattato medesimo ovvero l'abbia richiesta e la sospensione non sia stata concessa.

3. Fermi restando i presupposti di cui ai commi 1 e 2, si applicano le disposizioni di cui ai commi 1, 2, 4, 5, 7 e 8 dell'articolo 47; ai fini dell'applicazione del comma 8 rileva anche il mutamento del diritto comunitario.

4. Le controversie relative agli atti di cui al comma 1 sono definite, nel merito, nel termine di sessanta giorni dalla pronuncia dell'ordinanza di sospensione di cui al medesimo comma 1. Alla scadenza del termine di sessanta giorni dall'emanazione dell'ordinanza di sospensione, il provvedimento perde comunque efficacia, salvo che la Commissione tributaria provinciale entro il medesimo termine riesamini, su istanza di parte, l'ordinanza di sospensione e ne disponga la conferma, anche parziale, sulla base dei presupposti di cui ai commi 1 e 2, fissando comunque un termine di efficacia, non prorogabile, non superiore a sessanta giorni. Non si applica la disciplina sulla sospensione feriale dei termini. Nel caso di rinvio pregiudiziale il termine di cui al primo periodo è sospeso dal giorno del deposito dell'ordinanza di rinvio e riprende a decorrere dalla data della trasmissione della decisione della Corte di giustizia delle Comunità europee.

5. Le controversie relative agli atti di cui al comma 1 sono discusse in pubblica udienza e, subito dopo la discussione, il Collegio giudicante delibera la decisione in camera di consiglio. Il Presidente redige e sottoscrive il dispositivo e ne dà lettura in udienza, a pena di nullità.

6. La sentenza è depositata nella segreteria della Commissione tributaria provinciale entro quindici giorni dalla lettura del dispositivo. Il segretario fa risultare l'avvenuto deposito apponendo sulla sentenza la propria firma e la data e ne dà immediata comunicazione alle parti.

7. In caso di impugnazione della sentenza pronunciata sul ricorso avverso uno degli atti di cui al comma 1, tutti i termini del giudizio di appello davanti alla Commissione tributaria regionale, ad eccezione di quello stabilito per la proposizione del ricorso, sono ridotti alla metà. Nel processo di appello le controversie relative agli atti di cui al comma 1 hanno priorità assoluta nella trattazione. Si applicano le disposizioni di cui ai commi 4, terzo e quarto periodo, 5 e 6.

48. ***Conciliazione fuori udienza.***[1] — 1. Se in pendenza del giudizio le parti raggiungono un accordo conciliativo, presentano istanza congiunta sottoscritta personalmente o dai difensori per la definizione totale o parziale della controversia.

2. Se la data di trattazione è già fissata e sussistono le condizioni di ammissibilità, la commissione pronuncia sentenza di cessazione della materia del contendere. Se l'accordo conciliativo è parziale, la commissione dichiara con ordinanza la cessazione parziale della materia del contendere e procede alla ulteriore trattazione della causa.

3. Se la data di trattazione non è fissata, provvede con decreto il presidente della sezione.

4. La conciliazione si perfeziona con la sottoscrizione dell'accordo di cui al comma 1, nel quale sono indicate le somme dovute con i termini e le modalità di pagamento. L'accordo costituisce titolo per la riscossione delle somme dovute all'ente impositore e per il pagamento delle somme dovute al contribuente.

[1] Articolo così sost. dall'art. 9, D.lgs. 24 set. 2015, n. 156.

48-*bis*. ***Conciliazione in udienza.***[1] — 1. Ciascuna parte entro il termine di cui all'articolo 32, comma 2, può presentare istanza per la conciliazione totale o parziale della controversia.

2. All'udienza la commissione, se sussistono le condizioni di ammissibilità, invita le parti alla conciliazione rinviando eventualmente la causa alla successiva udienza per il perfezionamento dell'accordo conciliativo.

3. La conciliazione si perfeziona con la redazione del processo verbale nel quale sono indicate le somme dovute con i termini e le modalità di pagamento. Il processo verbale costituisce titolo per la riscossione delle somme dovute all'ente impositore e per il pagamento delle somme dovute al contribuente.

4. La commissione dichiara con sentenza l'estinzione del giudizio per cessazione della materia del contendere.

[1] Articolo ins. dall'art. 9, D.lgs. 24 set. 2015, n. 156.

48-*bis*.1. ***Conciliazione proposta dalla corte di giustizia tributaria.***[1] — 1. Per le controversie soggette a reclamo ai sensi dell'articolo 17-bis la corte di giustizia tributaria, ove possibile, può formulare alle parti una proposta conciliativa, avuto riguardo all'oggetto del giudizio e all'esistenza di questioni di facile e pronta soluzione.

2. La proposta può essere formulata in udienza o fuori udienza. Se è formulata fuori udienza, è comunicata alle parti. Se è formulata in udienza, è comunicata alle parti non comparse.

3. La causa può essere rinviata alla successiva udienza per il perfezionamento dell'accordo conciliativo. Ove l'accordo non si perfezioni, si procede nella stessa udienza alla trattazione della causa.

4. La conciliazione si perfeziona con la redazione del processo verbale, nel quale sono indicati le somme dovute nonché i termini e le modalità di pagamento. Il processo verbale costituisce titolo per la riscossione delle somme dovute all'ente impositore e per il pagamento delle somme dovute al contribuente.

5. Il giudice dichiara con sentenza l'estinzione del giudizio per cessazione della materia del contendere.

6. La proposta di conciliazione non può costituire motivo di ricusazione o astensione del giudice

[1] Articolo ins. dall'art. 4, L. 31 ago. 2022, n. 130. La disposizione si applica ai ricorsi notificati a decorrere dalla data di entrata in vigore della L. 130/2022.

48-*ter*. *Definizione e pagamento delle somme dovute.*[1] — 1. Le sanzioni amministrative si applicano nella misura del quaranta per cento del minimo previsto dalla legge, in caso di perfezionamento della conciliazione nel corso del primo grado di giudizio e nella misura del cinquanta per cento del minimo previsto dalla legge, in caso di perfezionamento nel corso del secondo grado di giudizio.

2. Il versamento delle somme dovute ovvero, in caso di rateizzazione, della prima rata deve essere effettuato entro venti giorni dalla data di sottoscrizione dell'accordo conciliativo di cui all'articolo 48 o di redazione del processo verbale di cui agli articoli 48-*bis* e 48-*bis*.1.[2]

3. In caso di mancato pagamento delle somme dovute o di una delle rate, compresa la prima, entro il termine di pagamento della rata successiva, il competente ufficio provvede all'iscrizione a ruolo delle residue somme dovute a titolo di imposta, interessi e sanzioni, nonché della sanzione di cui all'articolo 13 del decreto legislativo 18 dicembre 1997, n. 471, aumentata della metà e applicata sul residuo importo dovuto a titolo di imposta.

4. Per il versamento rateale delle somme dovute si applicano, in quanto compatibili, le disposizioni previste per l'accertamento con adesione dall'articolo 8 del decreto legislativo 19 giugno 1997, n. 218.

[1] Articolo ins. dall'art. 9, D.lgs. 24 set. 2015, n. 156.
[2] Comma così modif. dall'art. 4, L. 31 ago. 2022, n. 130. La disposizione si applica ai ricorsi notificati a decorrere dalla data di entrata in vigore della L. 130/2022.

CAPO III
Le impugnazioni

SEZIONE I
Le impugnazioni in generale

49. *Disposizioni generali applicabili.* — 1. Alle impugnazioni delle sentenze delle commissioni tributarie si applicano le disposizioni del titolo III, capo I, del libro II del c.p.c., [escluso l'art. 337][1] e fatto salvo quanto disposto nel presente decreto.

[1] Parole soppresse dall'art. 9, D.lgs. 24 set. 2015, n. 156.

50. *I mezzi d'impugnazione.* — 1. [Salvo quanto previsto all'art. 48, comma 5,][1] i mezzi per impugnare le sentenze delle commissioni tributarie sono l'appello, il ricorso per cassazione e la revocazione.

[1] Parole soppresse dall'art. 12, D.L. 8 ago. 1996, n. 437, conv. con modif. in L. 24 ott. 1996, n. 556.

51. *Termini d'impugnazione.* — 1. Se la legge non dispone diversamente il termine per impugnare la sentenza della commissione tributaria è di sessanta giorni, decorrente dalla sua notificazione ad istanza di parte, salvo quanto disposto dall'art. 38, comma 3.

2. Nel caso di revocazione per i motivi di cui ai numeri 1, 2, 3 e 6 dell'art. 395 del c.p.c. il termine di sessanta giorni decorre dal giorno in cui è stato scoperto il dolo o sono state dichiarate false le prove o è stato recuperato il documento o è passata in giudicato la sentenza che accerta il dolo del giudice.

SEZIONE II
Il giudizio di appello davanti alla commissione tributaria regionale

52. *Giudice competente e provvedimenti sull'esecuzione provvisoria in appello.*[1] — 1. La sentenza della commissione provinciale può essere appellata alla commissione regionale competente a norma dell'articolo 4, comma 2.

2. L'appellante può chiedere alla commissione regionale di sospendere in tutto o in parte l'esecutività della sentenza impugnata, se sussistono gravi e fondati motivi. Il contribuente può comunque chiedere la sospensione dell'esecuzione dell'atto se da questa può derivargli un danno grave e irreparabile.

3. Il presidente fissa con decreto la trattazione della istanza di sospensione per la prima camera di consiglio utile disponendo che ne sia data comunicazione alle parti almeno dieci giorni liberi prima.

4. In caso di eccezionale urgenza il presidente, previa delibazione del merito, può disporre con decreto motivato la sospensione dell'esecutività della sentenza fino alla pronuncia del collegio.

5. Il collegio, sentite le parti in camera di consiglio e delibato il merito, provvede con ordinanza motivata non impugnabile.

6. La sospensione può essere subordinata alla prestazione della garanzia di cui all'articolo 69 comma 2. Si applica la disposizione dell'articolo 47, comma 8-*bis*.

[1] Articolo così sost. dall'art. 9, D.lgs. 24 set. 2015, n. 156.

53. *Forma dell'appello.* — 1. Il ricorso in appello contiene l'indicazione della commissione tributaria a cui è diretto, dell'appellante e delle altre parti nei cui confronti è proposto, gli estremi della sentenza impugnata, l'esposizione sommaria dei fatti, l'oggetto della domanda ed i motivi specifici dell'impugnazione. Il ricorso in appello è inammissibile se manca o è assolutamente incerto uno degli elementi sopra indicati o se non è sottoscritto a norma dell'art. 18, comma 3.

2. Il ricorso in appello è proposto nelle forme di cui all'art. 20, commi 1 e 2, nei confronti di tutte le parti che hanno partecipato al giudizio di primo grado e deve essere depositato a norma dell'art. 22, commi 1, 2 e 3. [Ove il ricorso non sia notificato

a mezzo di ufficiale giudiziario, l'appellante deve, a pena di inammissibilità, depositare copia dell'appello presso l'ufficio di segreteria della commissione tributaria che ha pronunciato la sentenza impugnata.][1]

3. Subito dopo il deposito del ricorso in appello, la segreteria della commissione tributaria regionale chiede alla segreteria della commissione provinciale la trasmissione del fascicolo del processo, che deve contenere copia autentica della sentenza.

[1] Periodo aggiunto dall'art. 3-*bis*, L. 2 dic. 2005, n. 248 e poi soppresso dall'art. 36, c. 1, D.lgs. 21 nov. 2014, n. 175.

54. ***Controdeduzioni dell'appellato e appello incidentale.*** — 1. Le parti diverse dall'appellante debbono costituirsi nei modi e termini di cui all'art. 23 depositando apposito atto di controdeduzioni.

2. Nello stesso atto depositato nei modi e termini di cui al precedente comma può essere proposto, a pena d'inammissibilità, appello incidentale.

55. ***Provvedimenti presidenziali.*** — 1. Il presidente e i presidenti di sezione della commissione tributaria regionale hanno poteri corrispondenti a quelli del presidente e dei presidenti di sezione della commissione tributaria provinciale.

56. ***Questioni ed eccezioni non riproposte.*** — 1. Le questioni ed eccezioni non accolte nella sentenza della commissione provinciale, che non sono specificamente riproposte in appello, s'intendono rinunciate.

57. ***Domande ed eccezioni nuove.*** — 1. Nel giudizio d'appello non possono proporsi domande nuove e, se proposte, debbono essere dichiarate inammissibili d'ufficio. Possono tuttavia essere chiesti gli interessi maturati dopo la sentenza impugnata.

2. Non possono proporsi nuove eccezioni che non siano rilevabili anche d'ufficio.

58. ***Nuove prove in appello.*** — 1. Il giudice d'appello non può disporre nuove prove, salvo che non le ritenga necessarie ai fini della decisione o che la parte dimostri di non averle potute fornire nel precedente grado di giudizio per causa ad essa non imputabile.

2. È fatta salva la facoltà delle parti di produrre nuovi documenti.

59. ***Rimessione alla commissione provinciale.*** — 1. La commissione tributaria regionale rimette la causa alla commissione provinciale che ha emesso la sentenza impugnata nei seguenti casi:

a) quando dichiara la competenza declinata o la giurisdizione negata dal primo giudice;

b) quando riconosce che nel giudizio di primo grado il contraddittorio non è stato regolarmente costituito o integrato;

c) quando riconosce che la sentenza impugnata, erroneamente giudicando, ha dichiarato estinto il processo in sede di reclamo contro il provvedimento presidenziale;

d) quando riconosce che il collegio della commissione tributaria provinciale non era legittimamente composto;

e) quando manca la sottoscrizione della sentenza da parte del giudice di primo grado.

2. Al di fuori dei casi previsti al comma precedente la commissione tributaria regionale decide nel merito previamente ordinando, ove occorra, la rinnovazione di atti nulli compiuti in primo grado.

3. Dopo che la sentenza di rimessione della causa al primo grado è formalmente passata in giudicato, la segreteria della commissione tributaria regionale, nei successivi trenta giorni, trasmette d'ufficio il fascicolo del processo alla segreteria della commissione tributaria provinciale, senza necessità di riassunzione ad istanza di parte.

60. ***Non riproponibiltà dell'appello dichiarato inammissibile.*** — 1. L'appello dichiarato inammissibile non può essere riproposto anche se non è decorso il termine stabilito dalla legge.

61. ***Norme applicabili.*** — 1. Nel procedimento d'appello si osservano in quanto applicabili le norme dettate per il procedimento di primo grado, se non sono incompatibili con le disposizioni della presente sezione.

SEZIONE III

Il ricorso per cassazione

62. ***Norme applicabili.*** — 1. Avverso la sentenza della commissione tributaria regionale può essere proposto ricorso per cassazione per i motivi di cui ai numeri da 1 a 5 dell'art. 360, primo comma, del c.p.c.[1]

2. Al ricorso per cassazione ed al relativo procedimento si applicano le norme dettate dal c.p.c. in quanto compatibili con quelle del presente decreto.

2-*bis*. Sull'accordo delle parti la sentenza della commissione tributaria provinciale può essere impugnata con ricorso per cassazione a norma dell'articolo 360, primo comma, n. 3, del codice di procedura civile.[2]

[1] Comma così modif. dall'art. 9, D.lgs. 24 set. 2015, n. 156.

[2] Comma ins. dall'art. 9, D.lgs. 24 set. 2015, n. 156.

62-*bis*. ***Provvedimenti sull'esecuzione provvisoria della sentenza impugnata per cassazione.***[1] — 1. La parte che ha proposto ricorso per cassazione può chiedere alla commissione che ha pronunciato la sentenza impugnata di sospenderne in tutto o in parte l'esecutività allo scopo di evitare un danno grave e irreparabile. Il contribuente può comunque chiedere la sospensione dell'esecuzione dell'atto se da questa può derivargli un danno grave e irreparabile.

2. Il presidente fissa con decreto la trattazione

della istanza di sospensione per la prima camera di consiglio utile disponendo che ne sia data comunicazione alle parti almeno dieci giorni liberi prima.

3. In caso di eccezionale urgenza il presidente può disporre con decreto motivato la sospensione dell'esecutività della sentenza fino alla pronuncia del collegio.

4. Il collegio, sentite le parti in camera di consiglio, provvede con ordinanza motivata non impugnabile.

5. La sospensione può essere subordinata alla prestazione della garanzia di cui all'articolo 69, comma 2. Si applica la disposizione dell'articolo 47, comma 8-*bis*.

6. La commissione non può pronunciarsi sulle richieste di cui al comma 1 se la parte istante non dimostra di avere depositato il ricorso per cassazione contro la sentenza.

[1] Articolo ins. dall'art. 9, D.lgs. 24 set. 2015, n. 156.

63. ***Giudizio di rinvio.*** — 1. Quando la Corte di cassazione rinvia la causa alla commissione tributaria provinciale o regionale la riassunzione deve essere fatta nei confronti di tutte le parti personalmente entro il termine perentorio di sei mesi[1] dalla pubblciazione della sentenza nelle forme rispettivamente previste per i giudizi di primo e di secondo grado in quanto applicabili.

2. Se la riassunzione non avviene entro il termine di cui al comma precedente o si avvera successivamente ad essa una causa di estinzione del giudizio di rinvio l'intero processo si estingue.

3. In sede di rinvio si osservano le norme stabilite per il procedimento davanti alla commissione tributaria a cui il processo è stato rinviato. In ogni caso, a pena d'inammissibilità, deve essere prodotta copia autentica della sentenza di cassazione.

4. Le parti conservano la stessa posizione processuale che avevano nel procedimento in cui è stata pronunciata la sentenza cassata e non possono formulare richieste diverse da quelle prese in tale procedimento, salvi gli adeguamenti imposti dalla sentenza di cassazione.

5. Subito dopo il deposito dell'atto di riassunzione, la segreteria della commissione adibita richiede alla cancelleria della Corte di cassazione la trasmissione del fascicolo del processo.

[1] Termine così modif. dall'art. 9, D.lgs. 24 set. 2015, n. 156.

SEZIONE IV
La revocazione

64. ***Sentenze revocabili e motivi di revocazione.*** — 1. Le sentenze pronunciate in grado d'appello o in unico grado dalle commissioni tributarie possono essere impugnate ai sensi dell'articolo 395 del codice di procedura civile.[1]

2. Le sentenze per le quali è scaduto il termine per l'appello possono essere impugnate per i motivi di cui ai numeri 1, 2, 3 e 6 dell'art. 395 del c.p.c. purché la scoperta del dolo o della falsità dichiarata o il recupero del documento o il passaggio in giudicato della sentenza di cui al numero 6 dell'art. 395 del c.p.c. siano posteriori alla scadenza del termine suddetto.

3. Se i fatti menzionati nel comma precedente avvengono durante il termine per l'appello il termine stesso è prorogato dal giorno dell'avvenimento in modo da raggiungere i sessanta giorni da esso.

[1] Comma così sost. dall'art. 9, D.lgs. 24 set. 2015, n. 156.

65. ***Proposizione della impugnazione.*** — 1. Competente per la revocazione è la stessa commissione tributaria che ha pronunciato la sentenza impugnata.

2. A pena di inammissibilità il ricorso deve contenere gli elementi previsti dall'art. 53, comma 1, e la specifica indicazione del motivo di revocazione e della prova dei fatti di cui ai numeri 1, 2, 3 e 6 dell'art. 395 del c.p.c. nonché del giorno della scoperta o della falsità dichiarata o del recupero del documento. La prova della sentenza passata in giudicato che accerta il dolo del giudice deve essere data mediante la sua produzione in copia autentica.

3. Il ricorso per revocazione è proposto e depositato a norma dell'art. 53, comma 2.

3-*bis*. Le parti possono proporre istanze cautelari ai sensi delle disposizioni di cui all'articolo 52, in quanto compatibili.[1]

[1] Comma aggiunto dall'art. 9, D.lgs. 24 set. 2015, n. 156.

66. ***Procedimento.*** — 1. Davanti alla commissione tributaria adita per la revocazione si osservano le norme stabilite per il procedimento davanti ad essa in quanto non derogate da quelle della presente sezione.

67. ***Decisione.*** — 1. Ove ricorrano i motivi di cui all'art. 395 del c.p.c. la commissione tributaria decide il merito della causa e detta ogni altro provvedimento conseguenziale.

2. Contro la sentenza che decide il giudizio di revocazione sono ammessi i mezzi d'impugnazione ai quali era originariamente soggetta la sentenza impugnata per revocazione.

67-*bis*. ***Esecuzione provvisoria.***[1] - 1. Le sentenze emesse dalle commissioni tributarie sono esecutive secondo quanto previsto dal presente capo.

[1] Articolo ins dall'art. 9, D.lgs. 24 set. 2015, n. 156. La disposizione entra in vigore dall'1 giu. 2016.

CAPO IV
L'esecuzione delle sentenze delle commissioni tributarie

68. ***Pagamento del tributo in pendenza del processo.*** — 1. Anche in deroga a quanto previsto nelle singole leggi d'imposta, nei casi in cui è prevista la riscossione frazionata del tributo oggetto di giudizio davanti alle commissioni, il tributo, con i relativi interessi previsti dalle leggi fiscali, deve essere pagato:

a) per i due terzi, dopo la sentenza della commissione tributaria provinciale che respinge il ricorso;

b) per l'ammontare risultante dalla sentenza della commissione tributaria provinciale, e comunque non oltre i due terzi, se la stessa accoglie parzialmente il ricorso;

c) per il residuo ammontare determinato nella sentenza della commissione tributaria regionale;

c-bis) per l'ammontare dovuto nella pendenza del giudizio di primo grado dopo la sentenza della Corte di cassazione di annullamento con rinvio e per l'intero importo indicato nell'atto in caso di mancata riassunzione.[1]

Per le ipotesi indicate nelle precedenti lettere gli importi da versare vanno in ogni caso diminuiti di quanto già corrisposto.[2]

2. Se il ricorso viene accolto, il tributo corrisposto in eccedenza rispetto a quanto statuito dalla sentenza della commissione tributaria provinciale, con i relativi interessi previsti dalle leggi fiscali, deve essere rimborsato d'ufficio entro novanta giorni dalla notificazione della sentenza. In caso di mancata esecuzione del rimborso il contribuente può richiedere l'ottemperanza a norma dell'articolo 70 alla commissione tributaria provinciale ovvero, se il giudizio è pendente nei gradi successivi, alla commissione tributaria regionale.[3]

3. Le imposte suppletive debbono essere corrisposte dopo l'ultima sentenza non impugnata o impugnabile solo con ricorso in cassazione.[4]

3-*bis*. Il pagamento, in pendenza di processo, delle risorse proprie tradizionali di cui all'articolo 2, paragrafo 1, lettera *a*), della decisione 2007/436/CE, Euratom del Consiglio, del 7 giugno 2007, e dell'imposta sul valore aggiunto riscossa all'importazione resta disciplinato dal regolamento (CEE) n. 2913/92 del Consiglio, del 12 ottobre 1992, come riformato dal regolamento (UE) n. 952/2013 del Parlamento europeo e del Consiglio, del 9 ottobre 2013, e dalle altre disposizioni dell'Unione europea in materia.[5]

[1] Lettera ins dall'art. 9, D.lgs. 24 set. 2015, n. 156.

[2] Comma così modif. dall'art. 9, D.lgs. 24 set. 2015, n. 156.

[3] Periodo aggiunto dall'art. 9, D.lgs. 24 set. 2015, n. 156.

[4] Nella rubrica e nel c. 3 è stato eliminato il riferimento alle "sanzioni pecuniarie" (v. art. 29 D.lgs. 18 dic. 1997, n. 472). Le disposizioni del presente articolo si intendono applicabili alle decisioni della Commissione tributaria centrale, ai sensi dall'art. 3, D.L. 25 mar. 2010, n. 40, conv. in L. 22 mag. 2010, n. 73.

[5] Comma aggiunto dall'art. 10, c. 2, L. 30 ott. 2014, n. 161.

69. ***Esecuzione delle sentenze di condanna in favore del contribuente.***[1] — 1. Le sentenze di condanna al pagamento di somme in favore del contribuente e quelle emesse su ricorso avverso gli atti relativi alle operazioni catastali indicate nell'articolo 2, comma 2, sono immediatamente esecutive. Tuttavia il pagamento di somme dell'importo superiore a diecimila euro, diverse dalle spese di lite, può essere subordinato dal giudice, anche tenuto conto delle condizioni di solvibilità dell'istante, alla prestazione di idonea garanzia.

2. Con decreto del Ministro dell'economia e delle finanze emesso ai sensi dell'articolo 17, comma 3, della legge 23 agosto 1988, n. 400, sono disciplinati il contenuto della garanzia sulla base di quanto previsto dall'articolo 38-*bis*, comma 5, del decreto del Presidente della Repubblica 26 ottobre 1972, n. 633, la sua durata nonché il termine entro il quale può essere escussa, a seguito dell'inerzia del contribuente in ordine alla restituzione delle somme garantite protrattasi per un periodo di tre mesi.[2]

3. I costi della garanzia, anticipati dal contribuente, sono a carico della parte soccombente all'esito definitivo del giudizio.

4. Il pagamento delle somme dovute a seguito della sentenza deve essere eseguito entro novanta giorni dalla sua notificazione ovvero dalla presentazione della garanzia di cui al comma 2, se dovuta.

5. In caso di mancata esecuzione della sentenza il contribuente può richiedere l'ottemperanza a norma dell'articolo 70 alla commissione tributaria provinciale ovvero, se il giudizio è pendente nei gradi successivi, alla commissione tributaria regionale.

[1] Articolo così sost. dall'art. 9, D.lgs. 24 set. 2015, n. 156, in vigore dall'1 giu. 2016.

[2] Ai sensi del D.M. 6 feb. 2017, n. 22: «1. *Contenuto e soggetti abilitati al rilascio della garanzia*. – 1. La garanzia prevista dall'articolo 69, comma 2, del decreto legislativo 31 dicembre 1992, n. 546, e richiamata dagli articoli 47, comma 5, 52, comma 6, e 62-*bis*, comma 5, del medesimo decreto, nonché dagli articoli 19, comma 3, e 22, comma 6, del decreto legislativo 18 dicembre 1997, n. 472, è costituita sotto forma di cauzione in titoli di Stato o garantiti dallo Stato, al valore nominale, ovvero di fideiussione rilasciata da una banca o da una impresa commerciale che, a giudizio dell'ente a favore del quale deve essere prestata, offra adeguate garanzie di solvibilità ovvero di polizza fideiussoria rilasciata da un'impresa di assicurazione.

2. Per le piccole e medie imprese, definite secondo i criteri stabiliti dal decreto del 18 aprile 2005 del Ministro delle attività produttive, pubblicato nella *Gazzetta Ufficiale* 12 ottobre 2005, n. 238, dette garanzie possono essere prestate anche dai consorzi o cooperative di garanzia collettiva fidi di cui all'articolo 29 della legge 5 ottobre 1991, n. 317, iscritti nell'albo previsto dall'articolo 106 del decreto legislativo 1° settembre 1993, n. 385.

3. Per i gruppi di società, con patrimonio risultante dal bilancio consolidato superiore a 250 milioni di euro, la garanzia può essere prestata mediante diretta assunzione dell'obbligazione da parte della società capogruppo o controllante di cui all'articolo 2359 del codice civile. La prestazione di garanzia resta ferma anche in caso di cessione della partecipazione nella società controllata o collegata. In ogni caso la società capogruppo o controllante deve comunicare in anticipo all'ente a favore del quale è prestata la garanzia l'intendimento di cedere la partecipazione nella società controllata o collegata.

4. La garanzia, che va redatta in conformità ai modelli approvati con decreto del direttore generale delle finanze, deve avere ad oggetto l'integrale restituzione della somma

pagata al contribuente, comprensiva di interessi, ovvero, nei casi di garanzia prestata ai sensi degli articoli 47, comma 5, 52, comma 6, e 62-*bis*, comma 5, del decreto legislativo 31 dicembre 1992, n. 546, e degli articoli 19, comma 3, e 22, comma 6, del decreto legislativo 18 dicembre 1997, n. 472, l'obbligazione di versamento integrale della somma dovuta, comprensiva di interessi. Qualora i tributi oggetto di contenzioso afferiscano a risorse proprie tradizionali, come individuate dall'articolo 2, paragrafo 1, lettera *a*), della decisione n. 2014/335/UE, Euratom del Consiglio del 26 maggio 2014, il tasso di interesse è determinato ai sensi dell'articolo 112, paragrafo 2, del Regolamento (UE) n. 952/2013.

2. *Durata della garanzia*. – 1. La garanzia di cui all'articolo 69, comma 1, del decreto legislativo 31 dicembre 1992, n. 546 è prestata fino al termine del nono mese successivo a quello del passaggio in giudicato del provvedimento che definisce il giudizio ovvero fino al termine del nono mese successivo a quello dell'estinzione del processo, anche se la sentenza che ha disposto il pagamento di somme in favore del contribuente viene successivamente riformata con una sentenza non ancora divenuta definitiva. La garanzia cessa qualora il giudice del grado successivo di giudizio ritenga di non subordinare la condanna al pagamento di somme in favore del contribuente alla prestazione della garanzia.

2. La garanzia a cui sia subordinata la sospensione dell'atto impugnato ovvero della sentenza ai sensi degli articoli 47, comma 5, 52, comma 6, 62-*bis*, comma 5, del decreto legislativo 31 dicembre 1992, n. 546, nonché la garanzia di cui all'articolo 19, comma 3, del decreto legislativo 18 dicembre 1997, n. 472, è prestata fino al termine del nono mese successivo a quello del deposito del provvedimento che conclude la fase di giudizio nella quale la sospensione è disposta. La garanzia cessa automaticamente dalla data di deposito della sentenza favorevole al contribuente.

3. Nei giudizi aventi ad oggetto risorse proprie tradizionali nonché l'IVA riscossa all'importazione, la garanzia a cui sia subordinata la sospensione dell'atto impugnato ovvero della sentenza ai sensi degli articoli 47, comma 5, 52, comma 6, 62-*bis*, comma 5, del decreto legislativo 31 dicembre 1992, n. 546, è prestata fino al termine del nono mese successivo al passaggio in giudicato del provvedimento che definisce il giudizio ovvero fino al termine del nono mese successivo all'estinzione del processo.

4. La garanzia prevista dall'articolo 22, comma 6, del decreto legislativo 18 dicembre 1997, n. 472, è prestata fino al termine del nono mese successivo a quello della definitività dell'atto impositivo, dell'atto di contestazione o del provvedimento di irrogazione delle sanzioni. La garanzia cessa automaticamente nelle ipotesi di cui alle lettere *b*) e *c*) del comma 7 dell'articolo 22 del decreto legislativo 18 dicembre 1997, n. 472.

3. *Escussione della garanzia*. – 1. Il termine di tre mesi di cui all'articolo 69, comma 2, del decreto legislativo 31 dicembre 1992, n. 546, per la restituzione da parte del contribuente delle somme garantite decorre dal passaggio in giudicato del provvedimento che definisce il giudizio ovvero dall'estinzione del processo.

2. Nei casi previsti dall'articolo 2, comma 2, il termine di tre mesi per il pagamento da parte del contribuente delle somme garantite decorre dal deposito del provvedimento che conclude la fase di giudizio nella quale la sospensione è disposta.

3. Nel caso previsto dall'articolo 2, comma 4, il termine di tre mesi per il pagamento da parte del contribuente delle somme garantite decorre dalla definitività dell'atto impositivo, dell'atto di contestazione o del provvedimento di irrogazione delle sanzioni.

4. Ai fini dell'escussione della garanzia, l'ente a favore del quale è prestata comunica al garante l'ammontare delle somme dovute mediante posta elettronica certificata o lettera raccomandata con avviso di ricevimento ovvero con altro mezzo idoneo, entro la fine del sesto mese successivo alla scadenza del termine previsto dall'articolo 69, comma 2, del decreto legislativo 31 dicembre 1992, n. 546, per l'adempimento del contribuente. Ferma restando l'efficacia della garanzia, il pagamento delle somme dovute deve essere effettuato dal garante entro trenta giorni dal ricevimento della suddetta comunicazione.

5. L'eventuale mancato pagamento dei premi o delle commissioni della garanzia da parte del contribuente non può in nessun caso essere opposto all'ente a favore del quale è prestata la garanzia ed è escluso sia il beneficio della preventiva richiesta di pagamento al debitore principale, sia quello della preventiva escussione dello stesso.».

69-*bis*. *Aggiornamento degli atti catastali.*[1]

[1] Articolo abrog. dall'art. 9, D.lgs. 24 set. 2015, n. 156. La disposizione entra in vigore dall'1 giu. 2016.

70. ***Giudizio di ottemperanza.*** — 1. La parte che vi ha interesse può richiedere l'ottemperanza agli obblighi derivanti dalla sentenza della commissione tributaria passata in giudicato mediante ricorso da depositare in doppio originale alla segreteria della commissione tributaria provinciale, qualora la sentenza passata in giudicato sia stata da essa pronunciata, e in ogni altro caso alla segreteria della commissione tributaria regionale.[1]

2. Il ricorso è proponibile solo dopo la scadenza del termine entro il quale è prescritto dalla legge l'adempimento a carico dell'ente impositore, dell'agente della riscossione o del soggetto iscritto nell'albo di cui all'articolo 53 del decreto legislativo 15 dicembre 1997, n. 446, degli obblighi derivanti dalla sentenza o, in mancanza di tale termine, dopo trenta giorni dalla loro messa in mora a mezzo di ufficiale giudiziario e fino a quando l'obbligo non sia estinto.[1]

3. Il ricorso indirizzato al presidente della commissione deve contenere la sommaria esposizione dei fatti che ne giustificano la proposizione con la precisa indicazione, a pena di inammissibilità, della sentenza passata in giudicato di cui si chiede l'ottemperanza, che deve essere prodotta in copia unitamente all'originale o copia autentica dell'atto di messa in mora notificato a norma del comma precedente, se necessario.

4. Uno dei due originali del ricorso è comunicato a cura della segreteria della commissione ai soggetti di cui al comma 2 obbligati a provvedere.[1]

5. Entro venti giorni dalla comunicazione l'ufficio [del Ministero delle finanze o l'ente locale][2] può trasmettere le proprie osservazioni alla commissione tributaria, allegando la documentazione dell'eventuale adempimento.

6. Il presidente della commissione tributaria, scaduto il termine di cui al comma precedente, assegna il ricorso alla sezione che ha pronunciato la

sentenza. Il presidente della sezione fissa il giorno per la trattazione del ricorso in camera di consiglio non oltre novanta giorni dal deposito del ricorso e ne viene data comunicazione alle parti almeno dieci giorni liberi prima a cura della segreteria.

7. Il collegio, sentite le parti in contraddittorio ed acquisita la documentazione necessaria, adotta con sentenza i provedimenti indispensabili per l'ottemperanza in luogo dell'ufficio [del Ministero delle finanze o dell'ente locale][2] che li ha omessi e nelle forme amministrative per essi prescritti dalla legge, attenendosi agli obblighi risultanti espressamente dal dispositivo della sentenza e tenuto conto della relativa motivazione. Il collegio, se lo ritiene opportuno, può delegare un proprio componente o nominare un commissario al quale fissa un termine congruo per i necessari provvedimenti attuativi e determina il compenso a lui spettante secondo le disposizioni del Titolo VII del Capo IV del Testo unico delle disposizioni legislative e regolamentari in materia di spese di giustizia approvato con decreto del Presidente della Repubblica 30 maggio 2002, n. 115.[1]

8. Il collegio, eseguiti i provvedimenti di cui al comma precedente e preso atto di quelli emanati ed eseguiti dal componente delegato o dal commissario nominato, dichiara chiuso il procedimento con ordinanza.

9. Tutti i provvedimenti di cui al presente articolo sono immediatamente esecutivi.

10. Contro la sentenza di cui al comma 7 è ammesso soltanto ricorso in cassazione per inosservanza delle norme sul procedimento.

10-*bis*. Per il pagamento di somme dell'importo fino a ventimila euro e comunque per il pagamento delle spese di giudizio, il ricorso è deciso dalla Commissione in composizione monocratica.[3]

[1] Comma così modif. dall'art. 9, D.lgs. 24 set. 2015, n. 156.

[2] Parole soppresse dall'art. 9, D.lgs. 24 set. 2015, n. 156.

[3] Comma ins. dall'art. 9, D.lgs. 24 set. 2015, n. 156.

TITOLO III
Disposizioni finali e transitorie

71. ***Norme abrogate.*** (*Omissis*).

72. ***Controversie pendenti davanti alle commissioni tributarie di primo e di secondo grado.*** — 1. Le controversie pendenti dinanzi alle commissioni tributarie di primo e di secondo grado previste dal D.P.R. 26 ott. 1972, n. 636, alla data d'insediamento delle commissioni tributarie provinciali e regionali, sono ad esse rispettivamente attribuite, tenuto conto, quanto alla competenza territoriale, delle rispettive sedi. La segreteria della commissione tributaria provinciale o regionale dà comunicazione alle parti della data di trattazione almeno trenta giorni liberi prima. La consegna o spedizione del ricorso o dell'atto di appello, ai sensi degli artt. 17, comma primo, e 22, comma secondo, del D.P.R. 26 ott. 1972, n. 636, equivale a costituzione in giudizio del ricorrente ai sensi degli artt. 22 e 53, comma 2. La parte resistente può effettuare la costituzione in giudizio entro il termine di cui all'art. 32, comma 1.[1]

1-*bis*. In deroga alle disposizioni del presente decreto, le controversie previste dal comma 1, pendenti alla data ivi indicata dinanzi alle commissioni tributarie di primo grado ed il cui valore, determinato ai sensi dell'art. 12, comma 5, sia inferiore a cinque milioni di lire, sono trattate e decise in pubblica udienza da un giudice singolo, nominato per ciascun ricorso, ai sensi dell'art. 30, comma 1, dal presidente della sezione alla quale il ricorso medesimo è stato assegnato. Il presidente, se non intende designare se stesso, può nominare giudice unico il vicepresidente od un componente della sezione appartenente ad una delle categorie di cui all'art. 4, comma 1, lettera *a*), del D.lgs. 31 dic. 1992, n. 545, ovvero che sia in possesso di diploma di laurea in giurisprudenza o in economia e commercio ed abbia un'anzianità di servizio presso le commissioni tributarie di almeno dieci anni. Per le trattazione della controversia si applicano, in quanto compatibili, le disposizioni delle sezioni III e IV del Capo I del Titolo II del presente decreto, ad eccezione dell'art. 33, intendendosi sostituito in ogni caso il giudice singolo al relatore e al collegio. Restano ferme tutte le altre disposizioni del presente decreto, comprese, con la medesima -sostituzione, quelle del Capo II del Titolo II. Il tentativo di conciliazione, di cui all'art. 48, comma 2, è obbligatorio se all'udienza sono presenti entrambe le parti. Le controversie di cui al presente comma sono trattate dal giudice singolo in udienze distinte da quelle collegiali.[2]

2. Se alla data indicata al comma 1 pendono termini per la proposizione di ricorsi secondo le norme previgenti, detti ricorsi sono proposti alle commissioni tributarie provinciali entro i termini previsti dal presente decreto, che decorrono dalla suddetta data. Se alla data indicata al comma 1 pendono termini per impugnare decisioni delle commissioni tributarie di primo grado, dette impugnazioni sono proposte secondo le modalità e i termini previsti dal presente decreto, che decorrono dalla suddetta data.[3]

3. Se i termini per il compimento di atti processuali diversi dai ricorsi secondo le norme vigenti, alla data di cui ai commi 1 e 2, sono ancora pendenti, tali atti possono essere compiuti nei termini previsti dal presente decreto, che decorrono dalla suddetta data.

4. Le segreterie delle commissioni tributarie di primo e di secondo grado indicate nel comma 1 provvedono a trasmettere i fascicoli relativi alle controversie pendenti alle segreterie delle commissioni provinciale o regionale rispettivamente competenti.

5. Le segreterie delle commissioni tributarie di

primo e di secondo grado indicate nel comma 1 continuano a funzionare, solo per gli adempimenti di cui al comma 4, anche oltre la data indicata nel comma 1.

[1] Comma così modif. dall'art. 12 del D.L. 8 ago. 1996, n. 437, conv. con modif. in L. 24 ott. 1996, n. 556.

[2] Comma inserito dall'art. 32 della L. 8 mag. 1998, n. 146.

[3] Comma così sost. dall'art. 12 del D.L. 8 ago. 1996, n. 437, *citato*.

73. [*Istanza di trattazione.*][1]

[1] Articolo abrog. dall'art. 69, del D.L. 30 ago. 1993, n. 331, conv. in L. 29 ott. 1993, n. 427.

74. *Controversie pendenti davanti alla corte di appello.*[1] — 1. Alle controversie, che alla data di cui all'art. 72 pendono davanti alla corte di appello o per le quali pende il termine per l'impugnativa davanti allo stesso organo, continuano ad applicarsi le disposizioni contenute nel D.P.R. 26 ott. 1972, n. 636, e successive modificazioni e integrazioni.

[1] Articolo così sost. dall'art. 69 del D.L. 30 ago. 1993, n. 331, conv. in L. 29 ott. 1993, n. 427.

75. *Controversie pendenti davanti alla Commissione tributaria centrale.* — 1. Alle controversie che alla data di cui all'art. 72 pendono davanti alla commissione tributaria centrale o per le quali pende il termine per l'impugnativa davanti allo stesso organo, nonché alle controversie pendenti dinanzi alle commissioni di secondo grado per le quali, alla predetta data, è stato depositato il solo dispositivo della decisione, continuano ad applicarsi le disposizioni contenute nel D.P.R. 26 ott. 1972, n. 636, e successive modificazioni e integrazioni.[1]

2. Relativamente alle controversie pendenti o per le quali pende il termine alla data di entrata in vigore del presente decreto legislativo, il ricorrente e qualsiasi altra parte sono tenuti, entro sei mesi dalla predetta data, a proporre alla segreteria della commissione tributaria centrale apposita istanza di trattazione contenente gli estremi della controversia e del procedimento. L'istanza potrà essere sottoscritta dalla parte o dal suo precedente difensore, se nominato, e deve essere notificata o spedita o consegnata alla segreteria della commissione tributaria centrale nei modi previsti dall'art. 20; in difetto, il giudizio davanti alla commissione tributaria centrale si estingue. L'estinzione è dichiarata dal presidente della sezione, dopo aver verificato che non sia stata depositata in segreteria l'istanza di trasmissione del fascicolo alla cancelleria della corte di cassazione a seguito della richiesta di esame a norma del comma seguente. Contro il decreto del Presidente, di cui viene data comunicazione alle parti, è ammesso reclamo al collegio nei modi e nei termini previsti dall'art. 28.[2]

3. Le parti che hanno proposto ricorso alla Commissione centrale, anziché presentare l'istanza di trattazione di cui al comma precedente, possono chiedere nello stesso termine l'esame da parte della Corte di cassazione ai sensi dell'art. 360 del c.p.c. convertendo il ricorso alla Commissione tributaria centrale in ricorso per cassazione contro la decisione impugnata, osservate per il resto tutte le norme del c.p.c. per il procedimento davanti alla Corte di cassazione.

4. Se non è stato richiesto l'esame da parte della Corte di cassazione e l'istanza di trattazione è presentata nei termini, il procedimento prosegue davanti alla Commissione tributaria centrale, che provvede alla sua definizione mediante deposito della decisione entro i termini di cui all'art. 42, c. 3 del D.L. 31 dic. 1992, n. 545 applicando le disposizioni vigenti anteriormente alla data di entrata in vigore del presente decreto. Le stesse disposizioni si applicano per i ricorsi presentati alla Commissione tributaria centrale successivamente alla data di entrata in vigore del presente decreto.

5. In caso di rinvio disposto dalla Commissione tributaria centrale la riassunzione deve essere fatta davanti alla commissione tributaria regionale o provinciale secondo le nuove disposizioni.[3]

6. La segreteria della Commissione tributaria centrale continua a funzionare anche oltre il termine di cui al comma 4 per trasmettere i fascicoli dei processi alla cancelleria della Corte di cassazione o alle commissioni tributarie regionale o provinciale.

[1] Comma sost. dall'art. 69 del D.L. 30 ago. 1993, n. 331, conv. in L. 29 ott. 1993, n. 427, modif. dall'art. 1 del D.L. 26 nov. 1993, n. 477, conv. in L. 26 gen. 1994, n. 55 e quindi di nuovo modif. dall'art. 12 del D.L. n. 437/1996, *citato*.

[2] Comma così modif. dall'art. 69 D.L. n. 331/1993, *citato* e dai succ. provv.

La Corte cost., con sent. 16 apr. 1998, n. 111, ha dichiarato l'ill. cost. del c. 2 «nella parte in cui non prevede che il termine per l'istanza di trattazione decorra dalla data della ricezione dell'avviso dell'onere di proposizione dell'istanza stessa.

[3] Comma abrog. dall'art. 69, D.L. n. 331/ 1993, *citato*.

76. *Controversie in sede di rinvio.* — 1. Se alla data prevista dall'art. 72, a seguito di sentenza della Corte di cassazione o di corte d'appello o a seguito di decisione della Commissione tributaria centrale pendono i termini per la riassunzione del procedimento di rinvio davanti alle commissioni tributarie di primo o di secondo grado, detti termini decorrono da tale data e la riassunzione va fatta davanti alla commissione tributaria provinciale o regionale competente.

2. Il termine per la riassunzione davanti alla corte d'appello non subisce modifiche.

3. Se alla data prevista all'art. 72, a seguito di rinvio disposto dalla Corte di cassazione, pende il termine per la riassunzione davanti alla Commissione tributaria centrale, detto termine decorre da tale data e la riassunzione va fatta davanti alla commissione tributaria regionale competente.

4. Se la riassunzione non avviene nei termini, o si avvera successivamente ad essa una causa di estin-

zione del giudizio di rinvio, l'intero processo si estingue.[1]

5. Se alla data indicata nei commi precedenti pendono i giudizi di rinvio davanti alla commissione tributaria di primo e secondo grado si applicano le disposizioni di cui all'art. 72, comma 4.[1]

[1] Comma così sost. dall'art. 69 del D.L. 30 ago. 1993, n. 331, conv. in L. 29 ott. 1993, n. 427.

77. ***Procedimento contenzioso amministrativo davanti all'intendenza di finanza o al Ministero delle finanze.*** — 1. Le controversie relative ai tributi comunali e locali indicati nell'art. 2, lettera *h*), per le quali era previsto il ricorso all'intendente di finanza o al Ministro delle finanze, se non ancora definite alla data di insediamento delle nuove commissioni, continuano ad essere decise in sede amministrativa dai suddetti organi secondo le relative disposizioni, ancorché abrogate ai sensi dell'art. 71.

78. ***Controversie già di competenza delle commissioni comunali per i tributi locali.*** — 1. Le controversie già di competenza in primo grado delle commissioni comunali per i tributi locali, se alla data d'insediamento delle nuove commissioni pendono davanti all'autorità giudiziaria ordinaria, i relativi giudizi proseguono in questa sede.

2. Le controversie di cui al comma 1, che alla data indicata non pendono davanti all'autorità giudiziaria ordinaria e non sono già state definite, qualunque sia il grado in cui si trovavano al momento della sentenza della Corte costituzionale 27 luglio 1989, n. 451, debbono essere riattivate da parte degli enti impositori interessati mediante trasmissione dei relativi atti e documenti alla commissione tributaria provinciale competente entro il termine di mesi sei dalla data anzidetta; altrimenti ogni pretesa dell'ente impositore s'intende definitivamente abbandonata.

(*Omissis*).

- 3 -

D.lgs. 10 giu. 2020, n. 49

Attuazione della direttiva (UE) 2017/1852 del Consiglio, del 10 ottobre 2017, sui meccanismi di risoluzione delle controversie in materia fiscale nell'Unione europea

(G.U. 10 giu. 2020, n. 146)*(stralcio)*

1. ***Oggetto ed ambito di applicazione.*** — 1. Il presente decreto stabilisce le norme relative alle procedure amichevoli o ad altre procedure di risoluzione delle controversie tra l'Autorità competente italiana e le Autorità competenti degli altri Stati membri dell'Unione europea che derivano dall'interpretazione e dall'applicazione degli Accordi e delle Convenzioni internazionali per evitare le doppie imposizioni sul reddito e sul patrimonio di cui l'Italia è parte e della Convenzione 90/436/CEE, del 23 luglio 1990, relativa all'eliminazione delle doppie imposizioni in caso di rettifica degli utili di imprese associate. Il presente decreto stabilisce inoltre i diritti e gli obblighi dei soggetti interessati quando emergono tali controversie.

2. ***Definizioni***. — 1. Ai fini del presente decreto si intende per:

a) «Autorità competente»: l'autorità competente dello Stato membro interessato;

b) «tribunale competente»: l'organo giurisdizionale o altro organo competente dello Stato membro interessato;

c) «doppia imposizione»: l'applicazione da parte dell'Italia e di uno o più Stati membri delle imposte contemplate da un accordo o convenzione di cui all'articolo 1 sullo stesso reddito o patrimonio imponibile, qualora comporti:

1) un'imposizione aggiuntiva;

2) un aumento delle imposte dovute;

3) l'annullamento o la riduzione delle perdite che potrebbero essere utilizzate per compensare gli utili imponibili;

d) «soggetto interessato»: qualsiasi soggetto residente ai fini fiscali nel territorio dello Stato o in un altro Stato membro e la cui imposizione è direttamente interessata in una questione controversa;

e) «procedura di risoluzione delle controversie con parere indipendente»: procedura che si conclude con un parere adottato dalla Commissione consultiva o dalla Commissione per la risoluzione alternativa delle controversie basato su un'analisi dei fatti e delle fonti giuridiche applicabili alla controversia;

f) «procedura di risoluzione delle controversie con offerta finale»: procedura che si conclude con un parere adottato dalla Commissione per la risoluzione alternativa delle controversie basato su una tra le proposte formulate da ciascuna Autorità competente coinvolta nella controversia.

2. L'Autorità competente per lo Stato italiano è l'Agenzia delle entrate.

3. Il tribunale competente per lo Stato italiano è la commissione tributaria territorialmente competente, come individuata dall'articolo 4 del decreto legislativo 31 dicembre 1992, n. 546.

4. I termini non definiti nel presente decreto, a meno che il contesto non richieda un'altra interpretazione, hanno il significato loro attribuito dal relativo Accordo o dalla relativa Convenzione per evitare le doppie imposizioni sul reddito e sul patrimonio di cui l'Italia è parte che si applica alla data del perfezionamento della prima notifica dell'atto che ha originato o potrebbe originare una questione controversa. In assenza di una definizione ai sensi di tale accordo o convenzione, un termine indefinito ha il significato attribuitogli in quel momento dall'ordinamento interno dello Stato membro interessato ai fini delle imposte cui si applica detto accordo o convenzione. Qualsiasi significato attribuito dalle leggi fiscali applicabili di

tale Stato membro prevale sul significato attribuito al termine da altre leggi dello stesso Stato membro.

3. ***Istanze di apertura di procedura amichevole.*** — 1. I soggetti interessati presentano un'istanza di apertura di procedura amichevole relativa a una questione controversa all'Agenzia delle entrate e all'Autorità competente degli altri Stati membri interessati. L'istanza è presentata entro tre anni dalla data del perfezionamento della prima notifica dell'atto o di altro documento equivalente, ovvero dalla data in cui è stato adottato il provvedimento o si verifica la misura che ha originato o potrebbe originare la questione controversa. A tal fine, il soggetto interessato fa riferimento al diritto interno dello Stato membro che ha emesso l'atto o altro documento o misura equivalente. In caso di presentazione dell'istanza di procedura amichevole a seguito di consegna di processo verbale di constatazione il periodo di tre anni decorre dalla notifica del relativo avviso di accertamento.

2. La presentazione dell'istanza di apertura di procedura amichevole non è preclusa dalle procedure amministrative tributarie che comportano la definitività dell'imposta e non richiede la preventiva instaurazione delle procedure contenziose nazionali.

3. L'istanza di apertura di procedura amichevole non può essere presentata qualora sulla questione controversa sia intervenuta una sentenza passata in giudicato o una decisione del giudice a seguito di conciliazione ai sensi degli articoli 48 e 48-*bis* del decreto legislativo 31 dicembre 1992, n. 546.[1]

4. La presentazione dell'istanza di apertura di procedura amichevole non preclude al soggetto interessato il ricorso ai mezzi di impugnazione previsti dall'ordinamento nazionale, in conformità delle disposizioni normative interne.

5. In caso di presentazione di ricorso sulla questione controversa alla commissione tributaria competente da parte del soggetto interessato, il processo può essere sospeso ai sensi dell'articolo 39, comma 1-*ter*, lettera *b*), del decreto legislativo n. 546 del 1992, e, in tal caso, la riscossione è sospesa ai sensi dell'articolo 15, secondo comma, del decreto del Presidente della Repubblica 29 settembre 1973, n. 602. Nell'ipotesi in cui il processo sia sospeso i termini di cui all'articolo 6, comma 1 o i termini di cui all'articolo 7, commi 1 o 2, iniziano a decorrere dalla data della sospensione medesima.

6. L'istanza è presentata simultaneamente all'Agenzia delle entrate e all'Autorità competente degli altri Stati membri interessati e contiene le medesime informazioni e l'indicazione degli Stati membri interessati. I soggetti interessati presentano l'istanza in una delle lingue ufficiali degli Stati membri interessati, conformemente al diritto nazionale o in una lingua diversa da una delle lingue ufficiali, se accettata dallo Stato membro interessato. L'istanza presentata all'Agenzia delle entrate è redatta in lingua italiana o corredata di una traduzione ufficiale in lingua italiana. La documentazione allegata all'istanza è corredata della traduzione in lingua italiana o, in alternativa in lingua inglese. È fatta salva la facoltà da parte dell'Agenzia delle entrate di richiedere una traduzione ufficiale in italiano, ove sia ritenuto opportuno.

7. L'Agenzia delle entrate attesta il ricevimento dell'istanza entro due mesi dalla data di ricezione dell'istanza medesima ed entro lo stesso termine comunica il ricevimento della stessa alle Autorità competenti degli altri Stati membri interessati.

8. Le Autorità competenti degli Stati membri interessati si informano reciprocamente sulla lingua o sulle lingue che intendono utilizzare nelle loro comunicazioni.

9. L'istanza deve contenere le seguenti informazioni:

a) il nome, l'indirizzo, il codice di identificazione fiscale e altre informazioni necessarie all'identificazione dei soggetti interessati che hanno presentato l'istanza e di qualsiasi altra persona interessata, come definite con provvedimento del direttore dell'Agenzia delle entrate ai sensi dell'articolo 23, fermo restando il rispetto della normativa vigente in materia di protezione dei dati personali;

b) i periodi di imposta interessati;

c) elementi informativi particolareggiati:

1) sui fatti e le circostanze del caso, compresi i dettagli relativi alla struttura dell'operazione e alle relazioni tra i soggetti interessati e le altre parti coinvolte nelle operazioni, nonché sui fatti stabiliti in buona fede in un accordo, inclusi gli accordi di cui art. 31-*ter* del decreto del Presidente della Repubblica 29 settembre 1973, n. 600, reciprocamente vincolante tra i soggetti coinvolti e l'Agenzia delle entrate o le Amministrazioni fiscali degli altri Stati membri interessati;

2) sulla tipologia e sulla data dell'atto o di altro documento o misura equivalente che ha originato o potrebbe originare la questione controversa, compresi eventualmente i dettagli del reddito percepito in Italia o nell'altro Stato membro e dell'inclusione di tale reddito nel reddito imponibile in Italia o nell'altro Stato membro;

3) sulle imposte riscosse o dovute sul suddetto reddito nell'ordinamento nazionale o nell'altro Stato membro;

4) sui relativi importi nelle valute degli Stati membri interessati;

d) una copia di eventuali documenti giustificativi relativi alle informazioni di cui alla lettera *c*);

e) le disposizioni nazionali applicabili e gli accordi o le convenzioni di cui all'articolo 1. Qualora sia applicabile più di un accordo o convenzione, i soggetti interessati che presentano l'istanza specificano quale accordo o convenzione è oggetto di interpretazione in relazione alla questione controversa. In tal caso, è detto accordo o detta convenzione che si applica ai fini del presente decreto legislativo;

f) i seguenti ulteriori elementi informativi unitamente a una copia degli eventuali documenti giustificativi:

1) una spiegazione del motivo per cui i soggetti interessati ritengono che vi sia una questione controversa;

2) i dettagli di eventuali cause e ricorsi avviati dai soggetti interessati in merito alla questione controversa ed eventuali sentenze o decisioni degli organi giurisdizionali relative a tale questione controversa;

3) una dichiarazione di impegno da parte dei soggetti interessati a rispondere nel modo più completo e rapido possibile a tutte le richieste pertinenti formulate dall'Agenzia delle entrate o dalle altre Autorità competenti e a fornire la documentazione necessaria su richiesta della stessa Agenzia delle entrate o delle suddette Autorità;

4) una copia dell'avviso di accertamento, del processo verbale di constatazione o di altro documento equivalente da cui risulti la questione controversa e una copia di qualsiasi altro documento rilasciato dall'Agenzia delle entrate o dalle Amministrazioni fiscali degli altri Stati membri, ove pertinente.

10. L'istanza deve contenere inoltre informazioni relative a eventuali altre istanze di apertura di procedura amichevole o di un'altra procedura di risoluzione delle controversie presentate ai sensi degli Accordi e delle Convenzioni internazionali per evitare le doppie imposizioni di cui l'Italia è parte o della Convenzione 90/436/CEE del 23 luglio 1990, relativa all'eliminazione delle doppie imposizioni in caso di rettifica degli utili di imprese associate, nonché l'espresso impegno da parte dei soggetti interessati di non proseguire nel procedimento in corso avviato sulla medesima questione controversa a seguito della suddetta apertura di procedura amichevole o di procedura di risoluzione di controversie.

11. I soggetti interessati, qualora decidano di ritirare l'istanza di apertura di procedura amichevole presentata, ne danno contemporaneamente comunicazione scritta all'Agenzia delle entrate e a tutte le Autorità competenti degli Stati membri interessati. Tale comunicazione pone termine, con effetto immediato, a tutte le procedure di cui al presente decreto legislativo. L'Agenzia delle entrate, ricevuta tale comunicazione, informa tempestivamente le Autorità competenti degli altri Stati membri interessati della conclusione delle procedure.

12. L'istanza di apertura di procedura amichevole, nonché la comunicazione del ritiro della stessa può essere presentata, in deroga a quanto previsto dai commi 6 e 11, soltanto all'Agenzia delle entrate qualora il soggetto interessato sia una persona fisica residente ai fini fiscali nel territorio dello Stato o un'impresa che non sia una grande impresa e non rientri nella categoria di un grande gruppo, ai sensi della direttiva 2013/34/UE del Parlamento europeo e del Consiglio del 26 giugno 2013, anch'essa residente ai fini fiscali nel territorio dello Stato.

13. L'Agenzia delle entrate, entro due mesi dalla data di ricezione delle comunicazioni di cui al comma 12, le notifica a tutte le Autorità competenti degli altri Stati membri interessati. Alla data di tale notifica, le suddette comunicazioni si intendono presentate da parte dei soggetti di cui al medesimo comma 12 alle Autorità competenti di tutti gli Stati membri interessati.

[1] Comma così modif. dall'art. 113, D.L. 14 ago. 2020, n. 104, conv. con modif. in L. 13 ott. 2020, n. 126.

4. ***Presentazione di istanze di procedura amichevole ai sensi degli Accordi e delle Convenzioni internazionali per evitare le doppie imposizioni di cui l'Italia è parte o della Convenzione relativa all'eliminazione delle doppie imposizioni in caso di rettifica degli utili di imprese associate n. 90/436/CEE.*** — 1. Qualora il soggetto interessato presenti un'istanza di apertura di procedura amichevole su una questione controversa ai sensi del presente decreto legislativo, della Convenzione 90/436/CEE o di Accordi o Convenzioni internazionali per evitare le doppie imposizioni sul reddito e sul patrimonio dei quali l'Italia è parte, viene dato seguito esclusivamente all'istanza presentata ai sensi del presente decreto legislativo.

2. Nel caso di ritiro dell'istanza di procedura amichevole mediante comunicazione scritta di cui ai commi 11 e 12 dell'articolo 3 e in qualsiasi altro caso di cessazione delle procedure previste dal medesimo decreto legislativo, lo stesso soggetto interessato può successivamente presentare in relazione alla medesima questione controversa un'istanza di apertura di procedura amichevole ai sensi degli Accordi o Convenzioni internazionali per evitare le doppie imposizioni sul reddito e sul patrimonio dei quali l'Italia è parte, o della Convenzione 90/436/CEE, nei termini e alle condizioni previsti dai medesimi accordi e convenzioni.

3. La presentazione di un'istanza di apertura di procedura amichevole pone fine a qualsiasi altro procedimento in corso avviato sulla medesima questione controversa a seguito di altre istanze di apertura di procedura amichevole o di un'altra procedura di risoluzione delle controversie presentate ai sensi degli Accordi o Convenzioni internazionali per evitare le doppie imposizioni sul reddito e sul patrimonio dei quali l'Italia è parte o della Convenzione 90/436/CEE. I procedimenti in corso si considerano terminati alla data del primo ricevimento dell'istanza di apertura di procedura amichevole da parte di una delle Autorità competenti degli Stati membri interessati.

5. ***Fase istruttoria.*** — 1. L'Agenzia delle entrate può chiedere al soggetto interessato entro tre mesi dalla data di ricevimento dell'istanza informazioni supplementari specifiche qualora lo ritenga necessario a fini istruttori.

2. I soggetti che ricevono la richiesta dell'Agenzia delle entrate rispondono entro tre mesi dalla data di ricezione della richiesta stessa e contemporaneamente trasmettono copia della risposta alle Autorità competenti degli altri Stati membri interessati. I soggetti di cui all'articolo 3, comma 12, rispondono solo all'Agenzia delle entrate, che trasmette contemporaneamente una copia della risposta alle Autorità competenti degli altri Stati membri interessati. Tali informazioni supplementari si intendono ricevute da tutti gli Stati membri interessati alla data del ricevimento.

3. Entro sei mesi dalla data della ricezione dell'istanza di apertura di procedura amichevole o, entro sei mesi dalla data di ricezione delle informazioni di cui al comma 1, l'Agenzia delle entrate può decidere di risolvere la questione controversa in via unilaterale, senza coinvolgere le altre Autorità competenti degli Stati membri interessati, dandone tempestiva comunicazione ai soggetti interessati e alle Autorità competenti degli altri Stati membri. In tal caso, non si dà seguito alle procedure di cui al presente decreto legislativo.

6. ***Decisione dell'Autorità competente in merito all'istanza di apertura di procedura amichevole.*** — 1. L'Agenzia delle entrate adotta una decisione in merito all'accoglimento o al rigetto dell'istanza di apertura di procedura amichevole entro sei mesi dalla data di ricezione dell'istanza medesima, o entro sei mesi dalla data di ricezione delle informazioni di cui all'articolo 5, comma 1, dandone tempestiva notifica ai soggetti interessati e comunicazione alle Autorità competenti degli altri Stati membri coinvolti.

2. L'istanza di apertura di procedura amichevole è rigettata nei seguenti casi:

a) l'istanza non contiene le informazioni di cui agli articoli 3 e 5, ovvero le informazioni supplementari, se richieste, non sono state trasmesse entro il termine di cui all'articolo 5, comma 2;

b) non vi è alcuna questione controversa;

c) l'istanza non è stata presentata entro il termine di tre anni di cui all'articolo 3, comma 1;

d) è intervenuta sulla questione controversa una sentenza passata in giudicato o una decisione del giudice a seguito di conciliazione ai sensi degli articoli 48 e 48-*bis* del decreto legislativo 31 dicembre 1992, n. 546.

3. Nell'informare il soggetto interessato ai sensi delle disposizioni di cui al comma 1, l'Agenzia delle entrate indica i motivi che hanno determinato il rigetto dell'istanza.

4. Qualora l'Agenzia delle entrate non abbia notificato una decisione in merito all'istanza entro il termine di cui al comma 1, detta istanza si considera accolta.

7. ***Procedura amichevole.*** — 1. In caso di accoglimento dell'istanza di cui all'articolo 3, l'Agenzia delle entrate e le Autorità competenti degli altri Stati membri interessati si adoperano per risolvere la questione controversa, mediante procedura amichevole, entro due anni dalla data in cui è stata effettuata l'ultima notifica della decisione di accoglimento dell'istanza da parte di uno degli Stati membri.

2. Il termine di cui al comma 1 può essere prorogato fino a un anno, su richiesta scritta motivata dell'Agenzia delle entrate o dell'Autorità competente di un altro Stato membro interessato, da presentare alle Autorità competenti degli altri Stati membri interessati.

3. L'Agenzia delle entrate, nel corso della procedura, qualora lo ritenga necessario, può richiedere ai soggetti interessati di fornire informazioni supplementari.

4. Nel caso in cui sulla questione controversa intervenga, prima del raggiungimento dell'accordo, una sentenza passata in giudicato o una decisione del giudice a seguito di conciliazione ai sensi degli articoli 48 e 48-*bis* del decreto legislativo 31 dicembre 1992, n. 546, l'Agenzia delle entrate notifica la decisione alle Autorità competenti degli altri Stati membri interessati e la procedura amichevole ha termine a decorrere dalla data di tale notifica.

5. In esecuzione dell'accordo raggiunto con le Autorità competenti degli altri Stati membri interessati, ad esito della procedura amichevole attivata ai sensi del presente articolo, l'Agenzia delle entrate comunica al soggetto interessato la decisione adottata entro trenta giorni dalla data di conclusione dell'accordo. Qualora l'Agenzia delle entrate e le Autorità competenti degli altri Stati membri interessati non abbiano raggiunto un accordo nei termini di cui al comma 1 o al comma 2, l'Agenzia delle entrate comunica al soggetto interessato i motivi generali del mancato raggiungimento dell'accordo.

6. Nel caso in cui la questione controversa, originata da un'attività di controllo dell'Amministrazione finanziaria italiana, è stata oggetto di una definizione, anche agevolata, così come disciplinata dalle norme vigenti, l'Agenzia delle entrate, se del caso, ridetermina in aumento o in diminuzione le imposte dovute a seguito dell'instaurazione della procedura amichevole.

8. ***Ricorso da parte dei soggetti interessati avverso la decisione di rigetto.*** — 1. Il soggetto interessato può presentare ricorso presso la commissione tributaria competente in conformità delle disposizioni vigenti in materia nel caso in cui sia l'Agenzia delle entrate che le Autorità competenti degli altri Stati membri interessati abbiano rigettato l'istanza di apertura di procedura amichevole.

2. Nell'ipotesi di cui al comma 1, il soggetto interessato che ha presentato ricorso, a seconda del caso, alla commissione tributaria o al tribunale

competente degli altri Stati membri, non può presentare la richiesta di istituire una Commissione consultiva di cui all'articolo 9, se:

a) il ricorso è pendente in conformità dell'ordinamento interno dello Stato membro interessato;

b) la decisione di rigetto può essere ulteriormente impugnata secondo il diritto interno dello Stato membro interessato;

c) la decisione di rigetto è stata confermata, a seconda del caso, con sentenza passata in giudicato o dal tribunale competente di un altro Stato membro interessato con decisione non ulteriormente impugnabile secondo il diritto interno dello stesso Stato.

9-25. (*Omissis*)

CONTRATTO DI SUBFORNITURA

- 1 -

L. 18 giu. 1998, n. 192
Disciplina della subfornitura nelle attività produttive
(G.U. 22 giu. 1998, n. 143)

1. ***Definizione.*** — 1. Con il contratto di subfornitura un imprenditore si impegna a effettuare per conto di una impresa committente lavorazioni su prodotti semilavorati o su materie prime forniti dalla committente medesima, o si impegna a fornire all'impresa prodotti o servizi destinati ad essere incorporati o comunque ad essere utilizzati nell'ambito dell'attività economica del committente o nella produzione di un bene complesso, in conformità a progetti esecutivi, conoscenze tecniche e tecnologiche, modelli o prototipi forniti dall'impresa committente.

2. Sono esclusi dalla definizione di cui al comma 1 i contratti aventi ad oggetto la fornitura di materie prime, di servizi di pubblica utilità e di beni strumentali non riconducibili ad attrezzature.

2. ***Contratto di subfornitura: forma e contenuto.*** — 1. Il rapporto di subfornitura si instaura con il contratto, che deve essere stipulato in forma scritta a pena di nullità. Costituiscono forma scritta le comunicazioni degli atti di consenso alla conclusione o alla modificazione dei contratti effettuate per telefax o altra via telematica. In caso di nullità ai sensi del presente comma, il subfornitore ha comunque diritto al pagamento delle prestazioni già effettuate e al risarcimento delle spese sostenute in buona fede ai fini dell'esecuzione del contratto.

2. Nel caso di proposta inviata dal committente secondo le modalità indicate nel comma 1, non seguita da accettazione scritta del subfornitore che tuttavia inizia le lavorazioni o le forniture, senza che abbia richiesto la modificazione di alcuno dei suoi elementi, il contratto si considera concluso per iscritto agli effetti della presente legge e ad esso si applicano le condizioni indicate nella proposta, ferma restando l'applicazione dell'art. 1341 del c.c.

3. Nel caso di contratti a esecuzione continuata o periodica, anche gli ordinativi relativi alle singole forniture devono essere comunicati dal committente al fornitore in una delle forme previste al comma 1 e anche ad essi si applica quanto disposto dallo stesso comma 1.

4. Il prezzo dei beni o servizi oggetto del contratto deve essere determinato o determinabile in modo chiaro e preciso, tale da non ingenerare incertezze nell'interpretazione dell'entità delle reciproche prestazioni e nell'esecuzione del contratto.

5. Nel contratto di subfornitura devono essere specificati:

a) i requisiti specifici del bene o del servizio

richiesti dal committente, mediante precise indicazioni che consentano l'individuazione delle caratteristiche costruttive e funzionali, o anche attraverso il richiamo a norme tecniche che, quando non siano di uso comune per il subfornitore o non siano oggetto di norme di legge o regolamentari, debbono essere allegate in copia;

b) il prezzo pattuito;

c) i termini e le modalità di consegna, di collaudo e di pagamento.

3. ***Termini di pagamento.*** — 1. Il contratto deve fissare i termini di pagamento della subfornitura, decorrenti dal momento della consegna del bene o dal momento della comunicazione dell'avvenuta esecuzione della prestazione, e deve precisare, altresì, gli eventuali sconti in caso di pagamento anticipato rispetto alla consegna.

2. Il prezzo pattuito deve essere corrisposto in un termine che non può eccedere i sessanta giorni dal momento della consegna del bene o della comunicazione dell'avvenuta esecuzione della prestazione. Tuttavia, può essere fissato un diverso termine, non eccedente i novanta giorni, in accordi nazionali per settori e comparti specifici, sottoscritti presso il Ministero dell'industria, del commercio e dell'artigianato da tutti i soggetti competenti per settore presenti nel Consiglio nazionale dell'economia e del lavoro in rappresentanza dei subfornitori e dei committenti. Può altresì, essere fissato un diverso termine, in ogni caso non eccedente i novanta giorni, in accordi riferiti al territorio di competenza della camera di commercio, industria, artigianato e agricoltura presso la quale detti accordi sono sottoscritti dalle rappresentanze locali dei medesimi soggetti di cui al secondo periodo. Gli accordi di cui al presente comma devono contenere anche apposite clausole per garantire e migliorare i processi di innovazione tecnologica, di formazione professionale e di integrazione produttiva.

3. In caso di mancato rispetto del termine di pagamento il committente deve al subfornitore, senza bisogno di costituzione in mora, un interesse determinato in misura pari al saggio di interesse del principale strumento di rifinanziamento della Banca Centrale Europea applicato alla sua più recente operazione di rifinanziamento principale effettuata il primo giorno di calendario del semestre in questione, maggiorato di otto punti percentuali, salva la pattuizione tra le parti di interessi moratori in misura superiore e salva la prova del danno ulteriore. Il saggio di riferimento in vigore il primo giorno lavorativo della Banca Centrale Europea del semestre in questione si applica per i successivi sei mesi. Ove il ritardo nel pagamento ecceda di trenta giorni il termine convenuto, il committente incorre, inoltre, in una penale pari al 5 per cento dell'importo in relazione al quale non ha rispettato i termini.[1]

4. In ogni caso la mancata corresponsione del prezzo entro i termini pattuiti costituirà titolo per l'ottenimento di ingiunzione di pagamento provvisoriamente esecutiva ai sensi degli artt. 633 s. del c.p.c.

5. Ove vengano apportate, nel corso dell'esecuzione del rapporto, su richiesta del committente, significative modifiche e varianti che comportino comunque incrementi dei costi, il subfornitore avrà diritto ad un adeguamento del prezzo anche se non esplicitamente previsto dal contratto.

[1] Comma così modif. dall'art. 2, D.lgs. 9 nov. 2012, n. 192. Le modifiche introdotte dal D.lgs. 9 nov. 2012, n. 192, si applicano alle transazioni commerciali concluse a decorrere dal 1° gen. 2013.

4. ***Divieto di interposizione.*** — 1. La fornitura di beni e servizi oggetto del contratto di subfornitura non può, a sua volta, essere ulteriormente affidata in subfornitura senza l'autorizzazione del committente per una quota superiore al 50 per cento del valore della fornitura, salvo che le parti del contratto non abbiano indicato una misura maggiore.

2. Gli accordi con cui il subfornitore affidi ad altra impresa l'esecuzione delle proprie prestazioni in violazione di quanto stabilito al comma 1 sono nulli.

3. In caso di ulteriore affidamento in subfornitura di una parte di beni e servizi oggetto del contratto di subfornitura, gli accordi con cui il subfornitore affida ad altra impresa l'esecuzione parziale delle proprie prestazioni sono oggetto di contratto di subfornitura, così come definito dalla presente legge. I termini di pagamento di detto nuovo contratto di subfornitura non possono essere peggiorativi di quelli contenuti nel contratto di subfornitura principale.

5. ***Responsabilità del subfornitore.*** — 1. Il subfornitore ha la responsabilità del funzionamento e della qualità della parte o dell'assemblaggio da lui prodotti o del servizio fornito secondo le prescrizioni contrattuali e a regola d'arte.

2. Il subfornitore non può essere ritenuto responsabile per difetti di materiali o attrezzi fornitigli dal committente per l'esecuzione del contratto, purché li abbia tempestivamente segnalati al committente.

3. Ogni pattuizione contraria ai commi 1 e 2 è da ritenersi nulla.

4. Eventuali contestazioni in merito all'esecuzione della subfornitura debbono essere sollevate dal committente entro i termini stabiliti nel contratto che non potranno tuttavia derogare ai più generali termini di legge.

6. ***Nullità di clausole.*** — 1. È nullo il patto tra subfornitore e committente che riservi ad uno di essi la facoltà di modificare unilateralmente una o più clausole del contratto di subfornitura. Sono tuttavia validi gli accordi contrattuali che consentano al committente di precisare, con preavviso ed entro termini e limiti contrattualmente prefissati, le quantità da produrre ed i tempi di esecuzione della fornitura.

2. È nullo il patto che attribuisca ad una delle parti di un contratto di subfornitura ad esecuzione continuata o periodica la facoltà di recesso senza congruo preavviso.

3. È nullo il patto con cui il subfornitore disponga, a favore del committente e senza congruo corrispettivo, di diritti di privativa industriale o intellettuale.

7. ***Proprietà del progetto.*** — 1. Il committente conserva la proprietà industriale in ordine ai progetti e alle prescrizioni di carattere tecnico da lui comunicati al fornitore e sopporta i rischi ad essi relativi. Il fornitore è tenuto alla riservatezza e risponde della corretta esecuzione di quanto richiesto, sopportando i relativi rischi.

8. ***Regime I.V.A.*** — 1. All'art. 74 del D.P.R. 1972, n. 633, dopo il quarto comma, è inserito il seguente: (*Omissis*).

9. ***Abuso di dipendenza economica.*** — 1. È vietato l'abuso da parte di una o più imprese dello stato di dipendenza economica nel quale si trova, nei suoi o nei loro riguardi, una impresa cliente o fornitrice. Si considera dipendenza economica la situazione in cui un'impresa sia in grado di determinare, nei rapporti commerciali con un'altra impresa, un eccessivo squilibrio di diritti e di obblighi. La dipendenza economica è valutata tenendo conto anche della reale possibilità per la parte che abbia subito l'abuso di reperire sul mercato alternative soddisfacenti. Salvo prova contraria, si presume la dipendenza economica nel caso in cui un'impresa utilizzi i servizi di intermediazione forniti da una piattaforma digitale che ha un ruolo determinante per raggiungere utenti finali o fornitori, anche in termini di effetti di rete o di disponibilità dei dati.[1]

2. L'abuso può anche consistere nel rifiuto di vendere o nel rifiuto di comprare, nella imposizione di condizioni contrattuali ingiustificatamente gravose o discriminatorie, nella interruzione arbitraria delle relazioni commerciali in atto.

3. Il patto attraverso il quale si realizzi l'abuso di dipendenza economica è nullo. Il giudice ordinario competente conosce delle azioni in materia di abuso di dipendenza economica, comprese quelle inibitorie e per il risarcimento del danno. Le pratiche abusive realizzate dalle piattaforme digitali di cui al comma 1 possono consistere anche nel fornire informazioni o dati insufficienti in merito all'ambito o alla qualità del servizio erogato e nel richiedere indebite prestazioni unilaterali non giustificate dalla natura o dal contenuto dell'attività svolta, ovvero nell'adottare pratiche che inibiscono od ostacolano l'utilizzo di diverso fornitore per il medesimo servizio, anche attraverso l'applicazione di condizioni unilaterali o costi aggiuntivi non previsti dagli accordi contrattuali o dalle licenze in essere.[1]

3-*bis*. Ferma restando l'eventuale applicazione dell'art. 3, L. 10 ott. 1990, n. 287, l'Autorità garante della concorrenza e del mercato può, qualora ravvisi che un abuso di dipendenza economica abbia rilevanza per la tutela della concorrenza e del mercato, anche su segnalazione di terzi e a seguito dell'attivazione dei propri poteri di indagine ed esperimento dell'istruttoria, procedere alle diffide e sanzioni previste dall'art. 15, L. 10 ott. 1990, n. 287, nei confronti dell'impresa o delle imprese che abbiano commesso detto abuso. Le azioni civili esperibili a norma del presente articolo sono proposte di fronte alle sezioni specializzate in materia di impresa di cui all'articolo 1 del decreto legislativo 27 giugno 2003, n. 168.[1]

[1] Periodo aggiunto dall'art. 33, L. 5 ago. 2022, n. 118. Le disposizioni si applicano a decorrere dal 31 ott. 2022.

10. ***Conciliazione e arbitrato.***[1]

[1] Articolo abrog. dall'art. 5, c. 2, D.lgs. 25 nov. 2016, n. 219.

CONTROVERSIE SOCIETARIE

- 1 -

D.lgs. 17 gen. 2003, n. 5

Definizione dei procedimenti in materia di diritto societario e di intermediazione finanziaria, nonché in materia bancaria e creditizia, in attuazione dell'art. 12 della L. 3 ott. 2001, n. 366

(G.U. 22 gen. 2003, n. 17)

TITOLO I
Nuove norme di procedura

1-33.[1]

[1] Articoli abrog. dall'art. 54, L. 18 giu. 2009, n. 69; continuano ad applicarsi alle controversie pendenti alla data del 4 lug. 2009.

TITOLO V
Dell'arbitrato

34. ***Oggetto ed effetti di clausole compromissorie statutarie.*** — 1. Gli atti costitutivi delle società, ad eccezione di quelle che fanno ricorso al mercato del capitale di rischio a norma dell'art. 2325-*bis* del codice civile, possono, mediante clausole compromissorie, prevedere la devoluzione ad arbitri di alcune ovvero di tutte le controversie insorgenti tra i soci ovvero tra i soci e la società che abbiano ad oggetto diritti disponibili relativi al rapporto sociale.

2. La clausola deve prevedere il numero e le modalità di nomina degli arbitri, conferendo in ogni caso, a pena di nullità, il potere di nomina di tutti gli arbitri a soggetto estraneo alla società. Ove il soggetto designato non provveda, la nomina è richiesta al presidente del tribunale del luogo in cui la società ha la sede legale.

3. La clausola è vincolante per la società e per tutti i soci, inclusi coloro la cui qualità di socio è oggetto della controversia.

4. Gli atti costitutivi possono prevedere che la clausola abbia ad oggetto controversie promosse da amministratori, liquidatori e sindaci ovvero nei loro confronti e, in tale caso, essa, a seguito dell'accettazione dell'incarico, è vincolante per costoro.

5. Non possono essere oggetto di clausola compromissoria le controversie nelle quali la legge preveda l'intervento obbligatorio del pubblico ministero.

6. Le modifiche dell'atto costitutivo, introduttive o soppressive di clausole compromissorie, devono essere approvate dai soci che rappresentino almeno i due terzi del capitale sociale. I soci assenti o dissenzienti possono, entro i successivi novanta giorni, esercitare il diritto di recesso.

35. ***Disciplina inderogabile del procedimento arbitrale.*** — 1. La domanda di arbitrato proposta dalla società o in suo confronto è depositata presso il registro delle imprese ed è accessibile ai soci.

2. Nel procedimento arbitrale promosso a seguito della clausola compromissoria di cui all'art. 34, l'intervento di terzi a norma dell'art. 105 del codice di procedura civile nonché l'intervento di altri soci a norma degli artt. 106 e 107 dello stesso codice è ammesso fino alla prima udienza di trattazione. Si applica l'art. 820, comma secondo, del codice di procedura civile.

3. Nel procedimento arbitrale non si applica l'art. 819, primo comma, del codice di procedura civile; tuttavia il lodo è sempre impugnabile, anche in deroga a quanto previsto per l'arbitrato internazionale dall'art. 838 del codice di procedura civile, a norma degli artt. 829, primo comma, e 831 dello stesso codice.

4. Le statuizioni del lodo sono vincolanti per la società.

5. La devoluzione in arbitrato, anche non rituale, di una controversia non preclude il ricorso alla tutela cautelare a norma dell'art. 669-*quinquies* del codice di procedura civile, ma se la clausola compromissoria consente la devoluzione in arbitrato di controversie aventi ad oggetto la validità di delibere assembleari agli arbitri compete sempre il potere di disporre, con ordinanza non reclamabile, la sospensione dell'efficacia della delibera.

5-*bis*. I dispositivi dell'ordinanza di sospensione e del lodo che decide sull'impugnazione devono essere iscritti, a cura degli amministratori, nel registro delle imprese.[1]

[1] Comma aggiunto dall'art. 4 D.lgs. 6 feb. 2004, n. 37.

36. ***Decisione secondo diritto.*** — 1. Anche se la clausola compromissoria autorizza gli arbitri a decidere secondo equità ovvero con lodo non impugnabile, gli arbitri debbono decidere secondo diritto, con lodo impugnabile anche a norma dell'art. 829, secondo comma, del codice di procedura civile quando per decidere abbiano conosciuto di questioni non compromettibili ovvero quando l'oggetto del giudizio sia costituito dalla validità di delibere assembleari.

2. La presente disposizione si applica anche al lodo emesso in un arbitrato internazionale.

37. ***Risoluzione di contrasti sulla gestione di società.*** — 1. Gli atti costitutivi delle società a responsabilità limitata e delle società di persone possono anche contenere clausole con le quali si deferiscono ad uno o più terzi i contrasti tra coloro che hanno il potere di amministrazione in ordine alle decisioni da adottare nella gestione della società.

2. Gli atti costitutivi possono prevedere che la decisione sia reclamabile davanti ad un collegio, nei termini e con le modalità dagli stessi stabilite.[1]

3. Gli atti costitutivi possono altresì prevedere che il soggetto o il collegio chiamato a dirimere i contrasti di cui ai commi 1 e 2 può dare indicazioni vincolanti anche sulle questioni collegate con quelle espressamente deferitegli.

4. La decisione resa ai sensi del presente articolo è impugnabile a norma dell'art. 1349, comma secondo, del codice civile.

[1] Comma così modif. dall'art. 4, D.lgs. 6 feb. 2004, n. 37.

TITOLO VI
Della conciliazione stragiudiziale

38-40.[1] [Abrogati]

[1] Articoli abrog. dall'art. 23, D.lgs. 4 mar. 2010, n. 28.

TITOLO VII
Norme transitorie e finali

41-42. (*Omissis*).

CONTROVERSIE SULLA PROPRIETÀ INDUSTRIALE E INTELLETTUALE

- 1 -

L. 22 apr. 1941, n. 633

Protezione del diritto d'autore e di altri diritti connessi al suo esercizio

(G.U. 16 lug. 1941, n. 166) (*stralcio*)

CAPO III
Difese e sanzioni giudiziarie

SEZIONE I
Difese e sanzioni civili

§ 1.
Norme relative ai diritti di utilizzazione economica

156.[1] 1. Chi ha ragione di temere la violazione di un diritto di utilizzazione economica a lui spettante in virtù di questa legge oppure intende impedire la continuazione o la ripetizione di una violazione già avvenuta sia da parte dell'autore della violazione che di un intermediario i cui servizi sono utilizzati per tale violazione può agire in giudizio per ottenere che il suo diritto sia accertato e sia vietato il proseguimento della violazione. Pronunciando l'inibitoria, il giudice può fissare una somma dovuta per ogni violazione o inosservanza successivamente constatata o per ogni ritardo nell'esecuzione del provvedimento.

2. Sono fatte salve le disposizioni di cui al decreto legislativo 9 aprile 2003, n. 70.

3. L'azione è regolata dalle norme di questa sezione e dalle disposizioni del codice di procedura civile.

3-*bis*. Sono devolute alla cognizione delle sezioni specializzate in materia d'impresa previste dal decreto legislativo 27 giugno 2003, n. 168, tutte le controversie aventi ad oggetto i diritti d'autore e i diritti connessi al diritto d'autore previsti dalla presente legge.[2]

[1] Articolo così modif. dall'art. 2, D.lgs. 16 mar. 2006, n. 140.

[2] Comma agg. dall'art. 39, c. 1, D.lgs. 15 mar. 2017, n. 35.

156-*bis*.[1] 1. Qualora una parte abbia fornito seri indizi della fondatezza delle proprie domande, ed abbia individuato documenti, elementi o informazioni detenuti dalla controparte che confermino tali indizi, essa può ottenere che il giudice ne disponga l'esibizione oppure che richieda le informazioni alla controparte. Può ottenere altresì che il giudice ordini alla controparte di fornire gli elementi per l'identificazione dei soggetti implicati nella produzione e distribuzione dei prodotti o

LEGGI COMPLEMENTARI - C.C. e C.P.C.

dei servizi che costituiscono violazione dei diritti di cui alla presente legge.

2. In caso di violazione commessa su scala commerciale il giudice può anche disporre, su richiesta di parte, l'esibizione della documentazione bancaria, finanziaria e commerciale che si trovi in possesso della controparte.

3. Il giudice, nell'assumere i provvedimenti di cui ai commi 1 e 2, adotta le misure idonee a garantire la tutela delle informazioni riservate, sentita la controparte.

4. Il giudice desume argomenti di prova dalle risposte che le parti danno e dal rifiuto ingiustificato di ottemperare agli ordini.

[1] Articolo aggiunto dall'art. 3 D.lgs. 16 mar. 2006, n. 140.

156-*ter*.[1] 1. L'autorità giudiziaria sia nei giudizi cautelari che di merito può ordinare su richiesta giustificata e proporzionata del richiedente, che vengano fornite informazioni sull'origine e sulle reti di distribuzione di merci o di prestazione di servizi che violano un diritto di cui alla presente legge da parte dell'autore della violazione e da ogni altra persona che:

a) sia stata trovata in possesso di merci oggetto di violazione di un diritto, su scala commerciale; sia stata sorpresa a utilizzare servizi oggetto di violazione di un diritto, su scala commerciale;

b) sia stata sorpresa a fornire su scala commerciale servizi utilizzati in attività di violazione di un diritto;

c) sia stata indicata dai soggetti di cui alle lettere a) o b) come persona implicata nella produzione, fabbricazione o distribuzione di tali prodotti o nella fornitura di tali servizi.

2. Le informazioni di cui al comma 1 possono tra l'altro comprendere il nome e indirizzo dei produttori, dei fabbricanti, dei distributori, dei fornitori e degli altri precedenti detentori dei prodotti o dei servizi, nonché dei grossisti e dei dettaglianti nonché informazioni sulle quantità prodotte, fabbricate, consegnate, ricevute o ordinate, nonché sul prezzo dei prodotti o servizi in questione.

3. Le informazioni vengono acquisite tramite interrogatorio dei soggetti di cui al comma 1.

4. Il richiedente deve fornire l'indicazione specifica delle persone da interrogare e dei fatti sui quali ognuna di esse deve essere interrogata.

5. Il giudice, ammesso l'interrogatorio, richiede ai soggetti di cui al comma 1 le informazioni indicate dalla parte; può altresì rivolgere loro, d'ufficio o su istanza di parte, tutte le domande che ritiene utili per chiarire le circostanze sulle quali si svolge l'interrogatorio.

6. Si applicano gli artt. 2449, 250, 252, 255 e 257 comma 1, c.p.c.

[1] Articolo aggiunto dall'art. 4 D.lgs. 16 mar. 2006, n. 140.

157. Chi si trova nell'esercizio dei diritti di rappresentazione o di esecuzione di un'opera adatta a pubblico spettacolo, compresa l'opera cinematografica, o di un'opera o composizione musicale (136 s.), può richiedere al prefetto della provincia, secondo le norme stabilite dal regolamento, la proibizione della rappresentazione o della esecuzione, ogni qualvolta manchi la prova scritta del consenso da esso prestato (Reg. 14).

Il prefetto provvede sulla richiesta, in base alle notizie e ai documenti a lui sottoposti, permettendo o vietando la rappresentazione o l'esecuzione, salvo alla parte interessata di adire l'autorità giudiziaria, per i definitivi provvedimenti di sua competenza.

158.[1] 1. Chi venga leso nell'esercizio di un diritto di utilizzazione economica a lui spettante può agire in giudizio per ottenere, oltre al risarcimento del danno che, a spese dell'autore della violazione, sia distrutto o rimosso lo stato di fatto da cui risulta la violazione.

2. Il risarcimento dovuto al danneggiato è liquidato secondo le disposizioni degli artt. 1223, 1226 e 1227 del codice civile. Il lucro cessante è valutato dal giudice ai sensi dell'art. 2056 comma 2 c.c. anche tenuto conto degli utili realizzati in violazione del diritto. Il giudice può altresì liquidare il danno in via forfettaria sulla base quanto meno dell'importo dei diritti che avrebbero dovuto essere riconosciuti qualora l'autore della violazione avesse chiesto al titolare l'autorizzazione per l'utilizzazione del diritto.

3. Sono altresì dovuti i danni non patrimoniali ai sensi dell'art. 2059 c.c.

[1] Articolo così modif. dall'art. 5, D.lgs. 16 mar. 2006, n. 140.

159.[1] 1. La rimozione o la distribuzione prevista nell'articolo precedente non può avere per oggetto che gli esemplari o copie illecitamente riprodotte o diffuse, nonché gli apparecchi impiegati per la riproduzione o diffusione.

1-*bis*. Se gli esemplari, le copie e gli apparecchi di cui al comma 1 sono suscettibili, previa adeguata modifica, di una utilizzazione legittima da parte dell'autore della violazione, può essere disposto dal giudice il loro ritiro temporaneo dal commercio con possibilità i un loro reinserimento a seguito degli adeguamenti imposti a garanzia del rispetto del diritto.

2. Se una parte dell'esemplare, della copia o dell'apparecchio di cui al comma 1 può essere impiegata per una diversa riproduzione o diffusione, l'interessato può chiedere, a sue spese, la separazione di questa parte nel proprio interesse.

3. Se l'esemplare o la copia singolare pregio artistico o scientifico, il giudice ne può ordinare di ufficio il deposito in un pubblico museo.

4. Il danneggiato può sempre chiedere che gli esemplari, le copie e gli apparecchi soggetti alla distruzione gli siano aggiudicati per un determinato prezzo in conto del risarcimento dovutogli.

5. I provvedimenti della distruzione e della aggiudicazione non colpiscono gli esemplari o le copie

contraffatte acquistati in buona fede per uso personale.

5-*bis*. L'applicazione delle misure di cui al presente articolo deve essere proporzionata alla gravità della violazione e tenere conto degli interessi dei terzi.

[1] Articolo così modif. dall'art. 6, D.lgs. 16 mar. 2006, n. 140.

160. La rimozione o la distruzione non può essere domandata nell'ultimo anno della durata del diritto. In tal caso, deve essere ordinato il sequestro dell'opera o del prodotto sino alla scadenza della durata medesima. Qualora siano stati risarciti i danni derivati dalla violazione del diritto, il sequestro può essere autorizzato anche ad una data anteriore a quella sopraindicata.

161.[1] 1. Agli effetti dell'esercizio delle azioni previste negli articoli precedenti nonché della salvaguardia delle prove relative alla contraffazione, possono essere ordinati dall'autorità giudiziaria la descrizione, l'accertamento, la perizia od il sequestro di ciò che si ritenga costituire violazione del diritto di utilizzazione, può inoltre farsi ricorso ai procedimenti d'istruzione preventiva.

2. Il sequestro non può essere concesso nelle opere che risultano dal contributo di più persone, salvo i casi di particolare gravità o quando la violazione del diritto di autore è imputabile a tutti i coautori.

3. L'Autorità giudiziaria può anche ordinare, in casi particolarmente gravi, il sequestro dei proventi dovuti all'autore dell'opera o del prodotto contestato.

4. Le disposizioni di questa sezione si applicano a chi mette in circolazione in qualsiasi modo, o detiene per scopi commerciali copie non autorizzate di programmi e qualsiasi mezzo inteso unicamente a consentire o facilitare la rimozione arbitraria o l'elusione funzionale dei dispositivi applicati a protezione di un programma per elaboratore.

[1] Articolo così modif. dall'art. 7, D.lgs. 16 mar. 2006, n. 140.

162.[1] 1. Salvo quanto diversamente disposto dalla presente legge, i procedimenti di cui all'art. 161 sono disciplinati dalle norme del codice di procedura civile concernenti i procedimenti cautelari.

2. La descrizione e il sequestro vengono eseguiti a mezzo di ufficiale giudiziario, con l'assistenza, ove occorra, di uno o più periti ed anche con l'impiego di mezzi tecnici di accertamento, fotografici o di altra natura. Nel caso di pubblici spettacoli non si applicano le limitazioni di giorni e di ore previste per atti di questa natura dal codice di procedura civile.

3. Gli interessati possono essere autorizzati ad assistere alle operazioni anche a mezzo di propri rappresentanti e ad essere assistiti da tecnici di loro fiducia.

4. Alla descrizione non si applicano i commi secondo e terzo dell'art. 693 del codice di procedura civile. Ai fini dell'art. 697 del codice di procedura civile, il carattere dell'eccezionale urgenza deve valutarsi anche alla stregua dell'esigenza di non pregiudicare l'attuazione del provvedimento. Si applica anche alla descrizione il disposto degli artt. 669-*octies*, 669-*undecies* e 675 del codice di procedura civile.

5. Decorso il termine di cui all'art. 675 del codice di procedura civile, possono essere completate le operazioni di descrizione e di sequestro già iniziate, ma non possono esserne iniziate altre fondate sullo stesso provvedimento; resta salva la facoltà di chiedere al giudice di disporre ulteriori provvedimenti di descrizione o di sequestro nel corso del procedimento di merito.

6. Descrizione e sequestro possono concernere oggetti appartenenti a soggetti anche non identificati nel ricorso, purché si tratti di oggetti prodotti, offerti, importati o distribuiti dalla parte nei cui confronti siano stati emessi i suddetti provvedimenti e purché tali oggetti non siano adibiti ad uso personale, ovvero si tratti di opere diffuse con qualunque mezzo. Il verbale delle operazioni di sequestro e di descrizione con il ricorso ed il provvedimento, deve essere notificato al terzo cui appartengono gli oggetti sui quali descrizione o sequestro sono stati eseguiti entro quindici giorni dalla conclusione delle operazioni stesse a pena di inefficacia.

[1] Articolo così modif. dall'art. 5, L. 18 ago. 2000, n. 248.

162-*bis*.[1] 1. Se il giudice, nel rilasciare il provvedimento cautelare, non stabilisce il termine entro cui le parti devono iniziare il giudizio di merito, quest'ultimo deve essere iniziato entro il termine di venti giorni lavorativi o di trentuno giorni di calendario qualora questi rappresentino un periodo più lungo.

2. Il termine decorre dalla pronuncia dell'ordinanza se avvenuta in udienza, o, altrimenti dalla sua comunicazione.

3. Se il giudizio di merito non è iniziato nel termine perentorio di cui al comma 1, ovvero se successivamente al suo inizio di estingue, il provvedimento cautelare perde la sua efficacia.

4. Le disposizioni di cui al comma 3 non si applicano ai provvedimenti di urgenza emessi ai sensi dell'art. 700 c.p.c. ed agli altri provvedimenti cautelari idonei ad anticipare gli effetti della sentenza di merito. In tali casi ciascuna parte può iniziare il giudizio di merito.

[1] Articolo aggiunto dall'art. 8 D.lgs. 16 mar. 2006, n. 140.

162-*ter*.[1] Nei casi di violazioni commesse su scala commerciale, quando la parte lesa faccia valere l'esistenza di circostanze atte a pregiudicare il pagamento del risarcimento del danno, l'autorità giudiziaria può disporre ai sensi dell'art. 671 c.p.c. il sequestro conservativo di beni mobili e immobili del presunto autore della violazione fino alla concorrenza del presumibile ammontare del danno, compreso il blocco dei suoi conti bancari e di altri beni. A tal fine l'autorità giudiziaria può disporre la comunicazione delle documentazioni bancarie, finanziarie o commerciali, o l'appropriato accesso alle pertinenti informazioni.

[1] Articolo aggiunto dall'art. 9 D.lgs. 16 mar. 2006, n. 140.

163.[1] 1. Il titolare di un diritto di utilizzazione economica può chiedere che sia disposta l'inibitoria di qualsiasi attività, ivi comprese quelle costituenti servizi prestati da intermediari, che costituisca violazione del diritto stesso secondo le norme del codice di procedura civile concernenti i procedimenti cautelari.[2]

2. Pronunciando l'inibitoria, il giudice può fissare una somma dovuta per ogni violazione o per ogni ritardo nell'esecuzione del provvedimento.

3. Ove in sede giudiziaria si accerti la mancata corresponsione del compenso relativo ai diritti di cui agli artt. 73 e 73-*bis*, oltre alla liquidazione dello stesso può essere disposta l'interdizione dall'utilizzo dei fonogrammi per un periodo da un minimo di quindici giorni ad un massimo di centottanta giorni.

4. Ove in sede giudiziaria si accerti l'utilizzazione di fonogrammi che, ai sensi dell'art. 74, arrecano pregiudizio al produttore fotografico, oltre alla interdizione definitiva dal loro utilizzo, può essere comminata una sanzione amministrativa da un minimo di euro 260,00 ad un massimo di euro 5.200.000.[2]

[1] Articolo così modif. dal D.lgs. 9 apr. 2003, n. 68.
[2] Comma così modif. dall'art. 10, D.lgs. 16 mar. 2006, n. 140.

164. Se le azioni previste in questa sezione e nella seguente sono promosse dall'ente di diritto pubblico indicato nell'art. 180 si osservano le regole seguenti:[1]

1) i funzionari appartenenti agli enti sopramenzionati possono esercitare le azioni di cui sopra nell'interesse degli aventi diritto senza bisogno di mandato, bastando che consti della loro qualità;

2) l'ente di diritto pubblico è dispensato dall'obbligo di prestare cauzione per la esecuzione degli atti per i quali questa cautela è prescritta o autorizzata;

3) l'ente di diritto pubblico designa i funzionari autorizzati a compiere attestazioni di credito per diritto d'autore, nonché in relazione ad altre funzioni attribuite all'ente; dette attestazioni sono atti aventi efficacia di titolo esecutivo a norma dell'art. 474 del codice di procedura civile.[2]

[1] Periodo così modif. dall'art. 11, D.lgs. 16 mar. 2006, n. 140.
[2] Il n. 3 è stato così sostituito dal D.lgs. 9 apr. 2003, n. 68.

165. L'autore dell'opera oggetto del diritto di utilizzazione, anche dopo la cessione di tale diritto, ha sempre la facoltà di intervenire nei giudizi promossi dal cessionario, a tutela dei suoi interessi.

166. Sull'istanza della parte interessata, o di ufficio, il giudice può ordinare che la sentenza venga pubblicata per la sola parte dispositiva in uno o più giornali ed anche ripetutamente a spese della parte soccombente (120 c.p.c.).

167.[1] I diritti di utilizzazione economica, riconosciuti da questa legge, possono anche essere fatti valere giudizialmente:

a) da chi si trovi nel possesso legittimo dei diritti stessi;

b) da chi possa agire in rappresentanza del titolare dei diritti.

[1] Articolo così modif. dall'art. 12, D.lgs. 16 mar. 2006, n. 140.

§ 2.
Norme particolari ai giudizi concernenti l'esercizio del diritto morale

168. Nei giudizi concernenti l'esercizio del diritto morale sono applicabili, in quanto lo consente la natura di questo diritto, le norme contenute nel paragrafo precedente (156 s.), salva la applicazione delle disposizioni dei seguenti articoli.

169. L'azione a difesa dell'esercizio dei diritti che si riferiscono alla paternità dell'opera può dar luogo alla sanzione della rimozione o distruzione (158 s.) solo quando la violazione non possa essere convenientemente riparata mediante aggiunte o soppressioni sull'opera delle indicazioni che si riferiscono alla paternità dell'opera stessa o con altri mezzi di pubblicità.

170. L'azione a difesa dei diritti che si riferiscono all'integrità dell'opera può condurre alla rimozione o distruzione (158 s.) dell'esemplare deformato, mutilato o comunque modificato dell'opera, solo quando non sia possibile ripristinare detto esemplare nella forma primitiva a spese della parte interessata ad evitare la rimozione o la distruzione.

- 2 -

D.lgs. 10 feb. 2005, n. 30

Codice della proprietà industriale a norma dell'art. 15 della L. 12 dic. 2002, n. 273[1]

(G.U. 4 mar. 2005, n. 52, Suppl. n. 28)

(*stralcio*)

[1] Il presente provvedimento è aggiornato con le modifiche di cui al D.lgs. 20 feb. 2019, n. 15.

Ai sensi e per gli effetti dell'art. 33, D.lgs. 15/2019:

1. Entro un anno dalla data di entrata in vigore del D.lgs. 15/2019, i titolari di marchi collettivi nazionali registrati ai sensi della normativa previgente possono formulare domanda all'Ufficio italiano brevetti e marchi per la conversione del segno in marchio collettivo o in marchio di certificazione, ai sensi della nuova disciplina.

2. La domanda di cui al c. 1 deve essere corredata dal testo del regolamento d'uso del segno, aggiornato in coerenza alla disciplina in vigore e alla scelta di conversione formulata dall'istante.

3. Alle istanze di cui al c. 1 si applicano le disposizioni previste dal codice della proprietà industriale in materia di domande di marchi di certificazione o marchi collettivi, comprese le disposizioni di cui all'art. 11 della tariffa allegata al D.P.R. 26 ott. 1972, n. 641.

4. Ferma restando la continuità con il marchio collettivo registrato, ai sensi della normativa previgente, gli effetti della registrazione del nuovo marchio decorrono, ai fini della determinazione della durata di cui all'art. 15 del codice della proprietà industriale, dalla data di deposito della domanda di cui al c. 1.

5. In caso di mancata presentazione della domanda di cui al c. 1, il marchio decade a decorrere dalla data di scadenza del termine ivi previsto.

6. I procedimenti istruttori in corso su domande di registrazione di marchi collettivi nazionali, ai sensi della normativa previgente, sono sospesi alla data di entrata in vigore del D.lgs. 15/2019. I soggetti che hanno presentato la domanda possono riavviare l'istruttoria presentando istanza di conversione della stessa, in domanda di registrazione di marchio collettivo o marchio di certificazione, ai sensi della nuova disciplina. In tal caso, gli effetti della registrazione del marchio risultante dalla domanda di conversione decorrono dalla data di deposito della domanda di registrazione convertita. In caso di mancata presentazione della domanda di conversione entro il termine di cui al c. 1, le domande di registrazione di marchi collettivi nazionali ai sensi della normativa previgente si considerano ritirate.

CAPO III
Tutela giurisdizionale dei diritti di proprietà industriale

SEZIONE I
Disposizioni processuali

117. ***Validità ed appartenenza.*** — 1. La registrazione e la brevettazione non pregiudicano l'esercizio delle azioni circa la validità e l'appartenenza dei diritti di proprietà industriale.

118. ***Rivendica.*** — 1. Chiunque ne abbia diritto ai sensi del presente codice può presentare una domanda di registrazione oppure una domanda di brevetto.

2. Qualora con sentenza passata in giudicato si accerti che il diritto alla registrazione oppure al brevetto spetta ad un soggetto diverso da chi abbia depositato la domanda, questi può, se il titolo di proprietà industriale non è stato ancora rilasciato ed entro tre mesi dal passaggio in giudicato della sentenza:

a) assumere a proprio nome la domanda di brevetto o la domanda di registrazione rivestendo a tutti gli effetti la qualità di richiedente;

b) depositare una nuova domanda di brevetto oppure di registrazione la cui decorrenza, nei limiti in cui il contenuto di essa non ecceda quello della prima domanda o si riferisca ad un oggetto sostanzialmente identico a quello della prima domanda, risale alla data di deposito o di priorità della domanda iniziale la quale cessa comunque di avere effetti; depositare, nel caso del marchio, una nuova domanda di registrazione la cui decorrenza, nei limiti in cui il marchio contenuto in essa sia sostanzialmente identico a quello della prima domanda, risale alla data di deposito o di priorità della domanda iniziale la quale cessa comunque di avere effetti;

c) ottenere il rigetto della domanda.

3. Se il brevetto è stato rilasciato oppure la registrazione è stata effettuata a nome di persona diversa dall'avente diritto, questi può in alternativa:

a) ottenere con sentenza il trasferimento a suo nome del brevetto oppure dell'attestato di registrazione a far data dal momento del deposito;

b) far valere la nullità del brevetto o della registrazione concessi a nome di chi non ne aveva diritto.

4. Decorso il termine di due anni dalla data di pubblicazione della concessione del brevetto per invenzione, per modello di utilità, per una nuova varietà vegetale, oppure dalla pubblicazione della concessione della registrazione della topografia dei prodotti a semiconduttori, senza che l'avente diritto si sia valso di una delle facoltà di cui al comma 3, la nullità può essere fatta valere da chiunque ne abbia interesse.

5. La norma del comma 4 non si applica alle registrazioni di marchio e di disegni e modelli.

6. Salva l'applicazione di ogni altra tutela, la registrazione di nome a dominio aziendale concessa in violazione dell'art. 22 o richiesta in mala fede, può essere, su domanda dell'avente diritto, revocata oppure a lui trasferita da parte dell'autorità di registrazione.

119. ***Paternità.*** — 1. L'Ufficio italiano brevetti e marchi non verifica l'esattezza della designazione dell'inventore o dell'autore, né la legittimazione del richiedente, fatte salve le verifiche previste dalla legge o dalle convenzioni internazionali. Avanti l'Ufficio italiano brevetti e marchi si presume che il richiedente sia titolare del diritto alla registrazione oppure al brevetto e sia legittimato ad esercitarlo.

2. Una designazione incompleta od errata può essere rettificata soltanto su istanza corredata da una dichiarazione di consenso della persona precedentemente designata e, qualora l'istanza non sia presentata dal richiedente o dal titolare del brevetto o della registrazione, anche da una dichiarazione di consenso di quest'ultimo.

3. Se un terzo presenta all'Ufficio italiano brevetti e marchi una sentenza esecutiva in base alla quale il richiedente o il titolare del brevetto o della registrazione è tenuto a designarlo come inventore o come autore l'Ufficio lo annota sul registro e ne dà notizia nel Bollettino Ufficiale.

120. ***Giurisdizione e competenza.*** — 1. Le azioni in materia di proprietà industriale i cui titoli sono concessi o in corso di concessione si propongono avanti l'autorità giudiziaria dello Stato, qualunque sia la cittadinanza, il domicilio o la residenza delle parti. Se l'azione di nullità o quella di contraffazione sono proposte quando il titolo non è stato ancora concesso, la sentenza può essere pronunciata solo dopo che l'Ufficio italiano brevetti e marchi ha provveduto sulla domanda di concessione, esaminandola con precedenza rispetto a domande presentate in data anteriore. Il giudice, tenuto conto delle circostanze, dispone la sospensione del processo, per una o più volte, fissando con il medesimo provvedimento l'udienza in cui il processo deve proseguire.

2. Le azioni previste al comma 1 si propongono davanti all'Autorità giudiziaria del luogo in cui il convenuto ha la residenza o il domicilio e, se questi sono sconosciuti, del luogo in cui il convenuto ha la dimora, salvo quanto previsto nel comma 3. Quando il convenuto non ha residenza, né domicilio né dimora nel territorio dello Stato, le azioni sono proposte davanti all'Autorità giudiziaria del luogo in cui l'attore ha la residenza o il domicilio. Qualora né l'attore, né il convenuto abbiano nel territorio dello Stato residenza, domicilio o dimora è competente l'Autorità giudiziaria di Roma.

3. L'indicazione di domicilio effettuata con la domanda di registrazione o di brevettazione e annotata nel registro vale come elezione di domicilio esclusivo ai fini della determinazione della competenza e di ogni notificazione di atti di procedimenti davanti ad autorità giurisdizionali ordinarie o amministrative. Il domicilio così eletto può essere modificato soltanto con apposita istanza di sostituzione da annotarsi sul registro a cura dell'Ufficio italiano brevetti e marchi.

4. La competenza in materia di diritti di proprietà industriale appartiene ai Tribunali espressamente indicati a tale scopo dal decreto legislativo 27 giugno 2003, n. 168.

5. Per Tribunali dei marchi e dei disegni e modelli comunitari ai sensi dell'art. 91 del regolamento CE n. 40/94 e dell'art. 80 del regolamento CE n. 2002/6 si intendono quelli di cui al comma 4.

6. Le azioni fondate su fatti che si assumono lesivi del diritto dell'attore possono essere proposte anche dinanzi all'Autorità giudiziaria dotata di sezione specializzata nella cui circoscrizione i fatti sono stati commessi.

6-*bis*. Le regole di giurisdizione e competenza di cui al presente articolo si applicano altresì alle azioni di accertamento negativo anche proposte in via cautelare.

121. ***Ripartizione dell'onere della prova.*** — 1. Salvo il caso di decadenza per non uso, l'onere di provare la nullità o la decadenza del titolo di proprietà industriale incombe in ogni caso a chi impugna il titolo. Salvo il disposto dell'articolo 67 l'onere di provare la contraffazione incombe al titolare. In ogni caso in cui sia domandata o eccepita la decadenza per non uso, il titolare fornisce la prova dell'uso del marchio a norma dell'articolo 24.[1]

2. Qualora una parte abbia fornito seri indizi della fondatezza delle proprie domande ed abbia individuato documenti, elementi o informazioni detenuti dalla controparte che confermino tali indizi, essa può ottenere che il giudice ne disponga l'esibizione oppure che richieda le informazioni alla controparte. Può ottenere altresì che il giudice ordini alla controparte di fornire gli elementi per l'identificazione dei soggetti implicati nella produzione e distribuzione dei prodotti o dei servizi che costituiscono violazione dei diritti di proprietà industriale.

2-*bis*. In caso di violazione commessa su scala commerciale mediante atti di pirateria di cui all'art. 144, il giudice può anche disporre, su richiesta di parte, l'esibizione della documentazione bancaria, finanziaria e commerciale che si trovi in possesso della controparte.

3. Il giudice, nell'assumere i provvedimenti di cui sopra, adotta le misure idonee a garantire la tutela delle informazioni riservate, sentita la controparte.

4. Il giudice desume argomenti di prova dalle risposte che le parti danno e dal rifiuto ingiustificato di ottemperare agli ordini.

5. Nella materia di cui al presente codice il consulente tecnico d'ufficio può ricevere i documenti inerenti ai quesiti posti dal giudice anche se non ancora prodotti in causa rendendoli noti a tutte le parti. Ciascuna parte può nominare più di un consulente.

[1] Lettera così modif. dall'art. 13, D.lgs. 20 feb. 2019, n. 15.

121-*bis*. ***Diritto d'informazione.*** — 1. L'Autorità giudiziaria sia nei giudizi cautelari che di merito può ordinare, su istanza giustificata e proporzionata del richiedente, che vengano fornite informazioni sull'origine e sulle reti di distribuzione di merci o di prestazione di servizi che violano un diritto di cui alla presente legge da parte dell'autore della violazione e da ogni altra persona che:

a) sia stata trovata in possesso di merci oggetto di violazione di un diritto, su scala commerciale; sia stata sorpresa a utilizzare servizi oggetto di violazione di un diritto, su scala commerciale;

b) sia stata sorpresa a fornire su scala commerciale servizi utilizzati in attività di violazione di un diritto;

c) sia stata indicata dai soggetti di cui alle lettere *a*) o *b*) come persona implicata nella produzione, fabbricazione o distribuzione di tali prodotti o nella fornitura di tali servizi.

2. Le informazioni di cui al comma 1 possono tra l'altro comprendere il nome e l'indirizzo dei produttori, dei fabbricanti, dei distributori, dei fornitori e degli altri precedenti detentori dei prodotti o dei servizi, nonché dei grossisti e dei dettaglianti, nonché informazioni sulle quantità prodotte, fabbricate, consegnate, ricevute o ordinate, nonché sul prezzo dei prodotti o servizi in questione.

3. Le informazioni vengono acquisite tramite interrogatorio dei soggetti di cui al comma 1.

4. Il richiedente deve fornire l'indicazione specifica delle persone da interrogare e dei fatti sui quali ognuna di esse deve essere interrogata.

5. Il giudice, ammesso l'interrogatorio, richiede ai soggetti di cui al comma 1 le informazioni indicate dalla parte; può altresì rivolgere loro, d'ufficio o su istanza di parte, tutte le domande che ritiene utili per chiarire le circostanze sulle quali si svolge l'interrogatorio.

6. Si applicano gli artt. 249, 250, 252, 255 e 257, primo comma, del codice di procedura civile.

121-*ter*. *Tutela della riservatezza dei segreti commerciali nel corso dei procedimenti giudiziari.*[1] — 1. Nei procedimenti giudiziari relativi all'acquisizione, all'utilizzazione o alla rivelazione illecite dei segreti commerciali di cui all'articolo 98, il giudice può vietare ai soggetti da lui nominati o delegati, alle parti e ai loro rappresentanti e consulenti, ai difensori, al personale amministrativo, ai testimoni, e agli altri soggetti che a qualunque titolo hanno accesso ai provvedimenti, agli atti e ai documenti presenti nel fascicolo d'ufficio, l'utilizzo o la rivelazione dei segreti commerciali oggetto del procedimento che ritenga riservati. Il provvedimento di divieto di cui al primo periodo è pronunciato su istanza di parte e mantiene efficacia anche successivamente alla conclusione del procedimento nel corso del quale è stato emesso.

2. Il provvedimento di cui al comma 1 perde la sua efficacia:

a) se con sentenza, passata in giudicato, è accertato che i segreti commerciali oggetto di causa erano privi dei requisiti di cui all'articolo 98;

b) se i segreti commerciali diventano generalmente noti o facilmente accessibili agli esperti e agli operatori del settore.

3. Nei procedimenti giudiziari di cui al comma 1 il giudice, su istanza di parte, può adottare i provvedimenti che, nel rispetto dei principi regolatori del giusto processo, appaiano più idonei a tutelare la riservatezza dei segreti commerciali oggetto di causa, ed in particolare:

a) limitare ad un numero ristretto di soggetti l'accesso alle udienze e agli atti e ai documenti presenti nel fascicolo d'ufficio;

b) disporre, nei provvedimenti che definiscono i procedimenti di cui al comma 1, resi disponibili anche a soggetti diversi dalle parti, l'oscuramento o l'omissione delle parti contenenti i segreti commerciali.

4. Ai fini di cui al comma 3, lettera *b*), il giudice, con il provvedimento, indica le parti dello stesso che il cancelliere è tenuto ad oscurare o omettere all'atto del rilascio di copia a soggetti diversi dalle parti. Agli stessi fini il giudice ordina che, all'atto del deposito del provvedimento, la cancelleria vi apponga un'annotazione dalla quale risulti il divieto per le parti di diffondere il provvedimento in versione integrale.

[1] Articolo ins. dall'art. 5, D.lgs. 11 mag. 2018, n. 63.

122. *Legittimazione all'azione di nullità e di decadenza.* — 1. Fatto salvo il disposto dell'articolo 118, comma 4, l'azione diretta ad ottenere la dichiarazione di decadenza o di nullità di un titolo di proprietà industriale può essere esercitata da chiunque vi abbia interesse e promossa d'ufficio dal pubblico ministero. In deroga all'articolo 70 del codice di procedura civile l'intervento del pubblico ministero non è obbligatorio.

2. L'azione diretta ad ottenere la dichiarazione di nullità di un marchio per la sussistenza di diritti anteriori, oppure perché l'uso del marchio costituirebbe violazione di un altrui diritto di autore, di proprietà industriale, o altro diritto esclusivo di terzi, oppure perché il marchio costituisce violazione del diritto al nome oppure al ritratto, oppure perché la registrazione del marchio è stata effettuata a nome del non avente diritto, può essere esercitata soltanto dal titolare dei diritti anteriori e dal suo avente causa o dall'avente diritto.

3. L'azione diretta ad ottenere la dichiarazione di nullità di un disegno o modello per la sussistenza dei diritti anteriori di cui all'art. 43, comma 1, lettera *d*) ed *e*), oppure perché la registrazione è stata effettuata a nome del non avente diritto oppure perché il disegno o modello costituisce utilizzazione impropria di uno degli elementi elencati nell'art. 6-*ter* della Convenzione di Parigi per la protezione della proprietà industriale - testo di Stoccolma del 14 luglio 1967, ratificata con legge 28 aprile 1976, n. 424, o di disegni, emblemi e stemmi che rivestano un particolare interesse pubblico nello Stato, può essere rispettivamente esercitata soltanto dal titolare dei diritti anteriori e dal suo avente causa o dall'avente diritto oppure da chi abbia interesse all'utilizzazione.

4. L'azione di decadenza o di nullità di un titolo di

proprietà industriale è esercitata in contraddittorio di tutti coloro che risultano annotati nel registro quali aventi diritto in quanto titolari di esso.

4-*bis*. L'azione di nullità o decadenza di un marchio registrato è improcedibile qualora, su una domanda con il medesimo oggetto, i medesimi fatti costitutivi e fra le stesse parti, sia stata pronunciata una decisione dall'Ufficio italiano brevetti e marchi ai sensi dell'articolo 184-*quater* o sia pendente un procedimento dinanzi all'Ufficio italiano brevetti e marchi, ai sensi dell'articolo 184-*bis*.[1]

4-*ter*. Fuori dal caso di cui al comma 4-*bis*, qualora l'azione di nullità o decadenza di un marchio registrato sia esercitata in pendenza di un procedimento amministrativo, connesso per il suo oggetto, il giudice può sospendere il relativo processo. La parte che vi abbia interesse deve chiedere la fissazione della nuova udienza entro il termine perentorio di tre mesi dalla definizione del procedimento amministrativo connesso, ai sensi dell'articolo 297, terzo comma, del codice di procedura civile.[1]

5. Le sentenze che dichiarano la nullità o la decadenza di un titolo di proprietà industriale sono annotate nel registro a cura dell'Ufficio italiano brevetti e marchi.

6. Una copia dell'atto introduttivo di ogni giudizio civile in materia di titoli di proprietà industriale deve essere comunicata all'Ufficio italiano brevetti e marchi a cura di chi promuove il giudizio.

7. Ove alla comunicazione anzidetta non si sia provveduto, l'Autorità giudiziaria, in qualunque grado del giudizio, prima di decidere nel merito, dispone che tale comunicazione venga effettuata.

8. Il cancelliere deve trasmettere all'Ufficio italiano brevetti e marchi copia di ogni sentenza in materia di titoli di proprietà industriale.

[1] Comma ins. dall'art. 14, D.lgs. 20 feb. 2019, n. 15.

122-*bis*. *Legittimazione all'azione di contraffazione del licenziatario.*[1] — 1. Fatte salve le clausole del contratto di licenza, il licenziatario può avviare un'azione per contraffazione di un marchio d'impresa soltanto con il consenso del titolare del medesimo. Il titolare di una licenza esclusiva può tuttavia avviare una siffatta azione se il titolare del marchio, previa messa in mora, non avvia un'azione per contraffazione entro termini appropriati.

2. Il licenziatario può intervenire nell'azione per contraffazione avviata dal titolare del marchio per ottenere il risarcimento del danno da lui subito.

3. Le disposizioni di cui ai commi 1 e 2, si applicano ai soggetti abilitati all'uso di marchi collettivi, di cui all'articolo 11.

[1] Articolo ins. dall'art. 14, D.lgs. 20 feb. 2019, n. 15.

123. *Efficacia erga omnes.* — 1. Le decadenze o le nullità anche parziali di un titolo di proprietà industriale hanno efficacia nei confronti di tutti quando siano dichiarate con sentenza passata in giudicato.

124. *Misure correttive e sanzioni civili.* — 1. Con la sentenza che accerta la violazione di un diritto di proprietà industriale possono essere disposti l'inibitoria della fabbricazione, del commercio e dell'uso delle cose costituenti violazione del diritto, e l'ordine di ritiro definitivo dal commercio delle medesime cose nei confronti di chi ne sia proprietario o ne abbia comunque la disponibilità. L'inibitoria e l'ordine di ritiro definitivo dal commercio possono essere emessi anche contro ogni intermediario, che sia parte del giudizio ed i cui servizi siano utilizzati per violare un diritto di proprietà industriale.

2. Pronunciando l'inibitoria il giudice può fissare una somma dovuta per ogni violazione o inosservanza successivamente constatata e per ogni ritardo nell'esecuzione del provvedimento.

3. Con la sentenza che accerta la violazione di un diritto di proprietà industriale può essere ordinata la distruzione di tutte le cose costituenti la violazione, se non vi si oppongono motivi particolari, a spese dell'autore della violazione. Non può essere ordinata la distruzione della cosa e l'avente diritto può conseguire solo il risarcimento dei danni, se la distruzione della cosa è di pregiudizio all'economia nazionale. Se i prodotti costituenti violazione dei diritti di proprietà industriale sono suscettibili, previa adeguata modifica, di una utilizzazione legittima, può essere disposto dal giudice, in luogo del ritiro definitivo o della loro distruzione, il loro ritiro temporaneo dal commercio, con possibilità di reinserimento a seguito degli adeguamenti imposti a garanzia del rispetto del diritto.

4. Con la sentenza che accerta la violazione dei diritti di proprietà industriale, può essere ordinato che gli oggetti prodotti importati o venduti in violazione del diritto, e i mezzi specifici che servono univocamente a produrli o ad attuare il metodo o processo tutelato, siano assegnati in proprietà al titolare del diritto stesso fermo restando il diritto al risarcimento del danno.

5. È altresì in facoltà del giudice, su richiesta del proprietario degli oggetti o dei mezzi di produzione di cui al comma 4, tenuto conto della residua durata del titolo di proprietà industriale o delle particolari circostanze del caso, ordinare il sequestro, a spese dell'autore della violazione, fino all'estinzione del titolo, degli oggetti e dei mezzi di produzione. In quest'ultimo caso, il titolare del diritto di proprietà industriale può chiedere che gli oggetti sequestrati gli siano aggiudicati al prezzo che, in mancanza di accordo tra le parti, verrà stabilito dal giudice dell'esecuzione, sentito, occorrendo, un perito.

6. Delle cose costituenti violazione del diritto di proprietà industriale non si può disporre la rimozione o la distruzione né può esserne interdetto l'uso quando appartengono a chi ne fa uso perso-

nale o domestico. Nell'applicazione delle sanzioni, l'autorità giudiziaria tiene conto della necessaria proporzione tra la gravità delle violazioni e le sanzioni, nonché dell'interesse dei terzi.

6-*bis*. Nei procedimenti relativi all'acquisizione, all'utilizzazione o alla rivelazione illecite dei segreti commerciali di cui all'articolo 98, il giudice, nel disporre le misure di cui al presente articolo e nel valutarne la proporzionalità, considera le circostanze del caso concreto, tra le quali:

a) il valore e le altre caratteristiche specifiche dei segreti commerciali;

b) le misure adottate dal legittimo detentore per proteggere i segreti commerciali;

c) la condotta dell'autore della violazione nell'acquisire, utilizzare o rivelare i segreti commerciali;

d) l'impatto dell'utilizzazione o della rivelazione illecite dei segreti commerciali;

e) i legittimi interessi delle parti e l'impatto che l'accoglimento o il rigetto delle misure potrebbe avere per le stesse;

f) i legittimi interessi dei terzi;

g) l'interesse pubblico generale;

h) le esigenze di tutela dei diritti fondamentali.[1]

6-*ter*. Nei procedimenti relativi all'acquisizione, all'utilizzazione o alla rivelazione illecite dei segreti commerciali di cui all'articolo 98, il giudice può disporre, in alternativa all'applicazione delle misure di cui al presente articolo e su istanza della parte interessata, il pagamento di un indennizzo, qualora ricorrano congiuntamente le seguenti condizioni:

a) la parte istante, al momento dell'utilizzazione o della rivelazione, non conosceva né, secondo le circostanze, avrebbe dovuto conoscere, del fatto che i segreti commerciali erano stati ottenuti da un terzo che li stava utilizzando o rivelando illecitamente;

b) l'esecuzione di tali misure può essere eccessivamente onerosa per la parte istante;

c) l'indennizzo risulti adeguato in relazione al pregiudizio subito dalla parte che ha chiesto l'applicazione delle misure.[1]

6-*quater*. L'indennizzo liquidato a norma del comma 6-*ter* non può, in ogni caso, superare l'importo dei diritti dovuti qualora la parte istante avesse richiesto l'autorizzazione ad utilizzare i segreti commerciali per il periodo di tempo per il quale l'utilizzo degli stessi avrebbe potuto essere vietato.[1]

7. Sulle contestazioni che sorgono nell'eseguire le misure menzionate in questo articolo decide, con ordinanza non soggetta a gravame, sentite le parti, assunte informazioni sommarie, il giudice che ha emesso la sentenza recante le misure anzidette.

[4] Comma ins. dall'art. 6, D.lgs. 11 mag. 2018, n. 63.

125. ***Risarcimento del danno e restituzione dei profitti dell'autore della violazione.*** — Il risarcimento dovuto al danneggiato è liquidato secondo le disposizioni degli artt. 1223, 1226 e 1227 del codice civile, tenuto conto di tutti gli aspetti pertinenti, quali le conseguenze economiche negative, compreso il mancato guadagno, del titolare del diritto leso, i benefici realizzati dall'autore della violazione e, nei casi appropriati, elementi diversi da quelli economici, come il danno morale arrecato al titolare del diritto dalla violazione.

2. La sentenza che provvede sul risarcimento dei danni può farne la liquidazione in una somma globale stabilita in base agli atti della causa e alle presunzioni che ne derivano. In questo caso il lucro cessante è comunque determinato in un importo non inferiore a quello dei canoni che l'autore della violazione avrebbe dovuto pagare, qualora avesse ottenuto una licenza dal titolare del diritto leso.

3. In ogni caso il titolare del diritto leso può chiedere la restituzione degli utili realizzati dall'autore della violazione, in alternativa al risarcimento del lucro cessante o nella misura in cui essi eccedono tale risarcimento.

126. ***Pubblicazione della sentenza.*** — 1. L'autorità giudiziaria può ordinare che l'ordinanza cautelare o la sentenza che accerta la violazione dei diritti di proprietà industriale, sia pubblicata, integralmente o in sunto o nella sola parte dispositiva, tenuto conto della gravità dei fatti, in uno o più giornali da essa indicati, a spese del soccombente. In ogni caso, sono adottate le misure idonee a garantire la tutela della riservatezza dei segreti commerciali di cui all'articolo 98.[1]

1-*bis*. Nei procedimenti relativi all'acquisizione, all'utilizzazione o alla rivelazione illecite dei segreti commerciali di cui all'articolo 98, il giudice, nel decidere se adottare una delle misure di cui al comma 1 e nel valutarne la proporzionalità, considera le circostanze del caso concreto e, in particolare:

a) il valore dei segreti commerciali;

b) la condotta dell'autore della violazione nell'acquisire, utilizzare o rivelare i segreti commerciali;

c) l'impatto dell'utilizzazione o della rivelazione illecite dei segreti commerciali;

d) il pericolo di ulteriore utilizzazione o rivelazione illecite dei segreti commerciali da parte dell'autore della violazione.[2]

1-*ter*. Ai fini di cui al comma 1-*bis*, il giudice considera altresì se le informazioni sull'autore della violazione siano tali da consentire l'identificazione di una persona fisica e, in tal caso, se la pubblicazione di tali informazioni sia giustificata anche in considerazione degli eventuali danni che la misura può provocare alla vita privata e alla reputazione del medesimo autore.[2]

[1] Periodo aggiunto dall'art. 7, D.lgs. 11 mag. 2018, n. 63.
[2] Comma ins. dall'art. 7, D.lgs. 11 mag. 2018, n. 63.

127. ***Sanzioni penali e amministrative.*** — 1. [Abrogato]

1-*bis*. Chiunque si rifiuti senza giustificato motivo di rispondere alle domande del giudice ai sensi dell'art. 121-*bis* ovvero fornisca allo stesso false informazioni è punito con le pene previste dall'art. 372 del codice penale, ridotte della metà.

2. Chiunque appone, su un oggetto, parole o indicazioni non corrispondenti al vero, tendenti a far credere che l'oggetto sia protetto da brevetto, disegno o modello oppure topografia o a far credere che il marchio che lo contraddistingue sia stato registrato, è punito con la sanzione amministrativa da 51,65 euro a 516,46 euro.

3. Salvo che il fatto costituisca reato, è punito con la sanzione amministrativa fino a 2.065,83 euro, anche quando non vi sia danno al terzo, chiunque faccia uso di un marchio registrato, dopo che la relativa registrazione è stata dichiarata nulla, quando la causa di nullità comporta la illiceità dell'uso del marchio, oppure sopprima il marchio del produttore o del commerciante da cui abbia ricevuto i prodotti o le merci a fini commerciali.

128. ***Consulenza tecnica preventiva.*** — 1. Le istanze per l'espletamento della consulenza tecnica preventiva prevista dall'art. 696-*bis* del codice di procedura civile, si propongono al Presidente della sezione specializzata del tribunale competente per il giudizio di merito, secondo le disposizioni del medesimo articolo, in quanto compatibili.

129. ***Descrizione e sequestro.*** — 1. 1. Il titolare di un diritto di proprietà industriale può chiedere la descrizione o il sequestro, ed anche il sequestro subordinatamente alla descrizione, di alcuni o di tutti gli oggetti costituenti violazione di tale diritto, nonché dei mezzi adibiti alla produzione dei medesimi e degli elementi di prova concernenti la denunciata violazione e la sua entità. Sono adottate le misure idonee a garantire la tutela delle informazioni riservate.

2. Il giudice, sentite le parti e assunte, quando occorre, sommarie informazioni, provvede con ordinanza e, se dispone la descrizione, autorizza l'eventuale prelevamento di campioni degli oggetti di cui al comma 1. In casi di speciale urgenza, e in particolare quando eventuali ritardi potrebbero causare un danno irreparabile al titolare dei diritti o quando la convocazione della controparte potrebbe pregiudicare l'attuazione del provvedimento di descrizione o di sequestro, provvede sull'istanza con decreto motivato.

3. Salve le esigenze della giustizia penale non possono essere sequestrati, ma soltanto descritti, gli oggetti nei quali si ravvisi la violazione di un diritto di proprietà industriale, finché figurino nel recinto di un'esposizione, ufficiale o ufficialmente riconosciuta, tenuta nel territorio dello Stato, o siano in transito da o per la medesima.

4. I procedimenti di descrizione e di sequestro sono disciplinati dalle norme del codice di procedura civile concernenti i procedimenti cautelari, in quanto compatibili e non derogate dal presente codice. Ai fini della conferma, modifica o revoca della descrizione e dell'eventuale concessione delle misure cautelari chieste unitamente o subordinatamente alla descrizione, il giudice fissa l'udienza di discussione tenendo conto della descrizione allo scopo di valutarne il risultato.

130. ***Esecuzione di descrizione e sequestro.*** — 1. La descrizione e il sequestro vengono eseguiti a mezzo di ufficiale giudiziario, con l'assistenza, ove occorra, di uno o più periti ed anche con l'impiego di mezzi tecnici di accertamento, fotografici o di altra natura.

2. Gli interessati possono essere autorizzati ad assistere alle operazioni anche a mezzo di loro rappresentanti e ad essere assistiti da tecnici di loro fiducia.

3. Decorso il termine dell'art. 675 del codice di procedura civile possono essere completate le operazioni di descrizione e di sequestro già iniziate, ma non possono esserne iniziate altre fondate sullo stesso provvedimento. Resta salva la facoltà di chiedere al giudice di disporre ulteriori provvedimenti di descrizione o sequestro nel corso del procedimento di merito.

4. La descrizione e il sequestro possono concernere oggetti appartenenti a soggetti anche non identificati nel ricorso, purché si tratti di oggetti prodotti, offerti, importati, esportati o messi in commercio dalla parte nei cui confronti siano stati emessi i suddetti provvedimenti e purché tali oggetti non siano adibiti ad uso personale.

5. Il verbale delle operazioni di sequestro e di descrizione, con il ricorso ed il provvedimento, deve essere notificato al terzo cui appartengono gli oggetti sui quali descrizione o sequestro sono stati eseguiti entro quindici giorni dalla conclusione delle operazioni stesse a pena di inefficacia.

131. ***Inibitoria.*** — 1. Il titolare di un diritto di proprietà industriale può chiedere che sia disposta l'inibitoria di qualsiasi violazione imminente del suo diritto e del proseguimento o della ripetizione delle violazioni in atto, ed in particolare può chiedere che siano disposti l'inibitoria della fabbricazione, del commercio e dell'uso delle cose costituenti violazione del diritto, e l'ordine di ritiro dal commercio delle medesime cose nei confronti di chi ne sia proprietario o ne abbia comunque la disponibilità, secondo le norme del codice di procedura civile concernenti i procedimenti cautelari. L'inibitoria e l'ordine di ritiro dal commercio possono essere chiesti, sugli stessi presupposti, contro ogni soggetto i cui servizi siano utilizzati per violare un diritto di proprietà industriale.

1-*bis*-1-*quater*.

2. Pronunciando l'inibitoria il giudice può fissare una somma dovuta per ogni violazione o inosservanza successivamente constatata e per ogni ritardo nell'esecuzione del provvedimento.

132. ***Anticipazione della tutela cautelare e rapporti tra il giudizio cautelare e il giudizio di***

merito. — 1. I provvedimenti di cui agli articoli 126, 128, 129, 131 e 133 possono essere concessi anche in corso di brevettazione o di registrazione, purché la domanda sia stata resa accessibile al pubblico oppure nei confronti delle persone a cui la domanda sia stata notificata.

2. Se il giudice nel rilasciare il provvedimento cautelare non stabilisce il termine entro cui le parti devono iniziare il giudizio di merito, quest'ultimo deve essere iniziato entro il termine di venti giorni lavorativi o di trentuno giorni di calendario qualora questi rappresentino un periodo più lungo. Il termine decorre dalla pronuncia dell'ordinanza se avvenuta in udienza o, altrimenti, dalla sua comunicazione. Se sono state chieste misure cautelari ulteriori alla descrizione unitamente o subordinatamente a quest'ultima, ai fini del computo del termine si fa riferimento all'ordinanza del giudice designato che si pronuncia anche su tali ulteriori misure.

3. Se il giudizio di merito non è iniziato nel termine perentorio di cui al comma 2, ovvero se successivamente al suo inizio si estingue, il provvedimento cautelare perde la sua efficacia.

4. Le disposizioni di cui al comma 3 non si applicano ai provvedimenti di urgenza emessi ai sensi dell'articolo 700 del codice di procedura civile ed agli altri provvedimenti cautelari idonei ad anticipare gli effetti della sentenza di merito. In tali casi ciascuna parte può iniziare il giudizio di merito.

5. In tutti i procedimenti cautelari il giudice, ai fini dell'ottenimento di sommarie indicazioni tecniche, può disporre una consulenza tecnica.

5-*bis*. In tutti i procedimenti cautelari relativi all'acquisizione, all'utilizzazione o alla rivelazione illecite dei segreti commerciali di cui all'articolo 98, il giudice può, su istanza di parte, in alternativa all'applicazione delle misure cautelari, autorizzare la parte interessata a continuare ad utilizzare i segreti commerciali prestando idonea cauzione per l'eventuale risarcimento dei danni subiti dal legittimo detentore. È vietata la rivelazione a terzi dei segreti commerciali di cui è autorizzata l'utilizzazione a norma del primo periodo.[1]

5-*ter*. Nel provvedere sulle domande cautelari in materia di acquisizione, utilizzazione o rivelazione illecite dei segreti commerciali di cui all'articolo 98, il giudice considera le circostanze di cui all'articolo 124, comma 6-*bis*. Delle medesime circostanze il giudice tiene conto ai fini della valutazione di proporzionalità delle misure.[1]

5-*quater*. Fermo quanto previsto dal comma 4, se le misure cautelari adottate a tutela dei segreti commerciali di cui all'articolo 98 divengono inefficaci, ai sensi del comma 3, per mancato inizio del giudizio di merito nel termine perentorio di cui al comma 2 ovvero perdono efficacia a causa di un'azione o di un'omissione del ricorrente, ovvero se viene successivamente accertato che l'acquisizione, l'utilizzo o la rivelazione illeciti dei predetti segreti commerciali non sussisteva, il ricorrente è tenuto a risarcire il danno cagionato dalle misure adottate.[1]

[1] Comma ins. dall'art. 8, D.lgs. 11 mag. 2018, n. 63.

133. ***Tutela cautelare dei nomi a dominio.*** — 1. L'Autorità giudiziaria può disporre, in via cautelare, oltre all'inibitoria dell'uso nell'attività economica del nome a dominio illegittimamente registrato, anche il suo trasferimento provvisorio, subordinandolo, se ritenuto opportuno, alla prestazione di idonea cauzione da parte del beneficiario del provvedimento.

134. ***Norme in materia di competenza.*** — 1. Sono devoluti alla cognizione delle sezioni specializzate previste dal decreto legislativo 27 giugno 2003, n. 168:

a) i procedimenti giudiziari in materia di proprietà industriale e di concorrenza sleale, con esclusione delle sole fattispecie che non interferiscono, neppure indirettamente, con l'esercizio dei diritti di proprietà industriale, nonché in materia di illeciti afferenti all'esercizio dei diritti di proprietà industriale ai sensi della legge 10 ottobre 1990, n. 287, e degli articoli 81 e 82 del Trattato che istituisce la Comunità europea, la cui cognizione è del giudice ordinario, e in generale in materie che presentano ragioni di connessione, anche impropria, con quelle di competenza delle sezioni specializzate;

b) le controversie nelle materie disciplinate dagli articoli 64, 65, 98 e 99 del presente codice;

c) le controversie in materia di indennità di espropriazione dei diritti di proprietà industriale, di cui conosce il giudice ordinario;

d) le controversie che abbiano ad oggetto i provvedimenti del Consiglio dell'ordine di cui al capo VI di cui conosce il giudice ordinario.

135. ***Commissione dei ricorsi.*** — 1. Contro i provvedimenti dell'Ufficio italiano brevetti e marchi che respingono totalmente o parzialmente una domanda o istanza, che rifiutano la trascrizione oppure che impediscono il riconoscimento di un diritto e negli altri casi previsti dal presente codice, è ammesso ricorso alla Commissione dei ricorsi.[1]

2. La Commissione dei ricorsi, istituita con regio decreto 29 giugno 1939, n. 1127, è composta di un presidente, un presidente aggiunto e di otto membri scelti fra i magistrati di grado non inferiore a quello di consigliere d'appello, sentito il Consiglio superiore della magistratura, o tra i professori di materie giuridiche delle università o degli istituti superiori dello Stato.

3. La Commissione si articola in due sezioni, presiedute dal presidente e dal presidente aggiunto. Il presidente, il presidente aggiunto ed i membri della Commissione sono nominati con decreto del Ministro dello sviluppo economico, durano in carica due anni. L'incarico è rinnovabile.[1]

4. Alla Commissione di cui al comma 2 possono

essere aggregati tecnici scelti dal presidente tra i professori delle università e degli istituti superiori e tra i consulenti in proprietà industriale, iscritti all'Ordine aventi una comprovata esperienza come consulenti tecnici d'ufficio, per riferire su singole questioni ad essa sottoposte. I tecnici aggregati non hanno voto deliberativo.

5. La scelta dei componenti la Commissione anzidetta, nonché dei tecnici, può cadere sia su funzionari in attività di servizio, sia su funzionari a riposo, ferme le categorie di funzionari entro le quali la scelta deve essere effettuata.

6. La Commissione dei ricorsi è assistita da una segreteria i cui componenti sono nominati con lo stesso decreto di costituzione della Commissione, o con decreto a parte. I componenti della segreteria debbono essere scelti fra i funzionari dell'Ufficio italiano brevetti e marchi ed il trattamento economico è quello stabilito dalla vigente normativa legislativa, regolamentare o contrattuale.

7. La Commissione dei ricorsi ha funzione consultiva del Ministero dello sviluppo economico nella materia della proprietà industriale. Tale funzione viene esercitata su richiesta del Ministero dello sviluppo economico. Le sedute della Commissione in sede consultiva non sono valide se non sia presente la maggioranza assoluta dei suoi membri aventi voto deliberativo.[1]

8. I compensi per i componenti la Commissione, i componenti la segreteria della Commissione ed i tecnici aggregati alla Commissione, sono determinati con decreto del Ministro dello sviluppo economico, di concerto con il Ministro dell'economia e delle finanze.[1]

[1] Comma così modif. dall'art. 16, D.lgs. 20 feb. 2019, n. 15.

136. ***Presentazione dei ricorsi.***[1] — 1. Il ricorso deve essere notificato, a pena di inammissibilità, all'Ufficio italiano brevetti e marchi e ad almeno uno dei controinteressati ai quali l'atto direttamente si riferisce entro il termine perentorio di sessanta giorni da quello in cui l'interessato abbia ricevuto la comunicazione o abbia avuto conoscenza dell'atto impugnato o, per gli atti per cui non sia richiesta la comunicazione individuale, dal giorno in cui sia scaduto il termine per la pubblicazione, se questa sia prevista da disposizioni di legge o di regolamento, salvo l'obbligo di integrazione con ulteriori notifiche agli altri controinteressati, ove ordinate dalla Commissione dei ricorsi.

2. La notifica del ricorso è fatta secondo le norme degli articoli 137 e seguenti del codice di procedura civile.

3. L'indirizzo di posta elettronica certificata del difensore o della parte è indicato nel ricorso o nel primo atto difensivo.

4. L'indicazione dell'indirizzo di posta elettronica certificata valevole per le comunicazioni e le notificazioni equivale alla comunicazione del domicilio eletto.

5. Il ricorso deve essere indirizzato alla Commissione dei ricorsi e deve contenere:

a) gli elementi identificativi del ricorrente, del suo difensore, ove nominato, e delle parti nei cui confronti il ricorso è proposto;

b) l'indicazione del provvedimento impugnato con la data della sua notificazione o avvenuta conoscenza e dell'oggetto della domanda;

c) l'esposizione sommaria dei fatti;

d) i motivi specifici sui quali il ricorso si fonda;

e) l'indicazione dei documenti offerti in comunicazione e degli altri mezzi di prova di cui il ricorrente intende valersi;

f) la sottoscrizione del ricorrente, se sta in giudizio personalmente, o del difensore, con indicazione, in tal caso, della procura speciale.

6. Il ricorso è inammissibile se manca o è assolutamente incerta una delle indicazioni di cui alle lettere *a*), *b*), *c*), *d*) e *f*) del comma 5.

7. La parte resistente che, in sede amministrativa, sia rimasta parzialmente soccombente, può proporre, nel rispetto di quanto indicato dai commi 1, 2, 3, 4 e 5, ricorso incidentale avverso il provvedimento decisorio entro il termine di decadenza di trenta giorni decorrente dal deposito del ricorso principale.

8. Si applica, per quanto compatibile, l'articolo 334 del codice di procedura civile.

[1] Articolo così sost. dall'art. 17, D.lgs. 20 feb. 2019, n. 15.

136-*bis*. ***Deposito del ricorso***[1]. — 1. Il ricorrente, entro il termine perentorio di trenta giorni dall'ultima notifica del ricorso, deposita presso gli uffici di cui all'articolo 147, e secondo le modalità ivi previste, o tramite invio alla segreteria della Commissione dei ricorsi presso l'Ufficio italiano brevetti e marchi, il ricorso con la prova delle avvenute notifiche, copia del provvedimento impugnato, ove in possesso del ricorrente, e i documenti di cui intende avvalersi in giudizio.

2. Insieme al ricorso deve presentarsi la prova del pagamento del contributo unificato di cui all'articolo 9 del decreto del Presidente della Repubblica 30 maggio 2002, n. 115.

3. All'originale del ricorso devono essere unite tante copie quanti sono i componenti della Commissione e le controparti, salva tuttavia la facoltà del Presidente della Commissione di richiedere agli interessati un numero maggiore di copie.

4. La mancata produzione della copia del provvedimento impugnato e della documentazione a sostegno del ricorso non implica decadenza.

5. In caso di mancato deposito dei documenti indicati nel ricorso, con decreto del Presidente della Commissione è dato al ricorrente un termine perentorio, in ogni caso non superiore a sessanta giorni, per il deposito della documentazione di cui intende avvalersi.

6. L'Ufficio italiano brevetti e marchi deve produrre, mediante inserimento in apposito fascicolo tenuto dalla segreteria della Commissione, l'even-

tuale provvedimento impugnato, nonché gli atti ed i documenti in base ai quali l'atto è stato emanato, quelli in esso citati e quelli che ritiene utili per il giudizio.

7. Se il ricorso non è stato notificato a una o più delle parti nei cui confronti la sentenza deve essere pronunciata, queste possono intervenire in giudizio, costituendosi in udienza.

[1] Articolo ins. dall'art. 18, D.lgs. 20 feb. 2019, n. 15.

136-*ter*. *Formazione del fascicolo del processo e comunicazioni alle parti.*[1] — 1. La segreteria della Commissione iscrive il ricorso nel registro generale e forma il fascicolo d'ufficio del processo, inserendovi i fascicoli del ricorrente e delle altre parti, con gli atti ed i documenti prodotti, nonché, successivamente, gli originali dei verbali di udienza, delle ordinanze e dei decreti e copia delle sentenze.

2. I fascicoli delle parti restano acquisiti al fascicolo d'ufficio e sono ad esse restituiti, su richiesta, al termine del processo.

3. La segreteria sottopone al Presidente della Commissione il fascicolo del processo appena formato.

4. Le comunicazioni sono effettuate mediante l'utilizzo della posta elettronica certificata, ai sensi del decreto legislativo 7 marzo 2005, n. 82.

5. In caso di mancata indicazione dell'indirizzo di posta elettronica certificata ovvero di mancata consegna della comunicazione per cause imputabili al destinatario, le comunicazioni sono eseguite esclusivamente mediante deposito presso la segreteria della Commissione.

[1] Articolo ins. dall'art. 18, D.lgs. 20 feb. 2019, n. 15.

136-*quater*. *Esame preliminare del ricorso e provvedimenti presidenziali.*[1] — 1. Il Presidente della Commissione esamina preliminarmente il ricorso e, quando è manifestamente inammissibile, lo dichiara con decreto.

2. Il Presidente, ove ne sussistano i presupposti, dichiara inoltre la sospensione, l'interruzione e l'estinzione del processo.

3. I provvedimenti di cui ai commi 1 e 2 hanno forma di decreto e sono soggetti a reclamo innanzi alla Commissione. Il reclamo si propone con ricorso ed è notificato alle altre parti nelle forme di cui all'articolo 136, entro il termine perentorio di trenta giorni dalla comunicazione del decreto da parte della segreteria.

4. Il reclamante, nel termine perentorio di quindici giorni dall'ultima notificazione, deposita il ricorso notificato presso la segreteria della Commissione dei ricorsi.

5. Nei quindici giorni successivi alla notifica del reclamo, le altre parti possono presentare memorie.

6. Scaduti i termini, la Commissione decide immediatamente il reclamo in Camera di consiglio.

7. La Commissione pronuncia sentenza se dichiara l'inammissibilità del ricorso o l'estinzione del processo; negli altri casi pronuncia ordinanza non impugnabile nella quale sono dati i provvedimenti per la prosecuzione del processo.

8. In qualunque momento il Presidente della Commissione, d'ufficio o su istanza di parte o su segnalazione dei membri della Commissione, dispone con decreto la riunione dei ricorsi che hanno lo stesso oggetto o sono fra loro connessi.

9. Il collegio, se rileva che la riunione dei processi connessi ritarda o rende più gravosa la loro trattazione, può, con ordinanza, disporne la separazione.

10. Se non ritiene di adottare preliminarmente i provvedimenti di cui ai commi 1, 2 e 3, il Presidente fissa l'udienza per la trattazione della controversia e nomina il relatore. Nel caso in cui la controversia richieda la trattazione di questioni di natura tecnica, può nominare uno o più tecnici aggregati, ai sensi dell'articolo 135, comma 4.

[1] Articolo ins. dall'art. 18, D.lgs. 20 feb. 2019, n. 15.

136-*quinquies*. *Fase preliminare all'udienza di trattazione.*[1] — 1. La segreteria dà comunicazione alle parti costituite della data dell'udienza di trattazione almeno quaranta giorni liberi prima della stessa.

2. Uguale avviso deve essere dato quando la trattazione sia stata rinviata dal Presidente in caso di giustificato impedimento del relatore, che non possa essere sostituito, o di alcuna delle parti.

3. Le parti possono depositare memorie e documenti fino a venti giorni liberi prima della data dell'udienza di trattazione.

4. Fino a dieci giorni liberi prima della data di cui al comma 3 ciascuna delle parti può depositare memorie di replica.

[1] Articolo ins. dall'art. 18, D.lgs. 20 feb. 2019, n. 15.

136-*sexies*. *Trattazione della controversia.*[1] — 1. La Commissione giudica con l'intervento del Presidente e di due componenti. In caso di assenza o impedimento del Presidente titolare, la Commissione è presieduta dal componente più anziano.

2. Il relatore espone al collegio i fatti e le questioni della controversia.

3. Se durante la discussione emergono fatti nuovi influenti sulla decisione, essi devono essere contestati alle parti.

4. La Commissione, dopo che le parti si sono allontanate, delibera in Camera di consiglio.

5. Dell'udienza è redatto processo verbale dal segretario.

6. Fermo restando l'onere della prova a carico delle parti, la Commissione può chiedere alle parti stesse, anche d'ufficio, chiarimenti.

7. La Commissione ha facoltà di disporre i mezzi istruttori che ritenga opportuni ed ha altresì facoltà di ordinare rinvio della decisione, o anche della discussione, ad altra seduta.

8. Il Presidente, o il relatore da lui delegato, durante il corso dell'istruttoria, può inoltre sentire le parti per eventuali chiarimenti.

[1] Articolo ins. dall'art. 18, D.lgs. 20 feb. 2019, n. 15.

136-*septies*. *Deliberazioni del collegio giudicante.*[1] — 1. Quando ricorrono giusti motivi, la deliberazione in Camera di consiglio può essere rinviata di non oltre trenta giorni.

2. Alle deliberazioni del collegio si applicano le disposizioni di cui agli articoli 276 e 277 del codice di procedura civile. Non sono tuttavia ammesse sentenze non definitive o limitate solo ad alcune domande.

3. Il relatore, o un altro membro della Commissione, è incaricato di redigere la sentenza esponendo i motivi della decisione.

4. La sentenza deve contenere:

a) l'indicazione della composizione del collegio, delle parti e dei loro difensori, se vi sono;

b) la sintetica esposizione dello svolgimento del processo;

c) le richieste delle parti;

d) la concisa esposizione dei motivi in fatto e diritto che stanno a fondamento della decisione;

e) il dispositivo.

5. La sentenza deve inoltre contenere la data della deliberazione ed è sottoscritta dal Presidente e dall'estensore.

6. La sentenza, se accoglie il ricorso, annulla l'atto in tutto o in parte e dispone i provvedimenti conseguenti.

7. La sentenza è resa pubblica, nel testo integrale originale, mediante deposito presso la segreteria della Commissione entro sessanta giorni dalla data della deliberazione. Il segretario fa risultare l'avvenuto deposito apponendo sulla sentenza la propria firma e la data.

8. La sentenza è notificata alle parti costituite, all'indirizzo di posta certificata di cui all'articolo 136, comma 3, a cura della segreteria, ed è pubblicata nel Bollettino Ufficiale.

9. Dalla data della notificazione della sentenza di cui al comma 8 decorrono i termini per le impugnazioni di cui all'articolo 136-*terdecies*.

10. Qualora la parte costituita dimostri di non aver ricevuto, senza propria colpa, la notificazione della sentenza, ai sensi del comma 8, si applicano i termini di impugnazione di cui all'articolo 327, primo comma, del codice di procedura civile.

11. Ciascuna parte può richiedere alla segreteria copie autentiche della sentenza, previa corresponsione delle spese.

[1] Articolo ins. dall'art. 18, D.lgs. 20 feb. 2019, n. 15.

136-*octies*. *Sospensione e interruzione del processo.*[1] — 1. Il processo è sospeso quando è presentata querela di falso o deve essere decisa in via pregiudiziale una questione sullo stato o la capacità delle persone, salvo che si tratti della capacità di stare in giudizio.

2. La Commissione dispone la sospensione del processo in ogni altro caso in cui essa stessa o altro giudice deve risolvere una controversia dalla cui definizione dipende la decisione della causa.

3. Il processo è interrotto se, dopo la proposizione del ricorso, si verifica:

a) il venir meno, per morte o altre cause, o la perdita della capacità di stare in giudizio di una delle parti o del suo legale rappresentante o la cessazione di tale rappresentanza;

b) la morte, la radiazione o sospensione dall'albo di uno dei difensori incaricati a sensi dell'articolo 201.

4. L'interruzione si ha al momento dell'evento nei casi di cui al comma 3, lettera *b*). In ogni altro caso l'interruzione si ha al momento in cui l'evento è dichiarato o in pubblica udienza o per iscritto con apposita comunicazione del difensore della parte a cui l'evento si riferisce.

5. Se, durante la decorrenza del termine per la proposizione del ricorso di cui all'articolo 136, comma 1, si verifica uno degli eventi previsti al comma 3, lettera *a*), il termine è prorogato di sei mesi dal giorno dell'evento.

6. La sospensione è disposta e l'interruzione è dichiarata dal Presidente della Commissione con decreto o dalla Commissione con ordinanza.

7. Avverso il decreto del Presidente è ammesso reclamo ai sensi dell'articolo 136-*quater*.

8. Durante la sospensione e l'interruzione non possono essere compiuti atti del processo.

9. I termini in corso sono interrotti e ricominciano a decorrere dalla presentazione dell'istanza di cui al comma 11.

10. Dopo che è cessata la causa che ne ha determinato la sospensione, il processo prosegue se entro novanta giorni da tale data viene presentata da una delle parti istanza di trattazione al Presidente della Commissione, che provvede a norma dell'articolo 136-*quater*.

11. Se entro novanta giorni da quando è stata dichiarata l'interruzione del processo la parte colpita dall'evento o i suoi successori o qualsiasi altra parte presentano istanza di trattazione al Presidente della Commissione, quest'ultimo provvede a norma dell'articolo 136-*quater*.

[1] Articolo ins. dall'art. 18, D.lgs. 20 feb. 2019, n. 15.

136-*nonies*. *Estinzione del processo.*[1] — 1. Il processo si estingue per rinuncia al ricorso.

2. Il ricorrente che rinuncia deve rimborsare le spese alle altre parti, salvo diverso accordo fra loro. La liquidazione è fatta dalla Commissione con ordinanza non impugnabile.

3. La rinuncia non produce effetto se non è accettata dalle parti costituite che abbiano effettivo interesse alla prosecuzione del processo.

4. La rinuncia e l'accettazione, ove necessaria, sono sottoscritte dalle parti personalmente o da loro procuratori speciali, nonché dai rispettivi difensori e si depositano nella segreteria della Com-

missione. La regolarità dei predetti atti è accertata dalla Commissione.

5. Il processo si estingue nei casi in cui le parti alle quali spetta di proseguire, riassumere o integrare il giudizio non vi abbiano provveduto entro il termine perentorio stabilito dalla legge o dalla Commissione, nei casi in cui dalla legge sia autorizzata a fissarlo.

6. L'estinzione del processo per inattività delle parti è rilevata anche d'ufficio e rende inefficaci gli atti compiuti.

7. Il giudizio si estingue, in tutto o in parte, in caso di sopravvenuta carenza di interesse ad agire.

8. L'estinzione del giudizio, in ognuna delle ipotesi previste dal presente articolo, è dichiarata con decreto del Presidente o con sentenza della Commissione. Il provvedimento presidenziale è reclamabile a norma dell'articolo 136-*quater*.

[1] Articolo ins. dall'art. 18, D.lgs. 20 feb. 2019, n. 15.

136-*decies*. *Procedimento di correzione.*[1] — 1. Ove occorra correggere omissioni o errori materiali, la Commissione può procedere d'ufficio o su istanza di parte e provvede con ordinanza in Camera di consiglio.

2. La correzione si effettua a margine o in calce al provvedimento originale, con indicazione dell'ordinanza che l'ha disposta.

[1] Articolo ins. dall'art. 18, D.lgs. 20 feb. 2019, n. 15.

136-*undecies*. *Provvedimenti cautelari.*[1] — 1. Se il ricorrente, allegando con istanza motivata un pregiudizio grave ed irreparabile, chiede l'emanazione di misure cautelari che appaiono, secondo le circostanze, idonee ad assicurare interinalmente gli effetti della decisione sul ricorso, la Commissione si pronuncia sull'istanza con ordinanza emessa in Camera di consiglio.

2. Prima della trattazione della domanda cautelare, in caso di estrema gravità e urgenza, tale da non consentire neppure la dilazione fino alla data della Camera di consiglio, il ricorrente può, contestualmente alla domanda cautelare o con separata istanza notificata alle controparti, chiedere al Presidente della Commissione dei ricorsi di disporre misure cautelari provvisorie. Il Presidente provvede con decreto motivato, anche in assenza di contraddittorio. Il decreto è efficace sino alla pronuncia del Collegio, a cui l'istanza cautelare è sottoposta nella prima Camera di consiglio utile.

3. In sede di decisione della domanda cautelare, la Commissione, accertata la completezza del contraddittorio e dell'istruttoria e, dove ne ricorrono i presupposti, sentite sul punto le parti costituite, può definire il giudizio nel merito.

4. L'ordinanza cautelare non è soggetta a reclamo. La domanda di revoca o modificazione delle misure cautelari concesse e la riproposizione della domanda cautelare respinta sono ammissibili solo se motivate con riferimento a fatti sopravvenuti.

[1] Articolo ins. dall'art. 18, D.lgs. 20 feb. 2019, n. 15.

136-*duodecies*. *Ottemperanza.*[1] — 1. Nel caso in cui l'amministrazione non abbia prestato ottemperanza alle misure cautelari concesse, o abbia ottemperato solo parzialmente, la parte interessata può, con istanza motivata e notificata alle altre parti, chiedere alla Commissione dei ricorsi le opportune disposizioni attuative. La Commissione dei ricorsi esercita i poteri inerenti al giudizio di ottemperanza al giudicato, di cui agli articoli 112 e seguenti del codice del processo amministrativo.

2. La Commissione dispone l'esecuzione dell'ordinanza cautelare indicandone le modalità e, ove occorra, il soggetto che deve provvedere.

[1] Articolo ins. dall'art. 18, D.lgs. 20 feb. 2019, n. 15.

136-*terdecies*. *Impugnazioni.*[1] — 1. Avverso la sentenza della Commissione dei ricorsi può essere proposto ricorso per cassazione, entro il termine di cui all'articolo 325 del codice di procedura civile, per i motivi di cui ai numeri da 1 a 5 dell'articolo 360, primo comma, del codice di procedura civile.

2. Si applica l'articolo 373 del codice di procedura civile.

3. La sentenza della Commissione è impugnabile per revocazione ai sensi dell'articolo 395 e seguenti del codice di procedura civile.

4. Il termine per il ricorso per revocazione è di trenta giorni dalla data della notificazione della sentenza, nei casi di cui ai numeri 4 e 5 dell'articolo 395 del codice di procedura civile, e di trenta giorni dalla data di conoscenza dell'evento, nei casi di cui ai numeri 1, 2, 3 e 6 dell'articolo 395 del codice di procedura civile.

[1] Articolo ins. dall'art. 18, D.lgs. 20 feb. 2019, n. 15.

137. *Esecuzione forzata e sequestro dei titoli di proprietà industriale.* — 1. I diritti patrimoniali di proprietà industriale possono formare oggetto di esecuzione forzata.

2. All'esecuzione si applicano le norme stabilite dal codice di procedura civile per l'esecuzione sui beni mobili.

3. Il pignoramento del titolo di proprietà industriale si esegue con atto notificato al debitore, a mezzo di ufficiale giudiziario. L'atto deve contenere:

a) la dichiarazione di pignoramento del titolo di proprietà industriale, previa menzione degli elementi atti ad identificarlo;

b) la data del titolo e della sua spedizione in forma esecutiva;

c) la somma per cui si procede all'esecuzione;

d) il cognome, nome e domicilio, o residenza, del creditore e del debitore;

e) il cognome e nome dell'ufficiale giudiziario.

4. Il debitore, dalla data della notificazione, assume gli obblighi del sequestratario giudiziale del titolo di proprietà industriale, anche per quanto riguarda gli eventuali frutti. I frutti, maturati dopo la data della notificazione, derivanti dalla concessione d'uso del diritto di proprietà industriale, si cu-

mulano con il ricavato della vendita, ai fini della successiva attribuzione.

5. Si osservano, nei riguardi della notificazione dell'atto di pignoramento, le norme contenute nel codice di procedura civile per la notificazione delle citazioni. Se colui al quale l'atto di pignoramento deve essere notificato non abbia domicilio o residenza nello Stato, né abbia in questo eletto domicilio, la notificazione è eseguita presso l'Ufficio italiano brevetti e marchi. In quest'ultimo caso, copia dell'atto è affissa nell'Albo dell'Ufficio ed inserita nel Bollettino ufficiale.

6. L'atto di pignoramento del diritto di proprietà industriale deve essere trascritto, a pena di inefficacia, entro otto giorni dalla notifica. Avvenuta la trascrizione dell'atto di pignoramento del diritto di proprietà industriale, e finché il pignoramento stesso spiega effetto, i pignoramenti successivamente trascritti valgono come opposizione sul prezzo di vendita, quando siano notificati al creditore procedente.

7. La vendita e l'aggiudicazione dei diritti di proprietà industriale pignorati sono fatte con le corrispondenti norme stabilite dal codice di procedura civile in quanto applicabili, salve le disposizioni particolari del presente codice.

8. La vendita del diritto di proprietà industriale non può farsi se non siano trascorsi almeno trenta giorni dal pignoramento. Un termine di venti giorni deve decorrere, per la vendita, dal decreto di fissazione del giorno della vendita stessa. Il giudice, per la vendita e l'aggiudicazione dei diritti di proprietà industriale, dispone le forme speciali che ritiene opportune nei singoli casi, provvedendo altresì per l'annunzio della vendita al pubblico, anche in deroga alle norme del codice di procedura civile. All'uopo il giudice può stabilire che l'annunzio sia affisso nei locali della Camera di commercio ed in quelli dell'Ufficio italiano brevetti e marchi e pubblicato nel Bollettino dei diritti di proprietà industriale.

9. Il verbale di aggiudicazione deve contenere gli estremi del diritto di proprietà industriale giuste le risultanze dei relativi titoli.

10. Il creditore istante, nell'esecuzione forzata sui diritti di proprietà industriale, deve notificare almeno dieci giorni prima della vendita, ai creditori titolari dei diritti di garanzia, trascritti, l'atto di pignoramento e il decreto di fissazione del giorno della vendita. Questi ultimi creditori devono depositare, nella cancelleria dell'autorità giudiziaria competente, le loro domande di collocazione con i documenti giustificativi entro quindici giorni dalla vendita. Chiunque vi abbia interesse può esaminare dette domande e i documenti.

11. Trascorso il termine di quindici giorni, previsto nel comma 8, il giudice, su istanza di una delle parti, fissa l'udienza nella quale proporrà lo stato di graduazione e di ripartizione del prezzo ricavato dalla vendita e dagli eventuali frutti. Il giudice, nell'udienza, accertata l'osservanza delle disposizioni del comma 8, ove le parti non si siano accordate sulla distribuzione del ricavato dei frutti, procede alla graduazione fra i creditori ed alla distribuzione di tale ricavato dei frutti stessi, secondo le relative norme stabilite nel codice di procedura civile per l'esecuzione mobiliare. I crediti con mora, eventuali o condizionati, diventano esigibili secondo le norme del codice civile.

12. L'aggiudicatario del diritto di proprietà industriale ha diritto di ottenere che siano cancellate le trascrizioni dei diritti di garanzia sul titolo corrispondente, depositando, presso l'Ufficio italiano brevetti e marchi, copia del verbale di aggiudicazione e attestato del cancelliere dell'avvenuto versamento del prezzo di aggiudicazione, osservate le norme per la cancellazione delle trascrizioni.

13. I diritti di proprietà industriale, ancorché in corso di concessione o di registrazione, possono essere oggetto di sequestro. Alla procedura del sequestro si applicano le disposizioni in materia di esecuzione forzata stabilite dal presente articolo ed altresì quelle sul sequestro, stabilite dal codice di procedura civile.

14. Le controversie in materia di esecuzione forzata e di sequestro dei diritti di proprietà industriale si propongono davanti all'autorità giudiziaria dello Stato competente a norma dell'art. 120.

138. ***Trascrizione.*** — 1. Debbono essere resi pubblici mediante trascrizione presso l'Ufficio italiano brevetti e marchi:

a) gli atti fra vivi, a titolo oneroso o gratuito, che trasferiscono in tutto o in parte, i diritti su titoli di proprietà industriale;

b) gli atti fra vivi, a titolo oneroso o gratuito, che costituiscono, modificano o trasferiscono diritti personali o reali di godimento privilegi speciali o diritti di garanzia, costituiti ai sensi dell'art. 140 concernenti i titoli anzidetti;

c) gli atti di divisione, di società, di transazione, di rinuncia, relativi ai diritti enunciati nelle lettere *a*) e *b*);

d) il verbale di pignoramento;

e) il verbale di aggiudicazione in seguito a vendita forzata;

f) il verbale di sospensione della vendita di parte dei diritti di proprietà industriale pignorati per essere restituiti al debitore, a norma del codice di procedura civile;

g) i decreti di espropriazione per causa di pubblica utilità;

h) le sentenze che dichiarano l'esistenza degli atti indicati nelle lettere *a*), *b*) e *c*), quando tali atti non siano stati precedentemente trascritti. Le sentenze che pronunciano la nullità, l'annullamento, la risoluzione, la rescissione, la revocazione di un atto trascritto devono essere annotate in margine alla trascrizione dell'atto al quale si riferiscono. Possono inoltre essere trascritte le domande giudiziali dirette ad ottenere le sentenze di cui al presente articolo. In tale caso gli effetti della trascrizione della sentenza risalgono alla data della trascrizione della domanda giudiziale;

i) i testamenti e gli atti che provano l'avvenuta successione legittima e le sentenze relative;

l) le sentenze di rivendicazione di diritti di proprietà industriale e le relative domande giudiziali;

m) le sentenze che dispongono la conversione di titoli di proprietà industriale nulli e le relative domande giudiziali;

n) le domande giudiziali dirette ad ottenere le sentenze di cui al presente articolo. In tal caso gli effetti della trascrizione della sentenza risalgono alla data della trascrizione della domanda giudiziale.

2. La trascrizione è soggetta al pagamento del diritto prescritto.

3. Per ottenere la trascrizione, il richiedente deve presentare apposita nota di trascrizione, sotto forma di domanda, allegando copia autentica dell'atto pubblico ovvero l'originale o la copia autentica della scrittura privata autenticata ovvero qualsiasi altra documentazione prevista dall'art. 195.

4. L'Ufficio italiano brevetti e marchi, esaminata la regolarità formale degli atti, procede, senza ritardo, alla trascrizione con la data di presentazione della domanda.

5. L'ordine delle trascrizioni è determinato dall'ordine di presentazione delle domande.

6. Le omissioni o le inesattezze che non inducano incertezza assoluta sull'atto che si intende trascrivere o sul titolo di proprietà industriale a cui l'atto si riferisce non comportano l'invalidità della trascrizione.

139. ***Effetti della trascrizione.*** — 1. Gli atti e le sentenze, tranne i testamenti e gli altri atti e sentenze indicati alle lettere *d*), *i*) ed *l*) dell'art. 138, finché non siano trascritti, non hanno effetto di fronte ai terzi che a qualunque titolo hanno acquistato e legalmente conservato diritti sul titolo di proprietà industriale.

2. Nel conflitto di più acquirenti dello stesso diritto di proprietà industriale dal medesimo titolare, è preferito chi ha trascritto per primo il suo titolo di acquisto.

3. La trascrizione del verbale di pignoramento, finché dura la sua efficacia, sospende gli effetti delle trascrizioni ulteriori degli atti e delle sentenze anzidetti. Gli effetti di tali trascrizioni vengono meno dopo la trascrizione del verbale di aggiudicazione, purché avvenga entro tre mesi dalla data della aggiudicazione stessa.

4. I testamenti e gli atti che provano l'avvenuta legittima successione e le sentenze relative sono trascritti solo per stabilire la continuità dei trasferimenti.

5. Sono opponibili ai terzi gli atti che trasferiscono, in tutto o in parte, ovvero modificano i diritti inerenti ad una domanda o ad un brevetto europeo, a condizione che siano stati trascritti nel Registro italiano dei brevetti europei.

140. ***Diritti di garanzia.*** — 1. I diritti di garanzia sui titoli di proprietà industriale devono essere costituiti per crediti di denaro.

2. Nel concorso di più diritti di garanzia, il grado è determinato dall'ordine delle trascrizioni.

3. La cancellazione delle trascrizioni dei diritti di garanzia è eseguita in seguito alla produzione dell'atto di consenso del creditore con sottoscrizione autenticata ovvero quando la cancellazione sia ordinata con sentenza passata in giudicato ovvero in seguito al soddisfacimento dei diritti assistiti da garanzia a seguito di esecuzione forzata.

4. Per la cancellazione è dovuto lo stesso diritto prescritto per la trascrizione.

141. ***Espropriazione.*** — 1. Con esclusione dei diritti sui marchi, i diritti di proprietà industriale, ancorché in corso di registrazione o di brevettazione, possono essere espropriati dallo Stato nell'interesse della difesa militare del Paese o per altre ragioni di pubblica utilità.

2. L'espropriazione può essere limitata al diritto di uso per i bisogni dello Stato, fatte salve le previsioni in materia di licenze obbligatorie in quanto compatibili.

3. Con l'espropriazione anzidetta, quando sia effettuata nell'interesse della difesa militare del Paese e riguardi titoli di proprietà industriale di titolari italiani, è trasferito all'amministrazione espropriante anche il diritto di chiedere titoli di proprietà industriale all'estero.

142. ***Decreto di espropriazione.*** — 1. L'espropriazione viene disposta per decreto del Presidente della Repubblica, su proposta del Ministro competente, di concerto con i Ministri delle attività produttive e dell'economia e delle finanze, sentito il Consiglio dei ministri, se il provvedimento interessa la difesa militare del Paese o, negli altri casi, la Commissione dei ricorsi.

2. Il decreto di espropriazione nell'interesse della difesa militare del Paese, quando viene emanato prima della stampa dell'attestato di brevettazione o di registrazione, può contenere l'obbligo e stabilire la durata del segreto sull'oggetto del titolo di proprietà industriale.

3. La violazione del segreto è punita ai sensi dell'art. 262 del codice penale.

4. Nel decreto di espropriazione è fissata l'indennità spettante al titolare del diritto di proprietà industriale, determinata sulla base del valore di mercato dell'invenzione, sentita la Commissione dei ricorsi.

5. La tutela giurisdizionale davanti al giudice amministrativo è disciplinata dal codice del processo amministrativo.

143. ***Indennità di espropriazione.*** — 1. Ove il titolare del diritto espropriato non accetti l'indennità fissata ai sensi dell'art. 142 ed in mancanza di accordo fra il titolare e l'amministrazione procedente, l'indennità è determinata da un collegio di arbitratori.

2. All'inventore o all'autore, il quale provi di avere perduto il diritto di priorità all'estero per il ritardo della decisione negativa del Ministero in merito all'espropriazione, è concesso un equo indennizzo, osservate le norme relative all'indennità di espropriazione.

3. I decreti di espropriazione devono essere annotati nel Registro dei titoli di proprietà industriale a cura dell'Ufficio italiano brevetti e marchi.

(*Omissis*).

CONVENZIONI INTERNAZIONALI

- 1 -

L. 10 feb. 1992, n. 198

Ratifica ed esecuzione della convenzione concernente la competenza giurisdizionale e l'esecuzione delle decisioni in materia civile e commerciale, con tre protocolli, dichiarazioni e atto finale, fatta a Lugano il 16 settembre 1988

(G.U. 4 mar. 1992, n. 53, Suppl.)[1]

[1] La presente Convenzione è entrata in vigore, nei rapporti tra Francia, Paesi Bassi e Svizzera, il 1° gennaio 1992; con il Lussemburgo, il 1° febbraio 1992; con il regno Unito, il 1° maggio 1992; con il Portogallo, il 1° luglio 1992; con l'Italia, il 1° dicembre 1992; con la Svezia, il 1° gennaio 1993; con la Norvegia, il 1° maggio 1993; con la Finlandia, il 1° luglio 1993; con l'Irlanda, il 1° dicembre 1994; con la Germania, il 1° marzo 1995; con l'Islanda, il 1° dicembre 1995; con la Danimarca, il 1° marzo 1996; con l'Austria, il 1° settembre 1996; con la Grecia, il 1° settembre 1997; con il Belgio, il 1° ottobre 1997. A decorrere dal 1° febbraio 2000 anche la Polonia è divenuta membro della Convenzione di Lugano con effetti per tutti gli altri Stati contraenti.

TITOLO I
Campo di applicazione

1. La presente convenzione si applica in materia civile e commerciale e indipendentemente dalla natura dell'organo giurisdizionale. Essa non concerne, in particolare, la materia fiscale, doganale ed amministrativa.

Sono esclusi dal campo di applicazione della presente convenzione:

1. lo stato e la capacità delle persone fisiche; il regime patrimoniale fra coniugi, i testamenti e le successioni;
2. i fallimenti, i concordati ed altre procedure affini;
3. la sicurezza sociale;
4. l'arbitrato.

TITOLO II
Della competenza

SEZIONE I
Disposizioni generali

2. Salve le disposizioni della presente convenzione, le persone aventi il domicilio nel territorio di uno Stato contraente sono convenute, a prescindere dalla loro nazionalità, davanti agli organi giurisdizionali di tale Stato.

Alle persone che non sono in possesso della cittadinanza dello Stato nel quale esse hanno il domicilio, si applicano le norme sulla competenza vigenti per i cittadini.

3. Le persone aventi il domicilio nel territorio di uno Stato contraente possono essere convenute davanti agli organi giurisdizionali di un altro Stato contraente solo in virtù delle norme enunciate alle sezioni da 2 a 6 del presente titolo.

Nei loro confronti non possono venire invocati, in particolare:

– nel Belgio: l'art. 15 del codice civile (Code civil - Burgerlijk Wetboek) e l'art. 638 del codice giudiziario (Code judiciaire - Gerechtelijk Wetboek);

– in Danimarca: l'art. 246, paragrafi 2 e 3, della legge sulla procedura civile (Lov om rettens pleje);

– nella Repubblica federale di Germania: l'art. 23 del codice di procedura civile (Zivilprozessordnung);

– in Grecia: l'art. 40 del codice di procedura civile (KẃdikaV DiconomíV).

– in Francia: gli artt. 14 e 15 del codice civile (Code civil);

– in Irlanda: le disposizioni relative alla competenza basata su di un atto di citazione notificato o comunicato al convenuto durante il suo temporaneo soggiorno in Irlanda;

– in Islanda: l'art. 77 del codice di procedura civile (lög um meôferô einkamála í hézaði);

– in Italia: l'art. 2 e l'art. 4, numeri 1 e 2, del codice di procedura civile;

– nel Lussemburgo: gli artt. 14 e 15 del codice civile (Code civil);

– nei Paesi Bassi: l'art. 126, terzo comma, e l'art. 127 del codice di procedura civile (Wetboek van Burgerlijke Rechtsvordering);

– in Norvegia: l'art. 32 del codice di procedura civile (tvistemålsloven);

– in Austria: l'art. 99 della legge sulla competenza giudiziaria (Jurisdiktionsnorm);

– in Portogallo: l'art. 65, paragrafo 1, lett. *c*); l'art. 65 paragrafo 2 e l'art. 65A, lettera *c*) del codice di procedura civile (Código de Processo Civil) e l'art. 11 del codice del processo del lavoro (Código de Processo de Trabalho);

– in Svizzera: il foro del luogo del sequestro/for du lieu du séquestre/ Gerichtsstand des Arrestortes ai sensi dell'art. 4 della legge federale sul diritto internazionale privato/loi fédérale sur le droit international privé/Bundesgesetz uber das internationale Privatrecht;

– in Finlandia: la seconda, terza e quarta frase dell'art. 1 del capitolo 10 del codice di procedura civile (oikeudenkäymiskaari/rättegångsbaklen);

– in Svezia: la prima frase dell'art. 3 del capitolo 10 del codice di procedura civile (Rättegängsbalken);

– nel Regno Unito: le disposizioni sulla competenza basata:

a) su un atto di citazione notificato o comunicato al convenuto durante il suo temporaneo soggiorno nel Regno Unito;

b) sull'esistenza nel Regno Unito di beni appartenenti al convenuto, ovvero

c) sul sequestro, ottenuto dall'attore, di beni situati nel Regno Unito.

4. Se il convenuto non è domiciliato nel territorio di uno stato contraente, la competenza è disciplinata, in ciascuno Stato contraente, dalla legge di tale Stato, salva l'applicazione delle disposizioni di cui all'art. 16.

Chiunque abbia il domicilio nel territorio di uno Stato contraente può, indipendentemente dalla propria nazionalità ed al pari dei cittadini di detto Stato, invocare nei confronti del convenuto le norme sulla competenza in vigore nello Stato medesimo, segnatamente quelle contemplate nell'art. 3, secondo comma.

SEZIONE II
Competenze speciali

5. Il convenuto domiciliato nel territorio di uno Stato contraente può essere citato in un altro Stato contraente:

1) in materia contrattuale, davanti al giudice del luogo in cui l'obbligazione dedotta in giudizio è stata o deve essere eseguita; in materia di contratto individuale di lavoro, il luogo è quello in cui il lavoratore svolge abitualmente la sua attività e, se il lavoratore non svolge abitualmente la sua attività in un solo paese, il luogo è quello in cui si trova lo stabilimento dal quale è stato assunto;

2) in materia di obbligazione alimentare, davanti al giudice del luogo in cui il creditore di alimenti ha il domicilio o la residenza abituale o, qualora si tratti di una domanda accessoria ad un'azione di stato delle persone, davanti al giudice competente a conoscerne, secondo la legge nazionale, salvo il caso che tale competenza sia fondata unicamente sulla nazionalità di una delle parti;

3) in materia di delitti o quasi-delitti, davanti al giudice del luogo in cui l'evento dannoso è avvenuto;

4) qualora si tratti di un'azione di risarcimento di danni o di restituzione, nascente da reato, davanti al giudice davanti al quale l'azione penale è esercitata, sempreché secondo la propria legge questo possa conoscere dell'azione civile;

5) qualora si tratti di una controversia concernente l'esercizio di una succursale, di un'agenzia o di qualsiasi altra filiale, davanti al giudice del luogo territorialmente competente;

6) nella sua qualità di fondatore, *trustee* e beneficiario di un *trust* costituito in applicazione di una legge o per iscritto o con clausola verbale confermata per iscritto, davanti ai giudici dello Stato contraente nel cui territorio il *trust* ha domicilio;

7) qualora si tratti di una controversia concernente il pagamento della somma richiesta per l'assistenza o il salvataggio di cui hanno beneficiato un carico o un nolo, davanti al giudice nell'ambito della cui competenza il carico o il nolo ad esso relativo:

a) è stato sequestrato a garanzia di questo pagamento oppure

b) avrebbe potuto essere sequestrato a tal fine ma è stata fornita una cauzione o un'altra garanzia;

questa disposizione si applica solo se viene affermato che il convenuto ha un diritto sul carico o sul nolo ad esso relativo o ha avuto un tale diritto al momento dell'assistenza o del salvataggio.

6. Il convenuto di cui all'articolo precedente potrà inoltre essere citato:

1) in caso di pluralità di convenuti, davanti al giudice nella cui circoscrizione è situato il domicilio di uno di essi;

2) qualora si tratti di un'azione di garanzia o di una chiamata di un terzo nel processo, davanti al giudice presso il quale è stata proposta la domanda principale, sempreché quest'ultima non sia stata proposta per distogliere il convenuto dal giudice naturale del medesimo;

3) qualora si tratti di una domanda riconvenzionale nascente dal contratto o dal titolo su cui si fonda la domanda principale, davanti al giudice presso il quale è stata proposta la domanda principale;

4) in materia contrattuale, qualora l'azione possa essere riunita a un'azione in materia di diritti reali immobiliari proposta contro il medesimo convenuto, davanti al giudice dello Stato contraente in cui l'immobile è situato.

6-*bis*. Qualora, ai sensi della presente convenzione, un giudice di uno Stato contraente abbia competenza per i procedimenti legali relativi alla responsabilità nell'impiego o nel funzionamento di una nave, tale giudice, o qualsiasi altro giudice che lo sostituisca in virtù della legislazione interna di detto Stato, è anche competente per le domande relative alla limitazione di tale responsabilità.

SEZIONE III
Competenza in materia d'assicurazioni

7. In materia di assicurazioni, la competenza è regolata dalla presente sezione, salva l'applicazione delle disposizioni degli artt. 4 e 5, punto 5.

8. L'assicuratore domiciliato nel territorio di uno stato contraente può essere convenuto:

1) davanti ai giudici dello Stato in cui ha domicilio, oppure

2) in un altro Stato contraente, davanti al giudice del luogo in cui ha domicilio il contraente dell'assicurazione, oppure

3) se si tratta di un coassicuratore, davanti al giudice di uno Stato contraente presso il quale sia stata proposta l'azione contro l'assicuratore delegato dalla coassicurazione.

Qualora l'assicuratore non abbia il proprio domicilio nel territorio di uno Stato contraente, ma possieda una succursale, un'agenzia o qualsiasi altra filiale in uno Stato contraente, egli è considerato, per le contestazioni relative al loro esercizio, come avente domicilio nel territorio di tale Stato.

9. Inoltre l'assicuratore può essere convenuto davanti al giudice del luogo in cui si è verificato l'evento dannoso, qualora si tratti di assicurazione di responsabilità civile o di assicurazione sugli immobili. Lo stesso dicasi nel caso in cui l'assicuratore concerna contemporaneamente beni immobili e beni mobili coperti dalla stessa polizza e colpiti dallo stesso sinistro.

10. In materia di assicurazione di responsabilità civile, l'assicuratore può altresì essere chiamato in causa davanti al giudice presso cui è stata proposta l'azione esercitata dalla persona lesa contro l'assicurato, qualora la legge di tale giudice lo consenta.

Le disposizioni di cui agli articoli da 7 a 9 sono applicabili all'azione diretta proposta dalla persona lesa contro l'assicuratore, sempreché essa sia possibile.

Se la legge relativa all'azione diretta prevede la chiamata in causa del contraente dell'assicurazione o dell'assicurato, il giudice di cui al primo comma è competente anche nei loro confronti.

11. Salve le disposizioni dell'art. 10, terzo comma, l'azione dell'assicuratore può essere proposta solo davanti ai giudici dello Stato contraente nel cui territorio è domiciliato il convenuto, a prescindere dal fatto che questi sia contraente dell'assicurazione, assicurato o beneficiario.

Le disposizioni della presente sezione non pregiudicano il diritto di proporre una domanda riconvenzionale davanti al giudice della domanda principale in conformità della presente sezione.

12. Le disposizioni della presente sezione possono essere derogate solo con una convenzione:

1) posteriore al sorgere della controversia o

2) che consenta al contraente dell'assicurazione, all'assicurato o al beneficiario di adire un organo giurisdizionale diverso da quelli indicati nella presente sezione o

3) che, conclusa tra un contraente dell'assicurazione o un assicuratore aventi entrambi il domicilio o la residenza abituale nel medesimo Stato contraente al momento della conclusione del contratto, abbia per effetto, anche nel caso in cui l'evento dannoso si produca all'estero, di attribuire la competenza ai giudici di tale Stato, sempreché la legge di quest'ultimo non vieti dette convenzioni o

4) conclusa da un contraente dell'assicurazione che non abbia il proprio domicilio in uno Stato contraente, salvo che si tratti di assicurazione obbligatoria o relativa ad un immobile situato in uno Stato contraente o

5) che riguardi un contratto di assicurazione in quanto questo copra uno o più rischi di cui all'art. 12-*bis*.

12-*bis*. I rischi di cui all'art. 12, punto 5, sono i seguenti:

1) ogni danno:

a) subìto dalle navi marittime, dagli impianti offshore e d'alto mare o dalle aeronavi, causato da un avvenimento in relazione alla loro utilizzazione ai fini commerciali;

b) subìto dalle merci diverse dai bagagli dei passeggeri, durante un trasporto effettuato totalmente da tali navi o aeronavi oppure effettuato da queste navi o aeronavi in combinazione con altri mezzi di trasporto.

2) ogni responsabilità, salvo per danni all'integrità fisica dei passeggeri o ai loro bagagli;

a) risultante dall'impiego o dal funzionamento delle navi, degli impianti o delle aeronavi di cui al punto 1, lettera *a*), sempreché la legislazione dello Stato contraente in cui l'aeronave è immatricolata non vieti le clausole attributive di competenza nell'assicurazione di tali rischi;

b) derivante dalle merci durante un trasporto ai sensi del punto 1, lettera *b*).

3) ogni perdita pecuniaria connessa con l'impiego od il funzionamento delle navi, degli impianti o delle aeronavi di cui al punto 1, lettera *a*), in particolare quelle del nolo o del beneficio del noleggio;

4) ogni rischio connesso con uno dei rischi di cui ai precedenti punti da 1 a 3.

SEZIONE IV

Competenza in materia di contratti conclusi da consumatori

13. In materia di contratti conclusi da una persona per un uso che possa essere considerato estraneo alla sua attività professionale, in appresso denominata "consumatore", la competenza è regolata dalla presente sezione, salve le disposizioni dell'art. 4 e dell'art. 5, punto 5:

1) qualora si tratti di una vendita a rate di mobili materiali;

2) qualora si tratti di un prestito con rimborso rateizzato o di un'altra operazione di credito, connessi con il finanziamento di una vendita di tali beni;

3) qualora si tratti di un altro contratto che abbia per oggetto una fornitura di servizi o di beni mobili materiali se:

a) la conclusione del contratto è stata preceduta da una proposta specifica o da una pubblicità nello Stato in cui il consumatore ha il proprio domicilio e se

b) il consumatore ha compiuto in tale Stato gli atti necessari per la conclusione del contratto.

Qualora ha controparte del consumatore non abbia il proprio domicilio nel territorio di uno Stato contraente, ma possieda una succursale, un'agenzia o qualsiasi altra filiale in uno Stato contraente, essa è considerata, per le contestazioni relative ai loro esercizio, come avente domicilio nel territorio di tale Stato.

La presente sezione non si applica ai contratti di trasporto.

14. L'azione del consumatore contro l'altra parte del contratto può essere proposta sia davanti ai giudici dello Stato contraente nel cui territorio tale parte ha il proprio domicilio, sia davanti ai giudici dello stato contraente nel cui territorio è domiciliato il consumatore.

L'azione dell'altra parte del contratto contro il consumatore può essere proposta solo davanti ai giudici dello Stato nel cui territorio il consumatore ha il proprio domicilio.

Queste disposizioni non pregiudicano il diritto di proporre una domanda riconvenzionale davanti al giudice della domanda principale in conformità della presente sezione.

15. Le disposizioni della presente sezione possono essere derogate solo con una convenzione:

1) posteriore al sorgere della controversia o

2) che consenta al consumatore di adire un organo giurisdizionale diverso da quelli indicati nella presente sezione o

3) che, conclusa tra il consumatore e la sua controparte aventi entrambi il domicilio o la residenza abituale nel medesimo Stato contraente al momento della conclusione del contratto, attribuisca la competenza ai giudici di tale Stato, sempreché la legge di quest'ultimo non vieti dette convenzioni.

SEZIONE V

Competenze esclusive

16. Indipendentemente dal domicilio, hanno competenza esclusiva:

1) *a*) in materia di diritti reali immobiliari e di contratti d'affitto d'immobili, i giudici dello Stato contraente in cui l'immobile è situato;

b) tuttavia in materia di contratti d'affitto di immobili ad uso privato temporaneo stipulati per un periodo massimo di sei mesi consecutivi hanno competenza anche i giudici dello stato contraente in cui il convenuto è domiciliato, purché il conduttore sia una persona fisica e nessuna delle parti sia domiciliata nel territorio dello Stato contraente in cui l'immobile è situato;

2) in materia di validità, nullità o scioglimento delle società o persone giuridiche aventi la sede nel territorio di uno Stato contraente, o delle decisioni dei rispettivi organi, i giudici di detto Stato;

3) in materia di validità delle trascrizioni ed iscrizioni nei pubblici registri, i giudici dello Stato contraente nel cui territorio i registri sono tenuti;

4) in materia di registrazione o di validità di brevetti, marchi, disegni e modelli e di altri diritti analoghi per i quali è prescritto il deposito ovvero la registrazione, i giudici dello Stato contraente nel cui territorio il deposito o la registrazione sono stati richiesti, sono stati effettuati o sono reputati essere stato effettuati a norma di una convenzione internazionale;

5) in materia di esecuzione delle sentenze, i giudici dello Stato contraente nel cui territorio ha luogo l'esecuzione.

SEZIONE VI
Proroga di competenza

17. 1. Qualora le parti, di cui almeno una domiciliata nel territorio di uno Stato contraente, abbiano convenuto la competenza di un giudice o dei giudici di uno Stato contraente a conoscere delle controversie, presenti o future, nate da un determinato rapporto giuridico, la competenza esclusiva spetta al giudice o ai giudici di quest'ultimo stato contraente. Questa clausola attributiva di competenza deve essere conclusa:

a) per iscritto o verbalmente con conferma scritta, o

b) in una forma ammessa dalle pratiche che le parti hanno stabilito tra loro, o

c) nel commercio internazionale, in una forma ammessa da un uso che le parti conoscevano o avrebbero dovuto conoscere e che, in tale campo, è ampiamente conosciuto e regolarmente rispettato dalle parti di contratti dello stesso tipo nel ramo commerciale considerato.

Quando nessuna delle parti che stipulano tale clausola è domiciliata nel territorio di uno Stato contraente, i giudici degli altri Stati contraenti non possono conoscere della controversia fintantoché il giudice o i giudici la cui competenza è stata convenuta non abbiano declinato la competenza.

2. Il giudice o i giudici di uno Stato contraente, ai quali l'atto costitutivo di un *trust* ha attribuito competenza a giudicare, hanno competenza esclusiva per giudicare delle azioni contro un fondatore, un *trustee* o un beneficiario di un *trust*, ove si tratti di relazioni tra tali persone o di loro diritti od obblighi nell'ambito del *trust*.

3. Le clausole attributive di competenza e le clausole simili di atti costitutivi di *trust* non sono valide se in contrasto con le disposizioni degli artt. 12 e 15 o se derogano alle norme sulla competenza esclusiva attribuita ai giudici ai sensi dell'art. 16.

4. Se una clausola attributiva di competenza è stata stipulata a favore di una soltanto delle parti, questa conserva il diritto di adire qualsiasi altro giudice competente ai sensi della presente convenzione.

5. In materia di contratti individuali di lavoro una clausola attributiva di competenza è valida solo se posteriore al sorgere della controversia.

18. Al di fuori dei casi in cui la sua competenza risulta da altre disposizioni della presente convenzione, il giudice di uno stato contraente davanti al quale il convenuto è comparso è competente. Tale norma non è applicabile se la comparizione avviene solo per eccepire l'incompetenza o se esiste un'altra giurisdizione esclusivamente competente ai sensi dell'art. 16.

SEZIONE VII
Esame della competenza e della ricevibilità dell'azione

19. Il giudice di uno Stato contraente, investito a titolo principale di una controversia per la quale l'art. 16 prescrive la competenza esclusiva di un organo giurisdizionale di un altro Stato contraente, dichiara d'ufficio la propria incompetenza.

20. Se il convenuto domiciliato nel territorio di uno Stato contraente è citato davanti ad un giudice di un altro Stato contraente e non comparisce, il giudice dichiara d'ufficio la propria incompetenza nel caso in cui la presente convenzione non preveda tale competenza.

Al giudice è fatto obbligo di sospendere il procedimento fin quando non si sarà accertato che al convenuto è stata data la possibilità di ricevere la domanda giudiziale od un atto equivalente in tempo utile perché questo possa presentare le proprie difese, ovvero che è stato fatto tutto il possibile in tal senso.

Le disposizioni del comma precedente saranno sostituite da quelle dell'art. 15 della convenzione dell'Aja del 15 novembre 1965 sulla notificazione e sulla comunicazione all'estero degli atti giudiziari ed extragiudiziari in materia civile o commerciale, qualora sia stato necessario trasmettere la domanda giudiziale in esecuzione della suddetta convenzione.

SEZIONE VIII
Litispedenza e connessione

21. Qualora davanti a giudici di Stati contraenti e tra le stesse parti siano state proposte domande aventi il medesimo oggetto e il medesimo titolo, il giudice successivamente adito sospende d'ufficio il procedimento finché sia stata accertata la competenza del giudice preventivamente adito.

Se la competenza del giudice preventivamente adito è stata accertata, il giudice successivamente adito dichiara la propria incompetenza a favore del giudice preventivamente adito.

22. Ove più cause connesse siano proposte davanti a giudici di Stati contraenti differenti e siano pendenti in primo grado, il giudice successivamente adito può sospendere il procedimento.

Tale giudice può inoltre dichiarare la propria incompetenza su richiesta di una delle parti a condizione che la propria legge consenta la riunione di procedimenti e che il giudice preventivamente adito sia competente a conoscere delle due domande.

Ai sensi del presente articolo sono connesse le cause aventi tra di loro un legame così stretto da rendere opportune una trattazione e decisione uniche per evitare soluzioni tra di loro incompatibili ove le cause fossero trattate separatamente.

23. Qualora la competenza esclusiva a conoscere delle domande spetti a più giudici, quello successivamente adito deve spogliarsi della causa in favore del giudice preventivamente adito.

SEZIONE IX

Provvedimenti provvisori e cautelari

24. I provvedimenti provvisori o cautelari, previsti dalla legge di uno Stato contraente, possono essere richiesti all'autorità giudiziaria di detto Stato anche se, in forza della presente convenzione, la competenza a conoscere nel merito è riconosciuta al giudice di un altro Stato contraente.

TITOLO III

Del riconoscimento e dell'esecuzione

25. Ai sensi della presente convenzione, per decisione si intende, a prescindere dalla denominazione usata, qualsiasi decisione resa da un organo giurisdizionale di uno Stato contraente, quale ad esempio decreto, sentenza, ordinanza o mandato di esecuzione, nonché la determinazione da parte del cancelliere delle spese giudiziali.

SEZIONE I

Del riconoscimento

26. Le decisioni rese in uno stato contraente sono riconosciute negli altri stati contraenti senza che sia necessario il ricorso ad alcun procedimento.

In caso di contestazione, ogni parte interessata che chieda il riconoscimento in via principale può far constatare, secondo il procedimento di cui alle sezioni 2 e 3 del presente titolo, che la decisione deve essere riconosciuta.

Se il riconoscimento è richiesto in via incidentale davanti ad un giudice di uno stato contraente, tale giudice è competente al riguardo.

27. Le decisioni non sono riconosciute:

1) se il riconoscimento è contrario all'ordine pubblico dello Stato richiesto;

2) se la domanda giudiziale od un atto equivalente non è stato notificato o comunicato al convenuto contumace regolarmente ed in tempo utile perché questi possa presentare le proprie difese;

3) se la decisione è in contrasto con una decisione resa tra le medesime parti nello stato richiesto;

4) se il giudice dello stato d'origine per rendere la decisione ha, nel pronunciarsi su una questione relativa allo stato o alla capacità delle persone fisiche, al regime patrimoniale fra coniugi, ai testamenti ed alle successioni, violato una norma di diritto internazionale privato dello Stato richiesto, salvo che la decisione, in questione non conduca allo stesso risultato che si sarebbe avuto se le norme di diritto internazionale privato dello Stato richiesto fossero state, invece, applicate;

5) se la decisione è in contrasto con una decisione resa precedentemente tra le medesime parti in uno Stato non contraente, in una controversia avente il medesimo oggetto e il medesimo titolo, allorché tale decisione riunisce le condizioni necessarie per essere riconosciuta nello Stato richiesto.

28. Parimenti, le decisioni non sono riconosciute se le disposizioni delle sezioni 3, 4 e 5 del titolo II sono state violate, oltreché nel caso contemplato dall'art. 59.

Il riconoscimento di una decisione può inoltre essere rifiutato in uno di casi contemplati dall'art. 54-*ter*, paragrafo 3 e dall'art. 57, paragrafo 4.

Nell'accertamento delle competenza di cui ai commi precedenti, l'autorità richiesta è vincolata dalle constatazioni di fatto sulle quali il giudice dello Stato d'origine ha fondato la propria competenza.

Salva l'applicazione delle disposizioni del primo e secondo comma, non si può procedere al controllo della competenza dei giudici dello Stato d'origine; le norme sulla competenza non riguardano l'ordine pubblico contemplato dall'art. 27, punto 1.

29. In nessun caso, la decisione straniera può formare oggetto di un riesame del merito.

30. L'autorità giudiziaria di uno Stato contraente davanti alla quale è chiesto il riconoscimento di una decisione resa in un altro Stato contraente può sospendere il procedimento se la decisione in questione è stata impugnata.

L'autorità giudiziaria di uno Stato contraente davanti alla quale è richiesto il riconoscimento di una decisione che è stata resa in Irlanda o nel Regno Unito e la cui esecuzione è sospesa nello Stato d'origine per la presentazione di un ricorso, può sospendere il procedimento.

SEZIONE II

Dell'esecuzione

31. Le decisioni rese in uno Stato contraente e quivi esecutive, sono eseguite in un altro Stato contraente dopo essere state ivi dichiarate esecutive su istanza della parte interessata.

Tuttavia la decisione è eseguita in una delle tre parti del Regno Unito (Inghilterra e Galles, Scozia e Irlanda del nord) soltanto dopo esservi stata registrata per esecuzione, su istanza della parte interessata.

32. 1. L'istanza deve essere proposta:

– in Belgio, al "tribunal de première instance" o "rechtbank van eerste aanleg";

– in Danimarca, al "byret";

– nella Repubblica federale di Germania, al presidente di una sezione del "Landgericht";

– in Grecia al "monomeleV prwtodiceio";

– in Spagna al "Juzgado de primera Instancia";

– in Francia, al Presidente del "tribunal de grande instance";

– in Irlanda, alla "High Court";

– in Islanda, alla "héraðsdómari";

– in Italia, alla Corte d'appello;

– nel Lussemburgo, al presidente del "tribunal d'arrondissement";

– nei Paesi Bassi, al presidente dell'"arrondissementsrechtbank";

– in Norvegia, al "Lerredsrett" o "hyrett", in quanto "namsrett";

– in Austria, al "Landesgericht" o "Kreisgericht";

– in Portogallo, al "Tribunal Judicial de Círculo";

– in Svizzera:

a) per le decisioni di condanna al pagamento di una somma di denaro, al "Giudice competente a pronunciare sul rigetto dell'opposizione"/"Juge de la mainlevée"/"Rechtsöffnungsrichter", nel quadro della procedura disciplinata dagli artt. 80 e 81 della legge federale sull'esecuzione e sul fallimento/loi fédérale sur la poursuite pour dettes et la faillite/Bundesgesetz über Schuldbetreibung und Konkurs;

b) per le decisioni che non condannano al pagamento di una somma di denaro, al giudice cantonale competente a pronunciare l'exequatur/juge cantonal d'exequatur compétent/zuständigerk antonaler Vollstreckungsrichter;

– in Finlandia, all'"ulosotonhaltija/ överexekutor";

– in Svezia, allo "Svea hovrätt";

– nel Regno Unito:

a) in Inghilterra e nel Galles, alla "High Court of Justice" ovvero, nel caso di un procedimento in materia di obbligazione alimentare, alla "Magistrates' Court", alla quale l'istanza sarà trasmessa dal "Secretary of state";

b) in Scozia, alla "Court of Session" ovvero, nel caso di procedimenti in materia di obbligazione alimentare, alla "Sheriff Court", alla quale l'istanza sarà trasmessa dal "Secretary of State";

c) nell'Irlanda del Nord, alla "High Court of Justice" ovvero, nel caso di procedimenti in materia di obbligazione alimentare, alla "Magistrates' Court", alla quale l'istanza darà trasmessa dal "Secretary of State".

2. Il giudice territorialmente competente è determinato dal domicilio della parte contro cui viene chiesta l'esecuzione. Se tale parte non è domiciliata nel territorio dello Stato richiesto, la competenza è determinata dal luogo dell'esecuzione.

33. Le modalità del deposito dell'istanza sono determinate in base alla legge dello Stato richiesto.

L'istante deve eleggere il proprio domicilio nella circoscrizione del giudice adito. Tuttavia, se la legge dello Stato richiesto non prevede l'elezione del domicilio, l'istante designa un procuratore.

All'istanza devono essere allegati i documenti di cui agli artt. 46 e 47.

34. Il giudice adito statuisce, entro un breve termine, senza che la parte contro cui l'esecuzione viene chiesta possa, in tal fase del procedimento, presentare osservazioni.

L'istanza può essere rigettata solo per uno dei motivi contemplati dagli artt. 27 e 28.

In nessun caso, la decisione straniera può formare oggetto di un riesame del merito.

35. La decisione resa su istanza di parte è comunicata senza indugio al richiedente, a cura del cancelliere, secondo le modalità previste dalla legge dello stato richiesto.

36. Se l'esecuzione viene accordata, la parte contro cui viene fatta valere può proporre opposizione nel termine di un mese dalla notificazione della decisione.

Se la parte è domiciliata in uno Stato contraente diverso da quello della decisione che accorda l'esecuzione, il termine è di due mesi a decorrere dal giorno in cui la notificazione è stata fatta alla persona cui è diretta o al domicilio della medesima. Detto termine non è prorogabile per ragioni inerenti alla distanza.

37. 1. L'opposizione è proposta secondo le norme sul procedimento in contraddittorio:

– in Belgio, davanti al "tribunal de première instance" o "rechtbank van eerste aanleg";

– in Danimarca, davanti al "landsret";

– nella Repubblica federale di Germania, davanti allo "Oberlandesgericht";

– in Grecia davanti al "Ejeteio";

– in Spagna davanti alla "Audiencia Provincial";

– in Francia, davanti alla "Cour d'appel";

– in Irlanda, davanti alla "High Court";

– in Islanda, davanti alla "héraðsdómari";

– in Italia, davanti alla Corte d'appello;

– nel Lussemburgo, davanti alla "Cour supérieure de justice" giudicante in appello in materia civile;

– nei Paesi Bassi, davanti all'"arrondissementsrechtbank";

– in Norvegia, davanti al "lagmannsrett";

– in Austria, davanti al "Landesgericht" o "Kreisgericht";

– in Portogallo, davanti al "Tribunal da Relação";

– in Svizzera davanti al "Tribunale cantonale"/"Tribunal cantonal"/"Kantonsgericht";

– in Finlanda, davanti al "Hovioikeus/hovrätt";

– in Svezia, davanti allo "Svea hovratt";

– nel Regno Unito:

a) in Inghilterra e nel Galles, davanti alla "High Court of Justice" ovvero, nel caso di procedimenti in materia di obbligazione alimentare, davanti alla "Magistrates' Court";

b) in Scozia, davanti alla "Court of Session" ovvero, nel caso di procedimenti in materia di obbligazione alimentare, davanti alla "Sheriff Court";

c) nell'Irlanda del Nord, davanti alla "High Court of Justice" ovvero, nel caso di procedimenti in materia di obbligazione alimentare, davanti alla "Magistrates' Court".

2. La decisione resa sull'opposizione può costituire unicamente oggetto di:
– ricorso in cassazione, in Belgio, Grecia, Spagna, Francia, Italia, Lussemburgo e nei Paesi Bassi;
– ricorso davanti al "hojesteret", con autorizzazione del Ministro della giustizia, in Danimarca;
– "Rechtsbeschwerde", nella Repubblica federale di Germania;
– ricorso alla "Supreme Court" per motivi di diritto, in Irlanda;
– ricorso davanti al "Hastiréttur", in Islanda;
– ricorso (Kjaremål or anke) davanti al "Hoyesteretts Kjaeremalsutvalg or Hoyesterett", in Norvegia;
– "Revisionrekurs", in caso di un ricorso, e di "Berufung" (ricorso) con facoltà di revisione, nel caso di un'opposizione, in Austria;
– ricorso per motivi di diritto, in Portogallo;
– ricorso di diritto pubblico davanti al tribunale federale/recours de droit public devant le tribunal fédéral/staatsrechtliche Beschwerde beim Bundesgericht, in Svizzera;
– ricorso davanti al "högsta domstolen", in Svezia;
– unico ricorso per motivi di diritto, nel Regno Unito.

38. Il giudice davanti al quale è proposta l'opposizione ai sensi dell'art. 37, primo comma può, su istanza della parte proponente, sospendere il procedimento se la decisione straniera è stata, nello Stato d'origine, impugnata con un mezzo ordinario o se il termine per proporre l'impugnazione non è scaduto; in quest'ultimo caso il giudice può fissare un termine per proporre tale impugnazione.

Qualora la decisione sia stata resa in Irlanda o nel Regno Unito, qualsiasi mezzo di impugnazione esperibile nello Stato di origine è considerato "impugnazione ordinaria" ai sensi del primo comma.

Il giudice può inoltre subordinare l'esecuzione alla costituzione di una garanzia che provvede a determinare.

39. In pendenza del termine per proporre l'opposizione di cui all'art. 36 e fino a quando non sia stata adottata alcuna decisione in materia, può procedersi solo a provvedimenti conservativi sui beni della parte contro cui è chiesta l'esecuzione.

La decisione che accorda l'esecuzione implica l'autorizzazione a procedere ai suddetti provvedimenti.

40. 1. Se l'istanza viene respinta, l'istante può, proporre opposizione:
– in Belgio, davanti alla "Cour d'appel" o "hof van beroep";
– in Danimarca, davanti al "landsret";
– nella Repubblica federale di Germania, davanti allo "Oberlandesgericht";
– in Grecia davanti al "Ejeteio";
– in Spagna davanti alla "Audiencia Provincial";
– in Francia, davanti alla "Cour d'appel";
– in Irlanda, davanti alla "High Court";
– in Islanda, davanti alla "héraðsdómari";
– in Italia, davanti alla Corte d'appello;
– nel Lussemburgo, davanti alla "Cour supérieure de justice" giudicante in appello in materia civile;
– nei Paesi Bassi, davanti alla "gerechtshof";
– in Norvegia, davanti al "lagmannsrett";
– in Austria, davanti al "Landesgericht" o "Kreisgericht";
– in Portogallo, davanti al "Tribunal da Relação;
– in Svizzera davanti al "Tribunale cantonale"/ "Tribunal cantonal"/ "Kantonsgericht";
– in Finlandia, davanti al "hovioikeus/hovratt";
– in Svezia, davanti allo "Svea hovrätt";
– nel Regno Unito;
a) in Inghilterra e nel Galles, davanti alla "High Court of Justice" ovvero, nel caso di procedimenti in materia di obbligazione alimentare, davanti alla "Magistrates' Court";
b) in Scozia, davanti alla "Court of Session" ovvero, nel caso di procedimenti in materia di obbligazione alimentare, davanti alla "Sheriff Court";
c) nell'Irlanda del Nord, davanti alla "High Court of Justice" ovvero, nel caso di procedimenti in materia di obbligazione alimentare, davanti alla "Magistrates' Court".

2. La parte contro cui l'esecuzione vine fatta valere è chiamata a comparire davanti al giudice dell'opposizione. In caso di contumacia, si applicano le disposizioni dell'art. 20, secondo e terzo comma, anche se il contumace non è domiciliato nel territorio di uno degli Stati contraenti.

41. La decisione resa sull'opposizione di cui all'art. 30 può costituire unicamente oggetto di:
– ricorso in cassazione, in Belgio, Grecia, Spagna, Francia, Italia, Lussemburgo e nei Paesi Bassi;
– ricorso davanti al "højesteret", con l'autorizzazione del Ministro della giustizia, in Danimarca;
– "Rechtsbeschwerde", nella Repubblica federale di Germania;
– ricorso alla "Supreme Court" per motivi di diritto, in Irlanda;
– ricorso davanti al "Hastiréttur", in Islanda;
– ricorso (Kjaremal or anke) davanti al "Hoyesteretts kjaeremalsutvalg or Hovesterett", in Norvegia;
– "Revisionsrekurs", in Austria;
– ricorso per motivi di diritto, in Portogallo;
– ricorso di diritto pubblico davanti al tribunale federale/recours de droit public devant le tribunal fédéral/ staatsrechtliche Beschwerde beim Bundesgericht, in Svizzera;
– ricorso davanti al "korkein oikeus/högsta domstolèn", in Finlandia;

– ricorso davanti al "högsta domstolen", in Svezia;

– unico ricorso per motivi di diritto, nel Regno Unito.

42. Se la decisione straniera ha statuito su vari capi della domanda e l'esecuzione non può essere accordata per tutti i capi, il giudice si accorda l'esecuzione solo per uno o più di essi.

L'istante può richiedere un'esecuzione parziale.

43. Le decisioni straniere che comminano una penalità sono esecutive nello Stato richiesto solo se la misura di quest'ultima è stata definitivamente fissata dai giudici nello Stato di origine.

44. L'istante che, nello Stato di origine, ha beneficiato in tutto o in parte dell'assistenza giudiziaria o di un'esenzione alle spese, beneficia, nella procedura di cui agli articoli da 32 a 35, dell'assistenza più favorevole o dell'esenzione più larga dalle spese prevista nel diritto dello Stato in cui presenta l'istanza.

L'istante che chiede l'esecuzione di una decisione in materia di obblighi alimentari resa in Danimarca o in Islanda da un'autorità amministrativa può invocare nello Stato in cui l'istanza è proposta i benefici di cui al primo comma, se presenta un'attestazione del ministro della giustizia danese o del ministero della giustizia islandese comprovante che egli adempie alle condizioni economiche richieste per beneficiare in tutto o in parte dell'assistenza giudiziaria o dell'esenzione dalle spese.

45. Alla parte che domanda l'esecuzione in uno Stato contraente di una decisione resa in un altro Stato contraente non può essere imposta nessuna cauzione o deposito, indipendentemente dalla relativa denominazione, a causa della qualità di straniero o per difetto di domicilio o residenza nel paese.

SEZIONE III
Disposizioni comuni

46. La parte che invoca il riconoscimento o chiede l'esecuzione di una decisione deve produrre:

1) una spedizione che presenti tutte le formalità necessarie alla sua autenticità;

2) se si tratta di una decisione contumaciale, l'originale o una copia certificata conforme del documento comprovante che la domanda giudiziale od un atto equivalente è stato notificato o comunicato al contumace.

47. La parte che chiede l'esecuzione deve, inoltre, produrre:

1) qualsiasi documento atto a comprovare che, secondo la legge dello Stato di origine, la decisione è esecutiva ed è stata notificata;

2) eventualmente, un documento comprovante che il richiedente beneficia, nello Stato di origine, dell'assistenza giudiziaria.

48. Qualora i documenti di cui agli artt. 46, punto 2, e 47, punto 2, non vengano prodotti, l'autorità giudiziaria può fissare un termine per la loro presentazione o accettare documenti equivalenti ovvero, qualora ritenga di essere informata a sufficienza, disporne la dispensa.

Qualora l'autorità giudiziaria lo richieda è necessario produrre una traduzione dei documenti richiesti; la traduzione è autenticata da una persona a tal fine abilitata in uno degli Stati contraenti.

49. Non è richiesta alcuna legalizzazione o formalità analoga per i documenti indicati negli artt. 46, 47 e 48, secondo comma, come anche, ove occorra, per la procura alle liti.

TITOLO IV
Atti autentici e transazioni giudiziarie

50. Gli atti autentici ricevuti ed aventi efficacia esecutiva in uno Stato contraente sono, su istanza di parte, dichiarati esecutivi in un altro Stato contraente, conformemente alla procedura contemplata dagli artt. 31 e seguenti. L'istanza può essere rigettata solo se l'esecuzione dell'atto autentico è contraria all'ordine pubblico dello Stato richiesto.

L'atto prodotto deve rispondere ai requisiti richiesti per la sua autenticità dalla legge dello Stato di origine.

Le disposizioni della sezione 3 del titolo III sono, per quanto occorra, applicabili.

51. Le transazioni concluse davanti al giudice nel corso di un processo ed aventi efficacia esecutiva nello Stato di origine hanno efficacia esecutiva nello Stato richiesto alle stesse condizioni, previste per gli atti autentici.

TITOLO V
Disposizioni generali

52. Per determinare se una parte ha il domicilio nel territorio dello stato contraente in cui è pendente il procedimento, il giudice applica la legge interna.

Qualora una parte non sia domiciliata nello Stato i cui giudici sono aditi, il giudice, per stabilire se essa ha un domicilio di un altro Stato contraente, applica la legge di tale Stato.

53. Ai fini dell'applicazione della presente convenzione la sede delle società e delle persone giuridiche è assimilata al domicilio. Tuttavia, per stabilire tale sede, il giudice applica le norme di diritto internazionale privato del proprio Stato.

Per definire se un *trust* ha domicilio nel territorio di uno Stato contraente i cui giudici siano stati aditi, il giudice applica le norme del suo diritto internazionale privato.

TITOLO VI
Disposizioni transitorie

54. Le disposizioni della presente convenzione si applicano solo alle azioni giudiziarie proposte ed agli atti autentici ricevuti posteriormente alla sua entrata in vigore nello Stato di origine e, quando è chiesto il riconoscimento o l'esecuzione di una decisione o di un atto autentico, nello Stato richiesto.

Tuttavia, le decisioni rese dopo l'entrata in vigore della presente convenzione nelle relazioni tra lo Stato d'origine e lo Stato richiesto a seguito di azioni proposte prima di tale data, sono riconosciute ed eseguite conformemente alle disposizioni del titolo III, se le norme di competenza applicate sono conformi a quelle previste dal titolo II o da una convenzione in vigore tra lo stato di origine e lo stato richiesto al momento della proposizione dell'azione.

Se le parti in una controversia relativa a un contratto hanno convenuto per iscritto, anteriormente all'entrata in vigore della presente convenzione, di applicare al contratto il diritto irlandese o il diritto di una parte del Regno Unito, gli organi giurisdizionali dell'Irlanda o di questa parte del Regno Unito conservano la loro competenza per tale controversia.

54-*bis*. Per la Danimarca, la Grecia, l'Irlanda, l'Islanda, la Norvegia, la Finlandia e la Svezia e per un periodo di tre anni dopo l'entrata in vigore della presente convenzione, la competenza in materia marittima è determinata, in ciascuno di tali Stati, oltre che dalle disposizioni del titolo II, dalle disposizioni elencate nei seguenti punti da 1 a 7. Tuttavia, tali disposizioni non saranno più applicabili in ciascuno di detti Stati allorché in ciascuno di essi entrerà in vigore la convenzione internazionale sull'unificazione di alcune norme relative al sequestro conservativo delle navi d'alto mare, firmata a Bruxelles il 10 maggio 1952.

1. Una persona avente il domicilio nel territorio di uno Stato contraente può essere citata davanti agli organi giurisdizionali di uno degli Stati di cui sopra per una rivendicazione di diritto marittimo quando la nave oggetto della rivendicazione o qualsiasi altra nave di sua proprietà è stata oggetto di sequestro conservativo nel territorio di quest'ultimo Stato a garanzia della rivendicazione, oppure avrebbe potuto esserlo, ma è stata fornita una cauzione o altra garanzia, nei seguenti casi:

a) quando l'attore ha il domicilio nel territorio di detto Stato;

b) quando la rivendicazione è sorta in detto Stato;

c) quando la rivendicazione è sorta durante un viaggio nel corso del quale è stato operato o avrebbe potuto essere operato il sequestro conservativo;

d) quando la rivendicazione ha origine da una collisione o da un danno causato da una nave ad un'altra nave o alle cose o alle persone a bordo di questa, in seguito a esecuzione o omissione di una manovra o per inosservanza dei regolamenti;

e) quando la rivendicazione è sorta in seguito a salvataggio o assistenza;

f) quando la rivendicazione è garantita da ipoteca sulla nave di cui è stato operato il sequestro conservativo.

2. Può essere sequestrata la nave oggetto della rivendicazione di diritto marittimo o qualsiasi altra nave appartenente alla persona che, nel momento in cui è sorta la rivendicazione, era proprietaria della nave oggetto di tale rivendicazione. Tuttavia, per le rivendicazioni previste al punto 5, lettere *o*), *p*) o *q*), potrà essere sequestrata soltanto la nave oggetto della rivendicazione.

3. Le navi sono considerate appartenenti allo stesso proprietario quando tutte le quote di proprietà appartengono alla stessa o alle stesse persone.

4. In caso di noleggio di una nave con cessione della gestione nautica, qualora il noleggiatore risponda da solo di una rivendicazione di diritto marittimo relativa alla nave, questa nave o qualsiasi altra nave appartenente al noleggiatore può essere sequestrata in virtù di tale rivendicazione ma non un'altra nave appartenente al proprietario. Ciò vale anche in tutti i casi in cui una persona diversa dal proprietario risponda di una rivendicazione di diritto marittimo.

5. Si intende per "rivendicazione di diritto marittimo" una rivendicazione originata da uno o più dei seguenti motivi:

a) danni causati da una nave per collisione o in altro modo;

b) perdita della vita o danni fisici a causa di una nave oppure avvenuti in seguito alle operazioni di una nave;

c) assistenza e salvataggio;

d) accordo per l'uso o il noleggio di una nave mediante contratto di noleggio o altro;

e) accordo per il trasporto di merci su una nave mediante contratto di noleggio, di carico o altro;

f) perdita di merci o danni alle medesime, compresi i bagagli trasportati su una nave;

g) avaria comune;

h) cambio marittimo;

i) rimorchio;

j) pilotaggio;

k) merci o materiali ovunque forniti ad una nave per il suo funzionamento o manutenzione;

l) costruzione, riparazione, armamento di una nave o costi di bacino;

m) retribuzioni dei capitani, degli ufficiali o dell'equipaggio;

n) esborsi del capitano, compresi quelli effettuati da spedizionieri marittimi, noleggiatori o agenti per conto di una nave o del suo proprietario;

o) controversie sulla proprietà di una nave;

p) controversie tra comproprietari di una nave

in materia di proprietà, possesso, uso o profitti della stessa;

q) garanzia ipotecaria su una nave.

6. Per quanto riguarda le rivendicazioni di diritto marittimo di cui alle lettere *o*) e *p*) del punto 5, l'espressione "sequestro conservativo" comprende, in Danimarca, il "forbud" nella misura in cui tale procedura sia la sola ammessa, nella fattispecie, dagli articoli da 545 a 653 della legge sulla procedura civile (Lov om rettens pleje).

7. Per quanto riguarda le rivendicazioni di diritto marittimo di cui alle lettere *o*) e *p*) del punto 5, il termine "sequestro" comprende, in Islanda, il "lögbann" nella misura in cui tale procedura sia la sola ammessa per tale rivendicazione conformemente al capitolo III della legge in materia di sequestro e ingiunzione (lög um kyrrsetningu og lobann).

TITOLO VII
Relazione con la convenzione di Bruxelles e con le altre convenzioni

54-*ter*. 1. La presente convenzione lascia impregiudicata l'applicazione da parte degli Stati membri delle Comunità europee della convenzione concernente la competenza giurisdizionale e l'esecuzione delle decisioni in materia civile e commerciale, firmata a Bruxelles il 27 settembre 1968, e del protocollo relativo all'interpretazione di detta convenzione da parte della Corte di giustizia, firmato a Lussemburgo il 3 giugno 1971, modificati dalle convenzioni di adesione a detta convenzione e a detto protocollo da parte degli Stati aderenti alle Comunità europee, convenzioni e protocollo in appresso denominati "convenzione di Bruxelles".

Tuttavia, la presente convenzione si applica comunque:

a) in materia di competenza giurisdizionale, qualora il convenuto sia domiciliato nel territorio di uno Stato contraente della presente convenzione che non è membro delle Comunità europee ovvero qualora gli artt. 16 e 17 della presente convenzione attribuiscano la competenza ai giudici di tale Stato contraente;

b) in materia di litispendenza o di connessione contemplata dagli artt. 21 e 22 della presente convenzione, ove siano state proposte azioni in uno Stato contraente che non è membro delle Comunità europee e in uno Stato contraente che è membro delle Comunità europee;

c) in materia di riconoscimento e di esecuzione, qualora lo Stato d'origine o lo Stato richiesto non sia membro delle Comunità europee.

2. Oltre ai casi previsti nel titolo III, il riconoscimento o l'esecuzione possono essere rifiutati se la competenza sulla quale si fonda la decisione differisce da quella che deriva dalla presente convenzione e il riconoscimento o l'esecuzione e il riconoscimento o l'esecuzione sono richiesti contro una parte che abbia il domicilio nel territorio di uno Stato contraente che non sia membro delle Comunità europee, a meno che il riconoscimento sia possibile altrimenti in base alla legislazione dello Stato richiesto.

55. Fatto salvo quanto disposto dall'art. 54, secondo comma, e dall'art. 56, la presente convenzione sostituisce nei rapporti tra gli Stati che ne sono parti le convenzioni concluse tra due o più di detti Stati, e cioè:

– la convenzione tra la Francia e la Confederazione svizzera sulla competenza giurisdizionale e l'esecuzione delle sentenze in materia civile, firmata a Parigi il 15 giugno 1869;

– il trattato tra la Confederazione svizzera e la Spagna sull'esecuzione reciproca delle decisioni in materia civile e commerciale, firmato a Madrid il 19 novembre 1896;

– la convenzione tra la Confederazione svizzera ed il Reich tedesco relativa al riconoscimento e all'esecuzione delle decisioni giudiziarie e delle sentenze arbitrali, firmata a Berna il 2 novembre 1929;

– la convenzione tra la Danimarca, la Finlandia, l'Islanda, la Norvegia e la Svezia per il riconoscimento e l'esecuzione di sentenze, firmata a Copenaghen il 16 marzo 1932;

– la convenzione tra la Confederazione svizzera e l'Italia sul riconoscimento e l'esecuzione delle decisioni giudiziarie, firmata a Roma il 3 gennaio 1933;

– la convenzione tra la Svezia e la Confederazione svizzera sul riconoscimento e l'esecuzione delle decisioni giudiziarie e delle sentenze arbitrali, firmata a Stoccolma il 15 gennaio 1936;

– la convenzione tra il Regno del Belgio e la Repubblica d'Austria sul riconoscimento reciproco e la reciproca esecuzione delle decisioni giudiziarie e degli atti autentici in materia di obbligazioni alimentari, firmata a Vienna il 25 ottobre 1957;

– la convenzione tra la Confederazione svizzera e il Belgio sul riconoscimento e l'esecuzione delle decisioni giudiziarie e delle sentenze arbitrali, firmata a Berna il 29 aprile 1959;

– la convenzione tra la Repubblica federale di Germania e la Repubblica d'Austria sul riconoscimento reciproco e la reciproca esecuzione delle decisioni e transazioni giudiziarie e degli atti autentici in materia civile e commerciale, firmata a Vienna il 6 giugno 1959;

– la convenzione tra il Regno del Belgio e la Repubblica d'Austria sul riconoscimento reciproco e la reciproca esecuzione delle decisioni giudiziarie, delle sentenze arbitrali e degli atti autentici in materia civile e commerciale, firmata a Vienna il 16 giugno 1959;

– la convenzione tra la Repubblica d'Austria e la Confederazione svizzera sul riconoscimento e l'esecuzione delle decisioni giudiziarie, firmata a Berna il 16 dicembre 1960;

– la convenzione tra la Norvegia e il Regno Unito per il riconoscimento reciproco e l'esecuzione delle sentenze in materia civile, firmata a Londra il 12 giugno 1961;

– la convenzione tra il Regno Unito e la Repubblica d'Austria sul riconoscimento reciproco e la reciproca esecuzione delle decisioni giudiziarie in materia civile e commerciale, firmata a Vienna il 14 luglio 1961 ed il relativo protocollo, firmato a Londra il 6 marzo 1970;

– la convenzione tra il Regno dei Paesi Bassi e la Repubblica d'Austria sul riconoscimento reciproco e la reciproca esecuzione delle decisioni giudiziarie e degli atti autentici in materia civile e commerciale, firmata all'Aia il 6 febbraio 1963;

– la convenzione tra la Repubblica francese e la Repubblica d'Austria sul riconoscimento e l'esecuzione delle decisioni giudiziarie e degli atti autentici in materia civile e commerciale, firmata a Vienna il 15 luglio 1966;

– la convenzione tra il Granducato del Lussemburgo e la Repubblica d'Austria sul riconoscimento e l'esecuzione delle decisioni giudiziarie e degli atti autentici in materia civile e commerciale, firmata a Lussemburgo il 29 luglio 1972;

– la convenzione tra la Repubblica italiana e la Repubblica d'Austria sul riconoscimento reciproco e la reciproca esecuzione delle decisioni e transazioni giudiziarie e degli atti autentici in materia civile e commerciale, firmata a Roma il 16 novembre 1971;

– la convenzione tra la Norvegia e la Repubblica federale di Germania per il riconoscimento e l'esecuzione di sentenze e documenti esecutivi in materia civile e commerciale, firmata a Oslo il 17 giugno 1977;

– la convenzione tra la Danimarca, la Finlandia, l'Islanda, la Norvegia e la Svezia per il riconoscimento e l'esecuzione di sentenze in materia civile, firmata a Copenaghen l'11 ottobre 1977;

– la convenzione tra la Repubblica d'Austria ed il Regno di Svezia sul riconoscimento e l'esecuzione delle sentenze in materia civile, firmata a Stoccolma il 16 settembre 1982;

– la convenzione tra la Repubblica d'Austria ed il Regno di Spagna sul riconoscimento reciproco e la reciproca esecuzione delle decisioni e transazioni giudiziarie e degli atti autentici in materia civile e commerciale, firmata a Vienna il 17 febbraio 1984;

– la convenzione tra il Regno di Norvegia e la Repubblica d'Austria sul riconoscimento e l'esecuzione delle sentenze in materia civile, firmata a Vienna il 21 maggio 1984 e

– la convenzione tra la Repubblica finlandese e la Repubblica d'Austria sul riconoscimento e l'esecuzione delle sentenze in materia civile, firmata a Vienna il 17 novembre 1986.

56. Il trattato e le convenzioni elencati all'art. 55 continueranno a produrre i loro effetti nelle materie alle quali la presente convenzione non è applicabile.

Essi continueranno a produrre i loro effetti per quanto attiene alle decisioni rese ed agli atti autentici ricevuti prima dell'entrata in vigore della presente convenzione.

57. 1. La presente convenzione non deroga alle convenzioni cui gli Stati contraenti sono o saranno parti e che, in materie particolari, disciplinano la competenza giurisdizionale, il riconoscimento o l'esecuzione delle decisioni.

2. La presente convenzione non impedisce che il giudice di uno Stato contraente che sia parte di una convenzione contemplata dal paragrafo 1 possa fondare la propria competenza su tale convenzione, anche se il convenuto è domiciliato nel territorio di uno Stato contraente che non è parte di tale convenzione. Il giudice adito applica in ogni caso l'art. 20 della presente convenzione.

3. Le decisioni rese in uno Stato contraente da un giudice che abbia fondato la propria competenza su una convenzione contemplata dal paragrafo 1 sono riconosciute ed eseguite negli altri Stati contraenti conformemente al titolo III della presente convenzione.

4. Oltre ai casi previsti nel titolo III, il riconoscimento o l'esecuzione possono essere rifiutati se lo Stato richiesto non è parte contraente di una convenzione contemplata dal paragrafo I e la persona contro la quale si richiedono il riconosciento o l'esecuzione è domiciliata in tale Stato, a meno che il riconoscimento o l'esecuzione della decisione non siano possibili in base ad altra norma giuridica dello Stato richiesto.

5. Se una convenzione contemplata dal paragrafo 1 di cui sono parti lo Stato d'origine e lo Stato richiesto determina le condizioni del riconoscimento e dell'esecuzione delle decisioni, si applicano tali condizioni. È comunque possibile applicare le disposizioni della presente convenzione concernenti la procedura relativa al riconoscimento e all'esecuzione delle decisioni.

58. (*Senza oggetto*).

59. La presente convenzione non costituisce ostacolo a che uno Stato contraente s'impegni nei confronti di uno Stato terzo, tramite una convenzione sul riconoscimento e l'esecuzione delle decisioni, a non riconoscere una decisione resa, in particolare in un altro Stato contraente, contro un convenuto che aveva il proprio domicilio o la propria residenza abituale sul territorio dello Stato terzo qualora, in un caso previsto all'art. 4, la decisione sia stata fondata soltanto su una delle competenza di cui all'art. 3, secondo comma.

Tuttavia, nessuno Stato contraente può impegnarsi nei confronti di uno Stato terzo a non riconoscere una decisione resa in un altro Stato contraente da un giudice la cui competenza si basi sul fatto che in tale Stato si trovano beni appartenenti al convenuto o sul sequestro, da parte dell'attore, di beni ivi esistenti:

1. se la domanda verte sulla proprietà o il possesso di tali beni, è volta ad ottenere l'autorizzazione di disporne o è relativa ad un'altra causa che li riguarda ovvero

2. se i beni costituiscono la garanzia di un credito che è l'oggetto della domanda.

60-68. (*Omissis*)

- 2 -

L. 20 mar. 2003, n. 77

Ratifica ed esecuzione della convenzione europea sull'esercizio dei diritti dei fanciulli, fatta a Strasburgo il 25 gennaio 1996

(G.U. 18 apr. 2003, n. 91, Suppl. ord.)

CAPO I
Portata e oggetto della convenzione, e definizioni

1. ***Portata ed oggetto della Convenzione.*** — 1. La presente Convenzione si applica ai fanciulli che non hanno ancora 18 anni.

2. L'oggetto della presente Convenzione mira a promuovere, nell'interesse superiore dei fanciulli, i diritti degli stessi, a concedere loro diritti procedurali ed agevolarne l'esercizio, vigilando affinchè possano, direttamente o per il tramite di altre persone od organi, essere informati ed autorizzati a partecipare alle procedure che li riguardano dinnanzi ad un'autorità giudiziaria.

3. Ai fini della presente Convenzione, le procedure che concernono i fanciulli dinnanzi ad un'autorità giudiziaria sono considerate procedure in materia familiare, in particolare quelle relative all'esercizio delle responsabilità di genitore, soprattutto per quanto riguarda la residenza ed il diritto di visita riguardo ai figli.

4. Ogni Stato, al momento della firma o del deposito del suo strumento di ratifica, di accettazione, di approvazione o di adesione, deve designare mediante una dichiarazione indirizzata al Segretario Generale del Consiglio d'Europa, almeno tre categorie di controversie familiari dinnanzi ad un'autorità giudiziaria cui la presente Convenzione può applicarsi.

5. Ogni parte può con una dichiarazione addizionale completare l'elenco delle categorie di controversie familiari cui la presente Convenzione può applicarsi, a fornire ogni informazione relativa all'applicazione degli artt. 5 e 9 paragrafo 2, 10, paragrafo 2, 11.

6. La presente Convenzione non impedisce alle parti di applicare regole più favorevoli per la promozione e l'esercizio dei diritti dei fanciulli.

2. ***Definizioni.*** — Ai fini della presente Convenzione, s'intende per:

a) "autorità giudiziaria", un tribunale o un'autorità amministrativa avente una competenza equivalente;

b) "detentore di responsabilità di genitore" i genitori ed altre persone od organi abilitati ad esercitare in tutto o in parte, responsabilità di genitore;

c) "rappresentante" ogni persona come un avvocato o un organo designato ad agire dinnanzi un'autorità giudiziaria a nome di un fanciullo;

d) "informazioni pertinenti" le informazioni appropriate in considerazione dell'età e del discernimento del fanciullo, che saranno fornite allo stesso per consentirgli di esercitare pienamente i suoi diritti salvo se la comunicazione di tali informazioni potrebbe nuocere al suo benessere.

CAPO II
Misure procedurali per promuovere l'esercizio dei diritti dei fanciulli

A. Diritti procedurali di un fanciullo

3. ***Diritto di essere informato e di esprimere la propria opinione nelle procedure.*** — Ad un fanciullo che è considerato dal diritto interno come avente un discernimento sufficiente, sono conferiti nelle procedure dinnanzi ad un'autorità giudiziaria che lo concernono i seguenti diritti, di cui egli stesso può chiedere di beneficiare:

a) ricevere ogni informazione pertinente;

b) essere consultato ed esprimere la sua opinione;

c) essere informato delle eventuali conseguenze dell'attuazione della sua opinione e delle eventuali conseguenze di ogni decisione.

4. ***Diritto di chiedere la designazione di un rappresentante speciale.*** — 1. Salvo quanto disposto dall'art. 9, il fanciullo ha il diritto di chiedere, personalmente o per il tramite di altre persone od organi, la designazione di un rappresentante speciale nelle procedure dinnanzi ad un'autorità giudiziaria che lo concernono, qualora il diritto interno privi coloro che hanno responsabilità di genitore, della facoltà di rappresentare il fanciullo per via di un conflitto d'interesse con lo stesso.

2. Gli Stati sono liberi di disporre che il diritto di cui al paragrafo 1 si applichi unicamente ai fanciulli considerati dal diritto interno come aventi un discernimento sufficiente.

5. ***Altri eventuali diritti procedurali.*** — Le Parti esaminano l'opportunità di concedere ai fanciulli diritti procedurali supplementari nelle procedure che li concernono dinnanzi ad un'autorità giudiziaria, in particolare:

a) il diritto di chiedere di essere assistiti da una persona appropriata di loro scelta per aiutarli ad esprimere la loro opinione;

b) il diritto di chiedere, essi stessi o per il tramite di altre persone od organi, la designazione di un rappresentante speciale, se del caso un avvocato;

c) il diritto di designare un proprio rappresentante;

d) Il diritto di esercitare, in tutto o in parte, le prerogative di una parte di tali procedure.

B. Ruolo delle autorità giudiziarie

6. ***Processo decisionale.*** — Nelle procedure che interessano un fanciullo, l'autorità giudiziaria, prima di adottare qualsiasi decisione deve:

a) esaminare se dispone di informazioni sufficienti in vista di prendere una decisione nell'interesse superiore del fanciullo e se del caso, ottenere informazioni supplementari in particolare da parte di coloro che hanno responsabilità di genitore;

b) quando il fanciullo è considerato dal diritto interno come avente un discernimento sufficiente, l'autorità giudiziaria:

– si accerta che il fanciullo abbia ricevuto ogni informazione pertinente;

– consulta personalmente il fanciullo, se del caso, e se necessario in privato, direttamente o attraverso altre persone od organi, nella forma che riterrà più appropriata tenendo conto del discernimento del fanciullo, a meno che ciò non sia manifestamente in contrasto con gli interessi superiori dello stesso;

– consente al fanciullo di esprimere la sua opinione; o tenere debitamente conto dell'opinione espressa da quest'ultimo.

7. ***Obbligo di agire con prontezza.*** — Nelle procedure che concernono un fanciullo, l'autorità giudiziaria deve procedere con prontezza evitando ogni inutile ritardo e deve potersi avvalere di procedure che assicurino una rapida esecuzione delle sue decisioni. In caso di urgenza, l'autorità giudiziaria ha, se del caso, facoltà di adottare decisioni immediatamente esecutive.

8. ***Possibilità di procedere d'ufficio.*** — Nelle procedure che interessano un fanciullo, l'autorità giudiziaria ha facoltà, nei casi di grave minaccia al benessere del fanciullo, secondo quanto determinato dal diritto interno, di procedere d'ufficio.

9. ***Designazione di un rappresentante.*** — 1. Nelle procedure che interessano un fanciullo, se, in virtù del diritto interno, coloro che hanno responsabilità di genitore si vedono privati della facoltà di rappresentare il fanciullo a causa di un conflitto d'interessi con lo stesso, l'autorità giudiziaria può designare un rappresentante speciale per il fanciullo in tali procedure.

2. Le Parti esaminano la possibilità di prevedere che, nelle procedure che interessano un fanciullo, l'autorità giudiziaria abbia facoltà di designare un rappresentante speciale, se del caso un avvocato, per rappresentare il fanciullo.

C. Ruolo dei rappresentanti

10. — 1. Nel caso di procedure che interessano un fanciullo dinnanzi ad un'autorità giudiziaria, il rappresentante deve, a meno che ciò non sia manifestamente in contrasto con gli interessi superiori del fanciullo:

a) fornire al fanciullo ogni informazione pertinente, se quest'ultimo è considerato dal diritto interno come avente un discernimento sufficiente;

b) fornire spiegazioni al fanciullo, se quest'ultimo è considerato dal diritto interno come avente un discernimento sufficiente, in merito alle eventuali conseguenze dell'attuazione pratica della sua opinione e delle eventuali conseguenze di ogni azione del rappresentante;

c) determinare l'opinione del fanciullo ed informare l'autorità giudiziaria.

2. Le Parti esaminano la possibilità di estendere le norme del paragrafo 1 a coloro che hanno responsabilità di genitore.

D. Estensione di talune disposizioni

11. — Le Parti esaminano la possibillità di estendere le disposizioni degli artt. 3, 4 e 9 alle procedure che interessano i fanciulli e che sono pendenti presso altri organi nonché alle questioni che li interessano, a prescindere da ogni procedura.

E. Organi nazionali

12. 1. Le Parti incoraggiano, attraverso organi aventi, tra l'altro le funzioni di cui al paragrafo 2, la promozione e l'esercizio dei diritti dei fanciulli.

2. Tali funzioni sono le seguenti:

a) formulare proposte per rafforzare il dispositivo legislativo relativo all'esercizio dei diritti dei fanciulli;

b) formulare pareri sui progetti legislativi relativi all'esercizio dei diritti dei fanciulli;

c) fornire informazioni generali relative all'esercizio dei diritti dei fanciulli, ai mezzi di comunicazione al pubblico ed alle persone o agli organi che si occupano di questioni relative ai fanciulli;

d) ricercare l'opinione dei fanciulli e fornire loro ogni informazione appropriata.

F. Altre misure

13. ***Mediazione ed altri metodi di soluzione dei conflitti.*** — Per prevenire e risolvere i conflitti, ed evitare procedure che coinvolgono un fanciullo dinnanzi ad un'autorità giudiziaria, le Parti incoraggiano la mediazione od ogni altro metodo di soluzione dei conflitti, nonché la loro utilizzazione per concludere un accordo nei casi appropriati determinati dalle Parti.

14. ***Patrocinio legale gratuito e consulenza***

giuridica. — Se il diritto interno prevede il patrocinio legale gratuito o la consulenza giuridica per la rappresentanza dei fanciulli nelle procedure che li interessano dinnanzi ad un'autorità giudiziaria, tali disposizioni si applicano alle materie considerate dagli artt. 4 e 9.

15. ***Relazioni con altri strumenti internazionali.*** — La presente Convenzione non ostacola l'applicazione di altri strumenti internazionali che trattano questioni specifiche inerenti alla protezione dei fanciulli e delle famiglie, ai quali una Parte della presente Convenzione è Parte o lo diviene.

CAPO III
Comitato permanente

16. ***Istituzione e funzioni del Comitato permanente.*** — 1. Ai fini della presente Convenzione, è istituito un Comitato permanente.

2. Il Comitato permanente segue i problemi relativi alla presente Convenzione. In particolare, ha facoltà di:

a) esaminare ogni questione pertinente relativa all'interpretazione o all'attuazione della Convenzione. Le conclusioni del Comitato permanente relative all'attuazione della Convenzione possono essere formulate sotto forma di raccomandazione, le raccomandazioni sono adottate a maggioranza di tre quarti dei voti espressi;

b) proporre emendamenti alla Convenzione ed esaminare quelli formulati secondo l'art. 20;

c) fornire consulenza ed assistenza agli organi nazionali che esercitano le funzioni di cui al paragrafo 2 dell'art. 12, e promuovere la cooperazione internazionale tra gli stessi.

17. ***Composizione.*** — 1. Ogni Parte può farsi rappresentare in seno al Comitato permanente da uno o più delegati. Ciascuna Parte dispone di un voto.

2. Ogni Stato di cui all'art. 21 che non è Parte alla presente Convenzione può essere rappresentato al Comitato permanente da un osservatore. Lo stesso si applica ad ogni altro Stato o alla Comunità europea, dopo l'invito ad aderire alla Convenzione, in conformità con le disposizioni dell'art. 22.

3. A meno che una Parte, almeno un mese prima della riunione, non abbia informato il Segretario generale della sua obiezione il Comitato permanente può invitare a partecipare a titolo di osservatore a tutte le riunioni, o a tutta, o a parte di una riunione:

– ogni Stato non previsto al paragrafo 2 di cui sopra;

– il Comitato dei diritti del fanciullo delle Nazioni Unite;

– la Comunità europea;

– ogni organismo internazionale governativo;

– ogni organismo internazionale non governativo che prosegue una o più delle funzioni di cui al paragrafo 2 dell'art. 12;

– ogni organismo nazionale governativo o non governativo, che esercita una o più delle funzioni di cui al paragrafo 2 dell'art. 12.

4. Il Comitato permanente può scambiare informazioni con le organizzazioni appropriate che operano a favore dell'esercizio dei diritti dei fanciulli.

18. ***Riunioni.*** — 1. Alla fine del terzo anno successivo alla data di entrata in vigore della presente Convenzione e, a sua iniziativa, in qualsiasi altro momento dopo questa data, il Segretario generale del Consiglio d'Europa inviterà il Comitato permanente a riunirsi.

2. Il Comitato permanente può adottare decisioni solo a condizioni che almeno la metà delle Parti sia presente.

3. Salvo quanto disposto dagli artt. 16 e 20, le decisioni del Comitato permanente sono adottate a maggioranza del membri presenti.

4. Salvo quanto disposto dalle norme della presente Convenzione, il Comitato permanente stabilisce il proprio Regolamento interno ed il regolamento interno di ogni gruppo di lavoro che ha istituito per svolgere tutti i compiti appropriati nel quadro della Convenzione.

19. ***Rapporti del Comitato permanente.*** — Dopo ciascuna riunione, il Comitato permanente trasmette alle Parti ed al Comitato dei Ministri del Consiglio d'Europa un rapporto relativo ai suoi dibattiti ed alle decisioni adottate.

CAPO IV
Emendamenti alla Convenzione

20. 1. Ogni proposta di emendamento agli articoli della presente Convenzione, presentata da una Parte o dal Comitato permanente, è comunicata al Segretario Generale del Consiglio d'Europa e trasmessa a sua cura, almeno due mesi prima della successiva riunione del Comitato permanente, agli Stati membri del Consiglio d'Europa, ad ogni firmatario, ad ogni Parte, ad ogni Stato invitato a firmare la presente Convenzione secondo le disposizioni dell'art. 21, e ad ogni Stato o alla Comunità europea, che è stato invitato ad aderire secondo le disposizioni dell'art. 22.

2. Ogni proposta di emendamento presentata secondo le disposizioni del paragrafo precedente, è esaminata dal Comitato permanente, che sottopone il testo adottato a maggioranza di tre quarti dei voti espressi all'approvazione del Comitato dei Ministri. Dopo tale approvazione, il testo è trasmesso alle Parti per accettazione.

3. L'emendamento entrerà in vigore il primo giorno del mese successivo allo scadere di un periodo di un mese dopo la data alla quale le Parti avranno informato il Segretario generale della loro accettazione.

CAPO V
Clausole finali

(*Omissis*).

- 3 -

L. 18 giu. 2015, n. 101

Ratifica ed esecuzione della Convenzione sulla competenza, la legge applicabile, il riconoscimento, l'esecuzione e la cooperazione in materia di responsabilità genitoriale e di misure di protezione dei minori, fatta all'Aja il 19 ottobre 1996

(G.U. 9 lug. 2015, n. 157)

CAPITOLO I
Ambito di applicazione della convenzione

1. 1. La presente convenzione ha come fine:

a) di determinare lo Stato le cui autorità sono competenti ad adottare misure volte alla protezione della persona o dei beni del minore;

b) di determinare la legge applicabile da tali autorità nell'esercizio della loro competenza;

c) di determinare la legge applicabile alla responsabilità genitoriale;

d) di assicurare il riconoscimento e l'esecuzione delle misure di protezione in tutti gli Stati contraenti;

e) di stabilire fra le autorità degli Stati contraenti la cooperazione necessaria alla realizzazione degli obiettivi della convenzione.

2. Ai fini della convenzione, l'espressione "responsabilità genitoriale" comprende la potestà genitoriale o ogni altro rapporto di potestà analogo che stabilisca i diritti, i poteri e gli obblighi dei genitori, di un tutore o altro rappresentante legale nei confronti della persona o dei beni del minore.

2. La convenzione si applica ai minori dal momento della loro nascita fino al raggiungimento dell'età di 18 anni.

3. Le misure previste dall'art. 1 possono vertere in particolare su:

a) l'attribuzione, l'esercizio e la revoca totale o parziale della responsabilità genitoriale, nonché sulla sua delega;

b) il diritto di affidamento, che comprende il diritto di occuparsi della persona del minore, e in particolare il diritto di decidere sul suo luogo di residenza, nonché il diritto di visita, che comprende il diritto di portare il minore, per un periodo di tempo limitato, in un luogo diverso da quello della sua abituale residenza;

c) la tutela, la curatela e gli istituti analoghi;

d) la designazione e le funzioni di ogni persona o organismo incaricato di occuparsi della persona o dei beni del minore, di rappresentarlo o di assisterlo;

e) il collocamento del minore in una famiglia di accoglienza o in un istituto, o la sua assistenza legale tramite kafala o istituto analogo;

f) la supervisione da parte delle autorità pubbliche delle cure fornite al minore da ogni persona incaricata di occuparsi del minore;

g) l'amministrazione, la conservazione o la disposizione dei beni del minore.

4. Sono esclusi dall'ambito della convenzione:

a) l'accertamento e la contestazione della filiazione;

b) la decisione sull'adozione e le misure che la preparano, nonché l'annullamento e la revoca dell'adozione;

c) il cognome e nome del minore;

d) l'emancipazione;

e) gli obblighi agli alimenti;

f) le amministrazioni fiduciarie e le successioni;

g) la previdenza sociale;

h) le misure pubbliche di carattere generale in materia di istruzione e di sanità;

i) le misure adottate conseguentemente alla commissione di reati penali da parte di minori;

j) le decisioni sul diritto d'asilo e in materia di immigrazione.

CAPITOLO II
Competenza

5. 1. Le autorità, sia giudiziarie che amministrative, dello Stato contraente di residenza abituale del minore sono competenti ad adottare misure tendenti alla protezione della sua persona o dei suoi beni.

2. Fatto salvo l'art. 7, in caso di trasferimento della residenza abituale del minore in un altro Stato contraente, sono competenti le autorità dello Stato della nuova residenza

6. 1. Per i minori rifugiati e i minori che, a seguito di gravi disordini nel proprio paese, siano trasferiti a livello internazionale, le autorità dello Stato contraente sul cui territorio tali minori si vengono a trovare a causa del loro trasferimento eserciteranno la competenza prevista al paragrafo primo dell'art. 5.

2. La disposizione del paragrafo precedente si applica anche ai minori la cui residenza abituale non possa essere accertata.

7. In caso di trasferimento o di mancato ritorno illecito del minore, le autorità dello Stato contraente in cui il minore aveva la sua residenza abituale immediatamente prima del suo trasferimento o del suo mancato ritorno conservano la competenza fino al momento in cui il minore abbia acquisito una residenza abituale in un altro Stato e:

a) ogni persona, istituzione o altro ente avente il diritto di affidamento abbia acconsentito al trasferimento o al mancato ritorno; o

b) il minore abbia risieduto nell'altro Stato per un periodo di almeno un anno a decorrere da quando la persona, l'istituzione o ogni altro ente avente il diritto di custodia ha conosciuto o avrebbe dovuto conoscere il luogo in cui si trovava il minore, nessuna domanda di ritorno presentata in quel periodo sia in corso di esame e il minore si sia integrato nel suo nuovo ambiente.

Il trasferimento o il mancato ritorno del minore è considerato illecito:

a) se avviene in violazione di un diritto di affidamento, assegnato a una persona, un'istituzione o ogni altro ente individualmente, o congiuntamente, in base alla legislazione dello Stato in cui il minore aveva la sua residenza abituale immediatamente prima del suo trasferimento o del mancato ritorno, e

b) se tale diritto era effettivamente esercitato, individualmente o congiuntamente, al momento del trasferimento o del mancato ritorno, o avrebbe potuto esserlo se non si fossero verificate tali circostanze.

Il diritto di affidamento di cui alla lettera *a*) può in particolare derivare direttamente dalla legge, da una decisione giudiziaria o amministrativa, o da un accordo in vigore in base alla legislazione del predetto Stato.

3. Finché le autorità citate al paragrafo primo conservano la loro competenza, le autorità dello Stato contraente in cui il minore è stato trasferito o trattenuto non possono adottare se non le misure urgenti necessarie alla protezione della persona o dei beni del minore, conformemente all'art. 11.

8. 1. In via eccezionale, l'autorità dello Stato contraente competente in applicazione degli articoli 5 o 6, ove ritenga che l'autorità di un altro Stato contraente sarebbe meglio in grado di valutare in un caso particolare l'interesse superiore del minore, può:

- o richiedere a quell'autorità, direttamente o tramite l'Autorità centrale di quello Stato, di accettare la competenza ad adottare le misure di protezione che riterrà necessarie,
- o sospendere la decisione e invitare le parti a investire di tale richiesta l'autorità dell'altro Stato.

2. Gli Stati contraenti una cui autorità può essere richiesta o adita alle condizioni stabilite al paragrafo precedente sono:

a) uno Stato di cui il minore sia cittadino,

b) uno Stato in cui si trovino i beni del minore,

c) uno Stato una cui autorità sia stata chiamata a conoscere di un'istanza di divorzio o di separazione legale dei genitori del minore, o di annullamento del matrimonio,

d) uno Stato coi quale il minore presenti uno stretto legame.

3. Le autorità interessate possono procedere ad uno scambio di vedute.

4. L'autorità richiesta o adita alle condizioni previste al primo paragrafo potrà accettare la competenza, in nome e per conto dell'autorità competente in applicazione degli articoli 5 o 6, ove ritenga che ciò corrisponda all'interesse superiore del minore.

9. 1. Le autorità degli Stati contraenti di cui all'art. 8, paragrafo 2, ove ritengano di essere meglio in grado di valutare in un caso particolare l'interesse superiore del minore, possono:

- o richiedere all'autorità competente dello Stato contraente di residenza abituale del minore, direttamente o tramite l'Autorità centrale di quello Stato, di permettere loro di esercitare la competenza ad adottare le misure di protezione che ritenessero necessarie,
- o invitare le parti a presentare tale richiesta alle autorità dello Stato contraente di residenza abituale del minore.

2. Le autorità interessate possono procedere ad uno scambio di vedute.

3. L'autorità all'origine della domanda può esercitare la competenza in nome e per conto dell'autorità dello Stato contraente di residenza abituale del minore solo se tale autorità avrà accettato la domanda.

10. 1. Senza pregiudizio degli articoli da 5 a 9, le autorità di uno Stato contraente, nell'esercizio della loro competenza a conoscere di un'istanza di divorzio o separazione legale dei genitori di un minore che risieda abitualmente in un altro Stato contraente, o di annullamento del matrimonio, possono adottare, se la legge del loro Stato lo consente, misure di protezione della persona o dei beni del minore,

a) qualora, all'inizio della procedura, uno dei genitori risieda abitualmente in quello Stato e uno di loro abbia la responsabilità genitoriale nei confronti del minore, e

b) qualora la competenza di queste autorità ad adottare tali misure sia stata accettata dai genitori, nonché da ogni altra persona che abbia la responsabilità genitoriale nei confronti del minore, e tale competenza sia conforme all'interesse superiore del minore.

2. La competenza di cui al paragrafo primo ad adottare misure di protezione del minore cessa non appena la decisione che accoglie o rigetta l'istanza di divorzio, separazione legale o annullamento del matrimonio sia divenuta irrevocabile o non appena la procedura sia terminata per un altro motivo.

11. 1. In tutti i casi di urgenza, sono competenti ad adottare le misure di protezione necessarie le autorità di ogni Stato contraente sul cui territorio si trovino il minore o dei beni ad esso appartenenti.

2. Le misure adottate in applicazione del paragrafo precedente nei confronti di un minore che abbia la residenza abituale in uno Stato contraente cessano di avere effetto non appena le autorità competenti ai sensi degli articoli da 5 a 10 hanno adottato le misure imposte dalla situazione.

3. Le misure adottate in applicazione del paragrafo primo nei confronti di un minore che abbia la sua residenza abituale in uno Stato non contraente cessano di avere effetto in ogni Stato con-

traente non appena vi sono riconosciute le misure imposte dalla situazione, adottate dalle autorità di un altro Stato.

12. 1. Fatto salvo l'art. 7, le autorità di uno Stato contraente sul cui territorio si trovino il minore o dei beni ad esso appartenenti sono competenti ad adottare misure di protezione della persona o dei beni del minore aventi un carattere provvisorio e un'efficacia territoriale ristretta a quello Stato, sempre che tali misure non siano incompatibili con quelle già adottate dalle autorità competenti ai sensi degli articoli da 5 a 10.

2. Le misure adottate in applicazione del paragrafo precedente nei confronti di un minore che abbia la sua residenza abituale in uno Stato contraente cessano di avere effetto non appena le autorità competenti ai sensi degli articoli da 5 a 10 si sono pronunciate sulle misure imposte dalla situazione.

3. Le misure adottate in applicazione del paragrafo primo nei confronti di un minore che abbia la sua residenza abituale in uno Stato non contraente cessano di avere effetto nello Stato contraente in cui sono state adottate non appena vi sono riconosciute le misure imposte dalla situazione, adottate dalle autorità di un altro Stato.

13. 1. Le autorità di uno Stato contraente che siano competenti ai sensi degli articoli da 5 a 10 ad adottare misure di protezione della persona o dei beni del minore devono astenersi dal decidere se, all'atto dell'introduzione della procedura, misure analoghe siano state richieste alle autorità di un altro Stato contraente allora competenti ai sensi degli articoli da 5 a 10 e siano ancora in corso di esame.

2. La disposizione del paragrafo precedente non si applica qualora le autorità alle quali sia stata inizialmente presentata la richiesta di misure abbiano declinato la propria competenza.

14. Le misure adottate in applicazione degli articoli da 5 a 10 restano in vigore nei limiti loro propri, anche quando un mutamento delle circostanze dovesse far scomparire l'elemento sul quale si basava la competenza, fintantoché le autorità competenti ai sensi della convenzione non le avranno modificate, sostituite o abolite.

CAPITOLO III
Legge applicabile

15. 1. Nell'esercizio della. competenza loro attribuita dalle disposizioni del capitolo II, le autorità degli Stati contraenti applicano la propria legge.

2. Tuttavia, nella misura in cui la protezione della persona o dei beni del minore lo richieda, esse possono eccezionalmente applicare o prendere in considerazione la legge di un altro Stato col quale la situazione presenti uno stretto legame.

3. In caso di trasferimento della residenza abituale del minore in un altro Stato contraente, a partire dal momento in cui è sopravvenuto il cambio è la legge di quest'altro Stato che regola le condizioni di applicazione delle misure adottate nello Stato di precedente abituale residenza.

16. 1. L'attribuzione o l'estinzione di pieno diritto di una responsabilità genitoriale, senza l'intervento di un'autorità giudiziaria o amministrativa, è regolata dalla legge dello Stato di residenza abituale del minore.

2. L'attribuzione o l'estinzione di una responsabilità genitoriale tramite accordo o atto unilaterale, senza l'intervento di un'autorità giudiziaria o amministrativa, è regolata dalla legge dello Stato di residenza abituale del minore nel momento in cui l'accordo o l'atto unilaterale entra in vigore.

3. La responsabilità genitoriale esistente secondo la legge dello Stato di residenza abituale del minore sussiste dopo il trasferimento di tale residenza abituale in un altro Stato.

4. In caso di trasferimento della residenza abituale del minore, l'attribuzione di pieno diritto della responsabilità genitoriale ad una persona cui tale responsabilità non fosse già stata attribuita è regolata dalla legge dello Stato di nuova residenza abituale.

17. L'esercizio della responsabilità genitoriale è regolato dalla legge dello Stato di residenza abituale del minore. In caso di trasferimento della residenza abituale del minore, è regolato dalla legge dello Stato di nuova residenza abituale.

18. La responsabilità genitoriale prevista all'art. 16 potrà essere revocata o le sue condizioni di esercizio modificate da misure adottate in applicazione della convenzione.

19. 1. Non può essere contestata la validità di un atto stipulato fra un terzo e un'altra persona che avrebbe la qualità di rappresentante legale secondo la legge dello Stato in cui l'atto è stato concluso né può essere invocata la responsabilità del terzo per il solo motivo che l'altra persona non aveva la qualità di rappresentante legale secondo la legge designata dalle disposizioni del presente capitolo, salvo il caso che il terzo sapesse o dovesse sapere che la responsabilità genitoriale era regolata da tale legge.

2. Il paragrafo precedente si applica solo nel caso in cui l'atto sia stato stipulato fra persone presenti sul territorio di uno stesso Stato.

20. Le disposizioni del presente capitolo sono applicabili anche se la legge che esse designano è quella di uno Stato non contraente.

21. 1. Ai sensi del presente capitolo, il termine "legge" designa la legislazione in vigore in uno Stato, ad esclusione delle norme sul conflitto di leggi.

2. Tuttavia, se la legge applicabile ai sensi dell'art. 16 è quella di uno Stato non contraente e se le nor-

me sul conflitto di leggi di questo Stato designano la legge di un altro Stato non contraente che applicherebbe la propria legge, è applicabile la legge di quest'altro Stato. Se la legge di quest'altro Stato non contraente non è riconosciuta applicabile, la legge applicabile è quella designata dall'art. 16.

22. La legge individuata dalle disposizioni del presente capitolo può non essere applicata solo se tale applicazione sia manifestamente contraria all'ordine pubblico, tenuto conto dell'interesse superiore del minore.

CAPITOLO IV

Riconoscimento ed esecuzione

23. 1. Le misure adottate dalle autorità di uno Stato contraente sono riconosciute di pieno diritto negli altri Stati contraenti.

2. Tuttavia, il riconoscimento può essere negato:

a) qualora la misura sia stata adottata da un'autorità la cui competenza non era fondata ai sensi delle disposizioni del capitolo II;

b) qualora la misura sia stata adottata, tranne il caso d'urgenza, nell'ambito di un procedimento giudiziario o amministrativo, senza aver dato al minore la possibilità di essere sentito, in violazione dei principi fondamentali di procedura dello Stato richiesto;

c) su richiesta di ogni persona che sostenga che quella determinata misura lederebbe la sua responsabilità genitoriale, qualora la misura sia stata adottata, tranne il caso d'urgenza, senza aver dato alla suddetta persona la possibilità di essere sentita;

d) qualora il riconoscimento sia manifestamente contrario all'ordine pubblico dello Stato richiesto, tenuto conto dell'interesse superiore del minore;

e) qualora la misura sia incompatibile con una misura adottata successivamente nello Stato non contraente di residenza abituale del minore, quando per quest'ultima misura ricorrano le condizioni necessarie al suo riconoscimento nello Stato richiesto;

f) qualora la procedura di cui all'art. 33 non sia stata rispettata.

24. Senza pregiudizio dell'art. 23, paragrafo primo, ogni persona interessata può chiedere alle autorità competenti di uno Stato contraente che si pronuncino sul riconoscimento o il mancato riconoscimento di una misura adottata in un altro Stato contraente. La procedura è regolata dalla legge dello Stato richiesto.

25. L'autorità dello Stato richiesto è vincolata dalle constatazioni di fatto sulle quali l'autorità dello Stato che ha adottato la misura ha fondato la propria competenza.

26. 1. Se le misure adottate in uno Stato contraente e in esso esecutive comportano atti esecutivi in un altro Stato contraente, esse sono dichiarate esecutive o registrate ai fini dell'esecuzione in quest'altro Stato, su richiesta di ogni parte interessata, secondo la procedura stabilita dalla legge di tale Stato.

2. Ogni Stato contraente si serve di una procedura semplice e rapida per la dichiarazione di exequatur o la registrazione.

3. La dichiarazione di exequatur o la registrazione non possono essere negate se non per uno dei motivi di cui all'art. 23, paragrafo 2.

27. Salvo quanto necessario per l'applicazione degli articoli precedenti, l'autorità dello Stato richiesto non procederà ad alcuna revisione nel merito della misura adottata.

28. Le misure adottate in uno Stato contraente e dichiarate esecutive, o registrate ai fini dell'esecuzione, in un altro Stato contraente, sono eseguite in quest'ultimo come se fossero state adottate dalle proprie autorità. L'esecuzione delle misure avviene conformemente alla legge dallo Stato richiesto nei limiti che vi sono previsti, tenuto conto del superiore interesse del minore.

CAPITOLO V

Cooperazione

29. 1. Ogni Stato contraente designa un'Autorità centrale incaricata di far fronte agli obblighi che le sono imposti dalla convenzione.

2. Uno Stato federale, uno Stato in cui siano in vigore diversi sistemi di diritto o uno Stato avente unità territoriali autonome è libero di designare più di un'Autorità centrale e di specificare l'estensione territoriale o personale delle loro funzioni. Lo Stato che si avvale di questa facoltà designa l'Autorità centrale cui indirizzare ogni comunicazione, che verrà poi trasmessa all'Autorità centrale competente all'interno dello Stato.

30. 1. Le Autorità centrali devono cooperare fra loro e promuovere la cooperazione fra le autorità competenti del proprio Stato per conseguire gli obiettivi della convenzione.

2. Esse adottano, nell'ambito dell'applicazione della convenzione, le disposizioni idonee a fornire informazioni sulla loro legislazione e sui servizi disponibili nel loro Stato in materia di protezione del minore.

31. L'Autorità centrale di uno Stato contraente adotta, o direttamente o tramite autorità pubbliche o altri organismi, tutte le disposizioni idonee a:

a) agevolare le comunicazioni e offrire l'assistenza di cui agli articoli 8 e 9 e al presente capitolo;

b) agevolare, con la mediazione, la conciliazione o ogni altra modalità analoga, accordi amichevoli sulla protezione della persona o dei beni del minore, nelle situazioni in cui si applica la convenzione;

c) aiutare, su richiesta di un'autorità competente di un altro Stato contraente, a localizzare il minore quando sembra che questi sia presente sul territorio dello Stato richiesto e abbia bisogno di protezione.

32. Su richiesta motivata dell'Autorità centrale o di un'altra autorità competente di uno Stato contraente col quale il minore abbia uno stretto legame, l'Autorità centrale dello Stato contraente in cui il minore ha la sua residenza abituale e in cui si trova può, o direttamente o tramite autorità pubbliche o altri enti,

a) fornire un rapporto sulla situazione del minore;

b) chiedere all'autorità competente del suo Stato di esaminare l'opportunità di adottare misure volte alla protezione della persona o dei beni del minore.

33. 1. Quando l'autorità competente ai sensi degli articoli da 5 a 10 prospetta il collocamento del minore in una famiglia di accoglienza o in un istituto, o la sua assistenza legale tramite kafala o istituto analogo, e quando tale collocamento o assistenza deve avvenire in un altro Stato contraente, essa consulta preliminarmente l'Autorità centrale o un'altra autorità competente di quest'ultimo Stato. A tal fine le comunica un rapporto sul minore e i motivi della sua proposta di collocamento o assistenza.

2. La decisione sul collocamento o l'assistenza può essere presa nello Stato richiedente solo se l'Autorità centrale o un'altra autorità competente dello Stato richiesto ha approvato tale collocamento o assistenza, tenuto conto del superiore interesse del minore.

34. 1. In previsione di una misura di protezione e se la situazione del minore lo richiede, le autorità competenti ai sensi della convenzione possono domandare ad ogni autorità di un altro Stato contraente che detenga informazioni utili per la protezione del minore di comunicargliele.

2. Ogni Stato contraente può dichiarare che le domande previste al paragrafo primo potranno essere inoltrate solo tramite la propria Autorità centrale.

35. 1. Le autorità competenti di uno Stato contraente possono chiedere alle autorità di un altro Stato contraente di prestare la loro assistenza nell'attuazione di misure di protezione adottate in applicazione della convenzione, in particolare per assicurare l'esercizio effettivo di un diritto di visita, nonché del diritto di mantenere regolari contatti diretti.

2. Le autorità di uno Stato contraente in cui il minore non abbia la residenza abituale possono, su richiesta di un genitore risiedente in quello Stato e che voglia ottenere o conservare un diritto di visita, raccogliere informazioni o prove e pronunciarsi sull'idoneità di quel genitore ad esercitare il diritto di visita e sulle condizioni alle quali possa esercitarlo. Prima di pronunciarsi, l'autorità competente a statuire sul diritto di visita ai sensi degli articoli da 5 a 10 tiene conto di tali informazioni, prove o conclusioni.

3. Un'autorità competente a statuire sul diritto di visita ai sensi degli articoli da 5 a 10 può sospendere il procedimento fino al termine della procedura prevista al paragrafo 2, in particolare quando venga introdotta una domanda volta a modificare o ad abolire il diritto di visita assegnato dalle autorità dello Stato della precedente residenza abituale.

4. Questo articolo non impedisce ad un'autorità competente ai sensi degli articoli da 5 a 10 di adottare misure provvisorie fino al termine della procedura prevista al paragrafo 2.

36. Nel caso in cui il minore sia esposto ad un grave pericolo, le autorità competenti dello Stato contraente in cui siano state o stiano per essere adottate misure di protezione di questo minore, se informate di un trasferimento di residenza o della presenza del minore in un altro Stato contraente, avvisano le autorità di quello Stato del suddetto pericolo e delle misure adottate o in via di adozione.

37. Un'autorità non può chiedere o trasmettere informazioni in applicazione di questo capitolo se ritiene che detta richiesta o trasmissione potrebbe mettere in pericolo la persona o i beni del minore o costituire una grave minaccia per la libertà o la vita di un membro della sua famiglia.

38. 1. Ferma restando la possibilità di reclamare spese ragionevoli corrispondenti ai servizi forniti, le Autorità centrali e le altre autorità pubbliche degli Stati contraenti sostengono le proprie spese dovute all'applicazione delle disposizioni del presente capitolo.

2. Uno Stato contraente può concludere accordi con uno o più Stati contraenti sulla ripartizione delle spese.

39. Ogni Stato contraente può concludere, con uno o più Stati contraenti, accordi volti ad agevolare l'applicazione del presente capitolo nei loro rapporti reciproci. Gli Stati che abbiano concluso tali accordi ne trasmettono una copia al depositario della convenzione.

CAPITOLO VI
Disposizioni generali

40. 1. Le autorità dello Stato contraente di residenza abituale del minore o dello Stato contraente in cui sia stata adottata una misura di protezione possono rilasciare al detentore della responsabilità genitoriale o ad ogni persona alla quale sia affidata la protezione della persona o dei beni del minore, su sua richiesta, un certificato attestante la sua qualità e i poteri che le sono conferiti.

2. La qualità e i poteri indicati nel certificato sono considerati validi, fino a prova contraria.

3. Ogni Stato contraente designa le autorità competenti a rilasciare il certificato.

41. I dati personali raccolti o trasmessi conformemente alla convenzione non possono essere usati ad altro fine se non quello per cui sono stati raccolti o trasmessi.

42. Le autorità cui vengano trasmesse delle informazioni ne assicurano la riservatezza conformemente alla legge del loro Stato.

43. I documenti trasmessi o rilasciati in applicazione della convenzione sono esentati dall'obbligo di legalizzazione o di ogni analoga formalità.

44. Ogni Stato contraente può designare le autorità alle quali devono essere inviate le domande previste agli articoli 8, 9 e 33.

45. 1. Le designazioni di cui agli articoli 29 e 44 sono comunicate all'Ufficio Permanente della Conferenza de L'Aja di diritto internazionale privato.

2. La dichiarazione di cui all'art. 34, paragrafo 2, è fatta al depositario della convenzione.

46. Uno Stato contraente in cui vengano applicati ordinamenti giuridici o normative differenti in materia di protezione del minore e dei suoi beni non è tenuto ad applicare le norme della convenzione ai conflitti riguardanti unicamente questi diversi ordinamenti o normative.

47. Nei confronti di uno Stato nelle cui diverse unità territoriali vengano applicati due o più ordinamenti giuridici o normative riferentisi alle questioni regolamentate dalla presente convenzione:

1) ogni riferimento alla residenza abituale in quello Stato riguarda la residenza abituale in un'unità territoriale;

2) ogni riferimento alla presenza del minore in quello Stato riguarda la presenza del minore in un'unità territoriale;

3) ogni riferimento alla situazione dei beni del minore in quello Stato riguarda la situazione dei beni del minore in un'unità territoriale;

4) ogni riferimento allo Stato di cui il minore possegga la nazionalità riguarda l'unità territoriale designata dalla legge di quello Stato o, in mancanza di norme pertinenti, l'unità territoriale con la quale il minore presenti il legame più stretto;

5) ogni riferimento allo Stato le cui autorità siano investite di un'istanza di divorzio o separazione legale dei genitori del minore o di annullamento del matrimonio riguarda l'unità territoriale le cui autorità siano investite di tale istanza;

6) ogni riferimento allo Stato col quale il minore presenti uno stretto legame riguarda l'unità territoriale con la quale il minore presenti tale legame;

7) ogni riferimento allo Stato in cui sia stato trasferito o trattenuto il minore riguarda l'unità territoriale nella quale il minore sia stato trasferito o trattenuto;

8) ogni riferimento agli enti o alle autorità di tale Stato diversi dalle Autorità centrali riguarda gli enti o le autorità abilitati ad agire nell'unità territoriale interessata;

9) ogni riferimento alla legge, alla procedura o all'autorità dello Stato in cui sia stata adottata una misura riguarda la legge, la procedura o l'autorità dell'unità territoriale in cui tale misura sia stata adottata;

10) ogni riferimento alla legge, alla procedura o all'autorità dello Stato richiesto riguarda la legge, la procedura o l'autorità dell'unità territoriale in cui si invochi il riconoscimento o l'esecuzione.

48. Per identificare la legge applicabile ai sensi del capitolo III, quando uno Stato comprende due o più unità territoriali di cui ciascuna abbia il proprio ordinamento giuridico o una normativa in relazione alle questioni regolate dalla presente convenzione, si applicano le seguenti norme:

a) in presenza di norme vigenti in quello Stato che identifichino l'unità territoriale la cui legge è applicabile, si applica la legge di quell'unità;

b) in mancanza di tali norme, si applica la legge dell'unità territoriale definita conformemente alle disposizioni dell'art. 47.

49. Per identificare la legge applicabile ai sensi del capitolo III, quando uno Stato comprende due o più ordinamenti giuridici o normative applicabili a diverse categorie di persone per le questioni regolate dalla presente convenzione, si applicano le seguenti norme:

a) in presenza di norme vigenti in quello Stato che identifichino quale delle leggi sia applicabile, detta legge viene applicata;

b) in mancanza di tali norme, si applica la legge dell'ordinamento o della normativa con cui il minore presenti il legame più stretto.

50. La presente convenzione non interferisce con la convenzione del 25 ottobre 1980 sugli aspetti civili della sottrazione internazionale di minori, nelle relazioni fra le Parti di entrambe le Convenzioni. Niente impedisce, tuttavia, che siano invocate disposizioni della presente convenzione per ottenere il rientro di un minore che sia stato trasferito o trattenuto illecitamente o per organizzare un diritto di visita.

51. Nei rapporti fra gli Stati contraenti, la presente convenzione sostituisce la convenzione del 5 ottobre 1961 sulla competenza delle autorità e la legge applicabile in materia di protezione dei minori e la convenzione per regolare la tutela dei minorenni, firmata a L'Aja il 12 giugno 1902, fermo restando il riconoscimento delle misure adottate secondo la convenzione del 5 ottobre 1961 prima citata.

52. 1. La presente convenzione non deroga agli strumenti internazionali dei quali siano Parti gli Stati contraenti e che contengano disposizioni sulle materie regolate dalla presente convenzione, a meno che non venga fatta una dichiarazione contraria da parte degli Stati vincolati da tali strumenti.

2. La presente convenzione non interferisce sulla possibilità per uno o più Stati contraenti di concludere accordi che contengano, per quanto riguarda i minori abitualmente residenti in uno degli Stati Parti di tali accordi, disposizioni sulle materie regolamentate dalla presente convenzione.

3. Gli accordi conclusi da uno o più Stati contraenti su materie regolamentate dalla presente convenzione non interferiscono con l'applicazione delle disposizioni della presente convenzione, nell'ambito dei rapporti di tali Stati con gli altri Stati contraenti.

4. I paragrafi precedenti si applicano anche alle leggi uniformi che poggiano sull'esistenza fra gli Stati interessati di vincoli speciali, in particolare di tipo regionale.

53. 1. La convenzione si applica esclusivamente alle misure adottate in uno Stato dopo l'entrata in vigore della convenzione in quello Stato.

2. La convenzione si applica al riconoscimento e all'esecuzione delle misure adottate dopo la sua entrata in vigore nell'ambito dei rapporti fra lo Stato in cui siano state adottate le misure e lo Stato richiesto.

54. 1. Ogni comunicazione all'Autorità centrale o ad ogni altra autorità di uno Stato contraente è inviata nella lingua originale e accompagnata da una traduzione nella lingua ufficiale o una delle lingue ufficiali di detto Stato o, quando tale traduzione sia difficilmente realizzabile, da una traduzione in francese o in inglese.

2. Tuttavia, uno Stato contraente può, esprimendo la riserva di cui all'art. 60, opporsi all'uso o del francese o dell'inglese.

55. 1. Uno Stato contraente può, conformemente all'art. 60:

a) riservarsi la competenza delle sue autorità ad adottare misure volte alla protezione dei beni di un minore che si trovino sul suo territorio;

b) riservarsi di non riconoscere una responsabilità genitoriale o una misura che potrebbe essere incompatibile con una misura adottata dalle sue autorità riguardo a tali beni.

2. La riserva può essere ristretta ad alcune categorie di beni.

56. Il Segretario generale della Conferenza de L'Aja di diritto internazionale privato convoca periodicamente una Commissione speciale al fine di esaminare il funzionamento della convenzione.

CAPITOLO VII
Clausole finali

57-63. (*Omissis*).

- 4 -

L. 15 gen. 2021, n. 4

Ratifica ed esecuzione della Convenzione dell'Organizzazione internazionale del lavoro n. 190 sull'eliminazione della violenza e delle molestie sul luogo di lavoro, adottata a Ginevra il 21 giu. 2019 nel corso della 108a sessione della Conferenza generale della medesima Organizzazione

(G.U. 26 gen. 2021, n. 20)

I. Definizioni

1. 1. Ai fini della presente Convenzione:

a) l'espressione «violenza e molestie» nel mondo del lavoro indica un insieme di pratiche e di comportamenti inaccettabili, o la minaccia di porli in essere, sia in un'unica occasione, sia ripetutamente, che si prefiggano, causino o possano comportare un danno fisico, psicologico, sessuale o economico, e include la violenza e le molestie di genere;

b) l'espressione «violenza e molestie di genere» indica la violenza e le molestie nei confronti di persone in ragione del loro sesso o genere, o che colpiscano in modo sproporzionato persone di un sesso o genere specifico, ivi comprese le molestie sessuali.

2. Fatto salvo quanto stabilito ai commi *a*) e *b*) del paragrafo 1 del presente articolo, le definizioni di cui alle leggi e ai regolamenti nazionali possono prevedere un concetto unico o concetti distinti.

II. Ambito di applicazione

2. 1. La presente Convenzione protegge i lavoratori e altri soggetti nel mondo del lavoro, ivi compresi i lavoratori come definiti in base alle pratiche e al diritto nazionale, oltre a persone che lavorino indipendentemente dallo status contrattuale, le persone in formazione, inclusi i tirocinanti e gli apprendisti, i lavoratori licenziati, i volontari, le persone alla ricerca di un impiego e i candidati a un lavoro, e individui che esercitino l'autorità, i doveri e le responsabilità di un datore di lavoro.

2. La presente Convenzione si applica a tutti i settori, sia privati che pubblici, nell'economia formale e informale, in aree urbane o rurali.

3. La presente Convenzione si applica alla violenza e alle molestie nel mondo del lavoro che si verifichino in occasione di lavoro, in connessione con il lavoro o che scaturiscano dal lavoro:

a) nel posto di lavoro, ivi compresi spazi pubblici e privati laddove questi siano un luogo di lavoro;

b) in luoghi in cui il lavoratore riceve la retribuzione, in luoghi destinati alla pausa o alla pausa pranzo, oppure nei luoghi di utilizzo di servizi igienico-sanitari o negli spogliatoi;

c) durante spostamenti o viaggi di lavoro, formazione, eventi o attività sociali correlate con il lavoro;

d) a seguito di comunicazioni di lavoro, incluse quelle rese possibili dalle tecnologie dell'informazione e della comunicazione;

e) all'interno di alloggi messi a disposizione dai datori di lavoro;

f) durante gli spostamenti per recarsi al lavoro e per il rientro dal lavoro.

III. Principi fondamentali

4. 1. A seguito della ratifica della presente Convenzione, i Membri sono tenuti a rispettare, promuovere e attuare il diritto di tutti ad un mondo del lavoro libero dalla violenza e dalle molestie.

2. In conformità con il diritto e le circostanze nazionali e in consultazione con le organizzazioni di rappresentanza dei datori di lavoro e dei lavoratori, i Membri sono tenuti ad adottare un approccio inclusivo, integrato e incentrato sulla prospettiva di genere per la prevenzione e l'eliminazione della violenza e delle molestie nel mondo del lavoro. Un tale approccio deve tenere in considerazione la violenza e le molestie che coinvolgano soggetti terzi, qualora rilevante, e includere:

a) il divieto di violenza e molestie ai sensi di legge;

b) la garanzia che le politiche pertinenti contemplino misure per l'eliminazione della violenza e delle molestie;

c) l'adozione di una strategia globale che preveda l'attuazione di misure di prevenzione e contrasto alla violenza e alle molestie;

d) l'istituzione o il rafforzamento dei meccanismi per l'applicazione e il monitoraggio;

e) la garanzia per le vittime di poter accedere a meccanismi di ricorso e di risarcimento, come pure di sostegno;

f) l'istituzione di misure sanzionatorie;

g) lo sviluppo di strumenti, misure di orientamento, attività educative e formative e la promozione di iniziative di sensibilizzazione secondo modalità accessibili e adeguate;

h) la garanzia di meccanismi di ispezione e di indagine efficaci per i casi di violenza e di molestie, ivi compreso attraverso gli ispettorati del lavoro o altri organismi competenti.

3. Attraverso l'adozione e l'attuazione dell'approccio di cui al paragrafo 2 del presente articolo, ciascun Membro riconosce i ruoli e le funzioni, diversi e complementari, di governi nonché di datori di lavoro e lavoratori e delle rispettive organizzazioni, tenendo conto della diversità della natura e della portata delle rispettive responsabilità.

5. Nell'ottica della prevenzione e dell'eliminazione della violenza e delle molestie nel mondo del lavoro, ciascun Membro si impegna a rispettare, promuovere e attuare i principi e i diritti fondamentali sul lavoro, con particolare riferimento alla libertà di associazione e all'effettivo riconoscimento del diritto alla contrattazione collettiva, l'eliminazione di tutte le forme di lavoro forzato o obbligatorio, l'effettiva abolizione del lavoro minorile e l'eliminazione della discriminazione in materia di impiego e professione, oltre a promuovere il lavoro dignitoso.

6. Ciascun Membro si impegna ad adottare leggi, regolamenti e politiche che garantiscano il diritto alla parità e alla non discriminazione in materia di impiego e professione, ivi compreso per le lavoratrici, come pure per i lavoratori e per altri soggetti appartenenti ad uno o più gruppi vulnerabili o a gruppi in situazioni di vulnerabilità che risultino sproporzionatamente colpiti da violenza e molestie nel mondo del lavoro.

IV. Protezione e prevenzione

7. Fatto salvo quanto stabilito all'articolo 1 e coerentemente con lo stesso, ciascun Membro si impegna ad adottare leggi e regolamenti che definiscano e proibiscano la violenza e le molestie nel mondo del lavoro, inclusi violenza e molestie di genere.

8. Ciascun Membro dovrà assumere misure adeguate atte a prevenire la violenza e le molestie nel mondo del lavoro, ivi compreso:

a) il riconoscimento del ruolo determinante delle autorità pubbliche con riferimento ai lavoratori dell'economia informale;

b) l'identificazione, in consultazione con le organizzazioni dei datori di lavoro e dei lavoratori interessate, nonché attraverso altre modalità, dei settori o delle professioni e delle modalità di lavoro in cui i lavoratori e altri soggetti interessati risultino maggiormente più esposti alla violenza e alle molestie;

c) l'adozione di misure che garantiscano una protezione efficace di tali soggetti.

9. Ciascun Membro dovrà adottare leggi e regolamenti che richiedano ai datori di lavoro di intraprendere misure adeguate e proporzionate al rispettivo livello di controllo in materia di prevenzione della violenza e delle molestie nel mondo del lavoro, ivi compresi la violenza e le molestie di genere, e in particolare, nella misura in cui sia ragionevolmente fattibile, attraverso quanto segue:

a) l'adozione e l'attuazione, in consultazione con i lavoratori e i loro rappresentanti, di una politica in materia di violenza e di molestie nei luoghi di lavoro;

b) l'inclusione della violenza e delle molestie, come pure dei rischi psicosociali correlati, nella gestione della salute e della sicurezza sul lavoro;

c) l'identificazione dei pericoli e la valutazione dei rischi relativi alla violenza e alle molestie, con la partecipazione dei lavoratori e dei rispettivi rappresentanti, e l'adozione di misure per prevenirli e tenerli sotto controllo;

d) l'erogazione di informazioni e formazione ai lavoratori e ad altri soggetti interessati, in modalità accessibili a seconda dei casi, in merito ai pericoli e ai rischi identificati di violenza e di molestie e alle relative misure di prevenzione e di protezione, ivi compresi i diritti e le responsabilità dei lavoratori e di altri soggetti interessati in relazione alle politiche di cui al comma *a*) del presente articolo.

V. Verifica dell'applicazione
e meccanismi di ricorso e di risarcimento

10. Ciascun Membro dovrà adottare misure adeguate al fine di:

a) controllare e applicare le leggi e i regolamenti nazionali in materia di violenza e molestie nel mondo del lavoro;

b) garantire facile accesso a meccanismi di ricorso e di risarcimento adeguati ed efficaci, nonché a meccanismi e procedimenti di denuncia e di risoluzione delle controversie nei casi di violenza e di molestie nel mondo del lavoro che siano sicuri, equi ed efficaci, quali:

i) procedimenti di denuncia e di indagine, nonché, se appropriato, meccanismi di risoluzione delle controversie nei luoghi di lavoro;

ii) meccanismi di risoluzione delle controversie esterni ai luoghi di lavoro;

iii) tribunali o altre giurisdizioni;

iv) protezione contro la vittimizzazione o le ritorsioni nei confronti di querelanti, vittime, testimoni e informatori;

v) misure di sostegno legale, sociale, medico e amministrativo a favore dei querelanti e delle vittime;

c) proteggere la vita privata dei soggetti coinvolti e la riservatezza, nella misura massima possibile e a seconda dei casi, e garantire che le esigenze di protezione della vita privata e della riservatezza non vengano utilizzate impropriamente, evitandone qualsivoglia utilizzo inopportuno;

d) introdurre sanzioni, se del caso, nei casi di violenza e di molestie nel mondo del lavoro;

e) stabilire che le vittime di violenza e molestie di genere nel mondo del lavoro possano avere accesso effettivo a meccanismi di risoluzione delle controversie e di denuncia, a meccanismi di supporto, a servizi e a meccanismi di ricorso e risarcimento che tengano in considerazione la prospettiva di genere e che siano sicuri ed efficaci;

f) riconoscere gli effetti della violenza domestica e, nella misura in cui ciò sia ragionevolmente fattibile, attenuarne l'impatto nel mondo del lavoro;

g) garantire ai lavoratori il diritto di abbandonare una situazione lavorativa laddove abbiano giustificati motivi di ritenere che questa possa costituire un pericolo serio e imminente alla vita, alla salute o alla sicurezza in ragione di violenza e molestie, senza per questo essere oggetto di ritorsioni o di qualsivoglia altra indebita conseguenza, oltre al dovere di informarne la direzione;

h) garantire che gli ispettorati del lavoro e le altre autorità competenti, a seconda dei casi, siano abilitati a trattare la violenza e le molestie nel mondo del lavoro, in particolare ordinando l'adozione di misure immediatamente esecutive o l'interruzione dell'attività lavorativa nei casi di pericolo imminente per la vita, la salute o la sicurezza, fatti salvi i diritti di ricorso alle autorità giudiziarie o amministrative ai sensi di legge.

11-20. (*Omissis*)

DANNO DA PRODOTTI DIFETTOSI

- 1 -

D.lgs. 6 set. 2005, n. 206
Codice del consumo,
a norma dell'art. 7 della legge 29 luglio 2003, n. 229

(G.U. 8 ott. 2005, n. 235, Suppl. ord. n. 162)
(*stralcio*)

PARTE IV
SICUREZZA E QUALITÀ

TITOLO I
Sicurezza dei prodotti

102-113. (*Omissis*).

TITOLO II
Responsabilità per danno da prodotti difettosi

114. ***Responsabilità del produttore.*** — 1. Il produttore è responsabile del danno cagionato da difetti del suo prodotto.

115. ***Prodotto e produttore.***[1] — 1. Prodotto, ai fini del presente titolo, è ogni bene mobile, anche se incorporato in altro bene mobile o immobile.

2. Si considera prodotto anche l'elettricità.

2-*bis*. Produttore, ai fini del presente titolo, è il fabbricante del prodotto finito o di una sua componente, il produttore della materia prima, nonché, per i prodotti agricoli del suolo e per quelli dell'allevamento, della pesca e della caccia, rispettivamente l'agricoltore, l'allevatore, il pescatore ed il cacciatore.[2]

[1] Rubrica modif. dall'art. 14, D.lgs. 23 ott. 2007, n. 221.
[2] Comma aggiunto dall'art. 14, D.lgs. 23 ott. 2007, n. 221.

116. ***Responsabilità del fornitore.*** — 1. Quando il produttore non sia individuato, è sottoposto alla stessa responsabilità il fornitore che abbia distribuito il prodotto nell'esercizio di un'attività commerciale, se ha omesso di comunicare al danneggiato, entro il termine di tre mesi dalla richiesta, l'identità e il domicilio del produttore o della persona che gli ha fornito il prodotto.

2. La richiesta deve essere fatta per iscritto e deve indicare il prodotto che ha cagionato il danno, il luogo e, con ragionevole approssimazione, la data dell'acquisto; deve inoltre contenere l'offerta in visione del prodotto, se ancora esistente.

3. Se la notificazione dell'atto introduttivo del giudizio non è stata preceduta dalla richiesta prevista dal comma 2, il convenuto può effettuare la comunicazione entro i tre mesi successivi.

4. In ogni caso, su istanza del fornitore presentata alla prima udienza del giudizio di primo grado, il giudice, se le circostanze lo giustificano, può fissare un ulteriore termine non superiore a tre mesi per la comunicazione prevista dal comma 1.

5. Il terzo indicato come produttore o precedente fornitore può essere chiamato nel processo a norma dell'art. 106 del codice di procedura civile e il fornitore convenuto può essere estromesso, se la persona indicata comparisce e non contesta l'indicazione. Nell'ipotesi prevista dal comma 3, il convenuto può chiedere la condanna dell'attore al rimborso delle spese cagionategli dalla chiamata in giudizio.

6. Le disposizioni del presente articolo si applicano al prodotto importato nella Unione europea, quando non sia individuato l'importatore, anche se sia noto il produttore.

117. ***Prodotto difettoso.*** — 1. Un prodotto è difettoso quando non offre la sicurezza che ci si può legittimamente attendere tenuto conto di tutte le circostanze, tra cui:

a) il modo in cui il prodotto è stato messo in circolazione, la sua presentazione, le sue caratteristiche palesi, le istruzioni e le avvertenze fornite;

b) l'uso al quale il prodotto può essere ragionevolmente destinato e i comportamenti che, in relazione ad esso, si possono ragionevolmente prevedere;

c) il tempo in cui il prodotto è stato messo in circolazione.

2. Un prodotto non può essere considerato difettoso per il solo fatto che un prodotto più perfezionato sia stato in qualunque tempo messo in commercio.

3. Un prodotto è difettoso se non offre la sicurezza offerta normalmente dagli altri esemplari della medesima serie.

118. ***Esclusione della responsabilità.*** — 1. La responsabilità è esclusa:

a) se il produttore non ha messo il prodotto in circolazione;

b) se il difetto che ha cagionato il danno non esisteva quando il produttore ha messo il prodotto in circolazione;

c) se il produttore non ha fabbricato il prodotto per la vendita o per qualsiasi altra forma di distribuzione a titolo oneroso, né lo ha fabbricato o distribuito nell'esercizio della sua attività professionale;

d) se il difetto è dovuto alla conformità del prodotto a una norma giuridica imperativa o a un provvedimento vincolante;

e) se lo stato delle conoscenze scientifiche e tecniche, al momento in cui il produttore ha messo in circolazione il prodotto, non permetteva ancora di considerare il prodotto come difettoso;

f) nel caso del produttore o fornitore di una parte componente o di una materia prima, se il difetto è interamente dovuto alla concezione del prodotto in cui è stata incorporata la parte o materia prima o alla conformità di questa alle istruzioni date dal produttore che la ha utilizzata.

119. ***Messa in circolazione del prodotto.*** — 1. Il prodotto è messo in circolazione quando sia consegnato all'acquirente, all'utilizzatore, o a un ausiliario di questi, anche in visione o in prova.

2. La messa in circolazione avviene anche mediante la consegna al vettore o allo spedizioniere per l'invio all'acquirente o all'utilizzatore.

3. La responsabilità non è esclusa se la messa in circolazione dipende da vendita forzata, salvo che il debitore abbia segnalato specificamente il difetto con dichiarazione resa all'ufficiale giudiziario all'atto del pignoramento o con atto notificato al creditore procedente e depositato presso la cancelleria del giudice dell'esecuzione entro quindici giorni dal pignoramento stesso.

120. ***Prova.*** — 1. Il danneggiato deve provare il difetto, il danno, e la connessione causale tra difetto e danno.

2. Il produttore deve provare i fatti che possono escludere la responsabilità secondo le disposizioni dell'art. 118. Ai fini dell'esclusione da responsabilità prevista nell'art. 118, comma 1, lettera *b*), è sufficiente dimostrare che, tenuto conto delle circostanze, è probabile che il difetto non esistesse ancora nel momento in cui il prodotto è stato messo in circolazione.

3. Se è verosimile che il danno sia stato causato da un difetto del prodotto, il giudice può ordinare che le spese della consulenza tecnica siano anticipate dal produttore.

121. ***Pluralità di responsabili.*** — 1. Se più persone sono responsabili del medesimo danno, tutte sono obbligate in solido al risarcimento.

2. Colui che ha risarcito il danno ha regresso contro gli altri nella misura determinata dalle dimensioni del rischio riferibile a ciascuno, dalla gravità delle eventuali colpe e dalla entità delle conseguenze che ne sono derivate. Nel dubbio la ripartizione avviene in parti uguali.

122. ***Colpa del danneggiato.*** — 1. Nelle ipotesi di concorso del fatto colposo del danneggiato il risarcimento si valuta secondo le disposizioni dell'art. 1227 del codice civile.

2. Il risarcimento non è dovuto quando il danneggiato sia stato consapevole del difetto del prodotto e del pericolo che ne derivava e nondimeno vi si sia volontariamente esposto.

3. Nell'ipotesi di danno a cosa, la colpa del detentore di questa è parificata alla colpa del danneggiato.

123. ***Danno risarcibile.*** — 1. È risarcibile in base alle disposizioni del presente titolo:

a) il danno cagionato dalla morte o da lesioni personali;

b) la distruzione o il deterioramento di una cosa diversa dal prodotto difettoso, purché di tipo normalmente destinato all'uso o consumo privato e così principalmente utilizzata dal danneggiato.

2. Il danno a cose è risarcibile solo nella misura che ecceda la somma di euro trecentottantasette.

124. ***Clausole di esonero da responsabilità.*** — 1. È nullo qualsiasi patto che escluda o limiti preventivamente, nei confronti del danneggiato, la responsabilità prevista dal presente titolo.

125. ***Prescrizione.*** — 1. Il diritto al risarcimento si prescrive in tre anni dal giorno in cui il danneggiato ha avuto o avrebbe dovuto avere conoscenza del danno, del difetto e dell'identità del responsabile.

2. Nel caso di aggravamento del danno, la prescrizione non comincia a decorrere prima del giorno in cui il danneggiato ha avuto o avrebbe dovuto avere conoscenza di un danno di gravità sufficiente a giustificare l'esercizio di un'azione giudiziaria.

126. ***Decadenza.*** — 1. Il diritto al risarcimento si estingue alla scadenza di dieci anni dal giorno in cui il produttore o l'importatore nella Unione europea ha messo in circolazione il prodotto che ha cagionato il danno.

2. La decadenza è impedita solo dalla domanda giudiziale, salvo che il processo si estingua, dalla domanda di ammissione del credito in una procedura concorsuale o dal riconoscimento del diritto da parte del responsabile.

3. L'atto che impedisce la decadenza nei confronti di uno dei responsabili non ha effetto riguardo agli altri.

127. ***Responsabilità secondo altre disposizioni di legge.*** — 1. Le disposizioni del presente titolo non escludono né limitano i diritti attribuiti al danneggiato da altre leggi.

2. Le disposizioni del presente titolo non si applicano ai danni cagionati dagli incidenti nucleari previsti dalla legge 31 dicembre 1962, n. 1860, e successive modificazioni.

3. Le disposizioni del presente titolo non si applicano ai prodotti messi in circolazione prima del 30 luglio 1988.

DANNO DA RESPONSABILITÀ SANITARIA

- 1 -

L. 8 mar. 2017, n. 24

Disposizioni in materia di sicurezza delle cure e della persona assistita, nonché in materia di responsabilità professionale degli esercenti le professioni sanitarie

(G.U. 17 mar. 2017, n. 64)

(stralcio)

7. ***Responsabilità civile della struttura e dell'esercente la professione sanitaria.*** — 1. La struttura sanitaria o sociosanitaria pubblica o privata che, nell'adempimento della propria obbligazione, si avvalga dell'opera di esercenti la professione sanitaria, anche se scelti dal paziente e ancorché non dipendenti della struttura stessa, risponde, ai sensi degli articoli 1218 e 1228 del codice civile, delle loro condotte dolose o colpose.

2. La disposizione di cui al comma 1 si applica anche alle prestazioni sanitarie svolte in regime di libera professione intramuraria ovvero nell'ambito di attività di sperimentazione e di ricerca clinica ovvero in regime di convenzione con il Servizio sanitario nazionale nonché attraverso la telemedicina.

3. L'esercente la professione sanitaria di cui ai commi 1 e 2 risponde del proprio operato ai sensi dell'articolo 2043 del codice civile, salvo che abbia agito nell'adempimento di obbligazione contrattuale assunta con il paziente. Il giudice, nella determinazione del risarcimento del danno, tiene conto della condotta dell'esercente la professione sanitaria ai sensi dell'articolo 5 della presente legge e dell'articolo 590-*sexies* del codice penale, introdotto dall'articolo 6 della presente legge.

4. Il danno conseguente all'attività della struttura sanitaria o sociosanitaria, pubblica o privata, e dell'esercente la professione sanitaria è risarcito sulla base delle tabelle di cui agli articoli 138 e 139 del codice delle assicurazioni private, di cui al decreto legislativo 7 settembre 2005, n. 209, integrate, ove necessario, con la procedura di cui al comma 1 del predetto articolo 138 e sulla base dei criteri di cui ai citati articoli, per tener conto delle fattispecie da esse non previste, afferenti alle attività di cui al presente articolo.

5. Le disposizioni del presente articolo costituiscono norme imperative ai sensi del codice civile.

DEPENALIZZAZIONE

- 1 -

D.lgs. 15 gen. 2016, n. 7

Disposizioni in materia di abrogazione di reati e introduzione di illeciti con sanzioni pecuniarie civili, a norma dell'art. 2, c. 3, della L. 28 apr. 2014, n. 67

(G.U. 22 gen. 2016, n. 17)

CAPO I

Abrogazione di reati e modifiche al codice penale

1-2. (*Omissis*).

CAPO II

Illeciti sottoposti a sanzioni pecuniarie civili

3. ***Responsabilità civile per gli illeciti sottoposti a sanzioni pecuniarie.*** — 1. I fatti previsti dall'articolo seguente, se dolosi, obbligano, oltre che alle restituzioni e al risarcimento del danno secondo le leggi civili, anche al pagamento della sanzione pecuniaria civile ivi stabilita.

2. Si osserva la disposizione di cui all'articolo 2947, primo comma, del codice civile.

4. ***Illeciti civili sottoposti a sanzioni pecuniarie.*** — 1. Soggiace alla sanzione pecuniaria civile da euro cento a euro ottomila:

a) chi offende l'onore o il decoro di una persona presente, ovvero mediante comunicazione telegrafica, telefonica, informatica o telematica, o con scritti o disegni, diretti alla persona offesa;

b) il comproprietario, socio o coerede che, per procurare a sé o ad altri un profitto, s'impossessa della cosa comune, sottraendola a chi la detiene, salvo che il fatto sia commesso su cose fungibili e il valore di esse non ecceda la quota spettante al suo autore;

c) chi distrugge, disperde, deteriora o rende, in tutto o in parte, inservibili cose mobili o immobili altrui, al di fuori dei casi di cui agli articoli 635, 635-*bis*, 635-*ter*, 635-*quater* e 635-*quinquies* del codice penale;

d) chi, avendo trovato denaro o cose da altri smarrite, se ne appropria, senza osservare le prescrizioni della legge civile sull'acquisto della proprietà di cose trovate;

e) chi, avendo trovato un tesoro, si appropria, in tutto o in parte, della quota dovuta al proprietario del fondo;

f) chi si appropria di cose delle quali sia venuto in possesso per errore altrui o per caso fortuito.

2. Nel caso di cui alla lettera *a*) del primo comma, se le offese sono reciproche, il giudice può non applicare la sanzione pecuniaria civile ad uno o ad entrambi gli offensori.

3. Non è sanzionabile chi ha commesso il fatto previsto dal primo comma, lettera *a*), del presente articolo, nello stato d'ira determinato da un fatto ingiusto altrui, e subito dopo di esso.

4. Soggiace alla sanzione pecuniaria civile da euro duecento a euro dodicimila:

a) chi, facendo uso o lasciando che altri faccia uso di una scrittura privata da lui falsamente formata o da lui alterata, arreca ad altri un danno. Si considerano alterazioni anche le aggiunte falsamente apposte a una scrittura vera, dopo che questa fu definitivamente formata;

b) chi, abusando di un foglio firmato in bianco, del quale abbia il possesso per un titolo che importi l'obbligo o la facoltà di riempirlo, vi scrive o fa scrivere un atto privato produttivo di effetti giuridici, diverso da quello a cui era obbligato o autorizzato, se dal fatto di farne uso o di lasciare che se ne faccia uso, deriva un danno ad altri;

c) chi, limitatamente alle scritture private, commettendo falsità su un foglio firmato in bianco diverse da quelle previste dalla lettera *b*), arreca ad altri un danno;

d) chi, senza essere concorso nella falsità, facendo uso di una scrittura privata falsa, arreca ad altri un danno;

e) chi, distruggendo, sopprimendo od occultando in tutto o in parte una scrittura privata vera, arreca ad altri un danno;

f) chi commette il fatto di cui al comma 1, lettera *a*), del presente articolo, nel caso in cui l'offesa consista nell'attribuzione di un fatto determinato o sia commessa in presenza di più persone;

5. Le disposizioni di cui alle lettere *a*), *b*), *c*), *d*) ed *e*) del comma 4, si applicano anche nel caso in cui le falsità ivi previste riguardino un documento informatico privato avente efficacia probatoria.

6. Agli effetti delle disposizioni di cui al comma 4, lettere *a*), *b*), *c*), *d*) ed *e*) del presente articolo, nella denominazione di «scritture private» sono compresi gli atti originali e le copie autentiche di essi, quando a norma di legge tengano luogo degli originali mancanti.

7. Nei casi di cui al comma 4, lettere *b*) e *c*) del presente articolo, si considera firmato in bianco il foglio in cui il sottoscrittore abbia lasciato bianco un qualsiasi spazio destinato a essere riempito.

8. Le disposizioni di cui ai commi 2 e 3 del presente articolo si applicano anche nel caso di cui al comma 4, lettera *f*), del medesimo articolo.

5. ***Criteri di commisurazione delle sanzioni pecuniarie.*** — 1. L'importo della sanzione pecuniaria civile è determinato dal giudice tenuto conto dei seguenti criteri:

a) gravità della violazione;

b) reiterazione dell'illecito;

c) arricchimento del soggetto responsabile;

d) opera svolta dall'agente per l'eliminazione o attenuazione delle conseguenze dell'illecito;

e) personalità dell'agente;

f) condizioni economiche dell'agente.

6. ***Reiterazione dell'illecito.*** 1. Si ha reiterazione nel caso in cui l'illecito sottoposto a sanzione pecuniaria civile sia compiuto entro quattro anni dalla commissione, da parte dello stesso soggetto, di un'altra violazione sottoposta a sanzione pecuniaria civile, che sia della stessa indole e che sia stata accertata con provvedimento esecutivo.

2. Ai fini della presente legge, si considerano della stessa indole le violazioni della medesima disposizione e quelle di disposizioni diverse che, per la natura dei fatti che le costituiscono o per le modalità della condotta, presentano una sostanziale omogeneità o caratteri fondamentali comuni.

7. ***Concorso di persone.*** 1. Quando più persone concorrono in un illecito di cui al presente capo, ciascuna di esse soggiace alla sanzione pecuniaria civile per esso stabilita.

8. ***Procedimento.*** — 1. Le sanzioni pecuniarie civili sono applicate dal giudice competente a conoscere dell'azione di risarcimento del danno.

2. Il giudice decide sull'applicazione della sanzione civile pecuniaria al termine del giudizio, qualora accolga la domanda di risarcimento proposta dalla persona offesa.

3. La sanzione pecuniaria civile non può essere applicata quando l'atto introduttivo del giudizio è stato notificato nelle forme di cui all'articolo 143 del codice di procedura civile, salvo che la controparte si sia costituita in giudizio o risulti con certezza che abbia avuto comunque conoscenza del processo.

4. Al procedimento, anche ai fini dell'irrogazione della sanzione pecuniaria civile, si applicano le disposizioni del codice di procedura civile, in quanto compatibili con le norme del presente capo.

9. ***Pagamento della sanzione.*** — 1. L'importo dovuto a titolo di sanzione pecuniaria civile è recuperato secondo le disposizioni stabilite dalla parte VII del testo unico delle disposizioni legislative e regolamentari in materia di spese di giustizia, di cui al decreto del Presidente della Repubblica 30 maggio 2002, n. 115.

2. Il giudice può disporre, in relazione alle condizioni economiche del condannato, che il pagamento della sanzione pecuniaria civile sia effettuato in rate mensili da due a otto. Ciascuna rata non può essere inferiore ad euro cinquanta.

3. Decorso inutilmente, anche per una sola rata, il termine fissato per il pagamento, l'ammontare residuo della sanzione è dovuto in un'unica soluzione.

4. Il condannato può estinguere la sanzione civile pecuniaria in ogni momento, mediante un unico pagamento.

5. Per il pagamento della sanzione pecuniaria civile non è ammessa alcuna forma di copertura assicurativa.

6. L'obbligo di pagare la sanzione pecuniaria civile non si trasmette agli eredi.

[1] Comma così sost. dall'art. 1, c. 351, L. 11 dic. 2016, n. 232.

10. ***Destinazione del provento della sanzione.*** 1. Il provento della sanzione pecuniaria civile è versato all'entrata del bilancio dello Stato per essere riassegnato al pertinente capitolo di spesa dello stato di previsione del Ministero dell'interno riguardante il Fondo di rotazione per la solidarietà alle vittime dei reati di tipo mafioso, delle richieste estorsive, dell'usura e dei reati intenzionali violenti nonché agli orfani per crimini domestici[1], per le finalità di cui all'articolo 11 della legge 7 luglio 2016, n. 122.[2]

[1] Denominazione così modif. dall'art. 11, c. 4, L. 11 gen. 2018, n. 4.

[2] Comma così modif. dall'art. 1, c. 351, L. 11 dic. 2016, n. 232.

11. ***Registro informatizzato dei provvedimenti in materia di sanzioni pecuniarie.*** 1. Con apposito decreto del Ministro della giustizia sono adottate le disposizioni relative alla tenuta di un registro, in forma automatizzata, in cui sono iscritti i provvedimenti di applicazione delle sanzioni pecuniarie civili, per gli effetti di cui all'articolo 6.

12. ***Disposizioni transitorie.*** — 1. Le disposizioni relative alle sanzioni pecuniarie civili del presente decreto si applicano anche ai fatti commessi anteriormente alla data di entrata in vigore dello stesso, salvo che il procedimento penale sia stato definito con sentenza o con decreto divenuti irrevocabili.

2. Se i procedimenti penali per i reati abrogati dal presente decreto sono stati definiti, prima della sua entrata in vigore, con sentenza di condanna o decreto irrevocabili, il giudice dell'esecuzione revoca la sentenza o il decreto, dichiarando che il fatto non è previsto dalla legge come reato e adotta i provvedimenti conseguenti. Il giudice dell'esecuzione provvede con l'osservanza delle disposizioni dell'articolo 667, comma 4, del codice di procedura penale.

13. ***Disposizioni finanziarie.*** (*Omissis*).

DIRITTO INTERNAZIONALE PRIVATO

- 1 -

L. 31 mag. 1995, n. 218

Riforma del sistema italiano di diritto internazionale privato

(G.U. 3 giu. 1995, n. 128, Suppl.)

TITOLO I
Disposizioni generali

1. ***Oggetto della legge.*** — La presente legge determina l'ambito della giurisdizione italiana, pone i criteri per l'individuazione del diritto applicabile e disciplina l'efficacia delle sentenze e degli atti stranieri.

2. ***Convenzioni internazionali.*** — 1. Le disposizioni della presente legge non pregiudicano l'applicazione delle convenzioni internazionali in vigore per l'Italia.

2. Nell'interpretazione di tali convenzioni si terrà conto del loro carattere internazionale e dell'esigenza della loro applicazione uniforme.

TITOLO II
Giurisdizione italiana

3. ***Ambito della giurisdizione.*** — 1. La giurisdizione italiana sussiste quando il convenuto è domiciliato o residente in Italia o vi ha un rappresentante che sia autorizzato a stare in giudizio a norma dell'art. 77 del c.p.c. e negli altri casi in cui è prevista dalla legge.

2. La giurisdizione sussiste inoltre in base ai criteri stabiliti dalle sezioni 2, 3 o 4 del titolo II della Convenzione concernente la competenza giurisdizionale e l'esecuzione delle decisioni in materia civile e commerciale e protocollo, firmati a Bruxelles il 27 sett. 1968, resi esecutivi con la L. 21 giu. 1971, n. 804, e successive modificazioni in vigore per l'Italia, anche allorché il convenuto non sia domiciliato nel territorio di uno Stato contraente, quando si tratti di una delle materie comprese nel campo di applicazione della Convenzione. Rispetto alle altre materie la giurisdizione sussiste anche in base ai criteri stabiliti per la competenza per territorio.

4. ***Accettazione e deroga della giurisdizione.*** — 1. Quando non vi sia giurisdizione in base all'art. 3, essa nondimeno sussiste se le parti l'abbiano convenzionalmente accettata e tale accettazione sia provata per iscritto, ovvero il convenuto compaia nel processo senza eccepire il difetto di giurisdizione nel primo atto difensivo.

2. La giurisdizione italiana può essere convenzionalmente derogata a favore di un giudice straniero

o di un arbitrato estero se la deroga è provata per iscritto e la causa verte su diritti disponibili.

3. La deroga è inefficace se il giudice o gli arbitri indicati declinano la giurisdizione o comunque non possono conoscere della causa.

5. ***Azioni reali relative ad immobili siti all'estero.*** — 1. La giurisdizione italiana non sussiste rispetto ad azioni reali aventi ad oggetto beni immobili situati all'estero.

6. ***Questioni preliminari.*** — 1. Il giudice italiano conosce, incidentalmente, le questioni che non rientrano nella giurisdizione italiana e la cui soluzione è necessaria per decidere sulla domanda proposta.

7. ***Pendenza di un processo straniero.*** — 1. Quando, nel corso del giudizio, sia eccepita la previa pendenza tra le stesse parti di domanda avente il medesimo oggetto e il medesimo titolo dinanzi a un giudice straniero, il giudice italiano, se ritiene che il provvedimento straniero possa produrre effetto per l'ordinamento italiano, sospende il giudizio. Se il giudice straniero declina la propria giurisdizione o se il provvedimento straniero non è riconosciuto nell'ordinamento italiano, il giudizio in Italia prosegue, previa riassunzione ad istanza della parte interessata.

2. La pendenza della causa innanzi al giudice straniero si determina secondo la legge dello Stato in cui il processo si svolge.

3. Nel caso di pregiudizialità di una causa straniera, il giudice italiano può sospendere il processo se ritiene che il provvedimento straniero possa produrre effetti per l'ordinamento italiano.

8. ***Momento determinante della giurisdizione.*** — 1. Per la determinazione della giurisdizione italiana si applica l'art. 5 del c.p.c. Tuttavia la giurisdizione sussiste se i fatti e le norme che la determinano sopravvengono nel corso del processo.

9. ***Giurisdizione volontaria.*** — 1. In materia di giurisdizione sussiste, oltre che nei casi specificamente contemplati dalla presente legge e in quelli in cui è prevista la competenza per territorio di un giudice italiano, quando il provvedimento richiesto concerne un cittadino italiano o una persona residente in Italia o quando esso riguarda situazioni o rapporti ai quali è applicabile la legge italiana.

10. ***Materia cautelare.*** — 1. In materia cautelare, la giurisdizione italiana sussiste quando il provvedimento deve essere eseguito in Italia o quando il giudice italiano ha giurisdizione nel merito.

11. ***Rilevabilità del difetto di giurisdizione.*** — 1. Il difetto di giurisdizione può essere rilevato, in qualunque stato e grado del processo, soltanto dal convenuto costituito che non abbia espressamente o tacitamente accettato la giurisdizione italiana. È rilevato dal giudice d'ufficio, sempre in qualunque stato e grado del processo, se il convenuto è contumace, se ricorre l'ipotesi di cui all'art. 5, ovvero se la giurisdizione italiana è esclusa per effetto di una norma internazionale.

12. ***Legge regolatrice del processo.*** — 1. Il processo civile che si svolge in Italia è regolato dalla legge italiana.

TITOLO III
Diritto applicabile

CAPO I
Disposizioni generali

13. ***Rinvio.*** — 1. Quando negli articoli successivi è richiamata la legge straniera, si tiene conto del rinvio operato dal diritto internazionale privato straniero alla legge di un altro Stato;

a) se il diritto di tale Stato accetta il rinvio;

b) se si tratta di rinvio alla legge italiana.

2. L'applicazione del comma 1 è tuttavia esclusa:

a) nei casi in cui le disposizioni della presente legge rendono applicabile la legge straniera sulla base della scelta effettuata in tal senso dalle parti interessate;

b) riguardo alle disposizioni concernenti la forma degli atti;

c) in relazione alle disposizioni del Capo XI del presente Titolo.

3. Nei casi di cui agli artt. 33, 34 e 35 si tiene conto del rinvio soltanto se esso conduce all'applicazione di una legge che consente lo stabilimento della filiazione.

4. Quando la presente legge dichiara in ogni caso applicabile una convenzione internazionale si segue sempre, in materia di rinvio, la soluzione adottata dalla convenzione.

14. ***Conoscenza della legge straniera applicabile.*** — 1. L'accertamento della legge straniera è compiuto d'ufficio dal giudice. A tal fine questi può avvalersi, oltre che degli strumenti indicati dalle convenzioni internazionali, di informazioni acquisite per il tramite del Ministero di grazia e giustizia; può altresì interpellare esperti o istituzioni specializzate.

2. Qualora il giudice non riesca ad accertare la legge straniera indicata, neanche con l'aiuto delle parti, applica la legge richiamata mediante altri criteri di collegamento eventualmente previsti per la medesima ipotesi normativa. In mancanza si applica la legge italiana.

15. ***Interpretazione e applicazione della legge straniera.*** — 1. La legge straniera è applicata secondo i propri criteri di interpretazione e di applicazione nel tempo.

16. ***Ordine pubblico.*** — 1. La legge straniera non è applicata se i suoi effetti sono contrari all'ordine pubblico.

2. In tal caso si applica la legge richiamata mediante altri criteri di collegamento eventualmente previsti per la medesima ipotesi normativa. In mancanza si applica la legge italiana.

17. ***Norme di applicazione necessaria.*** — 1. È fatta salva la prevalenza sulle disposizioni che seguono delle norme italiane che, in considerazione del loro oggetto e del loro scopo, debbono essere applicate nonostante il richiamo alla legge straniera.

18. ***Ordinamenti plurilegislativi.*** — 1. Se nell'ordinamento dello Stato richiamato dalle disposizioni della presente legge coesistono più sistemi normativi a base territoriale o personale, la legge applicabile si determina secondo i criteri utilizzati da quell'ordinamento.

2. Se tali criteri non possono essere individuati, si applica il sistema normativo con il quale il caso di specie presenta il collegamento più stretto.

19. ***Apolidi, rifugiati e persone con più cittadinanze.*** — 1. Nei casi in cui le disposizioni della presente legge richiamano la legge nazionale di una persona, se questa è apolide o rifugiata si applica la legge dello Stato del domicilio o, in mancanza, la legge dello Stato di residenza.

2. Se la persona ha più cittadinanze, si applica la legge di quello tra gli Stati di appartenenza con il quale essa ha il collegamento più stretto. Se tra le cittadinanze vi è quella italiana, questa prevale.

CAPO II

Capacità e diritti delle persone fisiche

20. ***Capacità giuridica delle persone fisiche.*** — 1. La capacità giuridica delle persone fisiche è regolata dalla loro legge nazionale. Le condizioni speciali di capacità, prescritte dalla legge regolatrice di un rapporto, sono disciplinate dalla stessa legge.

21. ***Commorienza.*** — 1. Quando occorre stabilire la sopravvivenza di una persona ad un'altra e non consta quale di esse sia morta prima, il momento della morte si accerta in base alla legge regolatrice del rapporto rispetto al quale l'accertamento rileva.

22. ***Scomparsa, assenza e morte presunta.*** — 1. I presupposti e gli effetti della scomparsa, dell'assenza e della morte presunta di una persona sono regolati dalla sua ultima legge nazionale.

2. Sussiste la giurisdizione italiana per le materie di cui al comma 1:

a) se l'ultima legge nazionale della persona era quella italiana;

b) se l'ultima residenza della persona era in Italia;

c) se l'accertamento della scomparsa, dell'assenza o della morte presunta può produrre effetti giuridici nell'ordinamento italiano.

23. ***Capacità di agire delle persone fisiche.*** — 1. La capacità di agire delle persone fisiche è regolata dalla loro legge nazionale. Tuttavia, quando la legge regolatrice di un atto prescrive condizioni speciali di capacità di agire, queste sono regolate dalla stessa legge.

2. In relazione a contratti tra persone che si trovano nello stesso Stato, la persona considerata capace dalla legge dello Stato in cui il contratto è concluso può invocare l'incapacità derivante dalla propria legge nazionale solo se l'altra parte contraente, al momento della conclusione del contratto, era a conoscenza di tale incapacità o l'ha ignorata per sua colpa.

3. In relazione agli atti unilaterali, la persona considerata capace dalla legge dello Stato in cui l'atto è compiuto può invocare l'incapacità derivante dalla propria legge nazionale soltanto se ciò non rechi pregiudizio a soggetti che senza loro colpa hanno fatto affidamento sulla capacità dell'autore dell'atto.

4. Le limitazioni di cui ai commi 2 e 3 non si applicano agli atti relativi a rapporti di famiglia e di successione per causa di morte, né gli atti relativi a diritti reali su immobili situati in uno Stato diverso da quello in cui l'atto è compiuto.

24. ***Diritti della personalità.*** — 1. L'esistenza ed il contenuto dei diritti della personalità sono regolati dalla legge nazionale del soggetto; tuttavia i diritti che derivano da un rapporto di famiglia sono regolati dalla legge applicabile a tale rapporto.

2. Le conseguenze della violazione dei diritti di cui al comma 1 sono regolate dalla legge applicabile alla responsabilità per fatti illeciti.

CAPO III

Persone giuridiche

25. ***Società ed altri enti.*** — 1. Le società, le associazioni, le fondazioni ed ogni altro ente, pubblico o privato, anche se privo di natura associativa, sono disciplinati dalla legge dello Stato nel cui territorio è stato perfezionato il procedimento di costituzione. Si applica, tuttavia, la legge italiana se la sede dell'amministrazione è situata in Italia, ovvero se in Italia si trova l'oggetto principale di tali enti.

2. In particolare sono disciplinati dalla legge regolatrice dell'ente:

a) la natura giuridica;

b) la denominazione o ragione sociale;

c) la costituzione, la trasformazione e l'estinzione;

d) la capacità;

e) la formazione, i poteri e le modalità di funzionamento degli organi;

f) la rappresentanza dell'ente;

g) le modalità di acquisto e di perdita della qualità di associato o socio nonché i diritti e gli obblighi inerenti a tale qualità;

h) la responsabilità per le obbligazioni dell'ente;

i) le conseguenze delle violazioni della legge o dell'atto costitutivo.

3. I trasferimenti della sede statutaria in altro Stato e le fusioni di enti con sede in Stati diversi hanno efficacia soltanto se posti in essere conformemente alle leggi di detti Stati interessati.

CAPO IV

Rapporti di famiglia

26. ***Promessa di matrimonio.*** — 1. La promessa di matrimonio e le conseguenze della sua violazione sono regolate dalla legge nazionale comune dei nubendi o, in mancanza, dalla legge italiana.

27. ***Condizioni per contrarre matrimonio.*** — 1. La capacità matrimoniale e le altre condizioni per contrarre matrimonio sono regolate dalla legge nazionale di ciascun nubendo al momento del matrimonio. Resta salvo lo stato libero che uno dei nubendi abbia acquistato per effetto di un giudicato italiano o riconosciuto in Italia.

28. ***Forma del matrimonio.*** — 1. Il matrimonio è valido, quanto alla forma, se è considerato tale dalla legge del luogo di celebrazione o dalla legge nazionale di almeno uno dei coniugi al momento della celebrazione o dalla legge dello Stato di comune residenza in tale momento.

29. ***Rapporti personali tra coniugi.*** — 1. I rapporti personali tra coniugi sono regolati dalla legge nazionale comune.

2. I rapporti personali tra coniugi aventi diverse cittadinanze o più cittadinanze comuni sono regolati dalla legge dello Stato nel quale la vita matrimoniale è prevalentemente localizzata.

30. ***Rapporti patrimoniali tra coniugi.*** — 1. I rapporti patrimoniali tra coniugi sono regolati dalla legge applicabile ai loro rapporti personali. I coniugi possono tuttavia convenire per iscritto che i loro rapporti patrimoniali sono regolati dalla legge dello Stato di cui almeno uno di essi è cittadino o nel quale almeno uno di essi risiede.

2. L'accordo dei coniugi sul diritto applicabile è valido se è considerato tale dalla legge scelta o da quella del luogo in cui l'accordo è stato stipulato.

3. Il regime dei rapporti patrimoniali fra coniugi regolato da una legge straniera è opponibile ai terzi solo se questi ne abbiano avuto conoscenza o lo abbiano ignorato per loro colpa. Relativamente ai diritti reali su beni immobili, l'opponibilità è limitata ai casi in cui siano state rispettate le forme di pubblicità prescritte dalla legge dello Stato in cui i beni si trovano.

30-*bis*. ***Contratti di convivenza.***[1] — 1. Ai contratti di convivenza si applica la legge nazionale comune dei contraenti. Ai contraenti di diversa cittadinanza si applica la legge del luogo in cui la convivenza è prevalentemente localizzata.

2. Sono fatte salve le norme nazionali, europee ed internazionali che regolano il caso di cittadinanza plurima.

[1] Articolo ins. dall'art. 1, c. 64, L. 20 mag. 2016, n. 76.

31. ***Separazione personale e scioglimento del matrimonio.*** — 1. La separazione personale e lo scioglimento del matrimonio sono regolati dalla legge nazionale comune dei coniugi al momento della domanda di separazione o di scioglimento del matrimonio; in mancanza si applica la legge dello Stato nel quale la vita matrimoniale risulta prevalentemente localizzata.

2. La separazione personale e lo scioglimento del matrimonio, qualora non siano previsti dalla legge straniera applicabile, sono regolati dalla legge italiana.

32. ***Giurisdizione in materia di nullità, annullamento, separazione personale e scioglimento del matrimonio.*** — 1. In materia di nullità e di annullamento del matrimonio, di separazione personale e di scioglimento del matrimonio; la giurisdizione italiana sussiste, oltre che nei casi previsti dall'art. 3, anche quando uno dei coniugi è cittadino italiano o il matrimonio è stato celebrato in Italia.

32-*bis*. ***Matrimonio contratto all'estero da cittadini italiani dello stesso sesso.***[1] — 1. Il matrimonio contratto all'estero da cittadini italiani con persona dello stesso sesso produce gli effetti dell'unione civile regolata dalla legge italiana.

[1] Articolo ins. dall'art. 1, D.lgs. 19 gen. 2017, n. 7.

32-*ter*. ***Unione civile tra persone maggiorenni dello stesso sesso.***[1] — 1. La capacità e le altre condizioni per costituire unione civile sono regolate dalla legge nazionale di ciascuna parte al momento della costituzione dell'unione civile. Se la legge applicabile non ammette l'unione civile tra persone maggiorenni dello stesso sesso si applica la legge italiana. Le disposizioni di cui all'articolo 1, comma 4, della legge 20 maggio 2016, n. 76, sono di applicazione necessaria.

2. Ai fini del nulla osta di cui all'articolo 116, primo comma, del codice civile, non rilevano gli impedimenti relativi al sesso delle parti. Qualora la produzione del nulla osta sia preclusa in ragione del mancato riconoscimento, secondo la legge dello Stato di cui lo straniero è cittadino, dell'unione civile tra persone dello stesso sesso o di analogo istituto, il nulla osta è sostituito da un certificato o altro atto comunque idoneo ad attestare la libertà di stato, ovvero da dichiarazione sostitutiva ai sensi del decreto del Presidente della Repubblica 28 dicembre 2000, n. 445. Resta salva la libertà di stato accertata o acquisita per effetto di un giudicato italiano o riconosciuto in Italia.

3. L'unione civile è valida, quanto alla forma, se è considerata tale dalla legge del luogo di costituzione o dalla legge nazionale di almeno una delle parti o dalla legge dello Stato di comune residenza al momento della costituzione.

4. I rapporti personali e patrimoniali tra le parti sono regolati dalla legge dello Stato davanti alle cui autorità l'unione è stata costituita. A richiesta di una delle parti il giudice può disporre l'applicazione della legge dello Stato nel quale la vita comune è prevalentemente localizzata. Le parti possono convenire per iscritto che i loro rapporti patrimoniali sono regolati dalla legge dello Stato di cui almeno una di esse è cittadina o nel quale almeno una di esse risiede.

5. Alle obbligazioni alimentari si applica l'articolo 45.

[1] Articolo ins. dall'art. 1, D.lgs. 19 gen. 2017, n. 7.

32-*quater*. *Scioglimento dell'unione civile.*[1] — 1. In materia di scioglimento dell'unione civile la giurisdizione italiana sussiste, oltre che nei casi previsti dagli articoli 3 e 9, anche quando una delle parti è cittadina italiana o l'unione è stata costituita in Italia. I medesimi titoli di giurisdizione si applicano anche in materia di nullità o di annullamento dell'unione civile.

2. Lo scioglimento dell'unione civile è regolato dalla legge applicabile al divorzio in conformità al regolamento n. 1259/2010/UE del Consiglio del 20 dicembre 2010 relativo ad una cooperazione rafforzata nel settore della legge applicabile al divorzio e alla separazione personale.

[1] Articolo ins. dall'art. 1, D.lgs. 19 gen. 2017, n. 7.

32-*quinquies*. *Unione civile costituita all'estero tra cittadini italiani dello stesso sesso.*[1] — 1. L'unione civile, o altro istituto analogo, costituiti all'estero tra cittadini italiani dello stesso sesso abitualmente residenti in Italia produce gli effetti dell'unione civile regolata dalla legge italiana.

[1] Articolo ins. dall'art. 1, D.lgs. 19 gen. 2017, n. 7.

33. *Filiazione.*[1] — 1. Lo stato di figlio è determinato dalla legge nazionale del figlio o, se più favorevole, dalla legge dello Stato di cui uno dei genitori è cittadino, al momento della nascita.

2. La legge individuata ai sensi del comma 1 regola i presupposti e gli effetti dell'accertamento e della contestazione dello stato di figlio; qualora la legge così individuata non permetta l'accertamento o la contestazione dello stato di figlio si applica la legge italiana.

3. Lo stato di figlio, acquisito in base alla legge nazionale di uno dei genitori, non può essere contestato che alla stregua di tale legge; se tale legge non consente la contestazione si applica la legge italiana.

4. Sono di applicazione necessaria le norme del diritto italiano che sanciscono l'unicità dello stato di figlio.

[1] Articolo così sost. dall'art. 101, D.lgs. 28 dic. 2013, n. 154, in vigore dal 7 feb. 2014.

34. *Legittimazione.*[1]

[1] Articolo abrog. dall'art. 106, D.lgs. 28 dic. 2013, n. 154, in vigore dal 7 feb. 2014.

35. *Riconoscimento di figlio [naturale]*[1]. — 1. Le condizioni per il riconoscimento del figlio sono regolate dalla legge nazionale del figlio al momento della nascita, o se più favorevole, dalla legge nazionale del soggetto che fa il riconoscimento, nel momento in cui questo avviene; se tali leggi non prevedono il riconoscimento si applica la legge italiana.[2]

2. La capacità del genitore di fare il riconoscimento è regolata dalla sua legge nazionale.

3. La forma del riconoscimento è regolata dalla legge dello Stato in cui esso è fatto o da quella che ne disciplina la sostanza.

[1] Parola soppressa dall'art. 101, D.lgs. 28 dic. 2013, n. 154, in vigore dal 7 feb. 2014.

[1] Comma così sost. dall'art. 101, D.lgs. 28 dic. 2013, n. 154, in vigore dal 7 feb. 2014.

36. *Rapporti tra genitori e figli.* — 1. I rapporti personali e patrimoniali tra genitori e figli, compresa la responsabilità genitoriale, sono regolati dalla legge nazionale del figlio.[1]

[1] Comma così modif. dall'art. 101, D.lgs. 28 dic. 2013, n. 154, in vigore dal 7 feb. 2014.

36-*bis*.[1] — 1. Nonostante il richiamo ad altra legge, si applicano in ogni caso le norme del diritto italiano che:

a) attribuiscono ad entrambi i genitori la responsabilità genitoriale;

b) stabiliscono il dovere di entrambi i genitori di provvedere al mantenimento del figlio;

c) attribuiscono al giudice il potere di adottare provvedimenti limitativi o ablativi della responsabilità genitoriale in presenza di condotte pregiudizievoli per il figlio.

[1] Articolo ins. dall'art. 101, D.lgs. 28 dic. 2013, n. 154, in vigore dal 7 feb. 2014.

37. *Giurisdizione in materia di filiazione.* — 1. In materia di filiazione e di rapporti personali fra genitori e figli la giurisdizione italiana sussiste, oltre che nei casi previsti rispettivamente dagli artt. 3 e 9, anche quando uno dei genitori o il figlio è cittadino italiano o risiede in Italia.

CAPO V
Adozione

38. *Adozione.* — 1. I presupposti, la costituzione e la revoca dell'adozione sono regolati dal diritto nazionale dell'adottante o degli adottanti se comune o, in mancanza, dal diritto dello Stato nel quale gli adottanti sono entrambi residenti, ovvero da quello dello Stato nel quale la loro vita matrimoniale è prevalentemente localizzata, al momento dell'adozione. Tuttavia si applica il diritto italiano quando è richiesta al giudice italiano l'adozione di un minore, idonea ad attribuirgli lo stato di figlio [legittimo][1].

2. È in ogni caso salva l'applicazione della legge nazionale dell'adottando maggiorenne per la disciplina dei consensi che essa eventualmente richieda.

[1] Parola soppressa dall'art. 101, D.lgs. 28 dic. 2013, n. 154, in vigore dal 7 feb. 2014.

39. ***Rapporti fra adottato e famiglia adottiva.*** — 1. I rapporti personali e patrimoniali fra l'adottato e l'adottante o gli adottanti ed i parenti di questi sono regolati dal diritto nazionale dell'adottante o degli adottanti se comune o, in mancanza, dal diritto dello Stato nel quale gli adottanti sono entrambi residenti ovvero da quello dello Stato nel quale la loro vita matrimoniale è prevalentemente localizzata.

40. ***Giurisdizione in materia di adozione.*** — 1. I giudici italiani hanno giurisdizione in materia di adozione allorché:

a) gli adottanti o uno di essi o l'adottando sono cittadini italiani ovvero stranieri residenti in Italia;

b) l'adottando è un minore in stato di abbandono in Italia.

2. In materia di rapporti personali o patrimoniali fra l'adottato e l'adottante o gli adottanti ed i parenti di questi i giudici italiani hanno giurisdizione, oltre che nelle ipotesi previste dall'art. 3, ogni qualvolta l'adozione si è costituita in base al diritto italiano.

41. ***Riconoscimento dei provvedimenti stranieri in materia di adozione.*** — 1. I provvedimenti stranieri in materia di adozione sono riconoscibili in Italia ai sensi degli artt. 64, 65 e 66.

2. Restano ferme le disposizioni delle leggi speciali in materia di adozione dei minori.

CAPO VI
Protezione degli incapaci e obblighi alimentari

42. ***Giurisdizione e legge applicabile in materia di protezione dei minori.*** — 1. La protezione dei minori è in ogni caso regolata dalla Convenzione dell'Aja del 5 ott. 1961, sulla competenza delle autorità e sulla legge applicabile in materia di protezione dei minori, resa esecutiva con la L. 24 ott. 1980, n. 742.

2. Le disposizioni della Convenzione si applicano anche alle persone considerate minori soltanto dalla loro legge nazionale, nonché alle persone la cui residenza abituale non si trova in uno degli Stati contraenti.

43. ***Protezione dei maggiori d'età.*** — 1. I presupposti e gli effetti delle misure di protezione degli incapaci maggiori di età, nonché i rapporti fra l'incapace e chi ne ha la cura, sono regolati dalla legge nazionale dell'incapace. Tuttavia, per proteggere in via provvisoria e urgente la persona o i beni dell'incapace, il giudice italiano può adottare le misure previste dalla legge italiana.

44. ***Giurisdizione in materia di protezione dei maggiori d'età.*** — 1. La giurisdizione italiana in materia di misure di protezione degli incapaci maggiori di età sussiste, oltre che nei casi previsti dagli artt. 3 e 9, anche quando esse si rendono necessarie per proteggere, in via provvisoria e urgente, la persona o i beni dell'incapace che si trovino in Italia.

2. Quando in base all'art. 66 nell'ordinamento italiano si producono gli effetti di un provvedimento straniero in materia di capacità di uno straniero, la giurisdizione italiana sussiste per pronunciare i provvedimenti modificativi o integrativi eventualmente necessari.

45. ***Obbligazioni alimentari nella famiglia.***[1] — 1. Le obbligazioni alimentari nella famiglia sono regolate dalla legge designata dal regolamento 2009/4/CE del Consiglio del 18 dicembre 2008 relativo alla competenza, alla legge applicabile, al riconoscimento e all'esecuzione delle decisioni e alla cooperazione in materia di obbligazioni alimentari, e successive modificazioni.

[1] Articolo così sost. dall'art. 1, D.lgs. 19 gen. 2017, n. 7.

CAPO VII
Successioni

46. ***Successione per causa di morte.*** — 1. La successione per causa di morte è regolata dalla legge nazionale del soggetto della cui eredità si tratta, al momento della morte.

2. Il soggetto della cui eredità si tratta può sottoporre, con dichiarazione espressa in forma testamentaria, l'intera successione alla legge dello Stato in cui risiede. La scelta non ha effetto se al momento della morte il dichiarante non risiedeva più in tale Stato. Nell'ipotesi di successione di un cittadino italiano, la scelta non pregiudica i diritti che la legge italiana attribuisce ai legittimari residenti in Italia al momento della morte della persona della cui successione si tratta.

3. La divisione ereditaria è regolata dalla legge applicabile alla successione, salvo che i condividenti, d'accordo fra loro, abbiano designato la legge del luogo d'apertura della successione o del luogo ove si trovano uno o più beni ereditari.

47. ***Capacità di testare.*** — La capacità di disporre per testamento, di modificarlo o di revocarlo è regolata dalla legge nazionale del disponente al momento del testamento, della modifica o della revoca.

48. ***Forma del testamento.*** — Il testamento è valido, quanto alla forma, se è considerato tale dalla legge dello Stato nel quale il testatore ha disposto, ovvero dalla legge dello Stato di cui il testatore, al momento del testamento o della morte, era cittadino o dalla legge dello Stato in cui aveva il domicilio o la residenza.

49. ***Successione dello Stato.*** — 1. Quando la legge applicabile alla successione, in mancanza di successibili, non attribuisce la successione allo Stato, i beni ereditari esistenti in Italia sono devoluti allo Stato italiano.

50. ***Giurisdizione in materia successoria.*** — 1. In materia successoria la giurisdizione italiana sussiste:

a) se il defunto era cittadino italiano al momento della morte;

b) se la successione si è aperta in Italia;

c) se la parte dei beni ereditari di maggiore consistenza economica è situata in Italia;

d) se il convenuto è domiciliato o residente in Italia o ha accettato la giurisdizione italiana, salvo che la domanda sia relativa a beni immobili situati all'estero;

e) se la domanda concerne beni situati in Italia.

CAPO VIII
Diritti reali

51. ***Possesso e diritti reali.*** — 1. Il possesso, la proprietà e gli altri diritti reali sui beni mobili ed immobili sono regolati dalla legge dello Stato in cui i beni si trovano.

2. La stessa legge ne regola l'acquisto e la perdita, salvo che in materia successoria e nei casi in cui l'attribuzione di un diritto reale dipenda da un rapporto di famiglia o da un contratto.

52. ***Diritti reali su beni in transito.*** — 1. I diritti reali su beni in transito sono regolati dalla legge del luogo di destinazione.

53. ***Usucapione di beni mobili.*** — 1. L'usucapione di beni mobili è regolata dalla legge dello Stato in cui il bene si trova al compimento del termine prescritto.

54. ***Diritti su beni immateriali.*** — 1. I diritti su beni immateriali sono regolati dalla legge dello Stato di utilizzazione.

55. ***Pubblicità degli atti relativi ai diritti reali.*** — 1. La pubblicità degli atti di costituzione, trasferimento ed estinzione dei diritti reali è regolata dalla legge dello Stato in cui il bene si trova al momento dell'atto.

CAPO IX
Donazioni

56. ***Donazioni.*** — 1. Le donazioni sono regolate dalla legge nazionale del donante al momento della donazione.

2. Il donante può, con dichiarazione espressa contestuale alla donazione, sottoporre la donazione stessa alla legge dello Stato in cui egli risiede.

3. La donazione è valida, quanto alla forma, se è considerata tale dalla legge che ne regola la sostanza oppure dalla legge dello Stato nel quale l'atto è compiuto.

CAPO X
Obbligazioni contrattuali

57. ***Obbligazioni contrattuali.*** — 1. Le obbligazioni contrattuali sono in ogni caso regolate dalla Convenzione di Roma del 19 giu. 1980 sulla legge applicabile alle obbligazioni contrattuali, resa esecutiva con la L. 18 dic. 1984, n. 975, senza pregiudizio delle altre convenzioni internazionali, in quanto applicabili.

CAPO XI
Obbligazioni non contrattuali

58. ***Promessa unilaterale.*** — 1. La promessa unilaterale è regolata dalla legge dello Stato in cui viene manifestata.

59. ***Titoli di credito.*** — 1. La cambiale, il vaglia cambiario e l'assegno sono in ogni caso regolati dalle disposizioni contenute nelle Convenzioni di Ginevra del 7 giu. 1930, sui conflitti di legge in materia di cambiale e di vaglia cambiario, di cui al R.D.L. 25 ago. 1932, n. 1130, convertito dalla L. 22 dic. 1932, n. 1946, e del 19 mar. 1931, sui conflitti di legge in materia di assegni bancari, di cui al R.D.L. 24 ago. 1933, n. 1077, convertito dalla L. 4 gen. 1934, n. 61.

2. Tali disposizioni si applicano anche alle obbligazioni assunte fuori dei territori degli Stati contraenti o allorché esse designino la legge di uno Stato non contraente.

3. Gli altri titoli di credito sono regolati dalla legge dello Stato in cui il titolo è stato emesso. Tuttavia le obbligazioni diverse da quella principale sono regolate dalla legge dello Stato in cui ciascuna è stata assunta.

60. ***Rappresentanza volontaria.*** — 1. La rappresentanza volontaria è regolata dalla legge dello Stato in cui il rappresentante ha la propria sede d'affari sempre che egli agisca a titolo professionale e che tale sede sia conosciuta o conoscibile dal terzo. In assenza di tali condizioni si applica la legge dello Stato in cui il rappresentante esercita in via principale i suoi poteri nel caso concreto.

2. L'atto di conferimento dei poteri di rappresentanza è valido, quanto alla forma, se considerato tale dalla legge che ne regola la sostanza oppure dalla legge dello Stato in cui è posto in essere.

61. ***Obbligazioni nascenti dalla legge.*** — 1. La gestione di affari altrui, l'arricchimento senza causa, il pagamento dell'indebito e le altre obbligazioni legali, non diversamente regolate dalla presente legge, sono sottoposti alla legge dello Stato in cui si è verificato il fatto da cui deriva l'obbligazione.

62. ***Responsabilità per fatto illecito.*** — 1. La

responsabilità per fatto illecito è regolata dalla legge dello Stato in cui si è verificato l'evento. Tuttavia il danneggiato può chiedere l'applicazione della legge dello Stato in cui si è verificato il fatto che ha causato il danno.

2. Qualora il fatto illecito coinvolga soltanto cittadini di un medesimo Stato in esso residenti, si applica la legge di tale Stato.

63. ***Responsabilità extracontrattuale per danno da prodotto.*** — 1. La responsabilità per danno da prodotto è regolata a scelta del danneggiato, dalla legge dello Stato in cui si trova il domicilio o amministrazione del produttore, oppure da quello dello Stato in cui il prodotto è stato acquistato, a meno che il produttore provi che il prodotto vi è stato immesso in commercio senza il suo consenso.

TITOLO IV
Efficacia di sentenze ed atti stranieri

64. ***Riconoscimento di sentenze straniere.*** — 1. La sentenza straniera è riconosciuta in Italia senza che sia necessario il ricorso ad alcun procedimento quando:

a) il giudice che l'ha pronunciata poteva conoscere della causa secondo i princìpi sulla competenza giurisdizionale propri dell'ordinamento italiano;

b) l'atto introduttivo del giudizio è stato portato a conoscenza del convenuto in conformità a quanto previsto dalla legge del luogo dove si è svolto il processo e non sono stati violati i diritti essenziali della difesa;

c) le parti si sono costituite in giudizio secondo la legge del luogo dove si è svolto il processo o la contumacia è stata dichiarata in conformità a tale legge;

d) essa è passata in giudicato secondo la legge del luogo in cui è stata pronunziata;

e) essa non è contraria ad altra sentenza pronunziata da un giudice italiano passata in giudicato;

f) non pende un processo davanti a un giudice italiano per il medesimo oggetto e fra le stesse parti, che abbia avuto inizio prima del processo straniero;

g) le sue disposizioni non producono effetti contrari all'ordine pubblico.

65. ***Riconoscimento di provvedimenti stranieri.*** — 1. Hanno effetto in Italia i provvedimenti stranieri relativi alla capacità delle persone nonché all'esistenza di rapporti di famiglia o di diritti della personalità quando essi sono stati pronunciati dalle autorità dello Stato la cui legge è richiamata dalle norme della presente legge o producono effetti nell'ordinamento di quello Stato, anche se pronunciati da autorità di altro Stato, purché non siano contrari all'ordine pubblico e siano stati rispettati i diritti essenziali della difesa.

66. ***Riconoscimento di provvedimenti stranieri di giurisdizione volontaria.*** — 1. I provvedimenti stranieri di volontaria giurisdizione sono riconosciuti senza che sia necessario il ricorso ad alcun procedimento, sempre che siano rispettate le condizioni di cui all'art. 65, in quanto applicabili, quando sono pronunciati dalle autorità dello Stato la cui legge è richiamata dalle disposizioni della presente legge o, producono effetti nell'ordinamento di quello Stato ancorché emanati da autorità di altro Stato, ovvero sono pronunciati da un'autorità che sia competente in base a criteri corrispondenti a quelli propri dell'ordinamento italiano.

67. ***Attuazione di sentenze e provvedimenti stranieri di giurisdizione volontaria e contestazione del riconoscimento.*** — 1. In caso di mancata ottemperanza o di contestazione del riconoscimento della sentenza straniera o del provvedimento straniero di volontaria giurisdizione, ovvero quando sia necessario procedere ad esecuzione forzata, chiunque vi abbia interesse può chiedere all'autorità giudiziaria ordinaria[1] l'accertamento dei requisiti del riconoscimento.

1-*bis*. Le controversie di cui al comma 1 sono disciplinate dall'articolo 30 del decreto legislativo 1° settembre 2011, n. 150.[2]

2. La sentenza straniera o il provvedimento straniero di volontaria giurisdizione, unitamente al provvedimento che accoglie la domanda di cui al comma 1, costituiscono titolo per l'attuazione e per l'esecuzione forzata.

3. Se la contestazione ha luogo nel corso di un processo, il giudice adito pronuncia con efficacia limitata al giudizio.

[1] Parole così sost. dall'art. 34, c. 38 D.lgs. 1 set. 2011, n. 150.

[2] Comma ins. dall'art. 34, c. 38 D.lgs. 1 set. 2011, n. 150.

68. ***Attuazione ed esecuzione di atti pubblici ricevuti all'estero.*** — 1. Le norme di cui all'art. 67 si applicano anche rispetto all'attuazione e all'esecuzione forzata in Italia di atti pubblici ricevuti in uno Stato estero e ivi muniti di forza esecutiva.

69. ***Assunzione di mezzi di prova disposti da giudici stranieri.*** — 1. Le sentenze e i provvedimenti di giudici stranieri riguardanti esami di testimoni, accertamenti tecnici, giuramenti, interrogatori o altri mezzi di prova da assumersi nella Repubblica sono resi esecutivi con decreto della corte d'appello del luogo in cui si deve procedere a tali atti.

2. Se l'assunzione dei mezzi di prova è chiesta dalla parte interessata, l'istanza è proposta alla corte mediante ricorso, al quale deve essere unita copia autentica della sentenza o del provvedimento che ha ordinato gli atti chiesti. Se l'assunzione è

domandata dallo stesso giudice, la richiesta deve essere trasmessa in via diplomatica.

3. La corte delibera in camera di consiglio e, qualora autorizzi l'assunzione, rimette gli atti al giudice competente.

4. Può disporsi l'assunzione di mezzi di prova o l'espletamento di altri atti istruttori non previsti dall'ordinamento italiano sempreché essi non contrastino con i princìpi dell'ordinamento stesso.

5. L'assunzione o l'espletamento richiesti sono disciplinati dalla legge italiana. Tuttavia si osservano le forme espressamente richieste dall'autorità giudiziaria straniera in quanto compatibili con i princìpi dell'ordinamento italiano.

70. ***Esecuzione richiesta in via diplomatica.*** — 1. Se la richiesta per l'assunzione di mezzi di prova di atti di istruzione è fatta in via diplomatica e la parte interessata non ha costituito un procuratore che ne promuova l'assunzione, i provvedimenti necessari per questa sono pronunciati d'ufficio dal giudice procedente e le notificazioni sono fatte a cura del cancelliere.

71. ***Notificazione di atti di autorità straniere.*** — 1. La notificazione di citazioni a comparire davanti ad autorità straniere o di altri atti provenienti da uno Stato estero è autorizzata dal pubblico ministero presso il tribunale nella cui giurisdizione la notificazione si deve eseguire.

2. La notificazione richiesta in via diplomatica è eseguita, a cura del pubblico ministero, da un ufficiale giudiziario da lui richiesto.

3. La notificazione avviene secondo le modalità previste dalla legge italiana. Tuttavia si osservano le modalità richieste dall'autorità straniera in quanto compatibili con i princìpi dell'ordinamento italiano. In ogni caso l'atto può essere consegnato, da chi procede alla notificazione, al destinatario che lo accetti volontariamente.

TITOLO V
Disposizioni transitorie e finali

72. ***Disposizioni transitorie.*** — 1. La presente legge si applica in tutti i giudizi iniziati dopo la data della sua entrata in vigore, fatta salva l'applicabilità alle situazioni esaurite prima di tale data delle previgenti norme di diritto internazionale privato.

2. I giudizi pendenti sono decisi dal giudice italiano se i fatti e le norme che determinano la giurisdizione sopravvengono nel corso del processo.

73. ***Abrogazioni.***[1] — 1. Sono abrogati gli artt. dal 17 al 31 delle disposizioni sulla legge in generale premesse al c.c., nonché gli artt. 2505 e 2509 del c.c. e gli artt. 2, 3, 4 e 37, secondo comma, del c.p.c.; gli artt. dal 796 all'805 del c.p.c. sono abrogati a far data dal 31 dic. 1996.

[1] Articolo così sost. da ultimo dall'art. 10 del D.L. 23 ott. 1996, n. 542, conv. in L. 23 dic. 1996, n. 649.

74. ***Entrata in vigore.***[1] — 1. La presente legge entra in vigore il 1° settembre 1995; gli artt. dal 64 al 71 entrano in vigore il 31 dic. 1996.

[1] Articolo così sost. da ultimo dall'art. 10 del D.L. 23 ott. 1996, n. 542, conv. in L. 23 dic. 1996, n. 649.

DOCUMENTI INFORMATICI

- 1 -

D.P.R. 28 dic. 2000, n. 445
Testo unico delle disposizioni legislative e regolamentari in materia di documentazione amministrativa (Testo A)

CAPO I
Definizioni e ambito di applicazione

1. *Definizioni.* — 1. Ai fini del presente testo unico s'intende per:

a) (*Omissis*).

b) Documento informatico la rappresentazione informatica di atti, fatti o dati giuridicamente rilevanti.

c)-m) (*Omissis*).

n) Firma digitale il risultato della procedura informatica (validazione) basata su un sistema di chiavi asimmetriche a coppia, una pubblica e una privata, che consente al sottoscrittore tramite la chiave privata e al destinatario tramite la chiave pubblica, rispettivamente, di rendere manifesta e di verificare la provenienza e l'integrità di un documento informativo o di un insieme di documenti informatici.

o)-s) (*Omissis*).

2. *Oggetto.* — 1. Le norme del presente testo unico disciplinano la formazione, il rilascio, la tenuta e la conservazione, la gestione, la trasmissione di atti e documenti da parte di organi della pubblica amministrazione; disciplinano altresì la produzione di atti e documenti agli organi della pubblica amministrazione nonché ai gestori di pubblici servizi nei rapporti tra loro e in quelli con l'utenza, e ai privati [che vi consentono][1].[2]

[1] Parole soppresse dall'art. 30-*bis*, D.L. 16 lug. 2020, n. 76, conv. con modif. in L. 11 set. 2020, n. 120.

[1] L'ultimo periodo dell'art. 2 è stato abrog. dall'art. 75, D.lgs. 7 mar. 2005, n. 82.

3-5. (*Omissis*).

CAPO II
Documentazione amministrativa

6-13.[1]

[1] Articoli abrog. dall'art. 75 D.lgs. 7 mar. 2005, n. 82.

Sezione III
Trasmissione di documenti

14. [***Trasmissione del documento informatico.***][1]

[1] Articolo abrog. dall'art. 75 D.lgs. 7 mar. 2005, n. 82.

15. *Trasmissione dall'estero di atti agli uffici di stato civile.* — 1. In materia di trasmissione di atti o copie di atti di stato civile o di dati concernenti la cittadinanza da parte delle rappresentanze diplomatiche e consolari italiane, si osservano le disposizioni speciali sulle funzioni e sui poteri consolari.

15-*bis*. *Notificazioni di atti e documenti, comunicazioni ed avvisi.* — 1. Alla notificazione di atti e di documenti da parte di organi delle pubbliche amministrazioni a soggetti diversi dagli interessati o da persone da essi delegate, nonché a comunicazioni ed avvisi circa il relativo contenuto, si applicano le disposizioni contenute nell'art. 137, terzo comma, del codice di procedura civile. Nei biglietti e negli inviti di presentazione sono indicate le informazioni strettamente necessarie a tale fine.

16. *Riservatezza dei dati personali contenuti nei documenti trasmessi.* — 1. Al fine di tutelare la riservatezza dei dati personali di cui agli artt. 22 e 24 della L. 31 dic. 1996, n. 675, i certificati ed i documenti trasmessi ad altre pubbliche amministrazioni possono contenere soltanto le informazioni relative a stati, fatti e qualità personali previste da legge o da regolamento e strettamente necessarie per il perseguimento delle finalità per le quali vengono acquisite.

2. Ai fini della dichiarazione di nascita il certificato di assistenza al parto è sempre sostituito da una semplice attestazione contenente i soli dati richiesti nei registri di nascita.

3. Ai fini statistici, i direttori sanitari inviano copia del certificato di assistenza al parto, privo di elementi identificativi diretti delle persone interessate, ai competenti enti ed uffici del Sistema statistico nazionale, secondo modalità preventivamente concordate. L'Istituto nazionale di statistica, sentiti il Ministero della sanità e il Garante per la protezione dei dati personali, determina nuove modalità tecniche e procedure per la rilevazione dei dati statistici di base relativi agli eventi di nascita e per l'acquisizione dei dati relativi ai nati affetti da malformazioni e ai nati morti nel rispetto dei princìpi contenuti nelle disposizioni di legge sulla tutela della riservatezza dei dati personali.

17. [***Segretezza della corrispondenza trasmessa per via telematica.***][1]

[1] Articolo abrog. dall'art. 75, D.lgs. 7 mar. 2005, n. 82.

Sezione IV
Copie autenticate, autenticazione di sottoscrizioni

18. *Copie autentiche.* — 1. Le copie autentiche, totali o parziali, di atti e documenti possono essere ottenute con qualsiasi procedimento che dia garanzia della riproduzione fedele e duratura dell'atto o documento. Esse possono essere validamente prodotte in luogo degli originali.

2. L'autenticazione delle copie può essere fatta

dal pubblico ufficiale dal quale è stato emesso o presso il quale è depositato l'originale, o al quale deve essere prodotto il documento, nonché da un notaio, cancelliere, segretario comunale, o altro funzionario incaricato dal sindaco. Essa consiste nell'attestazione di conformità con l'originale scritta alla fine della copia, a cura del pubblico ufficiale autorizzato, il quale deve altresì indicare la data e il luogo del rilascio, il numero dei fogli impiegati, il proprio nome e cognome, la qualifica rivestita nonché apporre la propria firma per esteso ed il timbro dell'ufficio. Se la copia dell'atto o documento consta di più fogli il pubblico ufficiale appone la propria firma a margine di ciascun foglio intermedio. Per le copie di atti e documenti informatici si applicano le disposizioni contenute nell'art. 20.

3. Nei casi in cui l'interessato debba presentare alle amministrazioni o ai gestori di pubblici servizi copia autentica di un documento, l'autenticazione della copia può essere fatta dal responsabile del procedimento o da qualsiasi altro dipendente competente a ricevere la documentazione, su esibizione dell'originale e senza obbligo di deposito dello stesso presso l'amministrazione precedente. In tal caso la copia autentica può essere utilizzata solo nel procedimento in corso.

19. ***Modalità alternative all'autenticazione di copie.*** — 1. La dichiarazione sostitutiva dell'atto di notorietà di cui all'art. 47 può riguardare anche il fatto che la copia di un atto o di un documento conservato o rilasciato da una pubblica amministrazione, la copia di una pubblicazione ovvero la copia di titoli di studio o di servizio sono conformi all'originale. Tale dichiarazione può altresì riguardare la conformità all'originale della copia dei documenti fiscali che devono essere obbligatoriamente conservati dai privati.

19-*bis*. ***Disposizioni concernenti la dichiarazione sostitutiva.***[1] — 1. La dichiarazione sostitutiva dell'atto di notorietà, di cui all'art. 19, che attesta la conformità all'originale di una copia di un atto o di un documento rilasciato o conservato da una pubblica amministrazione, di un titolo di studio o di servizio e di un documento fiscale che deve obbligatoriamente essere conservato dai privati, può essere apposta in calce alla copia stessa.

[1] Articolo introdotto dall'art. 15 L. 16 gen. 2003, n. 3.

20. [***Copie di atti e documenti informatici.***][1]

[1] Articolo abrog. dall'art. 75, D.lgs. 7 mar. 2005, n. 82.

21. ***Autenticazione delle sottoscrizioni.*** — L'autenticità della sottoscrizione di qualsiasi istanza o dichiarazione sostitutiva di atto di notorietà da produrre agli organi della pubblica amministrazione, nonché ai gestori di servizi pubblici è garantita con le modalità di cui all'art. 38, c. 2 e c. 3.

2. Se l'istanza o la dichiarazione sostitutiva di atto di notorietà è presentata a soggetti diversi da quelli indicati al c. 1 o a questi ultimi al fine della riscossione da parte di terzi di benefici economici, l'autenticazione è redatta da un notaio, cancelliere, segretario comunale, dal dipendente addetto a ricevere la documentazione o altro dipendente incaricato dal Sindaco; in tale ultimo caso, l'autenticazione è redatta di seguito alla sottoscrizione e il pubblico ufficiale, che autentica, attesta che la sottoscrizione è stata apposta in sua presenza, previo accertamento dell'identità del dichiarante, indicando le modalità di identificazione, la data ed il luogo di autenticazione, il proprio nome, cognome e la qualifica rivestita, nonché apponendo la propria firma e il timbro dell'ufficio.

SEZIONE V
Firme elettroniche[1]

22-29-*octies*. (*abrogati*).[1]

[1] Articoli abrog. dall'art. 75, D.lgs. 7 mar. 2005, n. 82.

30-78. (*Omissis*).

- 2 -

D.lgs. 9 apr. 2003, n. 70

Attuazione della direttiva 2000/31/CE relativa a taluni aspetti giuridici dei servizi della società dell'informazione nel mercato interno, con particolare riferimento al commercio elettronico

(G.U. 14 apr. 2003, n. 87, Suppl.)

1. ***Finalità.*** — 1. Il presente decreto è diretto a promuovere la libera circolazione dei servizi della società dell'informazione, fra i quali il commercio elettronico.

2. Non rientrano nel campo di applicazione del presente decreto:

a) i rapporti fra contribuente e amministrazione finanziaria connessi con l'applicazione, anche tramite concessionari, delle disposizioni in materia di tributi nonché la regolamentazione degli aspetti tributari dei servizi della società dell'informazione ed in particolare del commercio elettronico;

b) le questioni relative al diritto alla riservatezza, con riguardo al trattamento dei dati personali nel settore delle telecomunicazioni di cui alla L. 31 dic. 1996, n. 675, e al D.lgs. 13 mag. 1998, n. 171 e successive modificazioni;

c) le intese restrittive della concorrenza;

d) le prestazioni di servizi della società dell'informazione effettuate da soggetti stabiliti in Paesi non appartenenti allo spazio economico europeo;

e) le attività, dei notai o di altre professioni, nella misura in cui implicano un nesso diretto e specifico con l'esercizio dei pubblici poteri;

f) la rappresentanza e la difesa processuali;

g) i giochi d'azzardo, ove ammessi, che implicano una posta pecuniaria, i giochi di fortuna, compresi il lotto, le lotterie, le scommesse i concorsi pronostici e gli altri giochi come definiti dalla normativa vigente, nonché quelli nei quali l'elemento aleatorio è prevalente.

3. Sono fatte salve le disposizioni comunitarie e nazionali sulla tutela della salute pubblica e dei consumatori, sul regime autorizzatorio in ordine alle prestazioni di servizi investigativi o di vigilanza privata, nonché in materia di ordine pubblico e di sicurezza, di prevenzione del riciclaggio del denaro, del traffico illecito di stupefacenti, di commercio, importazione, ed esportazione di armi, munizioni ed esplosivi e dei materiali d'armamento di cui alla legge 9 luglio 1990, n. 185.

2. ***Definizioni.*** — Ai fini del presente decreto si intende per:

a) «servizi della società dell'informazione»: le attività economiche svolte in linea – *on line* –, nonché i servizi definiti dall'art. 1, comma 1, lettera *b*), della legge 21 giu. 1986, n. 317, e successive modificazioni;

b) «prestatore» la persona fisica o giuridica, che presta un servizio della società dell'informazione;

c) «prestatore stabilito» il prestatore che esercita effettivamente un'attività economica mediante una stabile organizzazione per un tempo indeterminato. La presenza e l'uso dei mezzi tecnici e delle tecnologie necessarie per prestare un servizio non costituiscono di per sé uno stabilimento del prestatore;

d) «destinatario del servizio»: il soggetto che, a scopi professionali e non, utilizza un servizio della società dell'informazione, in particolare per ricercare o rendere accessibili informazioni;

e) «consumatore»: qualsiasi persona fisica che agisca con finalità non riferibili all'attività commerciale, imprenditoriale o professionale eventualmente svolta;

f) «comunicazioni commerciali»: tutte le forme di comunicazione destinate, in modo diretto o indiretto, a promuovere beni, servizi o l'immagine di un'impresa, di un'organizzazione o di un soggetto che esercita un'attività agricola, commerciale, industriale, artigianale o una libera professione. Non sono di per sé comunicazioni commerciali:

1) le informazioni che consentono un accesso diretto all'attività dell'impresa, del soggetto o dell'organizzazione, come un nome di dominio, o un indirizzo di posta elettronica;

2) le comunicazioni relative a beni, servizi o all'immagine di tale impresa, soggetto od organizzazione, elaborate in modo indipendente, in particolare senza alcun corrispettivo;

g) «professione regolamentata»: professione riconosciuta ai sensi dell'art. 2 del decreto legislativo 27 gennaio 1992, n. 115 ovvero ai sensi dell'art. 2 del decreto legislativo 2 mag. 1994, n. 319;

h) «ambito regolamentato»: le disposizioni applicabili ai prestatori di servizi o ai servizi della società dell'informazione, indipendentemente dal fatto che siano di carattere generale o loro specificamente destinate. L'ambito regolamentato riguarda le disposizioni che il prestatore deve soddisfare per quanto concerne:

1) l'accesso all'attività di servizi della società dell'informazione, quali le disposizioni riguardanti le qualifiche e i regimi di autorizzazione o di notifica;

2) l'esercizio dell'attività di un servizio della società dell'informazione, quali, ad esempio, le disposizioni riguardanti il comportamento del prestatore, la qualità o i contenuti del servizio, comprese le disposizioni applicabili alla pubblicità e ai contratti, ovvero alla responsabilità del prestatore.

2. L'ambito regolamentato comprende unicamente i requisiti riguardanti le attività in linea e non comprende i requisiti legali relativi a:

a) le merci in quanto tali, nonché le merci, i beni e i prodotti per le quali le disposizioni comunitarie o nazionali nelle materie di cui all'art. 1, comma 3, prevedono il possesso e l'esibizione di documenti, certificazioni, nulla osta o altri titoli autorizzatori di qualunque specie;

b) la consegna o il trasporto delle merci;

c) i servizi non prestati per via elettronica.

3. Sono fatte salve, ove non espressamente derogate, le disposizioni in materia bancaria, finanziaria, assicurativa e dei sistemi di pagamento e le competenze degli organi amministrativi e degli organi di polizia aventi funzioni di vigilanza e di controllo, compreso il controllo sulle reti informatiche di cui alla L. 31 lug. 1997, n. 249, e delle autorità indipendenti di settore.

3. ***Mercato Interno.*** — 1. I servizi della società dell'informazione forniti da un prestatore stabilito sul territorio italiano si conformano alle disposizioni nazionali applicabili nell'ambito regolamentato e alle norme del presente decreto.

2. Le disposizioni relative all'ambito regolamentato di cui all'art. 2, comma 1, lettera *h*), non possono limitare la libera circolazione dei servizi della società dell'informazione provenienti da un prestatore stabilito un altro Stato membro.

3. Alle controversie che riguardano il prestatore stabilito si applicano le disposizioni del regolamento CE n. 44/2001 del Consiglio, del 22 dicembre 2000, concernente la competenza giurisdizionale, il riconoscimento e l'esecuzione delle decisioni in materia civile e commerciale.

4. ***Deroghe all'art. 3.*** — 1. Le disposizioni dei commi 1 e 2 dell'articolo, 3, non si applicano nei seguenti casi:

a) diritti d'autore, diritti assimilati, diritti di cui alla L. 21 feb. 1989, n. 70, e al D.lgs. 6 mag. 1999, n. 169, nonché diritti di proprietà industriale;

b) emissione di moneta elettronica da parte di istituti per i quali gli Stati membri hanno applicato una delle deroghe di cui all'art. 8, paragrafo 1, della direttiva 2000/46/CE del Parlamento europeo e del Consiglio riguardante l'avvio, l'esercizio e la vigilanza prudenziale dell'attività degli istituti di moneta elettronica;

c) l'art. 44, paragrafo 2, della direttiva 85/611/CEE, in materia di pubblicità degli organismi di investimento collettivo in valori mobiliari;

d) all'attività assicurativa di cui all'art. 30 e al titolo IV della direttiva 92/49/CEE, terza direttiva sulle assicurazioni sui danni, agli artt. 7 e 8 della direttiva 88/357/CEE, seconda direttiva sulle assicurazioni sui danni; al titolo IV della direttiva 92/96/CEE, terza direttiva sulle assicurazioni sulla vita, e, all'articolo, 4 della direttiva 90/619/CEE, la seconda direttiva sulle assicurazioni sulla vita, come modificate dalla direttiva 2002/83/CE;

e) facoltà delle parti di scegliere la legge applicabile al loro contratto;

f) obbligazioni contrattuali riguardanti i contratti conclusi dai consumatori;

g) validità dei contratti che istituiscono o trasferiscono diritti relativi a beni immobili nei casi in cui tali contratti devono soddisfare requisiti formali;

h) ammissibilità delle comunicazioni commerciali non sollecitate per posta elettronica.

5. ***Deroghe.*** — 1. La libera circolazione di un determinato servizio della società dell'informazione proveniente da un altro stato membro può essere limitata, con provvedimento dell'autorità giudiziaria o degli organi amministrativi, di vigilanza o delle autorità indipendenti di settore, per motivi di:

a) ordine pubblico, per l'opera di prevenzione, investigazione, individuazione e perseguimento di reati, in particolare la tutela dei minori e la lotta contro l'incitamento all'odio razziale, sessuale, religioso o etnico, nonché contro la violazione della dignità umana;

b) tutela della salute pubblica;

c) pubblica sicurezza, compresa la salvaguardia della sicurezza e della difesa nazionale;

d) tutela dei consumatori, ivi compresi gli investitori.

2. I provvedimenti di cui al comma 1 possono essere adottati se, nel caso concreto, sono:

a) necessari riguardo ad un determinato servizio della società dell'informazione lesivo degli obiettivi posti a tutela degli interessi pubblici di cui al comma 1, ovvero che costituisca un rischio serio e grave di pregiudizio agli stessi obiettivi;

b) proporzionati a tali obiettivi.

3. Fatti salvi i procedimenti giudiziari e gli atti compiuti nell'ambito di un'indagine penale, l'autorità competente, per il tramite del Ministero delle attività produttive ovvero l'autorità indipendente di settore, deve, prima di adottare il provvedimento:

a) chiedere allo Stato membro di cui al comma 1 di prendere provvedimenti e verificare che essi non sono stati presi o che erano inadeguati;

b) notificare alla Commissione europea e allo Stato membro di cui, al comma 1, la sua intenzione di adottare tali provvedimenti. Dei provvedimenti adottati dalle autorità indipendenti, è data periodicamente comunicazione al Ministero competente.

4. In caso di urgenza, i soggetti di cui al comma 3 possono derogare alle condizioni poste nello stesso comma.

I provvedimenti, in tal caso, sono notificati nel più breve tempo possibile alla Commissione e allo Stato membro, insieme ai motivi dell'urgenza.

6. ***Assenza di autorizzazione preventiva.*** — 1. L'accesso all'attività di un prestatore di un servizio della società dell'informazione e il suo esercizio non sono soggetti, in quanto tali, ad autorizzazione preventiva o ad altra misura di effetto equivalente.

2. Sono fatte salve le disposizioni sui regimi di autorizzazione che non riguardano specificatamente ed esclusivamente i servizi della società dell'informazione o i regimi di autorizzazione nel settore dei servizi delle telecomunicazioni di cui al decreto del Presidente della Repubblica 19 settembre 1997, n. 318, dalla cui applicazione sono esclusi i servizi della società dell'informazione.

7. ***Informazioni generali obbligatorie.*** — 1. Il prestatore, in aggiunta agli obblighi informativi previsti per specifici beni e servizi, deve rendere facilmente accessibili, in modo diretto e permanente, ai destinatari del servizio e alle Autorità, competenti le seguenti informazioni:

a) il nome, la denominazione o la ragione sociale;

b) il domicilio o la sede legale;

c) gli estremi che permettono di contattare rapidamente il prestatore e di comunicare direttamente ed efficacemente con lo stesso, compreso l'indirizzo di posta elettronica;

d) il numero di iscrizione al repertorio delle attività economiche, REA, o al registro delle imprese;

e) gli elementi di individuazione, nonché gli estremi della competente autorità di vigilanza qualora un'attività sia soggetta a concessione, licenza od autorizzazione;

f) per quanto riguarda le professioni regolamentate:

1) l'ordine professionale o istituzione analoga, presso cui il prestatore sia iscritto e il numero di iscrizione;

2) il titolo professionale e lo Stato membro in cui è stato rilasciato;

3) il riferimento alle norme professionali e agli eventuali codici di condotta vigenti nello Stato membro di stabilimento e le modalità di consultazione dei medesimi;

g) il numero della partita IVA o altro numero di identificazione considerato equivalente nello Stato membro, qualora il prestatore eserciti un'attività soggetta ad imposta;

h) l'indicazione in modo chiaro ed inequivocabile dei prezzi, e delle tariffe dei diversi servizi della società dell'informazione forniti, evidenziando se comprendono le imposte, i costi di consegna ed altri elementi aggiuntivi da specificare;

i) l'indicazione delle attività consentite al consumatore e al destinatario del servizio e gli estremi del contratto qualora un'attività sia soggetta ad autorizzazione o l'oggetto della prestazione sia fornito sulla base di un contratto di licenza d'uso.

2. Il prestatore deve aggiornare le informazioni di cui al comma 1.

3. La registrazione della testata editoriale telematica è obbligatoria esclusivamente per le attività per le quali i prestatori del servizio intendano avvalersi delle provvidenze previste dalla L. 7 mar. 2001, n. 62.

8. ***Obblighi di informazione per la comunicazione commerciale.*** — 1. In aggiunta agli obblighi informativi previsti per specifici beni e servizi, le comunicazioni commerciali che costituiscono un servizio della società dell'informazione o ne sono parte integrante, devono contenere, sin dal primo invio, in modo chiaro ed inequivocabile, una specifica informativa, diretta ad evidenziare;

a) che si tratta di comunicazione commerciale;

b) la persona fisica o giuridica per conto della quale è effettuata la comunicazione commerciale;

c) che si tratta di un'offerta promozionale come sconti, premi, o omaggi e le relative condizioni di accesso;

d) che si tratta di concorsi o giochi promozionali, se consentiti, e le relative condizioni di partecipazione.

9. ***Comunicazione commerciale non sollecitata.*** — 1. Fatti salvi gli obblighi previsti dal D.lgs. 22 mag. 1999, n. 185, e dal D.lgs. 13 mag. 1998, n. 171, le comunicazioni commerciali non sollecitate trasmesse da un prestatore per posta elettronica devono, in modo chiaro e inequivocabile, essere identificate come tali fin dal momento in cui il destinatario le riceve e contenere l'indicazione che il destinatario del messaggio può opporsi al ricevimento in futuro di tali comunicazioni.

2. La prova del carattere sollecitato delle comunicazioni commerciali è onere del prestatore.

10. ***Uso delle comunicazioni commerciali nelle professioni regolamentate.*** — 1. L'impiego di comunicazioni commerciali che costituiscono un servizio della società dell'informazione o ne sono parte, fornite da chi esercita una professione regolamentata, deve essere conforme alle regole di deontologia professionale e in particolare, all'indipendenza, alla dignità, all'onore della professione, al segreto e alla lealtà verso clienti e colleghi.

11. ***Esclusioni.*** — 1. Il presente decreto non si applica a:

a) contratti che istituiscono o trasferiscono diritti relativi a beni immobili, diversi da quelli in materia di locazione,

b) contratti che richiedono per legge l'intervento di organi giurisdizionali, pubblici poteri o professioni che implicano l'esercizio di pubblici poteri;

c) contratti di fideiussione o di garanzie prestate da persone che agiscono a fini che esulano dalle loro attività commerciali, imprenditoriali o professionali;

d) contratti disciplinati dal diritto di famiglia o di successione.

12. ***Informazioni dirette alla conclusione del contratto.*** — 1. Oltre agli obblighi informativi previsti per specifici beni e servizi, nonché a quelli stabiliti dall'art. 3 del D.lgs. 22 mag. 1999, n. 185, il prestatore, salvo diverso accordo tra parti che non siano consumatori, deve fornire in modo chiaro, comprensibile ed inequivocabile, prima dell'inoltro dell'ordine da parte del destinatario del servizio, le seguenti informazioni:

a) le varie fasi tecniche da seguire per la conclusione del contratto;

b) il modo in cui il contratto concluso sarà archiviato e le relative modalità di accesso;

c) i mezzi tecnici messi a disposizione del destinatario per individuare e correggere gli errori di inserimento dei dati prima di inoltrare l'ordine al prestatore;

d) gli eventuali codici di condotta cui aderisce e come accedervi per via telematica;

e) le lingue a disposizione per concludere il contratto oltre all'italiano;

f) l'indicazione degli strumenti di composizione delle controversie.

2. Il comma 1 non è applicabile ai contratti conclusi esclusivamente mediante scambio di messaggi di posta elettronica o comunicazioni individuali equivalenti.

3. Le clausole e le condizioni generali del contratto proposte al destinatario devono essere messe a sua disposizione in modo che gli sia consentita la memorizzazione e la riproduzione.

13. ***Inoltro dell'ordine.*** — 1. Le norme sulla conclusione dei contratti si applicano anche nei casi in cui il destinatario di un bene o di un servizio della società dell'informazione inoltri il proprio ordine per via telematica.

2. Salvo differente accordo tra parti diverse dai consumatori, il prestatore deve, senza ingiustificato ritardo e per via telematica, accusare ricevuta dell'ordine del destinatario contenente un riepilogo delle condizioni generali e particolari applicabili al contratto, le informazioni relative alle caratteristiche essenziali del bene o del servizio e l'indicazione dettagliata del prezzo, dei mezzi di pagamento, del recesso, dei costi di consegna e dei tributi applicabili.

3. L'ordine e la ricevuta si considerano pervenuti quando le parti alle quali sono indirizzati hanno la possibilità di accedervi.

4. Le disposizioni di cui ai commi 2 e 3 non si applicano ai contratti conclusi esclusivamente me-

diante scambio di messaggi di posta elettronica o comunicazioni individuali equivalenti.

14. ***Responsabilità nell'attività di semplice trasporto - Mere conduit.*** — 1. Nella prestazione di un servizio della società dell'informazione consistente nel trasmettere, su una rete di comunicazione, informazioni fornite da un destinatario del servizio, o nel fornire un accesso alla rete di comunicazione, il prestatore non è responsabile delle informazioni trasmesse a condizione che:

a) non dia origine alla trasmissione;

b) non selezioni il destinatario della trasmissione;

c) non selezioni né modifichi le informazioni trasmesse.

2. Le attività di trasmissione e di fornitura di accesso di cui al comma 1 includono la memorizzazione automatica, intermedia e transitoria delle informazioni trasmesse, a condizione che questa serva solo alla trasmissione sulla rete di comunicazione e che la sua durata non ecceda il tempo ragionevolmente necessario a tale scopo.

3. L'autorità giudiziaria o quella amministrativa, avente funzioni di vigilanza, può esigere, anche in via d'urgenza, che il prestatore, nell'esercizio delle attività di cui al comma 2, impedisca o ponga fine alle violazioni commesse.

15. ***Responsabilità nell'attività di temporanea - Caching.*** — 1. Nella prestazione di un servizio della società dell'informazione, consistente nel trasmettere, su una rete di comunicazione, informazioni fornite da un destinatario del servizio, il prestatore non è responsabile della memorizzazione automatica, intermedia e temporanea di tali informazioni effettuata al solo scopo di rendere più efficace il successivo inoltro ad altri destinatari a loro richiesta, a condizione che:

a) non modifichi le informazioni;

b) si conformi alle condizioni di accesso alle informazioni;

c) si conformi alle norme di aggiornamento delle informazioni, indicate in un modo ampiamente riconosciuto e utilizzato dalle imprese del settore;

d) non interferisca con l'uso lecito di tecnologia ampiamente riconosciuta e utilizzata nel settore per ottenere dati sull'impiego delle informazioni;

e) agisca prontamente per rimuovere le informazioni che ha memorizzato, o per disabilitare l'accesso, non appena venga effettivamente a conoscenza del fatto che le informazioni sono state rimosse dal luogo dove si trovavano inizialmente sulla rete o che l'accesso alle informazioni è stato disabilitato oppure che un organo giurisdizionale o un'autorità amministrativa ne ha disposto la rimozione o la disabilitazione.

2. L'autorità giudiziaria o quella amministrativa aventi funzioni di vigilanza può esigere, anche in via d'urgenza, che il prestatore, nell'esercizio delle attività di cui al comma 1 impedisca o ponga fine alle violazioni commesse.

16. ***Responsabilità nell'attività di memorizzazioni di informazioni - Hosting.*** — 1. Nella prestazione di un servizio della società dell'informazione consistente nella memorizzazione di informazioni fornite da un destinatario del servizio, A prestatore non è responsabile delle informazioni memorizzate a richiesta di un destinatario del servizio, a condizione che detto prestatore:

a) non sia effettivamente a conoscenza del fatto che l'attività o l'informazione è illecita e, per quanto attiene ad azioni risarcitorie, non sia al corrente di fatti o di circostanze che rendono manifesta l'illiceità dell'attività o dell'informazione;

b) non appena a conoscenza di tali fatti, su comunicazione delle autorità competenti, agisca immediatamente per rimuovere le informazioni o per disabilitarne l'accesso.

2. Le disposizioni di cui al comma 1 non si applicano se il destinatario del servizio agisce sotto l'autorità o il controllo del prestatore.

3. L'autorità giudiziaria o quella amministrativa competente può esigere, anche in via d'urgenza, che il prestatore, nell'esercizio delle attività di cui al comma 1, impedisca o ponga fine alle violazioni commesse.

17. ***Assenza dell'obbligo generale di sorveglianza.*** — 1. Nella prestazione dei servizi di cui agli artt. 14, 15 e 16, il prestatore non è assoggettato ad un obbligo generale di sorveglianza sulle informazioni che trasmette o memorizza, né ad un obbligo generale di ricercare attivamente fatti e circostanze che indichino la presenza di attività illecite.

2. Fatte salve le disposizioni di cui agli artt. 14, 15 e 16, il prestatore è comunque tenuto:

a) ad informare senza indugio l'autorità giudiziaria o quella amministrativa avente funzioni di vigilanza, qualora sia a conoscenza di presunte attività o informazioni illecite riguardanti un suo destinatario del servizio della società dell'informazione;

b) a fornire senza indugio, a richiesta delle autorità competenti, le informazioni in suo possesso che con sentano l'identificazione del destinatario dei suoi servizi con cui ha accordi di memorizzazione dei dati, al fine di individuare e prevenire attività illecite.

3. Il prestatore è civilmente responsabile del contenuto di tali servizi nel caso in cui, richiesto dall'autorità giudiziaria o amministrativa, avente funzioni di vigilanza, non ha agito prontamente per impedire l'accesso a detto contenuto, ovvero se, avendo avuto conoscenza del carattere illecito o pregiudizievole per un terzo del contenuto di un servizio al quale assicura l'accesso, non ha provveduto ad informarne l'autorità competente.

18. ***Codici di condotta.*** — 1. Le associazioni o le organizzazioni imprenditoriali, professionali o di consumatori promuovono l'adozione di codici di condotta che trasmettono al Ministero delle attività produttive ed alla Commissione Europea, con ogni utile informazione sulla loro applicazione e sul loro impatto nelle pratiche e consuetudini relative al commercio elettronico.

2. Il codice di condotta, se adottato, è reso accessibile per via telematica e deve essere redatto, oltre che in lingua italiana e inglese, almeno in un'altra lingua comunitaria.

3. Nella redazione di codici di condotta deve essere garantita la protezione dei minori e salvaguardata la dignità umana.

19. ***Composizione delle controversie.*** — 1. In caso di controversie, prestatore e destinatario del servizio della società dell'informazione possono adire anche organi di composizione extragiudiziale che operano anche per via telematica. Tali organi, se operano in conformità ai principi previsti dall'ordinamento comunitario e da quello nazionale, sono notificati, su loro richiesta, alla Commissione dell'Unione Europea per l'inserimento nella Rete europea di composizione extragiudiziale delle controversie.

2. Gli organi di composizione extragiudiziale delle controversie comunicano alla Commissione Europea, nonché al Ministero delle attività produttive, che provvede a darne comunicazione alle Amministrazioni competenti per materia, le decisioni significative che adottano sui servizi della società dell'informazione, nonché ogni altra informazione su pratiche, consuetudini od usi relativi al commercio elettronico.

20. ***Cooperazione.*** — 1. Presso il Ministero delle attività produttive è istituito, senza maggiori oneri a carico del bilancio dello, Stato, il punto di contatto nazionale che fornisce assistenza e collaborazione agli Stati membri e alla Commissione. Il punto di contatto è accessibile anche per via telematica.

2. Il Ministero delle attività produttive provvede affinché sul proprio sito siano rese tempestivamente disponibili, per le Amministrazioni pubbliche, per i destinatari e per i fornitori di servizi:

a) le informazioni generali sui diritti ed obblighi contrattuali e sui meccanismi di reclamo e ricorso disponibili in caso di controversie, nonché sui codici di condotta con le associazioni di consumatori iscritte nell'elenco di cui all'art. 5 della L. 30 lug. 1998, n. 281;

b) gli estremi delle autorità, organizzazioni o associazioni presso le quali possono ottenere ulteriori informazioni o assistenza;

c) gli estremi e la sintesi delle decisioni significative riguardo a controversie sui servizi della società dell'informazione, comprese quelle adottate dagli organi di composizione extragiudiziale, nonché informazioni su pratiche, consuetudini, od usi relativi al commercio elettronico.

21. ***Sanzioni.*** — Salvo che il fatto costituisca reato, le violazioni di cui agli artt. 7, 8, 9, 10 e 12 sono punite con il pagamento di una sanzione amministrativa pecuniaria da 103 euro a 10.000 euro.

2. Nei casi di particolare gravità o di recidiva i limiti minimo e massimo della sanzione indicata al comma 1 sono raddoppiati.

3. Le sanzioni sono applicate ai sensi della L. 24 nov. 1981, n. 689. Fermo restando quanto previsto in ordine ai poteri di accertamento degli ufficiali e degli agenti di polizia giudiziaria dall'art. 13 della citata L. 24 nov. 1981, n. 689, all'accertamento delle violazioni provvedono, d'ufficio o su denunzia, gli organi di polizia. Il rapporto di accertamento delle violazioni di cui al comma 1 è presentato al Ministero delle attività produttive, fatta salva l'ipotesi di cui di cui all'art. 24 della L. 24 nov. 1981, n. 689.

- 3 -

D.P.C.M. 30 ott. 2003

Approvazione dello schema nazionale per la valutazione e la certificazione della sicurezza nel settore della tecnologia dell'informazione, ai sensi dell'art. 10, comma 1, del D.L. 23 feb. 2002, n. 10

(G.U. 27 apr. 2004, n. 98)

1. ***Definizioni.*** — 1. Ai fini del presente decreto si intende per:

a) committente: la persona fisica, giuridica o altro organismo o associazione che commissiona e sostiene gli oneri economici della valutazione e certificazione e che può anche rivestire il ruolo di fornitore;

b) fornitore: la persona fisica, giuridica o altro organismo o associazione che fornisce l'oggetto della valutazione e che può rivestire anche il ruolo di committente;

c) valutazione: l'analisi di un sistema, prodotto, profilo di protezione o traguardo di sicurezza condotta in base a predefiniti criteri applicati secondo una predefinita metodologia;

d) laboratorio per la valutazione della sicurezza (LVS): l'organizzazione indipendente che ha ottenuto l'accreditamento e che pertanto è abilitata ad effettuare valutazioni e a fornire assistenza;

e) accreditamento: il riconoscimento formale dell'indipendenza, affidabilità e competenza tecnica di un centro per la valutazione della sicurezza;

f) oggetto della valutazione (ODV): il sistema o prodotto sottoposto alla valutazione;

g) prodotto: l'elemento software, hardware o firmware idoneo a fornire una determinata funzionalità, progettato per essere utilizzato o incorporato in uno o più sistemi;

h) sistema: gli elementi software, firmware o hardware funzionalmente o fisicamente connessi, destinati ai trattamento automatico delle ed operanti in un ambiente definito:

i) piano di valutazione: il documento che descrive le attività che saranno svolte dal centro per la valutazione della sicurezza durante il processo di valutazione, i tempi di esecuzione e le risorse necessarie;

l) rapporto di attività: il documento che il LVS invia all'organismo di certificazione, nel quale sono indicati dettagliatamente i risultati raggiunti e le attività svolte dal centro stesso durante le varie fasi della valutazione;

m) rapporto di osservazione: il rapporto dell'organismo di certificazione o il LVS finalizzato alla richiesta di chiarimenti o variazioni inerenti l'oggetto cui si riferisce; può contenere informazioni riservate;

n) rapporto finale di valutazione: il rapporto del LVS, contenente i risultati della valutazione, che costituisce la base per la certificazione dell'ODV, profilo di protezione o traguardo di sicurezza, contenente informazioni riservate;

o) rapporto di certificazione: il documento emesso dall'organismo di certificazione, che conferma i risultati della valutazione e la corretta applicazione dei criteri;

p) certificazione: l'attestazione da parte dell'organismo di certificazione che conferma i risultati della valutazione e la corretta applicazione dei criteri adottati e della relativa metodologia;

q) fiducia: la fiducia che si può riporre nel soddisfacimento degli obiettivi di sicurezza da parte dell'oggetto della valutazione considerando le minacce e l'ambiente descritti nel traguardo di sicurezza;

r) livello di fiducia: la misura della fiducia espressa mediante identificatori alfanumerici la cui parte numerica cresce con il crescere della fiducia (in ITSEC da E0 a E6; nei Common Criteria da EAL0 a EAL7);

s) funzioni di sicurezza: le contromisure di tipo tecnico di cui è dotato l'oggetto della valutazione;

t) meccanismo di sicurezza: le componenti hardware, software e firmware che realizzano le funzioni di sicurezza di cui è dotato l'oggetto della valutazione;

u) materiale per la valutazione: la documentazione tecnica o le componenti software, hardware, firmware realizzati durante lo sviluppo del sistema o del prodotto e contenente informazioni riservate;

v) profilo di protezione: il documento che descrive per una certa categoria di ODV ed in modo indipendente dalla realizzazione, gli obiettivi di sicurezza, le minacce, l'ambiente ed i requisiti funzionali e di fiducia, definiti secondo i Common Criteria;

z) robustezza dei meccanismi di sicurezza e delle funzioni di sicurezza dell'ODV: la misura della capacità di contrastare attacchi diretti condotti con risorse predefinite;

aa) traguardo di sicurezza: il documento, utilizzato come base per la valutazione di un ODV, che contiene gli obiettivi di sicurezza, la descrizione dell'ambiente in cui l'ODV è utilizzato e le minacce alle quali è soggetto, i requisiti funzionali e di fiducia, la specifica delle funzioni di sicurezza.

2. ***Oggetto e ambito di applicazione.*** — 1. Il presente decreto definisce lo Schema nazionale per la valutazione e certificazione della sicurezza di sistemi e prodotti nel settore della tecnologia dell'informazione di seguito denominato "Schema nazionale", recante l'insieme delle procedure e delle regole nazionali necesarie per la valutazione e certificazione, in conformità ai criteri europei ITSEC o agli standard internazionali ISO/IEC IS–1 5408 (Common Criteria), emanati dall'ISO (Organizzazione internazionale per la standardizzazione).

2. Le procedure relative allo Schema nazionale devono essere osservate dall'organismo di certificazione, dai LVS, nonché da tutti coloro, persone fisiche, giuridiche e qualsiasi altro organismo o associazione cui competono le decisioni in ordine alla richiesta, acquisizione, progettazione, realizzazione, impiego di sistemi e prodotti nel settore della tecnologia dell'informazione, per i quali la sicurezza costituisce uno dei requisiti e che necessitano di una certificazione di sicurezza conforme ai criteri di cui al comma 1.

3. Lo Schema nazionale non si applica per i sistema e prodotti che trattino informazioni classificate.

4. Nell'ambito dello Schema nazionale, la sicurezza nel settore della tecnologia dell'informazione è la protezione della riservatezza, integrità, disponibilità delle informazioni mediante il contrasto delle minacce originate dall'uomo o dall'ambiente, al fine di impedire, a coloro che non siano stati autorizzati, l'accesso, l'utilizzo, la divulgazione, la modifica delle informazioni stesse e di garantirne l'accesso e l'utilizzo a coloro che siano stati autorizzati.

3. ***Finalità dell'attività di valutazione e di certificazione.*** — 1. La procedura di valutazione è finalizzata all'emissione di un rapporto in cui viene dichiarato se:

a) l'ODV soddisfa il traguardo di sicurezza con il livello di fiducia richiesto;

b) il profilo di protezione è completo, consistente e tecnicamente corretto;

c) il traguardo di sicurezza è completo, consistente e tecnicamente corretto ed adatto ad essere usato come base per la valutazione del corrispondente ODV.

2. La certificazione stabilisce che la valutazione è stata condotta conformemente ai criteri necessari a verificare il soddisfacimento del livello di fiducia, della robustezza dei meccanismi o delle funzioni di sicurezza dichiarati e conseguentemente garantisce i risultati della valutazione stessa.

3. La certificazione effettuata dall'ISCTI avviene a titolo oneroso. Le relative tariffe e modalità di versamento sono stabilite dal Ministro delle comu-

nicazioni di concerto con il Ministro dell'economia e delle finanze, da emanarsi entro trenta giorni dall'entrata in vigore del presente decreto, secondo le disposizioni di cui all'art, 7 del D.P.R. 29 mar. 1973, n. 156.

4. ***Organismo di certificazione.*** — 1. L'Istituto superiore delle comunicazioni e delle tecnologie dell'informazione (ISCTI) del Ministero delle comunicazioni è l'organismo di certificazione della sicurezza informatica nel settore della tecnologia dell'informazione, anche ai sensi dell'art. 10 del D.lgs. 23 gen. 2002, n. 10 e, dell'art. 3, paragrafo 4 della direttiva 1999/93/CEE.

2. L'organismo di certificazione sovrintende alle attività operative di valutazione e certificazione nell'ambito dello Schema nazionale attraverso:

a) la predisposizione di regole tecniche in materia di certificazione sulla base delle norme e direttive nazionali, comunitarie ed internazionali di riferimento, ai fini dell'approvazione con decreto del Presidente del Consiglio dei Ministri o, per sua delega, del Ministro per l'innovazione e le tecnologie, di concerto con il Ministro delle comunicazioni;

b) il coordinamento delle attività nell'ambito dello Schema nazionale in armonia con i criteri ed i metodi di valutazione;

c) la predisposizione delle linee guida per la valutazione di prodotti, traguardi di sicurezza, profili di protezione e sistemi, ai fini dell'approvazione con decreto del Presidente del Consiglio dei Ministri o, per sua delega, del Ministro per l'innovazione e le tecnologie, di concerto con il Ministro della Comunicazioni;

d) la divulgazione dei principi e delle procedure relative allo Schema nazionale;

e) l'accreditamento, la sospensione e la revoca dell'accreditamento dai LVS;

f) la verifica del mantenimento dell'indipendenza, imparzialità, affidabilità, competenze tecniche e capacità operative da parte dei LVS accreditati;

g) l'approvazione dei piani di valutazione;

h) l'ammissione e registrazione delle valutazioni;

i) l'approvazione dei rapporti finali di valutazione;

l) l'emissione dei rapporti di certificazione sulla base delle valutazioni eseguite dai LVS;

m) l'emissione e la revoca dei certificati di sicurezza;

n) la definizione, l'aggiornamento e la diffusione su base semestrale, di una lista di prodotti, sistemi e profili di protezione certificati;

o) la predisposizione, la tenuta e l'aggiornamento dell'elenco dei LVS accreditati;

p) la promozione delle attività per la diffusione della cultura della sicurezza nel settore della tecnologia dell'informazione;

q) la formazione, abilitazione e addestramento dei certificatori, personale dipendente dell'organismo di certificazione, nonché dei valutatori, dipendenti dei LVS e assistenti, ai fini dello svolgimento delle attività di valutazione;

r) la predisposizione, tenuta e aggiornamento dell'elenco dei certificatori valutatori e assistenti.

3. L'organismo di certificazione riferisce semestralmente sull'attività al Dipartimento per l'innovazione e le tecnologie della Presidenza del Consiglio dei Ministri.

4. Sulla base degli indirizzi stabiliti dal Presidente del Consiglio dei Ministri o, per sua delega, dal Ministro per l'innovazione e le tecnologie e dal Ministro delle comunicazioni, l'organismo di certificazione cura i rapporti con organismi di certificazione esteri congiuntamente con l'Autorità Nazionale di Sicurezza, nonché partecipa alle altre attività in ambito internazionale e comunitario riguardanti il mutuo riconoscimento dei certificati di sicurezza.

5. Alle predette attività l'Istituto superiore delle comunicazioni e delle tecnologie dell'informazione (ISCTI) farà fronte senza oneri aggiuntivi per il bilancio dello Stato.

5. ***Laboratori per la valutazione della sicurezza.*** — 1. I laboratori per la valutazione della sicurezza (LVS) sono accreditati dall'organismo di certificazione ed effettuano le valutazioni di ODV secondo lo Schema nazionale e sotto il controllo dell'organismo di certificazione medesimo.

2. Ai fini dell'accreditamento, il LVS deve possedere i seguenti requisiti:

a) capacità di garantire l'imparzialità, l'indipendenza, la riservatezza e l'obiettività, che sono alla base del processo di valutazione;

b) disponibilità di locali e mezzi adeguati ad effettuare valutazioni ai fini della sicurezza nel settore della tecnologia dell'informazione;

c) organizzazione in grado di controllare il rispetto delle misure di sicurezza e della qualità previste per il processo di valutazione;

d) disponibilità di personale sufficiente dotato delle necessarie competenze tecniche e iscritto nell'elenco dell'organismo di certificazione;

e) conformità ai requisiti specificati nelle norme UNI CEI EN ISO/IEC 17025:2000 e UNI CEI EN 45011 per quanto applicabili;

f) capacità di mantenere nel tempo i requisiti in virtù dei quali è stato accreditato.

3. Il LVS deve garantire la massima riservatezza su tutte le informazioni acquisite relative all'oggetto della valutazione. A tal fine il committente può chiedere la sottoscrizione di un documento nel quale il LVS si impegna a mantenere la riservatezza su informazioni tecniche acquisite durante le attività di valutazione.

4. Oltre alle valutazioni di cui al comma 1, il LVS, previa formale comunicazione all'organismo di certificazione, può svolgere le seguenti attività:

a) assistenza al committente per la stesura della documentazione di sicurezza, nonché, durante la preparazione alla valutazione, per la determinazione della valutabilità del traguardo di sicurezza, ODV o profilo di protezione, assicurando che siano strutture e persone separate da quelle che effettuano la valutazione;

b) formazione sulle problematiche della sicurezza nel settore della tecnologia dell'informazione in generale e, in particolare, sulle tecniche di valutazione.

5. I valutatori devono essere indipendenti nello svolgimento delle loro attività. Qualora uno o più valutatori di un LVS diano assistenza ad un fornitore o committente per un ODV o parte di esso, gli stessi non potranno partecipare alla valutazione dello stesso ODV.

6. ***Responsabile della valutazione.*** — 1. L'organismo di certificazione, il LVS e il committente devono rispettivamente designare un responsabile per ogni valutazione.

7. ***Accesso alle informazioni e garanzie di riservatezza.*** — 1. Il committente deve garantire al LVS e all'organismo di certificazione il libero accesso ad ogni tipo di informazione, inerente il sistema, profilo di protezione, prodotto o traguardo di sicurezza, che risulti necessaria per lo svolgimento delle attività di valutazione e certificazione. L'organismo di certificazione e il LVS devono garantire che le informazioni a cui hanno accesso non siano divulgate a soggetti non autorizzati.

8. ***Attività preparatorie della valutazione.*** — 1. Le attività di preparazione della valutazione sono svolte dal LVS e dal committente.

2. Il committente chiede l'intervento del LVS, specificando il traguardo di sicurezza o il profilo di protezione richiesto.

3. Il LVS esamina il traguardo di sicurezza o il profilo di protezione al fine di accertare, sulla base anche di eventuale ulteriore documentazione richiesta al committente, che lo stesso costituisca una solida base per la conduzione del processo di valutazione; ove necessario richiede modifiche.

4. Il LVS, in ragione delle informazioni di cui dispone, verifica l'assenza di elementi che possano pregiudicare il buon esito della valutazione.

5. Al fine di ottenere la certificazione il LVS comunica all'organismo di certificazione l'avvio dell'attività di valutazione.

9. ***Valutazione.*** — 1. Il LVS effettua la valutazione impiegando il materiale per la valutazione, le risorse e i tempi indicati nel piano di valutazione, sottoposto all'approvazione dell'organismo di certificazione.

2. L'organismo di certificazione sovrintende alla valutazione mediante l'analisi dei rapporti di attività e dei rapporti di osservazione, le riunioni di aggiornamento ed eventualmente la partecipazione alle attività di valutazione.

3. Il LVS invia all'organismo dì certificazione rapporti di attività per l'aggiornamento sullo stato della valutazione.

4. Il LVS può inviare al committente rapporti di osservazione finalizzati alla richiesta di chiarimenti o modifiche all'oggetto della valutazione, profilo di protezione, traguardo di sicurezza o al materiale per la valutazione. In tal caso, il committente è tenuto a fornire chiarimenti attraverso le risposte ai rapporti di osservazione, eventualmente apportando modifiche, entro il termine fissato.

5. Il LVS invia all'organismo di certificazione il rapporto finale di valutazione, allegandovi i verdetti intermedi e finali emessi con le relative motivazioni. In tale rapporto il LVS indica le risorse impiegate, le attività svolte, le osservazioni formulate e le relative risposte.

6. L'organismo di certificazione approva il rapporto finale di valutazione entro sessanta giorni dalla sua ricezione, qualora ne riscontri la conformità con i criteri e la metodologia adottati e lo Schema nazionale.

7. Qualora vengano individuate nel rapporto finale di valutazione delle anomalie risolvibili, l'organismo di certificazione richiede al LVS, nello stesso termine di cui al comma 6, il perfezionamento del rapporto finale di valutazione. In tal caso, il LVS è tenuto a perfezionare il rapporto entro i successivi quindici giorni. La richiesta di cui al presente comma sospende, fino al relativo esito, il decorso del termine di cui al comma 6.

8. Decorso inutilmente il termine di cui al comma 6, il rapporto finale di valutazione si intende approvato.

10. ***Certificazione.*** — 1. Entro trenta giorni dall'approvazione del rapporto finale di valutazione, l'organismo di certificazione redige uno schema di rapporto di certificazione, contenente le indicazioni di cui al comma 2, che invia al LVS e al committente per avere conferma dell'assenza di errori materiali e della volontà dello stesso di ottenere il rilascio del rapporto di certificazione e del relativo certificato, nonché dell'assenza di elementi che consentano la divulgazione di informazioni riservate. Il LVS e il committente si pronunciano sulla richiesta entro i successivi 5 giorni.

2. Acquisita la conferma da parte dei LVS e del committente, o decorso inutilmente il termine per la loro pronuncia, l'organismo di certificazione emette entro i successivi trenta giorni il rapporto di certificazione, in cui deve:

a) motivare l'eventuale emissione di giudizi in contrasto con quelli LVS;

b) dichiarare se la valutazione è stata condotta secondo i criteri e la metodologia previsti dallo Schema nazionale;

c) dichiarare se l'ODV o il traguardo di sicurezza o il profilo di protezione è conforme ai criteri di valutazione,

d) dichiarare se l'ODV o il profilo di protezione soddisfa il livello di fiducia dichiarato;

e) dichiarare che l'ODV è caratterizzato da meccanismi critici o funzioni di sicurezza la cui robustezza è conforme alla dichiarazione del committente.

3. Il rapporto di certificazione non deve contenere informazioni riservate, può essere utilizzato esclusivamente dall'organismo di certificazione e dal committente e reso pubblico solo integralmente.

4. In caso di valutazione positiva, l'organismo di certificazione allega al rapporto di certificazione il relativo certificato.

5. In relazione alla valutazione di sistemi, i termini di cui ai commi 1 e 2 possono essere differiti, d'intesa con le parti, in ragione della complessità del sistema stesso. Ai fini del decorso dei predetti termini non è computato il tempo richiesto per il riscontro ad eventuali osservazioni e chiarimenti.

11. ***Validità della certificazione.*** — 1. risultati delle attività di valutazione e certificazione sono riferibili esclusivamente ad una specifica e determinata configurazione dell'ODV e il certificato è valido ed efficace limitatamente a tale configurazione.

2. La commercializzazione di un sistema o prodotto certificato è vincolata a tale configurazione.

12. ***Controversie.*** — 1. Nelle linee guida di cui all'art. 13 sono stabilite le procedure di risoluzione extragiudiziale delle controversie insorte in ordine alle attività di valutazione e certificazione svolte secondo lo Schema nazionale, nel rispetto dei principi di imparzialità, trasparenza, efficacia ed equità della procedura, nonché nel rispetto del principio del contraddittorio.

13. ***Norme transitorie e finali.*** (*Omissis*).

- 4 -

D.P.R. 11 feb. 2005, n. 68

Regolamento recante disposizioni per l'utilizzo della posta elettronica certificata, a norma dell'art. 27 della L. 16 gen. 2003, n. 3

(G.U. 28 apr. 2005, n. 97)

1. ***Oggetto e definizioni.*** — 1. Il presente regolamento stabilisce le caratteristiche e le modalità per l'erogazione e la fruizione di servizi di trasmissione di documenti informatici mediante posta elettronica certificata.

2. Ai fini del presente regolamento si intende per:

a) busta di trasporto, il documento informatico che contiene il messaggio di posta elettronica certificata;

b) centro nazionale per l'informatica nella pubblica amministrazione, di seguito denominato: «CNIPA», l'organismo di cui al art. 4, comma 1, del D.lgs. 12 febbraio 1993, n. 39, come modificato dall'art. 176, comma 3, del D.lgs. 30 giugno 2003, n. 196;

c) dati di certificazione, i dati inseriti nelle ricevute indicate dal presente regolamento, relativi alla trasmissione del messaggio di posta elettronica certificata;

d) dominio di posta elettronica certificata, l'insieme di tutte e sole le caselle di posta elettronica certificata il cui indirizzo fa riferimento, nell'estensione, ad uno stesso dominio della rete Internet, definito secondo gli standard propri di tale rete;

e) log dei messaggi, il registro informatico delle operazioni relative alle trasmissioni effettuate mediante posta elettronica certificata tenuto dal gestore;

f) messaggio di posta elettronica certificata, un documento informatico composto dal testo del messaggio, dai dati di certificazione e dagli eventuali documenti informatici allegati;

g) posta elettronica certificata, ogni sistema di posta elettronica, nel quale è fornita al mittente documentazione elettronica attestante l'invio e la consegna di documenti informatici;

h) posta elettronica, un sistema elettronico di trasmissione di documenti informatici;

i) riferimento temporale, l'informazione contenente la data e l'ora che viene associata ad un messaggio di posta elettronica certificata;

l) utente di posta elettronica certificata, la persona fisica, la persona giuridica, la pubblica amministrazione e qualsiasi ente, associazione o organismo, nonché eventuali unità organizzative interne ove presenti, che sia mittente o destinatario di posta elettronica certificata;

m) virus informatico, un programma informatico avente per scopo o per effetto il danneggiamento di un sistema informatico o telematico, dei dati o dei programmi in esso contenuti o ad esso pertinenti, ovvero l'interruzione, totale o parziale, o l'alterazione del suo funzionamento.

2. ***Soggetti del servizio di posta elettronica certificata.*** — 1. Sono soggetti del servizio di posta elettronica certificata:

a) il mittente, cioè l'utente che si avvale del servizio di posta elettronica certificata per la trasmissione di documenti prodotti mediante strumenti informatici;

b) il destinatario, cioè l'utente che si avvale del servizio di posta elettronica certificata per la ricezione di documenti prodotti mediante strumenti informatici;

c) il gestore del servizio, cioè il soggetto pubblico o privato, che eroga il servizio di posta elettronica certificata e che gestisce domini di posta elettronica certificata.

3. ***Trasmissione del documento informatico.*** — 1. Il comma 1 dell'art. 14 del decreto del Presidente della Repubblica 28 dicembre 2000, n. 445, è sostituito dal seguente:

(*Omissis*).

4. ***Utilizzo della posta elettronica certificata.***

— 1. La posta elettronica certificata consente l'invio di messaggi la cui trasmissione è valida agli effetti di legge.

2-3. [Abrogato.][1]

4. [Abrogato.][2]

5. Le modalità attraverso le quali il privato comunica la disponibilità all'utilizzo della posta elettronica certificata, il proprio indirizzo di posta elettronica certificata, il mutamento del medesimo o l'eventuale cessazione della disponibilità, nonché le modalità di conservazione, da parte dei gestori del servizio, della documentazione relativa sono definite nelle regole tecniche di cui al art. 17.

6. La validità della trasmissione e ricezione del messaggio di posta elettronica certificata è attestata rispettivamente dalla ricevuta di accettazione e dalla ricevuta di avvenuta consegna, di cui all'art. 6.

7. Il mittente o il destinatario che intendono fruire del servizio di posta elettronica certificata si avvalgono di uno dei gestori di cui agli artt. 14 e 15.

[1] Commi abrog. dall'art. 56, D.lgs. 30 dic. 2009, n. 235.
[2] Comma abrog. dall'art. 16, L. 28 gen. 2009, n. 2.

5. ***Modalità della trasmissione e interoperabilità.*** — 1. Il messaggio di posta elettronica certificata inviato dal mittente al proprio gestore di posta elettronica certificata viene da quest'ultimo trasmesso al destinatario direttamente o trasferito al gestore di posta elettronica certificata di cui si avvale il destinatario stesso; quest'ultimo gestore provvede alla consegna nella casella di posta elettronica certificata del destinatario.

2. Nel caso in cui la trasmissione del messaggio di posta elettronica certificata avviene tra diversi gestori, essi assicurano l'interoperabilità dei servizi offerti, secondo quanto previsto dalle regole tecniche di cui all'art. 17.

6. ***Ricevuta di accettazione e di avvenuta consegna.*** — 1. Il gestore di posta elettronica certificata utilizzato dal mittente fornisce al mittente stesso la ricevuta di accettazione nella quale sono contenuti i dati di certificazione che costituiscono prova dell'avvenuta spedizione di un messaggio di posta elettronica certificata.

2. Il gestore di posta elettronica certificata utilizzato dal destinatario fornisce al mittente, all'indirizzo elettronico del mittente, la ricevuta di avvenuta consegna.

3. La ricevuta di avvenuta consegna fornisce al mittente prova che il suo messaggio di posta elettronica certificata è effettivamente pervenuto all'indirizzo elettronico dichiarato dal destinatario e certifica il momento della consegna tramite un testo, leggibile dal mittente, contenente i dati di certificazione.

4. La ricevuta di avvenuta consegna può contenere anche la copia completa del messaggio di posta elettronica certificata consegnato secondo quanto specificato dalle regole tecniche di cui all'art. 17.

5. La ricevuta di avvenuta consegna è rilasciata contestualmente alla consegna del messaggio di posta elettronica certificata nella casella di posta elettronica messa a disposizione del destinatario dal gestore, indipendentemente dall'avvenuta lettura da parte del soggetto destinatario.

6. La ricevuta di avvenuta consegna è emessa esclusivamente a fronte della ricezione di una busta di trasporto valida secondo le modalità previste dalle regole tecniche di cui all'art. 17.

7. Nel caso in cui il mittente non abbia più la disponibilità delle ricevute dei messaggi di posta elettronica certificata inviati, le informazioni di cui all'art. 11, detenute dai gestori, sono opponibili ai terzi ai sensi dell'art. 14, comma 2, del decreto del Presidente della Repubblica 28 dicembre 2000, n. 445.

7. ***Ricevuta di presa in carico.*** — 1. Quando la trasmissione del messaggio di posta elettronica certificata avviene tramite più gestori il gestore del destinatario rilascia al gestore del mittente la ricevuta che attesta l'avvenuta presa in carico del messaggio.

8. ***Avviso di mancata consegna.*** — 1. Quando il messaggio di posta elettronica certificata non risulta consegnabile il gestore comunica al mittente, entro le ventiquattro ore successive all'invio, la mancata consegna tramite un avviso secondo le modalità previste dalle regole tecniche di cui all'art. 17.

9. ***Firma elettronica delle ricevute e della busta di trasporto.*** — 1. Le ricevute rilasciate dai gestori di posta elettronica certificata sono sottoscritte dai medesimi mediante una firma elettronica avanzata ai sensi dell'art. 1, comma 1, lettera *dd*), del decreto del Presidente della Repubblica 28 dicembre 2000, n. 445, generata automaticamente dal sistema di posta elettonica e basata su chiavi asimmetriche a coppia, una pubblica e una privata, che consente di rendere manifesta la provenienza, assicurare l'integrità e l'autenticità delle ricevute stesse secondo le modalità previste dalle regole tecniche di cui all'art. 17.

2. La busta di trasporto è sottoscritta con una firma elettronica di cui al comma 1 che garantisce la provenienza, l'integrità e l'autenticità del messaggio di posta elettronica certificata secondo le modalità previste dalle regole tecniche di cui all'art. 17.

10. ***Riferimento temporale.*** — 1. Il riferimento temporale e la marca temporale sono formati in conformità a quanto previsto dalle regole tecniche di cui all'art. 17.

2. I gestori di posta elettronica appongono un riferimento temporale su ciascun messaggio e quotidianamente una marca temporale sui log dei messaggi.

11. ***Sicurezza della trasmissione.*** — 1. I gestori di posta elettronica certificata trasmettono il messaggio di posta elettronica certificata dal mittente al destinatario integro in tutte le sue parti, includendolo nella busta di trasporto.

2. Durante le fasi di trasmissione del messaggio di posta elettronica certificata, i gestori mantengono traccia delle operazioni svolte su un apposito log dei messaggi. I dati contenuti nel suddetto registro sono conservati dal gestore di posta elettronica certificata per trenta mesi.

3. Per la tenuta del registro i gestori adottano le opportune soluzioni tecniche e organizzative che garantiscono la riservatezza, la sicurezza, l'integrità e l'inalterabilità nel tempo delle informazioni in esso contenute.

4. I gestori di posta elettronica certificata prevedono, comunque, l'esistenza di servizi di emergenza che in ogni caso assicurano il completamento della trasmissione ed il rilascio delle ricevute.

12. ***Virus informatici.*** — 1. Qualora il gestore del mittente riceva messaggi con virus informatici è tenuto a non accettarli, informando tempestivamente il mittente dell'impossibilità di dar corso alla trasmissione; in tale caso il gestore conserva i messaggi ricevuti per trenta mesi secondo le modalità definite dalle regole tecniche di cui all'art. 17.

2. Qualora il gestore del destinatario riceva messaggi con virus informatici è tenuto a non inoltrarli al destinatario, informando tempestivamente il gestore del mittente, affinché comunichi al mittente medesimo l'impossibilità di dar corso alla trasmissione, in tale caso il gestore del destinatario conserva i messaggi ricevuti per trenta mesi secondo le modalità definite dalle regole tecniche di cui all'art. 17.

13. ***Livelli minimi di servizio.*** — 1. I gestori di posta elettronica certificata sono tenuti ad assicurare il livello minimo di servizio previsto dalle regole tecniche di cui all'art. 17.

14. ***Elenco dei gestori di posta elettronica certificata.*** — 1. Il mittente o il destinatario che intendono fruire del servizio di posta elettronica certificata si avvalgono dei gestori inclusi in un apposito elenco pubblico disciplinato dal presente articolo.

2. Le pubbliche amministrazioni ed i privati che intendono esercitare l'attività di gestore di posta elettronica certificata inviano al CNIPA domanda di iscrizione nell'elenco dei gestori di posta elettronica certificata.

3. I richiedenti l'iscrizione nell'elenco dei gestori di posta elettronica certificata diversi dalle pubbliche amministrazioni devono avere natura giuridica di società di capitali e capitale sociale interamente versato non inferiore a un milione di euro.

4. I gestori di posta elettronica certificata o, se persone giuridiche, i loro legali rappresentanti ed i soggetti preposti all'amministrazione devono, inoltre, possedere i requisiti di onorabilità richiesti ai soggetti che svolgono funzioni di amministrazione, direzione e controllo presso le banche di cui all'art. 26 del testo unico delle leggi in materia bancaria e creditizia, di cui al decreto legislativo 1° settembre 1993, n. 385, e successive modificazioni.

5. Non possono rivestire la carica di rappresentante legale, di componente del consiglio di amministrazione, di componente del collegio sindacale, o di soggetto comunque preposto all'amministrazione del gestore privato coloro i quali sono stati sottoposti a misure di prevenzione, disposte dall'autorità giudiziaria ai sensi della legge 27 dicembre 1956, n. 1423, e della legge 31 maggio 1965, n. 575, e successive modificazioni, ovvero sono stati condannati con sentenza irrevocabile, salvi gli effetti della riabilitazione, alla reclusione non inferiore ad un anno per delitti contro la pubblica amministrazione, in danno di sistemi informatici o telematici, contro la fede pubblica, contro il patrimonio, contro l'economia pubblica, ovvero per un delitto in materia tributaria.

6. Il richiedente deve inoltre:

a) dimostrare l'affidabilità organizzativa e tecnica necessaria per svolgere il servizio di posta elettronica certificata;

b) impiegare personale dotato delle conoscenze specifiche, dell'esperienza e delle competenze necessarie per i servizi forniti, in particolare della competenza a livello gestionale, della conoscenza specifica nel settore della tecnologia della posta elettronica e della dimestichezza con procedure di sicurezza appropriate;

c) rispettare le norme del presente regolamento e le regole tecniche di cui all'art. 17;

d) applicare procedure e metodi amministrativi e di gestione adeguati e tecniche consolidate;

e) utilizzare per la firma elettronica, di cui all'art. 9, dispositivi che garantiscono la sicurezza delle informazioni gestite in conformità a criteri riconosciuti in ambito europeo o internazionale;

f) adottare adeguate misure per garantire l'integrità e la sicurezza del servizio di posta elettronica certificata;

g) prevedere servizi di emergenza che assicurano in ogni caso il completamento della trasmissione;

h) fornire, entro i dodici mesi successivi all'iscrizione nell'elenco dei gestori di posta elettronica certificata, dichiarazione di conformità del proprio sistema di qualità alle norme ISO 9000, successive evoluzioni o a norme equivalenti, relativa al processo di erogazione di posta elettronica certificata;

i) fornire copia di una polizza assicurativa di copertura dei rischi dell'attività e dei danni causati a terzi.

7. Trascorsi novanta giorni dalla presentazione,

la domanda si considera accolta qualora il CNIPA non abbia comunicato all'interessato il provvedimento di diniego.

8. Il termine di cui al comma 7 può essere interrotto una sola volta esclusivamente per la motivata richiesta di documenti che integrino o completino la documentazione presentata e che non siano già nella disponibilità del CNIPA o che questo non possa acquisire autonomamente. In tale caso, il termine riprende a decorrere dalla data di ricezione della documentazione integrativa.

9. Il procedimento di iscrizione nell'elenco dei gestori di posta elettronica certificata di cui al presente articolo può essere sospeso nei confronti dei soggetti per i quali risultino pendenti procedimenti penali per delitti in danno di sistemi informatici o telematici.

10. I soggetti di cui al comma 1 forniscono i dati, previsti dalle regole tecniche di cui all'art. 17, necessari per l'iscrizione nell'elenco dei gestori.

11. Ogni valutazione organizzativa o tecnica concernente il gestore ed il servizio di posta elettronica certificata è comunicata al CNIPA entro il quindicesimo giorno.

12. Il venire meno di uno o più requisiti tra quelli indicati al presente articolo è causa di cancellazione dall'elenco.

13. Il CNIPA svolge funzioni di vigilanza e controllo sull'attività esercitata dagli iscritti all'elenco di cui al comma 1.

15. ***Gestori di posta elettronica certificata stabiliti nei Paesi dell'Unione europea.*** — 1. Può esercitare il servizio di posta elettronica certificata il gestore del servizio stabilito in altri Stati membri dell'Unione europea che soddisfi, conformemente alla legislazione dello Stato membro di stabilimento, formalità e requisiti equivalenti ai contenuti del presente decreto e operi nel rispetto delle regole tecniche di cui all'art. 17. È fatta salva in particolare, la possibilità di avvalersi di gestori stabiliti in altri Stati membri dell'Unione europea che rivestono una forma giuridica equipollente a quella prevista dall'art. 14, comma 3.

2. Per i gestori di posta elettronica certificata stabiliti in altri Stati membri dell'Unione europea il CNIPA verifica l'equivalente ai requisiti ed alle formalità di cui al presente decreto e alle regole tecniche di cui all'art. 17.

16-18. (*Omissis*).

- 5 -

D.lgs. 7 mar. 2005, n. 82

Codice dell'amministrazione digitale[1]

(G.U. 16 mag. 2005, n. 112, s.o.)

[1] Il testo del presente D.lgs. è aggiornato in base alle modifiche apportate dal D.lgs. 26 ago. 2016, n. 179 e dal D.lgs. 13 dic. 2017, n. 217.

Ai sensi dell'art. 61, c. 2, D.lgs. 179/2016, nel presente provvedimento la parola «cittadino», ovunque ricorra, si intende come «persona fisica» e le espressioni «chiunque» e «cittadini e imprese», ovunque ricorrano, si intendono come «soggetti giuridici». Le disposizioni di cui al D.lgs. 179/2016 non si applicano alle procedure e ai contratti i cui relativi bandi o avvisi di gara siano stati pubblicati prima dell'entrata in vigore del D.lgs. 179/2016.

Ai sensi dell'art. 66, c. 1, D.lgs. 217/2017, ad eccezione degli artt. 14, c. 1, 20, c. 3, e 76 le parole «regole tecniche di cui all'articolo 71», «regole tecniche adottate ai sensi dell'articolo 71», «regole tecniche stabilite ai sensi dell'articolo 71», «regole tecniche stabilite dall'articolo 71» e «regole tecniche dettate ai sensi dell'articolo 71» ovunque ricorrano, sono sostituite dalle seguenti: «Linee guida».

CAPO I

Principi generali

SEZIONE I

Definizioni, finalità e ambito di applicazione

1. ***Definizioni.*** — 1. Ai fini del presente codice si intende per:

0a) AgID: l'Agenzia per l'Italia digitale di cui all'articolo 19 del decreto-legge 22 giugno 2012, n. 83, convertito, con modificazioni, dalla legge 7 agosto 2012, n. 134;

a-b) [abrogate];

c) carta d'identità elettronica: il documento d'identità munito di elementi per l'identificazione fisica del titolare rilasciato su supporto informatico dalle amministrazioni comunali con la prevalente finalità di dimostrare l'identità anagrafica del suo titolare;

d) carta nazionale dei servizi: il documento rilasciato su supporto informatico per consentire l'accesso per via telematica ai servizi erogati dalle pubbliche amministrazioni;

e-i) [abrogate];

i-bis) copia informatica di documento analogico: il documento informatico avente contenuto identico a quello del documento analogico da cui è tratto;

i-ter) copia per immagine su supporto informatico di documento analogico: il documento informatico avente contenuto e forma identici a quelli del documento analogico da cui è tratto;

i-quater) copia informatica di documento informatico: il documento informatico avente contenuto identico a quello del documento da cui è tratto su supporto informatico con diversa sequenza di valori binari;

i-quinquies) duplicato informatico: il documento

informatico ottenuto mediante la memorizzazione, sullo stesso dispositivo o su dispositivi diversi, della medesima sequenza di valori binari del documento originario;

i-sexies) dati territoriali: i dati che attengono, direttamente o indirettamente, a una località o a un'area geografica specifica;

l) [abrogata];

l-bis) formato aperto: un formato di dati reso pubblico, documentato esaustivamente e neutro rispetto agli strumenti tecnologici necessari per la fruizione dei dati stessi;[1]

l-ter) dati di tipo aperto: i dati che presentano le seguenti caratteristiche: 1) sono disponibili secondo i termini di una licenza o di una previsione normativa che ne permetta l'utilizzo da parte di chiunque, anche per finalità commerciali, in formato disaggregato; 2) sono accessibili attraverso le tecnologie dell'informazione e della comunicazione, ivi comprese le reti telematiche pubbliche e private, in formati aperti ai sensi della lettera *l-bis*), sono adatti all'utilizzo automatico da parte di programmi per elaboratori e sono provvisti dei relativi metadati; 3) sono resi disponibili gratuitamente attraverso le tecnologie dell'informazione e della comunicazione, ivi comprese le reti telematiche pubbliche e private, oppure sono resi disponibili ai costi marginali sostenuti per la loro riproduzione e divulgazione salvo quanto previsto dall'articolo 7 del decreto legislativo 24 gennaio 2006, n. 36;[1]

m-n) [abrogate];

n-bis) riutilizzo: uso del dato di cui all'articolo 2, comma 1, lettera *e*), del decreto legislativo 24 gennaio 2006, n. 36;

n-ter) domicilio digitale: un indirizzo elettronico eletto presso un servizio di posta elettronica certificata o un servizio elettronico di recapito certificato qualificato, come definito dal regolamento (UE) 23 luglio 2014 n. 910 del Parlamento europeo e del Consiglio in materia di identificazione elettronica e servizi fiduciari per le transazioni elettroniche nel mercato interno e che abroga la direttiva 1999/93/CE, di seguito "Regolamento eIDAS",valido ai fini delle comunicazioni elettroniche aventi valore legale;[2]

n-quater) servizio in rete o on-line: qualsiasi servizio di una amministrazione pubblica fruibile a distanza per via elettronica;[3]

o) [abrogata];

p) documento informatico: il documento elettronico che contiene la rappresentazione informatica di atti, fatti o dati giuridicamente rilevanti;

p-bis) documento analogico: la rappresentazione non informatica di atti, fatti o dati giuridicamente rilevanti;

q-r) [abrogate];

s) firma digitale: un particolare tipo di firma qualificata basata su un sistema di chiavi crittografiche, una pubblica e una privata, correlate tra loro, che consente al titolare di firma elettronica tramite la chiave privata e a un soggetto terzo tramite la chiave pubblica, rispettivamente, di rendere manifesta e di verificare la provenienza e l'integrità di un documento informatico o di un insieme di documenti informatici;[4]

t-u) [abrogate];

u-bis) gestore di posta elettronica certificata: il soggetto che presta servizi di trasmissione dei documenti informatici mediante la posta elettronica certificata;

u-ter) [abrogata];

u-quater) identità digitale: la rappresentazione informatica della corrispondenza tra un utente e i suoi attributi identificativi, verificata attraverso l'insieme dei dati raccolti e registrati in forma digitale secondo le modalità fissate nel decreto attuativo dell'articolo 64;

v) originali non unici: i documenti per i quali sia possibile risalire al loro contenuto attraverso altre scritture o documenti di cui sia obbligatoria la conservazione, anche se in possesso di terzi;

v-bis) posta elettronica certificata: sistema di comunicazione in grado di attestare l'invio e l'avvenuta consegna di un messaggio di posta elettronica e di fornire ricevute opponibili ai terzi;

z) [abrogata];

aa) titolare di firma elettronica: la persona fisica cui è attribuita la firma elettronica e che ha accesso ai dispositivi per la sua creazione nonché alle applicazioni per la sua apposizione della firma elettronica;[4]

bb) [abrogata];

cc) titolare del dato: uno dei soggetti di cui all'articolo 2, comma 2, che ha originariamente formato per uso proprio o commissionato ad altro soggetto il documento che rappresenta il dato, o che ne ha la disponibilità;

dd) interoperabilità: caratteristica di un sistema informativo, le cui interfacce sono pubbliche e aperte, di interagire in maniera automatica con altri sistemi informativi per lo scambio di informazioni e l'erogazione di servizi;

ee) cooperazione applicativa: la parte del Sistema Pubblico di Connettività finalizzata all'interazione tra i sistemi informatici dei soggetti partecipanti, per garantire l'integrazione dei metadati, delle informazioni, dei processi e procedimenti amministrativi.

ff) Linee guida: le regole tecniche e di indirizzo adottate secondo il procedimento di cui all'articolo 71.[1]

1-*bis*. Ai fini del presente Codice, valgono le definizioni di cui all'articolo 3 del Regolamento eIDAS.

1-*ter*. Ove la legge consente l'utilizzo della posta elettronica certificata è ammesso anche l'utilizzo di altro servizio elettronico di recapito certificato qualificato ai sensi degli articoli 3, numero 37), e 44 del Regolamento eIDAS.[5]

[1] Lettera ins. dall'art. 1, D.lgs. 13 dic. 2017, n. 217.
[2] Lettera così sost. dall'art. 1, D.lgs. 13 dic. 2017, n. 217.
[3] Lettera aggiunta dall'art. 1, D.lgs. 13 dic. 2017, n. 217.

[4] Lettera così modif. dall'art. 1, D.lgs. 13 dic. 2017, n. 217.
[5] Comma così modif. dall'art. 1, D.lgs. 13 dic. 2017, n. 217.

2. *Finalità e ambito di applicazione.* — 1. Lo Stato, le Regioni e le autonomie locali assicurano la disponibilità, la gestione, l'accesso, la trasmissione, la conservazione e la fruibilità dell'informazione in modalità digitale e si organizzano ed agiscono a tale fine utilizzando con le modalità più appropriate e nel modo più adeguato al soddisfacimento degli interessi degli utenti le tecnologie dell'informazione e della comunicazione.

2. Le disposizioni del presente Codice si applicano:

a) alle pubbliche amministrazioni di cui all'articolo 1, comma 2, del decreto legislativo 30 marzo 2001, n. 165, nel rispetto del riparto di competenza di cui all'articolo 117 della Costituzione, ivi comprese le autorità di sistema portuale, nonché alle autorità amministrative indipendenti di garanzia, vigilanza e regolazione;

b) ai gestori di servizi pubblici, ivi comprese le società quotate, in relazione ai servizi di pubblico interesse;

c) alle società a controllo pubblico, come definite nel decreto legislativo 19 agosto 2016, n. 175, escluse le società quotate di cui all'articolo 2, comma 1, lettera *p*), del medesimo decreto che non rientrino nella categoria di cui alla lettera *b*).[1]

2-*bis*. [Abrogato].

3. Le disposizioni del presente Codice e le relative Linee guida concernenti il documento informatico, le firme elettroniche e i servizi fiduciari di cui al Capo II, la riproduzione e conservazione dei documenti di cui agli articoli 43 e 44, il domicilio digitale e le comunicazioni elettroniche di cui all'articolo 3-*bis* e al Capo IV, l'identità digitale di cui agli articoli 3-*bis* e 64 si applicano anche ai privati, ove non diversamente previsto.[1]

4. Le disposizioni di cui al capo V, concernenti l'accesso ai documenti informatici e la fruibilità delle informazioni digitali, si applicano anche ai gestori di servizi pubblici ed agli organismi di diritto pubblico.[2]

5. Le disposizioni del presente Codice si applicano nel rispetto della disciplina in materia di trattamento dei dati personali e, in particolare, delle disposizioni del Codice in materia di protezione dei dati personali approvato con decreto legislativo 30 giugno 2003, n. 196.

5-*bis*. A decorrere dal 1° gennaio 2021, i soggetti che effettuano le operazioni di cui all'articolo 22 del decreto del Presidente della Repubblica 26 ottobre 1972, n. 633, che adottano sistemi evoluti di incasso, attraverso carte di debito e di credito e altre forme di pagamento elettronico, dei corrispettivi delle cessioni di beni e delle prestazioni di servizi di cui agli articoli 2 e 3 del citato decreto del Presidente della Repubblica n. 633 del 1972, che consentono la memorizzazione, l'inalterabilità e la sicurezza dei dati, possono assolvere mediante tali sistemi all'obbligo di memorizzazione elettronica e di trasmissione telematica all'Agenzia delle entrate dei dati relativi ai corrispettivi giornalieri, di cui ai commi 1 e 2 del presente articolo. Con provvedimento del direttore dell'Agenzia delle entrate sono definiti le informazioni da trasmettere, le regole tecniche, i termini per la trasmissione telematica e le caratteristiche tecniche dei sistemi evoluti di incasso di cui al presente comma, idonei per l'assolvimento degli obblighi di memorizzazione e trasmissione dei dati.[3]

6. Le disposizioni del presente Codice non si applicano limitatamente all'esercizio delle attività e funzioni, di ordine e sicurezza pubblica, difesa e sicurezza nazionale, polizia giudiziaria e polizia economico-finanziaria e consultazioni elettorali, nonché alle comunicazioni di emergenza e di allerta in ambito di protezione civile. Le disposizioni del presente Codice si applicano al processo civile, penale, amministrativo, contabile e tributario, in quanto compatibili e salvo che non sia diversamente disposto dalle disposizioni in materia di processo telematico.[2]

6-*bis*. Ferma restando l'applicabilità delle disposizioni del presente decreto agli atti di liquidazione, rettifica, accertamento e di irrogazione delle sanzioni di natura tributaria, con decreto del Presidente del Consiglio dei ministri o del Ministro delegato, adottato su proposta del Ministro dell'economia e delle finanze, sono stabiliti le modalità e i termini di applicazione delle disposizioni del presente Codice alle attività e funzioni ispettive e di controllo fiscale.[4]

[1] Comma così sost. dall'art. 2, D.lgs. 13 dic. 2017, n. 217.
[2] Comma così modif. dall'art. 2, D.lgs. 13 dic. 2017, n. 217.
[3] Comma ins. dall'art. 21, D.L. 26 ott. 2019, n. 124, conv. con modif. in L. 19 dic. 2019, n. 157.
[4] Comma ins. dall'art. 2, D.lgs. 13 dic. 2017, n. 217.

SEZIONE II
Carta della cittadinanza digitale[1]

[1] Rubrica così sost. dall'art. 3, D.lgs. 13 dic. 2017, n. 217.

3. *Diritto all'uso delle tecnologie.* — 1. Chiunque ha il diritto di usare, in modo accessibile ed efficace, le soluzioni e gli strumenti di cui al presente Codice nei rapporti con i soggetti di cui all'articolo 2, comma 2, anche ai fini dell'esercizio dei diritti di accesso e della partecipazione al procedimento amministrativo, fermi restando i diritti delle minoranze linguistiche riconosciute.[1]

1-*bis*. [Abrogato]

1-*ter*. La tutela giurisdizionale davanti al giudice amministrativo è disciplinata dal codice del processo amministrativo.

1-*quater*-1-*sexies*.[2]

[1] Comma così modif. dall'art. 4, D.lgs. 13 dic. 2017, n. 217.
[2] Commi abrog. dall'art. 4, D.lgs. 13 dic. 2017, n. 217.

3-*bis*. *Identità digitale e Domicilio digitale*.[1] — 01. Chiunque ha il diritto di accedere ai servizi on-line offerti dai soggetti di cui all'articolo 2, comma 2[, lettere *a*) e *b*)][2], tramite la propria identità digitale e anche attraverso il punto di accesso telematico di cui all'articolo 64-*bis*.[3]

1. I soggetti di cui all'articolo 2, comma 2, i professionisti tenuti all'iscrizione in albi ed elenchi e i soggetti tenuti all'iscrizione nel registro delle imprese hanno l'obbligo di dotarsi di un domicilio digitale iscritto nell'elenco di cui agli articoli 6-*bis* o 6-*ter*.[4]

1-*bis*. Fermo restando quanto previsto al comma 1, chiunque ha facoltà di eleggere il proprio domicilio digitale da iscrivere nell'elenco di cui all'articolo 6-*quater*. Nel caso in cui il domicilio eletto risulti non più attivo si procede alla cancellazione d'ufficio dall'indice di cui all'articolo 6-*quater* secondo le modalità fissate nelle Linee guida.[3]

1-*ter*. I domicili digitali di cui ai commi 1 e 1-*bis* sono eletti secondo le modalità stabilite con le Linee guida. Le persone fisiche possono altresì eleggere il domicilio digitale avvalendosi del servizio di cui all'articolo 64-*bis*, di quello reso disponibile online dall'Anagrafe nazionale della popolazione residente (ANPR) di cui all'articolo 62, ovvero recandosi presso l'ufficio anagrafe del proprio comune di residenza.[3,5]

1-*quater*. I soggetti di cui ai commi 1 e 1-*bis* hanno l'obbligo di fare un uso diligente del proprio domicilio digitale e di comunicare ogni modifica o variazione del medesimo secondo le modalità fissate nelle Linee guida. Con le stesse Linee guida, fermo restando quanto previsto ai commi 3-*bis* e 4-*bis*, sono definite le modalità di gestione e di aggiornamento dell'elenco di cui all'articolo 6-*quater* anche nei casi di decesso del titolare del domicilio digitale eletto o di impossibilità sopravvenuta di avvalersi del domicilio.

2.[4]

3. [Abrogato].

3-*bis*. Con decreto del Presidente del Consiglio dei ministri o del Ministro delegato per la semplificazione e la pubblica amministrazione, sentiti l'AgID e il Garante per la protezione dei dati personali e acquisito il parere della Conferenza unificata, è stabilita la data a decorrere dalla quale le comunicazioni tra i soggetti di cui all'articolo 2, comma 2, e coloro che non hanno provveduto a eleggere un domicilio digitale ai sensi del comma 1-*bis*, avvengono esclusivamente in forma elettronica. Con lo stesso decreto sono determinate le modalità con le quali ai predetti soggetti è attribuito un domicilio digitale ovvero altre modalità con le quali, anche per superare il divario digitale, i documenti possono essere messi a disposizione e consegnati a coloro che non hanno accesso ad un domicilio digitale.[3]

4. A decorrere dal 1° gennaio 2013, salvo i casi in cui è prevista dalla normativa vigente una diversa modalità di comunicazione o di pubblicazione in via telematica, le amministrazioni pubbliche e i gestori o esercenti di pubblici servizi comunicano con il cittadino esclusivamente tramite il domicilio digitale dallo stesso dichiarato. Per la violazione della presente disposizione si applica l'articolo 18-*bis*.[6]

4-*bis*. Fino alla data fissata nel decreto di cui al comma 3-*bis*, i soggetti di cui all'articolo 2, comma 2, possono predisporre le comunicazioni ai soggetti che non hanno un domicilio digitale ovvero nei casi di domicilio digitale non attivo, non funzionante o non raggiungibile, come documenti informatici sottoscritti con firma digitale o altra firma elettronica qualificata, da conservare nei propri archivi, ed inviare agli stessi, per posta ordinaria o raccomandata con avviso di ricevimento, copia analogica di tali documenti su cui è apposto a stampa il contrassegno di cui all'articolo 23, comma 2-*bis* o l'indicazione a mezzo stampa del responsabile pro tempore in sostituzione della firma autografa ai sensi dell'articolo 3 del decreto legislativo 12 febbraio 1993, n. 39 ovvero un avviso con le indicazioni delle modalità con le quali i suddetti documenti sono messi a disposizione e consegnati al destinatario.[7]

4-*ter*. Le disposizioni di cui al comma 4-*bis* soddisfano a tutti gli effetti di legge gli obblighi di conservazione e di esibizione dei documenti previsti dalla legislazione vigente laddove la copia analogica inviata al cittadino contenga una dicitura che specifichi che il documento informatico, da cui la copia è tratta, è stato predisposto come documento nativo digitale ed è disponibile presso l'amministrazione.[3]

4-*quater*. La copia analogica con l'indicazione a mezzo stampa del responsabile in sostituzione della firma autografa ai sensi dell'articolo 3 del decreto legislativo 12 febbraio 1993, n. 39, soddisfa le condizioni di cui all'articolo 23, comma 2-*bis*, salvo i casi in cui il documento rappresenti, per propria natura, una certificazione rilasciata dall'amministrazione da utilizzarsi nei rapporti tra privati.

4-*quinquies*. È possibile eleggere anche un domicilio digitale speciale per determinati atti, procedimenti o affari. In tal caso, ferma restando la validità ai fini delle comunicazioni elettroniche aventi valore legale, colui che lo ha eletto non può opporre eccezioni relative alla forma e alla data della spedizione e del ricevimento delle comunicazioni o notificazioni ivi indirizzate.

5. Dall'attuazione delle disposizioni di cui al presente articolo non devono derivare nuovi o maggiori oneri a carico della finanza pubblica.

[1] Rubrica così sost. dall'art. 5, D.lgs. 13 dic. 2017, n. 217.
[2] Articolo così modif. dall'art. 38, D.L. 31 mag. 2021, n. 77, conv. con modif. in L. 29 lug. 2021, n. 108.
[3] Comma così sost. dall'art. 5, D.lgs. 13 dic. 2017, n. 217.
[4] Comma abrog. dall'art. 5, D.lgs. 13 dic. 2017, n. 217.
[5] Comma così modif. dall'art. 27, c. 1, D.L. 6 nov. 2021, n. 152, conv. con modif. in L. 29 dic. 2021, n. 233.

[6] Comma così modif. dall'art. 30, c. 8-*bis*, D.L. 30 apr. 2022, n. 36, conv. con modif. in L. 29 giu. 2022, n. 79.

[7] Comma così modif. dall'art. 5, D.lgs. 13 dic. 2017, n. 217.

4. ***Partecipazione al procedimento amministrativo informatico.*** [Abrogato]

5. ***Effettuazione di pagamenti con modalità informatiche.*** — 1. I soggetti di cui all'articolo 2, comma 2, sono obbligati ad accettare, tramite la piattaforma di cui al comma 2, i pagamenti spettanti a qualsiasi titolo attraverso sistemi di pagamento elettronico, ivi inclusi, per i micro-pagamenti, quelli basati sull'uso del credito telefonico. Tramite la piattaforma elettronica di cui al comma 2, resta ferma la possibilità di accettare anche altre forme di pagamento elettronico, senza discriminazione in relazione allo schema di pagamento abilitato per ciascuna tipologia di strumento di pagamento elettronico come definita ai sensi dell'articolo 2, punti 33), 34) e 35) del regolamento UE 2015/751 del Parlamento europeo e del Consiglio del 29 aprile 2015 relativo alle commissioni interbancarie sulle operazioni di pagamento basate su carta.[1]

2. Al fine di dare attuazione al comma 1, la Presidenza del Consiglio dei ministri mette a disposizione, attraverso il Sistema pubblico di connettività, una piattaforma tecnologica per l'interconnessione e l'interoperabilità tra le pubbliche amministrazioni e i prestatori di servizi di pagamento abilitati, al fine di assicurare, attraverso gli strumenti di cui all'articolo 64, l'autenticazione dei soggetti interessati all'operazione in tutta la gestione del processo di pagamento.[2]

2-*bis*. [Abrogato].[2]

2-*ter*. I soggetti di cui all'articolo 2, comma 2, consentono di effettuare pagamenti elettronici tramite la piattaforma di cui al comma 2 anche per il pagamento spontaneo di tributi di cui all'articolo 2-*bis* del decreto-legge 22 ottobre 2016, n. 193, convertito, con modificazioni dalla legge 1° dicembre 2016, n. 225.[3]

2-*quater*. I prestatori di servizi di pagamento abilitati eseguono pagamenti a favore delle pubbliche amministrazioni attraverso l'utilizzo della piattaforma di cui al comma 2. Resta fermo il sistema dei versamenti unitari di cui all'articolo 17 e seguenti del decreto legislativo 9 luglio 1997, n. 241, Capo III, fino all'adozione di un decreto del Presidente del Consiglio dei ministri o del Ministro delegato, su proposta del Ministro dell'economia e delle finanze, di concerto con il Ministro del lavoro e delle politiche sociali, sentite l'Agenzia delle entrate e l'AgID, che fissa, anche in maniera progressiva, le modalità tecniche per l'effettuazione dei pagamenti tributari e contributivi tramite la piattaforma di cui al comma 2.[3]

2-*quinquies*. Tramite la piattaforma di cui al comma 2, le informazioni sui pagamenti sono messe a disposizione anche del Ministero dell'economia e delle finanze - Dipartimento Ragioneria generale dello Stato.[3]

2-*sexies*. La piattaforma tecnologica di cui al comma 2 può essere utilizzata anche per facilitare e automatizzare, attraverso i pagamenti elettronici, i processi di certificazione fiscale tra soggetti privati, tra cui la fatturazione elettronica e la memorizzazione e trasmissione dei dati dei corrispettivi giornalieri di cui agli articoli 1 e 2 del decreto legislativo 5 agosto 2015, n. 127.[4]

2-*septies*. Con decreto del Presidente del Consiglio dei Ministri o del Ministro delegato per l'innovazione tecnologica e la digitalizzazione, di concerto con il Ministro dell'economia e delle finanze, sono definite le regole tecniche di funzionamento della piattaforma tecnologica e dei processi di cui al comma 2-*sexies*.[4]

3-3-*ter*. [Abrogati].

4. L'Agenzia per l'Italia digitale, sentita la Banca d'Italia, definisce linee guida per l'attuazione del presente articolo e per la specifica dei codici identificativi del pagamento di cui al comma 1 e le modalità attraverso le quali il prestatore dei servizi di pagamento mette a disposizione dell'ente le informazioni relative al pagamento medesimo.[5]

5. Le attività previste dal presente articolo si svolgono con le risorse umane, finanziarie e strumentali disponibili a legislazione vigente.

[1] Comma così modif. dall'art. 6, D.lgs. 13 dic. 2017, n. 217.

[2] Comma abrog. dall'art. 27, c. 1, D.L. 6 nov. 2021, n. 152, conv. con modif. in L. 29 dic. 2021, n. 233.

[3] Comma ins. dall'art. 6, D.lgs. 13 dic. 2017, n. 217.

[4] Comma ins. dall'art. 21, D.L. 26 ott. 2019, n. 124, conv. con modif. in L. 19 dic. 2019, n. 157.

[5] Comma così modif. dall'art. 27, c. 1, D.L. 6 nov. 2021, n. 152, conv. con modif. in L. 29 dic. 2021, n. 233.

5-*bis*. ***Comunicazioni tra imprese e amministrazioni pubbliche.*** — 1. La presentazione di istanze, dichiarazioni, dati e lo scambio di informazioni e documenti, anche a fini statistici, tra le imprese e le amministrazioni pubbliche avviene esclusivamente utilizzando le tecnologie dell'informazione e della comunicazione. Con le medesime modalità le amministrazioni pubbliche adottano e comunicano atti e provvedimenti amministrativi nei confronti delle imprese.

2. Con decreto del Presidente del Consiglio dei Ministri, su proposta del Ministro per la pubblica amministrazione e l'innovazione, di concerto con il Ministro dello sviluppo economico e con il Ministro per la semplificazione normativa, sono adottate le modalità di attuazione del comma 1 da parte delle pubbliche amministrazioni centrali e fissati i relativi termini.

3. AgID, anche avvalendosi degli uffici di cui all'articolo 17, provvede alla verifica dell'attuazione del comma 1 secondo le modalità e i termini indicati nel decreto di cui al comma 2.

4. Il Governo promuove l'intesa con regioni ed enti locali in sede di Conferenza unificata per l'a-

dozione degli indirizzi utili alla realizzazione delle finalità di cui al comma 1.

6. ***Utilizzo del domicilio digitale.***[1] 1. Le comunicazioni tramite i domicili digitali sono effettuate agli indirizzi inseriti negli elenchi di cui agli articoli 6-*bis*, 6-*ter* e 6-*quater*, o a quello eletto come domicilio speciale per determinati atti o affari ai sensi dell'articolo 3-*bis*, comma 4-*quinquies*. Le comunicazioni elettroniche trasmesse ad uno dei domicili digitali di cui all'articolo 3-*bis* producono, quanto al momento della spedizione e del ricevimento, gli stessi effetti giuridici delle comunicazioni a mezzo raccomandata con ricevuta di ritorno ed equivalgono alla notificazione per mezzo della posta salvo che la legge disponga diversamente. Le suddette comunicazioni si intendono spedite dal mittente se inviate al proprio gestore e si intendono consegnate se rese disponibili al domicilio digitale del destinatario, salva la prova che la mancata consegna sia dovuta a fatto non imputabile al destinatario medesimo. La data e l'ora di trasmissione e ricezione del documento informatico sono opponibili ai terzi se apposte in conformità alle Linee guida.[2]

1-*bis*.[3]

1-*ter*. L'elenco dei domicili digitali delle imprese e dei professionisti è l'Indice nazionale dei domicili digitali (INI-PEC) delle imprese e dei professionisti di cui all'articolo 6-*bis*. L'elenco dei domicili digitali dei soggetti di cui all'articolo 2, comma 2, lettere *a*) e *b*), è l'Indice degli indirizzi della pubblica amministrazione e dei gestori di pubblici servizi, di cui all'articolo 6-*ter*. L'elenco dei domicili digitali delle persone fisiche e degli altri enti di diritto privato diversi da quelli di cui al primo e al secondo periodo è l'Indice degli indirizzi delle persone fisiche e degli altri enti di diritto privato di cui all'articolo 6-*quater*.[4]

1-*quater*. I soggetti di cui all'articolo 2, comma 2, notificano direttamente presso i domicili digitali di cui all'articolo 3-*bis* i propri atti, compresi i verbali relativi alle sanzioni amministrative, gli atti impositivi di accertamento e di riscossione e le ingiunzioni di cui all'articolo 2 del regio decreto 14 aprile 1910, n. 639, fatte salve le specifiche disposizioni in ambito tributario. La conformità della copia informatica del documento notificato all'originale è attestata dal responsabile del procedimento in conformità a quanto disposto agli articoli 22 e 23-*bis*.[4]

2-2-*bis*. [Abrogati].

[1] Rubrica così sost. dall'art. 6, D.lgs. 13 dic. 2017, n. 217.
[2] Comma così sost. dall'art. 6, D.lgs. 13 dic. 2017, n. 217.
[3] Comma abrog. dall'art. 6, D.lgs. 13 dic. 2017, n. 217.
[4] Comma ins. dall'art. 6, D.lgs. 13 dic. 2017, n. 217.

6-*bis*. ***Indice nazionale dei domicili digitali delle imprese e dei professionisti.***[1] — 1. Al fine di favorire la presentazione di istanze, dichiarazioni e dati, nonché lo scambio di informazioni e documenti tra i soggetti di cui all'articolo 2, comma 2 e le imprese e i professionisti in modalità telematica, è istituito il pubblico elenco denominato Indice nazionale dei domicili digitali (INI-PEC) delle imprese e dei professionisti, presso il Ministero per lo sviluppo economico.[2]

2. L'Indice nazionale di cui al comma 1 è realizzato a partire dagli elenchi di indirizzi PEC costituiti presso il registro delle imprese e gli ordini o collegi professionali, in attuazione di quanto previsto dall'articolo 16 del decreto-legge 29 novembre 2008, n. 185, convertito, con modificazioni, dalla legge 28 gennaio 2009, n. 2. Nell'Indice nazionale sono inseriti anche i domicili digitali dei professionisti diversi da quelli di cui al primo periodo, iscritti in elenchi o registri detenuti dalle pubbliche amministrazioni e istituiti con legge dello Stato.[2] I domicili digitali inseriti in tale Indice costituiscono mezzo esclusivo di comunicazione e notifica con i soggetti di cui all'articolo 2, comma 2.[3]

2-*bis*. L'INI-PEC acquisisce dagli ordini e dai collegi professionali gli attributi qualificati dell'identità digitale ai fini di quanto previsto dal decreto di cui all'articolo 64, comma 2-*sexies*.

3.[4]

4. Il Ministero per lo sviluppo economico, al fine del contenimento dei costi e dell'utilizzo razionale delle risorse, sentita l'Agenzia per l'Italia digitale, si avvale per la realizzazione e gestione operativa dell'Indice nazionale di cui al comma 1 delle strutture informatiche delle Camere di commercio deputate alla gestione del registro imprese e ne definisce con proprio decreto, da emanare entro 60 giorni dalla data di entrata in vigore della presente disposizione, le modalità di accesso e di aggiornamento.

5. Nel decreto di cui al comma 4 sono anche definite le modalità e le forme con cui gli ordini e i collegi professionali nonché le pubbliche amministrazioni comunicano all'Indice nazionale di cui al comma 1 tutti gli indirizzi PEC relativi ai professionisti di propria competenza e sono previsti gli strumenti telematici resi disponibili dalle Camere di commercio per il tramite delle proprie strutture informatiche al fine di ottimizzare la raccolta e aggiornamento dei medesimi indirizzi.

6. Dall'attuazione delle disposizioni di cui al presente articolo non devono derivare nuovi o maggiori oneri a carico della finanza pubblica.[5]

[1] Rubrica così modif. dall'art. 7, D.lgs. 13 dic. 2017, n. 217.
[2] Periodo ins. dall'art. 24, D.L. 16 lug. 2020, n. 76, conv. con modif. in L. 11 set. 2020, n. 120.
[3] Comma così modif. dall'art. 7, D.lgs. 13 dic. 2017, n. 217.
[4] Comma abrog. dall'art. 7, D.lgs. 13 dic. 2017, n. 217.
[5] Comma così modif dall'art. 24, D.L. 16 lug. 2020, n. 76, conv. con modif. in L. 11 set. 2020, n. 120.

6-*ter*. ***Indice dei domicili digitali delle pubbliche amministrazioni e dei gestori di pubblici servizi.***[1] — 1. Al fine di assicurare la pubblicità dei riferimenti telematici delle pubbliche amministrazioni e dei gestori dei pubblici servizi è istituito il pubblico elenco di fiducia denominato «Indice dei domicili digitali della pubblica amministrazione e dei gestori di pubblici servizi», nel quale sono indicati i domicili digitali da utilizzare per le comunicazioni e per lo scambio di informazioni e per l'invio di documenti a tutti gli effetti di legge tra le pubbliche amministrazioni, i gestori di pubblici servizi e i privati.[2]

2. La realizzazione e la gestione dell'Indice sono affidate all'AgID, che può utilizzare a tal fine elenchi e repertori già formati dalle amministrazioni pubbliche.

3. Le amministrazioni di cui al comma 1 e i gestori di pubblici servizi aggiornano gli indirizzi e i contenuti dell'Indice tempestivamente e comunque con cadenza almeno semestrale, secondo le indicazioni dell'AgID. La mancata comunicazione degli elementi necessari al completamento dell'Indice e del loro aggiornamento è valutata ai fini della responsabilità dirigenziale e dell'attribuzione della retribuzione di risultato ai dirigenti responsabili.[2]

[1] Rubrica così modif. dall'art. 9, c. 1, D.lgs. 13 dic. 2017, n. 217.

[2] Comma così modif. dall'art. 9, c. 1, D.lgs. 13 dic. 2017, n. 217.

6-*quater*. *Indice nazionale dei domicili digitali delle persone fisiche, dei professionisti e degli altri enti di diritto privato, non tenuti all'iscrizione in albi, elenchi o registri professionali o nel registro delle imprese.*[1,2] 1. È istituito il pubblico elenco dei domicili digitali delle persone fisiche, dei professionisti e degli altri enti di diritto privato non tenuti all'iscrizione nell'indice di cui all'articolo 6-*bis*, nel quale sono indicati i domicili eletti ai sensi dell'articolo 3-*bis*, comma 1-*bis*. La realizzazione e la gestione del presente Indice sono affidate all'AgID, che vi provvede avvalendosi delle strutture informatiche delle Camere di commercio già deputate alla gestione dell'elenco di cui all'articolo 6-*bis*. È fatta salva la facoltà del professionista, non iscritto in albi, registri o elenchi professionali di cui all'articolo 6-*bis*, di eleggere presso il presente Indice un domicilio digitale professionale e un domicilio digitale personale diverso dal primo.[3]

2. Per i professionisti iscritti in albi ed elenchi il domicilio digitale è l'indirizzo inserito nell'elenco di cui all'articolo 6-*bis*, fermo restando il diritto di eleggerne uno diverso ai sensi dell'articolo 3-*bis*, comma 1-*bis*. Ai fini dell'inserimento dei domicili dei professionisti nel predetto elenco il Ministero dello sviluppo economico rende disponibili all'AgID, tramite servizi informatici individuati nelle Linee guida, i relativi indirizzi già contenuti nell'elenco di cui all'articolo 6-*bis*.

3. [Al completamento dell'ANPR di cui all'articolo 62,][4] AgID provvede costantemente all'aggiornamento e al trasferimento dei domicili digitali delle persone fisiche contenuti nell'elenco di cui al presente articolo nell'ANPR e il Ministero dell'interno provvede costantemente all'aggiornamento e al trasferimento dei domicili digitali delle persone fisiche contenuti nell'ANPR nell'elenco di cui al presente articolo. Le funzioni di aggiornamento e trasferimento dei dati sono svolte con le risorse disponibili a legislazione vigente, senza nuovi o maggiori oneri a carico della finanza pubblica.[3,5]

[1] Articolo ins. dall'art. 9, c. 2, D.lgs. 13 dic. 2017, n. 217.

[2] Rubrica così modif. dall'art. 24, D.L. 16 lug. 2020, n. 76, conv. con modif. in L. 11 set. 2020, n. 120.

[3] Comma così modif. dall'art. 38, D.L. 31 mag. 2021, n. 77, conv. con modif. in L. 29 lug. 2021, n. 108.

[4] Parole soppresse dall'art. 27, c. 1, D.L. 6 nov. 2021, n. 152, conv. con modif. in L. 29 dic. 2021, n. 233.

[5] Comma così modif. dall'art. 27, c. 1, D.L. 6 nov. 2021, n. 152, conv. con modif. in L. 29 dic. 2021, n. 233.

6-*quinquies*. *Consultazione e accesso.*[1] 1. La consultazione on-line degli elenchi di cui agli articoli 6-*bis*, 6-*ter* e 6-*quater* è consentita a chiunque senza necessità di autenticazione. Gli elenchi sono realizzati in formato aperto.

2. L'estrazione dei domicili digitali dagli elenchi, di cui agli articoli 6-*bis*, 6-*ter* e 6-*quater*, è effettuata secondo le modalità fissate da AgID nelle Linee guida.

3. In assenza di preventiva autorizzazione del titolare dell'indirizzo, è vietato l'utilizzo dei domicili digitali di cui al presente articolo per l'invio di comunicazioni commerciali, come definite dall'articolo 2, comma 1, lettera f), del decreto legislativo 9 aprile 2003, n. 70.[2]

4. Gli elenchi di cui agli articoli 6-*bis*, 6-*ter* e 6-*quater* contengono le informazioni relative alla elezione, modifica o cessazione del domicilio digitale.

[1] Articolo ins. dall'art. 9, c. 2, D.lgs. 13 dic. 2017, n. 217.

[2] Comma così modif. dall'art. 24, D.L. 16 lug. 2020, n. 76, conv. con modif. in L. 11 set. 2020, n. 120.

7. *Diritto a servizi on-line semplici e integrati.*[1] — 01. Chiunque ha diritto di fruire dei servizi erogati dai soggetti di cui all'articolo 2, comma 2, in forma digitale e in modo integrato, tramite gli strumenti telematici messi a disposizione dalle pubbliche amministrazioni e il punto di accesso di cui all'articolo 64-*bis*, anche attraverso dispositivi mobili.[2]

1. I soggetti di cui all'articolo 2, comma 2, provvedono alla riorganizzazione e all'aggiornamento dei servizi resi, sulla base di una preventiva analisi delle reali esigenze degli utenti e rendono disponibili on-line i propri servizi nel rispetto delle disposizioni del presente Codice e degli standard e dei livelli di qualità individuati e periodicamente aggiornati dall'AgID con proprie Linee guida tenuto anche conto dell'evoluzione tecnologica.[3]

2.[4]

3. Per i servizi in rete, i soggetti di cui all'articolo 2, comma 2, consentono agli utenti di esprimere la soddisfazione rispetto alla qualità, anche in termini di fruibilità, accessibilità e tempestività, del servizio reso all'utente stesso e pubblicano sui propri siti i dati risultanti, ivi incluse le statistiche di utilizzo.

4. In caso di violazione degli obblighi di cui al presente articolo, gli utenti, fermo restando il diritto di rivolgersi al difensore civico digitale di cui all'articolo 17, possono agire in giudizio, anche nei termini e con le modalità stabilite nel decreto legislativo 20 dicembre 2009, n. 198.[3]

[1] Rubrica così sost. dall'art. 10, D.lgs. 13 dic. 2017, n. 217.
[2] Comma ins. dall'art. 10, D.lgs. 13 dic. 2017, n. 217.
[3] Comma così modif. dall'art. 10, D.lgs. 13 dic. 2017, n. 217.
[4] Comma abrog. dall'art. 10, D.lgs. 13 dic. 2017, n. 217.

8. ***Alfabetizzazione informatica dei cittadini.*** — 1. Lo Stato e i soggetti di cui all'articolo 2, comma 2, promuovono iniziative volte a favorire la diffusione della cultura digitale tra i cittadini con particolare riguardo ai minori e alle categorie a rischio di esclusione, anche al fine di favorire lo sviluppo di competenze di informatica giuridica e l'utilizzo dei servizi digitali delle pubbliche amministrazioni con azioni specifiche e concrete, avvalendosi di un insieme di mezzi diversi fra i quali il servizio radiotelevisivo.

8-*bis*. ***Connettività alla rete Internet negli uffici e luoghi pubblici.*** — 1. I soggetti di cui all'articolo 2, comma 2, favoriscono, in linea con gli obiettivi dell'Agenda digitale europea, la disponibilità di connettività alla rete Internet presso gli uffici pubblici e altri luoghi pubblici, in particolare nei settori scolastico, sanitario e di interesse turistico, anche prevedendo che la porzione di banda non utilizzata dagli stessi uffici sia messa a disposizione degli utenti nel rispetto degli standard di sicurezza fissati dall'AgID.[1]

2. I soggetti di cui all'articolo 2, comma 2, mettono a disposizione degli utenti connettività a banda larga per l'accesso alla rete Internet nei limiti della banda disponibile e con le modalità determinate dall'AgID.

[1] Comma così modif. dall'art. 11, D.lgs. 13 dic. 2017, n. 217.

9. ***Partecipazione democratica elettronica.*** 1. I soggetti di cui all'articolo 2, comma 2, favoriscono ogni forma di uso delle nuove tecnologie per promuovere una maggiore partecipazione dei cittadini, anche residenti all'estero, al processo democratico e per facilitare l'esercizio dei diritti politici e civili e migliorare la qualità dei propri atti, anche attraverso l'utilizzo, ove previsto e nell'ambito delle risorse disponibili a legislazione vigente, di forme di consultazione preventiva per via telematica sugli schemi di atto da adottare.

10-11. [Abrogati]

SEZIONE III
Organizzazione delle pubbliche amministrazioni Rapporti fra Stato, Regioni e autonomie locali

12. ***Norme generali per l'uso delle tecnologie dell'informazione e delle comunicazioni nell'azione amministrativa.*** — 1. Le pubbliche amministrazioni nell'organizzare autonomamente la propria attività utilizzano le tecnologie dell'informazione e della comunicazione per la realizzazione degli obiettivi di efficienza, efficacia, economicità, imparzialità, trasparenza, semplificazione e partecipazione nel rispetto dei principi di uguaglianza e di non discriminazione, nonché per l'effettivo riconoscimento dei diritti dei cittadini e delle imprese di cui al presente Codice in conformità agli obiettivi indicati nel Piano triennale per l'informatica nella pubblica amministrazione di cui all'articolo 14-*bis*, comma 2, lettera *b*).

1-*bis*. Gli organi di Governo nell'esercizio delle funzioni di indirizzo politico ed in particolare nell'emanazione delle direttive generali per l'attività amministrativa e per la gestione ai sensi del comma 1 dell'articolo 14 del decreto legislativo 30 marzo 2001, n. 165, e le amministrazioni pubbliche nella redazione del piano di performance di cui all'articolo 10 del decreto legislativo 27 ottobre 2009, n. 150, dettano disposizioni per l'attuazione delle disposizioni del presente Codice.

1-*ter*. I dirigenti rispondono dell'osservanza ed attuazione delle disposizioni di cui al presente Codice ai sensi e nei limiti degli articoli 21 e 55 del decreto legislativo 30 marzo 2001, n. 165, ferme restando le eventuali responsabilità penali, civili e contabili previste dalle norme vigenti. L'attuazione delle disposizioni del presente Codice è comunque rilevante ai fini della misurazione e valutazione della performance organizzativa ed individuale dei dirigenti.

2. Le pubbliche amministrazioni utilizzano, nei rapporti interni, in quelli con altre amministrazioni e con i privati, le tecnologie dell'informazione e della comunicazione, garantendo l'interoperabilità dei sistemi e l'integrazione dei processi di servizio fra le diverse amministrazioni nel rispetto delle Linee guida.

3. Le pubbliche amministrazioni operano per assicurare l'uniformità e la graduale integrazione delle modalità di interazione degli utenti con i servizi informatici, ivi comprese le reti di telefonia fissa e mobile in tutte le loro articolazioni, da esse erogati, qualunque sia il canale di erogazione, nel rispetto della autonomia e della specificità di ciascun erogatore di servizi.

3-*bis*. I soggetti di cui all'articolo 2, comma 2, favoriscono l'uso da parte dei lavoratori di dispositivi elettronici personali o, se di proprietà dei predetti soggetti, personalizzabili, al fine di ottimizzare la prestazione lavorativa, nel rispetto delle condizioni di sicurezza nell'utilizzo. In caso di uso di dispositivi elettronici personali, i soggetti di cui all'articolo 2, comma 2, nel rispetto della disciplina in materia di trattamento dei dati personali, adottano ogni misura atta a garantire la sicurezza e la protezione delle informazioni e dei dati, tenendo conto delle migliori pratiche e degli standard nazionali, europei e internazionali per la protezione delle proprie reti, nonché a condizione che sia data al lavoratore adeguata informazione sull'uso sicuro dei dispositivi, anche attraverso la diffusione di apposite linee guida, e disciplinando, tra l'altro l'uso di webcam e microfoni, previa informazione alle organizzazioni sindacali.[1]

3-*ter*. Al fine di agevolare la diffusione del lavoro agile quale modalità di esecuzione del rapporto di lavoro subordinato, i soggetti di cui all'articolo 2, comma 2, lettera a), acquistano beni e progettano e sviluppano i sistemi informativi e i servizi informatici con modalità idonee a consentire ai lavoratori di accedere da remoto ad applicativi, dati e informazioni necessari allo svolgimento della prestazione lavorativa, nel rispetto della legge 20 maggio 1970, n. 300, del decreto legislativo 9 aprile 2008, n. 81 e della legge 22 maggio 2017, n. 81, assicurando un adeguato livello di sicurezza informatica, in linea con le migliori pratiche e gli standard nazionali ed internazionali per la protezione delle proprie reti, nonché a condizione che sia data al lavoratore adeguata informazione sull'uso sicuro degli strumenti impiegati, con particolare riguardo a quelli erogati tramite fornitori di servizi in cloud, anche attraverso la diffusione di apposite linee guida, e disciplinando anche la tipologia di attività che possono essere svolte, previa informazione alle organizzazioni sindacali.[2]

4-5-*bis*. [Abrogati].

[1] Periodo aggiunto dall'art. 31, D.L. 16 lug. 2020, n. 76, conv. con modif. in L. 11 set. 2020, n. 120.

[2] Comma aggiunto dall'art. 31, D.L. 16 lug. 2020, n. 76, conv. con modif. in L. 11 set. 2020, n. 120.

13. ***Formazione informatica dei dipendenti pubblici.*** — 1. Le pubbliche amministrazioni, nell'ambito delle risorse finanziarie disponibili, attuano politiche di reclutamento e formazione del personale finalizzate alla conoscenza e all'uso delle tecnologie dell'informazione e della comunicazione, nonché dei temi relativi all'accessibilità e alle tecnologie assistive, ai sensi dell'articolo 8 della legge 9 gennaio 2004, n. 4.[1]

1-*bis*. Le politiche di formazione di cui al comma 1 sono altresì volte allo sviluppo delle competenze tecnologiche, di informatica giuridica e manageriali dei dirigenti, per la transizione alla modalità operativa digitale.

[1] Comma così modif. dall'art. 12, D.lgs. 13 dic. 2017, n. 217.

13-*bis*. ***Codice di condotta tecnologica ed esperti.***[1] — 1. Al fine di favorire la digitalizzazione della pubblica amministrazione e garantire il necessario coordinamento sul piano tecnico delle varie iniziative di innovazione tecnologica, i soggetti di cui all'articolo 2, comma 2, lettera *a*), nell'ambito delle risorse disponibili, progettano, realizzano e sviluppano i propri sistemi informatici e servizi digitali, in coerenza con gli obiettivi dell'agenda digitale italiana ed europea e nel rispetto del codice di condotta tecnologica adottato dal Capo dipartimento della struttura della Presidenza del Consiglio dei ministri competente per la trasformazione digitale, sentiti l'AgID e il nucleo per la sicurezza cibernetica di cui all'articolo 12, comma 6, del decreto legislativo 18 maggio 2018, n. 65 e acquisito il parere della Conferenza unificata di cui all'articolo 8 del decreto legislativo 28 agosto 1997, n. 281, entro sessanta giorni dall'entrata in vigore della presente disposizione.

2. Il codice di condotta tecnologica disciplina le modalità di progettazione, sviluppo e implementazione dei progetti, sistemi e servizi digitali delle amministrazioni pubbliche, nel rispetto del principio di non discriminazione, dei diritti e delle libertà fondamentali delle persone e della disciplina in materia di perimetro nazionale di sicurezza cibernetica.

3. I soggetti di cui all'articolo 2, comma 2, lettera *a*), che avviano progetti di sviluppo dei servizi digitali sono tenuti a rispettare il codice di condotta tecnologica e possono avvalersi, singolarmente o in forma associata, di uno o più esperti in possesso di comprovata esperienza e qualificazione professionale nello sviluppo e nella gestione di processi complessi di trasformazione tecnologica e progetti di trasformazione digitale, nel limite delle risorse progettuali disponibili a legislazione vigente per lo scopo. Il codice di condotta tecnologica indica anche le principali attività, ivi compresa la formazione del personale, che gli esperti svolgono in collaborazione con il responsabile per la transizione digitale dell'amministrazione pubblica interessata, nonché il limite massimo di durata dell'incarico, i requisiti di esperienza e qualificazione professionale e il trattamento economico massimo da riconoscere agli esperti.

4. Nella realizzazione e nello sviluppo dei sistemi informativi, è sempre assicurata l'integrazione con le piattaforme abilitanti previste dagli articoli 5, 62, 64 e 64-*bis*, nonché la possibilità di accedere da remoto ad applicativi, dati e informazioni necessari allo svolgimento della prestazione lavorativa in modalità agile, assicurando un adeguato livello di sicurezza informatica, in linea con le migliori pratiche e gli standard nazionali ed internazionali per la protezione delle proprie reti, nonché promuovendo la consapevolezza dei lavoratori sull'uso sicuro dei suddetti sistemi informativi, anche attraverso la diffusione di apposite linee guida, e disciplinando anche la tipologia di attività che possono essere svolte.

5. L'AgID verifica il rispetto del codice di condotta tecnologica da parte dei soggetti interessati e può diffidare i soggetti a conformare la propria condotta agli obblighi previsti dal codice. La progettazione, la realizzazione e lo sviluppo di servizi digitali e sistemi informatici in violazione del codice di condotta tecnologica costituiscono mancato raggiungimento di uno specifico risultato e di un rilevante obiettivo da parte dei dirigenti responsabili delle strutture competenti e comportano la ri-

duzione, non inferiore al 30 per cento, della retribuzione di risultato e del trattamento accessorio collegato alla performance individuale dei dirigenti competenti, oltre al divieto di attribuire premi o incentivi nell'ambito delle medesime strutture.

[1] Articolo ins. dall'art. 32, D.L. 16 lug. 2020, n. 76, conv. con modif. in L. 11 set. 2020, n. 120.

14. ***Rapporti tra Stato, Regioni e autonomie locali.*** 1. In attuazione del disposto dell'articolo 117, secondo comma, lettera *r*), della Costituzione, lo Stato disciplina il coordinamento informatico dei dati dell'amministrazione statale, regionale e locale, dettando anche le regole tecniche necessarie per garantire la sicurezza e l'interoperabilità dei sistemi informatici e dei flussi informativi per la circolazione e lo scambio dei dati e per l'accesso ai servizi erogati in rete dalle amministrazioni medesime.

2. Lo Stato, le regioni e le autonomie locali promuovono le intese e gli accordi e adottano, attraverso la Conferenza unificata, gli indirizzi utili per realizzare gli obiettivi dell'Agenda digitale europea e nazionale e realizzare un processo di digitalizzazione dell'azione amministrativa coordinato e condiviso e per l'individuazione delle Linee guida. La Presidenza del Consiglio dei ministri, anche avvalendosi dell'AgID, assicura il coordinamento informatico dell'amministrazione statale, regionale e locale, con la finalità di progettare e monitorare l'evoluzione strategica del sistema informativo della pubblica amministrazione, favorendo l'adozione di infrastrutture e standard che riducano i costi sostenuti dalle amministrazioni e migliorino i servizi erogati assicurando un adeguato livello di sicurezza informatica, in linea con le migliori pratiche e gli standard nazionali ed internazionali per la protezione delle proprie reti, nonché promuovendo la consapevolezza dei lavoratori sull'uso sicuro dei suddetti sistemi informativi, anche attraverso la diffusione di apposite linee guida che disciplinano anche la tipologia di attività che possono essere svolte.[1]

2-*bis*. Le regioni promuovono sul territorio azioni tese a realizzare un processo di digitalizzazione dell'azione amministrativa coordinato e condiviso tra le autonomie locali.

2-*ter*. Le regioni e gli enti locali digitalizzano la loro azione amministrativa e implementano l'utilizzo delle tecnologie dell'informazione e della comunicazione per garantire servizi migliori ai cittadini e alle imprese, secondo le modalità di cui al comma 2.

3-3-*bis*. [Abrogati].

[1] Comma così modif. dall'art. 13, D.lgs. 13 dic. 2017, n. 217 e dall'art. 31, D.L. 16 lug. 2020, n. 76, conv. con modif. in L. 11 set. 2020, n. 120.

14-*bis*. ***Agenzia per l'Italia digitale.*** — 1. L'Agenzia per l'Italia Digitale (AgID) è preposta alla realizzazione degli obiettivi dell'Agenda Digitale Italiana, in coerenza con gli indirizzi dettati dal Presidente del Consiglio dei ministri o dal Ministro delegato, e con l'Agenda digitale europea. AgID, in particolare, promuove l'innovazione digitale nel Paese e l'utilizzo delle tecnologie digitali nell'organizzazione della pubblica amministrazione e nel rapporto tra questa, i cittadini e le imprese, nel rispetto dei principi di legalità, imparzialità e trasparenza e secondo criteri di efficienza, economicità ed efficacia. Essa presta la propria collaborazione alle istituzioni dell'Unione europea e svolge i compiti necessari per l'adempimento degli obblighi internazionali assunti dallo Stato nelle materie di competenza.

2. AgID svolge le funzioni di:

a) emanazione di Linee guida contenenti regole, standard e guide tecniche, nonché di indirizzo, vigilanza e controllo sull'attuazione e sul rispetto delle norme di cui al presente Codice, anche attraverso l'adozione di atti amministrativi generali, in materia di agenda digitale, digitalizzazione della pubblica amministrazione, sicurezza informatica, interoperabilità e cooperazione applicativa tra sistemi informatici pubblici e quelli dell'Unione europea;[1]

b) programmazione e coordinamento delle attività delle amministrazioni per l'uso delle tecnologie dell'informazione e della comunicazione, mediante la redazione e la successiva verifica dell'attuazione del Piano triennale per l'informatica nella pubblica amministrazione contenente la fissazione degli obiettivi e l'individuazione dei principali interventi di sviluppo e gestione dei sistemi informativi delle amministrazioni pubbliche. Il predetto Piano è elaborato dall'AgID, anche sulla base dei dati e delle informazioni acquisiti dai soggetti di cui all'articolo 2, comma 2, ed è approvato dal Presidente del Consiglio dei ministri o dal Ministro delegato entro il 30 settembre di ogni anno;[1]

c) monitoraggio delle attività svolte dalle amministrazioni, ivi inclusi gli investimenti effettuati ai sensi dell'articolo 1, comma 492, lettera *a-bis*), della legge 11 dicembre 2016, n. 232, in relazione alla loro coerenza con il Piano triennale di cui alla lettera *b*) e verifica dei risultati conseguiti dalle singole amministrazioni con particolare riferimento ai costi e benefici dei sistemi informatici secondo le modalità fissate dalla stessa Agenzia;[1]

d) predisposizione, realizzazione e gestione di interventi e progetti di innovazione, anche realizzando e gestendo direttamente o avvalendosi di soggetti terzi, specifici progetti in tema di innovazione ad essa assegnati nonché svolgendo attività di progettazione e coordinamento delle iniziative strategiche e di preminente interesse nazionale, anche a carattere intersettoriale;

e) promozione della cultura digitale e della ricerca anche tramite comunità digitali regionali;

f) rilascio di pareri tecnici, obbligatori e non vincolanti, sugli schemi di contratti e accordi quadro da parte delle pubbliche amministrazioni centrali concernenti l'acquisizione di beni e servizi relativi a sistemi informativi automatizzati per quanto riguarda la congruità tecnico-economica, qualora il valore lordo di detti contratti sia superiore a euro 1.000.000,00 nel caso di procedura negoziata e a euro 2.000.000,00 nel caso di procedura ristretta o di procedura aperta. Il parere è reso tenendo conto dei principi di efficacia, economicità, ottimizzazione della spesa delle pubbliche amministrazioni e favorendo l'adozione di infrastrutture condivise e standard che riducano i costi sostenuti dalle singole amministrazioni e il miglioramento dei servizi erogati, nonché in coerenza con i principi, i criteri e le indicazioni contenuti nei piani triennali approvati. Il parere è reso entro il termine di quarantacinque giorni dal ricevimento della relativa richiesta. Si applicano gli articoli 16 e 17-*bis* della legge 7 agosto 1990, n. 241, e successive modificazioni. Copia dei pareri tecnici attinenti a questioni di competenza dell'Autorità nazionale anticorruzione è trasmessa dall'AgID a detta Autorità;

g) rilascio di pareri tecnici, obbligatori e vincolanti, sugli elementi essenziali delle procedure di gara bandite, ai sensi dell'articolo 1, comma 512 della legge 28 dicembre 2015, n. 208, da Consip e dai soggetti aggregatori di cui all'articolo 9 del decreto-legge 24 aprile 2014, n. 66, concernenti l'acquisizione di beni e servizi relativi a sistemi informativi automatizzati e definiti di carattere strategico nel piano triennale. Il parere è reso entro il termine di quarantacinque giorni dal ricevimento della relativa richiesta e si applica l'articolo 17-*bis* della legge 7 agosto 1990, n. 241, e successive modificazioni. Ai fini della presente lettera per elementi essenziali si intendono l'oggetto della fornitura o del servizio, il valore economico del contratto, la tipologia di procedura che si intende adottare, il criterio di aggiudicazione e relativa ponderazione, le principali clausole che caratterizzano le prestazioni contrattuali. Si applica quanto previsto nei periodi da 2 a 5 della lettera *f*);[1]

h) definizione di criteri e modalità per il monitoraggio sull'esecuzione dei contratti da parte dell'amministrazione interessata [ovvero, su sua richiesta, da parte della stessa AgID][2];

i) vigilanza sui servizi fiduciari ai sensi dell'articolo 17 del regolamento UE 910/2014 in qualità di organismo a tal fine designato, sui gestori di posta elettronica certificata, sui soggetti di cui all'articolo 34, comma 1-*bis*, lettera *b*), nonché sui soggetti, pubblici e privati, che partecipano a SPID di cui all'articolo 64; nell'esercizio di tale funzione l'Agenzia può irrogare per le violazioni accertate a carico dei soggetti vigilati le sanzioni amministrative di cui all'articolo 32-*bis* in relazione alla gravità della violazione accertata e all'entità del danno provocato all'utenza;[1,3]

l) ogni altra funzione attribuitale da specifiche disposizioni di legge e dallo Statuto.

3. Fermo restando quanto previsto al comma 2, AgID svolge ogni altra funzione prevista da leggi e regolamenti già attribuita a DigitPA, all'Agenzia per la diffusione delle tecnologie per l'innovazione [nonché al Dipartimento per l'innovazione tecnologica della Presidenza del Consiglio dei ministri][2].

[1] Lettera così modif. dall'art. 14, D.lgs. 13 dic. 2017, n. 217.

[2] Parole soppresse dall'art. 31, D.L. 16 lug. 2020, n. 76, conv. con modif. in L. 11 set. 2020, n. 120.

[3] Lettera così modif. dall'art. 25, D.L. 16 lug. 2020, n. 76, conv. con modif. in L. 11 set. 2020, n. 120.

15. ***Digitalizzazione e riorganizzazione.*** — 1. La riorganizzazione strutturale e gestionale delle pubbliche amministrazioni volta al perseguimento degli obiettivi di cui all'articolo 12, comma 1, avviene anche attraverso il migliore e più esteso utilizzo delle tecnologie dell'informazione e della comunicazione nell'ambito di una coordinata strategia che garantisca il coerente sviluppo del processo di digitalizzazione.

2. In attuazione del comma 1, le pubbliche amministrazioni provvedono in particolare a razionalizzare e semplificare i procedimenti amministrativi, le attività gestionali, i documenti, la modulistica, le modalità di accesso e di presentazione delle istanze da parte dei cittadini e delle imprese, assicurando che l'utilizzo delle tecnologie dell'informazione e della comunicazione avvenga in conformità alle prescrizioni tecnologiche definite nelle Linee guida.

2-*bis*. Le pubbliche amministrazioni nella valutazione dei progetti di investimento in materia di innovazione tecnologica tengono conto degli effettivi risparmi derivanti dalla razionalizzazione di cui al comma 2, nonché dei costi e delle economie che ne derivano.

2-*ter*. Le pubbliche amministrazioni, quantificano annualmente, ai sensi dell'articolo 27, del decreto legislativo 27 ottobre 2009, n. 150, i risparmi effettivamente conseguiti in attuazione delle disposizioni di cui ai commi 1 e 2. Tali risparmi sono utilizzati, per due terzi secondo quanto previsto dall'articolo 27, comma 1, del citato decreto legislativo n. 150 del 2009 e in misura pari ad un terzo per il finanziamento di ulteriori progetti di innovazione.

2-*quater*. AgID individua, nell'ambito delle Linee guida, criteri e modalità di attuazione dei commi 2-*bis* e 2-*ter*, prevedendo che ogni pubblica amministrazione dia conto annualmente delle attività previste dai predetti commi nella relazione sulla gestione di cui all'articolo 11, comma 6, del decreto legislativo 23 giugno 2011, n. 118.[1]

3. La digitalizzazione dell'azione amministrativa è attuata dalle pubbliche amministrazioni con modalità idonee a garantire la partecipazione dell'Italia alla costruzione di reti transeuropee per lo scambio elettronico di dati e servizi fra le amministrazioni dei Paesi membri dell'Unione europea.

3-*bis*-3-*octies*. [Abrogati].

[1] Comma ins. dall'art. 15, D.lgs. 13 dic. 2017, n. 217.

16. ***Competenze del Presidente del Consiglio dei Ministri in materia di innovazione e tecnologie.*** — 1. Per il perseguimento dei fini di cui al presente codice, il Presidente del Consiglio dei Ministri o il Ministro delegato per l'innovazione e le tecnologie, nell'attività di coordinamento del processo di digitalizzazione e di coordinamento e di valutazione dei programmi, dei progetti e dei piani di azione formulati dalle pubbliche amministrazioni centrali per lo sviluppo dei sistemi informativi:

a) definisce con proprie direttive le linee strategiche, la pianificazione e le aree di intervento dell'innovazione tecnologica nelle pubbliche amministrazioni centrali, e ne verifica l'attuazione;

b) approva il piano triennale di cui all'articolo 14-*bis*, comma 2, lettera *b*), e valuta, sulla base di criteri e metodiche di ottimizzazione della spesa, il corretto utilizzo delle risorse finanziarie per l'informatica e la telematica da parte delle singole amministrazioni centrali;[1]

c) promuove e sostiene progetti di grande contenuto innovativo, di rilevanza strategica, di preminente interesse nazionale, con particolare attenzione per i progetti di carattere intersettoriale;[1]

d) promuove l'informazione circa le iniziative per la diffusione delle nuove tecnologie;

e) stabilisce i criteri in tema di pianificazione, progettazione, realizzazione, gestione, mantenimento dei sistemi informativi automatizzati delle pubbliche amministrazioni centrali e delle loro interconnessioni, nonché della loro qualità e relativi aspetti organizzativi e della loro sicurezza.[1]

2. Il Presidente del Consiglio dei Ministri o il Ministro delegato per l'innovazione e le tecnologie riferisce annualmente al Parlamento sullo stato di attuazione del presente codice.

[1] Lettera così modif. dall'art. 16, D.lgs. 13 dic. 2017, n. 217.

17. ***Responsabile per la transizione digitale e difensore civico digitale.***[1] — 1. Le pubbliche amministrazioni garantiscono l'attuazione delle linee strategiche per la riorganizzazione e la digitalizzazione dell'amministrazione definite dal Governo in coerenza con le Linee guida. A tal fine, ciascuna pubblica amministrazione affida a un unico ufficio dirigenziale generale, fermo restando il numero complessivo di tali uffici, la transizione alla modalità operativa digitale e i conseguenti processi di riorganizzazione finalizzati alla realizzazione di un'amministrazione digitale e aperta, di servizi facilmente utilizzabili e di qualità, attraverso una maggiore efficienza ed economicità. Al suddetto ufficio sono inoltre attribuiti i compiti relativi a:

a) coordinamento strategico dello sviluppo dei sistemi informativi, di telecomunicazione e fonia, in modo da assicurare anche la coerenza con gli standard tecnici e organizzativi comuni;

b) indirizzo e coordinamento dello sviluppo dei servizi, sia interni che esterni, forniti dai sistemi *informativi di telecomunicazione e fonia dell'amministrazione;*

c) indirizzo, pianificazione, coordinamento e monitoraggio della sicurezza informatica relativamente ai dati, ai sistemi e alle infrastrutture anche in relazione al sistema pubblico di connettività, nel rispetto delle regole tecniche di cui all'articolo 51, comma 1;

d) accesso dei soggetti disabili agli strumenti informatici e promozione dell'accessibilità anche in attuazione di quanto previsto dalla legge 9 gennaio 2004, n. 4;

e) analisi periodica della coerenza tra l'organizzazione dell'amministrazione e l'utilizzo delle tecnologie dell'informazione e della comunicazione, al fine di migliorare la soddisfazione dell'utenza e la qualità dei servizi nonché di ridurre i tempi e i costi dell'azione amministrativa;

f) cooperazione alla revisione della riorganizzazione dell'amministrazione ai fini di cui alla lettera *e*);

g) indirizzo, coordinamento e monitoraggio della pianificazione prevista per lo sviluppo e la gestione dei sistemi informativi di telecomunicazione e fonia;

h) progettazione e coordinamento delle iniziative rilevanti ai fini di una più efficace erogazione di servizi in rete a cittadini e imprese mediante gli strumenti della cooperazione applicativa tra pubbliche amministrazioni, ivi inclusa la predisposizione e l'attuazione di accordi di servizio tra amministrazioni per la realizzazione e compartecipazione dei sistemi informativi cooperativi;

i) promozione delle iniziative attinenti l'attuazione delle direttive impartite dal Presidente del Consiglio dei Ministri o dal Ministro delegato per l'innovazione e le tecnologie;

j) pianificazione e coordinamento del processo di diffusione, all'interno dell'amministrazione, dei sistemi di identità e domicilio digitale, posta elettronica, protocollo informatico, firma digitale o firma elettronica qualificata e mandato informatico, e delle norme in materia di accessibilità e fruibilità nonché del processo di integrazione e interoperabilità tra i sistemi e servizi dell'amministrazione e quello di cui all'articolo 64-*bis*;

j-*bis*) pianificazione e coordinamento degli acquisti di soluzioni e sistemi informatici, telematici e di telecomunicazione al fine di garantirne la compatibilità con gli obiettivi di attuazione dell'agenda digitale e, in particolare, con quelli stabiliti nel piano triennale di cui all'articolo 16, comma 1, lettera *b*).[1]

1-*bis*. Per lo svolgimento dei compiti di cui al comma 1, le Agenzie, le Forze armate, compresa l'Arma dei carabinieri e il Corpo delle capitanerie di porto, nonché i Corpi di polizia hanno facoltà di individuare propri uffici senza incrementare il numero complessivo di quelli già previsti nei rispettivi assetti organizzativi.

1-*ter*. Il responsabile dell'ufficio di cui al comma 1 è dotato di adeguate competenze tecnologiche, di informatica giuridica e manageriali e risponde, con riferimento ai compiti relativi alla transizione, alla modalità digitale direttamente all'organo di vertice politico.

1-*quater*. È istituito presso l'AgID l'ufficio del difensore civico per il digitale, a cui è preposto un soggetto in possesso di adeguati requisiti di terzietà, autonomia e imparzialità. Chiunque può presentare al difensore civico per il digitale, attraverso apposita area presente sul sito istituzionale dell'AgID, segnalazioni relative a presunte violazioni del presente Codice e di ogni altra norma in materia di digitalizzazione ed innovazione della pubblica amministrazione da parte dei soggetti di cui all'articolo 2, comma 2. Il difensore civico, accertata la non manifesta infondatezza della segnalazione, la trasmette al Direttore generale dell'AgID per l'esercizio dei poteri di cui all'articolo 18-*bis*.[1]

1-*quinquies*. AgID pubblica sul proprio sito una guida di riepilogo dei diritti di cittadinanza digitali previsti dal presente Codice.

1-*sexies*. Nel rispetto della propria autonomia organizzativa, le pubbliche amministrazioni diverse dalle amministrazioni dello Stato individuano l'ufficio per il digitale di cui al comma 1 tra quelli di livello dirigenziale oppure, ove ne siano privi, individuano un responsabile per il digitale tra le proprie posizioni apicali. In assenza del vertice politico, il responsabile dell'ufficio per il digitale di cui al comma 1 risponde direttamente a quello amministrativo dell'ente.[1]

1-*septies*. I soggetti di cui al comma 1-*sexies* possono esercitare le funzioni di cui al medesimo comma anche in forma associata.

[1] Comma così modif. dall'art. 41, c. 2, D.L. 31 mag. 2021, n. 77, conv. con modif. in L. 29 lug. 2021, n. 108.

18. ***Piattaforma nazionale per la governance della trasformazione digitale.***[1] — 1. È realizzata presso l'AgID una piattaforma per la consultazione pubblica e il confronto tra i portatori di interesse in relazione ai provvedimenti connessi all'attuazione dell'agenda digitale.

2. AgID identifica le caratteristiche tecnico-funzionali della piattaforma in maniera tale da garantire che la stessa sia accessibile ai portatori di interessi pubblici e privati e che sia idonea a raccogliere suggerimenti e proposte emendative in maniera trasparente, qualificata ed efficace.

3. Il Piano triennale per l'informatica nella pubblica amministrazione di cui all'articolo 14-*bis* è pubblicato sulla piattaforma e aggiornato di anno in anno.

4. Tutti i soggetti di cui all'articolo 2, comma 2, lettera *a*), possono pubblicare sulla piattaforma i provvedimenti che intendono adottare o, qualora si tratti di provvedimenti soggetti a modifiche e aggiornamenti periodici, già adottati, aventi ad oggetto l'attuazione dell'agenda digitale.

5. I soggetti di cui all'articolo 2, comma 2, lettera *a*), tengono conto di suggerimenti e proposte emendative raccolte attraverso la piattaforma.

[1] Articolo così sost. dall'art. 18, D.lgs. 13 dic. 2017, n. 217.

18-*bis*. ***Violazione degli obblighi di transizione digitale.***[1] — 1. L'AgID esercita poteri di vigilanza, verifica, controllo e monitoraggio sul rispetto delle disposizioni del presente Codice e di ogni altra norma in materia di innovazione tecnologica e digitalizzazione della pubblica amministrazione, ivi comprese quelle contenute nelle Linee guida e nel Piano triennale per l'informatica nella pubblica amministrazione, e procede, d'ufficio ovvero su segnalazione del difensore civico digitale, all'accertamento delle relative violazioni da parte dei soggetti di cui all'articolo 2, comma 2. Nell'esercizio dei poteri di vigilanza, verifica, controllo e monitoraggio, l'AgID richiede e acquisisce presso i soggetti di cui all'articolo 2, comma 2, dati, documenti e ogni altra informazione strumentale e necessaria. La mancata ottemperanza alla richiesta di dati, documenti o informazioni di cui al secondo periodo ovvero la trasmissione di informazioni o dati parziali o non veritieri è punita ai sensi del comma 5, con applicazione della sanzione ivi prevista ridotta della metà.

2. L'AgID, quando dagli elementi acquisiti risulta che sono state commesse una o più violazioni delle disposizioni di cui al comma 1, procede alla contestazione nei confronti del trasgressore, assegnandogli un termine perentorio per inviare scritti difensivi e documentazione e per chiedere di essere sentito.

3. L'AgID, ove accerti la sussistenza delle violazioni contestate, assegna al trasgressore un congruo termine perentorio, proporzionato rispetto al tipo e alla gravità della violazione, per conformare la condotta agli obblighi previsti dalla normativa vigente, segnalando le violazioni all'ufficio competente per i procedimenti disciplinari di ciascuna amministrazione, nonché ai competenti organismi indipendenti di valutazione. L'AgID pubblica le predette segnalazioni su apposita area del proprio sito internet istituzionale.

4. Le violazioni accertate dall'AgID rilevano ai fini della misurazione e della valutazione della performance individuale dei dirigenti responsabili e comportano responsabilità dirigenziale e disciplinare ai sensi degli articoli 21 e 55 del decreto legislativo 30 marzo 2001, n. 165. Resta fermo quanto previsto dagli articoli 13-*bis*, 50, 50-*ter*, 64-*bis*, comma 1-*quinquies*, del presente Codice e dall'articolo 33-*septies* del decreto-legge 18 ottobre 2012, n. 179, convertito, con modificazioni, dalla legge 17 dicembre 2012, n. 221.

5. In caso di mancata ottemperanza alla richiesta di dati, documenti o informazioni di cui al comma

1, ultimo periodo, ovvero di trasmissione di informazioni o dati parziali o non veritieri, nonché di violazione degli obblighi previsti dagli articoli 5, 7, comma 3, 41, commi 2 e 2-*bis*, 43, comma 1-*bis*, 50, comma 3-*ter*, 50-*ter*, comma 5, 64, comma 3-*bis*, 64-bis del presente Codice, dall'articolo 65, comma 1, del decreto legislativo 13 dicembre 2017, n. 217 e dall'articolo 33-*septies*, comma 4, del decreto-legge 18 ottobre 2012, n. 179, convertito, con modificazioni, dalla legge 17 dicembre 2012, n. 221, ove il soggetto di cui all'articolo 2, comma 2, non ottemperi all'obbligo di conformare la condotta nel termine di cui al comma 3, l'AgID irroga la sanzione amministrativa pecuniaria nel minimo di euro 10.000 e nel massimo di euro 100.000. Si applica, per quanto non espressamente previsto dal presente articolo, la disciplina della legge 24 novembre 1981, n. 689. I proventi delle sanzioni sono versati in apposito capitolo di entrata del bilancio dello Stato per essere riassegnati allo stato di previsione della spesa del Ministero dell'economia e delle finanze a favore per il 50 per cento dell'AgID e per la restante parte al Fondo di cui all'articolo 239 del decreto-legge 19 maggio 2020, n. 34, convertito, con modificazioni, dalla legge 17 luglio 2020, n. 77.

6. Contestualmente all'irrogazione della sanzione nei casi di violazione delle norme specificamente indicate al comma 5, nonché di violazione degli obblighi di cui all'articolo 13-bis, comma 4, l'AgID segnala la violazione alla struttura della Presidenza del Consiglio dei ministri competente per l'innovazione tecnologica e la transizione digitale che, ricevuta la segnalazione, diffida ulteriormente il soggetto responsabile a conformare la propria condotta agli obblighi previsti dalla disciplina vigente entro un congruo termine perentorio, proporzionato al tipo e alla gravità della violazione, avvisandolo che, in caso di inottemperanza, potranno essere esercitati i poteri sostitutivi del Presidente del Consiglio dei ministri o del Ministro delegato. Decorso inutilmente il termine, il Presidente del Consiglio dei ministri o il Ministro delegato per l'innovazione tecnologica e la transizione digitale, valutata la gravità della violazione, può nominare un commissario ad acta incaricato di provvedere in sostituzione. Al commissario non spettano compensi, indennità o rimborsi. Nel caso di inerzia o ritardi riguardanti amministrazioni locali, si procede all'esercizio del potere sostitutivo di cui agli articoli 117, quinto comma, e 120, secondo comma, della Costituzione, ai sensi dell'articolo 8 della legge 5 giugno 2003, n. 131.

7. L'AgID, con proprio regolamento, disciplina le procedure di contestazione, accertamento, segnalazione e irrogazione delle sanzioni per le violazioni di cui alla presente disposizione.

8. All'attuazione della presente disposizione si provvede con le risorse umane, strumentali e finanziarie già previste a legislazione vigente.

8-*bis*. Le disposizioni del presente articolo trovano applicazione in tutti i casi in cui l'AgID esercita poteri sanzionatori attribuiti dalla legge.[2]

[1] Articolo ins. dall'art. 41, D.L. 31 mag. 2021, n. 77, conv. con modif. in L. 29 lug. 2021, n. 108.

[2] Comma ins. dall'art. 30, c. 8-*bis*, D.L. 30 apr. 2022, n. 36, conv. con modif. in L. 29 giu. 2022, n. 79.

19. ***Banca dati per la legislazione in materia di pubblico impiego.*** [Abrogato]

CAPO II
Documento informatico, firme elettroniche, servizi fiduciari e trasferimenti di fondi[1]

[1] Rubrica così sost. dall'art. 19, D.lgs. 13 dic. 2017, n. 217.

SEZIONE I
Documento informatico

20. ***Validità ed efficacia probatoria dei documenti informatici.*** — 1. [Abrogato].

1-*bis*. Il documento informatico soddisfa il requisito della forma scritta e ha l'efficacia prevista dall'articolo 2702 del Codice civile quando vi è apposta una firma digitale, altro tipo di firma elettronica qualificata o una firma elettronica avanzata o, comunque, è formato, previa identificazione informatica del suo autore, attraverso un processo avente i requisiti fissati dall'AgID ai sensi dell'articolo 71 con modalità tali da garantire la sicurezza, integrità e immodificabilità del documento e, in maniera manifesta e inequivoca, la sua riconducibilità all'autore. In tutti gli altri casi, l'idoneità del documento informatico a soddisfare il requisito della forma scritta e il suo valore probatorio sono liberamente valutabili in giudizio, in relazione alle caratteristiche di sicurezza, integrità e immodificabilità. La data e l'ora di formazione del documento informatico sono opponibili ai terzi se apposte in conformità alle Linee guida.[1]

1-*ter*. L'utilizzo del dispositivo di firma elettronica qualificata o digitale si presume riconducibile al titolare di firma elettronica, salvo che questi dia prova contraria.[2]

1-*quater*. Restano ferme le disposizioni concernenti il deposito degli atti e dei documenti in via telematica secondo la normativa, anche regolamentare, in materia di processo telematico.[2]

2. [Abrogato].

3. Le regole tecniche per la formazione, per la trasmissione, la conservazione, la copia, la duplicazione, la riproduzione e la validazione dei documenti informatici, nonché quelle in materia di generazione, apposizione e verifica di qualsiasi tipo di firma elettronica, sono stabilite con le Linee guida.[3]

4. Con le medesime regole tecniche sono definite le misure tecniche, organizzative e gestionali volte a garantire l'integrità, la disponibilità e la riservatezza delle informazioni contenute nel documento informatico.

5. Restano ferme le disposizioni di legge in materia di protezione dei dati personali.

5-*bis*. Gli obblighi di conservazione e di esibizione di documenti previsti dalla legislazione vigente si intendono soddisfatti a tutti gli effetti di legge a mezzo di documenti informatici, se le procedure utilizzate sono conformi alle Linee guida.

[1] Comma così sost. dall'art. 20, D.lgs. 13 dic. 2017, n. 217.
[2] Comma ins. dall'art. 20, D.lgs. 13 dic. 2017, n. 217.
[3] Comma sost. dall'art. 20, D.lgs. 13 dic. 2017, n. 217.

21. ***Ulteriori disposizioni relative ai documenti informatici, sottoscritti con firma elettronica avanzata, qualificata o digitale.***[1] — 1-2. [Abrogati][2]

2-*bis*. Salvo il caso di sottoscrizione autenticata, le scritture private di cui all'articolo 1350, primo comma, numeri da 1 a 12, del codice civile, se fatte con documento informatico, sono sottoscritte, a pena di nullità, con firma elettronica qualificata o con firma digitale. Gli atti di cui all'articolo 1350, numero 13), del codice civile redatti su documento informatico o formati attraverso procedimenti informatici sono sottoscritti, a pena di nullità, con firma elettronica avanzata, qualificata o digitale ovvero sono formati con le ulteriori modalità di cui all'articolo 20, comma 1-*bis*, primo periodo.[3]

2-*ter*. Fatto salvo quanto previsto dal decreto legislativo 2 luglio 2010, n. 110, ogni altro atto pubblico redatto su documento informatico è sottoscritto dal pubblico ufficiale a pena di nullità con firma qualificata o digitale. Le parti, i fidefacenti, l'interprete e i testimoni sottoscrivono personalmente l'atto, in presenza del pubblico ufficiale, con firma avanzata, qualificata o digitale ovvero con firma autografa acquisita digitalmente e allegata agli atti.

3-4. [Abrogati].

5. Gli obblighi fiscali relativi ai documenti informatici ed alla loro riproduzione su diversi tipi di supporto sono assolti secondo le modalità definite con uno o più decreti del Ministro dell'economia e delle finanze, sentito il Ministro delegato per l'innovazione e le tecnologie.

[1] Rubrica così sost. dall'art. 21, D.lgs. 13 dic. 2017, n. 217.
[2] Commi abrog. dall'art. 21, D.lgs. 13 dic. 2017, n. 217.
[3] Comma così modif. dall'art. 21, D.lgs. 13 dic. 2017, n. 217.

22. ***Copie informatiche di documenti analogici.*** — 1. I documenti informatici contenenti copia di atti pubblici, scritture private e documenti in genere, compresi gli atti e documenti amministrativi di ogni tipo formati in origine su supporto analogico, spediti o rilasciati dai depositari pubblici autorizzati e dai pubblici ufficiali, hanno piena efficacia, ai sensi degli articoli 2714 e 2715 del codice civile, se sono formati ai sensi dell'articolo 20, comma 1-*bis*, primo periodo. La loro esibizione e produzione sostituisce quella dell'originale.[1]

1-*bis*. La copia per immagine su supporto informatico di un documento analogico è prodotta mediante processi e strumenti che assicurano che il documento informatico abbia contenuto e forma identici a quelli del documento analogico da cui è tratto, previo raffronto dei documenti o attraverso certificazione di processo nei casi in cui siano adottate tecniche in grado di garantire la corrispondenza della forma e del contenuto dell'originale e della copia.[2]

2. Le copie per immagine su supporto informatico di documenti originali formati in origine su supporto analogico hanno la stessa efficacia probatoria degli originali da cui sono estratte, se la loro conformità è attestata da un notaio o da altro pubblico ufficiale a ciò autorizzato, secondo le Linee guida.[1]

3. Le copie per immagine su supporto informatico di documenti originali formati in origine su supporto analogico nel rispetto delle Linee guida hanno la stessa efficacia probatoria degli originali da cui sono tratte se la loro conformità all'originale non è espressamente disconosciuta.

4. Le copie formate ai sensi dei commi 1, 1-*bis*, 2 e 3 sostituiscono ad ogni effetto di legge gli originali formati in origine su supporto analogico, e sono idonee ad assolvere gli obblighi di conservazione previsti dalla legge, salvo quanto stabilito dal comma 5.[1]

5. Con decreto del Presidente del Consiglio dei Ministri possono essere individuate particolari tipologie di documenti analogici originali unici per le quali, in ragione di esigenze di natura pubblicistica, permane l'obbligo della conservazione dell'originale analogico oppure, in caso di conservazione sostitutiva, la loro conformità all'originale deve essere autenticata da un notaio o da altro pubblico ufficiale a ciò autorizzato con dichiarazione da questi firmata digitalmente ed allegata al documento informatico.

6. [Abrogato].

[1] Comma così modif. dall'art. 22, D.lgs. 13 dic. 2017, n. 217.
[2] Comma ins. dall'art. 22, D.lgs. 13 dic. 2017, n. 217.

23. ***Copie analogiche di documenti informatici.*** — 1. Le copie su supporto analogico di documento informatico, anche sottoscritto con firma elettronica avanzata, qualificata o digitale, hanno la stessa efficacia probatoria dell'originale da cui sono tratte se la loro conformità all'originale in tutte le sue componenti è attestata da un pubblico ufficiale a ciò autorizzato.

2. Le copie e gli estratti su supporto analogico del documento informatico, conformi alle vigenti regole tecniche, hanno la stessa efficacia probatoria dell'originale se la loro conformità non è espressamente disconosciuta. Resta fermo, ove previsto

l'obbligo di conservazione dell'originale informatico.

2-*bis*. Sulle copie analogiche di documenti informatici può essere apposto a stampa un contrassegno, sulla base dei criteri definiti con le Linee guida, tramite il quale è possibile accedere al documento informatico, ovvero verificare la corrispondenza allo stesso della copia analogica. Il contrassegno apposto ai sensi del primo periodo sostituisce a tutti gli effetti di legge la sottoscrizione autografa del pubblico ufficiale e non può essere richiesta la produzione di altra copia analogica con sottoscrizione autografa del medesimo documento informatico. I soggetti che procedono all'apposizione del contrassegno rendono disponibili gratuitamente sul proprio sito Internet istituzionale idonee soluzioni per la verifica del contrassegno medesimo.[1]

[1] Comma così modif. dall'art. 23, D.lgs. 13 dic. 2017, n. 217.

23-*bis*. *Duplicati e copie informatiche di documenti informatici.* — 1. I duplicati informatici hanno il medesimo valore giuridico, ad ogni effetto di legge, del documento informatico da cui sono tratti, se prodotti in conformità alle Linee guida.

2. Le copie e gli estratti informatici del documento informatico, se prodotti in conformità alle vigenti Linee guida, hanno la stessa efficacia probatoria dell'originale da cui sono tratte se la loro conformità all'originale, in tutti le sue componenti, è attestata da un pubblico ufficiale a ciò autorizzato o se la conformità non è espressamente disconosciuta. Resta fermo, ove previsto, l'obbligo di conservazione dell'originale informatico.

23-*ter*. *Documenti amministrativi informatici.* — 1. Gli atti formati dalle pubbliche amministrazioni con strumenti informatici, nonché i dati e i documenti informatici detenuti dalle stesse, costituiscono informazione primaria ed originale da cui è possibile effettuare, su diversi o identici tipi di supporto, duplicazioni e copie per gli usi consentiti dalla legge.

1-*bis*. La copia su supporto informatico di documenti formati dalle pubbliche amministrazioni in origine su supporto analogico è prodotta mediante processi e strumenti che assicurano che il documento informatico abbia contenuto identico a quello del documento analogico da cui è tratto, previo raffronto dei documenti o attraverso certificazione di processo nei casi in cui siano adottate tecniche in grado di garantire la corrispondenza del contenuto dell'originale e della copia.[1]

2. [Abrogato].

3. Le copie su supporto informatico di documenti formati dalla pubblica amministrazione in origine su supporto analogico ovvero da essa detenuti, hanno il medesimo valore giuridico, ad ogni effetto di legge, degli originali da cui sono tratte, se la loro conformità all'originale è assicurata dal funzionario a ciò delegato nell'ambito dell'ordinamento proprio dell'amministrazione di appartenenza, mediante l'utilizzo della firma digitale o di altra firma elettronica qualificata e nel rispetto delle Linee guida; in tale caso l'obbligo di conservazione dell'originale del documento è soddisfatto con la conservazione della copia su supporto informatico.

4. In materia di formazione e conservazione di documenti informatici delle pubbliche amministrazioni, le Linee guida sono definite anche sentito il Ministero dei beni e delle attività culturali e del turismo.[2]

5. [Abrogato].

5-*bis*. I documenti di cui al presente articolo devono essere fruibili indipendentemente dalla condizione di disabilità personale, applicando i criteri di accessibilità definiti dai requisiti tecnici di cui all'articolo 11 della legge 9 gennaio 2004, n. 4.

6. Per quanto non previsto dal presente articolo si applicano gli articoli 21, 22, 23 e 23-*bis*.

[1] Comma ins. dall'art. 24, D.lgs. 13 dic. 2017, n. 217.
[2] Comma così sost. dall'art. 24, D.lgs. 13 dic. 2017, n. 217.

23-*quater*. (*Omissis*).[1]

[1] Modifica l'articolo 2712 del codice civile.

SEZIONE II
Firme elettroniche, certificati e prestatori di servizi fiduciari[1]

[1] Rubrica così sost. dall'art. 25, D.lgs. 13 dic. 2017, n. 217.

24. *Firma digitale.* — 1. La firma digitale deve riferirsi in maniera univoca ad un solo soggetto ed al documento o all'insieme di documenti cui è apposta o associata.

2. L'apposizione di firma digitale integra e sostituisce l'apposizione di sigilli, punzoni, timbri, contrassegni e marchi di qualsiasi genere ad ogni fine previsto dalla normativa vigente.

3. Per la generazione della firma digitale deve adoperarsi un certificato qualificato che, al momento della sottoscrizione, non risulti scaduto di validità ovvero non risulti revocato o sospeso.

4. Attraverso il certificato qualificato si devono rilevare, secondo le Linee guida, la validità del certificato stesso, nonché gli elementi identificativi del titolare di firma digitale e del certificatore e gli eventuali limiti d'uso. Le linee guida definiscono altresì le modalità, anche temporali, di apposizione della firma.[1]

4-*bis*. L'apposizione a un documento informatico di una firma digitale o di un altro tipo di firma elettronica qualificata basata su un certificato elettronico revocato, scaduto o sospeso equivale a mancata sottoscrizione, salvo che lo stato di sospensione sia stato annullato. La revoca o la sospensione, comunque motivate, hanno effetto dal momento della pubblicazione, salvo che il revocante, o chi richiede la sospensione, non dimostri che essa era già a conoscenza di tutte le parti interessate.

4-*ter*. Le disposizioni del presente articolo si applicano anche se la firma elettronica è basata su un certificato qualificato rilasciato da un certificatore stabilito in uno Stato non facente parte dell'Unione europea, quando ricorre una delle seguenti condizioni:

a) il certificatore possiede i requisiti previsti dal regolamento eIDAS ed è qualificato in uno Stato membro

b) il certificato qualificato è garantito da un certificatore stabilito nella Unione europea, in possesso dei requisiti di cui al medesimo regolamento;

c) il certificato qualificato, o il certificatore, è riconosciuto in forza di un accordo bilaterale o multilaterale tra l'Unione europea e Paesi terzi o organizzazioni internazionali.

[1] Comma così modif. dall'art. 26, D.lgs. 13 dic. 2017, n. 217.

25. ***Firma autenticata.*** — 1. Si ha per riconosciuta, ai sensi dell'articolo 2703 del codice civile, la firma elettronica o qualsiasi altro tipo di firma elettronica avanzata autenticata dal notaio o da altro pubblico ufficiale a ciò autorizzato.

2. L'autenticazione della firma elettronica, anche mediante l'acquisizione digitale della sottoscrizione autografa, o di qualsiasi altro tipo di firma elettronica avanzata consiste nell'attestazione, da parte del pubblico ufficiale, che la firma è stata apposta in sua presenza dal titolare, previo accertamento della sua identità personale, della validità dell'eventuale certificato elettronico utilizzato e del fatto che il documento sottoscritto non è in contrasto con l'ordinamento giuridico.

3. L'apposizione della firma digitale da parte del pubblico ufficiale ha l'efficacia di cui all'articolo 24, comma 2.

4. Se al documento informatico autenticato deve essere allegato altro documento formato in originale su altro tipo di supporto, il pubblico ufficiale può allegare copia informatica autenticata dell'originale, secondo le disposizioni dell'articolo 23.

26-27. [Abrogati]

28. ***Certificati di firma elettronica qualificata.*** — 1. [Abrogato].

2. In aggiunta alle informazioni previste nel Regolamento eIDAS nel certificato di firma elettronica qualificata può essere inserito il codice fiscale. Per i titolari residenti all'estero cui non risulti attribuito il codice fiscale, si può indicare il codice fiscale rilasciato dall'autorità fiscale del Paese di residenza o, in mancanza, un analogo codice identificativo univoco.[1]

3. Il certificato di firma elettronica qualificata può contenere, ove richiesto dal titolare di firma elettronica o dal terzo interessato, le seguenti informazioni, se pertinenti e non eccedenti rispetto allo scopo per il quale il certificato è richiesto:

a) le qualifiche specifiche del titolare di firma elettronica, quali l'appartenenza ad ordini o collegi professionali, la qualifica di pubblico ufficiale, l'iscrizione ad albi o il possesso di altre abilitazioni professionali, nonché poteri di rappresentanza;

b) i limiti d'uso del certificato, inclusi quelli derivanti dalla titolarità delle qualifiche e dai poteri di rappresentanza di cui alla lettera *a*) ai sensi dell'articolo 30, comma 3;

c) limiti del valore degli atti unilaterali e dei contratti per i quali il certificato può essere usato, ove applicabili;

c-*bis*) uno pseudonimo, qualificato come tale.[1]

3-*bis*. Le informazioni di cui al comma 3 sono riconoscibili da parte dei terzi e chiaramente evidenziati nel certificato. Le informazioni di cui al comma 3 possono anche essere contenute in un separato certificato elettronico e possono essere rese disponibili anche in rete. Con le Linee guida sono definite le modalità di attuazione del presente comma, anche in riferimento alle pubbliche amministrazioni e agli ordini professionali.[1]

4. Il titolare di firma elettronica, ovvero il terzo interessato se richiedente ai sensi del comma 3, comunicano tempestivamente al certificatore il modificarsi o venir meno delle circostanze oggetto delle informazioni di cui al presente articolo.[1]

4-*bis*. Il certificatore ha l'obbligo di conservare le informazioni di cui ai commi 3 e 4 per almeno venti anni decorrenti dalla scadenza del certificato di firma.[2]

[1] Comma così modif. dall'art. 27, D.lgs. 13 dic. 2017, n. 217.

[2] Comma aggiunto dall'art. 27, D.lgs. 13 dic. 2017, n. 217.

29. ***Qualificazione dei fornitori di servizi.***[1] — 1. I soggetti che intendono svolgere l'attività di conservatore di documenti informatici presentano all'AgID domanda di accreditamento, secondo le modalità fissate dalle Linee guida.[2]

2. Ai fini della qualificazione, i soggetti di cui al comma 1 devono possedere i requisiti di cui all'articolo 24 del Regolamento (UE) 23 luglio 2014, n. 910/2014, disporre di requisiti di onorabilità, affidabilità, tecnologici e organizzativi compatibili con la disciplina europea, nonché di garanzie assicurative adeguate rispetto all'attività svolta. Con decreto del Presidente del Consiglio dei ministri, o del Ministro delegato per l'innovazione tecnologica e la digitalizzazione, sentita l'AgID, nel rispetto della disciplina europea, sono definiti i predetti requisiti in relazione alla specifica attività che i soggetti di cui al comma 1 intendono svolgere. Il predetto decreto determina altresì i criteri per la fissazione delle tariffe dovute all'AgID per lo svolgimento delle predette attività, nonché i requisiti e le condizioni per lo svolgimento delle attività di cui al comma 1 da parte di amministrazioni pubbliche.[2]

3.[3]

4. La domanda di qualificazione [o di accreditamento][4] si considera accolta qualora non venga comunicato all'interessato il provvedimento di diniego entro novanta giorni dalla data di presentazione della stessa.

5. Il termine di cui al comma 4, può essere sospeso una sola volta entro trenta giorni dalla data di presentazione della domanda, esclusivamente per la motivata richiesta di documenti che integrino o completino la documentazione presentata e che non siano già nella disponibilità di AgID o che questo non possa acquisire autonomamente. In tale caso, il termine riprende a decorrere dalla data di ricezione della documentazione integrativa.

6. A seguito dell'accoglimento della domanda, AgID dispone l'iscrizione del richiedente in un apposito elenco di fiducia pubblico, tenuto da AgID stesso e consultabile anche in via telematica, ai fini dell'applicazione della disciplina in questione.

7-8. [Abrogati].

9. Alle attività previste dal presente articolo si fa fronte nell'ambito delle risorse di AgID, senza nuovi o maggiori oneri per la finanza pubblica.

[1] Rubrica così sost. dall'art. 25, D.L. 16 lug. 2020, n. 76, conv. con modif. in L. 11 set. 2020, n. 120.

[2] Comma così modif. dall'art. 25, D.L. 16 lug. 2020, n. 76, conv. con modif. in L. 11 set. 2020, n. 120.

[3] Comma abrog. dall'art. 28, D.lgs. 13 dic. 2017, n. 217.

[4] Parole soppresse dall'art. 25, D.L. 16 lug. 2020, n. 76, conv. con modif. in L. 11 set. 2020, n. 120.

30. ***Responsabilità dei prestatori di servizi fiduciari qualificati, dei gestori di posta elettronica certificata, dei gestori dell'identità digitale e di conservatori.*** — 1. I prestatori di servizi fiduciari qualificati e i gestori di posta elettronica certificata, iscritti nell'elenco di cui all'articolo 29, comma 6, nonché i gestori dell'identità digitale e i conservatori di documenti informatici, che cagionano danno ad altri nello svolgimento della loro attività, sono tenuti al risarcimento, se non provano di avere adottato tutte le misure idonee a evitare il danno.[1]

2. [Abrogato].

3. Il prestatore di servizi di firma digitale o di altra firma elettronica qualificata non è responsabile dei danni derivanti dall'uso di un certificato qualificato che ecceda i limiti eventualmente posti dallo stesso ai sensi dell'articolo 28, comma 3, a condizione che limiti d'uso e di valore siano chiaramente riconoscibili secondo quanto previsto dall'articolo 28, comma 3-*bis*.[2]

[1] Comma così modif. dall'art. 25, D.L. 16 lug. 2020, n. 76, conv. con modif. in L. 11 set. 2020, n. 120.

[1] Comma così modif. dall'art. 13, D.lgs. 13 dic. 2017, n. 217.

31. ***Vigilanza sull'attività dei certificatori e dei gestori di posta elettronica certificata.*** [Abrogato].

32. ***Obblighi del titolare di firma elettronica qualificata e del prestatore di servizi di firma elettronica qualificata.***[1] — 1. Il titolare del certificato di firma è tenuto ad assicurare la custodia del dispositivo di firma o degli strumenti di autenticazione informatica per l'utilizzo del dispositivo di firma da remoto, e ad adottare tutte le misure organizzative e tecniche idonee ad evitare danno ad altri; è altresì tenuto ad utilizzare personalmente il dispositivo di firma.

2. Il prestatore di servizi di firma elettronica qualificata è tenuto ad adottare tutte le misure organizzative e tecniche idonee ad evitare danno a terzi.

3. Il prestatore di servizi di firma elettronica qualificata che rilascia certificati qualificati deve comunque:[2]

a) provvedere con certezza alla identificazione della persona che fa richiesta della certificazione;

b) rilasciare e rendere pubblico il certificato elettronico nei modi o nei casi stabiliti dalle Linee guida, nel rispetto del decreto legislativo 30 giugno 2003, n. 196, e successive modificazioni;

c) specificare, nel certificato qualificato su richiesta dell'istante, e con il consenso del terzo interessato, i poteri di rappresentanza o altri titoli relativi all'attività professionale o a cariche rivestite, previa verifica della documentazione presentata dal richiedente che attesta la sussistenza degli stessi;

d) attenersi alle Linee guida;

e) informare i richiedenti in modo compiuto e chiaro, sulla procedura di certificazione e sui necessari requisiti tecnici per accedervi e sulle caratteristiche e sulle limitazioni d'uso delle firme emesse sulla base del servizio di certificazione;

f) [abrogata];

g) procedere alla tempestiva pubblicazione della revoca e della sospensione del certificato elettronico in caso di richiesta da parte del titolare di firma elettronica qualificata o del terzo dal quale derivino i poteri del titolare di firma elettronica qualificata medesimo, di perdita del possesso o della compromissione del dispositivo di firma o degli strumenti di autenticazione informatica per l'utilizzo del dispositivo di firma, di provvedimento dell'autorità, di acquisizione della conoscenza di cause limitative della capacità del titolare di firma elettronica qualificata, di sospetti abusi o falsificazioni, secondo quanto previsto dalle Linee guida;

h) garantire un servizio di revoca e sospensione dei certificati elettronici sicuro e tempestivo nonché garantire il funzionamento efficiente, puntuale e sicuro degli elenchi dei certificati di firma emessi, sospesi e revocati;

i) assicurare la precisa determinazione della data e dell'ora di rilascio, di revoca e di sospensione dei certificati elettronici;

j) tenere registrazione, anche elettronica, di tutte le informazioni relative al certificato qualificato dal momento della sua emissione almeno per venti anni anche al fine di fornire prova della certificazione in eventuali procedimenti giudiziari;

k) non copiare, né conservare, le chiavi private di firma del soggetto cui il prestatore di servizi di firma elettronica qualificata ha fornito il servizio di certificazione;

l) predisporre su mezzi di comunicazione durevoli tutte le informazioni utili ai soggetti che richiedono il servizio di certificazione, tra cui in particolare gli esatti termini e condizioni relative all'uso del certificato, compresa ogni limitazione dell'uso, l'esistenza di un sistema di accreditamento facoltativo e le procedure di reclamo e di risoluzione delle controversie; dette informazioni, che possono essere trasmesse elettronicamente, devono essere scritte in linguaggio chiaro ed essere fornite prima dell'accordo tra il richiedente il servizio ed il prestatore di servizi di firma elettronica qualificata;

m) utilizzare sistemi affidabili per la gestione del registro dei certificati con modalità tali da garantire che soltanto le persone autorizzate possano effettuare inserimenti e modifiche, che l'autenticità delle informazioni sia verificabile, che i certificati siano accessibili alla consultazione del pubblico soltanto nei casi consentiti dal titolare del certificato e che l'operatore possa rendersi conto di qualsiasi evento che comprometta i requisiti di sicurezza. Su richiesta, elementi pertinenti delle informazioni possono essere resi accessibili a terzi che facciano affidamento sul certificato;

m-bis) garantire il corretto funzionamento e la continuità del sistema e comunicare immediatamente a AgID e agli utenti eventuali malfunzionamenti che determinano disservizio, sospensione o interruzione del servizio stesso.

4. Il prestatore di servizi di firma elettronica qualificata è responsabile dell'identificazione del soggetto che richiede il certificato qualificato di firma anche se tale attività è delegata a terzi.

5. Il prestatore di servizi di firma elettronica qualificata raccoglie i dati personali direttamente dalla persona cui si riferiscono o, previo suo esplicito consenso, tramite il terzo, e soltanto nella misura necessaria al rilascio e al mantenimento del certificato, fornendo l'informativa prevista dall'articolo 13 del decreto legislativo 30 giugno 2003, n. 196. I dati non possono essere raccolti o elaborati per fini diversi senza l'espresso consenso della persona cui si riferiscono.

[1] Rubrica così modif. dall'art. 30, D.lgs. 13 dic. 2017, n. 217.

[2] Alinea così modif. dall'art. 30, D.lgs. 13 dic. 2017, n. 217.

[3] Lettera così modif. dall'art. 30, D.lgs. 13 dic. 2017, n. 217.

32-*bis*. *Sanzioni per i prestatori di servizi fiduciari qualificati, per i gestori di posta elettronica certificata, per i gestori dell'identità digitale e per i conservatori.* — L'AgID può irrogare ai prestatori di servizi fiduciari qualificati, ai gestori di posta elettronica certificata, ai gestori dell'identità digitale e ai soggetti di cui all'articolo 34, comma 1-*bis*, lettera b*)*, che abbiano violato gli obblighi del Regolamento eIDAS o del presente Codice relative alla prestazione dei predetti servizi, sanzioni amministrative in relazione alla gravità della violazione accertata e all'entità del danno provocato all'utenza, per importi da un minimo di euro 40.000,00 a un massimo di euro 400.000,00, fermo restando il diritto al risarcimento del maggior danno. Le sanzioni per le violazioni commesse dai soggetti di cui all'articolo 34, comma 1-*bis*, lettera *b*), sono fissate nel minimo in euro 4.000,00 e nel massimo in euro 40.000,00. Le violazioni del presente Codice idonee a esporre a rischio i diritti e gli interessi di una pluralità di utenti o relative a significative carenze infrastrutturali o di processo del fornitore di servizio si considerano gravi. AgID, laddove accerti tali gravi violazioni, dispone altresì la cancellazione del fornitore del servizio dall'elenco dei soggetti qualificati e il divieto di accreditamento o qualificazione per un periodo fino ad un massimo di due anni. Le sanzioni vengono irrogate dal direttore generale dell'AgID. Si applica, in quanto compatibile, la disciplina della legge 24 novembre 1981, n. 689.[1]

1-*bis*. L'AgID irroga la sanzione amministrativa di cui al comma 1 e diffida i soggetti a conformare la propria condotta agli obblighi previsti dalla disciplina vigente.[2]

2. Fatti salvi i casi di forza maggiore o di caso fortuito, qualora si verifichi un malfunzionamento nei servizi forniti dai soggetti di cui al comma 1 che determini l'interruzione del servizio, ovvero in caso di mancata o intempestiva comunicazione dello stesso disservizio a AgID o agli utenti, ai sensi dell'articolo 32, comma 3, lettera *m-bis*), AgID, ferma restando l'irrogazione delle sanzioni amministrative, diffida altresì i soggetti di cui al comma 1 a ripristinare la regolarità del servizio o ad effettuare le comunicazioni previste. Se l'interruzione del servizio ovvero la mancata o intempestiva comunicazione sono reiterati nel corso di un biennio, successivamente alla prima diffida si applica la sanzione della cancellazione dall'elenco pubblico.[2]

3. Nei casi di cui ai commi 1, 1-*bis* e 2 può essere applicata la sanzione amministrativa accessoria della pubblicazione dei provvedimenti di diffida o di cancellazione secondo la legislazione vigente in materia di pubblicità legale.

4. [Abrogato].

[1] Comma così modif. dall'art. 25, D.L. 16 lug. 2020, n. 76, conv. con modif. in L. 11 set. 2020, n. 120, e dall'art. 27, c. 1, D.L. 6 nov. 2021, n. 152, conv. con modif. in L. 29 dic. 2021, n. 233.

[2] Comma così sost. dall'art. 31, D.lgs. 13 dic. 2017, n. 217.

33. *Uso di pseudonimi.*[1]

[1] Articolo abrog. dall'art. 64, D.lgs. 13 dic. 2017, n. 217.

34. *Norme particolari per le pubbliche ammi-*

nistrazioni. — Ai fini della sottoscrizione, ove prevista, di documenti informatici di rilevanza esterna, le pubbliche amministrazioni:

a) possono svolgere direttamente l'attività di rilascio dei certificati qualificati avendo a tale fine l'obbligo di qualificarsi ai sensi dell'articolo 29; tale attività può essere svolta esclusivamente nei confronti dei propri organi ed uffici, nonché di categorie di terzi, pubblici o privati;

b) possono rivolgersi a prestatori di servizi di firma digitale o di altra firma elettronica qualificata, secondo la vigente normativa in materia di contratti pubblici.[1]

1-*bis*. Le pubbliche amministrazioni possono procedere alla conservazione dei documenti informatici:

a) all'interno della propria struttura organizzativa;

b) affidandola, in modo totale o parziale, nel rispetto della disciplina vigente, ad altri soggetti, pubblici o privati che possiedono i requisiti di qualità, di sicurezza e organizzazione individuati, nel rispetto della disciplina europea, nelle Linee guida di cui all'art. 71 relative alla formazione, gestione e conservazione dei documenti informatici nonché in un regolamento sui criteri per la fornitura dei servizi di conservazione dei documenti informatici emanato da AgID, avuto riguardo all'esigenza di assicurare la conformità dei documenti conservati agli originali nonché la qualità e la sicurezza del sistema di conservazione.[2]

2-5. [Abrogati].

[1] Comma così modif. dall'art. 32, D.lgs. 13 dic. 2017, n. 217.

[2] Comma così modif. dall'art. 25, D.L. 16 lug. 2020, n. 76, conv. con modif. in L. 11 set. 2020, n. 120.

35. ***Dispositivi sicuri e procedure per la generazione della firma qualificata.*** — 1. I dispositivi sicuri e le procedure utilizzate per la generazione delle firme devono presentare requisiti di sicurezza tali da garantire che la chiave privata:

a) sia riservata;

b) non possa essere derivata e che la relativa firma sia protetta da contraffazioni;

c) possa essere sufficientemente protetta dal titolare dall'uso da parte di terzi.

1-*bis*. Fermo restando quanto previsto dal comma 1, i dispositivi per la creazione di una firma elettronica qualificata o di un sigillo elettronico soddisfano i requisiti di cui all'Allegato II del Regolamento eIDAS.

2. I dispositivi sicuri e le procedure di cui al comma 1 devono garantire l'integrità dei documenti informatici a cui la firma si riferisce. I documenti informatici devono essere presentati al titolare, di firma elettronica prima dell'apposizione della firma, chiaramente e senza ambiguità, e si deve richiedere conferma della volontà di generare la firma secondo quanto previsto dalle Linee guida.[1]

3. Il secondo periodo del comma 2 non si applica alle firme apposte con procedura automatica. La firma con procedura automatica è valida se apposta previo consenso del titolare all'adozione della procedura medesima.

4. I dispositivi sicuri di firma devono essere dotati di certificazione di sicurezza ai sensi dello schema nazionale di cui al comma 5.

5. La conformità dei requisiti di sicurezza dei dispositivi per la creazione di una firma elettronica qualificata o di un sigillo elettronico prescritti dall'Allegato II del regolamento eIDAS è accertata, in Italia, dall'Organismo di certificazione della sicurezza informatica in base allo schema nazionale per la valutazione e certificazione di sicurezza nel settore della tecnologia dell'informazione, fissato con decreto del Presidente del Consiglio dei Ministri, o, per sua delega, del Ministro per l'innovazione e le tecnologie, di concerto con i Ministri delle comunicazioni, delle attività produttive e dell'economia e delle finanze. L'attuazione dello schema nazionale non deve determinare nuovi o maggiori oneri per il bilancio dello Stato. Lo schema nazionale può prevedere altresì la valutazione e la certificazione relativamente ad ulteriori criteri europei ed internazionali, anche riguardanti altri sistemi e prodotti afferenti al settore suddetto. La valutazione della conformità del sistema e degli strumenti di autenticazione utilizzati dal titolare delle chiavi di firma è effettuata dall'Agenzia per l'Italia digitale in conformità ad apposite linee guida da questa emanate, acquisito il parere obbligatorio dell'Organismo di certificazione della sicurezza informatica.

6. La conformità di cui al comma 5 è inoltre riconosciuta se accertata da un organismo all'uopo designato da un altro Stato membro e notificato ai sensi dell'articolo 30, comma 2, del Regolamento eIDAS. Ove previsto dall'organismo di cui al periodo precedente, la valutazione della conformità del sistema e degli strumenti di autenticazione utilizzati dal titolare delle chiavi di firma è effettuata dall'AgID in conformità alle linee guida di cui al comma 5.

[1] Comma così modif. dall'art. 33, D.lgs. 13 dic. 2017, n. 217.

36. ***Revoca e sospensione dei certificati qualificati.*** — 1. Il certificato qualificato deve essere a cura del certificatore:

a) revocato in caso di cessazione dell'attività del certificatore salvo quanto previsto dal comma 2 dell'articolo 37;

b) revocato o sospeso in esecuzione di un provvedimento dell'autorità;

c) revocato o sospeso a seguito di richiesta del titolare o del terzo dal quale derivano i poteri del titolare, secondo le modalità previste nel presente codice;

d) revocato o sospeso in presenza di cause limitative della capacità del titolare o di abusi o falsificazioni.

2. Il certificato qualificato può, inoltre, essere revocato o sospeso nei casi previsti dalle Linee guida, per violazione delle regole tecniche ivi contenute.[1]

3. La revoca o la sospensione del certificato qualificato, qualunque ne sia la causa, ha effetto dal momento della pubblicazione della lista che lo contiene. Il momento della pubblicazione deve essere attestato mediante adeguato riferimento temporale.

4. Le modalità di revoca o sospensione sono previste nelle Linee guida.

[1] Comma così modif. dall'art. 34, D.lgs. 13 dic. 2017, n. 217.

37. ***Cessazione dell'attività.*** — 1. Il prestatore di servizi fiduciari qualificato che intende cessare l'attività deve, almeno sessanta giorni prima della data di cessazione, darne avviso a AgID e informare senza indugio i titolari dei certificati da lui emessi specificando che tutti i certificati non scaduti al momento della cessazione saranno revocati.

2. Il prestatore di cui al comma 1 comunica contestualmente la rilevazione della documentazione da parte di altro certificatore o l'annullamento della stessa. L'indicazione di un prestatore di servizi fiduciari qualificato sostitutivo evita la revoca di tutti i certificati non scaduti al momento della cessazione.

3. Il prestatore di cui al comma 1 indica altro depositario del registro dei certificati e della relativa documentazione.

4. AgID rende nota la data di cessazione dell'attività del prestatore di cui al comma 1 tramite l'elenco di cui all'articolo 29, comma 6.

4-*bis*. Qualora il prestatore di cui al comma 1 cessi la propria attività senza indicare, ai sensi del comma 2, un prestatore di servizi fiduciari qualificato sostitutivo e non si impegni a garantire la conservazione e la disponibilità della documentazione prevista dagli articoli 33 e 32, comma 3, lettera *j*) e delle ultime liste di revoca emesse, deve provvedere al deposito presso AgID che ne garantisce la conservazione e la disponibilità.

4-*ter*. Nel caso in cui il prestatore di cui al comma 1 non ottemperi agli obblighi previsti dal presente articolo, AgID intima al prestatore di ottemperarvi entro un termine non superiore a trenta giorni. In caso di mancata ottemperanza entro il suddetto termine, si applicano le sanzioni di cui all'articolo 32-*bis*; le sanzioni pecuniarie previste dal predetto articolo sono aumentate fino al doppio.

SEZIONE III
Trasferimenti di fondi, libri e scritture

38. ***Trasferimenti di fondi.*** — 1. Il trasferimento in via telematica di fondi tra pubbliche amministrazioni e tra queste e soggetti privati è effettuato secondo le Linee guida, sentiti il Dipartimento della funzione pubblica, i Ministeri della giustizia e dell'economia e delle finanze, nonché il Garante per la protezione dei dati personali e la Banca d'Italia.

39. ***Libri e scritture.*** 1. I libri, i repertori e le scritture, ivi compresi quelli previsti dalla legge sull'ordinamento del notariato e degli archivi notarili, di cui sia obbligatoria la tenuta possono essere formati e conservati su supporti informatici in conformità alle disposizioni del presente codice e secondo le Linee guida.

CAPO III
Gestione, conservazione e accessibilità dei documenti e fascicoli informatici[1]

[1] Rubrica così sost. dall'art. 36, D.lgs. 13 dic. 2017, n. 217.

SEZIONE I
Documenti della pubblica amministrazione[1]

[1] Sezione ins. dall'art. 36, D.lgs. 13 dic. 2017, n. 217.

40. ***Formazione di documenti informatici.*** 1. Le pubbliche amministrazioni formano gli originali dei propri documenti, inclusi quelli inerenti ad albi, elenchi e pubblici registri, con mezzi informatici secondo le disposizioni di cui al presente codice e le Linee guida.

2-4. [Abrogati].

40-*bis*. ***Protocollo informatico.*** — 1. Formano comunque oggetto di registrazione di protocollo ai sensi dell'articolo 53 del decreto del Presidente della Repubblica 28 dicembre 2000, n. 445, le comunicazioni che provengono da o sono inviate a domicili digitali eletti ai sensi di quanto previsto all'articolo 3-*bis*, nonché le istanze e le dichiarazioni di cui all'articolo 65 in conformità alle Linee guida.[1]

[1] Comma così modif. dall'art. 37, D.lgs. 13 dic. 2017, n. 217.

40-*ter*. ***Sistema pubblico di ricerca documentale.***[1] - 1. La Presidenza del Consiglio dei ministri promuove lo sviluppo e la sperimentazione di un sistema volto a facilitare la ricerca dei documenti soggetti a obblighi di pubblicità legale, trasparenza o a registrazione di protocollo ai sensi dell'articolo 53 del decreto del Presidente della Repubblica 28 dicembre 2000, n. 445, e di cui all'articolo 40-*bis* e dei fascicoli dei procedimenti di cui all'articolo 41, nonché a consentirne l'accesso on-line ai soggetti che ne abbiano diritto ai sensi della disciplina vigente.

[1] Articolo ins. dall'art. 37, D.lgs. 13 dic. 2017, n. 217.

SEZIONE II
Gestione e conservazione dei documenti[1]

[1] Sezione ins. dall'art. 37, D.lgs. 13 dic. 2017, n. 217.

41. ***Procedimento e fascicolo informatico.*** 1. Le pubbliche amministrazioni gestiscono i procedimenti amministrativi utilizzando le tecnologie dell'informazione e della comunicazione. Per ciascun procedimento amministrativo di loro competenza, esse forniscono gli opportuni servizi di interoperabilità o integrazione, ai sensi di quanto previsto dagli articoli 12 e 64 *bis*, comma 2.[1]

1-*bis*. [Abrogato].

2. La pubblica amministrazione titolare del procedimento raccoglie in un fascicolo informatico gli atti, i documenti e i dati del procedimento medesimo da chiunque formati; all'atto della comunicazione dell'avvio del procedimento ai sensi dell'articolo 8 della legge 7 agosto 1990, n. 241, comunica agli interessati le modalità per esercitare in via telematica i diritti di cui all'articolo 10 della citata legge 7 agosto 1990, n. 241.

2-*bis*. Il fascicolo informatico è realizzato garantendo la possibilità di essere direttamente consultato ed alimentato da tutte le amministrazioni coinvolte nel procedimento e dagli interessati, nei limiti ed alle condizioni previste dalla disciplina vigente, attraverso i servizi di cui agli articoli 40-*ter* e 64-*bis*. Le Linee guida per la costituzione, l'identificazione, l'accessibilità attraverso i suddetti servizi e l'utilizzo del fascicolo sono dettate dall'AgID ai sensi dell'articolo 71 e sono conformi ai principi di una corretta gestione documentale ed alla disciplina della formazione, gestione, conservazione e trasmissione del documento informatico, ivi comprese le regole concernenti il protocollo informatico ed il sistema pubblico di connettività, e comunque rispettano i criteri dell'interoperabilità e dell'integrazione.[1]

2-*ter*. Il fascicolo informatico reca l'indicazione:

a) dell'amministrazione titolare del procedimento, che cura la costituzione e la gestione del fascicolo medesimo;

b) delle altre amministrazioni partecipanti;

c) del responsabile del procedimento;

d) dell'oggetto del procedimento;

e) dell'elenco dei documenti contenuti, salvo quanto disposto dal comma 2-*quater*;

e-bis) dell'identificativo del fascicolo medesimo apposto con modalità idonee a consentirne l'indicizzazione e la ricerca attraverso il sistema di cui all'articolo 40-*ter* nel rispetto delle Linee guida.[1]

2-*quater*. Il fascicolo informatico può contenere aree a cui hanno accesso solo l'amministrazione titolare e gli altri soggetti da essa individuati; esso è formato in modo da garantire la corretta collocazione, la facile reperibilità e la collegabilità, in relazione al contenuto ed alle finalità, dei singoli documenti. Il fascicolo informatico è inoltre costituito in modo da garantire l'esercizio in via telematica dei diritti previsti dalla citata legge n. 241 del 1990 e dall'articolo 5, comma 2, del decreto legislativo 14 marzo 2013, n. 33, nonché l'immediata conoscibilità anche attraverso i servizi di cui agli articoli 40-*ter* e 64-*bis*, sempre per via telematica, dello stato di avanzamento del procedimento, del nominativo e del recapito elettronico del responsabile del procedimento. AgID detta, ai sensi dell'articolo 71, Linee guida idonee a garantire l'interoperabilità tra i sistemi di gestione dei fascicoli dei procedimenti e i servizi di cui agli articoli 40-*ter* e 64-*bis*.[1]

3. [Abrogato].

[1] Comma così modif. dall'art. 38, D.lgs. 13 dic. 2017, n. 217.

42. ***Dematerializzazione dei documenti delle pubbliche amministrazioni.*** — 1. Le pubbliche amministrazioni valutano in termini di rapporto tra costi e benefici il recupero su supporto informatico dei documenti e degli atti cartacei dei quali sia obbligatoria o opportuna la conservazione e provvedono alla predisposizione dei conseguenti piani di sostituzione degli archivi cartacei con archivi informatici, nel rispetto delle Linee guida.

43. ***Conservazione ed esibizione dei documenti.***[1] 1. Gli obblighi di conservazione e di esibizione di documenti si intendono soddisfatti a tutti gli effetti di legge a mezzo di documenti informatici, se le relative procedure sono effettuate in modo tale da garantire la conformità ai documenti originali e sono conformi alle Linee guida.[2]

1-*bis*. Se il documento informatico è conservato per legge da uno dei soggetti di cui all'articolo 2, comma 2, cessa l'obbligo di conservazione a carico dei cittadini e delle imprese che possono in ogni momento richiedere accesso al documento stesso ai medesimi soggetti di cui all'articolo 2, comma 2. Le amministrazioni rendono disponibili a cittadini ed imprese i predetti documenti attraverso servizi on-line accessibili previa identificazione con l'identità digitale di cui all'articolo 64 ed integrati con i servizi di cui agli articoli 40-*ter* e 64-*bis*.[3]

2. Restano validi i documenti degli archivi, le scritture contabili, la corrispondenza ed ogni atto, dato o documento già conservati mediante riproduzione su supporto fotografico, su supporto ottico o con altro processo idoneo a garantire la conformità dei documenti agli originali ai sensi della disciplina vigente al momento dell'invio dei singoli documenti nel sistema di conservazione.[3]

3. I documenti informatici, di cui è prescritta la conservazione per legge o regolamento, possono essere archiviati per le esigenze correnti anche con modalità cartacee e sono conservati in modo permanente con modalità digitali, nel rispetto delle Linee guida.

4. Sono fatti salvi i poteri di controllo del Ministero per i beni e le attività culturali sugli archivi delle pubbliche amministrazioni e sugli archivi privati dichiarati di notevole interesse storico ai sensi delle disposizioni del decreto legislativo 22 gennaio 2004, n. 42.

[1] Rubrica così sost. dall'art. 39, D.lgs. 13 dic. 2017, n. 217.

[2] Comma così sost. dall'art. 39, D.lgs. 13 dic. 2017, n. 217.

[3] Comma così modif. dall'art. 39, D.lgs. 13 dic. 2017, n. 217.

44. ***Requisiti per la gestione e conservazione dei documenti informatici.*** — 1. Il sistema di gestione informatica dei documenti delle pubbliche amministrazioni, di cui all'articolo 52 del decreto del Presidente della Repubblica 28 dicembre 2000, n. 445, è organizzato e gestito, anche in modo da assicurare l'indicizzazione e la ricerca dei documenti e fascicoli informatici attraverso il sistema di cui all'articolo 40-*ter* nel rispetto delle Linee guida.[1]

1-*bis*. Il sistema di gestione dei documenti informatici delle pubbliche amministrazioni è gestito da un responsabile che opera d'intesa con il dirigente dell'ufficio di cui all'articolo 17 del presente Codice, il responsabile del trattamento dei dati personali di cui all'articolo 29 del decreto legislativo 30 giugno 2003, n. 196, ove nominato, e con il responsabile del sistema della conservazione dei documenti informatici, nella definizione e gestione delle attività di rispettiva competenza. Almeno una volta all'anno il responsabile della gestione dei documenti informatici provvede a trasmettere al sistema di conservazione i fascicoli e le serie documentarie anche relative a procedimenti non conclusi.[2]

1-*ter*. In tutti i casi in cui la legge prescrive obblighi di conservazione, anche a carico di soggetti privati, il sistema di conservazione dei documenti informatici assicura, per quanto in esso conservato, caratteristiche di autenticità, integrità, affidabilità, leggibilità, reperibilità, secondo le modalità indicate nelle Linee guida.[3]

1-*quater*. Il responsabile della conservazione, che opera d'intesa con il responsabile del trattamento dei dati personali, con il responsabile della sicurezza e con il responsabile dei sistemi informativi, può affidare, ai sensi dell'articolo 34, comma 1-*bis*, lettera *b*), la conservazione dei documenti informatici ad altri soggetti, pubblici o privati, che offrono idonee garanzie organizzative, e tecnologiche e di protezione dei dati personali. Il responsabile della conservazione della pubblica amministrazione, che opera d'intesa, oltre che con i responsabili di cui al comma 1-*bis*, anche con il responsabile della gestione documentale, effettua la conservazione dei documenti informatici secondo quanto previsto all'articolo 34, comma 1-*bis*.[4]

[1] Comma così sost. dall'art. 40, D.lgs. 13 dic. 2017, n. 217.

[2] Comma così modif. dall'art. 40, D.lgs. 13 dic. 2017, n. 217.

[3] Comma così modif. dall'art. 25, D.L. 16 lug. 2020, n. 76, conv. con modif. in L. 11 set. 2020, n. 120.

[4] Comma aggiunto dall'art. 40, D.lgs. 13 dic. 2017, n. 217.

44-*bis*. *Conservatori accreditati.*[1]

[1] Articolo abrog. dall'art. 64, D.lgs. 13 dic. 2017, n. 217.

CAPO IV
Trasmissione informatica dei documenti

45. *Valore giuridico della trasmissione.* — 1. I documenti trasmessi da chiunque ad una pubblica amministrazione con qualsiasi mezzo telematico o informatico, idoneo ad accertarne la provenienza, soddisfano il requisito della forma scritta e la loro trasmissione non deve essere seguita da quella del documento originale.[1]

2. Il documento informatico trasmesso per via telematica si intende spedito dal mittente se inviato al proprio gestore, e si intende consegnato al destinatario se reso disponibile all'indirizzo elettronico da questi dichiarato, nella casella di posta elettronica del destinatario messa a disposizione dal gestore.

[1] Comma così modif. dall'art. 41, D.lgs. 13 dic. 2017, n. 217.

46. *Dati particolari contenuti nei documenti trasmessi.* 1. Al fine di garantire la riservatezza dei dati sensibili o giudiziari di cui all'articolo 4, comma 1, lettere *d*) ed *e*), del decreto legislativo 30 giugno 2003, n. 196, i documenti informatici trasmessi ad altre pubbliche amministrazioni per via digitale possono contenere soltanto i dati sensibili e giudiziari consentiti da legge o da regolamento e indispensabili per il perseguimento delle finalità per le quali sono acquisite.[1]

[1] Comma così modif. dall'art. 42, D.lgs. 13 dic. 2017, n. 217.

47. *Trasmissione dei documenti tra le pubbliche amministrazioni.* 1. Le comunicazioni di documenti tra le pubbliche amministrazioni avvengono mediante l'utilizzo della posta elettronica o in cooperazione applicativa; esse sono valide ai fini del procedimento amministrativo una volta che ne sia verificata la provenienza. Il documento può essere, altresì, reso disponibile previa comunicazione delle modalità di accesso telematico allo stesso.

1-*bis*. L'inosservanza della disposizione di cui al comma 1, ferma restando l'eventuale responsabilità per danno erariale, comporta responsabilità dirigenziale e responsabilità disciplinare.

2. Ai fini della verifica della provenienza le comunicazioni sono valide se:

a) sono sottoscritte con firma digitale o altro tipo di firma elettronica qualificata;

b) ovvero sono dotate di segnatura di protocollo di cui all'articolo 55 del decreto del Presidente della Repubblica 28 dicembre 2000, n. 445;

c) ovvero è comunque possibile accertarne altrimenti la provenienza, secondo quanto previsto dalla normativa vigente o dalle Linee guida. È in ogni caso esclusa la trasmissione di documenti a mezzo fax;

d) ovvero trasmesse attraverso sistemi di posta elettronica certificata di cui al decreto del Presidente della Repubblica 11 febbraio 2005, n. 68.

3. I soggetti di cui all'articolo 2, comma 2, lettere *a*) e *b*), provvedono ad istituire e pubblicare nell'Indice dei domicili digitali delle pubbliche amministrazioni e dei gestori di pubblici servizi almeno una casella di posta elettronica certificata per ciascun registro di protocollo. Le pubbliche amministrazioni utilizzano per le comunicazioni tra l'amministrazione ed i propri dipendenti la posta elettronica o altri strumenti informatici di comunica-

zione nel rispetto delle norme in materia di protezione dei dati personali e previa informativa agli interessati in merito al grado di riservatezza degli strumenti utilizzati.[1]

[1] Comma così modif. dall'art. 43, D.lgs. 13 dic. 2017, n. 217.

48. ***Posta elettronica certificata.***[1]

[1] Articolo abrog. dall'art. 65, c. 7, D.lgs. 13 dic. 2017, n. 217 a decorrere dal 1° gen. 2019.

49. ***Segretezza della corrispondenza trasmessa per via telematica.*** — 1. Gli addetti alle operazioni di trasmissione per via telematica di atti, dati e documenti formati con strumenti informatici non possono prendere cognizione della corrispondenza telematica, duplicare con qualsiasi mezzo o cedere a terzi a qualsiasi titolo informazioni anche in forma sintetica o per estratto sull'esistenza o sul contenuto di corrispondenza, comunicazioni o messaggi trasmessi per via telematica, salvo che si tratti di informazioni per loro natura o per espressa indicazione del mittente destinate ad essere rese pubbliche.

2. Agli effetti del presente codice, gli atti, i dati e i documenti trasmessi per via telematica si considerano, nei confronti del gestore del sistema di trasporto delle informazioni, di proprietà del mittente sino a che non sia avvenuta la consegna al destinatario.

50-92. (*Omissis*).

- 6 -

D.M. 21 feb. 2011, n. 44

Regolamento concernente le regole tecniche per l'adozione nel processo civile e nel processo penale, delle tecnologie dell'informazione e della comunicazione, in attuazione dei principi previsti dal decreto legislativo 7 marzo 2005, n. 82, e successive modificazioni, ai sensi dell'articolo 4, commi 1 e 2, del decreto-legge 29 dicembre 2009, n. 193, convertito nella legge 22 febbraio 2010, n. 24.

(G.U. 18 apr. 2011, n. 89)

CAPO I
Principi generali

1. ***Ambito di applicazione.*** — 1. Il presente decreto stabilisce le regole tecniche per l'adozione nel processo civile e nel processo penale delle tecnologie dell'informazione e della comunicazione ai sensi dell'articolo 4, comma 1, del decreto-legge 29 dicembre 2009, n. 193, convertito nella legge 22 febbraio 2010, n. 24, recante «Interventi urgenti in materia di funzionalità del sistema giudiziario» ed in attuazione del decreto legislativo 7 marzo 2005, n. 82, recante «Codice dell'amministrazione digitale» e successive modificazioni.

2. ***Definizioni.*** — 1. Ai fini del presente decreto si intendono per:

a) dominio giustizia: l'insieme delle risorse hardware e software, mediante il quale il Ministero della giustizia tratta in via informatica e telematica qualsiasi tipo di attività, di dato, di servizio, di comunicazione e di procedura;

b) portale dei servizi telematici: struttura tecnologica-organizzativa che fornisce l'accesso ai servizi telematici resi disponibili dal dominio giustizia, secondo le regole tecnico-operative riportate nel presente decreto;

c) punto di accesso: struttura tecnologica-organizzativa che fornisce ai soggetti abilitati esterni al dominio giustizia i servizi di connessione al portale dei servizi telematici, secondo le regole tecnico-operative riportate nel presente decreto;

d) gestore dei servizi telematici: sistema informatico, interno al dominio giustizia, che consente l'interoperabilità tra i sistemi informatici utilizzati dai soggetti abilitati interni, il portale dei servizi telematici e il gestore di posta elettronica certificata del Ministero della giustizia;

e) posta elettronica certificata: sistema di posta elettronica nel quale è fornita al mittente documentazione elettronica attestante l'invio e la consegna di documenti informatici, di cui al decreto del Presidente della Repubblica 11 febbraio 2005, n. 68;

f) identificazione informatica: operazione di identificazione in rete del titolare della carta nazionale dei servizi o di altro dispositivo crittografico, mediante un certificato di autenticazione, secondo la definizione di cui al decreto legislativo 7 marzo 2005, n. 82;

g) firma digitale: firma elettronica avanzata, basata su un certificato qualificato, rilasciato da un certificatore accreditato, e generata mediante un dispositivo per la creazione di una firma sicura, di cui al decreto legislativo 7 marzo 2005, n. 82;

h) fascicolo informatico: versione informatica del fascicolo d'ufficio, contenente gli atti del processo come documenti informatici, oppure le copie informatiche dei medesimi atti, qualora siano stati depositati su supporto cartaceo, ai sensi del codice dell'amministrazione digitale;

i) codice dell'amministrazione digitale (CAD): decreto legislativo 7 marzo 2005, n. 82, recante «Codice dell'amministrazione digitale e successive modificazioni»;

l) codice in materia di protezione dei dati personali: decreto legislativo 30 giugno 2003, n. 196, recante «Codice in materia di protezione dei dati personali» e successive modificazioni;

m) soggetti abilitati: i soggetti abilitati all'utilizzo dei servizi di consultazione di informazioni e trasmissione di documenti informatici relativi al processo. In particolare si intende per:

1) soggetti abilitati interni: i magistrati, il personale degli uffici giudiziari e degli UNEP;

2) soggetti abilitati esterni: i soggetti abilitati esterni privati e i soggetti abilitati esterni pubblici;

3) soggetti abilitati esterni privati: i difensori delle parti private, gli avvocati iscritti negli elenchi speciali, gli esperti e gli ausiliari del giudice;

4) soggetti abilitati esterni pubblici: gli avvocati, i procuratori dello Stato e gli altri dipendenti di amministrazioni statali, regionali, metropolitane, provinciali e comunali;

n) utente privato: la persona fisica o giuridica, quando opera al di fuori dei casi previsti dalla lettera *m*);

o) certificazione del soggetto abilitato esterno privato: attestazione di iscrizione all'albo, all'albo speciale, al registro ovvero di possesso della qualifica che legittima l'esercizio delle funzioni professionali e l'assenza di cause ostative all'accesso;

p) certificazione del soggetto abilitato esterno pubblico: attestazione di appartenenza del soggetto all'amministrazione pubblica e dello svolgimento di funzioni tali da legittimare l'accesso;

q) specifiche tecniche: le disposizioni di carattere tecnico emanate, ai sensi dell'articolo 34, dal responsabile per i sistemi informativi automatizzati del Ministero della giustizia, sentito DigitPA e il Garante per la protezione dei dati personali, limitatamente ai profili inerenti la protezione dei dati personali;

r) spam: messaggi indesiderati;

s) software antispam: software studiato e progettato per rilevare ed eliminare lo spam;

t) log: documento informatico contenente la registrazione cronologica di una o più operazioni informatiche, generato automaticamente dal sistema informatico;

u) richiesta di pagamento telematico (RPT): struttura standardizzata che definisce gli elementi necessari a caratterizzare il pagamento e qualifica il versamento con un identificativo univoco, nonché contiene i dati identificativi, variabili secondo il tipo di operazione, e una parte riservata per inserire informazioni elaborabili automaticamente dai sistemi informatici;

v) ricevuta telematica (RT): struttura standardizzata, emessa a fronte di una RPT, che definisce gli elementi necessari a qualificare il pagamento e trasferisce inalterate le informazioni della RPT relative alla parte riservata;

z) identificativo univoco di erogazione del servizio (CRS): identifica univocamente una richiesta di erogazione del servizio ed è associato alla RPT e alla RT al fine di qualificare in maniera univoca il versamento;

aa) prestatore dei servizi di pagamento: gli istituti di credito, Poste Italiane e gli altri soggetti che, ai sensi del decreto legislativo 27 gennaio 2010, n. 11 e successive modifiche ed integrazioni, mettono a disposizione strumenti atti ad effettuare pagamenti.

CAPO II
Sistemi informatici del dominio giustizia

3. ***Funzionamento dei sistemi del dominio giustizia.*** — 1. I sistemi del dominio giustizia sono strutturati in conformità al codice dell'amministrazione digitale, alle disposizioni del Codice in materia di protezione dei dati personali e in particolare alle prescrizioni in materia di sicurezza dei dati, nonché al decreto ministeriale emanato a norma dell'articolo 1, comma 1, lettera *f*), del decreto del Ministro della giustizia 27 marzo 2000, n. 264.

2. Il responsabile per i sistemi informativi automatizzati del Ministero della giustizia è responsabile dello sviluppo, del funzionamento e della gestione dei sistemi informatici del dominio giustizia.

3. I dati sono custoditi in infrastrutture informatiche di livello distrettuale o interdistrettuale, secondo le specifiche di cui all'articolo 34.

4. ***Gestore della posta elettronica certificata.*** — 1. Salvo quanto previsto all'articolo 19, il Ministero della giustizia si avvale di un proprio servizio di posta elettronica certificata conforme a quanto previsto dal codice dell'amministrazione digitale.

2. Gli indirizzi di posta elettronica certificata degli uffici giudiziari e degli UNEP, da utilizzare unicamente per i servizi di cui al presente decreto, sono pubblicati sul portale dei servizi telematici e rispettano le specifiche tecniche stabilite ai sensi dell'articolo 34.

3. Il Ministero della giustizia garantisce la conservazione dei log dei messaggi transitati attraverso il proprio gestore di posta elettronica certificata per cinque anni.

5. ***Gestore dei servizi telematici.*** — 1. Il gestore dei servizi telematici assicura l'interoperabilità tra i sistemi informatici utilizzati dai soggetti abilitati interni, il portale dei servizi telematici e il gestore di posta elettronica certificata del Ministero della giustizia.

6. ***Portale dei servizi telematici.*** — 1. Il portale dei servizi telematici consente l'accesso da parte dell'utente privato alle informazioni, ai dati e ai provvedimenti giudiziari secondo quanto previsto dall'articolo 51 del codice in materia di protezione dei dati personali.

2. L'accesso di cui al comma 1 avviene a norma dell'articolo 64 del codice dell'amministrazione digitale e secondo le specifiche tecniche stabilite ai sensi dell'articolo 34.

3. Il portale dei servizi telematici mette a disposizione dei soggetti abilitati esterni i servizi di consultazione, secondo le specifiche tecniche stabilite ai sensi dell'articolo 34.

4. Il portale dei servizi telematici mette a disposizione i servizi di pagamento telematico, secon-

do quanto previsto dal capo V del presente decreto.

5. Il portale dei servizi telematici mette a disposizione dei soggetti abilitati e degli utenti privati, in un'apposita area, i documenti che contengono dati sensibili oppure che eccedono le dimensioni del messaggio di posta elettronica certificata di cui all'articolo 13, comma 8, secondo le specifiche tecniche stabilite ai sensi dell'articolo 34 e nel rispetto dei requisiti di sicurezza di cui all'articolo 26.

6. Il portale dei servizi telematici consente accesso senza l'impiego di apposite credenziali, sistemi di identificazione e requisiti di legittimazione, alle informazioni ed alla documentazione sui servizi telematici del dominio giustizia, alle raccolte giurisprudenziali e alle informazioni essenziali sullo stato dei procedimenti pendenti, che vengono rese disponibili in forma anonima.

7. ***Registro generale degli indirizzi elettronici.*** — 1. Il registro generale degli indirizzi elettronici, gestito dal Ministero della giustizia, contiene i dati identificativi e l'indirizzo di posta elettronica certificata dei soggetti abilitati esterni di cui al comma 3 e degli utenti privati di cui al comma 4.

2. Per i professionisti iscritti in albi ed elenchi istituiti con legge dello Stato, il registro generale degli indirizzi elettronici è costituito mediante i dati contenuti negli elenchi riservati di cui all'articolo 16, comma 7, del decreto-legge 29 novembre 2008, n. 185, convertito nella legge del 28 gennaio 2009, n. 2, inviati al Ministero della giustizia secondo le specifiche tecniche di cui all'articolo 34.

3. Per i soggetti abilitati esterni non iscritti negli albi di cui al comma 2, il registro generale degli indirizzi elettronici è costituito secondo le specifiche tecniche stabilite ai sensi dell'articolo 34.

4. Per le persone fisiche, quali utenti privati, che non operano nelle qualità di cui ai commi 2 e 3, gli indirizzi sono consultabili ai sensi dell'articolo 7 del decreto del Presidente del Consiglio dei Ministri 6 maggio 2009, secondo le specifiche tecniche stabilite ai sensi dell'articolo 34.

5. Per le imprese, gli indirizzi sono consultabili, senza oneri, ai sensi dell'articolo 16, comma 6, del decreto-legge 29 novembre 2008, n. 185, convertito nella legge del 28 gennaio 2009, n. 2, con le modalità di cui al comma 10 del medesimo articolo e secondo le specifiche tecniche di cui all'articolo 34.

6. Il registro generale degli indirizzi elettronici è accessibile ai soggetti abilitati mediante le specifiche tecniche stabilite ai sensi dell'articolo 34.

8. ***Sistemi informatici per i soggetti abilitati interni.*** — 1. I sistemi informatici del dominio giustizia mettono a disposizione dei soggetti abilitati interni le funzioni di ricezione, accettazione e trasmissione dei dati e dei documenti informatici nonché di consultazione e gestione del fascicolo informatico, secondo le specifiche di cui all'articolo 34.

2. L'accesso dei soggetti abilitati interni è effettuato con le modalità definite dalle specifiche tecniche di cui all'articolo 34, che consentono l'accesso anche dall'esterno del dominio giustizia.

3. Nelle specifiche di cui al comma 2 sono disciplinati i requisiti di legittimazione e le credenziali di accesso al sistema da parte delle strutture e dei soggetti abilitati interni.

9. ***Sistema informatico di gestione del fascicolo informatico.*** — 1. Il Ministero della giustizia gestisce i procedimenti utilizzando le tecnologie dell'informazione e della comunicazione, raccogliendo in un fascicolo informatico gli atti, i documenti, gli allegati, le ricevute di posta elettronica certificata e i dati del procedimento medesimo da chiunque formati, ovvero le copie informatiche dei medesimi atti quando siano stati depositati su supporto cartaceo.

2. Il sistema di gestione del fascicolo informatico è la parte del sistema documentale del Ministero della giustizia dedicata all'archiviazione e al reperimento di tutti i documenti informatici, prodotti sia all'interno che all'esterno, secondo le specifiche tecniche di cui all'articolo 34.

3. La tenuta e conservazione del fascicolo informatico equivale alla tenuta e conservazione del fascicolo d'ufficio su supporto cartaceo, fermi restando gli obblighi di conservazione dei documenti originali unici su supporto cartaceo previsti dal codice dell'amministrazione digitale e dalla disciplina processuale vigente.

4. Il fascicolo informatico reca l'indicazione:

a) dell'ufficio titolare del procedimento, che cura la costituzione e la gestione del fascicolo medesimo;

b) dell'oggetto del procedimento;

c) dell'elenco dei documenti contenuti.

5. Il fascicolo informatico è formato in modo da garantire la facile reperibilità ed il collegamento degli atti ivi contenuti in relazione alla data di deposito, al loro contenuto, ed alle finalità dei singoli documenti.

6. Con le specifiche tecniche di cui all'articolo 34 sono definite le modalità per il salvataggio dei log relativi alle operazioni di accesso al fascicolo informatico.

10. ***Infrastruttura di comunicazione.*** — 1. I sistemi informatici del dominio giustizia utilizzano l'infrastruttura tecnologica resa disponibile nell'ambito del Sistema Pubblico di Connettività per le comunicazioni con l'esterno del dominio giustizia.

CAPO III

Trasmissione di atti e documenti informatici[1]

[1] Gli artt. da 11 a 33 si trovano alla voce *Notificazioni*.

11-33. (*Omissis*).

CAPO VI

Disposizioni finali e transitorie

34. ***Specifiche tecniche.*** — 1. Le specifiche tecniche sono stabilite dal responsabile per i sistemi informativi automatizzati del Ministero della giustizia, sentito DigitPA e, limitatamente ai profili inerenti alla protezione dei dati personali, sentito il Garante per la protezione dei dati personali.

2. Le specifiche di cui al comma precedente vengono rese disponibili mediante pubblicazione nell'area pubblica del portale dei servizi telematici.

3. Fino all'emanazione delle specifiche tecniche di cui al comma 1, continuano ad applicarsi, in quanto compatibili, le disposizioni anteriormente vigenti.

35. ***Disposizioni finali e transitorie.*** — 1. L'attivazione della trasmissione dei documenti informatici da parte dei soggetti abilitati esterni è preceduta da un decreto dirigenziale che accerta l'installazione e l'idoneità delle attrezzature informatiche, unitamente alla funzionalità dei servizi di comunicazione dei documenti informatici nel singolo ufficio.[1]

2. L'indirizzo elettronico già previsto dal decreto del Ministro della giustizia 17 luglio 2008, recante «Regole tecnico-operative per l'uso di strumenti informatici e telematici nel processo civile» è utilizzabile per un periodo transitorio non superiore a sei mesi dalla data di entrata in vigore del presente decreto.

3. La data di attivazione dell'indirizzo di posta elettronica certificata di cui all'articolo 4, comma 2, è stabilita, per ciascun ufficio giudiziario, con apposito decreto dirigenziale del responsabile per i sistemi informativi automatizzati del Ministero della giustizia che attesta la funzionalità del sistema di posta elettronica certificata del Ministero della giustizia.

4. Le caratteristiche specifiche della strutturazione dei modelli informatici sono definite con decreto del responsabile per i sistemi informativi automatizzati del Ministero della giustizia e pubblicate nell'area pubblica del portale dei servizi telematici.

5. Fino all'emanazione dei provvedimenti di cui al comma 4, conservano efficacia le caratteristiche di strutturazione dei modelli informatici di cui al decreto del Ministro della giustizia 10 luglio 2009, recante «Nuova strutturazione dei modelli informatici relativa all'uso di strumenti informatici e telematici nel processo civile e introduzione dei modelli informatici per l'uso di strumenti informatici e telematici nelle procedure esecutive individuali e concorsuali», pubblicato nella *Gazzetta Ufficiale* n. 165 del 18 luglio 2009 - S.O. n. 120.

[1] Comma così modif. dall'art. 7, c. 1, D.M. 15 ott. 2012, n. 209.

36. ***Adeguamento delle regole tecnico-operative.*** — 1. Le regole tecnico-operative sono adeguate all'evoluzione scientifica e tecnologica, con cadenza almeno biennale, a decorrere dalla data di entrata in vigore del presente decreto.

37. ***Efficacia.*** — 1. Il presente decreto acquista efficacia il trentesimo giorno successivo a quello della sua pubblicazione nella *Gazzetta Ufficiale della Repubblica italiana.*

2. Dalla data di cui al comma 1, cessano di avere efficacia nel processo civile le disposizioni del decreto del Presidente della Repubblica 13 febbraio 2001, n. 123 e del decreto del Ministro della giustizia 17 luglio 2008.

EDILIZIA E URBANISTICA

- 1 -

D.P.R. 6 giu. 2001, n. 380

Testo unico delle disposizioni legislative e regolamentari in materia di edilizia

(G.U. 20 ott. 2001, n. 245, Suppl.)[1]

[1] Ai sensi dell'art. 17, c. 2, D.L. 12 set. 2014, n. 133, conv. in L. 11 nov. 2014, n. 164, l'espressione «denuncia di inizio attività» ovunque ricorra, ad eccezione degli artt. 22, 23 e 24, c. 3, è sostituita dalla seguente: «segnalazione certificata di inizio attività».

PARTE I
ATTIVITÀ EDILIZIA

TITOLO I
Disposizioni generali

CAPO I
Attività edilizia

1. ***Ambito di applicazione.*** — 1. Il presente testo unico contiene i principi. fondamentali e generali e le disposizioni per la disciplina dell'attività edilizia.

2. Restano ferme le disposizioni in materia di tutela dei beni culturali e ambientali contenute nel D.lgs. 29 ott. 1999, n. 490, la normativa di tutela dell'assetto idrogeologico e le altre normative di settore aventi incidenza sulla disciplina dell'attività edilizia.[1]

3. Sono fatte salve altresì le disposizioni di cui agli artt. 24 e 25 del D.lgs. 31 mar. 1998, n. 112 ed alle relative norme di attuazione in materia di realizzazione, ampliamento, ristrutturazione e riconversione di impianti produttivi.

[1] Comma così modif. dall'art. 54, L. 28 dic. 2015, n. 221.

2. ***Competenze delle regioni e degli enti locali.*** — 1. Le regioni esercitano la potestà legislativa concorrente in materia edilizia nel rispetto dei principi fondamentali della legislazione statale desumibili dalle disposizioni contenute nel testo unico.

2. Le regioni a statuto speciale e le province autonome di Trento e di Bolzano esercitano la propria potestà legislativa esclusiva, nel rispetto e nei limiti degli statuti di autonomia e delle relative norme di attuazione.

3. Le disposizioni, anche di dettaglio, del presente testo unico, attuative dei principi di riordino in esso contenuti, operano direttamente nei riguardi delle regioni a statuto ordinario, fino a quando esse non si adeguano ai principi medesimi.

4. I comuni, nell'ambito della propria autonomia statutaria e normativa di cui all'art. 3 del D.lgs. 18 ago. 2000, n. 267, disciplinano l'attività edilizia.

5. In nessun caso le norme del presente testo unico possono essere interpretate nel senso della attribuzione allo Stato di funzioni e compiti trasferiti, delegati o comunque conferiti alle regioni e agli enti locali dalle disposizioni vigenti alla data della sua entrata in vigore.

2-*bis*. ***Deroghe in materia di limiti di distanza tra fabbricati.***[1] — 1. Ferma restando la competenza statale in materia di ordinamento civile con riferimento al diritto di proprietà e alle connesse norme del codice civile e alle disposizioni integrative, le regioni e le province autonome di Trento e di Bolzano possono prevedere, con proprie leggi e regolamenti, disposizioni derogatorie al decreto del Ministro dei lavori pubblici 2 aprile 1968, n. 1444, e possono dettare disposizioni sugli spazi da destinare agli insediamenti residenziali, a quelli produttivi, a quelli riservati alle attività collettive, al verde e ai parcheggi, nell'ambito della definizione o revisione di strumenti urbanistici comunque funzionali a un assetto complessivo e unitario o di specifiche aree territoriali.

1-*bis*. Le disposizioni del comma 1 sono finalizzate a orientare i comuni nella definizione di limiti di densità edilizia, altezza e distanza dei fabbricati negli ambiti urbani consolidati del proprio territorio.[2]

1-*ter*. In ogni caso di intervento che preveda la demolizione e ricostruzione di edifici, anche qualora le dimensioni del lotto di pertinenza non consentano la modifica dell'area di sedime ai fini del rispetto delle distanze minime tra gli edifici e dai confini, la ricostruzione è comunque consentita nei limiti delle distanze legittimamente preesistenti. Gli incentivi volumetrici eventualmente riconosciuti per l'intervento possono essere realizzati anche con ampliamenti fuori sagoma e con il superamento dell'altezza massima dell'edificio demolito, sempre nei limiti delle distanze legittimamente preesistenti. Nelle zone omogenee A di cui al decreto del Ministro per i lavori pubblici 2 aprile 1968, n. 1444, o in zone a queste assimilabili in base alla normativa regionale e ai piani urbanistici comunali, nei centri e nuclei storici consolidati e in ulteriori ambiti di particolare pregio storico e architettonico, gli interventi di demolizione e ricostruzione sono consentiti esclusivamente nell'ambito dei piani urbanistici di recupero e di riqualificazione particolareggiati, di competenza comunale, fatti salvi le previsioni degli strumenti di pianificazione territoriale, paesaggistica e urbanistica vigenti e i pareri degli enti preposti alla tutela.[2,3]

[1] Articolo ins. dall'art. 14, c. 1, D.L. 21 giu. 2013, n. 69, conv. con modif. in L. 9 ago. 2013, n. 98.

[2] Comma aggiunto dall'art. 5, c. 1, D.L. 18 apr. 2019, n. 32, conv. con modif. in L. 14 giu. 2019, n. 55.

[3] Comma così sost. dall'art. 10, D.L. 16 lug. 2020, n. 76, conv. con modif. in L. 11 set. 2020, n. 120.

3. ***Definizioni degli interventi edilizi*** (L. 5 ago. 1978, n. 457, art. 31) — 1. Ai fini del presente testo unico si intendono per:

a) «interventi di manutenzione ordinaria» gli interventi edilizi che riguardano le opere di riparazione, rinnovamento e sostituzione delle finiture degli edifici e quelle necessarie ad integrare o mantenere in efficienza gli impianti tecnologici esistenti;

b) «interventi di manutenzione straordinaria», le opere e le modifiche necessarie per rinnovare e sostituire parti anche strutturali degli edifici, nonché per realizzare ed integrare i servizi igienico-sanitari e tecnologici, sempre che non alterino la volumetria complessiva degli edifici e non comportino mutamenti urbanisticamente rilevanti delle destinazioni d'uso implicanti incremento del carico urbanistico. Nell'ambito degli interventi di manutenzione straordinaria sono ricompresi anche quelli consistenti nel frazionamento o accorpamento delle unità immobiliari con esecuzione di opere anche se comportanti la variazione delle superfici delle singole unità immobiliari nonché del carico urbanistico purché non sia modificata la volumetria complessiva degli edifici e si mantenga l'originaria destinazione di uso. Nell'ambito degli interventi di manutenzione straordinaria sono comprese anche le modifiche ai prospetti degli edifici legittimamente realizzati necessarie per mantenere o acquisire l'agibilità dell'edificio ovvero per l'accesso allo stesso, che non pregiudichino il decoro architettonico dell'edificio, purché l'intervento risulti conforme alla vigente disciplina urbanistica ed edilizia e non abbia ad oggetto immobili sottoposti a tutela ai sensi del Codice dei beni culturali e del paesaggio di cui al decreto legislativo 22 gennaio 2004, n. 42;[1]

c) «interventi di restauro e di risanamento conservativo», gli interventi edilizi rivolti a conservare l'organismo edilizio e ad assicurarne la funzionalità mediante un insieme sistematico di opere che, nel rispetto degli elementi tipologici, formali e strutturali dell'organismo stesso, ne consentano anche il mutamento delle destinazioni d'uso purché con tali elementi compatibili, nonché conformi a quelle previste dallo strumento urbanistico generale e dai relativi piani attuativi. Tali interventi comprendono il consolidamento, il ripristino e il rinnovo degli elementi costitutivi dell'edificio, l'inserimento degli elementi accessori e degli impianti richiesti dalle esigenze dell'uso, l'eliminazione degli elementi estranei all'organismo edilizio;[2]

d) «interventi di ristrutturazione edilizia», gli interventi rivolti a trasformare gli organismi edilizi mediante un insieme sistematico di opere che possono portare ad un organismo edilizio in tutto o in parte diverso dal precedente. Tali interventi comprendono il ripristino o la sostituzione di alcuni elementi costitutivi dell'edificio, l'eliminazione, la modifica e l'inserimento di nuovi elementi ed impianti. Nell'ambito degli interventi di ristrutturazione edilizia sono ricompresi altresì gli interventi di demolizione e ricostruzione di edifici esistenti con diversi sagoma, prospetti, sedime e caratteristiche planivolumetriche e tipologiche, con le innovazioni necessarie per l'adeguamento alla normativa antisismica, per l'applicazione della normativa sull'accessibilità, per l'istallazione di impianti tecnologici e per l'efficientamento energetico. L'intervento può prevedere altresì, nei soli casi espressamente previsti dalla legislazione vigente o dagli strumenti urbanistici comunali, incrementi di volumetria anche per promuovere interventi di rigenerazione urbana. Costituiscono inoltre ristrutturazione edilizia gli interventi volti al ripristino di edifici, o parti di essi, eventualmente crollati o demoliti, attraverso la loro ricostruzione, purché sia possibile accertarne la preesistente consistenza. Rimane fermo che, con riferimento agli immobili sottoposti a tutela ai sensi del codice dei beni culturali e del paesaggio, di cui al decreto legislativo 22 gennaio 2004, n. 42, ad eccezione degli edifici situati in aree tutelate ai sensi degli articoli 136, comma 1, lettere *c*) e *d*), e 142 del medesimo codice,[3] nonché, fatte salve le previsioni legislative e degli strumenti urbanistici, a quelli ubicati nelle zone omogenee A di cui al decreto del Ministro per i lavori pubblici 2 aprile 1968, n. 1444, o in zone a queste assimilabili in base alla normativa regionale e ai piani urbanistici comunali, nei centri e nuclei storici consolidati e negli ulteriori ambiti di particolare pregio storico e architettonico, gli interventi di demolizione e ricostruzione e gli interventi di ripristino di edifici crollati o demoliti costituiscono interventi di ristrutturazione edilizia soltanto ove siano mantenuti sagoma, prospetti, sedime e caratteristiche planivolumetriche e tipologiche dell'edificio preesistente e non siano previsti incrementi di volumetria;[1]

e) «interventi di nuova costruzione», quelli di trasformazione edilizia e urbanistica del territorio non rientranti nelle categorie definite alle lettere precedenti. Sono comunque da considerarsi tali:

e.1) la costruzione di manufatti edilizi fuori terra o interrati, ovvero l'ampliamento di quelli esistenti all'esterno della sagoma esistente, fermo restando, per gli interventi. pertinenziali, quanto previsto alla lettera e. 6);

e.2) gli interventi, di urbanizzazione primaria e secondaria realizzati da soggetti diversi dal comune;

e.3) la realizzazione di infrastrutture e di impianti, anche per pubblici servizi, che comporti la trasformazione in via permanente di suolo inedificato;

e.4) l'installazione di torri e tralicci per impianti radio-ricetrasmittenti e di ripetitori per i servizi di telecomunicazione;

e.5) l'installazione di manufatti leggeri, anche prefabbricati, e di strutture di qualsiasi genere, quali roulotte, camper, case mobili, imbarcazioni, che siano utilizzati come abitazioni, ambienti di lavoro, oppure come depositi, magazzini e simili, ad eccezione di quelli che siano diretti a soddisfare esigenze meramente temporanee o delle tende e delle unità abitative mobili con meccanismi di rotazione in funzione, e loro pertinenze e accessori, che siano collocate, anche in via continuativa, in strutture ricettive all'aperto per la sosta e il soggiorno dei turisti previamente autorizzate sotto il profilo urbanistico, edilizio e, ove previsto, paesaggistico, che non posseggano alcun collegamento di natura permanente al terreno e presentino le caratteristiche dimensionali e tecnico-costruttive previste dalle normative regionali di settore ove esistenti;[1]

e.6) gli interventi pertinenziali che le norme tecniche degli strumenti urbanistici, in relazione alla zonizzazione e al pregio ambientale e paesaggistico delle aree, qualifichino come interventi di nuova costruzione, ovvero che comportino la realizzazione di un volume superiore al 20% del volume dell'edificio principale;

e.7) la realizzazione di depositi di merci o di materiali, la realizzazione di impianti per attività produttive all'aperto ove comportino l'esecuzione di lavori cui consegua la trasformazione permanente del suolo inedificato;

f) gli «interventi di ristrutturazione e urbanistica», quelli rivolti a sostituire l'esistente tessuto urbanistico-edilizio con altro diverso, mediante un insieme sistematico di interventi edilizi, anche con la modificazione del disegno dei lotti, degli isolati e della rete stradale.

2. Le definizioni di cui al comma 1 prevalgono sulle disposizioni degli strumenti urbanistici generali e dei regolamenti edilizi. Resta ferma la definizione di restauro prevista dall'art. 34 del D.lgs. 29 ott. 1999, n. 490.

[1] Lettera così modif. dall'art. 10, D.L. 16 lug. 2020, n. 76, conv. con modif. in L. 11 set. 2020, n. 120.

[2] Lettera così modif. dall'art. 65-*bis*, c. 1, D.L. 24 apr. 2017, n. 50, conv. con modif. in L. 21 giu. 2017, n. 96.

[3] Parole ins. dall'art. 28, c. 5-*bis*, D.L. 1 mar. 2022, n. 17, conv. con modif. in L. 27 apr. 2022, n. 34, e così modif. dall'art. 14, c. 1-*ter*, D.L. 17 mag. 2022, n. 50, conv. in L. 15 lug. 2022, n. 91.

3-*bis*. *Interventi di conservazione*.[1] — 1. Lo strumento urbanistico individua gli edifici esistenti non più compatibili con gli indirizzi della pianificazione. In tal caso l'amministrazione comunale può favorire, in alternativa all'espropriazione, la riqualificazione delle aree attraverso forme di compensazione incidenti sull'area interessata e senza aumento della superficie coperta, rispondenti al pubblico interesse e comunque rispettose dell'imparzialità e del buon andamento dell'azione amministrativa. Nelle more dell'attuazione del piano, resta salva la facoltà del proprietario di eseguire tutti gli interventi conservativi, ad eccezione della demolizione e successiva ricostruzione non giustificata da obiettive ed improrogabili ragioni di ordine statico od igienico sanitario.

[1] Articolo ins. dall'art. 17, c. 1, D.L. 12 set. 2014, n. 133, conv. in L. 11 nov. 2014, n. 164.

4. *Regolamenti edilizi comunali* (L. 17 ago. 1942, n. 1150, art. 33) — 1. Il regolamento che i comuni adottano ai sensi dell'art. 2, comma 4, deve contenere la disciplina delle modalità costruttive, con particolare riguardo al rispetto delle normative tecnico-estetiche, igienico-sanitari e di sicurezza e vivibilità degli immobili e delle pertinenze degli stessi.

1-*bis*.[1]

1-*ter*-1-*quater*-1-*quinquies*.[2]

1-*sexies*. Il Governo, le regioni e le autonomie locali, in attuazione del principio di leale collaborazione, concludono in sede di Conferenza unificata accordi ai sensi dell'articolo 9 del decreto legislativo 28 agosto 1997, n. 281, o intese ai sensi dell'articolo 8 della legge 5 giugno 2003, n. 131, per l'adozione di uno schema di regolamento edilizio-tipo, al fine di semplificare e uniformare le norme e gli adempimenti. Ai sensi dell'articolo 117, secondo comma, lettere *e*) e *m*), della Costituzione, tali accordi costituiscono livello essenziale delle prestazioni, concernenti la tutela della concorrenza e i diritti civili e sociali che devono essere garantiti su tutto il territorio nazionale. Il regolamento edilizio-tipo, che indica i requisiti prestazionali degli edifici, con particolare riguardo alla sicurezza e al risparmio energetico, è adottato dai comuni nei termini fissati dai suddetti accordi, comunque entro i termini previsti dall'articolo 2 della legge 7 agosto 1990, n. 241, e successive modificazioni.[3]

2. Nel caso in cui il comune intenda istituire la commissione edilizia, il regolamento indica gli interventi sottoposti al preventivo parere di tale organo consultivo.

[1] Comma abrog. dall'art. 11, c. 5, D.lgs. 3 mar. 2011, n. 28.

[2] Commi abrog. dall'art. 16, c. 4, D.lgs. 10 giu. 2020, n. 48.

[3] Comma aggiunto dall'art. 17-*bis*, c. 1, D.L. 12 set. 2014, n. 133, conv. in L. 11 nov. 2014, n. 164.

5. *Sportello unico per l'edilizia* (D.L. 5 ott., 1993, n. 398, art. 4, commi 1, 2, 3, 4, 5 e 6, convertito, con modificazioni dalla legge 4 dicembre 1993, n. 493; art. 220, R.D. 27 lug. 1934, n. 1265) — 1. Le amministrazioni comunali, nell'ambito della propria autonomia organizzativa, provvedono, anche mediante esercizio in forma associata delle strutture ai sensi del capo V, titolo II, del D.lgs. 18 ago. 2000, n. 267, ovvero accorpamento, disarticolazione, soppressione di uffici od organi già esistenti, a costituire un ufficio denominato sportello unico per l'edilizia, che cura tutti i rapporti fra il privato, l'amministrazione e, ove occorra, le altre amministrazioni tenute a pronunciarsi in ordine all'intervento edilizio oggetto della richiesta di permesso o di denuncia di inizio attività.

1-*bis* (L). Lo sportello unico per l'edilizia costituisce l'unico punto di accesso per il privato interessato in relazione a tutte le vicende amministrative riguardanti il titolo abilitativo e l'intervento edilizio oggetto dello stesso, che fornisce una risposta tempestiva in luogo di tutte le pubbliche amministrazioni, comunque coinvolte. Acquisisce altresì presso le amministrazioni competenti, anche mediante conferenza di servizi ai sensi degli articoli 14, 14-*bis*, 14-*ter*, 14-*quater* e 14-*quinquies* della legge 7 agosto 1990, n. 241, e successive modificazioni, gli atti di assenso, comunque denominati, delle amministrazioni preposte alla tutela ambientale, paesaggistico-territoriale, del patrimonio storico-artistico, dell'assetto idrogeologico o alla tutela della salute e della pubblica incolumità. Resta comunque ferma la competenza dello sportello unico per le attività produttive definita dal regolamento di cui al decreto del Presidente della Repubblica 7 settembre 2010, n. 160.[1]

1-*ter*. Le comunicazioni al richiedente sono trasmesse esclusivamente dallo sportello unico per l'edilizia; gli altri uffici comunali e le amministrazioni pubbliche diverse dal comune, che sono interessati al procedimento, non possono trasmettere al richiedente atti autorizzatori, nulla osta, pareri o atti di consenso, anche a contenuto negativo, comunque denominati e sono tenuti a trasmettere immediatamente allo sportello unico per l'edilizia le denunce, le domande, le segnalazioni, gli atti e la documentazione ad esse eventualmente presentati, dandone comunicazione al richiedente.[2]

2. (L) Tale ufficio provvede in particolare:

a) alla ricezione delle denunce di inizio attività e delle domande per il rilascio di permessi di costruire e di ogni altro atto di assenso comunque denominato in materia di attività edilizia, ivi compreso il certificato di agibilità, nonché dei progetti approvati dalla Soprintendenza ai sensi e per gli effetti degli articoli 36, 38 e 46 del decreto legislativo 29 ottobre 1999, n. 490;

b) a fornire informazioni sulle materie di cui alla lettera a), anche mediante predisposizione di un archivio informatico contenente i necessari elementi normativi, che consenta a chi vi abbia interesse l'accesso gratuito, anche in via telematica, alle informazioni sugli adempimenti necessari per lo svolgimento delle procedure previste dal presente testo unico, all'elenco delle domande presentate, allo stato del loro iter procedurale, nonché a tutte le possibili informazioni utili disponibili;

c) all'adozione, nelle medesime materie, dei provvedimenti in tema di accesso ai documenti amministrativi in favore di chiunque vi abbia interesse ai sensi degli articoli 22 e seguenti della legge 7 agosto 1990, n. 241, nonché delle norme comunali di attuazione;

d) al rilascio dei permessi di costruire, [dei certificati di agibilità,][3] nonché delle certificazioni attestanti le prescrizioni normative e le determinazioni provvedimentali a carattere urbanistico, paesaggistico-ambientale, edilizio, idrogeologico e di qualsiasi altro tipo comunque rilevanti ai fini degli interventi di trasformazione edilizia del territorio;

e) alla cura dei rapporti tra l'amministrazione comunale, il privato e le altre amministrazioni chiamate a pronunciarsi in ordine all'intervento edilizio oggetto dell'istanza o denuncia, con particolare riferimento agli adempimenti connessi all'applicazione della parte II del presente testo unico.[1]

3. [Ai fini del rilascio del permesso di costruire,][3] lo sportello unico per l'edilizia acquisisce [direttamente o tramite conferenza di servizi][4] ai sensi degli articoli 14, 14-*bis*, 14-*ter*, 14-*quater* e 14-*quinquies* della legge 7 agosto 1990, n. 241, e successive modificazioni, gli atti di assenso, comunque denominati, necessari ai fini della realizzazione dell'intervento edilizio. Nel novero di tali assensi rientrano, in particolare:

a)[5]

b) il parere dei vigili del fuoco, ove necessario, in ordine al rispetto della normativa antincendio;

c) le autorizzazioni e le certificazioni del competente ufficio tecnico della regione, per le costruzioni in zone sismiche di cui agli articoli 61, 62 e 94;

d) l'assenso dell'amministrazione militare per le costruzioni nelle zone di salvaguardia contigue ad opere di difesa dello Stato o a stabilimenti militari, di cui all'articolo 333 del codice dell'ordinamento militare, di cui al decreto legislativo 15 marzo 2010, n. 66;

e) l'autorizzazione del direttore della circoscrizione doganale in caso di costruzione, spostamento e modifica di edifici nelle zone di salvaguardia in prossimità della linea doganale e nel mare territoriale, ai sensi e per gli effetti dell'articolo 19 del decreto legislativo 8 novembre 1990, n. 374;

f) l'autorizzazione dell'autorità competente per le costruzioni su terreni confinanti con il demanio marittimo, ai sensi e per gli effetti dell'articolo 55 del codice della navigazione;

g) gli atti di assenso, comunque denominati, previsti per gli interventi edilizi su immobili vincolati ai sensi del codice dei beni culturali e del paesaggio, di cui al decreto legislativo 22 gennaio 2004, n. 42[, fermo restando che, in caso di dissenso manifestato dall'amministrazione preposta alla tutela dei beni culturali, si procede ai sensi del medesimo codice][4];

h) il parere vincolante della Commissione per la salvaguardia di Venezia, ai sensi e per gli effetti dell'articolo 6 della legge 16 aprile 1973, n. 171, e successive modificazioni, salvi i casi in cui vi sia stato l'adeguamento al piano comprensoriale previsto dall'articolo 5 della stessa legge, per l'attività edilizia nella laguna veneta nonché nel territorio dei centri storici di Chioggia e di Sottomarina e nelle isole di Pellestrina, Lido e Sant'Erasmo;

i) il parere dell'autorità competente in materia di assetti e vincoli idrogeologici;

l) gli assensi in materia di servitù viarie, ferroviarie, portuali e aeroportuali;

m) il nulla osta dell'autorità competente ai sensi dell'articolo 13 della legge 6 dicembre 1991, n. 394, in materia di aree naturali protette.[6]

3-*bis*. Restano ferme le disposizioni in materia di sicurezza nei luoghi di lavoro di cui all'articolo 67 del decreto legislativo 9 aprile 2008, n. 81.[7]

4.[8]

4-*bis*. Lo sportello unico per l'edilizia accetta le domande, le dichiarazioni, le segnalazioni, le comunicazioni e i relativi elaborati tecnici o allegati presentati dal richiedente con modalità telematica e provvede all'inoltro telematico della documentazione alle altre amministrazioni che intervengono nel procedimento, le quali adottano modalità telematiche di ricevimento e di trasmissione in conformità alle modalità tecniche individuate ai sensi dell'articolo 34-*quinquies* del decreto-legge 10 gennaio 2006, n. 4, convertito, con modificazioni, dalla legge 9 marzo 2006, n. 80. Tali modalità assicurano l'interoperabilità con le regole tecniche definite dal regolamento ai sensi dell'articolo 38, comma 3, del decreto-legge 25 giugno 2008, n. 112, convertito, con modificazioni, dalla legge 6 agosto 2008, n. 133, e successive modificazioni. Ai predetti adempimenti si provvede nell'ambito delle risorse umane, strumentali e finanziarie disponibili a legislazione vigente, senza nuovi o maggiori oneri a carico della finanza pubblica.[9]

[1] Comma così sost. dall'art. 54, L. 28 dic. 2015, n. 221.
[2] Comma ins. dall'art. 13, c. 2, lett. *a*), D.L. 22 giu. 2012, n. 83, conv. con modif. in L. 7 ago. 2012, n. 134.
[3] Parole soppresse dall'art. 3, D.lgs. 25 nov. 2016, n. 222.
[4] Parole soppresse dall'art. 2, D.lgs. 30 giu. 2016, n. 127.
[5] Lettera soppressa dall'art. 3, D.lgs. 25 nov. 2016, n. 222.
[6] Comma così sost. dall'art. 13, c. 2, lett. *a*), D.L. 22 giu. 2012, n. 83, conv. con modif. in L. 7 ago. 2012, n. 134.
[7] Comma ins. dall'art. 3, D.lgs. 25 nov. 2016, n. 222.
[8] Comma abrog. dall'art. 13, c. 2, lett. *a*), D.L. 22 giu. 2012, n. 83, conv. con modif. in L. 7 ago. 2012, n. 134.
[9] Comma agg. dall'art. 5, c. 2, lett. *a*), D.L. 13 mag. 2011, n. 70, conv. con modif. in L. 12 lug. 2011, n. 106.

TITOLO II
Titoli abilitativi

CAPO I
Disposizioni generali

6. ***Attività edilizia libera*** (L. 28 gen. 1977, n. 10, art. 9, lett. *c*); L. 9 gen. 1989, n. 13, art. 7, commi 1 e 2; D.L. 23 gen. 1982, n. 9, art. 7, comma 4, convertito in L. 25 mar. 1982, n. 94) — 1. Fatte salve le prescrizioni degli strumenti urbanistici comunali, e comunque nel rispetto delle altre normative di settore aventi incidenza sulla disciplina dell'attività edilizia e, in particolare, delle norme antisismiche, di sicurezza, antincendio, igienico-sanitarie, di quelle relative all'efficienza energetica, di tutela dal rischio idrogeologico, nonché delle disposizioni contenute nel codice dei beni culturali e del paesaggio, di cui al decreto legislativo 22 gennaio 2004, n. 42, i seguenti interventi sono eseguiti senza alcun titolo abilitativo:

a) gli interventi di manutenzione ordinaria di cui all'articolo 3, comma 1, lettera *a*);

a-bis) gli interventi di installazione delle pompe di calore aria-aria di potenza termica utile nominale inferiore a 12 kW;

b) gli interventi volti all'eliminazione di barriere architettoniche che non comportino la realizzazione di ascensori esterni, ovvero di manufatti che alterino la sagoma dell'edificio;

b-bis) gli interventi di realizzazione e installazione di vetrate panoramiche amovibili e totalmente trasparenti, cosiddette VEPA, dirette ad assolvere a funzioni temporanee di protezione dagli agenti atmosferici, miglioramento delle prestazioni acustiche ed energetiche, riduzione delle dispersioni termiche, parziale impermeabilizzazione dalle acque meteoriche dei balconi aggettanti dal corpo dell'edificio o di logge rientranti all'interno dell'edificio, purché tali elementi non configurino spazi stabilmente chiusi con conseguente variazione di volumi e di superfici, come definiti dal regolamento edilizio-tipo, che possano generare nuova volumetria o comportare il mutamento della destinazione d'uso dell'immobile anche da superficie accessoria a superficie utile. Tali strutture devono favorire una naturale microaerazione che consenta la circolazione di un costante flusso di arieggiamento a garanzia della salubrità dei vani interni domestici ed avere caratteristiche tecnico-costruttive e profilo estetico tali da ridurre al minimo l'impatto visivo e l'ingombro apparente e da non modificare le preesistenti linee architettoniche.[1]

c) le opere temporanee per attività di ricerca nel sottosuolo che abbiano carattere geognostico, ad esclusione di attività di ricerca di idrocarburi, e che siano eseguite in aree esterne al centro edificato;

d) i movimenti di terra strettamente pertinenti all'esercizio dell'attività agricola e le pratiche agro-silvo-pastorali, compresi gli interventi su impianti idraulici agrari;

e) le serre mobili stagionali, sprovviste di strutture in muratura, funzionali allo svolgimento dell'attività agricola;

e-bis) le opere stagionali e quelle dirette a soddisfare obiettive esigenze, contingenti e temporanee, purché destinate ad essere immediatamente rimosse al cessare della temporanea necessità e, comunque, entro un termine non superiore a centottanta giorni comprensivo dei tempi di allestimento e smontaggio del manufatto, previa comunicazione di avvio dei lavori all'amministrazione comunale;[2]

e-ter) le opere di pavimentazione e di finitura di

spazi esterni, anche per aree di sosta, che siano contenute entro l'indice di permeabilità, ove stabilito dallo strumento urbanistico comunale, ivi compresa la realizzazione di intercapedini interamente interrate e non accessibili, vasche di raccolta delle acque, locali tombati;

e-quater) i pannelli solari, fotovoltaici, a servizio degli edifici, come definiti alla voce 32 dell'allegato A al regolamento edilizio-tipo, adottato con intesa sancita in sede di Conferenza unificata 20 ottobre 2016, n. 125/CU, ai sensi dell'articolo 4, comma 1-*sexies*, del presente testo unico, o degli impianti di cui all'articolo 87 del codice delle comunicazioni elettroniche, di cui al decreto legislativo 1° agosto 2003, n. 259, posti su strutture e manufatti fuori terra diversi dagli edifici o collocati a terra in adiacenza, da realizzare al di fuori della zona A) di cui al decreto del Ministro per i lavori pubblici 2 aprile 1968, n. 1444;[3]

e-quinquies) le aree ludiche senza fini di lucro e gli elementi di arredo delle aree pertinenziali degli edifici.[4]

2-4. [Abrogati].

5. Riguardo agli interventi di cui al presente articolo, l'interessato provvede, nei casi previsti dalle vigenti disposizioni, alla presentazione degli atti di aggiornamento catastale ai sensi dell'articolo 34-*quinquies*, comma 2, lettera *b*), del decreto-legge 10 gennaio 2006, n. 4, convertito, con modificazioni, dalla legge 9 marzo 2006, n. 80.[5]

6. Le regioni a statuto ordinario:

a) possono estendere la disciplina di cui al presente articolo a interventi edilizi ulteriori rispetto a quelli previsti dal comma 1, esclusi gli interventi di cui all'articolo 10, comma 1, soggetti a permesso di costruire e gli interventi di cui all'articolo 23, soggetti a segnalazione certificata di inizio attività in alternativa al permesso di costruire;[6]

b) disciplinano con legge le modalità per l'effettuazione dei controlli.[7]

7-8. [Abrogati].

[1] Lettera ins. dall'art. 33-*quater*, D.L. 9 ago. 2022, n. 115, conv. con modif. in L. 21 set. 2022, n. 142.

[2] Lettera così sost. dall'art. 10, D.L. 16 lug. 2020, n. 76, conv. con modif. in L. 11 set. 2020, n. 120.

[3] Lettera così modif. dall'art. 31, D.L. 31 mag. 2021, n. 77, conv. con modif. in L. 29 lug. 2021, n. 108.

[4] Comma così modif. dall'art. 54, L. 28 dic. 2015, n. 221 e dall'art. 3, D.lgs. 25 nov. 2016, n. 222.

[5] Comma così sost. dall'art. 1, c. 172, L. 4 ago. 2017, n. 124.

[6] Lettera così modif. dall'art. 3, D.lgs. 25 nov. 2016, n. 222.

[7] Lettera che sost. le originarie lett. *b*) e *c*) dall'art. 17, c. 1, D.L. 12 set. 2014, n. 133, conv. in L. 11 nov. 2014, n. 164.

6-*bis*. *Interventi subordinati a comunicazione di inizio lavori asseverata*.[1] — 1. Gli interventi non riconducibili all'elenco di cui agli articoli 6, 10 e 22, sono realizzabili previa comunicazione, anche per via telematica, dell'inizio dei lavori da parte dell'interessato all'amministrazione competente, fatte salve le prescrizioni degli strumenti urbanistici, dei regolamenti edilizi e della disciplina urbanistico-edilizia vigente, e comunque nel rispetto delle altre normative di settore aventi incidenza sulla disciplina dell'attività edilizia e, in particolare, delle norme antisismiche, di sicurezza, antincendio, igienico-sanitarie, di quelle relative all'efficienza energetica, di tutela dal rischio idrogeologico, nonché delle disposizioni contenute nel codice dei beni culturali e del paesaggio, di cui al decreto legislativo 22 gennaio 2004, n. 42.

2. L'interessato trasmette all'amministrazione comunale l'elaborato progettuale e la comunicazione di inizio dei lavori asseverata da un tecnico abilitato, il quale attesta, sotto la propria responsabilità, che i lavori sono conformi agli strumenti urbanistici approvati e ai regolamenti edilizi vigenti, nonché che sono compatibili con la normativa in materia sismica e con quella sul rendimento energetico nell'edilizia e che non vi è interessamento delle parti strutturali dell'edificio; la comunicazione contiene, altresì, i dati identificativi dell'impresa alla quale si intende affidare la realizzazione dei lavori.

3. Per gli interventi soggetti a CILA, ove la comunicazione di fine lavori sia accompagnata dalla prescritta documentazione per la variazione catastale, quest'ultima è tempestivamente inoltrata da parte dell'amministrazione comunale ai competenti uffici dell'Agenzia delle entrate.

4. Le regioni a statuto ordinario:

a) possono estendere la disciplina di cui al presente articolo a interventi edilizi ulteriori rispetto a quelli previsti dal comma 1;

b) disciplinano le modalità di effettuazione dei controlli, anche a campione e prevedendo sopralluoghi in loco.

5. La mancata comunicazione asseverata dell'inizio dei lavori comporta la sanzione pecuniaria pari a 1.000 euro. Tale sanzione è ridotta di due terzi se la comunicazione è effettuata spontaneamente quando l'intervento è in corso di esecuzione.

[1] Articolo ins. dall'art. 3, D.lgs. 25 nov. 2016, n. 222.

7. *Attività edilizia delle pubbliche amministrazioni* (L. 17 ago. 1942, n. 1150, art. 31, comma 3; D.lgs. 18 ago. 2000, n. 267, art. 34; decreto del Presidente della Repubblica 24 lug. 1977, n. 1616, art. 81; decreto del Presidente della Repubblica 18 aprile 1994, n. 383; D.L. 5 ott. 1993, n. 398, art. 4, comma 16, convertito, con modificazioni, dalla L. 4 dic. 1993, n. 493) — 1. Non si applicano le disposizioni del presente titolo per:

a) opere e interventi pubblici che richiedano per la loro realizzazione l'azione integrata e coordinata di una pluralità di amministrazioni pubbliche allorché l'accordo delle predette amministrazioni raggiunto con l'assenso del comune interessato, sia pubblicato ai sensi dell'art. 34, comma 4, del D.lgs. 18 ago. 2000, n. 267;

b) opere pubbliche, da eseguirsi da amministrazioni statali o comunque insistenti su aree del demanio statale e opere pubbliche di interesse statale, da realizzarsi dagli enti istituzionalmente competenti, ovvero da concessionari di servizi pubblici, previo accertamento di conformità con le prescrizioni urbanistiche ed ai sensi del decreto del Presidente della Repubblica 18 aprile 1994, n. 383, e successive modificazioni;

c) opere pubbliche dei comuni deliberate dal consiglio comunale, ovvero dalla giunta comunale, assistite dalla validazione del progetto ai sensi dell'art. 47 del decreto del Presidente della Repubblica 21 dic. 1999, n. 554.

8. *Attività edilizia dei privati su aree demaniali* (L. 17 ago. 1942, n. 1150, art. 31, comma 3) — 1. La realizzazione da parte di privati di interventi edilizi su aree demaniali è disciplinata dalle norme del presente testo unico.

9. *Attività edilizia in assenza di pianificazione urbanistica* (L. 1977, n. 10, art. 4, ultimo comma; L. 1978, n. 457, art. 27, ultimo comma) — 1. Salvi i più restrittivi limiti fissati dalle leggi regionali e nel rispetto delle norme previste dal D.lgs. 29 ott. 1999, n. 490 nei comuni sprovvisti di strumenti urbanistici sono consentiti:

a) gli interventi previsti dalle lettere *a*), *b*) e *c*) del primo comma dell'art. 3 che riguardino singole unità immobiliari o parti di esse;

b) fuori dal perimetro dei centri abitati, gli interventi di nuova edificazione nel limite della densità massima fondiaria di 0,03 metri cubi, per metro quadro; in caso di interventi a destinazione produttiva, la superficie coperta non può comunque superare un decimo dell'area di proprietà.

2. Nelle aree nelle quali non siano stati approvati gli strumenti urbanistici attuativi previsti dagli strumenti urbanistici generali come presupposto per l'edificazione, oltre agli interventi indicati al comma 1, lettera *a*), sono consentiti interventi di cui alla lettera *d*) del primo comma dell'art. 3 del presente testo unico che riguardino singole unità immobiliari o parti di esse. Tali ultimi interventi sono consentiti anche se riguardino globalmente uno o più edifici e modifichino fino al 25 per cento delle destinazioni preesistenti, purché il titolare del permesso si impegni, con atto trascritto a favore del comune e a cura e spese dell'interessato, a praticare, limitatamente alla percentuale mantenuta ad uso residenziale, prezzi di vendita e canoni di locazione concordati con il comune ed a concorrere negli oneri di urbanizzazione di cui alla sezione II del capo II del presente titolo.

9-*bis*. *Documentazione amministrativa e stato legittimo degli immobili.*[1] — 1. Ai fini della presentazione, del rilascio o della formazione dei titoli abilitativi previsti dal presente testo unico, le amministrazioni sono tenute ad acquisire d'ufficio i documenti, le informazioni e i dati, compresi quelli catastali, che siano in possesso delle pubbliche amministrazioni e non possono richiedere attestazioni, comunque denominate, o perizie sulla veridicità e sull'autenticità di tali documenti, informazioni e dati.[2]

1-*bis*. Lo stato legittimo dell'immobile o dell'unità immobiliare è quello stabilito dal titolo abilitativo che ne ha previsto la costruzione o che ne ha legittimato la stessa e da quello che ha disciplinato l'ultimo intervento edilizio che ha interessato l'intero immobile o unità immobiliare, integrati con gli eventuali titoli successivi che hanno abilitato interventi parziali. Per gli immobili realizzati in un'epoca nella quale non era obbligatorio acquisire il titolo abilitativo edilizio, lo stato legittimo è quello desumibile dalle informazioni catastali di primo impianto, o da altri documenti probanti, quali le riprese fotografiche, gli estratti cartografici, i documenti d'archivio, o altro atto, pubblico o privato, di cui sia dimostrata la provenienza, e dal titolo abilitativo che ha disciplinato l'ultimo intervento edilizio che ha interessato l'intero immobile o unità immobiliare, integrati con gli eventuali titoli successivi che hanno abilitato interventi parziali. Le disposizioni di cui al secondo periodo si applicano altresì nei casi in cui sussista un principio di prova del titolo abilitativo del quale, tuttavia, non sia disponibile copia.[3]

[1] Rubrica così modif. dall'art. 10, D.L. 16 lug. 2020, n. 76, conv. con modif. in L. 11 set. 2020, n. 120.

[2] Articolo ins. dall'art. 13, c. 2, lett. *b*), D.L. 22 giu. 2012, n. 83, conv. con modif. in L. 7 ago. 2012, n. 134.

[3] Comma ins. dall'art. 10, D.L. 16 lug. 2020, n. 76, conv. con modif. in L. 11 set. 2020, n. 120.

CAPO II

Permesso di costruire

SEZIONE I

Nozione e caratteristiche

10. *Interventi subordinati a permesso di costruire* (L. 1977, n. 10, art. 1; L. 28 feb. 1985, n. 47, art. 25, comma 4) — 1. Costituiscono interventi di trasformazione urbanistica ed edilizia del territorio e sono subordinati a permesso di costruire:

a) gli interventi di nuova costruzione;

b) gli interventi di ristrutturazione urbanistica;

c) gli interventi di ristrutturazione edilizia che portino ad un organismo edilizio in tutto o in parte diverso dal precedente, nei casi in cui comportino anche modifiche della volumetria complessiva degli edifici ovvero che, limitatamente agli immobili compresi nelle zone omogenee A, comportino mutamenti della destinazione d'uso, nonché gli interventi che comportino modificazioni della sagoma o della volumetria complessiva degli edifici o dei prospetti di immobili sottoposti a tutela ai sensi del Codice dei beni culturali e del paesaggio di cui al decreto legislativo 22 gennaio 2004, n. 42, e, inoltre, gli interventi di ristrutturazione edilizia che comportino la demolizione e ricostruzione di edifici situati in aree tutelate ai sensi degli articoli 136, comma 1, lettere *c*) e *d*), e 142 del medesimo codice di cui al decreto legislativo 22 gennaio 2004, n. 42, o il ripristino di edifici, crollati o demoliti, situati nelle medesime aree, in entrambi i casi ove siano previste modifiche della sagoma o dei prospetti o del sedime o delle caratteristiche planivolumetriche e tipologiche dell'edificio preesistente oppure siano previsti incrementi di volumetria.[1]

2. Le regioni stabiliscono con legge quali mutamenti, connessi o non connessi a trasformazioni fisiche, dell'uso di immobili o di loro parti, sono subordinati a permesso di costruire o a denuncia di inizio attività.

3. Le regioni possono altresì individuare con legge ulteriori interventi che, in relazione all'incidenza sul territorio e sul carico urbanistico, sono sottoposti al preventivo rilascio del permesso di costruire. La violazione delle disposizioni regionali emanate ai sensi del presente comma non comporta l'applicazione delle sanzioni di cui all'art. 44.

[1] Lettera così sost. dall'art. 10, D.L. 16 lug. 2020, n. 76, conv. con modif. in L. 11 set. 2020, n. 120, e così modif. dall'art. 28, D.L. 1 mar. 2022, n. 17, conv. con modif. in L. 27 apr. 2022, n. 34, e dall'dall'art. 14, c. 1-*ter*, D.L. 17 mag. 2022, n. 50, conv. in L. 15 lug. 2022, n. 91.

11. ***Caratteristiche del permesso di costruire*** (L. 28 gen. 1977, n. 10, art. 4, commi 1, 2 e 6; L. 23 dic. 1994, n. 724, art. 39, comma 2, come sost. dall'art. 2, comma 37, della L. 23 dic. 1996, n. 662) — 1. Il permesso di costruire è rilasciato al proprietario dell'immobile o a chi abbia titolo per richiederlo.

2. Il permesso di costruire è trasferibile, insieme all'immobile, ai successori o aventi causa. Esso non incide sulla titolarità della proprietà o di altri diritti reali relativi agli immobili realizzati per effetto del suo rilascio. È irrevocabile ed è oneroso ai sensi dell'art. 16.

3. Il rilascio del permesso di costruire non comporta limitazione dei diritti dei terzi.

12. ***Presupposti per il rilascio del permesso di costruire*** (L. 1977, n. 19, art. 4, comma 1; L. 1842, n. 1150, art. 31, comma 4; L. 3 nov. 1952, n. 1902, art. unico) — 1. Il permesso di costruire è rilasciato in conformità alle previsioni degli strumenti urbanistici, dei regolamenti edilizi e della disciplina urbanistico-edilizia vigente.

2. Il permesso di costruire è comunque subordinato alla esistenza delle opere di urbanizzazione primaria o alla previsione da parte del comune dell'attuazione delle stesse, nel successivo triennio, ovvero all'impegno degli interessati di procedere all'attuazione delle medesime contemporaneamente alla realizzazione dell'intervento oggetto del permesso.

3. In caso di contrasto dell'intervento oggetto della domanda di permesso di costruire con le previsioni di strumenti urbanistici adottati, è sospesa ogni determinazione in ordine alla domanda. La misura di salvaguardia non ha efficacia decorsi tre anni dalla data di adozione dello strumento urbanistico, ovvero cinque anni nell'ipotesi in cui lo strumento urbanistico sia stato sottoposto all'amministrazione competente all'approvazione entro un anno dalla conclusione della fase di pubblicazione.

4. A richiesta del sindaco, e per lo stesso periodo, il presidente della giunta regionale, con provvedimento motivato da notificare all'interessato, può ordinare la sospensione di interventi di trasformazione urbanistica ed edilizia del territorio che siano tali da compromettere o rendere più onerosa l'attuazione degli strumenti urbanistici.

13. ***Competenza al rilascio del permesso di costruire*** (L. 28 gen. 1977, n. 10, art. 4, comma 1; D.lgs. 18 ago. 2000, n. 267, artt. 107 e 109; L. 17 ago. 1942, n. 1150, art. 41-*quater*) — 1. Il permesso di costruire è rilasciato dal dirigente o responsabile dello sportello unico nel rispetto delle leggi, dei regolamenti e degli strumenti urbanistici.[1]

2. La regione disciplina l'esercizio dei poteri sostitutivi di cui all'art. 21, comma 2, per il caso di mancato rilascio del permesso di costruire entro i termini stabiliti.

[1] Comma così modif. dall'art. 13, c. 2, lett. *c*), D.L. 22 giu. 2012, n. 83, conv. con modif. in L. 7 ago. 2012, n. 134.

14. ***Permesso di costruire in deroga agli strumenti urbanistici*** (L. 17 ago. 1942, n. 1150, art. 41-*quater*, introdotto dall'art. 16 della L. 6 ago. 1967, n. 765; D.lgs. n. 267 del 2000, art. 42, comma 2, lett. *b*; L. 21 dic. 1955, n. 1357, art. 3) — 1. Il permesso di costruire in deroga agli strumenti urbanistici generali è rilasciato esclusivamente per edifici ed impianti pubblici o di interesse pubblico, previa deliberazione del consiglio comunale, nel rispetto comunque delle disposizioni contenute nel D.lgs. 29 ott. 1999, n. 490, e delle altre normative di settore aventi incidenza sulla disciplina dell'attività edilizia.

1-*bis*. Per gli interventi di ristrutturazione edilizia, la richiesta di permesso di costruire in deroga è ammessa previa deliberazione del consiglio comunale che ne attesta l'interesse pubblico limitatamente alle finalità di rigenerazione urbana, di contenimento del consumo del suolo e di recupero sociale e urbano dell'insediamento, fermo restando, nel caso di insediamenti commerciali, quanto disposto dall'articolo 31, comma 2, del decreto-legge 6 dicembre 2011, n. 201, convertito, con modificazioni, dalla legge 22 dicembre 2011, n. 214.[1]

2. Dell'avvio del procedimento viene data comunicazione agli interessati ai sensi dell'art. 7 della L. 7 ago. 1990, n. 241.

3. La deroga, nel rispetto delle norme igieniche, sanitarie e di sicurezza, può riguardare esclusivamente i limiti di densità edilizia, di altezza e di distanza tra i fabbricati di cui alle norme di attuazione degli strumenti urbanistici generali ed esecutivi, nonché le destinazioni d'uso ammissibili, fermo

restando in ogni caso il rispetto delle disposizioni di cui agli artt. 7, 8 e 9 del D.M. 2 apr. 1968, n. 1444.[2]

[1] Comma così sost. dall'art. 10, D.L. 16 lug.2020, n. 76, conv. con modif. in L. 11 set. 2020, n. 120.

[2] Comma così modif. dall'art. 10, D.L. 16 lug. 2020, n. 76, conv. con modif. in L. 11 set. 2020, n. 120.

15. ***Efficacia temporale e decadenza del permesso di costruire*** (L. 28 gen. 1977, n. 10, art. 4, commi 3, 4 e 5; L. 17 ago. 1942, n. 1150, art. 31, comma 11) — 1. Nel permesso di costruire sono indicati i termini di inizio e di ultimazione dei lavori.

2. Salvo quanto previsto dal quarto periodo, il termine per l'inizio dei lavori non può essere superiore ad un anno dal rilascio del titolo; quello di ultimazione, entro il quale l'opera deve essere completata, non può superare tre anni dall'inizio dei lavori. Decorsi tali termini il permesso decade di diritto per la parte non eseguita, tranne che, anteriormente alla scadenza, venga richiesta una proroga. La proroga può essere accordata, con provvedimento motivato, per fatti sopravvenuti, estranei alla volontà del titolare del permesso, oppure in considerazione della mole dell'opera da realizzare, delle sue particolari caratteristiche tecnico-costruttive, o di difficoltà tecnico-esecutive emerse successivamente all'inizio dei lavori, ovvero quando si tratti di opere pubbliche il cui finanziamento sia previsto in più esercizi finanziari. Per gli interventi realizzati in forza di un titolo abilitativo rilasciato ai sensi dell'articolo 12 del decreto legislativo 29 dicembre 2003, n. 387, il termine per l'inizio dei lavori è fissato in tre anni dal rilascio del titolo.[1]

2-*bis*. La proroga dei termini per l'inizio e l'ultimazione dei lavori è comunque accordata qualora i lavori non possano essere iniziati o conclusi per iniziative dell'amministrazione o dell'autorità giudiziaria rivelatesi poi infondate.[2]

3. La realizzazione della parte dell'intervento non ultimata nel termine stabilito è subordinata al rilascio di nuovo permesso per le opere ancora da eseguire, salvo che le stesse non rientrino tra quelle realizzabili mediante denuncia di inizio attività ai sensi dell'art. 22. Si procede altresì, ove necessario, al ricalcolo del contributo di costruzione.

4. Il permesso decade con l'entrata in vigore di contrastanti previsioni urbanistiche, salvo che i lavori siano già iniziati e vengono completati entro il termine di tre anni dalla data di inizio.

[1] Comma così modif. dall'art. 7-*bis*, D.L. 17 mag. 2022, n. 50, conv. in L. 15 lug. 2022, n. 91.

[2] Comma ins. dall'art. 17, c. 1, D.L. 12 set. 2014, n. 133, conv. in L. 11 nov. 2014, n. 164.

SEZIONE II
Contributo di costruzione

16. ***Contributo per il rilascio del permesso di costruire*** (L. 28 gen. 1977, n. 10, artt. 3; 5, comma 6, 1, 4 e 5; 11; legge 5 agosto 1978, n. 457, art. 47; L. 24 dic. 1993, n. 537, art. 7; L. 29 set. 1964, n. 847, artt. 1, comma 1, lett. *b*), *c*), e comma 4; L. 22 ott. 1971, n. 865, art. 44; L. 11 marzo 1988, n. 67, art. 17; D.lgs. 5 feb. 1997, n. 22, art. 58, comma 1; legge 23 dic. 1998, n. 448, art. 61, comma 2) — 1. Salvo quanto disposto dall'art. 17, comma 3, il rilascio del permesso di costruire comporta la corresponsione di un contributo commisurato all'incidenza degli oneri di urbanizzazione nonché al costo di costruzione, secondo le modalità indicate nel presente articolo e fatte salve le disposizioni concernenti gli interventi di trasformazione urbana complessi di cui al comma 2-*bis*.[1]

2. La quota di contributo relativa agli oneri di urbanizzazione è corrisposta al comune all'atto del rilascio del permesso di costruire e, su richiesta dell'interessato, può essere rateizzata. A scomputo totale o parziale della quota dovuta, il titolare del permesso può obbligarsi a realizzare direttamente le opere di urbanizzazione nel rispetto dell'art. 2 c. 5, L. 11 feb. 1994, n. 109, e successivamente modificazioni, con le modalità e le garanzie stabilite dal comune, con conseguente acquisizione delle opere realizzate al patrimonio indisponibile del comune.

2-*bis*. Nell'ambito degli strumenti attuativi e degli atti equivalenti comunque denominati nonché degli interventi in diretta attuazione dello strumento urbanistico generale, l'esecuzione diretta delle opere di urbanizzazione primaria di cui al comma 7, di importo inferiore alla soglia di cui all'articolo 28, comma 1, lettera *c*), del decreto legislativo 12 aprile 2006, n. 163, funzionali all'intervento di trasformazione urbanistica del territorio, è a carico del titolare del permesso di costruire e non trova applicazione il decreto legislativo 12 aprile 2006, n. 163. Fermo restando quanto previsto dall'articolo 32, comma 1, lettera g), del decreto legislativo 12 aprile 2006, n. 163, per gli interventi di trasformazione urbana complessi, come definiti dall'allegato IV alla Parte Seconda, numeri 7 e 8, del decreto legislativo 3 aprile 2006, n. 152, lo strumento attuativo prevede una modalità alternativa in base alla quale il contributo di cui al comma 1 è dovuto solo relativamente al costo di costruzione, da computarsi secondo le modalità di cui al presente articolo e le opere di urbanizzazione, tenendo comunque conto dei parametri definiti ai sensi del comma 4, sono direttamente messe in carico all'operatore privato che ne resta proprietario, assicurando che, nella fase negoziale, vengano definite modalità atte a garantire la corretta urbanizzazione, infrastrutturazione ed insediabilità degli interventi, la loro sostenibilità economico finanziaria, le finalità di interesse generale delle opere realizzate e dei relativi usi.[2]

3. La quota di contributo relativa al costo di costruzione, determinata all'atto del rilascio, è corrisposta in corso d'opera, con le modalità e le garanzie stabilite dal comune, non oltre sessanta giorni dalla ultimazione della costruzione.

4. L'incidenza degli oneri di urbanizzazione pri-

maria e secondaria è stabilita con deliberazione del consiglio comunale in base alle tabelle parametriche che la regione definisce per classi di comuni in relazione:

a) all'ampiezza ed all'andamento demografico dei comuni;

b) alle caratteristiche geografiche dei comuni;

c) alle destinazioni di zona previste negli strumenti urbanistici vigenti;

d) ai limiti e rapporti minimi inderogabili fissati in applicazione dall'art. 41-*quinquies*, penultimo e ultimo comma, della L. 17 ago. 1942, n. 1150 e successive modifiche e integrazioni nonché delle leggi regionali.

d-bis) alla differenziazione tra gli interventi al fine di incentivare, in modo particolare nelle aree a maggiore densità del costruito, quelli di ristrutturazione edilizia di cui all'articolo 3, comma 1, lettera *d*), anziché quelli di nuova costruzione;[3]

d-ter) alla valutazione del maggior valore generato da interventi su aree o immobili in variante urbanistica o in deroga. Tale maggior valore, calcolato dall'amministrazione comunale, è suddiviso in misura non inferiore al 50 per cento tra il comune e la parte privata ed è erogato da quest'ultima al comune stesso sotto forma di contributo straordinario, che attesta l'interesse pubblico, in versamento finanziario, vincolato a specifico centro di costo per la realizzazione di opere pubbliche e servizi da realizzare nel contesto in cui ricade l'intervento, cessione di aree o immobili da destinare a servizi di pubblica utilità, edilizia residenziale sociale od opere pubbliche.[4]

4-*bis*. Con riferimento a quanto previsto dal secondo periodo della lettera *d-ter*) del comma 4, sono fatte salve le diverse disposizioni delle legislazioni regionali e degli strumenti urbanistici generali comunali.[5]

5. Nel caso di mancata definizione delle tabelle parametriche da parte della regione e fino alla definizione delle tabelle stesse, i comuni provvedono, in via provvisoria con deliberazione del consiglio comunale, secondo i parametri di cui al comma 4, fermo restando quanto previsto dal comma 4-*bis*.[1]

6. Ogni cinque anni i comuni provvedono ad aggiornare gli oneri di urbanizzazione primaria e secondaria, in conformità alle relative disposizioni regionali, in relazione ai riscontri e prevedibili costi delle opere di urbanizzazione primaria, secondaria e generale.

7. Gli oneri di urbanizzazione primaria sono relativi ai seguenti interventi: strade residenziali, spazi di sosta o di parcheggio, fognature, rete idrica, rete di distribuzione dell'energia elettrica e del gas, pubblica illuminazione, spazi di verde attrezzato.

8. Gli oneri di urbanizzazione secondaria sono relativi ai seguenti interventi: asili nido e scuole materne, scuole dell'obbligo nonché strutture e complessi per l'istruzione superiore all'obbligo, mercati di quartiere, delegazioni comunali, chiese e altri edifici religiosi, impianti sportivi di quartiere, aree verdi di quartiere, centri sociali e attrezzature culturali e sanitarie. Nelle attrezzature sanitarie sono ricomprese le opere, le costruzioni e gli impianti destinati allo smaltimento, al riciclaggio e alla distruzione dei rifiuti urbani, speciali, pericolosi, solidi e liquidi, alla bonifica di aree inquinate.

9. Il costo di costruzione per i nuovi edifici è determinato periodicamente dalle regioni con riferimento ai costi massimi ammissibili per l'edilizia agevolata, definiti dalle stesse regioni a norma della lettera *g*) del primo comma dell'art. 4 della L. 5 ago. 1978, n. 457. Con lo stesso provvedimento le regioni identificano classi di edifici con caratteristiche superiori a quelle considerate nelle vigenti disposizioni di legge per l'edilizia agevolata, per le quali sono determinate maggiorazioni del detto costo di costruzione in misura non superiore al 50 per cento. Nei periodi intercorrenti tra le determinazioni regionali, ovvero, in eventuale assenza di tali determinazioni, il costo di costruzione è adeguato annualmente, ed autonomamente, in ragione dell'intervenuta variazione dei costi di costruzione accertata dall'Istituto nazionale di statistica (ISTAT). Il contributo afferente al permesso di costruire comprende una quota di detto costo, variabile dal 5 per cento al 20 per cento, che viene determinata dalle regioni in funzione delle caratteristiche e delle tipologie delle costruzioni e della loro destinazione ed ubicazione.

10. Nel caso di interventi su edifici esistenti il costo di costruzione è determinato in relazione al costo degli interventi stessi, così come individuati dal comune in base ai progetti presentati per ottenere il permesso di costruire. Al fine di incentivare il recupero del patrimonio edilizio esistente, per gli interventi di ristrutturazione edilizia di cui all'articolo 3, comma 1, lettera d), i comuni hanno comunque la facoltà di deliberare che i costi di costruzione ad essi relativi siano inferiori ai valori determinati per le nuove costruzioni.[1]

[1] Comma così modif. dall'art. 17, c. 1, D.L. 12 set. 2014, n. 133, conv. in L. 11 nov. 2014, n. 164.

[2] Comma aggiunto dall'art. 45, c. 1, D.L. 6 dic. 2011, n. 201, conv. in L. 22 dic. 2011, n. 214 e così modif. dall'art. 17, c. 1, D.L. 12 set. 2014, n. 133, conv. in L. 11 nov. 2014, n. 164.

[3] Lettera aggiunta dall'art. 17, c. 1, D.L. 12 set. 2014, n. 133, conv. in L. 11 nov. 2014, n. 164.

[4] Lettera così modif. dall'art. 10, D.L. 16 lug. 2020, n. 76, conv. con modif. in L. 11 set. 2020, n. 120.

[5] Comma aggiunto dall'art. 17, c. 1, D.L. 12 set. 2014, n. 133, conv. in L. 11 nov. 2014, n. 164.

17. ***Riduzione o esonero dal contributo di costruzione*** (L. 28 gen. 1977, n. 10, art. 7, comma 1, e art. 9; D.L. 23 gen. 1982, n. 9, artt. 7 e 9, conv. in L. 25 mar. 1982, n. 94; L. 24 gen. 1989, n. 122, art. 11; L. 9 gen. 1991, n. 10, art. 26, comma 1, L. n. 662 del 1996, art. 2, comma 60) — 1. Nei casi di edilizia abitativa convenzionata, relativa anche ad edifici esistenti, il contributo afferente al permesso di costruire è ridotto alla sola quota degli oneri di urbanizzazione qualora il titolare del permesso si impegni, a mezzo di una convenzione con il comune, ad applicare prezzi di vendita e canoni di locazione determinati ai sensi della convenzione-tipo prevista dall'art. 18.

2. Il contributo per la realizzazione della prima abitazione è pari a quanto stabilito per la corrispondente edilizia residenziale pubblica, purché sussistano i requisiti indicati dalla normativa di settore.

3. Il contributo di costruzione non è dovuto:

a) per gli interventi da realizzare nelle zone agricole ivi comprese le residenze, in funzione della conduzione del fondo e delle esigenze dell'imprenditore agricolo a titolo principale, ai sensi dell'art. 12 della L. 9 mag. 1975, n. 153;

b) per gli interventi di ristrutturazione e di ampliamento, in misura non superiore al 20%, di edifici unifamiliari;

c) per gli impianti, le attrezzature, le opere pubbliche o di interesse generale realizzate dagli enti istituzionalmente competenti nonché per le opere di urbanizzazione, eseguite anche da privati, in attuazione di strumenti urbanistici;

d) per gli interventi da realizzare in attuazione di norme o di provvedimenti emanati a seguito di pubbliche calamità;

e) per i nuovi impianti, lavori, opere, modifiche, installazione, relativi alle fonti rinnovabili di energia, alla conservazione, al risparmio e all'uso razionale dell'energia nel rispetto delle norme urbanistiche, di tutela dell'assetto idrogeologico, artistico-storica e ambientale.[1]

4. Per gli interventi da realizzare su immobili di proprietà dello Stato, nonché per gli interventi di manutenzione straordinaria di cui all'articolo 6, comma 2, lettera *a*), qualora comportanti aumento del carico urbanistico, il contributo di costruzione è commisurato alla incidenza delle sole opere di urbanizzazione, purché ne derivi un aumento della superficie calpestabile.[2]

4-*bis*. Al fine di agevolare gli interventi di rigenerazione urbana, di decarbonizzazione, efficientamento energetico, messa in sicurezza sismica e contenimento del consumo di suolo, di ristrutturazione, nonché di recupero e riuso degli immobili dismessi o in via di dismissione, il contributo di costruzione è ridotto in misura non inferiore del 20 per cento rispetto a quello previsto dalle tabelle parametriche regionali. I comuni hanno la facoltà di deliberare ulteriori riduzioni del contributo di costruzione, fino alla completa esenzione dallo stesso.[3]

[1] Lettera così modif. dall'art. 54, L. 28 dic. 2015, n. 221.

[2] Comma così modif. dall'art. 17, c. 1, D.L. 12 set. 2014, n. 133, conv. in L. 11 nov. 2014, n. 164.

[3] Comma così sost. dall'art. 10, D.L. 16 lug. 2020, n. 76, conv. con modif. in L. 11 set. 2020, n. 120.

18. ***Convenzione-tipo*** (L. 28 gen. 1977, n. 10, art. 8; L. 17 feb. 1992, n. 179, art. 23, comma 6) — 1. Ai fini del rilascio del permesso di costruire relativo agli interventi di edilizia abitativa di cui all'art. 17, comma 1, la regione approva una convenzione-tipo, con la quale sono stabiliti i criteri nonché i parametri, definiti con meccanismi tabellari per classi di comuni, ai quali debbono uniformarsi le convenzioni comunali nonché gli atti di obbligo in ordine essenzialmente a:

a) l'indicazione delle caratteristiche tipologiche e costruttive degli alloggi;

b) la determinazione dei prezzi di cessione degli alloggi, sulla base del costo delle aree, così come definito dal comma successivo, della costruzione e delle opere di urbanizzazione; nonché delle spese, generali, comprese quelle per la progettazione e degli oneri di preammortamento e di finanziamento;

c) la determinazione dei canoni di locazione in percentuale del valore desunto dai prezzi fissati per la cessione degli alloggi;

d) la durata di validità della convenzione non superiore a 30 e non inferiore a 20 anni.

2. La regione stabilisce criteri e parametri per la determinazione del costo delle aree, in misura tale che la sua incidenza non superi il 20 per cento del costo di costruzione come definito ai sensi dell'art. 16.

3. Il titolare del permesso può chiedere che il costo delle aree, ai fini della convenzione, sia determinato in misura pari al valore definito in occasione di trasferimenti di proprietà avvenuti nel quinquennio anteriore alla data della convenzione.

4. I prezzi di cessione ed i canoni di locazione determinati nelle convenzioni ai sensi del primo comma sono suscettibili di periodiche variazioni, con frequenza non inferiore al biennio, in relazione agli indici ufficiali ISTAT dei costi di costruzione intervenuti dopo la stipula delle convenzioni medesime.

5. Ogni pattuizione stipulata in violazione dei prezzi di cessione e dei canoni di locazione è nulla per la parte eccedente.

19. ***Contributo di costruzione per opere o impianti non destinati alla residenza*** (L. 28 gen. 1977, n. 10, art. 10) — 1. Il permesso di costruire relativo a costruzioni o impianti destinati ad attività industriali o artigianali dirette alla trasformazione di beni ed alla prestazione di servizi comporta la corresponsione di un contributo pari alla incidenza delle opere di urbanizzazione, di quelle necessarie al trattamento e allo smaltimento dei rifiuti solidi, liquidi e gassosi e di quelle necessarie alla sistemazione dei luoghi ove ne siano alterate le caratteristiche. La incidenza di tali opere è stabilita con deliberazione del consiglio comunale in base a parametri che la regione definisce con i criteri di cui al comma 4, lettere *a*) e *b*) dell'art.

16, nonché in relazione ai tipi di attività produttiva.

2. Il permesso di costruire relativo a costruzioni o impianti destinati ad attività turistiche, commerciali e direzionali o allo svolgimento di servizi comporta la corresponsione di un contributo pari all'incidenza delle opere di urbanizzazione, determinata ai sensi dell'articolo, 16, nonché una quota non superiore al 10 per cento del costo documentato di costruzione da stabilirsi, in relazione ai diversi tipi di attività, con deliberazione del consiglio comunale.

3. Qualora la destinazione d'uso delle opere indicate nei commi precedenti, nonché di quelle nelle zone agricole previste dall'art. 17, venga comunque modificata nei dieci anni successivi all'ultimazione dei lavori, il contributo di costruzione è dovuto nella misura massima corrispondente alla nuova destinazione, determinata con riferimento al momento dell'intervenuta variazione.

SEZIONE III
Procedimento

20. ***Procedimento per il rilascio del permesso di costruire*** (D.L. 5 ott. 1993, n. 398, art. 4, c. 1, 2, 3 e 4, conv. con modificazioni dalla L. 4 dic. 1993, n. 493)[1] — 1. La domanda per il rilascio del permesso di costruire, sottoscritta da uno dei soggetti legittimati ai sensi dell'articolo 11, va presentata allo sportello unico corredata da un'attestazione concernente il titolo di legittimazione, dagli elaborati progettuali richiesti, e quando ne ricorrano i presupposti, dagli altri documenti previsti dalla parte II. La domanda è accompagnata da una dichiarazione del progettista abilitato che asseveri la conformità del progetto agli strumenti urbanistici approvati ed adottati, ai regolamenti edilizi vigenti, e alle altre normative di settore aventi incidenza sulla disciplina dell'attività edilizia e, in particolare, alle norme antisismiche, di sicurezza, antincendio, igienico-sanitarie [nel caso in cui la verifica in ordine a tale conformità non comporti valutazioni tecnico-discrezionali][2], alle norme relative all'efficienza energetica.[3]

1-*bis*. Con decreto del Ministro della salute, da adottarsi, previa intesa in Conferenza unificata, entro 90 giorni dall'entrata in vigore della presente disposizione, sono definiti i requisiti igienico-sanitari di carattere prestazionale degli edifici.[4]

2. Lo sportello unico comunica entro dieci giorni al richiedente il nominativo del responsabile del procedimento ai sensi degli articoli 4 e 5 della legge 7 agosto 1990, n. 241, e successive modificazioni. L'esame delle domande si svolge secondo l'ordine cronologico di presentazione.

3. Entro sessanta giorni dalla presentazione della domanda, il responsabile del procedimento cura l'istruttoria e formula una proposta di provvedimento, corredata da una dettagliata relazione, con la qualificazione tecnico-giuridica dell'intervento richiesto. Qualora sia necessario acquisire ulteriori atti di assenso, comunque denominati, resi da amministrazioni diverse, si procede ai sensi degli articoli 14 e seguenti della legge 7 agosto 1990, n. 241.[5]

4. Il responsabile del procedimento, qualora ritenga che ai fini del rilascio del permesso di costruire sia necessario apportare modifiche di modesta entità rispetto al progetto originario, può, nello stesso termine di cui al comma 3, richiedere tali modifiche, illustrandone le ragioni. L'interessato si pronuncia sulla richiesta di modifica entro il termine fissato e, in caso di adesione, è tenuto ad integrare la documentazione nei successivi quindici giorni. La richiesta di cui al presente comma sospende, fino al relativo esito, il decorso del termine di cui al comma 3.

5. Il termine di cui al comma 3 può essere interrotto una sola volta dal responsabile del procedimento, entro trenta giorni dalla presentazione della domanda, esclusivamente per la motivata richiesta di documenti che integrino o completino la documentazione presentata e che non siano già nella disponibilità dell'amministrazione o che questa non possa acquisire autonomamente. In tal caso, il termine ricomincia a decorrere dalla data di ricezione della documentazione integrativa.

5-*bis*.[6]

6. Il provvedimento finale, che lo sportello unico provvede a notificare all'interessato, è adottato dal dirigente o dal responsabile dell'ufficio, entro il termine di trenta giorni dalla proposta di cui al comma 3. Qualora sia indetta la conferenza di servizi di cui al medesimo comma, la determinazione motivata di conclusione del procedimento, assunta nei termini di cui agli articoli 14 e seguenti della legge 7 agosto 1990, n. 241, e successive modificazioni, è, ad ogni effetto, titolo per la realizzazione dell'intervento. Il termine di cui al primo periodo è fissato in quaranta giorni con la medesima decorrenza qualora il dirigente o il responsabile del procedimento abbia comunicato all'istante i motivi che ostano all'accoglimento della domanda, ai sensi dell'articolo 10-*bis* della citata legge n. 241 del 1990, e successive modificazioni. Dell'avvenuto rilascio del permesso di costruire è data notizia al pubblico mediante affissione all'albo pretorio. Gli estremi del permesso di costruire sono indicati nel cartello esposto presso il cantiere, secondo le modalità stabilite dal regolamento edilizio.[7]

7. I termini di cui ai commi 3 e 5 sono raddoppiati nei soli casi di progetti particolarmente complessi secondo la motivata risoluzione del responsabile del procedimento.[8]

8. (L) Decorso inutilmente il termine per l'adozione del provvedimento conclusivo, ove il dirigente o il responsabile dell'ufficio non abbia opposto motivato diniego, sulla domanda di permesso di

costruire si intende formato il silenzio-assenso, fatti salvi i casi in cui sussistano vincoli relativi all'assetto idrogeologico, ambientali, paesaggistici o culturali, per i quali si applicano le disposizioni di cui agli articoli 14 e seguenti della legge 7 agosto 1990, n. 241. Fermi restando gli effetti comunque prodotti dal silenzio, lo sportello unico per l'edilizia rilascia anche in via telematica, entro quindici giorni dalla richiesta dell'interessato, un'attestazione circa il decorso dei termini del procedimento, in assenza di richieste di integrazione documentale o istruttorie inevase e di provvedimenti di diniego; altrimenti, nello stesso termine, comunica all'interessato che tali atti sono intervenuti.[9]

9.[10]

10.[11]

11. Il termine per il rilascio del permesso di costruire per gli interventi di cui all'articolo 22, comma 7, è di settantacinque giorni dalla data di presentazione della domanda.

12. Fermo restando quanto previsto dalla vigente normativa in relazione agli adempimenti di competenza delle amministrazioni statali coinvolte, sono fatte salve le disposizioni contenute nelle leggi regionali che prevedano misure di ulteriore semplificazione e ulteriori riduzioni di termini procedimentali.

13. Ove il fatto non costituisca più grave reato, chiunque, nelle dichiarazioni o attestazioni o asseverazioni di cui al comma 1, dichiara o attesta falsamente l'esistenza dei requisiti o dei presupposti di cui al medesimo comma è punito con la reclusione da uno a tre anni. In tali casi, il responsabile del procedimento informa il competente ordine professionale per l'irrogazione delle sanzioni disciplinari.

[1] Articolo così sost. dall'art. 5, c. 2, lett. *a*), D.L. 13 mag. 2011, n. 70, conv. con modif. in L. 12 lug. 2011, n. 106.

[2] Parole soppresse dall'art. 3, D.lgs. 25 nov. 2016, n. 222.

[3] Comma così modif. dall'art. 13, c. 2, lett. *d*), D.L. 22 giu. 2012, n. 83, conv. con modif. in L. 7 ago. 2012, n. 134.

[4] Comma ins. dall'art. 3, D.lgs. 25 nov. 2016, n. 222.

[5] Comma così modif. dall'art. 13, c. 2, lett. *d*), D.L. 22 giu. 2012, n. 83, conv. con modif. in L. 7 ago. 2012, n. 134, e dall'art. 2, D.lgs. 30 giu. 2016, n. 127.

[6] Comma ins. dall'art. 13, c. 2, lett. *d*), D.L. 22 giu. 2012, n. 83, conv. con modif. in L. 7 ago. 2012, n. 134, e quindi abrog. dall'art. 2, D.lgs. 30 giu. 2016, n. 127.

[7] Comma così sost. dall'art. 13, c. 2, lett. *d*), D.L. 22 giu. 2012, n. 83, conv. con modif. in L. 7 ago. 2012, n. 134 e così modif. dall'art. 2, D.lgs. 30 giu. 2016, n. 127.

[8] Comma così sost. dall'art. 17, c. 1, D.L. 12 set. 2014, n. 133, conv. in L. 11 nov. 2014, n. 164.

[9] Comma così modif. dall'art. 2, D.lgs. 30 giu. 2016, n. 127. L'ultimo periodo è stato aggiunto dall'art. 10, D.L. 16 lug. 2020, n. 76, conv. con modif. in L. 11 set. 2020, n. 120.

[10] Comma abrog. dall'art. 2, D.lgs. 30 giu. 2016, n. 127.

[11] Comma abrog. dall'art. 30, c. 1, lett. *d*), D.L. 21 giu. 2013, n. 69, conv. con modif. in L. 9 ago. 2013, n. 98.

21. ***Intervento sostitutivo regionale*** (D.L. 5 ott. 1993, n. 398, art. 4, c. 5 e 6, conv. con modificazioni dalla L. 4 dic. 1993, n. 493)[1] — 1. Le regioni, con proprie leggi, determinano forme e modalità per l'eventuale esercizio del potere sostitutivo nei confronti dell'ufficio dell'amministrazione comunale competente per il rilascio del permesso di costruire.

[1] Articolo così sost. dall'art. 5, c. 2, lett. *a*), D.L. 13 mag. 2011, n. 70, conv. con modif. in L. 12 lug. 2011, n. 106.

CAPO III

Segnalazione certificata di inizio attività[1]

[1] Rubrica così modif. dall'art. 3, D.lgs. 25 nov. 2016, n. 222.

22. ***Interventi subordinati a segnalazione certificata di inizio di attività.***[1] — 1. Sono realizzabili mediante la segnalazione certificata di inizio di attività di cui all'articolo 19 della legge 7 agosto 1990, n. 241, nonché in conformità alle previsioni degli strumenti urbanistici, dei regolamenti edilizi e della disciplina urbanistico-edilizia vigente:

a) gli interventi di manutenzione straordinaria di cui all'articolo 3, comma 1, lettera *b*), qualora riguardino le parti strutturali dell'edificio o i prospetti;[2]

b) gli interventi di restauro e di risanamento conservativo di cui all'articolo 3, comma 1, lettera *c*), qualora riguardino le parti strutturali dell'edificio;

c) gli interventi di ristrutturazione edilizia di cui all'articolo 3, comma 1, lettera *d*), diversi da quelli indicati nell'articolo 10, comma 1, lettera *c*).[3]

2. Sono altresì realizzabili mediante segnalazione certificata di inizio attività le varianti a permessi di costruire che non incidono sui parametri urbanistici e sulle volumetrie, che non modificano la destinazione d'uso e la categoria edilizia, non alterano la sagoma dell'edificio qualora sottoposto a vincolo ai sensi del decreto legislativo 22 gennaio 2004, n. 42 e successive modificazioni, e non violano le eventuali prescrizioni contenute nel permesso di costruire. Ai fini dell'attività di vigilanza urbanistica ed edilizia, nonché ai fini dell'agibilità, tali segnalazioni certificata di inizio attività costituiscono parte integrante del procedimento relativo al permesso di costruzione dell'intervento principale e possono essere presentate prima della dichiarazione di ultimazione dei lavori.[4]

3.[5]

4. Le regioni a statuto ordinario con legge possono ampliare o ridurre l'ambito applicativo delle disposizioni di cui ai commi precedenti. Restano, comunque, ferme le sanzioni penali previste all'art. 44.

5.[5]

6. La realizzazione degli interventi di cui al presente Capo che riguardino immobili sottoposti a tutela storico-artistica, paesaggistico-ambientale o dell'assetto idrogeologico, è subordinata al preventivo rilascio del parere o dell'autorizzazione richiesti dalle relative previsioni normative. Nell'ambito delle norme di tutela rientrano, in parti-

colare, le disposizioni di cui al D.lgs. 29 ott. 1999, n. 490.[6]

7. È comunque salva la facoltà dell'interessato di chiedere il rilascio di permesso di costruire per la realizzazione degli interventi di cui al presente Capo, senza obbligo del pagamento del contributo di costruzione di cui all'art. 16, salvo quanto previsto dall'ultimo periodo del comma 1 dell'articolo 23. In questo caso la violazione della disciplina urbanistico-edilizia non comporta l'applicazione delle sanzioni di cui all'art. 44 ed è soggetta all'applicazione delle sanzioni di cui all'art. 37.[7]

[1] Rubrica così sost. dall'art. 3, D.lgs. 25 nov. 2016, n. 222.
[2] Lettera così modif. dall'art. 10, D.L. 16 lug. 2020, n. 76, conv. con modif. in L. 11 set. 2020, n. 120.
[3] Comma così sost. dall'art. 3, D.lgs. 25 nov. 2016, n. 222.
[4] Comma così modif. dall'art. 30, c. 1, lett. *e*), D.L. 21 giu. 2013, n. 69, conv. con modif. in L. 9 ago. 2013, n. 98, dall'art. 17, c. 1, D.L. 12 set. 2014, n. 133, conv. in L. 11 nov. 2014, n. 164, e dall'art. 3, D.lgs. 25 nov. 2016, n. 222.
[5] Comma abrog. dall'art. 3, D.lgs. 25 nov. 2016, n. 222.
[6] Comma così modif. dall'art. 54, L. 28 dic. 2015, n. 221 e dall'art. 3, D.lgs. 25 nov. 2016, n. 222.
[7] Comma così modif. dall'art. 3, D.lgs. 25 nov. 2016, n. 222.

23. ***Interventi subordinati a segnalazione certificata di inizio di attività in alternativa al permesso di costruire.***[1] — 01. In alternativa al permesso di costruire, possono essere realizzati mediante segnalazione certificata di inizio di attività:

a) gli interventi di ristrutturazione di cui all'articolo 10, comma 1, lettera *c*);

b) gli interventi di nuova costruzione o di ristrutturazione urbanistica qualora siano disciplinati da piani attuativi comunque denominati, ivi compresi gli accordi negoziali aventi valore di piano attuativo, che contengano precise disposizioni plano-volumetriche, tipologiche, formali e costruttive, la cui sussistenza sia stata esplicitamente dichiarata dal competente organo comunale in sede di approvazione degli stessi piani o di ricognizione di quelli vigenti; qualora i piani attuativi risultino approvati anteriormente all'entrata in vigore della legge 21 dicembre 2001, n. 443, il relativo atto di ricognizione deve avvenire entro trenta giorni dalla richiesta degli interessati; in mancanza si prescinde dall'atto di ricognizione, purché il progetto di costruzione venga accompagnato da apposita relazione tecnica nella quale venga asseverata l'esistenza di piani attuativi con le caratteristiche sopra menzionate;

c) gli interventi di nuova costruzione qualora siano in diretta esecuzione di strumenti urbanistici generali recanti precise disposizioni plano-volumetriche.

Gli interventi di cui alle lettere precedenti sono soggetti al contributo di costruzione ai sensi dell'articolo 16. Le regioni possono individuare con legge gli altri interventi soggetti a segnalazione certificata di inizio attività, diversi da quelli di cui alle lettere precedenti, assoggettati al contributo di costruzione definendo criteri e parametri per la relativa determinazione.[2]

1. Il proprietario dell'immobile o chi abbia titolo per presentare la segnalazione certificata di inizio attività, almeno trenta giorni prima dell'effettivo inizio dei lavori, presenta allo sportello unico la segnalazione, accompagnata da una dettagliata relazione a firma di un progettista abilitato e dagli opportuni elaborati progettuali, che asseveri la conformità delle opere da realizzare agli strumenti urbanistici adottati o non in contrasto con quelli adottati ed ai regolamenti edilizi vigenti, nonché il rispetto delle norme di sicurezza e di quelle igienico-sanitarie.[3]

1-*bis*. Nei casi in cui la normativa vigente prevede l'acquisizione di atti o pareri di organi o enti appositi, ovvero l'esecuzione di verifiche preventive, con la sola esclusione dei casi in cui sussistano vincoli relativi all'assetto idrogeologico, ambientali, paesaggistici o culturali e degli atti rilasciati dalle amministrazioni preposte alla difesa nazionale, alla pubblica sicurezza, all'immigrazione, all'asilo, alla cittadinanza, all'amministrazione della giustizia, all'amministrazione delle finanze, ivi compresi gli atti concernenti le reti di acquisizione del gettito, anche derivante dal gioco, nonché di quelli previsti dalla normativa per le costruzioni in zone sismiche e di quelli imposti dalla normativa comunitaria, essi sono comunque sostituiti dalle autocertificazioni, attestazioni e asseverazioni o certificazioni di tecnici abilitati relative alla sussistenza dei requisiti e dei presupposti previsti dalla legge, dagli strumenti urbanistici approvati o adottati e dai regolamenti edilizi, da produrre a corredo della documentazione di cui al comma 1, salve le verifiche successive degli organi e delle amministrazioni competenti.[4]

1-*ter*. La denuncia, corredata delle dichiarazioni, attestazioni e asseverazioni nonché dei relativi elaborati tecnici, può essere presentata mediante posta raccomandata con avviso di ricevimento, ad eccezione dei procedimenti per cui è previsto l'utilizzo esclusivo della modalità telematica; in tal caso la denuncia si considera presentata al momento della ricezione da parte dell'amministrazione. [Con regolamento, emanato ai sensi dell'articolo 17, comma 2, della legge 23 agosto 1988, n. 400, e successive modificazioni, su proposta del Ministro delle infrastrutture e dei trasporti, di concerto con il Ministro per la pubblica amministrazione e la semplificazione, previa intesa in sede di Conferenza unificata di cui all'articolo 8 del decreto legislativo 28 agosto 1997, n. 281, e successive modificazioni, si procede all'individuazione dei criteri e delle modalità per l'utilizzo esclusivo degli strumenti telematici ai fini della presentazione della denuncia][5].[6]

2. La segnalazione certificata di inizio attività è corredata dall'indicazione dell'impresa cui si intende affidare i lavori ed è sottoposta al termine

massimo di efficacia pari a tre anni. La realizzazione della parte non ultimata dell'intervento è subordinata a nuova segnalazione. L'interessato è comunque tenuto a comunicare allo sportello unico la data di ultimazione dei lavori.[3]

3. Nel caso dei vincoli e delle materie oggetto dell'esclusione di cui al comma 1-*bis*, qualora l'immobile oggetto dell'intervento sia sottoposto ad un vincolo la cui tutela compete, anche in via di delega, alla stessa amministrazione comunale, il termine di trenta giorni di cui al comma 1 decorre dal rilascio del relativo atto di assenso. Ove tale atto non sia favorevole, la denuncia è priva di effetti.[7]

4. Nel caso dei vincoli e delle materie oggetto dell'esclusione di cui al comma 1-*bis*, qualora l'immobile oggetto dell'intervento sia sottoposto ad un vincolo la cui tutela non compete all'amministrazione comunale, ove il parere favorevole del soggetto preposto alla tutela non sia allegato alla segnalazione, il competente ufficio comunale convoca una conferenza di servizi ai sensi degli artt. 14, 14-*bis* 14-*ter*, 14-*quater*, della L. 7 ago. 1990, n. 241. Il termine di trenta giorni di cui al comma 1 decorre dall'esito della conferenza. In caso di esito non favorevole, la segnalazione è priva di effetti.[3]

5. La sussistenza del titolo è provata con la copia della segnalazione certificata di inizio attività da cui risulti la data di ricevimento della segnalazione, l'elenco di quanto presentato a corredo del progetto, l'attestazione del professionista abilitato, nonché gli atti di assenso eventualmente necessari.[3]

6. Il dirigente o il responsabile del competente ufficio comunale, ove entro il termine indicato al comma 1 sia riscontrata l'assenza di una o più delle condizioni stabilite, notifica all'interessato l'ordine motivato di non effettuare il previsto intervento, e, in caso di falsa attestazione del professionista abilitato, informa l'autorità giudiziaria e il consiglio dell'ordine di appartenenza. È comunque salva la facoltà di ripresentare la denuncia di inizio di attività, con le modifiche o le integrazioni necessarie per renderla conforme alla normativa urbanistica ed edilizia.

7. Ultimato l'intervento, il progettista o un tecnico abilitato rilascia un certificato di collaudo finale, che va presentato allo sportello unico, con il quale si attesta la conformità dell'opera al progetto presentato con la segnalazione certificata di inizio attività. Contestualmente presenta ricevuta della avvenuta presentazione della variazione catastale conseguente alle opere realizzate, ovvero dichiarazione che le stesse non hanno comportato modificazioni del classamento. In assenza di tale documentazione si applica la sanzione di cui all'art. 37, comma 5.[3,8]

[1] Rubrica così sost. dall'art. 3, D.lgs. 25 nov. 2016, n. 222.
[2] Comma ins. dall'art. 3, D.lgs. 25 nov. 2016, n. 222.
[3] Comma così modif. dall'art. 3, D.lgs. 25 nov. 2016, n. 222.
[4] Comma ins. dall'art. 13, c. 2, lett. *e*), D.L. 22 giu. 2012, n. 83, conv. con modif. in L. 7 ago. 2012, n. 134 e così modif. dall'art. 54, L. 28 dic. 2015, n. 221.
[5] Periodo soppresso dall'allegato 1, D.lgs. 22 gen. 2016, n. 10.
[6] Comma ins. dall'art. 13, c. 2, lett. *e*), D.L. 22 giu. 2012, n. 83, conv. con modif. in L. 7 ago. 2012, n. 134.
[7] Comma così modif. dall'art. 13, c. 2, lett. *e*), D.L. 22 giu. 2012, n. 83, conv. con modif. in L. 7 ago. 2012, n. 134.
[8] Periodo aggiunto dall'art. 1.558, L. 30 dic. 2004, n. 311.

23-*bis*. *Autorizzazioni preliminari alla segnalazione certificata di inizio attività e alla comunicazione dell'inizio dei lavori.*[1] — 1. Nei casi in cui si applica la disciplina della segnalazione certificata di inizio attività di cui all'articolo 19 della legge 7 agosto 1990, n. 241, prima della presentazione della segnalazione, l'interessato può richiedere allo sportello unico di provvedere all'acquisizione di tutti gli atti di assenso, comunque denominati, necessari per l'intervento edilizio, o presentare istanza di acquisizione dei medesimi atti di assenso contestualmente alla segnalazione. Lo sportello unico comunica tempestivamente all'interessato l'avvenuta acquisizione degli atti di assenso. Se tali atti non vengono acquisiti entro il termine di cui all'articolo 20, comma 3, si applica quanto previsto dal comma 5-*bis* del medesimo articolo.

2. In caso di presentazione contestuale della segnalazione certificata di inizio attività e dell'istanza di acquisizione di tutti gli atti di assenso, comunque denominati, necessari per l'intervento edilizio, l'interessato può dare inizio ai lavori solo dopo la comunicazione da parte dello sportello unico dell'avvenuta acquisizione dei medesimi atti di assenso o dell'esito positivo della conferenza di servizi.

3. Le disposizioni di cui ai commi 1 e 2, si applicano anche alla comunicazione dell'inizio dei lavori di cui all'articolo 6-*bis*,[2] qualora siano necessari atti di assenso, comunque denominati, per la realizzazione dell'intervento edilizio.

4. All'interno delle zone omogenee A) di cui al decreto del Ministro dei lavori pubblici 2 aprile 1968, n. 1444, e in quelle equipollenti secondo l'eventuale diversa denominazione adottata dalle leggi regionali, i comuni devono individuare con propria deliberazione, da adottare entro il 30 giugno 2014, le aree nelle quali non è applicabile la segnalazione certificata di inizio attività per interventi di demolizione e ricostruzione, o per varianti a permessi di costruire, comportanti modifiche della sagoma. Senza nuovi o maggiori oneri a carico della finanza pubblica, decorso tale termine e in mancanza di intervento sostitutivo della regione ai sensi della normativa vigente, la deliberazione di cui al primo periodo è adottata da un Commissario nominato dal Ministro delle infrastrutture e dei trasporti. Nelle restanti aree interne alle zone omogenee A) e a quelle equipollenti di cui al primo periodo, gli interventi cui è applicabile la segnalazione certificata di inizio attività non possono in ogni

caso avere inizio prima che siano decorsi trenta giorni dalla data di presentazione della segnalazione. Nelle more dell'adozione della deliberazione di cui al primo periodo e comunque in sua assenza, non trova applicazione per le predette zone omogenee A) la segnalazione certificata di inizio attività con modifica della sagoma.

[1] Articolo ins. dall'art. 30, c. 1, lett. *f*), D.L. 21 giu. 2013, n. 69, conv. con modif. in L. 9 ago. 2013, n. 98.

[2] Parole così modif. dall'art. 3, D.lgs. 25 nov. 2016, n. 222.

23-*ter*. *Mutamento d'uso urbanisticamente rilevante*.[1] — 1. Salva diversa previsione da parte delle leggi regionali, costituisce mutamento rilevante della destinazione d'uso ogni forma di utilizzo dell'immobile o della singola unità immobiliare diversa, da quella originaria, ancorché non accompagnata dall'esecuzione di opere edilizie, purché tale da comportare l'assegnazione dell'immobile o dell'unità immobiliare considerati ad una diversa categoria funzionale tra quelle sotto elencate:

a) residenziale;

a-bis) turistico-ricettiva;

b) produttiva e direzionale;

c) commerciale;

d) rurale.

2. La destinazione d'uso dell'immobile o dell'unità immobiliare è quella stabilita dalla documentazione di cui all'articolo 9-*bis*, comma 1-*bis*.[2]

3. Le regioni adeguano la propria legislazione ai princìpi di cui al presente articolo entro novanta giorni dalla data della sua entrata in vigore. Decorso tale termine, trovano applicazione diretta le disposizioni del presente articolo. Salva diversa previsione da parte delle leggi regionali e degli strumenti urbanistici comunali, il mutamento della destinazione d'uso all'interno della stessa categoria funzionale è sempre consentito.

[1] Articolo aggiunto dall'art. 17, c. 1, D.L. 12 set. 2014, n. 133, conv. in L. 11 nov. 2014, n. 164.

[2] Comma così sost. dall'art. 10, D.L. 16 lug. 2020, n. 76, conv. con modif. in L. 11 set. 2020, n. 120.

23-*quater*. *Usi temporanei*.[1] — 1. Allo scopo di attivare processi di rigenerazione urbana, di riqualificazione di aree urbane degradate, di recupero e valorizzazione di immobili e spazi urbani dismessi o in via di dismissione e favorire, nel contempo, lo sviluppo di iniziative economiche, sociali, culturali o di recupero ambientale, il comune può consentire l'utilizzazione temporanea di edifici ed aree per usi diversi da quelli previsti dal vigente strumento urbanistico.

2. L'uso temporaneo può riguardare immobili legittimamente esistenti ed aree sia di proprietà privata che di proprietà pubblica, purché si tratti di iniziative di rilevante interesse pubblico o generale correlate agli obiettivi urbanistici, socio-economici ed ambientali indicati al comma 1.

3. L'uso temporaneo è disciplinato da un'apposita convenzione che regola:

a) la durata dell'uso temporaneo e le eventuali modalità di proroga;

b) le modalità di utilizzo temporaneo degli immobili e delle aree;

c) le modalità, i costi, gli oneri e le tempistiche per il ripristino una volta giunti alla scadenza della convenzione;

d) le garanzie e le penali per eventuali inadempimenti agli obblighi convenzionali.

4. La stipula della convenzione costituisce titolo per l'uso temporaneo e per l'esecuzione di eventuali interventi di adeguamento che si rendano necessari per esigenze di accessibilità, di sicurezza negli ambienti di lavoro e di tutela della salute, da attuare comunque con modalità reversibili, secondo quanto stabilito dalla convenzione medesima.

5. L'uso temporaneo non comporta il mutamento della destinazione d'uso dei suoli e delle unità immobiliari interessate.

6. Laddove si tratti di immobili o aree di proprietà pubblica il soggetto gestore è individuato mediante procedure di evidenza pubblica; in tali casi la convenzione specifica le cause di decadenza dall'assegnazione per gravi motivi.

7. Il consiglio comunale individua i criteri e gli indirizzi per l'attuazione delle disposizioni del presente articolo da parte della giunta comunale. In assenza di tale atto consiliare lo schema di convenzione che regola l'uso temporaneo è approvato con deliberazione del consiglio comunale.

8. Le leggi regionali possono dettare disposizioni di maggior dettaglio, anche in ragione di specificità territoriali o di esigenze contingenti a livello locale.

[1] Articolo ins. dall'art. 10, D.L. 16 lug. 2020, n. 76, conv. con modif. in L. 11 set. 2020, n. 120.

TITOLO III
Agibilità degli edifici

CAPO I
Certificato di agibilità

24. *Agibilità*.[1] (L) — 1. La sussistenza delle condizioni di sicurezza, igiene, salubrità, risparmio energetico degli edifici e degli impianti negli stessi installati, e, ove previsto, di rispetto degli obblighi di infrastrutturazione digitale valutate secondo quanto dispone la normativa vigente, nonché la conformità dell'opera al progetto presentato e la sua agibilità sono attestati mediante segnalazione certificata.[2]

2. Ai fini dell'agibilità, entro quindici giorni dall'ultimazione dei lavori di finitura dell'intervento, il soggetto titolare del permesso di costruire, o il soggetto che ha presentato la segnalazione certificata di inizio di attività, o i loro successori o aventi causa, presenta allo sportello unico per l'edilizia la segnalazione certificata, per i seguenti interventi:

a) nuove costruzioni;

b) ricostruzioni o sopraelevazioni, totali o parziali;

c) interventi sugli edifici esistenti che possano influire sulle condizioni di cui al comma 1.

3. La mancata presentazione della segnalazione, nei casi indicati al comma 2, comporta l'applicazione della sanzione amministrativa pecuniaria da euro 77 a euro 464.

4. Ai fini dell'agibilità, la segnalazione certificata può riguardare anche:

a) singoli edifici o singole porzioni della costruzione, purché funzionalmente autonomi, qualora siano state realizzate e collaudate le opere di urbanizzazione primaria relative all'intero intervento edilizio e siano state completate e collaudate le parti strutturali connesse, nonché collaudati e certificati gli impianti relativi alle parti comuni;

b) singole unità immobiliari, purché siano completate e collaudate le opere strutturali connesse, siano certificati gli impianti e siano completate le parti comuni e le opere di urbanizzazione primaria dichiarate funzionali rispetto all'edificio oggetto di agibilità parziale.

5. La segnalazione certificata di cui ai commi da 1 a 4 è corredata dalla seguente documentazione:

a) attestazione del direttore dei lavori o, qualora non nominato, di un professionista abilitato che assevera la sussistenza delle condizioni di cui al comma 1;

b) certificato di collaudo statico di cui all'articolo 67 ovvero, per gli interventi di cui al comma 8-*bis* del medesimo articolo, dichiarazione di regolare esecuzione resa dal direttore dei lavori;

c) dichiarazione di conformità delle opere realizzate alla normativa vigente in materia di accessibilità e superamento delle barriere architettoniche di cui all'articolo 77, nonché all'articolo 82;

d) gli estremi dell'avvenuta dichiarazione di aggiornamento catastale;

e) dichiarazione dell'impresa installatrice, che attesta la conformità degli impianti installati negli edifici alle condizioni di sicurezza, igiene, salubrità, risparmio energetico prescritte dalla disciplina vigente ovvero, ove previsto, certificato di collaudo degli stessi.

e-bis) attestazione di "edificio predisposto alla banda ultra larga", rilasciata da un tecnico abilitato per gli impianti di cui all'articolo 1, comma 2, lettera *b*), del decreto del Ministro dello sviluppo economico 22 gennaio 2008, n. 37, e secondo quanto previsto dalle Guide CEI 306-2, CEI 306-22 e 64-100/1, 2 e 3.[3]

6. L'utilizzo delle costruzioni di cui ai commi 2 e 4 può essere iniziato dalla data di presentazione allo sportello unico della segnalazione corredata della documentazione di cui al comma 5. Si applica l'articolo 19, commi 3 e 6-*bis*, della legge 7 agosto 1990, n. 241.

7. Le Regioni, le Province autonome, i Comuni e le Città metropolitane, nell'ambito delle proprie competenze, disciplinano le modalità di effettuazione dei controlli, anche a campione e comprensivi dell'ispezione delle opere realizzate.

7-*bis*. La segnalazione certificata può altresì essere presentata, in assenza di lavori, per gli immobili legittimamente realizzati privi di agibilità che presentano i requisiti definiti con decreto del Ministro delle infrastrutture e dei trasporti, di concerto con il Ministro della salute, con il Ministro per i beni e le attività culturali e per il turismo e con il Ministro per la pubblica amministrazione, da adottarsi, previa intesa in Conferenza unificata di cui all'articolo 8 del decreto legislativo 28 agosto 1997, n. 281, entro novanta giorni dalla data di entrata in vigore della presente disposizione.[4]

[1] Articolo così sost. dall'art. 3, D.lgs. 25 nov. 2016, n. 222.
[2] Comma così modif. dall'art. 4, D.lgs. 8 nov. 2021, n. 207.
[3] Lettera ins. dall'art. 4, D.lgs. 8 nov. 2021, n. 207.
[4] Comma aggiunto dall'art. 10, D.L. 16 lug. 2020, n. 76, conv. con modif. in L. 11 set. 2020, n. 120.

25. ***Procedimento di rilascio del certificato di agibilità.***[1]

[1] Articolo abrog. dall'art. 3, D.lgs. 25 nov. 2016, n. 222.

26. ***Dichiarazione di inagibilità*** (R.D. 27 lug. 1934, n. 1265, art. 222) — 1. La presentazione della segnalazione certificata[1] di agibilità non impedisce l'esercizio del potere di dichiarazione di inagibilità di un edificio o di parte di esso ai sensi dell'art. 222 del R.D. 27 lug. 1934, n. 1265.

[1] Parole così modif. dall'art. 3, D.lgs. 25 nov. 2016, n. 222.

TITOLO IV
Vigilanza sull'attività urbanistico-edilizia, responsabilità e sanzioni

CAPO I
Vigilanza sull'attività urbanistico-edilizia e responsabilità

27. ***Vigilanza sull'attività urbanistico-edilizia*** (L. 28 feb. 1985, n. 47, ad 4, D.lgs. 18 ago. 2000, n. 267, artt. 107 e 109) — 1. Il dirigente o il responsabile del competente ufficio comunale esercita, anche secondo le modalità stabilite dallo statuto o dai regolamenti dell'ente, la vigilanza sull'attività urbanistico-edilizia nel territorio comunale per assicurarne la rispondenza alle norme di legge e di regolamento, alle prescrizioni degli strumenti urbanistici ed alle modalità esecutive fissate nei titoli abilitativi.

2. Il dirigente o il responsabile, quando accerti l'inizio o l'esecuzione[1] di opere eseguite senza titolo su aree assoggettate, da leggi statali, regionali o da altre norme urbanistiche vigenti o adottate, a vincolo di inedificabilità, o destinate ad opere e spazi pubblici ovvero ad interventi di edilizia resi-

denziale pubblica di cui alla L. 18 apr. 1962, n. 167, e successive modificazioni ed integrazioni, nonché in tutti i casi di difformità dalle norme urbanistiche e alle prescrizioni degli strumenti urbanistici[1] provvede alla demolizione e al ripristino dello stato dei luoghi. Qualora si tratti di aree assoggettate alla tutela di cui al R.D. 30 dic. 1923, n. 3267, o appartenenti ai beni disciplinati dalla L. 16 giu. 1927, n. 1766 nonché delle aree di cui al D.lgs. 29 ott. 1999, n. 490, il dirigente provvede alla demolizione ed al ripristino dello stato dei luoghi, previa comunicazione alle amministrazioni competenti le quali possono eventualmente intervenire, ai fini della demolizione, anche di propria iniziativa. Per le opere abusivamente realizzate su immobili dichiarati monumento nazionale con provvedimenti aventi forza di legge o dichiarati di interesse particolarmente importante ai sensi degli artt. 6 e 7 del D.lgs. 29 ott. 1999, n. 490, o su beni di interesse archeologico, nonché per le opere abusivamente realizzate su immobili soggetti a vincolo o di inedificabilità assoluta in applicazione delle disposizioni del titolo II del D.lgs. 29 ott. 1999, n. 490, il Soprintendente, su richiesta della regione, del comune o delle altre autorità preposte alla tutela, ovvero decorso il termine di 180 giorni dall'accertamento dell'illecito, procede alla demolizione, anche avvalendosi delle modalità operative di cui ai commi 55 e 56 dell'art. 2 L. 23 dic. 1996, n. 662.[2]

3. Ferma rimanendo l'ipotesi prevista dal precedente comma 2, qualora sia constatata, dai competenti uffici comunali d'ufficio o su denuncia dei cittadini, l'inosservanza delle norme, prescrizioni e modalità di cui al comma 1, il dirigente o il responsabile dell'ufficio, ordina l'immediata sospensione dei lavori, che ha effetto fino all'adozione dei provvedimenti definitivi di cui ai successivi articoli, da adottare e notificare entro quarantacinque giorni dall'ordine di sospensione dei lavori.

4. Gli ufficiali ed agenti di polizia giudiziaria, ove nei luoghi in cui vengono realizzate le opere non sia esibito il permesso di costruire, ovvero non sia apposto il prescritto cartello, ovvero in tutti gli altri casi di presunta violazione urbanistico-edilizia, ne danno immediata comunicazione all'autorità giudiziaria, al competente organo regionale e al dirigente del competente ufficio comunale, il quale verifica entro trenta giorni la regolarità delle opere e dispone gli atti conseguenti.

[1] Parole aggiunte dall'art. 46 D.L. 30 set. 2003, n. 269.
[2] Periodo aggiunto dall'art. 46 D.L. 30 set. 2003, n. 269.

28. ***Vigilanza su opere di amministrazioni statali*** (L. 28 feb. 1985, n. 47, art. 5; D.lgs. 18 ago. 2000, n. 267, artt. 107 e 109) — 1. Per le opere eseguite da amministrazioni statali, qualora ricorrano le ipotesi di cui all'art. 27, il dirigente o il responsabile del competente ufficio comunale, (ai sensi dell'art. 81 del decreto del Presidente della Repubblica 24 lug., 1977, n. 616), informa immediatamente la regione e il Ministero delle infrastrutture e dei trasporti, al quale compete, d'intesa con il presidente della giunta regionale, la adozione dei provvedimenti previsti dal richiamato art. 27.

28-*bis*. ***Permesso di costruire convenzionato.***[1] — 1. Qualora le esigenze di urbanizzazione possano essere soddisfatte con una modalità semplificata, è possibile il rilascio di un permesso di costruire convenzionato.

2. La convenzione, approvata con delibera del consiglio comunale, salva diversa previsione regionale, specifica gli obblighi, funzionali al soddisfacimento di un interesse pubblico, che il soggetto attuatore si assume ai fini di poter conseguire il rilascio del titolo edilizio, il quale resta la fonte di regolamento degli interessi.

3. Sono, in particolare, soggetti alla stipula di convenzione:

a) la cessione di aree anche al fine dell'utilizzo di diritti edificatori;

b) la realizzazione di opere di urbanizzazione fermo restando quanto previsto dall'articolo 32, comma 1, lettera *g*), del decreto legislativo 12 aprile 2006, n. 163;

c) le caratteristiche morfologiche degli interventi;

d) la realizzazione di interventi di edilizia residenziale sociale.

4. La convenzione può prevedere modalità di attuazione per stralci funzionali, cui si collegano gli oneri e le opere di urbanizzazione da eseguire e le relative garanzie.

5. Il termine di validità del permesso di costruire convenzionato può essere modulato in relazione agli stralci funzionali previsti dalla convenzione.

6. Il procedimento di formazione del permesso di costruire convenzionato è quello previsto dal Capo II del Titolo II della presente parte. Alla convenzione si applica altresì la disciplina dell'articolo 11 della legge 7 agosto 1990, n. 241.

[1] Articolo ins. dall'art. 17, c. 1, D.L. 12 set. 2014, n. 133, conv. in L. 11 nov. 2014, n. 164.

29. ***Responsabilità del titolare del permesso di costruire, del committente, del costruttore e del direttore dei lavori, nonché anche del progettista per le opere subordinate a denuncia di inizio attività*** (L. 28 feb. 1985, n. 47, art. 6; D.L. 2 n. 3 apr. 1985, 146, art. 5-*bis*, conv. con modif. dalla L. 1 giu. 1985, n. 298; D.L. 5 ott. 1993, n. 398, art. 4, comma 12, conv. con modif. dalla L. 4 dic. 1993, n. 493; D.lgs. 18 ago. 2000, n. 267, artt. 107 e 109) — 1. Il titolare del permesso di costruire, il committente e il costruttore sono responsabili ai fini e per gli effetti delle norme contenute nel presente capo, della conformità delle opere alla normativa urbanistica, alle previsioni piano nonché, unitamente al direttore dei lavori, a quelle del permesso e alle modalità esecutive stabilite dal medesimo. Essi sono, altresì, tenuti al pagamento delle sanzioni pecuniarie e solidalmente alle spese per l'esecuzione in danno, in caso di demolizione delle opere abusivamente realizzate, salvo che dimostrino di non essere responsabili dell'abuso.

2. Il direttore dei lavori non è responsabile qualora abbia contestato agli altri soggetti la violazione delle prescrizioni del permesso di costruire, con esclusione delle varianti in corso d'opera, fornendo al dirigente o responsabile del competente ufficio comunale contemporanea e motivata comunicazione della violazione stessa. Nei casi di totale difformità o di variazione essenziale rispetto al permesso di costruire, il direttore dei lavori deve inoltre rinunziare all'incarico contestualmente alla comunicazione resa al dirigente. In caso contrario il dirigente segnala al consiglio dell'ordine professionale di appartenenza la violazione in cui è incorso il direttore dei lavori, che è passibile di sospensione dall'albo professionale da tre mesi a due anni.

3. Per le opere realizzate dietro presentazione di denuncia di inizio attività, il progettista assume la qualità di persona esercente un servizio di pubblica necessità ai sensi degli artt. 359 e 481 del codice penale in caso di dichiarazioni non veritiere nella relazione di cui all'art. 23, comma 1, l'amministrazione ne dà comunicazione al competente ordine professionale per l'irrogazione delle sanzioni disciplinari.

CAPO II
Sanzioni

30. ***Lottizzazione abusiva*** (L. 28 feb. 1985, n. 47, art. 18; D.L. 23 apr. 1985, n. 146, artt. 1, comma 3-*bis*, e 7-*bis*; D.lgs. 18 ago. 2000, n, 267, artt. 107 e 109) — 1. Si ha lottizzazione abusiva di terreni a scopo edificatorio quando vengono iniziate opere che comportino trasformazione urbanistica o edilizia dei terreni stessi in violazione delle prescrizioni degli strumenti urbanistici, vigenti o adottati, o comunque stabilite dalle leggi statali o regionali o senza la prescritta autorizzazione; nonché quando tale trasformazione venga predisposta attraverso il frazionamento e la vendita, o atti equivalenti, del terreno in lotti che, per le loro caratteristiche quali la dimensione in relazione alla natura del terreno e alla sua destinazione secondo gli strumenti urbanistici, il numero, l'ubicazione o la eventuale previsione di opere di urbanizzazione ed in rapporto ad elementi riferiti agli acquirenti, denuncino in modo non equivoco la destinazione a scopo edificatorio.

2. Gli atti tra vivi, sia in forma pubblica sia in forma privata, aventi ad oggetto trasferimento o costituzione o scioglimento della comunione di diritti reali relativi a terreni sono nulli e non possono essere stipulati né trascritti nei pubblici registri immobiliari ove agli atti stessi non sia allegato il certificato di destinazione urbanistica contenente le prescrizioni urbanistiche riguardanti l'area interessata. Le disposizioni di cui al presente comma non si applicano quando i terreni costituiscono pertinenze di edifici censiti nel nuovo catasto edilizio urbano, purché la superficie complessiva dell'area di pertinenza medesima sia inferiore a 5.000 metri quadrati.

3. Il certificato di destinazione urbanistica deve essere rilasciato dal dirigente o responsabile del competente ufficio comunale entro il termine perentorio di trenta giorni dalla presentazione della relativa domanda. Esso conserva validità per un anno dalla data di rilascio se, per dichiarazione dell'alienante o di uno dei condividenti, non siano intervenute modificazioni degli strumenti urbanistici.

4. In caso di mancato rilascio del suddetto certificato nel termine previsto, esso può essere sostituito da una dichiarazione dell'alienante o di uno dei condividenti attestante l'avvenuta presentazione della domanda, nonché la destinazione urbanistica dei terreni secondo gli strumenti urbanistici vigenti o adottati, ovvero l'inesistenza di questi ovvero la prescrizione, da parte dello strumento urbanistico generale approvato, di strumenti attuativi.

4-*bis*. Gli atti di cui al comma 2, ai quali non siano stati allegati certificati di destinazione urbanistica, o che non contengano la dichiarazione di cui al comma 3, possono essere confermati o integrati anche da una sola delle parti o dai suoi aventi causa, mediante atto pubblico o autenticato, al quale sia allegato un certificato contenente le prescrizioni urbanistiche riguardanti le aree interessate al giorno in cui è stato stipulato l'atto da confermare o contenente la dichiarazione omessa.

5. I frazionamenti catastali dei terreni non possono essere approvati dall'agenzia del territorio se non è allegata copia del tipo dal quale risulti, per attestazione degli uffici comunali, che il tipo medesimo è stato depositato presso il comune.

6. [Abrogato]

7. Nel caso in cui il dirigente o il responsabile del competente ufficio comunale accerti l'effettuazione di lottizzazione di terreni a scopo edificatorio senza la prescritta autorizzazione, con ordinanza da notificare ai proprietari delle aree ed agli altri soggetti indicati nel comma 1 dell'art. 29, ne dispone la sospensione. Il provvedimento comporta l'immediata interruzione delle opere in corso ed il divieto di disporre dei suoli e delle opere stesse con atti tra vivi, e deve essere trascritto a tal fine nei registri immobiliari.

8. Trascorsi novanta giorni, ove non intervenga la revoca del provvedimento di cui al comma 7, le aree lottizzate sono acquisite di diritto al patrimonio disponibile del comune il cui dirigente o responsabile del competente ufficio deve provvedere alla demolizione delle opere. In caso di inerzia si applicano le disposizioni concernenti i poteri sostitutivi di cui all'art. 31, comma 8.

9. Gli atti aventi per oggetto lotti di terreno, per i

quali sia stato emesso il provvedimento previsto dal comma 7, sono nulli e non possono essere stipulati, né in forma pubblica né in forma privata, dopo la trascrizione di cui allo stesso comma e prima della sua eventuale cancellazione o della sopravvenuta inefficacia del provvedimento del dirigente o del responsabile del competente ufficio comunale.

10. Le disposizioni di cui sopra si applicano agli atti stipulati ed ai frazionamenti presentati ai competenti uffici del catasto dopo il 17 marzo 1985, e non si applicano comunque alle divisioni ereditarie, alle donazioni fra coniugi e fra parenti in linea retta ed ai testamenti, nonché agli atti costitutivi, modificativi od estintivi di diritti reali di garanzia e di servitù.

31. ***Interventi eseguiti in assenza di permesso di costruire, in totale difformità o con variazioni essenziali*** (L. 28 feb. 1985, n. 47, art. 7; D.L. 23 apr. 1985, n. 146, art. 2, conv. con modif. in L. 21 giu., 1985, n. 298; D.lgs. 18 ago. 2000, n. 267, artt. 107 e 109) — 1. Sono interventi eseguiti in totale difformità dal permesso di costruire quelli che comportano la realizzazione di un organismo edilizio integralmente diverso per caratteristiche tipologiche, planovolumetriche o di utilizzazione da quello oggetto del permesso stesso, ovvero l'esecuzione di volumi edilizi oltre i limiti indicati nel progetto e tali da costituire un organismo edilizio o parte di esso con specifica rilevanza ed autonomamente utilizzabile.

2. Il dirigente o il responsabile del competente ufficio comunale, accertata l'esecuzione di interventi in assenza di permesso, in totale difformità dal medesimo, ovvero con variazioni essenziali, determinate ai sensi dell'art. 32, ingiunge al proprietario e al responsabile dell'abuso la rimozione o la demolizione, indicando nel provvedimento l'area che viene acquisita di diritto, ai sensi del comma 3.

3. Se il responsabile dell'abuso non provvede alla demolizione e al ripristino dello stato dei luoghi nel termine di novanta giorni dall'ingiunzione, il bene e l'area di sedime, nonché quella necessaria, secondo le vigenti prescrizioni urbanistiche, alla realizzazione di opere analoghe a quelle abusive sono acquisiti di diritto gratuitamente al patrimonio del comune. L'area acquisita non può comunque essere superiore a dieci volte la complessiva superficie utile abusivamente costruita.

4. L'accertamento dell'inottemperanza alla ingiunzione a demolire, nel termine di cui al comma 3, previa notifica all'interessato, costituisce titolo per l'immissione nel possesso e per la trascrizione nei registri immobiliari, che deve essere eseguita gratuitamente.

4-*bis*. L'autorità competente, constatata l'inottemperanza, irroga una sanzione amministrativa pecuniaria di importo compreso tra 2.000 euro e 20.000 euro, salva l'applicazione di altre misure e sanzioni previste da norme vigenti. La sanzione, in caso di abusi realizzati sulle aree e sugli edifici di cui al comma 2 dell'articolo 27, ivi comprese le aree soggette a rischio idrogeologico elevato o molto elevato, è sempre irrogata nella misura massima. La mancata o tardiva emanazione del provvedimento sanzionatorio, fatte salve le responsabilità penali, costituisce elemento di valutazione della performance individuale nonché di responsabilità disciplinare e amministrativo-contabile del dirigente e del funzionario inadempiente.[1]

4-*ter*. I proventi delle sanzioni di cui al comma 4-*bis* spettano al comune e sono destinati esclusivamente alla demolizione e rimessione in pristino delle opere abusive e all'acquisizione e attrezzatura di aree destinate a verde pubblico.[1]

4-*quater*. Ferme restando le competenze delle regioni a statuto speciale e delle province autonome di Trento e di Bolzano, le regioni a statuto ordinario possono aumentare l'importo delle sanzioni amministrative pecuniarie previste dal comma 4-*bis* e stabilire che siano periodicamente reiterabili qualora permanga l'inottemperanza all'ordine di demolizione.[1]

5. L'opera acquisita è demolita con ordinanza del dirigente o del responsabile del competente ufficio comunale a spese dei responsabili dell'abuso, salvo che con deliberazione consiliare non si dichiari l'esistenza di prevalenti interessi pubblici e sempre che l'opera non contrasti con rilevanti interessi urbanistici, ambientali o di rispetto dell'assetto idrogeologico.[2]

6. Per gli interventi abusivamente eseguiti su terreni sottoposti, in base a leggi statali o regionali, a vincolo di inedificabilità, l'acquisizione gratuita, nel caso di inottemperanza all'ingiunzione di demolizione, si verifica di diritto a favore delle amministrazioni cui compete la vigilanza sull'osservanza del vincolo. Tali amministrazioni provvedono alla demolizione delle opere abusive ed al ripristino dello stato dei luoghi a spese dei responsabili dell'abuso. Nella ipotesi di concorso dei vincoli, l'acquisizione si verifica a favore del patrimonio del comune.

7. Il segretario comunale redige e pubblica mensilmente, mediante affissione nell'albo comunale, i dati relativi agli immobili e alle opere realizzati abusivamente, oggetto dei rapporti degli ufficiali ed agenti di polizia giudiziaria e delle relative ordinanze di sospensione e trasmette i dati anzidetti all'autorità giudiziaria competente, al presidente della giunta regionale e, tramite l'ufficio territoriale del governo, al Ministro delle infrastrutture e dei trasporti.

8. In caso d'inerzia, protrattasi per quindici giorni dalla data di constatazione della inosservanza delle disposizioni di cui al comma 1 dell'art. 27, ovvero protrattasi oltre il termine stabilito dal comma 3 del medesimo art. 27, il competente organo regionale, nei successivi trenta giorni, adotta

i provvedimenti eventualmente necessari dandone contestuale comunicazione alla competente autorità giudiziaria ai fini dell'esercizio dell'azione penale.

9. Per le opere abusive di cui al presente articolo, il giudice, con la sentenza di condanna per il reato di cui all'art. 44, ordina la demolizione delle opere stesse se ancora non sia stata altrimenti eseguita.

9-*bis*. Le disposizioni del presente articolo si applicano anche agli interventi edilizi di cui all'articolo 23, comma 01[3].[4]

[1] Comma aggiunto dall'art. 17, c. 1, D.L. 12 set. 2014, n. 133, conv. in L. 11 nov. 2014, n. 164.

[2] Comma così modif. dall'art. 54, L. 28 dic. 2015, n. 221.

[3] Parole così modif. dall'art. 3, D.lgs. 25 nov. 2016, n. 222.

[4] Comma aggiunto dall'art. 1, D.lgs. 27 dic. 2002, n. 301.

32. ***Determinazione delle variazioni essenziali*** (L. 28 feb. 1985, n. 47, art. 8) — 1. Fermo restando quanto disposto dal comma 1 dell'art. 31, le regioni stabiliscono quali siano le variazioni essenziali al progetto approvato, tenuto conto che l'essenzialità ricorrerà quando si verifica una o più delle seguenti condizioni:

a) mutamento della destinazione d'uso che implichi variazione degli standard previsti dal D.M. 2 apr. 1968, pubblicato nella G.U. n. 97 del 16 aprile 1968;

b) aumento consistente della cubatura, o della superficie di solaio da valutare in relazione al progetto approvato;

c) modifiche sostanziali di parametri urbanistico-edilizi del progetto approvato ovvero della localizzazione dell'edificio sull'area di pertinenza;

d) mutamento delle caratteristiche dell'intervento edilizio assentito;

e) violazione delle norme vigenti in materia di edilizia antisismica, quando non attenga a fatti procedurali.

2. Non possono ritenersi comunque variazioni essenziali quelle che incidono sulla entità delle cubature accessorie, sui volumi tecnici e sulla distribuzione interna delle singole unità abitative.

3. Gli interventi di cui al comma 1, effettuati su immobili sottoposti a vincolo storico, artistico, architettonico, archeologico, paesistico, ambientale e idrogeologico, nonché su immobili ricadenti sui parchi o in aree protette nazionali e regionali, sono considerati in totale difformità dal permesso, ai sensi e per gli effetti degli artt. 31 e 44. Tutti gli altri interventi sui medesimi immobili sono considerati variazioni essenziali.[1]

[1] Comma così modif. dall'art. 54, L. 28 dic. 2015, n. 221.

33. ***Interventi di ristrutturazione edilizia in assenza di permesso di costruire o in totale difformità*** (L. 28 feb. 1985, n. 47, art. 9, D.lgs. 18 ago. 2000, n. 267, artt. 107 e 109) — 1. Gli interventi e le opere di ristrutturazione edilizia di cui all'art. 10, comma 1, eseguiti in assenza di permesso o in totale difformità da esso, sono rimossi ovvero demoliti e gli edifici sono resi conformi alle prescrizioni degli strumenti urbanistico-edilizi entro il congruo termine stabilito dal dirigente o dal responsabile del competente ufficio, comunale con propria ordinanza, decorso il quale l'ordinanza stessa è eseguita a cura del comune e a spese dei responsabili dell'abuso.

2. Qualora, sulla base di motivato accertamento dell'ufficio tecnico comunale, il ripristino dello stato dei luoghi non sia possibile, il dirigente o il responsabile dell'ufficio irroga una sanzione pecuniaria pari al doppio dell'aumento di valore dell'immobile, conseguente alla realizzazione delle opere, determinato, con riferimento alla data di ultimazione dei lavori, in base ai criteri previsti dalla L. 27 lug. 1978, n. 392, e con riferimento all'ultimo costo di produzione determinato con decreto ministeriale, aggiornato alla data di esecuzione dell'abuso, sulla base dell'indice ISTAT del costo di costruzione, con la esclusione, per i comuni non tenuti all'applicazione della legge medesima, del parametro relativo all'ubicazione e con l'equiparazione alla categoria A/1 delle categorie non comprese nell'art. 16 della medesima legge. Per gli edifici adibiti ad uso diverso da quello di abitazione la sanzione è pari al doppio dell'aumento del valore venale dell'immobile, determinato a cura dell'agenzia del territorio.

3. Qualora le opere siano state eseguite su immobili vincolati ai sensi del D.lgs. 29 ott. 1999, n. 490, l'amministrazione competente a vigilare sull'osservanza del vincolo, salva l'applicazione di altre misure e sanzioni previste da norme vigenti, ordina la restituzione in pristino a cura e spese del responsabile indicando criteri e modalità diretti a ricostituire l'originario organismo edilizio, ed irroga una sanzione pecuniaria da a 516 a 5164 euro.

4. Qualora le opere siano state eseguite su immobili, anche se non vincolati, compresi nelle zone omogenee A, di cui al D.M. 2 apr. 1968, n. 1444, il dirigente o il responsabile dell'ufficio richiede all'amministrazione competente alla tutela dei beni culturali ed ambientali apposito parere vincolante circa la restituzione in pristino o la irrogazione della sanzione pecuniaria, di cui al precedente comma. Qualora il parere non venga reso entro novanta giorni dalla richiesta il dirigente o il responsabile provvede autonomamente.

5. In caso di inerzia, si applica la disposizione di cui all'art. 31, comma 8.

6. È comunque dovuto il contributo di costruzione di cui agli artt. 16 e 19.

6-*bis*. Le disposizioni del presente articolo si applicano anche agli interventi di ristrutturazione edilizia di cui all'articolo 23, comma 01[1], eseguiti in assenza di denuncia di inizio attività o in totale difformità dalla stessa.[2]

[1] Parole così modif. dall'art. 3, D.lgs. 25 nov. 2016, n. 222.

[2] Comma aggiunto dall'art. 1 D.lgs. 27 dic. 2002, n. 301.

34. ***Interventi eseguiti in parziale difformità dal permesso di costruire*** (L. 28 feb. 1985, n. 47, art. 12; D.lgs. 18 ago. 2000, n. 267, artt. 107 e 109) — 1. Gli interventi e le opere realizzati in parziale difformità dal permesso di costruire sono rimossi, o demoliti, a cura e spese dei responsabili dell'abuso entro il termine congruo fissato dalla relativa ordinanza del dirigente o del responsabile dell'ufficio. Decorso tale termine sono rimossi o demoliti a cura del comune e a spese dei medesimi responsabili dell'abuso.

2. Quando la demolizione non può avvenire senza pregiudizio della parte eseguita in conformità, il dirigente o il responsabile dell'ufficio applica una sanzione pari al doppio del costo di produzione, stabilito in base alla L. 27 lug. 1978, n. 392 della parte dell'opera realizzata in difformità dal permesso di costruire, se ad uso residenziale e pari al doppio del valore venale, determinato a cura della agenzia del territorio, per le opere adibite ad usi diversi da quello residenziale.

2-*bis*. Le disposizioni del presente articolo si applicano anche agli interventi edilizi di cui all'articolo 23, comma 01[1], eseguiti in assenza di denuncia di inizio attività, ovvero in totale o parziale difformità dalla stessa.[2]

2-*ter*.[3]

[1] Parole così modif. dall'art. 3, D.lgs. 25 nov. 2016, n. 222.

[2] Comma aggiunto dall'art. 1 D.lgs. 27 dic. 2002, n. 301.

[3] Comma abrog. dall'art. 10, D.L. 16 lug. 2020, n. 76, conv. con modif. in L. 11 set. 2020, n. 120.

34-*bis*. ***Tolleranze costruttive.***[1] — 1. Il mancato rispetto dell'altezza, dei distacchi, della cubatura, della superficie coperta e di ogni altro parametro delle singole unità immobiliari non costituisce violazione edilizia se contenuto entro il limite del 2 per cento delle misure previste nel titolo abilitativo.

2. Fuori dai casi di cui al comma 1, limitatamente agli immobili non sottoposti a tutela ai sensi del decreto legislativo 22 gennaio 2004, n. 42, costituiscono inoltre tolleranze esecutive le irregolarità geometriche e le modifiche alle finiture degli edifici di minima entità, nonché la diversa collocazione di impianti e opere interne, eseguite durante i lavori per l'attuazione di titoli abilitativi edilizi, a condizione che non comportino violazione della disciplina urbanistica ed edilizia e non pregiudichino l'agibilità dell'immobile.

3. Le tolleranze esecutive di cui ai commi 1 e 2 realizzate nel corso di precedenti interventi edilizi, non costituendo violazioni edilizie, sono dichiarate dal tecnico abilitato, ai fini dell'attestazione dello stato legittimo degli immobili, nella modulistica relativa a nuove istanze, comunicazioni e segnalazioni edilizie ovvero con apposita dichiarazione asseverata allegata agli atti aventi per oggetto trasferimento o costituzione, ovvero scioglimento della comunione, di diritti reali.

[1] Articolo ins. dall'art. 10, D.L. 16 lug. 2020, n. 76, conv. con modif. in L. 11 set. 2020, n. 120.

35. ***Interventi abusivi realizzati sui suoli di proprietà dello Stato o, di enti pubblici*** (L. 28 feb. 1985, n. 47, art. 14; D.L. 13 mag. 1991, n. 152, art. 17-*bis*, conv. in L. 12 lug. 1991, n. 203; D.lgs. 18 ago. 2000, n. 267, artt. 107 e 109) — 1. Qualora sia accertata la realizzazione, da parte di soggetti diversi da quelli di cui all'art. 28, di interventi in assenza di permesso di costruire, ovvero in totale o parziale difformità dal medesimo, su suoli del demanio o del patrimonio dello Stato o di enti pubblici, il dirigente o il responsabile dell'ufficio, previa diffida non rinnovabile, ordina al responsabile dell'abuso la demolizione ed il ripristino dello stato dei luoghi, dandone comunicazione all'ente proprietario del suolo.

2. La demolizione è eseguita a cura del comune ed a spese del responsabile dell'abuso.

3. Resta fermo il potere di autotutela dello Stato e degli enti pubblici territoriali, nonché quello di altri enti pubblici, previsto dalla normativa vigente.

3-*bis*. Le disposizioni del presente articolo si applicano anche agli interventi di ristrutturazione edilizia di cui all'articolo 23, comma 01[1], eseguiti in assenza di denuncia di inizio attività, ovvero in totale o parziale difformità dalla stessa.[2]

[1] Parole così modif. dall'art. 3, D.lgs. 25 nov. 2016, n. 222.

[2] Comma aggiunto dall'art. 1 D.lgs. 27 dic. 2002, n. 301.

36. ***Accertamento di conformità*** (L. 28 feb. 1985, n. 47, art. 13) — 1. In caso di interventi realizzati in assenza di permesso di costruire, o in difformità da esso, ovvero in assenza di denuncia di inizio attività nelle ipotesi di cui all'articolo 23, comma 01[1], o in difformità da essa, fino alla scadenza dei termini di cui agli artt. 31, comma 3, 33, comma 1, 34, comma 1, e comunque fino all'irrogazione delle sanzioni amministrative, il responsabile dell'abuso, o l'attuale proprietario dell'immobile, possono ottenere il permesso in sanatoria se l'intervento risulti conforme alla disciplina urbanistica ed edilizia vigente sia al momento della realizzazione dello stesso, sia al momento della presentazione della domanda.

2. Il rilascio del permesso in sanatoria è subordinato al pagamento, a titolo di oblazione, del contributo di costruzione in misura doppia, ovvero, in caso di gratuità a norma di legge, in misura pari a quella prevista dall'art. 16. Nell'ipotesi di intervento realizzato in parziale difformità, l'oblazione è calcolata con riferimento alla parte di opera difforme dal permesso.

3. Sulla richiesta di permesso in sanatoria il dirigente o il responsabile del competente ufficio comunale si pronuncia con adeguata motivazione, entro sessanta giorni decorsi i quali la richiesta si intende rifiutata.

[1] Parole così modif. dall'art. 3, D.lgs. 25 nov. 2016, n. 222.

37. ***Interventi eseguiti in assenza o in difformità dalla denuncia di inizio attività e accertamento di conformità*** (D.L. 1993, n. 398, art. 4, comma 13; L. 1985, n. 47, art. 10) — 1. La realizzazione di interventi edilizi di cui all'art. 22 c. 1 e 2, in assenza della o in difformità dalla denuncia di inizio attività comporta la sanzione pecuniaria pari al doppio dell'aumento del valore venale dell'immobile conseguente alla realizzazione degli interventi stessi e comunque in misura non inferiore a 516 euro.

2. Quando le opere realizzate in assenza di denuncia di inizio attività consistono in interventi di restauro e di risanamento conservativo, di cui alla lettera *c*) dell'art. 3, eseguiti su immobili comunque vincolati in base a leggi statali e regionali, nonché dalle altre norme urbanistiche vigenti, l'autorità competente a vigilare sull'ossevanza del vincolo, salva l'applicazione di altre misure e sanzioni previste da norme vigenti, può ordinare la restituzione in pristino a cura e spese del responsabile ed irroga una sanzione pecuniaria da 516 a 10329 euro.

3. Qualora gli interventi di cui al comma 2 sono eseguiti su immobili, anche non vincolati, compresi nelle zone indicate nella lettera *a*) dell'art. 2 del D.M. 2 apr. 1968 il dirigente o il responsabile dell'ufficio richiede al Ministero per i beni e le attività culturali apposito parere vincolante circa la restituzione in pristino o la irrogazione della sanzione pecuniaria di cui al comma 1. Se il parere non viene reso entro sessanta giorni dalla richiesta, il dirigente o il responsabile dell'ufficio provvede autonomamente. In tali casi non trova applicazione la sanzione pecuniaria da 516 a 10329 euro di cui al comma 2.

4. Ove l'intervento realizzato risulti conforme alla disciplina urbanistica ed edilizia vigente sia al momento della realizzazione dell'intervento, sia al momento della presentazione della domanda, il responsabile dell'abuso o il proprietario dell'immobile possono ottenere la sanatoria dell'intervento versando la somma, non superiore a 5164 euro e non inferiore a 516 euro, stabilita dal responsabile del procedimento in relazione all'aumento di valore dell'immobile valutato dall'agenzia del territorio.

5. Fermo restando quanto previsto dall'art. 23, comma 6, la denuncia di inizio di attività spontaneamente effettuata quando l'intervento è in corso di esecuzione, comporta il pagamento, a titolo di sanzione, della somma di euro 516,46.

6. La mancata denuncia di inizio dell'attività non comporta l'applicazione delle sanzioni previste dall'art. 44. Resta comunque salva, ove ne ricorrano i presupposti in relazione all'intervento realizzato, l'applicazione delle sanzioni di cui agli artt. 31, 33, 34, 35 e 44 e dell'accertamento di conformità di cui all'art. 36.

38. ***Interventi eseguiti in base a permesso annullato*** — (*L. 28 feb. 1985, n. 47, art. 11; D.lgs. 18 ago. 2000, n. 267, artt. 107 e 109*).

1. In caso di annullamento del permesso di costruire, qualora non sia possibile, in base a motivata valutazione, la rimozione dei vizi delle procedure amministrative o la restituzione in pristino, il dirigente o il responsabile del competente ufficio comunale applica una sanzione pecuniaria pari al valore venale delle opere o loro parti abusivamente eseguite, valutato dall'agenzia del territorio, anche sulla base di accordi stipulati tra quest'ultima e l'amministrazione comunale. La valutazione dell'agenzia è notificata all'interessato dal dirigente o dal responsabile dell'ufficio e diviene definitiva decorsi i termini di impugnativa.

2. L'integrale corresponsione della sanzione pecuniaria irrogata produce i medesimi effetti del permesso di costruire in sanatoria di cui all'art. 36.

2-*bis*. Le disposizioni del presente articolo si applicano anche agli interventi edilizi di cui all'all'articolo 23, comma 01[1], in caso di accertamento della inesistenza dei presupposti per la formazione del titolo.[2]

[1] Parole così modif. dall'art. 3, D.lgs. 25 nov. 2016, n. 222.

[2] Comma aggiunto dall'art. 1 D.lgs. 27 dic. 2002, n. 301.

39. ***Annullamento del permesso di costruire da parte della regione*** (L. 17 ago. 1942, n. 1150, art. 27, come sost. dall'art. 7, L. 6 ago. 1967, n. 765; D.P.R. 15 gen. 1972, n. 8, art. 1) — 1. Entro dieci anni dalla loro adozione le deliberazioni ed i provvedimenti comunali che autorizzano interventi non conformi a prescrizioni degli strumenti urbanistici o dei regolamenti edilizi o comunque in contrasto con la normativa urbanistico-edilizia vigente al momento della loro adozione, possono essere annullati dalla regione.

2. Il provvedimento di annullamento è emesso entro diciotto mesi all'accertamento delle violazioni di cui al comma 1, ed è preceduto dalla contestazione delle violazioni stesse al titolare del permesso, al proprietario della costruzione, al progettista, e al comune con l'invito a presentare controdeduzioni entro un termine all'uopo prefissato.

3. In pendenza delle procedure di annullamento la regione può ordinare la sospensione dei lavori, con provvedimento da notificare a mezzo di ufficiale giudiziario, nelle forme e con le modalità previste dal codice di procedura civile, ai soggetti di cui al comma 2 e da comunicare al comune. L'ordine di sospensione cessa di avere efficacia se, entro sei mesi dalla sua notificazione, non sia stato emesso il decreto di annullamento di cui al comma 1.

4. Entro sei mesi dalla data di adozione del provvedimento di annullamento, deve essere ordinata la demolizione delle opere eseguite in base al titolo annullato.

5. I provvedimenti di sospensione dei lavori e di annullamento vengono resi noti al pubblico me-

diante l'affissione nell'albo pretorio del comune dei dati relativi agli immobili e alle opere realizzate.

5-*bis*. Le disposizioni del presente articolo si applicano anche agli interventi edilizi di cui all'all'articolo 23, comma 01[1], non conformi a prescrizioni degli strumenti urbanistici o dei regolamenti edilizi o comunque in contrasto con la normativa urbanistico-edilizia vigente al momento della scadenza del termine di 30 giorni dalla presentazione della denuncia di inizio attività.[2]

[1] Parole così modif. dall'art. 3, D.lgs. 25 nov. 2016, n. 222.

[2] Comma aggiunto dall'art. 1 D.lgs. 27 dic. 2002, n. 301.

40. ***Sospensione o demolizione di interventi abusivi da parte della regione*** (L. 17 ago. 1942, n. 1150, art. 26, come sost. dall'art. 6, L. 6 ago. 1967, n. 765; D.P.R. 15 gen. 1972, n. 8, art. 1) — 1. In caso di interventi eseguiti in assenza di permesso di costruire o in contrasto con questo o con le prescrizioni degli strumenti urbanistici o della normativa urbanistico-edilizia, qualora il comune non abbia provveduto entro i termini stabiliti, la regione può disporre la sospensione o la demolizione delle opere eseguite. Il provvedimento di demolizione è adottato entro cinque anni dalla dichiarazione di agibilità dell'intervento.

2. Il provvedimento di sospensione o di demolizione è notificato al titolare del permesso o, in mancanza di questo, al committente, al costruttore e al direttore dei lavori. Lo stesso provvedimento è comunicato inoltre al comune.

3. La sospensione non può avere una durata superiore a tre mesi dalla data della notifica entro i quali sono adottate le misure necessarie per eliminare le ragioni della difformità, ovvero, ove non sia possibile, per la rimessa in pristino.

4. Con il provvedimento che dispone la modifica dell'intervento, la rimessa, in pristino o la demolizione delle opere è assegnato un termine entro il quale il responsabile dell'abuso è tenuto a procedere, a proprie spese e senza pregiudizio delle sanzioni penali, alla esecuzione del provvedimento stesso. Scaduto inutilmente tale termine, la regione dispone l'esecuzione in danno dei lavori.

4-*bis*. Le disposizioni del presente articolo si applicano anche agli interventi edilizi di cui all'articolo 23, comma 01[1], realizzati in assenza di denuncia di inizio attività o in contrasto con questa o con le prescrizioni degli strumenti urbanistici o della normativa urbanistico-edilizia vigente al momento della scadenza del termine di 30 giorni dalla presentazione della denuncia di inizio attività.[2]

[1] Parole così modif. dall'art. 3, D.lgs. 25 nov. 2016, n. 222.

[2] Comma aggiunto dall'art. 1 D.lgs. 27 dic. 2002, n. 301.

41. ***Demolizione di opere abusive (L).***[1] — 1. In caso di mancato avvio delle procedure di demolizione entro il termine di centottanta giorni dall'accertamento dell'abuso, la competenza è trasferita all'ufficio del prefetto che provvede alla demolizione avvalendosi degli uffici del comune nel cui territorio ricade l'abuso edilizio da demolire, per ogni esigenza tecnico-progettuale. Per la materiale esecuzione dell'intervento, il prefetto può avvalersi del concorso del Genio militare, previa intesa con le competenti autorità militari e ferme restando le prioritarie esigenze istituzionali delle Forze armate.

2. Entro il termine di cui al comma 1, i responsabili del comune hanno l'obbligo di trasferire all'ufficio del prefetto tutte le informazioni relative agli abusi edilizi per provvedere alla loro demolizione.

[1] Articolo sost. dall'art. 10-*bis*, D.L. 16 lug. 2020, n. 76, conv. con modif. in L. 11 set. 2020, n. 120.

42. ***Ritardato od omesso versamento del contributo di costruzione*** (L. 28 feb. 1985, n. 47, art. 3) — 1. Le regioni determinano le sanzioni per il ritardato o mancato versamento del contributo di costruzione in misura non inferiore a quanto previsto nel presente articolo e non superiore al doppio.

2. Il mancato versamento, nei termini stabiliti del contributo di costruzione di cui all'art. 16 comporta:

a) l'aumento del contributo in misura pari al 10 per cento qualora il versamento del contributo sia effettuato nei successivi centoventi giorni;

b) l'aumento del contributo in misura pari al 20 per cento quando, superato il termine di cui alla lettera *a*), il ritardo si protrae non oltre i successivi sessanta giorni;

c) l'aumento del contributo in misura pari al 40 per cento quando, superato il termine di cui alla lettera *b*), il ritardo si protrae non oltre i successivi sessanta giorni.

3. Le misure di cui alle lettere precedenti non si cumulano.

4. Nel caso di pagamento rateizzato le norme di cui al secondo comma si applicano ai ritardi nei pagamenti delle singole rate.

5. Decorso inutilmente il termine di cui alla lettera *c*) del comma 2, il comune provvede alla riscossione coattiva del complessivo credito nei modi previsti dall'art. 43.

6. In mancanza di leggi regionali che determinino la misura delle sanzioni di cui al presente articolo, queste saranno applicate nelle misure indicate nel comma 2.

43. ***Riscossione*** (L. 28 feb. 1985, n. 47, art. 16) — 1. I contributi, le sanzioni e le spese di cui ai titoli II e IV della parte I del presente testo unico sono riscossi secondo le norme vigenti di riscossione coattiva delle entrate dell'ente procedente.

44. ***Sanzioni penali*** (L. 28 feb. 1985, n. 47, artt. 19 e 20; D.L. 23 apr. 1985, n. 146, art. conv. con modif. in L. 21 giu. 1985, n. 298) — Salvo che il fatto costituisca più grave reato e ferme le sanzioni amministrative, si applica:

a) l'ammenda fino a 10329 euro per l'inosservanza delle norme, prescrizioni e modalità esecutive previste dal presente titolo, in quanto applicabili, nonché dai regolamenti edilizi, dagli strumenti urbanistici e dal permesso di costruire;

b) l'arresto fina a due anni e l'ammenda da 5164 a 51645 euro nei casi di esecuzione dei lavori in totale difformità o assenza del permesso o di prosecuzione degli stessi nonostante l'ordine di sospensione;

c) l'arresto fino a due anni e l'ammenda da 15493 a 51645 euro nel caso di lottizzazione abusiva di terreni a scopo edilizio, come previsto dal primo comma dell'art. 30. La stessa pena si applica anche nel caso di interventi edilizi nelle zone sottoposte a vincolo storico, archeologico, paesistico, ambientale, in variazione essenziale, in totale difformità o in assenza del permesso.[1]

2. La sentenza definitiva del giudice penale che accerta che vi è stata lottizzazione abusiva, dispone la confisca dei terreni abusivamente lottizzati e delle opere abusivamente costruite. Per effetto della confisca i terreni sono acquisiti di diritto e gratuitamente al patrimonio del comune nel cui territorio è avvenuta la lottizzazione. La sentenza definitiva è titolo per la immediata trascrizione nei registri immobiliari.

2-*bis*. Le disposizioni del presente articolo si applicano anche agli interventi edilizi suscettibili di realizzazione mediante denuncia di inizio attività ai sensi dell'articolo 23, comma 01[2], eseguiti in assenza o in totale difformità dalla stessa.[3]

[1] Le sanzioni pecuniarie sono incrementate del cento per cento ai sensi dell'art. 47 D.L. 30 set. 2003, n. 269.

[2] Parole così modif. dall'art. 3, D.lgs. 25 nov. 2016, n. 222.

[3] Comma aggiunto dall'art. 1 D.lgs. 27 dic. 2002, n. 301.

45. ***Norme relative all'azione penale*** (L. 28 feb. 1985, n. 47, art. 22) — 1. L'azione penale relativa alle violazioni edilizie rimane sospesa, finché non siano stati esauriti i procedimenti di cui all'art. 36.

2.[1]

3. Il rilascio in sanatoria del permesso di costruire estingue i reati contravvenzionali previsti dalle norme urbanistiche vigenti.

[1] Comma abrog. dall'art. 4, D.lgs. 2 lug. 2010, n. 104.

46. ***Nullità degli atti giuridici relativi ad edifici la cui costruzione abusiva sia iniziata dopo il, 17 marzo 1985*** (L. 28 feb. 1985, n. 47, art. 17; D.L. 23 apr. 1985, n. 146, art. 8) — 1. Gli atti tra vivi, sia in forma pubblica, sia in forma privata, aventi per oggetto trasferimento o costituzione o scioglimento della comunione di diritti reali, relativi ad edifici, o loro parti, la cui costruzione è iniziata dopo il 17 marzo 1985, sono nulli e non possono essere stipulati ove da essi non risultino, per dichiarazione dell'alienante, gli estremi del permesso di costruire o del permesso in sanatoria. Tali disposizioni non si applicano agli atti costitutivi, modificativi o estintivi di diritti reali di garanzia o di servitù.

2. Nel caso in cui sia prevista, ai sensi dell'art. 38, l'irrogazione di una sanzione soltanto pecuniaria, ma non il rilascio del permesso in sanatoria, agli atti di cui al comma 1 deve essere allegata la prova dell'integrale pagamento della sanzione medesima.

3. La sentenza che accerta la nullità degli atti di cui al comma 1 non pregiudica i diritti di garanzia o di servitù acquisiti in base ad un atto iscritto o trascritto anteriormente alla trascrizione della domanda diretta a far accertare la nullità degli atti.

4. Se la mancata indicazione in atto degli estremi non sia dipesa dalla insussistenza del permesso di costruire al tempo in cui gli atti medesimi sono stati stipulati, essi possono essere confermati anche da una sola delle parti mediante atto successivo, redatto nella stessa forma del precedente, che contenga la menzione omessa.

5. Le nullità di cui al presente articolo non si applicano, agli atti derivanti da procedure esecutive immobiliari individuali o concorsuali. L'aggiudicatario, qualora l'immobile si trovi nelle condizioni previste per il rilascio del permesso di costruire in sanatoria, dovrà presentare domanda di permesso in sanatoria entro centoventi giorni dalla notifica del decreto emesso dalla autorità giudiziaria.

5-*bis*. Le disposizioni del presente articolo si applicano anche agli interventi edilizi realizzati mediante denuncia di inizio attività ai sensi dell'articolo 23, comma 01[1], qualora nell'atto non siano indicati gli estremi della stessa.[2]

[1] Parole così modif. dall'art. 3, D.lgs. 25 nov. 2016, n. 222.

[2] Comma aggiunto dall'art. 1 D.lgs. 27 dic. 2002, n. 301.

47. ***Sanzioni a carico dei notai*** (L. 28 feb. 1985, n. 47, art. 21) — 1. Il ricevimento e l'autenticazione da parte dei notai di atti nulli previsti dagli artt. 46 e 30 e non convalidabili costituisce violazione dell'art. 28 della L. 16 feb. 1913, n. 89, e successive modificazioni, e comporta l'applicazione delle sanzioni previste dalla legge medesima.

2. Tutti i pubblici ufficiali, ottemperando a quanto disposto dall'art. 30, sono esonerati da responsabilità inerente al trasferimento o alla divisione dei terreni; l'osservanza della formalità prevista dal comma 6 dello stesso art. 30 tiene anche luogo del rapporto di cui all'art. 331 del codice di procedura penale.

48. ***Aziende erogatrici di servizi pubblici*** (L. 28 feb. 1985, n. 47, art. 45) — 2. È vietato a tutte le aziende erogatrici di servizi pubblici somministrare le loro forniture per l'esecuzione di opere prive di permesso di costruire, nonché ad opere in assenza di titolo, iniziate dopo il 30 gennaio 1977 e per le quali non siano stati stipulati contratti di somministrazione anteriormente al 17 marzo 1985.

2. Il richiedente il servizio è tenuto ad allegare

alla domanda una dichiarazione sostitutiva di atto notorio, ai sensi e per gli effetti dell'art. 47, del decreto del Presidente della Repubblica 28 dic. 2000, n. 445, recante il Testo unico delle disposizioni legislative e regolamentari in materia di documentazione amministrativa, indicante gli estremi del permesso di costruire, o, per le opere abusive, gli estremi del permesso in sanatoria, ovvero copia della domanda di permesso in sanatoria corredata della prova del pagamento delle somme dovute a titolo di oblazione per intero nell'ipotesi dell'art. 36 e limitatamente alle prime due rate nell'ipotesi dell'art. 35 della L. 28 feb. 1985, n. 47. Il contratto stipulato in difetto di tali dichiarazioni è nullo e il funzionario della azienda erogatrice, cui sia imputabile la stipulazione del contratto stesso, è soggetto ad una sanzione pecuniaria da 2582 a 7746 euro. Per le opere che già usufruiscono di un servizio pubblico, in luogo della documentazione di cui al precedente comma, può essere prodotta copia di una fattura, emessa dall'azienda erogante il servizio, dalla quale risulti che l'opera già usufruisce di un pubblico servizio.

3. Per le opere iniziate anteriormente al 30 gennaio 1977, in luogo degli estremi della licenza edilizia può essere prodotta una dichiarazione sostitutiva di atto notorio rilasciata dal proprietario o altro avente titolo, ai sensi e per gli effetti dell'art. 47 del decreto del Presidente della Repubblica 28 dicembre 2000, n. 445, recante il Testo unico delle disposizioni legislative e regolamentari in materia di documentazione amministrativa, attestante che l'opera è stata iniziata in data anteriore al 1977. Tale dichiarazione può essere ricevuta e inserita nello stesso contratto, ovvero in documento separato da allegarsi al contratto medesimo.

3-*bis*. Le disposizioni del presente articolo si applicano anche agli interventi edilizi suscettibili di realizzazione mediante denuncia di inizio attività ai sensi dell'articolo 23, comma 01[1], eseguiti in assenza della stessa.[2]

[1] Parole così modif. dall'art. 3, D.lgs. 25 nov. 2016, n. 222.

[2] Comma aggiunto dall'art. 1 D.lgs. 27 dic. 2002, n. 301.

CAPO III
Disposizioni fiscali

49. ***Disposizioni fiscali*** (L. 17 ago. 1942, n. 1150, art. 41-*ter*) — 1. Fatte salve le sanzioni di cui al presente titolo, gli interventi abusivi realizzati in assenza di titolo o in contrasto con lo stesso sulla base di un titolo successivamente annullato, non beneficiano delle agevolazioni fiscali previste dalle norme vigenti, né di contributi o altre provvidenze dello Stato o di enti pubblici. Il contrasto deve riguardare violazioni di altezza, distacchi, cubatura o superficie coperta che eccedano, per singola unità immobiliare il due per cento delle misure prescritte, ovvero il mancato rispetto delle destinazioni e degli allineamenti indicati nel programma di fabbricazione, nel piano regolatore generale e nei piani particolareggiati di esecuzione.

2. È fatto obbligo al comune di segnalare all'amministrazione finanziaria, entro tre mesi dall'ultimazione dei lavori o dalla segnalazione certificata di cui all'articolo 24[1], ovvero dall'annullamento del titolo edilizio, ogni inosservanza comportante la decadenza di cui al comma precedente.

3. Il diritto dell'amministrazione finanziaria a recuperare le imposte dovute in misura ordinaria per effetto della decadenza stabilita dal presente articolo si prescrive col decorso di tre anni dalla data di ricezione della segnalazione del comune.

4. In caso di revoca o decadenza dai benefici suddetti il committente è responsabile dei danni nei confronti degli aventi causa.

[1] Parole così modif. dall'art. 3, D.lgs. 25 nov. 2016, n. 222.

50. ***Agevolazioni tributarie in caso di sanatoria*** (L. 28 feb. 1985, n. 47, art. 46) — In deroga alle disposizioni di cui all'art. 49, le agevolazioni tributarie in materia di tasse ed imposte indirette sugli affari si applicano agli atti stipulati dopo il 17 marzo 1985, qualora ricorrano tutti i requisiti previsti dalle vigenti disposizioni agevolative ed a condizione che copia conforme del provvedimento di sanatoria venga presentata, contestualmente all'atto da registrare, all'amministrazione cui compete la registrazione. In mancanza del provvedimento definitivo di sanatoria, per conseguire in via provvisoria le agevolazioni deve essere prodotta al momento della registrazione dell'atto, copia della domanda di permesso in sanatoria presentata al comune, con la relativa ricevuta rilasciata dal comune stesso. L'interessato, a pena di decadenza dei benefici, deve presentare al competente ufficio. dell'amministrazione finanziaria copia del provvedimento definitivo di sanatoria entro sei mesi dalla sua notifica o, nel caso che questo non sia intervenuto, a richiesta dell'ufficio, dichiarazione del comune che attesti che la domanda non ha ancora ottenuto definizione.

2. In deroga alle disposizioni di cui all'art. 49, per i fabbricati costruiti senza permesso o in contrasto con la stessa, ovvero sulla base di permesso successivamente annullato, si applica la esenzione dall'imposta comunale sugli immobili, qualora ricorrano i requisiti tipologici di inizio e ultimazione delle opere in virtù dei quali sarebbe spettata, per il periodo di dieci anni a decorrere dal 17 marzo 1985. L'esenzione si applica a condizione che l'interessato ne faccia richiesta all'ufficio competente del suo domicilio fiscale, allegando copia della domanda indicata nel comma precedente con la relativa ricevuta rilasciata dal comune. Alla scadenza di ogni anno dal giorno della presentazione della domanda suddetta, l'interessato, a pena di decadenza dai benefici, deve presentare, entro novanta giorni da tale scadenza, all'ufficio distrettuale delle imposte dirette copia del provvedimento definitivo

di sanatoria, o in mancanza di questo, una dichiarazione del comune, ovvero una dichiarazione sostitutiva di atto notorio, attestante che la domanda non ha ancora ottenuto definizione.

3. La omessa o tardiva presentazione del provvedimento di sanatoria comporta il pagamento dell'imposta comunale sugli immobili e delle altre imposte dovute nella misura ordinaria, nonché degli interessi di mora stabiliti per i singoli tributi.

4. Il rilascio del permesso in sanatoria, per le opere o le parti di opere abusivamente realizzate, produce automaticamente, qualora ricorrano tutti i requisiti previsti dalle vigenti disposizioni agevolative, la cessazione degli effetti dei provvedimenti di revoca o di decadenza previsti dall'art. 49.

5. In attesa del provvedimento definitivo di sanatoria, per il conseguimento in via provvisoria degli effetti previsti dal comma 4, deve essere prodotta da parte dell'interessato alle amministrazioni finanziarie competenti copia autenticata della domanda di permesso in sanatoriora, corredata della prova del pagamento delle somme dovute fino al momento della presentazione e della istanza di cui al presente comma.

6. Non si fa comunque luogo al rimborso dell'imposta comunale sugli immobili e delle altre imposte eventualmente già pagate.

51. ***Finanziamenti pubblici e sanatoria*** (L. 23 dic. 1996, n. 662, art. 2, comma 50) — 1. La concessione di indennizzi, ai sensi della legislazione sulle calamità naturali, è esclusa nei casi in cui gli immobili danneggiati siano stati eseguiti abusivamente in zone alluvionali; la citata concessione di indennizzi è altresì esclusa per gli immobili edificati in zone sismiche senza i prescritti criteri di sicurezza e senza che sia intervenuta sanatoria.

PARTE II
NORMATIVA TECNICA PER L'EDILIZIA

52-138. *Omissis*

ESPROPRIAZIONI

- 1 -

D.P.R. 8 giu. 2001, n. 327

Testo unico delle disposizioni legislative e regolamentari in materia di espropriazione per pubblica utilità[1,2]

(G.U. 16 ago. 2001, n. 189, Suppl.)

[1] Come modif. dal D.lgs. 27 dic. 2002, n. 302.

[2] Ai sensi dell'art. 10, c. 6, D.L. 24 giu. 2014, n. 91, conv. in L. 11 ago. 2014, n. 116, per le occupazioni di urgenza e per le eventuali espropriazioni delle aree occorrenti per l'esecuzione delle opere e degli interventi, i termini di legge previsti dal presente T.U. sono ridotti alla metà.

TITOLO I
Oggetto ed ambito di applicazione del testo unico

1. ***Oggetto.*** — 1. Il presente testo unico disciplina l'espropriazione, anche a favore di privati, dei beni immobili o di diritto relativi ad immobili per l'esecuzione di opere pubbliche o di pubblica utilità.

2. Si considera opera pubblica o di pubblica utilità anche la realizzazione degli interventi necessari per l'utilizzazione da parte della collettività di beni o di terreni, o di un loro insieme, di cui non è prevista la materiale modificazione o trasformazione.

3. [Abrogato].

4. Le norme del presente testo unico non possono essere derogate, modificate o abrogate se non per dichiarazione espressa, con specifico riferimento a singole disposizioni.

2. ***Principio di legalità dell'azione amministrativa.*** — 1. L'espropriazione dei beni immobili o di diritti relativi ad immobili di cui all'art. 1 può essere disposta nei soli casi previsti dalle leggi e dai regolamenti.

2. I procedimenti di cui al presente testo unico si ispirano ai principi di economicità, di efficacia, di efficienza, di pubblicità e di semplificazione dell'azione amministrativa.

3. ***Definizioni.*** — 1. Ai fini del presente testo unico:

a) per "espropriato" si intende il soggetto, pubblico o privato, titolare del diritto espropriato;

b) per "autorità espropriante", si intende l'autorità amministrativa titolare del potere di espropriare e che cura il relativo procedimento, ovvero il concessionario di un'opera pubblica, al quale sia stato attribuito tale potere, in base ad una norma;

c) per "beneficiario dell'espropriazione", si intende il soggetto, pubblico o privato, in cui favore è emesso il decreto di esproprio;

d) per "promotore dell'espropriazione", si intende il soggetto, pubblico o privato, che chiede l'espropriazione.

2. Tutti gli atti della procedura espropriativa, ivi incluse le comunicazioni e il decreto di esproprio, sono disposti nei confronti del soggetto che risulti proprietario secondo i registri catastali, salvo che l'autorità espropriante non abbia tempestiva notizia dell'eventuale diverso proprietario effettivo. Nel caso in cui abbia avuto notizia della pendenza della procedura espropriativa dopo la comunicazione dell'indennità provvisoria al soggetto che risulti proprietario secondo i registri catastali, il proprietario effettivo può, nei trenta giorni successivi, concordare l'indennità ai sensi dell'art. 45, c. 2.

3. Colui che risulta proprietario secondo i registri catastali e riceva la notificazione o comunicazione di atti del procedimento espropriativo, ove non sia più proprietario è tenuto a comunicarlo all'amministrazione precedente entro 30 giorni dalla prima notificazione, indicando altresì, ove ne sia a conoscenza, il nuovo proprietario, o comunque fornendo copia degli atti in suo possesso utili a ricostruire le vicende dell'immobile.

4. ***Beni non espropriabili o espropriabili in casi particolari.*** — 1. I beni appartenenti al demanio pubblico non possono essere espropriati fino a quando non ne viene pronunciata la sdemanializzazione.

1-*bis*. I beni gravati da uso civico non possono essere espropriati o asserviti coattivamente se non viene pronunciato il mutamento di destinazione d'uso, fatte salve le ipotesi in cui l'opera pubblica o di pubblica utilità sia compatibile con l'esercizio dell'uso civico.[1]

1-*ter*. Fermo restando il rispetto della normativa paesaggistica, si intendono di norma compatibili con l'esercizio dell'uso civico gli elettrodotti di cui all'articolo 52-*quinquies*, comma 1, fatta salva la possibilità che la regione, o un comune da essa delegato, possa esprimere caso per caso una diversa valutazione, con congrua motivazione, nell'ambito del procedimento autorizzativo per l'adozione del provvedimento che dichiara la pubblica utilità dell'infrastruttura.[2]

1-*quater*. Fermo restando il rispetto della normativa paesaggistica, si intendono sempre compatibili con l'esercizio dell'uso civico le ricostruzioni di elettrodotti aerei o interrati, già esistenti, di cui all'articolo 52-*quinquies*, comma 1, che si rendano necessarie per ragioni di obsolescenza, purché siano realizzate con le migliori tecnologie esistenti e siano effettuate sul medesimo tracciato della linea già esistente o nelle sue immediate adiacenze.[2]

2. I beni appartenenti al patrimonio indisponibile dello Stato e degli altri enti pubblici possono essere espropriati per perseguire un interesse pubblico di rilievo superiore a quello soddisfatto con la precedente destinazione.

3. I beni descritti dagli artt. 13, 14, 15 e 16 della L. 27 mag. 1929, n. 810, non possono essere espropriati se non vi è il previo accordo con la Santa Sede.[3]

4. Gli edifici aperti al culto non possono essere espropriati se non per gravi ragioni previo accordo:

a) con la competente autorità ecclesiastica, se aperti al culto cattolico;

b) con l'Unione delle Chiese cristiane, se aperti al culto pubblico avventista;

c) con il presidente delle Assemblee di Dio in Italia, se aperti al culto pubblico delle chiese ad esse associate;

d) con l'Unione cristiana evangelica battista d'Italia, se aperti al culto pubblico delle chiese che ne facciano parte;

f) con il Decano della Chiesa evangelica luterana in Italia e con l'organo responsabile della comunità interessata, se aperti al culto della medesima Chiesa;

g) col rappresentante di ogni altra confessione religiosa, nei casi previsti dalla legge.[2]

5. Si applicano le regole sull'espropriazione dettate dal diritto internazionale generalmente riconosciuto e da trattati internazionali cui l'Italia aderisce.

[1] Comma ins. dall'art. 74, L. 28 dic. 2015, n. 221.
[2] Comma ins. dall'art. 13-*bis*, D.L. 1 mar. 2022, n. 17, conv. con modif. in L. 27 apr. 2022, n. 34.
[3] Comma così modif. dal Comunicato 14 set. 2001.

5. ***Ambito di applicazione nei confronti delle Regioni e delle Province autonome di Trento e di Bolzano.*** — 1. Le Regioni a statuto ordinario esercitano la potestà legislativa concorrente, in ordine alle espropriazioni strumentali alle materie di propria competenza, nel rispetto dei principi fondamentali della legislazione statale nonché dei principi generali dell'ordinamento giuridico desumibili dalle disposizioni contenute nel testo unico.

2. Le Regioni a statuto speciale, nonché le Province autonome di Trento e di Bolzano esercitano la propria potestà legislativa in materia di espropriazione per pubblica utilità nel rispetto dei rispettivi statuti e delle relative norme di attuazione, anche con riferimento alle disposizioni del titolo V, parte seconda, della Costituzione per le parti in cui prevedono forme di autonomia più ampie rispetto a quelle già attribuite.

3. Le disposizioni del testo unico operano direttamente nei riguardi delle Regioni fino a quando esse non esercitano la propria potestà legislativa in materia, nel rispetto delle disposizioni di cui ai commi 1 e 2. La Regione Trentino-Alto Adige e le province autonome di Trento e di Bolzano adeguano la propria legislazione ai sensi degli artt. 4 e 8 dello statuto di cui al decreto del Presidente della Repubblica 31 ago. 1972, n. 670, e dell'art. 2 del D.lgs. 16 mar. 1992, n. 266.

4. Nell'ambito delle funzioni amministrative conferite dallo Stato alle Regioni e alle Province autonome di Trento e di Bolzano ai sensi delle leggi

vigenti rientrano anche quelle concernenti i procedimenti di espropriazione per pubblica utilità e quelli concernenti la materiale acquisizione delle aree.

6. *Regole generali sulla competenza.* — 1. L'autorità competente alla realizzazione di un'opera pubblica o di pubblica utilità è anche competente all'emanazione degli atti del procedimento espropriativo che si renda necessario.

2. Le amministrazione statali, le Regioni, le Province, i Comuni e gli altri enti pubblici individuano ed organizzano l'ufficio per le espropriazioni, ovvero attribuiscono i relativi poteri ad un ufficio già esistente.

3. Le Regioni a statuto speciale o a statuto ordinario e le Province autonome di Trento e di Bolzano emanano tutti gli atti dei procedimenti espropriativi strumentali alla cura degli interessi da esse anche nel caso di funzioni statali.

4. Gli enti locali possono istituire un ufficio comune per le espropriazioni e possono costituirsi in consorzio o in un'altra forma associativa prevista dalla legge.

5. All'ufficio per le espropriazioni è preposto un dirigente o, in sua mancanza, il dipendente con la qualifica più elevata.

6. Per ciascun procedimento, è designato un responsabile che dirige, coordina e cura tutte le operazioni e gli atti del procedimento, anche avvalendosi dell'ausilio di tecnici.

7. Il dirigente dell'ufficio per le espropriazioni emana ogni provvedimento conclusivo del procedimento odi singole fasi di esso, anche se non predisposto dal responsabile del procedimento.

8. Se l'opera pubblica o di pubblica utilità va realizzata da un concessionario o contraente generale, l'amministrazione concedente può delegargli, in tutto o in parte, i propri poteri espropriativi, determinando chiaramente l'ambito della delega nella concessione, i cui estremi vanno specificati in ogni atto del procedimento espropriativo. A questo scopo i soggetti privati cui sono attribuiti per legge o per delega poteri espropriativi, possono avvalersi di società controllata. I soggetti privati possono altresì avvalersi di società di servizi ai fini delle attività preparatorie.

9. Per le espropriazioni finalizzate alla realizzazione di opere private, l'autorità espropriante è l'Ente che emana il provvedimento dal quale deriva la dichiarazione di pubblica utilità.

9-*bis*. L'autorità espropriante, nel caso di opere di minore entità, può delegare, in tutto o in parte, al soggetto proponente l'esercizio dei propri poteri espropriativi, determinando chiaramente l'ambito della delega nell'atto di affidamento, i cui estremi vanno specificati in ogni atto del procedimento espropriativo. A questo scopo i soggetti cui sono delegati i poteri espropriativi possono avvalersi di società controllate nonché di società di servizi ai fini delle attività preparatorie.[1]

[1] Comma aggiunto dall'art. 60, c. 4, D.L. 16 lug. 2020, n. 76, conv. con modif. in L. 11 set. 2020, n. 120.

7. *Competenze particolari dei Comuni.* — Il Comune può espropriare:

a) le aree inedificate e quelle su cui vi siano costruzioni in contrasto con la destinazione di zona o abbiano carattere provvisorio, a seguito dell'approvazione del piano regolatore generale, per consentirne l'ordinata attuazione nelle zone di espansione;

b) l'immobile al quale va incorporata un'area inserita in un piano particolareggiato e non utilizzata, quando il suo proprietario non intenda acquistarla o non comunichi le proprie determinazioni, entro il termine di sessanta giorni, decorrente dalla ricezione di un avviso del dirigente dell'ufficio per le espropriazioni;

c) gli immobili necessari per delimitare le aree fabbricabili e per attuare il piano regolatore, nel caso di mancato accordo tra i proprietari comprensorio;

d) le aree inedificate e le costruzioni da trasformare secondo speciali prescrizioni, quando decorre inutilmente il termine, non inferiore a novanta giorni, fissato nell'atto determinativo della formazione del consorzio, notificato ai proprietari interessati.

TITOLO II
disposizioni generali

CAPO I
Identificazione delle fasi che precedono il decreto d'esproprio

8. *Le fasi del procedimento espropriativo.* — 1. Il decreto di esproprio può essere emanato qualora:

a) l'opera da realizzare sia prevista nello strumento urbanistico generale, o in un atto di natura ed efficacia equivalente, e sul bene da espropriare sia stato apposto il vincolo preordinato all'esproprio;

b) vi sia stata la dichiarazione di pubblica utilità.

c) sia stata determinata, anche se in via provvisoria, l'indennità di esproprio.

CAPO II
La fase della sottoposizione del bene al vincolo preordinato all'esproprio

9. *Vincoli derivanti da piani urbanistici.* — 1. Un bene è sottoposto al vincolo preordinato all'esproprio quando diventa efficace l'atto di approvazione del piano urbanistico generale, ovvero una sua variante, che prevede la realizzazione di un'opera pubblica o di pubblica utilità.

2. Il vincolo preordinato all'esproprio ha la dura-

ta di cinque anni. Entro tale termine, può essere emanato il provvedimento che comporta la dichiarazione di pubblica utilità dell'opera.

3. Se non è tempestivamente dichiarata la pubblica utilità dell'opera, il vincolo preordinato all'esproprio decade e trova applicazione la disciplina dettata dall'articolo 9 del testo unico in materia edilizia approvato con decreto del Presidente della Repubblica 6 giugno 2001, n. 380.

4. Il vincolo preordinato all'esproprio, dopo la sua decadenza, può essere motivatamente reiterato, con la rinnovazione dei procedimenti previsti nel comma 1 e tenendo conto delle esigenze di soddisfacimento degli standard.

5. Nel corso dei cinque anni di durata del vincolo preordinato all'esproprio, il consiglio comunale può motivatamente disporre o autorizzare che siano realizzate sul bene vincolato opere pubbliche o di pubblica utilità diverse da quelle originariamente previste nel piano urbanistico generale. In tal caso, se la Regione o l'ente da questa delegato all'approvazione del piano urbanistico generale non manifesta il proprio dissenso entro il termine di novanta giorni, decorrente dalla ricezione della delibera del Consiglio comunale e della relativa completa documentazione, si intende approvata la determinazione del Consiglio comunale, che in una successiva seduta ne dispone l'efficacia.

6. Salvo quanto previsto dal comma 5, nulla è innovato in ordine alla normativa statale o regionale sulla adozione e sulla approvazione degli strumenti urbanistici.

10. ***Vincoli derivanti da atti diversi dai piani urbanistici generali.*** — 1. Se la realizzazione di un'opera pubblica o di pubblica utilità non è prevista dal piano urbanistico generale, il vincolo preordinato all'esproprio può essere disposto, ove espressamente se ne dia atto, su richiesta dell'interessato ai sensi dell'art. 14, comma 4, della L. 7 ago. 1990, n. 241, ovvero su iniziativa dell'amministrazione competente all'approvazione del progetto, mediante una conferenza di servizi, un accordo di programma, una intesa ovvero un altro atto, anche di natura territoriale, che in base alla legislazione vigente comporti la variante al piano urbanistico.

2. Il vincolo può essere altresì disposto, dandosene espressamente atto, con il ricorso alla variante semplificata al piano urbanistico da realizzare, anche su richiesta dell'interessato, con le modalità e secondo le procedure di cui all'art. 19, commi 2 e seguenti.

3. Per le opere per le quali sia già intervenuto, in conformità alla normativa vigente, uno dei provvedimenti di cui ai commi 1 e 2 prima della data di entrata in vigore del presente testo unico, il vincolo si intende apposto, anche qualora non ne sia stato dato esplicitamente atto.

11. ***La partecipazione degli interessati.*** — 1. Al proprietario del bene sul quale si intende apporre il vincolo preordinato all'esproprio, va inviato l'avviso dell'avvio del procedimento:

a) nel caso di adozione di una variante al piano regolatore per la realizzazione di una singola opera pubblica, almeno venti giorni prima della delibera del consiglio comunale;

b) nei casi previsti dall'art. 10, comma 1, almeno venti giorni prima dell'emanazione dell'atto se ciò risulti compatibile con le esigenze di celerità del procedimento;

2. L'avviso di avvio del procedimento è comunicato personalmente agli interessati alle singole opere previste dal piano o dal progetto. Allorché il numero dei destinatari sia superiore a 50, la comunicazione è effettuata mediante pubblico avviso, da affiggere all'albo pretorio dei Comuni nel cui territorio ricadono gli immobili da assoggettare al vincolo, nonché su uno o più quotidiani a diffusione nazionale e locale e, ove istituito, sul sito informatico della Regione o Provincia autonoma nei cui territorio ricadono gli immobili da assoggettare al vincolo. L'avviso deve precisare dove e con quali modalità può essere consultato il piano o il progetto. Gli interessati possono formulare entro i successivi trenta giorni osservazioni che vengono valutate dall'autorità espropriante ai fini delle definitive determinazioni.

3. La disposizioni di cui al comma 2 non si applica ai fini dell'approvazione del progetto preliminare delle infrastrutture e degli insediamenti produttivi nei programmi attuativi dell'art. 1, comma 1, della L. 21 dic. 2001, n. 443.

4. Ai fini dell'avviso dell'avvio del procedimento delle conferenze di servizi in materia di lavori pubblici, si osservano le forme previste dal decreto del Presidente della Repubblica 21 dicembre 1999, n. 554.

5. Salvo quanto previsto dal comma 2, restano in vigore le disposizioni vigenti che regolano le modalità di partecipazione del proprietario dell'area e di altri interessati nelle fasi di adozione e di approvazione degli strumenti urbanistici.

CAPO III
La fase della dichiazioni di pubblica utilità

SEZIONE I
Disposizioni sul procedimento

12. ***Gli atti che comportano la dichiarazione di pubblica utilità.*** — 1. La dichiarazione di pubblica utilità si intende disposta:

a) quando l'autorità espropriante approva a tale fine il progetto definitivo dell'opera pubblica o di pubblica utilità, ovvero quando sono approvati il piano particolareggiato, il piano di lottizzazione, il piano di recupero, il piano di ricostruzione, il piano delle aree da destinare a insediamenti produttivi, ovvero quando è approvato il piano di zona;

b) in ogni caso, quando in base alla normativa

vigente equivale a dichiarazione di pubblica utilità l'approvazione di uno strumento urbanistico, anche di settore o attuativo, la definizione di una conferenza di servizi o il perfezionamento di un accordo di programma, ovvero il rilascio di una concessione, di una autorizzazione o di un atto avente effetti equivalenti.

2. Le varianti derivanti dalle prescrizioni della conferenza di servizi, dell'accordo di programma o di altro atto di cui all'art. 10, nonché le successive varianti in corso d'opera, qualora queste ultime non comportino variazioni di tracciato al di fuori delle zone di rispetto previste ai sensi del decreto del Presidente della Repubblica 11 luglio 1980, n. 753, nonché ai sensi del D.M. 1 apr. 1968, sono approvate dall'autorità espropriante ai fini della dichiarazione di pubblica utilità e non richiedono nuova apposizione del vincolo preordinato all'esproprio.

3. Qualora non sia stato apposto il vincolo preordinato all'esproprio la dichiarazione di pubblica utilità diventa efficace al momento di tale apposizione a norma degli artt. 9 e 10.

13. ***Contenuto ed effetti dell'atto che comporta la dichiarazione di pubblica utilità.*** — 1. Il provvedimento che dispone la pubblica utilità dell'opera può essere emanato fino a quando non sia decaduto il vincolo preordinato all'esproprio.

2. Gli effetti della dichiarazione di pubblica utilità si producono anche se non sono espressamente indicati nel provvedimento che la dispone.

3. Nel provvedimento che comporta la dichiarazione di pubblica utilità dell'opera può essere stabilito il termine entro il quale il decreto di esproprio va emanato.

4. Se manca l'espressa determinazione del termine di cui al comma 3, il decreto di esproprio può essere emanato entro il termine di cinque anni, decorrente dalla data in cui diventa efficace l'atto che dichiara la pubblica utilità dell'opera.

5. L'autorità che ha dichiarato la pubblica utilità dell'opera può disporre proroghe dei termini previsti dai commi 3 e 4 per casi di forza maggiore o per altre giustificate ragioni. Le proroghe possono essere disposte, anche d'ufficio, prima della scadenza del termine e per un periodo di tempo complessivo non superiore a quattro anni.[1]

6. La scadenza del termine entro il quale può essere emanato il decreto di esproprio determina l'inefficacia della dichiarazione di pubblica utilità.

7. Restano in vigore le disposizioni che consentono l'esecuzione delle previsioni dei piani territoriali o urbanistici, anche di settore o attuativi, entro termini maggiori di quelli previsti nel comma 4.

8. Qualora il vincolo preordinato all'esproprio riguarda immobili da non sottoporre a trasformazione fisica, la dichiarazione di pubblica utilità ha luogo mediante l'adozione di un provvedimento di destinazione ad uso pubblico dell'immobile vincolato, con cui sono indicate le finalità dell'intervento, i tempi previsti per eventuali lavori di manutenzione, nonché i relativi costi previsti.

[1] Comma così sost. dall'art. 13-bis, D.L. 1 mar. 2022, n. 17, conv. con modif. in L. 27 apr. 2022, n. 34.

14. ***Istituzione degli elenchi degli atti che dichiarano la pubblica utilità.*** — 1. L'autorità che emana uno degli atti previsti dall'art. 12, comma 1, ovvero esegue un decreto di espropriazione, ne trasmette una copia al Ministero delle infrastrutture e dei trasporti, per le opere di competenza statale, e al presidente della Regione, per le opere di competenza regionale.

2. Con decreto del Ministro delle infrastrutture e dei trasporti ovvero del presidente della Regione, rispettivamente per le opere di competenza statale o regionale, sono indicati gli uffici competenti all'aggiornamento degli elenchi degli atti da cui deriva la dichiarazione di pubblica utilità ovvero con cui è disposta l'espropriazione, distinti in relazione alle diverse amministrazioni che li hanno adottati; nello stesso decreto può prevedersi che i medesimi o altri uffici possano dare indicazioni operative alle autorità esproprianti per la corretta applicazione del presente testo unico.

3. L'autorità espropriante comunica all'ufficio di cui al comma 2:

a) quale sia lo stato del procedimento d'esproprio, almeno sei mesi e non oltre tre mesi prima della data di scadenza degli effetti della dichiarazione di pubblica utilità;

b) se sia stato eseguito entro il prescritto termine il decreto d'esproprio ovvero se il medesimo termine sia inutilmente scaduto;

c) se siano stati impugnati gli atti di adozione e di approvazione del piano urbanistico generale, il programma dei lavori, l'atto che dichiara la pubblica utilità dell'opera o il decreto di esproprio.

SEZIONE II
Disposizioni particolari sulla approvazione del progetto definitivo dell'opera

15. ***Disposizioni sulla redazione del progetto.*** — 1. Per le operazioni planimetriche e le altre operazioni preparatorie necessarie per la redazione dello strumento urbanistico generale, di una sua variante o di un atto avente efficacia equivalente nonché per l'attuazione delle previsioni urbanistiche e per la progettazione di opere pubbliche e di pubblica utilità, i tecnici incaricati, anche privati, possono essere autorizzati ad introdursi nell'area interessata.

2. Chiunque chieda il rilascio della autorizzazione deve darne notizia, mediante atto notificato con le forme degli atti processuali civili o lettera raccomandata con avviso di ricevimento, al proprietario del bene, nonché al suo possessore, se risulti conosciuto. L'autorità espropriante tiene conto delle eventuali osservazioni, formulate dal proprietario o dal possessore entro sette giorni dalla relativa

notifica o comunicazione, e può accogliere la richiesta solo se risultano trascorsi almeno ulteriori dieci giorni dalla data in cui è stata notificata o comunicata la richiesta di introdursi nella altrui proprietà.

3. L'autorizzazione indica i nomi delle persone che possono introdursi nell'altrui proprietà ed è notificata o comunicata mediante lettera raccomandata con avviso di ricevimento almeno sette giorni prima dell'inizio delle operazioni.

4. Il proprietario e il possessore del bene possono assistere alle operazioni, anche mediante persone di loro fiducia.

5. L'autorizzazione di cui al comma 1 si estende alle ricerche archeologiche, alla bonifica da ordigni bellici e alla bonifica dei siti inquinati. Le ricerche archeologiche sono compiute sotto la vigilanza delle competenti soprintendenze, che curano la tempestiva programmazione delle ricerche ed il rispetto della medesima, allo scopo di evitare ogni ritardo all'avvio delle opere.

16. ***Le modalità che precedono l'approvazione del progetto definitivo.*** — 1. Il soggetto, anche privato, diverso da quello titolare del potere di approvazione del progetto di un'opera pubblica o di pubblica utilità, può promuovere l'adozione dell'atto che dichiara la pubblica utilità dell'opera. A tal fine, egli deposita presso l'ufficio per le espropriazioni il progetto dell'opera, unitamente ai documenti ritenuti rilevanti e ad una relazione sommaria, la quale indichi la natura e lo scopo delle opere da eseguire, nonché agli eventuali nulla osta, alle autorizzazioni o agli altri atti di assenso, previsti dalla normativa vigente.

2. In ogni caso, lo schema dell'atto di approvazione del progetto deve richiamare gli elaborati contenenti la descrizione dei terreni e degli edifici di cui è prevista l'espropriazione, con l'indicazione dell'estensione e dei confini, nonché, possibilmente, dei dati identificativi catastali e con il nome ed il cognome dei proprietari iscritti nei registri catastali.

3. L'autorizzazione rilasciata ai sensi dell'art. 15 consente anche l'effettuazione delle operazioni previste dal comma 2.

4. Al proprietario dell'area ove è prevista la realizzazione dell'opera è inviato l'avviso dell'avvio del procedimento e del deposito degli atti di cui al comma 1, con l'indicazione del nominativo del responsabile del procedimento.

5. Allorché il numero dei destinatari sia superiore a 50 si osservano le forme di cui all'art. 11, comma 2.

6. Ai fini dell'approvazione del progetto definitivo degli interventi di cui alla L. 21 dic. 2001, n. 443, l'avviso di avvio di procedimento di dichiarazione di pubblica utilità è comunicato con le modalità di cui all'art. 4, comma 2, del D.lgs. 20 ago. 2002, n. 190.

7. Se la comunicazione prevista dal comma 4 non ha luogo per irreperibilità o assenza del proprietario risultante dai registri catastali, il progetto può essere ugualmente approvato.

8. Se risulta la morte del proprietario iscritto nei registri catastali e non risulta il proprietario attuale, la comunicazione di cui al comma 4 è sostituita da un avviso, affisso per venti giorni consecutivi all'albo pretorio dei comuni interessati e da un avviso pubblicato su uno o più quotidiani a diffusione nazionale e locale.

9. L'autorità espropriante non è tenuta a dare alcuna comunicazione a chi non risulti proprietario del bene.

10. Il proprietario e ogni altro interessato possono formulare osservazioni al responsabile del procedimento, nel termine perentorio di trenta giorni dalla comunicazione o dalla pubblicazione dell'avviso.

11. Nei casi previsti dall'art. 12, comma 1, il proprietario dell'area, nel formulare le proprie osservazioni, può chiedere che l'espropriazione riguardi anche le frazioni residue dei suoi beni che non siano state prese in considerazione, qualora per esse risulti una disagevole utilizzazione ovvero siano necessari considerevoli lavori per disporne una agevole utilizzazione.

12. L'autorità espropriante si pronuncia sulle osservazioni, con atto motivato. Se l'accoglimento in tutto o in parte delle osservazioni comporta la modifica dello schema del progetto con pregiudizio di un altro proprietario che non abbia presentato osservazioni, sono ripetute nei suoi confronti le comunicazioni previste dal comma 4.

13. Se le osservazioni riguardano solo una parte agevolmente separabile dell'opera, l'autorità espropriante può approvare per la restante parte il progetto, in attesa delle determinazioni sulle osservazioni.

14. Qualora nel corso dei lavori si manifesti la necessità o l'opportunità di espropriare altri terreni o altri edifici, attigui a quelli già espropriati, con atto motivato l'amministrazione integra il provvedimento con cui è stato approvato il progetto. Si applicano le disposizioni dei precedenti commi.

17. ***L'approvazione del progetto definitivo.*** — 1. Il provvedimento che approva il progetto definitivo, ai fini della dichiarazione di pubblica utilità, indica gli estremi degli atti da cui è sorto il vincolo preordinato all'esproprio.

2. Mediante raccomandata con avviso di ricevimento o altra forma di comunicazione equipollente al proprietario è data notizia della data in cui è diventato efficace l'atto che ha approvato il progetto definitivo e della facoltà di prendere visione della relativa documentazione. Al proprietario è contestualmente comunicato che può fornire ogni utile elemento per determinare il valore da attribuire all'area ai fini della liquidazione della indennità di esproprio.

SEZIONE III

Disposizioni sull'approvazione di un progetto d'opera non conforme alle previsioni urbanistiche

18. ***Disposizioni applicabili per le operazioni preliminari alla progettazione.*** — 1. Le disposizioni contenute negli artt. 16 e 17 si applicano anche quando un soggetto pubblico o privato intende redigere un progetto di opera pubblica o di pubblica utilità non conforme alle previsioni urbanistiche.

19. ***L'approvazione del progetto.*** — 1. Quando l'opera da realizzare non risulta conforme alle previsioni urbanistiche, la variante al piano regolatore può essere disposta con le forme di cui all'art. 20, comma 1, ovvero con le modalità di cui ai commi seguenti.

2. L'approvazione del progetto definitivo da parte del consiglio comunale costituisce adozione della variante allo strumento urbanistico.

3. Se l'opera non è di competenza comunale, l'atto di approvazione del progetto preliminare o definitivo da parte dell'autorità competente è trasmesso al consiglio comunale, che può disporre l'adozione della corrispondente variante allo strumento urbanistico.

4. Nei casi previsti dai commi 2 e 3, se la Regione o l'ente da questa delegato all'approvazione del piano urbanistico comunale non manifesta il proprio dissenso entro il termine di novanta giorni, decorrente dalla ricezione della delibera del consiglio comunale e della relativa completa documentazione, si intenda approvata la determinazione del consiglio comunale, che in una successiva seduta ne dispone l'efficacia.

CAPO IV

La fase di emanazione del decreto di esproprio

SEZIONE I

Del modo di determinare l'indennità pdi espropriazione

20. ***La determinazione provvisoria dell'indennità di espropriazione.*** — 1. Divenuto efficace l'atto che dichiara la pubblica utilità, entro i successivi trenta giorni il promotore dell'espropriazione compila l'elenco dei beni da espropriare, con una descrizione sommaria, e dei relativi proprietari, ed indica le somme che offre per le loro espropriazioni. L'elenco va notificato a ciascun proprietario, nella parte che lo riguarda, con le forme degli atti processuali civili. Gli interessati nei successivi trenta giorni possono presentare osservazioni scritte e depositare documenti.

2. Ove lo ritenga opportuno in considerazione dei dati acquisiti e compatibile con le esigenze di celerità del procedimento, l'autorità espropriante invita il proprietario e, se del caso, il beneficiario dell'espropriazione a precisare, entro un termine non superiore a venti giorni ed eventualmente anche in base ad una relazione esplicativa, quale sia il valore da attribuire all'area al fini della determinazione della indennità di esproprio.

3. Valutate le osservazioni degli interessati, l'autorità espropriante, anche avvalendosi degli utenti locali, dell'ufficio tecnico erariale o della commissione provinciale prevista dall'art. 41, che intenda consultare, prima di emanare il decreto di esproprio accerta il valore dell'area e determina in via provvisoria la misura della indennità di espropriazione.

4. L'atto che determina in via provvisoria la misura della indennità di espropriazione è notificato al proprietario con le forme degli atti processuali civili e al beneficiario dell'esproprio, se diverso dall'autorità procedente.

5. Nei trenta giorni successivi alla notificazione, il proprietario può comunicare all'autorità espropriante che condivide la determinazione della indennità di espropriazione. La relativa dichiarazione è irrevocabile.

6. Qualora abbia condiviso la determinazione dell'indennità di espropriazione, il proprietario è tenuto a consentire all'autorità espropriante che ne faccia richiesta l'immissione nel possesso. In tal caso, il proprietario ha diritto a ricevere un acconto dell'80% dell'indennità, previa autocertificazione, attestante la piena e libera proprietà del bene. Dalla data dell'immissione in possesso il proprietario ha altresì diritto agli interessi nella misura del tasso legale sulla indennità, sino al momento del pagamento dell'eventuale acconto e del saldo. In caso di opposizione all'ammissione in possesso l'autorità espropriante può procedervi egualmente con la presenza di due testimoni.

7. Il proprietario può limitarsi a designare un tecnico di propria fiducia, al fine dell'applicazione dell'art. 21, comma 2.

8. Qualora abbia condiviso la determinazione della indennità di espropriazione e abbia dichiarato l'assenza di diritti di terzi sul bene il proprietario è tenuto a depositare nel termine di sessanta giorni, decorrenti dalla comunicazione prevista dal comma 5, la documentazione comprovante, anche mediante attestazione notarile, la piena e libera proprietà del bene. In tal caso l'intera indennità, ovvero il saldo di quella già corrisposta a titolo di acconto, è corrisposta entro il termine dei successivi sessanta giorni. Decorso tale termine, al proprietario sono dovuti gli interessi, nella misura del tasso legale anche ove non sia avvenuta la immissione in possesso.

9. Il beneficiario dell'esproprio ed il proprietario stipulano l'atto di cessione del bene qualora sia stata condivisa la determinazione della indennità di espropriazione e sia stata depositata la documentazione attestante la piena e libera proprietà del bene. Nel caso in cui il proprietario percepisca la somma e si rifiuti di stipulare l'atto di cessione del

bene, può essere emesso senza altre formalità il decreto di esproprio, che dà atto di tali circostanze, e può esservi l'immissione in possesso, salve le conseguenze risarcitorie dell'ingiustificato rifiuto di addivenire alla stipula.

10. L'atto di cessione volontaria è trasmesso per la trascrizione, entro quindici giorni presso l'ufficio dei registri immobiliari, a cura e a spese dell'acquirente.

11. Dopo aver corrisposto l'importo concordato, l'autorità espropriante, in alternativa alla cessione volontaria, può procedere, anche su richiesta del promotore dell'espropriazione, alla emissione o all'esecuzione del decreto di esproprio.

12. L'autorità espropriante, anche su richiesta del promotore dell'espropriazione, può altresì emettere ed eseguire il decreto di esproprio, dopo aver ordinato il deposito dell'indennità condivisa presso la Cassa depositi e prestiti qualora il proprietario abbia condiviso la indennità senza dichiarare l'assenza di diritti di terzi sul bene, ovvero qualora non effettui il deposito della documentazione di cui al comma 8 nel termini ivi previsto ovvero ancora non si presti a ricevere la somma spettante.

13. Al proprietario che abbia condiviso l'indennità offerta spetta l'importo di cui all'art. 45, comma 2, anche nel caso in cui l'autorità espropriante abbia emesso il decreto di espropriazione ai sensi dei commi 11 e 12.

14. Decorsi inutilmente trenta giorni dalla notificazione di cui al comma 4, si intende non concordata la determinazione dell'indennità di espropriazione. L'autorità espropriante dispone il deposito, entro trenta giorni, presso la Cassa depositi e prestiti Spa, della somma senza le maggiorazioni di cui all' articolo 45. Effettuato il deposito, l'autorità espropriante può emettere ed eseguire il decreto d'esproprio.[1]

15. Qualora l'efficacia della pubblica utilità derivi dall'approvazione di piani urbanistici, esecutivi, i termini per gli adempimenti di cui al comma 1 del presente articolo decorrono dalla data di inserimento degli immobili da espropriare nel programma di attuazione dei piani stessi.

[1] Comma così modif. dall'art. 2, c. 89, L. 24 dic. 2007, n. 244.

21. ***Procedimento di determinazione definitiva dell'indennità di espropriazione.*** — 1. L'autorità espropriante forma l'elenco dei proprietari che non hanno concordato la determinazione della indennità di espropriazione.

2. Se manca l'accordo sulla determinazione dell'indennità di espropriazione, l'autorità espropriante invita il proprietario interessato, con atto notificato a mezzo di ufficiale giudiziario, a comunicare entro i successivi venti giorni se intenda avvalersi, per la determinazione dell'indennità, del procedimento previsto nei seguenti commi e, in caso affermativo, designare un tecnico di propria fiducia.

3. Nel caso di comunicazione positiva del proprietario, l'autorità espropriante nomina due tecnici, tra cui quello eventualmente già designato dal proprietario, e fissa il termine entro il quale va presentata la relazione da cui si evinca la stima del bene. Il termine non può essere superiore a novanta giorni, decorrente dalla data in cui è nominato il tecnico di cui al comma 4, ma è prorogabile per effettive e comprovate difficoltà.

4. Il presidente del tribunale civile, nella cui circoscrizione si trova il bene da stimare, nomina il terzo tecnico, su istanza di chi vi abbia interesse.

5. Il presidente del tribunale civile sceglie il terzo tecnico tra i professori universitari, anche associati, di estimo, ovvero tra coloro che risultano inseriti nell'albo dei periti o dei consulenti tecnici del tribunale civile nella cui circoscrizione si trova il bene.

6. Le spese per la nomina dei tecnici:

a) sono liquidate dall'autorità espropriante, in base alle tariffe professionali;

b) sono poste a carico del proprietario se la stima è inferiore alla somma determinata in via provvisoria, sono divise per metà tra il beneficiario dell'esproprio e l'espropriato se la differenza con la somma determinata in via provvisoria non supera in aumento il decimo e, negli altri casi, sono poste a carico del beneficiario dell'esproprio.

7. I tecnici comunicano agli interessati il luogo, la data e l'ora delle operazioni, mediante lettera raccomandata con avviso di ricevimento o strumento telematico, almeno sette giorni prima della data stabilita.

8. Gli interessati possono assistere alle operazioni anche tramite persone di loro fiducia, formulare osservazioni orali e presentare memorie scritte e documenti, di cui i tecnici tengono conto.

9. L'opposizione contro la nomina dei tecnici non impedisce o ritarda le operazioni, salvo il diritto di contestare in sede giurisdizionale la nomina e le operazioni peritali.

10. La relazione dei tecnici è depositata presso l'autorità espropriante, che ne dà notizia agli interessati mediante lettera raccomandata con avviso di ricevimento, avvertendoli che possono prenderne visione ed estrarne copia entro i successivi trenta giorni.

11. In caso di dissenso di uno dei tecnici, la relazione è adottata a maggioranza.

12. Ove l'interessato accetti in modo espresso l'indennità risultante dalla relazione, l'autorità espropriante autorizza il pagamento o il deposito della eventuale parte di indennità non depositata; il proprietario incassa la indennità depositata a norma dell'art. 26. Ove non sia stata manifestata accettazione espressa entro trenta giorni dalla scadenza del termine di cui al comma 10, l'autorità espropriante ordina il deposito presso la Cassa de-

positi e prestiti dell'eventuale maggior importo della indennità.

13. Il proprietario ha il diritto di chiedere che la somma depositata o da depositare sia impiegata in titoli del debito pubblico.

14. Salve le disposizioni del testo unico, si applicano le norme del codice di procedura civile per quanto riguarda le operazioni peritali e le relative relazioni.

15. Qualora il proprietario non abbia dato la tempestiva comunicazione di cui al comma 2, l'autorità espropriante chiede la determinazione dell'indennità alla commissione prevista dall'art. 41 che provvede entro novanta giorni dalla richiesta.

22. ***Determinazione urgente dell'indennità provvisoria.*** — 1. Qualora l'avvio dei lavori rivesta carattere di urgenza, tale da non consentire l'applicazione delle disposizioni dell'art. 20, il decreto di esproprio può essere emanato ed eseguito in base alla determinazione urgente della indennità di espropriazione, senza particolari indagini o formalità. Nel decreto si dà atto della determinazione urgente dell'indennità e si invita il proprietario, nei trenta giorni successivi alla immissione in possesso, a comunicare se la condivide.

2. Il decreto di esproprio può altresì essere emanato ed eseguito in base alla determinazione urgente della indennità di espropriazione senza particolari indagini o formalità, nei seguenti casi:

a) per gli interventi di cui alla L. 21 dic. 2001, n. 443;

b) allorché il numero dei destinatari della procedura espropriativa sia superiore a 50.

3. Ricevuta dall'espropriato la comunicazione di cui al comma 1 e la documentazione comprovante la piena e libera disponibilità del bene, l'autorità espropriante dispone il pagamento dell'indennità di espropriazione nel termine di sessanta giorni. Decorso tale termine al proprietario sono dovuti gli interessi nella misura del tasso legale.[1]

4. Se non condivide la determinazione della misura della indennità di espropriazione, entro il termine previsto dal comma 1 l'espropriato può chiedere la nomina dei tecnici, ai sensi dell'art. 21 e, se non condivide la relazione finale, può proporre l'opposizione alla stima.

5. In assenza della istanza del proprietario, l'autorità espropriante, chiede la determinazione dell'indennità alla commissione provinciale prevista dall'art. 41, che provvede entro il termine di trenta giorni, e dà comunicazione della medesima determinazione al proprietario, con avviso notificato con le forme degli atti processuali civili.

[1] Comma così modif. dall'art. 2, c. 89, L. 24 dic. 2007, n. 244.

22-*bis*. ***Occupazione d'urgenza preordinata all'espropriazione.*** — 1. Qualora l'avvio dei lavori rivesta carattere di particolare urgenza, tale da non consentire, in relazione alla particolare natura delle opere, l'applicazione delle disposizioni di cui ai commi 1 e 2 dell'art. 20, può essere emanato, senza particolari indagini e formalità, decreto motivato che determina in via provvisoria l'indennità di espropriazione, e che dispone anche l'occupazione anticipata dei beni immobili necessari. Il decreto contiene l'elenco dei beni da espropriare e dei relativi proprietari, indica i beni da occupare e determina l'indennità da offrire in via provvisoria. Il decreto è notificato con le modalità di cui al comma 4 e seguenti dell'art. 20 con l'avvertenza che il proprietario, nei trenta giorni successivi alla immissione in possesso, può, nel caso non condivida l'indennità offerta, presentare osservazioni scritte e depositare documenti.

2. Il decreto di cui al comma 1, può altresì essere emanato ed eseguito in base alla determinazione urgente della indennità di espropriazione senza particolari indagini o formalità, nei seguenti casi:

a) per gli interventi di cui alla L. 21 dic. 2001, n. 443;

b) allorché il numero dei destinatari della procedura espropriativa sia superiore a 50.

3. Al proprietario che abbia condiviso la determinazione dell'indennità è riconosciuto l'acconto dell'80% con le modalità di cui al comma 6, dell'art. 20.

4. L'esecuzione del decreto di cui al comma 1, ai fini dell'immissione in possesso, è effettuata con le medesime modalità di cui all'art. 24 e deve aver luogo entro il termine perentorio di tre mesi dalla data di emanazione del decreto medesimo.

5. Per il periodo intercorrente tra la data di immissione in possesso e la data di corresponsione dell'indennità di espropriazione o del corrispettivo, stabilito per l'atto di cessione volontaria è dovuta l'indennità di occupazione, da computare ai sensi dell'art. 50, comma 1.

6. Il decreto che dispone l'occupazione ai sensi del comma 1 perde efficacia qualora non venga emanato il decreto di esproprio nel termine di cui all'art. 13.

SEZIONE II

Del decreto di esproprio

23. ***Contenuto ed effetti del decreto di esproprio.*** — 1. Il decreto di esproprio:

a) è emanato entro il termine di scadenza dell'efficacia della dichiarazione di pubblica utilità;

b) indica gli estremi degli atti da cui è sorto il vincolo preordinato all'esproprio e del provvedimento che ha approvato il progetto dell'opera;

c) indica quale sia l'indennità determinata in via provvisoria o urgente e precisa se essa sia stata accettata dal proprietario o successivamente corrisposta, ovvero se essa sia stata depositata presso la Cassa depositi e prestiti;

d) dà atto della eventuale nomina dei tecnici incaricati di determinare in via definitiva l'indennità di espropriazione, precisando se essa sia stata accettata dal proprietario o successivamente corrisposta, ovvero se essa sia stata depositata presso la Cassa depositi e prestiti;

e) dà atto della eventuale sussistenza dei presupposti previsti dall'art. 22, comma 1, e della determinazione urgente della indennità provvisoria;

e-bis) dà atto degli estremi del decreto emanato ai sensi dell'art. 22-*bis* e del relativo stato di esecuzione;

f) dispone il passaggio del diritto di proprietà, o del diritto oggetto dell'espropriazione, sotto la condizione sospensiva che il medesimo decreto sia successivamente notificato ed eseguito;

g) è notificato al proprietario nelle forme degli atti processuali civili, con un avviso contenente l'indicazione del luogo, del giorno e dell'ora in cui è prevista l'esecuzione del decreto di espropriazione, almeno sette giorni prima di essa;

h) è seguito mediante l'immissione in possesso del beneficiario con la redazione del verbale di cui all'art. 24.

2. Il decreto di esproprio è trascritto senza indugio presso l'ufficio dei registri immobiliari.

3. La notifica del decreto di esproprio può avere luogo contestualmente alla sua esecuzione. Qualora vi sia l'opposizione del proprietario o del possessore del bene, nel verbale si dà atto dell'opposizione e le operazioni di immissione in possesso possono essere differite di dieci giorni.

4. Le operazioni di trascrizione e di voltura nel catasto e nei libri censuari hanno luogo senza indugio, a cura e a spese del beneficiario dell'esproprio.

5. Un estratto del decreto di esproprio è trasmesso entro cinque, giorni per la pubblicazione nella *Gazzetta Ufficiale* della Repubblica o nel *Bollettino Ufficiale* della Regione nel cui territorio si trova il bene. L'opposizione del terzo è proponibile entro i trenta giorni successivi alla pubblicazione dell'estratto. Decorso tale termine in assenza di impugnazioni, anche per il terzo l'indennità resta fissata nella somma depositata.

24. ***Esecuzione del decreto di esproprio.*** — 1. L'esecuzione del decreto di esproprio ha luogo per iniziativa dell'autorità espropriante o del suo beneficiario, con il verbale di immissione in possesso, entro il termine perentorio di due anni.

2. Lo stato di consistenza del bene può essere compilato anche successivamente alla redazione del verbale di immissione in possesso, senza ritardo e prima che sia mutato lo stato dei luoghi.

3. Lo stato di consistenza e il verbale di immissione sono redatti in contraddittorio con l'espropriato o, nel caso di assenza o di rifiuto, con la presenza di almeno due testimoni che non siano dipendenti del beneficiario dell'espropriazione. Possono partecipare alle operazioni i titolari di diritti reali o personali sul bene.

4. Si intende effettuata l'immissione in possesso anche quando, malgrado la redazione del relativo verbale, il bene continua ad essere utilizzato, per qualsiasi ragione, da chi in precedenza ne aveva la disponibilità.

5. L'autorità espropriante, in calce al decreto di esproprio, indica la data in cui è avvenuta l'immissione in possesso e trasmette copia del relativo verbale all'ufficio per i registri immobiliari, per la relativa annotazione.

6. L'autorità che ha eseguito il decreto di esproprio ne dà comunicazione all'ufficio istituito ai sensi dell'art. 14, comma 1.

7. Decorso il termine previsto nel comma 1, entro i successivi tre anni può essere emanato un ulteriore atto che comporta la dichiarazione di pubblica utilità.

25. ***Effetti dell'espropriazione per i terzi.*** — 1. L'espropriazione del diritto di proprietà comporta l'estinzione automatica di tutti gli altri diritti, reali o personali, gravanti sul bene espropriato, salvo quelli compatibili con i fini cui l'espropriazione è preordinata.

2. Le azioni reali e personali esperibili sul bene espropriando non incidono sul procedimento espropriativo e sugli effetti del decreto di esproprio.

3. Dopo la trascrizione del decreto di esproprio, tutti i diritti relativi. al bene espropriato possono essere fatti valere unicamente sull'indennità.

4. A seguito dell'esecuzione del decreto di esproprio, il Prefetto convoca tempestivamente, e comunque non oltre dieci giorni dalla richiesta, il soggetto proponente e i soggetti gestori di servizi pubblici titolari del potere di autorizzazione, e di concessione di attraversamento, per la definizione degli spostamenti concernenti i servizi interferenti e delle relative modalità tecniche. Il soggetto proponente, qualora i lavori di modifica non siano stati avviati entro sessanta giorni, può provvedervi direttamente, attenendosi alle modalità tecniche eventualmente definite ai sensi del presente comma.

CAPO V

Il pagamento dell'indennità di esproprio

SEZIONE I

Disposizioni generali

26. ***Pagamento o deposito dell'indennità provvisoria.*** — 1. Trascorso il termine di trenta giorni dalla notificazione dell'atto determinativo dell'indennità provvisoria, l'autorità espropriante ordina che il promotore dell'espropriazione effettui il pagamento delle, indennità che, siano state accettate, ovvero il deposito delle altre indennità presso la Cassa depositi e prestiti.

1-*bis*. L'autorità espropriante può ordinare altresì il pagamento diretto dell'indennità al proprietario nei casi di cui all'art. 20, c. 8.

2. L'autorità espropriante può ordinare altresì il pagamento diretto dell'indennità al proprietario, qualora questi abbia assunto ogni responsabilità in ordine ad eventuali diritti dei terzi, e può disporre che sia prestata una idonea garanzia entro un termine all'uopo stabilito.

3. Se il bene è gravato di ipoteca, al proprietario è corrisposta l'indennità previa esibizione di una dichiarazione del titolare del diritto di ipoteca, con firma autentica, che autorizza la riscossione della somma.

4. Se il bene è gravato da altri diritti reali, ovvero se sono presentate opposizioni al pagamento della indennità, in assenza di accordo sulle modalità della sua riscossione, il beneficiario dell'espropriazione deposita la somma presso la Cassa depositi e prestiti. In tal caso l'effettivo pagamento ha luogo in conformità alla pronuncia dell'autorità giudiziaria, adita su domanda di chi vi abbia interesse.

5. Qualora manchino diritti dei terzi sul bene, il proprietario può in qualunque momento percepire la somma depositata, con riserva di chiedere in sede giurisdizionale l'importo effettivamente spettante.

6. La Cassa depositi e prestiti provvede al pagamento delle somme ricevute a titolo di indennità di espropriazione e in relazione alle quali non vi sono opposizioni di terzi, quando il proprietario produca una dichiarazione in cui assume ogni responsabilità in relazione ad eventuali diritti dei terzi.

7. Dei provvedimenti di cui ai commi 1 e 2 è data immediata notizia al terzo che risulti titolare di un diritto ed è curata la pubblicazione, per estratto, nella *Gazzetta Ufficiale* della Repubblica o nel *Bollettino Ufficiale* della Regione nel cui territorio si trova il bene.

8. Il provvedimento dell'autorità espropriante diventa esecutivo col decorso di trenta giorni dal compimento delle relative formalità, se non è proposta dai terzi l'opposizione per l'ammontare dell'indennità o per la garanzia.

9. Se è proposta una tempestiva opposizione, l'autorità espropriante dispone il deposito delle indennità accettate o convenute presso la Cassa depositi e prestiti.

10. Il promotore dell'espropriazione esegue il pagamento dell'indennità accettata o determinata dai tecnici, entro il termine di sessanta giorni, decorrente dalla comunicazione del decreto che ha ordinato il pagamento, salvo il caso in cui egli abbia proposto, entro lo stesso termine, l'opposizione alla stima della indennità.

11. In seguito alla presentazione, da parte del promotore dell'espropriazione, degli atti comprovanti l'eseguito deposito o pagamento dell'indennità di espropriazione, l'autorità espropriante emette senz'altro il decreto di esproprio.

27. ***Pagamento o deposito definitivo dell'indennità a seguito della perizia di stima dei tecnici o della commissione provinciale.*** — 1. La relazione di stima è depositata dai tecnici ovvero della commissione provinciale presso l'ufficio per le espropriazioni. L'autorità espropriante dà notizia dell'avvenuto deposito mediante avviso di ricevimento e segnala la divisione ed estrarne copia.

Decorsi trenta giorni dalla comunicazione del deposito, l'autorità espropriante, in base alla relazione peritale e previa liquidazione e pagamento delle spese della perizia, su proposta del responsabile del procedimento autorizza il pagamento dell'indennità, ovvero ne ordina il deposito presso la Cassa depositi e prestiti.

3. In seguito alla presentazione, da parte del promotore e dell'espropriazione, degli arti comprovanti l'eseguito deposito o pagamento dell'indennità di espropriazione, l'autorità espropriante emette senz'altro il decreto di esproprio.

28. ***Pagamento definitivo della indennità.*** — 1. L'autorità espropriante autorizza il pagamento della somma depositata al proprietario od agli aventi diritto, qualora sia divenuta definitiva rispetto a tutti la determinazione dell'indennità di espropriazione, ovvero non sia stata tempestivamente notificata l'opposizione al pagamento o sia stato concluso tra tutte le parti interessate l'accordo per la distribuzione dell'indennità.

2. L'autorizzazione è disposta su istanza delle parti interessate, su proposta del responsabile del procedimento successiva alla audizione delle parti, da cui risulti anche la mancata notifica di opposizioni di terzi.

3. Unitamente all'istanza, vanno depositati:

a) un certificato dei registri immobiliari, da cui risulta che non vi sono trascrizioni o iscrizioni di diritti o di azioni di terzi;

b) un attestato del promotore dell'espropriazione, da cui risulti che non gli sono state notificate opposizioni di terzi.

29. ***Pagamento dell'indennità a seguito di procedimento giurisdizionale.*** — 1. Qualora esistano diritti reali sul fondo espropriato o vi siano opposizioni al pagamento, ovvero le parti non si siano accordate sulla distribuzione, il pagamento delle indennità agli aventi diritto è disposto dall'autorità giudiziaria, su domanda di chi ne abbia interesse.

SEZIONE II

Pagamento dell'indennità a incapaci, a enti e associazioni

30. ***Regola generale.*** — Se il bene da espropriare, appartiene ad un minore, ad un interdetto, ad un assente, ad un ente o ad una associazione che non abbia la libera facoltà di alienare immobili, gli atti del procedimento non richiedono alcuna particolare autorizzazione.

31. ***Disposizioni sulla indennità.*** — 1. I tutori e gli altri amministratori dei soggetti indica nell'articolo precedente devono chiedere l'approvazione del tribunale civile per la determinazione consensuale o per l'accettazione dell'indennità offerta dal promotore dell'espropriazione, ovvero per la conclusione dell'accordo di cessione.

2. Se lo Stato o un altro ente pubblico è titolare dei bene, si applicano le disposizioni riguardanti la transazione.

3. Le somme depositate per le indennità di beni espropriati spettanti ad un minore, ad un interdetto, ad un assente, ad un ente o ad una associazione che non abbia la libera facoltà di alienare immobili, non possono essere riscosse dal tutore o dagli altri amministratori, salvo che siano impiegate con le formalità prescritte dalle leggi civili.

4. Non occorre alcuna approvazione per accettare l'indennità determinata dai tecnici ai sensi dell'art. 21 o per la conversione delle indennità in titoli del debito pubblico.

CAPO VI
Dell'entità dell'indennità di espropriazione

SEZIONE I
Disposizioni generali

32. ***Determinazione del valore del bene.*** — 1. Salvi gli specifici criteri previsti dalla legge, l'indennità di espropriazione è determinata sulla base delle caratteristiche del bene al momento dell'accordo di cessione o alla data dell'emanazione del decreto di esproprio, valutando l'incidenza dei vincoli di qualsiasi natura non aventi natura espropriativa e senza considerare gli effetti del vincolo preordinato all'esproprio e quelli connessi alla realizzazione dell'eventuale opera prevista, anche nel caso di espropriazione di un diritto diverso da quello di proprietà o di imposizione di una servitù.

2. Il valore del bene è determinato senza tenere conto delle costruzioni, delle piantagioni e delle migliorie, qualora risulti, avuto riguardo al tempo in cui furono fatte e ad altre circostanze, che esse siano state realizzate allo scopo di conseguire una maggiore indennità. Si considerano realizzate allo scopo di conseguire una maggiore indennità, le costruzioni, le piantagioni e le migliorie che siano state intraprese sui fondi soggetti ad esproprio dopo la comunicazione del procedimento.

3. Il proprietario, a sue spese, può asportare dal bene i materiali e tutto ciò che può essere tolto senza pregiudizio dell'opera da realizzare.

33. ***Espropriazione parziale di un bene unitario.*** — 1. Nel caso di esproprio parziale di un bene unitario il valore della parte espropriata è determinato tenendo conto della relativa diminuzione di valore.

2. Se dall'esecuzione dell'opera deriva un vantaggio immediato e speciale alla parte non espropriata del bene, dalla somma relativa al valore della parte espropriata è detratto l'importo corrispondente al medesimo vantaggio.

3. Non si applica la riduzione di cui al comma 2, qualora essa risulti superiore ad un quarto della indennità dovuta ed il proprietario abbandoni l'intero bene. L'espropriante può non accettare l'abbandono, qualora corrisponda una somma non inferiore ai tre quarti dell'indennità dovuta. In ogni caso l'indennità dovuta dall'espropriante non può essere inferiore alla metà di quella che gli spetterebbe ai sensi del comma 1.

34. ***Soggetti aventi titolo all'indennità.*** — 1. L'indennità di esproprio spetta al proprietario del bene da espropriare ovvero all'enfiteuta, se ne sia anche possessore.

2. Dopo la trascrizione del decreto di esproprio o dell'atto di cessione, tutti i diritti relativi al bene espropriato possono essere fatti valere esclusivamente sull'indennità.

3. L'espropriante non è tenuto ad intervenire nelle controversie tra il proprietario e l'enfiteuta e non sopporta aumenti di spesa a causa del riporto tra di loro dell'indennità.

4. Salvo, quanto previsto dall'art. 42, il titolare di un diritto reale o personale sul bene non ha diritto ad una indennità aggiuntiva, può far valere il suo diritto sull'indennità di esproprio e può proporre l'opposizione alla stima, ovvero intervenire nel giudizio promosso dal proprietario.

35. ***Regime fiscale.*** — 1. Si applica l'art. 81, comma 1, lettera b), ultima parte, del testo unico delle imposte sui redditi, approvato col decreto del Presidente della Repubblica 22 dicembre 1986, n. 917, qualora sia corrisposta a chi non eserciti una impresa commerciale una somma a titolo di indennità di esproprio, ovvero di corrispettivo di cessione volontaria o di risarcimento del danno per acquisizione coattiva, di un terreno ove sia stata realizzata un'opera pubblica, un intervento di edilizia residenziale pubblica o una infrastruttura urbana all'interno delle zone omogenee di tipo A, B, C e D, come definite dagli strumenti urbanistici.

2. Il soggetto che corrisponde la somma opera la ritenuta nella misura del venti per cento, a titolo di imposta. Con la dichiarazione dei redditi, il contribuente può optare per la tassazione ordinaria, col computo della ritenuta a titolo di acconto.

3. Le disposizioni del comma 2 si applicano anche quando il pagamento avvenga a seguito di un pignoramento presso terzi e della conseguente ordinanza di assegnazione.

4. Le modalità di adempimento degli obblighi previsti nei commi precedenti sono disciplinate con regolamento del Ministro dell'economia e delle finanze.

5. Si applica l'art. 28, secondo comma, del decreto del Presidente della Repubblica 29 sett. 1973, n. 600, per il versamento della ritenuta, per gli obblighi della dichiarazione e per le sanzioni da irrogare.

6. Gli interessi percepiti per il ritardato pagamento della somma di cui al comma 1 e l'indennità di occupazione costituiscono reddito imponibile e concorrono alla formazione dei redditi diversi.

SEZIONE II
Opere private di pubblica utilità

36. *Determinazione dell'indennità nel caso di esproprio per la realizzazione di opere private che non consistano in abitazioni dell'edilizia residenziale pubblica.* — 1. Se l'espropriazione è finalizzata alla realizzazione di opere private di pubblica utilità, che non rientrino nell'ambito dell'edilizia residenziale pubblica, convenzionata, agevolata o comunque denominata, nonché nell'ambito dei piani di insediamento produttivi di iniziativa pubblica, l'indennità di esproprio è determinata nella misura corrispondente al valore venale del bene e non si applicano le disposizioni contenute nelle sezioni seguenti.

1-*bis*. È fatto salvo il disposto dell'art. 27, c. 5, L. 1° ago. 2002, n. 166.

SEZIONE III
Determinazione dell'indennità nel caso di esproprio di un'area edificabile o legittimamente edificata

37. *Determinazione dell'indennità nel caso di esproprio di un'area edificabile.* L'indennità di espropriazione di un'area edificabile è determinata nella misura pari al valore venale del bene. Quando l'espropriazione è finalizzata ad attuare interventi di riforma economico-sociale, l'indennità è ridotta del 25 per cento.[1]

2. Nei casi in cui è stato concluso l'accordo di cessione, o quando esso non è stato concluso per fatto non imputabile all'espropriato ovvero perché a questi è stata offerta un'indennità provvisoria che, attualizzata, risulta inferiore agli otto decimi di quella determinata in via definitiva, l'indennità è aumentata del 10 per cento.[1]

3. Ai soli fini dell'applicabilità delle disposizioni della presente sezione, si considerano le possibilità legali ed effettive di edificazione, esistenti al momento dell'emanazione del decreto di esproprio o dell'accordo di cessione. In ogni caso si esclude il rilievo di costruzioni realizzate abusivamente.

4. Salva la disposizione dell'art. 32, comma 1 non sussistono le possibilità legali di edificazione quando l'area è sottoposta ad un vincolo di inedificabilità assoluta in base alla normativa statale o regionale o alle previsioni di qualsiasi atto di programmazione o di pianificazione del territorio, ivi compresi il piano paesistico, il piano del parco, il piano di bacino, il piano regolatore generale, il programma di fabbricazione, il piano attuativo di iniziativa pubblica o privata anche per una parte limitata del territorio comunale per finalità di edilizia residenziale o di investimenti produttivi, ovvero in base ad un qualsiasi altro piano o provvedimento che abbia precluso il rilascio di atti, comunque denominati, abilitativi della realizzazione di edifici o manufatti di natura privata.

5. I criteri e i requisiti per valutare l'edificabilità di fatto dell'area sono definiti con regolamento da emanare con decreto del Ministro delle infrastrutture e trasporti.

6. Fino alla data di entrata in vigore del regolamento di cui al comma 5, si verifica se sussistano le possibilità effettive di edificazione, valutando le caratteristiche oggettive dell'area.

7. L'indennità è ridotta ad un importo pari al valore indicato nell'ultima dichiarazione o denuncia presentata dall'espropriato ai fini dell'imposta comunale sugli immobili prima della determinazione formale dell'indennità nei modi stabiliti dall'art. 20, comma 3, e dall'art. 22, comma 1, e dell'art. 22-*bis* qualora il valore dichiarato risulti contrastante con la normativa vigente ed inferiore all'indennità di espropriazione come determinata in base ai commi precedenti.[2]

8. Se per il bene negli ultimi cinque anni è stata pagata dall'espropriato o dal suo dante causa un'imposta, in misura maggiore dell'imposta da pagare sull'indennità, la differenza è corrisposta dall'espropriante all'espropriato.

9. Qualora l'area edificabile sia utilizzata a scopi agricoli, spetta al proprietario coltivatore diretto anche una indennità pari al valore agricolo medio corrispondente al tipo di coltura effettivamente praticato. La stessa indennità spetta al fittavolo, al mezzadro o al compartecipante che, per effetto della procedura, sia costretto ad abbandonare in tutto o in parte il fondo direttamente coltivato, da almeno un anno, col lavoro proprio e di quello dei familiari.

[1] Comma così modif. dall'art. 2, c. 89, L. 24 dic. 2007, n. 244.

[2] La Corte cost. con sent. 22 dic. 2011, n. 338, ha dichiarato, tra l'altro, ai sensi dell'art. 27 della L. 11 mar. 1953, n. 87, l'ill. cost., in via consequenziale, del presente comma.

38. *Determinazione dell'indennità nel caso di esproprio di un'area legittimamente edificata.* — 1. Nel caso di espropriazione di una costruzione legittimamente edificata, l'indennità è determinata nella misura pari al valore venale.

2. Qualora la costruzione ovvero parte di essa sia stata realizzata in assenza della concessione edilizia o della autorizzazione paesistica, ovvero in difformità, l'indennità è calcolata tenendo conto della sola area di sedime in base all'art. 37, ovvero tenendo conto della sola parte di costruzione realizzata legittimamente.

2-*bis*. Ove sia pendente una procedura finalizzata alla sanatoria della costruzione, l'autorità espropriante, sentito il Comune, accerta la sanabilità ai soli fini della corresponsione delle indennità.

39. *Indennità dovuta in caso di incidenza di*

previsioni urbanistiche su particolari aree comprese in zone edificabili. — 1. In attesa di una organica risistemazione della materia, nel caso di reiterazione di un vincolo preordinato all'esproprio o di un vincolo sostanzialmente espropriativo è dovuta al proprietario una indennità, commisurata all'entità del danno effettivamente prodotto.

2. Qualora non sia prevista la corresponsione dell'indennità negli atti che determinano gli effetti di cui al comma 1, l'autorità che ha disposto la reiterazione del vincolo è tenuta a liquidare l'indennità, entro il termine di due mesi dalla data in cui abbia ricevuto la documentata domanda di pagamento ed a corrisponderla entro i successivi trenta giorni, decorsi i quali sono dovuti anche gli interessi legali.

3. Con alto di citazione innanzi alla corte d'appello nel cui distretto si trova l'area, il proprietario può impugnare la stima effettuata dall'autorità. L'opposizione va proposta, a pena di decadenza, entro il termine di trenta giorni, decorrente dalla notifica dell'atto di stima,

4. Decorso il termine di due mesi, previsto dal comma 2, il proprietario può chiedere alla corte d'appello di determinare l'indennità.

5. Dell'indennità liquidata ai sensi dei commi precedenti non si tiene conto se l'area è successivamente espropriata.

SEZIONE IV
Determinazioni dell'indennità nel caso di esproprio di un'area non edificabile

40. ***Disposizioni generali.*** — 1. Nel caso di esproprio di un'area non edificabile, l'indennità definitiva è determinata in base al criterio del valore agricolo, tenendo conto delle colture effettivamente praticate sul fondo e del valore dei manufatti edilizi legittimamente realizzati anche in relazione all'esercizio dell'azienda agricola, senza valutare la possibile o l'effettiva utilizzazione diversa da quella agricola.

2. Se l'area non è effettivamente coltivata, l'indennità è commisurata al valore agricolo medio corrispondente al tipo di coltura prevalente nella zona ed al valore dei manufatti edilizi legittimamente realizzati.[1]

3. Per l'offerta da formulare ai sensi dell'art. 20, c. 1, e per la determinazione dell'indennità provvisoria, si applica il criterio del valore agricolo medio di cui all'art. 41, c. 4, corrispondente al tipo di coltura in atto nell'area da espropriare.[1]

4. Al proprietario coltivatore diretto o imprenditore agricolo a titolo principale spetta un'indennità aggiuntiva, determinata in misura pari al valore agricolo medio corrispondente al tipo di coltura effettivamente praticata.

5. Nei casi previsti dai commi precedenti, l'indennità è aumentata delle somme pagate dall'espropriato per qualsiasi imposta relativa all'ultimo trasferimento dell'immobile.

[2] La Corte cost. con sent. 10 giu. 2011, n. 181, ha dichiarato, tra l'altro, ai sensi dell'art. 27 della L. 11 mar. 1953, n. 87, l'ill. cost., in via consequenziale, del presente comma.

41. ***Commissione competente alla determinazione dell'indennità definitiva.*** — 1. In ogni provincia, la Regione istituisce una commissione composta:

a) dal presidente della Provincia, o da un suo delegato, che la presiede;

b) dall'ingegnere capo dell'ufficio tecnico erariale o da un suo delegato;

c) dall'ingegnere capo del genio civile, o da un suo delegato;

d) dal presidente dell'Istituto autonomo delle case popolari della Provincia, o da un suo delegato;

e) da due esperti in materia urbanistica ed edilizia, nominati dalla Regione;

f) da tre esperti in materia di agricoltura e di foreste, nominati dalla Regione su terne proposte dalle associazioni sindacali maggiormente rappresentative.

2. La Regione può nominare altri componenti e disporre la formazione di sottocommissioni, aventi la medesima composizione della commissione prevista dal comma 1.

3. La commissione ha sede presso l'ufficio tecnico erariale. Il dirigente dell'Ufficio distrettuale delle imposte cura la costituzione della segreteria della commissione e l'assegnazione del personale necessario.

4. Nell'ambito delle singole regioni agrarie, delimitate secondo l'ultima pubblicazione ufficiale dell'Istituto centrale di statistica, entro il 31 gennaio di ogni anno la commissione determina il valore agricolo medio, nel precedente anno solare, dei terreni considerati non oggetto di contratto agrario, secondo i tipi di coltura effettivamente praticati.

42. ***Indennità aggiuntive.*** — 1. Spetta una indennità aggiuntiva al fittavolo, al mezzadro o al compartecipante che, per effetto della procedura espropriativa o della cessione volontaria, sia costretto ad abbandonare in tutto o in parte l'area direttamente coltivata da almeno un anno prima della data in cui vi è stata la dichiarazione di pubblica utilità.

2. L'indennità aggiuntiva è determinata ai sensi dell'art. 46, c. 4 ed è corrisposta a seguito di una dichiarazione dell'interessato e di un riscontro della effettiva sussistenza dei relativi presupposti.

42-*bis*. ***Utilizzazione senza titolo di un bene per scopi di interesse pubblico.***[1] — 1. Valutati gli interessi in conflitto, l'autorità che utilizza un bene immobile per scopi di interesse pubblico, modificato in assenza di un valido ed efficace provvedimento di esproprio o dichiarativo della pubblica utilità, può disporre che esso sia acquisito, non retroattivamente, al suo patrimonio indisponibile e che al proprietario sia corrisposto un indennizzo per il pregiudizio patrimoniale e non patrimoniale, quest'ultimo forfetariamente liquidato nella misura del dieci per cento del valore venale del bene.

2. Il provvedimento di acquisizione può essere adottato anche quando sia stato annullato l'atto da cui sia sorto il vincolo preordinato all'esproprio, l'atto che abbia dichiarato la pubblica utilità di un'opera o il decreto di esproprio. Il provvedimento di acquisizione può essere adottato anche durante la pendenza di un giudizio per l'annullamento degli atti di cui al primo periodo del presente comma, se l'amministrazione che ha adottato l'atto impugnato lo ritira. In tali casi, le somme eventualmente già erogate al proprietario a titolo di indennizzo, maggiorate dell'interesse legale, sono detratte da quelle dovute ai sensi del presente articolo.

3. Salvi i casi in cui la legge disponga altrimenti, l'indennizzo per il pregiudizio patrimoniale di cui al comma 1 è determinato in misura corrispondente al valore venale del bene utilizzato per scopi di pubblica utilità e, se l'occupazione riguarda un terreno edificabile, sulla base delle disposizioni dell'articolo 37, commi 3, 4, 5, 6 e 7. Per il periodo di occupazione senza titolo è computato a titolo risarcitorio, se dagli atti del procedimento non risulta la prova di una diversa entità del danno, l'interesse del cinque per cento annuo sul valore determinato ai sensi del presente comma.

4. Il provvedimento di acquisizione, recante l'indicazione delle circostanze che hanno condotto alla indebita utilizzazione dell'area e se possibile la data dalla quale essa ha avuto inizio, è specificamente motivato in riferimento alle attuali ed eccezionali ragioni di interesse pubblico che ne giustificano l'emanazione, valutate comparativamente con i contrapposti interessi privati ed evidenziando l'assenza di ragionevoli alternative alla sua adozione; nell'atto è liquidato l'indennizzo di cui al comma 1 e ne è disposto il pagamento entro il termine di trenta giorni. L'atto è notificato al proprietario e comporta il passaggio del diritto di proprietà sotto condizione sospensiva del pagamento delle somme dovute ai sensi del comma 1, ovvero del loro deposito effettuato ai sensi dell'articolo 20, comma 14; è soggetto a trascrizione presso la conservatoria dei registri immobiliari a cura dell'amministrazione procedente ed è trasmesso in copia all'ufficio istituito ai sensi dell'articolo 14, comma 2.

5. Se le disposizioni di cui ai commi 1, 2 e 4 sono applicate quando un terreno sia stato utilizzato per finalità di edilizia residenziale pubblica, agevolata o convenzionata, ovvero quando si tratta di terreno destinato a essere attribuito per finalità di interesse pubblico in uso speciale a soggetti privati, il provvedimento è di competenza dell'autorità che ha occupato il terreno e la liquidazione forfetaria dell'indennizzo per il pregiudizio non patrimoniale è pari al venti per cento del valore venale del bene.

6. Le disposizioni di cui al presente articolo si applicano, in quanto compatibili, anche quando è imposta una servitù e il bene continua a essere utilizzato dal proprietario o dal titolare di un altro diritto reale; in tal caso l'autorità amministrativa, con oneri a carico dei soggetti beneficiari, può procedere all'eventuale acquisizione del diritto di servitù al patrimonio dei soggetti, privati o pubblici, titolari di concessioni, autorizzazioni o licenze o che svolgono servizi di interesse pubblico nei settori dei trasporti, telecomunicazioni, acqua o energia.

7. L'autorità che emana il provvedimento di acquisizione di cui al presente articolo né dà comunicazione, entro trenta giorni, alla Corte dei conti mediante trasmissione di copia integrale.

8. Le disposizioni del presente articolo trovano altresì applicazione ai fatti anteriori alla sua entrata in vigore ed anche se vi è già stato un provvedimento di acquisizione successivamente ritirato o annullato, ma deve essere comunque rinnovata la valutazione di attualità e prevalenza dell'interesse pubblico a disporre l'acquisizione; in tal caso, le somme già erogate al proprietario, maggiorate dell'interesse legale, sono detratte da quelle dovute ai sensi del presente articolo.

[1] Articolo ins. dall'art. 34, D.L. 6 lug. 2011, n. 98, conv. in L. 15 lug. 2011, n. 111.

CAPO VII

Conseguenze della utilizzazione di un bene per scopi di interesse pubblico, in assenza del valido provvedimento ablatorio

43. ***Utilizzazione senza titolo di un bene per scopi di interesse pubblico.***[1] — 1. Valutati gli interessi in conflitto, l'autorità che utilizza un bene immobile per scopi di interesse pubblico, modificato in assenza del valido ed efficace provvedimento di esproprio o dichiarativo della pubblica utilità, può disporre che esso vada acquisito al suo patrimonio indisponibile e che al proprietario vadano risarciti i danni.

2. L'atto di acquisizione:

a) può essere emanato anche quando sia stato annullato l'atto da cui sia sorto il vincolo preordinato all'esproprio, l'atto che abbia dichiarato la pubblica utilità di un'opera o il decreto di esproprio;

b) dà atto, delle circostanze che hanno condotto alla indebita utilizzazione dell'area, indicando, ove risulti, la data dalla quale essa si è verificata;

c) determina la misura del risarcimento del danno e ne dispone il pagamento, entro il termine di trenta giorni, senza pregiudizio per l'eventuale azione già proposta;

d) è notificato al proprietario nelle forme degli atti processuali civili;

e) comporta il passaggio del diritto di proprietà;

f) è trascritto senza indugio presso l'ufficio dei registri immobiliari;

g) è trasmesso all'ufficio istituito ai sensi dell'art. 14, comma 2.

3. Qualora sia impugnato uno dei provvedimenti indicati nei commi 1 e 2 ovvero sia esercitata una azione volta alla restituzione di un bene utilizzato per scopi di interesse pubblico, l'amministrazione che ne ha interesse o chi utilizza il bene può chiedere che il giudice amministrativo, nel casi di fondatezza del ricorso o della domanda, disponga la condanna al risarcimento del danno, con esclusione della restituzione del bene senza limiti di tempo.

4. Qualora il giudice amministrativo abbia escluso la restituzione del bene senza limiti di tempo ed abbia disposto la condanna al risarcimento del danno, l'autorità che ha disposto l'occupazione dell'area emana l'atto di acquisizione, dando atto dell'avvenuto risarcimento del danno. Il decreto è trascritto nei registri immobiliari, a cura e spese della medesima autorità.

5. Le disposizioni di cui ai precedenti commi si applicano, in quanto compatibili, anche quando un terreno sia stato utilizzato per finalità di edilizia residenziale pubblica, agevolata e convenzionata nonché quando sia imposta una servitù di diritto privato o di diritto pubblico ed il bene continui ad essere utilizzato dal proprietario o dal titolare di un altro diritto reale.

6. Salvi i casi in cui la legge disponga altrimenti, nei casi previsti nei precedenti commi il risarcimento del danno è determinato:

a) nella misura corrispondente al valore del bene utilizzato per scopi di pubblica utilità e, se l'occupazione riguarda un terreno edificabile, sulla base delle disposizioni dell'art. 37, commi 3, 4, 5, 6 e 7;

b) col computo degli interessi moratori, dal giorno in cui il terreno sia stato occupato senza titolo.

6-*bis*. Ai sensi dell'art. 3 della L. 1° ago. 2002, n. 166, l'autorità espropriante può procedere, ai sensi dei commi precedenti, disponendo, con oneri di esproprio a carico dei soggetti beneficiari, l'eventuale acquisizione del diritto di servitù al patrimonio di soggetti, privati o pubblici, titolari di concessioni, autorizzazioni o licenze o che svolgono, anche in base alla legge, servizi di interesse pubblico nei settori dei trasporti, telecomunicazioni, acqua, energia.

[1] La Corte Cost. con sent. 8 ott. 2010, n. 293 ha dichiarato l'ill. cost. del presente articolo.

CAPO VIII
Indennità dovuta al titolare del bene non espropriato

44. *Indennità per l'imposizione di servitù.* — 1. È dovuta una indennità al proprietario del fondo che, dalla esecuzione dell'opera pubblica o di pubblica utilità, sia gravato da una servitù o subisca una permanente diminuzione di valore per la perdita o la ridotta possibilità di esercizio del diritto di proprietà.

2. L'indennità è calcolata senza tenere conto del pregiudizio derivante dalla perdita di una utilità economica cui il proprietario non ha diritto.

3. L'indennità è dovuta anche se il trasferimento della proprietà sia avvenuto per effetto di cessione o nei casi previsti dall'art. 43.

4. Le disposizioni dei commi precedenti non si applicano per le servitù disciplinate da leggi speciali.

5. Non è dovuta alcuna indennità se la servitù può essere conservata o trasferita senza grave incomodo del fondo dominante o di quello servente. In tal caso l'espropriante, se non effettua direttamente le opere, rimborsa le spese necessarie per la loro esecuzione.

6. L'indennità può anche essere concordata fra gli interessati prima o durante la realizzazione dell'opera e delle relative misure di contenimento del danno.

CAPO IX
La cessione volontaria

45. *Disposizioni generali.* — 1. Fin da quando è dichiarata la pubblica utilità dell'opera e fino alla data in cui è eseguito il decreto di esproprio, il proprietario ha il diritto di stipulare col soggetto beneficiario dell'espropriazione l'atto di cessione del bene o della sua quota di proprietà.

2. Il corrispettivo dell'atto di cessione:

a) se riguarda un'area edificabile, è calcolato ai sensi dell'articolo 37, con l'aumento del dieci per cento di cui al comma 2 dell'articolo 37;[1]

b) se riguarda una costruzione legittimamente edificata, è calcolato nella misura venale del bene ai sensi dell'art. 38;

c) se riguarda un'area non edificabile, è calcolato aumentando del cinquanta per cento l'importo dovuto ai sensi dell'art. 40, comma 3;

d) se riguarda un'area non edificabile, coltivata direttamente dal proprietario, è calcolato moltiplicando per tre l'importo dovuto ai sensi dell'art. 40, comma 3. In tal caso non compete l'indennità aggiuntiva di cui all'art. 40, c. 4.

3. L'accordo di cessione produce gli effetti del decreto di esproprio e non li perde se l'acquirente non corrisponde la somma entro il termine concordato.

4. Si applicano, in quanto compatibili, le disposizioni del capo X.

[1] Lettera così modif. dall'art. 2, c. 89, L. 24 dic. 2007, n. 244.

CAPO X

La retrocessione

46. ***La retrocessione totale.*** — 1. Se l'opera pubblica o di pubblica utilità non è stata realizzata o cominciata entro il termine di dieci anni, decorrente dalla data in cui è stato eseguito il decreto di esproprio, ovvero se risulta anche in epoca anteriore l'impossibilità della sua esecuzione, l'espropriato può chiedere che sia accertata la decadenza della dichiarazione di pubblica utilità e che siano disposti la restituzione del bene espropriato e il pagamento di una somma a titolo di indennità.

2. Dal rilascio del provvedimento di autorizzazione paesistica e sino all'inizio dei lavori decorre il termine di validità di cinque anni previsto dall'art. 16 del R.D. 3 giu. 1940, n. 1357, dell'autorizzazione stessa. Qualora i lavori siano iniziati nel quinquennio, l'autorizzazione si considera valida per tutta la durata degli stessi.

47. ***La retrocessione parziale.*** — Quando è stata realizzata l'opera pubblica o di pubblica utilità, l'espropriato può chiedere la restituzione della parte del bene, già di sua proprietà, che non sia stata utilizzata. In tal caso, il soggetto beneficiario della espropriazione, con lettera raccomandata con avviso di ricevimento, trasmessa al proprietario ed al Comune nel cui territorio si trova il bene, indica i beni che non servono all'esecuzione dell'opera, pubblica o di pubblica utilità e che possono essere ritrasferiti, nonché il relativo corrispettivo.

2. Entro i tre mesi successivi, l'espropriato invia copia della sua originaria istanza all'autorità che ha emesso il decreto di esproprio e provvede al pagamento della somma, entro i successivi trenta giorni.

3. Se non vi è l'indicazione dei beni, l'espropriato può chiedere all'autorità che ha emesso il decreto di esproprio di determinare la parte del bene espropriato che non serve più per la realizzazione dell'opera, pubblica o di pubblica utilità.

48. ***Disposizioni comuni per la retrocessione totale e per quella parziale.*** — 1. Il corrispettivo della retrocessione, se non è concordato dalle parti, è determinato dall'ufficio tecnico erariale o dalla commissione provinciale prevista dall'art. 41, su istanza di chi vi abbia interesse, sulla base dei criteri applicati per la determinazione dell'indennità di esproprio e con riguardo al momento del ritrasferimento.

2. Avverso la stima, è proponibile opposizione alla corte d'appello nel cui distretto si trova il bene espropriato.

3. Per le aree comprese nel suo territorio e non utilizzate per realizzare le opere oggetto della dichiarazioni di pubblica utilità, il Comune può esercitare il diritto di prelazione, entro il termine di centottanta giorni, decorrente dalla data in cui gli è notificato l'accordo delle parti, contenente con precisione i dati identificativi dell'area e il corrispettivo, ovvero entro il termine di sessanta giorni, decorrente dalla notifica dell'atto che ha determinato il corrispettivo. Le aree così acquisite fanno parte del patrimonio indisponibile.

CAPO XI

L'occupazione temporanea

49. ***L'occupazione temporanea di aree non soggette ad esproprio.*** — 1. L'autorità esproprIante può disporre l'occupazione temporanea di aree non soggette al procedimento espropriativo anche individuate ai sensi dell'art. 12, se ciò risulti necessario per la corretta esecuzione dei lavori previsti.

2. Al proprietario del fondo è notificato, nelle forme degli atti processuali civili, un avviso contenente l'indicazione del luogo, del giorno e dell'ora in cui è prevista l'esecuzione che dispone l'occupazione temporanea.

3. Al momento della immissione in possesso, è redatto il verbale sullo stato di consistenza dei luoghi.

4. Il verbale è redatto in contraddittorio con il proprietario o, nel caso di assenza o di rifiuto, con la presenza di almeno due testimoni che non siano dipendenti del soggetto espropriante. Possono partecipare alle operazioni il possessore e i titolari di diritti reali o personali sul bene da occupare.

5. Le disposizioni di cui ai precedenti commi si applicano, in quanto compatibili, nel caso di frane, alluvioni, rottura di argini e in ogni altro caso in cui si utilizzano beni altrui per urgenti ragioni di pubblica utilità.

50. ***Indennità per l'occupazione.*** — 1. Nel caso di occupazione di un'area, è dovuta al proprietario una indennità per ogni anno pari ad un dodicesimo di quanto sarebbe dovuto nel caso di esproprio dell'area e, per ogni mese o frazione di mese, una indennità pari ad un dodicesimo di quella annua.

2. Se manca l'accordo, su istanza di chi vi abbia interesse la commissione provinciale prevista dall'art. 41 determina l'indennità e ne dà comunicazione al proprietario, con atto notificato con le forme degli atti processuali civili.

3. Contro la determinazione della commissione, è proponibile l'opposizione alla stima. Si applicano le disposizioni dell'art. 54 in quanto compatibili.

TITOLO III

disposizioni particolari

CAPO I

L'espropriazione per opere militari e di beni culturali[1]

[1] Capo ins. dall'art. 1, D.lgs. 27 dic. 2004, n. 330.

51. ***L'esportazione per opere militari.*** — 1. Il Ministero della difesa dichiara la pubblica utilità delle opere destinate alla difesa militare ed individua i beni da espropriare.

2. L'elenco dei proprietari dei beni da espropriare

e delle indennità da corrispondere è trasmesso al Sindaco nel cui territorio essi si trovano.

3. Si applicano, in quanto compatibili, le disposizioni previste dal titolo II.

4. Nulla è innovato in ordine alla disciplina sulle servitù militari.

52. ***L'espropriazione di beni culturali.*** — 1. Nei casi di espropriazione per fini strumentali e per interesse archeologico, previsti dagli artt. 92, 93 e 94 del testo unico approvato con il decreto legislativo 29 ottobre 1999, n. 490 si applicano in quanto compatibili le disposizioni del presente testo unico.

CAPO II

Disposizioni in materia di infrastrutture lineari energetiche[1]

[1] Capo aggiunto dall'art. 1, D.lgs. 27 dic. 2004, n. 330.

52-*bis*. ***L'espropriazione per infrastrutture lineari energetiche.*** — 1. Ai fini del presente decreto si intendono per infrastrutture lineari energetiche i gasdotti, gli elettrodotti, gli oleodotti e le reti di trasporto di fluidi termici, ivi incluse le opere, gli impianti e i servizi accessori connessi o funzionali all'esercizio degli stessi, nonché i gasdotti necessari per la coltivazione e lo stoccaggio degli idrocarburi.

2. I procedimenti amministrativi relativi alle infrastrutture di cui al comma 1 si ispirano ai principi di economicità, di efficacia, di efficienza, di pubblicità, di razionalizzazione, unificazione e semplificazione.

3. Sono fatte salve le disposizioni dell'art. 19 del regio decreto legislativo 8 febbraio 1933, n. 1741, convertito dalla legge 8 febbraio 1934, n. 367, dell'art. 31, quarto comma, della legge 21 luglio 1967, n. 613, dell'art. 31 del decreto legislativo 23 maggio 200, n. 164, dell'art. 1, commi 77 e 82, della legge 23 agosto 2004, n. 239. Alle infrastrutture lineari energetiche strategiche di preminente interesse nazionale si applicano le disposizioni della legge 21 dicembre 2001, n. 443, e del decreto legislativo 20 agosto 2002, n. 190, nonché le disposizioni di cui al presente Capo, in quanto compatibili.

4. Le disposizioni di cui al presente Capo si applicano, in quanto compatibili, alla realizzazione delle infrastrutture lineari energetiche, alle opere e agli impianti oggetto dell'autorizzazione unica di cui al decreto legislativo 4 febbraio 2002, n. 7, convertito, con modificazioni, dalla legge 9 apr. 2002, n. 55.

5. Entro il perimetro della concessione di coltivazione, le opere necessarie per il trasporto e la trasmissione dell'energia sono considerate di pubblica utilità.

6. Ai procedimenti di espropriazione finalizzati alla realizzazione di infrastrutture lineari energetiche si applicano, per quanto non previsti dal presente Capo, le disposizioni del presente testo unico in quanto compatibili.

7. Le disposizioni del presente Capo operano direttamente nei riguardi delle Regioni fino a quando esse non esercitano la propria potestà legislativa in materia.

8. Resta ferma la disciplina prevista dalla normativa vigente in materia di tutela ambientale e di rischi di incidenti rilevanti.

52-*ter*. ***Procedure di comunicazione, notificazione e pubblicità degli atti del procedimento.*** — 1. Per le infrastrutture lineari energetiche, qualora il numero dei destinatari sia superiore a cinquanta, ogni comunicazione, notificazione o avviso previsto dal presente testo unico e riguardante l'iter per l'apposizione del vincolo preordinato all'esproprio o la dichiarazione di pubblica utilità dell'opera è effettuato mediante pubblico avviso da affiggere all'albo pretorio dei Comuni nel cui territorio ricadono gli immobili interessati dalla infrastruttura lineare energetica, nonché su uno o più quotidiani a diffusione nazionale o locale e, ove istituito, sul sito informatico della Regione o Provincia autonoma nel cui territorio ricadono gli immobili interessati dall'opera. L'avviso deve precisare dove e con quali modalità può essere consultato il piano o il progetto. Gli interessati possono formulare entro i successivi trenta giorni osservazioni che vengono valutate dall'autorità esproprianté ai fini delle definitive determinazioni.

2. Le comunicazioni o notificazioni non eseguite per irreperibilità o assenza del proprietario sono sostituite da un avviso affisso per almeno venti giorni consecutivi all'albo pretorio dei Comuni interessati dalla infrastruttura lineare energetica e pubblicato su uno o più quotidiani a diffusione ambientale o locale.

52-*quater*. ***Disposizioni generali in materia di conformità urbanistica, apposizione del vincolo preordinato all'esproprio e pubblica utilità.*** — 1. Per le infrastrutture lineari energetiche, l'accertamento della conformità urbanistica delle opere, l'apposizione del vincolo preordinato all'esproprio e la dichiarazione di pubblica utilità, di cui ai capi II e III del titolo II, sono effettuate nell'ambito di un procedimento unico, mediante convocazione di una conferenza dei servizi ai sensi della legge 7 agosto 1990, n. 241, e successive modificazioni.

2. Fatto salvo quanto disposto dall'art. 12, comma 1, il procedimento di cui al comma 1 può essere avviato anche sulla base di un progetto preliminare, comunque denominato, integrato da un adeguato elaborato cartografico che individui le aree potenzialmente interessate dal vincolo preordinato all'esproprio, le eventuali fasce di rispetto e le necessarie misure di salvaguardia, nonché da una relazione che indichi le motivazioni per le quali si rende necessario avviare il procedimento di cui al comma 1 sulla base di tale progetto.

3. Il provvedimento, emanato a conclusione del

procedimento di cui al comma 1 e al quale partecipano anche i soggetti preposti ad esprimersi in strutture in relazione ad eventuali interferenze con altre infrastrutture esistenti, comprende la valutazione di impatto ambientale, ove prevista dalla normativa vigente, ovvero la valutazione di incidenza naturalistico-ambientale, di cui al decreto del presidente della repubblica 8 settembre 1997, n. 357, e sostituisce, anche ai fini urbanistici ed edilizi, fatti salvi gli adempimenti previsti dalle norme di sicurezza vigente, ogni altra autorizzazione, concessione, approvazione, parere e nulla osta comunque denominati necessari alla realizzazione e all'esercizio delle infrastrutture energetiche e costituisce variazione degli strumenti urbanistici vigenti. Il provvedimento finale comprende anche l'approvazione del progetto definitivo, con le indicazioni di cui all'art. 16, comma 2, e determina l'inizio del procedimento di esproprio di cui al Capo IV del titolo II.

4. Qualora la dichiarazione di pubblica utilità consegua ad un procedimento specificamente instaurato per tale fine con atto propulsivo del beneficiario o promotore dell'espropriazione, il termine entro il quale deve concludersi il relativo procedimento è di sei mesi dal ricevimento dell'istanza.

5. Sono escluse dalla procedura di apposizione del vincolo preordinato all'esproprio le aree interessate dalla realizzazione di linee elettriche per le quali il promotore dell'espropriazione non richieda la dichiarazione di inamovibilità.

6. Le varianti derivanti dalle prescrizioni della conferenza dei servizi di cui al comma 1, nonché le successive varianti in corso d'opera, qualora queste ultime non comportino variazioni di tracciato al di fuori delle zone di rispetto previste per ciascun tipo di infrastrutture lineare energetica dalle norme vigenti, sono approvate dall'autorità espropriante e non richiedono nuova apposizione del vincolo preordinato all'esproprio.

7. Della conclusione del procedimento di cui al comma 1 è data notizia agli interessati secondo le disposizioni di cui all'art. 17, comma 2.

52-*quinquies*. *Disposizioni particolari per le infrastrutture lineari energetiche facenti parte delle reti energetiche nazionali.* — 1. Alle infrastrutture lineari energetiche facenti parte della rete nazionale di trasmissione dell'energia elettrica, individuate nel piano di sviluppo della rete elettrica di cui all'art. 3, comma 2, del decreto legislativo 16 marzo 1999, n. 79, ed all'art. 1-*ter*, comma 2, del D.L. 29 agosto 2003, n. 239, convertito, con modificazioni, dalla legge 27 ottobre 2003, n. 290, si applicano le disposizioni di cui all'art. 1-*sexies* del citato D.L. 29 agosto 2003, n. 239, come modificate dall'art. 1, comma 26, della legge 23 agosto 2004, n. 239, nonché le disposizioni di cui al comma 6 e all'art. 52-*quater*, comma 6.

2. Per le infrastrutture lineari energetiche, individuate dall'Autorità competente come appartenenti alla rete nazionale dei gasdotti di cui all'art. 9 del decreto legislativo 23 maggio 2000, n. 164, per i gasdotti di approvvigionamento di gas dall'estero, incluse le operazioni preparatorie necessarie alla redazione dei progetti e le relative opere connesse, e per gli oleodotti facenti parte delle reti nazionali di trasporto, l'autorizzazione alla costruzione ed all'esercizio delle stesse, rilasciata dalla stessa amministrazione, comprende la dichiarazione di pubblica utilità dell'opera, la valutazione di impatto ambientale, ove prevista dalla normativa vigente, ovvero la valutazione di incidenza naturalistico-ambientale di cui al decreto del Presidente della Repubblica 8 settembre 1997, n. 357, l'apposizione del vincolo preordinato all'esproprio dei beni in essa compresi e la variazione degli strumenti urbanistici e dei piani di gestione e tutela del territorio comunque denominati. L'autorizzazione inoltre sostituisce, anche ai fini urbanistici ed edilizi nonché paesaggistici, ogni altra autorizzazione, concessione, approvazione, parere, atto di assenso e nulla osta comunque denominati, previsti dalle norme vigenti, costituendo titolo a costruire e ad esercire tutte le opere e tutte le attività previste nel progetto approvato, fatti salvi gli adempimenti previsti dalle norme di sicurezza vigenti. Per il rilascio dell'autorizzazione, ai fini della verifica della conformità urbanistica dell'opera, è fatto obbligo di richiedere il parere motivato degli enti locali nel cui territorio ricadano le opere da realizzare. Il rilascio del parere non può incidere sul rispetto del termine entro il quale è prevista la conclusione del procedimento. I soggetti titolari o gestori di beni demaniali, di aree demaniali marittime e lacuali, fiumi, torrenti, canali, miniere e foreste demaniali, strade pubbliche, aeroporti, ferrovie, funicolari, teleferiche, e impianti similari, linee di telecomunicazione di pubblico servizio, linee elettriche, che siano interessati dal passaggio di gasdotti della rete nazionale di trasporto o da gasdotti di importazione di gas dall'estero, partecipano al procedimento di autorizzazione alla costruzione e in tale ambito sono tenuti ad indicare le modalità di attraversamento degli impianti ed aree interferenti. Qualora tali modalità non siano indicate entro i termini di conclusione del procedimento, il soggetto richiedente l'autorizzazione alla costruzione dei gasdotti entro i successivi trenta giorni propone direttamente ai soggetti sopra indicati le modalità di attraversamento, che, trascorsi ulteriori trenta giorni senza osservazioni, si intendono comunque assentite definitivamente e approvate con il decreto di autorizzazione alla costruzione. Il procedimento si conclude, in ogni caso, entro il termine di nove mesi dalla data di presentazione della richiesta, o di sei mesi dalla stessa data ove non sia prescritta la procedura di valutazione di impatto ambientale. Il provvedimento finale comprende anche l'approvazione del progetto definitivo e de-

termina l'inizio del procedimento di esproprio di cui al Capo IV del titolo II.[1]

2-*bis*. Nel caso in cui, per le infrastrutture energetiche lineari, venga determinato, nell'ambito della procedura di VIA, che debba svolgersi anche la verifica preventiva dell'interesse archeologico disciplinata dall'articolo 25 del Codice dei contratti pubblici, di cui al decreto legislativo 18 aprile 2016 n. 50, il proponente presenta il piano per l'espletamento delle operazioni di cui alle lettere *a*), *b*) e *c*) del comma 8 del medesimo articolo 25 del decreto legislativo n. 50 del 2016; tale verifica preventiva è realizzata a integrazione della progettazione preliminare e viene completata con la redazione della relazione archeologica definitiva di cui al citato articolo 25, comma 9; ai sensi del comma 9 dell'articolo 25 del decreto legislativo n. 50 del 2016, la procedura si conclude con l'approvazione del soprintendente di settore territorialmente competente entro un termine non superiore a sessanta giorni dalla data in cui il soggetto proponente ha comunicato gli esiti delle attività svolte in attuazione del piano.[2]

2-*ter*. Fermi restando i vincoli di esercizio e il rispetto della normativa ambientale e paesaggistica, sono sottoposti al regime di denuncia di inizio attività i rifacimenti di metanodotti esistenti, necessari per ragioni di obsolescenza, che siano effettuati sul medesimo tracciato, nonché le relative dismissioni dei tratti esistenti.[2]

3. Qualora l'avvio dei lavori rivesta carattere di urgenza, oltre ai casi previsti dagli artt. 22, comma 2, e 22-*bis*, comma 2, il decreto di esproprio o di occupazione anticipata può altresì essere emanato ed eseguito, in base alla determinazione urgente delle indennità di espropriazione, senza particolari indagini o formalità, con le modalità di cui all'art. 52-*nonies*, per le infrastrutture lineari energetiche, dichiarate di pubblica utilità. Gli stessi decreti sono emanati nel termine di sessanta giorni dalla data di ricevimento dell'istanza del beneficiario dell'espropriazione.

4. L'autorizzazione di cui al comma 2 indica le prescrizioni e gli obblighi di informativa posti a carico del soggetto proponente per garantire il coordinamento e la salvaguardia del sistema energetico nazionale e la tutela ambientale e dei beni culturali, nonché il termine entro il quale l'infrastruttura lineare energetica è realizzata.

5. Per le infrastrutture lineari energetiche di cui al comma 2, l'atto conclusivo del procedimento di cui al comma 2 è adottato d'intesa con le Regioni interessate, previa acquisizione del parere degli enti locali ove ricadono le infrastrutture, da rendere entro trenta giorni dalla richiesta, decorsi i quali il parere si intende acquisito.[1]

6. In caso di mancata definizione dell'intesa con la Regione o le Regioni interessate nel termine prescritto per il rilascio dell'autorizzazione, nel rispetto dei principi di sussidiarietà e leale collaborazione, si provvede, entro i successivi sei mesi, a mezzo di un collegio tecnico costituito d'intesa tra il Ministro delle attività produttive e la Regione interessata, ad una nuova valutazione dell'opera e dell'eventuale proposta alternativa formulata dalla Regione dissenziente. Ove permanga il dissenso, l'opera è autorizzata nei successivi novanta giorni, con decreto del Presidente della Repubblica, previa deliberazione del Consiglio dei Ministri, integrato con il Presidente della Regione interessata, su proposta del ministro delle attività produttive, di concerto con il Ministro competente, sentita la Conferenza permanente per i rapporti tra lo Stato, le regioni e le provincie autonome di Trento e Bolzano.

7. Alle infrastrutture lineari energetiche di cui al comma 2 si applicano le disposizioni dell'art. 52-*quater*, commi 2, 4 e 6.

[1] Comma così modif. dall'art. 37, c. 2, D.L. 12 set. 2014, n. 133, conv. in L. 11 nov. 2014, n. 164.

[2] Comma ins. dall'art. 60, c. 4, D.L. 16 lug. 2020, n. 76, conv. con modif. in L. 11 set. 2020, n. 120.

52-*sexies*. *Disposizioni particolari per le infrastrutture lineari energetiche non facenti parte delle reti energetiche nazionali.* — 1. Fatto salvo quanto disposto dall'art. 5, comma 3, il provvedimento di cui all'art. 52-*quater* relativo a infrastrutture lineari energetiche non facenti parte delle reti energetiche nazionali è adottato dalla Regione competente o dal soggetto da essa delegato, entro i termini stabiliti dalle leggi regionali.

2. Le funzioni amministrative in materia di espropriazione di infrastrutture lineari energetiche che, per dimensioni o per estensione, hanno rilevanza o interesse esclusivamente locale sono esercitate dal comune.

3. Nel caso di inerzia del comune o del soggetto procedente delegato dalla Regione, protrattasi per oltre sessanta giorni dalla richiesta di avvio del procedimento, la Regione può esercitare nelle forme previste dall'ordinamento regionale e nel rispetto dei principi di sussidiarietà e leale collaborazione, il potere sostitutivo.

52-*septies*. *Disposizioni sulla redazione del progetto.* — 1. Fatte salve le disposizioni di cui all'art. 110 del regio D.L. 11 dicembre 1933, n. 1775, convertito dalla legge 8 febbraio 1934, n. 367, qualora il numero dei soggetti interessati sia superiore a venti, per lo svolgimento delle operazioni planimetriche e delle altre operazioni preparatorie necessarie per la redazione del progetto di infrastrutture lineari energetiche, i tecnici incaricati, anche privati, possono introdursi nei fondi previa pubblicazione, per venti giorni all'albo pretorio dei Comuni interessati, dell'autorizzazione rilasciata dalla Prefettura che deve contenere i nomi delle persone che possono introdursi nell'altrui proprietà. Tale pubblicazione all'albo pretorio sostituisce a tutti gli effetti le comunicazioni o notificazioni previste all'art. 15, commi 2 e 3.

52-*octies*. *Decreto di imposizione di servitù.* — 1. Il decreto di imposizione di servitù relativo alle infrastrutture lineari energetiche, oltre ai contenuti previsti dall'art. 23, dispone l'occupazione temporanea delle aree necessarie alla realizzazione delle opere e la costituzione del diritto di servitù, indica l'ammontare delle relative indennità, e ha esecuzione secondo le disposizioni dell'art. 24.

52-*nonies*. *Determinazione dell'indennità di espropriazione.* — 1. Per le infrastrutture lineari energetiche, l'autorità espropriante per la determinazione dell'indennità provvisoria o definitiva di cui agli artt. 20 e 21, può avvalersi dei soggetti di cui all'art. 20, comma 3, ovvero di propri uffici tecnici.

TITOLO IV

Disposizioni sulla tutela giurisdizionale

53. *Disposizioni processuali.*[1] — 1. La tutela giurisdizionale davanti al giudice amministrativo è disciplinata dal codice del processo amministrativo.

2. Resta ferma la giurisdizione del giudice ordinario per le controversie riguardanti la determinazione e la corresponsione delle indennità in conseguenza dell'adozione di atti di natura espropriativa o ablativa.

[1] Articolo così sost. dall'art. 3, D.lgs. 2 lug. 2010, n. 104.

54. *Opposizioni alla stima.* — 1. Decorsi trenta giorni dalla comunicazione prevista dall'articolo 27, comma 2, il proprietario espropriato, il promotore dell'espropriazione o il terzo che ne abbia interesse può impugnare innanzi all'autorità giudiziaria gli atti dei procedimenti di nomina dei periti e di determinazione dell'indennità, la stima fatta dai tecnici, la liquidazione delle spese di stima e comunque può chiedere la determinazione giudiziale dell'indennità. Le controversie di cui al presente comma sono disciplinate dall'articolo 29 del decreto legislativo 1° settembre 2011, n. 150.[1]

2-4.[2]

5. Trascorso il termine per la proposizione dell'opposizione alla stima, l'indennità è fissata definitivamente nella somma risultante dalla perizia.

[1] Comma così sost. dall'art. 34, c. 37 D.lgs. 1 set. 2011, n. 150.

[2] Commi abrog. dall'art. 34, c. 37 D.lgs. 1 set. 2011, n. 150.

TITOLO V

Norme finali e transitorie

55. *Occupazioni senza titolo, anteriori al 30 settembre 1996.* — 1. Nel caso di utilizzazione di un suolo edificabile per scopi di pubblica utilità, in assenza del valido ed efficace provvedimento di esproprio alla data del 30 settembre 1996, il risarcimento del danno è liquidato in misura pari al valore venale del bene.[1]

2. Il comma 1 si applica anche ai giudizi pendenti alla data del 1° gennaio 1997.

[1] Comma così sost. dall'art. 2, c. 89, L. 24 dic. 2007, n. 244.

56. *Disposizioni sulla determinazione dell'indennità di espropriazione.* — 1. Il soggetto già espropriato alla data dell'entrata in vigore della L. 8 ago. 1992, n. 359 può accettare l'indennità provvisoria con esclusione della riduzione del quaranta per cento, di cui all'art. 37, se alla stessa data risultava ancora contestabile la determinazione dell'indennità di esproprio.

57. *Ambito di applicazione della normativa sui procedimenti in corso.* — 1. Le disposizioni del presente testo unico si applicano anche se è stato già apposto su un bene un vincolo preordinato all'esproprio, ovvero se già vi è stata la dichiarazione di pubblica utilità dell'opera, per le fasi procedimentali non ancora concluse.

2. Restano in vigore le disposizioni regionali che attribuiscono ad autorità diverse dal presidente della Regione la competenza ad adottare atti del procedimento espropriativo.

57-*bis*. *Applicazione della normativa ai procedimenti in corso relativi alle infrastrutture lineari energetiche.*[1] — 1. Per le infrastrutture lineari energetiche per le quali, alla data del 31 dicembre 2004, sia intervenuta la dichiarazione di pubblica utilità ovvero siano decorsi i termini previsti per la formulazione delle osservazioni da parte dei soggetti interessati a seguito degli avvisi di cui alle norme vigenti, non si applicano le disposizioni del presente testo unico a meno che il beneficiario dell'espropriazione o il proponente dell'opera infrastrutturale lineare energetica, abbia optato espressamente per l'applicazione del presente testo unico ai procedimenti in corso relativamente alle fasi procedimentali non ancora concluse.

[1] Articolo ins. dall'art. 1, D.lgs. 27 dic. 2004, n. 330.

58-59. (*Omissis*).

- 2 -

D.L. 3 mag. 2016, n. 59

Disposizioni urgenti in materia di procedure esecutive e concorsuali, nonché a favore degli investitori in banche in liquidazione

(G.U. 3 mag. 2016, n. 102)
conv. con modif. dalla L. 30 giu. 2016, n. 119
(*stralcio*)

CAPO I

Misure a sostegno delle imprese e di accelerazione del recupero crediti

1. *Pegno mobiliare non possessorio.* — 1. Gli imprenditori iscritti nel registro delle imprese possono costituire un pegno non possessorio per garantire i crediti concessi a loro o a terzi, presenti o futuri, se determinati o determinabili e con la previsione dell'importo massimo garantito, inerenti all'esercizio dell'impresa.

2. Il pegno non possessorio può essere costituito su beni mobili, anche immateriali, destinati all'esercizio dell'impresa e sui crediti derivanti da o inerenti a tale esercizio, a esclusione dei beni mobili registrati. I beni mobili possono essere esistenti o futuri, determinati o determinabili anche mediante riferimento a una o più categorie merceologiche o a un valore complessivo. Ove non sia diversamente disposto nel contratto, il debitore o il terzo concedente il pegno è autorizzato a trasformare o alienare, nel rispetto della loro destinazione economica, o comunque a disporre dei beni gravati da pegno. In tal caso il pegno si trasferisce, rispettivamente, al prodotto risultante dalla trasformazione, al corrispettivo della cessione del bene gravato o al bene sostitutivo acquistato con tale corrispettivo, senza che ciò comporti costituzione di una nuova garanzia. Se il prodotto risultante dalla trasformazione ingloba, anche per unione o commistione, più beni appartenenti a diverse categorie merceologiche e oggetto di diversi pegni non possessori, le facoltà previste dal comma 7 spettano a ciascun creditore pignoratizio con obbligo da parte sua di restituire al datore della garanzia, secondo criteri di proporzionalità, sulla base delle stime effettuate con le modalità di cui al comma 7, lettera *a*), il valore del bene riferibile alle altre categorie merceologiche che si sono unite o mescolate. È fatta salva la possibilità per il creditore di promuovere azioni conservative o inibitorie nel caso di abuso nell'utilizzo dei beni da parte del debitore o del terzo concedente il pegno.

3. Il contratto costitutivo, a pena di nullità, deve risultare da atto scritto con indicazione del creditore, del debitore e dell'eventuale terzo concedente il pegno, la descrizione del bene dato in garanzia, del credito garantito e l'indicazione dell'importo massimo garantito.

4. Il pegno non possessorio ha effetto verso i terzi esclusivamente con la iscrizione in un registro informatizzato costituito presso l'Agenzia delle entrate e denominato «registro dei pegni non possessori»; dal momento dell'iscrizione il pegno prende grado ed è opponibile ai terzi e nelle procedure esecutive e concorsuali.

5. Il pegno non possessorio, anche se anteriormente costituito ed iscritto, non è opponibile a chi abbia finanziato l'acquisto di un bene determinato che sia destinato all'esercizio dell'impresa e sia garantito da riserva della proprietà sul bene medesimo o da un pegno anche non possessorio successivo, a condizione che il pegno non possessorio sia iscritto nel registro in conformità al comma 6 e che al momento della sua iscrizione il creditore ne informi i titolari di pegno non possessorio iscritto anteriormente.

6. L'iscrizione deve indicare il creditore, il debitore, se presente il terzo datore del pegno, la descrizione del bene dato in garanzia e del credito garantito secondo quanto previsto dal comma 1 e, per il pegno non possessorio che garantisce il finanziamento per l'acquisto di un bene determinato, la specifica individuazione del medesimo bene. L'iscrizione ha una durata di dieci anni, rinnovabile per mezzo di una nuova iscrizione nel registro effettuata prima della scadenza del decimo anno. La cancellazione della iscrizione può essere richiesta di comune accordo da creditore pignoratizio e datore del pegno o domandata giudizialmente. Le operazioni di iscrizione, consultazione, modifica, rinnovo o cancellazione presso il registro, gli obblighi a carico di chi effettua tali operazioni nonché le modalità di accesso al registro stesso sono regolati con decreto del Ministro dell'economia e delle finanze, di concerto con il Ministro della giustizia, da adottarsi entro trenta giorni dalla data di entrata in vigore della legge di conversione del presente decreto, prevedendo modalità esclusivamente informatiche. Con il medesimo decreto sono stabiliti i diritti di visura e di certificato, in misura idonea a garantire almeno la copertura dei costi di allestimento, gestione e di evoluzione del registro. Al fine di consentire l'avvio della attività previste dal presente articolo, è autorizzata la spesa di euro 200.000 per l'anno 2016 e di euro 100.000 per l'anno 2017.

7. Al verificarsi di un evento che determina l'escussione del pegno, il creditore, previa intimazione notificata, anche direttamente dal creditore a mezzo di posta elettronica certificata, al debitore e all'eventuale terzo concedente il pegno, e previo avviso scritto agli eventuali titolari di un pegno non possessorio trascritto nonché al debitore del credito oggetto del pegno, ha facoltà di procedere:

a) alla vendita dei beni oggetto del pegno trattenendo il corrispettivo a soddisfacimento del credito fino a concorrenza della somma garantita e con l'obbligo di informare immediatamente per iscritto il datore della garanzia dell'importo ricavato e di restituire contestualmente l'eccedenza; la vendita è effettuata dal creditore tramite procedure competitive anche avvalendosi di soggetti specializzati, sulla base di stime effettuate, salvo il caso di beni di non apprezzabile valore, da parte di operatori esperti, assicurando, con adeguate forme di pubblicità, la massima informazione e partecipazione degli interessati; l'operatore esperto è nominato di comune accordo tra le parti o, in mancanza, è designato dal giudice; in ogni caso è effettuata, a cura del creditore, la pubblicità sul portale delle vendite pubbliche di cui all'articolo 490 del codice di procedura civile;

b) alla escussione o cessione dei crediti oggetto di pegno fino a concorrenza della somma garantita, dandone comunicazione al datore della garanzia;

c) ove previsto nel contratto di pegno e iscritto nel registro di cui al comma 4, alla locazione del bene oggetto del pegno imputando i canoni a soddisfacimento del proprio credito fino a concorrenza della somma garantita, a condizione che il contratto preveda i criteri e le modalità di determinazione del corrispettivo della locazione; il creditore pignoratizio comunica immediatamente per iscritto al datore della garanzia stessa il corrispettivo e le altre condizioni della locazione pattuite con il relativo conduttore;

d) ove previsto nel contratto di pegno e iscritto nel registro di cui al comma 4, all'appropriazione dei beni oggetto del pegno fino a concorrenza della somma garantita, a condizione che il contratto preveda anticipatamente i criteri e le modalità di valutazione del valore del bene oggetto di pegno e dell'obbligazione garantita; il creditore pignoratizio comunica immediatamente per iscritto al datore della garanzia il valore attribuito al bene ai fini dell'appropriazione.

7-*bis*. Il debitore e l'eventuale terzo concedente il pegno hanno diritto di proporre opposizione entro cinque giorni dall'intimazione di cui al comma 7. L'opposizione si propone con ricorso a norma delle disposizioni di cui al libro quarto, titolo I, capo III-*bis*, del codice di procedura civile. Ove concorrano gravi motivi, il giudice, su istanza dell'opponente, può inibire, con provvedimento d'urgenza, al creditore di procedere a norma del comma 7.

7-*ter*. Se il titolo non dispone diversamente, il datore della garanzia deve consegnare il bene mobile oggetto del pegno al creditore entro quindici giorni dalla notificazione dell'intimazione di cui al comma 7. Se la consegna non ha luogo nel termine stabilito, il creditore può fare istanza, anche verbale, all'ufficiale giudiziario perché proceda, anche non munito di titolo esecutivo e di precetto, a norma delle disposizioni di cui al libro terzo, titolo III, del codice di procedura civile, in quanto compatibili. A tal fine, il creditore presenta copia della nota di iscrizione del pegno nel registro di cui al comma 4 e dell'intimazione notificata ai sensi del comma 7. L'ufficiale giudiziario, ove non sia di immediata identificazione, si avvale su istanza del creditore e con spese liquidate dall'ufficiale giudiziario e anticipate dal creditore e comunque a carico del medesimo, di un esperto stimatore o di un commercialista da lui scelto, per la corretta individuazione, anche mediante esame delle scritture contabili, del bene mobile oggetto del pegno, tenendo conto delle eventuali operazioni di trasformazione o di alienazione poste in essere a norma del comma 2. Quando risulta che il pegno si è trasferito sul corrispettivo ricavato dall'alienazione del bene, l'ufficiale giudiziario ricerca, mediante esame delle scritture contabili ovvero a norma dell'articolo 492-*bis* del codice di procedura civile, i crediti del datore della garanzia, nei limiti della somma garantita ai sensi del comma 2. I crediti rinvenuti a norma del periodo precedente sono riscossi dal creditore in forza del contratto di pegno e del verbale delle operazioni di ricerca redatto dall'ufficiale giudiziario. Nel caso di cui al presente comma l'autorizzazione del presidente del tribunale di cui all'articolo 492-*bis* del codice di procedura civile è concessa, su istanza del creditore, verificate l'iscrizione del pegno nel registro di cui al comma 4 e la notificazione dell'intimazione.

7-*quater*. Quando il bene o il credito già oggetto del pegno iscritto ai sensi del comma 4 sia sottoposto ad esecuzione forzata per espropriazione, il giudice dell'esecuzione, su istanza del creditore, lo autorizza all'escussione del pegno, stabilendo con proprio decreto il tempo e le modalità dell'escussione a norma del comma 7. L'eventuale eccedenza è corrisposta in favore della procedura esecutiva, fatti salvi i crediti degli aventi diritto a prelazione anteriore a quella del creditore istante.

8. In caso di fallimento del debitore il creditore può procedere a norma del comma 7 solo dopo che il suo credito è stato ammesso al passivo con prelazione.

9. Entro tre mesi dalla comunicazione di cui alle lettere *a*), *b*), *c*) e *d*) del comma 7, il debitore può agire in giudizio per il risarcimento del danno quando l'escussione è avvenuta in violazione dei criteri e delle modalità di cui alle predette lettere *a*), *b*), *c*) e *d*) e non corrispondono ai valori correnti di mercato il prezzo della vendita, il corrispettivo della cessione, il corrispettivo della locazione ovvero il valore comunicato a norma della disposizione di cui alla lettera *d*).

10. Agli effetti di cui agli articoli 66 e 67 del regio decreto 16 marzo 1942, n. 267 il pegno non possessorio è equiparato al pegno.

10-*bis*. Per quanto non previsto dal presente articolo, si applicano, in quanto compatibili, le disposizioni di cui al libro sesto, titolo III, capo III, del codice civile.

2. ***Finanziamento alle imprese garantito da trasferimento di bene immobile sospensivamente condizionato.*** (*Omissis*).

3. ***Registro delle procedure di espropriazione forzata immobiliari, delle procedure di insolvenza e degli strumenti di gestione della crisi.*** — 1. È istituito presso il Ministero della giustizia un registro elettronico delle procedure di espropriazione forzata immobiliari, delle procedure d'insolvenza e degli strumenti di gestione della crisi. Il registro è accessibile dalla Banca d'Italia, che utilizza i dati e le informazioni in esso contenuti nello svolgimento delle funzioni di vigilanza, a tutela della sana e prudente gestione degli intermediari vigilati e della stabilità complessiva.

2. Nel registro sono pubblicati le informazioni e i documenti relativi:

a) alle procedure di espropriazione forzata immobiliare;

b) alle procedure di fallimento, di concordato preventivo, di liquidazione coatta amministrativa di cui al regio decreto 16 marzo 1942, n. 267;

c) ai procedimenti di omologazione di accordi di ristrutturazione dei debiti di cui all'articolo 182-*bis* del regio decreto 16 marzo 1942, n. 267, nonché ai piani di risanamento di cui all'articolo 67, terzo comma, lettera *d*), del regio decreto 16 marzo 1942, n. 267, quando vengano fatti oggetto di pubblicazione nel registro delle imprese;

d) alle procedure di amministrazione straordinaria di cui al decreto legislativo 8 luglio 1999 n. 270 e al decreto-legge 23 dicembre 2003, n. 347, convertito, con modificazioni, dalla legge 18 febbraio 2004, n. 39;

e) alle procedure di accordo di ristrutturazione dei debiti, di piano del consumatore e di liquidazione dei beni di cui alla legge 27 gennaio 2012, n. 3.

3. Il registro si compone di una sezione ad accesso pubblico e gratuito e di una sezione ad accesso limitato, aventi il contenuto che segue:

a) relativamente alle procedure di cui al comma 2, nella sezione del registro ad accesso pubblico sono rese disponibili in forma elettronica, in relazione alla tipologia di procedura o di strumento di cui al comma 2, le informazioni e i documenti di cui all'articolo 24, paragrafo 2, del Regolamento (UE) 2015/848 e le altre informazioni rilevanti in merito ai tempi e all'andamento di ciascuna procedura o strumento; all'interno di questa sezione possono essere altresì collocate le informazioni e i provvedimenti di cui all'articolo 28, quarto comma, secondo periodo, del regio decreto 16 marzo 1942, n. 267;

b) relativamente alle procedure di espropriazione forzata immobiliare, nella sezione del registro ad accesso pubblico sono rese disponibili in forma elettronica le informazioni e i documenti individuati con decreto dirigenziale del Ministero della giustizia di concerto con il Ministero dell'economia e delle finanze, da adottare entro centoventi giorni dalla data di entrata in vigore della legge di conversione del presente decreto. Nella individuazione delle informazioni il decreto tiene conto, a fini di tutela della stabilità finanziaria, anche della loro rilevanza per una migliore gestione dei crediti deteriorati da parte degli intermediari creditizi e finanziari;

c) nella sezione del registro ad accesso limitato sono resi disponibili in forma elettronica le informazioni e i documenti relativi a ciascuna procedura o strumento di cui al comma 2, individuate con il decreto dirigenziale di cui alla lettera *b*).

4. Con il decreto di cui al comma 3, lettera *b*), sentita la Banca d'Italia per gli aspetti rilevanti ai fini di tutela della stabilità finanziaria, sono altresì adottate le disposizioni per l'attuazione del registro, prevedendo:

a) le modalità di pubblicazione, rettifica, aggiornamento e consultazione dei dati e dei documenti da inserire nel registro, nonché i tempi massimi della loro conservazione;

b) i soggetti tenuti ad effettuare, in relazione a ciascuna tipologia di procedura o strumento, la pubblicazione delle informazioni e dei documenti;

c) le categorie di soggetti che sono legittimati, in presenza di un legittimo interesse, ad accedere, anche mediante un avvocato munito di procura, alla sezione del registro ad accesso limitato; il contributo dovuto per l'accesso, da determinare in misura tale da assicurare almeno la copertura dei costi del servizio, e i casi di esenzione; è sempre consentito l'accesso gratuito all'autorità giudiziaria;

d) le eventuali limitate eccezioni alla pubblicazione di documenti con riferimento alle esigenze di riservatezza delle informazioni ivi contenute o all'assenza di valore informativo di tali documenti per i terzi.

5. Il registro deve consentire la ricerca dei dati secondo ciascuna tipologia di informazione e documento in esso contenuti e di tribunale e numero di ruolo dei procedimenti. Le disposizioni contenute nel decreto di cui al comma 3, lettera *b*), assicurano che il registro sia conforme alle disposizioni del regolamento (UE) 2015/848.

6. Su richiesta del debitore, del curatore, del commissario giudiziale, di un creditore, di chiunque vi abbia interesse o d'ufficio, il giudice delegato o il tribunale competenti possono limitare la pubblicazione di un documento o di una o più sue parti, quando sia dimostrata l'esistenza di uno specifico e meritevole interesse alla riservatezza dell'informazione in esso contenuta. La richiesta di cui al presente comma sospende gli obblighi di pubblicazione dei documenti, o della parte di essi, oggetto della richiesta di esenzione e, qualora la pubblicazione sia già avvenuta, sospende temporaneamente l'accesso ad essi da parte degli interessati. Nelle more della decisione, il giudice può imporre una cauzione al creditore o terzo richiedente.

7. In attuazione degli obiettivi di cui al presente articolo, il Ministero della giustizia, per la progressiva implementazione e digitalizzazione degli archivi e della piattaforma tecnologica ed informativa dell'Amministrazione della Giustizia, in coerenza con le linee del Piano triennale per l'informatica nella pubblica amministrazione di cui all'articolo 1, commi 513 e 515, della legge 28 dicembre 2015, n. 208, può avvalersi della Società di cui all'articolo 83, comma 15, del decreto-legge 25 giugno 2008, n. 112[1], convertito, con modificazioni dalla legge 6 agosto 2008, n. 133. Ai fini della realizzazione dei predetti servizi di interesse generale, la Società

provvederà, tramite Consip S.p.A., all'acquisizione dei beni e servizi occorrenti.

8. Per l'istituzione del registro è autorizzata la spesa di 3,5 milioni di euro per ciascuno degli anni 2016-2018. Il Ministero della giustizia, il Ministero dell'economia e delle finanze e la Banca d'Italia disciplinano con apposita convenzione, da stipulare entro sessanta giorni dall'entrata in vigore della legge di conversione del presente decreto, i rispettivi compiti rispetto alla realizzazione, al funzionamento e al monitoraggio del registro, nonché l'eventuale entità della contribuzione finanziaria da parte della Banca d'Italia.

[1] In G.U. è riportato il seguente riferimento normativo non corretto: «D.L. 24 giu. 2008, n. 112».

4-14. (*Omissis*).

FACTORING

- 1 -

L. 21 feb. 1991, n. 52
Disciplina della cessione dei crediti di impresa
(G.U. 25 feb. 1991, n. 47)[1]

[1] In tema di bilancio annuale e di bilancio consolidato delle imprese di factoring v. D.L. 27 gen. 1992, n. 87 (G.U. 14 feb. 1992, n. 37, Suppl.).

Sulle modalità di iscrizione all'albo delle imprese che esercitano l'attività di factoring. V. D.M. 12 mag. 1992, n. 334 (G.U. 13 lug. 1992, n. 163).

1. ***Ambito di applicazione.*** — 1. La cessione di crediti pecuniari verso corrispettivo è disciplinata dalla presente legge, quando concorrono le seguenti condizioni:

a) il cedente è un imprenditore;

b) i crediti ceduti sorgono da contratti stipulati dal cedente nell'esercizio dell'impresa;

c) il cessionario è una banca o un intermediario finanziario disciplinato dal T.U. delle leggi in materia bancaria e creditizia emanato ai sensi dell'art. 26, comma 2, della L. 19 feb. 1992, n. 142, il cui oggetto sociale preveda l'esercizio della attività di acquisto di crediti d'impresa o un soggetto, costituito in forma di società di capitali, che svolge l'attività di acquisto di crediti, vantati nei confronti di terzi, da soggetti del gruppo di appartenenza che non siano intermediari finanziari oppure di crediti vantati da terzi nei confronti di soggetti del gruppo di appartenenza, ferme restando le riserve di attività previste ai sensi del citato testo unico delle leggi in materia bancaria e creditizia.[1]

2. Resta salva l'applicazione delle norme del codice civile per le cessioni di credito prive dei requisiti di cui al comma 1.

[1] Lettera sost. dall'art. 156.2 del D.L. 1° set. 1993, n. 385 e quindi così modif. dall'art. 15-*ter*, c. 1, D.L. 12 set. 2014, n. 133, conv. in L. 11 nov. 2014, n. 164, e dall'art. 12-*bis*, c. 1, D.L. 3 mag. 2016, n. 59, conv. con modif. in L. 30 giu. 2016, n. 119.

2. ***Albo delle imprese che esercitano l'attività di cessione dei crediti.***[1] — 1. È istituito presso la Banca d'Italia un albo delle imprese che esercitano l'attività di cessione dei crediti di impresa ai sensi della presente legge. La Banca d'Italia esercita la vigilanza sul corretto svolgimento della suddetta attività anche al fine di impedire l'impiego di denaro, beni o utilità di provenienza illecita.

2. Nel termine di sei mesi dalla data di entrata in vigore della presente legge il Ministro del tesoro provvede con proprio decreto a disciplinare l'iscrizione all'albo di cui al comma 1 e la cancellazione dal medesimo, i contenuti e le modalità della vigilanza, nonché le relative sanzioni amministrative.

3. Il cessionario dei crediti di impresa di cui alla presente legge è tenuto all'osservanza dell'obbligo di certificazione del proprio bilancio annuale.

[1] Articolo abrog. dall'art. 161.2 del D.L. 1° set. 1993, n. 385 a decorrere dalla data di entrata in vigore dei provvedimenti emanati dalle autorità creditizie ai sensi del decreto medesimo.

3. ***Cessione di crediti futuri e di crediti in massa.*** — 1. I crediti possono essere ceduti anche prima che siano stipulati i contratti dai quali sorgeranno.

2. I crediti esistenti o futuri possono essere ceduti anche in massa.

3. La cessione in massa dei crediti futuri può avere ad oggetto solo crediti che sorgeranno da contratti da stipulare in un periodo di tempo non superiore a ventiquattro mesi.

4. La cessione dei crediti in massa si considera con oggetto determinato, anche con riferimento a crediti futuri, se è indicato il debitore ceduto, salvo quanto prescritto nel comma 3.

4. ***Garanzia di solvenza.*** — 1. Il cedente garantisce, nei limiti del corrispettivo pattuito, la solvenza del debitore, salvo che il cessionario rinunci, in tutto o in parte, alla garanzia.

5. ***Efficacia della cessione nei confronti dei terzi.*** — 1. Qualora il cessionario abbia pagato in tutto o in parte il corrispettivo della cessione ed il pagamento abbia data certa, la cessione è opponibile:

a) agli altri aventi causa del cedente, il cui titolo di acquisto non sia stato reso efficace verso i terzi anteriormente alla data del pagamento;

b) al creditore del cedente, che abbia pignorato il credito dopo la data del pagamento;

c) al fallimento del cedente dichiarato dopo la data del pagamento, salvo quanto disposto dall'art. 7, comma 1.

1-*bis*. Ai fini dell'ottenimento della data certa del pagamento è sufficiente l'annotazione del contante sul conto di pertinenza del cedente, in conformità al disposto dell'articolo 2, comma 1, lettera *b*), del decreto legislativo 21 maggio 2004, n. 170.[1]

2. È fatta salva per il cessionario la facoltà di rendere la cessione opponibile ai terzi nei modi previsti dal codice civile.

3. È fatta salva l'efficacia liberatoria secondo le norme del codice civile dei pagamenti eseguiti dal debitore a terzi.

[1] Comma aggiunto dall'art. 12, c. 3, D.L. 23 dic. 2013, n. 145, conv. con modif. in L. 21 feb. 2014, n. 9.

6. ***Revocatoria fallimentare dei pagamenti del debitore ceduto.*** — 1. Il pagamento compiuto dal debitore ceduto al cessionario non è soggetto alla revocatoria prevista dall'art. 67 del testo delle disposizioni sulla disciplina del fallimento, del concordato preventivo, dell'amministrazione controllata e della liquidazione coatta amministrativa, approvato con R.D. 16 mar. 1942, n. 267. Tuttavia tale azione può essere proposta nei confronti del cedente qualora il curatore provi che egli conosceva lo stato di insolvenza del debitore ceduto alla data del pagamento al cessionario.

2. È fatta salva la rivalsa del cedente verso il cessionario che abbia rinunciato alla garanzia prevista dall'art. 4.

7. ***Fallimento del cedente.*** — 1. L'efficacia della cessione verso i terzi prevista dall'art. 5, comma 1, non è opponibile al fallimento del cedente, se il curatore prova che il cessionario conosceva lo stato di insolvenza del cedente quando ha eseguito il pagamento e sempre che il pagamento del cessionario al cedente sia stato eseguito nell'anno anteriore alla sentenza dichiarativa di fallimento e prima della scadenza del credito ceduto.

2. Il curatore del fallimento del cedente può recedere dalle cessioni stipulate dal cedente, limitatamente ai crediti non ancora sorti alla data della sentenza dichiarativa.

3. In caso di recesso il curatore deve restituire al cessionario il corrispettivo pagato dal cessionario al cedente per le cessioni previste nel comma 2.

FESTIVITÀ E FERIE

- 1 -

L. 27 mag. 1949, n. 260
Disposizioni in materia di ricorrenze festive
(G.U. 31 mag. 1949, n. 124)

1. Il giorno 2 giugno, data di fondazione della Repubblica, è dichiarato festa nazionale.

2. Sono considerati giorni festivi, agli effetti della osservanza del completo orario festivo e del divieto di compiere determinati atti giuridici, oltre al giorno della festa nazionale i giorni seguenti:
tutte le domeniche;
il primo giorno dell'anno;
il giorno dell'Epifania;[1]
il giorno della festa di San Giuseppe;[2]
il 25 aprile, anniversario della liberazione;
il giorno di lunedì dopo Pasqua;
il giorno dell'Ascensione;[2]
il giorno del Corpus Domini;[2]
il 1° maggio: festa del lavoro;
il giorno della festa dei Santi Apostoli Pietro e Paolo;[2]
il giorno dell'Assunzione della B. V. Maria;
il giorno di Ognissanti;
il 4 novembre: giorno dell'unità nazionale;[3]
il giorno della festa dell'Immacolata Concezione;
il giorno di Natale;
il giorno 26 dicembre.

[1] Festività soppressa dall'art. 1, L. 5 mar. 1977, n. 54 e dall'art. 1, D.P.R. 28 dic. 1985, n. 792.
[2] Festività soppressa dall'art. 1, L. 5 mar. 1977, n. 54.
[3] L'art. 1, L. 5 mar. 1977, n. 54, ha disposto che la celebrazione della festa dell'unità nazionale abbia luogo la prima domenica di nov. e, pertanto, il 4 nov. cessa di essere considerato festivo.

3. Sono considerate solennità civili, agli effetti dell'orario ridotto negli uffici pubblici e dell'imbandieramento dei pubblici edifici, i seguenti giorni:
l'11 febbraio: anniversario della stipulazione del Trattato e del Concordato con la Santa Sede;
il 28 settembre: anniversario della insurrezione popolare di Napoli.

4. Gli edifici pubblici sono imbandierati nei giorni della festa nazionale, delle solennità civili e del 25 aprile, 1° maggio e 4 novembre.

5-9. (*Omissis*).

- 2 -

L. 7 ott. 1969, n. 742
Sospensione dei termini processuali nel periodo feriale
(G.U. 6 nov. 1969, n. 281)[1]

[1] La Corte cost., con sent. 9 feb. 1967, n. 15, ha dichiarato che «Non è applicabile al processo costituzionale la L. sulla sospensione dei termini processuali nel periodo feriale».

1. Il decorso dei termini processuali relativi alle giurisdizioni ordinarie ed a quelle amministrative è sospeso di diritto dal 1° al 31 agosto di ciascun anno, e riprende a decorrere dalla fine del periodo di sospensione. Ove il decorso abbia inizio durante il periodo di sospensione, l'inizio stesso è differito alla fine di detto periodo.[1]

La stessa disposizione si applica per il termine stabilito dall'art. 201 del c.p.p.[2,3,4]

[1] Comma così modif. dall'art. 16, c. 1, D.L. 12 set. 2014, n. 132, conv. con modif. in L. 10 nov. 2014, n. 162.
[2] Presentazione dei motivi di impugnazione.
[3] La Corte cost., con sent. 13 feb. 1985, n. 40, ha dichiarato l'ill. cost. dell'art. 1 «nella parte in cui non dispone che la sospensione ivi prevista si applica anche al termine di cui all'art. 5, primo e secondo comma, della L. 25 giu. 1865, n. 2359».
La Corte cost., con sent. 13 lug. 1987, n. 255, ha dichiarato l'ill. cost. dell'art. 1 «nella parte in cui non dispone che la sospensione ivi prevista si applichi anche al termine di cui all'art. 19, comma primo, della L. 22 ott. 1971, n. 865 nel testo sostituito dall'art. 14 della L. 28 gen. 1977, n. 10».
La Corte cost., con sent. 23 lug. 1987, n. 278, ha dichiarato l'ill. cost. dell'art. 1 «nella parte in cui non prevede la sospensione dei termini processuali, nel periodo feriale, relativamente ai processi militari in tempo di pace».
La Corte cost., con sent. 2 feb. 1990, n. 49, ha dichiarato l'ill. cost. dell'art. 1 «nella parte in cui non dispone che la sospensione ivi prevista si applichi al termine di trenta giorni di cui all'art. 1137 c.c., per l'impugnazione delle delibere dell'assemblea di condominio».
La Corte cost., con sent. 29 lug. 1992, n. 380, ha dichiarato l'ill. cost. dell'art. 1 «nella parte in cui non dispone che l'istituto della sospensione dei termini si applichi anche a quello stabilito per ricorrere, avverso le delibere dei Consigli provinciali, al Consiglio nazionale degli architetti».
[4] Il riferimento va ora fatto agli artt. 581 e 585 nuovo c.p.p.

2.[1] In materia penale la sospensione dei termini procedurali, compresi quelli stabiliti per la fase delle indagini preliminari, non opera nei procedimenti relativi ad imputati in stato di custodia cautelare, qualora essi o i loro difensori rinunzino alla sospensione dei termini.

La sospensione dei termini delle indagini preliminari di cui al primo comma non opera nei procedimenti per reati di criminalità organizzata.[2]

Nei procedimenti per reati la cui prescrizione maturi durante la sospensione o nei successivi quarantacinque giorni, ovvero nelle ipotesi in cui durante il medesimo periodo scadano o siano prossimi a scadere i termini della custodia cautelare, il giudice che procede pronuncia, anche di ufficio, ordinanza non impugnabile con la quale è specificamente motivata e dichiarata l'urgenza del processo. In tal caso i termini processuali decorrono, anche nel periodo feriale, dalla data di notificazione dell'ordinanza. Nel corso delle indagini preliminari l'urgenza è dichiarata nella stessa forma dal giudice su richiesta del pubblico ministero.

Nel corso delle indagini preliminari, quando occorre procedere con la massima urgenza nel periodo feriale al compimento di atti rispetto ai quali opera la sospensione dei termini stabilita dall'art. 1, il giudice per le indagini preliminari, su richiesta del pubblico ministero o della persona sottoposta alle indagini o del suo difensore, pronuncia ordinanza nella quale sono specificamente enunciate le ragioni dell'urgenza e la natura degli atti da compiere. Allo stesso modo il pubblico ministero provvede con decreto motivato quando deve procedere al compimento degli atti previsti dall'art. 360 del c.p.p.

Gli avvisi sono notificati alle parti o ai difensori. Essi devono far menzione dell'ordinanza o del decreto e i termini decorrono dalla data di notificazione.

La sospensione dei termini non opera nelle ipotesi previste dall'art. 467 del c.p.p.

Quando nel corso del dibattito si presenta la necessità di assumere prove nel periodo feriale, si procede a norma dell'art. 467 del c.p.p. Se le prove non sono state già ammesse, il giudice, nella prima udienza successiva, provvede a norma dell'art. 495 dello stesso codice; le prove dichiarate inammissibili non possono essere utilizzate

[1] Articolo così sostituito in virtù dell'art. 240-*bis* D.L. 28 lug. 1989, n. 271, (a sua volta inserito dall'art. 1 del D.L. 20 lug. 1990, n. 193), con decorrenza 22 lug. 1990.

[2] Il secondo comma è stato inserito dall'art. 21-*bis* del D.L. 8 giu. 1992, n. 306, conv. in L. 7 ago. 1992, n. 356.

2-*bis*.[1] Nei procedimenti per l'applicazione di una misura di prevenzione, le disposizioni dell'art. 1 non si applicano quando sia stata provvisoriamente disposta una misura personale o interdittiva o sia stato disposto il sequestro dei beni, qualora gli interessati o i loro difensori espressamente rinuncino alla sospensione dei termini, ovvero il giudice, a richiesta del pubblico ministero, dichiari con ordinanza motivata non impugnabile, l'urgenza del procedimento.

[1] Articolo così inserito dall'art. 33 della L. 19 mar. 1990, n. 55.

3. In materia civile, l'art. 1 non si applica alle cause ed ai procedimenti indicati nell'art. 92 dell'ordinamento giudiziario 30 gen. 1941, n. 12, nonché alle controversie previste dagli artt. 429 (ora 409) e 459 (ora 442) del c.p.c.[1,2]

[1] Si riferiscono alle controversie individuali di lavoro e in materia di previdenza e di assistenza obbligatorie.

[2] V. L. 7 ott. 1969, n. 742:

Art. 91. *Affari penali nel periodo feriale dei magistrati.* – Durante il periodo feriale dei magistrati le Corti d'appello ed i tribunali trattano le cause penali relative ad imputati detenuti o a reati che possono prescriversi, o che, comunque, presentano carattere di urgenza.

Art. 92. *Affari civili nel periodo feriale dei magistrati.* – Durante il periodo feriale dei magistrati le Corti d'appello ed i tribunali trattano le cause civili relative ad alimenti, alla materia di lavoro, ai procedimenti cautelari, di sfratto e di opposizione all'esecuzione, nonché quelle relative alla dichiarazione ed alla revoca dei fallimenti, ed in genere quelle rispetto alle quali la ritardata trattazione potrebbe produrre grave pregiudizio alle parti.

In quest'ultimo caso, la dichiarazione di urgenza è fatta dal presidente in calce alla citazione o al ricorso, con decreto non impugnabile, e, per le cause già iniziate, con provvedimento del giudice istruttore o del collegio, egualmente non impugnabile.

4. Le norme degli artt. 2 e 3 si applicano alle cause prevedute negli artt. 91 e 92[1] dell'ordinamento giudiziario di competenza del pretore e, per quelle indicate nell'art. 92, anche a quelle di competenza del conciliatore.

[1] Per il testo degli artt. v. in nota all'art. 3.

5. In materia amministrativa, l'art. 1 non si applica nel procedimento per la sospensione della esecuzione del provvedimento impugnato.

FRANCHISING

- 1 -

L. 6 mag. 2004, n. 129

Norme per la disciplina dell'affiliazione commerciale

(G.U. 24 mag. 2004, n. 120)

1. ***Definizioni.*** — 1. L'affiliazione commerciale (*franchising*) è il contratto, comunque denominato, fra due soggetti giuridici, economicamente e giuridicamente indipendenti, in base al quale una parte concede la disponibilità all'altra, verso corrispettivo, di un insieme di diritti di proprietà industriale o intellettuale relativi a marchi, denominazioni commerciali, insegne, modelli di utilità, disegni, diritti di autore, *know-how*, brevetti, assistenza o consulenza tecnica e commerciale, inserendo l'affiliato in un sistema costituito da una pluralità di affiliati distribuiti sul territorio, allo scopo di commercializzare determinati beni o servizi.

2. Il contratto di affiliazione commerciale può essere utilizzato in ogni settore di attività economica.

3. Nel contratto di affiliazione commerciale si intende:

a) per *know-how*, un patrimonio di conoscenze pratiche non brevettate derivanti da esperienze e da prove eseguite dall'affiliante, patrimonio che è segreto, sostanziale ed individuato; per segreto, che il *know-how*, considerato come complesso di nozioni o nella precisa configurazione e composizione dei suoi elementi, non è generalmente noto né facilmente accessibile; per sostanziale, che il *know-how* comprende conoscenze indispensabili all'affiliato per l'uso, per la vendita, la rivendita, la gestione o l'organizzazione dei beni o servizi contrattuali; per individuato, che il *know-how* deve essere descritto in modo sufficientemente esauriente, tale da consentire di verificare se risponde ai criteri di segretezza e di sostanzialità;

b) per diritto di ingresso, una cifra fissa, rapportata anche al valore economico e alla capacità di sviluppo della rete, che l'affiliato versa al momento della stipula del contratto di affiliazione commerciale;

c) per *royalties*, una percentuale che l'affiliante richiede all'affiliato commisurata al giro d'affari del medesimo o in quota fissa, da versarsi anche in quote fisse periodiche;

d) per beni dell'affiliante, i beni prodotti dall'affiliante o secondo le sue istruzioni e contrassegnati dal nome dell'affiliante.

2. ***Ambito di applicazione della legge.*** — 1. Le disposizioni relative al contratto di affiliazione commerciale, come definito all'art. 1, si applicano anche al contratto di affiliazione commerciale principale con il quale un'impresa concede all'altra, giuridicamente ed economicamente indipendente dalla prima, dietro corrispettivo, diretto o indiretto, il diritto di sfruttare un'affiliazione commerciale allo scopo di stipulare accordi di affiliazione commerciale con terzi, nonché al contratto con il quale l'affiliato, in un'area di sua disponibilità, allestisce uno spazio dedicato esclusivamente allo svolgimento dell'attività commerciale di cui al comma 1 dell'art. 1.

3. ***Forma e contenuto del contratto.*** — 1. Il contratto di affiliazione commerciale deve essere redatto per iscritto a pena di nullità.

2. Per la costituzione di una rete di affiliazione commerciale l'affiliante deve aver sperimentato sul mercato la propria formula commerciale.

3. Qualora il contratto sia a tempo determinato, l'affiliante dovrà comunque garantire all'affiliato una durata minima sufficiente all'ammortamento dell'investimento e comunque non inferiore a tre anni. È fatta salva l'ipotesi di risoluzione anticipata per inadempienza di una delle parti.

4. Il contratto deve inoltre espressamente indicare:

a) l'ammontare degli investimenti e delle eventuali spese di ingresso che l'affiliato deve sostenere prima dell'inizio dell'attività;

b) le modalità di calcolo e di pagamento delle *royalties*, e l'eventuale indicazione di un incasso minimo da realizzare da parte dell'affiliato;

c) l'ambito di eventuale esclusiva territoriale sia in relazione ad altri affiliati, sia in relazione a canali ed unità di vendita direttamente gestiti dall'affiliante;

d) la specifica del *know-how* fornito dall'affiliante all'affiliato;

e) le eventuali modalità di riconoscimento dell'apporto di *know-how* da parte dell'affiliato;

f) le caratteristiche dei servizi offerti dall'affiliante in termini di assistenza tecnica e commerciale, progettazione ed allestimento, formazione;

g) le condizioni di rinnovo, risoluzione o eventuale cessione del contratto stesso.

4. ***Obblighi dell'affiliante.*** — 1. Almeno trenta giorni prima della sottoscrizione di un contratto di affiliazione commerciale l'affiliante deve consegnare all'aspirante affiliato copia completa del contratto da sottoscrivere, corredato dei seguenti allegati, ad eccezione di quelli per i quali sussistano obiettive e specifiche esigenze di riservatezza, che comunque dovranno essere citati nel contratto:

a) principali dati relativi all'affiliante tra cui ragione e capitale sociale e, previa richiesta dell'aspirante affiliato, copia del suo bilancio degli ultimi tre anni o dalla data di inizio della sua attività, qualora esso sia avvenuto da meno di tre anni;

b) l'indicazione dei marchi utilizzati nel sistema, con gli estremi della relativa registrazione o del deposito, o della licenza concessa all'affiliante dal terzo, che abbia eventualmente la proprietà degli stessi, o la documentazione comprovante l'uso concreto del marchio;

c) una sintetica illustrazione degli elementi caratterizzanti l'attività oggetto dell'affiliazione commerciale;

d) una lista degli affiliati al momento operanti nel sistema e dei punti vendita diretti dell'affiliante;

e) l'indicazione della variazione, anno per anno, del numero degli affiliati con relativa ubicazione negli ultimi tre anni o dalla data di inizio dell'attività dell'affiliante qualora esso sia avvenuto da meno di tre anni;

f) la descrizione sintetica degli eventuali procedimenti giudiziari o arbitrali, promossi nei confronti dell'affiliante e che si siano conclusi negli ultimi tre anni, relativamente al sistema di affiliazione commerciale in esame, sia da affiliati sia da terzi privati o da pubbliche autorità, nel rispetto delle vigenti norme sulla *privacy*.

2. Negli allegati di cui alle lettere *d*), *e*) ed *f*) del comma 1 l'affiliante può limitarsi a fornire le informazioni relative alle attività svolte in Italia. Con decreto del Ministro delle attività produttive, da emanare entro novanta giorni dalla data di entrata in vigore della presente legge, sono definite le informazioni che, in relazione a quanto previsto dalla predette lettere *d*), *e*) ed *f*), dovranno essere fornite dagli affilianti che in precedenza abbiano operato esclusivamente all'estero.

5. ***Obblighi dell'affiliato.*** — 1. L'affiliato non può trasferire la sede, qualora sia indicata nel contratto, senza il preventivo consenso dell'affiliante, se non per causa di forza maggiore.

2. L'affiliato si impegna ad osservare e a far osservare ai propri collaboratori e dipendenti, anche dopo lo scioglimento del contratto, la massima riservatezza in ordine al contenuto dell'attività oggetto dell'affiliazione commerciale.

6. ***Obblighi precontrattuali di comportamento.*** — 1. L'affiliante deve tenere, in qualsiasi momento, nei confronti dell'aspirante affiliato, un comportamento ispirato a lealtà, correttezza e buona fede e deve tempestivamente fornire, all'aspirante affiliato, ogni dato e informazione che lo stesso ritenga necessari o utili ai fini della stipulazione del contratto di affiliazione commerciale, a meno che non si tratti di informazioni oggettivamente riservate o la cui divulgazione costituirebbe violazione di diritti di terzi.

2. L'affiliante deve motivare all'aspirante affiliato l'eventuale mancata comunicazione delle informazioni e dei dati dallo stesso richiesti.

3. L'aspirante affiliato deve tenere in qualsiasi momento, nei confronti dell'affiliante, un comportamento improntato a lealtà, correttezza e buona fede e deve fornire, tempestivamente ed in modo esatto e completo, all'affiliante ogni informazione e dato la cui conoscenza risulti necessaria o opportuna ai fini della stipulazione del contratto di affiliazione commerciale, anche se non espressamente richiesti dall'affiliante.

7. ***Conciliazione.*** — 1. Per le controversie relative ai contratti di affiliazione commerciale le parti possono convenire che, prima di adire l'autorità giudiziaria o ricorrere all'arbitrato, dovrà essere fatto un tentativo di conciliazione presso la camera di commercio, industria, artigianato e agricoltura nel cui territorio ha sede l'affiliato. Al procedimento di conciliazione si applicano, in quanto compatibili, le disposizioni di cui agli artt. 38, 39 e 40 del D.lgs. 17 gen. 2003, n. 5, e successive modificazioni.

8. ***Annullamento del contratto.*** — 1. Se una parte ha fornito false informazioni, l'altra parte può chiedere l'annullamento del Contratto ai sensi dell'art. 1439 del codice civile nonché il risarcimento del danno, se dovuto.

9. ***Norme transitorie e finali.*** (*Omissis*).

INTERESSI MORATORI NEI CONTRATTI

- 1 -

D.lgs. 9 ott. 2002, n. 231
Attuazione della direttiva 2000/35/CE relativa alla lotta contro i ritardi di pagamento nelle transazioni commerciali
(G.U. 23 ott. 2002, n. 249)

1. ***Ambito di applicazione.***[1] — 1. Le disposizioni contenute nel presente decreto si applicano ad ogni pagamento effettuato a titolo di corrispettivo in una transazione commerciale.

2. Le disposizioni del presente decreto non trovano applicazione per:

a) debiti oggetto di procedure concorsuali aperte a carico del debitore, comprese le procedure finalizzate alla ristrutturazione del debito;

b) pagamenti effettuati a titolo di risarcimento del danno, compresi i pagamenti effettuati a tale titolo da un assicuratore.

[1] Articolo così sost. dall'art. 1, c. 1, lett. *a*), D.lgs. 9 nov. 2012, n. 192. Le modifiche introdotte dal D.lgs. 9 nov. 2012, n. 192, si applicano alle transazioni commerciali concluse a decorrere dal 1° gen. 2013.

2. ***Definizioni.***[1] — 1. Ai fini del presente decreto si intende per:

a) «transazioni commerciali»: i contratti, comunque denominati, tra imprese ovvero tra imprese e pubbliche amministrazioni, che comportano, in via esclusiva o prevalente, la consegna di merci o la prestazione di servizi contro il pagamento di un prezzo;

b) «pubblica amministrazione»: le amministrazioni di cui all'articolo 3, comma 25, del decreto legislativo 12 aprile 2006, n. 163, e ogni altro soggetto, allorquando svolga attività per la quale è tenuto al rispetto della disciplina di cui al decreto legislativo 12 aprile 2006, n. 163;

c) «imprenditore»: ogni soggetto esercente un'attività economica organizzata o una libera professione;

d) «interessi moratori»: interessi legali di mora ovvero interessi ad un tasso concordato tra imprese;

e) «interessi legali di mora»: interessi semplici di mora su base giornaliera ad un tasso che è pari al tasso di riferimento maggiorato di otto punti percentuali;

f) «tasso di riferimento»: il tasso di interesse applicato dalla Banca centrale europea alle sue più recenti operazioni di rifinanziamento principali;

g) «importo dovuto»: la somma che avrebbe dovuto essere pagata entro il termine contrattuale o legale di pagamento, comprese le imposte, i dazi, le tasse o gli oneri applicabili indicati nella fattura o nella richiesta equivalente di pagamento.

[1] Articolo così sost. dall'art. 1, c. 1, lett. *b*), D.lgs. 9 nov. 2012, n. 192. Le modifiche introdotte dal D.lgs. 9 nov. 2012, n. 192, si applicano alle transazioni commerciali concluse a decorrere dal 1° gen. 2013.

3. ***Responsabilità del debitore.*** — 1. Il creditore ha diritto alla corresponsione degli interessi moratori sull'importo dovuto, ai sensi degli articoli 4 e 5, salvo che il debitore dimostri che il ritardo nel pagamento del prezzo è stato determinato dall'impossibilità della prestazione derivante da causa a lui non imputabile.[1]

[1] Comma così modif. dall'art. 1, c. 1, lett. *c*), D.lgs. 9 nov. 2012, n. 192. Le modifiche introdotte dal D.lgs. 9 nov. 2012, n. 192, si applicano alle transazioni commerciali concluse a decorrere dal 1° gen. 2013.

4. ***Termini di pagamento.***[1,2] — 1. Gli interessi moratori decorrono, senza che sia necessaria la costituzione in mora, dal giorno successivo alla scadenza del termine per il pagamento.

2. Salvo quanto previsto dai commi 3, 4 e 5, il periodo di pagamento non può superare i seguenti termini:[3]

a) trenta giorni dalla data di ricevimento da parte del debitore della fattura o di una richiesta di pagamento di contenuto equivalente. Non hanno effetto sulla decorrenza del termine le richieste di integrazione o modifica formali della fattura o di altra richiesta equivalente di pagamento;

b) trenta giorni dalla data di ricevimento delle merci o dalla data di prestazione dei servizi, quando non è certa la data di ricevimento della fattura o della richiesta equivalente di pagamento;

c) trenta giorni dalla data di ricevimento delle merci o dalla prestazione dei servizi, quando la data in cui il debitore riceve la fattura o la richiesta equivalente di pagamento è anteriore a quella del ricevimento delle merci o della prestazione dei servizi;

d) trenta giorni dalla data dell'accettazione o della verifica eventualmente previste dalla legge o dal contratto ai fini dell'accertamento della conformità della merce o dei servizi alle previsioni contrattuali, qualora il debitore riceva la fattura o la richiesta equivalente di pagamento in epoca non successiva a tale data.

3. Nelle transazioni commerciali tra imprese le parti possono pattuire un termine per il pagamento superiore rispetto a quello previsto dal comma 2. Termini superiori a sessanta giorni, purché non siano gravemente iniqui per il creditore ai sensi dell'articolo 7, devono essere pattuiti espressamente. La clausola relativa al termine deve essere provata per iscritto.

4. Nelle transazioni commerciali in cui il debitore è una pubblica amministrazione le parti possono pattuire, purché in modo espresso, un termine per il pagamento superiore a quello previsto dal comma 2, quando ciò sia oggettivamente giustificato dalla natura particolare del contratto o da talune sue caratteristiche. In ogni caso i termini di cui al comma 2 non possono essere superiori a ses-

santa giorni. La clausola relativa al termine deve essere provata per iscritto.[4]

5. I termini di cui al comma 2 sono raddoppiati:

a) per le imprese pubbliche che sono tenute al rispetto dei requisiti di trasparenza di cui al decreto legislativo 11 novembre 2003, n. 333;

b) per gli enti pubblici che forniscono assistenza sanitaria e che siano stati debitamente riconosciuti a tale fine.

6. Quando è prevista una procedura diretta ad accertare la conformità della merce o dei servizi al contratto essa non può avere una durata superiore a trenta giorni dalla data della consegna della merce o della prestazione del servizio, salvo che sia diversamente ed espressamente concordato dalle parti e previsto nella documentazione di gara e purché ciò non sia gravemente iniquo per il creditore ai sensi dell'articolo 7. L'accordo deve essere provato per iscritto.

7. Resta ferma la facoltà delle parti di concordare termini di pagamento a rate. In tali casi, qualora una delle rate non sia pagata alla data concordata, gli interessi e il risarcimento previsti dal presente decreto sono calcolati esclusivamente sulla base degli importi scaduti.

7-*bis*. Le banche, gli intermediari finanziari, la Cassa depositi e prestiti S.p.A. e le istituzioni finanziarie dell'Unione europea possono concedere ai comuni, alle province, alle città metropolitane, alle regioni e alle province autonome, anche per conto dei rispettivi enti del Servizio sanitario nazionale, anticipazioni di liquidità da destinare al pagamento di debiti certi, liquidi ed esigibili, maturati alla data del 31 dicembre 2019, relativi a somministrazioni, forniture, appalti e a obbligazioni per prestazioni professionali. L'anticipazione di liquidità per il pagamento di debiti fuori bilancio è subordinata al relativo riconoscimento.

7-*ter*. Le anticipazioni di cui al comma 7-*bis* sono concesse, per gli enti locali, entro il limite massimo di tre dodicesimi delle entrate accertate nell'anno 2018 afferenti ai primi tre titoli di entrata del bilancio e, per le regioni e le province autonome, entro il limite massimo del 5 per cento delle entrate accertate nell'anno 2018 afferenti al primo titolo di entrata del bilancio.

7-*quater*. Con riferimento alle anticipazioni non costituenti indebitamento ai sensi dell'articolo 3, comma 17, della legge 24 dicembre 2003, n. 350, fatto salvo l'obbligo per gli enti richiedenti di adeguare le relative iscrizioni nel bilancio di previsione successivamente al perfezionamento delle anticipazioni, non trovano applicazione le disposizioni di cui all'articolo 203, comma 1, lettera *b*), e all'articolo 204 del testo unico di cui al decreto legislativo 18 agosto 2000, n. 267, nonché di cui all'articolo 62 del decreto legislativo 23 giugno 2011, n. 118.

7-*quinquies*. Le anticipazioni agli enti locali sono assistite dalla delegazione di pagamento di cui all'articolo 206 del citato decreto legislativo 18 agosto 2000, n. 267. Ad esse si applicano le disposizioni di cui all'articolo 159, comma 2, e all'articolo 255, comma 10, del predetto decreto legislativo 18 agosto 2000, n. 267. Le anticipazioni alle regioni e alle province autonome sono assistite da garanzia sulle relative entrate di bilancio a norma della specifica disciplina applicabile a ciascuna regione e provincia autonoma.

7-*sexies*. La richiesta di anticipazione di liquidità è presentata agli istituti finanziari di cui al comma 7-*bis* entro il termine del 30 aprile 2020 ed è corredata di un'apposita dichiarazione sottoscritta dal rappresentante legale dell'ente richiedente, contenente l'elenco dei debiti da pagare con l'anticipazione, come qualificati al medesimo comma 7-*bis*, redatta utilizzando il modello generato dalla piattaforma elettronica per la gestione telematica del rilascio delle certificazioni di cui all'articolo 7, comma 1, del decreto-legge 8 aprile 2013, n. 35, convertito, con modificazioni, dalla legge 6 giugno 2013, n. 64.

7-*septies*. Gli enti debitori effettuano il pagamento dei debiti per i quali hanno ottenuto l'anticipazione di liquidità entro quindici giorni dalla data di effettiva erogazione da parte dell'istituto finanziatore. Per il pagamento dei debiti degli enti del Servizio sanitario nazionale e degli enti locali, da effettuare a valere sui trasferimenti da parte di regioni e province autonome di cui al comma 7-*bis*, il termine è di trenta giorni dalla data di effettiva erogazione da parte dell'istituto finanziatore.

7-*octies*. Le anticipazioni di liquidità sono rimborsate entro il termine del 30 dicembre 2020, o anticipatamente in conseguenza del ripristino della normale gestione della liquidità, alle condizioni pattuite contrattualmente con gli istituti finanziatori.

7-*novies*. Gli istituti finanziatori verificano, attraverso la piattaforma elettronica di cui al comma 7-*sexies*, l'avvenuto pagamento dei debiti di cui al medesimo comma. In caso di mancato pagamento, gli istituti finanziatori possono chiedere, per il corrispondente importo, la restituzione dell'anticipazione, anche attivando le garanzie di cui al comma 7-*quinquies*.

[1] Articolo così sost. dall'art. 1, c. 1, lett. *d*), D.lgs. 9 nov. 2012, n. 192. Le modifiche introdotte dal D.lgs. 9 nov. 2012, n. 192, si applicano alle transazioni commerciali concluse a decorrere dal 1° gen. 2013.

[2] Rubrica così sost. dall'art. 24, c. 3, L. 30 ott. 2014, n. 161.

[3] Alinea così sost. dall'art. 24, c. 3, L. 30 ott. 2014, n. 161.

[4] Comma così modif. dall'art. 24, c. 3, L. 30 ott. 2014, n. 161.

[5] Comma aggiunto dall'art. 1, c. 556, L. 27 dic. 2019, n. 160.

5. *Saggio degli interessi.*[1] — 1. Gli interessi moratori sono determinati nella misura degli interessi legali di mora. Nelle transazioni commerciali tra imprese è consentito alle parti di concordare un tasso di interesse diverso, nei limiti previsti dall'articolo 7.

2. Il tasso di riferimento è così determinato:

a) per il primo semestre dell'anno cui si riferisce il ritardo, è quello in vigore il 1° gennaio di quell'anno;

b) per il secondo semestre dell'anno cui si riferisce il ritardo, è quello in vigore il 1° luglio di quell'anno.

3. Il Ministero dell'economia e delle finanze dà notizia del tasso di riferimento, curandone la pubblicazione nella *Gazzetta Ufficiale* della Repubblica italiana nel quinto giorno lavorativo di ciascun semestre solare.

[1] Articolo così sost. dall'art. 1, c. 1, lett. *e*), D.lgs. 9 nov. 2012, n. 192. Le modifiche introdotte dal D.lgs. 9 nov. 2012, n. 192, si applicano alle transazioni commerciali concluse a decorrere dal 1° gen. 2013.

6. *Risarcimento delle spese di recupero.*[1] — 1. Nei casi previsti dall'articolo 3, il creditore ha diritto anche al rimborso dei costi sostenuti per il recupero delle somme non tempestivamente corrisposte.

2. Al creditore spetta, senza che sia necessaria la costituzione in mora, un importo forfettario di 40 euro a titolo di risarcimento del danno. È fatta salva la prova del maggior danno, che può comprendere i costi di assistenza per il recupero del credito.

[1] Articolo così sost. dall'art. 1, c. 1, lett. *f*), D.lgs. 9 nov. 2012, n. 192. Le modifiche introdotte dal D.lgs. 9 nov. 2012, n. 192, si applicano alle transazioni commerciali concluse a decorrere dal 1° gen. 2013.

7. *Nullità.* — 1. Le clausole relative al termine di pagamento, al saggio degli interessi moratori o al risarcimento per i costi di recupero, a qualunque titolo previste o introdotte nel contratto, sono nulle quando risultano gravemente inique in danno del creditore. Si applicano gli articoli 1339 e 1419, secondo comma, del codice civile.

2. Il giudice dichiara, anche d'ufficio, la nullità della clausola avuto riguardo a tutte le circostanze del caso, tra cui il grave scostamento dalla prassi commerciale in contrasto con il principio di buona fede e correttezza, la natura della merce o del servizio oggetto del contratto, l'esistenza di motivi oggettivi per derogare al saggio degli interessi legali di mora, ai termini di pagamento o all'importo forfettario dovuto a titolo di risarcimento per i costi di recupero.

3. Si considera gravemente iniqua la clausola che esclude l'applicazione di interessi di mora. Non è ammessa prova contraria.

4. Si presume che sia gravemente iniqua la clausola che esclude il risarcimento per i costi di recupero di cui all'articolo 6.

4-*bis*. Nelle transazioni commerciali in cui il creditore sia una PMI, come definita ai sensi del decreto del Ministro delle attività produttive 18 aprile 2005, pubblicato nella Gazzetta Ufficiale n. 238 del 12 ottobre 2005, si presume che sia gravemente iniqua la clausola che prevede termini di pagamento superiori a sessanta giorni. Il presente comma non si applica quando tutte le parti del contratto sono PMI.[2]

5. Nelle transazioni commerciali in cui il debitore è una pubblica amministrazione è nulla la clausola avente ad oggetto la predeterminazione o la modifica della data di ricevimento della fattura. La nullità è dichiarata d'ufficio dal giudice.

[1] Articolo così sost. dall'art. 1, c. 1, lett. *g*), D.lgs. 9 nov. 2012, n. 192. Le modifiche introdotte dal D.lgs. 9 nov. 2012, n. 192, si applicano alle transazioni commerciali concluse a decorrere dal 1° gen. 2013.

[2] Comma aggiunto dall'art. 3, c. 1-*terdecies*, D.L. 14 dic. 2018, n. 135, conv. con modif. in L. 11 feb. 2019, n. 12.

7-*bis*. *Prassi inique.*[1] — 1. Le prassi relative al termine di pagamento, al saggio degli interessi moratori o al risarcimento per i costi di recupero, quando risultano gravemente inique per il creditore, danno diritto al risarcimento del danno.

2. Il giudice accerta che una prassi è gravemente iniqua tenuto conto di quanto previsto dall'articolo 7, comma 2.

3. Si considera gravemente iniqua la prassi che esclude l'applicazione di interessi di mora. Non è ammessa prova contraria.

4. Si presume che sia gravemente iniqua la prassi che esclude il risarcimento per i costi di recupero di cui all'articolo 6.

[1] Articolo ins. dall'art. 24, c. 3, L. 30 ott. 2014, n. 161.

7-*ter*. *Evidenza nel bilancio sociale.*[1] — 1. A decorrere dall'esercizio 2019, nel bilancio sociale le società danno evidenza dei tempi medi di pagamento delle transazioni effettuate nell'anno, individuando altresì gli eventuali ritardi medi tra i termini pattuiti e quelli effettivamente praticati. I medesimi soggetti danno conto nel bilancio sociale anche delle politiche commerciali adottate con riferimento alle suddette transazioni, nonché delle eventuali azioni poste in essere in relazione ai termini di pagamento.

[1] Articolo ins. dall'art. 22, c. 1, D.L. 30 apr. 2019, n. 34, conv. in L. 28 giu. 2019, n. 58.

8. *Tutela degli interessi collettivi.* — 1. Le associazioni di categoria degli imprenditori presenti nel Consiglio nazionale dell'economia e del lavoro (CNEL), prevalentemente in rappresentanza delle piccole e medie imprese di tutti i settori produttivi e degli artigiani, sono legittimate ad agire, a tutela degli interessi collettivi, richiedendo al giudice competente:

a) di accertare la grave iniquità, ai sensi dell'articolo 7, delle condizioni generali concernenti il termine di pagamento, il saggio degli interessi moratori o il risarcimento per i costi di recupero e di inibirne l'uso;[1]

b) di adottare le misure idonee a correggere o eliminare gli effetti dannosi delle violazioni accertate;

c) di ordinare la pubblicazione del provvedimento su uno o più quotidiani a diffusione nazionale oppure locale nei casi in cui la pubblicità del provvedimento possa contribuire a correggere o eliminare gli effetti delle violazioni accertate.

2. L'inibitoria è concessa, quando ricorrono giusti motivi di urgenza, ai sensi degli artt. 669-*bis* e seguenti del codice di procedura civile.

3. In caso di inadempimento degli obblighi stabiliti dal provvedimento reso nel giudizio di cui ai commi 1 e 2, il giudice, anche su domanda dell'associazione che ha agito, dispone il pagamento di una somma di denaro, da euro 500 a euro 1.100, per ogni giorno di ritardo tenuto conto della gravità del fatto.

[1] Lettera così sost. dall'art. 1, c. 1, lett. *h*), D.lgs. 9 nov. 2012, n. 192. Le modifiche introdotte dal D.lgs. 9 nov. 2012, n. 192, si applicano alle transazioni commerciali concluse a decorrere dal 1° gen. 2013.

9-11. (*Omissis*).

ISTITUTI DI VENDITE GIUDIZIARIE

- 1 -

D.M. 11 feb. 1997, n. 109

Regolamento di modifica al D.M. 20 giu. 1960, e successive modificazioni, e tariffa dei compensi dovuti agli istituti di vendite giudiziarie

(G.U. 24 apr. 1977, n. 95)

CAPO I
Dell'istituto di vendite giudiziarie

1. *Sfera di applicazione.* — 1. Il presente regolamento si applica ai soggetti autorizzati in via generale all'esecuzione di vendita all'incanto di beni mobili disposta dalla autorità giudiziaria e di custodia dei beni mobili e di amministrazione giudiziaria di beni immobili. È fatta salva ogni altra forma di vendita disposta ai sensi degli artt. 532 e 533 del c.p.c.

2. *Istituto di vendite giudiziarie.* — 1. L'ente o la persona autorizzata organizza apposita gestione autonoma, denominata "istituto di vendite giudiziarie".

2. L'istituto ha propri uffici nella sede capoluogo della circoscrizione giudiziaria per la quale è stata concessa l'autorizzazione. La sede degli uffici non può essere mutata senza preventiva autorizzazione del presidente della corte di appello.

3. Su richiesta del presidente della corte di appello, l'Istituto autorizzato ad operare nel distretto o nel circondario istituisce nell'ambito territoriale di sua competenza altre sedi idonee per le vendite giudiziarie, ove sussista comprovata necessità e convenienza.

4. A garanzia di ogni responsabilità nei confronti dell'erario o verso terzi l'istituto presta cauzione nella forma, nella misura e nei termini stabiliti dal presidente della corte di appello.

3. *Limite territoriale delle attribuzioni.* — 1. L'istituto opera nel territorio della circoscrizione giudiziaria per la quale è stata concessa l'autorizzazione.

2. Il Ministro di grazia e giustizia, ove ne ravvisi la necessità, può autorizzare altri istituti nello stesso distretto o circondario.

4. *Personale dipendente.* — 1. Per l'espletamento degli incarichi ad esso affidati, l'istituto si avvale di personale tecnicamente e moralmente qualificato.

2. All'istituto è preposto un direttore che, in caso di impedimento o di assenza, è sostituito da altro dipendente preventivamente designato.

3. L'assunzione del personale direttivo, di quello preposto alle ricognizioni, ai trasporti ed alle vendite, è subordinata al consenso del presidente della corte di appello, il quale può, in qualsiasi momen-

to, per giustificato motivo, chiedere l'esonero del dipendente dalle mansioni esercitate e la sostituzione di soggetti ritenuti indegni o inidonei.

4. L'istituto osserva le disposizioni legislative ed i contratti collettivi di lavoro che disciplinano lo stato giuridico, il trattamento economico, l'orario di lavoro ed il trattamento previdenziale della categoria di personale addetto al servizio.

5. ***Tessere di riconoscimento.*** — 1. Il direttore, la persona che lo sostituisce e quelle preposte ai servizi di custodia, ricognizione, trasporto e vendita dei beni pignorati o sequestrati, sono muniti di tessera di riconoscimento, con l'indicazione delle mansioni svolte nell'istituto, rilasciata dal presidente della corte di appello.

2. La corte di appello darà poi comunicazione del rilascio delle tessere e delle eventuali revoche agli uffici giudiziari dipendenti, all'autorità di pubblica sicurezza ed al comando dei carabinieri del capoluogo della circoscrizione giudiziaria nella quale l'Istituto opera.

3. Gli automezzi preposti alla ricognizione e al trasporto, potranno avvalersi, previa autorizzazione da parte del capo dell'ufficio giudiziario competente territorialmente, di un disco mobile di riconoscimento da apporre all'interno dell'automezzo stesso.

6. ***Assunzione obbligatoria degli incarichi.*** — 1. L'istituto non può rifiutare l'assunzione degli incarichi previsti nell'art. 1, anche se affidati da giudici di altri circondari, ma la vendita deve eseguirsi presso una sede autorizzata dell'Istituto stesso.

2. L'espletamento dell'incarico non può essere delegato ad altri, neppure in parte. L'istituto deve disporre di locali capaci ed idonei.

3. Qualora concorrano giustificati motivi, il giudice che ha conferito l'incarico può esonerare l'istituto dall'incarico stesso. Il provvedimento di esonero dispone in ordine alle spese sostenute che, in caso di irregolarità ascrivibile all'istituto, restano a carica dello stesso.

7. ***Divieto di acquisto.*** — 1. Il gestore autorizzato non può, neppure per interposta persona, rendersi acquirente delle cose da vendere o stipulare senza l'autorizzazione del giudice altri contratti in ordine ai beni custoditi o amministrati.

2. Tale divieto si applica anche alle persone addette all'istituto ed ai loro parenti o affini entro il secondo grado.

8. ***Responsabilità.*** — 1. Il gestore autorizzato è responsabile dell'operato dei suoi dipendenti, per i danni cagionati nell'espletamento delle loro mansioni.

9. ***Assicurazione.*** — 1. Le cose detenute per la custodia o per la vendita sono assicurate contro i rischi dell'incendio e del furto presso istituti assicurativi aventi organizzazione territoriale a dimensione nazionale. Copia della polizza va trasmessa entro cinque giorni dalla stipulazione al presidente della corte di appello che può richiedere le necessarie integrazioni.

10. ***Vigilanza.*** — 1. La vigilanza sul funzionamento dell'istituto spetta al Ministro di grazia e giustizia, che la esercita direttamente e per mezzo del presidente della corte di appello e di magistrati dallo stesso delegati; la stessa attribuzione spetta al giudice che ha conferito l'incarico, nei limiti dell'incarico stesso.

2. L'istituto è tenuto a consentire in ogni momento agli incaricati del Ministro di grazia e giustizia ed a quelli del presidente della corte di appello, le ispezioni dei locali e i più ampi controlli sui registri, sulle operazioni svolte, sul personale e sulla gestione.

3. Le istruzioni per l'attuazione del presente regolamento, che il presidente della corte di appello ritiene di impartire al fine di conseguire il migliore espletamento del servizio, sono concordate col Ministro di grazia e giustizia.

11. ***Gestione.*** — 1. La gestione annuale si chiude al 31 dicembre di ciascun anno, ed entro il mese di febbraio dell'anno successivo l'istituto trasmette la relazione sull'attività svolta al presidente della corte di appello.

2. Il presidente della corte comunica, a sua volta, al Ministro di grazia e giustizia le proprie osservazioni sul funzionamento dell'istituto.

CAPO II
Dei registri, del bollettario e dei fascicoli

12. ***Registri e bollettari obbligatori.*** — 1. L'istituto di vendite giudiziarie deve tener conto i seguenti registri e bollettario, conformi ai modelli approvati con decreto del Ministro di grazia e giustizia:

1) registro cronologico per le vendite dei mobili pignorati e sequestrati e per le altre vendite giudiziarie ordinarie;

2) registro cronologico per le vendite fallimentari;

3) registro cronologico per le vendite di autoveicoli;

4) registro cronologico e contabile dei beni immobili in amministrazione giudiziaria;

5) registro cronologico delle cose in custodia senza incarico di vendita;

6) registro magazzino dei mobili custoditi nei locali dell'Istituto;

7) registro di deposito nella cancelleria degli atti relativi alle vendite;

8) bollettario a ricalco delle riscossioni fatte dall'istituto con la specificazione delle somme incassate per le vendite e di quelle percepite per compensi.

2. I registri e il bollettario possono essere sostituiti con tabulati e stampati meccanografici, purché conformi ai modelli approvati.

LEGGI COMPLEMENTARI - C.C. e C.P.C.

13. ***Tenuta e controllo dei registri e del bollettario.*** — 1. I registri e il bollettario a ricalco, nonché i tabulati e gli stampati meccanografici, sono numerati e vidimati prima dell'uso dal cancelliere di pretura; su ogni foglio i registri, i tabulati e gli stampati meccanografici e in ciascuna matrice il bollettario.

2. L'iscrizione nei registri ha luogo giornalmente secondo le norme stabilite per i cronologi degli ufficiali giudiziari.

3. Nei mesi di gennaio e luglio di ciascun anno il pretore verifica se i registri sono tenuti con regolarità.

4. Il processo verbale di verifica con gli eventuali rilievi è trasmesso, per via gerarchica, al presidente della corte di appello e da questi al Ministro di grazia e giustizia con le proprie osservazioni.

5. I rilievi e le osservazioni di cui al comma 4 sono comunicate all'istituto interessato.

14. ***Fascicoli.*** — 1. Per ogni incarico ricevuto l'istituto forma un fascicolo contraddistinto dallo stesso numero del registro cronologico sotto il quale è iscritto. Nel fascicolo sono inseriti tutti gli atti compiuti, le comunicazioni e gli avvisi di ricevimento, nonché la dettagliata distinta dei compensi percepiti dall'istituto e delle eventuali spese di cui all'art. 35, comma 1.

15. ***Conservazione dei registri, dei bollettari e dei fascicoli.*** — 1. I registri, i fascicoli e i bollettari sono tenuti nella sede locale dell'istituto.

2. Espletato l'incarico, tutti gli atti relativi alla procedura di esecuzione vengono depositati nella cancelleria, che ne rilascia ricevuta.

3. I registri, i tabulati e gli stampati meccanografici, nonché i bollettari devono essere conservati nella sede dell'istituto per almeno cinque anni.

CAPO III

Della pubblicità

16. ***Bollettino ufficiale.*** — 1. L'istituto pubblica, ogni settimana, il "bollettino ufficiale delle aste giudiziarie" con gli avvisi delle vendite che saranno effettuate nei sette giorni successivi, specificando in apposite rubriche le vendite ordinarie, quelle fallimentari e quelle di altro genere.

2. Per ogni vendita giudiziaria il bollettino indica l'ufficiale procedente, se l'incarico è affidato al cancelliere o all'ufficiale giudiziario, specifica se si tratta di vendita con o senza incanto, descrive sommariamente gli oggetti ed indica il prezzo, il luogo, il giorno e l'ora della vendita. Rende noto il luogo dove i beni sono esposti al pubblico.

3. Negli avvisi di vendita fallimentare devono, inoltre, essere indicati il fallimento a cui la vendita si riferisce, il giudice delegato o il pretore ed il curatore.

4. L'istituto, se richiesto, deve inserire nel bollettino gli avvisi delle vendite che saranno effettuate direttamente dal cancelliere o dall'ufficiale giudiziario anche in luogo diverso dai locali dell'istituto.

5. Il bollettino è spedito gratuitamente alla locale camera di commercio, al comune per l'affissione nell'albo, al giudice dell'esecuzione, al presidente della corte di appello per gli istituti operanti nel distretto, al presidente del tribunale ed al pretore dirigente per quelli operanti nel circondario affinché sia affisso all'albo della pretura circondariale.

17. ***Pubblicità sul bollettino ufficiale.*** — 1. L'istituto è tenuto a pubblicare sul bollettino:

1) gli avvisi di vendite relative ad autoveicoli, a beni di eredità giacenti o a beni oggetto di provvedimenti di volontaria giurisdizione, nonché quelli relativi alle vendite fallimentari, con riferimento al prezzo base, nel testo indicato dal giudice;

2) gli avvisi delle vendite per le quali è autorizzata dal giudice l'aggiudicazione al maggior offerente.

18. ***Altre forme di pubblicità ed esposizione al pubblico dei beni in vendita.*** — 1. L'istituto cura la diversa particolare pubblicità stabilita dal giudice, con onere a carico del creditore istante anticipatario, nonché ogni altra forma di pubblicità idonea per la maggiore conoscenza della vendita.

2. L'esposizione al pubblico dei beni avrà luogo dal giorno precedente ad un'ora prima di quella fissata per le vendite da eseguirsi presso i locali dell'istituto e per almeno tre ore quando la vendita deve eseguirsi in luogo diverso.

3. Il giudice dell'esecuzione, ove ricorrano gravi motivi, può stabilire una durata maggiore dell'esposizione.

CAPO IV

Degli incarichi giudiziari

19. ***Custodia.*** — 1. L'istituto può essere nominato all'atto del pignoramento custode dei beni pignorati. In tal caso deve essere presente al conferimento dell'incarico con un suo dipendente munito della tessera di riconoscimento indicata nell'art. 5, che può farsi autorizzare al trasporto delle cose per conservarle nella sede o nei depositi dell'istituto.

2. Il giudice, successivamente al pignoramento o sequestro, può nominare l'istituto custode dei beni pignorati o sequestrati in sostituzione del precedente custode e disporre, se del caso, che le cose stesse siano trasportate nella sede o nei depositi dell'Istituto.

3. Le eventuali spese di trasporto, anticipate dal creditore, sono rimborsate, previa liquidazione del giudice, entro i limiti fissati dalla tabella allegata.

4. L'istituto percepisce per la custodia i compensi stabiliti dall'art. 37 del presente regolamento dal giorno dell'asporto fino a quello dell'effettiva vendita, così come liquidati dal giudice.

5. L'istituto è autorizzato a trattenere le spese ed i compensi sul prezzo di aggiudicazione o ad esigerli dal creditore o dal debitore a seconda dei casi.

6. L'istituto è tenuto a consentire ai creditori mu-

niti dell'avviso del cancelliere di cui all'art. 538 del c.p.c. l'ispezione dei preziosi pignorati tenuti in custodia.

20. ***Custodia successiva all'estinzione del processo esecutivo. Eliminazione delle cose invendute.*** — 1. L'istituto, in seguito all'estinzione del processo esecutivo, o alla revoca del sequestro o in caso di cessazione della vendita prevista dall'art. 504 del c.p.c., comunica al debitore, mediante lettera raccomandata con avviso di ricevimento, che le cose in custodia sono a sua disposizione e lo invita a ritirarle nel termine di dieci giorni dal ricevimento della comunicazione, previo pagamento dei compensi e delle spese previste dal capo V del presente regolamento.

2. Qualora le cose pignorate rimangano invendute dopo l'incanto senza prezzo base e la procedura non possa utilmente proseguire, si procede alla comunicazione così come previsto al comma 1.

3. Decorso inutilmente il termine assegnato, le cose invendute e non ritirate dal debitore sono a cura dell'istituto distrutte o donate ad enti di beneficienza ed assistenza, previa autorizzazione del giudice. Resta salva comunque l'applicabilità degli artt. 2756, ultimo comma, e 2761, terzo e quarto comma, del c.c.

4. La somma ricavata, dedotto il compenso dovuto, è depositata, entro le quarantotto ore successive, a cura dell'istituto, su un libretto bancario produttivo di interessi intestato al debitore.

5. Qualora il pignoramento o il sequestro sia divenuto inefficace l'istituto percepisce i compensi di cui all'art. 33 dal creditore procedente. In tali ipotesi non si applica la disposizione contenuta nel comma 3.

6. In caso di assegnazione si applicano le disposizioni previste dai commi precedenti nei confronti dell'assegnatario, che può ritirare i beni previo pagamento dei compensi dovuti.

21. ***Amministrazione giudiziaria.*** — 1. Qualora il giudice dell'esecuzione, o quello delegato al fallimento, oppure il commissario liquidatore, affidino all'istituto l'amministrazione giudiziaria di immobili, il cancelliere o il curatore, oppure l'incaricato del commissario liquidatore procede, unitamente ad un rappresentante dell'istituto, ad eseguire l'inventario ed il bilancio di consistenza mediante verbalizzazione delle operazioni compiute.

2. L'istituto, avuto in consegna l'immobile unitamente al verbale ed a tutta la documentazione relativa, deve iscrivere ciascun incarico sull'apposito registro cronologico contabile, da tenere costantemente aggiornato e formare il fascicolo contenente i documenti giustificativi.

3. L'istituto deve compiere tutti gli atti necessari all'incarico affidatogli entro i limiti dell'ordinaria amministrazione, attenendosi alle direttive impartite dal giudice o dal commissario e dovrà segnalare immediatamente a questi ultimi qualsiasi pretesa di terzi sull'immobile amministrato o qualsiasi turbativa.

4. Alla fine di ogni trimestre l'istituto deve presentare il conto di ogni singola amministrazione e depositare le relative rendite disponibili nei modi stabiliti dal giudice o dal commissario.

5. Al termine di ogni singola amministrazione l'istituto deve presentare il rendiconto finale all'approvazione dell'autorità che ha conferito l'incarico, la quale ne rilascerà attestazione scritta.

6. L'istituto, inoltre, nelle esecuzioni immobiliari, quale custode o amministratore, fornisce al giudice l'assistenza necessaria per la vendita e può essere dallo stesso incaricato delle operazioni preliminari all'uopo indispensabili.

22. ***Provvedimenti di autorizzazione alla vendita.*** — 1. Il giudice dell'esecuzione che incarica l'istituto di procedere alla vendita, stabilisce se essa debba farsi senza incanto ed a prezzo minimo, ovvero con incanto ed a prezzo base al miglior offerente. Stabilisce, inoltre, il luogo, il giorno e l'ora della vendita tenuto conto dell'orario diurno e serale praticato dall'istituto e del numero degli incarichi che possono essere espletati nello stesso giorno, secondo il calendario a tal fine predisposto.

2. Ogni vendita, salvo che si tratti di cose deteriorabili, deve essere fissata per l'esecuzione non prima di venti giorni liberi dalla data del provvedimento che la dispone.

3. Il creditore è tenuto ad effettuare il versamento del compenso previsto dell'art. 31 all'istituto nella misura stabilita nell'allegata tariffa, entro le quarantotto ore dalla pronuncia dell'ordinanza di vendita o dalla notificazione del decreto. Il pretore può subordinare a tale versamento l'esecuzione della vendita; in tal caso, se il creditore non vi ottemperi nel termine fissato, il provvedimento che dispone la vendita diviene inefficace. Qualora manchi tale disposizione, l'istituto, a mezzo di lettera raccomandata con avviso di ricevimento, invita il creditore a provvedere al versamento non effettuato, entro quarantotto ore dalla ricezione. Se il creditore non ottempera a tale invito l'istituto ne informa la cancelleria e il pretore revoca il provvedimento di vendita.

4. In caso di inefficacia o di revoca del provvedimento il creditore procedente, unitamente all'eventuale presentazione di una nuova istanza in cancelleria, deve effettuare presso la cassa dell'istituto il versamento forfettario e le eventuali ulteriori documentate spese sostenute dall'istituto, per ottenere la rifissazione della vendita.

5. Il cancelliere provvede alla pubblicazione degli avvisi ai sensi dell'art. 490 del c.p.c. e comunica d'ufficio all'istituto entro cinque giorni dal provvedimento, ciascun incarico, specificando tutti gli estremi necessari all'espletamento dell'incarico stesso, nonché l'importo dei crediti per i quali si procede e allega copia, in carta libera, con certifi-

cazione di conformità, del processo verbale di pignoramento.

6. L'istituto può in ogni tempo prendere visione presso la cancelleria del fascicolo dell'esecuzione.

23. ***Vendita senza incanto.*** — 1. Per la vendita senza incanto si applicano gli artt. 532 e 533 del c.p.c. e 167 delle disposizioni di attuazione dello stesso codice.

2. Il cancelliere comunica tempestivamente all'istituto il provvedimento del giudice e l'istituto cura, se del caso, il ritiro delle cose pignorate.

24. ***Attività preparatoria della vendita senza incanto.*** — 1. L'istituto di vendite giudiziarie, ricevuta la comunicazione di cui all'art. 22, provvede alla registrazione dell'incarico formando il relativo fascicolo e, dopo che il creditore procedente ha effettuato il versamento forfettario, cura la pubblicità nei modi indicati dagli artt. 16, 17, 18. Mediante lettera raccomandata con avviso di ricevimento, comunica, poi, al custode estraneo il giorno fissato, a norma dell'art. 25, per il trasporto delle cose pignorate nei locali della propria sede, avvertendolo, nel caso di mancata comparizione, delle sanzioni previste dall'art. 67 del c.p.c. e con lettera semplice dà il preavviso del giorno del trasporto al debitore custode, procede, quindi, in concorso con il custode, alla ricognizione dei beni pignorati redigendone verbale, provvede al trasporto delle cose da vendere e ne fa l'esposizione al pubblico nei modi e nei tempi previsti dall'art. 18.

2. Qualora il giudice dell'esecuzione abbia disposto che la vendita segua in luogo diverso dai locali dell'Istituto, un incaricato di questo deve provvedere alla ricognizione, all'eventuale trasporto ed all'esposizione al pubblico nel tempo indicato nell'art. 18.

25. ***Ricognizione e trasporto.*** — 1. Quando il trasporto delle cose da vendere non sia avvenuto all'atto del pignoramento o successivamente per ordine del giudice dell'esecuzione, l'istituto incaricato provvede alla ricognizione delle cose da vendere e ne effettua il trasporto, sia nei propri locali, che in luogo diverso da quello in cui le cose si trovano, entro il terzo giorno prima di quello fissato per la vendita salvo casi di gravi impedienti, dando comunicazione scritta al debitore del giorno in cui sarà effettuato il trasporto o la ricognizione.

2. L'istituto risponde come custode delle cose consegnate per il trasporto per tutto il tempo necessario per l'espletamento della procedura di vendita.

3. Nei casi di intrasportabilità e nei casi in cui è opportuno ai fini dell'esecuzione non procedere al trasporto delle cose pignorate, l'istituto ne informa il giudice per i provvedimenti relativi. Ove la pretesa intrasportabilità risulti infondata, le spese per la fissazione della nuova vendita sono a carico dell'istituto.

4. Qualora per assenza, impedimento o rifiuto del custode, ovvero per qualsiasi altra causa sia necessario aprire porte, ripostigli o recipienti, vincere la resistenza del debitore, del custode o di terzi, oppure allontanare persone che disturbano la ricognizione o il trasporto, l'incaricato dell'istituto, munito della tessera di riconoscimento di cui all'art. 5 del presente regolamento, provvede secondo le circostanze richiedendo, quando occorra, l'assistenza della forza pubblica.

5. Nei casi indicati nel comma precedente, ove sia necessario ricorrere all'intervento di un fabbro o di altro personale non alle dipendenze dell'istituto, il giudice dell'esecuzione, su documentata istanza dell'istituto stesso, liquida le spese relative.

6. Se le cose rinvenute risultano deteriorate o difformi da quelle descritte nell'atto di pignoramento o sorga fondato dubbio dell'idoneità delle stesse, l'istituto si astiene dall'eseguire l'asporto degli oggetti pignorati ed informa immediatamente il giudice dell'esecuzione.

7. Quando le cose pignorate risultino sottratte, soppresse, distrutte o disperse, l'istituto ne informa il giudice dell'esecuzione ed il creditore procedente e le parti interessate.

8. Nel caso in cui il trasporto non venga eseguito per colpa dell'istituto nel termine indicato al comma 1, i compensi previsti dagli artt. 30 e seguenti sono ridotti alla metà. Tale disposizione non si applica qualora il giudice accerti il caso di forza maggiore o ravvisi il grave motivo.

26. ***Sala delle aste.*** — 1. Alla porta esterna dell'istituto vendite giudiziarie è affisso, almeno ventiquattro ore prima dell'incanto, un elenco sommario a stampa delle cose da vendere, con l'indicazione del prezzo minimo del lotto relativo. Ove i beni abbiano particolari pregi, ne viene fatta espressa menzione nell'elenco.

2. Nell'interno della sala è disposto in luogo ben visibile un cartello riproducente a stampa il testo degli artt. 353 e 354 del c.p., nonché degli artt. 7 e 27 del presente regolamento e degli artt. 532, 533, 534, 535, 536, 537, 538 e 540 del c.p.c. Inoltre è esposta la tariffa ministeriale dei compensi spettante all'istituto.

3. La natura giudiziaria della vendita è portata a conoscenza del pubblico mediante avvisi esposti nella sala o mediante altri congegni, anche luminosi, ed è dichiarata dal banditore prima di dare inizio agli incanti.

4. Per le vendite in luogo si applicano, ove occorra, i commi 4 e 5 dell'art. 25.

27. ***Modo dell'incanto.*** — 1. Alla vendita all'incanto si applicano gli artt. 534 e seguenti del c.p.c. e quelli delle disposizioni di attuazione relative. Vi procede un banditore dell'istituto, il quale redige il processo verbale, che deve contenere la precisa indicazione degli oggetti venduti, del cognome, nome, domicilio o residenza del compratore, del documento di identificazione da questi esibito qualora si tratti di persona non conosciuta dal personale dell'istituto, del prezzo pagato, dell'importo dell'imposta di registro e di ogni altra somma corrisposta a qualsiasi titolo. Al compratore deve essere rilasciata ricevuta che sarà distaccata dal bollettino di cui all'art. 12.

2. L'istituto deve versare immediatamente il prezzo ricavato dalla vendita, dedotto il compenso spettantegli, su un libretto bancario produttivo di interessi intestato al debitore, e consegnarlo senza ritardo al cancelliere, insieme alla somma versata dall'acquirente per l'imposta di registro e per il diritto di cui alla L. 6 apr. 1984, n. 57 (tabella allegata *A*, n. 5), e successive modificazioni.

3. Il ritiro delle cose acquistate deve aver luogo nelle ventiquattro ore successive. In caso di ritardo spetta all'Istituto un diritto di deposito secondo la tariffa allegata; salva la facoltà per l'istituto stesso di depositare le cose in altro luogo a spese e rischio dell'aggiudicatario.

28. ***Modificazioni relative alla vendita.*** — 1. Qualora il processo esecutivo venga sospeso o sia dichiarato estinto oppure venga rinviata la vendita, la parte che ha interesse deve presentare all'istituto il biglietto della cancelleria che comunica il relativo provvedimento.

29. ***Norme applicabili per le altre vendite.*** — 1. Per qualsiasi altra vendita disposta dall'autorità giudiziaria e affidata per l'esecuzione all'istituto, si osservano, in quanto applicabili, le disposizioni del presente capo.

2. Se la vendita disposta riguarda beni compresi nel fallimento, estratto del provvedimento del giudice delegato o del pretore ed estratto in triplo dell'inventario sono trasmessi dal curatore all'istituto.

3. L'Istituto restituisce firmato uno degli estratti dell'inventario e, quando occorre, provvede al trasporto degli oggetti nella propria sede nei dieci giorni antecedenti la data fissata per la vendita ed almeno quarantotto ore prima della vendita medesima.

4. Il curatore assiste all'incanto. Se la vendita è senza incanto, trasmette all'istituto le offerte che gli siano pervenute direttamente.

5. Nel caso di pluralità di offerte, l'istituto invita gli offerenti ad una gara sull'offerta maggiore.

6. Le somme ricavate dalla vendita sono subito depositate a cura dell'istituto con le modalità previste dall'art. 34 del R.D. 16 mar. 1942, n. 267.

7. Qualora il giudice dell'esecuzione ritenga di affidare l'incarico di vendita giudiziaria al cancelliere o all'ufficiale giudiziario, costoro possono richiedere l'intervento dell'istituto per l'espletamento di tutti gli atti preparatori all'incanto. Analoga prestazione potrà essere richiesta dal cancelliere che, ai sensi dell'art. 264 del c.p.p., deve procedere alla vendita dei corpi di reato.

CAPO V
Dei compensi

30. ***Dei compensi.*** — 1. L'istituto per gli incarichi ricevuti percepisce i compensi previsti dagli articoli seguenti.

2. L'ammontare dei compensi spettanti all'istituto secondo le norme del presente capo è determinato secondo l'allegata tariffa; questa può essere aggiornata, ogni tre anni, con decreto del Ministro di grazia e giustizia in relazione alla variazione, accertata dall'ISTAT, dell'indice dei prezzi al consumo per le famiglie di operai ed impiegati verificatasi nel triennio precedente.

Tali compensi comprendono tutte le spese della pubblicità effettuata ai sensi degli artt. 16 e 17, le spese di trasporto, assicurazione, deposito, custodia successiva al trasporto ai sensi dell'art. 25, comma 1, esposizione al pubblico, vendita ed ogni altra prestazione accessoria ordinaria e straordinaria sia relativa alla gestione che all'espletamento dell'incarico, qualora questo concerna beni pignorati o sequestrati nell'ambito territoriale urbano del capoluogo in cui l'Istituto opera.

4. Il compenso stesso è per metà a carico del debitore e per metà è corrisposto dall'acquirente. Nell'ipotesi di assegnazione è corrisposto per intero dall'assegnatario, in conformità delle tariffe indicate nell'allegato, che, vistato dal Ministro, fa parte integrante del presente regolamento.

5. Qualora si tratti di incarichi da giudici di altro circondario o di beni pignorati o sequestrati fuori del capoluogo in cui l'istituto opera, l'istituto stesso percepisce le maggiori spese di trasporto, liquidate dal giudice medesimo secondo l'allegata tariffa.

6. La spesa per la pubblicità di cui al comma 4 dell'art. 16 è rimborsata, previa esibizione della ricevuta di versamento eseguito presso l'Istituto Poligrafico dello Stato; con le stesse modalità si provvede al rimborso per le vendite fallimentari, ed il pagamento è effettuato a pubblicazione avvenuta. La spesa di pubblicità di cui al citato comma 4, può essere prelevata da parte dell'istituto stesso dal ricavato della vendita effettuata dall'ufficiale procedente o dall'istituto incaricato.

7. Nei casi in cui la vendita non segue, tali spese gravano sul creditore istante.

8. Il compenso di custodia per il periodo anteriore al trasporto e quello spettante all'istituto per l'incarico di custodia non seguito dall'incarico di vendita sono liquidati dal giudice a norma dell'art. 65 del c.p.c., in conformità dell'allegata tariffa, su istanza dell'istituto stesso.

9. La distinta dettagliata dei compensi e delle spese percepite a qualsiasi titolo dall'istituto è, dopo il deposito del fascicolo in cancelleria, controllata dal giudice o dal cancelliere. Ove risulti la percezione indebita di somme, il giudice ne ordina la restituzione agli aventi diritto.

10. È fatto rigoroso divieto all'istituto di percepi-

re da chiunque ed a qualsiasi titolo, compensi diversi da quelli previsti dal presente regolamento.

31. ***Versamento forfettario.*** — 1. Il creditore procedente, oltre al deposito in cancelleria dovuto ai sensi della L. 7 feb. 1979, n. 59, e successive modificazioni, è tenuto ad effettuare, anche nell'ipotesi di cui all'ultimo comma dell'art. 29, direttamente alla cassa dell'istituto nei termini e agli effetti stabiliti dall'art. 24, un versamento a titolo di rimborso forfettario per spese di comunicazione e di bollo, per concorso nelle spese di gestione e per ogni altra spesa ordinaria e straordinaria successiva all'incarico di vendita per la quale non sia specificamente previsto il rimborso.

2. L'ammontare del versamento è determinato dall'allegata tariffa e varia a seconda del valore della procedura determinato dal prezzo fissato a norma dell'art. 535 del c.p.c.

3. Nei casi di riassunzione a seguito di sospensione del processo esecutivo, il creditore procedente è tenuto ad effettuare un ulteriore versamento nella misura prevista nell'apposita voce della tabella allegata al presente decreto.

32. ***Compensi in caso di vendita e di assegnazione.*** — 1. Nel provvedimento di autorizzazione alla vendita, nell'ipotesi di cui al capoverso dell'art. 538 del c.p.c. e in quella di assegnazione, il giudice dell'esecuzione dispone che all'istituto siano liquidati i compensi nella misura indicata nella tariffa allegata.

2. Tali compensi comprendono le spese di cui al comma 3, dell'art. 30 del presente regolamento e quando per la atipicità dell'espletamento dell'incarico conferito diano luogo a prestazioni accessorie, ordinarie e straordinarie da parte dell'istituto, tali ulteriori somme sono liquidate dal giudice dell'esecuzione su documentata istanza dell'istituto.

3. L'istituto può trattenere la parte dei compensi dovuti dal debitore sul prezzo ricavato dalla vendita e riscuotere direttamente dall'acquirente la parte da questi dovuta.

33. ***Compensi in caso di estinzione del processo.*** — 1. Se il processo esecutivo si estingue e se comunque la vendita non ha luogo per cause non dipendenti dall'istituto, a quest'ultimo è dovuto secondo statuizione del giudice dell'esecuzione, dal creditore o dal debitore, un compenso nella misura indicata nella allegata tariffa.

34. ***Compensi in casi di vendita non eseguita.*** — 1. Nel caso di sospensione del processo esecutivo e nei casi in cui, per gravi motivi il giudice dell'esecuzione disponga il differimento della vendita con contestuale fissazione della nuova data, all'istituto spetta un ulteriore compenso determinato secondo la tariffa allegata.

2. Il provvedimento di differimento della vendita è subordinato al versamento del relativo compenso all'Istituto da parte del debitore esecutato.

3. Nei casi in cui la vendita non venga eseguita per colpa dell'istituto, le spese necessarie per la rinnovazione degli atti e per le comunicazioni gravano sull'istituto stesso e, in tale ipotesi, nessun ulteriore compenso è dovuto.

35. ***Compensi e spese di trasporto.*** — 1. All'istituto non spetta un compenso per il trasporto dei beni pignorati essendo lo stesso compreso in quello per la vendita e l'assegnazione, salvo casi particolarmente onerosi, sui quali il giudice dell'esecuzione decide l'ammontare del rimborso; tuttavia, qualora la comunicazione della sospensione o della estinzione del processo esecutivo o del differimento della vendita venga fatta tardivamente all'istituto che abbia inviato i mezzi sul luogo di custodia, o comunque in tutti gli altri casi in cui non sia stato possibile procedere al trasporto delle cose da vendere, l'istituto ha diritto a ricevere un compenso pari a quello indicato nell'allegata tariffa.

2. Qualora l'istituto riceva incarichi a norma dell'art. 30, comma 5, e nel caso di diverse e maggiori somme spettanti all'istituto in conseguenza della peculiarità dell'incarico espletato, allo stesso competeranno le maggiori somme liquidate dal giudice dell'esecuzione, in conformità dell'allegata tariffa e su istanza dell'istituto stesso.

36. ***Compensi per le vendite relative a corpi di reato e al recupero di crediti iscritti a campione.*** — 1. Per le vendite nell'interesse dell'erario relative a crediti iscritti a campione e per le vendite di corpi di reato, l'istituto percepisce il compenso determinato dall'allegata tariffa escluso, pertanto, qualsiasi altro compenso previsto dal presente capo.

2. In caso di pagamento del debito erariale relativo a crediti iscritti a campione prima della vendita, l'istituto, se ha già proceduto al trasporto dei beni, percepisce dal debitore il compenso previsto dall'art. 35 osservate, in quanto applicabili, le disposizioni dell'art. 20.

3. Nel caso in cui l'istituto non abbia proceduto al trasporto, lo stesso percepisce dal debitore un compenso in misura pari al cinquanta per cento di quello previsto dall'art. 33, osservate in quanto applicabili le disposizioni dell'art. 30.

37. ***Compensi in caso di custodia.*** — 1. L'istituto quando risponde come custode delle cose avute in consegna ha diritto, fino al tempo necessario per l'espletamento della procedura di vendita e comunque per tutto il periodo della custodia, ad un compenso diverso ed ulteriore rispetto a quelli indicati negli articoli precedenti.

2. La misura del compenso è determinata secondo quanto stabilito dalla allegata tariffa differenziandosi i casi di custodia dei beni nel luogo del pignoramento o del sequestro, da quelli di custodia nella sede o nei locali dell'istituto.

3. L'istituto per ottenere la liquidazione del compenso relativo alla custodia dei beni esercitata fuori da propri locali, dovrà dimostrare al giudice di

aver effettivamente espletato l'incarico, producendo i verbali dei periodici accessi.

4. Nessun compenso è dovuto all'istituto per la custodia quando questa abbia luogo per incarichi di vendita relativi a preziosi.

38. ***Altri compensi.*** — 1. Per le vendite fallimentari l'ammontare del compenso e delle spese in favore dell'istituto è determinato di volta in volta, con ordinanza, dal giudice delegato o dal pretore ed è prelevato dal prezzo ricavato dalla vendita. Il giudice può attribuire un anticipo a titolo di fondo spese a carico dell'attivo fallimentare.

2. Il compenso spettante all'istituto per ogni singola amministrazione giudiziaria sarà stabilito dalla autorità che ha conferito l'incarico in relazione alla durata e all'importanza della procedura, tenendo presenti le tariffe locali praticate per le amministrazioni affidate a privati.

3. La stessa autorità, in occasione della presentazione periodica dei rendiconti di gestione, può concedere all'istituto anticipazioni sul compenso che sarà liquidato al termine dell'incarico.

4. Per la vendita o l'assegnazione di titoli, l'istituto percepisce un compenso pari alla normale provvigione bancaria.

5. Per ogni altro incarico non richiamato nel presente capo, spetta all'autorità giudiziaria liquidare all'istituto i compensi per l'attività svolta.

39. ***Spese del processo di esecuzione.*** — 1. Le precedenti disposizioni si applicano senza pregiudizio del principio stabilito dall'art. 95 del c.p.c. sull'onere delle spese del processo di esecuzione.

CAPO VI
Disposizioni finali e transitorie.

40. ***Cessazione della concessione.*** — 1. La concessione ha la durata normale di cinque anni e si intende tacitamente rinnovata per un altro quinquennio e così successivamente, qualora sei mesi prima della scadenza l'Istituto autorizzato non manifesti volontà contraria, mediante lettera raccomandata con avviso di ricevimento, diretta al Ministro di grazia e giustizia – Direzione generale degli affari civili e delle libere professioni – Ufficio V, o il Ministero nello stesso termine, non comunichi il provvedimento di cessazione.

2. Per le procedure in corso al momento della cessazione si applicano le disposizioni di cui al secondo comma dell'art. 41.

3. La cessazione della concessione deve essere pubblicata nel "Bollettino ufficiale" del Ministero di grazia e giustizia. Le domande di nuova concessione vanno presentate al Ministero di grazia e giustizia – Direzione generale degli affari civili e delle libere professioni – Ufficio V, o alla corte d'appello competente per territorio, entro il termine perentorio di sessanta giorni dalla data di pubblicazione. Per le domande inviate per posta fa fede la data di spedizione.

41. ***Revoca della concessione.*** — 1. Il Ministro di grazia e giustizia, nei casi di violazione delle norme di cui al presente regolamento, di gravi irregolarità o abusi accertati nel funzionamento dell'istituto e debitamente contestati, o quando per l'esiguo numero delle procedure esecutive ravvisi la inopportunità dell'ulteriore mantenimento in funzione di detto istituto, può revocare la concessione.

2. Dal giorno della comunicazione del provvedimento di revoca l'istituto cessa da ogni attività e per ciascun incarico è tenuto a dare rendiconto all'autorità che ha conferito l'incarico, la quale adotterà gli opportuni provvedimenti in ordine alla procedura in corso.

3. La concessione si intende revocata di diritto nei casi di morte, fallimento o perdita della capacità giuridica del titolare.

42. ***Disposizioni transitorie.*** — 1. Per gli incarichi in via di espletamento all'atto dell'entrata in vigore del presente regolamento si applicano le disposizioni preesistenti.

2. Nel caso in cui il processo esecutivo già sospeso sia riassunto dopo l'entrata in vigore del presente regolamento, si applicano le nuove disposizioni.

43. ***Data di entrata in vigore del regolamento.*** — 1. Il presente regolamento entra in vigore dopo trenta giorni dalla sua pubblicazione nella *Gazzetta Ufficiale* della Repubblica italiana, sostituisce ad ogni effetto quelli attualmente vigenti e si applica agli incarichi conferiti all'istituto dal momento dell'entrata in vigore.

2. Gli istituti che non intendono accettare la nuova regolamentazione dovranno darne avviso a mezzo lettera raccomandata al Ministero di grazia e giustizia – Direzione generale degli affari civili e delle libere professioni – Ufficio V, entro il termine suddetto e ciò comporterà la revoca automatica della concessione.

Allegato

(*Omissis*).

LAVORO

- 1 -

L. 20 mag. 1970, n. 300

Norme sulla tutela della libertà e dignità dei lavoratori, della libertà sindacale e dell'attività sindacale nei luoghi di lavoro e norme sul collocamento

(G.U. 27 mag. 1970, n. 131)[1]

[1] Per l'estensione della L. al pubblico impiego v. art. 23 L. 29 mar. 1983, n. 93, art. 55 D.L. 3 feb. 1993, n. 29 ed art. 32 L. 24 dic. 1993, n. 537.

TITOLO I
Della libertà e dignità del lavoratore

1. ***Libertà di opinione.*** — I lavoratori, senza distinzione di opinioni politiche, sindacali e di fede religiosa, hanno diritto, nei luoghi dove prestano la loro opera, di manifestare liberamente il proprio pensiero, nel rispetto dei princìpi della Costituzione e delle norme della presente legge.

2. ***Guardie giurate.*** — Il datore di lavoro può impiegare le guardie particolari giurate, di cui agli artt. 133 e seguenti del T.U. 18 giu. 1931, n. 773,[1] soltanto per scopi di tutela del patrimonio aziendale.

Le guardie giurate non possono contestare ai lavoratori azioni o fatti diversi da quelli che attengono alla tutela del patrimonio aziendale.

È fatto divieto al datore di lavoro di adibire alla vigilanza sull'attività lavorativa le guardie di cui al primo comma, le quali non possono accedere nei locali dove si svolge tale attività, durante lo svolgimento della stessa, se non eccezionalmente per specifiche e motivate esigenze attinenti ai compiti di cui al primo comma.

In caso di inosservanza da parte di una guardia particolare giurata delle disposizioni di cui al presente articolo, l'Ispettorato del lavoro ne promuove presso il questore la sospensione dal servizio, salvo il provvedimento di revoca della licenza da parte del prefetto nei casi più gravi.

[1] T.U. di pubblica sicurezza.

3. ***Personale di vigilanza.*** — I nominativi e le mansioni specifiche del personale addetto alla vigilanza dell'attività lavorativa debbono essere comunicati ai lavoratori interessati.

4. ***Impianti audiovisivi e altri strumenti di controllo.***[1] — 1. Gli impianti audiovisivi e gli altri strumenti dai quali derivi anche la possibilità di controllo a distanza dell'attività dei lavoratori possono essere impiegati esclusivamente per esigenze organizzative e produttive, per la sicurezza del lavoro e per la tutela del patrimonio aziendale e possono essere installati previo accordo collettivo stipulato dalla rappresentanza sindacale unitaria o dalle rappresentanze sindacali aziendali. In alternativa, nel caso di imprese con unità produttive ubicate in diverse province della stessa regione ovvero in più regioni, tale accordo può essere stipulato dalle associazioni sindacali comparativamente più rappresentative sul piano nazionale. In mancanza di accordo, gli impianti e gli strumenti di cui al primo periodo possono essere installati previa autorizzazione delle sede territoriale dell'Ispettorato nazionale del lavoro o, in alternativa, nel caso di imprese con unità produttive dislocate negli ambiti di competenza di più sedi territoriali, della sede centrale dell'Ispettorato nazionale del lavoro. I provvedimenti di cui al terzo periodo sono definitivi.[2]

2. La disposizione di cui al comma 1 non si applica agli strumenti utilizzati dal lavoratore per rendere la prestazione lavorativa e agli strumenti di registrazione degli accessi e delle presenze.

3. Le informazioni raccolte ai sensi dei commi 1 e 2 sono utilizzabili a tutti i fini connessi al rapporto di lavoro a condizione che sia data al lavoratore adeguata informazione delle modalità d'uso degli strumenti e di effettuazione dei controlli e nel rispetto di quanto disposto dal decreto legislativo 30 giugno 2003, n. 196.

[1] Articolo così sost. dall'art. 23, D.lgs. 14 set. 2015, n. 151.

[2] Comma così modif. dall'art. 5, D.lgs. 24 set. 2016, n. 185.

5. ***Accertamenti sanitari.*** — Sono vietati accertamenti da parte del datore di lavoro sulla idoneità e sulla infermità per malattia o infortunio del lavoratore dipendente.

Il controllo delle assenze per infermità può essere effettuato soltanto attraverso i servizi ispettivi degli istituti previdenziali competenti, i quali sono tenuti a compierlo quando il datore di lavoro lo richieda.

Il datore di lavoro ha facoltà di far controllare la idoneità fisica del lavoratore da parte di enti pubblici ed istituti specializzati di diritto pubblico.

6. ***Visite personali di controllo.*** — Le visite personali di controllo sul lavoratore sono vietate fuorchè nei casi in cui siano indispensabili ai fini della tutela del patrimonio aziendale, in relazione alla qualità degli strumenti di lavoro o delle materie prime o dei prodotti.

In tali casi le visite personali potranno essere effettuate soltanto a condizione che siano eseguite all'uscita dai luoghi di lavoro, che siano salvaguardate la dignità e la riservatezza del lavoratore e che avvengano con l'applicazione di sistemi di selezione automatica riferiti alla collettività o a gruppi di lavoratori.

Le ipotesi nelle quali possono essere disposte le visite personali, nonché, ferme restando le condizioni di cui al secondo comma del presente articolo, le relative modalità debbono essere concordate dal datore di lavoro con le rappresentanze sindacali aziendali oppure, in mancanza di queste, con la commissione interna. In difetto di accordo, su istanza del datore di lavoro, provvede l'Ispettorato del lavoro.

Contro i provvedimenti dell'Ispettorato del lavoro di cui al precedente comma, il datore di lavoro, le rappresentanze sindacali aziendali o, in mancanza di queste, la commissione interna, oppure i sindacati dei lavoratori di cui al successivo art. 19 possono ricorrere, entro 30 giorni dalla comunicazione del provvedimento, al Ministro per il lavoro.

7. ***Sanzioni disciplinari.***[1] — Le norme disciplinari relative alle sanzioni, alle infrazioni in relazione alle quali ciascuna di esse può essere applicata ed alle procedure di contestazione delle stesse, devono essere portate a conoscenza dei lavoratori mediante affissione in luogo accessibile a tutti. Esse devono applicare quanto in materia è stabilito da accordi e contratti di lavoro ove esistano.[2]

Il datore di lavoro non può adottare alcun provvedimento disciplinare nei confronti del lavoratore senza avergli preventivamente contestato l'addebito e senza averlo sentito a sua difesa.[2]

Il lavoratore potrà farsi assistere da un rappresentante dell'associazione sindacale cui aderisce o conferisce mandato.[2]

Fermo restando quanto disposto dalla L. 15 lug. 1966, n. 604,[3] non possono essere disposte sanzioni disciplinari che comportino mutamenti definitivi del rapporto di lavoro; inoltre la multa non può essere disposta per un importo superiore a quattro ore della retribuzione base e la sospensione dal servizio e dalla retribuzione per più di dieci giorni.

In ogni caso, i provvedimenti disciplinari più gravi del rimprovero verbale non possono essere applicati prima che siano trascorsi cinque giorni dalla contestazione per iscritto del fatto che vi ha dato causa.

Salvo analoghe procedure previste dai contratti collettivi di lavoro e ferma restando la facoltà di adire l'autorità giudiziaria, il lavoratore al quale sia stata applicata una sanzione disciplinare può promuovere, nei venti giorni successivi, anche per mezzo dell'associazione alla quale sia iscritto ovvero conferisca mandato, la costituzione, tramite l'ufficio provinciale del lavoro e della massima occupazione, di un collegio di conciliazione ed arbitrato, composto da un rappresentante di ciascuna delle parti e da un terzo membro scelto di comune accordo o, in difetto di accordo, nominato dal direttore dell'ufficio del lavoro. La sanzione disciplinare resta sospesa fino alla pronuncia da parte del collegio.

Qualora il datore di lavoro non provveda, entro dieci giorni dall'invito rivoltogli dall'ufficio del lavoro, a nominare il proprio rappresentante in seno al collegio di cui al comma precedente, la sanzione disciplinare non ha effetto. Se il datore di lavoro adisce l'autorità giudiziaria, la sanzione disciplinare resta sospesa fino alla definizione del giudizio.

Non può tenersi conto ad alcun effetto delle sanzioni disciplinari decorsi due anni dalla loro applicazione.

[1] Cfr. l'art. 2106 c.c.

[2] La Corte cost., con sent. 30 nov. 1982, n. 204, ha dichiarato l'ill. cost. dei commi 1, 2 e 3 dell'art. 7 «interpretati nel senso che siano inapplicabili ai licenziamenti disciplinari, per i quali detti commi non siano espressamente richiamati dalla normativa legislativa, collettiva o validamente posta dal datore di lavoro».

La Corte cost., con sent. 25 lug. 1989, n. 427, ha dichiarato l'ill. cost. dei commi 2 e 3 dell'art. 7 «nella parte in cui è esclusa la loro applicabilità al licenziamento per motivi disciplinari irrogato da imprenditore che abbia meno di sedici dipendenti».

[3] Licenziamenti individuali.

8. ***Divieto di indagini sulle opinioni.*** — È fatto divieto al datore di lavoro, ai fini dell'assunzione, come nel corso dello svolgimento del rapporto di lavoro, di effettuare indagini, anche a mezzo di terzi, sulle opinioni politiche, religiose o sindacali del lavoratore, nonché su fatti non rilevanti ai fini della valutazione dell'attitudine professionale del lavoratore.

9. ***Tutela della salute e dell'integrità fisica.*** — I lavoratori, mediante loro rappresentanze, hanno diritto di controllare l'applicazione delle norme per la prevenzione degli infortuni e delle malattie professionali e di promuovere la ricerca, l'elaborazione e l'attuazione di tutte le misure idonee a tutelare la loro salute e la loro integrità fisica (ar 2087 c.c.).

10. ***Lavoratori studenti.*** — I lavoratori studenti, iscritti e frequentanti corsi regolari di studio di istruzione primaria, secondaria e di qualificazione professionale, statali, pareggiate o legalmente riconosciute o comunque abilitate al rilascio di titoli di studio legali, hanno diritto a turni di lavoro che agevolino la frequenza ai corsi e la preparazione agli esami e non sono obbligati a prestazioni di lavoro straordinario o durante i riposi settimanali.

I lavoratori studenti, compresi quelli universitari, che devono sostenere prove di esame, hanno diritto a fruire di permessi giornalieri retribuiti.

Il datore di lavoro potrà richiedere la produzione delle certificazioni necessarie all'esercizio dei diritti di cui al primo e secondo comma.

11. ***Attività culturali, ricreative e assistenziali e controlli sul servizio di mensa.***[1] — Le attività culturali, ricreative ed assistenziali promosse nell'azienda sono gestite da organismi formati a maggioranza dai rappresentanti dei lavoratori.

Le rappresentanze sindacali, costituite a norma dell'art. 19, hanno diritto di controllare la qualità del servizio di mensa secondo le modalità stabilite dalla contrattazione collettiva.[2]

[1] Rubrica così modif. dall'art. 6, D.L. 11 lug. 1992, n. 333, conv. in L. 8 ago. 1992, n. 359.

[2] Comma così ins. dall'art. 6, D.L. D.L. 11 lug. 1992, n. 333, conv. in L. 8 ago. 1992, n. 359.

12. ***Istituti di patronato.*** — Gli istituti di patronato e di assistenza sociale, riconosciuti dal Ministero del lavoro per l'adempimento dei compiti di cui al decreto D.L.C.P. 29 lug. 1947, n. 804, hanno diritto di svolgere, su un piano di parità, la loro attività all'interno dell'azienda, secondo le modalità da stabilirsi con accordi aziendali.

13. (*Omissis*).

TITOLO II
Della libertà sindacale

14. ***Diritto di associazione e di attività sindacale.*** — Il diritto di costituire associazioni sindacali, di aderirvi e di svolgere attività sindacale, è garantito a tutti i lavoratori all'interno dei luoghi di lavoro.

15. ***Atti discriminatori.*** — È nullo qualsiasi patto od atto diretto a:

a) subordinare l'occupazione di un lavoratore alla condizione che aderisca ad una associazione sindacale ovvero cessi di farne parte;

b) licenziare un lavoratore, discriminarlo nella assegnazione di qualifiche o mansioni, nei trasferimenti, nei provvedimenti disciplinari, o recargli altrimenti pregiudizio a causa della sua affiliazione o attività sindacale ovvero della sua partecipazione ad uno sciopero.

Le disposizioni di cui al comma precedente si applicano altresì ai patti o atti diretti a fini di discriminazione politica, religiosa, razziale, di lingua o di sesso, di handicap, di età, di nazionalità o basata sull'orientamento sessuale o sulle convinzioni personali.[1]

[1] Comma così modif. in ultimo dall'art. 1, L. 23 dic. 2021 n. 238.
V. altresì l'art. 3, L. 11 mag. 1990, n. 108.

16. ***Trattamenti economici collettivi discriminatori.*** — È vietata la concessione di trattamenti economici di maggior favore aventi carattere discriminatorio a mente dell'art. 15.

Il pretore, su domanda dei lavoratori nei cui confronti è stata attuata la discriminazione di cui al comma precedente o delle associazioni sindacali alle quali questi hanno dato mandato, accertati i fatti, condanna il datore di lavoro al pagamento, a favore del fondo adeguamento pensioni, di una somma pari all'importo dei trattamenti economici di maggior favore illegittimamente corrisposti nel periodo massimo di un anno.

17. ***Sindacati di comodo.*** — È fatto divieto ai datori di lavoro e alle associazioni di datori di lavoro di costituire o sostenere, con mezzi finanziari o altrimenti, associazioni sindacali di lavoratori.

18. ***Tutela del lavoratore in caso di licenziamento illegittimo.***[1,2] — Il giudice, con la sentenza con la quale dichiara la nullità del licenziamento perché discriminatorio ai sensi dell'articolo 3 della legge 11 maggio 1990, n. 108, ovvero intimato in concomitanza col matrimonio ai sensi dell'articolo 35 del codice delle pari opportunità tra uomo e donna, di cui al decreto legislativo 11 aprile 2006, n. 198, o in violazione dei divieti di licenziamento di cui all'articolo 54, commi 1, 6, 7 e 9, del testo unico delle disposizioni legislative in materia di tutela e sostegno della maternità e della paternità, di cui al decreto legislativo 26 marzo 2001, n. 151, e successive modificazioni, ovvero perché riconducibile ad altri casi di nullità previsti dalla legge o determinato da un motivo illecito determinante ai sensi dell'articolo 1345 del codice civile, ordina al datore di lavoro, imprenditore o non imprenditore, la reintegrazione del lavoratore nel posto di lavoro, indipendentemente dal motivo formalmente addotto e quale che sia il numero dei dipendenti occupati dal datore di lavoro. La presente disposizione si applica anche ai dirigenti. A seguito dell'ordine di reintegrazione, il rapporto di lavoro si intende risolto quando il lavoratore non abbia ripreso servizio entro trenta giorni dall'invito del datore di lavoro, salvo il caso in cui abbia richiesto l'indennità di cui al terzo comma del presente articolo. Il regime di cui al presente articolo si applica anche al licenziamento dichiarato inefficace perché intimato in forma orale.[3]

Il giudice, con la sentenza di cui al primo comma, condanna altresì il datore di lavoro al risarcimento del danno subito dal lavoratore per il licenziamento di cui sia stata accertata la nullità, stabilendo a tal fine un'indennità commisurata all'ultima retribuzione globale di fatto maturata dal giorno del licenziamento sino a quello dell'effettiva reintegrazione, dedotto quanto percepito, nel periodo di estromissione, per lo svolgimento di altre attività lavorative. In ogni caso la misura del risarcimento non potrà essere inferiore a cinque mensilità della retribuzione globale di fatto. Il datore di lavoro è condannato inoltre, per il medesimo periodo, al versamento dei contributi previdenziali e assistenziali.[3]

Fermo restando il diritto al risarcimento del danno come previsto al secondo comma, al lavoratore è data la facoltà di chiedere al datore di lavoro, in sostituzione della reintegrazione nel posto di lavoro, un'indennità pari a quindici mensilità dell'ultima retribuzione globale di fatto, la cui richiesta determina la risoluzione del rapporto di lavoro, e che non è assoggettata a contribuzione previdenziale. La richiesta dell'indennità deve essere effettuata entro trenta giorni dalla comunicazione del deposito della sentenza, o dall'invito del datore di lavoro a riprendere servizio, se anteriore alla predetta comunicazione.[3]

Il giudice, nelle ipotesi in cui accerta che non ricorrono gli estremi del giustificato motivo soggettivo o della giusta causa addotti dal datore di lavoro, per insussistenza del fatto contestato ovvero perché il fatto rientra tra le condotte punibili con una sanzione conservativa sulla base delle previsioni dei contratti collettivi ovvero dei codici disciplinari applicabili, annulla il licenziamento e condanna il datore di lavoro alla reintegrazione nel posto di lavoro di cui al primo comma e al pagamento di un'indennità risarcitoria commisurata all'ultima retribuzione globale di fatto dal giorno del licenziamento sino a quello dell'effettiva reintegrazione, dedotto quanto il lavoratore ha percepito, nel periodo di estromissione, per lo svolgimento di altre attività lavorative, nonché quanto avrebbe potuto percepire dedicandosi con diligenza alla ricerca di una nuova occupazione. In ogni caso la misura dell'indennità risarcitoria non può essere superiore a dodici mensilità della retribuzione globale di fatto. Il datore di lavoro è condannato, altresì, al versamento dei contributi previdenziali e assistenziali dal giorno del licenziamento fino a quello della effettiva reintegrazione, maggiorati degli interessi nella misura legale senza applicazione di sanzioni per omessa o ritardata contribuzione, per un importo pari al differenziale contributivo esistente tra la contribuzione che sarebbe stata maturata nel rapporto di lavoro risolto dall'illegittimo licenziamento e quella accreditata al lavoratore in conseguenza dello svolgimento di altre attività lavorative. In quest'ultimo caso, qualora i contributi afferiscano ad altra gestione previdenziale, essi sono imputati d'ufficio alla gestione corrispondente all'attività lavorativa svolta dal dipendente licenziato, con addebito dei relativi costi al datore di lavoro. A seguito dell'ordine di reintegrazione, il rapporto di lavoro si intende risolto quando il lavoratore non abbia ripreso servizio entro trenta giorni dall'invito del datore di lavoro, salvo il caso in cui abbia richiesto l'indennità sostitutiva della reintegrazione nel posto di lavoro ai sensi del terzo comma.[3]

Il giudice, nelle altre ipotesi in cui accerta che non ricorrono gli estremi del giustificato motivo soggettivo o della giusta causa addotti dal datore di lavoro, dichiara risolto il rapporto di lavoro con effetto dalla data del licenziamento e condanna il datore di lavoro al pagamento di un'indennità risarcitoria onnicomprensiva determinata tra un minimo di dodici e un massimo di ventiquattro mensilità dell'ultima retribuzione globale di fatto, in relazione all'anzianità del lavoratore e tenuto conto del numero dei dipendenti occupati, delle dimensioni dell'attività economica, del comportamento e delle condizioni delle parti, con onere di specifica motivazione a tale riguardo.[3]

Nell'ipotesi in cui il licenziamento sia dichiarato inefficace per violazione del requisito di motivazione di cui all'articolo 2, comma 2, della legge 15 luglio 1966, n. 604, e successive modificazioni, della procedura di cui all'articolo 7 della presente legge, o della procedura di cui all'articolo 7 della legge 15 luglio 1966, n. 604, e successive modificazioni, si applica il regime di cui al quinto comma, ma con attribuzione al lavoratore di un'indennità risarcitoria onnicomprensiva determinata, in relazione alla gravità della violazione formale o procedurale commessa dal datore di lavoro, tra un minimo di sei e un massimo di dodici mensilità dell'ultima retribuzione globale di fatto, con onere di specifica motivazione a tale riguardo, a meno che il giudice, sulla base della domanda del lavoratore, accerti che vi è anche un difetto di giustificazione del licenziamento, nel qual caso applica, in luogo di quelle previste dal presente comma, le tutele di cui ai commi quarto, quinto o settimo.[3]

Il giudice applica la medesima disciplina di cui al quarto comma del presente articolo nell'ipotesi in cui accerti il difetto di giustificazione del licenziamento intimato, anche ai sensi degli articoli 4, comma 4, e 10, comma 3, della legge 12 marzo 1999, n. 68, per motivo oggettivo consistente nell'inidoneità fisica o psichica del lavoratore, ovvero che il licenziamento è stato intimato in violazione dell'articolo 2110, secondo comma, del codice civile. Può altresì applicare la predetta disciplina nell'ipotesi in cui accerti la manifesta insussistenza del fatto posto a base del licenziamento per giustificato motivo oggettivo; nelle altre ipotesi in cui accerta che non ricorrono gli estremi del predetto giustificato motivo, il giudice applica la disciplina di cui al quinto comma. In tale ultimo caso il giudice, ai fini della determinazione dell'indennità tra il minimo e il massimo previsti, tiene conto, oltre ai criteri di cui al quinto comma, delle iniziative assunte dal lavoratore per la ricerca di una nuova occupazione e del comportamento delle parti nell'ambito della procedura di cui all'articolo 7 della legge 15 luglio 1966, n. 604, e successive modificazioni. Qualora, nel corso del giudizio, sulla base della domanda formulata dal lavoratore, il licenziamento risulti determinato da ragioni discriminatorie o disciplinari, trovano applicazione le relative tutele previste dal presente articolo.[3,4]

Le disposizioni dei commi dal quarto al settimo si applicano al datore di lavoro, imprenditore o non imprenditore, che in ciascuna sede, stabilimento, filiale, ufficio o reparto autonomo nel quale ha avuto luogo il licenziamento occupa alle sue dipendenze più di quindici lavoratori o più di cinque se si tratta di imprenditore agricolo, nonché al datore di lavoro, imprenditore o non imprenditore, che nell'ambito dello stesso comune occupa più di quindici dipendenti e all'impresa agricola che nel medesimo ambito territoriale occupa più di cinque dipendenti, anche se ciascuna unità produttiva, singolarmente considerata, non raggiunge tali limiti, e in ogni caso al datore di lavoro, imprenditore e non imprenditore, che occupa più di sessanta dipendenti.[3]

Ai fini del computo del numero dei dipendenti di cui all'ottavo comma si tiene conto dei lavoratori assunti con contratto a tempo indeterminato parziale per la quota di orario effettivamente svolto, tenendo conto, a tale proposito, che il computo delle unità lavorative fa riferimento all'orario previsto dalla contrattazione collettiva del settore. Non si computano il coniuge e i parenti del datore di lavoro entro il secondo grado in linea diretta e in linea collaterale. Il computo dei limiti occupazionali di cui all'ottavo comma non incide su norme o istituti che prevedono agevolazioni finanziarie o creditizie.[3]

Nell'ipotesi di revoca del licenziamento, purché effettuata entro il termine di quindici giorni dalla comunicazione al datore di lavoro dell'impugnazione del medesimo, il rapporto di lavoro si intende ripristinato senza soluzione di continuità, con diritto del lavoratore alla retribuzione maturata nel periodo precedente alla revoca, e non trovano applicazione i regimi sanzionatori previsti dal presente articolo.[3]

Nell'ipotesi di licenziamento dei lavoratori di cui all'art. 22, su istanza congiunta del lavoratore e del sindacato cui questi aderisce o conferisca mandato, il giudice in ogni stato e grado del giudizio di merito, può disporre con ordinanza, quando ritenga irrilevanti o insufficienti gli elementi di prova forniti dal datore di lavoro, la reintegrazione del lavoratore nel posto di lavoro.

L'ordinanza di cui al comma precedente può essere impugnata con reclamo immediato al giudice medesimo che l'ha pronunciata. Si applicano le disposizioni dell'art. 178, terzo, quarto, quinto e sesto comma del codice di procedura civile.

L'ordinanza può essere revocata con la sentenza che decide la causa.

Nell'ipotesi di licenziamento dei lavoratori di cui all'art. 22, il datore di lavoro che non ottempera alla sentenza di cui al primo comma ovvero all'ordinanza di cui all'undicesimo comma[5], non impugnata o confermata dal giudice che l'ha pronunciata, è tenuto anche, per ogni giorno di ritardo, al pagamento a favore del Fondo adeguamento pensioni di una somma pari all'importo della retribuzione dovuta al lavoratore.

[1] Per i limiti all'applicabilità dell'art. 18 cfr. l'art. 4 della L. 11 mag. 1990, n. 108.

[2] Rubrica così modif. dall'art. 1, c. 42, lett. *a*), L. 28 giu. 2012, n. 92.

[3] Commi così sost. dall'art. 1, c. 42, lett. *b*), L. 28 giu. 2012, n. 92. Gli attuali primi dieci commi hanno sost. gli originari primi sei commi.

[4] La Corte cost., con sent. 1 apr. 2021, n. 59, ha dichiarato l'ill. cost. del secondo periodo del presente comma, nella parte in cui prevede che il giudice, quando accerti la manifesta insussistenza del fatto posto a base del licenziamento per giustificato motivo oggettivo, «può altresì applicare» – invece che «applica altresì» – la disciplina di cui al quarto comma del presente articolo.

La Corte cost., con sent. 19 mag. 2022, n. 125, ha dichiarato l'ill. cost. del secondo periodo del presente comma, limitatamente alla parola «manifesta».

[5] Parole così sost. dall'art. 1, c. 42, L. 28 giu. 2012, n. 92. Tutte le modifiche apportate dalla L. 92/2012 si applicano ai licenziamenti intimati dopo la sua entrata in vigore (18 lug. 2012).

TITOLO III
Dell'attività sindacale

19. ***Costituzione delle rappresentanze sindacali aziendali.*** — Rappresentanze sindacali aziendali possono essere costituite ad iniziativa dei lavoratori in ogni unità produttiva, nell'ambito:

a) delle associazioni aderenti alle confederazioni maggiormente rappresentative sul piano nazionale;[1]

b) delle associazioni sindacali, che siano firmatarie di contratti collettivi di lavoro applicati nell'unità produttiva.[1,2]

Nell'ambito delle aziende con più unità produttive le rappresentanze sindacali possono istituire organi di coordinamento.

[1] In esito a referendum popolare sono abrog. la lett. *a*) e la lett. *b*) limitatamente alle parole «non affiliate alle predette confederazioni» e alle parole «nazionali o provinciali» (cfr. D.P.R. 28 lug. 1995, n. 312).

[2] La Corte cost., con sent. 23 lug. 2013, n. 231, ha dichiarato l'ill. cost. dell'art. 19, c. 1, lett. *b*), nella parte in cui non prevede che la rappresentanza sindacale aziendale possa essere costituita anche nell'ambito di associazioni sindacali che, pur non firmatarie dei contratti collettivi applicati nell'unità produttiva, abbiano comunque partecipato alla negoziazione relativa agli stessi contratti quali rappresentanti dei lavoratori dell'azienda.

20. ***Assemblea.*** — I lavoratori hanno diritto di riunirsi, nella unità produttiva in cui prestano la loro opera, fuori dell'orario di lavoro, nonché durante l'orario di lavoro, nei limiti di dieci ore annue, per le quali verrà corrisposta la normale retribuzione. Migliori condizioni possono essere stabilite dalla contrattazione collettiva.

Le riunioni - che possono riguardare la generalità dei lavoratori o gruppi di essi - sono indette, singolarmente o congiuntamente, dalle rappresentanze sindacali aziendali nell'unità produttiva, con ordine del giorno su materie di interesse sindacale e del lavoro e secondo l'ordine di precedenza delle convocazioni, comunicate al datore di lavoro.

Alle riunioni possono partecipare, previo preavviso al datore di lavoro, dirigenti esterni del sindacato che ha costituito la rappresentanza sindacale aziendale.

Ulteriori modalità per l'esercizio del diritto di assemblea possono essere stabilite dai contratti collettivi di lavoro, anche aziendali.

21. ***Referendum.*** — Il datore di lavoro deve consentire nell'ambito aziendale lo svolgimento, fuori dell'orario di lavoro, di *referendum*, sia generali che per categoria, su materie inerenti all'attività sindacale, indetti da tutte le rappresentanze sindacali aziendali tra i lavoratori, con diritto di partecipazione di tutti i lavoratori appartenenti alla unità produttiva e alla categoria particolarmente interessata.

Ulteriori modalità per lo svolgimento del *referen-*

dum possono essere stabilite dai contratti collettivi di lavoro anche aziendali.

22. ***Trasferimento dei dirigenti delle rappresentanze sindacali aziendali.*** — Il trasferimento dall'unità produttiva dei dirigenti delle rappresentanze sindacali aziendali di cui al precedente art. 19, dei candidati e dei membri di commissione interna può essere disposto solo previo nulla osta delle associazioni sindacali di appartenenza.

Le disposizioni di cui al comma precedente ed ai commi quarto, quinto, sesto e settimo dell'art. 18 si applicano sino alla fine del terzo mese successivo a quello in cui è stata eletta la commissione interna per i candidati nelle elezioni della commissione stessa e sino alla fine dell'anno successivo a quello in cui è cessato l'incarico per tutti gli altri.

23. ***Permessi retribuiti.*** — I dirigenti delle rappresentanze sindacali aziendali di cui all'art. 19 hanno diritto, per l'espletamento del loro mandato, a permessi retribuiti.

Salvo clausole più favorevoli dei contratti collettivi di lavoro hanno diritto ai permessi di cui al primo comma almeno:

a) un dirigente per ciascuna rappresentanza sindacale aziendale nelle unità produttive che occupano fino a 200 dipendenti della categoria per cui la stessa è organizzata;

b) un dirigente ogni 300 o frazione di 300 dipendenti per ciascuna rappresentanza sindacale aziendale nelle unità produttive che occupano fino a 3.000 dipendenti della categoria per cui la stessa è organizzata;

c) un dirigente ogni 500 o frazione di 500 dipendenti della categoria per cui è organizzata la rappresentanza sindacale aziendale nelle unità produttive di maggiori dimensioni, in aggiunta al numero minimo di cui alla precedente lettera *b*).

I permessi retribuiti di cui al presente articolo non potranno essere inferiori a otto ore mensili nelle aziende di cui alle lettere *b*) e *c*) del comma precedente; nelle aziende di cui alla lettera *a*) i permessi retribuiti non potranno essere inferiori ad un'ora all'anno per ciascun dipendente.

Il lavoratore che intende esercitare il diritto di cui al primo comma deve darne comunicazione scritta al datore di lavoro di regola 24 ore prima, tramite le rappresentanze sindacali aziendali.

24. ***Permessi non retribuiti.*** — I dirigenti sindacali aziendali di cui all'art. 23 hanno diritto a permessi non retribuiti per la partecipazione a trattative sindacali o a congressi e convegni di natura sindacale, in misura non inferiore a otto giorni all'anno.

I lavoratori che intendano esercitare il diritto di cui al comma precedente devono darne comunicazione scritta al datore di lavoro di regola tre giorni prima, tramite le rappresentanze sindacali aziendali.

25. ***Diritto di affissione.*** — Le rappresentanze sindacali aziendali hanno diritto di affiggere, su appositi spazi, che il datore di lavoro ha l'obbligo di predisporre in luoghi accessibili a tutti i lavoratori all'interno dell'unità produttiva, pubblicazioni, testi e comunicati inerenti a materie di interesse sindacale e del lavoro.

26. ***Contributi sindacali.*** — I lavoratori hanno diritto di raccogliere contributi e di svolgere opera di proselitismo per le loro organizzazioni sindacali all'interno dei luoghi di lavoro, senza pregiudizio del normale svolgimento dell'attività aziendale.

Le associazioni sindacali dei lavoratori hanno diritto di percepire, tramite ritenuta sul salario nonché sulle prestazioni erogate per conto degli enti previdenziali, i contributi sindacali che i lavoratori intendono loro versare, con modalità stabilite dai contratti collettivi di lavoro, che garantiscano la segretezza del versamento effettuato dal lavoratore a ciascuna associazione sindacale.[1,2]

Nelle aziende nelle quali il rapporto di lavoro non è regolato da contratti collettivi, il lavoratore ha diritto di chiedere il versamento del contributo sindacale all'associazione da lui indicata.[2]

[1] Comma così sost. dall'art. 18 della L. 23 lug. 1991, n. 223.

[2] In esito a referendum popolare sono abrog. il c. 2 e il c. 3 dell'art. 26 (cfr. D.P.R. 28 lug. 1995, n. 313).

27. ***Locali delle rappresentanze sindacali aziendali.*** — Il datore di lavoro nelle unità produttive con almeno 200 dipendenti pone permanentemente a disposizione delle rappresentanze sindacali aziendali, per l'esercizio delle loro funzioni, un idoneo locale comune all'interno della unità produttiva o nelle immediate vicinanze di essa.

Nelle unità produttive con un numero inferiore di dipendenti le rappresentanze sindacali aziendali hanno diritto di usufruire, ove ne facciano richiesta, di un locale idoneo per le loro riunioni.

TITOLO IV
Disposizioni varie e generali

28. ***Repressione della condotta antisindacale.*** — Qualora il datore di lavoro ponga in essere comportamenti diretti ad impedire o limitare l'esercizio della libertà (14-18) e della attività sindacale (19-27) nonché del diritto di sciopero (Cost. 40), su ricorso degli organismi locali delle associazioni sindacali nazionali che vi abbiano interesse,[1] il pretore del luogo ove è posto in essere il comportamento denunziato, nei due giorni successivi, convocate le parti ed assunte sommarie informazioni, qualora ritenga sussistente la violazione di cui al presente comma, ordina al datore di lavoro, con decreto motivato ed immediatamente esecutivo, la cessazione del comportamento illegittimo e la rimozione degli effetti.

L'efficacia esecutiva del decreto non può essere revocata fino alla sentenza con cui il pretore in funzione di giudice del lavoro definisce il giudizio instaurato a norma del comma successivo.[2]

Contro il decreto che decide sul ricorso è ammessa, entro 15 giorni dalla comunicazione del decreto alle parti, opposizione davanti al pretore in funzione di giudice del lavoro che decide con sentenza immediatamente esecutiva. Si osservano le disposizioni degli artt. 413 e seguenti del c.p.c.[2]

Il datore di lavoro che non ottempera al decreto, di cui al primo comma, o alla sentenza pronunciata nel giudizio di opposizione è punito ai sensi dell'art. 650 del codice penale.

L'autorità giudiziaria ordina la pubblicazione della sentenza penale di condanna nei modi stabiliti dall'art. 36 del c.p.

[1] V. art. 9 D.P.R. 6 gen. 1978, n. 58, per la regione Trentino-Alto Adige, e art. 26 L. 6 feb. 1979, n. 42, per il personale dell'Azienda autonoma ferrovie dello Stato.

[2] Comma così modif. da L. 8 nov. 1977, n. 847.

29. ***Fusione delle rappresentanze sindacali aziendali.*** — Quando le rappresentanze sindacali aziendali di cui all'art. 19 si siano costituite nell'ambito di due o più delle associazioni di cui alle lettere *a*) e *b*) del primo comma dell'art. predetto, nonché nella ipotesi di fusione di più rappresentanze sindacali, i limiti numerici stabiliti dall'art. 23, secondo comma, si intendono riferiti a ciascuna delle associazioni sindacali unitariamente rappresentate nella unità produttiva.

Quando la formazione di rappresentanze sindacali unitarie consegua alla fusione delle associazioni di cui alle lettere *a*) e *b*) del primo comma dell'art. 19, i limiti numerici della tutela accordata ai dirigenti di rappresentanze sindacali aziendali, stabiliti in applicazione dell'art. 23, secondo comma, ovvero del primo comma del presente articolo, restano immutati.

30. ***Permessi per i dirigenti provinciali e nazionali.*** — I componenti degli organi direttivi, provinciali e nazionali, delle associazioni di cui all'art. 19 hanno diritto a permessi retribuiti, secondo le norme dei contratti di lavoro per la partecipazione alle riunioni degli organi suddetti.

31. ***Aspettativa dei lavoratori chiamati a funzioni pubbliche elettive o a ricoprire cariche sindacali provinciali e nazionali.*** — I lavoratori che siano eletti membri del Parlamento nazionale o del Parlamento europeo o di assemblee regionali ovvero siano chiamati ad altre funzioni pubbliche elettive possono, a richiesta, essere collocati in aspettativa non retribuita, per tutta la durata del loro mandato (Cost. 51 c. 3°).

La medesima disposizione si applica ai lavoratori chiamati a ricoprire cariche sindacali provinciali e nazionali.

I periodi di aspettativa di cui ai precedenti commi sono considerati utili, a richiesta dell'interessato, ai fini del riconoscimento del diritto e della determinazione della misura della pensione a carico della assicurazione generale obbligatoria di cui al R.D.L. 4 ott. 1935, n. 1827, e successive modifiche ed integrazioni, nonché a carico di enti, fondi, casse e gestioni per forme obbligatorie di previdenza sostitutive della assicurazione predetta, o che ne comportino comunque l'esonero.

Durante i periodi di aspettativa l'interessato, in caso di malattia, conserva il diritto alle prestazioni a carico dei competenti enti preposti alla erogazione delle prestazioni medesime.

Le disposizioni di cui al terzo e al quarto comma non si applicano qualora a favore dei lavoratori siano previste forme previdenziali per il trattamento di pensione e per malattia, in relazione all'attività espletata durante il periodo di aspettativa.[1]

[1] V. L. 9 mag. 1977, n. 210 (interpretazione autentica dell'ultimo comma dell'art. 31).

32. ***Permessi ai lavoratori chiamati a funzioni pubbliche elettive.*** — I lavoratori eletti alla carica di consigliere comunale o provinciale che non chiedano di essere collocati in aspettativa sono, a loro richiesta, autorizzati ad assentarsi dal servizio per il tempo strettamente necessario all'espletamento del mandato, senza alcuna decurtazione della retribuzione.

I lavoratori eletti alla carica di sindaco o di assessore comunale, ovvero di presidente di giunta provinciale o di assessore provinciale, hanno diritto anche a permessi non retribuiti per un minimo di trenta ore mensili (Cost. 51 c. 3°).[1]

[1] V. altresì la L. 27 dic. 1985, n. 816 (*Aspettative, permessi e indennità degli amministratori locali*) che, per quanto in essa disciplinato, si sostituisce alle previsioni dell'art. 32.

TITOLO V
Norme sul collocamento

33-34. ....[1]

[1] Articoli abrog. dall'art. 8 D.lgs. 19 dic. 2002, n. 297.

TITOLO VI
Disposizioni finali e penali

35. ***Campo di applicazione.*** — Per le imprese industriali e commerciali, le disposizioni del titolo III, ad eccezione del primo comma dell'art. 27, della presente legge si applicano a ciascuna sede, stabilimento, filiale, ufficio o reparto autonomo che occupa più di quindici dipendenti. Le stesse disposizioni si applicano alle imprese agricole che occupano più di cinque dipendenti.

Le norme suddette si applicano, altresì, alle imprese industriali e commerciali che nell'ambito dello stesso comune occupano più di quindici dipendenti ed alle imprese agricole che nel medesimo ambito territoriale occupano più di cinque dipendenti anche se ciascuna unità produttiva, singolarmente considerata, non raggiunge tali limiti.

Ferme restando le norme di cui agli artt. 1, 8, 9, 14, 15, 16 e 17, i contratti collettivi di lavoro provvedono ad applicare i principi di cui alla presente legge alle imprese di navigazione per il personale navigante.[1]

[1] La Corte cost., con sent. 3 apr. 1987, n. 96, ha dichiarato l'ill. cost. del c. 3 dell'art. 35 «nella parte in cui non prevede la diretta applicabilità anche dell'art. 18 stessa legge al personale marittimo navigante delle imprese di navigazione».

La Corte cost., con sent. 31 gen. 1991, n. 41, ha dichiarato l'ill. cost. del c. 3 dell'art. 35 «nella parte in cui non prevede la diretta applicabilità al personale navigante delle imprese di navigazione (aerea) anche dell'art. 18 della stessa legge, come modif. dall'art. 1 della L. 11 mag. 1990, n. 108».

La Corte cost., con sent. 23 lug. 1991, n. 364, ha dichiarato l'ill. cost. del c. 3 dell'art. 35 «nella parte in cui non prevede la diretta applicabilità al personale navigante delle «imprese di navigazione» dei commi 1, 2, 3 dell'art. 7 della medesima legge».

[2] Le parole «dell'art. 18 e» sono state soppresse dall'art. 6 della L. 11 mag. 1990, n. 108.

36. ***Obblighi dei titolari di benefici accordati dallo Stato e dagli appaltatori di opere pubbliche.*** — Nei provvedimenti di concessione di benefici accordati ai sensi delle vigenti leggi dallo Stato a favore di imprenditori che esercitano professionalmente un'attività economica organizzata e nei capitolati di appalto attinenti all'esecuzione di opere pubbliche, deve essere inserita la clausola esplicita determinante l'obbligo per il beneficiario o appaltatore di applicare o di far applicare nei confronti dei lavoratori dipendenti condizioni non inferiori a quelle risultanti dai contratti collettivi di lavoro della categoria e della zona.

Tale obbligo deve essere osservato sia nella fase di realizzazione degli impianti o delle opere che in quella successiva, per tutto il tempo in cui l'imprenditore beneficia delle agevolazioni finanziarie e creditizie concesse dallo Stato ai sensi delle vigenti disposizioni di legge.

Ogni infrazione al suddetto obbligo che sia accertata dall'Ispettorato del lavoro viene comunicata immediatamente ai Ministri nella cui amministrazione sia stata disposta la concessione del beneficio o dell'appalto. Questi adotteranno le opportune determinazioni, fino alla revoca del beneficio, e nei casi più gravi o nel caso di recidiva potranno decidere l'esclusione del responsabile, per un tempo fino a cinque anni, da qualsiasi ulteriore concessione di agevolazioni finanziarie o creditizie ovvero da qualsiasi appalto.

Le disposizioni di cui ai commi precedenti si applicano anche quando si tratti di agevolazioni finanziarie o creditizie ovvero di appalti concessi da enti pubblici, ai quali l'Ispettorato del lavoro comunica direttamente le infrazioni per l'adozione delle sanzioni.[1]

[1] La Corte cost., con sent. 19 giu. 1998, n. 226, ha dichiarato l'ill. cost. dell'art. 36 «nella parte in cui non prevede che, nelle concessioni di pubblico servizio, deve essere inserita la clausola esplicita determinante l'obbligo per il concessionario di applicare o di far applicare nei confronti dei lavoratori dipendenti condizioni non inferiori a quelle risultanti dai contratti collettivi di lavoro della categoria e della zona».

37. ***Applicazione ai dipendenti da enti pubblici.*** — Le disposizioni della presente legge si applicano anche ai rapporti di lavoro e di impiego dei dipendenti da enti pubblici che svolgono esclusivamente o prevalentemente attività economica. Le disposizioni della presente legge si applicano altresì ai rapporti di impiego dei dipendenti dagli altri enti pubblici, salvo che la materia sia diversamente regolata da norme speciali.[1]

[1] V. art. 10 L. 20 mar. 1975, n. 70.

38. ***Disposizioni penali.*** — Le violazioni degli artt. 2, 5, 6, e 15, primo comma, lettera *a*), sono punite, salvo che il fatto non costituisca più grave reato, con l'ammenda da euro 154,94 a euro 1549,37[1] o con l'arresto da 15 giorni ad un anno.

Nei casi più gravi le pene dell'arresto e dell'ammenda sono applicate congiuntamente.

Quando, per le condizioni economiche del reo, l'ammenda stabilita nel primo comma può presumersi inefficace anche se applicata nel massimo, il giudice ha facoltà di aumentarla fino al quintuplo.

Nei casi previsti dal secondo comma, l'autorità giudiziaria ordina la pubblicazione della sentenza penale di condanna nei modi stabiliti dall'art. 36 del codice penale.

[1] Ammenda triplicata dall'art. 113 della L. 24 nov. 1981, n. 689.

39. ***Versamento delle ammende al Fondo adeguamento pensioni.*** — L'importo delle ammende è versato al Fondo adeguamento pensioni dei lavoratori.

40. ***Abrogazioni delle disposizioni contrastanti.*** — Ogni disposizione in contrasto con le norme contenute nella presente legge è abrogata.

Restano salve le condizioni dei contratti collettivi e degli accordi sindacali più favorevoli ai lavoratori.

41. ***Esenzioni fiscali.*** — Tutti gli atti e documenti necessari per l'attuazione della presente legge e per l'esercizio dei diritti connessi, nonché, tutti gli atti e documenti relativi ai giudizi nascenti dalla sua applicazione sono esenti da bollo, imposte di registro o da qualsiasi altra specie e da tasse.[1]

[1] V. L. 14 ago. 1974, n. 379.

- 2 -

D.L. 3 dic. 1977, n. 876

Disciplina del contratto di lavoro a tempo determinato nei settori del commercio e del turismo

(G.U. 7 dic. 1977, n. 333),

conv. in L. 3 feb. 1978, n. 18 (G.U. 4 feb. 1978, n. 35)

1. Nei settori del commercio e del turismo, è consentita l'apposizione di un termine alla durata del contratto di lavoro, quando si verifichi, in determinati e limitati periodi dell'anno, una necessità di intensificazione dell'attività lavorativa, cui non sia possibile sopperire con il normale organico; le condizioni ed i singoli periodi di cui innanzi devono essere accertati, preventivamente alle assunzioni, con provvedimento del capo dell'ispettorato provinciale del lavoro, sentite le organizzazioni sindacali provinciali di categoria maggiormente rappresentative.

Ai contratti stipulati ai sensi del comma precedente, si applica la disciplina stabilita dalla L. 18 apr. 1962, n. 230.[1]

[1] V. L. 26 nov. 1979, n. 598, che ha prorogato l'efficacia delle norme di cui al D.L. 3 dic. 1977, n. 876, fino all'entrata in vigore della nuova disciplina legislativa in materia di collocamento.

- 3 -

L. 29 mag. 1982, n. 297

Disciplina del trattamento di fine rapporto e norme in materia pensionistica

(G.U. 31 mag. 1982, n. 47)

4. *Disposizioni finali.* — Le indennità di cui agli artt. 351, 352, 919 e 920 del codice della navigazione, approvato con R.D. 30 mar. 1942, n. 327, sono sostituite dal trattamento di fine rapporto disciplinato dall'art. 2120 del c.c.

Quando a norma del capo IV del codice della navigazione, approvato con R.D. 30 mar. 1942, n. 327, il trattamento o altra indennità di fine rapporto sono commisurati alla retribuzione, questa si intende determinata e regolata dai contratti collettivi di lavoro.

La disposizione di cui al sesto comma dell'art. 2120 del c.c. non si applica alle aziende dichiarate in crisi ai sensi della L. 12 ago. 1977, n. 675, e successive modificazioni.

Le norme di cui all'art. 2120 del c.c. e ai commi secondo, terzo, quarto, quinto e sesto dell'art. 5 della presente legge si applicano a tutti i rapporti di lavoro subordinato per i quali siano previste forme di indennità di anzianità, di fine lavoro, di buonuscita, comunque denominate e da qualsiasi fonte disciplinate.

Restano salve le indennità corrisposte alla cessazione del rapporto aventi natura e funzione diverse da quelle delle indennità di cui al comma precedente.

Resta altresì ferma la disciplina legislativa del trattamento di fine servizio dei dipendenti pubblici.

Il fondo di cui all'art. 3 del R.D.L. 8 gen. 1942, n. 5, convertito, con modificazioni, nella L. 2 ott. 1942, n. 1251, è soppresso.

Le disponibilità del fondo di cui al precedente comma sono devolute ai datori di lavoro aventi diritto, proporzionalmente agli accantonamenti effettuati a norma di legge. Le modalità di liquidazione delle disponibilità anzidette sono stabilite con decreto del Ministro del lavoro e della previdenza sociale, di concerto con il Ministro del tesoro.

Sono abrogati gli artt. 1 e 1-*bis* del D.L. 1° feb. 1977, n. 12, convertito, con modificazioni, nella L. 31 mar. 1977, n. 91.

Sono abrogate tutte le altre norme di legge o aventi forza di legge che disciplinano le forme di indennità di anzianità, di fine rapporto e di buonuscita, comunque denominate.

Sono nulle e vengono sostituite di diritto dalle norme della presente legge tutte le clausole dei contratti collettivi regolanti la materia del trattamento di fine rapporto.

Nei casi in cui norme di legge o aventi forza di legge o clausole di contratti collettivi facciano richiamo agli istituti indicati al precedente decimo comma o alle fonti regolatrici di essi, il richiamo deve intendersi riferito al trattamento di fine rapporto di cui all'art. 1 della presente legge.

5. *Disposizioni transitorie.* — L'indennità di anzianità che sarebbe spettata ai singoli prestatori di lavoro in caso di cessazione del rapporto all'atto dell'entrata in vigore della presente legge è calcolata secondo la disciplina vigente a tale momento e si accumula a tutti gli effetti con il trattamento di cui all'art. 2120 del c.c. Si applicano le disposizioni del quarto e quinto comma dell'art. 2120 del c.c.

A parziale deroga del secondo e terzo comma dell'art. 2120 del c.c. gli aumenti dell'indennità di contingenza o di emolumenti di analoga natura, maturati a partire dal 1° feb. 1977 al 31 mag. 1982, sono computati nella retribuzione annua utile nelle seguenti misure e scadenze:

- 25 punti a partire dal 1° gen. 1983;
- ulteriori 25 punti a partire dal 1° lug. 1983;
- ulteriori 25 punti a partire dal 1° gen. 1974;
- ulteriori 25 punti a partire dal 1° lug. 1984;
- ulteriori 25 punti a partire dal 1° gen. 1985;
- ulteriori 25 punti a partire dal 1° lug. 1985;
- i residui punti a partire dal 1° gen. 1986.

In caso di risoluzione del rapporto di lavoro anteriormente all'anno 1986, gli aumenti della indennità di contingenza o di emolumenti di analoga natura maturati a partire dal 1° feb. 1971 e fino al 31 maggio 1982 e non ancora computati a norma del comma precedente, sono corrisposti in aggiunta al trattamento di fine rapporto maturato.

Fino al 31 dicembre 1989, e salvo disposizioni più favorevoli dei contratti collettivi, nei confronti dei lavoratori che all'atto dell'entrata in vigore della presente legge fruiscono dell'indennità di anzianità in misura inferiore a quella prevista dalla L. 18 dic. 1960, n. 1561, le misure espresse in ore o giorni indicate dai contratti collettivi per l'indennità di anzianità sono commisurate proporzionalmente all'importo della retribuzione di ciascun anno divisa per 13,5.

Entro la data di cui al comma precedente tutte le categorie di lavoratori debbono fruire del trattamento previsto dall'art. 1 della presente legge.

Le disposizioni di cui ai precedenti quarto e quinto comma si applicano anche al personale navigante con le qualifiche di «sottufficiale» e di «comune».

È riaperto, fino al 31 mag. 1982, il termine stabilito nell'art. 23 del D.L. 8 apr. 1974, n. 95, convertito, con modificazioni, nella L. 7 giu. 1974, n. 216, per il versamento degli accantonamenti e per l'adeguamento dei contratti di assicurazione e capitalizzazione di cui al D.L. 8 gen. 1942, n. 5, convertito, con modificazioni, nella L. 2 ott. 1942, n. 1251.

Per l'anno 1982 l'incremento dell'indice dei prezzi al consumo per le famiglie di operai e di impiegati del mese di dicembre è quello risultante rispetto all'indice del mese di maggio.

-4-

L. 11 mag. 1990, n. 108

Disciplina dei licenziamenti individuali

(G.U. 11 mag. 1990, n. 108)

1. ***Reintegrazione.*** — 1. I primi due commi dell'art. 18 della L. 20 mag. 1970, n. 300, sono sostituiti dai seguenti:

(*Omissis*).

2. ***Riassunzione o risarcimento del danno.*** — 1. I datori di lavoro privati, imprenditori non agricoli e non imprenditori, e gli enti pubblici di cui all'art. 1 della L. 15 lug. 1966, n. 604, che occupano alle loro dipendenze fino a quindici lavoratori ed i datori di lavoro imprenditori agricoli che occupano alle loro dipendenze fino a cinque lavoratori computati con il criterio di cui all'art. 18 della L. 20 mag. 1970, n. 300, come modificato dall'art. 1 della presente legge, sono soggetti all'applicazione delle disposizioni di cui alla L. 15 lug. 1966, n. 604, così come modificata dalla presente legge. Sono altresì soggetti all'applicazione di dette disposizioni i datori di lavoro che occupano fino a sessanta dipendenti, qualora non sia applicabile il disposto dell'art. 18 della L. 20 mag. 1970, n. 300, come modificato dall'art. 1 della presente legge.

2. L'art. 2 della L. 15 lug. 1966, n. 604, è sostituito dal seguente: (*Omissis*).

3. L'art. 8 della L. 15 lug. 1966, n. 604, è sostituito dal seguente: (*Omissis*).

3. ***Licenziamento discriminatorio.*** — 1. Il licenziamento determinato da ragioni discriminatorie ai sensi dell'art. 4 della L. 15 lug. 1966, n. 604, e dell'art. 15 della L. 20 mag. 1970, n. 300, come modificato dall'art. 13 della L. 9 dic. 1977, n. 903, è nullo indipendentemente dalla motivazione addotta e comporta, quale che sia il numero dei dipendenti occupati dal datore di lavoro, le conseguenze previste dall'art. 18 della L. 20 mag. 1970, n. 300, come modificato dalla presente legge. Tali disposizioni si applicano anche ai dirigenti.

4. ***Area di non applicazione.*** — 1. Fermo restando quanto previsto dall'art. 3, le disposizioni degli artt. 1 e 2 non trovano applicazione nei rapporti disciplinati dalla L. 2 apr. 1958, n. 339. La disciplina di cui all'art. 18 della L. 20 mag. 1970, n. 300, come modificato dall'art. 1 della presente legge, non trova applicazione nei confronti dei datori di lavoro non imprenditori che svolgono senza fini di lucro attività di natura politica, sindacale, culturale, di istruzione ovvero di religione o di culto.

2. Le disposizioni di cui all'art. 18 della L. 20 mag. 1970, n. 300, come modificato dall'art. 1 della presente legge, e dell'art. 2 non si applicano nei confronti dei prestatori di lavoro ultrasessantenni, in possesso dei requisiti pensionistici, sempre che non abbiano optato per la prosecuzione del rapporto di lavoro ai sensi dell'art. 6 del D.L. 22 dic. 1981, n. 791, convertito, con modificazioni, dalla L. 26 feb. 1982, n. 54. Sono fatte salve le disposizioni dell'art. 3 della presente legge e dell'art. 9 della L. 15 lug. 1966, n. 604.

5. ***Tentativo obbligatorio di conciliazione, arbitrato e spese processuali.*** — 1. La domanda in giudizio di cui all'art. 2 della presente legge non può essere proposta se non è preceduta dalla richiesta di conciliazione avanzata secondo le procedure previste dai contratti e accordi collettivi di lavoro, ovvero dagli artt. 410 e 411 del c.p.c.

2. L'improcedibilità della domanda è rilevabile anche d'ufficio nella prima udienza di discussione.

3. Ove il giudice rilevi l'improcedibilità della domanda a norma del comma 2 sospende il giudizio e fissa alle parti un termine perentorio non superiore a sessanta giorni per la proposizione della richiesta del tentativo di conciliazione.

4. Il processo deve essere riassunto a cura di una delle parti nel termine perentorio di centottanta giorni, che decorre dalla cessazione della causa di sospensione.

5. La comunicazione al datore di lavoro della richiesta di espletamento della procedura obbligatoria di conciliazione avvenuta nel termine di cui all'art. 6 della L. 15 lug. 1966, n. 604, impedisce la decadenza sancita nella medesima norma.

6. Ove il tentativo di conciliazione fallisca, ciascuna delle parti entro il termine di venti giorni può promuovere, anche attraverso l'associazione sindacale a cui è iscritta o conferisca mandato, il deferimento della controversia al collegio di arbitrato previsto dal contratto collettivo nazionale di lavoro applicabile o, in mancanza, ad un collegio composto da un rappresentante scelto da ciascuna parte e da un presidente scelto di comune accordo o, in difetto, dal direttore dell'ufficio provinciale del lavoro e della massima occupazione. Il collegio si pronuncia entro trenta giorni e la sua decisione acquista efficacia di titolo esecutivo osservate le disposizioni dell'art. 411 del c.p.c.

7. Il comportamento complessivo delle parti viene valutato dal giudice per l'applicazione degli artt. 91, 92, 96 del c.p.c.

6. ***Abrogazioni.*** (*Omissis*).

- 5 -

D.lgs. 8 apr. 2003, n. 66

Attuazione delle direttive 93/104/CE e 2000/34/CE concernenti taluni aspetti dell'organizzazione dell'orario del lavoro

CAPO I

Disposizioni generali

1. ***Finalità e definizioni.*** — 1. Le disposizioni contenute nel presente decreto, nel dare attuazione organica alla direttiva 93/104/CE del Consiglio, del 23 novembre 1993, così come modificata. dalla direttiva 2000/34/CE del Parlamento europeo e del Consiglio del 22 giugno 2000, sono dirette a regolamentare in modo uniforme su tutto il territorio nazionale, e nel pieno rispetto del ruolo della autonomia negoziale collettiva, i profili di disciplina del rapporto di lavoro connessi alla organizzazione dell'orario di lavoro.

2. Agli effetti delle disposizioni di cui al presente decreto si intende per:

a) «orario di lavoro»: qualsiasi periodo in cui il lavoratore sia al lavoro, a disposizione del datore di lavoro e nell'esercizio della sua attività o delle sue funzioni;

b) «periodo di riposo», qualsiasi periodo che non rientra nell'orario di lavoro;

c) «lavoro straordinario»: è il lavoro prestato oltre l'orario normale di lavoro così come definito all'art. 3;

d) «periodo notturno»: periodo di almeno sette ore consecutive comprendenti l'intervallo tra la mezzanotte e le cinque del mattino;

e) «lavoratore notturno»:

1) qualsiasi lavoratore che durante il periodo notturno svolga almeno tre ore del suo tempo di lavoro giornaliero impiegato in modo normale;

2) qualsiasi lavoratore che svolga per almeno tre ore[1] durante il periodo notturno almeno una parte del suo orario di lavoro secondo le norme definite dai contratti collettivi di lavoro. In difetto di disciplina collettiva è considerato lavorare notturno qualsiasi lavoratore che svolga lavoro notturno per un minimo di ottanta giorni lavorativi all'anno; il suddetto limite minimo è riproporzionato in caso di lavoro a tempo parziale;

f) «lavoro a turni»: qualsiasi metodo di organizzazione del lavoro anche a squadre in base al quale dei lavoratori siano successivamente occupati negli stessi posti di lavoro, secondo un determinato ritmo, compreso il ritmo rotativo, che può essere di tipo continuo o discontinuo, e il quale comporti la necessità per i lavoratori di compiere un lavoro a ore differenti su un periodo determinato di giorni o di settimane;

g) «lavoratore a turni»: qualsiasi lavoratore il cui orario di lavoro sia inserito nel quadro del lavoro a turni;

h) «lavoratore mobile»: qualsiasi lavoratore impiegato quale membro del personale viaggiante o di volo presso una impresa che effettua servizi di trasporto passeggeri o merci sia per conto proprio che per conto di terzi[1] su strada, per via aerea o per via navigabile, o a impianto fisso non ferroviario;

i) «lavoro offshore»: l'attività svolta prevalentemente su una installazione offshore (compresi gli impianti di perforazione) o a partire da essa, direttamente o indirettamente legata alla esplorazione, alla estrazione o allo sfruttamento di risorse minerali, compresi gli idrocarburi nonché le attività di immersione collegate a tali attività, effettuate sia a partire da una installazione offshore che da una nave;

l) «riposo adeguato»: il fatto che i lavoratori dispongano di periodi di riposo regolari, la cui durata è espressa in unità di tempo, e sufficientemente lunghi e continui per evitare che essi, a causa della stanchezza, della fatica o di altri fattori che perturbano la organizzazione del lavoro, causino lesioni a se stessi, ad altri lavoratori o a terzi o danneggino la loro salute, a breve e a lungo termine;

m) «contratti collettivi di lavoro»: contratti collettivi stipulati da organizzazioni sindacali dei lavoratori comparativamente più rappresentative.

[1] Parole inserite dall'art. 41 D.L. 25 giu. 2008, n, 112.

2. ***Campo di applicazione.*** — 1. Le disposizioni contenute nel presente decreto si applicano a tutti i settori di attività pubblici e privati con le uniche eccezioni del lavoro della gente di mare di cui alla direttiva 1999/63/CE, del personale di volo nella aviazione civile di cui alla direttiva 2000/79/CE e dei lavoratori mobili per quanto attiene ai profili di cui alla direttiva 2002/15/CE.

2. Nei riguardi [delle forze armate e di polizia],[1] dei servizi di protezione civile, ivi compresi quelli del Corpo nazionale dei vigili del fuoco, nonché nell'ambito delle strutture giudiziarie, penitenziarie e di quelle destinate per finalità istituzionali alle attività degli organi con compiti in materia di ordine e sicurezza pubblica, delle biblioteche, dei musei e delle aree archeologiche dello Stato le disposizioni contenute nel presente decreto non trovano applicazione in presenza di particolari esigenze inerenti al servizio espletato o di ragioni connesse ai servizi di [ordine e sicurezza pubblica, di difesa e][1] protezione civile, nonché degli altri servizi espletati dal Corpo nazionale dei vigili del fuoco, così come individuate con decreto del Ministro competente, di concerto con i Ministri del lavoro e delle politiche sociali, della salute, dell'economia e delle finanze e per la funzione pubblica, da adottare entro centoventi giorni dalla data di entrata in vigore del presente decreto.

3. Le disposizioni del presente decreto non si applicano al personale della scuola di cui al D.lgs. 16 apr. 1994, n. 297.

Non si applicano, altresì, al personale delle Forze di polizia, delle Forze armate, nonché agli addetti al servizio di polizia municipale e provinciale, in relazione alle attività operative specificamente istituzionali e gli addetti ai servizi di vigilanza privata.[2]

4. La disciplina contenuta nel presente decreto si applica anche agli apprendisti maggiorenni.

[1] Parole soppresse dall'art. 1 D.lgs. 19 lug. 2004, n. 213.
[2] Parole aggiunte dall'art. 41 D.L. 25 giu. 2008, n. 112.

CAPO II

Principi in materia di organizzazione dell'orario di lavoro

3. ***Orario normale di lavoro.*** — 1. L'orario normale di lavoro è fissato in 40 ore settimanali.

2. I contratti collettivi di lavoro possono stabilire, ai fini contrattuali, una durata minore e riferire l'orario normale alla durata media delle prestazioni lavorative in un periodo non superiore ad anno.

4. ***Durata massima dell'orario di lavoro.*** — 1. I contratti collettivi di lavoro stabiliscono la durata massima settimanale dell'orario di lavoro.

2. La durata media dell'orario di lavoro non può in ogni caso superare, per ogni periodo di sette giorni, le quarantotto ore, comprese le ore di lavoro straordinario.

3. Ai fini della disposizione di cui al comma 2, la durata media dell'orario di lavoro deve essere calcolata con riferimento a un periodo non superiore a quattro mesi.

4. I contratti collettivi di lavoro possono in ogni caso elevare il limite di cui al comma 3 fino a sei mesi ovvero fino a dodici mesi a fronte di ragioni obiettive, tecniche o inerenti all'organizzazione del lavoro, specificate negli stessi contratti collettivi.

5.[1]

[1] Comma abrog. dall'art. 41, D.L. 25 giu. 2008, n. 112.

5. ***Lavoro straordinario.*** — 1. Il ricorso a prestazioni di lavoro straordinario deve essere contenuto.

2. Fermi restando i limiti di cui all'art. 4, i contratti collettivi di lavoro regolamentano le eventuali modalità di esecuzione delle prestazioni di lavoro straordinario.

3. In difetto di disciplina collettiva applicabile, il ricorso al lavoro straordinario è ammesso soltanto previo accordo tra datore di lavoro e lavoratore per un periodo che non superi le duecentocinquanta ore annuali.

4. Salvo diversa disposizione dei contratti collettivi il ricorso a prestazioni di lavoro straordinario è inoltre ammesso in relazione a:

a) casi di eccezionali esigenze tecnico-produttive e di impossibilità di fronteggiarle attraverso l'assunzione di altri lavoratori;

b) casi di forza maggiore o casi in cui la mancata esecuzione di prestazioni di lavoro straordinario possa dare luogo a un pericolo grave e immediato ovvero a un danno alle persone o alla produzione;

c) eventi particolari, come mostre, fiere e manifestazioni collegate alla attività produttiva, nonché allestimento, prototipi, modelli o simili, predisposti per le stesse, preventivamente comunicati agli uffici competenti ai sensi dell'art. 19 della L. 7 ago. 1990, n. 241, come sostituito dall'art. 2, comma 10, della L. 24 dic. 1993, n. 537, e in tempo utile alle rappresentanze sindacali aziendali.

5. Il lavoro straordinario, deve essere computato a parte e compensato con le maggiorazioni retributive previste dai contratti collettivi di lavoro. I contratti collettivi possono in ogni caso consentire che, in alternativa o in aggiunta alle maggiorazioni retributive, i lavoratori usufruiscano di riposi compensativi.

6. ***Criteri di computo.*** — 1. I periodi di ferie annue e i periodi di assenza per malattia non sono presi in considerazione ai fini del computo della media di cui all'art. 4.

2. Nel caso di lavoro straordinario, se il riposo compensativo di cui ha beneficiato il lavoratore è previsto in alternativa o in aggiunta alla maggiorazione retributiva di cui al comma 5 dell'art. 5, le ore di lavoro straordinario prestate non si computano ai fini della media di cui all'art. 4.

CAPO III

Pause, riposi e ferie

7. ***Riposo giornaliero.*** — 1. Ferma restando la durata normale dell'orario settimanale, il lavoratore ha diritto a undici ore di riposo consecutivo ogni ventiquattro ore. Il riposo giornaliero deve essere fruito in modo consecutivo fatte salve le attività caratterizzate da periodi di lavoro frazionati durante la giornata o da regimi di reperibilità.[1]

[1] Parole aggiunte dall'art. 41 D.L. 25 giu. 2008, n. 112.

8. ***Pause.*** — 1. Qualora l'orario di lavoro giornaliero ecceda il limite di sei ore il lavoratore deve beneficiare di un intervallo per pausa, le cui modalità e la cui durata sono stabilite dai contratti collettivi di lavoro, ai fini del recupero delle energie psico-fisiche e della eventuale consumazione del pasto anche al fine di attenuare il lavoro monotono e ripetitivo.

2. Nelle ipotesi di cui al comma 1, in difetto di disciplina collettiva che preveda un intervallo a qualsivoglia titolo attribuito, al lavoratore deve essere concessa una pausa anche sul posto di lavoro, tra l'inizio e la fine di ogni periodo giornaliero di lavoro, di durata non inferiore a dieci minuti e la cui collocazione deve tener conto delle esigenze tecniche del processo lavorativo.

3. Salvo diverse disposizioni dei contratti collettivi, rimangono non retribuiti o computati come lavoro ai fini del superamento dei limiti di durata i periodi di cui all'art. 5 R.D. 10 set. 1923, n. 1955, e successivi atti applicativi, e dell'art. 4 del regio decreto 10 settembre 1923, n. 1956, e successive integrazioni.

9. ***Riposi settimanali.*** — 1. Il lavoratore ha diritto ogni sette giorni a un periodo di riposo di almeno ventiquattro ore consecutive, di regola in coincidenza con la domenica, da cumulare con le ore di riposo giornaliero di cui all'art. 7. Il suddetto periodo di riposo consecutivo è calcolato come media in un periodo non superiore a 14 giorni.[1]

2. Fanno eccezione alla disposizione di cui al comma 1:

a) attività di lavoro a turni ogni volta che il lavoratore cambi turno o squadra e non possa usufruire, tra la fine del servizio di un turno o di una squadra e l'inizio del successivo, di periodi di riposo giornaliero o settimanale;[2]

b) le attività caratterizzate da periodi di lavoro, frazionati durante la giornata;

c) per il personale che lavora nel settore dei trasporti ferroviari: le attività discontinue; il servizio prestato a bordo dei treni; le attività connesse con gli orari del trasporto ferroviario che assicurano la continuità e la regolarità del traffico ferroviario;

d) i contratti collettivi possono stabilire previsioni diverse, nel rispetto delle condizioni previste dall'art. 17, comma 4.

3. Il riposo di ventiquattro ore consecutive può essere fissato in un giorno diverso dalla domenica e può essere attuato mediante turni per il personale interessato a modelli tecnico-organizzativi di turnazione particolare ovvero addetto alle attività aventi le seguenti caratteristiche:

a) operazioni industriali per le quali si abbia l'uso di forni a combustione o a energia elettrica per l'esercizio di processi caratterizzati dalla continuità della combustione ed operazioni collegate, nonché attività industriali ad alto assorbimento di energia elettrica ed operazioni collegate;

b) attività industriali il cui processo richieda, in tutto o in parte, lo svolgimento continuativo per ragioni tecniche;

c) industrie stagionali per le quali si abbiano ragioni di urgenza riguardo alla materia prima o al prodotto dal punto di vista del loro deterioramento e della loro utilizzazione, comprese le industrie che trattano materie prime di facile deperimento ed il cui periodo di lavorazione si svolge in non più di 3 mesi all'anno, quando nella stessa azienda e con lo stesso personale si compiano alcune delle suddette attività con un decorso complessivo di lavorazione superiore a 3 mesi;

d) i servizi ed attività il cui funzionamento domenicale corrisponda ad esigenze tecniche ovvero soddisfi interessi rilevanti della collettività ovvero sia di pubblica utilità;

e) attività che richiedano l'impiego di impianti e macchinari ad alta intensità di capitali o ad alta tecnologia;

f) attività di cui all'art. 7 della L. 22 feb. 1934, n. 370;

g) attività indicate agli artt. 11, 12 e 13 del D.lgs. 31 mar. 1998, n. 114, e di cui all'art. 3 della L. 24 ott. 2000, n. 323.

4. Sono fatte salve le disposizioni speciali che consentono la fruizione del riposo settimanale in giorni diverso dalla domenica, nonché le deroghe previste dalla legge 22 feb. 1934, n. 370.

5. Con decreto del Ministro del lavoro e delle politiche sociali ovvero, per i pubblici dipendenti, con decreto del Ministro per la funzione, pubblica, di concerto con il Ministro del lavoro e delle politiche sociali, adottato sentite le organizzazioni sindacali nazionali di categoria comparativamente più rappresentative, nonché le organizzazioni nazionali dei datori di lavoro, saranno individuate le attività aventi le caratteristiche di cui al comma 3, che non siano già ricomprese nel decreto ministeriale 22 giugno 1935, e successive modifiche e integrazioni, pubblicato nella *Gazzetta Ufficiale* n. 161 del 12 luglio 1935, nonché quelle di cui al comma 2, lettera *d*), salve le eccezioni di cui alle lettere *a*), *b*) e *c*). Con le stesse modalità il Ministro del lavoro e delle politiche sociali ovvero per i pubblici dipendenti il Ministro per la funzione pubblica, di concerto con il Ministro del lavoro e delle politiche sociali, provvede all'aggiornamento e alla integrazione delle predette attività. Nel caso di cui al comma 2, lett. *d*), e salve le eccezioni di cui alle lettere *a*), *b*) e *c*) l'integrazione avrà senz'altro luogo decorsi trenta giorni dal deposito dell'accordo presso il Ministero stesso.

[1] Periodo aggiunto dall'art. 41 D.L. 25 giu. 2008, n. 112.
[2] Lettera modif. dall'art. 41, D.L. 25 giu. 2008, n. 112.

10. ***Ferie annuali.*** — 1. Fermo restando quanto previsto dall'art. 2109 del Codice civile, il prestatore di lavoro ha diritto a un periodo annuale di ferie retribuite non inferiore a quattro settimane.

Tale periodo, salvo quanto previsto dalla contrattazione collettiva o dalla specifica disciplina riferita alle categorie di cui all'art. 2, comma 2, va goduto per almeno due settimane, consecutive in caso di richiesta del lavoratore, nel corso dell'anno di maturazione e, per le restanti due settimane, nei diciotto mesi successivi al termine dell'anno di maturazione.[1]

2. Il predetto periodo minimo di quattro, settimane non può essere sostituito dalla relativa indennità per ferie non godute, salvo il caso di risoluzione del rapporto di lavoro.

3. Nel caso di orario espresso come media ai sensi dell'art. 3, comma 2, i contratti collettivi stabiliscono criteri e modalità di regolazione.

[1] Comma modif. dall'art. 1, D.lgs. 19 lug. 2004, n. 213.

CAPO IV
Lavoro notturno

11. ***Limitazioni al lavoro notturno.*** — 1. L'inidoneità al lavoro notturno può essere accertata attraverso le competenti strutture sanitarie pubbliche.

2. I contratti collettivi stabiliscono i requisiti dei lavoratori che possono essere esclusi dall'obbligo di effettuare lavoro notturno. È in ogni caso vietato adibire le donne al lavoro, dalle ore 24 alle ore 6, dall'accertamento dello stato di gravidanza fino al compimento di un anno di età del bambino. Non sono inoltre obbligati a prestare lavoro notturno:

a) la lavoratrice madre di un figlio di età inferiore a tre anni o, in alternativa, il lavoratore padre convivente con la stessa;

b) la lavoratrice o il lavoratore che sia l'unico genitore affidatario di un figlio convivente di età inferiore a dodici anni;

b-bis) la lavoratrice madre adottiva o affidataria di un minore, nei primi tre anni dall'ingresso del minore in famiglia, e comunque non oltre il dodicesimo anno di età o, in alternativa ed alle stesse condizioni, il lavoratore padre adottivo o affidatario convivente con la stessa;[1]

c) la lavoratrice o il lavoratore che abbia a proprio carico un soggetto disabile ai sensi della L. 5 feb. 1992, n. 104, e successive modificazioni.

[1] Lettera aggiunta dall'art. 22, c. 1, D.lgs. 15 giu. 2015, n. 80.

12. ***Modalità di organizzazione del lavoro notturno e obblighi di comunicazione.*** — 1. L'introduzione del lavoro notturno deve essere preceduta, secondo i criteri e con le modalità previsti dai contratti collettivi, dalla consultazione delle rappresentanze sindacali in azienda, se costituite, aderenti alle organizzazioni firmatarie del contratto collettivo applicato dall'impresa. In mancanza, tale consultazione va effettuata con le organizzazioni territoriali dei lavoratori come sopra definite per il tramite dell'Associazione cui l'azienda aderisca o conferisca mandato. La consultazione va effettuata e conclusa entro un periodo di sette giorni.

2.[1]

[1] Comma abrog. dall'art. 41,ff D.L. 25 giu. 2008, n. 112.

13. ***Durata del lavoro notturno.*** — 1. L'orario di lavoro dei lavoratori notturni non può superare le otto ore in media nelle ventiquattro ore, salva l'individuazione da parte dei contratti collettivi, anche aziendali, di un periodo di riferimento più ampio sul quale calcolare come media il suddetto limite.

2. È affidata alla contrattazione collettiva l'eventuale definizione delle riduzioni dell'orario di lavoro o dei trattamenti economici indennitari nei confronti dei lavoratori notturni. Sono fatte salve le disposizioni della contrattazione collettiva in materia di trattamenti economici e riduzioni di orario per i lavoratori notturni anche se non concesse a titolo specifico.

3. Entro centoventi giorni dalla data di entrata in vigore del presente decreto, con decreto del Ministro del lavoro e delle politiche sociali ovvero, per i pubblici dipendenti, con decreto del Ministro per la funzione pubblica, di concerto con il Ministro, del lavoro e delle politiche sociali, previa consultazione delle organizzazioni sindacali nazionali di categoria comparativamente più rappresentative e delle organizzazioni nazionali dei datori di lavoro, viene stabilito un elenco delle lavorazioni che comportano rischi particolari o rilevanti tensioni fisiche o mentali, il cui limite è di otto ore nel corso di ogni periodo di ventiquattro ore.

4. Il periodo minimo di riposo settimanale non viene preso in considerazione per il computo della media quando coincida con il periodo di riferimento stabilito dai contratti collettivi di cui al comma 1.

5. Con riferimento al settore della panificazione non industriale la media di cui al comma 1 del presente articolo va riferita alla settimana lavorativa.

14. ***Tutela in caso di prestazioni di lavoro notturno.*** — 1. La valutazione dello stato di salute dei lavoratori addetti al lavoro notturno deve avvenire attraverso controlli preventivi e periodici adeguati al rischio cui il lavoratore è esposto, secondo le disposizioni previste dalla legge e dai contratti collettivi.

2. Durante il lavoro notturno il datore di lavoro garantisce, previa informativa alle rappresentanze sindacali di cui all'art. 12, un livello di servizi o di mezzi di prevenzione o di protezione adeguato ed equivalente a quello previsto per il turno diurno.

3. Il datore di lavoro, previa consultazione con le rappresentanze sindacali di cui all'art. 12, dispone ai sensi degli artt. 40 e seguenti del D.lgs. 19 set. 1994, n. 626, per i lavoratori notturni che effettuano le lavorazioni che comportano rischi particolari di cui all'elenco definito dall'art. 13, comma 3, appropriate misure di protezione personale e collettiva.

4. I contratti collettivi di lavoro possono prevedere modalità e specifiche misure di prevenzione relativamente alle prestazioni di lavoro notturno di particolari categorie di lavoratori, quali quelle individuate con riferimento alla legge 5 giu. 1990, n. 135, e alla L. 26 giu. 1990, n. 162.

15. ***Trasferimento al lavoro diurno.*** — 1. Qualora sopraggiungano condizioni di salute che comportino l'inidoneità alla prestazione di lavoro notturno, accertata dal medico competente o dalle strutture sanitarie pubbliche, il lavoratore verrà assegnato al lavoro diurno, in altre mansioni equivalenti, se esistenti e disponibili.

2. La contrattazione collettiva definisce le modalità di applicazione delle disposizioni di cui al comma precedente e individua le soluzioni nel caso in cui l'assegnazione prevista dal comma citato non risulti applicabile.

CAPO V
Disposizioni finali e deroghe

16. ***Deroghe alla disciplina della durata settimanale dell'orario.*** — 1. Fatte salve le condizioni di miglior favore stabilite dai contratti collettivi, sono escluse dall'ambito di applicazione della disciplina della durata settimanale dell'orario di cui all'art. 3:

a) le fattispecie previste dall'art. 4 del R.D.L. 15 mar. 1923, n. 692, convertito dalla L. 17 apr. 1925, n. 473, e successive modifiche;

b) le fattispecie di cui al regio decreto 10 sett. 1923, n. 1957, e successive modifiche alle condizioni ivi previste, e le fattispecie di cui agli artt. 8 e 10 del R.D. 10 set. 1923, n. 1955;

c) le industrie di ricerca e coltivazione di idrocarburi, sia in mare che in terra, di posa di condotte ed installazioni in mare;

d) le occupazioni che richiedono un lavoro discontinuo o di semplice attesa o custodia elencate nella tabella approvata con R.D. 6 dic. 1923, n. 2657, e successive modificazioni ed integrazioni, alle condizioni ivi previste;

e) i commessi viaggiatori o piazzisti;

f) il personale viaggiante dei servizi pubblici di trasporto per via terrestre;

g) gli operai agricoli a tempo determinato;

h) i giornalisti professionisti, praticanti e pubblicisti dipendenti da aziende editrici di giornali, periodici e agenzie di stampa, nonché quelli dipendenti da aziende pubbliche e private esercenti servizi radiotelevisivi;

i) il personale poligrafico, operai ed impiegati, addetto alle attività di composizione, stampa e spedizione di quotidiani e settimanali, di documenti necessari al funzionamento, degli organi legislativi e amministrativi nazionali e locali, nonché alle attività produttive delle agenzie di stampa;

l) il personale addetto ai servizi di informazione radiotelevisiva gestiti da aziende pubbliche e private;

m) i lavori di cui all'art. 1 della L. 20 apr. 1978, n. 154, e all'art. 2 della L. 13 lug. 1966, n. 559;

n) le prestazioni rese da personale addetto alle aree operative, per assicurare la continuità del servizio, nei settori appresso indicati:

1) personale dipendente da imprese concessionarie di servizi nei settori delle poste, delle autostrade, dei servizi portuali ed aeroportuali, nonché personale dipendente da imprese che gestiscono servizi pubblici di trasporto e da imprese esercenti servizi di telecomunicazione;

2) personale dipendente da aziende pubbliche e private di produzione, trasformazione, distribuzione, trattamento ed erogazione di energia elettrica, gas, calore ed acqua;

3) personale dipendente da quelle di raccolta, trattamento, smaltimento e trasporto di rifiuti solidi urbani,

4) personale addetto ai servizi funebri e cimiterali limitatamente ai casi in cui il servizio stesso sia richiesto dall'autorità giudiziaria, sanitaria o di pubblica sicurezza;

o) personale dipendente da gestori di impianti di distribuzione di carburante non autostradali;

p) personale non impiegatizio dipendente da stabilimenti balneari, marini, fluviali, lacuali e piscinali.

2. Le attività e le prestazioni indicate alle lettere da *a*) ad *n*) del comma 1 verranno aggiornate ed armonizzate con i principi contenuti nel presente decreto legislativo mediante decreto del Ministero del lavoro e delle politiche sociali ovvero, per i pubblici dipendenti, mediante decreto del Ministro per la funzione pubblica, di concerto con il Ministro del lavoro e delle politiche sociali, da adottare sentite le organizzazioni sindacali nazionali maggiormente rappresentative, nonché le organizzazioni nazionali del datori di lavoro.

17. ***Deroghe alla disciplina in materia di riposo giornaliero, pause, lavoro notturno, durata massima settimanale.*** — 1. Le disposizioni di cui agli artt. 7, 8, 12 e 13 possono essere derogate mediante contratti collettivi stipulati a livello nazionale con le organizzazioni sindacali comparativamente più rappresentative. In assenza di specifiche disposizioni nei contratti collettivi nazionali, le deroghe possono essere stabilite nei contratti collettivi territoriali o aziendali stipulati con le organizzazioni sindacali comparativamente più rappresentative sul piano nazionale.[1]

2. In mancanza di disciplina collettiva, il Ministero del lavoro e delle politiche sociali ovvero, per i pubblici dipendenti, il Ministro per la funzione pubblica, di concerto con il Ministro del lavoro e delle politiche sociali, su richiesta delle organizzazioni sindacali nazionali di categoria comparativamente più rappresentative o delle associazioni nazionali di categoria del datori di lavoro firmatarie dei contratti collettivi nazionali di lavoro, adotta un decreto, sentite le stesse parti, per stabilire deroghe agli artt. 4, terzo comma, nel limite di sei mesi, 7, 8, 12 e 13 con riferimento:

a) alle attività caratterizzate dalla distanza fra il luogo di lavoro e il luogo. di residenza del lavoratore, compreso il lavoro offshore, oppure dalla distanza fra i suoi diversi luoghi di lavoro;

b) alle attività di guardia, sorveglianza e permanenza caratterizzate dalla necessità di assicurare la protezione dei beni e delle persone, in particolare, quando si tratta di guardiani o portinai o di imprese di sorveglianza;

c) alle attività caratterizzate dalla necessità di assicurare la continuità del servizio o della produzione, in particolare, quando si tratta:

1) di servizi relativi all'accettazione, al trattamento o alle cure prestati da ospedali o stabilimenti analoghi, comprese le attività dei medici in formazione, da case di riposo e da carceri;

2) del personale portuale o aeroportuale;

3) di servizi della stampa, radiofonici, televisivi, di produzione cinematografica, postali o delle telecomunicazioni, di servizi di ambulanza, antincendio o di protezione civile;

4) di servizi di produzione, di conduzione e di-

stribuzione del gas, dell'acqua e dell'elettricità, di servizi di raccolta del rifiuti domestici o degli impianti di incenerimento;

5) di industrie in cui il lavoro non può essere interrotto per ragioni tecniche;

6) di attività di ricerca e sviluppo;

7) dell'agricoltura;

8) di lavoratori operanti nei servizi regolari di trasporto passeggeri in ambito urbano ai sensi dell'art. 10, comma 1, numero 14), 2° periodo, del decreto del Presidente della Repubblica 26 ott. 1972, n. 633.

d) in caso di sovraccarico prevedibile di attività, e in particolare:

1) nell'agricoltura;

2) nel turismo;

3) nei servizi postali;

e) per personale che lavora nel settore del trasporti ferroviari:

1) per le attività discontinue;

2) per il servizio prestato a bordo del treni;

3) per le attività connesse al trasporto ferroviario e che assicurano la regolarità del traffico ferroviario;

f) a fatti dovuti a circostanze estranee al datore di lavoro, eccezionali e imprevedibili o eventi eccezionali, le conseguenze dei quali sarebbero state comunque inevitabili malgrado la diligenza osservata;

g) in caso di incidente o di rischio di incidente imminente.

3. Alle stesse condizioni di cui al comma 2 si può derogare alla disciplina di cui all'art. 7;

a) per l'attività di lavoro a turni tutte le volte in cui il lavoratore cambia squadra e non può usufruire tra la fine del servizio di una squadra e l'inizio di quello della squadra successiva di periodi di riposo giornaliero;

b) per le attività caratterizzate da periodi di lavoro frazionati durante la giornata in particolare del personale addetto alle attività di pulizie.

4. Le deroghe previste nei commi 1, 2 e 3 possono essere ammesse soltanto a condizione che ai prestatori di lavoro siano accordati periodi equivalenti di riposo compensativo o, in casi eccezionali in cui la concessione di tali periodi equivalenti di riposo compensativo non sia possibile per motivi oggettivi, a condizione che ai lavoratori interessati sia accordata una protezione appropriata. 5. Nel rispetto dei principi generali della protezione della sicurezza e della salute dei lavoratori, le disposizioni di cui agli artt. 3, 4, 5, 7, 8, 12 e 13 non si applicano ai lavoratori la cui durata dell'orario di lavoro, a causa delle caratteristiche dell'attività esercitata, non è misurata o predeterminata o può essere determinata dai lavoratori stessi e, in particolare quando si tratta:

a) di dirigenti, di personale direttivo delle aziende o di altre persone aventi potere di decisione autonomo;

b) di manodopera familiare;

c) di lavoratori nel settore liturgico delle chiese e delle comunità religiose;

d) di prestazioni rese nell'ambito di rapporti di lavoro a domicilio e di telelavoro.

6. Nel rispetto dei principi generali della protezione della sicurezza e della salute dei lavoratori, le disposizioni di cui agli artt. 7, 8, 9 e 13, non si applicano al personale mobile. Per il personale mobile dipendente da aziende autoferrotramviarie, trovano applicazione le relative disposizioni di cui al regio D.L. 19 ott. 1923, n. 2328, convertito dalla L. 17 apr. 1925, n. 473, e alla L. 14 feb. 1958, n. 138.

6-*bis*. Le disposizioni di cui all'art. 7 non si applicano al personale del ruolo sanitario del Servizio sanitario nazionale, per il quale si fa riferimento alle vigenti disposizioni contrattuali in materia di orario di lavoro, nel rispetto dei princìpi generali della protezione della sicurezza e della salute dei lavoratori.[2]

[1] Comma modif. dall'art. 41, D.L. 25 giu. 2008, n. 112.
[2] Comma aggiunto dall'art. 3 c. 85 L. 24 dic. 2007, n. 244.

18. *Lavoratori a bordo di navi da pesca marittima.* — 1. Gli artt. 4, 7, 8,12, 13, 14 e 15. non si applicano ai lavoratori a bordo di navi da pesca marittima.

2. Fatte salve le disposizioni dei contratti collettivi nazionali di categoria, la durata dell'orario di lavoro a bordo delle navi da pesca è stabilita in 48 ore di lavoro settimanale medie, calcolate su un periodo di riferimento di un anno, mentre i limiti dell'orario di lavoro o di quello di riposo a bordo delle navi da pesca sono così stabiliti:

a) il numero massimo delle ore di lavoro a bordo non deve superare:

1) 14 ore in un periodo di 24 ore;

2) 72 ore per un periodo di sette giorni;

ovvero:

b) Il numero minimo delle ore di riposo non deve essere inferiore a:

1) 10 ore un periodo di 24 ore;

2) 77 ore per un periodo di sette giorni.

3. Le ore di riposo non possono essere suddivise in più di due periodi distinti, di cui uno almeno di sei ore consecutive e l'intervallo tra i due periodi consecutivi di riposo non deve superare le 14 ore.

18-*bis*. *Sanzioni.* — 1. La violazione del divieto di adibire le donne al lavoro, dalle 24 alle ore 6, dall'accertamento dello stato di gravidanza fino al compimento di un anno di età del bambino, è punita con l'arresto da due a quattro mesi o con l'ammenda da 516 euro a 2.582 euro. La stessa sanzione si applica nel caso in cui le categorie di lavoratrici e lavoratori di cui alle lettere *a*), *b*), *b-bis*) e *c*), dell'art. 11, comma 2, sono adibite al lavoro notturno nonostante il loro dissenso espresso in forma scritta e comunicato al datore di lavoro entro 24 ore anteriori al previsto inizio della prestazione.[1]

2. La violazione delle disposizioni di cui all'art.

14, comma 1, è punita con l'arresto da tre a sei mesi o con l'ammenda da 1.549 euro a 4.131 euro.

3. In caso di violazione delle disposizioni previste dall'articolo 4, comma 2, e dall'articolo 9, comma 1, si applica la sanzione amministrativa pecuniaria da 240 a 1.800 euro[2]. Se la violazione si riferisce a più di cinque lavoratori ovvero si è verificata in almeno tre periodi di riferimento di cui all'articolo 4, commi 3 o 4, la sanzione amministrativa è da 960 a 3.600 euro[2]. Se la violazione si riferisce a più di dieci lavoratori ovvero si è verificata in almeno cinque periodi di riferimento di cui all'articolo 4, commi 3 o 4, la sanzione amministrativa è da 2.400 a 12.000 euro[2] e non è ammesso il pagamento della sanzione in misura ridotta. In caso di violazione delle disposizioni previste dall'articolo 10, comma 1, si applica la sanzione amministrativa pecuniaria da 120 a 750 euro[2]. Se la violazione si riferisce a più di cinque lavoratori ovvero si è verificata in almeno due anni, la sanzione amministrativa è da 480 a 1.800 euro[2]. Se la violazione si riferisce a più di dieci lavoratori ovvero si è verificata in almeno quattro anni, la sanzione amministrativa è da 2.160 a 3.600 euro[2] e non è ammesso il pagamento della sanzione in misura ridotta.[3]

4. In caso di violazione delle disposizioni previste dall'articolo 7, comma 1, si applica la sanzione amministrativa pecuniaria da 120 a 360 euro[2]. Se la violazione si riferisce a più di cinque lavoratori ovvero si è verificata in almeno tre periodi di ventiquattro ore, la sanzione amministrativa è da 720 a 2.400 euro[2]. Se la violazione si riferisce a più di dieci lavoratori ovvero si è verificata in almeno cinque periodi di ventiquattro ore, la sanzione amministrativa è da 2.160 a 3.600[2] euro e non è ammesso il pagamento della sanzione in misura ridotta.[3]

5.[4]

6. La violazione delle disposizioni previste dall'art. 5, commi 3 e 5, è soggetta alla sanzione amministrativa da 25 a 154 euro. Se la violazione si riferisce a più di cinque lavoratori ovvero si è verificata nel corso dell'anno solare per più di cinquanta giornate lavorative, la sanzione amministrativa va da 154 a 1.032 euro e non è ammesso il pagamento della sanzione in misura ridotta.[5]

7. La violazione delle disposizioni previste dall'art. 13, commi 1 e 3, è soggetta alla sanzione amministrativa da 51 euro a 154 euro, per ogni giorno e per ogni lavoratore adibito al lavoro notturno oltre i limiti previsti.

[1] Comma così modif. dall'art. 22, c. 1, D.lgs. 15 giu. 2015, n. 80.

[2] Importi così modif. dall'art. 1, c. 445, L. 30 dic. 2018, n. 145, a decorrere dal 1° gennaio 2019.

[3] Comma così sost. dall'art. 7, c. 1, L. 4 nov. 2010, n. 183.

[4] Comma abrog. dall'art. 41, D.L. 25 giu. 2005, n. 112.

[5] Comma così modif. dall'art. 41, D.L. 25 giu. 2005, n. 112.

(*Omissis*).

- 6 -

D.lgs. 4 mar. 2015, n. 23

Disposizioni in materia di contratto di lavoro a tempo indeterminato a tutele crescenti, in attuazione della legge 10 dicembre 2014, n. 183.

(G.U. 6 mar. 2015, n. 54)

1. ***Campo di applicazione.*** — 1. Per i lavoratori che rivestono la qualifica di operai, impiegati o quadri, assunti con contratto di lavoro subordinato a tempo indeterminato a decorrere dalla data di entrata in vigore del presente decreto, il regime di tutela nel caso di licenziamento illegittimo è disciplinato dalle disposizioni di cui al presente decreto.

2. Le disposizioni di cui al presente decreto si applicano anche nei casi di conversione, successiva all'entrata in vigore del presente decreto, di contratto a tempo determinato o di apprendistato in contratto a tempo indeterminato.

3. Nel caso in cui il datore di lavoro, in conseguenza di assunzioni a tempo indeterminato avvenute successivamente all'entrata in vigore del presente decreto, integri il requisito occupazionale di cui all'articolo 18, ottavo e nono comma, della legge 20 maggio 1970, n. 300, e successive modificazioni, il licenziamento dei lavoratori, anche se assunti precedentemente a tale data, è disciplinato dalle disposizioni del presente decreto.

2. ***Licenziamento discriminatorio, nullo e intimato in forma orale.*** — 1. Il giudice, con la pronuncia con la quale dichiara la nullità del licenziamento perché discriminatorio a norma dell'articolo 15 della legge 20 maggio 1970, n. 300, e successive modificazioni, ovvero perché riconducibile agli altri casi di nullità espressamente previsti dalla legge, ordina al datore di lavoro, imprenditore o non imprenditore, la reintegrazione del lavoratore nel posto di lavoro, indipendentemente dal motivo formalmente addotto. A seguito dell'ordine di reintegrazione, il rapporto di lavoro si intende risolto quando il lavoratore non abbia ripreso servizio entro trenta giorni dall'invito del datore di lavoro, salvo il caso in cui abbia richiesto l'indennità di cui al comma 3. Il regime di cui al presente articolo si applica anche al licenziamento dichiarato inefficace perché intimato in forma orale.

2. Con la pronuncia di cui al comma 1, il giudice condanna altresì il datore di lavoro al risarcimento del danno subito dal lavoratore per il licenziamento di cui sia stata accertata la nullità e l'inefficacia, stabilendo a tal fine un'indennità commisurata all'ultima retribuzione di riferimento per il calcolo del trattamento di fine rapporto, corrispondente al periodo dal giorno del licenziamento sino a quello dell'effettiva reintegrazione, dedotto quanto percepito, nel periodo di estromissione, per lo svolgimento di altre attività lavorative. In ogni caso la misura del risarcimento non potrà essere inferiore a cinque mensilità dell'ultima retribuzione di rife-

rimento per il calcolo del trattamento di fine rapporto. Il datore di lavoro è condannato, altresì, per il medesimo periodo, al versamento dei contributi previdenziali e assistenziali.

3. Fermo restando il diritto al risarcimento del danno come previsto al comma 2, al lavoratore è data la facoltà di chiedere al datore di lavoro, in sostituzione della reintegrazione nel posto di lavoro, un'indennità pari a quindici mensilità dell'ultima retribuzione di riferimento per il calcolo del trattamento di fine rapporto, la cui richiesta determina la risoluzione del rapporto di lavoro, e che non è assoggettata a contribuzione previdenziale. La richiesta dell'indennità deve essere effettuata entro trenta giorni dalla comunicazione del deposito della pronuncia o dall'invito del datore di lavoro a riprendere servizio, se anteriore alla predetta comunicazione.

4. La disciplina di cui al presente articolo trova applicazione anche nelle ipotesi in cui il giudice accerta il difetto di giustificazione per motivo consistente nella disabilità fisica o psichica del lavoratore, anche ai sensi degli articoli 4, comma 4, e 10, comma 3, della legge 12 marzo 1999, n. 68.

3. ***Licenziamento per giustificato motivo e giusta causa.*** — 1. Salvo quanto disposto dal comma 2, nei casi in cui risulta accertato che non ricorrono gli estremi del licenziamento per giustificato motivo oggettivo o per giustificato motivo soggettivo o giusta causa, il giudice dichiara estinto il rapporto di lavoro alla data del licenziamento e condanna il datore di lavoro al pagamento di un'indennità non assoggettata a contribuzione previdenziale di importo pari a due mensilità dell'ultima retribuzione di riferimento per il calcolo del trattamento di fine rapporto per ogni anno di servizio, in misura comunque non inferiore a sei e non superiore a trentasei mensilità.[1]

2. Esclusivamente nelle ipotesi di licenziamento per giustificato motivo soggettivo o per giusta causa in cui sia direttamente dimostrata in giudizio l'insussistenza del fatto materiale contestato al lavoratore, rispetto alla quale resta estranea ogni valutazione circa la sproporzione del licenziamento, il giudice annulla il licenziamento e condanna il datore di lavoro alla reintegrazione del lavoratore nel posto di lavoro e al pagamento di un'indennità risarcitoria commisurata all'ultima retribuzione di riferimento per il calcolo del trattamento di fine rapporto, corrispondente al periodo dal giorno del licenziamento fino a quello dell'effettiva reintegrazione, dedotto quanto il lavoratore abbia percepito per lo svolgimento di altre attività lavorative, nonché quanto avrebbe potuto percepire accettando una congrua offerta di lavoro ai sensi dell'articolo 4, comma 1, lettera *c*), del decreto legislativo 21 aprile 2000, n. 181, e successive modificazioni. In ogni caso la misura dell'indennità risarcitoria relativa al periodo antecedente alla pronuncia di reintegrazione non può essere superiore a dodici mensilità dell'ultima retribuzione di riferimento per il calcolo del trattamento di fine rapporto. Il datore di lavoro è condannato, altresì, al versamento dei contributi previdenziali e assistenziali dal giorno del licenziamento fino a quello dell'effettiva reintegrazione, senza applicazione di sanzioni per omissione contributiva. Al lavoratore è attribuita la facoltà di cui all'articolo 2, comma 3.

3. Al licenziamento dei lavoratori di cui all'articolo 1 non trova applicazione l'articolo 7 della legge 15 luglio 1966, n. 604, e successive modificazioni.

[1] Comma così modif. dall'art. 3, D.L. 12 lug. 2018, n. 87, conv. con modif. in L. 9 ago. 2018, n. 96.

4. ***Vizi formali e procedurali.***[1] — 1. Nell'ipotesi in cui il licenziamento sia intimato con violazione del requisito di motivazione di cui all'articolo 2, comma 2, della legge n. 604 del 1966 o della procedura di cui all'articolo 7 della legge n. 300 del 1970, il giudice dichiara estinto il rapporto di lavoro alla data del licenziamento e condanna il datore di lavoro al pagamento di un'indennità non assoggettata a contribuzione previdenziale di importo pari a una mensilità dell'ultima retribuzione di riferimento per il calcolo del trattamento di fine rapporto per ogni anno di servizio, in misura comunque non inferiore a due e non superiore a dodici mensilità, a meno che il giudice, sulla base della domanda del lavoratore, accerti la sussistenza dei presupposti per l'applicazione delle tutele di cui agli articoli 2 e 3 del presente decreto.

[1] La Corte cost., con sent. 16 lug. 2020, n. 150, ha dichiarato l'ill. cost. del presente articolo limitatamente alle parole «di importo pari a una mensilità dell'ultima retribuzione di riferimento per il calcolo del trattamento di fine rapporto per ogni anno di servizio».

5. ***Revoca del licenziamento.*** — 1. Nell'ipotesi di revoca del licenziamento, purché effettuata entro il termine di quindici giorni dalla comunicazione al datore di lavoro dell'impugnazione del medesimo, il rapporto di lavoro si intende ripristinato senza soluzione di continuità, con diritto del lavoratore alla retribuzione maturata nel periodo precedente alla revoca, e non trovano applicazione i regimi sanzionatori previsti dal presente decreto.

6. ***Offerta di conciliazione.*** — 1. In caso di licenziamento dei lavoratori di cui all'articolo 1, al fine di evitare il giudizio e ferma restando la possibilità per le parti di addivenire a ogni altra modalità di conciliazione prevista dalla legge, il datore di lavoro può offrire al lavoratore, entro i termini di impugnazione stragiudiziale del licenziamento, in una delle sedi di cui all'articolo 2113, quarto comma, del codice civile, e all'articolo 76 del decreto legislativo 10 settembre 2003, n. 276, e successive modificazioni, un importo che non costituisce reddito imponibile ai fini dell'imposta sul reddito delle persone fisiche e non è assoggettato a contribuzione previdenziale, di ammontare pari a una mensilità della retribuzione di riferimento per il calcolo del trattamento di fine rapporto per ogni anno di servizio, in misura comunque non inferiore a tre e non superiore a ventisette mensilità, mediante consegna al lavoratore di un assegno circolare. L'accettazione dell'assegno in tale sede da parte del lavoratore comporta l'estinzione del rapporto alla data del licenziamento e la rinuncia alla impugnazione del licenziamento anche qualora il lavoratore l'abbia già proposta. Le eventuali ulteriori somme pattuite nella stessa sede conciliativa a chiusura di ogni altra pendenza derivante dal rapporto di lavoro sono soggette al regime fiscale ordinario.[1]

2. Alle minori entrate derivanti dal comma 1 valutate in 2 milioni di euro per l'anno 2015, 7,9 milioni di euro per l'anno 2016, 13,8 milioni di euro per l'anno 2017, 17,5 milioni di euro per l'anno 2018, 21,2 milioni di euro per l'anno 2019, 24,4 milioni di euro per l'anno 2020, 27,6 milioni di euro per l'anno 2021, 30,8 milioni di euro per l'anno 2022, 34,0 milioni di euro per l'anno 2023 e 37,2 milioni di euro annui a decorrere dall'anno 2024 si provvede mediante corrispondente riduzione del fondo di cui all'articolo 1, comma 107, della legge 23 dicembre 2014, n. 190.

3. Il sistema permanente di monitoraggio e valutazione istituito a norma dell'articolo 1, comma 2, della legge 28 giugno 2012, n. 92, assicura il monitoraggio sull'attuazione della presente disposizione. A tal fine la comunicazione obbligatoria telematica di cessazione del rapporto di cui all'articolo 4-*bis* del decreto legislativo 21 aprile 2000, n. 181, e successive modificazioni, è integrata da una ulteriore comunicazione, da effettuarsi da parte del datore di lavoro entro 65 giorni dalla cessazione del rapporto, nella quale deve essere indicata l'avvenuta ovvero la non avvenuta conciliazione di cui al comma 1 e la cui omissione è assoggettata alla medesima sanzione prevista per l'omissione della comunicazione di cui al predetto articolo 4-*bis*. Il modello di trasmissione della comunicazione obbligatoria è conseguentemente riformulato. Alle attività di cui al presente comma si provvede con le risorse umane, strumentali e finanziarie disponibili a legislazione vigente e, comunque, senza nuovi o maggiori oneri per la finanza pubblica.

[1] Comma così modif. dall'art. 3, D.L. 12 lug. 2018, n. 87, conv. con modif. in L. 9 ago. 2018, n. 96.

7. ***Computo dell'anzianità negli appalti.*** — 1. Ai fini del calcolo delle indennità e dell'importo di cui all'articolo 3, comma 1, all'articolo 4, e all'articolo 6, l'anzianità di servizio del lavoratore che passa alle dipendenze dell'impresa subentrante nell'appalto si computa tenendosi conto di tutto il periodo durante il quale il lavoratore è stato impiegato nell'attività appaltata.

8. ***Computo e misura delle indennità per frazioni di anno.*** — 1. Per le frazioni di anno d'anzianità di servizio, le indennità e l'importo di cui all'articolo 3, comma 1, all'articolo 4, e all'articolo 6, sono riproporzionati e le frazioni di mese uguali o superiori a quindici giorni si computano come mese intero.

9. ***Piccole imprese e organizzazioni di tendenza.*** — 1. Ove il datore di lavoro non raggiunga i requisiti dimensionali di cui all'articolo 18, ottavo e nono comma, della legge n. 300 del 1970, non si applica l'articolo 3, comma 2, e l'ammontare delle indennità e dell'importo previsti dall'articolo 3, comma 1, dall'articolo 4, comma 1 e dall'articolo 6, comma 1, è dimezzato e non può in ogni caso superare il limite di sei mensilità.

2. Ai datori di lavoro non imprenditori, che svolgono senza fine di lucro attività di natura politica, sindacale, culturale, di istruzione ovvero di religione o di culto, si applica la disciplina di cui al presente decreto.

10. ***Licenziamento collettivo.*** — 1. In caso di licenziamento collettivo ai sensi degli articoli 4 e 24 della legge 23 luglio 1991, n. 223, intimato senza l'osservanza della forma scritta, si applica il regime sanzionatorio di cui all'articolo 2 del presente decreto. In caso di violazione delle procedure richiamate all'articolo 4, comma 12, nonché di violazione delle procedure di cui all'articolo 189, comma 6, del codice della crisi e dell'insolvenza o dei criteri di scelta di cui all'articolo 5, comma 1, della legge n. 223 del 1991, si applica il regime di cui all'articolo 3, comma 1.[1]

[1] Comma così sost. dall'art. 368, c. 2, D.lgs. 12 gen. 2019, n. 14, a decorrere dal 15 lug. 2022.

11. ***Rito applicabile.*** — 1. Ai licenziamenti di cui al presente decreto non si applicano le disposizioni dei commi da 48 a 68 dell'articolo 1 della legge 28 giugno 2012, n. 92.

12. ***Entrata in vigore.*** — 1. Il presente decreto entra in vigore il giorno successivo a quello della sua pubblicazione nella *Gazzetta Ufficiale della Repubblica italiana*.

- 7 -

D.lgs. 15 giu. 2015, n. 81

Disciplina organica dei contratti di lavoro e revisione della normativa in tema di mansioni, a norma dell'art. 1, c. 7, della L. 10 dic. 2014, n. 183

(G.U. 24 giu. 2015, n. 144)

CAPO I

Disposizioni in materia di rapporto di lavoro

1. ***Forma contrattuale comune.*** — 1. Il contratto di lavoro subordinato a tempo indeterminato costituisce la forma comune di rapporto di lavoro.

2. ***Collaborazioni organizzate dal committente.*** — 1. A far data dal 1° gennaio 2016, si applica la disciplina del rapporto di lavoro subordinato anche ai rapporti di collaborazione che si concretano in prestazioni di lavoro prevalentemente personali, continuative e le cui modalità di esecuzione sono organizzate dal committente. Le disposizioni di cui al presente comma si applicano anche qualora le modalità di esecuzione della prestazione siano organizzate mediante piattaforme anche digitali.[1]

2. La disposizione di cui al comma 1 non trova applicazione con riferimento:

a) alle collaborazioni per le quali gli accordi collettivi nazionali stipulati da associazioni sindacali comparativamente più rappresentative sul piano nazionale prevedono discipline specifiche riguardanti il trattamento economico e normativo, in ragione delle particolari esigenze produttive ed organizzative del relativo settore;

b) alle collaborazioni prestate nell'esercizio di professioni intellettuali per le quali è necessaria l'iscrizione in appositi albi professionali;

c) alle attività prestate nell'esercizio della loro funzione dai componenti degli organi di amministrazione e controllo delle società e dai partecipanti a collegi e commissioni;

d) alle collaborazioni rese a fini istituzionali in favore delle associazioni e società sportive dilettantistiche affiliate alle federazioni sportive nazionali, alle discipline sportive associate e agli enti di promozione sportiva riconosciuti dal C.O.N.I., come individuati e disciplinati dall'articolo 90 della legge 27 dicembre 2002, n. 289;[2]

d-bis) alle collaborazioni prestate nell'ambito della produzione e della realizzazione di spettacoli da parte delle fondazioni di cui al decreto legislativo 29 giugno 1996, n. 367;[3]

d-ter) alle collaborazioni degli operatori che prestano le attività di cui alla legge 21 marzo 2001, n. 74.[4]

3. Le parti possono richiedere alle commissioni di cui all'articolo 76 del decreto legislativo 10 settembre 2003, n. 276, la certificazione dell'assenza dei requisiti di cui al comma 1. Il lavoratore può farsi assistere da un rappresentante dell'associazione sindacale cui aderisce o conferisce mandato o da un avvocato o da un consulente del lavoro.

4. La disposizione di cui al comma 1 non trova applicazione nei confronti delle pubbliche amministrazioni.[5]

[1] Comma così modif. dall'art. 1, c. 1, D.L. 3 set. 2019, n. 101, conv. con modif. in L. 2 nov. 2019, n. 128.

[2] Lettera così modif. dall'art. 13, D.L. 12 lug. 2018, n. 87, conv. con modif. in L. 9 ago. 2018, n. 96.

[3] Lettera aggiunta dall'art. 24, c. 3-*quater*, D.L. 24 giu. 2016, n. 113, conv. con modif. in L. 7 ago. 2016, n. 160.

[4] Lettera aggiunta dall'art. 1, D.L. 12 lug. 2018, n. 87, conv. con modif. in L. 9 ago. 2018, n. 96.

[5] Comma così modif. dall'art. 22, c. 9, D.lgs. 25 mag 2017, n. 75.

2-*bis*. *Ampliamento delle tutele in favore degli iscritti alla gestione separata.*[1] — 1. Per i soggetti iscritti alla gestione separata di cui all'articolo 2, comma 26, della legge 8 agosto 1995, n. 335, non titolari di pensione e non iscritti ad altre forme previdenziali obbligatorie, l'indennità giornaliera di malattia, l'indennità di degenza ospedaliera, il congedo di maternità e il congedo parentale sono corrisposti, fermi restando i requisiti reddituali vigenti, a condizione che nei confronti dei lavoratori interessati risulti attribuita una mensilità della contribuzione dovuta alla predetta gestione separata nei dodici mesi precedenti la data di inizio dell'evento o di inizio del periodo indennizzabile.

2. Per i soggetti di cui al comma 1 la misura vigente dell'indennità di degenza ospedaliera è aumentata del 100 per cento. Conseguentemente è aggiornata la misura dell'indennità giornaliera di malattia.

[1] Comma così modif. dall'art. 1, c. 1, D.L. 3 set. 2019, n. 101, conv. con modif. in L. 2 nov. 2019, n. 128.

3. *Disciplina delle mansioni.*[1] (*Omissis*).

[1] Sostituisce l'art. 2103 del c.c. e abroga l'art. 6, L. 13 mag. 1985, n. 190.

CAPO II
Lavoro a orario ridotto e flessibile

SEZIONE I
Lavoro a tempo parziale

4. *Definizione.* — 1. Nel rapporto di lavoro subordinato, anche a tempo determinato, l'assunzione può avvenire a tempo pieno, ai sensi dell'articolo 3 del decreto legislativo 8 aprile 2003, n. 66, o a tempo parziale.

5. *Forma e contenuti del contratto di lavoro a tempo parziale.* — 1. Il contratto di lavoro a tempo parziale è stipulato in forma scritta ai fini della prova.

2. Nel contratto di lavoro a tempo parziale è contenuta puntuale indicazione della durata della prestazione lavorativa e della collocazione temporale dell'orario con riferimento al giorno, alla settimana, al mese e all'anno.

3. Quando l'organizzazione del lavoro è articolata in turni, l'indicazione di cui al comma 2 può avvenire anche mediante rinvio a turni programmati di lavoro articolati su fasce orarie prestabilite.

6. *Lavoro supplementare, lavoro straordinario, clausole elastiche.* — 1. Nel rispetto di quanto previsto dai contratti collettivi, il datore di lavoro ha la facoltà di richiedere, entro i limiti dell'orario normale di lavoro di cui all'articolo 3 del decreto legislativo n. 66 del 2003, lo svolgimento di prestazioni supplementari, intendendosi per tali quelle svolte oltre l'orario concordato fra le parti ai sensi dell'articolo 5, comma 2, anche in relazione alle giornate, alle settimane o ai mesi.

2. Nel caso in cui il contratto collettivo applicato al rapporto di lavoro non disciplini il lavoro supplementare, il datore di lavoro può richiedere al lavoratore lo svolgimento di prestazioni di lavoro

supplementare in misura non superiore al 25 per cento delle ore di lavoro settimanali concordate. In tale ipotesi, il lavoratore può rifiutare lo svolgimento del lavoro supplementare ove giustificato da comprovate esigenze lavorative, di salute, familiari o di formazione professionale. Il lavoro supplementare è retribuito con una maggiorazione del 15 per cento della retribuzione oraria globale di fatto, comprensiva dell'incidenza della retribuzione delle ore supplementari sugli istituti retributivi indiretti e differiti.

3. Nel rapporto di lavoro a tempo parziale è consentito lo svolgimento di prestazioni di lavoro straordinario, così come definito dall'articolo 1, comma 2, lettera *c*), del decreto legislativo n. 66 del 2003.

4. Nel rispetto di quanto previsto dai contratti collettivi, le parti del contratto di lavoro a tempo parziale possono pattuire, per iscritto, clausole elastiche relative alla variazione della collocazione temporale della prestazione lavorativa ovvero relative alla variazione in aumento della sua durata.

5. Nei casi di cui al comma 4, il prestatore di lavoro ha diritto a un preavviso di due giorni lavorativi, fatte salve le diverse intese tra le parti, nonché a specifiche compensazioni, nella misura ovvero nelle forme determinate dai contratti collettivi.

6. Nel caso in cui il contratto collettivo applicato al rapporto non disciplini le clausole elastiche queste possono essere pattuite per iscritto dalle parti avanti alle commissioni di certificazione, con facoltà del lavoratore di farsi assistere da un rappresentante dell'associazione sindacale cui aderisce o conferisce mandato o da un avvocato o da un consulente del lavoro. Le clausole elastiche prevedono, a pena di nullità, le condizioni e le modalità con le quali il datore di lavoro, con preavviso di due giorni lavorativi, può modificare la collocazione temporale della prestazione e variarne in aumento la durata, nonché la misura massima dell'aumento, che non può eccedere il limite del 25 per cento della normale prestazione annua a tempo parziale. Le modifiche dell'orario di cui al secondo periodo comportano il diritto del lavoratore ad una maggiorazione del 15 per cento della retribuzione oraria globale di fatto, comprensiva dell'incidenza della retribuzione sugli istituti retributivi indiretti e differiti.

7. Al lavoratore che si trova nelle condizioni di cui all'articolo 8, commi da 3 a 5, ovvero in quelle di cui all'articolo 10, primo comma, della legge 20 maggio 1970, n. 300, è riconosciuta la facoltà di revocare il consenso prestato alla clausola elastica.

8. Il rifiuto del lavoratore di concordare variazioni dell'orario di lavoro non costituisce giustificato motivo di licenziamento.

7. ***Trattamento del lavoratore a tempo parziale.*** — 1. Il lavoratore a tempo parziale non deve ricevere un trattamento meno favorevole rispetto al lavoratore a tempo pieno di pari inquadramento.

2. Il lavoratore a tempo parziale ha i medesimi diritti di un lavoratore a tempo pieno comparabile ed il suo trattamento economico e normativo è riproporzionato in ragione della ridotta entità della prestazione lavorativa. I contratti collettivi possono modulare la durata del periodo di prova, del periodo di preavviso in caso di licenziamento o dimissioni e quella del periodo di conservazione del posto di lavoro in caso di malattia ed infortunio in relazione all'articolazione dell'orario di lavoro.

8. ***Trasformazione del rapporto.*** — 1. Il rifiuto del lavoratore di trasformare il proprio rapporto di lavoro a tempo pieno in rapporto a tempo parziale, o viceversa, non costituisce giustificato motivo di licenziamento.

2. Su accordo delle parti risultante da atto scritto è ammessa la trasformazione del rapporto di lavoro a tempo pieno in rapporto a tempo parziale.

3. I lavoratori del settore pubblico e del settore privato affetti da patologie oncologiche nonché da gravi patologie cronico-degenerative ingravescenti, per i quali residui una ridotta capacità lavorativa, eventualmente anche a causa degli effetti invalidanti di terapie salvavita, accertata da una commissione medica istituita presso l'azienda unità sanitaria locale territorialmente competente, hanno diritto alla trasformazione del rapporto di lavoro a tempo pieno in lavoro a tempo parziale. A richiesta del lavoratore il rapporto di lavoro a tempo parziale è trasformato nuovamente in rapporto di lavoro a tempo pieno.

4. In caso di patologie oncologiche o gravi patologie cronico-degenerative ingravescenti riguardanti il coniuge, la parte di un'unione civile di cui all'articolo 1, comma 20, della legge 20 maggio 2016, n. 76 o il convivente di fatto ai sensi dell'articolo 1, comma 36, della medesima legge, i figli o i genitori del lavoratore o della lavoratrice, nonché nel caso in cui il lavoratore o la lavoratrice assista una persona convivente con totale e permanente inabilità lavorativa con connotazione di gravità ai sensi dell'articolo 3, comma 3, della legge 5 febbraio 1992, n. 104, che abbia necessità di assistenza continua in quanto non in grado di compiere gli atti quotidiani della vita, è riconosciuta la priorità nella trasformazione del contratto di lavoro da tempo pieno a tempo parziale.[1]

5. In caso di richiesta del lavoratore o della lavoratrice, con figlio convivente di età non superiore a tredici anni o con figlio convivente portatore di handicap ai sensi dell'articolo 3 della legge n. 104 del 1992, è riconosciuta la priorità nella trasformazione del contratto di lavoro da tempo pieno a tempo parziale.

5-*bis*. La lavoratrice o il lavoratore che richiede la trasformazione del contratto, ai sensi dei commi 4 e 5, non può essere sanzionato, demansionato, licenziato, trasferito o sottoposto ad altra misura organizzativa avente effetti negativi, diretti o indiretti, sulle condizioni di lavoro. Qualunque misura adottata in violazione del precedente periodo è da considerarsi ritorsiva o discriminatoria e, pertanto, nulla.[2]

5-*ter*. La violazione delle disposizioni di cui ai commi 3, 4, 5 e 5-*bis*, ove rilevata nei due anni antecedenti alla richiesta della certificazione della parità di genere di cui all'articolo 46-*bis* del decreto-legislativo 11 aprile 2006, n. 198, o di analoghe certificazioni previste dalle regioni e dalle province autonome nei rispettivi ordinamenti, impedisce al datore di lavoro il conseguimento delle stesse certificazioni.[2]

6. Il lavoratore il cui rapporto sia trasformato da tempo pieno in tempo parziale ha diritto di precedenza nelle assunzioni con contratto a tempo pieno per l'espletamento delle stesse mansioni o di mansioni di pari livello e categoria legale rispetto a quelle oggetto del rapporto di lavoro a tempo parziale.

7. Il lavoratore può chiedere, per una sola volta, in luogo del congedo parentale od entro i limiti del congedo ancora spettante ai sensi del Capo V del decreto legislativo 26 marzo 2001, n. 151, la trasformazione del rapporto di lavoro a tempo pieno in rapporto a tempo parziale, purché con una riduzione d'orario non superiore al 50 per cento. Il datore di lavoro è tenuto a dar corso alla trasformazione entro quindici giorni dalla richiesta.

8. In caso di assunzione di personale a tempo parziale il datore di lavoro è tenuto a darne tempestiva informazione al personale già dipendente con rapporto a tempo pieno occupato in unità produttive site nello stesso ambito comunale, anche mediante comunicazione scritta in luogo accessibile a tutti nei locali dell'impresa, ed a prendere in considerazione le domande di trasformazione a tempo parziale dei rapporti dei dipendenti a tempo pieno.

[1] Comma così modif. dall'art. 5. D.lgs. 30 giu. 2022, n. 105.

[2] Comma ins. dall'art. 5. D.lgs. 30 giu. 2022, n. 105.

9. ***Criteri di computo dei lavoratori a tempo parziale.*** — 1. Ai fini della applicazione di qualsiasi disciplina di fonte legale o contrattuale per la quale sia rilevante il computo dei dipendenti del datore di lavoro, i lavoratori a tempo parziale sono computati in proporzione all'orario svolto, rapportato al tempo pieno. A tal fine, l'arrotondamento opera per le frazioni di orario che eccedono la somma degli orari a tempo parziale corrispondente a unità intere di orario a tempo pieno.

10. ***Sanzioni.*** — 1. In difetto di prova in ordine alla stipulazione a tempo parziale del contratto di lavoro, su domanda del lavoratore è dichiarata la sussistenza fra le parti di un rapporto di lavoro a tempo pieno, fermo restando, per il periodo antecedente alla data della pronuncia giudiziale, il diritto alla retribuzione ed al versamento dei contributi previdenziali dovuti per le prestazioni effettivamente rese.

2. Qualora nel contratto scritto non sia determinata la durata della prestazione lavorativa, su domanda del lavoratore è dichiarata la sussistenza di un rapporto di lavoro a tempo pieno a partire dalla pronuncia. Qualora l'omissione riguardi la sola collocazione temporale dell'orario, il giudice determina le modalità temporali di svolgimento della prestazione lavorativa a tempo parziale, tenendo conto delle responsabilità familiari del lavoratore interessato e della sua necessità di integrazione del reddito mediante lo svolgimento di altra attività lavorativa, nonché delle esigenze del datore di lavoro. Per il periodo antecedente alla pronuncia, il lavoratore ha in entrambi i casi diritto, in aggiunta alla retribuzione dovuta per le prestazioni effettivamente rese, a un'ulteriore somma a titolo di risarcimento del danno.

3. Lo svolgimento di prestazioni in esecuzione di clausole elastiche senza il rispetto delle condizioni, delle modalità e dei limiti previsti dalla legge o dai contratti collettivi comporta il diritto del lavoratore, in aggiunta alla retribuzione dovuta, a un'ulteriore somma a titolo di risarcimento del danno.

11. ***Disciplina previdenziale.*** — 1. La retribuzione minima oraria, da assumere quale base per il calcolo dei contributi previdenziali dovuti per i lavoratori a tempo parziale, si determina rapportando alle giornate di lavoro settimanale ad orario normale il minimale giornaliero di cui all'articolo 7 del decreto-legge 12 settembre 1983, n. 463, convertito, con modificazioni, dalla legge 11 novembre 1983, n. 638, e dividendo l'importo così ottenuto per il numero delle ore di orario normale settimanale previsto dal contratto collettivo nazionale di categoria per i lavoratori a tempo pieno.

2. Gli assegni per il nucleo familiare spettano ai lavoratori a tempo parziale per l'intera misura settimanale in presenza di una prestazione lavorativa settimanale di durata non inferiore al minimo di ventiquattro ore. A tal fine sono cumulate le ore prestate in diversi rapporti di lavoro. In caso contrario spettano tanti assegni giornalieri quante sono le giornate di lavoro effettivamente prestate, qualunque sia il numero delle ore lavorate nella giornata. Qualora non si possa individuare l'attività principale per gli effetti dell'articolo 20 del decreto del Presidente della Repubblica 30 maggio 1955, n. 797, e successive modificazioni, gli assegni per il nucleo familiare sono corrisposti direttamente dall'INPS.

3. La retribuzione dei lavoratori a tempo parziale, a valere ai fini dell'assicurazione contro gli infortuni sul lavoro e le malattie professionali è uguale alla retribuzione tabellare prevista dalla contrattazione collettiva per il corrispondente rapporto di lavoro a tempo pieno. La retribuzione tabellare è determinata su base oraria in relazione alla durata normale annua della prestazione di la-

voro espressa in ore. La retribuzione minima oraria da assumere quale base di calcolo dei premi per l'assicurazione di cui al presente comma è stabilita con le modalità di cui al comma 1.

4. Nel caso di trasformazione del rapporto di lavoro a tempo pieno in rapporto di lavoro a tempo parziale e viceversa, ai fini della determinazione dell'ammontare del trattamento di pensione si computa per intero l'anzianità relativa ai periodi di lavoro a tempo pieno e, in proporzione all'orario effettivamente svolto, l'anzianità inerente ai periodi di lavoro a tempo parziale.

12. ***Lavoro a tempo parziale nelle amministrazioni pubbliche.*** — 1. Ai sensi dell'articolo 2, comma 2, del decreto legislativo 30 marzo 2001, n. 165, le disposizioni della presente sezione si applicano, ove non diversamente disposto, anche ai rapporti di lavoro alle dipendenze delle amministrazioni pubbliche, con esclusione di quelle contenute negli articoli 6, commi 2 e 6, e 10, e, comunque, fermo restando quanto previsto da disposizioni speciali in materia.

SEZIONE II

Lavoro intermittente

13. ***Definizione e casi di ricorso al lavoro intermittente.*** — 1. Il contratto di lavoro intermittente è il contratto, anche a tempo determinato, mediante il quale un lavoratore si pone a disposizione di un datore di lavoro che ne può utilizzare la prestazione lavorativa in modo discontinuo o intermittente secondo le esigenze individuate dai contratti collettivi, anche con riferimento alla possibilità di svolgere le prestazioni in periodi predeterminati nell'arco della settimana, del mese o dell'anno. In mancanza di contratto collettivo, i casi di utilizzo del lavoro intermittente sono individuati con decreto del Ministro del lavoro e delle politiche sociali.

2. Il contratto di lavoro intermittente può in ogni caso essere concluso con soggetti con meno di 24 anni di età, purché le prestazioni lavorative siano svolte entro il venticinquesimo anno, e con più di 55 anni.

3. In ogni caso, con l'eccezione dei settori del turismo, dei pubblici esercizi e dello spettacolo, il contratto di lavoro intermittente è ammesso, per ciascun lavoratore con il medesimo datore di lavoro, per un periodo complessivamente non superiore a quattrocento giornate di effettivo lavoro nell'arco di tre anni solari. In caso di superamento del predetto periodo il relativo rapporto si trasforma in un rapporto di lavoro a tempo pieno e indeterminato.

4. Nei periodi in cui non ne viene utilizzata la prestazione il lavoratore intermittente non matura alcun trattamento economico e normativo, salvo che abbia garantito al datore di lavoro la propria disponibilità a rispondere alle chiamate, nel qual caso gli spetta l'indennità di disponibilità di cui all'articolo 16.

5. Le disposizioni della presente sezione non trovano applicazione ai rapporti di lavoro alle dipendenze delle pubbliche amministrazioni.

14. ***Divieti.*** — 1. È vietato il ricorso al lavoro intermittente:

a) per la sostituzione di lavoratori che esercitano il diritto di sciopero;

b) presso unità produttive nelle quali si è proceduto, entro i sei mesi precedenti, a licenziamenti collettivi a norma degli articoli 4 e 24 della legge 23 luglio 1991, n. 223, che hanno riguardato lavoratori adibiti alle stesse mansioni cui si riferisce il contratto di lavoro intermittente, ovvero presso unità produttive nelle quali sono operanti una sospensione del lavoro o una riduzione dell'orario in regime di cassa integrazione guadagni, che interessano lavoratori adibiti alle mansioni cui si riferisce il contratto di lavoro intermittente;

c) ai datori di lavoro che non hanno effettuato la valutazione dei rischi in applicazione della normativa di tutela della salute e della sicurezza dei lavoratori.

15. ***Forma e comunicazioni.*** — 1. Il contratto di lavoro intermittente è stipulato in forma scritta ai fini della prova e, oltre alle informazioni di cui all'articolo 1, comma 1, del decreto legislativo 26 maggio 1997, n. 152, deve contenere i seguenti elementi:

a) la natura variabile della programmazione del lavoro, durata e ipotesi, oggettive o soggettive, che consentono la stipulazione del contratto a norma dell'articolo 13;

b) il luogo e le modalità della disponibilità eventualmente garantita dal lavoratore;

c) il trattamento economico e normativo spettante al lavoratore per la prestazione eseguita, con l'indicazione dell'ammontare delle eventuali ore retribuite garantite al lavoratore e della retribuzione dovuta per il lavoro prestato in aggiunta alle ore garantite nonché la relativa indennità di disponibilità, ove prevista;

d) le forme e le modalità con cui il datore di lavoro è legittimato a richiedere l'esecuzione della prestazione di lavoro e del relativo preavviso di chiamata del lavoratore, nonché le modalità di rilevazione della prestazione;

e) i tempi e le modalità di pagamento della retribuzione e dell'indennità di disponibilità;

f) le misure di sicurezza necessarie in relazione al tipo di attività dedotta in contratto;

g) le eventuali fasce orarie e i giorni predeterminati in cui il lavoratore è tenuto a svolgere le prestazioni lavorative.[1]

2. Fatte salve le previsioni più favorevoli dei contratti collettivi, il datore di lavoro è tenuto a informare con cadenza annuale le rappresentanze sindacali aziendali o la rappresentanza sindacale uni-

taria sull'andamento del ricorso al contratto di lavoro intermittente.

3. Prima dell'inizio della prestazione lavorativa o di un ciclo integrato di prestazioni di durata non superiore a trenta giorni, il datore di lavoro è tenuto a comunicarne la durata alla direzione territoriale del lavoro competente per territorio, mediante sms o posta elettronica. Con decreto del Ministro del lavoro e delle politiche sociali, di concerto con il Ministro per la semplificazione e la pubblica amministrazione, possono essere individuate modalità applicative della disposizione di cui al primo periodo, nonché ulteriori modalità di comunicazione in funzione dello sviluppo delle tecnologie. In caso di violazione degli obblighi di cui al presente comma si applica la sanzione amministrativa da euro 400 ad euro 2.400 in relazione a ciascun lavoratore per cui è stata omessa la comunicazione. Non si applica la procedura di diffida di cui all'articolo 13 del decreto legislativo 23 aprile 2004, n. 124.

[1] Comma così sost. dall'art. 5, D.lgs. 27 giu. 2022, n. 104.

16. ***Indennità di disponibilità.*** — 1. La misura dell'indennità mensile di disponibilità, divisibile in quote orarie, è determinata dai contratti collettivi e non è comunque inferiore all'importo fissato con decreto del Ministro del lavoro e delle politiche sociali, sentite le associazioni sindacali comparativamente più rappresentative sul piano nazionale.

2. L'indennità di disponibilità è esclusa dal computo di ogni istituto di legge o di contratto collettivo.

3. L'indennità di disponibilità è assoggettata a contribuzione previdenziale per il suo effettivo ammontare, in deroga alla normativa in materia di minimale contributivo.

4. In caso di malattia o di altro evento che gli renda temporaneamente impossibile rispondere alla chiamata, il lavoratore è tenuto a informarne tempestivamente il datore di lavoro, specificando la durata dell'impedimento, durante il quale non matura il diritto all'indennità di disponibilità. Ove non provveda all'adempimento di cui al periodo precedente, il lavoratore perde il diritto all'indennità per un periodo di quindici giorni, salvo diversa previsione del contratto individuale.

5. Il rifiuto ingiustificato di rispondere alla chiamata può costituire motivo di licenziamento e comportare la restituzione della quota di indennità di disponibilità riferita al periodo successivo al rifiuto.

6. Con decreto del Ministro del lavoro e delle politiche sociali, di concerto con il Ministro dell'economia e delle finanze, è stabilita la misura della retribuzione convenzionale in riferimento alla quale il lavoratore intermittente può versare la differenza contributiva per i periodi in cui ha percepito una retribuzione inferiore a quella convenzionale ovvero ha usufruito dell'indennità di disponibilità fino a concorrenza del medesimo importo.

17. ***Principio di non discriminazione.*** — 1. Il lavoratore intermittente non deve ricevere, per i periodi lavorati e a parità di mansioni svolte, un trattamento economico e normativo complessivamente meno favorevole rispetto al lavoratore di pari livello.

2. Il trattamento economico, normativo e previdenziale del lavoratore intermittente, è riproporzionato in ragione della prestazione lavorativa effettivamente eseguita, in particolare per quanto riguarda l'importo della retribuzione globale e delle singole componenti di essa, nonché delle ferie e dei trattamenti per malattia e infortunio, congedo di maternità e parentale.

18. ***Computo del lavoratore intermittente.*** — 1. Ai fini dell'applicazione di qualsiasi disciplina di fonte legale o contrattuale per la quale sia rilevante il computo dei dipendenti del datore di lavoro, il lavoratore intermittente è computato nell'organico dell'impresa in proporzione all'orario di lavoro effettivamente svolto nell'arco di ciascun semestre.

CAPO III

Lavoro a tempo determinato

19. ***Apposizione del termine e durata massima.*** — 1. Al contratto di lavoro subordinato può essere apposto un termine di durata non superiore a dodici mesi. Il contratto può avere una durata superiore, ma comunque non eccedente i ventiquattro mesi, solo in presenza di almeno una delle seguenti condizioni:

a) esigenze temporanee e oggettive, estranee all'ordinaria attività, ovvero esigenze di sostituzione di altri lavoratori;

b) esigenze connesse a incrementi temporanei, significativi e non programmabili, dell'attività ordinaria.[1]

b-bis) specifiche esigenze previste dai contratti collettivi di cui all'articolo 51.[2]

1.1. Il termine di durata superiore a dodici mesi, ma comunque non eccedente ventiquattro mesi, di cui al comma 1 del presente articolo, può essere apposto ai contratti di lavoro subordinato qualora si verifichino specifiche esigenze previste dai contratti collettivi di lavoro di cui all'articolo 51, ai sensi della lettera *b-bis*) del medesimo comma 1, fino al 30 settembre 2022.[3]

1-*bis*. In caso di stipulazione di un contratto di durata superiore a dodici mesi in assenza delle condizioni di cui al comma 1, il contratto si trasforma in contratto a tempo indeterminato dalla data di superamento del termine di dodici mesi.[4]

2. Fatte salve le diverse disposizioni dei contratti collettivi, e con l'eccezione delle attività stagionali di cui all'articolo 21, comma 2, la durata dei rapporti di lavoro a tempo determinato intercorsi tra lo stesso datore di lavoro e lo stesso lavoratore, per effetto di una successione di contratti, conclusi per lo svolgimento di mansioni di pari livello e categoria legale e indipendentemente dai periodi di inter-

ruzione tra un contratto e l'altro, non può superare i ventiquattro[5] mesi. Ai fini del computo di tale periodo si tiene altresì conto dei periodi di missione aventi ad oggetto mansioni di pari livello e categoria legale, svolti tra i medesimi soggetti, nell'ambito di somministrazioni di lavoro a tempo determinato. Qualora il limite dei ventiquattro[5] mesi sia superato, per effetto di un unico contratto o di una successione di contratti, il contratto si trasforma in contratto a tempo indeterminato dalla data di tale superamento.

3. Fermo quanto disposto al comma 2, un ulteriore contratto a tempo determinato fra gli stessi soggetti, della durata massima di dodici mesi, può essere stipulato presso la direzione territoriale del lavoro competente per territorio. In caso di mancato rispetto della descritta procedura, nonché di superamento del termine stabilito nel medesimo contratto, lo stesso si trasforma in contratto a tempo indeterminato dalla data della stipulazione.

4. Con l'eccezione dei rapporti di lavoro di durata non superiore a dodici giorni, l'apposizione del termine al contratto è priva di effetto se non risulta da atto scritto, una copia del quale deve essere consegnata dal datore di lavoro al lavoratore entro cinque giorni lavorativi dall'inizio della prestazione. L'atto scritto contiene, in caso di rinnovo, la specificazione delle esigenze di cui al comma 1 in base alle quali è stipulato; in caso di proroga dello stesso rapporto tale indicazione è necessaria solo quando il termine complessivo eccede i dodici mesi.[1]

5. Il datore di lavoro informa i lavoratori a tempo determinato, nonché le rappresentanze sindacali aziendali ovvero la rappresentanza sindacale unitaria, circa i posti vacanti che si rendono disponibili nell'impresa, secondo le modalità definite dai contratti collettivi.

[1] Comma così sost. dall'art. 1, D.L. 12 lug. 2018, n. 87, conv. con modif. in L. 9 ago. 2018, n. 96.

[2] Lettera aggiunta dall'art. 41-*bis* , D.L. 25 mag. 2021, n. 73, conv. con modif. in L. 23 lug. 2021, n. 106.

[3] Comma ins. dall'art. 41-*bis* , D.L. 25 mag. 2021, n. 73, conv. con modif. in L. 23 lug. 2021, n. 106.

[4] Comma ins. dall'art. 1, D.L. 12 lug. 2018, n. 87, conv. con modif. in L. 9 ago. 2018, n. 96.

[5] Parola così sost. dall'art. 1, D.L. 12 lug. 2018, n. 87, conv. con modif. in L. 9 ago. 2018, n. 96.

20. ***Divieti.*** — 1. L'apposizione di un termine alla durata di un contratto di lavoro subordinato non è ammessa:

a) per la sostituzione di lavoratori che esercitano il diritto di sciopero;

b) presso unità produttive nelle quali si è proceduto, entro i sei mesi precedenti, a licenziamenti collettivi a norma degli articoli 4 e 24 della legge n. 223 del 1991, che hanno riguardato lavoratori adibiti alle stesse mansioni cui si riferisce il contratto di lavoro a tempo determinato, salvo che il contratto sia concluso per provvedere alla sostituzione di lavoratori assenti, per assumere lavoratori iscritti nelle liste di mobilità, o abbia una durata iniziale non superiore a tre mesi;

c) presso unità produttive nelle quali sono operanti una sospensione del lavoro o una riduzione dell'orario in regime di cassa integrazione guadagni, che interessano lavoratori adibiti alle mansioni cui si riferisce il contratto a tempo determinato;

d) da parte di datori di lavoro che non hanno effettuato la valutazione dei rischi in applicazione della normativa di tutela della salute e della sicurezza dei lavoratori.

2. In caso di violazione dei divieti di cui al comma 1, il contratto si trasforma in contratto a tempo indeterminato.

21. ***Proroghe e rinnovi.*** — 01. Il contratto può essere rinnovato solo a fronte delle condizioni di cui all'articolo 19, comma 1. Il contratto può essere prorogato liberamente nei primi dodici mesi e, successivamente, solo in presenza delle condizioni di cui all'articolo 19, comma 1. In caso di violazione di quanto disposto dal primo e dal secondo periodo, il contratto si trasforma in contratto a tempo indeterminato. I contratti per attività stagionali, di cui al comma 2 del presente articolo, possono essere rinnovati o prorogati anche in assenza delle condizioni di cui all'articolo 19, comma 1.[1]

1. Il contratto può essere prorogato liberamente nei primi dodici mesi e, successivamente, solo in presenza delle condizioni di cui all'articolo 19, comma 1. In caso di violazione di quanto disposto dal primo e dal secondo periodo, il contratto si trasforma in contratto a tempo indeterminato. I contratti per attività stagionali, di cui al comma 2 del presente articolo, possono essere rinnovati o prorogati anche in assenza delle condizioni di cui all'articolo 19, comma 1. Il termine del contratto a tempo determinato può essere prorogato, con il consenso del lavoratore, solo quando la durata iniziale del contratto sia inferiore a ventiquattro[2] mesi, e, comunque, per un massimo di quattro[2] volte nell'arco di ventiquattro[2] mesi a prescindere dal numero dei contratti. Qualora il numero delle proroghe sia superiore, il contratto si trasforma in contratto a tempo indeterminato dalla data di decorrenza della quinta[2] proroga.

2. Qualora il lavoratore sia riassunto a tempo determinato entro dieci giorni dalla data di scadenza di un contratto di durata fino a sei mesi, ovvero venti giorni dalla data di scadenza di un contratto di durata superiore a sei mesi, il secondo contratto si trasforma in contratto a tempo indeterminato. Le disposizioni di cui al presente comma non trovano applicazione nei confronti dei lavoratori impiegati nelle attività stagionali individuate con decreto del Ministero del lavoro e delle politiche sociali nonché nelle ipotesi individuate dai contratti collettivi. Fino all'adozione del decreto di cui al secondo periodo continuano a trovare applicazione le disposizioni del decreto del Presidente della Repubblica 7 ottobre 1963, n. 1525.

3. I limiti previsti dal presente articolo non si applicano alle imprese start-up innovative di cui di cui all'articolo 25, commi 2 e 3, del decreto-legge 18 ottobre 2012, n. 179, convertito, con modificazioni, dalla legge 17 dicembre 2012, n. 221, per il periodo di quattro anni dalla costituzione della società, ovvero per il più limitato periodo previsto dal comma 3 del suddetto articolo 25 per le società già costituite.

[1] Comma ins. dall'art. 1, D.L. 12 lug. 2018, n. 87, conv. con modif. in L. 9 ago. 2018, n. 96.

[2] Parola così sost. dall'art. 1, D.L. 12 lug. 2018, n. 87, conv. con modif. in L. 9 ago. 2018, n. 96.

22. ***Continuazione del rapporto oltre la scadenza del termine.*** — 1. Fermi i limiti di durata massima di cui all'articolo 19, se il rapporto di lavoro continua dopo la scadenza del termine inizialmente fissato o successivamente prorogato, il datore di lavoro è tenuto a corrispondere al lavoratore una maggiorazione della retribuzione per ogni giorno di continuazione del rapporto pari al 20 per cento fino al decimo giorno successivo e al 40 per cento per ciascun giorno ulteriore.

2. Qualora il rapporto di lavoro continui oltre il trentesimo giorno in caso di contratto di durata inferiore a sei mesi, ovvero oltre il cinquantesimo giorno negli altri casi, il contratto si trasforma in contratto a tempo indeterminato dalla scadenza dei predetti termini.

23. ***Numero complessivo di contratti a tempo determinato.*** — 1. Salvo diversa disposizione dei contratti collettivi non possono essere assunti lavoratori a tempo determinato in misura superiore al 20 per cento del numero dei lavoratori a tempo indeterminato in forza al 1° gennaio dell'anno di assunzione, con un arrotondamento del decimale all'unità superiore qualora esso sia eguale o superiore a 0,5. Nel caso di inizio dell'attività nel corso dell'anno, il limite percentuale si computa sul numero dei lavoratori a tempo indeterminato in forza al momento dell'assunzione. Per i datori di lavoro che occupano fino a cinque dipendenti è sempre possibile stipulare un contratto di lavoro a tempo determinato.

2. Sono esenti dal limite di cui al comma 1, nonché da eventuali limitazioni quantitative previste da contratti collettivi, i contratti a tempo determinato conclusi:

a) nella fase di avvio di nuove attività, per i periodi definiti dai contratti collettivi, anche in misura non uniforme con riferimento ad aree geografiche e comparti merceologici;

b) da imprese start-up innovative di cui all'articolo 25, commi 2 e 3, del decreto-legge n. 179 del 2012, convertito, con modificazioni, dalla legge n. 221 del 2012, per il periodo di quattro anni dalla costituzione della società ovvero per il più limitato periodo previsto dal comma 3 del suddetto articolo 25 per le società già costituite;

c) per lo svolgimento delle attività stagionali di cui all'articolo 21, comma 2;

d) per specifici spettacoli ovvero specifici programmi radiofonici o televisivi o per la produzione di specifiche opere audiovisive;[1]

e) per sostituzione di lavoratori assenti;

f) con lavoratori di età superiore a 50 anni.

3. Il limite percentuale di cui al comma 1 non si applica, inoltre, ai contratti di lavoro a tempo determinato stipulati per la realizzazione e il monitoraggio di iniziative di cooperazione allo sviluppo di cui alla legge 11 agosto 2014, n. 125, ovvero tra università private, incluse le filiazioni di università straniere, istituti pubblici di ricerca ovvero enti privati di ricerca e lavoratori chiamati a svolgere attività di insegnamento, di ricerca scientifica o tecnologica, di assistenza tecnica alla stessa o di coordinamento e direzione della stessa, tra istituti della cultura di appartenenza statale ovvero enti, pubblici e privati derivanti da trasformazione di precedenti enti pubblici, vigilati dal Ministero dei beni e delle attività culturali e del turismo, ad esclusione delle fondazioni di produzione musicale di cui al decreto legislativo 29 giugno 1996, n. 367, e lavoratori impiegati per soddisfare esigenze temporanee legate alla realizzazione di mostre, eventi e manifestazioni di interesse culturale. I contratti di lavoro a tempo determinato che hanno ad oggetto in via esclusiva lo svolgimento di attività di ricerca scientifica o di cooperazione allo sviluppo di cui alla legge 11 agosto 2014, n. 125, possono avere durata pari a quella del progetto.[2]

4. In caso di violazione del limite percentuale di cui al comma 1, restando esclusa la trasformazione dei contratti interessati in contratti a tempo indeterminato, per ciascun lavoratore si applica una sanzione amministrativa di importo pari:

a) al 20 per cento della retribuzione, per ciascun mese o frazione di mese superiore a quindici giorni di durata del rapporto di lavoro, se il numero dei lavoratori assunti in violazione del limite percentuale non è superiore a uno;

b) al 50 per cento della retribuzione, per ciascun mese o frazione di mese superiore a quindici giorni di durata del rapporto di lavoro, se il numero dei lavoratori assunti in violazione del limite percentuale è superiore a uno.

5. I contratti collettivi definiscono modalità e contenuti delle informazioni da rendere alle rappresentanze sindacali aziendali o alla rappresentanza sindacale unitaria dei lavoratori in merito all'utilizzo del lavoro a tempo determinato.

[1] Lettera così modif. dall'art. 1, D.lgs. 7 dic. 2017, n. 202.

[2] Comma così modif. dall'art. 27-*bis*, c. 2, D.L. 30 dic. 2019, n. 162, conv. con modif. in L. 28 feb. 2020, n. 8.

24. ***Diritti di precedenza.*** — 1. Salvo diversa disposizione dei contratti collettivi, il lavoratore che, nell'esecuzione di uno o più contratti a tempo determinato presso la stessa azienda, ha prestato attività lavorativa per un periodo superiore a sei mesi ha diritto di precedenza nelle assunzioni a tempo indeterminato effettuate dal datore di lavoro entro i successivi dodici mesi con riferimento alle mansioni già espletate in esecuzione dei rapporti a termine.

2. Per le lavoratrici, il congedo di maternità di cui al Capo III del decreto legislativo n. 151 del 2001, e successive modificazioni, usufruito nell'esecuzione di un contratto a tempo determinato presso lo stesso datore di lavoro, concorre a determinare il periodo di attività lavorativa utile a conseguire il diritto di precedenza di cui al comma 1. Alle medesime lavoratrici è altresì riconosciuto, alle stesse condizioni di cui al comma 1, il diritto di precedenza nelle assunzioni a tempo determinato effettuate dal datore di lavoro entro i successivi dodici mesi, con riferimento alle mansioni già espletate in esecuzione dei precedenti rapporti a termine.

3. Il lavoratore assunto a tempo determinato per lo svolgimento di attività stagionali ha diritto di precedenza rispetto a nuove assunzioni a tempo determinato da parte dello stesso datore di lavoro per le medesime attività stagionali.

4. Il diritto di precedenza deve essere espressamente richiamato nell'atto scritto di cui all'articolo 19, comma 4, e può essere esercitato a condizione che il lavoratore manifesti per iscritto la propria volontà in tal senso al datore di lavoro entro sei mesi dalla data di cessazione del rapporto di lavoro nei casi di cui ai commi 1 e 2, ed entro tre mesi nel caso di cui al comma 3. Il diritto di precedenza si estingue una volta trascorso un anno dalla data di cessazione del rapporto.

25. ***Principio di non discriminazione.*** — 1. Al lavoratore a tempo determinato spetta il trattamento economico e normativo in atto nell'impresa per i lavoratori con contratto a tempo indeterminato comparabili, intendendosi per tali quelli inquadrati nello stesso livello in forza dei criteri di classificazione stabiliti dalla contrattazione collettiva, ed in proporzione al periodo lavorativo prestato, sempre che non sia obiettivamente incompatibile con la natura del contratto a tempo determinato.

2. Nel caso di inosservanza degli obblighi di cui al comma 1, il datore di lavoro è punito con la sanzione amministrativa da 25,82 euro a 154,94 euro. Se l'inosservanza si riferisce a più di cinque lavoratori, si applica la sanzione amministrativa da 154,94 euro a 1.032,91 euro.

26. ***Formazione.*** — 1. I contratti collettivi possono prevedere modalità e strumenti diretti ad agevolare l'accesso dei lavoratori a tempo determinato a opportunità di formazione adeguata, per aumentarne la qualificazione, promuoverne la carriera e migliorarne la mobilità occupazionale.

27. ***Criteri di computo.*** — 1. Salvo che sia diversamente disposto, ai fini dell'applicazione di qualsiasi disciplina di fonte legale o contrattuale per la quale sia rilevante il computo dei dipendenti del datore di lavoro, si tiene conto del numero medio mensile di lavoratori a tempo determinato, compresi i dirigenti, impiegati negli ultimi due anni, sulla base dell'effettiva durata dei loro rapporti di lavoro.

28. ***Decadenza e tutele.*** — 1. L'impugnazione del contratto a tempo determinato deve avvenire, con le modalità previste dal primo comma dell'articolo 6 della legge 15 luglio 1966, n. 604, entro centottanta[1] giorni dalla cessazione del singolo contratto. Trova altresì applicazione il secondo comma del suddetto articolo 6.

2. Nei casi di trasformazione del contratto a tempo determinato in contratto a tempo indeterminato, il giudice condanna il datore di lavoro al risarcimento del danno a favore del lavoratore stabilendo un'indennità onnicomprensiva nella misura compresa tra un minimo di 2,5 e un massimo di 12 mensilità dell'ultima retribuzione di riferimento per il calcolo del trattamento di fine rapporto, avuto riguardo ai criteri indicati nell'articolo 8 della legge n. 604 del 1966. La predetta indennità ristora per intero il pregiudizio subito dal lavoratore, comprese le conseguenze retributive e contributive relative al periodo compreso tra la scadenza del termine e la pronuncia con la quale il giudice ha ordinato la ricostituzione del rapporto di lavoro.

3. In presenza di contratti collettivi che prevedano l'assunzione, anche a tempo indeterminato, di lavoratori già occupati con contratto a termine nell'ambito di specifiche graduatorie, il limite massimo dell'indennità fissata dal comma 2 è ridotto alla metà.

[1] Parola così sost. dall'art. 1, D.L. 12 lug. 2018, n. 87, conv. con modif. in L. 9 ago. 2018, n. 96.

29. ***Esclusioni e discipline specifiche.*** — 1. Sono esclusi dal campo di applicazione del presente capo, in quanto già disciplinati da specifiche normative:

a) ferme restando le disposizioni di cui agli articoli 25 e 27, i rapporti instaurati ai sensi dell'articolo 8, comma 2, della legge n. 223 del 1991;

b) i rapporti di lavoro tra i datori di lavoro dell'agricoltura e gli operai a tempo determinato, così come definiti dall'articolo 12, comma 2, del decreto legislativo 11 agosto 1993, n. 375;

c) i richiami in servizio del personale volontario del Corpo nazionale dei vigili del fuoco.

2. Sono, altresì, esclusi dal campo di applicazione del presente capo:

a) i contratti di lavoro a tempo determinato con i dirigenti, che non possono avere una durata superiore a cinque anni, salvo il diritto del dirigente di recedere a norma dell'articolo 2118 del codice civile una volta trascorso un triennio;

b) i rapporti per l'esecuzione di speciali servizi di durata non superiore a tre giorni, nel settore del turismo e dei pubblici esercizi, nei casi individuati dai contratti collettivi, nonché quelli instaurati per la fornitura di lavoro portuale temporaneo di cui all'articolo 17 della legge 28 gennaio 1994, n. 84, fermo l'obbligo di comunicare l'instaurazione del rapporto di lavoro entro il giorno antecedente;[1]

c) i contratti a tempo determinato stipulati con il personale docente ed ATA per il conferimento delle supplenze e con il personale sanitario, anche dirigente, del Servizio sanitario nazionale;

d) i contratti a tempo determinato stipulati ai sensi della legge 30 dicembre 2010, n. 240.

3. Al personale artistico e tecnico delle fondazioni di produzione musicale di cui al decreto legislativo 29 giugno 1996, n. 367, non si applicano le disposizioni di cui all'articolo 19, commi da 1 a 3, e 21.

3-*bis*. Fermo restando quanto previsto dall'articolo 23, in presenza di esigenze contingenti o temporanee determinate dalla eterogeneità delle produzioni artistiche che rendono necessario l'impiego anche di ulteriore personale artistico e tecnico ovvero, nel rispetto di quanto previsto nel contratto collettivo di categoria, dalla sostituzione di lavoratori temporaneamente assenti, le fondazioni lirico sinfoniche di cui all'articolo 1 del decreto legislativo 29 giugno 1996, n. 367 e di cui alla legge 11 novembre 2003, n. 310, i teatri di tradizione di cui all'articolo 28 della legge 14 agosto 1967, n. 800, e i soggetti finanziati dal Fondo unico per lo spettacolo che applicano il contratto collettivo nazionale di lavoro delle fondazioni lirico sinfoniche possono stipulare, con atto scritto a pena di nullità, uno o più contratti di lavoro a tempo determinato per lo svolgimento di mansioni di pari livello e categoria legale, per una durata che non può superare complessivamente, a decorrere dal 1° luglio 2019, fatte salve le diverse disposizioni dei contratti collettivi, i trentasei mesi, anche non continuativi, anche all'esito di successive proroghe o rinnovi. Al fine di salvaguardare i relativi cicli lavorativi e produttivi, nelle more dell'approvazione delle nuove dotazioni organiche e dell'espletamento delle procedure concorsuali, le fondazioni lirico-sinfoniche possono prorogare fino al 30 giugno 2023 i contratti di lavoro stipulati a tempo determinato nell'anno 2019 con personale artistico e tecnico in presenza di esigenze contingenti o temporanee.[2] A pena di nullità, il contratto reca l'indicazione espressa della condizione che, ai sensi del presente comma, consente l'assunzione a tempo determinato, la proroga o il rinnovo. Detto incombente è assolto anche attraverso il puntuale riferimento alla realizzazione di uno o più spettacoli, di una o più produzioni artistiche cui sia destinato l'impiego del lavoratore assunto con contratto di lavoro a tempo determinato. Fatta salva l'obbligatorietà della forma scritta a pena di nullità, il presente comma non trova applicazione nei confronti dei lavoratori impiegati nelle attività stagionali individuate ai sensi dell'articolo 21, comma 2.[3]

3-*ter*. La violazione di norme inderogabili riguardanti la costituzione, la durata, la proroga o i rinnovi di contratti di lavoro subordinato a tempo determinato di cui al comma 3-*bis* non ne comporta la conversione in contratti a tempo indeterminato. Il lavoratore interessato ha diritto al risarcimento del danno derivante dalla prestazione di lavoro in violazione di disposizioni imperative. Le fondazioni hanno l'obbligo di recuperare le somme pagate a tale titolo nei confronti dei dirigenti responsabili, qualora la violazione sia dovuta a dolo o colpa grave.[3]

4. Resta fermo quanto disposto dall'articolo 36 del decreto legislativo n. 165 del 2001.

[1] Lettera così modif. dall'art. 2, D.L. 12 lug. 2018, n. 87, conv. con modif. in L. 9 ago. 2018, n. 96.

[2] Periodo ins. dall'art. 6, c. 8-*bis*, D.L. 30 apr. 2022, n. 36, conv. con modif. in L. 29 giu. 2022, n. 79.

[3] Comma aggiunto dall'art. 1, D.L. 28 giu. 2019, n. 59, conv. con modif. in L. 8 ago. 2019, n. 81.

CAPO IV
Somministrazione di lavoro

30. ***Definizione.*** — 1. Il contratto di somministrazione di lavoro è il contratto, a tempo indeterminato o determinato, con il quale un'agenzia di somministrazione autorizzata, ai sensi del decreto legislativo n. 276 del 2003, mette a disposizione di un utilizzatore uno o più lavoratori suoi dipendenti, i quali, per tutta la durata della missione, svolgono la propria attività nell'interesse e sotto la direzione e il controllo dell'utilizzatore.

31. ***Somministrazione di lavoro a tempo indeterminato e determinato.*** — 1. Salvo diversa previsione dei contratti collettivi applicati dall'utilizzatore, il numero dei lavoratori somministrati con contratto di somministrazione di lavoro a tempo indeterminato non può eccedere il 20 per cento del numero dei lavoratori a tempo indeterminato in forza presso l'utilizzatore al 1° gennaio dell'anno di stipula del predetto contratto, con un arrotondamento del decimale all'unità superiore qualora esso sia eguale o superiore a 0,5. Nel caso di inizio dell'attività nel corso dell'anno, il limite percentuale si computa sul numero dei lavoratori a tempo indeterminato in forza al momento della stipula del contratto di somministrazione di lavoro a tempo indeterminato. Possono essere somministrati a tempo indeterminato esclusivamente i lavoratori assunti dal somministratore a tempo indeterminato. Nel caso in cui il contratto di somministrazione tra l'agenzia di somministrazione e l'utilizzatore sia a tempo determinato l'utilizzatore può impiegare in missione, per periodi superiori a ventiquattro mesi anche non continuativi, il medesimo lavoratore somministrato, per il quale l'agenzia di somministrazione abbia comunicato all'utilizzatore l'assunzione a tempo indeterminato, senza che ciò determini in capo all'utilizzatore stesso la costituzione di un rapporto di lavoro a tempo indeterminato con il lavoratore somministrato. La disposizione di cui al periodo precedente ha efficacia fino al 30 giugno 2024.[1]

2. Salva diversa previsione dei contratti collettivi applicati dall'utilizzatore e fermo restando il limite disposto dall'articolo 23, il numero dei lavoratori assunti con contratto a tempo determinato ovvero con contratto di somministrazione a tempo determinato non può eccedere complessivamente il 30 per cento del numero dei lavoratori a tempo indeterminato in forza presso l'utilizzatore al 1º gennaio dell'anno di stipulazione dei predetti contratti, con arrotondamento del decimale all'unità superiore qualora esso sia eguale o superiore a 0,5. Nel caso di inizio dell'attività nel corso dell'anno, il limite percentuale si computa sul numero dei lavoratori a tempo indeterminato in forza al momento della stipulazione del contratto di somministrazione di lavoro. È in ogni caso esente da limiti quantitativi la somministrazione a tempo determinato di lavoratori di cui all'articolo 8, comma 2, della legge 23 luglio 1991, n. 223, di soggetti disoccupati che godono da almeno sei mesi di trattamenti di disoccupazione non agricola o di ammortizzatori sociali e di lavoratori svantaggiati o molto svantaggiati ai sensi dei numeri 4) e 99) dell'articolo 2 del regolamento (UE) n. 651/2014 della Commissione, del 17 giugno 2014, come individuati con decreto del Ministro del lavoro e delle politiche sociali.[2]

3. I lavoratori somministrati sono informati dall'utilizzatore dei posti vacanti presso quest'ultimo, anche mediante un avviso generale affisso all'interno dei locali dell'utilizzatore.

4. Fermo quanto disposto dall'articolo 36 del decreto legislativo n. 165 del 2001, la disciplina della somministrazione a tempo indeterminato non trova applicazione nei confronti delle pubbliche amministrazioni.

[1] Comma così modif. in ultimo dall'art. 12-*quinquies*, c. 1, D.L. 21 mar. 2022, n. 21, conv. con modif. in L. 20 mag. 2022, n. 51.

[2] Comma così sost. dall'art. 2, D.L. 12 lug. 2018, n. 87, conv. con modif. in L. 9 ago. 2018, n. 96.

32. ***Divieti.*** — 1. Il contratto di somministrazione di lavoro è vietato:

a) per la sostituzione di lavoratori che esercitano il diritto di sciopero;

b) presso unità produttive nelle quali si è proceduto, entro i sei mesi precedenti, a licenziamenti collettivi ai sensi degli articoli 4 e 24 della legge n. 223 del 1991, che hanno riguardato lavoratori adibiti alle stesse mansioni cui si riferisce il contratto di somministrazione di lavoro, salvo che il contratto sia concluso per provvedere alla sostituzione di lavoratori assenti o abbia una durata iniziale non superiore a tre mesi;

c) presso unità produttive nelle quali sono operanti una sospensione del lavoro o una riduzione dell'orario in regime di cassa integrazione guadagni, che interessano lavoratori adibiti alle stesse mansioni cui si riferisce il contratto di somministrazione di lavoro;

d) da parte di datori di lavoro che non abbiano effettuato la valutazione dei rischi in applicazione della normativa di tutela della salute e della sicurezza dei lavoratori.

33. ***Forma del contratto di somministrazione.*** — 1. Il contratto di somministrazione di lavoro è stipulato in forma scritta e contiene i seguenti elementi:

a) gli estremi dell'autorizzazione rilasciata al somministratore;

b) il numero dei lavoratori da somministrare;

c) l'indicazione di eventuali rischi per la salute e la sicurezza del lavoratore e le misure di prevenzione adottate;

d) la data di inizio e la durata prevista della somministrazione di lavoro;

e) le mansioni alle quali saranno adibiti i lavoratori e l'inquadramento dei medesimi;

f) il luogo, l'orario di lavoro e il trattamento economico e normativo dei lavoratori.

2. Con il contratto di somministrazione di lavoro l'utilizzatore assume l'obbligo di comunicare al somministratore il trattamento economico e normativo applicabile ai lavoratori suoi dipendenti che svolgono le medesime mansioni dei lavoratori da somministrare e a rimborsare al somministratore gli oneri retributivi e previdenziali da questo effettivamente sostenuti in favore dei lavoratori.

3. Le informazioni di cui al comma 1, la data di inizio e la durata prevedibile della missione, nonché le informazioni di cui all'articolo 1, comma 1, del decreto legislativo 26 maggio 1997, n. 152, sono comunicate per iscritto al lavoratore dall'agenzia di somministrazione secondo le modalità e i termini di cui all'articolo 1, comma 2, del medesimo decreto legislativo n. 152 del 1997, ovvero prima dell'invio in missione presso l'utilizzatore.[1]

[1] Comma così sost. dall'art. 5, D.lgs. 27 giu. 2022, n. 104.

34. ***Disciplina dei rapporti di lavoro.*** — 1. In caso di assunzione a tempo indeterminato il rapporto di lavoro tra somministratore e lavoratore è soggetto alla disciplina prevista per il rapporto di lavoro a tempo indeterminato. Nel contratto di lavoro è determinata l'indennità mensile di disponibilità, divisibile in quote orarie, corrisposta dal somministratore al lavoratore per i periodi nei quali egli rimane in attesa di essere inviato in missione, nella misura prevista dal contratto collettivo applicabile al somministratore e comunque non inferiore all'importo fissato con decreto del Ministro del lavoro e delle politiche sociali. L'indennità di disponibilità è esclusa dal computo di ogni istituto di legge o di contratto collettivo.

2. In caso di assunzione a tempo determinato il rapporto di lavoro tra somministratore e lavoratore è soggetto alla disciplina di cui al capo III, con esclusione delle disposizioni di cui agli articoli 21, comma 2, 23 e 24.[1] Il termine inizialmente posto al

contratto di lavoro può in ogni caso essere prorogato, con il consenso del lavoratore e per atto scritto, nei casi e per la durata previsti dal contratto collettivo applicato dal somministratore.

3. Il lavoratore somministrato non è computato nell'organico dell'utilizzatore ai fini dell'applicazione di normative di legge o di contratto collettivo, fatta eccezione per quelle relative alla tutela della salute e della sicurezza sul lavoro. In caso di somministrazione di lavoratori disabili per missioni di durata non inferiore a dodici mesi, il lavoratore somministrato è computato nella quota di riserva di cui all'articolo 3 della legge 12 marzo 1999, n. 68.

4. Le disposizioni di cui all'articolo 4 e 24 della legge n. 223 del 1991 non trovano applicazione nel caso di cessazione della somministrazione di lavoro a tempo indeterminato, cui si applica l'articolo 3 della legge n. 604 del 1966.

[1] Periodo così sost. dall'art. 2, D.L. 12 lug. 2018, n. 87, conv. con modif. in L. 9 ago. 2018, n. 96.

35. ***Tutela del lavoratore, esercizio del potere disciplinare e regime della solidarietà.*** — 1. Per tutta la durata della missione presso l'utilizzatore, i lavoratori del somministratore hanno diritto, a parità di mansioni svolte, a condizioni economiche e normative complessivamente non inferiori a quelle dei dipendenti di pari livello dell'utilizzatore.

2. L'utilizzatore è obbligato in solido con il somministratore a corrispondere ai lavoratori i trattamenti retributivi e a versare i relativi contributi previdenziali, salvo il diritto di rivalsa verso il somministratore.

3. I contratti collettivi applicati dall'utilizzatore stabiliscono modalità e criteri per la determinazione e corresponsione delle erogazioni economiche correlate ai risultati conseguiti nella realizzazione di programmi concordati tra le parti o collegati all'andamento economico dell'impresa. I lavoratori somministrati hanno altresì diritto a fruire dei servizi sociali e assistenziali di cui godono i dipendenti dell'utilizzatore addetti alla stessa unità produttiva, esclusi quelli il cui godimento sia condizionato alla iscrizione ad associazioni o società cooperative o al conseguimento di una determinata anzianità di servizio.

4. Il somministratore informa i lavoratori sui rischi per la sicurezza e la salute connessi alle attività produttive e li forma e addestra all'uso delle attrezzature di lavoro necessarie allo svolgimento dell'attività lavorativa per la quale essi vengono assunti, in conformità al decreto legislativo 9 aprile 2008, n. 81. Il contratto di somministrazione può prevedere che tale obbligo sia adempiuto dall'utilizzatore. L'utilizzatore osserva nei confronti dei lavoratori somministrati gli obblighi di prevenzione e protezione cui è tenuto, per legge e contratto collettivo, nei confronti dei propri dipendenti.

5. Nel caso in cui adibisca il lavoratore a mansioni di livello superiore o inferiore a quelle dedotte in contratto, l'utilizzatore deve darne immediata comunicazione scritta al somministratore consegnandone copia al lavoratore medesimo. Ove non abbia adempiuto all'obbligo di informazione, l'utilizzatore risponde in via esclusiva per le differenze retributive spettanti al lavoratore occupato in mansioni superiori e per l'eventuale risarcimento del danno derivante dall'assegnazione a mansioni inferiori.

6. Ai fini dell'esercizio del potere disciplinare, che è riservato al somministratore, l'utilizzatore comunica al somministratore gli elementi che formeranno oggetto della contestazione ai sensi dell'articolo 7 della legge n. 300 del 1970.

7. L'utilizzatore risponde nei confronti dei terzi dei danni a essi arrecati dal lavoratore nello svolgimento delle sue mansioni.

8. È nulla ogni clausola diretta a limitare, anche indirettamente, la facoltà dell'utilizzatore di assumere il lavoratore al termine della sua missione, fatta salva l'ipotesi in cui al lavoratore sia corrisposta una adeguata indennità, secondo quanto stabilito dal contratto collettivo applicabile al somministratore.

36. ***Diritti sindacali e garanzie collettive.*** — 1. Ai lavoratori delle agenzie di somministrazione si applicano i diritti sindacali previsti dalla legge n. 300 del 1970, e successive modificazioni.

2. Il lavoratore somministrato ha diritto a esercitare presso l'utilizzatore, per tutta la durata della missione, i diritti di libertà e di attività sindacale, nonché a partecipare alle assemblee del personale dipendente delle imprese utilizzatrici.

3. Ogni dodici mesi l'utilizzatore, anche per il tramite della associazione dei datori di lavoro alla quale aderisce o conferisce mandato, comunica alle rappresentanze sindacali aziendali ovvero alla rappresentanza sindacale unitaria o, in mancanza, agli organismi territoriali di categoria delle associazioni sindacali comparativamente più rappresentative sul piano nazionale, il numero dei contratti di somministrazione di lavoro conclusi, la durata degli stessi, il numero e la qualifica dei lavoratori interessati.

37. ***Norme previdenziali.*** — 1. Gli oneri contributivi, previdenziali, assicurativi ed assistenziali, previsti dalle vigenti disposizioni legislative, sono a carico del somministratore che, ai sensi e per gli effetti di cui all'articolo 49 della legge 9 marzo 1989, n. 88, è inquadrato nel settore terziario. L'indennità di disponibilità è assoggettata a contribuzione previdenziale per il suo effettivo ammontare, in deroga alla normativa in materia di minimale contributivo.

2. Il somministratore non è tenuto al versamento della aliquota contributiva di cui all'articolo 25, comma 4, della legge 21 dicembre 1978, n. 845.

3. Gli obblighi dell'assicurazione contro gli infortuni e le malattie professionali previsti dal decreto del Presidente della Repubblica 30 giugno 1965, n.

1124, e successive modificazioni, sono determinati in relazione al tipo e al rischio delle lavorazioni svolte. I premi e i contributi sono determinati in relazione al tasso medio o medio ponderato, stabilito per l'attività svolta dall'impresa utilizzatrice, nella quale sono inquadrabili le lavorazioni svolte dai lavoratori somministrati, ovvero in base al tasso medio o medio ponderato della voce di tariffa corrispondente alla lavorazione effettivamente prestata dal lavoratore somministrato, ove presso l'impresa utilizzatrice la stessa non sia già assicurata.

4. Nel settore agricolo e in caso di somministrazione di lavoratori domestici trovano applicazione i criteri di erogazione e gli oneri previdenziali e assistenziali previsti dai relativi settori.

38. ***Somministrazione irregolare.*** — 1. In mancanza di forma scritta il contratto di somministrazione di lavoro è nullo e i lavoratori sono considerati a tutti gli effetti alle dipendenze dell'utilizzatore.

2. Quando la somministrazione di lavoro avvenga al di fuori dei limiti e delle condizioni di cui agli articoli 31, commi 1 e 2, 32 e 33, comma 1, lettere *a*), *b*), *c*) e *d*), il lavoratore può chiedere, anche soltanto nei confronti dell'utilizzatore, la costituzione di un rapporto di lavoro alle dipendenze di quest'ultimo, con effetto dall'inizio della somministrazione.

3. Nelle ipotesi di cui al comma 2 tutti i pagamenti effettuati dal somministratore, a titolo retributivo o di contribuzione previdenziale, valgono a liberare il soggetto che ne ha effettivamente utilizzato la prestazione dal debito corrispondente fino a concorrenza della somma effettivamente pagata. Tutti gli atti compiuti o ricevuti dal somministratore nella costituzione o nella gestione del rapporto, per il periodo durante il quale la somministrazione ha avuto luogo, si intendono come compiuti o ricevuti dal soggetto che ha effettivamente utilizzato la prestazione.[1]

4. La disposizione di cui al comma 2 non trova applicazione nei confronti delle pubbliche amministrazioni.

[1] Ai sensi dall'art. 80-*bis*, D.L. 19 mag. 2020, n. 34, conv. con modif. in L. 17 lug. 2020, n. 77, tra gli atti di costituzione e di gestione del rapporto di lavoro non è compreso il licenziamento.

38-*bis*. ***Somministrazione fraudolenta.***[1] — 1. Ferme restando le sanzioni di cui all'articolo 18 del decreto legislativo 10 settembre 2003, n. 276, quando la somministrazione di lavoro è posta in essere con la specifica finalità di eludere norme inderogabili di legge o di contratto collettivo applicate al lavoratore, il somministratore e l'utilizzatore sono puniti con la pena dell'ammenda di 20 euro per ciascun lavoratore coinvolto e per ciascun giorno di somministrazione.

[1] Articolo ins. dall'art. 2, D.L. 12 lug. 2018, n. 87, conv. con modif. in L. 9 ago. 2018, n. 96.

39. ***Decadenza e tutele.*** — 1. Nel caso in cui il lavoratore chieda la costituzione del rapporto di lavoro con l'utilizzatore, ai sensi dell'articolo 38, comma 2, trovano applicazione le disposizioni dell'articolo 6 della legge n. 604 del 1966, e il termine di cui al primo comma del predetto articolo decorre dalla data in cui il lavoratore ha cessato di svolgere la propria attività presso l'utilizzatore.

2. Nel caso in cui il giudice accolga la domanda di cui al comma 1, condanna il datore di lavoro al risarcimento del danno in favore del lavoratore, stabilendo un'indennità onnicomprensiva nella misura compresa tra un minimo di 2,5 e un massimo di 12 mensilità dell'ultima retribuzione di riferimento per il calcolo del trattamento di fine rapporto, avuto riguardo ai criteri indicati nell'articolo 8 della legge n. 604 del 1966. La predetta indennità ristora per intero il pregiudizio subito dal lavoratore, comprese le conseguenze retributive e contributive, relativo al periodo compreso tra la data in cui il lavoratore ha cessato di svolgere la propria attività presso l'utilizzatore e la pronuncia con la quale il giudice ha ordinato la costituzione del rapporto di lavoro.

40. ***Sanzioni.*** — 1. La violazione degli obblighi e dei divieti di cui agli articoli 33, comma 1, nonché, per il solo utilizzatore, di cui agli articoli 31 e 32 e, per il solo somministratore, di cui all'articolo 33, comma 3, sono punite con la sanzione amministrativa pecuniaria da euro 250 a euro 1.250.

2. La violazione delle disposizioni di cui all'articolo 35, comma 1, e per il solo utilizzatore, di cui all'articolo 35, comma 3, secondo periodo, e 36, comma 3, sono punite con la sanzione amministrativa pecuniaria prevista dal comma 1.

CAPO V
Apprendistato

41. ***Definizione.*** — 1. L'apprendistato è un contratto di lavoro a tempo indeterminato finalizzato alla formazione e alla occupazione dei giovani.

2. Il contratto di apprendistato si articola nelle seguenti tipologie:

a) apprendistato per la qualifica e il diploma professionale, il diploma di istruzione secondaria superiore e il certificato di specializzazione tecnica superiore;

b) apprendistato professionalizzante;

c) apprendistato di alta formazione e ricerca.

3. L'apprendistato per la qualifica e il diploma professionale, il diploma di istruzione secondaria superiore e il certificato di specializzazione tecnica superiore e quello di alta formazione e ricerca integrano organicamente, in un sistema duale, formazione e lavoro, con riferimento ai titoli di istruzione e formazione e alle qualificazioni professionali contenuti nel Repertorio nazionale di cui all'articolo 8 del decreto legislativo 16 gennaio 2013,

n. 13, nell'ambito del Quadro europeo delle qualificazioni.

42. *Disciplina generale.* — 1. Il contratto di apprendistato è stipulato in forma scritta ai fini della prova. Il contratto di apprendistato contiene, in forma sintetica, il piano formativo individuale definito anche sulla base di moduli e formulari stabiliti dalla contrattazione collettiva o dagli enti bilaterali di cui all'articolo 2, comma 1, lettera *h*), del decreto legislativo n. 276 del 2003. Nell'apprendistato per la qualifica e il diploma professionale, il diploma di istruzione secondaria superiore e il certificato di specializzazione tecnica superiore e nell'apprendistato di alta formazione e ricerca, il piano formativo individuale è predisposto dalla istituzione formativa con il coinvolgimento dell'impresa. Al piano formativo individuale, per la quota a carico dell'istituzione formativa, si provvede nell'ambito delle risorse umane, finanziarie e strumentali disponibili a legislazione vigente.

2. Il contratto di apprendistato ha una durata minima non inferiore a sei mesi, fatto salvo quanto previsto dagli articoli 43, comma 8, e 44, comma 5.

3. Durante l'apprendistato trovano applicazione le sanzioni previste dalla normativa vigente per il licenziamento illegittimo. Nel contratto di apprendistato per la qualifica e il diploma professionale, il diploma di istruzione secondaria superiore e il certificato di specializzazione tecnica superiore, costituisce giustificato motivo di licenziamento il mancato raggiungimento degli obiettivi formativi come attestato dall'istituzione formativa.

4. Al termine del periodo di apprendistato le parti possono recedere dal contratto, ai sensi dell'articolo 2118 del codice civile, con preavviso decorrente dal medesimo termine. Durante il periodo di preavviso continua a trovare applicazione la disciplina del contratto di apprendistato. Se nessuna delle parti recede il rapporto prosegue come ordinario rapporto di lavoro subordinato a tempo indeterminato.

5. Salvo quanto disposto dai commi da 1 a 4, la disciplina del contratto di apprendistato è rimessa ad accordi interconfederali ovvero ai contratti collettivi nazionali di lavoro stipulati dalle associazioni sindacali comparativamente più rappresentative sul piano nazionale, nel rispetto dei seguenti principi:

a) divieto di retribuzione a cottimo;

b) possibilità di inquadrare il lavoratore fino a due livelli inferiori rispetto a quello spettante in applicazione del contratto collettivo nazionale di lavoro ai lavoratori addetti a mansioni che richiedono qualificazioni corrispondenti a quelle al cui conseguimento è finalizzato il contratto, o, in alternativa, di stabilire la retribuzione dell'apprendista in misura percentuale e proporzionata all'anzianità di servizio;

c) presenza di un tutore o referente aziendale;

d) possibilità di finanziare i percorsi formativi aziendali degli apprendisti per il tramite dei fondi paritetici interprofessionali di cui all'articolo 118 della legge 23 dicembre 2000, n. 388, e all'articolo 12 del decreto legislativo n. 276 del 2003, anche attraverso accordi con le regioni e le province autonome di Trento e Bolzano;

e) possibilità del riconoscimento, sulla base dei risultati conseguiti nel percorso di formazione, esterna e interna alla impresa, della qualificazione professionale ai fini contrattuali e delle competenze acquisite ai fini del proseguimento degli studi nonché nei percorsi di istruzione degli adulti;

f) registrazione della formazione effettuata e della qualificazione professionale ai fini contrattuali eventualmente acquisita nel libretto formativo del cittadino di cui all'articolo 2, comma 1, lettera *i*), del decreto legislativo n. 276 del 2003;

g) possibilità di prolungare il periodo di apprendistato in caso di malattia, infortunio o altra causa di sospensione involontaria del lavoro, di durata superiore a trenta giorni;

h) possibilità di definire forme e modalità per la conferma in servizio, senza nuovi o maggiori oneri per la finanza pubblica, al termine del percorso formativo, al fine di ulteriori assunzioni in apprendistato.

6. Per gli apprendisti l'applicazione delle norme sulla previdenza e assistenza sociale obbligatoria si estende alle seguenti forme:

a) assicurazione contro gli infortuni sul lavoro e le malattie professionali;

b) assicurazione contro le malattie;

c) assicurazione contro l'invalidità e vecchiaia;

d) maternità;

e) assegno familiare;

f) assicurazione sociale per l'impiego, in relazione alla quale, in aggiunta a quanto previsto in relazione al regime contributivo per le assicurazioni di cui alle precedenti lettere, ai sensi della disciplina di cui all'articolo 1, comma 773, della legge 27 dicembre 2006, n. 296, con effetto sui periodi contributivi maturati a decorrere dal 1°gennaio 2013 è dovuta dai datori di lavoro per gli apprendisti artigiani e non artigiani una contribuzione pari all'1,31 per cento della retribuzione imponibile ai fini previdenziali, con riferimento alla quale non operano le disposizioni di cui all'articolo 22, comma 1, della legge 12 novembre 2011, n. 183.

7. Il numero complessivo di apprendisti che un datore di lavoro può assumere, direttamente o indirettamente per il tramite delle agenzie di somministrazione autorizzate, non può superare il rapporto di 3 a 2 rispetto alle maestranze specializzate e qualificate in servizio presso il medesimo datore di lavoro. Tale rapporto non può superare il 100 per cento per i datori di lavoro che occupano un numero di lavoratori inferiore a dieci unità. È in ogni caso esclusa la possibilità di utilizzare apprendisti con contratto di somministrazione a tempo determinato. Il datore di lavoro che non abbia alle pro-

prie dipendenze lavoratori qualificati o specializzati, o che comunque ne abbia in numero inferiore a tre, può assumere apprendisti in numero non superiore a tre. Le disposizioni di cui al presente comma non si applicano alle imprese artigiane per le quali trovano applicazione le disposizioni di cui all'articolo 4 della legge 8 agosto 1985, n. 443.

8. Ferma restando la possibilità per i contratti collettivi nazionali di lavoro, stipulati dalle associazioni sindacali comparativamente più rappresentative sul piano nazionale, di individuare limiti diversi da quelli previsti dal presente comma, esclusivamente per i datori di lavoro che occupano almeno cinquanta dipendenti, l'assunzione di nuovi apprendisti con contratto di apprendistato professionalizzante è subordinata alla prosecuzione, a tempo indeterminato, del rapporto di lavoro al termine del periodo di apprendistato, nei trentasei mesi precedenti la nuova assunzione, di almeno il 20 per cento degli apprendisti dipendenti dallo stesso datore di lavoro, restando esclusi dal computo i rapporti cessati per recesso durante il periodo di prova, dimissioni o licenziamento per giusta causa. Qualora non sia rispettata la predetta percentuale, è in ogni caso consentita l'assunzione di un apprendista con contratto professionalizzante. Gli apprendisti assunti in violazione dei limiti di cui al presente comma sono considerati ordinari lavoratori subordinati a tempo indeterminato sin dalla data di costituzione del rapporto.

43. ***Apprendistato per la qualifica e il diploma professionale, il diploma di istruzione secondaria superiore e il certificato di specializzazione tecnica superiore.***[1] — 1. L'apprendistato per la qualifica e il diploma professionale e il certificato di specializzazione tecnica superiore è strutturato in modo da coniugare la formazione effettuata in azienda con l'istruzione e la formazione professionale svolta dalle istituzioni formative che operano nell'ambito dei sistemi regionali di istruzione e formazione sulla base dei livelli essenziali delle prestazioni di cui al decreto legislativo 17 ottobre 2005, n. 226, e di quelli di cui all'articolo 46.

2. Possono essere assunti con il contratto di cui al comma 1, in tutti i settori di attività, i giovani che hanno compiuto i 15 anni di età e fino al compimento dei 25. La durata del contratto è determinata in considerazione della qualifica o del diploma da conseguire e non può in ogni caso essere superiore a tre anni o a quattro anni nel caso di diploma professionale quadriennale.

3. Fermo restando quanto previsto dall'articolo 46, comma 1, la regolamentazione dell'apprendistato per la qualifica e il diploma professionale e il certificato di specializzazione tecnica superiore è rimessa alle regioni e alle province autonome di Trento e Bolzano. In assenza di regolamentazione regionale l'attivazione dell'apprendistato per la qualifica e il diploma professionale e il certificato di specializzazione tecnica superiore è rimessa al Ministero del lavoro e delle politiche sociali, che ne disciplina l'esercizio con propri decreti.

4. In relazione alle qualificazioni contenute nel Repertorio di cui all'articolo 41, comma 3, i datori di lavoro hanno la facoltà di prorogare fino ad un anno il contratto di apprendistato dei giovani qualificati e diplomati, che hanno concluso positivamente i percorsi di cui al comma 1, per il consolidamento e l'acquisizione di ulteriori competenze tecnico-professionali e specialistiche, utili anche ai fini dell'acquisizione del certificato di specializzazione tecnica superiore o del diploma di maturità professionale all'esito del corso annuale integrativo di cui all'articolo 15, comma 6, del decreto legislativo n. 226 del 2005. Il contratto di apprendistato può essere prorogato fino ad un anno anche nel caso in cui, al termine dei percorsi di cui al comma 1, l'apprendista non abbia conseguito la qualifica, il diploma, il certificato di specializzazione tecnica superiore o il diploma di maturità professionale all'esito del corso annuale integrativo.

5. Possono essere, altresì, stipulati contratti di apprendistato, di durata non superiore a quattro anni, rivolti ai giovani iscritti a partire dal secondo anno dei percorsi di istruzione secondaria superiore, per l'acquisizione, oltre che del diploma di istruzione secondaria superiore, di ulteriori competenze tecnico-professionali rispetto a quelle già previste dai vigenti regolamenti scolastici, utili anche ai fini del conseguimento del certificato di specializzazione tecnica superiore. A tal fine, è abrogato il comma 2 dell'articolo 8-*bis* del decreto-legge 12 settembre 2013, n. 104, convertito, con modificazioni, dalla legge 8 novembre 2013, n. 128. Sono fatti salvi, fino alla loro conclusione, i programmi sperimentali per lo svolgimento di periodi di formazione in azienda già attivati. Possono essere, inoltre, stipulati contratti di apprendistato, di durata non superiore a due anni, per i giovani che frequentano il corso annuale integrativo che si conclude con l'esame di Stato, di cui all'articolo 6, comma 5, del decreto del Presidente della Repubblica 15 marzo 2010, n. 87.

6. Il datore di lavoro che intende stipulare il contratto di apprendistato per la qualifica e il diploma professionale, il diploma di istruzione secondaria superiore e il certificato di specializzazione tecnica superiore sottoscrive un protocollo con l'istituzione formativa a cui lo studente è iscritto, che stabilisce il contenuto e la durata degli obblighi formativi del datore di lavoro, secondo lo schema definito con il decreto di cui all'articolo 46, comma 1. Con il medesimo decreto sono definiti i criteri generali per la realizzazione dei percorsi di apprendistato, e, in particolare, i requisiti delle imprese nelle quali si svolge e il monte orario massimo del percorso scolastico che può essere svolto in apprendistato, nonché il numero di ore da effettuare in azienda, nel rispetto dell'autonomia delle istitu-

zioni scolastiche e delle competenze delle regioni e delle provincie autonome. Nell'apprendistato che si svolge nell'ambito del sistema di istruzione e formazione professionale regionale, la formazione esterna all'azienda è impartita nell'istituzione formativa a cui lo studente è iscritto e non può essere superiore al 60 per cento dell'orario ordinamentale per il secondo anno e al 50 per cento per il terzo e quarto anno, nonché per l'anno successivo finalizzato al conseguimento del certificato di specializzazione tecnica, in ogni caso nell'ambito delle risorse umane, finanziarie e strumentali disponibili nel rispetto di quanto stabilito dalla legislazione vigente.

7. Per le ore di formazione svolte nella istituzione formativa il datore di lavoro è esonerato da ogni obbligo retributivo. Per le ore di formazione a carico del datore di lavoro è riconosciuta al lavoratore una retribuzione pari al 10 per cento di quella che gli sarebbe dovuta. Sono fatte salve le diverse previsioni dei contratti collettivi.

8. Per le regioni e le province autonome di Trento e Bolzano che abbiano definito un sistema di alternanza scuola-lavoro, i contratti collettivi stipulati dalle associazioni sindacali comparativamente più rappresentative sul piano nazionale possono prevedere specifiche modalità di utilizzo del contratto di apprendistato, anche a tempo determinato, per lo svolgimento di attività stagionali.

9. Successivamente al conseguimento della qualifica o del diploma professionale ai sensi del decreto legislativo n. 226 del 2005, nonché del diploma di istruzione secondaria superiore, allo scopo di conseguire la qualificazione professionale ai fini contrattuali, è possibile la trasformazione del contratto in apprendistato professionalizzante. In tal caso, la durata massima complessiva dei due periodi di apprendistato non può eccedere quella individuata dalla contrattazione collettiva di cui all'articolo 42, comma 5.

[1] Ai sensi dell'art. 93, D.L. 19 mag. 2020, n. 34, conv. con modif. in L. 17 lug. 2020, n. 77, il termine dei contratti di lavoro degli apprendisti e dei contratti di lavoro a tempo determinato, anche in regime di somministrazione, è prorogato di una durata pari al periodo di sospensione dell'attività lavorativa, prestata in forza dei medesimi contratti, in conseguenza della emergenza epidemiologica da CoVid19.

44. ***Apprendistato professionalizzante.*** — 1. Possono essere assunti in tutti i settori di attività, pubblici o privati, con contratto di apprendistato professionalizzante per il conseguimento di una qualificazione professionale ai fini contrattuali, i soggetti di età compresa tra i 18 e i 29 anni. Per i soggetti in possesso di una qualifica professionale, conseguita ai sensi del decreto legislativo n. 226 del 2005, il contratto di apprendistato professionalizzante può essere stipulato a partire dal diciassettesimo anno di età. La qualificazione professionale al cui conseguimento è finalizzato il contratto è determinata dalle parti del contratto sulla base dei profili o qualificazioni professionali previsti per il settore di riferimento dai sistemi di inquadramento del personale di cui ai contratti collettivi stipulati dalle associazioni sindacali comparativamente più rappresentative sul piano nazionale.

2. Gli accordi interconfederali e i contratti collettivi nazionali di lavoro stipulati dalle associazioni sindacali comparativamente più rappresentative sul piano nazionale stabiliscono, in ragione del tipo di qualificazione professionale ai fini contrattuali da conseguire, la durata e le modalità di erogazione della formazione per l'acquisizione delle relative competenze tecnico-professionali e specialistiche, nonché la durata anche minima del periodo di apprendistato, che non può essere superiore a tre anni ovvero cinque per i profili professionali caratterizzanti la figura dell'artigiano individuati dalla contrattazione collettiva di riferimento.

3. La formazione di tipo professionalizzante, svolta sotto la responsabilità del datore di lavoro, è integrata, nei limiti delle risorse annualmente disponibili, dalla offerta formativa pubblica, interna o esterna alla azienda, finalizzata alla acquisizione di competenze di base e trasversali per un monte complessivo non superiore a centoventi ore per la durata del triennio e disciplinata dalle regioni e dalle province autonome di Trento e Bolzano, sentite le parti sociali e tenuto conto del titolo di studio e delle competenze dell'apprendista. La regione comunica al datore di lavoro, entro quarantacinque giorni dalla comunicazione dell'instaurazione del rapporto, effettuata ai sensi dell'articolo 9-*bis* del decreto-legge 1° ottobre 1996, n. 510, convertito, con modificazioni, dalla legge 28 novembre 1996, n. 608, le modalità di svolgimento dell'offerta formativa pubblica, anche con riferimento alle sedi e al calendario delle attività previste, avvalendosi anche dei datori di lavoro e delle loro associazioni che si siano dichiarate disponibili, ai sensi delle linee guida adottate dalla Conferenza permanente per i rapporti tra lo Stato, le regioni e le province autonome di Trento e Bolzano in data 20 febbraio 2014.

4. Le regioni e le province autonome di Trento e Bolzano e le associazioni di categoria dei datori di lavoro possono definire, anche nell'ambito della bilateralità, le modalità per il riconoscimento della qualifica di maestro artigiano o di mestiere.

5. Per i datori di lavoro che svolgono la propria attività in cicli stagionali, i contratti collettivi nazionali di lavoro stipulati dalle associazioni sindacali comparativamente più rappresentative sul piano nazionale possono prevedere specifiche modalità di svolgimento del contratto di apprendistato, anche a tempo determinato. La previsione di cui al primo periodo trova applicazione altresì nell'ambito delle attività in cicli stagionali che si svolgono nel settore del cinema e dell'audiovisivo.[1]

[1] Periodo aggiunto dall'art. 2, D.lgs. 7 dic. 2017, n. 202.

45. ***Apprendistato di alta formazione e di ricerca.***[1] — 1. Possono essere assunti in tutti i settori di attività, pubblici o privati, con contratto di apprendistato per il conseguimento di titoli di studio universitari e della alta formazione, compresi i dottorati di ricerca, i diplomi relativi ai percorsi degli istituti tecnici superiori di cui all'articolo 7 del decreto del Presidente del Consiglio dei ministri 25 gennaio 2008, per attività di ricerca, nonché per il praticantato per l'accesso alle professioni ordinistiche, i soggetti di età compresa tra i 18 e i 29 anni in possesso di diploma di istruzione secondaria superiore o di un diploma professionale conseguito nei percorsi di istruzione e formazione professionale integrato da un certificato di specializzazione tecnica superiore o del diploma di maturità professionale all'esito del corso annuale integrativo.

2. Il datore di lavoro che intende stipulare un contratto di cui al comma 1 sottoscrive un protocollo con l'istituzione formativa a cui lo studente è iscritto o con l'ente di ricerca, che stabilisce la durata e le modalità, anche temporali, della formazione a carico del datore di lavoro, secondo lo schema definito con il decreto di cui all'articolo 46, comma 1. Il suddetto protocollo stabilisce, altresì, il numero dei crediti formativi riconoscibili a ciascuno studente per la formazione a carico del datore di lavoro in ragione del numero di ore di formazione svolte in azienda, anche in deroga al limite di cui all'articolo 2, comma 147, del decreto-legge 3 ottobre 2006, n. 262, convertito, con modificazioni, dalla legge 24 novembre 2006, n. 286. I principi e le modalità di attribuzione dei crediti formativi sono definiti con il decreto di cui all'articolo 46, comma 1. La formazione esterna all'azienda è svolta nell'istituzione formativa a cui lo studente è iscritto e nei percorsi di istruzione tecnica superiore e non può, di norma, essere superiore al 60 per cento dell'orario ordinamentale.

3. Per le ore di formazione svolte nella istituzione formativa il datore di lavoro è esonerato da ogni obbligo retributivo. Per le ore di formazione a carico del datore di lavoro è riconosciuta al lavoratore una retribuzione pari al 10 per cento di quella che gli sarebbe dovuta. Sono fatte salve le diverse previsioni dei contratti collettivi.

4. La regolamentazione e la durata del periodo di apprendistato per attività di ricerca o per percorsi di alta formazione è rimessa alle regioni e alle province autonome di Trento e Bolzano, per i soli profili che attengono alla formazione, sentite le associazioni territoriali dei datori di lavoro e dei lavoratori comparativamente più rappresentative sul piano nazionale, le università, gli istituti tecnici superiori e le altre istituzioni formative o di ricerca comprese quelle in possesso di riconoscimento istituzionale di rilevanza nazionale o regionale e aventi come oggetto la promozione delle attività imprenditoriali, del lavoro, della formazione, della innovazione e del trasferimento tecnologico.[2]

5. In assenza delle regolamentazioni regionali di cui al comma 4, l'attivazione dei percorsi di apprendistato di alta formazione e ricerca è disciplinata dalle disposizioni del decreto di cui all'articolo 46, comma 1. Sono fatte salve fino alla regolamentazione regionale le convenzioni stipulate dai datori di lavoro o dalle loro associazioni con le università, gli istituti tecnici superiori e le altre istituzioni formative o di ricerca, senza nuovi o maggiori oneri a carico della finanza pubblica.[3]

[1] Ai sensi dell'art. 93, D.L. 19 mag. 2020, n. 34, conv. con modif. in L. 17 lug. 2020, n. 77, il termine dei contratti di lavoro degli apprendisti e dei contratti di lavoro a tempo determinato, anche in regime di somministrazione, è prorogato di una durata pari al periodo di sospensione dell'attività lavorativa, prestata in forza dei medesimi contratti, in conseguenza della emergenza epidemiologica da CoVid19.

[2] Comma così modif. dall'art. 1, D.lgs. 24 set. 2016, n. 185.

[3] Comma così sost. dall'art. 1, D.lgs. 24 set. 2016, n. 185.

46. ***Standard professionali e formativi e certificazione delle competenze.*** — 1. Con decreto del Ministro del lavoro e delle politiche sociali, di concerto con il Ministro dell'istruzione, dell'università e della ricerca e del Ministro dell'economia e delle finanze, previa intesa in sede di Conferenza permanente per i rapporti tra lo Stato, le regioni e le province autonome di Trento e Bolzano, ai sensi dell'articolo 3 del decreto legislativo 28 agosto 1997, n. 281, sono definiti gli standard formativi dell'apprendistato, che costituiscono livelli essenziali delle prestazioni ai sensi dell'articolo 16 del decreto legislativo n. 226 del 2005.

2. La registrazione nel libretto formativo del cittadino, ai sensi del decreto legislativo n. 13 del 2013, è di competenza: *a*) del datore di lavoro, nel contratto di apprendistato professionalizzante, per quanto riguarda la formazione effettuata per il conseguimento della qualificazione professionale ai fini contrattuali; *b*) dell'istituzione formativa o ente di ricerca di appartenenza dello studente, nel contratto di apprendistato per la qualifica e il diploma professionale, il diploma di istruzione secondaria superiore e il certificato di specializzazione tecnica superiore e nel contratto di apprendistato di alta formazione e ricerca.

3. Allo scopo di armonizzare le diverse qualifiche e qualificazioni professionali acquisite in apprendistato e consentire una correlazione tra standard formativi e standard professionali è istituito presso il Ministero del lavoro e delle politiche sociali, senza nuovi o maggiori oneri a carico della finanza pubblica, il repertorio delle professioni predisposto sulla base dei sistemi di classificazione del personale previsti nei contratti collettivi di lavoro e in coerenza con quanto previsto nelle premesse dalla intesa tra Governo, regioni, province autonome e parti sociali del 17 febbraio 2010, da un apposito

organismo tecnico di cui fanno parte il Ministero dell'istruzione, della università e della ricerca, le associazioni dei datori di lavoro e dei lavoratori comparativamente più rappresentative sul piano nazionale e i rappresentanti della Conferenza permanente per i rapporti tra lo Stato, le regioni e le province autonome di Trento e Bolzano.

4. Le competenze acquisite dall'apprendista sono certificate dall'istituzione formativa di provenienza dello studente secondo le disposizioni di cui al decreto legislativo n. 13 del 2013, e, in particolare, nel rispetto dei livelli essenziali delle prestazioni ivi disciplinati.

47. ***Disposizioni finali.*** — 1. In caso di inadempimento nella erogazione della formazione a carico del datore di lavoro, di cui egli sia esclusivamente responsabile e che sia tale da impedire la realizzazione delle finalità di cui agli articoli 43, 44 e 45, il datore di lavoro è tenuto a versare la differenza tra la contribuzione versata e quella dovuta con riferimento al livello di inquadramento contrattuale superiore che sarebbe stato raggiunto dal lavoratore al termine del periodo di apprendistato, maggiorata del 100 per cento, con esclusione di qualsiasi sanzione per omessa contribuzione. Nel caso in cui rilevi un inadempimento nella erogazione della formazione prevista nel piano formativo individuale, il personale ispettivo del Ministero del lavoro e delle politiche sociali adotta un provvedimento di disposizione, ai sensi dell'articolo 14 del decreto legislativo n. 124 del 2004, assegnando un congruo termine al datore di lavoro per adempiere.

2. Per la violazione della disposizione di cui all'articolo 42, comma 1, nonché per la violazione delle previsioni contrattuali collettive attuative dei principi di cui all'articolo 42, comma 5, lettere *a*), *b*) e *c*), il datore di lavoro è punito con la sanzione amministrativa pecuniaria da 100 a 600 euro. In caso di recidiva la sanzione amministrativa pecuniaria è aumentata da 300 a 1500 euro. Alla contestazione delle sanzioni amministrative di cui al presente comma provvedono gli organi di vigilanza che effettuano accertamenti in materia di lavoro e legislazione sociale nei modi e nelle forme di cui all'articolo 13 del decreto legislativo n. 124 del 2004. L'autorità competente a ricevere il rapporto ai sensi dell'articolo 17 della legge 24 novembre 1981, n. 689, è la direzione territoriale del lavoro.

3. Fatte salve le diverse previsioni di legge o di contratto collettivo, i lavoratori assunti con contratto di apprendistato sono esclusi dal computo dei limiti numerici previsti da leggi e contratti collettivi per l'applicazione di particolari normative e istituti.

4. Ai fini della loro qualificazione o riqualificazione professionale è possibile assumere in apprendistato professionalizzante, senza limiti di età, i lavoratori beneficiari di indennità di mobilità o di un trattamento di disoccupazione. A decorrere dal 1° gennaio 2022, ai fini della loro qualificazione o riqualificazione professionale, è possibile assumere in apprendistato professionalizzante, senza limiti di età, anche i lavoratori beneficiari del trattamento straordinario di integrazione salariale di cui all'articolo 22-ter del decreto legislativo 14 settembre 2015, n. 148.[1] Per essi trovano applicazione, in deroga alle previsioni di cui all'articolo 42, comma 4, le disposizioni in materia di licenziamenti individuali, nonché, per i lavoratori beneficiari di indennità di mobilità, il regime contributivo agevolato di cui all'articolo 25, comma 9, della legge n. 223 del 1991, e l'incentivo di cui all'articolo 8, comma 4, della medesima legge.

5. Per le regioni e le province autonome e i settori ove la disciplina di cui al presente capo non sia immediatamente operativa, trovano applicazione le regolazioni vigenti. In assenza della offerta formativa pubblica di cui all'articolo 44, comma 3, trovano immediata applicazione le regolazioni contrattuali vigenti.

6. La disciplina del reclutamento e dell'accesso, nonché l'applicazione del contratto di apprendistato per i settori di attività pubblici, di cui agli articoli 44 e 45, sono definite con decreto del Presidente del Consiglio dei ministri, su proposta del Ministro per la semplificazione e la pubblica amministrazione e del Ministro del lavoro e delle politiche sociali, di concerto con il Ministro dell'economia e delle finanze, sentite le parti sociali e la Conferenza unificata di cui all'articolo 8 del decreto legislativo n. 281 del 1997.

7. I benefici contributivi in materia di previdenza e assistenza sociale sono mantenuti per un anno dalla prosecuzione del rapporto di lavoro al termine del periodo di apprendistato, con esclusione dei lavoratori assunti ai sensi del comma 4 del presente articolo.

8. I datori di lavoro che hanno sedi in più regioni o province autonome possono fare riferimento al percorso formativo della regione dove è ubicata la sede legale e possono altresì accentrare le comunicazioni di cui all'articolo 9-*bis* del decreto-legge n. 510 del 1996 nel servizio informatico dove è ubicata la sede legale.

9. Restano in ogni caso ferme le competenze delle regioni a statuto speciale e delle province autonome di Trento e di Bolzano ai sensi dello statuto speciale e delle relative norme di attuazione.

10. Con successivo decreto, ai sensi dell'articolo 1, comma 4, lettera *a*), della legge 10 dicembre 2014, n. 183, sono definiti gli incentivi per i datori di lavoro che assumono con l'apprendistato per la qualifica e il diploma professionale, il diploma di istruzione secondaria superiore e il certificato di specializzazione tecnica superiore e con l'apprendistato di alta formazione e ricerca.

[1] Periodo aggiunto dall'art. 1, c. 248, L. 30 dic. 2021, n. 234.

CAPO V-*bis*
Tutela del lavoro tramite piattaforme digitali[1]

[1] Capo ins. dall'art. 1, c. 1, D.L. 3 set. 2019, n. 101, conv. con modif. in L. 2 nov. 2019, n. 128.

47-*bis*. *Scopo, oggetto e ambito di applicazione.*[1] — 1. Fatto salvo quanto previsto dall'articolo 2, comma 1, le disposizioni del presente capo stabiliscono livelli minimi di tutela per i lavoratori autonomi che svolgono attività di consegna di beni per conto altrui, in ambito urbano e con l'ausilio di velocipedi o veicoli a motore di cui all'articolo 47, comma 2, lettera *a*), del codice della strada, di cui al decreto legislativo 30 aprile 1992, n. 285, attraverso piattaforme anche digitali.

2. Ai fini di cui al comma 1 si considerano piattaforme digitali i programmi e le procedure informatiche utilizzati dal committente che, indipendentemente dal luogo di stabilimento, sono strumentali alle attività di consegna di beni, fissandone il compenso e determinando le modalità di esecuzione della prestazione.

[1] Articolo ins. dall'art. 1, c. 1, D.L. 3 set. 2019, n. 101, conv. con modif. in L. 2 nov. 2019, n. 128.

47-*ter*. *Forma contrattuale e informazioni.*[1] — 1. I contratti individuali di lavoro di cui all'articolo 47-bis sono provati per iscritto e i lavoratori devono ricevere entro la data di instaurazione del rapporto di lavoro le informazioni di cui agli articoli 1 e 1-*bis* del decreto legislativo 26 maggio 1997, n. 152, in quanto compatibili, nonché le informazioni inerenti alla tutela della sicurezza ai sensi del comma 3 dell'articolo 47-*septies*.[2]

2. In caso di violazione di quanto previsto dal comma 1, si applica l'articolo 4 del decreto legislativo 26 maggio 1997, n. 152, e il lavoratore ha diritto a un'indennità risarcitoria di entità non superiore ai compensi percepiti nell'ultimo anno, determinata equitativamente con riguardo alla gravità e alla durata delle violazioni e al comportamento delle parti.

3. La violazione di quanto previsto dal comma 1 è valutata come elemento di prova delle condizioni effettivamente applicate al rapporto di lavoro e delle connesse lesioni dei diritti previsti dal presente decreto.

[1] Articolo ins. dall'art. 1, c. 1, D.L. 3 set. 2019, n. 101, conv. con modif. in L. 2 nov. 2019, n. 128.
[2] Comma così sost. dall'art. 5, D.lgs. 27 giu. 2022, n. 104.

47-*quater*. *Compenso.*[1] — 1. I contratti collettivi stipulati dalle organizzazioni sindacali e datoriali comparativamente più rappresentative a livello nazionale possono definire criteri di determinazione del compenso complessivo che tengano conto delle modalità di svolgimento della prestazione e dell'organizzazione del committente.

2. In difetto della stipula dei contratti di cui al comma 1, i lavoratori di cui all'articolo 47-*bis* non possono essere retribuiti in base alle consegne effettuate e ai medesimi lavoratori deve essere garantito un compenso minimo orario parametrato ai minimi tabellari stabiliti da contratti collettivi nazionali di settori affini o equivalenti sottoscritti dalle organizzazioni sindacali e datoriali comparativamente più rappresentative a livello nazionale.

3. Ai lavoratori di cui all'articolo 47-*bis* deve essere garantita un'indennità integrativa non inferiore al 10 per cento per il lavoro svolto di notte, durante le festività o in condizioni meteorologiche sfavorevoli, determinata dai contratti di cui al comma 1 o, in difetto, con decreto del Ministro del lavoro e delle politiche sociali.

[1] Articolo ins. dall'art. 1, c. 1, D.L. 3 set. 2019, n. 101, conv. con modif. in L. 2 nov. 2019, n. 128. La disposizione si applica decorsi dodici mesi dalla data di entrata in vigore della L. 128/2019.

47-*quinquies*. *Divieto di discriminazione.*[1] — 1. Ai lavoratori di cui all'articolo 47-*bis* si applicano la disciplina antidiscriminatoria e quella a tutela della libertà e dignità del lavoratore previste per i lavoratori subordinati, ivi compreso l'accesso alla piattaforma.

2. L'esclusione dalla piattaforma e le riduzioni delle occasioni di lavoro ascrivibili alla mancata accettazione della prestazione sono vietate.

[1] Articolo ins. dall'art. 1, c. 1, D.L. 3 set. 2019, n. 101, conv. con modif. in L. 2 nov. 2019, n. 128.

47-*sexies*. *Protezione dei dati personali.*[1] — 1. I dati personali dei lavoratori che svolgono la loro attività attraverso le piattaforme digitali sono trattati in conformità alle disposizioni del regolamento (UE) 2016/679 del Parlamento europeo e del Consiglio, del 27 aprile 2016, e al codice di cui al decreto legislativo 30 giugno 2003, n. 196.

[1] Articolo ins. dall'art. 1, c. 1, D.L. 3 set. 2019, n. 101, conv. con modif. in L. 2 nov. 2019, n. 128.

47-*septies*. *Copertura assicurativa obbligatoria contro gli infortuni sul lavoro e le malattie professionali.*[1] — 1. I prestatori di lavoro di cui al presente capo sono comunque soggetti alla copertura assicurativa obbligatoria contro gli infortuni sul lavoro e le malattie professionali prevista dal testo unico di cui al decreto del Presidente della Repubblica 30 giugno 1965, n. 1124. Il premio di assicurazione INAIL è determinato ai sensi dell'articolo 41 del citato decreto del Presidente della Repubblica n. 1124 del 1965, in base al tasso di rischio corrispondente all'attività svolta. Ai fini del calcolo del premio assicurativo, si assume come retribuzione imponibile, ai sensi dell'articolo 30 del decreto del Presidente della Repubblica n. 1124 del 1965, la retribuzione convenzionale giornaliera di importo corrispondente alla misura del limite minimo di retribuzione giornaliera in vigore per tutte le contribuzioni dovute in materia di previdenza e assistenza sociale, rapportata ai giorni di effettiva attività.

2. Ai fini dell'assicurazione INAIL, il committen-

te che utilizza la piattaforma anche digitale è tenuto a tutti gli adempimenti del datore di lavoro previsti dal decreto del Presidente della Repubblica n. 1124 del 1965.

3. Il committente che utilizza la piattaforma anche digitale è tenuto nei confronti dei lavoratori di cui al comma 1, a propria cura e spese, al rispetto del decreto legislativo 9 aprile 2008, n. 81.

[1] Articolo ins. dall'art. 1, c. 1, D.L. 3 set. 2019, n. 101, conv. con modif. in L. 2 nov. 2019, n. 128. La disposizione si applica decorsi novanta giorni dalla data di entrata in vigore della L. 128/2019.

47-*octies*. *Osservatorio.*[1] — 1. Al fine di assicurare il monitoraggio e la valutazione indipendente delle disposizioni del presente capo, è istituito, senza nuovi o maggiori oneri per la finanza pubblica, presso il Ministero del lavoro e delle politiche sociali un osservatorio permanente, presieduto dal Ministro o da un suo delegato e composto da rappresentanti dei datori di lavoro e dei lavoratori di cui al comma 1 dell'articolo 47-*bis*, designati dalle organizzazioni sindacali comparativamente più rappresentative a livello nazionale. L'osservatorio verifica, sulla base dei dati forniti dal Ministero del lavoro e delle politiche sociali, dall'INPS e dall'INAIL, gli effetti delle disposizioni del presente capo e può proporre eventuali revisioni in base all'evoluzione del mercato del lavoro e della dinamica sociale. Ai componenti dell'osservatorio non spetta alcun compenso, indennità, gettone di presenza, rimborso spese o emolumento comunque denominato. L'attuazione delle disposizioni di cui al presente articolo non deve comportare nuovi o maggiori oneri a carico della finanza pubblica ed è assicurata con le risorse finanziarie, umane e strumentali previste a legislazione vigente.

[1] Articolo ins. dall'art. 1, c. 1, D.L. 3 set. 2019, n. 101, conv. con modif. in L. 2 nov. 2019, n. 128.

CAPO VI

Lavoro accessorio

48-50. .... [1]

[1] Articoli abrog. dall'art. 1, D.L. 17 mar. 2017, n. 25, conv. in L. 20 apr. 2017, n. 49. I buoni per prestazioni di lavoro accessorio richiesti alla data di entrata in vigore del D.L.25/2017 possono essere utilizzati fino al 31 dic. 2017. Per la disciplina delle prestazioni occasionali di lavoro, si veda il D.L. 24 apr. 2017, n. 50, conv. in L. 21 giu. 2017, n. 96.

CAPO VII

Disposizioni finali

51. *Norme di rinvio ai contratti collettivi.* — 1. Salvo diversa previsione, ai fini del presente decreto, per contratti collettivi si intendono i contratti collettivi nazionali, territoriali o aziendali stipulati da associazioni sindacali comparativamente più rappresentative sul piano nazionale e i contratti collettivi aziendali stipulati dalle loro rappresentanze sindacali aziendali ovvero dalla rappresentanza sindacale unitaria.

52. *Superamento del contratto a progetto.* — 1. Le disposizioni di cui agli articoli da 61 a 69-*bis* del decreto legislativo n. 276 del 2003 sono abrogate e continuano ad applicarsi esclusivamente per la regolazione dei contratti già in atto alla data di entrata in vigore del presente decreto.

2. Resta salvo quanto disposto dall'articolo 409 del codice di procedura civile.

53. *Superamento dell'associazione in partecipazione con apporto di lavoro.* — 1.[1] (*Omissis*).

2. I contratti di associazione in partecipazione in atto alla data di entrata in vigore del presente decreto, nei quali l'apporto dell'associato persona fisica consiste, in tutto o in parte, in una prestazione di lavoro, sono fatti salvi fino alla loro cessazione.

[1] Modifica l'art. 2549 c.c.

54. *Stabilizzazione dei collaboratori coordinati e continuativi anche a progetto e di persone titolari di partita IVA.* — 1. Al fine di promuovere la stabilizzazione dell'occupazione mediante il ricorso a contratti di lavoro subordinato a tempo indeterminato nonché di garantire il corretto utilizzo dei contratti di lavoro autonomo, a decorrere dal 1° gennaio 2016, i datori di lavoro privati che procedano alla assunzione con contratto di lavoro subordinato a tempo indeterminato di soggetti già parti di contratti di collaborazione coordinata e continuativa anche a progetto e di soggetti titolari di partita IVA con cui abbiano intrattenuto rapporti di lavoro autonomo, godono degli effetti di cui al comma 2 a condizione che:

a) i lavoratori interessati alle assunzioni sottoscrivano, con riferimento a tutte le possibili pretese riguardanti la qualificazione del pregresso rapporto di lavoro, atti di conciliazione in una delle sedi di cui all'articolo 2113, quarto comma, del codice civile, o avanti alle commissioni di certificazione;

b) nei dodici mesi successivi alle assunzioni di cui al comma 2, i datori di lavoro non recedano dal rapporto di lavoro, salvo che per giusta causa ovvero per giustificato motivo soggettivo.

2. L'assunzione a tempo indeterminato alle condizioni di cui al comma 1, lettere *a*) e *b*), comporta l'estinzione degli illeciti amministrativi, contributivi e fiscali connessi all'erronea qualificazione del rapporto di lavoro, fatti salvi gli illeciti accertati a seguito di accessi ispettivi effettuati in data antecedente alla assunzione.

55-57. (*Omissis*).

- 8 -

D.L. 13 mar. 2021, n. 30

Misure urgenti per fronteggiare la diffusione del COVID-19 e interventi di sostegno per lavoratori con figli minori in didattica a distanza o in quarantena

(G.U. 13 mar. 2021, n. 62)

conv. con modif. in L. 6 mag. 2021, n. 61 (G.U. 12 mag. 2021, n. 112) (*stralcio*)

1-1-*bis*. (*Omissis*)

2. *Lavoro agile, congedi per genitori e bonus baby-sitting.* — 1. Il lavoratore dipendente genitore di figlio minore di anni sedici, alternativamente all'altro genitore, può svolgere la prestazione di lavoro in modalità agile per un periodo corrispondente in tutto o in parte alla durata della sospensione dell'attività didattica o educativa in presenza del figlio, alla durata dell'infezione da SARS-CoV-2 del figlio, nonché alla durata della quarantena del figlio disposta dal Dipartimento di prevenzione della azienda sanitaria locale (ASL) territorialmente competente a seguito di contatto ovunque avvenuto.

1-*bis*. Il beneficio di cui al comma 1 del presente articolo è riconosciuto a entrambi i genitori di figli di ogni età con disabilità accertata ai sensi dell'articolo 3, commi 1 e 3, della legge 5 febbraio 1992, n. 104, con disturbi specifici dell'apprendimento riconosciuti ai sensi della legge 8 ottobre 2010, n. 170, o con bisogni educativi speciali, in coerenza con quanto previsto dalla direttiva del Ministro dell'istruzione, dell'università e della ricerca 27 dicembre 2012, in materia di strumenti d'intervento per alunni con bisogni educativi speciali e organizzazione territoriale per l'inclusione scolastica, in tutti i casi previsti dal comma l del presente articolo ovvero nel caso in cui i figli frequentino centri diurni a carattere assistenziale dei quali sia stata disposta la chiusura.

1-*ter*. Ferma restando, per il pubblico impiego, la disciplina degli istituti del lavoro agile stabilita dai contratti collettivi nazionali, è riconosciuto al lavoratore che svolge l'attività in modalità agile il diritto alla disconnessione dalle strumentazioni tecnologiche e dalle piattaforme informatiche, nel rispetto degli eventuali accordi sottoscritti dalle parti e fatti salvi eventuali periodi di reperibilità concordati. L'esercizio del diritto alla disconnessione, necessario per tutelare i tempi di riposo e la salute del lavoratore, non può avere ripercussioni sul rapporto di lavoro o sui trattamenti retributivi.

2. Nelle sole ipotesi in cui la prestazione lavorativa non possa essere svolta in modalità agile, il lavoratore dipendente genitore di figlio convivente minore di anni quattordici, alternativamente all'altro genitore, può astenersi dal lavoro per un periodo corrispondente in tutto o in parte alla durata della sospensione dell'attività didattica o educativa in presenza del figlio, alla durata dell'infezione da SARS-CoV-2 del figlio, nonché alla durata della quarantena del figlio. Il beneficio di cui al presente comma è riconosciuto ai genitori di figli con disabilità in situazione di gravità accertata ai sensi dell'articolo 3, comma 3, della legge 5 febbraio 1992, n. 104, a prescindere dall'età del figlio, per la durata dell'infezione da SARS-CoV-2 del figlio, nonché per la durata della quarantena del figlio ovvero nel caso in cui sia stata disposta la sospensione dell'attività didattica o educativa in presenza o il figlio frequenti centri diurni a carattere assistenziale dei quali sia stata disposta la chiusura. Il congedo di cui al presente comma può essere fruito in forma giornaliera od oraria.

3. Per i periodi di astensione fruiti ai sensi del comma 2, è riconosciuta in luogo della retribuzione, nel limite di spesa di cui al comma 8, un'indennità pari al 50 per cento della retribuzione stessa, calcolata secondo quanto previsto dall'articolo 23 del testo unico delle disposizioni legislative in materia di tutela e sostegno della maternità e della paternità, di cui al decreto legislativo 26 marzo 2001, n. 151, ad eccezione del comma 2 del medesimo articolo 23. I suddetti periodi sono coperti da contribuzione figurativa.

4. Gli eventuali periodi di congedo parentale di cui agli articoli 32 e 33 del testo unico di cui al decreto legislativo 26 marzo 2001, n. 151, fruiti dai genitori a decorrere dal 1° gennaio 2021 fino alla data di entrata in vigore del presente decreto, durante i periodi di sospensione dell'attività didattica o educativa in presenza del figlio, di durata dell'infezione da SARS-CoV-2 del figlio, di durata della quarantena del figlio, possono essere convertiti a domanda nel congedo di cui al comma 2 con diritto all'indennità di cui al comma 3 e non sono computati né indennizzati a titolo di congedo parentale.

5. In caso di figli di età compresa fra 14 e 16 anni, uno dei genitori, alternativamente all'altro, ha diritto, al ricorrere delle condizioni di cui al comma 2, primo periodo, di astenersi dal lavoro senza corresponsione di retribuzione o indennità né riconoscimento di contribuzione figurativa, con divieto di licenziamento e diritto alla conservazione del posto di lavoro.

6-12. (*Omissis*)

2-*bis*-4. (*Omissis*)

- 9 -

D.lgs. 27 giu. 2022, n. 104
Attuazione della direttiva (UE) 2019/1152 del Parlamento europeo e del Consiglio del 20 giugno 2019, relativa a condizioni di lavoro trasparenti e prevedibili nell'Unione europea

CAPO I
Finalità e ambito di applicazione

1. ***Ambito di applicazione.*** — 1. Il presente decreto disciplina il diritto all'informazione sugli elementi essenziali del rapporto di lavoro e sulle condizioni di lavoro e la relativa tutela e trova applicazione, con le sole esclusioni di cui al comma 4, in relazione ai seguenti rapporti e contratti di lavoro:

a) contratto di lavoro subordinato, ivi compreso quello di lavoro agricolo, a tempo indeterminato e determinato, anche a tempo parziale;

b) contratto di lavoro somministrato;

c) contratto di lavoro intermittente;

d) rapporto di collaborazione con prestazione prevalentemente personale e continuativa organizzata dal committente di cui all'articolo 2, comma 1, del decreto legislativo 15 giugno 2015, n. 81;

e) contratto di collaborazione coordinata e continuativa di cui all'articolo 409, n. 3, del codice di procedura civile;

f) contratto di prestazione occasionale di cui all'articolo 54-*bis* del decreto-legge 24 aprile 2017, n. 50, convertito, con modificazioni, dalla legge 21 giugno 2017, n. 96.

2. Il presente decreto si applica altresì ai rapporti di lavoro dei dipendenti delle pubbliche amministrazioni di cui all'articolo 1, comma 2, del decreto legislativo 30 marzo 2001, n. 165, e a quelli degli enti pubblici economici.

3. Le previsioni di cui al presente decreto si applicano inoltre:

a) ai lavoratori marittimi e ai lavoratori della pesca, fatta salva la disciplina speciale vigente in materia;

b) ai lavoratori domestici, fatta eccezione per le previsioni di cui agli articoli 10 e 11.

4. Sono esclusi dall'applicazione del presente decreto:

a) i rapporti di lavoro autonomo di cui al titolo III del libro V del codice civile e quelli di lavoro autonomo di cui al decreto legislativo 28 febbraio 2021, n. 36, purché non integranti rapporti di collaborazione coordinata e continuativa, di cui all'articolo 409, n. 3, del codice di procedura civile;

b) i rapporti di lavoro caratterizzati da un tempo di lavoro predeterminato ed effettivo di durata pari o inferiore a una media di tre ore a settimana in un periodo di riferimento di quattro settimane consecutive. È considerato nella media delle tre ore il tempo di lavoro prestato in favore di tutti i datori di lavoro che costituiscono una stessa impresa, uno stesso gruppo di imprese. La presente esclusione non opera in relazione ai rapporti di lavoro nell'ambito dei quali non sia stata stabilita una quantità garantita di lavoro retribuito prima dell'inizio del lavoro;

c) i rapporti di agenzia e rappresentanza commerciale;

d) i rapporti di collaborazione prestati nell'impresa del datore di lavoro dal coniuge, dai parenti e dagli affini non oltre il terzo grado, che siano con lui conviventi;

e) i rapporti di lavoro del personale dipendente di amministrazioni pubbliche in servizio all'estero, limitatamente all'articolo 2 del decreto legislativo 26 maggio 1997, n. 152, come modificato dal presente decreto;

f) i rapporti di lavoro del personale di cui all'articolo 3 del decreto legislativo 30 marzo 2001, n. 165, relativamente alle disposizioni di cui al Capo III del presente decreto.

2. ***Definizioni.*** — 1. Ai fini del presente decreto si intende per:

a) «programmazione del lavoro»: la programmazione che determina in quali giorni e ore inizia e termina la prestazione di lavoro;

b) «ore e giorni di riferimento»: le fasce orarie di giorni specificati durante le quali può essere svolto il lavoro su richiesta del datore di lavoro;

c) «organizzazione del lavoro»: la forma di organizzazione dell'orario di lavoro e la sua ripartizione conformemente a una determinata organizzazione stabilita dal datore di lavoro.

3. ***Modalità di comunicazione delle informazioni.*** — 1. Il datore di lavoro comunica a ciascun lavoratore in modo chiaro e trasparente le informazioni previste dal presente decreto in formato cartaceo oppure elettronico. Le medesime informazioni sono conservate e rese accessibili al lavoratore ed il datore di lavoro ne conserva la prova della trasmissione o della ricezione per la durata di cinque anni dalla conclusione del rapporto di lavoro.

4-6. (*Omissis*)

CAPO III

Prescrizioni minime relative alle condizioni di lavoro

7. ***Durata massima del periodo di prova.*** — 1. Nei casi in cui è previsto il periodo di prova, questo non può essere superiore a sei mesi, salva la durata inferiore prevista dalle disposizioni dei contratti collettivi.

2. Nel rapporto di lavoro a tempo determinato, il periodo di prova è stabilito in misura proporzionale alla durata del contratto e alle mansioni da svolgere in relazione alla natura dell'impiego. In caso di rinnovo di un contratto di lavoro per lo svolgimento delle stesse mansioni, il rapporto di lavoro

non può essere soggetto ad un nuovo periodo di prova.

3. In caso di sopravvenienza di eventi, quali malattia, infortunio, congedo di maternità o paternità obbligatori, il periodo di prova è prolungato in misura corrispondente alla durata dell'assenza.

4. Per le pubbliche amministrazioni continua ad applicarsi l'articolo 17 del d.P.R. 9 maggio 1994, n. 487.

8. ***Cumulo di impieghi.*** — 1. Fatto salvo l'obbligo previsto dall'articolo 2105 del codice civile, il datore di lavoro non può vietare al lavoratore lo svolgimento di altra attività lavorativa in orario al di fuori della programmazione dell'attività lavorativa concordata, né per tale motivo riservargli un trattamento meno favorevole.

2. Il datore di lavoro può limitare o negare al lavoratore lo svolgimento di un altro e diverso rapporto di lavoro qualora sussista una delle seguenti condizioni:

a) un pregiudizio per la salute e la sicurezza, ivi compreso il rispetto della normativa in materia di durata dei riposi;

b) la necessità di garantire l'integrità del servizio pubblico;

c) il caso in cui la diversa e ulteriore attività lavorativa sia in conflitto d'interessi con la principale, pur non violando il dovere di fedeltà di cui all'articolo 2105 del codice civile.

3. Le disposizioni di cui al presente articolo si applicano anche al committente nell'ambito dei rapporti di lavoro di cui all'articolo 409, n. 3, del codice di procedura civile e di cui all'articolo 2, comma 1, del decreto legislativo 15 giugno 2015, n. 81.

4. Resta ferma la disciplina di cui all'articolo 53 del decreto legislativo 30 marzo 2001, n. 165.

5. Le disposizioni del presente articolo non si applicano ai lavoratori marittimi e ai lavoratori del settore della pesca.

9. ***Prevedibilità minima del lavoro.*** — 1. Qualora con riferimento alla tipologia del rapporto di lavoro l'organizzazione del lavoro sia interamente o in gran parte imprevedibile, il datore di lavoro non può imporre al lavoratore di svolgere l'attività lavorativa, salvo che ricorrano entrambe le seguenti condizioni:

a) il lavoro si svolga entro ore e giorni di riferimento predeterminati ai sensi dell'articolo 1, comma 1, lettera *p*), numero 2), del decreto legislativo 26 maggio 1997, n. 152, come modificato dal presente decreto;

b) il lavoratore sia informato dal suo datore di lavoro sull'incarico o la prestazione da eseguire, con il ragionevole periodo di preavviso di cui all'articolo 1, comma 1, lettera *p*), numero 3) del decreto legislativo 26 maggio 1997, n. 152.

2. Il lavoratore, in carenza di una o entrambe le condizioni di cui al comma 1, ha il diritto di rifiutare di assumere un incarico di lavoro o di rendere la prestazione, senza subire alcun pregiudizio anche di natura disciplinare.

3. Il datore di lavoro che abbia stabilito, conformemente ai criteri individuati dai contratti collettivi, anche aziendali, stipulati dalle organizzazioni sindacali e datoriali comparativamente più rappresentative sul piano nazionale, il numero delle ore minime retribuite garantite deve informare il lavoratore:

a) del numero delle ore minime retribuite garantite su base settimanale, nella misura indicata dai contratti collettivi, anche aziendali, stipulati dalle organizzazioni sindacali e datoriali comparativamente più rappresentative sul piano nazionale;

b) delle maggiorazioni retributive, in misura percentuale rispetto alla retribuzione oraria base, spettanti per le ore lavorate in aggiunta alle ore minime retribuite garantite.

4. Qualora, nell'ambito dei rapporti di lavoro di cui al comma 1, il datore di lavoro revochi un incarico o una prestazione di lavoro precedentemente programmati, senza un ragionevole periodo di preavviso, è tenuto a riconoscere al lavoratore la retribuzione inizialmente prevista per la prestazione pattuita dal contratto collettivo, ove applicabile o, in mancanza, una somma a titolo di compensazione per la mancata esecuzione dell'attività lavorativa, la cui misura non può essere in ogni caso inferiore al 50 per cento del compenso inizialmente pattuito per la prestazione annullata.

5. Le disposizioni del presente articolo non si applicano ai lavoratori marittimi e ai lavoratori del settore della pesca.

6. Le disposizioni di cui al presente articolo si applicano anche al committente nell'ambito dei rapporti di lavoro di cui all'articolo 409, n. 3, del codice di procedura civile e di cui all'articolo 2, comma 1, del decreto legislativo 15 giugno 2015, n. 81.

10. ***Transizione a forme di lavoro più prevedibili, sicure e stabili.*** — 1. Ferme restando le disposizioni più favorevoli già previste dalla legislazione vigente, il lavoratore che abbia maturato un'anzianità di lavoro di almeno sei mesi presso lo stesso datore di lavoro o committente e che abbia completato l'eventuale periodo di prova, può chiedere che gli venga riconosciuta una forma di lavoro con condizioni più prevedibili, sicure e stabili, se disponibile.

2. Il lavoratore che abbia ricevuto risposta negativa può presentare una nuova richiesta dopo che siano trascorsi almeno sei mesi dalla precedente.

3. La facoltà di cui al comma 1 può essere esercitata a condizione che il lavoratore manifesti per iscritto la propria volontà al datore di lavoro o al committente.

4. Entro un mese dalla richiesta del lavoratore il datore di lavoro o il committente forniscono risposta scritta motivata. In caso di richiesta reiterata da parte del lavoratore di analogo contenuto, le

persone fisiche in qualità di datori di lavoro o le imprese che occupano fino a cinquanta dipendenti possono rispondere in forma orale qualora la motivazione della risposta rimanga invariata rispetto alla precedente.

5. Le previsioni del presente articolo non si applicano ai lavoratori alle dipendenze delle pubbliche amministrazioni, ai lavoratori marittimi e del settore della pesca ed ai lavoratori domestici.

11. ***Formazione obbligatoria.*** — 1. Quando il datore di lavoro è tenuto, secondo previsioni di legge o di contratto individuale o collettivo, a erogare ai lavoratori una formazione per lo svolgimento del lavoro per cui sono impiegati, tale formazione, da garantire gratuitamente a tutti i lavoratori, va considerata come orario di lavoro e, ove possibile, deve svolgersi durante lo stesso.

2. L'obbligo di cui al comma 1 non riguarda la formazione professionale o la formazione necessaria al lavoratore per ottenere, mantenere o rinnovare una qualifica professionale, salvo che il datore di lavoro non sia tenuto a fornirla secondo la legge o la contrattazione collettiva.

3. Restano ferme le disposizioni di cui agli articoli 36 e 37 del decreto legislativo 9 aprile 2008, n. 81.

Capo IV
Misure di tutela

12. ***Meccanismi di risoluzione rapida e diritto di ricorso.*** — 1. Ferma restando la facoltà di adire l'autorità giudiziaria e amministrativa e salvo specifiche procedure previste dai contratti collettivi di lavoro di cui all'articolo 51 del decreto legislativo 15 giugno 2015, n. 81, in caso di violazioni dei diritti previsti dal presente decreto e dal decreto legislativo 26 maggio 1997, n. 152, i lavoratori, compresi coloro il cui rapporto di lavoro è cessato, possono promuovere il tentativo di conciliazione previsto dagli articoli 410 e 411 del codice di procedura civile, ovvero ricorrere al collegio di conciliazione ed arbitrato di cui agli articoli 412 e 412-*quater* del codice di procedura civile. È possibile, inoltre, rivolgersi alle camere arbitrali previste dall'articolo 31, comma 12, della legge 4 novembre 2010, n. 183.

13. ***Protezione da trattamento o conseguenze sfavorevoli.*** — 1. L'adozione di comportamenti di carattere ritorsivo o che, comunque, determinano effetti sfavorevoli nei confronti dei lavoratori o dei loro rappresentanti che abbiano presentato un reclamo al datore di lavoro o che abbiano promosso un procedimento, anche non giudiziario, al fine di garantire il rispetto dei diritti di cui al presente decreto e di cui al decreto legislativo 26 maggio 1997, n. 152, ferma ogni conseguenza prevista dalla legge derivante dall'invalidità dell'atto, comporta, salvo che il fatto costituisca reato, l'applicazione della sanzione amministrativa prevista dall'articolo 41, comma 2, del decreto legislativo 11 aprile 2006 n. 198.

2. Nelle ipotesi di cui al comma 1, i lavoratori possono rivolgersi all'Ispettorato Nazionale del Lavoro che applica la sanzione.

3. La denuncia può essere presentata dall'interessato o dall'organizzazione sindacale delegata dal medesimo.

14. ***Protezione contro il licenziamento o contro il recesso del committente e onere della prova.*** — 1. Sono vietati il licenziamento e i trattamenti pregiudizievoli del lavoratore conseguenti all'esercizio dei diritti previsti dal presente decreto e dal decreto legislativo 26 maggio 1997, n. 152, come modificato dal presente decreto.

2. Fatta salva la disciplina di cui all'articolo 2 della legge 15 luglio 1966, n. 604, i lavoratori estromessi dal rapporto o comunque destinatari di misure equivalenti al licenziamento adottate nei loro confronti dal datore di lavoro o dal committente possono fare espressa richiesta al medesimo dei motivi delle misure adottate. Il datore di lavoro o il committente fornisce, per iscritto, tali motivi entro sette giorni dall'istanza.

3. Fatto salvo quanto previsto dall'articolo 5 della legge 15 luglio 1966, n. 604, qualora il lavoratore faccia ricorso all'autorità giudiziaria competente, lamentando la violazione del comma 1, incombe sul datore di lavoro o sul committente l'onere di provare che i motivi addotti a fondamento del licenziamento o degli altri provvedimenti equivalenti adottati a carico del lavoratore non siano riconducibili a quelli di cui al comma 1.

15. ***Regime di tutela per il personale di cui all'art. 3 del decreto legislativo 30 marzo 2001, n. 165.*** — 1. Per i rapporti di lavoro di cui all'articolo 3 del decreto legislativo 30 marzo 2001, n. 165, trovano applicazione, relativamente alle misure di tutela di cui al presente Capo, le disposizioni dei rispettivi ordinamenti di settore.

16-17. (*Omissis*)

LIQUIDAZIONE GIUDIZIALE

- 1 -

R.D. 16 mar. 1942, n. 267

Disciplina del fallimento, del concordato preventivo [, della amministrazione controllata][1] e della liquidazione coatta amministrativa

(G.U. 6 apr. 1942, n. 81)[2]

[1] A norma dell'art. 294, c. 2, D.lgs. 12 gen. 2019, n. 14, i rinvii al presente provvedimento contenuti in leggi speciali in materia di liquidazione coatta amministrativa si intendono effettuati alle disposizioni del medesimo D.lgs. n. 14/2019. Ai sensi dell'art. 389, D.lgs. n. 14/2019, e successive modifiche, il D.lgs. n. 14/2019 è entrato in vigore il 15 lug. 2022.

[2] A norma dell'art. 349, D.lgs. 12 gen. 2019, n. 14, nelle disposizioni normative vigenti i termini «fallimento», «procedura fallimentare», «fallito» nonché le espressioni dagli stessi termini derivate devono intendersi sostituite, rispettivamente, con le espressioni «liquidazione giudiziale», «procedura di liquidazione giudiziale» e «debitore assoggettato a liquidazione giudiziale» e loro derivati, con salvezza della continuità delle fattispecie.

- 2 -

D.lgs. 12 gen. 2019, n. 14

Codice della crisi d'impresa e dell'insolvenza in attuazione della legge 19 ottobre 2017, n. 155

(G.U. 14 feb. 2019, n. 38)[1]

[1] Per l'entrata in vigore della presente legge, si veda l'art. 389.

PARTE PRIMA
CODICE DELLA CRISI D'IMPRESA E DELL'INSOLVENZA

TITOLO I
Disposizioni generali

CAPO I
Ambito di applicazione e definizioni

1. *Ambito di applicazione.* — 1. Il presente codice disciplina le situazioni di crisi o insolvenza del debitore, sia esso consumatore o professionista, ovvero imprenditore che eserciti, anche non a fini di lucro, un'attività commerciale, artigiana o agricola, operando quale persona fisica, persona giuridica o altro ente collettivo, gruppo di imprese o società pubblica, con esclusione dello Stato e degli enti pubblici.

2. Sono fatte salve le disposizioni delle leggi speciali in materia di:

a) amministrazione straordinaria delle grandi imprese. Se la crisi o l'insolvenza di dette imprese non sono disciplinate in via esclusiva, restano applicabili anche le procedure ordinarie regolate dal presente codice;

b) liquidazione coatta amministrativa ai sensi dell'articolo 293.

3. Sono fatte salve le disposizioni delle leggi speciali in materia di crisi di impresa delle società pubbliche.

4. Le disposizioni del presente codice in tema di liquidazione coatta amministrativa si applicano nelle regioni a statuto speciale e nelle province autonome di Trento e Bolzano compatibilmente con i rispettivi Statuti e le relative norme di attuazione, anche con riferimento alla legge costituzionale 18 ottobre 2001, n. 3.

2. *Definizioni.* — 1. Ai fini del presente codice si intende per:

a) «crisi»: lo stato del debitore che rende probabile l'insolvenza e che si manifesta con l'inadeguatezza dei flussi di cassa prospettici a far fronte alle obbligazioni nei successivi dodici mesi;[1]

b) «insolvenza»: lo stato del debitore che si manifesta con inadempimenti od altri fatti esteriori, i quali dimostrino che il debitore non è più in grado di soddisfare regolarmente le proprie obbligazioni;

c) «sovraindebitamento»: lo stato di crisi o di insolvenza del consumatore, del professionista, dell'imprenditore minore, dell'imprenditore agricolo, delle start-up innovative di cui al decreto-legge 18 ottobre 2012, n. 179, convertito, con modificazioni, dalla legge 17 dicembre 2012, n. 221, e di ogni altro debitore non assoggettabile alla liquidazione giudiziale ovvero a liquidazione coatta amministrativa o ad altre procedure liquidatorie previste dal codice civile o da leggi speciali per il caso di crisi o insolvenza;

d) «impresa minore»: l'impresa che presenta congiuntamente i seguenti requisiti: 1) un attivo patrimoniale di ammontare complessivo annuo non superiore ad euro trecentomila nei tre esercizi antecedenti la data di deposito della istanza di apertura della liquidazione giudiziale o dall'inizio dell'attività se di durata inferiore; 2) ricavi, in qualunque modo essi risultino, per un ammontare complessivo annuo non superiore ad euro duecentomila nei tre esercizi antecedenti la data di deposito dell'istanza di apertura della liquidazione giudiziale o dall'inizio dell'attività se di durata inferiore; 3) un ammontare di debiti anche non scaduti non superiore ad euro cinquecentomila; i predetti valori possono essere aggiornati ogni tre anni con decreto del Ministro della giustizia adottato a norma dell'articolo 348;

e) «consumatore»: la persona fisica che agisce per scopi estranei all'attività imprenditoriale, commerciale, artigiana o professionale eventualmente svolta, anche se socia di una delle società appartenenti ad uno dei tipi regolati nei capi III, IV e VI del titolo V del libro quinto del codice civile, per i debiti estranei a quelli sociali;

f) «società pubbliche»: le società a controllo

pubblico, le società a partecipazione pubblica e le società in house di cui all'articolo 2, lettere *m*), *n*), o), del decreto legislativo 19 agosto 2016, n. 175;

g)[2]

h) «gruppo di imprese»: l'insieme delle società, delle imprese e degli enti, esclusi lo Stato e gli enti territoriali, che, ai sensi degli articoli 2497 e 2545-*septies* del codice civile, esercitano o sono sottoposti alla direzione e coordinamento di una società, di un ente o di una persona fisica; a tal fine si presume, salvo prova contraria, che l'attività di direzione e coordinamento delle società del gruppo sia esercitata dalla società o ente tenuto al consolidamento dei loro bilanci oppure dalla società o ente che le controlla, direttamente o indirettamente, anche nei casi di controllo congiunto;[1]

i) «gruppi di imprese di rilevante dimensione»: i gruppi di imprese composti da un'impresa madre e imprese figlie da includere nel bilancio consolidato, che rispettano i limiti numerici di cui all'articolo 3, paragrafi 6 e 7, della direttiva 2013/34/UE del Parlamento europeo e del Consiglio del 26 giugno 2013;

l) «parti correlate»: [per parti correlate ai fini del presente codice][3] si intendono quelle indicate come tali nel Regolamento della Consob in materia di operazioni con parti correlate;

m) «centro degli interessi principali del debitore» (COMI): il luogo in cui il debitore gestisce i suoi interessi in modo abituale e riconoscibile dai terzi;

m-bis) «strumenti di regolazione della crisi e dell'insolvenza»: le misure, gli accordi e le procedure volti al risanamento dell'impresa attraverso la modifica della composizione, dello stato o della struttura delle sue attività e passività o del capitale, oppure volti alla liquidazione del patrimonio o delle attività che, a richiesta del debitore, possono essere preceduti dalla composizione negoziata della crisi;[4]

n) «albo dei gestori della crisi e insolvenza delle imprese»: l'albo, istituito presso il Ministero della giustizia e disciplinato dall'articolo 356, dei soggetti che su incarico del giudice svolgono, anche in forma associata o societaria, funzioni di gestione, supervisione o controllo nell'ambito degli strumenti di regolazione della crisi e dell'insolvenza e delle procedure di insolvenza previsti dal presente codice;[5]

o-bis) «esperto»: il soggetto terzo e indipendente, iscritto nell'elenco di cui all'articolo 13, comma 3 e nominato dalla commissione di cui al comma 6 del medesimo articolo 13, che facilita le trattative nell'ambito della composizione negoziata;[4]

o) «professionista indipendente»: il professionista incaricato dal debitore nell'ambito di uno degli strumenti di regolazione della crisi e dell'insolvenza che soddisfi congiuntamente i seguenti requisiti: 1) essere iscritto all'albo dei gestori della crisi e insolvenza delle imprese, nonché nel registro dei revisori legali; 2) essere in possesso dei requisiti previsti dall'articolo 2399 del codice civile; 3) non essere legato all'impresa o ad altre parti interessate all'operazione di regolazione della crisi da rapporti di natura personale o professionale; il professionista ed i soggetti con i quali è eventualmente unito in associazione professionale non devono aver prestato negli ultimi cinque anni attività di lavoro subordinato o autonomo in favore del debitore, né essere stati membri degli organi di amministrazione o controllo dell'impresa, né aver posseduto partecipazioni in essa;[5]

p) «misure protettive»: le misure temporanee richieste dal debitore per evitare che determinate azioni dei creditori possano pregiudicare, sin dalla fase delle trattative, il buon esito delle iniziative assunte per la regolazione della crisi o dell'insolvenza, anche prima dell'accesso a uno degli strumenti di regolazione della crisi e dell'insolvenza;[5]

q) «misure cautelari»: i provvedimenti cautelari emessi dal giudice competente a tutela del patrimonio o dell'impresa del debitore, che appaiano secondo le circostanze più idonei ad assicurare provvisoriamente il buon esito delle trattative e gli effetti degli strumenti di regolazione della crisi e dell'insolvenza e delle procedure di insolvenza;[5]

r) «classe di creditori»: insieme di creditori che hanno posizione giuridica e interessi economici omogenei;

s) «domicilio digitale»: il domicilio di cui all'articolo 1, comma 1, lettera *n-ter*) del decreto legislativo 7 marzo 2005, n. 82;

t) OCC: organismi di composizione delle crisi da sovraindebitamento disciplinati dal decreto del Ministro della giustizia del 24 settembre 2014, n. 202 e successive modificazioni, che svolgono i compiti di composizione assistita della crisi da sovraindebitamento previsti dal presente codice;

u)[2].

[1] Lettera così sost. dall'art. 1, D.lgs. 17 giu. 2022, n. 83.
[2] Lettera abrog. dall'art. 1, D.lgs. 17 giu. 2022, n. 83.
[3] Parole soppresse dall'art. 1, D.lgs. 26 ott. 2020, n. 147.
[4] Lettera ins. dall'art. 1, D.lgs. 17 giu. 2022, n. 83.
[5] Lettera così modif. dall'art. 1, D.lgs. 17 giu. 2022, n. 83.

CAPO II
Principi generali

SEZIONE I
Obblighi dei soggetti che partecipano alla regolazione della crisi o dell'insolvenza

3. *Adeguatezza delle misure e degli assetti in funzione della rilevazione tempestiva della crisi d'impresa.*[1] — 1. L'imprenditore individuale deve adottare misure idonee a rilevare tempestivamente lo stato di crisi e assumere senza indugio le iniziative necessarie a farvi fronte.

2. L'imprenditore collettivo deve istituire un assetto organizzativo, amministrativo e contabile adeguato ai sensi dell'articolo 2086 del codice civi-

le, ai fini della tempestiva rilevazione dello stato di crisi e dell'assunzione di idonee iniziative.

3. Al fine di prevedere tempestivamente l'emersione della crisi d'impresa, le misure di cui al comma 1 e gli assetti di cui al comma 2 devono consentire di:

a) rilevare eventuali squilibri di carattere patrimoniale o economico-finanziario, rapportati alle specifiche caratteristiche dell'impresa e dell'attività imprenditoriale svolta dal debitore;

b) verificare la sostenibilità dei debiti e le prospettive di continuità aziendale almeno per i dodici mesi successivi e rilevare i segnali di cui al comma 4;

c) ricavare le informazioni necessarie a utilizzare la lista di controllo particolareggiata e a effettuare il test pratico per la verifica della ragionevole perseguibilità del risanamento di cui all'articolo 13, al comma 2.

4. Costituiscono segnali per la previsione di cui al comma 3:

a) l'esistenza di debiti per retribuzioni scaduti da almeno trenta giorni pari a oltre la metà dell'ammontare complessivo mensile delle retribuzioni;

b) l'esistenza di debiti verso fornitori scaduti da almeno novanta giorni di ammontare superiore a quello dei debiti non scaduti;

c) l'esistenza di esposizioni nei confronti delle banche e degli altri intermediari finanziari che siano scadute da più di sessanta giorni o che abbiano superato da almeno sessanta giorni il limite degli affidamenti ottenuti in qualunque forma purché rappresentino complessivamente almeno il cinque per cento del totale delle esposizioni;

d) l'esistenza di una o più delle esposizioni debitorie previste dall'articolo 25-*novies*, comma 1.

[1] Articolo così sost. dall'art. 2, D.lgs. 17 giu. 2022, n. 83.

4. ***Doveri delle parti.***[1] — 1. Nella composizione negoziata, nel corso delle trattative e dei procedimenti per l'accesso agli strumenti di regolazione della crisi e dell'insolvenza, debitore e creditori devono comportarsi secondo buona fede e correttezza.

2. Il debitore ha il dovere di:

a) illustrare la propria situazione in modo completo, veritiero e trasparente, fornendo tutte le informazioni necessarie e appropriate rispetto alle trattative avviate, anche nella composizione negoziata, e allo strumento di regolazione della crisi e dell'insolvenza prescelto;

b) assumere tempestivamente le iniziative idonee alla individuazione delle soluzioni per il superamento delle condizioni di cui all'articolo 12, comma 1, durante la composizione negoziata, e alla rapida definizione dello strumento di regolazione della crisi e dell'insolvenza prescelto, anche al fine di non pregiudicare i diritti dei creditori;

c) gestire il patrimonio o l'impresa durante i procedimenti nell'interesse prioritario dei creditori. Resta fermo quanto previsto dagli articoli 16, comma 4, e 21.

3. Ove non siano previste, dalla legge o dai contratti collettivi di cui all'articolo 2, comma 1, lettera *g*), del decreto legislativo 6 febbraio 2007, n. 25, diverse procedure di informazione e consultazione, il datore di lavoro, che occupa complessivamente più di quindici dipendenti, informa con comunicazione scritta, trasmessa anche tramite posta elettronica certificata, i soggetti sindacali di cui all'articolo 47, comma 1, della legge 29 dicembre 1990, n. 428, delle rilevanti determinazioni, assunte nel corso delle trattative della composizione negoziata e nella predisposizione del piano nell'ambito di uno strumento di regolazione della crisi e dell'insolvenza, che incidono sui rapporti di lavoro di una pluralità di lavoratori, anche solo per quanto riguarda l'organizzazione del lavoro o le modalità di svolgimento delle prestazioni. I soggetti sindacali, entro tre giorni dalla ricezione dell'informativa, possono chiedere all'imprenditore un incontro. La conseguente consultazione deve avere inizio entro cinque giorni dal ricevimento dell'istanza e, salvo diverso accordo tra i partecipanti, si intende esaurita decorsi dieci giorni dal suo inizio. La consultazione si svolge con vincolo di riservatezza rispetto alle informazioni qualificate come tali dal datore di lavoro o dai suoi rappresentanti nel legittimo interesse dell'impresa. In occasione della consultazione svolta nell'ambito della composizione negoziata è redatto, ai soli fini della determinazione del compenso dell'esperto di cui all'articolo 25-*ter*, comma 5, un sintetico rapporto sottoscritto dall'imprenditore e dall'esperto.

4. I creditori hanno il dovere di collaborare lealmente con il debitore, con l'esperto nella composizione negoziata e con gli organi nominati dall'autorità giudiziaria e amministrativa e di rispettare l'obbligo di riservatezza sulla situazione del debitore, sulle iniziative da questi assunte e sulle informazioni acquisite. Resta fermo quanto previsto dall'articolo 16, commi 5 e 6.

[1] Articolo così sost. dall'art. 2, D.lgs. 17 giu. 2022, n. 83.

5. ***Trasparenza ed efficienza delle nomine e trattazione prioritaria delle controversie.***[1] — 1. Le nomine dei professionisti effettuate dalle commissioni di cui all'articolo 13, comma 6, dall'autorità giudiziaria o amministrativa e dagli organi da esse nominati devono assicurare il rispetto di criteri di trasparenza, rotazione ed efficienza.

2. Per assicurare il rispetto dei principi di cui al comma 1, il segretario generale della camera di commercio del capoluogo di regione comunica alle autorità che hanno nominato i membri delle commissioni gli incarichi conferiti. La comunicazione di cui al primo periodo è inviata entro il 15 gennaio di ciascun anno e riguarda gli incarichi conferiti dal 1° gennaio al 31 dicembre dell'anno precedente.

3. Il presidente del tribunale o, nei tribunali sud-

divisi in sezioni, il presidente della sezione cui è assegnata la trattazione degli strumenti di regolazione della crisi e dell'insolvenza o delle procedure di insolvenza vigila sull'osservanza dei principi di cui al comma 1 e ne assicura l'attuazione mediante l'adozione di protocolli condivisi con i giudici della sezione.

4. Le controversie in cui è parte un organo nominato dall'autorità giudiziaria o amministrativa nell'ambito degli strumenti di regolazione della crisi e dell'insolvenza o delle procedure di insolvenza o comunque un soggetto nei cui confronti è aperta una procedura prevista dal presente codice sono trattate con priorità. Il capo dell'ufficio trasmette annualmente al presidente della corte d'appello i dati relativi al numero e alla durata dei suddetti procedimenti, indicando le disposizioni adottate per assicurarne la celere trattazione. Il presidente della corte d'appello ne dà atto nella relazione sull'amministrazione della giustizia.

[1] Articolo così sost. dall'art. 2, D.lgs. 17 giu. 2022, n. 83.

SEZIONE II
Pubblicazione delle informazioni ed economicità delle procedure[1]

[1] Rubrica così sost. dall'art. 3, D.lgs. 17 giu. 2022, n. 83.

5-*bis*. *Pubblicazione delle informazioni e lista di controllo.*[1] — 1. Nei siti istituzionali del Ministero della giustizia e del Ministero dello sviluppo economico sono pubblicate informazioni pertinenti e aggiornate sugli strumenti per la anticipata emersione della crisi, sugli strumenti di regolazione della crisi e dell'insolvenza e sulle procedure di esdebitazione previsti dal presente codice e dalle leggi speciali dettate in materia di amministrazione straordinaria delle grandi imprese in crisi e di liquidazione coatta amministrativa. Le informazioni di cui al primo periodo sono inserite in apposita sezione dei siti internet dedicata alla crisi d'impresa, facilmente accessibile e di agevole consultazione.

2. Nei siti istituzionali di cui al comma 1 è altresì disponibile una lista di controllo particolareggiata, adeguata anche alle esigenze delle micro, piccole e medie imprese, che contiene indicazioni operative per la redazione dei piani di risanamento. Il contenuto della lista di controllo è definito con il decreto dirigenziale di cui all'articolo 13.

[1] Articolo ins. dall'art. 3, D.lgs. 17 giu. 2022, n. 83.

6. *Prededucibilità dei crediti.*[1] — 1. Oltre ai crediti così espressamente qualificati dalla legge, sono prededucibili:

a) i crediti relativi a spese e compensi per le prestazioni rese dall'organismo di composizione della crisi da sovraindebitamento;

b) i crediti professionali sorti in funzione della domanda di omologazione degli accordi di ristrutturazione dei debiti o del piano di ristrutturazione soggetto a omologazione e per la richiesta delle misure protettive, nei limiti del 75% del credito accertato e a condizione che gli accordi o il piano siano omologati;

c) i crediti professionali sorti in funzione della presentazione della domanda di concordato preventivo nonché del deposito della relativa proposta e del piano che la correda, nei limiti del 75% del credito accertato e a condizione che la procedura sia aperta ai sensi dell'articolo 47;

d) i crediti legalmente sorti durante le procedure concorsuali per la gestione del patrimonio del debitore e la continuazione dell'esercizio dell'impresa, il compenso degli organi preposti e le prestazioni professionali richieste dagli organi medesimi.

2. La prededucibilità permane anche nell'ambito delle successive procedure esecutive o concorsuali.

[1] Articolo così sost. dall'art. 3, D.lgs. 17 giu. 2022, n. 83.

SEZIONE III
Principi di carattere processuale

7. *Trattazione unitaria delle domande di accesso agli strumenti di regolazione della crisi e dell'insolvenza e alle procedure di insolvenza.*[1] — 1. Le domande di accesso agli strumenti di regolazione della crisi e dell'insolvenza e alle procedure di insolvenza sono trattate in un unico procedimento e ogni domanda sopravvenuta è riunita a quella già pendente. Il procedimento si svolge nelle forme di cui agli articoli 40 e 41.2. Nel caso di proposizione di più domande, il tribunale esamina in via prioritaria quella diretta a regolare la crisi o l'insolvenza con strumenti diversi dalla liquidazione giudiziale o dalla liquidazione controllata, a condizione che:*a*) la domanda medesima non sia manifestamente inammissibile; *b*) il piano non sia manifestamente inadeguato a raggiungere gli obiettivi prefissati; *c*) nella proposta siano espressamente indicate la convenienza per i creditori o, in caso di concordato in continuità aziendale, le ragioni della assenza di pregiudizio per i creditori.3. Ferme le ipotesi di conversione di cui agli articoli 73 e 83, in tutti i casi in cui la domanda diretta a regolare la crisi o l'insolvenza con strumenti diversi dalla liquidazione giudiziale non è accolta ed è accertato lo stato di insolvenza, il tribunale procede, su istanza dei soggetti legittimati, all'apertura della liquidazione giudiziale. Allo stesso modo il tribunale procede in tutti i casi in cui la domanda è inammissibile o improcedibile e nei casi previsti dall'articolo 49, comma 2.

[1] Articolo così sost. dall'art. 4, D.lgs. 17 giu. 2022, n. 83.

8. *Durata massima delle misure protettive.*[1] — 1. La durata complessiva delle misure protettive, fino alla omologazione dello strumento di regolazione della crisi e dell'insolvenza o alla apertura della procedura di insolvenza, non può superare il periodo, anche non continuativo, di dodici mesi, inclusi eventuali rinnovi o proroghe, tenuto conto delle misure protettive di cui all'articolo 18.

[1] Articolo così sost. dall'art. 4, D.lgs. 17 giu. 2022, n. 83.

9. ***Sospensione feriale dei termini e patrocinio legale.*** — 1. La sospensione feriale dei termini di cui all'articolo 1 della legge 7 ottobre 1969, n. 742 non si applica ai procedimenti disciplinati dal presente codice, salvo che esso non disponga diversamente.

2. Salvi i casi in cui non sia previsto altrimenti, nelle procedure disciplinate dal presente codice, il patrocinio del difensore è obbligatorio.

10. ***Comunicazioni telematiche.*** — 1. Le comunicazioni poste a carico degli organi di gestione, controllo o assistenza delle procedure disciplinate dal presente codice sono effettuate con modalità telematiche al domicilio digitale risultante dall'Indice nazionale degli indirizzi di posta elettronica certificata (INI-PEC) delle imprese e dei professionisti, quando i destinatari hanno l'obbligo di munirsene.

2. Gli organi di cui al comma 1 attivano, dandone tempestiva comunicazione agli interessati, un domicilio digitale, da utilizzare esclusivamente per le comunicazioni inerenti alla procedura:

a) ai creditori e ai titolari di diritti sui beni che non hanno l'obbligo di munirsene;

b) ai soggetti che hanno sede o che risiedono all'estero;

c) al debitore e al legale rappresentante della società o ente sottoposti a una delle procedure disciplinate dal presente codice.

3. Le comunicazioni ai soggetti per i quali la legge prevede l'obbligo di munirsi di un domicilio digitale e che non hanno provveduto ad istituirlo o comunicarlo sono eseguite esclusivamente mediante deposito in cancelleria. Si procede con le stesse modalità nelle ipotesi di mancata consegna del messaggio elettronico per cause imputabili al destinatario. Le disposizioni di cui al secondo periodo si applicano anche ai soggetti cui è stato assegnato un domicilio digitale ai sensi del comma 2.

4. Per tutta la durata della procedura e per i due anni successivi alla relativa chiusura, gli organi di cui al comma 1 sono tenuti a conservare i messaggi elettronici inviati e ricevuti.

5. Ai fini della validità ed efficacia delle predette comunicazioni, alla posta elettronica certificata è equiparato il servizio di recapito certificato ai sensi dell'articolo 1, comma 1-*ter*, del codice dell'amministrazione digitale di cui al decreto legislativo 7 marzo 2005, n. 82.

6. Le spese per l'attivazione del domicilio digitale previsto dal comma 2 sono a carico della massa.

SEZIONE IV
Giurisdizione internazionale

11. ***Attribuzione della giurisdizione.***[1] — 1. Fatte salve le convenzioni internazionali e la normativa dell'Unione europea, la giurisdizione italiana sulla domanda di accesso a uno strumento di regolazione della crisi e dell'insolvenza o a una procedura di insolvenza disciplinati dalla presente legge sussiste quando il debitore ha in Italia il centro degli interessi principali o una dipendenza.

2. Avverso il provvedimento di accesso a uno strumento di regolazione della crisi e dell'insolvenza o a una procedura di insolvenza è ammessa impugnazione per difetto di giurisdizione da chiunque vi abbia interesse. Si applica il procedimento di cui all'articolo 51. È sempre ammesso il ricorso per cassazione.

3. La giurisdizione italiana di cui al comma 1 sussiste anche per le azioni che derivano direttamente dalla procedura.

[1] Articolo così sost. dall'art. 5, D.lgs. 17 giu. 2022, n. 83.

TITOLO II
Composizione negoziata della crisi, piattaforma unica nazionale, concordato semplificato e segnalazioni per la anticipata emersione della crisi[1]

[1] Il Titolo II (artt. 12-25-*undecies*) è stato integralmente sost. dall'art. 6, D.lgs. 17 giu. 2022, n. 83.

CAPO I
Composizione negoziata della crisi

12. ***Composizione negoziata per la soluzione della crisi d'impresa.*** — 1. L'imprenditore commerciale e agricolo può chiedere la nomina di un esperto al segretario generale della camera di commercio, industria, artigianato e agricoltura nel cui ambito territoriale si trova la sede legale dell'impresa, quando si trova in condizioni di squilibrio patrimoniale o economico-finanziario che ne rendono probabile la crisi o l'insolvenza e risulta ragionevolmente perseguibile il risanamento dell'impresa. La nomina avviene con le modalità di cui all'articolo 13, commi 6, 7 e 8.

2. L'esperto agevola le trattative tra l'imprenditore, i creditori ed eventuali altri soggetti interessati, al fine di individuare una soluzione per il superamento delle condizioni di cui al comma 1, anche mediante il trasferimento dell'azienda o di rami di essa.

3. Alla composizione negoziata non si applica l'articolo 38. Resta ferma l'applicazione dell'articolo 38 nei procedimenti di cui agli articoli 19 e 22.

13. ***Istituzione della piattaforma telematica nazionale e nomina dell'esperto.*** — 1. È istituita una piattaforma telematica nazionale accessibile agli imprenditori iscritti nel registro delle imprese attraverso il sito istituzionale di ciascuna camera di commercio, industria, artigianato e agricoltura. La piattaforma è gestita dal sistema delle camere di commercio, per il tramite di Unioncamere, sotto la vigilanza del Ministero della giustizia e del Ministero dello sviluppo economico.

2. Sulla piattaforma sono disponibili una lista di controllo particolareggiata, adeguata anche alle

esigenze delle micro, piccole e medie imprese, che contiene indicazioni operative per la redazione del piano di risanamento, un test pratico per la verifica della ragionevole perseguibilità del risanamento e un protocollo di conduzione della composizione negoziata accessibili da parte dell'imprenditore e dei professionisti dallo stesso incaricati. La struttura della piattaforma, il contenuto della lista di controllo particolareggiata, le modalità di esecuzione del test pratico e il contenuto del protocollo sono definiti dal decreto dirigenziale del Ministero della giustizia adottato ai sensi dell'articolo 3 del decreto-legge 24 agosto 2021, n. 118, convertito, con modificazioni, dalla legge 21 ottobre 2021, n. 147.

3. Presso la camera di commercio, industria, artigianato e agricoltura di ciascun capoluogo di regione e delle province autonome di Trento e di Bolzano è formato, con le modalità di cui al comma 5, un elenco di esperti nel quale possono essere inseriti: gli iscritti da almeno cinque anni all'albo dei dottori commercialisti e degli esperti contabili e all'albo degli avvocati che documentano di aver maturato precedenti esperienze nel campo della ristrutturazione aziendale e della crisi d'impresa; gli iscritti da almeno cinque anni all'albo dei consulenti del lavoro che documentano di avere concorso, almeno in tre casi, alla conclusione di accordi di ristrutturazione dei debiti omologati o di accordi sottostanti a piani attestati o di avere concorso alla presentazione di concordati con continuità aziendale omologati. Possono inoltre essere inseriti nell'elenco coloro che, pur non iscritti in albi professionali, documentano di avere svolto funzioni di amministrazione, direzione e controllo in imprese interessate da operazioni di ristrutturazione concluse con piani di risanamento attestati, accordi di ristrutturazione dei debiti e concordati preventivi con continuità aziendale omologati, nei confronti delle quali non sia stata successivamente pronunciata sentenza di apertura della liquidazione giudiziale o sentenza di accertamento dello stato di insolvenza.

4. L'iscrizione all'elenco di cui al comma 3 è altresì subordinata al possesso della specifica formazione prevista con il decreto dirigenziale del Ministero della giustizia di cui al comma 2.

5. La domanda di iscrizione all'elenco è presentata agli ordini professionali di appartenenza dei professionisti richiedenti e, per i soggetti di cui al comma 3, secondo periodo, alla camera di commercio del capoluogo di regione e delle province autonome di Trento e di Bolzano competente per il luogo di residenza. La domanda è corredata della documentazione comprovante il possesso dei requisiti di cui ai commi 3 e 4, di un'autocertificazione attestante l'assolvimento degli obblighi formativi e di un curriculum vitae, a sua volta oggetto di autocertificazione ai sensi degli articoli 46 e 47 del testo unico di cui al decreto del Presidente della Repubblica 28 dicembre 2000, n. 445, dal quale risulti ogni altra esperienza formativa in materia, anche nelle tecniche di facilitazione e mediazione, valutabile all'atto della nomina come titolo di preferenza. La domanda contiene il consenso dell'interessato al trattamento dei dati comunicati al momento della presentazione dell'istanza di iscrizione, ai sensi dell'articolo 6 del regolamento (UE) 2016/679 del Parlamento europeo e del Consiglio, del 27 aprile 2016, anche ai fini della pubblicazione di cui al comma 9. Ciascun ordine professionale, valutata la domanda e verificata la completezza della documentazione allegata, comunica alla camera di commercio del capoluogo della regione in cui si trova o alla camera di commercio delle province autonome di Trento e di Bolzano, i nominativi dei professionisti in possesso dei requisiti di cui ai commi 3 e 4, unitamente a una scheda sintetica contenente le informazioni utili alla individuazione del profilo dell'esperto, per l'inserimento nell'elenco previsto dal comma 3. La scheda è compilata sulla base di un modello uniforme definito con il decreto dirigenziale del Ministero della giustizia di cui al comma 2. Gli ordini professionali, con riferimento ai dati dei rispettivi iscritti, e le camere di commercio, con riferimento ai soggetti di cui al comma 3, secondo periodo, designano i responsabili della formazione, della tenuta e dell'aggiornamento dei dati degli iscritti all'elenco unico e del trattamento dei dati medesimi nel rispetto del regolamento (UE) 2016/679 e del codice in materia di protezione dei dati personali, di cui al decreto legislativo 30 giugno 2003, n. 196. I responsabili accertano la veridicità delle dichiarazioni rese dai richiedenti secondo quanto previsto dall'articolo 71 del citato testo unico di cui al decreto del Presidente della Repubblica n. 445 del 2000. La domanda è respinta se non è corredata di quanto previsto dal secondo e terzo periodo e può essere ripresentata. I consigli nazionali degli ordini professionali disciplinano con regolamento le modalità di formazione, tenuta e aggiornamento dei dati raccolti dagli ordini professionali e comunicati alle camere di commercio per la formazione dell'elenco di cui al comma 3. La comunicazione di cui al quarto periodo avviene con cadenza annuale a partire dalla data di entrata in vigore del presente decreto. Gli ordini professionali comunicano tempestivamente alle camere di commercio l'adozione, nei confronti dei propri iscritti, di sanzioni disciplinari più gravi di quella minima prevista dai singoli ordinamenti nonché l'intervenuta cancellazione dei professionisti dagli albi professionali di appartenenza perché vengano cancellati dall'elenco. Le camere di commercio, ricevute le comunicazioni di competenza degli ordini professionali, provvedono senza indugio all'aggiornamento dell'elenco unico; esse curano direttamente l'aggiornamento dei dati dei soggetti di cui al comma 3, secondo periodo, secondo le tempistiche stabilite nel nono

periodo e provvedono alla loro tempestiva cancellazione ove sia intervenuta una causa di ineleggibilità ai sensi dell'articolo 2382 del codice civile.

6. La nomina dell'esperto avviene ad opera di una commissione che resta in carica per due anni. La commissione è costituita presso le camere di commercio, industria, artigianato e agricoltura dei capoluoghi di regione e delle province autonome di Trento e di Bolzano, dei cui uffici di segreteria si avvale per lo svolgimento dei suoi compiti, ed è composta da:

a) due magistrati, uno effettivo e uno supplente, designati dal presidente della sezione specializzata in materia di impresa del tribunale del capoluogo di regione o della provincia autonoma di Trento o di Bolzano nel cui territorio si trova la camera di commercio che ha ricevuto l'istanza di cui all'articolo 17;

b) due membri, uno effettivo e uno supplente, designati dal presidente della camera di commercio presso la quale è costituita la commissione;

c) due membri, uno effettivo e uno supplente, designati dal prefetto del capoluogo di regione o della provincia autonoma di Trento o di Bolzano nel cui territorio si trova la camera di commercio che ha ricevuto l'istanza di cui all'articolo 17.

7. Il segretario generale della camera di commercio nel cui ambito territoriale si trova la sede legale dell'impresa, ricevuta l'istanza di cui all'articolo 17, nei successivi due giorni lavorativi, la comunica alla commissione costituita ai sensi del comma 6, unitamente a una nota sintetica contenente l'indicazione del volume d'affari, del numero dei dipendenti e del settore in cui opera l'impresa istante. In caso di incompletezza dell'istanza di nomina o della documentazione, il predetto segretario generale invita l'imprenditore a integrare le informazioni o la documentazione mancante entro un termine di trenta giorni, decorso inutilmente il quale l'istanza non è esaminata e l'imprenditore può riproporla. Entro i cinque giorni lavorativi successivi al ricevimento dell'istanza la commissione nomina l'esperto tra gli iscritti nell'elenco di cui al comma 3 secondo criteri che assicurano la rotazione e la trasparenza e avendo cura che ciascun esperto non riceva più di due incarichi contemporaneamente. La nomina può avvenire anche al di fuori dell'ambito regionale. La commissione tiene conto della complessiva esperienza formativa risultante dalla scheda sintetica di cui al comma 5, quarto periodo, anche esaminando, ove occorra, il curriculum vitae, e dell'attività prestata come esperto nell'ambito di precedenti composizioni negoziate. Se lo ritiene opportuno, la commissione acquisisce, prima della nomina o prima della comunicazione all'esperto nominato, il parere non vincolante di un'associazione di categoria sul territorio.

8. La commissione, coordinata dal membro più anziano, decide a maggioranza. Ai membri della commissione non spettano compensi, gettoni di presenza, rimborsi di spese o altri emolumenti comunque denominati.

9. Gli incarichi conferiti e il curriculum vitae dell'esperto nominato sono pubblicati senza indugio in apposita sezione del sito istituzionale della camera di commercio del luogo di nomina e del luogo dove è tenuto l'elenco presso il quale l'esperto è iscritto, nel rispetto del regolamento (UE) 2016/679 e del citato codice di cui al decreto legislativo 30 giugno 2003, n. 196, omesso ogni riferimento all'imprenditore richiedente. Sono del pari pubblicati sul sito istituzionale di ciascuna camera di commercio gli elenchi contenenti i nominativi degli esperti, formati presso le camere di commercio dei capoluoghi di regione e delle province autonome di Trento e di Bolzano.

10. Per la realizzazione e il funzionamento della piattaforma telematica nazionale di cui al comma 1 è autorizzata la spesa di euro 700.000 per l'anno 2022 e di euro 200.000 annui a decorrere dall'anno 2023, cui si provvede mediante utilizzo delle risorse rinvenienti dall'abrogazione dell'articolo 3 del decreto-legge 24 agosto 2021, n. 118, convertito, con modificazioni, dalla legge 21 ottobre 2021, n. 147, come prevista dalle disposizioni di attuazione della direttiva (UE) 2019/1023 del Parlamento europeo e del Consiglio del 20 giugno 2019.

14. ***Interoperabilità tra la piattaforma telematica nazionale per la composizione negoziata per la soluzione delle crisi d'impresa e altre banche di dati.*** — 1. La piattaforma telematica nazionale di cui all'articolo 13 è collegata alle banche dati dell'Agenzia delle entrate, dell'Istituto nazionale della previdenza sociale, dell'Istituto nazionale per l'assicurazione contro gli infortuni sul lavoro e dell'agente della riscossione e consente l'accesso alle informazioni contenute nella Centrale dei rischi della Banca d'Italia nel rispetto di quanto disposto dall'articolo 7 del testo unico bancario di cui al decreto legislativo 1° settembre 1993, n. 385.

2. L'esperto nominato ai sensi dell'articolo 13, comma 6, accede alle banche dati e alle informazioni di cui al comma 1, previo consenso prestato dall'imprenditore ai sensi del regolamento (UE) 2016/679 del Parlamento europeo e del Consiglio, del 27 aprile 2016, e del codice in materia di protezione dei dati personali, di cui al decreto legislativo 30 giugno 2003, n. 196, ed estrae la documentazione e le informazioni necessari per l'avvio o la prosecuzione delle trattative con i creditori e con le parti interessate. Le modalità di accesso alle banche dati sono stabilite dall'Agenzia delle entrate, dall'Istituto nazionale della previdenza sociale, dall'Istituto nazionale per l'assicurazione contro gli infortuni sul lavoro e dall'agente della riscossione e le modalità di accesso alle informazioni contenute nella Centrale dei rischi sono stabilite dalla Banca d'Italia.

3. L'accesso ai dati attraverso la piattaforma te-

lematica di cui al comma 1 non modifica la disciplina relativa alla titolarità del trattamento, ferme restando le specifiche responsabilità ai sensi dell'articolo 28 del citato regolamento (UE) 2016/679 spettanti al soggetto gestore della piattaforma nonché le responsabilità dei soggetti che trattano i dati in qualità di titolari autonomi del trattamento.

15. ***Scambio di documentazione e di dati contenuti nella piattaforma telematica nazionale per la composizione negoziata per la soluzione delle crisi d'impresa tra l'imprenditore e i creditori.*** — 1. I creditori possono accedere alla piattaforma telematica nazionale di cui all'articolo 13 e possono inserire al suo interno le informazioni sulla propria posizione creditoria e i dati eventualmente richiesti dall'esperto nominato ai sensi del medesimo articolo 13. Essi accedono ai documenti e alle informazioni inseriti nella piattaforma dall'imprenditore al momento della presentazione dell'istanza di cui all'articolo 17 o nel corso delle trattative. La documentazione e le informazioni inserite nella piattaforma sono accessibili previo consenso prestato, dall'imprenditore e dal singolo creditore, ai sensi del regolamento (UE) 2016/679 del Parlamento europeo e del Consiglio, del 27 aprile 2016, e del codice in materia di protezione dei dati personali, di cui al decreto legislativo 30 giugno 2003, n. 196.

16. ***Requisiti di indipendenza e doveri dell'esperto e delle parti.*** — 1. L'esperto deve essere in possesso dei requisiti previsti dall'articolo 2399 del codice civile e non deve essere legato all'impresa o ad altre parti interessate all'operazione di risanamento da rapporti di natura personale o professionale; il professionista ed i soggetti con i quali è eventualmente unito in associazione professionale non devono aver prestato negli ultimi cinque anni attività di lavoro subordinato o autonomo in favore dell'imprenditore né essere stati membri degli organi di amministrazione o controllo dell'impresa né aver posseduto partecipazioni in essa. Chi ha svolto l'incarico di esperto non può intrattenere rapporti professionali con l'imprenditore se non sono decorsi almeno due anni dall'archiviazione della composizione negoziata.

2. L'esperto è terzo rispetto a tutte le parti e opera in modo professionale, riservato, imparziale e indipendente. Non è equiparabile al professionista indipendente di cui all'articolo 2, comma 1, lettera *o*). L'esperto, nell'espletamento dell'incarico di cui all'articolo 12, comma 2, verifica la coerenza complessiva delle informazioni fornite dall'imprenditore chiedendo al medesimo e ai creditori tutte le ulteriori informazioni utili o necessarie. Può avvalersi di soggetti dotati di specifica competenza, anche nel settore economico in cui opera l'imprenditore, e di un revisore legale, non legati all'impresa o ad altre parti interessate all'operazione di risanamento da rapporti di natura personale o professionale.

3. Fatto salvo quanto previsto dall'articolo 19, comma 4, l'esperto non può essere tenuto a deporre sul contenuto delle dichiarazioni rese e delle informazioni acquisite nell'esercizio delle sue funzioni, né davanti all'autorità giudiziaria né davanti ad altra autorità. Si applicano le disposizioni dell'articolo 200 del codice di procedura penale e le garanzie previste per il difensore dalle disposizioni dell'articolo 103 del codice di procedura penale in quanto compatibili.

4. L'imprenditore ha il dovere di rappresentare la propria situazione all'esperto, ai creditori e agli altri soggetti interessati in modo completo e trasparente e di gestire il patrimonio e l'impresa senza pregiudicare ingiustamente gli interessi dei creditori.

5. Le banche e gli intermediari finanziari, i loro mandatari e i cessionari dei loro crediti sono tenuti a partecipare alle trattative in modo attivo e informato. L'accesso alla composizione negoziata della crisi non costituisce di per sé causa di sospensione e di revoca degli affidamenti bancari concessi all'imprenditore. In ogni caso la sospensione o la revoca degli affidamenti possono essere disposte se richiesto dalla disciplina di vigilanza prudenziale, con comunicazione che dà conto delle ragioni della decisione assunta.

6. Tutte le parti coinvolte nelle trattative hanno il dovere di collaborare lealmente e in modo sollecito con l'imprenditore e con l'esperto e rispettano l'obbligo di riservatezza sulla situazione dell'imprenditore, sulle iniziative da questi assunte o programmate e sulle informazioni acquisite nel corso delle trattative. Le medesime parti danno riscontro alle proposte e alle richieste che ricevono durante le trattative con risposta tempestiva e motivata.

17. ***Accesso alla composizione negoziata e suo funzionamento.*** — 1. L'istanza di nomina dell'esperto indipendente è presentata tramite la piattaforma telematica di cui all'articolo 13 mediante la compilazione di un modello, ivi disponibile, contenente le informazioni utili ai fini della nomina e dello svolgimento dell'incarico da parte dell'esperto nominato.

2. Il contenuto del modello di cui al comma 1 è definito con il decreto dirigenziale del Ministero della giustizia di cui all'articolo 13, comma 2.

3. L'imprenditore, al momento della presentazione dell'istanza, inserisce nella piattaforma telematica:

a) i bilanci degli ultimi tre esercizi, se non già depositati presso l'ufficio del registro delle imprese, oppure, per gli imprenditori che non sono tenuti al deposito dei bilanci, le dichiarazioni dei redditi e dell'IVA degli ultimi tre periodi di imposta, nonché una situazione patrimoniale e finanziaria aggiornata a non oltre sessanta giorni prima della presentazione dell'istanza;

b) un progetto di piano di risanamento redatto secondo le indicazioni della lista di controllo di cui all'articolo 13, comma 2, e una relazione chiara e sintetica sull'attività in concreto esercitata recante un piano finanziario per i successivi sei mesi e le iniziative che intende adottare;

c) l'elenco dei creditori, con l'indicazione dei rispettivi crediti scaduti e a scadere e dell'esistenza di diritti reali e personali di garanzia;

d) una dichiarazione resa ai sensi dell'articolo 46 del decreto del Presidente della Repubblica n. 445 del 2000 sulla pendenza, nei suoi confronti, di ricorsi per l'apertura della liquidazione giudiziale o per l'accertamento dello stato di insolvenza e una dichiarazione con la quale attesta di non avere depositato ricorsi ai sensi dell'articolo 40, anche nelle ipotesi di cui agli articoli 44, comma 1, lettera a), e 54, comma 3;

e) il certificato unico dei debiti tributari di cui all'articolo 364, comma 1;

f) la situazione debitoria complessiva richiesta all'Agenzia delle entrate-Riscossione;

g) il certificato dei debiti contributivi e per premi assicurativi di cui all'articolo 363, comma 1;

h) un estratto delle informazioni presenti nella Centrale dei rischi gestita dalla Banca d'Italia non anteriore di tre mesi rispetto alla presentazione dell'istanza.

4. L'esperto, verificati la propria indipendenza e il possesso delle competenze e della disponibilità di tempo necessarie per lo svolgimento dell'incarico, entro due giorni lavorativi dalla ricezione della nomina, comunica all'imprenditore l'accettazione e contestualmente inserisce nella piattaforma la dichiarazione di accettazione e una dichiarazione resa ai sensi dell'articolo 47 del decreto del Presidente della Repubblica n. 445 del 2000, sul possesso dei requisiti di indipendenza di cui all'articolo 16, comma 1. In caso contrario ne dà comunicazione riservata al soggetto che l'ha nominato perché provveda alla sua sostituzione. L'esperto non può assumere più di due incarichi contemporaneamente.

5. L'esperto, accettato l'incarico, convoca senza indugio l'imprenditore per valutare l'esistenza di una concreta prospettiva di risanamento, anche alla luce delle informazioni assunte dall'organo di controllo e dal revisore legale, ove in carica. L'imprenditore partecipa personalmente e può farsi assistere da consulenti. Se ritiene che le prospettive di risanamento sono concrete l'esperto incontra le altre parti interessate al processo di risanamento e prospetta le possibili strategie di intervento fissando i successivi incontri con cadenza periodica ravvicinata. Se non ravvisa concrete prospettive di risanamento, all'esito della convocazione o in un momento successivo, l'esperto ne dà notizia all'imprenditore e al segretario generale della camera di commercio che dispone l'archiviazione dell'istanza di composizione negoziata entro i successivi cinque giorni lavorativi. Nel corso delle trattative l'esperto può invitare le parti a rideterminare, secondo buona fede, il contenuto dei contratti ad esecuzione continuata o periodica ovvero ad esecuzione differita se la prestazione è divenuta eccessivamente onerosa o se è alterato l'equilibrio del rapporto in ragione di circostanze sopravvenute. Le parti sono tenute a collaborare tra loro per rideterminare il contenuto del contratto o adeguare le prestazioni alle mutate condizioni.

6. Entro tre giorni dalla comunicazione della convocazione le parti possono presentare osservazioni sull'indipendenza dell'esperto al segretario generale della camera di commercio il quale riferisce senza indugio alla commissione perché, valutate le circostanze esposte e sentito l'esperto, se lo ritiene opportuno provveda alla sua sostituzione entro i successivi cinque giorni lavorativi. Allo stesso modo la commissione procede se l'imprenditore e le parti interessate formulano osservazioni sull'operato dell'esperto.

7. L'incarico dell'esperto si considera concluso se, decorsi centottanta giorni dalla accettazione della nomina, le parti non hanno individuato, anche a seguito di sua proposta, una soluzione adeguata per il superamento delle condizioni di cui all'articolo 12, comma 1. L'incarico può proseguire per non oltre centottanta giorni quando tutte le parti lo richiedono e l'esperto vi acconsente, oppure quando la prosecuzione dell'incarico è resa necessaria dal ricorso dell'imprenditore al tribunale ai sensi degli articoli 19 e 22. In caso di sostituzione dell'esperto o nell'ipotesi di cui all'articolo 25, comma 7, il termine di cui al primo periodo decorre dall'accettazione del primo esperto nominato.

8. Al termine dell'incarico l'esperto redige una relazione finale che inserisce nella piattaforma e comunica all'imprenditore e, in caso di concessione delle misure protettive e cautelari di cui agli articoli 18 e 19, al giudice che le ha emesse, che ne dichiara cessati gli effetti. Eseguiti gli adempimenti di cui al primo periodo, l'esperto ne dà comunicazione al segretario generale della camera di commercio per l'archiviazione dell'istanza di composizione negoziata.

9. In caso di archiviazione dell'istanza di cui al comma 1, l'imprenditore non può presentare una nuova istanza prima di un anno dall'archiviazione. Se l'archiviazione è richiesta dall'imprenditore con istanza depositata con le modalità previste nel comma 1 entro due mesi dall'accettazione dell'esperto, il termine di cui al primo periodo è ridotto, per una sola volta, a quattro mesi.

10. Ai costi che gravano sulle camere di commercio per consentire il funzionamento della procedura di composizione negoziata per la soluzione della crisi d'impresa si provvede mediante il versamento, a carico dell'impresa che propone l'istanza, di diritti di segreteria determinati ai sensi dell'articolo 18 della legge 29 dicembre 1993, n. 580.

18. ***Misure protettive.*** — 1. L'imprenditore può chiedere, con l'istanza di nomina dell'esperto o con successiva istanza presentata con le modalità di cui all'articolo 17, comma 1, l'applicazione di misure protettive del patrimonio. L'istanza di applicazione delle misure protettive è pubblicata nel registro delle imprese unitamente all'accettazione dell'esperto e, dal giorno della pubblicazione, i creditori interessati non possono acquisire diritti di prelazione se non concordati con l'imprenditore né possono iniziare o proseguire azioni esecutive e cautelari sul suo patrimonio o sui beni e sui diritti con i quali viene esercitata l'attività d'impresa. Non sono inibiti i pagamenti.

2. Con l'istanza di cui al comma 1, l'imprenditore inserisce nella piattaforma telematica una dichiarazione sull'esistenza di misure esecutive o cautelari disposte nei suoi confronti e un aggiornamento sui ricorsi indicati nella dichiarazione resa ai sensi dell'articolo 17, comma 3, lettera d).

3. Con l'istanza di cui al comma 1, l'imprenditore può chiedere che l'applicazione delle misure protettive sia limitata a determinate iniziative intraprese dai creditori a tutela dei propri diritti o a determinati creditori o categorie di creditori. Sono esclusi dalle misure protettive i diritti di credito dei lavoratori.

4. Dal giorno della pubblicazione dell'istanza di cui al comma 1 e fino alla conclusione delle trattative o all'archiviazione dell'istanza di composizione negoziata, la sentenza di apertura della liquidazione giudiziale o di accertamento dello stato di insolvenza non può essere pronunciata, salvo che il tribunale disponga la revoca delle misure protettive. Restano fermi i provvedimenti già concessi ai sensi dell'articolo 54, comma 1.

5. I creditori nei cui confronti operano le misure protettive non possono, unilateralmente, rifiutare l'adempimento dei contratti pendenti o provocarne la risoluzione, né possono anticiparne la scadenza o modificarli in danno dell'imprenditore per il solo fatto del mancato pagamento di crediti anteriori rispetto alla pubblicazione dell'istanza di cui al comma 1. I medesimi creditori possono sospendere l'adempimento dei contratti pendenti dalla pubblicazione dell'istanza di cui al comma 1 fino alla conferma delle misure richieste.

19. ***Procedimento relativo alle misure protettive e cautelari.*** — 1. Quando l'imprenditore formula la richiesta di cui all'articolo 18, comma 1, con ricorso presentato al tribunale competente ai sensi dell'articolo 27, entro il giorno successivo alla pubblicazione dell'istanza e dell'accettazione dell'esperto, chiede la conferma o la modifica delle misure protettive e, ove occorre, l'adozione dei provvedimenti cautelari necessari per condurre a termine le trattative. Entro trenta giorni dalla pubblicazione di cui al medesimo articolo 18, comma 1, l'imprenditore chiede la pubblicazione nel registro delle imprese del numero di ruolo generale del procedimento instaurato. L'omesso o il ritardato deposito del ricorso è causa di inefficacia delle misure previste dall'articolo 18, comma 1, e, decorso inutilmente il termine di cui al secondo periodo, l'iscrizione dell'istanza è cancellata dal registro delle imprese.

2. L'imprenditore, unitamente al ricorso, deposita:

a) i bilanci degli ultimi tre esercizi oppure, quando non è tenuto al deposito dei bilanci, le dichiarazioni dei redditi e dell'IVA degli ultimi tre periodi di imposta;

b) una situazione patrimoniale e finanziaria aggiornata a non oltre sessanta giorni prima del deposito del ricorso;

c) l'elenco dei creditori, individuando i primi dieci per ammontare, con indicazione dei relativi indirizzi di posta elettronica certificata, se disponibili, oppure degli indirizzi di posta elettronica non certificata per i quali sia verificata o verificabile la titolarità della singola casella;

d) un progetto di piano di risanamento redatto secondo le indicazioni della lista di controllo di cui all'articolo 13, comma 2, un piano finanziario per i successivi sei mesi e un prospetto delle iniziative che intende adottare;

e) una dichiarazione avente valore di autocertificazione attestante, sulla base di criteri di ragionevolezza e proporzionalità, che l'impresa può essere risanata;

f) l'accettazione dell'esperto nominato ai sensi dell'articolo 13, commi 6, 7 e 8, con il relativo indirizzo di posta elettronica certificata.

3. Il tribunale, entro dieci giorni dal deposito del ricorso, fissa, con decreto, l'udienza, da tenersi preferibilmente con sistemi di videoconferenza. Il ricorso, unitamente al decreto, è notificato dal ricorrente, anche all'esperto, con le modalità indicate dal tribunale che prescrive, ai sensi dell'articolo 151 del codice di procedura civile, le forme di notificazione opportune per garantire la celerità del procedimento. Il tribunale, se verifica che il ricorso non è stato depositato nel termine previsto dal comma 1, dichiara con decreto motivato l'inefficacia delle misure protettive senza fissare l'udienza prevista dal primo periodo. Gli effetti protettivi prodotti ai sensi dell'articolo 18, comma 1, cessano altresì se, nel termine di cui al primo periodo, il giudice non provvede alla fissazione dell'udienza. Nei casi previsti dal terzo e quarto periodo la domanda può essere riproposta.

4. All'udienza il tribunale, sentite le parti e chiamato l'esperto a esprimere il proprio parere sulla funzionalità delle misure richieste ad assicurare il buon esito delle trattative, omessa ogni formalità non essenziale al contraddittorio, nomina, se occorre, un ausiliario ai sensi dell'articolo 68 del codice di procedura civile e procede agli atti di istruzione indispensabili in relazione ai provvedimenti cautelari richiesti ai sensi del comma 1 e ai provvedimenti di conferma, revoca o modifica delle misure protettive. Il tribunale può assumere informa-

zioni dai creditori indicati nell'elenco di cui al comma 2, lettera *c*). Se le misure protettive o i provvedimenti cautelari richiesti incidono sui diritti dei terzi, devono essere sentiti. Il tribunale provvede con ordinanza con la quale stabilisce la durata, non inferiore a trenta e non superiore a centoventi giorni, delle misure protettive e, se occorre, dei provvedimenti cautelari disposti, tenendo conto delle misure eventualmente già concesse ai sensi dell'articolo 54, comma 1. Sentito l'esperto, il tribunale può limitare le misure a determinate iniziative intraprese dai creditori a tutela dei propri diritti o a determinati creditori o categorie di creditori.

5. Il giudice che ha emesso i provvedimenti di cui al comma 4, su istanza delle parti e acquisito il parere dell'esperto, può prorogare la durata delle misure disposte per il tempo necessario ad assicurare il buon esito delle trattative. La proroga non è concessa se il centro degli interessi principali dell'impresa è stato trasferito da un altro Stato membro nei tre mesi precedenti alla formulazione della richiesta di cui all'articolo 18, comma 1. La durata complessiva delle misure non può superare i duecentoquaranta giorni.

6. Su istanza dell'imprenditore, di uno o più creditori o su segnalazione dell'esperto, il giudice che ha emesso i provvedimenti di cui al comma 4 può, in qualunque momento, sentite le parti interessate, e in ogni caso a seguito dell'archiviazione dell'istanza ai sensi dell'articolo 17, commi 5 e 8, revocare le misure protettive e cautelari, o abbreviarne la durata, quando esse non soddisfano l'obiettivo di assicurare il buon esito delle trattative o appaiono sproporzionate rispetto al pregiudizio arrecato ai creditori istanti.

7. I procedimenti disciplinati dal presente articolo si svolgono nella forma prevista dagli articoli 669-*bis* e seguenti del codice di procedura civile e il tribunale provvede in composizione monocratica con ordinanza comunicata dalla cancelleria al registro delle imprese entro il giorno successivo. Non si applicano l'articolo 669-*octies*, primo, secondo e terzo comma, e l'articolo 669-*novies*, primo comma, del codice di procedura civile. Contro l'ordinanza è ammesso reclamo ai sensi dell'articolo 669-*terdecies* del codice di procedura civile.

8. In caso di revoca o cessazione delle misure protettive, il divieto di acquisire diritti di prelazione se non concordati con l'imprenditore viene meno a far data dalla revoca o dalla cessazione delle misure protettive.

20. ***Sospensione di obblighi e di cause di scioglimento di cui agli articoli 2446, 2447, 2482-bis, 2482-ter, 2484 e 2545-duodecies del codice civile.*** — 1. Con l'istanza di nomina dell'esperto, o con dichiarazione successivamente presentata con le modalità di cui all'articolo 17, comma 1, l'imprenditore può dichiarare che, sino alla conclusione delle trattative o all'archiviazione dell'istanza di composizione negoziata, non si applicano nei suoi confronti gli articoli 2446, secondo e terzo comma, 2447, 2482-*bis*, quarto, quinto e sesto comma, e 2482-*ter* del codice civile e non si verifica la causa di scioglimento della società per riduzione o perdita del capitale sociale di cui agli articoli 2484, primo comma, numero 4), e 2545-*duodecies* del codice civile. A tal fine, l'istanza o la dichiarazione sono pubblicate nel registro delle imprese e gli effetti di cui al primo periodo decorrono dalla pubblicazione.

2. Se l'imprenditore ha chiesto anche l'applicazione di misure protettive del patrimonio ai sensi degli articoli 18 e 19, la sospensione degli obblighi e delle cause di scioglimento prevista nel comma 1 cessa a partire dalla pubblicazione nel registro delle imprese del provvedimento con il quale il tribunale dichiara l'inefficacia delle misure richieste, ai sensi dell'articolo 19, comma 3, o ne dispone la revoca.

21. ***Gestione dell'impresa in pendenza delle trattative.*** — 1. Nel corso delle trattative l'imprenditore conserva la gestione ordinaria e straordinaria dell'impresa. L'imprenditore in stato di crisi gestisce l'impresa in modo da evitare pregiudizio alla sostenibilità economico-finanziaria dell'attività. Quando, nel corso della composizione negoziata, risulta che l'imprenditore è insolvente ma esistono concrete prospettive di risanamento, lo stesso gestisce l'impresa nel prevalente interesse dei creditori. Restano ferme le responsabilità dell'imprenditore.

2. L'imprenditore informa preventivamente l'esperto, per iscritto, del compimento di atti di straordinaria amministrazione nonché dell'esecuzione di pagamenti che non sono coerenti rispetto alle trattative o alle prospettive di risanamento.

3. L'esperto, quando ritiene che l'atto può arrecare pregiudizio ai creditori, alle trattative o alle prospettive di risanamento, lo segnala per iscritto all'imprenditore e all'organo di controllo.

4. Se, nonostante la segnalazione, l'atto viene compiuto, l'imprenditore ne informa immediatamente l'esperto il quale, nei successivi dieci giorni, può iscrivere il proprio dissenso nel registro delle imprese. Quando l'atto compiuto pregiudica gli interessi dei creditori, l'iscrizione è obbligatoria.

5. Quando sono state concesse misure protettive o cautelari l'esperto, iscritto il proprio dissenso nel registro delle imprese, procede alla segnalazione di cui all'articolo 19, comma 6.

22. ***Autorizzazioni del tribunale.*** — 1. Su richiesta dell'imprenditore il tribunale, verificata la funzionalità degli atti rispetto alla continuità aziendale e alla migliore soddisfazione dei creditori, può:

a) autorizzare l'imprenditore a contrarre finanziamenti prededucibili ai sensi dell'articolo 6;

b) autorizzare l'imprenditore a contrarre finanziamenti dai soci prededucibili ai sensi dell'articolo 6;

c) autorizzare una o più società appartenenti ad un gruppo di imprese di cui all'articolo 25 a contrarre finanziamenti prededucibili ai sensi dell'articolo 6;

d) autorizzare l'imprenditore a trasferire in qualunque forma l'azienda o uno o più suoi rami senza gli effetti di cui all'articolo 2560, secondo comma, del codice civile, dettando le misure ritenute opportune, tenuto conto delle istanze delle parti interessate al fine di tutelare gli interessi coinvolti; resta fermo l'articolo 2112 del codice civile. Il tribunale verifica altresì il rispetto del principio di competitività nella selezione dell'acquirente.

2. Il procedimento di cui al comma 1 si svolge innanzi al tribunale competente ai sensi dell'articolo 27 che, sentite le parti interessate e assunte le informazioni necessarie, provvedendo, ove occorre, ai sensi dell'articolo 68 del codice di procedura civile, decide in composizione monocratica. Si applicano, in quanto compatibili, gli articoli 737 e seguenti del codice di procedura civile. Il reclamo si propone al tribunale e del collegio non può far parte il giudice che ha pronunciato il provvedimento.

23. ***Conclusione delle trattative.*** — 1. Quando è individuata una soluzione idonea al superamento della situazione di cui all'articolo 12, comma 1, le parti possono, alternativamente:

a) concludere un contratto, con uno o più creditori, che produce gli effetti di cui all'articolo 25-bis, comma 1, se, secondo la relazione dell'esperto di cui all'articolo 17, comma 8, è idoneo ad assicurare la continuità aziendale per un periodo non inferiore a due anni;

b) concludere la convenzione di moratoria di cui all'articolo 62;

c) concludere un accordo sottoscritto dall'imprenditore, dai creditori e dall'esperto che produce gli effetti di cui agli articoli 166, comma 3, lettera d), e 324. Con la sottoscrizione dell'accordo l'esperto dà atto che il piano di risanamento appare coerente con la regolazione della crisi o dell'insolvenza.

2. Se all'esito delle trattative non è individuata una soluzione tra quelle di cui al comma 1, l'imprenditore può, in alternativa:

a) predisporre il piano attestato di risanamento di cui all'articolo 56;

b) domandare l'omologazione di un accordo di ristrutturazione dei debiti ai sensi degli articoli 57, 60 e 61. La percentuale di cui all'articolo 61, comma 2, lettera *c*), è ridotta al 60 per cento se il raggiungimento dell'accordo risulta dalla relazione finale dell'esperto;

c) proporre la domanda di concordato semplificato per la liquidazione del patrimonio di cui all'articolo 25-*sexies*;

d) accedere ad uno degli strumenti di regolazione della crisi e dell'insolvenza disciplinati dal presente codice, dal decreto legislativo 8 luglio 1999, n. 270 o dal decreto-legge 23 dicembre 2003, n. 347, convertito, con modificazioni, dalla legge 18 febbraio 2004, n. 39. L'imprenditore agricolo può accedere agli strumenti di cui all'articolo 25-*quater*, comma 4.

24. ***Conservazione degli effetti.*** — 1. Gli atti autorizzati dal tribunale ai sensi dell'articolo 22 conservano i propri effetti se successivamente intervengono un accordo di ristrutturazione dei debiti omologato, un concordato preventivo omologato, un piano di ristrutturazione proposto ai sensi dell'articolo 64-*bis* omologato, l'apertura della liquidazione giudiziale, la liquidazione coatta amministrativa, l'amministrazione straordinaria o il concordato semplificato per la liquidazione del patrimonio di cui all'articolo 25-*sexies* omologato.

2. Non sono soggetti all'azione revocatoria di cui all'articolo 166, comma 2, gli atti, i pagamenti e le garanzie posti in essere dall'imprenditore nel periodo successivo alla accettazione dell'incarico da parte dell'esperto, purché coerenti con l'andamento e lo stato delle trattative e con le prospettive di risanamento esistenti al momento in cui sono stati compiuti.

3. Gli atti di straordinaria amministrazione e i pagamenti effettuati nel periodo successivo alla accettazione dell'incarico da parte dell'esperto sono in ogni caso soggetti alle azioni di cui agli articoli 165 e 166 se, in relazione ad essi, l'esperto ha iscritto il proprio dissenso nel registro delle imprese ai sensi dell'articolo 21, comma 4, o se il tribunale ha rigettato la richiesta di autorizzazione presentata ai sensi dell'articolo 22.

4. Nelle ipotesi disciplinate dai commi 1, 2 e 3 resta ferma la responsabilità dell'imprenditore per gli atti compiuti.

5. Le disposizioni di cui agli articoli 322, comma 3, e 323 non si applicano ai pagamenti e alle operazioni compiuti nel periodo successivo alla accettazione dell'incarico da parte dell'esperto in coerenza con l'andamento delle trattative e nella prospettiva di risanamento dell'impresa valutata dall'esperto ai sensi dell'articolo 17, comma 5, purché non siano state effettuate le iscrizioni previste dall'articolo 21, comma 4. Le disposizioni di cui al primo periodo non si applicano inoltre ai pagamenti e alle operazioni autorizzati dal tribunale a norma dell'articolo 22.

25. ***Conduzione delle trattative in caso di gruppo di imprese.*** — 1. Più imprese che si trovano nelle condizioni indicate nell'articolo 12, comma 1, appartenenti al medesimo gruppo e che hanno, ciascuna, il proprio centro degli interessi principali nel territorio dello Stato possono chiedere al segretario generale della camera di commercio la nomina dell'esperto indipendente di cui all'articolo 12, comma 2. La nomina avviene con le modalità di cui all'articolo 13.

2. L'istanza è presentata alla camera di commercio ove è iscritta la società o l'ente, avente il proprio centro degli interessi principali nel territorio dello Stato, che, in base alla pubblicità prevista dall'articolo 2497-*bis* del codice civile, esercita l'attività di direzione e coordinamento oppure, in mancanza, l'impresa avente il proprio centro degli interessi principali nel territorio dello Stato che presenta la maggiore esposizione debitoria, costituita dalla voce D del passivo nello stato patrimoniale prevista dall'articolo 2424 del codice civile in base all'ultimo bilancio approvato e inserito nella piattaforma telematica ai sensi del comma 4.

3. L'imprenditore inserisce nella piattaforma telematica di cui all'articolo 13, oltre alla documentazione indicata nell'articolo 17, comma 3, una relazione contenente informazioni analitiche sulla struttura del gruppo e sui vincoli partecipativi o contrattuali, l'indicazione del registro delle imprese o dei registri delle imprese in cui è stata effettuata la pubblicità ai sensi dell'articolo 2497-*bis* del codice civile e il bilancio consolidato di gruppo, ove redatto.

4. Le misure protettive e cautelari di cui agli articoli 18 e 19 sono adottate dal tribunale competente ai sensi dell'articolo 27 rispetto alla società o all'ente che, in base alla pubblicità prevista dall'articolo 2497-*bis* del codice civile, esercita l'attività di direzione e coordinamento oppure, in mancanza, rispetto all'impresa che presenta la maggiore esposizione debitoria come definita nel comma 2.

5. L'esperto assolve ai compiti di cui all'articolo 12, comma 2, in modo unitario per tutte le imprese che hanno presentato l'istanza, salvo che lo svolgimento congiunto non renda eccessivamente gravose le trattative. In tal caso può svolgere le trattative per singole imprese.

6. Le imprese partecipanti al gruppo che non si trovano nelle condizioni indicate nell'articolo 12, comma 1, possono, anche su invito dell'esperto, partecipare alle trattative.

7. Quando le imprese appartenenti ad un medesimo gruppo presentano più istanze ai sensi dell'articolo 12, comma 1, e gli esperti nominati, sentiti i richiedenti e i creditori, propongono che la composizione negoziata si svolga in modo unitario oppure per più imprese appositamente individuate, la composizione prosegue con l'esperto designato di comune accordo fra quelli nominati. In difetto di designazione, la composizione prosegue con l'esperto nominato a seguito della prima istanza presentata.

8. I finanziamenti eseguiti in favore di società controllate oppure sottoposte a comune controllo, in qualsiasi forma pattuiti dopo la presentazione dell'istanza di cui all'articolo 17, sono esclusi dalla postergazione di cui agli articoli 2467 e 2497-*quinquies* del codice civile, sempre che l'imprenditore abbia informato preventivamente l'esperto ai sensi dell'articolo 21, comma 2, e che l'esperto, dopo avere segnalato che l'operazione può arrecare pregiudizio ai creditori, non abbia iscritto il proprio dissenso nel registro delle imprese, ai sensi dell'articolo 21, comma 4.

9. Al termine delle trattative, le imprese del gruppo possono stipulare, in via unitaria, uno dei contratti, convenzioni o accordi, di cui all'articolo 23, comma 1, ovvero accedere, separatamente o in via unitaria, alle soluzioni di cui all'articolo 23.

25-*bis*. *Misure premiali.* — 1. Dall'accettazione dell'incarico da parte dell'esperto e sino alla conclusione delle trattative con una delle soluzioni previste dall'articolo 23, commi 1 e 2, lettera *b*), gli interessi che maturano sui debiti tributari dell'imprenditore sono ridotti alla misura legale.

2. Le sanzioni tributarie per le quali è prevista l'applicazione in misura ridotta in caso di pagamento entro un determinato termine dalla comunicazione dell'ufficio che le irroga, sono ridotte alla misura minima se il termine per il pagamento scade dopo la presentazione della istanza di cui all'articolo 17.

3. Le sanzioni e gli interessi sui debiti tributari sorti prima del deposito dell'istanza di cui all'articolo 17 e oggetto della composizione negoziata sono ridotti della metà nelle ipotesi previste dall'articolo 23, comma 2.

4. In caso di pubblicazione nel registro delle imprese del contratto di cui all'articolo 23, comma 1, lettera *a*), e dell'accordo di cui all'articolo 23, comma 1, lettera c), l'Agenzia delle entrate concede all'imprenditore che lo richiede, con istanza sottoscritta anche dall'esperto, un piano di rateazione fino ad un massimo di settantadue rate mensili delle somme dovute e non versate a titolo di imposte sul reddito, ritenute alla fonte operate in qualità di sostituto d'imposta, imposta sul valore aggiunto e imposta regionale sulle attività produttive non ancora iscritte a ruolo, e relativi accessori. Si applicano, in quanto compatibili, le disposizioni di cui all'articolo 19 del decreto del Presidente della Repubblica 29 settembre 1973, n. 602. La sottoscrizione dell'esperto costituisce prova dell'esistenza della temporanea situazione di obiettiva difficoltà. L'imprenditore decade automaticamente dal beneficio della rateazione anche in caso di successivo deposito di ricorso ai sensi dell'articolo 40 o in caso di apertura della procedura di liquidazione giudiziale o della liquidazione controllata o di accertamento dello stato di insolvenza oppure in caso di mancato pagamento anche di una sola rata alla sua scadenza.

5. Dalla pubblicazione nel registro delle imprese del contratto e dell'accordo di cui all'articolo 23, comma 1, lettere *a*) e *c*), o degli accordi di cui all'articolo 23, comma 2, lettera *b*), si applicano gli articoli 88, comma 4-*ter*, e 101, comma 5, del testo unico delle imposte sui redditi, di cui al decreto del Presidente della Repubblica 22 dicembre 1986, n. 917.

6. Nel caso di successiva apertura della procedura di liquidazione giudiziale o di liquidazione controllata o nel caso di accertamento dello stato di insolvenza, gli interessi e le sanzioni sono dovuti senza le riduzioni di cui ai commi 1 e 2.

25-*ter*. *Compenso dell'esperto.*[1] — 1. Il compenso dell'esperto è determinato, tenuto conto dell'opera prestata, della sua complessità, del contributo dato nella negoziazione e della sollecitudine con cui sono state condotte le trattative, in percentuale sull'ammontare dell'attivo dell'impresa debitrice secondo i seguenti scaglioni:

a) fino a euro 100.000,00, dal 4,00 al 6,00 per cento;

b) da euro 100.000,01 e fino a euro 500.000,00, dall'1,00 all'1,50 per cento;

c) da euro 500.000,01 e fino a euro 1.000.000,00, dallo 0,50 allo 0,80 per cento;

d) da euro 1.000.000,01 e fino a euro 2.500.000,00, dallo 0,25 allo 0,43 per cento;

e) da euro 2.500.000,01 e fino a euro 50.000.000,00, dallo 0,05 allo 0,10 per cento;

f) da euro 50.000.000,01 e fino a euro 400.000.000,00, dallo 0,010 allo 0,025 per cento;

g) da euro 400.000.000,01 e fino a euro 1.300.000.000,00, dallo 0,002 allo 0,008 per cento;

h) sulle somme eccedenti euro 1.300.000.000,00, dallo 0,005 allo 0,002 per cento.

2. In caso di composizione negoziata condotta ai sensi dell'articolo 25 in modo unitario per tutte o alcune delle imprese che hanno presentato l'istanza di cui all'articolo 17, il compenso dell'esperto designato è determinato esclusivamente tenendo conto della percentuale sull'ammontare dell'attivo di ciascuna impresa istante partecipante al gruppo.

3. Il compenso complessivo non può essere, in ogni caso, inferiore a euro 4.000,00 e superiore a euro 400.000,00.

4. L'importo di cui al comma 1 è rideterminato, fermi i limiti di cui al comma 3, come di seguito indicato:

a) se il numero dei creditori e delle parti interessate che partecipano alle trattative è compreso tra ventuno e cinquanta, il compenso è aumentato del 25 per cento;

b) se il numero dei creditori e delle parti interessate che partecipano alle trattative è superiore a cinquanta, il compenso è aumentato del 35 per cento;

c) se il numero dei creditori e delle parti interessate che partecipano alle trattative non è superiore a cinque, il compenso è ridotto del 40 per cento;

d) in caso di vendita del complesso aziendale o di individuazione di un acquirente da parte dell'esperto, il compenso è aumentato del 10 per cento.

5. I lavoratori e le rappresentanze sindacali non sono considerati nel numero dei creditori e delle altre parti interessate ai fini del riconoscimento degli aumenti di cui al comma 4, lettere *a*) e *b*); all'esperto comunque spetta il compenso di euro 100,00 per ogni ora di presenza risultante dai rapporti redatti ai sensi dell'articolo 4, comma 3, quinto periodo.

6. Il compenso è aumentato del 100 per cento in tutti i casi in cui, anche successivamente alla redazione della relazione finale di cui all'articolo 17, comma 8, si concludono il contratto, la convenzione o gli accordi di cui all'articolo 23, commi 1 e 2, lettera *b*).

7. Se l'esperto sottoscrive l'accordo di cui all'articolo 23, comma 1, lettera *c*), gli spetta un ulteriore incremento del 10 per cento sul compenso determinato ai sensi del comma 6.

8. In deroga a quanto previsto dal comma 3, il compenso è liquidato in euro 500,00 quando l'imprenditore non compare davanti all'esperto oppure quando è disposta l'archiviazione subito dopo il primo incontro.

9. Le percentuali di cui al comma 1 sono calcolate sulla media dell'attivo risultante dagli ultimi tre bilanci o, in mancanza, sull'attivo risultante dalla situazione patrimoniale e finanziaria depositata ai sensi dell'articolo 17, comma 3, lettera *a*). Se l'attività è iniziata da meno di tre anni, la media è calcolata sui bilanci depositati dal suo inizio.

10. All'esperto è dovuto il rimborso delle spese necessarie per l'adempimento dell'incarico, purché accompagnate dalla corrispondente documentazione. Non sono rimborsati gli esborsi sostenuti per la remunerazione dei soggetti dei quali l'esperto si è avvalso ai sensi dell'articolo 16, comma 2.

11. In mancanza di accordo tra le parti, il compenso è liquidato dalla commissione di cui all'articolo 13, comma 6, ed è a carico dell'imprenditore. Il provvedimento costituisce prova scritta idonea a norma dell'articolo 633, primo comma, numero 1), del codice di procedura civile nonché titolo per la concessione dell'esecuzione provvisoria ai sensi dell'articolo 642 del codice di procedura civile.

12. Il compenso dell'esperto è prededucibile ai sensi dell'articolo 6.

13. Dopo almeno sessanta giorni dall'accettazione dell'incarico, su richiesta dell'esperto, può essere disposto in suo favore un acconto in misura non superiore ad un terzo del presumibile compenso finale, tenendo conto dei risultati ottenuti e dell'attività prestata.

[1] Ai sensi dell'art. 50, D.lgs. 17 giu. 2022, n. 83, «Le disposizioni previste dall'articolo 25-*ter* del decreto legislativo 12 gennaio 2019, n. 14, si applicano alle liquidazioni disposte successivamente all'entrata in vigore del presente decreto, anche relative all'attività svolta dall'esperto nell'ambito della composizione negoziata prevista dal decreto-legge 24 agosto 2021, n. 118, convertito, con modificazioni, dalla legge 21 ottobre 2021, n. 147.».

25-*quater*. *Imprese sotto soglia.* — 1. L'imprenditore commerciale e agricolo, che presenta congiuntamente i requisiti di cui all'articolo 2, comma 1, lettera *d*) e che si trova in condizioni di squilibrio patrimoniale o economico-finanziario che ne rendono probabile la crisi o l'insolvenza, può chiedere la nomina dell'esperto indipendente quando risulta ragionevolmente perseguibile il risanamento dell'impresa.

2. L'istanza è presentata al segretario generale della camera di commercio nel cui ambito territoriale si trova la sede legale dell'impresa unitamente ai documenti di cui all'articolo 17, comma 3, lettere *a*), *c*), *d*), *e*), *f*), *g*) e *h*), e nelle forme previste dall'articolo 17, comma 1. La dichiarazione di cui all'articolo 17, comma 3, lettera d), riguarda la pendenza di una procedura di liquidazione controllata e contiene l'attestazione di non avere depositato ricorso ai sensi dell'articolo 74 e, per le imprese agricole, anche ai sensi dell'articolo 57. La nomina dell'esperto avviene ad opera del segretario generale al quale è presentata l'istanza.

3. Se all'esito delle trattative è individuata una soluzione idonea al superamento della situazione di cui al comma 1, le parti possono, alternativamente:

a) concludere un contratto privo di effetti nei confronti dei terzi e idoneo ad assicurare la continuità aziendale;

b) concludere un accordo avente il contenuto dell'articolo 62;

c) concludere un accordo sottoscritto dall'imprenditore, dai creditori e dall'esperto, idoneo a produrre gli effetti di cui all'articolo 25-*bis*, comma 5. Con la sottoscrizione dell'accordo l'esperto dà atto che il piano di risanamento appare coerente con la regolazione della crisi o dell'insolvenza.

4. Se all'esito delle trattative non è possibile raggiungere l'accordo, l'imprenditore può:

a) proporre la domanda di concordato minore di cui all'articolo 74;

b) chiedere la liquidazione controllata dei beni ai sensi dell'articolo 268;

c) proporre la domanda di concordato semplificato per la liquidazione del patrimonio di cui all'articolo 25-*sexies*;

d) per la sola impresa agricola, domandare l'omologazione di un accordo di ristrutturazione dei debiti ai sensi degli articoli 57, 60 e 61.

5. Si applicano, per quanto non specificamente previsto dalle disposizioni del presente articolo, gli articoli 12, 13, commi 1,2, 3, 4, 5 e 9, 14, 15, 16, 17, commi 1, 2, 4, 5, 6, 7, 8, 9 e 10, 18, 19, 20, 21, 22, 24, commi 3 e 4, 25, 25-bis, 25-*ter*, 25-*quinquies*, 25-*sexies*, 25-*septies* e 25-*octies*, in quanto compatibili.

6. Gli atti autorizzati dal tribunale ai sensi dell'articolo 22 conservano i propri effetti se successivamente intervengono un accordo di ristrutturazione dei debiti omologato, un concordato minore omologato, l'apertura della liquidazione controllata o il concordato semplificato per la liquidazione del patrimonio di cui all'articolo 25-*sexies* omologato.

7. Il compenso dell'esperto è liquidato, ai sensi dell'articolo 25-*ter*, dal responsabile dell'organismo di composizione della crisi o dal segretario generale della camera di commercio che lo ha nominato.

25-*quinquies*. *Limiti di accesso alla composizione negoziata.* — 1. L'istanza di cui all'articolo 17, non può essere presentata dall'imprenditore in pendenza del procedimento introdotto con ricorso depositato ai sensi dell'articolo 40, anche nelle ipotesi di cui agli articoli 44, comma 1, lettera *a*), 54, comma 3, e 74. L'istanza non può essere altresì presentata nel caso in cui l'imprenditore, nei quattro mesi precedenti l'istanza medesima, abbia rinunciato alle domande indicate nel primo periodo.[1]

[1] Ai sensi dell'art. 50, D.lgs. 17 giu. 2022, n. 83, «La disposizione di cui all'articolo 25-quinquies, comma 1, secondo periodo, del decreto legislativo 12 gennaio 2019, n. 14, non si applica nel caso in cui la rinuncia alle domande di cui al primo periodo del medesimo comma 1 sia intervenuta prima dell'entrata in vigore del presente decreto.».

CAPO II
Concordato semplificato per la liquidazione del patrimonio all'esito della composizione negoziata

25-*sexies*. *Concordato semplificato per la liquidazione del patrimonio.* — 1. Quando l'esperto nella relazione finale dichiara che le trattative si sono svolte secondo correttezza e buona fede, che non hanno avuto esito positivo e che le soluzioni individuate ai sensi dell'articolo 23, commi 1 e 2, lettera *b*) non sono praticabili, l'imprenditore può presentare, nei sessanta giorni successivi alla comunicazione di cui all'articolo 17, comma 8, una proposta di concordato per cessione dei beni unitamente al piano di liquidazione e ai documenti indicati nell'articolo 39. La proposta può prevedere la suddivisione dei creditori in classi.

2. L'imprenditore chiede l'omologazione del concordato con ricorso presentato al tribunale del luogo in cui l'impresa ha il proprio centro degli interessi principali. Il ricorso è comunicato al pubblico ministero e pubblicato, a cura del cancelliere, nel registro delle imprese entro il giorno successivo alla data del deposito in cancelleria. Dalla data della pubblicazione del ricorso si producono gli effetti di cui agli articoli 6, 46, 94 e 96.

3. Il tribunale, valutata la ritualità della proposta, acquisiti la relazione finale di cui al comma 1 e il parere dell'esperto con specifico riferimento ai presumibili risultati della liquidazione e alle garanzie offerte, nomina un ausiliario ai sensi dell'articolo 68 del codice di procedura civile, assegnando allo stesso un termine per il deposito del parere di cui al comma 4. L'ausiliario fa pervenire l'accettazione dell'incarico entro tre giorni dalla comunicazione. All'ausiliario si applicano le disposizioni di cui agli articoli 35, comma 4-*bis*, e 35.1 del codice

delle leggi antimafia e delle misure di prevenzione, di cui al decreto legislativo 6 settembre 2011, n. 159. Si osservano altresì le disposizioni di cui all'articolo 35.2 del citato decreto legislativo n. 159 del 2011.

4. Con il medesimo decreto il tribunale ordina che la proposta, unitamente al parere dell'ausiliario e alla relazione finale e al parere dell'esperto, sia comunicata a cura del debitore ai creditori risultanti dall'elenco depositato ai sensi dell'articolo 39, comma 1, ove possibile a mezzo posta elettronica certificata o, in mancanza, a mezzo di raccomandata con avviso di ricevimento, specificando dove possono essere reperiti i dati per la sua valutazione e fissa l'udienza per l'omologazione. Tra la scadenza del termine concesso all'ausiliario ai sensi del comma 3 e l'udienza di omologazione devono decorrere non meno di quarantacinque giorni. I creditori e qualsiasi interessato possono proporre opposizione all'omologazione costituendosi nel termine perentorio di dieci giorni prima dell'udienza fissata.

5. Il tribunale, assunti i mezzi istruttori richiesti dalle parti o disposti d'ufficio, omologa il concordato quando, verificata la regolarità del contraddittorio e del procedimento, nonché il rispetto dell'ordine delle cause di prelazione e la fattibilità del piano di liquidazione, rileva che la proposta non arreca pregiudizio ai creditori rispetto all'alternativa della liquidazione giudiziale e comunque assicura un'utilità a ciascun creditore.

6. Il tribunale provvede con decreto motivato, immediatamente esecutivo. Il decreto, pubblicato a norma dell'articolo 45 è comunicato dalla cancelleria alle parti che, nei successivi trenta giorni, possono proporre reclamo alla corte di appello ai sensi dell'articolo 247.

7. Contro il decreto della corte d'appello può essere proposto ricorso per cassazione entro trenta giorni dalla comunicazione.

8. Si applicano, in quanto compatibili, le disposizioni di cui agli articoli 106, 117, 118, 119, 324 e 341, sostituita la figura del commissario giudiziale con quella dell'ausiliario. Ai fini di cui all'articolo 106, il decreto di cui al comma 4 equivale all'ammissione al concordato.

25-*septies*. *Disciplina della liquidazione del patrimonio.* — 1. Il tribunale nomina, con il decreto di omologazione, un liquidatore. Si applicano, in quanto compatibili, le disposizioni di cui all'articolo 114.

2. Quando il piano di liquidazione di cui all'articolo 25-*sexies* comprende un'offerta da parte di un soggetto individuato avente ad oggetto il trasferimento in suo favore dell'azienda o di uno o più rami d'azienda o di specifici beni, il liquidatore giudiziale, verificata l'assenza di soluzioni migliori sul mercato, dà esecuzione all'offerta e alla vendita si applicano gli articoli da 2919 a 2929 del codice civile.

3. Quando il piano di liquidazione prevede che il trasferimento debba essere eseguito prima della omologazione, all'offerta dà esecuzione l'ausiliario, verificata l'assenza di soluzioni migliori sul mercato, con le modalità di cui al comma 2, previa autorizzazione del tribunale.

CAPO III
Segnalazioni per la anticipata emersione della crisi e programma informatico di verifica della sostenibilità del debito e di elaborazione di piani di rateizzazione

25-*octies*. *Segnalazione dell'organo di controllo.* — 1. L'organo di controllo societario segnala, per iscritto, all'organo amministrativo la sussistenza dei presupposti per la presentazione dell'istanza di cui all'articolo 17. La segnalazione è motivata, è trasmessa con mezzi che assicurano la prova dell'avvenuta ricezione e contiene la fissazione di un congruo termine, non superiore a trenta giorni, entro il quale l'organo amministrativo deve riferire in ordine alle iniziative intraprese. In pendenza delle trattative, rimane fermo il dovere di vigilanza di cui all'articolo 2403 del codice civile.

2. La tempestiva segnalazione all'organo amministrativo ai sensi del comma 1 e la vigilanza sull'andamento delle trattative sono valutate ai fini della responsabilità prevista dall'articolo 2407 del codice civile.

25-*novies*. *Segnalazioni dei creditori pubblici qualificati.* — 1. L'Istituto nazionale della previdenza sociale, l'Istituto nazionale per l'assicurazione contro gli infortuni sul lavoro, l'Agenzia delle entrate e l'Agenzia delle entrate-Riscossione segnalano all'imprenditore e, ove esistente, all'organo di controllo, nella persona del presidente del collegio sindacale in caso di organo collegiale, a mezzo di posta elettronica certificata o, in mancanza, mediante raccomandata con avviso di ricevimento inviata all'indirizzo risultante dall'anagrafe tributaria:

a) per l'Istituto nazionale della previdenza sociale, il ritardo di oltre novanta giorni nel versamento di contributi previdenziali di ammontare superiore:

1) per le imprese con lavoratori subordinati e parasubordinati, al 30 per cento di quelli dovuti nell'anno precedente e all'importo di euro 15.000;

2) per le imprese senza lavoratori subordinati e parasubordinati, all'importo di euro 5.000;

b) per l'Istituto nazionale per l'assicurazione contro gli infortuni sul lavoro, l'esistenza di un debito per premi assicurativi scaduto da oltre novanta giorni e non versato superiore all'importo di euro 5.000;

c) per l'Agenzia delle entrate, l'esistenza di un debito scaduto e non versato relativo all'imposta sul valore aggiunto, risultante dalla comunicazione dei dati delle liquidazioni periodiche di cui all'articolo 21-*bis* del decreto-legge 31 maggio 2010, n. 78, convertito, con modificazioni, dalla legge 30 luglio 2010, n. 122, di importo superiore a euro 5.000 e, comunque, non inferiore al 10 per cento dell'ammontare del volume d'affari risultante dalla dichiarazione relativa all'anno d'imposta precedente; la segnalazione è in ogni caso inviata se il debito è superiore all'importo di euro 20.000;[1]

d) per l'Agenzia delle entrate-Riscossione, l'esistenza di crediti affidati per la riscossione, autodichiarati o definitivamente accertati e scaduti da oltre novanta giorni, superiori, per le imprese individuali, all'importo di euro 100.000, per le società di persone, all'importo di euro 200.000 e, per le altre società, all'importo di euro 500.000.

2. Le segnalazioni di cui al comma 1 sono inviate:

a) dall'Agenzia delle entrate, contestualmente alla comunicazione di irregolarità di cui all'articolo 54-*bis* del decreto del Presidente della Repubblica 26 ottobre 1972, n. 633, e, comunque, non oltre centocinquanta giorni dal termine di presentazione delle comunicazioni di cui all'articolo 21-*bis* del decreto-legge n. 78 del 2010;[1]

b) dall'Istituto nazionale della previdenza sociale, dall'Istituto nazionale per l'assicurazione contro gli infortuni sul lavoro e dall'Agenzia delle entrate-Riscossione, entro sessanta giorni decorrenti dal verificarsi delle condizioni o dal superamento degli importi indicati nel medesimo comma 1.

3. Le segnalazioni di cui al comma 1 contengono l'invito alla presentazione dell'istanza di cui all'articolo 17, comma 1, se ne ricorrono i presupposti.

4. Le disposizioni del presente articolo si applicano:

a) con riferimento all'Istituto nazionale della previdenza sociale e all'Istituto nazionale per l'assicurazione contro gli infortuni sul lavoro, in relazione ai debiti accertati a decorrere dal 1° gennaio 2022, per il primo, e ai debiti accertati a decorrere dall'entrata in vigore del presente decreto per il secondo;

b) con riferimento all'Agenzia delle entrate, in relazione ai debiti risultanti dalle comunicazioni di cui all'articolo 21-*bis* del decreto-legge n. 78 del 2010 a decorrere da quelle relative al secondo trimestre 2022;[1]

c) con riferimento all'Agenzia delle entrate-Riscossione, in relazione ai carichi affidati all'agente della riscossione a decorrere dal 1° luglio 2022.

[1] Lettera così sost. dall'art. 37-*bis*, D.L. 21 giu. 2022, n. 73, conv. con modif. in L. 4 ago. 2022, n. 122.

25-*decies*. *Obblighi di comunicazione per banche e intermediari finanziari.* — 1. Le banche e gli altri intermediari finanziari di cui all'articolo 106 del testo unico bancario, nel momento in cui comunicano al cliente variazioni, revisioni o revoche degli affidamenti, ne danno notizia anche agli organi di controllo societari, se esistenti.

25-*undecies*. *Istituzione di programma informatico di verifica della sostenibilità del debito e per l'elaborazione di piani di rateizzazione automatici.* — 1. Sulla piattaforma di cui all'articolo 13 è disponibile un programma informatico gratuito che elabora i dati necessari per accertare la sostenibilità del debito esistente e che consente all'imprenditore di condurre il test pratico di cui all'articolo 13, comma 2, per la verifica della ragionevole perseguibilità del risanamento.

2. Se l'indebitamento complessivo dell'imprenditore non supera i 30.000 euro e, all'esito dell'elaborazione condotta dal programma di cui al comma 1, tale debito risulta sostenibile, il programma elabora un piano di rateizzazione. L'imprenditore comunica la rateizzazione ai creditori interessati avvertendoli che, se non manifestano il proprio dissenso entro il termine di trenta giorni dalla ricezione della comunicazione, il piano si intenderà approvato e verrà eseguito secondo le modalità e i tempi nello stesso indicati. Sono fatte salve le disposizioni in materia di crediti di lavoro e di riscossione dei crediti fiscali e previdenziali. Restano ferme le responsabilità per l'inserimento nel programma di dati o informazioni non veritieri.

3. Le informazioni e i dati da inserire nel programma informatico, le specifiche tecniche per il suo funzionamento e le modalità di calcolo del tasso di interesse applicabile ai crediti rateizzati sono definiti con decreto non regolamentare del Ministro dello sviluppo economico, di concerto con il Ministro della giustizia e con il Ministro delegato per l'innovazione tecnologica e la transizione digitale, da adottare entro sessanta giorni dalla data di entrata in vigore del presente decreto.

TITOLO III
Strumenti[1] di regolazione della crisi e dell'insolvenza[1]

[1] Parola così sost. dall'art. 7, D.lgs. 17 giu. 2022, n. 83.

CAPO I
Giurisdizione

26. *Giurisdizione italiana.* — 1. L'imprenditore che ha all'estero il centro degli interessi principali può essere ammesso a uno strumento di regolazione della crisi e dell'insolvenza o assoggettato a una procedura di insolvenza nella Repubblica italiana anche se è stata aperta analoga procedura all'estero, quando ha una dipendenza in Italia.[1]

2. Il trasferimento del centro degli interessi principali all'estero non esclude la sussistenza della giurisdizione italiana se è avvenuto nell'anno antecedente il deposito della domanda di accesso a uno strumento di regolazione della crisi e dell'insolvenza o a una procedura di insolvenza.[1]

3. Sono fatte salve le convenzioni internazionali e la normativa dell'Unione europea.

4. Il tribunale, quando apre una procedura di insolvenza transfrontaliera ai sensi del regolamento (UE) 2015/848 del Parlamento europeo e del Consiglio del 20 maggio 2015, dichiara se la procedura è principale, secondaria o territoriale.

[1] Comma così sost. dall'art. 8, D.lgs. 17 giu. 2022, n. 83.

CAPO II
Competenza

27. ***Competenza per materia e per territorio.*** — 1. Per i procedimenti di accesso a uno strumento di regolazione della crisi e dell'insolvenza o a una procedura di insolvenza e le controversie che ne derivano relativi alle imprese in amministrazione straordinaria e ai gruppi di imprese di rilevante dimensione è competente il tribunale sede delle sezioni specializzate in materia di imprese di cui all'articolo 1 del decreto legislativo 27 giugno 2003, n. 168. Il tribunale sede della sezione specializzata in materia di imprese è individuato a norma dell'articolo 4 del decreto legislativo 27 giugno 2003, n. 168, avuto riguardo al luogo in cui il debitore ha il centro degli interessi principali.[1]

2. Per i procedimenti di accesso a uno strumento di regolazione della crisi e dell'insolvenza o a una procedura di insolvenza diversi da quelli di cui al comma 1 e le controversie che ne derivano è competente il tribunale nel cui circondario il debitore ha il centro degli interessi principali.[1]

3. Il centro degli interessi principali del debitore si presume coincidente:

a) per la persona fisica esercente attività d'impresa, con la sede legale risultante dal registro delle imprese o, in mancanza, con la sede effettiva dell'attività abituale;

b) per la persona fisica non esercente attività d'impresa, con la residenza o il domicilio e, se questi sono sconosciuti, con l'ultima dimora nota o, in mancanza, con il luogo di nascita. Se questo non è in Italia, la competenza è del Tribunale di Roma;

c) per la persona giuridica e gli enti, anche non esercenti attività d'impresa, con la sede legale risultante dal registro delle imprese o, in mancanza, con la sede effettiva dell'attività abituale o, se sconosciuta, secondo quanto previsto nella lettera *b*), con riguardo al legale rappresentante.[1]

[1] Comma così modif. dall'art. 9, D.lgs. 17 giu. 2022, n. 83.

28. ***Trasferimento del centro degli interessi principali.*** — 1. Il trasferimento del centro degli interessi principali non rileva ai fini della competenza quando è intervenuto nell'anno antecedente al deposito della domanda di accesso a uno strumento di regolazione della crisi e dell'insolvenza o di apertura della liquidazione giudiziale.

[1] Articolo così sost. dall'art. 9, D.lgs. 17 giu. 2022, n. 83.

29. ***Incompetenza.*** — 1. Il tribunale decide con ordinanza quando dichiara l'incompetenza. L'ordinanza è trasmessa in copia al tribunale dichiarato competente, unitamente agli atti del procedimento.

2. Il tribunale dichiarato competente, se non richiede d'ufficio il regolamento di competenza ai sensi dell'articolo 45 del codice di procedura civile, dispone la prosecuzione del procedimento pendente, dandone comunicazione alle parti.

3. Quando l'incompetenza è dichiarata all'esito del giudizio di cui all'articolo 51, il reclamo, per le questioni diverse dalla competenza, è riassunto, a norma dell'articolo 50 del codice di procedura civile, dinanzi alla corte di appello competente.

30. ***Conflitto positivo di competenza.*** — 1. Quando un procedimento per l'accesso agli strumenti di regolazione della crisi e dell'insolvenza o a una procedura di insolvenza è stato aperto da più tribunali, il procedimento prosegue avanti al tribunale competente che si è pronunciato per primo.[1]

2. Il tribunale che si è pronunciato successivamente, se non richiede d'ufficio il regolamento di competenza ai sensi dell'articolo 45 del codice di procedura civile, dispone la trasmissione degli atti al tribunale che si è pronunziato per primo. Si applica l'articolo 29, in quanto compatibile.

[1] Comma così modif. dall'art. 9, D.lgs. 17 giu. 2022, n. 83.

31. ***Salvezza degli effetti.*** — 1. A seguito del trasferimento del procedimento da un tribunale all'altro restano salvi gli effetti degli atti compiuti nel procedimento davanti al giudice incompetente.

32. ***Competenza sulle azioni che derivano dall'apertura delle procedure di liquidazione.*** — 1. Il tribunale che ha aperto le procedure di liquidazione è competente a conoscere di tutte le azioni che ne derivano, qualunque ne sia il valore.

2. Nei giudizi che derivano dall'apertura delle procedure di liquidazione promossi innanzi al tribunale incompetente, il giudice, anche d'ufficio, assegna alle parti un termine di non oltre trenta giorni per la riassunzione della causa davanti al giudice competente ai sensi dell'articolo 50 del codice di procedura civile e ordina la cancellazione della causa dal ruolo.

CAPO III
Cessazione dell'attività del debitore

33. ***Cessazione dell'attività.*** — 1. La liquidazione giudiziale può essere aperta entro un anno dalla cessazione dell'attività del debitore, se l'insolvenza si è manifestata anteriormente alla medesima o entro l'anno successivo.

2. Per gli imprenditori la cessazione dell'attività coincide con la cancellazione dal registro delle imprese e, se non iscritti, dal momento in cui i terzi hanno conoscenza della cessazione stessa. È obbli-

go dell'imprenditore mantenere attivo l'indirizzo del servizio elettronico di recapito certificato qualificato, o di posta elettronica certificata comunicato all'INI-PEC, per un anno decorrente dalla cancellazione.

3. In caso di impresa individuale o di cancellazione di ufficio degli imprenditori collettivi, è fatta comunque salva la facoltà per il creditore o per il pubblico ministero di dimostrare il momento dell'effettiva cessazione dell'attività da cui decorre il termine del comma 1.

4. La domanda di accesso alla procedura di concordato minore, di concordato preventivo o di omologazione degli accordi di ristrutturazione dei debiti presentata dall'imprenditore cancellato dal registro delle imprese è inammissibile.[1]

[1] Comma così modif. dall'art. 6, D.lgs. 26 ott. 2020, n. 147.

34. ***Apertura della liquidazione giudiziale del debitore defunto.*** — 1. L'apertura della procedura di liquidazione giudiziale nei confronti del debitore defunto può essere dichiarata quando ricorrono le condizioni di cui all'articolo 33.

2. L'erede può chiedere l'apertura della procedura di liquidazione giudiziale nei confronti del debitore defunto, se dimostra di avervi interesse e l'eredità non sia già confusa con il suo patrimonio.

3. L'erede che chiede l'apertura della procedura di liquidazione giudiziale non è soggetto agli obblighi di deposito della documentazione di cui all'articolo 39, salva una relazione sulla situazione economico-patrimoniale aggiornata.

4. Con l'apertura della procedura di liquidazione cessano di diritto gli effetti della separazione dei beni ottenuta dai creditori del defunto a norma del codice civile.

35. ***Morte del debitore.*** — 1. Se il debitore muore dopo l'apertura della procedura di liquidazione controllata o giudiziale, questa prosegue nei confronti degli eredi, anche se hanno accettato con beneficio d'inventario.[1]

2. Se ci sono più eredi, la procedura prosegue nei confronti di quello che è designato come rappresentante. In mancanza di accordo sulla designazione, entro quindici giorni dalla morte del debitore vi provvede il giudice delegato.

[1] Comma così modif. dall'art. 6, D.lgs. 26 ott. 2020, n. 147.

36. ***Eredità giacente e istituzione di erede sotto condizione sospensiva.*** — 1. Nel caso previsto dall'articolo 528 del codice civile, la procedura prosegue nei confronti del curatore dell'eredità giacente e nel caso previsto dall'articolo 641 del codice civile nei confronti dell'amministratore nominato a norma dell'articolo 642 dello stesso codice.

CAPO IV

Accesso agli strumenti di regolazione della crisi e dell'insolvenza e alla liquidazione giudiziale[1]

[1] Rubrica così sost. dall'art. 10, D.lgs. 17 giu. 2022, n. 83.

SEZIONE I

Iniziativa per l'accesso agli strumenti di regolazione della crisi e dell'insolvenza e alla liquidazione giudiziale[1]

[1] Rubrica così sost. dall'art. 11, D.lgs. 17 giu. 2022, n. 83.

37. ***Iniziativa per l'accesso alle procedure di regolazione della crisi o dell'insolvenza.*** — 1. La domanda di accesso agli strumenti di regolazione della crisi e dell'insolvenza è proposta con ricorso del debitore.[1]

2. La domanda di apertura della liquidazione giudiziale è proposta con ricorso del debitore, degli organi e delle autorità amministrative che hanno funzioni di controllo e di vigilanza sull'impresa, di uno o più creditori o del pubblico ministero.

[1] Comma così modif. dall'art. 11, D.lgs. 17 giu. 2022, n. 83.

38. ***Iniziativa del pubblico ministero.***[1] — 1. Il pubblico ministero presenta il ricorso per l'apertura della liquidazione giudiziale in ogni caso in cui ha notizia dell'esistenza di uno stato di insolvenza.

2. L'autorità giudiziaria che rileva l'insolvenza nel corso di un procedimento lo segnala al pubblico ministero.

3. Il pubblico ministero può intervenire in tutti i procedimenti per l'accesso agli strumenti di regolazione della crisi e dell'insolvenza o a una procedura di insolvenza.[2]

4. Il rappresentante del pubblico ministero intervenuto in uno dei procedimenti di cui al comma 3, instaurato dinanzi al tribunale di cui all'articolo 27, può chiedere di partecipare al successivo grado di giudizio quale sostituto del procuratore generale presso la corte di appello. La partecipazione è disposta dal procuratore generale presso la corte di appello qualora lo ritenga opportuno. Gli avvisi spettano in ogni caso al procuratore generale.

[1] Articolo così sost. dall'art. 7, D.lgs. 26 ott. 2020, n. 147.
[2] Comma così modif. dall'art. 11, D.lgs. 17 giu. 2022, n. 83.

39. ***Obblighi del debitore che chiede l'accesso a uno strumento di regolazione della crisi e dell'insolvenza o a una procedura di insolvenza.***[1,2] — 1. Il debitore che chiede l'accesso a uno strumento di regolazione della crisi e dell'insolvenza o a una procedura di insolvenza deposita presso il tribunale le scritture contabili e fiscali obbligatorie, le dichiarazioni dei redditi concernenti i tre esercizi o anni precedenti ovvero l'intera esistenza dell'impresa o dell'attività economica o professionale, se questa ha avuto una minore durata, le dichiarazioni IRAP e le dichiarazioni annuali IVA relative ai medesimi periodi, i bilanci relativi agli ultimi tre esercizi. Deve inoltre depositare, anche in formato digitale, una relazione sulla situazione economica, patrimoniale e finanziaria aggiornata, uno stato particolareggiato ed estimativo delle sue attività, un'idonea certificazione sui debiti fiscali, contributivi e per premi assicurativi, l'elenco nominativo dei creditori e l'indicazione dei rispettivi crediti e delle cause di prelazione nonché l'elenco nominativo di coloro che vantano diritti reali e personali su cose in suo possesso e l'indicazione delle cose stesse e del titolo da cui sorge il diritto. Tali elenchi devono contenere l'indicazione del domicilio digitale dei creditori e dei titolari di diritti reali e personali che ne sono muniti.[3]

2. Il debitore deve depositare una relazione riepilogativa degli atti di straordinaria amministrazione di cui all'articolo 94, comma 2, compiuti nel quinquennio anteriore, anche in formato digitale.

3. Quando la domanda è presentata ai sensi dell'articolo 44, comma 1, lettera *a*), il debitore deposita unitamente alla domanda unicamente i bilanci relativi agli ultimi tre esercizi o, per le imprese non soggette all'obbligo di redazione del bilancio, le dichiarazioni dei redditi e le dichiarazioni IRAP concernenti i tre esercizi precedenti, l'elenco nominativo dei creditori con l'indicazione dei rispettivi crediti e delle cause di prelazione, oltre che con l'indicazione del loro domicilio digitale, se ne sono muniti. L'ulteriore documentazione prevista dai commi 1 e 2 deve essere depositata nel termine assegnato dal tribunale ai sensi dell'articolo 44, comma 1, lettera *a*).[3]

[1] Articolo così sost. dall'art. 7, D.lgs. 26 ott. 2020, n. 147.

[2] Rubrica così modif. dall'art. 11, D.lgs. 17 giu. 2022, n. 83.

[3] Comma così modif. dall'art. 11, D.lgs. 17 giu. 2022, n. 83.

SEZIONE II
Procedimento unitario per l'accesso agli strumenti di regolazione della crisi e dell'insolvenza e alla liquidazione giudiziale[1]

[1] Rubrica così modif. dall'art. 12, D.lgs. 17 giu. 2022, n. 83.

40. ***Domanda di accesso agli strumenti di regolazione della crisi e dell'insolvenza e alla liquidazione giudiziale.*** — 1. Il procedimento per l'accesso agli strumenti di regolazione della crisi e dell'insolvenza e alla liquidazione giudiziale si svolge dinanzi al tribunale in composizione collegiale, con le modalità previste dalla presente sezione.

2. Il ricorso deve indicare l'ufficio giudiziario, l'oggetto, le ragioni della domanda e le conclusioni ed è sottoscritto dal difensore munito di procura. Per le società, la domanda di accesso a uno strumento di regolazione della crisi e dell'insolvenza è approvata e sottoscritta a norma dell'articolo 120-*bis*.

3. La domanda del debitore, entro il giorno successivo al deposito, è comunicata dal cancelliere al registro delle imprese. L'iscrizione è eseguita entro il giorno seguente e quando la domanda contiene la richiesta di misure protettive il conservatore, nell'eseguire l'iscrizione, ne fa espressa menzione. La domanda, unitamente ai documenti allegati, è trasmessa al pubblico ministero.

4. Nel caso di domanda di accesso al giudizio di omologazione di accordi di ristrutturazione, gli accordi, contestualmente al deposito, sono pubblicati nel registro delle imprese e acquistano efficacia dal giorno della pubblicazione. Con il decreto di cui all'articolo 48, comma 4, il tribunale può nominare un commissario giudiziale o confermare quello già nominato ai sensi dell'articolo 44, comma 1, lettera *b*); la nomina del commissario giudiziale è disposta in presenza di istanze per la apertura della procedura di liquidazione giudiziale, quando è necessaria per tutelare gli interessi delle parti istanti.

5. Nel procedimento di liquidazione giudiziale il debitore può stare in giudizio personalmente.

6. In caso di domanda proposta da un creditore, da coloro che hanno funzioni di controllo e di vigilanza sull'impresa o dal pubblico ministero, il ricorso e il decreto di convocazione devono essere notificati, a cura dell'ufficio, all'indirizzo del servizio elettronico di recapito certificato qualificato o di posta elettronica certificata del debitore risultante dal registro delle imprese ovvero dall'Indice nazionale degli indirizzi di posta elettronica certificata (INI-PEC) delle imprese e dei professionisti. L'esito della comunicazione è trasmesso con modalità telematica all'indirizzo di posta elettronica certificata del ricorrente.

7. Quando la notificazione a mezzo di posta elettronica certificata di cui al comma 6 non risulta possibile o non ha esito positivo per causa imputabile al destinatario, il ricorso e il decreto sono notificati senza indugio, a cura della cancelleria, mediante il loro inserimento nell'area web riservata ai sensi dell'articolo 359. La notificazione si ha per eseguita nel terzo giorno successivo a quello in cui è compiuto l'inserimento.

8. Quando la notificazione non risulta possibile o non ha esito positivo, per cause non imputabili al destinatario, la notifica, a cura del ricorrente, si esegue esclusivamente di persona a norma dell'articolo 107, primo comma, del decreto del Presidente della Repubblica 15 dicembre 1959, n. 1229, presso la sede risultante dal registro delle imprese o, per i soggetti non iscritti nel registro delle imprese, presso la residenza. Quando la notificazione non può essere compiuta con queste modalità, si esegue con il deposito dell'atto nella casa comunale della sede che risulta iscritta nel registro delle imprese ovvero presso la residenza per i soggetti non iscritti nel registro delle imprese, e si perfeziona nel momento del deposito stesso. Per le persone fisiche non obbligate a munirsi del domicilio digi-

tale, del deposito è data notizia anche mediante affissione dell'avviso in busta chiusa e sigillata alla porta dell'abitazione o dell'ufficio e per raccomandata con avviso di ricevimento.

9. Nel caso di pendenza di un procedimento di accesso a uno strumento di regolazione della crisi e dell'insolvenza, la domanda di apertura della liquidazione giudiziale è proposta nel medesimo procedimento e fino alla rimessione della causa al collegio per la decisione, con ricorso ai sensi dell'articolo 37, comma 1, e nel rispetto degli obblighi di cui all'articolo 39. Se la domanda di apertura della liquidazione giudiziale è proposta separatamente il tribunale la riunisce, anche d'ufficio, al procedimento pendente.

10. Nel caso di pendenza di un procedimento per la apertura della liquidazione giudiziale introdotto da un soggetto diverso dal debitore, la domanda di accesso a uno strumento di regolazione della crisi e dell'insolvenza è proposta, con ricorso ai sensi dell'articolo 37, comma 1 e nel rispetto degli obblighi di cui all'articolo 39, nel medesimo procedimento, a pena di decadenza, entro la prima udienza e se entro il medesimo termine è proposta separatamente è riunita, anche d'ufficio, al procedimento pendente. Successivamente alla prima udienza, la domanda non può essere proposta autonomamente sino alla conclusione del procedimento per la apertura della liquidazione giudiziale. Il termine di cui al primo periodo non si applica se la domanda di accesso a uno strumento di regolazione della crisi e dell'insolvenza è proposta all'esito della composizione negoziata, entro sessanta giorni dalla comunicazione di cui all'articolo 17, comma 8.

[1] Articolo così sost. dall'art. 12, D.lgs. 17 giu. 2022, n. 83.

41. ***Procedimento per l'apertura della liquidazione giudiziale.*** — 1. Il tribunale con decreto convoca le parti non oltre quarantacinque giorni dal deposito del ricorso.

2. Tra la data della notifica e quella dell'udienza deve intercorrere un termine non inferiore a quindici giorni.

3. I termini di cui ai commi 1 e 2 possono essere abbreviati dal presidente del tribunale o dal giudice relatore da lui delegato con decreto motivato, se ricorrono particolari ragioni di urgenza. In tali casi, il presidente del tribunale o il giudice da lui delegato può disporre che il ricorso e il decreto di fissazione dell'udienza siano portati a conoscenza delle parti con ogni mezzo idoneo, omessa ogni formalità non indispensabile alla conoscibilità degli stessi.

4. Il decreto fissa un termine fino a sette giorni prima dell'udienza per la presentazione di memorie o un termine ridotto nel caso di cui al primo periodo del comma 3. Il debitore nel costituirsi, deve depositare i bilanci relativi agli ultimi tre esercizi o, se non è soggetto all'obbligo di redazione del bilancio, le dichiarazioni dei redditi concernenti i tre esercizi precedenti ovvero l'intera esistenza dell'impresa, se questa ha avuto una minore durata.[1]

5. L'intervento dei terzi che hanno legittimazione a proporre la domanda e del pubblico ministero può avere luogo sino a che la causa non venga rimessa al collegio per la decisione.

6. Il tribunale può delegare al giudice relatore l'audizione delle parti. In tal caso, il giudice delegato provvede all'ammissione ed all'espletamento dei mezzi istruttori richiesti dalle parti o disposti d'ufficio. Il giudice può disporre la raccolta di informazioni da banche dati pubbliche e da pubblici registri.

[1] Comma così modif. dall'art. 7, D.lgs. 26 ott. 2020, n. 147.

42. ***Istruttoria sui debiti risultanti dai pubblici registri nei procedimenti per l'apertura della liquidazione giudiziale o del concordato preventivo.*** — 1. Fermo quanto disposto dall'articolo 39, a seguito della domanda di apertura della liquidazione giudiziale o del concordato preventivo, la cancelleria acquisisce, mediante collegamento telematico diretto alle banche dati dell'Agenzia delle entrate, dell'Istituto nazionale di previdenza sociale e del Registro delle imprese, i dati e i documenti relativi al debitore individuati all'articolo 367 e con le modalità prescritte nel medesimo articolo.

2. Fino al momento in cui l'articolo 367 acquista efficacia, la cancelleria provvede all'acquisizione dei dati e documenti indicati al comma 1 mediante richiesta inoltrata tramite posta elettronica certificata.

43. ***Rinuncia alla domanda.*** — 1. In caso di rinuncia alla domanda di cui all'articolo 40 il procedimento si estingue, fatta salva la volontà di proseguirlo manifestata dagli intervenuti o dal pubblico ministero per l'apertura della liquidazione giudiziale. Il pubblico ministero può rinunciare alla domanda di apertura della liquidazione giudiziale.[1]

2. Sull'estinzione il tribunale provvede con decreto e, nel dichiarare l'estinzione, può condannare la parte che vi ha dato causa alle spese.[2]

3. Quando la domanda è stata iscritta nel registro delle imprese, il cancelliere comunica immediatamente il decreto di estinzione al medesimo registro per la sua iscrizione da effettuarsi entro il giorno successivo.

[1] Comma così sost. dall'art. 12, D.lgs. 17 giu. 2022, n. 83.
[2] Comma così sost. dall'art. 7, D.lgs. 26 ott. 2020, n. 147, e così modif. dall'art. 12, D.lgs. 17 giu. 2022, n. 83.

44. ***Accesso a uno strumento di regolazione della crisi e dell'insolvenza con riserva di deposito di documentazione.***[1] — 1. Il debitore può presentare la domanda di cui all'articolo 40 con la documentazione prevista dall'articolo 39, comma 3, riservandosi di presentare la proposta, il piano e gli accordi. In tale caso il tribunale pronuncia decreto con il quale:

a) fissa un termine compreso tra trenta e sessanta giorni, prorogabile su istanza del debitore in presenza di giustificati motivi e in assenza di domande per l'apertura della liquidazione giudiziale, fino a ulteriori sessanta giorni, entro il quale il debitore deposita la proposta di concordato preventivo con il piano, l'attestazione di veridicità dei dati e di fattibilità e la documentazione di cui all'articolo 39, commi 1 e 2, oppure la domanda di omologazione degli accordi di ristrutturazione dei debiti, con la documentazione di cui all'articolo 39, comma 1, oppure la domanda di omologazione del piano di ristrutturazione di cui all'articolo 64-*bis*, con la documentazione di cui all'articolo 39, commi 1 e 2;

b) nomina un commissario giudiziale, disponendo che questi riferisca immediatamente al tribunale su ogni atto di frode ai creditori non dichiarato nella domanda ovvero su ogni circostanza o condotta del debitore tali da pregiudicare una soluzione efficace della crisi. Si applica l'articolo 49, comma 3, lettera *f*);

c) dispone gli obblighi informativi periodici, anche relativi alla gestione finanziaria dell'impresa e all'attività compiuta ai fini della predisposizione della proposta e del piano, che il debitore deve assolvere, con periodicità almeno mensile e sotto la vigilanza del commissario giudiziale, sino alla scadenza del termine fissato ai sensi del comma 1, lettera *a*). Con la medesima periodicità, il debitore deposita una relazione sulla situazione patrimoniale, economica e finanziaria che, entro il giorno successivo, è iscritta nel registro delle imprese su richiesta del cancelliere;

d) ordina al debitore il versamento, entro un termine perentorio non superiore a dieci giorni, di una somma per le spese della procedura, nella misura necessaria fino alla scadenza del termine fissato ai sensi del comma 1, lettera *a*).

2. Il tribunale, su segnalazione di un creditore, del commissario giudiziale o del pubblico ministero, con decreto non soggetto a reclamo, sentiti il debitore e i creditori che hanno proposto ricorso per l'apertura della liquidazione giudiziale e omessa ogni formalità non essenziale al contraddittorio, revoca il provvedimento di concessione dei termini adottato ai sensi del comma 1, lettera *a*), quando accerta una delle situazioni di cui al comma 1, lettera *b*) o quando vi è stata grave violazione degli obblighi informativi di cui al comma 1, lettera *c*). Nello stesso modo il tribunale provvede in caso di violazione dell'obbligo di cui al comma 1, lettera *d*).

3. I termini di cui al comma 1, lettere *a*), *c*) e *d*) non sono soggetti a sospensione feriale dei termini.

[1] Articolo così sost. dall'art. 12, D.lgs. 17 giu. 2022, n. 83.

45. ***Comunicazione e pubblicazione del decreto di concessione dei termini.*** — 1. Entro il giorno successivo al deposito in cancelleria, il decreto di concessione dei termini per l'accesso al concordato preventivo oppure per il deposito della domanda di omologazione del piano di ristrutturazione di cui all'articolo 64-*bis* o degli accordi di ristrutturazione di cui all'articolo 44, comma 1, lettera *a*), è comunicato al debitore, al pubblico ministero e ai richiedenti l'apertura della liquidazione giudiziale.[1]

2. Nello stesso termine il decreto è trasmesso per estratto a cura del cancelliere all'ufficio del registro delle imprese ai fini della sua iscrizione, da effettuarsi entro il giorno successivo. L'estratto contiene il nome del debitore, il nome del commissario, il dispositivo e la data del deposito. L'iscrizione è effettuata presso l'ufficio del registro delle imprese ove l'imprenditore ha la sede legale e, se questa differisce dalla sede effettiva, anche presso quello corrispondente al luogo ove la procedura è stata aperta.[1]

[1] Comma così modif. dall'art. 12, D.lgs. 17 giu. 2022, n. 83.

46. ***Effetti della domanda di accesso al concordato preventivo.*** — 1. Dopo il deposito della domanda di accesso al concordato preventivo, anche ai sensi dell'articolo 44, e fino al decreto di apertura di cui all'articolo 47, il debitore può compiere gli atti urgenti di straordinaria amministrazione previa autorizzazione del tribunale. In difetto di autorizzazione gli atti sono inefficaci e il tribunale dispone la revoca del decreto di cui all'articolo 44, comma 1.[1]

2. La domanda di autorizzazione contiene idonee informazioni sul contenuto del piano. Il tribunale può assumere ulteriori informazioni, anche da terzi, e acquisisce il parere del commissario giudiziale, se nominato.[1]

3. Successivamente al decreto di apertura e fino all'omologazione, sull'istanza di autorizzazione provvede il giudice delegato.

4. I crediti di terzi sorti per effetto degli atti legalmente compiuti dal debitore sono prededucibili.

5. I creditori non possono acquisire diritti di prelazione con efficacia rispetto ai creditori concorrenti, salvo che vi sia l'autorizzazione prevista dai commi 1, 2 e 3. Le ipoteche giudiziali iscritte nei novanta giorni che precedono la data della pubblicazione nel registro delle imprese della domanda di accesso sono inefficaci rispetto ai creditori anteriori.

[1] Comma così modif. dall'art. 12, D.lgs. 17 giu. 2022, n. 83.

47. ***Apertura del concordato preventivo.*** — 1. A seguito del deposito del piano e della proposta di concordato, il tribunale, acquisito il parere del commissario giudiziale, se già nominato, verifica:

a) in caso di concordato liquidatorio, l'ammissibilità della proposta e la fattibilità del piano, intesa come non manifesta inattitudine del medesimo a raggiungere gli obiettivi prefissati;

b) in caso di concordato in continuità aziendale, la ritualità della proposta. La domanda di accesso al concordato in continuità aziendale è comunque inammissibile se il piano è manifestamente inidoneo alla soddisfazione dei creditori, come proposta dal debitore, e alla conservazione dei valori aziendali.

2. Compiute le verifiche di cui al comma 1, il tribunale, con decreto:

a) nomina il giudice delegato;

b) nomina ovvero conferma il commissario giudiziale;

c) stabilisce, in relazione al numero dei creditori, alla entità del passivo e alla necessità di assicurare la tempestività e l'efficacia della procedura, la data iniziale e finale per l'espressione del voto dei creditori, con modalità idonee a salvaguardare il contraddittorio e l'effettiva partecipazione, anche utilizzando le strutture informatiche messe a disposizione da soggetti terzi, e fissa il termine per la comunicazione del provvedimento ai creditori;

d) fissa il termine perentorio, non superiore a quindici giorni, entro il quale il debitore deve depositare nella cancelleria del tribunale la somma, ulteriore rispetto a quella versata ai sensi dell'articolo 44, comma 1, lettera *d*), pari al 50 per cento delle spese che si presumono necessarie per l'intera procedura ovvero la diversa minor somma, non inferiore al 20 per cento di tali spese, che sia determinata dal tribunale.

3. Il decreto è comunicato e pubblicato ai sensi dell'articolo 45.

4. Il tribunale, quando accerta la mancanza delle condizioni di cui al comma 1, sentiti il debitore, i creditori che hanno proposto domanda di apertura della liquidazione giudiziale e il pubblico ministero, con decreto motivato dichiara inammissibile la proposta. Il tribunale può concedere al debitore un termine non superiore a quindici giorni per apportare integrazioni al piano e produrre nuovi documenti. Il tribunale dichiara con sentenza l'apertura della liquidazione giudiziale quando è presentato ricorso da parte di uno dei soggetti legittimati.

5. Il decreto di cui al comma 4 è reclamabile dinanzi alla corte di appello nel termine di trenta giorni dalla comunicazione. La corte di appello, sentite le parti, provvede in camera di consiglio con decreto motivato. Si applicano le disposizioni di cui agli articoli 737 e 738 del codice di procedura civile.

6. La domanda può essere riproposta, decorso il termine per proporre reclamo, quando si verifichino mutamenti delle circostanze.

[1] Articolo così sost. dall'art. 12, D.lgs. 17 giu. 2022, n. 83.

48. ***Procedimento di omologazione.***[1] — 1. Se il concordato è stato approvato dai creditori ai sensi dell'articolo 109, il tribunale fissa l'udienza in camera di consiglio per la comparizione delle parti e del commissario giudiziale, disponendo che il provvedimento sia iscritto presso l'ufficio del registro delle imprese dove l'imprenditore ha la sede legale e, se questa differisce dalla sede effettiva, anche presso l'ufficio del luogo in cui la procedura è stata aperta nonché notificato, a cura del debitore, al commissario giudiziale e agli eventuali creditori che hanno espresso il loro dissenso.

2. Le opposizioni dei creditori dissenzienti e di qualsiasi interessato devono essere proposte con memoria depositata nel termine perentorio di almeno dieci giorni prima dell'udienza. Il commissario giudiziale deve depositare il proprio motivato parere almeno cinque giorni prima dell'udienza. Il debitore può depositare memorie fino a due giorni prima dell'udienza.

3. Il tribunale, assunti i mezzi istruttori richiesti dalle parti o disposti d'ufficio nel rispetto di quanto previsto dall'articolo 112, comma 4, per il concordato in continuità aziendale, anche delegando uno dei componenti del collegio, omologa con sentenza il concordato.

4. Quando è depositata una domanda di omologazione di accordi di ristrutturazione, i creditori e ogni altro interessato possono proporre opposizione con memoria depositata entro trenta giorni dall'iscrizione della domanda nel registro delle imprese. Il tribunale fissa l'udienza in camera di consiglio per la comparizione delle parti e del commissario giudiziale, se nominato, disponendo che il provvedimento sia comunicato, a cura del debitore, al commissario giudiziale, ai creditori e ai terzi che hanno proposto opposizione. Il tribunale, assunti i mezzi istruttori richiesti dalle parti o disposti d'ufficio, anche delegando uno dei componenti del collegio, e sentito il commissario giudiziale, omologa con sentenza gli accordi.

5. La sentenza che omologa il concordato, il piano di ristrutturazione soggetto a omologazione o gli accordi di ristrutturazione è notificata e iscritta nel registro delle imprese a norma dell'articolo 45 e produce i propri effetti dalla data della pubblicazione ai sensi dell'articolo 133, primo comma, del codice di procedura civile. Gli effetti nei riguardi dei terzi si producono dalla data di iscrizione nel registro delle imprese.

6. Se il tribunale non omologa il concordato preventivo, gli accordi di ristrutturazione o il piano di ristrutturazione soggetto ad omologazione, provvede con sentenza eventualmente dichiarando, su ricorso di uno dei soggetti legittimati, l'apertura della liquidazione giudiziale secondo quanto previsto dall'articolo 49, commi 1 e 2.

[1] Articolo così sost. dall'art. 12, D.lgs. 17 giu. 2022, n. 83.

49. ***Dichiarazione di apertura della liquidazione giudiziale.*** — 1. Il tribunale, definite le domande di accesso a uno strumento di regolazione della crisi e dell'insolvenza eventualmente proposte, su ricorso di uno dei soggetti legittimati e accertati i presupposti dell'articolo 121, dichiara con sentenza l'apertura della liquidazione giudiziale.[1]

2. Allo stesso modo, su ricorso di uno dei soggetti legittimati, il tribunale provvede, osservate le disposizioni di cui all'articolo 44, comma 2, quando è decorso inutilmente o è stato revocato il termine

di cui all'articolo 44, comma 1, lettera *a*), quando il debitore non ha depositato le spese di procedura di cui all'articolo 44, comma 1, lettera *d*), ovvero nei casi previsti dall'articolo 47, comma 4 e dall'articolo 106 o in caso di mancata approvazione del concordato preventivo o quando il concordato preventivo o gli accordi di ristrutturazione non sono stati omologati.[1]

3. Con la sentenza di cui ai commi 1 e 2, il tribunale:

a) nomina il giudice delegato per la procedura;

b) nomina il curatore e, se utile, uno o più esperti per l'esecuzione di compiti specifici in luogo del curatore;

c) ordina al debitore il deposito entro tre giorni dei bilanci e delle scritture contabili e fiscali obbligatorie, in formato digitale nei casi in cui la documentazione è tenuta a norma dell'articolo 2215-*bis* del codice civile, dei libri sociali, delle dichiarazioni dei redditi, IRAP e IVA dei tre esercizi precedenti, nonché dell'elenco dei creditori corredato dall'indicazione del loro domicilio digitale, se già non eseguito a norma dell'articolo 39;[2]

d) stabilisce il luogo, il giorno e l'ora dell'udienza in cui si procederà all'esame dello stato passivo, entro il termine perentorio di non oltre centoventi giorni dal deposito della sentenza, ovvero centocinquanta giorni in caso di particolare complessità della procedura;

e) assegna ai creditori e ai terzi, che vantano diritti reali o personali su cose in possesso del debitore, il termine perentorio di trenta giorni prima dell'udienza di cui alla lettera *d*) per la presentazione delle domande di insinuazione;

f) autorizza il curatore, con le modalità di cui agli articoli 155-*quater*, 155-*quinquies* e 155-*sexies* delle disposizioni di attuazione del codice di procedura civile:

1) ad accedere alle banche dati dell'anagrafe tributaria e dell'archivio dei rapporti finanziari;

2) ad accedere alla banca dati degli atti assoggettati a imposta di registro e ad estrarre copia degli stessi;

3) ad acquisire l'elenco dei clienti e l'elenco dei fornitori di cui all'articolo 21 del decreto-legge 31 maggio 2010, n. 78, convertito dalla legge 30 luglio 2010, n. 122 e successive modificazioni;

4) ad acquisire la documentazione contabile in possesso delle banche e degli altri intermediari finanziari relativa ai rapporti con l'impresa debitrice, anche se estinti;

5) ad acquisire le schede contabili dei fornitori e dei clienti relative ai rapporti con l'impresa debitrice.

4. La sentenza è comunicata e pubblicata ai sensi dell'articolo 45. La sentenza produce i propri effetti dalla data della pubblicazione ai sensi dell'articolo 133, primo comma, del codice di procedura civile. Gli effetti nei riguardi dei terzi, fermo quanto disposto agli articoli da 163 a 171, si producono dalla data di iscrizione della sentenza nel registro delle imprese.

5. Non si fa luogo all'apertura della liquidazione giudiziale se l'ammontare dei debiti scaduti e non pagati risultanti dagli atti dell'istruttoria è complessivamente inferiore a euro trentamila. Tale importo è periodicamente aggiornato con le modalità di cui all'articolo 2, comma 1, lettera *d*).

[1] Comma così modif. dall'art. 12, D.lgs. 17 giu. 2022, n. 83.

[2] Lettera così sost. dall'art. 7, D.lgs. 26 ott. 2020, n. 147.

50. ***Reclamo contro il provvedimento che rigetta la domanda di apertura della liquidazione giudiziale.*** — 1. Il tribunale, se respinge la domanda di apertura della liquidazione giudiziale, provvede con decreto motivato. Il decreto, a cura del cancelliere, è comunicato alle parti e, quando è stata disposta la pubblicità della domanda, iscritto nel registro delle imprese.

2. Entro trenta giorni dalla comunicazione, il ricorrente o il pubblico ministero possono proporre reclamo contro il decreto alla corte di appello che, sentite le parti, provvede in camera di consiglio con decreto motivato. Si applicano le disposizioni di cui agli articoli 737 e 738 del codice di procedura civile.

3. Il debitore non può chiedere in separato giudizio la condanna del creditore istante alla rifusione delle spese ovvero al risarcimento del danno per responsabilità aggravata ai sensi dell'articolo 96 del codice di procedura civile.

4. Il decreto della corte di appello che rigetta il reclamo non è ricorribile per cassazione, è comunicato dalla cancelleria alle parti del procedimento in via telematica, al debitore, se non costituito, ai sensi dell'articolo 40, commi 6, 7 e 8 ed è iscritto immediatamente nel registro delle imprese nel caso di pubblicità della domanda.[1]

5. In caso di accoglimento del reclamo, la corte di appello dichiara aperta la liquidazione giudiziale con sentenza e rimette gli atti al tribunale, che adotta, con decreto, i provvedimenti di cui all'articolo 49, comma 3. Contro la sentenza può essere proposto ricorso per cassazione[, ma i termini sono ridotti della metà][2]. La sentenza della corte di appello e il decreto del tribunale sono iscritti nel registro delle imprese su richiesta del cancelliere del tribunale.

6. I termini di cui agli articoli 33, 34 e 35 si computano con riferimento alla sentenza della corte di appello.

[1] Comma così modif. dall'art. 12, D.lgs. 17 giu. 2022, n. 83.

[2] Parole soppresse dall'art. 7, D.lgs. 26 ott. 2020, n. 147.

51. ***Impugnazioni.*** — 1. Contro la sentenza del tribunale che pronuncia sull'omologazione del concordato preventivo, del piano di ristrutturazione soggetto a omologazione o degli accordi di ristrutturazione oppure dispone l'apertura della liquidazione giudiziale le parti possono proporre reclamo. La sentenza che dichiara aperta la liquidazione giudiziale può essere impugnata anche da qualunque interessato. Il reclamo è proposto con ricorso da depositare nella cancelleria della corte di appello nel termine di trenta giorni.[1]

2. Il ricorso deve contenere:

a) l'indicazione della corte di appello competente;

b) le generalità dell'impugnante e del suo procuratore e l'elezione del domicilio nel comune in cui ha sede la corte di appello;

c) l'esposizione dei fatti e degli elementi di diritto su cui si basa l'impugnazione, con le relative conclusioni;

d) l'indicazione dei mezzi di prova di cui il ricorrente intende avvalersi e dei documenti prodotti.

3. Il termine per il reclamo decorre, per le parti, dalla data della notificazione telematica del provvedimento a cura dell'ufficio e, per gli altri interessati, dalla data della iscrizione nel registro delle imprese. Si applica alle parti la disposizione di cui all'articolo 327, primo comma, del codice di procedura civile.

4. Il reclamo non sospende l'efficacia della sentenza, salvo quanto previsto dall'articolo 52. L'accoglimento del reclamo produce gli effetti di cui all'articolo 53.

5. Il presidente, nei cinque giorni successivi al deposito del ricorso, designa il relatore, e fissa con decreto l'udienza di comparizione entro sessanta giorni dal deposito del ricorso.

6. Il ricorso, unitamente al decreto di fissazione dell'udienza, è notificato a cura della cancelleria o in via telematica, al reclamante, al curatore o al commissario giudiziale e alle altre parti entro dieci giorni.

7. Tra la data della notificazione e quella dell'udienza deve intercorrere un termine non minore di trenta giorni.

8. Le parti resistenti devono costituirsi, a pena di decadenza, almeno dieci giorni prima dell'udienza, eleggendo il domicilio nel comune in cui ha sede la corte di appello. La costituzione si effettua mediante il deposito in cancelleria di una memoria contenente l'esposizione delle difese in fatto e in diritto, nonché l'indicazione dei mezzi di prova e dei documenti prodotti.

9. L'intervento di qualunque interessato non può avere luogo oltre il termine stabilito per la costituzione delle parti resistenti con le modalità per queste previste.

10. All'udienza, il collegio, sentite le parti, assume, anche d'ufficio, nel rispetto del contraddittorio, tutti i mezzi di prova che ritiene necessari, eventualmente delegando un suo componente.

11. La corte, esaurita la trattazione, provvede sul ricorso con sentenza entro il termine di trenta giorni.

12. La sentenza è notificata, a cura della cancelleria e in via telematica, alle parti, e deve essere pubblicata e iscritta al registro delle imprese a norma dell'articolo 45.

13. Il termine per proporre il ricorso per cassazione è di trenta giorni dalla notificazione.

14. Il ricorso per cassazione non sospende l'efficacia della sentenza. Si applica, in quanto compatibile, l'articolo 52 se il ricorso è promosso contro la sentenza con la quale la corte di appello ha rigettato il reclamo.[2]

15. Salvo quanto previsto dall'articolo 96 del codice di procedura civile, con la sentenza che decide l'impugnazione, il giudice dichiara se la parte soccombente ha agito o resistito con mala fede o colpa grave e, in tal caso, revoca con efficacia retroattiva l'eventuale provvedimento di ammissione della stessa al patrocinio a spese dello Stato. In caso di società o enti, il giudice dichiara se sussiste mala fede del legale rappresentante che ha conferito la procura e, in caso positivo, lo condanna in solido con la società o l'ente al pagamento delle spese dell'intero processo e al pagamento di una somma pari al doppio del contributo unificato di cui all'articolo 9 del decreto del Presidente della Repubblica 30 maggio 2002, n. 115.

[1] Comma così modif. dall'art. 12, D.lgs. 17 giu. 2022, n. 83.

[2] Comma così sost. dall'art. 12, D.lgs. 17 giu. 2022, n. 83.

52. ***Sospensione della liquidazione, dell'esecuzione del piano o degli accordi.*** — 1. Proposto il reclamo, la corte di appello, su richiesta di parte o del curatore, può, quando ricorrono gravi e fondati motivi, sospendere, in tutto o in parte o temporaneamente, la liquidazione dell'attivo, la formazione dello stato passivo e il compimento di altri atti di gestione. Allo stesso modo può provvedere, in caso di reclamo avverso la omologazione del concordato preventivo o del piano di ristrutturazione soggetto ad omologazione o degli accordi di ristrutturazione dei debiti, ordinando l'inibitoria, in tutto o in parte o temporanea, dell'attuazione del piano o dei pagamenti.[1]

2. La corte di appello può disporre le opportune tutele per i creditori e per la continuità aziendale.

3. L'istanza di sospensione si propone per il reclamante con il reclamo e per le altre parti con l'atto di costituzione; il presidente, con decreto, ordina la comparizione delle parti dinanzi al collegio in camera di consiglio e dispone che copia del ricorso e del decreto siano notificate alle altre parti e al curatore o al commissario giudiziale, nonché al pubblico ministero.

4. La corte di appello decide con decreto contro il quale non è ammesso ricorso per cassazione.

[1] Comma così modif. dall'art. 12, D.lgs. 17 giu. 2022, n. 83.

53. ***Effetti della revoca della liquidazione giudiziale, dell'omologazione del concordato e degli accordi di ristrutturazione.*** — 1. In caso di revoca della liquidazione giudiziale, restano salvi gli effetti degli atti legalmente compiuti dagli organi della procedura. Gli organi della procedura restano in carica, con i compiti previsti dal presente articolo, fino al momento in cui la sentenza che pronuncia sulla revoca passa in giudicato. Salvo quanto previsto dall'articolo 147 del decreto del Presidente della Repubblica 30 maggio 2002, n. 115, le spese della procedura e il compenso al curatore sono liquidati dal tribunale, su relazione del giudice delegato e tenuto conto delle ragioni dell'apertura della procedura e della sua revoca, con decreto reclamabile ai sensi dell'articolo 124.

2. Dalla pubblicazione della sentenza di revoca e fino al momento in cui essa passa in giudicato, l'amministrazione dei beni e l'esercizio dell'impresa spettano al debitore, sotto la vigilanza del curatore. Il tribunale, assunte, se occorre, sommarie informazioni ed acquisito il parere del curatore, può autorizzare il debitore a stipulare mutui, transazioni, patti compromissori, alienazioni e acquisti di beni immobili, rilasciare garanzie, rinunciare alle liti, compiere ricognizioni di diritti di terzi, consentire cancellazioni di ipoteche e restituzioni di pegni, accettare eredità e donazioni ed a compiere gli altri atti di straordinaria amministrazione.

3. Gli atti compiuti senza l'autorizzazione del tribunale sono inefficaci rispetto ai terzi. I crediti di terzi sorti per effetto degli atti legalmente compiuti dal debitore sono prededucibili ai sensi dell'articolo 98.

4. Con la sentenza che revoca la liquidazione giudiziale, la corte di appello dispone gli obblighi informativi periodici relativi alla gestione economica, patrimoniale e finanziaria dell'impresa, che il debitore deve assolvere sotto la vigilanza del curatore sino al momento in cui la sentenza passa in giudicato. Con la medesima periodicità, stabilita dalla corte di appello, il debitore deposita una relazione sulla situazione patrimoniale, economica e finanziaria dell'impresa. Il tribunale, su istanza del debitore, con decreto non soggetto a reclamo esclude in tutto o in parte la pubblicazione di tale relazione nel registro delle imprese quando la divulgazione dei dati comporta pregiudizio evidente per la continuità aziendale. Entro il giorno successivo al deposito della relazione o della comunicazione al curatore del provvedimento del tribunale che ne dispone la parziale segretazione, la relazione è comunicata dal curatore ai creditori e pubblicata nel registro delle imprese a cura della cancelleria. Il tribunale, a seguito di segnalazione del curatore, del comitato dei creditori o del pubblico ministero, accertata la violazione degli obblighi, con decreto assoggettabile a reclamo ai sensi dell'articolo 124, priva il debitore della possibilità di compiere gli atti di amministrazione ordinaria e straordinaria. Il decreto è trasmesso al registro delle imprese per la pubblicazione.

5. In caso di revoca dell'omologazione del concordato o degli accordi di ristrutturazione dei debiti, su domanda di uno dei soggetti legittimati, la corte d'appello, accertati i presupposti di cui all'articolo 121, dichiara aperta la liquidazione giudiziale e rimette gli atti al tribunale per l'adozione dei provvedimenti di cui all'articolo 49, comma 3. La sentenza che dichiara aperta la liquidazione giudiziale è notificata alle parti a cura della cancelleria della corte d'appello e comunicata al tribunale, nonché iscritta al registro delle imprese. Restano salvi gli effetti degli atti legalmente compiuti dal debitore e dagli organi della procedura prima della revoca.

5-*bis*. In caso di accoglimento del reclamo proposto contro la sentenza di omologazione del concordato preventivo in continuità aziendale, la corte d'appello, su richiesta delle parti, può confermare la sentenza di omologazione se l'interesse generale dei creditori e dei lavoratori prevale rispetto al pregiudizio subito dal reclamante, riconoscendo a quest'ultimo il risarcimento del danno.

6. Nel caso previsto dal comma 5, su istanza del debitore il tribunale, ove ricorrano gravi e giustificati motivi, può sospendere i termini per la proposizione delle impugnazioni dello stato passivo e l'attività di liquidazione fino al momento in cui la sentenza che pronuncia sulla revoca passa in giudicato.

[1] Comma ins. dall'art. 12, D.lgs. 17 giu. 2022, n. 83.

SEZIONE III

Misure cautelari e protettive

54. ***Misure cautelari e protettive.***[1] — 1. Nel corso del procedimento per l'apertura della liquidazione giudiziale o della procedura di concordato preventivo o di omologazione degli accordi di ristrutturazione e del piano di ristrutturazione soggetto a omologazione, su istanza di parte, il tribunale può emettere i provvedimenti cautelari, inclusa la nomina di un custode dell'azienda o del patrimonio, che appaiono, secondo le circostanze, più idonei ad assicurare provvisoriamente l'attuazione delle sentenze di omologazione di strumenti di regolazione della crisi e dell'insolvenza e di apertura delle procedure di insolvenza. Le misure cautelari possono essere concesse anche dopo la pubblicazione dell'istanza di cui all'articolo 18, comma 1, tenuto conto dello stato delle trattative e delle misure eventualmente già concesse o confermate ai sensi dell'articolo 19. Non si applicano l'articolo 669-*octies*, primo, secondo e terzo comma, e l'articolo 669-*novies*, primo comma, del codice di procedura civile.

2. Se il debitore ne ha fatto richiesta nella domanda di cui all'articolo 40, dalla data della pubblicazione della medesima domanda nel registro delle imprese, i creditori non possono iniziare o proseguire azioni esecutive e cautelari sul suo patrimonio o sui beni e sui diritti con i quali viene esercitata

l'attività d'impresa. Dalla stessa data le prescrizioni rimangono sospese e le decadenze non si verificano e la sentenza di apertura della liquidazione giudiziale o di accertamento dello stato di insolvenza non può essere pronunciata. Il debitore può richiedere al tribunale, con successiva istanza, ulteriori misure temporanee per evitare che determinate azioni di uno o più creditori possano pregiudicare, sin dalla fase delle trattative, il buon esito delle iniziative assunte per la regolazione della crisi o dell'insolvenza.

3. Le misure protettive di cui al comma 2, primo e secondo periodo, possono essere richieste dall'imprenditore anche nel corso delle trattative e prima del deposito della domanda di omologazione degli accordi di ristrutturazione, allegando la documentazione di cui all'articolo 39, comma 1 e la proposta di accordo corredata da un'attestazione del professionista indipendente che attesta che sulla proposta sono in corso trattative con i creditori che rappresentano almeno il sessanta per cento dei crediti e che la stessa, se accettata, è idonea ad assicurare l'integrale pagamento dei creditori con i quali non sono in corso trattative o che hanno comunque negato la propria disponibilità a trattare. La disposizione si applica anche agli accordi di ristrutturazione ad efficacia estesa di cui all'articolo 61.

4. Prima del deposito della domanda di cui all'articolo 40, le misure protettive di cui al comma 2, primo e secondo periodo, possono essere richieste dall'imprenditore presentando la domanda di cui agli articoli 17, 18 e 44, comma 1.

5. Le misure protettive disposte conservano efficacia anche quando il debitore, prima della scadenza fissata dal giudice ai sensi dell'articolo 44, comma 1, lettera *a*), propone una domanda di accesso a uno strumento di regolazione della crisi e dell'insolvenza diverso da quello indicato nella domanda depositata ai sensi dell'articolo 44.

6. L'amministratore delle procedure di insolvenza nominato dal giudice competente ai sensi dell'articolo 3, paragrafo 1, del regolamento (UE) 2015/848 del Parlamento europeo e del Consiglio del 20 maggio 2015 può chiedere i provvedimenti di cui ai commi 1 e 2 quando nel territorio dello Stato è stata presentata la domanda di cui all'articolo 40 o, se non risulta depositata la domanda, quando nella richiesta sono indicate le condizioni di effettivo ed imminente soddisfacimento non discriminatorio di tutti i creditori secondo la procedura concorsuale aperta.

7. Sono esclusi dalle misure protettive richieste ai sensi del comma 3 i diritti di credito dei lavoratori.

[1] Articolo così sost. dall'art. 13, D.lgs. 17 giu. 2022, n. 83.

55. ***Procedimento.***[1] — 1. Nei casi previsti dall'articolo 54, il presidente del tribunale o della sezione cui è assegnata la trattazione dello strumento di regolazione della crisi e dell'insolvenza o della procedura di liquidazione giudiziale designa il magistrato cui è affidata la trattazione del procedimento. Alla trattazione provvede direttamente il giudice relatore, se già delegato dal tribunale per l'audizione delle parti.

2. Il giudice, nei casi di cui all'articolo 54, commi 1, 2, terzo periodo, e 3, sentite le parti e omessa ogni formalità non essenziale al contraddittorio, procede nel modo che ritiene più opportuno agli atti di istruzione indispensabili in relazione alla misura richiesta e, quando la convocazione delle parti potrebbe pregiudicare l'attuazione del provvedimento, provvede con decreto motivato, assunte, ove occorra, sommarie informazioni. In tal caso fissa, con lo stesso decreto, l'udienza di comparizione delle parti avanti a sé, ove già non disposta ai sensi dell'articolo 41, assegnando all'istante un termine perentorio non superiore a otto giorni per la notifica del ricorso e del decreto alle altre parti. All'udienza il giudice conferma, modifica o revoca i provvedimenti emanati con decreto. L'ordinanza è reclamabile ai sensi dell'articolo 669-*terdecies* del codice di procedura civile. Le misure perdono efficacia al momento della pubblicazione delle sentenze di omologazione degli strumenti di regolazione della crisi e dell'insolvenza e di apertura delle procedure di insolvenza.

3. Nel caso previsto dall'articolo 54, comma 2, primo e secondo periodo, il giudice, assunte, ove necessario, sommarie informazioni, conferma o revoca le misure protettive entro trenta giorni dall'iscrizione della domanda nel registro delle imprese con decreto reclamabile ai sensi dell'articolo 669-*terdecies* del codice di procedura civile. La durata delle misure è fissata al massimo in quattro mesi. Il decreto è trasmesso al registro delle imprese per l'iscrizione. Se il deposito del decreto non interviene nel termine prescritto cessano gli effetti protettivi prodottisi ai sensi dell'articolo 54, comma 2, primo e secondo periodo e la domanda può essere riproposta. Le misure protettive perdono efficacia al momento della pubblicazione delle sentenze di omologazione degli strumenti di regolazione della crisi e dell'insolvenza e di apertura delle procedure di insolvenza.

4. Il tribunale, su istanza del debitore o di un creditore e acquisito il parere del commissario giudiziale, se nominato, può prorogare, in tutto o in parte, la durata delle misure concesse, nel rispetto dei termini di cui all'articolo 8, se sono stati compiuti significativi progressi nelle trattative sul piano di ristrutturazione e se la proroga non arreca ingiusto pregiudizio ai diritti e agli interessi delle parti interessate.

5. Su richiesta del debitore o del commissario giudiziale o, in caso di atti di frode, su istanza dei creditori o del pubblico ministero, il tribunale, sentite le parti e omessa ogni formalità non essenziale al contraddittorio, revoca o modifica le misure protettive. La disposizione di cui al primo periodo si applica anche quando il tribunale accerta che le

misure protettive concesse non soddisfano più l'obiettivo di agevolare le trattative.

6. I provvedimenti di cui all'articolo 54, commi 1 e 2 possono essere emessi anche dalla corte di appello nei giudizi di reclamo previsti dagli articoli 47, comma 5, e 50.

7. In caso di revoca o cessazione delle misure protettive, il divieto di acquisire diritti di prelazione, se non concordati con l'imprenditore, viene meno a far data dalla revoca o dalla cessazione delle misure protettive.

[1] Articolo così sost. dall'art. 13, D.lgs. 17 giu. 2022, n. 83.

TITOLO IV
Strumenti di regolazione della crisi

CAPO I
Accordi

Sezione I
Piano attestato di risanamento[1]

[1] Rubrica così sost. dall'art. 14, D.lgs. 17 giu. 2022, n. 83.

56. ***Accordi in esecuzione di piani attestati di risanamento.*** — 1. L'imprenditore in stato di crisi o di insolvenza può predisporre un piano, rivolto ai creditori, che appaia idoneo a consentire il risanamento dell'esposizione debitoria dell'impresa e ad assicurare il riequilibrio della situazione economico finanziaria.

2. Il piano deve avere data certa e deve indicare:

a) la situazione economico-patrimoniale e finanziaria dell'impresa;

b) le principali cause della crisi;

c) le strategie d'intervento e i tempi necessari per assicurare il riequilibrio della situazione finanziaria;

d) i creditori e l'ammontare dei crediti dei quali si propone la rinegoziazione e lo stato delle eventuali trattative, nonché l'elenco dei creditori estranei, con l'indicazione delle risorse destinate all'integrale soddisfacimento dei loro crediti alla data di scadenza;

e) gli apporti di finanza nuova;

f) i tempi delle azioni da compiersi, che consentono di verificarne la realizzazione, nonché gli strumenti da adottare nel caso di scostamento tra gli obiettivi e la situazione in atto;

g) il piano industriale e l'evidenziazione dei suoi effetti sul piano finanziario.

3. Un professionista indipendente deve attestare la veridicità dei dati aziendali e la fattibilità economica del piano.

4. Il piano, l'attestazione di cui al comma 3 e gli accordi conclusi con i creditori possono essere pubblicati nel registro delle imprese su richiesta del debitore.

5. Gli atti unilaterali e i contratti posti in essere in esecuzione del piano devono essere provati per iscritto e devono avere data certa.»..

[1] Articolo così sost. dall'art. 8, D.lgs. 26 ott. 2020, n. 147.

Sezione II
Accordi di ristrutturazione, convenzione di moratoria e accordi su crediti tributari e contributivi[1]

[1] Rubrica così sost. dall'art. 15, D.lgs. 17 giu. 2022, n. 83.

57. ***Accordi di ristrutturazione dei debiti.*** — 1. Gli accordi di ristrutturazione dei debiti sono conclusi dall'imprenditore, anche non commerciale e diverso dall'imprenditore minore, in stato di crisi o di insolvenza, con i creditori che rappresentino almeno il sessanta per cento dei crediti e sono soggetti ad omologazione ai sensi dell'articolo 48.[1]

2. Gli accordi devono contenere l'indicazione degli elementi del piano economico-finanziario che ne consentono l'esecuzione. Il piano deve essere redatto secondo le modalità indicate dall'articolo 56. Al piano debbono essere allegati i documenti di cui all'articolo 39, commi 1 e 3.[2]

3. Gli accordi devono essere idonei ad assicurare il pagamento integrale dei creditori estranei nei seguenti termini:

a) entro centoventi giorni dall'omologazione, in caso di crediti già scaduti a quella data;

b) entro centoventi giorni dalla scadenza, in caso di crediti non ancora scaduti alla data dell'omologazione.

4. Un professionista indipendente deve attestare la veridicità dei dati aziendali e la fattibilità [economica][3] [e giuridica][4] del piano. L'attestazione deve specificare l'idoneità dell'accordo e del piano ad assicurare l'integrale pagamento dei creditori estranei nel rispetto dei termini di cui al comma 3.

[1] Comma così modif. dall'art. 15, D.lgs. 17 giu. 2022, n. 83.

[2] Comma così modif. dall'art. 9, D.lgs. 26 ott. 2020, n. 147.

[4] Parola soppressa dall'art. 15, D.lgs. 17 giu. 2022, n. 83.

[4] Parole soppresse dall'art. 9, D.lgs. 26 ott. 2020, n. 147.

58. ***Rinegoziazione degli accordi o modifiche del piano.*** — 1. Se prima dell'omologazione intervengono modifiche sostanziali del piano, è rinnovata l'attestazione di cui all'articolo 57, comma 4, e il debitore chiede il rinnovo delle manifestazioni di consenso ai creditori parti degli accordi. L'attestazione deve essere rinnovata anche in caso di modifiche sostanziali degli accordi.

2. Qualora dopo l'omologazione si rendano necessarie modifiche sostanziali del piano, l'imprenditore vi apporta le modifiche idonee ad assicurare l'esecuzione degli accordi, richiedendo al professionista indicato all'articolo 57, comma 4, il rinnovo dell'attestazione. In tal caso, il piano modificato e l'attestazione sono pubblicati nel registro delle imprese e della pubblicazione è dato avviso ai creditori a mezzo lettera raccomandata o posta elet-

tronica certificata. Entro trenta giorni dalla ricezione dell'avviso è ammessa opposizione avanti al tribunale, nelle forme di cui all'articolo 48.

59. ***Coobbligati e soci illimitatamente responsabili.*** — 1. Ai creditori che hanno concluso gli accordi di ristrutturazione si applica l'articolo 1239 del codice civile.

2. Nel caso in cui l'efficacia degli accordi sia estesa ai creditori non aderenti, costoro conservano impregiudicati i diritti contro i coobbligati, i fideiussori del debitore e gli obbligati in via di regresso.

3. Salvo patto contrario, gli accordi di ristrutturazione della società hanno efficacia nei confronti dei soci illimitatamente responsabili, i quali, se hanno prestato garanzia, continuano a rispondere per tale diverso titolo, salvo che non sia diversamente previsto.

60. ***Accordi di ristrutturazione agevolati.*** — 1. La percentuale di cui al all'articolo 57, comma 1, è ridotta della metà quando il debitore:

a) non proponga la moratoria dei creditori estranei agli accordi;

b) non abbia richiesto e rinunci a richiedere misure protettive temporanee.

61. ***Accordi di ristrutturazione ad efficacia estesa.*** — 1. Le disposizioni di cui alla presente sezione si applicano, in deroga agli articoli 1372 e 1411 del codice civile, al caso in cui gli effetti dell'accordo vengano estesi anche ai creditori non aderenti che appartengano alla medesima categoria, individuata tenuto conto dell'omogeneità di posizione giuridica ed interessi economici.

2. Ai fini di cui al comma 1 occorre che:

a) tutti i creditori appartenenti alla categoria siano stati informati dell'avvio delle trattative, siano stati messi in condizione di parteciparvi in buona fede e abbiano ricevuto complete e aggiornate informazioni sulla situazione patrimoniale, economica e finanziaria del debitore nonché sull'accordo e sui suoi effetti;

b) l'accordo abbia carattere non liquidatorio, prevedendo la prosecuzione dell'attività d'impresa in via diretta o indiretta ai sensi dell'articolo 84[, comma 2, e che i creditori vengano soddisfatti in misura significativa o prevalente dal ricavato della continuità aziendale][1];

c) i crediti dei creditori aderenti appartenenti alla categoria rappresentino il settantacinque per cento di tutti i creditori appartenenti alla categoria, fermo restando che un creditore può essere titolare di crediti inseriti in più di una categoria;

d) i creditori della medesima categoria non aderenti cui vengono estesi gli effetti dell'accordo possano risultare soddisfatti in base all'accordo stesso in misura non inferiore rispetto alla liquidazione giudiziale;

e) il debitore abbia notificato l'accordo, la domanda di omologazione e i documenti allegati ai creditori nei confronti dei quali chiede di estendere gli effetti dell'accordo.

3. I creditori della medesima categoria non aderenti ai quali il debitore chiede di estendere gli effetti dell'accordo possono proporre opposizione ai sensi dell'articolo 48, comma 4. Per essi, il termine per proporre opposizione decorre dalla data della comunicazione.

4. In nessun caso, per effetto dell'accordo di ristrutturazione, ai creditori ai quali è stato esteso l'accordo possono essere imposti l'esecuzione di nuove prestazioni, la concessione di affidamenti, il mantenimento della possibilità di utilizzare affidamenti esistenti o l'erogazione di nuovi finanziamenti. Non è considerata nuova prestazione la prosecuzione della concessione del godimento di beni oggetto di contratti di locazione finanziaria già stipulati.

5. Quando un'impresa ha debiti verso banche e intermediari finanziari in misura non inferiore alla metà dell'indebitamento complessivo, l'accordo di ristrutturazione dei debiti può individuare una o più categorie tra tali tipologie di creditori che abbiano fra loro posizione giuridica ed interessi economici omogenei. In tal caso il debitore, con il ricorso di cui all'articolo 40, può chiedere, anche se non ricorre la condizione prevista dal comma 2, lettera *b*), che gli effetti dell'accordo vengano estesi anche ai creditori non aderenti appartenenti alla medesima categoria. Restano fermi i diritti dei creditori diversi da banche e intermediari finanziari.

[1] Parole soppresse dall'art. 9, D.lgs. 26 ott. 2020, n. 147.

62. ***Convenzione di moratoria.*** — 1. La convenzione di moratoria conclusa tra un imprenditore, anche non commerciale, e i suoi creditori, diretta a disciplinare in via provvisoria gli effetti della crisi e avente ad oggetto la dilazione delle scadenze dei crediti, la rinuncia agli atti o la sospensione delle azioni esecutive e conservative e ogni altra misura che non comporti rinuncia al credito, in deroga agli articoli 1372 e 1411 del codice civile, è efficace anche nei confronti dei creditori non aderenti che appartengano alla medesima categoria.

2. Ai fini di cui al comma 1 occorre che:

a) tutti i creditori appartenenti alla categoria siano stati informati dell'avvio delle trattative o siano stati messi in condizione di parteciparvi in buona fede e abbiano ricevuto complete e aggiornate informazioni sulla situazione patrimoniale, economica e finanziaria del debitore nonché sulla convenzione e i suoi effetti;

b) i crediti dei creditori aderenti appartenenti alla categoria rappresentino il settantacinque per cento di tutti i creditori appartenenti alla categoria, fermo restando che un creditore può essere titolare di crediti inseriti in più di una categoria;

c) vi siano concrete prospettive che i creditori della medesima categoria non aderenti, cui vengono estesi gli effetti della convenzione, possano risultare soddisfatti all'esito della stessa in misura non inferiore rispetto alla liquidazione giudiziale;

d) un professionista indipendente, abbia attestato la veridicità dei dati aziendali, l'idoneità della convenzione a disciplinare provvisoriamente gli effetti della crisi, e la ricorrenza delle condizioni di cui alla lettera *c*).

3. In nessun caso, per effetto della convenzione, ai creditori della medesima categoria non aderenti possono essere imposti l'esecuzione di nuove prestazioni, la concessione di affidamenti, il mantenimento della possibilità di utilizzare affidamenti esistenti o l'erogazione di nuovi finanziamenti. Non è considerata nuova prestazione la prosecuzione della concessione del godimento di beni oggetto di contratti di locazione finanziaria già stipulati.

4. La convenzione va comunicata, insieme alla relazione del professionista indicato al comma 2, lettera *d*), ai creditori non aderenti mediante lettera raccomandata con avviso di ricevimento o presso il domicilio digitale.

5. Entro trenta giorni dalla comunicazione può essere proposta opposizione avanti al tribunale.

6. Il tribunale decide sulle opposizioni in camera di consiglio con sentenza.

7. Contro la sentenza che pronuncia sulle opposizioni è ammesso reclamo ai sensi dell'articolo 51.

63. ***Transazione su crediti tributari e contributivi.***[1] — 1. Nell'ambito delle trattative che precedono la stipulazione degli accordi di ristrutturazione di cui agli articoli 57, 60 e 61 il debitore può proporre il pagamento, parziale o anche dilazionato, dei tributi e dei relativi accessori amministrati dalle agenzie fiscali, nonché dei contributi amministrati dagli enti gestori di forme di previdenza, assistenza e assicurazione per l'invalidità, la vecchiaia e i superstiti obbligatorie e dei relativi accessori. In tali casi l'attestazione del professionista indipendente [in possesso dei requisiti di cui all'art. 2, comma 1, lettera *o*)][2], relativamente ai crediti fiscali e previdenziali, deve inerire anche alla convenienza del trattamento proposto rispetto alla liquidazione giudiziale; tale circostanza costituisce oggetto di specifica valutazione da parte del tribunale.[3]

2. La proposta di transazione [fiscale][2], unitamente alla documentazione di cui agli articoli 57, 60 e 61 è depositata presso gli uffici indicati all'articolo 88, comma 3. Alla proposta di transazione deve essere allegata la dichiarazione sostitutiva, resa dal debitore o dal suo legale rappresentante ai sensi dell'articolo 47 del testo unico delle disposizioni legislative e regolamentari in materia di documentazione amministrativa, di cui al decreto del Presidente della Repubblica 28 dicembre 2000, n. 445, che la documentazione di cui al periodo precedente rappresenta fedelmente e integralmente la situazione dell'impresa, con particolare riguardo alle poste attive del patrimonio. L'adesione alla proposta è espressa, su parere conforme della competente direzione regionale, con la sottoscrizione dell'atto negoziale da parte del direttore dell'ufficio. Per i tributi amministrati dall'Agenzia delle dogane e dei monopoli l'adesione alla proposta è espressa dalla competente direzione interregionale, regionale e interprovinciale con la sottoscrizione dell'atto negoziale. L'atto è sottoscritto anche dall'agente della riscossione in ordine al trattamento degli oneri di riscossione di cui all'articolo 17 del decreto legislativo 13 aprile 1999, n. 112. L'assenso così espresso equivale a sottoscrizione dell'accordo di ristrutturazione. Ai fini del comma 2-*bis*, l'eventuale adesione deve intervenire entro novanta[4] giorni dal deposito della proposta di transazione [fiscale].[3]

2-*bis*. Il tribunale omologa gli accordi di ristrutturazione anche in mancanza di adesione da parte dell'amministrazione finanziaria o degli enti gestori di forme di previdenza o assistenza obbligatorie quando l'adesione è determinante ai fini del raggiungimento delle percentuali di cui agli articoli 57, comma 1, e 60, comma 1, e, anche sulla base delle risultanze della relazione del professionista indipendente, la proposta di soddisfacimento della predetta amministrazione o degli enti gestori di forme di previdenza o assistenza obbligatorie è conveniente rispetto all'alternativa liquidatoria.[5]

3. La transazione [fiscale][2] conclusa nell'ambito degli accordi di ristrutturazione è risolta di diritto se il debitore non esegue integralmente, entro sessanta[4] giorni dalle scadenze previste, i pagamenti dovuti alle agenzie fiscali e agli enti gestori di forme di previdenza e assistenza obbligatorie.[3]

[1] Rubrica così sost. dall'art. 15, D.lgs. 17 giu. 2022, n. 83.
[2] Parole soppresse dall'art. 9, D.lgs. 26 ott. 2020, n. 147.
[3] Comma così modif. dall'art. 9, D.lgs. 26 ott. 2020, n. 147, e dall'art. 15, D.lgs. 17 giu. 2022, n. 83.
[4] Parola così sost. dall'art. 9, D.lgs. 26 ott. 2020, n. 147.
[5] Comma ins. dall'art. 15, D.lgs. 17 giu. 2022, n. 83.

64. ***Effetti degli accordi sulla disciplina societaria e sui contratti in caso di concessione di misure protettive.***[1] — 1. Dalla data del deposito della domanda per l'omologazione degli accordi di ristrutturazione disciplinati dagli articoli 57, 60 e 61 ovvero della richiesta di misure cautelari e protettive ai sensi dell'articolo 54 relative ad una proposta di accordo di ristrutturazione e sino all'omologazione, non si applicano gli articoli 2446, commi secondo e terzo, 2447, 2482-*bis*, commi quarto, quinto e sesto, e 2482-*ter* del codice civile. Per lo stesso periodo non opera la causa di scioglimento della società per riduzione o perdita del capitale sociale di cui agli articoli 2484, numero 4, e 2545-*duodecies* del codice civile.

2. Resta ferma, per il periodo anteriore al deposito delle domande e della richiesta di misure cautelari e protettive di cui al comma 1, l'applicazione dell'articolo 2486 del codice civile.

3. In caso di domanda proposta ai sensi dell'articolo 54, comma 3, o di domanda di concessione

delle misure protettive in funzione della omologazione degli accordi di ristrutturazioni, i creditori non possono, unilateralmente, rifiutare l'adempimento dei contratti in corso di esecuzione o provocarne la risoluzione, né possono anticiparne la scadenza o modificarli in danno dell'imprenditore per il solo fatto del deposito delle medesime domande. Sono inefficaci eventuali patti contrari.[2]

4. Fermo quanto previsto dal comma 3, i creditori interessati dalle misure protettive non possono, unilateralmente, rifiutare l'adempimento dei contratti essenziali in corso di esecuzione o provocarne la risoluzione, né possono anticiparne la scadenza o modificarli in danno dell'imprenditore per il solo fatto di non essere stati pagati dal debitore. Sono essenziali i contratti necessari per la continuazione della gestione corrente dell'impresa, inclusi i contratti relativi alle forniture la cui interruzione impedisce la prosecuzione dell'attività del debitore.[2]

[1] Rubrica così modif. dall'art. 15, D.lgs. 17 giu. 2022, n. 83.
[2] Comma aggiunto dall'art. 15, D.lgs. 17 giu. 2022, n. 83.

Capo I-*bis*
Piano di ristrutturazione soggetto a omologazione[1]

[1] Capo (artt. 64-*bis*-64-*quater*) aggiunto dall'art. 16, D.lgs. 17 giu. 2022, n. 83.

64-*bis*. *Piano di ristrutturazione soggetto a omologazione.* — 1. Con il piano di ristrutturazione soggetto a omologazione l'imprenditore commerciale che non dimostra il possesso congiunto dei requisiti di cui all'articolo 2, comma 1, lettera *d*) e che si trova in stato di crisi o di insolvenza può prevedere il soddisfacimento dei creditori, previa suddivisione degli stessi in classi secondo posizione giuridica e interessi economici omogenei, distribuendo il valore generato dal piano anche in deroga agli articoli 2740 e 2741 del codice civile e alle disposizioni che regolano la graduazione delle cause legittime di prelazione, purché la proposta sia approvata dall'unanimità delle classi. In ogni caso i crediti assistiti dal privilegio di cui all'articolo 2751-*bis*, n. 1, del codice civile, sono soddisfatti in denaro integralmente entro trenta giorni dall'omologazione.

2. La domanda è presentata nelle forme dell'articolo 40, anche con accesso ai sensi dell'articolo 44, comma 1, lettera *a*). Con il ricorso il debitore deposita la proposta e il piano, con la documentazione di cui all'articolo 39, commi 1 e 2. Alla domanda si applicano i commi 4 e 5 dell'articolo 46.

3. Un professionista indipendente attesta la veridicità dei dati aziendali e la fattibilità del piano.

4. A seguito della presentazione del ricorso, il tribunale pronuncia decreto con il quale:

a) valutata la mera ritualità della proposta e verificata la correttezza dei criteri di formazione delle classi, nomina un giudice delegato al procedimento e nomina oppure conferma il commissario giudiziale;

b) adotta i provvedimenti di cui all'articolo 47, comma 2, lettere *c*) e *d*).

5. Dalla data della presentazione della domanda e fino all'omologazione, l'imprenditore conserva la gestione ordinaria e straordinaria dell'impresa, sotto il controllo del commissario giudiziale secondo quanto previsto nel comma 6. L'imprenditore gestisce l'impresa nel prevalente interesse dei creditori.

6. L'imprenditore informa preventivamente il commissario, per iscritto, del compimento di atti di straordinaria amministrazione nonché dell'esecuzione di pagamenti che non sono coerenti rispetto al piano di ristrutturazione. Il commissario giudiziale, quando ritiene che l'atto può arrecare pregiudizio ai creditori o non è coerente rispetto al piano, lo segnala per iscritto all'imprenditore e all'organo di controllo. Se, nonostante la segnalazione, l'atto viene compiuto, il commissario giudiziale ne informa immediatamente il tribunale ai fini di cui all'articolo 106.

7. Alle operazioni di voto si applicano gli articoli 107, 108, 109, commi 2, 4, 6 e 7, 110 e 111. In ciascuna classe la proposta è approvata se è raggiunta la maggioranza dei crediti ammessi al voto oppure, in mancanza, se hanno votato favorevolmente i due terzi dei crediti dei creditori votanti, purché abbiano votato i creditori titolari di almeno la metà del totale dei crediti della medesima classe. I creditori muniti di diritto di prelazione non votano se soddisfatti in denaro, integralmente, entro centottanta giorni dall'omologazione, e purché la garanzia reale che assiste il credito ipotecario o pignoratizio resti ferma fino alla liquidazione, funzionale al loro pagamento, dei beni e diritti sui quali sussiste la causa di prelazione. Nel caso di crediti assistiti dal privilegio di cui all'articolo 2751-*bis*, n. 1, del codice civile, il termine di cui al periodo precedente è di trenta giorni. Se non ricorrono le condizioni di cui ai periodi precedenti, i creditori muniti di diritto di prelazione votano e, per la parte incapiente, sono inseriti in una classe distinta.

8. Il tribunale omologa con sentenza il piano di ristrutturazione nel caso di approvazione da parte di tutte le classi. Se con l'opposizione un creditore dissenziente eccepisce il difetto di convenienza della proposta, il tribunale omologa il piano di ristrutturazione quando dalla proposta il credito risulta soddisfatto in misura non inferiore rispetto alla liquidazione giudiziale.

9. Anche ai fini di cui all'articolo 64-*ter*, al piano di ristrutturazione soggetto a omologazione si applicano, in quanto compatibili, gli articoli 48, commi 1, 2 e 3, 84, comma 8, 87, commi 1 e 2, 89, 90, 91, 92, 93, 94-*bis*, 95, 96, 97, 98, 99, 101 e 102, nonché le disposizioni di cui alle sezioni IV e VI, del capo III del titolo IV del presente codice, ad eccezione delle

disposizioni di cui agli articoli 112 e 114. Ai giudizi di reclamo e di cassazione si applicano gli articoli 51, 52 e 53.

64-*ter*. *Mancata approvazione di tutte le classi.* — 1. Se il piano di ristrutturazione non è approvato da tutte le classi, secondo quanto risulta dalla relazione depositata ai sensi dell'articolo 110, il debitore, entro quindici giorni dalla data del deposito della relazione medesima, se ritiene di avere ottenuto l'approvazione di tutte le classi, può chiedere che il tribunale accerti l'esito della votazione e omologhi il piano di ristrutturazione.

2. Decorso il termine di cui al comma 1 senza che il debitore abbia avanzato la richiesta ivi prevista o modificato la domanda ai sensi dell'articolo 64-quater, si applica l'articolo 111.

64-*quater*. Conversione del piano di ristrutturazione soggetto ad omologazione in concordato preventivo. — 1. Se il piano di ristrutturazione non è approvato da tutte le classi, secondo quanto risulta dalla relazione depositata ai sensi dell'articolo 110, il debitore, in luogo della richiesta di cui all'articolo 64-*ter* comma 1, può modificare la domanda formulando una proposta di concordato e chiedendo che il tribunale pronunci il decreto previsto dall'articolo 47. Il debitore può procedere allo stesso modo anche se un creditore ha contestato il difetto di convenienza nelle osservazioni formulate ai sensi dell'articolo 107, comma 4.

2. Il debitore può, in ogni momento, modificare la domanda, formulando la proposta di concordato, anche al di fuori delle ipotesi di cui al comma 1.

3. I termini per l'approvazione della proposta sono ridotti alla metà.

4. La memoria contenente la modifica della domanda è pubblicata nel registro delle imprese e dal giorno della pubblicazione si applicano le disposizioni degli articoli 46, commi 1, 2 e 3, e 47, comma 2, lett. *c*), nonché il capo III del titolo IV del presente codice.

5. Il debitore che ha presentato la domanda di concordato preventivo può modificarla chiedendo l'omologazione del piano di ristrutturazione sino a che non sono iniziate le operazioni di voto.

CAPO II
Procedure di composizione delle crisi da sovraindebitamento

SEZIONE I
Disposizioni di carattere generale

65. *Ambito di applicazione delle procedure di composizione delle crisi da sovraindebitamento.* — 1. I debitori di cui all'articolo 2, comma 1, lettera *c*) possono proporre soluzioni della crisi da sovraindebitamento secondo le norme del presente capo o del titolo V, capo IX.

2. Si applicano, per quanto non specificamente previsto dalle disposizioni della presente sezione, le disposizioni del titolo III, in quanto compatibili.

3. I compiti del commissario giudiziale o del liquidatore nominati nelle procedure di cui al comma 1 sono svolti dall'OCC. La nomina dell'attestatore è sempre facoltativa.

4.[1]

[1] Comma abrog. dall'art. 10, D.lgs. 26 ott. 2020, n. 147.

66. *Procedure familiari.* — 1. I membri della stessa famiglia possono presentare un unico progetto di risoluzione della crisi da sovraindebitamento quando sono conviventi o quando il sovraindebitamento ha un'origine comune. Quando uno dei debitori non è un consumatore, al progetto unitario si applicano le disposizioni della sezione III del presente capo.

2. Ai fini del comma 1, oltre al coniuge, si considerano membri della stessa famiglia i parenti entro il quarto grado e gli affini entro il secondo, nonché le parti dell'unione civile e i conviventi di fatto di cui alla legge 20 maggio 2016, n. 76.

3. Le masse attive e passive rimangono distinte.

4. Nel caso in cui siano presentate più richieste di risoluzione della crisi da sovraindebitamento riguardanti membri della stessa famiglia, il giudice adotta i necessari provvedimenti per assicurarne il coordinamento. La competenza appartiene al giudice adito per primo.

5. La liquidazione del compenso dovuto all'organismo di composizione della crisi è ripartita tra i membri della famiglia in misura proporzionale all'entità dei debiti di ciascuno.

SEZIONE II
Ristrutturazione dei debiti del consumatore

67. *Procedura di ristrutturazione dei debiti.* — 1. Il consumatore sovraindebitato, con l'ausilio dell'OCC, può proporre ai creditori un piano di ristrutturazione dei debiti che indichi in modo specifico tempi e modalità per superare la crisi da sovraindebitamento. La proposta ha contenuto libero e può prevedere il soddisfacimento, anche parziale e differenziato, dei crediti in qualsiasi forma.[1]

2. La domanda è corredata dell'elenco:

a) di tutti i creditori, con l'indicazione delle somme dovute e delle cause di prelazione;

b) della consistenza e della composizione del patrimonio;

c) degli atti di straordinaria amministrazione compiuti negli ultimi cinque anni;

d) delle dichiarazioni dei redditi degli ultimi tre anni;

e) degli stipendi, delle pensioni, dei salari e di tutte le altre entrate del debitore e del suo nucleo familiare, con l'indicazione di quanto occorre al mantenimento della sua famiglia.

3. La proposta può prevedere anche la falcidia e la ristrutturazione dei debiti derivanti da contratti di finanziamento con cessione del quinto dello sti-

pendio, del trattamento di fine rapporto o della pensione e dalle operazioni di prestito su pegno, salvo quanto previsto dal comma 4.

4. È possibile prevedere che i crediti muniti di privilegio, pegno o ipoteca possano essere soddisfatti non integralmente, allorché ne sia assicurato il pagamento in misura non inferiore a quella realizzabile, in ragione della collocazione preferenziale sul ricavato in caso di liquidazione, avuto riguardo al valore di mercato attribuibile ai beni o ai diritti oggetto della causa di prelazione, come attestato dall'OCC.

5. È possibile prevedere anche il rimborso, alla scadenza convenuta, delle rate a scadere del contratto di mutuo garantito da ipoteca iscritta sull'abitazione principale del debitore se lo stesso, alla data del deposito della domanda, ha adempiuto le proprie obbligazioni o se il giudice lo autorizza al pagamento del debito per capitale ed interessi scaduto a tale data.

6. Il procedimento si svolge dinanzi al tribunale in composizione monocratica.

[1] Comma così modif. dall'art. 11, D.lgs. 26 ott. 2020, n. 147.

68. ***Presentazione della domanda e attività dell'OCC.*** — 1. La domanda deve essere presentata al giudice tramite un OCC costituito nel circondario del tribunale competente ai sensi dell'articolo 27, comma 2. Se nel circondario del tribunale competente non vi è un OCC, i compiti e le funzioni allo stesso attribuiti sono svolti da un professionista o da una società tra professionisti in possesso dei requisiti di cui all'articolo 358 nominati dal presidente del tribunale competente o da un giudice da lui delegato e individuati, ove possibile, tra gli iscritti all'albo dei gestori della crisi di cui al decreto del Ministro della giustizia 24 settembre 2014, n. 202. Non è necessaria l'assistenza di un difensore.[1]

2. Alla domanda, deve essere allegata una relazione dell'OCC, che deve contenere:

a) l'indicazione delle cause dell'indebitamento e della diligenza impiegata dal debitore nell'assumere le obbligazioni;

b) l'esposizione delle ragioni dell'incapacità del debitore di adempiere le obbligazioni assunte;

c) la valutazione sulla completezza ed attendibilità della documentazione depositata a corredo della domanda;

d) l'indicazione presunta dei costi della procedura.

3. L'OCC, nella sua relazione, deve indicare anche se il soggetto finanziatore, ai fini della concessione del finanziamento, abbia tenuto conto del merito creditizio del debitore, valutato in relazione al suo reddito disponibile, dedotto l'importo necessario a mantenere un dignitoso tenore di vita. A tal fine si ritiene idonea una quantificazione non inferiore all'ammontare dell'assegno sociale moltiplicato per un parametro corrispondente al numero dei componenti il nucleo familiare della scala di equivalenza dell'ISEE di cui al decreto del Presidente del Consiglio dei ministri del 5 dicembre 2013, n. 159.

4. L'OCC, entro sette giorni dall'avvenuto conferimento dell'incarico da parte del debitore, ne dà notizia all'agente della riscossione e agli uffici fiscali, anche degli enti locali, competenti sulla base dell'ultimo domicilio fiscale dell'istante, i quali entro quindici giorni debbono comunicare il debito tributario accertato e gli eventuali accertamenti pendenti.

5. Il deposito della domanda sospende, ai soli effetti del concorso, il corso degli interessi convenzionali o legali fino alla chiusura della procedura, a meno che i crediti non siano garantiti da ipoteca, da pegno o privilegio, salvo quanto previsto dagli articoli 2749, 2788 e 2855, commi secondo e terzo, del codice civile.

[1] Comma così modif. dall'art. 11, D.lgs. 26 ott. 2020, n. 147.

69. ***Condizioni soggettive ostative.*** — 1. Il consumatore non può accedere alla procedura disciplinata in questa sezione se è già stato esdebitato nei cinque anni precedenti la domanda o ha già beneficiato dell'esdebitazione per due volte, ovvero ha determinato la situazione di sovraindebitamento con colpa grave, malafede o frode.

2. Il creditore che ha colpevolmente determinato la situazione di indebitamento o il suo aggravamento o che ha violato i principi di cui all'articolo 124-*bis* del decreto legislativo 1° settembre 1993, n. 385, non può presentare opposizione o reclamo in sede di omologa per contestare la convenienza della proposta.[1]

[1] Comma così sost. dall'art. 11, D.lgs. 26 ott. 2020, n. 147.

70. ***Omologazione del piano.*** — 1. Il giudice, se la proposta e il piano sono ammissibili, dispone con decreto che siano pubblicati in apposita area del sito web del tribunale o del Ministero della giustizia e che ne sia data comunicazione entro trenta giorni, a cura dell'OCC, a tutti i creditori.

2. Ricevuta la comunicazione di cui al comma 1, il creditore deve comunicare all'OCC un indirizzo di posta elettronica certificata. In mancanza, le successive comunicazioni sono effettuate mediante deposito in cancelleria.

3. Nei venti giorni successivi alla comunicazione ogni creditore può presentare osservazioni, inviandole all'indirizzo di posta elettronica certificata dell'OCC, indicato nella comunicazione.

4. Con il decreto di cui al comma 1, il giudice, su istanza del debitore, può disporre la sospensione dei procedimenti di esecuzione forzata che potrebbero pregiudicare la fattibilità del piano. Il giudice, su istanza del debitore, può altresì disporre il divieto di azioni esecutive e cautelari sul patrimonio del consumatore nonché le altre misure idonee a conservare l'integrità del patrimonio fino alla conclusione del procedimento, compreso il divieto di

compiere atti di straordinaria amministrazione se non preventivamente autorizzati.[1]

5. Le misure protettive sono revocabili su istanza dei creditori, o anche d'ufficio, in caso di atti in frode. Il giudice, salvo che l'istanza di revoca non sia palesemente inammissibile o manifestamente infondata, sente le parti, anche mediante scambio di memorie scritte e provvede con decreto.

6. Entro i dieci giorni successivi alla scadenza del termine di cui al comma 3, l'OCC, sentito il debitore, riferisce al giudice e propone le modifiche al piano che ritiene necessarie.

7. Il giudice, verificata l'ammissibilità giuridica e la fattibilità [economica][2] del piano, risolta ogni contestazione, omologa il piano con sentenza e ne dispone, ove necessario, la trascrizione a cura dell'OCC. Con la stessa sentenza dichiara chiusa la procedura.

8. La sentenza di omologa è comunicata ai creditori ed è pubblicata entro quarantotto ore a norma del comma 1. La sentenza è impugnabile ai sensi dell'articolo 51.

9. Quando uno dei creditori o qualunque altro interessato, con le osservazioni di cui al comma 3, contesta la convenienza della proposta, il giudice omologa il piano se ritiene che comunque il credito dell'opponente possa essere soddisfatto dall'esecuzione del piano in misura non inferiore all'alternativa liquidatoria.

10. In caso di diniego dell'omologazione, il giudice provvede con decreto motivato e dichiara l'inefficacia delle misure protettive accordate. Su istanza del debitore, verificata la sussistenza dei presupposti di legge, dichiara aperta la procedura liquidatoria ai sensi degli articoli 268 e seguenti.

11. Nei casi di frode l'istanza di cui al comma 10, secondo periodo, può essere presentata anche da un creditore o dal pubblico ministero.

12. Contro il decreto di cui al comma 10, è ammesso reclamo ai sensi dell'articolo 50.

[1] Comma così modif. dall'art. 11, D.lgs. 26 ott. 2020, n. 147.

[2] Parola soppressa dall'art. 17, D.lgs. 17 giu. 2022, n. 83.

71. ***Esecuzione del piano.***[1] — 1. Il debitore è tenuto a compiere ogni atto necessario a dare esecuzione al piano omologato. L'OCC vigila sull'esatto adempimento del piano, risolve le eventuali difficoltà e le sottopone al giudice, se necessario. Alle vendite e alle cessioni, se previste dal piano, provvede il debitore tramite procedure competitive, anche avvalendosi di soggetti specializzati, sotto il controllo e con la collaborazione dell'OCC, sulla base di stime condivise con il predetto organismo, assicurando, con adeguate forme di pubblicità, la massima informazione e partecipazione degli interessati. Ogni sei mesi, l'OCC riferisce al giudice per iscritto sullo stato dell'esecuzione.

2. Il giudice, sentito l'OCC e verificata la conformità dell'atto dispositivo al piano, autorizza lo svincolo delle somme e ordina la cancellazione delle iscrizioni relative ai diritti di prelazione, della trascrizione dei pignoramenti, dei sequestri conservativi nonché di ogni altro vincolo, ivi compresa la trascrizione della sentenza effettuata ai sensi dell'articolo 70, comma 7.

3. I pagamenti e gli atti dispositivi dei beni posti in essere in violazione del piano sono inefficaci rispetto ai creditori anteriori al momento in cui è stata eseguita la pubblicità di cui all'articolo 70, comma 1.

4. Terminata l'esecuzione, l'OCC, sentito il debitore, presenta al giudice una relazione finale. Il giudice, se il piano è stato integralmente e correttamente eseguito, procede alla liquidazione del compenso all'OCC, tenuto conto di quanto eventualmente convenuto dall'organismo con il debitore, e ne autorizza il pagamento.

5. Quando il piano non è stato integralmente e correttamente eseguito, il giudice indica gli atti necessari per l'esecuzione del piano ed un termine per il loro compimento. Se le prescrizioni non sono adempiute nel termine, anche prorogato, il giudice revoca l'omologazione, osservate, in quanto compatibili, le disposizioni di cui all'articolo 72.

6. Nella liquidazione del compenso il giudice tiene conto della diligenza dell'OCC.

[1] Articolo così sost. dall'art. 11, D.lgs. 26 ott. 2020, n. 147.

72. ***Revoca dell'omologazione.*** — 1. Il giudice revoca l'omologazione d'ufficio o su istanza di un creditore, del pubblico ministero o di qualsiasi altro interessato, in contraddittorio con il debitore, quando è stato dolosamente o con colpa grave aumentato o diminuito il passivo, ovvero sottratta o dissimulata una parte rilevante dell'attivo ovvero dolosamente simulate attività inesistenti o se risultano commessi altri atti diretti a frodare le ragioni dei creditori.

2. Il giudice provvede allo stesso modo in caso di inadempimento degli obblighi previsti nel piano o qualora questo sia divenuto inattuabile e non sia possibile modificarlo.

3. L'OCC è tenuto a segnalare al giudice ogni fatto rilevante ai fini della revoca dell'omologazione.

4. La domanda di revoca non può essere proposta e l'iniziativa da parte del tribunale non può essere assunta decorsi sei mesi dalla presentazione della relazione finale.[1]

5. Sulla richiesta di revoca, il giudice sente le parti, anche mediante scambio di memorie scritte e provvede con sentenza reclamabile ai sensi dell'articolo 51.[2]

6. La revoca dell'omologazione non pregiudica i diritti acquistati dai terzi in buona fede.

[1] Comma così modif. dall'art. 11, D.lgs. 26 ott. 2020, n. 147.

[2] Comma così sost. dall'art. 11, D.lgs. 26 ott. 2020, n. 147.

73. ***Conversione in procedura liquidatoria.*** — 1. In caso di revoca dell'omologazione il giudice, su istanza del debitore, dispone la conversione in liquidazione controllata.

2. Se la revoca consegue ad atti di frode o ad inadempimento, l'istanza di cui al comma 1 può essere proposta anche dai creditori o dal pubblico ministero.

3. In caso di conversione, il giudice concede termine al debitore per l'integrazione della documentazione e provvede ai sensi dell'articolo 270.

SEZIONE III
Concordato minore

74. ***Proposta di concordato minore.*** — 1. I debitori di cui all'articolo 2, comma 1, lettera *c*), in stato di sovraindebitamento, escluso il consumatore, possono formulare ai creditori una proposta di concordato minore, quando consente di proseguire l'attività imprenditoriale o professionale.

2. Fuori dai casi previsti dal comma 1, il concordato minore può essere proposto esclusivamente quando è previsto l'apporto di risorse esterne che aumentino in misura apprezzabile la soddisfazione dei creditori.

3. La proposta di concordato minore ha contenuto libero, indica in modo specifico tempi e modalità per superare la crisi da sovraindebitamento e può prevedere il soddisfacimento, anche parziale, dei crediti attraverso qualsiasi forma, nonché la eventuale suddivisione dei creditori in classi. La formazione delle classi è obbligatoria per i creditori titolari di garanzie prestate da terzi.[1]

4. Per quanto non previsto dalla presente sezione, si applicano le disposizioni del capo III del presente titolo in quanto compatibili.

[1] Periodo aggiunto dall'art. 12, D.lgs. 26 ott. 2020, n. 147.

75. ***Documentazione e trattamento dei crediti privilegiati.*** — 1. Il debitore deve allegare alla domanda:

a) il piano con i bilanci, le scritture contabili e fiscali obbligatorie, le dichiarazioni dei redditi, le dichiarazioni IRAP e le dichiarazioni annuali IVA concernenti i tre anni anteriori o gli ultimi esercizi precedenti se l'attività ha avuto minor durata;

b) una relazione aggiornata sulla situazione economica, patrimoniale e finanziaria;

c) l'elenco di tutti i creditori, con le rispettive cause di prelazione e l'indicazione delle somme dovute. L'elenco deve contenere l'indicazione del domicilio digitale dei creditori che ne sono muniti;

d) gli atti di straordinaria amministrazione di cui all'articolo 94, comma 2, compiuti negli ultimi cinque anni;

e) la documentazione relativa a stipendi, pensioni, salari e altre entrate proprie e della famiglia, con l'indicazione di quanto occorra al mantenimento della stessa.[1]

2. È possibile prevedere che i crediti muniti di privilegio, pegno o ipoteca possano essere soddisfatti non integralmente, allorché ne sia assicurato il pagamento in misura non inferiore a quella realizzabile, in ragione della collocazione preferenziale sul ricavato in caso di liquidazione, avuto riguardo al valore di mercato attribuibile ai beni o ai diritti sui quali insiste la causa di prelazione, come attestato dagli organismi di composizione della crisi.

3. Quando è prevista la continuazione dell'attività aziendale, è possibile prevedere il rimborso, alla scadenza convenuta, delle rate a scadere del contratto di mutuo con garanzia reale gravante su beni strumentali all'esercizio dell'impresa se il debitore, alla data della presentazione della domanda di concordato, ha adempiuto le proprie obbligazioni o se il giudice lo autorizza al pagamento del debito per capitale ed interessi scaduto a tale data. L'OCC attesta anche che il credito garantito potrebbe essere soddisfatto integralmente con il ricavato della liquidazione del bene effettuata a valore di mercato e che il rimborso delle rate a scadere non lede i diritti degli altri creditori.

[1] Comma così sost. dall'art. 12, D.lgs. 26 ott. 2020, n. 147.

76. ***Presentazione della domanda e attività dell'OCC.*** — 1. La domanda è formulata tramite un OCC costituito nel circondario del tribunale competente ai sensi dell'articolo 27, comma 2. Se nel circondario del tribunale competente non vi è un OCC, i compiti e le funzioni allo stesso attribuiti sono svolti da un professionista o da una società tra professionisti in possesso dei requisiti di cui all'articolo 358, nominati dal presidente del tribunale competente o da un giudice da lui delegato, individuati, ove possibile, tra gli iscritti all'albo dei gestori della crisi di cui al decreto del Ministro della giustizia 24 settembre 2014, n. 202.[1]

2. Alla domanda deve essere allegata una relazione particolareggiata dell'OCC, che comprende:

a) l'indicazione delle cause dell'indebitamento e della diligenza impiegata dal debitore nell'assumere le obbligazioni;

b) l'esposizione delle ragioni dell'incapacità del debitore di adempiere le obbligazioni assunte;

c) l'indicazione della eventuale esistenza di atti del debitore impugnati dai creditori;

d) la valutazione sulla completezza e attendibilità della documentazione depositata a corredo della domanda, nonché sulla convenienza del piano rispetto all'alternativa liquidatoria;

e) l'indicazione presumibile dei costi della procedura;

f) la percentuale, le modalità e i tempi di soddisfacimento dei creditori;

g) l'indicazione dei criteri adottati nella formazione delle classi, ove previste dalla proposta.

3. L'OCC, nella sua relazione, deve indicare anche se il soggetto finanziatore, ai fini della concessione del finanziamento, abbia tenuto conto del merito creditizio del debitore.

4. L'OCC, entro sette giorni dall'avvenuto confe-

rimento dell'incarico da parte del debitore, ne dà notizia all'agente della riscossione e agli uffici fiscali, anche degli enti locali, competenti sulla base dell'ultimo domicilio fiscale dell'istante, i quali entro quindici giorni debbono comunicare il debito tributario accertato e gli eventuali accertamenti pendenti.[1]

5. Il deposito della domanda sospende, ai soli effetti del concorso, il corso degli interessi convenzionali o legali fino alla chiusura della liquidazione, a meno che i crediti non siano garantiti da ipoteca, pegno o privilegio, salvo quanto previsto dagli articoli 2749, 2788 e 2855, commi secondo e terzo, del codice civile.

6. Il procedimento si svolge dinanzi al tribunale in composizione monocratica.

[1] Periodo aggiunto dall'art. 12, D.lgs. 26 ott. 2020, n. 147.

77. ***Inammissibilità della domanda di concordato minore.*** — 1. La domanda di concordato minore è inammissibile se mancano i documenti di cui agli articoli 75 e 76, se il debitore presenta requisiti dimensionali che eccedono i limiti di cui all'articolo 2, comma 1, lettera *d*), numeri 1), 2) e 3), se è già stato esdebitato nei cinque anni precedenti la domanda o ha già beneficiato dell'esdebitazione per due volte o se risultano commessi atti diretti a frodare le ragioni dei creditori.

78. ***Procedimento.*** — 1. Il giudice, se la domanda è ammissibile, dichiara aperta la procedura con decreto non soggetto a reclamo e dispone la comunicazione, a cura dell'OCC, a tutti i creditori della proposta e del decreto.[1]

2. Con il decreto di cui al comma 1, il giudice:

a) dispone la pubblicazione del decreto mediante inserimento in apposita area del sito web del tribunale o del Ministero della giustizia e nel registro delle imprese se il debitore svolge attività d'impresa;

b) ordina, ove il piano preveda la cessione o l'affidamento a terzi di beni immobili o beni mobili registrati, la trascrizione del decreto presso gli uffici competenti;

c) assegna ai creditori un termine non superiore a trenta giorni entro il quale devono fare pervenire all'OCC, a mezzo posta elettronica certificata o altro servizio elettronico di recapito certificato qualificato ai sensi dell'articolo 1, comma 1-*ter* del Codice dell'amministrazione digitale di cui al decreto legislativo n. 82 del 2005, la dichiarazione di adesione o di mancata adesione alla proposta di concordato e le eventuali contestazioni;

d) su istanza del debitore, dispone che, sino al momento in cui il provvedimento di omologazione diventa definitivo, non possono, sotto pena di nullità, essere iniziate o proseguite azioni esecutive individuali né disposti sequestri conservativi né acquistati diritti di prelazione sul patrimonio del debitore da parte dei creditori aventi titolo o causa anteriore.[2]

2-*bis*. Con il decreto di cui al comma 1, il giudice nomina il commissario giudiziale perché svolga, a partire da quel momento, le funzioni dell'OCC se:

a) è stata disposta la sospensione generale delle azioni esecutive individuali e la nomina appare necessaria per tutelare gli interessi delle parti;

b) è proposta domanda di concordato in continuità aziendale, con omologazione da pronunciarsi ai sensi dell'articolo 112, comma 2;

c) la nomina è richiesta dal debitore.[3]

3. L'OCC cura l'esecuzione del decreto.

4. Nella comunicazione di cui al comma 2, lettera *c*), il creditore deve indicare un indirizzo di posta elettronica certificata o altro servizio elettronico di recapito certificato qualificato, a cui ricevere tutte le comunicazioni. In mancanza, i provvedimenti sono comunicati mediante deposito in cancelleria.[2]

5. Gli atti eccedenti l'ordinaria amministrazione compiuti senza l'autorizzazione del giudice sono inefficaci rispetto ai creditori anteriori al momento in cui è stata eseguita la pubblicità del decreto.

[1] Comma così modif. dall'art. 12, D.lgs. 26 ott. 2020, n. 147.

[2] Comma così modif. dall'art. 18, D.lgs. 17 giu. 2022, n. 83.

[3] Comma ins. dall'art. 18, D.lgs. 17 giu. 2022, n. 83.

79. ***Maggioranza per l'approvazione del concordato minore.*** — 1. Il concordato minore è approvato dai creditori che rappresentano la maggioranza dei crediti ammessi al voto. Quando un unico creditore è titolare di crediti in misura superiore alla maggioranza dei crediti ammessi al voto, il concordato minore è approvato se, oltre alla maggioranza di cui al periodo precedente, ha riportato la maggioranza per teste dei voti espressi dai creditori ammessi al voto. Quando sono previste diverse classi di creditori, il concordato minore è approvato se la maggioranza dei crediti ammessi al voto è raggiunta anche nel maggior numero di classi. I creditori muniti di privilegio, pegno o ipoteca, dei quali la proposta prevede l'integrale pagamento, non sono computati ai fini del raggiungimento della maggioranza e non hanno diritto di esprimersi sulla proposta, salvo che non rinuncino in tutto o in parte al diritto di prelazione. I creditori soddisfatti parzialmente ai sensi dell'articolo 74, comma 3, sono equiparati ai chirografari per la parte residua del credito.[1]

2. Non sono ammessi al voto e non sono computati ai fini del raggiungimento delle maggioranze il coniuge, la parte dell'unione civile e il convivente di fatto del debitore di cui alla legge 20 maggio 2016, n. 76, i parenti e gli affini del debitore fino al quarto grado, la società che controlla la società debitrice, le società da questa controllate e quelle sottoposte a comune controllo, nonché i cessionari o aggiudicatari dei loro crediti da meno di un anno prima della domanda. Sono inoltre esclusi dal voto e dal computo delle maggioranze i creditori in conflitto d'interessi.[2]

3. In mancanza di comunicazione all'OCC nel termine assegnato, si intende che i creditori abbiano prestato consenso alla proposta nei termini in cui è stata loro trasmessa.

4. Salvo patto contrario, il concordato minore della società produce i suoi effetti anche per i soci illimitatamente responsabili.[2]

5. Il concordato minore non pregiudica i diritti dei creditori nei confronti dei coobbligati, fideiussori del debitore e obbligati in via di regresso, salvo che sia diversamente previsto.

[1] Comma così modif. dall'art. 12, D.lgs. 26 ott. 2020, n. 147.

[2] Comma così sost. dall'art. 12, D.lgs. 26 ott. 2020, n. 147.

80. ***Omologazione del concordato minore.*** — 1. Il giudice, verificati la ammissibilità giuridica e la fattibilità [economica][1] del piano e il raggiungimento della percentuale di cui all'articolo 79 in mancanza di contestazioni, omologa il concordato minore con sentenza, disponendo forme adeguate di pubblicità e, se necessario, la sua trascrizione.

2. Con la sentenza di omologazione, il giudice dichiara chiusa la procedura.

3. Quando uno dei creditori o qualunque altro interessato contesta la convenienza della proposta, il giudice, sentiti il debitore e l'OCC, omologa il concordato minore se ritiene che il credito dell'opponente possa essere soddisfatto dall'esecuzione del piano in misura non inferiore all'alternativa liquidatoria. Il giudice omologa altresì il concordato minore anche in mancanza di adesione da parte dell'amministrazione finanziariao degli enti gestori di forme di previdenza o assistenza obbligatorie quando l'adesione è determinante ai fini del raggiungimento della percentuale di cui all'articolo 79, comma 1 e, anche sulla base delle risultanze, sul punto, della specifica relazione dell'OCC, la proposta di soddisfacimento dell'amministrazione o degli enti gestori di forme di previdenza o assistenza obbligatorie è conveniente rispetto all'alternativa liquidatoria.[2]

4. Il creditore, anche dissenziente, che ha colpevolmente determinato la situazione di indebitamento o il suo aggravamento, non può presentare opposizione in sede di omologa per contestare la convenienza della proposta.[2]

5. Il giudice, se rigetta la domanda di omologa, dichiara con decreto motivato l'inefficacia delle misure protettive accordate e, su istanza del debitore, dichiara aperta la procedura di liquidazione controllata ai sensi degli articoli 268 e seguenti.

6. In caso di frode, l'istanza di cui al comma 5 può essere proposta anche da un creditore o dal pubblico ministero.

7. Il decreto è reclamabile ai sensi dell'articolo 50.

[1] Parola soppressa dall'art. 18, D.lgs. 17 giu. 2022, n. 83.

[2] Comma così sost. dall'art. 12, D.lgs. 26 ott. 2020, n. 147.

81. ***Esecuzione del concordato minore.***[1] — 1. Il debitore è tenuto a compiere ogni atto necessario a dare esecuzione al piano omologato. L'OCC vigila sull'esatto adempimento del concordato minore, risolve le eventuali difficoltà e, se necessario, le sottopone al giudice. Alle vendite e alle cessioni, se previste dal piano, provvede il debitore, tramite procedure competitive, anche avvalendosi di soggetti specializzati, sotto il controllo e con la collaborazione dell'OCC, sulla base di stime effettuate, salvo il caso di beni di modesto valore, da parte di operatori esperti, assicurando, con adeguate forme di pubblicità, la massima informazione e partecipazione degli interessati. Ogni sei mesi, l'OCC riferisce al giudice per iscritto sullo stato dell'esecuzione.

2. Il giudice, sentito l'OCC e verificata la conformità dell'atto dispositivo al piano, autorizza lo svincolo delle somme e ordina la cancellazione delle iscrizioni relative ai diritti di prelazione, della trascrizione dei pignoramenti, dei sequestri conservativi nonché di ogni altro vincolo, ivi compresa la trascrizione del decreto di apertura del concordato minore, effettuata ai sensi dell'articolo 78, comma 2, lettera *b*).

3. I pagamenti e gli atti dispositivi dei beni posti in essere in violazione del piano sono inefficaci rispetto ai creditori anteriori al momento in cui è stata eseguita la pubblicità di cui all'articolo 78, comma 2, lettera *a*).

4. Terminata l'esecuzione, l'OCC, sentito il debitore, presenta al giudice una relazione finale. Il giudice, se il piano è stato integralmente e correttamente eseguito, procede alla liquidazione del compenso all'OCC, tenuto conto di quanto eventualmente convenuto dall'organismo con il debitore, e ne autorizza il pagamento.

5. Quando il piano non è stato integralmente e correttamente eseguito, il giudice indica gli atti necessari per l'esecuzione del piano ed un termine per il loro compimento. Se le prescrizioni non sono adempiute nel termine, anche prorogato su istanza formulata dal debitore tramite l'OCC, il giudice revoca l'omologazione, osservate, in quanto compatibili, le disposizioni di cui all'articolo 82.

6. Nella liquidazione del compenso il giudice tiene conto della diligenza dell'OCC.

[1] Articolo così sost. dall'art. 12, D.lgs. 26 ott. 2020, n. 147.

82. ***Revoca dell'omologazione.***[1] — 1. Il giudice revoca l'omologazione d'ufficio o su istanza di un creditore, del pubblico ministero o di qualsiasi altro interessato, in contraddittorio con il debitore, quando è stato dolosamente o con colpa grave aumentato o diminuito il passivo, ovvero quando è stata sottratta o dissimulata una parte rilevante dell'attivo ovvero quando sono state dolosamente simulate attività inesistenti o quando risultano commessi altri atti diretti a frodare le ragioni dei creditori.

2. Il giudice provvede allo stesso modo in caso di

mancata esecuzione integrale del piano, fermo quanto previsto dall'articolo 81, comma 5, o qualora il piano sia divenuto inattuabile e non sia possibile modificarlo.

3. La domanda di revoca non può essere proposta e l'iniziativa da parte del tribunale non può essere assunta decorsi sei mesi dalla presentazione della relazione finale.

4. L'OCC è tenuto a segnalare al giudice ogni fatto rilevante ai fini della revoca dell'omologazione.

5. Sulla richiesta di revoca, il giudice sente le parti, anche mediante scambio di memorie scritte e provvede con sentenza reclamabile ai sensi dell'articolo 51.

6. La revoca dell'omologazione non pregiudica i diritti acquistati dai terzi in buona fede.

[1] Articolo così sost. dall'art. 12, D.lgs. 26 ott. 2020, n. 147.

83. ***Conversione in procedura liquidatoria.*** — 1. In ogni caso di revoca [o risoluzione][1] il giudice, su istanza del debitore, dispone la conversione in liquidazione controllata.

2. Se la revoca [o la risoluzione][1] consegue ad atti di frode o ad inadempimento, l'istanza di cui al comma 1 può essere proposta anche dai creditori o dal pubblico ministero.

3. In caso di conversione, il giudice concede termine al debitore per l'integrazione della documentazione e provvede ai sensi dell'articolo 270.

[1] Parole soppresse dall'art. 12, D.lgs. 26 ott. 2020, n. 147.

CAPO III

Concordato preventivo

SEZIONE I

Finalità e contenuti del concordato preventivo[1]

[1] Rubrica così sost. dall'art. 19, D.lgs. 17 giu. 2022, n. 83.

84. ***Finalità del concordato preventivo e tipologie di piano.***[1] — 1. L'imprenditore di cui all'articolo 121, che si trova in stato di crisi o di insolvenza, può proporre un concordato che realizzi, sulla base di un piano avente il contenuto di cui all'articolo 87, il soddisfacimento dei creditori in misura non inferiore a quella realizzabile in caso di liquidazione giudiziale mediante la continuità aziendale, la liquidazione del patrimonio, l'attribuzione delle attività ad un assuntore o in qualsiasi altra forma. Possono costituirsi come assuntori anche i creditori o società da questi partecipate. È fatto salvo il disposto dell'articolo 296.

2. La continuità aziendale tutela l'interesse dei creditori e preserva, nella misura possibile, i posti di lavoro. La continuità aziendale può essere diretta, con prosecuzione dell'attività d'impresa da parte dell'imprenditore che ha presentato la domanda di concordato, ovvero indiretta, se è prevista dal piano la gestione dell'azienda in esercizio o la ripresa dell'attività da parte di soggetto diverso dal debitore in forza di cessione, usufrutto, conferimento dell'azienda in una o più società, anche di nuova costituzione, ovvero in forza di affitto, anche stipulato anteriormente, purché in funzione della presentazione del ricorso, o a qualunque altro titolo.

3. Nel concordato in continuità aziendale i creditori vengono soddisfatti in misura anche non prevalente dal ricavato prodotto dalla continuità aziendale diretta o indiretta. La proposta di concordato prevede per ciascun creditore un'utilità specificamente individuata ed economicamente valutabile, che può consistere anche nella prosecuzione o rinnovazione di rapporti contrattuali con il debitore o con il suo avente causa.

4. Nel concordato con liquidazione del patrimonio la proposta prevede un apporto di risorse esterne che incrementi di almeno il 10 per cento l'attivo disponibile al momento della presentazione della domanda e assicuri il soddisfacimento dei creditori chirografari e dei creditori privilegiati degradati per incapienza in misura non inferiore al 20 per cento del loro ammontare complessivo. Le risorse esterne possono essere distribuite in deroga agli articoli 2740 e 2741 del codice civile purché sia rispettato il requisito del 20 per cento. Si considerano esterne le risorse apportate a qualunque titolo dai soci senza obbligo di restituzione o con vincolo di postergazione, di cui il piano prevede la diretta destinazione a vantaggio dei creditori concorsuali.

5. I creditori muniti di privilegio, pegno o ipoteca, possono essere soddisfatti anche non integralmente, purché in misura non inferiore a quella realizzabile in caso di liquidazione dei beni o dei diritti sui quali sussiste la causa di prelazione, al netto del presumibile ammontare delle spese di procedura inerenti al bene o diritto e della quota parte delle spese generali, attestato da professionista indipendente. La quota residua del credito è trattata come credito chirografario.

6. Nel concordato in continuità aziendale il valore di liquidazione è distribuito nel rispetto della graduazione delle cause legittime di prelazione; per il valore eccedente quello di liquidazione è sufficiente che i crediti inseriti in una classe ricevano complessivamente un trattamento almeno pari a quello delle classi dello stesso grado e più favorevole rispetto a quello delle classi di grado inferiore.

7. I crediti assistiti dal privilegio di cui all'articolo 2751-*bis*, n. 1, del codice civile sono soddisfatti, nel concordato in continuità aziendale, nel rispetto della graduazione delle cause legittime di prelazione sul valore di liquidazione e sul valore eccedente il valore di liquidazione. La proposta e il piano assicurano altresì il rispetto di quanto previsto dall'articolo 2116, primo comma, del codice civile.

8. Quando il piano prevede la liquidazione del patrimonio o la cessione dell'azienda e l'offerente non sia già individuato, il tribunale nomina un li-

quidatore che, anche avvalendosi di soggetti specializzati, compie le operazioni di liquidazione assicurandone l'efficienza e la celerità nel rispetto dei principi di pubblicità e trasparenza. Si applicano gli articoli da 2919 a 2929 del codice civile.

9. Quando il piano prevede l'offerta da parte di un soggetto individuato, avente ad oggetto l'affitto o il trasferimento in suo favore, anche prima dell'omologazione, dell'azienda o di uno o più rami d'azienda, il giudice provvede ai sensi dell'articolo 91, comma 1.

[1] Articolo così sost. dall'art. 19, D.lgs. 17 giu. 2022, n. 83.

85. ***Suddivisione dei creditori in classi.***[1] — 1. Il piano può prevedere la suddivisione dei creditori in classi con trattamenti differenziati tra creditori appartenenti a classi diverse.

2. La suddivisione dei creditori in classi è obbligatoria per i creditori titolari di crediti tributari o previdenziali dei quali non sia previsto l'integrale pagamento, per i creditori titolari di garanzie prestate da terzi, per i creditori che vengono soddisfatti anche in parte con utilità diverse dal denaro e per i creditori proponenti il concordato e per le parti ad essi correlate.

3. Nel concordato in continuità aziendale la suddivisione dei creditori in classi è in ogni caso obbligatoria. I creditori muniti di privilegio, pegno o ipoteca, interessati dalla ristrutturazione perché non ricorrono le condizioni di cui all'articolo 109, comma 5, sono suddivisi in classi e le imprese minori, titolari di crediti chirografari derivanti da rapporti di fornitura di beni e servizi, sono inserite in classi separate.

4. Fermo quanto previsto dall'articolo 84, commi 5, 6 e 7, il trattamento stabilito per ciascuna classe non può avere l'effetto di alterare l'ordine delle cause legittime di prelazione.

[1] Articolo così sost. dall'art. 19, D.lgs. 17 giu. 2022, n. 83.

86. ***Moratoria nel concordato in continuità.***[1] — 1. Fermo quanto previsto nell'articolo 109, il piano può prevedere una moratoria per il pagamento dei creditori muniti di privilegio, pegno o ipoteca, salvo che sia prevista la liquidazione dei beni o diritti sui quali sussiste la causa di prelazione. Per i creditori assistiti dal privilegio previsto dall'articolo 2751-*bis*, n. 1, del codice civile può essere prevista una moratoria per il pagamento fino a sei mesi dall'omologazione.

[1] Articolo così sost. dall'art. 19, D.lgs. 17 giu. 2022, n. 83.

87. ***Contenuto del piano di concordato.***[1] — 1. Il debitore presenta, con la proposta di concordato e unitamente alla documentazione prevista dall'articolo 39, un piano contenente:

a) l'indicazione del debitore e delle eventuali parti correlate, le sue attività e passività al momento della presentazione del piano e la descrizione della situazione economico-finanziaria dell'impresa e della posizione dei lavoratori;

b) una descrizione delle cause e dell'entità dello stato di crisi o di insolvenza in cui si trova e l'indicazione delle strategie d'intervento;

c) il valore di liquidazione del patrimonio, alla data della domanda di concordato, in ipotesi di liquidazione giudiziale;

d) le modalità di ristrutturazione dei debiti e di soddisfazione dei crediti attraverso qualsiasi forma, anche mediante cessione dei beni, accollo, o altre operazioni straordinarie, ivi compresa l'attribuzione ai creditori, nonché a società da questi partecipate, di azioni, quote, ovvero obbligazioni, anche convertibili in azioni, o altri strumenti finanziari e titoli di debito;

e) la descrizione analitica delle modalità e dei tempi di adempimento della proposta nonché, in caso di concordato in continuità, il piano industriale con l'indicazione degli effetti sul piano finanziario e dei tempi necessari per assicurare il riequilibrio della situazione finanziaria;

f) ove sia prevista la prosecuzione dell'attività d'impresa in forma diretta, l'analitica individuazione dei costi e dei ricavi attesi, del fabbisogno finanziario e delle relative modalità di copertura, tenendo conto anche dei costi necessari per assicurare il rispetto della normativa in materia di sicurezza sul lavoro e di tutela dell'ambiente;

g) gli apporti di finanza nuova eventualmente previsti e le ragioni per cui sono necessari per l'attuazione del piano;

h) le azioni risarcitorie e recuperatorie esperibili nonché le azioni eventualmente proponibili solo nel caso di apertura della procedura di liquidazione giudiziale e le prospettive di realizzo;

i) le iniziative da adottare qualora si verifichi uno scostamento dagli obiettivi pianificati;

l) le parti interessate dal piano, indicate individualmente o descritte per categorie di debiti, e l'ammontare dei relativi crediti e interessi, con indicazione dell'ammontare eventualmente contestato;

m) le classi in cui le parti interessate sono state suddivise ai fini del voto, con indicazione dei criteri di formazione utilizzati, del valore dei rispettivi crediti e degli interessi di ciascuna classe;

n) le eventuali parti non interessate dal piano, indicate individualmente o descritte per categorie di debiti, unitamente a una descrizione dei motivi per i quali non sono interessate;

o) le modalità di informazione e consultazione dei rappresentanti dei lavoratori nonché gli effetti della ristrutturazione sui rapporti di lavoro, sulla loro organizzazione o sulle modalità di svolgimento delle prestazioni;

p) l'indicazione del commissario giudiziale ove già nominato.

2. Nella domanda il debitore indica le ragioni per cui la proposta concordataria è preferibile rispetto alla liquidazione giudiziale.

3. Il debitore deposita, con la domanda, la relazione di un professionista indipendente, che attesti

la veridicità dei dati aziendali e la fattibilità del piano e, in caso di continuità aziendale, che il piano è atto a impedire o superare l'insolvenza del debitore, a garantire la sostenibilità economica dell'impresa e a riconoscere a ciascun creditore un trattamento non deteriore rispetto a quello che riceverebbe in caso di liquidazione giudiziale. Analoga relazione deve essere presentata nel caso di modifiche sostanziali della proposta o del piano.

[1] Articolo così sost. dall'art. 19, D.lgs. 17 giu. 2022, n. 83.

88. ***Trattamento dei crediti tributari e contributivi.*** — 1. Fermo restando quanto previsto, per il concordato in continuità aziendale, dall'articolo 112, comma 2, con il piano di concordato il debitore, esclusivamente mediante proposta presentata ai sensi del presente articolo, può proporre il pagamento, parziale o anche dilazionato, dei tributi e dei relativi accessori amministrati dalle agenzie fiscali, nonché dei contributi amministrati dagli enti gestori di forme di previdenza, assistenza e assicurazione per l'invalidità, la vecchiaia e i superstiti obbligatorie e dei relativi accessori, se il piano ne prevede la soddisfazione in misura non inferiore a quella realizzabile, in ragione della collocazione preferenziale, sul ricavato in caso di liquidazione, avuto riguardo al valore di mercato attribuibile ai beni o ai diritti sui quali sussiste la causa di prelazione, indicato nella relazione di un professionista indipendente. Se il credito tributario e contributivo è assistito da privilegio, la percentuale, i tempi di pagamento e le eventuali garanzie non possono essere inferiori o meno vantaggiosi rispetto a quelli offerti ai creditori che hanno un grado di privilegio inferiore o a quelli che hanno una posizione giuridica e interessi economici omogenei a quelli delle agenzie e degli enti gestori di forme di previdenza e assistenza obbligatorie. Se il credito tributario o contributivo ha natura chirografaria, anche a seguito di degradazione per incapienza, il trattamento non può essere differenziato rispetto a quello degli altri crediti chirografari ovvero, nel caso di suddivisione in classi, dei crediti rispetto ai quali è previsto un trattamento più favorevole.[1]

2. L'attestazione del professionista indipendente, relativamente ai crediti tributari e contributivi, ha ad oggetto anche la convenienza del trattamento proposto rispetto alla liquidazione giudiziale e, nel concordato in continuità aziendale, la sussistenza di un trattamento non deteriore.[1]

2-*bis*. Il tribunale omologa il concordato preventivo anche in mancanza di adesione da parte dell'amministrazione finanziaria o degli enti gestori di forme di previdenza o assistenza obbligatorie quando l'adesione è determinante ai fini del raggiungimento delle percentuali di cui all'articolo 109, comma 1, e, anche sulla base delle risultanze della relazione del professionista indipendente, la proposta di soddisfacimento della predetta amministrazione o degli enti gestori di forme di previdenza o assistenza obbligatorie è conveniente o non deteriore rispetto all'alternativa liquidatoria.[2]

3. Copia della proposta e della relativa documentazione, contestualmente al deposito presso il tribunale, deve essere presentata al competente agente della riscossione e agli altri uffici competenti sulla base dell'ultimo domicilio fiscale del debitore, unitamente alla copia delle dichiarazioni fiscali per le quali non è pervenuto l'esito dei controlli automatici nonché delle dichiarazioni integrative relative al periodo fino alla data di presentazione della domanda. L'agente della riscossione, non oltre trenta giorni dalla data della presentazione, deve trasmettere al debitore una certificazione attestante l'entità del debito iscritto a ruolo scaduto o sospeso. Gli uffici, nello stesso termine, devono procedere alla liquidazione dei tributi risultanti dalle dichiarazioni e alla notifica dei relativi avvisi di irregolarità, unitamente a una certificazione attestante l'entità del debito derivante da atti di accertamento, ancorché non definitivi, per la parte non iscritta a ruolo, nonché dai ruoli vistati, ma non ancora consegnati all'agente della riscossione. Dopo la nomina del commissario giudiziale copia dell'avviso di irregolarità e delle certificazioni deve essergli trasmessa per gli adempimenti previsti dagli articoli 105, comma 1, e 106. In particolare, per i tributi amministrati dall'Agenzia delle dogane e dei monopoli, l'ufficio competente a ricevere copia della domanda con la relativa documentazione prevista al primo periodo, nonché a rilasciare la certificazione di cui al terzo periodo, si identifica con l'ufficio che ha notificato al debitore gli atti di accertamento.[3]

4. Relativamente al credito tributario chirografario complessivo, il voto sulla proposta concordataria è espresso dall'ufficio, previo parere conforme della competente direzione regionale.

5. Il voto è espresso dall'agente della riscossione limitatamente agli oneri di riscossione di cui all'articolo 17 del decreto legislativo 13 aprile 1999, n. 112.

[1] Comma così modif. dall'art. 19, D.lgs. 17 giu. 2022, n. 83.

[2] Comma ins. dall'art. 19, D.lgs. 17 giu. 2022, n. 83.

[3] Comma così modif. dall'art. 13, D.lgs. 26 ott. 2020, n. 147.

89. ***Riduzione o perdita del capitale della società in crisi.*** — 1. Dalla data del deposito della domanda e sino all'omologazione non si applicano gli articoli 2446, commi secondo e terzo, 2447, 2482-*bis*, commi quarto, quinto e sesto, e 2482-*ter* del codice civile. Per lo stesso periodo non opera la causa di scioglimento della società per riduzione o perdita del capitale sociale di cui agli articoli 2484, n. 4, e 2545-*duodecies* del codice civile.

2. Resta ferma, per il periodo anteriore al deposito delle domande e della proposta di cui al comma 1, l'applicazione dell'articolo 2486 del codice civile.

90. *Proposte concorrenti.* — 1. Colui o coloro che, anche per effetto di acquisti successivi alla domanda di concordato, rappresentano almeno il dieci per cento dei crediti risultanti dalla situazione patrimoniale depositata dal debitore, possono presentare una proposta concorrente di concordato preventivo e il relativo piano non oltre trenta giorni prima della data iniziale stabilita per la votazione dei creditori.

2. Ai fini del computo della percentuale del dieci per cento, non si considerano i crediti della società che controlla la società debitrice, delle società da questa controllate e di quelle sottoposte a comune controllo.

3. La proposta concorrente non può essere presentata dal debitore, neppure per interposta persona, dal coniuge, dalla parte di un'unione civile tra persone dello stesso sesso o dal convivente di fatto del debitore, da parenti e affini entro il quarto grado e da parti correlate.

4. La relazione di cui all'articolo 87, comma 3, può essere limitata alla fattibilità del piano per gli aspetti che non siano già oggetto di verifica da parte del commissario giudiziale, e può essere omessa se non ve ne sono.[1]

5. Le proposte di concordato concorrenti non sono ammissibili se nella relazione di cui all'articolo 87, comma 3, il professionista indipendente attesta che la proposta di concordato del debitore assicura il pagamento di almeno il trenta per cento dell'ammontare dei crediti chirografari. Tale percentuale è ridotta al 20 per cento nel caso in cui il debitore abbia utilmente avviato la composizione negoziata ai sensi dell'articolo 13.[1]

6. La proposta può prevedere l'intervento di terzi e, se il debitore ha la forma di società per azioni o a responsabilità limitata, un aumento di capitale della società con esclusione o limitazione del diritto d'opzione.

7. La proposta concorrente prima di essere comunicata ai creditori, deve essere sottoposta al giudizio del tribunale che verifica la correttezza dei criteri di formazione delle classi.

8. Le proposte di concordato, ivi compresa quella presentata dal debitore, possono essere modificate fino a venti giorni prima della votazione dei creditori.

[1] Comma così modif. dall'art. 19, D.lgs. 17 giu. 2022, n. 83.

91. *Offerte concorrenti.* — 1. Il tribunale o il giudice da esso delegato, esclusivamente quando il piano di concordato comprende un'offerta irrevocabile da parte di un soggetto già individuato e avente ad oggetto il trasferimento in suo favore, anche prima dell'omologazione, verso un corrispettivo in denaro o comunque a titolo oneroso, dell'azienda o di uno o più rami d'azienda o di specifici beni, dispone che dell'offerta stessa sia data idonea pubblicità al fine di acquisire offerte concorrenti. La stessa disciplina si applica in caso di affitto d'azienda.[1]

2. La medesima disciplina si applica quando, prima dell'apertura della procedura di concordato, il debitore ha stipulato un contratto che comunque abbia la finalità del trasferimento non immediato dell'azienda, del ramo d'azienda o di specifici beni aziendali.

3. Se pervengono manifestazioni di interesse, il tribunale o il giudice da esso delegato, dispone con decreto l'apertura della procedura competitiva.

4. Il decreto di cui al comma 3 stabilisce le modalità di presentazione di offerte irrevocabili, prevedendo che ne sia assicurata in ogni caso la comparabilità, i requisiti di partecipazione degli offerenti, le forme e i tempi di accesso alle informazioni rilevanti, gli eventuali limiti al loro utilizzo e le modalità con cui il commissario deve fornirle a coloro che ne fanno richiesta, le modalità di svolgimento della procedura competitiva, l'aumento minimo del corrispettivo che le offerte devono prevedere, le garanzie che devono essere prestate dagli offerenti, le forme di pubblicità e la data dell'udienza per l'esame delle offerte se la vendita avviene davanti al giudice.

5. La pubblicità è in ogni caso disposta sul portale delle vendite pubbliche di cui all'articolo 490 del codice di procedura civile, nelle forme di pubblicità di cui al predetto articolo per quanto compatibili.

6. Le offerte, da presentarsi in forma segreta, non sono efficaci se non conformi a quanto previsto dal decreto e, in ogni caso, quando sottoposte a condizione.

7. Le offerte sono rese pubbliche nel giorno stabilito per la gara alla presenza degli offerenti e di qualunque interessato. Se sono state presentate più offerte migliorative, si procede alla gara tra gli offerenti. La gara deve concludersi almeno venti giorni prima della data fissata per il voto dei creditori, anche quando il piano prevede che la vendita o l'aggiudicazione abbia luogo dopo l'omologazione.

8. Con la vendita o con l'aggiudicazione, se precedente, a soggetto diverso dall'originario offerente indicato nel piano, questi e il debitore sono liberati dalle obbligazioni reciprocamente assunte. In favore dell'originario offerente il commissario dispone il rimborso delle spese e dei costi sostenuti per la formulazione dell'offerta entro il limite massimo del tre per cento del prezzo in essa indicato.

9. Il debitore modifica la proposta ed il piano in conformità all'esito della gara.

10. Nel caso in cui, indetta la gara, non vengano presentate offerte, l'originario offerente rimane vincolato nei termini di cui all'offerta indicata al comma 1.

11. Il presente articolo si applica, in quanto compatibile, nel caso in cui il debitore abbia chiesto l'assegnazione del termine previsto dall'articolo 44, comma 1, lettera *a*).

[1] Comma così sost. dall'art. 13, D.lgs. 26 ott. 2020, n. 147.

SEZIONE II
Organi e amministrazione

92. ***Commissario giudiziale.*** — 1. Il commissario giudiziale è, per quanto attiene all'esercizio delle sue funzioni, pubblico ufficiale.

2. Si applicano al commissario giudiziale gli articoli 125, 126, 133, 134, 135, 136 e 137, in quanto compatibili, nonché le disposizioni di cui agli articoli 35, comma 4-*bis*, e 35.1 del decreto legislativo 6 settembre 2011, n. 159; si osservano altresì le disposizioni di cui all'articolo 35.2 del predetto decreto.[1]

3. Il commissario giudiziale vigila sull'attività del debitore e fornisce ai creditori che ne fanno richiesta, valutata la congruità della stessa e previa assunzione di opportuni obblighi di riservatezza, le informazioni utili per la presentazione di proposte concorrenti, sulla base delle scritture contabili e fiscali obbligatorie del debitore, nonché ogni altra informazione rilevante in suo possesso. Nel concordato in continuità aziendale, nel termine concesso ai sensi dell'articolo 44, comma 1, lettera *a*), il commissario giudiziale, se richiesto o in caso di concessione delle misure protettive di cui all'articolo 54, comma 2, affianca il debitore e i creditori nella negoziazione del piano formulando, ove occorra, suggerimenti per la sua redazione.[2]

4. La disciplina di cui al comma 3 si applica anche in caso di richieste, da parte di creditori o di terzi, di informazioni utili per la presentazione di offerte concorrenti.

5. Il commissario giudiziale comunica senza ritardo al pubblico ministero i fatti che possono interessare ai fini delle indagini preliminari in sede penale e dei quali viene a conoscenza nello svolgimento delle sue funzioni.

[1] Comma così modif. dall'art. 14, D.lgs. 26 ott. 2020, n. 147, e dall'art. 20, D.lgs. 17 giu. 2022, n. 83.

[2] Comma così sost. dall'art. 20, D.lgs. 17 giu. 2022, n. 83.

93. ***Pubblicità del decreto.*** — 1. Se il debitore possiede beni immobili o altri beni soggetti a pubblica registrazione, il decreto di apertura è trascritto nei pubblici registri a cura del commissario giudiziale.

SEZIONE III
Effetti della presentazione
della domanda di concordato preventivo

94. ***Effetti della presentazione della domanda di concordato.*** — 1. Dalla data di presentazione della domanda di accesso al concordato preventivo e fino all'omologazione, il debitore conserva l'amministrazione dei suoi beni e l'esercizio dell'impresa, sotto la vigilanza del commissario giudiziale.

2. Fermo il disposto dell'articolo 46, i mutui, anche sotto forma cambiaria, le transazioni, i compromessi, le alienazioni di beni immobili e di partecipazioni societarie di controllo, le concessioni di ipoteche o di pegno, le fideiussioni, le rinunzie alle liti, le ricognizioni di diritti di terzi, le cancellazioni di ipoteche, le restituzioni di pegni, le accettazioni di eredità e di donazioni e in genere gli atti eccedenti l'ordinaria amministrazione, compiuti senza l'autorizzazione del giudice delegato, sono inefficaci rispetto ai creditori anteriori al concordato.

3. L'autorizzazione può essere concessa prima dell'omologazione, sentito il commissario giudiziale, se l'atto è funzionale al miglior soddisfacimento dei creditori.[1]

4. Con decreto, il tribunale può stabilire un limite di valore al di sotto del quale non è dovuta l'autorizzazione di cui al comma 2.

5. L'alienazione e l'affitto di azienda, di rami di azienda e di specifici beni autorizzati ai sensi del comma 2, sono effettuate tramite procedure competitive, previa stima ed adeguata pubblicità.

6. Il tribunale, in caso di urgenza, sentito il commissario giudiziale, può autorizzare gli atti previsti al comma 5 senza far luogo a pubblicità e alle procedure competitive quando può essere compromesso irreparabilmente l'interesse dei creditori al miglior soddisfacimento. Del provvedimento e del compimento dell'atto deve comunque essere data adeguata pubblicità e comunicazione ai creditori.[2]

[1] Comma così modif. dall'art. 15, D.lgs. 26 ott. 2020, n. 147.

[2] Comma così sost. dall'art. 15, D.lgs. 26 ott. 2020, n. 147.

94-*bis*. ***Disposizioni speciali per i contratti pendenti nel concordato in continuità aziendale.***[1] — 1. I creditori non possono, unilateralmente, rifiutare l'adempimento dei contratti in corso di esecuzione o provocarne la risoluzione, né possono anticiparne la scadenza o modificarli in danno dell'imprenditore per il solo fatto del deposito della domanda di accesso al concordato in continuità aziendale, dell'emissione del decreto di apertura di cui all'articolo 47 e della concessione delle misure protettive o cautelari. Sono inefficaci eventuali patti contrari.

2. Fermo quanto previsto dal comma 1, i creditori interessati dalle misure protettive concesse ai sensi dell'articolo 54, comma 2, non possono, unilateralmente, rifiutare l'adempimento dei contratti essenziali in corso di esecuzione o provocarne la risoluzione, né possono anticiparne la scadenza o modificarli in danno dell'imprenditore per il solo fatto del mancato pagamento di crediti anteriori rispetto alla presentazione della domanda di accesso al concordato preventivo in continuità aziendale. Sono essenziali i contratti necessari per la continuazione della gestione corrente dell'impresa, inclusi i contratti relativi alle forniture la cui interruzione impedisce la prosecuzione dell'attività del debitore.

[1] Articolo ins. dall'art. 21, D.lgs. 17 giu. 2022, n. 83.

95. ***Disposizioni speciali per i contratti con le pubbliche amministrazioni.*** — 1. Fermo quanto previsto nell'articolo 97, i contratti in corso di esecuzione, stipulati con pubbliche amministrazioni, non si risolvono per effetto del deposito della domanda di concordato. Sono inefficaci eventuali patti contrari.

2. Il deposito della domanda di accesso al concordato preventivo non impedisce la continuazione di contratti con le pubbliche amministrazioni, se il professionista indipendente ha attestato la conformità al piano, ove predisposto, e la ragionevole capacità di adempimento. Di tale continuazione può beneficiare, in presenza dei requisiti di legge, anche la società cessionaria o conferitaria d'azienda o di rami d'azienda cui i contratti siano trasferiti, purché in possesso dei requisiti per la partecipazione alla gara e per l'esecuzione del contratto. Il giudice delegato, all'atto della cessione o del conferimento, dispone la cancellazione delle iscrizioni e trascrizioni. Le disposizioni del presente comma si applicano anche nell'ipotesi in cui l'impresa sia stata ammessa al concordato liquidatorio quando il professionista indipendente attesta che la continuazione è necessaria per la migliore liquidazione dell'azienda in esercizio.

3. Successivamente al deposito della domanda di cui all'articolo 40, la partecipazione a procedure di affidamento di contratti pubblici deve essere autorizzata dal tribunale, e, dopo il decreto di apertura, dal giudice delegato, acquisito il parere del commissario giudiziale ove già nominato.

4. L'autorizzazione consente la partecipazione alla gara previo deposito di una relazione del professionista indipendente che attesta la conformità al piano, ove predisposto, e la ragionevole capacità di adempimento del contratto.

5. Fermo quanto previsto dal comma 4, l'impresa in concordato può concorrere anche riunita in raggruppamento temporaneo di imprese, purché non rivesta la qualità di mandataria e sempre che nessuna delle altre imprese aderenti al raggruppamento sia assoggettata ad una procedura concorsuale.

96. ***Norme applicabili dalla data di deposito della domanda di accesso al concordato preventivo.*** — 1. Si applicano, con riferimento alla data di presentazione della domanda di accesso al concordato preventivo, le disposizioni degli articoli 145, nonché da 153 a 162.

97. ***Contratti pendenti.***[1] — 1. Salvo quanto previsto dall'articolo 91, comma 2, i contratti ancora ineseguiti o non compiutamente eseguiti nelle prestazioni principali da entrambe le parti alla data del deposito della domanda di accesso al concordato preventivo, proseguono anche durante il concordato. Sono inefficaci eventuali patti contrari. Il debitore può chiedere, con autonoma istanza, l'autorizzazione alla sospensione o allo scioglimento di uno o più contratti, se la prosecuzione non è coerente con le previsioni del piano né funzionale alla sua esecuzione. Il debitore, unitamente all'istanza, deposita la prova della sua avvenuta notificazione alla controparte.

2. L'istanza di sospensione può essere depositata contestualmente o successivamente al deposito della domanda di accesso al concordato; la richiesta di scioglimento può essere depositata solo quando sono presentati anche il piano e la proposta.

3. Salvo quanto previsto al comma 4, con l'istanza il debitore propone anche una quantificazione dell'indennizzo dovuto alla controparte della quale si tiene conto nel piano per la determinazione del fabbisogno concordatario.

4. La controparte può opporsi alla richiesta del debitore depositando una memoria scritta entro sette giorni dall'avvenuta notificazione dell'istanza.

5. Decorso il termine di cui al comma 4, fino al deposito del decreto di apertura previsto dall'articolo 47, provvede sull'istanza, con decreto motivato e reclamabile, il tribunale. Dopo il decreto di apertura, provvede il giudice delegato.

6. La sospensione o lo scioglimento del contratto hanno effetto dalla data della notificazione del provvedimento autorizzativo all'altro contraente effettuata a cura del debitore. Tra la data della notificazione dell'istanza di sospensione o di scioglimento e la data della notificazione del provvedimento autorizzativo la controparte non può esigere dal debitore la prestazione dovuta né invocare la risoluzione di diritto del contratto per il mancato adempimento di obbligazioni con scadenza successiva al deposito della domanda di accesso al concordato preventivo.

7. La sospensione richiesta prima del deposito della proposta e del piano non può essere autorizzata per una durata eccedente il termine concesso dal tribunale ai sensi dell'articolo 44, comma 1, lettera a). Quando siano stati presentati proposta e piano, la sospensione può essere autorizzata anche per una durata ulteriore, che comunque non può essere superiore a trenta giorni dalla data del decreto di apertura, non ulteriormente prorogabile.

8. Lo scioglimento del contratto non si estende alla clausola compromissoria in esso contenuta.

9. Nel caso in cui sia autorizzata la sospensione o lo scioglimento, il contraente ha diritto a un indennizzo equivalente al risarcimento del danno conseguente al mancato adempimento.

10. In caso di mancato accordo sulla misura dell'indennizzo la sua determinazione è rimessa al giudice ordinariamente competente. Il giudice delegato provvede alla quantificazione del credito ai soli fini del voto e del calcolo delle maggioranze ai sensi dell'articolo 109.

11. L'indennizzo è soddisfatto come credito chirografario anteriore al concordato, ferma restando la prededuzione del credito conseguente a eventuali prestazioni eseguite legalmente e in confor-

mità agli accordi o agli usi negoziali dopo la pubblicazione della domanda di accesso al concordato e prima della notificazione di cui al comma 6.

12. In caso di scioglimento del contatto di locazione finanziaria, il concedente ha diritto alla restituzione del bene ed è tenuto a versare al debitore quanto ricavato dalla vendita o da altra collocazione del bene, effettuata ai valori di mercato, dedotta una somma pari all'ammontare dei canoni scaduti e non pagati fino alla data dello scioglimento, dei canoni a scadere, solo in linea capitale, e del prezzo pattuito per l'esercizio dell'opzione finale di acquisto, nonché le spese anticipate per il recupero del bene, la stima e la sua conservazione per il tempo necessario alla vendita. La somma versata al debitore a norma del primo periodo è acquisita alla procedura. Quando il valore realizzato con la vendita o altra collocazione del bene è inferiore all'ammontare dell'importo dovuto al concedente, questi ha diritto di far valere il diritto di credito per la differenza nei confronti del debitore come credito anteriore al concordato. La vendita o l'allocazione sono effettuate secondo i criteri e le modalità di cui all'articolo 1, comma 139, della legge 4 agosto 2017, n. 124.

13. Le disposizioni del presente articolo non si applicano ai rapporti di lavoro subordinato, nonché ai contratti di cui agli articoli 173, comma 3, 176 e 185, comma 1.

14. Nel contratto di finanziamento bancario costituisce prestazione principale ai sensi del comma 1 anche la riscossione diretta da parte del finanziatore nei confronti dei terzi debitori della parte finanziata. In caso di scioglimento, il finanziatore ha diritto di riscuotere e trattenere le somme corrisposte dai terzi debitori fino al rimborso integrale delle anticipazioni effettuate nel periodo compreso tra i centoventi giorni antecedenti il deposito della domanda di accesso di cui all'articolo 40 e la notificazione di cui al comma 6.

[1] Articolo così sost. dall'art. 15, D.lgs. 26 ott. 2020, n. 147.

98. ***Prededuzione nel concordato preventivo.*** — 1. I crediti prededucibili sono soddisfatti durante la procedura alla scadenza prevista dalla legge o dal contratto.

99. ***Finanziamenti prededucibili autorizzati prima dell'omologazione del concordato preventivo o di accordi di ristrutturazione dei debiti.***[1] — 1. Il debitore, anche con la domanda di accesso di cui agli articoli 40 e 44 e nei casi previsti dagli articoli 57, 60, 61 e 87, quando è prevista la continuazione dell'attività aziendale, anche se unicamente in funzione della liquidazione, può chiedere con ricorso al tribunale di essere autorizzato, anche prima del deposito della documentazione che deve essere allegata alla domanda, a contrarre finanziamenti in qualsiasi forma, compresa la richiesta di emissione di garanzie, prededucibili, funzionali all'esercizio dell'attività aziendale sino all'omologa del concordato preventivo o degli accordi di ristrutturazione dei debiti ovvero all'apertura e allo svolgimento di tali procedure e in ogni caso funzionali alla miglior soddisfazione dei creditori.

2. Il ricorso deve specificare la destinazione dei finanziamenti, che il debitore non è in grado di reperirli altrimenti e indicare le ragioni per cui l'assenza di tali finanziamenti determinerebbe grave pregiudizio per l'attività aziendale o per il prosieguo della procedura. Il ricorso deve essere accompagnato dalla relazione di un professionista indipendente che attesti la sussistenza dei requisiti di cui al comma 1, nonché che i finanziamenti sono funzionali alla migliore soddisfazione dei creditori. La relazione non è necessaria quando il tribunale ravvisa l'urgenza di provvedere per evitare un danno grave ed irreparabile all'attività aziendale.

3. Il tribunale, assunte sommarie informazioni, sentito il commissario giudiziale e, se lo ritiene opportuno, sentiti senza formalità i principali creditori, decide in camera di consiglio con decreto motivato entro dieci giorni dal deposito dell'istanza di autorizzazione.

4. Il tribunale può autorizzare il debitore a concedere pegno o ipoteca o a cedere crediti a garanzia dei finanziamenti autorizzati.

5. Le disposizioni di cui ai commi da 1 a 4 si applicano anche ai finanziamenti erogati in funzione della presentazione della domanda di ammissione alla procedura di concordato preventivo o della domanda di omologazione di accordi di ristrutturazione dei debiti, quando i finanziamenti sono previsti dal relativo piano e purché la prededuzione sia espressamente disposta nel provvedimento con cui il tribunale accoglie la domanda di ammissione al concordato preventivo ovvero gli accordi di ristrutturazione siano omologati.

6. In caso di successiva apertura della procedura di liquidazione giudiziale, i finanziamenti autorizzati non beneficiano della prededuzione quando risulta congiuntamente che:

a) il ricorso o l'attestazione di cui al comma 2 contengono dati falsi ovvero omettono informazioni rilevanti o comunque quando il debitore ha commesso altri atti in frode ai creditori per ottenere l'autorizzazione;

b) il curatore dimostra che i soggetti che hanno erogato i finanziamenti, alla data dell'erogazione, conoscevano le circostanze di cui alla lettera *a*).

[1] Articolo così sost. dall'art. 15, D.lgs. 26 ott. 2020, n. 147.

100. ***Autorizzazione al pagamento di crediti pregressi.*** — 1. Il debitore che presenta domanda di concordato ai sensi degli articoli 44 e 87, quando è prevista la continuazione dell'attività aziendale, può chiedere al tribunale di essere autorizzato, assunte se del caso sommarie informazioni, a pagare crediti anteriori per prestazioni di beni o servizi, se un professionista indipendente attesta che tali prestazioni sono essenziali per la prosecuzione dell'attività di impresa e funzionali ad assicurare la migliore soddisfazione dei creditori. L'attestazione del professionista non è necessaria per pagamenti effettuati fino a concorrenza dell'ammontare di nuove risorse finanziarie che vengano apportate al debitore senza obbligo di restituzione o con obbligo di restituzione postergato alla soddisfazione dei creditori. Il tribunale può autorizzare, alle medesime condizioni, il pagamento delle retribuzioni dovute per le mensilità antecedenti il deposito del ricorso ai lavoratori addetti all'attività di cui è prevista la continuazione.[1]

2. Quando è prevista la continuazione dell'attività aziendale, la disciplina di cui al comma 1 si applica, in deroga al disposto dell'articolo 154, comma 2, al rimborso, alla scadenza convenuta, delle rate a scadere del contratto di mutuo con garanzia reale gravante su beni strumentali all'esercizio dell'impresa se il debitore, alla data della presentazione della domanda di concordato, ha adempiuto le proprie obbligazioni o se il tribunale lo autorizza al pagamento del debito per capitale ed interessi scaduto a tale data. Il professionista indipendente attesta anche che il credito garantito potrebbe essere soddisfatto integralmente con il ricavato della liquidazione del bene effettuata a valore di mercato e che il rimborso delle rate a scadere non lede i diritti degli altri creditori.

[1] Comma così modif. dall'art. 21, D.lgs. 17 giu. 2022, n. 83.

101. ***Finanziamenti prededucibili in esecuzione di un concordato preventivo o di accordi di ristrutturazione dei debiti.*** — 1. Quando è prevista la continuazione dell'attività aziendale, i crediti derivanti da finanziamenti in qualsiasi forma effettuati, ivi compresa l'emissione di garanzie, in esecuzione di un concordato preventivo ovvero di accordi di ristrutturazione dei debiti omologati ed espressamente previsti nel piano ad essi sottostante sono prededucibili.

2. In caso di successiva ammissione del debitore alla procedura di liquidazione giudiziale, i predetti finanziamenti non beneficiano della prededuzione quando il piano di concordato preventivo o dell'accordo di ristrutturazione dei debiti risulta, sulla base di una valutazione da riferirsi al momento del deposito, basato su dati falsi o sull'omissione di informazioni rilevanti o il debitore ha compiuto atti in frode ai creditori e il curatore dimostra che i soggetti che hanno erogato i finanziamenti, alla data dell'erogazione, conoscevano tali circostanze.

102. ***Finanziamenti prededucibili dei soci.*** — 1. In deroga agli articoli 2467 e 2497-*quinquies* del codice civile, il beneficio della prededuzione previsto agli articoli 99 e 101 si applica ai finanziamenti erogati dai soci in qualsiasi forma, inclusa l'emissione di garanzie e controgaranzie, fino all'ottanta per cento del loro ammontare.

2. Il medesimo beneficio opera per l'intero ammontare dei finanziamenti qualora il finanziatore abbia acquisito la qualità di socio in esecuzione del concordato preventivo o degli accordi di ristrutturazione dei debiti.

SEZIONE IV
Provvedimenti immediati

103. ***Scritture contabili.*** — 1. Il commissario giudiziale, immediatamente dopo il decreto di apertura del concordato preventivo, ne fa annotazione sotto l'ultima scrittura dei libri presentati.

2. I libri sono restituiti al debitore, che deve tenerli a disposizione del giudice delegato e del commissario giudiziale.

104. ***Convocazione dei creditori.*** — 1. Il commissario giudiziale deve procedere alla verifica dell'elenco dei creditori e dei debitori sulla scorta delle scritture contabili, apportando le necessarie rettifiche.

2. Il commissario giudiziale provvede a comunicare ai creditori a mezzo posta elettronica certificata, se il destinatario ha un indirizzo digitale e, in ogni altro caso, a mezzo lettera raccomandata spedita presso la sede dell'impresa o la residenza del creditore, il piano e un avviso contenente la data iniziale e finale del voto dei creditori, la proposta del debitore, il decreto di apertura, il suo indirizzo di posta elettronica certificata, l'invito ad indicare un indirizzo di posta elettronica certificata oppure un servizio elettronico di recapito certificato qualificato di cui all'articolo 1, comma 1-*ter* del Codice dell'amministrazione digitale di cui al decreto legislativo 7 marzo 2005, n. 82, le cui variazioni è onere comunicare al commissario. Nello stesso avviso è contenuto l'avvertimento di cui all'articolo 200, comma 1, lettera *c*). Tutte le successive comunicazioni ai creditori sono effettuate dal commissario a mezzo posta elettronica certificata.[1]

3. Quando, nel termine di quindici giorni dalla comunicazione dell'avviso, non è comunicato l'indirizzo di cui all'invito previsto dal comma 2 e nei casi di mancata consegna del messaggio di posta elettronica certificata per cause imputabili al destinatario, le comunicazioni si eseguono esclusivamente mediante deposito in cancelleria. Si applica l'articolo 10, comma 3.

4. Quando la comunicazione prevista dal comma 2 è sommamente difficile per il rilevante numero dei creditori o per la difficoltà di identificarli tutti, il tribunale, sentito il commissario giudiziale, può dare l'autorizzazione prevista dall'articolo 242.

5. Se vi sono obbligazionisti, il termine per la votazione deve essere raddoppiato. La data iniziale e finale stabilita per il voto è in ogni caso comunicata al rappresentante comune degli obbligazionisti.

[1] Comma così modif. dall'art. 22, D.lgs. 17 giu. 2022, n. 83.

105. ***Operazioni e relazione del commissario.*** — 1. Il commissario giudiziale redige l'inventario del patrimonio del debitore e una relazione particolareggiata sulle cause del dissesto, precisando se l'impresa si trovi in stato di crisi o di insolvenza, sulla condotta del debitore, sulle proposte di concordato e sulle garanzie offerte ai creditori, e la deposita in cancelleria almeno quarantacinque giorni prima della data iniziale stabilita per il voto dei creditori. Copia della relazione è trasmessa al pubblico ministero.[1]

2. Nella relazione il commissario illustra le utilità che, in caso di liquidazione giudiziale, possono essere apportate dalle azioni risarcitorie, recuperatorie o revocatorie che potrebbero essere promosse nei confronti di terzi.

3. Qualora siano depositate proposte concorrenti, il commissario giudiziale riferisce in merito ad esse con relazione integrativa da depositare in cancelleria e comunicare ai creditori, con le modalità di cui all'articolo 104, comma 2, almeno quindici giorni prima della data iniziale stabilita per il voto dei creditori. Copia della relazione integrativa è trasmessa al pubblico ministero.[1]

4. La relazione integrativa contiene, la comparazione tra tutte le proposte depositate. Le proposte di concordato, ivi compresa quella presentata dal debitore, possono essere modificate fino a venti giorni prima della data iniziale stabilita per il voto dei creditori.

5. Analoga relazione integrativa viene redatta qualora emergano informazioni che i creditori devono conoscere ai fini dell'espressione del voto. Essa è comunicata ai creditori almeno quindici giorni prima della data iniziale stabilita per il voto ed è trasmessa al pubblico ministero.[2]

[1] Periodo aggiunto dall'art. 16, D.lgs. 26 ott. 2020, n. 147.
[2] Comma così modif. dall'art. 16, D.lgs. 26 ott. 2020, n. 147.

106. ***Atti di frode e apertura della liquidazione giudiziale nel corso della procedura.*** — 1. Il commissario giudiziale, se accerta che il debitore ha occultato o dissimulato parte dell'attivo, dolosamente omesso di denunciare uno o più crediti, esposto passività insussistenti o commesso altri atti di frode, deve riferirne immediatamente al tribunale, che provvede ai sensi dell'articolo 44, comma 2, dandone comunicazione al pubblico ministero e ai creditori. La comunicazione ai creditori è eseguita dal commissario giudiziale.[1]

2. Le disposizioni di cui al comma 1 si applicano anche quando il debitore non ha effettuato tempestivamente il deposito previsto dall'articolo 47, comma 2, lettera *d*), o il debitore compie atti non autorizzati o comunque diretti a frodare le ragioni dei creditori, o se in qualunque momento risulta che mancano le condizioni prescritte per l'apertura del concordato previste agli articoli da 84 a 88.[1,2]

3. All'esito del procedimento, il tribunale, revocato il decreto di cui all'articolo 47, su istanza del creditore o su richiesta del pubblico ministero, apre la procedura di liquidazione giudiziale dei beni del debitore.[1,2]

[1] Comma così modif. dall'art. 16, D.lgs. 26 ott. 2020, n. 147.
[2] Comma così modif. dall'art. 22, D.lgs. 17 giu. 2022, n. 83,

SEZIONE V
Voto nel concordato preventivo

107. ***Voto dei creditori.*** — 1. Il voto dei creditori è espresso con modalità telematiche.

2. Sono sottoposte alla votazione dei creditori tutte le proposte presentate dal debitore e dai creditori, seguendo, per queste ultime, l'ordine temporale del loro deposito. Il giudice delegato regola l'ordine e l'orario delle votazioni con proprio decreto.

3. Almeno quindici giorni prima della data iniziale stabilita per il voto il commissario giudiziale illustra la sua relazione e le proposte definitive del debitore e quelle eventualmente presentate dai creditori con comunicazione inviata ai creditori, al debitore e a tutti gli altri interessati e depositata nella cancelleria del giudice delegato. Alla relazione è allegato, ai soli fini della votazione, l'elenco dei creditori legittimati al voto con indicazione dell'ammontare per cui sono ammessi.

4. Almeno dieci giorni prima della data iniziale stabilita per il voto, il debitore, coloro che hanno formulato proposte alternative, i coobbligati, i fideiussori del debitore e gli obbligati in via di regresso, i creditori possono formulare osservazioni e contestazioni a mezzo di posta elettronica certificata indirizzata al commissario giudiziale. Ciascun creditore può esporre le ragioni per le quali non ritiene ammissibili o convenienti le proposte di concordato e sollevare contestazioni sui crediti concorrenti. Il debitore ha facoltà di rispondere e contestare a sua volta i crediti, e ha il dovere di fornire al giudice gli opportuni chiarimenti. Il debitore, inoltre, può esporre le ragioni per le quali ritiene non ammissibili o non fattibili le eventuali proposte concorrenti.

5. Il commissario giudiziale dà comunicazione ai creditori, al debitore e a tutti gli altri interessati delle osservazioni e contestazioni pervenute e ne informa il giudice delegato.

6. Il commissario giudiziale deposita la propria relazione definitiva e la comunica ai creditori, al debitore ed agli altri interessati almeno sette giorni prima della data iniziale stabilita per il voto.[1]

7. I provvedimenti del giudice delegato sono comunicati al debitore, ai creditori, al commissario giudiziale e a tutti gli interessati almeno due giorni prima della data iniziale stabilita per il voto.[1]

8. Il voto è espresso a mezzo posta elettronica certificata inviata al commissario giudiziale, Tutti i dati sono di proprietà del Ministero della Giustizia e debbono essere conservati secondo la disciplina vigente per gli atti giudiziari.

9. I termini previsti dai commi 3, 4 e 6 non sono soggetti alla sospensione feriale dei termini di cui all'articolo 1 della legge 7 ottobre 1969, n. 742.

[1] Comma così modif. dall'art. 17, D.lgs. 26 ott. 2020, n. 147.

108. ***Ammissione provvisoria dei crediti contestati.*** — 1. Il giudice delegato può ammettere provvisoriamente in tutto o in parte i crediti contestati ai soli fini del voto e del calcolo delle maggioranze, senza che ciò pregiudichi le pronunzie definitive sulla sussistenza e sulla collocazione dei crediti stessi. Provvede nello stesso modo in caso di rinuncia al privilegio. La decisione è comunicata ai sensi dell'articolo 107, comma 7. In mancanza, i creditori sono ammessi al voto sulla base dell'elenco dei creditori di cui all'articolo 107, comma 3, fatto salvo il diritto di proporre opposizione all'omologazione.[1]

2. I creditori esclusi possono opporsi alla esclusione in sede di omologazione del concordato nel caso in cui la loro ammissione avrebbe avuto influenza sulla formazione delle maggioranze.

[1] Comma così sost. dall'art. 17, D.lgs. 26 ott. 2020, n. 147.

109. ***Maggioranza per l'approvazione del concordato.***[1] — 1. Salvo quanto previsto, per il concordato in continuità aziendale, dal comma 5, il concordato è approvato dai creditori che rappresentano la maggioranza dei crediti ammessi al voto. Nel caso in cui un unico creditore sia titolare di crediti in misura superiore alla maggioranza dei crediti ammessi al voto, il concordato è approvato se, oltre alla maggioranza di cui al primo periodo, abbia riportato la maggioranza per teste dei voti espressi dai creditori ammessi al voto. Ove siano previste diverse classi di creditori, il concordato è approvato se la maggioranza dei crediti ammessi al voto è raggiunta inoltre nel maggior numero di classi.

2. Quando sono poste al voto più proposte di concordato, si considera approvata la proposta che ha conseguito la maggioranza più elevata dei crediti ammessi al voto; in caso di parità, prevale quella del debitore o, in caso di parità fra proposte di creditori, quella presentata per prima. Quando nessuna delle proposte concorrenti poste al voto sia stata approvata con le maggioranze di cui al primo e secondo periodo del presente comma, il giudice delegato, con decreto da adottare entro trenta giorni dal termine di cui all'articolo 110, comma 2, rimette al voto la sola proposta che ha conseguito la maggioranza relativa dei crediti ammessi al voto, fissando il termine per la comunicazione ai creditori e il termine a partire dal quale i creditori, nei venti giorni successivi, possono far pervenire il proprio voto per posta elettronica certificata. In ogni caso si applicano le disposizioni del comma 1.

3. I creditori muniti di privilegio, pegno o ipoteca, ancorché la garanzia sia contestata, dei quali la proposta di concordato prevede l'integrale pagamento, non hanno diritto al voto se non rinunciano in tutto od in parte al diritto di prelazione. Qualora i creditori muniti di privilegio, pegno o ipoteca rinuncino in tutto o in parte alla prelazione, per la parte del credito non coperta dalla garanzia sono equiparati ai creditori chirografari; la rinuncia ha effetto ai soli fini del concordato.

4. I creditori muniti di diritto di prelazione di cui la proposta di concordato prevede la soddisfazione non integrale, sono equiparati ai chirografari per la parte residua del credito.

5. Il concordato in continuità aziendale è approvato se tutte le classi votano a favore. In ciascuna classe la proposta è approvata se è raggiunta la maggioranza dei crediti ammessi al voto oppure, in mancanza, se hanno votato favorevolmente i due terzi dei crediti dei creditori votanti, purché abbiano votato i creditori titolari di almeno la metà del totale dei crediti della medesima classe. In caso di mancata approvazione si applica l'articolo 112, comma 2. I creditori muniti di diritto di prelazione non votano se soddisfatti in denaro, integralmente, entro centottanta giorni dall'omologazione, e purché la garanzia reale che assiste il credito ipotecario o pignoratizio resti ferma fino alla liquidazione, funzionale al loro pagamento, dei beni e diritti sui quali sussiste la causa di prelazione. Nel caso di crediti assistiti dal privilegio di cui all'articolo 2751-*bis*, n. 1, del codice civile, il termine di cui al quarto periodo è di trenta giorni. Se non ricorrono le condizioni di cui al primo e secondo periodo, i creditori muniti di diritto di prelazione votano e, per la parte incapiente, sono inseriti in una classe distinta.

6. Sono esclusi dal voto e dal computo delle maggioranze il coniuge o il convivente di fatto del debitore, ovvero la parte dell'unione civile con il debitore, i parenti e affini del debitore fino al quarto grado, la società che controlla la società debitrice, le società da questa controllate e quelle sottoposte a comune controllo, nonché i cessionari o aggiudicatari dei loro crediti da meno di un anno prima della domanda di concordato. Sono inoltre esclusi dal voto e dal computo delle maggioranze i creditori in conflitto d'interessi.

7. Il creditore che propone il concordato ovvero le società da questo controllate, le società controllanti o sottoposte a comune controllo, ai sensi dell'articolo 2359, primo comma, del codice civile possono votare soltanto se la proposta ne prevede l'inserimento in apposita classe.

[1] Articolo così sost. dall'art. 23, D.lgs. 17 giu. 2022, n. 83.

110. ***Adesioni alla proposta di concordato.*** — 1. All'esito della votazione è redatta dal commissario giudiziale apposita relazione in cui sono inseriti i voti favorevoli e contrari dei creditori con l'indicazione nominativa dei votanti e dell'ammontare dei rispettivi crediti. È altresì inserita l'indicazione nominativa dei creditori che non hanno esercitato il voto e dell'ammontare dei loro crediti. Alla relazione è allegata, su supporto informatico, la documentazione relativa all'espressione dei voti.

2. La relazione è depositata in cancelleria il giorno successivo alla chiusura delle operazioni di voto.

3. Quando il commissario giudiziale rileva, dopo l'approvazione del concordato, che sono mutate le condizioni di fattibilità del piano, ne dà avviso ai creditori, i quali possono costituirsi nel giudizio di omologazione fino all'udienza di cui all'articolo 48, comma 1, per modificare il voto.

111. ***Mancata approvazione del concordato.*** — 1. Se nel termine stabilito non si raggiungono le maggioranze richieste, il giudice delegato ne riferisce immediatamente al tribunale, che provvede a norma dell'articolo 49, comma 1.

SEZIONE VI
Omologazione del concordato preventivo

112. ***Giudizio di omologazione.***[1] — 1. Il tribunale omologa il concordato verificati:

a) la regolarità della procedura;

b) l'esito della votazione;

c) l'ammissibilità della proposta;

d) la corretta formazione delle classi;

e) la parità di trattamento dei creditori all'interno di ciascuna classe;

f) in caso di concordato in continuità aziendale, che tutte le classi abbiano votato favorevolmente, che il piano non sia privo di ragionevoli prospettive di impedire o superare l'insolvenza e che eventuali nuovi finanziamenti siano necessari per l'attuazione del piano e non pregiudichino ingiustamente gli interessi dei creditori;

g) in ogni altro caso, la fattibilità del piano, intesa come non manifesta inattitudine a raggiungere gli obiettivi prefissati.

2. Nel concordato in continuità aziendale, se una o più classi sono dissenzienti, il tribunale, su richiesta del debitore o con il consenso del debitore in caso di proposte concorrenti, omologa altresì se ricorrono congiuntamente le seguenti condizioni:

a) il valore di liquidazione è distribuito nel rispetto della graduazione delle cause legittime di prelazione;

b) il valore eccedente quello di liquidazione è distribuito in modo tale che i crediti inclusi nelle classi dissenzienti ricevano complessivamente un trattamento almeno pari a quello delle classi dello stesso grado e più favorevole rispetto a quello delle classi di grado inferiore, fermo restando quanto previsto dall'articolo 84, comma 7;

c) nessun creditore riceve più dell'importo del proprio credito;

d) la proposta è approvata dalla maggioranza delle classi, purché almeno una sia formata da creditori titolari di diritti di prelazione, oppure, in mancanza, la proposta è approvata da almeno una classe di creditori che sarebbero almeno parzialmente soddisfatti rispettando la graduazione delle cause legittime di prelazione anche sul valore eccedente quello di liquidazione.

3. Nel concordato in continuità aziendale, se con l'opposizione un creditore dissenziente eccepisce il difetto di convenienza della proposta, il tribunale omologa il concordato quando, secondo la proposta e il piano, il credito risulta soddisfatto in misura non inferiore rispetto alla liquidazione giudiziale.

4. In caso di opposizione proposta da un creditore dissenziente, la stima del complesso aziendale del debitore è disposta dal tribunale solo se con l'opposizione è eccepita la violazione della convenienza di cui al comma 3 o il mancato rispetto delle condizioni di ristrutturazione trasversale di cui al comma 2.

5. Nel concordato che prevede la liquidazione del patrimonio oppure l'attribuzione delle attività a un assuntore o in qualsiasi altra forma, se un creditore dissenziente appartenente a una classe dissenziente ovvero, nell'ipotesi di mancata formazione delle classi, i creditori dissenzienti che rappresentano il 20 per cento dei crediti ammessi al voto, contestano la convenienza della proposta, il tribunale può omologare il concordato qualora ritenga che il credito possa risultare soddisfatto dal concordato in misura non inferiore rispetto alla liquidazione giudiziale.

6. Le somme spettanti ai creditori contestati, condizionali o irreperibili sono depositate nei modi stabiliti dal tribunale, che fissa altresì le condizioni e le modalità per lo svincolo.

[1] Articolo così sost. dall'art. 24, D.lgs. 17 giu. 2022, n. 83.

113. ***Chiusura della procedura.*** — 1. La procedura di concordato preventivo si chiude con la sentenza di omologazione ai sensi dell'articolo 48.

2. L'omologazione deve intervenire nel termine di dodici mesi dalla presentazione della domanda ai sensi dell'articolo 40.[1]

[1] Comma aggiunto dall'art. 24, D.lgs. 17 giu. 2022, n. 83.

114. ***Cessioni dei beni.*** — 1. Se il concordato consiste nella cessione dei beni, il tribunale nomina nella sentenza di omologazione uno o più liquidatori e un comitato di tre o cinque creditori per assistere alla liquidazione e determina le altre modalità della liquidazione. In tal caso, il tribunale dispone che il liquidatore effettui la pubblicità prevista dall'articolo 490, primo comma, del codice di procedura civile e fissa il termine entro cui la stessa deve essere eseguita.

2. Si applicano ai liquidatori gli articoli 125, 126, 134, 135, 136, 137 e 231 in quanto compatibili e l'articolo 358. Si applicano altresì al liquidatore le disposizioni di cui agli articoli 35, comma 4-*bis*, e 35.1 del decreto legislativo 6 settembre 2011, n. 159 e si osservano le disposizioni di cui all'articolo 35.2 del predetto decreto.[1]

3. Si applicano al comitato dei creditori gli articoli 138 e 140, in quanto compatibili. Alla sostitu-

zione dei membri del comitato provvede in ogni caso il tribunale.

4. Alle vendite, alle cessioni e ai trasferimenti legalmente posti in essere dopo il deposito della domanda di concordato o in esecuzione di questo, si applicano le disposizioni sulle vendite nella liquidazione giudiziale, in quanto compatibili. La cancellazione delle iscrizioni relative ai diritti di prelazione, nonché delle trascrizioni dei pignoramenti e dei sequestri conservativi e di ogni altro vincolo, sono effettuati su ordine del giudice, salvo diversa disposizione contenuta nella sentenza di omologazione per gli atti a questa successivi.

5. Il liquidatore comunica con periodicità semestrale al commissario giudiziale le informazioni rilevanti relative all'andamento della liquidazione. Il commissario ne dà notizia, con le sue osservazioni, al pubblico ministero e ai creditori e ne deposita copia presso la cancelleria del tribunale.

6. Conclusa l'esecuzione del concordato, il liquidatore comunica al commissario giudiziale un rapporto riepilogativo finale, accompagnato dal conto della sua gestione e dagli estratti del conto bancario o postale. Il commissario ne dà notizia, con le sue osservazioni, al pubblico ministero e ai creditori e ne deposita copia presso la cancelleria del tribunale.[2]

[1] Comma così modif. dall'art. 18, D.lgs. 26 ott. 2020, n. 147, e dall'art. 24, D.lgs. 17 giu. 2022, n. 83.

[2] Comma aggiunto dall'art. 24, D.lgs. 17 giu. 2022, n. 83.

115. ***Azioni del liquidatore giudiziale in caso di cessione dei beni.*** — 1. Il liquidatore giudiziale esercita, o se pendente, prosegue, ogni azione prevista dalla legge finalizzata a conseguire la disponibilità dei beni compresi nel patrimonio del debitore e ogni azione diretta al recupero dei crediti.

2. Il liquidatore esercita oppure, se pendente, prosegue l'azione sociale di responsabilità. Ogni patto contrario o ogni diversa previsione contenuti nella proposta o nel piano sono inopponibili al liquidatore e ai creditori sociali.

3. Resta ferma, in ogni caso, anche in pendenza della procedura e nel corso della sua esecuzione, la legittimazione di ciascun creditore sociale a esercitare o proseguire l'azione di responsabilità prevista dall'articolo 2394 del codice civile.

116. ***Trasformazione, fusione o scissione.*** — 1. Se il piano prevede il compimento, durante la procedura oppure dopo la sua omologazione, di operazioni di trasformazione, fusione o scissione della società debitrice, la validità di queste può essere contestata dai creditori solo con l'opposizione all'omologazione.

2. A questo fine, il tribunale, nel provvedimento di fissazione dell'udienza di cui all'articolo 48, dispone che il piano sia pubblicato nel registro delle imprese del luogo ove hanno sede le società interessate dalle operazioni di trasformazione, fusione o scissione. Tra la data della pubblicazione e l'udienza devono intercorrere almeno trenta giorni.

3. Gli effetti delle operazioni di cui al comma 1, in caso di risoluzione o di annullamento del concordato, sono irreversibili, salvo il diritto al risarcimento del danno eventualmente spettante ai soci o ai terzi ai sensi degli articoli 2500-*bis*, comma secondo, 2504-*quater*, comma secondo, e 2506-*ter*, comma quinto, del codice civile.

4. Trovano applicazione, in quanto compatibili, le disposizioni contenute nel capo X del titolo V del libro V del codice civile.

5. Quando il piano prevede il compimento delle operazioni di cui al comma 1, il diritto di recesso dei soci è sospeso fino all'attuazione del piano.[1]

[1] Comma aggiunto dall'art. 24, D.lgs. 17 giu. 2022, n. 83.

117. ***Effetti del concordato per i creditori.*** — 1. Il concordato omologato è obbligatorio per tutti i creditori anteriori alla pubblicazione nel registro delle imprese della domanda di accesso. Tuttavia essi conservano impregiudicati i diritti contro i coobbligati, i fideiussori del debitore e gli obbligati in via di regresso.

2. Salvo patto contrario, il concordato della società ha efficacia nei confronti dei soci illimitatamente responsabili.

118. ***Esecuzione del concordato.*** — 1. Dopo l'omologazione del concordato, il commissario giudiziale ne sorveglia l'adempimento, secondo le modalità stabilite nella sentenza di omologazione. Egli deve riferire al giudice ogni fatto dal quale possa derivare pregiudizio ai creditori. Ogni sei mesi successivi alla presentazione della relazione di cui all'articolo 105, comma 1, redige un rapporto riepilogativo redatto in conformità a quanto previsto dall'articolo 130, comma 9, e lo trasmette ai creditori. Conclusa l'esecuzione del concordato, il commissario giudiziale deposita un rapporto riepilogativo finale redatto in conformità a quanto previsto dal medesimo articolo 130, comma 9.[1]

2. Le somme spettanti ai creditori contestati, condizionali o irreperibili sono depositate nei modi stabiliti dal giudice delegato.

3. Il debitore è tenuto a compiere ogni atto necessario a dare esecuzione alla proposta di concordato anche se presentata da uno o più creditori, qualora sia stata approvata e omologata.

4. Nel caso in cui il commissario giudiziale rilevi che il debitore non sta provvedendo al compimento degli atti necessari a dare esecuzione alla proposta o ne sta ritardando il compimento, deve senza indugio riferirne al tribunale. Il tribunale, sentito il debitore, può attribuire al commissario giudiziale i poteri necessari a provvedere in luogo del debitore al compimento degli atti a questo richiesti.

5. Il soggetto che ha presentato la proposta di concordato approvata e omologata dai creditori può denunciare al tribunale i ritardi e le omissioni del debitore mediante ricorso notificato al debitore e al commissario giudiziale con il quale può chiedere al tribunale di attribuire al commissario i poteri necessari per provvedere ai sensi del comma 4

o di revocare l'organo amministrativo, se si tratta di società, nominando un amministratore giudiziario. Sono in ogni caso fatti salvi i diritti di informazione e di voto dei soci di minoranza.

6. Il tribunale provvede in camera di consiglio, sentito il debitore ed il commissario giudiziale. Quando nomina un amministratore giudiziario, stabilisce la durata dell'incarico e gli attribuisce il potere di compiere gli atti necessari a dare esecuzione alla proposta omologata, ivi inclusi, se la proposta prevede un aumento del capitale sociale della società debitrice o altre deliberazioni di competenza dell'assemblea dei soci, la convocazione dell'assemblea avente ad oggetto tali deliberazioni e l'esercizio del diritto di voto nelle stesse per le azioni o quote facenti capo al socio o ai soci di maggioranza. Al liquidatore, se nominato, possono essere attribuiti i compiti di amministratore giudiziario. Il provvedimento di nomina dell'amministratore giudiziario è comunicato a cura del cancelliere, entro cinque giorni, all'ufficio del registro delle imprese per l'iscrizione.[2]

7. In caso di trasferimento di beni, il commissario richiede al tribunale, che provvede in composizione monocratica, l'emissione di decreto di cancellazione delle formalità iscritte, delegando ove opportuno al notaio rogante l'atto di trasferimento.

8. In deroga all'articolo 2560 del codice civile, l'acquirente o cessionario dell'azienda non risponde dei debiti pregressi, salvo diversa previsione del piano di concordato.

[1] Ultimi due periodi aggiunti dall'art. 24, D.lgs. 17 giu. 2022, n. 83.

[2] Periodo aggiunto dall'art. 18, D.lgs. 26 ott. 2020, n. 147.

119. ***Risoluzione del concordato.***[1] — 1. Ciascuno dei creditori e il commissario giudiziale, su istanza di uno o più creditori, possono richiedere la risoluzione del concordato per inadempimento.

2. Al procedimento è chiamato a partecipare l'eventuale garante.

3. Il concordato non si può risolvere se l'inadempimento ha scarsa importanza.

4. Il ricorso per la risoluzione deve proporsi entro un anno dalla scadenza del termine fissato per l'ultimo adempimento previsto dal concordato.

5. Le disposizioni che precedono non si applicano quando gli obblighi derivanti dal concordato sono stati assunti da un terzo con liberazione immediata del debitore.

6. Il procedimento è regolato ai sensi degli articoli 40 e 41.

7. Il tribunale dichiara aperta la liquidazione giudiziale solo a seguito della risoluzione del concordato, salvo che lo stato di insolvenza consegua a debiti sorti successivamente al deposito della domanda di apertura del concordato preventivo.

[1] Articolo così sost. dall'art. 18, D.lgs. 26 ott. 2020, n. 147.

120. ***Annullamento del concordato.*** — 1. Il concordato può essere annullato su istanza del commissario o di qualunque creditore, in contraddittorio con il debitore, quando si scopre che è stato dolosamente esagerato il passivo ovvero sottratta o dissimulata una parte rilevante dell'attivo. Non è ammessa altra azione di nullità.

2. Il ricorso per annullamento deve proporsi nel termine di sei mesi dalla scoperta del dolo e, in ogni caso, non oltre due anni dalla scadenza del termine fissato per l'ultimo adempimento previsto nel concordato.

3. Il procedimento è regolato ai sensi degli articoli 40 e 41.

SEZIONE VI-bis
Degli strumenti di regolazione della crisi e dell'insolvenza delle società[1]

[1] Sezione (artt. 120-*bis*-120-*quinquies*) aggiunta dall'art. 25, D.lgs. 17 giu. 2022, n. 83.

120-*bis*. ***Accesso.*** — 1. L'accesso a uno strumento di regolazione della crisi e dell'insolvenza è deciso, in via esclusiva, dagli amministratori unitamente al contenuto della proposta e alle condizioni del piano. La decisione deve risultare da verbale redatto da notaio ed è depositata e iscritta nel registro delle imprese. La domanda di accesso è sottoscritta da coloro che hanno la rappresentanza della società.

2. Ai fini del buon esito della ristrutturazione il piano può prevedere qualsiasi modificazione dello statuto della società debitrice, ivi inclusi aumenti e riduzioni di capitale anche con limitazione o esclusione del diritto di opzione e altre modificazioni che incidono direttamente sui diritti di partecipazione dei soci, nonché fusioni, scissioni e trasformazioni.

3. Gli amministratori sono tenuti a informare i soci dell'avvenuta decisione di accedere a uno strumento di regolazione della crisi e dell'insolvenza e a riferire periodicamente del suo andamento.

4. Dalla iscrizione della decisione nel registro delle imprese e fino alla omologazione, la revoca degli amministratori è inefficace se non ricorre una giusta causa. Non costituisce giusta causa la presentazione di una domanda di accesso a uno strumento di regolazione della crisi e dell'insolvenza in presenza delle condizioni di legge. La deliberazione di revoca deve essere approvata con decreto dalla sezione specializzata del tribunale delle imprese competente, sentiti gli interessati.

5. I soci che rappresentano almeno il dieci per cento del capitale sono legittimati alla presentazione di proposte concorrenti ai sensi dell'articolo 90. La domanda è sottoscritta da ciascun socio proponente.

6. Le disposizioni di questo articolo si applicano, in quanto compatibili, agli strumenti di regolazione della crisi e dell'insolvenza presentati dagli imprenditori collettivi diversi dalle società.

120-*ter*. *Classamento dei soci e dei titolari di strumenti finanziari*. — 1. Lo strumento di regolazione della crisi e dell'insolvenza può prevedere la formazione di una classe di soci o di più classi se esistono soci ai quali lo statuto, anche a seguito delle modifiche previste dal piano, riconosce diritti diversi.

2. La formazione delle classi previste dal comma 1 è obbligatoria se il piano prevede modificazioni che incidono direttamente sui diritti di partecipazione dei soci e, in ogni caso, per le società che fanno ricorso al mercato del capitale di rischio.

3. I soci, inseriti in una o più classi, esprimono il proprio voto nelle forme e nei termini previsti per l'espressione del voto da parte dei creditori. All'interno della classe il socio ha diritto di voto in misura proporzionale alla quota di capitale posseduta anteriormente alla presentazione della domanda. Il socio che non ha espresso il proprio dissenso entro il suddetto termine si ritiene consenziente.

4. Le disposizioni di questo articolo si applicano, in quanto compatibili, ai titolari di strumenti finanziari, a eccezione di quelli che attribuiscono il diritto incondizionato al rimborso anche parziale dell'apporto.

120-*quater*. *Condizioni di omologazione del concordato con attribuzioni ai soci*. — 1. Fermo quanto previsto dall'articolo 112, se il piano prevede che il valore risultante dalla ristrutturazione sia riservato anche ai soci anteriori alla presentazione della domanda, il concordato, in caso di dissenso di una o più classi di creditori, può essere omologato se il trattamento proposto a ciascuna delle classi dissenzienti sarebbe almeno altrettanto favorevole rispetto a quello proposto alle classi del medesimo rango e più favorevole di quello proposto alle classi di rango inferiore, anche se a tali classi venisse destinato il valore complessivamente riservato ai soci. Se non vi sono classi di creditori di rango pari o inferiore a quella dissenziente, il concordato può essere omologato solo quando il valore destinato al soddisfacimento dei creditori appartenenti alla classe dissenziente è superiore a quello complessivamente riservato ai soci.

2. Per valore riservato ai soci si intende il valore effettivo, conseguente all'omologazione della proposta, delle loro partecipazioni e degli strumenti che attribuiscono il diritto di acquisirle, dedotto il valore da essi eventualmente apportato ai fini della ristrutturazione in forma di conferimenti o di versamenti a fondo perduto oppure, per le imprese minori, anche in altra forma.

3. I soci possono opporsi all'omologazione del concordato al fine di far valere il pregiudizio subito rispetto all'alternativa liquidatoria.

4. Le disposizioni di questo articolo si applicano, in quanto compatibili, all'omologazione del concordato in continuità aziendale presentato dagli imprenditori individuali o collettivi diversi dalle società e dai professionisti.

120-*quinquies*. *Esecuzione*. — 1. Il provvedimento di omologazione dello strumento di regolazione della crisi e dell'insolvenza determina la riduzione e l'aumento del capitale e le altre modificazioni statutarie nei termini previsti dal piano, demanda agli amministratori l'adozione di ogni atto necessario a darvi esecuzione e li autorizza a porre in essere, nei successivi trenta giorni o nel diverso termine previsto dal piano, le ulteriori modificazioni statutarie programmate dal piano. In mancanza il tribunale, su richiesta di qualsiasi interessato e sentiti gli amministratori, può nominare un amministratore giudiziario, attribuendogli i poteri necessari a provvedere in luogo di costoro agli adempimenti di cui al presente articolo, e disporre la revoca per giusta causa degli amministratori.

2. Se il notaio incaricato ritiene non adempiute le condizioni stabilite dalla legge, ne dà comunicazione tempestivamente, e comunque non oltre il termine di trenta giorni, agli amministratori. Gli amministratori, nei trenta giorni successivi, possono ricorrere, per i provvedimenti necessari, al tribunale che ha omologato lo strumento di regolazione della crisi e dell'insolvenza.

3. Le modificazioni della compagine sociale conseguenti all'esecuzione di uno strumento di regolazione della crisi e dell'insolvenza non costituiscono causa di risoluzione o di modificazione di contratti stipulati dalla società. Sono inefficaci eventuali patti contrari.

TITOLO V
Liquidazione giudiziale

CAPO I
Imprenditori individuali e società

SEZIONE I
Presupposti della liquidazione giudiziale e organi preposti

121. *Presupposti della liquidazione giudiziale*. — 1. Le disposizioni sulla liquidazione giudiziale si applicano agli imprenditori commerciali che non dimostrino il possesso congiunto dei requisiti di cui all'articolo 2, comma 1, lettera *d*), e che siano in stato di insolvenza.

122. *Poteri del tribunale concorsuale*. — 1. Il tribunale che ha dichiarato aperta la procedura di liquidazione giudiziale è investito dell'intera procedura e:

a) provvede alla nomina, alla revoca o sostituzione per giustificati motivi degli organi della procedura, quando non è prevista la competenza del giudice delegato;

b) può in ogni tempo sentire in camera di consiglio il curatore, il comitato dei creditori e il debitore;

c) decide le controversie relative alla procedura stessa che non sono di competenza del giudice delegato, nonché i reclami contro i provvedimenti del giudice delegato.

2. I provvedimenti del tribunale sono pronunciati con decreto motivato, salvo che la legge non preveda che il provvedimento sia adottato in forma diversa.

123. ***Poteri del giudice delegato.*** — 1. Il giudice delegato esercita funzioni di vigilanza e di controllo sulla regolarità della procedura e:

a) riferisce al tribunale su ogni affare per il quale è richiesto un provvedimento del collegio;

b) emette o provoca dalle competenti autorità i provvedimenti urgenti per la conservazione del patrimonio, ad esclusione di quelli che incidono su diritti di terzi che rivendichino un proprio diritto incompatibile con l'acquisizione;

c) convoca il curatore e il comitato dei creditori nei casi prescritti dalla legge e ogni qualvolta lo ravvisi opportuno per il corretto e sollecito svolgimento della procedura;

d) su proposta del curatore, liquida i compensi e dispone l'eventuale revoca dell'incarico conferito alle persone la cui opera è stata richiesta dal medesimo curatore nell'interesse della procedura;

e) provvede sui reclami proposti contro gli atti del curatore e del comitato dei creditori;

f) fatto salvo quanto previsto dall'articolo 128, comma 2, autorizza il curatore a stare in giudizio come attore o come convenuto, quando è utile per il miglior soddisfacimento dei creditori. L'autorizzazione deve essere sempre data per atti determinati e per i giudizi deve essere rilasciata per ogni grado di essi;

g) nomina gli arbitri, su proposta del curatore;

h) procede all'accertamento dei crediti e dei diritti vantati da terzi sui beni compresi nella procedura, secondo le disposizioni del capo III.

i) quando ne ravvisa l'opportunità, dispone che il curatore presenti relazioni ulteriori rispetto a quelle previste dall'articolo 130, prescrivendone le modalità.

2. Il giudice delegato non può trattare i giudizi che ha autorizzato, né far parte del collegio investito del reclamo proposto contro i suoi atti.

3. I provvedimenti del giudice delegato sono pronunciati con decreto motivato.

124. ***Reclamo contro i decreti del giudice delegato e del tribunale.*** — 1. Salvo che sia diversamente disposto, contro i decreti del giudice delegato e del tribunale il curatore, il comitato dei creditori, il debitore e ogni altro interessato possono proporre reclamo, rispettivamente, al tribunale o alla corte di appello nel termine perentorio di dieci giorni dalla comunicazione o dalla notificazione per il curatore, per il debitore, per il comitato dei creditori e per chi ha chiesto o nei cui confronti è stato chiesto il provvedimento. Per gli altri interessati, il termine decorre dall'esecuzione delle formalità pubblicitarie previste dalla legge o disposte dal giudice delegato o dal tribunale, se quest'ultimo ha emesso il provvedimento.

2. In ogni caso il reclamo non può più proporsi decorsi novanta giorni dal deposito del provvedimento nel fascicolo della procedura.

3. Il reclamo si propone con ricorso, che deve contenere:

a) l'indicazione del tribunale o della corte di appello competente, del giudice delegato e della procedura di liquidazione giudiziale;

b) le generalità, il codice fiscale del ricorrente e il nome e il domicilio digitale del difensore;

c) l'esposizione delle ragioni di fatto e di diritto su cui si basa il reclamo, con le relative conclusioni;

d) l'indicazione dei mezzi di prova di cui il ricorrente intende avvalersi e dei documenti prodotti.

4. Il reclamo non sospende l'esecuzione del provvedimento impugnato.

5. Il presidente con decreto designa il relatore e fissa l'udienza di comparizione entro quaranta giorni dal deposito del ricorso.

6. Il ricorso, unitamente al decreto di fissazione dell'udienza, deve essere notificato, a cura del reclamante, al curatore, mediante trasmissione al domicilio digitale della procedura, e ai controinteressati, entro cinque giorni dalla comunicazione del decreto.

7. Tra la data della notificazione e quella dell'udienza deve intercorrere un termine non minore di quindici giorni.

8. Il resistente deve costituirsi almeno cinque giorni prima dell'udienza, depositando memoria contenente l'indicazione delle proprie generalità e del suo codice fiscale, nonché il nome e domicilio digitale del difensore, nonché l'esposizione delle difese in fatto e in diritto, oltre all'indicazione dei mezzi di prova e dei documenti prodotti.

9. Ogni altro interessato può intervenire nel termine e nei modi previsti dal comma 8.

10. I termini di cui ai commi 7 e 8 possono essere abbreviati dal presidente, con decreto motivato, se ricorrono ragioni di urgenza.

11. All'udienza il collegio, sentite le parti, ammette o assume anche d'ufficio i mezzi di prova, se non ritiene di delegarne l'assunzione al relatore.

12. Entro trenta giorni dall'udienza di comparizione, il collegio provvede sul reclamo con decreto motivato.

125. ***Nomina del curatore.*** — 1. Il curatore è nominato con la sentenza di apertura della liquidazione giudiziale, osservati gli articoli 356 e 358.

2. Si applicano agli esperti nominati ai sensi dell'articolo 49, comma 3, lettera *b*), le disposizioni del comma 1 e degli articoli 123 e da 126 a 136 in quanto compatibili.

3. Al curatore, agli esperti nominati ai sensi del-

l'articolo 49, comma 3, lettera *b*), ed al coadiutore nominato a norma dell'articolo 129, comma 2, si applicano le disposizioni di cui agli articoli 35, comma 4-*bis*, e 35.1 del decreto legislativo 6 settembre 2011, n. 159; si osservano altresì le disposizioni di cui all'articolo 35.2 del predetto decreto.

4. I provvedimenti di nomina dei curatori, dei commissari giudiziali e dei liquidatori giudiziali confluiscono nel registro nazionale già istituito presso il Ministero della giustizia. Nel registro vengono altresì annotati i provvedimenti di chiusura della liquidazione giudiziale e di omologazione del concordato, nonché l'ammontare dell'attivo e del passivo delle procedure chiuse e i provvedimenti di liquidazione degli acconti e del compenso finale in favore di ciascuno dei soggetti di cui al primo periodo. Il registro è tenuto con modalità informatiche ed è accessibile al pubblico.[1]

[1] Comma così modif. dall'art. 19, D.lgs. 26 ott. 2020, n. 147.

126. ***Accettazione del curatore.*** — 1. Il curatore deve, entro i due giorni successivi alla comunicazione della nomina, far pervenire in cancelleria la propria accettazione. Se il curatore non osserva questo obbligo il tribunale, in camera di consiglio, provvede d'urgenza alla nomina di altro curatore.

2. Intervenuta l'accettazione, l'ufficio comunica telematicamente al curatore le credenziali per l'accesso al domicilio digitale assegnato alla procedura dal Ministero della giustizia.

127. ***Qualità di pubblico ufficiale.*** — 1. Il curatore, per quanto attiene all'esercizio delle sue funzioni, è pubblico ufficiale.

128. ***Gestione della procedura.*** — 1. Il curatore ha l'amministrazione del patrimonio compreso nella liquidazione giudiziale e compie tutte le operazioni della procedura sotto la vigilanza del giudice delegato e del comitato dei creditori, nell'ambito delle funzioni ad esso attribuite.

2. Egli non può stare in giudizio senza l'autorizzazione del giudice delegato, salvo che in materia di contestazioni e di tardive dichiarazioni di crediti e di diritti di terzi sui beni compresi nella liquidazione giudiziale, e salvo che nei procedimenti promossi per impugnare atti del giudice delegato o del tribunale e in ogni altro caso in cui non occorra ministero di difensore.

3. La nomina dei difensori spetta al curatore.[1] Il curatore non può assumere la veste di avvocato nei giudizi che riguardano la liquidazione giudiziale. Il curatore può tuttavia assumere la veste di difensore, se in possesso della necessaria qualifica nei giudizi avanti al giudice tributario quando ciò è funzionale ad un risparmio per la massa.

[1] Periodo anteposto dall'art. 19, D.lgs. 26 ott. 2020, n. 147.

129. ***Esercizio delle attribuzioni del curatore.*** — 1. Il curatore esercita personalmente le funzioni del proprio ufficio e può delegare ad altri specifiche operazioni, previa autorizzazione del comitato dei creditori, con esclusione degli adempimenti di cui agli articoli 198, 200, 203, 205 e 213. L'onere per il compenso del delegato, liquidato dal giudice, è detratto dal compenso del curatore.

2. Il curatore può essere autorizzato dal comitato dei creditori a farsi coadiuvare da tecnici o da altre persone retribuite, compreso il debitore e gli amministratori della società o dell'ente in liquidazione giudiziale, sotto la sua responsabilità. Del compenso riconosciuto a tali soggetti si tiene conto ai fini della liquidazione del compenso del curatore.

130. ***Relazioni e rapporti riepilogativi del curatore.*** — 1. Il curatore, entro trenta giorni dalla dichiarazione di apertura della liquidazione giudiziale, presenta al giudice delegato un'informativa sugli accertamenti compiuti e sugli elementi informativi acquisiti relativi alle cause dell'insolvenza e alla responsabilità del debitore ovvero degli amministratori e degli organi di controllo della società.

2. Se il debitore o gli amministratori non ottemperano agli obblighi di deposito di cui all'articolo 49, comma 3, lettera *c*), e se il debitore non ottempera agli obblighi di cui all'articolo 198, comma 2, il curatore informa senza indugio il pubblico ministero. In tal caso o quando le scritture contabili sono incomplete o comunque risultano inattendibili, il curatore, con riguardo alle operazioni compiute dal debitore nei cinque anni anteriori alla presentazione della domanda cui sia seguita l'apertura della liquidazione giudiziale, oltre alle ricerche effettuate ai sensi dell'articolo 49, comma 3, lettera *f*), può chiedere al giudice delegato di essere autorizzato ad accedere a banche dati, ulteriori rispetto a quelle di cui all'articolo 49 e specificamente indicate nell'istanza di autorizzazione.[1]

3. Il giudice delegato può autorizzare il curatore a richiedere alle pubbliche amministrazioni le informazioni e i documenti in loro possesso.

4. Il curatore, entro sessanta giorni dal deposito del decreto di esecutività dello stato passivo, presenta al giudice delegato una relazione particolareggiata in ordine al tempo e alle cause dell'insorgere della crisi e del manifestarsi dell'insolvenza del debitore, sulla diligenza spiegata dal debitore nell'esercizio dell'impresa, sulla responsabilità del debitore o di altri e su quanto può interessare anche ai fini delle indagini preliminari in sede penale. Il curatore allega alla relazione il bilancio dell'ultimo esercizio formato ai sensi dell'articolo 198, comma 2, nonché il rendiconto di gestione di cui all'articolo 2487-bis del codice civile, evidenziando le rettifiche apportate.[2]

5. Se il debitore insolvente è una società o altro ente, la relazione espone i fatti accertati e le informazioni raccolte sulla responsabilità degli amministratori e degli organi di controllo, dei soci e, eventualmente, di estranei alla società. Se la società o l'ente fa parte di un gruppo, il curatore deve

altresì riferire sulla natura dei rapporti con le altre società o enti e allegare le informazioni raccolte sulle rispettive responsabilità, avuto riguardo agli effetti dei rapporti economici e contrattuali con le altre imprese del gruppo.

6. Quando non si fa luogo all'accertamento del passivo ai sensi dell'articolo 209 la relazione di cui ai commi 4 e 5 è depositata entro il termine di centottanta giorni dalla dichiarazione di apertura della liquidazione giudiziale.

7. Le relazioni di cui ai commi 1, 4 e 5 sono trasmesse in copia integrale entro cinque giorni dal deposito al pubblico ministero.

8. Il giudice delegato dispone la secretazione delle parti relative alla responsabilità penale del debitore e di terzi ed alle azioni che il curatore intende proporre qualora possano comportare l'adozione di provvedimenti cautelari, nonché alle circostanze estranee agli interessi della procedura e che investano la sfera personale del debitore.

9. Il curatore, inoltre, entro quattro mesi dal deposito del decreto di esecutività dello stato passivo e, successivamente, ogni sei mesi, presenta al giudice delegato un rapporto riepilogativo delle attività svolte e delle informazioni raccolte dopo le precedenti relazioni, accompagnato dal conto della sua gestione e dagli estratti del conto bancario o postale della procedura relativi agli stessi periodi. Copia del rapporto e dei documenti allegati è trasmessa al comitato dei creditori. Nel termine di quindici giorni, il comitato dei creditori o ciascuno dei suoi componenti possono formulare osservazioni scritte. Nei successivi quindici giorni copia del rapporto, assieme alle eventuali osservazioni, omesse le parti secretate, è trasmessa per mezzo della posta elettronica certificata al debitore, ai creditori e ai titolari di diritti sui beni.

[1] Comma così modif. dall'art. 19, D.lgs. 26 ott. 2020, n. 147.

[2] Periodo aggiunto dall'art. 19, D.lgs. 26 ott. 2020, n. 147.

131. ***Deposito delle somme riscosse.*** — 1. Le somme riscosse a qualunque titolo dal curatore sono depositate entro il termine massimo di dieci giorni sul conto corrente intestato alla procedura di liquidazione aperto presso un ufficio postale o presso una banca scelta dal curatore.

2. Il mancato deposito nel termine è valutato dal tribunale ai fini dell'eventuale revoca del curatore.

3. Il prelievo delle somme è eseguito su copia conforme del mandato di pagamento del giudice delegato e, nel periodo di intestazione «Fondo unico giustizia» del conto corrente, su disposizione di Equitalia Giustizia s.p.a., in conformità a quanto previsto dall'articolo 2 del decreto-legge 16 settembre 2008, n. 143, convertito, con modificazioni, dalla legge 13 novembre 2008, n. 181.

4. Il mandato è sottoscritto dal giudice delegato e dal cancelliere con firma digitale ed è trasmesso telematicamente al depositario nel rispetto delle disposizioni, anche regolamentari, concernenti la sottoscrizione, la trasmissione e la ricezione dei documenti informatici. La trasmissione telematica è oggetto di disciplina con apposito decreto del Ministro della Giustizia, che ne stabilisce modalità, condizioni e limiti. La disposizione acquista efficacia a decorrere dal novantesimo giorno successivo alla pubblicazione nella *Gazzetta Ufficiale* del provvedimento del responsabile dei sistemi informativi automatizzati del Ministero della giustizia, da adottarsi entro un anno dall'entrata in vigore del presente codice, attestante la piena funzionalità dei sistemi di trasmissione telematica.

132. ***Integrazione dei poteri del curatore.*** — 1. Le riduzioni di crediti, le transazioni, i compromessi, le rinunzie alle liti, le ricognizioni di diritti di terzi, la cancellazione di ipoteche, la restituzione di pegni, lo svincolo delle cauzioni, l'accettazione di eredità e donazioni e gli altri atti di straordinaria amministrazione sono effettuati dal curatore, previa l'autorizzazione del comitato dei creditori.

2. Nel richiedere l'autorizzazione del comitato dei creditori, il curatore formula le proprie conclusioni anche sulla convenienza della proposta.

3. Se gli atti suddetti sono di valore superiore a cinquantamila euro e in ogni caso per le transazioni, il curatore ne informa previamente il giudice delegato, salvo che gli stessi siano già stati autorizzati dal medesimo ai sensi dell'articolo 213, comma 7.

4. Il limite di cui al comma 3 può essere adeguato con decreto del Ministro della giustizia.

133. ***Reclamo contro gli atti e le omissioni del curatore.*** — 1. Contro gli atti di amministrazione e le omissioni del curatore, il comitato dei creditori, il debitore e ogni altro interessato possono proporre reclamo, per violazione di legge, con ricorso al giudice delegato entro otto giorni dalla conoscenza dell'atto o, in caso di omissione, dalla scadenza del termine indicato nella diffida a provvedere. Il giudice delegato, sentite le parti, decide sul reclamo, omessa ogni formalità non indispensabile al contraddittorio.

2. Se il reclamo è accolto, il curatore deve conformarsi alla decisione del giudice delegato.

3. Contro il decreto del giudice delegato può essere proposto il reclamo previsto dall'articolo 124.

134. ***Revoca del curatore.*** — 1. Il tribunale può in ogni tempo, su proposta del giudice delegato o su richiesta del comitato dei creditori o d'ufficio, revocare il curatore.

2. Il tribunale provvede con decreto motivato, sentiti il curatore e il comitato dei creditori.

3. Contro il decreto di revoca o di rigetto dell'istanza di revoca del curatore è ammesso il reclamo alla corte di appello previsto dall'articolo 124. Il reclamo non sospende l'efficacia del decreto.

135. ***Sostituzione del curatore.*** — 1. Al fine di evitare conflitti di interessi, il debitore e i creditori ammessi possono chiedere la sostituzione del curatore indicandone al tribunale le ragioni. Il tribunale, valutate le ragioni della richiesta e verificata l'assenza di conflitto di interessi in capo ai creditori istanti, provvede alla nomina del nuovo curatore.[1]

2.[2]

[1] Comma così sost. dall'art. 26, D.lgs. 17 giu. 2022, n. 83.
[2] Comma abrog. dall'art. 26, D.lgs. 17 giu. 2022, n. 83.

136. ***Responsabilità del curatore.*** — 1. Il curatore adempie ai doveri del proprio ufficio, imposti dalla legge o derivanti dal programma di liquidazione approvato, con la diligenza richiesta dalla natura dell'incarico. Egli deve tenere un registro informatico, consultabile telematicamente, oltre che dal giudice delegato, da ciascuno dei componenti del comitato dei creditori e in cui deve annotare giorno per giorno le operazioni relative alla sua amministrazione. Mensilmente il curatore firma digitalmente il registro e vi appone la marca temporale, in conformità alle regole tecniche per la formazione, la trasmissione, la conservazione, la copia, la duplicazione, la riproduzione e la validazione dei documenti informatici.

2. Il curatore procede alle operazioni di liquidazione contemporaneamente alle operazioni di accertamento del passivo.

3. Durante la liquidazione giudiziale, l'azione di responsabilità contro il curatore revocato o sostituito è proposta dal nuovo curatore, previa autorizzazione del giudice delegato.

4. Il curatore che cessa dal suo ufficio, anche durante la liquidazione giudiziale, nonché al termine dei giudizi e delle altre operazioni di cui all'articolo 233, comma 2, deve rendere il conto della gestione a norma dell'articolo 231, comunicandolo anche al curatore eventualmente nominato in sua vece, il quale può presentare osservazioni e contestazioni.

5. Il responsabile dei sistemi informativi automatizzati del Ministero della giustizia, entro sei mesi dalla data di entrata in vigore del presente codice, stabilisce le specifiche tecniche necessarie per assicurare la compatibilità tra i software utilizzati per la tenuta del registro di cui al comma 1 con i sistemi informativi del Ministero della giustizia.

137. ***Compenso del curatore.*** — 1. Il compenso e le spese dovuti al curatore, anche se la liquidazione giudiziale si chiude con concordato, sono liquidati ad istanza del curatore con decreto del tribunale non soggetto a reclamo, su relazione del giudice delegato, secondo le norme stabilite con decreto del Ministro della giustizia.

2. La liquidazione del compenso è fatta dopo l'approvazione del rendiconto e, se del caso, dopo l'esecuzione del concordato. Al curatore è dovuta anche un'integrazione del compenso per l'attività svolta fino al termine dei giudizi e delle altre operazioni di cui all'articolo 233, comma 2. È in facoltà del tribunale accordare al curatore acconti sul compenso. Salvo che non ricorrano giustificati motivi, ogni liquidazione di acconto deve essere preceduta dalla esecuzione di un progetto di ripartizione parziale.

3. Se nell'incarico si sono succeduti più curatori, il compenso è stabilito secondo criteri di proporzionalità ed è liquidato, in ogni caso, al termine della procedura, salvi eventuali acconti.

4. Nessun compenso, oltre quello liquidato dal tribunale, può essere preteso dal curatore, nemmeno per rimborso di spese. Le promesse e i pagamenti fatti contro questo divieto sono nulli ed è sempre ammessa la ripetizione di ciò che è stato pagato, indipendentemente dall'esercizio dell'azione penale.

5. Quando sono nominati esperti ai sensi dell'articolo 49, comma 3, lettera *b*), alla liquidazione del compenso si applica il comma 3.

138. ***Nomina del comitato dei creditori.*** — 1. Il comitato dei creditori è nominato dal giudice delegato entro trenta giorni dalla sentenza che ha aperto la liquidazione giudiziale, sulla base delle risultanze documentali, sentito il curatore e tenuto conto della disponibilità ad assumere l'incarico e delle altre indicazioni eventualmente date dai creditori con la domanda di ammissione al passivo o precedentemente. Salvo quanto previsto dall'articolo 139, la composizione del comitato può essere modificata dal giudice delegato in relazione alle variazioni dello stato passivo o per altro giustificato motivo.

2. Il comitato è composto di tre o cinque membri scelti tra i creditori, in modo da rappresentare in misura equilibrata quantità e qualità dei crediti e avuto riguardo alla possibilità di soddisfacimento dei crediti stessi.

3. Il comitato, entro dieci giorni dalla nomina, provvede, su convocazione del curatore, a nominare a maggioranza il proprio presidente.

4. Alla sostituzione dei membri del comitato provvede il giudice delegato secondo i criteri dettati dai commi 1 e 2.

5. Il comitato dei creditori si considera costituito con l'accettazione della nomina da parte dei suoi componenti comunicata al curatore che ne informa immediatamente il giudice delegato.

6. Il componente del comitato che si trova in conflitto di interessi si astiene dalla votazione.

7. Ciascun componente del comitato dei creditori può delegare, a sue spese, a un avvocato o a un dottore commercialista, in tutto o in parte, l'espletamento delle proprie funzioni, dandone comunicazione al giudice delegato.

139. ***Sostituzione e compenso dei componenti del comitato dei creditori.*** — 1. I creditori che rappresentano la maggioranza dei crediti ammessi possono effettuare nuove designazioni in ordine ai componenti del comitato dei creditori, nel rispetto dei criteri di cui all'articolo 138. Il giudice delegato provvede alla nomina dei soggetti designati, verificato il rispetto delle condizioni di cui all'articolo 138, commi 1 e 2.

2. Dal computo dei crediti, su istanza di uno o più creditori, sono esclusi quelli che si trovino in conflitto di interessi.

3. Il giudice delegato, su istanza del comitato dei creditori, acquisito il parere del curatore, può stabilire che ai componenti del comitato dei creditori sia attribuito, oltre al rimborso delle spese, un compenso per la loro attività, in misura non superiore al dieci per cento di quello liquidato al curatore.

140. ***Funzioni e responsabilità del comitato dei creditori e dei suoi componenti.*** — 1. Il comitato dei creditori vigila sull'operato del curatore, ne autorizza gli atti ed esprime pareri nei casi previsti dalla legge, ovvero su richiesta del tribunale o del giudice delegato, succintamente motivando le proprie deliberazioni.

2. Il presidente convoca il comitato per le deliberazioni di competenza o quando sia richiesto da un terzo dei suoi componenti.

3. Le deliberazioni del comitato sono prese a maggioranza dei votanti, nel termine massimo di quindici giorni successivi a quello in cui la richiesta è pervenuta al presidente. Il voto può essere espresso in riunioni collegiali o mediante consultazioni telematiche, purché sia possibile conservare la prova della manifestazione di voto.

4. In caso di inerzia, di impossibilità di costituzione per insufficienza di numero o indisponibilità dei creditori, o di funzionamento del comitato o di urgenza, provvede il giudice delegato.

5. Il comitato e ogni suo componente possono ispezionare in qualunque tempo le scritture contabili e i documenti della procedura e hanno diritto di chiedere notizie e chiarimenti al curatore e al debitore. Se ricorrono le circostanze di cui al comma 4 gli stessi poteri possono essere esercitati da ciascun creditore, previa l'autorizzazione del giudice delegato.

6. I componenti del comitato hanno diritto al rimborso delle spese, oltre all'eventuale compenso riconosciuto ai sensi e nelle forme di cui all'articolo 139, comma 3.

7. Ai componenti del comitato dei creditori si applica, in quanto compatibile, l'articolo 2407, primo e terzo comma, del codice civile.

8. L'azione di responsabilità può essere proposta dal curatore durante lo svolgimento della procedura. Il giudice delegato provvede all'immediata sostituzione dei componenti del comitato dei creditori nei confronti dei quali ha autorizzato l'azione.

141. ***Reclamo contro gli atti del comitato dei creditori.*** — 1. Contro le autorizzazioni o i dinieghi del comitato dei creditori, il curatore, il debitore e ogni altro interessato possono proporre reclamo, per violazione di legge, al giudice delegato entro otto giorni dalla conoscenza dell'atto. Il giudice delegato decide sul reclamo sentite le parti, omessa ogni formalità non indispensabile al contraddittorio.

2. Contro il decreto del giudice delegato può essere proposto il reclamo previsto dall'articolo 124.

SEZIONE II

Effetti dell'apertura della liquidazione giudiziale per il debitore

142. ***Beni del debitore.*** — 1. La sentenza che dichiara aperta la liquidazione giudiziale priva dalla sua data il debitore dell'amministrazione e della disponibilità dei suoi beni esistenti alla data di apertura della liquidazione giudiziale.

2. Sono compresi nella liquidazione giudiziale anche i beni che pervengono al debitore durante la procedura, dedotte le passività incontrate per l'acquisto e la conservazione dei beni medesimi.

3. Il curatore, previa autorizzazione del comitato dei creditori, può rinunziare ad acquisire i beni del debitore, compresi quelli che gli pervengono durante la procedura, qualora i costi da sostenere per il loro acquisto e la loro conservazione risultino superiori al presumibile valore di realizzo dei beni stessi.

143. ***Rapporti processuali.*** — 1. Nelle controversie, anche in corso, relative a rapporti di diritto patrimoniale del debitore compresi nella liquidazione giudiziale sta in giudizio il curatore.

2. Il debitore può intervenire nel giudizio solo per le questioni dalle quali può dipendere un'imputazione di bancarotta a suo carico o se l'intervento è previsto dalla legge.

3. L'apertura della liquidazione giudiziale determina l'interruzione del processo. Il termine per la riassunzione del processo interrotto decorre da quando l'interruzione viene dichiarata dal giudice.

144. Atti compiuti dal debitore dopo l'apertura della liquidazione giudiziale. – 1. Gli atti compiuti dal debitore e i pagamenti da lui eseguiti o ricevuti dopo l'apertura della liquidazione giudiziale sono inefficaci rispetto ai creditori.

2. Fermo quanto previsto dall'articolo 142, comma 2, sono acquisite alla liquidazione giudiziale tutte le utilità che il debitore consegue nel corso della procedura per effetto degli atti di cui al comma 1.

145. Formalità eseguite dopo l'apertura della liquidazione giudiziale. – 1. Le formalità necessarie per rendere opponibili gli atti ai terzi, se compiute dopo la data dell'apertura della liquidazione giudiziale, sono senza effetto rispetto ai creditori.

146. ***Beni non compresi nella liquidazione giudiziale.*** — 1. Non sono compresi nella liquidazione giudiziale:

a) i beni e i diritti di natura strettamente personale;

b) gli assegni aventi carattere alimentare, gli stipendi, le pensioni, i salari e ciò che il debitore guadagna con la sua attività, entro i limiti di quanto occorre per il mantenimento suo e della sua famiglia;

c) i frutti derivanti dall'usufrutto legale sui beni dei figli, i beni costituiti in fondo patrimoniale e i frutti di essi, salvo quanto è disposto dall'articolo 170 del codice civile;

d) le cose che non possono essere pignorate per disposizione di legge.

2. I limiti previsti al comma 1, lettera *b*), sono fissati con decreto motivato del giudice delegato, sentiti il curatore ed il comitato dei creditori, tenuto conto della condizione personale del debitore e di quella della sua famiglia.

147. ***Alimenti ed abitazione del debitore.*** — 1. Se al debitore vengono a mancare i mezzi di sussistenza, il giudice delegato, sentiti il curatore e il comitato dei creditori, può concedergli un sussidio a titolo di alimenti per lui e per la famiglia.

2. La casa della quale il debitore è proprietario o può godere in quanto titolare di altro diritto reale, nei limiti in cui è necessaria all'abitazione di lui e della famiglia, non può essere distratta da tale uso fino alla sua liquidazione.

148. ***Corrispondenza diretta al debitore.*** — 1. Il debitore persona fisica, è tenuto a consegnare al curatore la propria corrispondenza di ogni genere, inclusa quella elettronica, riguardante i rapporti compresi nella liquidazione giudiziale.

2. La corrispondenza diretta al debitore che non è una persona fisica è consegnata al curatore.

149. ***Obblighi del debitore.*** — 1. Il debitore, se persona fisica, nonché gli amministratori o i liquidatori della società o dell'ente nei cui confronti è aperta la liquidazione giudiziale, sono tenuti a comunicare al curatore la propria residenza ovvero il proprio domicilio e ogni loro cambiamento.

2. Se occorrono informazioni o chiarimenti ai fini della gestione della procedura, i soggetti di cui al comma 1 devono presentarsi personalmente al giudice delegato, al curatore o al comitato dei creditori.

3. In caso di legittimo impedimento o di altro giustificato motivo, i medesimi soggetti possono essere autorizzati dal giudice delegato a comparire per mezzo di un procuratore.

SEZIONE III
Effetti dell'apertura della liquidazione giudiziale per i creditori

150. ***Divieto di azioni esecutive e cautelari individuali.*** — 1. Salvo diversa disposizione della legge, dal giorno della dichiarazione di apertura della liquidazione giudiziale nessuna azione individuale esecutiva o cautelare anche per crediti maturati durante la liquidazione giudiziale, può essere iniziata o proseguita sui beni compresi nella procedura.

151. ***Concorso dei creditori.*** — 1. La liquidazione giudiziale apre il concorso dei creditori sul patrimonio del debitore.

2. Ogni credito, anche se munito di diritto di prelazione o prededucibile, nonché ogni diritto reale o personale, mobiliare o immobiliare, deve essere accertato secondo le norme stabilite dal capo III del presente titolo, salvo diverse disposizioni della legge.

3. Le disposizioni del comma 2 si applicano anche ai crediti esentati dal divieto di cui all'articolo 150.

152. ***Creditori muniti di pegno o privilegio su mobili.*** — 1. I crediti garantiti da pegno o assistiti da privilegio a norma degli articoli 2756 e 2761 del codice civile possono essere realizzati al di fuori della liquidazione giudiziale anche durante la procedura, dopo che sono stati ammessi al passivo con prelazione.

2. Per essere autorizzato alla vendita il creditore fa istanza al giudice delegato, il quale, sentiti il curatore e il comitato dei creditori, stabilisce con decreto il tempo della vendita, determinandone le modalità a norma dell'articolo 216. Il giudice delegato può assegnare i beni al creditore che ne ha fatto istanza. Il giudice delegato provvede acquisita la valutazione dei beni oggetto del provvedimento di autorizzazione o di assegnazione.

3. Se il ricavato della vendita, al netto delle spese o, in caso di assegnazione, il valore di stima è superiore all'importo del credito ammesso al passivo con prelazione, il creditore ne versa al curatore l'eccedenza.

4. Il giudice delegato, sentito il comitato dei creditori, se è stato nominato, può anche autorizzare il curatore a riprendere le cose sottoposte a pegno o a privilegio, pagando il creditore, o ad eseguire la vendita nei modi stabiliti dal comma 2.

153. ***Diritto dei creditori privilegiati nella ripartizione dell'attivo.*** — 1. I creditori garantiti da ipoteca, pegno o privilegio fanno valere il loro diritto di prelazione sul prezzo dei beni vincolati per il capitale, gli interessi e le spese; se non sono soddisfatti integralmente, concorrono, per quanto è ancora loro dovuto, con i creditori chirografari nelle ripartizioni del resto dell'attivo.

2. Essi hanno diritto di concorrere anche nelle ripartizioni che si eseguono prima della distribuzione del prezzo dei beni vincolati a loro garanzia. In tal caso, se ottengono un'utile collocazione definitiva su questo prezzo per la totalità del loro credito, computati in primo luogo gli interessi, l'importo ricevuto nelle ripartizioni anteriori viene detratto dalla somma loro assegnata per essere attribuito ai creditori chirografari. Se la collocazione utile ha luogo per una parte del credito garantito, per il capitale non soddisfatto essi hanno diritto di trattenere solo la percentuale definitiva assegnata ai creditori chirografari.

3. L'estensione del diritto di prelazione agli interessi è regolata dagli articoli 2749, 2788 e 2855, commi secondo e terzo, del codice civile, intendendosi equiparata la dichiarazione di apertura della liquidazione giudiziale all'atto di pignoramento. Per i crediti assistiti da privilegio generale, il decor-

so degli interessi cessa alla data del deposito del progetto di riparto nel quale il credito è soddisfatto anche se parzialmente.

4. Se il credito è garantito da ipoteca, la prelazione si estende anche alle spese della costituzione, dell'iscrizione e della rinnovazione dell'ipoteca.

5. Se il credito è garantito da pegno o assistito da privilegio speciale a norma degli articoli 2756 e 2761 del codice civile, la prelazione si estende anche alle spese della costituzione del pegno e, nel caso previsto dall'articolo 152, commi 1 e 2, alle spese di conservazione e vendita del bene costituito in pegno o oggetto del privilegio, nonché alle spese di individuazione e consegna del bene oggetto di pegno non possessorio.

154. ***Crediti pecuniari.*** — 1. La dichiarazione di apertura della liquidazione giudiziale sospende il corso degli interessi convenzionali o legali, agli effetti del concorso, fino alla chiusura della procedura ovvero fino all'archiviazione disposta ai sensi dell'articolo 234, comma 7, a meno che i crediti non siano garantiti da ipoteca, da pegno o privilegio, salvo quanto è disposto dall'articolo 153, comma 3.

2. I crediti pecuniari si considerano scaduti, agli effetti del concorso, alla data della dichiarazione di apertura della liquidazione giudiziale.

3. I crediti condizionali partecipano al concorso a norma degli articoli 204, 226 e 227. Sono compresi tra i crediti condizionali quelli che non possono essere fatti valere contro il debitore il cui patrimonio è sottoposto alla liquidazione giudiziale, se non previa escussione di un obbligato principale.

155. ***Compensazione.*** — 1. I creditori possono opporre in compensazione dei loro debiti verso il debitore il cui patrimonio è sottoposto alla liquidazione giudiziale i propri crediti verso quest'ultimo, ancorché non scaduti prima dell'apertura della procedura concorsuale.

2. La compensazione non ha luogo se il creditore ha acquistato il credito per atto tra vivi dopo il deposito della domanda cui è seguita l'apertura della liquidazione giudiziale o nell'anno anteriore.

156. ***Crediti infruttiferi.*** — 1. I crediti infruttiferi non ancora scaduti alla data dell'apertura della liquidazione giudiziale sono ammessi al passivo per l'intera somma. Tuttavia ad ogni singola ripartizione saranno detratti gli interessi composti, in ragione del saggio stabilito dall'articolo 1284 del codice civile, per il tempo che resta a decorrere dalla data del mandato di pagamento sino al giorno della scadenza del credito.

157. ***Obbligazioni ed altri titoli di debito.*** — 1. I crediti derivanti da obbligazioni e da altri titoli di debito sono ammessi al passivo per il loro valore nominale, detratti i rimborsi già effettuati; se è previsto un premio da estrarre a sorte, il suo valore attualizzato viene distribuito tra tutti i titoli che hanno diritto al sorteggio.

158. ***Crediti non pecuniari.*** — 1. I crediti non scaduti, aventi per oggetto una prestazione in danaro determinata con riferimento ad altri valori o aventi per oggetto una prestazione diversa dal danaro, concorrono secondo il loro valore alla data di apertura della liquidazione giudiziale.

2. In deroga a quanto previsto dal comma 1, la rivalutazione dei crediti di lavoro è ammessa anche dopo la domanda di accesso agli strumenti di regolazione della crisi e dell'insolvenza e dopo l'apertura di una procedura di insolvenza. La rivalutazione è ammessa, negli strumenti di regolazione della crisi e dell'insolvenza, fino alla definitività della sentenza di omologazione e, nelle procedure di insolvenza, fino al decreto pronunciato ai sensi dell'articolo 204, comma 4, in relazione alle domande di ammissione al passivo depositate nel termine di cui all'articolo 201, comma 1.[1]

[1] Comma aggiunto dall'art. 27, D.lgs. 17 giu. 2022, n. 83.

159. ***Rendita perpetua e rendita vitalizia.*** — 1. Se nel passivo della liquidazione giudiziale sono presenti crediti per rendita perpetua, questa è riscattata a norma dell'articolo 1866 del codice civile.

2. Il creditore di una rendita vitalizia è ammesso al passivo per una somma equivalente al valore capitale della rendita stessa al momento dell'apertura della liquidazione giudiziale.

160. ***Creditore di più coobbligati solidali.*** — 1. Il creditore di più coobbligati in solido concorre nella liquidazione giudiziale del patrimonio di quelli che sono sottoposti a tale procedura, per l'intero credito in capitale e accessori, sino al totale pagamento.

2. Il regresso tra i coobbligati può essere esercitato solo dopo che il creditore sia stato soddisfatto per l'intero credito.

161. ***Creditore di più coobbligati solidali parzialmente soddisfatto.*** — 1. Il creditore che, prima dell'apertura della liquidazione giudiziale, ha ricevuto da un coobbligato in solido con il debitore il cui patrimonio è sottoposto alla procedura concorsuale, o da un fideiussore, una parte del proprio credito, ha diritto di concorrere nella liquidazione giudiziale per la parte non riscossa.

2. Il coobbligato che ha diritto di regresso verso il debitore ha diritto di concorrere nella liquidazione giudiziale di questo per la somma pagata.

3. Tuttavia il creditore ha diritto di farsi assegnare la quota di riparto spettante al coobbligato fino a concorrenza di quanto ancora dovutogli. Resta impregiudicato il diritto verso il coobbligato se il creditore rimane parzialmente insoddisfatto.

162. ***Coobbligato o fideiussore con diritto di garanzia.*** — 1. Il coobbligato o fideiussore del debitore sottoposto a liquidazione giudiziale che ha un diritto di pegno o di ipoteca sui beni di lui a garanzia della sua azione di regresso concorre nella liquidazione giudiziale per la somma per la quale ha ipoteca o pegno.

2. Il ricavato della vendita dei beni ipotecati o delle cose date in pegno spetta al creditore in deduzione della somma dovuta.

SEZIONE IV
Effetti della liquidazione giudiziale sugli atti pregiudizievoli ai creditori

163. ***Atti a titolo gratuito.*** — 1. Sono privi di effetto rispetto ai creditori, se compiuti dal debitore dopo il deposito della domanda cui è seguita l'apertura della liquidazione giudiziale o nei due anni anteriori, gli atti a titolo gratuito, esclusi i regali d'uso e gli atti compiuti in adempimento di un dovere morale o a scopo di pubblica utilità, in quanto la liberalità sia proporzionata al patrimonio del donante.

2. I beni oggetto degli atti di cui al comma 1 sono acquisiti al patrimonio della liquidazione giudiziale mediante trascrizione della sentenza che ha dichiarato l'apertura della procedura concorsuale. Nel caso di cui al presente articolo ogni interessato può proporre reclamo avverso la trascrizione a norma dell'articolo 133.

164. ***Pagamenti di crediti non scaduti e postergati.*** — 1. Sono privi di effetto rispetto ai creditori i pagamenti di crediti che scadono nel giorno della dichiarazione di apertura della liquidazione giudiziale o posteriormente, se sono stati eseguiti dal debitore dopo il deposito della domanda cui è seguita l'apertura della procedura concorsuale o nei due anni anteriori.

2. Sono privi di effetto rispetto ai creditori i rimborsi dei finanziamenti dei soci a favore della società se sono stati eseguiti dal debitore dopo il deposito della domanda cui è seguita l'apertura della procedura concorsuale o nell'anno anteriore. Si applica l'articolo 2467, secondo comma, codice civile.

3. La disposizione di cui al comma 2 si applica anche al rimborso dei finanziamenti effettuati a favore della società assoggettata alla liquidazione giudiziale da chi esercita attività di direzione e coordinamento nei suoi confronti o da altri soggetti ad essa sottoposti.

165. ***Azione revocatoria ordinaria.*** — 1. Il curatore può domandare che siano dichiarati inefficaci gli atti compiuti dal debitore in pregiudizio dei creditori, secondo le norme del codice civile.

2. L'azione si propone dinanzi al tribunale competente ai sensi dell'articolo 27 sia in confronto del contraente immediato, sia in confronto dei suoi aventi causa nei casi in cui sia proponibile contro costoro.

166. ***Atti a titolo oneroso, pagamenti, garanzie.*** — 1. Sono revocati, salvo che l'altra parte provi che non conosceva lo stato d'insolvenza del debitore:

a) gli atti a titolo oneroso in cui le prestazioni eseguite o le obbligazioni assunte dal debitore sorpassano di oltre un quarto ciò che a lui è stato dato o promesso, se compiuti dopo il deposito della domanda cui è seguita l'apertura della liquidazione giudiziale o nell'anno anteriore;

b) gli atti estintivi di debiti pecuniari scaduti ed esigibili non effettuati con danaro o con altri mezzi normali di pagamento, se compiuti dopo il deposito della domanda cui è seguita l'apertura della liquidazione giudiziale o nell'anno anteriore;

c) i pegni, le anticresi e le ipoteche volontarie costituiti dopo il deposito della domanda cui è seguita l'apertura della liquidazione giudiziale o nell'anno anteriore per debiti preesistenti non scaduti;

d) i pegni, le anticresi e le ipoteche giudiziali o volontarie costituiti dopo il deposito della domanda cui è seguita l'apertura della liquidazione giudiziale o nei sei mesi anteriori per debiti scaduti.

2. Sono altresì revocati, se il curatore prova che l'altra parte conosceva lo stato d'insolvenza del debitore, i pagamenti di debiti liquidi ed esigibili, gli atti a titolo oneroso e quelli costitutivi di un diritto di prelazione per debiti, anche di terzi, contestualmente creati, se compiuti dal debitore dopo il deposito della domanda cui è seguita l'apertura della liquidazione giudiziale o nei sei mesi anteriori.

3. Non sono soggetti all'azione revocatoria:

a) i pagamenti di beni e servizi effettuati nell'esercizio dell'attività d'impresa nei termini d'uso;

b) le rimesse effettuate su un conto corrente bancario che non hanno ridotto in maniera [consistente e][1] durevole l'esposizione del debitore nei confronti della banca;

c) le vendite e i preliminari di vendita trascritti ai sensi dell'articolo 2645-*bis* del codice civile, i cui effetti non siano cessati ai sensi del comma terzo della suddetta disposizione, conclusi a giusto prezzo e aventi ad oggetto immobili ad uso abitativo, destinati a costituire l'abitazione principale dell'acquirente o di suoi parenti e affini entro il terzo grado, ovvero immobili ad uso non abitativo destinati a costituire la sede principale dell'attività d'impresa dell'acquirente, purché alla data dell'apertura della liquidazione giudiziale tale attività sia effettivamente esercitata ovvero siano stati compiuti investimenti per darvi inizio;

d) gli atti, i pagamenti effettuati e le garanzie concesse su beni del debitore posti in essere in esecuzione del piano attestato di cui all'articolo 56 o di cui all'articolo 284 e in esso indicati. L'esclusione non opera in caso di dolo o colpa grave dell'attestatore o di dolo o colpa grave del debitore, quando il creditore ne era a conoscenza al momento del compimento dell'atto, del pagamento o della costituzione della garanzia. L'esclusione opera anche con riguardo all'azione revocatoria ordinaria;

e) gli atti, i pagamenti e le garanzie su beni del debitore posti in essere in esecuzione del concordato preventivo , del piano di ristrutturazione di cui all'articolo 64-*bis* omologato e dell'accordo di ristrutturazione omologato e in essi indicati, nonché gli atti, i pagamenti e le garanzie legalmente posti in essere [e][1] dal debitore dopo il deposito della domanda di accesso al concordato preventivo o all'accordo di ristrutturazione. L'esclusione opera anche con riguardo all'azione revocatoria ordinaria;[2]

f) i pagamenti eseguiti dal debitore a titolo di corrispettivo di prestazioni di lavoro effettuate da suoi dipendenti o altri suoi collaboratori, anche non subordinati;

g) i pagamenti di debiti liquidi ed esigibili eseguiti dal debitore alla scadenza per ottenere la prestazione di servizi strumentali agli strumenti di regolazione della crisi e dell'insolvenza e alle procedure di insolvenza previsti dal presente codice.[2]

4. Le disposizioni di questo articolo non si applicano all'istituto di emissione, alle operazioni di credito su pegno e di credito fondiario; sono salve le disposizioni delle leggi speciali.

[1] Parole soppresse dall'art. 20, D.lgs. 26 ott. 2020, n. 147.
[2] Lettera così modif. dall'art. 28, D.lgs. 17 giu. 2022, n. 83.

167. ***Patrimoni destinati ad uno specifico affare.*** — 1. Gli atti che incidono su un patrimonio destinato ad uno specifico affare previsto dall'articolo 2447-*bis*, primo comma, lettera *a*), del codice civile sono revocabili quando pregiudicano il patrimonio della società. Il presupposto soggettivo dell'azione è costituito dalla conoscenza dello stato d'insolvenza della società.

168. ***Pagamento di cambiale scaduta.*** — 1. In deroga a quanto disposto dall'articolo 166, comma 2, non può essere revocato il pagamento di una cambiale, se il possessore di questa doveva accettarlo per non perdere l'azione cambiaria di regresso. In tal caso, l'ultimo obbligato in via di regresso, in confronto del quale il curatore provi che conosceva lo stato di insolvenza del principale obbligato quando ha tratto o girato la cambiale, deve versare la somma riscossa al curatore.

169. ***Atti compiuti tra coniugi, parti di un'unione civile tra persone dello stesso sesso o conviventi di fatto.*** — 1. Gli atti previsti dall'articolo 166, compiuti tra coniugi, parti di un'unione civile tra persone dello stesso sesso o conviventi di fatto nel tempo in cui il debitore esercitava un'impresa e quelli a titolo gratuito compiuti tra le stesse persone più di due anni prima della data di deposito della domanda cui è seguita l'apertura della liquidazione giudiziale, ma nel tempo in cui il debitore esercitava un'impresa, sono revocati se il coniuge o la parte di un'unione civile tra persone dello stesso sesso o il convivente di fatto non prova che ignorava lo stato d'insolvenza del debitore.

170. ***Limiti temporali delle azioni revocatorie e d'inefficacia.***[1] — 1. Le azioni revocatorie e di inefficacia disciplinate nella presente sezione non possono essere promosse dal curatore decorsi tre anni dall'apertura della liquidazione giudiziale e comunque si prescrivono decorsi cinque anni dal compimento dell'atto.

2. Quando alla domanda di accesso a una procedura concorsuale segue l'apertura della liquidazione giudiziale, i termini di cui agli articoli 163, 164, 166, commi 1 e 2, e 169 decorrono dalla data di pubblicazione della predetta domanda di accesso.

[1] Articolo così sost. dall'art. 20, D.lgs. 26 ott. 2020, n. 147.

171. ***Effetti della revocazione.*** — 1. La revocatoria dei pagamenti avvenuti tramite intermediari specializzati, procedure di compensazione multilaterale o società previste dall'articolo 1 della legge 23 novembre 1939, n. 1966, si esercita e produce effetti nei confronti del destinatario della prestazione.

2. Colui che, per effetto della revoca prevista dalle disposizioni precedenti, ha restituito quanto aveva ricevuto è ammesso al passivo della liquidazione giudiziale per il suo eventuale credito.

3. Qualora la revoca abbia ad oggetto atti estintivi di posizioni passive derivanti da rapporti di conto corrente bancario o comunque rapporti continuativi o reiterati, il terzo deve restituire una somma pari alla differenza tra l'ammontare massimo raggiunto dalle sue pretese, nel periodo per il quale è provata la conoscenza dello stato d'insolvenza, e l'ammontare residuo delle stesse, alla data in cui si è aperto il concorso. Resta salvo il diritto del convenuto d'insinuare al passivo un credito d'importo corrispondente a quanto restituito.

SEZIONE V
Effetti della liquidazione giudiziale sui rapporti giuridici pendenti

172. ***Rapporti pendenti.*** — 1. Se un contratto è ancora ineseguito o non compiutamente eseguito nelle prestazioni principali da entrambe le parti al momento in cui è aperta la procedura di liquidazione giudiziale l'esecuzione del contratto, fatte salve le diverse disposizioni della presente sezione, rimane sospesa fino a quando il curatore, con l'autorizzazione del comitato dei creditori, dichiara di subentrare nel contratto in luogo del debitore, assumendo, a decorrere dalla data del subentro, tutti i relativi obblighi, ovvero di sciogliersi dal medesimo salvo che, nei contratti ad effetti reali, sia già avvenuto il trasferimento del diritto.

2. Il contraente può mettere in mora il curatore, facendogli assegnare dal giudice delegato un termine non superiore a sessanta giorni, decorso il quale il contratto si intende sciolto.

3. In caso di prosecuzione del contratto, sono prededucibili soltanto i crediti maturati nel corso della procedura.

4. In caso di scioglimento del contratto, il contraente ha diritto di far valere nel passivo della liquidazione giudiziale il credito conseguente al mancato adempimento, senza che gli sia dovuto risarcimento del danno.

5. L'azione di risoluzione del contratto promossa prima dell'apertura della liquidazione giudiziale nei confronti della parte inadempiente spiega i suoi effetti nei confronti del curatore, fatta salva, nei casi previsti, l'efficacia della trascrizione della domanda; se il contraente intende ottenere con la pronuncia di risoluzione la restituzione di una somma o di un bene, ovvero il risarcimento del danno, deve proporre la domanda secondo le disposizioni di cui al capo III del presente titolo.

6. Sono inefficaci le clausole negoziali che fanno dipendere la risoluzione del contratto dall'apertura della liquidazione giudiziale.

7. Sono salve le norme speciali in materia di contratti pubblici.

173. ***Contratti preliminari.*** — 1. Il curatore può sciogliersi dal contratto preliminare di vendita immobiliare anche quando il promissario acquirente abbia proposto e trascritto prima dell'apertura della liquidazione giudiziale domanda di esecuzione in forma specifica ai sensi dell'articolo 2932 del codice civile, ma lo scioglimento non è opponibile al promissario acquirente se la domanda viene successivamente accolta.

2. In caso di scioglimento del contratto preliminare di vendita immobiliare trascritto ai sensi dell'articolo 2645-*bis* del codice civile, il promissario acquirente ha diritto di far valere il proprio credito nel passivo, senza che gli sia dovuto il risarcimento del danno, e gode del privilegio di cui all'articolo 2775-*bis* del codice civile, a condizione che gli effetti della trascrizione del contratto preliminare non siano cessati anteriormente alla data dell'apertura della liquidazione giudiziale.

3. Fatto salvo quanto previsto dall'articolo 174, il contratto preliminare di vendita trascritto ai sensi dell'articolo 2645-*bis* del codice civile non si scioglie se ha ad oggetto un immobile ad uso abitativo destinato a costituire l'abitazione principale del promissario acquirente o di suoi parenti ed affini entro il terzo grado ovvero un immobile ad uso non abitativo destinato a costituire la sede principale dell'attività di impresa del promissario acquirente, sempre che gli effetti della trascrizione non siano cessati anteriormente alla data dell'apertura della liquidazione giudiziale e il promissario acquirente ne chieda l'esecuzione nel termine e secondo le modalità stabilite per la presentazione delle domande di accertamento dei diritti dei terzi sui beni compresi nella procedura.

4. Nei casi di subentro del curatore nel contratto preliminare di vendita, l'immobile è trasferito e consegnato al promissario acquirente nello stato in cui si trova. Gli acconti corrisposti prima dell'apertura della liquidazione giudiziale sono opponibili alla massa in misura pari alla metà dell'importo che il promissario acquirente dimostra di aver versato. Il giudice delegato, una volta eseguita la vendita e riscosso interamente il prezzo, ordina con decreto la cancellazione delle iscrizioni relative ai diritti di prelazione, nonché delle trascrizioni dei pignoramenti e dei sequestri conservativi e di ogni altro vincolo.

174. ***Contratti relativi a immobili da costruire.*** — 1. I contratti di cui all'articolo 5 del decreto legislativo 20 giugno 2005, n. 122, si sciolgono se, prima che il curatore comunichi la scelta tra esecuzione o scioglimento, l'acquirente abbia escusso la fideiussione a garanzia della restituzione di quanto versato al costruttore, dandone altresì comunicazione al curatore. In ogni caso, la fideiussione non può essere escussa dopo che il curatore ha comunicato di voler dare esecuzione al contratto.

175. ***Contratti di carattere personale.*** — 1. I contratti di carattere personale si sciolgono per effetto dell'apertura della procedura di liquidazione giudiziale nei confronti di uno dei contraenti, salvo che il curatore, con l'autorizzazione del comitato dei creditori e il consenso dell'altro contraente, manifesti la volontà di subentrarvi, assumendo, a decorrere dalla data del subentro, tutti i relativi obblighi.

2. Ai fini di cui al comma 1, i contratti sono di carattere personale quando la considerazione della qualità soggettiva della parte nei cui confronti è aperta la liquidazione giudiziale è stata motivo determinante del consenso.

176. ***Effetti sui finanziamenti destinati ad uno specifico affare.*** — 1. L'apertura della liquidazione giudiziale della società determina lo scioglimento del contratto di finanziamento di cui all'articolo 2447-*bis*, primo comma, lettera *b*), del codice civile quando impedisce la realizzazione o la continuazione dell'operazione. In caso contrario, il curatore, sentito il parere del comitato dei creditori, può decidere di subentrare nel contratto in luogo della società, assumendo, a decorrere dalla data del subentro, tutti i relativi obblighi.

2. Se il curatore non subentra nel contratto, il finanziatore può chiedere al giudice delegato di essere autorizzato, sentito il comitato dei creditori, a realizzare o a continuare l'operazione, in proprio o affidandola a terzi; in tale ipotesi il finanziatore può trattenere i proventi dell'affare e può insinuarsi al passivo della procedura in via chirografaria per l'eventuale credito residuo.

3. Nelle ipotesi ai commi 1, secondo periodo e 2, resta ferma la disciplina prevista dall'articolo 2447-*decies*, terzo, quarto e quinto comma, del codice civile.

4. Qualora, nel caso di cui al comma 1, non si verifichi alcuna delle ipotesi previste ai commi 1, secondo periodo e 2, si applica l'articolo 2447-*decies*, sesto comma, del codice civile.

177. ***Locazione finanziaria.*** — 1. In caso di apertura della liquidazione giudiziale del patrimonio dell'utilizzatore, quando il curatore decide di sciogliersi dal contratto di locazione finanziaria a norma dell'articolo 172, il concedente ha diritto alla restituzione del bene ed è tenuto a versare alla curatela l'eventuale differenza fra la maggiore somma ricavata dalla vendita o da altra collocazione del bene a valori di mercato rispetto al credito residuo in linea capitale, determinato ai sensi dell'articolo 97, comma 12, primo periodo; per le somme già riscosse si applica l'articolo 166, comma 3, lettera *a*).

2. Il concedente ha diritto di insinuarsi nello stato passivo per la differenza fra il credito vantato alla data di apertura della liquidazione giudiziale e quanto ricavabile dalla nuova allocazione del bene secondo la stima disposta dal giudice delegato.

3. In caso di apertura della liquidazione giudiziale nei confronti di società autorizzata alla concessione di finanziamenti sotto forma di locazione finanziaria, il contratto prosegue. L'utilizzatore conserva la facoltà di acquistare, alla scadenza del contratto, la proprietà del bene, previo pagamento dei canoni e del prezzo pattuito.

178. ***Vendita con riserva di proprietà.*** — 1. Nella vendita con riserva di proprietà, in caso di apertura della liquidazione giudiziale del patrimonio del compratore, se il prezzo deve essere pagato a termine o a rate, il curatore può subentrare nel contratto con l'autorizzazione del comitato dei creditori. Il venditore può chiedere cauzione a meno che il curatore paghi immediatamente il prezzo con lo sconto dell'interesse legale. Qualora il curatore si sciolga dal contratto, il venditore deve restituire le rate di prezzo già riscosse, salvo il diritto ad un equo compenso per l'uso della cosa, che può essere compensato con il credito avente ad oggetto la restituzione delle rate pagate.

2. L'apertura della liquidazione giudiziale nei confronti del venditore non è causa di scioglimento del contratto.

179. ***Contratti ad esecuzione continuata o periodica.*** — 1. Se il curatore subentra in un contratto ad esecuzione continuata o periodica deve pagare integralmente il prezzo delle consegne avvenute e dei servizi erogati dopo l'apertura della liquidazione giudiziale.

2. Il creditore può chiedere l'ammissione al passivo del prezzo delle consegne avvenute e dei servizi erogati prima dell'apertura della liquidazione giudiziale.

180. ***Restituzione di cose non pagate.*** — 1. Se la cosa mobile oggetto della vendita è già stata spedita al compratore prima che nei suoi confronti sia stata aperta la liquidazione, ma non è ancora a sua disposizione nel luogo di destinazione, né altri ha acquistato diritti sulla medesima, il venditore può riprenderne il possesso, assumendo a suo carico le spese e restituendo gli acconti ricevuti, sempreché egli non preferisca dar corso al contratto facendo valere nel passivo il credito per il prezzo, o il curatore non intenda farsi consegnare la cosa pagandone il prezzo integrale.

181. ***Contratto di borsa a termine.*** — 1. Il contratto di borsa a termine, se il termine scade dopo l'apertura della liquidazione giudiziale del patrimonio di uno dei contraenti, si scioglie alla data dell'apertura della procedura.

2. La differenza fra il prezzo contrattuale e il valore delle cose o dei titoli alla data dell'apertura della procedura è versata al curatore, se il contraente il cui patrimonio è sottoposto a liquidazione giudiziale risulta in credito o è ammessa al passivo nel caso contrario.

182. ***Associazione in partecipazione.*** — 1. L'associazione in partecipazione si scioglie per effetto dell'apertura della liquidazione giudiziale nei confronti dell'associante.

2. L'associato ha diritto di far valere nel passivo della liquidazione giudiziale il credito per quella parte dei conferimenti che non è assorbita dalle perdite a suo carico.

3. L'associato è tenuto al versamento della parte ancora dovuta nei limiti delle perdite che sono a suo carico. Nei suoi confronti è applicata la procedura prevista dall'articolo 260.

183. ***Conto corrente, mandato, commissione.*** — 1. I contratti di conto corrente, anche bancario, e di commissione, si sciolgono per effetto dell'apertura della liquidazione giudiziale nei confronti di una delle parti.

2. Il contratto di mandato si scioglie per effetto dell'apertura della liquidazione giudiziale nei confronti del mandatario.

3. Se il curatore della liquidazione giudiziale del patrimonio del mandante subentra nel contratto, il credito del mandatario per l'attività compiuta dopo l'apertura della procedura è soddisfatto in prededuzione.

184. ***Contratto di affitto di azienda.*** — 1. L'apertura della liquidazione giudiziale nei confronti del concedente non scioglie il contratto di affitto d'azienda, ma il curatore, previa autorizzazione del comitato dei creditori, può recedere entro sessanta giorni, corrispondendo alla controparte un equo indennizzo, che, nel dissenso tra le parti, è determinato dal giudice delegato, sentiti gli interessati. L'indennizzo è insinuato al passivo come credito concorsuale.

2. In caso di recesso del curatore e comunque alla scadenza del contratto, si applicano le disposizioni di cui all'articolo 212, comma 6.

3. In caso di apertura della liquidazione giudizia-

le nei confronti dell'affittuario, il curatore può in qualunque tempo, previa autorizzazione del comitato dei creditori, recedere dal contratto, corrispondendo al concedente un equo indennizzo per l'anticipato recesso, che, nel dissenso fra le parti, è determinato dal giudice delegato, sentiti gli interessati. L'indennizzo è insinuato al passivo come credito concorsuale.

185. ***Contratto di locazione di immobili.*** — 1. L'apertura della liquidazione giudiziale nei confronti del locatore non scioglie il contratto di locazione di immobili e il curatore subentra nel contratto.

2. Qualora, alla data dell'apertura della liquidazione giudiziale, la residua durata del contratto sia superiore a quattro anni, il curatore, entro un anno dall'apertura della procedura, può, previa autorizzazione del comitato dei creditori, recedere dal contratto corrispondendo al conduttore un equo indennizzo per l'anticipato recesso, che, nel dissenso fra le parti, è determinato dal giudice delegato, sentiti gli interessati. L'indennizzo è insinuato al passivo come credito concorsuale. Il recesso ha effetto decorsi quattro anni dall'apertura della procedura.

3. In caso di apertura della liquidazione giudiziale nei confronti del conduttore, il curatore può in qualunque tempo, previa autorizzazione del comitato dei creditori, recedere dal contratto, corrispondendo al locatore un equo indennizzo per l'anticipato recesso, che nel dissenso fra le parti, è determinato dal giudice delegato, sentiti gli interessati. L'indennizzo è insinuato al passivo come credito concorsuale.

186. ***Contratto di appalto.*** — 1. Il contratto di appalto si scioglie per effetto dell'apertura della liquidazione giudiziale nei confronti di una delle parti, se il curatore, previa autorizzazione del comitato dei creditori, non dichiara di voler subentrare nel rapporto dandone comunicazione all'altra parte nel termine di sessanta giorni dall'apertura della procedura ed offrendo idonee garanzie.

2. Nel caso di apertura della liquidazione giudiziale nei confronti dell'appaltatore, il rapporto contrattuale si scioglie se la considerazione della qualità soggettiva dello stesso appaltatore è stata un motivo determinante del contratto, salvo che il committente non consenta, comunque, la prosecuzione del rapporto.

187. ***Contratto di assicurazione.*** — 1. Al contratto di assicurazione contro i danni si applica l'articolo 172, salvo il diritto di recesso dell'assicuratore a norma dell'articolo 1898 del codice civile se la prosecuzione del contratto può determinare un aggravamento del rischio.

2. Se il curatore comunica di voler subentrare nel contratto, il credito dell'assicuratore è soddisfatto in prededuzione per i premi scaduti dopo l'apertura della liquidazione giudiziale.

188. ***Contratto di edizione.*** — 1. Gli effetti dell'apertura della liquidazione giudiziale nei confronti dell'editore sul contratto di edizione sono regolati dalla legge speciale.

189. ***Rapporti di lavoro subordinato.*** — 1. L'apertura della liquidazione giudiziale nei confronti del datore di lavoro non costituisce motivo di licenziamento. I rapporti di lavoro subordinato in atto alla data della sentenza dichiarativa restano sospesi fino a quando il curatore, con l'autorizzazione del giudice delegato, sentito il comitato dei creditori, comunica ai lavoratori di subentrarvi, assumendo i relativi obblighi, ovvero il recesso.

2. Il recesso del curatore dai rapporti di lavoro subordinato sospesi ai sensi del comma 1 ha effetto dalla data di apertura della liquidazione giudiziale. Il subentro del curatore nei rapporti di lavoro subordinato sospesi decorre dalla comunicazione dal medesimo effettuata ai lavoratori. Il curatore trasmette all'Ispettorato territoriale del lavoro del luogo ove è stata aperta la liquidazione giudiziale, entro trenta giorni dalla nomina, l'elenco dei dipendenti dell'impresa in forza al momento dell'apertura della liquidazione giudiziale stessa. Su istanza del curatore il termine può essere prorogato dal giudice delegato di ulteriori trenta giorni, quando l'impresa occupa più di cinquanta dipendenti.

3. Qualora non sia possibile la continuazione o il trasferimento dell'azienda o di un suo ramo o comunque sussistano manifeste ragioni economiche inerenti l'assetto dell'organizzazione del lavoro, il curatore procede senza indugio al recesso dai relativi rapporti di lavoro subordinato. Il curatore comunica la risoluzione per iscritto. In ogni caso, salvo quanto disposto dal comma 4, decorso il termine di quattro mesi dalla data di apertura della liquidazione giudiziale senza che il curatore abbia comunicato il subentro, i rapporti di lavoro subordinato che non siano già cessati si intendono risolti di diritto con decorrenza dalla data di apertura della liquidazione giudiziale, salvo quanto previsto dai commi 4 e 6.

4. Il curatore o il direttore dell'Ispettorato territoriale del lavoro del luogo ove è stata aperta la liquidazione giudiziale, qualora ritengano sussistenti possibilità di ripresa o trasferimento a terzi dell'azienda o di un suo ramo, possono chiedere al giudice delegato, con istanza da depositarsi presso la cancelleria del tribunale, a pena di inammissibilità, almeno quindici giorni prima della scadenza del termine di cui al comma 3, una proroga del medesimo termine. Analoga istanza può in ogni caso essere presentata, personalmente o a mezzo di difensore munito di procura dallo stesso autenticata, anche dai singoli lavoratori, ma in tal caso la proroga ha effetto solo nei confronti dei lavoratori istanti; l'istanza del lavoratore deve contenere, sempre a pena di inammissibilità, elezione di domicilio o indicazione di indirizzo PEC ove ricevere le comunicazioni. Il giudice delegato, qualora il curatore entro il termine di cui al comma 3 non abbia proceduto al subentro o al reces-

so, entro trenta giorni dal deposito dell'istanza ovvero, in caso di più istanze, dal deposito dell'ultima di queste, può assegnare al curatore un termine non superiore a otto mesi per assumere le determinazioni di cui al comma 1. Il giudice delegato tiene conto, nello stabilire la misura del termine, delle prospettive di ripresa delle attività o di trasferimento dell'azienda. Il termine così concesso decorre dalla data di deposito in cancelleria del provvedimento del giudice delegato, che è immediatamente comunicato al curatore e agli eventuali altri istanti. Qualora nel termine così prorogato il curatore non procede al subentro o al recesso, i rapporti di lavoro subordinato che non siano già cessati, si intendono risolti di diritto, salvo quanto previsto al comma 6, con decorrenza dalla data di apertura della liquidazione giudiziale. In tale ipotesi, a favore di ciascun lavoratore nei cui confronti è stata disposta la proroga, è riconosciuta un'indennità non assoggettata a contribuzione previdenziale di importo pari a due mensilità dell'ultima retribuzione di riferimento per il calcolo del trattamento di fine rapporto per ogni anno di servizio, in misura comunque non inferiore a due e non superiore a otto mensilità, che è ammessa al passivo come credito successivo all'apertura della liquidazione giudiziale.

5. Salvi i casi di ammissione ai trattamenti di cui al titolo I del decreto legislativo 14 settembre 2015 n. 148, ovvero di accesso alle prestazioni di cui al titolo II del medesimo decreto legislativo o ad altre prestazioni di sostegno al reddito, le eventuali dimissioni del lavoratore nel periodo di sospensione tra la data della sentenza dichiarativa fino alla data della comunicazione di cui al comma 1, si intendono rassegnate per giusta causa ai sensi dell'articolo 2119 del codice civile con effetto dalla data di apertura della liquidazione giudiziale.[1]

6. Nel caso in cui il curatore intenda procedere a licenziamento collettivo secondo le previsioni di cui agli articoli 4, comma 1 e 24, comma 1, della legge 23 luglio 1991 n. 223, trovano applicazione, in deroga a quanto previsto dall'articolo 4, commi da 2 a 8, della stessa legge, le seguenti disposizioni:

a) il curatore che intende avviare la procedura di licenziamento collettivo è tenuto a darne comunicazione preventiva per iscritto alle rappresentanze sindacali aziendali costituite a norma dell'articolo 19 della legge 20 maggio 1970, n. 300, ovvero alle rappresentanze sindacali unitarie nonché alle rispettive associazioni di categoria. In mancanza delle predette rappresentanze la comunicazione deve essere effettuata alle associazioni di categoria aderenti alle confederazioni maggiormente rappresentative sul piano nazionale; la comunicazione alle associazioni di categoria può essere effettuata per il tramite dell'associazione dei datori di lavoro alla quale l'impresa aderisce o conferisce mandato. La comunicazione è trasmessa altresì all'Ispettorato territoriale del lavoro del luogo ove i lavoratori interessati prestano in prevalenza la propria attività e, comunque, all'Ispettorato territoriale del lavoro del luogo ove è stata aperta la liquidazione giudiziale;

b) la comunicazione di cui alla lettera *a*) deve contenere sintetica indicazione: dei motivi che determinano la situazione di eccedenza; dei motivi tecnici, organizzativi o produttivi, per i quali si ritiene di non poter adottare misure idonee a porre rimedio alla predetta situazione ed evitare, in tutto o in parte, il licenziamento collettivo; del numero, della collocazione aziendale e dei profili professionali del personale eccedente nonché del personale abitualmente impiegato; dei tempi di attuazione del programma di riduzione del personale; delle eventuali misure programmate per fronteggiare le conseguenze sul piano sociale della attuazione del programma medesimo e del metodo di calcolo di tutte le attribuzioni patrimoniali diverse da quelle già previste dalla legislazione vigente e dalla contrattazione collettiva;

c) entro sette giorni dalla data del ricevimento della comunicazione di cui alla lettera *a*), le rappresentanze sindacali aziendali ovvero le rappresentanze sindacali unitarie e le rispettive associazioni formulano per iscritto al curatore istanza per esame congiunto; l'esame congiunto può essere convocato anche dall'Ispettorato territoriale del lavoro, nel solo caso in cui l'avvio della procedura di licenziamento collettivo non sia stato determinato dalla cessazione dell'attività dell'azienda o di un suo ramo. Qualora nel predetto termine di sette giorni non sia pervenuta alcuna istanza di esame congiunto o lo stesso, nei casi in cui è previsto, non sia stato fissato dall'Ispettorato territoriale del lavoro in data compresa entro i quaranta giorni dal ricevimento della comunicazione di cui alla lettera *a*), la procedura si intende esaurita.

d) l'esame congiunto, cui può partecipare il direttore dell'Ispettorato territoriale del lavoro o funzionario da questi delegato, ha lo scopo di esaminare le cause che hanno contribuito a determinare l'eccedenza del personale e le possibilità di utilizzazione diversa di tale personale, o di una sua parte, nell'ambito della stessa impresa, anche mediante contratti di solidarietà e forme flessibili di gestione del tempo di lavoro. Qualora non sia possibile evitare la riduzione di personale, è esaminata la possibilità di ricorrere a misure sociali di accompagnamento intese, in particolare, a facilitare la riqualificazione e la riconversione dei lavoratori licenziati. I rappresentanti sindacali dei lavoratori possono farsi assistere, ove lo ritengano opportuno, da esperti;

e) la procedura disciplinata dal presente comma si applica, ricorrendo le condizioni di cui all'articolo 24, comma 1, legge 23 luglio 1991, n. 223, anche quando si intenda procedere al licenziamento di uno o più dirigenti, in tal caso svolgendosi l'esame congiunto in apposito incontro;

f) la consultazione si intende esaurita qualora,

decorsi dieci giorni dal suo inizio, non sia stato raggiunto un accordo sindacale, salvo che il giudice delegato, per giusti motivi ne autorizzi la proroga, prima della sua scadenza, per un termine non superiore a dieci giorni;

g) raggiunto l'accordo sindacale o comunque esaurita la procedura di cui alle lettere precedenti, il curatore provvede ad ogni atto conseguente ai sensi dell'articolo 4, comma 9, della legge 23 luglio 1991, n. 223.

7. In ogni caso, le disposizioni di cui al comma 6 non si applicano nelle procedure di amministrazione straordinaria delle grandi imprese.

8. In caso di recesso del curatore, di licenziamento, dimissioni o risoluzione di diritto secondo le previsioni del presente articolo, spetta al lavoratore con rapporto a tempo indeterminato l'indennità di mancato preavviso che, ai fini dell'ammissione al passivo, è considerata, unitamente al trattamento di fine rapporto, come credito anteriore all'apertura della liquidazione giudiziale. Parimenti, nei casi di cessazione dei rapporti secondo le previsioni del presente articolo, il contributo previsto dall'articolo 2, comma 31, della legge 28 giugno 2012, n. 92, che è dovuto anche in caso di risoluzione di diritto, è ammesso al passivo come credito anteriore all'apertura della liquidazione giudiziale.

9. Durante l'esercizio dell'impresa del debitore in liquidazione giudiziale da parte del curatore i rapporti di lavoro subordinato in essere proseguono, salvo che il curatore non intenda sospenderli o procedere al licenziamento ai sensi della disciplina lavoristica vigente. In caso di sospensione si applicano i commi da 2 a 6 e 8 in quanto compatibili.[1]

[1] Comma così sost. dall'art. 21, D.lgs. 26 ott. 2020, n. 147.

190. ***Trattamento NASpI.*** — 1. La cessazione del rapporto di lavoro ai sensi dell'articolo 189 costituisce perdita involontaria dell'occupazione ai fini di cui all'articolo 3 del decreto legislativo 4 marzo 2015, n. 22 e al lavoratore è riconosciuto il trattamento NASpI a condizione che ricorrano i requisiti di cui al predetto articolo, nel rispetto delle altre disposizioni di cui al decreto legislativo n. 22 del 2015.

191. ***Effetti del trasferimento di azienda sui rapporti di lavoro.*** — 1. Al trasferimento di azienda nell'ambito delle procedure di liquidazione giudiziale, concordato preventivo e al trasferimento d'azienda in esecuzione di accordi di ristrutturazione si applicano l'articolo 47 della legge 29 dicembre 1990, n. 428, l'articolo 11 del decreto-legge 23 dicembre 2013, n. 145, convertito nella legge 21 febbraio 2014, n. 9 e le altre disposizioni vigenti in materia.

192. ***Clausola arbitrale.*** — 1. Se il contratto in cui è contenuta una clausola compromissoria è sciolto a norma delle disposizioni della presente sezione, il procedimento arbitrale pendente non può essere proseguito.

CAPO II
Custodia e amministrazione dei beni compresi nella liquidazione giudiziale

193. ***Sigilli.*** — 1. Dichiarata aperta la liquidazione giudiziale, il curatore procede all'immediata ricognizione dei beni e, se necessario, all'apposizione dei sigilli sui beni che si trovano nella sede principale dell'impresa e sugli altri beni del debitore secondo le norme stabilite dal codice di procedura civile, quando non è possibile procedere immediatamente al loro inventario.

2. Il curatore può richiedere l'assistenza della forza pubblica.

3. Se i beni o le cose si trovano in più luoghi e non è agevole l'immediato completamento delle operazioni, il giudice delegato può autorizzare il curatore ad avvalersi di uno o più coadiutori.

4. Per i beni e le cose sulle quali non è possibile apporre i sigilli, si procede a norma dell'articolo 758 del codice di procedura civile.

194. ***Consegna del denaro, titoli, scritture contabili e di altra documentazione.*** — 1. Devono essere consegnati al curatore:

a) il denaro contante;

b) le cambiali e gli altri titoli, compresi quelli scaduti;

c) le scritture contabili e ogni altra documentazione dal medesimo richiesta, se non ancora depositate in cancelleria.

2. Il denaro è dal curatore depositato sul conto corrente della procedura. I titoli e gli altri documenti sono custoditi personalmente dal curatore o, con autorizzazione del giudice delegato, affidati in custodia a terzi.

3. Ogni interessato, se autorizzato dal curatore, può, a sue spese, esaminare le scritture contabili e gli altri documenti acquisiti dallo stesso curatore, ed estrarne copia.

195. ***Inventario.*** — 1. Il curatore, rimossi, se in precedenza apposti, i sigilli, redige l'inventario nel più breve termine possibile secondo le norme stabilite dal codice di procedura civile, presenti o avvisati il debitore e il comitato dei creditori, se nominato, formando processo verbale delle attività compiute, al quale allega la documentazione fotografica dei beni inventariati. Possono intervenire i creditori.

2. Il curatore, quando occorre, nomina uno stimatore.

3. Prima di chiudere l'inventario il curatore invita il debitore o, se si tratta di società, gli amministratori a dichiarare se hanno notizia di altri beni da comprendere nell'inventario, avvertendoli delle pene stabilite dall'articolo 327 in caso di falsa o omessa dichiarazione.

4. L'inventario è redatto in doppio originale e sottoscritto da tutti gli intervenuti. Uno degli originali deve essere depositato nella cancelleria del tribunale.

196. ***Inventario di altri beni.*** — 1. In deroga a quanto previsto dagli articoli 151, comma 2, e 210, il giudice delegato, su istanza della parte interessata, può, sentiti il curatore e il comitato dei creditori, se già costituito, disporre che non siano inclusi nell'inventario o siano restituiti agli aventi diritto i beni mobili sui quali terzi vantano diritti reali o personali chiaramente e immediatamente riconoscibili.

2. Sono inventariati anche i beni di proprietà del debitore dei quali il terzo detentore ha diritto di rimanere nel godimento in virtù di un titolo opponibile al curatore.

197. ***Presa in consegna dei beni del debitore da parte del curatore.*** — 1. Il curatore prende in consegna i beni, le scritture contabili e i documenti del debitore di mano in mano che ne fa l'inventario, fatta eccezione per i beni di cui all'articolo 196, comma 2.

2. Se il debitore possiede immobili o beni mobili iscritti in pubblici registri, il curatore notifica un estratto della sentenza di apertura della liquidazione giudiziale ai competenti uffici, perché sia trascritto nei pubblici registri.[1]

[1] Comma così modif. dall'art. 22, D.lgs. 26 ott. 2020, n. 147.

198. ***Elenchi dei creditori e dei titolari di diritti immobiliari o mobiliari e bilancio.*** — 1. Il curatore, in base alle scritture contabili del debitore e alle altre notizie che può raccogliere, compila l'elenco dei creditori, con l'indicazione dei rispettivi crediti e diritti di prelazione, nonché l'elenco di coloro che appaiono titolari di diritti reali e personali, mobiliari e immobiliari, su beni in possesso o nella disponibilità del debitore, con l'indicazione dei titoli relativi. Gli elenchi sono depositati in cancelleria.

2. Il debitore deve presentare il bilancio dell'ultimo esercizio entro trenta giorni dall'apertura della liquidazione giudiziale; in mancanza, alla redazione provvede il curatore. Il curatore inoltre apporta le rettifiche necessarie al bilancio presentato dal debitore e ai bilanci e agli elenchi presentati a norma dell'articolo 39. Fino alla chiusura della liquidazione giudiziale i liquidatori non sono tenuti all'adempimento degli obblighi di cui all'articolo 2490 del codice civile.[1]

[1] Comma così sost. dall'art. 22, D.lgs. 26 ott. 2020, n. 147.

199. ***Fascicolo della procedura.*** — 1. Con la pubblicazione della sentenza di liquidazione giudiziale viene assegnato il domicilio digitale e viene formato il fascicolo informatico della procedura, nel quale devono essere contenuti tutti gli atti, i provvedimenti e i ricorsi attinenti al procedimento, opportunamente suddivisi in sezioni, esclusi quelli che, per ragioni di riservatezza, debbono essere custoditi nel fascicolo riservato.

2. I componenti del comitato dei creditori e il debitore possono prendere visione ed estrarre copia di tutti gli atti, i documenti e i provvedimenti inseriti nel fascicolo, fatta eccezione per quelli di cui il giudice delegato ha ordinato la secretazione.

3. Gli altri creditori ed i terzi hanno diritto di prendere visione e di estrarre copia degli atti e dei documenti per i quali sussiste un loro specifico ed attuale interesse, previa autorizzazione del giudice delegato, sentito il curatore.

4. I creditori possono prendere visione ed estrarre copia, a proprie spese, degli atti, dei documenti e dei provvedimenti del procedimento di accertamento del passivo e dei diritti dei terzi sui beni compresi nella liquidazione giudiziale.

CAPO III
Accertamento del passivo e dei diritti dei terzi sui beni compresi nella liquidazione giudiziale

200. ***Avviso ai creditori e agli altri interessati.*** — 1. Il curatore comunica senza indugio a coloro che, sulla base della documentazione in suo possesso o delle informazioni raccolte, risultano creditori o titolari di diritti reali o personali su beni mobili e immobili di proprietà o in possesso del debitore compresi nella liquidazione giudiziale, per mezzo della posta elettronica certificata, se l'indirizzo del destinatario risulta dal registro delle imprese ovvero dall'Indice nazionale degli indirizzi di posta elettronica certificata delle imprese e dei professionisti e, in ogni altro caso, mediante lettera raccomandata indirizzata alla sede, alla residenza o al domicilio del destinatario:

a) che possono partecipare al concorso trasmettendo la domanda con le modalità indicate nell'articolo 201, anche senza l'assistenza di un difensore;

b) la data, l'ora e il luogo fissati per l'esame dello stato passivo e il termine entro cui vanno presentate le domande;

c) ogni utile informazione per agevolare la presentazione della domanda e con l'avvertimento delle conseguenze di cui all'articolo 10, comma 3, nonché della sussistenza dell'onere previsto dall'articolo 201, comma 3, lettera *e*);

d) che possono chiedere l'assegnazione delle somme non riscosse dagli aventi diritto e i relativi interessi ai sensi dell'articolo 232, comma 4;

e) il domicilio digitale assegnato alla procedura.[1]

2. Se il creditore ha sede o risiede all'estero, la comunicazione può essere effettuata al suo rappresentante in Italia, se esistente.

[1] Comma così sost. dall'art. 23, D.lgs. 26 ott. 2020, n. 147.

201. ***Domanda di ammissione al passivo.*** — 1. Le domande di ammissione al passivo di un credito o di restituzione o rivendicazione di beni mobili o immobili compresi nella procedura, nonché le domande di partecipazione al riparto delle somme ricavate dalla liquidazione di beni compresi nella procedura ipotecati a garanzia di debiti altrui, si propongono con ricorso da trasmettere a norma del comma 2, almeno trenta giorni prima dell'udienza fissata per l'esame dello stato passivo.

2. Il ricorso può essere sottoscritto anche personalmente dalla parte ed è formato ai sensi degli articoli 20, comma 1-*bis*, ovvero 22, comma 3, del decreto legislativo 7 marzo 2005, n. 82, e successive modificazioni e, nel termine stabilito dal comma 1, è trasmesso all'indirizzo di posta elettronica certificata del curatore indicato nell'avviso di cui all'articolo 200, insieme ai documenti di cui al comma 6. L'originale del titolo di credito allegato al ricorso è depositato presso la cancelleria del tribunale.

3. Il ricorso contiene:

a) l'indicazione della procedura cui si intende partecipare e le generalità del creditore ed il suo numero di codice fiscale, nonché le coordinate bancarie dell'istante o la dichiarazione di voler essere pagato con modalità, diversa dall'accredito in conto corrente bancario, stabilita dal giudice delegato ai sensi dell'articolo 230, comma 1;

b) la determinazione della somma che si intende insinuare al passivo, ovvero la descrizione del bene di cui si chiede la restituzione o la rivendicazione, ovvero l'ammontare del credito per il quale si intende partecipare al riparto se il debitore nei cui confronti è aperta la liquidazione giudiziale è terzo datore d'ipoteca;

c) la succinta esposizione dei fatti e degli elementi di diritto che costituiscono la ragione della domanda;

d) l'eventuale indicazione di un titolo di prelazione, nonché la descrizione del bene sul quale la prelazione si esercita, se questa ha carattere speciale;

e) l'indicazione dell'indirizzo di posta elettronica certificata, al quale ricevere tutte le comunicazioni relative alla procedura, le cui variazioni è onere comunicare al curatore.

4. Il ricorso è inammissibile se è omesso o assolutamente incerto uno dei requisiti di cui alle lettere *a*), *b*), o *c*) del comma 3. Se è omesso o assolutamente incerto il requisito di cui alla lettera *d*), il credito è considerato chirografario.

5. Se è omessa l'indicazione di cui al comma 3, lettera *e*), nonché nei casi di mancata consegna del messaggio di posta elettronica certificata per cause imputabili al destinatario si applica l'articolo 10, comma 3.

6. Al ricorso sono allegati i documenti dimostrativi del diritto fatto valere.

7. Con la domanda di restituzione o rivendicazione, il terzo può chiedere la sospensione della liquidazione dei beni oggetto della domanda.

8. Il ricorso può essere presentato dal rappresentante comune degli obbligazionisti ai sensi dell'articolo 2418, secondo comma, del codice civile, anche per singoli gruppi di creditori.

9. Il giudice ad istanza della parte può disporre che il cancelliere prenda copia dei titoli al portatore o all'ordine presentati e li restituisca con l'annotazione dell'avvenuta domanda di ammissione al passivo.

10. Il procedimento introdotto dalla domanda di cui al comma 1 è soggetto alla sospensione feriale dei termini di cui all'articolo 1 della legge 7 ottobre 1969, n. 742.

202. ***Effetti della domanda.*** — 1. La domanda di cui all'articolo 201 produce gli effetti della domanda giudiziale per tutto il corso della liquidazione giudiziale e fino all'esaurimento dei giudizi e delle operazioni che proseguono dopo il decreto di chiusura a norma dell'articolo 235.

203. ***Progetto di stato passivo e udienza di discussione.*** — 1. Il curatore esamina le domande di cui all'articolo 201 e predispone elenchi separati dei creditori e dei titolari di diritti su beni mobili e immobili di proprietà o in possesso del debitore, rassegnando per ciascuno le sue motivate conclusioni. Il curatore può eccepire i fatti estintivi, modificativi o impeditivi del diritto fatto valere, nonché l'inefficacia del titolo su cui sono fondati il credito o la prelazione, anche se è prescritta la relativa azione.

2. Il curatore deposita il progetto di stato passivo corredato dalle relative domande nella cancelleria del tribunale almeno quindici giorni prima dell'udienza fissata per l'esame dello stato passivo e nello stesso termine lo trasmette ai creditori e ai titolari di diritti sui beni all'indirizzo indicato nella domanda di ammissione al passivo. I creditori, i titolari di diritti sui beni ed il debitore possono esaminare il progetto e presentare al curatore, con le modalità indicate dall'articolo 201, comma 2, osservazioni scritte e documenti integrativi fino a cinque giorni prima dell'udienza.

3. All'udienza fissata per l'esame dello stato passivo, il giudice delegato, anche in assenza delle parti, decide su ciascuna domanda, nei limiti delle conclusioni formulate e avuto riguardo alle eccezioni del curatore, a quelle rilevabili d'ufficio ed a quelle formulate dagli altri interessati. Il giudice delegato può procedere ad atti di istruzione su richiesta delle parti, compatibilmente con le esigenze di speditezza del procedimento. In relazione al numero dei creditori e alla entità del passivo, il giudice delegato può stabilire che l'udienza sia svolta in via telematica con modalità idonee a salvaguardare il contraddittorio e l'effettiva partecipazione dei creditori, anche utilizzando le strutture informatiche messe a disposizione della procedura da soggetti terzi.

4. Il debitore può chiedere di essere sentito.

5. Delle operazioni si redige processo verbale.

204. ***Formazione ed esecutività dello stato passivo.*** — 1. Il giudice delegato, con decreto succintamente motivato, accoglie in tutto o in parte ovvero respinge o dichiara inammissibile la domanda proposta ai sensi dell'articolo 201. La dichiarazione di inammissibilità della domanda non ne preclude la successiva riproposizione.

2. Oltre che nei casi stabiliti dalla legge, sono ammessi al passivo con riserva:

a) i crediti condizionati e quelli indicati all'articolo 154, comma 3;

b) i crediti per i quali la mancata produzione del titolo dipende da fatto non riferibile al creditore, a condizione che la produzione avvenga nel termine assegnato dal giudice;

c) i crediti accertati con sentenza del giudice ordinario o speciale non passata in giudicato, pronunziata prima della dichiarazione di apertura della liquidazione giudiziale. Il curatore può proporre o proseguire il giudizio di impugnazione.

3. Se le operazioni non possono esaurirsi in una sola udienza, il giudice ne rinvia la prosecuzione a non più di otto giorni, senza altro avviso per gli intervenuti e per gli assenti.

4. Terminato l'esame di tutte le domande, il giudice delegato forma lo stato passivo e lo rende esecutivo con decreto depositato in cancelleria.

5. Il decreto che rende esecutivo lo stato passivo e le decisioni assunte dal tribunale all'esito dei giudizi di cui all'articolo 206, limitatamente ai crediti accertati ed al diritto di partecipare al riparto quando il debitore ha concesso ipoteca a garanzia di debiti altrui, producono effetti soltanto ai fini del concorso.

205. ***Comunicazione dell'esito del procedimento di accertamento del passivo.***[1] — 1. Il curatore, immediatamente dopo la dichiarazione di esecutività dello stato passivo, ne dà comunicazione trasmettendo una copia a tutti i ricorrenti, informandoli del diritto di proporre opposizione in caso di mancato accoglimento della domanda.

2. La comunicazione contiene anche la sintetica esposizione delle concrete prospettive di soddisfacimento dei creditori concorsuali.

[1] Articolo così sost. dall'art. 23, D.lgs. 26 ott. 2020, n. 147.

206. ***Impugnazioni.*** — 1. Contro il decreto che rende esecutivo lo stato passivo può essere proposta opposizione, impugnazione dei crediti ammessi o revocazione.

2. Con l'opposizione il creditore o il titolare di diritti su beni mobili o immobili contestano che la propria domanda sia stata accolta in parte o sia stata respinta. L'opposizione è proposta nei confronti del curatore.

3. Con l'impugnazione il curatore, il creditore o il titolare di diritti su beni mobili o immobili contestano che la domanda di un creditore o di altro concorrente sia stata accolta. L'impugnazione è rivolta nei confronti del creditore concorrente, la cui domanda è stata accolta. Al procedimento partecipa anche il curatore.

4. Nei casi di cui ai commi 2 e 3, la parte contro cui l'impugnazione è proposta, nei limiti delle conclusioni rassegnate nel procedimento di accertamento del passivo, può proporre impugnazione incidentale anche se è per essa decorso il termine di cui all'articolo 207, comma 1.

5. Con la revocazione il curatore, il creditore o il titolare di diritti su beni mobili o immobili, decorsi i termini per la proposizione della opposizione o della impugnazione, possono chiedere che il provvedimento di accoglimento o di rigetto venga revocato se si scopre che essi sono stati determinati da falsità, dolo, errore essenziale di fatto o dalla mancata conoscenza di documenti decisivi che non sono stati prodotti tempestivamente per causa non imputabile all'istante. La revocazione è proposta nei confronti del creditore concorrente, la cui domanda è stata accolta, ovvero nei confronti del curatore quando la domanda è stata respinta. Nel primo caso, al procedimento partecipa il curatore.

6. Gli errori materiali contenuti nello stato passivo sono corretti con decreto del giudice delegato su istanza del creditore o del titolare di diritti sui beni o del curatore, sentito il curatore o la parte interessata.

207. ***Procedimento.*** — 1. Le impugnazioni di cui all'articolo 206 si propongono con ricorso entro il termine perentorio di trenta giorni dalla comunicazione di cui all'articolo 205 ovvero, nel caso di revocazione, dalla scoperta della falsità, del dolo, dell'errore o del documento di cui all'articolo 206, comma 5.

2. Il ricorso deve contenere:

a) l'indicazione del tribunale, del giudice delegato e della procedura di liquidazione giudiziale;

b) le generalità dell'impugnante e l'elezione del domicilio nel comune ove ha sede il tribunale che ha aperto la liquidazione giudiziale;

c) l'esposizione dei fatti e degli elementi di diritto su cui si basa l'impugnazione e le relative conclusioni;

d) a pena di decadenza, le eccezioni processuali e di merito non rilevabili d'ufficio, nonché l'indicazione specifica dei mezzi di prova di cui il ricorrente intende avvalersi e dei documenti prodotti.

3. Il presidente, nei cinque giorni successivi al deposito del ricorso, designa il relatore, al quale può delegare la trattazione del procedimento, e fissa con decreto l'udienza di comparizione entro sessanta giorni dal deposito del ricorso.

4. Il ricorso, unitamente al decreto di fissazione dell'udienza, deve essere notificato, a cura del ricorrente, al curatore e all'eventuale controinteressato entro dieci giorni dalla comunicazione del decreto.

5. Tra la data della notificazione e quella dell'udienza deve intercorrere un termine non minore di trenta giorni.

6. Le parti resistenti devono costituirsi almeno dieci giorni prima dell'udienza, eleggendo il domicilio nel comune in cui ha sede il tribunale.

7. La costituzione si effettua mediante deposito di una memoria difensiva contenente, a pena di decadenza, le eccezioni processuali e di merito non rilevabili d'ufficio, nonché l'indicazione specifica dei mezzi di prova e dei documenti contestualmente prodotti. L'impugnazione incidentale tardiva si propone, a pena di decadenza, nella memoria di cui al presente comma.

8. Se è proposta impugnazione incidentale tardiva il tribunale adotta i provvedimenti necessari ad assicurare il contraddittorio.

9. L'intervento di qualunque interessato non può avere luogo oltre il termine stabilito per la costituzione delle parti resistenti con le modalità per queste previste.

10. In caso di mancata comparizione delle parti si applicano gli articoli 181 e 309 del codice di procedura civile. Il curatore, anche se non costituito, partecipa all'udienza di comparizione fissata ai sensi del comma 3, per informare le altre parti ed il giudice in ordine allo stato della procedura e alle concrete prospettive di soddisfacimento dei creditori concorsuali.[1]

11. Il giudice provvede all'ammissione e all'espletamento dei mezzi istruttori.

12. Il giudice delegato alla liquidazione giudiziale non può far parte del collegio.

13. Il collegio provvede in via definitiva sull'opposizione, impugnazione o revocazione con decreto motivato, entro sessanta giorni dall'udienza o dalla scadenza del termine eventualmente assegnato per il deposito di memorie.

14. Il decreto è comunicato dalla cancelleria alle parti che, nei successivi trenta giorni, possono proporre ricorso per cassazione.

15. Gli errori materiali contenuti nel decreto sono corretti con decreto dal tribunale senza necessità di instaurazione del contraddittorio se tutte le parti concordano nel chiedere la stessa correzione. Se è chiesta da una delle parti, il presidente del collegio, con decreto da notificarsi insieme con il ricorso, fissa l'udienza nella quale le parti debbono comparire davanti al giudice designato come relatore. Sull'istanza il collegio provvede con decreto, che deve essere annotato sull'originale del provvedimento.

16. Le impugnazioni di cui all'articolo 206 sono soggette alla sospensione feriale dei termini di cui all'articolo 1 della legge 7 ottobre 1969, n. 742.

[1] Comma così sost. dall'art. 23, D.lgs. 26 ott. 2020, n. 147.

208. ***Domande tardive.*** — 1. Le domande di ammissione al passivo di un credito, di restituzione o rivendicazione di beni mobili e immobili, trasmesse al curatore oltre il termine di trenta giorni prima dell'udienza fissata per la verifica del passivo e non oltre quello di sei mesi dal deposito del decreto di esecutività dello stato passivo sono considerate tardive. In caso di particolare complessità della procedura, il tribunale, con la sentenza che dichiara aperta la liquidazione giudiziale, può prorogare quest'ultimo termine fino a dodici mesi.

2. Il procedimento di accertamento delle domande tardive si svolge nelle stesse forme di cui all'articolo 203. Quando vengono presentate domande tardive, il giudice delegato fissa per l'esame delle stesse un'udienza entro i successivi quattro mesi, salvo che sussistano motivi d'urgenza. Il curatore dà avviso della data dell'udienza a coloro che hanno presentato la domanda e ai creditori già ammessi al passivo. Si applicano le disposizioni di cui agli articoli da 201 a 207.

3. Decorso il termine di cui al comma 1, e comunque fino a quando non siano esaurite tutte le ripartizioni dell'attivo della liquidazione giudiziale, la domanda tardiva è ammissibile solo se l'istante prova che il ritardo è dipeso da causa a lui non imputabile e se trasmette la domanda al curatore non oltre sessanta giorni dal momento in cui è cessata la causa che ne ha impedito il deposito tempestivo. Quando la domanda risulta manifestamente inammissibile perché l'istante non ha indicato le circostanze da cui è dipeso il ritardo o non ne ha offerto prova documentale o non ha indicato i mezzi di prova di cui intende valersi per dimostrarne la non imputabilità, il giudice delegato dichiara con decreto l'inammissibilità della domanda. Il decreto è reclamabile a norma dell'articolo 124.

209. ***Previsione di insufficiente realizzo.*** — 1. Il tribunale, con decreto motivato da adottarsi prima dell'udienza per l'esame dello stato passivo, su istanza del curatore depositata almeno venti giorni prima dell'udienza stessa, corredata da una relazione sulle prospettive della liquidazione, e dal parere del comitato dei creditori, sentito il debitore, dispone non farsi luogo al procedimento di accertamento del passivo relativamente ai crediti concorsuali se risulta che non può essere acquisito attivo da distribuire ad alcuno dei creditori che abbiano chiesto l'ammissione al passivo, salva la soddisfazione dei crediti prededucibili e delle spese di procedura.

2. Le disposizioni di cui al comma 1 si applicano, in quanto compatibili, anche quando la condizione di insufficiente realizzo emerge successivamente alla verifica dello stato passivo.

3. Il curatore comunica il decreto di cui al comma 1 trasmettendone copia ai creditori che abbiano presentato domanda di ammissione al passivo ai sensi degli articoli 201 e 208 i quali, nei quindici giorni successivi, possono presentare reclamo, a norma dell'articolo 124, alla corte di appello, che provvede sentiti il reclamante, il curatore, il comitato dei creditori e il debitore.

210. ***Procedimenti relativi a domande di rivendica e restituzione.*** — 1. Ai procedimenti che hanno ad oggetto domande di restituzione o di rivendicazione, si applica il regime probatorio previsto nell'articolo 621 del codice di procedura civile. Se il bene non è stato acquisito all'attivo della procedura, il titolare del diritto, anche nel corso dell'udienza di cui all'articolo 207, può modificare l'originaria domanda e chiedere l'ammissione al passivo del controvalore del bene alla data di apertura del concorso. Se il curatore perde il possesso della cosa dopo averla acquisita, il titolare del diritto può chiedere che il controvalore del bene sia corrisposto in prededuzione.

2. Sono salve le disposizioni dell'articolo 1706 del codice civile.

3. Il decreto che accoglie la domanda di rivendica di beni o diritti il cui trasferimento è soggetto a forme di pubblicità legale deve essere reso opponibile ai terzi con le medesime forme.

CAPO IV
Esercizio dell'impresa e liquidazione dell'attivo

SEZIONE I
Disposizioni generali

211. ***Esercizio dell'impresa del debitore.*** — 1. L'apertura della liquidazione giudiziale non determina la cessazione dell'attività d'impresa quando ricorrono le condizioni di cui ai commi 2 e 3.

2. Con la sentenza che dichiara aperta la liquidazione giudiziale, il tribunale autorizza il curatore a proseguire l'esercizio dell'impresa, anche limitatamente a specifici rami dell'azienda, [se dall'interruzione può derivare un grave danno,][1] purché la prosecuzione non arrechi pregiudizio ai creditori.

3. Successivamente, su proposta del curatore, il giudice delegato, previo parere favorevole del comitato dei creditori, autorizza, con decreto motivato, l'esercizio dell'impresa, anche limitatamente a specifici rami dell'azienda, fissandone la durata.

4. Durante il periodo di esercizio, il comitato dei creditori è convocato dal curatore, almeno ogni tre mesi, per essere informato sull'andamento della gestione e per pronunciarsi sull'opportunità di continuare l'esercizio.

5. Se il comitato dei creditori non ravvisa l'opportunità di continuare l'esercizio, il giudice delegato ne ordina la cessazione.

6. Ogni semestre, o comunque alla conclusione del periodo di esercizio, il curatore deve depositare un rendiconto dell'attività. In ogni caso il curatore informa senza indugio il giudice delegato e il comitato dei creditori di circostanze sopravvenute che possono influire sulla prosecuzione dell'esercizio.

7. Il tribunale può ordinare la cessazione dell'esercizio in qualsiasi momento laddove ne ravvisi l'opportunità, con decreto in camera di consiglio non soggetto a reclamo, sentiti il curatore e il comitato dei creditori.

8. Durante l'esercizio i contratti pendenti proseguono, salvo che il curatore non intenda sospenderne l'esecuzione o scioglierli. È fatto salvo il disposto dell'articolo 110, comma 3, del decreto legislativo 18 aprile 2016, n. 50. I crediti sorti nel corso dell'esercizio sono soddisfatti in prededuzione ai sensi dell'articolo 221, comma 1, lettera *a*).

9. Al momento della cessazione dell'esercizio si applicano le disposizioni di cui alla sezione V del capo I del titolo V.

10. Il curatore autorizzato all'esercizio dell'impresa non può partecipare a procedure di affidamento di concessioni e appalti di lavori, forniture e servizi ovvero essere affidatario di subappalto.

[1] Parole soppresse dall'art. 24, D.lgs. 26 ott. 2020, n. 147.

212. ***Affitto dell'azienda o di suoi rami.*** — 1. Anche prima della presentazione del programma di liquidazione di cui all'articolo 213, su proposta del curatore, il giudice delegato, previo parere favorevole del comitato dei creditori, autorizza l'affitto dell'azienda del debitore a terzi, anche limitatamente a specifici rami, quando appaia utile al fine della più proficua vendita dell'azienda o di parti della stessa.

2. La scelta dell'affittuario è effettuata dal curatore a norma dell'articolo 216, sulla base di stima, assicurando, con adeguate forme di pubblicità, la massima informazione e partecipazione degli interessati. La scelta dell'affittuario deve tenere conto, oltre che dell'ammontare del canone offerto, delle garanzie prestate e della attendibilità del piano di prosecuzione delle attività imprenditoriali, avuto riguardo alla conservazione dei livelli occupazionali.

3. Il contratto di affitto stipulato dal curatore nelle forme previste dall'articolo 2556 del codice civile deve prevedere il diritto del curatore di procedere alla ispezione della azienda, la prestazione di idonee garanzie per tutte le obbligazioni dell'affittuario derivanti dal contratto e dalla legge, il diritto di recesso del curatore dal contratto che può essere esercitato, sentito il comitato dei creditori, con la corresponsione all'affittuario di un giusto indennizzo da corrispondere in prededuzione.

4. La durata dell'affitto deve essere compatibile con le esigenze della liquidazione dei beni.

5. Il diritto di prelazione a favore dell'affittuario può essere concesso convenzionalmente, previa autorizzazione del giudice delegato e previo parere favorevole del comitato dei creditori. In tale caso, esaurito il procedimento di determinazione del prezzo di vendita dell'azienda o del singolo ramo, il curatore, entro dieci giorni, lo comunica all'affittuario, il quale può esercitare il diritto di prelazione entro cinque giorni dal ricevimento della comunicazione.

6. La retrocessione alla liquidazione giudiziale di aziende, o rami di aziende, non comporta la responsabilità della procedura per i debiti maturati sino alla retrocessione, in deroga a quanto previsto dagli articoli 2112 e 2560 del codice civile. Ai rapporti pendenti al momento della retrocessione si applicano le disposizioni di cui alla sezione V del capo I del titolo V.

213. ***Programma di liquidazione.*** — 1. Entro sessanta giorni dalla redazione dell'inventario e in ogni caso non oltre centocinquanta giorni dalla sentenza dichiarativa dell'apertura della liquidazione giudiziale, il curatore predispone un programma di liquidazione da sottoporre all'approvazione del comitato dei creditori. Il mancato rispetto del termine di centocinquanta giorni di cui al primo periodo senza giustificato motivo è giusta causa di revoca del curatore.[1]

2. Il curatore, previa autorizzazione del comitato dei creditori, può non acquisire all'attivo o rinunciare a liquidare uno o più beni, se l'attività di liquidazione appaia manifestamente non conveniente. In questo caso, il curatore notifica l'istanza e la relativa autorizzazione ai competenti uffici per l'annotazione nei pubblici registri e ne dà comunicazione ai creditori i quali, in deroga a quanto previsto nell'articolo 150, possono iniziare azioni esecutive o cautelari sui beni rimessi nella disponibilità del debitore. Si presume manifestamente non conveniente la prosecuzione dell'attività di liquidazione dopo sei esperimenti di vendita cui non ha fatto seguito l'aggiudicazione, salvo che il giudice delegato non autorizzi il curatore a continuare l'attività liquidatoria, in presenza di giustificati motivi.[1]

3. Il programma è suddiviso in sezioni in cui sono indicati separatamente criteri e modalità della liquidazione dei beni immobili, della liquidazione degli altri beni e della riscossione dei crediti, con indicazione dei costi e dei presumibili tempi di realizzo. Nel programma sono, inoltre, indicati le azioni giudiziali di qualunque natura e il subentro nelle liti pendenti, con i costi per il primo grado di giudizio. Sono, altresì, indicati gli esiti delle liquidazioni già compiute.

4. Il programma indica gli atti necessari per la conservazione del valore dell'impresa, quali l'esercizio dell'impresa del debitore e l'affitto di azienda, ancorché relativi a singoli rami dell'azienda, nonché le modalità di cessione unitaria dell'azienda, di singoli rami, di beni o di rapporti giuridici individuabili in blocco.

5. Nel programma è indicato il termine entro il quale avrà inizio l'attività di liquidazione dell'attivo ed il termine del suo presumibile completamento. Entro otto mesi dall'apertura della procedura deve avere luogo il primo esperimento di vendita dei beni e devono iniziare le attività di recupero dei crediti, salvo che il giudice delegato, con decreto motivato, non ne autorizzi il differimento. Il termine per il completamento della liquidazione non può eccedere cinque anni dal deposito della sentenza di apertura della procedura. In casi di eccezionale complessità, questo termine può essere differito a sette anni dal giudice delegato.[1]

6. Per sopravvenute esigenze, il curatore può presentare un supplemento del piano di liquidazione. Prima della approvazione del programma, il curatore può procedere alla liquidazione di beni, previa autorizzazione del giudice delegato e sentito il comitato dei creditori se già nominato, solo quando dal ritardo può derivare pregiudizio all'interesse dei creditori.[1]

7. Il programma è trasmesso al giudice delegato che ne autorizza la sottoposizione al comitato dei creditori per l'approvazione. Il giudice delegato autorizza i singoli atti liquidatori in quanto conformi al programma approvato.

8. Il mancato rispetto dei termini di cui al comma 5 senza giustificato motivo è causa di revoca del curatore.[1]

9. Se il curatore ha rispettato i termini di cui al comma 5, nel calcolo dei termini di cui alla legge 24 marzo 2001, n. 89, non si tiene conto del tempo necessario per il completamento della liquidazione.[2]

[1] Comma così modif. dall'art. 29, D.lgs. 17 giu. 2022, n. 83.

[2] Comma così aggiunto dall'art. 29, D.lgs. 17 giu. 2022, n. 83.

SEZIONE II
Vendita dei beni

214. ***Vendita dell'azienda o di suoi rami o di beni o rapporti in blocco.*** — 1. La liquidazione dei singoli beni ai sensi delle disposizioni del presente capo è disposta quando risulta prevedibile che la vendita dell'intero complesso aziendale, di suoi rami, di beni o rapporti giuridici individuabili in blocco non consenta una maggiore soddisfazione dei creditori.

2. La vendita del complesso aziendale o di rami dello stesso è effettuata con le modalità di cui all'articolo 216, in conformità a quanto disposto dall'articolo 2556 del codice civile.

3. Salva diversa convenzione, è esclusa la responsabilità dell'acquirente per i debiti relativi all'esercizio delle aziende cedute sorti prima del trasferimento.

4. Il curatore può procedere altresì alla cessione delle attività e delle passività dell'azienda o dei suoi rami, nonché di beni o rapporti giuridici individuali in blocco, esclusa comunque la responsabilità dell'alienante prevista dall'articolo 2560 del codice civile.

5. La cessione dei crediti relativi alle aziende cedute, anche in mancanza di notifica al debitore o di sua accettazione, ha effetto, nei confronti dei terzi, dal momento dell'iscrizione del trasferimento nel registro delle imprese. Tuttavia il debitore ceduto è liberato se paga in buona fede al cedente.

6. I privilegi e le garanzie di qualsiasi tipo, da chiunque prestate o comunque esistenti a favore del cedente, conservano la loro validità e il loro grado a favore del cessionario.

7. Il curatore può procedere alla liquidazione anche mediante il conferimento in una o più società, eventualmente di nuova costituzione, dell'azienda

o di rami della stessa, ovvero di beni o crediti, con i relativi rapporti contrattuali in corso, esclusa la responsabilità dell'alienante ai sensi dell'articolo 2560 del codice civile e osservate le disposizioni inderogabili contenute nella presente sezione. Le azioni o quote della società che riceve il conferimento possono essere attribuite, nel rispetto delle cause di prelazione, a singoli creditori che vi consentono. Sono salve le diverse disposizioni previste in leggi speciali.

8. Il pagamento del prezzo può essere effettuato mediante accollo di debiti da parte dell'acquirente solo se non viene alterata la graduazione dei crediti.

215. ***Cessioni di crediti, azioni revocatorie e partecipazioni e mandato a riscuotere crediti.*** — 1. Il curatore può cedere i crediti, compresi quelli di natura fiscale o futuri, anche se oggetto di contestazione; può altresì cedere le azioni revocatorie concorsuali, se i relativi giudizi sono già pendenti.

2. Per la vendita delle partecipazioni in società a responsabilità limitata si applica l'articolo 2471 del codice civile.

3. In alternativa alla cessione di cui al comma 1, il curatore può stipulare contratti di mandato per la riscossione dei crediti.

216. ***Modalità della liquidazione.*** — 1. I beni acquisiti all'attivo della procedura sono stimati da esperti nominati dal curatore ai sensi dell'articolo 129, comma 2. La relazione di stima deve essere depositata con modalità telematiche nel rispetto della normativa anche regolamentare concernente la sottoscrizione, la trasmissione e la ricezione dei documenti informatici, nonché delle apposite specifiche tecniche del responsabile per i sistemi informativi automatizzati del Ministero della giustizia. I modelli informatici delle relazioni di stima sono pubblicati sul portale delle vendite pubbliche e, quando la stima riguarda un bene immobile, deve contenere le informazioni previste dall'articolo 173-*bis* delle disposizioni per l'attuazione del codice di procedura civile. L'inosservanza della disposizione di cui al secondo periodo costituisce motivo di revoca dell'incarico. La stima può essere omessa per i beni di modesto valore. Il compenso dell'esperto è liquidato a norma dell'articolo 161, terzo comma, delle disposizioni per l'attuazione del codice di procedura civile.

2. Le vendite e gli altri atti di liquidazione posti in essere in esecuzione del programma di liquidazione sono effettuati dal curatore o dal delegato alle vendite tramite procedure competitive, anche avvalendosi di soggetti specializzati, sulla base delle stime effettuate ai sensi del comma 1, assicurando, con adeguate forme di pubblicità, la massima informazione e partecipazione degli interessati. Il curatore informa il giudice delegato dell'andamento delle attività di liquidazione nelle relazioni di cui all'articolo 130, comma 9. Per i beni immobili il curatore pone in essere almeno tre esperimenti di vendita all'anno. Dopo il terzo esperimento andato deserto il prezzo può essere ribassato fino al limite della metà rispetto a quello dell'ultimo esperimento. Fatto salvo quanto previsto dall'articolo 147, comma 2, il giudice delegato ordina la liberazione dei beni immobili occupati dal debitore o da terzi in forza di titolo non opponibile al curatore. Il provvedimento è attuato dal curatore secondo le disposizioni del giudice delegato, senza l'osservanza di formalità diverse da quelle stabilite dal giudice, anche successivamente alla pronuncia del decreto di trasferimento nell'interesse dell'aggiudicatario se questi non lo esenta. Per l'attuazione dell'ordine di liberazione il giudice delegato può avvalersi della forza pubblica e nominare ausiliari ai sensi dell'articolo 68 del codice di procedura civile. Quando nell'immobile si trovano beni mobili che non devono essere consegnati ovvero documenti inerenti lo svolgimento di attività imprenditoriale o professionale, il curatore intima di asportarli alla parte tenuta al rilascio ovvero al soggetto al quale gli stessi risultano appartenere, assegnandogli il relativo termine, non inferiore a trenta giorni, salvi i casi di urgenza. Dell'intimazione si dà atto a verbale ovvero, se il soggetto intimato non è presente, mediante atto notificato dal curatore. Se l'asporto non è eseguito entro il termine assegnato, i beni o i documenti sono considerati abbandonati e il curatore, salvo diversa disposizione del giudice delegato, ne dispone lo smaltimento o la distruzione. Per i beni immobili e gli altri beni iscritti nei pubblici registri, prima del completamento delle operazioni di vendita, è data notizia mediante notificazione da parte del curatore, a ciascuno dei creditori ipotecari o i cui crediti siano assistiti da privilegio sul bene.[1]

3. Il curatore può proporre nel programma di liquidazione che le vendite dei beni mobili, immobili e mobili registrati vengano effettuate dal giudice delegato secondo le disposizioni del codice di procedura civile in quanto compatibili.[2]

4. Le vendite di cui ai commi 2 e 3 sono effettuate con modalità telematiche tramite il portale delle vendite pubbliche, salvo che tali modalità siano pregiudizievoli per gli interessi dei creditori o per il sollecito svolgimento della procedura.

5. Il curatore effettua la pubblicità, sul portale delle vendite pubbliche, dell'avviso contenente tutti i dati che possono interessare il pubblico o della ordinanza di vendita e di ogni altro atto o documento ritenuto utile e può ricorrere anche a ulteriori forme di pubblicità idonee ad assicurare la massima informazione e partecipazione degli interessati, da effettuarsi almeno trenta giorni prima della vendita. Il termine può essere ridotto, previa autorizzazione del giudice delegato, esclusivamente nei casi di assoluta urgenza.[2]

6. Gli interessati a presentare l'offerta di acquisto formulano tramite il portale delle vendite pubbli-

che la richiesta di esaminare i beni in vendita. Essi hanno diritto di esaminare i beni in vendita entro quindici giorni dalla richiesta o nel diverso termine stabilito dal giudice delegato. La richiesta non può essere resa nota a persona diversa dal curatore o dal delegato alla vendita. L'esame dei beni si svolge con modalità idonee a garantire la riservatezza dell'identità degli interessati e ad impedire che essi abbiano contatti tra loro.[3]

7. L'offerta non è efficace se perviene oltre il termine stabilito nell'avviso di cui al comma 5 o nell'ordinanza di vendita o se l'offerente non presta cauzione nella misura indicata. Le offerte di acquisto sono efficaci anche se inferiori di non oltre un quarto al prezzo stabilito nell'avviso di cui al comma 5 o nell'ordinanza di vendita e sono presentate tramite il portale delle vendite pubbliche.[4]

8. Le vendite e gli atti di liquidazione possono prevedere che il versamento del prezzo abbia luogo ratealmente; si applicano, in quanto compatibili, le disposizioni di cui agli articoli 569, terzo comma, terzo periodo, 574, primo comma, secondo periodo, 585 e 587, primo comma, secondo periodo, del codice di procedura civile.

9. Il curatore informa il giudice delegato e il comitato dei creditori dell'esito della procedura di vendita o liquidazione di ciascun bene entro cinque giorni dalla sua conclusione mediante deposito nel fascicolo informatico della documentazione relativa alla vendita.[3]

10. Se alla data di apertura della liquidazione sono pendenti procedure esecutive, il curatore può subentrarvi; in tale caso si applicano le disposizioni del codice di procedura civile; altrimenti, su istanza del curatore, il giudice dell'esecuzione dichiara l'improcedibilità dell'esecuzione, fermi restando gli effetti conservativi sostanziali del pignoramento in favore dei creditori.

11. I dati delle relazioni di stima di cui al comma 1 sono estratti ed elaborati, a cura del Ministero della giustizia, anche nell'ambito di rilevazioni statistiche nazionali e pubblicati sul portale delle vendite pubbliche.

12. Con regolamento del Ministro della giustizia, da adottare ai sensi dell'articolo 17, comma 3, della legge 23 agosto 1988, n. 400, entro il termine di sei mesi dalla data di entrata in vigore del presente decreto, sono stabiliti requisiti di onorabilità e professionalità dei soggetti specializzati dei quali il curatore può avvalersi ai sensi del comma 2.[4]

[1] Comma così sost. dall'art. 25, D.lgs. 26 ott. 2020, n. 147, e poi così modif. dall'art. 30, D.lgs. 17 giu. 2022, n. 83.
[2] Comma così sost. dall'art. 30, D.lgs. 17 giu. 2022, n. 83.
[3] Comma così modif. dall'art. 25, D.lgs. 26 ott. 2020, n. 147, e poi così modif. dall'art. 30, D.lgs. 17 giu. 2022, n. 83.
[4] Comma aggiunto dall'art. 30, D.lgs. 17 giu. 2022, n. 83.

217. ***Poteri del giudice delegato.*** — 1. Il giudice delegato, su istanza del debitore, del comitato dei creditori o di altri interessati, previo parere dello stesso comitato dei creditori, può sospendere, con decreto motivato, le operazioni di vendita, qualora ricorrano gravi e giustificati motivi ovvero, su istanza presentata dagli stessi soggetti entro dieci giorni dal deposito di cui all'articolo 216, comma 9, impedire il perfezionamento della vendita quando il prezzo offerto risulti notevolmente inferiore a quello ritenuto congruo. Se il prezzo offerto è inferiore, rispetto a quello indicato nell'ordinanza di vendita, in misura non superiore ad un quarto, il giudice delegato può impedire il perfezionamento della vendita in presenza di concreti elementi idonei a dimostrare che un nuovo esperimento di vendita può consentire, con elevato grado di probabilità, il conseguimento di un prezzo perlomeno pari a quello stabilito.

2. Per i beni immobili e gli altri beni iscritti in pubblici registri, una volta eseguita la vendita e riscosso interamente il prezzo, il giudice delegato ordina, con decreto, la cancellazione delle iscrizioni relative ai diritti di prelazione, nonché delle trascrizioni dei pignoramenti e dei sequestri conservativi e di ogni altro vincolo.

218. ***Vendita dei diritti sulle opere dell'ingegno, sulle invenzioni industriali e sui marchi.*** — 1. Il trasferimento dei diritti di utilizzazione economica delle opere dell'ingegno, il trasferimento dei diritti nascenti delle invenzioni industriali, il trasferimento dei marchi e la cessione di banche di dati sono fatte a norma delle rispettive leggi speciali.

219. ***Procedimento di distribuzione della somma ricavata.*** — 1. Il giudice delegato provvede alla distribuzione della somma ricavata dalla vendita secondo le disposizioni del capo seguente.

2. Il tribunale stabilisce con decreto la somma da attribuire, se del caso, al curatore in conto del compenso finale da liquidarsi a norma dell'articolo 137. Tale somma è prelevata sul prezzo insieme alle spese di procedura e di amministrazione.

CAPO V
Ripartizione dell'attivo

220. ***Procedimento di ripartizione.*** — 1. Il curatore, ogni quattro mesi a partire dalla data del decreto previsto dall'articolo 204, comma 4, o nel diverso termine stabilito dal giudice delegato, trasmette a tutti i creditori, compresi quelli per i quali è in corso uno dei giudizi di cui all'articolo 206, un prospetto delle somme disponibili, nonché, qualora l'entità del passivo accertato consenta una ripartizione in misura apprezzabile, un progetto di ripartizione delle medesime, riservate quelle occorrenti per la procedura. Nel progetto sono collocati anche i crediti per i quali non si applica il divieto di azioni esecutive e cautelari di cui all'articolo 150.

2. Nel caso in cui siano in corso giudizi di cui all'articolo 206, il curatore, nel progetto di ripartizione di cui al comma 1, indica, per ciascun creditore, le somme immediatamente ripartibili nonché le somme ripartibili soltanto previa consegna di

una fideiussione autonoma, irrevocabile e a prima richiesta, rilasciata in favore della procedura da uno dei soggetti di cui all'articolo 574, primo comma, secondo periodo, del codice di procedura civile, idonea a garantire la restituzione alla procedura delle somme che risultino ripartite in eccesso, anche in forza di provvedimenti provvisoriamente esecutivi resi nell'ambito dei giudizi di cui all'articolo 206, oltre agli interessi, al tasso applicato dalla Banca centrale europea alle sue più recenti operazioni di rifinanziamento principali, a decorrere dal pagamento e sino all'effettiva restituzione. Le disposizioni del periodo precedente si applicano anche ai creditori che avrebbero diritto alla ripartizione delle somme ricavate nel caso in cui risulti insussistente, in tutto o in parte, il credito avente diritto all'accantonamento ovvero oggetto di controversia a norma dell'articolo 206.

3. I creditori, entro il termine perentorio di quindici giorni dalla ricezione della comunicazione di cui al comma 1, possono proporre reclamo al giudice delegato contro il progetto di riparto ai sensi dell'articolo 133.

4. Decorso tale termine, il giudice delegato, su richiesta del curatore, corredata dal progetto di riparto e dai documenti comprovanti l'avvenuta trasmissione, dichiara esecutivo il progetto di ripartizione.

5. Se sono proposti reclami, il progetto di ripartizione è dichiarato esecutivo con accantonamento delle somme corrispondenti ai crediti oggetto di contestazione. Non si fa luogo ad accantonamento qualora sia presentata in favore della procedura una fideiussione a norma del primo periodo del comma 2, idonea a garantire la restituzione di somme che, in forza del provvedimento che decide il reclamo, risultino ripartite in eccesso, oltre agli interessi nella misura prevista dal predetto secondo periodo del comma 2. Il provvedimento che decide sul reclamo dispone in ordine alla destinazione delle somme accantonate.

6. In presenza di somme disponibili per la ripartizione, il mancato rispetto dell'obbligo di cui al comma 1, costituisce giusta causa di revoca del curatore.

221. ***Ordine di distribuzione delle somme.*** — 1. Le somme ricavate dalla liquidazione dell'attivo sono erogate nel seguente ordine:

a) per il pagamento dei crediti prededucibili;

b) per il pagamento dei crediti ammessi con prelazione sulle cose vendute secondo l'ordine assegnato dalla legge;

c) per il pagamento dei creditori chirografari, in proporzione dell'ammontare del credito per cui ciascuno di essi sia stato ammesso, compresi i creditori indicati alla lettera *b*), qualora non sia stata ancora realizzata la garanzia, ovvero per la parte per cui essi siamo rimasti non soddisfatti dal relativo realizzo;

d) per il pagamento dei crediti postergati.

222. ***Disciplina dei crediti prededucibili.*** — 1. I crediti prededucibili devono essere accertati con le modalità di cui al capo III del presente titolo, con esclusione di quelli non contestati per collocazione e ammontare, anche se sorti durante l'esercizio dell'impresa del debitore, e di quelli sorti a seguito di provvedimenti di liquidazione di compensi dei soggetti nominati ai sensi dell'articolo 123; in questo ultimo caso, se contestati, devono essere accertati con il procedimento di cui all'articolo 124.

2. I crediti prededucibili vanno soddisfatti per il capitale, gli interessi e le spese con il ricavato della liquidazione del patrimonio mobiliare e immobiliare, tenuto conto delle rispettive cause di prelazione, con esclusione di quanto ricavato dalla liquidazione dei beni oggetto di pegno ed ipoteca per la parte destinata ai creditori garantiti, salvo il disposto dell'articolo 223. Il corso degli interessi cessa al momento del pagamento.

3. I crediti prededucibili sorti nel corso della procedura di liquidazione giudiziale che sono liquidi, esigibili e non contestati per collocazione e per ammontare, possono essere soddisfatti al di fuori del procedimento di riparto se l'attivo è presumibilmente sufficiente a soddisfare tutti i titolari di tali crediti. Il pagamento deve essere autorizzato dal comitato dei creditori ovvero dal giudice delegato.

4. Se l'attivo è insufficiente, la distribuzione deve avvenire secondo i criteri della graduazione e della proporzionalità, conformemente all'ordine assegnato dalla legge.

223. ***Conti speciali.*** — 1. La massa liquida attiva immobiliare è costituita dalle somme ricavate dalla liquidazione dei beni immobili, come definiti dall'articolo 812 del codice civile, e dei loro frutti e pertinenze, nonché dalla quota proporzionale di interessi attivi liquidati sui depositi delle relative somme.

2. La massa liquida attiva mobiliare è costituita da tutte le altre entrate.

3. Il curatore deve tenere un conto autonomo delle vendite dei singoli beni immobili oggetto di privilegio speciale e di ipoteca e dei singoli beni mobili o gruppo di mobili oggetto di pegno e privilegio speciale, con analitica indicazione delle entrate e delle uscite di carattere specifico e della quota di quelle di carattere generale imputabili a ciascun bene o gruppo di beni secondo un criterio proporzionale.

224. ***Crediti assistiti da prelazione.*** — 1. I crediti assistiti da privilegio generale hanno diritto di prelazione per il capitale, le spese e gli interessi, nei limiti di cui agli articoli 153 e 154, sul prezzo ricavato dalla liquidazione del patrimonio mobiliare, sul quale concorrono in un'unica graduatoria con i crediti garantiti da privilegio speciale mobiliare, secondo il grado previsto dalla legge.

2. I crediti garantiti da ipoteca e pegno e quelli assistiti da privilegio speciale hanno diritto di pre-

lazione per il capitale, le spese e gli interessi, nei limiti di cui agli articoli 153 e 154, sul prezzo ricavato dai beni vincolati alla loro garanzia.

225. ***Partecipazione dei creditori ammessi tardivamente.*** — 1. I creditori ammessi a norma dell'articolo 208 concorrono soltanto alle ripartizioni posteriori alla loro ammissione in proporzione del rispettivo credito, salvo il diritto di prelevare le quote che sarebbero loro spettate nelle precedenti ripartizioni se assistiti da cause di prelazione o se il ritardo è dipeso da cause ad essi non imputabili.

226. ***Ripartizioni e diritti in favore del creditore con domanda tardiva.*** — 1. Il creditore ammesso a norma dell'articolo 208 ha diritto di concorrere sulle somme già distribuite nei limiti di quanto stabilito nell'articolo 225. Il titolare di diritti su beni mobili o immobili, se prova che il ritardo nella presentazione della domanda è dipeso da causa non imputabile, può chiedere che siano sospese le attività di liquidazione del bene sino all'accertamento del diritto. Si applica l'articolo 208, comma 3.

227. ***Ripartizioni parziali.*** — 1. Nelle ripartizioni parziali, che non possono superare l'ottanta per cento delle somme da ripartire, devono essere trattenute e depositate, nei modi stabiliti dal giudice delegato, le quote assegnate:

a) ai creditori ammessi con riserva;

b) ai creditori opponenti a favore dei quali sono state disposte misure cautelari;

c) ai creditori opponenti la cui domanda è stata accolta quando la sentenza non è passata in giudicato;

d) ai creditori nei cui confronti sono stati proposti i giudizi di impugnazione e di revocazione.

2. Le somme ritenute necessarie per spese future, per soddisfare il compenso al curatore e ogni altro debito prededucibile devono essere trattenute. In questo caso, l'ammontare della quota da ripartire indicata nel comma 1 deve essere ridotta se la misura dell'ottanta per cento appare insufficiente.

3. Devono essere altresì trattenute e depositate nei modi stabiliti dal giudice delegato le somme ricevute dalla procedura per effetto di provvedimenti provvisoriamente esecutivi e non ancora passati in giudicato.

228. ***Scioglimento delle ammissioni con riserva.*** — 1. Quando si verifica l'evento che ha determinato l'accoglimento di una domanda con riserva, su istanza del curatore o della parte interessata, il giudice delegato modifica lo stato passivo, con decreto, disponendo che la domanda deve intendersi accolta definitivamente.

229. ***Restituzione di somme riscosse.*** — 1. I pagamenti effettuati in esecuzione dei piani di riparto non possono essere ripetuti, salvo il caso dell'accoglimento di domande di revocazione.

2. I creditori che hanno percepito pagamenti non dovuti, devono restituire le somme riscosse, oltre agli interessi legali dal momento del pagamento effettuato a loro favore.

230. ***Pagamento ai creditori.*** — 1. Il curatore provvede al pagamento delle somme assegnate ai creditori nel piano di ripartizione nei modi stabiliti dal giudice delegato, idonei ad assicurare la prova del pagamento stesso.

2. Se prima della ripartizione i crediti ammessi sono stati ceduti, il curatore attribuisce le quote di riparto ai cessionari, qualora la cessione sia stata tempestivamente comunicata, unitamente alla documentazione che attesti, con atto recante le sottoscrizioni autenticate di cedente e cessionario, l'intervenuta cessione. In questo caso, il curatore provvede alla rettifica formale dello stato passivo. Le stesse disposizioni si applicano in caso di surrogazione del creditore.

231. ***Rendiconto del curatore.*** — 1. Compiuta la liquidazione dell'attivo e prima del riparto finale, nonché in ogni caso in cui cessa dalle funzioni, il curatore presenta al giudice delegato l'esposizione analitica delle operazioni contabili, dell'attività di gestione della procedura, delle modalità con cui ha attuato il programma di liquidazione e il relativo esito.

2. Il giudice ordina il deposito del conto in cancelleria e fissa l'udienza che non può essere tenuta prima che siano decorsi quindici giorni dalla comunicazione del rendiconto a tutti i creditori.

3. Dell'avvenuto deposito e della fissazione dell'udienza il curatore dà immediata comunicazione al debitore, ai creditori ammessi al passivo, a coloro che hanno proposto opposizione, ai creditori in prededuzione non soddisfatti, inviando loro copia del rendiconto e avvisandoli che possono presentare eventuali osservazioni o contestazioni fino a cinque giorni prima dell'udienza con le modalità di cui all'articolo 201, comma 2.

4. Se all'udienza stabilita non sorgono contestazioni o su queste viene raggiunto un accordo, il giudice approva il conto con decreto; altrimenti, fissa l'udienza innanzi al collegio che, sentite le parti, provvede in camera di consiglio.

232. ***Ripartizione finale.*** — 1. Approvato il conto e liquidato il compenso del curatore, il giudice delegato, sentite le proposte del curatore, ordina il riparto finale secondo le norme precedenti.

2. Nel riparto finale vengono distribuiti anche gli accantonamenti precedentemente fatti. Tuttavia, se la condizione non si è ancora verificata ovvero se il provvedimento non è ancora passato in giudicato, la somma è depositata nei modi stabiliti dal giudice delegato, perché, verificatisi gli eventi indicati, possa essere versata ai creditori cui spetta o fatta oggetto di riparto supplementare fra gli altri creditori. Gli accantonamenti non impediscono la chiusura della procedura.

3. Il giudice delegato, nel rispetto delle cause di prelazione, può disporre che a singoli creditori che vi consentono siano assegnati, in luogo delle somme agli stessi spettanti, crediti di imposta del debitore non ancora rimborsati.

4. Per i creditori che non si presentano o sono irreperibili le somme dovute sono nuovamente depositate presso l'ufficio postale o la banca già indicati ai sensi dell'articolo 131. Decorsi cinque anni dal deposito, le somme non riscosse dagli aventi diritto e i relativi interessi, se non richieste da altri creditori, rimasti insoddisfatti, sono versate a cura del depositario all'entrata del bilancio dello Stato per essere riassegnate, con decreti del Ministro dell'economia e delle finanze, allo stato di previsione del Ministero della giustizia.

5. Il giudice, anche se è intervenuta l'esdebitazione del debitore, omessa ogni formalità non essenziale al contraddittorio, su ricorso dei creditori rimasti insoddisfatti che abbiano presentato la richiesta di cui al comma 4, dispone la distribuzione delle somme non riscosse fra i soli richiedenti e in base all'articolo 221.

CAPO VI

Cessazione della procedura di liquidazione giudiziale

233. ***Casi di chiusura.*** — 1. Salvo quanto disposto per il caso di concordato, la procedura di liquidazione giudiziale si chiude:

a) se nel termine stabilito nella sentenza con cui è stata dichiarata aperta la procedura non sono state proposte domande di ammissione al passivo;

b) quando, anche prima che sia compiuta la ripartizione finale dell'attivo, le ripartizioni ai creditori raggiungono l'intero ammontare dei crediti ammessi, o questi sono in altro modo estinti e sono pagati tutti i debiti e le spese da soddisfare in prededuzione;

c) quando è compiuta la ripartizione finale dell'attivo;

d) quando nel corso della procedura si accerta che la sua prosecuzione non consente di soddisfare, neppure in parte, i creditori concorsuali, né i crediti prededucibili e le spese di procedura. Tale circostanza può essere accertata con la relazione o con i successivi rapporti riepilogativi di cui all'articolo 130.

2. In caso di chiusura della procedura di liquidazione giudiziale di società di capitali, nei casi di cui al comma 1, lettere *a*) e *b*), il curatore convoca l'assemblea ordinaria dei soci per le deliberazioni necessarie ai fini della ripresa dell'attività o della sua cessazione ovvero per la trattazione di argomenti sollecitati, con richiesta scritta, da un numero di soci che rappresenti il venti per cento del capitale sociale. Nei casi di chiusura di cui al comma 1, lettere *c*) e *d*), ove si tratti di procedura di liquidazione giudiziale di società e fatto salvo quanto previsto dall'articolo 234, comma 6, secondo periodo, il curatore ne chiede la cancellazione dal registro delle imprese.

3. La chiusura della procedura di liquidazione giudiziale della società nei casi di cui alle lettere *a*) e *b*) determina anche la chiusura della procedura estesa ai soci ai sensi dell'articolo 256, salvo che nei confronti del socio non sia stata aperta una procedura di liquidazione giudiziale come imprenditore individuale.

234. ***Prosecuzione di giudizi e procedimenti esecutivi dopo la chiusura.*** — 1. La chiusura della procedura nel caso di cui all'articolo 233, comma 1, lettera *c*), non è impedita dalla pendenza di giudizi o procedimenti esecutivi, rispetto ai quali il curatore mantiene la legittimazione processuale, anche nei successivi stati e gradi del giudizio, ai sensi dell'articolo 143. La legittimazione del curatore sussiste altresì per i procedimenti, compresi quelli cautelari e esecutivi, strumentali all'attuazione delle decisioni favorevoli alla liquidazione giudiziale, anche se instaurati dopo la chiusura della procedura.

2. In deroga all'articolo 132, le rinunzie alle liti e le transazioni sono autorizzate dal giudice delegato.

3. Le somme necessarie per spese future ed eventuali oneri relativi ai giudizi pendenti, nonché le somme ricevute dal curatore per effetto di provvedimenti provvisoriamente esecutivi e non ancora passati in giudicato, sono trattenute dal curatore secondo quanto previsto dall'articolo 232, comma 2.

4. Dopo la chiusura della procedura, le somme ricevute dal curatore per effetto di provvedimenti definitivi e gli eventuali residui degli accantonamenti sono fatti oggetto di riparto supplementare fra i creditori secondo le modalità disposte dal tribunale con il decreto di cui all'articolo 235.

5. In relazione alle eventuali sopravvenienze attive derivanti dai giudizi pendenti non si fa luogo a riapertura della procedura.

6. Con il decreto di chiusura il tribunale impartisce le disposizioni necessarie per il deposito del rapporto riepilogativo di cui all'articolo 130, comma 9, di un supplemento di rendiconto, del riparto supplementare e del rapporto riepilogativo finale. La chiusura della procedura a norma del presente comma non comporta la cancellazione della società dal registro delle imprese sino alla conclusione dei giudizi in corso e alla effettuazione dei riparti supplementari, anche all'esito delle ulteriori attività liquidatorie che si siano rese necessarie.

7. Eseguito l'ultimo progetto di ripartizione o comunque definiti i giudizi e procedimenti pendenti, il curatore chiede al tribunale di archiviare la procedura di liquidazione giudiziale. Il tribunale provvede con decreto.

8. Entro dieci giorni dal deposito del decreto di archiviazione, il curatore chiede la cancellazione

della società dal registro delle imprese ovvero, quando le ripartizioni ai creditori raggiungono l'intero ammontare dei crediti ammessi, o questi sono in altro modo estinti e sono pagati tutti i debiti e le spese da soddisfare in prededuzione, procede ai sensi dell'articolo 233, comma 2, primo periodo.[1]

[1] Comma così modif. dall'art. 26, D.lgs. 26 ott. 2020, n. 147.

235. ***Decreto di chiusura.*** — 1. La chiusura della procedura di liquidazione giudiziale è dichiarata con decreto motivato del tribunale su istanza del curatore o del debitore ovvero di ufficio, pubblicato nelle forme prescritte dall'articolo 45. Unitamente all'istanza di cui al primo periodo il curatore deposita un rapporto riepilogativo finale redatto in conformità a quanto previsto dall'articolo 130, comma 9.[1]

2. Quando la chiusura della procedura è dichiarata ai sensi dell'articolo 233, comma 1, lettera *d*), prima dell'approvazione del programma di liquidazione, il tribunale decide sentiti il curatore, il comitato dei creditori e il debitore.

3. Contro il decreto che dichiara la chiusura o ne respinge la richiesta è ammesso reclamo a norma dell'articolo 124. Contro il decreto della corte di appello, il ricorso per cassazione è proposto nel termine perentorio di trenta giorni, decorrente dalla notificazione o comunicazione del provvedimento per il curatore, per il debitore, per il comitato dei creditori e per chi ha proposto il reclamo o è intervenuto nel procedimento; dal compimento della pubblicità di cui all'articolo 45 per ogni altro interessato.

4. Il decreto di chiusura acquista efficacia quando è decorso il termine per il reclamo, senza che questo sia stato proposto, ovvero quando il reclamo è definitivamente rigettato.

5. Con i decreti emessi ai sensi dei commi 1 e 3, sono impartite le disposizioni esecutive volte ad attuare gli effetti della decisione. Allo stesso modo si provvede a seguito del passaggio in giudicato della sentenza di revoca della procedura di liquidazione giudiziale o della definitività del decreto di omologazione del concordato proposto nel corso della procedura stessa.

[1] Comma così modif. dall'art. 31, D.lgs. 17 giu. 2022, n. 83.

236. ***Effetti della chiusura.*** — 1. Con la chiusura cessano gli effetti della procedura di liquidazione giudiziale sul patrimonio del debitore e le conseguenti incapacità personali e decadono gli organi preposti alla procedura medesima.

2. Le azioni esperite dal curatore per l'esercizio di diritti derivanti dalla procedura non possono essere proseguite, fatto salvo quanto previsto dall'articolo 234.

3. I creditori riacquistano il libero esercizio delle azioni verso il debitore per la parte non soddisfatta dei loro crediti per capitale e interessi, salvo quanto previsto dagli articoli 278 e seguenti.

4. Il decreto o la sentenza con la quale il credito è stato ammesso al passivo costituisce prova scritta per gli effetti di cui all'articolo 634 del codice di procedura civile.

5. Nell'ipotesi di chiusura in pendenza di giudizi ai sensi dell'articolo 234, il giudice delegato e il curatore restano in carica ai soli fini di quanto ivi previsto. In nessun caso i creditori possono agire su quanto è oggetto dei giudizi medesimi.

237. ***Casi di riapertura della procedura di liquidazione giudiziale.*** — 1. Salvo che sia stata pronunciata l'esdebitazione nei casi preveduti dall'articolo 233, comma 1, lettere *c*) e *d*), il tribunale, entro cinque anni dal decreto di chiusura, su istanza del debitore o di qualunque creditore, può ordinare che la liquidazione giudiziale già chiusa sia riaperta, quando risulta che nel patrimonio del debitore esistono attività in misura tale da rendere utile il provvedimento.

2. Il tribunale, con sentenza in camera di consiglio, se accoglie l'istanza:

a) richiama in ufficio il giudice delegato e il curatore o li nomina di nuovo;

b) stabilisce i termini previsti dalle lettere *d*) ed *e*) dell'articolo 49, comma 3, eventualmente abbreviandoli non oltre la metà; i creditori già ammessi al passivo nella procedura chiusa possono chiedere la conferma del provvedimento di ammissione salvo che intendano insinuare al passivo ulteriori interessi.

3. La sentenza può essere reclamata a norma dell'articolo 51.

4. La sentenza è pubblicata a norma dell'articolo 45.

5. Il giudice delegato nomina il comitato dei creditori, tenendo conto nella scelta anche dei nuovi creditori.

6. Per le altre operazioni si seguono le norme stabilite nei capi precedenti.

238. ***Concorso dei vecchi e nuovi creditori.*** — 1. I creditori concorrono alle nuove ripartizioni per le somme loro dovute al momento della riapertura, dedotto quanto hanno percepito nelle precedenti ripartizioni, salve in ogni caso le cause legittime di prelazione.

2. Restano ferme le precedenti statuizioni a norma del capo III del presente titolo.

239. ***Effetti della riapertura sugli atti pregiudizievoli ai creditori.*** — 1. In caso di riapertura della procedura di liquidazione giudiziale, per le azioni revocatorie relative agli atti del debitore, compiuti dopo la chiusura della procedura, i termini stabiliti dagli articoli 164, 166 e 167, sono computati dalla data della sentenza di riapertura.

2. Sono privi di effetto nei confronti dei creditori gli atti a titolo gratuito e quelli di cui all'articolo 169, posteriori alla chiusura e anteriori alla riapertura della procedura.

CAPO VII
Concordato nella liquidazione giudiziale

240. ***Proposta di concordato nella liquidazione giudiziale.*** — 1. Dichiarata aperta la liquidazione giudiziale, i creditori o i terzi possono proporre un concordato anche prima del decreto che rende esecutivo lo stato passivo, purché sia stata tenuta dal debitore la contabilità e i dati risultanti da essa e le altre notizie disponibili consentano al curatore di predisporre un elenco provvisorio dei creditori da sottoporre all'approvazione del giudice delegato. La proposta non può essere presentata dal debitore, da società cui egli partecipi o da società sottoposte a comune controllo se non dopo il decorso di un anno dalla sentenza che ha dichiarato l'apertura della procedura di liquidazione giudiziale e purché non siano decorsi due anni dal decreto che rende esecutivo lo stato passivo. La proposta del debitore, di società cui egli partecipi o di società sottoposte a comune controllo è ammissibile solo se prevede l'apporto di risorse che incrementino il valore dell'attivo di almeno il dieci per cento.[1]

2. La proposta inoltre può prevedere:

a) la suddivisione dei creditori in classi, secondo posizione giuridica ed interessi economici omogenei;

b) trattamenti differenziati fra creditori appartenenti a classi diverse, indicando le ragioni dei trattamenti differenziati dei medesimi;

c) la ristrutturazione dei debiti e la soddisfazione dei crediti attraverso qualsiasi forma, anche mediante cessione dei beni, accollo o altre operazioni straordinarie, ivi compresa l'attribuzione ai creditori, nonché a società da questi partecipate, di azioni, quote ovvero obbligazioni, anche convertibili in azioni o altri strumenti finanziari e titoli di debito.

3. Se la società in liquidazione giudiziale ha emesso obbligazioni o strumenti finanziari oggetto della proposta di concordato, i portatori di tali titoli sono costituiti in classe.

4. La proposta può prevedere che i creditori muniti di privilegio, pegno o ipoteca, non vengano soddisfatti integralmente, purché il piano ne preveda la soddisfazione in misura non inferiore a quella realizzabile, in ragione della collocazione preferenziale, sul ricavato in caso di liquidazione, avuto riguardo al valore di mercato attribuibile ai beni o diritti sui quali sussiste la causa di prelazione, al netto del presumibile ammontare delle spese di procedura inerenti al bene o diritto e della quota parte delle spese generali, indicato nella relazione giurata di un professionista indipendente, iscritto nell'albo dei revisori legali, in possesso dei requisiti di cui all'articolo 358 e designato dal tribunale. Il trattamento stabilito per ciascuna classe non può avere l'effetto di alterare l'ordine delle cause legittime di prelazione.

5. La proposta presentata da uno o più creditori o da un terzo può prevedere la cessione, oltre che dei beni compresi nell'attivo della liquidazione giudiziale, anche delle azioni di pertinenza della massa, purché autorizzate dal giudice delegato, con specifica indicazione dell'oggetto e del fondamento della pretesa. Il proponente può limitare gli impegni assunti con il concordato ai soli creditori ammessi al passivo, anche provvisoriamente, e a quelli che hanno proposto opposizione allo stato passivo o domanda di ammissione tardiva al tempo della proposta. In tale caso, verso gli altri creditori continua a rispondere il debitore, fermo quanto disposto dagli articoli 278 e seguenti in caso di esdebitazione.

[1] Comma così modif. dall'art. 27, D.lgs. 26 ott. 2020, n. 147.

241. ***Esame della proposta e comunicazione ai creditori.*** — 1. La proposta di concordato è presentata con ricorso al giudice delegato, il quale chiede il parere del curatore, con specifico riferimento ai presumibili risultati della liquidazione e alle garanzie offerte. Quando il ricorso è proposto da un terzo, esso deve contenere l'indicazione dell'indirizzo di posta elettronica certificata al quale ricevere le comunicazioni. Si applica l'articolo 10, comma 3.

2. Una volta espletato tale adempimento preliminare il giudice delegato, acquisito il parere favorevole del comitato dei creditori, valutata la ritualità della proposta, ordina che la stessa, unitamente al parere del comitato dei creditori e del curatore, venga comunicata a cura di quest'ultimo ai creditori a mezzo posta elettronica certificata, specificando dove possono essere reperiti i dati per la sua valutazione e informandoli che la mancata risposta sarà considerata come voto favorevole. Nel medesimo provvedimento il giudice delegato fissa un termine non inferiore a venti giorni e non superiore a trenta, entro il quale i creditori devono far pervenire nella cancelleria del tribunale eventuali dichiarazioni di dissenso. In caso di presentazione di più proposte o se comunque ne sopraggiunge una nuova prima che il giudice delegato ordini la comunicazione, il comitato dei creditori sceglie quella da sottoporre all'approvazione dei creditori. Su richiesta del curatore, il giudice delegato può ordinare la comunicazione ai creditori di una o di altre proposte, tra quelle non scelte, ritenute parimenti convenienti. Si applica l'articolo 140, comma 4.

3. Qualora la proposta contenga condizioni differenziate per singole classi di creditori essa, prima di essere comunicata ai creditori, deve essere sottoposta, con i pareri di cui ai commi 1 e 2, al giudizio del tribunale che verifica il corretto utilizzo dei criteri di cui all'articolo 240, comma 2, lettere *a*) e *b*), tenendo conto della relazione giurata di cui al comma 4, dello stesso articolo.

242. ***Concordato nel caso di numerosi creditori.*** — 1. Ove le comunicazioni siano dirette ad un rilevante numero di destinatari, il giudice delegato può autorizzare il curatore a dare notizia della proposta di concordato, anziché con comunicazione ai singoli creditori, mediante pubblicazione del testo integrale della medesima su uno o più quotidiani a diffusione nazionale o locale.

243. ***Voto nel concordato.*** — 1. Hanno diritto di voto i creditori indicati nello stato passivo reso esecutivo ai sensi dell'articolo 204, compresi i creditori ammessi provvisoriamente e con riserva. Se la proposta è presentata prima che lo stato passivo venga reso esecutivo, hanno diritto al voto i creditori che risultano dall'elenco provvisorio predisposto dal curatore e approvato dal giudice delegato.

2. I creditori muniti di privilegio, pegno o ipoteca, ancorché la garanzia sia contestata, dei quali la proposta di concordato prevede l'integrale pagamento, non hanno diritto al voto se non rinunciano al diritto di prelazione, salvo quanto previsto dal comma 3. La rinuncia può essere anche parziale, purché non inferiore alla terza parte dell'intero credito fra capitale ed accessori.

3. Qualora i creditori muniti di privilegio, pegno o ipoteca rinuncino in tutto o in parte alla prelazione, per la parte del credito non coperta dalla garanzia sono assimilati ai creditori chirografari; la rinuncia ha effetto ai soli fini del concordato.

4. I creditori muniti di diritto di prelazione di cui la proposta di concordato prevede, ai sensi dell'articolo 240, comma 4, la soddisfazione non integrale, sono considerati chirografari per la parte residua del credito.

5. Sono esclusi dal voto e dal computo delle maggioranze il coniuge, la parte di un'unione civile tra persone dello stesso sesso, il convivente di fatto del debitore, i suoi parenti e affini fino al quarto grado, la società che controlla la società debitrice, le società da questa controllate e quelle sottoposte a comune controllo, nonché i cessionari o aggiudicatari dei loro crediti da meno di un anno prima della domanda di concordato. Sono inoltre esclusi dal voto e dal computo delle maggioranze i creditori in conflitto d'interessi.

6. Il creditore che propone il concordato ovvero le società da questo controllate, le società controllanti o sottoposte a comune controllo, ai sensi del primo comma dell'articolo 2359 del codice civile possono votare soltanto se la proposta ne prevede l'inserimento in apposita classe.

7. I trasferimenti di crediti avvenuti dopo la sentenza che ha dichiarato l'apertura della procedura di liquidazione giudiziale non attribuiscono diritto di voto, salvo che siano effettuati a favore di banche o altri intermediari finanziari.

244. ***Approvazione del concordato nella liquidazione giudiziale.*** — 1. Il concordato è approvato dai creditori che rappresentano la maggioranza dei crediti ammessi al voto. Ove siano previste diverse classi di creditori, il concordato è approvato se tale maggioranza si verifica inoltre nel maggior numero di classi.

2. I creditori che non fanno pervenire il loro dissenso nel termine fissato dal giudice delegato si ritengono consenzienti.

3. La variazione del numero dei creditori ammessi o dell'ammontare dei singoli crediti, che avvenga per effetto di un provvedimento emesso successivamente alla scadenza del termine fissato dal giudice delegato per le votazioni, non influisce sul calcolo della maggioranza.

4. Quando il giudice delegato dispone il voto su più proposte di concordato ai sensi dell'articolo 241, comma 2, quarto periodo, si considera approvata quella tra esse che ha conseguito il maggior numero di consensi a norma dei commi 1, 2 e 3, e, in caso di parità, la proposta presentata per prima.

245. ***Giudizio di omologazione.*** — 1. Decorso il termine stabilito per le votazioni, il curatore presenta al giudice delegato una relazione sul loro esito.

2. Se la proposta è stata approvata, il giudice delegato dispone che il curatore ne dia immediata comunicazione a mezzo posta elettronica certificata al proponente, affinché richieda l'omologazione del concordato e ai creditori dissenzienti. Al debitore, se non è possibile procedere alla comunicazione con modalità telematica, la notizia dell'approvazione è comunicata mediante lettera raccomandata con avviso di ricevimento. Con decreto da pubblicarsi a norma dell'articolo 45 fissa un termine non inferiore a quindici giorni e non superiore a trenta giorni per la proposizione di eventuali opposizioni, anche da parte di qualsiasi altro interessato, e per il deposito da parte del comitato dei creditori di una relazione motivata col suo parere definitivo. Se il comitato dei creditori non provvede nel termine, la relazione è redatta e depositata dal curatore nei sette giorni successivi.

3. L'opposizione e la richiesta di omologazione si propongono con ricorso a norma dell'articolo 124.

4. Se nel termine fissato non vengono proposte opposizioni, il tribunale, verificata la regolarità della procedura e l'esito della votazione, omologa il concordato con decreto motivato non soggetto a gravame.

5. Se sono state proposte opposizioni, il tribunale assume i mezzi istruttori richiesti dalle parti o disposti di ufficio, anche delegando uno dei componenti del collegio. Nell'ipotesi di cui all'articolo 244, comma 1, secondo periodo, se un creditore appartenente a una classe dissenziente contesta la convenienza della proposta, il tribunale omologa il concordato se ritiene che il credito può risultare soddisfatto dal concordato in misura non inferiore rispetto alle alternative concretamente praticabili.

6. Il tribunale provvede con decreto motivato pubblicato a norma dell'articolo 45.

246. ***Efficacia del decreto.*** — 1. La proposta di concordato diventa efficace dal momento in cui scadono i termini per opporsi all'omologazione o da quello in cui si esauriscono le impugnazioni previste dall'articolo 245.[1]

2. Quando il decreto di omologazione diventa definitivo, il curatore rende conto della gestione ai sensi dell'articolo 231 e il tribunale dichiara chiusa la procedura di liquidazione giudiziale.

[1] Comma così modif. dall'art. 27, D.lgs. 26 ott. 2020, n. 147.

247. ***Reclamo.*** — 1. Il decreto del tribunale è reclamabile dinanzi alla corte di appello che pronuncia in camera di consiglio.

2. Il reclamo è proposto con ricorso da depositarsi nella cancelleria della corte di appello nel termine perentorio di trenta giorni dalla notificazione del decreto fatta dalla cancelleria del tribunale.

3. Esso deve contenere i requisiti prescritti dall'articolo 51, comma 2.

4. Il presidente, nei cinque giorni successivi al deposito del ricorso, designa il relatore, e fissa con decreto l'udienza di comparizione entro sessanta giorni dal deposito del ricorso.

5. Il ricorso, unitamente al decreto di fissazione dell'udienza, deve essere notificato, a cura del reclamante, entro dieci giorni dalla comunicazione del decreto, al curatore e alle altre parti, che si identificano, se non sono reclamanti, nel debitore, nel proponente e negli opponenti.

6. Tra la data della notificazione e quella dell'udienza deve intercorrere un termine non minore di trenta giorni.

7. Le parti resistenti devono costituirsi almeno dieci giorni prima della udienza, eleggendo il domicilio nel comune in cui ha sede la corte di appello.

8. La costituzione si effettua mediante il deposito in cancelleria di una memoria contenente l'esposizione delle difese in fatto e in diritto, nonché l'indicazione dei mezzi di prova e dei documenti prodotti.

9. L'intervento di qualunque interessato non può aver luogo oltre il termine stabilito per la costituzione delle parti resistenti, con le modalità per queste previste.

10. All'udienza, il collegio, sentite le parti, assume, anche d'ufficio, i mezzi di prova, eventualmente delegando un suo componente.

11. La corte provvede con decreto motivato.

12. Il decreto è pubblicato a norma dell'articolo 45 e notificato alle parti, a cura della cancelleria, ed è impugnabile con ricorso per cassazione entro trenta giorni dalla notificazione.

248. ***Effetti del concordato nella liquidazione giudiziale.*** — 1. Il concordato omologato è obbligatorio per tutti i creditori anteriori alla sentenza che dichiara l'apertura della procedura di liquidazione giudiziale, compresi quelli che non hanno presentato domanda di ammissione al passivo. A questi non si estendono le garanzie date nel concordato da terzi.

2. I creditori conservano la loro azione per l'intero credito contro i coobbligati, i fideiussori del debitore e gli obbligati in via di regresso.

249. ***Esecuzione del concordato nella liquidazione giudiziale.*** — 1. Dopo la omologazione del concordato il giudice delegato, il curatore e il comitato dei creditori ne sorvegliano l'adempimento, secondo le modalità stabilite nel decreto di omologazione.

2. Le somme spettanti ai creditori contestati, condizionali o irreperibili, sono depositate nei modi stabiliti dal giudice delegato.

3. Accertata la completa esecuzione del concordato, il giudice delegato ordina lo svincolo delle cauzioni e la cancellazione delle ipoteche iscritte a garanzia e adotta ogni misura idonea per il conseguimento delle finalità del concordato.

4. Il provvedimento è pubblicato ed affisso ai sensi dell'articolo 45. Le spese sono a carico del debitore.

250. ***Risoluzione del concordato nella liquidazione giudiziale.*** — 1. Se le garanzie promesse non vengono costituite o se il proponente non adempie regolarmente gli obblighi derivanti dal concordato, ciascun creditore può chiederne la risoluzione.

2. Il ricorso per la risoluzione deve essere proposto entro un anno dalla scadenza del termine fissato per l'ultimo adempimento previsto nel concordato.

3. Il procedimento è regolato dall'articolo 41. Ad esso è chiamato a partecipare anche l'eventuale garante.

4. La sentenza che risolve il concordato riapre la procedura di liquidazione giudiziale ed è provvisoriamente esecutiva. Con essa il tribunale adotta i provvedimenti di cui all'articolo 237, comma 2. La sentenza è reclamabile ai sensi dell'articolo 51.

5. Le disposizioni del presente articolo non si applicano quando gli obblighi derivanti dal concordato sono stati assunti dal proponente o da uno o più creditori con liberazione immediata del debitore.

6. Non possono proporre istanza di risoluzione i creditori verso cui il terzo, ai sensi dell'articolo 240, comma 5, non abbia assunto responsabilità per effetto del concordato.

251. ***Annullamento del concordato nella liquidazione giudiziale.*** — 1. Il concordato omologato può essere annullato dal tribunale, su istanza del curatore o di qualunque creditore, in contraddittorio con il debitore, quando si scopre che è stato dolosamente esagerato il passivo o che è stata sottratta o dissimulata una parte rilevante dell'attivo.

2. Il ricorso per l'annullamento deve proporsi nel termine di sei mesi dalla scoperta del dolo e, in ogni caso, non oltre due anni dalla scadenza del termine fissato per l'ultimo adempimento previsto nel con-

cordato. Non è ammessa alcuna altra azione di nullità. Si procede a norma dell'articolo 250.

3. La sentenza che annulla il concordato riapre la procedura di liquidazione giudiziale ed è provvisoriamente esecutiva. Con essa il tribunale adotta i provvedimenti di cui all'articolo 237, comma 2. La sentenza è reclamabile ai sensi dell'articolo 51.

252. ***Effetti della riapertura della liquidazione giudiziale.*** — 1. Nei casi di risoluzione o annullamento del concordato, gli effetti della riapertura della liquidazione giudiziale sono regolati dagli articoli 238 e 239.

2. Possono essere riproposte le azioni revocatorie già iniziate e interrotte per effetto del concordato.

3. I creditori anteriori conservano le garanzie per le somme ancora ad essi dovute in base al concordato risolto o annullato e non sono tenuti a restituire quanto hanno già riscosso.

4. Essi concorrono per l'importo del primitivo credito, detratta la parte riscossa in parziale esecuzione del concordato.

253. ***Nuova proposta di concordato.*** — 1. Reso esecutivo il nuovo stato passivo, il proponente è ammesso a presentare una nuova proposta di concordato. Questo non può tuttavia essere omologato se prima dell'udienza a ciò destinata non sono depositate, nei modi stabiliti dal giudice delegato, le somme occorrenti per il suo integrale adempimento o non sono prestate garanzie equivalenti.

CAPO VIII

Liquidazione giudiziale e concordato nella liquidazione giudiziale delle società

254. ***Doveri degli amministratori e dei liquidatori.*** — 1. Gli amministratori e i liquidatori della società in liquidazione giudiziale devono essere sentiti in tutti i casi in cui la legge richiede che sia sentito il debitore e sono tenuti a fornire le informazioni o i chiarimenti necessari per la gestione della procedura richiesti dal curatore o dal comitato dei creditori.

255. ***Azioni di responsabilità.*** — 1. Il curatore, autorizzato ai sensi dell'articolo 128, comma 2, può promuovere o proseguire[, anche separatamente][1]:

a) l'azione sociale di responsabilità;

b) l'azione dei creditori sociali prevista dall'articolo 2394 e dall'articolo 2476, sesto comma, del codice civile;

c) l'azione prevista dall'articolo 2476, ottavo[2] comma, del codice civile;

d) l'azione prevista dall'articolo 2497, quarto comma, del codice civile;

e) tutte le altre azioni di responsabilità che gli sono attribuite da singole disposizioni di legge.

[1] Parole soppresse dall'art. 32, D.lgs. 17 giu. 2022, n. 83.
[2] Parola così modif. dall'art. 28, D.lgs. 26 ott. 2020, n. 147.

256. ***Società con soci a responsabilità illimitata.*** — 1. La sentenza che dichiara l'apertura della procedura di liquidazione giudiziale nei confronti di una società appartenente ad uno dei tipi regolati nei capi III, IV e VI del titolo V del libro quinto del codice civile produce l'apertura della procedura di liquidazione giudiziale anche nei confronti dei soci, pur se non persone fisiche, illimitatamente responsabili.

2. La liquidazione giudiziale nei confronti dei soci di cui al comma 1 non può essere disposta decorso un anno dallo scioglimento del rapporto sociale o dalla cessazione della responsabilità illimitata anche in caso di trasformazione, fusione o scissione, se sono state osservate le formalità per renderle note ai terzi. La liquidazione giudiziale è possibile solo se l'insolvenza della società attenga, in tutto o in parte, a debiti esistenti alla data della cessazione della responsabilità illimitata.

3. Il tribunale, prima di disporre la liquidazione giudiziale nei confronti dei soci illimitatamente responsabili, ne ordina la convocazione a norma dell'articolo 41.

4. Se dopo l'apertura della procedura di liquidazione giudiziale della società risulta l'esistenza di altri soci illimitatamente responsabili, il tribunale, su istanza del curatore, di un creditore, di un socio nei confronti del quale la procedura è già stata aperta o del pubblico ministero, dispone l'apertura della procedura di liquidazione giudiziale nei confronti dei medesimi. L'istanza può essere proposta anche dai soci e dai loro creditori personali.

5. Allo stesso modo si procede quando, dopo l'apertura della procedura di liquidazione giudiziale nei confronti di un imprenditore individuale o di una società, risulta che l'impresa è riferibile ad una società di cui l'imprenditore o la società è socio illimitatamente responsabile.

6. Contro la sentenza del tribunale è ammesso reclamo a norma dell'articolo 51. Al giudizio di reclamo deve partecipare il curatore, il creditore, il socio o il pubblico ministero che proposto la domanda di estensione, nonché il creditore che ha proposto il ricorso per l'apertura della procedura di liquidazione giudiziale.

7. In caso di rigetto della domanda, contro il decreto del tribunale l'istante può proporre reclamo alla corte di appello a norma dell'articolo 50.

257. ***Liquidazione giudiziale della società e dei soci.*** — 1. Nei casi previsti dall'articolo 256, il tribunale nomina, sia per la liquidazione giudiziale della società, sia per quella nei confronti dei soci, un solo giudice delegato e un solo curatore, pur rimanendo distinte le diverse procedure. Possono essere nominati più comitati dei creditori. Il curatore ha diritto ad un solo compenso.

2. Il patrimonio della società e quello dei singoli soci sono tenuti distinti.

3. Il credito dichiarato dai creditori sociali nella liquidazione giudiziale della società si intende di-

chiarato per l'intero e con il medesimo eventuale privilegio generale anche nella liquidazione giudiziale aperta nei confronti dei singoli soci. Il creditore sociale ha diritto di partecipare a tutte le ripartizioni fino all'integrale pagamento, salvo il regresso fra le procedure di liquidazione nei confronti dei soci per la parte pagata in più della quota rispettiva.

4. I creditori particolari partecipano soltanto alla liquidazione giudiziale nei confronti dei soci loro debitori.

5. Ciascun creditore può contestare i crediti dei creditori con i quali si trova in concorso.

6. Il curatore della liquidazione giudiziale della società può esercitare l'azione sociale di responsabilità nei confronti del socio amministratore anche se nei suoi confronti non è stata aperta la procedura di liquidazione giudiziale.

258. ***Effetti sulla società dell'apertura della liquidazione giudiziale nei confronti dei soci.*** — 1. La liquidazione giudiziale aperta nei confronti di uno o più soci illimitatamente responsabili non determina l'apertura della liquidazione giudiziale nei confronti della società.

259. ***Liquidazione giudiziale nei confronti di enti ed imprenditori collettivi non societari.*** — 1. Le disposizioni di cui agli articoli 254, 255, 256, 257 e 258 si applicano, in quanto compatibili, anche agli enti e imprenditori collettivi non societari e ai loro componenti illimitatamente e personalmente responsabili per le obbligazioni dell'ente.

260. ***Versamenti dei soci a responsabilità limitata.*** — 1. Nella procedura di liquidazione giudiziale delle società con soci a responsabilità limitata il giudice delegato può, su proposta del curatore, ingiungere con decreto ai soci e ai precedenti titolari delle quote o delle azioni di eseguire i versamenti ancora dovuti, quantunque non sia scaduto il termine stabilito per il pagamento.

2. Contro il decreto emesso a norma del comma 1, può essere proposta opposizione ai sensi dell'articolo 645 del codice di procedura civile.

261. ***Liquidazione giudiziale di società a responsabilità limitata: polizza assicurativa e fideiussione bancaria.*** — 1. Nella procedura di liquidazione giudiziale di società a responsabilità limitata il giudice delegato, ricorrendone i presupposti, può autorizzare il curatore ad escutere la polizza assicurativa o la fideiussione bancaria rilasciata ai sensi dell'articolo 2464, quarto e sesto comma, del codice civile.

262. ***Patrimoni destinati ad uno specifico affare.*** — 1. Se è aperta la liquidazione giudiziale nei confronti della società, l'amministrazione del patrimonio destinato previsto dall'articolo 2447-*bis*, primo comma, lettera *a*), del codice civile è attribuita al curatore, che vi provvede con gestione separata.

2. Il curatore provvede a norma dell'articolo 216 alla cessione a terzi del patrimonio, al fine di conservarne la funzione produttiva. Se la cessione non è possibile, il curatore provvede alla liquidazione del patrimonio secondo le regole della liquidazione della società in quanto compatibili.

3. Il corrispettivo della cessione al netto dei debiti del patrimonio o il residuo attivo della liquidazione sono acquisiti dal curatore nell'attivo della liquidazione giudiziale, detratto quanto spettante ai terzi che vi abbiano effettuato apporti, ai sensi dell'articolo 2447-*ter*, primo comma, lettera *c*), del codice civile.[1]

[1] Comma così modif. dall'art. 28, D.lgs. 26 ott. 2020, n. 147.

263. ***Patrimonio destinato incapiente e violazione delle regole di separatezza.*** — 1. Se a seguito dell'apertura della liquidazione giudiziale nei confronti della società o nel corso della gestione il curatore rileva che il patrimonio destinato è incapiente provvede, previa autorizzazione del giudice delegato, alla sua liquidazione secondo le regole della liquidazione della società, in quanto compatibili.

2. I creditori particolari del patrimonio destinato possono presentare domanda di insinuazione al passivo della procedura di liquidazione giudiziale aperta nei confronti della società nei casi di responsabilità sussidiaria o illimitata previsti dall'articolo 2447-*quinquies*, terzo e quarto comma, del codice civile.

3. Se risultano violate le regole di separatezza fra uno o più patrimoni destinati costituiti dalla società e il patrimonio della società medesima, il curatore può proporre l'azione sociale di responsabilità e l'azione dei creditori sociali prevista dall'articolo 2394 del codice civile nei confronti degli amministratori e dei componenti degli organi di controllo della società.

264. ***Attribuzione al curatore dei poteri dell'assemblea.*** — 1. Il curatore può compiere gli atti e le operazioni riguardanti l'organizzazione e la struttura finanziaria della società previsti nel programma di liquidazione, dandone adeguata e tempestiva informazione ai soci ed ai creditori della società. I soci, i creditori ed i terzi interessati possono proporre reclamo ai sensi dell'articolo 133.

2. Il programma di liquidazione può prevedere l'attribuzione al curatore, per determinati atti od operazioni, dei poteri dell'assemblea dei soci. Le decisioni che non sono prese in conformità della legge o dell'atto costitutivo, possono essere impugnate con reclamo al giudice delegato ai sensi dell'articolo 133. Si applicano, in quanto compatibili, gli articoli da 2377 a 2379-*ter* e l'articolo 2479-*ter* del codice civile.[1]

[1] Comma così modif. dall'art. 28, D.lgs. 26 ott. 2020, n. 147.

265. ***Proposta di concordato nella liquidazio-***

ne giudiziale della società. — 1. La proposta di concordato per la società sottoposta a liquidazione giudiziale è sottoscritta da coloro che ne hanno la rappresentanza sociale.

2. La proposta e le condizioni del concordato, salva diversa disposizione dell'atto costitutivo o dello statuto:

a) nelle società di persone, sono approvate dai soci che rappresentano la maggioranza assoluta del capitale;

b) nelle società per azioni, in accomandita per azioni e a responsabilità limitata, nonché nelle società cooperative, sono deliberate dagli amministratori.

3. In ogni caso, la decisione o la deliberazione di cui al comma 2, lettera *b*), deve risultare da verbale redatto da notaio ed è depositata ed iscritta nel registro delle imprese a norma dell'articolo 2436 del codice civile.

266. ***Effetti del concordato nella liquidazione giudiziale della società.*** — 1. Salvo patto contrario, il concordato della società ha effetto anche con riguardo ai soci a responsabilità illimitata e fa cessare la procedura di liquidazione giudiziale aperta nei loro confronti.

2. Contro il decreto di chiusura della liquidazione giudiziale aperta nei confronti del socio è ammesso reclamo a norma dell'articolo 124.

267. ***Concordato del socio.*** — 1. Nella procedura di liquidazione giudiziale di una società con soci a responsabilità illimitata, ciascuno dei soci può proporre un concordato ai creditori sociali e particolari concorrenti nella procedura di liquidazione giudiziale aperta nei suoi confronti.

CAPO IX
Liquidazione controllata del sovraindebitato

268. ***Liquidazione controllata.***[1] — 1. Il debitore in stato di sovraindebitamento può domandare con ricorso al tribunale competente ai sensi dell'articolo 27, comma 2, l'apertura di una procedura di liquidazione controllata dei suoi beni.

2. Quando il debitore è in stato di insolvenza, la domanda può essere presentata da un creditore anche in pendenza di procedure esecutive individuali [e, se l'insolvenza riguarda un imprenditore, dal pubblico ministero][2]. Nei casi di cui al primo periodo non si fa luogo all'apertura della liquidazione controllata se l'ammontare dei debiti scaduti e non pagati risultanti dagli atti dell'istruttoria è inferiore a euro cinquantamila[3]. Tale importo è periodicamente aggiornato con le modalità di cui all'articolo 2, comma 1, lettera *d*).

3. Quando la domanda è proposta da un creditore nei confronti di un debitore persona fisica non si fa luogo all'apertura della liquidazione controllata se l'OCC, su richiesta del debitore, attesta che non è possibile acquisire attivo da distribuire ai creditori neppure mediante l'esercizio di azioni giudiziarie. All'attestazione sono allegati i documenti di cui all'articolo 283, comma 3.

4. Non sono compresi nella liquidazione:

a) i crediti impignorabili ai sensi dell'articolo 545 del codice di procedura civile;

b) i crediti aventi carattere alimentare e di mantenimento, gli stipendi, le pensioni, i salari e ciò che il debitore guadagna con la sua attività nei limiti, indicati dal giudice, di quanto occorre al mantenimento suo e della sua famiglia;

c) i frutti derivanti dall'usufrutto legale sui beni dei figli, i beni costituiti in fondo patrimoniale e i frutti di essi, salvo quanto disposto dall'articolo 170 del codice civile;

d) le cose che non possono essere pignorate per disposizione di legge.

5. Il deposito della domanda sospende, ai soli effetti del concorso, il corso degli interessi convenzionali o legali fino alla chiusura della liquidazione, a meno che i crediti non siano garantiti da ipoteca, pegno o privilegio e salvo quanto previsto dagli articoli 2749, 2788 e 2855, secondo e terzo comma, del codice civile.

[1] Articolo così sost. dall'art. 29, D.lgs. 26 ott. 2020, n. 147.

[2] Parole soppresse dall'art. 33, D.lgs. 17 giu. 2022, n. 83.

[3] Parole così sost. dall'art. 33, D.lgs. 17 giu. 2022, n. 83.

269. ***Domanda del debitore.*** — 1. Il ricorso può essere presentato personalmente dal debitore, con l'assistenza dell'OCC.

2. Al ricorso deve essere allegata una relazione, redatta dall'OCC, che esponga una valutazione sulla completezza e l'attendibilità della documentazione depositata a corredo della domanda e che illustri la situazione economica, patrimoniale e finanziaria del debitore.

3. L'OCC, entro sette giorni dal conferimento dell'incarico da parte del debitore, ne dà notizia all'agente della riscossione e agli uffici fiscali, anche degli enti locali, competenti sulla base dell'ultimo domicilio fiscale dell'istante.

270. ***Apertura della liquidazione controllata.*** — 1. Il tribunale, in assenza di domande di accesso alle procedure di cui al titolo IV e verificati i presupposti di cui agli articoli 268 e 269, dichiara con sentenza l'apertura della liquidazione controllata. La sentenza produce i suoi effetti anche nei confronti dei soci illimitatamente responsabili. Si applica, in quanto compatibile, l'articolo 256.[1]

2. Con la sentenza il tribunale:

a) nomina il giudice delegato;

b) nomina il liquidatore, confermando, in caso di domanda presentata dal debitore, l'OCC di cui all'articolo 269 o, per giustificati motivi, scegliendolo nell'elenco dei gestori della crisi di cui al decreto del Ministro della giustizia 24 settembre 2014, n. 202. In questo ultimo caso la scelta è effettuata di regola tra i gestori residenti nel circondario del tribunale competente e l'eventuale deroga deve essere espressamente motivata e comunicata al presidente del tribunale;[2]

c) ordina al debitore il deposito entro sette giorni dei bilanci e delle scritture contabili e fiscali obbligatorie, nonché dell'elenco dei creditori;

d) assegna ai terzi che vantano diritti sui beni del debitore e ai creditori risultanti dall'elenco depositato un termine non superiore a sessanta giorni entro il quale, a pena di inammissibilità, devono trasmettere al liquidatore, a mezzo posta elettronica certificata, la domanda di restituzione, di rivendicazione o di ammissione al passivo, predisposta ai sensi dell'articolo 201; si applica l'articolo 10, comma 3;

e) ordina la consegna o il rilascio dei beni facenti parte del patrimonio di liquidazione, salvo che non ritenga, in presenza di gravi e specifiche ragioni, di autorizzare il debitore o il terzo a utilizzare alcuni di essi. Il provvedimento è titolo esecutivo ed è posto in esecuzione a cura del liquidatore;

f) dispone l'inserimento della sentenza nel sito internet del tribunale o del Ministero della giustizia. Nel caso in cui il debitore svolga attività d'impresa, la pubblicazione è altresì effettuata presso il registro delle imprese;

g) ordina, quando vi sono beni immobili o beni mobili registrati, la trascrizione della sentenza presso gli uffici competenti.

3. Al liquidatore nominato dal tribunale ai sensi del comma 2, lettera *b*), seconda parte, si applicano gli articoli 35, comma 4-*bis*, 35.1 e 35.2 del decreto legislativo 6 settembre 2011, n. 159.

4. Gli adempimenti di cui al comma 2, lettere *f*) e *g*), sono eseguiti a cura del liquidatore; la sentenza è notificata al debitore, ai creditori e ai titolari di diritti sui beni oggetto di liquidazione.

5. Si applicano l'articolo 143 in quanto compatibile e gli articoli 150 e 151; per i casi non regolati dal presente capo si applicano altresì, in quanto compatibili, le disposizioni sul procedimento unitario di cui al titolo III.

6. Se un contratto è ancora ineseguito o non compiutamente eseguito nelle prestazioni principali da entrambe le parti al momento in cui è aperta la procedura di liquidazione controllata, l'esecuzione del contratto rimane sospesa fino a quando il liquidatore, sentito il debitore, dichiara di subentrare nel contratto in luogo del predetto debitore, assumendo, a decorrere dalla data del subentro, tutti i relativi obblighi, ovvero di sciogliersi dal medesimo salvo che, nei contratti ad effetti reali, sia già avvenuto il trasferimento del diritto. Il contraente può mettere in mora il liquidatore, facendogli assegnare dal giudice delegato un termine non superiore a sessanta giorni, decorso il quale il contratto si intende sciolto. In caso di prosecuzione del contratto, sono prededucibili soltanto i crediti maturati nel corso della procedura. In caso di scioglimento del contratto, il contraente ha diritto di far valere nel passivo della liquidazione controllata il credito conseguente al mancato adempimento, senza che gli sia dovuto risarcimento del danno.

[1] Comma così modif. dall'art. 29, D.lgs. 26 ott. 2020, n. 147.

[2] Lettera così modif. dall'art. 29, D.lgs. 26 ott. 2020, n. 147.

271. ***Concorso di procedure.*** — 1. Se la domanda di liquidazione controllata è proposta dai creditori o dal pubblico ministero e il debitore chiede l'accesso a una procedura di cui al capo II del titolo IV, il giudice concede un termine per l'integrazione della domanda.

2. Nella pendenza del termine di cui al comma 1, non può essere dichiarata aperta la liquidazione controllata e la relativa domanda è dichiarata improcedibile quando sia aperta una procedura ai sensi del capo III del titolo IV. Alla scadenza del termine di cui al comma 1, senza che il debitore abbia integrato la domanda, ovvero in ogni caso di mancata apertura o cessazione delle procedure di cui al capo III del titolo IV, il giudice provvede ai sensi dell'articolo 270, commi 1 e 2. Si applicano, in quanto compatibili, gli articoli da 51 a 55.

272. ***Elenco dei creditori, inventario dei beni e programma di liquidazione.*** — 1. Il liquidatore entro trenta giorni dalla comunicazione della sentenza aggiorna l'elenco dei creditori, ai quali notifica la sentenza ai sensi dell'articolo 270, comma 4. Il termine di cui all'articolo 270, comma 2, lettera *d*), può essere prorogato di trenta giorni.

2. Entro novanta giorni dall'apertura della liquidazione controllata il liquidatore completa l'inventario dei beni del debitore e redige un programma in ordine a tempi e modalità della liquidazione. Si applica l'articolo 213, commi 3 e 4, in quanto compatibile. Il programma è depositato in cancelleria ed approvato dal giudice delegato.

3. Il programma deve assicurare la ragionevole durata della procedura.

273. ***Formazione del passivo.***[1] — 1. Scaduti i termini per la proposizione delle domande di cui all'articolo 270, comma 2, lettera *d*), il liquidatore predispone un progetto di stato passivo, comprendente un elenco dei titolari di diritti sui beni mobili e immobili di proprietà o in possesso del debitore, e lo comunica agli interessati all'indirizzo di posta elettronica certificato indicato nella domanda. In mancanza della predetta indicazione, il provvedimento si intende comunicato mediante deposito in cancelleria.

2. Entro quindici giorni possono essere proposte osservazioni, con le stesse modalità della domanda di cui all'articolo 270, comma 2, lettera *d*).

3. In assenza di osservazioni, il liquidatore forma lo stato passivo, lo deposita in cancelleria e ne dispone l'inserimento nel sito web del tribunale o del Ministero della giustizia.

4. Quando sono formulate osservazioni che il liquidatore ritiene fondate, predispone, entro quindici giorni successivi alla scadenza del termine di cui al comma 2, un nuovo progetto di stato passivo che comunica ai sensi del comma 1.

5. In presenza di contestazioni non superabili ai sensi del comma 4, il liquidatore rimette gli atti al giudice delegato, il quale provvede alla definitiva formazione del passivo con decreto motivato, pubblicato ai sensi del comma 3.

6. Contro il decreto può essere proposto reclamo davanti al collegio, di cui non può far parte il giudice delegato. Il procedimento si svolge senza formalità, assicurando il rispetto del contraddittorio.

7. Decorso il termine di cui al comma 1, e comunque fino a quando non siano esaurite tutte le ripartizioni dell'attivo della liquidazione, la domanda tardiva è ammissibile solo se l'istante prova che il ritardo è dipeso da causa a lui non imputabile e se trasmette la domanda al liquidatore non oltre sessanta giorni dal momento in cui è cessata la causa che ne ha impedito il deposito tempestivo. Il procedimento di accertamento delle domande tardive si svolge nelle stesse forme di cui ai commi da 1 a 6. Quando la domanda risulta manifestamente inammissibile perché l'istante non ha indicato le circostanze da cui è dipeso il ritardo o non ne ha offerto prova documentale o non ha indicato i mezzi di prova di cui intende valersi per dimostrarne la non imputabilità, il giudice delegato dichiara con decreto l'inammissibilità della domanda. Il decreto è reclamabile a norma dell'articolo 124.

[1] Articolo così sost. dall'art. 29, D.lgs. 26 ott. 2020, n. 147.

274. ***Azioni del liquidatore.*** — 1. Il liquidatore, autorizzato dal giudice delegato, esercita o se pendente, prosegue, ogni azione prevista dalla legge finalizzata a conseguire la disponibilità dei beni compresi nel patrimonio del debitore e ogni azione diretta al recupero dei crediti.

2. Il liquidatore, sempre con l'autorizzazione del giudice delegato, esercita o, se pendenti, prosegue le azioni dirette a far dichiarare inefficaci gli atti compiuti dal debitore in pregiudizio dei creditori, secondo le norme del codice civile.

3. Il giudice delegato autorizza il liquidatore ad esercitare o proseguire le azioni di cui ai commi 1 e 2, quando è utile per il miglior soddisfacimento dei creditori.

275. ***Esecuzione del programma di liquidazione.*** — 1. Il programma di liquidazione è eseguito dal liquidatore, che ogni sei mesi ne riferisce al giudice delegato. Il mancato deposito delle relazioni semestrali costituisce causa di revoca dell'incarico ed è valutato ai fini della liquidazione del compenso.

2. Il liquidatore ha l'amministrazione dei beni che compongono il patrimonio di liquidazione. Si applicano le disposizioni sulle vendite nella liquidazione giudiziale, in quanto compatibili. Eseguita la vendita e riscosso interamente il prezzo, il giudice ordina la cancellazione delle iscrizioni relative ai diritti di prelazione, delle trascrizioni dei pignoramenti e dei sequestri conservativi nonché di ogni altro vincolo.

3. Terminata l'esecuzione, il liquidatore presenta al giudice il rendiconto. Il giudice verifica la conformità degli atti dispositivi al programma di liquidazione e, se approva il rendiconto, procede alla liquidazione del compenso del liquidatore.

4. Il giudice, se non approva il rendiconto, indica gli atti necessari al completamento della liquidazione ovvero le opportune rettifiche ed integrazioni del rendiconto, nonché un termine per il loro compimento. Se le prescrizioni non sono adempiute nel termine, anche prorogato, il giudice provvede alla sostituzione del liquidatore e nella liquidazione del compenso tiene conto della diligenza prestata, con possibilità di escludere in tutto o in parte il compenso stesso.

5. Il liquidatore provvede alla distribuzione delle somme ricavate dalla liquidazione secondo l'ordine di prelazione risultante dallo stato passivo, previa formazione di un progetto di riparto da comunicare al debitore e ai creditori, con termine non superiore a giorni quindici per osservazioni. In assenza di contestazioni, comunica il progetto di riparto al giudice che senza indugio ne autorizza l'esecuzione.

6. Se sorgono contestazioni sul progetto di riparto, il liquidatore verifica la possibilità di componimento e vi apporta le modifiche che ritiene opportune. Altrimenti rimette gli atti al giudice delegato, il quale provvede con decreto motivato, reclamabile ai sensi dell'articolo 124.

276. ***Chiusura della procedura.*** — 1. La procedura si chiude con decreto. Si applica l'articolo 233, in quanto compatibile.[1]

2. Con decreto di chiusura, il giudice, su istanza del liquidatore, autorizza il pagamento del compenso liquidato ai sensi dell'articolo 275, comma 3 e lo svincolo delle somme eventualmente accantonate.

[1] Periodo aggiunto dall'art. 29, D.lgs. 26 ott. 2020, n. 147.

277. ***Creditori posteriori.*** — 1. I creditori con causa o titolo posteriore al momento dell'esecuzione della pubblicità di cui all'articolo 270, comma 2, lettera *f)*, non possono procedere esecutivamente sui beni oggetto di liquidazione.

2. I crediti sorti in occasione o in funzione della liquidazione sono soddisfatti con preferenza rispetto agli altri, con esclusione di quanto ricavato dalla liquidazione dei beni oggetto di pegno e ipoteca per la parte destinata ai creditori garantiti.

CAPO X
Esdebitazione

SEZIONE I
Condizioni e procedimento della esdebitazione nella liquidazione giudiziale e nella liquidazione controllata

278. ***Oggetto e ambito di applicazione.*** — 1. L'esdebitazione consiste nella liberazione dai debiti e comporta la inesigibilità dal debitore dei crediti rimasti insoddisfatti nell'ambito di una procedura di liquidazione giudiziale o di liquidazione controllata. Con l'esdebitazione vengono meno le cause di ineleggibilità e di decadenza collegate all'apertura della liquidazione giudiziale.[1]

2. Nei confronti dei creditori per fatto o causa anteriori che non hanno partecipato al concorso l'esdebitazione opera per la sola parte eccedente la percentuale attribuita nel concorso ai creditori di pari grado.

3. Possono accedere all'esdebitazione, secondo le norme del presente capo, tutti i debitori di cui all'articolo 1, comma 1.

4. Se il debitore è una società o altro ente, le condizioni stabilite nell'articolo 280 devono sussistere nei confronti dei soci illimitatamente responsabili e dei legali rappresentanti.[2]

5. L'esdebitazione della società ha efficacia nei confronti dei soci illimitatamente responsabili.

6. Sono salvi i diritti vantati dai creditori nei confronti dei coobbligati e dei fideiussori del debitore, nonché degli obbligati in via di regresso.

7. Restano esclusi dall'esdebitazione:

a) gli obblighi di mantenimento e alimentari;

b) i debiti per il risarcimento dei danni da fatto illecito extracontrattuale, nonché le sanzioni penali e amministrative di carattere pecuniario che non siano accessorie a debiti estinti.

[1] Comma così modif. dall'art. 30, D.lgs. 26 ott. 2020, n. 147, e dall'art. 34, D.lgs. 17 giu. 2022, n. 83.

[2] Comma così sost. dall'art. 30, D.lgs. 26 ott. 2020, n. 147.

279. ***Condizioni temporali di accesso.*** — 1. Salvo il disposto dell'articolo 280, il debitore ha diritto a conseguire l'esdebitazione decorsi tre anni dall'apertura della procedura di liquidazione o al momento della chiusura della procedura, se antecedente.

2.[1]

[1] Comma abrog. dall'art. 34, D.lgs. 17 giu. 2022, n. 83.

280. ***Condizioni per l'esdebitazione.*** — 1. Il debitore è ammesso al beneficio della liberazione dai debiti a condizione che:

a) non sia stato condannato con sentenza passata in giudicato per bancarotta fraudolenta o per delitti contro l'economia pubblica, l'industria e il commercio, o altri delitti compiuti in connessione con l'esercizio dell'attività d'impresa, salvo che per essi sia intervenuta la riabilitazione. Se è in corso il procedimento penale per uno di tali reati o v'è stata applicazione di una delle misure di prevenzione di cui al decreto legislativo 6 settembre 2011, n. 159, il beneficio può essere riconosciuto solo all'esito del relativo procedimento;

b) non abbia distratto l'attivo o esposto passività insussistenti, cagionato o aggravato il dissesto rendendo gravemente difficoltosa la ricostruzione del patrimonio e del movimento degli affari o fatto ricorso abusivo al credito;

c) non abbia ostacolato o rallentato lo svolgimento della procedura e abbia fornito agli organi ad essa preposti tutte le informazioni utili e i documenti necessari per il suo buon andamento;

d) non abbia beneficiato di altra esdebitazione nei cinque anni precedenti la scadenza del termine per l'esdebitazione;

e) non abbia già beneficiato dell'esdebitazione per due volte.

281. ***Procedimento.*** — 1. Il tribunale, contestualmente alla pronuncia del decreto di chiusura della procedura, sentiti gli organi della stessa e verificata la sussistenza delle condizioni di cui agli articoli 278, 279 e 280, dichiara inesigibili nei confronti del debitore i debiti concorsuali non soddisfatti.

2. Allo stesso modo il tribunale provvede, su istanza del debitore, quando siano decorsi almeno tre anni dalla data in cui è stata aperta la procedura di liquidazione giudiziale.

3. Ai fini di cui ai commi 1 e 2, il curatore dà atto, nei rapporti riepilogativi di cui all'articolo 130, dei fatti rilevanti per la concessione o il diniego del beneficio.

4. Il decreto del tribunale è comunicato agli organi della procedura, al pubblico ministero, al debitore e ai creditori ammessi al passivo non integralmente soddisfatti, i quali possono proporre reclamo a norma dell'articolo 124; il termine per proporre reclamo è di trenta giorni. Il decreto è iscritto nel registro delle imprese su richiesta del cancelliere.[1]

5. L'esdebitazione non ha effetti sui giudizi in corso e sulle operazioni liquidatorie, anche se posteriori alla chiusura della liquidazione giudiziale disposta a norma dell'articolo 234.

6. Quando dall'esito dei predetti giudizi e operazioni deriva un maggior riparto a favore dei creditori, l'esdebitazione ha effetto solo per la parte definitivamente non soddisfatta.

[1] Periodo aggiunto dall'art. 30, D.lgs. 26 ott. 2020, n. 147.

SEZIONE II
Disposizioni in materia di esdebitazione del soggetto sovraindebitato[1]

[1] Rubrica così modif. dall'art. 31, D.lgs. 26 ott. 2020, n. 147.

282. ***Esdebitazione di diritto.*** — 1. Per le procedure di liquidazione controllata, l'esdebitazione opera di diritto a seguito del provvedimento di chiusura o anteriormente, decorsi tre anni dalla sua apertura, ed è dichiarata con decreto motivato del tribunale, iscritto al registro delle imprese su richiesta del cancelliere. Il decreto che dichiara l'esdebitazione del consumatore o del professionista è pubblicato in apposita area del sito web del tribunale o del Ministero della giustizia.[1]

2. L'esdebitazione non opera nelle ipotesi previste dall'articolo 280 nonché nelle ipotesi in cui il debitore ha determinato la situazione di sovraindebitamento con colpa grave, malafede o frode.[2]

3. Il provvedimento di cui al comma 1 o il provvedimento con cui il tribunale dichiara la sussistenza delle preclusioni di cui al comma 2 è comunicato al pubblico ministero, ai creditori e al debitore, i quali possono proporre reclamo ai sensi dell'articolo 124; il termine per proporre reclamo è di trenta giorni.[2]

[1] Periodo aggiunto dall'art. 31, D.lgs. 26 ott. 2020, n. 147.
[2] Comma così sost. dall'art. 31, D.lgs. 26 ott. 2020, n. 147.

283. ***Esdebitazione del sovraindebitato incapiente.***[1] — 1. Il debitore persona fisica meritevole, che non sia in grado di offrire ai creditori alcuna utilità, diretta o indiretta, nemmeno in prospettiva futura, può accedere all'esdebitazione solo per una volta, fatto salvo l'obbligo di pagamento del debito entro quattro anni dal decreto del giudice laddove sopravvengano utilità rilevanti che consentano il soddisfacimento dei creditori in misura non inferiore complessivamente[2] al dieci per cento. Non sono considerate utilità, ai sensi del periodo precedente, i finanziamenti, in qualsiasi forma erogati.

2. La valutazione di rilevanza di cui al comma 1 deve essere condotta su base annua, dedotte le spese di produzione del reddito e quanto occorrente al mantenimento del debitore e della sua famiglia in misura pari all'assegno sociale aumentato della metà moltiplicato per un parametro corrispondente al numero dei componenti il nucleo familiare della scala di equivalenza dell'ISEE di cui al decreto del Presidente del Consiglio dei ministri del 5 dicembre 2013, n. 159.

3. La domanda di esdebitazione è presentata tramite l'OCC al giudice competente, unitamente alla seguente documentazione:

a) l'elenco di tutti i creditori, con l'indicazione delle somme dovute;

b) l'elenco degli atti di straordinaria amministrazione compiuti negli ultimi cinque anni;

c) la copia delle dichiarazioni dei redditi degli ultimi tre anni;

d) l'indicazione degli stipendi, delle pensioni, dei salari e di tutte le altre entrate del debitore e del suo nucleo familiare.

4. Alla domanda deve essere allegata una relazione particolareggiata dell'OCC, che comprende:

a) l'indicazione delle cause dell'indebitamento e della diligenza impiegata dal debitore nell'assumere le obbligazioni;

b) l'esposizione delle ragioni dell'incapacità del debitore di adempiere le obbligazioni assunte;

c) l'indicazione della eventuale esistenza di atti del debitore impugnati dai creditori;

d) la valutazione sulla completezza ed attendibilità della documentazione depositata a corredo della domanda.

5. L'OCC, nella relazione, deve indicare anche se il soggetto finanziatore, ai fini della concessione del finanziamento, abbia tenuto conto del merito creditizio del debitore, valutato in relazione al suo reddito disponibile, dedotto l'importo necessario a mantenere un dignitoso tenore di vita; a tal fine si ritiene idonea una quantificazione non inferiore a quella indicata al comma 2.

6. I compensi dell'OCC sono ridotti della metà.

7. Il giudice, assunte le informazioni ritenute utili, valutata la meritevolezza del debitore e verificata, a tal fine, l'assenza di atti in frode e la mancanza di dolo o colpa grave nella formazione dell'indebitamento, concede con decreto l'esdebitazione, indicando le modalità e il termine entro il quale il debitore deve presentare, a pena di revoca del beneficio, ove positiva, la dichiarazione annuale relativa alle sopravvenienze rilevanti ai sensi dei commi 1 e 2.

8. Il decreto è comunicato al debitore e ai creditori, i quali possono proporre opposizione nel termine di trenta giorni. Decorsi trenta giorni dall'ultima delle comunicazioni, il giudice, instaurato nelle forme ritenute più opportune il contraddittorio tra i creditori opponenti ed il debitore, conferma o revoca il decreto. La decisione è soggetta a reclamo ai sensi dell'articolo 50.

9. L'OCC, nei quattro anni successivi al deposito del decreto che concede l'esdebitazione, vigila sulla tempestività del deposito della dichiarazione di cui al comma 7 e, se il giudice ne fa richiesta, compie le verifiche necessarie per accertare l'esistenza di sopravvenienze rilevanti ai sensi dei commi 1 e 2.

[1] Rubrica così modif. dall'art. 31, D.lgs. 26 ott. 2020, n. 147.
[2] Parola ins. dall'art. 31, D.lgs. 26 ott. 2020, n. 147.

TITOLO VI
Disposizioni relative ai gruppi di imprese

CAPO I
Regolazione della crisi o insolvenza del gruppo

284. ***Concordato, accordi di ristrutturazione e piano attestato di gruppo.***[1] — 1. Più imprese in stato di crisi o di insolvenza appartenenti al medesimo gruppo e aventi ciascuna il centro degli interessi principali nello Stato italiano possono proporre con un unico ricorso la domanda di accesso al concordato preventivo di cui all'articolo 40 con un piano unitario o con piani reciprocamente collegati e interferenti.

2. Parimenti può essere proposta con un unico ricorso, da più imprese appartenenti al medesimo gruppo e aventi tutte il proprio centro degli interessi principali nello Stato italiano, la domanda di accesso alla procedura di omologazione di accordi di ristrutturazione dei debiti, ai sensi degli articoli 57, 60 e 61.

3. Resta ferma l'autonomia delle rispettive masse attive e passive.

4. La domanda proposta ai sensi dei commi 1 e 2 deve contenere l'illustrazione delle ragioni di maggiore convenienza, in funzione del migliore soddisfacimento dei creditori delle singole imprese, della scelta di presentare un piano unitario ovvero piani reciprocamente collegati e interferenti invece di un piano autonomo per ciascuna impresa. Il piano o i piani di cui al comma 1 quantificano il beneficio stimato per i creditori di ciascuna impresa del gruppo, anche per effetto della sussistenza di vantaggi compensativi, conseguiti o fondatamente prevedibili, derivanti dal collegamento o dall'appartenenza al gruppo. La domanda deve inoltre fornire informazioni analitiche, complete e aggiornate sulla struttura del gruppo e sui vincoli partecipativi o contrattuali esistenti tra le imprese e indicare il registro delle imprese o i registri delle imprese in cui è stata effettuata la pubblicità ai sensi dell'articolo 2497-*bis* del codice civile. Il bilancio consolidato di gruppo, ove redatto, deve essere allegato al ricorso unitamente alla documentazione prevista, rispettivamente, per l'accesso al concordato preventivo o agli accordi di ristrutturazione. Si applica l'articolo 289.

5. Il piano unitario o i piani reciprocamente collegati e interferenti, rivolti ai rispettivi creditori, aventi il contenuto indicato nell'articolo 56, comma 2, devono essere idonei a consentire il risanamento dell'esposizione debitoria di ciascuna impresa e ad assicurare il riequilibrio complessivo della situazione finanziaria di ognuna. Un professionista indipendente attesta: *a*) la veridicità dei dati aziendali; *b*) la fattibilità del piano o dei piani; *c*) le ragioni di maggiore convenienza, in funzione del migliore soddisfacimento dei creditori delle singole imprese, della scelta di presentare un piano unitario ovvero piani reciprocamente collegati e interferenti invece di un piano autonomo per ciascuna impresa; *d*) la quantificazione del beneficio stimato per i creditori di ciascuna impresa del gruppo, operata ai sensi del comma 4. L'attestazione contiene anche informazioni analitiche, complete e aggiornate sulla struttura del gruppo e sui vincoli partecipativi o contrattuali esistenti tra le imprese.

6. Su richiesta delle imprese debitrici, il piano o i piani sono pubblicati nel registro delle imprese o nei registri delle imprese in cui è stata effettuata la pubblicità ai sensi dell'articolo 2497-*bis* del codice civile. Si applica l'articolo 289.

[1] Articolo così sost. dall'art. 32, D.lgs. 26 ott. 2020, n. 147.

285. ***Contenuto del piano o dei piani di gruppo e azioni a tutela dei creditori e dei soci.*** — 1. Il piano [concordatario][1] o i piani concordatari di gruppo possono prevedere la liquidazione di alcune imprese e la continuazione dell'attività di altre imprese del gruppo. Si applica tuttavia la sola disciplina del concordato in continuità quando, confrontando i flussi complessivi derivanti dalla continuazione dell'attività con i flussi complessivi derivanti dalla liquidazione, risulta che i creditori delle imprese del gruppo sono soddisfatti in misura prevalente dal ricavato prodotto dalla continuità aziendale diretta o indiretta[, ivi compresa la cessione del magazzino][1] .

2. Il piano o i piani concordatari possono altresì prevedere operazioni contrattuali e riorganizzative, inclusi i trasferimenti di risorse infragruppo, purché un professionista indipendente attesti che dette operazioni sono necessarie ai fini della continuità aziendale per le imprese per le quali essa è prevista nel piano e coerenti con l'obiettivo del miglior soddisfacimento dei creditori di tutte le imprese del gruppo tenuto conto dei vantaggi compensativi derivanti alle singole imprese, fermo quanto previsto dagli articoli 47 e 112.[2]

3. Se non ricorre l'ipotesi prevista dal comma 1, secondo periodo, gli effetti pregiudizievoli delle operazioni di cui ai commi 1 e 2 possono essere contestati dai creditori dissenzienti appartenenti a una classe dissenziente o, nel caso di mancata formazione delle classi, dai creditori dissenzienti che rappresentano almeno il venti per cento dei crediti ammessi al voto con riguardo ad una singola impresa, attraverso l'opposizione all'omologazione del concordato di gruppo. I creditori non aderenti possono proporre opposizione all'omologazione degli accordi di ristrutturazione.[2,3]

4. In caso di opposizione proposta ai sensi del comma 3, il tribunale omologa il concordato o gli accordi di ristrutturazione qualora ritenga, sulla base di una valutazione complessiva del piano o dei piani collegati e tenuto conto dei vantaggi compensativi derivanti alle singole imprese del gruppo, che i creditori possano essere soddisfatti in misura non inferiore a quanto ricaverebbero dalla liquidazione giudiziale della singola impresa.[2,3]

4-*bis*. Nell'ipotesi di cui al comma 1, secondo periodo, il tribunale omologa il concordato secondo quanto previsto dall'articolo 112, commi 2, 3 e 4.[4]

5. I soci possono far valere il pregiudizio arrecato alla redditività e al valore della partecipazione sociale dalle operazioni di cui ai commi 1 e 2, esclusivamente attraverso l'opposizione all'omologazione del concordato di gruppo. Il tribunale omologa il concordato se esclude la sussistenza del predetto pregiudizio in considerazione dei vantaggi

compensativi derivanti alle singole imprese dal piano di gruppo.[5]

[1] Parole soppresse dall'art. 32, D.lgs. 26 ott. 2020, n. 147.
[2] Comma così modif. dall'art. 35, D.lgs. 17 giu. 2022, n. 83.
[3] Comma così modif. dall'art. 32, D.lgs. 26 ott. 2020, n. 147.
[4] Comma ins. dall'art. 35, D.lgs. 17 giu. 2022, n. 83.
[5] Comma così sost. dall'art. 32, D.lgs. 26 ott. 2020, n. 147.

286. ***Procedimento di concordato di gruppo.***[1] — 1. Se le diverse imprese del gruppo hanno il proprio centro degli interessi principali in circoscrizioni giudiziarie diverse, è competente il tribunale individuato ai sensi dell'articolo 27 in relazione al centro degli interessi principali della società o ente o persona fisica che, in base alla pubblicità prevista dall'articolo 2497-*bis* del codice civile, esercita l'attività di direzione e coordinamento oppure, in mancanza, dell'impresa che presenta la maggiore esposizione debitoria in base all'ultimo bilancio approvato.

2. Il tribunale, se accoglie il ricorso, nomina un unico giudice delegato e un unico commissario giudiziale per tutte le imprese del gruppo e dispone il deposito di un unico fondo per le spese di giustizia.

3. I costi della procedura sono ripartiti fra le imprese del gruppo in proporzione delle rispettive masse attive.

4. Il commissario giudiziale, con l'autorizzazione del giudice, può richiedere alla Commissione nazionale per le società e la borsa - CONSOB o a qualsiasi altra pubblica autorità informazioni utili ad accertare l'esistenza di collegamenti di gruppo e alle società fiduciarie le generalità degli effettivi titolari di diritti sulle azioni o sulle quote ad esse intestate. Le informazioni sono fornite entro quindici giorni dalla richiesta.

5. I creditori di ciascuna delle imprese che hanno proposto la domanda di accesso al concordato di gruppo, suddivisi per classi qualora tale suddivisione sia prevista dalla legge o dal piano, votano in maniera contestuale e separata sulla proposta presentata dall'impresa loro debitrice. Il concordato di gruppo è approvato quando le proposte delle singole imprese del gruppo sono approvate dalla maggioranza prevista dall'articolo 109.

6. Sono escluse dal voto le imprese del gruppo titolari di crediti nei confronti dell'impresa ammessa alla procedura.

7. Il tribunale, con il decreto di omologazione, nomina un comitato dei creditori per ciascuna impresa del gruppo e, quando il concordato prevede la cessione dei beni, un unico liquidatore giudiziale per tutte le imprese.

8. Il concordato di gruppo omologato non può essere risolto o annullato quando i presupposti per la risoluzione o l'annullamento si verificano soltanto rispetto a una o ad alcune imprese del gruppo, a meno che ne risulti significativamente compromessa l'attuazione del piano anche da parte delle altre imprese.

[1] Articolo così sost. dall'art. 32, D.lgs. 26 ott. 2020, n. 147.

CAPO II
Procedura unitaria di liquidazione giudiziale

287. ***Liquidazione giudiziale di gruppo.*** — 1. Più imprese in stato di insolvenza, appartenenti al medesimo gruppo e aventi ciascuna il centro degli interessi principali nello Stato italiano, possono essere assoggettate, in accoglimento di un unico ricorso, dinanzi ad un unico tribunale, a una procedura di liquidazione giudiziale unitaria quando risultino opportune forme di coordinamento nella liquidazione degli attivi, in funzione dell'obiettivo del migliore soddisfacimento dei creditori delle diverse imprese del gruppo, ferma restando l'autonomia delle rispettive masse attive e passive. A tal fine il tribunale tiene conto dei preesistenti reciproci collegamenti di natura economica o produttiva, della composizione dei patrimoni delle diverse imprese e della presenza dei medesimi amministratori.

2. In tal caso, il tribunale nomina, salvo che sussistano specifiche ragioni, un unico giudice delegato, un unico curatore, un comitato dei creditori per ciascuna impresa del gruppo.

3. Nel programma di liquidazione il curatore illustra le modalità del coordinamento nella liquidazione degli attivi delle diverse imprese. Le spese generali della procedura sono imputate alle imprese del gruppo in proporzione delle rispettive masse attive.

4. Se le diverse imprese del gruppo hanno il proprio centro degli interessi principali in circoscrizioni giudiziarie diverse, il tribunale competente è quello dinanzi al quale è stata depositata la prima domanda di liquidazione giudiziale. Qualora la domanda di accesso alla procedura sia presentata contemporaneamente da più imprese dello stesso gruppo, è competente il tribunale individuato ai sensi dell'articolo 27, in relazione al centro degli interessi principali della società o ente o persona fisica che, in base alla pubblicità prevista dall'articolo 2497-*bis* del codice civile, esercita l'attività di direzione e coordinamento oppure, in mancanza, dell'impresa che presenta la più elevata esposizione debitoria in base all'ultimo bilancio approvato.

5. Quando ravvisa l'insolvenza di un'impresa del gruppo non ancora assoggettata alla procedura di liquidazione giudiziale, il curatore designato ai sensi del comma 2, segnala tale circostanza agli organi di amministrazione e controllo ovvero promuove direttamente l'accertamento dello stato di insolvenza di detta impresa.

288. ***Procedure concorsuali autonome di imprese appartenenti allo stesso gruppo.*** — 1. Nel caso in cui più imprese appartenenti a un medesimo gruppo siano assoggettate a separate procedure di liquidazione giudiziale ovvero a separate procedure di concordato preventivo, eventualmente dinanzi a tribunali diversi, gli organi di gestione delle diverse procedure cooperano per facilitare la gestione efficace di tali procedure.

CAPO III

Strumenti di regolazione della crisi e dell'insolvenza e procedure di insolvenza di imprese appartenenti ad un gruppo[1]

[1] Rubrica così sost. dall'art. 36, D.lgs. 17 giu. 2022, n. 83.

289. ***Domanda di accesso e obblighi di informazione e collaborazione.*** — 1. La domanda di accesso a uno strumento di regolazione della crisi e dell'insolvenza o a una procedura di insolvenza presentata da un'impresa appartenente ad un gruppo deve contenere informazioni analitiche sulla struttura del gruppo e sui vincoli partecipativi o contrattuali esistenti tra le società e imprese e indicare il registro delle imprese o i registri delle imprese in cui è stata effettuata la pubblicità ai sensi dell'articolo 2497-*bis* del codice civile. L'impresa deve, inoltre, depositare il bilancio consolidato di gruppo, ove redatto. In ogni caso il tribunale ovvero, successivamente, il curatore o il commissario giudiziale possono, al fine di accertare l'esistenza di collegamenti di gruppo, richiedere alla CONSOB o a qualsiasi altra pubblica autorità e alle società fiduciarie le generalità degli effettivi titolari di diritti sulle azioni o sulle quote ad esse intestate. Le informazioni sono fornite entro quindici giorni dalla richiesta.[1]

[1] Comma così modif. dall'art. 36, D.lgs. 17 giu. 2022, n. 83.

CAPO IV

Norme comuni

290. ***Azioni di inefficacia fra imprese del gruppo.*** — 1. Nei confronti delle imprese appartenenti al medesimo gruppo possono essere promosse dal curatore, sia nel caso di apertura di una procedura unitaria, sia nel caso di apertura di una pluralità di procedure, azioni dirette a conseguire la dichiarazione di inefficacia di atti e contratti posti in essere nei cinque anni antecedenti il deposito dell'istanza di liquidazione giudiziale, che abbiano avuto l'effetto di spostare risorse a favore di un'altra impresa del gruppo con pregiudizio dei creditori, fatto salvo il disposto dell'articolo 2497, primo comma, del codice civile.

2. Spetta alla società beneficiaria provare di non essere stata a conoscenza del carattere pregiudizievole dell'atto o del contratto.

3. Il curatore della procedura di liquidazione giudiziale aperta nei confronti di una società appartenente ad un gruppo può esercitare, nei confronti delle altre società del gruppo, l'azione revocatoria prevista dall'articolo 166 degli atti compiuti dopo il deposito della domanda di apertura della liquidazione giudiziale o, nei casi di cui all'articolo 166, comma 1, lettere *a*) e *b*), nei due anni anteriori al deposito della domanda o nell'anno anteriore, nei casi di cui all'articolo 166, comma 1, lettere *c*) e *d*).

291. ***Azioni di responsabilità e denuncia di gravi irregolarità di gestione nei confronti di imprese del gruppo.*** — 1. Il curatore, sia nel caso di apertura di una procedura unitaria, sia nel caso di apertura di una pluralità di procedure, è legittimato ad esercitare le azioni di responsabilità previste dall'articolo 2497 del codice civile.

2. Il curatore è altresì legittimato a proporre, nei confronti di amministratori e sindaci delle società del gruppo non assoggettate alla procedura di liquidazione giudiziale, la denuncia di cui all'articolo 2409 del codice civile.

292. ***Postergazione del rimborso dei crediti da finanziamenti infragruppo.*** — 1. I crediti che la società o l'ente o la persona fisica esercente l'attività di direzione e o coordinamento vanta, anche a seguito di escussione di garanzie, nei confronti delle imprese sottoposte a direzione e coordinamento, o che queste ultime vantano nei confronti dei primi sulla base di rapporti di finanziamento contratti dopo il deposito della domanda che ha dato luogo all'apertura della liquidazione giudiziale o nell'anno anteriore, sono postergati rispetto al soddisfacimento degli altri creditori. Se tali crediti sono stati rimborsati nell'anno anteriore alla domanda che ha dato luogo all'apertura della liquidazione giudiziale, si applica l'articolo 164.

2. La disposizione di cui al comma 1, primo periodo, non si applica ai finanziamenti previsti dall'articolo 102.

TITOLO VII

Liquidazione coatta amministrativa

CAPO I

Natura e norme applicabili

293. ***Disciplina applicabile e presupposti.*** — 1. La liquidazione coatta amministrativa è il procedimento concorsuale amministrativo che si applica nei casi espressamente previsti dalla legge.

2. La legge determina le imprese soggette a liquidazione coatta amministrativa, i casi per i quali la liquidazione coatta amministrativa può essere disposta e l'autorità competente a disporla.

294. ***Rinvio alle norme speciali.*** — 1. La liquidazione coatta amministrativa è regolata dalle disposizioni del presente titolo, salvo che le leggi speciali dispongano diversamente.

2. I rinvii al regio decreto 16 marzo 1942, n. 267 contenuti in leggi speciali in materia di liquidazione coatta amministrativa si intendono fatti alle di-

sposizioni del presente codice della crisi e dell'insolvenza e secondo le norme di coordinamento.

3. Le disposizioni di questo titolo non si applicano agli enti pubblici.

CAPO II
Procedimento

295. ***Liquidazione coatta amministrativa e liquidazione giudiziale.*** — 1. Le imprese soggette a liquidazione coatta amministrativa non sono soggette a liquidazione giudiziale, salvo che la legge diversamente disponga.

2. Quando la legge ammette la procedura di liquidazione coatta amministrativa e quella di liquidazione giudiziale, la dichiarazione di apertura della liquidazione giudiziale preclude la liquidazione coatta amministrativa e il provvedimento che ordina la liquidazione coatta amministrativa preclude l'apertura della liquidazione giudiziale.

296. ***Rapporti tra concordato preventivo e liquidazione coatta amministrativa.*** — 1. Se la legge non dispone diversamente, le imprese soggette a liquidazione coatta amministrativa possono essere sempre ammesse alla procedura di concordato preventivo, osservato, per le imprese non assoggettabili a liquidazione giudiziale, l'articolo 297, comma 8.

297. ***Accertamento giudiziario dello stato di insolvenza anteriore alla liquidazione coatta amministrativa.*** — 1. Salva diversa disposizione delle leggi speciali, se un'impresa soggetta a liquidazione coatta amministrativa con esclusione della liquidazione giudiziale si trova in stato di insolvenza, il tribunale del luogo in cui essa ha il centro degli interessi principali, su ricorso di uno o più creditori o dell'autorità che ha la vigilanza sull'impresa o di questa stessa, dichiara tale stato con sentenza.

2. Il trasferimento del centro degli interessi principali intervenuto nell'anno antecedente il deposito della domanda per la dichiarazione dello stato di insolvenza non rileva ai fini della competenza.

3. Con la stessa sentenza o con successivo decreto, il tribunale adotta i provvedimenti conservativi che ritenga opportuni nell'interesse dei creditori fino all'inizio della procedura di liquidazione.

4. Prima di provvedere il tribunale deve sentire il debitore, con le modalità di cui all'articolo 40 e l'autorità che ha la vigilanza sull'impresa.

5. La sentenza è comunicata entro tre giorni, a norma dell'articolo 136 del codice di procedura civile, all'autorità competente perché disponga la liquidazione o, se ne ritiene sussistenti i presupposti, l'avvio della risoluzione ai sensi del decreto di recepimento della direttiva 2014/59/UE. Essa è inoltre notificata, e resa pubblica a norma dell'articolo 45.

6. Contro la sentenza può essere proposto reclamo da qualunque interessato, a norma dell'articolo 51.

7. Il tribunale che respinge il ricorso per la dichiarazione d'insolvenza provvede con decreto motivato. Contro il decreto è ammesso reclamo a norma dell'articolo 50.

8. Il tribunale provvede su istanza del commissario giudiziale alla dichiarazione d'insolvenza a norma del presente articolo quando nel corso della procedura di concordato preventivo di un'impresa soggetta a liquidazione coatta amministrativa, con esclusione della liquidazione giudiziale, si verifica la cessazione della procedura e sussiste lo stato di insolvenza. Si applica, in ogni caso, il procedimento di cui al comma 4.

9. Le disposizioni di questo articolo non si applicano agli enti pubblici.

298. ***Accertamento giudiziario dello stato d'insolvenza successivo alla liquidazione coatta amministrativa.*** — 1. Se l'impresa, al tempo in cui è stata ordinata la liquidazione, si trovava in stato d'insolvenza e questa non è stata preventivamente dichiarata a norma dell'articolo 297, il tribunale del luogo in cui essa ha il centro degli interessi principali, su ricorso del commissario liquidatore o del pubblico ministero, accerta tale stato con sentenza in camera di consiglio, anche se la liquidazione è stata disposta per insufficienza di attivo.

2. Si applicano le norme dell'articolo 297, commi 3, 4, 5, 6 e 7.

3. Restano salve le diverse disposizioni delle leggi speciali relative all'accertamento dello stato di insolvenza successivo all'apertura della liquidazione coatta amministrativa.

299. ***Effetti dell'accertamento giudiziario dello stato d'insolvenza.*** — 1. Accertato giudizialmente lo stato d'insolvenza a norma degli articoli 297 e 298, sono applicabili, con effetto dalla data del provvedimento che ha accertato lo stato di insolvenza, le disposizioni del titolo V, capo I, sezione IV, anche nei riguardi dei soci a responsabilità illimitata, sostituito al deposito della domanda di apertura della liquidazione giudiziale il deposito della domanda per l'accertamento dello stato di insolvenza.

2. L'esercizio delle azioni di revoca degli atti compiuti in frode dei creditori compete al commissario liquidatore. Il termine di decadenza di cui all'articolo 170 decorre dalla data del provvedimento di nomina del commissario liquidatore, se successivo al provvedimento che accerta lo stato di insolvenza.

3. Il commissario liquidatore presenta al pubblico ministero la relazione prevista dall'articolo 130.

300. ***Provvedimento di liquidazione.*** — 1. Il provvedimento che ordina la liquidazione, entro dieci giorni dalla sua data, è pubblicato integralmente, a cura dell'autorità che lo ha emanato, nella

Gazzetta Ufficiale della Repubblica italiana ed è comunicato per l'iscrizione all'ufficio del registro delle imprese, salve le altre forme di pubblicità disposte nel provvedimento.

301. ***Organi della liquidazione coatta amministrativa.*** — 1. Con il provvedimento che ordina la liquidazione o con altro successivo viene nominato un commissario liquidatore. Si applicano gli articoli 356 e 358.[1] È altresì nominato un comitato di sorveglianza di tre membri o cinque membri, scelti fra persone particolarmente esperte nel ramo di attività esercitato dall'impresa, possibilmente fra i creditori.

2. Qualora l'importanza dell'impresa lo consigli, possono essere nominati tre commissari liquidatori. In tal caso essi deliberano a maggioranza, e la rappresentanza è esercitata congiuntamente da due di essi. Nella liquidazione delle cooperative la nomina del comitato di sorveglianza è facoltativa.

[1] Periodo aggiunto dall'art. 37, D.lgs. 17 giu. 2022, n. 83.

302. ***Responsabilità del commissario liquidatore.*** — 1. Il commissario liquidatore è, per quanto attiene all'esercizio delle sue funzioni, pubblico ufficiale.

2. Durante la liquidazione l'azione di responsabilità contro il commissario liquidatore revocato è proposta dal nuovo liquidatore con l'autorizzazione dell'autorità che vigila sulla liquidazione.

3. Si applicano al commissario liquidatore le disposizioni degli articoli 129, 134, 135 e 136, comma 1, intendendosi sostituiti nei poteri del tribunale e del giudice delegato quelli dell'autorità che vigila sulla liquidazione.[1]

[1] Comma così modif. dall'art. 37, D.lgs. 17 giu. 2022, n. 83.

303. ***Effetti del provvedimento di liquidazione.*** — 1. Dalla data del provvedimento che ordina la liquidazione si applicano gli articoli 142, 144, 145, 146 e 147 e se l'impresa è una persona giuridica, cessano le funzioni delle assemblee e degli organi di amministrazione e di controllo, salvo il caso previsto dall'articolo 314.

2. Nelle controversie anche in corso, relative a rapporti di diritto patrimoniale, sta in giudizio il commissario liquidatore.

304. ***Effetti della liquidazione per i creditori e sui rapporti giuridici preesistenti.*** — 1. Dalla data del provvedimento che ordina la liquidazione si applicano le disposizioni del titolo V, capo I, sezioni III e V e le disposizioni dell'articolo 165.

2. Si intendono sostituiti nei poteri del tribunale e del giudice delegato l'autorità amministrativa che vigila sulla liquidazione, nei poteri del curatore il commissario liquidatore e, in quelli del comitato dei creditori, il comitato di sorveglianza.

305. ***Commissario liquidatore.*** — 1. Il commissario liquidatore procede a tutte le operazioni della liquidazione secondo le direttive dell'autorità che vigila sulla liquidazione e sotto il controllo del comitato di sorveglianza.

2. Il commissario prende in consegna i beni compresi nella liquidazione, le scritture contabili e gli altri documenti dell'impresa o dell'ente richiedendo, ove occorra, l'assistenza di un notaio.

3. Il commissario forma quindi l'inventario, nominando, se necessario, uno o più stimatori per la valutazione dei beni.

306. ***Relazione del commissario.*** — 1. L'imprenditore o, se l'impresa è una società o una persona giuridica, gli amministratori devono rendere al commissario liquidatore il conto della gestione relativo al tempo posteriore all'ultimo bilancio.

2. Il commissario è dispensato dal formare il bilancio annuale, ma deve presentare alla fine di ogni semestre all'autorità che vigila sulla liquidazione una relazione sulla situazione patrimoniale dell'impresa e sull'andamento della gestione, precisando la sussistenza di eventuali segnali di cui all'articolo 3, accompagnata da un rapporto del comitato di sorveglianza. Nello stesso termine, copia della relazione è trasmessa al comitato di sorveglianza, unitamente agli estratti conto dei depositi postali o bancari relativi al periodo. Il comitato di sorveglianza o ciascuno dei suoi componenti possono formulare osservazioni scritte. Altra copia della relazione è trasmessa, assieme alle eventuali osservazioni, per via telematica all'ufficio del registro delle imprese ed è trasmessa a mezzo di posta elettronica certificata ai creditori e ai titolari di diritti sui beni.[1]

[1] Comma così modif. dall'art. 37, D.lgs. 17 giu. 2022, n. 83.

307. ***Poteri del commissario.*** — 1. L'azione di responsabilità contro gli amministratori e i componenti degli organi di controllo dell'impresa o dell'ente in liquidazione, a norma degli articoli 2393, 2394, 2476, primo, sesto, e ottavo comma, 2497 del codice civile, è esercitata dal commissario liquidatore, previa autorizzazione dell'autorità che vigila sulla liquidazione.[1]

2. Per il compimento degli atti previsti dall'articolo 132 di valore indeterminato o superiore a euro 1032,91 e per la continuazione dell'esercizio dell'impresa, il commissario deve essere autorizzato dall'autorità predetta, la quale provvede sentito il comitato di sorveglianza.

[1] Comma così modif. dall'art. 33, D.lgs. 26 ott. 2020, n. 147.

308. ***Comunicazione ai creditori e ai terzi.*** — 1. Entro un mese dalla nomina il commissario comunica a ciascun creditore, a mezzo posta elettronica certificata, se il destinatario ha un domicilio digitale e, in ogni altro caso, a mezzo lettera raccomandata presso la sede dell'impresa o la residenza del creditore, il suo indirizzo di posta elettronica certificata e le somme risultanti a credito di ciascuno secondo le scritture contabili e i documenti dell'impresa. Contestualmente il commissario invita i creditori a indicare, entro il termine di cui al comma 3, il loro indirizzo di posta elettronica certificata, con l'avvertimento sulle conseguenze di cui al comma 4 e relativo all'onere del creditore di comunicarne ogni variazione. La comunicazione s'intende fatta con riserva delle eventuali contestazioni.

2. Analoga comunicazione è fatta a coloro che possono far valere domande di rivendicazione, restituzione e separazione su cose mobili e immobili posseduti dall'impresa.

3. Entro quindici giorni dal ricevimento della comunicazione i creditori e le altre persone indicate dal comma 2 possono far pervenire al commissario mediante posta elettronica certificata le loro osservazioni o istanze.

4. Tutte le successive comunicazioni sono effettuate dal commissario all'indirizzo di posta elettronica certificata indicato ai sensi del comma 1. In caso di mancata indicazione dell'indirizzo di posta elettronica certificata o di mancata comunicazione della variazione, o nei casi di mancata consegna per cause imputabili al destinatario, esse si eseguono mediante deposito in cancelleria. Si applica l'articolo 104, commi 2, 3 e 4, in quanto compatibile.

309. ***Domande dei creditori e dei terzi.*** — 1. I creditori e le altre persone indicate nell'articolo 308 che non hanno ricevuto la comunicazione prevista dal predetto articolo possono chiedere mediante raccomandata, entro sessanta giorni dalla pubblicazione del provvedimento di liquidazione nella *Gazzetta Ufficiale*, il riconoscimento dei propri crediti e la restituzione dei loro beni, comunicando l'indirizzo di posta elettronica certificata. Si applica l'articolo 308, comma 4.

310. ***Formazione dello stato passivo.*** — 1. Salvo che le leggi speciali stabiliscano un maggior termine, entro novanta giorni dalla data del provvedimento di liquidazione, il commissario forma l'elenco dei crediti ammessi o respinti e delle domande indicate all'articolo 308, comma 2, accolte o respinte, e lo deposita nella cancelleria del tribunale dove ha il centro degli interessi principali. Il commissario trasmette l'elenco dei crediti ammessi o respinti a coloro la cui pretesa non sia in tutto o in parte ammessa a mezzo posta elettronica certificata ai sensi dell'articolo 308, comma 4. Con il deposito in cancelleria l'elenco diventa esecutivo.

2. Le impugnazioni, le domande tardive di crediti e le domande di rivendica e di restituzione sono disciplinate dagli articoli 206, 207, 208 e 210, sostituiti al giudice delegato il giudice incaricato per la trattazione di esse dal presidente del tribunale ed al curatore il commissario liquidatore.

3. Restano salve le disposizioni delle leggi speciali relative all'accertamento dei crediti chirografari nella liquidazione delle imprese che esercitano il credito.

311. ***Liquidazione dell'attivo.*** — 1. Il commissario ha tutti i poteri necessari per la liquidazione dell'attivo, salve le limitazioni stabilite dall'autorità che vigila sulla liquidazione.

2. In ogni caso per la vendita degli immobili e per la vendita dei mobili in blocco occorrono l'autorizzazione dell'autorità che vigila sulla liquidazione e il parere del comitato di sorveglianza.

3. Nel caso di società con soci a responsabilità limitata il presidente del tribunale può, su proposta del commissario liquidatore, ingiungere con decreto ai soci a responsabilità limitata e ai precedenti titolari delle quote o delle azioni di eseguire i versamenti ancora dovuti, quantunque non sia scaduto il termine stabilito per il pagamento.

312. ***Ripartizione dell'attivo.*** — 1. Le somme ricavate dalla liquidazione dell'attivo sono distribuite secondo l'ordine stabilito nell'articolo 221.

2. Previo parere del comitato di sorveglianza, e con l'autorizzazione dell'autorità che vigila sulla liquidazione, il commissario può distribuire acconti parziali a tutti i creditori o ad alcune categorie di essi, anche prima che siano realizzate tutte le attività e accertate tutte le passività.

3. Le domande tardive per l'ammissione di crediti o per il riconoscimento dei diritti reali non pregiudicano le ripartizioni già avvenute, e possono essere fatte valere sulle somme non ancora distribuite, osservate le disposizioni dell'articolo 225.

4. Alle ripartizioni parziali si applicano le disposizioni dell'articolo 227.

313. ***Chiusura della liquidazione.*** — 1. Prima dell'ultimo riparto ai creditori, il bilancio finale della liquidazione, con il conto della gestione e il piano di riparto tra i creditori, accompagnati da una relazione del comitato di sorveglianza, devono essere sottoposti all'autorità che vigila sulla liquidazione, la quale ne autorizza il deposito presso la cancelleria del tribunale competente ai sensi dell'articolo 27 e liquida il compenso al commissario.

2. Dell'avvenuto deposito, a cura del commissario liquidatore, è data comunicazione ai creditori ammessi al passivo e ai creditori prededucibili con le modalità di cui all'articolo 308, comma 4 ed è data notizia mediante inserzione nella *Gazzetta Ufficiale* e nei giornali designati dall'autorità che vigila sulla liquidazione.

3. Gli interessati possono proporre le loro contestazioni con ricorso al tribunale nel termine perentorio di venti giorni, decorrente dalla comunicazione fatta dal commissario a norma del comma 1 per i creditori e dall'inserzione nella *Gazzetta Ufficiale* per ogni altro interessato. Le contestazioni sono comunicate, a cura del cancelliere, all'autorità che vigila sulla liquidazione, al commissario liquidatore e al comitato di sorveglianza, che nel termine di venti giorni possono presentare nella cancelleria del tribunale le loro osservazioni. Il tribunale provvede con decreto in camera di consi-

glio. Si applicano, in quanto compatibili, le disposizioni dell'articolo 124.

4. Decorso il termine senza che siano proposte contestazioni, il bilancio, il conto di gestione e il piano di riparto si intendono approvati, e il commissario provvede alle ripartizioni finali tra i creditori. Si applicano le norme dell'articolo 231 e, se del caso, degli articoli 2495 e 2496 del codice civile.

314. ***Concordato della liquidazione.*** — 1. L'autorità che vigila sulla liquidazione, su parere del commissario liquidatore, sentito il comitato di sorveglianza, può autorizzare l'impresa in liquidazione, uno o più creditori o un terzo a proporre al tribunale un concordato, a norma dell'articolo 240, osservate le disposizioni dell'articolo 265, se si tratta di società.

2. La proposta di concordato è depositata nella cancelleria del tribunale competente ai sensi dell'articolo 27 con il parere del commissario liquidatore e del comitato di sorveglianza, comunicata dal commissario a tutti i creditori ammessi al passivo con le modalità di cui all'articolo 308, comma 4, pubblicata mediante inserzione nella *Gazzetta Ufficiale* e deposito presso l'ufficio del registro delle imprese.

3. I creditori e gli altri interessati possono presentare nella cancelleria le loro opposizioni nel termine perentorio di trenta giorni, decorrente dalla comunicazione fatta dal commissario per i creditori e dall'esecuzione delle formalità pubblicitarie di cui al comma 2 per ogni altro interessato.

4. Il tribunale, sentito il parere dell'autorità che vigila sulla liquidazione, decide sulle opposizioni e sulla proposta di concordato con sentenza in camera di consiglio. Si applicano, in quanto compatibili, le disposizioni degli articoli 245, 246 e 247.

5. Gli effetti del concordato sono regolati dall'articolo 248.

6. Il commissario liquidatore con l'assistenza del comitato di sorveglianza sorveglia l'esecuzione del concordato.

315. ***Risoluzione e annullamento del concordato.*** — 1. Se il concordato non è eseguito, il tribunale, su ricorso del commissario liquidatore o di uno o più creditori, ne pronuncia la risoluzione con sentenza in camera di consiglio. Si applicano le disposizioni dall'articolo 250, commi 2, 3, 4, 5 e 6.

2. Su richiesta del commissario o dei creditori il concordato può essere annullato a norma dell'articolo 251.

3. Risolto o annullato il concordato, si riapre la liquidazione coatta amministrativa e l'autorità che vigila sulla liquidazione adotta i provvedimenti che ritiene necessari.

CAPO III
Funzioni delle autorità amministrative di vigilanza per la crisi e l'insolvenza

316. ***Funzioni delle autorità amministrative di vigilanza.*** — 1. Oltre a quanto previsto nei precedenti articoli, le autorità amministrative di vigilanza sono altresì competenti a:

a) ricevere dagli organi interni di controllo dei soggetti vigilati e dai soggetti incaricati della revisione e dell'ispezione la comunicazione dei segnali di cui all'articolo 3;[1]

b)[2]

c) proporre domanda di accertamento dello stato di insolvenza con apertura della liquidazione coatta amministrativa.

[1] Lettera così sost. dall'art. 38, D.lgs. 17 giu. 2022, n. 83.
[2] Lettera abrog. dall'art. 38, D.lgs. 17 giu. 2022, n. 83.

TITOLO VIII
Liquidazione giudiziale e misure cautelari penali

317. ***Principio di prevalenza delle misure cautelari reali e tutela dei terzi.*** — 1. Le condizioni e i criteri di prevalenza rispetto alla gestione concorsuale delle misure cautelari reali sulle cose indicate dall'articolo 142 sono regolate dalle disposizioni del Libro I, titolo IV del decreto legislativo 6 settembre 2011, n. 159, salvo quanto previsto dagli articoli 318, 319 e 320.

2. Per misure cautelari reali di cui al comma 1 si intendono i sequestri delle cose di cui è consentita la confisca disposti ai sensi dell'articolo 321, comma 2, del codice di procedura penale, la cui attuazione è disciplinata dall'articolo 104-*bis* delle norme di attuazione, di coordinamento e transitorie del codice di procedura penale.

318. ***Sequestro preventivo.*** — 1. In pendenza della procedura di liquidazione giudiziale non può essere disposto sequestro preventivo ai sensi dell'articolo 321, comma 1, del codice di procedura penale sulle cose di cui all'articolo 142, sempre che la loro fabbricazione, uso, porto, detenzione e alienazione non costituisca reato e salvo che la fabbricazione, l'uso, il porto, la detenzione e l'alienazione possano essere consentiti mediante autorizzazione amministrativa.

2. Quando, disposto sequestro preventivo ai sensi dell'articolo 321, comma 1, del codice di procedura penale, è dichiarata l'apertura di liquidazione giudiziale sulle medesime cose, il giudice, a richiesta del curatore, revoca il decreto di sequestro e dispone la restituzione delle cose in suo favore.

3. Nel caso di cui al comma 2, il curatore comunica all'autorità giudiziaria che aveva disposto o richiesto il sequestro, la dichiarazione dello stato di insolvenza e di apertura della procedura della liquidazione giudiziale, il provvedimento di revoca o chiusura della liquidazione giudiziale, nonché

l'elenco delle cose non liquidate e già sottoposte a sequestro. Il curatore provvede alla cancellazione delle iscrizioni e trascrizioni decorsi novanta giorni dalla comunicazione di cui al primo periodo.

4. Le disposizioni di cui ai commi 1 e 2 non si applicano quando sono sottoposte a sequestro preventivo le cose indicate all'articolo 146 e le cose non suscettibili di liquidazione, per disposizione di legge o per decisione degli organi della procedura.

319. ***Sequestro conservativo.*** — 1. In pendenza della procedura di liquidazione giudiziale non può essere disposto sequestro conservativo ai sensi dell'articolo 316 del codice di procedura penale sulle cose di cui all'articolo 142.

2. Quando, disposto sequestro conservativo ai sensi dell'articolo 316 del codice di procedura penale, è dichiarata l'apertura di liquidazione giudiziale sulle medesime cose, si applica l'articolo 150 e il giudice, a richiesta del curatore, revoca il sequestro conservativo e dispone la restituzione delle cose in suo favore.

320. ***Legittimazione del curatore.*** — 1. Contro il decreto di sequestro e le ordinanze in materia di sequestro il curatore può proporre richiesta di riesame e appello nei casi, nei termini e con le modalità previsti dal codice di procedura penale. Nei predetti termini e modalità il curatore è legittimato a proporre ricorso per cassazione.

321. ***Liquidazione coatta amministrativa e misure di prevenzione.*** — 1. Le disposizioni che precedono si applicano in quanto compatibili alla liquidazione coatta amministrativa.

TITOLO IX
Disposizioni penali

322-347. (*Omissis*)

TITOLO X
Disposizioni per l'attuazione del codice della crisi e dell'insolvenza, norme di coordinamento e disciplina transitoria

348. (*Omissis*)

349. ***Sostituzione dei termini fallimento e fallito.*** — 1. Nelle disposizioni normative vigenti i termini «fallimento», «procedura fallimentare», «fallito» nonché le espressioni dagli stessi termini derivate devono intendersi sostituite, rispettivamente, con le espressioni «liquidazione giudiziale», «procedura di liquidazione giudiziale» e «debitore assoggettato a liquidazione giudiziale» e loro derivati, con salvezza della continuità delle fattispecie.

350-388. (*Omissis*)

PARTE QUARTA
DISPOSIZIONI FINALI E TRANSITORIE

389. ***Entrata in vigore.*** — 1. Il presente decreto entra in vigore il 15 luglio 2022, salvo quanto previsto al comma 2.[1]

1-*bis*.[2]

2. Gli articoli 27, comma 1, 350, 356, 357, 359, 363, 364, 366, 375, 377, 378, 379, 385, 386, 387 e 388 entrano in vigore il trentesimo giorno successivo alla pubblicazione nella *Gazzetta Ufficiale* del presente decreto.

3. (*Omissis*).

[1] Comma così modif. dall'art. 42, D.L. 30 apr. 2022, n. 36 conv. con modif. in L. 29 giu. 2022, n. 79.

[2] Comma abrog. dall'art. 42, D.L. 30 apr. 2022, n. 36 conv. con modif. in L. 29 giu. 2022, n. 79.

390. ***Disciplina transitoria.*** — 1. I ricorsi per dichiarazione di fallimento e le proposte di concordato fallimentare, i ricorsi per l'omologazione degli accordi di ristrutturazione, per l'apertura del concordato preventivo, per l'accertamento dello stato di insolvenza delle imprese soggette a liquidazione coatta amministrativa e le domande di accesso alle procedure di composizione della crisi da sovraindebitamento depositati prima dell'entrata in vigore del presente decreto sono definiti secondo le disposizioni del regio decreto 16 marzo 1942, n. 267, nonché della legge 27 gennaio 2012, n. 3.

2. Le procedure di fallimento e le altre procedure di cui al comma 1, pendenti alla data di entrata in vigore del presente decreto, nonché le procedure aperte a seguito della definizione dei ricorsi e delle domande di cui al medesimo comma sono definite secondo le disposizioni del regio decreto 16 marzo 1942, n. 267, nonché della legge 27 gennaio 2012, n. 3.

3. Quando, in relazione alle procedure di cui ai commi 1 e 2, sono commessi i fatti puniti dalle disposizioni penali del titolo sesto del regio decreto 16 marzo 1942, n. 267, nonché della sezione terza del capo II della legge 27 gennaio 2012, n. 3, ai medesimi fatti si applicano le predette disposizioni.

391. ***Disposizioni finanziarie e finali.*** (*Omissis*).

LOCAZIONI URBANE

- 1 -

L. 27 lug. 1978, n. 392

Disciplina delle locazioni di immobili urbani

(G.U. 29 lug. 1978, n. 211)[1]

[1] Per le locazioni abitative, v. ora la L. 9 dic. 1998, n. 431, *sub* 2. Per l'abrogazione di talune norme della L. 392/1978, con rif. alle locazioni abitative, v. in part. l'art. 14 c. 3 della citata L. 431/1998.

TITOLO I
Del contratto di locazione

CAPO I
Locazione di immobili urbani adibiti ad uso di abitazione

1. [***Durata della locazione.***][1]

[1] Articolo abrog. dall'art. 14.4, L. 9 dic. 1998, n. 431.

2. ***Disciplina della sublocazione.*** — Il conduttore non può sublocare totalmente l'immobile, né può cedere ad altri il contratto senza il consenso del locatore.

Salvo patto contrario il conduttore ha la facoltà di sublocare parzialmente l'immobile, previa comunicazione al locatore con lettera raccomandata che indichi la persona del subconduttore, la durata del contratto ed i vani sublocati.

3. [***Rinnovazione tacita.***][1]

[1] Articolo abrog. dall'art. 14.4, L. 9 dic. 1998, n. 431.

4. ***Recesso del conduttore.*** — È in facoltà delle parti consentire contrattualmente che il conduttore possa recedere in qualsiasi momento dal contratto dandone avviso al locatore, con lettera raccomandata, almeno sei mesi prima della data in cui il recesso deve avere esecuzione.

Indipendentemente dalle previsioni contrattuali il conduttore, qualora ricorrano gravi motivi, può recedere in qualsiasi momento dal contratto con preavviso di almeno sei mesi da comunicarsi con lettera raccomandata.

5. ***Inadempimento del conduttore.*** — Salvo quanto previsto dall'art. 55, il mancato pagamento del canone decorsi venti giorni dalla scadenza prevista, ovvero il mancato pagamento, nel termine previsto, degli oneri accessori quando l'importo non pagato superi quello di due mensilità del canone, costituisce motivo di risoluzione, ai sensi dell'art. 1455 del codice civile.

6. ***Successione nel contratto.*** — In caso di morte del conduttore, gli succedono nel contratto il coniuge, gli eredi ed i parenti ed affini con lui abitualmente conviventi.[1]

In caso di separazione giudiziale, di scioglimento del matrimonio o di cessazione degli effetti civili dello stesso, nel contratto di locazione succede al conduttore l'altro coniuge, se il diritto di abitare nella casa familiare sia stato attribuito dal giudice a quest'ultimo.

In caso di separazione consensuale o di nullità matrimoniale al conduttore succede l'altro coniuge se tra i due si sia così convenuto.

[1] La Corte cost., con sent. 7 apr. 1988, n. 404, ha dichiarato l'ill. cost. dell'art. 6, c. 1, "nella parte in cui non prevede tra i successibili nella titolarità del contratto di locazione, in caso di morte del conduttore, il convivente *more uxorio*"; del terzo comma, "nella parte in cui non prevede che il coniuge separato di fatto succeda al conduttore, se tra i due si sia così convenuto"; dell'art. medesimo, "nella parte in cui non prevede la successione nel contratto di locazione al conduttore che abbia cessato la convivenza, a favore del già convivente quando vi sia prole naturale".

7. ***Clausola di scioglimento in caso di alienazione.*** — È nulla la clausola che prevede la risoluzione del contratto in caso di alienazione della cosa locata.

8. ***Spese di registrazione.*** — Le spese di registrazione del contratto di locazione sono a carico del conduttore e del locatore in parti uguali.[1]

[1] V. D.L. 10 nov. 1978, n. 693, conv. in L. 23 dic. 1978, n. 841.

9. ***Oneri accessori.*** — Sono interamente a carico del conduttore, salvo patto contrario, le spese relative al servizio di pulizia, al funzionamento e all'ordinaria manutenzione dell'ascensore, alla fornitura dell'acqua, dell'energia elettrica, del riscaldamento e del condizionamento dell'aria, allo spurgo dei pozzi neri e delle latrine, nonché alla fornitura di altri servizi comuni.

Le spese per il servizio di portineria sono a carico del conduttore nella misura del 90%, salvo che le parti abbiano convenuto una misura inferiore.

Il pagamento deve avvenire entro due mesi dalla richiesta. Prima di effettuare il pagamento il conduttore ha diritto di ottenere l'indicazione specifica delle spese di cui ai commi precedenti con la menzione dei criteri di ripartizione. Il conduttore ha inoltre diritto di prendere visione dei documenti giustificativi delle spese effettuate.

Gli oneri di cui al primo comma addebitati dal locatore al conduttore devono intendersi corrispettivi di prestazioni accessorie a quella di locazione ai sensi e per gli effetti dell'art. 12 del D.P.R. 26 ott. 1972, n. 633.[1]

La disposizione di cui al quarto comma non si applica ai servizi accessori al contratto di locazione forniti siano per loro particolare natura e caratteristiche riferibili a specifica attività imprenditoriale del locatore e configurino oggetto di un autonomo contratto di prestazione dei servizi stessi.[1]

[1] Comma aggiunto dall'art. 67.11, D.L. 30 ago. 1993, n. 331, conv. in L. 29 ott. 1993, n. 427.

10. ***Partecipazione del conduttore all'assemblea dei condomini.*** — Il conduttore ha diritto di voto, in luogo del proprietario dell'appartamento locatogli, nelle delibere dell'assemblea condominiale relative alle spese e alle modalità di gestione dei servizi di riscaldamento e di condizionamento d'aria.

Egli ha inoltre diritto di intervenire, senza diritto di voto, sulle delibere relative alla modificazione degli altri servizi comuni.

La disciplina di cui al primo comma si applica anche qualora si tratti di edificio non in condominio.

Si osservano, in quanto applicabili, le disposizioni del codice civile sull'assemblea dei condomini.

11. ***Deposito cauzionale.*** — Il deposito cauzionale non può essere superiore a tre mensilità del canone. Esso è produttivo di interessi legali che debbono essere corrisposti al conduttore alla fine di ogni anno.

12-26.... [1]

[1] Articoli abrog. dall'art. 14.4, L. 9 dic. 1998, n. 431, limitatamente alle locazioni abitative.

CAPO II
Locazione di immobili urbani adibiti ad uso diverso da quello di abitazione

27. ***Durata della locazione.*** — La durata delle locazioni e sublocazioni di immobili urbani non può essere inferiore a sei anni se gli immobili sono adibiti ad una delle attività appresso indicate industriali, commerciali e artigianali di interesse turistico, quali agenzie di viaggio e turismo, impianti sportivi e ricreativi, aziende di soggiorno ed altri organismi di promozione turistica e simili.[1,2]

La disposizione di cui al comma precedente si applica anche ai contratti relativi ad immobili adibiti all'esercizio abituale e professionale di qualsiasi attività di lavoro autonomo.

La durata della locazione non può essere inferiore a nove anni se l'immobile urbano, anche se ammobiliato, è adibito ad attività alberghiere, all'esercizio di imprese assimilate ai sensi dell'articolo 1786 del codice civile o all'esercizio di attività teatrali.[1]

Se è convenuta una durata inferiore o non è convenuta alcuna durata, la locazione si intende pattuita per la durata rispettivamente prevista nei commi precedenti.

Il contratto di locazione può essere stipulato per un periodo più breve qualora l'attività esercitata o da esercitare nell'immobile abbia, per sua natura, carattere transitorio.

Se la locazione ha carattere stagionale, il locatore è obbligato a locare l'immobile, per la medesima stagione dell'anno successivo, allo stesso conduttore che gliene abbia fatta richiesta con lettera raccomandata prima della scadenza del contratto. L'obbligo del locatore ha la durata massima di sei anni consecutivi o di nove se si tratta di utilizzazione alberghiera.

È in facoltà delle parti consentire contrattualmente che il conduttore possa recedere in qualsiasi momento dal contratto dandone avviso al locatore, mediante lettera raccomandata, almeno sei mesi prima della data in cui il recesso deve avere esecuzione.

Indipendentemente dalle previsioni contrattuali il conduttore, qualora ricorrano gravi motivi, può recedere in qualsiasi momento dal contratto con preavviso di almeno sei mesi da comunicarsi con lettera raccomandata (4, 41).

[1] Comma così modif. dall'art. 52, c. 1, D.lgs. 23 mag. 2011, n. 79.

[2] Ai sensi dell'art. 79, c. 3, nei contratti di locazione di immobili adibiti ad uso diverso da quello di abitazione, anche se adibiti ad attività alberghiera, per i quali sia pattuito un canone annuo superiore ad euro 250.000, e che non siano riferiti a locali qualificati di interesse storico a seguito di provvedimento regionale o comunale, è facoltà delle parti concordare contrattualmente termini e condizioni in deroga alle disposizioni della presente legge. I contratti di cui al periodo che precede devono essere provati per iscritto.

28. ***Rinnovazione del contratto.*** — Per le locazioni di immobili nei quali siano esercitate le attività indicate nei commi primo e secondo dell'art. 27, il contratto si rinnova tacitamente di sei anni in sei anni e, per quelle di immobili adibiti ad attività alberghiere o all'esercizio di attività teatrali[1] di nove anni in nove anni; tale rinnovazione non ha luogo se sopravviene disdetta da comunicarsi all'altra parte, a mezzo di lettera raccomandata, rispettivamente almeno 12 o 18 mesi prima della scadenza.

Alla prima scadenza contrattuale, rispettivamente di sei o di nove anni, il locatore può esercitare la facoltà di diniego della rinnovazione soltanto per i motivi di cui all'art. 29 con le modalità e i termini ivi previsti.

[1] Parole aggiunte dall'art. 7 L. 8 feb. 2007, n. 9.

29. ***Diniego di rinnovazione del contratto alla prima scadenza.*** — Il diniego della rinnovazione del contratto alla prima scadenza di cui all'art. precedente è consentito al locatore ove egli intenda:

a) adibire l'immobile ad abitazione propria o del coniuge o dei parenti entro il secondo grado in linea retta;

b) adibire l'immobile all'esercizio, in proprio o da parte del coniuge o dei parenti entro il secondo grado in linea retta, di una delle attività indicate nell'art. 27 o, se si tratta di pubbliche amministrazioni, enti pubblici o di diritto pubblico, all'esercizio di attività tendenti al conseguimento delle loro finalità istituzionali;

c) demolire l'immobile per ricostruirlo, ovvero procedere alla sua integrale ristrutturazione o completo restauro, ovvero eseguire su di esso un intervento sulla base di un programma comunale pluriennale di attuazione ai sensi delle leggi vigenti. Nei casi suddetti il possesso della prescritta licenza o concessione è condizione per l'azione di rilascio; gli effetti del provvedimento di rilascio si risolvono se, prima della sua esecuzione, siano scaduti i termini della licenza o della concessione e quest'ultima non sia stata nuovamente disposta;

d) ristrutturare l'immobile al fine di rendere la superficie dei locali adibiti alla vendita conforme a quanto previsto nell'art. 12 della L. 11 giugno 1971, n. 426,[1] e ai relativi piani comunali, sempre che le opere da effettuarsi rendano incompatibile la permanenza del conduttore nell'immobile. Anche in tal caso il possesso della prescritta licenza o concessione è condizione per l'azione di rilascio; gli effetti del provvedimento di rilascio si risolvono alle condizioni previste nella precedente lettera *c*).[4]

Per le locazioni di immobili adibiti all'esercizio di albergo, pensione o locanda, anche se ammobiliati, il locatore può negare la rinnovazione del contratto nelle ipotesi previste dall'art. 7 della L. 2 marzo 1963, n. 191, modificato dall'art. 4-*bis* del D.L. 27 giugno 1967, n. 460, convertito, con modificazioni, nella L. 28 luglio 1967, n. 628,[2] qualora l'immobile sia oggetto di intervento sulla base di un programma comunale pluriennale di attuazione ai sensi delle leggi vigenti. Nei casi suddetti il possesso della prescritta licenza o concessione è condizione per l'azione di rilascio. Gli effetti del provvedimento di rilascio si risolvono alle condizioni previste nella precedente lettera *c*). Il locatore può altresì negare la rinnovazione se intende esercitare personalmente nell'immobile o farvi esercitare dal coniuge o da parenti entro il secondo grado in linea retta la medesima attività del conduttore, osservate le disposizioni di cui all'art. 5 della L. 2 marzo 1963, n. 191, modificato dall'art. 4-*bis* del D.L. 27 giugno 1967, n. 460, convertito, con modificazioni, nella L. 28 luglio 1967, n. 628.[3]

Ai fini di cui ai commi precedenti il locatore, a pena di decadenza, deve dichiarare la propria volontà di conseguire, alla scadenza del contratto, la disponibilità dell'immobile locato; tale dichiarazione deve essere effettuata, con lettera raccomandata, almeno 12 o 18 mesi prima della scadenza, rispettivamente per le attività indicate nei commi primo e secondo dell'art. 27 e per le attività alberghiere.

Nella comunicazione deve essere specificato, a pena di nullità, il motivo, tra quelli tassativamente indicati nei commi precedenti, sul quale la disdetta è fondata.

Se il locatore non adempie alle prescrizioni di cui ai precedenti commi il contratto s'intende rinnovato a norma dell'art. precedente.

[1] Disciplina del commercio.

[2] Tali ipotesi ricorrono quando il locatore «si proponga di ricostruire l'immobile, ferma restando la destinazione alberghiera, o di apportare all'immobile, adibito ad albergo o a pensione, notevoli migliorie che ne aumentino la capacità ricettiva o che comunque comportino un passaggio dell'azienda a categoria superiore.

La domanda di cessazione della proroga, corredata dal progetto delle opere, è subordinata al preventivo parere favorevole del Ministero del turismo». (art. 7)

V. ora la sent. 28 gen. 1981, n. 4, della Corte cost. che ha dichiarato l'ill. cost. dell'art. 5 del D.L. 27 giu. 1967, n. 460, conv. in L. 28 lug. 1967, n. 628.

[3] Per il citato art. 5, c. 2, L. n. 191/63: «Il provvedimento che dispone il rilascio dell'immobile perde la sua efficacia qualora, entro sei mesi dal rilascio, il locatore od il figlio non assumano effettivamente la gestione dell'esercizio o la cedano a terzi».

Il rinvio all'art. 5 appare inapplicabile, essendo tali disposizioni superate dalla presente legge. È da ritenere che il rinvio fosse diretto alle disposizioni dell'art. 6 della stessa legge.

[4] La Corte cost., con sent. 9 ott. 1998, n. 348, ha dichiarato l'ill. cost. dell'art. 29 c. 1 lett. *d*) ultima parte, in relazione alla lett. *c*) ultima parte «nella parte in cui prevede che la scadenza, nel corso del processo, del termine per l'inizio dei lavori, indicato nella licenza o concessione, impedisce l'emanazione del provvedimento di rilascio».

30. ***Procedura per il rilascio.*** — Avvenuta la comunicazione di cui al terzo comma dell'art. 29 e prima della data per la quale è richiesta la disponibilità ovvero quando tale data sia trascorsa senza che il conduttore abbia rilasciato l'immobile, il locatore può convenire in giudizio il conduttore, osservando le norme previste dall'art. 447-*bis* c.p.c.[1]

[...][2]

Competente per territorio è il giudice nella cui circoscrizione è posto l'immobile. Sono nulle le clausole derogative della competenza del territorio.

Alla prima udienza, se il convenuto compare e non si oppone, il giudice ad istanza del locatore pronunzia ordinanza di rilascio per la scadenza di cui alla comunicazione prevista dall'art. 29.

L'ordinanza costituisce titolo esecutivo e definisce il giudizio.

Nel caso di opposizione del convenuto il giudice esperisce il tentativo di conciliazione.

Se il tentativo riesce viene redatto verbale che costituisce titolo esecutivo. In caso contrario o nella contumacia del convenuto si procede a norma dell'art. 420 e seguenti del c.p.c.

Il giudice, su istanza del ricorrente, alla prima udienza e comunque in ogni stato del giudizio, valutate le ragioni addotte dalle parti e le prove raccolte, può disporre il rilascio dell'immobile con ordinanza costituente titolo esecutivo (56).

[1] Comma così modif. dall'art. 89 L. 26 nov. 1990, n. 353.

[2] Comma abrog. dall'art. 3, L. 30 lug. 1984, n. 399.

31. ***Sanzioni.*** — Il locatore che abbia ottenuto la disponibilità dell'immobile per uno dei motivi previsti dall'art. 29 e che, nel termine di sei mesi dall'avvenuta consegna, non abbia adibito l'immobile ad abitazione propria, del coniuge o dei parenti entro il secondo grado in linea retta, o non abbia adibito l'immobile ad esercizio in proprio di una delle attività indicate all'art. 27, ovvero non abbia rispettato i termini della concessione o quelli del piano comunale di intervento per quanto attiene l'inizio dei lavori di demolizione, ricostruzione, ristrutturazione o restauro dell'immobile ovvero, in caso di immobili adibiti ad esercizio di albergo, pensione o locanda, non abbia completato i lavori di ricostruzione nel termine stabilito dal Ministero del turismo e dello spettacolo, è tenuto, se il conduttore lo richiede, al ripristino del contratto, salvi i diritti acquistati da terzi in buona fede, e al rimborso delle spese di trasloco e degli altri oneri sopportati, ovvero al risarcimento del danno nei confronti del conduttore in misura non superiore a quarantotto mensilità del canone di locazione percepito prima della risoluzione del contratto, oltre alle indennità previste ai sensi dell'art. 34.

Il giudice, oltre a determinare il ripristino o il risarcimento del danno, ordina al locatore il pagamento di una somma da euro 258,23 a euro 1032,91 da devolvere al comune nel cui territorio è sito l'immobile, ad integrazione del fondo sociale previsto dal titolo III della presente legge (75 s.).

32. ***Aggiornamento del canone.*** — Le parti possono convenire che il canone di locazione sia aggiornato annualmente su richiesta del locatore per eventuali variazioni del potere di acquisto della lira.

Le variazioni in aumento del canone, per i contratti stipulati per durata non superiore a quella di cui all'articolo 27,[1] non possono essere superiori al 75 per cento di quelle, accertate dall'ISTAT, dell'indice dei prezzi al consumo per le famiglie di operai ed impiegati.

Le disposizioni del presente articolo si applicano anche ai contratti di locazione stagionale ed a quelli in corso al momento dell'entrata in vigore del limite di aggiornamento di cui al secondo comma del presente articolo.[1]

[1] Parole aggiunte dall'art. 41 L. 27 feb. 2009, n. 14.

33. ***Canone delle locazioni stagionali.*** — Il canone delle locazioni stagionali può essere aggiornato con le modalità di cui all'art. 32.

34. ***Indennità per la perdita dell'avviamento.*** — In caso di cessazione del rapporto di locazione relativo agli immobili di cui all'art. 27, che non sia dovuta a risoluzione per inadempimento o disdetta o recesso del conduttore o a una delle procedure previste dal R.D. 16 marzo 1942, n. 267, il conduttore ha diritto, per le attività indicate ai numeri 1) e 2) dell'art. 27, ad una indennità pari a 18 mensilità dell'ultimo canone corrisposto; per le attività alberghiere l'indennità è pari a 21 mensilità.

Il conduttore ha diritto ad una ulteriore indennità pari all'importo di quelle rispettivamente sopra previste qualora l'immobile venga, da chiunque, adibito all'esercizio della stessa attività o di attività incluse nella medesima tabella merceologica che siano affini a quella già esercitata dal conduttore uscente ed ove il nuovo esercizio venga iniziato entro un anno dalla cessazione del precedente.

L'esecuzione del provvedimento di rilascio dell'immobile è condizionata dall'avvenuta corresponsione dell'indennità di cui al primo comma. L'indennità di cui al secondo comma deve essere corrisposta all'inizio del nuovo esercizio (35).

Nel giudizio relativo alla spettanza e alla determinazione dell'indennità per la perdita dell'avviamento, le parti hanno l'onere di quantificare specificatamente la entità della somma reclamata o offerta e la corresponsione dell'importo indicato dal conduttore o, in difetto, offerto dal locatore o comunque risultante dalla sentenza di primo grado consente, salvo conguaglio all'esito del giudizio, l'esecuzione del provvedimento di rilascio dell'immobile.[1,2]

[2] Comma aggiunto dall'art. 9 del D.L. 30 dic. 1988, n. 551, conv. con modif. dalla L. 21 feb. 1989, n. 61.

[3] La Corte cost., con sent. 14 dic. 1989, n. 542, ha dichiarato l'ill. cost. dell'art. 34 «nella parte in cui non prevede i provvedimenti della pubblica amministrazione tra le cause di cessazione del rapporto di locazione che escludono il diritto del conduttore alla indennità per la perdita dell'avviamento».

35. ***Limiti.*** — Le disposizioni di cui all'art. precedente non si applicano in caso di cessazione di rapporti di locazione relativi ad immobili utilizzati per lo svolgimento di attività che non comportino contatti diretti con il pubblico degli utenti e dei consumatori nonché destinati all'esercizio di attività professionali, ad attività di carattere transitorio, ed agli immobili complementari o interni a stazioni ferroviarie, porti, aeroporti, aree di servizio stradali o autostradali, alberghi e villaggi turistici.

36. ***Sublocazione e cessione del contratto di locazione.*** — Il conduttore può sublocare l'immobile o cedere il contratto di locazione anche senza il consenso del locatore, purché venga insieme ceduta o locata l'azienda (2558 c.c.), dandone comunicazione al locatore mediante lettera raccomandata con avviso di ricevimento. Il locatore può opporsi, per gravi motivi, entro trenta giorni dal ricevimento della comunicazione. Nel caso di cessione, il locatore, se non ha liberato il cedente, può agire contro il medesimo qualora il cessionario non adempia le obbligazioni assunte (1408² c.c.).

Le indennità previste dall'art. 34 sono liquidate a favore di colui che risulta conduttore al momento della cessazione effettiva della locazione.

37. ***Successione nel contratto.*** — In caso di morte del conduttore, gli succedono nel contratto coloro che, per successione o per precedente rapporto risultante da atto di data certa anteriore all'apertura della successione, hanno diritto a continuarne l'attività.

In caso di separazione legale o consensuale, di scioglimento o di cessazione degli effetti civili del matrimonio, il contratto di locazione si trasferisce al coniuge, anche se non conduttore, che continui nell'immobile la stessa attività già ivi esercitata assieme all'altro coniuge prima della separazione legale o consensuale ovvero prima dello scioglimento o della cessazione degli effetti civili del matrimonio (6²,³).

Se l'immobile è adibito all'uso di più professionisti, artigiani o commercianti e uno solo di essi è titolare del contratto, in caso di morte gli succedono nel contratto, in concorso con gli aventi diritto di cui ai commi precedenti, gli altri professionisti, artigiani o commercianti.

Nelle ipotesi di recesso (27[1]) del titolare del contratto, succedono nello stesso gli altri professionisti, artigiani o commercianti. In tal caso il locatore può opporsi alla successione nel contratto, per gravi motivi, con le modalità di cui all'art. precedente.

38. ***Diritto di prelazione.*** — Nel caso in cui il locatore intenda trasferire a titolo oneroso l'immobile locato, deve darne comunicazione al conduttore con atto notificato a mezzo di ufficiale giudiziario (79).

Nella comunicazione devono essere indicati il corrispettivo, da quantificare in ogni caso in denaro, le altre condizioni alle quali la compravendita dovrebbe essere conclusa e l'invito ad esercitare o meno il diritto di prelazione.

Il conduttore deve esercitare il diritto di prelazione entro il termine di sessanta giorni dalla ricezione della comunicazione, con atto notificato al proprietario a mezzo di ufficiale giudiziario, offrendo condizioni uguali a quelle comunicategli.

Ove il diritto di prelazione sia esercitato, il versamento del prezzo di acquisto, salvo diversa condizione indicata nella comunicazione del locatore, deve essere effettuato entro il termine di trenta giorni decorrenti dal sessantesimo giorno successivo a quello dell'avvenuta notificazione della comunicazione da parte del proprietario, contestualmente alla stipulazione del contratto di compravendita o del contratto preliminare.

Nel caso in cui l'immobile risulti locato a più persone, la comunicazione di cui al primo comma deve essere effettuata a ciascuna di esse.

Il diritto di prelazione può essere esercitato congiuntamente da tutti i conduttori, ovvero, qualora taluno vi rinunci, dai rimanenti o dal rimanente conduttore.

L'avente titolo che, entro trenta giorni dalla notificazione di cui al primo comma, non abbia comunicato agli altri aventi diritto la sua intenzione di avvalersi della prelazione, si considera avere rinunciato alla prelazione medesima.

Le norme del presente articolo non si applicano nelle ipotesi previste dall'art. 732 del c.c., per le quali la prelazione opera a favore dei coeredi, e nella ipotesi di trasferimento effettuato a favore del coniuge o dei parenti entro il secondo grado.

39. ***Diritto di riscatto.*** — Qualora il proprietario non provveda alla notificazione di cui all'art. precedente, o il corrispettivo indicato sia superiore a quello risultante dall'atto di trasferimento a titolo oneroso dell'immobile, l'avente diritto alla prelazione può, entro sei mesi dalla trascrizione del contratto, riscattare l'immobile dall'acquirente e da ogni altro successivo avente causa. (79).

Ove sia stato esercitato il diritto di riscatto, il versamento del prezzo deve essere effettuato entro il termine di tre mesi che decorrono, quando non vi sia opposizione al riscatto, dalla prima udienza del relativo giudizio, o dalla ricezione dell'atto notificato con cui l'acquirente o successivo avente causa comunichi prima di tale udienza di non opporsi al riscatto.

Se per qualsiasi motivo, l'acquirente o successivo avente causa faccia opposizione al riscatto, il termine di tre mesi decorre dal giorno del passaggio in giudicato della sentenza che definisce il giudizio.

40. ***Diritto di prelazione in caso di nuova locazione.*** — Il locatore che intende locare a terzi l'immobile, alla scadenza del contratto rinnovato ai sensi dell'art. 28, deve comunicare le offerte al conduttore, mediante raccomandata con avviso di ricevimento, almeno sessanta giorni prima della scadenza (79).

Tale obbligo non ricorre quando il conduttore abbia comunicato che non intende rinnovare la locazione e nei casi di cessazione del rapporto di locazione dovuti a risoluzione per inadempimento o recesso del conduttore o ad una delle procedure previste dal R.D. 16 marzo 1942, n. 267, e successive modificazioni, relative al conduttore medesimo.

Il conduttore ha diritto di prelazione se, nelle forme predette ed entro trenta giorni dalla ricezione della comunicazione di cui al primo comma, offra condizioni uguali a quelle comunicategli dal locatore.

Egli conserva tale diritto anche nel caso in cui il contratto tra il locatore e il nuovo conduttore sia sciolto entro un anno, ovvero quando il locatore abbia ottenuto il rilascio dell'immobile non intendendo locarlo a terzi, e, viceversa, lo abbia concesso in locazione entro i sei mesi successivi.

41. ***Norme applicabili.*** — Ai contratti previsti nell'art. 27 si applicano le disposizioni degli artt. da 7 a 11.

Le disposizioni di cui agli artt. 38, 39 e 40 non si applicano ai rapporti di locazione di cui all'art. 35.

42. ***Destinazione degli immobili a particolari attività.*** — I contratti di locazione e sublocazione di immobili urbani adibiti ad attività ricreative, assistenziali, culturali e scolastiche, nonché a sede di partiti o di sindacati, e quelli stipulati dallo Stato o da altri enti pubblici territoriali in qualità di conduttori, hanno la durata di cui al primo comma dell'art. 27.[1]

A tali contratti si applicano le disposizioni degli artt. 32 e 41, nonché le disposizioni processuali di cui al titolo I, capo III, ed il preavviso per il rilascio di cui all'art. 28.

[1] Per la proroga v. art. 15 *bis* del D.L. 23 gen. 1982, n. 9, conv. in L. 25 mar. 1982, n. 94.

CAPO III
Disposizioni processuali

43-44. (*Omissis*).[1]

[1] Articoli abrog. dall'art. 89, L. 26 nov. 1990, n. 353.

45. ***Ricorso al giudice*** — (*Omissis*).[1]

6. Fino al termine del giudizio, il conduttore è obbligato a corrispondere, salvo conguaglio, l'importo non contestato.

[1] Commi abrog. dall'art. 89, L. 26 nov. 1990, n. 353.

46-53. (*Omissis*).[1]

[1] Articoli abrog. dall'art. 89, L. 26 nov. 1990, n. 353.

54. (*Omissis*).[1]

[1] Articolo abrog. dall'art. 14, L. 9 dic. 1998, n. 431, limitatamente alle locazioni abitative.

55. ***Termine per il pagamento dei canoni scaduti*** — 1. La morosità del conduttore nel pagamento del canone o degli oneri di cui all'art. 5 può essere sanata in sede giudiziale per non più di tre volte nel corso di un quadriennio se il conduttore alla prima udienza versa l'importo dovuto per tutti i canoni scaduti e per gli oneri accessori maturato sino a tale data, maggiorato degli interessi legali e delle spese processuali liquidate in tale sede dal giudice.

2. Ove il pagamento non avvenga in udienza, il giudice, dinanzi a comprovate difficoltà del conduttore, può assegnare un termine non superiore a giorni novanta.

3. In tal caso rinvia l'udienza a non oltre dieci giorni dalla scadenza del termine assegnato.

4. La morosità può essere sanata, per non più di quattro volte complessivamente nel corso di un quadrienno, ed il termine di cui al secondo comma è di centoventi giorni, se l'inadempienza, protrattasi per non oltre due mesi, è conseguente alle precarie condizioni economiche del conduttore, insorte dopo la stipulazione del contratto e dipendenti da disoccupazione, malattie o gravi, comprovate condizioni di difficoltà.

5. Il pagamento, nei termini di cui ai commi precedenti, esclude la risoluzione del contratto.

56. ***Modalità per il rilascio*** — 1. Con il provvedimento che dispone il rilascio, il giudice, previa motivazione che tenga conto anche delle condizioni del conduttore comparate a quelle del locatore nonché delle ragioni per le quali viene disposto il rilascio stesso e, nei casi di finita locazione, del tempo trascorso dalla disdetta, fissa la data dell'esecuzione entro il termine massimo di sei mesi ovvero, in casi eccezionali, di dodici mesi dalla data del provvedimento.

2. Nelle ipotesi di cui all'art. 55, per il caso in cui il conduttore non provveda al pagamento nel termine assegnato, la data dell'esecuzione può essere fissata oltre sessanta giorni dalla scadenza del termine concesso per il pagamento.

3. Qualunque forma abbia il provvedimento di rilascio, il locatore e il conduttore possono, in qualsiasi momento e limitatamente alla data fissata per l'esecuzione, proporre al tribunale in composizione collegiale l'opposizione di cui all'art. 6, comma 4, della L. 9 dic. 1998, n. 431.

4. Trascorsa inutilmente la data fissata, il locatore promuove l'esecuzione ai sensi degli artt. 605 e seguenti del codice di procedura civile.

57. ***Esenzioni fiscali ed onorari professionali*** — 1. Gli atti, i documenti ed i provvedimenti relativi alle controversie in materia di locazione in cui valore non eccede euro 309,87 nonché i provvedimenti di cui all'art. 44 sono esenti dall'imposta di bollo e registro; negli stessi casi gli onorari di avvocato e procuratore sono ridotti alla metà.

2. È abrogata ogni altra disposizione incompatibile con la presente legge.

TITOLO II
Disciplina transitoria

CAPO I
Contratti di locazione di immobili adibiti ad uso di abitazione

58-66. (*Omissis*).

CAPO II
Contratti di locazione di immobili adibiti ad uso diverso da quello di abitazione

67. **Contratti in corso soggetti a proroga.** — I contratti di locazione di cui all'art. 27 in corso al momento dell'entrata in vigore della presente legge (85) e soggetti a proroga secondo la legislazione vigente si considerano prorogati ed hanno la seguente durata:

a) anni 4, i contratti stipulati prima del 31 dicembre 1964;[2]

b) anni 5, i contratti stipulati tra il 1° gennaio 1965 ed il 31 dicembre 1973;[2]

c) anni 6, i contratti stipulati dopo il 31 dicembre 1973.[1]

La durata di cui sopra decorre dal giorno e dal mese, successivi alla entrata in vigore della presente legge, corrispondenti a quelli di scadenza previsti nel contratto di locazione; ove tale determinazione non sia possibile, dallo stesso giorno di entrata in vigore della presente legge.

È in facoltà delle parti di stipulare anche prima della scadenza sopra prevista un nuovo contratto di locazione secondo le disposizioni del capo II, titolo I, della presente legge (27 s., 73, 79).

[1] Le scadenze di cui alle lettere *a*), *b*) e *c*) sono state ulteriormente prorogate di due anni (v. art. 15 *bis* D.L. 23 gen. 1982, n. 9, conv. in L. 25 mar. 1982, n. 94). La scadenza dei contratti di cui alla lettera *a*) è stata quindi prorogata al 31 dic. 1984 (v. art. 2 della L. 25 lug. 1984, n. 377) e poi ancora prorogata «fino all'entrata in vigore della nuova disciplina in materia di locazione degli immobili adibiti ad uso diverso dall'abitazione e, comunque non oltre il 30 giu. 1985»: art. 1 c. 8 del D.L. 7 feb. 1985, n. 12, conv. con modif. in L. 5 apr. 1985, n. 118.

La Corte cost., con sent. 23 apr. 1986, n. 108, ha peraltro dichiarato l'ill. cost. dell'art. 2 della L. 377/1984, citata, e dell'art. 1 c. 8 del D.L. 7 feb. 1985, n. 12 citato.

68. *Aumenti del canone.* — Nei contratti di locazione o sublocazione di cui al precedente articolo il canone corrisposto dal conduttore, calcolato al netto degli oneri accessori, può essere, a richiesta del locatore, aumentato a decorrere dal primo giorno del mese successivo a quello di entrata in vigore della presente legge per il restante periodo di durata del contratto, nelle misure seguenti:

1) non superiore al 15 per cento all'anno, per i contratti stipulati anteriormente al 31 dicembre 1964;

2) non superiore al 10 per cento all'anno per i contratti stipulati fra il 1° gennaio 1965 ed il 31 dicembre 1973;

3) non superiore al 5 per cento all'anno per i contratti stipulati dopo il 31 dicembre 1973.

69. *Diritto di prelazione in caso di nuova locazione e indennità per l'avviamento commerciale.*[1] — Nei contratti di locazione di immobili adibiti ad uso diverso da quello di abitazione, di cui agli artt. 67 e 71 della presente legge, il locatore comunica, mediante raccomandata con avviso di ricevimento da inviarsi entro il 28 feb. 1987, se ed a quali condizioni intende proseguire la locazione ovvero le condizioni offerte da terzi per la locazione dell'immobile.

L'obbligo ricorre anche quando il locatore non intende proseguire nella locazione per i motivi indicati all'art. 29.

Tale obbligo non ricorre quando il conduttore abbia comunicato al locatore che non intende rinnovare la locazione e nei casi di cessazione del rapporto per inadempimento o recesso del conduttore o qualora sia in corso una delle procedure previste dal R.D. 16 mar. 1942, n. 267, e successive modificazioni, a carico del conduttore medesimo.

Il conduttore deve rendere noto al locatore, entro trenta giorni dalla comunicazione di cui al primo comma, se intende proseguire la locazione alle nuove condizioni.

Il conduttore ha diritto di prelazione se, entro trenta giorni dalla ricezione della comunicazione di cui al primo comma, offre condizioni uguali a quelle comunicategli dal locatore. Egli conserva tale diritto anche nell'ipotesi dicui al quarto comma dell'art. 40.

Il conduttore, se non accetta le condizioni offerte dal locatore ovvero non esercita la prelazione, ha diritto ad un compenso pari a 24 mensilità, ovvero a trenta per le locazioni con destinazione alberghiera, del canone richiesto dal locatore od offerto dal terzo.

Se il locatore non intende proseguire nella locazione il conduttore può, entro trenta giorni dalla comunicazione del locatore o in mancanza di questa, se dovuta, dalla scadenza del termine di cui al primo comma, offrire un nuovo canone, impegnandosi a costituire, all'atto del rinnovo e per la durata del contratto, una polizza assicurativa oppure una fidejussione bancaria per una somma pari a 12 mensilità del canone offerto.

Se il locatore non intende proseguire nella locazione sulla base delle condizioni offerte, al conduttore è dovuta l'indennità per l'avviamento commerciale nella misura di 24 mensilità, ovvero di 30 per le locazioni con destinazione alberghiera, del canone offerto ai sensi del comma precedente.

In mancanza dell'offerta del nuovo canone da parte del conduttore nonché nei casi di rilascio dell'immobile per i motivi di cui all'art. 29 salvo quelli di cui al primo comma, lettera *a*, è dovuta l'indennità per avviamento commerciale nella misura di 21 mensilità, ovvero di 25 per le locazioni con destinazione alberghiera, del canone corrente di mercato per i locali aventi le stesse caratteristiche. In caso di rilascio dell'immobile per i motivi di cui all'art. 29, primo comma, lettera *a*, la predetta indennità è calcolata con riferimento al canone corrisposto. L'indennità dovuta è complessivamente di 24 mensilità, ovvero di 32 per le locazioni con destinazione alberghiera, nei casi di cui al secondo comma dell'art. 34.

L'esecuzione del provvedimento di rilascio dell'immobile è condizionata all'avvenuta corresponsione dell'indennità di cui ai precedenti commi sesto, ottavo e nono.

Per i contratti di cui agli artt. 67 e 71 le disposizioni del presente articolo sono sostitutive di quelle degli artt. 34 e 40.

Le disposizioni del presente articolo si applicano anche ai contratti relativi ad immobili utilizzati per lo svolgimento di attività di cui all'art. 27, primo comma, che non comportano contatti diretti con il pubblico degli utenti e dei consumatori, di attività professionali e di attività di cui all'art. 42. In tali casi, il compenso spettante al conduttore ai sensi dei precedenti commi sesto, ottavo e nono, è limitato a dodici mensilità. Il compenso non è dovuto qualora il locatore intenda ottenere la disponibilità dell'immobile per i motivi di cui all'art. 29.[2]

[1] Articolo così sost. dall'art. 1 del D.L. 9 dic. 1986, n. 832, conv. con modif. in L. 6 feb. 1987, n. 15. Per l'ill. cost. dell'ult. comma dell'art. 1 del D.L. 9 dic. 1986, n. 832 v. sent. Corte cost. 26 lug. 1988, n. 882.

[2] La Corte cost., con sent. 3 giu. 1992, n. 242, ha dichiarato l'ill. cost. dell'art. 69 «nella parte in cui non prevede che l'obbligo del locatore di corrispondere al conduttore l'indennità per l'avviamento commerciale non ricorre quando causa di cessazione del rapporto è un provvedimento della pubblica Amministrazione che esclude indefinitamente la utilizzazione economica dell'immobile».

70. *Immobili destinati a particolari attività soggetti a proroga.* — Ai contratti di locazione di cui all'art. 42 si applicano le disposizioni degli artt. 67 e 68 (73).

71. *Contratti in corso non soggetti a proroga.* — Le disposizioni degli artt. 27 e 42, primo comma, si applicano anche ai contratti in corso al momento dell'entrata in vigore della presente legge e non soggetti a proroga legale, detraendosi, per la determinazione della durata prevista in detta disposizione, il periodo di locazione già trascorso dall'inizio della locazione o, in caso di intervenuto rinnovo contrattuale, dalla data di esso (73).

La durata non può comunque essere inferiore a due anni dalla data di entrata in vigore della presente legge.

Le disposizioni di cui ai commi precedenti si applicano anche ai contratti di cui sopra per i quali, alla data di entrata in vigore della presente legge, è in corso procedimento per convalida di licenza o di sfratto.

Il canone potrà essere aggiornato annualmente su richiesta del locatore dal giorno della scadenza contrattualmente prevista, in base al 75 per cento della variazione, accertata dall'ISTAT, dell'indice dei prezzi al consumo per le famiglie di operai ed impiegati verificatasi nell'anno precedente (81).

72. ***Mutamento della destinazione.*** — I nuovi contratti di locazione di immobili il cui uso venga mutato da quello preesistente di abitazione non possono prevedere, per un periodo di quattro anni dalla data di entrata in vigore della presente legge, un canone superiore a quello di cui agli artt. 12 e 24, tranne che siano intervenute radicali trasformazioni dell'immobile stesso autorizzate ai sensi delle vigenti leggi.

73. ***Norme applicabili.***[1] — Per i contratti previsti negli artt. 67, 70 e, ferme restando le scadenze convenzionali, nell'art. 71 il locatore può recedere in base ai motivi di cui all'art. 29 e con il preavviso di cui all'art. 59. Nei casi previsti dalle lettere *a*), *b*) e dall'ultimo periodo del secondo comma dell'art. 29 tale facoltà è riconosciuta soltanto ove ricorra la necessità del locatore o del coniuge o dei parenti entro il secondo grado in linea retta, verificatasi dopo la costituzione del rapporto locatizio. Si applicano le disposizioni degli artt. 30 e 31 e degli artt. da 35 a 39, nonché quelle dell'art. 69, settimo, ottavo e nono comma.

[1] Articolo così modif. dalla L. 31 mar. 1979, n. 93. V. altresì la sent. della Corte cost. 6 ott. 1983, n. 300 e la sent. 18 dic. 1987, n. 562.

CAPO III
Disposizioni processuali

74. (*Omissis*).

TITOLO III
Fondo sociale

75-78. (*Omissis*).

TITOLO IV
Disposizioni finali

79. ***Patti contrari alla legge*** — È nulla ogni pattuizione diretta a limitare la durata legale del contratto o ad attribuire al locatore un canone maggiore rispetto a quello previsto dagli articoli precedenti ovvero ad attribuirgli altro vantaggio in contrasto con le disposizioni della presente legge.

Il conduttore con azione proponibile fino a sei mesi dopo la riconsegna dell'immobile locato, può ripetere le somme sotto qualsiasi forma corrisposte in violazione dei divieti e dei limiti previsti dalla presente legge.

In deroga alle disposizioni del primo comma, nei contratti di locazione di immobili adibiti ad uso diverso da quello di abitazione, anche se adibiti ad attività alberghiera, per i quali sia pattuito un canone annuo superiore ad euro 250.000, e che non siano riferiti a locali qualificati di interesse storico a seguito di provvedimento regionale o comunale, è facoltà delle parti concordare contrattualmente termini e condizioni in deroga alle disposizioni della presente legge. I contratti di cui al periodo precedente devono essere provati per iscritto.[1]

[1] Comma aggiunto dall'art. 18, c. 1, D.L. 12 set. 2014, n. 133, conv. in L. 11 nov. 2014, n. 164. Tale disposizione non si applica ai contratti in corso alla data di entrata in vigore della L. 164/2014.

80. ***Uso diverso da quello pattuito*** — 1. Se il conduttore adibisce l'immobile ad un uso diverso da quello pattuito, il locatore può chiedere la risoluzione del contratto entro tre mesi dal momento in cui ne ha avuto conoscenza e comunque entro un anno dal mutamento di destinazione.[1]

2. Decorso tale termine senza che la risoluzione sia stata chiesta, al contratto si applica il regime giuridico corrispondente all'uso effettivo dell'immobile. Qualora la destinazione ad uso diverso da quello pattuito sia parziale, al contratto si applica il regime giuridico corrispondente all'uso prevalente.

[1] La Corte cost., con sentenza 18 feb. 1988, n. 185, ha dichiarato l'ill. cost. del c. 1 nella parte in cui dispone "e comunque entro un anno dal mutamento di destinazione".

81-85. (*Omissis*).

- 2 -

L. 9 dic. 1998, n. 431
Disciplina delle locazioni e del rilascio degli immobili adibiti ad uso abitativo
(G.U. 15 dic. 1998, n. 292, Suppl.)

CAPO I
Locazione di immobili adibiti ad uso abitativo

1. ***Ambito di applicazione.*** — 1. I contratti di locazione di immobili adibiti ad uso abitativo, di seguito denominati «contratti di locazione», sono stipulati o rinnovati, successivamente alla data di entrata in vigore della presente legge, ai sensi dei commi 1 e 3 dell'art. 2.

2. Le disposizioni di cui agli artt. 2, 3, 4, 4-*bis*[1], 7, 8 e 13 della presente legge non si applicano:

a) ai contratti di locazione relativi agli immobili vincolati ai sensi della L. 1° giu. 1939, n. 1089, o inclusi nelle categorie catastali A/1, A/8 e A/9, che sono sottoposti esclusivamente alla disciplina di cui agli artt. 1571 e seguenti del c.c. qualora non siano stipulati secondo le modalità di cui al comma 3 dell'art. 2 della presente legge;

b) agli alloggi di edilizia residenziale pubblica, ai quali si applica la relativa normativa vigente, statale e regionale;

c) agli alloggi locati esclusivamente per finalità turistiche.

3. Le disposizioni di cui agli artt. 2, 3, 4, 4-*bis*[1], 7 e 13 della presente legge non si applicano ai contratti di locazione stipulati dagli enti locali in qualità di conduttori per soddisfare esigenze abitative di carattere transitorio, ai quali si applicano le disposizioni di cui agli artt. 1571 e seguenti del c.c. A tali contratti non si applica l'art. 56 della L. 27 lug. 1978, n. 392.

4. A decorrere dalla data di entrata in vigore della presente legge, per la stipula di validi contratti di locazione è richiesta la forma scritta.

[1] L'art. 4-*bis* è stato inserito dall'art. 1 L. 8 gen. 2002, n. 2.

2. ***Modalità di stipula e di rinnovo dei contratti di locazione.*** — 1. Le parti possono stipulare contratti di locazione di durata non inferiore a quattro anni, decorsi i quali i contratti sono rinnovati per un periodo di quattro anni, fatti salvi i casi in cui il locatore intenda adibire l'immobile agli usi o effettuare sullo stesso le opere di cui all'art. 3, ovvero vendere l'immobile alle condizioni e con le modalità di cui al medesimo art. 3. Alla seconda scadenza del contratto, ciascuna delle parti ha diritto di attivare la procedura per il rinnovo a nuove condizioni o per la rinuncia al rinnovo del contratto, comunicando la propria intenzione con lettera raccomandata da inviare all'altra parte almeno sei mesi prima della scadenza. La parte interpellata deve rispondere a mezzo lettera raccomandata entro sessanta giorni dalla data di ricezione della raccomandata di cui al secondo periodo. In mancanza di risposta o di accordo il contratto si intenderà scaduto alla data di cessazione della locazione. In mancanza della comunicazione di cui al secondo periodo il contratto è rinnovato tacitamente alle medesime condizioni.

2. Per i contratti stipulati o rinnovati ai sensi del comma 1, i contraenti possono avvalersi dell'assistenza delle organizzazioni della proprietà edilizia e dei conduttori.

3. In alternativa a quanto previsto dal comma 1, le parti possono stipulare contratti di locazione, definendo il valore del canone, la durata del contratto, anche in relazione a quanto previsto dall'art. 5, comma 1, nel rispetto comunque di quanto previsto dal comma 5 del presente articolo, ed altre condizioni contrattuali sulla base di quanto stabilito in appositi accordi definiti in sede locale fra le organizzazioni della proprietà edilizia e le organizzazioni dei conduttori maggiormente rappresentative [che provvedono alla definizione di contratti-tipo].[1] Al fine di promuovere i predetti accordi, i comuni, anche in forma associata, provvedono a convocare le predette organizzazioni entro sessanta giorni della emanazione del decreto di cui al comma 2 dell'art. 4. I medesimi accordi sono depositati, a cura delle organizzazioni firmatarie, presso ogni comune dell'area territoriale interessata.

4. Per favorire la realizzazione degli accordi di cui al comma 3, i comuni possono deliberare, nel rispetto dell'equilibrio di bilancio, aliquote dell'imposta comunale sugli immobili (ICI) più favorevoli per i proprietari che concedono in locazione a titolo di abitazione principale immobili alle condizioni definite dagli accordi stessi. I comuni che adottano tali delibere possono derogare al limite minimo stabilito, ai fini della determinazione delle aliquote, dalla normativa vigente al momento in cui le delibere stesse sono assunte. I comuni di cui all'art. 1 del D.L. 30 dic. 1988, n. 551, convertito, con modificazioni, dalla L. 21 feb. 1989, n. 61, e successive modificazioni, per la stessa finalità di cui al primo periodo possono derogare al limite massimo stabilito dalla normativa vigente in misura non superiore al 2 per mille, limitatamente agli immobili non locati per i quali non risultino essere stati registrati contratti di locazione da almeno due anni.

5. I contratti di locazione stipulati ai sensi del comma 3 non possono avere durata inferiore ai tre anni, ad eccezione di quelli di cui all'art. 5. Alla prima scadenza del contratto, ove le parti non concordino sul rinnovo del medesimo, il contratto è prorogato di diritto per due anni fatta salva la facoltà di disdetta da parte del locatore che intenda adibire l'immobile agli usi o effettuare sullo stesso le opere di cui all'art. 3, ovvero vendere l'immobile alle condizioni e con le modalità di cui al medesimo art. 3. Alla scadenza del periodo di proroga biennale ciascuna delle parti ha diritto di attivare la procedura per il rinnovo a nuove condizioni o

per la rinuncia al rinnovo del contratto comunicando la propria intenzione con lettera raccomandata da inviare all'altra parte almeno sei mesi prima della scadenza. In mancanza della comunicazione il contratto è rinnovato tacitamente alle medesime condizioni.

6. I contratti di locazione stipulati prima della data di entrata in vigore della presente legge che si rinnovino tacitamente sono disciplinati dal comma 1 del presente articolo.

[1] Parole soppresse dall'art. 2 L. 8 gen. 2002, n. 2.

3. ***Disdetta del contratto da parte del locatore.*** — 1. Alla prima scadenza dei contratti stipulati ai sensi del comma 1 dell'art. 2 e alla prima scadenza dei contratti stipulati ai sensi del comma 3 del medesimo articolo, il locatore può avvalersi della facoltà di diniego del rinnovo del contratto, dandone comunicazione al conduttore con preavviso di almeno sei mesi, per i seguenti motivi:

a) quando il locatore intenda destinare l'immobile ad uso abitativo, commerciale, artigianale o professionale proprio, del coniuge, dei genitori, dei figli o dei parenti entro il secondo grado;

b) quando il locatore, persona giuridica, società o ente pubblico o comunque con finalità pubbliche, sociali, mutualistiche, cooperative, assistenziali, culturali o di culto intenda destinare l'immobile all'esercizio delle attività dirette a perseguire le predette finalità ed offra al conduttore altro immobile idoneo e di cui il locatore abbia la piena disponibilità;

c) quando il conduttore abbia la piena disponibilità di un alloggio libero ed idoneo nello stesso comune;

d) quando l'immobile sia compreso in un edificio gravemente danneggiato che debba essere ricostruito o del quale debba essere assicurata la stabilità e la permanenza del conduttore sia di ostacolo al compimento di indispensabili lavori;

e) quando l'immobile si trovi in uno stabile del quale è prevista l'integrale ristrutturazione, ovvero si intenda operare la demolizione o la radicale trasformazione per realizzare nuove costruzioni, ovvero, trattandosi di immobile sito all'ultimo piano, il proprietario intenda eseguire sopraelevazioni a norma di legge e per eseguirle sia indispensabile per ragioni tecniche lo sgombero dell'immobile stesso;

f) quando, senza che si sia verificata alcuna legittima successione nel contratto, il conduttore non occupi continuativamente l'immobile senza giustificato motivo;

g) quando il locatore intenda vendere l'immobile a terzi e non abbia la proprietà di altri immobili ad uso abitativo oltre a quello eventualmente adibito a propria abitazione. In tal caso al conduttore è riconosciuto il diritto di prelazione, da esercitare con le modalità di cui agli artt. 38 e 39 della L. 27 lug. 1978, n. 392.

2. Nei casi di disdetta del contratto da parte del locatore per i motivi di cui al comma 1, lett. *d*) ed *e*), il possesso, per l'esecuzione dei lavori ivi indicati, della concessione o dell'autorizzazione edilizia è condizione di procedibilità dell'azione di rilascio. I termini di validità della concessione o dell'autorizzazione decorrono dall'effettiva disponibilità a seguito del rilascio dell'immobile. Il conduttore ha diritto di prelazione, da esercitare con le modalità di cui all'art. 40 della L. 27 lug. 1978, n. 392, se il proprietario, terminati i lavori, concede nuovamente in locazione l'immobile. Nella comunicazione del locatore dove essere specificato, a pena di nullità, il motivo, fra quelli tassativamente indicati al comma 1, sul quale la disdetta è fondata.

3. Qualora il locatore abbia riacquistato la disponibilità dell'alloggio a seguito di illegittimo esercizio della facoltà di disdetta ai sensi del presente articolo, il locatore stesso è tenuto a corrispondere un risarcimento al conduttore da determinare in misura non inferiore a trentasei mensilità dell'ultimo canone di locazione percepito.

4. Per la procedura di diniego di rinnovo si applica l'art. 30 della L. 27 lug. 1978, n. 392, e successive modificazioni.

5. Nel caso in cui il locatore abbia riacquistato, anche con procedura giudiziaria, la disponibilità dell'alloggio e non lo adibisca, nel termine di dodici mesi dalla data in cui ha riacquistato la disponibilità, agli usi per i quali ha esercitato facoltà di disdetta ai sensi del presente articolo, il conduttore ha diritto al ripristino del rapporto di locazione alle medesime condizioni di cui al contratto disdettato o, in alternativa, al risarcimento di cui al comma 3.

6. Il conduttore, qualora ricorrano gravi motivi, può recedere in qualsiasi momento dal contratto, dando comunicazione al locatore con preavviso di sei mesi.

CAPO II
Contratti di locazione stipulati in base ad accordi definiti in sede locale

4. ***Convenzione nazionale.*** — 1. Al fine di favorire la realizzazione degli accordi di cui al comma 3 dell'art. 2, il Ministro dei lavori pubblici convoca le organizzazioni della proprietà edilizia e dei conduttori maggiormente rappresentative a livello nazionale entro sessanta giorni dalla data di entrata in vigore della presente legge e, successivamente, ogni tre anni a decorrere dalla medesima data, al fine di promuovere una convenzione, di seguito denominata "convenzione nazionale", che individui i criteri generali per la definizione dei canoni, anche in relazione alla durata dei contratti, alla rendita catastale dell'immobile e ad altri parametri oggettivi, nonché delle modalità per garantire particolari esigenze delle parti. In caso di mancanza di accordo delle parti, i predetti criteri generali sono stabiliti dal Ministro dei lavori pubblici, di concerto con il Ministro delle finanze, con il decreto di cui al comma 2 del presente articolo, sulla base degli orientamenti prevalenti espressi dalla predette organizzazioni. I criteri generali definiti ai sensi del presente comma costituiscono la base per la realizzazione degli accordi locali di cui al comma 3 dell'art. 2 e il loro rispetto unitamente all'utilizzazione dei tipi di contratto di cui all'art. 4-*bis* costituisce condizione per l'applicazione dei benefici di cui all'art. 8.

2. I criteri generali di cui al comma 1 sono indicati in apposito decreto del Ministro dei lavori pubblici, di concerto con il Ministro delle finanze, da emanare entro trenta giorni dalla conclusione della convenzione nazionale ovvero dalla constatazione, da parte del Ministro dei lavori pubblici, della mancanza di accordo delle parti, trascorsi novanta giorni dalla loro convocazione. Con il medesimo decreto sono stabilite le modalità di applicazione dei benefici di cui all'art. 8 per i contratti di locazione stipulati ai sensi del comma 3 dell'art. 2 in conformità ai criteri generali di cui al comma 1 del presente articolo.

3. Entro quattro mesi dalla data di emanazione del decreto di cui al comma 2, il Ministro dei lavori pubblici, di concerto con il Ministro delle finanze, fissa con apposito decreto le condizioni alle quali possono essere stipulati i contratti di cui al comma 3 dell'art. 2, nonché dell'art. 5,[1] nel caso in cui non vengano convocate da parte dei comuni le organizzazioni della proprietà edilizia e dei conduttori ovvero non siano definiti gli accordi di cui al medesimo comma 3 dell'art. 2.

4. Fermo restando quanto stabilito dall'art. 60, comma 1, lett. *e*), del D.lgs. 31 mar. 1998, n. 112, con apposito atto di indirizzo e coordinamento, da adottare con decreto del Presidente della Repubblica, previa deliberazione del Consiglio dei ministri, ai sensi dell'art. 8 della L. 15 mar. 1997, n. 59, sono definiti, in sostituzione di quelli facenti riferimento alla L. 27 lug. 1978, n. 392, e successive modificazioni, criteri in materia di determinazione da parte delle regioni dei canoni di locazione per gli alloggi di edilizia residenziale pubblica. Gli attuali criteri di determinazione dei canoni restano validi fino all'adeguamento da parte delle regioni ai criteri stabiliti ai sensi del presente comma.

[1] Parole aggiunte dal D.L. 13 set. 2004, n. 240.

4-*bis*. *Tipi di contratto.*[1] — 1. La convenzione nazionale di cui all'art. 4, c. 1, approva i tipi di contratto per la stipula dei contratti agevolati di cui all'art. 2 c. 3 nonché dei contratti di locazione di natura transitoria di cui all'art. 5 c. 1 e dei contratti di locazione per studenti universitari di cui all'art. 5, c. 2 e 3.

2. I tipi di contratto possono indicare scelte alternative, da definire negli accordi locali, in relazione a specifici aspetti contrattuali, con particolare riferimento ai criteri per la misurazione delle superfici degli immobili.

3. In caso di mancanza di accordo delle parti, i tipi di contratto sono definiti con il decreto di cui all'art. 4, c. 2.

[1] Articolo introdotto dall'art. 1 L. 8 gen. 2002, n. 2.

5. *Contratti di locazione di natura transitoria.* — 1. Il decreto di cui al comma 2 dell'art. 4 definisce le condizioni e le modalità per la stipula di contratti di locazione di natura transitoria anche di durata inferiore ai limiti previsti della presente legge per soddisfare particolari esigenze delle parti.

2. In alternativa a quanto previsto dal comma 1, possono essere stipulati contratti di locazione per soddisfare le esigenze abitative di studenti universitari sulla base dei tipi di contratto di cui all'art. 4-*bis*.[1]

3. È facoltà dei comuni sede di università o di corsi universitari distaccati, eventualmente d'intesa con comuni limitrofi, promuovere specifici accordi locali per la definizione, sulla base dei criteri stabiliti ai sensi del comma 2 dell'art. 4, *dei canoni di*[1] locazione di immobili ad uso abitativo per studenti universitari. Agli accordi partecipano, oltre alle organizzazioni di cui al comma 3 dell'art. 2, le aziende per il diritto allo studio e le associazioni degli studenti, nonché cooperative ed enti non lucrativi operanti nel settore.

[1] Parole modif. dall'art. 2, L. 8 gen. 2002, n. 2.

CAPO III
Esecuzione dei provvedimenti di rilascio degli immobili adibiti ad uso abitativo

6. *Rilascio degli immobili.* — 1. Nei comuni indicati all'art. 1 del D.L. 30 dic. 1988, n. 551, convertito, con modificazioni, dalla L. 21 feb. 1989, n. 61, e successive modificazioni, le esecuzioni dei provvedimenti di rilascio di immobili adibiti ad uso abitativo per finita locazione sono sospese per un periodo di centottanta giorni a decorrere dalla data di entrata in vigore della presente legge.

2. Il locatore ed il conduttore di immobili adibiti ad uso abitativo, per i quali penda provvedimento esecutivo di rilascio per finita locazione, avviano entro il termine di sospensione di cui al comma 1, a mezzo di lettera raccomandata con avviso di ricevimento, anche tramite le rispettive organizzazioni sindacali, trattative per la stipula di un nuovo contratto di locazione in base alle procedure definite all'art. 2 della presente legge.

3. Trascorso il termine di cui al comma 1 ed in mancanza di accordo fra le parti per il rinnovo della locazione, i conduttori interessati possono chiedere, entro e non oltre i trenta giorni dalla scadenza del termine fissato dal comma 1, con istanza rivolta al pretore competente ai sensi dell'art. 26, primo comma, del c.p.c., che sia nuovamente fissato il giorno dell'esecuzione. Si applicano i commi dal secondo al settimo dell'art. 11 del D.L. 23 gen. 1982, n. 9, convertito, con modificazioni, dalla L. 25 mar. 1982, n. 94. Avverso il decreto del pretore è

ammessa opposizione al tribunale che giudica con le modalità di cui all'art. 618 del c.p.c. Il decreto con cui il pretore fissa nuovamente la data dell'esecuzione vale anche come autorizzazione all'ufficiale giudiziario a servirsi dell'assistenza della forza pubblica.

4. Per i provvedimenti esecutivi di rilascio per finita locazione emessi dopo la data di entrata in vigore della presente legge, il conduttore può chiedere una sola volta, con istanza rivolta al pretore competente ai sensi dell'art. 26, primo comma, del c.p.c., che sia nuovamente fissato il giorno dell'esecuzione entro un termine di sei mesi salvi i casi di cui al comma 5. Si applicano i commi dal secondo al settimo dell'art. 11 del citato D.L. n. 9 del 1982, convertito, con modificazioni, dalla L. n. 94 del 1982. Avverso il decreto del pretore il locatore ed il conduttore possono proporre opposizione per qualsiasi motivo al tribunale che giudica con le modalità di cui all'art. 618 del c.p.c.

5. Il differimento del termine delle esecuzioni di cui ai commi 3 e 4 può essere fissato fino a diciotto mesi nei casi in cui il conduttore abbia compiuto i 65 anni di età, abbia cinque o più figli a carico, sia iscritto nelle liste di mobilità, percepisca un trattamento di disoccupazione o di integrazione salariale, sia formalmente assegnatario di alloggio di edilizia residenziale pubblica ovvero di ente previdenziale o assicurativo, sia prenotatario di alloggio cooperativo in corso di costruzione, sia acquirente di un alloggio in costruzione, sia proprietario di alloggio per il quale abbia iniziato azione di rilascio. Il medesimo differimento del termine delle esecuzioni può essere fissato nei casi in cui il conduttore o uno dei componenti il nucleo familiare, convivente con il conduttore da almeno sei mesi, sia portatore di *handicap* o malato terminale.

6. Durante i periodi di sospensione delle esecuzioni di cui al comma 1 del presente articolo e al comma 4 dell'art. 11 del citato D.L. n. 9 del 1982, convertito, con modificazioni, dalla L. n. 94 del 1982, nonché per i periodi di cui all'art. 3 del citato D.L. n. 551 del 1988, convertito, con modificazioni, dalla L. n. 61 del 1989, come successivamente prorogati, e comunque fino all'effettivo rilascio, i conduttori sono tenuti a corrispondere, ai sensi dell'art. 1591 del c.c., una somma mensile pari all'ammontare del canone dovuto alla cessazione del contratto, al quale si applicano automaticamente ogni anno aggiornamenti in misura pari al settantacinque per cento della variazione, accertata dall'Istituto nazionale di statistica (ISTAT), dell'indice dei prezzi al consumo per le famiglie di operai e impiegati verificatasi nell'anno precedente; l'importo così determinato è maggiorato del venti per cento. La corresponsione di tale maggiorazione esime il conduttore dall'obbligo di risarcire il maggior danno ai sensi dell'art. 1591 del c.c. Durante i predetti periodi di sospensione sono dovuti gli oneri accessori di cui all'art. 9 della L. 27 lug. 1978, n. 392, e successive modificazioni. In caso di inadempimento, il conduttore decade dal beneficio, comunque concesso, della sospensione dell'esecuzione del provvedimento di rilascio, fatto salvo quanto previsto dall'art. 55 della citata L. n. 392 del 1978.[1]

7. Fatto salvo quanto previsto dai commi 2-*bis* e 2-*ter* dell'art. 1 del citato D.L. n. 551 del 1988, convertito, con modificazioni, dalla L. n. 61 del 1989, nonché quanto previsto dai commi primo, secondo e terzo dell'art. 17 del citato D.L. n. 9 del 1982, convertito, con modificazioni, dalla legge n. 94 del 1982, è data priorità ai destinatari di provvedimenti di rilascio con data di esecuzione fissata entro il termine di tre mesi.

[1] La Corte cost., con sent. 9 nov. 2000, n. 482, ha dichiarato l'ill. cost. dell'art. 6 c. 6 "nella parte in cui esime il conduttore dall'obbligo di risarcire il maggior danno, ai sensi dell'art. 1591 c.c., anche nel periodo successivo alla scadenza del termine di sospensione della esecuzione stabilito ope legis o di quello giudizialmente fissato per il rilascio dell'immobile."

7. ***Condizione per la messa in esecuzione del provvedimento di rilascio dell'immobile.*** — 1. Condizione per la messa in esecuzione del provvedimento di rilascio dell'immobile locato è la dimostrazione che il contratto di locazione è stato registrato, che l'immobile è stato denunciato ai fini dell'applicazione dell'ICI e che il reddito derivante dall'immobile medesimo è stato dichiarato ai fini dell'applicazione delle imposte sui redditi. Ai fini della predetta dimostrazione, nel precetto di cui all'art. 480 del c.p.c. devono essere indicati gli estremi di registrazione del contratto di locazione, gli estremi dell'ultima denuncia dell'unità immobiliare alla quale il contratto si riferisce ai fini dell'applicaione dell'ICI, gli estremi dell'ultima dichiarazione dei redditi nella quale il reddito derivante dal contratto è stato dichiarato nonché gli estremi delle ricevute di versamento dell'ICI relative all'anno precedente a quello di competenza.[1]

[1] La Corte cost., con sent. 5 ott. 2001, n. 333, ha dichiarato l'ill. cost., per contrasto con l'art. 24 Cost., dell'art. 7, che prevede quale condizione per la messa in esecuzione del provvedimento di rilascio dell'immobile locato ad uso abitativo la dimostrazione che il contratto di locazione è stato registrato, che l'immobile è stato denunciato ai fini dell'applicazione dell'ICI e che il reddito derivante dall'immobile medesimo è stato dichiarato ai fini dell'applicazione delle imposte sui redditi.

CAPO IV

Misure di sostegno al mercato delle locazioni

8. ***Agevolazioni fiscali.*** — 1. Nei comuni di cui all'art. 1 del D.L. 30 dic. 1988, n. 551, convertito, con modificazioni, dalla L. 21 feb. 1989, n. 61, e successive modificazioni, il reddito imponibile derivante al proprietario dai contratti stipulati o rinnovati ai sensi del comma 3 dell'art. 2 a seguito di accordo definito in sede locale e nel rispetto dei criteri indicati dal decreto di cui al comma 2 dell'art. 4, ovvero nel rispetto delle condizioni fissate dal decreto di cui al comma 3 del medesimo art. 4, determinato ai sensi dell'art. 34 del testo unico delle imposte sui redditi, approvato con D.P.R. 22 dic. 1986, n. 917, e successive modificazioni, è ulteriormente ridotto del 30 per cento. Per i suddetti contratti il corrispettivo annuo ai fini della determinazione della base imponibile per l'applicazione dell'imposta proporzionale di registro è assunto nella misura minima del 70 per cento.

2.[1]

3. Le agevolazioni di cui al presente articolo non si applicano ai contratti di locazione volti a soddisfare esigenze abitative di natura transitoria, fatta eccezione per i contratti di cui al comma 2 dell'art. 5 e per i contratti di cui al comma 3 dell'art. 1.

4. Il Comitato interministeriale per la programmazione economica (CIPE), su proposta del Ministro dei lavori pubblici, di intesa con i Ministri dell'interno e di grazia e giustizia, provvede, ogni ventiquattro mesi, all'aggiornamento dell'elenco dei comuni di cui al comma 1, anche articolando ed ampliando i criteri previsti dall'art. 1 del D.L. 29 ott. 1986, n. 708, convertito, con modificazioni, dalla L. 23 dic. 1986, n. 899. La proposta del Ministro dei lavori pubblici è formulata avuto riguardo alle risultanze dell'attività dell'Osservatorio della condizione abitativa di cui all'art. 12. Qualora le determinazioni del CIPE comportino un aumento del numero dei beneficiari dell'agevolazione fiscale prevista dal comma 1, è corrispondentemente aumentata, con decreto del Ministro delle finanze, di concerto con il Ministro del tesoro, del bilancio e della programmazione economica, la percentuale di determinazione della base imponibile prevista dal medesimo comma. Tale aumento non si applica ai contratti stipulati prima della data di entrata in vigore del predetto decreto del Ministro delle finanze.

5. Al comma 1 dell'art. 23 del testo unico delle imposte sui redditi, approvato con D.P.R. 22 dic. 1986, n. 917, sono aggiunti, in fine, i seguenti periodi: «I redditi derivanti da contratti di locazione di immobili ad uso abitativo, se non percepiti, non concorrono a formare il reddito dal momento della conclusione del procedimento giurisdizionale di convalida di sfratto per morosità del conduttore. Per le imposte versate sui canoni venuti a scadenza e non percepiti come da accertamento avvenuto nell'ambito del procedimento giurisdizionale di convalida di sfratto per morosità è riconosciuto un credito di imposta di pari ammontare».

[1] Comma abrog. dall'art. 13, c. 4-*octies*, D.L. 30 dic. 2016, n. 244, conv. con modif. in L. 27 feb. 2017, n. 19 a decorrere dal periodo di imposta successivo a quello in corso al 31 dic. 2016.

9. ***Disposizioni per i fondi per la previdenza complementare.*** (*Omissis*).

10. ***Ulteriori agevolazioni fiscali.*** (*Omissis*).

11. ***Fondo nazionale.*** (*Omissis*).

CAPO V
Disposizioni finali

12. ***Osservatorio della condizione abitativa.*** — 1. L'Osservatorio della condizione abitativa, istituito dall'art. 59 del D.lgs. 31 mar. 1998, n. 112, è costituito presso il Ministero dei lavori pubblici ed effettua la raccolta dei dati nonché il monitoraggio permanente della situazione abitativa. Il Ministro dei lavori pubblici, con proprio decreto da emanare entro sessanta giorni dalla data di entrata in vigore della presente legge, definisce l'organizzazione e le funzioni dell'Osservatorio, anche ai fini del collegamento con gli osservatori dalle regioni con propri provvedimenti.

13. ***Patti contrari alla legge.***[1] — 1. È nulla ogni pattuizione volta a determinare un importo del canone di locazione superiore a quello risultante dal contratto scritto e registrato. È fatto carico al locatore di provvedere alla registrazione nel termine perentorio di trenta giorni, dandone documentata comunicazione, nei successivi sessanta giorni, al conduttore ed all'amministratore del condominio, anche ai fini dell'ottemperanza agli obblighi di tenuta dell'anagrafe condominiale di cui all'articolo 1130, numero 6), del codice civile.

2. Nei casi di nullità di cui al comma 1 il conduttore, con azione proponibile nel termine di sei mesi dalla riconsegna dell'immobile locato, può chiedere la restituzione delle somme corrisposte in misura superiore al canone risultante dal contratto scritto e registrato.

3. È nulla ogni pattuizione volta a derogare ai limiti di durata del contratto stabiliti dalla presente legge.

4. Per i contratti di cui al comma 3 dell'articolo 2 è nulla ogni pattuizione volta ad attribuire al locatore un canone superiore a quello massimo definito dagli accordi conclusi in sede locale per immobili aventi le medesime caratteristiche e appartenenti alle medesime tipologie. Per i contratti stipulati in base al comma 1 dell'articolo 2, è nulla, ove in contrasto con le disposizioni della presente legge, qualsiasi pattuizione diretta ad attribuire al locatore un canone superiore a quello contrattualmente stabilito.

5. Per i conduttori che, per gli effetti della disciplina di cui all'articolo 3, commi 8 e 9, del decreto legislativo 14 marzo 2011, n. 23, prorogati dall'articolo 5, comma 1-*ter*, del decreto-legge 28 marzo 2014, n. 47, convertito, con modificazioni, dalla legge 23 maggio 2014, n. 80, hanno versato, nel periodo intercorso dalla data di entrata in vigore del decreto legislativo n. 23 del 2011 al giorno 16 luglio 2015, il canone annuo di locazione nella misura stabilita dalla disposizione di cui al citato articolo 3, comma 8, del decreto legislativo n. 23 del 2011, l'importo del canone di locazione dovuto ovvero dell'indennità di occupazione maturata, su

base annua, è pari al triplo della rendita catastale dell'immobile, nel periodo considerato.

6. Nei casi di nullità di cui al comma 4 il conduttore, con azione proponibile nel termine di sei mesi dalla riconsegna dell'immobile locato, può richiedere la restituzione delle somme indebitamente versate. Nei medesimi casi il conduttore può altresì richiedere, con azione proponibile dinanzi all'autorità giudiziaria, che la locazione venga ricondotta a condizioni conformi a quanto previsto dal comma 1 dell'articolo 2 ovvero dal comma 3 dell'articolo 2. Tale azione è, altresì, consentita nei casi in cui il locatore non abbia provveduto alla prescritta registrazione del contratto nel termine di cui al comma 1 del presente articolo. Nel giudizio che accerta l'esistenza del contratto di locazione il giudice determina il canone dovuto, che non può eccedere quello del valore minimo definito ai sensi dell'articolo 2 ovvero quello definito ai sensi dell'articolo 5, commi 2 e 3, nel caso di conduttore che abiti stabilmente l'alloggio per i motivi ivi regolati. L'autorità giudiziaria stabilisce la restituzione delle somme eventualmente eccedenti.

7. Le disposizioni di cui al comma 6 devono ritenersi applicabili a tutte le ipotesi ivi previste insorte sin dall'entrata in vigore della presente legge.

8. I riferimenti alla registrazione del contratto di cui alla presente legge non producono effetti se non vi è obbligo di registrazione del contratto stesso.

[1] Articolo così sost. dall'art. 1, c. 59, L. 28 dic. 2015, n. 208.

14-15. (*Omissis*).

MATRIMONIO E UNIONI CIVILI

- 1 -

L. 1° dic. 1970, n. 898

Disciplina dei casi di scioglimento del matrimonio

(G.U. 3 dic. 1970, n. 306),
modif. con L. 1 ago. 1978, n. 436[1,2]

[1] La L. 1° dic. 1970, n. 898, già modificata L. 1 ago. 1978, n. 436, è stata nuovamente modif. con L. 6 mar. 1987, n. 74 (v. al testo). Ai sensi dell'art. 23 della L. 74/1987 citata «Fino all'entrata in vigore del nuovo testo del codice di procedura civile, ai giudizi di separazione personale dei coniugi si applicano in quanto compatibili, le regole di cui all'art. 4 della L. 1° dic. 1970, n. 898, come sostituito dall'art. 8 della presente legge.

2. I giudizi di separazione personale e di scioglimento o di cessazione degli effetti del matrimonio pendenti, in ogni stato e grado, alla data di entrata in vigore della presente legge saranno definiti secondo le disposizioni processuali anteriormente vigenti.

3. L'impugnazione delle sentenze di separazione personale e di scioglimento o di cessazione degli effetti civili del matrimonio pubblicate prima dell'entrata in vigore della presente legge resta regolata dalla legge anteriore».

In virtù dell'art. 19 della citata L. 74/1987 «1. Tutti gli atti, i documenti ed i provvedimenti relativi al procedimento di scioglimento del matrimonio o di cessazione degli effetti civili del matrimonio nonché ai procedimenti anche esecutivi e cautelari diretti ad ottenere la corresponsione o la revisione degli assegni di cui agli artt. 5 e 6 della L. 1° dic. 1978, n. 898, sono esenti dall'imposta di bollo, di registro e da ogni altra tassa».

La Corte cost., con sent. 15 apr. 1992, n. 183, ha peraltro dichiarato l'ill. cost. dell'art. 19 della L. 74/1987, in relazione agli artt. 4 D.P.R. 26 ott. 1972, n. 635 e 1 Tariffa all. «nella parte in cui non comprende nell'esenzione dal tributo anche le iscrizioni di ipoteca effettuate a garanzia delle obbligazioni assunte dal coniuge nel giudizio di separazione».

La Corte cost., con sent. 10 mag. 1999, n. 154, ha dichiarato l'ill. cost. della L. 74/1987 «nella parte in cui non estende l'esenzione in esso prevista a tutti gli atti, i documenti ed i provvedimenti relativi al procedimento di separazione personale dei coniugi».

[2] In materia, v. la Convenzione sul riconoscimento dei divorzi e delle separazioni personali, firmata all'Aja il 1° giu. 1970, in vigore dal 20 aprile 1986 (L. 10 gen. 1985, n. 301).

1. Il giudice pronuncia lo scioglimento del matrimonio contratto a norma del codice civile, quando, esperito inutilmente il tentativo di conciliazione di cui al successivo art. 4, accerta che la comunione spirituale e materiale tra i coniugi non può essere mantenuta o ricostituita per l'esistenza di una delle cause previste dall'art. 3.

2. Nei casi in cui il matrimonio sia stato celebrato con rito religioso e regolarmente trascritto, il giudice, quando, esperito inutilmente il tentativo di conciliazione di cui al successivo art. 4, accerta che la comunione spirituale e materiale tra i coniugi non può essere mantenuta o ricostituita per l'esistenza di una delle cause previste dall'art. 3, pronuncia la cessazione degli effetti civili conseguenti alla trascrizione del matrimonio.

3.[1] Lo scioglimento o la cessazione degli effetti civili del matrimonio può essere domandato da uno dei coniugi:

1) quando, dopo la celebrazione del matrimonio, l'altro coniuge è stato condannato, con sentenza passata in giudicato, anche per fatti commessi in precedenza:

a) all'ergastolo ovvero ad una pena superiore ad anni quindici, anche con più sentenze, per uno o più delitti non colposi, esclusi i reati politici e quelli commessi per motivi di particolare valore morale e sociale;

b) a qualsiasi pena detentiva per il delitto di cui all'art. 564 del c.p. e per uno dei delitti di cui agli artt. 519, 521, 523 e 524 del c.p., ovvero per induzione, costrizione, sfruttamento o favoreggiamento della prostituzione.

c) a qualsiasi pena per omicidio volontario di un figlio ovvero per tentato omicidio a danno del coniuge o di un figlio.

d) a qualsiasi pena detentiva, con due o più condanne, per i delitti di cui all'art. 582, quando ricorra la circostanza aggravante di cui al secondo comma dell'art. 583 e agli artt. 570, 572 e 643 del codice penale, in danno del coniuge o di un figlio [anche adottivo].

Nelle ipotesi previste alla lettera *d*) il giudice competente a pronunciare lo scioglimento o la cessazione degli effetti civili del matrimonio accerta, anche in considerazione del comportamento successivo del convenuto, la di lui inidoneità a mantenere o ricostituire la convivenza familiare.

Per tutte le ipotesi previste nel numero 1) del presente articolo la domanda non è proponibile dal coniuge che sia stato condannato per concorso nel reato ovvero quando la convivenza coniugale è ripresa;

2) nei casi in cui:

a) l'altro coniuge è stato assolto per vizio totale di mente da uno dei delitti previsti nelle lettere *b*) e *c*) del numero 1) del presente articolo, quando il giudice competente a pronunciare lo scioglimento o la cessazione degli effetti civili del matrimonio accerta l'inidoneità del convenuto a mantenere o ricostituire la convivenza familiare;

b) è stata pronunciata con sentenza passata in giudicato la separazione giudiziale fra i coniugi, ovvero è stata omologata la separazione consensuale ovvero è intervenuta separazione di fatto quando la separazione di fatto stessa è iniziata almeno due anni prima del 18 dicembre 1970.

In tutti i predetti casi, per la proposizione della domanda di scioglimento o di cessazione degli effetti civili del matrimonio, le separazioni devono essersi protratte ininterrottamente da almeno dodici mesi dall'avvenuta comparizione dei coniugi innanzi al presidente del tribunale nella procedura di separazione personale e da sei mesi nel caso di separazione consensuale, anche quando il giudizio contenzioso si sia trasformato in consensuale, ovvero dalla data certificata nell'accordo di separazione raggiunto a seguito di convenzione di negoziazione assistita da un avvocato ovvero dalla data dell'atto contenente l'accordo di separazione concluso innanzi all'ufficiale dello stato civile.[2] L'eventuale interruzione della separazione deve essere eccepita dalla parte convenuta.

c) il procedimento penale promosso per i delitti previsti dalle lettere *b*) e *c*) del numero 1) del presente articolo si è concluso con sentenza di non doversi procedere per estinzione del reato, quando il giudice competente a pronunciare lo scioglimento o la cessazione degli effetti civili del matrimonio ritiene che nei fatti commessi sussistano gli elementi costitutivi e le condizioni di punibilità dei delitti stessi;

d) il procedimento penale per incesto si è concluso con sentenza di proscioglimento o di assoluzione che dichiari non punibile il fatto per mancanza di pubblico scandalo;

e) l'altro coniuge, cittadino straniero, ha ottenuto all'estero l'annullamento o lo scioglimento del matrimonio o ha contratto all'estero nuovo matrimonio;

f) il matrimonio non è stato consumato;

g) è passata in giudicato sentenza di rettificazione di attribuzione di sesso a norma della L. 14 apr. 1982, n. 164.

[1] Articolo così modif. dalla L. 6 mar. 1987, n. 74.

[2] Capoverso così modif. dall'art. 1, L. 6 mag. 2015, n. 55. La disposizione si applica ai procedimenti in corso alla data della entrata in vigore della stessa L. 55/2015, anche nei casi in cui il procedimento di separazione che ne costituisce il presupposto risulti ancora pendente alla medesima data.

4.[1] 1. La domanda per ottenere lo scioglimento o la cessazione degli effetti civili del matrimonio si propone al tribunale del luogo dell'ultima residenza comune dei coniugi ovvero, in mancanza, del luogo in cui il coniuge convenuto ha residenza o domicilio. Qualora il coniuge convenuto sia residente all'estero o risulti irreperibile, la domanda si propone al tribunale del luogo di residenza o di domicilio del ricorrente e, se anche questi è residente all'estero, a qualunque tribunale della Repubblica. La domanda congiunta può essere proposta al tribunale del luogo di residenza o di domicilio dell'uno o dell'altro coniuge.[2]

2. La domanda si propone con ricorso, che deve contenere l'esposizione dei fatti e degli elementi di diritto sui quali la domanda di scioglimento del matrimonio o di cessazione degli effetti civili dello stesso è fondata.

3. Del ricorso il cancelliere dà comunicazione all'ufficiale dello stato civile del luogo dove il matrimonio fu trascritto per l'annotazione in calce all'atto.

4. Nel ricorso deve essere indicata l'esistenza di figli di entrambi i coniugi.[3]

5. Il presidente del tribunale, nei cinque giorni successivi al deposito in cancelleria, fissa con decreto la data di comparizione dei coniugi davanti a sé, che deve avvenire entro novanta giorni dal deposito del ricorso, il termine per la notificazione del ricorso e del decreto ed il termine entro cui il coniuge convenuto può depositare memoria difensiva e documenti. Il presidente nomina un curatore speciale quando il convenuto è malato di mente o legalmente incapace.

6. Al ricorso e alla prima memoria difensiva sono allegate le ultime dichiarazioni dei redditi rispettivamente presentate.

7. I coniugi devono comparire davanti al presidente del tribunale personalmente, salvo gravi e comprovati motivi, e con l'assistenza di un difensore. Se il ricorrente non si presenta o rinuncia, la domanda non ha effetto. Se non si presenta il coniuge convenuto, il presidente può fissare un nuovo giorno per la comparizione, ordinando che la notificazione del ricorso e del decreto gli sia rinnovata. All'udienza di comparizione, il presidente deve sentire i coniugi prima separatamente poi congiuntamente, tentando di conciliarli. Se i coniugi si conciliano, il presidente fa redigere processo verbale della conciliazione.

8. Se la conciliazione non riesce, il presidente, sentiti i coniugi e i rispettivi difensori nonché disposto l'ascolto del figlio minore che abbia compiuto gli anni dodici e anche di età inferiore ove capace di discernimento dà, anche d'ufficio, con ordinanza i provvedimenti temporanei e urgenti che reputa opportuni nell'interesse dei coniugi e della prole, nomina il giudice istruttore e fissa l'udienza di comparizione e trattazione dinanzi a questo. Nello stesso modo il presidente provvede, se il coniuge convenuto non compare, sentito il ricorrente e il suo difensore. L'ordinanza del presidente può essere revocata o modificata dal giudice istruttore. Si applica l'art. 189 delle disposizioni di attuazione del codice di procedura civile.[4]

9. Tra la data dell'ordinanza, ovvero tra la data entro cui la stessa deve essere notificata al convenuto non comparso, e quella dell'udienza di comparizione e trattazione devono intercorrere i termini di cui all'art. 163-*bis* del codice di procedura civile ridotti a metà.

10. Con l'ordinanza di cui al comma 8, il presidente assegna altresì termine al ricorrente per il deposito in cancelleria di memoria integrativa, che deve avere il contenuto di cui all'art. 163, terzo comma, numeri 2), 3), 4), 5) e 6), del codice di procedura civile e termine al convenuto per la costituzione in giudizio ai sensi degli artt. 166 e 167, primo e secondo comma, dello stesso codice nonché per la proposizione delle eccezioni processuali e di merito che non siano rilevabili d'ufficio. L'ordinanza deve contenere l'avvertimento al convenuto che la costituzione oltre il suddetto termine implica le decadenze di cui all'art. 167 del codice di procedura civile e che oltre il termine stesso non potranno più essere proposte le eccezioni processuali e di merito non rilevabili d'ufficio.

11. All'udienza davanti al giudice istruttore si applicano le disposizioni di cui agli artt. 180 e 183, commi primo, secondo, quarto, quinto, sesto e settimo, del codice di procedura civile. Si applica altresì l'art. 184 del medesimo codice.

12. Nel caso in cui il processo debba continuare per la determinazione dell'assegno, il tribunale emette sentenza non definitiva relativa allo scioglimento o alla cessazione degli effetti civili del matrimonio. Avverso tale sentenza è ammesso solo appello immediato. Appena formatosi il giudicato, si applica la previsione di cui all'art. 10.

13. Quando vi sia stata la sentenza non definitiva, il tribunale, emettendo la sentenza che dispone l'obbligo della somministrazione dell'assegno, può disporre che tale obbligo produca effetti fin dal momento della domanda.

14. Per la parte relativa ai provvedimenti di natura economica la sentenza di primo grado è provvisoriamente esecutiva.

15. L'appello è deciso in camera di consiglio.

16. La domanda congiunta dei coniugi di scioglimento o di cessazione degli effetti civili del matrimonio che indichi anche compiutamente le condizioni inerenti alla prole e ai rapporti economici, è proposta con ricorso al tribunale in camera di consiglio. Il tribunale, sentiti i coniugi, verificata l'esistenza dei presupposti di legge e valutata la rispondenza delle condizioni all'interesse dei figli, decide con sentenza. Qualora il tribunale ravvisi che le condizioni relative ai figli sono in contrasto con gli interessi degli stessi, si applica la procedura di cui al comma 8.

[1] Articolo modif. dall'art. 2, L. 14 mag. 2005, n. 80 con decorrenza 1° gen. 2006.

[2] La Corte cost., con sent. 23 mag. 2008, n. 169, ha dichiarato l'ill. cost. dell'art. 4, c. 1, limitatamente alle parole «del luogo dell'ultima residenza comune dei coniugi ovvero, in mancanza».

[3] Comma così sost. dall'art. 98, D.lgs. 28 dic. 2013, n. 154, in vigore dal 7 feb. 2014.

[4] Comma così modif. dall'art. 98, D.lgs. 28 dic. 2013, n. 154, in vigore dal 7 feb. 2014.

5. Il tribunale adito, in contraddittorio delle parti e con l'intervento obbligatorio del pubblico ministero, accertata la sussistenza di uno dei casi di cui all'art. 3, pronuncia con sentenza lo scioglimento o la cessazione degli effetti civili del matrimonio ed ordina all'ufficiale dello stato civile del luogo ove venne trascritto il matrimonio di procedere alla annotazione della sentenza.

La donna perde il cognome che aveva aggiunto al proprio a seguito del matrimonio.[1]

Il tribunale, con la sentenza con cui pronuncia lo scioglimento o la cessazione degli effetti civili del matrimonio, può autorizzare la donna che ne faccia richiesta a conservare il cognome del marito aggiunto al proprio quando sussista un interesse suo o dei figli meritevole di tutela.[1]

La decisione di cui al comma precedente può essere modificata con successiva sentenza, per motivi di particolare gravità, su istanza di una delle parti.[1]

La sentenza è impugnabile da ciascuna delle parti. Il pubblico ministero può, ai sensi dell'art. 72 del codice di procedura civile, proporre impugnazione limitatamente agli interessi patrimoniali dei figli minori o legalmente incapaci.

Con la sentenza che pronuncia lo scioglimento o la cessazione degli effetti civili del matrimonio, il tribunale, tenuto conto delle condizioni dei coniugi, delle ragioni della decisione, del contributo personale ed economico dato da ciascuno alla conduzione familiare ed alla formazione del patrimonio di ciascuno o di quello comune, del reddito di entrambi, e valutati tutti i suddetti elementi anche in rapporto alla durata del matrimonio, dispone l'obbligo per un coniuge di somministrare periodicamente a favore dell'altro un assegno quando quest'ultimo non ha mezzi adeguati o comunque non può procurarseli per ragioni oggettive.[2]

La sentenza deve stabilire anche un criterio di adeguamento automatico dell'assegno, almeno con riferimento agli indici di svalutazione monetaria. Il tribunale può, in caso di palese iniquità, escludere la previsione con motivata decisione.[2]

Su accordo delle parti la corresponsione può avvenire in unica soluzione ove questa sia ritenuta equa dal tribunale. In tal caso non può essere proposta alcuna successiva domanda di contenuto economico.[2]

I coniugi devono presentare all'udienza di comparizione avanti al presidente del tribunale la dichiarazione personale dei redditi e ogni documentazione relativa ai loro redditi e al loro patrimonio personale e comune. In caso di contestazioni il tribunale dispone indagini sui redditi, sui patrimoni e sull'effettivo tenore di vita, valendosi, se del caso, anche della polizia tributaria.[2]

L'obbligo di corresponsione dell'assegno cessa se il coniuge, al quale deve essere corrisposto, passa a nuove nozze.

Il coniuge, al quale non spetti l'assistenza sanitaria per nessun altro titolo, conserva il diritto nei confronti dell'ente mutualistico da cui sia assistito l'altro coniuge. Il diritto si estingue se egli passa a nuove nozze.[3]

[1] Comma inserito dall'art. 9 della L. 6 mar. 1987, n. 74 in sostituz. del secondo comma.

[2] Comma inserito dall'art. 10 della L. 6 mar. 1987, n. 74 in sostituz. del quarto comma.

[3] L'ultimo comma è stato aggiunto dall'art. 1 della L. 1 ago. 1978, n. 436.

6.[1] 1. L'obbligo, ai sensi degli artt. 315-*bis* e 316-*bis* del c.c. di mantenere, educare ed istruire i figli nati o adottati durante il matrimonio di cui sia stato pronunciato lo scioglimento o la cessazione degli effetti civili, permane anche nel caso di passaggio a nuove nozze di uno o di entrambi i genitori.[2]

2. Il Tribunale che pronuncia lo scioglimento o la cessazione degli effetti civili del matrimonio applica, riguardo ai figli, le disposizioni contenute nel capo II, del titolo IX, del libro primo, del codice civile.[3]

3-5. [Abrogato][4]

6. L'abitazione nella casa familiare spetta di preferenza al genitore cui vengono affidati i figli o con il quale i figli convivono oltre la maggiore età. In ogni caso ai fini dell'assegnazione, il giudice dovrà valutare le condizioni economiche dei coniugi e le ragioni della decisione e favorire il coniuge più debole. L'assegnazione, in quanto trascritta, è opponibile al terzo acquirente ai sensi dell'art. 1599 del c.c.

7. Il tribunale dà inoltre disposizioni circa l'amministrazione dei beni dei figli e, nell'ipotesi in cui l'esercizio della responsabilità genitoriale sia affidato ad entrambi i genitori, circa il concorso degli stessi al godimento dell'usufrutto legale.[2]

8-12. [Abrogato][4]

[1] Articolo così sostituito dall'art. 11 della L. 6 mar. 1987, n. 74.

[2] Comma così modif. dall'art. 98, D.lgs. 28 dic. 2013, n. 154, in vigore dal 7 feb. 2014.

[3] Comma così sost. dall'art. 98, D.lgs. 28 dic. 2013, n. 154, in vigore dal 7 feb. 2014.

[4] Commi abrog. dall'art. 98, D.lgs. 28 dic. 2013, n. 154, in vigore dal 7 feb. 2014.

7. (*Omissis*).

8. Il tribunale che pronuncia lo scioglimento o la cessazione degli effetti civili del matrimonio può imporre all'obbligato di prestare idonea garanzia reale o personale se esiste il pericolo che egli possa sottrarsi all'adempimento degli obblighi di cui agli artt. 5 e 6.

La sentenza costituisce titolo per l'iscrizione dell'ipoteca giudiziale ai sensi dell'art. 2818 del codice civile.

Il coniuge cui spetta la corresponsione periodica dell'assegno, dopo la costituzione in mora a mezzo raccomandata con avviso di ricevimento del coniuge obbligato e inadempiente per un periodo di almeno trenta giorni, può notificare il provvedimento in cui è stabilita la misura dell'assegno ai terzi tenuti a corrispondere periodicamente somme di denaro al coniuge obbligato con l'invito a versargli direttamente le somme dovute, dandone comunicazione al coniuge inadempiente.[1]

Ove il terzo cui sia stato notificato il provvedimento non adempia, il coniuge creditore ha azione diretta esecutiva nei suoi confronti per il pagamento delle somme dovutegli quale assegno di mantenimento ai sensi degli artt. 5 e 6.[1]

Qualora il credito del coniuge obbligato nei confronti dei suddetti terzi sia stato già pignorato al momento della notificazione, all'assegnazione e alla ripartizione delle somme fra il coniuge cui spetta la corresponsione periodica dell'assegno, il creditore procedente e i creditori intervenuti nell'esecuzione provvede il giudice dell'esecuzione.[1]

Lo Stato e gli altri enti indicati nell'art. 1 del testo unico delle leggi concernenti il sequestro, il pignoramento e la cessione degli stipendi, salari e pensioni dei dipendenti delle pubbliche amministrazioni, approvato con D.P.R. 5 gen. 1950, n. 180, nonché gli altri enti datori di lavoro cui sia stato notificato il provvedimento in cui è stabilita la misura dell'assegno e l'invito a pagare direttamente al coniuge cui spetta la corresponsione periodica, non possono versare a quest'ultimo oltre la metà delle somme dovute al coniuge obbligato, comprensive anche degli assegni e degli emolumenti accessori.[1]

Per assicurare che siano soddisfatte o conservate le ragioni del creditore in ordine all'adempimento degli obblighi di cui agli artt. 5 e 6, su richiesta dell'avente diritto, il giudice può disporre il sequestro dei beni del coniuge obbligato a somministrare l'assegno. Le somme spettanti al coniuge obbligato alla corresponsione dell'assegno di cui al precedente comma sono soggette a sequestro e pignoramento fino alla concorrenza della metà per il soddisfacimento dell'assegno periodico di cui agli artt. 5 e 6.[1]

[1] Comma inserito dall'art. 12 della L. 6 mar. 1987, n. 74 in sostituzione del terzo comma.

9.[1] 1. Qualora sopravvengano giustificati motivi dopo la sentenza che pronuncia lo scioglimento o la cessazione degli effetti civili del matrimonio, il tribunale, in camera di consiglio e, per i provvedimenti relativi ai figli, con la partecipazione del pubblico ministero, può, su istanza di parte, disporre la revisione delle disposizioni concernenti l'affidamento dei figli e di quelle relative alla misura e alle modalità dei contributi da corrispondersi ai sensi degli artt. 5 e 6.

2. In caso di morte dell'*ex* coniuge e in assenza di un coniuge superstite avente i requisiti per la pensione di reversibilità, il coniuge rispetto al quale è stata pronunciata sentenza di scioglimento o di cessazione degli effetti civili del matrimonio ha diritto, se non passato a nuove nozze e sempre che sia titolare di assegno ai sensi dell'art. 5 alla pensione di reversibilità, sempre che il rapporto da cui trae origine il trattamento pensionistico sia anteriore alla sentenza.

3. Qualora esista un coniuge superstite aventi i requisiti per la pensione di reversibilità, una quota della pensione e degli altri assegni a questi spettanti è attribuita dal tribunale, tenendo conto della durata del rapporto, al coniuge rispetto al quale è stata pronunciata la sentenza di scioglimento o di cessazione degli effetti civili del matrimonio e che sia titolare dell'assegno di cui all'art. 5. Se in tale condizione si trovano più persone, il tribunale, provvede a ripartire fra tutti la pensione e gli altri assegni, nonché a ripartire fra i restanti le quote attribuite a chi è successivamente morto o passato a nuove nozze.

4. Restano fermi, nei limiti stabiliti dalla legislazione vigente, i diritti spettanti a figli, genitori o collaterali, in merito al trattamento di reversibilità.

5. Alle domande giudiziali dirette al conseguimento della pensione di reversibilità o di parte di essa deve essere allegato un atto notorio, ai sensi della legge 4 gennaio 1968, n. 15, dal quale risultino tutti gli aventi diritto. In ogni caso, la sentenza che accoglie la domanda non pregiudica la tutela, nei confronti dei beneficiari, degli aventi diritto pretermessi, salva comunque l'applicabilità delle sanzioni penali per le dichiarazioni mendaci.

[1] Articolo così sostituito dall'art. 13 della L. 1 mar. 1987, n. 74. Ai sensi dell'art. 5 L. 28 dic. 2005, n. 263, le disposizioni di cui ai commi 2 e 3 si interpretano nel senso che per titolarità dell'assegno deve intendersi l'avvenuto riconoscimento dell'assegno medesimo da parte del Tribunale, ai sensi dell'art. 5 della presente legge.

9-*bis*.[1] A colui al quale è stato riconosciuto il diritto alla corresponsione periodica di somme di denaro a norma dell'art. 5, qualora versi in stato di bisogno, il tribunale, dopo il decesso dell'obbligato, può attribuire un assegno periodico a carico dell'eredità tenendo conto dell'importo di quelle somme, della entità del bisogno, dell'eventuale pensione di reversibilità, delle sostanze ereditate, del numero e della qualità degli eredi e delle loro condizioni economiche. L'assegno non spetta se gli obblighi patrimoniali previsti dall'art. 5 sono stati soddisfatti in unica soluzione.

Su accordo delle parti la corresponsione dell'assegno può avvenire in unica soluzione. Il diritto all'assegno si estingue se il beneficiario passa a nuove nozze o viene meno il suo stato di bisogno. Qualora risorga lo stato di bisogno l'assegno può essere nuovamente attribuito.

[1] Articolo così aggiunto dall'art. 2 della L. 1 ago. 1978, n. 436.

10. La sentenza che pronuncia lo scioglimento o la cessazione degli effetti civili del matrimonio, quando sia passata in giudicato, deve essere trasmessa in copia autentica, a cura del cancelliere del tribunale o della Corte che l'ha emessa, all'ufficiale dello stato civile del Comune in cui il matrimonio fu trascritto, per le annotazioni e le ulteriori incombenze di cui al R.D. 9 lug. 1939, n. 1238.

Lo scioglimento e la cessazione degli effetti civili del matrimonio, pronunciati nei casi rispettivamente previsti dagli artt. 1 e 2 della presente legge, hanno efficacia, a tutti gli effetti civili, dal giorno dell'annotazione della sentenza.

11... [1]

[1] Articolo abrog. dall'art. 14, L. 6 mar. 1987, n. 74.

12.[1] Le disposizioni del codice civile in tema di riconoscimento del figlio nati fuori del matrimonio si applicano, per quanto di ragione, anche nel caso di scioglimento o di cessazione degli effetti civili del matrimonio.[2]

[1] Articolo così sost. dall'art. 15 della L. 6 mar. 1987, n. 74.
[2] Comma così modif. dall'art. 98, D.lgs. 28 dic. 2013, n. 154, in vigore dal 7 feb. 2014.

12-*bis*.[1] 1. Il coniuge nei cui confronti sia stata pronunciata sentenza di scioglimento o di cessazione degli effetti civili del matrimonio ha diritto, se non passato a nuove nozze e in quanto sia titolare di assegno ai sensi dell'art. 5, ad una percentuale dell'indennità di fine rapporto percepita dall'altro coniuge all'atto della cessazione del rapporto di lavoro anche se l'indennità viene a maturare dopo la sentenza.

2. Tale percentuale è pari al quaranta per cento dell'indennità totale riferibile agli anni in cui il rapporto di lavoro è coinciso con il matrimonio.

[1] Articolo aggiunto dall'art. 16 della L. 6 mar. 1987, n. 74.

12-*ter*.[1] 1. In caso di genitori rispetto ai quali sia stata pronunciata sentenza di scioglimento o di cessazione degli effetti civili del matrimonio, la pensione di reversibilità spettante ad essi per la morte di un figlio deceduto per fatti di servizio è attribuita automaticamente dall'ente erogante in parti uguali a ciascun genitore.

2. Alla morte di uno dei genitori, la quota parte di pensione si consolida automaticamente in favore dell'altro.

3. Analogamente si provvede, in presenza della predetta sentenza, per la pensione di reversibilità spettante al genitore del dante causa secondo le disposizioni di cui agli artt. 83 e 87 del D.P.R. 29 dic. 1973, n. 1092.

[1] Articolo aggiunto dall'art. 17 della L. 6 mar. 1987, n. 74.

12-*quater*.[1] 1. Per le cause relative ai diritti di obbligazione di cui alla presente legge è competente anche il giudice del luogo in cui deve essere eseguita l'obbligazione dedotta in giudizio.

[1] Articolo aggiunto dall'art. 18 della L. 6 mar. 1987, n. 74.

12-*quinquies*.[1] 1. Allo straniero, coniuge di cittadina italiana, la legge nazionale del quale non disciplina lo scio glimento o la cessazione degli effetti civili del matrimonio, si applicano le disposizioni di cui alla presente legge.

[1] Articolo aggiunto dall'art. 20 della L. 6 mar. 1987, n. 74.

12-*sexies*.[1]

[1] Articolo abrog. dall'art. 7, D.lgs. 1 mar. 2018, n. 21.

- 2 -

D.L. 12 set. 2014, n. 132

Misure urgenti di degiurisdizionalizzazione ed altri interventi per la definizione dell'arretrato in materia di processo civile

(G.U. 12 set. 2014, n. 212)

conv. con modif. in L. 10 nov. 2014, n. 162

(*stralcio*)

1-11. (*Omissis*).

CAPO III

Ulteriori disposizioni per la semplificazione dei procedimenti di separazione personale e di divorzio

12. ***Separazione consensuale, richiesta congiunta di scioglimento o di cessazione degli effetti civili del matrimonio e modifica delle condizioni di separazione o di divorzio innanzi all'ufficiale dello stato civile.*** — 1. I coniugi possono concludere, innanzi al sindaco, quale ufficiale dello stato civile a norma dell'articolo 1 del decreto del Presidente della Repubblica 3 novembre 2000, n. 396, del comune di residenza di uno di loro o del comune presso cui è iscritto o trascritto l'atto di matrimonio, con l'assistenza facoltativa di un avvocato, un accordo di separazione personale ovvero, nei casi di cui all'articolo 3, primo comma, numero 2), lettera *b*), della legge 1° dicembre 1970, n. 898, di scioglimento o di cessazione degli effetti civili del matrimonio, nonché di modifica delle condizioni di separazione o di divorzio.

2. Le disposizioni di cui al presente articolo non si applicano in presenza di figli minori, di figli maggiorenni incapaci o portatori di handicap grave ai sensi dell'articolo 3, comma 3, della legge 5 febbraio 1992, n. 104, ovvero economicamente non autosufficienti.

3. L'ufficiale dello stato civile riceve da ciascuna delle parti personalmente, con l'assistenza facoltativa di un avvocato, la dichiarazione che esse vogliono separarsi ovvero far cessare gli effetti civili del matrimonio o ottenerne lo scioglimento secondo condizioni tra di esse concordate. Allo stesso modo si procede per la modifica delle condizioni di separazione o di divorzio. L'accordo non può contenere patti di trasferimento patrimoniale. L'atto contenente l'accordo è compilato e sottoscritto immediatamente dopo il ricevimento delle dichiarazioni di cui al presente comma. L'accordo tiene luogo dei provvedimenti giudiziali che definiscono, nei casi di cui al comma 1, i procedimenti di separazione personale, di cessazione degli effetti civili del matrimonio, di scioglimento del matrimonio e di modifica delle condizioni di separazione o di divorzio. Nei soli casi di separazione personale, ovvero di cessazione degli effetti civili del matrimonio o di scioglimento del matrimonio secondo condizioni concordate, l'ufficiale dello stato ci-

vile, quando riceve le dichiarazioni dei coniugi, li invita a comparire di fronte a sé non prima di trenta giorni dalla ricezione per la conferma dell'accordo anche ai fini degli adempimenti di cui al comma 5. La mancata comparizione equivale a mancata conferma dell'accordo.

4-6. (*Omissis*).

7. Le disposizioni del presente articolo si applicano a decorrere dal trentesimo giorno successivo all'entrata in vigore della legge di conversione del presente decreto.

13-23. (*Omissis*).

- 3 -

L. 20 mag. 2016, n. 76

Regolamentazione delle unioni civili tra persone dello stesso sesso e disciplina delle convivenze

(G.U. 21 mag. 2016, n. 118)

1. 1. La presente legge istituisce l'unione civile tra persone dello stesso sesso quale specifica formazione sociale ai sensi degli articoli 2 e 3 della Costituzione e reca la disciplina delle convivenze di fatto.

2. Due persone maggiorenni dello stesso sesso costituiscono un'unione civile mediante dichiarazione di fronte all'ufficiale di stato civile ed alla presenza di due testimoni.

3. L'ufficiale di stato civile provvede alla registrazione degli atti di unione civile tra persone dello stesso sesso nell'archivio dello stato civile.

4. Sono cause impeditive per la costituzione dell'unione civile tra persone dello stesso sesso:

a) la sussistenza, per una delle parti, di un vincolo matrimoniale o di un'unione civile tra persone dello stesso sesso;

b) l'interdizione di una delle parti per infermità di mente; se l'istanza d'interdizione è soltanto promossa, il pubblico ministero può chiedere che si sospenda la costituzione dell'unione civile; in tal caso il procedimento non può aver luogo finché la sentenza che ha pronunziato sull'istanza non sia passata in giudicato;

c) la sussistenza tra le parti dei rapporti di cui all'articolo 87, primo comma, del codice civile; non possono altresì contrarre unione civile tra persone dello stesso sesso lo zio e il nipote e la zia e la nipote; si applicano le disposizioni di cui al medesimo articolo 87;

d) la condanna definitiva di un contraente per omicidio consumato o tentato nei confronti di chi sia coniugato o unito civilmente con l'altra parte; se è stato disposto soltanto rinvio a giudizio ovvero sentenza di condanna di primo o secondo grado ovvero una misura cautelare la costituzione dell'unione civile tra persone dello stesso sesso è sospesa sino a quando non è pronunziata sentenza di proscioglimento.

5. La sussistenza di una delle cause impeditive di cui al comma 4 comporta la nullità dell'unione civile tra persone dello stesso sesso. All'unione civile tra persone dello stesso sesso si applicano gli articoli 65 e 68, nonché le disposizioni di cui agli articoli 119, 120, 123, 125, 126, 127, 128, 129 e 129-*bis* del codice civile.

6. L'unione civile costituita in violazione di una delle cause impeditive di cui al comma 4, ovvero in violazione dell'articolo 68 del codice civile, può essere impugnata da ciascuna delle parti dell'unione civile, dagli ascendenti prossimi, dal pubblico ministero e da tutti coloro che abbiano per impugnarla un interesse legittimo e attuale. L'unione civile costituita da una parte durante l'assenza dell'altra non può essere impugnata finché dura l'assenza.

7. L'unione civile può essere impugnata dalla parte il cui consenso è stato estorto con violenza o determinato da timore di eccezionale gravità determinato da cause esterne alla parte stessa. Può essere altresì impugnata dalla parte il cui consenso è stato dato per effetto di errore sull'identità della persona o di errore essenziale su qualità personali dell'altra parte. L'azione non può essere proposta se vi è stata coabitazione per un anno dopo che è cessata la violenza o le cause che hanno determinato il timore ovvero sia stato scoperto l'errore. L'errore sulle qualità personali è essenziale qualora, tenute presenti le condizioni dell'altra parte, si accerti che la stessa non avrebbe prestato il suo consenso se le avesse esattamente conosciute e purché l'errore riguardi:

a) l'esistenza di una malattia fisica o psichica, tale da impedire lo svolgimento della vita comune;

b) le circostanze di cui all'articolo 122, terzo comma, numeri 2), 3) e 4), del codice civile.

8. La parte può in qualunque tempo impugnare il matrimonio o l'unione civile dell'altra parte. Se si oppone la nullità della prima unione civile, tale questione deve essere preventivamente giudicata.

9. L'unione civile tra persone dello stesso sesso è certificata dal relativo documento attestante la costituzione dell'unione, che deve contenere i dati anagrafici delle parti, l'indicazione del loro regime patrimoniale e della loro residenza, oltre ai dati anagrafici e alla residenza dei testimoni.

10. Mediante dichiarazione all'ufficiale di stato civile le parti possono stabilire di assumere, per la durata dell'unione civile tra persone dello stesso sesso, un cognome comune scegliendolo tra i loro cognomi. La parte può anteporre o posporre al cognome comune il proprio cognome, se diverso, facendone dichiarazione all'ufficiale di stato civile.

11. Con la costituzione dell'unione civile tra persone dello stesso sesso le parti acquistano gli stessi diritti e assumono i medesimi doveri; dall'unione civile deriva l'obbligo reciproco all'assistenza morale e materiale e alla coabitazione. Entrambe le parti sono tenute, ciascuna in relazione alle proprie sostanze e alla propria capacità di lavoro pro-

fessionale e casalingo, a contribuire ai bisogni comuni.

12. Le parti concordano tra loro l'indirizzo della vita familiare e fissano la residenza comune; a ciascuna delle parti spetta il potere di attuare l'indirizzo concordato.

13. Il regime patrimoniale dell'unione civile tra persone dello stesso sesso, in mancanza di diversa convenzione patrimoniale, è costituito dalla comunione dei beni. In materia di forma, modifica, simulazione e capacità per la stipula delle convenzioni patrimoniali si applicano gli articoli 162, 163, 164 e 166 del codice civile. Le parti non possono derogare né ai diritti né ai doveri previsti dalla legge per effetto dell'unione civile. Si applicano le disposizioni di cui alle sezioni II, III, IV, V e VI del capo VI del titolo VI del libro primo del codice civile.

14. Quando la condotta della parte dell'unione civile è causa di grave pregiudizio all'integrità fisica o morale ovvero alla libertà dell'altra parte, il giudice, su istanza di parte, può adottare con decreto uno o più dei provvedimenti di cui all'articolo 342-*ter* del codice civile.

15. Nella scelta dell'amministratore di sostegno il giudice tutelare preferisce, ove possibile, la parte dell'unione civile tra persone dello stesso sesso. L'interdizione o l'inabilitazione possono essere promosse anche dalla parte dell'unione civile, la quale può presentare istanza di revoca quando ne cessa la causa.

16. La violenza è causa di annullamento del contratto anche quando il male minacciato riguarda la persona o i beni dell'altra parte dell'unione civile costituita dal contraente o da un discendente o ascendente di lui.

17. In caso di morte del prestatore di lavoro, le indennità indicate dagli articoli 2118 e 2120 del codice civile devono corrispondersi anche alla parte dell'unione civile.

18. La prescrizione rimane sospesa tra le parti dell'unione civile.

19. All'unione civile tra persone dello stesso sesso si applicano le disposizioni di cui al titolo XIII del libro primo del codice civile, nonché gli articoli 116, primo comma, 146, 2647, 2653, primo comma, numero 4), e 2659 del codice civile.

20. Al solo fine di assicurare l'effettività della tutela dei diritti e il pieno adempimento degli obblighi derivanti dall'unione civile tra persone dello stesso sesso, le disposizioni che si riferiscono al matrimonio e le disposizioni contenenti le parole «coniuge», «coniugi» o termini equivalenti, ovunque ricorrono nelle leggi, negli atti aventi forza di legge, nei regolamenti nonché negli atti amministrativi e nei contratti collettivi, si applicano anche ad ognuna delle parti dell'unione civile tra persone dello stesso sesso. La disposizione di cui al periodo precedente non si applica alle norme del codice civile non richiamate espressamente nella presente legge, nonché alle disposizioni di cui alla legge 4 maggio 1983, n. 184. Resta fermo quanto previsto e consentito in materia di adozione dalle norme vigenti.

21. Alle parti dell'unione civile tra persone dello stesso sesso si applicano le disposizioni previste dal capo III e dal capo X del titolo I, dal titolo II e dal capo II e dal capo V-*bis* del titolo IV del libro secondo del codice civile.

22. La morte o la dichiarazione di morte presunta di una delle parti dell'unione civile ne determina lo scioglimento.

23. L'unione civile si scioglie altresì nei casi previsti dall'articolo 3, numero 1) e numero 2), lettere *a*), *c*), *d*) ed *e*), della legge 1° dicembre 1970, n. 898.

24. L'unione civile si scioglie, inoltre, quando le parti hanno manifestato anche disgiuntamente la volontà di scioglimento dinanzi all'ufficiale dello stato civile. In tale caso la domanda di scioglimento dell'unione civile è proposta decorsi tre mesi dalla data della manifestazione di volontà di scioglimento dell'unione.

25. Si applicano, in quanto compatibili, gli articoli 4, 5, primo comma, e dal quinto all'undicesimo comma, 8, 9, 9-*bis*, 10, 12-*bis*, 12-*ter*, 12-*quater*, 12-*quinquies* e 12-*sexies*[1] della legge 1° dicembre 1970, n. 898, nonché le disposizioni di cui al Titolo II del libro quarto del codice di procedura civile ed agli articoli 6 e 12 del decreto-legge 12 settembre 2014, n. 132, convertito, con modificazioni, dalla legge 10 novembre 2014, n. 162.

26. La sentenza di rettificazione di attribuzione di sesso determina lo scioglimento dell'unione civile tra persone dello stesso sesso.

27. Alla rettificazione anagrafica di sesso, ove i coniugi abbiano manifestato la volontà di non sciogliere il matrimonio o di non cessarne gli effetti civili, consegue l'automatica instaurazione dell'unione civile tra persone dello stesso sesso.

28. Fatte salve le disposizioni di cui alla presente legge, il Governo è delegato ad adottare, entro sei mesi dalla data di entrata in vigore della presente legge, uno o più decreti legislativi in materia di unione civile tra persone dello stesso sesso nel rispetto dei seguenti princìpi e criteri direttivi:

a) adeguamento alle previsioni della presente legge delle disposizioni dell'ordinamento dello stato civile in materia di iscrizioni, trascrizioni e annotazioni;

b) modifica e riordino delle norme in materia di diritto internazionale privato, prevedendo l'applicazione della disciplina dell'unione civile tra persone dello stesso sesso regolata dalle leggi italiane alle coppie formate da persone dello stesso sesso che abbiano contratto all'estero matrimonio, unione civile o altro istituto analogo;

c) modificazioni ed integrazioni normative per il necessario coordinamento con la presente legge delle disposizioni contenute nelle leggi, negli atti aventi forza di legge, nei regolamenti e nei decreti.

29. I decreti legislativi di cui al comma 28 sono adottati su proposta del Ministro della giustizia, di concerto con il Ministro dell'interno, il Ministro del lavoro e delle politiche sociali e il Ministro degli affari esteri e della cooperazione internazionale.

30. Ciascuno schema di decreto legislativo di cui al comma 28, a seguito della deliberazione del Consiglio dei ministri, è trasmesso alla Camera dei deputati e al Senato della Repubblica perché su di esso siano espressi, entro sessanta giorni dalla trasmissione, i pareri delle Commissioni parlamentari competenti per materia. Decorso tale termine il decreto può essere comunque adottato, anche in mancanza dei pareri. Qualora il termine per l'espressione dei pareri parlamentari scada nei trenta giorni che precedono la scadenza del termine previsto dal comma 28, quest'ultimo termine è prorogato di tre mesi. Il Governo, qualora non intenda conformarsi ai pareri parlamentari, trasmette nuovamente i testi alle Camere con le sue osservazioni e con eventuali modificazioni, corredate dei necessari elementi integrativi di informazione e motivazione. I pareri definitivi delle Commissioni competenti per materia sono espressi entro il termine di dieci giorni dalla data della nuova trasmissione. Decorso tale termine, i decreti possono essere comunque adottati.

31. Entro due anni dalla data di entrata in vigore di ciascun decreto legislativo adottato ai sensi del comma 28, il Governo può adottare disposizioni integrative e correttive del decreto medesimo, nel rispetto dei princìpi e criteri direttivi di cui al citato comma 28, con la procedura prevista nei commi 29 e 30.

32-33.[2] (*Omissis*).

34. Con decreto del Presidente del Consiglio dei ministri, su proposta del Ministro dell'interno, da emanare entro trenta giorni dalla data di entrata in vigore della presente legge, sono stabilite le disposizioni transitorie necessarie per la tenuta dei registri nell'archivio dello stato civile nelle more dell'entrata in vigore dei decreti legislativi adottati ai sensi del comma 28, lettera *a*).

35. Le disposizioni di cui ai commi da 1 a 34 acquistano efficacia a decorrere dalla data di entrata in vigore della presente legge.

36. Ai fini delle disposizioni di cui ai commi da 37 a 67 si intendono per «conviventi di fatto» due persone maggiorenni unite stabilmente da legami affettivi di coppia e di reciproca assistenza morale e materiale, non vincolate da rapporti di parentela, affinità o adozione, da matrimonio o da un'unione civile.

37. Ferma restando la sussistenza dei presupposti di cui al comma 36, per l'accertamento della stabile convivenza si fa riferimento alla dichiarazione anagrafica di cui all'articolo 4 e alla lettera *b*) del comma 1 dell'articolo 13 del regolamento di cui al decreto del Presidente della Repubblica 30 maggio 1989, n. 223.

38. I conviventi di fatto hanno gli stessi diritti spettanti al coniuge nei casi previsti dall'ordinamento penitenziario.

39. In caso di malattia o di ricovero, i conviventi di fatto hanno diritto reciproco di visita, di assistenza nonché di accesso alle informazioni personali, secondo le regole di organizzazione delle strutture ospedaliere o di assistenza pubbliche, private o convenzionate, previste per i coniugi e i familiari.

40. Ciascun convivente di fatto può designare l'altro quale suo rappresentante con poteri pieni o limitati:

a) in caso di malattia che comporta incapacità di intendere e di volere, per le decisioni in materia di salute;

b) in caso di morte, per quanto riguarda la donazione di organi, le modalità di trattamento del corpo e le celebrazioni funerarie.

41. La designazione di cui al comma 40 è effettuata in forma scritta e autografa oppure, in caso di impossibilità di redigerla, alla presenza di un testimone.

42. Salvo quanto previsto dall'articolo 337-*sexies* del codice civile, in caso di morte del proprietario della casa di comune residenza il convivente di fatto superstite ha diritto di continuare ad abitare nella stessa per due anni o per un periodo pari alla convivenza se superiore a due anni e comunque non oltre i cinque anni. Ove nella stessa coabitino figli minori o figli disabili del convivente superstite, il medesimo ha diritto di continuare ad abitare nella casa di comune residenza per un periodo non inferiore a tre anni.

43. Il diritto di cui al comma 42 viene meno nel caso in cui il convivente superstite cessi di abitare stabilmente nella casa di comune residenza o in caso di matrimonio, di unione civile o di nuova convivenza di fatto.

44. Nei casi di morte del conduttore o di suo recesso dal contratto di locazione della casa di comune residenza, il convivente di fatto ha facoltà di succedergli nel contratto.

45. Nel caso in cui l'appartenenza ad un nucleo familiare costituisca titolo o causa di preferenza nelle graduatorie per l'assegnazione di alloggi di edilizia popolare, di tale titolo o causa di preferenza possono godere, a parità di condizioni, i conviventi di fatto.

46.[3] (*Omissis*).

47.[4] (*Omissis*).

48. Il convivente di fatto può essere nominato tutore, curatore o amministratore di sostegno, qualora l'altra parte sia dichiarata interdetta o inabilitata ai sensi delle norme vigenti ovvero ricorrano i presupposti di cui all'articolo 404 del codice civile.

49. In caso di decesso del convivente di fatto, derivante da fatto illecito di un terzo, nell'individuazione del danno risarcibile alla parte superstite si

applicano i medesimi criteri individuati per il risarcimento del danno al coniuge superstite.

50. I conviventi di fatto possono disciplinare i rapporti patrimoniali relativi alla loro vita in comune con la sottoscrizione di un contratto di convivenza.

51. Il contratto di cui al comma 50, le sue modifiche e la sua risoluzione sono redatti in forma scritta, a pena di nullità, con atto pubblico o scrittura privata con sottoscrizione autenticata da un notaio o da un avvocato che ne attestano la conformità alle norme imperative e all'ordine pubblico.

52. Ai fini dell'opponibilità ai terzi, il professionista che ha ricevuto l'atto in forma pubblica o che ne ha autenticato la sottoscrizione ai sensi del comma 51 deve provvedere entro i successivi dieci giorni a trasmetterne copia al comune di residenza dei conviventi per l'iscrizione all'anagrafe ai sensi degli articoli 5 e 7 del regolamento di cui al decreto del Presidente della Repubblica 30 maggio 1989, n. 223.

53. Il contratto di cui al comma 50 reca l'indicazione dell'indirizzo indicato da ciascuna parte al quale sono effettuate le comunicazioni inerenti al contratto medesimo. Il contratto può contenere:

a) l'indicazione della residenza;

b) le modalità di contribuzione alle necessità della vita in comune, in relazione alle sostanze di ciascuno e alla capacità di lavoro professionale o casalingo;

c) il regime patrimoniale della comunione dei beni, di cui alla sezione III del capo VI del titolo VI del libro primo del codice civile.

54. Il regime patrimoniale scelto nel contratto di convivenza può essere modificato in qualunque momento nel corso della convivenza con le modalità di cui al comma 51.

55. Il trattamento dei dati personali contenuti nelle certificazioni anagrafiche deve avvenire conformemente alla normativa prevista dal codice in materia di protezione dei dati personali, di cui al decreto legislativo 30 giugno 2003, n. 196, garantendo il rispetto della dignità degli appartenenti al contratto di convivenza. I dati personali contenuti nelle certificazioni anagrafiche non possono costituire elemento di discriminazione a carico delle parti del contratto di convivenza.

56. Il contratto di convivenza non può essere sottoposto a termine o condizione. Nel caso in cui le parti inseriscano termini o condizioni, questi si hanno per non apposti.

57. Il contratto di convivenza è affetto da nullità insanabile che può essere fatta valere da chiunque vi abbia interesse se concluso:

a) in presenza di un vincolo matrimoniale, di un'unione civile o di un altro contratto di convivenza;

b) in violazione del comma 36;

c) da persona minore di età;

d) da persona interdetta giudizialmente;

e) in caso di condanna per il delitto di cui all'articolo 88 del codice civile.

58. Gli effetti del contratto di convivenza restano sospesi in pendenza del procedimento di interdizione giudiziale o nel caso di rinvio a giudizio o di misura cautelare disposti per il delitto di cui all'articolo 88 del codice civile, fino a quando non sia pronunciata sentenza di proscioglimento.

59. Il contratto di convivenza si risolve per:

a) accordo delle parti;

b) recesso unilaterale;

c) matrimonio o unione civile tra i conviventi o tra un convivente ed altra persona;

d) morte di uno dei contraenti.

60. La risoluzione del contratto di convivenza per accordo delle parti o per recesso unilaterale deve essere redatta nelle forme di cui al comma 51. Qualora il contratto di convivenza preveda, a norma del comma 53, lettera *c*), il regime patrimoniale della comunione dei beni, la sua risoluzione determina lo scioglimento della comunione medesima e si applicano, in quanto compatibili, le disposizioni di cui alla sezione III del capo VI del titolo VI del libro primo del codice civile. Resta in ogni caso ferma la competenza del notaio per gli atti di trasferimento di diritti reali immobiliari comunque discendenti dal contratto di convivenza.

61. Nel caso di recesso unilaterale da un contratto di convivenza il professionista che riceve o che autentica l'atto è tenuto, oltre che agli adempimenti di cui al comma 52, a notificarne copia all'altro contraente all'indirizzo risultante dal contratto. Nel caso in cui la casa familiare sia nella disponibilità esclusiva del recedente, la dichiarazione di recesso, a pena di nullità, deve contenere il termine, non inferiore a novanta giorni, concesso al convivente per lasciare l'abitazione.

62. Nel caso di cui alla lettera *c*) del comma 59, il contraente che ha contratto matrimonio o unione civile deve notificare all'altro contraente, nonché al professionista che ha ricevuto o autenticato il contratto di convivenza, l'estratto di matrimonio o di unione civile.

63. Nel caso di cui alla lettera *d*) del comma 59, il contraente superstite o gli eredi del contraente deceduto devono notificare al professionista che ha ricevuto o autenticato il contratto di convivenza l'estratto dell'atto di morte affinché provveda ad annotare a margine del contratto di convivenza l'avvenuta risoluzione del contratto e a notificarlo all'anagrafe del comune di residenza.

64.[5] (*Omissis*).

65. In caso di cessazione della convivenza di fatto, il giudice stabilisce il diritto del convivente di ricevere dall'altro convivente e gli alimenti qualora versi in stato di bisogno e non sia in grado di provvedere al proprio mantenimento. In tali casi, gli alimenti sono assegnati per un periodo proporzionale alla durata della convivenza e nella misura determinata ai sensi dell'articolo 438, secondo

comma, del codice civile. Ai fini della determinazione dell'ordine degli obbligati ai sensi dell'articolo 433 del codice civile, l'obbligo alimentare del convivente di cui al presente comma è adempiuto con precedenza sui fratelli e sorelle.

66-69. (*Omissis*).

[1] Ai sensi della Tabella A di cui all'art. 8, D.lgs. 1 mar. 2018, n. 21, il riferimento all'art. 12-*sexies*, L. 1 dic. 1970, n. 898, deve intendersi all'art. 570-*bis* codice penale.

[2] Modificano gli artt. 86 e 124 c.c.

[3] Inserisce l'art. 230-*bis* del c.c.

[4] Modifica l'art. 712 c.p.c.

[5] Modifica l'art. 30, L. 31 mag. 1995, n. 218.

- 4 -

D.P.C.M. 23 lug. 2016, n. 144

Regolamento recante disposizioni transitorie necessarie per la tenuta dei registri nell'archivio dello stato civile, ai sensi dell'art. 1, c. 34, della L. 20 maggio 2016, n. 76.

(G.U. 28 lug. 2016, n. 175)

1. ***Richiesta di costituzione dell'unione civile.*** — 1. Al fine di costituire un'unione civile, ai sensi della legge 20 maggio 2016, n. 76, di seguito denominata legge, due persone maggiorenni dello stesso sesso fanno congiuntamente richiesta all'ufficiale dello stato civile del comune di loro scelta.

2. Nella richiesta ciascuna parte deve dichiarare:

a) il nome e il cognome, la data e il luogo di nascita; la cittadinanza; il luogo di residenza;

b) l'insussistenza delle cause impeditive alla costituzione dell'unione di cui all'articolo 1, comma 4, della legge.

3. L'ufficiale dello stato civile, verificati i presupposti di cui al comma 1, redige immediatamente processo verbale della richiesta e lo sottoscrive unitamente alle parti, che invita, dandone conto nel verbale, a comparire di fronte a sé in una data, indicata dalle parti, immediatamente successiva al termine di cui all'articolo 2, comma 1, per rendere congiuntamente la dichiarazione costitutiva dell'unione.

4. Se una delle parti, per infermità o altro comprovato impedimento, è nell'impossibilità di recarsi alla casa comunale, l'ufficiale si trasferisce nel luogo in cui si trova la parte impedita e riceve la richiesta di cui al presente articolo, ivi presentata congiuntamente da entrambe le parti.

2. ***Verifiche.*** — 1. Entro quindici giorni dalla presentazione della richiesta, l'ufficiale dello stato civile verifica l'esattezza delle dichiarazioni di cui all'articolo 1, comma 2, e può acquisire d'ufficio eventuali documenti che ritenga necessari per provare l'inesistenza delle cause impeditive indicate nell'articolo 1, comma 4, della legge.

2. Ai fini di cui al comma 1 l'ufficiale adotta ogni misura per il sollecito svolgimento dell'istruttoria e può chiedere la rettifica di dichiarazioni erronee o incomplete nonché l'esibizione di documenti.

3. Se è accertata l'insussistenza dei presupposti o la sussistenza di una causa impeditiva, l'ufficiale ne dà a ciascuna delle parti immediata comunicazione.

3. ***Costituzione dell'unione e registrazione degli atti nell'archivio dello stato civile.*** — 1. Le parti, nel giorno indicato nell'invito, rendono personalmente e congiuntamente, alla presenza di due testimoni, avanti all'ufficiale dello stato civile del comune ove è stata presentata la richiesta, la dichiarazione di voler costituire un'unione civile. Nella dichiarazione le parti confermano l'assenza di cause impeditive di cui all'articolo 1, comma 4, della legge.

2. L'ufficiale, ricevuta la dichiarazione di cui al comma 1, fatta menzione del contenuto dei commi 11 e 12 dell'articolo 1 della legge, redige apposito processo verbale, sottoscritto unitamente alle parti e ai testimoni, cui allega il verbale della richiesta.

3. La registrazione degli atti dell'unione civile, costituita ai sensi del comma 2, è eseguita mediante iscrizione nel registro provvisorio delle unioni civili di cui all'articolo 9. Gli atti iscritti sono inoltre oggetto di annotazione nell'atto di nascita di ciascuna delle parti. A tal fine, l'ufficiale che ha redatto il processo verbale di cui al comma 2 lo trasmette immediatamente al comune di nascita di ciascuna delle parti, conservandone l'originale nei propri archivi.

4. Nella dichiarazione di cui al presente articolo le parti possono rendere la dichiarazione di scelta del regime patrimoniale della separazione dei beni ai sensi dell'articolo 1, comma 13, della legge.

5. La mancata comparizione, senza giustificato motivo, di una o di entrambe le parti nel giorno indicato nell'invito equivale a rinuncia. L'ufficiale redige processo verbale, sottoscritto anche dalla parte e dai testimoni ove presenti, e lo archivia unitamente al verbale della richiesta nel registro provvisorio.

6. Se una delle parti, per infermità o per altro comprovato impedimento, è nell'impossibilità di recarsi alla casa comunale, l'ufficiale si trasferisce nel luogo in cui si trova la parte impedita e, ivi, alla presenza di due testimoni, riceve la dichiarazione costitutiva di cui al presente articolo.

7. Nel caso di imminente pericolo di vita di una delle parti l'ufficiale dello stato civile riceve la dichiarazione costitutiva anche in assenza di richiesta, previo giuramento delle parti stesse sulla sussistenza dei presupposti per la costituzione dell'unione e sull'assenza di cause impeditive di cui all'articolo 1, comma 4, della legge.

4. ***Scelta del cognome comune.*** — 1. Nella dichiarazione di cui all'articolo 3, le parti possono indicare il cognome comune che hanno stabilito di assumere per l'intera durata dell'unione ai sensi dell'articolo 1, comma 10, della legge. La parte può dichiarare all'ufficiale di stato civile di voler anteporre o posporre il proprio cognome, se diverso, a quello comune.

2. A seguito della dichiarazione di cui al comma 1 i competenti uffici procedono alla annotazione nell'atto di nascita e all'aggiornamento della scheda anagrafica.

5. ***Unione costituita a seguito della rettificazione di sesso di uno dei coniugi.*** — 1. I coniugi che, a seguito della rettificazione di sesso di uno di loro, intendano avvalersi di quanto disposto dall'articolo 1, comma 27, della legge, rendono personalmente apposita dichiarazione congiunta all'ufficiale dello stato civile del comune nel quale fu iscritto o trascritto l'atto di matrimonio.

2. Per l'eventuale scelta del cognome comune si applica l'articolo 4.

3. Gli atti dell'unione civile di cui al presente articolo sono annotati nell'atto di matrimonio delle parti e nei relativi atti di nascita.

6. ***Scioglimento dell'unione civile per accordo delle parti.*** — 1. L'accordo delle parti concluso, ai sensi dell'articolo 12 del decreto-legge 12 settembre 2014, n. 132, convertito, con modificazioni, dalla legge 10 novembre 2014, n. 162, ai fini dello scioglimento dell'unione civile è ricevuto dall'ufficiale di stato civile del comune di residenza di una delle parti o del comune presso cui è iscritta o trascritta la dichiarazione costitutiva dell'unione. L'accordo è iscritto nel registro provvisorio delle unioni civili ed è annotato negli atti di nascita di ciascuna delle parti, a cura dei competenti uffici.

2. L'accordo raggiunto a seguito della convenzione di negoziazione assistita, conclusa ai sensi dell'articolo 6 del decreto-legge 12 settembre 2014, n. 132, convertito, con modificazioni, dalla legge 10 novembre 2014, n. 162, deve essere trascritto nel registro provvisorio delle unioni civili ed annotato negli atti di nascita di ciascuna delle parti, a cura dei competenti uffici.

3. Qualora lo scioglimento abbia ad oggetto l'unione civile costituita con le modalità di cui al precedente articolo 5, lo scioglimento è annotato anche nell'atto di matrimonio delle parti.

4. Ai fini dello scioglimento di cui all'articolo 1, comma 24, della legge, si osservano, in quanto compatibili, le disposizioni del presente articolo.

7. ***Documento attestante la costituzione dell'unione.*** — 1. Spetta all'ufficiale dello stato civile il rilascio del documento attestante la costituzione dell'unione, recante i dati anagrafici delle parti, l'indicazione del regime patrimoniale e della residenza, oltre ai dati anagrafici ed alla residenza dei testimoni ai sensi dell'articolo 1, comma 9, della legge.

2. Nei documenti e atti in cui è prevista l'indicazione dello stato civile, per le parti dell'unione civile sono riportate, a richiesta degli interessati, le seguenti formule: «unito civilmente» o «unita civilmente».

8. ***Trascrizioni e nulla osta.*** — 1. Sono trascritte negli archivi dello stato civile le unioni civili costituite all'estero secondo la legge italiana davanti al capo dell'ufficio consolare, competente in base alla residenza di una delle due parti.

2. Lo straniero che vuole costituire in Italia un'unione civile deve presentare all'ufficiale dello stato civile, nella richiesta di cui all'articolo 1, anche una dichiarazione dell'autorità competente del proprio Paese dalla quale risulti che, giusta le leggi cui è sottoposto, nulla osta all'unione civile.

3. (*Omissis*).

9-11. (*Omissis*).

MEDIAZIONE

- 1 -

L. 21 mar. 1958, n. 253
Disciplina della professione di mediatore
(G.U. 5 apr. 1958, n. 83)
entrata in vigore il 3 ago. 1958[1]

[1] La L. 21 mar. 1958, n. 253 è stata abrog. dall'art. 10, L. 3 feb. 1989, n. 39.

- 2 -

L. 3 feb. 1989, n. 39
Modifiche ed integrazioni alla legge 21 marzo 1958, n. 253, concernente la disciplina della professione di mediatore
(G.U. 9 feb. 1989, n. 33)

1. Le norme previste dalla presente legge si applicano ai mediatori di cui al capo XI del titolo III del libro IV del codice civile, eccezion fatta per gli agenti di cambio, per i mediatori pubblici e per i mediatori marittimi, categorie per le quali continuano ad avere applicazione le disposizioni attualmente in vigore.

2. 1. Presso ciascuna camera di commercio, industria, artigianato e agricoltura è istituito un ruolo degli agenti di affari in mediazione, nel quale devono iscriversi coloro che svolgono o intendono svolgere l'attività di mediazione, anche se esercitata in modo discontinuo o occasionale.

2. Il ruolo è distinto in tre sezioni: una per gli agenti immobiliari, una per gli agenti merceologici ed una per gli agenti muniti di mandato a titolo oneroso, salvo ulteriori distinzioni in relazione a specifiche attività di mediazione da stabilire con il regolamento di cui all'art. 11.

3. Per ottenere l'iscrizione nel ruolo gli interessati devono:

a) essere cittadini italiani o cittadini di uno degli Stati membri della Comunità economica europea, ovvero stranieri residenti nel territorio della Repubblica italiana e avere raggiunto la maggiore età;

b) avere il godimento dei diritti civili;

c) risiedere nella circoscrizione della camera di commercio, industria, artigianato e agricoltura nel cui ruolo intendono iscriversi;

d) aver assolto agli impegni derivanti dalle norme relative agli obblighi scolastici vigenti al momento della loro età scolare;

e) avere conseguito il diploma di scuola secondaria di secondo grado di indirizzo commerciale o la laurea in materie commerciali o giuridiche ovvero aver superato un esame diretto ad accertare l'attitudine e la capacità professionale dell'aspirante in relazione al ramo di mediazione prescelto. L'accesso all'esame è consentito a quanti hanno prestato per almeno due anni la propria opera presso imprese esercenti l'attività di mediazione oppure hanno frequentato un apposito corso preparatorio. Le materie e le modalità dell'esame sono stabilite dal Ministro dell'industria, del commercio e dell'artigianato, sentita la commissione centrale di cui all'art. 4;

f) salvo che non sia intervenuta la riabilitazione non essere stati sottoposti a misure di prevenzione, divenute definitive, a norma della L. 27 dicembre 1956, n. 1423; della L. 10 febbraio 1962, n. 57, della L. 31 maggio 1965, n. 575, della L. 13 settembre 1982, n. 646; non essere incorsi in reati puniti con la reclusione ai sensi dell'articolo 116 del regio decreto 21 dicembre 1933, numero 1736, e successive modificazioni; non essere interdetti o inabilitati, falliti, condannati per delitti contro la pubblica amministrazione, l'amministrazione della giustizia, la fede pubblica, la economia pubblica, l'industria ed il commercio, ovvero per delitto di omicidio volontario, furto, rapina, estorsione, truffa, appropriazione indebita, ricettazione, emissione di assegni a vuoto e per ogni altro delitto non colposo per il quale la legge commini la pena della reclusione non inferiore, nel minimo, a due anni e, nel massimo, a cinque anni.[1]

4. L'iscrizione al ruolo deve essere richiesta anche se l'attività viene esercitata in modo occasionale o discontinuo, da coloro che svolgono, su mandato a titolo oneroso, attività per la conclusione di affari relativi ad immobili od aziende.

[1] Lettera così sost. dall'art. 18, L. 5 mar. 2001, n. 57.

3. 1. L'iscrizione nel ruolo abilita all'esercizio dell'attività di mediazione su tutto il territorio della Repubblica, nonché a svolgere ogni attività complementare o necessaria per la conclusione dell'affare.

2. L'iscrizione nel ruolo è a titolo personale; l'iscritto non può delegare le funzioni relative all'esercizio della mediazione, se non ad altro agente di affari in mediazione iscritto nel ruolo.

3. Agli agenti immobiliari iscritti nell'apposita sezione del ruolo possono essere affidati incarichi di perizie e consulenza tecnica in materia immobiliare da parte di enti pubblici.

4. Essi hanno titolo per essere inclusi nel ruolo dei periti e degli esperti, tenuto dalle camere di commercio, industria, artigianato e agricoltura, nonché negli elenchi dei consulenti tecnici presso i tribunali.

5. Tutti coloro che esercitano, a qualsiasi titolo, le attività disciplinate dalla presente legge per conto di imprese organizzate, anche in forma societaria, per l'esercizio dell'attività di mediazione debbono essere iscritti nel ruolo.

5-*bis*. Per l'esercizio della professione di mediatore deve essere prestata idonea garanzia assicurativa a copertura dei rischi professionali ed a tutela dei clienti. Gli agenti immobiliari che esercitano l'attività di mediazione in violazione dell'obbligo di cui al precedente periodo sono puniti con la sanzione amministrativa del pagamento di una somma compresa fra euro 3.000 ed euro 5.000.[1]

[1] Periodo aggiunto dall'art. 1, c. 993, L. 27 dic. 2017, n. 205.

4. 1. Presso il Ministero dell'industria, del commercio e dell'artigianato è istituita la commissione centrale per l'esame dei ricorsi degli agenti di affari in mediazione e per la definizione delle materie e delle modalità degli esami di cui all'art. 2.

2. La commissione centrale è nominata con decreto del Ministro dell'industria, del commercio e dell'artigianato ed è composta da:

a) un rappresentante del Ministero dell'industria, del commercio e dell'artigianato, che la presiede;

b) un rappresentante del Ministero del commercio con l'estero;

c) un rappresentante delle regioni, designato dalla commissione interregionale di cui all'art. 13 della legge 16 maggio 1970, n. 281;

d) un rappresentante del Ministero di grazia e giustizia;

e) un rappresentante del Ministero dell'agricoltura e delle foreste;

f) un rappresentante del Ministero dei lavori pubblici;

g) tre membri designati rispettivamente dalle organizzazioni più rappresentative, a livello nazionale, del commercio, dell'agricoltura e dell'industria;

h) un rappresentante delle camere di commercio industria, artigianato e agricoltura designato dalla Unione italiana delle camere di commercio, industria artigianato e agricoltura;

i) sette rappresentanti dei mediatori scelti tra le persone designate dalle associazioni sindacali nazionali di categoria, per i mediatori immobiliari e per gli agenti merceologici.

3. La commissione dura in carica quattro anni; i membri svolgono il loro incarico in forma gratuita e possono essere riconfermati.

4. La commissione nomina al suo interno un vicepresidente; le funzioni di segretario sono esercitate da un funzionario del Ministero dell'industria, del commercio e dell'artigianato.

5. Per ciascun componente effettivo della commissione è nominato un membro supplente con gli stessi criteri stabiliti per la nomina dei membri effettivi.

5. 1. Per l'esercizio dell'attività disciplinata dai precedenti articoli, compreso l'espletamento delle pratiche necessarie ed opportune per la gestione o la conclusione dell'affare, non è richiesta la licenza prevista dall'art. 115 del T.U. delle leggi di pubblica sicurezza, approvato con R.D. 18 giu. 1931, n. 773.

2. La licenza di cui al comma 1 non abilita all'esercizio dell'attività di mediazione.

3. L'esercizio dell'attività di mediazione è incompatibile con l'esercizio di attività imprenditoriale di produzione, vendita, rappresentanza o promozione dei beni afferenti al medesimo settore merceologico per il quale si esercita l'attività di mediazione ovvero con la qualità di dipendente di tale imprenditore, nonché con l'attività svolta in qualità di dipendente di ente pubblico o di dipendente o collaboratore di imprese esercenti i servizi finanziari di cui all'articolo 4 del decreto legislativo 26 marzo 2010, n. 59, o con l'esercizio di professioni intellettuali afferenti al medesimo settore merceologico per cui si esercita l'attività di mediazione e comunque in situazioni di conflitto di interessi.[1]

3-*bis*. In deroga a quanto disposto dal comma 3, l'esercizio dell'attività di agente immobiliare è compatibile con quella di dipendente o collaboratore di imprese esercenti l'attività di mediazione creditizia disciplinata dagli articoli 128-sexies e seguenti del testo unico delle leggi in materia bancaria e creditizia, di cui al decreto legislativo 1° settembre 1993, n. 385. L'esercizio dell'attività di mediazione creditizia rimane assoggettato alla relativa disciplina di settore e ai relativi controlli.[2]

4. Il mediatore che per l'esercizio della propria attività si avvalga di moduli o formulari, nei quali siano indicate le condizioni del contratto, deve preventivamente depositarne copia presso la commissione di cui all'art. 7.

[1] Comma così sost. dall'art. 4, L. 23 dic. 2021, n. 238.
[2] Comma ins. dall'art. 28, L. 5 ago. 2022, n. 118.

6. 1. Hanno diritto alla provvigione soltanto coloro che sono iscritti nei ruoli.

2. La misura delle provvigioni e la proporzione in cui questa deve gravare su ciascuna delle parti, in mancanza di patto, sono determinate dalle giunte camerali, sentito il parere della commissione provinciale di cui all'art. 7 e tenendo conto degli usi locali.

7. 1. Presso ciascuna camera di commercio, industria, artigianato e agricoltura è istituita una commissione che provvede alle iscrizioni nel ruolo ed alla tenuta del medesimo. La commissione è nominata con deliberazione della giunta camerale e dura in carica quattro anni. Essa è composta:

a) da un membro della giunta camerale;

b) da un rappresentante degli agricoltori, uno degli industriali e uno dei commercianti, designati rispettivamente dalle organizzazioni a livello nazionale e scelti dalla giunta camerale sulla base della maggiore rappresentatività;

c) da cinque rappresentanti degli agenti di affari in mediazione designati dalle organizzazioni di categoria più rappresentative a livello nazionale.

2. Con le stesse modalità si provvede alla nomina dei membri supplenti per lo stesso numero e le medesime categorie.

3. La commissione nomina al suo interno il presidente ed un vicepresidente.

4. In caso di morte o di decadenza di un membro, la commissione è integrata dalla giunta camerale con le stesse modalità previste per la costituzione.

5. Le funzioni di segretario della commissione sono esercitate dal segretario generale della camera di commercio, industria, artigianato e agricoltura o da un funzionario da lui designato in servizio presso la camera di commercio, industria, artigianato e agricoltura.

6. La commissione è tenuta a denunciare all'autorità giudiziaria coloro che esercitano abusivamente, anche se in modo discontinuo, la professione di mediatore.

7. Le spese per il funzionamento delle commissioni sono a carico del bilancio di ciascuna camera di commercio, industria, artigianato e agricoltura.

8. 1. Chiunque esercita l'attività di mediazione senza essere iscritto nel ruolo è punito con la sanzione amministrativa del pagamento di una somma compresa tra euro 7.500[1] e euro 15.000[1] ed è tenuto alla restituzione alle parti contraenti delle provvigioni percepite. Per l'accertamento dell'infrazione, per la contestazione della medesima e per la riscossione delle somme dovute si applicano le disposizioni di cui alla L. 24 nov. 1981, n. 689.

2. A coloro che siano già incorsi nella sanzione di cui al comma 1, anche se vi sia stato pagamento con effetto liberatorio, si applicano le pene previste dall'art. 348 del c.p. nonché l'art. 2231 del c.c.[2]

3. La condanna importa la pubblicazione della sentenza nelle forme di legge.

[1] Importi modif. dall'art. 1, c. 47 L. 27 dic. 2006, n. 296.
[2] Comma così modif. dall'art. 12, c. 6, L. 11 gen. 2018, n. 3.

9. 1. Le commissioni provinciali istituite ai sensi dell'art. 3 del D.P.R. 6 nov. 1960, n. 1926, continuano ad esercitare la propria attività fino alla nomina delle commissioni di cui all'art. 7.

2. Nella prima applicazione della presente legge le commissioni provinciali provvedono ad iscrivere nel nuovo ruolo tutti gli agenti di affari in mediazione che, all'atto dell'entrata in vigore della presente legge, risultano iscritti nei ruoli costituiti in base alla legge 21 marzo 1958, n. 253.

3. Fino all'insediamento della commissione centrale di cui all'art. 4 le materie e le modalità di esame sono stabilite dal Ministero dell'industria, del commercio e dell'artigianato, sentite le organizzazioni sindacali nazionali del commercio, dell'industria, dell'agricoltura e delle categorie interessate.

10. 1. Sono abrogate la L. 21 marzo 1958, n. 253, e le norme del relativo regolamento approvato con D.P.R. 6 nov. 1960, n. 1926, incompatibili con la presente legge.

11. 1. Il Ministro dell'industria, del commercio e dell'artigianato, sentite le organizzazioni nazionali dei commercianti, degli industriali, degli agricoltori e dei mediatori, emana le norme regolamentari e di attuazione della presente legge.

2. Il regolamento, che deve essere emanato entro tre mesi dalla data di entrata in vigore della presente legge, può prevedere, per le infrazioni alle sue norme, sanzioni amministrative del pagamento di una somma non inferiore a euro 1549,37, salvo che il fatto non costituisca reato ai sensi del codice penale e salva l'azione civile dei danni agli interessati a termini di legge.

3. Per l'applicazione delle sanzioni amministrative si osservano le disposizioni della L. 24 nov. 1981, n. 689, e del decreto del D.P.R. 29 luglio 1982, n. 571.

NOTIFICAZIONI

- 1 -

L. 6 feb. 1981, n. 42

Ratifica ed esecuzione della convenzione relativa alla notifica all'estero di atti giudiziari ed extragiudiziari in materia civile o commerciale, adottata a L'Aja il 15 novembre 1965

(G.U. 4 mar. 1981, n. 62, Suppl.)

1. Il Presidente della Repubblica è autorizzato a ratificare la convenzione relativa alla notifica all'estero di atti giudiziari ed extragiudiziari in materia civile o commerciale, adottata a L'Aja il 15 novembre 1965.

2. Piena ed intera esecuzione è data alla convenzione di cui all'articolo precedente a decorrere dalla sua entrata in vigore in conformità all'art. 27 della convenzione stessa.[1]

[1] Entrata in vigore per l'Italia il 24 gen. 1982 come da comunicato pubblicato nella G.U. 6 gen. 1982, n. 4.
V. l'elenco dei paesi membri della convenzione in nota alla stessa.

3. A decorrere dalla stessa data di cui all'art. 2, l'ufficio unico degli ufficiali giudiziari presso la corte d'appello di Roma è designato quale autorità centrale per gli adempimenti che a detta autorità sono attribuiti dalla convenzione.

L'ufficio unico, per tali adempimenti, si vale della propria organizzazione, secondo le disposizioni vigenti che ne regolano il funzionamento.

4. L'autorità centrale, per l'applicazione dell'art. 5 della convenzione, senza indugio e previa autorizzazione del pubblico ministero, a norma dell'art. 805, primo comma, c.p.c., procede direttamente alla notifica degli atti da notificare nel territorio del mandamento di Roma; trasmette agli uffici del pubblico ministero presso i tribunali, secondo la loro competenza a norma dell'art. 805, primo comma, c.p.c., gli atti da notificare nelle rispettive circoscrizioni. I detti uffici, data l'autorizzazione, trasmettono agli uffici unici costituiti presso le corti d'appello e i tribunali e agli ufficiali giudiziari addetti alle preture, secondo la loro competenza, gli atti da notificare nelle rispettive circoscrizioni.

Quando sia chiesto, ai sensi dell'art. 5, lettera *b*), della convenzione, che la notifica sia effettuata in una forma particolare, questa può essere osservata purché non sia in contrasto con l'ordinamento dello Stato.

5. L'autorità centrale, gli uffici unici costituiti presso le corti d'appello e i tribunali e gli ufficiali giudiziari addetti alle preture rilasciano l'attestazione prevista dall'art. 6 della convenzione, riguardo agli atti da essi rispettivamente compiuti. Essi sono tenuti, altresì, all'osservanza del disposto dell'art. 148 c.p.c., quando la notificazione sia stata eseguita a norma dell'art. 5, lettera *a*), della convenzione.

Qualora sia chiesto che l'attestazione di cui al comma precedente sia vistata dall'autorità centrale, gli atti, senza indugio, sono rimessi dall'ufficiale giudiziario procedente a detta autorità che, verificatane la regolarità formale, vista l'attestazione e la trasmette al richiedente. Se è chiesto che il visto sia apposto da un'autorità giudiziaria, è competente il capo dell'ufficio giudiziario presso il quale l'ufficiale giudiziario procedente esercita il suo ministero.

6. Gli uffici unici costituiti presso le corti di appello e i tribunali e gli ufficiali giudiziari addetti alle preture, ciascuno nell'ambito della propria competenza, sono designati a ricevere dall'autorità consolare o diplomatica dello Stato al quale appartiene il richiedente, secondo quanto previsto dall'art. 9 della convenzione, gli atti da notificare.

7. È competente a pronunciarsi sulla domanda di rimessione in termini, di cui all'art. 16 della convenzione, il giudice che sarebbe competente a decidere sulla impugnazione.

Esso decide con ordinanza, sentite le parti in camera di consiglio.

In caso di accoglimento della domanda, il giudice fissa alla parte un termine perentorio per la proposizione della impugnazione nelle forme ordinarie a decorrere dalla data di comunicazione dell'ordinanza effettuata a cura della cancelleria.

8-10. (*Omissis*).

CONVENZIONE

relativa alla notificazione ("signification") e alla comunicazione ("notification") all'estero degli atti giudiziari ed extragiudiziari in materia civile o commerciale

1. La presente Convenzione è applicabile, in materia civile e commerciale, in tutti i casi in cui un atto giudiziario o extragiudiziario debba essere trasmesso all'estero per esservi notificato o comunicato.

La Convenzione non si applica quando l'indirizzo del destinatario dell'atto non è conosciuto.

Capitolo I
ATTI GIUDIZIARI

2. Ciascuno Stato contraente designa una Autorità centrale[1] che assume, in conformità agli articoli da 3 a 6, l'onere di ricevere le richieste di notificazione o di comunicazione provenienti da un altro Stato contraente e di darvi seguito.

L'Autorità centrale è organizzata secondo le modalità previste dallo Stato richiesto.

[1] V. art. 3 legge di ratifica al n. 5.

3. L'Autorità o l'ufficiale ministeriale competenti in base alle leggi dello Stato di origine trasmette all'Autorità centrale dello Stato richiesto una richiesta in conformità alla formula modello allegata alla presente Convenzione, senza che sia necessaria la legalizzazione degli atti né altra formalità equivalente.

La richiesta deve essere accompagnata dall'atto giudiziario o dalla copia, il tutto in duplice esemplare.

4. Se l'Autorità centrale ritiene che le disposizioni della Convenzione non sono state rispettate, ne informa immediatamente il richiedente articolando i motivi di rilievo che riguardano la richiesta.

5. L'Autorità centrale dello Stato richiesto procede o fa procedere alla notificazione o alla comunicazione dell'atto:[1]

a) o secondo le forme prescritte dalla legislazione dello Stato richiesto per la notifica o la comunicazione degli atti redatti in questo paese e che sono destinati alle persone che si trovano nel suo territorio;

b) o secondo la forma particolare chiesta dal richiedente, purché tale forma non sia incompatibile con la legge dello Stato richiesto.

Salvo il caso previsto al comma precedente, lettera *b*), l'atto può sempre essere consegnato al destinatario che lo accetti volontariamente.

Se l'atto deve essere notificato o comunicato in conformità al primo comma, l'Autorità centrale può chiedere che l'atto sia redatto o tradotto nella lingua o in una delle lingue ufficiali del suo paese.

La parte della richiesta conforme alla formula modello allegata alla presente Convenzione, che contiene gli elementi essenziali dell'atto, viene consegnata al destinatario.

[1] V. art. 4 legge di ratifica al n. 5.

6. L'Autorità centrale dello Stato richiesto o ogni autorità che esso abbia designato a tal fine, redige un'attestazione secondo la formula modello allegata alla presente Convenzione.[1]

L'attestazione dà atto dell'esecuzione della richiesta; indica la forma, il luogo e la data dell'esecuzione nonché la persona alla quale l'atto è stato consegnato. Se del caso, precisa il fatto che ne ha impedito l'esecuzione.

Il richiedente può chiedere che l'attestazione che non sia redatta dall'Autorità centrale o da un'autorità giudiziaria venga vistata da una di queste autorità.

L'attestazione è direttamente indirizzata al richiedente.

[1] V. art. 5 legge di ratifica al n. 5.

7. Le annotazioni stampate nella formula modello allegata alla presente Convenzione sono obbligatoriamente redatte o in lingua francese o in lingua inglese.

Possono, inoltre, essere redatte nella lingua o una delle lingue ufficiali dello Stato d'origine.

Gli spazi bianchi corrispondenti a tali annotazioni sono riempiti o nella lingua dello Stato richiesto o in lingua francese o in lingua inglese.

8. Ciascuno Stato contraente ha la facoltà di far procedere direttamente, senza coercizione, tramite i propri agenti diplomatici o consolari, alle notificazioni o comunicazioni di atti giudiziari, alle persone che si trovano all'estero.

Ogni Stato può dichiarare di opporsi all'uso di tale facoltà sul suo territorio, salvo che l'atto debba essere notificato o comunicato ad un cittadino dello Stato di origine.

9. Ciascuno Stato contraente, inoltre, ha la facoltà di utilizzare la via consolare per trasmettere, per la notifica o la comunicazione, atti giudiziari alle autorità di un altro Stato contraente che quest'ultimo ha designato.[1]

Se circostanze eccezionali lo esigono, ogni Stato contraente ha la facoltà di utilizzare, per gli stessi fini, la via diplomatica.[1]

[1] V. art. 6 legge di ratifica al n. 5.

10. La presente Convenzione non è di ostacolo, salvo se lo Stato di destinazione dichiara di opporvisi:

a) alla facoltà di indirizzare direttamente, tramite la posta, atti giudiziari alle persone che si trovano all'estero;

b) alla facoltà, per gli ufficiali ministeriali, i funzionari o le altre persone competenti dello Stato di origine, di far procedere a notificazioni o comunicazioni di atti giudiziari direttamente tramite ufficiali ministeriali, funzionari o altre persone competenti dello Stato di destinazione;

c) alla facoltà, per ogni persona interessata ad un procedimento giudiziario, di far procedere a notificazioni o comunicazioni di atti giudiziari direttamente tramite gli ufficiali ministeriali, funzionari o altre persone competenti dello Stato di destinazione.

11. La presente Convenzione non si oppone a che degli Stati contraenti si accordino per ammettere, ai fini della notificazione o della comunicazione di atti giudiziari, altre vie di trasmissione diverse da quelle previste dagli articoli che precedono ed in particolare la comunicazione diretta tra le loro rispettive autorità.

12. Le notificazioni o comunicazioni degli atti giudiziari provenienti da uno Stato contraente non possono dar luogo al pagamento o al rimborso di tasse o spese per i servizi dello Stato richiesto.

Il richiedente è tenuto a pagare o rimborsare le spese causate da:

a) l'intervento di un ufficiale ministeriale o di una persona competente secondo la legge dello Stato di destinazione;

b) l'adozione di una forma particolare.

13. L'esecuzione di una richiesta di notifica o di comunicazione in conformità alle disposizioni della presente Convenzione non può essere rifiutata se non quando lo Stato richiesto ritiene che l'esecuzione sia tale da arrecare pregiudizio alla propria sovranità o sicurezza.

L'esecuzione non può essere rifiutata per il solo motivo che la legge dello Stato richiesto rivendica la competenza giudiziaria esclusiva nell'affare in causa o non conosce mezzi legali che rispondano all'oggetto della domanda.

In caso di rifiuto, l'autorità centrale ne informa immediatamente il richiedente indicandone i motivi.

14. Le difficoltà che potrebbero sorgere in occasione della trasmissione, a scopo di notifica o di comunicazione, di atti giudiziari saranno appianate per via diplomatica.

15. Quando un atto introduttivo o un atto equivalente sia stato trasmesso all'estero per la notifica o la comunicazione, secondo le disposizioni della presente Convenzione e il convenuto non compare, il giudice è tenuto a soprassedere alla decisione fintanto che non si abbia la prova:

a) o che l'atto è stato notificato o comunicato secondo le forme prescritte dalla legislazione dello Stato richiesto per la notificazione o la comunicazione degli atti redatti in tale Paese e destinati alle persone che si trovano sul suo territorio;

b) o che l'atto è stato effettivamente consegnato al convenuto o nella sua dimora secondo un'altra procedura prevista dalla presente Convenzione, e che, in ciascuna di tali eventualità, sia la notificazione o la comunicazione sia la consegna ha avuto luogo in tempo utile perché il convenuto abbia avuto la possibilità di difendersi.

Ciascuno Stato contraente ha la facoltà di dichiarare che i propri giudici, nonostante le disposizioni del primo comma, possono decidere se sussistono le seguenti condizioni, benché nessuna attestazione che dia atto della notificazione o comunicazione, o della consegna, sia stata ricevuta:

a) l'atto è stato trasmesso secondo uno dei modi previsti dalla presente Convenzione;

b) dalla data di invio dell'atto è trascorso un termine che il giudice valuterà in ciascun caso particolare e che sarà di almeno sei mesi;

c) malgrado ogni diligenza utile presso le autorità competenti dello Stato richiesto, non è stata ottenuta un'attestazione.

Il presente articolo non osta a che, in caso di urgenza, il giudice ordini ogni misura provvisoria conservativa.

16. Quando un atto introduttivo o un atto equivalente ha dovuto essere trasmesso all'estero per la notifica o la comunicazione, secondo le disposizioni della presente Convenzione, e una decisione è stata emessa nei confronti di un convenuto non comparso, il giudice[1] ha la facoltà di rimuovere la preclusione derivante per il convenuto dallo scadere del termine di impugnazione, se sussistono le seguenti condizioni:

a) il convenuto, senza che vi sia colpa da parte sua, non ha avuto conoscenza dell'atto in tempo utile per difendersi e della decisione per impugnarla;

b) i motivi di impugnazione del convenuto non sembrano del tutto privi di fondamento.

La richiesta di rimuovere la preclusione è inammissibile se non è formulata entro un termine ragionevole a partire dal momento in cui il convenuto ha avuto conoscenza della decisione.

Ciascuno Stato contraente ha la facoltà di dichiarare che tale richiesta è inammissibile se è formulata dopo lo scadere di un termine che esso preciserà nella propria dichiarazione, purché tale termine non sia inferiore ad un anno a decorrere dalla pronuncia della decisione.

Il presente articolo non si applica alle decisioni che riguardano lo stato delle persone.

[1] V. art. 7 legge di ratifica al n. 5.

Capitolo II

ATTI EXTRAGIUDIZIARI

17. Gli atti extragiudiziari delle autorità degli ufficiali "ministeriali" di uno Stato contraente possono essere trasmessi per la notificazione o la comunicazione in un altro Stato contraente nei modi ed alle condizioni previste dalla presente Convenzione.

Capitolo III

DISPOSIZIONI GENERALI

18. Ogni Stato contraente può designare, oltre alla Autorità centrale, altre autorità, di cui determinerà le competenze.

Tuttavia, il richiedente ha sempre il diritto di rivolgersi direttamente alla Autorità centrale.

Gli Stati federali hanno la facoltà di designare più Autorità centrali.

19. La presente Convenzione non si oppone a che la legge interna di uno Stato contraente permetta altre forme di trasmissione non previste negli articoli precedenti, per fini di notifica o di comunicazione, sul proprio territorio, degli atti che provengono dall'estero.

20-21. (*Omissis*).

22. La presente Convenzione sostituirà, nei rapporti fra gli Stati che l'avranno ratificata, gli articoli da 1 a 7 delle Convenzioni relative alla procedura civile, rispettivamente firmate all'Aja, il 17 luglio 1905 e il 1° marzo 1954, purché detti Stati siano Parti all'una o all'altra di dette Convenzioni.

23. La presente Convenzione non pregiudica l'applicazione dell'art. 23 della Convenzione relativa alla procedura civile, firmata all'Aja, il 17 luglio 1905, né dell'art. 24 di quella firmata all'Aja il 1° marzo 1954.

Detti articoli non sono tuttavia applicabili se non nel caso in cui si faccia uso di modi di comunicazione identici a quelli previsti da dette Convenzioni.

24. Gli accordi aggiuntivi alle dette Convenzioni del 1905 e del 1954, conclusi dagli Stati contraenti, sono considerati egualmente applicabili alla presente Convenzione, a meno che gli Stati interessati non convengano diversamente.

25. Senza pregiudizio della applicazione degli artt. 22 e 24, la presente Convenzione non deroga alle Convenzioni in cui gli Stati contraenti siano o saranno Parti e che contengano delle disposizioni sulle materie regolate dalla presente Convenzione.

26-31. (*Omissis*).[1]

[1] La Convenzione è stata ratificata, con riserva e/o dichiarazioni (v. Comunicato del Ministero degli affari esteri in G.U. 28 set. 1982, n. 267) dai seguenti Stati: Stati Uniti d'America, Regno Unito di Gran Bretagna e Irlanda del Nord, Repubblica Araba d'Egitto, Danimarca, Norvegia, Svezia, Finlandia, Giappone, Belgio, Turchia, Francia, Israele, Portogallo, Lussemburgo, Regno dei Paesi Bassi, Repubblica Federale di Germania, e Italia. Successivamente (v. Comunicato del Ministero degli affari esteri in G.U. 22 ott. 1984, n. 291) hanno depositato lo strumento di ratifica o di adesione Cipro e Grecia. La Gran Bretagna ha dichiarato di estendere la convenzione ai territori di Anguilla e S. Kitts e Nevis.

- 2 -

L. 20 nov. 1982, n. 890

Notificazioni di atti a mezzo posta e di comunicazioni a mezzo posta connesse con la notificazione di atti giudiziari[1]

(G.U. 4 dic. 1982, n. 334)

[1] Ai sensi di quanto disposto dall'art. 1, c. 97-*ter*, L. 23 dic. 2014, n. 190, come modif. dall'art. 1, c. 461, L. 27 dic. 2017, n. 205, ai fini delle notificazioni a mezzo posta, qualunque riferimento della legislazione vigente all'ufficio postale per mezzo del quale è effettuata la spedizione deve intendersi riferito al «punto di accettazione» e all'ufficio postale preposto alla consegna deve intendersi riferito al «punto di deposito».

1. In materia civile, amministrativa e penale, l'ufficiale giudiziario può avvalersi del servizio postale per la notificazione degli atti, salvo che l'autorità giudiziaria disponga o la parte richieda che la notificazione sia eseguita personalmente.

L'ufficiale giudiziario deve avvalersi del servizio postale per la notificazione degli atti in materia civile ed amministrativa da eseguirsi fuori del comune ove ha sede l'ufficio, eccetto che la parte chieda che la notificazione sia eseguita di persona.

Il servizio deve essere erogato da operatori postali in possesso della licenza di cui all'articolo 5, comma 2, secondo periodo, del decreto legislativo 22 luglio 1999, n. 261, e deve rispettare gli obblighi di qualità minima stabiliti dall'Autorità per le garanzie nelle comunicazioni ai sensi della legge 4 agosto 2017, n. 124.[1]

[1] Comma aggiunto dall'art. 1, c. 97-*bis*, L. 23 dic. 2014, n. 190, come modif. dall'art. 1, c. 461, L. 27 dic. 2017, n. 205. Ai sensi del c. 97-*quinquies*, L. 190/2014, le disposizioni si applicano a decorrere dalla data di entrata in vigore del provvedimento del Ministero dello sviluppo economico che disciplina le procedure per il rilascio delle licenze di cui all'articolo 5, comma 2, secondo periodo, del D.lgs. 22 lug. 1999, n. 261.

2. Gli ufficiali giudiziari, per la notificazione degli atti a mezzo del servizio postale e per le comunicazioni a mezzo di lettera raccomandata connesse con la notificazione di atti giudiziari, fanno uso di speciali buste e moduli, per avvisi di ricevimento, entrambi di colore verde, di cui debbono fornirsi a propria cura e spese, conformi al modello approvato dall'Autorità per le garanzie nelle comunicazioni, sentito il Ministero della giustizia. Sulle buste non sono apposti segni o indicazioni dai quali possa desumersi il contenuto dell'atto.[1]

[1] Comma così modif. dall'art. 1, c. 97-*bis*, L. 23 dic. 2014, n. 190, come modif. dall'art. 1, c. 461, L. 27 dic. 2017, n. 205. V. nota art. 1.

3. L'ufficiale giudiziario scrive la relazione di notificazione sull'originale e sulla copia dell'atto, facendo menzione del punto di accettazione dell'operatore postale per mezzo del quale spedisce la copia al destinatario in piego raccomandato con avviso di ricevimento.[1]

Presenta al punto di accettazione dell'operatore postale la copia dell'atto da notificare in busta chiusa, apponendo su quest'ultima le indicazioni del nome, cognome, residenza o dimora o domicilio del destinatario, con l'aggiunta di ogni particolarità idonea ad agevolarne la ricerca; vi appone, altresì, il numero del registro cronologico, la propria sottoscrizione ed il sigillo dell'ufficio. Nei casi in cui l'ufficiale giudiziario si avvalga per la notificazione di sistemi telematici, la sottoscrizione è sostituita dall'indicazione a stampa sul documento prodotto dal sistema informatizzato del nominativo dell'ufficiale giudiziario stesso.[1]

Presenta contemporaneamente l'avviso di ricevimento compilato con le indicazioni richieste dal modello predisposto ai sensi dell'articolo 2, con l'aggiunta del numero del registro cronologico.[1]

Per le notificazioni di atti in materia civile e amministrativa effettuate prima dell'iscrizione a ruolo della causa, o del deposito del ricorso, l'avviso di ricevimento deve indicare come mittente la parte istante o il suo procuratore quando sia stato già nominato. Per le notificazioni in materia penale e per quelle in materia civile e amministrativa effettuate in corso di procedimento, sull'avviso di ricevimento e sul piego devono essere indicati come mittenti, con indicazione dei relativi indirizzi, ivi compreso l'indirizzo di posta elettronica certificata ove il mittente sia obbligato per legge a dotarsene, la parte istante o il suo procuratore o l'ufficio giudiziario, a seconda di chi abbia fatto richiesta della notificazione all'ufficiale giudiziario. In ogni caso il mittente che non sia gravato dall'obbligo di cui al periodo precedente può sempre indicare un indirizzo di posta elettronica certificata ai fini della trasmissione della copia dell'avviso di ricevimento ai sensi dell'articolo 6. Nei casi in cui il cancelliere deve prendere nota sull'originale del provvedimento dell'avvenuta notificazione di un atto di impugnazione o di opposizione, la ricevuta di ritorno deve indicare come mittente l'ufficiale giudiziario tenuto a dare avviso dell'impugnazione o dell'opposizione.[1]

È facoltà dell'operatore postale richiedere una nuova compilazione dell'avviso o il riconfezionamento del piego che risultino effettuati in modo non conforme alla modulistica di cui all'articolo 2. Nel caso in cui il mittente non provveda, l'operatore può rifiutare l'esecuzione del servizio.[2]

L'ufficiale giudiziario corrisponde le tasse postali dovute, compresa quella per l'avviso di ricevimento e della raccomandazione di essa, al punto di accettazione dell'operatore postale.[1]

[1] Comma così modif. dall'art. 1, c. 97-*bis*, L. 23 dic. 2014, n. 190, come modif. dall'art. 1, c. 461, L. 27 dic. 2017, n. 205. V. nota art. 1.

[2] Comma ins. dall'art. 1, c. 97-*bis*, L. 23 dic. 2014, n. 190, come modif. dall'art. 1, c. 461, L. 27 dic. 2017, n. 205. V. nota art. 1.

4. L'avviso di ricevimento del piego raccomandato, completato in ogni sua parte e [munito del bollo dell'ufficio postale][1] recante la data dello stesso giorno di consegna, è spedito in raccomandazione all'indirizzo già predisposto dall'ufficiale giudiziario.

L'avviso di ricevimento può essere trasmesso per telegrafo o in via telematica[2] quando l'autorità giudiziaria o la parte interessata alla notificazione dell'atto ne faccia richiesta, purché il mittente anticipi la spesa, oltre il pagamento della tassa normale. Il telegramma deve essere spedito a cura dell'agente postale e contenere le generalità del destinatario o della persona abilitata che ha ricevuto il piego con l'indicazione della relativa qualifica, i quali, all'atto della consegna del piego, debbono firmare il relativo registro.

L'avviso di ricevimento costituisce prova dell'eseguita notificazione, fermi restando gli effetti di quest'ultima per il notificante al compimento delle formalità a lui direttamente imposte dalle vigenti disposizioni.[3,4]

I termini, che decorrono dalla notificazione eseguita per posta, si computano dalla data di consegna del piego risultante dall'avviso di ricevimento e se la data non risulti, ovvero sia comunque incerta, da quanto attestato sull'avviso medesimo dal punto di accettazione dell'operatore postale che lo restituisce.[5]

[1] Parole soppresse dall'art. 1, c. 813, L. 30 dic. 2018, n. 145.

[2] Periodo aggiunto dall'art. 2, D.L. 14 mar. 2005, n. 35, conv. in L. 14 mag. 2005, n. 80.

[3] Comma così modif. dall'art. 1, c. 97-*bis*, L. 23 dic. 2014, n. 190, come modif. dall'art. 1, c. 461, L. 27 dic. 2017, n. 205. V. nota art. 1.

[4] La Corte cost., con sent. 26 nov. 2002, n. 477, ha dichiarato l'ill. cost. del combinato disposto dall'art. 149 c.p.c. e dall'art. 4, c. 3, L. 20 nov. 1982, n. 890, «nella parte in cui prevede che la notificazione si perfeziona, per il notificante, alla data di ricezione dell'atto da parte del destinatario anziché a quella, antecedente, di consegna dell'atto all'ufficiale giudiziario.».

[5] Comma così modif. dall'art. 1, c. 97-*bis*, L. 23 dic. 2014, n. 190, come modif. dall'art. 1, c. 461, L. 27 dic. 2017, n. 205, poi dall'art. 1, c. 813, L. 30 dic. 2018, n. 145.

5. La ricevuta di spedizione della raccomandata è conservata dall'ufficiale giudiziario ed annotata nel registro cronologico dove pure è annotato l'avviso di ricevimento nelle ipotesi di cui all'ultima parte del quarto comma dell'art. 3. In questi casi l'avviso di ricevimento è poi consegnato al funzionario addetto all'autorità giudiziaria o alla parte richiedente insieme con l'originale dell'atto, al quale deve rimanere allegato.

Negli altri casi previsti nel quarto comma dell'art. 3, il funzionario addetto all'autorità giudiziaria ovvero la parte richiedente, i quali abbiano ricevuto in restituzione l'avviso di ricevimento, richiedono all'ufficiale giudiziario l'originale dell'atto, al quale allegano la ricevuta di ritorno.

In ogni caso, la parte può, anche prima del ritorno dell'avviso di ricevimento, farsi consegnare dall'ufficiale giudiziario l'originale dell'atto per ottenere l'iscrizione della causa a ruolo o per eseguire il deposito del ricorso o controricorso nei giudizi di Cassazione; peraltro, la causa non potrà essere messa in decisione se non sia allegato agli atti l'avviso di ricevimento, salvo che il convenuto si costituisca.[1]

[1] La Corte cost., con sent. 30 mar. 1992, n. 140, ha dichiarato l'ill. cost. del c. 3 «nella parte in cui non prevede la sua applicabilità ai giudizi dinanzi ai giudici amministrativi, ivi compresi i giudizi elettorali».

6.[1] 1. Lo smarrimento dell'avviso di ricevimento non dà diritto ad alcuna indennità, ma l'operatore postale incaricato è tenuto a rilasciare, senza spese, un duplicato o altro documento comprovante il recapito del piego in formato cartaceo e a farlo avere al mittente. Quando il mittente ha indicato un indirizzo di posta elettronica certificata, l'operatore forma una copia per immagine su supporto digitale dell'avviso di ricevimento secondo le modalità prescritte dall'articolo 22 del codice di cui al decreto legislativo 7 marzo 2005, n. 82, e provvede, entro cinque giorni dalla consegna del piego al destinatario, a trasmettere con modalità telematiche la copia dell'avviso al mittente. In alternativa, l'operatore postale genera l'avviso di ricevimento direttamente in formato elettronico ai sensi dell'articolo 21 del codice di cui al decreto legislativo n. 82 del 2005 e lo trasmette in conformità a quanto previsto dal secondo periodo del presente comma. L'originale dell'avviso di ricevimento trasmesso in copia è conservato presso l'operatore postale, dove il mittente può ritirarlo.[2]

2. Per ogni piego smarrito, l'operatore postale incaricato corrisponde un indennizzo nella misura prevista dall'Autorità per le garanzie nelle comunicazioni.

[1] Articolo così sost. dall'art. 1, c. 97-*bis*, L. 23 dic. 2014, n. 190, come modif. dall'art. 1, c. 461, L. 27 dic. 2017, n. 205. La disposizione si applica a decorrere dal 1° giugno 2018.

[2] Comma così modif. dall'art. 1, c. 813, L. 30 dic. 2018, n. 145.

7.[1] 1. L'operatore postale consegna il piego nelle mani proprie del destinatario, anche se dichiarato fallito[2].

2. Se la consegna non può essere fatta personalmente al destinatario, il piego è consegnato, nel luogo indicato sulla busta che contiene l'atto da notificare, a persona di famiglia che conviva anche temporaneamente con lui ovvero addetta alla casa ovvero al servizio del destinatario, purché il consegnatario non sia persona manifestamente affetta da malattia mentale o abbia età inferiore a quattordici anni. In mancanza delle persone indicate al periodo precedente, il piego può essere consegnato al portiere dello stabile ovvero a persona che, vincolata da rapporto di lavoro continuativo, è comunque tenuta alla distribuzione della posta al destinatario.

3. L'avviso di ricevimento e di documenti attestanti la consegna debbono essere sottoscritti dalla persona alla quale è consegnato il piego e, quando la consegna sia effettuata a persona diversa dal destinatario, la firma deve essere seguita, su entrambi i documenti summenzionati, dalla specificazione della qualità rivestita dal consegnatario, con l'aggiunta, se trattasi di familiare, dell'indicazione di convivente anche se temporaneo. Se il piego non viene consegnato personalmente al destinatario dell'atto, l'operatore postale dà notizia al destinatario medesimo dell'avvenuta notificazione dell'atto a mezzo di lettera raccomandata. Il costo della raccomandata è a carico del mittente.[3]

4. Se il destinatario o le persone alle quali può farsi la consegna rifiutano di firmare l'avviso di ricevimento pur ricevendo il piego, ovvero se il destinatario rifiuta il piego stesso o di firmare documenti attestanti la consegna, il che equivale a rifiuto del piego, l'operatore postale ne fa menzione sull'avviso di ricevimento indicando, se si tratti di persona diversa dal destinatario, il nome ed il cognome della persona che rifiuta di firmare nonché la sua qualità, appone la data e la propria firma sull'avviso di ricevimento che è subito restituito al mittente in raccomandazione, unitamente al piego nel caso di rifiuto del destinatario di riceverlo. Analogamente, la prova della consegna è fornita dall'addetto alla notifica nel caso di impossibilità o impedimento determinati da analfabetismo o da incapacità fisica alla sottoscrizione.

[1] Articolo così sost. dall'art. 1, c. 97-*bis*, L. 23 dic. 2014, n. 190, come modif. dall'art. 1, c. 461, L. 27 dic. 2017, n. 205. V. nota art. 1.

[2] A norma del combinato disposto degli artt. 349, c. 1, e 389, c. 1, D.lgs. 12 gen. 2019, n. 14, come sost. dall'art. 1, c. 1, D.L. 24 ago. 2021, n. 118, conv. in L. 21 ott. 2021, n. 147, a decorrere dal 16 mag. 2022, nelle disposizioni normative vigenti i termini «fallimento», «procedura fallimentare», «fallito» nonché le espressioni dagli stessi termini derivate devono intendersi sostituite, rispettivamente, con le espressioni «liquidazione giudiziale», «procedura di liquidazione giudiziale» e «debitore assoggettato a liquidazione giudiziale» e loro derivati, con salvezza della continuità delle fattispecie.

[3] Gli ultimi due periodi sono stati aggiunti dall'art. 1, c. 813, L. 30 dic. 2018, n. 145.

8.[1] 1. Se le persone abilitate a ricevere il piego in luogo del destinatario rifiutano di riceverlo, ovvero se l'operatore postale non può recapitarlo per temporanea assenza del destinatario o per mancanza, inidoneità o assenza delle persone sopra menzionate, il piego è depositato entro due giorni lavorativi dal giorno del tentativo di notifica presso il punto di deposito più vicino al destinatario.[2]

2. Per il ritiro della corrispondenza inesitata l'operatore postale di riferimento deve assicurare la disponibilità di un adeguato numero di punti di giacenza o modalità alternative di consegna della corrispondenza inesitata al destinatario, secondo criteri e tipologie definite dall'Autorità per le garanzie nelle comunicazioni, tenuto conto delle esigenze di riservatezza, sicurezza, riconoscibilità ed accessibilità richieste dalla natura del servizio.

3. In ogni caso, deve essere assicurata la diretta supervisione e responsabilità dell'operatore postale, presso i punti di giacenza o sulle modalità alternative di consegna della corrispondenza inesitata, in relazione alla custodia ed alle altre attività funzionali al ritiro o alla consegna degli invii.

4. Del tentativo di notifica del piego e del suo deposito è data notizia al destinatario, a cura dell'operatore postale, mediante avviso in busta chiusa a mezzo lettera raccomandata con avviso di ricevimento che, in caso di assenza del destinatario, deve essere affisso alla porta d'ingresso oppure immesso nella cassetta della corrispondenza dell'abitazione, dell'ufficio o dell'azienda. L'avviso deve contenere l'indicazione del soggetto che ha richiesto la notifica e del suo eventuale difensore, dell'ufficiale giudiziario al quale la notifica è stata richiesta e del numero di registro cronologico corrispondente, della data di deposito e dell'indirizzo del punto di deposito, nonché l'espresso invito al destinatario a provvedere al ricevimento del piego a lui destinato mediante ritiro dello stesso entro il termine massimo di sei mesi, con l'avvertimento che la notificazione si ha comunque per eseguita trascorsi dieci giorni dalla data di spedizione della lettera raccomandata di cui al periodo precedente e che, decorso inutilmente anche il predetto termine di sei mesi, l'atto sarà restituito al mittente.

5. La notificazione si ha per eseguita dalla data

del ritiro del piego, se anteriore al decorso del termine di dieci giorni di cui al comma 4. In tal caso, l'impiegato del punto di deposito lo dichiara sull'avviso di ricevimento che, datato e firmato dal destinatario o dal suo incaricato che ne ha curato il ritiro, è, entro due giorni lavorativi, spedito al mittente in raccomandazione.

6. Trascorsi dieci giorni dalla data di spedizione della lettera raccomandata, di cui al comma 4, senza che il destinatario o un suo incaricato ne abbia curato il ritiro, l'avviso di ricevimento è, entro due giorni lavorativi, spedito al mittente in raccomandazione con annotazione in calce, sottoscritta dall'operatore postale, della data dell'avvenuto deposito e dei motivi che l'hanno determinato, dell'indicazione 'atto non ritirato entro il termine di dieci giorni' e della data di restituzione. Trascorsi sei mesi dalla data in cui il piego è stato depositato, il piego stesso è restituito al mittente in raccomandazione con annotazione in calce, sottoscritta dall'operatore postale, della data dell'avvenuto deposito e dei motivi che l'hanno determinato, dell'indicazione 'non ritirato entro il termine di sei mesi' e della data di restituzione. Qualora la data delle eseguite formalità manchi sull'avviso di ricevimento o sia, comunque, incerta, la notificazione si ha per eseguita alla data risultante da quanto riportato sull'avviso stesso.

7. Fermi i termini sopra indicati, l'operatore postale può consentire al destinatario di effettuare il ritiro digitale dell'atto non recapitato assicurando l'identificazione del consegnatario ed il rilascio da parte di quest'ultimo di un documento informatico recante una firma equipollente a quella autografa.

[1] Articolo così sost. dall'art. 1, c. 97-*bis*, L. 23 dic. 2014, n. 190, come modif. dall'art. 1, c. 461, L. 27 dic. 2017, n. 205. V. nota art. 1.

[2] Comma così modif. dall'art. 1, c. 813, L. 30 dic. 2018, n. 145.

9.[1] 1. Fermo restando quanto previsto dall'articolo 201, comma 3, del codice della strada, di cui al decreto legislativo 30 aprile 1992, n. 285, sono restituiti al mittente in raccomandazione e con indicazione del motivo del mancato recapito gli invii che non possono essere consegnati per i seguenti motivi: destinatario sconosciuto, trasferito, irreperibile, deceduto, indirizzo inesatto, indirizzo insufficiente, indirizzo inesistente.

[1] Articolo così sost. dall'art. 1, c. 97-*bis*, L. 23 dic. 2014, n. 190, come modif. dall'art. 1, c. 461, L. 27 dic. 2017, n. 205. V. nota art. 1.

10. Le disposizioni che precedono si applicano, in quanto compatibili, alle comunicazioni a mezzo di lettera raccomandata effettuate da ufficiale giudiziario e connesse con la notificazione di atti giudiziari.

11.[1]

[1] Articolo abrog. dall'art. 1, c. 97-*bis*, L. 23 dic. 2014, n. 190, come modif. dall'art. 1, c. 461, L. 27 dic. 2017, n. 205. V. nota art. 1.

12. Le norme sulla notificazione degli atti giudiziari a mezzo della posta sono applicabili alla notificazione degli atti adottati dalle pubbliche amministrazioni di cui all'articolo 1, comma 2, del decreto legislativo 30 marzo 2001, n. 165, e successive modificazioni, da parte dell'ufficio che adotta l'atto stesso.[1]

[Abrogati.][2]

[1] Comma così sost. dall'art. 1, c. 97-*bis*, L. 23 dic. 2014, n. 190, come modif. dall'art. 1, c. 461, L. 27 dic. 2017, n. 205. V. nota art. 1.

[2] Il secondo e terzo comma sono stati abrog. dall'art. 1, c. 97-*bis*, L. 23 dic. 2014, n. 190, come modif. dall'art. 1, c. 461, L. 27 dic. 2017, n. 205. V. nota art. 1.

13. Alle notificazioni degli atti tavolari, qualora siano effettuate a mezzo della posta, si applicano le norme che precedono purché i relativi pieghi siano muniti del bollo di contrassegno dell'ufficio tavolare mittente e siano spediti dal cancelliere dell'ufficio stesso.

14. La notificazione degli avvisi e degli altri atti che per legge devono essere notificati al contribuente deve avvenire con l'impiego di plico sigillato e[1] può eseguirsi a mezzo della posta direttamente dagli uffici finanziari, nonché, ove ciò risulti impossibile,[1] a cura degli ufficiali giudiziari, dei messi comunali ovvero dei messi speciali autorizzati dall'Amministrazione finanziaria, secondo le modalità previste dalla presente legge. Sono fatti salvi i disposti di cui agli artt. 26, 45 e seguenti del D.P.R. 29 set. 1973, n. 602, e 60 del D.P.R. 29 set. 1973, n. 600, nonché le altre modalità di notifica previste dalle norme relative alle singole leggi di imposta.

Qualora i messi comunali e i messi speciali autorizzati dall'Amministrazione finanziaria si avvalgano del sistema di notifica a mezzo posta, il compenso loro spettante ai sensi del primo comma dell'art. 4 della L. 10 mag. 1976, n. 249, è ridotto della metà.

[1] Comma così modif. dall'art. 20 della L. 8 mag. 1998, n. 146.

15. Il terzo ed il quinto comma dell'art. 169 del c.p.p. sono sostituiti, rispettivamente, dai seguenti:

(*Omissis*).

16. Sono abrogati il R.D. 21 ott. 1923, n. 2393, le norme concernenti la notificazione di atti giudiziari e di altri atti contenute nel regolamento di esecuzione del codice postale e delle telecomunicazioni, nonché ogni disposizione comunque incompatibile con quelle della presente legge.

16-*bis*.[1] 1. Per quanto non disciplinato dalla presente legge si applicano le disposizioni internazionali vigenti tra gli Stati.

[1] Articolo aggiunto dall'art. 1, c. 97-*bis*, L. 23 dic. 2014, n. 190, come modif. dall'art. 1, c. 461, L. 27 dic. 2017, n. 205. V. nota art. 1.

- 3 -

L. 7 giu. 1993, n. 183

Norme in materia di utilizzazione dei mezzi di telecomunicazione per la trasmissione degli atti relativi a procedimenti giurisdizionali

(G.U. 14 giu. 1993, n. 137)

1. 1. La copia fotoriprodotta di un atto del processo redatto e sottoscritto da un avvocato o da un procuratore e trasmesso a distanza attraverso i mezzi di telecomunicazione ad altro avvocato si considera conforme all'atto trasmesso se ricorrono i seguenti requisiti:

a) all'avvocato che trasmette l'atto e a quello che lo riceve sia stata conferita procura ai sensi dell'art. 83 del c.p.c., che può risultare anche dall'atto trasmesso, se questo rientra tra quelli indicati nell'art. 83, terzo comma, del c.p.c.;

b) l'atto trasmesso porti l'indicazione e la sottoscrizione leggibile dell'avvocato estensore e tali elementi risultino dalla copia fotoriprodotta dell'atto medesimo. Se l'atto trasmesso contiene, a norma dell'art. 83 del c.p.c., la procura, deve essere a questo apposta e deve risultare dalla copia fotoriprodotta la sottoscrizione leggibile della parte, di cui sia certificata l'autografia con la sottoscrizione leggibile dell'avvocato o procuratore che trasmette l'atto;

c) la copia fotoriprodotta, il cui originale sia dichiarato conforme all'atto trasmesso da parte dell'avvocato estensore e trasmittente, sia sottoscritta dall'avvocato ricevente.

2. La copia fotoriprodotta di un provvedimento del processo sottoscritta da un avvocato o da un procuratore e trasmessa a distanza attraverso i mezzi di telecomunicazione ad altro avvocato si considera conforme all'atto trasmesso se ricorrono i requisiti di cui alla lettera *c*) del comma 1.

3. La copia fotoriprodotta di un atto o di un provvedimento di altro processo sottoscritta da un avvocato e trasmessa a distanza attraverso i mezzi di telecomunicazione ad altro avvocato si considera conforme all'atto trasmesso se ricorrono i requisiti di cui alla lettera *c*) del comma 1.

- 4 -

L. 21 gen. 1994, n. 53

Facoltà di notificazioni di atti civili, amministrativi e stragiudiziali per gli avvocati [*e procuratori legali*][1]

(G.U. 26 gen. 1994, n. 20)

[1] L'art. 3 della L. 24 feb. 1997, n. 27 dispone: «Il termine "procuratore legale" contenuto in disposizioni legislative vigenti si intende sostituito con il termine "avvocato"».

1. 1. L'avvocato munito di procura alle liti a norma dell'art. 83 del c.p.c. e della autorizzazione del consiglio dell'ordine nel cui albo è iscritto a norma dell'art. 7 della presente legge, può eseguire la notificazione di atti in materia civile, amministrativa e stragiudiziale a mezzo del servizio postale, secondo le modalità previste dalla L. 20 nov. 1982, n. 890, salvo che l'autorità giudiziaria disponga che la notifica sia eseguita personalmente. Quando ricorrono i requisiti di cui al periodo precedente, fatta eccezione per l'autorizzazione del consiglio dell'ordine, la notificazione degli atti in materia civile, amministrativa e stragiudiziale può essere eseguita a mezzo di posta elettronica certificata.[1]

[1] Articolo così modif. dall'art. 25, c. 3, lett. *a*), L. 12 nov. 2011, n. 183 in vigore dal 1° feb. 2012 e dall'art. 46, c. 1, D.L. 24 giu. 2014, n. 90, conv. con modif. in L. 11 ago. 2014, n. 114.

2. 1. Per la notificazione di cui all'articolo 1 effettuata a mezzo del servizio postale il notificante utilizza speciali buste e moduli per avvisi di ricevimento, di cui deve fornirsi a propria cura e spese, conformi al modello prestabilito dall'Amministrazione postale per la notifica a mezzo posta.[1]

[1] Comma così modif. dall'art. 16-*quater*, c. 1, lett. *a*), D.L. 18 ott. 2012, n. 179, conv. con modif. in L. 24 dic. 2012, n. 228.

3. 1. Il notificante che procede a norma dell'articolo 2 deve:[1]

a) scrivere la relazione di notificazione sull'originale e sulla copia dell'atto, facendo menzione dell'ufficio postale per mezzo del quale spedisce la copia al destinatario in piego raccomandato con avviso di ricevimento;

b) presentare all'ufficio postale l'originale e la copia dell'atto da notificare; l'ufficio postale appone in calce agli stessi il timbro di vidimazione, inserendo quindi la copia, o le copie, da notificare nelle buste di cui all'art. 2, sulle quali il notificante ha preventivamente apposto le indicazioni del nome, cognome, residenza o dimora o domicilio del destinatario, con l'aggiunta di ogni particolarità idonea ad agevolarne la ricerca; sulle buste devono essere altresì apposti il numero del registro cronologico di cui all'art. 8, la sottoscrizione ed il domicilio del notificante;

c) presentare contemporaneamente l'avviso di ricevimento compilato con le indicazioni richieste dal modello predisposto dall'Amministrazione postale, con l'aggiunta del numero di registro cronologico.

2. Per le notificazioni di atti effettuate prima dell'iscrizione a ruolo della causa o del deposito dell'atto introduttivo della procedura, l'avviso di ricevimento deve indicare come mittente la parte istante e il suo procuratore; per le notificazioni effettuate in corso di procedimento, l'avviso deve indicare anche l'ufficio giudiziario e, quando esiste, la sezione dello stesso.

3. Per il perfezionamento della notificazione e per tutto quanto non previsto dal presente articolo, si applicano, per quanto possibile, gli art. 4 e seguenti della L. 20 nov. 1982, n. 890.

3-*bis*.[2]

[1] Alinea così modif. dall'art. 16-*quater*, c. 1, lett. *b*), D.L.

18 ott. 2012, n. 179, conv. con modif. in L. 24 dic. 2012, n. 228.

[2] Comma così abrog. dall'art. 16-*quater*, c. 1, lett. *c*), D.L. 18 ott. 2012, n. 179, conv. con modif. in L. 24 dic. 2012, n. 228.

3-*bis*.[1] 1. La notificazione con modalità telematica si esegue a mezzo di posta elettronica certificata all'indirizzo risultante da pubblici elenchi, nel rispetto della normativa, anche regolamentare, concernente la sottoscrizione, la trasmissione e la ricezione dei documenti informatici. La notificazione può essere eseguita esclusivamente utilizzando un indirizzo di posta elettronica certificata del notificante risultante da pubblici elenchi.

2. Quando l'atto da notificarsi non consiste in un documento informatico, l'avvocato provvede ad estrarre copia informatica dell'atto formato su supporto analogico, attestandone la conformità con le modalità previste dall'articolo 16-undecies del decreto-legge 18 ottobre 2012, n. 179, convertito, con modificazioni, dalla legge 17 dicembre 2012, n. 221. La notifica si esegue mediante allegazione dell'atto da notificarsi al messaggio di posta elettronica certificata.[2]

3. La notifica si perfeziona, per il soggetto notificante, nel momento in cui viene generata la ricevuta di accettazione prevista dall'articolo 6, comma 1, del decreto del Presidente della Repubblica 11 febbraio 2005, n. 68, e, per il destinatario, nel momento in cui viene generata la ricevuta di avvenuta consegna prevista dall'articolo 6, comma 2, del decreto del Presidente della Repubblica 11 febbraio 2005, n. 68.

4. Il messaggio deve indicare nell'oggetto la dizione: «notificazione ai sensi della legge n. 53 del 1994».

5. L'avvocato redige la relazione di notificazione su documento informatico separato, sottoscritto con firma digitale ed allegato al messaggio di posta elettronica certificata. La relazione deve contenere:

a) il nome, cognome ed il codice fiscale dell'avvocato notificante;

b)[3]

c) il nome e cognome o la denominazione e ragione sociale ed il codice fiscale della parte che ha conferito la procura alle liti;

d) il nome e cognome o la denominazione e ragione sociale del destinatario;

e) l'indirizzo di posta elettronica certificata a cui l'atto viene notificato;

f) l'indicazione dell'elenco da cui il predetto indirizzo è stato estratto;

g) l'attestazione di conformità di cui al comma 2.

6. Per le notificazioni effettuate in corso di procedimento deve, inoltre, essere indicato l'ufficio giudiziario, la sezione, il numero e l'anno di ruolo.

[1] Articolo ins. dall'art. 16-*quater*, c. 1, lett. *d*), D.L. 18 ott. 2012, n. 179, conv. con modif, in L. 24 dic. 2012, n. 228. Vedi anche l'art. 18, D.M. 21 feb. 2011, n. 44, come sost. dall'art. 1, c. 1, D.M. 3 apr. 2013, n. 48: «*Notificazioni per via telematica eseguite dagli avvocati*. – 1. L'avvocato che procede alla notificazione con modalità telematica ai sensi dell'articolo 3-*bis* della legge 21 gennaio 1994, n. 53, allega al messaggio di posta elettronica certificata documenti informatici o copie informatiche, anche per immagine, di documenti analogici privi di elementi attivi e redatti nei formati consentiti dalle specifiche tecniche stabilite ai sensi dell'articolo 34.

2. Quando il difensore procede alla notificazione delle comparse o delle memorie, ai sensi dell'articolo 170, quarto comma, del codice di procedura civile, la notificazione è effettuata mediante invio della memoria o della comparsa alle parti costituite ai sensi del comma 1.

3. La parte rimasta contumace ha diritto a prendere visione degli atti del procedimento tramite accesso al portale dei servizi telematici e, nei casi previsti, anche tramite il punto di accesso.

4. L'avvocato che estrae copia informatica per immagine dell'atto formato su supporto analogico, compie l'asseverazione prevista dall'articolo 22, comma 2, del codice dell'amministrazione digitale, inserendo la dichiarazione di conformità all'originale nella relazione di notificazione, a norma dell'articolo 3-*bis*, comma 5, della legge 21 gennaio 1994, n. 53.

5. La procura alle liti si considera apposta in calce all'atto cui si riferisce quando è rilasciata su documento informatico separato allegato al messaggio di posta elettronica certificata mediante il quale l'atto è notificato. La disposizione di cui al periodo precedente si applica anche quando la procura alle liti è rilasciata su foglio separato del quale è estratta copia informatica, anche per immagine.

6. La ricevuta di avvenuta consegna prevista dall'articolo 3-*bis*, comma 3, della legge 21 gennaio 1994, n. 53 è quella completa, di cui all'articolo 6, comma 4, del decreto del Presidente della Repubblica 11 febbraio 2005, n. 68.».

[2] Comma così modif. dall'art. 19, D.L. 27 giu. 2015, n. 83, conv. con modif. in L. 6 ago. 2015, n. 132.

[3] Lettera soppressa dall'art. 46, c. 1, D.L. 24 giu. 2014, n. 90, conv. con modif. in L. 11 ago. 2014, n. 114.

4. L'avvocato o il procuratore legale, munito della procura e dell'autorizzazione di cui all'articolo 1, può eseguire notificazioni in materia civile, amministrativa e stragiudiziale, direttamente, mediante consegna di copia dell'atto nel domicilio del destinatario, nel caso in cui il destinatario sia altro avvocato o procuratore legale, che abbia la qualità di domiciliatario di una parte.[1]

2. La notifica può essere eseguita mediante consegna di copia dell'atto nel domicilio del destinatario se questi ed il notificante sono iscritti nello stesso albo. In tal caso l'originale e la copia dell'atto devono essere previamente vidimati e datati dal consiglio dell'ordine nel cui albo entrambi sono iscritti.[2]

[1] Comma così modif. dall'art. 25, c. 3, lett. *c*), L. 12 nov. 2011, n. 183, in vigore dal 1° feb. 2012 e successivamente dall'art. 16-*quater*, c. 1, lett. *e*), D.L. 18 ott. 2012, n. 179, conv. con modif. in L. 24 dic. 2012, n. 228.

[2] Comma così sost. dall'art. 25, c. 3, lett. *c*), L. 12 nov. 2011, n. 183, in vigore dal 1° feb. 2012.

5. 1.[1]

2. Quando la notificazione viene effettuata ai sensi dell'articolo 4, comma 2, l'atto deve essere

consegnato nelle mani proprie del destinatario. Se la consegna non può essere fatta personalmente al destinatario, l'atto è consegnato, nel domicilio risultante al consiglio dell'ordine in cui il destinatario è iscritto, a persona addetta allo studio ovvero al servizio del destinatario.[2]

3. Nei casi previsti dal comma 2 l'originale e la copia dell'atto notificato nonché il registro cronologico di cui all'art. 8 sono sottoscritti dalla persona alla quale l'atto è consegnato e, quando la consegna sia effettuata a persona diversa dal destinatario, la firma deve essere seguita, su entrambi i documenti summenzionati, dalla specificazione delle generalità e della qualità rivestita dal consegnatario.[2]

[1] Comma abrog dall'art. 16-*quater*, c. 1, lett. *f*), D.L. 18 ott. 2012, n. 179, conv. con modif. in L. 24 dic. 2012, n. 228.

[2] Commi così modif. dall'art. 25, c. 3, lett. *d*), L. 12 nov. 2011, n. 183, in vigore dal 1° feb. 2012.

6. 1. L'avvocato o il procuratore legale, che compila la relazione o le attestazioni di cui agli articoli 3, 3-*bis* e 9 o le annotazioni di cui all'articolo 5, è considerato pubblico ufficiale ad ogni effetto.[1]

2. Il compimento di irregolarità o abusi nell'esercizio delle facoltà previste dalla presente legge costituisce grave illecito disciplinare, indipendentemente dalla responsabilità prevista da altre norme.

[1] Comma così modif. dall'art. 16-*quater*, c. 1, lett. *g*), D.L. 18 ott. 2012, n. 179, conv. con modif. in L. 24 dic. 2012, n. 228.

7. 1. L'avvocato che intende avvalersi delle facoltà previste dalla presente legge, deve essere previamente autorizzato dal consiglio dell'ordine nel cui albo è iscritto; tale autorizzazione potrà essere concessa esclusivamente agli avvocati che non abbiano procedimenti disciplinari pendenti e che non abbiano riportato la sanzione disciplinare della sospensione dall'esercizio professionale o altra più grave sanzione e dovrà essere prontamente revocata in caso di irrogazione delle dette sanzioni ovvero, anche indipendentemente dall'applicazione di sanzioni disciplinari, in tutti i casi in cui il consiglio dell'ordine, anche in via cautelare, ritenga motivatamente inopportuna la prosecuzione dell'esercizio delle facoltà previste dalla presente legge.

2. Il provvedimento di rigetto o di revoca, emesso in camera di consiglio dopo aver sentito il professionista, è impugnabile davanti al Consiglio nazionale forense nel termine di dieci giorni solo per motivi di legittimità ed è immediatamente esecutivo, indipendentemente dalla sua eventuale impugnazione.

3. In caso di revoca dell'autorizzazione, l'avvocato consegna al consiglio dell'ordine il registro di cui all'art. 8, sul quale vengono annotati il provvedimento di revoca e l'eventuale annullamento del medesimo.

4. I provvedimenti del consiglio dell'ordine adottati ai sensi della presente legge sono resi pubblici nei modi più ampi.

4-*bis*. Le disposizioni del presente articolo non si applicano alle notifiche effettuate a mezzo posta elettronica certificata.[1]

[1] Comma aggiunto dall'art. 46, c. 1, D.L. 24 giu. 2014, n. 90, conv. con modif. in L. 11 ago. 2014, n. 114.

8. 1. L'avvocato che intende avvalersi delle facoltà previste dalla presente legge, deve munirsi di un apposito registro cronologico, il cui modello è stabilito con decreto del Ministro di grazia e giustizia, sentito il parere del Consiglio nazionale forense.[1]

2. La validità del registro di cui al comma 1 è subordinata alla previa numerazione e vidimazione, in ogni mezzo foglio, da parte del presidente del consiglio dell'ordine nel cui albo il notificante è iscritto, o da un consigliere all'uopo delegato, previa l'autorizzazione di cui all'art. 7.

3. Ogni notificazione eseguita ai sensi della presente legge è annotata dal notificante, giornalmente, sul registro cronologico, insieme alle eventuali annotazioni previste dagli articoli precedenti.

4. Il registro cronologico di cui al comma 1 può essere costituito da moduli continui vidimati uso *computer*.

4-*bis*. Le disposizioni del presente articolo non si applicano alle notifiche effettuate a mezzo posta elettronica certificata.[2]

[1] Per il modello del registro cronologico v. D.M. 27 mag. 1994, in G.U. 7 giu. 1994, n. 131.

[2] Comma aggiunto dall'art. 16-*quater*, c. 1, lett. *h*), D.L. 18 ott. 2012, n. 179, conv. con modif. in L. 24 dic. 2012, n. 228.

9. 1. Nei casi in cui il cancelliere deve prendere nota sull'originale del provvedimento dell'avvenuta notificazione di un atto di opposizione o di impugnazione, ai sensi dell'art. 645 del c.p.c. e dell'art. 123 delle disposizioni per l'attuazione, transitorie e di coordinamento del c.p.c., il notificante provvede, contestualmente alla notifica, a depositare copia dell'atto notificato presso il cancelliere del giudice che ha pronunciato il provvedimento.

1-*bis*. Qualora non si possa procedere al deposito con modalità telematiche dell'atto notificato a norma dell'articolo 3-*bis*, l'avvocato estrae copia su supporto analogico del messaggio di posta elettronica certificata, dei suoi allegati e della ricevuta di accettazione e di avvenuta consegna e ne attesta la conformità ai documenti informatici da cui sono tratte ai sensi dell'articolo 23, comma 1, del decreto legislativo 7 marzo 2005, n. 82.[1]

1-*ter*. In tutti i casi in cui l'avvocato debba fornire prova della notificazione e non sia possibile fornirla con modalità telematiche, procede ai sensi del comma 1-*bis*.[2]

[1] Comma aggiunto dall'art. 16-*quater*, c. 1, lett. *i*), D.L. 18 ott. 2012, n. 179, conv. con modif. in L. 24 dic. 2012, n. 228.

[2] Comma aggiunto dall'art. 46, c. 1, D.L. 24 giu. 2014, n. 90, conv. con modif. in L. 11 ago. 2014, n. 114.

10. 1. Agli atti notificati ai sensi della presente legge è apposta, al momento dell'esibizione o del deposito nella relativa procedura, apposita marca, il cui modello e importo sono stabiliti con decreto del Ministro di grazia e giustizia. Quando l'atto è notificato a norma dell'articolo 3-*bis* il pagamento dell'importo di cui al periodo precedente non è dovuto.[1,2]

2. Per le violazioni della disposizione di cui al comma 1 si applicano le sanzioni previste per l'imposta di bollo, con le stesse modalità e procedure, in quanto applicabili.

[1] Comma così modif. dall'art. 16-*quater*, c. 1, lett. *l*), D.L. 18 ott. 2012, n. 179, conv. con modif. in L. 24 dic. 2012, n. 228.

[2] Periodo così sost. dall'art. 46, c. 1, D.L. 24 giu. 2014, n. 90, conv. con modif. in L. 11 ago. 2014, n. 114.

11. 1. Le notificazioni di cui alla presente legge sono nulle e la nullità è rilevabile d'ufficio, se mancano i requisiti soggettivi ed oggettivi ivi previsti, se non sono osservate le disposizioni di cui agli articoli precedenti e, comunque, se vi è incertezza sulla persona cui è stata consegnata la copia dell'atto o sulla data della notifica.

12. 1. I decreti del Ministro di grazia e giustizia previsti agli artt. 8 e 10 sono emanati entro novanta giorni dalla pubblicazione nella *Gazzetta ufficiale* della presente legge.

13. 1. La presente legge entra in vigore il 1° luglio 1994, fatta eccezione per le disposizioni di cui all'art. 12.

- 5 -

L. 19 ott. 1999, n. 422

Ratifica ed esecuzione, in base all'articolo K3 del Trattato sull'Unione europea, della Convenzione relativa alla notificazione negli Stati membri di atti giudiziari ed extragiudiziari in materia civile e commerciale e del Protocollo concernenti l'interpretazione della stessa Convenzione da parte della Corte di giustizia delle Comunità europee, fatti a Bruxelles il 26 mag. 1997

(G.U. 16 nov. 1999, n. 269, Suppl. ord.)

1. 1. Il Presidente della Repubblica è autorizzato a ratificare, in base all'articolo K3 del Trattato sull'Unione europea, la Convenzione relativa alla notificazione negli Stati membri degli atti giudiziari ed extragiudiziari in materia civile o commerciale ed il Protocollo concernente l'interpretazione della stessa Convenzione da parte della Corte di giustizia delle Comunità europee fatti a Bruxelles il 26 mag. 1997.

2. 1. Piena ed intera esecuzione è data agli atti di cui all'art. 1, a decorrere dalla data della loro entrata in vigore in conformità di quanto disposto, rispettivamente, dall'art. 24 della Convenzione e dall'art. 7 del Protocollo.

3. 1. La presente legge entra in vigore il giorno successivo a quello della sua pubblicazione nella *Gazzetta Ufficiale*.

La presente legge, munita dei sigillo dello Stato, sarà inserita nella Raccolta ufficiale degli atti normativi della Repubblica italiana. È fatto obbligo a chiunque spetti di osservarla di farla osservare come legge dello Stato.

CONVENZIONE

stabilita in base all'articolo K3 del Trattato sull'Unione europea relativa alla notificazione negli Stati membri dell'Unione europea di atti giudiziari ed extragiudiziari in materia civile o commerciale

Le alte parti contraenti della presente convenzione, Stati membri dell'Unione europea,

Facendo riferimento all'atto del Consiglio dell'Unione europea del 26 maggio 1997.

Desiderose di migliorare e accelerare la trasmissione tra gli Stati membri degli atti giudiziari ed extragiudiziali in materia civile e commerciale, ai fini della loro notificazione,

Considerando che a tal fine la trasmissione di questi atti sarà effettuata direttamente e con mezzi rapidi tra gli organi designati dagli Stati membri.

Considerando che a norma dell'articolo K3, par. 2, lett. *c*) del trattato sull'Unione europea, le convenzioni stabilite in base all'articolo K3 possono prevedere che la Corte di giustizia delle Comunità europee sia competente a interpretarne le disposizioni secondo modalità che saranno precisate dalle medesime convenzioni.

Tenendo presente la convenzione dell'Aia, del 15 novembre 1965, relativa alla notificazione e alla comunicazione all'estero degli atti giudiziari ed extragiudiziali in materia civile o commerciale e in particolare l'art. 25, a norma del quale la convenzione non deroga alle convenzioni in cui gli Stati contraenti siano o saranno Parti e che contengano delle disposizioni sulle materie regolate dalla presente convenzione.

Hanno convenuto le disposizioni che seguono:

TITOLO I

1. ***Campo d'applicazione.*** — 1. La presente convenzione si applica, in materia civile e commerciale, qualora un atto giudiziario o extragiudiziale debba essere trasmesso in un altro Stato membro per essere notificato al suo destinatario.

2. La convenzione non si applica qualora sia noto il recapito della persona alla quale deve essere notificato l'atto.

2. ***Organi mittenti e riceventi.*** — 1. Ciascuno Stato membro designa gli uffici ministeriali, le autorità o altre persone, in appresso denominati "organi mittenti", competenti per trasmettere gli atti giudiziari o extragiudiziali che devono essere notificati in un altro Stato membro.

2. Ciascuno Stato membro designa gli ufficiali ministeriali, le autorità o altre persone, in appresso denominati "organi riceventi", competenti per ricevere gli atti giudiziari o extragiudiziali emanati da un altro stato membro.

3. All'atto della notificazione di cui all'art. 24, par. 2, ogni Stato membro può dichiarare che designerà un organo mittente e/o un organo ricevente. Gli Stati federali, gli stati nei quali siano in vigore più sistemi di diritto o gli Stati che abbiano unità territoriali autonome possono designare più organi. La designazione è valida per un periodo di cinque anni e può essere rinnovata ogni cinque anni.

4. All'atto della notificazione di cui all'art. 24, par. 2, ciascuno Stato membro fornisce le seguenti informazioni:

a) i nominativi e gli indirizzi degli organi riceventi di cui ai paragrafi 2 e 3;

b) la rispettiva competenza territoriale;

c) i mezzi a loro disposizione per la ricezione degli atti;

d) le lingue che possono essere utilizzate per la compilazione del formulario il cui modello è nell'allegato.

Gli Stati membri notificano al depositario le eventuali modifiche di tali informazioni.

3. ***Autorità centrale.*** — Ciascuno Stato membro designa, all'atto della notificazione di cui all'art. 24, par. 2, un'autorità centrale incaricata:

a) di fornire informazioni agli organi mittenti;

b) di ricercare soluzioni alle difficoltà che possono sorgere in occasione della trasmissione di atti ai fini della notificazione;

c) di trasmettere in casi eccezionali, a richiesta di un organo mittente, una domanda di notificazione al competente organo ricevente.

Gli Stati federali, gli Stati nei quali siano in vigore più sistemi di diritto o gli Stati che abbiano unità territoriali autonome possono designare più autorità centrali.

TITOLO II.

Atti giudiziari

SEZIONE I

Trasmissione e notificazione degli atti giudiziari

4. ***Trasmissione degli atti.*** — 1. Gli atti giudiziari sono trasmessi direttamente e nel più breve tempo possibile tra gli organi designati a norma dell'art. 2.

2. La trasmissione di atti, domande, attestati, ricevute, certificati e di qualsiasi altro documento tra gli organi mittenti e riceventi può essere effettuata con qualsiasi mezzo appropriato, a condizione che il contenuto del documento ricevuto sia fedele e conforme a quello del documento spedito e che tutte le indicazioni che esso comporta siano facilmente comprensibili.

3. L'atto da trasmettere, è corredato di una domanda redatta sulla base del formulario in allegato. Il formulario è compilato nella lingua ufficiale dello Stato membro richiesto o, se quest'ultimo ha più lingue ufficiali, nella lingua o in una delle lingue ufficiali del luogo in cui l'atto deve essere notificato o in un'altra lingua che lo Stato membro abbia dichiarato di poter accettare. A questo scopo, all'atto della notificazione di cui all'art. 24, par. 2 ogni Stato membro indica la o le lingue ufficiali dell'Unione europea, diverse dalla sua o dalle sue, nelle quali accetta che sia compilato il formulario.

4. Gli atti e tutti i documenti trasmessi sono esonerati dalla legalizzazione o da altre formalità equivalenti.

5. Quando l'organo mittente desidera che gli venga restituito un esemplare dell'atto corredato del certificato di cui all'art. 10, esso trasmette l'atto da notificare in due esemplari.

5. ***Traduzione dell'atto.*** — 1. Il richiedente è informato dall'organo mittente a cui consegna l'atto per la trasmissione che il destinatario può rifiutare di ricevere l'atto se esso non è compilato in una delle lingue di cui all'art. 8.

2. Il richiedente sostiene le eventuali spese di traduzione prima della trasmissione dell'atto, fatta salva un'eventuale decisione successiva del giudice o dell'autorità competente sull'addebito di tale spesa.

6. ***Ricezione dell'atto da parte di un organo ricevente.*** — 1. Alla ricezione dell'atto l'organo ricevente trasmette al più presto, con i mezzi più rapidi e comunque entro un termine di sette giorni dalla ricezione, una ricevuta all'organo mittente, utilizzando il formulario il cui modello è allegato alla presente convenzione.

2. Se non può dar seguito alla domanda di notificazione a causa dello stato delle informazioni o dei documenti trasmessi, l'organo ricevente si mette in contatto il più rapidamente possibile con l'organo mittente, per ottenere le informazioni o i documenti mancanti.

3. Se la domanda di notificazione esula in maniera manifesta dal campo di applicazione della presente convenzione o se il mancato rispetto delle condizioni formali richieste rende impossibile la notificazione, la domanda e i documenti trasmessi vengono restituiti, non appena ricevuti, all'organo mittente, unitamente all'avviso di restituzione il cui modello è nell'allegato.

4. L'organo ricevente, che ha ricevuto un atto per la cui notificazione non ha competenza territoriale, lo ritrasmette, unitamente alla domanda, all'organo ricevente competente del medesimo Stato membro se la domanda soddisfa le condizioni pre-

viste all'art. 4, paragrafo 3 e ne informa l'organo mittente utilizzando il formulario in allegato. Quest'ultimo organo ricevente informa l'organo mittente della ricezione dell'atto, secondo le modalità specificate al paragrafo 1.

7. ***Notificazione dell'atto.*** — 1. L'organo ricevente procede o fa procedere alla notificazione dell'atto conformemente alla legislazione dello Stato membro richiesto oppure secondo la forma particolare chiesta dall'organo mittente, a meno che essa sia incompatibile con la legislazione di detto Stato membro.

2. Le procedure necessarie alla notificazione sono espletate nel più breve tempo possibile. In ogni caso, se non è stato possibile effettuare la notificazione entro il termine di un mese a decorrere dalla data di ricezione, l'organo ricevente lo comunica all'organo mittente mediante il certificato il cui modello è nell'allegato compilato secondo quanto disposto all'art. 10, par. 2. Il termine è calcolato conformemente alla legislazione dello Stato membro richiesto.

8. ***Rifiuto di ricezione dell'atto.*** — 1. L'organo ricevente informa il destinatario che può rifiutare di ricevere l'atto oggetto della notificazione se è redatto in una lingua diversa da una delle seguenti lingue:

a) la lingua ufficiale dello Stato membro richiesto oppure, qualora lo Stato membro richiesto abbia più lingue ufficiali, la lingua o una delle lingue ufficiali del luogo in cui deve essere effettuata la notificazione.

oppure

b) una lingua dello Stato membro mittente compresa dal destinatario.

2. Se l'organo ricevente è informato del fatto che il destinatario rifiuta di ricevere l'atto ai sensi del paragrafo 1, ne informa immediatamente l'organo mittente utilizzando il certificato previsto all'art. 10 e restituisce la domanda e i documenti di cui si chiede la traduzione.

9. ***Data della notificazione.*** — 1. La data della notificazione dell'atto effettuata in applicazione dell'art. 7, è quella in cui l'atto è stato notificato conformemente alla legge dello Stato membro richiesto, fatto salvo quanto disposto dall'art. 8.

2. Tuttavia, se, nell'ambito di un procedimento da avviare o in pendenza nello Stato membro mittente, un atto deve essere notificato entro un determinato termine, la data da prendere in considerazione nei confronti del richiedente è quella prevista dalla legge di detto Stato membro.

3. All'atto della notificazione di cui all'art. 24, par. 2, ciascuno Stato membro può dichiarare che non applicherà i paragrafi 1 e 2 del presente articolo.

10. ***Certificato di notificazione e copia dell'atto notificato.*** — 1. Quando le procedure relative alla notificazione dell'atto sono state espletate, viene redatto un certificato del loro espletamento mediante il formulario in allegato che è inoltrato all'organo mittente, corredato, in caso di applicazione dell'art. 4, par. 5, di copia dell'atto notificato.

2. Il certificato è compilato nella lingua ufficiale o in una delle lingue ufficiali dello Stato membro mittente o in un'altra lingua che detto Stato abbia dichiarato di poter accettare. All'atto della notificazione di cui all'art. 24, par. 2, ciascuno Stato membro indica la o le lingue ufficiali dell'Unione europea, diverse dalla sua o dalle sue, nelle quali accetta che sia compilato il formulario.

11. ***Spese.*** — 1. La notificazione degli atti giudiziari provenienti da uno Stato membro non può dar luogo al pagamento o al rimborso di tasse o spese per i servizi dello Stato membro richiesto.

2. Il richiedente è tenuto a pagare o rimborsare le spese causate:

a) dall'intervento di un ufficiale ministeriale o di una persona competente secondo la legge dello Stato membro richiesto,

b) dall'adozione di un particolare mezzo di notificazione.

SEZIONE II

Altri mezzi di trasmissione e notificazione di atti giudiziari

12. ***Trasmissione per via consolare o diplomatica.*** — Ciascuno Stato membro ha la facoltà, in circostanze eccezionali, di utilizzare la via consolare e diplomatica per trasmettere atti giudiziari, a scopo di notificazione, alle autorità di un altro Stato designate a norma dell'art. 2 o 3.

13. ***Notificazione di atti da parte di agenti diplomatici o consolari.*** — Ciascuno Stato membro ha la facoltà di far procedere direttamente, senza coercizione, tramite i propri agenti diplomatici o consolari, alla notificazione di atti giudiziari a persone residenti in un altro Stato membro.

2. Ciascuno Stato membro può dichiarare, all'atto della notificazione di cui all'art. 24, par. 2, di opporsi all'uso di tale facoltà sul suo territorio, salvo che gli atti debbano essere notificati a cittadini dello Stato membro d'origine.

14. ***Notificazione per posta.*** — 1. Ciascuno Stato membro ha la facoltà di effettuare la notificazione di atti giudiziari direttamente per posta alle persone residenti in un altro Stato membro.

2. Ciascuno Stato membro può specificare, all'atto della notificazione di cui all'art. 24, par. 2 o in qualsiasi altro momento, le condizioni alle quali accetta la notificazione di atti giudiziari per posta.

15. ***Domanda diretta di notificazione.*** — 1. La presente convenzione non osta a che le persone interessate ad un procedimento giudiziario abbiano la facoltà di far notificare atti giudiziari direttamente attraverso gli ufficiali ministeriali, i funzionari o altre persone competenti dello Stato membro richiesto.

2. Ciascuno Stato membro può, all'atto della notificazione di cui all'art. 24, par. 2, dichiarare che si oppone alla notificazione di atti giudiziari nel proprio territorio in applicazione del par. 1.

TITOLO III
Atti extragiudiziali

16. Gli atti extragiudiziali possono essere trasmessi ai fini della notificazione in un altro Stato membro, conformemente alle disposizioni della presente convenzione.

TITOLO IV
Interpretazione da parte della Corte di giustizia

17. ***Interpretazione da parte della Corte di giustizia.*** — 1. La Corte di Giustizia delle Comunità europee è competente a pronunciarsi sull'interpretazione della presente convenzione conformemente alle disposizioni del protocollo adottato con atto del Consiglio dell'Unione europea del 26 mag. 1997.

TITOLO V
Disposizioni finali

18. ***Comitato esecutivo.*** — 1. È istituito un Comitato incaricato di esaminare tutte le questioni di carattere generale relative all'applicazione della presente convenzione.

2. Il Comitato si riunisce almeno una volta all'anno. Si riunisce la prima volta non appena la convenzione sarà applicata, come previsto all'art. 24 par. 4, tra tre Stati membri. Esso sorveglia il funzionamento della convenzione, in particolare l'efficienza degli organi designati a norma dell'art. 2 e l'attuazione pratica dell'art. 3, lett. *c*) e dell'art. 9. Esso riferisce al Consiglio al riguardo entro tre anni dalla prima riunione nonché allo scadere di ciascun quinquennio a decorrere da tale data.

3. Il Comitato ha anche il compito di:

a) elaborare e aggiornare annualmente un manuale contenente le informazioni fornite dagli Stati membri in conformità dell'art. 2, par. 4;

b) elaborare un repertorio, nelle lingue ufficiali dell'Unione europea, degli atti che possono essere notificati nell'ambito della presente convenzione.

4. Inoltre, il Comitato può formulare proposte intese a:

a) accelerare la trasmissione e la notificazione degli atti;

b) apportare modifiche al modello di formulario in allegato;

c) avviare negoziati riguardanti la revisione della presente convenzione.

19. ***Applicazione degli artt. 15 e 16 della convenzione dell'Aia del 1965.*** — Gli artt. 15 e 16 della convenzione dell'Aia, del 15 nov. 1965, relativa alla notifica all'estero degli atti giudiziari ed extragiudiziali in materia civile o commerciale si applicano per gli atti di citazione, o atti equivalenti, trasmessi ai sensi della presente convenzione come si applicano a siffatti documenti trasmessi ai sensi della convenzione dell'Aia e pertanto:

1. *a*) quando un atto introduttivo o un atto equivalente sia stato trasmesso a un altro Stato membro per la notifica, secondo le disposizioni della presente convenzione, e il convenuto non compare, il giudice è tenuto a soprassedere alla decisione fintanto che non si abbia la prova:

i) o che l'atto è stato notificato secondo le forme prescritte dalla legislazione dello Stato membro richiesto per la notificazione degli atti redatti in tale paese e destinati alle persone che si trovano sul suo territorio;

ii) o che l'atto è stato effettivamente consegnato al convenuto o nella sua dimora secondo un'altra procedura prevista dalla presente convenzione e che, in ciascuna di tali eventualità, sia la notificazione sia la consegna ha avuto luogo in tempo utile perché il convenuto abbia avuto la possibilità di difendersi:

b) ciascuno Stato membro ha la facoltà di dichiarare, all'atto della notifica di cui all'art. 24, par. 2, che i propri giudici, nonostante le disposizioni della lett. *a*), e benché nessuna attestazione che dia atto alla notificazione o della consegna sia stata ricevuta, possono decidere se sussistono le seguenti condizioni:

i) l'atto è stato trasmesso secondo uno dei modi previsti dalla presente convenzione;

ii) dalla data di invio dell'atto è trascorso un termine che il giudice valuterà in ciascun caso particolare e che sarà di almeno sei mesi;

iii) malgrado ogni diligenza utile presso le autorità competenti dello Stato richiesto, non è stata ottenuta un'attestazione.

c) Le lettere *a*) e *b*) non ostano a che, in caso d'urgenza, il giudice ordini ogni misura provvisoria conservativa;

2. *a*) quando un atto introduttivo o un atto equivalente ha dovuto essere trasmesso ad un altro Stato membro per la notifica, secondo le disposizioni della presente convenzione, e una decisione è stata emessa nei confronti di un convenuto non comparso, il giudice ha la facoltà di rimuovere la preclusione derivante per il convenuto dallo scadere del termine di impugnazione, se sussistono le seguenti condizioni:

i) il convenuto, senza che vi sia colpa da parte sua, non ha avuto conoscenza dell'atto in tempo utile per difendersi e della decisione per impugnarla;

ii) i motivi di impugnazione dei convenuto non sembrano del tutto privi di fondamento.

b) La richiesta di rimuovere la preclusione è

inammissibile se non è formulata entro un termine ragionevole a partire dal momento in cui il convenuto ha avuto conoscenza della decisione.

c) Ciascuno Stato membro ha la facoltà di dichiarare all'atto della notifica di cui all'art. 24, par. 2, che tale richiesta è inammissibile se è formulata dopo lo scadere di un termine che esso preciserà nella propria dichiarazione, purché tale termine non sia inferiore ad un anno a decorrere dalla pronuncia della decisione.

d) Il presente paragrafo non si applica alle decisioni che riguardano lo stato delle persone.

20. ***Rapporto con altri accordi o intese.*** — 1. La presente convenzione lascia impregiudicati gli accordi o le intese, vigenti o futuri, tra due o più Stati membri che soddisfano le condizioni di cui all'articolo K7 del trattato sull'Unione europea e che contengono disposizioni su materie disciplinate dalla presente convenzione.

2. Gli Stati membri comunicano al depositario della presente convenzione:

a) copia degli accordi o delle intese menzionati al paragrafo 1;

b) qualsiasi denuncia di detti accordi o intese.

21. ***Assistenza giudiziaria.*** — La presente convenzione lascia impregiudicati l'applicazione dell'art. 23 della convenzione concernente la procedura civile, del 17 lug. 1905, dell'art. 24 della convenzione concernente la procedura civile del 1° mar. 1954, e dell'art. 13 della convenzione volta a facilitare l'accesso internazionale alla giustizia del 25 ott. 1980, nelle relazioni tra gli Stati membri che sono parti di tali convenzioni.

22. ***Protezione delle informazioni.*** — 1. Le informazioni, compresi in particolare i dati personali, trasmesse ai sensi della presente convenzione possono essere utilizzate dall'organo ricevente soltanto per lo scopo per il quale sono state trasmesse.

2. Gli organi riceventi assicurano la riservatezza di tali in informazioni, conformemente alla legislazione dello Stato membro richiesto.

3. I paragrafi 1 e 2 lasciano impregiudicati gli eventuali diritti delle persone interessate, ai sensi della pertinente legisiazione nazionale, di essere informate circa l'uso fatto delle informazioni trasmesse ai sensi della presente convenzione.

23. ***Riserve.*** — 1. Ciascuno Stato membro dichiara, all'atto della notificazione di cui all'art. 24, par. 2, che si avvale di una o più delle riserve previste ai seguenti articoli:

a) art. 2, paragrafo 3,

b) art. 9, paragrato 3,

c) art. 13, paragrafo 2,

d) art. 15, paragrafo 2.

2. Non sono ammesse riserve diverse da quelle espressamente previste.

3. Ciascuno Stato membro può ritirare, in qualsiasi momento, una sua riserva. Questa cessa di produrre effetti novanta giorni dopo la notificazione del ritiro.

24. ***Adozione e entrata in vigore.*** — 1. La presente convenzione è sottoposta a adozione da parte degli Stati membri conformemente alle loro rispettive norme costituzionali.

2. Gli Stati membri notificano al depositario l'espletamento delle procedure costituzionali per l'adozione della presente convenzione.

3. La presente convenzione entra in vigore novanta giorni dopo la notificazione di cui al paragrafo 2 da parte dello Stato che procede per ultimo a questa formalità.

4. Sino all'entrata in vigore della presente convenzione ciascuno Stato membro può dichiarare, all'atto della notificazione di cui al par. 2 o in qualsiasi altro momento che la convenzione, ad eccezione dell'art. 17, è applicabile, per quanto lo riguarda, nelle sue relazioni con gli Stati membri che hanno fatto la stessa dichiarazione. Queste dichiarazioni si applicano novanta giorni dopo la data del loro deposito.

25. ***Adesione.*** — 1. La presente convenzione è aperta all'adesione di qualsiasi Stato che diventi membro dell'Unione europea.

2. Fa fede il testo della presente convenzione nella lingua o nelle lingue dello Stato membro aderente, stabilito dal Consiglio dell'Unione europea.

3. Gli strumenti di adesione sono depositati presso il depositario.

4. Per qualsiasi Stato che vi aderisca, la presente convenzione entra in vigore novanta giorni dopo il deposito dello strumento di adesione o, qualora essa non sia ancora entrata in vigore al momento della scadenza del suddetto periodo di novanta giorni, dalla data di entrata in vigore della presente convenzione.

5. Qualora la presente convenzione non sia ancora entrata in vigore al momento del deposito del loro strumento di adesione, agli Stati membri aderenti si applica l'art. 24, par. 4.

26. ***Modifiche.*** — 1. Ciascuno Stato membro, Parte della presente convenzione, o la Commissione possono proporre modifiche della presente convenzione. Ogni proposta di modifica è trasmessa al depositario che la comunica al Consiglio.

2. Le modifiche sono approvate dal Consiglio che ne raccomanda l'adozione da parte degli Stati membri, secondo le rispettive norme costituzionali.

3. Le modifiche approvate entrano in vigore conformemente alle disposizioni dell'art. 24, par. 3.

4. Nonostante i paragrafi 1, 2 e 3, i formulari in allegato possono essere modificati con una decisione del Consiglio, su proposta dei Comitato esecutivo in conformità dell'art. 18, parag. 4, lett. *b*), di uno Stato membro, Parte della presente convenzione, o della Commissione.

27. ***Depositato e pubblicazione.*** — 1. Il Segretario Generale del Consiglio dell'Unione europea è depositario della presente convenzione.

2. Il depositario pubblica nella *Gazzetta Ufficiale*:

a) le adozioni e adesioni,

b) la data di entrata in vigore della presente convenzione,

c) la data di applicazione della presente convenzione tra tre Stati membri,

d) le dichiarazioni di cui all'art. 2, par. 1 e 2, all'art. 3, all'art. 4, par. 3, all'art. 10, par. 2, all'art. 14, par. 2, all'art. 19, punto 1, lett. *b*) e punto 2, lett. *c*), nonché all'art. 24 par. 4,

e) le riserve e il ritiro delle riserve di cui all'art. 23, par. 1.

PROTOCOLLO

stabilito in base all'articolo K3 del Trattato sull'Unione europea concernente l'interpretazione, da parte della Corte di giustizia delle Comunità europee, della Convenzione relativa alla notificazione negli Stati membri dell'Unione europea di atti giudiziari ed extragiudiziali in materia civile o commerciale

1. Conformemente all'art. 17 della convenzione relativa alla notificazione negli Stati membri dell'Unione europea di atti giudiziari ed extragiudiziali in materia civile o commerciale, in appresso denominata la "convenzione", la Corte di giustizia delle Comunità europee è competente, alle condizioni stabilite dal presente protocollo, a pronunciarsi sull'interpretazione della convenzione e del presente protocollo.

2. 1. Le seguenti giurisdizioni hanno il potere di chiedere alla Corte di giustizia di pronunciarsi, in via pregiudiziale, su una questione di interpretazione:

a) le più alte giurisdizioni degli Stati membri elencate in appresso:

– in Belgio: "la Cour de cassation – het Hof van Cassatie" e "le Conseil d'Etat – de Raad van Staat",

– in Danimarca: "Højesteret",

– in Germania: "die obersten Gerichtshöfe des Bundes",

– in Grecia: "tanẃtata Dikashria",

– in Spagna: "el Tribunal Supremo",

– in Francia: "La Cour de cassation" e "le Conseil d'Etat",

– in Irlanda: "the Supreme Court",

– in Italia: "La Corte suprema di cassazione" e "il Consiglio di Stato",

– nel Lussemburgo: "la Cour supérieure de justice", giudicante in cassazione,

– nei Paesi Bassi: "de Hoge Raad",

– in Austria: "der Oberste Gerichtschof", "der Verwaltungsgerichtshof" e "der Verfassungsgerichtshof",

– In Portogallo: "o Supremo Tribunal de Justiça" e "o Supremo Tribunal Administrativo",

– in Finlandia: "korkein oikeus/högsta domstolen", "korkein hallinto-oikeus/ högsta förvaltningsdomstolen",

– in Svezia: "Högsta domstolen", "Regeringsrätten", "Arbetsdomstolen" e "Marknadsdomstolen",

– nel Regno Unito: "the House of Lords";

b) le giurisdizioni degli Stati membri quando giudicano in grado d'appello.

2. Su richiesta dello Stato membro interessato l'elenco delle più alte giurisdizioni di cui al paragrafo 1 lett. *a*) può essere modificato con decisione dei Consiglio dell'Unione europea.

3. 1. Quando una questione d'interpretazione è sollevata in un giudizio pendente davanti ad una delle giurisdizioni indicate nell'art. 2, par. 1, lett. *a*), tale giurisdizione, qualora reputi necessaria per emanare la sua sentenza una decisione su questo punto, è tenuta a chiedere alla Corte di giustizia di pronunciarsi sulla questione.

2. Quando una siffatta questione è sollevata davanti ad una delle giurisdizioni indicate nell'art. 2, par. 1, lett. *b*) tale giurisdizione può, alle condizioni determinate nel par. 1, chiedere alla Corte di giustizia di pronunciarsi sulla questione.

4. 1. L'autorità competente di uno Stato membro ha facoltà di chiedere alla Corte di giustizia di pronunciarsi su una questione di interpretazione, quando decisioni emanate da giurisdizioni di detto Stato siano in contrasto con l'interpretazione data o dalla Corte di giustizia o da una decisione di una giurisdizione di un altro stato libero indicata nell'art. 2, par. 1, lett. *a*) e *b*), se tale Stato membro è Parte del presente protocollo. Le disposizioni del presente paragrafo si applicano soltanto nei riguardi delle decisioni passate in giudicato.

2. L'interpretazione data dalla Corte di giustizia, a seguito di tale domanda, non produce effetto sulle decisioni che hanno dato motivo alla domanda di interpretazione.

3. La competenza a proporre alla Corte di giustizia la domanda d'interpretazione ai sensi del par. 1 spetta ai procuratori generali presso le corti di cassazione degli Stati membri o ad ogni altra autorità designata da uno Stato membro.

4. Il cancelliere della Corte di giustizia notifica la domanda agli Stati membri, alla Commissione ed al Consiglio dell'Unione europea che, nel termine di due mesi dalla data di detta notificazione, hanno diritto di presentare alla Corte memorie ovvero osservazioni scritte.

5. La procedura prevista dal presente articolo non comporta né la riscossione né il rimborso delle spese.

5. Si applicano il protocollo sullo statuto della Corte di giustizia delle Comunità europee e il regolamento di procedura della Corte stessa.

6. Il presente protocollo non può essere oggetto di alcuna riserva.

7. 1. Il presente protocollo è sottoposto agli Stati membri per l'adozione secondo le rispettive norme costituzionali.

2. Gli Stati membri notificano al depositario l'espletamento delle procedure richieste dalle rispettive norme costituzionali per l'adozione del presente protocollo.

3. Il presente protocollo entra in vigore novanta giorni dopo la notificazione di cui al par. 2 da parte del terzo Stato, membro dell'Unione europea alla data dell'adozione da parte del Consiglio dell'atto che stabilisce il presente protocollo, che proceda a tale formalità. Tuttavia, la sua entrata in vigore avverrà non prima di quella della convenzione.

8. 1. Il presente protocollo è aperto alla firma di ogni Stato che divenga membro dell'Unione europea.

2. Gli strumenti di adesione sono depositati presso il depositario.

All'atto del deposito del suo strumento di adesione, lo Stato membro aderente indica quale o quali delle sue più alte giurisdizioni ha o hanno il potere di chiedere alla Corte di giustizia di pronunciarsi in via pregiudiziale su una questione di interpretazione ai sensi dell'art. 2, par. 1, lett. *a*).

4. Prima che il presente protocollo entri in vigore nei confronti di uno Stato aderente, il Consiglio adotta, a norma dell'art. 2, par. 2, le necessarie modifiche dell'elenco delle più alte giurisdizioni di cui all'art. 2, par. 1, lett. *a*).

5. Fa fede il testo del presente protocollo, nella lingua o nelle lingue dello Stato membro aderente, stabilito dal Consiglio dell'Unione europea.

6. Il presente protocollo entra in vigore nei confronti dello Stato membro aderente novanta giorni dopo la data di deposito del suo strumento di adesione oppure alla data di entrata in vigore del presente protocollo, se quest'ultimo non è ancora entrato in vigore allo scadere del suddetto periodo di novanta giorni.

9. 1. Lasciando impregiudicati l'art. 2, par. 2 e l'art. 8, par. 4, ogni Stato membro, Parte del presente protocollo, o la Commissione possono proporre modifiche del presente protocollo. Qualsiasi proposta di modifica è trasmessa al depositario che la comunica al Consiglio.

2. Le modifiche sono approvate dal Consiglio che ne raccomanda l'adozione agli Stati membri secondo le rispettive norme costituzionali.

3. Le modifiche così approvate entrano in vigore a norma delle disposizioni dell'art. 7.

10. 1. Il Segretario Generale del Consiglio dell'Unione europea è depositario del presente Protocollo.

2. Il depositario pubblica nella *Gazzetta Ufficiale delle Comunità europee* le notificazioni, gli strumenti o le comunicazioni relativi al presente protocollo.

- 6 -

D.M. 21 feb. 2011, n. 44

Regolamento concernente le regole tecniche per l'adozione nel processo civile e nel processo penale, delle tecnologie dell'informazione e della comunicazione, in attuazione dei principi previsti dal decreto legislativo 7 marzo 2005, n. 82, e successive modificazioni, ai sensi dell'articolo 4, commi 1 e 2, del decreto-legge 29 dicembre 2009, n. 193, convertito nella legge 22 febbraio 2010, n. 24.

(G.U. 18 apr. 2011, n. 89)

CAPO I
Principi generali[1]

[1] Gli artt. da 1 a 10 si trovano alla voce *Documenti informatici*.

1-10. (*Omissis*).

CAPO III
Trasmissione di atti e documenti informatici

11. ***Formato dell'atto del processo in forma di documento informatico.*** — 1. L'atto del processo in forma di documento informatico è privo di elementi attivi ed è redatto nei formati previsti dalle specifiche tecniche di cui all'articolo 34; le informazioni strutturate sono in formato XML, secondo le specifiche tecniche stabilite ai sensi dell'articolo 34, pubblicate sul portale dei servizi telematici.

2. La nota di iscrizione a ruolo può essere trasmessa per via telematica come documento informatico sottoscritto con firma digitale; le relative informazioni sono contenute nelle informazioni strutturate di cui al primo comma, secondo le specifiche tecniche stabilite ai sensi dell'articolo 34.

12. ***Formato dei documenti informatici allegati.*** — 1. I documenti informatici allegati all'atto del processo sono privi di elementi attivi e hanno i formati previsti dalle specifiche tecniche stabilite ai sensi dell'articolo 34.

2. È consentito l'utilizzo dei formati compressi, secondo le specifiche tecniche stabilite ai sensi dell'articolo 34, purché contenenti solo file nei formati previsti dal comma precedente.

13. ***Trasmissione dei documenti da parte dei soggetti abilitati esterni e degli utenti privati.*** — 1. I documenti informatici di cui agli articoli 11 e 12 sono trasmessi da parte dei soggetti abilitati esterni e degli utenti privati mediante l'indirizzo di posta elettronica certificata risultante dal registro generale degli indirizzi elettronici, all'indirizzo di posta elettronica certificata dell'ufficio destinatario, secondo le specifiche tecniche stabilite ai sensi dell'articolo 34.

2. I documenti informatici di cui al comma 1 si intendono ricevuti dal dominio giustizia nel momento in cui viene generata la ricevuta di avvenuta

consegna da parte del gestore di posta elettronica certificata del Ministero della giustizia.

3. Nel caso previsto dal comma 2 la ricevuta di avvenuta consegna attesta, altresì, l'avvenuto deposito dell'atto o del documento presso l'ufficio giudiziario competente. Quando la ricevuta è rilasciata dopo le ore 14 il deposito si considera effettuato il giorno feriale immediatamente successivo.

4. Il rigetto del deposito da parte dell'ufficio non impedisce il successivo deposito entro i termini assegnati o previsti dalla vigente normativa processuale.[1]

5. La certificazione dei professionisti abilitati e dei soggetti abilitati esterni pubblici è effettuata dal gestore dei servizi telematici sulla base dei dati presenti nel registro generale degli indirizzi elettronici, secondo le specifiche tecniche stabilite ai sensi dell'articolo 34.

6. Al fine di garantire la riservatezza dei documenti da trasmettere, il soggetto abilitato esterno utilizza un meccanismo di crittografia, secondo le specifiche tecniche stabilite ai sensi dell'articolo 34.

7. Il gestore dei servizi telematici restituisce al mittente l'esito dei controlli effettuati dal dominio giustizia nonché dagli operatori della cancelleria o della segreteria, secondo le specifiche tecniche stabilite ai sensi dell'articolo 34.

8. La dimensione massima del messaggio è stabilita nelle specifiche tecniche di cui all'articolo 34. Se il messaggio eccede tale dimensione, il gestore dei servizi telematici genera e invia automaticamente al mittente un messaggio di errore, contenente l'avviso del rifiuto del messaggio, secondo le specifiche tecniche stabilite ai sensi dell'articolo 34.

9. I soggetti abilitati esterni possono avvalersi dei servizi del punto di accesso, di cui all'articolo 23, per la trasmissione dei documenti; in tale caso il punto di accesso si attiene alle modalità di trasmissione dei documenti di cui al presente articolo.

[1] Comma così modif. dall'art. 1, c. 1, D.M. 15 ott. 2012, n. 209.

14. ***Documenti probatori e allegati non informatici.*** — 1. I documenti probatori e gli allegati depositati in formato non elettronico sono identificati e descritti in una apposita sezione delle informazioni strutturate di cui all'articolo 11, secondo le specifiche tecniche stabilite ai sensi dell'articolo 34.

2. La cancelleria o la segreteria dell'ufficio giudiziario provvede ad effettuare copia informatica dei documenti probatori e degli allegati su supporto cartaceo e ad inserirla nel fascicolo informatico, apponendo la firma digitale ai sensi e per gli effetti di cui all'articolo 22, comma 3 del codice dell'amministrazione digitale.

15. ***Deposito dell'atto del processo da parte dei soggetti abilitati interni.*** — 1. L'atto del processo, redatto in formato elettronico da un soggetto abilitato interno e sottoscritto con firma digitale, è depositato telematicamente nel fascicolo informatico.[1]

2. In caso di atto formato da organo collegiale l'originale del provvedimento è sottoscritto con firma digitale anche dal presidente.

3. Quando l'atto è redatto dal cancelliere o dal segretario dell'ufficio giudiziario questi vi appone la propria firma digitale e ne effettua il deposito nel fascicolo informatico.

4. Se il provvedimento del magistrato è in formato cartaceo, il cancelliere o il segretario dell'ufficio giudiziario ne estrae copia informatica nei formati previsti dalle specifiche tecniche stabilite ai sensi dell'articolo 34 e provvede a depositarlo nel fascicolo informatico, apponendovi la propria firma digitale.[2]

[1] Comma così sost. dall'art. 2, c. 1, D.M. 15 ott. 2012, n. 209.

[2] Comma così modif. dall'art. 2, c. 1, D.M. 15 ott. 2012, n. 209.

16. ***Comunicazioni per via telematica.*** — 1. La comunicazione per via telematica dall'ufficio giudiziario ad un soggetto abilitato esterno o all'utente privato avviene mediante invio di un messaggio dall'indirizzo di posta elettronica certificata dell'ufficio giudiziario mittente all'indirizzo di posta elettronica certificata del destinatario, indicato nel registro generale degli indirizzi elettronici, ovvero per la persona fisica consultabile ai sensi dell'articolo 7 del decreto del Presidente del Consiglio dei Ministri 6 maggio 2009 e per l'impresa indicato nel registro delle imprese, secondo le specifiche tecniche stabilite ai sensi dell'articolo 34.

2. La cancelleria o la segreteria dell'ufficio giudiziario provvede ad effettuare una copia informatica dei documenti cartacei da comunicare nei formati previsti dalle specifiche tecniche stabilite ai sensi dell'articolo 34, che conserva nel fascicolo informatico.

3. La comunicazione per via telematica si intende perfezionata nel momento in cui viene generata la ricevuta di avvenuta consegna da parte del gestore di posta elettronica certificata del destinatario e produce gli effetti di cui agli articoli 45 e 48 del codice dell'amministrazione digitale.[1]

4. Fermo quanto previsto dall'articolo 20, comma 6, e salvo il caso fortuito o la forza maggiore, negli uffici giudiziari individuati con il decreto di cui all'articolo 51, comma 3 del decreto-legge 25 giugno 2008, n. 112, convertito, con modificazioni, dalla legge 6 agosto 2008, n. 133, nel caso in cui viene generato un avviso di mancata consegna previsto dalle regole tecniche della posta elettronica certificata, si procede ai sensi del comma 3 del medesimo articolo 51 e viene pubblicato nel portale dei servizi telematici, secondo le specifiche tecniche stabilite ai sensi dell'articolo 34, un apposito avviso di avvenuta comunicazione o notificazione dell'atto nella cancelleria o segreteria dell'ufficio

giudiziario, contenente i soli elementi identificativi del procedimento e delle parti e loro patrocinatori. Tale avviso è visibile solo dai soggetti abilitati esterni legittimati ai sensi dell'articolo 27, comma 1, del decreto ministeriale 21 febbraio 2011, n. 44.[2]

5. Le ricevute di avvenuta consegna e gli avvisi di mancata consegna vengono conservati nel fascicolo informatico.

6. La comunicazione che contiene dati sensibili è effettuata per estratto con contestuale messa a disposizione dell'atto integrale nell'apposita area del portale dei servizi telematici, secondo le specifiche tecniche stabilite ai sensi dell'articolo 34 e nel rispetto dei requisiti di sicurezza di cui all'articolo 26, con modalità tali da garantire l'identificazione dell'autore dell'accesso e la tracciabilità delle relative attività.

7. Nel caso previsto dal comma 6, si applicano le disposizioni di cui ai commi 2 e 3, ma la comunicazione si intende perfezionata il giorno feriale successivo al momento in cui viene generata la ricevuta di avvenuta consegna da parte del gestore di posta elettronica certificata del destinatario.[1]

8. Si applica, in ogni caso, il disposto dell'articolo 49 del codice dell'amministrazione digitale.

[1] Comma così sost. dall'art. 3, c. 1, D.M. 15 ott. 2012, n. 209.

[2] Comma così modif. dall'art. 3, c. 1, D.M. 15 ott. 2012, n. 209.

17. ***Notificazioni per via telematica.*** — 1. Al di fuori dei casi previsti dall'articolo 51, del decreto-legge 25 giugno 2008, n. 112, convertito con modificazioni dalla legge 6 agosto 2008, n. 133, e successive modificazioni, le richieste telematiche di un'attività di notificazione da parte di un ufficio giudiziario sono inoltrate al sistema informatico dell'UNEP, secondo le specifiche tecniche stabilite ai sensi dell'articolo 34.

2. Le richieste di altri soggetti sono inoltrate all'UNEP tramite posta elettronica certificata, secondo le specifiche tecniche stabilite ai sensi dell'articolo 34.

3. La notificazione per via telematica da parte dell'UNEP rispetta i requisiti richiesti per la comunicazione da un ufficio giudiziario verso i soggetti abilitati esterni di cui all'articolo 16.

4. Il sistema informatico dell'UNEP individua l'indirizzo di posta elettronica del destinatario dal registro generale degli indirizzi elettronici, dal registro delle imprese o dagli albi o elenchi costituiti ai sensi dell'articolo 16 del decreto-legge 29 novembre 2008, n. 185 convertito con modificazioni dalla legge 28 gennaio 2009, n. 2, nonché per il cittadino dall'elenco reso consultabile ai sensi dell'articolo 7 del decreto del Presidente del Consiglio dei Ministri 6 maggio 2009 in base alle specifiche tecniche stabilite ai sensi dell'articolo 34.

5. Il sistema informatico dell'UNEP, eseguita la notificazione, trasmette per via telematica a chi ha richiesto il servizio il documento informatico con la relazione di notificazione sottoscritta mediante firma digitale e congiunta all'atto cui si riferisce, nonché le ricevute di posta elettronica certificata, secondo le specifiche tecniche stabilite ai sensi dell'articolo 34.

6. L'ufficiale giudiziario, se non procede alla notificazione per via telematica, effettua la copia cartacea del documento informatico, attestandone la conformità all'originale, e provvede a notificare la copia stessa con le modalità previste dalla normativa processuale vigente.[1]

[1] Comma così modif. dall'art. 4, c. 1, D.M. 15 ott. 2012, n. 209.

18. ***Notificazioni per via telematica eseguite dagli avvocati.*** — 1. L'avvocato che procede alla notificazione con modalità telematica ai sensi dell'articolo 3-*bis* della legge 21 gennaio 1994, n. 53, allega al messaggio di posta elettronica certificata documenti informatici o copie informatiche, anche per immagine, di documenti analogici privi di elementi attivi e redatti nei formati consentiti dalle specifiche tecniche stabilite ai sensi dell'articolo 34.

2. Quando il difensore procede alla notificazione delle comparse o delle memorie, ai sensi dell'articolo 170, quarto comma, del codice di procedura civile, la notificazione è effettuata mediante invio della memoria o della comparsa alle parti costituite ai sensi del comma 1.

3. La parte rimasta contumace ha diritto a prendere visione degli atti del procedimento tramite accesso al portale dei servizi telematici e, nei casi previsti, anche tramite il punto di accesso.

4. L'avvocato che estrae copia informatica per immagine dell'atto formato su supporto analogico, compie l'asseverazione prevista dall'articolo 22, comma 2, del codice dell'amministrazione digitale, inserendo la dichiarazione di conformità all'originale nella relazione di notificazione, a norma dell'articolo 3-*bis*, comma 5, della legge 21 gennaio 1994, n. 53.

5. La procura alle liti si considera apposta in calce all'atto cui si riferisce quando è rilasciata su documento informatico separato allegato al messaggio di posta elettronica certificata mediante il quale l'atto è notificato. La disposizione di cui al periodo precedente si applica anche quando la procura alle liti è rilasciata su foglio separato del quale è estratta copia informatica, anche per immagine.

6. La ricevuta di avvenuta consegna prevista dall'articolo 3-*bis*, comma 3, della legge 21 gennaio 1994, n. 53 è quella completa, di cui all'articolo 6, comma 4, del decreto del Presidente della Repubblica 11 febbraio 2005, n. 68.

[1] Articolo così sost. dall'art. 1, c. 1, D.M. 3 apr. 2013, n. 48.

19. ***Disposizioni particolari per la fase delle indagini preliminari.*** — 1. Nelle indagini preliminari le comunicazioni tra l'ufficio del pubblico ministero e gli ufficiali ed agenti di polizia giudiziaria avvengono su canale sicuro protetto da un meccanismo di crittografia secondo le specifiche tecniche stabilite ai sensi dell'articolo 34.

2. Le specifiche tecniche assicurano l'identificazione dell'autore dell'accesso e la tracciabilità delle relative attività, anche mediante l'utilizzo di misure di sicurezza ulteriori rispetto a quelle previste dal disciplinare tecnico di cui all'allegato B del codice in materia di protezione dei dati personali.

3. Per le comunicazioni di atti e documenti del procedimento di cui al comma 1 sono utilizzati i gestori di posta elettronica certificata delle forze di polizia. Gli indirizzi di posta elettronica certificata sono resi disponibili unicamente agli utenti abilitati sulla base delle specifiche stabilite ai sensi dell'articolo 34.

4. Alle comunicazioni previste dal presente articolo si applicano, in quanto compatibili, le disposizioni dell'articolo 16, commi 1, 2, 3, 4 e 5, e dell'articolo 20.

5. L'atto del processo in forma di documento informatico è privo di elementi attivi ed è redatto dalle forze di polizia nei formati previsti dalle specifiche tecniche stabilite ai sensi dell'articolo 34; le informazioni strutturate sono in formato XML, secondo le specifiche tecniche stabilite ai sensi dell'articolo 34. L'atto del processo, protetto da meccanismi di crittografia, è sottoscritto con firma digitale. Si applicano, in quanto compatibili, l'articolo 14 del presente decreto, nonché gli articoli 20 e 21 del codice dell'amministrazione digitale.

6. La comunicazione degli atti del processo alle forze di polizia, successivamente al deposito previsto dall'articolo 15, è effettuata per estratto con contestuale messa a disposizione dell'atto integrale, protetto da meccanismo di crittografia, in apposita area riservata all'interno del dominio giustizia, accessibile solo dagli appartenenti alle forze di polizia legittimati, secondo le specifiche tecniche stabilite ai sensi dell'articolo 34 e nel rispetto dei requisiti di sicurezza di cui all'articolo 26.

7. Per la gestione del fascicolo informatico si applicano, in quanto compatibili, le disposizioni di cui all'articolo 9, commi da 1 a 5. Agli atti contenuti nel fascicolo informatico, custodito in una sezione distinta del sistema documentale di cui all'articolo 9, protetta da un meccanismo di crittografia secondo le specifiche tecniche stabilite ai sensi dell'articolo 34, hanno accesso unicamente i soggetti abilitati interni appositamente abilitati. Alla conclusione delle indagini preliminari, e in ogni altro caso in cui il fascicolo o parte di esso deve essere consultato da soggetti abilitati esterni o da utenti privati, questi accedono alla copia resa disponibile mediante il punto di accesso e il portale dei servizi telematici, secondo quanto previsto al capo IV.

8. Per la trasmissione telematica dei flussi informativi sintetici delle notizie di reato e dei relativi esiti tra il Centro Elaborazione Dati del Servizio per il Sistema Informativo Interforze, di cui all'articolo 8, della legge 1° aprile 1981, n. 121 e successive modifiche ed integrazioni, e il sistema dei registri delle notizie di reato delle Procure della Repubblica sono utilizzate le infrastrutture di connettività delle pubbliche amministrazioni che consentono una interconnessione tra le Amministrazioni, secondo le specifiche tecniche stabilite ai sensi dell'articolo 34. Il canale di comunicazione è protetto con le modalità di cui al comma 1.

9. Per assicurare la massima riservatezza della fase delle indagini preliminari la base di dati dei registri di cui al comma 8 è custodita, con le speciali misure di cui al comma 2, separatamente rispetto a quella relativa ai procedimenti per i quali è stato emesso uno degli atti di cui all'articolo 60, del codice di procedura penale, in infrastrutture informatiche di livello distrettuale o interdistrettuale individuate dal responsabile per i sistemi informativi automatizzati. I compiti di vigilanza sulle procedure di sicurezza adottate sulla base dati prevista dal presente comma sono svolti dal Procuratore della Repubblica presso il Tribunale e dal Procuratore generale della Repubblica presso la Corte di appello competenti in relazione all'ufficio giudiziario titolare dei dati, avvalendosi del personale tecnico individuato dal responsabile per i sistemi informativi automatizzati.

20. ***Requisiti della casella di PEC del soggetto abilitato esterno.*** — 1. Il gestore di posta elettronica certificata del soggetto abilitato esterno, fermi restando gli obblighi previsti dal decreto del Presidente della Repubblica 11 febbraio 2005, n. 68 e dal decreto ministeriale 2 novembre 2005, recante «Regole tecniche per la formazione, la trasmissione e la validazione, anche temporale, della posta elettronica certificata», è tenuto ad adottare software antispam idoneo a prevenire la trasmissione di messaggi di posta elettronica indesiderati.

2. Il soggetto abilitato esterno è tenuto a dotare il terminale informatico utilizzato di software idoneo a verificare l'assenza di virus informatici per ogni messaggio in arrivo e in partenza e di software antispam idoneo a prevenire la trasmissione di messaggi di posta elettronica indesiderati.

3. Il soggetto abilitato esterno è tenuto a conservare, con ogni mezzo idoneo, le ricevute di avvenuta consegna dei messaggi trasmessi al dominio giustizia.

4. La casella di posta elettronica certificata deve disporre di uno spazio disco minimo definito nelle specifiche tecniche di cui all'articolo 34.

5. Il soggetto abilitato esterno è tenuto a dotarsi di servizio automatico di avviso dell'imminente saturazione della propria casella di posta elettronica certificata e a verificare l'effettiva disponibilità dello spazio disco a disposizione.

6. La modifica dell'indirizzo elettronico può avvenire dal 1° al 31 gennaio e dal 1° al 31 luglio.

7. La disposizione di cui al comma 6 non si applica qualora la modifica dell'indirizzo si renda ne-

cessaria per cessazione dell'attività da parte del gestore di posta elettronica certificata.

21. ***Richiesta delle copie di atti e documenti.*** — 1. Il rilascio della copia di atti e documenti del processo avviene, previa verifica del regolare pagamento dei diritti previsti, tramite invio all'indirizzo di posta elettronica certificata del richiedente, secondo le specifiche tecniche stabilite ai sensi dell'articolo 34.

2. L'atto o il documento che contiene dati sensibili o di grandi dimensioni è messo a disposizione nell'apposita area del portale dei servizi telematici, nel rispetto dei requisiti di sicurezza stabiliti ai sensi dell'articolo 34.

3. Nel caso di richiesta di copia informatica, anche parziale, conforme al documento originale in formato cartaceo, il cancelliere ne attesta la conformità all'originale sottoscrivendola con la propria firma digitale.

CAPO IV
Consultazione delle informazioni del dominio giustizia

22. ***Servizi di consultazione.*** — 1. Ai fini di cui agli articoli 50, comma 1, 52 e 56 del codice dell'amministrazione digitale, l'accesso ai servizi di consultazione delle informazioni rese disponibili dal dominio giustizia avviene tramite un punto di accesso o tramite il portale dei servizi telematici, nel rispetto dei requisiti di sicurezza di cui all'articolo 26.

23. ***Punto di accesso.*** — 1. Il punto di accesso può essere attivato esclusivamente dai soggetti indicati dai commi 6 e 7.

2. Il punto di accesso fornisce un'adeguata qualità dei servizi, dei processi informatici e dei relativi prodotti, idonea a garantire la sicurezza del sistema, nel rispetto dei requisiti tecnici di cui all'articolo 26.

3. Il punto di accesso fornisce adeguati servizi di formazione e assistenza ai propri utenti, anche relativamente ai profili tecnici.

4. La violazione da parte del gestore di un punto di accesso dei livelli di sicurezza e di servizio comporta la sospensione dell'autorizzazione ad erogare i servizi fino al ripristino di tali livelli.

5. Il Ministero della giustizia dispone ispezioni tecniche, anche a campione, per verificare l'attuazione delle prescrizioni di sicurezza.

6. Possono gestire uno o più punti di accesso:

a) i consigli degli ordini professionali, i collegi ed i Consigli nazionali professionali, limitatamente ai propri iscritti;

b) il Consiglio nazionale forense, ove delegato da uno o più consigli degli ordini degli avvocati, limitatamente agli iscritti del consiglio delegante;

c) il Consiglio nazionale del notariato, limitatamente ai propri iscritti;

d) l'Avvocatura dello Stato, le amministrazioni statali o equiparate, e gli enti pubblici, limitatamente ai loro iscritti e dipendenti;

e) le Regioni, le città metropolitane, le provincie ed i Comuni, o enti consorziati tra gli stessi;

f) Le Camere di Commercio, per le imprese iscritte nel relativo registro.

7. I punti di accesso possono essere altresì gestiti da società di capitali in possesso di un capitale sociale interamente versato non inferiore a un milione di euro.

24. ***Elenco pubblico dei punti di accesso.*** — 1. L'elenco pubblico dei punti di accesso attivi presso il Ministero della giustizia comprende le seguenti informazioni:

a) identificativo del punto di accesso;

b) sede legale del soggetto titolare del punto di accesso;

c) indirizzo internet;

d) dati relativi al legale rappresentante del punto di accesso o a un suo delegato, comprendenti: nome, cognome, codice fiscale, indirizzo di posta elettronica certificata, numero di telefono e di fax;

e) recapiti relativi ai referenti tecnici da contattare in caso di problemi.

25. ***Iscrizione nell'elenco pubblico dei punti di accesso.*** — 1. Il soggetto che intende costituire un punto di accesso inoltra domanda di iscrizione nell'elenco pubblico dei punti di accesso secondo il modello e con le modalità stabilite dal responsabile per i sistemi informativi automatizzati del Ministero della giustizia con apposito decreto, da adottarsi entro sessanta giorni dall'entrata in vigore del presente decreto.

2. Il Ministero della giustizia decide sulla domanda entro trenta giorni, con provvedimento motivato, anche sulla base di apposite verifiche, effettuabili anche da personale esterno all'Amministrazione, da questa delegato, con costi a carico del richiedente.

3. Con il provvedimento di cui al comma 2, il Ministero della giustizia delega la responsabilità del processo di identificazione dei soggetti abilitati esterni al punto di accesso. Il Ministero della giustizia può delegare la responsabilità del processo di identificazione degli utenti privati agli enti pubblici di cui all'articolo 23, comma 6, lettera *e*).

4. Il Ministero della giustizia può verificare l'adempimento degli obblighi assunti da parte del gestore del punto di accesso di propria iniziativa oppure su segnalazione. In caso di violazione si applicano le disposizioni di cui all'articolo 23, comma 3.

26. ***Requisiti di sicurezza.*** — 1. L'accesso ai servizi di consultazione delle informazioni rese disponibili dal dominio giustizia avviene mediante identificazione sul punto di accesso o sul portale dei servizi telematici, secondo le specifiche tecniche stabilite ai sensi dell'articolo 34.

2. Il punto di accesso stabilisce la connessione

con il portale dei servizi telematici mediante un collegamento sicuro con mutua autenticazione secondo le specifiche tecniche stabilite ai sensi dell'articolo 34.

3. A seguito dell'identificazione viene in ogni caso trasmesso al gestore dei servizi telematici il codice fiscale del soggetto che effettua l'accesso.

4. I punti di accesso garantiscono un'adeguata sicurezza del sistema con le modalità tecniche specificate in un apposito piano depositato unitamente all'istanza di cui all'articolo 25, a pena di inammissibilità della stessa.

27. ***Visibilità delle informazioni.*** — 1. Ad eccezione della fase di cui all'articolo 19, il dominio giustizia consente al soggetto abilitato esterno l'accesso alle informazioni contenute nei fascicoli dei procedimenti in cui è costituito o svolge attività di esperto o ausiliario. L'utente privato accede alle informazioni contenute nei fascicoli dei procedimenti in cui è parte mediante il portale dei servizi telematici e, nei casi previsti dall'articolo 23, comma 6, lettere *e*) ed *f*), e comma 7, mediante il punto di accesso.

2. È sempre consentito l'accesso alle informazioni necessarie per la costituzione o l'intervento in giudizio in modo tale da garantire la riservatezza dei nomi delle parti e limitatamente ai dati identificativi del procedimento.

3. In caso di delega, rilasciata ai sensi dell'articolo 9 regio decreto-legge 27 novembre 1933, n. 1578, il dominio giustizia consente l'accesso alle informazioni contenute nei fascicoli dei procedimenti patrocinati dal delegante, previa comunicazione, a cura di parte, di copia della delega stessa al responsabile dell'ufficio giudiziario, che provvede ai conseguenti adempimenti. L'accesso è consentito fino alla comunicazione della revoca della delega.

4. La delega, sottoscritta con firma digitale, è rilasciata in conformità alle specifiche di strutturazione di cui all'articolo 35, comma 4.

5. Gli esperti e gli ausiliari del giudice accedono ai servizi di consultazione nel limite dell'incarico ricevuto e della autorizzazione concessa dal giudice.

6. Salvo quanto previsto dal comma 2, gli avvocati e i procuratori dello Stato accedono alle informazioni contenute nei fascicoli dei procedimenti in cui è parte una pubblica amministrazione la cui difesa in giudizio è stata assunta dal soggetto che effettua l'accesso.

28. ***Registrazione dei soggetti abilitati esterni e degli utenti privati.*** — 1. L'accesso ai servizi di consultazione resi disponibili dal dominio giustizia si ottiene previa registrazione presso il punto di accesso autorizzato o presso il portale dei servizi telematici, secondo le specifiche tecniche stabilite ai sensi dell'articolo 34, comma 1.

2. I punti di accesso trasmettono al Ministero della giustizia le informazioni relative ad i propri utenti registrati, secondo le specifiche tecniche stabilite ai sensi dell'articolo 34, comma 1.

29. ***Orario di disponibilità dei servizi di consultazione.*** — 1. Il portale dei servizi telematici e il gestore dei servizi telematici garantiscono la disponibilità dei servizi secondo le specifiche tecniche stabilite ai sensi dell'articolo 34. In ogni caso è garantita la disponibilità dei servizi di consultazione nei giorni feriali dalle ore otto alle ore ventidue, dal lunedì al venerdì, e dalle ore otto alle ore tredici del sabato e dei giorni ventiquattro e trentun dicembre.[1]

[1] Articolo così sost. dall'art. 6, c. 1, D.M. 15 ott. 2012, n. 209.

CAPO V

Pagamenti telematici

30. ***Pagamenti.*** — 1. Il pagamento del contributo unificato e degli altri diritti e spese è effettuato nelle forme previste dal decreto del Presidente della Repubblica 30 maggio 2002, n. 115, e successive modificazioni. La ricevuta e l'attestazione di pagamento o versamento è allegata alla nota di iscrizione a ruolo o ad altra istanza inviata all'ufficio, secondo le specifiche tecniche stabilite ai sensi dell'articolo 34, ed è conservata dall'interessato per essere esibita a richiesta dell'ufficio.

2. Il pagamento di cui al comma 1 può essere effettuato per via telematica con le modalità e gli strumenti previsti dal decreto del Presidente della Repubblica 30 maggio 2002, n. 115, e successive modificazioni e dalle altre disposizioni normative e regolamentari relative al riversamento delle entrate alla Tesoreria dello Stato.

3. L'interazione tra le procedure di pagamento telematico messe a disposizione dal prestatore del servizio di pagamento, il punto di accesso e il portale dei servizi telematici avviene su canale sicuro, secondo le specifiche tecniche stabilite ai sensi dell'articolo 34.

4. Il processo di pagamento telematico assicura l'univocità del pagamento mediante l'utilizzo della richiesta di pagamento telematico (RPT), della ricevuta telematica (RT) e dell'identificativo univoco di erogazione del servizio (CRS) che impediscono, mediante l'annullamento del CRS, un secondo utilizzo della RT. Le specifiche tecniche sono definite ai sensi dell'articolo 34.

5. La ricevuta telematica, firmata digitalmente dal prestatore del servizio di pagamento che effettua la riscossione o da un soggetto da questo delegato, costituisce prova del pagamento alla Tesoreria dello Stato ed è conservata nel fascicolo informatico.

6. L'ufficio verifica periodicamente con modalità telematiche la regolarità delle ricevute o attestazioni e il buon esito delle transazioni di pagamento telematico.

31. ***Diritto di copia.*** — 1. L'interessato, all'atto della richiesta di copia, richiede l'indicazione dell'importo del diritto corrispondente che gli è comunicato senza ritardo con mezzi telematici dall'ufficio, secondo le specifiche stabilite ai sensi dell'articolo 34.

2. Alla richiesta di copia è associato un identificativo univoco che, in caso di pagamento dei diritti di copia non contestuale, viene evidenziato nel sistema informatico per consentire il versamento secondo le modalità previste dal decreto del Presidente della Repubblica 30 maggio 2002, n. 115, e successive modificazioni.

3. La ricevuta telematica è associata all'identificativo univoco.

32. ***Registrazione, trascrizione e voltura degli atti.*** — 1. La registrazione, la trascrizione e la voltura degli atti avvengono in via telematica nelle forme previste dall'articolo 73 del decreto del Presidente della Repubblica 30 maggio 2002, n. 115, e successive modificazioni.

33. ***Pagamento dei diritti di notifica.*** — 1. Il pagamento dei diritti di notifica viene effettuato nelle forme previste dall'articolo 30.

2. L'UNEP rende pubblici gli importi dovuti a titolo di anticipazione. Eseguita la notificazione, l'UNEP comunica l'importo definitivo e restituisce il documento informatico notificato previo versamento del conguaglio dovuto dalla parte oppure unitamente al rimborso del maggior importo versato in acconto.

CAPO VI
Disposizioni finali e transitorie[1]

[1] Gli artt. da 34 a 37 si trovano alla voce *Documenti informatici*.

34-37. (*Omissis*).

- 7 -
D.L. 18 ott. 2012, n. 179
Ulteriori misure urgenti per la crescita del Paese

(G.U. 19 ott. 2012, n. 245, S.O.)
conv. con modif. in L. 17 dic. 2012, n. 221
(*stralcio*)

SEZIONE VI
Giustizia digitale

1-15. (*Omissis*).

16. ***Biglietti di cancelleria, comunicazioni e notificazioni per via telematica.***[1] — 1-3. (*Omissis*).

4. Nei procedimenti civili e in quelli davanti al Consiglio nazionale forense in sede giurisdizionale, le comunicazioni e le notificazioni a cura della cancelleria sono effettuate esclusivamente per via telematica all'indirizzo di posta elettronica certificata risultante da pubblici elenchi o comunque accessibili alle pubbliche amministrazioni, secondo la normativa, anche regolamentare, concernente la sottoscrizione, la trasmissione e la ricezione dei documenti informatici. Allo stesso modo si procede per le notificazioni a persona diversa dall'imputato a norma degli articoli 148, comma 2-*bis*, 149, 150 e 151, comma 2, del codice di procedura penale. La relazione di notificazione è redatta in forma automatica dai sistemi informatici in dotazione alla cancelleria.[2]

5. La notificazione o comunicazione che contiene dati sensibili è effettuata solo per estratto con contestuale messa a disposizione, sul sito internet individuato dall'amministrazione, dell'atto integrale cui il destinatario accede mediante gli strumenti di cui all'articolo 64 del decreto legislativo 7 marzo 2005, n. 82.

6. Le notificazioni e comunicazioni ai soggetti per i quali la legge prevede l'obbligo di munirsi di un indirizzo di posta elettronica certificata, che non hanno provveduto ad istituire o comunicare il predetto indirizzo, sono eseguite esclusivamente mediante deposito in cancelleria. Le stesse modalità si adottano nelle ipotesi di mancata consegna del messaggio di posta elettronica certificata per cause imputabili al destinatario.

7. Nei procedimenti civili nei quali sta in giudizio personalmente la parte il cui indirizzo di posta elettronica certificata non risulta da pubblici elenchi, la stessa può indicare l'indirizzo di posta elettronica certificata al quale vuole ricevere le comunicazioni e notificazioni relative al procedimento. In tale caso le comunicazioni e notificazioni a cura della cancelleria, si effettuano ai sensi del comma 4 e si applicano i commi 6 e 8. Tutte le comunicazioni e le notificazioni alle pubbliche amministrazioni che stanno in giudizio avvalendosi direttamente di propri dipendenti sono effettuate esclusivamente agli indirizzi di posta elettronica comunicati a norma del comma 12.

8. Quando non è possibile procedere ai sensi del comma 4 per causa non imputabile al destinatario, nei procedimenti civili si applicano l'articolo 136, terzo comma, e gli articoli 137 e seguenti del codice di procedura civile e, nei procedimenti penali, si applicano gli articoli 148 e seguenti del codice di procedura penale.

9. Le disposizioni dei commi da 4 a 8 acquistano efficacia:

a) a decorrere dalla data di entrata in vigore del presente decreto, per le comunicazioni e le notificazioni a cura della cancelleria di cui sono destinatari i difensori, nei procedimenti civili pendenti dinanzi ai tribunali e alle corti d'appello che, alla predetta data sono già stati individuati dai decreti ministeriali previsti dall'articolo 51, comma 2, del decreto-legge 25 giugno 2008, n. 112 convertito, con modificazioni, dalla legge 6 agosto 2008, n. 133;

b) a decorrere dal sessantesimo giorno succes-

LEGGI COMPLEMENTARI - C.C. e C.P.C.

sivo alla data di entrata in vigore della legge di conversione del presente decreto per le comunicazioni e le notificazioni di cui alla lettera a), per i procedimenti civili pendenti dinanzi ai tribunali ed alle corti di appello che alla data di entrata in vigore del presente decreto non sono stati individuati dai decreti ministeriali previsti dall'articolo 51, comma 2, del decreto-legge 25 giugno 2008, n. 112 convertito, con modificazioni, dalla legge 6 agosto 2008, n. 133;

c) a decorrere dal trecentesimo giorno successivo alla data di entrata in vigore della legge di conversione del presente decreto per le comunicazioni e le notificazioni di cui ai commi 4 e 7, dirette a destinatari diversi dai difensori nei procedimenti civili pendenti dinanzi ai tribunali ed alle corti di appello;

c-bis) a decorrere dal 15 dicembre 2014 per le notificazioni a persona diversa dall'imputato a norma degli articoli 148, comma 2-bis, 149, 150 e 151, comma 2, del codice di procedura penale nei procedimenti dinanzi ai tribunali e alle corti di appello;

d) a decorrere dal quindicesimo giorno successivo a quello della pubblicazione nella Gazzetta Ufficiale della Repubblica italiana dei decreti di cui al comma 10 per gli uffici giudiziari diversi dai tribunali e dalle corti d'appello.

10. Con uno o più decreti aventi natura non regolamentare, sentiti l'Avvocatura generale dello Stato, il Consiglio nazionale forense e i consigli dell'ordine degli avvocati interessati, il Ministro della giustizia, previa verifica, accerta la funzionalità dei servizi di comunicazione, individuando:

a) gli uffici giudiziari diversi dai tribunali e dalle corti di appello nei quali trovano applicazione le disposizioni del presente articolo;

b) gli uffici giudiziari in cui le stesse disposizioni operano per le notificazioni a persona diversa dall'imputato a norma degli articoli 148, comma 2-bis, 149, 150 e 151, comma 2, del codice di procedura penale.

11. (*Omissis*).

12. Al fine di favorire le comunicazioni e notificazioni per via telematica alle pubbliche amministrazioni, le amministrazioni pubbliche di cui all'articolo 1, comma 2, del decreto legislativo 30 marzo 2001, n. 165, e successive modificazioni, comunicano al Ministero della giustizia, con le regole tecniche adottate ai sensi dell'articolo 4, comma 1, del decreto-legge 29 dicembre 2009, n. 193, convertito, con modificazioni, dalla legge 22 febbraio 2010, n. 24, [entro il 30 novembre 2014][3] l'indirizzo di posta elettronica certificata conforme a quanto previsto dal decreto del Presidente della Repubblica 11 febbraio 2005, n. 68, e successive modificazioni, a cui ricevere le comunicazioni e notificazioni. L'elenco formato dal Ministero della giustizia è consultabile esclusivamente dagli uffici giudiziari, dagli uffici notificazioni, esecuzioni e protesti, e dagli avvocati. Con le medesime modalità, le amministrazioni pubbliche possono comunicare altresì gli indirizzi di posta elettronica certificata di propri organi o articolazioni, anche territoriali, presso cui eseguire le comunicazioni o notificazioni per via telematica nel caso in cui sia stabilito presso questi l'obbligo di notifica degli atti introduttivi di giudizio in relazione a specifiche materie ovvero in caso di autonoma capacità o legittimazione processuale. Per il caso di costituzione in giudizio tramite propri dipendenti, le amministrazioni pubbliche possono altresì comunicare ulteriori indirizzi di posta elettronica certificata, riportati in una speciale sezione dello stesso elenco di cui al presente articolo e corrispondenti a specifiche aree organizzative omogenee, presso cui eleggono domicilio ai fini del giudizio.[4]

13. In caso di mancata comunicazione ai sensi del comma 12, le comunicazioni e notificazioni a cura della cancelleria si effettuano ai sensi dei commi 6 e 8 e le notificazioni ad istanza di parte si effettuano ai sensi dell'articolo 16-*ter*, comma 1-*ter*.[5]

14-17. (*Omissis*).

17-*bis*. Le disposizioni di cui ai commi 4, 6, 7, 8, 12 e 13 si applicano anche nel processo amministrativo.[6]

[1] Articolo così modif. dall'art. 1, c. 19, L. 24 dic. 2012, n. 228.

[2] Comma così modif. dall'art. 3, c. 1-*ter*, D.L. 30 apr. 2020, n. 28, conv. con modif. in L. 25 giu. 2020, n. 70.

[3] Parole soppresse dall'art. 28, D.L. 16 lug. 2020, n. 76, conv. con modif. in L. 11 set. 2020, n. 120.

[4] Gli ultimi due periodi sono stati aggiunti dall'art. 28, D.L. 16 lug. 2020, n. 76, conv. con modif. in L. 11 set. 2020, n. 120.

[5] Comma sost. dall'art. 28, D.L. 16 lug. 2020, n. 76, conv. con modif. in L. 11 set. 2020, n. 120.

[6] Comma aggiunto dall'art. 42, c. 1, D.L. 24 giu. 2014, n. 90, conv. con modif. in L. 11 ago. 2014, n. 114.

16-*bis*. *Obbligatorietà del deposito telematico degli atti processuali.*[1] — 1. Salvo quanto previsto dal comma 5, a decorrere dal 30 giugno 2014 nei procedimenti civili, contenziosi o di volontaria giurisdizione, innanzi al tribunale, il deposito degli atti processuali e dei documenti da parte dei difensori delle parti precedentemente costituite ha luogo esclusivamente con modalità telematiche, nel rispetto della normativa anche regolamentare concernente la sottoscrizione, la trasmissione e la ricezione dei documenti informatici. Allo stesso modo si procede per il deposito degli atti e dei documenti da parte dei soggetti nominati o delegati dall'autorità giudiziaria. Le parti provvedono, con le modalità di cui al presente comma, a depositare gli atti e i documenti provenienti dai soggetti da esse nominati. Per difensori non si intendono i dipendenti di cui si avvalgono le pubbliche amministrazioni per stare in giudizio personalmente.[2] In ogni caso, i medesimi dipendenti possono depositare, con le modalità previste dal presente comma, gli atti e i documenti di cui al medesimo comma.[3]

1-*bis*. Nell'ambito dei procedimenti civili, contenziosi e di volontaria giurisdizione innanzi ai tribunali e, a decorrere dal 30 giugno 2015, innanzi alle corti di appello è sempre ammesso il deposito telematico di ogni atto diverso da quelli previsti dal comma 1 e dei documenti che si offrono in comunicazione, da parte del difensore o del dipendente di cui si avvale la pubblica amministrazione per stare in giudizio personalmente, con le modalità previste dalla normativa anche regolamentare concernente la sottoscrizione, la trasmissione e la ricezione dei documenti informatici. In tal caso il deposito si perfeziona esclusivamente con tali modalità.[4]

2. Nei processi esecutivi di cui al libro III del codice di procedura civile la disposizione di cui al comma 1 si applica successivamente al deposito dell'atto con cui inizia l'esecuzione. A decorrere dal 31 marzo 2015, il deposito nei procedimenti di espropriazione forzata della nota di iscrizione a ruolo ha luogo esclusivamente con modalità telematiche, nel rispetto della normativa anche regolamentare concernente la sottoscrizione, la trasmissione e la ricezione dei documenti informatici. Unitamente alla nota di iscrizione a ruolo sono depositati, con le medesime modalità, le copie conformi degli atti indicati dagli articoli 518, sesto comma, 543, quarto comma e 557, secondo comma, del codice di procedura civile. Ai fini del presente comma, il difensore attesta la conformità delle copie agli originali, anche fuori dai casi previsti dal comma 9-*bis* e dall'articolo 16-*decies*.[5]

3. Nelle procedure concorsuali la disposizione di cui al comma 1 si applica esclusivamente al deposito degli atti e dei documenti da parte del curatore, del commissario giudiziale, del liquidatore, del commissario liquidatore e del commissario straordinario.

4. A decorrere dal 30 giugno 2014, per il procedimento davanti al tribunale di cui al libro IV, titolo I, capo I del codice di procedura civile, escluso il giudizio di opposizione, il deposito dei provvedimenti, degli atti di parte e dei documenti ha luogo esclusivamente con modalità telematiche, nel rispetto della normativa anche regolamentare concernente la sottoscrizione, la trasmissione e la ricezione dei documenti informatici. Il presidente del tribunale può autorizzare il deposito di cui al periodo precedente con modalità non telematiche quando i sistemi informatici del dominio giustizia non sono funzionanti e sussiste una indifferibile urgenza. Resta ferma l'applicazione della disposizione di cui al comma 1 al giudizio di opposizione al decreto d'ingiunzione.

4-*bis*. Nei procedimenti giudiziali diretti all'apertura delle procedure concorsuali, in ogni grado di giudizio, gli atti dei difensori e degli ausiliari del giudice, nonché i documenti sono depositati esclusivamente con modalità telematiche, nel rispetto della normativa anche regolamentare concernente la sottoscrizione, la trasmissione e la ricezione dei documenti informatici. Si applica il secondo periodo del comma 4. Per il ricorso per cassazione, la disposizione acquista efficacia a decorrere dal sessantesimo giorno successivo alla pubblicazione nella Gazzetta Ufficiale del provvedimento del responsabile dei sistemi informativi automatizzati del Ministero della giustizia, da adottarsi entro un anno dall'entrata in vigore del codice della crisi di impresa e dell'insolvenza, adottato in attuazione dell'articolo 1 della legge delega 19 ottobre 2017, n. 155, attestante la piena funzionalità dei servizi di comunicazione.[6]

5. Con uno o più decreti aventi natura non regolamentare, da adottarsi sentiti l'Avvocatura generale dello Stato, il Consiglio nazionale forense ed i consigli dell'ordine degli avvocati interessati, il Ministro della giustizia, previa verifica, accertata la funzionalità dei servizi di comunicazione, può individuare i tribunali nei quali viene anticipato, nei procedimenti civili iniziati prima del 30 giugno 2014 ed anche limitatamente a specifiche categorie di procedimenti, il termine fissato dalla legge per l'obbligatorietà del deposito telematico.[7]

6. Negli uffici giudiziari diversi dai tribunali le disposizioni di cui ai commi 1 e 4 si applicano a decorrere dal quindicesimo giorno successivo alla pubblicazione nella Gazzetta Ufficiale della Repubblica italiana dei decreti, aventi natura non regolamentare, con i quali il Ministro della giustizia, previa verifica, accerta la funzionalità dei servizi di comunicazione. I decreti previsti dal presente comma sono adottati sentiti l'Avvocatura generale dello Stato, il Consiglio nazionale forense ed i consigli dell'ordine degli avvocati interessati.

7. Il deposito con modalità telematiche si ha per avvenuto al momento in cui viene generata la ricevuta di avvenuta consegna da parte del gestore di posta elettronica certificata del Ministero della giustizia. Il deposito è tempestivamente eseguito quando la ricevuta di avvenuta consegna è generata entro la fine del giorno di scadenza e si applicano le disposizioni di cui all'articolo 155, quarto e quinto comma, del codice di procedura civile. Quando il messaggio di posta elettronica certificata eccede la dimensione massima stabilita nelle specifiche tecniche del responsabile per i sistemi informativi automatizzati del ministero della giustizia, il deposito degli atti o dei documenti può essere eseguito mediante gli invii di più messaggi di posta elettronica certificata. Il deposito è tempestivo quando è eseguito entro la fine del giorno di scadenza.[8]

8. Fermo quanto disposto al comma 4, secondo periodo, il giudice può autorizzare il deposito degli atti processuali e dei documenti di cui ai commi che precedono con modalità non telematiche quando i sistemi informatici del dominio giustizia non sono funzionanti.

9. Il giudice può ordinare il deposito di copia cartacea di singoli atti e documenti per ragioni specifiche. Fatto salvo quanto previsto dal periodo precedente, con decreto non avente natura regolamentare il Ministro della giustizia stabilisce misure organizzative per l'acquisizione anche di copia cartacea degli atti depositati con modalità telematiche nonché per la riproduzione su supporto analogico degli atti depositati con le predette modalità, nonché per la gestione e la conservazione delle predette copie cartacee. Con il medesimo decreto sono altresì stabilite le misure organizzative per la gestione e la conservazione degli atti depositati su supporto cartaceo a norma dei commi 4 e 8, nonché ai sensi del periodo precedente.[9]

9-*bis*. Le copie informatiche, anche per immagine, di atti processuali di parte e degli ausiliari del giudice nonché dei provvedimenti di quest'ultimo, presenti nei fascicoli informatici o trasmessi in allegato alle comunicazioni telematiche dei procedimenti indicati nel presente articolo, equivalgono all'originale anche se prive della firma digitale del cancelliere di attestazione di conformità all'originale. Il difensore, il dipendente di cui si avvale la pubblica amministrazione per stare in giudizio personalmente, il consulente tecnico, il professionista delegato, il curatore ed il commissario giudiziale possono estrarre con modalità telematiche duplicati, copie analogiche o informatiche degli atti e dei provvedimenti di cui al periodo precedente ed attestare la conformità delle copie estratte ai corrispondenti atti contenuti nel fascicolo informatico. Le copie analogiche ed informatiche, anche per immagine, estratte dal fascicolo informatico e munite dell'attestazione di conformità a norma del presente comma, equivalgono all'originale. Il duplicato informatico di un documento informatico deve essere prodotto mediante processi e strumenti che assicurino che il documento informatico ottenuto sullo stesso sistema di memorizzazione o su un sistema diverso contenga la stessa sequenza di bit del documento informatico di origine. Le disposizioni di cui al presente comma non si applicano agli atti processuali che contengono provvedimenti giudiziali che autorizzano il prelievo di somme di denaro vincolate all'ordine del giudice.[10]

9-*ter*. A decorrere dal 30 giugno 2015 nei procedimenti civili, contenziosi o di volontaria giurisdizione, innanzi alla corte di appello, il deposito degli atti processuali e dei documenti da parte dei difensori delle parti precedentemente costituite ha luogo esclusivamente con modalità telematiche, nel rispetto della normativa anche regolamentare concernente la sottoscrizione, la trasmissione e la ricezione dei documenti informatici. Allo stesso modo si procede per il deposito degli atti e dei documenti da parte dei soggetti nominati o delegati dall'autorità giudiziaria. Le parti provvedono, con le modalità di cui al presente comma, a depositare gli atti e i documenti provenienti dai soggetti da esse nominati. Con uno o più decreti aventi natura non regolamentare, da adottarsi sentiti l'Avvocatura generale dello Stato, il Consiglio nazionale forense ed i consigli dell'ordine, degli avvocati interessati, il Ministro della giustizia, previa verifica, accertata la funzionalità dei servizi di comunicazione, può individuare le corti di appello nelle quali viene anticipato, nei procedimenti civili iniziati prima del 30 giugno 2015 ed anche limitatamente a specifiche categorie di procedimenti, il termine fissato dalla legge per l'obbligatorietà del deposito telematico.[11]

9-*quater*. Unitamente all'istanza di cui all'articolo 119, primo comma, del regio decreto 16 marzo 1942, n. 267, il curatore deposita un rapporto riepilogativo finale redatto in conformità a quanto previsto dall'articolo 33, quinto comma, del medesimo regio decreto. Conclusa l'esecuzione del concordato preventivo con cessione dei beni, si procede a norma del periodo precedente, sostituendo il liquidatore al curatore.[12]

9-*quinquies*. Il commissario giudiziale della procedura di concordato preventivo di cui all'articolo 186-bis del regio decreto 16 marzo 1942, n. 267 ogni sei mesi successivi alla presentazione della relazione di cui all'articolo 172, primo comma, del predetto regio decreto redige un rapporto riepilogativo secondo quanto previsto dall'articolo 33, quinto comma, dello stesso regio decreto e lo trasmette ai creditori a norma dell'articolo 171, secondo comma, del predetto regio decreto. Conclusa l'esecuzione del concordato si applica il comma 9-*quater*, sostituendo il commissario al curatore.[12]

9-*sexies*. Il professionista delegato a norma dell'articolo 591-bis del codice di procedura civile, entro trenta giorni dalla notifica dell'ordinanza di vendita, deposita un rapporto riepilogativo iniziale delle attività svolte. A decorrere dal deposito del rapporto riepilogativo iniziale, il professionista deposita, con cadenza semestrale, un rapporto riepilogativo periodico delle attività svolte. Entro dieci giorni dalla comunicazione dell'approvazione del progetto di distribuzione, il professionista delegato deposita un rapporto riepilogativo finale delle attività svolte successivamente al deposito del rapporto di cui al periodo precedente.[13]

9-*septies*. I rapporti riepilogativi periodici e finali previsti per le procedure concorsuali e i rapporti riepilogativi previsti per i procedimenti di esecuzione forzata devono essere depositati con modalità telematiche nel rispetto della normativa anche regolamentare concernente la sottoscrizione, la trasmissione e la ricezione dei documenti informatici, nonché delle apposite specifiche tecniche del responsabile per i sistemi informativi automatizzati del Ministero della giustizia. I relativi dati sono estratti ed elaborati, a cura del Ministero della giustizia, anche nell'ambito di rilevazioni statistiche nazionali. I rapporti riepilogativi di cui al presente comma devono contenere i dati identificativi dell'esperto che ha effettuato la stima. Le disposizioni di cui al presente comma si applicano anche ai prospetti riepilogativi delle stime e delle vendite di cui all'articolo 169-*quinquies* delle disposizioni per l'attuazione del codice di procedura civile e disposizioni transitorie. Il prospetto riepilogativo deve contenere anche i dati identificativi dell'ufficiale giudiziario che ha attribuito il valore ai beni pignorati a norma dell'articolo 518 del codice di procedura civile.[14]

9-*octies*. Gli atti di parte e i provvedimenti del giudice depositati con modalità telematiche sono redatti in maniera sintetica.[15]

[1] Articolo ins. dall'art. 1, c. 19, L. 24 dic. 2012, n. 228.

[2] Periodo aggiunto dall'art. 44, c. 2, D.L. 24 giu. 2014, n. 90, conv. con modif. in L. 11 ago. 2014, n. 114.

[3] Periodo aggiunto dall'art. 19, D.L. 27 giu. 2015, n. 83, conv. con modif. in L. 6 ago. 2015, n. 132.

[4] Comma ins. dall'art. 19, D.L. 27 giu. 2015, n. 83, conv. con modif. in L. 6 ago. 2015, n. 132.

[5] Comma così modif. dall'art. 18, c. 4, D.L. 12 set. 2014, n. 132, conv. con modif. in L. 10 nov. 2014, n. 162 e dall'art. 19, D.L. 27 giu. 2015, n. 83, conv. con modif. in L. 6 ago. 2015, n. 132.

[6] Comma ins. dall'art. 360, c. 1, D.lgs. 12 gen. 2019, n. 14. La disposizione entrerà in vigore dal 16 mag. 2022, ai sensi dell'art. 1, c. 1, D.L. 24 ago. 2021, n. 118, conv. in L. 21 ott. 2021, n. 147.

[7] Comma così sost. dall'art. 44, c. 2, D.L. 24 giu. 2014, n. 90, conv. con modif. in L. 11 ago. 2014, n. 114.

[8] Comma così modif. dall'art. 51, c. 2, D.L. 24 giu. 2014, n. 90, conv. con modif. in L. 11 ago. 2014, n. 114.

[9] Gli ultimi due periodi sono stati aggiunti dall'art. 19, D.L. 27 giu. 2015, n. 83, conv. con modif. in L. 6 ago. 2015, n. 132.

[10] Comma aggiunto dall'art. 52, c. 1, D.L. 24 giu. 2014, n. 90, conv. con modif. in L. 11 ago. 2014, n. 114 e così modif. dall'art. 19, D.L. 27 giu. 2015, n. 83, conv. con modif. in L. 6 ago. 2015, n. 132.

[11] Comma aggiunto dall'art. 44, c. 2, D.L. 24 giu. 2014, n. 90, conv. con modif. in L. 11 ago. 2014, n. 114.

[12] Comma aggiunto dall'art. 20, c. 1, D.L. 12 set. 2014, n. 132, conv. con modif. in L. 10 nov. 2014, n. 162.

[13] Comma aggiunto dall'art. 20, c. 1, D.L. 12 set. 2014, n. 132, conv. con modif. in L. 10 nov. 2014, n. 162 e così sost. dall'art. 4, c. 2, D.L. 3 mag. 2016, n. 59, conv. con modif. in L. 30 giu. 2016, n. 119.

[14] Comma aggiunto dall'art. 20, c. 1, D.L. 12 set. 2014, n. 132, conv. con modif. in L. 10 nov. 2014, n. 162 e così modif. dall'art. 19, D.L. 27 giu. 2015, n. 83, conv. con modif. in L. 6 ago. 2015, n. 132, e dall'art. 4, c. 2, D.L. 3 mag. 2016, n. 59, conv. con modif. in L. 30 giu. 2016, n. 119.

[15] Comma aggiunto dall'art. 19, D.L. 27 giu. 2015, n. 83, conv. con modif. in L. 6 ago. 2015, n. 132.

16-*ter*. *Pubblici elenchi per notificazioni e comunicazioni.* — 1. A decorrere dal 15 dicembre 2013, ai fini della notificazione e comunicazione degli atti in materia civile, penale, amministrativa, contabile e stragiudiziale si intendono per pubblici elenchi quelli previsti dagli articoli 6-*bis*, 6-*quater* e 62 del decreto legislativo 7 marzo 2005, n. 82, dall'articolo 16, comma 12, del presente decreto, dall'articolo 16, comma 6, del decreto-legge 29 novembre 2008, n. 185, convertito con modificazioni dalla legge 28 gennaio 2009, n. 2, nonché il registro generale degli indirizzi elettronici, gestito dal Ministero della giustizia.[1]

1-*bis*. Le disposizioni dei commi 1 e 1-*ter* si applicano anche alla giustizia amministrativa.[2]

1-*ter*. Fermo restando quanto previsto dal regio decreto 30 ottobre 1933, n. 1611, in materia di rappresentanza e difesa in giudizio dello Stato, in caso di mancata indicazione nell'elenco di cui all'articolo 16, comma 12, la notificazione alle pubbliche amministrazioni degli atti in materia civile, penale, amministrativa, contabile e stragiudiziale è validamente effettuata, a tutti gli effetti, al domicilio digitale indicato nell'elenco previsto dall'articolo 6-*ter* del decreto legislativo 7 marzo 2005, n. 82, e, ove nel predetto elenco risultino indicati, per la stessa amministrazione pubblica, più domicili digitali, la notificazione è effettuata presso l'indirizzo di posta elettronica certificata primario indicato, secondo le previsioni delle Linee guida di AgID, nella sezione ente dell'amministrazione pubblica destinataria. Nel caso in cui sussista l'obbligo di notifica degli atti introduttivi di giudizio in relazione a specifiche materie presso organi o articolazioni, anche territoriali, delle pubbliche amministrazioni, la notificazione può essere eseguita all'indirizzo di posta elettronica certificata espressamente indicato nell'elenco di cui all'articolo 6-*ter* del decreto legislativo 7 marzo 2005, n. 82, per detti organi o articolazioni.[3]

[1] Comma così sost. dall'art. 66, c. 5, D.lgs. 13 dic. 2017, n. 217.

[2] Comma aggiunto dall'art. 45-*bis*, c. 2, D.L. 24 giu. 2014, n. 90, conv. con modif. in L. 11 ago. 2014, n. 114 e così modif. dall'art. 28, D.L. 16 lug. 2020, n. 76, conv. con modif. in L. 11 set. 2020, n. 120.

[3] Comma aggiunto dall'art. 28, D.L. 16 lug. 2020, n. 76, conv. con modif. in L. 11 set. 2020, n. 120.

16-*quater*. *Modifiche alla legge 21 gennaio 1994, n. 53.*[1] — 1. Alla legge 21 gennaio 1994, n. 53, sono apportate le seguenti modificazioni:

a) all'articolo 2, comma 1, dopo le parole: «all'articolo 1» sono inserite le seguenti: «effettuata a mezzo del servizio postale»;

b) all'articolo 3, comma 1, alinea, le parole: «di cui all'articolo 1 deve» sono sostituite dalle seguenti: «che procede a norma dell'articolo 2 deve»;

c) all'articolo 3, il comma 3-*bis* è abrogato;

d) dopo l'articolo 3 è inserito il seguente:

«Art. 3-*bis*. - 1. La notificazione con modalità telematica si esegue a mezzo di posta elettronica certificata all'indirizzo risultante da pubblici elenchi, nel rispetto della normativa, anche regolamentare, concernente la sottoscrizione, la trasmissione e la ricezione dei documenti informatici. La notificazione può essere eseguita esclusivamente utilizzando un indirizzo di posta elettronica certificata del notificante risultante da pubblici elenchi.

2. Quando l'atto da notificarsi non consiste in un documento informatico, l'avvocato provvede ad estrarre copia informatica dell'atto formato su

supporto analogico, attestandone la conformità all'originale a norma dell'articolo 22, comma 2, del decreto legislativo 7 marzo 2005, n. 82. La notifica si esegue mediante allegazione dell'atto da notificarsi al messaggio di posta elettronica certificata.

3. La notifica si perfeziona, per il soggetto notificante, nel momento in cui viene generata la ricevuta di accettazione prevista dall'articolo 6, comma 1, del decreto del Presidente della Repubblica 11 febbraio 2005, n. 68, e, per il destinatario, nel momento in cui viene generata la ricevuta di avvenuta consegna prevista dall'articolo 6, comma 2, del decreto del Presidente della Repubblica 11 febbraio 2005, n. 68.

4. Il messaggio deve indicare nell'oggetto la dizione: "notificazione ai sensi della legge n. 53 del 1994".

5. L'avvocato redige la relazione di notificazione su documento informatico separato, sottoscritto con firma digitale ed allegato al messaggio di posta elettronica certificata. La relazione deve contenere:

a) il nome, cognome ed il codice fiscale dell'avvocato notificante;

b) gli estremi del provvedimento autorizzativo del consiglio dell'ordine nel cui albo è iscritto;

c) il nome e cognome o la denominazione e ragione sociale ed il codice fiscale della parte che ha conferito la procura alle liti;

d) il nome e cognome o la denominazione e ragione sociale del destinatario;

e) l'indirizzo di posta elettronica certificata a cui l'atto viene notificato;

f) l'indicazione dell'elenco da cui il predetto indirizzo è stato estratto;

g) l'attestazione di conformità di cui al comma 2.

6. Per le notificazioni effettuate in corso di procedimento deve, inoltre, essere indicato l'ufficio giudiziario, la sezione, il numero e l'anno di ruolo.»;

e) all'articolo 4, comma 1, le parole: «a mezzo posta elettronica certificata, ovvero» sono soppresse;

f) all'articolo 5, il comma 1 è abrogato;

g) all'articolo 6, comma 1, le parole: «la relazione di cui all'articolo 3» sono sostituite dalle seguenti: «la relazione o le attestazioni di cui agli articoli 3, 3-*bis* e 9»;

h) all'articolo 8, dopo il comma 4, è aggiunto il seguente:

«4-*bis*. Le disposizioni del presente articolo non si applicano alle notifiche effettuate a mezzo posta elettronica certificata.»;

i) all'articolo 9, è aggiunto, in fine, il seguente comma:

«1-*bis*. Qualora non si possa procedere al deposito con modalità telematiche dell'atto notificato a norma dell'articolo 3-*bis*, l'avvocato estrae copia su supporto analogico del messaggio di posta elettronica certificata, dei suoi allegati e della ricevuta di accettazione e di avvenuta consegna e ne attesta la conformità ai documenti informatici da cui sono tratte ai sensi dell'articolo 23, comma 1, del decreto legislativo 7 marzo 2005, n. 82.»;

l) all'articolo 10, comma 1, è inserito, in fine, il seguente periodo: «Quando l'atto è notificato a norma dell'articolo 3-*bis* al pagamento dell'importo di cui al periodo precedente si provvede mediante sistemi telematici.».

2. Con decreto del Ministro della giustizia, da adottarsi entro centottanta giorni dall'entrata in vigore della legge di conversione del presente decreto, si procede all'adeguamento delle regole tecniche di cui al decreto del Ministro della giustizia 21 febbraio 2011, n. 44.

3. Le disposizioni di cui al comma 1 acquistano efficacia a decorrere dal quindicesimo giorno successivo alla pubblicazione nella *Gazzetta Ufficiale* della Repubblica italiana del decreto di cui al comma 2.

3-*bis*. Le disposizioni dei commi 2 e 3 non si applicano alla giustizia amministrativa.[2]

[1] Articolo ins. dall'art. 1, c. 19, L. 24 dic. 2012, n. 228.
[2] Comma ins. dall'art. 46, c. 2, D.L. 24 giu. 2014, n. 90, conv. con modif. in L. 11 ago. 2014, n. 114.

16-*quinquies*. (*Omissis*).

16-*sexies*. *Domicilio digitale*.[1] — 1. Salvo quanto previsto dall'articolo 366 del codice di procedura civile, quando la legge prevede che le notificazioni degli atti in materia civile al difensore siano eseguite, ad istanza di parte, presso la cancelleria dell'ufficio giudiziario, alla notificazione con le predette modalità può procedersi esclusivamente quando non sia possibile, per causa imputabile al destinatario, la notificazione presso l'indirizzo di posta elettronica certificata, risultante dagli elenchi di cui all'articolo 6-*bis* del decreto legislativo 7 marzo 2005, n. 82, nonché dal registro generale degli indirizzi elettronici, gestito dal ministero della giustizia.

[1] Articolo aggiunto dall'art. 52, c. 2, D.L. 24 giu. 2014, n. 90, conv. con modif. in L. 11 ago. 2014, n. 114.

16-*septies*. *Tempo delle notificazioni con modalità telematiche*.[1] — 1. La disposizione dell'articolo 147 del codice di procedura civile si applica anche alle notificazioni eseguite con modalità telematiche. Quando è eseguita dopo le ore 21, la notificazione si considera perfezionata alle ore 7 del giorno successivo.

[1] Articolo aggiunto dall'art. 45-*bis*, c. 2, D.L. 24 giu. 2014, n. 90, conv. con modif. in L. 11 ago. 2014, n. 114.

La Corte cost., con sent. 9 apr. 2019, n. 75, ha dichiarato l'ill. cost. del presente articolo, nella parte in cui prevede che la notifica eseguita con modalità telematiche la cui ricevuta di accettazione è generata dopo le ore 21 ed entro le ore 24 si perfeziona per il notificante alle ore 7 del giorno successivo, anziché al momento di generazione della predetta ricevuta.

16-*octies*. *Ufficio per il processo*.[1] — 1. Al fine

di garantire la ragionevole durata del processo, attraverso l'innovazione dei modelli organizzativi ed assicurando un più efficiente impiego delle tecnologie dell'informazione e della comunicazione sono costituite, presso le corti di appello e i tribunali ordinari, strutture organizzative denominate "ufficio per il processo", mediante l'impiego del personale di cancelleria e di coloro che svolgono, presso i predetti uffici, il tirocinio formativo a norma dell'articolo 73 del decreto-legge 21 giugno 2013, n. 69, convertito, con modificazioni, dalla legge 9 agosto 2013, n. 98, o la formazione professionale dei laureati a norma dell'articolo 37, comma 5, del decreto-legge 6 luglio 2011, n. 98, convertito, con modificazioni, dalla legge 15 luglio 2011, n. 111. Fanno altresì parte dell'ufficio per il processo costituito presso le corti di appello i giudici ausiliari di cui agli articoli 62 e seguenti del decreto-legge 21 giugno 2013, n. 69, convertito, con modificazioni, dalla legge 9 agosto 2013, n. 98, e dell'ufficio per il processo costituito presso i tribunati, i giudici onorari di tribunale di cui agli articoli 42-*ter* e seguenti del regio decreto 30 gennaio 1941, n. 12.

2. Il Consiglio Superiore della Magistratura e il Ministro della giustizia, nell'ambito delle rispettive competenze, danno attuazione alle disposizioni di cui al comma 1, nell'ambito delle risorse disponibili e senza nuovi o maggiori oneri a carico della finanza pubblica.

[1] Articolo ins. dall'art. 50, c. 1, D.L. 24 giu. 2014, n. 90, conv. con modif. in L. 11 ago. 2014, n. 114.

16-*novies*. *Modalità informatiche per le domande di iscrizione e per la tenuta dell'albo dei consulenti tecnici, dell'albo dei periti presso il tribunale, dell'elenco dei soggetti specializzati per la custodia e la vendita dei beni pignorati e dell'elenco dei professionisti disponibili a provvedere alle operazioni di vendita.*[1] — 1. Le domande di iscrizione all'albo dei consulenti tecnici di cui agli articoli 13 e seguenti delle disposizioni per l'attuazione del codice di procedura civile, all'elenco dei soggetti specializzati previsto dall'articolo 169-*sexies* delle medesime disposizioni e all'albo dei periti presso il tribunale, di cui agli articoli 67 e seguenti delle norme di attuazione del codice di procedura penale, sono inserite, a cura di coloro che le propongono, con modalità esclusivamente telematiche in conformità alle specifiche tecniche di cui al comma 5. Con le medesime modalità sono inseriti i documenti allegati alle domande.

2. Le disposizioni di cui al comma 1 si applicano anche alle domande e ai relativi documenti per l'iscrizione negli elenchi dei professionisti disponibili a provvedere alle operazioni di vendita di cui all'articolo 169-*ter* e all'articolo 179-*ter*, secondo comma, delle disposizioni per l'attuazione del codice di procedura civile.

3. Quando, per l'iscrizione negli albi e negli elenchi di cui al presente articolo, la legge prevede il pagamento di bolli, diritti o altre somme a qualsiasi titolo, il versamento è effettuato esclusivamente con sistemi telematici di pagamento ovvero con carte di debito, di credito o prepagate o con altri mezzi di pagamento con moneta elettronica disponibili nel circuito bancario o postale, a norma dell'articolo 4, comma 9, del decreto-legge 29 dicembre 2009, n. 193, convertito, con modificazioni, dalla legge 22 febbraio 2010, n. 24. I versamenti di cui al presente comma hanno luogo nel rispetto della normativa, anche regolamentare, concernente i pagamenti telematici nel processo civile.

4. Gli albi e gli elenchi di cui ai commi 1 e 2 sono formati a norma delle disposizioni legislative che li regolano e tenuti, a cura del presidente del tribunale, con modalità esclusivamente informatiche in conformità alle specifiche tecniche di cui al comma 5. L'accesso ai dati contenuti negli albi e negli elenchi è consentito ai magistrati e al personale delle cancellerie e delle segreterie di tutti gli uffici giudiziari della giustizia ordinaria. Salvo quanto previsto dall'articolo 179-*quater*, terzo comma, delle disposizioni per l'attuazione del codice di procedura civile, la disposizione di cui al periodo precedente si applica anche agli elenchi previsti dagli articoli 169-*ter* e 179-*ter* delle medesime disposizioni.

5. La presentazione delle domande e la tenuta degli albi ed elenchi di cui al presente articolo sono effettuate in conformità alle specifiche tecniche stabilite dal responsabile per i sistemi informativi automatizzati del Ministero della giustizia, nel rispetto della disciplina prevista dal decreto legislativo 7 marzo 2005, n. 82, entro sei mesi dalla data di entrata in vigore della presente disposizione. Le specifiche tecniche sono pubblicate nella *Gazzetta Ufficiale della Repubblica italiana* e sul sito internet del Ministero della giustizia.

6. Le disposizioni del presente articolo acquistano efficacia decorsi trenta giorni dalla pubblicazione sul sito internet del Ministero della giustizia delle specifiche tecniche previste dal comma 5.

7. I soggetti di cui ai commi 1 e 2, che alla data di acquisto di efficacia delle disposizioni del presente articolo sono già iscritti negli albi ed elenchi previsti dai medesimi commi, inseriscono i propri dati, con modalità telematiche e in conformità alle specifiche tecniche di cui al comma 5, entro il termine perentorio di novanta giorni dalla pubblicazione sul sito internet del Ministero della giustizia delle medesime specifiche tecniche. A decorrere dalla data di scadenza del termine di cui al periodo precedente, gli albi ed elenchi già formati sono sostituiti ad ogni effetto dagli albi ed elenchi previsti dal presente articolo.

[1] Articolo aggiunto dall'art. 14, c. 2, D.L. 27 giu. 2015, n. 83, conv. con modif. in L. 6 ago. 2015, n. 132.

16-*decies*. *Potere di certificazione di conformità delle copie degli atti e dei provvedimenti.*[1] — 1. Il difensore, il dipendente di cui si avvale la pubblica amministrazione per stare in giudizio personalmente, il consulente tecnico, il professionista delegato, il curatore ed il commissario giudiziale, quando depositano con modalità telematiche la copia informatica, anche per immagine, di un atto processuale di parte o di un provvedimento del giudice formato su supporto analogico e detenuto in originale o in copia conforme, attestano la conformità della copia al predetto atto. La copia munita dell'attestazione di conformità equivale all'originale o alla copia conforme dell'atto o del provvedimento.

[1] Articolo aggiunto dall'art. 19, D.L. 27 giu. 2015, n. 83, conv. con modif. in L. 6 ago. 2015, n. 132.

16-*undecies*. *Modalità dell'attestazione di conformità.*[1] — 1. Quando l'attestazione di conformità prevista dalle disposizioni della presente sezione, dal codice di procedura civile e dalla legge 21 gennaio 1994, n. 53, si riferisce ad una copia analogica, l'attestazione stessa è apposta in calce o a margine della copia o su foglio separato, che sia però congiunto materialmente alla medesima.

2. Quando l'attestazione di conformità si riferisce ad una copia informatica, l'attestazione stessa è apposta nel medesimo documento informatico.

3. Nel caso previsto dal comma 2, l'attestazione di conformità può alternativamente essere apposta su un documento informatico separato e l'individuazione della copia cui si riferisce ha luogo esclusivamente secondo le modalità stabilite nelle specifiche tecniche stabilite dal responsabile per i sistemi informativi automatizzati del Ministero della giustizia. Se la copia informatica è destinata alla notifica, l'attestazione di conformità è inserita nella relazione di notificazione.

3-*bis*. I soggetti di cui all'articolo 16-*decies*, comma 1, che compiono le attestazioni di conformità previste dalle disposizioni della presente sezione, dal codice di procedura civile e dalla legge 21 gennaio 1994, n. 53, sono considerati pubblici ufficiali ad ogni effetto.

[1] Articolo aggiunto dall'art. 19, D.L. 27 giu. 2015, n. 83, conv. con modif. in L. 6 ago. 2015, n. 132.

OBBLIGAZIONI (LEGGE APPLICABILE)

- 1 -

L. 18 dic. 1984, n. 975.

Legge applicabile alle obbligazioni contrattuali
Convenzione di Roma 19 giu. 1980

(in vigore dal 1° apr. 1991)

TITOLO I
Campo d'applicazione

1. ***Campo d'applicazione.*** — 1. Le disposizioni della presente convenzione si applicano alle obbligazioni contrattuali nelle situazioni che implicano un conflitto di leggi.

2. Esse non si applicano:

a) alle questioni di stato e di capacità delle persone fisiche, fatto salvo l'art. 11;

b) alle obbligazioni contrattuali relative a:
– testamenti e successioni
– regimi matrimoniali,
– diritti e doveri derivanti dai rapporti di famiglia, di parentela, di matrimonio o di affinità, compresi gli obblighi alimentari a favore dei figli naturali;

c) alle obbligazioni che derivano da cambiali, assegni, vaglia cambiari nonché da altri strumenti negoziabili, qualora le obbligazioni derivanti da tali strumenti risultino dal loro carattere negoziabile;

d) ai compromessi, alle clausole compromissorie e alle convenzioni sul foro competente;

e) alle questioni inerenti al diritto delle società, associazioni e persone giuridiche, quali la costituzione, la capacità giuridica, l'organizzazione interna e lo scioglimento delle società, associazioni e persone giuridiche, nonché la responsabilità legale personale dei soci e degli organi per le obbligazioni della società, associazione o persona giuridica;

f) alla questione di stabilire se l'atto compiuto da un intermediario valga a obbligare di fronte ai terzi la persona per conto della quale egli ha affermato di agire, o se l'atto compiuto da un organo di una società, associazione o persona giuridica valga ad obbligare di fronte ai terzi la società, l'associazione o la persona giuridica;

g) alla costituzione di «trusts» né ai rapporti che ne derivano tra i costituenti, i «trustees» e i beneficiari;

h) alla prova e alla procedura, fatto salvo l'art. 14.

3. Le disposizioni della presente convenzione non si applicano ai contratti di assicurazione per la copertura di rischi localizzati nei territori degli Stati membri della Comunità economica europea. Al fine di determinare se un rischio è localizzato in

questi territori, il giudice applica la propria legge interna.

4. Il paragrafo 3 non concerne i contratti di riassicurazione.

2. ***Carattere universale.*** — La legge designata dalla presente convenzione si applica anche se è la legge di uno Stato non contraente.

TITOLO II
Norme uniformi

3. ***Libertà di scelta.*** — 1. Il contratto è regolato dalla legge scelta dalle parti. La scelta dev'essere espressa, o risultare in modo ragionevolmente certo dalle disposizioni del contratto o dalle circostanze. Le parti possono designare la legge applicabile a tutto il contratto, ovvero a una parte soltanto di esso.

2. Le parti possono convenire, in qualsiasi momento, di sottoporre il contratto ad una legge diversa da quella che lo regolava in precedenza, vuoi in funzione di una scelta anteriore secondo il presente articolo, vuoi in funzione di altre disposizioni delle presente convenzione. Qualsiasi modifica relativa alla determinazione della legge applicabile, intervenuta posteriormente alla conclusione del contratto, non inficia la validità formale del contratto ai sensi dell'art. 9 e non pregiudica i diritti dei terzi.

3. La scelta di una legge straniera ad opera delle parti, accompagnata o non dalla scelta di un tribunale straniero, qualora nel momento della scelta tutti gli altri dati di fatto si riferiscano a un unico paese, non può recare pregiudizio alle norme alle quali la legge di tale paese non consente di derogare per contratto, qui di seguito denominate «disposizioni imperative».

4. L'esistenza e la validità del consenso delle parti sulla legge applicabile al contratto sono regolate dagli artt. 8, 9 e 11.

4. ***Legge applicabile in mancanza di scelta.*** — 1. Nella misura in cui la legge che regola il contratto non sia stata scelta a norma dell'art. 3, il contratto è regolato dalla legge del paese col quale presenta il collegamento più stretto. Tuttavia, qualora una parte del contratto sia separabile dal resto e presenti un collegamento più stretto con altro paese, a tale parte del contratto potrà applicarsi, in via eccezionale, la legge di quest'altro paese.

2. Salvo quanto disposto dal paragrafo 5, si presume che il contratto presenti il collegamento più stretto col paese in cui la parte che deve fornire la prestazione caratteristica ha, al momento della conclusione del contratto, la propria residenza abituale o, se si tratta di una società, associazione o persona giuridica, la propria amministrazione centrale. Tuttavia, se il contratto è concluso nell'esercizio dell'attività economica o professionale della suddetta parte, il paese da considerare è quello dove è situata la sede principale di detta attività oppure, se a norma del contratto la prestazione dev'essere fornita da una sede diversa dalla sede principale, quello dove è situata questa diversa sede.

3. Quando il contratto ha per oggetto il diritto reale su un bene immobile o il diritto di utilizzazione di un bene immobile, si presume, in deroga al paragrafo 2, che il contratto presenti il collegamento più stretto con il paese in cui l'immobile è situato.

4. La presunzione del paragrafo 2 non vale per il contratto di trasporto di merci. Si presume che questo contratto presenti il collegamento più stretto col paese in cui il vettore ha la sua sede principale al momento della conclusione del contratto, se il detto paese coincide con quello in cui si trova il luogo di carico o la sede principale del mittente. Ai fini dell'applicazione del presente paragrafo sono considerati come contratti di trasporto di merci i contratti di noleggio a viaggio o altri contratti il cui oggetto essenziale sia il trasporto di merci.

5. È esclusa l'applicazione del paragrafo 2 quando la prestazione caratteristica non può essere determinata. Le presunzione dei paragrafi 2, 3 e 4 vengono meno quando dal complesso delle circostanze risulta che il contratto presenta un collegamento più stretto con un altro paese.

5. ***Contratto concluso dai consumatori.*** — 1. Il presente articolo si applica ai contratti aventi per oggetto la fornitura di beni mobili materiali o di servizi a una persona, il consumatore, per un uso che può considerarsi estraneo alla sua attività professionale, e ai contratti destinati al finanziamento di tale fornitura.

2. In deroga all'art. 3, la scelta ad opera delle parti della legge applicabile non può aver per risultato di privare il consumatore della protezione garantitagli dalle disposizioni imperative della legge del paese nel quale risiede abitualmente:

– se la conclusione del contratto è stata preceduta in tale paese da una proposta specifica o da una pubblicità e se il consumatore ha compiuto nello stesso paese gli atti necessari per la conclusione del contratto o

– se l'altra parte o il suo rappresentante ha ricevuto l'ordine del consumatore nel paese di residenza o

– se il contratto rappresenta una vendita di merci e se il consumatore si è recato dal paese di residenza in un paese straniero e vi ha stipulato l'ordine, a condizione che il viaggio sia stato organizzato dal venditore per incitare il consumatore a concludere una vendita.

3. In deroga all'art. 4 ed in mancanza di scelta effettuata a norma dell'art. 3, tali contratti sono sottoposti alla legge del paese nel quale il consumatore ha la sua residenza abituale sempreché ricorrano le condizioni enunciate al paragrafo 2 del presente articolo.

4. Il presente articolo non si applica:

a) al contratto di trasporto,

b) al contratto di fornitura di servizi quando i servizi dovuti al consumatore devono essere forniti esclusivamente in un paese diverso da quello in cui egli risiede abitualmente.

5. In deroga al paragrafo 4, il presente articolo si applica al contratto che prevede per un prezzo globale prestazioni combinate di trasporto e di alloggio.

6. *Contratto individuale di lavoro.* — 1. In deroga all'art. 3, nei contratti di lavoro, la scelta della legge applicabile ad opera delle parti non vale a privare il lavoratore della protezione assicuratagli dalle norme imperative della legge che regolerebbe il contratto, in mancanza di scelta, a norma del paragrafo 2.

2. In deroga all'art. 4 ed in mancanza di scelta a norma dell'art. 3, il contratto di lavoro è regolato:

a) dalla legge del paese in cui il lavoratore, in esecuzione del contratto compie abitualmente il suo lavoro, anche se è inviato temporaneamente in un altro paese, oppure

b) dalla legge del paese dove si trova la sede che ha proceduto ad assumere il lavoratore qualora questi non compia abitualmente il suo lavoro in uno stesso paese, a meno che non risulti dall'insieme delle circostanze che il contratto di lavoro presenta un collegamento più stretto con un altro paese. In questo caso si applica la legge di quest'altro paese.

7. *Disposizioni imperative e legge del contratto.* — 1. Nell'applicazione, in forza della presente convenzione, della legge di un paese determinato potrà essere data efficacia alle norme imperative di un altro paese con il quale la situazione presenti uno stretto legame, se e nella misura in cui, secondo il diritto di quest'ultimo paese, le norme stesse siano applicabili quale che sia la legge regolatrice del contratto. Ai fini di decidere se debba essere data efficacia a queste norme imperative, si terrà conto della loro natura e del loro oggetto nonché delle conseguenze che deriverebbero dalla loro applicazione o non applicazione.

2. La presente convenzione non può impedire l'applicazione delle norme in vigore nel paese del giudice, le quali disciplinano imperativamente il caso concreto indipendentemente dalla legge che regola il contratto.

8. *Esistenza e validità sostanziale.* — 1. L'esistenza e la validità del contratto o di una sua disposizione si stabiliscono in base alla legge che sarebbe applicabile in virtù della presente convenzione se il contratto o la disposizione fossero validi.

2. Tuttavia un contraente, al fine di dimostrare che non ha dato il suo consenso, può riferirsi alla legge del Paese in cui ha la sua residenza abituale, se dalle circostanze risulti che non sarebbe ragionevole stabilire l'effetto del comportamento di questo contraente secondo la legge prevista nel paragrafo 1.

9. *Requisiti di forma.* — 1. Un contratto concluso tra persone che si trovano nello stesso paese è valido quanto alla forma se soddisfa i requisiti di forma della legge del luogo che ne regola la sostanza in forza della presente convenzione o della legge del luogo in cui viene concluso.

2. Un contratto concluso tra persone che si trovano in paesi differenti è valido quanto alla forma se soddisfa i requisiti di forma della legge che ne regola la sostanza in forza della presente convenzione o della legge di uno di questi paesi.

3. Quando il contratto è concluso da un rappresentante, il paese in cui il rappresentante agisce è quello che deve essere preso in considerazione per l'applicazione dei paragrafi 1 e 2.

4. Un atto giuridico unilaterale relativo ad un contratto concluso o da concludere è valido quanto alla forma se soddisfa i requisiti di forma della legge del luogo che regola o regolerebbe la sostanza del contratto in forza della presente convenzione o della legge del luogo in cui detto atto è compiuto.

5. I paragrafi da 1 a 3 non si applicano ai contratti cui si applica l'art. 5, conclusi nelle circostanze enunciate nell'art. 5, paragrafo 2. La forma di questi contratti è regolata dalla legge del paese in cui il consumatore ha la sua residenza abituale.

6. In deroga ai paragrafi da 1 a 4, qualsiasi contratto che ha per oggetto un diritto reale su un immobile o un diritto di utilizzazione di un'immobile è sottoposto alle regole imperative di forma della legge del paese in cui l'immobile è situato sempreché, secondo questa legge, esse si applichino indipendentemente dal luogo di conclusione del contratto e dalla legge che ne regola la sostanza.

10. *Portata della legge del contratto.* — 1. La legge che regola il contratto in forza degli artt. da 3 a 6 e dell'art. 12 regola in particolare:

a) la sua interpretazione;

b) l'esecuzione delle obbligazioni che ne discendono;

c) nei limiti dei poteri attribuiti al giudice dalla sua legge processuale, le conseguenze dell'inadempimento totale o parziale di quelle obbligazioni, compresa la liquidazione del danno in quanto sia governata da norme giuridiche;

d) i diversi modi di estinzione delle obbligazioni nonché le prescrizioni e decadenze fondate sul decorso di un termine;

e) le conseguenze della nullità del contratto.[1]

2. Per quanto concerne le modalità di esecuzione e le misure che il creditore dovrà prendere in caso di esecuzione difettosa, si avrà riguardo alla legge del paese dove l'esecuzione ha luogo.

[1] L'Italia ha formulato riserva, escludendo l'applicazione dell'art. 10.1 lett. e).

11. *Incapacità.* — In un contratto concluso tra persone che si trovano in uno stesso paese, una persona fisica, capace secondo la legge di questo paese, può invocare la sua incapacità risultante da un'altra legge soltanto se, al momento della conclusione del contratto, l'altra parte contraente era a conoscenza di tale incapacità o l'ha ignorata soltanto per imprudenza da parte sua.

12. ***Cessione del credito.*** — 1. Le obbligazioni tra cedente e cessionario di un credito sono regolate dalla legge che, in forza della presente convenzione, si applica al contratto tra essi intercorso.

2. La legge che regola il credito ceduto determina la cedibilità di questo, i rapporti tra cessionario e debitore, le condizioni di opponibilità della cessione al debitore e il carattere liberatorio della prestazione fatta dal debitore.

13. ***Surrogazione.*** — 1. Quando una persona, il creditore, ha diritti derivanti da contratto nei confronti di un'altra persona, il debitore, ed una terza persona ha l'obbligo di soddisfare il creditore oppure lo ha soddisfatto in esecuzione di detto obbligo, la legge applicabile a questo obbligo del terzo stabilisce se costui possa totalmente o solo in parte far valere i diritti che il creditore ha contro il debitore in forza della legge che regola i loro rapporti.

2. La stessa regola si applica quando più persone sono sottoposte alla stessa obbligazione contrattuale ed una di esse abbia soddisfatto il creditore.

14. ***Prova.*** — 1. La legge regolatrice del contratto in forza della presente convenzione è applicabile in quanto, in materia di obbligazioni contrattuali, essa stabilisca presunzioni legali o ripartisca l'onere della prova.

2. Gli atti giuridici possono essere provati con ogni mezzo di prova ammesso tanto dalla legge del foro quanto da quella tra le leggi contemplate dall'art. 9 secondo la quale l'atto è valido quanto alla forma, sempreché il mezzo di prova di cui si tratta possa essere impiegato davanti al giudice adito.

15. ***Esclusione del rinvio.*** — Quando la presente convenzione prescrive l'applicazione della legge di un paese, essa si riferisca alle norme giuridiche in vigore in questo paese, ad esclusione delle norme di diritto internazionale privato.

16. ***Ordine pubblico.*** — L'applicazione di una norma della legge designata dalla presente convenzione può essere esclusa solo se tale applicazione sia manifestamente incompatibile con l'ordine pubblico del foro.

17. ***Applicazione nel tempo.*** — La presente convenzione si applica in ogni Stato contraente ai contratti conclusi dopo la sua entrata in vigore in questo Stato.

18. ***Interpretazione uniforme.*** — Nell'interpretazione e applicazione delle norme uniformi che precedono, si terrà conto del loro carattere internazionale e dell'opportunità che siano interpretate e applicate in modo uniforme.

19. ***Sistemi giuridici non unificati.*** — 1. Se uno Stato si compone di più unità territoriali di cui ciascuna ha le proprie norme in materia d'obbligazioni contrattuali, ogni unità territoriale è considerata come un paese ai fini della determinazione della legge applicabile secondo la presente convenzione.

2. Uno Stato, in cui differenti unità territoriali abbiano le proprie norme di diritto in materia d'obbligazioni contrattuali, non sarà tenuto ad applicare la presente convenzione ai conflitti di leggi che riguardano unicamente queste unità territoriali.

20. ***Primato del diritto comunitario.*** — La presente convenzione non pregiudica l'applicazione delle disposizioni che, in materie particolari, regolano i conflitti di leggi nel campo delle obbligazioni contrattuali e che sono contenute in atti emanati o da emanarsi dalle istituzioni delle Comunità europee o nelle legislazioni nazionali armonizzate in esecuzione di tali atti.

21. ***Rapporti con altre convenzioni.*** — La presente convenzione non pregiudica l'applicazione delle convenzioni internazionali di cui uno Stato contraente è o sarà parte.

22. ***Riserve.*** — 1. Ogni Stato contraente potrà, al momento della firma, della ratifica, dell'accettazione, dell'approvazione, riservarsi il diritto di non applicare:

a) l'art. 7, paragrafo 1,

b) l'art. 10, paragrafo 1, lettera *e*).

2. Nel notificare l'estensione dell'applicazione della convenzione conformemente all'art. 27, paragrafo 2, ogni Stato contraente potrà anche esprimere una o più riserve con effetto limitato ai territori o a taluni territori previsti dall'estensione.[1]

3. Ogni Stato contraente potrà in ogni momento ritirare una riserva che avrà fatto; l'effetto della riserva cesserà il primo giorno del terzo mese di calendario dopo la notifica del ritiro.

[1] V. nota all'art. 10.

TITOLO III
Clausole finali

23-33. (*Omissis*).

- 2 -

Regolamento (CE) n. 864/2007 del Parlamento europeo e del Consiglio dell'11 luglio 2007 sulla legge applicabile alle obbligazioni extracontrattuali (Roma II)

(G.U. CE 31 lug. 2007, n. 199/L)

CAPO I
Campo di applicazione

1. ***Campo di applicazione.*** — 1. Il presente regolamento si applica, in circostanze che comportino un conflitto di leggi, alle obbligazioni extracontrattuali in materia civile e commerciale. Esso non si applica, in particolare, alle materie fiscali, doganali o amministrative né alla responsabilità dello Stato per atti od omissioni nell'esercizio di pubblici poteri (acta iure imperii).

2. Sono escluse dal campo di applicazione del presente regolamento:

a) le obbligazioni extracontrattuali che derivano dai rapporti di famiglia o da rapporti che secondo la legge applicabile a tali rapporti hanno effetti comparabili, comprese le obbligazioni alimentari;

b) le obbligazioni extracontrattuali che derivano da regimi patrimoniali tra coniugi, da regimi patrimoniali relativi a rapporti che secondo la legge applicabile a questi ultimi hanno effetti comparabili al matrimonio, nonché dalle successioni;

c) le obbligazioni extracontrattuali che derivano da cambiali, assegni, vaglia cambiari ed altri strumenti negoziabili, nella misura in cui le obbligazioni derivanti da tali altri strumenti risultano dal loro carattere negoziabile;

d) le obbligazioni extracontrattuali che derivano dal diritto delle società, associazioni e persone giuridiche, su aspetti quali la costituzione, tramite registrazione o altrimenti, la capacità giuridica, l'organizzazione interna e lo scioglimento delle società, associazioni e persone giuridiche, la responsabilità personale dei soci e degli organi per le obbligazioni della società, associazione o persona giuridica nonché la responsabilità personale dei revisori dei conti nei confronti di una società o dei suoi soci nel controllo dei documenti contabili;

e) le obbligazioni extracontrattuali che derivano dai rapporti tra i costituenti, i fiduciari e i beneficiari di un trust costituito per iniziativa volontaria;

f) le obbligazioni extracontrattuali che derivano da un danno nucleare;

g) le obbligazioni extracontrattuali che derivano da violazioni della vita privata e dei diritti della personalità, compresa la diffamazione.

3. Il presente regolamento non si applica alla prova e alla procedura, fatti salvi gli articoli 21 e 22.

4. Ai fini del presente regolamento, per "Stato membro" si intendono tutti gli Stati membri, eccetto la Danimarca.

2. ***Obbligazioni extracontrattuali.*** — 1. Ai fini del presente regolamento, il danno comprende ogni conseguenza derivante da fatto illecito, arricchimento senza causa, negotiorum gestio o culpa in contrahendo.

2. Il presente regolamento si applica anche alle obbligazioni extracontrattuali che possono sorgere.

3. Qualsiasi riferimento, contenuto nel presente regolamento, a:

a) un fatto che dà origine al danno comprende i fatti che possono verificarsi che danno origine a danni;

b) un danno comprende i danni che possono verificarsi.

3. ***Carattere universale.*** — La legge designata dal presente regolamento si applica anche ove non sia quella di uno Stato membro.

CAPO II
Illeciti

4. ***Norma generale.*** — 1. Salvo se diversamente previsto nel presente regolamento, la legge applicabile alle obbligazioni extracontrattuali che derivano da un fatto illecito è quella del paese in cui il danno si verifica, indipendentemente dal paese nel quale è avvenuto il fatto che ha dato origine al danno e a prescindere dal paese o dai paesi in cui si verificano le conseguenze indirette di tale fatto.

2. Tuttavia, qualora il presunto responsabile e la parte lesa risiedano abitualmente nello stesso paese nel momento in cui il danno si verifica, si applica la legge di tale paese.

3. Se dal complesso delle circostanze del caso risulta chiaramente che il fatto illecito presenta collegamenti manifestamente più stretti con un paese diverso da quello di cui ai paragrafi 1 o 2, si applica la legge di quest'altro paese. Un collegamento manifestamente più stretto con un altro paese potrebbe fondarsi segnatamente su una relazione preesistente tra le parti, quale un contratto, che presenti uno stretto collegamento con il fatto illecito in questione.

5. ***Responsabilità da prodotti.*** — 1. Fatto salvo l'articolo 4, paragrafo 2, la legge applicabile all'obbligazione extracontrattuale che deriva da danni causati da un prodotto è:

a) la legge del paese in cui la persona che ha subito il danno risiedeva abitualmente quando si è verificato il danno, se il prodotto è stato commercializzato in tale paese; o, in mancanza,

b) la legge del paese in cui è stato acquistato il prodotto, se il prodotto è stato commercializzato in tale paese; o, in mancanza,

c) la legge del paese in cui il danno si è verificato, se il prodotto è stato commercializzato in tale paese.

Si applica tuttavia la legge del paese in cui il presunto responsabile risiede abitualmente qualora tale persona non potesse ragionevolmente prevedere la commercializzazione del prodotto o di un prodotto dello stesso tipo nel paese la cui legge è applicabile ai sensi delle lettere *a*), *b*) o *c*).

2. Se dal complesso delle circostanze del caso risulta chiaramente che il fatto illecito presenta collegamenti manifestamente più stretti con un paese diverso da quello di cui al paragrafo 1, si applica la legge di quest'altro paese. Un collegamento manifestamente più stretto con un altro paese potrebbe fondarsi segnatamente su una relazione preesistente tra le parti, quale un contratto, che presenti uno stretto collegamento con il fatto illecito in questione.

6. ***Concorrenza sleale e atti limitativi della libera concorrenza.*** — 1. La legge applicabile all'obbligazione extracontrattuale che deriva da un atto di concorrenza sleale è quella del paese sul cui territorio sono pregiudicati, o rischiano di esserlo, i rapporti di concorrenza o gli interessi collettivi dei consumatori.

2. Qualora un atto di concorrenza sleale leda esclusivamente gli interessi di un dato concorrente, si applica l'articolo 4.

3. *a*) La legge applicabile all'obbligazione extracontrattuale che deriva da una restrizione della concorrenza è quella del paese sul cui mercato la restrizione ha o potrebbe avere effetto.

b) Qualora la restrizione abbia o possa avere effetto sul mercato di più di un paese, chi promuove un'azione di risarcimento danni dinanzi al giudice del domicilio del convenuto può invece scegliere di fondare le sue pretese sulla legge del giudice adito, purché il mercato in tale Stato membro sia tra quelli direttamente e sostanzialmente interessati dalla restrizione della concorrenza da cui deriva l'obbligazione extracontrattuale su cui si basa la pretesa; se l'attore agisce nei confronti di più di un convenuto dinanzi a detto giudice conformemente alle norme applicabili in materia di competenza giurisdizionale, può scegliere di fondare la sua pretesa esclusivamente sulla legge di tale giudice qualora la restrizione della concorrenza su cui si basa la pretesa contro ciascuno di detti convenuti interessi direttamente e sostanzialmente anche il mercato dello Stato membro di tale giudice.

4. Non si può derogare alla legge applicabile in virtù del presente articolo con un accordo ai sensi dell'articolo 14.

7. ***Danno ambientale.*** — La legge applicabile all'obbligazione extracontrattuale che deriva da danno ambientale o da danni arrecati alle persone o ai beni per effetto di un tale danno è quella risultante dall'articolo 4, paragrafo 1, a meno che la persona che chiede il risarcimento dei danni scelga di fondare le sue pretese sulla legge del paese in cui il fatto che ha determinato il danno si è verificato.

8. ***Violazione dei diritti di proprietà intellettuale.*** — 1. La legge applicabile all'obbligazione extracontrattuale che deriva da una violazione di un diritto di proprietà intellettuale è quella del paese per il quale la protezione è chiesta.

2. In caso di obbligazione extracontrattuale che deriva da una violazione di un diritto di proprietà intellettuale comunitaria a carattere unitario, la legge applicabile è quella del paese in cui è stata commessa la violazione per le questioni non disciplinate dal relativo strumento comunitario.

3. Non si può derogare alla legge applicabile in virtù del presente articolo con un accordo ai sensi dell'articolo 14.

9. ***Attività sindacale.*** — Fatto salvo l'articolo 4, paragrafo 2, la legge applicabile all'obbligazione extracontrattuale per quanto concerne la responsabilità di una persona in qualità di lavoratore, datore di lavoro o organizzazione che rappresenta i loro interessi professionali per danni causati da un'attività sindacale, prevista o conclusa, è quella del paese in cui tale attività è destinata a svolgersi o si è svolta.

CAPO III

Arricchimento senza causa, negotiorum gestio e culpa in contrahendo

10. ***Arricchimento senza causa.*** — 1. Ove un'obbligazione extracontrattuale derivante da un arricchimento senza causa, compresa la ripetizione dell'indebito, si ricolleghi a una relazione esistente tra le parti, come quella derivante da un contratto o da un fatto illecito, che presenti uno stretto collegamento con tale arricchimento senza causa, la legge applicabile è quella che disciplina tale relazione.

2. Quando la legge applicabile non può essere determinata in base al paragrafo 1 e le parti hanno la loro residenza abituale nel medesimo paese nel momento in cui si verifica il fatto che determina l'arricchimento senza causa, si applica la legge di tale paese.

3. Quando la legge applicabile non può essere determinata in base ai paragrafi 1 o 2, si applica la legge del paese in cui l'arricchimento senza causa si è prodotto.

4. Se dal complesso delle circostanze del caso risulta che l'obbligazione extracontrattuale che deriva da un arricchimento senza causa presenta collegamenti manifestamente più stretti con un paese diverso da quello di cui ai paragrafi 1, 2 e 3, si applica la legge di quest'altro paese.

11. ***Negotiorum gestio.*** — 1. Qualora un'obbligazione extracontrattuale che deriva da una gestione d'affari altrui si ricolleghi ad una relazione esistente tra le parti, come quella derivante da un contratto o da un fatto illecito, che presenti uno stretto collegamento con tale obbligazione extracontrattuale, la legge applicabile è quella che disciplina tale relazione.

2. Quando la legge applicabile non può essere determinata in base al paragrafo 1 e le parti hanno la loro residenza abituale nel medesimo paese nel momento in cui si verifica il fatto che determina il danno, si applica la legge di tale paese.

3. Quando la legge applicabile non può essere determinata in base ai paragrafi 1 o 2, si applica la legge del paese in cui si è svolta la gestione d'affari.

4. Se dal complesso delle circostanze del caso risulta che l'obbligazione extracontrattuale che deriva da una gestione d'affari altrui presenta collegamenti manifestamente più stretti con un paese diverso da quello di cui ai paragrafi 1, 2 e 3, si applica la legge di quest'altro paese.

12. ***Culpa in contrahendo.*** — 1. La legge applicabile alle obbligazioni extracontrattuali derivanti dalle trattative precontrattuali, a prescindere dal fatto che il contratto sia stato effettivamente concluso o meno, è la legge che si applica al contratto o che sarebbe stata applicabile al contratto se lo stesso fosse stato concluso.

2. Quando la legge applicabile non può essere determinata in base al paragrafo 1, si applica:

a) la legge del paese in cui si verifica il danno, indipendentemente dal paese nel quale si è verificato il fatto che ha determinato il danno e a prescindere dal paese o dai paesi in cui si sono verificate le conseguenze indirette del fatto; oppure

b) se le parti hanno la loro residenza abituale nel medesimo paese nel momento in cui si verifica il fatto che determina il danno, la legge di tale paese; oppure

c) se dal complesso delle circostanze del caso risulta evidente che l'obbligazione extracontrattuale che deriva da trattative precontrattuali presenta collegamenti manifestamente più stretti con un paese diverso da quello di cui alle lettere *a*) e *b*), la legge di quest'altro paese.

13. ***Applicabilità dell'articolo 8.*** — Ai fini del presente capo, l'articolo 8 si applica alle obbligazioni extracontrattuali derivanti dalla violazione di un diritto di proprietà intellettuale.

CAPO IV

Libertà di scelta

14. ***Libertà di scelta.*** — 1. Le parti possono convenire di sottoporre l'obbligazione extracontrattuale ad una legge di loro scelta:

a) con un accordo posteriore al verificarsi del fatto che ha determinato il danno; o

b) se tutte le parti esercitano un'attività commerciale, anche mediante un accordo liberamente negoziato prima del verificarsi del fatto che ha determinato il danno.

La scelta è espressa o risulta in modo non equivoco dalle circostanze del caso di specie e non pregiudica i diritti dei terzi.

2. Qualora tutti gli elementi pertinenti alla situazione siano ubicati, nel momento in cui si verifica il fatto che determina il danno, in un paese diverso da quello la cui legge è stata scelta, la scelta effettuata dalle parti non pregiudica l'applicazione delle disposizioni alle quali la legge di tale diverso paese non permette di derogare convenzionalmente.

3. Qualora tutti gli elementi pertinenti alla situazione siano ubicati, nel momento in cui si verifica il fatto che determina il danno, in uno o più Stati membri, la scelta di una legge applicabile diversa da quella di uno Stato membro ad opera delle parti non pregiudica l'applicazione delle disposizioni del diritto comunitario, se del caso, nella forma in cui sono applicate nello Stato membro del foro, alle quali non è permesso derogare convenzionalmente.

CAPO V

Norme comuni

15. ***Ambito della legge applicabile.*** — La legge applicabile alle obbligazioni extracontrattuali, a norma del presente regolamento, disciplina in particolare:

a) la base e la portata della responsabilità, compresa la determinazione dei soggetti che possono essere ritenuti responsabili per i propri atti;

b) i motivi di esonero dalla responsabilità, nonché ogni limitazione e ripartizione della responsabilità;

c) l'esistenza, la natura e la valutazione del danno o l'indennizzo chiesto;

d) entro i limiti dei poteri attribuiti al giudice dalla sua legge processuale, i provvedimenti che possono essere presi da un giudice per prevenire o inibire lesioni o danni ovvero per fissare le modalità di risarcimento;

e) la questione della trasferibilità del diritto alla richiesta di risarcimento o indennizzo, anche per via successoria;

f) i soggetti aventi diritto al risarcimento del danno personalmente subito;

g) la responsabilità per fatto altrui;

h) il modo di estinzione delle obbligazioni nonché le norme di prescrizione e di decadenza, comprese quelle relative alla decorrenza, all'interruzione e alla sospensione dei termini di prescrizione o decadenza.

16. ***Norme di applicazione necessaria.*** — Le disposizioni del presente regolamento non pregiudicano l'applicazione delle disposizioni della legge del foro che siano di applicazione necessaria alla situazione, quale che sia la legge applicabile all'obbligazione extracontrattuale.

17. ***Norme di sicurezza e di condotta.*** — Nel valutare il comportamento del presunto responsabile del danno prodotto si tiene conto, quale dato di fatto e ove opportuno, delle norme di sicurezza e di condotta in vigore nel luogo e nel momento in cui si verifica il fatto che determina la responsabilità.

18. ***Azione diretta contro l'assicuratore del responsabile.*** — La parte lesa può chiedere il risarcimento dei danni subiti direttamente all'assicuratore della persona tenuta al risarcimento se lo stabilisce la legge applicabile all'obbligazione extracontrattuale o quella applicabile al contratto di assicurazione.

19. ***Surrogazione.*** — Qualora, in virtù di un'obbligazione extracontrattuale, un soggetto, il creditore, vanti diritti nei confronti di un altro soggetto, il debitore, e un terzo sia tenuto a soddisfare il creditore, ovvero il terzo abbia soddisfatto il creditore in esecuzione di questo obbligo, la legge applicabile a tale obbligo del terzo determina se e in quale misura questi possa esercitare nei confronti del debitore i diritti vantati dal creditore nei confronti del debitore in base alla legge che disciplina i loro rapporti.

20. ***Obbligazioni solidali.*** — Qualora il creditore vanti un credito nei confronti di vari debitori che sono responsabili in solido e uno di essi abbia già adempiuto l'obbligazione in tutto o in parte, il diritto di tale debitore di rivalersi sugli altri debitori è disciplinato dalla legge applicabile all'obbligazione extracontrattuale del suddetto debitore nei confronti del creditore.

21. ***Validità formale.*** — Un atto giuridico unilaterale relativo ad una obbligazione extracontrattuale è valido sotto il profilo formale ove soddisfi i requisiti di forma della legge che disciplina l'obbligazione extracontrattuale in questione o della legge del paese in cui l'atto è stato posto in essere.

22. ***Onere della prova.*** — 1. La legge che disciplina l'obbligazione extracontrattuale ai sensi del presente regolamento si applica nella misura in cui, in materia di obbligazioni extracontrattuali, stabilisca presunzioni legali o ripartisca l'onere della prova.

2. Gli atti giuridici possono essere provati con ogni mezzo di prova ammesso tanto dalla legge del foro quanto da una delle leggi di cui all'articolo 21 secondo la quale l'atto è valido quanto alla forma, sempreché il mezzo di prova possa essere impiegato davanti al tribunale adito.

CAPO VI
Altre disposizioni

23. ***Residenza abituale.*** — 1. Ai fini del presente regolamento, per residenza abituale di società, associazioni e persone giuridiche si intende il luogo in cui si trova la loro amministrazione centrale.

Qualora il fatto che ha determinato il danno si verifichi o il danno insorga durante l'esercizio dell'attività di una filiale, un'agenzia o qualunque altra sede di attività, il luogo in cui è ubicata la filiale, l'agenzia o l'altra sede di attività è considerato residenza abituale.

2. Ai fini del presente regolamento, per residenza abituale di una persona fisica che agisce nell'esercizio della sua attività professionale si intende la sua sede di attività principale.

24. ***Esclusione del rinvio.*** — Qualora il presente regolamento prescriva l'applicazione della legge di un paese, esso si riferisce all'applicazione delle norme giuridiche in vigore in quel paese, ad esclusione delle norme di diritto internazionale privato.

25. ***Stati con più sistemi giuridici.*** — 1. Ove uno Stato si componga di più unità territoriali, ciascuna con una normativa propria in materia di obbligazioni extracontrattuali, ogni unità territoriale è considerata come un paese ai fini della determinazione della legge applicabile ai sensi del presente regolamento.

2. Uno Stato membro in cui differenti unità territoriali abbiano le proprie norme giuridiche in materia di obbligazioni extracontrattuali non è tenuto ad applicare il presente regolamento ai conflitti di leggi che riguardano unicamente tali unità territoriali.

26. ***Ordine pubblico del foro.*** — L'applicazione di una norma della legge di un paese designata dal presente regolamento può essere esclusa solo qualora tale applicazione risulti manifestamente incompatibile con l'ordine pubblico del foro.

27. ***Relazioni con altre disposizioni del diritto comunitario.*** — Il presente regolamento non pregiudica l'applicazione delle disposizioni dell'ordinamento comunitario che, con riferimento a settori specifici, disciplinino i conflitti di leggi in materia di obbligazioni extracontrattuali.

28. ***Rapporti con altre convenzioni internazionali in vigore.*** — 1. Il presente regolamento non osta all'applicazione delle convenzioni internazionali di cui uno o più Stati membri sono parti contraenti al momento dell'adozione del presente regolamento e che disciplinano i conflitti di leggi inerenti ad obbligazioni extracontrattuali.

2. Tuttavia, il presente regolamento prevale, tra Stati membri, sulle convenzioni concluse esclusivamente tra due o più di essi nella misura in cui esse riguardano materie disciplinate dal presente regolamento.

CAPO VII
Disposizioni finali

29. ***Elenco delle convenzioni.*** — 1. Entro l'11 luglio 2008, gli Stati membri comunicano alla Commissione le convenzioni di cui all'articolo 28, paragrafo 1. Dopo tale data, gli Stati membri comunicano alla Commissione ogni eventuale denuncia di tali convenzioni.

2. La Commissione pubblica nella *Gazzetta ufficiale dell'Unione europea* entro sei mesi dal ricevimento:

i) un elenco delle convenzioni di cui al paragrafo 1;

ii) le denunce di cui al paragrafo 1.

30. ***Clausola di revisione.*** — 1. Entro il 20 agosto 2011, la Commissione presenta al Parlamento europeo, al Consiglio e al Comitato economico e sociale europeo una relazione sull'applicazione del presente regolamento. Tale relazione è corredata, se del caso, di proposte di modifica del presente regolamento. La relazione comprende:

i) uno studio degli effetti del modo in cui il diritto straniero è trattato nelle varie giurisdizioni e della misura in cui i giudici degli Stati membri applicano il diritto straniero nella prassi a seguito del presente regolamento;

ii) uno studio degli effetti dell'articolo 28 del presente regolamento riguardo alla convenzione dell'Aia del 4 maggio 1971 sulla legge applicabile in materia di incidenti della circolazione stradale.

2. Entro il 31 dicembre 2008, la Commissione presenta al Parlamento europeo, al Consiglio e al Comitato economico e sociale europeo uno studio della situazione nel settore della legge applicabile alle obbligazioni extracontrattuali derivanti da violazioni della vita privata e dei diritti della personalità, che tenga conto delle disposizioni relative alla libertà di stampa e di espressione nei mezzi d'informazione e delle questioni di conflitti di leggi connesse alla direttiva 95/46/CE del Parlamento europeo e del Consiglio, del 24 ottobre 1995, relativa alla tutela delle persone fisiche con riguardo al trattamento dei dati personali, nonché alla libera circolazione di tali dati.

31. ***Applicazione nel tempo.*** — Il presente regolamento si applica a fatti verificatisi dopo la sua entrata in vigore che danno origine a danni.

32. ***Data di applicazione.*** — Il presente regolamento si applica a decorrere dall'11 gennaio 2009, fatta eccezione per l'articolo 29, che si applica a decorrere dall'11 luglio 2008.

Il presente regolamento è obbligatorio in tutti i suoi elementi e direttamente applicabile negli Stati membri, in conformità del trattato che istituisce la Comunità europea.

- 3 -

Regolamento (CE) del Parlamento europeo e del Consiglio del 17 giugno 2008, n. 593, sulla legge applicabile alle obbligazioni contrattuali (Roma I)

(G.U. CE 4 lug. 2008 n. 177/L)

CAPO I
Campo d'applicazione

1. ***Campo d'applicazione materiale.*** — 1. Il presente regolamento si applica, in circostanze che comportino un conflitto di leggi, alle obbligazioni contrattuali in materia civile e commerciale.

Esso non si applica, in particolare, alle materie fiscali, doganali o amministrative.

2. Sono esclusi dal campo d'applicazione del presente regolamento:

a) le questioni di stato e di capacità delle persone fisiche, fatto salvo l'articolo 13;

b) le obbligazioni derivanti dai rapporti di famiglia o dai rapporti che secondo la legge applicabile a tali rapporti hanno effetti comparabili, comprese le obbligazioni alimentari;

c) le obbligazioni derivanti da regimi patrimoniali tra coniugi, da regimi patrimoniali relativi a rapporti che secondo la legge applicabile a questi ultimi hanno effetti comparabili al matrimonio, nonché dalle successioni;

d) le obbligazioni derivanti da cambiali, assegni, vaglia cambiari e da altri strumenti negoziabili, nella misura in cui le obbligazioni derivanti da tali altri strumenti risultano dal loro carattere negoziabile;

e) i compromessi, le clausole compromissorie e le convenzioni sul foro competente;

f) le questioni inerenti al diritto delle società, associazioni e persone giuridiche, su aspetti quali la costituzione, tramite registrazione o altrimenti, la capacità giuridica, l'organizzazione interna e lo scioglimento delle società, associazioni e persone giuridiche e la responsabilità personale dei soci e degli organi per le obbligazioni della società, associazione o persona giuridica;

g) la questione di stabilire se l'atto compiuto da un intermediario valga ad obbligare di fronte ai terzi il mandante, o se l'atto compiuto da un organo di una società, altra associazione o persona giuridica valga ad obbligare di fronte ai terzi la società, altra associazione o persona giuridica;

h) la costituzione di "trust" e i rapporti che ne derivano tra i costituenti, i "trustee" e i beneficiari;

i) le obbligazioni derivanti da trattative precontrattuali;

j) i contratti di assicurazione che derivano da operazioni effettuate da soggetti diversi dalle imprese di cui all'articolo 2 della direttiva 2002/83/CE del Parlamento europeo e del Consiglio, del 5 novembre 2002, relativa all'assicurazione sulla vita, aventi lo scopo di erogare ai lavoratori, dipendenti o non, riuniti nell'ambito di un'impresa o di un gruppo di imprese o di un settore professionale o interprofessionale, prestazioni in caso di decesso, in caso di vita o in caso di cessazione o riduzione d'attività, o in caso di malattia professionale o di infortunio sul lavoro.

3. Il presente regolamento non si applica alla prova e alla procedura, fatto salvo l'articolo 18.

4. Nel presente regolamento, per "Stato membro" si intendono gli Stati membri ai quali si applica il presente regolamento. Tuttavia, all'articolo 3, paragrafo 4, e all'articolo 7 per "Stato membro" si intendono tutti gli Stati membri.

2. ***Carattere universale.*** — La legge designata dal presente regolamento si applica anche ove non sia quella di uno Stato membro.

CAPO II
Norme uniformi

3. ***Libertà di scelta.*** — 1. Il contratto è disciplinato dalla legge scelta dalle parti. La scelta è espressa o risulta chiaramente dalle disposizioni del contratto o dalle circostanze del caso. Le parti possono designare la legge applicabile a tutto il contratto ovvero a una parte soltanto di esso.

2. Le parti possono convenire, in qualsiasi mo-

mento, di sottoporre il contratto ad una legge diversa da quella che lo disciplinava in precedenza per effetto di una scelta anteriore effettuata ai sensi del presente articolo o per effetto di altre disposizioni del presente regolamento. Qualsiasi modifica relativa alla determinazione della legge applicabile, intervenuta posteriormente alla conclusione del contratto, non ne inficia la validità formale ai sensi dell'articolo 11 e non pregiudica i diritti dei terzi.

3. Qualora tutti gli altri elementi pertinenti alla situazione siano ubicati, nel momento in cui si opera la scelta, in un paese diverso da quello la cui legge è stata scelta, la scelta effettuata dalle parti fa salva l'applicazione delle disposizioni alle quali la legge di tale diverso paese non permette di derogare convenzionalmente.

4. Qualora tutti gli altri elementi pertinenti alla situazione siano ubicati, nel momento in cui si opera la scelta, in uno o più Stati membri, la scelta di una legge applicabile diversa da quella di uno Stato membro ad opera delle parti fa salva l'applicazione delle disposizioni di diritto comunitario, se del caso, come applicate nello Stato membro del foro, alle quali non è permesso derogare convenzionalmente.

5. L'esistenza e la validità del consenso delle parti sulla legge applicabile sono disciplinate dagli articoli 10, 11 e 13.

4. ***Legge applicabile in mancanza di scelta.*** — 1. In mancanza di scelta esercitata ai sensi dell'articolo 3 e fatti salvi gli articoli da 5 a 8, la legge che disciplina il contratto è determinata come segue:

a) il contratto di vendita di beni è disciplinato dalla legge del paese nel quale il venditore ha la residenza abituale;

b) il contratto di prestazione di servizi è disciplinato dalla legge del paese nel quale il prestatore di servizi ha la residenza abituale;

c) il contratto avente per oggetto un diritto reale immobiliare o la locazione di un immobile è disciplinato dalla legge del paese in cui l'immobile è situato;

d) in deroga alla lettera *c*), la locazione di un immobile concluso per uso privato temporaneo per un periodo di non oltre sei mesi consecutivi è disciplinata dalla legge del paese nel quale il proprietario ha la residenza abituale, purché il locatario sia una persona fisica e abbia la sua residenza abituale nello stesso paese;

e) il contratto di affiliazione (franchising) è disciplinato dalla legge del paese nel quale l'affiliato ha la residenza abituale;

f) il contratto di distribuzione è disciplinato dalla legge del paese nel quale il distributore ha la residenza abituale;

g) il contratto di vendita di beni all'asta è disciplinato dalla legge del paese nel quale ha luogo la vendita all'asta, se si può determinare tale luogo;

h) il contratto concluso in un sistema multilaterale che consente o facilita l'incontro di interessi multipli di acquisto e di vendita di terzi relativi a strumenti finanziari, quali definiti all'articolo 4, paragrafo 1, punto 17, della direttiva 2004/39/CE, conformemente a regole non discrezionali e disciplinato da un'unica legge, è disciplinato da tale legge.

2. Se il contratto non è coperto dal paragrafo 1 o se gli elementi del contratto sono contemplati da più di una delle lettere da *a*) ad *h*), del paragrafo 1, il contratto è disciplinato dalla legge del paese nel quale la parte che deve effettuare la prestazione caratteristica del contratto ha la residenza abituale.

3. Se dal complesso delle circostanze del caso risulta chiaramente che il contratto presenta collegamenti manifestamente più stretti con un paese diverso da quello indicato ai paragrafi 1 o 2, si applica la legge di tale diverso paese.

4. Se la legge applicabile non può essere determinata a norma dei paragrafi 1 o 2, il contratto è disciplinato dalla legge del paese con il quale presenta il collegamento più stretto.

5. ***Contratti di trasporto.*** — 1. Nella misura in cui la legge applicabile al contratto di trasporto di merci non sia stata scelta a norma dell'articolo 3, la legge applicabile è quella del paese di residenza abituale del vettore, a condizione che il luogo di ricezione o di consegna o la residenza abituale del mittente siano anch'essi situati in tale paese. Se tali condizioni non sono soddisfatte, si applica la legge del paese in cui si trova il luogo di consegna convenuto dalle parti.

2. Nella misura in cui la legge applicabile a un contratto di trasporto di passeggeri non sia stata scelta dalle parti conformemente al secondo comma, la legge applicabile è quella del paese di residenza abituale del passeggero, purché il luogo di partenza o di destinazione sia situato in tale paese. Se tali condizioni non sono soddisfatte, si applica la legge del paese in cui il vettore ha la residenza abituale.

Le parti possono scegliere come legge applicabile al contratto di trasporto di passeggeri a norma dell'articolo 3 solo la legge del paese in cui:

a) il passeggero ha la residenza abituale; o

b) il vettore ha la residenza abituale; o

c) il vettore ha la sua amministrazione centrale; o

d) è situato il luogo di partenza; o

e) è situato il luogo di destinazione.

3. Se dal complesso delle circostanze del caso risulta chiaramente che il contratto, in mancanza di scelta della legge, presenta collegamenti manifestamente più stretti con un paese diverso da quello indicato ai paragrafi 1 o 2, si applica la legge di tale diverso paese.

6. ***Contratti conclusi da consumatori.*** — 1. Fatti salvi gli articoli 5 e 7, un contratto concluso da una persona fisica per un uso che possa essere considerato estraneo alla sua attività commerciale o professionale ("il consumatore") con un'altra persona che agisce nell'esercizio della sua attività commerciale o professionale ("il professionista") è disciplinato dalla legge del paese nel quale il consumatore ha la residenza abituale, a condizione che il professionista:

a) svolga le sue attività commerciali o professionali nel paese in cui il consumatore ha la residenza abituale; o

b) diriga tali attività, con qualsiasi mezzo, verso tale paese o vari paesi tra cui quest'ultimo;

e il contratto rientri nell'ambito di dette attività.

2. In deroga al paragrafo 1, le parti possono scegliere la legge applicabile a un contratto che soddisfa i requisiti del paragrafo 1 in conformità dell'articolo 3. Tuttavia, tale scelta non vale a privare il consumatore della protezione assicuratagli dalle disposizioni alle quali non è permesso derogare convenzionalmente ai sensi della legge che, in mancanza di scelta, sarebbe stata applicabile a norma del paragrafo 1.

3. Se i requisiti di cui al paragrafo 1, lettere *a*) o *b*) non sono soddisfatti, la legge applicabile a un contratto tra un consumatore e un professionista è determinata a norma degli articoli 3 e 4.

4. I paragrafi 1 e 2 non si applicano ai contratti seguenti:

a) ai contratti di fornitura di servizi quando i servizi dovuti al consumatore devono essere forniti esclusivamente in un paese diverso da quello in cui egli risiede abitualmente;

b) ai contratti di trasporto diversi dai contratti riguardanti un viaggio "tutto compreso" ai sensi della direttiva 90/314/CEE del Consiglio, del 13 giugno 1990, concernente i viaggi, le vacanze ed i circuiti "tutto compreso";

c) ai contratti aventi per oggetto un diritto reale immobiliare o la locazione di un immobile diversi dai contratti riguardanti un diritto di godimento a tempo parziale ai sensi della direttiva 94/47/CE;

d) ai diritti e obblighi che costituiscono uno strumento finanziario e ai diritti e obblighi costitutivi delle clausole e condizioni che disciplinano l'emissione o l'offerta al pubblico e le offerte pubbliche di acquisizione di valori mobiliari, e alla sottoscrizione e al riacquisto di quote di organismi di investimento collettivo, nella misura in cui tali attività non costituiscono prestazione di un servizio finanziario;

e) ai contratti conclusi nell'ambito del tipo di sistema che rientra nel campo di applicazione dell'articolo 4, paragrafo 1, lettera *h*).

7. ***Contratti di assicurazione.*** — 1. Il presente articolo si applica ai contratti di cui al paragrafo 2, a prescindere dal fatto che il rischio coperto sia situato in uno Stato membro, e a tutti gli altri contratti di assicurazione che coprono rischi situati nel territorio degli Stati membri. Esso non si applica ai contratti di riassicurazione.

2. I contratti di assicurazione relativi ai grandi rischi quali definiti all'articolo 5, lettera *d*), della prima direttiva 73/239/CEE del Consiglio, del 24 luglio 1973, recante coordinamento delle disposizioni legislative, regolamentari ed amministrative in materia di accesso e di esercizio dell'assicurazione diretta diversa dall'assicurazione sulla vita sono disciplinati dalla legge scelta dalle parti conformemente all'articolo 3 del presente regolamento.

Nella misura in cui la legge applicabile non è stata scelta dalle parti, il contratto di assicurazione è disciplinato dalla legge del paese in cui l'assicuratore ha la residenza abituale. Se dal complesso delle circostanze del caso risulta chiaramente che il contratto presenta collegamenti manifestamente più stretti con un paese diverso, si applica la legge di tale diverso paese.

3. Nel caso di un contratto di assicurazione diverso da un contratto rientrante nel campo di applicazione del paragrafo 2, le parti possono scegliere solo le seguenti leggi a norma dell'articolo 3:

a) la legge di uno Stato membro nel quale il rischio è situato al momento della conclusione del contratto;

b) la legge del paese nel quale il contraente assicurato ha la residenza abituale;

c) per l'assicurazione sulla vita, la legge dello Stato membro di cui il contraente assicurato ha la cittadinanza;

d) per un contratto di assicurazione limitato ad eventi che si verifichino in un dato Stato membro diverso dallo Stato membro in cui il rischio è situato, la legge di tale Stato membro;

e) la legge di uno degli Stati membri interessati o la legge del paese nel quale il contraente assicurato ha la residenza abituale, se il contraente assicurato di un contratto rientrante nel campo di applicazione del presente paragrafo esercita un'attività commerciale o industriale o una professione liberale e il contratto di assicurazione copre due o più rischi che riguardano tali attività e sono situati in Stati membri diversi.

Quando nei casi di cui alle lettere *a*), *b*) o *e*) gli Stati membri in questione accordano una più ampia libertà di scelta della legge applicabile al contratto di assicurazione, le parti possono avvalersi di tale libertà.

Nella misura in cui la legge applicabile non è stata scelta dalle parti in conformità del presente paragrafo, il contratto è disciplinato dalla legge dello Stato membro nel quale il rischio è situato al momento della conclusione del contratto.

4. Le seguenti regole addizionali si applicano ai contratti di assicurazione che coprono rischi per i quali uno Stato membro impone un obbligo di assicurazione:

a) il contratto di assicurazione soddisfa l'obbligo di contrarre un'assicurazione solo qualora sia conforme alle disposizioni specifiche relative a detta assicurazione previste dallo Stato membro che impone l'obbligo. Quando le disposizioni della legge dello Stato membro in cui è situato il rischio sono in contraddizione con quelle della legge dello Stato membro che impone l'obbligo di contrarre un'assicurazione, prevalgono queste ultime;

b) in deroga ai paragrafi 2 e 3, uno Stato membro può stabilire che il contratto di assicurazione sia disciplinato dalla legge dello Stato membro che impone l'obbligo di assicurazione.

5. Ai fini del paragrafo 3, terzo comma, e del paragrafo 4, quando il contratto copre rischi situati in più di uno Stato membro, il contratto è considerato come costituito da più contratti, ciascuno dei quali riferito ad un solo Stato membro.

6. Ai fini del presente articolo, il paese in cui il rischio è situato è determinato in conformità dell'articolo 2, lettera *d*), della seconda direttiva 88/357/CEE del Consiglio, del 22 giugno 1988, che coordina le disposizioni legislative, regolamentari ed amministrative riguardanti l'assicurazione diretta diversa dall'assicurazione sulla vita e fissa le disposizioni volte ad agevolare l'esercizio effettivo della libera prestazione di servizi e, nel caso dell'assicurazione sulla vita, il paese in cui il rischio è situato è il paese dell'impegno, ai sensi dell'articolo 1, paragrafo 1, lettera *g*), della direttiva 2002/83/CE.

8. ***Contratti individuali di lavoro.*** — 1. Un contratto individuale di lavoro è disciplinato dalla legge scelta dalle parti conformemente all'articolo 3. Tuttavia, tale scelta non vale a privare il lavoratore della protezione assicuratagli dalle disposizioni alle quali non è permesso derogare convenzionalmente in virtù della legge che, in mancanza di scelta, sarebbe stata applicabile a norma dei paragrafi 2, 3 e 4 del presente articolo.

2. Nella misura in cui la legge applicabile al contratto individuale di lavoro non sia stata scelta dalle parti, il contratto è disciplinato dalla legge del paese nel quale o, in mancanza, a partire dal quale il lavoratore, in esecuzione del contratto, svolge abitualmente il suo lavoro. Il paese in cui il lavoro è abitualmente svolto non è ritenuto cambiato quando il lavoratore svolge il suo lavoro in un altro paese in modo temporaneo.

3. Qualora la legge applicabile non possa essere determinata a norma del paragrafo 2, il contratto è disciplinato dalla legge del paese nel quale si trova la sede che ha proceduto ad assumere il lavoratore.

4. Se dall'insieme delle circostanze risulta che il contratto di lavoro presenta un collegamento più stretto con un paese diverso da quello indicato ai paragrafi 2 o 3, si applica la legge di tale diverso paese.

9. ***Norme di applicazione necessaria.*** — 1. Le norme di applicazione necessaria sono disposizioni il cui rispetto è ritenuto cruciale da un paese per la salvaguardia dei suoi interessi pubblici, quali la sua organizzazione politica, sociale o economica, al punto da esigerne l'applicazione a tutte le situazioni che rientrino nel loro campo d'applicazione, qualunque sia la legge applicabile al contratto secondo il presente regolamento.

2. Le disposizioni del presente regolamento non ostano all'applicazione delle norme di applicazione necessaria della legge del foro.

3. Può essere data efficacia anche alle norme di applicazione necessaria del paese in cui gli obblighi derivanti dal contratto devono essere o sono stati eseguiti, nella misura in cui tali norme di applicazione necessaria rendono illecito l'adempimento del contratto. Per decidere se vada data efficacia a queste norme, si deve tenere conto della loro natura e della loro finalità nonché delle conseguenze derivanti dal fatto che siano applicate, o meno.

10. ***Consenso e validità sostanziale.*** — 1. L'esistenza e la validità del contratto o di una sua disposizione si stabiliscono in base alla legge che sarebbe applicabile in virtù del presente regolamento se il contratto o la disposizione fossero validi.

2. Tuttavia, un contraente, al fine di dimostrare che non ha dato il suo consenso, può riferirsi alla legge del paese in cui ha la residenza abituale, se dalle circostanze risulta che non sarebbe ragionevole stabilire l'effetto del comportamento di questo contraente secondo la legge prevista nel paragrafo 1.

11. ***Validità formale.*** — 1. Un contratto concluso tra persone che si trovano, o i cui intermediari si trovano, nello stesso paese al momento della conclusione è valido quanto alla forma se soddisfa i requisiti di forma della legge che ne disciplina la sostanza ai sensi del presente regolamento o della legge del paese in cui è concluso.

2. Un contratto concluso tra persone che si trovano, o i cui intermediari si trovano, in paesi diversi al momento della conclusione è valido quanto alla forma se soddisfa i requisiti di forma della legge che ne disciplina la sostanza ai sensi del presente regolamento o della legge del paese in cui si trova una delle parti, o il loro intermediario, al momento della conclusione oppure della legge del paese in cui una delle parti risiedeva abitualmente in quel momento.

3. Un atto giuridico unilaterale relativo ad un contratto concluso o da concludere è valido quanto alla forma se soddisfa i requisiti di forma della legge che disciplina o disciplinerebbe la sostanza del contratto ai sensi del presente regolamento, o della legge del paese in cui detto atto è stato compiuto, o della legge del paese in cui l'autore dell'atto risiedeva abitualmente nel momento in cui l'ha compiuto.

4. I paragrafi 1, 2 e 3 del presente articolo non si applicano ai contratti che rientrano nel campo d'applicazione dell'articolo 6. La forma di questi contratti è disciplinata dalla legge del paese in cui il consumatore ha la residenza abituale.

5. In deroga ai paragrafi da 1 a 4, qualsiasi contratto avente per oggetto un diritto reale immobi-

liare o la locazione di un immobile è sottoposta ai requisiti di forma della legge del paese in cui l'immobile è situato, sempre che, secondo tale legge:

a) tali requisiti si applichino indipendentemente dal paese in cui il contratto è concluso e dalla legge che disciplina il contratto; e

b) a tali requisiti non è permesso derogare convenzionalmente.

12. ***Ambito della legge applicabile.*** — 1. La legge applicabile al contratto ai sensi del presente regolamento disciplina in particolare:

a) la sua interpretazione;

b) l'esecuzione delle obbligazioni che ne discendono;

c) entro i limiti dei poteri attribuiti al giudice dalla sua legge processuale, le conseguenze dell'inadempimento totale o parziale di quelle obbligazioni, compresa la liquidazione del danno in quanto sia disciplinata da norme giuridiche;

d) i diversi modi di estinzione delle obbligazioni nonché le prescrizioni e decadenze;

e) le conseguenze della nullità del contratto.

2. Per quanto concerne le modalità di esecuzione e le misure che il creditore dovrà prendere in caso di esecuzione difettosa, si avrà riguardo alla legge del paese in cui ha luogo l'esecuzione.

13. ***Incapacità.*** — In un contratto concluso tra due persone che si trovano in uno stesso paese, una persona fisica, capace secondo la legge di tale paese, può invocare la sua incapacità risultante da un'altra legge soltanto se, al momento della conclusione del contratto, l'altra parte contraente era a conoscenza di tale incapacità o l'ha colpevolmente ignorata.

14. ***Cessione di credito e surrogazione convenzionale.*** — 1. I rapporti tra cedente e cessionario o tra surrogante e surrogato nell'ambito di una cessione o di una surrogazione convenzionale di credito nei confronti di un altro soggetto ("il debitore") sono disciplinati dalla legge che, in forza del presente regolamento, si applica al contratto che li vincola.

2. La legge che disciplina il credito ceduto o surrogato determina la cedibilità di questo, i rapporti tra cessionario o surrogato e debitore, le condizioni di opponibilità della cessione o surrogazione al debitore e il carattere liberatorio della prestazione fatta dal debitore.

3. Il concetto di cessione nel presente articolo include i trasferimenti definitivi di crediti, i trasferimenti di crediti a titolo di garanzia nonché gli impegni e altri diritti di garanzia sui crediti.

15. ***Surrogazione legale.*** — Qualora, in virtù di un'obbligazione contrattuale, un soggetto, il creditore, vanti diritti nei confronti di un altro soggetto, il debitore, e un terzo sia tenuto a soddisfare il creditore, ovvero il terzo abbia soddisfatto il creditore in esecuzione di questo obbligo, la legge applicabile a tale obbligo del terzo determina se e in quale misura questi possa esercitare nei confronti del debitore i diritti vantati dal creditore nei confronti del debitore in base alla legge che disciplina i loro rapporti.

16. ***Obbligazioni solidali.*** — Qualora un creditore vanti un credito nei confronti di vari debitori che sono responsabili in solido e uno di essi abbia già adempiuto in tutto o in parte, la legge che regola l'obbligazione di tale debitore nei confronti del creditore regola anche il diritto di regresso del debitore nei confronti degli altri debitori. Gli altri debitori possono opporre le eccezioni che potevano opporre al creditore nella misura consentita dalla legge che regola la loro obbligazione nei confronti del creditore.

17. ***Compensazione legale.*** — Qualora il diritto di compensazione non sia stato convenuto dalle parti, la compensazione è regolata dalla legge applicabile al credito per il quale è fatto valere il diritto di compensazione.

18. ***Onere della prova.*** — 1. La legge che disciplina un'obbligazione contrattuale ai sensi del presente regolamento si applica nella misura in cui, in materia di obbligazioni contrattuali, stabilisca presunzioni legali o ripartisca l'onere della prova.

2. Il contratto o un atto giuridico possono essere provati con ogni mezzo di prova ammesso tanto dalla legge del foro quanto da una delle leggi di cui all'articolo 11 secondo la quale il contratto o l'atto è valido quanto alla forma, sempreché il mezzo di prova di cui si tratta possa essere impiegato davanti al giudice adito.

CAPO III

Altre disposizioni

19. ***Residenza abituale.*** — 1. Ai fini del presente regolamento, per residenza abituale di società, associazioni e persone giuridiche si intende il luogo in cui si trova la loro amministrazione centrale.

Per residenza abituale di una persona fisica che agisce nell'esercizio della sua attività professionale si intende la sua sede di attività principale.

2. Quando il contratto è concluso nel quadro dell'esercizio dell'attività di una filiale, di un'agenzia o di qualunque altra sede di attività, o se, secondo il contratto, la prestazione deve essere fornita da una siffatta filiale, agenzia o sede di attività, il luogo in cui è ubicata la filiale, l'agenzia o altra sede di attività è considerato residenza abituale.

3. Al fine di determinare la residenza abituale il momento rilevante è quello della conclusione del contratto.

20. ***Esclusione del rinvio.*** — Qualora il presente regolamento prescriva l'applicazione della legge di un paese, esso si riferisce all'applicazione delle norme giuridiche in vigore in quel paese, ad esclusione delle norme di diritto internazionale privato, salvo che il presente regolamento disponga altrimenti.

21. ***Ordine pubblico del foro.*** — L'applicazione di una norma della legge di un paese designata dal presente regolamento può essere esclusa solo qualora tale applicazione risulti manifestamente incompatibile con l'ordine pubblico del foro.

22. ***Stati con più sistemi giuridici.*** — 1. Ove uno Stato si componga di più unità territoriali, ciascuna con una normativa propria in materia di obbligazioni contrattuali, ogni unità territoriale è considerata come un paese ai fini della determinazione della legge applicabile ai sensi del presente regolamento.

2. Uno Stato membro in cui differenti unità territoriali abbiano le proprie norme giuridiche in materia di obbligazioni contrattuali non è tenuto ad applicare il presente regolamento ai conflitti di leggi che riguardano unicamente tali unità territoriali.

23. ***Relazioni con altre disposizioni del diritto comunitario.*** — Fatto salvo l'articolo 7, il presente regolamento non pregiudica l'applicazione delle disposizioni dell'ordinamento comunitario che, con riferimento a settori specifici, disciplinino i conflitti di legge in materia di obbligazioni contrattuali.

24. ***Relazioni con la convenzione di Roma.*** — 1. Il presente regolamento sostituisce la convenzione di Roma negli Stati membri, salvo per quanto riguarda i territori degli Stati membri che rientrano nel campo di applicazione territoriale di tale convenzione e ai quali il presente regolamento non è applicabile a norma dell'articolo 299 del trattato.

2. Nella misura in cui il presente regolamento sostituisce le disposizioni della convenzione di Roma, ogni riferimento a tale convenzione si intende fatto al presente regolamento.

25. ***Relazioni con convenzioni internazionali in vigore*** — 1. Il presente regolamento non osta all'applicazione delle convenzioni internazionali di cui uno o più Stati membri sono parti contraenti al momento dell'adozione del presente regolamento e che disciplinano i conflitti di leggi inerenti ad obbligazioni contrattuali.

2. Tuttavia, il presente regolamento prevale, tra Stati membri, sulle convenzioni concluse esclusivamente tra due o più di essi nella misura in cui esse riguardano materie disciplinate dal presente regolamento.

26. ***Elenco delle convenzioni.*** — 1. Entro il 17 giugno 2009 gli Stati membri comunicano alla Commissione le convenzioni di cui all'articolo 25, paragrafo 1. Dopo tale data, gli Stati membri comunicano alla Commissione ogni eventuale denuncia di tali convenzioni.

2. La Commissione pubblica nella *Gazzetta ufficiale dell'Unione europea*, entro sei mesi dal ricevimento delle notifiche di cui al paragrafo 1:

a) l'elenco delle convenzioni di cui al paragrafo 1;

b) le denunce di cui al paragrafo 1.

27. ***Clausola di revisione.*** — 1. Entro il 17 giugno 2013, la Commissione presenta al Parlamento europeo, al Consiglio e al Comitato economico e sociale europeo una relazione sull'applicazione del presente regolamento. Tale relazione, se del caso, è corredata di proposte di modifica del presente regolamento. La relazione comprende:

a) uno studio sulla legge applicabile ai contratti di assicurazione e una valutazione dell'impatto delle eventuali disposizioni da introdurre; e

b) una valutazione sull'applicazione dell'articolo 6, in particolare per quanto riguarda la coerenza del diritto comunitario nel settore della protezione dei consumatori.

2. Entro il 17 giugno 2010, la Commissione presenta al Parlamento europeo, al Consiglio e al Comitato economico e sociale europeo una relazione sul problema dell'efficacia della cessione di credito o della surrogazione nel credito nei confronti dei terzi e sul privilegio del credito ceduto o surrogato rispetto al diritto di un'altra persona. La relazione è corredata, se del caso, da una proposta di modifica del presente regolamento e da una valutazione dell'impatto delle disposizioni da introdurre.

28. ***Applicazione nel tempo.*** — Il presente regolamento si applica ai contratti conclusi a decorrere dal 17 dicembre 2009.[1]

[1] Articolo così rettificato dalla Rettifica pubblicata nella *G.U.U.E.* 24 nov. 2009, n. L 309.

CAPO IV

Disposizioni finali

29. ***Entrata in vigore e applicazione.*** — Il presente regolamento entra in vigore il ventesimo giorno successivo alla pubblicazione nella *Gazzetta ufficiale dell'Unione europea*.

Il presente regolamento si applica a decorrere dal 17 dicembre 2009 fatta eccezione per l'articolo 26, che si applica a decorrere dal 17 giugno 2009.

Il presente regolamento è obbligatorio in tutti i suoi elementi e direttamente applicabile negli Stati membri, in conformità del trattato che istituisce la Comunità europea.

ORDINAMENTO GIUDIZIARIO

- 1 -

R.D.L. 20 lug. 1934, n. 1404
Istituzione e funzionamento del tribunale per i minorenni
(G.U. 5 set. 1934, n. 208), conv. con modif. in L. 27 mag. 1935, n. 835 (G.U. 12 giu. 1935, n. 137)[1]

[1] Le norme che regolano la costituzione e la giurisdizione del T. per i minorenni sono state integrate e modificate dal D. sull'ordinamento giudiziario.
Successivamente sono stati sostituiti, come al testo:
– con L. 25 lug. 1956, n. 888, gli artt. 1, 8, 22 e da 25 a 31;
– con L. 17 dic. 1956, n. 1441, gli artt. 2 e 5 e gli artt. 50 e 58 dell'O.G. *cit.*;
– con L. 13 ott. 1965, n. 1171, l'art. 20.

PARTE I
ORGANIZZAZIONE GIUDIZIARIA E PENITENZIARIA - SERVIZI AUSILIARI

1. (*Omissis*).

2. ***Istituzione e composizione dei tribunali per i minorenni.***[1] — In ogni sede di Corte d'appello, o di sezione di Corte di appello, è istituito il tribunale per i minorenni composto da un magistrato di Corte d'appello, che lo presiede, da un magistrato di tribunale e da due cittadini, un uomo ed una donna, benemeriti dell'assistenza sociale, scelti tra i cultori di biologia, di psichiatria, di antropologia criminale, di pedagogia, di psicologia, che abbiano compiuto il trentesimo anno di età.

[1] Articolo così sostituito dall'art. 4 della L. 27 dic. 1956, n. 1441.

3. ***Competenza territoriale.*** — Il tribunale per i minorenni ha giurisdizione su tutto il territorio della Corte d'appello o della sezione di Corte d'appello in cui è istituito.

4. ***Ufficio del pubblico ministero.*** — Presso il tribunale per i minorenni è istituito un ufficio autonomo del pubblico ministero con a capo un magistrato avente grado di sostituto procuratore della Repubblica o di sostituto procuratore generale di Corte d'appello.

Al procuratore della Repubblica presso il tribunale per i minorenni spetta di promuovere ed esercitare l'azione penale per tutti i reati commessi dai minori degli anni 18 nel territorio della Corte d'appello o della sezione di Corte d'appello in cui è istituito il tribunale per i minorenni, e perciò a lui sono trasmessi tutti i rapporti, i referti, le denunzie, le querele, le istanze e le richieste concernenti reati commessi dai minori degli anni 18.

Allo stesso procuratore della Repubblica sono attribuiti nelle materie di competenza del tribunale per i minorenni, tutti i poteri che le leggi conferiscono al pubblico ministero presso il tribunale.

5. ***Istituzione e composizione della Corte d'appello per i minorenni.*** — Sull'appello delle decisioni del tribunale per i minorenni, nei casi in cui è ammesso dalle leggi, giudica una sezione della Corte d'appello che è indicata all'inizio dell'anno giudiziario con il decreto del Capo dello Stato di approvazione delle tabelle giudiziarie.

La sezione funziona con l'intervento di due privati cittadini, un uomo ed una donna, aventi i requisiti prescritti dall'art. 2, che sostituiscono due dei magistrati della sezione.

Alla presidenza e alla composizione della sezione sono destinati, consentendolo le esigenze di servizio, magistrati che già esercitano funzioni nei tribunali per i minorenni.

6-31. (*Omissis*).

PARTE IV
COMPETENZA CIVILE

32. ***Affari civili.*** — Sono di competenza del tribunale per i minorenni o del presidente di esso i provvedimenti che le leggi vigenti deferiscono alla competenza del tribunale o del presidente relativi: all'esercizio della patria potestà o della tutela, preveduti negli artt. 221, 222, 223, 271 e 279 del codice civile; alla impugnazione avverso la deliberazione del consiglio di famiglia nella ipotesi preveduta nell'art. 278, alla interdizione del minore emancipato o del minore non emancipato nell'ultimo anno della minore età, alla interdizione del minore emancipato o del minore non emancipato nell'ultimo anno della minore età, preveduti negli artt. 324 e 325 dello stesso codice, all'esercizio del commercio da parte dei minori, indicati negli artt. 12 e 15 del codice di commercio, all'ammissione nei manicomi degli alienati minori degli anni 21 e al loro licenziamento dei manicomi stessi, a termini degli artt. 2 e 3 della L. 14 feb. 1904, n. 36.

La decisione sui gravami eventualmente ammessi contro tali provvedimenti è di competenza del presidente o della sezione di Corte d'appello per i minorenni.

La stessa sezione provvede sulla domanda di adozione e di legittimazione dei minori degli anni 21 con le forme prevedute dagli articoli da 213 a 219 e dall'art. 220 del codice civile.

33-34. (*Omissis*).

- 2 -

R.D. 30 gen. 1941, n. 12

Ordinamento giudiziario

modif. con L. 27 dic. 1956, n. 1441. (G.U. 3 gen. 1957, n. 2), con L. 2 apr. 1979, n. 97 (G.U. 6 apr. 1979, n. 97), con D.P.R. 22 set. 1988, n. 449 (G.U. 24 ott. 1988, n. 250, Suppl.) e con D.L. 28 lug. 1989, n. 273 (G.U. 5 ago. 1989, n. 182, Suppl.)

TITOLO I
Disposizioni generali

CAPO I
Delle autorità alle quali è affidata l'amministrazione della giustizia

1. ***Dei giudici.*** — La giustizia nelle materie civile e penale è amministrata:

a) del giudice di pace;

b)

[1]

c) dal tribunale ordinario;

d) dalla corte di appello;

e) dalla Corte di cassazione;

f) dal tribunale per i minorenni;

g) dal magistrato di sorveglianza;

h) dal tribunale di sorveglianza.[2]

Sono regolati da leggi speciali, le giurisdizioni amministrative ed ogni altra giurisdizione speciale, nonché le giurisdizioni per i reati militari e marittimi.

[1] Lettera soppressa dall'art. 1 D.lgs. 19 feb. 1998, n. 51 con decorrenza dal 2 giu. 1999.

[2] Comma così sost. dall'art. 45 della L. 21 nov. 1991, n. 374 ed in vigore dal 1° mag. 1995.

2. ***Del pubblico ministero.***[1] — Presso la Corte di cassazione, le corti di appello, i tribunali ordinari, i tribunali per i minorenni è costituito l'ufficio del pubblico ministero.

[1] Articolo così sostituito dall'art. 22, D.lgs. 19 feb. 1998, n. 51 con decorrenza dal 2 giu. 1999.

3. ***Cancellerie e segreterie giudiziarie. Ufficiali e commessi giudiziari.*** — Ogni corte, tribunale, ed ufficio di conciliazione ha una cancelleria ed ogni ufficio del pubblico ministero ha una segreteria. L'ufficio di cancelleria o di segreteria può essere costituito anche presso le sezioni distaccate di cui alla tabella *B* annessa al presente ordinamento.[1]

Alle corti, ai tribunali [ed alle preture][2] sono addetti ufficiali giudiziari, aiutanti ufficiali giudiziari e coadiutori degli uffici notificazioni, esecuzioni e protesti. Tale personale può essere addetto anche alle sezioni distaccate di cui alla tabella *B* annessa al presente ordinamento. Negli uffici di conciliazione le funzioni di ufficiale giudiziario sono esercitate nei modi indicati nell'art. 28.[1]

Il personale e gli uffici delle cancellerie e segreterie giudiziarie, gli ufficiali giudiziari e i commessi giudiziari sono regolati da leggi particolari.

[1] Comma così sostituito dall'art. 5 della L. 1° feb. 1989, n. 30, in vigore dal 1° maggio 1989. La stessa L. ha sostituito anche le tabelle originarie.

[2] Le parole tra parentesi quadre sono state soppresse dall'art. 4, lett. *a*) D.lgs. 19 feb. 1998, n. 51 con decorrenza dal 2 giu. 1999.

4. ***Ordine giudiziario.*** — L'ordine giudiziario è costituito dagli uditori, dai giudici di ogni grado [delle preture][1] dei tribunali e delle corti e dai magistrati del pubblico ministero.

Appartengono all'ordine giudiziario come magistrati onorari i giudici conciliatori, i vice conciliatori, i vice pretori, i vice procuratori[2], gli esperti del tribunale e della sezione di Corte di appello per i minorenni ed, inoltre, i giudici popolari delle Corti di assise nell'esercizio delle loro funzioni giudiziarie.

Il personale delle cancellerie e segreterie giudiziarie di ogni gruppo e grado fa parte dell'ordine giudiziario.

Gli ufficiali giudiziari sono ausiliari dell'ordine giudiziario.

[1] Le parole tra parentesi quadre sono state soppresse dall'art. 4, lett. *a*) D.lgs. 19 feb. 1998, n. 51 con decorrenza dal 2 giu. 1999.

[2] Le parole «i vice procuratori» sono state aggiunte dall'art. 1 D.L. 28 lug. 1989, n. 273.

5. ***Organici; sedi giudiziarie.*** — Il numero, le sedi, le circoscrizioni territoriali degli uffici giudiziari indicati nel primo comma dell'art. 1 ed il ruolo organico della magistratura sono determinati dalle tabelle allegate al presente ordinamento, fatta eccezione per i giudici conciliatori.[1]

[1] V. artt. 10, 11, 17 L. 25 mar. 1958, n. 195, e succ. modif., sul Consiglio superiore della magistratura.

6. ***Provvedimenti riflettenti lo stato dei magistrati.***[1]

[1] V. ora art. 17 L. 24 mar. 1958, n. 195.

7. ***Provvedimenti riflettenti gli organi giudiziari e il pubblico ministero.*** — Qualsiasi provvedimento che attua le disposizioni del presente ordinamento, relative alla costituzione di sezioni ed alla ripartizione dei magistrati tra i diversi uffici della stessa sede, nonché i provvedimenti relativi alle applicazioni, alle sostituzioni ed alle supplenze di magistrati, sono emanati con decreto, dal Capo dello Stato, salvo che non sia diversamente stabilito.[1]

[1] V. art. 17, L. 24 mar. 1958, n. 195 e art. 63, D.P.R. 16 set. 1958, n. 916.

7-*bis*. ***Tabelle degli uffici giudicanti.***[1] — 1. La ripartizione degli uffici giudiziari di cui all'art. 1 in sezioni, la destinazione dei singoli magistrati alle sezioni e alle corti di assise, l'assegnazione alle sezioni dei presidenti, la designazione dei magistrati che hanno la direzione di sezioni a norma dell'art. 47-*bis*, secondo comma, l'attribuzione degli incarichi di cui agli artt. 47-*ter*, terzo comma, 47-*quater*, secondo comma, e 50-*bis*, il conferimento delle specifiche attribuzioni processuali individuate dalla legge e la formazione dei collegi giudicanti sono stabiliti ogni quadriennio[2] con decreto del Ministro di grazia e giustizia in conformità delle deliberazioni del Consiglio superiore della magistratura assunte sulle proposte dei presidenti delle corti di appello, sentiti i consigli giudiziari. Decorso il quadriennio[2], l'efficacia del decreto è prorogata fino a che non sopravvenga un altro decreto. La violazione dei criteri per l'assegnazione degli affari, salvo il possibile rilievo disciplinare, non determina in nessun caso la nullità dei provvedimenti adottati.[3]

2. Le deliberazioni di cui al comma 1 sono adottate dal Consiglio superiore della magistratura, valutate le eventuali osservazioni formulate dal Ministro di grazia e giustizia ai sensi dell'art. 11 della L. 24 mar. 1958, n. 195, e possono essere variate nel corso del triennio[2] per sopravvenute esigenze degli uffici giudiziari, sulle proposte dei presidenti delle corti di appello, sentiti i consigli giudiziari. I provvedimenti in via di urgenza, concernenti le tabelle, adottati dai dirigenti degli uffici sulla assegnazione dei magistrati, sono immediatamente esecutivi salva la deliberazione del Consiglio superiore della magistratura per la relativa variazione tabellare.

2-*bis*. Possono svolgere le funzioni di giudice incaricato dei provvedimenti previsti per la fase delle indagini preliminari nonché di giudice dell'udienza preliminare solamente i magistrati che hanno svolto per almeno due anni funzioni di giudice del dibattimento.

Le funzioni di giudice dell'udienza preliminare sono equiparate a quelle di giudice del dibattimento.[4]

2-*ter*.[5] Il giudice incaricato dei provvedimenti previsti per la fase delle indagini preliminari nonché il giudice dell'udienza preliminare non possono esercitare tali funzioni oltre il periodo stabilito dal Consiglio superiore della magistratura ai sensi dell'art. 19, comma 1, del D.lgs. 5 apr. 2006, n. 160, e successive modificazioni.[6]

Qualora alla scadenza del termine essi abbiano in corso il compimento di un atto del quale sono stati richiesti, l'esercizio delle funzioni è prorogato, limitatamente al relativo procedimento, sino al compimento dell'attività medesima.

2-*quater*.[7]

2-*quinquies*. Le disposizioni dei commi 2-*bis*, 2-*ter* e 2-*quater* possono essere derogate per imprescindibili e prevalenti esigenze di servizio. Si applicano, anche in questo caso, le disposizioni di cui al comma 1 e 2.

2-*sexies*. Presso il tribunale del capoluogo del distretto e presso la corte di appello, sono istituite sezioni ovvero individuati collegi che trattano in via esclusiva i procedimenti previsti dal codice di cui al decreto legislativo 6 settembre 2011, n. 159. Presso il tribunale circondariale di Trapani e il tribunale circondariale di Santa Maria Capua Vetere sono istituiti sezioni o collegi specializzati in materia di misure di prevenzione. A tali collegi o sezioni, ai quali è garantita una copertura prioritaria delle eventuali carenze di organico, è assegnato un numero di magistrati rispetto all'organico complessivo dell'ufficio pari alla percentuale che sarà stabilita con delibera del Consiglio superiore della magistratura e comunque non inferiore a tre componenti. Se per le dimensioni dell'ufficio i magistrati componenti delle sezioni o collegi specializzati in materia di misure di prevenzione dovranno svolgere anche altre funzioni, il carico di lavoro nelle altre materie dovrà essere proporzionalmente ridotto nella misura che sarà stabilita con delibera del Consiglio superiore della magistratura. Il presidente del tribunale o della corte di appello assicura che il collegio o la sezione sia prevalentemente composto da magistrati forniti di specifica esperienza nella materia della prevenzione o dei reati di criminalità organizzata, o che abbiano svolto funzioni civili, fallimentari e societarie, garantendo la necessaria integrazione delle competenze.[8]

3. Per quanto riguarda la Corte suprema di cassazione il Consiglio superiore della magistratura delibera sulla proposta del primo presidente della stessa Corte, sentito il Consiglio direttivo della Corte di cassazione.[9]

3-*bis*. Al fine di assicurare un più adeguato funzionamento degli uffici giudiziari sono istituite le tabelle infradistrettuali degli uffici requirenti e giudicanti che ricomprendono tutti i magistrati, ad eccezione dei capi degli uffici.

3-*ter*. Il Consiglio superiore della magistratura individua gli uffici giudiziari che rientrano nella medesima tabella infradistrettuale e ne dà immediata comunicazione al Ministro di grazia e giustizia per la emanazione del relativo decreto.

3-*quater*. L'individuazione delle sedi da ricomprendere nella medesima tabella infradistrettuale è operata sulla base dei seguenti criteri:

a) l'organico complessivo degli uffici ricompresi non deve essere inferiore alle quindici unità per gli uffici giudicanti;

b) le tabelle infradistrettuali dovranno essere formate privilegiando l'accorpamento tra loro degli uffici con organico fino ad otto unità se giudicanti e fino a quattro unità se requirenti;

c) nelle esigenze di funzionalità degli uffici si deve tener conto delle cause di incompatibilità funzionali dei magistrati;

d) si deve tener conto delle caratteristiche geomorfologiche dei luoghi e dei collegamenti viari, in modo da determinare il minor onere per l'erario.

3-*quinquies*. Il magistrato può essere assegnato

anche a più uffici aventi la medesima attribuzione o competenza, ma la sede di servizio principale, ad ogni effetto giuridici ed economico, è l'ufficio del cui organico il magistrato fa parte. La supplenza infradistrettuale non opera per le assenze o impedimenti di durata inferiore a sette giorni.

3-*sexies*. Per la formazione ed approvazione delle tabelle di cui al comma 3-*bis*, si osservano le procedure previste dal comma 2.

[1] Articolo così modif. dall'art. 57, L. 16 dic. 1999, n. 479.
[2] Parola così sost. dall'art. 8, L. 17 giu. 2022, n. 71.
[3] Periodo aggiunto dall'art. 4, c. 19, L. 30 lug. 2007, n. 111.
[4] Periodo aggiunto dall'art. 24, L. 1° mar. 2001, n. 63.
[5] Comma introdotto dall'art. 57, c. 1, L. 16 dic. 1999, n. 479.
[6] Parole così sost. dall'art. 4, c. 19, L. 30 lug. 2007, n. 111.
[7] Comma abrog. dall'art. 4, c. 20, L. 30 lug. 2007, n. 111.
[8] Comma aggiunto dall'art. 33, c. 1, L. 17 ottobre 2017, n. 161.
[9] Parole aggiunte dall'art. 4, c. 19, L. 30 lug. 2007, n. 111.

7-*ter*. *Criteri per l'assegnazione degli affari penali e la sostituzione dei giudici impediti.*[1] — 1. L'assegnazione degli affari penali è operata secondo criteri obiettivi e predeterminati indicati in via generale dal Consiglio superiore della magistratura ed approvati contestualmente alle tabelle degli uffici e con la medesima procedura, dal dirigente dell'ufficio alle singole sezioni e dal presidente della sezione ai singoli collegi e giudici. Nel determinare i criteri per l'assegnazione degli affari penali al giudice per le indagini preliminari, il Consiglio superiore della magistratura stabilisce la concentrazione, ove possibile, in capo allo stesso giudice di tutti gli incidenti probatori e di tutti i provvedimenti relativi allo stesso procedimento. Qualora il dirigente dell'ufficio o il presidente della sezione revochino la precedente assegnazione ad una sezione o ad un collegio o ad un giudice, copia del relativo provvedimento motivato viene comunicata al presidente della sezione e al magistrato interessato.

2. Il Consiglio superiore della magistratura stabilisce altresì i criteri per la sostituzione del giudice astenuto, ricusato o impedito.

2-*bis*. Il dirigente dell'ufficio deve verificare che la distribuzione dei ruoli e dei carichi di lavoro garantisca obiettivi di funzionalità e di efficienza dell'ufficio e assicuri costantemente l'equità tra tutti i magistrati dell'ufficio, delle sezioni e dei collegi.[2]

[1] Articolo ins. dall'art. 3 del D.P.R. 22 set. 1988, n. 449. V. anche art. 2 D.L. 28 lug. 1989, n. 272.
[2] Comma aggiunto dall'art. 8, L. 17 giu. 2022, n. 71.

8. ....[1]

[1] Articolo abrog. dall'art. 54, c. I, lett. *a*), D.lgs. 5 apr. 2006, n. 160 a decorrere dal novantesimo giorno successivo a quello della sua pubblicazione sulla *Gazzetta Ufficiale*. Ai sensi dell'art. 1, c. I, della L. 24 ott. 2006, n. 269, l'efficacia delle disposizioni contenute nel D.lgs. 5 apr. 2006, n. 160 è sospesa fino al 31 lug. 2007.

9. *Giuramento.* — I magistrati prestano giuramento col rito prescritto dal regolamento e con la formula seguente: "Giuro di essere fedele alla Repubblica italiana e al suo Capo, di osservare lealmente le leggi dello Stato e di adempiere con coscienza i doveri inerenti al mio ufficio".

Il giuramento viene prestato entrando a far parte dell'ordine giudiziario e non deve essere rinnovato. I magistrati onorari prestano giuramento prima di assumere le loro funzioni.

10. (*Omissis*).

10-*bis*. *Termine per l'assunzione delle funzioni in caso di tramutamenti successivi.*[1] — Il Consiglio superiore della magistratura espleta, di regola due volte all'anno, le procedure di tramutamento successivo dei magistrati e le definisce entro quattro mesi.

Il Ministro della giustizia adotta un solo decreto per tutti i magistrati tramutati nell'ambito della medesima procedura indetta con unica delibera del Consiglio superiore della magistratura.

Il Consiglio superiore della magistratura, nel disporre il tramutamento che comporta o rende più grave una scopertura del trentacinque per cento dell'organico dell'ufficio giudiziario di appartenenza del magistrato interessato alla procedura, delibera la sospensione dell'efficacia del provvedimento sino alla delibera di copertura del posto lasciato vacante. La sospensione dell'efficacia di cui al periodo che precede cessa comunque decorsi sei mesi dall'adozione della delibera. Il presente comma non si applica quando l'ufficio di destinazione oggetto della delibera di tramutamento ha una scopertura uguale o superiore alla percentuale di scopertura dell'ufficio di provenienza.

Si applicano le disposizioni dell'articolo 10.

[1] Articolo ins. dall'art. 21 c. 1, D.L. 12 set. 2014, n. 132, conv. con modif. in L. 10 nov. 2014, n. 162. La disposizione si applica alle procedure di tramutamento avviate con delibera del Consiglio superiore della magistratura adottata successivamente all'entrata in vigore della L. 162/2014.

11-12. (*Omissis*).

13. *Esenzione da uffici e servizi pubblici.* — I magistrati sono esenti da qualunque ufficio o pubblico esercizio estraneo alle loro funzioni, eccettuato il servizio militare.

14. *Potestà di polizia dei giudici.* — Ogni giudice, nell'esercizio delle sue funzioni, può richiedere, quando occorre, l'intervento della forza pubblica e può prescrivere tutto ciò che è necessario per il sicuro ed ordinato compimento degli atti ai quali procede (128 c.p.c. e 433 c.p.p.).

15. *Potestà dei magistrati del pubblico ministero di richiedere la forza armata.* — I magistrati del pubblico ministero hanno, nell'esercizio delle loro funzioni, il diritto di richiedere direttamente l'intervento della forza armata (433 c.p.p.).

CAPO II

Delle incompatibilità[1]

[1] Il giudice che fa parte della commissione del gratuito patrocinio "non può intervenire nei giudizi riguardanti gli affari da lui esaminati in qualità di membro della commissione" (art. 5 n. 1 R.D.L. 30 dic. 1923, n. 3282).

16. ***Incompatibilità di funzioni.*** — I magistrati non possono assumere pubblici o privati impieghi od uffici, ad eccezione di quelli di senatore, di deputato[1] o di amministratore gratuito di istituzioni pubbliche di beneficenza. Non possono nemmeno esercitare industrie o commerci, né qualsiasi libera professione.

Salvo quanto disposto dal primo comma dell'art. 61 dello statuto degli impiegati civili dello Stato, approvato con D.P.R. 10 gen. 1957, n. 3, non possono, inoltre, accettare incarichi di qualsiasi specie né possono assumere le funzioni di arbitro, senza l'autorizzazione del Consiglio superiore della magistratura.[2]

In tal caso, possono assumere le funzioni di arbitro unico o di presidente del collegio arbitrale ed esclusivamente negli arbitrati nei quali è parte l'Amministrazione dello Stato ovvero aziende o enti pubblici, salvo quanto previsto dal capitolato generale per le opere di competenza del Ministero dei lavori pubblici, approvato con D.P.R. 16 lug. 1962, n. 1063.[2]

[1] V. art. 5 L. 6 feb. 1948, n. 29, art. 8 D.P.R. 30 mar. 1957, n. 361 e art. 3 L. 10 set. 1960, n. 962.

[2] Gli attuali commi secondo e terzo così sostituiscono l'originario comma secondo l'art. 14 della L. 2 apr. 1979, n. 97.

17. ***Incompatibilità speciali per i primi presidenti e i procuratori generali della Repubblica.*** — Il primo presidente, il presidente aggiunto ed il procuratore generale della Corte di cassazione, i presidenti ed i procuratori generali delle Corti di appello non possono assumere alcun incarico fuori della residenza, tranne quelli ad essi attribuiti da leggi e regolamenti o quelli conferiti con decreto del *Capo dello Stato*.

18. ***Incompatibilità di sede per rapporti di parentela o affinità con esercenti la professione forense.***[1] — I magistrati giudicanti e requirenti delle corti di appello e dei tribunali non possono appartenere ad uffici giudiziari nelle sedi nelle quali i loro parenti fino al secondo grado, gli affini in primo grado, il coniuge o il convivente, esercitano la professione di avvocato.

La ricorrenza in concreto dell'incompatibilità di sede è verificata sulla base dei seguenti concorrenti criteri, valutati unitariamente:[2]

a) rilevanza della professione forense svolta dai soggetti di cui al primo comma avanti all'ufficio di appartenenza del magistrato, tenuto, altresì, conto dello svolgimento continuativo di una porzione minore della professione forense e di eventuali forme di esercizio non individuale dell'attività da parte dei medesimi soggetti;

b) dimensione del predetto ufficio, con particolare riferimento alla organizzazione tabellare;

c) materia trattata sia dal magistrato che dal professionista, avendo rilievo la distinzione dei settori del diritto civile, del diritto penale e del diritto del lavoro e della previdenza, ed ancora, all'interno dei predetti e specie del settore del diritto civile, dei settori di ulteriore specializzazione come risulta, per il magistrato, dalla organizzazione tabellare;

d) funzione specialistica dell'ufficio giudiziario.

Ricorre sempre una situazione di incompatibilità con riguardo ai Tribunali ordinari organizzati in un'unica sezione o alle Procure della Repubblica istituite presso Tribunali strutturati con un'unica sezione, salvo che il magistrato operi esclusivamente in sezione distaccata ed il parente o l'affine non svolga presso tale sezione alcuna attività o viceversa.

I magistrati preposti alla direzione di uffici giudicanti e requirenti sono sempre in situazione di incompatibilità di sede ove un parente o affine eserciti la professione forense presso l'Ufficio dagli stessi diretto, salvo valutazione caso per caso per i Tribunali ordinari organizzati con una pluralità di sezioni per ciascun settore di attività civile e penale.

Il rapporto di parentela o affinità con un praticante avvocato ammesso all'esercizio della professione forense, è valutato ai fini dell'art. 2, comma 2, del regio decreto legislativo 31 maggio 1946, n. 511, e successive modificazioni, tenuto conto dei criteri di cui al secondo comma.

[1] Articolo così modif. dall'art. 29, D.lgs. 23 feb. 2006, n. 109.

[2] Alinea così modif. dall'art. 8, L. 17 giu. 2022, n. 71.

19. ***Incompatibilità di sede per rapporti di parentela o affinità con magistrati o ufficiali o agenti di polizia giudiziaria della stessa sede.***[1] — I magistrati che hanno tra loro vincoli di parentela o di affinità sino al secondo grado, di coniugio o di convivenza, non possono far parte della stessa Corte o dello stesso Tribunale o dello stesso ufficio giudiziario.

La ricorrenza dell'incompatibilità può essere esclusa in concreto quando la situazione non comporti modifiche nell'organizzazione dell'ufficio e non interferisca nei rapporti tra uffici diversi della medesima sede. L'esito del procedimento di accertamento dell'esclusione, in concreto, della ricorrenza dell'incompatibilità di cui al comma precedente è comunicato al consiglio dell'ordine degli avvocati del circondario in cui prestano servizio gli interessati.[2]

I magistrati che hanno tra loro vincoli di parentela o di affinità sino al terzo grado, di coniugio o di convivenza, non possono mai fare parte dello stesso Tribunale o della stessa Corte organizzati in un'unica sezione ovvero di un Tribunale o di una Corte organizzati in un'unica sezione e delle rispettive Procure della Repubblica, salvo che uno dei due magistrati operi esclusivamente in sezione distaccata e l'altro in sede centrale.

I magistrati che hanno tra loro vincoli di parentela o di affinità fino al quarto grado incluso, ovvero di coniugio o di convivenza, non possono mai far parte dello stesso collegio giudicante nelle corti e nei tribunali.

I magistrati preposti alla direzione di uffici giudicanti o requirenti della stessa sede sono sempre in situazione di incompatibilità, salvo valutazione caso per caso per i Tribunali o le Corti organizzati con una pluralità di sezioni per ciascun settore di attività civile e penale. Sussiste, altresì, situazione di incompatibilità, da valutare sulla base dei criteri di cui all'art. 18, secondo comma, in quanto compatibili, se il magistrato dirigente dell'ufficio è in rapporto di parentela o affinità entro il terzo grado, o di coniugio o convivenza, con magistrato addetto al medesimo ufficio, tra il presidente del Tribunale del capoluogo di distretto ed i giudici addetti al locale Tribunale per i minorenni, tra il Presidente della Corte di appello o il Procuratore generale presso la Corte medesima ed un magistrato addetto, rispettivamente, ad un Tribunale o ad una Procura della Repubblica del distretto, ivi compresa la Procura presso il Tribunale per i minorenni.

I magistrati non possono appartenere ad uno stesso ufficio giudiziario ove i loro parenti fino al secondo grado, o gli affini in primo grado, svolgono attività di ufficiale o agente di polizia giudiziaria. La ricorrenza in concreto dell'incompatibilità è verificata sulla base dei criteri di cui all'art. 18, secondo comma, per quanto compatibili.

[1] Articolo così modif. dall'art. 29, D.lgs. 23 feb. 2006, n. 109.

[2] Comma così sost. dall'art. 8, L. 17 giu. 2022, n. 71.

TITOLO II
Dei giudici

CAPO I
Del giudice conciliatore[1]

[1] Il capo I del titolo II è stato abrog. dall'art. 47 della L. sul Giudice di pace, in vigore dal 1º maggio 1995.

20-29. (*Abrogati*).

CAPO II
Del pretore[1]

[1] L'intero capo è stato abrog. dall'art. 301, D.lgs. 19 feb. 1998, n. 51, con decorrenza dal 2 giu. 1999.

30-41. (*Abrogati*).

CAPO III
Dei tribunali[1]

[1] Intitolazione così sost. dall'art. 9 del D.P.R. 22 set. 1988, n. 449.

SEZIONE I
Del tribunale ordinario[1]

[1] Intitolazione così sostituita dall'art. 10 del D.P.R. 22 set. 1988, n. 449, ai sensi del quale per tutto il presente decreto la denominazione "tribunale" è sostituita dalla denominazione "tribunale ordinario".

42. ***Sede del tribunale ordinario***. — Il tribunale ordinario[1] ha sede in ogni capoluogo determinato nella tabella *A* annessa al presente ordinamento.

[1] V. la nota alla intitolazione della sezione I.

42-*bis*. ***Composizione dell'ufficio del tribunale ordinario.***[1] — Il tribunale ordinario è diretto dal presidente del tribunale e ad esso sono addetti più giudici. Al tribunale ordinario possono essere addetti uno o più presidenti di sezione.

Al tribunale ordinario possono essere addetti giudici onorari.

[1] Articolo ins. dall'art. 8, D.lgs. 19 feb. 1998, n. 51 con decorrenza dal 2 giu. 1999.

42-*ter*-42-*septies*............................... [1]

[1] Articoli abrog. dall'art. 33, D.lgs. 13 lug. 2017, n. 116.

43. ***Funzioni ed attribuzioni del tribunale ordinario.***[1] — Il tribunale ordinario:

a) esercita la giurisdizione in primo grado ed in appello, contro le sentenze pronunciate dal giudice di pace, in materia civile;

b) esercita la giurisdizione in primo grado in materia penale;

c) esercita le funzioni di giudice tutelare;

d) esercita nei modi stabiliti dalla legge le altre funzioni ad esso deferite.

[1] Articolo così sost. dall'art. 9, D.lgs. 19 feb. 1998, n. 51 con decorrenza dal 2 giu. 1999.

43-*bis*. ***Funzioni dei giudici ordinari ed onorari addetti al tribunale ordinario.***[1]

[1] Articolo abrog. dall'art. 33, D.lgs. 13 lug. 2017, n. 116.

44. ***Ufficio d'istruzione penale.***[1]

[1] Articolo abrog. dall'art. 12, D.P.R. 449/1988.

45. ***Giudice di sorveglianza.*** — Nella sede del tribunale, e nelle sedi designate con decreto del ministro di grazia e giustizia, un giudice è annualmente incaricato delle funzioni di sorveglianza sull'esecuzione delle pene detentive e sulla applicazione ed esecuzione delle misure amministrative di sicurezza.

Il giudice di sorveglianza provvede, inoltre, in materia di misure amministrative di sicurezza ed esercita le altre funzioni che la legge gli attribuisce.

In caso di bisogno possono essere incaricati delle funzioni di sorveglianza anche altri giudici del tribunale.

L'incarico di esercitare funzioni di giudice di sorveglianza è revocabile, anche se conferito a giudici inamovibili.

46. ***Costituzione delle sezioni.***[1] — Il tribunale ordinario può essere costituito in più sezioni.

Nei tribunali ordinari costituiti in sezioni sono

biennalmente designate le sezioni alle quali sono devoluti, promiscuamente o separatamente, gli affari civili, gli affari penali e i giudizi in grado di appello, nonché, separatamente le controversie di lavoro e di previdenza e assistenza obbligatorie.

In ogni tribunale ordinario costituito in sezioni è istituita una sezione dei giudici incaricati dei provvedimenti previsti dal codice di procedura penale per la fase delle indagini preliminari e per l'udienza preliminare.

A ciascuna sezione, nella formazione delle tabelle ai sensi dell'art. 7-*bis*, sono destinati i giudici nel numero richiesto dalle esigenze di servizio, tenuto conto del numero dei processi pendenti, dell'urgenza della definizione delle controversie, nonché del numero delle controversie sulle quali il tribunale giudica in composizione collegiale.

[1] Articolo così sost. dall'art. 11, D.lgs. 19 feb. 1998, n. 51 con decorrenza dal 2 giu. 1999.

47. ***Attribuzioni del presidente del tribunale.***[1] — Il presidente del tribunale dirige l'ufficio e, nei tribunali costituiti in sezioni, distribuisce il lavoro tra le sezioni, salvi i compiti del presidente di sezione. Esercita le altre funzioni che gli sono attribuite dalla legge nei modi da questa stabiliti.

[1] Articolo così sost. dall'art. 12, D.lgs. 19 feb. 1998, n. 51, con decorrenza dal 2 giu. 1999.

47-*bis*. ***Direzione delle sezioni.***[1] — Nei tribunali costituiti in sezioni e nei quali sono istituiti posti di presidente di sezione, la direzione delle sezioni è attribuita ad un presidente di sezione.

Nei tribunali nei quali non sono istituiti posti di presidente di sezione, dell'organizzazione del lavoro della sezione è incaricato il magistrato designato nelle tabelle formate ai sensi dell'art. 7-*bis*.

[1] Articolo ins. dall'art. 14, D.lgs. 19 feb. 1998, n. 51, con decorrenza dal 2 giu. 1999.

47-*ter*. ***Istituzione dei posti di presidente di sezione.***[1] — Salvo quanto previsto dal secondo e dal terzo comma, nei tribunali costituiti in sezioni ai quali sono addetti più di dieci giudici ordinari possono essere istituiti posti di presidente di sezione, in numero non superiore a quello determinato dalla proporzione di uno a dieci.

Il posto di presidente di sezione può essere comunque istituito, senza l'osservanza dei limiti previsti dal primo comma:

a) per la direzione della corte di assise e delle singole sezioni della medesima, quando il numero delle udienze da esse tenute lo richiede;

b) per la direzione delle seguenti sezioni, tenuto conto della loro consistenza numerica e delle specifiche esigenze organizzative:

1) sezioni incaricate dalla trattazione delle controversie in materia di lavoro e di previdenza e assistenza obbligatorie

2) sezioni incaricate degli affari inerenti alle procedure concorsuali

3) sezioni dei giudici incaricati dei provvedimenti previsti dal codice di procedura penale per la fase delle indagini preliminari e per l'udienza preliminare, salvo quanto previsto dal terzo comma.

In ogni tribunale ordinario di cui alla tabella A allegata alla L. 22 dic. 1973, n. 884, la sezione dei giudici incaricati dei provvedimenti previsti dal codice di procedura penale per la fase delle indagini preliminari e per l'udienza preliminare è diretta da un presidente di sezione. Si applicano le disposizioni dell'art. 1, commi 1 e 2, del D.L. 25 set. 1989, n. 327, convertito dalla L. 24 nov. 1989, n. 380.

[1] I commi 1 e 2 dell'art. 47-*ter* sono stati così sost. dall'art. 3, D.lgs. 4 mag. 1999, n. 138.

47-*quater*. ***Attribuzioni del presidente di sezione.***[1] — Il presidente di sezione, oltre a svolgere il lavoro giudiziario, dirige la sezione cui è assegnato e, in particolare, sorveglia l'andamento dei servizi di cancelleria ed ausiliari, distribuisce il lavoro tra i giudici e vigila sulla loro attività, curando anche lo scambio di informazioni sulle esperienze giurisprudenziali all'interno della sezione. Collabora, altresì, con il presidente del tribunale nell'attività di direzione dell'ufficio.

Con le tabelle formate ai sensi dell'art. 7-*bis*, al presidente di sezione può essere attribuito l'incarico di dirigere più sezioni che trattano materie omogenee, ovvero di coordinare uno o più settori di attività dell'ufficio.

[1] Articolo ins. dall'art. 14 D.lgs. 19 feb. 1998, n. 51, con decorrenza dal 2 giu. 1999.

47-*quinquies*. ***Presidenza dei collegi.***[1] — Quando il tribunale giudica in composizione collegiale, la presidenza del collegio è assunta dal presidente del tribunale o da un presidente di sezione o dal magistrato più elevato in qualifica o dal più anziano dei magistrati di pari qualifica componenti il collegio.

[1] Articolo ins. dall'art. 14 D.lgs. 19 feb. 1998, n. 51, con decorrenza dal 2 giu. 1999.

48. ***Composizione dell'organo giudicante.***[1] — In materia civile e penale il tribunale giudica in composizione monocratica e, nei casi previsti dalla legge, in composizione collegiale.

Sull'applicazione delle misure di prevenzione personali e patrimoniali il tribunale giudica sempre in composizione collegiale.

Salve le disposizioni relative alla composizione delle sezioni specializzate, il tribunale, quando giudica in composizione collegiale, decide con il numero invariabile di tre componenti.

[1] Articolo così sost. dall'art. 14 D.lgs. 19 feb. 1998, n. 51 con decorrenza dal 2 giu. 1999.

SEZIONE I-*bis*

Delle sezioni distaccate di tribunale[1]

[1] La sezione I-*bis* (artt. da 48-*bis* a 48-*sexies*) è stata ins. dall'art. 15 D.lgs. 19 feb. 1998, n. 51, con decorrenza dal 2 giu. 1999.

48-*bis*. ***Sezioni distaccate del tribunale ordinario.***[1] — Nei comuni indicati nella tabella B annessa al presente ordinamento sono istituite sezioni distaccate del tribunale ordinario con la circoscrizione stabilita per ciascuna di esse.

[1] Per l'abrogazione del presente articolo, vedi gli artt. 2, c. 1, lett. *c*) e 11, c. 2, D.lgs. 7 set. 2012, n. 155.

48-*ter*. *Istituzione, soppressione e modifica della circoscrizione delle sezioni distaccate.*[1] — All'istituzione, alla soppressione ed alla modifica della circoscrizione delle sezioni distaccate del tribunale ordinario si provvede con decreto motivato del Ministro di grazia e giustizia di concerto con il Ministro del tesoro, previo parere del Consiglio superiore della magistratura.

Il decreto è adottato sulla base di criteri oggettivi ed omogenei, che tengono conto dell'estensione del territorio, del numero degli abitanti, dei sistemi di mobilità, dell'indice di contenzioso in materia civile e penale degli ultimi due anni, della complessità e dell'articolazione delle attività economiche e sociali che si svolgono nel territorio.

L'avvio del procedimento è comunicato agli enti locali interessati, ai consigli giudiziali e ai consigli degli ordini degli avvocati. Si osservano le disposizioni degli artt. 7, 8 e 9 della L. 7 ago. 1990, n. 241.

Il parere del Consiglio superiore della magistratura è comunicato al Ministro di grazia e giustizia entro quarantacinque giorni dal ricevimento della richiesta. Trascorso tale termine, il decreto è emanato anche in mancanza del parere.

[1] Per l'abrogazione del presente articolo, vedi gli artt. 2, c. 1, lett. *c*) e 11, c. 2, D.lgs. 7 set. 2012, n. 155.

48-*quater*. *Affari trattati nelle sezioni distaccate.*[1] — Nelle sezioni distaccate sono trattati gli affari civili e penali sui quali il tribunale giudica in composizione monocratica, quando il luogo in ragione del quale è determinata la competenza per territorio rientra nella circoscrizione delle sezioni medesime.

Le controversie in materia di lavoro e di previdenza e assistenza obbligatorie sono trattate esclusivamente nella sede principale del tribunale. In tale sede sono altresì svolte, in via esclusiva, le funzioni del giudice per le indagini preliminari e del giudice dell'udienza preliminare.

In deroga a quanto previsto dal secondo comma, con decreto del Ministro della Giustizia in conformità della deliberazione del Consiglio superiore della magistratura assunta sulla proposta del presidente del Tribunale sentito il consiglio dell'Ordine degli avvocati, può disporsi che nelle sezioni distaccate di tribunale aventi sede in isole, eccettuate la Sicilia e la Sardegna, siano trattate anche le cause concernenti controversie di lavoro e di previdenza e assistenza obbligatorie. La deroga può essere prevista anche per tempo determinato in relazione a particolari circostanze.

In deroga a quanto previsto dal secondo comma, con decreto del Ministro della Giustizia in conformità della deliberazione del Consiglio superiore della magistratura assunta sulla proposta del presidente del Tribunale sentito il consiglio dell'Ordine degli avvocati, può disporsi che nelle sezioni distaccate di tribunale aventi sede in isole, eccettuate la Sicilia e la Sardegna, siano trattate anche le cause concernenti controversie di lavoro e di previdenza e assistenza obbligatorie. La deroga può essere prevista anche per un tempo determinato in relazione a particolari circostanze.

[1] Per l'abrogazione del presente articolo, vedi gli artt. 2, c. 1, lett. *c*) e 11, c. 2, D.lgs. 7 set. 2012, n. 155.

48-*quinquies*. *Udienze relative a procedimenti da trattare nella sede principale e nelle sezioni distaccate.*[1] — In considerazione di particolari esigenze, il presidente del tribunale, sentite le parti, può disporre che una o più udienze relative a procedimenti civili o penali da trattare nella sede principale del tribunale siano tenute in una sezione distaccata, o che una o più udienze relative a procedimenti da trattare in una sezione distaccate siano tenute nella sede principale o in altra sezione distaccata.

Sentiti il consiglio giudiziario ed il consiglio dell'ordine degli avvocati, il provvedimento può essere adottato anche in relazione a gruppi omogenei di procedimenti.

[1] Per l'abrogazione del presente articolo, vedi gli artt. 2, c. 1, lett. *c*) e 11, c. 2, D.lgs. 7 set. 2012, n. 155.

48-*sexies*. *Magistrati assegnati alle sezioni distaccate.*[1] — I magistrati assegnati alle sezioni distaccate del tribunale ordinario possono svolgere funzioni anche presso la sede principale o presso altre sezioni distaccate, secondo criteri determinati con la procedura tabellare prevista dall'art. 7-bis.

Nelle sezioni distaccate non sono istituiti posti di presidente di sezione.

[1] Per l'abrogazione del presente articolo, vedi gli artt. 2, c. 1, lett. *c*) e 11, c. 2, D.lgs. 7 set. 2012, n. 155.

SEZIONE II

Del tribunale per i minorenni

49. *Costituzione e giurisdizione del tribunale per i minorenni.* — In ogni sede di Corte d'appello o di sezione distaccata di Corte d'appello è costituito un tribunale per i minorenni.

Il tribunale per i minorenni ha giurisdizione su tutto il territorio della Corte d'appello o della sezione di Corte d'appello, nei limiti di competenza determinati dalla legge.

50. *Composizione del tribunale per i minorenni.*[1] — Il tribunale per i minorenni è composto da un magistrato di Corte d'appello, che lo presiede, da un magistrato di tribunale e da due esperti, un uomo ed una donna, aventi i requisiti richiesti dalla legge, ai quali è conferito il titolo di giudice onorario del tribunale per i minorenni. Possono anche essere nominati uno o più supplenti.

Gli esperti del tribunale per i minorenni sono nominati con decreto del Capo dello Stato, [su proposta del ministro di grazia e giustizia], per un triennio, e possono essere confermati.

[1] Articolo così sost. con L. 27 dic. 1956, n. 1441.

50-*bis*. ***Giudice per le indagini preliminari.***[1] — In ogni tribunale per i minorenni uno o più magistrati sono incaricati, come giudici singoli, dei provvedimenti previsti dal c.p.p. per la fase delle indagini preliminari. L'organizzazione del lavoro dei predetti giudici è attribuita al più anziano.

Nell'udienza preliminare, il tribunale per i minorenni, giudica composto di un magistrato e da due giudici onorari, un uomo e una donna, dello stesso tribunale.

[1] Articolo aggiunto dall'art. 14 del D.P.R. 22 set. 1988, n. 449.

51. ***Giudice di sorveglianza presso il tribunale per i minorenni.*** — Le funzioni di giudice di sorveglianza sono esercitate dal giudice addetto al tribunale per i minorenni.

Il presidente del tribunale, sentito il procuratore della Repubblica può, con suo decreto, destinare anche altro giudice, con le stesse funzioni, al tribunale per i minorenni.

CAPO IV
Della Corte d'appello

SEZIONE I
Disposizioni generali

52. ***Sede della Corte d'appello.*** — La Corte d'appello ha sede nel capoluogo dei distretti indicati nella tabella *A* annessa al presente ordinamento.[1]

[1] A seguito di ulteriori modifiche le Corti d'Appello sono nelle città di: Ancona, Bari, Bologna, Brescia, Cagliari, Caltanissetta, Catania, Catanzaro, Firenze, Genova, l'Aquila, Lecce, Messina, Milano, Napoli, Palermo, Perugia, Potenza, Roma, Torino, Trento, Trieste, Venezia.

53. ***Funzioni ed attribuzioni della Corte d'appello.***[1] — La Corte d'appello:

a) esercita la giurisdizione nelle cause di appello delle sentenze pronunciate in primo grado dai tribunali in materia civile e penale [e dai pretori in materia penale;][2]

b) esercita inoltre le funzioni a essa deferite dal codice di procedura penale diverse da quelle del giudizio di appello avverso le sentenze pronunciate nel dibattimento di primo grado; delibera in Camera di Consiglio nei casi previsti dal c.p.c. e conosce degli altri affari ad essa deferiti dalle leggi.

[1] Articolo così sost. dall'art. 15 del D.P.R. 22 set. 1988, n. 449.
[2] Parole soppresse dall'art. 18 D.lgs. 19 feb. 1998, n. 51 con decorrenza dal 2 giu. 1999.

54. ***Costituzione delle sezioni nelle corti di appello.*** — Nella formazione delle tabelle ai sensi dell'art. 7-*bis* sono designati i presidenti e i consiglieri che fanno parte di ciascuna sezione e i supplenti.[1]

Si osserva per le Corti d'appello il disposto dell'art. 46, in quanto applicabile.

Sono altresì designate le sezioni in funzione di Corte d'assise, la sezione incaricata esclusivamente della trattazione delle controversie in materia di lavoro e di previdenza e assistenza obbligatorie[2], la sezione per i minorenni, ed eventualmente quella che funziona da tribunale regionale delle acque pubbliche.

[1] Comma così modif. dall'art. 16 del D.P.R. 449/1988.
[2] L'art. 19 D.lgs. 19 feb. 1998, n. 51 si ha sostituito le parole "la sezione che funziona da magistratura del lavoro" con le parole "la sezione incaricata esclusivamente della trattazione delle controversie in materia di lavoro e di previdenza e assistenza obbligatorie."

55. ***Magistrati della Corte d'appello.*** — Il presidente della Corte d'appello presiede la prima sezione della Corte d'appello e può presiedere anche le altre sezioni.

Le sezioni sono presiedute dai presidenti di sezione.

I giudici delle Corti d'appello hanno il titolo di consiglieri.

56. ***Costituzione del collegio giudicante.***[1] — La Corte d'appello giudica col numero invariabile di tre votanti.

[1] Articolo così sost. dalla L. 8 ago. 1977, n. 532.

57. [***Sezione istruttoria.***][1]

[1] Articolo abrog. dall'art. 17 del D.P.R. 449/1988.

58. ***Sezione per i minorenni.***[1] — Una sezione della corte giudica sulle impugnazioni dei provvedimenti del tribunale per i minorenni. Ad essa sono altresì demandate le altre funzioni della corte di appello previste dal codice di procedura penale, nei procedimenti a carico di imputati minorenni.[2]

La sezione giudica con l'intervento di due esperti, un uomo ed una donna, aventi i requisiti prescritti dalla legge, i quali si aggiungono ai tre magistrati della sezione.[3]

Agli esperti della sezione per i minorenni è conferito il titolo di consigliere onorario della sezione della Corte d'appello per i minorenni; ad essi è applicabile il disposto dell'ultimo comma dell'art. 50.

Le funzioni di consigliere delegato per la sorveglianza sono, per i minorenni, esercitate da uno dei magistrati della sezione di Corte d'appello per i minorenni.

[1] Articolo così sost. con L. 27 dic. 1956, n. 1441.
[2] Comma così sost. dall'art. 18 del D.P.R. 449/1988.
[3] Comma così sost. dalla L. 8 ago. 1977, n. 532.

59. ***Sezioni distaccate di Corte d'appello.*** — Le sezioni distaccate delle Corti d'appello hanno sede nei comuni indicati nella tabella *A* annessa al presente ordinamento.

Esse, nella circoscrizione territoriale nella quale esercitano la giurisdizione, costituiscono sezioni delle Corti d'appello dalle quali dipendono.

Alle sezioni distaccate di Corte d'appello sono preposti presidenti di sezione alla dipendenza del presidente della Corte di appello, ed alle rispettive procure generali sono preposti avvocati generali alla dipendenza del procuratore generale della Repubblica.

SEZIONE II
Della Corte d'assise

60-62. .... [1]

[1] V. L. 10 mag. 1951, n. 287.

SEZIONE III
Della magistratura del lavoro

63. .... [1]

[1] Da ritenersi abrog. per effetto dell'art. 433 c.p.c.

SEZIONE IV
Del tribunale regionale delle acque pubbliche[1]

[1] V. R.D. 11 dic. 1933, n. 1775.

64. ***Costituzione del tribunale regionale delle acque pubbliche.*** — Il tribunale regionale delle acque pubbliche ha sede presso le Corti d'appello indicate nella tabella *E* annessa al presente ordinamento.

Il tribunale regionale delle acque pubbliche costituisce una sezione della Corte d'appello presso la quale è istituito.

Alla sezione sono aggregati tre funzionari del genio civile designati dal presidente del consiglio superiore dei lavori pubblici e nominati con decreto del Capo dello Stato, [su proposta del ministro di grazia e giustizia]. Essi durano in carica cinque anni e possono essere confermati.

La sezione di Corte d'appello funzionante come tribunale regionale delle acque pubbliche giudica col numero invariabile di tre votanti, in essi compreso il funzionario tecnico che per legge concorre a costituire il collegio. Questo funzionario deve prestare giuramento davanti al presidente della sezione, con la formula indicata nell'art. 9.

CAPO V
Della Corte suprema di cassazione

65. ***Attribuzioni della Corte suprema di cassazione.*** — La Corte suprema di cassazione, quale organo supremo della giustizia, assicura l'esatta osservanza e l'uniforme interpretazione della legge, l'unità del diritto oggettivo nazionale, il rispetto dei limiti delle diverse giurisdizioni; regola i conflitti di competenza e di attribuzioni, ed adempie gli altri compiti ad essa conferiti dalla legge.[1]

La Corte suprema di cassazione ha sede in Roma ed ha giurisdizione su tutto il territorio dello Stato, e su ogni altro territorio soggetto alla sovranità dello Stato.

[1] V. art. 111 Cost.

66. ***Composizione della Corte suprema di cassazione.*** — La Corte suprema di cassazione è costituita in sezioni, e composta da un primo presidente, da presidenti di sezione e da consiglieri.[1]

Il primo presidente presiede le udienze a sezioni unite e le adunanze solenni e può presiedere le udienze delle singole sezioni.

La composizione delle sezioni è stabilita ai sensi dell'art. 7-*bis*. A ciascuna delle sezioni civili e penali è preposto un presidente di sezione e possono essere assegnati altri presidenti di sezione.[2]

[1] *Sezione lavoro della Corte di cassazione.* Presso la Corte di cassazione è istituita una sezione incaricata esclusivamente della trattazione delle controversie di lavoro e di quelle in materia di previdenza e di assistenza. La Corte di cassazione nella detta sezione giudica col numero invariabile di cinque votanti. [Norma aggiunta dall'art. 19 della L. 11 ago. 1973, n. 533].

[2] Comma così sostituito dall'art. 19 del D.P.R. 22 set. 1988, n. 449.

67. ***Costituzione del collegio giudicante.*** — La Corte suprema di cassazione in ciascuna sezione giudica col numero invariabile di cinque votanti. Giudica a sezioni unite col numero invariabile di nove votanti.[1]

Il collegio a sezioni unite in materia civile è composto da magistrati appartenenti alle sezioni civili; in materia penale è composto da magistrati appartenenti alle sezioni penali.

[1] Comma così sostituito dalla L. 8 ago. 1977, n. 532.

67-*bis*. ***Criteri per la composizione della sezione prevista dall'art. 376 del codice di procedura civile.***[1] — A comporre la sezione prevista dall'articolo 376, primo comma, del codice di procedura civile, sono chiamati, di regola, magistrati appartenenti a tutte le sezioni.

[1] Articolo inserito dall'art. 47 della L. 18 giu. 2009, n. 69.

68. ***Ufficio del massimario e del ruolo.*** (*Omissis*).

TITOLO III
Del pubblico ministero

CAPO I
Della costituzione del pubblico ministero

69. ***Funzioni del pubblico ministero.***[1] — Il pubblico ministero esercita, sotto la vigilanza del ministro di grazia e giustizia, le funzioni che la legge gli attribuisce.

[1] Articolo così modif. dall'art. 39 del R.D.L. 31 mag. 1946, n. 511.

70. ***Costituzione del pubblico ministero.***[1] — 1. Le funzioni del pubblico ministero sono esercitate dal procuratore generale presso la corte di cassazione, dai procuratori generali della Repubblica presso le corti d'appello, dai procuratori della Repubblica presso i tribunali per i minorenni e dai procuratori della Repubblica presso i tribunali ordinari.

Negli uffici delle procure della Repubblica presso i tribunali ordinari possono essere istituiti posti di procuratore aggiunto in numero non superiore a quello risultante dalla proporzione di un procuratore aggiunto per ogni dieci sostituti addetti all'ufficio. Negli uffici delle procure della Repubblica presso il tribunale del capoluogo del distretto può essere comunque istituito un posto di procuratore aggiunto per specifiche ragioni riguardanti lo svolgimento dei compiti della direzione distrettuale antimafia.[2]

2. Presso le sezioni distaccate di corte di appello le funzioni del procuratore generale sono esercitate dall'avvocato generale, a norma dell'art. 59.

3. I titolari degli uffici del pubblico ministero dirigono l'ufficio cui sono preposti, ne organizzano l'attività ed esercitano personalmente le funzioni attribuite al pubblico ministero dal codice di procedura penale e dalle altre leggi, quando non designino altri magistrati addetti all'ufficio. Possono essere designati più magistrati in considerazione del numero degli imputati o della complessità delle indagini o del dibattimento.

4. Nel corso delle udienze penali, il magistrato designato svolge le funzioni del pubblico ministero con piena autonomia e può essere sostituito solo nei casi previsti dal codice di procedura penale. Il titolare dell'ufficio trasmette al Consiglio superiore della magistratura copia del provvedimento motivato con cui ha disposto la sostituzione del magistrato.

5. Ogni magistrato addetto ad una procura della Repubblica, che, fuori dell'esercizio delle sue funzioni, viene comunque a conoscenza di fatti che possano determinare l'inizio dell'azione penale o di indagini preliminari, può segnalarli per iscritto al titolare dell'ufficio. Questi, quando non sussistono i presupposti per la richiesta di archiviazione e non intende procedere personalmente, provvede a designare per la trattazione uno o più magistrati dell'ufficio.

6. Quando il procuratore nazionale antimafia e antiterrorismo[3] o il procuratore generale presso la corte di appello dispone l'avocazione delle indagini preliminari nei casi previsti dalla legge (p.p. 371-*bis*, 372), trasmette copia del relativo decreto motivato al Consiglio superiore della magistratura e ai procuratori della Repubblica interessati.

6-*bis*. Entro dieci giorni dalla ricezione del provvedimento di avocazione, il procuratore della Repubblica interessato può proporre reclamo al procuratore generale presso la corte di cassazione. Questi, se accoglie il reclamo, revoca il decreto di avocazione, disponendo la restituzione degli atti.

[1] Articolo sost. dall'art. 20 del testo approvato con D.P.R. 22 set. 1998, n. 449, e poi variamente integrato e modificato: dall'art. 4, D.L. 9 set. 1991, n. 292, conv. in L. 8 nov. 1991, n. 356; dall'art. 10, D.L. 20 nov. 1991, n. 367, conv. in L. 20 gen. 1992, n. 8; dall'art. 13, dic. 1991, n. 419, conv. in L. 18 feb. 1992, n. 172; dall'art. 3, L. 6 feb. 1992, n. 160.

[2] Comma così sostituito dall'art. 20, D.lgs. 19 feb. 1998, n. 51. Successivamente, l'art. 4, D.lgs. 4 mag. 1999, n. 138 ha sostituito l'originario secondo periodo con il secondo e il terzo periodo.

[3] Ai sensi dell'art. 20, c. 4, D.L. 18 feb. 2015, n. 7, conv. con modif. in L. 17 apr. 2015, n. 43, le parole: «procuratore nazionale antimafia» sono sost. da «procuratore nazionale antimafia e antiterrorismo».

70-*bis*. *Direzione distrettuale antimafia.*[1]

[1] Articolo abrog. dall'art. 120, c. 1, lett. l), D.lgs. 6 set. 2011, n. 159.

71-72. ....[1]

[1] Articoli abrog. dall'art. 33, D.lgs. 13 lug. 2017, n. 116.

CAPO II

Delle attribuzioni del pubblico ministero[1]

[1] V. artt. 69-74 c.p.c.

73. *Attribuzioni generali del pubblico ministero.* — Il pubblico ministero veglia alla osservanza delle leggi, alla pronta e regolare amministrazione della giustizia, alla tutela dei diritti dello Stato, delle persone giuridiche e degli incapaci, richiedendo, nei casi di urgenza, i provvedimenti cautelari che ritiene necessari; promuove la repressione dei reati e l'applicazione delle misure di sicurezza (Cost. 12); fa eseguire i giudicati ed ogni altro provvedimento del giudice, nei casi stabiliti dalla legge.

Ha pure azione diretta per fare eseguire ed osservare le leggi d'ordine pubblico e che interessano i diritti dello Stato, [e per la tutela dell'ordine corporativo], sempre che tale azione non sia dalla legge ad altri organi attribuita.

74. *Attribuzioni del pubblico ministero in materia penale.* — Il pubblico ministero inizia ed esercita l'azione penale (74 c.p.p.).

Un rappresentante del pubblico ministero interviene a tutte le udienze penali delle corti e dei tribunali ordinari[1]. In mancanza del suo intervento, l'udienza non può aver luogo.

Le attribuzioni del pubblico ministero negli atti preliminari del giudizio e nelle udienze della Corte d'assise spettano al procuratore generale della Repubblica presso la Corte d'appello, il quale le esercita personalmente o per mezzo di altro magistrato addetto al suo ufficio.

Il procuratore generale, nella circoscrizione della Corte d'appello (52), provvede alla designazione dei magistrati del pubblico ministero che debbono intervenire alle udienze, delegando, se occorre, il procuratore della Repubblica o un sostituto presso il tribunale della sede dove è convocata la Corte d'assise.

La norma del comma precedente si applica anche per le udienze di Corte d'assise che si tengono nella circoscrizione di una sede distaccata di Corte d'appello.

[1] L'art. 24 D.lgs. 19 feb. 1998, n. 51 ha sostituito le parole "delle corti, dei tribunali e delle preture" con le parole "delle corti e dei tribunali ordinari" con decorrenza dal 2 giu. 1999.

75. ***Attribuzioni del pubblico ministero in materia civile ed amministrativa.*** — Il pubblico ministero esercita l'azione civile ed interviene nei processi civili nei casi stabiliti dalla legge (70 c.p.c.); in mancanza del suo intervento, quando è richiesto dalla legge, l'udienza non può aver luogo.

Esercita la vigilanza sul servizio dello stato civile[1] e le altre attribuzioni demandategli nella stessa materia, in conformità alle leggi e ai regolamenti.

Il pubblico ministero presso le Corti d'appello interviene sempre [nelle cause individuali del lavoro][2] e negli altri casi stabiliti dalla legge.

[1] V. artt. 182 e 183 R.D.L. 9 lug. 1939, n. 1238, sullo stato civile.

[2] Inciso da ritenersi abrog. per effetto dell'art. 2, L. 11 ago. 1973, n. 533.

76. ***Attribuzioni del pubblico ministero presso la Corte suprema di cassazione.***[1] 1. Il pubblico ministero presso la Corte di cassazione interviene e conclude:

a) in tutte le udienze penali;

b) in tutte le udienze dinanzi alle Sezioni unite civili e nelle udienze pubbliche dinanzi alle sezioni semplici della Corte di cassazione, ad eccezione di quelle che si svolgono dinanzi alla sezione di cui all'articolo 376, primo comma, primo periodo, del codice di procedura civile.

2. Il pubblico ministero presso la Corte di cassazione redige requisitorie scritte nei casi stabiliti dalla legge.

[1] Articolo così sost. dall'art. 81, c. 1, D.L. 21 giu. 2013, n. 69, conv. con modif. in L. 9 ago. 2013, n. 98.

76-*bis*. ***Procuratore nazionale antimafia.***[1]

[1] Articolo abrog. dall'art. 120, c. 1, lett. *l*), D.lgs. 6 set. 2011, n. 159.

76-*ter*. ***Attribuzioni del procuratore generale presso la Corte di cassazione in relazione all'attività di coordinamento investigativo.***[1]

[1] Articolo abrog. dall'art. 120, c. 1, lett. *l*), D.lgs. 6 set. 2011, n. 159 .

77. ***Azione di annullamento, revocazione e revisione delle sentenze.*** — Il pubblico ministero, nei casi e nelle forme stabiliti dalle leggi di procedura, può proporre ricorso per cassazione nell'interesse della legge, ed impugnare per revocazione le sentenze civili, nonché chiedere la revisione delle sentenze penali.

78. ***Attribuzioni del pubblico ministero nel processo di esecuzione.*** — Il pubblico ministero promuove l'esecuzione delle sentenze e degli altri provvedimenti del giudice penale, secondo le disposizioni del c.p.p. (577 c.p.p.) e delle leggi a questo complementari.

Le sentenze e gli altri provvedimenti del giudice civile sono fatti eseguire d'ufficio dal pubblico ministero nei casi preveduti dalla legge.

79. ***Richieste del pubblico ministero per la disciplina delle udienze.*** — Il pubblico ministero fa le opportune richieste al giudice per la disciplina delle udienze penali, e di quelle civili nelle quali interviene (76), salvi i poteri diretti in tale materia che la legge gli attribuisce per il tempo in cui il giudice è in camera di consiglio (433 c.p.p.).

80. ***Intervento in camera di consiglio del pubblico ministero presso le Corti d'appello ed i tribunali.*** — Presso le Corti d'appello ed i tribunali il pubblico ministero non può assistere alla deliberazione della decisione delle cause civili e penali (76).

Il pubblico ministero interviene nei procedimenti di camera di consiglio in materia penale, ma non può assistere alle relative deliberazioni. Non può assistere nemmeno alle deliberazioni in camera di consiglio in materia civile.

Deve, peraltro, assistere a quelle deliberazioni che riguardano l'ordine ed il servizio interno delle Corti o dei tribunali.

81-82. (*Omissis*).

83. ***Subordinazione della polizia giudiziaria al pubblico ministero.***[1] — Il procuratore generale presso la corte d'appello esercita la sorveglianza nel distretto della corte di appello sulla osservanza delle norme relative alla diretta disponibilità della polizia giudiziaria da parte dell'autorità giudiziaria.

[1] Articolo così sostituito dall'art. 23 del D.P.R. 22 set. 1988, n. 449. V. anche art. 6 D.L. 28 lug. 1989, n. 273.

84. ***Vigilanza del pubblico ministero sugli istituti di prevenzione e di pena.***[1]

[1] Articolo abrog. dall'art. 24 del D.P.R. 22 set. 1988, n. 449.

TITOLO IV
Dell'anno giudiziario, delle assemblee generali, delle supplenze e delle applicazioni

CAPO I
Dell'anno giudiziario

85. ***Inizio dell'anno giudiziario.*** — L'anno giudiziario comincia il 1° gennaio.

86-89. (*Omissis*).

90. ***Ferie dei magistrati.*** — I magistrati che esercitano funzioni giudiziarie hanno un periodo annuale di ferie di quarantacinque giorni.[1]

Per i magistrati della Corte suprema di cassazione, delle Corti d'appello e dei tribunali, nonché per i magistrati addetti ai commissariati degli usi civici, ai tribunali delle acque pubbliche, il periodo è fissato al principio di ogni anno con D.M.; per i magistrati addetti alle preture è determinato invece entro il mese di maggio dal presidente della Corte d'appello, che ne informa il ministro.[1]

[1] Il primo comma è stato modificato dall'art. 8 L. 2 apr. 1979, n. 97, e il secondo comma dall'art. 2 della L. 28 lug. 1961, n. 704.

91. ***Affari penali nel periodo feriale dei magistrati.*** — Durante il periodo feriale dei magistrati le Corti d'appello ed i tribunali trattano le cause penali relative ad imputati detenuti o a reati che possono prescriversi, o che, comunque, presentano carattere di urgenza.

92. ***Affari civili nel periodo feriale dei magistrati.*** — Durante il periodo feriale dei magistrati le Corti d'appello ed i tribunali trattano le cause civili relative ad alimenti, alla materia di lavoro,[1] ai procedimenti cautelari ai procedimenti per l'adozione di provvedimenti in materia di amministrazione di sostegno, di interdizione, di inabilitazione, ai procedimenti[2] per l'adozione di ordini di protezione contro gli abusi familiari,[3] di sfratto e di opposizione all'esecuzione, nonché quelle relative alla dichiarazione ed alla revoca dei fallimenti, ed in genere quelle rispetto alle quali la ritardata trattazione potrebbe produrre grave pregiudizio alle parti.

In quest'ultimo caso, la dichiarazione di urgenza è fatta dal presidente in calce alla citazione o al ricorso, con decreto non impugnabile, e per le cause già iniziate, con provvedimento del giudice istruttore o del collegio, egualmente non impugnabile.

[1] Nel testo: "alla materia corporativa".
[2] Parole aggiunte dall'art. 19 L. 9 gen. 2004, n. 6.
[3] Parole aggiunte dall'art. 4 L. 5 apr. 2001, n. 154.

93-277. (*Omissis*).

- 3 -

R.D. 30 mar. 1942, n. 318

Disposizioni per l'attuazione del codice civile e disposizioni transitorie

(G.U. 17 apr. 1942, n. 91 s.o.)

1-34-*bis*. (*Omissis*).

35.[1] Sulla domanda di adozione e di revoca della adozione di minore età provvede il tribunale per i minorenni.

[1] Articolo così sost. dall'art. 96, D.lgs. 28 dic. 2013, n. 154, in vigore dal 7 feb. 2014.

36-37. (*Omissis*).

37-*bis*. I figli maggiorenni portatori di handicap grave previsti dall'articolo 337-*septies*, secondo comma, del codice civile, sono coloro i quali siano portatori di handicap ai sensi dell'articolo 3, comma 3, della legge 5 febbraio 1992, n. 104.

[1] Articolo aggiunto dall'art. 96, D.lgs. 28 dic. 2013, n. 154, in vigore dal 7 feb. 2014.

38.[1] Sono di competenza del tribunale per i minorenni i provvedimenti contemplati dagli articoli 84, 90, 330, 332, 333, 334, 335 e 371, ultimo comma, del codice civile. Per i procedimenti di cui all'articolo 333 resta esclusa la competenza del tribunale per i minorenni nell'ipotesi in cui sia in corso, tra le stesse parti, giudizio di separazione o divorzio o giudizio ai sensi dell'articolo 316 del codice civile; in tale ipotesi per tutta la durata del processo la competenza, anche per i provvedimenti contemplati dalle disposizioni richiamate nel primo periodo, spetta al giudice ordinario. Sono, altresì, di competenza del tribunale per i minorenni i provvedimenti contemplati dagli articoli 251 e 317-*bis* del codice civile.[2]

Sono emessi dal tribunale ordinario i provvedimenti relativi ai minori per i quali non è espressamente stabilita la competenza di una diversa autorità giudiziaria. Nei procedimenti in materia di affidamento e di mantenimento dei minori si applicano, in quanto compatibili, gli articoli 737 e seguenti del codice di procedura civile.

Fermo restando quanto previsto per le azioni di stato, il tribunale competente provvede in ogni caso in camera di consiglio, sentito il pubblico ministero, e i provvedimenti emessi sono immediatamente esecutivi, salvo che il giudice disponga diversamente. Quando il provvedimento è emesso dal tribunale per i minorenni, il reclamo si propone davanti alla sezione di corte di appello per i minorenni.

[1] Articolo così sost. dall'art. 3, c. 1, L. 10 dic. 2012, n. 219; le disposizioni di cui al presente art. si applicano ai giudizi instaurati a decorrere dalla data di entrata in vigore della legge stessa. Ai processi relativi all'affidamento e al mantenimento dei figli di genitori non coniugati pendenti davanti al tribunale per i minorenni alla data di entrata in vigore della presente legge si applicano, in quanto compatibili, gli artt. 737 e s. del cpc e il c. 2, art. 3 della L. 10 dic. 2012, n. 219.

[2] Periodo aggiunto dall'art. 96, D.lgs. 28 dic. 2013, n. 154, in vigore dal 7 feb. 2014.

38-*bis*.[1] Quando la salvaguardia del minore è assicurata con idonei mezzi tecnici, quali l'uso di un vetro specchio unitamente ad impianto citofonico, i difensori delle parti, il curatore speciale del minore, se già nominato, ed il pubblico ministero possono seguire l'ascolto del minore, in luogo diverso da quello in cui egli si trova, senza chiedere l'autorizzazione del giudice prevista dall'articolo 336-*bis*, secondo comma, del codice civile.

[1] Articolo ins. dall'art. 96, D.lgs. 28 dic. 2013, n. 154, in vigore dal 7 feb. 2014.

39.[1]

[1] Articolo abrog. dall'art. 11, L. 9 gen. 2004, n. 6.

40. La domanda per l'interdizione del minore emancipato (414 c.c.) e quella per l'interdizione o l'inabilitazione del minore nell'ultimo anno della minore età (416 c.c.) devono essere proposte davanti al tribunale per i minorenni.

41-256. (*Omissis*).

- 4 -

L. 13 apr. 1988, n. 117

Risarcimento dei danni cagionati dall'esercizio delle funzioni giudiziarie e responsabilità civile dei magistrati

(G.U. 15 apr. 1988, n. 88)

1. *Ambito di applicazione.* — 1. Le disposizioni della presente legge si applicano a tutti gli appartenenti alle magistrature ordinaria, amministrativa, contabile, militare e speciali, che esercitano l'attività giudiziaria, indipendentemente dalla natura delle funzioni, nonché agli estranei che partecipano all'esercizio della funzione giudiziaria.

2. Le disposizioni di cui al comma 1 si applicano anche ai magistrati che esercitano le proprie funzioni in organi collegiali.

3. Nelle disposizioni che seguono il termine "magistrato" comprende tutti i soggetti indicati nei commi 1 e 2.

2. *Responsabilità per dolo o colpa grave.* — 1. Chi ha subito un danno ingiusto per effetto di un comportamento, di un atto o di un provvedimento giudiziario posto in essere dal magistrato con dolo o colpa grave nell'esercizio delle sue funzioni ovvero per diniego di giustizia può agire contro lo Stato per ottenere il risarcimento dei danni patrimoniali e anche di quelli non patrimoniali [che derivino da privazione della libertà personale][1].

2. Fatti salvi i commi 3 e 3-*bis* ed i casi di dolo, nell'esercizio delle funzioni giudiziarie non può dar luogo a responsabilità l'attività di interpretazione di norme di diritto né quella di valutazione del fatto e delle prove.[2]

3. Costituisce colpa grave la violazione manifesta della legge nonché del diritto dell'Unione europea, il travisamento del fatto o delle prove, ovvero l'affermazione di un fatto la cui esistenza è incontrastabilmente esclusa dagli atti del procedimento o la negazione di un fatto la cui esistenza risulta incontrastabilmente dagli atti del procedimento, ovvero l'emissione di un provvedimento cautelare personale o reale fuori dai casi consentiti dalla legge oppure senza motivazione.[3]

3-*bis*. Fermo restando il giudizio di responsabilità contabile di cui al decreto-legge 23 ottobre 1996, n. 543, convertito, con modificazioni, dalla legge 20 dicembre 1996, n. 639, ai fini della determinazione dei casi in cui sussiste la violazione manifesta della legge nonché del diritto dell'Unione europea si tiene conto, in particolare, del grado di chiarezza e precisione delle norme violate nonché dell'inescusabilità e della gravità dell'inosservanza. In caso di violazione manifesta del diritto dell'Unione europea si deve tener conto anche della mancata osservanza dell'obbligo di rinvio pregiudiziale ai sensi dell'articolo 267, terzo paragrafo, del Trattato sul funzionamento dell'Unione europea, nonché del contrasto dell'atto o del provvedimento con l'interpretazione espressa dalla Corte di giustizia dell'Unione europea.[3]

[1] Parole soppresse dall'art. 2, c. 1, L. 27 feb. 2015, n. 18.
[2] Comma così sost. dall'art. 2, c. 1, L. 27 feb. 2015, n. 18.
[3] Comma così sost. dall'art. 2, c. 1, L. 27 feb. 2015, n. 18 che ha sost. il c. 3 con gli attuali c. 3 e 3-*bis*.

3. *Diniego di giustizia.* — 1. Costituisce diniego di giustizia il rifiuto, l'omissione o il ritardo del magistrato nel compimento di atti del suo ufficio quando, trascorso il termine di legge per il compimento dell'atto, la parte ha presentato istanza per ottenere il provvedimento e sono decorsi inutilmente, senza giustificato motivo, trenta giorni dalla data di deposito in cancelleria. Se il termine non è previsto, debbono in ogni caso decorrere inutilmente trenta giorni dalla data del deposito in cancelleria dell'istanza volta ad ottenere il provvedimento.

2. Il termine di trenta giorni può essere prorogato, prima della sua scadenza, dal dirigente dell'ufficio con decreto motivato non oltre i tre mesi dalla data di deposito dell'istanza. Per la redazione di sentenze di particolare complessità, il dirigente dell'ufficio, con ulteriore decreto motivato adottato prima della scadenza, può aumentare fino ad altri tre mesi il termine di cui sopra.

3. Quando l'omissione o il ritardo senza giustificato motivo concernono la libertà personale dell'imputato, il termine di cui al comma 1 è ridotto a cinque giorni, improrogabili, a decorrere dal deposito dell'istanza o coincide con il giorno in cui si è verificata una situazione o è decorso un termine che rendano incompatibile la permanenza della misura restrittiva della libertà personale.

4. *Competenza e termini.* — 1. L'azione di risarcimento del danno contro lo Stato deve essere esercitata nei confronti del Presidente del Consiglio dei Ministri. Competente è il tribunale del capoluogo del distretto della corte d'appello, da determinarsi a norma del capoluogo del distretto della corte d'appello, da determinarsi a norma dell'art. 11 del codice di procedura penale e dell'art. 1 delle norme di attuazione, di coordinamento e transitorie del codice di procedura penale, approvate con decreto legislativo 28 luglio 1989, n. 271.[1]

2. L'azione di risarcimento del danno contro lo Stato può essere esercitata soltanto quando siano stati esperiti i mezzi ordinari di impugnazione o gli altri rimedi previsti avverso i provvedimenti cautelari e sommari, e comunque quando non siano più possibili la modifica o la revoca del provvedimento ovvero, se tali rimedi non sono previsti, quando sia esaurito il grado del procedimento nell'ambito del quale si è verificato il fatto che ha cagionato il danno. La domanda deve essere proposta a pena di decadenza entro tre anni che decorrono dal momento in cui l'azione è esperibile.[2]

3. L'azione può essere esercitata decorsi tre anni dalla data del fatto che ha cagionato il danno se in tal termine non si è concluso il grado del procedi-

mento nell'ambito del quale il fatto stesso si è verificato.

4. Nei casi previsti dall'art. 3 l'azione deve essere promossa entro tre anni dalla scadenza del termine entro il quale il magistrato avrebbe dovuto provvedere sull'istanza.[2]

5. In nessun caso il termine decorre nei confronti della parte che, a causa del segreto istruttorio, non abbia avuto conoscenza del fatto.

[1] Comma così sostituito dall'art. 3, L. 2 dic. 1998, n. 420.

[2] Comma così modif. dall'art. 3, c. 1, L. 27 feb. 2015, n. 18.

5. *Ammissibilità della domanda.*[1]

[1] Articolo abrog. dall'art. 3, c. 2, L. 27 feb. 2015, n. 18.

6. *Intervento del magistrato nel giudizio.* — 1. Il magistrato il cui comportamento, atto o provvedimento rileva in giudizio non può essere chiamato in causa ma può intervenire in ogni fase e grado del procedimento, ai sensi di quanto disposto dal secondo comma dell'art. 105 del c.p.c. Al fine di consentire l'eventuale intervento del magistrato, il presidente del tribunale deve dargli comunicazione del procedimento almeno quindici giorni prima della data fissata per la prima udienza.

2. La decisione pronunciata nel giudizio promosso contro lo Stato non fa stato nel giudizio di rivalsa se il magistrato non è intervenuto volontariamente in giudizio. Non fa stato nel procedimento disciplinare.

3. Il magistrato cui viene addebitato il provvedimento non può essere assunto come teste né nel giudizio di ammissibilità, né nel giudizio contro lo Stato.

7. *Azione di rivalsa.*[1] — 1. Il Presidente del Consiglio dei ministri, entro due anni dal risarcimento avvenuto sulla base di titolo giudiziale o di titolo stragiudiziale, ha l'obbligo di esercitare l'azione di rivalsa nei confronti del magistrato nel caso di diniego di giustizia, ovvero nei casi in cui la violazione manifesta della legge nonché del diritto dell'Unione europea ovvero il travisamento del fatto o delle prove, di cui all'articolo 2, commi 2, 3 e 3-*bis*, sono stati determinati da dolo o negligenza inescusabile.

2. In nessun caso la transazione è opponibile al magistrato nel giudizio di rivalsa o nel giudizio disciplinare.

3. I giudici popolari rispondono soltanto in caso di dolo. I cittadini estranei alla magistratura che concorrono a formare o formano organi giudiziari collegiali rispondono in caso di dolo o negligenza inescusabile per travisamento del fatto o delle prove.

[1] Articolo così sost. dall'art. 4, c. 1, L. 27 feb. 2015, n. 18.

8. *Competenza per l'azione di rivalsa e misura della rivalsa.* — 1. L'azione di rivalsa deve essere promossa dal Presidente del Consiglio dei Ministri. L'azione di rivalsa deve essere proposta davanti al tribunale del capoluogo del distretto della corte d'appello da determinarsi a norma dell'art. 11 del codice di procedura penale e dell'art. 1 delle norme di attuazione, di coordinamento e transitorie del codice di procedura penale, approvate con decreto legislativo 28 luglio 1989, n. 271.[1]

3. La misura della rivalsa non può superare una somma pari alla metà di una annualità dello stipendio, al netto delle trattenute fiscali, percepito dal magistrato al tempo in cui l'azione di risarcimento è proposta, anche se dal fatto è derivato danno a più persone e queste hanno agito con distinte azioni di responsabilità. Tale limite non si applica al fatto commesso con dolo. L'esecuzione della rivalsa, quando viene effettuata mediante trattenuta sullo stipendio, non può comportare complessivamente il pagamento per rate mensili in misura superiore ad un terzo dello stipendio netto.[2]

4. Le disposizioni del comma 3 si applicano anche agli estranei che partecipano all'esercizio delle funzioni giudiziarie. Per essi la misura della rivalsa è calcolata in rapporto allo stipendio iniziale annuo, al netto delle trattenute fiscali, che compete al magistrato di tribunale; se l'estraneo che partecipa all'esercizio delle funzioni giudiziarie percepisce uno stipendio annuo netto o reddito di lavoro autonomo netto inferiore allo stipendio iniziale del magistrato di tribunale, la misura della rivalsa è calcolata in rapporto a tale stipendio o reddito al tempo in cui l'azione di risarcimento è proposta.

[1] Comma così sost. dall'art. 4, L. 2 dic. 1998, n. 420.

[2] Comma così sost. dall'art. 5, c. 1, L. 27 feb. 2015, n. 18.

9. *Azione disciplinare.* — 1. Il procuratore generale presso la Corte di cassazione per i magistrati ordinari o il titolare dell'azione disciplinare negli altri casi devono esercitare l'azione disciplinare nei confronti del magistrato per i fatti che hanno dato causa all'azione di risarcimento, salvo che non sia stata già proposta[, entro due mesi dalla comunicazione di cui al comma 5 dell'art. 5][1]. Resta ferma la facoltà del Ministro di grazia e giustizia di cui al secondo comma dell'art. 107 della Costituzione.

2. Gli atti del giudizio disciplinare possono essere acquisiti, su istanza di parte o d'ufficio, nel giudizio di rivalsa.

3. La disposizione di cui all'art. 2, che circoscrive la rilevanza della colpa ai casi di colpa grave ivi previsti, non si applica nel giudizio disciplinare.

[1] Parole soppresse dall'art. 6, c. 1, L. 27 feb. 2015, n. 18.

10. *Consiglio di presidenza della Corte dei conti.* — 1. Fino all'entrata in vigore della legge di riforma della Corte dei conti, la competenza per i giudizi disciplinari e per i provvedimenti attinenti e conseguenti che riguardano le funzioni dei magistrati della Corte dei conti è affidata al consiglio di presidenza.

2. Il consiglio di presidenza è composto:

a) dal presidente della Corte dei conti, che lo presiede;

b) dal procuratore generale della Corte dei conti;

c) dal presidente di sezione più anziano;

d) da quattro cittadini scelti di intesa tra i Presidenti delle due Camere tra i professori universitari ordinari di materie giuridiche o gli avvocati con quindici anni di esercizio professionale;

e) da dieci magistrati ripartiti tra le qualifiche di presidente di sezione, consigliere o vice procuratore, primo referendario e referendario in proporzione alla rispettiva effettiva consistenza numerica quale risulta dal ruolo alla data del 1° gennaio dell'anno di costituzione dell'organo.

3. Alle adunanze del consiglio di presidenza partecipa il segretario generale senza diritto di voto.

4. Il consiglio di presidenza ha il compito di decidere in ordine alle questioni disciplinari. Alle adunanze che hanno tale oggetto non partecipa il segretario generale ed il procuratore generale è chiamato a svolgervi, anche per mezzo dei suoi sostituti, esclusivamente le funzioni inerenti alla promozione dell'azione disciplinare e le relative richieste.

5. I cittadini di cui alla lettera d) del comma 2 non possono esercitare alcuna attività suscettibile di interferire con le funzioni della Corte dei conti.

6. Alla elezione dei componenti di cui alla lettera e) del comma 2 partecipano, in unica tornata, tutti i magistrati con voto personale e segreto.

7. Ciascun elettore ha facoltà di esprimere soltanto una preferenza. Sono nulli i voti espressi oltre tale numero.

8. Per l'elezione è istituito presso la Corte dei conti l'ufficio elettorale nominato dal presidente della Corte dei conti e composto da un presidente di sezione, che lo presiede, e da due consiglieri più anziani di qualifica in servizio presso la Corte dei conti.

9. Il procedimento disciplinare è promosso dal procuratore generale della Corte dei conti. Nella materia si applicano gli artt. 32, 33, commi secondo e terzo, e 34 della L. 27 apr. 1982, n. 186.

10. Fino all'entrata in vigore della legge di riforma della Corte dei conti si applicano in quanto compatibili le norme di cui agli artt. 7, primo, quarto, quinto e settimo comma, 8, 9, quarto e quinto comma, 10, 11, 12, 13, primo comma, numeri 1), 2), 3), e secondo comma, numeri 1), 2), 3), 4), 8), 9), della L. 27 apr. 1982, n. 186.

11. ***Disposizioni concernenti i referendari e primi referendari della Corte dei conti.*** — 1. È abolito il rapporto informativo di cui agli artt. 29 del R.D. 12 ott. 1933, n. 1364, e 4 della L. 13 ott. 1969, n. 691.

2. Si applicano ai referendari e primi referendari della Corte dei conti gli artt. 17, 18, 50, settimo comma, e 51, primo comma, della L. 27 apr. 1982, n. 186, con decorrenza dall'entrata in vigore della presente legge.

3. Al relativo onere si provvede mediante l'indisponibilità per tre anni di cinque posti di quelli cumulativamente previsti per le qualifiche di consigliere, vice procuratore generale, primo referendario e referendario dalla tabella B annessa alla L. 20 dic. 1961, n. 1345, integrata ai sensi dell'art. 13 del D.L. 22 dic. 1981, n. 786, convertito, con modificazioni, dalla L. 26 feb. 1982, n. 51, e dell'art. 7 della L. 8 ott. 1984, n. 658.

12. ***Stato giuridico ed economico dei componenti non magistrati del consiglio di presidenza della Corte dei conti.*** — 1. Per lo stato giuridico dei componenti non magistrati del consiglio di presidenza della Corte dei conti si osservano in quanto applicabili le disposizioni di cui alla L. 24 mar. 1958, n. 195, e successive modificazioni. Il trattamento economico di tali componenti è stabilito con decreto del Presidente del Consiglio dei Ministri, avuto riguardo alle incompatibilità, ai carichi di lavoro ed all'indennità dei componenti del Consiglio superiore della magistratura eletti dal Parlamento.

13. ***Responsabilità civile per fatti costituenti reato.*** — 1. Chi ha subìto un danno in conseguenza di un fatto costituente reato commesso dal magistrato nell'esercizio delle sue funzioni ha diritto al risarcimento nei confronti del magistrato e dello Stato. In tal caso l'azione civile per il risarcimento del danno ed il suo esercizio anche nei confronti dello Stato come responsabile civile sono regolati dalle norme ordinarie.

2. All'azione di regresso dello Stato che sia tenuto al risarcimento nei confronti del danneggiato si procede altresì secondo le norme ordinarie relative alla responsabilità dei pubblici dipendenti.

2-*bis*. Il mancato esercizio dell'azione di regresso, di cui al comma 2, comporta responsabilità contabile. Ai fini dell'accertamento di tale responsabilità, entro il 31 gennaio di ogni anno la Corte dei conti acquisisce informazioni dal Presidente del Consiglio dei ministri e dal Ministro della giustizia sulle condanne al risarcimento dei danni per fatti costituenti reato commessi dal magistrato nell'esercizio delle sue funzioni, emesse nel corso dell'anno precedente e sull'esercizio della relativa azione di regresso.[1]

[1] Comma aggiunto dall'art. 7, c. 1, L. 27 feb. 2015, n. 18.

14. ***Riparazione per errori giudiziari.*** — 1. Le disposizioni della presente legge non pregiudicano il diritto alla riparazione a favore delle vittime di errori giudiziari e di ingiusta detenzione.

15. ***Esenzioni.*** — 1.[1]

2. Si osserva, in quanto applicabile, l'articolo unico della L. 2 apr. 1958, n. 319, come sostituito dall'art. 10, L. 11 ago. 1973, n. 533.[2]

3.[1]

[1] Comma abrog. dall'art. 299, D.P.R. 30 mag. 2002, n. 115.

[2] Comma così modif. dall'art. 300, D.P.R. 30 mag. 2002, n. 115.

16. ***Responsabilità dei componenti gli organi***

giudiziari collegali. — 1. All'art. 148 del c.p.p. dopo il comma terzo è aggiunto il seguente:

«Dei provvedimenti collegiali è compilato sommario processo verbale il quale deve contenere la menzione della unanimità della decisione o del dissenso, succintamente motivato, che qualcuno dei componenti del collegio, da indicarsi nominativamente, abbia eventualmente espresso su ciascuna delle questioni decise. Il verbale, redatto dal meno anziano dei componenti togati del collegio e sottoscritto da tutti i componenti del collegio stesso, è conservato a cura del presidente in plico sigillato presso la cancelleria dell'ufficio».[1]

2. All'art. 131 del c.p.c. è aggiunto, in fine, il seguente comma:

«Dei provvedimenti collegiali è compilato sommario processo verbale, il quale deve contenere la menzione dell'unanimità della decisione o del dissenso, succintamente motivato, che qualcuno dei componenti del collegio, da indicarsi nominativamente, abbia eventualmente espresso su ciascuna delle questioni decise. Il verbale, redatto dal meno anziano dei componenti togati del collegio e sottoscritto da tutti i componenti del collegio stesso, è conservato a cura del presidente in plico sigillato presso la cancelleria dell'ufficio».[1]

3. Le disposizioni di cui al comma 1 si applicano anche ai provvedimenti di altri giudici collegiali aventi giurisdizione in materia penale e di prevenzione; le disposizioni di cui al comma 2 si applicano anche ai provvedimenti dei giudici collegiali aventi giurisdizione in ogni altra materia. Il verbale delle deliberazioni è redatto dal meno anziano dei componenti del collegio o, per i collegi a composizione mista, dal meno anziano dei componenti togati, ed è sottoscritto da tutti i componenti del collegio stesso.

4. Nei casi previsti dall'art. 3, il magistrato componente l'organo giudiziario collegiale risponde, altresì, in sede di rivalsa, quando il danno ingiusto, che ha dato luogo al risarcimento, è derivato dall'inosservanza di obblighi di sua specifica competenza.

5. Il tribunale innanzi al quale è proposta l'azione di rivalsa ai sensi dell'art. 8 chiede la trasmissione del plico sigillato contenente la verbalizzazione della decisione alla quale si riferisce la dedotta responsabilità e ne ordina l'acquisizione agli atti del giudizio.

6. Con decreto del Ministro di grazia e giustizia vengono definiti i modelli dei verbali di cui ai commi 1, 2 e 3 e determinate le modalità di conservazione dei plichi sigillati nonché della loro distruzione quando sono decorsi i termini previsti dall'art. 4.

[1] La Corte cost., con sent. 19 gen. 1989, n. 18, ha dichiarato l'ill. cost. dell'art. 16 c. 1 e 2 «nella parte in cui dispongono che "è compilato sommario processo verbale" anziché "può, se uno dei componenti dell'organo collegiale lo richieda, essere compilato sommario processo verbale"».

17. ***Modifica dell'art. 328 del codice penale.*** (*Omissis*).

18. ***Misure finanziarie.*** (*Omissis*).

19. ***Entrata in vigore.*** — 1. La presente legge entra in vigore il giorno successivo a quello della sua pubblicazione nella *Gazzetta Ufficiale* della Repubblica italiana.

2. La presente legge non si applica ai fatti illeciti posti in essere dal magistrato, nei casi previsti dagli artt. 2 e 3, anteriormente alla sua entrata in vigore.[1]

[1] La Corte cost., con sent. 22 ott. 1990, n. 468, ha dichiarato l'ill. cost. del c. 2 «nella parte in cui, quanto ai giudizi di responsabilità civile dei magistrati, relativamente a fatti anteriori al 16 aprile 1988, e proposti successivamente al 7 aprile 1988, non prevede che il Tribunale competente verifichi con rito camerale la non manifesta infondatezza della domanda ai fini della sua ammissibilità».

- 5 -

L. 21 nov. 1991, n. 374

Istituzione del giudice di pace

(G.U. 27 nov. 1991, n. 278, Suppl.)

CAPO I
Del giudice di pace

1. ***Istituzione e funzioni del giudice di pace.*** — 1. È istituito il giudice di pace, il quale esercita la giurisdizione in materia civile e penale e la funzione conciliativa in materia civile secondo le norme della presente legge.

2. L'ufficio del giudice di pace è ricoperto da un magistrato onorario appartenente all'ordine giudiziario.

2. ***Sede e circondario degli uffici del giudice di pace.***[1,2] — 1. Gli uffici del giudice di pace hanno sede nei comuni di cui alla tabella A allegata alla presente legge, con competenza territoriale sul circondario ivi rispettivamente indicato.

2. Con decreto del Presidente della Repubblica, su proposta del Ministro della giustizia, sentiti il consiglio giudiziario e i comuni interessati, possono essere istituite sedi distaccate. Con le medesime modalità possono essere costituiti in un unico ufficio due o più uffici contigui. Nel decreto è designato il comune in cui ha sede l'ufficio del giudice di pace.

[1] Articolo così sost. dall'art. 2, D.lgs. 7 set. 2012, n. 156, a decorrere dal 13 set. 2012

3-10-*ter*. ....[1]

[1] Articoli abrog. dall'art. 33, D.lgs. 13 lug. 2017, n. 116.

10-*quater*. ***Sostituzione dei rappresentanti designati dai consigli dell'ordine degli avvocati.***[1] — 1. Nelle ipotesi di cui al comma 2-*bis* dell'art. 7 e al comma 4 dell'art. 9, i rappresentanti designati dai consigli dell'ordine degli avvocati del distretto di corte di appello, iscritti all'albo professionale –

relativo al circondario in cui esercita le proprie funzioni il giudice di pace sottoposto alla valutazione del consiglio giudiziario, sono sostituiti da rappresentanti supplenti iscritti all'albo professionale relativo ad un diverso circondario.

[1] Articolo ins. dall'art. 11 L. 24 nov. 1999, n. 468.

11. ***Indennità spettanti al giudice di pace.***[1]

[1] L'art. 33, c. 2, D.lgs. 13 lug. 2017, n. 116, come modif. dall'art. 17-*ter*, D.L. 9 giu. 2021, n. 80, conv. con modif. in L. 6 ago. 2021, n. 113 ha disposto l'abrogazione del presente articolo a decorrere dal 1° gen. 2022.

12. ***Cancelleria del giudice di pace e personale ausiliario.*** — 1. Le funzioni di cancelleria presso il giudice di pace sono esercitate dal personale di cancelleria appartenente ai ruoli del Ministero di grazia e giustizia inquadrato nella I qualifica dirigenziale e nella IX, VIII, VII, VI, V, IV e III qualifica funzionale.

2. L'organico relativo al personale di cancelleria viene aumentato complessivamente di numero 6.059 unità di cui:

a) 12 della I qualifica dirigenziale;
b) 84 della IX qualifica funzionale;
c) 840 dell'VIII qualifica funzionale;
d) 1.495 della VI qualifica funzionale;
e) 802 della V qualifica funzionale;
f) 1.604 della IV qualifica funzionale;
g) 1.222 della III qualifica funzionale.

3. L'organico relativo al personale degli uffici notificazioni e protesti viene aumentato complessivamente di n. 1.360 unità di cui:

a) 240 della VII qualifica funzionale;
b) 480 della VI qualifica funzionale;
c) 640 della V qualifica funzionale.

4. Con decreto del Ministro di grazia e giustizia, da emanarsi entro sei mesi dalla data di pubblicazione nella *Gazzetta Ufficiale* della presente legge, si provvede a stabilire la dotazione organica del personale dei singoli uffici del giudice di pace.

5. Alla copertura dei posti di organico di cui al comma 4 si provvede mediante immissione in ruolo con priorità del personale in servizio presso gli uffici di conciliazione alla data del 31 dicembre 1989, secondo modalità che saranno stabilite con decreto del Ministro di grazia e giustizia, da emanarsi entro sei mesi dalla data di pubblicazione nella *Gazzetta Ufficiale* della presente legge, e che tengano conto dei profili professionali e dei requisiti previsti per l'accesso alle corrispondenti categorie del personale dell'amministrazione giudiziaria già in ruolo.

6. Alla copertura dei posti di organico recati in aumento dal comma 3 si provvede mediante immissione in ruolo con priorità dei messi di conciliazione non dipendenti comunali, purché in possesso del decreto di nomina rilasciato dal presidente del tribunale anteriormente alla data del 31 dicembre 1989, secondo modalità consistenti in prove selettive che saranno stabilite con decreto del Ministro di grazia e giustizia, da emanarsi entro sei mesi dalla data di pubblicazione nella *Gazzetta Ufficiale* della presente legge.

13. ***Notificazione degli atti.***[1] — 1. Alla notificazione di tutti gli atti relativi ai procedimenti di competenza del giudice di pace, ivi comprese le decisioni in forma esecutiva ed i relativi atti di precetto, provvedono gli ufficiali giudiziari e gli aiutanti ufficiali giudiziari secondo le norme dell'ordinamento approvato con il D.P.R. 15 dic. 1959, n. 1229, e successive modificazioni, nonché i messi di conciliazione in servizio presso i comuni compresi nella circoscrizione del giudice di pace, fino ad esaurimento del loro ruolo di appartenenza.

2. Ai messi di conciliazione, che assumono la nuova denominazione di messi del giudice di pace, si applicano, limitatamente al servizio di notificazione, le norme dell'ordinamento approvato con D.P.R. 15 dic. 1959, n. 1229, e successive modificazioni.

[1] Articolo così modif. dall'art. 6, L. 16 dic. 1999, n. 479.

14. ***Locali, attrezzature e servizi degli uffici del giudice di pace.*** — 1. Gli uffici del giudice di pace sono ubicati nei locali delle preture, se le strutture edilizie esistenti lo consentono, ovvero in adeguati locali apprestati dai comuni nei quali hanno sede gli uffici medesimi. Ai predetti comuni viene corrisposto un contributo annuo a carico dello Stato per le spese da essi sostenute, ai sensi della L. 24 apr. 1941, n. 392.

2. Resta a carico dello Stato la fornitura di attrezzature e servizi necessari per il funzionamento degli uffici.

15. ***Coordinatore dell'ufficio del giudice di pace.***[1]

[1] Articolo abrog. dall'art. 33, D.lgs. 13 lug. 2017, n. 116.

16. ***Sorveglianza.*** — 1. La sorveglianza sugli uffici del giudice di pace è esercitata dal Consiglio superiore della magistratura con possibilità di delega al presidente del tribunale territorialmente competente.

CAPO II

Competenze e procedimento civile del giudice di pace

17-34. (*Omissis*).[1]

[1] Gli artt. da 17 a 34 modificavano il c.p.c.

CAPO III

[*Competenza e procedimento penale del giudice di pace*][1]

[1] Capo abrog. dall'art. 20, L. 24 nov. 1999, n. 468.

CAPO IV

Norme di coordinamento, transitorie e finali

39. ***Coordinamento.*** — 1. In tutte le disposizioni di legge in cui vengono usate le espressioni "conciliatore", "giudice conciliatore" e "vice conciliatore" ovvero "ufficio di conciliazione", queste debbono intendersi sostituite rispettivamente con le espressioni "giudice di pace" e "ufficio del giudice di pace".

40. ***Norme per le regioni Trentino-Alto Adige e Valle d'Aosta.*** — 1. Alla nomina, alla decadenza, alla dispensa, all'ammonimento, alla censura e alla revoca dall'ufficio dei magistrati onorari investiti delle funzioni di giudice di pace nelle regioni Trentino-Alto Adige e Valle d'Aosta si provvede con decreto del Presidente della Repubblica, previa deliberazione del Consiglio superiore della magistratura, su proposta dei presidenti delle rispettive giunte regionali, osservate le altre norme in materia stabilite dall'ordinamento giudiziario e nel rispetto delle procedure previste dalla presente legge.

2. I presidenti delle giunte regionali di cui al comma 1 rilasciano l'autorizzazione all'esercizio delle funzioni del personale amministrativo presso gli uffici del giudice di pace; detto personale sarà inquadrato in ruoli locali secondo le modalità che saranno stabilite con legge della regione; i presidenti delle medesime giunte regionali provvedono anche alla revoca e alla sospensione temporanea dell'autorizzazione nei casi previsti dall'ordinamento giudiziario.

3. Le spese che le regioni incontrano in conseguenza di quanto disposto dal presente articolo vengono rimborsate dallo Stato agli enti stessi.

4. Per quanto non specificamente previsto dal presente articolo, si provvede con le norme di coordinamento e di attuazione ai sensi dell'art. 42, sentiti gli enti interessati.

41. ***Conoscenza delle lingue italiana, tedesca e francese.*** — 1. Nel territorio della provincia di Bolzano, per la nomina dei giudici di pace e degli ausiliari addetti agli uffici del giudice di pace, è richiesta la piena conoscenza delle lingue italiana e tedesca, da accertare secondo le norme vigenti ed osservate le disposizioni del D.P.R. 31 lug. 1978, n. 571.

2. Nel territorio della regione Valle d'Aosta, per la nomina dei giudici di pace nonché dei cancellieri, degli uscieri e degli altri addetti agli uffici del giudice di pace, è richiesta la conoscenza della lingua francese, ai sensi dell'art. 38 dello Statuto speciale, adottato con legge costituzionale 26 feb. 1948, n. 4 e degli artt. 51, 52, 53 e 54 della L. 16 mag. 1978, n. 196.

3. Nei comuni della Valle d'Aosta e nelle relative borgate o frazioni possono essere istituiti uffici distinti del giudice di pace.

42. ***Norme di coordinamento e di attuazione.*** — 1. Entro centottanta giorni dalla data di pubblicazione nella *Gazzetta Ufficiale* della presente legge, con regolamento adottato ai sensi dell'art. 17 della L. 23 ago. 1988, n. 400, sono emanate le norme di coordinamento e di attuazione rese necessarie dalla presente legge.

43. ***Cause pendenti.*** — 1. Sono decise dal conciliatore, dal pretore o dal tribunale secondo le norme anteriormente vigenti le cause pendenti dinanzi agli stessi organi anche se attribuite dalla presente legge alla competenza del giudice di pace. Tuttavia, i giudizi dinanzi al pretore sono da quest'ultimo decisi qualora rientrino nella sua competenza ai sensi della nuova formulazione dell'art. 8 del c.p.c., ancorché il pretore fosse incompetente a deciderli ai sensi della legge anteriore.

44. ***Soppressione degli uffici dei giudici conciliatori.***[1]

[1] Articolo abrog. dall'art. 3, L. 16 dic. 1999, n. 479.

45. ***Dei giudici.*** (*Omissis*).[1]

[1] Modifica il R.D. 30 gen. 1941, n. 12.

46. ***Regime fiscale.*** — 1. Le cause e le attività conciliative in sede non contenziosa il cui valore non eccede la somma di euro 1033,00 e gli atti ed i provvedimenti ad esse relativi sono soggetti soltanto al pagamento del contributo unificato, secondo gli importi previsti dall'art. 13 del T.U. di cui al D.P.R. 30 mag. 2002, n. 115, e successive modificazioni.[1]

1-*bis*. Per le notificazioni richieste agli ufficiali giudiziari, i diritti e le indennità di trasferta o le spese di spedizione sono dovuti dal notificante ai sensi delle disposizioni vigenti. Le risorse derivanti dall'attuazione del presente comma restano nella disponibilità del Ministero della giustizia al fine di assicurare la piena funzionalità degli uffici di esecuzione penale esterna. Il ministro dell'economia e delle finanze è autorizzato ad apportare, con propri decreti, su proposta del Ministro della giustizia, le occorrenti variazioni di bilancio.[2]

2.[3]

[1] Comma modif. dall'art. 308, L. 30 dic. 2004, n. 311.
[2] Comma introdotto dall'art. 1, c. 97, L. 23 dic. 2014, n. 190.
[3] Comma abrog. dall'art. 243, D.lgs. 19 feb. 1998, n. 51.

47. ***Abrogazioni.*** — 1. Sono abrogate tutte le norme incompatibili con la presente legge ed in particolare l'art. 8, secondo comma, nn. 2) e 4), del c.p.c., nonché gli artt. 66 e 67 delle disposizioni di attuazione dello stesso codice.

2. È abrogato il capo I del titolo II dell'ordinamento giudiziario, approvato con R.D. 30 gennaio 1941, n. 12, salvo quanto disposto dall'art. 44 della presente legge.

48. ***Copertura finanziaria.*** (*Omissis*).

49. ***Efficacia di singole disposizioni.***[1] — 1. Le disposizioni di cui agli artt. 3, commi 2 e 3; 7; 9; 10; 11; 13; da 15 a 34; da 39 a 41 e da 43 a 47 hanno efficacia a partire dal 1° maggio 1995.

[1] Articolo così sost. da ultimo dall'art. 13 del D.L. 7 ott. 1994, n. 571, conv. in L. 6 dic. 1994, n. 673.

50. ***Entrata in vigore della legge 26 novembre 1990, n. 353.*** — 1. L'art. 92 della L. 26 novembre 1990, n. 353, è sostituito dal seguente: «Art. 92. *Entrata in vigore.* – 1. Fatta eccezione per la disposizione di cui all'art. 1, la presente legge entra in vigore il 1° gennaio 1993».

51. ***Disciplina transitoria per l'attività di notificazione degli atti.***[1] — 1. Nei primi tre anni di applicazione della presente legge, fermo il disposto dell'art. 13, alla notificazione di tutti gli atti relativi ai procedimenti di competenza del giudice di pace, ivi comprese le decisioni in forma esecutiva ed i relativi atti di precetto, provvedono altresì i messi di conciliazione dipendenti comunali in servizio presso i comuni compresi nella circoscrizione del giudice di pace.

[1] Articolo abrog. dall'art. 11-*bis*, D.L. 7 ott. 1994, n. 571, conv. in L. 6 dic. 1994, n. 673.

- 6 -

L. 22 lug. 1997, n. 276

Disposizioni per la definizione del contenzioso civile pendente: nomina di giudici onorari aggregati e istituzione delle sezioni stralcio nei tribunali ordinari

(G.U. 19 ago. 1997, n. 192)

CAPO I
Dei giudici onorari aggregati

1. ***Ambito di applicazione e finalità della legge; nomina dei giudici onorari aggregati.*** — 1. La presente legge ha per oggetto la definizione dei procedimenti civili pendenti davanti al tribunale alla data del 30 apr. 1995, esclusi quelli già assunti in decisione e quelli per i quali è prevista riserva di collegialità come indicati nel secondo comma dell'art. 48 dell'ordinamento giudiziario approvato con R.D. 30 gen. 1941, n. 12, come modificato dall'art. 88 della L. 26 nov. 1990, n. 353. Si applica anche ai procedimenti già assunti in decisione che siano rimessi in istruttoria con ordinanza collegiale.

2. Per definire i procedimenti civili di cui al comma 1 e con l'obiettivo di darvi luogo nel tempo massimo di cinque anni si procederà, nei modi e termini previsti dalla presente legge, alla nomina di giudici onorari aggregati nel numero di mille. Possono essere chiamati all'ufficio di giudice onorario aggregato:

a) gli avvocati anche se a riposo e i magistrati a riposo;

b) gli avvocati e procuratori dello Stato a riposo;

c) i professori universitari e i ricercatori universitari confermati in materie giuridiche.

3. Entro tre mesi dalla data di pubblicazione nella *Gazzetta Ufficiale* della presente legge, con decreto del Ministro di grazia e giustizia, sentito il Consiglio superiore della magistratura, sono individuati i tribunali presso cui vengono istituite le sezioni stralcio previste dall'art. 11 e sono determinati il numero delle sezioni e la pianta organica dei giudici onorari aggregati e del relativo personale ausiliario.

2. ***Requisiti per la nomina e titoli di preferenza.*** — 1. Per la nomina a giudice onorario aggregato sono richiesti i seguenti requisiti:

a) essere cittadino italiano;

b) avere l'esercizio dei diritti civili e politici;

c) non aver riportato condanne per delitti non colposi o a pena detentiva per contravvenzione;

d) non essere sottoposto a misura di prevenzione o di sicurezza;

e)[1]

f) non aver compiuto i sessantasette anni di età;

g) essere capace di assolvere, per indipendenza, prestigio ed esperienza acquisiti, le funzioni giudiziarie;

h) non avere precedenti disciplinari, anche se non definitivi.

h-bis) i notai, i professori universitari e i ricercatori confermati devono aver compiuto i trentacinque anni di età.[2]

2. Gli avvocati, per essere nominati giudici onorari aggregati, oltre a possedere i requisiti di cui al comma 1, devono avere patrocinato, anche quali iscritti in albi speciali, cause civili negli ultimi 15 anni ed avere maturato il periodo prescritto per il diritto al pensionamento di anzianità o vecchiaia, ovvero, nel caso di cancellazione dall'albo, maturarlo nei 15 anni successivi alla data di effettivo inizio di attività delle sezioni stralcio.[3]

3.[4]

4. Costituisce titolo di preferenza gradita per la nomina l'esercizio, anche pregresso, della professione di avvocato, anche dello Stato, ovvero quale iscritto negli albi speciali, e di funzioni giudiziarie, comprese quelle onorarie.[5]

5. A parità di titoli di preferenza sono prioritariamente nominati coloro che abbiano la maggiore anzianità nell'esercizio dell'attività professionale.

6. Ai fini dell'anzianità di iscrizione all'albo, l'esercizio di funzioni giudiziarie onorarie viene computato per un periodo doppio di quello della sua effettiva durata.

7. Per la nomina a giudice onorario aggregato in relazione ai posti previsti per il circondario di Bolzano è richiesta anche una adeguata conoscenza delle lingue italiana e tedesca. Si osserva altresì il principio contenuto nell'art. 8, secondo comma, del D.P.R. 26 lug. 1976, n. 752, e successive modificazioni.[6]

8. Non possono essere nominati giudici onorari aggregati:

a) i membri del Parlamento nazionale ed europeo, i deputati e i consiglieri regionali, i membri del

LEGGI COMPLEMENTARI - C.C. e C.P.C.

Governo, i presidenti delle regioni e delle province, i membri delle giunte regionali e provinciali;

b) i sindaci, gli assessori comunali, i consiglieri provinciali, comunali e circoscrizionali e i componenti dei comitati di controllo sugli enti locali;

c) gli ecclesiastici e i ministri di qualunque confessione religiosa;

d) coloro che ricoprano o abbiano ricoperto nel triennio precedente alla nomina incarichi direttivi od esecutivi nei partiti politici.

[1] Lettera abrog. dall'art. 42, c. 6, D.L. 21 giu. 2013, n. 69, conv. con modif. in L. 9 ago. 2013, n. 98.
[2] Lettera aggiunta dall'art. 1, D.L. 21 set. 1998, n. 328.
[3] Comma così modif. dall'art. 1, D.L. 21 set. 1998, n. 328.
[4] Comma abrog. dall'art. 1, D.L. 21 set. 1998, n. 328.
[5] Comma così modif. dall'art. 1, D.L. 21 set. 1998, n. 328.
[6] Comma così modif. dall'art. 1, D.L. 21 set. 1998, n. 328.

3. *Procedimento per la nomina.* — 1. I giudici onorari aggregati sono nominati con decreto del Ministro di grazia e giustizia, previa deliberazione del Consiglio superiore della Magistratura, su proposta formulata dal Consiglio giudiziario territorialmente competente, integrato ai sensi degli artt. 1, 2 e 3 del D.P.R. 28 ago. 1992, n. 404.

2. Al fine della formulazione della proposta i Consigli giudiziari acquisiscono il parere del Consiglio dell'ordine a cui appartiene e dei Consigli dell'ordine cui è appartenuto negli ultimi cinque anni l'aspirante esercente la professione forense.

3. Ai fini previsti dall'art. 1, comma 2, l'avviso relativo ai posti disponibili per la nomina di giudici onorari aggregati è pubblicato nella *Gazzetta Ufficiale* entro 15 gg. dalla data di pubblicazione del decreto del Ministro di grazia e giustizia di cui all'art. 1, comma 3. Il presidente della corte di appello invita i presidenti dei Consigli degli ordini forensi del distretto e i presidi delle facoltà interessate a dare notizia, nelle forme più opportune, del numero dei giudici onorari aggregati nominandi nei vari uffici, del termine per la presentazione della domanda e dei documenti di cui la stessa deve essere corredata.

4. Le domande, indirizzate al Consiglio superiore della magistratura, devono essere presentate al presidente della corte di appello, nel cui distretto il richiedente intende essere assegnato, entro il termine di giorni quaranta dalla pubblicazione dell'avviso relativo ai posti disponibili, di cui al comma 3, nella *Gazzetta Ufficiale*. Non possono essere presentate domande per più distretti di corte di appello.

5. Le domande devono contenere la dichiarazione della insussistenza di impedimenti alla nomina e la indicazione delle sedi, in numero massimo di tre, presso le quali il richiedente, in stretto ordine di preferenza, intende essere assegnato. Per la documentazione da allegare alla domanda si applicano le disposizioni previste dagli artt. 2 e 4 del D.P.R. 28 ago. 1992, n. 404.

6. Le domande sono trasmesse, senza ritardo, al Consiglio giudiziario che formula le proposte motivate di nomina indicando, ove possibile, una rosa di nomi pari al triplo dei posti assegnati a ciascun ufficio giudiziario del distretto e redigendo una graduatoria.

7. Il giudice onorario aggregato prende possesso dell'ufficio entro il termine indicato nel decreto di nomina del Ministro.

4. *Durata dell'ufficio.* — 1. La nomina a giudice onorario aggregato, salvo quanto previsto dal comma 4, ha durata quinquennale e può essere prorogata per una sola volta e per il termine massimo di un anno.

2. Il giudice aggregato cessa dall'incarico in caso di definizione delle cause di cui all'art. 1, comma 1, pendenti presso l'ufficio giudiziario cui è assegnato, salvo quanto disposto dal comma 5 del presente articolo, nonché all'atto del compimento del settantaduesimo anno di età e nelle ipotesi di cui all'art. 7.

3. Il Ministro di grazia e giustizia, decorsi venti mesi dall'inizio della attività delle sezioni stralcio, verifica l'andamento della definizione dei procedimenti di cui all'art. 1, comma 1, e, in relazione ai risultati di tale verifica, ridetermina, se del caso, con le stesse modalità di cui all'art. 1, comma 3, le piante organiche dei giudici onorari aggregati e quelle del relativo personale ausiliario.

4. Il Ministro di grazia e giustizia procede, su deliberazione del Consiglio superiore della magistratura, alla redistribuzione dei giudici onorari aggregati mediante revoca e contestuale nomina degli stessi o di altri giudici onorari negli uffici giudiziari ove siano aumentate le relative piante.

5. Il Ministro di grazia e giustizia, su deliberazione del Consiglio superiore della magistratura, può assegnare ad altro tribunale, se ne fanno richiesta e non sussistono cause di incompatibilità, i giudici onorari aggregati i cui posti vengano soppressi, per avvenuta definizione dei procedimenti o per altre cause.

6. Qualora non sia possibile operare ai sensi del comma 5, i posti vengono coperti facendo ricorso alle graduatorie del singolo ufficio e, nel caso di esaurimento, mediante nuova pubblicazione dei posti.

5. *Incompatibilità ed ineleggibilità.* — 1. Ai giudici onorari aggregati si applica il regime delle incompatibilità e delle ineleggibilità previsto per i magistrati ordinari.

2. Il giudice onorario aggregato, nominato tra gli avvocati iscritti al relativo albo o non più iscritti da meno di cinque anni, non può svolgere le sue funzioni presso il tribunale ove ha sede il Consiglio dell'ordine cui era iscritto al momento della nomina o nei cinque anni precedenti, salvo che il circondario del tribunale non comprenda una popolazione superiore a 500.000 abitanti.

6. *Astensione e ricusazione.* — 1. Il giudice onorario aggregato ha l'obbligo di astenersi, e può in difetto essere ricusato a norma dell'art. 52 del c.p.c., oltre che nei casi previsti dall'art. 51 del medesimo codice, quando sia stato associato o comunque collegato, anche mediante il coniuge, i parenti o altre persone, con lo studio professionale di cui ha fatto o fa parte il difensore di una delle parti. L'astensione ha effetto dal momento della comunicazione al presidente del tribunale e non è richiesta l'autorizzazione prevista dall'art. 51, secondo comma, del c.p.c.

2. Il giudice onorario aggregato ha altresì l'obbligo di astenersi, e può essere in difetto ricusato, quando abbia in precedenza assistito, nella qualità di avvocato o di procuratore, una delle parti in causa o uno dei rispettivi difensori.

7. ***Decadenza, dimissioni e revoca.*** — 1. I giudici onorari aggregati decadono dall'ufficio quando viene meno taluno dei requisiti di cui all'art. 2, per dimissioni volontarie ovvero quando sopravviene una causa di incompatibilità.

2. In ogni momento il presidente del tribunale può proporre al Consiglio giudiziario integrato la revoca del giudice onorario aggregato che non sia in grado di svolgere diligentemente e proficuamente il proprio incarico, ovvero tenga un comportamento scorretto o negligente.

3. Il Consiglio giudiziario integrato, sentito l'interessato e verificata la fondatezza della proposta, la trasmette al Consiglio superiore della magistratura unitamente al parere motivato.

4. I provvedimenti di cessazione sono adottati con decreto del Ministro di grazia e giustizia e su deliberazione del Consiglio superiore della magistratura.

8. ***Stato giuridico, indennità e trattamento previdenziale.*** — 1. I giudici onorari aggregati hanno lo stato giuridico di magistrati onorari.

2. Ai giudici onorari aggregati è attribuita, al netto dei contributi previdenziali, una indennità di lire 20 milioni annui da corrispondere a rate mensili, oltre a lire 250.000 per ogni sentenza che definisce il processo ovvero per ogni verbale di conciliazione, da corrispondere ogni tre mesi.

3. L'indennità fissa di cui al comma 2 è ridotta del 50%, qualora il giudice aggregato onorario sia titolare di un reddito da pensione superiore a lire 5 milioni lordi mensili.

4. Il Ministro di grazia e giustizia provvede al rimborso, all'ente di appartenenza, dei contributi previdenziali previsti dalla legge. Per i giudici onorari aggregati nominati tra gli avvocati, iscritti al relativo albo, il Ministro di grazia e giustizia provvede al rimborso, direttamente all'avvocato, dei contributi, commisurati alla indennità, da lui versati alla Cassa nazionale di previdenza e assistenza.

5. L'indennità di cui al comma 2 corrisposta ai giudici onorari aggregati nominati tra gli avvocati iscritti al relativo albo è considerata a tutti gli effetti della L. 20 set. 1980, n. 576, quale reddito professionale.

9. ***Cancellazione dall'albo, cessazione dagli incarichi giudiziari e collocamento fuori ruolo.*** — 1. La nomina a giudice onorario aggregato comporta la cancellazione dall'albo degli avvocati ai sensi dell'art. 37, primo comma n. 1, del R.D.L. 27 nov. 1933, n. 1578, convertito, con modificazioni, dalla L. 22 gen. 1934, n. 36. Permane tuttavia l'iscrizione alla Cassa nazionale di previdenza ed assistenza per gli avvocati e procuratori ed il periodo di attività quale giudice onorario aggregato è considerato quale periodo di esercizio professionale ai fini del diritto al trattamento previdenziale previsto dalla L. 20 set. 1980, n. 576, e successive modificazioni. Per la eventuale nuova iscrizione all'albo degli avvocati si applica la disposizione di cui all'ultimo comma dell'art. 26 del R.D.L. 27 nov. 1933, n. 1578, convertito, con modificazioni, dalla L. 22 gen. 1934, n. 36.

2. La nomina a giudice onorario aggregato comporta il collocamento fuori ruolo senza assegni dei professori e ricercatori nominati ai sensi dell'art. 1, comma 2. Il periodo di attività quale giudice onorario aggregato è considerato a tutti gli effetti del computo della anzianità di servizio.

3. La nomina a giudice onorario aggregato determina la cessazione dagli incarichi giudiziari svolti nelle funzioni di curatore fallimentare, commissario giudiziale, commissario liquidatore e straordinario, liquidatore di beni di imprese in concordato, amministratore e custode giudiziario, tutore e curatore di interdetto o di inabilitato, consulente tecnico d'ufficio, perito estimatore. Il giudice onorario aggregato, fermo restando il diritto al compenso per l'opera in precedenza svolta, entro il termini di quindici giorni dal ricevimento della comunicazione di nomina, ne informa il giudice o l'autorità che lo ha nominato e questi provvedono senza indugio alla sua sostituzione.

CAPO II

Disposizioni per la definizione del contenzioso civile pendente - Istituzione delle sezioni stralcio nei tribunali ordinari

10. ***Ufficio spoglio per la ricognizione dei procedimenti pendenti.*** — 1. Presso ogni tribunale è istituito entro quindici giorni dalla data di entrata in vigore della presente legge un ufficio spoglio per la ricognizione dei procedimenti indicati nel comma 1 dell'art. 1 ivi pendenti e per l'elaborazione di un programma volto alla loro definizione entro cinque anni. Il programma deve essere completato entro quaranta giorni ed è trasmesso al Ministro di grazia e giustizia dal presidente di corte di appello.

2. L'ufficio spoglio è presieduto dal presidente

del tribunale o, per sua delega, dal presidente di sezione più anziano ed è composto da tutti i presidenti delle sezioni civili; nei tribunali ove esiste una sola sezione civile è composto dal presidente del tribunale che lo presiede e da un giudice da lui nominato. All'ufficio spoglio è assegnato, dal presidente del tribunale, il personale amministrativo necessario per lo svolgimento della attività entro il termine di quindici giorni stabilito dal comma 1.

3. Entro dieci giorni dalla pubblicazione nella *Gazzetta Ufficiale* del decreto di cui all'art. 1, comma 3, sono predisposte le modifiche tabellari.

11. ***Istituzione delle sezioni stralcio e assegnazione delle cause pendenti.*** — 1. Presso i tribunali individuati ai sensi dell'art. 1, comma 3, sono costituite una o più sezioni stralcio per la definizione di procedimenti civili indicati nel comma 1 dell'art. 1. Ciascuna sezione stralcio è costituita da un magistrato che la presiede e da almeno due giudici onorari aggregati; il magistrato che la presiede non è esonerato dal lavoro giudiziario nelle sezioni ordinarie, ovvero nelle sezioni stralcio, in caso di carenza di organico dei giudici aggregati e su disposizione del presidente del tribunale.

2. La costituzione delle sezioni stralcio e la destinazione ad esse del magistrato che le presiede e dei giudici onorari aggregati sono disposte a norma dell'art. 7-*bis* dell'ordinamento giudiziario approvato con R.D. 30 gen. 1941, n. 12, introdotto dall'art. 3 del D.P.R. 22 set. 1988, n. 449.

3. Il presidente del tribunale definisce criteri obiettivi di assegnazione dei procedimenti ai giudici onorari aggregati.

4. Il presidente della sezione stralcio, entro dieci giorni dalla presa di possesso dell'ufficio, assegna i procedimenti a ciascun giudice onorario aggregato e fissa la data dell'udienza. Il relativo provvedimento è comunicato dalla cancelleria alle parti costituite, ai sensi dell'art. 136 del c.p.c., almeno venti giorni prima dell'udienza fissata.

5. Alle sezioni stralcio non possono essere assegnati i procedimenti indicati nel secondo comma dell'art. 48 dell'ordinamento giudiziario approvato con R.D. 30 gen. 1941, n. 12, come modificato dall'art. 88 della L. 26 nov. 1990, n. 353, né altri procedimenti che non fossero pendenti alla data del 30 apr. 1995.

6. Ai giudici onorari aggregati non possono essere attribuite le funzioni di giudice penale e gli stessi non possono far parte delle sezioni civili ordinarie né possono sostituire i giudici ordinari, neppure per il compimento di singoli atti.

12. ***Norme applicabili.*** — 1. In deroga a quanto stabilito dall'art. 90, c. 1 e 5, della L. 26 nov. 1990, n. 353, come sostituito dall'art. 9 del D.L. 18 ott. 1995, n. 432, convertito, con modificazioni, dalla L. 20 dic. 1995, n. 534:

a) la disposizione di cui all'art. 48, ultimo comma, dell'ordinamento giudiziario approvato con R.D. 30 gen. 1941, n. 12, come sostituito dall'art. 88 della L. 26 nov. 1990, n. 353, si applica anche ai giudizi pendenti alla data del 30 aprile 1995, esclusi quelli già assunti in decisione alla data di entrata in vigore della presente legge che non siano rimessi in istruttoria con ordinanza collegiale;

b) ai giudizi indicati nel comma 1 dell'art. 1 della presente legge non si applicano le disposizioni di cui ai commi secondo, sesto, settimo e ottavo dell'art. 178 del c.p.c. nel testo vigente anteriormente al 30 aprile 1995.

13. ***Tentativo di conciliazione. Esenzione fiscale.*** — 1. I procedimenti indicati nel comma 1 dell'art. 1 nei quali alla data di entrata in vigore della presente legge sia già avvenuta la rimessione al collegio ai sensi dell'art. 189 del c.p.c., ma che non siano stati ancora assunti in decisione, sono trasmessi al presidente dell'ufficio spoglio che ne dispone l'assegnazione alla sezione stralcio secondo i criteri tabellarmente previsti. Il presidente della sezione stralcio dispone le rimessione della causa davanti al giudici istruttore che nomina in persona di un giudice onorario aggregato.

2. Il giudice istruttore convoca le parti davanti a sè per il tentativo di conciliazione e fissa allo scopo l'udienza della quale a cura della cancelleria è dato avviso alle parti.

3. Le parti debbono comparire personalmente, ma possono farsi rappresentare da un procuratore generale o speciale, che deve essere a conoscenza dei fatti della causa e deve avere il potere di conciliare la controversia. La procura deve essere conferita con atto pubblico o con scrittura privata autenticata.

4. Se la conciliazione riesce, si forma processo verbale della convenzione conclusa. Il processo verbale costituisce titolo esecutivo per l'espropriazione e per l'esecuzione in forma specifica.

5. Se la conciliazione non riesce il giudice istruttore, in funzione di giudice unico, provvede per la decisione della causa ai sensi dell'art. 190-*bis* del c.p.c.

6. Il processo verbale di conciliazione, nelle cause pendenti anche in istruttoria alla data del 30 aprile 1995, è esente dall'imposta di registro quando il valore non supera i cinquanta milioni. Oltre tale limite l'imposta di registro è ridotta della metà.

14. ***Personale amministrativo e strutture mobiliari.*** (*Omissis*).

15. ***Norma di copertura.*** (*Omissis*).

16. ***Entrata in vigore.*** — 1. La presente legge entra in vigore il giorno successivo alla sua pubblicazione nella *Gazzetta Ufficiale*.

- 7 -

L. 2 ott. 1997, n. 333

Disciplina transitoria ed interventi correttivi della L. 22 lug. 1997, n. 276, recante disposizioni per la definizione del contenzioso civile pendente

(G.U. 4 ott. 1997, n. 232)

1. 1. Le disposizioni di cui all'art. 12 della L. 22 lug. 1997, n. 276, si applicano a decorrere dalla data di entrata in funzione delle sezioni stralcio, da fissare con decreto del Ministro di grazia e giustizia.[1]

2. Il primo periodo del comma 1 dell'art. 13 della L. 22 lug. 1997, n. 276, è sostituito dal seguente: «I procedimenti indicati nel comma 1 dell'art. 1 nei quali, alla data di entrata in funzione delle sezioni stralcio, fissata con decreto del Ministro di grazia e giustizia, sia già avvenuta la rimessione al collegio ai sensi dell'art. 189 del c.p.c., ma che non siano stati ancora assunti in decisione, sono trasmessi al presidente del tribunale che ne dispone l'assegnazione alla sezione stralcio secondo i criteri tabellarmente previsti».

[1] Il funzionamento delle sezioni stralcio è stato fissato a decorrere dal giorno 11 nov. 1998 dal D.M. 30 lug. 1998 (G.U. set. 1998, n. 222).

2. 1. Il comma 3 dell'art. 14 della L. 22 lug. 1997, n. 276, è sostituito dal seguente:
(*Omissis*).

3. 1. La presente legge entra in vigore il giorno successivo a quello della sua pubblicazione nella *Gazzetta Ufficiale* della Repubblica italiana.

- 8 -

D.lgs. 19 feb. 1998, n. 51

Norme in materia di istituzione del giudice unico di primo grado

(G.U. 20 mar. 1998, n. 66, Suppl.)

TITOLO I
Disposizioni sull'ordinamento giudiziario

CAPO I
Disposizioni relative agli organi che amministrano la giustizia

1. 1. L'ufficio del pretore è soppresso, fatta salva l'attività necessaria per l'esaurimento degli affari pendenti secondo quanto previsto dal presente decreto. Fuori dei casi in cui è diversamente disposto dal presente decreto, le relative competenze sono trasferite al tribunale ordinario.

2. (*Omissis*).

2. 1. L'ufficio del pubblico ministero presso la pretura circondariale è soppresso. Le relative funzioni sono trasfereite all'ufficio del pubblico ministero presso il tribunale ordinario.

2. (*Omissis*).

3-7. (*Omissis*).

CAPO II
Disposizioni relative al tribunale ordinario

8-17. (*Omissis*).

CAPO III
Disposizioni relative alla corte di appello

18-19. (*Omissis*).

CAPO IV
Disposizioni relative al pubblico ministero

20-24. (*Omissis*).

CAPO V
Altre disposizioni sull'ordinamento giudiziario - Abrogazioni

25-30. (*Omissis*).

CAPO VI
Disposizioni in materia di Corte di Assise

31. 1. Salvo quanto previsto dall'art. 32 del presente decreto, nella L. 10 apr. 1951, n. 287 i riferimenti al pretore e alla pretura sono sostituiti, rispettivamente, dai riferimenti al presidente del tribunale e al tribunale.

32. 1. Il primo comma dell'art. 18 della L. 10 apr. 1951, n. 287, è sostituito dal seguente:

«Decorso il termine di cui al primo comma dell'art. 17, gli elenchi dei giudici popolari di corte di assise e di corte di assise di appello, i verbali ed i reclami sono trasmessi rispettivamente al presidente del tribunale del luogo ove ha sede la corte di assise e al presidente del tribunale del capoluogo del distretto di corte di appello».

CAPO VII
Norme di coordinamento e transitorie

SEZIONE I
Disposizioni relative al personale di magistratura

33. 1. Con decreto del Ministro di grazia e giustizia, sentito il Consiglio superiore della magistratura, da emanarsi entro novanta giorni dalla data di entrata in vigore del presente decreto, è determinato il nuovo organico dei magistrati addetti ai tribunali, alle procure della Repubblica presso il tribunale e alle corti di appello con decorrenza dalla data di efficacia del presente decreto.

2. I ventiquattro posti di magistrato di cassazione

previsti dall'art. 1, comma 3, del D.L. 25 set. 1989, n. 327, convertito dalla L. 24 nov. 1989, n. 380, e dall'art. 1, comma 1, della L. 5 mar. 1991, n. 71, sono portati in aumento delle piante organiche dei presidenti di sezione di corte di appello.

34. 1. I magistrati già assegnati alle preture e alle procure della Repubblica presso la pretura circondariale entrano di diritto a far parte dell'organico, rispettivamente, dei tribunali e delle procure della Repubblica presso il tribunale cui sono trasferite le funzioni degli uffici soppressi, anche in soprannumero riassorbibile con le successive vacanze.

2. L'assegnazione prevista dal comma 1 non costituisce assegnazione ad altro ufficio giudiziario o destinazione ad altra sede ai sensi dell'art. 2, terzo comma, del R.D.lgs. 31 mag. 1946, n. 511, né costituisce trasferimento ad altri effetti e, in particolare, agli effetti previsti dall'art. 194 del R.D. 30 gen. 1941, n. 12 e dall'art. 13 della L. 2 apr. 1979, n. 97, come sostituito dall'art. 6 della L. 19 feb. 1981, n. 27. Sono tuttavia fatti salvi i diritti attribuiti dalla L. 18 dic. 1973, n. 836 e dalla L. 26 lug. 1978, n. 417, alle condizioni ivi stabilite, nel caso di fissazione della residenza in una sede di servizio diversa da quella precedente determinata dall'applicazione delle disposizioni del presente decreto.

35. 1. I magistrati onorari, già addetti quali vice pretori e vice procuratori agli uffici soppressi, sono addetti di diritto ai tribunali ed alle procure della Repubblica presso il tribunale cui sono trasferite le funzioni degli uffici soppressi, in qualità, rispettivamente, di giudici onorari e di vice procuratori onorari.

2. Le disposizioni di cui agli artt. 42-*ter*, 42-*quater*, primo e secondo comma, 42-*quinquies* e 71 del R.D. 30 gen. 1941, n. 12, come aggiunti o sostituiti dal presente decreto, si applicano ai predetti magistrati onorari alla scadenza del triennio in corso alla data di efficacia del presente decreto.

36. 1. I magistrati delle preture e dei tribunali addetti, alla data di efficacia del presente decreto, esclusivamente alla trattazione delle controversie in materia di lavoro e di previdenza e assistenza obbligatorie, nei tribunali divisi in sezioni fanno parte della sezione incaricata della trattazione di tali controversie.

2. I magistrati indicati nel comma 1 possono chiedere il trasferimento a posti di organico della sezione lavoro della corte di appello del distretto in cui è compreso l'ufficio di appartenenza anche in deroga alle disposizioni dell'art. 194 del R.D. 30 gen. 1941, n. 12.

37.[1] 1. In deroga al disposto dell'art. 2, terzo comma, del R.D.lgs. 31 mag. 1946, n. 511, i magistrati titolari dei posti di consigliere pretore dirigente, di consigliere pretore, di procuratore della Repubblica presso la pretura circondariale e di procuratore aggiunto dello stesso ufficio, in attesa di essere destinati ai nuovi incarichi o funzioni a norma delle disposizioni che seguono, esercitano le funzioni di presidente di sezione o di procuratore aggiunto presso gli uffici cui sono state trasferite le funzioni degli uffici soppressi; i magistrati titolari dei posti di presidente di sezione di tribunale eventualmente soppressi continuano ad esercitare transitoriamente tali funzioni. I magistrati titolari dei posti soppressi di consigliere pretore dirigente e di procuratore della Repubblica presso la pretura circondariale collaborano con il presidente del tribunale e con il procuratore della Repubblica per la risoluzione, in particolare, dei problemi di organizzazione degli uffici ristrutturati.

2. *Entro un anno* dalla data di efficacia delle disposizioni del presente decreto, i magistrati già titolari dei posti indicati nel comma 1 possono chiedere, in deroga al disposto dell'art. 194 del R.D. 30 gen. 1941, n. 12, l'assegnazione a posti vacanti pubblicati. Nell'assegnazione dei posti vacanti di presidente di tribunale ordinario, presidente di sezione di tribunale ordinario, procuratore della Repubblica e procuratore aggiunto della Repubblica presso il tribunale ordinario, sono particolarmente valutate le attitudini allo svolgimento di funzioni direttive dimostrate nell'esercizio delle precedenti funzioni.

3. Nel medesimo termine indicato nel comma 2, i magistrati già titolari dei posti indicati nel comma 1 possono chiedere altresì, eventualmente subordinando gli effetti della domanda al mancato conferimento di un posto richiesto a norma del comma 2, di essere destinati all'esercizio di una delle seguenti funzioni, anche in soprannumero riassorbibile con le successive vacanze:

a) consigliere di corte di cassazione, limitatamente ai magistrati titolari dei posti soppressi indicati nell'art. 33, comma 2;

b) consigliere di corte di appello nel distretto da essi scelto;

c) giudice di tribunale o sostituto procuratore della Repubblica in una sede da essi scelta.

4. I magistrati già titolari dei posti indicati nel comma 1 che nel termine perentorio previsto non hanno richiesto l'assegnazione a norma del comma 2 o la destinazione a norma del comma 3, sono destinati di ufficio ad esercitare le funzioni di giudice di tribunale o di sostituto procuratore della Repubblica negli uffici cui sono state trasferite le funzioni degli uffici soppressi, o, se si tratta di magistrati già titolari di posti di presidente di sezione di tribunale, presso lo stesso ufficio in cui esercitavano le loro funzioni. La stessa disposizione si applica a coloro che non hanno ottenuto l'assegnazione a norma del comma 2 e che non hanno richiesto la destinazione a norma del comma 3.

5. Le eventuali nuove destinazioni sono considerate come trasferimenti a domanda a tutti gli effetti e, in particolare, agli effetti previsti dall'art. 13 della L. 2 apr. 1979, n. 97, come sostituito dall'art. 6

della L. 19 feb. 1981, n. 27, salvo quanto previsto dall'art. 34, comma 2, secondo periodo, del presente decreto.

6. In deroga all'art. 194 del R.D. 30 gen. 1941, n. 12, i magistrati indicati nel comma 1 possono chiedere di essere trasferiti ad altre sedi o assegnati ad altre funzioni trascorsi due anni dal giorno dell'inizio effettivo dell'attività nell'ufficio al quale sono destinati a norma dei commi 2, 3 e 4 del presente articolo, o, se in soprannumero, senza l'osservanza di alcun termine.

[1] Articolo così modif. dall'art. 1, D.L. 24 mag. 1999, n. 145, con decorrenza dal 2 giu. 1999.

SEZIONE II

Disposizioni relative alle sezioni lavoro delle corti di appello e dei tribunali

38. 1. Con il decreto previsti dall'art. 33, comma 1, sono attribuiti alle corti di appello i posti di organico necessari per il funzionamento della sezione incaricata della trattazione delle controversie in materia di lavoro e di previdenza e assistenza obbligatorie in grado di appello, con corrispondente diminuzione dell'organico dei tribunali del distretto.

2. All'attribuzione di ulteriori posti di organico si provvede gradualmente sulla base delle richieste motivate dei presidenti delle corti di appello, sentiti i presidenti dei tribunali interessati dalla corrispondente riduzione di organico.

3. Per la copertura dei posti di organico, sia la richiesta che la pubblicazione devono fare espresso riferimento all'esigenza di assegnare i consiglieri o il presidente alla sezione.

4. Il magistrato trasferito non può essere incaricato della trattazione di controversie o di affari di diversa natura se non dopo che siano trascorsi cinque anni dalla presa di possesso dell'ufficio, salvo ricorrano particolari esigenze da indicare nel provvedimento di deroga.

5. Nella copertura dei posti di organico, è data la preferenza ai magistrati che sono stati già addetti esclusivamente alla trattazione delle controversie in materia di lavoro e di previdenza e assistenza obbligatorie per almeno due anni nell'ultimo quinquennio, anche con funzioni di legittimità. In via subordinata, la preferenza è determinata dalla particolare competenza nella materia, desumibile dalla partecipazione a corsi di formazione organizzati dal Consiglio superiore della magistratura o da altri elementi oggettivi.

39. 1. Le disposizioni dell'art. 38 si osservano, in quanto compatibili, anche nell'attribuzione dei posti di organico ai singoli tribunali e nella loro copertura, relativamente ai giudici incaricati in via esclusiva della trattazione delle controversie in materia di lavoro e di assistenza e previdenza obbligatorie.

SEZIONE III

Disposizioni relative al personale amministrativo

40. 1. I posti di dirigente delle cancellerie e delle segreterie presso gli uffici soppressi sono ripartiti tra gli uffici giudiziari con decreto del Ministro di grazia e giustizia.

2. Al personale addetto con qualifica dirigenziale ad un ufficio giudiziario soppresso è attribuito un incarico di funzione dirigenziale di pari livello in uffici giudiziari della stessa sede. Ove ciò non risulti possibile, si procede al trasferimento del dirigente secondo le disposizioni che regolano i trasferimenti di ufficio, salvo che il dirigente chieda di essere adibito ad incarichi dirigenziali di livello inferiore disponibili nella sede di servizio o in altra sede da lui indicata.

3. I posti delle qualifiche funzionali compresi negli organici delle preture e delle procure della Repubblica presso le preture sono ripartiti con decreto del Ministro di grazia e giustizia tra i tribunali, le procure della Repubblica presso il tribunale e le corti di appello.

4. Il personale appartenente alle qualifiche funzionali in servizio presso gli uffici giudiziari soppressi è assegnato ai tribunali e alle procure della Repubblica presso il tribunale cui sono trasferite le funzioni degli uffici soppressi, oppure alle corti di appello.

5. I relativi provvedimenti, se non implicano il trasferimento ad una diversa sede di servizio, sono adottati, per il personale delle preture, dal presidente della corte di appello e, per il personale delle procure della Repubblica presso la pretura circondariale, dal procuratore generale presso la stessa corte.

SEZIONE IV

Disposizioni relative al personale delle sezioni di polizia giudiziaria

41. 1. Il personale delle sezioni di polizia giudiziaria delle procure della Repubblica presso le preture è di diritto assegnato o applicato alle sezioni di polizia giudiziaria delle procure della Repubblica presso i tribunali cui sono trasferite le funzioni degli uffici soppressi.

2. L'assegnazione e l'applicazione previste dal comma 1 non costituiscono nuove assegnazioni o applicazioni ovvero trasferimenti.

SEZIONE V

Disposizioni per la definizione dei procedimenti pendenti

42. 1. L'ufficio del pretore è mantenuto per la definizione dei procedimenti pendenti alla data di efficacia del presente decreto che proseguono con l'applicazione delle norme anteriormente vigenti.

43. 1. Il funzionamento dell'ufficio del pretore,

per l'espletamento della attività di cui all'art. 42, è assicurato mediante applicazione, anche a tempo parziale, di magistrati addetti al tribunale e mediante utilizzazione dei locali e delle attrezzature di quest'ultimo.

2. Il presidente del tribunale designa con decreto i magistrati applicati all'ufficio del pretore incaricati della trattazione dei singoli procedimenti, indicando i giorni in cui essi tengono udienza, in modo che sia assicurata, di norma, la definizione dei procedimenti da parti degli stessi magistrati ai quali erano in precedenza assegnati. Il decreto è trasmesso, previo parere del consiglio giudiziario, al Consiglio superiore della magistratura.

3. Per un tempo definito e non in via esclusiva è disposta l'applicazione del personale amministrativo in servizio presso il tribunale necessario al funzionamento dell'ufficio del pretore della sede circondariale.

SEZIONE VI

Disposizioni particolari in materia di sezioni distaccate del tribunale

44. 1. Il personale delle cancellerie giudiziarie e degli uffici notificazioni, esecuzioni e protesti in servizio presso una sezione distaccata di pretura è assegnato alla sezione distaccata di tribunale istituita nello stesso comune.

2. Se nello stesso comune non è istituita una sezione distaccata di tribunale, il personale di cui al comma 1 è trasferito nella sede principale o in una sezione distaccata di tribunale del circondario, ovvero, in assenza di posti disponibili presso di esse, in altra sede compresa nel distretto. Per il personale degli uffici notificazioni, esecuzioni e protesti il riferimento alla sede principale del tribunale si intende alla corte di appello nel caso di ufficio unico costituito presso quest'ultima.

3. I provvedimenti, se non implicano il trasferimento ad una diversa sede di servizio, sono adottati dal presidente della corte di appello.

45. 1. In deroga all'art. 2, primo comma, della L. 24 apr. 1941, n. 392, il Ministro di grazia e giustizia può disporre che vengano utilizzati a servizio del tribunale o di una o più sezioni distaccate, per un periodo non superiore a cinque anni dalla data di efficacia del presente decreto, gli immobili di proprietà dello Stato, ovvero di proprietà comunale interessati da interventi edilizi finanziati ai sensi dell'art. 19 della L. 30 mar. 1981, n. 119, adibiti a servizio delle soppresse sezioni distaccate della pretura circondariale e ubicati in comuni del circondario non compresi nella tabella *B* allegata al presente decreto.

2. Il provvedimento è adottato sentiti il presidente del tribunale, il consiglio giudiziario, il consiglio dell'ordine degli avvocati e le amministrazioni locali interessate.

3. Per il personale che presta servizio presso alcuno degli immobili indicati nel comma 1, si considera sede di servizio il comune nel quale l'immobile stesso è ubicato.

4. Le spese di gestione e manutenzione degli immobili sono a carico del comune ove i medesimi si trovano in base alle disposizioni della L. 24 apr. 1941, n. 392.

46. 1. Anche in deroga alle norme sulla contabilità generale dello Stato, le attrezzature delle sezioni distaccate delle preture circondariali ubicate nei comuni non compresi nella tabella *B* allegata al presente decreto possono essere assegnate dal presidente del tribunale, con il consenso degli enti locali interessati quanto alle attrezzature ad essi appartenenti, alla sede principale del tribunale ovvero a una o più sezioni distaccate.

47. 1. I procedimenti pendenti alla data di efficacia del presente decreto presso le sezioni distaccate delle preture circondariali che devono essere definiti dal tribunale, sono trattati nella sezione distaccata di tribunale la cui circoscrizione comprende l'intero territorio della soppressa sezione distaccata di pretura, o, in mancanza, nella sede principale.

2. I procedimenti pendenti davanti ai tribunali alla data di efficacia del presente decreto sono trattati nella sede principale.

48. 1. Nelle sezioni distaccate di tribunale la cui circoscrizione comprende l'intero territorio di una o più soppresse sezioni distaccate di pretura, è mantenuto l'ufficio del pretore per la definizione dei procedimenti pendenti alla data di efficacia del presente decreto ai quali continuano ad applicarsi le norme anteriormente vigenti.

2. Il funzionamento dell'ufficio del pretore presso le sezioni distaccate del tribunale è assicurato mediante applicazione, anche a tempo parziale, dei magistrati addetti alla sezione distaccata del tribunale e con l'utilizzazione dei locali, del personale e delle attrezzature di quest'ultima.

3. Il presidente del tribunale designa con decreto i magistrati applicati all'ufficio del pretore incaricati della trattazione dei singoli procedimenti, indicando i giorni in cui essi tengono udienza, in modo che sia assicurata, di norma, la definizione dei procedimenti da parte degli stessi magistrati ai quali erano in precedenza assegnati. Il decreto è trasmesso, previo parere del consiglio giudiziario, al Consiglio superiore della magistratura.

4. Se la circoscrizione di una soppressa sezione distaccata della pretura circondariale non è interamente compresa nella circoscrizione di una sezione distaccata del tribunale, i procedimenti di cui al comma 1 sono definiti dall'ufficio del pretore della sede circondariale.

TITOLO II
Disposizioni sul processo civile

CAPO I
Disposizioni generali

49-62. (*Omissis*).

CAPO II
Disposizioni sul processo di cognizione

SEZIONE I
Disposizioni sul procedimento davanti al tribunale

63-68. (*Omissis*).

SEZIONE II
Disposizioni sul procedimento davanti al giudice di pace

69-72. (*Omissis*).

SEZIONE III
Disposizioni in materia di impugnazioni

73-80. (*Omissis*).

SEZIONE IV
Disposizioni sulle controversie in materia di lavoro

81-87. (*Omissis*).

CAPO III
Disposizioni sul processo di esecuzione

88-99. (*Omissis*).

CAPO IV
Disposizioni sui procedimenti speciali

100-116. (*Omissis*).

CAPO V
Modifiche alle disposizioni per l'attuazione del c.p.c.

117-131. (*Omissis*).

CAPO VI
Disposizioni transitorie

132. 1. Fuori dei casi previsti dall'art. 133, i procedimenti pendenti davanti al pretore alla data di efficacia del presente decreto sono definiti dal tribunale sulla base delle disposizioni introdotte dal decreto medesimo, salvo quanto previsto dall'art. 134-*bis*.[1]

2. Nei procedimenti di cui al comma 1, l'udienza fissata davanti al pretore per una data successiva a quella di efficacia del presente decreto si intende fissata davanti al tribunale per i medesimi incombenti.

3. I procedimenti sono trattati dagli stessi magistrati ai quali erano in precedenza assegnati, salva l'applicazione dell'art. 174, secondo comma, del c.p.c.

[1] Comma così modif. dall'art. 2, c. 1, D.L. 24 mag. 1999, n. 145.

133. 1. Le cause pendenti davanti al pretore alla data di efficacia del presente decreto sono definite dal pretore sulla base delle disposizioni anteriormente vigenti se alla predetta data sono già state precisate le conclusioni o la causa è stata comunque ritenuta in decisione.

2. Nel caso di rimessione in istruttoria, la causa è definita dal tribunale sulla base delle disposizioni introdotte dal presente decreto. Si applicano le disposizioni dell'art. 132, commi 2 e 3.

3. L'appello contro le sentenze del pretore nelle cause indicate nel comma 1 si propone alla corte di appello.

134.[1] 1. Salvo quanto previsto dall'art. 134-*bis*, l'appello contro le sentenze del pretore emesse anteriormente alla data di efficacia del presente decreto e non ancora impugnate a tale data da alcuna delle parti si propone alla corte di appello.

2. La causa è definita sulla base delle disposizioni anteriormente vigenti.

[1] Articolo così modif. dall'art. 2, n. 1, D.L. 24 mag. 1999, n. 145 con decorrenza dal 2 giu. 1999.

134-*bis*.[1] Fino al 31 dic. 1999, nelle controversie previste relative a rapporti di lavoro e in quelle di cui all'art. 442 del c.p.c. introdotte antecedentemente alla data di efficacia del presente decreto l'appello si propone al tribunale, che giudica in composizione collegiale.

2. Quando è stato proposto appello al tribunale da una delle parti a norma della disposizione del comma 1, gli appelli avverso la stessa sentenza devono essere proposti dalle altre parti al tribunale anche se successivi al 31 dic. 1999. Nel caso in cui l'appello successivo sia stato proposto alla corte di appello, la corte rimette con ordinanza le parti davanti al tribunale, fissando il termine per la riassunzione.

[1] Articolo introdotto dall'art. 2, n. 3, D.L. 24 mag. 1999, n. 145.

135. 1. I procedimenti pendenti davanti al tribunale alla data di efficacia del presente decreto legislativo sono definiti:

a) dal tribunale sulla base delle disposizioni anteriormente vigenti, se si tratta di giudizi di appello ovvero se, alla predetta data, sono già state precisate le conclusioni o la causa è stata comunque ritenuta in decisione;

b) dal tribunale sulla base delle disposizioni introdotte dal presente decreto, in ogni altro caso; la composizione del tribunale resta tuttavia regolata dalle disposizioni anteriormente vigenti.

136. 1. In tutti i casi previsti dal presente capo

restano comunque ferme le preclusioni e le decadenze già verificatesi e la validità degli atti compiuti.

TITOLO III

Modifiche al codice civile, alla legge fallimentare e in materia di libri fondiari

CAPO I

Disposizioni in materia di persone e famiglia

137-142. (*Omissis*).

CAPO II

Disposizioni in materia di successioni

143-148. (*Omissis*).

CAPO III

Disposizioni in materia di proprietà e obbligazioni

149-150. (*Omissis*).

CAPO IV

Modifiche alle disposizioni per l'attuazione del codice civile

151-158. (*Omissis*).

CAPO V

Modifiche alla legge fallimentare

159-161. (*Omissis*).

CAPO VI

Modifiche in materia di libri fondiari

162-165. (*Omissis*).

TITOLO IV

Disposizioni sul processo penale

(*Omissis*).

TITOLO V

Trasferimento di funzioni pretorili alle amministrazioni

CAPO I

Principi generali

228. 1. Quando leggi o decreti attribuiscono funzioni amministrative alternativamente al pretore e ad organi della pubblica amministrazione, le attribuzioni pretorili sono soppresse.

2. Sono altresì soppresse le funzioni amministrative di altre autorità giurisdizionali, fatta eccezione per il giudice di pace, se attribuite in via alternativa tanto al pretore che ad organi della pubblica amministrazione.

229. 1. Il potere del pretore di rendere esecutivi atti emanati da autorità amministrative è soppresso e gli atti sono esecutivi di diritto.

230. 1. Salvo che sia diversamente disposto dal presente decreto, il potere dell'autorità giudiziaria di vidimare registri di pubbliche amministrazioni è trasferito al dirigente dell'ufficio cui è destinato il registro.

231. 1. Salvo che sia diversamente disposto dal presente decreto, quando leggi o decreti prevedono l'obbligo di determinati soggetti di rendere giuramento innanzi al pretore per l'esercizio di attività, questo è reso innanzi al sindaco o ad un suo delegato.

232. 1. Quando per l'espletamento delle funzioni pretorili trasferite all'autorità amministrativa dal presente decreto è prevista la possibilità di avvalersi della forza pubblica, l'autorità amministrativa cui la funzione è devoluta, se non ne dispone di propria, ne fa richiesta al prefetto.

CAPO II

Modifiche in materia di notariato

233-234. (*Omissis*).

CAPO III

Modifiche in materia di stato civile

235. (*Omissis*).

CAPO IV

Modifiche in materia di inchiesta amministrativa per infortuni sul lavoro

236. (*Omissis*).

CAPO V

Modifiche di norme in materia di trasporto

237. (*Omissis*).

CAPO VI

Modifiche in materia elettorale

238-239. (*Omissis*).

TITOLO VI

Disposizioni in materia di tassa per l'iscrizione a ruolo, di diritti di cancelleria e di imposte di bollo

240-243. (*Omissis*).

TITOLO VII

Norme di coordinamento e finali

244. 1. Salvo che sia diversamente previsto dal presente decreto e fuori dei casi di abrogazione per incompatibilità, quando leggi o decreti fanno riferimento ad uffici o organi giudiziari da esso soppressi il riferimento si intende agli uffici o agli organi cui sono state trasferite le relative funzioni.

2. Le funzioni del pretore non attribuite espressamente ad altra autorità sono attribuite al tribunale in composizione monocratica, anche se relative a procedimenti disciplinati dagli artt. 737 e seguenti del c.p.c. o nei quali è previsto l'intervento obbligatorio del P.M.

3. Quando la competenza del pretore è prevista in via alternativa a quella del presidente del tribunale, la competenza si intende attribuita in via esclusiva a quest'ultimo.

245. .... [1]

[1] Articolo abrog. dall'art. 33, D.lgs. 13 lug. 2017, n. 116.

246. (*Omissis*).

247. 1. Il presente decreto legislativo entra in vigore il giorno successivo alla sua pubblicazione nella *Gazzetta Ufficiale* della Repubblica italiana e diventa efficace a decorrere dal 2 giugno 1999,1 fatta eccezione per le disposizioni previste dagli artt. 17, 33, comma 1, 38, comma 2 e 40, commi 1 e 3.

2. Le disposizioni previste dall'art. 48-*ter* del R.D. 30 gen. 1941, n. 12, introdotto dall'art. 15 del presente decreto, divengono efficaci alla scadenza del termine stabilito dall'art. 1, comma 4, della L. 16 lug. 1997, n. 254.

2-*bis*. Le disposizioni previste dai seguenti articoli divengono efficaci il 2 gen. 2000:

a) artt. 33-*bis* e 33-*ter* del c.p.p., introdotti dall'art. 169 del presente decreto;

b)[1]

c) artt. 42-*quater*, comma 2, e 43-*bis*, comma 3, lett. *b*), dell'ordinamento giudiziario, aprovato con R.D. 30 gen. 1941, n. 12;

d) articolo 71, secondo comma, secondo periodo, dell'ordinamento giudiziario, approvato con il citato regio decreto n. 12 del 1941, n. 12, come sostituito dall'articolo 21 del presente decreto, limitatamente alla parte in cui estende ai vice procuratori onorari le incompatibilità previste per i giudici onorari di tribunale dall'articolo 42-*quater*, secondo comma, dell'ordinamento giudiziario, approvato con il citato regio decreto n. 12 del 1941;

e) art. 72, comma 3, del R.D. 30 gen. 1941, n. 12, come sostituito dall'art. 23 del presente decreto;

f) artt. 220, 221 e 222, comma 2, del presente decreto.

2-*ter*. Sino al 2 gen. 2000 il tribunale giudica in composizione collegiale sui reati già appartenenti alla competenza del tribunale in base alle disposizioni vigenti anteriormente alla data indicata nel comma 1, ed in composizione monocratica sui reati già appartenenti alla competenza del pretore in base alle medesime disposizioni. Sino alla stessa data del 2 gen. 2000, nell'assegnazione degli affari ai guidici del tribunale ordinario, prevista dal primo comma del citato art. 43-*bis* del R.D. 30 gen. 1941, n. 12, è seguito il criterio di non affidare ai giudici onorari, nella materia penale, le funzioni di giudice per le indagini preliminari e di giudice dell'udienza preliminare, nonché la trattazione di procedimenti relativi a reati non appartenenti alla competenza del pretore in base alle disposizioni vigenti anteriormente alla data indicata nel comma 1.[2]

[1] Lettera soppressa dal D.L. 24 mag. 1999, n. 145.

[2] Comma aggiunto dall'art. 3, n. 3 del D.L. 24 mag. 1999, n. 145, con decorrenza dal 2 giu. 1999.

Tabelle e Allegati

(*Omissis*).

- 9 -

L. 16 dic. 1999, n. 479

Modifiche alle disposizioni sul procedimento davanti al tribunale in composizione monocratica e altre modifiche al codice di procedura penale. Modifiche al codice penale e all'ordinamento giudiziario. Disposizioni in materia di contenzioso civile pendente, di indennità spettanti al giudice di pace e di esercizio della professione forense

(G.U. 18 dic. 1999, n. 296)

TITOLO I

Disposizioni in materia di contenzioso civile pendente, di indennità spettanti al giudice di pace e di esercizio della professione forense

1. I giudizi civili pendenti davanti al pretore alla data del 30 apr. 1995, rientranti, in base alla normativa vigente alla data di entrata in vigore della presente legge, nella competenza del giudice di pace, sono attribuiti al giudice di pace competente per territorio, con esclusione:

a) di quelli già trattenuti per la decisione alla data di entrata in vigore della presente legge e che non siano successivamente rimessi in istruttoria;

b) di quelli devoluti alla competenza del pretore in base al criterio della materia.

2. Sono altresì attribuiti al giudice di pace, esclusi quelli già trattenuti per la decisione alla data di entrata in vigore della presente legge e che non siano successivamente rimessi in istruttoria, i giudizi pendenti alla data del 30 apr. 1995, relativi all'azione di apposizione di termini ed all'azione di osservanza delle distanze stabilite dal codice civile, dai regolamenti o dagli usi riguardo al piantamento degli alberi e delle siepi nonché quelli relativi alla misura e alle modalità d'uso dei servizi di condo-

minio di case e quelli relativi a rapporti tra proprietari o detentori di immobili adibiti a civile abitazione in materia di immissioni di fumo o di calore, esalazioni, rumori, scuotimenti e simili propagazioni che superino la normale tollerabilità.

2. 1. Per le cause attribuite al giudice di pace a norma dell'art. 1 è competente per territorio il giudice di pace del luogo in cui ha sede l'ufficio giudiziario o la sezione distaccata dinanzi a cui il giudizio è pendente alla data di entrata in vigore della presente legge. Restano salve le questioni relative alla competenza del giudice originariamente adito.

2. I fascicoli d'ufficio dei giudizi indicati nell'art. 1 sono trasmessi a cura del giudice presso cui sono pendenti al giudice di pace competente per territorio ai sensi del comma 1, non oltre novanta giorni dalla data di entrata in vigore della presente legge. La cancelleria dell'ufficio giudiziario a cui il fascicolo è trasmesso provvede d'ufficio all'iscrizione della causa a ruolo e comunica alle parti costituite la data dell'udienza di prosecuzione fissata dal giudice con provvedimento da adottare entro il termine di trenta giorni. La data dell'udienza di prosecuzione del giudizio non può essere successiva al sessantesimo giorno da quella in cui il fascicolo è ricevuto.

3. Dinanzi al giudice di pace le cause proseguono con il rito alle stesse applicabile ai sensi dell'art. 90 della legge 26 nov. 1990, n. 353, come modificato dalla L. 20 dic. 1995, n. 534. Le questioni relative alla competenza del giudice di pace devono essere rilevate nella prima udienza dinanzi a questo, che procede a norma del terzo comma dell'art. 38 del codice di procedura civile.

4. Alla prima udienza il giudice tenta la conciliazione delle parti, a norma dell'art. 185 del codice di procedura civile.

3. 1. Gli uffici di conciliazione sono soppressi fatta salva l'attività conseguente all'applicazione del comma 2. È abrogato l'art. 44 della L. 21 nov. 1991, n. 374.

2. I giudizi pendenti davanti al conciliatore alla data di entrata in vigore della presente legge devono essere proseguiti dinanzi al giudice di pace territorialmente competente, fatta eccezione per le cause già trattenute per la decisione e che non siano successivamente rimesse in istruttoria. Si osservano al riguardo le disposizioni dell'art. 2.

4. 1. Dalla data di entrata in vigore della presente legge, sono attribuiti alle sezioni stralcio costituite a norma della legge 22 lug. 1997, n. 276, i giudizi civili in corso già pendenti alla data del 30 apr. 1995 davanti al pretore in base al criterio della materia, con esclusione dei giudizi in materia di lavoro e previdenza e dei giudizi attribuiti al giudice di pace, ai sensi dell'art. 1, nonché dei giudizi già trattenuti per la decisione alla data di entrata in vigore della presente legge e che non siano successivamente rimessi in istruttoria.

2. Entro quindici giorni dalla data di entrata in vigore della presente legge, il presidente del tribunale o un giudice da lui delegato procede alla ricognizione dei giudizi di cui al comma 1 e trasmette i relativi fascicoli al presidente della sezione stralcio, il quale assegna i procedimenti a un giudice onorario aggregato a norma del comma 4 dell'art. 11 della L. 22 lug. 1997, n. 276.

5. (*Omissis*).

6. 1. L'art. 13 della L. 21 nov. 1991, n. 374, e successive modificazioni, è sostituito dal seguente:

«Art. 13. *Notificazione degli atti* – 1. Alla notificazione di tutti gli atti relativi al procedimenti di competenza del giudice di pace, ivi comprese le decisioni in forma esecutiva e i relativi atti di precetto, provvedono gli ufficiali giudiziari, gli aiutanti ufficiali giudiziari e i messi di conciliazione in servizio presso i comuni compresi nella circoscrizione del giudice di pace, fino a esaurimento del loro ruolo di appartenenza.

2. Ai messi di conciliazione, che assumono la nuova denominazione di messi del giudice di pace, si applicano, limitatamente al servizio di notificazione, le norme dell'ordinamento approvato con decreto del Presidente della Repubblica 15 dicembre 1959, n. 1229, e successive modificazioni.»

2. Gli artt. 1 e 2 del decreto legislativo luogotenenziale 10 febbraio 1946, n. 122, sono abrogati.

3. I messi del giudice di pace continueranno a operare presso le sedi del giudice di pace.

7. 1. I praticanti avvocati, dopo il conseguimento dell'abilitazione al patrocinio, possono esercitare l'attività professionale i sensi dell'art. 8 del R.D.L. 27 nov. 1933, n. 1578, convertito, con modificazioni, dalla L. 22 gen. 1934, n. 36, e successive modificazioni, nelle cause di competenza del giudice di pace e dinanzi al tribunale in composizione monocratica, limitatamente:

a) negli affari civili:

1) alle cause, anche se relative a beni immobili, di valore non superiore a lire cinquanta milioni;

2) alle cause per le azioni possessorie, salvo il disposto dell'art. 704 del codice di procedura civile, e per le denunce di nuova opera e di danno temuto, salvo il disposto dell'art. 688, secondo comma, del codice di procedura civile;

3) alle cause relative a rapporti di locazione e di comodato di immobili urbani e a quelle di affitto di azienda, in quanto non siano di competenza delle sezioni specializzate agrarie;

b) negli affari penali:

1) alle cause per i reati per i quali la legge stabilisce una pena detentiva non superiore nel massimo a quattro anni ovvero una pena pecuniaria sola o congiunta alla predetta pena detentiva;

2) alle cause per i seguenti reati: violenza o minaccia a un pubblico ufficiale prevista dall'art. 336,

primo comma, del codice penale; resistenza a un pubblico ufficiale prevista dall'art. 337 del codice penale; oltraggio a un magistrato in udienza aggravato a norma dell'art. 343, secondo comma, del codice penale; violazione di sigilli aggravata a norma dell'art. 349, secondo comma, del codice penale; favoreggiamento reale previsto dall'art. 379 del codice penale; maltrattamenti in famiglia o verso i fanciulli, quando non ricorre l'aggravante prevista dall'art. 572, secondo comma, del codice penale; rissa aggravata a norma dell'art. 588, secondo comma, del codice penale, con esclusione delle ipotesi in cui nella rissa taluno sia rimasto ucciso o abbia riportato lesioni gravi o gravissime; omicidio colposo previsto dall'art. 589 del codice penale; violazione di: domicilio aggravata a norma dell'art. 614, quarto comma, del codice penale; furto aggravato a norma dell'art. 625 del codice penale; truffa aggravata a norma dell'art. 640, secondo comma, del codice penale; ricettazione prevista dall'art. 648 del codice penale.

8. 1. Sono validi ed efficaci gli atti compiuti dai procuratori legali, iscritti al relativo albo, in violazione dei limiti territoriali previsti dall'art. 5 del R.D.L. 27, nov. 1933, n. 1578, convertito con modificazioni, dalla L. 22 gen. 1934, n. 3651 e successive modificazioni, relativi ai processi in corso alla data di entrata in vigore della L. 24 feb. 1997, n. 27.

TITOLO IV

Modifiche all'ordinamento giudiziario

57. 1. All'art. 7-*bis* dell'ordinamento giudiziario, approvato con regio decreto 30 gen. 1941, n. 12, e successive modificazioni, dopo il comma 2 sono inseriti i seguenti:

«2-*bis*. Possono svolgere le funzioni di giudice incaricato dei provvedimenti previsti per la fase delle indagini preliminari nonché di giudice dell'udienza preliminare solamente i magistrati che hanno svolto per almeno due anni funzioni di giudice del dibattimento.

2-*ter*. Il giudice incaricato dei provvedimenti previsti per la fase delle indagini preliminari nonché il giudice dell'udienza preliminare non possono esercitare tali funzioni per più di sei anni consecutivi. Qualora alla scadenza del termine essi abbiano in corso il compimento di un atto del quale sono stati richiesti, l'esercizio delle funzioni è prorogato, limitatamente al relativo procedimento, sino al compimento dell'attività medesima.

2-*quater*. Il tribunale in composizione monocratica costituito da un magistrato che abbia esercitato la funzione giurisdizionale per non meno di tre anni.

2-*quinquies*. Le disposizioni dei commi 2-*bis*, 3-*ter* e 2-*quater* possono essere derogate per imprescindibili e prevalenti esigenze di servizio. Si applicano, anche in questo caso, le disposizioni di cui ai commi 1 e 2.»

2. La disposizione di cui al comma 2-*bis* dell'art. 7-*bis* dell'ordinamento giudiziario, approvato con R.D. 30 gen. 1941, n. 12, introdotta dai commi del presente articolo, si applica ai giudici che assumono le funzioni di giudici incaricati dei provvedimenti previsti per la fase delle indagini preliminari o di giudici dell'udienza preliminare successivamente alla data di entrata in vigore della presente legge.

3. Alla sostituzione dei giudici che svolgono le funzioni di giudice incaricato dei provvedimenti previsti per la fase delle indagini preliminari o di giudice dell'udienza preliminare, alla data di entrata in vigore della presente legge, ove i sei anni siano già trascorsi ovvero scadano entro i due anni da tale data, si provvede entro trentasei mesi dalla predetta data, seguendo l'ordine di anzianità nell'esercizio delle funzioni. Negli altri casi i sei anni decorrono dalla data di entrata in vigore della presente legge.

- 10 -

L. 24 mar. 2001, n. 89

Previsione di equa riparazione in caso di violazione del termine ragionevole del processo e modifica dell'art. 375 del codice di procedura civile

(G.U. 3 apr. 2001, n. 78)

1. (*Omissis*).

CAPO II

Equa riparazione

1-*bis*. *Rimedi all'irragionevole durata del processo.*[1] — 1. La parte di un processo ha diritto a esperire rimedi preventivi alla violazione della Convenzione per la salvaguardia dei diritti dell'uomo e delle libertà fondamentali, ratificata ai sensi della legge 4 agosto 1955, n. 848, sotto il profilo del mancato rispetto del termine ragionevole di cui all'articolo 6, paragrafo 1, della Convenzione stessa.

2. Chi, pur avendo esperito i rimedi preventivi di cui all'articolo 1-*ter*, ha subito un danno patrimoniale o non patrimoniale a causa dell'irragionevole durata del processo ha diritto ad una equa riparazione.

[1] Articolo ins. dall'art. 1, c. 777, L. 28 dic. 2015, n. 208.

1-*ter*. *Rimedi preventivi.*[1] — 1. Ai fini della presente legge, nei processi civili costituisce rimedio preventivo a norma dell'articolo 1-*bis*, comma 1, l'introduzione del giudizio nelle forme del procedimento sommario di cognizione di cui agli articoli 702-*bis* e seguenti del codice di procedura civile. Costituisce altresì rimedio preventivo formulare richiesta di passaggio dal rito ordinario al rito sommario a norma dell'articolo 183-*bis* del codice di procedura civile, entro l'udienza di trattazione e comunque almeno sei mesi prima che siano trascorsi i termini di cui all'articolo 2, comma 2-*bis*. Nelle cause in cui non si applica il rito sommario di cognizione, ivi comprese quelle in grado di appello, costituisce rimedio preventivo proporre istanza di decisione a seguito di trattazione orale a norma dell'articolo 281-*sexies* del codice di procedura civile, almeno sei mesi prima che siano trascorsi i termini di cui all'articolo 2, comma 2-*bis*. Nelle cause in cui il tribunale giudica in composizione collegiale, il giudice istruttore quando ritiene che la causa può essere decisa a seguito di trattazione orale, a norma dell'articolo 281-*sexies* del codice di procedura civile, rimette la causa al collegio fissando l'udienza collegiale per la precisazione delle conclusioni e per la discussione orale.

2. L'imputato e le altre parti del processo penale hanno diritto di depositare, personalmente o a mezzo di procuratore speciale, un'istanza di accelerazione almeno sei mesi prima che siano trascorsi i termini di cui all'articolo 2, comma 2-*bis*.

3. Nei giudizi dinanzi al giudice amministrativo costituisce rimedio preventivo la presentazione dell'istanza di prelievo di cui all'articolo 71, comma 2, del codice del processo amministrativo, di cui al decreto legislativo 2 luglio 2010, n. 104, almeno sei mesi prima che siano trascorsi i termini di cui all'articolo 2, comma 2-*bis*.

4. Nel procedimento contabile davanti alla Corte dei conti il presunto responsabile ha diritto di depositare, personalmente o a mezzo di procuratore speciale, un'istanza di accelerazione, almeno sei mesi prima che siano trascorsi i termini di cui all'articolo 2, comma 2-*bis*.

5. La parte dei giudizi di natura pensionistica dinanzi alla Corte dei conti ha diritto di depositare, personalmente o a mezzo di procuratore speciale, un'istanza di accelerazione, almeno sei mesi prima che siano trascorsi i termini di cui all'articolo 2, comma 2-*bis*.

6. Nei giudizi davanti alla Corte di cassazione la parte ha diritto a depositare un'istanza di accelerazione almeno due mesi prima che siano trascorsi i termini di cui all'articolo 2, comma 2-*bis*.

7. Restano ferme le disposizioni che determinano l'ordine di priorità nella trattazione dei procedimenti

[1] Articolo ins. dall'art. 1, c. 777, L. 28 dic. 2015, n. 208.

2. *Diritto all'equa riparazione.* — 1. È inammissibile la domanda di equa riparazione proposta dal soggetto che non ha esperito i rimedi preventivi all'irragionevole durata del processo di cui all'articolo 1-*ter*.[1]

2. Nell'accertare la violazione il giudice valuta la complessità del caso, l'oggetto del procedimento, il comportamento delle parti e del giudice durante il procedimento, nonché quello di ogni altro soggetto chiamato a concorrervi o a contribuire alla sua definizione.[2]

2-*bis*. Si considera rispettato il termine ragionevole di cui al comma 1 se il processo non eccede la durata di tre anni in primo grado, di due anni in secondo grado, di un anno nel giudizio di legittimità. Ai fini del computo della durata il processo si considera iniziato con il deposito del ricorso introduttivo del giudizio ovvero con la notificazione dell'atto di citazione. Si considera rispettato il termine ragionevole se il procedimento di esecuzione forzata si è concluso in tre anni, e se la procedura concorsuale si è conclusa in sei anni. Il processo penale si considera iniziato con l'assunzione della qualità di imputato, di parte civile o di responsabile civile, ovvero quando l'indagato ha avuto legale conoscenza della chiusura delle indagini preliminari.[3,4]

2-*ter*. Si considera comunque rispettato il termine ragionevole se il giudizio viene definito in modo irrevocabile in un tempo non superiore a sei anni.[3]

2-*quater*. Ai fini del computo non si tiene conto del tempo in cui il processo è sospeso e di quello intercorso tra il giorno in cui inizia a decorrere il termine per proporre l'impugnazione e la proposizione della stessa.[3]

2-*quinquies*. Non è riconosciuto alcun indennizzo:

a) in favore della parte che ha agito o resistito in giudizio consapevole della infondatezza originaria o sopravvenuta delle proprie domande o difese, anche fuori dai casi di cui all'articolo 96 del codice di procedura civile;

b) nel caso di cui all'articolo 91, primo comma, secondo periodo, del codice di procedura civile;

c) nel caso di cui all'articolo 13, comma 1, primo periodo, del decreto legislativo 4 marzo 2010, n. 28;

d) in ogni altro caso di abuso dei poteri processuali che abbia determinato una ingiustificata dilazione dei tempi del procedimento.[1]

2-*sexies*. Si presume insussistente il pregiudizio da irragionevole durata del processo, salvo prova contraria, nel caso di:

a) dichiarazione di intervenuta prescrizione del reato, limitatamente all'imputato;

b) contumacia della parte;

c) estinzione del processo per rinuncia o inattività delle parti ai sensi degli articoli 306 e 307 del codice di procedura civile e dell'articolo 84 del codice del processo amministrativo, di cui al decreto legislativo 2 luglio 2010, n. 104;

d) perenzione del ricorso ai sensi degli articoli 81 e 82 del codice del processo amministrativo, di cui al decreto legislativo 2 luglio 2010, n. 104;

e) mancata presentazione della domanda di riunione nel giudizio amministrativo presupposto, in pendenza di giudizi dalla stessa parte introdotti e ricorrendo le condizioni di cui all'articolo 70 del codice del processo amministrativo, di cui al decreto legislativo 2 luglio 2010, n. 104;

f) introduzione di domande nuove, connesse

con altre già proposte, con ricorso separato, pur ricorrendo i presupposti per i motivi aggiunti di cui all'articolo 43 del codice del processo amministrativo, di cui al decreto legislativo 2 luglio 2010, n. 104, salvo che il giudice amministrativo disponga la separazione dei processi;

g) irrisorietà della pretesa o del valore della causa, valutata anche in relazione alle condizioni personali della parte.[5]

2-*septies*. Si presume parimenti insussistente il danno quando la parte ha conseguito, per effetto della irragionevole durata del processo, vantaggi patrimoniali eguali o maggiori rispetto alla misura dell'indennizzo altrimenti dovuto.[5]

3. [IAbrogato].[6]

[1] Comma così sost. dall'art. 1, c. 777, L. 28 dic. 2015, n. 208.

La Corte cost., con sent. 30 lug. 2021, n. 175, ha dichiarato l'ill. cost. del presente comma, in relazione all'art. 1-*ter*, c. 2 del presente provvedimento, nel testo risultante dalle modifiche apportate dall'art. 1, c. 777, lett. *a*) e *b*), L. 28 dic. 2015, n. 208.

[2] Comma così modif. dall'art. 55, c. 1, lett. *a*), D.L. 22 giu. 2012, n. 83, conv. con modif. in L. 7 ago. 2012, n. 134. Ai sensi del c. 2 del medesimo articolo: «Le disposizioni si applicano ai ricorsi depositati a decorrere dal trentesimo giorno successivo a quello di entrata in vigore della legge di conversione del presente decreto».

[3] Comma ins. dall'art. 55, c. 1, lett. *a*), D.L. 22 giu. 2012, n. 83, conv. con modif. in L. 7 ago. 2012, n. 134.V. nota 2.

[4] La Corte cost. con sent. 23 lug. 2015, n. 184, ha dichiarato, tra l'altro, l'ill. cost. del presente comma, nella parte in cui prevede che il processo penale si considera iniziato con l'assunzione della qualità di imputato, ovvero quando l'indagato ha avuto legale conoscenza della chiusura delle indagini preliminari, anziché quando l'indagato, in seguito a un atto dell'autorità giudiziaria, ha avuto conoscenza del procedimento penale a suo carico.

La Corte cost., con sent. 19 feb. 2016, n. 36, ha dichiarato l'ill. cost. del presente comma nella parte in cui si applica alla durata del processo di primo grado previsto dalla L. 89/2001.

[5] Comma ins. dall'art. 1, c. 777, L. 28 dic. 2015, n. 208.

[6] Comma abrog. dall'art. 55, c. 1, lett. *a*), D.L. 22 giu. 2012, n. 83, conv. con modif. in L. 7 ago. 2012, n. 134. V. nota 2

2-*bis*. *Misura dell'indennizzo*.[1] — 1. Il giudice liquida a titolo di equa riparazione, di regola, una somma di denaro non inferiore a euro 400 e non superiore a euro 800 per ciascun anno, o frazione di anno superiore a sei mesi, che eccede il termine ragionevole di durata del processo. La somma liquidata può essere incrementata fino al 20 per cento per gli anni successivi al terzo e fino al 40 per cento per gli anni successivi al settimo.[2]

1-*bis*. La somma può essere diminuita fino al 20 per cento quando le parti del processo presupposto sono più di dieci e fino al 40 per cento quando le parti del processo sono più di cinquanta.[3]

1-*ter*. La somma può essere diminuita fino a un terzo in caso di integrale rigetto delle richieste della parte ricorrente nel procedimento cui la domanda di equa riparazione si riferisce.[3]

1-*quater*. L'indennizzo è riconosciuto una sola volta in caso di riunione di più giudizi presupposti che coinvolgono la stessa parte. La somma liquidata può essere incrementata fino al 20 per cento per ciascun ricorso riunito, quando la riunione è disposta su istanza di parte.[3]

2. L'indennizzo è determinato a norma dell'articolo 2056 del codice civile, tenendo conto:

a) dell'esito del processo nel quale si è verificata la violazione di cui al comma 1 dell'articolo 2;

b) del comportamento del giudice e delle parti;

c) della natura degli interessi coinvolti;

d) del valore e della rilevanza della causa, valutati anche in relazione alle condizioni personali della parte.

3. La misura dell'indennizzo, anche in deroga al comma 1, non può in ogni caso essere superiore al valore della causa o, se inferiore, a quello del diritto accertato dal giudice.

[1] Articolo ins. dall'art. 55, c. 1, lett. *b*), D.L. 22 giu. 2012, n. 83, conv. con modif. in L. 7 ago. 2012, n. 134. Ai sensi del c. 2 del medesimo articolo: «Le disposizioni si applicano ai ricorsi depositati a decorrere dal trentesimo giorno successivo a quello di entrata in vigore della legge di conversione del presente decreto».

[2] Comma così sost. dall'art. 1, c. 777, L. 28 dic. 2015, n. 208.

[3] Comma ins. dall'art. 1, c. 777, L. 28 dic. 2015, n. 208.

3. *Procedimento*.[1] — 1. La domanda di equa riparazione si propone con ricorso al presidente della corte d'appello del distretto in cui ha sede il giudice innanzi al quale si è svolto il primo grado del processo presupposto. Si applica l'articolo 125 del codice di procedura civile.[2]

2. Il ricorso è proposto nei confronti del Ministro della giustizia quando si tratta di procedimenti del giudice ordinario, del Ministro della difesa quando si tratta di procedimenti del giudice militare. Negli altri casi è proposto nei confronti del Ministro dell'economia e delle finanze.

3. Unitamente al ricorso deve essere depositata copia autentica dei seguenti atti:

a) l'atto di citazione, il ricorso, le comparse e le memorie relativi al procedimento nel cui ambito la violazione si assume verificata;

b) i verbali di causa e i provvedimenti del giudice;

c) il provvedimento che ha definito il giudizio, ove questo si sia concluso con sentenza od ordinanza irrevocabili.

4. Il presidente della corte d'appello, o un magistrato della corte a tal fine designato, provvede sulla domanda di equa riparazione con decreto motivato da emettere entro trenta giorni dal deposito del ricorso. Non può essere designato il giudice del processo presupposto.[3] Si applicano i primi due commi dell'articolo 640 del codice di procedura civile.

5. Se accoglie il ricorso, il giudice ingiunge all'amministrazione contro cui è stata proposta la domanda di pagare senza dilazione la somma liquidata a titolo di equa riparazione, autorizzando

in mancanza la provvisoria esecuzione. Nel decreto il giudice liquida le spese del procedimento e ne ingiunge il pagamento.

6. Se il ricorso è in tutto o in parte respinto la domanda non può essere riproposta, ma la parte può fare opposizione a norma dell'articolo 5-*ter*.

7. L'erogazione degli indennizzi agli aventi diritto avviene nei limiti delle risorse disponibili nel relativo capitolo, fatto salvo il ricorso al conto sospeso.[4]

[1] Articolo così sost. dall'art. 55, c. 1, lett. *c*), D.L. 22 giu. 2012, n. 83, conv. con modif. in L. 7 ago. 2012, n. 134. Ai sensi del c. 2 del medesimo articolo: «Le disposizioni si applicano ai ricorsi depositati a decorrere dal trentesimo giorno successivo a quello di entrata in vigore della legge di conversione del presente decreto».

[2] Comma così sost. dall'art. 1, c. 777, L. 28 dic. 2015, n. 208.

[3] Periodo aggiunto dall'art. 1, c. 777, L. 28 dic. 2015, n. 208.

[3] Comma così modif. dall'art. 1, c. 777, L. 28 dic. 2015, n. 208.

4. ***Termine di proponibilità.***[1] — 1. La domanda di riparazione può essere proposta, a pena di decadenza, entro sei mesi dal momento in cui la decisione che conclude il procedimento è divenuta definitiva.

[1] Articolo così sost. dall'art. 55, c. 1, lett. *d*), D.L. 22 giu. 2012, n. 83, conv. con modif. in L. 7 ago. 2012, n. 134. Ai sensi del c. 2 del medesimo articolo: «Le disposizioni si applicano ai ricorsi depositati a decorrere dal trentesimo giorno successivo a quello di entrata in vigore della legge di conversione del presente decreto».

La Corte cost., con sent. 26 apr. 2018, n. 88, ha dichiarato l'ill. cost. del presente articolo – come sost. dall'art. 55, D.L. 22 giu. 83/2012, n. 83, conv. con modif. in L. 134/2012 – nella parte in cui non prevede che la domanda di equa riparazione possa essere proposta in pendenza del procedimento presupposto.

5. ***Notificazioni e comunicazioni.***[1] — 1. Il ricorso, unitamente al decreto che accoglie la domanda di equa riparazione, è notificato per copia autentica al soggetto nei cui confronti la domanda è proposta.

2. Il decreto diventa inefficace qualora la notificazione non sia eseguita nel termine di trenta giorni dal deposito in cancelleria del provvedimento e la domanda di equa riparazione non può essere più proposta.

3. La notificazione ai sensi del comma 1 rende improponibile l'opposizione e comporta acquiescenza al decreto da parte del ricorrente.

4. Il decreto che accoglie la domanda è altresì comunicato al procuratore generale della Corte dei conti, ai fini dell'eventuale avvio del procedimento di responsabilità, nonché ai titolari dell'azione disciplinare dei dipendenti pubblici comunque interessati dal procedimento.

[1] Articolo così sost. dall'art. 55, c. 1, lett. *e*), D.L. 22 giu. 2012, n. 83, conv. con modif. in L. 7 ago. 2012, n. 134. Ai sensi del c. 2 del medesimo articolo: «Le disposizioni si applicano ai ricorsi depositati a decorrere dal trentesimo giorno successivo a quello di entrata in vigore della legge di conversione del presente decreto».

5-*bis*.[1]
[Abrogato]

[1] Articolo abrog. dall'art. 299, D.lgs. 30 mag. 2002, n. 113 e dall'art. 299, D.P.R. 30 mag. 2002, n. 115.

5-*ter*. ***Opposizione.***[1] — 1. Contro il decreto che ha deciso sulla domanda di equa riparazione può essere proposta opposizione nel termine perentorio di trenta giorni dalla comunicazione del provvedimento ovvero dalla sua notificazione.

2. L'opposizione si propone con ricorso davanti all'ufficio giudiziario al quale appartiene il giudice che ha emesso il decreto. Si applica l'articolo 125 del codice di procedura civile.

3. La corte d'appello provvede ai sensi degli articoli 737 e seguenti del codice di procedura civile. Del collegio non può far parte il giudice che ha emanato il provvedimento impugnato.

4. L'opposizione non sospende l'esecuzione del provvedimento. Il collegio, tuttavia, quando ricorrono gravi motivi, può, con ordinanza non impugnabile, sospendere l'efficacia esecutiva del decreto opposto.

5. La corte pronuncia, entro quattro mesi dal deposito del ricorso, decreto impugnabile per cassazione. Il decreto è immediatamente esecutivo.

[1] Articolo ins. dall'art. 55, c. 1, lett. *f*), D.L. 22 giu. 2012, n. 83, conv. con modif. in L. 7 ago. 2012, n. 134. Ai sensi del c. 2 del medesimo articolo: «Le disposizioni si applicano ai ricorsi depositati a decorrere dal trentesimo giorno successivo a quello di entrata in vigore della legge di conversione del presente decreto».

5-*quater*. ***Sanzioni processuali.***[1] — 1. Con il decreto di cui all'articolo 3, comma 4, ovvero con il provvedimento che definisce il giudizio di opposizione, il giudice, quando la domanda per equa riparazione è dichiarata inammissibile ovvero manifestamente infondata, può condannare il ricorrente al pagamento in favore della cassa delle ammende di una somma di denaro non inferiore ad euro 1.000 e non superiore ad euro 10.000.

[1] Articolo ins. dall'art. 55, c. 1, lett. *f*), D.L. 22 giu. 2012, n. 83, conv. con modif. in L. 7 ago. 2012, n. 134. Ai sensi del c. 2 del medesimo articolo: «Le disposizioni si applicano ai ricorsi depositati a decorrere dal trentesimo giorno successivo a quello di entrata in vigore della legge di conversione del presente decreto».

5-*quinquies*. ***Esecuzione forzata.***[1] — 1. Al fine di assicurare un'ordinata programmazione dei pagamenti dei creditori di somme liquidate a norma della presente legge, non sono ammessi, a pena di nullità rilevabile d'ufficio, atti di sequestro o di pignoramento presso la Tesoreria centrale e presso le Tesorerie provinciali dello Stato per la riscossione coattiva di somme liquidate a norma della presente legge.

2. Ferma restando l'impignorabilità prevista dall'articolo 1, commi 294-*bis* e 294-*ter*, della legge 23 dicembre 2005, n. 266, e successive modificazioni,

anche relativamente ai fondi, alle aperture di credito e alle contabilità speciali destinati al pagamento di somme liquidate a norma della presente legge, i creditori di dette somme, a pena di nullità rilevabile d'ufficio, eseguono i pignoramenti e i sequestri esclusivamente secondo le disposizioni del libro III, titolo II, capo II del codice di procedura civile, con atto notificato ai Ministeri di cui all'articolo 3, comma 2, ovvero al funzionario delegato del distretto in cui è stato emesso il provvedimento giurisdizionale posto in esecuzione, con l'effetto di sospendere ogni emissione di ordinativi di pagamento relativamente alle somme pignorate. L'ufficio competente presso i Ministeri di cui all'articolo 3, comma 2, a cui sia stato notificato atto di pignoramento o di sequestro, ovvero il funzionario delegato sono tenuti a vincolare l'ammontare per cui si procede, sempreché esistano in contabilità fondi soggetti ad esecuzione forzata; la notifica rimane priva di effetti riguardo agli ordini di pagamento che risultino già emessi.

3. Gli atti di pignoramento o di sequestro devono indicare a pena di nullità rilevabile d'ufficio il provvedimento giurisdizionale posto in esecuzione.

4. Gli atti di sequestro o di pignoramento eventualmente notificati alla Tesoreria centrale e alle Tesorerie provinciali dello Stato non determinano obblighi di accantonamento da parte delle Tesorerie medesime, né sospendono l'accreditamento di somme a favore delle Amministrazioni interessate. Le Tesorerie in tali casi rendono dichiarazione negativa, richiamando gli estremi della presente disposizione di legge.

5. L'articolo 1 del decreto-legge 25 maggio 1994, n. 313, convertito, con modificazioni, dalla legge 22 luglio 1994, n. 460, si applica anche ai fondi destinati al pagamento di somme liquidate a norma della presente legge, ivi compresi quelli accreditati mediante aperture di credito in favore dei funzionari delegati degli uffici centrali e periferici delle amministrazioni interessate.

[1] Articolo aggiunto dall'art. 6, c. 6, D.L. 8 apr. 2013, n. 35, conv. con modif. in L. 6 giu. 2013, n. 64.

5-*sexies*. *Modalità di pagamento*.[1] — 1. Al fine di ricevere il pagamento delle somme liquidate a norma della presente legge, il creditore rilascia all'amministrazione debitrice una dichiarazione, ai sensi degli articoli 46 e 47 del testo unico di cui al decreto del Presidente della Repubblica 28 dicembre 2000, n. 445, attestante la mancata riscossione di somme per il medesimo titolo, l'esercizio di azioni giudiziarie per lo stesso credito, l'ammontare degli importi che l'amministrazione è ancora tenuta a corrispondere, la modalità di riscossione prescelta ai sensi del comma 9 del presente articolo, nonché a trasmettere la documentazione necessaria a norma dei decreti di cui al comma 3.

2. La dichiarazione di cui al comma 1 ha validità semestrale e deve essere rinnovata a richiesta della pubblica amministrazione.

3. Con decreti del Ministero dell'economia e delle finanze e del Ministero della giustizia, da emanare entro il 30 ottobre 2016, sono approvati i modelli di dichiarazione di cui al comma 1 ed è individuata la documentazione da trasmettere all'amministrazione debitrice ai sensi del predetto comma 1. Le amministrazioni pubblicano nei propri siti istituzionali la modulistica di cui al periodo precedente.

3-*bis*. Con decreti dirigenziali del Ministero dell'economia e delle finanze e del Ministero della giustizia, da adottarsi entro il 31 dicembre 2021, sono indicate le modalità di presentazione telematica dei modelli di cui al comma 3, anche a mezzo di soggetti incaricati, ai sensi del codice dell'amministrazione digitale, di cui al decreto legislativo 7 marzo 2005, n. 82.[2]

4. Nel caso di mancata, incompleta o irregolare trasmissione della dichiarazione o della documentazione di cui ai commi precedenti, l'ordine di pagamento non può essere emesso.

5. L'amministrazione effettua il pagamento entro sei mesi dalla data in cui sono integralmente assolti gli obblighi previsti ai commi precedenti. Il termine di cui al periodo precedente non inizia a decorrere in caso di mancata, incompleta o irregolare trasmissione della dichiarazione ovvero della documentazione di cui ai commi precedenti.

6. L'amministrazione esegue, ove possibile, i provvedimenti per intero. L'erogazione degli indennizzi agli aventi diritto avviene nei limiti delle risorse disponibili sui pertinenti capitoli di bilancio, fatto salvo il ricorso ad anticipazioni di tesoreria mediante pagamento in conto sospeso, la cui regolarizzazione avviene a carico del fondo di riserva per le spese obbligatorie, di cui all'articolo 26 della legge 31 dicembre 2009, n. 196.

7. Prima che sia decorso il termine di cui al comma 5, i creditori non possono procedere all'esecuzione forzata, alla notifica dell'atto di precetto, né proporre ricorso per l'ottemperanza del provvedimento.

8. Qualora i creditori di somme liquidate a norma della presente legge propongano l'azione di ottemperanza di cui al titolo I del libro quarto del codice del processo amministrativo, di cui al decreto legislativo 2 luglio 2010, n. 104, il giudice amministrativo nomina, ove occorra, commissario ad acta un dirigente dell'amministrazione soccombente, con esclusione dei titolari di incarichi di Governo, dei capi dipartimento e di coloro che ricoprono incarichi dirigenziali generali. I compensi riconosciuti al commissario ad acta rientrano nell'onnicomprensività della retribuzione dei dirigenti.

9. Le operazioni di pagamento delle somme dovute a norma della presente legge si effettuano mediante accreditamento sui conti correnti o di pagamento dei creditori. I pagamenti per cassa o per vaglia cambiario non trasferibile sono possibili solo se di importo non superiore a 1.000 euro.

10. Nei casi di riscossione per cassa o tramite

vaglia cambiario il creditore può delegare all'incasso un legale rappresentante con il rilascio di procura speciale.

11. Nel processo di esecuzione forzata, anche in corso, non può essere disposto il pagamento di somme o l'assegnazione di crediti in favore dei creditori di somme liquidate a norma della presente legge in caso di mancato, incompleto o irregolare adempimento degli obblighi di comunicazione. La disposizione di cui al presente comma si applica anche al pagamento compiuto dal commissario ad acta.

12. I creditori di provvedimenti notificati anteriormente all'emanazione dei decreti di cui al comma 3 trasmettono la dichiarazione e la documentazione di cui ai commi precedenti avvalendosi della modulistica presente nei siti istituzionali delle amministrazioni. Le dichiarazioni complete e regolari, già trasmesse alla data di entrata in vigore del presente articolo, conservano validità anche in deroga al disposto dei commi 9 e 10.

[1] Articolo aggiunto dall'art. 1, c. 777, L. 28 dic. 2015, n. 208.

[2] Comma ins. dall'art. 25, D.L. 24 ago. 2021, n. 118, conv. con modif. in L. 21 ott. 2021, n. 147.

6. ***Norma transitoria.*** — 1. Nel termine di sei mesi dalla data di entrata in vigore della presente legge, coloro i quali abbiano già tempestivamente presentato ricorso alla Corte europea dei diritti dell'uomo, sotto il profilo del mancato rispetto del termine ragionevole di cui all'art. 6, paragrafo 1, della Convenzione per la salvaguardia dei diritti dell'uomo e delle libertà fondamentali, ratificata ai sensi della L. 4 ago. 1955, n. 848, possono presentare la domanda di cui all'art. 3 della presente legge qualora non sia intervenuta una decisione sulla ricevibilità da parte della predetta Corte europea. In tal caso, il ricorso alla corte d'appello deve contenere l'indicazione della data di presentazione del ricorso alla predetta Corte europea.

2. La cancelleria del giudice adito informa senza ritardo il Ministero degli affari esteri di tutte le domande presentate ai sensi dell'art. 3 nel termine di cui al comma 1 del presente articolo.

2-*bis*. Nei processi la cui durata al 31 ottobre 2016 ecceda i termini ragionevoli di cui all'articolo 2, comma 2-*bis*, e in quelli assunti in decisione alla stessa data non si applica il comma 1 dell'articolo 2.[1]

2-ter. Il comma 2 dell'articolo 54 del decreto-legge 25 giugno 2008, n. 112, convertito, con modificazioni, dalla legge 6 agosto 2008, n. 133, come modificato dall'articolo 3, comma 23, dell'allegato 4 al decreto legislativo 2 luglio 2010, n. 104, si applica solo nei processi amministrativi la cui durata al 31 ottobre 2016 ecceda i termini di cui all'articolo 2, comma 2-*bis*.[1]

[1] Comma aggiunto dall'art. 1, c. 777, L. 28 dic. 2015, n. 208.

7. (*Omissis*).

- 11 -

D.P.R. 30 mag. 2002, n. 115

Testo unico delle disposizioni legislative e regolamentari in materia di spese di giustizia

(G.U. 15 giu. 2002, n. 139)

(*stralcio*)[1]

[1] A norma del combinato disposto degli artt. 349, c. 1, e 389, c. 1, D.lgs. 12 gen. 2019, n. 14, come sost. dall'art. 1, c. 1, D.L. 24 ago. 2021, n. 118, conv. in L. 21 ott. 2021, n. 147, a decorrere dal 16 mag. 2022, nelle disposizioni normative vigenti i termini «fallimento», «procedura fallimentare», «fallito» nonché le espressioni dagli stessi termini derivate devono intendersi sostituite, rispettivamente, con le espressioni «liquidazione giudiziale», «procedura di liquidazione giudiziale» e «debitore assoggettato a liquidazione giudiziale» e loro derivati, con salvezza della continuità delle fattispecie.

PARTE II
VOCI DI SPESA

TITOLO I
Contributo unificato nel processo civile, amministrativo e tributario[1]

[1] Rubrica così modif. dall'art. 37, c. 6, lett. *a*), D.L. 6 lug. 2011, n. 98, conv. in L. 15 lug. 2011, n. 111.

9. ***Contributo unificato.*** — 1. È dovuto il contributo unificato di iscrizione a ruolo, per ciascun grado di giudizio, nel processo civile, compresa la procedura concorsuale e di volontaria giurisdizione, nel processo amministrativo e nel processo tributario, secondo gli importi previsti dall'art. 13 e salvo quanto previsto dall'art. 10.[1,2]

1-*bis*. Nei processi per controversie di previdenza ed assistenza obbligatorie, nonché per quelle individuali di lavoro o concernenti rapporti di pubblico impiego le parti che sono titolari di un reddito imponibile ai fini dell'imposta personale sul reddito, risultante dall'ultima dichiarazione, superiore a tre volte l'importo previsto dall'articolo 76, sono soggette, rispettivamente, al contributo unificato di iscrizione a ruolo nella misura di cui all'articolo 13, comma 1, lettera *a*), e comma 3, salvo che per i processi dinanzi alla Corte di cassazione in cui il contributo è dovuto nella misura di cui all'articolo 13, comma 1.[3]

[1] Comma così modif. dall'art. 2, c. 212, L. 23 dic. 2009, n. 191.

[2] Comma così modif. dall'art. 37, c. 6, lett. *b*), D.L. 6 lug. 2011, n. 98, conv. in L. 15 lug. 2011, n. 111.

[3] Comma inserito dall'art. 37, c. 6, lett. *b*), D.L. 6 lug. 2011, n. 98, conv. con modif. in L. 15 lug. 2011, n. 111.

10. ***Esenzioni.*** — 1. Non è soggetto al contributo unificato il processo già esente, secondo previsione legislativa e senza limiti di competenza o di valore, dall'imposta di bollo o da ogni spesa, tassa o diritto di qualsiasi specie e natura, nonché il processo di rettificazione di stato civile, il processo in materia tavolare, il processo di cui all'art. 3, della L. 24 mar. 2001, n. 89, e il processo in materia di integrazione scolastica, relativamente ai ricorsi amministrativi per la garanzia del sostegno agli alunni con handicap fisici o sensoriali, ai sensi dell'articolo 13, comma 3, della legge 5 febbraio 1992, n. 104.[1]

2. Non è soggetto al contributo unificato il processo, anche esecutivo, di opposizione e cautelare, in materia di assegni per il mantenimento della prole, e quello comunque riguardante la stessa.

3. Non sono soggetti al contributo unificato i processi di cui al libro IV, titolo II, capi II, III, IV e V, del codice di procedura civile.[2]

4-5.[3]

6. La ragione dell'esenzione deve risultare da apposita dichiarazione resa dalla parte nelle conclusioni dell'atto introduttivo.

6-*bis*. Nei procedimenti di cui all'articolo 23 della legge 24 novembre 1981, n. 689, e successive modificazioni, gli atti del processo sono soggetti soltanto al pagamento del contributo unificato, nonché delle spese forfetizzate secondo l'importo fissato all'articolo 30 del presente testo unico. Nelle controversie di cui all'articolo unico della legge 2 aprile 1958, n. 319, e successive modificazioni, e in quelle in cui si applica lo stesso articolo, è in ogni caso dovuto il contributo unificato.[4]

[1] Comma così modif. dall'art. 37, c. 6, lett. *c*), D.L. 6 lug. 2011, n. 98, conv. in L. 15 lug. 2011, n. 111, e dall'art. 17, c. 8-*bis*, D.L. 12 set. 2013, n. 104, conv. in L. 8 nov. 2013, n. 128.

[2] Comma così modif. dall'art. 37, c. 6, lett. *d*), D.L. 6 lug. 2011, n. 98, conv. in L. 15 lug. 2011, n. 111.

[3] Commi abrog. dall'art. 2, c. 212, L. 23 dic. 2009, n. 191.

[4] Comma aggiunto dall'art. 2, c. 212, L. 23 dic. 2009, n. 191 e così modif. dall'art. 37, c. 6, lett. *e*), D.L. 6 lug. 2011, n. 98, conv. in L. 15 lug. 2011, n. 111.

11. ***Prenotazione a debito del contributo unificato.*** — 1. Il contributo unificato è prenotato a debito nei confronti dell'amministrazione pubblica ammessa da norme di legge alla prenotazione a debito di altre imposte e spese a suo carico, nei confronti della parte ammessa al patrocinio a spese dello Stato e, nell'ipotesi di cui all'art. 12, comma 2, nei confronti della parte obbligata al risarcimento del danno.

12. (*Omissis*).

13. ***Importi.*** — 1. Il contributo unificato è dovuto nei seguenti importi:

a) euro 43[1] per i processi di valore fino a 1.100 euro, nonché per i processi per controversie di previdenza e assistenza obbligatorie, salvo quanto previsto dall'articolo 9, comma 1-*bis*, per i procedimenti di cui all'articolo 711 del codice di procedura civile, e per i procedimenti di cui all'articolo 4, comma 16, della legge 1° dicembre 1970, n. 898;[2]

b) euro 98[1] per i processi di valore superiore a euro 1.100 e fino a euro 5.200 e per i processi di volontaria giurisdizione, nonché per i processi speciali di cui al libro IV, titolo II, capo I e capo VI, del codice di procedura civile, e per i processi contenziosi di cui all'articolo 4 della legge 1° dicembre 1970, n. 898;[3]

c) euro 237[1] per i processi di valore superiore a euro 5.200 e fino a euro 26.000 e per i processi contenziosi di valore indeterminabile di competenza esclusiva del giudice di pace;[4]

d) euro 518[1] per i processi di valore superiore a euro 26.000 e fino a euro 52.000 e per i processi civili di valore indeterminabile;[5]

e) euro 759[1] per i processi di valore superiore a euro 52.000 e fino a euro 260.000;[4]

f) euro 1.214[1] per i processi di valore superiore a euro 260.000 e fino a euro 520.000;[4]

g) euro 1.686[1] per i processi di valore superiore a euro 520.000.[4,6]

1-*bis*. Il contributo di cui al comma 1 è aumentato della metà per i giudizi di impugnazione ed è raddoppiato per i processi dinanzi alla Corte di cassazione.[7]

1-*ter*. Per i processi di competenza delle sezioni specializzate di cui al decreto legislativo 27 giugno 2003, n. 168, e successive modificazioni, il contributo unificato di cui al comma 1 è raddoppiato. Si applica il comma 1-*bis*.[8]

1-*quater*. Quando l'impugnazione, anche incidentale, è respinta integralmente o è dichiarata inammissibile o improcedibile, la parte che l'ha proposta è tenuta a versare un ulteriore importo a titolo di contributo unificato pari a quello dovuto per la stessa impugnazione, principale o incidentale, a norma del comma 1-*bis*. Il giudice dà atto nel provvedimento della sussistenza dei presupposti di cui al periodo precedente e l'obbligo di pagamento sorge al momento del deposito dello stesso.[9]

1-*quinquies*. Per il procedimento introdotto con l'istanza di cui all'articolo 492-*bis*, primo comma, del codice di procedura civile il contributo dovuto è pari ad euro 43 e non si applica l'articolo 30.[10]

2. Per i processi di esecuzione immobiliare il contributo dovuto è pari a euro 278. Per gli altri processi esecutivi lo stesso importo è ridotto della metà. Per i processi esecutivi mobiliari di valore inferiore a 2.500 euro il contributo dovuto è pari a euro 43. Per i processi di opposizione agli atti esecutivi il contributo dovuto è pari a euro 168.[11]

2-*bis*. Fuori dei casi previsti dall'articolo 10, comma 6-*bis*[12], per i processi dinanzi alla Corte di cassazione, oltre al contributo unificato, è dovuto un importo pari all'imposta fissa di registrazione dei provvedimenti giudiziari.[13]

3. Il contributo è ridotto alla metà per i processi speciali previsti nel libro IV, titolo I, del codice di procedura civile, compreso il giudizio di opposizione a decreto ingiuntivo e di opposizione alla sentenza dichiarativa di fallimento e per le controversie individuali di lavoro o concernenti rapporti di pubblico impiego, salvo quanto previsto dall'articolo 9, comma 1-*bis*.[14] Ai fini del contributo dovuto, il valore dei processi di sfratto per morosità si

determina in base all'importo dei canoni non corrisposti alla data di notifica dell'atto di citazione per la convalida e quello dei processi di finita locazione si determina in base all'ammontare del canone per ogni anno.

3-*bis*. Ove il difensore non indichi il proprio numero di fax ai sensi dell'articolo 125, primo comma, del codice di procedura civile e il proprio indirizzo di posta elettronica certificata ai sensi dell'articolo 16, comma 1-*bis*, del decreto legislativo 31 dicembre 1992, n. 546, ovvero qualora la parte ometta di indicare il codice fiscale nell'atto introduttivo del giudizio o, per il processo tributario, nel ricorso il contributo unificato è aumentato della metà.[15]

4.[16]

5. Per la procedura fallimentare, che è la procedura dalla sentenza dichiarativa di fallimento alla chiusura, il contributo dovuto è pari a euro 851[1].[17]

6. Se manca la dichiarazione di cui all'art. 14, il processo si presume del valore indicato al comma 1, lettera *g*). Se manca la dichiarazione di cui al comma 3-*bis* dell'articolo 14, il processo si presume del valore indicato al comma 6-*quater*, lettera *f*).[18]

6-*bis*. Il contributo unificato per i ricorsi proposti davanti ai Tribunali amministrativi regionali e al Consiglio di Stato è dovuto nei seguenti importi:

a) per i ricorsi previsti dagli articoli 116 e 117 del decreto legislativo 2 luglio 2010, n. 104, per quelli aventi ad oggetto il diritto di cittadinanza, di residenza, di soggiorno e di ingresso nel territorio dello Stato e per i ricorsi di esecuzione nella sentenza o di ottemperanza del giudicato il contributo dovuto è di euro 300. Non è dovuto alcun contributo per i ricorsi previsti dall'articolo 25 della citata legge n. 241 del 1990 avverso il diniego di accesso alle informazioni di cui al decreto legislativo 19 agosto 2005, n. 195, di attuazione della direttiva 2003/4/CE sull'accesso del pubblico all'informazione ambientale;

b) per le controversie concernenti rapporti di pubblico impiego, si applica il comma 3;

c) per i ricorsi cui si applica il rito abbreviato comune a determinate materie previsto dal libro IV, titolo V, del decreto legislativo 2 luglio 2010, n. 104, nonché da altre disposizioni che richiamino il citato rito, il contributo dovuto è di euro 1.800;

d) per i ricorsi di cui all'articolo 119, comma 1, lettere *a*) e *b*), del codice di cui all'allegato 1 al decreto legislativo 2 luglio 2010, n. 104, il contributo dovuto è di euro 2.000 quando il valore della controversia è pari o inferiore ad euro 200.000; per quelle di importo compreso tra euro 200.000 e 1.000.000 il contributo dovuto è di euro 4.000 mentre per quelle di valore superiore a 1.000.000 di euro è pari ad euro 6.000. Se manca la dichiarazione di cui al comma 3-*bis* dell'articolo 14, il contributo dovuto è di euro 6.000;

e) in tutti gli altri casi non previsti dalle lettere precedenti e per il ricorso straordinario al Presidente della Repubblica nei casi ammessi dalla normativa vigente, il contributo dovuto è di euro 650.[19]

6-*bis1*. Gli importi di cui alle lettere *a*), *b*), *c*), *d*) ed *e*) del comma 6-*bis* sono aumentati della metà ove il difensore non indichi il proprio indirizzo di posta elettronica certificata e il proprio recapito fax, ai sensi dell'articolo 136 del codice del processo amministrativo di cui al decreto legislativo 2 luglio 2010, n. 104, ovvero qualora la parte ometta di indicare il codice fiscale nel ricorso. L'onere relativo al pagamento dei suddetti contributi è dovuto in ogni caso dalla parte soccombente, anche nel caso di compensazione giudiziale delle spese e anche se essa non si è costituita in giudizio. Ai fini predetti, la soccombenza si determina con il passaggio in giudicato della sentenza. Ai fini del presente comma, per ricorsi si intendono quello principale, quello incidentale e i motivi aggiunti che introducono domande nuove.[20]

6-*ter*. Il maggior gettito derivante dall'applicazione delle disposizioni di cui al comma 6-*bis* è versato al bilancio dello Stato, per essere riassegnato allo stato di previsione del Ministero dell'economia e delle finanze, per le spese riguardanti il funzionamento del Consiglio di Stato e dei Tribunali amministrativi regionali.[21]

6-*quater*. Per i ricorsi principale ed incidentale proposti avanti le Commissioni tributarie provinciali e regionali è dovuto il contributo unificato nei seguenti importi:

a) euro 30 per controversie di valore fino a euro 2.582,28;

b) euro 60 per controversie di valore superiore a euro 2.582,28 e fino a euro 5.000;

c) euro 120 per controversie di valore superiore a euro 5.000 e fino a euro 25.000 e per le controversie tributarie di valore indeterminabile;[22]

d) euro 250 per controversie di valore superiore a euro 25.000 e fino a euro 75.000;

e) euro 500 per controversie di valore superiore a euro 75.000 e fino a euro 200.000;

f) euro 1.500 per controversie di valore superiore a euro 200.000.[23]

6-*quinquies*. Per le controversie di cui al regolamento (UE) n. 655/2014 del Parlamento europeo e del Consiglio, del 15 maggio 2014, che istituisce una procedura per l'ordinanza europea di sequestro conservativo su conti bancari al fine di facilitare il recupero transfrontaliero dei crediti in materia civile e commerciale, si applicano:

a) gli importi stabiliti dall'articolo 13, commi 1, lettera *b*), e 1-*bis*, per i procedimenti previsti dagli articoli 21 e 37 del regolamento (UE) n. 655/2014;

b) gli importi stabiliti dall'articolo 13, comma 3, per i procedimenti previsti dagli articoli 8, 33 e 35 del regolamento (UE) n. 655/2014;

c) gli importi stabiliti dall'articolo 13, comma 1, per i procedimenti previsti dall'articolo 34 del regolamento (UE) n. 655/2014;

d) gli importi stabiliti dall'articolo 13, comma

1-*quinquies*, per i procedimenti previsti dall'articolo 14 del regolamento (UE) n. 655/2014.[24]

[1] Importo così modif. dall'art. 53, D.L. 24 giu. 2014, n. 90, conv. con modif. in L. 11 ago. 2014, n. 114.
[2] Lettera sost. dall'art. 37, c. 6, lett. *f*), D.L. 6 lug. 2011, n. 98, conv. in L. 15 lug. 2011, n. 111.
[3] Lettera sost. dall'art. 37, c. 6, lett. *g*), D.L. 6 lug. 2011, n. 98, conv. in L. 15 lug. 2011, n. 111.
[4] Lettera così modif. dall'art. 37, c. 6, D.L. 6 lug. 2011, n. 98, conv. in L. 15 lug. 2011, n. 111.
[5] Lettera prima modif. dall'art. 37, c. 6, D.L. 6 lug. 2011, n. 98, conv. in L. 15 lug. 2011, n. 111 e poi dall'art. 2, c. 35-*bis*, D.L. 13 ago. 2011, n. 138, conv. in L. 14 set. 2011, n. 148.
[6] Comma sost. dall'art. 48-*bis*, D.L. 31 mag. 2010, n. 78, conv. in L. 30 lug. 2010, n. 122.
[7] Comma aggiunto dall'art. 28, c. 1, lett. *a*), L. 12 nov. 2011, n. 183, in vigore dal 1° gen. 2012.
[8] Comma aggiunto dall'art. 2, c. 3, del D.L. 24 gen. 2012, n. 1, conv. con modif. in L. 24 mar. 2012, n. 27.
[9] Comma ins. dall'art. 1, c. 17, L. 24 dic. 2012, n. 228. Le disposizioni si applicano ai procedimenti iniziati dal trentesimo giorno successivo alla data di entrata in vigore della L. 24 dic. 2012, n. 228.
[10] Comma ins. dall'art. 19, c. 3, D.L. 12 set. 2014, n. 132, conv. con modif. in L. 10 nov. 2014, n. 162.
[11] Comma così sost. dall'art. 53, D.L. 24 giu. 2014, n. 90, conv. con modif. in L. 11 ago. 2014, n. 114.
[12] Parole aggiunte dall'art. 2, c. 212, L. 23 dic. 2009, n. 191.
[13] Comma ins. dall'art. 67 della L. 18 giu. 2009, n. 69.
[14] Parole aggiunte dall'art. 37, c. 6, lett. *p*), D.L. 6 lug. 2011, n. 98, conv. in L. 15 lug. 2011, n. 111.
[15] Comma ins. dall'art. 37, c. 6, lett. *q*), D.L. 6 lug. 2011, n. 98, conv. in L. 15 lug. 2011, n. 111 e poi modif. dall'art. 2, c. 35-*bis*, D.L. 13 ago. 2011, n. 138, conv. in L. 14 set. 2011, n. 148, e dall'art. 45-*bis*, c. 2, D.L. 24 giu. 2014, n. 90, conv. con modif. in L. 11 ago. 2014, n. 114.
[16] Comma abrog. dall'art. 2, c. 212, L. 23 dic. 2009, n. 191.
[17] Comma così modif. dall'art. 37, c. 6, lett. *r*), D.L. 6 lug. 2011, n. 98, conv. in L. 15 lug. 2011, n. 111.
[18] Comma così modif. dall'art. 9-*bis* L. 17 ago. 2005, n. 168. Ultimo periodo aggiunto dall'art. 2, c. 35-*bis*, D.L. 13 ago. 2011, n. 138, conv. in L. 14 set. 2011, n. 148.
[19] Comma aggiunto dall'art. 21 del D.L. 4 lug. 2006, n. 223, così sost. dall'art. 37, c. 6, lett. *s*), D.L. 6 lug. 2011, n. 98, conv. in L. 15 lug. 2011, n. 111 e infine modif. dall'art. 2, c. 35-*bis*, D.L. 13 ago. 2011, n. 138, conv. in L. 14 set. 2011, n. 148.
[20] Comma aggiunto dall'art. 2, c. 35-*bis*, D.L. 13 ago. 2011, n. 138, conv. in L. 14 set. 2011, n. 148 e così modif. dall'art. 37, D.L. 6 lug. 2011, n. 98, conv. con modif. in L. 15 lug. 2011, n. 111, come modif. dall'art. 1, c. 25, L. 24 dic. 2012, n. 228. Il contributo è aumentato della metà per i giudizi di impugnazione. Le disposizioni si applicano ai ricorsi notificati successivamente alla data di entrata in vigore della L. 24 dic. 2012, n. 228.
[21] Comma aggiunto dall'art. 21 del D.L. 4 lug. 2006, n. 223.
[22] Lettera così modif. dall'art. 2, c. 35-*bis*, D.L. 13 ago. 2011, n. 138, conv. in L. 14 set. 2011, n. 148.
[23] Comma aggiunto dall'art. 37, c. 6, lett. *t*), D.L. 6 lug. 2011, n. 98, conv. in L. 15 lug. 2011, n. 111.
[24] Comma aggiunto dall'art. 10 D.lgs. 26 ott. 2020, n. 152.

14. ***Obbligo di pagamento.*** — 1. La parte che per prima si costituisce in giudizio, che deposita il ricorso introduttivo, ovvero che, nei processi esecutivi di espropriazione forzata, fa istanza per l'assegnazione o la vendita di beni pignorati, è tenuta al pagamento contestuale del contributo unificato.

1-*bis*. La parte che fa istanza a norma dell'articolo 492-*bis*, primo comma, del codice di procedura civile è tenuta al pagamento contestuale del contributo unificato.[1]

2. Il valore dei processi, determinato ai sensi del codice di procedura civile, senza tener conto degli interessi,[2] deve risultare da apposita dichiarazione resa dalla parte nelle conclusioni dell'atto introduttivo, anche nell'ipotesi di prenotazione a debito.

3. La parte di cui al comma 1, quando modifica la domanda o propone domanda riconvenzionale o formula chiamata in causa, cui consegue l'aumento del valore della causa, è tenuta a farne espressa dichiarazione e a procedere al contestuale pagamento integrativo. Le altre parti, quando modificano la domanda o propongono domanda riconvenzionale o formulano chiamata in causa o svolgono intervento autonomo, sono tenute a farne espressa dichiarazione e a procedere al contestuale pagamento di un autonomo contributo unificato, determinato in base al valore della domanda proposta.[3]

3-*bis*. Nei processi tributari, il valore della lite, determinato, per ciascun atto impugnato anche in appello, ai sensi del comma 2 dell'articolo 12 del decreto legislativo 31 dicembre 1992, n. 546, e successive modificazioni, deve risultare da apposita dichiarazione resa dalla parte nelle conclusioni del ricorso, anche nell'ipotesi di prenotazione a debito.[4]

3-*ter*. Nel processo amministrativo per valore della lite nei ricorsi di cui all'articolo 119, comma 1, lettera *a*) del decreto legislativo 2 luglio 2010, n. 104, si intende l'importo posto a base d'asta individuato dalle stazioni appaltanti negli atti di gara, ai sensi dell'articolo 29, del decreto legislativo 12 aprile 2006, n. 163. Nei ricorsi di cui all'articolo 119, comma 1, lettera *b*) del decreto legislativo 2 luglio 2010, n. 104, in caso di controversie relative all'irrogazione di sanzioni, comunque denominate, il valore è costituito dalla somma di queste.[5]

[1] Comma ins. dall'art. 19, c. 3, D.L. 12 set. 2014, n. 132, conv. con modif. in L. 10 nov. 2014, n. 162.
[2] Parole inserite dall'art. 9-*bis*, L. 17 ago. 2005, n. 168.
[3] Comma così sost. dall'art. 28, c. 1, lett. *b*), L. 12 nov. 2011, n. 183, in vigore dal 1° gen. 2012.
[4] Comma aggiunto dall'art. 37, c. 6, lett. *u*), D.L. 6 lug. 2011, n. 98, conv. in L. 15 lug. 2011, n. 111, e quindi così modif. dall'art. 1, c. 598, L. 27 dic. 2013, n. 147, e dall'art. 10, D.lgs. 24 set. 2015, n. 156.
[5] Comma ins. dall'art. 1, c. 26, L. 24 dic. 2012, n. 228.

15. ***Controllo in ordine alla dichiarazione di valore ed al pagamento del contributo unificato.***[1] — 1. Il funzionario verifica l'esistenza della dichiarazione della parte in ordine al valore della causa oggetto della domanda e della ricevuta di versamento; verifica inoltre se l'importo risultante dalla stessa è diverso dal corrispondente scaglione di valore della causa.

2. Il funzionario procede, altresì, alla verifica di cui al comma 1, ogni volta che viene introdotta nel processo una domanda idonea a modificare il valore della causa.

[1] Articolo modif. dall'art. 9-*bis*, L. 17 ago. 2005, n. 168.

16. ***Omesso o insufficiente pagamento del contributo unificato.*** — 1. In caso di omesso o insufficiente pagamento del contributo unificato si applicano le disposizioni di cui alla parte VII, titolo VII del presente testo unico e nell'importo iscritto a ruolo sono calcolati gli interessi al saggio legale, decorrenti dal deposito dell'atto cui si collega il pagamento o l'integrazione del contributo.

1-*bis*. In caso di omesso o parziale pagamento del contributo unificato, si applica la sanzione di cui all'art. 71 del testo unico delle disposizioni concernenti l'imposta di registro di cui al decreto del Presidente della Repubblica 26 aprile 1986, n. 131, esclusa la detrazione ivi prevista. Del pagamento risponde il difensore o, in solido, i difensori costituiti.[1]

1-*ter*. La sanzione irrogata, anche attraverso la comunicazione contenuta nell'invito al pagamento di cui all'articolo 248, è notificata a cura dell'ufficio e anche tramite posta elettronica certificata, nel domicilio eletto o, nel caso di mancata elezione del domicilio, mediante deposito presso l'ufficio.[2]

[1] Comma aggiunto dall'art. 21 D.L. 4 lug. 2006, n. 223.
[2] Comma aggiunto dall'art. 29, c. 2, D.L. 8 apr. 2020, n. 23, conv. con modif. in L. 5 giu. 2020, n. 40.

17. ***Variazione degli importi.*** — 1. Con decreto del Presidente della Repubblica, ai sensi dell'art. 17, c. 2, della L. 23 ago. 1988, n. 400, su proposta del Ministro della giustizia, di concerto con il Ministro dell'economia e delle finanze, sono apportate le variazioni agli importi e agli scaglioni di valore di cui all'art. 13, tenuto conto della necessità di adeguamento alle variazioni del numero, del valore, della tipologia dei processi registrate nei due anni precedenti.

18. ***Non applicabilità dell'imposta di bollo nel processo penale e nei processi in cui è dovuto il contributo unificato.*** — Agli atti e provvedimenti del processo penale, con la sola esclusione dei certificati penali, non si applica l'imposta di bollo. L'imposta di bollo non si applica altresì agli atti e provvedimenti del processo civile, compresa la procedura concorsuale e di volontaria giurisdizione, del processo amministrativo e nel processo tributario, soggetti al contributo unificato. L'imposta di bollo non si applica, inoltre, alle copie autentiche, comprese quelle esecutive, degli atti e dei provvedimenti, purché richieste dalle parti processuali. Atti e provvedimenti del processo sono tutti gli atti processuali, inclusi quelli antecedenti, necessari o funzionali.[1]

2. La disciplina sull'imposta di bollo è invariata per le istanze e domande sotto qualsiasi forma presentate da terzi, nonché per gli atti non giurisdizionali compiuti dagli uffici, compreso il rilascio di certificati, sempre che non siano atti antecedenti, necessari o funzionali ai processi di cui al comma 1.

[1] Comma così modif. dall'art. 1, c. 486, L. 24 dic. 2012, n. 228.

18-*bis*. ***Pubblicità sul portale delle vendite pubbliche.***[1] — 1. Per la pubblicazione sul portale delle vendite pubbliche di ciascun atto esecutivo per il quale la legge dispone che sia data pubblica notizia e che riguarda beni immobili o mobili registrati, è dovuto un contributo per la pubblicazione dell'importo di euro 100 a carico del creditore procedente. Quando la vendita è disposta in più lotti, il contributo per la pubblicazione è dovuto per ciascuno di essi. Il pagamento deve essere effettuato con le modalità previste dall'articolo 4, comma 9, del decreto-legge 29 dicembre 2009, n. 193, convertito con modificazioni dalla legge 22 febbraio 2010, n. 24, con imputazione ad apposito capitolo dell'entrata del bilancio dello Stato. Quando la parte è stata ammessa al patrocinio a spese dello Stato, il contributo per la pubblicazione è prenotato a debito, a norma e per gli effetti delle disposizioni del presente decreto. Per la pubblicazione relativa a beni diversi da quelli di cui al primo periodo del presente comma, il contributo per la pubblicazione non è dovuto.

2. Con decreto dirigenziale del Ministero della giustizia, di concerto con il Ministero dell'economia e delle finanze, l'importo del contributo per la pubblicazione è adeguato ogni tre anni in relazione alla variazione, accertata dall'ISTAT, dell'indice dei prezzi al consumo per le famiglie di operai ed impiegati.

3. Le entrate derivanti dall'applicazione delle disposizioni di cui al comma 1, affluite all'apposito capitolo di cui al medesimo comma, sono riassegnate allo stato di previsione della spesa del Ministero della giustizia, per il funzionamento degli uffici giudiziari nonché per l'implementazione e lo sviluppo dei sistemi informatizzati.

4. Il Ministro dell'economia e delle finanze è autorizzato ad apportare, con propri decreti, le occorrenti variazioni di bilancio.

[1] Articolo aggiunto dall'art. 15, D.L. 27 giu. 2015, n. 83, conv. con modif. in L. 6 ago. 2015, n. 132.

19-164. (*Omissis*).

PARTE VI
PAGAMENTO

TITOLO I
Titoli di pagamento delle spese

CAPO I
Ordine di pagamento emesso dal funzionario

165. ***Ordine di pagamento emesso dal funzionario.*** — 1. La liquidazione delle spese disciplinate nel presente testo unico è sempre effettuata con ordine di pagamento del funzionario addetto all'ufficio se non espressamente attribuita al magistrato.

166. ***Ordine di pagamento anticipato per i testimoni nel processo penale.*** (*Omissis*).

167. ***Ordine di pagamento dell'indennità di trasferta agli ufficiali giudiziari.*** — 1. Le indennità di trasferta per notificazioni pagate dall'erario agli ufficiali giudiziari sono liquidate mensilmente dal funzionario addetto all'UNEP, se relative al processo penale e civile, dal funzionario addetto all'ufficio presso il magistrato militare, se relative al processo penale militare, dal funzionario addetto secondo l'ordinamento dell'amministrazione finanziaria, se relative al processo tributario, nonché dal funzionario addetto secondo i regolamenti concernenti la disciplina dell'autonomia finanziaria del Consiglio di Stato ed i tribunali amministrativi regionali e della Corte dei conti, se relative al processo amministrativo e contabile.

2. L'ordine di pagamento è emesso in favore dell'UNEP.

CAPO II

Decreto di pagamento emesso dal magistrato

168. ***Decreto di pagamento delle spettanze agli ausiliari del magistrato e dell'indennità di custodia.*** — 1. La liquidazione delle spettanze agli ausiliari del magistrato e dell'indennità di custodia è effettuata con decreto di pagamento, motivato, del magistrato che procede.

2. Il decreto è comunicato al beneficiario e alle parti, compreso il pubblico ministero, ed è titolo provvisoriamente esecutivo.

3. Nel processo penale il decreto è titolo provvisoriamente esecutivo solo se sussiste il segreto sugli atti di indagine o sulla iscrizione della notizia di reato ed è comunicato al beneficiario; alla cessazione del segreto è comunicato alle parti, compreso il pubblico ministero, nonché nuovamente al beneficiario ai fini dell'opposizione.

168-*bis*. ***Decreto di pagamento delle spese di cui all'articolo 96 del decreto legislativo 1° agosto 2003, n. 259, e di quelle funzionali all'utilizzo delle prestazioni medesime.***[1] — 1. La liquidazione delle spese relative alle prestazioni di cui all'articolo 96 del decreto legislativo 1° agosto 2003, n. 259, e di quelle funzionali all'utilizzo delle prestazioni medesime è effettuata senza ritardo con decreto di pagamento del pubblico ministero che ha richiesto o eseguito l'autorizzazione a disporre le operazioni di intercettazione.

2. Quando sussiste il segreto sugli atti di indagine o sulla iscrizione della notizia di reato, il decreto di pagamento è titolo provvisoriamente esecutivo ed è comunicato alle parti e al beneficiario in conformità a quanto previsto dalla disposizione di cui all'articolo 168, comma 3.

3. Avverso il decreto di pagamento è ammessa opposizione ai sensi dell'articolo 170.

[1] Articolo ins. dall'art. 1, D.lgs. 2 ott. 2018, n. 120.

169. ***Decreto di pagamento delle spese per la demolizione e la riduzione in pristino dei luoghi.*** — 1. La liquidazione dell'importo dovuto alle imprese private o alle strutture tecnico-operative del Ministero della difesa, che hanno eseguito la demolizione di opere abusive e di riduzione in pristino dei luoghi, è effettuata con decreto di pagamento motivato dal magistrato che procede.

2. Il decreto di pagamento alle imprese private è comunicato al beneficiario e alle parti processuali, compreso il pubblico ministero.

170. ***Opposizione al decreto di pagamento.*** — 1. Avverso il decreto di pagamento emesso a favore dell'ausiliario del magistrato, del custode e delle imprese private cui è affidato l'incarico di demolizione e riduzione in pristino, il beneficiario e le parti processuali, compreso il pubblico ministero, possono proporre opposizione. L'opposizione è disciplinata dall'articolo 15 del decreto legislativo 1° settembre 2011, n. 150.[1]

2-3.[2]

[1] Comma così sost. dall'art. 34, c. 17 D.lgs. 1 set. 2011, n. 150.

[2] Commi abrog. dall'art. 34, c. 17 D.lgs. 1 set. 2011, n. 150.

171. ***Effetti del decreto di pagamento.*** — Il decreto di pagamento emesso dal magistrato costituisce titolo di pagamento della spesa in tutte le fattispecie previste dal presente testo unico.

CAPO III

Responsabilità

172. ***Responsabilità.*** — I magistrati e i funzionari amministrativi sono responsabili delle liquidazioni e dei pagamenti da loro ordinati e sono tenuti al risarcimento del danno subito dall'erario a causa degli errori e delle irregolarità delle loro disposizioni, secondo la disciplina generale in tema di responsabilità amministrativa.

173-190. (*Omissis*).

TITOLO III

Pagamento delle spese a carico dei privati

CAPO I

Pagamento del contributo unificato nel processo civile, amministrativo e tributario[1]

[1] Rubrica così sost. dall'art. 37, c. 6, lett. *bb*), D.L. 6 lug. 2011, n. 98, conv. in L. 15 lug. 2011, n. 111.

191. ***Determinazione delle modalità di pagamento.*** (*Omissis*).

192. ***Modalità di pagamento.***[1] — 1. Salvo il

caso previsto dal comma 2, il contributo unificato è corrisposto mediante:

a) versamento ai concessionari;

b) versamento in conto corrente postale intestato alla sezione di tesoreria provinciale dello Stato;

c) versamento presso le rivendite di generi di monopolio e di valori bollati.

2. Il contributo unificato per i ricorsi proposti dinanzi al giudice amministrativo è versato secondo modalità stabilite con decreto del Ministro dell'economia e delle finanze, da adottare entro trenta giorni dalla data di entrata in vigore della presente disposizione, sentito il presidente del Consiglio di Stato.

3. Il comma 2 si applica ai ricorsi depositati successivamente alla data di entrata in vigore del decreto di cui al medesimo comma 2. Nelle more dell'adozione del decreto di cui al comma 2, si applicano le disposizioni di cui al comma 1.

4. Fatto salvo quanto previsto dal comma 2 del presente articolo, resta fermo il disposto dell'articolo 191.

5. Dall'attuazione dei commi 2 e 3 non devono derivare nuovi o maggiori oneri per la finanza pubblica.

[1] Articolo così sost. dall'art. 7, c. 8-*ter*, D.L. 31 ago. 2016, n. 168, conv. con modif. in L. 25 ott. 2016, n. 197. Le modifiche hanno efficacia con riguardo ai giudizi introdotti con i ricorsi depositati, in primo o in secondo grado, a far data dal 1° gen. 2017; ai ricorsi depositati anteriormente a tale data, continuano ad applicarsi, fino all'esaurimento del grado di giudizio nel quale sono pendenti alla data stessa e comunque non oltre il 1° gen. 2018, le norme vigenti alla data di entrata in vigore del presente decreto.

193. ***Convenzioni per il pagamento presso le rivendite di generi di monopolio.*** — 1. I rapporti tra le rivendite di generi di monopolio e di valori bollati e il Ministero dell'economia e delle finanze sono regolati da apposita convenzione, da approvarsi con decreto del Ministero dell'economia e delle finanze, di concerto con il Ministero della giustizia.

Con la convenzione sono stabiliti:

a) i compensi spettanti agli intermediari;

b) le modalità operative del versamento e del riversamento delle somme;

c) le caratteristiche del contrassegno di cui all'art. 194, comma 3;

d) le penalità a carico dell'intermediario per l'inosservanza degli obblighi convenzionali.

194. ***Ricevuta di versamento.*** — La ricevuta del versamento contiene, a titolo di causale: l'ufficio giudiziario adito; le generalità e il codice fiscale dell'attore o ricorrente; le generalità delle altre parti.

2. In caso di pluralità di convenuti o resistenti è indicato per esteso il nominativo del primo dei medesimi recato dall'atto introduttivo del processo ed il numero in cifra dei restanti.

3. Se il versamento è effettuato presso le rivendite di generi di monopolio e di valori bollati, la ricevuta è costituita dal contrassegno, rilasciato dalla rivendita, comprovante l'avvenuto pagamento e l'importo.

4. Il contrassegno è apposto sulla nota di iscrizione a ruolo o su atto equipollente che contenga gli stessi dati; nei processi in cui le parti non devono depositare la nota di iscrizione a ruolo o altro atto equipollente il contrassegno è apposto su un modello, approvato con decreto dirigenziale del Ministero dell'economia e delle finanze, contenente i dati di cui ai commi 1 e 2.

5. La ricevuta del versamento o il modello contenente il contrassegno sono allegati all'atto giudiziario per il quale è stato effettuato il versamento e inseriti nel fascicolo d'ufficio.

6. Gli estremi della ricevuta di versamento sono annotati sul relativo registro del ruolo generale.

195-249. (*Omissis*).

PARTE VIII
DISPOZIONI SPECIALI PER IL PROCESSO AMMINISTRATIVO, CONTABILE E TRIBUTARIO

250-265. (*Omissis*).

CAPO II
Diritto di copia nel processo penale, civile, amministrativo e contabile

266. ***Raccordo.*** — 1. Sino all'emanazione del regolamento previsto dall'art. 40 si applicano le norme di questo capo.

267. ***Diritto di copia senza certificazione di conformità.*** — 1. Per il rilascio di copie di documenti senza certificazione di conformità, è dovuto il diritto forfettizzato nella misura stabilita dalla tabella, contenuta nell'allegato n. 6 del presente testo unico.

268. ***Diritto di copia autentica.*** — 1. Per il rilascio di copie autentiche di documenti è dovuto il diritto nella misura stabilita dalla tabella, contenuta nell'allegato n. 7 del presente testo unico.

1-*bis*. Il diritto di copia autentica non è dovuto nei casi previsti dall'articolo 16-*bis*, comma 9-*bis*, del decreto-legge 18 ottobre 2012, n. 179, convertito, con modificazioni, dalla legge 17 dicembre 2012, n. 221.[1]

[1] Comma aggiunto dall'art. 52, c. 2, D.L. 24 giu. 2014, n. 90, conv. con modif. in L. 11 ago. 2014, n. 114.

269. ***Diritto di copia su supporto diverso da quello cartaceo.*** — 1. Per il rilascio di copie di documenti su supporto diverso da quello cartaceo è dovuto il diritto forfettizzato nella misura stabilita dalla tabella, contenuta nell'allegato n. 8 del presente testo unico.

1-*bis*. Il diritto di copia senza certificazione di conformità non è dovuto quando la copia è estratta dal fascicolo informatico dai soggetti abilitati ad accedervi.[1]

[1] Comma aggiunto dall'art. 1, c. 598, L. 27 dic. 2013, n. 147, e, poi così sost. dall'art. 52, c. 2, D.L. 24 giu. 2014, n. 90, conv. con modif. in L. 11 ago. 2014, n. 114.

ALLEGATO 6 (*Art. 267*)[1] – DIRITTO DI COPIA SENZA CERTIFICAZIONE DI CONFORMITÀ

Numero pagine	Diritto di copia forfettizzato
1	2
1-4	euro 0,98
5-10	euro 1,97
11-20	euro 3,92
21-50	euro 7,86
51-100	euro 15,72
oltre le 100	euro 15,72 più euro 6,55 ogni ulteriori 100 pagine o frazione di 100

ALLEGATO 7 (*Art. 268*)[1] – DIRITTO DI COPIA AUTENTICA

Numero pagine	Diritto di copia forfettizzato	Diritto di certificazione di conformità	Totale delle colonne 2 e 3
1	2	3	4
1-4	euro 1,31	euro 6,55	euro 7,86
5-10	euro 2,63	euro 6,55	euro 9,18
11-20	euro 3,92	euro 6,55	euro 10,47
21-50	euro 6,55	euro 6,55	euro 13,10
51-100	euro 13,10	euro 6,55	euro 19,65
oltre le 100	euro 13,10 più euro 7,86 ogni ulteriori 100 pagine o frazione di 100	euro 6,55	euro 19,65 più euro 7,86 ogni ulteriori 100 pagine o frazione di 100

ALLEGATO 8 (*Art. 269*)[1]

DIRITTO DI COPIA SU SUPPORTO DIVERSO DA QUELLO CARTACEO

Tipo di supporto	Diritto di copia forfettizzato
1	2
Per ogni cassetta fonografica di 60 minuti o di durata inferiore	euro 3,92
Per ogni cassetta fonografica di 90 minuti	euro 5,89
Per ogni cassetta videofonografica di 120 minuti o di durata inferiore	euro 6,55
Per ogni cassetta videofonografica di 180 minuti	euro 7,86
Per ogni cassetta videofonografica di 240 minuti	euro 9,84
Per ogni dischetto informatico da 1,44 MB	euro 4,60
Per ogni compact disc	euro 327,56

[1] Gli importi dei diritti di copia sono stati aggiornati dal Decreto del Ministero della Giustizia 9 lug. 2021, come corretto da Comunicato 6 ago. 2021.

- 12 -

D.lgs. 27 giu. 2003, n. 168

Istituzione di Sezioni specializzate in materia di proprietà industriale ed intellettuale presso tribunali e corti d'appello, a norma dell'art. 16 della L. 12 dic. 2002, n. 273

(G.U. 11 lug. 2003, n. 159)

1. ***Istituzione delle sezioni specializzate in materia di impresa.***[1,2] — 1. Sono istituite presso i tribunali e le corti d'appello di Bari, Bologna, Catania, Firenze, Genova, Milano, Napoli, Palermo, Roma, Torino, Trieste e Venezia sezioni specializzate in materia di impresa[3], senza oneri aggiuntivi per il bilancio dello Stato né incrementi di dotazioni organiche.

1-*bis*. Sono altresì istituite sezioni specializzate in materia di impresa presso i tribunali e le corti d'appello aventi sede nel capoluogo di ogni regione, ove non esistenti nelle città di cui al comma 1. Per il territorio compreso nella regione Valle d'Aosta/Vallée d'Aoste sono competenti le sezioni specializzate presso il tribunale e la corte d'appello di Torino. È altresì istituita la sezione specializzata in materia di impresa presso il tribunale e la corte d'appello di Brescia. È altresì istituita la sezione specializzata in materia di impresa del tribunale e della corte di appello (sezione distaccata) di Bolzano.[4] L'istituzione delle sezioni specializzate non comporta incrementi di dotazioni organiche.[5]

[1] Il tribunale sede delle sezioni specializzate in materia di imprese è competente per i procedimenti di regolazione della crisi o dell'insolvenza, di cui al D.lgs. 12 gen. 2019, n. 14. La competenza territoriale è individuata ai sensi dell'art. 4 della presente legge.

[2] Rubrica così modif. dall'art. 2, c. 1, lett. *a*), D.L. 24 gen. 2012, n. 1, conv. con modif. in L. 24 mar. 2012, n. 27.

[3] Comma così modif. dall'art. 2, c. 1, lett. *a*), D.L. 24 gen. 2012, n. 1, conv. con modif. in L. 24 mar. 2012, n. 27.

[4] Periodo ins. dall'art. 10, c. 01, D.L. 23 dic. 2013, n. 145, conv. con modif. in L. 21 feb. 2014, n. 9.

[5] Comma aggiunto dall'art. 2, c. 1, lett. *a*), D.L. 24 gen. 2012, n. 1, conv. con modif. in L. 24 mar. 2012, n. 27.

2. ***Composizione delle sezioni e degli organi giudicanti.*** — 1. I giudici che compongono le sezioni specializzate sono scelti tra i magistrati dotati di specifiche competenze.[1]

2. Ai giudici delle sezioni specializzate può essere assegnata, rispettivamente dal Presidente del tribunale o della corte d'appello, anche la trattazione di processi diversi, purché ciò non comporti ritardo nella trattazione e decisione dei giudizi in materia di impresa.[2]

[1] Comma così sost. dall'art. 2, c. 1, lett. *b*), D.L. 24 gen. 2012, n. 1, conv. con modif. in L. 24 mar. 2012, n. 27.

[2] Comma così modif. dall'art. 2, c. 1, lett. *c*), D.L. 24 gen. 2012, n. 1, conv. con modif. in L. 24 mar. 2012, n. 27.

3. ***Competenza per materia delle sezioni specializzate.***[1] — 1. Le sezioni specializzate sono competenti in materia di:

a) controversie di cui all'articolo 134 del decreto legislativo 10 febbraio 2005, n. 30, e successive modificazioni, ad esclusione delle azioni di merito e cautelari per le quali l'Accordo su un tribunale unificato dei brevetti, fatto a Bruxelles il 19 febbraio 2013, pubblicato nella *Gazzetta Ufficiale dell'Unione europea* C 175 del 20 giugno 2013, prevede la competenza esclusiva del tribunale unificato dei brevetti, fatto salvo il regime transitorio di cui all'articolo 83 del medesimo Accordo;[2]

b) controversie in materia di diritto d'autore e di diritti connessi al diritto d'autore;[3]

c) controversie di cui all'articolo 33, comma 2, della legge 10 ottobre 1990, n. 287;

d) controversie relative alla violazione della normativa antitrust dell'Unione europea;

d-bis) controversie di cui al titolo VIII-*bis* del libro quarto del codice di procedura civile.[4]

2. Le sezioni specializzate sono altresì competenti, relativamente alle società di cui al libro V, titolo V, capi V, VI e VII, e titolo VI, del codice civile, alle società di cui al regolamento (CE) n. 2157/2001 del Consiglio, dell'8 ottobre 2001, e di cui al regolamento (CE) n. 1435/2003 del Consiglio, del 22 luglio 2003, nonché alle stabili organizzazioni nel territorio dello Stato delle società costituite all'estero, ovvero alle società che rispetto alle stesse esercitano o sono sottoposte a direzione e coordinamento, per le cause e i procedimenti:

a) relativi a rapporti societari ivi compresi quelli concernenti l'accertamento, la costituzione, la modificazione o l'estinzione di un rapporto societario, le azioni di responsabilità da chiunque promosse contro i componenti degli organi amministrativi o di controllo, il liquidatore, il direttore generale ovvero il dirigente preposto alla redazione dei documenti contabili societari, nonché contro il soggetto incaricato della revisione contabile per i danni derivanti da propri inadempimenti o da fatti illeciti commessi nei confronti della società che ha conferito l'incarico e nei confronti dei terzi danneggiati, le opposizioni di cui agli articoli 2445, terzo comma, 2482, secondo comma, 2447-*quater*, secondo comma, 2487-*ter*, secondo comma, 2503, secondo comma, 2503-*bis*, primo comma, e 2506-*ter* del codice civile;

b) relativi al trasferimento delle partecipazioni sociali o ad ogni altro negozio avente ad oggetto le partecipazioni sociali o i diritti inerenti;

c) in materia di patti parasociali, anche diversi da quelli regolati dall'articolo 2341-*bis* del codice civile;

d) aventi ad oggetto azioni di responsabilità promosse dai creditori delle società controllate contro le società che le controllano;

e) relativi a rapporti di cui all'articolo 2359, primo comma, numero 3), all'articolo 2497-*septies* e all'articolo 2545-*septies* del codice civile;

f) relativi a contratti pubblici di appalto di lavori, servizi o forniture di rilevanza comunitaria dei quali sia parte una delle società di cui al presente comma, ovvero quando una delle stesse partecipa al consorzio o al raggruppamento temporaneo cui i contratti siano stati affidati, ove comunque sussista la giurisdizione del giudice ordinario.

3. Le sezioni specializzate sono altresì competenti per le cause e i procedimenti che presentano ragioni di connessione con quelli di cui ai commi 1 e 2.

[1] Articolo così sost. dall'art. 2, c. 1, lett. *d*), D.L. 24 gen. 2012, n. 1, conv. con modif. in L. 24 mar. 2012, n. 27.

[2] Lettera così modif. dall'art. 3, L. 3 nov. 2016, n. 214.

[3] Lettera così modif. dall'art. 39, c. 2, D.lgs. 15 mar. 2017, n. 35.

[4] Lettera ins. dall'art. 6, c. 1, L. 12 apr. 2019, n. 31. La disposizione di cui alla L. 31/2019 entra in vigore a decorrere dal 19 nov. 2020, ai sensi di quanto disposto dall'art. 7, c. 1, L. 31/2019, come modif. dall'art. 8, c. 5, D.L. 30 dic. 2019, n. 162, conv. con modif. in L. 28 feb. 2020, n. 8.

4. ***Competenza territoriale delle sezioni.***[1] — 1. Fermo quanto previsto dai commi 1-*bis* e 1-*ter*[2], le controversie di cui all'articolo 3 che, secondo gli ordinari criteri di ripartizione della competenza territoriale e nel rispetto delle normative speciali che le disciplinano, dovrebbero essere trattate dagli uffici giudiziari compresi nel territorio della regione sono assegnate alla sezione specializzata avente sede nel capoluogo di regione individuato ai sensi dell'articolo 1. Alle sezioni specializzate istituite presso i tribunali e le corti d'appello non aventi sede nei capoluoghi di regione sono assegnate le controversie che dovrebbero essere trattate dagli uffici giudiziari compresi nei rispettivi distretti di corte d'appello.

1-*bis*. Per le controversie di cui all'articolo 3 nelle quali è parte, anche nel caso di più convenuti ai sensi dell'articolo 33 del codice di procedura civile, una società, in qualunque forma costituita, con sede all'estero, anche avente sedi secondarie con rappresentanza stabile nel territorio dello Stato, e che, secondo gli ordinari criteri di competenza territoriale e nel rispetto delle disposizioni normative speciali che le disciplinano, dovrebbero essere trattate dagli uffici giudiziari di seguito elencati, sono inderogabilmente competenti:

1) la sezione specializzata in materia di impresa di Bari per gli uffici giudiziari ricompresi nei distretti di Bari, Lecce, Taranto (sezione distaccata), Potenza;

2) la sezione specializzata in materia di impresa di Cagliari per gli uffici giudiziari ricompresi nei distretti di Cagliari e Sassari (sezione distaccata);

3) la sezione specializzata in materia di impresa di Catania per gli uffici giudiziari ricompresi nei distretti di Caltanissetta, Catania, Catanzaro, Messina, Palermo, Reggio Calabria;

4) la sezione specializzata in materia di impresa di Genova per gli uffici giudiziari ricompresi nei distretti di Bologna, Genova;

5) la sezione specializzata in materia di impresa di Milano per gli uffici giudiziari ricompresi nei distretti di Brescia, Milano;

6) la sezione specializzata in materia di impresa di Napoli per gli uffici giudiziari ricompresi nei distretti di corte d'appello di Campobasso, Napoli, Salerno;

7) la sezione specializzata in materia di impresa di Roma per gli uffici giudiziari ricompresi nei distretti di Ancona, Firenze, L'Aquila, Perugia, Roma;

8) la sezione specializzata in materia di impresa di Torino per gli uffici giudiziari ricompresi nel distretto di Torino;

9) la sezione specializzata in materia di impresa di Venezia per gli uffici giudiziari ricompresi nei distretti di Trento, Bolzano (sezione distaccata), Trieste, Venezia;

9-*bis*) la sezione specializzata in materia di impresa di Trento per gli uffici giudiziari ricompresi nel distretto di Trento, fermo quanto previsto al numero 9-*ter*);

9-*ter*) la sezione specializzata in materia di impresa di Bolzano per gli uffici giudiziari ricompresi nel territorio di competenza di Bolzano, sezione distaccata della corte di appello di Trento.[3]

1-*ter*. Per le controversie di cui all'articolo 3, comma 1, lettere *c*) e *d*), anche quando ricorrono i presupposti del comma 1-*bis*, che, secondo gli ordinari criteri di competenza territoriale e nel rispetto delle disposizioni normative speciali che le disciplinano, dovrebbero essere trattate dagli uffici giudiziari di seguito elencati, sono inderogabilmente competenti:

a) la sezione specializzata in materia di impresa di Milano per gli uffici giudiziari ricompresi nei distretti di Brescia, Milano, Bologna, Genova, Torino, Trieste, Venezia, Trento e Bolzano (sezione distaccata);

b) la sezione specializzata in materia di impresa di Roma per gli uffici giudiziari ricompresi nei distretti di Ancona, Firenze, L'Aquila, Perugia, Roma, Cagliari e Sassari (sezione distaccata);

c) la sezione specializzata in materia di impresa di Napoli per gli uffici giudiziari ricompresi nei distretti di corte d'appello di Campobasso, Napoli, Salerno, Bari, Lecce, Taranto (sezione distaccata), Potenza, Caltanissetta, Catania, Catanzaro, Messina, Palermo, Reggio Calabria.[4]

[1] Articolo così sost. dall'art. 2, c. 1, lett. *e*), D.L. 24 gen. 2012, n. 1, conv. con modif. in L. 24 mar. 2012, n. 27.

[2] Comma così modif. dall'art. 18, D.lgs. 19 gen. 2017, n. 3.

[3] Comma aggiunto dall'art. 10, c. 1, lett. *b*), D.L. 23 dic. 2013, n. 145, conv. con modif. in L. 21 feb. 2014, n. 9. Le disposizioni del presente art. si applicano ai giudizi instaurati a decorrere dal sessantesimo giorno successivo a quello di entrata in vigore del presente decreto.

[4] Comma aggiunto dall'art. 18, D.lgs. 19 gen. 2017, n. 3.

5. ***Competenze del Presidente della sezione specializzata.*** — 1. Nelle materie di cui all'art. 3, le competenze riservate dalla legge al Presidente del tribunale e al Presidente della corte d'appello spettano al Presidente delle rispettive sezioni specializzate.

6. *Norma transitoria.* — 1. I giudizi aventi ad oggetto le materie di cui all'art. 3 ed iscritti a ruolo a far data dal 1° luglio 2003, sono assegnati alla trattazione delle sezioni specializzate per la proprietà industriale ed intellettuale.

2. Le controversie aventi ad oggetto le materie di cui all'art. 3 e già pendenti alla data del 30 giugno 2003, restano assegnate al giudice competente in base alla normativa previgente.

- 13 -

D.lgs. 23 feb. 2006, n. 109

Disciplina degli illeciti disciplinari dei magistrati, delle relative sanzioni e della procedura per la loro applicabilità, nonché modifica della disciplina in tema di incompatibilità, dispensa dal servizio e trasferimento di ufficio dei magistrati, a norma dell'art. 1, comma 1, lettera f), della legge 25 luglio 2005, n. 150

(G.U. 21 mar. 2006, n. 67)

CAPO I

Della responsabilità disciplinare dei magistrati

SEZIONE I

Degli illeciti disciplinari

1. *Doveri del magistrato.* — 1. Il magistrato esercita le funzioni attribuitegli con imparzialità, correttezza, diligenza, laboriosità, riserbo e equilibrio e rispetta la dignità della persona nell'esercizio delle funzioni.

2-3.[1]

[1] Commi abrog. dall'art. 1, L. 24 ott. 2006, n. 269.

2. *Illeciti disciplinari nell'esercizio delle funzioni.* — 1. Costituiscono illeciti disciplinari nell'esercizio delle funzioni:

a) fatto salvo quanto previsto dalle lettere *b*), *c*), *g*) e *m*), i comportamenti che, violando i doveri di cui all'art. 1, arrecano ingiusto danno o indebito vantaggio ad una delle parti;[1]

b) l'omissione della comunicazione, al Consiglio superiore della magistratura, della sussistenza di una delle situazioni di incompatibilità di cui agli artt. 18 e 19 dell'ordinamento giudiziario, di cui al regio decreto 30 gennaio 1941, n. 12, e successive modificazioni, come modificati dall'art. 29 del presente decreto;

c) la consapevole inosservanza dell'obbligo di astensione nei casi previsti dalla legge;

d) i comportamenti abitualmente o gravemente scorretti nei confronti delle parti, dei loro difensori, dei testimoni o di chiunque abbia rapporti con il magistrato nell'ambito dell'ufficio giudiziario, ovvero nei confronti di altri magistrati o di collaboratori;

e) l'ingiustificata interferenza nell'attività giudiziaria di altro magistrato;

f) l'omessa comunicazione al capo dell'ufficio, da parte del magistrato destinatario, delle avvenute interferenze;

g) la grave violazione di legge determinata da ignoranza o negligenza inescusabile;

h) il travisamento dei fatti determinato da negligenza inescusabile;

i)[2]

l) l'emissione di provvedimenti privi di motivazione, ovvero la cui motivazione consiste nella sola affermazione della sussistenza dei presupposti di legge senza indicazione degli elementi di fatto dai quali tale sussistenza risulti, quando la motivazione è richiesta dalla legge;

m) l'adozione di provvedimenti adottati nei casi non consentiti dalla legge, per negligenza grave e inescusabile, che abbiano leso diritti personali o, in modo rilevante, diritti patrimoniali;

n) la reiterata o grave inosservanza delle norme regolamentari, delle direttive o delle disposizioni sul servizio giudiziario adottate dagli organi competenti;[1]

o) l'indebito affidamento ad altri di attività rientranti nei propri compiti;

p) l'inosservanza dell'obbligo di risiedere nel comune in cui ha sede l'ufficio in assenza dell'autorizzazione prevista dalla normativa vigente se ne è derivato concreto pregiudizio all'adempimento dei doveri di diligenza e laboriosità;

q) il reiterato, grave e ingiustificato ritardo nel compimento degli atti relativi all'esercizio delle funzioni; si presume non grave, salvo che non sia diversamente dimostrato, il ritardo che non eccede il triplo dei termini previsti dalla legge per il compimento dell'atto;

q-bis) l'omessa collaborazione del magistrato nell'attuazione delle misure di cui all'articolo 37, comma 5-*bis*, del decreto-legge 6 luglio 2011, n. 98, convertito, con modificazioni, dalla legge 15 luglio 2011, n. 111, nonché la reiterazione, all'esito dell'adozione di tali misure, delle condotte che le hanno imposte, se attribuibili al magistrato;[3]

r) il sottrarsi in modo abituale e ingiustificato all'attività di servizio;

s) per il dirigente dell'ufficio o il presidente di una sezione o il presidente di un collegio, l'omettere di assegnarsi affari e di redigere i relativi provvedimenti;

t) l'inosservanza dell'obbligo di rendersi reperibile per esigenze di ufficio quando esso sia imposto dalla legge o da disposizione legittima dell'organo competente;

u) la divulgazione, anche dipendente da negligenza, di atti del procedimento coperti dal segreto o di cui sia previsto il divieto di pubblicazione, nonché la violazione del dovere di riservatezza sugli affari in corso di trattazione, o sugli affari definiti, quando è idonea a ledere indebitamente diritti altrui;

v) pubbliche dichiarazioni o interviste che riguardino i soggetti coinvolti negli affari in corso di trattazione, ovvero trattati e non definiti con provvedimento non soggetto a impugnazione ordinaria, quando sono dirette a ledere indebitamente diritti altrui nonché la violazione di quanto disposto dall'articolo 5, commi 1, 2, 2-*bis* e 3, del decreto legislativo 20 feb. 2006, n. 106;[1,4]

z)[2]

aa) il sollecitare la pubblicità di notizie attinenti alla propria attività di ufficio ovvero il costituire e l'utilizzare canali informativi personali riservati o privilegiati;

bb)[2]

cc) l'adozione intenzionale di provvedimenti affetti da palese incompatibilità tra la parte dispositiva e la motivazione, tali da manifestare una precostituita e inequivocabile contraddizione sul piano logico, contenutistico o argomentativo;

dd) l'omissione, da parte del dirigente l'ufficio o del presidente di una sezione o di un collegio, della comunicazione agli organi competenti di fatti a lui noti che possono costituire illeciti disciplinari compiuti da magistrati dell'ufficio, della sezione o del collegio;

ee) l'omissione, da parte del dirigente l'ufficio ovvero da parte del magistrato cui compete il potere di sorveglianza, della comunicazione al Consiglio superiore della magistratura della sussistenza di una delle situazioni di incompatibilità previste dagli artt. 18 e 19 dell'ordinamento giudiziario, di cui al regio decreto 30 gennaio 1941, n. 12, come da ultimo modificati dall'art. 29 del presente decreto, ovvero delle situazioni che possono dare luogo all'adozione dei provvedimenti di cui agli artt. 2 e 3 del regio decreto legislativo 31 maggio 1946, n. 511, come modificati dagli artt. 26, comma 1 e 27 del presente decreto;

ee-bis) l'omessa adozione da parte del capo dell'ufficio delle iniziative di cui all'articolo 37, commi 5-*bis* e 5-*ter*, del decreto-legge 6 luglio 2011, n. 98, convertito, con modificazioni, dalla legge 15 luglio 2011, n. 111, nonché l'omessa segnalazione al capo dell'ufficio da parte del presidente di sezione delle situazioni di cui all'articolo 37, comma 5-*quater*, del citato decreto-legge n. 98 del 2011;[3]

ee-ter) l'omissione, da parte del capo dell'ufficio o del presidente di una sezione, della comunicazione, rispettivamente, al consiglio giudiziario e al consiglio direttivo della Corte di cassazione o al capo dell'ufficio, delle condotte del magistrato dell'ufficio che non collabori nell'attuazione delle misure di cui all'articolo 37, comma 5-*bis*, del decreto-legge 6 luglio 2011, n. 98, convertito, con modificazioni, dalla legge 15 luglio 2011, n. 111;[3]

ff) l'adozione di provvedimenti non previsti da norme vigenti ovvero sulla base di un errore macroscopico o di grave e inescusabile negligenza;[4]

gg) l'emissione di un provvedimento restrittivo della libertà personale in assenza dei presupposti previsti dalla legge, determinata da negligenza grave ed inescusabile; l'avere indotto l'emissione di un provvedimento restrittivo della libertà personale in assenza dei presupposti previsti dalla legge, omettendo di trasmettere al giudice, per negligenza grave e inescusabile, elementi rilevanti;[1]

gg-bis) l'inosservanza dell'articolo 123 delle norme di attuazione, di coordinamento e transitorie del codice di procedura penale, di cui al decreto legislativo 28 luglio 1989, n. 271.[5]

2. Fermo quanto previsto dal comma 1, lettere *g*), *h*), *i*), *l*), *m*), *n*), *o*), *p*), *cc*) ed *ff*), l'attività di interpretazione di norme di diritto e quella di valutazione del fatto e delle prove non danno luogo a responsabilità disciplinare.[6]

[1] Lettera così modif. dall'art. 11, L. 17 giu. 2022, n. 71.
[2] Lettera abrog. dall'art. 1, L. 24 ott. 2006, n. 269.
[3] Lettera ins. dall'art. 11, L. 17 giu. 2022, n. 71.
[4] Lettera così sost. dall'art. 1 della L. 24 ott. 2006, n. 269.
[5] Lettera aggiunta dall'art. 2-*ter* del D.L. 22 dic. 2011, n. 211, conv. con modif. in L. 17 feb. 2012, n. 9.
[6] Comma così sost. dall'art. 1, L. 24 ott. 2006, n. 269.

3. ***Illeciti disciplinari fuori dell'esercizio delle funzioni.*** — 1. Costituiscono illeciti disciplinari al di fuori dell'esercizio delle funzioni:

a) l'uso della qualità di magistrato al fine di conseguire vantaggi ingiusti per sé o per altri;

b) il frequentare persona sottoposta a procedimento penale o di prevenzione comunque trattato dal magistrato, o persona che a questi consta essere stata dichiarata delinquente abituale, professionale o per tendenza o aver subito condanna per delitti non colposi alla pena della reclusione superiore a tre anni o essere sottoposto ad una misura di prevenzione, salvo che sia intervenuta la riabilitazione, ovvero l'intrattenere rapporti consapevoli di affari con una di tali persone;

c) l'assunzione di incarichi extragiudiziari senza la prescritta autorizzazione del Consiglio superiore della magistratura;

d) lo svolgimento di attività incompatibili con la funzione giudiziaria di cui all'art. 16, comma 1, del regio decreto 30 gennaio 1941, n. 12, e successive modificazioni, o di attività tali da recare concreto pregiudizio all'assolvimento dei doveri disciplinati dall'art. 1;

e) l'ottenere, direttamente o indirettamente, per sé o per altri,[1] prestiti o agevolazioni da soggetti che il magistrato sa essere parti o indagati in procedimenti penali o civili pendenti presso l'ufficio giudiziario di appartenenza o presso altro ufficio che si trovi nel distretto di Corte d'appello nel quale esercita le funzioni giudiziarie, ovvero dai difensori di costoro, nonché ottenere, direttamente o indirettamente, prestititi o agevolazioni, a condizioni di eccezionale favore, da parti offese o testimoni o comunque da soggetti coinvolti in detti procedimenti;

f)[2]

g) la partecipazione ad associazioni segrete o i cui vincoli sono oggettivamente incompatibili con l'esercizio delle funzioni giudiziarie;

h) l'iscrizione o la partecipazione sistematica e continuativa a partiti politici ovvero il coinvolgimento nelle attività di soggetti operanti nel settore economico o finanziario che possono condizionare l'esercizio delle funzioni o comunque compromettere l'immagine del magistrato;[3]

i) l'uso strumentale della qualità che, per la posizione del magistrato o per le modalità di realizzazione, è diretto a condizionare l'esercizio di funzioni costituzionalmente previste;[3]

l)[2]

l-bis) l'adoperarsi per condizionare indebitamente l'esercizio delle funzioni del Consiglio superiore della magistratura, al fine di ottenere un ingiusto vantaggio per sé o per altri o di arrecare un danno ingiusto ad altri;[4]

l-ter) l'omissione, da parte del componente del Consiglio superiore della magistratura, della comunicazione agli organi competenti di fatti a lui noti che possono costituire illecito disciplinare ai sensi della lettera *l-bis*).[4]

[1] Parole ins. dall'art. 11, L. 17 giu. 2022, n. 71.
[2] Lettera abrog. dall'art. 1, L. 24 ott. 2006, n. 269.
[3] Lettera così sost. dall'art. 1, L. 24 ott. 2006, n. 269.
[4] Lettera ins. dall'art. 11, L. 17 giu. 2022, n. 71.

3-*bis*. *Condotta disciplinare irrilevante.* — 1. L'illecito disciplinare non è configurabile quando il fatto è di scarsa rilevanza.[1]

[1] Articolo ins. dall'art. 1, L. 24 ott. 2006, n. 269.

3-*ter*. *Estinzione dell'illecito.*[1] — 1. L'illecito disciplinare previsto dall'articolo 2, comma 1, lettera *q*), è estinto quando il piano di smaltimento, adottato ai sensi dell'articolo 37, comma 5-*bis*, del decreto-legge 6 luglio 2011, n. 98, convertito, con modificazioni, dalla legge 15 luglio 2011, n. 111, è stato rispettato.

2. Il beneficio di cui al comma 1 può essere applicato una sola volta.

[1] Articolo ins. dall'art. 11, L. 17 giu. 2022, n. 71.

4. *Illeciti disciplinari conseguenti a reato* — 1. Costituiscono illeciti disciplinari conseguenti al reato:

a) i fatti per i quali è intervenuta condanna irrevocabile o è stata pronunciata sentenza ai sensi dell'art. 444, comma 2, del codice di procedura penale, per delitto doloso o preterintenzionale, quando la legge stabilisce la pena detentiva sola o congiunta alla pena pecuniaria;

b) i fatti per i quali è intervenuta condanna irrevocabile o è stata pronunciata sentenza ai sensi dell'art. 444, comma 2, del codice di procedura penale, per delitto colposo, alla pena della reclusione, sempre che presentino, per modalità e conseguenze, carattere di particolare gravità;

c) i fatti per i quali è intervenuta condanna irrevocabile o è stata pronunciata sentenza ai sensi dell'art. 444, comma 2, del codice di procedura penale, alla pena dell'arresto, sempre che presentino, per le modalità di esecuzione, carattere di particolare gravità;

d) qualunque fatto costituente reato idoneo a ledere l'immagine del magistrato, anche se il reato è estinto per qualsiasi causa o l'azione penale non può essere iniziata o proseguita.

SEZIONE II
Delle sanzioni disciplinari

5. *Sanzioni* — 1. Il magistrato che viola i suoi doveri è soggetto alle seguenti sanzioni disciplinari:

a) l'ammonimento;

b) la censura;

c) la perdita dell'anzianità;

d) l'incapacità temporanea a esercitare un incarico direttivo o semidirettivo;

e) la sospensione dalle funzioni da tre mesi a due anni;

f) la rimozione.

2. Quando per il concorso di più illeciti disciplinari si debbono irrogare più sanzioni di diversa gravità, si applica la sanzione prevista per l'infrazione più grave; quando più illeciti disciplinari, commessi in concorso tra loro, sono puniti con la medesima sanzione, si applica la sanzione immediatamente più grave. Nell'uno e nell'altro caso può essere applicata anche la sanzione meno grave se compatibile.

6. *Ammonimento* — 1. L'ammonimento è un richiamo, espresso nel dispositivo della decisione disciplinare, all'osservanza, da parte del magistrato, dei suoi doveri, in rapporto all'illecito commesso.

7. *Censura* — 1. La censura è una dichiarazione formale di biasimo contenuta nel dispositivo della decisione disciplinare.

8. *Perdita dell'anzianità* — 1. La perdita dell'anzianità non può essere inferiore a due mesi e non può superare i due anni.

9. *Temporanea incapacità ad esercitare un incarico direttivo o semidirettivo* — 1. La temporanea incapacità ad esercitare un incarico direttivo o semidirettivo non può essere inferiore a sei mesi e non può superare i due anni. Se il magistrato svolge funzioni direttive o semidirettive, debbono essergli conferite di ufficio altre funzioni non direttive o semidirettive, corrispondenti alla sua qualifica.

2. Applicata la sanzione, il magistrato non può riprendere l'esercizio delle funzioni direttive o se-

midirettive presso l'ufficio ove le svolgeva anteriormente al provvedimento disciplinare.

10. ***Sospensione dalle funzioni*** — 1. La sospensione dalle funzioni consiste nell'allontanamento dalle funzioni con la sospensione dallo stipendio e il collocamento del magistrato fuori dal ruolo organico della magistratura.

2. Al magistrato sospeso è corrisposto un assegno alimentare pari ai due terzi dello stipendio e delle altre competenze di carattere continuativo, se il magistrato sta percependo il trattamento economico riservato alla prima o seconda o terza classe stipendiale; alla metà, se alla quarta o quinta classe; a un terzo, se alla sesta o settima classe.

11. ***Rimozione*** — 1. La rimozione determina la cessazione del rapporto di servizio e viene attuata mediante decreto del Presidente della Repubblica.

12. ***Sanzioni applicabili*** — 1. Si applica una sanzione non inferiore alla censura per:

a) i comportamenti che, violando i doveri di cui all'art. 1, arrecano ingiusto danno o indebito vantaggio a una delle parti;

b) la consapevole inosservanza dell'obbligo di astensione nei casi previsti dalla legge;

c) l'omissione, da parte dell'interessato, della comunicazione al Consiglio superiore della magistratura della sussistenza di una delle cause di incompatibilità di cui agli artt. 18 e 19 dell'ordinamento giudiziario, di cui al regio decreto 30 gennaio 1941, n. 12, come modificati dall'art. 29 del presente decreto;

d) il tenere comportamenti che, a causa dei rapporti comunque esistenti con i soggetti coinvolti nel procedimento ovvero a causa di avvenute interferenze, costituiscano violazione del dovere di imparzialità;

e) i comportamenti previsti dall'art. 2, comma 1, lettere *d*), *e*) ed *f*);

f) il perseguimento di fini diversi da quelli di giustizia;

g) il reiterato o grave ritardo nel compimento degli atti relativi all'esercizio delle funzioni;

g-bis) i comportamenti di cui all'articolo 2, comma 1, lettera *q-bis*);[1]

h) la scarsa laboriosità, se abituale;

i) la grave o abituale violazione del dovere di riservatezza;

l) l'uso della qualità di magistrato al fine di conseguire vantaggi ingiusti;

m) lo svolgimento di incarichi extragiudiziari senza avere richiesto o ottenuto la prescritta autorizzazione dal Consiglio superiore della magistratura, qualora per l'entità e la natura dell'incarico il fatto non si appalesi di particolare gravità.

2. Si applica una sanzione non inferiore alla perdita dell'anzianità per:

a) i comportamenti che, violando i doveri di cui all'art. 1, arrecano grave e ingiusto danno o indebito vantaggio a una delle parti;

b) l'uso della qualità di magistrato al fine di conseguire vantaggi ingiusti, se abituale e grave;

c) i comportamenti previsti dall'art. 3, comma 1, lettera *b*).

3. Si applica la sanzione della incapacità a esercitare un incarico direttivo o semidirettivo per l'interferenza, nell'attività di altro magistrato, da parte del dirigente dell'ufficio o del presidente della sezione, se ripetuta o grave, nonché per la reiterata violazione dei doveri di cui all'articolo 37, commi 5-*bis*, 5-*ter* e 5-*quater*, del decreto-legge 6 luglio 2011, n. 98, convertito, con modificazioni, dalla legge 15 luglio 2011, n. 111.[2]

4. Si applica una sanzione non inferiore alla sospensione dalle funzioni per l'accettazione e lo svolgimento di incarichi e uffici vietati dalla legge ovvero per l'accettazione e lo svolgimento di incarichi per i quali non è stata richiesta o ottenuta la prescritta autorizzazione, qualora per l'entità e la natura dell'incarico il fatto si appalesi di particolare gravità, nonché nei casi in cui ai fatti previsti dall'articolo 2, comma 1, lettera *gg*), sia seguito il riconoscimento dell'ingiusta detenzione ai sensi dell'articolo 314 del codice di procedura penale.[2]

5. Si applica la sanzione della rimozione al magistrato che sia stato condannato in sede disciplinare per i fatti previsti dall'art. 3, comma 1, lettera *e*), che incorre nella interdizione perpetua o temporanea dai pubblici uffici in seguito a condanna penale o che incorre in una condanna a pena detentiva per delitto non colposo non inferiore a un anno la cui esecuzione non sia stata sospesa, ai sensi degli artt. 163 e 164 del Codice penale o per la quale sia intervenuto provvedimento di revoca della sospensione ai sensi dell'art. 168 dello stesso Codice.

[1] Lettera ins. dall'art. 11, L. 17 giu. 2022, n. 71.
[2] Comma così modif. dall'art. 11, L. 17 giu. 2022, n. 71.

13. ***Trasferimento d'ufficio e provvedimenti cautelari*** — 1. La sezione disciplinare del Consiglio superiore della magistratura, nell'infliggere una sanzione diversa dall'ammonimento e dalla rimozione, può disporre il trasferimento del magistrato ad altra sede o ad altro ufficio quando, per la condotta tenuta, la permanenza nella stessa sede o nello stesso ufficio appare in contrasto con il buon andamento dell'amministrazione della giustizia. Il trasferimento è sempre disposto quando ricorre una delle violazioni previste dall'art. 2, comma 1, lettera *a*), nonché nel caso in cui è inflitta la sanzione della sospensione dalle funzioni.[1]

2. Nei casi di procedimento disciplinare per addebiti punibili con una sanzione diversa dall'ammonimento, su richiesta del Ministro della giustizia o del Procuratore generale presso la Corte di cassazione, ove sussistano gravi elementi di fondatezza dell'azione disciplinare e ricorrano motivi di particolare urgenza, la Sezione disciplinare del Consiglio superiore della magistratura, in via cautelare e provvisoria, può disporre il trasferimento

ad altra sede o la destinazione ad altre funzioni del magistrato incolpato.

[1] La Corte cost. con sent. 16 lug. 2015, n. 170, ha dichiarato, tra l'altro, l'ill. cost. del secondo periodo del presente comma, limitatamente alle parole da «quando ricorre» a «nonché».

CAPO II

Del procedimento disciplinare

14. ***Titolarità dell'azione disciplinare*** — 1. L'azione disciplinare è promossa dal Ministro della giustizia e dal Procuratore generale presso la Corte di cassazione.

2. Il Ministro della giustizia ha facoltà di promuovere l'azione disciplinare mediante richiesta di indagini al Procuratore generale presso la Corte di cassazione. Dell'iniziativa il Ministro dà comunicazione al Consiglio superiore della magistratura, con indicazione sommaria dei fatti per i quali si procede.

3. Il Procuratore generale presso la Corte di cassazione ha l'obbligo di esercitare l'azione disciplinare, dandone comunicazione al Ministro della giustizia e al Consiglio superiore della magistratura, con indicazione sommaria dei fatti per i quali si procede. Il Ministro della giustizia, se ritiene che l'azione disciplinare deve essere estesa ad altri fatti, ne fa richiesta, nel corso delle indagini, al Procuratore generale.

4. Il Consiglio superiore della magistratura, i consigli giudiziari e i dirigenti degli uffici hanno l'obbligo di comunicare al Ministro della giustizia e al Procuratore generale presso la Corte di cassazione ogni fatto rilevante sotto il profilo disciplinare. I presidenti di sezione e i presidenti di collegio nonché i procuratori aggiunti debbono comunicare ai dirigenti degli uffici i fatti concernenti l'attività dei magistrati della sezione o del collegio o dell'ufficio che siano rilevanti sotto il profilo disciplinare.[1]

5. Il Procuratore generale presso la Corte di cassazione può contestare fatti nuovi nel corso delle indagini, anche se l'azione è stata promossa dal Ministro della giustizia, salva la facoltà del Ministro di cui al comma 3, ultimo periodo.

[1] Comma così modif. dall'art. 1, L. 24 ott. 2006, n. 269.

15. ***Termini dell'azione disciplinare*** — 1. L'azione disciplinare è promossa entro un anno dalla notizia del fatto, della quale il Procuratore generale presso la Corte di cassazione ha conoscenza a seguito dell'espletamento di sommarie indagini preliminari o di denuncia circostanziata o di segnalazione del Ministro della giustizia. La denuncia è circostanziata quando contiene tutti gli elementi costitutivi di una fattispecie disciplinare. In difetto di tali elementi, la denuncia non costituisce notizia di rilievo disciplinare.

1-*bis*. Non può comunque essere promossa l'azione disciplinare quando sono decorsi dieci anni dal fatto.[1]

2. Entro due anni dall'inizio del procedimento il Procuratore generale deve formulare le richieste conclusive di cui all'art. 17, commi 2 e 6; entro due anni dalla richiesta, la sezione disciplinare del Consiglio superiore della magistratura, nella composizione di cui all'art. 4 della legge 24 marzo 1958, n. 195, si pronuncia.[2]

3. La richiesta di indagini rivolta dal Ministro della giustizia al Procuratore generale o la comunicazione da quest'ultimo data al Consiglio superiore della magistratura ai sensi dell'art. 14, comma 3, determinano, a tutti gli effetti, l'inizio del procedimento.

4. Dell'inizio del procedimento deve essere data comunicazione, entro trenta giorni, all'incolpato, con l'indicazione del fatto che gli viene addebitato. Deve procedersi ad analoga comunicazione per le ulteriori contestazioni di cui all'art. 14, comma 5. L'incolpato può farsi assistere da altro magistrato, anche in quiescenza, o da un avvocato, designati in qualunque momento dopo la comunicazione dell'addebito, nonché, se del caso, da un consulente tecnico.

5. Gli atti di indagine non preceduti dalla comunicazione all'incolpato o da avviso al difensore, quando è previsto, se già designato, sono nulli, ma la nullità non può essere più rilevata quando non è dedotta con dichiarazione scritta e motivata nel termine di dieci giorni dalla data in cui l'interessato ha avuto conoscenza del contenuto di tali atti o, in mancanza, da quella della comunicazione del decreto che fissa la discussione orale davanti alla sezione disciplinare del Consiglio superiore della magistratura.

6. Se la sentenza della sezione disciplinare del Consiglio superiore della magistratura è annullata in tutto o in parte a seguito del ricorso per cassazione, il termine per la pronuncia nel giudizio di rinvio è di un anno e decorre dalla data in cui vengono restituiti gli atti del procedimento dalla Corte di cassazione.

7. Se i termini non sono osservati, il procedimento disciplinare si estingue, sempre che l'incolpato vi consenta.

8. Il corso dei termini, compreso quello di cui al comma 1-*bis*,[3] è sospeso:

a) se per il medesimo fatto è stata esercitata l'azione penale, ovvero il magistrato è stato arrestato o fermato o si trova in stato di custodia cautelare, riprendendo a decorrere dalla data in cui non è più soggetta ad impugnazione la sentenza di non luogo a procedere ovvero sono divenuti irrevocabili la sentenza o il decreto penale di condanna;

b) se durante il procedimento disciplinare viene sollevata questione di legittimità costituzionale, riprendendo a decorrere dal giorno in cui è pubblicata la decisione della Corte costituzionale;

c) se l'incolpato è sottoposto a perizia o ad accertamenti specialistici, e per tutto il tempo necessario;

d) se il procedimento disciplinare è rinviato a richiesta dell'incolpato o del suo difensore o per impedimento dell'incolpato o del suo difensore.

d-bis) se, nei casi di cui all'art. 2, comma 1, lettere *g*) ed *h*), all'accertamento del fatto costituente illecito disciplinare è pregiudiziale l'esito di un procedimento civile, penale o amministrativo;[1]

d-ter) se il procedimento è sospeso a seguito di provvedimento a norma dell'art. 16.[1]

[1] Lettera inserita dall'art. 1 L. 24 ott. 2006, n. 269.
[2] Termini modif. dall'art. 1, L. 24 ott. 2006, n. 269.
[3] Parole inserite dall'art. 1 L. 24 ott. 2006, n. 269.

16. ***Indagini nel procedimento disciplinare. Potere di archiviazione.***[1] — 1. Il pubblico ministero procede all'attività di indagine. Le funzioni di pubblico ministero sono esercitate dal Procuratore generale presso la Corte di cassazione o da un magistrato del suo ufficio.

2. Per l'attività di indagine si osservano, in quanto compatibili, le norme del codice di procedura penale, eccezione fatta per quelle che comportano l'esercizio di poteri coercitivi nei confronti dell'imputato, delle persone informate sui fatti, dei periti e degli interpreti. Si applica, comunque, quanto previsto dall'art. 133 del codice di procedura penale.

3. Alle persone informate sui fatti, ai periti e interpreti si applicano le disposizioni degli artt. 366, 371-*bis*, 371-*ter*, 372, 373, 376, 377 e 384 del codice penale.

4. Il Procuratore generale presso la Corte di cassazione, se lo ritiene necessario ai fini delle determinazioni sull'azione disciplinare, può acquisire atti coperti da segreto investigativo senza che detto segreto possa essergli opposto. Nel caso in cui il procuratore della Repubblica comunichi, motivatamente, che dalla divulgazione degli atti coperti da segreto investigativo possa derivare grave pregiudizio alle indagini, il Procuratore generale dispone, con decreto, che i detti atti rimangano segreti per un periodo non superiore a dodici mesi, prorogabile di altri sei mesi su richiesta motivata del procuratore della Repubblica ovvero di altri dodici mesi quando si procede per reati di cui all'art. 407, comma 2, del codice di procedura penale, e sospende il procedimento disciplinare per un analogo periodo. Successivamente il Procuratore generale presso la Corte di cassazione può prendere visione degli atti. Il procedimento può essere altresì sospeso nel corso delle indagini preliminari.[2]

5. Il pubblico ministero, per gli atti da compiersi fuori dal suo ufficio, può richiedere altro magistrato in servizio presso la procura generale della corte d'appello nel cui distretto l'atto deve essere compiuto.

5-*bis*. Il Procuratore generale presso la Corte di cassazione procede all'archiviazione se il fatto addebitato non costituisce condotta disciplinare rilevante ai sensi dell'art. 3-*bis* o forma oggetto di denuncia non circostanziata ai sensi dell'art. 15, comma 1, ultimo periodo, o non rientra in alcuna delle ipotesi previste dagli artt. 2, 3 e 4 oppure se dalle indagini il fatto risulta inesistente o non commesso. Il provvedimento di archiviazione è comunicato al Ministro della giustizia, il quale, entro dieci giorni dal ricevimento della comunicazione, può richiedere la trasmissione di copia degli atti e, nei sessanta giorni successivi alla ricezione degli stessi, può richiedere al presidente della sezione disciplinare la fissazione dell'udienza di discussione orale, formulando l'incolpazione. Sulla richiesta si provvede nei modi previsti nei commi 4 e 5 dell'art. 17 e le funzioni di pubblico ministero, nella discussione orale, sono esercitate dal Procuratore generale presso la Corte di cassazione o da un suo sostituto. Il provvedimento di archiviazione acquista efficacia solo se il termine di cui sopra sia interamente decorso senza che il Ministro abbia avanzato la richiesta di fissazione dell'udienza di discussione orale davanti alla sezione disciplinare. In tale caso è sospeso il termine di cui al comma 1 dell'art. 15.[3]

[1] Rubrica modif. dall'art. 1, L. 24 ott. 2006, n. 269.
[2] Comma modif. dall'art. 1, L. 24 ott. 2006, n. 269.
[3] Comma aggiunto dall'art. 1 L. 24 ott, 2006, n. 269.

17. ***Chiusura delle indagini*** — 1. Compiute le indagini, il Procuratore generale formula le richieste conclusive di cui ai commi 2 e 6 e invia alla sezione disciplinare del Consiglio superiore della magistratura il fascicolo del procedimento, dandone comunicazione all'incolpato. Il fascicolo è depositato nella segreteria della sezione a disposizione dell'incolpato, che può prenderne visione ed estrarre copia degli atti.

2. Il Procuratore generale presso la Corte di cassazione, al termine delle indagini, se non ritiene di dover chiedere la declaratoria di non luogo a procedere, formula l'incolpazione e chiede al presidente della sezione disciplinare la fissazione dell'udienza di discussione orale. Il Procuratore generale presso la Corte di cassazione dà comunicazione al Ministro della giustizia delle sue determinazioni ed invia copia dell'atto.

3. Il Ministro della giustizia, entro venti giorni dal ricevimento della comunicazione di cui al comma 2, può chiedere l'integrazione e, nel caso di azione disciplinare da lui promossa, la modificazione della contestazione, cui provvede il Procuratore generale presso la Corte di cassazione.

4. Il presidente della sezione disciplinare fissa, con suo decreto, il giorno della discussione orale, con avviso ai testimoni e ai periti.

5. Il decreto di cui al comma 4 è comunicato, almeno dieci giorni prima della data fissata per la discussione orale, al pubblico ministero e all'incolpato nonché al difensore di questo ultimo, se già designato, e, nelle ipotesi in cui egli abbia promosso l'azione disciplinare o abbia richiesto l'integra-

zione o la modificazione della contestazione, al Ministro della giustizia.[1]

6. Il Procuratore generale, nel caso in cui ritenga che si debba escludere l'addebito, fa richiesta motivata alla sezione disciplinare per la declaratoria di non luogo a procedere. Della richiesta è data comunicazione al Ministro della giustizia, nell'ipotesi in cui egli abbia promosso l'azione disciplinare, ovvero richiesto l'integrazione della contestazione, con invio di copia dell'atto.

7. Il Ministro della giustizia, entro dieci giorni dal ricevimento della comunicazione di cui al comma 6, può richiedere copia degli atti del procedimento, nell'ipotesi in cui egli abbia promosso l'azione disciplinare, ovvero richiesto l'integrazione della contestazione, e, nei venti giorni successivi alla ricezione degli stessi, può richiedere al presidente della sezione disciplinare la fissazione dell'udienza di discussione orale, formulando l'incolpazione. Sulla richiesta, si provvede nei modi previsti nei commi 4 e 5 e le funzioni di pubblico ministero, nella discussione orale, sono esercitate dal Procuratore generale presso la Corte di cassazione o da un suo sostituto. [Il Ministro della giustizia può esercitare la facoltà di partecipare all'udienza delegando un magistrato dell'Ispettorato].[2]

8. Decorsi i termini di cui al comma 7, sulla richiesta di non luogo a procedere la sezione disciplinare decide in camera di consiglio. Se accoglie la richiesta, provvede con ordinanza di non luogo a procedere. Se rigetta la richiesta, il Procuratore generale formula l'incolpazione e chiede al presidente della sezione disciplinare la fissazione dell'udienza di discussione orale. Si provvede nei modi previsti dai commi 4 e 5.

[1] Comma modif. dall'art. 1, L. 24 ott. 2006, n. 269.
[2] Periodo soppresso dall'art. 1 L. 24 ott. 2006, n. 269.

18. ***Discussione nel giudizio disciplinare*** — 1. Nella discussione orale un componente della sezione disciplinare del Consiglio superiore della magistratura nominato dal presidente svolge la relazione. [Il delegato del Ministro della giustizia può presentare memorie, esaminare testi, consulenti e periti e interrogare l'incolpato].[1]

2. L'udienza è pubblica. La sezione disciplinare, su richiesta di una delle parti, può disporre che la discussione si svolga a porte chiuse se ricorrono esigenze di tutela della credibilità della funzione giudiziaria, con riferimento ai fatti contestati ed all'ufficio che l'incolpato occupa, ovvero esigenze di tutela del diritto dei terzi.

3. La sezione disciplinare può:

a) assumere, anche d'ufficio, tutte le prove che ritiene utili;

b) disporre o consentire la lettura di rapporti dell'Ispettorato generale del Ministero della giustizia, dei consigli giudiziari e dei dirigenti degli uffici, la lettura di atti dei fascicoli personali nonché delle prove acquisite nel corso delle indagini;

c) consentire l'esibizione di documenti da parte del pubblico ministero, dell'incolpato e del delegato del Ministro della giustizia.

4. Si osservano, in quanto compatibili, le norme del codice di procedura penale sul dibattimento, eccezione fatta per quelle che comportano l'esercizio di poteri coercitivi nei confronti dell'imputato, dei testimoni, dei periti e degli interpreti. Resta fermo quanto previsto dall'art. 133 del codice di procedura penale.

5. Ai testimoni, periti e interpreti si applicano le disposizioni di cui agli artt. 366, 372, 373, 376, 377 e 384 del codice penale.

[1] Periodo soppresso dall'art. 1 L. 24 ott. 2006, n. 269.

19. ***Sentenza disciplinare*** — 1. La sezione disciplinare del Consiglio superiore della magistratura delibera immediatamente dopo l'assunzione delle prove, le conclusioni del pubblico ministero e della difesa dell'incolpato, il quale deve essere sentito per ultimo. Il pubblico ministero non assiste alla deliberazione in camera di consiglio.[1]

2. La Sezione disciplinare provvede con sentenza, irrogando una sanzione disciplinare ovvero, se non è raggiunta prova sufficiente, dichiarando esclusa la sussistenza dell'addebito. I motivi della sentenza sono depositati nella segreteria della sezione disciplinare entro trenta giorni dalla deliberazione.

3. I provvedimenti adottati dalla sezione disciplinare sono comunicati al Ministro della giustizia nell'ipotesi in cui egli abbia promosso l'azione disciplinare, ovvero richiesto l'integrazione o la modificazione della contestazione, con invio di copia integrale, anche ai fini della decorrenza dei termini per la proposizione del ricorso alle sezioni unite della Corte di cassazione. Il Ministro può richiedere copia degli atti del procedimento.

[1] Comma modif. dall'art. 1, L. 24 ott. 2006, n. 239.

20. ***Rapporti tra il procedimento disciplinare e il giudizio civile o penale*** — 1. L'azione disciplinare è promossa indipendentemente dall'azione civile di risarcimento del danno o dall'azione penale relativa allo stesso fatto, ferme restando le ipotesi di sospensione dei termini di cui all'art. 15, comma 8.

2. Hanno autorità di cosa giudicata nel giudizio disciplinare quanto all'accertamento della sussistenza del fatto, della sua illiceità penale e dell'affermazione che l'imputato lo ha commesso:

a) la sentenza penale irrevocabile di condanna;

b) la sentenza irrevocabile prevista dall'art. 444, comma 2, del codice di procedura penale.

3. Ha autorità di cosa giudicata nel giudizio disciplinare quanto all'accertamento che il fatto non sussiste o che l'imputato non lo ha commesso, la sentenza penale irrevocabile di assoluzione.

21. ***Sospensione cautelare obbligatoria*** — 1. A richiesta del Ministro della giustizia o del Procuratore generale presso la Corte di cassazione, la Sezione disciplinare del Consiglio superiore della magistratura sospende dalle funzioni e dallo stipendio e colloca fuori dal ruolo organico della magistratura il magistrato, sottoposto a procedimento penale, nei cui confronti sia stata adottata una misura cautelare personale.

2. La sospensione permane sino alla sentenza di non luogo a procedere non più soggetta ad impugnazione o alla sentenza irrevocabile di proscioglimento.

3. La sospensione è revocata, anche d'ufficio, dalla sezione disciplinare, allorché la misura cautelare è revocata per carenza di gravi indizi di colpevolezza. Negli altri casi di revoca o di cessazione degli effetti della misura cautelare, la sospensione può essere revocata.

4. Al magistrato sospeso è corrisposto un assegno alimentare nella misura indicata nell'art. 10, comma 2.

5. Il magistrato riacquista il diritto agli stipendi e alle altre competenze non percepite, detratte le somme corrisposte per assegno alimentare, se è prosciolto con sentenza irrevocabile ai sensi dell'art. 530 del codice di procedura penale. Tale disposizione si applica anche se è pronunciata nei suoi confronti sentenza di proscioglimento per ragioni diverse o sentenza di non luogo a procedere non più soggetta ad impugnazione, qualora, essendo stato il magistrato sottoposto a procedimento disciplinare, lo stesso si sia concluso con la pronuncia indicata nell'art. 22, comma 5.

22. ***Sospensione cautelare facoltativa*** — 1. Quando il magistrato è sottoposto a procedimento penale per delitto non colposo punibile, anche in via alternativa, con pena detentiva, o quando al medesimo possono essere ascritti fatti rilevanti sotto il profilo disciplinare che, per la loro gravità, siano incompatibili con l'esercizio delle funzioni, il Ministro della giustizia o il Procuratore generale presso la Corte di cassazione possono chiedere alla Sezione disciplinare del Consiglio superiore della magistratura la sospensione cautelare dalle funzioni e dallo stipendio, e il collocamento fuori dal ruolo organico della magistratura, anche prima dell'inizio del procedimento disciplinare. Nei casi di minore gravità il Ministro della giustizia o il Procuratore generale possono chiedere alla sezione disciplinare il trasferimento provvisorio dell'incolpato od altro ufficio di un distretto limitrofo, ma diverso da quello indicato nell'art. 11 del codice di procedura penale.[1]

2. La Sezione disciplinare del Consiglio superiore della magistratura convoca il magistrato con un preavviso di almeno tre giorni e provvede dopo aver sentito l'interessato o dopo aver constatato la sua mancata presentazione. Il magistrato può farsi assistere da altro magistrato o da un avvocato.

3. La sospensione può essere revocata dalla Sezione disciplinare in qualsiasi momento, anche d'ufficio.

4. Si applicano le disposizioni di cui all'art. 21, commi 4 e 5.

5. Se è pronunciata sentenza di non luogo a procedere o se l'incolpato è assolto o condannato ad una sanzione diversa dalla rimozione o dalla sospensione dalle funzioni per un tempo pari o superiore alla durata della sospensione cautelare eventualmente disposta, sono corrisposti gli arretrati dello stipendio e delle altre competenze non percepiti, detratte le somme già riscosse per assegno alimentare.

[1] Periodo aggiunto dall'art. 1 L. 24 ott. 2006, n. 269.

23. ***Cessazione degli effetti della sospensione cautelare*** — 1. Fatti salvi gli effetti delle disposizioni di cui agli artt. 3, commi 57 e 57-*bis*, della legge 24 dicembre 2003, n. 350, e successive modificazioni, e 2, comma 3, del D.L. 16 marzo 2004, n. 66, convertito, con modificazioni, dalla legge 11 maggio 2004, n. 126, il magistrato sottoposto a procedimento penale e sospeso in via cautelare, qualora sia prosciolto con sentenza irrevocabile ovvero sia pronunciata nei suoi confronti sentenza di non luogo a procedere non più soggetta ad impugnazione, ha diritto ad essere reintegrato a tutti gli effetti nella situazione anteriore, con attribuzione, nei limiti dei posti vacanti, di funzioni di livello pari a quelle più elevate assegnate ai magistrati che lo seguivano nel ruolo al momento della sospensione cautelare, ad eccezione delle funzioni direttive superiori giudicanti e requirenti di legittimità e delle funzioni direttive superiori apicali di legittimità, previa valutazione, da parte del Consiglio superiore della magistratura, delle attitudini desunte dalle funzioni da ultimo esercitate. Qualora non possano essere assegnate funzioni più elevate rispetto a quelle svolte al momento della sospensione, il magistrato è assegnato al posto precedentemente occupato, se vacante; in difetto, ha diritto di scelta fra quelli disponibili, ed entro un anno può chiedere l'assegnazione ad ufficio analogo a quello originariamente ricoperto, con precedenza rispetto ad altri eventuali concorrenti.

2. La sospensione cautelare cessa di diritto quando diviene definitiva la pronuncia della sezione disciplinare che conclude il procedimento.

24. ***Impugnazioni delle decisioni della sezione disciplinare del Consiglio superiore della magistratura*** — 1. L'incolpato, il Ministro della giustizia e il Procuratore generale presso la Corte di cassazione possono proporre, contro i provvedimenti in materia di sospensione di cui agli artt. 21 e 22 e contro le sentenze della sezione disciplinare del Consiglio superiore della magistratura, ricorso per cassazione, nei termini e con le forme previsti dal codice di procedura penale. Nei confronti dei provvedimenti in materia di sospensione il ricorso non ha effetto sospensivo del provvedimento impugnato.

2. La Corte di cassazione decide a sezioni unite civili, entro sei mesi dalla data di proposizione del ricorso.[1]

[1] Comma modif. dall'art. 1, L. 24 ott. 2006, n. 269.

25. ***Revisione*** — 1. È ammessa, in ogni tempo, la revisione delle sentenze divenute irrevocabili, con le quali è stata applicata una sanzione disciplinare, quando:

a) i fatti posti a fondamento della sentenza risultano incompatibili con quelli accertati in una sentenza penale irrevocabile ovvero in una sentenza di non luogo a procedere non più soggetta ad impugnazione;

b) sono sopravvenuti o si scoprono, dopo la decisione, nuovi elementi di prova, che, soli o uniti a quelli già esaminati nel procedimento disciplinare, dimostrano l'insussistenza dell'illecito;

c) il giudizio di responsabilità e l'applicazione della relativa sanzione sono stati determinati da falsità ovvero da altro reato accertato con sentenza irrevocabile.

2. Gli elementi in base ai quali si chiede la revisione debbono, a pena di inammissibilità della domanda, essere tali da dimostrare che, se accertati, debba essere escluso l'addebito o debba essere applicata una sanzione diversa da quella inflitta se trattasi della rimozione, ovvero se dalla sanzione applicata è conseguito il trasferimento d'ufficio.

3. La revisione può essere chiesta dal magistrato al quale è stata applicata la sanzione disciplinare o, in caso di morte o di sopravvenuta incapacità di questi, da un suo prossimo congiunto che vi abbia interesse anche soltanto morale.

4. L'istanza di revisione è proposta personalmente o per mezzo di procuratore speciale. Essa deve contenere, a pena di inammissibilità, l'indicazione specifica delle ragioni e dei mezzi di prova che la giustificano e deve essere presentata, unitamente ad eventuali atti e documenti, alla segreteria della sezione disciplinare del Consiglio superiore della magistratura.

5. Nei casi previsti dal comma 1, lettere a) e b), all'istanza deve essere unita copia autentica della sentenza penale.

6. La revisione può essere chiesta anche dal Ministro della giustizia e dal Procuratore generale presso la Corte di cassazione, alle condizioni di cui ai commi 1 e 2 e con le modalità di cui ai commi 4 e 5.

7. La sezione disciplinare acquisisce gli atti del procedimento disciplinare e, sentiti il Procuratore generale presso la Corte di cassazione, l'istante ed il suo difensore, dichiara inammissibile l'istanza di revisione se proposta fuori dai casi di cui al comma 2, o senza l'osservanza delle disposizioni di cui al comma 4 ovvero se risulta manifestamente infondata; altrimenti, dispone il procedersi al giudizio di revisione, al quale si applicano le norme stabilite per il procedimento disciplinare.[1]

8. Contro la decisione che dichiara inammissibile l'istanza di revisione è ammesso ricorso alle sezioni unite civili della Corte di cassazione.[2]

9. In caso di accoglimento dell'istanza di revisione la sezione disciplinare revoca la precedente decisione.

10. Il magistrato assolto con decisione irrevocabile a seguito di giudizio di revisione ha diritto alla integrale ricostruzione della carriera nonché a percepire gli arretrati dello stipendio e delle altre competenze non percepiti, detratte le somme corrisposte per assegno alimentare, rivalutati in base alla variazione dell'indice ISTAT dei prezzi al consumo per le famiglie di operai e di impiegati.

[1,2] Commi modif. dall'art. 1, L. 24 ott. 2006, n. 269.

25-*bis*. *Condizioni per la riabilitazione.*[1] — 1. La condanna disciplinare che ha comportato l'applicazione della sanzione disciplinare dell'ammonimento perde ogni effetto dopo che siano trascorsi tre anni dalla data in cui la sentenza disciplinare di condanna è divenuta irrevocabile, a condizione che il magistrato consegua una successiva valutazione di professionalità positiva.

2. La condanna disciplinare che ha comportato l'applicazione della sanzione disciplinare della censura perde ogni effetto dopo che siano trascorsi cinque anni dalla data in cui la sentenza disciplinare di condanna è divenuta irrevocabile, a condizione che il magistrato consegua una successiva valutazione di professionalità positiva.

3. Per i magistrati che hanno conseguito la settima valutazione di professionalità, la riabilitazione di cui ai commi 1 e 2 è subordinata, oltre che al decorso del termine di cui ai medesimi commi 1 e 2, alla positiva valutazione del loro successivo percorso professionale nelle forme e nei modi stabiliti dal Consiglio superiore della magistratura.

4. Il Consiglio superiore della magistratura stabilisce le forme e i modi per l'accertamento delle condizioni previste per la riabilitazione di cui al presente articolo, comunque assicurando che vi si provveda in occasione del primo procedimento in cui ciò sia rilevante.

[1] Articolo ins. dall'art. 11, L. 17 giu. 2022, n. 71.

26-32-*bis*. (*Omissis*).

- 14 -

L. 18 giu. 2009, n. 69

Disposizioni per lo sviluppo economico, la semplificazione, la competitività, nonché in materia di processo civile

(G.U. 19 giu. 2009, n. 140, Suppl.)

1-19. (*Omissis*).

CAPO III

Piano industriale della pubblica amministrazione

20-32. (*Omissis*).

33. *Delega al governo per la modifica del codice dell'amministrazione digitale di cui al D.lgs. 7 mar. 2005, n. 82* — 1. Il Governo è delegato ad adottare, secondo le modalità e i princìpi e criteri direttivi di cui all'articolo 20 della legge 15 marzo 1997, n. 59, e successive modificazioni, entro diciotto mesi dalla data di entrata in vigore della presente legge, su proposta del Ministro per la pubblica amministrazione e l'innovazione, di concerto con i Ministri interessati, uno o più decreti legislativi volti a modificare il codice dell'amministrazione digitale, di cui al decreto legislativo 7 marzo 2005, n. 82, nel rispetto dei seguenti princìpi e criteri direttivi specifici:

a) prevedere forme sanzionatorie, anche inibendo l'erogazione dei servizi disponibili in modalità digitali attraverso canali tradizionali, per le pubbliche amministrazioni che non ottemperano alle prescrizioni del codice;

b) individuare meccanismi volti a quantificare gli effettivi risparmi conseguiti dalle singole pubbliche amministrazioni, da utilizzare per l'incentivazione del personale coinvolto e per il finanziamento di progetti di innovazione;

c) individuare meccanismi volti a quantificare i mancati risparmi derivati dall'inottemperanza alle disposizioni del codice al fine di introdurre decurtazioni alle risorse finanziarie assegnate o da assegnare alle amministrazioni inadempienti;

d) prevedere l'affidamento temporaneo delle funzioni di cui all'articolo 17 del codice ad altre strutture in caso di mancata istituzione del centro di competenza;

e) modificare la normativa in materia di firma digitale al fine di semplificarne l'adozione e l'uso da parte della pubblica amministrazione, dei cittadini e delle imprese, garantendo livelli di sicurezza non inferiori agli attuali;

f) prevedere il censimento e la diffusione delle applicazioni informatiche realizzate o comunque utilizzate dalle pubbliche amministrazioni e dei servizi erogati con modalità digitali, nonché delle migliori pratiche tecnologiche e organizzative adottate, introducendo sanzioni per le amministrazioni inadempienti;

g) individuare modalità di verifica dell'attuazione dell'innovazione tecnologica nelle pubbliche amministrazioni centrali e delle ulteriori funzioni di cui all'articolo 16 del codice con l'introduzione di forme di monitoraggio che includano valutazioni sull'impatto tecnologico, nonché sulla congruenza e compatibilità delle soluzioni adottate, prevedendo l'affidamento al CNIPA delle relative attività istruttorie;

h) disporre l'implementazione del riuso dei programmi informatici di cui all'articolo 69 del codice, prevedendo a tal fine che i programmi sviluppati per le amministrazioni pubbliche presentino caratteri di modularità ed intersettorialità;

i) introdurre specifiche disposizioni volte a rendere la finanza di progetto strumento per l'accelerazione dei processi di valorizzazione dei dati pubblici e per l'utilizzazione da parte delle pubbliche amministrazioni centrali, regionali e locali;

l) indicare modalità di predisposizione di progetti di investimento in materia di innovazione tecnologica e di imputazione della spesa dei medesimi che consentano la complessiva ed organica valutazione dei costi e delle economie che ne derivano;

m) prevedere l'obbligo dell'utilizzo delle procedure e delle reti informatiche nelle comunicazioni tra le pubbliche amministrazioni, di qualsiasi livello, tra loro, con i propri dipendenti e con i concessionari di pubblici servizi;

n) prevedere la pubblicazione di indicatori di prestazioni nei siti delle pubbliche amministrazioni di cui all'articolo 1, comma 2, del decreto legislativo 30 marzo 2001, n. 165, e successive modificazioni, introducendo sanzioni per le amministrazioni inadempienti;

o) equiparare alle pubbliche amministrazioni le società interamente partecipate da enti pubblici o con prevalente capitale pubblico;

p) prevedere che tutte le pubbliche amministrazioni di cui all'articolo 1, comma 2, del citato decreto legislativo n. 165 del 2001 eroghino i propri servizi, ove possibile, nelle forme informatiche e con le modalità telematiche, consolidando inoltre i procedimenti informatici già implementati, anche in collaborazione con soggetti privati;

q) introdurre nel codice ulteriori disposizioni volte ad implementare la sicurezza informatica dei dati, dei sistemi e delle infrastrutture delle pubbliche amministrazioni, anche in relazione al Sistema pubblico di connettività.

2. All'attuazione della delega di cui al presente articolo le amministrazioni interessate provvedono con le risorse umane, strumentali e finanziarie disponibili a legislazione vigente e, comunque, senza nuovi o maggiori oneri per la finanza pubblica.

34-41. (*Omissis*).

CAPO IV
Giustizia

42-43. (*Omissis*).

44. ***Delega al Governo per il riassetto della disciplina del processo amministrativo*** — 1. Il Governo è delegato ad adottare, entro un anno dalla data di entrata in vigore della presente legge, uno o più decreti legislativi per il riassetto del processo avanti ai tribunali amministrativi regionali e al Consiglio di Stato, al fine di adeguare le norme vigenti alla giurisprudenza della Corte costituzionale e delle giurisdizioni superiori, di coordinarle con le norme del codice di procedura civile in quanto espressione di princìpi generali e di assicurare la concentrazione delle tutele.

2. I decreti legislativi di cui al comma 1, oltre che ai princìpi e criteri direttivi di cui all'articolo 20, comma 3, della legge 15 marzo 1997, n. 59, in quanto applicabili, si attengono ai seguenti princìpi e criteri direttivi:

a) assicurare la snellezza, concentrazione ed effettività della tutela, anche al fine di garantire la ragionevole durata del processo, anche mediante il ricorso a procedure informatiche e telematiche, nonché la razionalizzazione dei termini processuali, l'estensione delle funzioni istruttorie esercitate in forma monocratica e l'individuazione di misure, anche transitorie, di eliminazione dell'arretrato;

b) disciplinare le azioni e le funzioni del giudice:

1) riordinando le norme vigenti sulla giurisdizione del giudice amministrativo, anche rispetto alle altre giurisdizioni;

2) riordinando i casi di giurisdizione estesa al merito, anche mediante soppressione delle fattispecie non più coerenti con l'ordinamento vigente;

3) disciplinando, ed eventualmente riducendo, i termini di decadenza o prescrizione delle azioni esperibili e la tipologia dei provvedimenti del giudice;

4) prevedendo le pronunce dichiarative, costitutive e di condanna idonee a soddisfare la pretesa della parte vittoriosa;

c) procedere alla revisione e razionalizzazione dei riti speciali, e delle materie cui essi si applicano, fatti salvi quelli previsti dalle norme di attuazione dello statuto speciale della regione Trentino-Alto Adige;

d) razionalizzare e unificare le norme vigenti per il processo amministrativo sul contenzioso elettorale, prevedendo il dimezzamento, rispetto a quelli ordinari, di tutti i termini processuali, il deposito preventivo del ricorso e la successiva notificazione in entrambi i gradi e introducendo la giurisdizione esclusiva del giudice amministrativo nelle controversie concernenti atti del procedimento elettorale preparatorio per le elezioni per il rinnovo della Camera dei deputati e del Senato della Repubblica, mediante la previsione di un rito abbreviato in camera di consiglio che consenta la risoluzione del contenzioso in tempi compatibili con gli adempimenti organizzativi del procedimento elettorale e con la data di svolgimento delle elezioni;

e) razionalizzare e unificare la disciplina della riassunzione del processo e dei relativi termini, anche a seguito di sentenze di altri ordini giurisdizionali, nonché di sentenze dei tribunali amministrativi regionali o del Consiglio di Stato che dichiarano l'incompetenza funzionale;

f) riordinare la tutela cautelare, anche generalizzando quella ante causam, nonché il procedimento cautelare innanzi al giudice amministrativo in caso di ricorso per cassazione avverso le sentenze del Consiglio di Stato, prevedendo che:

1) la domanda di tutela interinale non può essere trattata fino a quando il ricorrente non presenta istanza di fissazione di udienza per la trattazione del merito;

2) in caso di istanza cautelare ante causam, il ricorso introduttivo del giudizio è notificato e depositato, unitamente alla relativa istanza di fissazione di udienza per la trattazione del merito, entro i termini di decadenza previsti dalla legge o, in difetto di essi, nei sessanta giorni dalla istanza cautelare, perdendo altrimenti ogni effetto la concessa tutela interinale;

3) nel caso di accoglimento della domanda cautelare, l'istanza di fissazione di udienza non può essere revocata e l'udienza di merito è celebrata entro il termine di un anno;

g) riordinare il sistema delle impugnazioni, individuando le disposizioni applicabili, mediante rinvio a quelle del processo di primo grado, e disciplinando la concentrazione delle impugnazioni, l'effetto devolutivo dell'appello, la proposizione di nuove domande, prove ed eccezioni.

3. I decreti legislativi di cui al comma 1 abrogano espressamente tutte le disposizioni riordinate o con essi incompatibili, fatta salva l'applicazione dell'articolo 15 delle disposizioni sulla legge in generale premesse al codice civile, e dettano le opportune disposizioni di coordinamento in relazione alle disposizioni non abrogate.

4. I decreti legislativi di cui al comma 1 sono adottati su proposta del Presidente del Consiglio dei ministri. Sugli schemi di decreto legislativo è acquisito il parere del Consiglio di Stato e delle competenti Commissioni parlamentari. I pareri sono resi entro quarantacinque giorni dalla richiesta. Decorso tale termine, i decreti possono essere emanati anche senza i predetti pareri. Ove il Governo, nell'attuazione della delega di cui al presente articolo, intenda avvalersi della facoltà di cui all'articolo 14, numero 2°, del testo unico sul Consiglio di Stato, di cui al regio decreto 26 giugno 1924, n. 1054, il Consiglio di Stato può utilizzare, al fine della stesura dell'articolato normativo, magistrati di tribunale amministrativo regionale, esperti esterni e rappresentanti del libero foro e dell'Avvocatura generale dello Stato, i quali prestano la propria attività a titolo gratuito e senza diritto al rimborso delle spese. Sugli schemi redatti dal Consiglio di Stato non è acquisito il parere dello stesso. Entro due anni dalla data di entrata in vigore dei decreti legislativi di cui al comma 1, possono ad essi essere apportate le correzioni e integrazioni che l'applicazione pratica renda necessarie od opportune, con lo stesso procedimento e in base ai medesimi princìpi e criteri direttivi previsti per l'emanazione degli originari decreti.

5. Dall'attuazione del presente articolo non devono derivare nuovi o maggiori oneri per la finanza pubblica.

6. (*Omissis*).

45-53. (*Omissis*).

54. ***Delega al Governo per la riduzione e semplificazione dei procedimenti civili*** — 1. Il Governo è delegato ad adottare, entro ventiquattro mesi dalla data di entrata in vigore della presente legge, uno o più decreti legislativi in materia di riduzione e semplificazione dei procedimenti civili di cognizione che rientrano nell'ambito della giurisdizione ordinaria e che sono regolati dalla legislazione speciale.

2. La riforma realizza il necessario coordinamento con le altre disposizioni vigenti.

3. Gli schemi dei decreti legislativi previsti dal presente articolo sono adottati su proposta del Ministro della giustizia e successivamente trasmessi al Parlamento, ai fini dell'espressione dei pareri da parte delle Commissioni competenti per materia, che sono resi entro il termine di trenta giorni dalla data di trasmissione, decorso il quale i decreti sono emanati anche in mancanza dei pareri. Qualora detto termine venga a scadere nei trenta giorni antecedenti allo spirare del termine previsto dal comma 1, o successivamente, la scadenza di quest'ultimo è prorogata di sessanta giorni.

4. Nell'esercizio della delega di cui al comma 1, il Governo si attiene ai seguenti princìpi e criteri direttivi:

a) restano fermi i criteri di competenza, nonché i criteri di composizione dell'organo giudicante, previsti dalla legislazione vigente;

b) i procedimenti civili di natura contenziosa autonomamente regolati dalla legislazione speciale sono ricondotti ad uno dei seguenti modelli processuali previsti dal codice di procedura civile;

1) i procedimenti in cui sono prevalenti caratteri di concentrazione processuale, ovvero di officiosità dell'istruzione, sono ricondotti al rito disciplinato dal libro secondo, titolo IV, capo I, del codice di procedura civile;

2) i procedimenti, anche se in camera di consiglio, in cui sono prevalenti caratteri di semplificazione della trattazione o dell'istruzione della causa, sono ricondotti al procedimento sommario di cognizione di cui al libro quarto, titolo I, capo III-bis, del codice di procedura civile, come introdotto dall'articolo 51 della presente legge, restando tuttavia esclusa per tali procedimenti la possibilità di conversione nel rito ordinario;

3) tutti gli altri procedimenti sono ricondotti al rito di cui al libro secondo, titoli I e III, ovvero titolo II, del codice di procedura civile;

c) la riconduzione ad uno dei riti di cui ai numeri 1), 2) e 3) della lettera *b*) non comporta l'abrogazione delle disposizioni previste dalla legislazione speciale che attribuiscono al giudice poteri officiosi, ovvero di quelle finalizzate a produrre effetti che non possono conseguirsi con le norme contenute nel codice di procedura civile;

d) restano in ogni caso ferme le disposizioni processuali in materia di procedure concorsuali, di famiglia e minori, nonché quelle contenute nel regio decreto 14 dicembre 1933, n. 1669, nel regio decreto 21 dicembre 1933, n. 1736, nella legge 20 maggio 1970, n. 300, nel codice della proprietà industriale di cui al decreto legislativo 10 febbraio 2005, n. 30, e nel codice del consumo di cui al decreto legislativo 6 settembre 2005, n. 206.

5. Gli articoli da 1 a 33, 41, comma 1, e 42 del decreto legislativo 17 gennaio 2003, n. 5, sono abrogati.

6. Gli articoli da 1 a 33, 41, comma 1, e 42 del decreto legislativo 17 gennaio 2003, n. 5, continuano ad applicarsi alle controversie pendenti alla data di entrata in vigore della presente legge.

55-58. (*Omissis*).

59. ***Decisione delle questioni di giurisdizione*** — 1. Il giudice che, in materia civile, amministrativa, contabile, tributaria o di giudici speciali, dichiara il proprio difetto di giurisdizione indica altresì, se esistente, il giudice nazionale che ritiene munito di giurisdizione. La pronuncia sulla giurisdizione resa dalle sezioni unite della Corte di cassazione è vincolante per ogni giudice e per le parti anche in altro processo.

2. Se, entro il termine perentorio di tre mesi dal passaggio in giudicato della pronuncia di cui al comma 1, la domanda è riproposta al giudice ivi indicato, nel successivo processo le parti restano vincolate a tale indicazione e sono fatti salvi gli effetti sostanziali e processuali che la domanda avrebbe prodotto se il giudice di cui è stata dichiarata la giurisdizione fosse stato adito fin dall'instaurazione del primo giudizio, ferme restando le preclusioni e le decadenze intervenute. Ai fini del presente comma la domanda si ripropone con le modalità e secondo le forme previste per il giudizio davanti al giudice adito in relazione al rito applicabile.

3. Se sulla questione di giurisdizione non si sono già pronunciate, nel processo, le sezioni unite della Corte di cassazione, il giudice davanti al quale la causa è riassunta può sollevare d'ufficio, con ordinanza, tale questione davanti alle medesime sezioni unite della Corte di cassazione, fino alla prima udienza fissata per la trattazione del merito. Restano ferme le disposizioni sul regolamento preventivo di giurisdizione.

4. L'inosservanza dei termini fissati ai sensi del presente articolo per la riassunzione o per la prosecuzione del giudizio comporta l'estinzione del processo, che è dichiarata anche d'ufficio alla prima udienza, e impedisce la conservazione degli effetti sostanziali e processuali della domanda.

5. In ogni caso di riproposizione della domanda davanti al giudice di cui al comma 1, le prove raccolte nel processo davanti al giudice privo di giurisdizione possono essere valutate come argomenti di prova.

60. ***Delega al Governo in materia di mediazione e di conciliazione delle controversie civili e commerciali*** — 1. Il Governo è delegato ad adottare, entro sei mesi dalla data di entrata in vigore della presente legge, uno o più decreti legislativi in materia di mediazione e di conciliazione in ambito civile e commerciale.

2. La riforma adottata ai sensi del comma 1, nel rispetto e in coerenza con la normativa comunitaria e in conformità ai princìpi e criteri direttivi di cui al comma 3, realizza il necessario coordinamento con le altre disposizioni vigenti. I decreti legislativi previsti dal comma 1 sono adottati su proposta del Ministro della giustizia e successivamente trasmessi alle Camere, ai fini dell'espressione dei pareri da parte delle Commissioni parlamentari competenti per materia e per le conseguenze di carattere finanziario, che sono resi entro il termine di trenta giorni dalla data di trasmissione, decorso il quale i decreti sono emanati anche in mancanza dei pareri. Qualora detto termine venga a scadere nei trenta giorni antecedenti allo spirare del termine previsto dal comma 1 o successivamente, la scadenza di quest'ultimo è prorogata di sessanta giorni.

3. Nell'esercizio della delega di cui al comma 1, il Governo si attiene ai seguenti princìpi e criteri direttivi:

a) prevedere che la mediazione, finalizzata alla conciliazione, abbia per oggetto controversie su diritti disponibili, senza precludere l'accesso alla giustizia;

b) prevedere che la mediazione sia svolta da organismi professionali e indipendenti, stabilmente destinati all'erogazione del servizio di conciliazione;

c) disciplinare la mediazione, nel rispetto della normativa comunitaria, anche attraverso l'estensione delle disposizioni di cui al decreto legislativo 17 gennaio 2003, n. 5, e in ogni caso attraverso l'istituzione, presso il Ministero della giustizia, senza nuovi o maggiori oneri per la finanza pubblica, di un Registro degli organismi di conciliazione, di seguito denominato «Registro», vigilati dal medesimo Ministero, fermo restando il diritto delle camere di commercio, industria, artigianato e agricoltura che hanno costituito organismi di conciliazione ai sensi dell'articolo 2 della legge 29 dicembre 1993, n. 580, ad ottenere l'iscrizione di tali organismi nel medesimo Registro;

d) prevedere che i requisiti per l'iscrizione nel Registro e per la sua conservazione siano stabiliti con decreto del Ministro della giustizia;

e) prevedere la possibilità, per i consigli degli ordini degli avvocati, di istituire, presso i tribunali, organismi di conciliazione che, per il loro funzionamento, si avvalgono del personale degli stessi consigli;

f) prevedere che gli organismi di conciliazione istituiti presso i tribunali siano iscritti di diritto nel Registro;

g) prevedere, per le controversie in particolari materie, la facoltà di istituire organismi di conciliazione presso i consigli degli ordini professionali;

h) prevedere che gli organismi di conciliazione di cui alla lettera *g*) siano iscritti di diritto nel Registro;

i) prevedere che gli organismi di conciliazione iscritti nel Registro possano svolgere il servizio di mediazione anche attraverso procedure telematiche;

l) per le controversie in particolari materie, prevedere la facoltà del conciliatore di avvalersi di esperti, iscritti nell'albo dei consulenti e dei periti presso i tribunali, i cui compensi sono previsti dai decreti legislativi attuativi della delega di cui al comma 1 anche con riferimento a quelli stabiliti per le consulenze e per le perizie giudiziali;

m) prevedere che le indennità spettanti ai conciliatori, da porre a carico delle parti, siano stabilite, anche con atto regolamentare, in misura maggiore per il caso in cui sia stata raggiunta la conciliazione tra le parti;

n) prevedere il dovere dell'avvocato di informare il cliente, prima dell'instaurazione del giudizio, della possibilità di avvalersi dell'istituto della conciliazione nonché di ricorrere agli organismi di conciliazione;

o) prevedere, a favore delle parti, forme di agevolazione di carattere fiscale, assicurando, al contempo, l'invarianza del gettito attraverso gli introiti derivanti al Ministero della giustizia, a decorrere dall'anno precedente l'introduzione della norma e successivamente con cadenza annuale, dal Fondo unico giustizia di cui all'articolo 2 del decreto-legge 16 settembre 2008, n. 143, convertito, con modificazioni, dalla legge 13 novembre 2008, n. 181;

p) prevedere, nei casi in cui il provvedimento che chiude il processo corrisponda interamente al contenuto dell'accordo proposto in sede di procedimento di conciliazione, che il giudice possa escludere la ripetizione delle spese sostenute dal vincitore che ha rifiutato l'accordo successivamente alla proposta dello stesso, condannandolo altresì, e nella stessa misura, al rimborso delle spese sostenute dal soccombente, salvo quanto previsto dagli articoli 92 e 96 del codice di procedura civile, e, inoltre, che possa condannare il vincitore al pagamento di un'ulteriore somma a titolo di contributo unificato ai sensi dell'articolo 9 (L) del testo unico delle disposizioni legislative e regolamentari in materia di spese di giustizia, di cui al decreto del Presidente della Repubblica 30 maggio 2002, n. 115;

q) prevedere che il procedimento di conciliazione non possa avere una durata eccedente i quattro mesi;

r) prevedere, nel rispetto del codice deontologico, un regime di incompatibilità tale da garantire la neutralità, l'indipendenza e l'imparzialità del conciliatore nello svolgimento delle sue funzioni;

s) prevedere che il verbale di conciliazione abbia efficacia esecutiva per l'espropriazione forzata, per l'esecuzione in forma specifica e costituisca titolo per l'iscrizione di ipoteca giudiziale.

61-72. (*Omissis*).

- 15 -

D.lgs. 13 lug. 2017, n. 116

Riforma organica della magistratura onoraria e altre disposizioni sui giudici di pace, nonché disciplina transitoria relativa ai magistrati onorari in servizio, a norma della legge 28 aprile 2016, n. 57

(G.U. 31 lug. 2017, n. 177) (*Stralcio*)

CAPO X

Dell'ampliamento della competenza dell'ufficio del giudice di pace

27. ***Ampliamento della competenza del giudice di pace in materia civile.***[1] — 1. Al codice di procedura civile sono apportate le seguenti modificazioni:

a) al libro primo sono apportate le seguenti modificazioni:

1) all'articolo 7, sono apportate le seguenti modificazioni:

a) al primo comma, la parola: «cinquemila» è sostituita dalla seguente: «trentamila»;

b) al secondo comma, la parola: «ventimila» è sostituita dalla seguente: «cinquantamila»;

c) al terzo comma sono apportate le seguenti modificazioni:

1) il numero 1) è sostituito dal seguente: «1) per le cause relative ad apposizione di termini;»;

2) il numero 2) è sostituito dal seguente: «2) per le cause in materia di condominio negli edifici, come definite ai sensi dell'articolo 71-*quater* delle disposizioni per l'attuazione del codice civile;»;

3) dopo il numero 3-*bis*), sono aggiunti i seguenti: «3-*ter*) per le cause nelle materie di cui al libro terzo, titolo II, Capo II, Sezione VI del codice civile, fatta eccezione per quella delle distanze nelle costruzioni;

3-*quater*) per le cause relative alle materie di cui al libro terzo, titolo II, Capo II, Sezione VII del codice civile, fatta eccezione per quella delle distanze di cui agli articoli 905, 906 e 907 del medesimo codice;

3-*quinquies*) per le cause in materia di stillicidio e di acque di cui al libro terzo, titolo II, Capo II, sezioni VIII e IX del codice civile;

3-*sexies*) per le cause in materia di occupazione e di invenzione di cui al libro terzo, titolo II, Capo III, sezione I del codice civile;

3-*septies*) per le cause in materia di specificazione, unione e commistione di cui al libro terzo, titolo II, Capo III, sezione II del codice civile;

3-*octies*) per le cause in materia di enfiteusi di cui al libro terzo, titolo IV del codice civile;

3-*novies*) per le cause in materia di esercizio delle servitù prediali;

3-*decies*) per le cause di impugnazione del regolamento e delle deliberazioni di cui agli articoli 1107 e 1109 del codice civile;

3-*undecies*) per le cause in materia di diritti ed obblighi del possessore nella restituzione della cosa, di cui al libro terzo, titolo VIII, Capo II, Sezione I del codice civile.»;

d) dopo il terzo comma sono aggiunti, in fine, i seguenti:

«Il giudice di pace è altresì competente, purché il valore della controversia, da determinarsi a norma dell'articolo 15, non sia superiore a trentamila euro:

1) per le cause in materia di usucapione dei beni immobili e dei diritti reali immobiliari;

2) per le cause in materia di riordinamento della proprietà rurale di cui al libro terzo, titolo II, Capo II, sezione II del codice civile;

3) per le cause in materia di accessione;

4) per le cause in materia di superficie.

Quando una causa di competenza del giudice di pace a norma dei commi terzo, numeri da 3-*ter*) a 3-*undecies*), e quarto è proposta, contro la stessa parte, congiuntamente ad un'altra causa di competenza del tribunale, le relative domande, anche in assenza di altre ragioni di connessione, sono proposte innanzi al tribunale affinché siano decise nello stesso processo.»;

2) dopo l'articolo 15 è inserito il seguente:

«Art. 15-*bis* (Esecuzione forzata). - Per l'espropriazione forzata di cose mobili è competente il giudice di pace.

Per l'espropriazione forzata di cose immobili e di crediti è competente il tribunale.

Se cose mobili sono soggette all'espropriazione forzata insieme con l'immobile nel quale si trovano, per l'espropriazione è competente il tribunale anche relativamente ad esse.

Per la consegna e il rilascio di cose nonché per l'esecuzione forzata degli obblighi di fare e di non fare è competente il tribunale.»;

3) all'articolo 113, secondo comma, la parola: «millecento» è sostituita dalla seguente: «duemilacinquecento»;

b) al libro terzo, titolo II, sono apportate le seguenti modificazioni:

1) all'articolo 513, terzo comma, le parole: «Il presidente del tribunale o un giudice da lui delegato» sono sostituite dalle seguenti: «Il giudice di pace»;

2) all'articolo 518, sesto comma, la parola: «tribunale» è sostituita dalle seguenti: «giudice di pace»;

3) all'articolo 519, primo comma, le parole: «presidente del tribunale o da un giudice da lui delegato» sono sostituite dalle seguenti: «giudice di pace»;

4) all'articolo 520, primo comma, la parola: «tribunale» è sostituita dalle seguenti: «giudice di pace»;

5) all'articolo 521-*bis*, quinto comma, la parola: «tribunale» è sostituita dalle seguenti: «giudice di pace»;

6) all'articolo 543, la parola: «tribunale», ovunque ricorra, è sostituita dalla seguente: «giudice»;

c) al libro quarto, titolo IV, sono apportate le seguenti modificazioni:

1) all'articolo 763, primo comma, dopo le parole: «dal giudice» sono inserite le seguenti: «di pace»;

2) all'articolo 764, primo comma, dopo le parole: «al giudice» sono inserite le seguenti: «di pace»;

3) all'articolo 765, secondo comma, sono apportate le seguenti modificazioni:

a) al primo periodo, la parola: «tribunale» è sostituita dalle seguenti: «giudice di pace»;

b) il secondo periodo è soppresso;

4) all'articolo 769 la parola: «tribunale» è sostituita, ovunque ricorra, dalle seguenti: «giudice di pace».

2. Al codice civile sono apportate le seguenti modificazioni:

a) al libro secondo sono apportate le seguenti modificazioni:

1) all'articolo 485, primo comma, secondo periodo, la parola: «tribunale» è sostituita dalle seguenti: «giudice di pace»;

2) all'articolo 620 sono apportate le seguenti modificazioni:

a) al secondo comma, le parole: «tribunale del circondario» sono sostituite dalle seguenti: «giudice di pace del luogo»;

b) al sesto comma, la parola: «tribunale» è sostituita dalle seguenti: «giudice di pace»;

3) all'articolo 621, primo comma, le parole: «tribunale del circondario» sono sostituite dalle seguenti: «giudice di pace del luogo»;

4) all'articolo 736, secondo comma, la parola: «tribunale» è sostituita dalle seguenti: «giudice di pace».

b) al libro quarto sono apportate le seguenti modificazioni:

1) all'articolo 1211 la parola: «tribunale» è sostituita dalle seguenti: «giudice di pace»;

2) all'articolo 1514, primo comma, la parola: «tribunale» è sostituita dalle seguenti: «giudice di pace»;

3) all'articolo 1515, terzo comma, le parole: «dal tribunale» sono sostitute dalle seguenti: «dal giudice di pace»;

4) all'articolo 1841, la parola: «tribunale» è sostituita, ovunque ricorra, dalle seguenti: «giudice di pace».

3. Alle disposizioni per l'attuazione del codice civile sono apportate le seguenti modificazioni:

a) all'articolo 51-*bis*, le parole: «620, secondo e sesto comma, 621, primo comma,», nonché le parole: «e 736, secondo comma,» sono soppresse;

b) all'articolo 57, il primo comma è sostituito dal seguente: «Le azioni previste dall'articolo 849 del codice sono di competenza del tribunale, in quanto non siano di competenza del giudice di pace a norma dell'articolo 7, quarto comma, del codice di procedura civile.»;

c) all'articolo 57-*bis*, le parole: «tribunale in composizione monocratica» sono sostituite dalle seguenti: «giudice di pace»;

d) dopo l'articolo 60 sono inseriti i seguenti:

«Art. 60-*bis*. - Le domande previste dall'articolo 1105, quarto comma, del codice si propongono con ricorso al giudice di pace.

Art. 60-*ter*. - Sull'impugnazione del regolamento e delle deliberazioni, di cui agli articoli 1107 e 1109 del codice, è competente il giudice di pace.»;

e) all'articolo 64, sono apportate le seguenti modificazioni:

1) al primo comma, le parole: «il tribunale» sono sostituite dalle seguenti: «il giudice di pace»;

2) il secondo comma è sostituito dal seguente: «Contro il provvedimento del giudice di pace può essere proposto reclamo in tribunale entro dieci giorni dalla notificazione o dalla comunicazione.»;

f) l'articolo 73-*bis* è abrogato;

g) all'articolo 77, secondo comma, la parola: «pretore» è sostituita dalle seguenti: «giudice di pace»;

h) all'articolo 79, sono apportate le seguenti modificazioni:

1) al primo comma, le parole: «dal presidente del tribunale» sono sostituite dalle seguenti: «dal giudice di pace»;

2) il secondo comma è sostituito dal seguente: «Il giudice di pace provvede con decreto, sentito il creditore. Contro tale decreto è ammesso reclamo a norma dell'articolo 739 del codice di procedura civile.».

4. All'articolo 17, comma 2, della legge 7 marzo 1996, n. 108, le parole: «presidente del tribunale» sono sostituite dalle seguenti: «giudice di pace».

5. All'articolo 13, comma 2, del decreto legislativo 1° settembre 2011, n. 150, le parole: «la corte di appello» sono sostituite dalle seguenti: «il tribunale».

[1] Le disposizioni del presente articolo entrano in vigore il 31 ott. 2025, ai sensi dell'art. 32, c. 3, del presente provvedimento, come sost. dall'art. 8-*bis*, comma 1, lett. *b*), D.L. 30 dic. 2019, n. 162, conv, con modificazioni in L. 28 feb. 2020, n. 8.

28-31. (*Omissis*)

CAPO XII

Disposizioni transitorie e finali

32. *Disposizioni transitorie e abrogazioni.* — 1-2. (*Omissis*).

3. Le disposizioni dell'articolo 27 entrano in vigore il 31 ottobre 2025.[1]

4. (*Omissis*).

5. A decorrere dal 31 ottobre 2025[2] ai procedimenti civili contenziosi, di volontaria giurisdizione e di espropriazione forzata introdotti dinanzi al giudice di pace a norma dell'articolo 27 si applicano le disposizioni, anche regolamentari, in materia

di processo civile telematico per i procedimenti di competenza del tribunale vigenti alla medesima data.

6-12. (*Omissis*).

[1] Comma così sost. dall'art. 8-*bis*, comma 1, lett. *b*), D.L. 30 dic. 2019, n. 162, conv. con modif. in L. 28 feb. 2020, n. 8.

[2] Parole così modif. dall'art. 17-*ter*, D.L. 9 giu. 2021, n. 80, conv. con modif. in L. 6 ago. 2021, n. 113.

33. ***Abrogazioni.*** — 1. A decorrere dalla data di entrata in vigore del presente decreto sono abrogati:

a) gli articoli 42-*ter*, 42-*quater*, 42-*quinquies*, 42-*sexies*, 42-*septies*, 43-*bis*, 71, 71-*bis* e 72 del regio decreto 30 gennaio 1941, n. 12;

b) gli articoli 3, 4, 4-*bis*, 5, 6, 7, 8, 9, 10, 10-*bis*, 10-*ter* e 15 della legge 21 novembre 1991, n. 374;

c) l'articolo 245 del decreto legislativo 19 febbraio 1998, n. 51.

2. Gli articoli 11 della legge 21 novembre 1991, n. 374, 4 del decreto legislativo 28 luglio 1989, n. 273, e 64 del decreto del Presidente della Repubblica 30 maggio 2002, n. 115, sono abrogati dal 1° gennaio 2022.[1]

[1] Parole così modif. dall'art. 17-*ter*, D.L. 9 giu. 2021, n. 80, conv. con modif. in L. 6 ago. 2021, n. 113.

PATROCINIO A SPESE DELLO STATO

- 1 -

D.P.R. 30 mag. 2002, n. 115

Testo unico delle disposizioni legislative e regolamentari in materia di spese di giustizia

(G.U. 15 giu. 2002, n. 139)

(*stralcio*)[1]

[1] A norma del combinato disposto degli artt. 349, c. 1, e 389, c. 1, D.lgs. 12 gen. 2019, n. 14, come sost. dall'art. 1, c. 1, D.L. 24 ago. 2021, n. 118, conv. in L. 21 ott. 2021, n. 147, a decorrere dal 16 mag. 2022, nelle disposizioni normative vigenti i termini «fallimento», «procedura fallimentare», «fallito» nonché le espressioni dagli stessi termini derivate devono intendersi sostituite, rispettivamente, con le espressioni «liquidazione giudiziale», «procedura di liquidazione giudiziale» e «debitore assoggettato a liquidazione giudiziale» e loro derivati, con salvezza della continuità delle fattispecie.

PARTE III
PATROCINIO A SPESE DELLO STATO

TITOLO I
Disposizioni generali sul patrocinio a spese dello stato nel processo penale, civile, amministrativo, contabile e tributario

CAPO I
Istituzione del patrocinio

74. ***Istituzione del patrocinio.*** — 1. È assicurato il patrocinio nel processo penale per la difesa del cittadino non abbiente, indagato, imputato, condannato, persona offesa da reato, danneggiato che intenda costituirsi parte civile, responsabile civile ovvero civilmente obbligato per la pena pecuniaria.

2. È, altresì, assicurato il patrocinio nel processo civile, amministrativo, contabile, tributario e negli affari di volontaria giurisdizione, per la difesa del cittadino non abbiente quando le sue ragioni risultino non manifestamente infondate.[1]

[1] La Corte cost., con sent. 20 gen. 2022, n. 10, ha dichiarato, l'ill. cost. del presente comma e dell'art. 75, c. 1, del presente provvedimento, nella parte in cui non prevedono che il patrocinio a spese dello Stato sia applicabile anche all'attività difensiva svolta nell'ambito dei procedimenti di mediazione di cui all'art. 5, c. 1-*bis*, D.lgs. 4 mar. 2010, n. 28, quando nel corso degli stessi è stato raggiunto un accordo.

75. ***Ambito di applicabilità.*** — 1. L'ammissione al patrocinio è valida per ogni grado e per ogni fase del processo e per tutte le eventuali procedure, derivate ed accidentali, comunque connesse.[1]

2. La disciplina del patrocinio si applica, in quanto compatibile, anche nella fase dell'esecuzione, nel processo di revisione, nei processi di revocazio-

ne e opposizione di terzo, nonché nei processi relativi all'applicazione di misure di sicurezza, di prevenzione e nei processi di competenza del tribunale di sorveglianza, sempre che l'interessato debba o possa essere assistito da un difensore o da un consulente tecnico.

2-*bis*. La disciplina del patrocinio si applica, inoltre, nelle procedure passive di consegna, di cui alla legge 22 aprile 2005, n. 69, dal momento dell'arresto eseguito in conformità del mandato d'arresto europeo fino alla consegna o fino al momento in cui la decisione sulla mancata consegna diventi definitiva, nonché nelle procedure attive di consegna, di cui alla citata legge n. 69 del 2005, in favore della persona ricercata oggetto di un procedimento di esecuzione del mandato d'arresto europeo ai fini dell'esercizio di un'azione penale e che ha esercitato il diritto di nominare un difensore sul territorio nazionale affinché assista il difensore nello Stato membro di esecuzione.[2]

[1] La Corte cost., con sent. 20 gen. 2022, n. 10, ha dichiarato, l'ill. cost. del presente comma e dell'art. 74, c. 2, del presente provvedimento, nella parte in cui non prevedono che il patrocinio a spese dello Stato sia applicabile anche all'attività difensiva svolta nell'ambito dei procedimenti di mediazione di cui all'art. 5, c. 1-*bis*, D.lgs. 4 mar. 2010, n. 28, quando nel corso degli stessi è stato raggiunto un accordo.

[1] Comma aggiunto dall'art. 1, D.lgs. 7 mar. 2019, n. 24.

CAPO II

Condizioni per l'ammissione al patrocinio

76. *Condizioni per l'ammissione.* — 1. Può essere ammesso al patrocinio chi è titolare di un reddito imponibile ai fini dell'imposta personale sul reddito, risultante dall'ultima dichiarazione, non superiore a euro 11.746,88.[1]

2. Salvo quanto previsto dall'art. 92, se l'interessato convive con il coniuge o con altri familiari, il reddito è costituito dalla somma dei redditi conseguiti nel medesimo periodo da ogni componente della famiglia, compreso l'istante.

3. Ai fini della determinazione dei limiti di reddito, si tiene conto anche dei redditi che per legge sono esenti dall'imposta sul reddito delle persone fisiche (IRPEF) o che sono soggetti a ritenuta alla fonte a titolo d'imposta, ovvero ad imposta sostitutiva.

4. Si tiene conto del solo reddito personale quando sono oggetto della causa diritti della personalità, ovvero nei processi in cui gli interessi del richiedente sono in conflitto con quelli degli altri componenti il nucleo familiare con lui conviventi.

4-*bis*. Per i soggetti già condannati con sentenza definitiva per i reati di cui agli articoli 416-*bis* del codice penale, 291-*quater* del testo unico di cui al decreto del Presidente della Repubblica 23 gennaio 1973, n. 43, 73, limitatamente alle ipotesi aggravate ai sensi dell'articolo 80, e 74, comma 1, del testo unico di cui al decreto del Presidente della Repubblica 9 ottobre 1990, n. 309, nonché per i reati commessi avvalendosi delle condizioni previste dal predetto articolo 416-*bis* ovvero al fine di agevolare l'attività delle associazioni previste dallo stesso articolo, e per i reati commessi in violazione delle norme per la repressione dell'evasione in materia di imposte sui redditi e sul valore aggiunto, ai soli fini del presente decreto, il reddito si ritiene superiore ai limiti previsti.[3]

4-*ter*. La persona offesa dai reati di cui agli articoli 572, 583-*bis*, 612-*bis*,[4] 609-*bis*, 609-*quater* e 609-*octies* del codice penale può essere ammessa al patrocinio anche in deroga ai limiti di reddito previsti dal presente decreto.[5]

4-*quater*. Il minore straniero non accompagnato coinvolto a qualsiasi titolo in un procedimento giurisdizionale ha diritto di essere informato dell'opportunità di nominare un legale di fiducia, anche attraverso il tutore nominato o l'esercente la responsabilità genitoriale ai sensi dell'articolo 3, comma 1, della legge 4 maggio 1983, n. 184, e successive modificazioni, e di avvalersi, in base alla normativa vigente, del gratuito patrocinio a spese dello Stato in ogni stato e grado del procedimento. Per l'attuazione delle disposizioni contenute nel presente comma è autorizzata la spesa di 771.470 euro annui a decorrere dall'anno 2017.[6]

4-*quater*. I figli minori o i figli maggiorenni economicamente non autosufficienti rimasti orfani di un genitore a seguito di omicidio commesso in danno dello stesso genitore dal coniuge, anche legalmente separato o divorziato, dall'altra parte dell'unione civile, anche se l'unione civile è cessata, o dalla persona che è o è stata legata da relazione affettiva e stabile convivenza possono essere ammessi al patrocinio a spese dello Stato, anche in deroga ai limiti di reddito previsti, applicando l'ammissibilità in deroga al relativo procedimento penale e a tutti i procedimenti civili derivanti dal reato, compresi quelli di esecuzione forzata.[7]

[1] Il limite di reddito per l'ammissione al patrocinio a spese dello Stato è stato aggiornato con D.M. 23 lug. 2020 del Ministero della Giustizia.

[2] Comma così modif. dall'art. 3, D.lgs. 7 mar. 2019, n. 24.

[3] La Corte cost., con sent. 16 apr. 2010, n. 139, ha dichiarato l'ill. cost. di questo comma nella parte in cui, stabilendo che per i soggetti già condannati con sentenza definitiva per i reati indicati nella stessa norma il reddito si ritiene superiore i limiti previsti per l'ammissione al patrocinio a spese dello stato, non ammette la prova contraria.

[4] Parole aggiunto dall'art. 2, c. 3, D.L. 14 ago. 2013, n. 93, conv. in L. 15 ott. 2013, n. 119.

[5] Comma aggiunto dall'art. 4, L. 23 apr. 2009, n. 38.

[6] Comma aggiunto dall'art. 16, L. 7 apr. 2017, n. 47.

[7] Comma aggiunto dall'art. 1, c. 1, L. 11 gen. 2018, n. 4, non tenendo conto di un comma con identica numerazione.

77. *Adeguamento dei limiti di reddito per l'ammissione.* — 1. I limiti di reddito sono adeguati ogni due anni in relazione alla variazione, accertata dall'ISTAT, dell'indice dei prezzi al consumo per le famiglie di operai e impiegati, verificatasi nel biennio precedente, con decreto dirigenziale del Ministero della giustizia, di concerto con il Ministero dell'economia e delle finanze.

CAPO III
Adeguamento dei limiti di reddito per l'ammissione

78. ***Istanza per l'ammissione.*** — 1. L'interessato che si trova nelle condizioni indicate nell'art. 76 può chiedere di essere ammesso al patrocinio in ogni stato e grado del processo.

2. L'istanza è sottoscritta dall'interessato a pena di inammissibilità. La sottoscrizione è autenticata dal difensore, ovvero con le modalità di cui all'art. 38, comma 3, del decreto del Presidente della Repubblica 28 dic. 2000, n. 445.

79. ***Contenuto dell'istanza.*** — 1. L'istanza è redatta in carta semplice e, a pena di inammissibilità, contiene:

a) la richiesta di ammissione al patrocinio e l'indicazione del processo cui si riferisce, se già pendente;

b) le generalità dell'interessato e dei componenti la famiglia anagrafica, ai rispettivi codici fiscali;

c) una dichiarazione sostitutiva di certificazione da parte dell'interessato, ai sensi dell'art. 46, comma 1, lett. *o*), del decreto del Presidente della Repubblica 28 dic. 2000, n. 445, attestante la sussistenza delle condizioni di reddito previste per l'ammissione, con specifica determinazione del reddito complessivo valutabile a tali fini, determinato secondo le modalità indicate nell'art. 76;

d) l'impegno a comunicare, fino a che il processo non sia definito, le variazioni rilevanti dei limiti di reddito, verificatesi nell'anno precedente, entro trenta giorni dalla scadenza del termine di un anno, dalla data di presentazione dell'istanza o della eventuale precedente comunicazione di variazione.

2. Per i redditi prodotti all'estero, il cittadino di Stati non appartenenti all'Unione europea correda l'istanza con una certificazione dell'autorità consolare competente, che attesta la veridicità di quanto in essa indicato.[1]

3. Gli interessati, se il giudice procedente o il consiglio dell'ordine degli avvocati competente a provvedere in via anticipata lo richiedono, sono tenuti, a pena di inammissibilità dell'istanza, a produrre la documentazione necessaria ad accertare la veridicità in quanto in essa indicato.

[1] La Corte cost., con sent. 20 lug. 2021, n. 157, ha dichiarato l'ill. cost. del presente comma nella parte in cui non consente al cittadino di Stati non appartenenti all'Unione Europea, in caso di impossibilità a presentare la documentazione richiesta ai sensi dell'art. 79, c. 2, di produrre, a pena di inammissibilità, una dichiarazione sostitutiva di tale documentazione.».

CAPO IV
Difensori, ausiliari del magistrato e consulenti tecnici di parte

80. ***Nomina del difensore.***[1] — 1. Chi è ammesso al patrocino può nominare un difensore scelto tra gli iscritti negli elenchi degli avvocati per il patrocinio a spese dello Stato, istituiti presso i consigli dell'ordine del distretto di corte di appello nel quale ha sede il magistrato competente a conoscere del merito o il magistrato davanti al quale pende il processo.

2. Se procede la Corte di cassazione, il Consiglio di Stato, le sezioni riunite o le sezioni giurisdizionali centrali presso la Corte dei conti, gli elenchi sono quelli istituiti presso i consigli dell'ordine del distretto di corte di appello del luogo dove ha sede il giudice che ha emesso il provvedimento impugnato.

3. Colui che è ammesso al patrocinio può nominare un difensore iscritto negli elenchi degli avvocati per il patrocinio a spese dello Stato scelto anche al di fuori del distretto di cui ai commi 1 e 2.

[1] Articolo modif. dall'art. 1, L. 24 feb. 2005, n. 25.

81. ***Elenco degli avvocati per il patrocinio a spese dello Stato.***[1] — 1. L'elenco degli avvocati per il patrocinio a spese dello Stato è formato dagli avvocati che ne fanno domanda e che siano in possesso dei requisiti previsti dal comma 2.

2. L'inserimento nell'elenco è deliberato dal consiglio dell'ordine, il quale valuta la sussistenza dei seguenti requisiti e condizioni:

a) attitudini ed esperienza professionale specifica, distinguendo tra processi civili, penali, amministrativi, contabili, tributari ed affari di volontaria giurisdizionale;

b) assenza di sanzioni disciplinari superiori all'avvertimento irrogate nei cinque anni precedenti la domanda;

c) iscrizione all'Albo degli Avvocati da almeno 2 anni.

3. È cancellato il diritto dall'elenco l'avvocato per il quale è stata disposta una sanzione disciplinare superiore all'avvertimento.

4. L'elenco è rinnovato entro il 31 gennaio di ogni anno, è pubblico, e si trova presso tutti gli uffici giudiziari situati nel territorio di ciascuna provincia.

[1] Articolo modif. dall'art. 2, L. 24 feb. 2005, n. 25.

82. ***Onorario e spese del difensore.*** — 1. L'onorario e le spese spettanti al difensore sono liquidati dall'autorità giudiziaria con decreto di pagamento, osservando la tariffa professionale in modo che, in ogni caso, non risultino superiori ai valori medi delle tariffe professionali vigenti relative ad onorari, diritti ed indennità, [e previo parere del consiglio dell'ordine][1] tenuto conto della natura dell'impegno professionale, in relazione all'incidenza degli atti assunti rispetto alla posizione processuale della persona fisica.

2. Nel caso in cui il difensore nominato dall'interessato sia iscritto in un elenco degli avvocati di un distretto di corte d'appello diverso da quello in cui ha sede il magistrato competente a conoscere del merito o il magistrato davanti al quale pende il processo, non sono dovute le spese e le indennità di trasferta previste dalla tariffa professionale.

3. Il decreto di pagamento è comunicato al difensore e alle parti, compreso il pubblico ministero.

[1] Parole soppresse dall'art. 322, L. 30 dic. 2004, n. 311.

83. ***Onorario e spese dell'ausiliario del magistrato e del consulente tecnico di parte.*** — 1. L'onorario e le spese spettanti al difensore, all'ausiliario del magistrato e al consulente tecnico di parte sono liquidati dall'autorità giudiziaria con decreto di pagamento, secondo le norme del presente testo unico.[1]

2. La liquidazione è effettuata al termine di ciascuna fase o grado del processo e, comunque, all'atto della cessazione dell'incarico, dall'autorità giudiziario che ha proceduto; per il giudizio di cassazione, alla liquidazione procede il giudice di rinvio, ovvero quello che ha pronunciato la sentenza passata in giudicato. In ogni caso, il giudice competente può provvedere anche alla liquidazione dei compensi dovuti per le fasi o i gradi anteriori del processo, se il provvedimento di ammissione al patrocinio è intervenuto dopo la loro definizione.[2]

3. Il decreto di pagamento è comunicato al beneficiario e alle parti, compreso il pubblico ministero.

3-*bis*. Il decreto di pagamento è emesso dal giudice contestualmente alla pronuncia del provvedimento che chiude la fase cui si riferisce la relativa richiesta.[3]

[1] Parole inserite dall'art. 3, L. 24 feb. 2005, n. 25.

[2] La Corte cost., con sent. 20 gen. 2022, n. 10, ha dichiarato l'ill. cost. del presente comma, nella parte in cui non prevede che, in tali fattispecie, alla liquidazione in favore del difensore provveda l'autorità giudiziaria che sarebbe stata competente a decidere la controversia.

[3] Comma aggiunto dall'art. 1, c. 783, L. 28 dic. 2015, n. 208.

84. ***Opposizione al decreto di pagamento.*** — 1. Avverso il decreto di pagamento del compenso al difensore, all'ausilario del magistrato e al consulente tecnico di parte, è ammessa opposizione ai sensi dell'art. 170.

85. ***Divieto di percepire compensi o rimborsi.*** — 1. Il difensore, l'ausiliario del magistrato e il consulente tecnico di parte non possono chiedere e percepire dal proprio assistito compensi o rimborsi a qualunque titolo, diversi da quelli previsti dalla presente parte del testo unico.

2. Ogni patto contrario è nullo.

3. La violazione del divieto costituisce grave illecito disciplinare professionale.

CAPO V

Recupero delle somme da parte dello Stato

86. ***Recupero delle somme da parte dello Stato.*** — 1. Lo Stato ha, in ogni caso, diritto di recuperare in danno dell'interessato le somme eventualmente pagate successivamente alla revoca del provvedimento di ammissione.

CAPO VI

Norme finali

87. ***Servizio al pubblico in materia di patrocinio a spese dello Stato.*** — 1. Il servizio al pubblico per il patrocinio a spese dello Stato è disciplinato dall'art. 20, della L. 29 marzo 2001, n. 134.

88. ***Controlli da parte della Guardia di finanza.*** — 1. Nei programmi annuali di controllo fiscale della Guardia di finanza sono inclusi i controlli dei soggetti ammessi al patrocinio a spese dello Stato, individuati sulla base di appositi criteri selettivi, anche tramite indagini bancarie e presso gli intermediari finanziari.

89. ***Norme di attuazione.*** — 1. Con decreto del Presidente della Repubblica, ai sensi dell'art. 17, comma 1, della L. 23 ago. 1988, n. 400, sono emanate le norme di attuazione delle disposizioni della parte III del presente testo unico.

90-118. (*Omissis*).

TITOLO IV

Disposizioni generali sul patrocinio a spese dello stato nel processo civile, amministrativo, contabile e tributario

CAPO I

Istituzione del patrocinio

119. ***Equiparazione dello straniero e dell'apolide.*** — 1. Il trattamento previsto per il cittadino italiano è assicurato, altresì, allo straniero regolarmente soggiornante sul territorio nazionale al momento del sorgere del rapporto o del fatto oggetto del processo da instaurare e all'apolide, nonché ad enti o associazioni che non perseguono scopi di lucro e non esercitano attività economica.

120. ***Ambito di applicabilità.*** — 1. La parte ammessa rimasta soccombente non può giovarsi dell'ammissione per proporre impugnazione, salvo che per l'applicazione di risarcimento del danno nel processo penale.

CAPO II

Condizioni per l'ammissione al patrocinio

121. ***Esclusione dal patrocinio.*** — 1. L'ammissione al patrocinio è esclusa nella cause per cessione di crediti e ragioni altrui, ad eccezione del caso in cui la cessione appare indubbiamente fatta in pagamento di crediti o ragioni preesistenti.

CAPO III
Istanza di ammissione al patrocinio

122. ***Contenuto integrativo dell'istanza.*** — 1. L'istanza contiene, a pena di inammissibilità, le enunciazioni in fatto ed in diritto utili a valutare la non manifesta infondatezza della pretesa che si intende far valere, con la specifica indicazione delle prove di cui si intende chiedere l'ammissione.

123. ***Termine per la presentazione o integrazione della documentazione necessaria ad accertare la veridicità.*** — 1. Per la presentazione o integrazione, a pena di inammissibilità, della documentazione richiesta ai sensi dell'art. 79, comma 3, può essere concesso un termine superiore a due mesi.

124. ***Organo competente a ricevere l'istanza.*** — 1. L'istanza è presentata esclusivamente dall'interessato o dal difensore, ovvero inviata, a mezzo raccomandata, al consiglio dell'ordine degli avvocati.

2. Il consiglio dell'ordine competente è quello del luogo in cui ha sede il magistrato davanti al quale pende il processo, ovvero, se il processo non pende, quello del luogo in cui ha sede il magistrato competente a conoscere del merito. Se procede la Corte di cassazione, il Consiglio di Stato, ovvero le sezioni riunite o le sezioni giurisdizionali centrali presso la Corte dei conti, il consiglio dell'ordine competente è quello del luogo ove ha sede il magistrato che ha emesso il provvedimento impugnato.

125. ***Sanzioni.*** — 1. Chiunque, al fine di ottenere o mantenere l'ammissione al patrocinio, formula l'istanza corredata dalla dichiarazione sostitutiva di certificazione, attestante falsamente la sussistenza o il mantenimento delle condizioni di reddito previste, è punito con la reclusione da uno a cinque anni o con la multa da euro 309,98 a euro 1.549,37. La pena è aumentata se dal fatto consegue l'ottenimento o il mantenimento dell'ammissione al patrocinio; la condanna importa la revoca con efficacia retroattiva e il recupero a carico del responsabile delle somme corrisposte dallo Stato.

2. Le pene previste al comma 1 si applicano nei confronti di chiunque, al fine di mantenere l'ammissione al patrocinio a spese dello Stato, omette di formulare le comunicazioni di cui all'art. 79, comma 1, lettera *d*).

CAPO IV
Decisione sull'istanza di ammissione al patrocinio

126. ***Ammissione anticipata da parte del consiglio dell'ordine degli avvocati.*** — 1. Nei dieci giorni successivi a quello in cui è stata presentata o è pervenuta l'istanza di ammissione, il consiglio dell'ordine degli avvocati, verificata l'ammissibilità dell'istanza, ammette l'interessato in via anticipata e provvisoria al patrocinio se, alla stregua della dichiarazione sostitutiva di certificazione prevista, ricorrono le condizioni di reddito cui l'ammissione al beneficio è subordinata e se le pretese che l'interessato intende far valere non appaiono manifestamente infondate.

2. Copia dell'atto con il quale in consiglio dell'ordine accoglie o respinge, ovvero dichiara inammissibile l'istanza, è trasmessa all'interessato e al magistrato.

3. Se il consiglio dell'ordine respinge o dichiara inammissibile l'istanza, questa può essere proposta al magistrato competente per il giudizio, che decide con decreto.

127. ***Trasmissione all'ufficio finanziario degli atti relativi all'ammissione al patrocinio.*** — 1. Copia dell'atto con il quale il consiglio dell'ordine, o il magistrato competente per il giudizio, accoglie l'istanza è trasmessa anche all'ufficio finanziario competente.

2. Questo verifica l'esattezza, alla stregua delle dichiarazioni, indicazioni ed allegazioni previste dall'art. 79, dell'ammontare del reddito attestato dall'interessato, nonché la compatibilità dei dati indicati con le risultanze dell'anagrafe tributaria e può disporre che sia effettuata, anche avvalendosi della collaborazione della Guardia di finanza, la verifica della posizione fiscale dell'istante e dei conviventi.

3. Se risulta che il beneficio è stato concesso sulla base di prospettazioni dell'istante non veritiere, l'ufficio finanziario richiede la revoca dell'ammissione e trasmette gli atti acquisiti alla Procura della Repubblica presso il tribunale competente per i reati di cui all'art. 125.

4. La effettività e la permanenza delle condizioni previste per l'ammissione al patrocinio è in ogni tempo, anche successivo all'ammissione, verificata su richiesta dell'autorità giudiziaria, ovvero su iniziativa dell'ufficio finanziario o della Guardia di finanza.

CAPO V
Difensori e consulenti tecnici di parte

128. ***Obbligo a carico del difensore.*** — 1. Il difensore della parte ammessa al patrocinio chiede la dichiarazione di estinzione del processo se cancellato dal ruolo ai sensi dell'art. 309, del codice di procedura civile. L'inosservanza di tale obbligo ha rilevanza disciplinare.

129. ***Nomina del consulente tecnico di parte.*** — 1. Chi è ammesso al patrocinio può nominare un consulente tecnico di parte nei casi previsti dalla legge.

130. ***Compensi del difensore, dell'ausiliario del magistrato e del consulente tecnico di parte.*** — 1. Gli importi spettanti al difensore, all'ausiliario del magistrato o al consulente tecnico di parte sono ridotti della metà.

[1] La Corte cost., con sent. 1 lug. 2022, n. 166, ha dichiarato l'ill. cost. del presente articolo nella parte in cui non esclude che la riduzione della metà degli importi spettanti all'ausiliario del magistrato sia operata in caso di applicazione di previsioni tariffarie non adeguate a norma dell'art. 54 dello stesso D.P.R. n. 115 del 2002.

130-*bis*. ***Esclusione dalla liquidazione dei compensi al difensore e al consulente tecnico di parte.***[1] — 1. Quando l'impugnazione, anche incidentale, è dichiarata inammissibile, al difensore non è liquidato alcun compenso.

2. Non possono essere altresì liquidate le spese sostenute per le consulenze tecniche di parte che, all'atto del conferimento dell'incarico, apparivano irrilevanti o superflue ai fini della prova.

[1] Articolo ins. dall'art. 15, D.L. 4 ott. 2018, n. 113, conv. in L. 1 dic. 2018, n. 132.

CAPO VI
Effetti dell'ammissione al patrocinio

131. ***Effetti dell'ammissione al patrocinio.***[1] — 1. Per effetto dell'ammissione al patrocinio e relativamente alle spese a carico della parte ammessa, alcune sono prenotate a debito, altre sono anticipate dall'erario.

2. Sono spese prenotate a debito:

a) il contributo unificato nel processo civile, nel processo amministrativo e nel processo tributario;[2]

b) l'imposta di bollo, ai sensi dell'art. 17, decreto del Presidente della Repubblica ott. 1972, n. 642, nel processo contabile;[1]

c) le spese forfetizzate per le notificazioni a richiesta d'ufficio nel processo civile;

d) l'imposta di registro ai sensi dell'art. 59, comma 1, lettere *a*) e *b*), decreto del Presidente della Repubblica 26 apr. 1986, n. 131, nel processo civile e amministrativo;

e) l'imposta ipotecaria e catastale ai sensi dell'art. 16, comma 1, lett. *e*) D.lgs. 31 ott. 1990, n. 347;

f) i diritti di copia.

3. Gli onorari dovuti al consulente tecnico di parte e all'ausiliario del magistrato, sono prenotati a debito, a domanda, anche nel caso di transazione della lite, se non è possibile la ripetizione dalla parte a carico della quale sono poste le spese processuali, o dalla stessa parte ammessa, per vittoria della causa o per revoca dell'ammissione. Lo stesso trattamento si applica agli onorari di notaio per lo svolgimento di funzioni ad essi demandate dal magistrato nei casi previsti dalla legge e all'indennità di custodia del bene sottoposto a sequestro.

4. Sono spese anticipate dall'erario:

a) gli onorari e le spese dovuti al difensore;

b) le indennità e le spese di viaggio spettanti ai magistrati, agli appartenenti agli uffici e agli ufficiali giudiziari per le trasferte relative al compimento di atti del processo fuori dalla sede in cui si svolge, nel processo civile;

c) le indennità e le spese di viaggio spettanti a testimoni, a notai, a consulenti tecnici di parte e ausiliari del magistrato, nonché le spese sostenute per l'adempimento dell'incarico da parte di questi ultimi;

d) le spese per gli strumenti di pubblicità legale dei provvedimenti del magistrato nel processo civile;

e) le spese per il compimento dell'opera non eseguita o per la distruzione di quella compiuta nel processo civile;

f) le spese per le notificazioni a richiesta d'ufficio.

5. Sono prenotati a debito o anticipati ai sensi dell'art. 33, i diritti e le indennità di trasferta o le spese di spedizione degli ufficiali giudiziari per le notificazioni e gli atti di esecuzione a richiesta di parte.

[1] La Corte cost., con sent. 1 ott. 2019, n. 217, ha dichiarato l'ill. cost. del presente articolo nella parte in cui prevede che gli onorari e le indennità dovuti ai soggetti ivi indicati siano «prenotati a debito, a domanda», «se non è possibile la ripetizione», anziché direttamente anticipati dall'erario.

[2] Lettera così modif. dall'art. 37, c. 6, lett. *z*), D.L. 6 lug. 2011, n. 98, conv. con modif. in L. 15 lug. 2011, n. 111.

132. ***Imposta di registro della sentenza e compensazione delle spese.*** — 1. Nel caso di compensazione delle spese, se la registrazione è chiesta dalla parte ammessa al patrocinio, l'imposta di registro della sentenza è prenotata a debito per la metà o per la quota di compensazione ed è pagata per il rimanente dall'altra parte; è pagata per intero dalla parte diversa da quella ammessa al patrocinio che ne chiede la registrazione nel proprio interesse o per uno degli usi previsti dalla legge.

133. ***Pagamento in favore dello Stato.*** — 1. Il provvedimento che pone a carico della parte soccombente non ammessa al patrocinio la rifusione delle spese processuali a favore della parte ammessa dispone che il pagamento sia eseguito a favore dello Stato.

134. ***Recupero delle spese.*** — 1. Se lo Stato non recupera ai sensi dell'art. 133 e se la vittoria della causa o la composizione della lite ha messo la parte ammessa al patrocinio in condizione di poter restituire le spese erogate in suo favore, su di questa lo Stato ha diritto di rivalsa.

2. La rivalsa può essere esercitata per le spese prenotate e anticipate quando per sentenza o transazione la parte ammessa ha conseguito almeno il

sestuplo delle spese, o nel caso di rinuncia all'azione o di estinzione del giudizio, può essere esercitata per le sole spese anticipate indipendentemente dalla somma o valore conseguito.

3. Nelle cause che vengono definite per transazione, tutte le parti sono solidalmente obbligate al pagamento delle spese prenotate a debito, ed è vietato accollarle al soggetto ammesso al patrocinio. Ogni patto contrario è nullo.

4. Quando il giudizio è estinto o rinunciato l'attore o l'impugnante diverso dalla parte ammessa al patrocinio è obbligato al pagamento delle spese prenotate a debito.

5. Nelle ipotesi di cancellazione ai sensi dell'art. 309 codice di procedura civile e nei casi di estinzione diversi da quelli previsti nei commi 2 e 4, tutte le parti sono tenute solidamente al pagamento delle spese prenotate a debito.

135. ***Norme particolari per alcuni processi.*** — 1. Le spese relative ai processi di dichiarazione di assenza o di morte presunta sono recuperate nei confronti dei soggetti indicati nell'art. 50, commi 2 e 3, del codice civile e nei confronti della parte ammessa in caso di revoca dell'ammissione.

2. Le spese relative ai processi esecutivi, mobiliari e immobiliari, hanno diritto di prelazione, ai sensi degli artt. 2755 e 2770 del codice civile, sul prezzo ricavato dalla vendita o sul prezzo dell'assegnazione o sulle rendite riscosse dall'amministratore giudiziario.

CAPO VII

Revoca del provvedimento di ammissione al patrocinio

136. ***Revoca del provvedimento di ammissione.*** — 1. Se nel corso del processo sopravvengono modifiche delle condizioni reddituali rilevanti ai fini dell'ammissione al patrocinio, il magistrato che procede revoca il provvedimento di ammissione.

2. Con decreto il magistrato revoca l'ammissione al patrocinio provvisoriamente disposta dal consiglio dell'ordine degli avvocati, se risulta l'insussistenza dei presupposti per l'ammissione ovvero se l'interessato ha agito o resistito in giudizio con mala fede o colpa grave.

3. La revoca ha effetto dal momento dell'accertamento delle modificazioni reddituali, indicato nel provvedimento del magistrato; in tutti gli altri casi ha efficacia retroattiva.

CAPO VIII

Disposizioni particolari per il patrocinio a spese dello Stato nel processo tributario

137. ***Ambito temporale di applicabilità.*** — 1. Sino a quando non sono emanate disposizioni particolari, il patrocinio a spese dello Stato nel processo tributario è disciplinato dalle disposizioni della parte III, titoli I e IV, e dalle disposizioni del presente capo.

138. ***Commissione del patrocinio a spese dello Stato.*** — 1. Presso ogni commissione tributaria è costituita una commissione del patrocinio a spese dello Stato composta da un presidente di sezione, che la presiede, da un giudice tributario designato dal presidente della commissione, nonché da tre iscritti negli albi o elenchi di cui all'art. 12, comma 3, del D.lgs. 31 dic. 1992, n. 546 e successive modificazioni, designati al principio di ogni anno a turno da ciascun ordine professionale del capolugo in cui ha sede la commissione e dalla direzione regionale delle entrate. Per ciascun componente è designato anche un membro supplente. Al presidente e ai componenti non spetta alcun compenso. Esercita le funzioni di segretario un funzionario dell'ufficio di segreteria della commissione tributaria.

139. ***Funzioni della commissione.*** — 1. Le funzioni che gli artt. 59, 124, 126, 127 e 136 attribuiscono, anche in modo ripartito, al consiglio dell'ordine degli avvocati e al magistrato sono svolte solo dalla commissione del patrocinio a spese dello Stato; l'istanza respinta o dichiarata inammissibile dalla commissione non può essere proposta al magistrato davanti al quale pende il processo o competente a conoscere il merito.

2. I giudici tributari che fanno parte della commissione hanno l'obbligo di astenersi nei processi riguardanti controversie da loro esaminate quali componenti della commissione.

140. ***Nomina del difensore.*** — 1. Chi è ammesso al patrocinio può nominare un difensore scelto ai sensi dell'art. 80 o un difensore scelto nell'ambito degli altri albi ed elenchi di cui all'art. 12, comma 2, del D.lgs. 31 dic. 1992, n. 546 e successive modificazioni.

141. ***Onorario e spese del difensore.*** — L'onorario e le spese spettanti al difensore sono liquidati ai sensi dell'art. 82; per gli iscritti agli elenchi di cui all'art. 12, comma 2, del D.lgs. 31 dic. 1992, n. 546, e successive modificazioni, si applica la tariffa vigente per i ragionieri ed il parere è richiesto al relativo consiglio dell'ordine; gli importi sono ridotti della metà.

TITOLO V

Estensione, a limitati effetti, della disciplina del patrocinio a spese dello Stato prevista nel Titolo IV

142. ***Processo avverso il provvedimento di espulsione del cittadino di Stati non appartenenti all'Unione europea.*** — 1. Nel processo avverso il provvedimento di espulsione del cittadino di Stati non appartenenti all'Unione europea, di cui all'art. 13, del D.lgs. 25 lug. 1998, n. 286, l'onorario e le spese spettanti all'avvocato e all'ausiliario del magistrato sono a carico dell'erario e sono liquidati dal magistrato nella misura e con le modalità rispettivamente previste dagli artt. 82 e 83 ed è ammessa opposizione ai sensi dell'art. 84.

143. ***Processi previsti dalla L. 4 mag. 1983, n. 184, come modificata dalla L. 28 mar. 2001, n. 149.*** — 1. Sino a quando non è emanata una specifica disciplina sulla difesa d'ufficio, nei processi previsti dalla L. 4 mag. 1983, n. 184, come modificata dalla L. 28 mar. 2001, n. 149, per effetto dell'ammissione al patrocinio, sono pagate dall'erario, se a carico della parte ammessa, le seguenti spese:

a) gli onorari e le spese spettanti all'avvocato, al consulente tecnico di parte e all'ausiliario del magistrato, e sono liquidati dal magistrato nella misura e con le modalità rispettivamente previste dagli artt. 82 e 83 ed è ammessa opposizione ai sensi dell'art. 84;

b) le indennità e le spese di viaggio spettanti ai magistrati, ad appartenenti agli uffici, agli ufficiali giudiziari per le trasferte relative al compimento di atti del processo fuori dalla sede in cui si svolge;

c) le indennità e le spese di viaggio spettanti a testimoni e a notai;

d) i diritti e le indennità di trasferta degli ufficiali giudiziari per le notificazioni a richiesta dell'ufficio e per le notificazioni e gli atti di esecuzione a richiesta di parte.[1]

2. La disciplina prevista dalla presente parte del testo unico si applica, inoltre, per i limiti di reddito, per la documentazione e per ogni altra regola procedimentale relativa alla richiesta del beneficio.

[1] La Corte cost., con sent. 31 mag. 2019, n. 135, ha dichiarato l'ill. cost. del presente comma, nella parte in cui non prevede che siano anticipati dall'erario gli onorari e le spese spettanti al difensore d'ufficio di genitore irreperibile nei processi di cui alla L. 4 mag. 1983, n. 184.

144. ***Processo in cui è parte un fallimento.*** — 1. Nel processo in cui è parte un fallimento, se il decreto del giudice delegato attesta che non è disponibile il denaro necessario per le spese, il fallimento si considera ammesso al patrocinio ai sensi e per gli effetti delle norme previste dalla presente parte del testo unico, eccetto quelle incompatibili con l'ammissione di ufficio.

145. ***Processo di interdizione e inabilitazione ad istanza del pubblico ministero.*** — 1. Nel processo di interdizione e di inabilitazione promosso dal pubblico ministero le spese sono regolate dall'art. 131, eccetto per gli onorari dovuti al consulente tecnico dell'interdicendo o dell'inabilitando, e all'ausiliario del magistrato, i quali sono anticipati dall'erario.

2. Passata in giudicato la sentenza, l'ufficio richiede a tutori e curatori, nella qualità, di presentare entro un mese la documentazione prevista dall'art. 79, comma 1, lett. *c*); alla scadenza del termine, l'ufficio chiede all'ufficio finanziario gli adempimenti di cui all'art. 98, comma 2, trasmettendo l'eventuale documentazione pervenuta.

3. Lo Stato ha diritto di ripetere le spese nei confronti dei tutori e curatori, nella qualità, se il magistrato con decreto accerta il superamento dei limiti di reddito previsti per l'ammissione al patrocinio nei processi civili, sulla base della documentazione richiesta ai beneficiari o sulla base degli accertamenti finanziari.

PERITI E AUSILIARI DEL GIUDICE

- 1 -

L. 8 lug. 1980, n. 319[1]

Compensi spettanti ai periti, ai consulenti tecnici, interpreti e traduttori per le operazioni eseguite a richiesta dell'autorità giudiziaria

(G.U. 15 lug. 1980, n. 192)

[1] La Legge 8 lug. 1980, n. 319, è stata abrog., con l'eccezione dell'art. 4, dal D.P.R. 30 mag. 2002, n. 115.

4. ***Onorari commisurati al tempo.*** — Per le prestazioni non previste nelle tabelle e per le quali non sia applicabile l'articolo precedente gli onorari sono commisurati al tempo impiegato e vengono determinati in base alle vacazioni.

La vacazione è di due ore. L'onorario per la prima vacazione è di euro 14,68 e per ciascuna delle successive è di euro 8,15.[1]

L'onorario per la vacazione può essere raddoppiato quando per il compimento delle operazioni è fissato un termine non superiore a cinque giorni; può essere aumentato fino alla metà quando è fissato un termine non superiore a quindici giorni.

L'onorario per la vacazione non si divide che per metà; trascorsa un'ora e un quarto è dovuto interamente.

Il giudice non può liquidare più di quattro vacazioni al giorno per ciascun incarico.

Questa limitazione non si applica agli incarichi che vengono espletati alla presenza della autorità giudiziaria, per i quali deve farsi risultare dagli atti e dal verbale di udienza il numero delle vacazioni.

Ai sensi e per gli effetti dell'art. 455 del R.D. 23 mag. 1924, n. 827,[2] il magistrato è tenuto, sotto la sua personale responsabilità, a calcolare il numero delle vacazioni da liquidare con rigoroso riferimento al numero delle ore che siano state strettamente necessarie per l'espletamento dell'incarico, indipendentemente dal termine assegnato per il deposito della relazione o traduzione.

[1] Gli importi sono stati aggiornati, da ultimo, dal D.M. 30 mag. 2002.

[2] Art. 455. – I funzionari giudiziari sono responsabili dei pagamenti da essi ordinati, e sono tenuti al risarcimento del danno che l'erario venisse a soffrire per gli errori o le irregolarità delle loro disposizioni.

- 2 -

Decreto del Ministero della Giustizia 30 mag. 2002

Adeguamento dei compensi spettanti ai periti, consulenti tecnici, interpreti e traduttori per le operazioni eseguite su disposizione dell'autorità giudiziaria in materia civile e penale

(G.U. 5 ago. 2002, n. 182)

1. 1. Gli onorari di cui all'art. 4 della L. 8 lug. 1980, n. 319 sono rideterminati nella misura di euro 14,68 per la prima vacazione e di euro 8,15 per ciascuna delle vacazioni successive.

2. Gli importi indicati nelle tabelle approvate con il decreto del Presidente della Repubblica 14 nov. 1983, n. 820, sono rideterminati come da tabelle allegate al presente decreto.

ALLEGATO

TABELLE CONTENENTI LA MISURA DEGLI ONORARI FISSI E DI QUELLI VARIABILI DEI PERITI E DEI CONSULENTI TECNICI, PER LE OPERAZIONI ESEGUITE SU DISPOSIZIONE DELL'AUTORITÀ GIUDIZIARIA IN MATERIA CIVILE E PENALE, IN ATTUAZIONE DELL'ART. 2 DELLA L. 8 LUG. 1980, N. 319

1. Per la determinazione degli onorari a percentuale si ha riguardo per la perizia al valore del bene o di altra utilità oggetto dell'accertamento determinato sulla base di elementi obiettivi risultanti dagli atti del processo e per la consulenza tecnica al valore della controversia; se non è possibile applicare i criteri predetti gli onorari sono commisurati al tempo ritenuto necessario allo svolgimento dell'incarico e sono determinati in base alle vacazioni.

2. Per la perizia o la consulenza tecnica in materia amministrativa, contabile e fiscale, spetta al perito o al consulente tecnico un onorario a percentuale calcolato per scaglioni:

– fino a euro 5.164,57, dal 4,6896% al 9,3951%;

– da euro 5.164,58 e fino a euro 10.329,14, dal 3,7580% al 7,5160%;

– da euro 10.329,15 e fino a euro 25.822,84, dal 2,8106% al 5,6370%;

– da euro 25.822,85 e fino a euro 51.645,69, dall'1,3527% al 4,6896%;

– da euro 51.645,70 e fino a euro 103.291,38, dall'1,8790% al 3,7580%;

– da euro 103.291,39 e fino a euro 258.228,45, dallo 0,9316% all'1,8790%;

– da euro 258.228,46 fino e non oltre euro 516.456,90, dallo 0,4737% allo 0,9474%.

È in ogni caso dovuto un compenso non inferiore a euro 145,12.

3. Per la perizia o la consulenza tecnica in materia di valutazione di aziende, enti patrimoniali, situazioni aziendali, patrimoni, avviamento, diritti a titolo di risarcimento di danni, diritti aziendali e industriali nonché relativi a beni mobili in genere, spetta al perito o al consulente tecnico un onorario determinato ai sensi dell'articolo precedente e ridotto alla metà. È in ogni caso dovuto un compenso non inferiore a euro 145,12.

4. Per la perizia o la consulenza tecnica in materia di bilancio e relativo conto dei profili e perdite spetta al perito o al consulente tecnico un onorario a percentuale calcolato per scaglioni:

A. Sul totale delle attività:

– fino a euro 51.645,69, dallo 0,3790% allo 0,7579%; da 51.645,70 e fino a euro 103.291,38, dallo 0,1405% allo 0,2811%;

– da euro 103.291,39 e fino a curo 258.228,45, dallo 0,0932% allo 0,1879%;

– da euro 258.228,46 e fino a turo 516,456,90, dallo 0,0474% allo 0,0947%;

– da euro 516.456,91 e fino a euro 1.032.913,80, dallo 0,0235% allo 0,0471%;

– da euro 1.032.913,81 fino e non oltre euro 2.582.284,50, dallo 0,0093% allo 0,0188%.

B. Sul totale dei ricavi lordi:

– fino a euro 258.228,45, dallo 0,0932% allo 0,1879%;

– da euro 258.228,46 e fino a euro 516.456,90, dallo 0,0474% allo 0,0947%;

– da euro 516.546,91 e fino a euro 1.032.913,80, dallo 0,0188% allo 0,0376%;

– da euro 1.032.913,81 fino e non oltre euro 5.164.568,99, dallo 0,0093% allo 0,0188%.

I suddetti onorari sono ridotti alla metà se la formazione del bilancio riguarda società, enti o imprese che non svolgono alcuna attività commerciale od industriale o la cui attività sia limitata alla pura e semplice amministrazione di beni immobili o al solo godimento di redditi patrimoniali; tale disposizione non si applica agli enti pubblici.

È in ogni caso dovuto un compenso non inferiore a euro 145,12.

5. Salvo quanto previsto nell'articolo precedente per la perizia o la consulenza tecnica in materia di inventari, rendiconti e situazioni contabili spetta al perito o al consulente tecnico un onorario da euro 145,12 a euro 970,42.

6. Per la perizia o la consulenza tecnica in materia di avarie comuni spetta al perito o al consulente tecnico un onorario a percentuale calcolato per scaglioni sull'ammontare complessivo della somma ammessa: fino a euro 3.098,74, dal 4,6896% al 9,3951%; da euro 3.098,75 e fino a euro 5.164,57, dal 3,7580% al 7,5160%; da euro 5.164,58 e fino a euro 10.329,14, dal 3,2843% al 6,5686%;

– da euro 10.329,15 e fino a euro 25.822,84, dal 2,8106% al 5,6370%;

– da euro 25.822,85 e fino a euro 51.645,69, dall'1,8790% al 3,7580%;

– da euro 51.645,70 e fino a euro 103.291,38, dall'1,4053% al 2,8106%;

– da euro: 103.291,39 e fino a euro 258.228,45, dallo 0,7042% all'1,4085%;

– da euro 258.228,46 fino e non oltre euro 516.456,90, dallo 0,2353% allo 0,4705%.

È in ogni caso dovuto un compenso non inferiore a euro 145,12.

Per la perizia o la consulenza tecnica in materia di avarie particolari spetta al perito o al consulente tecnico un onorario a percentuale calcolato per scaglioni sull'ammontare complessivo della somma liquidata fino a euro 3.098,74, dal 3,2843% al 6,5686%; da euro 3.098,75 e fino a euro 5.164,57, dal 2,8106% al 5,6370%;

– da euro 5.164,58 e fino a euro 15.493,71, dall'1,4053% al 2,8106%;

– da euro 15.493,72 e fino a euro 30.987,41, dallo 0,7042% all'1,4085%;

– da euro 30.987,42 e fino a euro 51.645,69, dallo 0,4737% allo 0,9474%;

– da euro 51.645,70 fino e non oltre euro 103.291,38, dallo 0,2353% allo 0,4705%.

È in ogni caso dovuto un compenso non inferiore a euro 145,12.

7. Per la perizia o la consulenza tecnica espletata con metodo attuariale in materia di ricostruzione di posizioni retributive o previdenziali, di prestiti, di nude proprietà e usufrutti, di ammortamenti finanziari, di adeguamento al costo della vita e rivalutazione monetaria, spetta al perito o al consulente tecnico un onorario da euro 145,12 a euro 484,95.

Per la perizia o la consulenza tecnica in materia di verifica di basi tecniche di gestioni previdenziali e assistenziali, di riserve matematiche individuali e valori di riscatto di anzianità pregressa ai fini del trattamento di previdenza e quiescenza, spetta al perito o al consulente tecnico un onorario da euro 193,67 a euro 582,05.

8. Per la perizia o la consulenza tecnica in materia di accertamento di stato di equilibrio tecnico finanziario di gestioni, previdenziali e assistenziali spetta al perito o al consulente tecnico un onorario a percentuale calcolato per scaglioni sull'ammontare delle entrate, effettive o presunte, dell'anno cui si riferisce la valutazione:

– fino a euro 103.291,38 dallo 0,6632%, all'1,3106%;

– da euro 103.291,39 e fino a euro 258.228,45, dallo 0,3790% allo 0,7579%;

– da euro 258.228,46 e fino a euro 516.456,90, dallo 0,2842% allo 0,5684%;

– da euro 516.456,91 e fino a euro 5.164.568,99, dallo 0,0379% allo 0,0758%;

– da euro 51.64.569 fino e non oltre euro 25.822.844,95, dallo 0,0093% allo 0,0188% in ogni caso dovuto un compenso non inferiore a euro 145,12.

Per la perizia o la consulenza tecnica in materia

di analisi tecniche sui bilanci consuntivi o preventivi di enti previdenziali, assicurativi o finanziari spetta al perito o al consulente tecnico un onorario a percentuale calcolato per scaglioni:

- fino a euro 103.291,38, dal 0,3284% al 0,6569%;
- da euro 103.291,39 e fino a euro 258.228,45, dal 0,1405% al 0,2811%;
- da euro 258.228,46 e fino a euro 516.456,90, dal 0,0474% al 0,0947%;
- da euro 516.456,91 e fino a euro 5.164.568,99, dal 0,0141% a 0,0281%;
- da euro 5.164.569 fino e non oltre euro 51.645.689,91, dal 0,00235% al 0,0047%.

Qualora l'analisi di cui al comma precedente riguardi più di un bilancio, il compenso complessivo è costituito dalla somma dell'onorario, relativo al bilancio più recente e da quello spettante per ciascun bilancio precedente ridotto alla metà.

È in ogni caso dovuto un compenso non inferiore a euro 145,12.

9. Per la perizia o la consulenza tecnica in materia di opere di pittura, scultura e simili spetta al perito o al consulente tecnico un onorario da euro 96,58 a euro 484,95.

Quando l'indagine ha ad oggetto più reperti l'onorario spettante per ogni reperto successivo al primo è ridotto da un terzo a due terzi.

10. Per la perizia o la consulenza tecnica in materia di accertamento di retribuzioni o di contributi previdenziali, assicurativi, assistenziali e fiscali e ogni altra questione in materia di rapporto di lavoro spetta al perito o al consulente tecnico un onorario da euro 145,12 a euro 582,05.

11. Per la perizia o la consulenza tecnica in materia di costruzioni edilizie, impianti industriali, impianti di servizi generali, impianti elettrici, macchine isolate e loro parti, ferrovie, strade e canali, opere idrauliche, acquedotti e fognature, ponti, manufatti isolati e strutture spe progetti di bonifica agraria e simili, spetta al perito o al consulente tecnico un onorario a percentuale calcolato per scaglioni:

- fino a euro 5.164,57, dal 6,5686% al 13,1531%; e da euro 5.164,58 e fino a euro 10.329,14, dal 4,6896% al 9,3951%;
- da euro 10.329,15 e fino a euro 25.822,84, dal 3,7580% al 7,5160%;
- da euro 25.822,85 e fino a euro 51.645,69, dal 2,8106% al 5,6370%;
- da euro 51.645,70 e fino a euro 103.291,38, dall'1,8790% al 3,7580%; e da euro 103.291,39 e fino a euro 258.228,45, dallo 0,9316% all'1,8790%;
- da euro 258.228,46 fino e non oltre euro 516.456,90, dallo 0,2353% allo 0,4705%.

È in ogni caso dovuto un compenso non inferiore a euro 145,12.

12. Per la perizia o la consulenza tecnica in materia di verifica di rispondenza tecnica alle prescrizioni di progetto e/o di contratto, capitolati e norme, di collaudo di lavori, di lavori e forniture, di misura e contabili aggiornamento e revisione dei prezzi, spetta al perito o al consulente tecnico un onorario da un minimo di euro 145,12 ad un massimo di euro 970,42.

Per la perizia o consulenza tecnica in materia di rilievi topografici, planimetrici e altimetrici, compresi le triangolazioni e poligonazione, la misura dei fondi rustici, i rilievi di, strade, canali, fabbricati, centri abitati e aree fabbricabili spetta al perito o al consulente tecnico un onorario minimo di euro 145,12 ad un massimo di euro 970,42.

13. Per la perizia o la consulenza tecnica in materia di estimo spetta al perito o al consulente tecnico un onorario a percentuale calcolato per scaglioni sull'importo stimato:

- fino a euro 5.164,57, dall'1,0264% al 2,0685%;
- da, euro 5.164,58 e fino a euro 10.329,14, dallo 0,9316% all'1,8790%;
- da euro 10.329,15 e fino a euro 25.822,84, dallo 0,8369% all'1,6895%;
- da euro 25.822,85 e fino a euro 51.645,69, dallo 0,5684% all'1,1211%;
- da euro 51.645,70 e fino a euro 103.291,38, dallo 0,3790% allo 0,7579%;
- da euro 103.291,39 e fino a euro 258.228,45, dallo 0,2842% allo 0,5684%;
- da euro 258.228,46 fino e non oltre euro 516.456,90, dallo 0,0474% allo 0,0947%.

Nel caso di stima sommaria spetta al. perito o al consulente tecnico un onorario determinato ai sensi del comma precedente e ridotto alla metà; nel caso di semplice giudizio di stima lo stesso è ridotto di due terzi.

È in ogni caso dovuto un compenso non inferiore a euro 145,12.

14. Per la perizia o la consulenza in materia di cave e miniere, minerali, sostanze solide, liquide e gassose spetta al perito o al consulente tecnico un onorario a percentuale calcolato per scaglioni sull'importo stimato:

- fino a euro 5.164,57, dall'1,4053% al 2,8106%;
- da euro 5.164,58 e fino a euro 10.329,14, dallo 0,9316% all'1,8790%;
- da euro 10.329,15 e fino a euro 25.822,84, dallo 0,4737% allo 0,9474%;
- da euro 25.822,85 e fino a euro 51.645,69, dallo 0,2842% allo 0,5684%;
- da euro 51,645,70 e fino a euro 103.291,38, dallo 0,1879% allo 0,3758%;
- da euro 103.291,39 e fino a euro 258.228,45, dallo 0,0932% allo 0,1879%;
- da euro 258.228,46 fino e non oltre euro 516.456,90, dallo 0,0474% allo 0,0947%.

È in ogni caso dovuto un compenso non inferiore a euro 145,12.

15. Per la perizia o la consulenza tecnica in materia di valutazione, riparazione e trasformazione di aerei, navi e imbarcazioni e in quella di salvataggio e recuperi spetta al perito o al consulente tecnico un onorario determinato ai sensi dell'art. 11 e ridotto alla metà. In materia di valutazione di danni l'onorario come innanzi determinato è ulteriormente ridotto alla metà.

È in ogni caso dovuto un compenso non inferiore a euro 96,58.

16. Per la perizia o la consulenza tecnica in materia di funzioni contabili amministrative di case e beni rustici, di curatele di aziende agrarie, di equo canone, di fitto di fondi urbani e rustici, di redazione di stima dei danni da incendio e grandine, di tabelle millesimali e riparto di spese condominiali spetta al perito o al consulente tecnico un onorario da un minimo di euro 145,12 ad un massimo di euro 970,42.

17. Per la consulenza tecnica in materia di infortunistica del traffico e della circolazione spetta al consulente tecnico un onorario a percentuale calcolato per scaglioni:

– fino a euro 258,23, dal 7,5160% al 15,0321%;

– da euro 258,24 e fino a euro 5.16,46, dal 5,6370% all'11,2741%; da euro 516,47 e fino a euro 2.582,28, dal 3,7580% al 7,5160%;

– da euro 2.582,29 e fino a euro 25.822,84, dall'1,4053% al 2,8106%;

– da euro 25.822,85 fino e non oltre euro 51.645,69, dallo 0,9316% all'1,8790%.

È in ogni caso dovuto un compenso non inferiore a euro 38,73.

Il valore è determinato in base all'entità del danno cagionato alla cosa. Nel caso di più cose danneggiate si ha riguardo al danno di maggiore entità. Per la perizia nella materia di cui al primo comma l'onorario è commisurato al tempo ritenuto necessario allo svolgimento dell'incarico ed è determinato in base alle vacazioni.

18. Per la perizia o la consulenza tecnica in materia di esplosivi, di armi, di proiettili, di bossoli e simili spetta al perito o al consulente tecnico un onorario da euro 48,03 a euro 145,12 per il primo reperto.

Se il reperto è costituito da un'arma in esso sono compresi i proiettili e i bossoli.

Per la perizia o la consulenza tecnica in materia di balistica spetta al perito o al consulente tecnico un onorario da euro 96,58 a euro 387,86 per il primo reperto.

Quando l'indagine di cui al primo e al terzo comma ha ad oggetto più reperti l'onorario spettante per ogni reperto successivo al primo è ridotto da un terzo a due terzi.

19. Per la perizia o la consulenza tecnica in materia di geomorfologia applicata, idrogeologia, geologia applicata e stabilità dei pendii spetta al perito o al consulente tecnico un onorario da un minimo di euro 241,70 ad un massimo di euro 4.852,11.

20. Per la perizia in materia medico-legale, nel caso di immediata espressione dei giudizio raccolta a verbale, spettano al perito i seguenti onorari, non cumulabili fra loro:

– visita medico-legale euro 19,11;

– ispezione esterna di cadavere euro 19,11;

– autopsia euro 67,66;

– autopsia su cadavere esumato euro 96,58.

Qualora il parere non possa essere dato immediatamente e venga presentata una relazione scritta, spetta al perito, per le medesime operazioni, un onorario:

– per visite medico-legali da euro 48,03 a euro 145,12;

– per accertamenti su cadavere da euro 116,20 a euro 387,86.

21. Per la consulenza tecnica avente ad oggetto accertamenti medici, diagnostici, identificazione di agenti patogeni, riguardanti la persona spetta al consulente tecnico un onorario da euro 48,03 a euro 290,77.

22. Per la perizia o la consulenza tecnica avente ad oggetto l'esame alcoolimetrico spetta al perito o al consulente tecnico un onorario di euro 14,46 a campione.

23. Per la perizia o la consulenza tecnica avente ad oggetto la ricerca del tasso percentuale. carbossiemoglobinemico spetta al perito o al consulente tecnico un onorario di euro 28,92 a campione.

24. Per la perizia o la consulenza tecnica in materia psichiatrica o criminologica spetta al perito o al consulente tecnico un onorario da euro 96,58 a euro 387,86.

25. Per la perizia o la consulenza tecnica avente ad oggetto diagnosi su materiale biologico o su tracce biologiche ovvero indagini biologiche o valutazioni sui risultati di indagini di laboratorio su tracce biologiche spetta al perito o al consulente tecnico un onorario da euro 28,92 a euro 290,77.

Qualora i reperti o i marcatori sottoposti ad esame sono più di uno l'onorario spettante per ciascuno di essi, successivo al primo, è ridotto alla metà.

26. Per la perizia o la consulenza tecnica avente ad oggetto accertamenti diagnostici su animali, nel caso di immediata espressione del giudizio raccolta a verbale, spettano al perito o al consulente tecnico i seguenti onorari, non cumulabili fra loro:

– visita clinica euro 19,11;

– esame necroscopico euro 67,66.

Qualora il parere non possa essere dato immediatamente e venga presentata una relazione scritta, spetta al perito o al consulente tecnico, per le medesime operazioni, un onorario:

– per visita clinica da euro 48,03 a euro 145,12;

– per esame necroscopico da euro 96,58 a euro 290,77.

Nel caso di malattie infettive, epidemiche o endemiche, che abbiano interessato più capi facenti parte di un gregge o di una mandria o di un allevamento gli onorari di cui ai precedenti commi sono raddoppiati.

27. Per la perizia o la consulenza tecnica tossicologica, su reperti non biologici spetta al perito o al consulente tecnico un onorario da 48,03 a euro 145,12 a campione per la ricerca qualitativa, di una sostanza, da euro 67,66 a euro 193,67 a campione per la ricerca, quantitativa.

Per la perizia o la consulenza tecnica tossicologica su reperti biologici spetta al perito o al consulente tecnico un onorario da euro 67,66 a euro 193,67 per l'analisi qualitativa di ciascuna sostanza da euro 48,03 a euro 145,12 per l'analisi quantitativa.

Quando le sostanze o i campioni sottoposti ad esame sono più di uno l'onorario spettante per ogni sostanza o campione successivo al primo è ridotto alla metà.

28. Per la perizia o la consulenza tecnica chimica-tossicologica avente ad oggetto la ricerca quantitativa o qualitativa completa generale incognita delle sostanze inorganiche, organiche volatili e organiche, non volatili nonché di agenti patogeni spetta al perito o al consulente tecnico un onorario da euro 48,03 a euro 145,12.

Per la perizia o la consulenza ecotossicologica volta ad accertare le alterazioni e, le impurità di qualsiasi sostanza o ad identificare gli agenti patogeni infettanti, infestanti e inquinanti, spetta al perito o al consulente tecnico un onorario da euro 48,03 a euro 407,48.

Per la perizia o la consulenza tecnica in materia di inquinamento acustico spetta al perito o al consulente tecnico un onorario da euro 48,03 a euro 484,95.

29. Tutti gli onorari, ove non diversamente stabilito nelle presenti tabelle, sono comprensivi della relazione sui risultati dell'incarico espletato, della partecipazione alle udienze e di ogni altra attività concernente i quesiti.

- 3 -

D.P.R. 30 mag. 2002, n. 115

Testo unico delle disposizioni legislative e regolamentari in materia di spese di giustizia

(G.U. 15 giu. 2002, n. 139)

(*stralcio*)

TITOLO VII

Ausiliari del magistrato nel processo penale, civile, amministrativo, contabile e tributario

49. ***Elenco delle spettanze.*** — 1. Agli ausiliari del magistrato spettano l'onorario, l'indennità di viaggio e di soggiorno, le spese di viaggio e il rimborso delle spese sostenute per l'adempimento dell'incarico.

2. Gli onorari sono fissi, variabili e a tempo.

50. ***Misura degli onorari.*** — 1. La misura degli onorari fissi, variabili e a tempo, è stabilita mediante tabelle, approvate con decreto del Ministro della giustizia, di concerto con il Ministro dell'economia e delle finanze, ai sensi dell'art. 17, commi 3 e 4, della legge 23 agosto 1988, n. 400.

2. Le tabelle sono redatte con riferimento alle tariffe professionali esistenti, eventualmente concernenti materie analoghe, contemperate con la natura pubblicistica dell'incarico.

3. Le tabelle relative agli onorari a tempo individuano il compenso orario, eventualmente distinguendo tra la prima e le ore successive, la percentuale di aumento per l'urgenza, il numero massimo di ore giornaliere e l'eventuale superamento di tale limite per attività alla presenza dell'autorità giudiziaria.

51. ***Determinazione degli onorari variabili e aumento di quelli fissi e variabili.*** — 1. Nel determinare gli onorari variabili il magistrato deve tener conto delle difficoltà, della completezza e del pregio della prestazione fornita.

2. Gli onorari fissi e variabili possono essere aumentati, sino al venti per cento, se il magistrato dichiara l'urgenza dell'adempimento con decreto motivato.

52. ***Aumento e riduzione degli onorari.*** — 1. Per le prestazioni di eccezionale importanza, complessità e difficoltà gli onorari possono essere aumentati sino al doppio.

2. Se la prestazione non è completata nel termine originariamente stabilito o entro quello prorogato per fatti sopravvenuti e non imputabili all'ausiliario del magistrato, per gli onorari a tempo non si tiene conto del periodo successivo alla scadenza del termine e gli altri onorari sono ridotti di un terzo.[1]

[1] Comma così sost. dall'art. 67 della L. 18 giu. 2009, n. 69.

53. ***Incarichi collegiali.*** — 1. Quando l'incarico è stato conferito ad un collegio di ausiliari il compenso globale è determinato sulla base di quello spettante al singolo, aumentato del quaranta per cento per ciascuno degli altri componenti del collegio, a meno che il magistrato dispone che ognuno degli incaricati deve svolgere personalmente e per intero l'incarico affidatogli.

54. ***Adeguamento periodico degli onorari.*** — 1. La misura degli onorari fissi, variabili e a tempo è adeguata ogni tre anni in relazione alla variazione, accertata dall'ISTAT, dell'indice dei prezzi al consumo per le famiglie di operai ed impiegati, verificatasi nel triennio precedente, con decreto dirigenziale del Ministero della giustizia, di concerto con il Ministero dell'economia e delle finanze.

55. ***Indennità e spese di viaggio.*** — 1. Per l'indennità di viaggio e di soggiorno, si applica il trattamento previsto per i dipendenti statali. L'incaricato è equiparato al dirigente di seconda fascia del ruolo unico, di cui all'art. 15 del decreto legislativo 30 marzo 2001, n. 165. È fatta salva l'eventuale maggiore indennità spettante all'incaricato dipendente pubblico.

2. Le spese di viaggio, anche in mancanza di relativa documentazione, sono liquidate in base alle tariffe di prima classe sui servizi di linea, esclusi quelli aerei.

3. Le spese di viaggio con mezzi aerei o con mezzi straordinari sono rimborsate se preventivamente autorizzate dal magistrato.

56. ***Spese per l'adempimento dell'incarico.*** — 1. Gli ausiliari del magistrato devono presentare una nota specifica delle spese sostenute per l'adempimento dell'incarico e allegare la corrispondente documentazione.

2. Il magistrato accerta le spese sostenute ed esclude dal rimborso quelle non necessarie.

3. Se gli ausiliari del magistrato sono stati autorizzati ad avvalersi di altri prestatori d'opera per attività strumentale rispetto ai quesiti posti con l'incarico, la relativa spesa è determinata sulla base delle tabelle di cui all'art. 50.

4. Quando le prestazioni di carattere intellettuale o tecnico di cui al comma 3 hanno propria autonomia rispetto all'incarico affidato, il magistrato conferisce incarico autonomo.

57. ***Equiparazione del commissario ad acta agli ausiliari del magistrato.*** — 1. Al commissario ad acta si applica la disciplina degli ausiliari del magistrato, per l'onorario, le indennità e spese di viaggio e per le spese sostenute per l'adempimento dell'incarico.

PERSONE GIURIDICHE PRIVATE

- 1 -

D.P.R. 10 feb. 2000, n. 361

Regolamento recante norme per la semplificazione dei procedimenti di riconoscimento di persone giuridiche private e di approvazione delle modifiche dell'atto costitutivo e dello statuto (n. 17 dell'allegato 1 della L. 15 marzo 1997, n. 59)

1. ***Procedimento per l'acquisto della personalità giuridica.*** — 1. Salvo quanto previsto dagli artt. 7 e 9, le associazioni, le fondazioni e le altre istituzioni di carattere privato acquistano la personalità giuridica mediante il riconoscimento determinato dall'iscrizione nel registro delle persone giuridiche, istituito presso le prefetture.

2. La domanda per il riconoscimento di una persona giuridica, sottoscritta dal fondatore ovvero da coloro ai quali è conferita la rappresentanza dell'ente, è presentata alla prefettura nella cui provincia è stabilita la sede dell'ente. Alla domanda i richiedenti allegano copia autentica dell'atto costitutivo e dello statuto. La prefettura rilascia una ricevuta che attesta la data di presentazione della domanda.

3. Ai fini del riconoscimento è necessario che siano state soddisfatte le condizioni previste da norme di legge o di regolamento per la costituzione dell'ente, che lo scopo sia possibile e lecito e che il patrimonio risulti adeguato alla realizzazione dello scopo.

4. La consistenza del patrimonio deve essere dimostrata da idonea documentazione allegata alla domanda.

5. Entro il termine di centoventi giorni dalla data di presentazione della domanda il prefetto provvede all'iscrizione.

6. Qualora la prefettura ravvisi ragioni ostative all'iscrizione ovvero la necessità di integrare la documentazione presentata, entro il termine di cui al comma 5, ne dà motivata comunicazione ai richiedenti, i quali, nei successivi trenta giorni, possono presentare memorie e documenti. Se, nell'ulteriore termine di trenta giorni, il prefetto non comunica ai richiedenti il motivato diniego ovvero non provvede all'iscrizione, questa si intende negata.

7. Il riconoscimento delle fondazioni istituite per testamento può essere concesso dal prefetto, d'ufficio, in caso di ingiustificata inerzia del soggetto abilitato alla presentazione della domanda.

8. Le prefetture istituiscono il registro di cui al comma 1, entro novanta giorni dalla data di entrata in vigore del presente regolamento.

9. Le prefetture e le regioni provvedono, ai sensi dell'art. 6 del D.lgs. 28 ago. 1997, n. 281 ad attivare collegamenti telematici per lo scambio dei dati e delle informazioni.

10. Con decreto del Ministro per i beni e le attività

culturali, da adottarsi entro novanta giorni dalla data di entrata in vigore del presente regolamento, sentito il Ministro dell'interno, sono determinati i casi in cui il riconoscimento delle persone giuridiche che operano nelle materie di competenza del Ministero per i beni e le attività culturali è subordinato al preventivo parere della stessa amministrazione, da esprimersi nel termine di sessanta giorni dalla richiesta del prefetto. In mancanza del parere il prefetto procede ai sensi dei commi 5 e 6.

2. ***Modificazioni dello statuto e dell'atto costitutivo.*** — 1. Le modificazioni dello statuto e dell'atto costitutivo sono approvate con le modalità e nei termini previsti per l'acquisto della personalità giuridica dall'art. 1, salvo i casi di riconoscimento della personalità giuridica per atto legislativo.

2. Alla domanda sono allegati i documenti idonei a dimostrare la sussistenza dei requisiti previsti dall'art. 21, secondo comma, del codice civile.

3. Per le fondazioni, alla domanda è allegata la documentazione necessaria a comprovare il rispetto delle disposizioni statutarie inerenti al procedimento di modifica dello statuto.

3. ***Registro delle persone giuridiche.*** — 1. Il registro di cui all'art. 1, comma 1, consta di due parti, l'una generale e l'altra analitica.

2. Nella prima parte del registro sono iscritte le persone giuridiche con la sola indicazione della loro denominazione.

3. L'iscrizione è contrassegnata da un numero d'ordine ed è accompagnata dall'indicazione della data, del nome del richiedente, delle pagine riservate nella parte analitica alla stessa persona giuridica e del volume in cui sono contenuti lo statuto e l'atto costitutivo e di quello dove sono raccolte le copie delle deliberazioni e dei provvedimenti iscritti nel registro. Alla fine della parte generale il registro è munito di una rubrica alfabetica contenente il nome della persona giuridica, il numero della pagina in cui la stessa è iscritta e il riferimento alla parte analitica del registro.

4. Nella seconda parte del registro, distintamente per ogni persona giuridica, sono iscritti tutti gli elementi e i fatti indicati nell'art. 4.

5. Ad ogni persona giuridica è riservato nella seconda parte del registro un intero foglio costituito da due pagine contrapposte. Le iscrizioni successive si fanno nello stesso foglio. Quando il foglio riservato ad una persona giuridica è esaurito, le iscrizioni sono fatte in un foglio successivo. La continuazione deve risultare chiaramente dalla pagina esaurita.

6. Il registro, prima di essere posto in uso, deve essere numerato e vidimato in ciascun foglio dal prefetto ovvero da un funzionario da questi delegato con decreto da iscriversi nella prima pagina del registro. Nell'ultima pagina il prefetto indica il numero dei fogli di cui è composto il registro.

7. Per ottenere l'iscrizione dei fatti indicati nell'art. 4, comma 2, il richiedente deve presentare copia autentica in carta libera della deliberazionc o del provvedimento da iscrivere. Tali copie restano depositate in prefettura e sono ordinate in volumi muniti di rubrica alfabetica.

8. Il registro e i documenti relativi possono essere esaminati da chiunque ne fa richiesta. La prefettura deve rilasciare gli estratti e i certificati che sono richiesti.

9. Agli adempimenti di cui al presente regolamento è data attuazione, ove possibile, mediante l'utilizzo dei mezzi telematici previsti dalle norme vigenti.

4. ***Iscrizioni nel registro.*** — 1. Nel registro devono essere indicati la data dell'atto costitutivo, la denominazione, lo scopo, il patrimonio, la durata, qualora sia stata determinata, la sede della persona giuridica e il cognome, il nome e il codice fiscale degli amministratori, con menzione di quelli ai quali è attribuita la rappresentanza.

2. Nel registro devono altresì essere iscritte le modificazioni dell'atto costitutivo e dello statuto, il trasferimento della sede e l'istituzione di sedi secondarie, la sostituzione degli amministratori, con indicazione di quelli ai quali è attribuita la rappresentanza, le deliberazioni di scioglimento, i provvedimenti che ordinano lo scioglimento o accertano l'estinzione, il cognome e nome dei liquidatori e tutti gli altri atti e fatti la cui iscrizione è espressamente prevista da norme di legge o di regolamento.

5. ***Decentramento amministrativo.*** — 1. Le funzioni amministrative già attribuite all'autorità governativa dalle norme del capo II, titolo II, libro I del codice civile, sono esercitate dalle prefetture, ovvero dalle regioni o dalle province autonome competenti.

6. ***Estinzione della persona giuridica.*** — 1. La prefettura, la regione ovvero la provincia autonoma competente accerta, su istanza di qualunque interessato o anche d'ufficio, l'esistenza di una delle cause di estinzione della persona giuridica previste dall'art. 27 del codice civile e dà comunicazione della dichiarazione di estinzione agli amministratori e al presidente del tribunale ai fini di cui all'art. 11 delle disposizioni di attuazione del codice civile.

2. Chiusa la procedura di liquidazione, il presidente del tribunale provvede che ne sia data comunicazione ai competenti uffici per la conseguente cancellazione dell'ente dal registro delle persone giuridiche.

7. ***Competenze delle regioni e delle province autonome.*** — 1. Il riconoscimento delle persone giuridiche private che operano nelle materie attribuite alla competenza delle regioni dall'art. 14 del D.P.R. 24 lug. 1977, n. 616 e le cui finalità statutarie si esauriscono nell'ambito di una sola regione, è determinato dall'iscrizione nel registro delle persone giuridiche istituito presso la stessa regione.

2. Entro novanta giorni dalla data di entrata in vigore del presente regolamento le regioni a statuto ordinario istituiscono il registro delle persone giuridiche di cui al comma 1. Fino a quando non abbiano provveduto, le regioni applicano le norme del presente regolamento.

3. Le regioni a statuto speciale e le province autonome di Trento e di Bolzano provvedono ad adeguare i rispettivi ordinamenti.

8. ***Coordinamento con il codice civile e con le norme di attuazione.*** — 1. I richiami a norme abrogate dal presente regolamento contenuti nel codice civile e nelle leggi speciali s'intendono riferiti alle corrispondenti disposizioni del regolamento medesimo. Ogni riferimento a competenza dell'autorità giudiziaria in tema di acquisto della personalità giuridica, di tenuta del registro delle persone giuridiche e di iscrizioni nello stesso s'intende fatto alla prefettura ovvero alla regione o provincia autonoma competenti.

2. Le sanzioni di cui all'art. 55 del codice civile si applicano alle ipotesi di mancata richiesta di iscrizione nei termini e secondo le modalità previste nel presente regolamento.

9. ***Norme speciali.*** — 1. Le norme del presente regolamento sono applicabili ai procedimenti di riconoscimento delle associazioni previste dall'art. 10 della legge 20 maggio 1985, n. 222, fatto salvo quanto disposto dal secondo e terzo comma del medesimo articolo.

2. Nulla è innovato nella disciplina degli enti ecclesiastici civilmente riconosciuti, in base alla L. 20 mag. 1985, n. *222*, nonché degli enti civilmente riconosciuti in base alle leggi di approvazione di intese con le confessioni religiose ai sensi dell'art. 8, terzo comma, della Costituzione. Nei confronti di tali enti trovano applicazione le disposizioni contenute negli artt. 3 e 4.

3. Sono fatte comunque salve le altre norme speciali derogatorie rispetto alla disciplina delle persone giuridiche di cui al libro I, titolo II, del codice civile, alle relative disposizioni di attuazione e alle norme del presente regolamento.

10-11. (*Omissis*).

PRIVACY

- 1 -

D.lgs. 30 giu. 2003, n. 196

Codice in materia di protezione dei dati personali, recante disposizioni per l'adeguamento dell'ordinamento nazionale al regolamento (UE) n. 2016/679 del Parlamento europeo e del Consiglio, del 27 aprile 2016, relativo alla protezione delle persone fisiche con riguardo al trattamento dei dati personali, nonché alla libera circolazione di tali dati e che abroga la direttiva 95/46/CE

(G.U. 29 lug. 2003, n. 174 - S.U.)[1]

[1] La presente legge è aggiornata con le modifiche di cui al D.lgs. 10 ago. 2018, n. 101.

PARTE I
DISPOSIZIONI GENERALI

TITOLO I
Principi e disposizioni generali

CAPO I
Oggetto, finalità e Autorità di controllo

1. ***Oggetto.*** — 1. Il trattamento dei dati personali avviene secondo le norme del regolamento (UE) 2016/679 del Parlamento europeo e del Consiglio, del 27 aprile 2016, di seguito «Regolamento», e del presente codice, nel rispetto della dignità umana, dei diritti e delle libertà fondamentali della persona.

2. ***Finalità.*** — 1. Il presente codice reca disposizioni per l'adeguamento dell'ordinamento nazionale alle disposizioni del regolamento.

2-*bis*. ***Autorità di controllo.*** — 1. L'Autorità di controllo di cui all'articolo 51 del regolamento è individuata nel Garante per la protezione dei dati personali, di seguito «Garante», di cui all'articolo 153.

CAPO II
Principi

2-*ter*. ***Base giuridica per il trattamento di dati personali effettuato per l'esecuzione di un compito di interesse pubblico o connesso all'esercizio di pubblici poteri.*** — 1. La base giuridica prevista dall'articolo 6, paragrafo 3, lettera *b*), del regolamento è costituita da una norma di legge o di regolamento o da atti amministrativi generali.[1]

1-*bis*. Fermo restando ogni altro obbligo previsto dal Regolamento e dal presente codice, il trattamento dei dati personali da parte di un'amministrazione pubblica di cui all'articolo 1, comma 2, del decreto legislativo 30 marzo 2001, n. 165, ivi comprese le autorità indipendenti e le amministrazioni inserite nell'elenco di cui all'articolo 1, comma 3, della legge 31 dicembre 2009, n. 196, nonché da parte di una società a controllo pubblico statale o, limitatamente ai gestori di servizi pubblici, locale, di cui all'articolo 16 del testo unico in materia di società a partecipazione pubblica, di cui al decreto legislativo 19 agosto 2016, n. 175, con esclusione, per le società a controllo pubblico, dei trattamenti correlati ad attività svolte in regime di libero mercato, è anche consentito se necessario per l'adempimento di un compito svolto nel pubblico interesse o per l'esercizio di pubblici poteri ad esse attribuiti. In modo da assicurare che tale esercizio non possa arrecare un pregiudizio effettivo e concreto alla tutela dei diritti e delle libertà degli interessati, le disposizioni di cui al presente comma sono esercitate nel rispetto dell'articolo 6 del Regolamento.[2]

2. La comunicazione fra titolari che effettuano trattamenti di dati personali, diversi da quelli ricompresi nelle particolari categorie di cui all'articolo 9 del Regolamento e di quelli relativi a condanne penali e reati di cui all'articolo 10 del Regolamento, per l'esecuzione di un compito di interesse pubblico o connesso all'esercizio di pubblici poteri è ammessa se prevista ai sensi del comma 1 o se necessaria ai sensi del comma 1-*bis*.[1]

3. La diffusione e la comunicazione di dati personali, trattati per l'esecuzione di un compito di interesse pubblico o connesso all'esercizio di pubblici poteri, a soggetti che intendono trattarli per altre finalità sono ammesse unicamente se previste ai sensi del comma 1 o se necessarie ai sensi del comma 1-*bis*. In tale ultimo caso, ne viene data notizia al Garante almeno dieci giorni prima dell'inizio della comunicazione o diffusione.[1]

4. Si intende per:

a) "comunicazione", il dare conoscenza dei dati personali a uno o più soggetti determinati diversi dall'interessato, dal rappresentante del titolare nel territorio dell'Unione europea, dal responsabile o dal suo rappresentante nel territorio dell'Unione europea, dalle persone autorizzate, ai sensi dell'articolo 2-*quaterdecies*, al trattamento dei dati personali sotto l'autorità diretta del titolare o del responsabile, in qualunque forma, anche mediante la loro messa a disposizione, consultazione o mediante interconnessione;

b) "diffusione", il dare conoscenza dei dati personali a soggetti indeterminati, in qualunque forma, anche mediante la loro messa a disposizione o consultazione.

[1] Comma così modif. dall'art. 9, D.L. 8 ott. 2021, n. 139, conv. con modif. in L. 3 dic. 2021, n. 205.

[2] Comma ins. dall'art. 9, D.L. 8 ott. 2021, n. 139, conv. con modif. in L. 3 dic. 2021, n. 205.

2-*quater*. *Regole deontologiche.* — 1. Il Garante promuove, nell'osservanza del principio di rappresentatività e tenendo conto delle raccomandazioni del Consiglio d'Europa sul trattamento dei dati personali, l'adozione di regole deontologiche per i trattamenti previsti dalle disposizioni di cui agli articoli 6, paragrafo 1, lettere *c*) ed *e*), 9, paragrafo 4, e al capo IX del Regolamento, ne verifica la conformità alle disposizioni vigenti, anche attraverso l'esame di osservazioni di soggetti interessati e contribuisce a garantirne la diffusione e il rispetto.

2. Lo schema di regole deontologiche è sottoposto a consultazione pubblica per almeno sessanta giorni.

3. Conclusa la fase delle consultazioni, le regole deontologiche sono approvate dal Garante ai sensi dell'articolo 154-*bis*, comma 1, lettera *b*), pubblicate nella *Gazzetta Ufficiale della Repubblica italiana* e, con decreto del Ministro della giustizia, sono riportate nell'allegato A del presente codice.

4. Il rispetto delle disposizioni contenute nelle regole deontologiche di cui al comma 1 costituisce condizione essenziale per la liceità e la correttezza del trattamento dei dati personali.

2-*quinquies*. *Consenso del minore in relazione ai servizi della società dell'informazione.* — 1. In attuazione dell'articolo 8, paragrafo 1, del Regolamento, il minore che ha compiuto i quattordici anni può esprimere il consenso al trattamento dei propri dati personali in relazione all'offerta diretta di servizi della società dell'informazione. Con riguardo a tali servizi, il trattamento dei dati personali del minore di età inferiore a quattordici anni, fondato sull'articolo 6, paragrafo 1, lettera *a*), del Regolamento, è lecito a condizione che sia prestato da chi esercita la responsabilità genitoriale.

2. In relazione all'offerta diretta ai minori dei servizi di cui al comma 1, il titolare del trattamento redige con linguaggio particolarmente chiaro e semplice, conciso ed esaustivo, facilmente accessibile e comprensibile dal minore, al fine di rendere significativo il consenso prestato da quest'ultimo, le informazioni e le comunicazioni relative al trattamento che lo riguardi.

2-*sexies*. *Trattamento di categorie particolari di dati personali necessario per motivi di interesse pubblico rilevante.* — 1. I trattamenti delle categorie particolari di dati personali di cui all'articolo 9, paragrafo 1, del Regolamento, necessari per motivi di interesse pubblico rilevante ai sensi del paragrafo 2, lettera *g*), del medesimo articolo, sono ammessi qualora siano previsti dal diritto dell'Unione europea ovvero, nell'ordinamento interno, da disposizioni di legge o di regolamento o da atti amministrativi generali che specifichino i tipi di dati che possono essere trattati, le operazioni eseguibili e il motivo di interesse pubblico rilevante, nonché le misure appropriate e specifiche per tutelare i diritti fondamentali e gli interessi dell'interessato.[1]

1-*bis*. I dati personali relativi alla salute, privi di elementi identificativi diretti, sono trattati, nel rispetto delle finalità istituzionali di ciascuno, dal Ministero della salute, dall'Istituto superiore di sanità, dall'Agenzia nazionale per i servizi sanitari regionali, dall'Agenzia italiana del farmaco, dall'Istituto nazionale per la promozione della salute delle popolazioni migranti e per il contrasto delle malattie della povertà e, relativamente ai propri assistiti, dalle regioni anche mediante l'interconnessione a livello nazionale dei sistemi informativi su base individuale del Servizio sanitario nazionale, ivi incluso il Fascicolo sanitario elettronico (FSE), aventi finalità compatibili con quelle sottese al trattamento, con le modalità e per le finalità fissate con decreto del Ministro della salute, ai sensi del comma 1, previo parere del Garante, nel rispetto di quanto previsto dal Regolamento, dal presente codice, dal codice dell'amministrazione digitale, di cui al decreto legislativo 7 marzo 2005, n. 82, e dalle linee guida dell'Agenzia per l'Italia digitale in materia di interoperabilità.[2]

2. Fermo quanto previsto dal comma 1, si considera rilevante l'interesse pubblico relativo a trattamenti effettuati da soggetti che svolgono compiti di interesse pubblico o connessi all'esercizio di pubblici poteri nelle seguenti materie:

a) accesso a documenti amministrativi e accesso civico;

b) tenuta degli atti e dei registri dello stato civile, delle anagrafi della popolazione residente in Italia e dei cittadini italiani residenti all'estero, e delle liste elettorali, nonché rilascio di documenti di riconoscimento o di viaggio o cambiamento delle generalità;

c) tenuta di registri pubblici relativi a beni immobili o mobili;

d) tenuta dell'anagrafe nazionale degli abilitati alla guida e dell'archivio nazionale dei veicoli;

e) cittadinanza, immigrazione, asilo, condizione dello straniero e del profugo, stato di rifugiato;

f) elettorato attivo e passivo ed esercizio di altri diritti politici, protezione diplomatica e consolare, nonché documentazione delle attività istituzionali di organi pubblici, con particolare riguardo alla redazione di verbali e resoconti dell'attività di assemblee rappresentative, commissioni e di altri organi collegiali o assembleari;

g) esercizio del mandato degli organi rappresentativi, ivi compresa la loro sospensione o il loro scioglimento, nonché l'accertamento delle cause di ineleggibilità, incompatibilità o di decadenza, ovvero di rimozione o sospensione da cariche pubbliche;

h) svolgimento delle funzioni di controllo, indirizzo politico, inchiesta parlamentare o sindacato ispettivo e l'accesso a documenti riconosciuto dalla legge e dai regolamenti degli organi interessati per esclusive finalità direttamente connesse all'espletamento di un mandato elettivo;

i) attività dei soggetti pubblici dirette all'applicazione, anche tramite i loro concessionari, delle disposizioni in materia tributaria e doganale, comprese quelle di prevenzione e contrasto all'evasione fiscale;[3]

l) attività di controllo e ispettive;

m) concessione, liquidazione, modifica e revoca di benefici economici, agevolazioni, elargizioni, altri emolumenti e abilitazioni;

n) conferimento di onorificenze e ricompense, riconoscimento della personalità giuridica di associazioni, fondazioni ed enti, anche di culto, accertamento dei requisiti di onorabilità e di professionalità per le nomine, per i profili di competenza del soggetto pubblico, ad uffici anche di culto e a cariche direttive di persone giuridiche, imprese e di istituzioni scolastiche non statali, nonché rilascio e revoca di autorizzazioni o abilitazioni, concessione di patrocini, patronati e premi di rappresentanza, adesione a comitati d'onore e ammissione a cerimonie ed incontri istituzionali;

o) rapporti tra i soggetti pubblici e gli enti del terzo settore;

p) obiezione di coscienza;

q) attività sanzionatorie e di tutela in sede amministrativa o giudiziaria;

r) rapporti istituzionali con enti di culto, confessioni religiose e comunità religiose;

s) attività socio-assistenziali a tutela dei minori e soggetti bisognosi, non autosufficienti e incapaci;

t) attività amministrative e certificatorie correlate a quelle di diagnosi, assistenza o terapia sanitaria o sociale, ivi incluse quelle correlate ai trapianti d'organo e di tessuti nonché alle trasfusioni di sangue umano;

u) compiti del servizio sanitario nazionale e dei soggetti operanti in ambito sanitario, nonché compiti di igiene e sicurezza sui luoghi di lavoro e sicurezza e salute della popolazione, protezione civile, salvaguardia della vita e incolumità fisica;

v) programmazione, gestione, controllo e valutazione dell'assistenza sanitaria, ivi incluse l'instaurazione, la gestione, la pianificazione e il controllo dei rapporti tra l'amministrazione ed i soggetti accreditati o convenzionati con il servizio sanitario nazionale;

z) vigilanza sulle sperimentazioni, farmacovigilanza, autorizzazione all'immissione in commercio e all'importazione di medicinali e di altri prodotti di rilevanza sanitaria;

aa) tutela sociale della maternità ed interruzione volontaria della gravidanza, dipendenze, assistenza, integrazione sociale e diritti dei disabili;

bb) istruzione e formazione in ambito scolastico, professionale, superiore o universitario;

cc) trattamenti effettuati a fini di archiviazione nel pubblico interesse o di ricerca storica, concernenti la conservazione, l'ordinamento e la comunicazione dei documenti detenuti negli archivi di Stato negli archivi storici degli enti pubblici, o in archivi privati dichiarati di interesse storico particolarmente importante, per fini di ricerca scientifica, nonché per fini statistici da parte di soggetti che fanno parte del sistema statistico nazionale (Sistan);

dd) instaurazione, gestione ed estinzione, di rapporti di lavoro di qualunque tipo, anche non retribuito o onorario, e di altre forme di impiego, materia sindacale, occupazione e collocamento obbligatorio, previdenza e assistenza, tutela delle minoranze e pari opportunità nell'ambito dei rapporti di lavoro, adempimento degli obblighi retributivi, fiscali e contabili, igiene e sicurezza del lavoro o di sicurezza o salute della popolazione, accertamento della responsabilità civile, disciplinare e contabile, attività ispettiva.

3. Per i dati genetici, biometrici e relativi alla salute il trattamento avviene comunque nel rispetto di quanto previsto dall'articolo 2-*septies*.

[1] Comma così modif. dall'art. 9, D.L. 8 ott. 2021, n. 139, conv. con modif. in L. 3 dic. 2021, n. 205.

[2] Comma ins. dall'art. 9, D.L. 8 ott. 2021, n. 139, conv. con modif. in L. 3 dic. 2021, n. 205.

[3] Lettera così modif. dall'art. 1, c. 681, L. 27 dic. 2019, n. 160.

2-*septies*. *Misure di garanzia per il trattamento dei dati genetici, biometrici e relativi alla salute.* —

1. In attuazione di quanto previsto dall'articolo 9, paragrafo 4, del regolamento, i dati genetici, biometrici e relativi alla salute, possono essere oggetto di trattamento in presenza di una delle condizioni di cui al paragrafo 2 del medesimo articolo ed in conformità alle misure di garanzia disposte dal Garante, nel rispetto di quanto previsto dal presente articolo.

2. Il provvedimento che stabilisce le misure di garanzia di cui al comma 1 è adottato con cadenza almeno biennale e tenendo conto:

a) delle linee guida, delle raccomandazioni e delle migliori prassi pubblicate dal Comitato europeo per la protezione dei dati e delle migliori prassi in materia di trattamento dei dati personali;

b) dell'evoluzione scientifica e tecnologica nel settore oggetto delle misure;

c) dell'interesse alla libera circolazione dei dati personali nel territorio dell'Unione europea.

3. Lo schema di provvedimento è sottoposto a consultazione pubblica per un periodo non inferiore a sessanta giorni.

4. Le misure di garanzia sono adottate nel rispetto di quanto previsto dall'articolo 9, paragrafo 2, del Regolamento, e riguardano anche le cautele da adottare relativamente a:

a) contrassegni sui veicoli e accessi a zone a traffico limitato;

b) profili organizzativi e gestionali in ambito sanitario;

c) modalità per la comunicazione diretta all'interessato delle diagnosi e dei dati relativi alla propria salute;

d) prescrizioni di medicinali.

5. Le misure di garanzia sono adottate in relazione a ciascuna categoria dei dati personali di cui al comma 1, avendo riguardo alle specifiche finalità del trattamento e possono individuare, in conformità a quanto previsto al comma 2, ulteriori condizioni sulla base delle quali il trattamento di tali dati è consentito. In particolare, le misure di garanzia individuano le misure di sicurezza, ivi comprese quelle tecniche di cifratura e di pseudonomizzazione, le misure di minimizzazione, le specifiche modalità per l'accesso selettivo ai dati e per rendere le informazioni agli interessati, nonché le eventuali altre misure necessarie a garantire i diritti degli interessati.

6. Le misure di garanzia che riguardano i dati genetici e il trattamento dei dati relativi alla salute per finalità di prevenzione, diagnosi e cura nonché quelle di cui al comma 4, lettere *b*), *c*) e *d*), sono adottate sentito il Ministro della salute che, a tal fine, acquisisce il parere del Consiglio superiore di sanità. Limitatamente ai dati genetici, le misure di garanzia possono individuare, in caso di particolare ed elevato livello di rischio, il consenso come ulteriore misura di protezione dei diritti dell'interessato, a norma dell'articolo 9, paragrafo 4, del regolamento, o altre cautele specifiche.

7. Nel rispetto dei principi in materia di protezione dei dati personali, con riferimento agli obblighi di cui all'articolo 32 del Regolamento, è ammesso l'utilizzo dei dati biometrici con riguardo alle procedure di accesso fisico e logico ai dati da parte dei soggetti autorizzati, nel rispetto delle misure di garanzia di cui al presente articolo.

8. I dati personali di cui al comma 1 non possono essere diffusi.

2-*octies*. *Principi relativi al trattamento di dati relativi a condanne penali e reati.* — 1. Fatto salvo quanto previsto dal decreto legislativo 18 maggio 2018, n. 51, il trattamento di dati personali relativi a condanne penali e a reati o a connesse misure di sicurezza sulla base dell'articolo 6, paragrafo 1, del Regolamento, che non avviene sotto il controllo dell'autorità pubblica, è consentito, ai sensi dell'articolo 10 del medesimo regolamento, solo se autorizzato da una norma di legge o, nei casi previsti dalla legge, di regolamento, che prevedano garanzie appropriate per i diritti e le libertà degli interessati.

2. In mancanza delle predette disposizioni di legge o di regolamento, i trattamenti dei dati di cui al comma 1 nonché le garanzie di cui al medesimo comma sono individuati con decreto del Ministro della giustizia, da adottarsi, ai sensi dell'articolo 17, comma 3, della legge 23 agosto 1988, n. 400, sentito il Garante.

3. Fermo quanto previsto dai commi 1 e 2, il trattamento di dati personali relativi a condanne penali e a reati o a connesse misure di sicurezza è consentito se autorizzato da una norma di legge

o, nei casi previsti dalla legge, di regolamento, riguardanti, in particolare:

a) l'adempimento di obblighi e l'esercizio di diritti da parte del titolare o dell'interessato in materia di diritto del lavoro o comunque nell'ambito dei rapporti di lavoro, nei limiti stabiliti da leggi, regolamenti e contratti collettivi, secondo quanto previsto dagli articoli 9, paragrafo 2, lettera *b*), e 88 del regolamento;

b) l'adempimento degli obblighi previsti da disposizioni di legge o di regolamento in materia di mediazione finalizzata alla conciliazione delle controversie civili e commerciali;

c) la verifica o l'accertamento dei requisiti di onorabilità, requisiti soggettivi e presupposti interdittivi nei casi previsti dalle leggi o dai regolamenti;

d) l'accertamento di responsabilità in relazione a sinistri o eventi attinenti alla vita umana, nonché la prevenzione, l'accertamento e il contrasto di frodi o situazioni di concreto rischio per il corretto esercizio dell'attività assicurativa, nei limiti di quanto previsto dalle leggi o dai regolamenti in materia;

e) l'accertamento, l'esercizio o la difesa di un diritto in sede giudiziaria;

f) l'esercizio del diritto di accesso ai dati e ai documenti amministrativi, nei limiti di quanto previsto dalle leggi o dai regolamenti in materia;

g) l'esecuzione di investigazioni o le ricerche o la raccolta di informazioni per conto di terzi ai sensi dell'articolo 134 del testo unico delle leggi di pubblica sicurezza;

h) l'adempimento di obblighi previsti da disposizioni di legge in materia di comunicazioni e informazioni antimafia o in materia di prevenzione della delinquenza di tipo mafioso e di altre gravi forme di pericolosità sociale, nei casi previsti da leggi o da regolamenti, o per la produzione della documentazione prescritta dalla legge per partecipare a gare d'appalto;

i) l'accertamento del requisito di idoneità morale di coloro che intendono partecipare a gare d'appalto, in adempimento di quanto previsto dalle vigenti normative in materia di appalti;

l) l'attuazione della disciplina in materia di attribuzione del rating di legalità delle imprese ai sensi dell'articolo 5-*ter* del decreto-legge 24 gennaio 2012, n. 1, convertito, con modificazioni, dalla legge 24 marzo 2012, n. 27;

m) l'adempimento degli obblighi previsti dalle normative vigenti in materia di prevenzione dell'uso del sistema finanziario a scopo di riciclaggio dei proventi di attività criminose e di finanziamento del terrorismo.

4. Nei casi in cui le disposizioni di cui al comma 3 non individuano le garanzie appropriate per i diritti e le libertà degli interessati, tali garanzie sono previste con il decreto di cui al comma 2.

5. Quando il trattamento dei dati di cui al presente articolo avviene sotto il controllo dell'autorità pubblica si applicano le disposizioni previste dall'articolo 2-*sexies*.

6. Con il decreto di cui al comma 2 è autorizzato il trattamento dei dati di cui all'articolo 10 del Regolamento, effettuato in attuazione di protocolli di intesa per la prevenzione e il contrasto dei fenomeni di criminalità organizzata, stipulati con il Ministero dell'interno o con le prefetture-UTG. In relazione a tali protocolli, il decreto di cui al comma 2 individua, le tipologie dei dati trattati, gli interessati, le operazioni di trattamento eseguibili, anche in relazione all'aggiornamento e alla conservazione e prevede le garanzie appropriate per i diritti e le libertà degli interessati. Il decreto è adottato, limitatamente agli ambiti di cui al presente comma, di concerto con il Ministro dell'interno.

2-*novies*. *Trattamenti disciplinati dalla Presidenza della Repubblica, dalla Camera dei deputati, dal Senato della Repubblica e dalla Corte costituzionale*. — 1. Le disposizioni degli articoli 2-*sexies*, 2-*septies* e 2-*octies* del presente decreto legislativo recano principi applicabili, in conformità ai rispettivi ordinamenti, ai trattamenti delle categorie di dati personali di cui agli articoli 9, paragrafo 1, e 10 del Regolamento, disciplinati dalla Presidenza della Repubblica, dal Senato della Repubblica, dalla Camera dei deputati e dalla Corte costituzionale.

2-*decies*. *Inutilizzabilità dei dati*. — 1. I dati personali trattati in violazione della disciplina rilevante in materia di trattamento dei dati personali non possono essere utilizzati, salvo quanto previsto dall'articolo 160-*bis*.

CAPO III
Disposizioni in materia di diritti dell'interessato

2-*undecies*. *Limitazioni ai diritti dell'interessato*. — 1. I diritti di cui agli articoli da 15 a 22 del Regolamento non possono essere esercitati con richiesta al titolare del trattamento ovvero con reclamo ai sensi dell'articolo 77 del Regolamento qualora dall'esercizio di tali diritti possa derivare un pregiudizio effettivo e concreto:

a) agli interessi tutelati in base alle disposizioni in materia di riciclaggio;

b) agli interessi tutelati in base alle disposizioni in materia di sostegno alle vittime di richieste estorsive;

c) all'attività di Commissioni parlamentari d'inchiesta istituite ai sensi dell'articolo 82 della Costituzione;

d) alle attività svolte da un soggetto pubblico, diverso dagli enti pubblici economici, in base ad espressa disposizione di legge, per esclusive finalità inerenti alla politica monetaria e valutaria, al sistema dei pagamenti, al controllo degli intermediari e dei mercati creditizi e finanziari, nonché alla tutela della loro stabilità;

e) allo svolgimento delle investigazioni difensive o all'esercizio di un diritto in sede giudiziaria;

f) alla riservatezza dell'identità del dipendente che segnala ai sensi della legge 30 novembre 2017, n. 179, l'illecito di cui sia venuto a conoscenza in ragione del proprio ufficio:

f-bis) agli interessi tutelati in materia tributaria e allo svolgimento delle attività di prevenzione e contrasto all'evasione fiscale.[1]

2. Nei casi di cui al comma 1, lettera *c*), si applica quanto previsto dai regolamenti parlamentari ovvero dalla legge o dalle norme istitutive della Commissione d'inchiesta.

3. Nei casi di cui al comma 1, lettere *a*), *b*), *d*) *e*), *f*) ed *f-bis*)[2] i diritti di cui al medesimo comma sono esercitati conformemente alle disposizioni di legge o di regolamento che regolano il settore, che devono almeno recare misure dirette a disciplinare gli ambiti di cui all'articolo 23, paragrafo 2, del Regolamento. L'esercizio dei medesimi diritti può, in ogni caso, essere ritardato, limitato o escluso con comunicazione motivata e resa senza ritardo all'interessato, a meno che la comunicazione possa compromettere la finalità della limitazione, per il tempo e nei limiti in cui ciò costituisca una misura necessaria e proporzionata, tenuto conto dei diritti fondamentali e dei legittimi interessi dell'interessato, al fine di salvaguardare gli interessi di cui al comma 1, lettere *a*), *b*), *d*), *e*) *f*) ed *f-bis*)[2]. In tali casi, i diritti dell'interessato possono essere esercitati anche tramite il Garante con le modalità di cui all'articolo 160. In tale ipotesi, il Garante informa l'interessato di aver eseguito tutte le verifiche necessarie o di aver svolto un riesame, nonché del diritto dell'interessato di proporre ricorso giurisdizionale. Il titolare del trattamento informa l'interessato delle facoltà di cui al presente comma.

[1] Lettera così modif. dall'art. 1, c. 681, L. 27 dic. 2019, n. 160.

[2] Parole così sost. dall'art. 1, c. 681, L. 27 dic. 2019, n. 160.

2-*duodecies*. *Limitazioni per ragioni di giustizia.* — 1. In applicazione dell'articolo 23, paragrafo 1, lettera *f*), del Regolamento, in relazione ai trattamenti di dati personali effettuati per ragioni di giustizia nell'ambito di procedimenti dinanzi agli uffici giudiziari di ogni ordine e grado nonché dinanzi al Consiglio superiore della magistratura e agli altri organi di autogoverno delle magistrature speciali o presso il Ministero della giustizia, i diritti e gli obblighi di cui agli articoli da 12 a 22 e 34 del Regolamento sono disciplinati nei limiti e con le modalità previste dalle disposizioni di legge o di Regolamento che regolano tali procedimenti, nel rispetto di quanto previsto dall'articolo 23, paragrafo 2, del Regolamento.

2. Fermo quanto previsto dal comma 1, l'esercizio dei diritti e l'adempimento degli obblighi di cui agli articoli da 12 a 22 e 34 del Regolamento possono, in ogni caso, essere ritardati, limitati o esclusi, con comunicazione motivata e resa senza ritardo all'interessato, a meno che la comunicazione possa compromettere la finalità della limitazione, nella misura e per il tempo in cui ciò costituisca una misura necessaria e proporzionata, tenuto conto dei diritti fondamentali e dei legittimi interessi dell'interessato, per salvaguardare l'indipendenza della magistratura e dei procedimenti giudiziari.

3. Si applica l'articolo 2-*undecies*, comma 3, terzo, quarto e quinto periodo.

4. Ai fini del presente articolo si intendono effettuati per ragioni di giustizia i trattamenti di dati personali correlati alla trattazione giudiziaria di affari e di controversie, i trattamenti effettuati in materia di trattamento giuridico ed economico del personale di magistratura, nonché i trattamenti svolti nell'ambito delle attività ispettive su uffici giudiziari. Le ragioni di giustizia non ricorrono per l'ordinaria attività amministrativo-gestionale di personale, mezzi o strutture, quando non è pregiudicata la segretezza di atti direttamente connessi alla trattazione giudiziaria di procedimenti.

2-*terdecies*. *Diritti riguardanti le persone decedute.* — 1. I diritti di cui agli articoli da 15 a 22 del Regolamento riferiti ai dati personali concernenti persone decedute possono essere esercitati da chi ha un interesse proprio, o agisce a tutela dell'interessato, in qualità di suo mandatario, o per ragioni familiari meritevoli di protezione.

2. L'esercizio dei diritti di cui al comma 1 non è ammesso nei casi previsti dalla legge o quando, limitatamente all'offerta diretta di servizi della società dell'informazione, l'interessato lo ha espressamente vietato con dichiarazione scritta presentata al titolare del trattamento o a quest'ultimo comunicata.

3. La volontà dell'interessato di vietare l'esercizio dei diritti di cui al comma 1 deve risultare in modo non equivoco e deve essere specifica, libera e informata; il divieto può riguardare l'esercizio soltanto di alcuni dei diritti di cui al predetto comma.

4. L'interessato ha in ogni momento il diritto di revocare o modificare il divieto di cui ai commi 2 e 3.

5. In ogni caso, il divieto non può produrre effetti pregiudizievoli per l'esercizio da parte dei terzi dei diritti patrimoniali che derivano dalla morte dell'interessato nonché del diritto di difendere in giudizio i propri interessi.

CAPO IV

Disposizioni relative al titolare del trattamento e al responsabile del trattamento

2-*quaterdecies*. *Attribuzione di funzioni e compiti a soggetti designati.* — 1. Il titolare o il responsabile del trattamento possono prevedere, sotto la propria responsabilità e nell'ambito del proprio assetto organizzativo, che specifici compiti e funzioni connessi al trattamento di dati personali siano attribuiti a persone fisiche, espressamente designate, che operano sotto la loro autorità.

2. Il titolare o il responsabile del trattamento individuano le modalità più opportune per autorizzare al trattamento dei dati personali le persone che operano sotto la propria autorità diretta.

2-*quinquiesdecies*. *Trattamento che presenta rischi elevati per l'esecuzione di un compito di interesse pubblico.* [1]

[1] Articolo abrog. dall'art. 9, D.L. 8 ott. 2021, n. 139, conv. con modif. in L. 3 dic. 2021, n. 205.

2-*sexiesdecies*. *Responsabile della protezione dei dati per i trattamenti effettuati dalle autorità giudiziarie nell'esercizio delle loro funzioni.* — 1. Il responsabile della protezione dati è designato, a norma delle disposizioni di cui alla sezione 4 del capo IV del Regolamento, anche in relazione ai trattamenti di dati personali effettuati dalle autorità giudiziarie nell'esercizio delle loro funzioni.

2-*septiesdecies*. *Organismo nazionale di accreditamento*. — 1. L'organismo nazionale di accreditamento di cui all'articolo 43, paragrafo 1, lettera *b*), del Regolamento è l'Ente unico nazionale di accreditamento, istituito ai sensi del Regolamento (CE) n. 765/2008, del Parlamento europeo e del Consiglio, del 9 luglio 2008, fatto salvo il potere del Garante di assumere direttamente, con deliberazione pubblicata nella *Gazzetta Ufficiale della Repubblica italiana* e in caso di grave inadempimento dei suoi compiti da parte dell'Ente unico nazionale di accreditamento, l'esercizio di tali funzioni, anche con riferimento a una o più categorie di trattamenti.

3-45. [Abrogati]

PARTE II
DISPOSIZIONI SPECIFICHE PER I TRATTAMENTI NECESSARI PER ADEMPIERE AD UN OBBLIGO LEGALE O PER L'ESECUZIONE DI UN COMPITO DI INTERESSE PUBBLICO O CONNESSO ALL'ESERCIZIO DI PUBBLICI POTERI NONCHÉ DISPOSIZIONI PER I TRATTAMENTI DI CUI AL CAPO IX DEL REGOLAMENTO

46-110-*bis*. (*Omissis*)

TITOLO VIII
Trattamenti nell'ambito del rapporto di lavoro

CAPO I
Profili generali

111. *Regole deontologiche per trattamenti nell'ambito del rapporto di lavoro.* — 1. Il Garante promuove, ai sensi dell'articolo 2-*quater*, l'adozione di regole deontologiche per i soggetti pubblici e privati interessati al trattamento dei dati personali effettuato nell'ambito del rapporto di lavoro per le finalità di cui all'articolo 88 del Regolamento, prevedendo anche specifiche modalità per le informazioni da rendere all'interessato.

111-*bis*. *Informazioni in caso di ricezione di curriculum.* — 1. Le informazioni di cui all'articolo 13 del Regolamento, nei casi di ricezione dei curricula spontaneamente trasmessi dagli interessati al fine della instaurazione di un rapporto di lavoro, vengono fornite al momento del primo contatto utile, successivo all'invio del curriculum medesimo. Nei limiti delle finalità di cui all'articolo 6, paragrafo 1, lettera *b*), del Regolamento, il consenso al trattamento dei dati personali presenti nei curricula non è dovuto.

112. [Abrogato]

CAPO II
Trattamento di dati riguardanti i prestatori di lavoro

113. *Raccolta di dati e pertinenza.* — 1. Resta fermo quanto disposto dall'articolo 8 della legge 20 maggio 1970, n. 300, nonché dall'articolo 10 del decreto legislativo 10 settembre 2003, n. 276.

CAPO III
Controllo a distanza, lavoro agile e telelavoro

114. *Garanzie in materia di controllo a distanza.* — 1. Resta fermo quanto disposto dall'articolo 4 della legge 20 maggio 1970, n. 300.

115. *Telelavoro, lavoro agile e lavoro domestico.* — 1. Nell'ambito del rapporto di lavoro domestico del telelavoro e del lavoro agile il datore di lavoro è tenuto a garantire al lavoratore il rispetto della sua personalità e della sua libertà morale.

2. Il lavoratore domestico è tenuto a mantenere la necessaria riservatezza per tutto quanto si riferisce alla vita familiare.

CAPO IV
Istituti di patronato e di assistenza sociale

116. *Conoscibilità di dati su mandato dell'interessato.* — 1. Per lo svolgimento delle proprie attività gli istituti di patronato e di assistenza sociale, nell'ambito del mandato conferito dall'interessato, possono accedere alle banche di dati degli enti eroganti le prestazioni, in relazione a tipi di dati individuati specificamente con il consenso manifestato dall'interessato medesimo.

2. Il Ministro del lavoro e delle politiche sociali stabilisce con proprio decreto le linee-guida di apposite convenzioni da stipulare tra gli istituti di patronato e di assistenza sociale e gli enti eroganti le prestazioni.

117-135. (*Omissis*)

TITOLO XII
Giornalismo, libertà di informazione e di espressione

CAPO I
Profili generali

136. ***Finalità giornalistiche e altre manifestazioni del pensiero.*** — 1. Le disposizioni del presente titolo si applicano, ai sensi dell'articolo 85 del Regolamento, al trattamento:

a) effettuato nell'esercizio della professione di giornalista e per l'esclusivo perseguimento delle relative finalità;

b) effettuato dai soggetti iscritti nell'elenco dei pubblicisti o nel registro dei praticanti di cui agli articoli 26 e 33 della legge 3 febbraio 1963, n. 69;

c) finalizzato esclusivamente alla pubblicazione o diffusione anche occasionale di articoli, saggi e altre manifestazioni del pensiero anche nell'espressione accademica, artistica e letteraria.

137. ***Disposizioni applicabili.*** — 1. Con riferimento a quanto previsto dall'articolo 136, possono essere trattati i dati di cui agli articoli 9 e 10 del Regolamento anche senza il consenso dell'interessato, purché nel rispetto delle regole deontologiche di cui all'articolo 139.

2. Ai trattamenti indicati nell'articolo 136 non si applicano le disposizioni relative:

a) alle misure di garanzia di cui all'articolo 2-*septies* [e ai provvedimenti generali di cui all'articolo 2-*quinquiesdecies*][1];

b) al trasferimento dei dati verso paesi terzi o organizzazioni internazionali, contenute nel Capo V del Regolamento.

3. In caso di diffusione o di comunicazione dei dati per le finalità di cui all'articolo 136 restano fermi i limiti del diritto di cronaca a tutela dei diritti di cui all'articolo 1, paragrafo 2, del Regolamento e all'articolo 1 del presente codice e, in particolare, quello dell'essenzialità dell'informazione riguardo a fatti di interesse pubblico. Possono essere trattati i dati personali relativi a circostanze o fatti resi noti direttamente dagli interessati o attraverso loro comportamenti in pubblico.

[1] Parole soppresse dall'art. 9, D.L. 8 ott. 2021, n. 139, conv. con modif. in L. 3 dic. 2021, n. 205.

138. ***Segreto professionale.*** — 1. In caso di richiesta dell'interessato di conoscere l'origine dei dati personali ai sensi dell'articolo 15, paragrafo 1, lettera *g*), del Regolamento, restano ferme le norme sul segreto professionale degli esercenti la professione di giornalista, limitatamente alla fonte della notizia.

CAPO II
Regole deontologiche relative ad attività giornalistiche e ad altre manifestazioni del pensiero

139. ***Regole deontologiche relative ad attività giornalistiche.*** — 1. Il Garante promuove, ai sensi dell'articolo 2-*quater*, l'adozione da parte del Consiglio nazionale dell'ordine dei giornalisti di regole deontologiche relative al trattamento dei dati di cui all'articolo 136, che prevedono misure ed accorgimenti a garanzia degli interessati rapportate alla natura dei dati, in particolare per quanto riguarda quelli relativi alla salute e alla vita o all'orientamento sessuale. Le regole possono anche prevedere forme particolari per le informazioni di cui agli articoli 13 e 14 del Regolamento.

2. Le regole deontologiche o le modificazioni od integrazioni alle stesse che non sono adottate dal Consiglio entro sei mesi dalla proposta del Garante sono adottate in via sostitutiva dal Garante e sono efficaci sino a quando diviene efficace una diversa disciplina secondo la procedura di cooperazione.

3. Le regole deontologiche e le disposizioni di modificazione ed integrazione divengono efficaci quindici giorni dopo la loro pubblicazione nella *Gazzetta Ufficiale della Repubblica italiana* ai sensi dell'articolo 2-*quater*.

4. In caso di violazione delle prescrizioni contenute nelle regole deontologiche, il Garante può vietare il trattamento ai sensi dell'articolo 58 del Regolamento.

5. Il Garante, in cooperazione con il Consiglio nazionale dell'ordine dei giornalisti, prescrive eventuali misure e accorgimenti a garanzia degli interessati, che il Consiglio è tenuto a recepire.

PARTE III
TUTELA DELL'INTERESSATO E SANZIONI

TITOLO I
Tutela amministrativa e giurisdizionale

CAPO 0.I
Alternatività delle forme di tutela

140-*bis*. ***Forme alternative di tutela.*** — 1. Qualora ritenga che i diritti di cui gode sulla base della normativa in materia di protezione dei dati personali siano stati violati, l'interessato può proporre reclamo al Garante o ricorso dinanzi all'autorità giudiziaria.

2. Il reclamo al Garante non può essere proposto se, per il medesimo oggetto e tra le stesse parti, è stata già adita l'autorità giudiziaria.

3. La presentazione del reclamo al Garante rende improponibile un'ulteriore domanda dinanzi al-

l'autorità giudiziaria tra le stesse parti e per il medesimo oggetto, salvo quanto previsto dall'articolo 10, comma 4, del decreto legislativo 1° settembre 2011, n. 150.

CAPO I
Tutela dinanzi al garante

141. ***Reclamo al Garante.*** — 1. L'interessato può rivolgersi al Garante mediante reclamo ai sensi dell'articolo 77 del Regolamento.

142. ***Proposizione del reclamo.*** — 1. Il reclamo contiene un'indicazione per quanto possibile dettagliata dei fatti e delle circostanze su cui si fonda, delle disposizioni che si presumono violate e delle misure richieste, nonché gli estremi identificativi del titolare o del responsabile del trattamento, ove conosciuto.

2. Il reclamo è sottoscritto dall'interessato o, su mandato di questo, da un ente del terzo settore soggetto alla disciplina del decreto legislativo 3 luglio 2017, n. 117, che sia attivo nel settore della tutela dei diritti e delle libertà degli interessati, con riguardo alla protezione dei dati personali.

3. Il reclamo reca in allegato la documentazione utile ai fini della sua valutazione e l'eventuale mandato, e indica un recapito per l'invio di comunicazioni anche tramite posta elettronica, telefax o telefono.

4. Il Garante predispone un modello per il reclamo, da pubblicare nel proprio sito istituzionale, di cui favorisce la disponibilità con strumenti elettronici.

5. Il Garante disciplina con proprio regolamento il procedimento relativo all'esame dei reclami, nonché modalità semplificate e termini abbreviati per la trattazione di reclami che abbiano ad oggetto la violazione degli articoli da 15 a 22 del Regolamento.

143. ***Decisione del reclamo.*** — 1. Esaurita l'istruttoria preliminare, se il reclamo non è manifestamente infondato e sussistono i presupposti per adottare un provvedimento, il Garante, anche prima della definizione del procedimento può adottare i provvedimenti di cui all'articolo 58 del Regolamento nel rispetto delle disposizioni di cui all'articolo 56 dello stesso.

2. I provvedimenti di cui al comma 1 sono pubblicati nella *Gazzetta Ufficiale della Repubblica italiana* se i relativi destinatari non sono facilmente identificabili per il numero o per la complessità degli accertamenti.

3. Il Garante decide il reclamo entro nove mesi dalla data di presentazione e, in ogni caso, entro tre mesi dalla predetta data informa l'interessato sullo stato del procedimento. In presenza di motivate esigenze istruttorie, che il Garante comunica all'interessato, il reclamo è deciso entro dodici mesi. In caso di attivazione del procedimento di cooperazione di cui all'articolo 60 del Regolamento, il termine rimane sospeso per la durata del predetto procedimento.

4. Avverso la decisione è ammesso ricorso giurisdizionale ai sensi dell'articolo 152.

144. ***Segnalazioni.*** — 1. Chiunque può rivolgere una segnalazione che il Garante può valutare anche ai fini dell'emanazione dei provvedimenti di cui all'articolo 58 del Regolamento.

2. I provvedimenti del Garante di cui all'articolo 58 del Regolamento possono essere adottati anche d'ufficio.

144-*bis*. ***Revenge porn.***[1] — 1. Chiunque, compresi i minori ultraquattordicenni, abbia fondato motivo di ritenere che registrazioni audio, immagini o video o altri documenti informatici a contenuto sessualmente esplicito che lo riguardano, destinati a rimanere privati, possano essere oggetto di invio, consegna, cessione, pubblicazione o diffusione attraverso piattaforme digitali senza il suo consenso ha facoltà di segnalare il pericolo al Garante, il quale, nelle quarantotto ore dal ricevimento della segnalazione, decide ai sensi degli articoli 143 e 144 del presente codice.

2. Quando le registrazioni audio, le immagini o i video o gli altri documenti informatici riguardano minori, la segnalazione al Garante può essere effettuata anche dai genitori o dagli esercenti la responsabilità genitoriale o la tutela.

3. Per le finalità di cui al comma 1, l'invio al Garante di registrazioni audio, immagini o video o altri documenti informatici a contenuto sessualmente esplicito riguardanti soggetti terzi, effettuato dall'interessato, non integra il reato di cui all'articolo 612-*ter* del codice penale.

4. I gestori delle piattaforme digitali destinatari dei provvedimenti di cui al comma 1 conservano il materiale oggetto della segnalazione, a soli fini probatori e con misure indicate dal Garante, anche nell'ambito dei medesimi provvedimenti, idonee a impedire la diretta identificabilità degli interessati, per dodici mesi a decorrere dal ricevimento del provvedimento stesso.

5. Il Garante, con proprio provvedimento, può disciplinare specifiche modalità di svolgimento dei procedimenti di cui al comma 1 e le misure per impedire la diretta identificabilità degli interessati di cui al medesimo comma.

6. I fornitori di servizi di condivisione di contenuti audiovisivi, ovunque stabiliti, che erogano servizi accessibili in Italia, indicano senza ritardo al Garante o pubblicano nel proprio sito internet un recapito al quale possono essere comunicati i provvedimenti adottati ai sensi del comma 1. In caso di inadempimento dell'obbligo di cui al periodo precedente, il Garante diffida il fornitore del servizio ad adempiere entro trenta giorni. In caso di inottemperanza alla diffida si applica la sanzione amministrativa pecuniaria di cui all'articolo 83, paragrafo 4, del Regolamento.

7. Quando il Garante, a seguito della segnalazio-

ne di cui al comma 1, acquisisce notizia della consumazione del reato di cui all'articolo 612-*ter* del codice penale, anche in forma tentata, nel caso di procedibilità d'ufficio trasmette al pubblico ministero la segnalazione ricevuta e la documentazione acquisita.

[1] Articolo ins. dall'art. 9, D.L. 8 ott. 2021, n. 139, conv. con modif. in L. 3 dic. 2021, n. 205.

145-151. (*Abrogati*)

CAPO II

Tutela giurisdizionale

152. ***Autorità giudiziaria ordinaria.*** — 1. Tutte le controversie che riguardano le materie oggetto dei ricorsi giurisdizionali di cui agli articoli 78 e 79 del Regolamento e quelli comunque riguardanti l'applicazione della normativa in materia di protezione dei dati personali, nonché il diritto al risarcimento del danno ai sensi dell'articolo 82 del medesimo regolamento, sono attribuite all'autorità giudiziaria ordinaria.

1-*bis*. Le controversie di cui al comma 1 sono disciplinate dall'articolo 10 del decreto legislativo 1° settembre 2011, n. 150.[1]

2-14.[2]

[1] Comma ins. dall'art. 34, c. 9, D.lgs. 1 set. 2011, n. 150.
[2] Commi abrog. dall'art. 34, c. 9, D.lgs. 1 set. 2011, n. 150.

TITOLO II

Autorità di controllo indipendente

153-156. (*Omissis*)

CAPO III

Accertamenti e controlli

157. ***Richiesta di informazioni e di esibizione di documenti.*** — 1. Nell'ambito dei poteri di cui all'articolo 58 del Regolamento, e per l'espletamento dei propri compiti, il Garante può richiedere al titolare, al responsabile, al rappresentante del titolare o del responsabile, all'interessato o anche a terzi di fornire informazioni e di esibire documenti anche con riferimento al contenuto di banche di dati.

158. ***Accertamenti.*** — 1. Il Garante può disporre accessi a banche di dati, archivi o altre ispezioni e verifiche nei luoghi ove si svolge il trattamento o nei quali occorre effettuare rilevazioni comunque utili al controllo del rispetto della disciplina in materia di trattamento dei dati personali.

2. I controlli di cui al comma 1, nonché quelli effettuati ai sensi dell'articolo 62 del Regolamento, sono eseguiti da personale dell'Ufficio, con la partecipazione, se del caso, di componenti o personale di autorità di controllo di altri Stati membri dell'Unione europea.

3. Il Garante si avvale anche, ove necessario, della collaborazione di altri organi dello Stato per lo svolgimento dei suoi compiti istituzionali.

4. Gli accertamenti di cui ai commi 1 e 2, se svolti in un'abitazione o in un altro luogo di privata dimora o nelle relative appartenenze, sono effettuati con l'assenso informato del titolare o del responsabile, oppure previa autorizzazione del presidente del tribunale competente per territorio in relazione al luogo dell'accertamento, il quale provvede con decreto motivato senza ritardo, al più tardi entro tre giorni dal ricevimento della richiesta del Garante quando è documentata l'indifferibilità dell'accertamento.

5. Con le garanzie di cui al comma 4, gli accertamenti svolti nei luoghi di cui al medesimo comma possono altresì riguardare reti di comunicazione accessibili al pubblico, potendosi procedere all'acquisizione di dati e informazioni on-line. A tal fine, viene redatto apposito verbale in contraddittorio con le parti ove l'accertamento venga effettuato presso il titolare del trattamento.

159. ***Modalità.*** — 1. Il personale operante, munito di documento di riconoscimento, può essere assistito ove necessario da consulenti tenuti al segreto su ciò di cui sono venuti a conoscenza, nell'esercizio delle proprie funzioni, in ordine a notizie che devono rimanere segrete. Nel procedere a rilievi e ad operazioni tecniche può altresì estrarre copia di ogni atto, dato e documento, anche a campione e su supporto informatico o per via telematica. Degli accertamenti è redatto sommario verbale nel quale sono annotate anche le eventuali dichiarazioni dei presenti.

2. Ai soggetti presso i quali sono eseguiti gli accertamenti è consegnata copia dell'autorizzazione del presidente del tribunale, ove rilasciata. I medesimi soggetti sono tenuti a farli eseguire e a prestare la collaborazione a tal fine necessaria. In caso di rifiuto gli accertamenti sono comunque eseguiti e le spese in tal caso occorrenti sono poste a carico del titolare con il provvedimento che definisce il procedimento, che per questa parte costituisce titolo esecutivo ai sensi degli articoli 474 e 475 del codice di procedura civile.

3. Gli accertamenti, se effettuati presso il titolare o il responsabile o il rappresentante del titolare o del responsabile, sono eseguiti dandone informazione a quest'ultimo o, se questo è assente o non è designato, alle persone autorizzate al trattamento dei dati personali sotto l'autorità diretta del titolare o del responsabile ai sensi dell'articolo 2-*quaterdecies*. Agli accertamenti possono assistere persone indicate dal titolare o dal responsabile.

4. Se non è disposto diversamente nel decreto di autorizzazione del presidente del tribunale, l'accertamento non può essere iniziato prima delle ore sette e dopo le ore venti, e può essere eseguito anche con preavviso quando ciò può facilitarne l'esecuzione.

5. Le informative, le richieste e i provvedimenti di cui al presente articolo e agli articoli 157 e 158 possono essere trasmessi anche mediante posta elettronica.

6. Quando emergono indizi di reato si osserva la disposizione di cui all'articolo 220 delle norme di attuazione, di coordinamento e transitorie del codice di procedura penale, approvate con decreto legislativo 28 luglio 1989, n. 271.

160. ***Particolari accertamenti.*** — 1. Per i trattamenti di dati personali di cui all'articolo 58, gli accertamenti sono effettuati per il tramite di un componente designato dal Garante.

2. Se il trattamento non risulta conforme alle norme del Regolamento ovvero alle disposizioni di legge o di Regolamento, il Garante indica al titolare o al responsabile le necessarie modificazioni ed integrazioni e ne verifica l'attuazione. Se l'accertamento è stato richiesto dall'interessato, a quest'ultimo è fornito in ogni caso un riscontro circa il relativo esito, se ciò non pregiudica azioni od operazioni a tutela dell'ordine e della sicurezza pubblica o di prevenzione e repressione di reati o ricorrono motivi di difesa o di sicurezza dello Stato.

3. Gli accertamenti non sono delegabili. Quando risulta necessario in ragione della specificità della verifica, il componente designato può farsi assistere da personale specializzato tenuto al segreto su ciò di cui sono venuti a conoscenza in ordine a notizie che devono rimanere segrete. Gli atti e i documenti acquisiti sono custoditi secondo modalità tali da assicurarne la segretezza e sono conoscibili dal presidente e dai componenti del Garante e, se necessario per lo svolgimento delle funzioni dell'organo, da un numero delimitato di addetti all'Ufficio individuati dal Garante sulla base di criteri definiti dal Regolamento di cui all'articolo 156, comma 3, lettera *a*).

4. Per gli accertamenti di cui al comma 3 relativi agli organismi di informazione e di sicurezza e ai dati coperti da segreto di Stato il componente designato prende visione degli atti e dei documenti rilevanti e riferisce oralmente nelle riunioni del Garante.

160-*bis*. ***Validità, efficacia e utilizzabilità nel procedimento giudiziario di atti, documenti e provvedimenti basati sul trattamento di dati personali non conforme a disposizioni di legge o di Regolamento.*** — 1. La validità, l'efficacia e l'utilizzabilità nel procedimento giudiziario di atti, documenti e provvedimenti basati sul trattamento di dati personali non conforme a disposizioni di legge o di Regolamento restano disciplinate dalle pertinenti disposizioni processuali.

161-186. (*Omissis*).

- 2 -

D.lgs. 18 mag. 2018, n. 51

Attuazione della direttiva (UE) 2016/680 del Parlamento europeo e del Consiglio, del 27 aprile 2016, relativa alla protezione delle persone fisiche con riguardo al trattamento dei dati personali da parte delle autorità competenti a fini di prevenzione, indagine, accertamento e perseguimento di reati o esecuzione di sanzioni penali, nonché alla libera circolazione di tali dati e che abroga la decisione quadro 2008/977/GAI del Consiglio

(G.U. 24 mag. 2018, n. 119)

CAPO I

Disposizioni generali

1. ***Oggetto e ambito di applicazione.*** — 1. Il presente decreto attua nell'ordinamento interno le disposizioni della direttiva (UE) 2016/680 del Parlamento europeo e del Consiglio, del 27 aprile 2016, relativa alla protezione delle persone fisiche con riguardo al trattamento dei dati personali da parte delle autorità competenti a fini di prevenzione, indagine, accertamento e perseguimento di reati o esecuzione di sanzioni penali, nonché alla libera circolazione di tali dati, e che abroga la decisione quadro 2008/977/GAI del Consiglio.

2. Il presente decreto si applica al trattamento interamente o parzialmente automatizzato di dati personali delle persone fisiche e al trattamento non automatizzato di dati personali delle persone fisiche contenuti in un archivio o ad esso destinati, svolti dalle autorità competenti a fini di prevenzione, indagine, accertamento e perseguimento di reati, o esecuzione di sanzioni penali, incluse la salvaguardia contro e la prevenzione di minacce alla sicurezza pubblica.

3. Il presente decreto non si applica ai trattamenti di dati personali:

a) effettuati nello svolgimento di attività concernenti la sicurezza nazionale o rientranti nell'ambito di applicazione del titolo V, capo 2, del trattato sull'Unione europea e per tutte le attività che non rientrano nell'ambito di applicazione del diritto dell'Unione europea;

b) effettuati da istituzioni, organi, uffici e agenzie dell'Unione europea.

2. ***Definizioni.*** — 1. Ai fini del presente decreto, si applicano le seguenti definizioni:

a) dati personali: qualsiasi informazione riguardante una persona fisica identificata o identificabile («interessato»);

b) trattamento: qualsiasi operazione o insieme di operazioni, compiute con o senza l'ausilio di processi automatizzati, applicate a dati personali o insiemi di dati personali, come la raccolta, la registrazione, l'organizzazione, la strutturazione, la conservazione, l'adattamento o la modifica, l'estrazione, la consultazione, l'uso, la comunicazione mediante trasmissione, diffusione o qualsiasi altra forma di messa a disposizione, il raffronto o l'interconnessione, la limitazione, la cancellazione o la distruzione;

c) limitazione di trattamento: il contrassegno dei dati personali conservati con l'obiettivo di limitarne il trattamento in futuro;

d) pseudonimizzazione: il trattamento dei dati personali in modo tale che i dati personali non possano più essere attribuiti a un interessato specifico senza l'utilizzo di informazioni aggiuntive, a condizione che tali informazioni aggiuntive siano conservate separatamente e soggette a misure tecniche e organizzative intese a garantire che i dati personali non siano attribuiti a una persona fisica identificata o identificabile;

e) profilazione: qualsiasi forma di trattamento automatizzato di dati personali consistente nell'utilizzo di tali dati per valutare determinati aspetti personali relativi a una persona fisica, in particolare per analizzare o prevedere aspetti riguardanti il rendimento professionale, la situazione economica, la salute, le preferenze personali, gli interessi, l'affidabilità, il comportamento, l'ubicazione o gli spostamenti di detta persona fisica;

f) archivio: qualsiasi insieme strutturato di dati personali accessibili secondo criteri determinati, indipendentemente dal fatto che tale insieme sia centralizzato, decentralizzato o ripartito in modo funzionale o geografico;

g) autorità competente:

1) qualsiasi autorità pubblica dello Stato, di uno Stato membro dell'Unione europea o di uno Stato terzo competente in materia di prevenzione, indagine, accertamento e perseguimento di reati o esecuzione di sanzioni penali, incluse la salvaguardia contro e la prevenzione di minacce alla sicurezza pubblica;

2) qualsiasi altro organismo o entità incaricato dagli ordinamenti interni di esercitare l'autorità pubblica e i poteri pubblici a fini di prevenzione, indagine, accertamento e perseguimento di reati o esecuzione di sanzioni penali, incluse la salvaguardia e la prevenzione di minacce alla sicurezza pubblica;

h) titolare del trattamento: l'autorità competente che, singolarmente o insieme ad altri, determina le finalità e i mezzi del trattamento di dati personali; quando le finalità e i mezzi di tale trattamento sono determinati dal diritto dell'Unione europea o dello Stato, il titolare del trattamento o i criteri specifici applicabili alla sua nomina possono essere previsti dal diritto dell'Unione europea o dello Stato;

i) responsabile del trattamento: la persona fisica o giuridica, l'autorità pubblica, il servizio o altro organismo che tratta dati personali per conto del titolare del trattamento;

l) destinatario: la persona fisica o giuridica, l'autorità pubblica, il servizio o un altro organismo che riceve comunicazione di dati personali, che si tratti o meno di terzi. Tuttavia, le autorità pubbliche che possono ricevere comunicazione di dati personali nell'ambito di una specifica indagine conformemente al diritto dell'Unione europea o dello Stato non sono considerate destinatari; il trattamento di tali dati da parte di tali autorità pubbliche è conforme alle norme in materia di protezione dei dati applicabili secondo le finalità del trattamento;

m) violazione dei dati personali: la violazione della sicurezza che comporta accidentalmente o in modo illecito la distruzione, la perdita, la modifica, la divulgazione non autorizzata o l'accesso ai dati personali trasmessi, conservati o comunque trattati;

n) dati genetici: i dati personali relativi alle caratteristiche genetiche ereditarie o acquisite di una persona fisica, che forniscono informazioni univoche sulla fisiologia o sulla salute di detta persona fisica e che risultano in particolare dall'analisi di un campione biologico della persona fisica in questione;

o) dati biometrici: i dati personali ottenuti da un trattamento tecnico specifico relativi alle caratteristiche fisiche, fisiologiche o comportamentali di una persona fisica che ne consentono o confermano l'identificazione univoca, quali l'immagine facciale o i dati dattiloscopici;

p) dati relativi alla salute: i dati personali attinenti alla salute fisica o mentale di una persona fisica, compresa la prestazione di servizi di assistenza sanitaria, che rivelano informazioni relative al suo stato di salute;

q) file di log: registro degli accessi e delle operazioni;

r) autorità di controllo: l'autorità pubblica indipendente istituita negli Stati membri ai sensi dell'articolo 41 della direttiva;

s) il Garante: autorità di controllo nell'ordinamento interno, individuata nel Garante per la protezione dei dati personali, istituito dal decreto legislativo 30 giugno 2003, n. 196;

t) organizzazione internazionale: un'organizzazione e gli organismi di diritto internazionale pubblico a essa subordinati o qualsiasi altro organismo istituito da o sulla base di un accordo tra due o più Stati;

u) Codice: Codice in materia di protezione dei dati personali, adottato con il decreto legislativo 30 giugno 2003, n. 196;

v) Stato membro: Stato membro dell'Unione europea;

z) Paese terzo: Stato non membro dell'Unione europea;

aa) direttiva: la direttiva (UE) 2016/680 del Parlamento europeo e del Consiglio del 27 aprile 2016;

bb) regolamento UE: il regolamento (UE) 2016/

679 del Parlamento europeo e del Consiglio del 27 aprile 2016;

cc) Forze di polizia: le Forze di polizia di cui all'articolo 16 della legge 1° aprile 1981, n. 121.

3. *Principi applicabili al trattamento di dati personali.* — 1. I dati personali di cui all'articolo 1, comma 2, sono:

a) trattati in modo lecito e corretto;

b) raccolti per finalità determinate, espresse e legittime e trattati in modo compatibile con tali finalità;

c) adeguati, pertinenti e non eccedenti rispetto alle finalità per le quali sono trattati;

d) esatti e, se necessario, aggiornati; devono essere adottate tutte le misure ragionevoli per cancellare o rettificare tempestivamente i dati inesatti rispetto alle finalità per le quali sono trattati;

e) conservati con modalità che consentano l'identificazione degli interessati per il tempo necessario al conseguimento delle finalità per le quali sono trattati, sottoposti a esame periodico per verificarne la persistente necessità di conservazione, cancellati o anonimizzati una volta decorso tale termine;

f) trattati in modo da garantire un'adeguata sicurezza e protezione da trattamenti non autorizzati o illeciti e dalla perdita, dalla distruzione o dal danno accidentali, mediante l'adozione di misure tecniche e organizzative adeguate.

2. Il trattamento per una delle finalità di cui all'articolo 1, comma 2, diversa da quella per cui i dati sono raccolti, è consentito se il titolare del trattamento, anche se diverso da quello che ha raccolto i dati, è autorizzato a trattarli per detta finalità, conformemente al diritto dell'Unione europea o dell'ordinamento interno e se il trattamento è necessario e proporzionato a tale diversa finalità, conformemente al diritto dell'Unione europea o dell'ordinamento interno.

3. Il trattamento per le finalità di cui all'articolo 1, comma 2, può comprendere l'archiviazione nel pubblico interesse, l'utilizzo scientifico, storico o statistico, fatte salve le garanzie adeguate per i diritti e le libertà degli interessati.

4. Il titolare del trattamento è responsabile del rispetto dei principi di cui ai commi 1, 2 e 3.

4. *Conservazione e verifica della qualità dei dati, distinzione tra categorie di interessati e di dati.* — 1. Il titolare del trattamento, tenuto conto della finalità del trattamento e per quanto possibile, distingue i dati personali in relazione alle diverse categorie di interessati previste dalla legge e i dati fondati su fatti da quelli fondati su valutazioni. La distinzione in relazione alle diverse categorie di interessati si applica, in particolare, alle seguenti categorie di interessati: persone sottoposte a indagine; imputati; persone sottoposte a indagine o imputate in procedimento connesso o collegato; persone condannate con sentenza definitiva; persone offese dal reato; parti civili; persone informate sui fatti; testimoni.

2. Le autorità competenti adottano misure adeguate a garantire che i dati personali inesatti, incompleti o non aggiornati non siano trasmessi o resi disponibili. A tal fine ciascuna autorità competente, per quanto possibile, verifica la qualità dei dati personali prima che questi siano trasmessi o resi disponibili e correda la loro trasmissione delle informazioni che consentono all'autorità ricevente di valutarne il grado di esattezza, completezza, aggiornamento e affidabilità.

3. Quando risulta che i dati personali sono stati trasmessi illecitamente o sono inesatti, il destinatario ne è tempestivamente informato. In tal caso, i dati personali devono essere rettificati o cancellati o il trattamento deve essere limitato a norma dell'articolo 12.

5. *Liceità del trattamento.* — 1. Il trattamento è lecito se è necessario per l'esecuzione di un compito di un'autorità competente per le finalità di cui all'articolo 1, comma 2, e si basa sul diritto dell'Unione europea o su disposizioni di legge o di regolamento o su atti amministrativi generali che individuano i dati personali e le finalità del trattamento.[1]

2. Con decreto, rispettivamente, del Ministro della giustizia e del Ministro dell'interno, sono individuati, per i trattamenti o le categorie di trattamenti non occasionali di cui al comma 1, i termini, ove non già stabiliti da disposizioni di legge o di regolamento, e le modalità di conservazione dei dati, i soggetti legittimati ad accedervi, le condizioni di accesso, le modalità di consultazione, nonché le modalità e le condizioni per l'esercizio dei diritti di cui agli articoli 9, 10, 11 e 13. I termini di conservazione sono determinati in conformità ai criteri indicati all'articolo 3, comma 1, tenendo conto delle diverse categorie di interessati e delle finalità perseguite.[1]

[1] Comma così modif. dall'art. 9, D.L. 8 ott. 2021, n. 139, conv. con modif. in L. 3 dic. 2021, n. 205.

6. *Condizioni di trattamento specifiche.* — 1. I dati personali raccolti per le finalità di cui all'articolo 1, comma 2, non possono essere trattati per finalità diverse, salvo che tale trattamento sia consentito dal diritto dell'Unione europea o dalla legge.

2. Ai trattamenti eseguiti per finalità diverse da quelle di cui all'articolo 1, comma 2, comprese le attività di archiviazione nel pubblico interesse, di ricerca scientifica o storica o per finalità statistiche, si applica il regolamento UE, salve le disposizioni di cui all'articolo 58 del Codice.

3. Se il diritto dell'Unione europea o le disposizioni legislative o regolamentari prevedono condizioni specifiche per il trattamento dei dati personali, l'autorità competente che trasmette tali dati informa il destinatario delle condizioni e dell'obbligo di rispettarle.

4. L'autorità competente che trasmette i dati applica le stesse condizioni previste per le trasmissioni di dati all'interno dello Stato ai destinatari di altri Stati membri o ad agenzie, uffici e organi istituiti a norma del titolo V, capi 4 e 5, del Trattato sul funzionamento dell'Unione europea.

7. ***Trattamento di categorie particolari di dati personali.*** — 1. Il trattamento di dati di cui all'articolo 9 del regolamento UE è autorizzato solo se strettamente necessario e assistito da garanzie adeguate per i diritti e le libertà dell'interessato e specificamente previsto dal diritto dell'Unione europea o da legge o, nei casi previsti dalla legge, da regolamento, ovvero, ferme le garanzie dei diritti e delle libertà, se necessario per salvaguardare un interesse vitale dell'interessato o di un'altra persona fisica o se ha ad oggetto dati resi manifestamente pubblici dall'interessato.

8. ***Processo decisionale automatizzato relativo alle persone fisiche.*** — 1. Sono vietate le decisioni basate unicamente su un trattamento automatizzato, compresa la profilazione, che producono effetti negativi nei confronti dell'interessato, salvo che siano autorizzate dal diritto dell'Unione europea o da specifiche disposizioni di legge.

2. Le disposizioni di legge devono prevedere garanzie adeguate per i diritti e le libertà dell'interessato. In ogni caso è garantito il diritto di ottenere l'intervento umano da parte del titolare del trattamento.

3. Le decisioni di cui al comma 1 non possono basarsi sulle categorie particolari di dati personali di cui all'articolo 9 del regolamento UE, salvo che siano in vigore misure adeguate a salvaguardia dei diritti, delle libertà e dei legittimi interessi dell'interessato.

4. Fermo il divieto di cui all'articolo 21 della Carta dei diritti fondamentali dell'Unione europea, è vietata la profilazione finalizzata alla discriminazione di persone fisiche sulla base di categorie particolari di dati personali di cui all'articolo 9 del regolamento UE.

CAPO II

Diritti dell'interessato

9. ***Comunicazioni e modalità per l'esercizio dei diritti dell'interessato.*** — 1. Il titolare del trattamento adotta misure adeguate a fornire all'interessato tutte le informazioni di cui all'articolo 10 ed effettua le comunicazioni relative al trattamento di cui agli articoli 8, 11, 12, 13, 14 e 27, in forma concisa, intellegibile e facilmente accessibile, con un linguaggio semplice e chiaro. Le informazioni sono fornite con qualsiasi mezzo adeguato, anche per via elettronica, se possibile con le stesse modalità della richiesta.

2. Il titolare del trattamento facilita l'esercizio dei diritti di cui agli articoli 8, 11, 12, 13 e 14 da parte dell'interessato.

3. Il titolare del trattamento informa l'interessato senza ingiustificato ritardo e per iscritto dell'esito della sua richiesta.

4. È assicurata la gratuità del rilascio di informazioni ai sensi dell'articolo 10 e dell'esercizio dei diritti previsti dagli articoli 8, 11, 12, 13, 14 e 27. Si applicano le disposizioni di cui all'articolo 12, paragrafo 5, secondo periodo, del regolamento UE.

5. Fermo quanto previsto dall'articolo 5, comma 1, con decreto adottato dal Ministro competente sono individuati, ove necessario anche per categorie, i trattamenti non occasionali effettuati con strumenti elettronici per le finalità di cui all'articolo 1, comma 2, previsti da disposizioni di legge o di regolamento, nonché i relativi titolari.

10. ***Informazioni da rendere disponibili o da fornire all'interessato.*** — 1. Il titolare del trattamento mette a disposizione dell'interessato, anche sul proprio sito internet, le seguenti informazioni:

a) l'identità e i dati di contatto del titolare del trattamento;

b) i dati di contatto del responsabile della protezione dei dati, se previsto;

c) le finalità del trattamento cui sono destinati i dati personali;

d) la sussistenza del diritto di proporre reclamo al Garante e i relativi dati di contatto;

e) la sussistenza del diritto di chiedere al titolare del trattamento l'accesso ai dati e la rettifica o la cancellazione dei dati personali e la limitazione del trattamento dei dati personali che lo riguardano.

2. In aggiunta alle informazioni di cui al comma 1, il titolare del trattamento, quando previsto da disposizioni di legge o di regolamento, fornisce all'interessato le seguenti ulteriori informazioni, funzionali all'esercizio dei propri diritti:

a) il titolo giuridico del trattamento;

b) il periodo di conservazione dei dati personali o, se non è possibile, i criteri per determinare tale periodo;

c) le categorie di destinatari dei dati personali, anche in Paesi terzi o in seno a organizzazioni internazionali;

d) le ulteriori informazioni ritenute utili all'esercizio dei diritti, in particolare nel caso in cui i dati personali siano stati raccolti all'insaputa dell'interessato.

11. ***Diritto di accesso dell'interessato.*** — 1. L'interessato ha il diritto di ottenere dal titolare del trattamento conferma dell'esistenza di un trattamento in corso di dati personali che lo riguardano e, in tal caso, l'accesso ai dati e alle seguenti informazioni:

a) le finalità e il titolo giuridico del trattamento;

b) le categorie di dati personali trattati;

c) i destinatari o le categorie di destinatari a cui i dati personali sono stati comunicati;

d) il periodo di conservazione dei dati personali o, se non è possibile, i criteri per determinare tale periodo;

e) il diritto di chiedere al titolare del trattamento la rettifica o la cancellazione dei dati personali o la limitazione del trattamento dei dati personali che lo riguardano;

f) il diritto di proporre reclamo al Garante, con i relativi dati di contatto;

g) la comunicazione dei dati personali oggetto del trattamento e di tutte le informazioni disponibili sulla loro origine.

2. Nei casi di cui all'articolo 14, comma 2, il titolare del trattamento informa l'interessato, senza ingiustificato ritardo e per iscritto, di ogni rifiuto o limitazione dell'accesso e dei relativi motivi, nonché del diritto di proporre reclamo dinanzi al Garante o di proporre ricorso giurisdizionale.

3. Il titolare del trattamento documenta i motivi di fatto o di diritto su cui si basa la decisione di cui al comma 2. Tali informazioni sono rese disponibili al Garante.

12. ***Diritto di rettifica o cancellazione di dati personali e limitazione di trattamento.*** — 1. L'interessato ha il diritto di ottenere dal titolare del trattamento, senza ingiustificato ritardo, la rettifica dei dati personali inesatti che lo riguardano. Tenuto conto delle finalità del trattamento, l'interessato ha il diritto di ottenere l'integrazione dei dati personali incompleti, anche fornendo una dichiarazione integrativa.

2. Fermo quanto previsto dall'articolo 14, comma 1 e 2, il titolare del trattamento cancella senza ingiustificato ritardo i dati personali, quando il trattamento si pone in contrasto con le disposizioni di cui agli articoli 3, 5 o 7 e in ogni altro caso previsto dalla legge.

3. In luogo della cancellazione, il titolare del trattamento limita il trattamento quando l'esattezza dei dati, contestata dall'interessato, non può essere accertata o se i dati devono essere conservati a fini probatori.

4. Quando il trattamento è limitato per l'impossibilità di accertare l'esattezza dei dati, il titolare del trattamento informa l'interessato prima di revocare la limitazione.

5. L'interessato ha diritto di essere informato per iscritto dal titolare del trattamento del rifiuto di rettifica, di cancellazione o di limitazione del trattamento e dei relativi motivi, nonché del diritto di proporre reclamo dinanzi al Garante o di proporre ricorso giurisdizionale.

7. Il titolare del trattamento comunica le rettifiche dei dati personali inesatti all'autorità competente da cui provengono.

8. Qualora i dati personali siano stati rettificati o cancellati o il trattamento sia stato limitato ai sensi dei commi 1, 2 e 3, il titolare del trattamento ne informa i destinatari e questi provvedono, sotto la propria responsabilità, alla rettifica o cancellazione dei dati personali ovvero alla limitazione del trattamento.

13. ***Esercizio dei diritti dell'interessato e verifica da parte del Garante.*** — 1. Al di fuori dei casi di trattamento effettuato dall'autorità giudiziaria per le finalità di cui all'articolo 1, comma 2, i diritti dell'interessato possono essere esercitati anche tramite il Garante con le modalità di cui all'articolo 160 del codice.

2. Il titolare del trattamento informa l'interessato della facoltà di cui al comma 1.

3. Nei casi di cui al comma 1, il Garante informa l'interessato di aver eseguito tutte le verifiche necessarie o di aver svolto un riesame, nonché del diritto dell'interessato di proporre ricorso giurisdizionale.

14. ***Limitazioni dell'esercizio dei diritti dell'interessato.*** — 1. I diritti di cui agli articoli 10, 11 e 12, relativamente ai dati personali contenuti in una decisione giudiziaria, in atti o documenti oggetto di trattamento nel corso di accertamenti o indagini, nel casellario giudiziale o in un fascicolo oggetto di trattamento nel corso di un procedimento penale o in fase di esecuzione penale, sono esercitati conformemente a quanto previsto dalle disposizioni di legge o di regolamento che disciplinano tali atti e procedimenti. Chiunque vi abbia interesse, durante il procedimento penale o dopo la sua definizione, può chiedere, con le modalità di cui all'articolo 116 del codice di procedura penale, la rettifica, la cancellazione o la limitazione dei dati personali che lo riguardano. Il giudice provvede con le forme dell'articolo 130 del codice di procedura penale.

2. Fermo quanto previsto dal comma 1, l'esercizio dei diritti di cui agli articoli 11, commi 1 e 2, e 12, comma 5, nonché l'adempimento dell'obbligo di cui all'articolo 10, comma 2, possono essere ritardati, limitati o esclusi, con disposizione di legge o di regolamento adottato ai sensi dell'articolo 5, comma 2, nella misura e per il tempo in cui ciò costituisca una misura necessaria e proporzionata, tenuto conto dei diritti fondamentali e dei legittimi interessi della persona fisica interessata al fine di:

a) non compromettere il buon esito dell'attività di prevenzione, indagine, accertamento e perseguimento di reati o l'esecuzione di sanzioni penali, nonché l'applicazione delle misure di prevenzione personali e patrimoniali e delle misure di sicurezza;

b) tutelare la sicurezza pubblica;

c) tutelare la sicurezza nazionale;

d) tutelare i diritti e le libertà altrui.

CAPO III
Titolare del trattamento e responsabile del trattamento

SEZIONE I
Obblighi generali

15. ***Obblighi del titolare del trattamento.*** — 1. Il titolare del trattamento, tenuto conto della natura, dell'ambito di applicazione, del contesto e delle finalità del trattamento, nonché dei rischi per i diritti e le libertà delle persone fisiche, mette in atto misure tecniche e organizzative adeguate per garantire che il trattamento sia effettuato in conformità alle norme del presente decreto.

2. Le misure di cui al comma 1 sono riesaminate e aggiornate qualora necessario e, ove proporzionato rispetto all'attività di trattamento, includono l'attuazione di politiche adeguate in materia di protezione dei dati da parte del titolare del trattamento.

16. ***Protezione dei dati fin dalla progettazione e protezione per impostazione predefinita.*** — 1. Il titolare del trattamento, tenuto conto delle cognizioni tecniche disponibili e dei costi di attuazione, della natura, dell'ambito di applicazione, del contesto e delle finalità del trattamento, nonché dei rischi per i diritti e le libertà delle persone fisiche, mette in atto misure tecniche e organizzative adeguate, quale la pseudonimizzazione, per garantire la protezione dei dati e per tutelare i diritti degli interessati, in conformità alle norme del presente decreto.

2. Il titolare del trattamento mette in atto misure tecniche e organizzative adeguate per garantire che siano trattati, per impostazione predefinita, solo i dati personali necessari per ogni specifica finalità del trattamento. Tale obbligo vale per la quantità dei dati personali raccolti, la portata del trattamento, il periodo di conservazione e l'accessibilità. In particolare, tali misure garantiscono che, per impostazione predefinita, non siano resi accessibili dati personali a un numero indefinito di persone fisiche senza l'intervento della persona fisica.

17. ***Contitolari del trattamento.*** — 1. Due o più titolari del trattamento che determinano congiuntamente le finalità e i mezzi del trattamento sono contitolari del trattamento.

2. I contitolari del trattamento determinano mediante accordo con modalità trasparenti gli ambiti delle rispettive responsabilità per l'osservanza delle norme di cui al presente decreto, salvo che detti ambiti siano determinati dal diritto dell'Unione europea o da disposizioni legislative o regolamentari.

3. Con l'accordo di cui al comma 2 è designato il punto di contatto per gli interessati. Indipendentemente dalle disposizioni di tale accordo, l'interessato può esercitare i diritti nei confronti di e contro ciascun titolare del trattamento.

18. ***Responsabile del trattamento.*** — 1. Qualora un trattamento debba essere effettuato per conto del titolare del trattamento, quest'ultimo ricorre a responsabili del trattamento che garantiscono misure tecniche e organizzative adeguate ad assicurare la protezione dei dati personali e la tutela dei diritti dell'interessato.

2. Il responsabile del trattamento non può ricorrere a un altro responsabile senza preventiva autorizzazione scritta del titolare del trattamento.

3. L'esecuzione dei trattamenti da parte di un responsabile del trattamento è disciplinata da un contratto o da altro atto giuridico che prevede l'oggetto, la durata, la natura e la finalità del trattamento, il tipo di dati personali e le categorie di interessati, gli obblighi e i diritti del titolare del trattamento. Tale contratto o diverso atto giuridico prevede anche che il responsabile del trattamento:

a) agisca soltanto su istruzione del titolare del trattamento;

b) garantisca che le persone autorizzate al trattamento dei dati personali si siano impegnate alla riservatezza o abbiano un adeguato obbligo legale di riservatezza;

c) assista il titolare del trattamento con ogni mezzo adeguato per garantire il rispetto delle disposizioni relative ai diritti dell'interessato;

d) su scelta del titolare del trattamento, cancelli o gli restituisca tutti i dati personali dopo che è terminata la prestazione dei servizi di trattamento di dati e cancelli le copie esistenti, salvo che il diritto dell'Unione europea o la legge preveda la conservazione dei dati personali;

e) metta a disposizione del titolare del trattamento tutte le informazioni necessarie per dimostrare il rispetto delle condizioni di cui al presente articolo;

f) rispetti le condizioni di cui ai commi 2 e 3 nel caso di ricorso ad altro responsabile del trattamento.

4. Il contratto o il diverso atto di cui al comma 3 è stipulato per iscritto, anche in formato elettronico.

5. Se un responsabile del trattamento determina, in violazione del presente decreto, le finalità e i mezzi del trattamento, è considerato titolare del trattamento.

19. ***Trattamento sotto l'autorità del titolare del trattamento o del responsabile del trattamento.*** — 1. Il responsabile del trattamento o chiunque agisca sotto la sua autorità o sotto quella del titolare del trattamento può trattare i dati personali cui ha accesso solo in conformità alle istruzioni del titolare del trattamento, salvo che sia diversamente previsto dal diritto dell'Unione europea o da disposizioni di legge o, nei casi previsti dalla legge, di regolamento.

20. ***Registri delle attività di trattamento.*** — 1. I titolari del trattamento tengono un registro di tutte le categorie di attività di trattamento sotto la propria responsabilità. Tale registro contiene le seguenti informazioni:

a) il nome e i dati di contatto del titolare del trattamento e, se previsti, di ogni contitolare del trattamento e del responsabile della protezione dei dati;

b) le finalità del trattamento;

c) le categorie di destinatari a cui i dati personali sono stati o saranno comunicati, compresi i destinatari di paesi terzi o presso organizzazioni internazionali;

d) una descrizione delle categorie di interessati e delle categorie di dati personali;

e) se previsto, il ricorso alla profilazione;

f) se previste, le categorie di trasferimenti di dati personali verso un Paese terzo o verso organizzazioni internazionali;

g) un'indicazione del titolo giuridico del trattamento cui sono destinati i dati personali, anche in caso di trasferimento;

h) ove possibile, i termini ultimi previsti per la cancellazione delle diverse categorie di dati personali;

i) ove possibile, una descrizione generale delle misure di sicurezza tecniche e organizzative di cui all'articolo 25, comma 1.

2. I responsabili del trattamento tengono un registro di tutte le categorie di attività di trattamento svolte per conto di un titolare del trattamento, contenente le seguenti informazioni:

a) il nome e i dati di contatto del responsabile o dei responsabili del trattamento, di ogni titolare del trattamento per conto del quale agiscono e, se esistente, del responsabile della protezione dei dati;

b) le categorie dei trattamenti effettuati per conto di ogni titolare del trattamento;

c) i trasferimenti di dati personali effettuati su istruzione del titolare del trattamento verso un Paese terzo o verso un'organizzazione internazionale;

d) ove possibile, una descrizione generale delle misure di sicurezza tecniche e organizzative di cui all'articolo 25, comma 1.

3. I registri di cui ai commi 1 e 2 sono tenuti in forma scritta, anche in formato elettronico. Su richiesta, il titolare del trattamento e il responsabile del trattamento mettono tali registri a disposizione del Garante.

21. ***Registrazione.*** — 1. Le operazioni di raccolta, modifica, consultazione, comunicazione, trasferimento, interconnessione e cancellazione di dati, eseguite in sistemi di trattamento automatizzati, sono registrate in appositi file di log, da conservare per la durata stabilita con il decreto di cui all'articolo 5, comma 2.

2. Le registrazioni delle operazioni di cui al comma 1 debbono consentire di conoscere i motivi, la data e l'ora di tali operazioni e, se possibile, di identificare la persona che ha eseguito le operazioni e i destinatari.

3. Le registrazioni sono usate ai soli fini della verifica della liceità del trattamento, per finalità di controllo interno, per garantire l'integrità e la sicurezza dei dati personali e nell'ambito di procedimenti penali.

4. Su richiesta e fatto salvo quanto previsto dall'articolo 37, comma 3, il titolare del trattamento e il responsabile del trattamento mettono le registrazioni a disposizione del Garante.

22. ***Cooperazione con il Garante.*** — 1. Salvo quanto previsto dall'articolo 37, comma 3, il titolare del trattamento e il responsabile del trattamento cooperano, su richiesta, con il Garante.

23. ***Valutazione d'impatto sulla protezione dei dati.*** — 1. Se il trattamento, per l'uso di nuove tecnologie e per la sua natura, per l'ambito di applicazione, per il contesto e per le finalità, presenta un rischio elevato per i diritti e le libertà delle persone fisiche, il titolare del trattamento, prima di procedere al trattamento, effettua una valutazione del suo impatto sulla protezione dei dati personali.

2. La valutazione di cui al comma 1 contiene una descrizione generale dei trattamenti previsti, una valutazione dei rischi per i diritti e le libertà degli interessati, le misure previste per affrontare tali rischi, le garanzie, le misure di sicurezza e i meccanismi per garantire la protezione dei dati personali e il rispetto delle norme del presente decreto.

24. ***Consultazione preventiva del Garante.*** — 1. Salvo quanto previsto dall'articolo 37, comma 6, il titolare del trattamento o il responsabile del trattamento consultano il Garante prima del trattamento di dati personali che figureranno in un nuovo archivio di prossima creazione se:

a) una valutazione d'impatto sulla protezione dei dati di cui all'articolo 23 indica che il trattamento presenterebbe un rischio elevato in assenza di misure adottate dal titolare del trattamento per attenuare il rischio; oppure

b) il tipo di trattamento presenta un rischio elevato per i diritti e le libertà degli interessati anche in ragione dell'utilizzo di tecnologie, procedure o meccanismi nuovi ovvero di dati genetici o biometrici.

2. Il Garante è consultato nel corso dell'esame di un progetto di legge o di uno schema di decreto legislativo ovvero di uno schema di regolamento o decreto non avente carattere regolamentare, suscettibile di rilevare ai fini della garanzia del diritto alla protezione dei dati personali.

3. Il Garante può stabilire un elenco di trattamenti soggetti a consultazione preventiva ai sensi del comma 1.

4. Il titolare del trattamento trasmette al Garante la valutazione d'impatto sulla protezione dei dati di cui all'articolo 23 e, su richiesta, ogni altra informazione, al fine di consentire a detta autorità di effettuare una valutazione della conformità del trattamento, dei rischi per la protezione dei dati personali dell'interessato e delle relative garanzie.

5. Ove ritenga che il trattamento di cui al comma 1 violi le disposizioni del presente decreto, il Garante fornisce, entro un termine di sei settimane dal ricevimento della richiesta di consultazione, un parere per iscritto al titolare del trattamento e, se esistente, al responsabile del trattamento. Il Garante si avvale dei poteri di cui all'articolo 37, comma 3.

6. Il termine di cui al comma 5 può essere prorogato di un mese nel caso di trattamento complesso.

Il Garante informa della proroga e dei motivi del ritardo il titolare del trattamento e, se esistente, il responsabile del trattamento, entro un mese dal ricevimento della richiesta di consultazione.

SEZIONE II

Sicurezza dei dati personali

25. ***Sicurezza del trattamento.*** — 1. Il titolare del trattamento e il responsabile del trattamento, tenuto conto delle cognizioni tecniche disponibili, dei costi di attuazione, della natura, dell'oggetto, del contesto e delle finalità del trattamento, nonché del grado di rischio per i diritti e le libertà delle persone fisiche, mettono in atto misure tecniche e organizzative che garantiscano un livello di sicurezza adeguato al rischio di violazione dei dati.

2. Per il trattamento automatizzato il titolare o il responsabile del trattamento, previa valutazione dei rischi, adottano misure volte a:

a) vietare alle persone non autorizzate l'accesso alle attrezzature utilizzate per il trattamento («controllo dell'accesso alle attrezzature»);

b) impedire che supporti di dati possano essere letti, copiati, modificati o asportati da persone non autorizzate («controllo dei supporti di dati»);

c) impedire che i dati personali siano inseriti senza autorizzazione e che i dati personali conservati siano visionati, modificati o cancellati senza autorizzazione («controllo della conservazione»);

d) impedire che persone non autorizzate utilizzino sistemi di trattamento automatizzato mediante attrezzature per la trasmissione di dati («controllo dell'utente»);

e) garantire che le persone autorizzate a usare un sistema di trattamento automatizzato abbiano accesso solo ai dati personali cui si riferisce la loro autorizzazione d'accesso («controllo dell'accesso ai dati»);

f) garantire la possibilità di individuare i soggetti ai quali siano stati o possano essere trasmessi o resi disponibili i dati personali utilizzando attrezzature per la trasmissione di dati («controllo della trasmissione»);

g) garantire la possibilità di verificare e accertare a posteriori quali dati personali sono stati introdotti nei sistemi di trattamento automatizzato, il momento della loro introduzione e la persona che l'ha effettuata («controllo dell'introduzione»);

h) impedire che i dati personali possano essere letti, copiati, modificati o cancellati in modo non autorizzato durante i trasferimenti di dati personali o il trasporto di supporti di dati («controllo del trasporto»);

i) garantire che, in caso di interruzione, i sistemi utilizzati possano essere ripristinati («recupero»);

l) garantire che le funzioni del sistema siano operative, che eventuali errori di funzionamento siano segnalati («affidabilità») e che i dati personali conservati non possano essere falsati da un errore di funzionamento del sistema («integrità»).

26. ***Notifica al Garante di una violazione di dati personali.*** — 1. Salvo quanto previsto dall'articolo 37, comma 6, in caso di violazione di dati personali, il titolare del trattamento notifica la violazione al Garante con le modalità di cui all'articolo 33 del regolamento UE.

2. Se la violazione dei dati personali riguarda dati personali che sono stati trasmessi dal o al titolare del trattamento di un altro Stato membro, le informazioni previste dal citato articolo 33 del regolamento UE sono comunicate, senza ingiustificato ritardo, al titolare del trattamento di tale Stato membro.

27. ***Comunicazione di una violazione di dati personali all'interessato.*** — 1. Quando la violazione di dati personali è suscettibile di presentare un rischio elevato per i diritti e le libertà delle persone fisiche, si osservano le disposizioni in tema di comunicazioni di cui all'articolo 34 del regolamento UE.

2. La comunicazione all'interessato di cui al comma 1 può essere ritardata, limitata od omessa alle condizioni e per i motivi di cui all'articolo 14, comma 2.

SEZIONE III

Responsabile della protezione dei dati

28. ***Designazione del responsabile della protezione dei dati.*** — 1. Il titolare del trattamento designa un responsabile della protezione dei dati.

2. Il responsabile della protezione dei dati è designato in funzione delle qualità professionali, in particolare della conoscenza specialistica della normativa e delle prassi in materia di protezione dei dati, e della capacità di assolvere i compiti di cui all'articolo 30.

3. Può essere designato un unico responsabile della protezione dei dati per più autorità competenti, tenuto conto della loro struttura organizzativa e dimensione.

4. Il titolare del trattamento pubblica i dati di contatto del responsabile della protezione dei dati e, salvo quanto previsto dall'articolo 37, comma 6, li comunica al Garante.

29. ***Posizione del responsabile della protezione dei dati.*** — 1. Il titolare del trattamento si assicura che il responsabile della protezione dei dati sia coinvolto adeguatamente e tempestivamente in tutte le questioni riguardanti la protezione dei dati personali.

2. Il titolare del trattamento coadiuva il responsabile della protezione dei dati nell'esecuzione dei compiti di cui all'articolo 30 fornendogli le risorse necessarie per assolvere tali compiti, per accedere ai dati personali e ai trattamenti e per mantenere la propria conoscenza specialistica.

30. ***Compiti del responsabile della protezione dei dati.*** — 1. Il titolare del trattamento conferisce al responsabile della protezione dei dati almeno i seguenti compiti:

a) informare il titolare del trattamento e i dipendenti che effettuano il trattamento degli obblighi derivanti dal presente decreto nonché da altre disposizioni dell'Unione europea o dello Stato relative alla protezione dei dati;

b) vigilare sull'osservanza del presente decreto e di altre disposizioni dell'Unione europea o dello Stato relative alla protezione dei dati nonché delle previsioni di programma del titolare del trattamento in materia di protezione dei dati personali, compresi l'attribuzione delle responsabilità, la sensibilizzazione e la formazione del personale che partecipa ai trattamenti e alle connesse attività di controllo;

c) fornire, se richiesto, un parere in merito alla valutazione d'impatto sulla protezione dei dati e sorvegliarne lo svolgimento ai sensi dell'articolo 23;

d) cooperare con il Garante;

e) fungere da punto di contatto per il Garante per questioni connesse al trattamento, tra cui la consultazione preventiva di cui all'articolo 24, ed effettuare, ove necessario, consultazioni relativamente a qualunque altra questione.

31-50. (*Omissis*)

PROCEDIMENTI VARI

- 1 -

D.lgs. 30 apr. 1992, n. 285

Codice della strada

(G.U. 18 mag. 1992, n. 285, Suppl. ord.)

(*stralcio*)

TITOLO VI
Degli illeciti previsti dal presente codice e delle relative sanzioni

CAPO I
Degli illeciti amministrativi e delle relative sanzioni

SEZIONE I
Degli illeciti amministrativi importanti sanzioni amministrative pecuniarie ed applicazione di queste ultime

203. ***Ricorso al prefetto.***[1] — 1. Il trasgressore o gli altri soggetti indicati nell'art. 196, nel termine di giorni sessanta dalla contestazione o dalla notificazione, qualora non sia stato effettuato il pagamento in misura ridotta nei casi in cui è consentito, possono proporre ricorso al prefetto del luogo della commessa violazione, da presentarsi all'ufficio o comando cui appartiene l'organo accertatore ovvero da inviarsi agli stessi con raccomandata con ricevuta di ritorno o per via telematica, a mezzo di posta elettronica certificata o di altro servizio elettronico di recapito certificato qualificato, secondo le modalità previste dall'articolo 65 del codice dell'amministrazione digitale, di cui al decreto legislativo 7 marzo 2005, n. 82. Con il ricorso possono essere presentati i documenti ritenuti idonei e può essere richiesta l'audizione personale.[2]

1-*bis*. Il ricorso di cui al comma 1 può essere presentato direttamente al prefetto mediante lettera raccomandata con avviso di ricevimento o trasmesso per via telematica, a mezzo di posta elettronica certificata o di altro servizio elettronico di recapito certificato qualificato, secondo le modalità previste dall'articolo 65 del codice di cui al decreto legislativo 7 marzo 2005, n. 82. In tale caso, per la necessaria istruttoria, il prefetto trasmette all'ufficio o comando cui appartiene l'organo accertatore il ricorso, corredato dei documenti allegati dal ricorrente, nel termine di trenta giorni dalla sua ricezione.[2]

2. Il responsabile dell'ufficio o del comando cui appartiene l'organo accertatore, è tenuto a trasmettere gli atti al prefetto nel termine di sessanta giorni dal deposito o dal ricevimento del ricorso nei casi di cui al comma 1 e dal ricevimento degli

atti da parte del prefetto nei casi di cui al comma 1-*bis*. Gli atti, corredati dalla prova della avvenuta contestazione o notificazione, devono essere altresì corredati dalle deduzioni tecniche dell'organo accertatore utili a confutare o confermare le risultanze del ricorso.

3. Qualora nei termini previsti non sia stato proposto ricorso e non sia avvenuto il pagamento in misura ridotta, il verbale, in deroga alle disposizioni di cui all'art. 17 della legge 24 novembre 1981, n. 689, costituisce titolo esecutivo per una somma pari alla metà del massimo della sanzione amministrativa edittale e per le spese di procedimento.

3-*bis*. Quando il veicolo con cui è stata commessa la violazione è immatricolato all'estero e non è possibile, per difficoltà oggettive, procedere all'iscrizione al ruolo ovvero avviare altre procedure di riscossione coattiva nei confronti del conducente o del proprietario o di altro soggetto obbligato in solido, la riscossione coattiva può essere attivata, nei cinque anni successivi, nei confronti di chi è trovato alla guida del veicolo stesso. In tali casi, si applicano le disposizioni dell'articolo 207. Con provvedimento del Ministero delle infrastrutture e della mobilità sostenibili, di concerto con il Ministero dell'interno, sono determinate le procedure di riscossione e di attribuzione delle somme riscosse ai soggetti a cui, secondo l'articolo 208, spettano i proventi delle sanzioni.[3]

[1] Articolo modif. dall'art. 105 del D.lgs. 10 set. 1993, n. 360.

[2] Comma così modif. dall'art. 1, c. 1, lett. *g-quater*), D.L. 10 set. 2021, n. 121, conv. con modif. in L. 9 nov. 2021, n. 156.

[3] Comma aggiunto dall'art. 7, D.L. 16 giu. 2022, n. 68, conv. con modif. in L. 5 ago. 2022, n. 108.

204. ***Provvedimenti del prefetto.*** — 1. Il prefetto, esaminati il verbale e gli atti prodotti dall'ufficio o comando accertatore, nonché il ricorso e i documenti allegati, sentiti gli interessati che ne abbiano fatta richiesta, se ritiene fondato l'accertamento adotta, entro centoventi giorni decorrenti dalla data di ricezione degli atti da parte dell'ufficio accertatore, secondo quanto stabilito al comma 2 dell'articolo 203, ordinanza motivata con la quale ingiunge il pagamento di una somma determinata, nel limite non inferiore al doppio del minimo edittale per ogni singola violazione, secondo i criteri dell'articolo 195, comma 2. L'ingiunzione comprende anche le spese ed è notificata all'autore della violazione ed alle altre persone che sono tenute al pagamento ai sensi del presente titolo. Ove, invece, non ritenga fondato l'accertamento, il prefetto, nello stesso termine, emette ordinanza motivata di archiviazione degli atti, comunicandola integralmente all'ufficio o comando cui appartiene l'organo accertatore, il quale ne dà notizia ai ricorrenti.[1]

1-*bis*. I termini di cui ai commi 1-*bis* e 2 dell'articolo 203 e al comma 1 del presente articolo sono perentori e si cumulano tra loro ai fini della considerazione di tempestività dell'adozione dell'ordinanza-ingiunzione. Decorsi detti termini senza che sia stata adottata l'ordinanza del prefetto, il ricorso si intende accolto.[2]

1-*ter*. Quando il ricorrente ha fatto richiesta di audizione personale, il termine di cui al comma 1 si interrompe con la notifica dell'invito al ricorrente per la presentazione all'audizione. Detto termine resta sospeso fino alla data di espletamento dell'audizione o, in caso di mancata presentazione del ricorrente, comunque fino alla data fissata per l'audizione stessa. Se il ricorrente non si presenta alla data fissata per l'audizione, senza allegare giustificazione della sua assenza, il prefetto decide sul ricorso, senza ulteriori formalità.[2]

2. L'ordinanza-ingiunzione di pagamento della sanzione amministrativa pecuniaria deve essere notificata, nel termine centocinquanta giorni dalla sua adozione, nelle forme previste dall'articolo 201. Il pagamento della somma ingiunta e delle relative spese deve essere effettuato, entro il termine di trenta giorni dalla notificazione, all'ufficio del registro o al diverso ufficio indicato nella stessa ingiunzione. L'ufficio del registro che ha ricevuto il pagamento, entro trenta giorni dalla sua effettuazione, ne dà comunicazione al prefetto e all'ufficio o comando accertatore.[1]

3. L'ordinanza-ingiunzione, trascorso il termine per il pagamento della sanzione amministrativa pecuniaria, costituisce titolo esecutivo per l'ammontare della somma ingiunta e delle relative spese.

[1] Comma così modif. dall'art. 4, D.L. 27 giu. 2003, n. 151.

[2] Comma aggiunto dall'art. 4, D.L. 27 giu. 2003, n. 151.

204-*bis*. ***Ricorso in sede giurisdizionale.***[1] — 1. Alternativamente alla proposizione del ricorso di cui all'articolo 203, il trasgressore o gli altri soggetti indicati nell'articolo 196, qualora non sia stato effettuato il pagamento in misura ridotta nei casi in cui è consentito, possono proporre opposizione davanti all'autorità giudiziaria ordinaria. L'opposizione è regolata dall'articolo 7 del decreto legislativo 1° settembre 2011, n. 150.

[1] Articolo così sost. dall'art. 34, c. 6, D.lgs. 1 set. 2011, n. 150.

205. ***Opposizione all'ordinanza-ingiunzione.***[1] — 1. Contro l'ordinanza-ingiunzione di pagamento di una sanzione amministrativa pecuniaria gli interessati possono proporre opposizione davanti all'autorità giudiziaria ordinaria. L'opposizione è regolata dall'articolo 6 del decreto legislativo 1° settembre 2011, n. 150.

[1] Articolo così sost. dall'art. 34, c. 6, D.lgs. 1 set. 2011, n. 150.

- 2 -

D.lgs. 11 apr. 2006, n. 198

Codice delle pari opportunità tra uomo e donna, a norma dell'articolo 6 della L. 28 novembre 2005, n. 246

(G.U. 31 mag. 2006, n. 133, n. 125, Suppl. ord.)

(*stralcio*)

CAPO III
Tutela giudiziaria

36. ***Legittimazione processuale*** (L. 10 apr. 1991, n. 125 art. 4 c. 4 e 5). — 1. Chi intende agire in giudizio per la dichiarazione delle discriminazioni poste in essere in violazione dei divieti di cui al capo II del presente titolo, o di qualunque discriminazione nell'accesso al lavoro, nella promozione e nella formazione professionale, nelle condizioni di lavoro compresa la retribuzione, nonché in relazione alle forme pensionistiche complementari collettive di cui al decreto legislativo 5 dicembre 2005, n. 252, e non ritiene di avvalersi delle procedure di conciliazione previste dai contratti collettivi, può promuovere il tentativo di conciliazione ai sensi dell'articolo 410 del codice di procedura civile o, rispettivamente, dell'articolo 66 del decreto legislativo 30 marzo 2001, n. 165, anche tramite la consigliera o il consigliere di parità provinciale[1] o regionale territorialmente competente.[2]

2. Ferme restando le azioni in giudizio di cui all'articolo 37, commi 2 e 4, le consigliere o i consiglieri di parità provinciali[1] e regionali competenti per territorio hanno facoltà di ricorrere innanzi al tribunale in funzione di giudice del lavoro o, per i rapporti sottoposti alla sua giurisdizione, al tribunale amministrativo regionale territorialmente competenti, su delega della persona che vi ha interesse, ovvero di intervenire nei giudizi promossi dalla medesima.

[1] Ai sensi dell'art. 27, D.lgs. 14 set. 2015, n. 151, le espressioni «provinciali» e «provinciale» sono sost. rispettivamente da: «delle città metropolitane e degli enti di area vasta di cui alla legge 7 aprile 2014, n. 56» e «della città metropolitana e dell'ente di area vasta di cui alla legge 7 aprile 2014, n. 56».

[2] Comma modif. dall'art. 1 c. 1 del D.lgs. 25 gen. 2010, n. 5.

37. ***Legittimazione processuale a tutela di più soggetti*** (L. 10 apr. 1991, n. 125 art. 4 c. 7, 8, 9, 10 e 11). — 1. Qualora le consigliere o i consiglieri di parità regionali e, nei casi di rilevanza nazionale, la consigliera o il consigliere nazionale rilevino l'esistenza di atti, patti o comportamenti discriminatori diretti o indiretti di carattere collettivo in violazione dei divieti di cui al capo II del presente titolo o comunque nell'accesso al lavoro, nella promozione e nella formazione professionale, nelle condizioni compresa la retribuzione, nella progressione di carriera, nonché in relazione alle forme pensionistiche complementari collettive di cui al decreto legislativo 5 dicembre 2005, n. 252, anche quando non siano individuabili in modo immediato e diretto le lavoratrici o i lavoratori lesi dalle discriminazioni, prima di promuovere l'azione in giudizio ai sensi dei commi 2 e 4, possono chiedere all'autore della discriminazione di predisporre un piano di rimozione delle discriminazioni accertate entro un termine non superiore a centoventi giorni, sentite, nel caso di discriminazione posta in essere da un datore di lavoro, le rappresentanze sindacali aziendali ovvero, in loro mancanza, le associazioni locali aderenti alle organizzazioni sindacali maggiormente rappresentative sul piano nazionale. Se il piano è considerato idoneo alla rimozione delle discriminazioni, la consigliera o il consigliere di parità promuove il tentativo di conciliazione ed il relativo verbale, in copia autenticata, acquista forza di titolo esecutivo con decreto del tribunale in funzione di giudice del lavoro.[1]

2. Con riguardo alle discriminazioni di carattere collettivo di cui al comma 1, le consigliere o i consiglieri di parità, qualora non ritengano di avvalersi della procedura di conciliazione di cui al medesimo comma o in caso di esito negativo della stessa, possono proporre ricorso davanti al tribunale in funzione di giudice del lavoro o al tribunale amministrativo regionale territorialmente competenti.

3. Il giudice, nella sentenza che accerta le discriminazioni sulla base del ricorso presentato ai sensi del comma 2, oltre a provvedere, se richiesto, al risarcimento del danno anche non patrimoniale, ordina all'autore della discriminazione di definire un piano di rimozione delle discriminazioni accertate, sentite, nel caso si tratti di datore di lavoro, le rappresentanze sindacali aziendali ovvero, in loro mancanza, gli organismi locali aderenti alle organizzazioni sindacali di categoria maggiormente rappresentative sul piano nazionale, nonché la consigliera o il consigliere di parità regionale competente per territorio o la consigliera o il consigliere nazionale. Nella sentenza il giudice fissa i criteri, anche temporali, da osservarsi ai fini della definizione ed attuazione del piano.

4. Ferma restando l'azione di cui al comma 2, la consigliera o il consigliere regionale e nazionale di parità possono proporre ricorso in via d'urgenza davanti al tribunale in funzione di giudice del lavoro o al tribunale amministrativo regionale territorialmente competenti. Il Tribunale in funzione di giudice del lavoro adito, nei due giorni successivi, convocate le parti e assunte sommarie informazioni, ove ritenga sussistente la violazione di cui al ricorso, con decreto motivato e immediatamente esecutivo oltre a provvedere, se richiesto, al risarcimento del danno anche non patrimoniale, nei limiti della prova fornita, ordina all'autore della discriminazione la cessazione del comportamento

pregiudizievole e adotta ogni altro provvedimento idoneo a rimuovere gli effetti delle discriminazioni accertate, ivi compreso l'ordine di definizione ed attuazione da parte del responsabile di un piano di rimozione delle medesime. Si applicano in tal caso le disposizioni del comma 3. Contro il decreto è ammessa, entro quindici giorni dalla comunicazione alle parti, opposizione avanti alla medesima autorità giudiziaria territorialmente competente, che decide con sentenza immediatamente esecutiva. La tutela davanti al giudice amministrativo è disciplinata dall'articolo 119 del codice del processo amministrativo.[2]

5. L'inottemperanza alla sentenza di cui al comma 3 e al comma 4, al decreto di cui al comma 4 o alla sentenza pronunciata nel relativo giudizio di opposizione è punita con l'ammenda fino a 50.000 euro o l'arresto fino a sei mesi e comporta altresì il pagamento di una somma di 51 euro per ogni giorno di ritardo nell'esecuzione del provvedimento da versarsi al Fondo di cui all'articolo 18 e la revoca dei benefici di cui all'articolo 41, comma 1.[1,2]

[1] Comma così modif. dall'art. 1 c. 1 del D.lgs. 25 gen. 2010, n. 5.

[2] Comma così modif. dall'art. 3, c. 19-*bis*, all. 4, D.lgs. 2 lug. 2004, n. 104, come modif. dall'art. 1, c. 3, lett. *a*) del D.lgs. 15 nov. 2011, n. 195.

38. ***Provvedimento avverso le discriminazioni*** — (*L. 9 dic. 1977, n. 903, art. 15; L. 10 apr. 1991, n. 125 art. 4 c. 13*).

1. Qualora vengano poste in essere discriminazioni in violazione dei divieti di cui al capo II del presente titolo o di cui all'articolo 11 del decreto legislativo 8 aprile 2003, n. 66, o comunque discriminazioni nell'accesso al lavoro, nella promozione e nella formazione professionale, nelle condizioni di lavoro compresa la retribuzione, nonché in relazione alle forme pensionistiche complementari collettive di cui al decreto legislativo 5 dicembre 2005, n. 252, su ricorso del lavoratore o, per sua delega, delle organizzazioni sindacali, delle associazioni e delle organizzazioni rappresentative del diritto o dell'interesse leso, o della consigliera o del consigliere di parità provinciale[1] o regionale territorialmente competente, il tribunale in funzione di giudice del lavoro del luogo ove è avvenuto il comportamento denunziato, nei due giorni successivi, convocate le parti e assunte sommarie informazioni, se ritenga sussistente la violazione di cui al ricorso, oltre a provvedere, se richiesto, al risarcimento del danno anche non patrimoniale, nei limiti della prova fornita, ordina all'autore del comportamento denunciato, con decreto motivato ed immediatamente esecutivo, la cessazione del comportamento illegittimo e la rimozione degli effetti.[2]

2. L'efficacia esecutiva del decreto non può essere revocata fino alla sentenza con cui il giudice definisce il giudizio instaurato a norma del comma seguente.

3. Contro il decreto è ammessa entro quindici giorni dalla comunicazione alle parti opposizione davanti al giudice che decide con sentenza immediatamente esecutiva. Si osservano le disposizioni degli articoli 413 e seguenti del codice di procedura civile.

4. L'inottemperanza al decreto di cui al primo comma o alla sentenza pronunciata nel giudizio di opposizione è punita con l'ammenda fino a 50.000 euro o l'arresto fino a sei mesi.[3]

5. La tutela davanti al giudice amministrativo è disciplinata dall'articolo 119 del codice del processo amministrativo.[4]

6. Ferma restando l'azione ordinaria, le disposizioni di cui ai commi da 1 a 5 si applicano in tutti i casi di azione individuale in giudizio promossa dalla persona che vi abbia interesse o su sua delega da un'organizzazione sindacale, dalle associazioni e dalle organizzazioni rappresentative del diritto o dell'interesse leso, o dalla consigliera o dal consigliere provinciale[1] o regionale di parità.[3]

[1] Ai sensi dell'art. 27, D.lgs. 14 set. 2015, n. 151, le espressioni «provinciali» e «provinciale» sono sost. rispettivamente da: «delle città metropolitane e degli enti di area vasta di cui alla legge 7 aprile 2014, n. 56» e «della città metropolitana e dell'ente di area vasta di cui alla legge 7 aprile 2014, n. 56».

[2] Comma modif. prima dall'art. 8-*quater* del D.L. 8 apr. 2008, n. 59, poi dall'art. 1 c. 1 del D.lgs. 25 gen. 2010, n. 5, e quindi dall'art. 3, c. 19-*bis*, all. 4, D.lgs. 2 lug. 2004, n. 104, come modif. dall'art. 1, c. 3, lett. *a*) del D.lgs. 15 nov. 2011, n. 195.

[3] Comma così modif. dall'art. 1, c. 1 del D.lgs. 25 gen. 2010, n. 5.

[4] Comma così modif. dall'art. 3, c. 19-*bis*, all. 4, D.lgs. 2 lug. 2004, n. 104, come modif. dall'art. 1, c. 3, lett. *a*) del D.lgs. 15 nov. 2011, n. 195.

39. ***Ricorso in via d'urgenza*** (L. 10 apr. 1991, n. 125 art. 4 c. 14). — 1. Il mancato espletamento del tentativo di conciliazione previsto dall'articolo 410 del codice di procedura civile o da altre disposizioni di legge non preclude la concessione dei provvedimenti di cui agli articoli 37, comma 4, e 38.[1]

[1] Comma così modif. dall'39, D.lgs. 14 set. 2015, n. 151.

40. ***Onere della prova*** (L. 10 apr. 1991, n. 125, art. 4 c. 6). — 1. Quando il ricorrente fornisce elementi di fatto, desunti anche da dati di carattere statistico relativi alle assunzioni, ai regimi retributivi, all'assegnazione di mansioni e qualifiche, ai trasferimenti, alla progressione in carriera ed ai licenziamenti, idonei a fondare, in termini precisi e concordanti, la presunzione dell'esistenza di atti, patti o comportamenti discriminatori in ragione del sesso, spetta al convenuto l'onere della prova sull'insussistenza della discriminazione.

- 3 -

D.lgs. 26 ott. 2020, n. 152

Adeguamento della normativa nazionale alle disposizioni del regolamento (UE) n. 655/2014 del Parlamento europeo e del Consiglio, del 15 maggio 2014, che istituisce una procedura per l'ordinanza europea di sequestro conservativo su conti bancari al fine di facilitare il recupero transfrontaliero dei crediti in materia civile e commerciale

(G.U. 16 nov. 2020, n. 285)

1. ***Disposizioni generali.*** (*Omissis*).

2. ***Credito risultante da atto pubblico.*** — 1. Per la domanda di ordinanza europea di sequestro conservativo su conti bancari fondata su un credito risultante da atto pubblico è competente il giudice del luogo in cui l'atto pubblico è stato formato.

3. ***Ricerca delle informazioni sui conti bancari.*** — 1. Per l'acquisizione delle informazioni sui conti bancari di cui all'articolo 14 del regolamento è competente, quale autorità di informazione, il presidente del tribunale del luogo in cui il debitore ha la residenza, il domicilio, la dimora o la sede. Per le attività di ricerca delle informazioni di cui al presente articolo, quando il debitore non ha la residenza, il domicilio, la dimora o la sede in Italia, è competente il presidente del Tribunale di Roma.

2. Il presidente del tribunale dispone la ricerca delle informazioni con le modalità telematiche di cui all'articolo 492-*bis*, secondo comma, primo e secondo periodo, del codice di procedura civile.

3. Quando le strutture tecnologiche, necessarie a consentire l'accesso diretto da parte dell'ufficiale giudiziario alle banche dati di cui all'articolo 492-*bis* del codice di procedura civile e a quelle individuate nell'elenco di cui all'articolo 155-*quater*, primo comma, delle disposizioni per l'attuazione del codice di procedura civile e disposizioni transitorie, non sono funzionanti, l'ufficiale giudiziario ottiene dai rispettivi gestori le informazioni nelle stesse contenute.

4. ***Ricorso avverso il provvedimento negativo.*** — 1. L'impugnazione di cui all'art. 21 del regolamento avente ad oggetto la pronuncia del giudice singolo, che respinge in tutto o in parte la richiesta di sequestro conservativo di conti bancari, si propone con ricorso al tribunale in composizione collegiale. Del collegio non può fare parte il giudice che ha emanato il provvedimento impugnato.

5. ***Esecuzione.*** — 1. L'ordinanza europea di sequestro conservativo su conti bancari, attuata in conformità alle disposizioni del capo 3 del regolamento, si esegue secondo le norme previste dall'articolo 678 del codice di procedura civile per il pignoramento presso terzi successivamente alla notificazione o comunicazione al debitore di cui all'articolo 28 del regolamento.

2. La trasmissione degli atti di cui all'articolo 23, paragrafo 3, secondo comma, del regolamento è effettuata dal creditore.

3. Al creditore, che si è avvalso dell'ordinanza europea di sequestro dopo aver ottenuto una decisione giudiziaria o aver concluso una transazione giudiziaria in uno Stato membro dell'Unione, non si applica l'articolo 156, primo comma, delle disposizioni per l'attuazione del codice di procedura civile e disposizioni transitorie.

6. ***Ricorso avverso l'ordinanza europea di sequestro.*** — 1. Per il procedimento di cui all'articolo 33 del regolamento è competente il giudice che ha emesso l'ordinanza europea di sequestro conservativo su conti bancari.

7. ***Opposizione all'esecuzione dell'ordinanza europea di sequestro.*** — 1. Per il procedimento di cui all'articolo 34 del regolamento è competente il tribunale del luogo in cui il terzo debitore ha la residenza o la sede.

8. ***Impugnazioni.*** — 1. Il procedimento di cui all'articolo 37 del regolamento è disciplinato dalle disposizioni di cui all'articolo 669-*terdecies* del codice di procedura civile e il reclamo è presentato con l'apposito modulo di cui all'allegato IX del regolamento di esecuzione.

9. ***Rappresentanza legale.*** — 1. Nei procedimenti di cui al capo 4 del regolamento le parti stanno in giudizio con l'assistenza di un difensore.

10-11. (*Omissis*)

PROCESSO AMMINISTRATIVO

- 1 -

D.lgs. 30 mar. 2001, n. 165

Norme generali sull'ordinamento del lavoro alle dipendenze delle amministrazioni pubbliche

(G.U. 9 mag. 2001, n. 106)
(*stralcio*)

63. ***Controversie relative ai rapporti di lavoro.*** — 1. Sono devolute al giudice ordinario, in funzione di giudice del lavoro, tutte le controversie relative ai rapporti di lavoro alle dipendenze delle pubbliche amministrazioni di cui all'art. 1, c. 2, ad eccezione di quelle relative ai rapporti di lavoro di cui al comma 4, incluse le controversie concernenti l'assunzione al lavoro, il conferimento e la revoca degli incarichi dirigenziali e la responsabilità dirigenziale, nonché quelle concernenti le indennità di fine rapporto, comunque denominate e corrisposte, ancorché vengano in questione atti amministrativi presupposti. Quando questi ultimi siano rilevanti ai fini della decisione, il giudice li disapplica, se illegittimi. L'impugnazione davanti al giudice amministrativo dell'atto amministrativo rilevante nella controversia non è causa di sospensione del processo.

2. Il giudice adotta, nei confronti delle pubbliche amministrazioni, tutti i provvedimenti, di accertamento, costitutivi o di condanna, richiesti dalla natura dei diritti tutelati. Le sentenze con le quali riconosce il diritto all'assunzione, ovvero accerta che l'assunzione è avvenuta in violazione di norme sostanziali o procedurali, hanno anche effetto rispettivamente costitutivo o estintivo del rapporto di lavoro. Il giudice, con la sentenza con la quale annulla o dichiara nullo il licenziamento, condanna l'amministrazione alla reintegrazione del lavoratore nel posto di lavoro e al pagamento di un'indennità risarcitoria commisurata all'ultima retribuzione di riferimento per il calcolo del trattamento di fine rapporto corrispondente al periodo dal giorno del licenziamento fino a quello dell'effettiva reintegrazione, e comunque in misura non superiore alle ventiquattro mensilità, dedotto quanto il lavoratore abbia percepito per lo svolgimento di altre attività lavorative. Il datore di lavoro è condannato, altresì, per il medesimo periodo, al versamento dei contributi previdenziali e assistenziali.[1]

2-*bis*. Nel caso di annullamento della sanzione disciplinare per difetto di proporzionalità, il giudice può rideterminare la sanzione, in applicazione delle disposizioni normative e contrattuali vigenti, tenendo conto della gravità del comportamento e dello specifico interesse pubblico violato.[2]

3. Sono devolute al giudice ordinario, in funzione di giudice del lavoro, le controversie relative a comportamenti antisindacali delle pubbliche amministrazioni ai sensi dell'art. 28 della L. 20 mag. 1970, n. 300, e successive modificazioni ed integrazioni, e le controversie, promosse da organizzazioni sindacali, dall'ARAN o dalle pubbliche amministrazioni, relative alle procedure di contrattazione collettiva di cui all'art. 40 e seguenti del presente decreto.

4. Restano devolute alla giurisdizione del giudice amministrativo le controversie in materia di procedure concorsuali per l'assunzione dei dipendenti delle pubbliche amministrazioni, nonché, in sede di giurisdizione esclusiva, le controversie relative ai rapporti di lavoro di cui all'art. 3, ivi comprese quelle attinenti ai diritti patrimoniali connessi.

5. Nelle controversie di cui ai commi 1 e 3 e nel caso di cui all'art. 64, c. 3, il ricorso per cassazione può essere proposto anche per violazione o falsa applicazione dei contratti e accordi collettivi nazionali di cui all'art. 40.

[1] Comma così modif. dall'art. 21, D.lgs. 25 mag. 2017, n. 75.

[2] Comma ins. dall'art. 21, D.lgs. 25 mag. 2017, n. 75.

- 2 -

D.lgs. 2 lug. 2010, n. 104

Attuazione dell'art. 44 della L. 18 giu. 2009, n. 69, recante delega al governo per il riordino del processo amministrativo[1]

(G.U. 7 lug. 2010, n. 156, Suppl. Ord. n. 148)

[1] Come modif. dal D.lgs. 15 nov. 2011, n. 195, e dal D.lgs. 14 set. 2012, n. 160.

ALLEGATO 1

Codice del processo amministrativo

LIBRO PRIMO
DISPOSIZIONI GENERALI

TITOLO I
Principi e organi della giurisdizione amministrativa

CAPO I
Principi generali

1. ***Effettività.*** — 1. La giurisdizione amministrativa assicura una tutela piena ed effettiva secondo i principi della Costituzione e del diritto europeo.

2. ***Giusto processo.*** — 1. Il processo amministrativo attua i principi della parità delle parti, del contraddittorio e del giusto processo previsto dall'articolo 111, primo comma, della Costituzione.

2. Il giudice amministrativo e le parti cooperano

per la realizzazione della ragionevole durata del processo.

3. ***Dovere di motivazione e sinteticità degli atti.*** — 1. Ogni provvedimento decisorio del giudice è motivato.

2. Il giudice e le parti redigono gli atti in maniera chiara e sintetica, secondo quanto disposto dalle norme di attuazione.[1]

[1] Comma così modif. dall'art. 7-*bis*, D.L. 31 ago. 2016, n. 168, conv. con modif. in L. 25 ott. 2016, n. 197.

CAPO II
Organi della giurisdizione amministrativa

4. ***Giurisdizione dei giudici amministrativi.*** — 1. La giurisdizione amministrativa è esercitata dai tribunali amministrativi regionali e dal Consiglio di Stato secondo le norme del presente codice.

5. ***Tribunali amministrativi regionali.*** — 1. Sono organi di giurisdizione amministrativa di primo grado i tribunali amministrativi regionali e il Tribunale regionale di giustizia amministrativa per la regione autonoma del Trentino - Alto Adige.

2. Il tribunale amministrativo regionale decide con l'intervento di tre magistrati, compreso il presidente. In mancanza del presidente, il collegio è presieduto dal magistrato con maggiore anzianità nel ruolo.

3. Il Tribunale regionale di giustizia amministrativa per la regione autonoma del Trentino - Alto Adige resta disciplinato dallo statuto speciale e dalle relative norme di attuazione.

6. ***Consiglio di Stato.*** — 1. Il Consiglio di Stato è organo di ultimo grado della giurisdizione amministrativa.

2. Il Consiglio di Stato in sede giurisdizionale decide con l'intervento di cinque magistrati, di cui un presidente di sezione e quattro consiglieri. In caso di impedimento del presidente, il collegio è presieduto dal consigliere più anziano nella qualifica.

3. Salvo quanto previsto dalle norme di attuazione richiamate al comma 6, l'adunanza plenaria è composta dal presidente del Consiglio di Stato che la presiede e da dodici magistrati del Consiglio di Stato, assegnati alle sezioni giurisdizionali.

4. In caso di impedimento, il presidente del Consiglio di Stato è sostituito dal presidente di sezione giurisdizionale più anziano nel ruolo; gli altri componenti dell'adunanza plenaria, in caso di assenza o di impedimento, sono sostituiti dal magistrato più anziano nella stessa qualifica della rispettiva sezione.

5. Per gli appelli avverso le pronunce della sezione autonoma di Bolzano del Tribunale regionale di giustizia amministrativa si applicano anche le disposizioni dello statuto speciale e delle relative norme di attuazione.

6. Gli appelli avverso le pronunce del Tribunale amministrativo regionale della Sicilia sono proposti al Consiglio di giustizia amministrativa per la Regione siciliana, nel rispetto delle disposizioni dello statuto speciale e delle relative norme di attuazione.

CAPO III
Giurisdizione amministrativa

7. ***Giurisdizione amministrativa.*** — 1. Sono devolute alla giurisdizione amministrativa le controversie, nelle quali si faccia questione di interessi legittimi e, nelle particolari materie indicate dalla legge, di diritti soggettivi, concernenti l'esercizio o il mancato esercizio del potere amministrativo, riguardanti provvedimenti, atti, accordi o comportamenti riconducibili anche mediatamente all'esercizio di tale potere, posti in essere da pubbliche amministrazioni. Non sono impugnabili gli atti o provvedimenti emanati dal Governo nell'esercizio del potere politico.

2. Per pubbliche amministrazioni, ai fini del presente codice, si intendono anche i soggetti ad esse equiparati o comunque tenuti al rispetto dei principi del procedimento amministrativo.

3. La giurisdizione amministrativa si articola in giurisdizione generale di legittimità, esclusiva ed estesa al merito.

4. Sono attribuite alla giurisdizione generale di legittimità del giudice amministrativo le controversie relative ad atti, provvedimenti o omissioni delle pubbliche amministrazioni, comprese quelle relative al risarcimento del danno per lesione di interessi legittimi e agli altri diritti patrimoniali consequenziali, pure se introdotte in via autonoma.

5. Nelle materie di giurisdizione esclusiva, indicate dalla legge e dall'articolo 133, il giudice amministrativo conosce, pure ai fini risarcitori, anche delle controversie nelle quali si faccia questione di diritti soggettivi.

6. Il giudice amministrativo esercita giurisdizione con cognizione estesa al merito nelle controversie indicate dalla legge e dall'articolo 134. Nell'esercizio di tale giurisdizione il giudice amministrativo può sostituirsi all'amministrazione.

7. Il principio di effettività è realizzato attraverso la concentrazione davanti al giudice amministrativo di ogni forma di tutela degli interessi legittimi e, nelle particolari materie indicate dalla legge, dei diritti soggettivi.

8. Il ricorso straordinario è ammesso unicamente per le controversie devolute alla giurisdizione amministrativa.

8. ***Cognizione incidentale e questioni pregiudiziali.*** — 1. Il giudice amministrativo nelle materie in cui non ha giurisdizione esclusiva conosce, senza efficacia di giudicato, di tutte le questioni pregiudiziali o incidentali relative a diritti, la cui risoluzione sia necessaria per pronunciare sulla questione principale.

2. Restano riservate all'autorità giudiziaria ordinaria le questioni pregiudiziali concernenti lo stato e la capacità delle persone, salvo che si tratti della capacità di stare in giudizio, e la risoluzione dell'incidente di falso.

9. ***Difetto di giurisdizione.*** — 1. Il difetto di giurisdizione è rilevato in primo grado anche d'ufficio. Nei giudizi di impugnazione è rilevato se dedotto con specifico motivo avverso il capo della pronuncia impugnata che, in modo implicito o esplicito, ha statuito sulla giurisdizione.

10. ***Regolamento preventivo di giurisdizione.*** — 1. Nel giudizio davanti ai tribunali amministrativi regionali è ammesso il ricorso per regolamento preventivo di giurisdizione previsto dall'articolo 41 del codice di procedura civile. Si applica il primo comma dell'articolo 367 dello stesso codice.

2. Nel giudizio sospeso possono essere chieste misure cautelari, ma il giudice non può disporle se non ritiene sussistente la propria giurisdizione.

11. ***Decisione sulle questioni di giurisdizione.*** — 1. Il giudice amministrativo, quando declina la propria giurisdizione, indica, se esistente, il giudice nazionale che ne è fornito.

2. Quando la giurisdizione è declinata dal giudice amministrativo in favore di altro giudice nazionale o viceversa, ferme restando le preclusioni e le decadenze intervenute, sono fatti salvi gli effetti processuali e sostanziali della domanda se il processo è riproposto innanzi al giudice indicato nella pronuncia che declina la giurisdizione, entro il termine perentorio di tre mesi dal suo passaggio in giudicato.

3. Quando il giudizio è tempestivamente riproposto davanti al giudice amministrativo, quest'ultimo, alla prima udienza, può sollevare anche d'ufficio il conflitto di giurisdizione.

4. Se in una controversia introdotta davanti ad altro giudice le sezioni unite della Corte di cassazione, investite della questione di giurisdizione, attribuiscono quest'ultima al giudice amministrativo, ferme restando le preclusioni e le decadenze intervenute, sono fatti salvi gli effetti processuali e sostanziali della domanda, se il giudizio è riproposto dalla parte che vi ha interesse nel termine di tre mesi dalla pubblicazione della decisione delle sezioni unite.

5. Nei giudizi riproposti, il giudice, con riguardo alle preclusioni e decadenze intervenute, può concedere la rimessione in termini per errore scusabile ove ne ricorrano i presupposti.

6. Nel giudizio riproposto davanti al giudice amministrativo, le prove raccolte nel processo davanti al giudice privo di giurisdizione possono essere valutate come argomenti di prova.

7. Le misure cautelari perdono la loro efficacia trenta giorni dopo la pubblicazione del provvedimento che dichiara il difetto di giurisdizione del giudice che le ha emanate. Le parti possono riproporre le domande cautelari al giudice munito di giurisdizione.

12. ***Rapporti con l'arbitrato.*** — 1. Le controversie concernenti diritti soggettivi devolute alla giurisdizione del giudice amministrativo possono essere risolte mediante arbitrato rituale di diritto ai sensi degli articoli 806 e seguenti del codice di procedura civile.[1]

[1] Comma così modif. dall'art. 1, c. 1, lett. *a*), D.lgs. 15 nov. 2011, n. 195.

CAPO IV
Competenza

13. ***Competenza territoriale inderogabile.*** — 1. Sulle controversie riguardanti provvedimenti, atti, accordi o comportamenti di pubbliche amministrazioni è inderogabilmente competente il tribunale amministrativo regionale nella cui circoscrizione territoriale esse hanno sede. Il tribunale amministrativo regionale è comunque inderogabilmente competente sulle controversie riguardanti provvedimenti, atti, accordi o comportamenti di pubbliche amministrazioni i cui effetti diretti sono limitati all'ambito territoriale della regione in cui il tribunale ha sede.

2. Per le controversie riguardanti pubblici dipendenti è inderogabilmente competente il tribunale nella cui circoscrizione territoriale è situata la sede di servizio.

3. Negli altri casi è inderogabilmente competente, per gli atti statali, il Tribunale amministrativo regionale del Lazio, sede di Roma e, per gli atti dei soggetti pubblici a carattere ultra regionale, il tribunale amministrativo regionale nella cui circoscrizione ha sede il soggetto.

4. La competenza di cui al presente articolo e all'articolo 14 è inderogabile anche in ordine alle misure cautelari.[1]

4 *bis.* La competenza territoriale relativa al provvedimento da cui deriva l'interesse a ricorrere attrae a sè anche quella relativa agli atti presupposti dallo stesso provvedimento tranne che si tratti di atti normativi o generali, per la cui impugnazione restano fermi gli ordinari criteri di attribuzione della competenza.[2]

[1] Comma così sost. dall'art. 1, c. 1, lett. *a*), D.lgs. 14 set. 2012, n. 160.

[2] Comma aggiunto dall'art. 1, c. 1, lett. *a*), D.lgs. 14 set. 2012, n. 160.

14. ***Competenza funzionale inderogabile.*** — 1. Sono devolute funzionalmente alla competenza inderogabile del Tribunale amministrativo regionale del Lazio, sede di Roma, le controversie indicate dall'articolo 135 e dalla legge.

2. Sono devolute funzionalmente alla competenza inderogabile del Tribunale amministrativo regionale della Lombardia, sede di Milano, le controversie relative ai poteri esercitati dall'Autorità per l'energia elettrica e il gas.

3. La competenza è funzionalmente inderogabile altresì per i giudizi di cui agli articoli 113 e 119, nonché per ogni altro giudizio per il quale la legge o il presente codice individuino il giudice competente con criteri diversi da quelli di cui all'articolo 13.

15. ***Rilievo dell'incompetenza.*** — [1] 1. Il difetto di competenza è rilevato d'ufficio finché la causa non è decisa in primo grado. Nei giudizi di impugnazione esso è rilevato se dedotto con specifico motivo avverso il capo della pronuncia impugnata che, in modo implicito o esplicito, ha statuito sulla competenza.

2. In ogni caso il giudice decide sulla competenza prima di provvedere sulla domanda cautelare e, se non riconosce la propria competenza ai sensi degli articoli 13 14, non decide sulla stessa.

3. In mancanza di domanda cautelare, il difetto di competenza può essere eccepito entro il termine previsto per la costituzione in giudizio. Il presidente fissa la camera di consiglio per la pronuncia immediata sulla questione di competenza. Si osserva il procedimento di cui all'articolo 87, comma 3.

4. Il giudice provvede con ordinanza, nei casi di cui ai commi 2 e 3. Se dichiara la propria incompetenza, indica il giudice ritenuto competente. Se, nel termine perentorio di trenta giorni dalla comunicazione di tale ordinanza, la causa è riassunta davanti al giudice dichiarato competente, il processo continua davanti al nuovo giudice. Salvo quanto previsto al comma 6, la riassunzione preclude alla parte che l'ha effettuata la proposizione del regolamento di competenza.

5. L'ordinanza che pronuncia sulla competenza senza decidere sulla domanda cautelare è impugnabile esclusivamente con il regolamento di competenza di cui all'articolo 16. Il giudice dinanzi al quale la causa è riassunta, se ritiene di essere a sua volta incompetente, richiede d'ufficio il regolamento di competenza. L'ordinanza che pronuncia sulla competenza e sulla domanda cautelare può essere impugnata col regolamento di competenza, oppure nei modi ordinari quando insieme con la pronuncia sulla competenza si impugna quella sulla domanda cautelare.

6. In pendenza del regolamento di competenza la domanda cautelare si propone al giudice indicato come competente nell'ordinanza di cui al comma 4, che decide in ogni caso, fermo restando quanto disposto dal comma 7.

7. I provvedimenti cautelari pronunciati dal giudice dichiarato incompetente perdono efficacia alla scadenza del termine di trenta giorni dalla data di pubblicazione dell'ordinanza che regola la competenza.

8. La domanda cautelare può essere riproposta al giudice dichiarato competente.

9. Le disposizioni di cui ai commi 7 e 8 si applicano anche ai provvedimenti cautelari pronunciati dal giudice privato del potere di decidere il ricorso dall'ordinanza presidenziale di cui all'articolo 47, comma 2.

[1] Articolo così sost. dall'art. 1, c. 1, lett. *b*), D.lgs. 14 set. 2012, n. 160.

16. ***Regolamento di competenza.*** — [1] 1. Il regolamento di competenza è proposto con istanza notificata alle altre parti nel termine, perentorio e non soggetto a dimezzamento, di trenta giorni dalla notificazione ovvero di sessanta giorni dalla pubblicazione dell'ordinanza che pronuncia sulla competenza ed è depositato, unitamente a copia degli atti utili al fine del decidere, entro il termine di cui all'articolo 45 ridotto alla metà presso la segreteria del Consiglio di Stato. Nel caso di regolamento richiesto di ufficio, ai sensi dell'articolo 15, comma 5, l'ordinanza è immediatamente trasmessa al Consiglio di Stato a cura della segreteria e comunicata alle parti.

2. Il Consiglio di Stato decide con ordinanza in camera di consiglio, previo avviso della fissazione della medesima, inviato almeno dieci giorni prima ai difensori che si siano costituiti. L'ordinanza provvede anche sulle spese del regolamento salvo il caso di regolamento richiesto d'ufficio. La pronuncia sulle spese conserva efficacia anche dopo la sentenza che definisce il giudizio, salvo diversa statuizione espressa nella sentenza. Al procedimento si applicano le disposizioni di cui all'articolo 55, commi da 5 a 8.

3. La pronuncia sulla competenza resa dal Consiglio di Stato, in sede di regolamento o di appello ai sensi dell'articolo 62, comma 4, vincola i tribunali amministrativi regionali. Se viene indicato come competente un tribunale diverso da quello adito, il giudizio deve essere riassunto nel termine perentorio di trenta giorni dalla notificazione dell'ordinanza che pronuncia sul regolamento, ovvero entro sessanta giorni dalla sua pubblicazione.

[1] Articolo così sost. dall'art. 1, c. 1, lett. *c*), D.lgs. 14 set. 2012, n. 160.

CAPO V
Astensione e ricusazione

17. ***Astensione.*** — 1. Al giudice amministrativo si applicano le cause e le modalità di astensione previste dal codice di procedura civile. L'astensione non ha effetto sugli atti anteriori.[1]

[1] Comma così modif. dall'art. 1, c. 1, lett. *b*), D.lgs. 15 nov. 2011, n. 195.

18. ***Ricusazione.*** — 1. Al giudice amministrativo si applicano le cause di ricusazione previste dal codice di procedura civile.

2. La ricusazione si propone, almeno tre giorni prima dell'udienza designata, con domanda diretta al presidente, quando sono noti i magistrati che devono prendere parte all'udienza; in caso contrario, può proporsi oralmente all'udienza medesima prima della discussione.

3. La domanda deve indicare i motivi ed i mezzi

di prova ed essere firmata dalla parte o dall'avvocato munito di procura speciale.

4. Proposta la ricusazione, il collegio investito della controversia può disporre la prosecuzione del giudizio, se ad un sommario esame ritiene l'istanza inammissibile o manifestamente infondata.

5. In ogni caso la decisione definitiva sull'istanza è adottata, entro trenta giorni dalla sua proposizione, dal collegio previa sostituzione del magistrato ricusato, che deve essere sentito.

6. I componenti del collegio chiamato a decidere sulla ricusazione non sono ricusabili.

7. Il giudice, con l'ordinanza con cui dichiara inammissibile o respinge l'istanza di ricusazione, provvede sulle spese e può condannare la parte che l'ha proposta ad una sanzione pecuniaria non superiore ad euro cinquecento.

8. La ricusazione non ha effetto sugli atti anteriori. L'accoglimento dell'istanza di ricusazione rende nulli gli atti compiuti ai sensi del comma 4 con la partecipazione del giudice ricusato.[1]

[1] Comma così modif. dall'art. 1, c. 1, lett. *c*), D.lgs. 15 nov. 2011, n. 195.

CAPO VI
Ausiliari del giudice

19. ***Verificatore e consulente tecnico.*** — 1. Il giudice può farsi assistere, per il compimento di singoli atti o per tutto il processo, da uno o più verificatori, ovvero, se indispensabile, da uno o più consulenti.

2. L'incarico di consulenza può essere affidato a dipendenti pubblici, professionisti iscritti negli albi di cui all'articolo 13 delle disposizioni per l'attuazione del codice di procedura civile, o altri soggetti aventi particolare competenza tecnica. Non possono essere nominati coloro che prestano attività in favore delle parti del giudizio. La verificazione è affidata a un organismo pubblico, estraneo alle parti del giudizio, munito di specifiche competenze tecniche.

3. Il verificatore e il consulente compiono le indagini che sono loro affidate dal giudice e forniscono anche oralmente i chiarimenti richiesti.

20. ***Obbligo di assumere l'incarico e ricusazione.***[1] — 1. Il verificatore e il consulente, se scelto tra i dipendenti pubblici o tra gli iscritti negli albi di cui all'articolo 13 delle disposizioni per l'attuazione del codice di procedura civile, hanno l'obbligo di prestare il loro ufficio, tranne che il giudice riconosca l'esistenza di un giustificato motivo.

2. Il consulente, o il verificatore, può essere ricusato dalle parti per i motivi indicati nell'articolo 51 del codice di procedura civile. Della ricusazione conosce il giudice che l'ha nominato.

[1] Rubrica così modif. dall'art. 1, c. 1, lett. *d*), D.lgs. 15 nov. 2011, n. 195.

21. ***Commissario ad acta.*** — 1. Nell'ambito della propria giurisdizione, il giudice amministrativo, se deve sostituirsi all'amministrazione, può nominare come proprio ausiliario un commissario ad acta. Si applica l'articolo 20, comma 2.

TITOLO II
Parti e difensori

22. ***Patrocinio.*** — 1. Salvo quanto previsto dall'articolo 23, nei giudizi davanti ai tribunali amministrativi regionali è obbligatorio il patrocinio di avvocato.

2. Per i giudizi davanti al Consiglio di Stato è obbligatorio il ministero di avvocato ammesso al patrocinio innanzi alle giurisdizioni superiori.

3. La parte o la persona che la rappresenta, quando ha la qualità necessaria per esercitare l'ufficio di difensore con procura presso il giudice adito, può stare in giudizio senza il ministero di altro difensore.

23. ***Difesa personale delle parti.*** — 1. Le parti possono stare in giudizio personalmente senza l'assistenza del difensore nei giudizi in materia di accesso e trasparenza amministrativa, in materia elettorale e nei giudizi relativi al diritto dei cittadini dell'Unione europea e dei loro familiari di circolare e di soggiornare liberamente nel territorio degli Stati membri.[1]

[1] Comma così modif. dall'art. 52, c. 4, D.lgs. 14 mar. 2013, n. 33.

24. ***Procura alle liti.*** — 1. La procura rilasciata per agire e contraddire davanti al giudice si intende conferita anche per proporre motivi aggiunti e ricorso incidentale, salvo che in essa sia diversamente disposto.

25. ***Domicilio.***[1] — 1. Fermo quanto previsto, con riferimento alle comunicazioni di segreteria, dall'articolo 136, comma 1:

a) nei giudizi davanti ai tribunali amministrativi regionali, la parte, se non elegge domicilio nel comune sede del tribunale amministrativo regionale o della sezione staccata dove pende il ricorso, si intende domiciliata, ad ogni effetto, presso la segreteria del tribunale amministrativo regionale o della sezione staccata;

b) nei giudizi davanti al Consiglio di Stato, la parte, se non elegge domicilio in Roma, si intende domiciliata, ad ogni effetto, presso la segreteria del Consiglio di Stato.

1-*bis*. Al processo amministrativo telematico si applica, in quanto compatibile, l'articolo 16-*sexies* del decreto-legge 18 ottobre 2012, n. 179, convertito, con modificazioni, dalla legge 17 dicembre 2012, n. 221.[2]

1-*ter*. A decorrere dal 1° gennaio 2018 il comma 1 non si applica per i ricorsi soggetti alla disciplina del processo amministrativo telematico.[2]

[1] Articolo così sost. dall'art. 1, c. 1, lett. *e*), D.lgs. 15 nov. 2011, n. 195.

[2] Comma ins. dall'art. 7, D.L. 31 ago. 2016, n. 168, conv. con modif. in L. 25 ott. 2016, n. 197. Le modifiche hanno efficacia con riguardo ai giudizi introdotti con i ricorsi depositati, in primo o in secondo grado, a far data dal 1° gen. 2017; ai ricorsi depositati anteriormente a tale data, continuano ad applicarsi, fino all'esaurimento del grado di giudizio nel quale sono pendenti alla data stessa e comunque non oltre il 1° gen. 2018, le norme vigenti alla data di entrata in vigore del D.L. 168/2016.

26. ***Spese di giudizio.*** — 1. Quando emette una decisione, il giudice provvede anche sulle spese del giudizio, secondo gli articoli 91, 92, 93, 94, 96 e 97 del codice di procedura civile, tenendo anche conto del rispetto dei principi di chiarezza e sinteticità di cui all'articolo 3, comma 2. In ogni caso, il giudice, anche d'ufficio, può altresì condannare la parte soccombente al pagamento, in favore della controparte, di una somma equitativamente determinata, comunque non superiore al doppio delle spese liquidate, in presenza di motivi manifestamente infondati.[1,2]

2. Il giudice condanna d'ufficio la parte soccombente al pagamento di una sanzione pecuniaria, in misura non inferiore al doppio e non superiore al quintuplo del contributo unificato dovuto per il ricorso introduttivo del giudizio, quando la parte soccombente ha agito o resistito temerariamente in giudizio. Nelle controversie in materia di appalti di cui agli articoli 119, lettera *a*), e 120 l'importo della sanzione pecuniaria può essere elevato fino all'uno per cento del valore del contratto, ove superiore al suddetto limite.[3] Al gettito delle sanzioni previste dal presente comma si applica l'articolo 15 delle norme di attuazione.[4]

[1] Comma così modif. dall'art. 1, c. 1, lett. *d*), D.lgs. 14 set. 2012, n. 160.

[2] Periodo aggiunto dall'art. 41, c. 1, D.L. 24 giu. 2014, n. 90, conv. con modif. in L. 11 ago. 2014, n. 114.

[3] Periodo aggiunto dall'art. 41, c. 1, D.L. 24 giu. 2014, n. 90, conv. con modif. in L. 11 ago. 2014, n. 114.

[4] Comma così sost. dall'art. 1, c. 1, lett. *f*), D.lgs. 15 nov. 2011, n. 195.

TITOLO III
Azioni e domande

CAPO I
Contraddittorio e intervento

27. ***Contraddittorio.*** — 1. Il contraddittorio è integralmente costituito quando l'atto introduttivo è notificato all'amministrazione resistente e, ove esistenti, ai controinteressati.

2. Se il giudizio è promosso solo contro alcune delle parti e non si è verificata alcuna decadenza, il giudice ordina l'integrazione del contraddittorio nei confronti delle altre entro un termine perentorio. Nelle more dell'integrazione del contraddittorio il giudice può pronunciare provvedimenti cautelari interinali.

28. ***Intervento.*** — 1. Se il giudizio non è stato promosso contro alcuna delle parti nei cui confronti la sentenza deve essere pronunciata, queste possono intervenirvi, senza pregiudizio del diritto di difesa.

2. Chiunque non sia parte del giudizio e non sia decaduto dall'esercizio delle relative azioni, ma vi abbia interesse, può intervenire accettando lo stato e il grado in cui il giudizio si trova.

3. Il giudice, anche su istanza di parte, quando ritiene opportuno che il processo si svolga nei confronti di un terzo, ne ordina l'intervento.

CAPO II
Azioni di cognizione

29. ***Azione di annullamento.*** — 1. L'azione di annullamento per violazione di legge, incompetenza ed eccesso di potere si propone nel termine di decadenza di sessanta giorni.

30. ***Azione di condanna.*** — 1. L'azione di condanna può essere proposta contestualmente ad altra azione o, nei soli casi di giurisdizione esclusiva e nei casi di cui al presente articolo, anche in via autonoma.

2. Può essere chiesta la condanna al risarcimento del danno ingiusto derivante dall'illegittimo esercizio dell'attività amministrativa o dal mancato esercizio di quella obbligatoria. Nei casi di giurisdizione esclusiva può altresì essere chiesto il risarcimento del danno da lesione di diritti soggettivi. Sussistendo i presupposti previsti dall'articolo 2058 del codice civile, può essere chiesto il risarcimento del danno in forma specifica.

3. La domanda di risarcimento per lesione di interessi legittimi è proposta entro il termine di decadenza di centoventi giorni decorrente dal giorno in cui il fatto si è verificato ovvero dalla conoscenza del provvedimento se il danno deriva direttamente da questo. Nel determinare il risarcimento il giudice valuta tutte le circostanze di fatto e il comportamento complessivo delle parti e, comunque, esclude il risarcimento dei danni che si sarebbero potuti evitare usando l'ordinaria diligenza, anche attraverso l'esperimento degli strumenti di tutela previsti.

4. Per il risarcimento dell'eventuale danno che il ricorrente comprovi di aver subito in conseguenza dell'inosservanza dolosa o colposa del termine di conclusione del procedimento, il termine di cui al comma 3 non decorre fintanto che perdura l'inadempimento. Il termine di cui al comma 3 inizia comunque a decorrere dopo un anno dalla scadenza del termine per provvedere.

5. Nel caso in cui sia stata proposta azione di annullamento la domanda risarcitoria può essere formulata nel corso del giudizio o, comunque, sino a

centoventi giorni dal passaggio in giudicato della relativa sentenza.

6. Di ogni domanda di condanna al risarcimento di danni per lesioni di interessi legittimi o, nelle materie di giurisdizione esclusiva, di diritti soggettivi conosce esclusivamente il giudice amministrativo.

31. ***Azione avverso il silenzio e declaratoria di nullità.*** — 1. Decorsi i termini per la conclusione del procedimento amministrativo e negli altri casi previsti dalla legge, chi vi ha interesse può chiedere l'accertamento dell'obbligo dell'amministrazione di provvedere.[1]

2. L'azione può essere proposta fintanto che perdura l'inadempimento e, comunque, non oltre un anno dalla scadenza del termine di conclusione del procedimento. È fatta salva la riproponibilità dell'istanza di avvio del procedimento ove ne ricorrano i presupposti.

3. Il giudice può pronunciare sulla fondatezza della pretesa dedotta in giudizio solo quando si tratta di attività vincolata o quando risulta che non residuano ulteriori margini di esercizio della discrezionalità e non sono necessari adempimenti istruttori che debbano essere compiuti dall'amministrazione.

4. La domanda volta all'accertamento delle nullità previste dalla legge si propone entro il termine di decadenza di centottanta giorni. La nullità dell'atto può sempre essere opposta dalla parte resistente o essere rilevata d'ufficio dal giudice. Le disposizioni del presente comma non si applicano alle nullità di cui all'articolo 114, comma 4, lettera *b*), per le quali restano ferme le disposizioni del Titolo I del Libro IV.

[1] Comma così modif. dall'art. 1, c. 1, lett. *g*), D.lgs. 15 nov. 2011, n. 195.

32. ***Pluralità delle domande e conversione delle azioni.*** — 1. È sempre possibile nello stesso giudizio il cumulo di domande connesse proposte in via principale o incidentale. Se le azioni sono soggette a riti diversi, si applica quello ordinario, salvo quanto previsto dal Titolo V del Libro IV.[1]

2. Il giudice qualifica l'azione proposta in base ai suoi elementi sostanziali. Sussistendone i presupposti il giudice può sempre disporre la conversione delle azioni.

[1] Comma così modif. dall'art. 1, c. 1, lett. *h*), D.lgs. 15 nov. 2011, n. 195.

TITOLO IV
Pronunce giurisdizionali

33. ***Provvedimenti.***[1] — 1. Il giudice pronuncia:

a) sentenza quando definisce in tutto o in parte il giudizio;

b) ordinanza quando assume misure cautelari o interlocutorie, ovvero decide sulla competenza;

c) decreto nei casi previsti dalla legge.

2. Le sentenze di primo grado sono esecutive.

3. Le ordinanze e i decreti, se non pronunciati in udienza o in camera di consiglio e inseriti nel relativo verbale, sono comunicati alle parti dalla segreteria nel termine di cui all'articolo 89, comma 3.

4. L'ordinanza che dichiara l'incompetenza indica in ogni caso il giudice competente.

[1] Rubrica così modif. dall'art. 1, c. 1, lett. *i*), D.lgs. 15 nov. 2011, n. 195.

34. ***Sentenze di merito.*** — 1. In caso di accoglimento del ricorso il giudice, nei limiti della domanda:

a) annulla in tutto o in parte il provvedimento impugnato;

b) ordina all'amministrazione, rimasta inerte, di provvedere entro un termine;

c) condanna al pagamento di una somma di denaro, anche a titolo di risarcimento del danno, all'adozione delle misure idonee a tutelare la situazione giuridica soggettiva dedotta in giudizio e dispone misure di risarcimento in forma specifica ai sensi dell'articolo 2058 del codice civile. L'azione di condanna al rilascio di un provvedimento richiesto è esercitata, nei limiti di cui all'articolo 31, comma 3, contestualmente all'azione di annullamento del provvedimento di diniego o all'azione avverso il silenzio;[1]

d) nei casi di giurisdizione di merito, adotta un nuovo atto, ovvero modifica o riforma quello impugnato;

e) dispone le misure idonee ad assicurare l'attuazione del giudicato e delle pronunce non sospese, compresa la nomina di un commissario ad acta, che può avvenire anche in sede di cognizione con effetto dalla scadenza di un termine assegnato per l'ottemperanza.

2. In nessun caso il giudice può pronunciare con riferimento a poteri amministrativi non ancora esercitati. Salvo quanto previsto dal comma 3 e dall'articolo 30, comma 3, il giudice non può conoscere della legittimità degli atti che il ricorrente avrebbe dovuto impugnare con l'azione di annullamento di cui all'articolo 29.

3. Quando, nel corso del giudizio, l'annullamento del provvedimento impugnato non risulta più utile per il ricorrente, il giudice accerta l'illegittimità dell'atto se sussiste l'interesse ai fini risarcitori.

4. In caso di condanna pecuniaria, il giudice può, in mancanza di opposizione delle parti, stabilire i criteri in base ai quali il debitore deve proporre a favore del creditore il pagamento di una somma entro un congruo termine. Se le parti non giungono ad un accordo, ovvero non adempiono agli obblighi derivanti dall'accordo concluso, con il ricorso previsto dal Titolo I del Libro IV, possono essere chiesti la determinazione della somma dovuta ovvero l'adempimento degli obblighi ineseguiti.

5. Qualora nel corso del giudizio la pretesa del

ricorrente risulti pienamente soddisfatta, il giudice dichiara cessata la materia del contendere.

[1] Lettera così modif. dall'art. 1, c. 1, lett. *e*), D.lgs. 14 set. 2012, n. 160

35. ***Pronunce di rito.*** — 1. Il giudice dichiara, anche d'ufficio, il ricorso:

a) irricevibile se accerta la tardività della notificazione o del deposito;

b) inammissibile quando è carente l'interesse o sussistono altre ragioni ostative ad una pronuncia sul merito;

c) improcedibile quando nel corso del giudizio sopravviene il difetto di interesse delle parti alla decisione, o non sia stato integrato il contraddittorio nel termine assegnato, ovvero sopravvengono altre ragioni ostative ad una pronuncia sul merito.

2. Il giudice dichiara estinto il giudizio:

a) se, nei casi previsti dal presente codice, non viene proseguito o riassunto nel termine perentorio fissato dalla legge o assegnato dal giudice;

b) per perenzione;

c) per rinuncia.

36. ***Pronunce interlocutorie.*** — 1. Salvo che il presente codice disponga diversamente, il giudice provvede con ordinanza in tutti i casi in cui non definisce nemmeno in parte il giudizio.

2. Il giudice pronuncia sentenza non definitiva quando decide solo su alcune delle questioni, anche se adotta provvedimenti istruttori per l'ulteriore trattazione della causa.

37. ***Errore scusabile.*** — 1. Il giudice può disporre, anche d'ufficio, la rimessione in termini per errore scusabile in presenza di oggettive ragioni di incertezza su questioni di diritto o di gravi impedimenti di fatto.

TITOLO V
Disposizioni di rinvio

38. ***Rinvio interno.*** — 1. Il processo amministrativo si svolge secondo le disposizioni del Libro II che, se non espressamente derogate, si applicano anche alle impugnazioni e ai riti speciali.

39. ***Rinvio esterno.*** — 1. Per quanto non disciplinato dal presente codice si applicano le disposizioni del codice di procedura civile, in quanto compatibili o espressione di principi generali.

2. Le notificazioni degli atti del processo amministrativo sono comunque disciplinate dal codice di procedura civile e dalle leggi speciali concernenti la notificazione degli atti giudiziari in materia civile.

LIBRO SECONDO
PROCESSO AMMINISTRATIVO DI PRIMO GRADO

TITOLO I
Disposizioni generali

CAPO I
Ricorso

SEZIONE I
Ricorso e costituzione delle parti

40. ***Contenuto del ricorso.*** — 1. Il ricorso deve contenere distintamente:

a) gli elementi identificativi del ricorrente, del suo difensore e delle parti nei cui confronti il ricorso è proposto;

b) l'indicazione dell'oggetto della domanda, ivi compreso l'atto o il provvedimento eventualmente impugnato, e la data della sua notificazione, comunicazione o comunque della sua conoscenza;

c) l'esposizione sommaria dei fatti;

d) i motivi specifici su cui si fonda il ricorso;

e) l'indicazione dei mezzi di prova;

f) l'indicazione dei provvedimenti chiesti al giudice;

g) la sottoscrizione del ricorrente, se esso sta in giudizio personalmente, oppure del difensore, con indicazione, in questo caso, della procura speciale.

2. I motivi proposti in violazione del comma 1, lettera *d*), sono inammissibili.[1]

[1] Articolo così sost. dall'art. 1, c. 1, lett. *f*), D.lgs. 14 set. 2012, n. 160.

41. ***Notificazione del ricorso e suoi destinatari.*** — 1. Le domande si introducono con ricorso al tribunale amministrativo regionale competente.

2. Qualora sia proposta azione di annullamento il ricorso deve essere notificato, a pena di decadenza, alla pubblica amministrazione che ha emesso l'atto impugnato e ad almeno uno dei controinteressati che sia individuato nell'atto stesso entro il termine previsto dalla legge, decorrente dalla notificazione, comunicazione o piena conoscenza, ovvero, per gli atti di cui non sia richiesta la notificazione individuale, dal giorno in cui sia scaduto il termine della pubblicazione se questa sia prevista dalla legge o in base alla legge. Qualora sia proposta azione di condanna, anche in via autonoma, il ricorso è notificato altresì agli eventuali beneficiari dell'atto illegittimo, ai sensi dell'articolo 102 del codice di procedura civile; altrimenti il giudice provvede ai sensi dell'articolo 49.

3. La notificazione dei ricorsi nei confronti delle amministrazioni dello Stato è effettuata secondo le norme vigenti per la difesa in giudizio delle stesse.

4. Quando la notificazione del ricorso nei modi ordinari sia particolarmente difficile per il numero

delle persone da chiamare in giudizio il presidente del tribunale o della sezione cui è assegnato il ricorso può disporre, su richiesta di parte, che la notificazione sia effettuata per pubblici proclami prescrivendone le modalità.

5. Il termine per la notificazione del ricorso è aumentato di trenta giorni, se le parti o alcune di esse risiedono in altro Stato d'Europa, o di novanta giorni se risiedono fuori d'Europa.

42. ***Ricorso incidentale e domanda riconvenzionale.*** — 1. Le parti resistenti e i controinteressati possono proporre domande il cui interesse sorge in dipendenza della domanda proposta in via principale, a mezzo di ricorso incidentale. Il ricorso si propone nel termine di sessanta giorni decorrente dalla ricevuta notificazione del ricorso principale. Per i soggetti intervenuti il termine decorre dall'effettiva conoscenza della proposizione del ricorso principale.

2. Il ricorso incidentale, notificato ai sensi dell'articolo 41 alle controparti personalmente o, se costituite, ai sensi dell'articolo 170 del codice di procedura civile, ha i contenuti di cui all'articolo 40 ed è depositato nei termini e secondo le modalità previste dall'articolo 45.

3. Le altre parti possono presentare memorie e produrre documenti nei termini e secondo le modalità previsti dall'articolo 46.

4. La cognizione del ricorso incidentale è attribuita al giudice competente per quello principale, salvo che la domanda introdotta con il ricorso incidentale sia devoluta alla competenza del Tribunale amministrativo regionale del Lazio, sede di Roma, ovvero alla competenza funzionale di un tribunale amministrativo regionale, ai sensi dell'articolo 14; in tal caso la competenza a conoscere dell'intero giudizio spetta al Tribunale amministrativo regionale del Lazio, sede di Roma, ovvero al tribunale amministrativo regionale avente competenza funzionale ai sensi dell'articolo 14.

5. Nelle controversie in cui si faccia questione di diritti soggettivi le domande riconvenzionali dipendenti da titoli già dedotti in giudizio sono proposte nei termini e con le modalità di cui al presente articolo.

43. ***Motivi aggiunti*** — 1. I ricorrenti, principale e incidentale, possono introdurre con motivi aggiunti nuove ragioni a sostegno delle domande già proposte, ovvero domande nuove purché connesse a quelle già proposte. Ai motivi aggiunti si applica la disciplina prevista per il ricorso, ivi compresa quella relativa ai termini.

2. Le notifiche alle controparti costituite avvengono ai sensi dell'articolo 170 del codice di procedura civile.

3. Se la domanda nuova di cui al comma 1 è stata proposta con ricorso separato davanti allo stesso tribunale, il giudice provvede alla riunione dei ricorsi ai sensi dell'articolo 70.

44. ***Vizi del ricorso e della notificazione.*** — 1. Il ricorso è nullo:

a) se manca la sottoscrizione;

b) se, per l'inosservanza delle altre norme prescritte nell'articolo 40, vi è incertezza assoluta sulle persone o sull'oggetto della domanda.

2. Se il ricorso contiene irregolarità, il collegio può ordinare che sia rinnovato entro un termine a tal fine fissato.

3. La costituzione degli intimati sana la nullità della notificazione del ricorso, salvi i diritti acquisiti anteriormente alla comparizione, nonché le irregolarità di cui al comma 2.[1]

4. Nei casi in cui sia nulla la notificazione e il destinatario non si costituisca in giudizio, il giudice, se ritiene che l'esito negativo della notificazione dipenda da causa non imputabile al notificante, fissa al ricorrente un termine perentorio per rinnovarla. La rinnovazione impedisce ogni decadenza.[2]

4-*bis*. Fermo quanto previsto dall'articolo 39, comma 2, la nullità degli atti è rilevabile d'ufficio.[3]

[1] La Corte cost., con sent. 26 giu. 2018, n. 132, ha dichiarato l'ill. cost. del presente comma, limitatamente alle parole «salvi i diritti acquisiti anteriormente alla comparizione».

[2] La Corte cost., con sent. 9 lug. 2021, n. 148, ha dichiarato l'ill. cost. del presente comma, limitatamente alle parole «, se ritiene che l'esito negativo della notificazione dipenda da causa non imputabile al notificante,».

[3] Comma aggiunto dall'art. 1, c. 1, lett. *l*), D.lgs. 15 nov. 2011, n. 195.

45. ***Deposito del ricorso e degli altri atti processuali.*** — 1. Il ricorso e gli altri atti processuali soggetti a preventiva notificazione sono depositati nella segreteria del giudice nel termine perentorio di trenta giorni, decorrente dal momento in cui l'ultima notificazione dell'atto stesso si è perfezionata anche per il destinatario. I termini di cui al presente comma sono aumentati nei casi e nella misura di cui all'articolo 41, comma 5.

2. È fatta salva la facoltà della parte di effettuare il deposito dell'atto, anche se non ancora pervenuto al destinatario, sin dal momento in cui la notificazione del ricorso si perfeziona per il notificante.

3. La parte che si avvale della facoltà di cui al comma 2 è tenuta a depositare la documentazione comprovante la data in cui la notificazione si è perfezionata anche per il destinatario. In assenza di tale prova le domande introdotte con l'atto non possono essere esaminate.

4. La mancata produzione, da parte del ricorrente, della copia del provvedimento impugnato e della documentazione a sostegno del ricorso non implica decadenza.

46. ***Costituzione delle parti intimate.*** — 1. Nel termine di sessanta giorni dal perfezionamento nei propri confronti della notificazione del ricorso, le parti intimate possono costituirsi, presentare memorie, fare istanze, indicare i mezzi di prova di cui intendono valersi e produrre documenti.

2. L'amministrazione, nel termine di cui al com-

ma 1, deve produrre l'eventuale provvedimento impugnato, nonché gli atti e i documenti in base ai quali l'atto è stato emanato, quelli in esso citati e quelli che l'amministrazione ritiene utili al giudizio.

3. Della produzione di cui al comma 2 è data comunicazione alle parti costituite a cura della segreteria.

4. I termini di cui al presente articolo sono aumentati nei casi e nella misura di cui all'articolo 41, comma 5.

47. ***Ripartizione delle controversie tra tribunali amministrativi regionali e sezioni staccate.*** — 1. Nei ricorsi devoluti alle sezioni staccate in base ai criteri di cui all'articolo 13, il deposito del ricorso è effettuato presso la segreteria della sezione staccata. Fuori dei casi di cui all'articolo 14, non è considerata questione di competenza la ripartizione delle controversie tra tribunale amministrativo regionale con sede nel capoluogo e sezione staccata.

2. Se una parte, diversa dal ricorrente, ritiene che il ricorso debba essere deciso dal tribunale amministrativo regionale con sede nel capoluogo anziché dalla sezione staccata, o viceversa, deve eccepirlo nell'atto di costituzione o, comunque, con atto depositato non oltre trenta giorni dalla scadenza del termine di cui articolo 46, comma 1. Il presidente del tribunale amministrativo regionale provvede sulla eccezione con ordinanza motivata non impugnabile, udite le parti che ne facciano richiesta. Se sono state disposte misure cautelari, si applica l'articolo 15, commi 8 e 9.

3. Salvo quanto previsto dall'ultimo periodo del comma 2, alla ripartizione di cui al presente articolo non si applica l'articolo 15.

48. ***Giudizio conseguente alla trasposizione del ricorso straordinario.*** — 1. Qualora la parte nei cui confronti sia stato proposto ricorso straordinario ai sensi degli articoli 8 e seguenti del decreto del Presidente della Repubblica 24 novembre 1971, n. 1199, proponga opposizione, il giudizio segue dinanzi al tribunale amministrativo regionale se il ricorrente, entro il termine perentorio di sessanta giorni dal ricevimento dell'atto di opposizione, deposita nella relativa segreteria l'atto di costituzione in giudizio, dandone avviso mediante notificazione alle altre parti.

2. Le pronunce sull'istanza cautelare rese in sede straordinaria perdono efficacia alla scadenza del sessantesimo giorno successivo alla data di deposito dell'atto di costituzione in giudizio previsto dal comma 1. Il ricorrente può comunque riproporre l'istanza cautelare al tribunale amministrativo regionale.

3. Qualora l'opposizione sia inammissibile, il tribunale amministrativo regionale dispone la restituzione del fascicolo per la prosecuzione del giudizio in sede straordinaria.

49. ***Integrazione del contraddittorio.*** — 1. Quando il ricorso sia stato proposto solo contro taluno dei controinteressati, il presidente o il collegio ordina l'integrazione del contraddittorio nei confronti degli altri.

2. L'integrazione del contraddittorio non è ordinata nel caso in cui il ricorso sia manifestamente irricevibile, inammissibile, improcedibile o infondato; in tali casi il collegio provvede con sentenza in forma semplificata ai sensi dell'articolo 74.

3. Il giudice, nell'ordinare l'integrazione del contraddittorio, fissa il relativo termine, indicando le parti cui il ricorso deve essere notificato. Può autorizzare, se ne ricorrono i presupposti, la notificazione per pubblici proclami prescrivendone le modalità. Se l'atto di integrazione del contraddittorio non è tempestivamente notificato e depositato, il giudice provvede ai sensi dell'articolo 35.

4. I soggetti nei cui confronti è integrato il contraddittorio ai sensi del comma 1 non sono pregiudicati dagli atti processuali anteriormente compiuti.

50. ***Intervento volontario in causa.*** — 1. L'intervento è proposto con atto diretto al giudice adito, recante l'indicazione delle generalità dell'interveniente. L'atto deve contenere le ragioni su cui si fonda, con la produzione dei documenti giustificativi, e deve essere sottoscritto ai sensi dell'articolo 40, comma 1, lettera *d*).

2. L'atto di intervento è notificato alle altre parti ed è depositato nei termini di cui all'articolo 45; nei confronti di quelle costituite è notificato ai sensi dell'articolo 170 del codice di procedura civile.

3. Il deposito dell'atto di intervento di cui all'articolo 28, comma 2, è ammesso fino a trenta giorni prima dell'udienza.

51. ***Intervento per ordine del giudice.*** — 1. Il giudice, ove disponga l'intervento di cui all'articolo 28, comma 3, ordina alla parte di chiamare il terzo in giudizio, indicando gli atti da notificare e il termine della notificazione.

2. La costituzione dell'interventore avviene secondo le modalità di cui all'articolo 46. Si applica l'articolo 49, comma 3, terzo periodo.

SEZIONE II

Abbreviazione, proroga e sospensione dei termini

52. ***Termini e forme speciali di notificazione.*** — 1. I termini assegnati dal giudice, salva diversa previsione, sono perentori.

2. Il presidente può autorizzare la notificazione del ricorso o di provvedimenti anche direttamente dal difensore con qualunque mezzo idoneo, compresi quelli per via telematica o fax, ai sensi dell'articolo 151 del codice di procedura civile.

3. Se il giorno di scadenza è festivo il termine fissato dalla legge o dal giudice per l'adempimento è prorogato di diritto al primo giorno seguente non festivo.

4. Per i termini computati a ritroso, la scadenza è anticipata al giorno antecedente non festivo.

5. La proroga di cui al comma 3 si applica anche ai termini che scadono nella giornata del sabato.

53. ***Abbreviazione dei termini.*** — 1. Nei casi d'urgenza, il presidente del tribunale può, su istanza di parte, abbreviare fino alla metà i termini previsti dal presente codice per la fissazione di udienze o di camere di consiglio. Conseguentemente sono ridotti proporzionalmente i termini per le difese della relativa fase.

2. Il decreto di abbreviazione del termine, redatto in calce alla domanda, è notificato, a cura della parte che lo ha richiesto, all'amministrazione intimata e ai controinteressati; il termine abbreviato comincia a decorrere dall'avvenuta notificazione del decreto.

54. ***Deposito tardivo di memorie e documenti e sospensione dei termini.*** — 1. La presentazione tardiva di memorie o documenti può essere eccezionalmente autorizzata, su richiesta di parte, dal collegio, assicurando comunque il pieno rispetto del diritto delle controparti al contraddittorio su tali atti, qualora la produzione nel termine di legge sia risultata estremamente difficile.[1]

2. 2. I termini processuali sono sospesi dal 1° agosto al 31 agosto di ciascun anno.[2]

3. La sospensione dei termini prevista dal comma 2 non si applica al procedimento cautelare.

[1] Comma così sost. dall'art. 1, c. 1, lett. *m*), D.lgs. 15 nov. 2011, n. 195.

[2] Comma così modif. dall'art. 20, c. 1-*ter*, D.L. 27 giu. 2015, n. 83, conv. con modif. in L. 6 ago. 2015, n. 132.

TITOLO II
Procedimento cautelare

55. ***Misure cautelari collegiali.*** — 1. Se il ricorrente, allegando di subire un pregiudizio grave e irreparabile durante il tempo necessario a giungere alla decisione sul ricorso, chiede l'emanazione di misure cautelari, compresa l'ingiunzione a pagare una somma in via provvisoria, che appaiono, secondo le circostanze, più idonee ad assicurare interinalmente gli effetti della decisione sul ricorso, il collegio si pronuncia con ordinanza emessa in camera di consiglio.

2. Qualora dalla decisione sulla domanda cautelare derivino effetti irreversibili, il collegio può disporre la prestazione di una cauzione, anche mediante fideiussione, cui subordinare la concessione o il diniego della misura cautelare. La concessione o il diniego della misura cautelare non può essere subordinata a cauzione quando la domanda cautelare attenga a diritti fondamentali della persona o ad altri beni di primario rilievo costituzionale. Il provvedimento che impone la cauzione ne indica l'oggetto, il modo di prestarla e il termine entro cui la prestazione va eseguita.

3. La domanda cautelare può essere proposta con il ricorso di merito o con distinto ricorso notificato alle altre parti.

4. La domanda cautelare è improcedibile finché non è presentata l'istanza di fissazione dell'udienza di merito, salvo che essa debba essere fissata d'ufficio.

5. Sulla domanda cautelare il collegio pronuncia nella prima camera di consiglio successiva al ventesimo giorno dal perfezionamento, anche per il destinatario, dell'ultima notificazione e, altresì, al decimo giorno dal deposito del ricorso. Le parti possono depositare memorie e documenti fino a due giorni liberi prima della camera di consiglio.

6. Ai fini del giudizio cautelare, se la notificazione è effettuata a mezzo del servizio postale, il ricorrente, se non è ancora in possesso dell'avviso di ricevimento, può provare la data di perfezionamento della notificazione producendo copia dell'attestazione di consegna del servizio di monitoraggio della corrispondenza nel sito internet delle poste. È fatta salva la prova contraria.

7. Nella camera di consiglio le parti possono costituirsi e i difensori sono sentiti ove ne facciano richiesta. La trattazione si svolge oralmente e in modo sintetico.

8. Il collegio, per gravi ed eccezionali ragioni, può autorizzare la produzione in camera di consiglio di documenti, con consegna di copia alle altre parti fino all'inizio della discussione.[1]

9. L'ordinanza cautelare motiva in ordine alla valutazione del pregiudizio allegato e indica i profili che, ad un sommario esame, inducono ad una ragionevole previsione sull'esito del ricorso.

10. Il tribunale amministrativo regionale, in sede cautelare, se ritiene che le esigenze del ricorrente siano apprezzabili favorevolmente e tutelabili adeguatamente con la sollecita definizione del giudizio nel merito, fissa con ordinanza collegiale la data della discussione del ricorso nel merito. Nello stesso senso può provvedere il Consiglio di Stato, motivando sulle ragioni per cui ritiene di riformare l'ordinanza cautelare di primo grado; in tal caso, la pronuncia di appello è trasmessa al tribunale amministrativo regionale per la sollecita fissazione dell'udienza di merito.[1]

11. L'ordinanza con cui è disposta una misura cautelare fissa la data di discussione del ricorso nel merito. In caso di mancata fissazione dell'udienza, il Consiglio di Stato, se conferma in appello la misura cautelare, dispone che il tribunale amministrativo regionale provveda alla fissazione della stessa con priorità. A tal fine l'ordinanza è trasmessa a cura della segreteria al primo giudice.

12. In sede di esame della domanda cautelare il collegio adotta, su istanza di parte, i provvedimenti necessari per assicurare la completezza dell'istruttoria e l'integrità del contraddittorio.

13. Il giudice adito può disporre misure cautelari solo se ritiene sussistente la propria competenza ai

sensi degli articoli 13 e 14; altrimenti provvede ai sensi dell'articolo 15, comma 4.[2]

[1] Comma così modif. dall'art. 1, c. 1, lett. *n*), D.lgs. 15 nov. 2011, n. 195.

[2] Comma così modif. dall'art. 1, c. 1, lett. *g*), D.lgs. 14 set. 2012, n. 160.

56. ***Misure cautelari monocratiche.*** — 1. Prima della trattazione della domanda cautelare da parte del collegio, in caso di estrema gravità ed urgenza, tale da non consentire neppure la dilazione fino alla data della camera di consiglio, il ricorrente può, con la domanda cautelare o con distinto ricorso notificato alle controparti, chiedere al presidente del tribunale amministrativo regionale, o della sezione cui il ricorso è assegnato, di disporre misure cautelari provvisorie. La domanda cautelare è improcedibile finché non è presentata l'istanza di fissazione d'udienza per il merito, salvo che essa debba essere fissata d'ufficio. Il presidente provvede sulla domanda solo se ritiene la competenza del tribunale amministrativo regionale, altrimenti rimette le parti al collegio per i provvedimenti di cui all'articolo 55, comma 13.

2. Il presidente o un magistrato da lui delegato verifica che la notificazione del ricorso si sia perfezionata nei confronti dei destinatari o almeno della parte pubblica e di uno dei controinteressati e provvede con decreto motivato non impugnabile. La notificazione può avvenire da parte del difensore anche a mezzo fax. Si applica l'articolo 55, comma 6. Qualora l'esigenza cautelare non consenta l'accertamento del perfezionamento delle notificazioni, per cause non imputabili al ricorrente, il presidente può comunque provvedere, fatto salvo il potere di revoca. Ove ritenuto necessario il presidente, fuori udienza e senza formalità, sente, anche separatamente, le parti che si siano rese disponibili prima dell'emanazione del decreto.

3. Qualora dalla decisione sulla domanda cautelare derivino effetti irreversibili, il presidente può subordinare la concessione o il diniego della misura cautelare alla prestazione di una cauzione, anche mediante fideiussione, determinata con riguardo all'entità degli effetti irreversibili che possono prodursi per le parti e i terzi.

4. Il decreto, nel quale deve essere comunque indicata la camera di consiglio di cui all'articolo 55, comma 5, in caso di accoglimento è efficace sino a detta camera di consiglio. Il decreto perde efficacia se il collegio non provvede sulla domanda cautelare nella camera di consiglio di cui al periodo precedente. Fino a quando conserva efficacia, il decreto è sempre revocabile o modificabile su istanza di parte notificata. A quest'ultima si applica il comma 2.

5. Se la parte si avvale della facoltà di cui al secondo periodo del comma 2 le misure cautelari perdono efficacia se il ricorso non viene notificato per via ordinaria entro cinque giorni dalla richiesta delle misure cautelari provvisorie.

57. ***Spese del procedimento cautelare.*** — 1. Con l'ordinanza che decide sulla domanda il giudice provvede sulle spese della fase cautelare. La pronuncia sulle spese conserva efficacia anche dopo il provvedimento che definisce il giudizio, salvo diversa statuizione espressa nella sentenza di merito.[1]

[1] Comma così modif. dall'art. 1, c. 1, lett. *o*), D.lgs. 15 nov. 2011, n. 195.

58. ***Revoca o modifica delle misure cautelari collegiali e riproposizione della domanda cautelare respinta*** — 1. Le parti possono riproporre la domanda cautelare al collegio o chiedere la revoca o la modifica del provvedimento cautelare collegiale se si verificano mutamenti nelle circostanze o se allegano fatti anteriori di cui si è acquisita conoscenza successivamente al provvedimento cautelare. In tale caso, l'istante deve fornire la prova del momento in cui ne è venuto a conoscenza.

2. La revoca può essere altresì richiesta nei casi di cui all'articolo 395 del codice di procedura civile.

59. ***Esecuzione delle misure cautelari.*** — 1. Qualora i provvedimenti cautelari non siano eseguiti, in tutto o in parte, l'interessato, con istanza motivata e notificata alle altre parti, può chiedere al tribunale amministrativo regionale le opportune misure attuative. Il tribunale esercita i poteri inerenti al giudizio di ottemperanza di cui al Titolo I del Libro IV e provvede sulle spese. La liquidazione delle spese operata ai sensi del presente comma prescinde da quella conseguente al giudizio di merito, salvo diversa statuizione espressa nella sentenza.

60. ***Definizione del giudizio in esito all'udienza cautelare.*** — 1. In sede di decisione della domanda cautelare, purché siano trascorsi almeno venti giorni dall'ultima notificazione del ricorso, il collegio, accertata la completezza del contraddittorio e dell'istruttoria, sentite sul punto le parti costituite, può definire, in camera di consiglio, il giudizio con sentenza in forma semplificata, salvo che una delle parti dichiari che intende proporre motivi aggiunti, ricorso incidentale o regolamento di competenza, ovvero regolamento di giurisdizione. Se la parte dichiara che intende proporre regolamento di competenza o di giurisdizione, il giudice assegna un termine non superiore a trenta giorni. Ove ne ricorrano i presupposti, il collegio dispone l'integrazione del contraddittorio o il rinvio per consentire la proposizione di motivi aggiunti, ricorso incidentale, regolamento di competenza o di giurisdizione e fissa contestualmente la data per il prosieguo della trattazione.

61. ***Misure cautelari anteriori alla causa.*** — 1. In caso di eccezionale gravità e urgenza, tale da non consentire neppure la previa notificazione del ricorso e la domanda di misure cautelari provvisorie con decreto presidenziale, il soggetto legittimato al ricorso può proporre istanza per l'adozione delle misure interinali e provvisorie che appaiono indispensabili durante il tempo occorrente per la proposizione del ricorso di merito e della domanda cautelare in corso di causa.

2. L'istanza, notificata con le forme prescritte per la notificazione del ricorso, si propone al presidente del tribunale amministrativo regionale competente per il giudizio. Il presidente o un magistrato da lui delegato, accertato il perfezionamento della notificazione per i destinatari, provvede sull'istanza, sentite, ove necessario, le parti e omessa ogni altra formalità. La notificazione può essere effettuata dal difensore a mezzo fax. Qualora l'esigenza cautelare non consenta l'accertamento del perfezionamento delle notificazioni, per cause non imputabili al ricorrente, il presidente può comunque provvedere, fatto salvo il potere di revoca da esercitare nelle forme di cui all'articolo 56, comma 4, terzo e quarto periodo.

3. L'incompetenza del giudice è rilevabile d'ufficio.

4. Il decreto che rigetta l'istanza non è impugnabile; tuttavia la stessa può essere riproposta dopo l'inizio del giudizio di merito con le forme delle domande cautelari in corso di causa.

5. Il provvedimento di accoglimento è notificato dal richiedente alle altre parti entro il termine perentorio fissato dal giudice, non superiore a cinque giorni. Qualora dall'esecuzione del provvedimento cautelare emanato ai sensi del presente articolo derivino effetti irreversibili il presidente può disporre la prestazione di una cauzione, anche mediante fideiussione, cui subordinare la concessione della misura cautelare. Il provvedimento di accoglimento perde comunque effetto ove entro quindici giorni dalla sua emanazione non venga notificato il ricorso con la domanda cautelare ed esso non sia depositato nei successivi cinque giorni corredato da istanza di fissazione di udienza; in ogni caso la misura concessa ai sensi del presente articolo perde effetto con il decorso di sessanta giorni dalla sua emissione, dopo di che restano efficaci le sole misure cautelari che siano confermate o disposte in corso di causa. Il provvedimento di accoglimento non è appellabile ma, fino a quando conserva efficacia, è sempre revocabile o modificabile su istanza di parte previamente notificata. A quest'ultima si applica il comma 2.

6. Per l'attuazione del provvedimento cautelare e per la pronuncia in ordine alle spese si applicano le disposizioni sui provvedimenti cautelari in corso di causa.

7. Le disposizioni del presente articolo non si applicano ai giudizi in grado di appello.

62. ***Appello cautelare*** — 1. Contro le ordinanze cautelari è ammesso appello al Consiglio di Stato, da proporre nel termine di trenta giorni dalla notificazione dell'ordinanza, ovvero di sessanta giorni dalla sua pubblicazione.

2. L'appello, depositato nel termine di cui all'articolo 45, è deciso in camera di consiglio con ordinanza. Al giudizio si applicano gli articoli 55, comma 2 e commi da 5 a 10, 56 e 57.

3. L'ordinanza di accoglimento che dispone misure cautelari è trasmessa a cura della segreteria al primo giudice, anche agli effetti dell'articolo 55, comma 11.

4. Nel giudizio di cui al presente articolo è rilevata anche d'ufficio la violazione, in primo grado, degli articoli 10, comma 2, 13, 14, 15, comma 2, 42, comma 4, e 55, comma 13, il giudice competente per l'appello cautelare sottopone la questione al contraddittorio delle parti ai sensi dell'articolo 73, comma 3, e regola d'ufficio la competenza ai sensi dell'articolo 16, comma 3. Quando dichiara l'incompetenza del tribunale amministrativo regionale adito, con la stessa ordinanza annulla le misure cautelari emanate da un giudice diverso da quello di cui all'articolo 15, comma 6. Per la definizione della fase cautelare si applica l'articolo 15, comma 8.[1]

[1] Comma così sost. dall'art. 1, c. 1, lett. *h*), D.lgs. 14 set. 2012, n. 160.

TITOLO III
Mezzi di prova e attività istruttoria

CAPO I
Mezzi di prova

63. ***Mezzi di prova.*** — 1. Fermo restando l'onere della prova a loro carico, il giudice può chiedere alle parti anche d'ufficio chiarimenti o documenti.

2. Il giudice, anche d'ufficio, può ordinare anche a terzi di esibire in giudizio i documenti o quanto altro ritenga necessario, secondo il disposto degli articoli 210 e seguenti del codice di procedura civile; può altresì disporre l'ispezione ai sensi dell'articolo 118 dello stesso codice.

3. Su istanza di parte il giudice può ammettere la prova testimoniale, che è sempre assunta in forma scritta ai sensi del codice di procedura civile.

4. Qualora reputi necessario l'accertamento di fatti o l'acquisizione di valutazioni che richiedono particolari competenze tecniche, il giudice può ordinare l'esecuzione di una verificazione ovvero, se indispensabile, può disporre una consulenza tecnica.

5. Il giudice può disporre anche l'assunzione degli altri mezzi di prova previsti dal codice di procedura civile, esclusi l'interrogatorio formale e il giuramento.

CAPO II
Ammissione e assunzione delle prove

64. ***Disponibilità, onere e valutazione della prova.*** — 1. Spetta alle parti l'onere di fornire gli elementi di prova che siano nella loro disponibilità riguardanti i fatti posti a fondamento delle domande e delle eccezioni.

2. Salvi i casi previsti dalla legge, il giudice deve porre a fondamento della decisione le prove proposte dalle parti nonché i fatti non specificatamente contestati dalle parti costituite.

3. Il giudice amministrativo può disporre, anche d'ufficio, l'acquisizione di informazioni e documenti utili ai fini del decidere che siano nella disponibilità della pubblica amministrazione.

4. Il giudice deve valutare le prove secondo il suo prudente apprezzamento e può desumere argomenti di prova dal comportamento tenuto dalle parti nel corso del processo.

65. ***Istruttoria presidenziale e collegiale.*** — 1. Il presidente della sezione o un magistrato da lui delegato adotta, su istanza motivata di parte, i provvedimenti necessari per assicurare la completezza dell'istruttoria.

2. Quando l'istruttoria è disposta dal collegio, questo provvede con ordinanza con la quale è contestualmente fissata la data della successiva udienza di trattazione del ricorso. La decisione sulla consulenza tecnica e sulla verificazione è sempre adottata dal collegio.

3. Ove l'amministrazione non provveda al deposito del provvedimento impugnato e degli altri atti ai sensi dell'articolo 46, il presidente o un magistrato da lui delegato ovvero il collegio ordina, anche su istanza di parte, l'esibizione degli atti e dei documenti nel termine e nei modi opportuni.

66. ***Verificazione.*** — 1. Il collegio, quando dispone la verificazione, con ordinanza individua l'organismo che deve provvedervi, formula i quesiti e fissa un termine per il suo compimento e per il deposito della relazione conclusiva. Il capo dell'organismo verificatore, o il suo delegato se il giudice ha autorizzato la delega, è responsabile del compimento di tutte le operazioni.

2. L'ordinanza è comunicata dalla segreteria all'organismo verificatore.

3. Con l'ordinanza di cui al comma 1 il collegio può disporre che venga corrisposto all'organismo verificatore, o al suo delegato, un anticipo sul compenso.

4. Terminata la verificazione, su istanza dell'organismo o del suo delegato, il presidente liquida con decreto il compenso complessivamente spettante al verificatore, ponendolo provvisoriamente a carico di una delle parti. Si applicano le tariffe stabilite dalle disposizioni in materia di spese di giustizia, ovvero, se inferiori, quelle eventualmente stabilite per i servizi resi dall'organismo verificatore. Con la sentenza che definisce il giudizio il Collegio regola definitivamente il relativo onere.

67. ***Consulenza tecnica d'ufficio.*** — 1. Con l'ordinanza con cui dispone la consulenza tecnica d'ufficio, il collegio nomina il consulente, formula i quesiti e fissa il termine entro cui il consulente incaricato deve comparire dinanzi al magistrato a tal fine delegato per assumere l'incarico e prestare giuramento ai sensi del comma 4. L'ordinanza è comunicata al consulente tecnico a cura della segreteria.

2. Le eventuali istanze di astensione e ricusazione del consulente sono proposte, a pena di decadenza, entro il termine di cui al comma 1.[1]

3. Il collegio, con la stessa ordinanza di cui al comma 1, assegna termini successivi, prorogabili ai sensi dell'articolo 154 del codice di procedura civile, per:

a) la corresponsione al consulente tecnico di un anticipo sul suo compenso;

b) l'eventuale nomina, con dichiarazione ricevuta dal segretario, di consulenti tecnici delle parti, i quali, oltre a poter assistere alle operazioni del consulente del giudice e a interloquire con questo, possono partecipare all'udienza e alla camera di consiglio ogni volta che è presente il consulente del giudice per chiarire e svolgere, con l'autorizzazione del presidente, le loro osservazioni sui risultati delle indagini tecniche;

c) la trasmissione, ad opera del consulente tecnico d'ufficio, di uno schema della propria relazione alle parti ovvero, se nominati, ai loro consulenti tecnici;

d) la trasmissione al consulente tecnico d'ufficio delle eventuali osservazioni e conclusioni dei consulenti tecnici di parte;

e) il deposito in segreteria della relazione finale, in cui il consulente tecnico d'ufficio dà altresì conto delle osservazioni e delle conclusioni dei consulenti di parte e prende specificamente posizione su di esse.

4. Il giuramento del consulente è reso davanti al magistrato a tal fine delegato, secondo le modalità stabilite dall'articolo 193 del codice di procedura civile.

5. Il compenso complessivamente spettante al consulente d'ufficio è liquidato, al termine delle operazioni, ai sensi dell'articolo 66, comma 4, primo e terzo periodo.

[1] Comma così modif. dall'art. 1, c. 1, lett. *p*), D.lgs. 15 nov. 2011, n. 195.

68. ***Termini e modalità dell'istruttoria.*** — 1. Il presidente o il magistrato delegato, ovvero il collegio, nell'ammettere i mezzi istruttori stabiliscono i termini da osservare e ne determinano il luogo e il modo dell'assunzione applicando, in quanto compatibili, le disposizioni del codice di procedura civile.

2. Per l'assunzione fuori udienza dei mezzi di prova è delegato uno dei componenti del collegio, il quale procede con l'assistenza del segretario che redige i relativi verbali. Il segretario comunica alle parti almeno cinque giorni prima il giorno, l'ora e il luogo delle operazioni.

3. Se il mezzo istruttorio deve essere eseguito fuori dal territorio della Repubblica, la richiesta è

formulata mediante rogatoria o per delega al console competente, ai sensi dell'articolo 204 del codice di procedura civile.

4. Il segretario comunica alle parti l'avviso che l'istruttoria disposta è stata eseguita e che i relativi atti sono presso la segreteria a loro disposizione.

69. ***Surrogazione del giudice delegato all'istruttoria.*** — 1. La surrogazione del magistrato delegato o la nomina di altro magistrato che debba sostituirlo in qualche atto relativo all'esecuzione della prova è disposta con provvedimento del presidente, ancorché la delega abbia avuto luogo con ordinanza collegiale.

TITOLO IV
Riunione, discussione e decisione dei ricorsi

CAPO I
Riunione dei ricorsi

70. ***Riunione dei ricorsi.*** — 1. Il collegio può, su istanza di parte o d'ufficio, disporre la riunione di ricorsi connessi.

CAPO II
Discussione

71. ***Fissazione dell'udienza.*** — 1. La fissazione dell'udienza di discussione deve essere chiesta da una delle parti con apposita istanza, non revocabile, da presentare entro il termine massimo di un anno dal deposito del ricorso o dalla cancellazione della causa dal ruolo.

2. La parte può segnalare l'urgenza del ricorso depositando istanza di prelievo.

3. Il presidente, decorso il termine per la costituzione delle altre parti, fissa l'udienza per la discussione del ricorso.

4. La pendenza del termine di cui all'articolo 15, comma 2, e la proposizione del regolamento di competenza non precludono la fissazione dell'udienza di discussione né la decisione del ricorso, anche ai sensi degli articoli 60 e 74, salvo che nel termine di cui all'articolo 73, comma 1, la parte interessata depositi l'istanza di regolamento di competenza notificata ai sensi dello stesso articolo 15, comma 2. In tal caso, il giudice può differire la decisione fino alla decisione del regolamento di competenza.

5. Il decreto di fissazione è comunicato a cura dell'ufficio di segreteria, almeno sessanta giorni prima dell'udienza fissata, sia al ricorrente che alle parti costituite in giudizio. Tale termine è ridotto a quarantacinque giorni, su accordo delle parti, se l'udienza di merito è fissata a seguito di rinuncia alla definizione autonoma della domanda cautelare.

6. Il presidente designa il relatore almeno trenta giorni prima della data di udienza.

71-*bis*. ***Effetti dell'istanza di prelievo.***[1] — 1. A seguito dell'istanza di cui al comma 2 dell'articolo 71, il giudice, accertata la completezza del contraddittorio e dell'istruttoria, sentite sul punto le parti costituite, può definire, in camera di consiglio, il giudizio con sentenza in forma semplificata.

[1] Articolo ins. dall'art. 1, c. 781, L. 28 dic. 2015, n. 208.

72. ***Priorità nella trattazione dei ricorsi vertenti su un'unica questione.*** — 1. Se al fine della decisione della controversia occorre risolvere una singola questione di diritto, anche a seguito di rinuncia a tutti i motivi o eccezioni, e se le parti concordano sui fatti di causa, il presidente fissa con priorità l'udienza di discussione.

2. Il collegio, se rileva l'insussistenza dei presupposti di cui al comma 1, dispone con ordinanza che la trattazione della causa prosegua con le modalità ordinarie.

72-*bis*. ***Decisione dei ricorsi suscettibili di immediata definizione.***[1] — 1. Il presidente, quando i ricorsi siano suscettibili di immediata definizione, anche a seguito della segnalazione dell'ufficio per il processo, fissa la trattazione alla prima camera di consiglio successiva al ventesimo giorno dal perfezionamento, anche per il destinatario, dell'ultima notificazione e, altresì, al decimo giorno dal deposito del ricorso. Le parti possono depositare memorie e documenti fino a due giorni liberi prima della camera di consiglio. Salvi eccezionali motivi, non è possibile chiedere il rinvio della trattazione della causa. Se è concesso il rinvio, la trattazione del ricorso è fissata alla prima camera di consiglio utile successiva.

2. Se è possibile definire la causa in rito, in mancanza di eccezioni delle parti, il collegio sottopone la relativa questione alle parti presenti. Nei casi di particolare complessità della questione sollevata, il collegio, con ordinanza, assegna un termine non superiore a venti giorni per il deposito di memorie. La causa è decisa alla scadenza del termine, senza che sia necessario convocare un'ulteriore camera di consiglio. Se la causa non è definibile in rito, il collegio con ordinanza fissa la data dell'udienza pubblica. In ogni caso la decisione è adottata con sentenza in forma semplificata.

[1] Articolo ins. dall'art. 17, c. 7, D.L. 9 giu. 2021, n. 80, conv. con modif. in L. 6 ago. 2021, n. 113.

73. ***Udienza di discussione.*** — 1. Le parti possono produrre documenti fino a quaranta giorni liberi prima dell'udienza, memorie fino a trenta giorni liberi e presentare repliche, ai nuovi documenti e alle nuove memorie depositate in vista dell'udienza, fino a venti giorni liberi.[1]

1-*bis*. Non è possibile disporre, [d'ufficio o][2] su istanza di parte, la cancellazione della causa dal ruolo. Il rinvio della trattazione della causa è disposto solo per casi eccezionali, che sono riportati nel verbale di udienza, ovvero, se il rinvio è disposto fuori udienza, nel decreto presidenziale che dispone il rinvio.[3]

2. Nell'udienza le parti possono discutere sinteticamente.

3. Se ritiene di porre a fondamento della sua decisione una questione rilevata d'ufficio, il giudice la indica in udienza dandone atto a verbale. Se la questione emerge dopo il passaggio in decisione, il giudice riserva quest'ultima e con ordinanza assegna alle parti un termine non superiore a trenta giorni per il deposito di memorie.

[1] Comma così modif. dall'art. 1, c. 1, lett. *q*), D.lgs. 15 nov. 2011, n. 195.

[2] Parole soppresse dall'art. 7, D.L. 30 apr. 2022, n. 36, conv. con modif. in L. 29 giu. 2022, n. 79.

[3] Comma ins. dall'art. 17, c. 7, D.L. 9 giu. 2021, n. 80, conv. con modif. in L. 6 ago. 2021, n. 113.

74. ***Sentenze in forma semplificata.*** — 1. Nel caso in cui ravvisi la manifesta fondatezza ovvero la manifesta irricevibilità, inammissibilità, improcedibilità o infondatezza del ricorso, il giudice decide con sentenza in forma semplificata. La motivazione della sentenza può consistere in un sintetico riferimento al punto di fatto o di diritto ritenuto risolutivo ovvero, se del caso, ad un precedente conforme.

CAPO III
Deliberazione

75. ***Deliberazione del collegio.*** — 1. Il collegio, dopo la discussione, decide la causa.

2. La decisione può essere differita a una delle successive camere di consiglio.

76. ***Modalità della votazione.*** — 1. Possono essere presenti in camera di consiglio i magistrati designati per l'udienza.

2. La decisione è assunta in camera di consiglio con il voto dei soli componenti del collegio.

3. Il presidente raccoglie i voti. La decisione è presa a maggioranza di voti. Il primo a votare è il relatore, poi il secondo componente del collegio e, infine, il presidente. Nei giudizi davanti al Consiglio di Stato il primo a votare è il relatore, poi il meno anziano in ordine di ruolo, e così continuando sino al presidente.

4. Si applicano l'articolo 276, secondo, quarto e quinto comma, del codice di procedura civile e l'articolo 118, quarto comma, delle disposizioni per l'attuazione del codice di procedura civile.[1]

[1] Comma così modif. dall'art. 1, c. 1, lett. *r*), D.lgs. 15 nov. 2011, n. 195 e quindi dall'art. 1, c. 1, lett. *i*), D.lgs. 14 set. 2012, n. 160.

TITOLO V
Incidenti nel processo

CAPO I
Incidente di falso

77. ***Querela di falso.*** — 1. Chi deduce la falsità di un documento deve provare che sia stata già proposta la querela di falso o domandare la fissazione di un termine entro cui possa proporla innanzi al tribunale ordinario competente.

2. Qualora la controversia possa essere decisa indipendentemente dal documento del quale è dedotta la falsità, il collegio pronuncia sulla controversia.

3. La prova dell'avvenuta proposizione della querela di falso è depositata agli atti di causa entro trenta giorni dalla scadenza del termine fissato ai sensi del comma 1. In difetto il presidente fissa l'udienza di discussione.

4. Proposta la querela, il collegio sospende la decisione fino alla definizione del giudizio di falso.

78. ***Deposito della sentenza resa sulla querela di falso.*** — 1. Definito il giudizio di falso, la parte che ha dedotto la falsità deposita copia autentica della sentenza in segreteria.

2. Il ricorso è dichiarato estinto se nessuna parte deposita la copia della sentenza nel termine di novanta giorni dal suo passaggio in giudicato.

CAPO II
Sospensione e interruzione del processo

79. ***Sospensione e interruzione del processo.*** — 1. La sospensione del processo è disciplinata dal codice di procedura civile, dalle altre leggi e dal diritto dell'Unione europea.

2. L'interruzione del processo è disciplinata dalle disposizioni del codice di procedura civile. L'interruzione del processo è immediatamente dichiarata dal presidente con decreto; il decreto è comunicato alle parti costituite a cura della segreteria.[1]

3. Le ordinanze di sospensione emesse ai sensi dell'articolo 295 del codice di procedura civile sono appellabili. L'appello è deciso in camera di consiglio.

[1] Periodo aggiunto dall'art. 17, c. 7, D.L. 9 giu. 2021, n. 80, conv. con modif. in L. 6 ago. 2021, n. 113.

80. ***Prosecuzione o riassunzione del processo sospeso o interrotto.*** — 1. In caso di sospensione del giudizio, per la sua prosecuzione deve essere presentata istanza di fissazione di udienza entro novanta giorni dalla comunicazione dell'atto che fa venir meno la causa della sospensione.

2. Il processo interrotto prosegue se la parte nei cui confronti si è verificato l'evento interruttivo presenta nuova istanza di fissazione di udienza.

3. Se non avviene la prosecuzione ai sensi del comma 2, il processo deve essere riassunto, a cura della parte più diligente, con apposito atto notifi-

cato a tutte le altre parti, nel termine perentorio di novanta giorni dalla conoscenza legale dell'evento interruttivo, acquisita mediante dichiarazione, notificazione o certificazione.

3-*bis*. In tutti i casi di sospensione e interruzione del giudizio il presidente può disporre istruttoria per accertare la persistenza delle ragioni che le hanno determinate e l'udienza è fissata d'ufficio trascorsi tre mesi dalla cessazione di tali ragioni.[1]

[1] Comma aggiunto dall'art. 17, c. 7, D.L. 9 giu. 2021, n. 80, conv. con modif. in L. 6 ago. 2021, n. 113.

TITOLO VI
Estinzione e improcedibilità

81. ***Perenzione.*** — 1. Il ricorso si considera perento se nel corso di un anno non sia compiuto alcun atto di procedura. Il termine non decorre dalla presentazione dell'istanza di cui all'articolo 71, comma 1, e finché non si sia provveduto su di essa, salvo quanto previsto dall'articolo 82.

82. ***Perenzione dei ricorsi ultraquinquennali.*** — 1. Dopo il decorso di cinque anni dalla data di deposito del ricorso, la segreteria comunica alle parti costituite apposito avviso in virtù del quale è fatto onere al ricorrente di presentare nuova istanza di fissazione di udienza, sottoscritta dalla parte che ha rilasciato la procura di cui all'articolo 24 e dal suo difensore, entro centoventi[1] giorni dalla data di ricezione dell'avviso. In difetto di tale nuova istanza, il ricorso è dichiarato perento.

2. Se, in assenza dell'avviso di cui al comma 1, è comunicato alle parti l'avviso di fissazione dell'udienza di discussione nel merito, il ricorso è deciso qualora il ricorrente dichiari, anche in udienza a mezzo del proprio difensore, di avere interesse alla decisione; altrimenti è dichiarato perento dal presidente del collegio con decreto.

[1] Parola così modif. dall'art. 17, c. 7, D.L. 9 giu. 2021, n. 80, conv. con modif. in L. 6 ago. 2021, n. 113.

83. ***Effetti della perenzione.*** — 1. La perenzione opera di diritto e può essere rilevata anche d'ufficio. Ciascuna delle parti sopporta le proprie spese nel giudizio.

84. ***Rinuncia.*** — 1. La parte può rinunciare al ricorso in ogni stato e grado della controversia, mediante dichiarazione sottoscritta da essa stessa o dall'avvocato munito di mandato speciale e depositata presso la segreteria, o mediante dichiarazione resa in udienza e documentata nel relativo verbale.

2. Il rinunciante deve pagare le spese degli atti di procedura compiuti, salvo che il collegio, avuto riguardo a ogni circostanza, ritenga di compensarle.

3. La rinuncia deve essere notificata alle altre parti almeno dieci giorni prima dell'udienza. Se le parti che hanno interesse alla prosecuzione non si oppongono, il processo si estingue.

4. Anche in assenza delle formalità di cui ai commi precedenti il giudice può desumere dall'intervento di fatti o atti univoci dopo la proposizione del ricorso ed altresì dal comportamento delle parti argomenti di prova della sopravvenuta carenza d'interesse alla decisione della causa.

85. ***Forma e rito per l'estinzione e per l'improcedibilità.*** — 1. L'estinzione e l'improcedibilità di cui all'articolo 35 possono essere pronunciate con decreto dal presidente o da un magistrato da lui delegato.

2. Il decreto è depositato in segreteria, che ne dà comunicazione alle parti costituite.

3. Nel termine di sessanta giorni dalla comunicazione ciascuna delle parti costituite può proporre opposizione al collegio, con atto notificato a tutte le altre parti.

4. Il giudizio di opposizione si svolge ai sensi dell'articolo 87, comma 3, ed è deciso con ordinanza che, in caso di accoglimento dell'opposizione, fissa l'udienza di merito.

5. In caso di rigetto, le spese sono poste a carico dell'opponente e vengono liquidate dal collegio nella stessa ordinanza, esclusa la possibilità di compensazione anche parziale.

6. L'ordinanza è depositata in segreteria, che ne dà comunicazione alle parti costituite.

7. Avverso l'ordinanza che decide sull'opposizione può essere proposto appello.

8. Il giudizio di appello si svolge secondo le disposizioni di cui all'articolo 87, comma 3.[1]

9. L'estinzione e l'improcedibilità sono dichiarate con sentenza se si verificano, o vengono accertate, all'udienza di discussione.

[1] Comma così sost. dall'art. 1, c. 1, lett. *l)*, D.lgs. 14 set. 2012, n. 160.

TITOLO VII
Correzione di errore materiale dei provvedimenti del giudice

86. ***Procedimento di correzione.*** — 1. Ove occorra correggere omissioni o errori materiali, la domanda per la correzione deve essere proposta al giudice che ha emesso il provvedimento, il quale, se vi è il consenso delle parti, dispone con decreto, in camera di consiglio, la correzione.

2. In caso di dissenso delle parti, sulla domanda di correzione pronuncia il collegio con ordinanza in camera di consiglio.

3. La correzione si effettua a margine o in calce al provvedimento originale, con indicazione del decreto o dell'ordinanza che l'ha disposta.

TITOLO VIII
Udienze

87. ***Udienze pubbliche e procedimenti in camera di consiglio.*** — 1. Le udienze sono pubbliche a pena di nullità, salvo quanto previsto dal comma 2, ma il presidente del collegio può disporre che si svolgano a porte chiuse, se ricorrono ragioni di sicurezza dello Stato, di ordine pubblico o di buon costume.[1]

2. Oltre agli altri casi espressamente previsti, si trattano in camera di consiglio:

a) i giudizi cautelari e quelli relativi all'esecuzione delle misure cautelari collegiali;

b) il giudizio in materia di silenzio;

c)il giudizio in materia di accesso ai documenti amministrativi e di violazione degli obblighi di trasparenza amministrativa;[2]

d) i giudizi di ottemperanza;

e) i giudizi in opposizione ai decreti che pronunciano l'estinzione o l'improcedibilità del giudizio.

3. Nei giudizi di cui al comma 2, con esclusione dell'ipotesi di cui alla lettera a) e fatto salvo quanto disposto dall'articolo 116, comma 1, tutti i termini processuali sono dimezzati rispetto a quelli del processo ordinario, tranne, nei giudizi di primo grado, quelli per la notificazione del ricorso introduttivo, del ricorso incidentale e dei motivi aggiunti. La camera di consiglio è fissata d'ufficio alla prima udienza utile successiva al trentesimo giorno decorrente dalla scadenza del termine di costituzione delle parti intimate. Nella camera di consiglio sono sentiti i difensori che ne fanno richiesta.[1]

4. La trattazione in pubblica udienza non costituisce motivo di nullità della decisione.

4-*bis*. Le udienze straordinarie dedicate allo smaltimento dell'arretrato sono svolte in camera di consiglio da remoto. Non si applica il comma 3, fatta eccezione per l'ultimo periodo.[3]

[1] Comma così modif. dall'art. 1, c. 1, lett. *s*), D.lgs. 15 nov. 2011, n. 195.

[2] Lettera così modif. dall'art. 52, c. 4, D.lgs. 14 mar. 2013, n. 33.

[3] Comma aggiunto dall'art. 17, c. 7, D.L. 9 giu. 2021, n. 80, conv. con modif. in L. 6 ago. 2021, n. 113.

TITOLO IX
Sentenza

88. ***Contenuto della sentenza.*** — 1. La sentenza è pronunciata in nome del popolo italiano e reca l'intestazione «Repubblica italiana».

2. Essa deve contenere:

a) l'indicazione del giudice adito e del collegio che l'ha pronunciata;

b) l'indicazione delle parti e dei loro avvocati;

c) le domande;

d) la concisa esposizione dei motivi in fatto e in diritto della decisione, anche con rinvio a precedenti cui intende conformarsi;

e) il dispositivo, ivi compresa la pronuncia sulle spese;

f) l'ordine che la decisione sia eseguita dall'autorità amministrativa;

g) l'indicazione del giorno, mese, anno e luogo in cui la decisione è pronunciata;

h) la sottoscrizione del presidente e dell'estensore.

3. Si applica l'articolo 118, comma 3, delle disposizioni per l'attuazione del codice di procedura civile.

4. Se il presidente non può sottoscrivere per morte o altro impedimento, la sentenza è sottoscritta dal componente più anziano del collegio, purché prima della sottoscrizione sia menzionato l'impedimento; se l'estensore non può sottoscrivere la sentenza per morte o altro impedimento, è sufficiente la sottoscrizione del solo presidente, purché prima della sottoscrizione sia menzionato l'impedimento.

89. ***Pubblicazione e comunicazione della sentenza.*** — 1. La sentenza deve essere redatta non oltre il quarantacinquesimo giorno da quello della decisione della causa.

2. La sentenza, che non può più essere modificata dopo la sua sottoscrizione, è immediatamente resa pubblica mediante deposito nella segreteria del giudice che l'ha pronunciata.

3. Il segretario dà atto del deposito in calce alla sentenza, vi appone la data e la firma ed entro cinque giorni ne dà comunicazione alle parti costituite.

90. ***Pubblicità della sentenza.*** — 1. Qualora la pubblicità della sentenza possa contribuire a riparare il danno, compreso quello derivante per effetto di quanto previsto all'articolo 96 del codice di procedura civile, il giudice, su istanza di parte, può ordinarla a cura e spese del soccombente, mediante inserzione per estratto, ovvero mediante comunicazione, nelle forme specificamente indicate, in una o più testate giornalistiche, radiofoniche o televisive e in siti internet da lui designati. Se l'inserzione non avviene nel termine stabilito dal giudice, può procedervi la parte a favore della quale è stata disposta, con diritto a ripetere le spese dall'obbligato.

LIBRO TERZO
IMPUGNAZIONI

TITOLO I
Impugnazioni in generale

91. ***Mezzi di impugnazione.*** — 1. I mezzi di impugnazione delle sentenze sono l'appello, la revocazione, l'opposizione di terzo e il ricorso per cassazione per i soli motivi inerenti alla giurisdizione.

92. ***Termini per le impugnazioni.*** — 1. Salvo quanto diversamente previsto da speciali disposizioni di legge, le impugnazioni si propongono con ricorso e devono essere notificate entro il termine perentorio di sessanta giorni decorrenti dalla notificazione della sentenza.

2. Per i casi di revocazione previsti nei numeri 1, 2, 3 e 6 del primo comma dell'articolo 395 del codice di procedura civile e di opposizione di terzo di cui all'articolo 108, comma 2, il termine di cui al comma 1 decorre dal giorno in cui è stato scoperto il dolo o la falsità o la collusione o è stato recuperato il documento o è passata in giudicato la sentenza di cui al numero 6 del medesimo articolo 395.

3. In difetto della notificazione della sentenza, l'appello, la revocazione di cui ai numeri 4 e 5 dell'articolo 395 del codice di procedura civile e il ricorso per cassazione devono essere notificati entro sei mesi dalla pubblicazione della sentenza.

4. La disposizione di cui al comma 3 non si applica quando la parte che non si è costituita in giudizio dimostri di non aver avuto conoscenza del processo a causa della nullità del ricorso o della sua notificazione.

5. Fermo quanto previsto dall'articolo 16, comma 3, l'ordinanza cautelare che, in modo implicito o esplicito, ha deciso anche sulla competenza è appellabile ai sensi dell'articolo 62. Non costituiscono decisione implicita sulla competenza le ordinanze istruttorie o interlocutorie di cui all'articolo 36, comma 1, né quelle che disattendono l'istanza cautelare senza riferimento espresso alla questione di competenza. La sentenza che, in modo implicito o esplicito, ha pronunciato sulla competenza insieme col merito è appellabile nei modi ordinari e nei termini di cui ai commi 1, 3 e 4.

93. ***Luogo di notificazione dell'impugnazione.*** — 1. L'impugnazione deve essere notificata nella residenza dichiarata o nel domicilio eletto dalla parte nell'atto di notificazione della sentenza o, in difetto, presso il difensore o nella residenza dichiarata o nel domicilio eletto per il giudizio e risultante dalla sentenza.

2. Qualora la notificazione abbia avuto esito negativo perché il domiciliatario si è trasferito senza notificare una formale comunicazione alle altre parti, la parte che intende proporre l'impugnazione può presentare al presidente del tribunale amministrativo regionale o al presidente del Consiglio di Stato, secondo il giudice adito con l'impugnazione, un'istanza, corredata dall'attestazione dell'omessa notificazione, per la fissazione di un termine perentorio per il completamento della notificazione o per la rinnovazione dell'impugnazione.

94. ***Deposito delle impugnazioni.*** — 1. Nei giudizi di appello, di revocazione e di opposizione di terzo il ricorso deve essere depositato nella segreteria del giudice adito, a pena di decadenza, entro trenta giorni dall'ultima notificazione ai sensi dell'articolo 45, unitamente ad una copia della sentenza impugnata e alla prova delle eseguite notificazioni.

95. ***Parti del giudizio di impugnazione.*** — 1. L'impugnazione della sentenza pronunciata in causa inscindibile o in cause tra loro dipendenti è notificata a tutte le parti in causa e, negli altri casi, alle parti che hanno interesse a contraddire.[1]

2. L'impugnazione deve essere notificata a pena di inammissibilità nei termini previsti dall'articolo 92 ad almeno una delle parti interessate a contraddire.

3. Se la sentenza non è stata impugnata nei confronti di tutte le parti di cui al comma 1, il giudice ordina l'integrazione del contraddittorio, fissando il termine entro cui la notificazione deve essere eseguita, nonché la successiva udienza di trattazione.

4. L'impugnazione è dichiarata improcedibile se nessuna delle parti provvede all'integrazione del contraddittorio nel termine fissato dal giudice.

5. Il Consiglio di Stato, se riconosce che l'impugnazione è manifestamente irricevibile, inammissibile, improcedibile o infondata, può non ordinare l'integrazione del contraddittorio, quando l'impugnazione di altre parti è preclusa o esclusa.

6. Ai giudizi di impugnazione non si applica l'articolo 23, comma 1.

[1] Comma così modif. dall'art. 1, c. 1, lett. *t*), D.lgs. 15 nov. 2011, n. 195.

96. ***Impugnazioni avverso la medesima sentenza.*** — 1. Tutte le impugnazioni proposte separatamente contro la stessa sentenza devono essere riunite in un solo processo.

2. Possono essere proposte impugnazioni incidentali, ai sensi degli articoli 333 e 334 del codice di procedura civile.

3. L'impugnazione incidentale di cui all'articolo 333 del codice di procedura civile può essere rivolta contro qualsiasi capo di sentenza e deve essere proposta dalla parte entro sessanta giorni dalla notificazione della sentenza o, se anteriore, entro sessanta giorni dalla prima notificazione nei suoi confronti di altra impugnazione.

4. Con l'impugnazione incidentale proposta ai sensi dell'articolo 334 del codice di procedura civile possono essere impugnati anche capi autonomi della sentenza; tuttavia, se l'impugnazione principale è dichiarata inammissibile, l'impugnazione incidentale perde ogni efficacia.

5. L'impugnazione incidentale di cui all'articolo 334 del codice di procedura civile deve essere proposta dalla parte entro sessanta giorni dalla data in cui si è perfezionata nei suoi confronti la notificazione dell'impugnazione principale e depositata, unitamente alla prova dell'avvenuta notificazione, nel termine di cui all'articolo 45.[1]

6. In caso di mancata riunione di più impugnazioni ritualmente proposte contro la stessa sentenza, la decisione di una delle impugnazioni non determina l'improcedibilità delle altre.

[1] Comma così modif. dall'art. 1, lett. *m*), D.lgs. 14 set. 2012, n. 160.

97. ***Intervento nel giudizio di impugnazione.*** — 1. Può intervenire nel giudizio di impugnazione, con atto notificato a tutte le parti, chi vi ha interesse.

98. ***Misure cautelari.*** — 1. Salvo quanto disposto dall'articolo 111, il giudice dell'impugnazione può, su istanza di parte, valutati i motivi proposti e qualora dall'esecuzione possa derivare un pregiudizio grave e irreparabile, disporre la sospensione dell'esecutività della sentenza impugnata, nonché le altre opportune misure cautelari, con ordinanza pronunciata in camera di consiglio.[1]

2. Il procedimento si svolge secondo le disposizioni del libro II, titolo II, in quanto applicabili.[2]

[1] Comma così modif. dall'art. 1, c. 1, lett. *u*), D.lgs. 15 nov. 2011, n. 195.

[2] Comma così sost. dall'art. 1, c. 1, lett. *n*), D.lgs. 14 set. 2012, n. 160.

99. ***Deferimento all'adunanza plenaria.*** — 1. La sezione cui è assegnato il ricorso, se rileva che il punto di diritto sottoposto al suo esame ha dato luogo o possa dare luogo a contrasti giurisprudenziali, con ordinanza emanata su richiesta delle parti o d'ufficio può rimettere il ricorso all'esame dell'adunanza plenaria. L'adunanza plenaria, qualora ne ravvisi l'opportunità, può restituire gli atti alla sezione.[1]

2. Prima della decisione, il presidente del Consiglio di Stato, su richiesta delle parti o d'ufficio, può deferire all'adunanza plenaria qualunque ricorso, per risolvere questioni di massima di particolare importanza ovvero per dirimere contrasti giurisprudenziali.

3. Se la sezione cui è assegnato il ricorso ritiene di non condividere un principio di diritto enunciato dall'adunanza plenaria, rimette a quest'ultima, con ordinanza motivata, la decisione del ricorso.

4. L'adunanza plenaria decide l'intera controversia, salvo che ritenga di enunciare il principio di diritto e di restituire per il resto il giudizio alla sezione remittente.

5. Se ritiene che la questione è di particolare importanza, l'adunanza plenaria può comunque enunciare il principio di diritto nell'interesse della legge anche quando dichiara il ricorso irricevibile, inammissibile o improcedibile, ovvero l'estinzione del giudizio. In tali casi, la pronuncia dell'adunanza plenaria non ha effetto sul provvedimento impugnato.[2]

[1] Comma così sost. dall'art. 1, c. 1, lett. *o*), D.lgs. 14 set. 2012, n. 160.

[2] Comma così modif. dall'art. 1, c. 1, lett. *v*), D.lgs. 15 nov. 2011, n. 195.

TITOLO II
Appello

100. ***Appellabilità delle sentenze dei tribunali amministrativi regionali.*** — 1. Avverso le sentenze dei tribunali amministrativi regionali è ammesso appello al Consiglio di Stato, ferma restando la competenza del Consiglio di giustizia amministrativa per la Regione siciliana per gli appelli proposti contro le sentenze del Tribunale amministrativo regionale per la Sicilia.

101. ***Contenuto del ricorso in appello.*** — 1. Il ricorso in appello deve contenere l'indicazione del ricorrente, del difensore, delle parti nei confronti delle quali è proposta l'impugnazione, della sentenza che si impugna, nonché l'esposizione sommaria dei fatti, le specifiche censure contro i capi della sentenza gravata, le conclusioni, la sottoscrizione del ricorrente se sta in giudizio personalmente ai sensi dell'articolo 22, comma 3, oppure del difensore con indicazione, in questo caso, della procura speciale rilasciata anche unitamente a quella per il giudizio di primo grado.[1]

2. Si intendono rinunciate le domande e le eccezioni dichiarate assorbite o non esaminate nella sentenza di primo grado, che non siano state espressamente riproposte nell'atto di appello o, per le parti diverse dall'appellante, con memoria depositata a pena di decadenza entro il termine per la costituzione in giudizio.

[1] Comma così modif. dall'art. 1, c. 1, lett. *z*), D.lgs. 15 nov. 2011, n. 195.

102. ***Legittimazione a proporre l'appello.*** — 1. Possono proporre appello le parti fra le quali è stata pronunciata la sentenza di primo grado.

2. L'interventore può proporre appello soltanto se titolare di una posizione giuridica autonoma.

103. ***Riserva facoltativa di appello.*** — 1. Contro le sentenze non definitive è proponibile l'appello ovvero la riserva di appello, con atto notificato entro il termine per l'appello e depositato nei successivi trenta giorni presso la segreteria del tribunale amministrativo regionale.

104. ***Nuove domande ed eccezioni.*** — 1. Nel giudizio di appello non possono essere proposte nuove domande, fermo quanto previsto dall'articolo 34, comma 3, né nuove eccezioni non rilevabili d'ufficio. Possono tuttavia essere chiesti gli interessi e gli accessori maturati dopo la sentenza impugnata, nonché il risarcimento dei danni subiti dopo la sentenza stessa.

2. Non sono ammessi nuovi mezzi di prova e non possono essere prodotti nuovi documenti, salvo che il collegio li ritenga indispensabili ai fini della decisione della causa, ovvero che la parte dimostri di non aver potuto proporli o produrli nel giudizio di primo grado per causa ad essa non imputabile.

3. Possono essere proposti motivi aggiunti qualora la parte venga a conoscenza di documenti non prodotti dalle altre parti nel giudizio di primo grado da cui emergano vizi degli atti o provvedimenti amministrativi impugnati.

105. ***Rimessione al primo giudice.*** — 1. Il Consiglio di Stato rimette la causa al giudice di primo grado soltanto se è mancato il contraddittorio, oppure è stato leso il diritto di difesa di una delle parti, ovvero dichiara la nullità della sentenza, o riforma la sentenza o l'ordinanza che ha declinato la giurisdizione o ha pronunciato sulla competenza o ha dichiarato l'estinzione o la perenzione del giudizio.[1]

2. Nei giudizi di appello contro i provvedimenti dei tribunali amministrativi regionali che hanno declinato la giurisdizione o la competenza si segue il procedimento in camera di consiglio, di cui all'articolo 87, comma 3.

3. Le parti devono riassumere il processo con ricorso notificato nel termine perentorio di novanta giorni dalla notificazione o, se anteriore, dalla comunicazione della sentenza o dell'ordinanza.[2]

[1] Comma così modif. dall'art. 1, c. 1, lett. *p*), D.lgs. 14 set. 2012, n. 160.

[2] Comma così sost. dall'art. 1, c. 1, lett. *p*), D.lgs. 14 set. 2012, n. 160.

TITOLO III
Revocazione

106. ***Casi di revocazione.*** — 1. Salvo quanto previsto dal comma 3, le sentenze dei tribunali amministrativi regionali e del Consiglio di Stato sono impugnabili per revocazione, nei casi e nei modi previsti dagli articoli 395 e 396 del codice di procedura civile.

2. La revocazione è proponibile con ricorso dinanzi allo stesso giudice che ha pronunciato la sentenza impugnata.

3. Contro le sentenze dei tribunali amministrativi regionali la revocazione è ammessa se i motivi non possono essere dedotti con l'appello.

107. ***Impugnazione della sentenza emessa nel giudizio di revocazione.*** — 1. Contro la sentenza emessa nel giudizio di revocazione sono ammessi i mezzi di impugnazione ai quali era originariamente soggetta la sentenza impugnata per revocazione.

2. La sentenza emessa nel giudizio di revocazione non può essere impugnata per revocazione.

TITOLO IV
Opposizione di terzo

108. ***Casi di opposizione di terzo.*** — 1. Un terzo può fare opposizione contro una sentenza del tribunale amministrativo regionale o del Consiglio di Stato pronunciata tra altri soggetti, ancorché passata in giudicato, quando pregiudica i suoi diritti o interessi legittimi.[1]

2. Gli aventi causa e i creditori di una delle parti possono fare opposizione alla sentenza, quando questa sia effetto di dolo o collusione a loro danno.

[1] Comma così modif. dall'art. 1, c. 1, lett. *aa*), D.lgs. 15 nov. 2011, n. 195.

109. ***Competenza.*** — 1. L'opposizione di terzo è proposta davanti al giudice che ha pronunciato la sentenza impugnata, salvo il caso di cui al comma 2.

2. Se è proposto appello contro la sentenza di primo grado, il terzo deve introdurre la domanda di cui all'articolo 108 intervenendo nel giudizio di appello. Se l'opposizione di terzo è già stata proposta al giudice di primo grado, questo la dichiara improcedibile e, se l'opponente non vi ha ancora provveduto, fissa un termine per l'intervento nel giudizio di appello, ai sensi del periodo precedente.

TITOLO V
Ricorso per cassazione

110. ***Motivi di ricorso.*** — 1. Il ricorso per cassazione è ammesso contro le sentenze del Consiglio di Stato per i soli motivi inerenti alla giurisdizione.

111. ***Sospensione della sentenza.*** — 1. Il Consiglio di Stato, se richiesto con istanza previamente notificata alle altre parti, in caso di eccezionale gravità ed urgenza, può sospendere gli effetti della sentenza impugnata e disporre le altre opportune misure cautelari. Al procedimento si applicano gli articoli 55, commi 2, 5, 6 e 7, e 56, commi 1, primo periodo, 2, 3, 4 e 5. Copia dell'ordinanza è trasmessa alla cancelleria della Corte di cassazione.[1]

[1] Comma così sost. dall'art. 1, c. 1, lett. *bb*), D.lgs. 15 nov. 2011, n. 195 e quindi modif. dall'art. 1, c. 1, lett. *q*), D.lgs. 14 set. 2012, n. 160.

LIBRO QUARTO
OTTEMPERANZA E RITI SPECIALI

112-132. (*Omissis*).

LIBRO QUINTO
NORME FINALI

133. ***Materie di giurisdizione esclusiva.*** — 1. Sono devolute alla giurisdizione esclusiva del giudice amministrativo, salvo ulteriori previsioni di legge:

a) le controversie in materia di:

1) risarcimento del danno ingiusto cagionato in conseguenza dell'inosservanza dolosa o colposa del termine di conclusione del procedimento amministrativo;

2) formazione, conclusione ed esecuzione degli accordi integrativi o sostitutivi di provvedimento amministrativo e degli accordi fra pubbliche amministrazioni;

3) silenzio di cui all'articolo 31, commi 1, 2 e 3, e provvedimenti espressi adottati in sede di verifica di segnalazione certificata, denuncia e dichiarazione di inizio attività, di cui all'articolo 19, comma 6-*ter*, della legge 7 agosto 1990, n. 241;[1]

4) determinazione e corresponsione dell'inden-

nizzo dovuto in caso di revoca del provvedimento amministrativo;

5) nullità del provvedimento amministrativo adottato in violazione o elusione del giudicato;

6) diritto di accesso ai documenti amministrativi e violazione degli obblighi di trasparenza amministrativa;[2]

a-bis) le controversie relative all'applicazione dell'articolo 20 della legge 7 agosto 1990, n. 241;[3]

b) le controversie aventi ad oggetto atti e provvedimenti relativi a rapporti di concessione di beni pubblici, ad eccezione delle controversie concernenti indennità, canoni ed altri corrispettivi e quelle attribuite ai tribunali delle acque pubbliche e al Tribunale superiore delle acque pubbliche;

c) le controversie in materia di pubblici servizi relative a concessioni di pubblici servizi, escluse quelle concernenti indennità, canoni ed altri corrispettivi, ovvero relative a provvedimenti adottati dalla pubblica amministrazione o dal gestore di un pubblico servizio in un procedimento amministrativo, ovvero ancora relative all'affidamento di un pubblico servizio, ed alla vigilanza e controllo nei confronti del gestore, nonché afferenti alla vigilanza sul credito, sulle assicurazioni e sul mercato mobiliare, al servizio farmaceutico, ai trasporti, alle telecomunicazioni e ai servizi di pubblica utilità;

d) le controversie concernenti l'esercizio del diritto a chiedere e ottenere l'uso delle tecnologie telematiche nelle comunicazioni con le pubbliche amministrazioni e con i gestori di pubblici servizi statali;

e) le controversie:

1) relative a procedure di affidamento di pubblici lavori, servizi, forniture, svolte da soggetti comunque tenuti, nella scelta del contraente o del socio, all'applicazione della normativa comunitaria ovvero al rispetto dei procedimenti di evidenza pubblica previsti dalla normativa statale o regionale, ivi incluse quelle risarcitorie e con estensione della giurisdizione esclusiva alla dichiarazione di inefficacia del contratto a seguito di annullamento dell'aggiudicazione ed alle sanzioni alternative;

2) relative al divieto di rinnovo tacito dei contratti pubblici di lavori, servizi, forniture, relative alla clausola di revisione del prezzo e al relativo provvedimento applicativo nei contratti ad esecuzione continuata o periodica, nell'ipotesi di cui all'articolo 115 del decreto legislativo 12 aprile 2006, n. 163, nonché quelle relative ai provvedimenti applicativi dell'adeguamento dei prezzi ai sensi dell'articolo 133, commi 3 e 4, dello stesso decreto;

f) le controversie aventi ad oggetto gli atti e i provvedimenti delle pubbliche amministrazioni in materia urbanistica e edilizia, concernente tutti gli aspetti dell'uso del territorio, e ferme restando le giurisdizioni del Tribunale superiore delle acque pubbliche e del Commissario liquidatore per gli usi civici, nonché del giudice ordinario per le controversie riguardanti la determinazione e la corresponsione delle indennità in conseguenza dell'adozione di atti di natura espropriativa o ablativa;

g) le controversie aventi ad oggetto gli atti, i provvedimenti, gli accordi e i comportamenti, riconducibili, anche mediatamente, all'esercizio di un pubblico potere, delle pubbliche amministrazioni in materia di espropriazione per pubblica utilità, ferma restando la giurisdizione del giudice ordinario per quelle riguardanti la determinazione e la corresponsione delle indennità in conseguenza dell'adozione di atti di natura espropriativa o ablativa;

h) le controversie aventi ad oggetto i decreti di espropriazione per causa di pubblica utilità delle invenzioni industriali;

i) le controversie relative ai rapporti di lavoro del personale in regime di diritto pubblico;

l) le controversie aventi ad oggetto tutti i provvedimenti, compresi quelli sanzionatori ed esclusi quelli inerenti ai rapporti di impiego privatizzati, adottati dalla Banca d'Italia, dagli Organismi di cui agli articoli 112-*bis*, 113 e 128-*duodecies* del decreto legislativo 1° settembre 1993, n. 385, dall'Autorità garante della concorrenza e del mercato, dall'Autorità per le garanzie nelle comunicazioni, dall'Autorità per l'energia elettrica e il gas, e dalle altre Autorità istituite ai sensi della legge 14 novembre 1995, n. 481, dall'Autorità per la vigilanza sui contratti pubblici di lavori, servizi e forniture, dalla Commissione vigilanza fondi pensione, dalla Commissione per la valutazione, la trasparenza e l'integrità della pubblica amministrazione, dall'Istituto per la vigilanza sulle assicurazioni private, comprese le controversie relative ai ricorsi avverso gli atti che applicano le sanzioni ai sensi dell'articolo 326 del decreto legislativo 7 settembre 2005, n. 209;[4]

m) le controversie aventi ad oggetto i provvedimenti in materia di comunicazioni elettroniche, compresi quelli relativi all'imposizione di servitù, nonché i giudizi riguardanti l'assegnazione di diritti d'uso delle frequenze, la gara e le altre procedure di cui ai commi da 8 a 13 dell'articolo 1 della legge 13 dicembre 2010, n. 220, incluse le procedure di cui all'articolo 4 del decreto-legge 31 marzo 2011, n. 34, convertito, con modificazioni, dalla legge 26 maggio 2011, n. 75;[5]

n) le controversie relative alle sanzioni amministrative ed ai provvedimenti adottati dall'organismo di regolazione competente in materia di infrastrutture ferroviarie ai sensi dell'articolo 37 del decreto legislativo 8 luglio 2003, n. 188;

o) le controversie, incluse quelle risarcitorie, attinenti alle procedure e ai provvedimenti della pubblica amministrazione concernenti la produzione di energia, ivi comprese quelle inerenti l'energia da fonte nucleare, i rigassificatori, i gasdotti di importazione, le centrali termoelettriche e quelle relative ad infrastrutture di trasporto ricomprese o da ricomprendere nella rete di trasmissione nazionale o rete nazionale di gasdotti;

p) le controversie aventi ad oggetto le ordinanze e i provvedimenti commissariali adottati in tutte le situazioni di emergenza dichiarate ai sensi dell'articolo 5, comma 1, della legge 24 febbraio 1992, n. 225[6], nonché gli atti, i provvedimenti e le ordinanze emanati ai sensi dell'articolo 5, commi 2 e 4 della medesima legge n. 225 del 1992 e le controversie comunque attinenti alla complessiva azione di gestione del ciclo dei rifiuti, seppure posta in essere con comportamenti della pubblica amministrazione riconducibili, anche mediatamente, all'esercizio di un pubblico potere, quand'anche relative a diritti costituzionalmente tutelati;[7]

q) le controversie aventi ad oggetto i provvedimenti anche contingibili ed urgenti, emanati dal Sindaco in materia di ordine e sicurezza pubblica, di incolumità pubblica e di sicurezza urbana, di edilità e di polizia locale, d'igiene pubblica e dell'abitato;

r) le controversie aventi ad oggetto i provvedimenti relativi alla disciplina o al divieto dell'esercizio d'industrie insalubri o pericolose;

s) le controversie aventi ad oggetto atti e provvedimenti adottati in violazione delle disposizioni in materia di danno all'ambiente, nonché avverso il silenzio inadempimento del Ministro dell'ambiente e della tutela del territorio e del mare e per il risarcimento del danno subito a causa del ritardo nell'attivazione, da parte del medesimo Ministro, delle misure di precauzione, di prevenzione o di contenimento del danno ambientale, nonché quelle inerenti le ordinanze ministeriali di ripristino ambientale e di risarcimento del danno ambientale;

t) le controversie relative all'applicazione del prelievo supplementare nel settore del latte e dei prodotti lattiero-caseari;

u) le controversie aventi ad oggetto i provvedimenti in materia di passaporti;

v) le controversie tra lo Stato e i suoi creditori riguardanti l'interpretazione dei contratti aventi per oggetto i titoli di Stato o le leggi relative ad essi o comunque sul debito pubblico;

z) le controversie aventi ad oggetto atti del Comitato olimpico nazionale italiano o delle Federazioni sportive non riservate agli organi di giustizia dell'ordinamento sportivo ed escluse quelle inerenti i rapporti patrimoniali tra società, associazioni e atleti.

z-bis) le controversie aventi ad oggetto tutti i provvedimenti, compresi quelli sanzionatori ed esclusi quelli inerenti i rapporti di impiego, adottati dall'Agenzia nazionale di regolamentazione del settore postale di cui alla lettera h) del comma 2 dell'articolo 37 della legge 4 giugno 2010, n. 96;[8]

z-ter) le controversie aventi ad oggetto i provvedimenti dell'Agenzia nazionale per la regolazione e la vigilanza in materia di acqua istituita dall'articolo 10, comma 11, del decreto-legge 13 maggio 2011, n. 70, convertito, con modificazioni, dalla legge 12 luglio 2011, n. 106;[8]

z-quater) le controversie aventi ad oggetto i provvedimenti adottati ai sensi dell'articolo 3, comma 2, del decreto legislativo 6 settembre 2011, n. 149;[9]

z-quinquies) le controversie relative all'esercizio dei poteri speciali inerenti alle attività di rilevanza strategica nei settori della difesa e della sicurezza nazionale e nei settori dell'energia, dei trasporti e delle comunicazioni.[9]

z-sexies) le controversie relative agli atti ed ai provvedimenti che concedono aiuti di Stato in violazione dell'articolo 108, paragrafo 3, del Trattato sul funzionamento dell'Unione europea e le controversie aventi ad oggetto gli atti e i provvedimenti adottati in esecuzione di una decisione di recupero di cui all'articolo 16 del regolamento (UE) 2015/1589 del Consiglio, del 13 luglio 2015, a prescindere dalla forma dell'aiuto e dal soggetto che l'ha concesso.[10]

z-septies) le controversie relative ai provvedimenti di ammissione ed esclusione dalle competizioni professionistiche delle società o associazioni sportive professionistiche, o comunque incidenti sulla partecipazione a competizioni professionistiche.[11]

[1] Numero così sost. dall'art. 1, c.1, lett. *ll*), D.lgs. 15 nov. 2011, n. 195.

[2] Numero così modif. dall'art. 52, c. 4, lett. *e*), D.lgs. 14 mar. 2013, n. 33.

[3] Lettera ins. dall'art. 1, c. 1, lett. *ll*), D.lgs. 15 nov. 2011, n. 195.

[4] Lettera così modif. dall'art. 1, c. 1, lett. *ll*) D.lgs. 15 nov. 2011, n. 195 e quindi dall'art. 1, c. 1, lett. *t*), n. 1), D.lgs. 14 set. 2012, n. 160.

La Corte cost., con sent. 27 giu. 2012, n. 162, ha dichiarato l'ill. cost. della presente lettera «nella parte in cui attribuisce alla giurisdizione esclusiva del giudice amministrativo, con cognizione estesa al merito e alla competenza funzionale del TAR Lazio (sede di Roma) le controversie in materia di sanzioni irrogate dalla CONSOB».

La Corte cost., con sent. 15 aprile 2014, n. 94, ha dichiarato, tra l'altro, l'ill. cost. della presente lettera, nella parte in cui attribuisce alla giurisdizione esclusiva del giudice amministrativo, con cognizione estesa al merito, e alla competenza funzionale del Tribunale amministrativo regionale per il Lazio – sede di Roma le controversie in materia di sanzioni irrogate dalla Banca d'Italia.

[5] Lettera così modif. dall'art. 1, c. 1, lett. *ll*) D.lgs. 15 nov. 2011, n. 195.

[6] Ai sensi dell'art. 47, c. 1, lett. *i*), D.lgs. 2 gen. 2018, n. 1, il riferimento all'art. 5 della L. 24 feb. 1992, n. 225 si intende riferito agli artt. 24, 25 e 26, del D.lgs. 1/2018.

[7] Lettera così modif. dall'art. 1, c. 1, lett. *t*), D.lgs. 14 set. 2012, n. 160.

[8] Lettera aggiunta dall'art. 1, c. 1, lett. *ll*) D.lgs. 15 nov. 2011, n. 195.

[9] Lettera aggiunta dall'art. 3, c. 7, D.L. 15 mar. 2012, n. 21, conv. con modif. in L. 11 mag. 2012, n. 56.

[10] Lettera aggiunta dall'art. 49, c. 2, L. 24 dic. 2012, n. 234, e così modif. dall'art. 35, c. 3, L. 7 lug. 2016, n. 122.

[11] Lettera aggiunta dall'art. 1, c. 649, L. 30 dic. 2018, n. 145. La disposizione si applica anche ai processi ed alle controversie in corso alla data del 1° gen. 2019.

134. ***Materie di giurisdizione estesa al meri-***

to. — 1. Il giudice amministrativo esercita giurisdizione con cognizione estesa al merito nelle controversie aventi ad oggetto:

a) l'attuazione delle pronunce giurisdizionali esecutive o del giudicato nell'ambito del giudizio di cui al Titolo I del Libro IV;

b) gli atti e le operazioni in materia elettorale, attribuiti alla giurisdizione amministrativa;

c) le sanzioni pecuniarie la cui contestazione è devoluta alla giurisdizione del giudice amministrativo, comprese quelle applicate dalle Autorità amministrative indipendenti e quelle previste dall'articolo 123;[1]

d) le contestazioni sui confini degli enti territoriali;

e) la classificazione delle opere cinematografiche per la visione dei minori di cui al decreto legislativo attuativo della delega di cui all'articolo 33 della legge 14 novembre 2016, n. 220.[2]

[1] Lettera così modif. dall'art. 1, c. 1, lett. *mm*) D.lgs. 15 nov. 2011, n. 195. La Corte cost., con sent. 27 giu. 2012, n. 162, ha dichiarato l'ill. cost. della presente lettera «nella parte in cui attribuisce alla giurisdizione esclusiva del giudice amministrativo, con cognizione estesa al merito e alla competenza funzionale del TAR Lazio (sede di Roma) le controversie in materia di sanzioni irrogate dalla CONSOB».

La Corte cost., con sent. 15 aprile 2014, n. 94, ha dichiarato, tra l'altro, l'ill. cost. della presente lettera, nella parte in cui attribuisce alla giurisdizione esclusiva del giudice amministrativo, con cognizione estesa al merito, e alla competenza funzionale del Tribunale amministrativo regionale per il Lazio – sede di Roma le controversie in materia di sanzioni irrogate dalla Banca d'Italia.

[2] Lettera così sost. dall'art. 13, c. 1, D.lgs. 7 dic. 2017, n. 203, a decorrere dalla data di adozione del regolamento di funzionamento della Commissione. Il testo in vigore fino a tale data è il seguente: «*e*) il diniego di rilascio di nulla osta cinematografico di cui all'articolo 8 della legge 21 novembre 1962, n. 161.»

135. ***Competenza funzionale inderogabile del Tribunale amministrativo regionale del Lazio, sede di Roma.*** — 1. Sono devolute alla competenza inderogabile del Tribunale amministrativo regionale del Lazio, sede di Roma, salvo ulteriori previsioni di legge:

a) le controversie relative ai provvedimenti riguardanti i magistrati ordinari adottati ai sensi dell'articolo 17, primo comma, della legge 24 marzo 1958, n. 195, nonché quelle relative ai provvedimenti riguardanti i magistrati amministrativi adottati dal Consiglio di Presidenza della Giustizia Amministrativa;[1]

b) le controversie aventi ad oggetto i provvedimenti dell'Autorità garante per la concorrenza ed il mercato e quelli dell'Autorità per le garanzie nelle comunicazioni;

c) le controversie di cui all'articolo 133, comma 1, lettera *l*), fatta eccezione per quelle di cui all'articolo 14, comma 2, nonché le controversie di cui all'articolo 104, comma 2, del testo unico delle leggi in materia bancaria e creditizia, di cui al decreto legislativo 1° settembre 1993, n. 385;[2]

d) le controversie contro i provvedimenti ministeriali di cui all'articolo 133, comma 1, lettera *m*), nonché i giudizi riguardanti l'assegnazione di diritti d'uso delle frequenze, la gara e le altre procedure di cui ai commi da 8 al 13 dell'articolo 1, della legge 13 dicembre 2010, n. 220, incluse le procedure di cui all'articolo 4 del decreto-legge 31 marzo 2011, n. 34, convertito, con modificazioni, dalla legge 26 maggio 2011, n. 75;[1]

e) le controversie aventi ad oggetto le ordinanze e i provvedimenti commissariali adottati in tutte le situazioni di emergenza dichiarate ai sensi dell'articolo 5, comma 1, della legge 24 febbraio 1992, n. 225[3] nonché gli atti, i provvedimenti e le ordinanze emanati ai sensi dell'articolo 5, commi 2 e 4 della medesima legge n. 225 del 1992;[4]

f) le controversie di cui all'articolo 133, comma 1, lettera *o*), limitatamente a quelle concernenti la produzione di energia elettrica da fonte nucleare, i rigassificatori, i gasdotti di importazione, le centrali termoelettriche di potenza termica superiore a 400 MW nonché quelle relative ad infrastrutture di trasporto ricomprese o da ricomprendere nella rete di trasmissione nazionale o rete nazionale di gasdotti, salvo quanto previsto dall'articolo 14, comma 2;

g) le controversie di cui all'articolo 133, comma 1, lettera *z*);

h) le controversie relative all'esercizio dei poteri speciali inerenti alle attività di rilevanza strategica nei settori della difesa e della sicurezza nazionale e nei settori dell'energia, dei trasporti e delle comunicazioni;[5]

h-bis) le controversie aventi ad oggetto i provvedimenti dell'Agenzia per la cybersicurezza nazionale;[6]

i) le controversie aventi ad oggetto i provvedimenti di espulsione di cittadini extracomunitari per motivi di ordine pubblico o di sicurezza dello Stato;

l) le controversie avverso i provvedimenti di allontanamento di cittadini comunitari per motivi di sicurezza dello Stato o per motivi di ordine pubblico di cui all'articolo 20, comma 1, del decreto legislativo 6 febbraio 2007, n. 30, e successive modificazioni;

m) le controversie avverso i provvedimenti previsti dal decreto legislativo 22 giugno 2007, n. 109;

n) le controversie disciplinate dal presente codice relative alle elezioni dei membri del Parlamento europeo spettanti all'Italia;

o) le controversie relative al rapporto di lavoro del personale del DIS, dell'AISI, dell'AISE e dell'Agenzia per la cybersicurezza nazionale;[7]

p) le controversie attribuite alla giurisdizione del giudice amministrativo derivanti dall'applicazione del Titolo II del Libro III del decreto legislativo 6 settembre 2011, n. 159, relative all'Agenzia nazionale per l'amministrazione e la destinazione dei beni sequestrati e confiscati alla criminalità organizzata;[4]

q) le controversie relative ai provvedimenti adottati ai sensi degli articoli 142 e 143 del testo unico delle leggi sull'ordinamento degli enti locali, di cui al decreto legislativo 18 agosto 2000, n. 267;[1]

q-bis) le controversie di cui all'articolo 133, comma 1, lettera *z-bis*);[8]

q-ter) le controversie di cui all'articolo 133, comma 1, lettera *z-ter*);[8]

q-quater) le controversie aventi ad oggetto i provvedimenti emessi dall'Amministrazione autonoma dei monopoli di Stato in materia di giochi pubblici con vincita in denaro e quelli emessi dall'Autorità di polizia relativi al rilascio di autorizzazioni in materia di giochi pubblici con vincita in denaro;[9]

q-quinquies) le controversie relative alle decisioni adottate ai sensi dell'articolo 24, paragrafo 2, lettera b), del regolamento (CE) n. 1987/2006 del Parlamento europeo e del Consiglio del 20 dicembre 2006 sull'istituzione, l'esercizio e l'uso del sistema d'informazione Schengen di seconda generazione (SIS II).[10]

q-sexies) le controversie relative ai provvedimenti di ammissione ed esclusione dalle competizioni professionistiche delle società o associazioni sportive professionistiche, o comunque incidenti sulla partecipazione a competizioni professionistiche.[11]

2. Restano esclusi dai casi di competenza inderogabile di cui al comma 1 le controversie sui rapporti di lavoro dei pubblici dipendenti, salvo quelle di cui alla lettera *o*) dello stesso comma 1.

[1] Lettera così modif. dall'art. 1, c. 1, lett. *nn*), D.lgs. 15 nov. 2011, n. 195.

[2] La Corte cost., con sent. 27 giu. 2012, n. 162, ha dichiarato l'ill. cost. della presente lettera «nella parte in cui attribuisce alla giurisdizione esclusiva del giudice amministrativo, con cognizione estesa al merito e alla competenza funzionale del TAR Lazio (sede di Roma) le controversie in materia di sanzioni irrogate dalla CONSOB».

[3] Ai sensi dell'art. 47, c. 1, lett. *i*), D.lgs. 2 gen. 2018, n. 1, il riferimento all'art. 5 della L. 24 feb. 1992, n. 225 si intende riferito agli artt. 24, 25 e 26, del D.lgs. 1/2018.

[4] Lettera così sost. dall'art. 1, c. 1, lett. *nn*), D.lgs. 15 nov. 2011, n. 195 e quindi modif. dall'art. 1, c. 1, lett. *u*), D.lgs. 14 set. 2012, n. 160.

[5] Lettera così sost. dall'art. 3, c. 8, D.L. 15 mar. 2012, n. 21, conv. con modif. in L. 11 mag. 2012, n. 56.

[6] Lettera aggiunta dall'art. 16, c. 11, D.L. 14 giu. 2021, n. 82, conv. con modif. in L. 4 ago. 2021, n. 109.

[7] Lettera così modif. dall'art. 16, c. 11, D.L. 14 giu. 2021, n. 82, conv. con modif. in L. 4 ago. 2021, n. 109.

[8] Lettera aggiunta dall'art. 1, c. 1, lett. *nn*), D.lgs. 15 nov. 2011, n. 195.

[9] Lettera aggiunta dall'art. 10, c. 9-*ter*, D.L. 2 mar. 2012, n. 16, conv. con modif. in L. 26 apr. 2012, n. 44.

[10] Lettera aggiunta dall'art. 15, c. 2, D.L. 17 feb. 2017, n. 13, conv. con modif. in L. 13 apr. 2017, n. 46.

[11] Lettera aggiunta dall'art. 1, c. 649, L. 30 dic. 2018, n. 145. La disposizione si applica anche ai processi ed alle controversie in corso alla data del 1° gen. 2019.

136. ***Disposizioni sulle comunicazioni e sui depositi informatici.*** — 1. I difensori indicano nel ricorso o nel primo atto difensivo un recapito di fax, che può essere anche diverso da quello del domiciliatario. La comunicazione a mezzo fax è eseguita esclusivamente qualora sia impossibile effettuare la comunicazione all'indirizzo di posta elettronica certificata risultante da pubblici elenchi, per mancato funzionamento del sistema informatico della giustizia amministrativa. È onere dei difensori comunicare alla segreteria e alle parti costituite ogni variazione del recapito di fax o di indirizzo di posta elettronica certificata. Ai fini dell'efficacia delle comunicazioni di segreteria è sufficiente che vada a buon fine una sola delle comunicazioni effettuate a ciascun avvocato componente il collegio difensivo.[1]

2. I difensori, le parti nei casi in cui stiano in giudizio personalmente e gli ausiliari del giudice depositano tutti gli atti e i documenti con modalità telematiche. In casi eccezionali, anche in considerazione della ricorrenza di particolari ragioni di riservatezza legate alla posizione delle parti o alla natura della controversia il presidente del tribunale o del Consiglio di Stato, il presidente della sezione se il ricorso è già incardinato o il collegio se la questione sorge in udienza possono dispensare, previo provvedimento motivato, dall'impiego delle modalità di sottoscrizione e di deposito di cui al comma 2-*bis* ed al primo periodo del presente comma; in tali casi e negli altri casi di esclusione dell'impiego di modalità telematiche previsti dal decreto di cui all'articolo 13, comma 1, delle norme di attuazione, si procede al deposito ed alla conservazione degli atti e dei documenti.[2]

2-*bis*. Salvi i casi di cui al comma 2, tutti gli atti e i provvedimenti del giudice, dei suoi ausiliari, del personale degli uffici giudiziari e delle parti sono sottoscritti con firma digitale. Dall'attuazione del presente comma non devono derivare nuovi o maggiori oneri per la finanza pubblica.[2]

2-*ter*. Quando il difensore depositi con modalità telematiche la copia informatica, anche per immagine, di un atto processuale di parte, di un provvedimento del giudice o di un documento formato su supporto analogico e detenuto in originale o in copia conforme, attesta la conformità della copia al predetto atto mediante l'asseverazione di cui all'articolo 22, comma 2, del codice di cui al decreto legislativo 7 marzo 2005, n. 82. Analogo potere di attestazione di conformità è esteso agli atti e ai provvedimenti presenti nel fascicolo informatico, con conseguente esonero dal versamento dei diritti di copia. Resta escluso il rilascio della copia autentica della formula esecutiva ai sensi dell'articolo 475 del codice di procedura civile, di competenza esclusiva delle segreterie degli uffici giudiziari. La copia munita dell'attestazione di conformità equivale all'originale o alla copia conforme dell'atto o del provvedimento. Nel compimento dell'attestazione di conformità di cui al presente comma i difensori assumono ad ogni effetto la veste di pubblici ufficiali.[3]

2-*quater*.[4]

[1] Comma così sost. dall'art. 45-*bis*, c. 3, D.L. 24 giu. 2014, n. 90, conv. con modif. in L. 11 ago. 2014, n. 114, a decorrere dal 1° gen. 2015 e poi così modif. dall'art. 7, D.L. 31 ago. 2016, n. 168, conv. con modif. in L. 25 ott. 2016, n. 197. Le modifiche hanno efficacia con riguardo ai giudizi introdotti con i ricorsi depositati, in primo o in secondo grado, a far data dal 1° gen. 2017; ai ricorsi depositati anteriormente a tale data, continuano ad applicarsi, fino all'esaurimento del grado di giudizio nel quale sono pendenti alla data stessa e comunque non oltre il 1° gen. 2018, le norme vigenti alla data di entrata in vigore del presente decreto.

[2] Comma così sost. dall'art. 7, D.L. 31 ago. 2016, n. 168, conv. con modif. in L. 25 ott. 2016, n. 197. Per la decorrenza v. nota 1.

[3] Comma aggiunto dall'art. 7, D.L. 31 ago. 2016, n. 168, conv. con modif. in L. 25 ott. 2016, n. 197. Per la decorrenza v. nota 1.

[4] Comma abrogato dall'art. 4, c. 3, D.L. 30 apr. 2020, n. 28, conv. con modif. in L. 25 giu. 2020, n. 70.

137. ***Norma finanziaria.*** — 1. Le amministrazioni competenti provvedono all'attuazione del codice nell'ambito delle risorse umane, strumentali e finanziarie disponibili a legislazione vigente e, comunque, senza nuovi o maggiori oneri per la finanza pubblica.

ALLEGATO 2

(*Omissis*).

ALLEGATO 3
NORME TRANSITORIE

TITOLO I
Definizione dei ricorsi pendenti da più di cinque anni alla data di entrata in vigore del codice del processo amministrativo

1. ***Nuova istanza di fissazione d'udienza.*** — 1. Nel termine di centottanta giorni dalla data di entrata in vigore del codice, le parti presentano una nuova istanza di fissazione di udienza, sottoscritta dalla parte che ha rilasciato la procura di cui all'articolo 24 del codice e dal suo difensore, relativamente ai ricorsi pendenti da oltre cinque anni e per i quali non è stata ancora fissata l'udienza di discussione. In difetto, il ricorso è dichiarato perento con decreto del presidente.

2. Se tuttavia, nel termine di centottanta giorni dalla comunicazione del decreto, il ricorrente deposita un atto, sottoscritto dalla parte personalmente e dal difensore e notificato alle altre parti, in cui dichiara di avere ancora interesse alla trattazione della causa, il presidente revoca il decreto disponendo la reiscrizione della causa sul ruolo di merito.

3. Se, nella pendenza del termine di cui al comma 1, è comunicato alle parti l'avviso di fissazione dell'udienza di discussione, il giudice provvede ai sensi dell'articolo 82, comma 2, del codice.

TITOLO II
Ulteriori disposizioni transitorie

2. ***Ultrattività della disciplina previgente.*** — 1. Per i termini che sono in corso alla data di entrata in vigore del codice continuano a trovare applicazione le norme previgenti.

3. ***Disposizione particolare per il giudizio di appello.*** — 1. La disposizione di cui all'articolo 101, comma 2, del codice non si applica agli appelli depositati prima dell'entrata in vigore del codice medesimo.

(*Omissis*).

RAPPORTI TRA GIUDIZIO CIVILE E GIUDIZIO PENALE

- 1 -

D.P.R. 22 set. 1988, n. 447

Approvazione del codice di procedura penale

(*estratto*)

651. ***Efficacia della sentenza penale di condanna nel giudizio civile o amministrativo di danno.*** — La sentenza penale irrevocabile di condanna pronunciata in seguito a dibattimento ha efficacia di giudicato, quanto all'accertamento della sussistenza del fatto, della sua illiceità penale ed all'affermazione che l'imputato lo ha commesso, nel giudizio civile o amministrativo per le restituzioni e il risarcimento del danno promosso nei confronti del condannato e del responsabile civile che sia stato citato ovvero sia intervenuto nel processo penale.

La stessa efficacia ha la sentenza irrevocabile di condanna pronunciata a norma dell'art. 442, salvo che vi si opponga la parte civile che non abbia accettato il rito abbreviato.

651-*bis*. ***Efficacia della sentenza di proscioglimento per particolare tenuità del fatto nel giudizio civile o amministrativo di danno.***[1] — 1. La sentenza penale irrevocabile di proscioglimento pronunciata per particolare tenuità del fatto in seguito a dibattimento ha efficacia di giudicato quanto all'accertamento della sussistenza del fatto, della sua illiceità penale e all'affermazione che l'imputato lo ha commesso, nel giudizio civile o amministrativo per le restituzioni e il risarcimento del danno promosso nei confronti del prosciolto[2] e del responsabile civile che sia stato citato ovvero sia intervenuto nel processo penale.

2. La stessa efficacia ha la sentenza irrevocabile di proscioglimento pronunciata per particolare tenuità del fatto a norma dell'articolo 442, salvo che vi si opponga la parte civile che non abbia accettato il rito abbreviato.

[1] Articolo ins. dall'art. 3, D.lgs. 16 mar. 2015, n. 28.
[2] Parola così modif. dal Comunicato 23 mar. 2015.

652. ***Efficacia della sentenza penale di assoluzione nel giudizio civile o amministrativo di danno.*** — 1. La sentenza penale irrevocabile di assoluzione pronunciata in seguito a dibattimento ha efficacia di giudicato, quanto all'accertamento che il fatto non sussiste o che l'imputato non lo ha commesso o che il fatto è stato compiuto nell'adempimento di un dovere o nell'esercizio di una facoltà legittima, nel giudizio civile o amministrativo per le restituzioni e il risarcimento del danno promosso dal danneggiato o nell'interesse dello stesso, sempre che il danneggiato si sia costituito o sia stato posto in condizione di costituirsi parte civile, salvo che il danneggiato dal reato abbia esercitato l'azione in sede civile a norma dell'art. 75 comma 2.[1]

2. La stessa efficacia ha la sentenza irrevocabile di assoluzione pronunciata a norma dell'art. 442, se la parte civile ha accettato il rito abbreviato.

[1] Parole così sost. dall'art. 9 della L. 27 mar. 2001, n. 97.

654. ***Efficacia della sentenza penale di condanna o di assoluzione in altri giudizi civili o amministrativi.*** — Nei confronti dell'imputato, della parte civile e del responsabile civile che si sia costituito o che sia intervenuto nel processo penale, la sentenza penale irrevocabile di condanna o di assoluzione pronunciata in seguito a dibattimento ha efficacia di giudicato nel giudizio civile o amministrativo, quando in questo si controverte intorno a un diritto o a un interesse legittimo il cui riconoscimento dipende dall'accertamento degli stessi fatti materiali che furono oggetto del giudizio penale, purché i fatti accertati siano stati ritenuti rilevanti ai fini della decisione penale e purché la legge civile non ponga limitazioni alla prova della posizione soggettiva controversa.

- 2 -

D.lgs. 28 lug. 1989, n. 271

Norme di attuazione, di coordinamento e transitorie del codice di procedura penale

(*estratti*)

211. ***Rapporti tra azione civile e azione penale.*** — 1. Salvo quanto disposto dall'art. 75, comma 2 del codice, quando disposizioni di legge prevedono la sospensione necessaria del processo civile o amministrativo a causa della pendenza di un processo penale, il processo civile o amministrativo è sospeso fino alla definizione del processo penale se questo può dare luogo a una sentenza che abbia efficacia di giudicato nell'altro processo e se è già stata esercitata l'azione penale.

212. ***Costituzione di parte civile e intervento nel processo.*** — 1. Quando leggi o decreti consentono la costituzione di parte civile o l'intervento nel processo penale al di fuori delle ipotesi indicate nell'art. 74 del codice, è consentito solo l'intervento nei limiti e alle condizioni previsti dagli artt. 91, 92, 93 e 94 del codice.

2. Resta in vigore l'art. 240 del R.D. 16 mar. 1942, n. 267.

213. ***Responsabilità civile derivante dalla circolazione dei veicoli a motore e dei natanti e provvisoria esecuzione.*** — 1. Continua a osservarsi la disposizione dell'art. 5-*bis* del D.L. 23 dic. 1976, n. 857, convertito nella legge 26 feb. 1977, n. 39.

214. ***Arresto o cattura da parte di organi che non esercitano funzioni penali.*** — 1. Sono abrogate le disposizioni di leggi o decreti che prevedono l'arresto o la cattura da parte di organi giudiziari che non esercitano funzioni penali (c.p. 256).

REGISTRO (IMPOSTA DI)

- 1 -

D.P.R. 26 apr. 1986, n. 131

Approvazione del testo unico delle disposizioni concernenti l'imposta di registro

(G.U. 30 apr., n. 99, Suppl.)

TITOLO I

Disposizioni generali

1. ***Oggetto dell'imposta.*** — 1. L'imposta di registro si applica nella misura indicata nella tariffa allegata al presente testo unico, agli atti soggetti a registrazione e a quelli volontariamente presentati per la registrazione.

2. ***Atti soggetti a registrazione.*** — 1. Sono soggetti a registrazione, a norma degli articoli seguenti:

a) gli atti indicati nella tariffa, se formati per iscritto nel territorio dello Stato;

b) i contratti verbali indicati nel comma 1 dell'art. 3;

c) le operazioni delle società ed enti esteri indicate nell'art. 4;

d) gli atti formati all'estero, compresi quelli dei consoli italiani, che comportano trasferimento della proprietà ovvero costituzione o trasferimento di altri diritti reali, anche di garanzia, su beni immobili o aziende esistenti nel territorio dello Stato e quelli che hanno per oggetto la locazione o l'affitto di tali beni.

3. ***Contratti verbali.*** — 1. Sono soggetti a registrazione i contratti verbali:

a) di locazione o affitto di beni immobili esistenti nel territorio dello Stato e relative cessioni, risoluzioni e proroghe anche tacite;

b) di trasferimento e di affitto di aziende esistenti nel territorio dello Stato e di costituzione o trasferimento di diritti reali di godimento sulle stesse e relative cessioni, risoluzioni e proroghe anche tacite.

2. Per gli altri contratti verbali si applicano le disposizioni dell'art. 22.

4. ***Operazioni di società ed enti esteri.*** — 1. Sono soggetti a registrazione:

a) l'istituzione nel territorio dello Stato della sede dell'amministrazione di società di ogni tipo e oggetto costituite all'estero ovvero della sede dell'amministrazione di enti diversi dalle società, compresi i consorzi, le associazioni e le altre organizzazioni di persone o di beni, con o senza personalità giuridica, aventi per oggetto esclusivo o principale l'esercizio di attività commerciali o agricole, parimenti costituiti all'estero;

b) l'istituzione nel territorio dello Stato della sede legale di uno dei soggetti di cui alla lettera *a*) avente la sede dell'amministrazione di uno Stato non facente parte della Comunità economica europea;

c) il trasferimento nel territorio dello Stato, da uno Stato non facente parte della Comunità economica europea, della sede dell'amministrazione o della sede legale di uno dei soggetti di cui alla lettera *a*) qualora la sede legale o rispettivamente quella dell'amministrazione non si trovi in uno Stato della Comunità economica europea;

d) il trasferimento nel territorio dello Stato, da altro Stato della Comunità economica europea, della sede dell'amministrazione di uno dei soggetti di cui alla lettera *a*), sempreché non sia stata assolta nello Stato di provenienza l'imposta prevista dalla direttiva della Comunità economica europea 17 luglio 1969, n. 335;

e) il trasferimento nel territorio dello Stato, da altro Stato della Comunità economica europea, della sede legale di uno dei soggetti di cui alla lettera *a*), avente la sede dell'amministrazione in uno Stato non facente parte della Comunità economica europea, sempreché non sia stata assolta nello Stato di provenienza l'imposta prevista dalla direttiva di cui alla lettera *d*);

f) la istituzione o il trasferimento nel territorio dello Stato di sedi secondarie di uno dei soggetti di cui alla lettera *a*), non avente la sede dell'amministrazione né quella legale in uno Stato della Comunità economica europea, sempreché, in caso di trasferimento, non sia stata assolta, in un altro Stato della Comunità economica europea, l'imposta prevista dalla direttiva di cui alla lettera *d*);

g) la messa a disposizione di capitali di investimento o di esercizio a favore delle sedi secondarie stabilite nel territorio dello Stato dai soggetti di cui alla lettera *a*) non aventi la sede dell'amministrazione né quella legale in uno Stato della Comunità economica europea;

h) l'istituzione o il trasferimento nel territorio dello Stato dell'oggetto principale dell'impresa da parte di uno dei soggetti di cui alla lettera *a*) che non abbia la sede legale o la sede dell'amministrazione in uno Stato facente parte della Comunità economica europea ovvero che in tale Stato non sia soggetto all'imposta prevista dalla direttiva di cui alla lettera *d*).

5. ***Registrazione in termine fisso e registrazione in caso d'uso.*** — 1. Sono soggetti a registrazione in termine fisso gli atti indicati nella parte prima della tariffa e in caso d'uso quelli indicati nella parte seconda.

2. Le scritture private non autenticate sono soggette a registrazione in caso d'uso se tutte le disposizioni in esse contemplate sono relative a operazioni soggette all'imposta sul valore aggiunto. Si considerano soggette all'imposta sul valore aggiunto anche le cessioni e le prestazioni tra soggetti partecipanti a un gruppo IVA, le cessioni e le prestazioni per le quali l'imposta non è dovuta a norma degli articoli da 7 a 7-*septies* del decreto del Presidente della Repubblica 26 ottobre 1972, n. 633, e quelle di cui al comma 6 dell'articolo 21 del medesimo decreto del Presidente della Repubblica n. 633 del 1972. La disposizione del periodo precedente non si applica alle operazioni esenti e imponibili ai sensi dei numeri 8), 8-*bis*), 8-*ter*) e 27-*quinquies*) del primo comma dell'articolo 10 del citato decreto n. 633 del 1972 e alle locazioni di immobili esenti ai sensi del secondo comma del medesimo articolo 10, nonché alle cessioni di beni e alle prestazioni di servizi tra soggetti partecipanti a un gruppo IVA per le quali, se effettuate nei confronti di un soggetto non partecipante al gruppo IVA, si applicherebbero le suddette disposizioni.

6. ***Caso d'uso.*** — 1. Si ha caso d'uso quando un atto si deposita, per essere acquisito agli atti, presso le cancellerie giudiziarie nell'esplicazione di attività amministrative o presso le amministrazioni dello Stato o gli enti pubblici territoriali e i rispettivi organi di controllo, salvo che il deposito avvenga ai fini dell'adempimento di una obbligazione delle suddette amministrazioni, enti o organi ovvero sia obbligatorio per legge o regolamento.

7. ***Atti non soggetti a registrazione.***[1] — 1. Per gli atti indicati nella tabella allegata al presente testo unico non vi è obbligo di chiedere la registrazione neanche in caso d'uso; se presentati per la registrazione, l'imposta è dovuta in misura fissa. La disposizione si applica agli atti indicati negli artt. 4, 5, 11 e 11-*bis* della stessa tabella anche se autenticati o redatti in forma pubblica.

[1] Articolo così modif. dall'art. 57 del D.lgs. 15 dic. 1997, n. 446, con decorr. 1° gen. 1999.

8. ***Registrazione volontaria.*** — 1. Chiunque vi abbia interesse può chiedere in qualsiasi momento, pagando la relativa imposta, la registrazione di un atto.

TITOLO II
Registrazione degli atti

9. ***Ufficio competente.*** — 1. Competente a registrare gli atti pubblici, le scritture private autenticate e gli atti degli organi giurisdizionali è l'ufficio del registro nella cui circoscrizione risiede il pubblico ufficiale obbligato a richiedere la registrazione a norma della lettera *b*) o della lettera *c*) dell'art. 10.

2. La registrazione di tutti gli altri atti può essere eseguita da qualsiasi ufficio del registro.

10. ***Soggetti obbligati a richiedere la registrazione.*** — 1. Sono obbligati a richiedere la registrazione:

a) le parti contraenti per le scritture private non autenticate, per i contratti verbali e per gli atti pubblici e privati formati all'estero nonché i rappresentanti delle societò o enti esteri, ovvero uno dei soggetti che rispondono delle obbligazioni della società o ente, per le operazioni di cui all'art. 4;

b) i notai, gli ufficiali giudiziari, i segretari o delegati della pubblica amministrazione e gli altri pubblici ufficiali per gli atti da essi redatti, ricevuti o autenticati;

c) i cancellieri e i segretari, per le sentenze, i decreti e gli altri atti degli organi giurisdizionali alla cui formazione hanno partecipato nell'esercizio delle loro funzioni.

d) gli impiegati dell'amministrazione finanziaria e gli appartenenti al Corpo della guardia di finanza per gli atti da registrare d'ufficio a norma dell'art. 15.

d-bis) gli agenti di affari in mediazione iscritti nella sezione degli agenti immobiliari del ruolo di cui all'art. 2 L. 3 feb. 1989, n. 39, per le scritture private non autenticate di natura negoziale stipulate a seguito della loro attività per la conclusione degli affari.[1]

[1] Lettera aggiunta dall'art. 1 c. 46 L. 27 dic. 2006, n. 296.

11. ***Richiesta di registrazione degli atti scritti.*** — 1. La richiesta di registrazione degli atti scritti deve essere redatta in duplice esemplare su appositi stampati forniti dall'ufficio, conformi al modello approvato con decreto del Ministro delle finanze.[1]

2. Per la registrazione degli atti pubblici e delle scritture private autenticate i notai e gli altri soggetti di cui alla lettera *b*) dell'art. 10 devono presentare, oltre l'atto del quale chiedono la registrazione, una copia certificata conforme. I funzionari indicati alla lettera *c*) dello stesso articolo devono presentare unicamente l'originale dell'atto. Per la registrazione degli atti che importano trasferimento, divisione o attribuzione di beni immobili o di diritti reali di godimento su beni immobili o costituzione dei diritti stessi deve essere presentata anche una copia in carta libera.

3. Chi richiede la registrazione di un atto diverso da quelli previsti dal comma 2 deve presentare all'ufficio del registro due originali ovvero un originale e una fotocopia. Se dell'atto siano stati formati più originali, il richiedente può presentarne anche più di due e chiedere che su tutti venga apposta l'annotazione di cui al comma 4 dell'art. 16.

4. I soggetti indicati alla lettera *d*) dell'art. 10, devono presentare gli atti rinvenuti ai sensi della lettera *a*) dell'art. 15 e quelli di cui siano venuti legittimamente in possesso ai sensi della lettera *b*) dello stesso articolo.

5. Agli atti scritti in lingua straniera deve essere allegata una traduzione in lingua italiana eseguita da un perito iscritto presso il tribunale ed asseverata conforme con giuramento. In mancanza di periti traduttori iscritti presso il tribunale nella cui circoscrizione ha sede l'ufficio del registro competente la traduzione è effettuata da persona all'uopo incaricata dal presidente del tribunale.

6. La disposizione del comma 5 non si applica agli atti che, con l'osservanza delle norme sulla competenza, vengono presentati agli uffici compresi nei territori dello Stato nei quali è ammesso, per legge, l'uso della lingua straniera adoperata nella redazione dell'atto.

7. La richiesta di registrazione di un atto vale anche per gli atti ad esso allegati ma non importa applicazione dell'imposta se si tratta di documenti che costituiscono parte integrante dell'atto, di frazionamenti, planimetrie, disegni, fotografie e simili ovvero di atti non soggetti a registrazione.

[1] Comma così modif. dall'art. 23, c. 49, D.L. 6 lug. 2011, n. 98, conv. in L. 15 lug. 2011, n. 111.

12. ***Richiesta di registrazione dei contratti verbali e delle operazioni di società ed enti esteri.*** — 1. La registrazione dei contratti verbali che vi sono soggetti in termine fisso deve essere richiesta, tranne che per le cessioni, risoluzioni e proroghe dei contratti di locazione di cui all'art. 17, presentando all'ufficio una denuncia in doppio originale redatta su modelli forniti dall'ufficio stesso. La denuncia deve essere sottoscritta da almeno una delle parti contraenti e deve indicare le generalità ed il domicilio di queste, il luogo e la data di stipulazione, l'oggetto, il corrispettivo pattuito e la durata del contratto.

2. Per le operazioni di cui all'art. 4, quando non risultino da atto scritto, la denuncia deve essere firmata dal rappresentante della società o ente estero ovvero da uno dei soggetti che rispondono delle obbligazioni della società o ente.

3. Ai fini del presente testo unico la denuncia assume qualità di atto.

13. ***Termini per la richiesta di registrazione.*** — 1. La registrazione degli atti che vi sono soggetti in termine fisso deve essere richiesta salvo quanto disposto dall'art. 17 c. 3-*bis* entro trenta[1] giorni dalla data dell'atto se formato in Italia, entro sessanta giorni se formato all'estero.

1-*bis*. Per i decreti di trasferimento e gli atti da essi ricevuti, i cancellieri devono richiedere la registrazione entro sessanta giorni da quello in cui il provvedimento è stato emanato.[2]

2. Per gli inventari, le ricognizioni dello stato di cose o di luoghi e in genere per tutti gli atti che non sono stati formati in un solo giorno il termine decorre dalla data di chiusura dell'atto; per le scritture private autenticate il termine decorre dalla data dell'ultima autenticazione e per i contratti verbali dell'inizio della loro esecuzione salvo quanto disposto dall'art. 17 c. 3-*bis*.[1]

3. Per i provvedimenti e gli atti di cui all'articolo 10, comma 1, lettera *c*), diversi dai decreti di trasferimento e dagli atti da essi ricevuti, i cancellieri devono richiedere la registrazione decorsi dieci giorni ed entro trenta giorni da quello in cui il provvedimento è stato pubblicato o emanato quando dagli atti del procedimento sono desumibili gli elementi previsti dal comma 4-*bis* dell'articolo 67 o, in

mancanza di tali elementi, entro trenta giorni dalla data di acquisizione degli stessi.[3]

4. Nei casi di cui al comma 2 dell'art. 12 la registrazione deve essere richiesta entro trenta[1] giorni dalla iscrizione nel registro delle imprese, prevista dagli artt. 2505 e seguenti del codice civile, e in ogni caso non oltre sessanta giorni dalla istituzione o dal trasferimento della sede amministrativa, legale o secondaria nel territorio dello Stato, o dalle altre operazioni di cui all'art. 4.

[1] Parola così sost. dall'art. 14, D.L. 21 giu. 2022, n. 73, conv. con modif. in L. 4 ago. 2022, n. 122.

[2] Comma aggiunto dall'art.19, D.lgs. 24 set. 2015, n. 158, tale disposizione si applica a decorrere dal 1° gen. 2017.

[3] Comma così sost. dall'art. 7-*quater*, c. 43, D.L. 22 ott. 2016, n. 193, conv. con modif. in L. 1 dic. 2016, n. 225.

14. ***Termine per la richiesta di registrazione degli atti soggetti ad approvazione od omologazione.*** — Per gli atti soggetti ad approvazione od omologazione da parte della pubblica amministrazione o dell'autorità giudiziaria ordinaria o per quelli che non possono avere esecuzione senza che sia trascorso un intervallo di tempo fissato dalla legge, il termine di cui all'art. 13 decorre rispettivamente dal giorno in cui i soggetti tenuti a richiedere la registrazione hanno avuto notizia, a norma del comma 2, del provvedimento di approvazione o di omologazione ovvero dal giorno in cui l'atto è divenuto altrimenti eseguibile.

2. Agli effetti del presente articolo i funzionari e i cancellieri preposti all'ufficio che ha provveduto all'approvazione od omologazione dell'atto devono, entro cinque giorni dall'emanazione del provvedimento, darne notizia alle parti ovvero ai notai o funzionari che hanno rogato l'atto mediante lettera raccomandata con avviso di ricevimento.

3. All'atto da registrare devono essere uniti in originale o copia autentica, a cura del richiedente, il provvedimento di approvazione o di omologazione e la lettera di cui al comma 2.

15. ***Registrazione d'ufficio.*** — 1. In mancanza di richiesta da parte dei soggetti indicati alle lettere *a*), *b*) e *c*) dell'art. 10 la registrazione è eseguita d'ufficio, previa riscossione dell'imposta dovuta:

a) per gli atti pubblici e per le scritture private conservati presso il pubblico ufficiale che li ha redatti o le ha autenticate nonché per gli atti degli organi giurisdizionali conservati presso le cancellerie giudiziarie; qualora non si rinvengano gli atti iscritti nei relativi repertori, la registrazione è eseguita sulla base degli elementi da questo desumibili;

b) per le scritture private non autenticate soggette a registrazione in termine fisso quando siano depositate presso pubblici uffici o quando l'amministrazione finanziaria ne sia venuta legittimamente in possesso in base ad una legge che autorizzi il sequestro o ne abbia avuta visione nel corso di accessi, ispezioni o verifiche eseguiti ai fini di altri tributi;

c) per i contratti verbali di cui alla lettera *a*) dell'art. 3 e per le operazioni di cui all'art. 4 quando, in difetto di prova diretta, risultino da presunzioni gravi, precise e concordanti;

d) per i contratti verbali di cui alla lettera *b*) dell'art. 3 quando, in difetto di prova diretta, la loro esistenza risulti, continuando nello stesso locale o in parte di esso la stessa attività commerciale, da cambiamenti nella ditta, nell'insegna o nella titolarità dell'esercizio ovvero da altre presunzioni gravi, precise e concordanti;

e) per gli atti soggetti a registrazione in termine fisso rispetto ai quali è intervenuta la decadenza di cui all'art. 76, comma 1, e per gli atti soggetti a registrazione in caso d'uso ai sensi dell'art. 6, quando siano depositati a norma di tale ultimo articolo.

2. Nelle ipotesi previste dalla lettera *c*) e dalla lettera *d*) del comma 1 è ammessa la prova contraria, ad esclusione di quella testimoniale.

16. ***Esecuzione della registrazione.*** — 1. Salvo quanto disposto nell'art. 17, la registrazione è eseguita, previo pagamento dell'imposta liquidata dall'ufficio, con la data del giorno in cui è stata richiesta.

2. L'ufficio può differire la liquidazione dell'imposta per non più di tre giorni; il differimento non è consentito se ritarda o impedisce l'adozione di un provvedimento ovvero il deposito dell'atto entro un termine di decadenza.

3. La registrazione consiste nella annotazione in apposito registro dell'atto o della denuncia e, in mancanza, della richiesta di registrazione con la indicazione del numero progressivo annuale, della data della registrazione, del nome del richiedente, della natura dell'atto, delle parti e delle somme riscosse. Per gli uffici dotati di sistemi elettrocontabili le modalità relative all'esecuzione della registrazione sono stabilite con decreto del Ministro delle finanze, di concerto con il Ministro di grazia e giustizia.

4. L'ufficio in calce o a margine degli originali e delle copie dell'atto o della denuncia, annota la data e il numero della registrazione ed appone la quietanza della somma riscossa ovvero dichiara che la registrazione è stata eseguita a debito; l'annotazione dell'avvenuta registrazione deve essere fatta anche sugli atti eventualmente allegati.

5. Quando la registrazione è stata eseguita con il pagamento dell'imposta in misura fissa a norma dell'art. 27 deve esserne fatta appressa menzione.

6. Eseguita la registrazione, l'ufficio restituisce al richiedente l'originale dell'atto pubblico o un originale della scrittura privata o della denuncia. Per le scritture private presentate in unico originale, l'ufficio restituisce la fotocopia da esso certificata conforme. Se la registrazione è avvenuta in base alla sola richiesta di registrazione, l'ufficio restituisce fotocopia della richiesta con le annotazioni di cui al comma 4.

7. Le richieste di registrazione sono conservate,

previa apposizione del numero e della data di registrazione, in appositi volumi rilegati.

17. ***Cessioni, risoluzioni e proroghe anche tacite dei contratti di locazione e di affitto di beni immobili.***[1] — 1. L'imposta dovuta per la registrazione dei contratti di locazione e affitto di beni immobili esistenti nel territorio dello Stato nonché per le cessioni, risoluzioni e proroghe anche tacite degli stessi, è liquidata dalle parti contraenti ed assolta entro trenta[2] giorni mediante versamento del relativo importo presso uno dei soggetti incaricati della riscossione, ai sensi dell'art. 4 del D.lgs. 9 lug. 1997, n. 237. Entro il termine di trenta giorni deve essere presentata all'ufficio presso cui è stato registrato il contratto di locazione la comunicazione relativa alle cessioni, alle risoluzioni e alle proroghe anche tacite dello stesso.[3]

1-*bis*. Chi non esegue, in tutto o in parte, il versamento relativo alle cessioni, risoluzioni e proroghe anche tacite dei contratti di cui al comma 1 è sanzionato ai sensi dell'articolo 13 del decreto legislativo 18 dicembre 1997, n. 471.[4]

2. [Abrogato].[5]

3. Per i contratti di locazione e sublocazione di immobili urbani di durata pluriennale l'imposta può essere assolta sul corrispettivo pattuito per l'intera durata del contratto ovvero annualmente sull'ammontare del canone relativo a ciascun anno. In caso di risoluzione anticipata del contratto il contribuente che ha corrisposto l'imposta sul corrispettivo pattuito per l'intera durata del contratto ha diritto al rimborso del tributo relativo alle annualità successive a quella in corso. L'imposta relativa alle annualità successive alla prima, anche conseguenti a proroghe del contratto comunque disposte, deve essere versata con le modalità di cui al comma 1.

3-*bis*. Per i contratti di affitto di fondi rustici non formati per atto pubblico o scrittura privata autenticata, l'obbligo della registrazione può essere assolto presentando all'ufficio del registro, entro il mese di febbraio, una denuncia in doppio originale relativa ai contratti in essere nell'anno precedente. La denuncia deve essere sottoscritta e presentata da una delle parti contraenti e deve contenere le generalità e il domicilio nonché il codice fiscale delle parti contraenti, il luogo e la data di stipulazione, l'oggetto, il corrispettivo pattuito e la durata del contratto.[3]

[1] Articolo così sostituito dall'art. 21 c. 18 lett. *a*) della L. 27 dic. 1997, n. 449. A sensi del c. 19 del medesimo art. 21: «Le disposizioni del c. 18 si applicano agli atti pubblici formati, alle scritture private autenticate nonché alle scritture private non autenticate e alle denunce presentate per la registrazione a decorrere dalla data di entrata in vigore della presente legge nonché alle proroghe anche tacite intervenute alla predetta data. Per i contratti di locazione non registrati con corrispettivo annuo non superiore a lire 2.500.000, la registrazione deve essere richiesta entro venti giorni dall'inizio dell'annualità successiva a quella in corso. Per i contratti già registrati l'imposta relativa alle annualità successive alla prima deve essere versata con le modalità di cui all'art. 17 del T.U. delle disposizioni concernenti l'imposta di registro, approvato con D.P.R. 26 apr. 1986, n. 131, come sostituito dal c. 18, lett. *a*)».

[2] Comma così modif. dall'art. 68, L. 21 nov. 2000, n. 342.

[3] Periodo aggiunto dall'art.17, D.lgs. 24 set. 2015, n. 158, tale disposizione si applica a decorrere dal 1° gen. 2017.

[4] Comma aggiunto dall'art.17, D.lgs. 24 set. 2015, n. 158, tale disposizione si applica a decorrere dal 1° gen. 2017.

[5] Comma soppresso dall'art.17, D.lgs. 24 set. 2015, n. 158, tale disposizione si applica a decorrere dal 1° gen. 2017.

[6] Comma aggiunto dall'art. 7, L. 23 dic. 1998, n. 448.

18. ***Effetti della registrazione.*** — 1. La registrazione, eseguita ai sensi dell'art. 16, attesta l'esistenza degli atti ed attribuisce ad essi data certa di fronte ai terzi a norma dell'art. 2704 del codice civile.

2. L'ufficio del registro conserva gli originali e le copie trattenute ai sensi dell'art. 16 ed i modelli di cui all'art. 17 e, trascorsi dieci anni, li trasmette all'archivio notarile, ad eccezione delle denunce di contratti verbali e dei modelli che vengono distrutti.

3. Su richiesta delle parti contraenti, dei loro aventi causa o di coloro nel cui interesse la registrazione è stata eseguita, l'ufficio del registro rilascia copia delle scritture private, delle denunce e degli atti formati all'estero dei quali è ancora in possesso nonché delle note e delle richieste di registrazione di qualunque atto pubblico o privato. Il rilascio di copie ad altre persone può avvenire soltanto su autorizzazione del pretore competente. Nei casi previsti dall'art. 17 in luogo del rilascio della copia è attestato il contenuto del modello di versamento.

19. ***Denuncia di eventi successivi alla registrazione.*** — 1. L'avveramento della condizione sospensiva apposta ad un atto, l'esecuzione di tale atto prima dell'avveramento della condizione e il verificarsi di eventi che, a norma del presente testo unico, diano luogo ad ulteriore liquidazione di imposta devono essere denunciati entro venti giorni, a cura delle parti contraenti o dei loro aventi causa e di coloro nel cui interesse è stata richiesta la registrazione, all'ufficio che ha registrato l'atto al quale si riferiscono.

2. Il termine di cui al comma 1 è elevato a sessanta giorni se l'evento dedotto in condizione è connesso alla nascita o alla sopravvivenza di una persona.

3. (*Abrogato*).[1]

[1] Comma abrog. dall'art. 10, L. 23 dic. 1999, n. 488.

TITOLO III
Applicazione dell'imposta

20. ***Interpretazione degli atti.***[1] — 1. L'imposta è applicata secondo la intrinseca natura e gli effetti giuridici dell'atto presentato alla registrazione, anche se non vi corrisponda il titolo o la forma apparente, sulla base degli elementi desumibili dall'atto medesimo, prescindendo da quelli extratestuali e dagli atti ad esso collegati, salvo quanto disposto dagli articoli successivi.

[1] Articolo così modif. dall'art. 1, c. 87, L. 27 dic. 2017, n. 205.

21. ***Atti che contengono più disposizioni.*** — 1. Se un atto contiene più disposizioni che non derivano necessariamente, per la loro intrinseca natura, le une dalle altre, ciascuna di esse è soggetta ad imposta come se fosse un atto distinto.

2. Se le disposizioni contenute nell'atto derivano necessariamente, per la loro intrinseca natura, le une dalle altre, l'imposta si applica come se l'atto contenesse la sola disposizione che dà luogo alla imposizione più onerosa.

3. Non sono soggetti ad imposta gli accolli di debiti ed oneri collegati e contestuali ad altre disposizioni nonché le quietanze rilasciate nello stesso atto che contiene le disposizioni cui si riferiscono.

22. ***Enunciazione di atti non registrati.*** — 1. Se in un atto sono enunciate disposizioni contenute in atti scritti o contratti verbali non registrati e posti in essere fra le stesse parti intervenute nell'atto che contiene la enunciazione, l'imposta si applica anche alle disposizioni enunciate. Se l'atto enunciato era soggetto a registrazione in termine fisso è dovuta anche la pena pecuniaria di cui all'art. 69.

2. L'enunciazione di contratti verbali non soggetti a registrazione in termine fisso non dà luogo all'applicazione dell'imposta quando gli effetti delle disposizioni enunciate sono già cessati o cessano in virtù dell'atto che contiene la enunciazione.

3. Se l'enunciazione di un atto non soggetto a registrazione in termine fisso è contenuta in uno degli atti dell'autorità giudiziaria indicati nell'art. 37, l'imposta si applica sulla parte dell'atto enunciato non ancora eseguita.

23. ***Disposizioni relative a beni soggetti ad aliquote diverse; eredità e comunioni indivise.*** — 1. Se una disposizione ha per oggetto più beni o diritti, per i quali sono previste aliquote diverse, si applica l'aliquota più elevata, salvo che per i singoli beni o diritti siano stati pattuiti prezzi distinti.

2. La disposizione del comma 1 non si applica per i crediti, né per i beni mobili e le rendite facenti parte di un'eredità indivisa o di una comunione, i quali sono soggetti, in occasione delle cessioni delle eredità o di quote di comunione, alle aliquote stabilite per ciascuno di essi.

3. Le pertinenze sono in ogni caso soggette alla disciplina prevista per il bene al cui servizio ed ornamento sono destinate.

4. Nelle cessioni di aziende o di complessi aziendali relativi a singoli rami dell'impresa, ai fini dell'applicazione delle diverse aliquote, le passività si imputano ai diversi beni sia mobili che immobili in proporzione del loro rispettivo valore.

24. ***Presunzione di trasferimento delle accessioni e delle pertinenze.*** — 1. Nei trasferimenti immobiliari le accessioni, i frutti pendenti e le pertinenze si presumono trasferiti all'acquirente dell'immobile, a meno che siano esclusi espressamente dalla vendita o si provi, con atto che abbia acquistato data certa mediante la registrazione, che appartengono ad un terzo o sono stati ceduti all'acquirente da un terzo.

2. Quando, entro tre anni, le pertinenze vengano comunque a risultare di proprietà dell'acquirente dell'immobile al cui servizio erano destinate, si applica l'imposta con l'aliquota relativa al trasferimento dell'immobile, diminuita dell'ammontare della imposta eventualmente pagata per il trasferimento fra le stesse parti.

25. ***Atti a titolo oneroso e gratuito.*** — 1. Un atto in parte oneroso e in parte gratuito è soggetto all'imposta di registro per la parte a titolo oneroso, salva l'applicazione dell'imposta sulle donazioni per la parte a titolo gratuito.

26. ***Presunzione di liberalità.*** — 1. I trasferimenti immobiliari, escluse le permute aventi per oggetto immobili ma fino a concorrenza del minore dei valori permutati ed i trasferimenti di partecipazioni sociali, quando il valore della partecipazione o la differenza tra valore e prezzo siano superiori all'importo di 350 milioni di lire[1], posti in essere tra coniugi ovvero tra parenti in linea retta o che tali siano considerati ai fini dell'imposta sulle successioni e donazioni si presumono donazioni, [con esclusione della prova contraria][2] se l'ammontare complessivo dell'imposta di registro e di ogni altra imposta dovuta per il trasferimento, anche se richiesta successivamente alla registrazione, risulta inferiore a quello delle imposte applicabili in caso di trasferimento a titolo gratuito, al netto delle detrazioni spettanti.

2. Le parti contraenti devono dichiarare contestualmente se fra loro sussista o meno un rapporto di coniugio o di parentela in linea retta o che sia considerato tale ai sensi del comma 1. In mancanza di tale dichiarazione il trasferimento si considera a titolo gratuito ove al momento della registrazione non risulti comprovata l'inesistenza del rapporto; tuttavia l'inesistenza del rapporto di coniugio o di parentela in linea retta può essere provata entro un anno dalla stipulazione dell'atto e in tale caso spetta il rimborso della maggiore imposta pagata.

3. La presunzione non opera per i conguagli pattuiti in sede di divisione e nelle vendite ai pubblici incanti.

4. La presunzione di liberalità, se ricorre la condizione di cui al comma 1, vale anche per i provvedimenti che accertano l'acquisto per usucapione della proprietà di immobili o di diritti reali di godimento sugli stessi da parte del coniuge o di un parente in linea retta dal precedente proprietario o titolare di diritto reale di godimento.

[1] Parole introdotte dall'art. 69, n. 5, L. 21 nov. 2000, n. 342.

[2] Parole soppresse dall'art. 69, n. 5, L. 21 nov. 2000, n. 342.

27. ***Atti sottoposti a condizione sospensiva, approvazione od omologazione.*** — 1. Gli atti sottoposti a condizione sospensiva sono registrati con il pagamento della imposta in misura fissa.

2. Quando la condizione si verifica, o l'atto produce i suoi effetti prima dell'avverarsi di essa, si riscuote la differenza tra l'imposta dovuta secondo le norme vigenti al momento della formazione dell'atto e quella pagata in sede di registrazione.

3. Non sono considerati sottoposti a condizione sospensiva le vendite con riserva di proprietà e gli atti sottoposti a condizione che ne fanno dipendere gli effetti dalla mera volontà dell'acquirente o del creditore.

4. Gli atti soggetti a condizione sospensiva che ne fa dipendere gli effetti dalla mera volontà del venditore o dell'obbligato sono soggetti all'imposta fissa.

5. Gli atti indicati nell'art. 14, quando intervenga l'approvazione o la omologazione o quando l'atto divenga eseguibile per il decorso dell'intervallo di tempo fissato dalla legge, sono soggetti all'imposta nella misura indicata nella tariffa. Tali atti, se presentati all'ufficio prima della scadenza del termine stabilito dall'art. 14, sono soggetti alla sola imposta fissa salvo, quando intervenga l'approvazione od omologazione o l'atto divenga eseguibile per il decorso dell'intervallo di tempo fissato dalla legge, l'applicazione dell'imposta principale determinata secondo le disposizioni vigenti in tale momento e previa deduzione dell'imposta in misura fissa pagata in sede di registrazione dell'atto.

6. (*Abrogato*).[1]

[1] Comma abrog. dall'art. 10, L. 23 dic. 1999, n. 488.

28. ***Risoluzione del contratto.*** — 1. La risoluzione del contratto è soggetta all'imposta in misura fissa se dipende da clausola o da condizione risolutiva espressa contenuta nel contratto stesso ovvero stipulata mediante atto pubblico o scrittura privata autenticata entro il secondo giorno non festivo successivo a quello in cui è stato concluso il contratto. Se è previsto un corrispettivo per la risoluzione, sul relativo ammontare si applica l'imposta proporzionale prevista dall'art. 6 o quella prevista dall'art. 9 della parte prima della tariffa.

2. In ogni altro caso l'imposta è dovuta per le prestazioni derivanti dalla risoluzione, considerando comunque, ai fini della determinazione dell'imposta proporzionale, l'eventuale corrispettivo della risoluzione come maggiorazione delle prestazioni stesse.

29. ***Transazione.*** — 1. Per le transizioni che non importano trasferimento di proprietà o trasferimento o costituzione di diritti reali l'imposta si applica in relazione agli obblighi di pagamento che ne derivano senza tenere conto degli obblighi di restituzione né di quelli estinti per effetto della transizione; se dalla transazione non derivano obblighi di pagamento l'imposta è dovuta in misura fissa.

30. ***Ratifica, convalida o conferma.*** — 1. La ratifica, la convalida e la conferma sono soggette all'imposta nella misura fissa, salvo il disposto dell'art. 22.

2. Quando per la ratifica, la convalida o la conferma è pattuito un corrispettivo a carico dell'acquirente, l'imposta si applica con l'aliquota propria dell'atto ratificato, convalidato o confermato. Se il corrispettivo non è pagato contestualmente è dovuta, se maggiore, l'imposta stabilita per la relativa obbligazione.

3. Quando per la ratifica, la convalida o la conferma è pattuito un corrispettivo a carico dell'alienante è dovuta l'imposta per l'assunzione dell'obbligazione o quella di quietanza a seconda che dall'atto la somma risulti promessa o pagata.

4. Il criterio per la determinazione dell'imposta stabilito nel comma 3 si applica anche quando è pattuito, a carico di una delle due parti, un corrispettivo per la ratifica, convalida o conferma di atti non traslativi della proprietà.

31. ***Cessione del contratto.*** — 1. La cessione del contratto è soggetta all'imposta con l'aliquota propria del contratto ceduto, con esclusione della cessione prevista dall'art. 5 della parte I della tariffa.[1]

2. Per la cessione verso corrispettivo di un contratto a titolo gratuito l'imposta si applica con l'aliquota stabilita per il corrispondente contratto a titolo oneroso.

[1] Comma così modif. dall'art. 21 c. 18 della L. 27 dic. 1997, n. 449.

32. ***Dichiarazione di nomina.*** — La dichiarazione di nomina della persona, per la quale un atto è stato in tutto o in parte stipulato, è soggetta all'imposta in misura fissa a condizione che la relativa facoltà derivi da espressa riserva contenuta nell'atto cui la dichiarazione si riferisce e sia esercitata, entro tre giorni dalla data dell'atto, mediante atto pubblico ovvero mediante scrittura privata autenticata o presentata per la registrazione entro il termine stesso. Se la dichiarazione di nomina viene fatta nello stesso atto o contratto che contiene la riserva non è dovuta alcuna imposta. In ogni altro caso, nonché quando la dichiarazione di nomina non è conforme alla riserva o è fatta a favore di altro partecipante alla gara, è dovuta l'imposta stabilita per l'atto cui si riferisce la dichiarazione.

33. ***Mandato irrevocabile e atto di surrogazione.*** — 1. Il mandato irrevocabile con dispensa dall'obbligo di rendiconto è soggetto all'imposta stabilita per l'atto per il quale è stato conferito.

2. L'atto da cui risulta la surrogazione nei diritti del creditore, a norma degli artt. 1201 e 1203 del

c.c., è soggetto all'imposta stabilita per la cessione del diritto spettante al creditore surrogato.

34. ***Divisioni.*** — 1. La divisione, con la quale ad un condividente siano assegnati beni per un valore complessivo eccedente quello a lui spettante sulla massa comune, è considerata vendita limitatamente alla parte eccedente. La massa comune è costituita nelle comunioni ereditarie dal valore, riferito alla data della divisione, dell'asse ereditario netto determinato a norma dell'imposta di successione, e nelle altre comunioni, dai beni risultanti da precedente atto che abbia scontato l'imposta propria dei trasferimenti.

2. I conguagli superiori al 5% del valore della quota di diritto, ancorché attuati mediante accollo di debiti della comunione, sono soggetti all'imposta con l'aliquota stabilita per i trasferimenti mobiliari fino a concorrenza del valore complessivo dei beni mobili e dei crediti compresi nella quota e con l'aliquota stabilita per i trasferimenti immobiliari per l'eccedenza.

3. Quando risulta che il valore dei beni assegnato ad uno dei condividenti determinato a norma dell'art. 52 è superiore a quello dichiarato, la differenza si considera conguaglio.

4. Agli effetti del presente articolo le comunioni tra i medesimi soggetti, che trovano origine in più titoli, sono considerate come una sola comunione se l'ultimo acquisto di quote deriva da successione a causa di morte.

35. ***Contratti a prezzo indeterminato*** — 1. Se il corrispettivo deve essere determinato posteriormente alla stipulazione di un contratto, l'imposta è applicata in base al valore dichiarato dalla parte che richiede la registrazione, salvo conguaglio o rimborso dopo la determinazione definitiva del corrispettivo, da denunciare a norma dell'art. 19.

2. Gli aggiornamenti o gli adeguamenti del canone a norma della L. 27 lug. 1978, n. 392, non hanno effetto ai fini della determinazione definitiva del corrispettivo dell'annualità del contratto nel corso della quale si verificano. Qualora l'imposta sia stata corrisposta per l'intera durata del contratto di locazione gli aggiornamenti o gli adeguamenti del canone hanno effetto ai soli fini della determinazione della base imponibile in caso di proroga del contratto.[1]

3. Se nel contratto è prevista la possibilità che il corrispettivo vari tra un minimo e un massimo, il valore da dichiarare a norma del comma 1 non può essere inferiore al minimo.

[1] Periodo aggiunto dall'art. 21 c. 18 della L. 27 dic. 1997, n. 449.

36. ***Contratti a tempo indeterminato e contratti con patto di proroga tacita o di recesso anticipato.*** — 1. Per i contratti a tempo indeterminato l'imposta è applicata in base alla durata dichiarata dalla parte che ne richiede la registrazione. Se alla data indicata il rapporto non sia cessato deve essere presentata all'ufficio, a norma dell'art. 19, una nuova denuncia sulla base della quale l'imposta viene applicata in relazione alla maggiore durata del contratto.

2. Se la durata dell'atto dipende dalla vita di una persona si applicano le disposizioni dell'art. 46.

3. Per i contratti con patto di proroga tacita l'imposta è applicata in relazione alla durata pattuita, salvo l'obbligo delle parti di denunciare a norma dell'art. 19 l'ulteriore periodo di durata del rapporto e di pagare la relativa imposta in base alle norme vigenti al momento in cui il contratto è divenuto vincolante per il nuovo periodo.

4. Per i contratti, che attribuiscono ad una parte il diritto di recedere prima della scadenza ma dopo un determinato periodo di tempo, l'imposta è applicata in relazione a tale periodo, salvo integrazione per la ulteriore durata.

37. ***Atti dell'autorità giudiziaria.*** — 1. Gli atti dell'autorità giudiziaria in materia di controversie civili che definiscono anche parzialmente il giudizio, i decreti ingiuntivi esecutivi, i provvedimenti che dichiarano esecutivi i lodi arbitrali e le sentenze che dichiarano efficaci nello Stato sentenze straniere, sono soggetti all'imposta anche se al momento della registrazione siano stati impugnati o siano ancora impugnabili, salvo conguaglio o rimborso in base a successiva sentenza passata in giudicato; alla sentenza passata in giudicato sono equiparati l'atto di conciliazione giudiziale e l'atto di transazione stragiudiziale in cui è parte l'amministrazione dello Stato.

2. Il contribuente che ha diritto al rimborso deve chiederlo ai sensi dell'art. 77 all'ufficio che ha riscosso l'imposta.

38. ***Irrilevanza della nullità e dell'annullabilità dell'atto.*** — 1. La nullità o l'annullabilità dell'atto non dispensa dall'obbligo di chiedere la registrazione e di pagare la relativa imposta.

2. L'imposta assolta a norma del comma 1 deve essere restituita, per la parte eccedente la misura fissa, quando l'atto sia dichiarato nullo o annullato, per causa non imputabile alle parti, con sentenza passata in giudicato e non sia suscettibile di ratifica, convalida o conferma.

39. ***Atti soggetti a registrazione in caso d'uso.*** — 1. Per gli atti soggetti a registrazione in caso d'uso l'imposta è applicata in base alle disposizioni vigenti al momento della richiesta di registrazione.

40. ***Atti relativi ad operazioni soggette all'imposta sul valore aggiunto.*** — 1. Per gli atti relativi a cessioni di beni e prestazioni di servizi soggetti all'imposta sul valore aggiunto, l'imposta si applica in misura fissa. Si considerano soggette all'imposta sul valore aggiunto anche le cessioni e le prestazioni tra soggetti partecipanti a un gruppo IVA, le cessioni e le prestazioni per le quali l'imposta non è dovuta a norma degli articoli da 7 a 7-*septies* del decreto del Presidente della Repubblica 26 ottobre 1972, n. 633, e quelle di cui al comma 6 dell'articolo 21 del medesimo decreto del Presidente della Repubblica n. 633 del 1972. La disposizione del periodo precedente non si applica alle operazioni esenti ai sensi dei numeri 8), 8-*bis*) e 27-*quinquies*) del primo comma dell'articolo 10 del citato decreto n. 633 del 1972 e alle locazioni di immobili esenti ai sensi del secondo comma del medesimo articolo 10, nonché alle cessioni di beni e alle prestazioni di servizi tra soggetti partecipanti a un gruppo IVA per le quali, se effettuate nei confronti di un soggetto non partecipante al gruppo IVA, si applicherebbero le suddette disposizioni.

1-*bis*. Sono soggette all'imposta proporzionale di registro le locazioni di immobili strumentali di cui all'articolo 10, primo comma, numero 8), del decreto del Presidente della Repubblica 26 ottobre 1972, n. 633, ancorché siano imponibili agli effetti dell'imposta sul valore aggiunto ovvero intervengano tra soggetti partecipanti a un gruppo IVA.

2. Per le operazioni indicate nell'art. 11 del D.P.R. 26 ott. 1972, n. 633, l'imposta si applica sulla cessione o prestazione non soggetta all'imposta sul valore aggiunto.

41. ***Liquidazione dell'imposta.***[1] — 1. L'imposta, quando non è dovuta in misura fissa, è liquidata dall'ufficio mediante l'applicazione dell'aliquota indicata nella tariffa alla base imponibile, determinata secondo le disposizioni del titolo quarto, con arrotondamento a lire mille, per difetto se la frazione non è superiore a lire cinquecento e per eccesso se superiore, ovvero all'unità, nel caso in cui i valori siano espressi in euro, per difetto se la frazione è inferiore a 50 centesimi e per eccesso se non inferiore.

2. L'ammontare dell'imposta principale non può essere in nessun caso inferiore alla misura fissa indicata nell'art. 11 della tariffa, parte prima, salvo quando disposto dagli artt. 5 e 7 della tariffa stessa.

[1] Articolo così modif. dall'art. 7, D.P.R. 18 ago. 2000, n. 308.

42. ***Imposta principale, suppletiva e complementare.*** — 1. È principale l'imposta applicata al momento della registrazione e quella richiesta dall'ufficio se diretta a correggere errori od omissioni effettuati in sede di autoliquidazione nei casi di presentazione della richiesta di registrazione per via telematica; è suppletiva l'imposta applicata successivamente se diretta a correggere errori od omissioni dell'ufficio; è complementare l'imposta applicata in ogni altro caso.[1]

2. L'imposta applicabile, ai sensi degli articoli precedenti, sugli atti non presentati per la registrazione o in aggiunta a quella assolta all'atto della registrazione è riscossa dall'ufficio nei modi e nei termini indicati nel titolo quinto.

[1] Comma così modif. dall'art. 1, D.lgs. 18 gen. 2000, n. 9.

TITOLO IV
Determinazione della base imponibile

43. ***Base imponibile.*** — 1. La base imponibile, salvo quanto disposto negli articoli seguenti, è costituita:

a) per i contratti a titolo oneroso traslativi o costitutivi di diritti reali dal valore del bene o del diritto alla data dell'atto ovvero, per gli atti sottoposti a condizione sospensiva, ad approvazione o ad omologazione, alla data in cui si producono i relativi effetti traslativi o costitutivi;

b) per le permute, salvo il disposto del comma 2 dell'art. 40, dal valore del bene che dà luogo all'applicazione della maggiore imposta;

c) per i contratti che importano l'assunzione di una obbligazione di fare in corrispettivo della cessione di un bene o dell'assunzione di altra obbligazione di fare, dal valore del bene ceduto o della prestazione che dà luogo all'applicazione della maggiore imposta, salvo il disposto del comma 2 dell'art. 40;

d) per le cessioni di contratto, dal corrispettivo pattuito per la cessione o dal valore delle prestazioni ancora da eseguire;

e) per gli atti portanti assunzione di una obbligazione che non costituisce corrispettivo di altra prestazione o portanti estinzione di una precedente obbligazione, dall'ammontare dell'obbligazione assunta o estinta e, se questa ha per oggetto un bene diverso dal denaro, dal valore venale del bene alla data dell'atto;

f) per gli atti con i quali viene prestata garanzia reale o personale, dalla somma garantita; se la garanzia è prestata in denaro o in titoli dalla somma di denaro o dal valore dei titoli, se inferiore alla somma garantita;

g)[1]

h) per i contratti diversi da quelli indicati nelle lettere precedenti, aventi per oggetto prestazioni a contenuto patrimoniale dall'ammontare dei corrispettivi in denaro pattuiti per l'intera durata del contratto;

i) per i contratti relativi ad operazioni soggette e ad operazioni non soggette all'imposta sul valore aggiunto, dal valore delle cessioni e delle prestazioni non soggette a tale imposta.

2. I debiti e gli altri oneri accollati e le obbligazioni estinte per effetto dell'atto concorrono a formare la base imponibile.

3. I prezzi o i corrispettivi in valuta estera o in valuta oro sono ragguagliati al cambio del giorno della stipulazione dell'atto, sempreché le parti non abbiano stabilito nei loro rapporti altra data di ragguaglio.

4. Le disposizioni del comma 1 valgono anche per gli atti dell'autorità giudiziaria, di cui all'art. 37, relativi agli atti indicati nel comma stesso e produttivi degli stessi effetti.

[1] Lettera abrog. dall'art. 10, L. 23 dic. 1999, n. 488.

44. ***Espropriazione forzata e trasferimenti coattivi.*** — 1. Per la vendita di beni mobili e immobili fatta in sede di espropriazione forzata ovvero all'asta pubblica e per i contratti stipulati o aggiudicati in seguito a pubblico incanto la base imponibile è costituita dal prezzo di aggiudicazione, diminuito, nell'ipotesi prevista dall'art. 587 del c.p.c., della parte già assoggettata all'imposta.

2. Per l'espropriazione per pubblica utilità e per ogni altro atto della pubblica autorità traslativo o costitutivo della proprietà di beni mobili o immobili o di aziende e di diritti reali sugli stessi la base imponibile è costituita dall'ammontare definitivo dell'indennizzo. In caso di trasferimento volontario all'espropriante nell'ambito della procedura espropriativa la base imponibile è costituita dal prezzo.

45. ***Concessioni e atti con amministrazioni dello Stato.*** — 1. Per gli atti concernenti le concessioni di cui all'art. 5 della parte prima della tariffa, nonché per gli atti portanti trasferimento di beni immobili o diritti reali immobiliari da o ad amministrazioni dello Stato, compresi gli organi dotati di personalità giuridica, con valore determinato dall'ufficio tecnico erariale in base a disposizioni di legge, la base imponibile è costituita rispettivamente dall'ammontare del canone ovvero da quello del corrispettivo pattuito.

46. ***Rendite e pensioni.*** — 1. Per la costituzione di rendita la base imponibile è costituita dalla somma pagata o dal valore dei beni ceduti dal beneficiario ovvero, se maggiore, dal valore della rendita; per la costituzione di pensioni la base imponibile è costituita dal valore della pensione.

2. Il valore della rendita o pensione è costituito:

a) da mille volte[1] l'annualità se si tratta di rendita perpetua o a tempo indeterminato;

b) dal valore attuale dell'annualità, calcolato al saggio legale di interesse, ma in nessun caso superiore a mille volte[1] l'annualità, se si tratta di rendita o pensione a tempo determinato;

c) dall'ammontare che si ottiene moltiplicando l'annualità per il coefficiente indicato nel prospetto allegato al presente testo unico, applicabile in relazione all'età della persona alla cui morte deve cessare, se si tratta di rendita o pensione vitalizia.

3. Il valore della rendita o pensione costituita congiuntamente a favore di più persone, che debba cessare con la morte di una qualsiasi di esse, è determinato a norma della lettera *c*) del comma 2 tenendo conto dell'età del meno giovane dei beneficiari. Se la rendita o pensione è costituita congiuntamente a favore di più persone con diritto di accrescimento tra loro, il valore è determinato tenendo conto dell'età del più giovane dei beneficiari.

4. La rendita o pensione a tempo determinato, con clausola di cessazione per effetto della morte del beneficiario prima della scadenza, è valutata nei modi previsti dalla lettera *b*) del comma 2, ma il suo valore non può superare quello determinato nei modi previsti dalla successiva lettera *c*) con riferimento alla durata massima della rendita o pensione.

5. Le disposizioni dei commi 3 e 4 si applicano con riferimento alla persona alla cui morte deve cessare la corresponsione della rendita o della pensione se tale persona è diversa dal beneficiario.

[1] Valore fissato dall'art. 1, c. 1, D.M. 23 dic. 2016.

47. ***Enfiteusi.*** — 1. Per la costituzione di enfiteusi e per la devoluzione o la cessione del diritto dell'enfiteuta, la base imponibile è costituita dal ventuplo del canone annuo ovvero, se maggiore, dal valore del diritto dell'enfiteuta.

2. Per l'affrancazione la base imponibile è costituita dalla somma dovuta dell'enfiteuta.

3. Il valore del diritto del concedente è pari alla somma dovuta dall'enfiteuta per l'affrancazione. Il valore del diritto dell'enfiteuta è pari alla differenza tra il valore della piena proprietà e la somma dovuta per l'affrancazione.

48. ***Valore della nuda proprietà, dell'usufrutto, dell'uso e dell'abitazione.*** — 1. Per il trasferimento della proprietà gravata da diritto di usufrutto, uso o abitazione la base imponibile è costituita dalla differenza tra il valore della piena proprietà e quello dell'usufrutto, uso o abitazione. Il valore dell'usufrutto, dell'uso e dell'abitazione è determinato a norma dell'art. 46, assumendo come annualità l'ammontare ottenuto moltiplicando il valore della piena proprietà per il saggio legale di interesse.

49. ***Crediti.*** — 1. Per i crediti la base imponibile è costituita dal loro importo, senza tener conto degli interessi non ancora maturati. Per i crediti infruttiferi che scadono almeno dopo un anno dalla data dell'atto con il quale sono stati costituiti o ceduti, la base imponibile è costituita dal loro valore attuale calcolato al saggio legale di interesse.

50. ***Atti ed operazioni concernenti società, enti, consorzi, associazioni ed altre organizzazioni commerciali od agricole.***[1] — 1. Per gli atti costitutivi e per gli aumenti di capitale o di patrimonio di società o di enti, diversi dalle società, compresi i consorzi, le associazioni e le altre organizzazioni di persone o di beni con o senza personalità giuridica aventi per oggetto esclusivo o principale l'esercizio di attività commerciali o agricole, con conferimento di immobili o diritti reali immobiliari, la base imponibile è costituita dal valore dei beni o diritti conferiti al netto delle passività e degli oneri accollati alle società, enti, consorzi, associazioni e altre organizzazioni commerciali o agricole, nonché delle spese e degli oneri inerenti alla costituzione o all'esecuzione dell'aumento calcolati forfetariamente nella misura del 2 per cento del valore dichiarato fino a lire 200 milioni e per l'1 per cento per la parte eccedente, e in ogni caso in misura non superiore a lire 1 miliardo.

[1] Articolo così modif. dall'art. 10, L. 23 dic. 1999, n. 488.

51. ***Valore dei beni e dei diritti.*** — 1. Ai fini dei precedenti articoli si assume come valore dei beni o dei diritti, salvo il disposto dei commi successivi, quello dichiarato dalle parti nell'atto e, in mancanza o se superiore, il corrispettivo pattuito per l'intera durata del contratto.

2. Per gli atti che hanno per oggetto beni immobili o diritti reali immobiliari e per quelli che hanno per oggetto aziende o diritti reali su di esse, si intende per valore il valore venale in comune commercio.

3. Per gli atti che hanno per oggetto beni immobili o diritti reali immobiliari l'ufficio del registro, ai fini dell'eventuale rettifica, controlla il valore di cui al comma 1 avendo riguardo ai trasferimenti a qualsiasi titolo e alle divisioni e perizie giudiziarie, anteriori di non oltre tre anni alla data dell'atto o a quella in cui se ne produce l'effetto traslativo o costitutivo, che abbiano avuto per oggetto gli stessi immobili o altri di analoghe caratteristiche e condizioni, ovvero al reddito netto di cui gli immobili sono suscettibili, capitalizzato al tasso mediamente applicato alla detta data e nella stessa località per gli investimenti immobiliari, nonché ad ogni altro elemento di valutazione, anche sulla base di indicazioni eventualmente fornite dai comuni.

4. Per gli atti che hanno per oggetto aziende o diritti reali su di esse il valore di cui al comma 1 è controllato dall'ufficio con riferimento al valore complessivo dei beni che compongono l'azienda, compreso l'avviamento ed esclusi i beni indicati nell'art. 7 della parte prima della tariffa e art. 11-*bis* della tabella,[1] al netto delle passività risultanti dalle scritture contabili obbligatorie o da atti aventi data certa a norma del codice civile, tranne quelle che l'alienante si sia espressamente impegnato ad estinguere e quelle relative ai beni di cui al citato art. 7 della parte prima della tariffa. L'ufficio può tenere conto anche degli accertamenti compiuti ai fini di altre imposte e può procedere ad accessi, ispezioni e verifiche secondo le disposizioni relative all'imposta sul valore aggiunto.

[1] Comma così modif. dall'art. 57 del D.lgs. 15 dic. 1997, n. 446, con decorr. 1° gen. 1999.

52. ***Rettifica del valore degli immobili e delle aziende.*** — 1. L'ufficio, se ritiene che i beni o i diritti di cui ai commi 3 e 4 dell'art. 51 hanno un valore venale superiore al valore dichiarato o al corrispettivo pattuito, provvede con lo stesso atto alla rettifica e alla liquidazione della maggiore imposta, con gli interessi e le sanzioni.[1]

2. L'avviso di rettifica e di liquidazione della maggiore imposta deve contenere l'indicazione del valore attribuito a ciascuno dei beni o diritti in esso descritti, degli elementi di cui all'art. 51 in base ai quali è stato determinato, l'indicazione delle aliquote applicate e del calcolo della maggiore imposta, nonché dell'imposta dovuta in caso di presentazione del ricorso.[1]

2-*bis*. La motivazione dell'atto deve indicare i presupposti di fatto e le ragioni giuridiche che lo hanno determinato. Se la motivazione fa riferimento ad un altro atto non conosciuto né ricevuto dal contribuente, questo deve essere allegato all'atto che lo richiama, salvo che quest'ultimo non ne riproduca il contenuto essenziale. L'accertamento è nullo se non sono osservate le disposizioni di cui al presente comma.[2]

3. L'avviso è notificato nei modi stabiliti per le notificazioni in materia di imposte sui redditi dagli ufficiali giudiziari, da messi speciali autorizzati dagli uffici del registro o da messi comunali o di conciliazione.

4. Non sono sottoposti a rettifica il valore o il corrispettivo degli immobili, iscritti in catasto con attribuzione di rendita, dichiarato in misura non inferiore, per i terreni, a settantacinque volte[3] il reddito dominicale risultante in catasto e, per i fabbricati, a cento volte[3] il reddito risulante in catasto, aggiornati con i coefficienti stabiliti per le imposte sul reddito, né i valori o corrispettivi della nuda proprietà e dei diritti reali di godimento sugli immobili stessi dichiarati in misura non inferiore a quella determinata su tale base a norma degli artt. 47 e 48. Ai fini della disposizione del presente comma le modifiche dei coefficienti stabiliti per le imposte sui redditi hanno effetto per gli atti pubblici formati, per le scritture private autenticate e gli atti giudiziari o emanati dal decimo quinto giorno successivo a quello di pubblicazione dei decreti previsti dagli artt. 87 e 88 del D.P.R. 29 set. 1973, n. 597, nonché per le scritture private non autenticate presentate per la registrazione da tale data. La disposizione del presente comma non si applica per i terreni per i quali gli strumenti urbanistici prevedono la destinazione edificatoria.

5. I moltiplicatori di settantacinque[3] e cento[3] volte possono essere modificati, in caso di sensibili divergenze dai valori di mercato, con decreto del Ministro delle finanze pubblicato nella *Gazzetta Ufficiale*. Le modifiche hanno effetto per gli atti pubblici formati, per le scritture private autenticate e gli atti giudiziari pubblicati o emanati dal decimo quinto giorno successivo a quello di pubblicazione del decreto nonché per le scritture private non autenticate presentate per la registrazione da tale data.

5-*bis*. Le disposizioni dei commi 4 e 5 non si applicano relativamente alle cessioni di immobili e relative pertinenze diverse da quelle disciplinate dall'art. 1, c. 497, della L. 23 dic. 2005, n. 266, e successive modificazioni.[4]

[1] Comma così sost. dall'art. 3, c. 135, della L. 28 dic. 1995, n. 549.

[2] Comma aggiunto dall'art. 4 D.lgs. 26 gen. 2001, n. 32.

[3] Moltiplicatori così elevati dall'art. 1 del D.M. 11 nov. 1989 (G.U. 18 nov. 1989, n. 270).

V. altresì D.M. 14 dic. 1991.

[4] Comma aggiunto dall'art. 35 D.L. 4 lug. 2006, n. 223.

52-*bis*. ***Liquidazione dell'imposta derivante***

dai contratti di locazione.[1] — 1. La liquidazione dell'imposta complementare di cui all'art. 42, comma 1, è esclusa qualora l'ammontare del canone di locazione relativo ad immobili, iscritti in catasto con attribuzione di rendita, risulti dal contratto in misura non inferiore al 10 per cento del valore dell'immobile determinato ai sensi dell'art. 52, comma 4, e successive modificazioni. Restano comunque fermi i poteri di liquidazione dell'imposta per le annualità successive alla prima.

[1] Articolo introdotto dall'art. 341, L. 30 dic. 2004, n. 311.

53. ***Atti sprovvisti di indicazioni necessarie.*** — 1. Se l'atto non contiene la dichiarazione di valore né l'indicazione del corrispettivo, l'ufficio determina la base imponibile, salva l'applicazione dell'art. 52 nelle ipotesi previste nei commi 3 e 4 dell'art. 51.

2. Se l'atto non contiene l'indicazione della sua data, si assume come tale quella in cui è eseguita la registrazione, salva l'applicazione della sanzione stabilita nell'art. 74.

53-*bis*. ***Attribuzioni e poteri degli uffici.***[1] — 1. Fermo restando quanto previsto dall'articolo 10-*bis* della legge 27 luglio 2000, n. 212, le attribuzioni e i poteri di cui agli artt. 31 e seguenti del D.P.R. 29 settembre 1973, n. 600 e successive modificazioni, possono essere esercitati anche ai fini dell'imposta di registro, nonché delle imposte ipotecaria e catastale previste dal T.U. di cui al D.lgs. 31 ottobre 1990, n. 347.

[1] Articolo aggiunto dall'art. 35, D.L. 4 lug. 2006, n. 223 e così modif. dall'art. 1, c. 87, L. 27 dic. 2017, n. 205.

TITOLO V
Riscossione dell'imposta

54. ***Riscossione dell'imposta in sede di registrazione.*** — 1. All'atto della richiesta di registrazione il richiedente deve pagare l'imposta liquidata a norma del comma 1 dell'art. 16, ovvero, se la liquidazione è differita a norma del comma 2 dello stesso articolo, depositare la somma che l'ufficio ritiene corrispondente all'imposta dovuta. Della somma depositata viene rilasciata ricevuta.

2. I funzionari indicati alla lettera *c*) dell'art. 10 sono tenuti al pagamento o al deposito di cui al comma 1 limitatamente ai decreti di trasferimento emanati nei procedimenti esecutivi e gli atti da essi ricevuti.

3. Per gli altri atti degli organi giurisdizionali il pagamento dell'imposta deve essere effettuato, entro il termine di cui al comma 5, dalle parti in causa o dai soggetti nel cui interesse è richiesta la registrazione.

4. In mancanza del pagamento o del deposito l'ufficio procede, a norma dell'art. 15, lettere *a*) e *b*), alla registrazione d'ufficio.

5. Quando la registrazione deve essere eseguita d'ufficio, a norma dell'art. 15, l'ufficio del registro notifica apposito avviso di liquidazione al soggetto o ad uno dei soggetti obbligati al pagamento dell'imposta, con invito ad effettuare entro il termine di sessanta giorni il pagamento dell'imposta e, se dallo stesso dovuta, della pena pecuniaria irrogata per omessa richiesta di registrazione. Nell'avviso devono essere indicati gli estremi dell'atto da registrare o il fatto da denunciare e la somma da pagare.

55. ***Riscossione dell'imposta successivamente alla registrazione.*** — 1. Il pagamento dell'imposta complementare, dovuta in base all'accertamento definitivo[1] del valore imponibile o alla presentazione di una delle denunce previste dall'art. 19, deve essere eseguito entro sessanta giorni da quello in cui è avvenuta la notifica della relativa liquidazione.

2. Il pagamento delle imposte suppletive deve essere eseguito entro sessanta giorni da quello in cui è avvenuta la notifica della relativa liquidazione.

3. Il pagamento delle imposte e delle sanzioni amministrative[2] eseguito successivamente alla registrazione deve risultare da apposita quietanza indicante gli estremi di registrazione dell'atto e le generalità del soggetto che ha eseguito il pagamento.

4. Per gli interessi di mora si applicano le disposizioni delle L. 26 gen. 1961, n. 29, 28 mar. 1962, n. 147, e 18 apr. 1978, n. 130.

[1] La parola "definitivo" è stata soppressa dall'art. 3, c. 135, L. 28 dic. 1995, n. 549.
[2] Comma così modif. dall'art. 1 del D.lgs. 18 dic. 1997, n. 473.

56. ***Riscossione in pendenza del giudizio, riscossione coattiva e privilegio.*** — 1. Il ricorso del contribuente non sospende la riscossione, a meno che si tratti:

a) di imposta complementare per il maggior valore accertato. In tal caso la maggior imposta deve essere pagata per un terzo entro il termini di cui all'art. 55, per due terzi dell'imposta liquidata sul valore risultante dalla decisione della commissione tributaria di primo grado e per il resto dopo la decisione della commissione di secondo grado, in ogni caso al netto delle somme già riscosse; la direzione regionale delle entrate, se ricorrono gravi motivi, può sospendere la riscossione fino alla decisione della commissione tributaria di primo grado. Se l'imposta riscuotibile in base alla decisione della commissione tributaria è inferiore a quella già riscossa, il contribuente ha diritto al rimborso della differenza entro sessanta giorni dalla notifica della decisione, che deve essere eseguita anche su richiesta del contribuente;[1]

b) di imposte suppletive, che sono riscosse per intero dopo la decisione della commissione centrale o della corte d'appello o dell'ultima decisione non impugnata.

2. Il pagamento delle imposte, di cui al comma 1, richieste in relazione alle decisioni delle commis-

sioni tributarie,[2] deve essere effettuato, con gli interessi di mora, entro sessanta giorni dalla notifica dell'avviso di liquidazione.

3.[3]

4. Per la riscossione coattiva delle imposte, delle soprattasse, e delle pene pecuniarie e degli interessi di mora si applicano le disposizioni degli artt. 2, da 5 a 29 e 31 del R.D. 14 apr. 1910, n. 639. Lo Stato ha privilegio secondo le norme stabilite dal c.c. Il privilegio si estingue con il decorso di 5 anni dalla data della registrazione.

[1] Lettera così sost. dall'art. 3, c. 135, della L. 28 dic. 1995, n. 549.

[2] Comma così modif. dall'art. 3, c. 135, della L. 28 dic. 1995, n. 549.

[3] Comma abrog. dall'art. 1, D.lgs. 18 dic. 1997, n. 473.

57. ***Soggetti obbligati al pagamento.*** — 1. Oltre ai pubblici ufficiali, che hanno redatto, ricevuto o autenticato l'atto, e ai soggetti nel cui interesse fu richiesta la registrazione, sono solidalmente obbligati al pagamento dell'imposta le parti contraenti, le parti in causa, coloro che hanno sottoscritto o avrebbero dovuto sottoscrivere le denunce di cui agli artt. 12 e 19 e coloro che hanno richiesto i provvedimenti di cui agli artt. 633, 796, 800 e 825 del c.p.c.

1-*bis*. Gli agenti immobiliari di cui all'art. 10, c. 1, lettera *d-bis*), sono solidamente tenuti al pagamento dell'imposta per le scritture private non autenticate di natura negoziale stipulate a seguito della loro attività per la conclusione degli affari.[1]

1-*ter*. L'utilizzatore dell'immobile concesso in locazione finanziaria è solidalmente obbligato al pagamento del tributo per l'immobile, anche da costruire o in corso di costruzione, acquisito dal locatore per la conclusione del contratto.[2]

2. La responsabilità dei pubblici ufficiali non si estende al pagamento delle imposte complementari e suppletive.

3. Le parti interessate al verificarsi della condizione sospensiva apposta a un atto sono solidalmente obbligate al pagamento dell'imposta dovuta quando si verifica la condizione o l'atto produce i suoi effetti prima dell'avverarsi di essa.

4. L'imposta complementare dovuta per un fatto imputabile soltanto ad una delle parti contraenti è a carico esclusivamente di questa.

5. Per gli atti soggetti a registrazione in caso d'uso e per quelli presentati volontariamente alla registrazione, obbligato al pagamento dell'imposta è esclusivamente chi ha richiesto la registrazione.

6. Se un atto, alla cui formazione hanno partecipato più parti, contiene più disposizioni non necessariamente connesse e non derivanti per la loro intrinseca natura le une dalle altre, l'obbligo di ciascuna delle parti al pagamento delle imposte complementari e suppletive è limitato a quelle dovute per le convenzioni alle quali essa ha partecipato.

7. Nei contratti in cui è parte lo Stato, obbligata al pagamento dell'imposta è unicamente l'altra parte contraente, anche in deroga all'art. 8 della L. 27 lug. 1978, n. 392, sempreché non si tratti di imposta dovuta per atti presentati volontariamente per la registrazione dalle amministrazioni dello Stato.

8. Negli atti di espropriazione per pubblica utilità o di trasferimento coattivo della proprietà o di diritti reali di godimento l'imposta è dovuta solo dall'ente espropriante o dall'acquirente senza diritto di rivalsa, anche in deroga all'art. 8 della L. 27 lug. 1978, n. 392; l'imposta non è dovuta se espropriante o acquirente è lo Stato.

[1] Comma aggiunto dall'art. 1 c. 46 della L. 27 dic. 2006, n. 296.

[2] Comma aggiunto dall'art. 1 c. 15 della L. 13 dic. 2010, n. 220.

58. ***Surrogazione all'amministrazione.*** — 1. I soggetti indicati nell'art. 10, lettere *b*) e *c*), che hanno pagato l'imposta si surrogano in tutte le ragioni, azioni e privilegi spettanti all'amministrazione finanziaria e possono, esibendo un certificato dell'ufficio del registro attestante la somma pagata, richiedere al giudice del luogo in cui ha sede il loro ufficio ingiunzione di pagamento nei confronti dei soggetti nel cui interesse fu richiesta la registrazione.

2. L'ingiunzione è provvisoriamente esecutiva a norma dell'art. 642 del c.p.c. Non è ammissibile l'opposizione fondata sul motivo che le imposte pagate non erano dovute o erano dovute in misura minore.

59. ***Registrazione a debito.*** — 1. Si registrano a debito, cioè senza contemporaneo pagamento delle imposte dovute:

a) le sentenze, i provvedimenti e gli atti che occorrono nei procedimenti contenziosi nei quali sono interessate le amministrazioni dello Stato e le persone o gli enti morali ammessi al beneficio del patrocinio a spese dello Stato[1] quando essi vengono formati d'ufficio o ad istanza o nell'interesse dei detti soggetti; la registrazione a debito non è ammessa per le sentenze portanti trasferimento di beni e diritti di qualsiasi natura;

b) gli atti formati nell'interesse dei soggetti di cui alla lettera *a*) dopo che sia iniziato il procedimento contenzioso e necessari per l'ulteriore corso del procedimento stesso o per la sua definizione;

c) gli atti relativi alla procedura fallimentare. [ai sensi degli artt. 91 e 133 del RD 16 mar. 1942, n. 267.][2]

d) le sentenze e gli altri atti degli organi giurisdizionali[3] che condannano al risarcimento del danno prodotto da fatti costituenti reato.

[1] Lettera così modif. dall'art. 300, D.P.R. 30 mag. 2002, n. 115.

[2] Parole soppresse dall'art. 299, D.P.R. 30 mag. 2002, n. 115.

[3] Parole ins. dall'art. 7-*quater*, c. 43, D.L. 22 ott. 2016, n. 193, conv. con modif. in L. 1 dic. 2016, n. 225.

60. ***Modalità per la registrazione a debito.*** — 1. La registrazione a debito si esegue a norma dell'art. 16 a condizione che nel contesto o a margine dell'originale di ciascun atto sia indicato che questo è compilato o emanato ad istanza o nell'interesse dell'amministrazione dello Stato o della persona o dell'ente morale ammesso al gratuito patrocinio, facendosi in questo ultimo caso menzione della data del decreto di ammissione e dell'autorità giudiziaria che lo ha emanato. Per i provvedimenti emessi d'ufficio si deve inoltre fare menzione di questa circostanza e indicare la parte ammessa al gratuito patrocinio.

2. Nelle sentenze e negli altri atti degli organi giurisdizionali di cui alla lettera *d*) dell'art. 59 deve essere indicata la parte obbligata al risarcimento del danno, nei cui confronti deve essere recuperata l'imposta prenotata a debito. L'ufficio finanziario, qualora ravvisi elementi che consentano la riconducibilità dei provvedimenti giurisdizionali all'ambito applicativo dell'articolo 59, comma 1, lettera *d*), può sospenderne la liquidazione e segnalare la sussistenza di tali elementi all'ufficio giudiziario. Nel termine di trenta giorni dal ricevimento della segnalazione, l'ufficio giudiziario deve fornire il proprio parere all'ufficio finanziario, motivando, con apposito atto, l'eventuale mancata ammissione del provvedimento alla prenotazione a debito.[1]

[1] Comma così modif. dall'art. 7-*quater*, c. 43, D.L. 22 ott. 2016, n. 193, conv. con modif. in L. 1 dic. 2016, n. 225.

61. ***Recupero delle imposte prenotate a debito.*** — 1.[1]

2. I rappresentanti delle amministrazioni dello Stato, i cancellieri, i procuratori e le parti devono pagare in proprio le imposte dovute sugli atti dei quali hanno richiesto la registrazione a debito, quando non hanno osservato le disposizioni contenute nel precedente articolo ovvero quando di tali atti abbiano fatto un uso diverso da quello per cui venne concessa la registrazione a debito.

[1] Comma abrog. dall'art. 299, D.P.R. 30 mag. 2002, n. 115.

TITOLO VI
Disposizioni varie

62. ***Nullità dei patti contrari alla legge.*** — I patti contrari alle disposizioni del presente testo unico, compresi quelli che pongono l'imposta e le eventuali sanzioni a carico della parte inadempiente, sono nulli anche fra le parti.

63. ***Comunicazione di atti e notizie.*** — 1. Soggetti di cui all'art. 10 e i dirigenti dei pubblici uffici devono, se richiesti, comunicare agli uffici del registro le notizie occorrenti ai fini dell'applicazione dell'imposta. I pubblici ufficiali di cui all'art. 10, lettere *b*) e *c*), devono inoltre trasmettere agli uffici stessi estratti dai loro registri e copie degli atti da loro conservati.

2. Le copie e gli estratti di cui al comma 1, attestati conformi all'originale, devono essere trasmessi gratuitamente entro otto giorni dalla richiesta e, in caso di urgenza, entro un termine più breve.

3. Le disposizioni dei commi 1 e 2 non si applicano ai testamenti.

64. ***Attestazione degli estremi di registrazione degli atti.*** — 1. I pubblici ufficiali devono indicare negli atti da loro formati gli estremi della registrazione degli atti soggetti a registrazione in termine fisso menzionati negli atti stessi.

65. ***Divieti relativi agli atti non registrati.*** — 1. I pubblici ufficiali non possono menzionare negli atti non soggetti a registrazione in termine fisso da loro formati, né allegare agli stessi, né ricevere in deposito, né assumere a base dei loro provvedimenti, atti soggetti a registrazione in termine fisso non registrati.

2. Gli impiegati dell'amministrazione statale, degli enti pubblici territoriali e dei rispettivi organi di controllo non possono ricevere in deposito né assumere a base dei loro provvedimenti gli atti soggetti a registrazione in termine fisso non registrati. Il divieto non si applica nei casi di cui alla lettera *e*) del comma 2 dell'art. 66.

3. Gli impiegati di cui al comma 2 possono ricevere in deposito atti soggetti a registrazione in caso d'uso e assumere gli atti depositati a base dei loro provvedimenti, ma sono tenuti a trasmettere gli atti stessi in originale o in copia autenticata all'ufficio del registro ai fini della registrazione d'ufficio.

4. Gli impiegati delle camere di commercio, industria, artigianato e agricoltura e gli impiegati addetti alla tenuta di albi previsti dalle vigenti leggi non possono procedere all'iscrizione di società all'anagrafe delle ditte o negli albi se non venga prodotto l'atto scritto e registrato da cui risulti la costituzione della società.

5. Rimane fermo il disposto degli artt. 2669 e 2836 del c.c. per gli atti da trascrivere o iscrivere nei registri immobiliari.

6. I divieti di cui ai commi 1 e 2 non si applicano per gli atti allegati alle citazioni, ai ricorsi e agli scritti defensoriali, o comunque prodotti o esibiti davanti a giudici e arbitri, né per quelli indicati nei provvedimenti giurisdizionali o nei lodi arbitrali. Quando tuttavia il provvedimento o il lodo arbitrale è emesso in base a tali atti, questi devono essere inviati in originale o in copia autenticata al competente ufficio del registro, insieme con il provvedimento, a cura del cancelliere o del segretario, e insieme con il lodo a cura del cancelliere della pretura presso la quale è stato depositato ai fini della dichiarazione di esecutività; in questo caso gli atti in base ai quali è stato emesso il lodo devono essere depositati in cancelleria della parte interessata, insieme con questo.

7. Gli atti in base ai quali sono stati emessi provvedimenti giurisdizionali non soggetti a registrazione, di cui alla tabella, devono essere inviati all'ufficio del registro, a cura del cancelliere o del

segretario, entro trenta giorni dalla data di pubblicazione degli stessi.

66. ***Divieto di rilascio di atti non registrati.*** — 1. I soggetti indicati nell'art. 10, lettere *b*) e *c*), possono rilasciare originali, copie ed estratti degli atti soggetti a registrazione in termine fisso da loro formati o autenticati solo dopo che gli stessi siano stati registrati, indicando gli estremi della registrazione, compreso l'ammontare dell'imposta, con apposita attestazione da loro sottoscritta.

2. La disposizione di cui al comma 1 non si applica:

a) agli originali, copie ed estratti di sentenze ed altri provvedimenti giurisdizionali, o di atti formati dagli ufficiali giudiziari e dagli uscieri, che siano rilasciati per la prosecuzione del giudizio;

b) agli atti richiesti d'ufficio ai fini di un procedimento giurisdizionale, salvo il disposto del comma 7 dell'art. 65;

c) alle copie degli atti destinate alla trascrizione o iscrizione nei registri immobiliari;

d) alle copie degli atti occorrenti per l'approvazione od omologazione;

e) alle copie di atti che il pubblico ufficiale è tenuto per legge a depositare presso pubblici uffici.[1]

3. Nei casi di cui al comma 2 deve essere apposta sull'originale, sulla copia o sull'estratto rilasciati prima della registrazione l'indicazione dell'uso.

[1] La Corte cost., con sent. 6 dic. 2002, n. 522, ha dichiarato l'ill. cost. del presente comma, «nella parte in cui non prevede che la disposizione di cui al c. 1 non si applica al rilascio dell'originale o della copia della sentenza o di altro provvedimento giurisdizionale, che debba essere utilizzato per procedere all'esecuzione forzata».

La Corte cost., con sent. 7 giu. 2022, n. 140, ha dichiarato l'ill. cost. del presente comma, nella parte in cui non prevede che la disposizione di cui al c. 1 non si applichi al rilascio della copia della sentenza o di altro provvedimento giurisdizionale, i quali debbano essere utilizzati per proporre l'azione di ottemperanza dinanzi al giudice amministrativo.

67. ***Repertorio degli atti formati da pubblici ufficiali.*** — 1. I soggetti indicati nell'art. 10, lettere *b*) e *c*), i capi delle amministrazioni pubbliche ed ogni altro funzionario autorizzato alla stipulazione dei contratti devono iscrivere in un apposito repertorio tutti gli atti del loro ufficio soggetti a registrazione in termine fisso.

2. Gli atti devono essere annotati sul repertorio giorno per giorno, senza spazi in bianco né interlinee e per ordine di numero con l'indicazione della data e del luogo dell'atto o dell'autenticazione, delle generalità e del domicilio o residenza delle parti, della natura e del contenuto dell'atto e del corrispettivo pattuito. A margine dell'annotazione devono essere indicati gli estremi della registrazione.

3. Negli uffici amministrativi, nei quali più funzionari sono incaricati dalla stipulazione degli atti, non si può tenere che un solo repertorio, salva espressa autorizzazione della competente intendenza di finanza.

4. I fogli dei repertori di cui ai commi 1, 2 e 3 devono essere numerati e vidimati dal pretore competente per territorio, salvo per i notai quanto disposto dalle leggi ad essi relative.

4-*bis*. Ai fini dell'annotazione di cui ai commi 1 e 2, i cancellieri desumono gli elementi riguardanti il domicilio o la residenza anagrafica delle parti dagli atti del procedimento. Nel caso di elezione di domicilio l'acquisizione degli elementi anzidetti è effettuata tramite il domiciliatario o gli organi di polizia tributaria.[1]

[1] Comma così inserito dall'art. 5 della L. 2 dic. 1991, n. 399. V. tuttavia l'art. 7 della medesima legge.

68. ***Controllo del repertorio.*** — 1. Il controllo dei repertori previsti dall'articolo 67 è effettuato su iniziativa degli uffici dell'Agenzia delle entrate competenti per territorio. I soggetti indicati nell'articolo 10, comma 1, lettere *b*) e *c*), i capi delle amministrazioni pubbliche ed ogni altro funzionario autorizzato alla stipulazione dei contratti trasmettono il repertorio entro trenta giorni dalla data di notifica della richiesta. Gli uffici dell'Agenzia delle entrate effettuano verifiche anche presso gli uffici dei soggetti roganti.[1]

2. L'ufficio dopo aver controllato la regolarità della tenuta del repertorio e della registrazione degli atti in esso iscritti, nonché la corrispondenza degli estremi di registrazione ivi annotati con le risultanze dei registri di formalità di cui all'articolo 16 e dopo aver rilevato le eventuali violazioni e tutte le notizie utili, comunica l'esito del controllo ai pubblici ufficiali.[1]

3. L'ufficio non può trattenere il repertorio oltre il terzo giorno non festivo successivo a quello di presentazione.

[1] Comma così sost. dall'art. 1, D.L. 21 giu. 2022, n. 73, conv. con modif. in L. 4 ago. 2022, n. 122.

TITOLO VII
Sanzioni

69. ***Omissione della richiesta di registrazione e della presentazione della denuncia.***[1] — 1. Chi omette la richiesta di registrazione degli atti e dei fatti rilevanti ai fini dell'applicazione dell'imposta, ovvero la presentazione delle denunce previste dall'art. 19 è punito con la sanzione amministrativa dal centoventi al duecentoquaranta per cento dell'imposta dovuta. Se la richiesta di registrazione è effettuata con ritardo non superiore a 30 giorni, si applica la sanzione amministrativa dal sessanta al centoventi per cento dell'ammontare delle imposte dovute, con un minimo di euro 200.[2]

[1] Articolo così sostituito dall'art. 1 del D.lgs. 18 dic. 1997, n. 473.

[2] Periodo aggiunto dall'art.18, D.lgs. 24 set. 2015, n. 158, tale disposizione si applica a decorrere dal 1° gen. 2017.

70. *Tardività del pagamento.*[1]

[1] Articolo abrog. dall'art. 1, D.lgs. 18 dic. 1997, n. 473.

71. *Insufficiente dichiarazione di valore.*[1] — 1. Se il valore definitivamente accertato dei beni o diritti di cui al terzo e al quarto comma dell'art. 51, ridotto di un quarto, supera quello dichiarato, si applica la sanzione amministrativa dal cento al duecento per cento della maggiore imposta dovuta. Per i beni e i diritti di cui al quarto comma dell'art. 52 la sanzione si applica anche se la differenza non è superiore al quarto del valore accertato.

[1] Articolo così sostituito dall'art. 1, D.lgs. 18 dic. 1997, n. 473.

72. *Occultazione di corrispettivo.*[1] — 1. Se viene occultato anche in parte il corrispettivo convenuto, si applica la sanzione amministrativa dal centoventi al duecentoquaranta per cento[2] per cento della differenza tra l'imposta dovuta e quella già applicata in base al corrispettivo dichiarato, detratto, tuttavia, l'importo della sanzione eventualmente irrogata ai sensi dell'art. 71.

[1] Articolo così sostituito dall'art. 1, D.lgs. 18 dic. 1997, n. 473.

[2] Sanzione amministrativa modif. dall'art.18, D.lgs. 24 set. 2015, n. 158, tale disposizione si applica a decorrere dal 1° gen. 2017.

73. *Omessa o irregolare tenuta o presentazione del repertorio.*[1] — 1. Per l'omessa presentazione del repertorio a seguito di richiesta dell'ufficio dell'Agenzia delle entrate, ai sensi del primo comma dell'articolo 68, i pubblici ufficiali sono puniti con la sanzione amministrativa da euro 1.032,91 a euro 5.164,57.[2]

2. I pubblici ufficiali che non hanno osservato le disposizioni dell'art. 67 sono puniti con la sanzione amministrativa da lire un milione a lire quattro milioni.

3. Se la presentazione del repertorio avviene con ritardo superiore a sessanta giorni ovvero la sua regolarizzazione non avviene nel termine stabilito dall'amministrazione finanziaria i pubblici ufficiali possono essere sospesi dalle funzioni per un periodo non superiore a sei mesi.

4. Il procuratore della Repubblica, su rapporto dell'ufficio del registro, chiede all'autorità competente l'applicazione della sanzione accessoria prevista dal comma 3.

[1] Articolo così sost. dall'art. 1 del D.lgs. 18 dic. 1997, n. 473.

[2] Comma così sost. dall'art. 1, D.L. 21 giu. 2022, n. 73, conv. con modif. in L. 4 ago. 2022, n. 122.

74. *Altre infrazioni.*[1] — 1. Chi dichiara di non possedere, rifiuta di esibire o sottrae comunque all'ispezione le scritture contabili rilevanti per l'applicazione dell'art. 51, quarto comma, e chi non ottempera alle richieste degli uffici del registro ai sensi dell'art. 63, è punito con la sanzione amministrativa da lire cinquecentomila a lire quattro milioni.

1-*bis*. Per le violazioni conseguenti alle richieste di cui all'art. 53-*bis*, si applicano le disposizioni di cui al D.lgs. 18 dic. 1997, n. 471.[2]

[1] Articolo così sost. dall'art. 1 del D.lgs. 18 dic. 1997, n. 473.

[2] Comma aggiunto dall'art. 35 D.L. 4 lug. 2006, n. 223.

75. *Applicazione e pagamento delle pene pecuniarie e soprattasse.*[1]

[1] Articolo abrog. dall'art. 1 del D.lgs. 18 dic. 1997, n. 473.

TITOLO VIII

Decadenza e prescrizione

76. *Decadenza della azione della finanza.*[1] — 1. L'imposta sugli atti soggetti a registrazione ai sensi dell'art. 5 non presentati per la registrazione deve essere richiesta, a pena di decadenza, nel termine di cinque anni dal giorno in cui, a norma degli artt. 13 e 14, avrebbe dovuto essere richiesta la registrazione o, a norma dell'art. 15, lettere *c*), *d*) ed *e*), si è verificato il fatto che legittima la registrazione d'ufficio. Nello stesso termine, decorrente dal giorno in cui avrebbero dovuto essere presentate, deve essere richiesta l'imposta dovuta in base alle denunce prescritte dall'art. 19.

1-*bis*. L'avviso di rettifica e di liquidazione della maggiore imposta di cui all'art. 52, comma 1, deve essere notificato entro il termine di decadenza di due anni dal pagamento dell'imposta proporzionale.

2. Salvo quanto disposto nel comma 1-*bis*, l'imposta deve essere richiesta, a pena di decadenza, entro il termine di tre anni decorrenti, per gli atti presentati per la registrazione o registrati per via telematica:

a) dalla richiesta di registrazione, se si tratta di imposta principale;

b) dalla data in cui è stata presentata la denuncia di cui all'art. 19, se si tratta di imposta complementare; dalla data della notificazione della decisione delle commissioni tributarie ovvero dalla data in cui la stessa è divenuta definitiva nel caso in cui sia stato proposto ricorso avverso l'avviso di rettifica e di liquidazione della maggiore imposta. Nel caso di occultazione di corrispettivo di cui all'art. 72, il termine decorre dalla data di registrazione dell'atto;

c) dalla data di registrazione dell'atto ovvero dalla data di presentazione della denuncia di cui all'art. 19, se si tratta di imposta suppletiva.

2-*bis*. Salvo quanto previsto nei commi 1 e 2, l'imposta relativa alle annualità successive alla prima, alle cessioni, risoluzioni e proroghe di cui all'articolo 17, nonché le connesse sanzioni e gli interessi dovuti, sono richiesti, a pena di decadenza, entro il 31 dicembre del quinto anno successivo a quello di scadenza del pagamento.[2]

3. L'avviso di liquidazione dell'imposta deve essere notificato al contribuente nei modi stabiliti nel comma 3 dell'art. 52.

4. La soprattassa e la pena pecuniaria devono essere applicate, a pena di decadenza, nel termine stabilito per chiedere l'imposta cui si riferiscono e, se questa non è dovuta, nel termine di cinque anni dal giorno in cui è avvenuta la violazione.

5. L'intervenuta decadenza non dispensa dal pagamento dell'imposta in caso di registrazione volontaria o quando si faccia uso dell'atto ai sensi dell'art. 6.

[1] Articolo così modif. dall'art. 2, D.P.R. 18 ago. 2000, n. 308.

[2] Comma inserito dall'art. 8, c. 10, D.L. 2 mar. 2012, n. 16, conv. con modif. in L. 26 apr. 2012, n. 44.

77. ***Decadenza dell'azione di contribuente.*** — 1. Il rimborso dell'imposta, della soprattassa, della pena pecuniaria e degli interessi di mora deve essere richiesto, a pena di decadenza, dal contribuente o dal soggetto nei cui confronti la sanzione è stata applicata entro tre anni dal giorno del pagamento ovvero, se posteriore, da quello in cui è sorto il diritto alla restituzione.

2. Per i contratti a prezzo indeterminato, se la restituzione dipende dalla misura dell'imponibile il termine decorre dal giorno in cui ne è stato definitivamente stabilito il minore ammontare. Nei casi di cui alla lettera *a*) dell'art. 56 il termine decorre dalla data di notificazione della decisione.

3. La domanda di rimborso deve essere presentata all'ufficio che ha eseguito la registrazione, il quale deve rilasciarne ricevuta, ovvero essere spedita a mezzo plico raccomandato senza busta con avviso di ricevimento.

4. Per gli interessi di mora spettanti al contribuente sulle somme rimborsate si applicano le disposizoini delle L. 26 gen. 1961, n. 29, 28 mar. 1962, n. 147, e 18 apr. 1978, n. 130.

78. ***Prescrizione del diritto alla imposta.*** — 1. Il credito dell'amministrazione finanziaria per l'imposta definitivamente accertata si prescrive in dieci anni.

TITOLO IX
Disposizioni transitorie e finali

79-81. (*Omissis*).

TARIFFA

PARTE I
ATTI SOGGETTI A REGISTRAZIONE IN TERMINE FISSO

1.[1] Atti traslativi a titolo oneroso della proprietà di beni immobili in genere e atti traslativi o costitutivi di diritti reali immobiliari di godimento, compresi la rinuncia pura e semplice agli stessi, i provvedimenti di espropriazione per pubblica utilità e i trasferimenti coattivi: 9%

Se il trasferimento ha per oggetto case di abitazione, ad eccezione di quelle di categoria catastale A1, A8 e A9, ove ricorrano le condizioni di cui alla nota *II-bis*): 2%

Se il trasferimento ha per oggetto terreni agricoli e relative pertinenze a favore di soggetti diversi dai coltivatori diretti e dagli imprenditori agricoli professionali, iscritti nella relativa gestione previdenziale ed assistenziale: 15%[2]

Se il trasferimento è effettuato nei confronti di banche e intermediari finanziari autorizzati all'esercizio dell'attività di leasing finanziario, e ha per oggetto case di abitazione, di categoria catastale diversa da A1, A8 e A9, acquisite in locazione finanziaria da utilizzatori per i quali ricorrono le condizioni di cui alle note II-*bis*) e II-*sexies*): 1,5%[3]

Note:

I.-II. [*Abrogate*].

II-*bis*. 1. Ai fini dell'applicazione dell'aliquota del 2 per cento gli atti traslativi a titolo oneroso della proprietà di case di abitazione non di lusso e agli atti traslativi o costitutivi della nuda proprietà, dell'usufrutto, dell'uso e dell'abitazione relativi alle stesse, devono ricorrere le seguenti condizioni:

a) che l'immobile sia ubicato nel territorio del comune in cui l'acquirente ha o stabilisca entro diciotto mesi dall'acquisto la propria residenza o, se diverso, in quello in cui l'acquirente svolge la propria attività ovvero, se trasferito all'estero per ragioni di lavoro, in quello in cui ha sede o esercita l'attività il soggetto da cui dipende ovvero, nel caso in cui l'acquirente sia cittadino italiano emigrato all'estero, che l'immobile sia acquistato come prima casa sul territorio italiano . La dichiarazione di voler stabilire la residenza nel comune ove è ubicato l'immobile acquistato deve essere resa, a pena di decadenza, dall'acquirente nell'atto di acquisto;

b) che nell'atto di acquisto l'acquirente dichiari di non essere titolare esclusivo o in comunione con il coniuge dei diritti di proprietà, usufrutto, uso e abitazione di altra casa di abitazione nel territorio del comune in cui è situato l'immobile da acquistare;

c) che nell'atto di acquisto l'acquirente dichiari di non essere titolare, neppure per quote, anche in regime di comunione legale su tutto il territorio nazionale dei diritti di proprietà, usufrutto, uso, abitazione e nuda proprietà su altra casa di abitazione acquistata dallo stesso soggetto o dal coniuge con le agevolazioni di cui al presente articolo ovvero di cui all'articolo 1 della legge 22 aprile 1982, n. 168, all'articolo 2 del decreto-legge 7 febbraio 1985, n. 12, convertito, con modificazioni, dalla legge 5 aprile 1985, n. 118, all'articolo 3, comma 2, della legge 31 dicembre 1991, n. 415, all'articolo 5, commi 2 e 3, dei decreti-legge 21 gennaio 1992, n. 14, 20 marzo 1992, n. 237, e 20 maggio 1992, n. 293, all'articolo 2, commi 2 e 3, del decreto-legge 24 luglio 1992, n. 348, all'articolo 1, commi 2 e 3, del decreto-legge 24 settembre 1992, n. 388, all'articolo 1, commi 2 e 3, del decreto-legge 24 novembre 1992, n. 455, all'articolo 1, comma 2, del decreto-legge 23 gennaio 1993, n. 16, convertito, con modificazioni, dalla legge 24 marzo 1993, n. 75, e all'articolo 16 del decreto-legge 22 maggio 1993, n. 155, convertito, con modificazioni, dalla legge 19 luglio 1993, n. 243 .

2. In caso di cessioni soggette ad imposta sul valore aggiunto le dichiarazioni di cui alle lettere *a*), *b*) e *c*) del comma 1, comunque riferite al momento in cui si realizza l'effetto traslativo, possono essere effettuate, oltre che nell'atto di acquisto, anche in sede di contratto preliminare.

3. Le agevolazioni di cui al comma 1, sussistendo le condizioni di cui alle lettere *a*), *b*) e *c*) del medesimo comma 1, spettano per l'acquisto, anche se con atto separato, delle pertinenze dell'immobile di cui alla lettera *a*). Sono ricomprese tra le pertinenze, limitatamente ad una per ciascuna categoria, le unità immobiliari classificate o classificabili nelle categorie catastali C/2, C/6 e C/7, che siano destinate a servizio della casa di abitazione oggetto dell'acquisto agevolato.

4. In caso di dichiarazione mendace o di trasferimento per atto a titolo oneroso o gratuito degli immobili acquistati con i benefici di cui al presente articolo prima del decorso del termine di cinque anni dalla data del loro acquisto, sono dovute le imposte di registro, ipotecaria e catastale nella misura ordinaria, nonché una sovrattassa pari al 30 per cento delle stesse imposte. Se si tratta di cessioni soggette all'imposta sul valore aggiunto, l'ufficio dell'Agenzia delle entrate presso cui sono stati registrati i relativi atti deve recuperare nei confronti degli acquirenti la differenza fra l'imposta calcolata in base all'aliquota applicabile in assenza di agevolazioni e quella risultante dall'applicazione dell'aliquota agevolata, nonché irrogare la sanzione amministrativa, pari al 30 per cento della differenza medesima. Sono dovuti gli interessi di mora di cui al comma 4 dell'articolo 55 del presente testo unico. Le predette disposizioni non si applicano nel caso in cui il contribuente, entro un anno dall'alienazione dell'immobile acquistato con i benefici di cui al presente articolo, proceda all'acquisto di altro immobile da adibire a propria abitazione principale.

4-*bis*. L'aliquota del 2 per cento si applica anche agli atti di acquisto per i quali l'acquirente non soddisfa il requisito di cui alla lettera *c*) del comma 1 e per i quali i requisiti di cui alle lettere *a*) e *b*) del medesimo comma si verificano senza tener conto dell'immobile acquistato con le agevolazioni elencate nella lettera *c*), a condizione che quest'ultimo immobile sia alienato entro un anno dalla data dell'atto. In mancanza di detta alienazione, all'atto di cui al periodo precedente si applica quanto previsto dal comma 4.

II-*ter*-II *quinquies*. [*Abrogate*]

II-*sexies*. Nell'applicazione della nota II-*bis*) ai trasferimenti effettuati nei confronti di banche e intermediari finanziari autorizzati all'esercizio dell'attività di leasing finanziario, si considera, in luogo dell'acquirente, l'utilizzatore e, in luogo dell'atto di acquisto, il contratto di locazione finanziaria.

[1] Articolo così sost. dall'art. 10, c. 1, lett. *a*), D.lgs. 14 mar. 2011, n. 23.

[2] Capoverso aggiunto dall'art. 1, c. 609, L. 27 dic. 2013, n. 147, e così modif. dall'art. 1, c. 905, L. 28 dic. 2015, n. 208.

[3] Capoverso aggiunto dall'art. 1, c. 83, L. 28 dic. 2015, n. 208.

2. 1. Atti di cui al comma 1 dell'art. 1 relativi a beni diversi da quelli indicati nello stesso articolo e nel successivo art. 7: 3%

Se il trasferimento avviene a favore dello Stato, ovvero a favore di enti pubblici territoriali o consorzi costituiti esclusivamente fra gli stessi ovvero a favore di comunità montane: euro 200,00[1]

2. (*Omissis*).

[1] Importo così modif. in ultimo dall'art. 26, c. 2, D.L. 12 set. 2013, n. 104, conv. con modif. in L. 8 nov. 2013, n. 128.

3. 1. Atti di natura dichiarativa relativi a beni o rapporti di qualsiasi natura, salvo il successivo art. 7: 1%

4. 1. Atti propri delle società di qualunque tipo ed oggetto e degli enti diversi dalle società, compresi i consorzi, le assicurazioni e le altre organizzazioni di persone o di beni, con o senza personalità giuridica, aventi per oggetto esclusivo o principale l'esercizio di attività commerciali o agricole:

a) costituzione e aumento del capitale o patrimonio:

1) con conferimento di proprietà o diritto reale di godimento su beni immobili, salvo il successivo n. 2): le stesse aliquote di cui all'art. 1

2) con conferimento di proprietà o diritto reale di godimento su fabbricati destinati specificamente all'esercizio di attività commerciali e non suscettibili di altra destinazione senza radicale trasformazione nonché su aree destinate ad essere utilizzate per la costruzione dei suddetti fabbricati o come loro pertinenze, sempreché i fabbricati siano ultimati entro cinque anni dal conferimento e presentino le indicate caratteristiche: 4%

3) con conferimento di proprietà o diritto reale di godimento su aziende o su complessi aziendali relativi a singoli rami dell'impresa: euro 200,00[1]

4) con conferimento di proprietà o di diritto reale di godimento su unità da diporto: le stesse aliquote di cui all'art. 7

5) con conferimento di denaro, di beni mobili, esclusi quelli di cui all'art. 11-*bis* della tabella, e di diritti diversi da quelli indicati nei numeri precedenti: euro 200,00[1]

6) mediante conversione di obbligazioni in azioni o passaggio a capitale di riserve diverse da quelle costituite con sopraprezzi o con versamenti dei soci in conto capitale o a fondo perduto e da quelle

iscritte in bilancio a norma di leggi di rivalutazione monetaria: euro 200,00[1]

b) fusione tra società, scissione delle stesse, conferimento di aziende o di complessi aziendali relativi a singoli rami dell'impresa fatto da una società ad altra società esistente o da costituire; analoghe operazioni poste in essere da enti diversi dalle società: euro 200,00[1]

c) altre modifiche statutarie, comprese le trasformazioni e le proroghe: euro 200,00[1]

d) assegnazione ai soci, associati o partecipanti:

1) se soggette all'imposta sul valore aggiunto o aventi per oggetto utili in denaro: euro 200,00[1]

2) in ogni altro caso: le stesse aliquote di cui alla lett. *a*)

e) regolarizzazione di società di fatto, derivanti da comunione ereditaria di azienda, tra eredi che continuano in forma societaria l'esercizio dell'impresa: euro 200,00[1]

f) operazioni di società ed enti esteri di cui all'art. 4 del testo unico: euro 200,00[1]

g) atti propri dei gruppi europei di interesse economico: euro 200,00[1]

Note:

I) La proprietà ed i diritti reali su immobili o unità da diporto si intendono conferiti alla data dell'atto che comporta il loro trasferimento o la loro costituzione.

II) L'imposta di cui alla lettera *e*) si applica se l'atto di regolarizzazione è registrato entro un anno dall'apertura della successione. In ogni altro caso di regolarizzazione di società di fatto, ancorché derivanti da comunioni ereditarie, l'imposta si applica a norma dell'articolo 22 del testo unico.

III) Per gli atti propri delle società ed enti diversi da quelli indicati nel presente articolo si applica l'articolo 9 della tabella.

IV) Gli atti di cui alla lettera *a*) sono soggetti all'imposta nella misura fissa di euro 200,00 se la società destinataria del conferimento ha la sede legale o amministrativa in altro Stato membro dell'Unione europea.

V) Per gli atti propri dei gruppi europei di interesse economico contemplati alla lettera *a*), numero 4), si applicano le imposte ivi previste.

[1] Importo così modif. in ultimo dall'art. 26, c. 2, D.L. 12 set. 2013, n. 104, conv. con modif. in L. 8 nov. 2013, n. 128.

5. 1. Locazioni e affitti di beni immobili:

a) quando hanno per oggetto fondi rustici: 0,50%

a-bis) quando hanno per oggetto immobili strumentali ancorché assoggettati all'imposta sul valore aggiunto, di cui all'art. 10, primo comma, numero 8), del decreto del Presidente della Repubblica 26 ottobre 1972, n. 633: 1%

b) in ogni altro caso: 2%

2. Concessioni su beni demaniali, cessioni e surrogazioni relative: 2%

3. Concessioni di diritti d'acqua a tempo determinato, cessioni e surrogazioni relative: 0,50%

4. Contratti di comodato di beni immobili: euro 200,00[1]

NOTE

I) Per i contratti di locazione e sublocazione di immobili urbani di durata pluriennale, l'imposta, se corrisposta per l'intera durata del contratto, si riduce di una percentuale pari alla metà del tasso di interesse legale moltiplicato per il numero delle annualità; la cessione senza corrispettivo degli stessi contratti è assoggettata all'imposta nella misura fissa di euro 67,00.

II) In ogni caso l'ammontare dell'imposta, per le locazioni e gli affitti di beni immobili, non può essere inferiore alla misura fissa di euro 67,00.

II-*bis*) Per i contratti di affitto di fondi rustici di cui all'articolo 17, comma 3-*bis*, l'aliquota si applica sulla somma dei corrispettivi pattuiti per i singoli contratti. In ogni caso l'ammontare dell'imposta dovuta per la denuncia non può essere inferiore alla misura fissa di euro 67,00.

[1] Importo così modif. in ultimo dall'art. 26, c. 2, D.L. 12 set. 2013, n. 104, conv. con modif. in L. 8 nov. 2013, n. 128.

6. 1. Cessioni di crediti, compensazioni e remissioni di debiti, quietanze, tranne quelle rilasciate mediante scrittura privata non autenticata; garanzie reali e personali a favore di terzi, se non richieste dalla legge: 0,50%

7. 1. Atti di natura traslativa o dichiarativa aventi per oggetto:

a-e) (*abrogate*)

f) unità da diporto:

1) natanti:

a) fino a sei metri di lunghezza fuori tutto: euro 71,00

b) oltre sei metri di lunghezza fuori tutto: euro 142,00

2) imbarcazioni:

a) fino a otto metri di lunghezza fuori tutto: euro 404,00

b) fino a dodici metri di lunghezza fuori tutto: euro 607,00

c) fino a diciotto metri di lunghezza fuori tutto: euro 809,00

d) oltre diciotto metri di lunghezza fuori tutto: euro 1.011,00

3) navi: euro 5.055,00

NOTE I–II). (*Abrogate*)

8. 1. Atti dell'autorità giudiziaria ordinaria e speciale in materia di controversie civili che definiscono, anche parzialmente, il giudizio, compresi i decreti ingiuntivi esecutivi, i provvedimenti di aggiudicazione e quelli di assegnazione, anche in sede di scioglimento di comunioni, le sentenze che rendono efficaci nello Stato sentenze straniere e i provvedimenti che dichiarano esecutivi i lodi arbitrali:

a) recanti trasferimento o costituzione di diritti

reali su beni immobili o su unità da diporto ovvero su altri beni e diritti: le stesse imposte stabilite per i corrispondenti atti

b) recanti condanna al pagamento di somme o valori, ad altre prestazioni o alla consegna di beni di qualsiasi natura: 3%

c) di accertamento di diritti a contenuto patrimoniale: 1%[1]

d) non recanti trasferimento, condanna o accertamento di diritti a contenuto patrimoniale: euro 200,00[2]

e) che dichiarano la nullità o pronunciano l'annullamento di un atto, ancorché portanti condanna alla restituzione di denaro o beni, o la risoluzione di un contratto: euro 200,00[2]

f) aventi per oggetto lo scioglimento o la cessazione degli effetti civili del matrimonio o la separazione personale, ancorché recanti condanne al pagamento di assegni o attribuzioni di beni patrimoniali, già facenti parte di comunione fra i coniugi; modifica di tali condanne o attribuzioni: euro 200,00[2]

g) di omologazione: euro 200,00[2]

1-*bis*. Atti del Consiglio di Stato e dei tribunali amministrativi regionali che definiscono, anche parzialmente, il giudizio, compresi i decreti ingiuntivi esecutivi, che recano condanna al pagamento di somme di danaro diverse dalle spese processuali: 3%

Note:

I) I decreti ingiuntivi emessi in sostituzione di quelli divenuti inefficaci ai sensi dell'art. 644 del Codice di procedura civile sono soggetti all'imposta in misura fissa.

II) Gli atti di cui al comma 1, lettera *b*), e al comma 1-*bis* non sono soggetti all'imposta proporzionale per la parte in cui dispongono il pagamento di corrispettivi o prestazioni soggetti all'imposta sul valore aggiunto ai sensi dell'art. 40 del Testo unico.

II-*bis)* I provvedimenti che accertano l'acquisto per usucapione della proprietà di beni immobili o di diritti reali di godimento sui beni medesimi sono soggette all'imposta secondo le disposizioni dell'art. 1 della tariffa.

[1] La Corte cost., con sent. 13 lug. 2017, n. 177, ha dichiarato l'ill. cost. della presente lettera, nella parte in cui assoggetta all'imposta di registro proporzionale, anziché in misura fissa, anche le pronunce che definiscono i giudizi di opposizione allo stato passivo del fallimento con l'accertamento di crediti derivanti da operazioni soggette all'imposta sul valore aggiunto.

[2] Importo così modif. in ultimo dall'art. 26, c. 2, D.L. 12 set. 2013, n. 104, conv. con modif. in L. 8 nov. 2013, n. 128.

8-*bis*.[1] 1. Atti relativi alle cessioni, da parte degli utilizzatori, di contratti di locazione finanziaria aventi ad oggetto immobili strumentali, anche da costruire ed ancorché assoggettati all'imposta sul valore aggiunto, di cui all'articolo 10, primo comma, numero 8-*ter*), del decreto del Presidente della Repubblica 26 ottobre 1972, n. 633: 4%

1-*bis*. Atti relativi alle cessioni, da parte degli utilizzatori, di contratti di locazione finanziaria aventi ad oggetto immobili a destinazione abitativa, di categoria catastale diversa da A1, A8 e A9, effettuate nei confronti di soggetti per i quali ricorrono le condizioni di cui alle note II-*bis*) e II-*sexies*) dell'articolo 1, ancorché assoggettati all'imposta sul valore aggiunto, di cui all'articolo 10, primo comma, numero 8-*bis*), del decreto del Presidente della Repubblica 26 ottobre 1972, n. 633: 1,5%[2]

1-*ter*. Atti, diversi da quelli di cui al comma 1-*bis*, relativi alle cessioni, da parte degli utilizzatori, di contratti di locazione finanziaria aventi ad oggetto immobili a destinazione abitativa, anche da costruire ed ancorché assoggettati all'imposta sul valore aggiunto, di cui all'articolo 10, primo comma, numero 8-*bis*), del decreto del Presidente della Repubblica 26 ottobre 1972, n. 633: 9%[2]

Note:

I) Per le cessioni di cui ai commi 1, 1-*bis* e 1-*ter* l'imposta si applica sul corrispettivo pattuito per la cessione aumentato della quota capitale compresa nei canoni ancora da pagare oltre al prezzo di riscatto.

[1] Articolo ins. dall'art. 1, c. 164, L. 27 dic. 2013, n. 147.

[2] Comma aggiunto dall'art. 1, c. 83, L. 28 dic. 2015, n. 208.

9. 1. Atti diversi da quelli altrove indicati aventi per oggetto prestazioni a contenuto patrimoniale: 3%

10. 1. Contratti preliminari di ogni specie: euro 200,00[1]

Nota:

Se il contratto preliminare prevede la dazione di somme a titolo di caparra confirmatoria si applica il precedente art. 6; se prevede il pagamento di acconti di prezzo non soggetti all'imposta sul valore aggiunto ai sensi degli artt. 5, secondo comma, e 40 del Testo unico si applica il precedente art. 9. In entrambi i casi l'imposta pagata è imputata all'imposta principale dovuta per la registrazione del contratto definitivo.

[1] Importo così modif. in ultimo dall'art. 26, c. 2, D.L. 12 set. 2013, n. 104, conv. con modif. in L. 8 nov. 2013, n. 128.

11. 1. Atti pubblici e scritture private autenticate, escluse le procure di cui all'art. 6 della parte seconda, non aventi per oggetto prestazioni a contenuto patrimoniale; atti pubblici e scritture private autenticate aventi per oggetto la negoziazione di quote di partecipazione in società o enti di cui al precedente art. 4 o di titoli di cui all'art. 8 della tabella o aventi per oggetto gli atti previsti nella stessa tabella, esclusi quelli di cui agli artt. 4, 5, 11, 11-*bis* e 11-*ter*; atti di ogni specie per i quali è prevista l'applicazione dell'imposta in misura fissa: euro 200,00[1]

[1] Importo così modif. in ultimo dall'art. 26, c. 2, D.L. 12 set. 2013, n. 104, conv. con modif. in L. 8 nov. 2013, n. 128.

11-*bis*-11-*ter*. (*Omissis*).

PARTE II
ATTI SOGGETTI A REGISTRAZIONE
SOLO IN CASO D'USO

1. 1. Atti indicati:

a) negli artt. 2, comma 1, 3, 6, 9 e 10 della parte prima formati mediante corrispondenza, ed eccezione di quelli per i quali dal codice civile è richiesta a pena di nullità la forma scritta e di quelli aventi per oggetto cessioni di aziende o costituzioni di diritti di godimento reali o personali sulle stesse: le stesse imposte previste per i corrispondenti atti nella parte prima

b) (*Omissis*).

2-6. (*Omissis*).

7. 1. Atti riguardanti l'espropriazione per pubblica utilità diversi da quelli indicati nell'art. 1 della parte prima: euro 200,00[1].

[1] Importo così modif. in ultimo dall'art. 26, c. 2, D.L. 12 set. 2013, n. 104, conv. con modif. in L. 8 nov. 2013, n. 128.

8-11. (*Omissis*).

TABELLA
ATTI PER I QUALI NON VI È OBBLIGO
DI CHIEDERE LA REGISTRAZIONE

1. (*Omissis*).

2. Atti, diversi da quelli espressamente contemplati nella parte prima della tariffa, dell'autorità giudiziaria in sede civile e penale, della Corte costituzionale, del Consiglio di Stato, della Corte dei conti, dei Tribunali amministrativi regionali, delle Commissioni tributarie e degli organi di giurisdizione speciale e dei relativi procedimenti; atti del contenzioso in materia elettorale e dei procedimenti disciplinari; procure alle liti.

3. Atti di qualsiasi natura formati per essere prodotti:

a) in procedimenti amministrativi, non giurisdizionali, iniziati d'ufficio od a richiesta di parte per ottenere provvedimenti di interesse pubblico;

b) (*Omissis*).

4. (*Omissis*).

5. Atti e documenti formati per l'applicazione, riduzione, liquidazione, riscossione, rateazione e rimborso delle imposte e tasse a chiunque dovute, comprese le relative sentenze, e gli atti relativi alla concessione o all'appalto per la loro riscossione; garanzie richieste da leggi, anche regionali e provinciali, e atti relativi alla loro cancellazione, comprese le quietanze da cui risulti l'estinzione del debito; atti e documenti formati in relazione al servizio militare obbligatorio o a quello civile sostitutivo.

6-9. (*Omissis*).

10. 1. Sentenze, decreti ingiuntivi ed altri atti dei giudici di pace; atti, documenti e provvedimenti previsti dalla L. 11 ago. 1973, n. 533; atti, documenti e provvedimenti di cui all'art. 57 della L. 27 lug. 1978. n. 392; contratti di lavoro subordinato, collettivi e individuali; contratti di mezzadria, di colonia e di soccida; convenzioni per pascolo e per alimenti di animali.

11. 1. Cambiali, vaglia cambiari, assegni bancari e circolari, loro accettazione, girate, avalli, quietanze ed altre dichiarazioni cambiarie fatte sui medesimi, atti di protesto cambiario, da chiunque redatti, e conti di ritorno.

11-*bis*. (*Omissis*).

11-*ter*. 1. Verbali di gara o d'incontro, dichiarazioni di nomina di cui all'articolo 583 del codice di procedura civile e relativi depositi, redatti o ricevuti dai notai delegati.

11-*ter*.[1] 1. Atti costitutivi, statuti ed ogni altro atto necessario per l'adempimento di obblighi dei movimenti o partiti politici, derivanti da disposizioni legislative o regolamentari.

[1] Leggasi 11-*quater*.

REGOLAMENTI COMUNITARI

- 1 -

Regolamento del Parlamento europeo e del Consiglio del 12 dicembre 2012, n. 1215 concernente la competenza giurisdizionale, il riconoscimento e l'esecuzione delle decisioni in materia civile e commerciale (rifusione)

(G.U. UE 20 dic. 2012, n. 351/L)

CAPO I
Ambito di applicazione e definizioni

1. 1. Il presente regolamento si applica in materia civile e commerciale, indipendentemente dalla natura dell'autorità giurisdizionale. Esso non si estende, in particolare, alla materia fiscale, doganale e amministrativa né alla responsabilità dello Stato per atti o omissioni nell'esercizio di pubblici poteri (acta iure imperii).

2. Sono esclusi dall'ambito di applicazione del presente regolamento:

a) lo stato e la capacità delle persone fisiche, il regime patrimoniale fra coniugi o derivante da rapporti che secondo la legge applicabile a questi ultimi hanno effetti comparabili al matrimonio;

b) i fallimenti, le procedure relative alla liquidazione di società o altre persone giuridiche che si trovino in stato di insolvenza, i concordati e le procedure affini;

c) la sicurezza sociale;

d) l'arbitrato;

e) le obbligazioni alimentari derivanti da rapporti di famiglia, di parentela, di matrimonio o di affinità;

f) i testamenti e le successioni, comprese le obbligazioni alimentari mortis causa.

2. Ai fini del presente regolamento s'intende per:

a) «decisione»: a prescindere dalla denominazione usata, qualsiasi decisione emessa da un'autorità giurisdizionale di uno Stato membro, compresi un decreto, un'ordinanza, una decisione o un mandato di esecuzione, nonché una decisione relativa alla determinazione delle spese giudiziali da parte del cancelliere.

Ai fini del capo III, la «decisione» comprende anche i provvedimenti provvisori e cautelari emessi da un'autorità giurisdizionale competente a conoscere nel merito ai sensi del presente regolamento. Essa non comprende i provvedimenti provvisori e cautelari emessi da tale autorità giurisdizionale senza che il convenuto sia stato invitato a comparire, a meno che la decisione contenente il provvedimento sia stata notificata o comunicata al convenuto prima dell'esecuzione;

b) «transazione giudiziaria»: la transazione approvata dall'autorità giurisdizionale di uno Stato membro o conclusa davanti all'autorità giurisdizionale di uno Stato membro nel corso di un procedimento;

c) «atto pubblico»: qualsiasi documento che sia stato formalmente redatto o registrato come atto pubblico nello Stato membro d'origine e la cui autenticità:

i) riguardi la firma e il contenuto dell'atto pubblico; e

ii) sia stata attestata da un'autorità pubblica o da altra autorità a tal fine autorizzata;

d) «Stato membro d'origine»: lo Stato membro nel quale, a seconda dei casi, è stata emessa la decisione, è stata approvata o conclusa la transazione giudiziaria, è stato formalmente redatto o registrato l'atto pubblico;

e) «Stato membro richiesto»: lo Stato membro in cui è chiesto il riconoscimento della decisione o l'esecuzione della decisione, della transazione giudiziaria o dell'atto pubblico;

f) «autorità giurisdizionale d'origine»: l'autorità giurisdizionale che ha emesso la decisione di cui si chiede il riconoscimento o di cui si sollecita l'esecuzione.

3. Ai fini del presente regolamento, la nozione di «autorità giurisdizionale» comprende le seguenti autorità nella misura in cui sono competenti per le materie rientranti nell'ambito di applicazione del presente regolamento:

a) in Ungheria, nei procedimenti sommari relativi a ingiunzioni di pagamento (fizetési meghagyásos eljárás), il notaio (közjegyzõ);

b) in Svezia, nei procedimenti sommari relativi a ingiunzioni di pagamento (betalningsföreläggande) e all'assistenza (handräckning), l'autorità per l'esecuzione forzata (Kronofogdemyndigheten).

CAPO II
Competenza

Sezione 1
Disposizioni generali

4. 1. A norma del presente regolamento, le persone domiciliate nel territorio di un determinato Stato membro sono convenute, a prescindere dalla loro cittadinanza, davanti alle autorità giurisdizionali di tale Stato membro.

2. Alle persone che non possiedono la cittadinanza dello Stato membro nel quale esse sono domiciliate si applicano le norme sulla competenza vigenti per i cittadini di tale Stato membro.

5. 1. Le persone domiciliate nel territorio di uno Stato membro possono essere convenute davanti alle autorità giurisdizionali di un altro Stato membro solo ai sensi delle norme di cui alle sezioni da 2 a 7 del presente capo.

2. In particolare, nei confronti delle persone di cui al paragrafo 1 non trovano applicazione le nor-

me nazionali sulla competenza giurisdizionale che gli Stati membri devono notificare alla Commissione ai sensi dell'articolo 76, paragrafo 1, lettera *a*).

6. 1. Se il convenuto non è domiciliato in uno Stato membro, la competenza delle autorità giurisdizionali di ciascuno Stato membro è disciplinata dalla legge di tale Stato, salva l'applicazione dell'articolo 18, paragrafo 1, dell'articolo 21, paragrafo 2, e degli articoli 24 e 25.

2. Chiunque sia domiciliato in un determinato Stato membro può, indipendentemente dalla propria cittadinanza e al pari dei cittadini di questo Stato membro, far valere nei confronti di tale convenuto le norme nazionali sulla competenza in vigore nello Stato medesimo, in particolare quelle che gli Stati membri devono notificare alla Commissione ai sensi dell'articolo 76, paragrafo 1, lettera *a*).

SEZIONE 2
Competenze speciali

7. Una persona domiciliata in uno Stato membro può essere convenuta in un altro Stato membro:

1) *a*) in materia contrattuale, davanti all'autorità giurisdizionale del luogo di esecuzione dell'obbligazione dedotta in giudizio;

b) ai fini dell'applicazione della presente disposizione e salvo diversa convenzione, il luogo di esecuzione dell'obbligazione dedotta in giudizio è:

- nel caso della compravendita di beni, il luogo, situato in uno Stato membro, in cui i beni sono stati o avrebbero dovuto essere consegnati in base al contratto,
- nel caso della prestazione di servizi, il luogo, situato in uno Stato membro, in cui i servizi sono stati o avrebbero dovuto essere prestati in base al contratto;

c) la lettera *a*) si applica nei casi in cui non è applicabile la lettera *b*);

2) in materia di illeciti civili dolosi o colposi, davanti all'autorità giurisdizionale del luogo in cui l'evento dannoso è avvenuto o può avvenire;

3) qualora si tratti di un'azione di risarcimento danni o di restituzione nascente da illecito penale, davanti all'autorità giurisdizionale presso la quale è esercitata l'azione penale, sempre che secondo la propria legge tale autorità giurisdizionale possa conoscere dell'azione civile;

4) qualora si tratti di un'azione per il recupero, sulla base del titolo di proprietà, di un bene culturale ai sensi dell'articolo 1, punto 1, della direttiva 93/7/CEE, avviata dal soggetto che rivendica il diritto di recuperare il bene in questione, davanti all'autorità giurisdizionale del luogo in cui si trova il bene culturale quando viene adita l'autorità giurisdizionale;

5) qualora si tratti di controversia concernente l'esercizio di una succursale, di un'agenzia o di qualsiasi altra sede d'attività, davanti all'autorità giurisdizionale del luogo in cui essa è situata;

6) qualora si tratti di una controversia proposta contro un fondatore, trustee o beneficiario di un trust costituito in applicazione di una legge o per iscritto o con clausola orale confermata per iscritto, davanti alle autorità giurisdizionali dello Stato membro in cui il trust ha domicilio;

7) qualora si tratti di una controversia concernente il pagamento del corrispettivo per l'assistenza o il salvataggio di un carico o un nolo, davanti all'autorità giurisdizionale nell'ambito della cui competenza il carico o il nolo a esso relativo:

a) è stato sequestrato a garanzia del pagamento; o

b) avrebbe potuto essere sequestrato a tal fine ma è stata fornita una cauzione o altra garanzia,

purché la presente disposizione si applichi solo qualora si faccia valere che il convenuto è titolare di un interesse sul carico o sul nolo o aveva un tale interesse al momento dell'assistenza o del salvataggio.

8. Una persona domiciliata in uno Stato membro può inoltre essere convenuta:

1) in caso di pluralità di convenuti, davanti all'autorità giurisdizionale del luogo in cui uno di essi è domiciliato, sempre che tra le domande esista un collegamento così stretto da rendere opportuna una trattazione unica e una decisione unica onde evitare il rischio di giungere a decisioni incompatibili derivanti da una trattazione separata;

2) qualora si tratti di chiamata in garanzia o altra chiamata di terzo, davanti all'autorità giurisdizionale presso la quale è stata proposta la domanda principale, a meno che quest'ultima non sia stata proposta solo per distogliere colui che è stato chiamato in causa dalla sua autorità giurisdizionale naturale;

3) qualora si tratti di una domanda riconvenzionale derivante dal contratto o dal fatto su cui si fonda la domanda principale, davanti all'autorità giurisdizionale presso la quale è stata proposta la domanda principale;

4) in materia contrattuale, qualora l'azione possa essere riunita con un'azione in materia di diritti reali immobiliari proposta contro il medesimo convenuto, davanti all'autorità giurisdizionale dello Stato membro in cui l'immobile è situato.

9. Qualora ai sensi del presente regolamento un'autorità giurisdizionale di uno Stato membro abbia competenza per le azioni relative alla responsabilità derivanti dall'impiego o dall'esercizio di una nave, tale autorità, o qualsiasi altra autorità giurisdizionale competente secondo la legge nazionale, è anche competente per le domande relative alla limitazione di tale responsabilità.

SEZIONE 3

Competenza in materia di assicurazioni

10. In materia di assicurazioni, la competenza è disciplinata dalla presente sezione, fatti salvi l'articolo 6 e l'articolo 7, punto 5.

11. 1. L'assicuratore domiciliato in uno Stato membro può essere convenuto:

a) davanti alle autorità giurisdizionali dello Stato in cui è domiciliato;

b) in un altro Stato membro, davanti all'autorità giurisdizionale del luogo in cui è domiciliato l'attore qualora l'azione sia proposta dal contraente dell'assicurazione, dall'assicurato o da un beneficiario; o

c) se si tratta di un coassicuratore, davanti all'autorità giurisdizionale di uno Stato membro presso il quale sia stata proposta l'azione contro l'assicuratore al quale è affidata la delega del contratto di assicurazione.

2. Qualora l'assicuratore non sia domiciliato nel territorio di uno Stato membro, ma possieda una succursale, un'agenzia o qualsiasi altra sede d'attività in uno Stato membro, egli è considerato, per le contestazioni relative al loro esercizio, come avente domicilio nel territorio di quest'ultimo Stato.

12. L'assicuratore può essere altresì convenuto davanti all'autorità giurisdizionale del luogo in cui si è verificato l'evento dannoso, qualora si tratti di assicurazione della responsabilità civile o di assicurazione sugli immobili. Lo stesso dicasi nel caso in cui l'assicurazione riguardi contemporaneamente beni immobili e beni mobili coperti dalla stessa polizza e colpiti dallo stesso sinistro.

13. 1. In materia di assicurazione della responsabilità civile, l'assicuratore può altresì essere chiamato in causa davanti all'autorità giurisdizionale presso la quale è stata proposta l'azione esercitata dalla parte lesa contro l'assicurato, qualora la legge di tale autorità giurisdizionale lo consenta.

2. Le disposizioni di cui agli articoli 10, 11 e 12 sono applicabili all'azione diretta proposta dalla parte lesa contro l'assicuratore, sempre che tale azione sia possibile.

3. Se la legge relativa all'azione diretta prevede la chiamata in causa del contraente dell'assicurazione o dell'assicurato, la stessa autorità giurisdizionale è competente anche nei loro confronti.

14. 1. Salve le disposizioni dell'articolo 13, paragrafo 3, l'azione dell'assicuratore può essere proposta solo davanti alle autorità giurisdizionali dello Stato membro nel cui territorio è domiciliato il convenuto, sia egli contraente dell'assicurazione, assicurato o beneficiario.

2. Le disposizioni della presente sezione non pregiudicano il diritto di proporre una domanda riconvenzionale davanti all'autorità giurisdizionale investita della domanda principale in conformità della presente sezione.

15. Le disposizioni della presente sezione possono essere derogate solo da una convenzione:

1) posteriore al sorgere della controversia;

2) che consenta al contraente dell'assicurazione, all'assicurato o al beneficiario di adire un'autorità giurisdizionale diversa da quelle indicate nella presente sezione;

3) che, stipulata tra un contraente dell'assicurazione e un assicuratore aventi entrambi il domicilio o la residenza abituale nel medesimo Stato membro al momento della conclusione del contratto, abbia per effetto, anche nel caso in cui l'evento dannoso si produca all'estero, di attribuire la competenza alle autorità giurisdizionali di tale Stato membro, sempre che la legge di quest'ultimo non vieti siffatte convenzioni;

4) stipulata da un contraente dell'assicurazione che non abbia il proprio domicilio in uno Stato membro, salvo che si tratti di assicurazione obbligatoria o relativa a un immobile situato in uno Stato membro; o

5) che riguardi un contratto di assicurazione nella misura in cui esso copre uno o più rischi di cui all'articolo 16.

16. I rischi di cui all'articolo 15, punto 5, sono i seguenti:

1) ogni danno o pregiudizio:

a) subito dalle navi, dagli impianti offshore e d'alto mare o dagli aeromobili, causato da un avvenimento in relazione alla loro utilizzazione a fini commerciali;

b) subito dalle merci diverse dai bagagli dei passeggeri, durante un trasporto effettuato totalmente da tali navi o aeromobili oppure effettuato da questi ultimi in combinazione con altri mezzi di trasporto;

2) ogni responsabilità, salvo per lesioni personali dei passeggeri o danni ai loro bagagli:

a) risultante dall'impiego o dall'esercizio delle navi, degli impianti o degli aeromobili di cui al punto 1, lettera *a*), sempre che, per quanto riguarda questi ultimi, la legge dello Stato membro in cui l'aeromobile è immatricolato non vieti le clausole attributive di competenza nell'assicurazione di tali rischi;

b) derivante dalle merci durante un trasporto ai sensi del punto 1, lettera *b*);

3) ogni perdita pecuniaria connessa con l'impiego e l'esercizio delle navi, degli impianti o degli aeromobili di cui al punto 1, lettera *a*), in particolare quella del nolo o del corrispettivo del noleggio;

4) ogni rischio connesso con uno dei rischi di cui ai precedenti punti da 1 a 3;

5) fatti salvi i punti da 1 a 4, tutti i «grandi rischi» quali definiti nella direttiva 2009/138/CE del Parlamento europeo e del Consiglio, del 25 novembre 2009, in materia di accesso ed esercizio delle attività di assicurazione e di riassicurazione (solvibilità II).

SEZIONE 4
Competenza in materia di contratti conclusi da consumatori

17. 1. Fatto salvo quanto previsto dall'articolo 6 e dall'articolo 7, punto 5, la competenza in materia di contratti conclusi da una persona, il consumatore, per un uso che possa essere considerato estraneo alla sua attività professionale è regolata dalla presente sezione:

a) qualora si tratti di una vendita a rate di beni mobili materiali;

b) qualora si tratti di un prestito con rimborso rateizzato o di un'altra operazione di credito, connessi con il finanziamento di una vendita di tali beni; o

c) in tutti gli altri casi, qualora il contratto sia stato concluso con una persona le cui attività commerciali o professionali si svolgono nello Stato membro in cui è domiciliato il consumatore o sono dirette, con qualsiasi mezzo, verso tale Stato membro o verso una pluralità di Stati che comprende tale Stato membro, purché il contratto rientri nell'ambito di dette attività.

2. Qualora la controparte del consumatore non abbia il proprio domicilio in uno Stato membro ma possieda una succursale, un'agenzia o qualsiasi altra sede d'attività in uno Stato membro, essa è considerata, per le controversie relative al loro esercizio, come avente domicilio in quest'ultimo Stato membro.

3. La presente sezione non si applica ai contratti di trasporto che non prevedono prestazioni combinate di trasporto e di alloggio per un prezzo globale.

18. 1. L'azione del consumatore contro l'altra parte del contratto può essere proposta davanti alle autorità giurisdizionali dello Stato membro in cui è domiciliata tale parte o, indipendentemente dal domicilio dell'altra parte, davanti alle autorità giurisdizionali del luogo in cui è domiciliato il consumatore.

2. L'azione dell'altra parte del contratto contro il consumatore può essere proposta solo davanti alle autorità giurisdizionali dello Stato membro nel cui territorio è domiciliato il consumatore.

3. Le disposizioni del presente articolo non pregiudicano il diritto di proporre una domanda riconvenzionale davanti all'autorità giurisdizionale investita della domanda principale in conformità della presente sezione.

19. Le disposizioni della presente sezione possono essere derogate solo da una convenzione:

1) posteriore al sorgere della controversia;

2) che consenta al consumatore di adire un'autorità giurisdizionale diversa da quelle indicate nella presente sezione; o

3) che, stipulata tra il consumatore e la sua controparte aventi entrambi il domicilio o la residenza abituale nel medesimo Stato membro al momento della conclusione del contratto, conferisca la competenza alle autorità giurisdizionali di tale Stato membro, sempre che la legge di quest'ultimo non vieti siffatte convenzioni.

SEZIONE 5
Competenza in materia di contratti individuali di lavoro

20. 1. Fatto salvo quanto previsto dall'articolo 6, dall'articolo 7, punto 5 e, se l'azione è proposta contro un datore di lavoro, dall'articolo 8, punto 1, la competenza in materia di contratti individuali di lavoro è disciplinata dalla presente sezione.

2. Qualora un lavoratore concluda un contratto individuale di lavoro con un datore di lavoro che non sia domiciliato in uno Stato membro ma possieda una succursale, un'agenzia o qualsiasi altra sede d'attività in uno Stato membro, il datore di lavoro è considerato, per le controversie relative al loro esercizio, come avente domicilio nel territorio di quest'ultimo Stato.

21. 1. Il datore di lavoro domiciliato in uno Stato membro può essere convenuto:

a) davanti alle autorità giurisdizionali dello Stato in cui è domiciliato; o

b) in un altro Stato membro:

i) davanti all'autorità giurisdizionale del luogo in cui o da cui il lavoratore svolge abitualmente la propria attività o a quello dell'ultimo luogo in cui o da cui la svolgeva abitualmente; o

ii) qualora il lavoratore non svolga o non abbia svolto abitualmente la propria attività in un solo paese, davanti all'autorità giurisdizionale del luogo in cui è o era situata la sede d'attività presso la quale è stato assunto.

2. Il datore di lavoro non domiciliato in uno Stato membro può essere convenuto davanti a un'autorità giurisdizionale di uno Stato membro ai sensi del paragrafo 1, lettera *b*).

22. 1. L'azione del datore di lavoro può essere proposta solo davanti alle autorità giurisdizionali dello Stato membro nel cui territorio il lavoratore è domiciliato.

2. Le disposizioni della presente sezione non pregiudicano il diritto di proporre una domanda riconvenzionale davanti all'autorità giurisdizionale investita della domanda principale in conformità della presente sezione.

23. Le disposizioni della presente sezione possono essere derogate solo da un accordo:

1) posteriore al sorgere della controversia; o

2) che consenta al lavoratore di adire un'autorità giurisdizionale diversa da quelle indicate nella presente sezione.

SEZIONE 6
Competenze esclusive

24. Indipendentemente dal domicilio delle parti, hanno competenza esclusiva le seguenti autorità giurisdizionali di uno Stato membro:

1) in materia di diritti reali immobiliari e di contratti di locazione di immobili, le autorità giurisdi-

zionali dello Stato membro in cui l'immobile è situato.

Tuttavia, in materia di contratti di locazione di immobili a uso privato temporaneo stipulati per un periodo massimo di sei mesi consecutivi, hanno competenza anche le autorità giurisdizionali dello Stato membro in cui il convenuto è domiciliato, purché il conduttore sia una persona fisica e il locatore e il conduttore siano domiciliati nel medesimo Stato membro;

2) in materia di validità della costituzione, nullità o scioglimento delle società o persone giuridiche, o riguardo alla validità delle decisioni dei rispettivi organi, le autorità giurisdizionali dello Stato membro in cui la società o persona giuridica ha sede. Al fine di determinare tale sede l'autorità giurisdizionale applica le proprie norme di diritto internazionale privato;

3) in materia di validità delle trascrizioni e iscrizioni nei pubblici registri, le autorità giurisdizionali dello Stato membro nel cui territorio i registri sono tenuti;

4) in materia di registrazione o di validità di brevetti, marchi, disegni e modelli e di altri diritti analoghi per i quali è prescritto il deposito ovvero la registrazione, a prescindere dal fatto che la questione sia sollevata mediante azione o eccezione le autorità giurisdizionali dello Stato membro nel cui territorio il deposito o la registrazione sono stati richiesti, sono stati effettuati o sono da considerarsi effettuati a norma di un atto normativo dell'Unione o di una convenzione internazionale.

Fatta salva la competenza dell'Ufficio europeo dei brevetti in base alla convenzione sul rilascio di brevetti europei, sottoscritta a Monaco di Baviera il 5 ottobre 1973, le autorità giurisdizionali di ciascuno Stato membro hanno competenza esclusiva in materia di registrazione o di validità di un brevetto europeo rilasciato per tale Stato membro;

5) in materia di esecuzione delle decisioni, le autorità giurisdizionali dello Stato membro nel cui territorio ha o ha avuto luogo l'esecuzione.

SEZIONE 7
Proroga di competenza

25. 1. Qualora le parti, indipendentemente dal loro domicilio, abbiano convenuto la competenza di un'autorità o di autorità giurisdizionali di uno Stato membro a conoscere delle controversie, presenti o future, nate da un determinato rapporto giuridico, la competenza spetta a questa autorità giurisdizionale o alle autorità giurisdizionali di questo Stato membro, salvo che l'accordo sia nullo dal punto di vista della validità sostanziale secondo la legge di tale Stato membro. Detta competenza è esclusiva salvo diverso accordo tra le parti. L'accordo attributivo di competenza deve essere:

a) concluso per iscritto o provato per iscritto;

b) in una forma ammessa dalle pratiche che le parti hanno stabilito tra di loro; o

c) nel commercio internazionale, in una forma ammessa da un uso che le parti conoscevano o avrebbero dovuto conoscere e che, in tale ambito, è ampiamente conosciuto e regolarmente rispettato dalle parti di contratti dello stesso tipo nel settore commerciale considerato.

2. La forma scritta comprende qualsiasi comunicazione con mezzi elettronici che permetta una registrazione durevole dell'accordo attributivo di competenza.

3. L'autorità o le autorità giurisdizionali di uno Stato membro alle quali l'atto costitutivo di un trust ha attribuito competenza a giudicare hanno competenza esclusiva per le azioni contro un fondatore, un trustee o un beneficiario di un trust, ove si tratti di relazioni tra tali persone o di loro diritti od obblighi nell'ambito del trust.

4. Gli accordi attributivi di competenza e le clausole simili di atti costitutivi di trust non sono valide se in contrasto con le disposizioni degli articoli 15, 19 o 23 o se derogano alle norme sulla competenza esclusiva attribuita alle autorità giurisdizionali ai sensi dell'articolo 24.

5. Una clausola attributiva di competenza che fa parte di un contratto si considera indipendente dalle altre clausole contrattuali.

La validità della clausola attributiva di competenza non può essere contestata per il solo motivo che il contratto è invalido.

26. 1. Oltre che nei casi in cui la sua competenza giurisdizionale risulta da altre disposizioni del presente regolamento, l'autorità giurisdizionale di uno Stato membro davanti al quale il convenuto è comparso è competente. Tale norma non è applicabile se la comparizione avviene per eccepire l'incompetenza o se esiste un'altra autorità giurisdizionale esclusivamente competente ai sensi dell'articolo 24.

2. Nelle materie di cui alle sezioni 3, 4 o 5, se il contraente dell'assicurazione, l'assicurato, il beneficiario di un contratto di assicurazione, la parte lesa, il consumatore o il lavoratore è il convenuto, l'autorità giurisdizionale, prima di dichiararsi competente ai sensi del paragrafo 1, si assicura che il convenuto sia informato del suo diritto di eccepire l'incompetenza dell'autorità giurisdizionale e delle conseguenze della comparizione o della mancata comparizione.

SEZIONE 8
Esame della competenza e della ricevibilità dell'azione

27. L'autorità giurisdizionale di uno Stato membro, se investita a titolo principale di una controversia per la quale l'articolo 24 stabilisce la competenza esclusiva di un'autorità giurisdizionale di un altro Stato membro, dichiara d'ufficio la propria incompetenza.

28. 1. Se il convenuto domiciliato in uno Stato membro è citato davanti a un'autorità giurisdizionale di un altro Stato membro e non compare, l'autorità giurisdizionale dichiara d'ufficio la propria incompetenza, a meno che non sia competente in base alle disposizioni del presente regolamento.

2. L'autorità giurisdizionale sospende il processo fino a quando non sarà accertato che al convenuto è stata data la possibilità di ricevere la domanda giudiziale o un atto equivalente in tempo utile per poter presentare le proprie difese, ovvero che sono state adottate tutte le misure a tal fine necessarie.

3. Le disposizioni del paragrafo 2 del presente articolo sono sostituite da quelle dell'articolo 19 del regolamento (CE) n. 1393/2007 del Parlamento europeo e del Consiglio, del 13 novembre 2007, relativo alla notificazione e alla comunicazione negli Stati membri degli atti giudiziari ed extragiudiziali in materia civile o commerciale (notificazione o comunicazione degli atti) , qualora sia stato necessario trasmettere da uno Stato membro a un altro la domanda giudiziale o un atto equivalente in esecuzione del suddetto regolamento.

4. Ove il regolamento (CE) n. 1393/2007 non sia applicabile, si applica l'articolo 15 della convenzione dell'Aia, del 15 novembre 1965, relativa alla notificazione e alla comunicazione all'estero degli atti giudiziari ed extragiudiziari in materia civile o commerciale, qualora sia stato necessario trasmettere all'estero la domanda giudiziale o un atto equivalente ai sensi della suddetta convenzione.

SEZIONE 9
Litispendenza e connessione

29. 1. Fatto salvo quanto previsto dall'articolo 31, paragrafo 2, qualora davanti alle autorità giurisdizionali di Stati membri differenti e tra le medesime parti siano state proposte domande aventi il medesimo oggetto e il medesimo titolo, l'autorità giurisdizionale successivamente adita sospende d'ufficio il procedimento finché sia stata accertata la competenza dell'autorità giurisdizionale adita in precedenza.

2. Nei casi di cui al paragrafo 1, su istanza di un'autorità giurisdizionale investita della controversia, ogni altra autorità giurisdizionale comunica senza indugio alla prima la data in cui è stata adita a norma dell'articolo 32.[1]

3. Se la competenza dell'autorità giurisdizionale precedentemente adita è stata accertata, l'autorità giurisdizionale successivamente adita dichiara la propria incompetenza a favore della prima.

[1] Paragrafo così corretto da Rettifica pubblicata in *G.U. dell'Unione Europea* 3 feb. 2015, n. 27.

30. 1. Ove più cause connesse siano pendenti davanti ad autorità giurisdizionali di Stati membri differenti, l'autorità giurisdizionale successivamente adita può sospendere il procedimento.

2. Se la causa davanti all'autorità giurisdizionale adita per prima è pendente in primo grado, qualunque altra autorità giurisdizionale può inoltre dichiarare la propria incompetenza su richiesta di una delle parti, a condizione che l'autorità giurisdizionale precedentemente adita sia competente a conoscere delle domande proposte e la legge a essa applicabile ne consenta la riunione.

3. Ai fini del presente articolo si considerano connesse le cause aventi tra di loro un collegamento così stretto da rendere opportuna un'unica trattazione e decisione per evitare il rischio di giungere a decisioni incompatibili derivante da una trattazione separata.

31. 1. Qualora la competenza esclusiva a conoscere delle domande spetti a più autorità giurisdizionali, quella successivamente adita rimette la causa all'autorità giurisdizionale adita in precedenza.

2. Fatto salvo quanto previsto dall'articolo 26, qualora sia adita l'autorità giurisdizionale di uno Stato membro al quale un accordo di cui all'articolo 25 conferisce competenza esclusiva, qualunque autorità giurisdizionale di un altro Stato membro sospende il procedimento fino a quando l'autorità giurisdizionale adita sulla base dell'accordo dichiara di non essere competente ai sensi dell'accordo.

3. Se l'autorità giurisdizionale designata nell'accordo ha accertato la propria competenza in base all'accordo, qualunque autorità giurisdizionale di un altro Stato membro dichiara la propria incompetenza a favore della prima.

4. I paragrafi 2 e 3 non si applicano alle materie di cui alle sezioni 3, 4 o 5 nei casi in cui l'azione è proposta dal contraente dell'assicurazione, dall'assicurato, da un beneficiario del contratto di assicurazione, dalla parte lesa, dal consumatore o dal lavoratore e l'accordo è invalido ai sensi delle disposizioni contenute nelle suddette sezioni.

32. 1. Ai fini della presente sezione un'autorità giurisdizionale è considerata adita:

a) quando la domanda giudiziale o un atto equivalente sono depositati presso l'autorità giurisdizionale, purché successivamente l'attore non abbia omesso di prendere tutte le misure che era tenuto a prendere affinché fosse effettuata la notificazione o comunicazione al convenuto; o

b) se l'atto deve essere notificato o comunicato prima di essere depositato presso l'autorità giurisdizionale, quando l'autorità competente per la notificazione o comunicazione lo riceve, purché successivamente l'attore non abbia omesso di prendere tutte le misure che era tenuto ad adottare affinché l'atto fosse depositato presso l'autorità giurisdizionale.

L'autorità competente per la notificazione o comunicazione di cui alla lettera *b*) è la prima autorità che riceve gli atti da notificare o comunicare.

2. L'autorità giurisdizionale o le autorità competenti per la notificazione o comunicazione di cui al

paragrafo 1, annotano rispettivamente la data del deposito della domanda giudiziale o dell'atto equivalente o la data del ricevimento degli atti da notificare o comunicare.

33. 1. Quando la competenza si fonda sull'articolo 4 o sugli articoli 7, 8 o 9 e davanti a un'autorità giurisdizionale di uno Stato terzo pende un procedimento al momento in cui l'autorità giurisdizionale di uno Stato membro è investita di una causa tra le medesime parti, avente il medesimo oggetto e il medesimo titolo del procedimento promosso davanti all'autorità giurisdizionale dello Stato terzo, l'autorità giurisdizionale dello Stato membro può sospendere il procedimento qualora:

a) si preveda che l'autorità giurisdizionale dello Stato terzo emetta una decisione che può essere riconosciuta e, se del caso, eseguita nello Stato membro; e

b) l'autorità giurisdizionale dello Stato membro sia convinta che la sospensione è necessaria per la corretta amministrazione della giustizia.

2. L'autorità giurisdizionale dello Stato membro può proseguire il procedimento in qualunque momento se:

a) il procedimento davanti all'autorità giurisdizionale dello Stato terzo è sospeso o interrotto;

b) l'autorità giurisdizionale dello Stato membro ritiene improbabile che il procedimento davanti all'autorità giurisdizionale dello Stato terzo si concluda entro un termine ragionevole; o

c) è necessario proseguire il procedimento per la corretta amministrazione della giustizia.

3. L'autorità giurisdizionale dello Stato membro dichiara l'estinzione del processo se il procedimento davanti all'autorità giurisdizionale dello Stato terzo si è concluso con una decisione che può essere riconosciuta e, se del caso, eseguita in tale Stato membro.

4. L'autorità giurisdizionale dello Stato membro applica il presente articolo su istanza di parte o, laddove ammesso dalla legge nazionale, d'ufficio.

34. 1. Quando la competenza si fonda sull'articolo 4 o sugli articoli 7, 8 o 9 e davanti a un'autorità giurisdizionale di uno Stato terzo pende una causa al momento in cui l'autorità giurisdizionale di uno Stato membro è investita di una causa connessa a quella promossa dinnanzi all'autorità giurisdizionale nello Stato terzo, l'autorità giurisdizionale dello Stato membro può sospendere il procedimento qualora:

a) siano opportune una trattazione e una decisione uniche sulle cause connesse onde evitare il rischio di giungere a decisioni incompatibili derivante da una trattazione separata;

b) ci si attenda che l'autorità giurisdizionale dello Stato terzo emetta una decisione che può essere riconosciuta e, se del caso, eseguita in tale Stato membro; e

c) l'autorità giurisdizionale dello Stato membro sia convinta che la sospensione è necessaria per la corretta amministrazione della giustizia.

2. L'autorità giurisdizionale dello Stato membro può proseguire il procedimento in qualunque momento se:

a) l'autorità giurisdizionale dello Stato membro ritiene che non sussista più il rischio di decisioni incompatibili;

b) il procedimento davanti all'autorità giurisdizionale dello Stato terzo è sospeso o interrotto;

c) l'autorità giurisdizionale dello Stato membro ritiene improbabile che il procedimento davanti all'autorità giurisdizionale dello Stato terzo si concluda entro un termine ragionevole; o

d) è necessario proseguire il procedimento per la corretta amministrazione della giustizia.

3. L'autorità giurisdizionale dello Stato membro può dichiarare l'estinzione del processo se il procedimento davanti all'autorità giurisdizionale dello Stato terzo si è concluso con una decisione che può essere riconosciuta e, se del caso, eseguita in tale Stato membro.

4. L'autorità giurisdizionale dello Stato membro applica il presente articolo su domanda di parte o, laddove ammesso dalla legge nazionale, d'ufficio.

SEZIONE 10
Provvedimenti provvisori e cautelari

35. I provvedimenti provvisori o cautelari previsti dalla legge di uno Stato membro possono essere richiesti all'autorità giurisdizionale di detto Stato membro anche se la competenza a conoscere del merito è riconosciuta all'autorità giurisdizionale di un altro Stato membro.

CAPO III
Riconoscimento ed esecuzione

SEZIONE 1
Riconoscimento

36. 1. La decisione emessa in uno Stato membro è riconosciuta in un altro Stato membro senza che sia necessario il ricorso ad alcuna procedura particolare.

2. Ogni parte interessata può, conformemente alla procedura di cui alla sezione 3, sottosezione 2, chiedere una decisione attestante l'assenza di motivi di diniego del riconoscimento di cui all'articolo 45.

3. Se l'esito di un procedimento pendente davanti a un'autorità giurisdizionale di uno Stato membro dipende dalla soluzione di una richiesta di diniego di riconoscimento sollevata in via incidentale, tale autorità giurisdizionale è competente al riguardo.

37. 1. La parte che desidera invocare una decisione emessa in un altro Stato membro produce:

a) una copia della decisione che soddisfi le condizioni necessarie per stabilirne l'autenticità; e

b) l'attestato rilasciato ai sensi dell'articolo 53.

2. L'autorità giurisdizionale o altra autorità davanti cui è invocata una decisione emessa in un altro Stato membro può, se del caso, richiedere alla parte che intende avvalersene di fornire, conformemente all'articolo 57, la traduzione o la traslitterazione del contenuto dell'attestato di cui al paragrafo 1, lettera *b*). L'autorità giurisdizionale o altra autorità può richiedere alla parte di produrre la traduzione della decisione stessa anziché la traduzione del contenuto dell'attestato se non è in grado di procedere senza tale traduzione.

38. L'autorità giurisdizionale o altra autorità davanti alla quale è invocata una decisione emessa in un altro Stato membro può sospendere il procedimento, in tutto o in parte, se:

a) la decisione è impugnata nello Stato membro d'origine; o

b) è stata presentata una domanda al fine di accertare che non sussistono motivi di diniego del riconoscimento di cui all'articolo 45 ovvero al fine di accertare che il riconoscimento deve essere negato per uno dei predetti motivi.

SEZIONE 2
Esecuzione

39. La decisione emessa in uno Stato membro che è esecutiva in tale Stato membro è altresì esecutiva negli altri Stati membri senza che sia richiesta una dichiarazione di esecutività.

40. Una decisione esecutiva implica di diritto l'autorizzazione a procedere a provvedimenti cautelari previsti dalla legge dello Stato membro richiesto.

41. 1. Fatte salve le disposizioni della presente sezione, il procedimento d'esecuzione delle decisioni emesse in un altro Stato membro è disciplinato dalla legge dello Stato membro richiesto. Le decisioni emesse in uno Stato membro che sono esecutive nello Stato membro richiesto sono eseguite alle stesse condizioni delle decisioni emesse nello Stato membro richiesto.

2. In deroga al paragrafo 1, i motivi di diniego o di sospensione dell'esecuzione previsti dalla legge dello Stato membro richiesto si applicano nella misura in cui non sono incompatibili con i motivi di cui all'articolo 45.

3. La parte che chiede l'esecuzione di una decisione emessa in un altro Stato membro non è obbligata ad avere un recapito postale nello Stato membro richiesto, né è tenuta ad avere un rappresentante autorizzato nello Stato membro richiesto, a meno che tale rappresentante sia obbligatorio a prescindere dalla cittadinanza o dal domicilio delle parti.

42. 1. Ai fini dell'esecuzione in uno Stato membro di una decisione emessa in un altro Stato membro, il richiedente fornisce alla competente autorità incaricata dell'esecuzione:

a) una copia della decisione che soddisfi le condizioni necessarie per stabilirne l'autenticità; e

b) l'attestato rilasciato ai sensi dell'articolo 53, che certifica l'esecutività della decisione, e contenente anche un estratto della decisione nonché, se del caso, le informazioni pertinenti sulle spese processuali ripetibili e sul calcolo degli interessi.

2. Ai fini dell'esecuzione in uno Stato membro di una decisione emessa in un altro Stato membro che dispone un provvedimento provvisorio o cautelare, il richiedente fornisce alla competente autorità incaricata dell'esecuzione:

a) una copia della decisione che soddisfi le condizioni necessarie per stabilirne l'autenticità;

b) l'attestato rilasciato ai sensi dell'articolo 53, contenente una descrizione del provvedimento e certificante che:

i) l'autorità giurisdizionale è competente a conoscere del merito;

ii) la decisione è esecutiva nello Stato membro d'origine; e

c) qualora il provvedimento sia stato disposto senza che il convenuto sia stato invitato a comparire, la prova della notificazione o comunicazione della decisione.

3. L'autorità competente per l'esecuzione può, se del caso, esigere dal richiedente che fornisca, in conformità dell'articolo 57, la traduzione o la traslitterazione del contenuto dell'attestato.

4. L'autorità competente per l'esecuzione può esigere che il richiedente fornisca una traduzione della decisione solo se non sia in grado di procedere senza una tale traduzione.

43. 1. Quando si chiede l'esecuzione di una decisione emessa in un altro Stato membro, l'attestato rilasciato ai sensi dell'articolo 53 è notificato o comunicato alla persona contro cui è chiesta l'esecuzione prima dell'inizio della stessa. L'attestato è corredato della decisione qualora questa non sia già stata notificata o comunicata a detta persona.

2. Se la persona contro cui è chiesta l'esecuzione è domiciliata in uno Stato membro diverso dallo Stato membro d'origine, essa può richiedere una traduzione della decisione per contestare l'esecuzione della decisione, qualora quest'ultima non sia redatta o accompagnata da una traduzione in una delle seguenti lingue:

a) una lingua a essa comprensibile; o

b) la lingua ufficiale dello Stato membro in cui è domiciliata oppure, laddove tale Stato membro abbia più lingue ufficiali, la lingua ufficiale o una delle lingue ufficiali del luogo in cui è domiciliata.

Quando si chiede una traduzione della decisione ai sensi del primo comma del presente paragrafo, non può essere adottata alcuna misura di esecuzione, a eccezione delle misure cautelari, fino a che la persona contro cui è chiesta l'esecuzione abbia ricevuto detta traduzione.

Il presente paragrafo non si applica se la decisione è già stata notificata o comunicata alla persona contro cui è chiesta l'esecuzione in una o più lingue tra quelle di cui al primo comma, o se sia corredata di una traduzione in una o più delle suddette lingue.

3. Il presente articolo non si applica all'esecuzione di un provvedimento cautelare contenuto in una decisione o laddove la persona che chiede l'esecuzione procede a provvedimenti cautelari ai sensi dell'articolo 40.

44. 1. Quando si chiede il rigetto dell'esecuzione di una decisione a norma della sezione 3, sottosezione 2, l'autorità giurisdizionale dello Stato membro richiesto può, su istanza della parte contro cui è chiesta l'esecuzione:

a) limitare il procedimento di esecuzione ai provvedimenti cautelari;

b) subordinare l'esecuzione alla costituzione di una garanzia da esso determinata; o

c) sospendere, in tutto o in parte, il procedimento di esecuzione.

2. Su istanza della parte contro cui è chiesta l'esecuzione, l'autorità competente dello Stato membro richiesto sospende il procedimento di esecuzione se l'esecutività della decisione è sospesa nello Stato membro d'origine.

SEZIONE 3
Diniego del riconoscimento e dell'esecuzione

SOTTOSEZIONE 1
Diniego del riconoscimento

45. 1. Su istanza di ogni parte interessata, il riconoscimento di una decisione è negato:

a) se il riconoscimento è manifestamente contrario all'ordine pubblico (ordre public) nello Stato membro richiesto;

b) se la decisione è stata resa in contumacia, qualora la domanda giudiziale o un atto equivalente non siano stati notificati o comunicati al convenuto in tempo utile e in modo tale da poter presentare le proprie difese eccetto qualora, pur avendone avuto la possibilità, questi non abbia impugnato la decisione;

c) se la decisione è incompatibile con una decisione emessa tra le medesime parti nello Stato membro richiesto;

d) se la decisione è incompatibile con una decisione emessa precedentemente tra le medesime parti in un altro Stato membro o in un paese terzo, in una controversia avente il medesimo oggetto e il medesimo titolo, sempre che tale decisione soddisfi le condizioni necessarie per essere riconosciuta nello Stato membro richiesto; o

e) se la decisione è in contrasto con:

i) le disposizioni del capo II, sezioni 3, 4 e 5 nella misura in cui il contraente dell'assicurazione, l'assicurato, il beneficiario di un contratto di assicurazione, la parte lesa, il consumatore o il lavoratore sia il convenuto; o

ii) le disposizioni del capo II, sezione 6.

2. Nell'accertamento delle ipotesi di cui al paragrafo 1, lettera *e*), l'autorità giurisdizionale cui sia stata presentata l'istanza è vincolata dall'accertamento dei fatti sul quale l'autorità giurisdizionale d'origine ha fondato la propria competenza.

3. Fatto salvo quanto previsto dal paragrafo 1, lettera *e*), la competenza dell'autorità giurisdizionale d'origine non può essere oggetto di riesame. I motivi di ordine pubblico di cui al paragrafo 1, lettera *a*) non si applicano alle norme in materia di competenza.

4. La domanda di diniego del riconoscimento è presentata in conformità delle procedure di cui alla sottosezione 2 e, se del caso, della sezione 4.

SOTTOSEZIONE 2
Diniego dell'esecuzione

46. Su istanza della parte contro cui è chiesta l'esecuzione, l'esecuzione di una decisione è negata qualora sia dichiarata la sussistenza di uno dei motivi di cui all'articolo 45.

47. 1. La domanda di diniego dell'esecuzione è proposta all'autorità giurisdizionale che lo Stato membro richiesto ha indicato alla Commissione come l'autorità giurisdizionale a cui deve essere presentata l'istanza, conformemente all'articolo 75, lettera *a*).

2. Nella misura in cui non sia disciplinata dal presente regolamento, la procedura per il diniego dell'esecuzione è disciplinata dalla legge dello Stato membro richiesto.

3. Il richiedente fornisce all'autorità giurisdizionale una copia della decisione e, ove necessario, una traduzione o traslitterazione della stessa.

L'autorità giurisdizionale può dispensare la parte dalla produzione dei documenti di cui al primo comma qualora ne sia già in possesso o qualora ritenga irragionevole chiedere al richiedente di fornirli. In quest'ultimo caso, l'autorità giurisdizionale può chiedere all'altra parte di fornire tali documenti.

4. La parte che chiede il diniego dell'esecuzione di una decisione emessa in un altro Stato membro non è obbligata ad avere un recapito postale nello Stato membro richiesto, né è tenuta ad avere un rappresentante autorizzato nello Stato membro richiesto, a meno che tale rappresentante sia obbligatorio indipendentemente dalla cittadinanza o dal domicilio delle parti.

48. L'autorità giurisdizionale statuisce senza indugio sulla domanda di diniego dell'esecuzione.

49. 1. Ciascuna delle parti può impugnare la

decisione relativa alla domanda di diniego dell'esecuzione.

2. L'impugnazione è proposta davanti all'autorità giurisdizionale che lo Stato membro richiesto ha indicato alla Commissione come l'autorità giurisdizionale davanti alla quale deve essere proposta tale impugnazione, conformemente all'articolo 75, lettera *b*).

50. La decisione emessa sull'impugnazione può essere impugnata a sua volta unicamente se l'autorità giurisdizionale davanti alla quale l'ulteriore impugnazione è presentata, è stata indicata dallo Stato membro interessato alla Commissione ai sensi dell'articolo 75, lettera *c*).

51. 1. L'autorità giurisdizionale davanti alla quale è presentata una domanda di diniego dell'esecuzione o è proposta un'impugnazione ai sensi dell'articolo 49 o dell'articolo 50 può sospendere il procedimento se la decisione è stata impugnata con un mezzo d'impugnazione ordinario nello Stato membro d'origine o se il termine per proporre l'impugnazione non è ancora scaduto. In quest'ultimo caso, l'autorità giurisdizionale può fissare un termine entro il quale l'impugnazione deve essere depositata.

2. Quando la decisione è stata emessa in Irlanda, a Cipro o nel Regno Unito, qualsiasi mezzo di impugnazione esperibile nello Stato membro d'origine è considerato ordinario ai fini del paragrafo 1.

SEZIONE 4
Disposizioni comuni

52. In nessun caso una decisione emessa in uno Stato membro può formare oggetto di un riesame del merito nello Stato membro richiesto.

53. L'autorità giurisdizionale d'origine, su istanza di qualsiasi parte interessata, rilascia l'attestato utilizzando il modulo di cui all'allegato I.

54. 1. Se la decisione contiene un provvedimento ignoto alla legge dello Stato membro richiesto, tale provvedimento è adattato, nella misura del possibile, a un provvedimento previsto dalla legge di tale Stato membro che abbia efficacia equivalente e che persegua obiettivi e interessi analoghi.

Da tale adattamento non derivano effetti che vanno oltre quelli previsti dalla legge dello Stato membro d'origine.

2. Qualsiasi parte può impugnare l'adattamento del provvedimento davanti a un'autorità giurisdizionale.

3. Se necessario, si può esigere dalla parte che invoca una decisione, o che ne chiede l'esecuzione, che fornisca una traduzione o una traslitterazione della decisione.

55. Le decisioni emesse in uno Stato membro che dispongono il pagamento di una penalità sono esecutive nello Stato membro richiesto solo se l'ammontare di quest'ultima è stato definitivamente fissato dall'autorità giurisdizionale d'origine.

56. Alla parte che chiede l'esecuzione in uno Stato membro di una decisione emessa in un altro Stato membro non può essere imposta alcuna garanzia, cauzione o deposito, indipendentemente dalla relativa denominazione, a motivo della cittadinanza straniera o per difetto di domicilio o residenza nello Stato membro richiesto.

57. 1. Le traduzioni o le traslitterazioni richieste ai sensi del presente regolamento sono effettuate nella lingua ufficiale dello Stato membro interessato oppure, ove tale Stato membro abbia più lingue ufficiali, nella lingua ufficiale o in una delle lingue ufficiali dei procedimenti giudiziari del luogo in cui è invocata una decisione emessa in un altro Stato membro o in cui è presentata la domanda, conformemente alla legge di quello Stato membro.

2. Ai fini dei moduli di cui agli articoli 53 e 60, le traduzioni o le traslitterazioni possono essere altresì effettuate in qualunque altra lingua ufficiale delle istituzioni dell'Unione che lo Stato membro interessato abbia dichiarato di accettare.

3. Qualsiasi traduzione ai sensi del presente regolamento è effettuata da una persona a tal fine abilitata in uno degli Stati membri.

CAPO IV
Atti pubblici e transazioni giudiziarie

58. 1. Gli atti pubblici aventi efficacia esecutiva nello Stato membro di origine hanno efficacia esecutiva negli altri Stati membri senza che sia necessaria una dichiarazione di esecutività. L'esecuzione di un atto pubblico può essere negata soltanto se è manifestamente contraria all'ordine pubblico (ordre public) nello Stato membro richiesto.

Le disposizioni della sezione 2, della sezione 3, sottosezione 2, e della sezione 4 del capo III si applicano, se del caso, agli atti pubblici.

2. L'atto pubblico deve presentare tutte le condizioni di autenticità previste nello Stato membro d'origine.

59. Le transazioni giudiziarie aventi efficacia esecutiva nello Stato membro d'origine sono eseguite negli altri Stati membri alle stesse condizioni previste per gli atti pubblici.

60. L'autorità giurisdizionale o l'autorità competente dello Stato membro d'origine rilascia, su istanza di qualsiasi parte interessata, un attestato, utilizzando il modulo di cui all'allegato II, contenente una sintesi dell'obbligazione esecutiva registrata nell'atto pubblico o una sintesi di quanto concordato tra le parti e registrato nella transazione giudiziaria.

CAPO V
Disposizioni generali

61. Per i documenti emessi in uno Stato membro nel contesto del presente regolamento non è richiesta alcuna legalizzazione né altra formalità analoga.

62. 1. Al fine di determinare se una parte ha il domicilio nel territorio dello Stato membro le cui autorità giurisdizionali siano adite, l'autorità giurisdizionale applica la propria legge nazionale.

2. Qualora una parte non sia domiciliata nello Stato membro le cui autorità giurisdizionali sono adite, l'autorità giurisdizionale, al fine di stabilire se essa ha il domicilio in un altro Stato membro, applica la legge di quest'ultimo Stato.

63. 1. Ai fini dell'applicazione del presente regolamento, una società o altra persona giuridica è domiciliata nel luogo in cui si trova:

a) la sua sede statutaria;
b) la sua amministrazione centrale; oppure
c) il suo centro d'attività principale.

2. Per quanto riguarda l'Irlanda, Cipro e il Regno Unito, per «sede statutaria» si intende il «registered office» o, se non esiste alcun «registered office», il «place of incorporation» (luogo di acquisizione della personalità giuridica), ovvero, se nemmeno siffatto luogo esiste, il luogo in conformità della cui legge è avvenuta la «formation» (costituzione).

3. Al fine di definire se un trust ha domicilio nel territorio di uno Stato membro le cui autorità giurisdizionali siano adite, l'autorità giurisdizionale applica le norme del proprio diritto internazionale privato.

64. Salvo disposizioni nazionali più favorevoli, le persone domiciliate nel territorio di uno Stato membro alle quali sia contestata una violazione non dolosa davanti alle autorità giurisdizionali penali di un altro Stato membro di cui non sono cittadini possono, anche se non compaiono personalmente, farsi difendere da persone a tal fine abilitate. Tuttavia, l'autorità giurisdizionale adita può ordinare la comparizione personale; se la comparizione non ha luogo, la decisione emessa nell'azione civile senza che la persona in causa abbia avuto la possibilità di difendersi potrà non essere riconosciuta né eseguita negli altri Stati membri.

65. 1. La competenza, contemplata all'articolo 8, punto 2, e all'articolo 13, concernente la chiamata in garanzia o la chiamata in causa di terzo può essere invocata negli Stati membri figuranti nell'elenco stilato dalla Commissione ai sensi dell'articolo 76, paragrafo 1, lettera *b)* e dell'articolo 76, paragrafo 2, solo se il diritto nazionale lo consente. Una persona domiciliata in un altro Stato membro può essere invitata a costituirsi in causa dinanzi alle autorità giurisdizionali di tali Stati membri conformemente alle disposizioni sulla litis denuntiatio di cui al predetto elenco.[1]

2. Le decisioni emesse in uno Stato membro ai sensi dell'articolo 8, punto 2, o dell'articolo 13 sono riconosciute ed eseguite conformemente al capo III in ogni altro Stato membro. Tutti gli effetti che le decisioni emesse negli Stati membri figuranti nell'elenco di cui al paragrafo 1 possono produrre in base al diritto di tali Stati membri nei confronti di terzi, in applicazione del paragrafo 1, sono riconosciuti in tutti gli Stati membri.

3. Gli Stati membri figuranti nell'elenco di cui al paragrafo 1 forniscono, nel quadro della rete giudiziaria europea in materia civile e commerciale istituita dalla decisione 2001/470/CE del Consiglio (la «rete giudiziaria europea»), le informazioni sul modo in cui determinare, in base al loro diritto nazionale, gli effetti delle decisioni di cui al secondo periodo del paragrafo 2.

[1] Paragrafo così corretto da Rettifica pubblicata in *G.U. dell'Unione Europea* 3 feb. 2015, n. 27.

CAPO VI
Disposizioni transitorie

66. 1. Il presente regolamento si applica solo alle azioni proposte, agli atti pubblici formalmente redatti o registrati e alle transazioni giudiziarie approvate o concluse alla data o successivamente al 10 gennaio 2015.

2. In deroga all'articolo 80, il regolamento (CE) n. 44/2001 continua ad applicarsi alle decisioni emesse nei procedimenti promossi, agli atti pubblici formalmente redatti o registrati e alle transazioni giudiziarie approvate o concluse anteriormente al 10 gennaio 2015 che rientrano nel relativo ambito di applicazione.

CAPO VII
Relazione con altri atti normativi

67. Il presente regolamento non pregiudica l'applicazione delle disposizioni che, in materie particolari, disciplinano la competenza, il riconoscimento e l'esecuzione delle decisioni e che sono contenute negli atti dell'Unione o nelle legislazioni nazionali armonizzate in esecuzione di tali atti.

68. 1. Il presente regolamento sostituisce, tra gli Stati membri, le disposizioni della convenzione di Bruxelles del 1968 salvo per quanto riguarda i territori degli Stati membri che rientrano nell'ambito di applicazione territoriale di tale convenzione e che sono esclusi dal presente regolamento ai sensi dell'articolo 355 TFUE.

2. Nella misura in cui il presente regolamento sostituisce, tra gli Stati membri, le disposizioni della convenzione di Bruxelles del 1968, ogni riferimento a tale convenzione si intende fatto al presente regolamento.

69. Fatto salvo quanto previsto dagli articoli 70

e 71, il presente regolamento sostituisce tra gli Stati membri le convenzioni relative alle stesse materie soggette al presente regolamento. In particolare, sono sostituite le convenzioni figuranti nell'elenco stilato dalla Commissione ai sensi dell'articolo 76, paragrafo 1, lettera *c*), e dell'articolo 76, paragrafo 2.

70. 1. Le convenzioni di cui all'articolo 69 continuano a produrre i loro effetti nelle materie alle quali non si applica il presente regolamento.

2. Esse continuano a produrre i loro effetti con riguardo alle decisioni emesse, agli atti pubblici formalmente redatti o registrati e alle transazioni giudiziarie approvate o concluse prima della data di entrata in vigore del regolamento (CE) n. 44/2001.

71. 1. Il presente regolamento lascia impregiudicate le convenzioni, di cui gli Stati membri siano parti contraenti, che disciplinano la competenza giurisdizionale, il riconoscimento e l'esecuzione delle decisioni in materie particolari.

2. Ai fini della sua interpretazione uniforme, il paragrafo 1 si applica nel modo seguente:

a) il presente regolamento non osta a che l'autorità giurisdizionale di uno Stato membro che sia parte di una convenzione relativa a una materia particolare possa fondare la propria competenza giurisdizionale su tale convenzione anche se il convenuto è domiciliato in uno Stato che non è parte della medesima convenzione. L'autorità giurisdizionale adita applica in ogni caso l'articolo 28 del presente regolamento;

b) le decisioni emesse in uno Stato membro da un'autorità giurisdizionale che abbia fondato la propria competenza giurisdizionale su una convenzione relativa a una materia particolare sono riconosciute ed eseguite negli altri Stati membri in conformità del presente regolamento.

Se una convenzione relativa a una materia particolare di cui sono parti lo Stato membro d'origine e lo Stato membro richiesto determina le condizioni del riconoscimento e dell'esecuzione delle decisioni, si applicano tali condizioni. È comunque possibile applicare le disposizioni del presente regolamento concernenti il riconoscimento e l'esecuzione delle decisioni.

71-*bis*.[1] 1. Ai fini del presente regolamento, un'autorità giurisdizionale comune a più Stati membri come specificato al paragrafo 2 («autorità giurisdizionale comune») è un'autorità giurisdizionale di uno Stato membro laddove, in virtù dello strumento che la istituisce, detta autorità giurisdizionale comune eserciti la competenza in materie che rientrano nell'ambito del presente regolamento.

2. Ai fini del presente regolamento, ognuna delle seguenti autorità giurisdizionali è un'autorità giurisdizionale comune:

a) il tribunale unificato dei brevetti, istituito dall'accordo su un tribunale unificato dei brevetti, firmato il 19 febbraio 2013 («accordo TUB»); e

b) la Corte di giustizia del Benelux, istituita dal trattato del 31 marzo 1965 relativo all'istituzione e allo statuto di una Corte di giustizia del Benelux («trattato della Corte di giustizia del Benelux»).

[1] Articolo ins. dall'art. 1, Regol. 15 mag. 2014, n. 542, a decorrere dal 10 gen. 2015.

71-*ter*.[1] La competenza di un'autorità giurisdizionale comune è determinata come segue:

1) l'autorità giurisdizionale comune è competente laddove, in virtù del presente regolamento, le autorità giurisdizionali di uno Stato membro che sia parte dello strumento che istituisce l'autorità giurisdizionale comune siano competenti relativamente a una materia disciplinata da tale strumento;

2) se il convenuto non ha il proprio domicilio in uno Stato membro, e il presente regolamento non conferisce altrimenti una competenza su di lui, le disposizioni del capo II si applicano, se del caso, indipendentemente dal domicilio del convenuto.

Provvedimenti provvisori o cautelari possono essere richiesti a un'autorità giurisdizionale comune anche se la competenza a conoscere del merito è riconosciuta all'autorità giurisdizionale di uno Stato terzo;

3) se un'autorità giurisdizionale comune è competente nei confronti di un convenuto a norma del punto 2 in una controversia riguardante la violazione di un brevetto europeo che provoca danni all'interno dell'Unione, detta autorità giurisdizionale può essere altresì competente in relazione ai danni derivanti da tale violazione che si verificano all'esterno dell'Unione.

Questa competenza può sussistere unicamente se, all'interno di uno degli Stati membri parte dello strumento che istituisce l'autorità giurisdizionale, si trovano beni appartenenti al convenuto e se la controversia ha un collegamento sufficiente con tale Stato membro.

[1] Articolo ins. dall'art. 1, Regol. 15 mag. 2014, n. 542, a decorrere dal 10 gen. 2015.

71-*quater*.[1] 1. Gli articoli da 29 a 32 si applicano laddove siano instaurati procedimenti dinanzi a un'autorità giurisdizionale comune e dinanzi a un'autorità giurisdizionale di uno Stato membro che non è parte dello strumento che istituisce l'autorità giurisdizionale comune.

2. Gli articoli da 29 a 32 si applicano laddove, durante il periodo transitorio di cui all'articolo 83 dell'accordo TUB, siano proposti procedimenti dinanzi al tribunale unificato dei brevetti e dinanzi a un'autorità giurisdizionale di uno Stato membro parte dell'accordo TUB.

[1] Articolo ins. dall'art. 1, Regol. 15 mag. 2014, n. 542, a decorrere dal 10 gen. 2015.

71-*quinquies*.[1] Il presente regolamento si applica al riconoscimento e all'esecuzione:

a) delle decisioni emesse da un'autorità giurisdizionale comune che devono essere riconosciute ed eseguite in uno Stato membro che non è parte dello strumento che istituisce l'autorità giurisdizionale comune; e

b) delle decisioni emesse dall'autorità giurisdizionale di uno Stato membro che non è parte dello strumento che istituisce l'autorità giurisdizionale comune, che devono essere riconosciute ed eseguite in uno Stato membro parte di tale accordo.

Tuttavia, qualora il riconoscimento e l'esecuzione di una decisione emessa da un'autorità giurisdizionale comune siano chiesti in uno Stato membro parte dello strumento che istituisce l'autorità giurisdizionale comune, qualsiasi disposizione sul riconoscimento e l'esecuzione di tale strumento si applica in luogo delle disposizioni del presente regolamento.

[1] Articolo ins. dall'art. 1, Regol. 15 mag. 2014, n. 542, a decorrere dal 10 gen. 2015.

72. Il presente regolamento lascia impregiudicati gli accordi anteriori all'entrata in vigore del regolamento (CE) n. 44/2001 con i quali gli Stati membri si siano impegnati, ai sensi dell'articolo 59 della convenzione di Bruxelles del 1968, a non riconoscere una decisione emessa, in particolare in un altro Stato contraente della convenzione, contro un convenuto che aveva il proprio domicilio o la propria residenza abituale in uno Stato terzo, qualora la decisione sia stata fondata, in un caso previsto all'articolo 4 della convenzione, soltanto sulle norme in materia di competenza di cui all'articolo 3, secondo comma, della convenzione stessa.

73. 1. Il presente regolamento non pregiudica l'applicazione della convenzione di Lugano del 2007.

2. Il presente regolamento non pregiudica l'applicazione della convenzione di New York del 1958.

3. Il presente regolamento non pregiudica l'applicazione delle convenzioni e degli accordi bilaterali tra uno Stato terzo e uno Stato membro conclusi prima della data di entrata in vigore del regolamento (CE) n. 44/2001 che riguardino materie disciplinate dal presente regolamento.

CAPO VIII
Disposizioni finali

74-79. (*Omissis*).

80. Il presente regolamento abroga il regolamento (CE) n. 44/2001. I riferimenti al regolamento abrogato si intendono fatti al presente regolamento e sono letti secondo la tavola di concordanza di cui all'allegato III.

81. Il presente regolamento entra in vigore il ventesimo giorno successivo alla pubblicazione nella *Gazzetta ufficiale dell'Unione europea*.

Esso si applica a decorrere dal 10 gennaio 2015 a eccezione degli articoli 75 e 76 che si applicano a decorrere dal 10 gennaio 2014.

Il presente regolamento è obbligatorio in tutti i suoi elementi e direttamente applicabile negli Stati membri conformemente ai trattati.

- 2 -

Regolamento (UE) del Consiglio del 25 giu. 2019, n. 1111, relativo alle competenza, riconoscimento ed esecuzione delle decisioni in materia matrimoniale e in materia di responsabilità genitoriale

(G.U. UE 2 set. 2019, n. 67)

CAPO I
Ambito d'applicazione e definizioni

1. *Ambito d'applicazione.* — 1. Il presente regolamento si applica alle materie civili relative:

a) al divorzio, alla separazione personale e all'annullamento del matrimonio;

b) all'attribuzione, all'esercizio, alla delega, alla revoca totale o parziale della responsabilità genitoriale.

2. Le materie di cui al paragrafo 1, lettera *b*), possono comprendere, in particolare:

a) il diritto di affidamento e il diritto di visita;

b) la tutela, la curatela ed altri istituti analoghi;

c) la designazione e le funzioni di qualsiasi persona o ente aventi la responsabilità della persona o dei beni del minore o che lo rappresentino o assistano;

d) il collocamento del minore in affidamento presso una famiglia o un istituto;

e) i provvedimenti di protezione del minore legati all'amministrazione, alla conservazione o all'alienazione dei beni del minore.

3. I capi III e VI del presente regolamento si applicano ai casi di trasferimento illecito o mancato ritorno di un minore concernenti più di uno Stato membro, a integrazione della convenzione dell'Aia del 1980. Il capo IV del presente regolamento si applica alle decisioni che dispongono il ritorno del minore in un altro Stato membro ai sensi della convenzione dell'Aia del 1980 e che devono essere eseguite in uno Stato membro diverso da quello in cui sono state rese.

4. Il presente regolamento non si applica:

a) all'accertamento o all'impugnazione della filiazione;

b) alle decisioni relative all'adozione, alle misure che la preparano o all'annullamento o alla revoca dell'adozione;

c) ai nomi e ai cognomi del minore;

d) all'emancipazione;

e) alle obbligazioni alimentari;

f) ai trust e alle successioni;

g) ai provvedimenti derivanti da illeciti penali commessi da minori.

2. *Definizioni.* — 1. Ai fini del presente regolamento per «decisione» si intende: una decisione di un'autorità giurisdizionale di uno Stato membro, inclusi un decreto, un'ordinanza o una sentenza, che sancisca il divorzio, la separazione personale dei coniugi, l'annullamento del matrimonio o che riguardi questioni relative alla responsabilità genitoriale.

Ai fini del capo IV, il termine «decisione» comprende:

a) una decisione resa in uno Stato membro che dispone il ritorno di un minore in un altro Stato membro ai sensi della convenzione dell'Aia del 1980 e che deve essere eseguita in uno Stato membro diverso da quello in cui è stata resa;

b) provvedimenti provvisori, inclusi i provvedimenti cautelari, disposti da un'autorità giurisdizionale che, in virtù del presente regolamento, è competente a conoscere del merito o provvedimenti disposti conformemente all'articolo 27, paragrafo 5, in combinato disposto con l'articolo 15.

Ai fini del capo IV, il termine «decisione» non comprende i provvedimenti provvisori, inclusi i provvedimenti cautelari, disposti da una tale autorità giurisdizionale senza che il convenuto sia stato invitato a comparire, a meno che la decisione contenente il provvedimento sia notificata al convenuto prima dell'esecuzione.

2. Ai fini del presente regolamento si applicano le definizioni seguenti:

1) «autorità giurisdizionale»: l'autorità di qualsiasi Stato membro avente competenza giurisdizionale per le materie rientranti nell'ambito di applicazione del presente regolamento;

2) «atto pubblico»: un documento che sia stato formalmente redatto o registrato come atto pubblico in uno Stato membro in relazione alle materie rientranti nell'ambito di applicazione del presente regolamento e la cui autenticità:

a) riguardi la firma e il contenuto dell'atto; e

b) sia stata attestata da un'autorità pubblica o da altra autorità a tal fine autorizzata. Gli Stati membri comunicano tali autorità alla Commissione conformemente all'articolo 103;

3) «accordo»: ai fini del capo IV, un documento che non è un atto pubblico e che è stato concluso dalle parti in relazione alle materie rientranti nell'ambito di applicazione del presente regolamento e registrato da un'autorità pubblica comunicata alla Commissione dallo Stato membro conformemente all'articolo 103 a tal fine;

4) «Stato membro di origine»: lo Stato membro in cui è stata resa la decisione, è stato formalmente redatto o registrato l'atto pubblico, oppure è stato registrato l'accordo;

5) «Stato membro dell'esecuzione»: lo Stato membro in cui è chiesta l'esecuzione della decisione, dell'atto pubblico o dell'accordo;

6) «minore»: una persona di età inferiore agli anni 18;

7) «responsabilità genitoriale»: i diritti e doveri di cui è investita una persona fisica o giuridica in virtù di una decisione, della legge o di un accordo in vigore riguardanti la persona o i beni di un minore, compresi il diritto di affidamento e il diritto di visita;

8) «titolare della responsabilità genitoriale»: la persona, istituzione o altro ente che eserciti la responsabilità di genitore su un minore;

9) «diritto di affidamento»: vi sono inclusi i diritti e doveri concernenti la cura della persona di un minore, e in particolare il diritto di intervenire nella decisione riguardo al suo luogo di residenza;

10) «diritto di visita»: il diritto di visita nei confronti di un minore, compreso il diritto di condurre il minore in un luogo diverso dalla sua residenza abituale per un periodo limitato di tempo;

11) «trasferimento illecito o mancato ritorno del minore»: il trasferimento o il mancato ritorno di un minore:

a) quando tale trasferimento o mancato ritorno avviene in violazione del diritto di affidamento derivante da una decisione, dalla legge o da un accordo vigente in base al diritto dello Stato membro nel quale il minore aveva la residenza abituale immediatamente prima del suo trasferimento o del suo mancato ritorno; e

b) se il diritto di affidamento era effettivamente esercitato, individualmente o congiuntamente, al momento del trasferimento del minore o del suo mancato ritorno, o lo sarebbe stato se non fossero sopravvenuti il trasferimento o il mancato trasferimento.

3. Ai fini degli articoli 3, 6, 10, 12, 13, 51, 59, 75, 94 e 102, la nozione di «*domicile*» sostituisce quella di «cittadinanza» per Irlanda e Regno Unito, e ha lo stesso significato che ha nei singoli ordinamenti giuridici di detti Stati membri.

CAPO II
Competenza in materia matrimoniale e in materia di responsabilità genitoriale

Sezione 1
Divorzio, separazione personale e annullamento del matrimonio

3. *Competenza generale.* — Sono competenti a decidere sulle questioni inerenti al divorzio, alla separazione personale dei coniugi e all'annullamento del matrimonio le autorità giurisdizionali dello Stato membro:

a) nel cui territorio si trova:

i) la residenza abituale dei coniugi,

ii) l'ultima residenza abituale dei coniugi se uno di essi vi risiede ancora,

iii) la residenza abituale del convenuto,

iv) in caso di domanda congiunta, la residenza abituale di uno dei coniugi,

v) la residenza abituale dell'attore se questi vi ha risieduto almeno per un anno immediatamente prima della domanda, o

vi) la residenza abituale dell'attore se questi vi ha risieduto almeno per sei mesi immediatamente prima della domanda ed è cittadino dello Stato membro stesso; o

b) di cui i due coniugi sono cittadini.

4. ***Domanda riconvenzionale.*** — L'autorità giurisdizionale davanti alla quale pende un procedimento in base all'articolo 3 è competente anche per esaminare la domanda riconvenzionale in quanto essa rientri nell'ambito d'applicazione del presente regolamento.

5. ***Conversione della separazione personale in divorzio.*** — Fatto salvo l'articolo 3, l'autorità giurisdizionale dello Stato membro che ha reso la decisione che concede la separazione personale è altresì competente per convertire la separazione personale in divorzio, qualora ciò sia previsto dal diritto di detto Stato.

6. ***Competenza residua.*** — 1. Fatto salvo il paragrafo 2, qualora nessuna autorità giurisdizionale di uno Stato membro sia competente ai sensi degli articoli 3, 4 o 5, la competenza, in ciascuno Stato membro, è determinata dalla legge di tale Stato.

2. Il coniuge che risiede abitualmente nel territorio di uno Stato membro o ha la cittadinanza di uno Stato membro può essere convenuto in giudizio davanti alle autorità giurisdizionali di un altro Stato membro soltanto in forza degli articoli 3, 4 e 5.

3. Il cittadino di uno Stato membro che ha la residenza abituale nel territorio di un altro Stato membro può, al pari dei cittadini di quest'ultimo, invocare le norme sulla competenza qui in vigore nei confronti di un convenuto che non ha la residenza abituale nel territorio di uno Stato membro né ha la cittadinanza di uno Stato membro.

Sezione 2

Responsabilità genitoriale

7. ***Competenza generale.*** — 1. Le autorità giurisdizionali di uno Stato membro sono competenti per le domande relative alla responsabilità genitoriale su un minore se il minore risiede abitualmente in quello Stato membro alla data in cui sono adite.

2. Il paragrafo 1 del presente articolo si applica fatti salvi gli articoli da 8 a 10 *bis*.

8. ***Ultrattività della competenza in relazione al diritto di visita.*** — 1. In caso di lecito trasferimento della residenza di un minore da uno Stato membro a un altro che diventa la sua residenza abituale, la competenza delle autorità giurisdizionali dello Stato membro della precedente residenza abituale del minore permane, in deroga all'articolo 7, per un periodo di tre mesi dal trasferimento, per modificare una decisione sul diritto di visita resa in detto Stato membro prima del trasferimento del minore, se la persona cui la decisione ha accordato il diritto di visita continua a risiedere abitualmente nello Stato membro della precedente residenza abituale del minore.

2. Il paragrafo 1 non si applica se il titolare del diritto di visita di cui al paragrafo 1 ha accettato la competenza delle autorità giurisdizionali dello Stato membro in cui risiede abitualmente il minore, partecipando ai procedimenti dinanzi ad esse senza contestarla.

9. ***Competenza nei casi di trasferimento illecito o mancato ritorno di un minore.*** — Fatto salvo l'articolo 10, in caso di trasferimento illecito o mancato ritorno di un minore, l'autorità giurisdizionale dello Stato membro nel quale il minore aveva la residenza abituale immediatamente prima del trasferimento illecito o del mancato ritorno conserva la competenza giurisdizionale fino a che il minore non abbia acquisito la residenza abituale in un altro Stato membro e:

a) se ciascuna persona, istituzione o altro ente titolare del diritto di affidamento ha accettato il trasferimento o mancato ritorno; o

b) se il minore ha soggiornato in quell'altro Stato membro almeno per un anno da quando la persona, istituzione o altro ente titolare del diritto di affidamento ha avuto conoscenza, o avrebbe dovuto avere conoscenza, del luogo in cui il minore si trovava e il minore si è integrato nel nuovo ambiente e sia soddisfatta almeno una delle condizioni seguenti:

i) entro un anno da quando il titolare del diritto di affidamento ha avuto conoscenza, o avrebbe dovuto avere conoscenza, del luogo in cui il minore si trovava non è stata presentata alcuna domanda di ritorno del minore dinanzi alle autorità competenti dello Stato membro nel quale il minore è stato trasferito o dal quale non ha fatto rientro;

ii) una domanda di ritorno presentata dal titolare del diritto di affidamento è stata ritirata e non è stata presentata una nuova domanda entro il termine di cui al punto *i*);

iii) una domanda di ritorno presentata dal titolare del diritto di affidamento è stata respinta da un'autorità giurisdizionale di uno Stato membro per motivi diversi da quelli di cui all'articolo 13, primo comma, lettera b), o all'articolo 13, secondo comma, della convenzione dell'Aia del 1980 e tale decisione non è più soggetta a impugnazione ordinaria;

iv) non è stata adita alcuna autorità giurisdizionale a norma dell'articolo 29, paragrafi 3 e 5, nello Stato membro nel quale il minore aveva la residenza abituale immediatamente prima del trasferimento illecito o del mancato ritorno;

v) l'autorità giurisdizionale dello Stato membro nel quale il minore aveva la residenza abituale immediatamente prima dell'illecito trasferimento o del mancato ritorno ha reso una decisione sul diritto di affidamento che non comporta il ritorno del minore.

10. ***Scelta del foro.*** — 1. Le autorità giurisdizionali di uno Stato membro hanno competenza in materia di responsabilità genitoriale se ricorrono le condizioni seguenti:

a) il minore ha un legame sostanziale con quello Stato membro, in particolare perché:

i) almeno uno dei titolari della responsabilità genitoriale vi risiede abitualmente;

ii) in tale Stato membro si trovava la precedente residenza abituale del minore; o

iii) il minore è cittadino di quello Stato;

b) le parti e qualsiasi altro titolare della responsabilità genitoriale hanno:

i) liberamente convenuto la competenza giurisdizionale al più tardi alla data in cui è adita l'autorità giurisdizionale; o

ii) accettato espressamente la competenza giurisdizionale nel corso del procedimento e l'autorità giurisdizionale si è assicurata che tutte le parti siano informate del loro diritto di non accettare la competenza; e

c) l'esercizio della competenza giurisdizionale è conforme all'interesse superiore del minore.

2. L'accordo di scelta del foro ai sensi paragrafo 1, lettera *b*), punto *i*), ha forma scritta, è datato e firmato dalle parti o è messo agli atti dell'autorità giurisdizionale conformemente al diritto e alle procedure nazionali. Qualsiasi comunicazione elettronica che consenta una registrazione durevole dell'accordo è equivalente alla forma scritta. Coloro che diventano parte del procedimento dopo che è stata adita l'autorità giurisdizionale possono esprimere il loro accordo dopo che essa è stata adita. In mancanza di una loro contestazione, il loro accordo è considerato implicito.

3. Salvo diverso accordo tra le parti, la competenza esercitata conformemente al paragrafo 1 cessa non appena:

a) la decisione emessa nel quadro di tale procedimento non sia più soggetta a impugnazione ordinaria; o

b) il procedimento sia terminato per un'altra ragione.

4. La competenza conferita ai sensi del paragrafo 1, lettera *b*), punto *ii*), è esclusiva.

11. ***Competenza fondata sulla presenza del minore.*** — 1. Qualora non sia possibile stabilire la residenza abituale del minore né determinare la competenza ai sensi dell'articolo 10, sono competenti le autorità giurisdizionali dello Stato membro in cui si trova il minore.

2. La competenza di cui al paragrafo 1 si applica anche ai minori rifugiati o ai minori sfollati a livello internazionale a causa di disordini nei rispettivi Stati membri di residenza abituale.

12. ***Trasferimento della competenza all'autorità giurisdizionale di un altro Stato membro.*** — 1. In circostanze eccezionali, l'autorità giurisdizionale di uno Stato membro competente a conoscere del merito può, su istanza di parte o d'ufficio, se ritiene che un'autorità giurisdizionale di un altro Stato membro con cui il minore ha un legame particolare sia più indicata a valutare l'interesse superiore del minore nel caso specifico, sospendere il procedimento o una parte specifica dello stesso e:

a) stabilire un termine entro il quale una o più parti possono informare l'autorità giurisdizionale di tale altro Stato membro del procedimento pendente e della possibilità di un trasferimento di competenza nonché presentare un'istanza a detta autorità giurisdizionale; o

b) chiedere a un'autorità giurisdizionale dell'altro Stato membro di assumere la competenza ai sensi del paragrafo 2.

2. L'autorità giurisdizionale dell'altro Stato membro può accettare la competenza, ove ciò corrisponda, a motivo delle particolari circostanze del caso, all'interesse superiore del minore, entro sei settimane:

a) dal momento in cui è adita a norma del paragrafo 1, lettera *a*); o

b) dal momento del ricevimento della richiesta a norma del paragrafo 1, lettera *b*).

L'autorità giurisdizionale successivamente adita o a cui è rivolta una richiesta di accettazione della competenza ne informa senza ritardo l'autorità giurisdizionale preventivamente adita. Se accetta, l'autorità giurisdizionale preventivamente adita declina la propria competenza.

3. L'autorità giurisdizionale preventivamente adita continua a esercitare la propria competenza se non ha ricevuto dall'autorità giurisdizionale dell'altro Stato membro l'accettazione della competenza entro sette settimane da quando:

a) è scaduto il termine entro il quale le parti possono presentare un'istanza all'autorità giurisdizionale di un altro Stato membro a norma del paragrafo 1, lettera *a*); o

b) l'autorità giurisdizionale ha ricevuto la richiesta a norma del paragrafo 1, lettera *b*).

4. Ai fini del paragrafo 1, si ritiene che il minore abbia un legame particolare con uno Stato membro se tale Stato membro:

a) è divenuto la residenza abituale del minore dopo che l'autorità giurisdizionale di cui al paragrafo 1 è stato adito;

b) è la precedente residenza abituale del minore;

c) è lo Stato di cui il minore è cittadino;

d) è la residenza abituale di uno dei titolari della responsabilità genitoriale; o

e) è il luogo in cui sono situati i beni del minore

e la causa riguarda i provvedimenti di protezione del minore legati all'amministrazione, alla conservazione o all'alienazione di tali beni.

5. Se la competenza esclusiva dell'autorità giurisdizionale è stata stabilita a norma dell'articolo 10, quest'ultima non può trasferire la competenza all'autorità giurisdizionale di un altro Stato membro.

13. ***Richiesta di trasferimento di competenza da parte di un'autorità giurisdizionale di uno Stato membro non competente.*** — 1. In circostanze eccezionali e fatto salvo l'articolo 9, l'autorità giurisdizionale di uno Stato membro non competente ai sensi del presente regolamento, ma con cui il minore ha un legame particolare ai sensi dell'articolo 12, paragrafo 4, che ritenga di essere più indicata a valutare l'interesse superiore del minore nel caso specifico può richiedere un trasferimento di competenza all'autorità giurisdizionale dello Stato membro di residenza abituale del minore.

2. Entro sei settimane dal ricevimento della richiesta ai sensi del paragrafo 1, l'autorità giurisdizionale destinataria della richiesta può accettare di trasferire la sua competenza se, per via delle specifiche circostanze del caso, ritenga tale trasferimento corrispondente all'interesse superiore del minore. Qualora l'autorità giurisdizionale destinataria della richiesta accetti di trasferire la competenza, ne informa senza ritardo l'autorità giurisdizionale richiedente. In assenza di una tale accettazione entro il termine, l'autorità giurisdizionale richiedente non può esercitare la competenza giurisdizionale.

14. ***Competenza residua.*** — Qualora nessuna autorità giurisdizionale di uno Stato membro sia competente ai sensi degli articoli da 7 a 11, la competenza, in ciascuno Stato membro, è determinata dalla legge di tale Stato membro.

15. ***Provvedimenti provvisori, inclusi i provvedimenti cautelari, in casi d'urgenza.*** — 1. In casi d'urgenza, anche se la competenza a conoscere del merito è riconosciuta all'autorità giurisdizionale di un altro Stato membro, le autorità giurisdizionali di uno Stato membro sono competenti per disporre i provvedimenti provvisori, inclusi i provvedimenti cautelari, che possono essere previsti dalla legge di tale Stato membro relativamente:

a) a un minore presente in quello Stato membro; o

b) ai beni di un minore che si trovano in quello Stato membro.

2. Allorché lo renda necessario la tutela dell'interesse superiore del minore, l'autorità giurisdizionale che ha disposto i provvedimenti di cui al paragrafo 1 del presente articolo, ne informa senza ritardo l'autorità giurisdizionale o l'autorità competente dello Stato membro competente ai sensi dell'articolo 7 oppure, se del caso, un'autorità giurisdizionale di uno Stato membro che eserciti la competenza ai sensi del presente regolamento a conoscere del merito, direttamente a norma dell'articolo 86 o tramite le autorità centrali designate a norma dell'articolo 76.

3. I provvedimenti adottati in esecuzione del paragrafo 1 cessano di applicarsi non appena l'autorità giurisdizionale dello Stato membro competente ai sensi del presente regolamento a conoscere del merito abbia adottato i provvedimenti ritenuti appropriati.

Se del caso, tale autorità giurisdizionale può informare della sua decisione l'autorità giurisdizionale che ha disposto i provvedimenti provvisori, inclusi i provvedimenti cautelari, direttamente a norma dell'articolo 86 oppure tramite le autorità centrali designate a norma dell'articolo 76.

16. ***Questioni incidentali.*** — 1. Se l'esito di un procedimento pendente davanti a un'autorità giurisdizionale di uno Stato membro in una materia che non rientra nell'ambito di applicazione del presente regolamento dipende dalla risoluzione di una questione incidentale riguardante la responsabilità genitoriale, un'autorità giurisdizionale di quello Stato membro può risolvere la questione ai fini del procedimento di cui trattasi anche se tale Stato membro non è competente ai sensi del presente regolamento.

2. La pronuncia su di una questione incidentale ai sensi del paragrafo 1 produce effetti solo nel procedimento per cui è stata resa.

3. Qualora la validità di un atto giuridico compiuto o da compiere per conto di un minore nel quadro di un procedimento successorio dinanzi a un'autorità giurisdizionale di uno Stato membro richieda l'autorizzazione o l'approvazione di un'autorità giurisdizionale, un'autorità giurisdizionale di quello Stato membro può decidere di autorizzare o approvare tale atto giuridico anche se non è competente ai sensi del presente regolamento.

4. L'articolo 15, paragrafo 2, si applica di conseguenza.

Sezione 3
Disposizioni comuni

17. ***Adizione di un'autorità giurisdizionale.*** — L'autorità giurisdizionale si considera adita:

a) alla data in cui la domanda giudiziale o un atto equivalente sono depositati presso l'autorità giurisdizionale, purché successivamente l'attore non abbia omesso di prendere tutte le misure cui era tenuto affinché fosse effettuata la notificazione o la comunicazione al convenuto;

b) se l'atto deve essere notificato prima di essere depositato presso l'autorità giurisdizionale, alla data in cui lo riceve l'autorità competente ai fini della notificazione o della comunicazione, purché successivamente l'attore non abbia omesso di prendere tutte le misure cui era tenuto affinché l'atto fosse depositato presso l'autorità giurisdizionale; o

c) se il procedimento è avviato d'ufficio, alla data in cui l'autorità giurisdizionale adotta la decisione di avviare il procedimento o, qualora tale decisione non sia richiesta, alla data in cui la causa è registrata dall'autorità giurisdizionale.

18. ***Verifica della competenza.*** — L'autorità giurisdizionale di uno Stato membro investita di una controversia per la quale il presente regolamento non prevede la sua competenza a conoscere del merito e per la quale un'autorità giurisdizionale di un altro Stato membro è competente a conoscere del merito ai sensi del presente regolamento dichiara d'ufficio la propria incompetenza.

19. ***Esame della procedibilità.*** — 1. Se il convenuto che ha la residenza abituale in uno Stato diverso dallo Stato membro in cui è stato avviato il procedimento non compare, l'autorità giurisdizionale competente è tenuta a sospendere il procedimento fin quando non si sarà accertato che al convenuto è stata data la possibilità di ricevere la domanda giudiziale o un atto equivalente in tempo utile perché questi possa presentare le proprie difese, ovvero che è stato fatto tutto il possibile a tal fine.

2. In luogo del paragrafo 1 del presente articolo, si applica l'articolo 19 del regolamento (CE) n. 1393/2007 qualora sia stato necessario trasmettere la domanda giudiziale o un atto equivalente da uno Stato membro a un altro a norma di tale regolamento.

3. Ove non sia applicabile il regolamento (CE) n. 1393/2007, si applica l'articolo 15 della convenzione dell'Aia del 15 novembre 1965 relativa alla notificazione e alla comunicazione all'estero di atti giudiziari ed extragiudiziari in materia civile o commerciale, qualora sia stato necessario trasmettere la domanda giudiziale o un atto equivalente all'estero a norma di tale convenzione.

20. ***Litispendenza e connessione.*** — 1. Qualora dinanzi ad autorità giurisdizionali di Stati membri diversi e tra le stesse parti siano state presentate domande di divorzio, separazione personale dei coniugi o annullamento del matrimonio, l'autorità giurisdizionale successivamente adita sospende d'ufficio il procedimento finché non sia stata accertata la competenza dall'autorità giurisdizionale preventivamente adita.

2. Salvo il caso in cui la competenza di una delle autorità giurisdizionali sia esclusivamente fondata sull'articolo 15, qualora dinanzi ad autorità giurisdizionali di Stati membri diversi siano state presentate domande riguardanti la responsabilità genitoriale su uno stesso minore, aventi il medesimo oggetto e il medesimo titolo, l'autorità giurisdizionale successivamente adita sospende d'ufficio il procedimento finché non sia stata accertata la competenza dell'autorità giurisdizionale preventivamente adita.

3. Quando la competenza dell'autorità giurisdizionale preventivamente adita è stata accertata, l'autorità giurisdizionale successivamente adita dichiara la propria incompetenza a favore dell'autorità giurisdizionale preventivamente adita.

In tal caso, la parte che ha presentato la domanda davanti all'autorità giurisdizionale successivamente adita può promuovere l'azione dinanzi all'autorità giurisdizionale preventivamente adita.

4. Qualora sia adita l'autorità giurisdizionale di uno Stato membro al quale l'accettazione di competenza di cui all'articolo 10 conferisce competenza esclusiva, qualunque autorità giurisdizionale di un altro Stato membro sospende il procedimento fino a quando l'autorità giurisdizionale adita sulla base dell'accordo o dell'accettazione dichiara di non essere competente ai sensi dell'accordo o dell'accettazione.

5. Se e nella misura in cui l'autorità giurisdizionale accettata ha accertato la propria competenza esclusiva in base all'accettazione della competenza di cui all'articolo 10, qualunque autorità giurisdizionale di un altro Stato membro dichiara la propria incompetenza a favore della prima.

21. ***Diritto del minore di esprimere la propria opinione.*** — 1. Nell'esercitare la competenza ai sensi della sezione 2 del presente capo, le autorità giurisdizionali degli Stati membri danno al minore capace di discernimento, conformemente al diritto e alle procedure nazionali, la possibilità concreta ed effettiva di esprimere la propria opinione, direttamente o tramite un rappresentante o un organismo appropriato.

2. Qualora decida, conformemente al diritto e alle procedure nazionali, di dare al minore la possibilità di esprimere la propria opinione ai sensi del presente articolo, l'autorità giurisdizionale tiene debito conto dell'opinione del minore in funzione della sua età e del suo grado di maturità.

CAPO III

Sottrazione internazionale di minori

22. ***Ritorno del minore ai sensi della convenzione dell'Aia del 1980.*** — Quando una persona, istituzione o altro ente che lamenta una violazione del diritto di affidamento chiede, direttamente o con l'assistenza di un'autorità centrale, all'autorità giurisdizionale di uno Stato membro di rendere una decisione in base alla convenzione dell'Aia del 1980 che disponga il ritorno di un minore di età inferiore a 16 anni illecitamente trasferito o trattenuto in uno Stato membro diverso dallo Stato membro nel quale il minore aveva la residenza abituale immediatamente prima dell'illecito trasferimento o mancato ritorno, si applicano gli articoli da 23 a 29, e il capo VI, del presente regolamento a integrazione della convenzione dell'Aia del 1980.

23. ***Ricevimento e trattamento delle domande da parte delle autorità centrali.*** — 1. L'autorità centrale richiesta procede al rapido trattamento della domanda di cui all'articolo 22, sulla base della convenzione dell'Aia del 1980.

2. Qualora l'autorità centrale dello Stato membro richiesto riceva una domanda ai sensi dell'articolo 22, ne accusa ricevuta entro cinque giorni lavorativi dalla data di ricevimento della domanda stessa. Essa informa, senza indebito ritardo, l'autorità centrale dello Stato membro richiedente o l'istante, secondo il caso, delle prime misure che sono state o saranno prese per trattare la domanda e può richiedere tutte le informazioni o i documenti supplementari che considera necessari.

24. ***Celerità del procedimento giudiziario.*** — 1. L'autorità giurisdizionale alla quale è stata presentata la domanda per il ritorno del minore di cui all'articolo 22 procede al rapido trattamento della domanda stessa, utilizzando le procedure più rapide previste nel diritto nazionale.

2. Fatto salvo il paragrafo 1, un'autorità giurisdizionale di primo grado, salvo impossibilità dovuta a circostanze eccezionali, decide entro sei settimane da quando è stata adito.

3. Salvo impossibilità dovuta a circostanze eccezionali, un'autorità giurisdizionale di grado superiore decide entro sei settimane dal momento in cui sono state espletate tutte le fasi procedurali richieste e l'autorità giurisdizionale è in grado di esaminare l'impugnazione, mediante udienza o in altro modo.

25. ***Risoluzione alternativa delle controversie.*** — Quanto prima possibile e in qualsiasi fase del procedimento, l'autorità giurisdizionale provvede, direttamente o, se del caso, con l'assistenza delle autorità centrali, a invitare le parti a valutare se siano disposte a ricorrere alla mediazione o ad altri mezzi di risoluzione alternativa delle controversie, a meno che ciò non vada contro l'interesse superiore del minore, non sia appropriato nel caso specifico o non ritardi indebitamente il procedimento.

26. ***Diritto del minore di esprimere la propria opinione nel procedimento di ritorno.*** — L'articolo 21 del presente regolamento si applica anche nei procedimenti di ritorno ai sensi della convenzione dell'Aia del 1980.

27. ***Procedura di ritorno del minore.*** — 1. L'autorità giurisdizionale non può rifiutare di disporre il ritorno del minore se la persona che lo richiede non ha avuto la possibilità di essere sentita.

2. L'autorità giurisdizionale può esaminare, in qualsiasi fase del procedimento, conformemente all'articolo 15, la necessità di assicurare contatti tra il minore e la persona che richiede il ritorno del minore, tenuto conto dell'interesse superiore del minore.

3. Un 'autorità giurisdizionale che consideri l'eventualità di rifiutare di disporre il ritorno di un minore unicamente in base all'articolo 13, primo comma, della convenzione dell'Aia del 1980 non può rifiutarsi di disporre il ritorno del minore se la parte che ne richiede il ritorno la convince fornendo prove sufficienti o se l'autorità giurisdizionale stessa è altrimenti convinta che sono state previste misure adeguate per assicurare la protezione del minore dopo il suo ritorno.

4. Ai fini del paragrafo 3 del presente articolo, l'autorità giurisdizionale può comunicare con le autorità competenti dello Stato membro nel quale il minore aveva la residenza abituale immediatamente prima del trasferimento illecito o del mancato ritorno, direttamente a norma dell'articolo 86 o con l'assistenza delle autorità centrali.

5. Nel disporre il ritorno del minore, l'autorità giurisdizionale può, se del caso, adottare provvedimenti provvisori, inclusi i provvedimenti cautelari, ai sensi dell'articolo 15 del presente regolamento al fine di proteggere il minore dal grave rischio di cui all'articolo 13, primo comma, lettera *b*), della convenzione dell'Aia del 1980, purché l'esame e l'adozione di tali provvedimenti non ritardino indebitamente il procedimento di ritorno.

6. La decisione che dispone il ritorno del minore può essere dichiarata provvisoriamente esecutiva, nonostante eventuali impugnazioni, qualora il ritorno del minore prima della decisione sull'impugnazione sia richiesto dall'interesse superiore del minore.

28. ***Esecuzione delle decisioni che dispongono il ritorno del minore.*** — 1. L'autorità competente per l'esecuzione alla quale è stata presentata una domanda di esecuzione della decisione che dispone il ritorno del minore in un altro Stato membro procede al rapido trattamento della domanda stessa.

2. Qualora la decisione di cui al paragrafo 1 non sia stata eseguita entro sei settimane dalla data di avvio del procedimento di esecuzione, la parte che richiede l'esecuzione o l'autorità centrale dello Stato membro dell'esecuzione hanno il diritto di chiedere all'autorità competente in materia di esecuzione di indicare i motivi del ritardo.

29. ***Procedura successiva al diniego del ritorno del minore ai sensi dell'articolo 13, primo comma, lettera b), e dell'articolo 13, secondo comma, della convenzione dell'Aia del 1980.*** — 1. Il presente articolo si applica qualora una decisione che nega il ritorno del minore in un altro Stato membro si basi unicamente sull'articolo 13, primo comma, lettera *b*), o sull'articolo 13, secondo comma, della convenzione dell'Aia del 1980.

2. L'autorità giurisdizionale che rende una decisione ai sensi del paragrafo 1 rilascia d'ufficio un certificato utilizzando il modello di cui all'allegato

I. Il certificato è compilato e rilasciato nella lingua della decisione. Il certificato può anche essere rilasciato in un'altra lingua ufficiale delle istituzioni dell'Unione europea richiesta da una parte. Ciò non crea l'obbligo per l'autorità giurisdizionale che rilascia il certificato di fornire la traduzione o la traslitterazione del contenuto traducibile dei campi di testo libero.

3. Se, nel momento in cui l'autorità giurisdizionale rende una decisione ai sensi del paragrafo 1, un'autorità giurisdizionale dello Stato membro in cui il minore aveva la residenza abituale immediatamente prima del suo trasferimento illecito o mancato ritorno è già stata investita di un procedimento di merito relativo al diritto di affidamento, l'autorità giurisdizionale, se è al corrente di tale procedimento, provvede, entro un mese dalla data della decisione di cui al paragrafo 1, a trasmettere all'autorità giurisdizionale di quello Stato membro, direttamente o tramite le autorità centrali, i documenti seguenti:

a) una copia della sua decisione di cui al paragrafo 1;

b) il certificato rilasciato ai sensi del paragrafo 2; e

c) se del caso una trascrizione, una sintesi o un verbale delle udienze dinanzi all'autorità giurisdizionale e qualsiasi altro documento reputi pertinente.

4. L'autorità giurisdizionale dello Stato membro in cui il minore aveva la residenza abituale immediatamente prima del suo trasferimento illecito o mancato ritorno può, se necessario, chiedere a una parte di fornire la traduzione o la traslitterazione, a norma dell'articolo 91, della decisione di cui al paragrafo 1 e di qualsiasi altro documento allegato al certificato in conformità del paragrafo 3, lettera *c*), del presente articolo.

5. Se, al di fuori dei casi di cui al paragrafo 3, una delle parti adisce, entro tre mesi dalla notificazione della decisione di cui al paragrafo 1, un'autorità giurisdizionale dello Stato membro in cui il minore aveva la residenza abituale immediatamente prima del suo trasferimento illecito o mancato ritorno affinché accerti nel merito il diritto di affidamento, la parte in questione presenta all'autorità giurisdizionale i documenti seguenti:

a) una copia della decisione di cui al paragrafo 1;

b) il certificato rilasciato ai sensi del paragrafo 2; e

c) se del caso una trascrizione, una sintesi o un verbale delle udienze dinanzi all'autorità giurisdizionale che ha negato il ritorno del minore.

6. Nonostante la decisione contro il ritorno di cui al paragrafo 1, le decisioni di merito relative al diritto di affidamento risultanti dai procedimenti di cui ai paragrafi 3 e 5 che comportano il ritorno del minore sono esecutive in un altro Stato membro a norma del capo IV.

CAPO IV
Riconoscimento ed esecuzione

Sezione 1
Disposizioni generali in materia di riconoscimento ed esecuzione

Sottosezione 1
Riconoscimento

30. ***Riconoscimento delle decisioni.*** — 1. Le decisioni pronunciate in uno Stato membro sono riconosciute negli altri Stati membri senza che sia necessario il ricorso ad alcun procedimento particolare.

2. In particolare, e fatto salvo il paragrafo 3, non è necessario alcun procedimento particolare per l'aggiornamento delle iscrizioni nello stato civile di uno Stato membro a seguito di una decisione di divorzio, separazione personale dei coniugi o annullamento del matrimonio pronunciata in un altro Stato membro, contro la quale non sia più possibile proporre impugnazione secondo la legge di detto Stato membro.

3. Ogni parte interessata può, conformemente alle procedure di cui all'articoli da 59 a 62 e, se del caso, alla sezione 5 del presente capo e al capo VI, chiedere una decisione attestante l'assenza di motivi di diniego del riconoscimento di cui agli articoli 38 e 39.

4. La competenza territoriale delle autorità giurisdizionali comunicati da ciascuno Stato membro alla Commissione conformemente all'articolo 103 è determinata dal diritto dello Stato membro nel quale sono proposte istanze a norma del paragrafo 3 del presente articolo.

5. Se il riconoscimento di una decisione è richiesto in via incidentale dinanzi ad un'autorità giurisdizionale di uno Stato membro, questa può decidere al riguardo.

31. ***Documenti da presentare per il riconoscimento.*** — 1. La parte che desidera invocare in uno Stato membro una decisione resa in un altro Stato membro deve produrre quanto segue:

a) una copia della decisione, che presenti le condizioni di autenticità prescritte; e

b) l'apposito certificato rilasciato ai sensi dell'articolo 36.

2. L'autorità giurisdizionale o l'autorità competente dinanzi alla quale è invocata una decisione resa in un altro Stato membro può, se del caso, richiedere alla parte che intende avvalersene di fornire, conformemente all'articolo 91, la traduzione o la traslitterazione del contenuto traducibile dei campi di testo libero del certificato di cui al paragrafo 1, lettera *b*), del presente articolo.

3. L'autorità giurisdizionale o l'autorità competente dinanzi alla quale è invocata una decisione

emessa in un altro Stato membro può richiedere alla parte, conformemente all'articolo 91, di fornire la traduzione o la traslitterazione della decisione oltre alla traduzione o alla traslitterazione del contenuto pertinente del certificato se non è in grado di procedere senza tale traduzione o traslitterazione.

32. ***Mancata produzione di documenti.*** — 1. Qualora i documenti di cui all'articolo 31, paragrafo 1, non siano prodotti, l'autorità giurisdizionale o l'autorità competente possono fissare un termine per la loro presentazione o accettare documenti equivalenti ovvero, qualora ritengano di essere informate a sufficienza, dispensare dalla loro produzione.

2. Qualora l'autorità giurisdizionale o l'autorità competente lo richiedano, deve essere presentata una traduzione o una traslitterazione, a norma dell'articolo 91, dei suddetti documenti equivalenti.

33. ***Sospensione del procedimento.*** — L'autorità giurisdizionale dinanzi alla quale è invocata una decisione emessa in un altro Stato membro può sospendere il procedimento, in tutto o in parte, se:

a) la decisione è stata impugnata nello Stato membro d'origine con un mezzo ordinario; o

b) è stata presentata una domanda al fine di accertare che non sussistono motivi di diniego del riconoscimento di cui agli articoli 38 e 39 ovvero al fine di accertare che il riconoscimento deve essere negato per uno dei predetti motivi.

Sottosezione 2

Esecutività ed esecuzione

34. ***Decisioni esecutive.*** — 1. Le decisioni in materia di responsabilità genitoriale rese ed esecutive in un determinato Stato membro, sono esecutive negli altri Stati membri senza che sia necessaria una dichiarazione di esecutività.

2. Ai fini dell'esecuzione in un altro Stato membro di una decisione che accorda un diritto di visita, l'autorità giurisdizionale d'origine può dichiarare la decisione provvisoriamente esecutiva, nonostante eventuali impugnazioni.

35. ***Documenti da presentare per l'esecuzione.*** — 1. Ai fini dell'esecuzione in uno Stato membro di una decisione resa in un altro Stato membro, la parte che richiede l'esecuzione fornisce all'autorità competente in materia di l'esecuzione:

a) una copia della decisione, che presenti le condizioni di autenticità prescritte; e

b) l'apposito certificato rilasciato ai sensi dell'articolo 36.

2. Ai fini dell'esecuzione in uno Stato membro di una decisione resa in un altro Stato membro che dispone provvedimenti provvisori o cautelari, la parte che richiede l'esecuzione fornisce all'autorità competente in materia di l'esecuzione:

a) una copia della decisione, che presenti le condizioni di autenticità prescritte;

b) l'apposito certificato rilasciato ai sensi dell'articolo 36 attestante che la decisione è eseguibile nello Stato membro di origine e che l'autorità giurisdizionale d'origine:

i) è competente a conoscere del merito; o

ii) ha disposto i provvedimenti di cui all'articolo 27, paragrafo 4, in combinato disposto con l'articolo 15; e

c) qualora il provvedimento sia stato disposto senza che il convenuto sia stato invitato a comparire, la prova della notificazione o comunicazione della decisione.

3. Se necessario, l'autorità competente in materia di esecuzione può imporre alla parte che chiede l'esecuzione di fornire, in conformità dell'articolo 69, la traduzione o la traslitterazione del contenuto traducibile dei campi di testo libero del certificato rilasciato che specifica l'obbligo da eseguire.

4. L'autorità competente in materia di esecuzione può imporre alla parte che chiede l'esecuzione di fornire, in conformità dell'articolo 91, la traduzione o la traslitterazione della decisione se non è in grado di procedere senza tale traduzione o traslitterazione.

Sottosezione 3

Certificato

36. ***Rilascio del certificato.*** — 1. L'autorità giurisdizionale di uno Stato membro di origine comunicata alla Commissione conformemente all'articolo 103 procede, su istanza di parte, al rilascio di un certificato per:

a) una decisione in materia matrimoniale utilizzando il modello di cui all'allegato II;

b) una decisione in materia di responsabilità genitoriale utilizzando il modello di cui all'allegato III;

c) una decisione che ordina il ritorno di un minore di cui all'articolo 2, comma 1, lettera *a*), e, se del caso, un provvedimento cautelare, inclusi i provvedimenti provvisori, disposto in conformità dell'articolo 27, paragrafo 5, che accompagna la decisione utilizzando il modello di cui all'allegato IV.

2. Il certificato è compilato e rilasciato nella lingua della decisione. Il certificato può anche essere rilasciato in un'altra lingua ufficiale delle istituzioni dell'Unione europea richiesta dalla parte. Ciò non crea l'obbligo per l'autorità giurisdizionale che rilascia il certificato di fornire la traduzione o la traslitterazione del contenuto traducibile dei campi di testo libero.

3. Il rilascio del certificato non è soggetto a impugnazione.

37. ***Rettifica del certificato.*** — 1. L'autorità giurisdizionale di uno Stato membro di origine comunicata alla Commissione conformemente all'articolo 103 rettifica il certificato su richiesta, e può rettificarlo d'ufficio, se, per un errore materiale o un'omissione, sussiste una discrepanza tra la decisione da eseguire e il certificato.

2. Alla procedura di rettifica del certificato si applica il diritto dello Stato membro di origine.

Sottosezione 4
Diniego del riconoscimento e dell'esecuzione

38. ***Motivi di diniego del riconoscimento delle decisioni in materia matrimoniale.*** — Il riconoscimento di una decisione di divorzio, separazione personale o annullamento del matrimonio è negato:

a) se il riconoscimento è manifestamente contrario all'ordine pubblico dello Stato membro in cui il riconoscimento è invocato;

b) quando la decisione è stata resa in contumacia, ovvero la domanda giudiziale o un atto equivalente non sono stati notificati o comunicati al convenuto contumace in tempo utile e in modo tale da poter presentare le proprie difese, salvo che sia stato accertato che il convenuto ha accettato inequivocabilmente la decisione;

c) se la decisione è incompatibile con una decisione resa in un procedimento tra le medesime parti nello Stato membro in cui il riconoscimento è invocato; o

d) se la decisione è incompatibile con una decisione anteriore tra le stesse parti, resa in un altro Stato membro o in un paese terzo, purché la decisione anteriore soddisfi le condizioni prescritte per il riconoscimento nello Stato membro in cui il riconoscimento è invocato.

39. ***Motivi di diniego del riconoscimento delle decisioni in materia di responsabilità genitoriale.*** — 1. Il riconoscimento di una decisione in materia di responsabilità genitoriale è negato:

a) se, tenuto conto dell'interesse superiore del minore, il riconoscimento è manifestamente contrario all'ordine pubblico dello Stato membro in cui il riconoscimento è invocato;

b) quando la decisione è stata resa in contumacia, ovvero la domanda giudiziale o un atto equivalente non sono stati notificati o comunicati al convenuto contumace in tempo utile e in modo tale da poter presentare le proprie difese, salvo che sia stato accertato che il convenuto ha accettato inequivocabilmente la decisione;

c) su domanda della persona che ritiene che la decisione sia lesiva della propria responsabilità genitoriale, se è stata resa senza darle la possibilità di essere ascoltata;

d) se e nella misura in cui la decisione è incompatibile con una decisione successiva sulla responsabilità genitoriale resa nello Stato membro in cui il riconoscimento è invocato;

e) se e nella misura in cui la decisione è incompatibile con una decisione successiva sulla responsabilità genitoriale resa in un altro Stato membro o nel paese terzo in cui il minore risieda abitualmente, la quale soddisfi le condizioni prescritte per il riconoscimento nello Stato membro in cui il riconoscimento è invocato; o

f) se la procedura prevista dall'articolo 82 non è stata rispettata.

2. Il riconoscimento di una decisione in materia di responsabilità genitoriale può essere negato qualora sia stata resa senza aver dato al minore capace di discernimento una possibilità di esprimere la propria opinione a norma dell'articolo 21, salvo se:

a) il procedimento riguardava esclusivamente i beni del minore e se non era necessario dare tale possibilità in considerazione della questione oggetto del procedimento; o

b) sussistevano seri motivi in considerazione, in particolare, dell'urgenza del caso.

40. ***Procedura per il diniego del riconoscimento.*** — 1. Alle domande di diniego del riconoscimento si applicano di conseguenza le procedure di cui agli articoli da 59 a 62 e, se del caso, alla sezione 5 del presente capo e al capo VI.

2. La competenza territoriale delle autorità giurisdizionali comunicate da ciascuno Stato membro alla Commissione conformemente all'articolo 103 è determinata dal diritto dello Stato membro in cui è introdotto il procedimento di non riconoscimento.

41. ***Motivi di diniego dell'esecuzione delle decisioni in materia di responsabilità genitoriale.*** — Fatto salvo l'articolo 56, paragrafo 6, l'esecuzione di una decisione in materia di responsabilità genitoriale è rifiutata qualora sia dichiarata la sussistenza di uno dei motivi di diniego del riconoscimento di cui all'articolo 39.

Sezione 2
Disposizioni
in materia di riconoscimento ed esecuzione
di determinate decisioni privilegiate

42. ***Ambito d'applicazione.*** — 1. La presente sezione si applica alle tipologie di decisioni seguenti, purché certificate nello Stato membro di origine in conformità dell'articolo 47:

a) le decisioni che accordano un diritto di visita; e

b) le decisioni ai sensi dell'articolo 29, paragrafo 6, nella misura in cui esse comportino il ritorno del minore.

2. La presente sezione non osta a che una parte chieda il riconoscimento e l'esecuzione di una decisione di cui al paragrafo 1 in conformità delle disposizioni in materia di riconoscimento ed esecuzione di cui alla sezione 1 del presente capo.

Sottosezione 1

Riconoscimento

43. ***Riconoscimento.*** — 1. Le decisioni di cui all'articolo 42, paragrafo 1, rese in uno Stato membro sono riconosciute negli altri Stati membri senza che sia necessario il ricorso ad alcuna procedura particolare e senza che sia possibile opporsi al loro riconoscimento, salvo se e nella misura la decisione sia dichiarata l'incompatibile con una decisione successiva di cui all'articolo 50.

2. La parte che desidera invocare in uno Stato membro una decisione di cui all'articolo 42, paragrafo 1, resa in un altro Stato membro deve produrre quanto segue:

a) una copia della decisione, che presenti le condizioni di autenticità prescritte; e

b) l'apposito certificato rilasciato ai sensi dell'articolo 47.

3. L'articolo 31, paragrafi 2 e 3, si applica di conseguenza.

44. ***Sospensione del procedimento.*** — L'autorità giurisdizionale dinanzi al quale è invocata una decisione di cui all'articolo 42, paragrafo 1, resa in un altro Stato membro può sospendere il procedimento, in tutto o in parte, se:

a) è stata presentata un'istanza di dichiarazione vertente sull'incompatibilità di tale decisione con una decisione successiva di cui all'articolo 50; o

b) la persona nei cui confronti è chiesta l'esecuzione ha richiesto, conformemente all'articolo 48, la revoca di un certificato rilasciato a norma dell'articolo 47.

Sottosezione 2

Esecutività ed esecuzione

45. ***Decisioni esecutive.*** — 1. Le decisioni di cui all'articolo 42, paragrafo 1, rese ed esecutive in un determinato Stato membro sono esecutive negli altri Stati membri ai sensi della presente sezione senza che sia necessaria una dichiarazione di esecutività.

2. Ai fini dell'esecuzione in un altro Stato membro di una decisione di cui all'articolo 42, paragrafo 1, lettera *a*), le autorità giurisdizionali dello Stato membro di origine possono dichiarare la decisione provvisoriamente esecutiva, nonostante eventuali impugnazioni.

46. ***Documenti da produrre per l'esecuzione.*** — 1. Ai fini dell'esecuzione in uno Stato membro di una decisione di cui all'articolo 42, paragrafo 1, resa in un altro Stato membro, la parte che richiede l'esecuzione fornisce all'autorità competente in materia di l'esecuzione:

a) una copia della decisione, che presenti le condizioni di autenticità prescritte; e

b) l'apposito certificato rilasciato ai sensi dell'articolo 47.

2. Ai fini dell'esecuzione in uno Stato membro di una decisione di cui all'articolo 42, paragrafo 1, lettera *a*), resa in un altro Stato membro, l'autorità competente in materia di esecuzione può, se necessario, esigere dal richiedente che fornisca, in conformità dell'articolo 91, la traduzione o la traslitterazione del contenuto traducibile dei campi di testo libero del certificato che specifica l'obbligo da eseguire.

3. Ai fini dell'esecuzione in uno Stato membro di una decisione di cui all'articolo 42, paragrafo 1, resa in un altro Stato membro, l'autorità competente in materia di esecuzione può esigere dal richiedente che fornisca, in conformità dell'articolo 91, la traduzione o la traslitterazione della decisione se non è in grado di procedere senza tale traduzione o traslitterazione.

Sottosezione 3

Certificato per le decisioni privilegiate

47. ***Rilascio del certificato.*** — 1. L'autorità giurisdizionale che ha reso una decisione di cui all'articolo 42, paragrafo 1, rilascia, su istanza di parte, un certificato per:

a) una decisione che accorda un diritto di visita utilizzando il modello di cui all'allegato VI;

b) una decisione di merito relativa al diritto di affidamento che comporta il ritorno del minore e resa ai sensi dell'articolo 29, paragrafo 6, utilizzando il modello di cui all'allegato VI.

2. Il certificato è compilato e rilasciato nella lingua della decisione. Il certificato può anche essere rilasciato in un'altra lingua ufficiale delle istituzioni dell'Unione europea richiesta da una parte. Ciò non crea l'obbligo per l'autorità giurisdizionale che rilascia il certificato di fornire la traduzione o la traslitterazione del contenuto traducibile dei campi di testo libero.

3. L'autorità giurisdizionale rilascia il certificato solo se sono rispettate le condizioni seguenti:

a) tutte le parti interessate hanno avuto la possibilità di essere ascoltate;

b) il minore ha avuto la possibilità di esprimere la propria opinione ai sensi dell'articolo 21;

c) quando la decisione è stata resa in contumacia:

i) la domanda giudiziale o un atto equivalente sono stati notificati o comunicati al convenuto contumace in tempo utile e in modo tale da poter presentare le proprie difese; oppure

ii) è accertato che il convenuto contumace ha accettato inequivocabilmente la decisione.

4. Fatto salvo il paragrafo 3 del presente articolo, il certificato per una decisione di cui all'articolo 42, paragrafo 1, lettera *b*), è rilasciato solo se l'autorità giurisdizionale ha tenuto conto, nel rendere la sua decisione, dei motivi e dei fatti alla base della precedente decisione resa in un altro Stato membro

conformemente all'articolo 13, primo comma, lettera *b*), o all'articolo 13, secondo comma, della convenzione dell'Aia del 1980.

5. Il certificato ha effetto soltanto nei limiti dell'esecutività della decisione.

6. Il rilascio del certificato non è soggetto ad alcuna impugnazione fatta eccezione per quelle indicate all'articolo 48.

48. ***Rettifica e revoca del certificato.*** — 1. L'autorità giurisdizionale di uno Stato membro di origine comunicata alla Commissione conformemente all'articolo 103 procede su richiesta, e ha la facoltà di procedere d'ufficio, alla rettifica del certificato se, per un errore materiale o un'omissione, sussiste una discrepanza tra la decisione e il certificato.

2. L'autorità giurisdizionale di cui al paragrafo 1 del presente articolo, su richiesta o d'ufficio, revoca il certificato se questo risulta concesso per errore, tenuto conto dei requisiti stabiliti all'articolo 47. L'articolo 49 si applica di conseguenza.

3. La procedura, comprese eventuali impugnazioni, relativa alla rettifica o alla revoca del certificato è disciplinata dal diritto dello Stato membro d'origine.

49. ***Certificato comprovante la non esecutività o la limitazione dell'esecutività.*** — 1. Qualora e nella misura in cui una decisione certificata in conformità dell'articolo 47 abbia cessato di essere esecutiva o la sua esecutività sia stata sospesa o limitata, è rilasciato, utilizzando il modello standard di cui all'allegato VII, un certificato comprovante la non esecutività o la limitazione dell'esecutività, su richiesta in qualsiasi momento all'autorità giurisdizionale dello Stato membro di origine comunicato alla Commissione a norma dell'articolo 103.

2. Il certificato è compilato e rilasciato nella lingua della decisione. Il certificato può anche essere rilasciato in un'altra lingua ufficiale dell'Unione europea richiesta da una parte. Ciò non crea l'obbligo per l'autorità giurisdizionale che rilascia il certificato di fornire la traduzione o la traslitterazione del contenuto traducibile dei campi di testo libero.

Sottosezione 4

Diniego del riconoscimento e dell'esecuzione

50. ***Decisioni incompatibili.*** — Il riconoscimento e l'esecuzione di una decisione di cui all'articolo 42, paragrafo 1, sono rifiutati se e nella misura in cui la decisione sia incompatibile con una decisione successiva in materia di responsabilità genitoriale relativa allo stesso minore e resa:

a) nello Stato membro in cui il riconoscimento è invocato; o

b) in un altro Stato membro o nel paese terzo in cui il minore risieda abitualmente, purché la decisione successiva soddisfi le condizioni prescritte per il riconoscimento nello Stato membro in cui il riconoscimento è invocato.

Sezione 3

Disposizioni comuni sull'esecuzione

Sottosezione 1

Esecuzione

51. ***Procedimento di esecuzione.*** — 1. Fatte salve le disposizioni della presente sezione, il procedimento di esecuzione delle decisioni rese in un altro Stato membro è disciplinato dal diritto dello Stato membro dell'esecuzione. Fatti salvi gli articoli 41, 50, 56 e 57, le decisioni rese in uno Stato membro che sono esecutive nello Stato membro di origine sono eseguite nello Stato membro dell'esecuzione alle stesse condizioni delle decisioni emesse in tale Stato membro.

2. La parte che richiede l'esecuzione di una decisione resa in un altro Stato membro non è obbligata ad avere un recapito postale nello Stato membro dell'esecuzione. La parte è obbligata ad avere un rappresentante autorizzato nello Stato membro dell'esecuzione solo se tale rappresentante è obbligatorio ai sensi del diritto dello Stato membro dell'esecuzione indipendentemente dalla cittadinanza delle parti.

52. ***Autorità competenti in materia di esecuzione.*** — La domanda di esecuzione è presentata all'autorità competente in materia di esecuzione ai sensi del diritto dello Stato membro dell'esecuzione, quale comunicata da tale Stato membro alla Commissione in conformità dell'articolo 103.

53. ***Esecuzione parziale.*** — 1. Una parte che richiede l'esecuzione di una decisione può richiederne l'esecuzione parziale.

2. Se la decisione ha statuito su vari capi della domanda e l'esecuzione è stata negata per uno o alcuni di essi, l'esecuzione è comunque possibile per le parti della decisione non interessate dal diniego.

3. I paragrafi 1 e 2 del presente articolo non possono essere usati per dare esecuzione a una decisione che dispone il ritorno di un minore senza che sia data esecuzione anche a eventuali provvedimenti provvisori, inclusi i provvedimenti cautelari, disposti al fine di proteggere il minore dal rischio di cui all'articolo 13, primo comma, lettera *b*), della convenzione dell'Aia del 1980.

54. ***Modalità pratiche per l'esercizio del diritto di visita.*** — 1. Le autorità competenti per l'esecuzione o le autorità giurisdizionali dello Stato membro dell'esecuzione possono stabilire modalità pratiche volte a organizzare l'esercizio del diritto di visita, qualora le modalità necessarie non siano affatto o siano insufficientemente previste nella decisione resa dalle autorità giurisdizionali dello Stato membro competente a conoscere del merito e a condizione che siano rispettati gli elementi essenziali di detta decisione.

2. Le modalità pratiche stabilite a norma del paragrafo 1 cessano di essere applicabili a seguito di una decisione successiva resa dalle autorità giurisdizionali dello Stato membro competenti a conoscere del merito.

55. ***Notificazione o comunicazione del certificato e della decisione.*** — 1. Quando si chiede l'esecuzione di una decisione emessa in un altro Stato membro, l'opportuno certificato rilasciato ai sensi degli articoli 36 o 47 è notificato o comunicato alla persona nei cui confronti è chiesta l'esecuzione prima dell'inizio della stessa. Il certificato è corredato della decisione qualora questa non sia già stata notificata o comunicata a detta persona e, se del caso, dei dettagli delle modalità pratiche di cui all'articolo 54, paragrafo 1.

2. Qualora la notifica o comunicazione debba essere effettuata in uno Stato membro diverso da quello di origine, la persona nei cui confronti è chiesta l'esecuzione può chiedere una traduzione o traslitterazione di quanto segue:

a) la decisione, al fine di contestarne l'esecuzione;

b) se del caso, il contenuto traducibile dei campi di testo libero del certificato rilasciato a norma dell'articolo 47,

se non sono redatti o accompagnati da una traduzione o traslitterazione in una lingua a essa comprensibile o nella lingua ufficiale dello Stato membro in cui risiede abitualmente oppure, laddove tale Stato membro abbia più lingue ufficiali, nella lingua ufficiale o in una delle lingue ufficiali del luogo in cui risiede abitualmente.

3. Quando si chiede una traduzione o traslitterazione ai sensi del paragrafo 2, non può essere adottato alcun provvedimento di esecuzione, a eccezione dei provvedimenti cautelari, fino a che la persona nei cui confronti è chiesta l'esecuzione abbia ricevuto detta traduzione o traslitterazione.

4. I paragrafi 2 e 3 non si applicano nella misura in cui la decisione e, se del caso, il certificato di cui al paragrafo 1 siano già stati notificati o comunicati alla persona nei cui confronti è chiesta l'esecuzione conformemente ai requisiti di traduzione o traslitterazione di cui al paragrafo 2.

Sottosezione 2
Sospensione del procedimento di esecuzione e diniego dell'esecuzione

56. ***Sospensione e diniego.*** — 1. D'ufficio, su istanza della persona nei cui confronti è chiesta l'esecuzione o, se applicabile ai sensi del diritto nazionale, del minore in questione, l'autorità competente per l'esecuzione o l'autorità giurisdizionale dello Stato membro dell'esecuzione sospende il procedimento di esecuzione se l'esecutività della decisione è sospesa nello Stato membro d'origine.

2. Su istanza della parte nei cui confronti è chiesta l'esecuzione o, se applicabile ai sensi del diritto nazionale, del minore in questione, l'autorità competente per l'esecuzione o l'autorità giurisdizionale dello Stato membro dell'esecuzione può sospendere, in tutto o in parte, il procedimento di esecuzione per uno dei motivi seguenti:

a) la decisione è stata impugnata nello Stato membro d'origine con un'impugnazione ordinaria;

b) il termine per l'impugnazione ordinaria di cui alla lettera *a*) non è ancora scaduto;

c) è stata proposta una domanda di diniego dell'esecuzione a norma dell'articolo 41, 50 o 57;

d) la parte nei cui confronti è chiesta l'esecuzione ha chiesto, conformemente all'articolo 48, la revoca di un certificato rilasciato a norma dell'articolo 47.

3. Se sospende il procedimento di esecuzione per il motivo di cui al paragrafo 2, lettera *b*), l'autorità competente per l'esecuzione o l'autorità giurisdizionale può fissare un termine entro il quale deve essere proposta un'eventuale impugnazione.

4. In casi eccezionali, su istanza della persona nei cui confronti è chiesta l'esecuzione o, se applicabile ai sensi del diritto nazionale, del minore in questione o di un'altra parte interessata che agisce nell'interesse superiore del minore, l'autorità competente in materia di esecuzione o l'autorità giurisdizionale può sospendere il procedimento di esecuzione se l'esecuzione esporrebbe il minore a un grave rischio di pericoli fisici o psichici a causa di impedimenti temporanei emersi successivamente alla pronuncia della decisione, o in virtù di altri mutamenti significativi delle circostanze.

L'esecuzione è ripresa non appena cessi il grave rischio di pericoli fisici o psichici.

5. Nei casi di cui al paragrafo 4, prima di rifiutare l'esecuzione ai sensi del paragrafo 6, l'autorità competente in materia di esecuzione o l'autorità giurisdizionale adotta tutte le misure adeguate per facilitare l'esecuzione conformemente al diritto e alle procedure nazionali nonché all'interesse superiore del minore.

6. Se il grave rischio di cui paragrafo 4 ha carattere permanente, l'autorità competente in materia di esecuzione o l'autorità giurisdizionale può, su richiesta, rifiutare l'esecuzione della decisione.

57. ***Motivi di sospensione o diniego dell'esecuzione ai sensi del diritto nazionale.*** — I motivi di sospensione o diniego dell'esecuzione previsti dal diritto dello Stato membro dell'esecuzione si applicano purché non siano incompatibili con l'applicazione degli articoli 41, 50 e 56.

58. ***Competenza delle autorità o delle autorità giurisdizionali competenti in materia di diniego dell'esecuzione.*** — 1. La domanda di diniego dell'esecuzione fondata sull'articolo 39 è proposta all'autorità giurisdizionale comunicata da ciascuno Stato membro alla Commissione conformemente all'articolo 103. La domanda di diniego dell'esecuzione fondata su altri motivi stabiliti o permessi dal presente regolamento è proposta all'autorità giurisdizionale o all'autorità comunicata da ciascuno Stato membro alla Commissione conformemente all'articolo 103.

2. La competenza territoriale dell'autorità giurisdizionale o dell'autorità comunicata da ciascuno Stato membro alla Commissione conformemente all'articolo 103 è determinata dal diritto dello Stato membro nel quale sono proposte istanze a norma del paragrafo 1 del presente articolo.

59. ***Domanda di diniego dell'esecuzione.*** — 1. Nella misura in cui non sia disciplinata dal presente regolamento, il procedimento per la presentazione di una domanda di diniego dell'esecuzione è disciplinato dal diritto dello Stato membro dell'esecuzione.

2. Il richiedente fornisce all'autorità competente in materia di esecuzione o all'autorità giurisdizionale una copia della decisione e, ove applicabile e possibile, l'apposito certificato rilasciato ai sensi dell'articolo 36 o 47.

3. L'autorità competente in materia di esecuzione o l'autorità giurisdizionale può, se necessario, esigere dal richiedente che fornisca, in conformità dell'articolo 91, la traduzione o la traslitterazione del contenuto traducibile dei campi di testo libero dell'apposito certificato rilasciato ai sensi dell'articolo 36 o 47 che specifica l'obbligo da eseguire.

4. Se l'autorità competente in materia di esecuzione o l'autorità giurisdizionale non è in grado di procedere senza tale traduzione o traslitterazione, può, se necessario, esigere dal richiedente che fornisca, in conformità dell'articolo 91, tale la traduzione o la traslitterazione della decisione.

5. L'autorità competente in materia di esecuzione o l'autorità giurisdizionale può dispensare la parte dalla produzione dei documenti di cui al paragrafo 2 qualora:

a) ne sia già in possesso; o

b) ritenga irragionevole chiedere al richiedente di fornirli.

Nel caso di cui al primo comma, lettera *b*), l'autorità competente in materia di esecuzione o l'autorità giurisdizionale può imporre all'altra parte di fornire tali documenti.

6. La parte che richiede il diniego dell'esecuzione di una decisione resa in un altro Stato membro non è obbligata ad avere un recapito postale nello Stato membro dell'esecuzione. La parte è obbligata ad avere un rappresentante autorizzato nello Stato membro dell'esecuzione solo se tale rappresentante è obbligatorio ai sensi del diritto dello Stato membro dell'esecuzione indipendentemente dalla cittadinanza delle parti.

60. ***Procedure rapide.*** — L'autorità competente in materia di esecuzione o l'autorità giurisdizionale procede senza indebito ritardo al trattamento della domanda di diniego dell'esecuzione.

61. ***Contestazione o impugnazione.*** — 1. Ciascuna delle parti può contestare o impugnare una decisione relativa alla domanda di diniego dell'esecuzione.

2. La contestazione o impugnazione è proposta davanti all'autorità o all'autorità giurisdizionale comunicata dallo Stato membro dell'esecuzione alla Commissione, conformemente all'articolo 103, come l'autorità on l'autorità giurisdizionale dinanzi alla quale deve essere proposta tale contestazione o impugnazione.

62. ***Ulteriore contestazione o impugnazione.*** — Una decisione resa sulla contestazione o impugnazione può essere impugnata a sua volta unicamente da una contestazione o impugnazione se l'autorità giurisdizionale dinanzi alla quale si deve presentare l'ulteriore contestazione o impugnazione è stata comunicata dallo Stato membro interessato alla Commissione conformemente all'articolo 103.

63. Sospensione del procedimento. — 1. L'autorità competente in materia di esecuzione o l'autorità giurisdizionale dinanzi alla quale è proposta la domanda di diniego dell'esecuzione o l'impugnazione a norma dell'articolo 61 o dell'articolo 62 può sospendere il procedimento di esecuzione per uno dei motivi seguenti:

a) la decisione è stata impugnata nello Stato membro d'origine con un'impugnazione ordinaria;

b) il termine per l'impugnazione ordinaria di cui alla lettera *a*) non è ancora scaduto; o

c) la persona nei confronti della quale è chiesta l'esecuzione ha chiesto conformemente all'articolo 48 la revoca di un certificato rilasciato a norma dell'articolo 47.

2. Se sospende il procedimento per il motivo di cui al paragrafo 1, lettera *b*), l'autorità competente per l'esecuzione o l'autorità giurisdizionale può fissare un termine per proporre tale impugnazione.

Sezione 4

Atti pubblici e accordi

64. ***Ambito d'applicazione.*** — La presente sezione si applica in materia di divorzio, separazione personale e responsabilità genitoriale agli atti pubblici che sono stati formalmente redatti o registrati, e agli accordi che sono stati registrati, in uno Stato membro che assume la competenza ai sensi del capo II.

65. ***Riconoscimento ed esecuzione degli atti pubblici e degli accordi.*** — 1. Gli atti pubblici e gli accordi in materia di separazione personale e divorzio aventi effetti giuridici vincolanti nello Stato membro di origine sono riconosciuti negli altri Stati membri senza che sia necessario il ricorso ad alcun procedimento. La sezione 1 del presente capo si applica di conseguenza, salvo se diversamente disposto nella presente sezione.

2. Gli atti pubblici e gli accordi in materia di responsabilità genitoriale aventi effetti giuridici vincolanti e che hanno efficacia esecutiva nello Stato membro di origine sono riconosciuti ed eseguiti negli altri Stati membri senza che sia richiesta una dichiarazione di esecutività. Le sezioni 1 e 3 del presente capo si applicano di conseguenza, salvo se diversamente disposto nella presente sezione.

66. ***Certificato.*** — 1. L'autorità giurisdizionale o l'autorità competente dello Stato membro di origine comunicata alla Commissione conformemente all'articolo 103 procedono, su istanza di parte, al rilascio di un certificato per un atto pubblico o un accordo:

a) in materia matrimoniale utilizzando il modello di cui all'allegato VIII;

b) in materia di responsabilità genitoriale utilizzando il modello di cui all'allegato IX.

Il certificato di cui alla lettera *b*) contiene una sintesi dell'obbligazione esecutiva riportata nell'atto pubblico o nell'accordo.

2. Il certificato può essere rilasciato soltanto se ricorrono le condizioni seguenti:

a) lo Stato membro che ha autorizzato l'autorità pubblica o altra autorità a redigere formalmente o registrare l'atto pubblico o a registrare l'accordo è competente ai sensi del capo II; e

b) l'atto pubblico o l'accordo ha effetti giuridici vincolanti in tale Stato membro.

3. In deroga al paragrafo 2, in materia di responsabilità genitoriale il certificato può non essere rilasciato solo se vi sono indicazioni che il contenuto dell'atto pubblico o dell'accordo sia contrario all'interesse superiore del minore.

4. Il certificato è compilato nella lingua dell'atto pubblico o dell'accordo. Può anche essere rilasciato in un'altra lingua ufficiale delle istituzioni dell'Unione europea richiesta dalla parte. Ciò non crea l'obbligo per l'autorità giurisdizionale o per l'autorità competente che rilascia il certificato di fornire la traduzione o la traslitterazione del contenuto traducibile dei campi di testo libero.

5. Qualora il certificato non sia prodotto, l'atto pubblico o l'accordo non è riconosciuto o eseguito in un altro Stato membro.

67. ***Rettifica e revoca del certificato.*** — 1. L'autorità giurisdizionale o l'autorità competente dello Stato membro di origine comunicata alla Commissione conformemente all'articolo 103 procede su richiesta, e ha la facoltà di procedere d'ufficio, alla rettifica del certificato se, per un errore materiale o un'omissione, sussiste una discrepanza tra l'atto pubblico o l'accordo e il certificato.

2. L'autorità giurisdizionale o l'autorità competente di cui al paragrafo 1 del presente articolo, su richiesta o d'ufficio, revoca il certificato se questo risulta concesso per errore, tenuto conto dei requisiti stabiliti all'articolo 66.

3. La procedura, comprese eventuali impugnazioni, relativa alla rettifica o alla revoca del certificato è disciplinata dal diritto dello Stato membro d'origine.

68. ***Motivi di diniego del riconoscimento o dell'esecuzione.*** — 1. Il riconoscimento di un atto pubblico o di un accordo in materia di separazione personale o divorzio è negato se:

a) il riconoscimento è manifestamente contrario all'ordine pubblico dello Stato membro in cui il riconoscimento è invocato;

b) se è incompatibile con una decisione, un atto pubblico o un accordo tra le medesime parti nello Stato membro in cui il riconoscimento è invocato; o

c) se è incompatibile con una decisione, un atto pubblico o un accordo anteriore tra le stesse parti, resa in un altro Stato membro o in un paese terzo, purché la decisione, l'atto pubblico o l'accordo anteriore soddisfi le condizioni prescritte per il riconoscimento nello Stato membro in cui il riconoscimento è invocato.

2. Il riconoscimento o l'esecuzione di un atto pubblico o di un accordo in materia di responsabilità genitoriale è negato:

a) se, tenuto conto dell'interesse superiore del minore, il riconoscimento è manifestamente contrario all'ordine pubblico dello Stato membro in cui il riconoscimento è invocato;

b) su richiesta della persona che ritiene che l'atto pubblico o l'accordo sia lesivo della propria responsabilità genitoriale, se l'atto pubblico è stato redatto o registrato, o l'accordo è stato concluso e registrato, senza aver coinvolto tale persona;

c) se e nella misura in cui è incompatibile con una decisione, un atto pubblico o un accordo successivo in materia di responsabilità genitoriale emesso nello Stato membro in cui si invoca il riconoscimento o si richiede l'esecuzione;

d) se e nella misura in cui è incompatibile con una decisione, un atto pubblico o un accordo successivo in materia di responsabilità genitoriale emesso in un altro Stato membro o nel paese terzo in cui il minore risieda abitualmente, a condizione che quest'ultima decisione, atto pubblico o accordo soddisfi le condizioni prescritte per il riconoscimento nello Stato membro in cui si invoca il riconoscimento o si richiede l'esecuzione.

3. Il riconoscimento o l'esecuzione di un atto pubblico o di un accordo in materia di responsabilità genitoriale può essere negato se l'atto pubblico è stato formalmente redatto o registrato, o l'accordo è stato registrato, senza che al minore capace di discernimento sia stata data la possibilità di esprimere la propria opinione.

69-99. (*Omissis*)

CAPO IX
Disposizioni finali

100. ***Disposizioni transitorie.*** — 1. Il presente regolamento si applica solo alle azioni proposte, agli atti pubblici formalmente redatti o registrati e agli accordi registrati il o posteriormente al 1° agosto 2022

2. Il regolamento (CE) n. 2201/2003 continua ad applicarsi alle decisioni rese nelle azioni proposte, agli atti pubblici formalmente redatti o registrati e agli accordi che sono divenuti esecutivi nello Stato membro in cui sono stati conclusi anteriormente al 1° agosto 2022 e che rientrano nel suo ambito di applicazione.

101-105. (*Omissis*)

SEPARAZIONE E DIVORZIO

- 1 -

L. 10 gen. 1985, n. 301

Convenzione sul riconoscimento dei divorzi e delle separazioni personali, adottata all'Aja il 1° giugno 1970[1]

[1] Entrata in vigore il 20 giugno 1986.

1. Il Presidente della Repubblica è autorizzato ad aderire alla convenzione sul riconoscimento dei divorzi e delle separazioni personali, adottata dall'Aja il 1° giugno 1970.

2. Piena ed intera esecuzione è data alla convenzione di cui all'articolo precedente a decorrere dalla sua entrata in vigore, in conformità all'art. 28 della convenzione stessa.

3. La presente legge entrerà in vigore il giorno successivo a quello della sua pubblicazione nella *Gazzetta Ufficiale* della Repubblica italiana.

CONVENZIONE

sul riconoscimento dei divorzi e delle separazioni personali, adottata all'Aja il 1° giugno 1970[1]

[1] Traduzione non ufficiale. I testi facenti fede sono unicamente quelli indicati nella convenzione.

Gli Stati firmatari della presente Convenzione,

Al fine di facilitare il riconoscimento dei divorzi e delle separazioni personali ottenute nei loro rispettivi territori,

Hanno deciso di adottare in tal senso una Convenzione e hanno convenuto le seguenti disposizioni:

1. La presente Convenzione si applica al riconoscimento, in uno Stato contraente, dei divorzi e delle separazioni personali ottenute in un altro Stato contraente a seguito di una procedura giudiziaria o altra procedura ufficialmente riconosciuta in detto Stato e che vi abbiano effetto giuridico.

La Convenzione non concerne le disposizioni relative alle colpe, né le misure o condanne accessorie contenute nella decisione di divorzio o di separazione personale, segnatamente le condanne pecuniarie o le disposizioni relative all'affidamento dei figli.

2. Tali divorzi e separazioni personali sono riconosciuti in tutti gli altri Stati contraenti, fatte salve le altre disposizioni della presente Convenzione se, alla data della richiesta nello Stato (qui di seguito denominato "Stato di origine") del divorzio e della separazione personale:

1) il convenuto vi aveva la sua residenza abituale; o

2) il richiedente vi aveva la sua residenza abituale ed era inoltre soddisfatta una delle condizioni seguenti:

a) tale residenza abituale era durata per almeno un anno immediatamente prima della data della domanda;

b) i coniugi vi avevano ultimamente risieduto abitualmente insieme; o

3) i due coniugi erano cittadini di tale Stato; o

4) il richiedente era un cittadino di detto Stato ed una delle seguenti condizioni era inoltre soddisfatta:

a) il richiedente vi aveva la sua residenza abituale; o

b) vi aveva risieduto abitualmente per un periodo continuativo di un anno compreso, almeno parzialmente, nei due anni precedenti la data della domanda; o

5) il richiedente di divorzio era cittadino di questo Stato ed erano inoltre soddisfatte le seguenti due condizioni:

a) il richiedente era presente in detto Stato alla data della domanda e

b) i coniugi avevano ultimamente risieduto abitualmente insieme in uno Stato la cui legge non prevedeva il divorzio alla data della richiesta.

3. Qualora la competenza in materia di divorzio o di separazione personale si basi, nello Stato di origine, sul concetto di "domicilio", l'espressione "residenza abituale" nell'art. 2 dovrà comprendere il domicilio secondo il senso attribuito a detto termine in questo Stato.

Tuttavia, il comma precedente non si applica al domicilio della moglie, quando questo è giuridicamente ricollegato al domicilio del coniuge.

4. Se è stata proposta una domanda di riconciliazione, il divorzio o la separazione personale intervenuti sulla domanda principale o sulla domanda riconvenzionale saranno riconosciuti se l'una o l'altra soddisfano le condizioni di cui agli art. 2 e 3.

5. Qualora una separazione personale, che sia conforme alle disposizioni della presente Convenzione, sia stata tramutata in divorzio nello Stato di origine, il riconoscimento del divorzio non potrà essere rifiutato per motivo che le condizioni previste agli art. 2 o 3 non erano più soddisfatte al momento della domanda di divorzio.

6. Qualora il convenuto sia comparso nella procedura, le autorità dello Stato nel quale è richiesto il riconoscimento di un divorzio o di una separazione personale saranno vincolate dalle constatazioni di fatto sulle quali è basata la competenza.

Il riconoscimento del divorzio o della separazione personale non potrà essere rifiutato:

a) sia che la legge interna dello Stato nel quale tale riconoscimento è richiesto non permetta il divorzio o secondo i casi la separazione personale per i medesimi fatti;

b) sia che sia stata applicata una legge diversa da quella applicabile secondo i principi di diritto internazionale privato di questo Stato.

Fatto salvo quanto eventualmente necessario per l'applicazione di altre disposizioni della presente Convenzione, le autorità dello Stato nel quale è richiesto il riconoscimento di un divorzio o di una separazione personale, non possono procedere ad alcun esame di merito della decisione.

7. Ciascuno Stato contraente può rifiutare il riconoscimento di un divorzio tra due coniugi che, al momento in cui è stato ottenuto, erano cittadini solo di Stati la cui legislazione non prevede il divorzio.

8. Se, tenuto conto dell'insieme delle circostanze, non è stato effettuato quanto necessario per portare a conoscenza del convenuto la domanda di divorzio o di separazione personale, o se al convenuto non è stata data la possibilità di far valere i suoi diritti, il riconoscimento del divorzio o della separazione personale potrà essere negato.

9. Ciascuno Stato contraente può rifiutare il riconoscimento di un divorzio o di una separazione personale se ciò è incompatibile con una precedente decisione relativa allo stato matrimoniale dei coniugi pronunciata nello Stato in cui il riconoscimento è richiesto o da esso riconosciuta o che soddisfi le condizioni del riconoscimento in tale Stato.

10. Ciascuno Stato contraente può rifiutare il riconoscimento di un divorzio o di una separazione personale se è manifestamente incompatibile con il suo ordine pubblico.

11. Uno Stato tenuto a riconoscere un divorzio ai sensi della presente Convenzione non può vietare ad uno o all'altro coniuge di risposarsi, adducendo il motivo che la legge di un altro Stato non riconosce tale divorzio.

12. In ciascuno Stato contraente qualsiasi procedura di divorzio o di separazione personale potrà essere sospesa, qualora lo stato matrimoniale dell'uno o dell'altro coniuge sia oggetto di una causa pendente in un altro Stato contraente.

13. Per quanto riguarda i divorzi o le separazioni ottenuti o richiesti in Stati contraenti che prevedono in tali materie due o più ordinamenti giuridici applicabili in unità territoriali diverse:

1) ogni riferimento alla legge dello Stato d'origine s'intende come relativo alla legge del territorio nel quale è stato ottenuto il divorzio o la separazione personale;

2) ogni riferimento alla legge dello Stato di riconoscimento s'intende come relativo alla legge del foro;

3) ogni riferimento al domicilio o alla residenza

nello Stato di origine indica il domicilio o la residenza nel territorio nel quale è stato ottenuto il divorzio o la separazione personale.

14. Per quanto riguarda l'applicazione degli art. 2 e 3, quando lo Stato d'origine ha in materia di divorzio o di separazione personale due o più ordinamenti giuridici applicabili in unità territoriali diverse:

1) L'art. 2, paragrafo 3, si applica quando i due coniugi erano cittadini dello Stato di cui l'unità territoriale - nella quale il divorzio o una separazione personale sono stati ottenuti - fa parte, e ciò a prescindere dalla residenza abituale dei coniugi;

2) L'art. 2, paragrafi 4 e 5, si applica quando il richiedente sia cittadino dello Stato di cui l'unità territoriale nella quale il divorzio o la separazione personale sono stati ottenuti fa parte.

15. Per quanto concerne uno Stato contraente che ha, in materia di divorzio o di separazione personale, due o più ordinamenti giuridici applicabili a diverse categorie di persone, ogni riferimento alla legge di questo Stato indica l'ordinamento giuridico specificato dalla legge di detto Stato.

16. Qualora, ai fini dell'applicazione della presente Convenzione, si debba prendere in considerazione la legge di uno Stato, sia o no contraente, diverso dallo Stato di origine o di riconoscimento, che abbia, in materia di divorzio o di separazione personale, due o più ordinamenti giuridici di applicazione territoriale o personale, si farà riferimento all'ordinamento specificato dalla legge di detto Stato.

17. La presente Convenzione non ostacola l'applicazione, in uno Stato contraente, di norme giuridiche più favorevoli al riconoscimento di divorzi o di separazioni personali ottenuti all'estero.

18. La presente Convenzione non pregiudica l'applicazione di altre Convenzioni delle quali uno o più Stati contraenti sono o saranno parti e che contengano disposizioni sulle materie regolate dalla presente Convenzione.

Gli Stati contraenti tuttavia dovranno astenersi dal concludere altre convenzioni in materia, incompatibili con le disposizioni della presente Convenzione, tranne che per ragioni particolari derivanti da vincoli regionali o altri; quali che siano le disposizioni di dette Convenzioni, gli Stati contraenti si impegnino a riconoscere, in virtù della presente Convenzione, i divorzi e le separazioni personali ottenuti in Stati contraenti che non siano parti di tali convenzioni.

19. Ciascuno Stato contraente potrà, al più tardi al momento della ratifica o dell'adesione, riservarsi il diritto;

1) di non riconoscere un divorzio o una separazione personale fra due coniugi che, nel momento in cui è stato ottenuto, erano solo suoi cittadini, qualora sia stata applicata una legge diversa da quella prevista dal suo diritto internazionale privato, a meno che detta applicazione non abbia portato allo stesso risultato che se si fossero osservate le norme di quest'ultimo;

2) di non riconoscere un divorzio fra due coniugi se, nel momento in cui fu ottenuto, entrambi avevano la loro residenza abituale in Stati che non prevedevano il divorzio. Uno Stato che fa uso della riserva prevista nel presente paragrafo non potrà rifiutare il riconoscimento per applicazione dell'art. 7.

20. Ciascuno Stato contraente la cui legge non preveda il divorzio potrà, al più tardi al momento della ratifica o dell'adesione, riservarsi il diritto di non riconoscere un divorzio se, nel momento in cui questo fu ottenuto, uno dei coniugi era cittadino di uno Stato contraente la cui legge non preedeva il divorzio.

Detta riserva avrà effetto solo fino a che la legge dello Stato che ne fa uso non riconoscerà il divorzio.

21. Ciascuno Stato contraente la cui legge non preveda la separazione personale, potrà al più tardi al momento della ratifica o dell'adesione riservarsi il diritto di non riconoscere una separazione personale se, nel momento in cui questa fu ottenuta, uno dei coniugi era cittadino di uno Stato contraente la cui legge non prevedeva la separazione personale.

22. Ciascuno Stato contraente potrà dichiarare in ogni momento che determinate categorie di persone che hanno la sua nazionalità potranno non essere considerate come suoi cittadini ai fini dell'applicazione della presente Convenzione.

23. Ciascuno Stato contraente che abbia, in materia di divorzio o di separazione personale, due o più ordinamenti giuridici potrà, al momento della firma, della ratifica o dell'adesione, dichiarare che la presente Convenzione si estende a tutti questi ordinamenti giuridici o solo a uno o più di essi, e potrà in ogni momento modificare questa dichiarazione facendo una nuova dichiarazione.

Tali dichiarazioni saranno notificate al Ministero degli affari esteri dei Paesi Bassi, e indicheranno espressamente gli ordinamenti giuridici ai quali la Convenzione si applica.

Gli Stati contraenti possono rifiutare di riconoscere un divorzio o una separazione personale se, alla data in cui il riconoscimento è richiesto, la Convenzione non sia applicabile all'ordinamento giuridico secondo le cui norme questi sono stati ottenuti.

24. La presente Convenzione è applicabile a prescindere dalla data nella quale il divorzio o la separazione personale è stata ottenuta.

Tuttavia, uno Stato contraente potrà, al più tardi

al momento della ratifica o dell'adesione, riservarsi il diritto di non applicare la presente Convenzione ad un divorzio o ad una separazione personale ottenuta prima della data della sua entrata in vigore in questo Stato.

25. Ciascuno Stato potrà, al più tardi al momento della ratifica o dell'adesione, formulare una o più riserve come previsto agli art. 19, 20, 21 e 24 della presente Convenzione. Nessun'altra riserva sarà ammessa.

Ciascuno Stato contraente potrà anche, notificando una estensione della Convenzione in conformità all'art. 29, formulare una o più di queste riserve con effetto limitato ai territori o ad alcuni dei territori indicati nella notifica di estensione.

Ciascuno Stato contraente potrà, in qualsiasi momento, ritirare una riserva precedentemente formulata. Tale ritiro sarà notificato al Ministero degli affari esteri dei Paesi Bassi.

L'effetto della riserva cesserà il sessantesimo giorno dopo la notifica di cui al comma precedente.

26. La presente Convenzione è aperta alla firma degli Stati rappresentati alla Undicesima sessione della Conferenza di diritto internazionale privato de L'Aja.

Essa sarà ratificata e gli strumenti di ratifica saranno depositati presso il Ministero degli affari esteri dei Paesi Bassi.

27. La presente Convenzione entrerà in vigore il sessantesimo giorno dopo il deposito del terzo strumento di ratifica di cui all'art. 26, comma 2.

La Convenzione entrerà in vigore per ciascuno Stato firmatario che la ratifichi successivamente, il sessantesimo giorno dopo il deposito del suo strumento di ratifica.

28. Ciascuno Stato non rappresentato alla Undicesima sessione della Conferenza de L'Aja di diritto internazionale privato, che sia membro di tale Conferenza o dell'Organizzazione delle Nazioni Unite o di un'Agenzia specializzata nell'ambito di tale Organizzazione, o sia parte dello Statuto della Corte internazionale di Giustizia, potrà aderire alla presente Convenzione dopo la sua entrata in vigore in conformità all'art. 27, comma primo.

Lo strumento di adesione sarà depositato presso il Ministero degli affari esteri dei Paesi Bassi.

La Convenzione entrerà in vigore, per lo Stato aderente, il sessantesimo giorno dopo il deposito del suo strumento di adesione.

L'adesione avrà effetto solo fra lo Stato aderente e gli Stati contraenti che avranno dichiarato di accettare tale adesione. Tale dichiarazione sarà depositata presso il Ministero degli affari esteri dei Paesi Bassi; quest'ultimo ne invierà, per via diplomatica, copia certificata conforme a ciascuno Stato contraente.

La Convenzione entrerà in vigore, fra lo Stato aderente e lo Stato che abbia dichiarato di accettare tale adesione, sessanta giorni dopo il deposito della dichiarazione di accettazione.

29. Qualsiasi Stato, al momento della firma, della ratifica o dell'adesione, potrà dichiarare che la presente Convenzione si estenderà all'insieme dei territori che rappresenta sul piano internazionale, o a uno o più di essi. Tale dichiarazione avrà effetto al momento dell'entrata in vigore della Convenzione per il suddetto Stato.

In seguito, ogni estensione di questo tipo sarà notificata al Ministero degli affari esteri dei Paesi Bassi.

L'estensione avrà effetto solo per gli Stati contraenti che avranno dichiarato di accettare tale estensione. Tale dichiarazione sarà depositata presso il Ministero degli affari esteri dei Paesi Bassi; detto Ministero ne farà pervenire, per via diplomatica, una copia certificata conforme a ciascuno Stato contraente.

L'estensione produrrà i suoi effetti in ogni caso sessanta giorni dopo il deposito della dichiarazione di accettazione.

30. La presente Convenzione avrà una durata di cinque anni a partire dalla data della sua entrata in vigore in conformità all'art. 27, comma primo, anche per gli Stati che l'avranno ratificata o vi avranno successivamente aderito.

La Convenzione sarà tacitamente rinnovata allo scadere di ogni quinquennio, salvo denuncia.

La denuncia sarà, almeno sei mesi prima della scadenza del termine di cinque anni, notificata al Ministero degli affari esteri dei Paesi Bassi.

Potrà essere limitata ad alcuni dei territori cui si applica la Convenzione.

La denuncia avrà effetto solo per quanto riguarda lo Stato che l'ha notificata.

La Convenzione rimarrà in vigore per gli altri Stati contraenti.

31. Il Ministero degli affari esteri dei Paesi Bassi notificherà agli Stati di cui all'art. 26, ed agli Stati che vi avranno aderito in conformità alle disposizioni dell'art. 28, quanto segue:

a) le firme e ratifiche indicate all'art. 26;

b) la data in cui la presente Convenzione entrerà in vigore conformemente alle disposizioni dell'art. 27, comma primo;

c) le adesioni previste dall'art. 28 e la data in cui entreranno in vigore;

d) le estensioni previste all'art. 29 e la data in cui entreranno in vigore;

e) le denunce previste all'art. 30;

f) le riserve e i ritiri di riserva di cui agli artt. 19, 20, 21, 24 e 25;

g) le dichiarazioni di cui agli art. 22, 23, 28 e 29.

In fede di che, i sottoscritti, debitamente autorizzati, hanno firmato la presente Convenzione.

Fatto a L'Aja, il 1° giugno 1970, in francese e in inglese, i due testi facenti ugualmente fede, in un solo esemplare che sarà depositato presso gli Archivi del Governo dei Paesi Bassi e di cui una copia certificata conforme sarà invitata, per via diplomatica, a ciascuno degli Stati rappresentati alla Undicesima sessione della Conferenza di diritto internazionale privato de L'Aja.

SOCIETÀ

- 1 -

D.lgs. 9 apr. 1991, n. 127

Attuazione delle direttive n. 78/660/CEE e n. 83/ 349/CEE in materia societaria, relative ai conti annuali e consolidati, ai sensi dell'art. 1, comma 1, della L. 26 mar. 1990, n. 69

(G.U. 17 apr. 1991, n. 90, Suppl.)

CAPO I
Società controllate e collegate

1. (*Omissis*).

CAPO II
Bilancio d'esercizio

2-24. (*Omissis*).

CAPO III
Bilancio consolidato[1]

[1] Per le banche e gli altri istituti finanziari v. D.lgs. 27 gen. 1992, n. 87 in attuazione della direttiva CEE n. 86/ 635/CEE (G.U. 14 feb. 1992, n. 37, Suppl.). Per le imprese di assicurazione v. D.lgs. 26 mag. 1997, n. 173.

25. ***Imprese obbligate a redigere il bilancio consolidato.*** — 1. Le società per azioni, in accomandita per azioni, e a responsabilità limitata che controllano un'impresa debbono redigere il bilancio consolidato secondo i criteri stabiliti dalle disposizioni degli articoli seguenti.

2. Lo stesso obbligo, hanno gli enti di cui all'art. 2201 del codice civile, le società cooperative e le mutue assicuratrici che controllano una società per azioni, in accomandita per azioni o a responsabilità limitata.

26. ***Imprese controllate.*** — 1. Agli effetti dell'art. 25 sono considerate imprese controllate quelle indicate nei numeri 1) e 2) del primo comma dell'art. 2359 del c.c.

2. Agli stessi effetti sono in ogni caso considerate controllate:

a) le imprese su cui un'altra ha ildiritto, in virtù di un contratto o di una clausola statutaria, di esercitare un'influenza dominante, quando la legge applicabile consenta tali contratti o clausole;

b) le imprese in cui un'altra, in base ad accordi con altri soci, controlla da sola la maggioranza dei diritti di voto.

3. Ai fini dell'applicazione del comma precedente si considerano anche i diritti spettanti a società controllate, a società fiduciarie e a persone interposte; non si considerano quelli spettanti per conto di terzi.

3-*bis*. Ai medesimi fini dei commi 1 e 2, la totalità

dei diritti di voto dei soci dell'impresa partecipata è ridotta dei diritti di voto inerenti alle azioni o alle quote proprie detenute dall'impresa partecipata stessa, o da una sua controllata, o detenute da terzi per conto di tali imprese.[1]

3-*ter*. Le imprese controllate sono oggetto di consolidamento indipendentemente dal luogo in cui sono costituite.[1]

[1] Comma aggiunto dall'art. 24, c. 3, L. 23 dic. 2021, n. 238.

27. ***Casi di esonero dall'obbligo di redazione del bilancio consolidato.***[1] — 1. Non sono soggette all'obbligo indicato nell'art. 25 le imprese controllanti che, unitamente alle imprese controllate, non abbiano superato, su base consolidata, per due esercizi consecutivi, due dei seguenti limiti:[2]

a) euro 20.000.000 nel totale degli attivi degli stati patrimoniali;

b) euro 40.000.000 nel totale dei ricavi delle vendite e delle prestazioni;

c) 250 dipendenti occupati in media durante l'esercizio.

1-*bis*. La verifica del superamento dei limiti numerici indicati al comma 1 può essere effettuata su base aggregata senza effettuare le operazioni di consolidamento. In tale caso, i limiti numerici indicati al comma 1, lettere *a*) e *b*), sono maggiorati del 20 per cento.[3]

2. L'esonero previsto dal comma 1 non si applica se l'impresa controllante o una delle imprese controllate è un ente di interesse pubblico ai sensi dell'articolo 16 del decreto legislativo 27 gennaio 2010, n. 39 ovvero un ente sottoposto a regime intermedio ai sensi dell'articolo 19-*ter* del medesimo decreto legislativo.[4]

3. Non sono inoltre soggette all'obbligo indicato nell'art. 25 le imprese a loro volta controllate quando la controllante sia titolare di oltre il novantacinque per cento delle azioni o quota dell'impresa controllata ovvero, in difetto di tale condizione, quando la redazione del bilancio consolidato non sia richiesta almeno sei mesi prima della fine dell'esercizio da tanti soci che rappresentino almeno il 5% del capitale.

3-*bis*. Non sono altresì soggette all'obbligo indicato nell'articolo 25 le imprese che controllano solo imprese che, individualmente e nel loro insieme, sono irrilevanti ai fini indicati nel secondo comma dell'articolo 29, nonché le imprese che controllano solo imprese che possono essere escluse dal consolidamento ai sensi dell'articolo 28.

4. L'esonero previsto dal comma 3 è subordinato alle seguenti condizioni:

a) che l'impresa controllante, soggetta al diritto di uno Stato membro dell'Unione europea, rediga e sottoponga a controllo il bilancio consolidato secondo il presente decreto ovvero secondo il diritto di altro Stato membro dell'Unione europea o in conformità ai principi contabili internazionali adottati dall'Unione europea;

b) che l'impresa controllata non abbia emesso valori mobiliari ammessi alla negoziazione in mercati regolamentati italiani o dell'Unione europea.

5. Le ragioni dell'esonero devono essere indicate nella nota integrativa al bilancio di esercizio. Nel caso previsto dal terzo comma, la nota integrativa deve altresì indicare la denominazione e la sede della società controllante che redige il bilancio consolidato; copia dello stesso, della relazione sulla gestione e di quella dell'organo di controllo, redatti in lingua italiana o nella lingua comunemente utilizzata negli ambienti della finanza internazionale, devono essere depositati presso l'ufficio del registro delle imprese del luogo ove è la sede dell'impresa controllata.

[1] Articolo così modif. dall'art. 7, D.lgs. 18 ago. 2015, n. 139. Le disposizioni del D.lgs. 139/2015 entrano in vigore dal 1° gen. 2016 e si applicano ai bilanci relativi agli esercizi finanziari aventi inizio a partire da quella data.

[2] Alinea così modif. dall'art. 24, c. 3, L. 23 dic. 2021, n. 238.

[3] Comma ins. dall'art. 24, c. 3, L. 23 dic. 2021, n. 238.

[4] Comma così modif. in ultimo dall'art. 24, c. 3, L. 23 dic. 2021, n. 238.

28. ***Casi di esclusione dal consolidamento.*** — 1.[1]

2. Possono essere [inoltre][2] escluse dal consolidamento le imprese controllate quando:

a) la loro inclusione sarebbe irrilevante ai fini indicati nel secondo comma dell'art. 29, sempre che il complesso di tali esclusioni non contrasti con i fini suddetti;

b) l'esercizio effettivo dei diritti della controllante è soggetto a gravi e durature restrizioni;

c) in casi eccezionali, non è possibile ottenere tempestivamente, o senza spese sproporzionate, le necessarie informazioni;[3]

d) le loro azioni o quote sono possedute esclusivamente allo scopo della successiva alienazione.

[1] Comma abrog. dall'art. 3, D.lgs. 2 feb. 2007, n. 32.

[2] La parola "inoltre" è stata soppressa dall'art. 3 D.lgs. 2 feb. 2007, n. 32.

[3] Lettera così modif. dall'art. 7, D.lgs. 18 ago. 2015, n. 139. Le disposizioni del D.lgs. 139/2015 entrano in vigore dal 1° gen. 2016 e si applicano ai bilanci relativi agli esercizi finanziari aventi inizio a partire da quella data.

29. ***Redazione del bilancio consolidato.*** — 1. Il bilancio consolidato è redatto dagli amministratori dell'impresa controllante. Esso è costituito dallo stato patrimoniale, dal conto economico, dal rendiconto finanziario e dalla nota integrativa.[1]

2. Il bilancio deve essere redatto con chiarezza e deve rappresentare in modo veritiero e corretto la situazione patrimoniale e finanziaria e il risultato economico del complesso delle imprese costituito dalla controllante e dalle controllate.

3. Se le informazioni richieste da specifiche disposizioni del presente decreto non sono sufficienti a dare una rappresentazione veritiera e corretta,

il bilancio deve fornire le informazioni supplementari necessarie allo scopo.

3-*bis*. Non occorre rispettare gli obblighi in tema di rilevazione, valutazione, presentazione, informativa e consolidamento quando la loro osservanza abbia effetti irrilevanti al fine di dare una rappresentazione veritiera e corretta. Rimangono fermi gli obblighi in tema di regolare tenuta delle scritture contabili. Le società illustrano nella nota integrativa i criteri con i quali hanno dato attuazione alla presente disposizione.[2]

4. Se, in casi eccezionali, l'applicazione di una disposizione degli articoli seguenti è incompatibile con la rappresentazione veritiera e corretta, la disposizione non deve essere applicata. La nota integrativa deve motivare la deroga e indicarne l'influenza sulla rappresentazione della situazione patrimoniale, finanziaria e del risultato economico.

5. Le modalità di redazione dello stato patrimoniale e del conto economico consolidati, la struttura e il contenuto degli stessi, nonché i criteri di valutazione non possono essere modificati da un esercizio all'altro, se non in casi eccezionali. La nota integrativa deve motivare la deroga e indicarne l'influenza sulla rappresentazione della situazione patrimoniale e finanziaria e del risultato economico consolidati.

[1] Comma così modif. dall'art. 7, D.lgs. 18 ago. 2015, n. 139. Le disposizioni del D.lgs. 139/2015 entrano in vigore dal 1° gen. 2016 e si applicano ai bilanci relativi agli esercizi finanziari aventi inizio a partire da quella data.

[2] Comma ins. dall'art. 7, D.lgs. 18 ago. 2015, n. 139. V. nota 1.

30. ***Data di riferimento del bilancio consolidato.*** — 1. La data di riferimento del bilancio consolidato coincide con la data di chiusura del bilancio dell'esercizio dell'impresa controllante.

2. La data di riferimento del bilancio consolidato può tuttavia coincidere con la data di chiusura dell'esercizio della maggior parte delle imprese incluse nel consolidamento o delle più importanti di esse. L'uso di questa facoltà deve essere indicato e motivato nella nota integrativa.

3. Se la data di chiusura dell'esercizio di un'impresa inclusa nel consolidamento è diversa dalla data di riferimento del bilancio consolidato, questa impresa è inclusa in base a un bilancio annuale intermedio, riferito alla data del bilancio annuale consolidato.

31. ***Principi di consolidamento.*** — 1. Nella redazione del bilancio consolidato gli elementi dell'attivo e del passivo nonché i proventi e gli oneri delle imprese incluse nel consolidamento sono ripresi integralmente.

2. Sono invece eliminati:

a) le partecipazioni in imprese incluse nel consolidamento e le corrispondenti frazioni del patrimonio netto di queste;

b) i crediti e i debiti tra le imprese incluse nel consolidamento;

c) i proventi e gli oneri relativi ad operazioni effettuate fra le imprese medesime;

d) gli utili e le perdite conseguenti ad operazioni effettuate tra tali imprese e relative a valori compresi nel patrimonio, diversi da lavori in corso su ordinazione di terzi.

3. Possono non essere eliminati, indicandone il motivo nella nota integrativa: gli importi [di cui alle lettere *b*), *c*) e *d*) se irrilevanti;][1] quelli di cui alla lettera *d*) relativi ad operazioni correnti dell'impresa, concluse a normali condizioni di mercato, se la loro eliminazione comporta costi sproporzionali.

4. Ai fini della eliminazione prevista nel secondo comma, lettera *a*), dal patrimonio netto delle imprese incluse nel consolidamento deve previamente essere detratto il valore contabile delle azioni o quote della società che redige il bilancio consolidato appartenenti a quelle. Si applica l'articolo 2424-*bis*, settimo comma, del codice civile.[2]

5. Le rettifiche di valore e gli accantonamenti operati esclusivamente in applicazione di norme tributarie devono essere eliminati.[3]

[1] Parole soppresse dall'art. 7, D.lgs. 18 ago. 2015, n. 139. Le disposizioni del D.lgs. 139/2015 entrano in vigore dal 1° gen. 2016 e si applicano ai bilanci relativi agli esercizi finanziari aventi inizio a partire da quella data.

[2] Periodo così sost. dall'art. 7, D.lgs. 18 ago. 2015, n. 139. V. nota 1.

[3] Comma abrog. dall'art. 2 *bis*, D.L. 29 giu. 1994, n. 416, conv. in L. 8 ago. 1994, n. 503.

32. ***Struttura e contenuto dello stato patrimoniale, del conto economico e del rendiconto finanziario consolidati.***[1] — 1. Salvi gli adeguamenti necessari, la struttura e il contenuto dello stato patrimoniale e del conto economico e del rendiconto finanziario consolidati sono quelli prescritti per i bilanci di esercizio delle imprese incluse nel consolidamento. Se questi sono soggetti a discipline diverse, devono essere adottati la struttura e il contenuto più idonei a realizzare i fini indicati nel comma 2 dell'art. 29, dandone motivazione nella nota integrativa.[2]

2. Le voci relative alle rimanenze possono essere raggruppate quando la loro distinta indicazione comporti costi sproporzionati.

3. L'importo del capitale e delle riserve delle imprese controllate corrispondente a partecipazioni di terzi è iscritto in una voce del patrimonio netto denominata «capitale e riserve di terzi».

4. La parte del risultato economico consolidato corrispondente a partecipazioni di terzi è iscritta in un voce denominata «utile (perdita) dell'esercizio di pertinenza di terzi».

[1] Rubrica così sost. dall'art. 7, D.lgs. 18 ago. 2015, n. 139. Le disposizioni del D.lgs. 139/2015 entrano in vigore dal 1° gen. 2016 e si applicano ai bilanci relativi agli esercizi finanziari aventi inizio a partire da quella data.

[2] Comma così modif. dall'art. 7, D.lgs. 18 ago. 2015, n. 139. V. nota 1.

33. ***Consolidamento delle partecipazioni.*** —

1. L'eliminazione prescritta dell'art. 31, comma 2, lettera *a*), è attuata sulla base dei valori contabili riferiti alla data di acquisizione o alla data in cui l'impresa è inclusa per la prima volta nel consolidamento.[1]

2. Se l'eliminazione determina una differenza, questa è imputata nel bilancio consolidato, ove possibile, agli elementi dell'attivo e del passivo delle imprese incluse nel consolidamento.

3. L'eventuale residuo, se negativo, è iscritto in una voce del patrimonio netto denominata «riserva di consolidamento», ovvero, quando sia dovuto a previsione di risultati economici sfavorevoli, in una voce determinata «fondo di consolidamento per rischi ed oneri futuri»; se positivo, è iscritto in una voce dell'attivo denominata «avviamento», salvo che debba essere in tutto o in parte imputato a conto economico. L'importo iscritto nell'attivo è ammortizzato nel periodo previsto dal primo comma, n. 6, dell'articolo 2426 del codice civile.[2]

4. Le voci indicate nel precedente comma, i criteri utilizzati per la loro determinazione e le variazioni significative rispetto al bilancio consolidato dell'esercizio precedenti devono essere adeguatamente illustrati nella nota integrativa.

[1] Comma così modif. dall'art. 7, D.lgs. 18 ago. 2015, n. 139. Le disposizioni del D.lgs. 139/2015 entrano in vigore dal 1° gen. 2016 e si applicano ai bilanci relativi agli esercizi finanziari aventi inizio a partire da quella data.

[2] Comma così modif. dall'art. 7, D.lgs. 18 ago. 2015, n. 139. V. nota 1.

34. ***Uniformità dei criteri di valutazione.*** — 1. Gli elementi dell'attivo e del passivo devono essere valutati con criteri uniformi.

2. A tale scopo devono essere rettificati i valori di elementi valutati con criteri difformi [, a meno che, ai fini indicati nel secondo comma dell'art. 29, la difformità consenta una migliore rappresentazione o sia irrilevante][1].

2-*bis*. In casi eccezionali sono ammesse deroghe al principio enunciato al comma 1, purché tali deroghe siano indicate e debitamente motivate nella nota integrativa.[2]

[1] Parole soppresse dall'art. 7, D.lgs. 18 ago. 2015, n. 139. Le disposizioni del D.lgs. 139/2015 entrano in vigore dal 1° gen. 2016 e si applicano ai bilanci relativi agli esercizi finanziari aventi inizio a partire da quella data.

[2] Comma aggiunto dall'art. 7, D.lgs. 18 ago. 2015, n. 139. V. nota 1.

35. ***Scelta dei criteri di valutazione.*** — 1. I criteri di valutazione devono essere quelli utilizzati nel bilancio di esercizio dell'impresa che redige il bilancio consolidato.

2. Possono tuttavia essere utilizzati, dandone motivazione nella nota integrativa, altri criteri, purché ammessi dagli artt. 2423 e seguenti del c.c.

36. ***Partecipazioni non consolidate.*** — 1. Le partecipazioni costituenti immobilizzazioni in imprese collegate sono valutate con il criterio indicato nel primo comma, n. 4, dell'articolo 2426 del c.c.; tuttavia la differenza positiva tra il valore calcolato con tale criterio e il valore iscritto nel bilancio precedente, per la parte derivante da utili, è iscritta in apposita voce del conto economico.[1]

2. Quando l'entità della partecipazione è irrilevante ai fini indicati nel secondo comma dell'art. 29, può non essere applicato il criterio di valutazione richiamato dal comma precedente.

3.[2]

[1] Comma così modif. dall'art. 3, D.lgs. 2 feb. 2007, n. 3, e dall'art. 7, D.lgs. 18 ago. 2015, n. 139. Le disposizioni del D.lgs. 139/2015 entrano in vigore dal 1° gen. 2016 e si applicano ai bilanci relativi agli esercizi finanziari aventi inizio a partire da quella data.

[2] Comma abrog. dall'art. 3, D.lgs. 2 feb. 2007, n. 32.

37. ***Consolidamento proporzionale alla partecipazione.*** — 1. Possono essere incluse nel bilancio consolidato anche le imprese sulle quali un'impresa inclusa nel consolidamento abbia il controllo congiuntamente con altri soci ed in base ad accordi con essi, purché la partecipazione posseduta non sia inferiore alle percentuali indicate nell'art. 2359, terzo comma, del c.c.

2. In tal caso l'inclusione nel consolidamento avviene secondo il criterio della proporzione con la partecipazione posseduta.

38. ***Contenuto della nota integrativa.*** — 1. La nota integrativa deve indicare, oltre a quanto stabilito da altre disposizioni del presente decreto:

a) i criteri di valutazioni applicati;

b) i criteri e i tassi applicati nella conversione dei bilanci espressi in moneta non avente corso legale nello Stato;

b-bis) i movimenti delle immobilizzazioni, specificando per ciascuna voce: il costo; le precedenti rivalutazioni, ammortamenti e svalutazioni; le acquisizioni, gli spostamenti da una ad altra voce, le alienazioni avvenuti nell'esercizio; le rivalutazioni, gli ammortamenti e le svalutazioni effettuati nell'esercizio; il totale delle rivalutazioni riguardanti le immobilizzazioni esistenti alla chiusura dell'esercizio;

c) le ragioni delle più significative variazioni intervenute nella consistenza delle altre voci dell'attivo e del passivo;

d) la composizione delle voci «costi di impianto e ampliamento» e «costi di sviluppo»;

e) distintamente per ciascuna voce, l'ammontare dei crediti e dei debiti di durata residua superiore a cinque anni, e dei debiti assistiti da garanzie reali su beni di imprese incluse nel consolidamento, con specifica indicazione della natura delle garanzie;

f) la composizione delle voci «ratei e risconti» e della voce «altri accantonamenti» dello stato patrimoniale;

g) l'ammontare degli oneri finanziari imputati nell'esercizio ai valori iscritti nell'attivo dello stato patrimoniale, distintamente per ciascuna voce;

h) l'importo complessivo degli impegni, delle

garanzie e delle passività potenziali non risultanti dallo stato patrimoniale, con indicazione della natura delle garanzie reali prestate; gli impegni esistenti in materia di trattamento di quiescenza e simili;

i) la suddivisione dei ricavi delle vendite e delle prestazioni secondo categorie di attività e secondo aree geografiche;

l) la suddivisione degli interessi e degli altri oneri finanziari tra prestiti obbligazionari, debiti verso banche ed altri;

m) l'importo e la natura dei singoli elementi di ricavo o di costo di entità o incidenza eccezionali;

n) il numero medio, suddiviso per categorie, dei dipendenti delle imprese incluse nel consolidamento, con separata indicazione di quello relativo alle imprese incluse ai sensi dell'art. 37;

o) cumulativamente per ciascuna categoria, l'ammontare dei compensi, delle anticipazioni e dei crediti concessi agli amministratori e ai sindaci dell'impresa controllante per lo svolgimento di tali funzioni anche in altre imprese incluse nel consolidamento, precisando il tasso d'interesse, le principali condizioni e gli importi eventualmente rimborsati, cancellati o oggetto di rinuncia, nonché gli impegni assunti per loro conto per effetto di garanzie di qualsiasi tipo prestate, precisando il totale per ciascuna categoria;

o-bis)[1]

o-ter) per ciascuna categoria di strumenti finanziari derivati:

1) il loro fair value;

2) informazioni sulla loro entità e sulla loro natura, compresi i termini e le condizioni significative che possono influenzare l'importo, le scadenze e la certezza dei flussi finanziari futuri;

2-*bis*) gli assunti fondamentali su cui si basano i modelli e le tecniche di valutazione, qualora il fair value non sia stato determinato sulla base di evidenze di mercato;

2-*ter*) le variazioni di valore iscritte direttamente nel conto economico, nonché quelle imputate alle riserve di patrimonio netto;

2-*quater*) una tabella che indichi i movimenti delle riserve di fair value avvenuti nell'esercizio;

o-quater) per le immobilizzazioni finanziarie iscritte a un valore superiore al loro *fair value*, con esclusione delle partecipazioni in società controllate e collegate ai sensi dell'art. 2359 del codice civile e delle partecipazioni in *joint venture*:

1) il valore contabile e il *fair value* delle singole attività, o di appropriati raggruppamenti di tali attività;

2) i motivi per i quali il valore contabile non è stato ridotto, inclusa la natura degli elementi sostanziali sui quali si basa il convincimento che tale valore possa essere recuperato.[2]

o-quinquies) le operazioni realizzate con parti correlate, precisando l'importo, la natura del rapporto e ogni altra informazione necessaria per la comprensione del bilancio relativa a tali operazioni, qualora e non siano state concluse a normali condizioni di mercato. Le informazioni relative alle singole operazioni possono essere aggregate secondo la loro natura, salvo quando la loro separata evidenza sia necessaria per comprendere gli effetti delle operazioni medesime sulla situazione patrimoniale e finanziaria e sul risultato economico consolidati.[3]

o-sexies) la natura e l'obiettivo economico di accordi non risultanti dallo stato patrimoniale, con indicazione del loro effetto patrimoniale, finanziario ed economico, a condizione che i rischi e i benefici da essi derivanti siano significativi e l'indicazione degli stessi sia necessaria per valutare la situazione patrimoniale e finanziaria e il risultato economico consolidati.[3]

o- septies) separatamente, l'importo dei corrispettivi spettanti al revisore legale o alla società di revisione legale per la revisione dei conti consolidati, per gli altri servizi di verifica, per i servizi di consulenza fiscale e per gli altri servizi, diversi dalla revisione legale forniti al gruppo.[4]

o-octies) il nome e la sede legale dell'impresa che redige il bilancio consolidato dell'insieme più grande di imprese di cui l'impresa fa parte in quanto impresa controllata, nonché il luogo in cui è disponibile la copia del bilancio consolidato;

o-novies) il nome e la sede legale dell'impresa che redige il bilancio consolidato dell'insieme più piccolo di imprese di cui l'impresa fa parte in quanto impresa controllata nonché il luogo in cui è disponibile la copia del bilancio consolidato;

o-decies) la natura e l'effetto patrimoniale, finanziario ed economico dei fatti di rilievo avvenuti dopo la data di riferimento del bilancio consolidato.[5]

2. La nota integrativa deve inoltre contenere:

a) l'elenco delle imprese incluse nel consolidamento col metodo integrale ai sensi dell'art. 26;

b) l'elenco delle imprese incluse nel consolidamento col metodo proporzionale ai sensi dell'art. 37;

c) l'elenco delle partecipazioni valutate con il metodo del patrimonio netto ai sensi del comma 1 dell'art. 36;

d) l'elenco delle altre partecipazioni in imprese controllate e collegate.

2-*bis*. Ai fini dell'applicazione del comma 1, lettere *o-ter*), *o-quater*) e *o-quinquies*) e dell'art. 40, comma 2, lettera *d-bis*), per le definizioni di "strumento finanziario", "strumento finanziario derivato", "fair value" e "parte correlata" si fa riferimento ai principi contabili internazionali adottati dall'Unione europea.[6]

[1] Lettera aggiunta dall'art. 2 *bis*, D.L. 29 giu. 1994, n. 416, conv. in L. 8 ago. 1994, n. 503 e poi abrog. dall'art. 7, D.lgs. 18 ago. 2015, n. 139. Le disposizioni del D.lgs. 139/2015 entrano in vigore dal 1° gen. 2016 e si applicano ai bilanci relativi agli esercizi finanziari aventi inizio a partire da quella data.

[2] Lettera ins. dall'art. 4, D.lgs. 30 dic. 2003, n. 394.

[3] Lettera ins. dall'art. 2, D.lgs. 3 nov. 2008, n. 173.
[4] Lettera aggiunta dall'art. 38, D.lgs. 27 gen. 2010, n. 39.
[5] Comma così modif. dall'art. 7, D.lgs. 18 ago. 2015, n. 139. V. nota 1.
[6] Comma così modif. dall'art. 2, D.lgs. 3 nov. 2008, n. 173.

39. ***Elenchi delle imprese incluse nel bilancio consolidato e delle partecipazioni.*** — 1. Gli elenchi previsti nell'art. 38, comma 2, devono indicare per ciascuna impresa:

a) la denominazione, la sede e il capitale;

b) le quote possedute, direttamente o per il tramite di società fiduciarie o per interposta persona, dalla controllante e da ciascuna delle controllate;

c) se diversa, la percentuale dei voti complessivamente spettanti nell'assemblea ordinaria.

1-*bis*. L'elenco previsto dall'articolo 38, comma 2, lettera *d*), deve altresì indicare, per ciascuna impresa, l'importo del patrimonio netto e dell'utile o della perdita risultante dall'ultimo bilancio approvato. Tali informazioni possono essere omesse quando l'impresa controllata non è tenuta a pubblicare il suo stato patrimoniale in base alle disposizioni della legge nazionale applicabile.[1]

2. La ragione della inclusione di una impresa in uno degli elenchi deve essere specificata, se già non risulta dalle indicazioni richieste dalle lettere *b*) e *c*) del comma 1.

3. Qualora si sia verificata una variazione notevole nella composizione del complesso delle imprese incluse nel consolidamento, devono essere fornite le informazioni che rendano significativo il confronto fra lo stato patrimoniale e il conto economico dell'esercizio e quelli dell'esercizio precedente. Le suddette informazioni possono essere fornite anche mediante adattamento dello stato patrimoniale e del conto economico dell'esercizio precedente.

4. È consentito omettere l'indicazione delle imprese la cui inclusione negli elenchi possa arrecare grave pregiudizio ad imprese incluse nel consolidamento o ad imprese da queste controllate o con queste collegate.

[1] Comma ins. dall'art. 24, c. 3, L. 23 dic. 2021, n. 238.

40. ***Relazione sulla gestione.*** — 1. Il bilancio consolidato deve essere corredato da una relazione degli amministratori contenente un'analisi fedele, equilibrata ed esauriente della situazione dell'insieme delle imprese incluse nel consolidamento e dell'andamento e del risultato della gestione,[1] nel suo insieme e nei vari settori, con particolare riguardo ai costi, ai ricavi e agli investimenti, nonché una descrizione dei principali rischi e incertezze cui le imprese incluse nel consolidamento sono esposte.[2]

1-*bis*. L'analisi di cui al comma 1 è coerente con l'entità e la complessità degli affari dell'insieme delle imprese incluse nel bilancio consolidato e contiene, nella misura necessaria alla comprensione della situazione dell'insieme delle imprese incluse nel consolidamento e dell'andamento e del risultato della loro gestione, gli indicatori di risultato finanziari e, se del caso, quelli non finanziari pertinenti alle attività specifiche delle imprese, comprese le informazioni attinenti all'ambiente e al personale. L'analisi contiene, ove opportuno, riferimenti agli importi riportati nel bilancio consolidato e chiarimenti aggiuntivi su di essi.[3]

2. Dalla relazione devono in ogni caso risultare:

a) le attività di ricerca e di sviluppo;

b)[4]

c) l'evoluzione prevedibile della gestione;

d) il numero e il valore nominale delle azioni o quote dell'impresa controllante possedute da essa o da imprese controllate, anche per il tramite di società fiduciarie o per interposta persona, con l'indicazione della quota di capitale corrispondente.

d-bis) in relazione all'uso da parte delle imprese incluse nel bilancio consolidato di strumenti finanziari e se rilevanti per la valutazione della situazione patrimoniale e finanziaria e del risultato economico dell'esercizio complessivi:

1) gli obiettivi e le politiche delle imprese in materia di gestione del rischio finanziario, comprese le loro politiche di copertura per ciascuna principale categoria di operazioni previste;

2) l'esposizione delle imprese al rischio di prezzo, al rischio di credito, al rischio di liquidità e al rischio di variazione dei flussi finanziari.[5]

2-*bis*. La relazione di cui al comma 1 e la relazione di cui all'art. 2428 del codice civile possono essere presentate in un unico documento, dando maggiore rilievo, ove opportuno, alle questioni che sono rilevanti per il complesso delle imprese incluse nel consolidamento.[6]

[1] Parole ins. dall'art. 1, D.lgs. 2 feb, 2007, n. 32.
[2] Parole aggiunte dall'art. 1, D.lgs. 2 feb, 2007, n. 32.
[3] Comma aggiunto dall'art. 1, D.lgs. 2 feb, 2007, n. 32.
[4] Lettera abrog. dall'art. 7, D.lgs. 18 ago. 2015, n. 139. Le disposizioni del D.lgs. 139/2015 entrano in vigore dal 1° gen. 2016 e si applicano ai bilanci relativi agli esercizi finanziari aventi inizio a partire da quella data.
[5] Lettera aggiunta dall'art. 5, D.lgs. 30 dic. 2003, n. 394.
[6] Comma aggiunto dall'art. 1, D.lgs. 2 feb, 2007, n. 32.

41. ***Revisione legale del bilancio consolidato.***[1] — 1. Il bilancio consolidato è assoggettato a revisione legale.

2. La revisione legale del bilancio consolidato è demandata al soggetto incaricato della revisione legale del bilancio di esercizio della società che redige il bilancio consolidato.

3. Il bilancio consolidato e la relativa relazione sulla gestione sono comunicati per la revisione legale con il bilancio di esercizio.

4. Una copia del bilancio consolidato con la relazione sulla gestione e la relazione di revisione resta depositata durante i quindici giorni che precedono l'assemblea convocata per l'approvazione del bilancio di esercizio e finchè questo sia approvato. I soci possono prenderne visione.

[1] Articolo sostituito dall'art. 38 D.lgs. 27 gen. 2010, n. 39.

42. *Pubblicazione del bilancio consolidato.* — 1. Una copia del bilancio consolidato e delle relazioni indicate all'art. 41, commi 2 e 4, deve essere depositata, a cura degli amministratori, presso l'ufficio del registro delle imprese, con il bilancio d'esercizio.

2.[1]

3. Si applica il secondo comma dell'art. 2435 c.c.[2]

[1] Comma abrog. dall'art. 7, D.lgs. 18 ago. 2015, n. 139. Le disposizioni del D.lgs. 139/2015 entrano in vigore dal 1° gen. 2016 e si applicano ai bilanci relativi agli esercizi finanziari aventi inizio a partire da quella data.

[2] Comma così inserito dall'art. 4 del D.L. 30 dic. 1992, n. 526.

43. *Obblighi delle imprese controllate.* — 1. Le imprese controllate sono obbligate a trasmettere tempestivamente all'impresa controllante le informazioni da questa richieste ai fini della redazione del bilancio consolidato.

CAPO IV
Disposizioni transitorie e finali

44. *Enti creditizi e finanziari.* — 1. Le disposizioni del presente decreto non si applicano:

a) alle banche italiane di cui all'articolo 1 del decreto legislativo 1° settembre 1993, n. 385;

b) alle società finanziarie italiane di cui all'articolo 59, comma 1), lettera *b*), del decreto legislativo 1° settembre 1993, n. 385, che controllano banche o gruppi bancari iscritti nell'albo di cui all'articolo 64 del decreto legislativo 1° settembre 1993, n. 385;

c) alle società di partecipazione finanziaria mista italiane di cui all'articolo 59, comma 1), lettera *b-bis*), del decreto legislativo 1° settembre 1993, n. 385, che controllano una o più banche o società finanziarie ovunque costituite qualora il settore di maggiore dimensione all'interno del conglomerato finanziario sia quello bancario determinato ai sensi del decreto legislativo 30 maggio 2005, n. 142;

d) alle società di intermediazione mobiliare di cui all'articolo 1, comma 1, lettera *e*), del decreto legislativo 24 febbraio 1998, n. 58 (SIM);

e) alle società finanziarie italiane che controllano SIM o gruppi di SIM iscritti nell'albo di cui all'articolo 11, comma 1-*bis*, del decreto legislativo 24 febbraio 1998, n. 58;

f) alle società di gestione del risparmio di cui all'articolo 1, lettera *o*), del decreto legislativo 24 febbraio 1998, n. 58;

g) alle società finanziarie iscritte nell'albo di cui all'articolo 106 del decreto legislativo 1° settembre 1993, n. 385;

h) alle società finanziarie che controllano società finanziarie iscritte nell'albo di cui all'articolo 106 del decreto legislativo 1° settembre 1993, n. 385, o gruppi finanziari iscritti nell'albo di cui all'articolo 110 del decreto legislativo 1° settembre 1993, n. 385;

i) alle agenzie di prestito su pegno di cui all'articolo 112 del decreto legislativo 1° settembre 1993, n. 385;

l) agli istituti di moneta elettronica di cui al titolo V-*bis* del decreto legislativo 1° settembre 1993, n. 385;

m) agli istituti di pagamento di cui al titolo V-*ter* del decreto legislativo 1° settembre 1993, n. 385;

n) agli operatori del microcredito iscritti nell'albo di cui all'articolo 111 del decreto legislativo 1° settembre 1993, n. 385;

o) ai confidi iscritti nell'albo di cui all'articolo 112-*bis* del decreto legislativo 1° settembre 1993, n. 385.

2.[2]

[1] Comma così sost. dall'art. 7, D.lgs. 18 ago. 2015, n. 139. Le disposizioni del D.lgs. 139/2015 entrano in vigore dal 1° gen. 2016 e si applicano ai bilanci relativi agli esercizi finanziari aventi inizio a partire da quella data.

[2] Comma abrog. dall'art. 7, D.lgs. 18 ago. 2015, n. 139. V. nota 1.

45. *Bilancio d'esercizio.* — 1. Le disposizioni del presente decreto relative al bilancio d'esercizio si applicano al bilancio del secondo esercizio successivo a quello in corso alla data di pubblicazione del decreto nella *Gazzetta Ufficiale* della Repubblica italiana.

2. Se il costo originario di una immobilizzazione acquisita o prodotta prima della pubblicazione del presente decreto non può essere agevolmente determinato, ai fini dell'art. 10, n. 2, esso può essere sostituito dal più remoto valore di iscrizione conosciuto; di ciò deve farsi menzione nella nota integrativa.

46. *Bilancio consolidato.* — 1. Le disposizioni del presente decreto si applicano al bilancio consolidato del terzo esercizio successivo a quello in corso alla data di pubblicazione del decreto nella *Gazzetta Ufficiale* della Repubblica italiana.

2. Per i cinque esercizi successivi alla prima applicazione delle disposizioni del presente decreto relative al bilancio consolidato, i limiti quantitivi indicati nel comma 1 dell'art. 27 sono raddoppiati.

3. Per i primi tre esercizi successivi alla prima applicazione delle disposizioni del presente decreto relative al bilancio consolidato, le società non quotate in borsa che non intendano avvalersi della facoltà accordata dall'art. 2429, comma 4, del c.c. come sostituito dall'art. 12 del presente decreto, sono esonerate dall'osservare le disposizioni dettate dall'art. 41, commi 5 e 6.

4. Nello stesso periodo, il bilancio consolidato con la relazione sulla gestione dovrà essere comunicato per il controllo entro cinque mesi dalla data di riferimento del bilancio consolidato e entro sei mesi da tale data ne andrà eseguito il deposito presso l'ufficio del registro delle imprese nei modi preveduti dall'art. 42, comma 1 e 2.

- 2 -

L. 29 dic. 1993, n. 580

Riordinamento delle camere di commercio, industria, artigianato e agricoltura

(G.U. 11 gen. 1994, n. 7, Suppl.)

1-7. (*Omissis*).

8. ***Registro delle imprese.***[1] — 1. È istituito presso la camera di commercio l'ufficio del registro delle imprese di cui all'articolo 2188 del codice civile.

2. Al fine di garantire condizioni di uniformità informativa su tutto il territorio nazionale e fatte salve le disposizioni legislative e regolamentari in materia, nonché gli atti amministrativi generali da esse previsti, il Ministero dello sviluppo economico, d'intesa con il Ministero della giustizia, sentita l'Unioncamere, emana direttive sulla tenuta del registro, assicurandone la relativa vigilanza.[2]

3. L'ufficio provvede alla tenuta del registro delle imprese in conformità agli articoli 2188, e seguenti, del codice civile, nonché alle disposizioni della presente legge e al regolamento di cui al comma 6-*bis* del presente articolo, sotto la vigilanza di uno o più giudici delegati scelti tra i giudici assegnati alle sezioni specializzate in materia di impresa, e nominati dal presidente del Tribunale competente per territorio e presso cui è istituita la sezione specializzata in materia di impresa, su indicazione del presidente della medesima sezione.[3]

4. Gli uffici delle Camere di commercio della circoscrizione territoriale su cui ha competenza il tribunale delle imprese sono retti da un unico conservatore nominato dal Ministero dello sviluppo economico su proposta dell'Unioncamere, sentiti i presidenti delle camere di commercio operanti nell'ambito della stessa circoscrizione, tra i dirigenti delle camere di commercio in possesso dei requisiti definiti con il decreto di cui al comma 5 dell'articolo 20. Il conservatore può delegare parte dei propri compiti a dirigenti delle altre camere di commercio della circoscrizione territoriale. L'atto di nomina del conservatore è pubblicato sul sito istituzionale di tutte le camere di commercio interessate e del Ministero dello sviluppo economico. Il ruolo di conservatore costituisce o integra il contenuto dell'incarico dirigenziale conferito dalla camere di commercio di appartenenza.[3]

5. L'iscrizione nelle sezioni speciali ha funzione di certificazione anagrafica di pubblicità notizia, oltre agli effetti previsti dalle leggi speciali.

6. La predisposizione, la tenuta, la conservazione e la gestione, secondo tecniche informatiche, del registro delle imprese ed il funzionamento dell'ufficio sono realizzati in modo da assicurare completezza ed organicità, pubblicità per tutte le imprese soggette ad iscrizione attraverso un unico sistema informativo nazionale, garantendo la tempestività dell'informazione su tutto il territorio nazionale.[3]

6-*bis*. Con regolamento emanato, ai sensi dell'articolo 17, comma 1, della legge 23 agosto 1988, n. 400, su proposta del Ministro dello sviluppo economico di concerto con il Ministro della giustizia e con Ministro per la semplificazione e la pubblica amministrazione, sono disciplinate le norme di attuazione del presente articolo.[4]

6-*ter*. Fino all'emanazione del decreto di cui al comma 6-*bis* continua ad applicarsi il decreto del Presidente della Repubblica 7 dicembre 1995, n. 581, e successive modificazioni.[4]

[1] Articolo così sost. dall'art. 1, c. 10, D.lgs. 15 feb. 2010, n. 23.

[2] Comma così modif. dall'art. 1, c. 1, lett. *h*), D.lgs. 25 nov. 2016, n. 219.

[3] Comma così sost. dall'art. 1, c. 1, lett. *h*), D.lgs. 25 nov. 2016, n. 219.

[4] Comma aggiunto dall'art. 1, c. 1, lett. *h*), n. 5), D.lgs. 25 nov. 2016, n. 219.

9-24. (*Omissis*).

STATO CIVILE

- 1 -

D.P.R. 3 nov. 2000, n. 396

Regolamento per la revisione e la semplificazione dell'ordinamento dello stato civile a norma dell'art. 2 c. 12 L. 15 mag. 1997, n. 127

(G.U. 30 dic. 2000, n. 303)

TITOLO I
Degli uffici dello stato civile

1. ***Ufficio ed ufficiale dello stato civile.*** — 1. Ogni comune ha un ufficio dello stato civile.

2. Il sindaco, quale ufficiale di Governo, o chi lo sostituisce a norma di legge, è ufficiale dello stato civile.

3. Le funzioni di ufficiale dello stato civile possono essere delegate ai dipendenti a tempo indeterminato del comune, previo superamento di apposito corso, o al presidente della circoscrizione ovvero ad un consigliere comunale che esercita le funzioni nei quartieri o nelle frazioni, o al segretario comunale. Per il ricevimento del giuramento di cui all'art. 10 della L. 5 feb. 1992, n. 91, per la celebrazione del matrimonio e per la costituzione delle unioni civili di cui alla legge 20 maggio 2016, n. 76, le funzioni di ufficiale dello stato civile possono essere delegate anche a uno o più consiglieri o assessori comunali o a cittadini italiani che hanno i requisiti per la elezione a consigliere comunale.[1]

[1] Comma così modif. dall'art. 1, c. 1, lett. *a*), D.lgs. 19 gen. 2017, n. 5.

2. ***Delega di funzioni.*** — 1. Il conferimento della delega non priva il sindaco della titolarità delle funzioni di ufficiale dello stato civile.

2. La delega ai dipendenti a tempo indeterminato del comune ed al segretario comunale deve essere conferita con provvedimento del sindaco da comunicare al prefetto e resta valida sino a quando non viene revocata.

3. La delega di cui al comma 2 può riguardare l'esercizio totale o parziale delle funzioni e non richiede accettazione. Il delegato può rinunciarvi per gravi e comprovati motivi con atto ricevuto dal sindaco. La rinuncia ha effetto dopo tenta giorni se entro tale termine non viene respinta.

4. La delega conferita a soggetti diversi da quelli indicati al comma 2 deve essere espressamente accettata dagli interessati e può formare oggetto di rinuncia con atto indirizzato al sindaco che produce i suoi effetti dal giorno successivo a quello del suo ricevimento.

5. Il sindaco può revocare la delega. La revoca e la rinuncia sono comunicate al prefetto.

6. Avverso l'atto che respinge la rinuncia l'interessato può presentare, entro 10 giorni dal ricevimento della relativa comunicazione, ricorso al prefetto.

3. ***Uffici separati.*** — 1. I comuni possono disporre, anche per singole funzioni, l'istituzione di uno o più separati uffici dello stato civile.

2. Gli uffici separati dello stato civile vengono istituiti o soppressi con deliberazione della giunta comunale. Il relativo atto è trasmesso al prefetto.

4. ***Corsi di formazione.*** — 1. I corsi di cui all'art. 1, comma 3, sono organizzati e disciplinati con decreto del Ministro dell'interno, adottato sentita l'Associazione nazionale dei comuni italiani e l'Associazione nazionale di categoria degli ufficiali dello stato civile.

2. Fino alla conclusione dei corsi di cui al comma 1, il sindaco può delegare le funzioni di ufficiale dello stato civile a coloro che, alla data di entrata in vigore del presente regolamento, hanno svolto per almeno cinque anni le funzioni di ufficiale dello stato civile ovvero le hanno svolte per un periodo inferiore ed hanno frequentato uno dei corsi di aggiornamento professionale organizzati dal Ministero dell'interno.

3. Per gravi motivi, ciascun dipendente a tempo indeterminato del comune può essere delegato ad esercitare le funzioni di ufficiale dello stato civile.

TITOLO II
Delle funzioni degli ufficiali dello stato civile

5. ***Compiti degli ufficiali dello stato civile.*** — 1. L'ufficiale dello stato civile, nel dare attuazione ai principi generali sul servizio dello stato civile di cui agli artt. 449 a 453 del codice civile e nel rispetto della L. 31 dic. 1996, n. 675, espleta i seguenti compiti:

a) forma, archivia, conserva e aggiorna tutti gli atti concernenti lo stato civile e cura, nelle forme previste, la trasmissione dei dati al centro nazionale di raccolta di cui all'art. 10, comma 2, lett. *d*);

b) trasmette alle pubbliche amministrazioni che ne fanno richiesta in base alle norme vigenti gli estratti e i certificati che concernono lo stato civile, in esenzione da ogni spesa;

c) rilascia, nei casi previsti, gli estratti e i certificati che concernono lo stato civile, nonché le copie conformi dei documenti depositati presso l'ufficio dello stato civile;

d) verifica, per le pubbliche amministrazioni che ne fanno richiesta, la veridicità dei dati contenuti nelle autocertificazioni prodotte dai cittadini in tutti i casi consentiti dalla legge.

6. ***Incompatibilità.*** — 1. L'ufficiale dello stato civile non può ricevere gli atti nei quali egli, il coniuge, la persona a lui unita civilmente, i suoi parenti o affini in linea retta in qualunque grado, o in linea collaterale fino al secondo grado, intervengono come dichiaranti.[1]

[1] Comma così modif. dall'art. 1, c. 1, lett. *b*), D.lgs. 19 gen. 2017, n. 5.

7. ***Rifiuto di atti.*** — 1. Nel caso in cui l'ufficiale dello stato civile rifiuti l'adempimento di un atto, da chiunque richiesto, deve indicare per iscritto al richiedente i motivi del rifiuto.

8. ***Altri casi di esercizio delle funzioni.*** — 1. Adempiono le funzioni di ufficiale dello stato civile, nei casi previsti dalla legge, le autorità diplomatiche o consolari, i comandanti di navi, i commissari di bordo, i comandanti di aeromobili, i direttori sanitari e coloro che ne fanno le veci secondo le disposizioni vigenti, nonché le autorità militari responsabili del comando nelle zone di operazioni eseguite come forze di pace o di guerra.

9. ***Indirizzo e vigilanza.*** — 1. L'ufficiale dello stato civile è tenuto ad uniformarsi alle istruzioni che vengono impartite dal Ministero dell'interno.

2. La vigilanza sugli uffici dello stato civile spetta al prefetto.

TITOLO III
Delle norme generali relative alla formazione e alla archiviazione degli atti e agli archivi dello stato civile

10. ***Archivio informatico.*** — 1. In ciascun ufficio dello stato civile sono registrati e conservati in un unico archivio informatico tutti gli atti formati nel comune o comunque relativi a soggetti ivi residenti, riguardanti la cittadinanza, la nascita, i matrimoni, le unioni civili e la morte.[1]

2. Le modalità tecniche per la iscrizione, la trascrizione, la annotazione, la trasmissione e la tenuta degli atti dello stato civile conservati negli archivi di cui al comma 1 sono stabilite con decreto del Presidente del Consiglio del Ministri da emanarsi entro dodici mesi dalla pubblicazione del presente regolamento su proposta del Ministro dell'interno, di concerto con il Ministro degli affari esteri, sentiti l'Autorità per l'informatica nella pubblica amministrazione, il Garante per la protezione dei dati personali e l'Associazione nazionale dei comuni italiani, sulla base dei seguenti principi e criteri direttivi:

a) formazione degli atti su base informatica e conservazione dei dati sia nel luogo in cui sono formati gli atti che nel comune di attuale residenza della persona cui si riferiscono;

b) garanzia della sicurezza e della inalterabilità dei dati, una volta formati e sottoscritti i relativi atti, e possibilità della loro rettificazione ed annotazione;

c) trasmissione telematica dei dati, eventualmente utilizzando la rete unitaria della pubblica amministrazione, nel rispetto della legge 31 dic. 1996, n. 675, e in modo da assicurare la verifica dell'effettivo trasferimento dei dati medesimi;

d) istituzione, senza oneri aggiuntivi per il bilancio dello Stato, di un centro nazionale di raccolta dei supporti informatici contenente tutti i dati registrati negli archivi informatici comunali per assicurarne la conservazione in caso di eventi dannosi o calamitosi; tale centro è tenuto a svolgere i compiti di cui alle lettere *b*), *c*) e *d*) dell'art. 5, comma 1, in caso di prolungata impossibilità di accesso ai dati conservati negli archivi comunali; i dati sono conservati separatamente per ciascun comune, secondo modalità che ne rendano possibile la consultazione, per le sole finalità indicate nella presente lettera, da parte dei rispettivi ufficiali dello stato civile;

e) previsione della possibilità di redigere provvisoriamente gli atti su base cartacea sotto forma di processo verbale, in caso di inutilizzabilità temporanea dei sistemi informatici, con obbligo di inserirli appena possibile negli archivi di cui al comma 1;

f) adozione, per gli atti formati all'estero dalle autorità diplomatiche o consolari, di strumenti idonei ad assicurare quanto previsto nelle lettere *a*), *b*), *c*), *e*);

g) indicazione delle modalità e fissazione del termine a partire dal quale potranno essere attivati e di quello entro il quale dovranno essere resi pienamente operanti gli archivi di cui al comma 1 prevedendo eventualmente una fase preliminare di sperimentazione;

h) definizione delle modalità e dei tempi per la graduale archiviazione mediante supporti informatici dei registri dello stato civile utilizzati prima della entrata in funzione degli archivi di cui al comma 1 e previsione delle modalità per la successiva immissione nei suddetti archivi dei dati già contenuti nei registri.

[1] Comma così modif. dall'art. 1, c. 1, lett. *c*), D.lgs. 19 gen. 2017, n. 5.

11. ***Contenuto degli atti.*** — 1. Gli atti dello stato civile, oltre a quanto è prescritto da altre particolari disposizioni, devono enunciare; il comune, il luogo, l'anno, il mese, il giorno e l'ora in cui sono formati; il nome, il cognome, il luogo e la data di nascita, la residenza e la cittadinanza delle persone che vi sono indicate in qualità di dichiaranti; le persone cui gli atti medesimi si riferiscono; i testimoni, ove richiesti; i documenti presentati dalle parti.

2. I documenti di cui occorre fare menzione nel redigere gli atti dello stato civile devono essere enunciati con precisione, indicando di ciascuno la specie, la data, l'autorità che lo ha emanato o il pubblico ufficiale che lo ha formato e quelle altre particolarità che secondo i casi valgono a designarlo esattamente.

3. L'ufficiale dello stato civile non può enunciare, negli atti di cui è richiesto, dichiarazioni e indica-

zioni diverse da quelle che sono stabilite o permesse per ciascun atto.

12. ***Modalità di redazione degli atti.*** — 1. Gli atti dello stato civile sono redatti secondo le formule e le modalità stabilite con decreto del Ministro dell'interno, da emanarsi entro dodici mesi dalla pubblicazione del presente regolamento, le cui disposizioni entrano in vigore contestualmente a quelle contenute nel decreto del Presidente del Consiglio dei Ministri di cui all'art. 10, comma 2.

2. Gli atti di nascita, matrimonio, unione civile e morte sono formati nel comune in cui tali fatti accadono. Nel casi in cui il presente ordinamento preveda la possibilità della formazione degli atti in comuni diversi da quello dove il fatto è avvenuto, l'indicazione del luogo dell'evento dovrà essere comunque specificata.[1]

3. L'atto, se compiuto alla presenza dei dichiaranti e dei testimoni, ove richiesti, è immediatamente sottoscritto dai medesimi e dall'ufficiale dello stato civile che ne dà previamente lettura.

4. Se i dichiaranti o i testimoni non possono sottoscrivere l'atto, si fa menzione della causa dell'impedimento.

5. Se, iniziata la redazione di un atto, sopravviene una causa che ne impedisce il compimento, l'ufficiale dello stato civile deve, nell'atto medesimo, farne menzione.

6. Gli atti dello stato civile sono chiusi con la firma dell'ufficiale dello stato civile competente. Successivamente alla chiusura gli atti non possono subire variazioni.

7. Le parti interessate possono farsi rappresentare da persona munita di procura speciale risultante da scrittura privata, quando non è espressamente previsto che esso debba risultare da atto pubblico.

8. Gli atti formati in comuni diversi da quello di residenza devono essere comunicati dall'ufficiale dello stato civile che li forma all'ufficiale dello stato civile del comune di residenza delle persone cui gli atti si riferiscono, per la trascrizione.

9. In caso di cambiamento di residenza, gli atti conservati nel comune di provenienza devono essere comunicati dall'ufficiale dello stato civile del comune di provenienza a quello del comune dove la persona stabilisce la propria residenza, per la trascrizione.

10. La trascrizione degli atti e dei provvedimenti negli archivi di cui all'art. 10, quando è richiesta, si compie mediante verbalizzazione dell'atto o del provvedimento. Nel verbale l'atto è riprodotto per intero quando ciò è espressamente previsto; altrimenti è brevemente riassunto a cura dell'ufficiale dello stato civile.

11. La trascrizione può essere domandata da chiunque vi ha interesse, con istanza verbale o con atto redatto per iscritto e trasmesso anche a mezzo posta, o dalla pubblica autorità.

12. Quando l'atto è scritto in lingua straniera, se ne trascrive la traduzione eseguita nel modo stabilito dall'art. 22.

[1] Comma così modif. dall'art. 1, c. 1, lett. *d*), D.lgs. 19 gen. 2017, n. 5.

13. ***Casi speciali.*** — 1. La dichiarazione resa da persona che non conosce la lingua italiana è ricevuta con l'ausilio di un interprete che deve previamente prestare il giuramento di bene e fedelmente adempiere all'incarico ricevuto. Se la persona è sorda, muta o non vedente o altrimenti impedita a comunicare oralmente e per iscritto, la dichiarazione è ricevuta o con l'ausilio di un interprete, scegliendo di preferenza fra le persone abituate a trattare con l'interessato, o comunque con forme e mezzi idonei a garantire la conformità della dichiarazione stessa alla volontà del dichiarante. L'ufficiale dello stato civile fa menzione nell'atto dei modi usati per ricevere la dichiarazione.

2. Sono fatte salve le disposizioni di legge in materia di bilinguismo e di tutela delle minoranze linguistiche.

14. ***Trasmissione di atti.*** — 1. I provvedimenti dell'autorità giudiziaria italiana che devono essere trascritti o annotati negli archivi di cui all'art. 10 sono trasmessi senza indugio dal cancelliere del giudice che li ha pronunciati all'ufficiale dello stato civile competente.

TITOLO IV
Degli atti dello stato civile formati all'estero

15. ***Dichiarazioni rese all'estero.*** — 1. Le dichiarazioni di nascita e di morte relative a cittadini italiani nati o deceduti all'estero sono rese all'autorità consolare.

2. Le dichiarazioni di cui al comma 1 devono farsi secondo le norme stabilite dalla legge del luogo alle autorità locali competenti, se ciò è imposto dalla legge stessa. In questi casi copia dell'atto è inviata senza indugio, a cura del dichiarante, all'autorità diplomatica o consolare.

16. ***Matrimoni celebrati e unioni civili costituite all'estero.***[1] — 1. Il matrimonio e l'unione civile all'estero, quando gli sposi o le parti dell'unione civile sono entrambi cittadini italiani o uno di essi è cittadino italiano e l'altro è cittadino straniero, possono essere celebrati o costituiti innanzi all'autorità diplomatica o consolare competente, oppure innanzi all'autorità locale secondo le leggi del luogo. In quest'ultimo caso una copia dell'atto è rimessa a cura degli interessati all'autorità diplomatica o consolare.

[1] Articolo così modif. dall'art. 1, c. 1, lett. *e*), D.lgs. 19 gen. 2017, n. 5.

17. ***Trasmissione di atti.***[1] — 1. L'autorità diplomatica o consolare trasmette ai fini della trascrizione copia degli atti e dei provvedimenti relativi al cittadino italiano formati all'estero all'ufficiale dello stato civile del comune in cui l'interessato ha o dichiara che intende stabilire la propria residenza, o a quella del comune di iscrizione all'Anagrafe degli italiani residenti all'estero o, in mancanza, a quello del comune di iscrizione o trascrizione dell'atto di nascita, ovvero, se egli è nato e residente all'estero, a quello del comune di nascita o di residenza della madre o del padre di lui, ovvero dell'avo materno o paterno. Gli atti di matrimonio o dell'unione civile, se gli sposi o le parti dell'unione civile risiedono in comuni diversi, saranno inviati ad entrambi i comuni, dando ad essi comunicazione del doppio invio. Nel caso in cui non è possibile provvedere con i criteri sopra indicati, l'interessato, su espresso invito dell'autorità diplomatica o consolare, dovrà indicare un comune a sua scelta.

[1] Articolo così modif. dall'art. 1, c. 1, lett. *f*), D.lgs. 19 gen. 2017, n. 5.

18. ***Casi di intrascrivibilità.*** — 1. Gli atti formati all'estero non possono essere trascritti se sono contrari all'ordine pubblico.

19. ***Trascrizioni.*** — 1. Su richiesta dei cittadini stranieri residenti in Italia possono essere trascritti, nel comune dove essi risiedono gli atti dello stato civile che li riguardano formati all'estero. Tali atti devono essere presentati unitamente alla traduzione in lingua italiana e alla legalizzazione, ove prescritta, da parte della competente autorità straniera.

2. Possono altresì essere trascritti gli atti dei matrimoni celebrati e delle unioni civili costituite fra cittadini stranieri dinanzi all'autorità diplomatica o consolare straniera in Italia, se ciò è consentito dalle convenzioni vigenti in materia con il Paese cui detta autorità appartiene.[1]

3. L'ufficiale dello stato civile può rilasciare copia integrale dell'atto trascritto a richiesta degli interessati.

[1] Comma così modif. dall'art. 1, c. 1, lett. *g*), D.lgs. 19 gen. 2017, n. 5.

20. ***Certificazione sostitutiva.*** — 1. L'autorità diplomatica o consolare che non è in grado di ottenere dalle autorità locali copie degli atti di stato civile formati all'estero, che devono essere trascritti in Italia, può rilasciare, ai sensi dell'art. 49 del decreto del Presidente della Repubblica 5 gen. 1967, n. 200, dopo avere effettuato gli accertamenti del caso, una certificazione sostitutiva della documentazione non potuta acquisire che verrà trascritta presso i comuni italiani.

TITOLO V
Dei documenti che si presentano all'ufficiale dello stato civile

21. 1. Le procure e gli altri documenti che si presentano all'ufficiale dello stato civile, per comprovare stati, fatti o qualità da riportare nei relativi atti, sono da lui registrati negli archivi di cui all'art. 10 indicando di seguito agli stessi atti la provenienza e l'amministrazione pubblica o il pubblico ufficiale che li conserva o, qualora ciò non sia possibile, registrandone tutti gli elementi essenziali.

2. Quando i documenti occorrenti per la formazione dell'atto sono reperibili presso gli uffici di una pubblica amministrazione, l'ufficiale dello stato civile è tenuto ad acquisirli direttamente. Altrimenti essi sono sostituiti, salvo diversa disposizione di legge o del presente regolamento, da autocertificazioni.

3. I documenti e gli atti dello stato civile formati all'estero da autorità straniere devono essere legalizzati dall'autorità diplomatica o consolare competente, se non è disposto diversamente.

22. ***Traduzione del contenuto di documenti.*** — 1. Fermo restando quanto stabilito da convenzioni internazionali, i documenti scritti in lingua straniera devono essere accompagnati da una traduzione in lingua italiana che deve essere certificata conforme al testo straniero dall'autorità diplomatica o consolare ovvero da un traduttore ufficiale o da un interprete che attesti con giuramento davanti all'ufficiale dello stato civile la conformità al testo straniero.

TITOLO VI
Delle registrazioni relative alla cittadinanza

23. ***Iscrizioni.*** — 1. Negli archivi di cui all'art. 10 sono iscritte dall'ufficiale dello stato civile le dichiarazioni relative alla cittadinanza previste dalla legge.

2. Nelle dichiarazioni previste dal comma 2 il dichiarante deve indicare gli elementi di fatto e, ove previsto dalle disposizioni vigenti, deve produrre gli atti in base ai quali ritiene di poterle rendere.

24. ***Atti trascrivibili.*** — 1. Negli archivi di cui all'art. 10 si trascrivono:

a) i decreti di concessione della cittadinanza italiana e quelli che ne dispongono la perdita;

b) le comunicazioni del sindaco, del Ministero dell'interno e dell'autorità diplomatica o consolare sull'esito degli accertamenti e le attestazioni del sindaco e dell'autorità diplomatica o consolare relative all'acquisto, alla perdita o al riacquisto della cittadinanza italiana;

c) i decreti di inibizione al riacquisto della cittadinanza;

d) i provvedimenti di riconoscimento delle opzioni per la cittadinanza italiana di cui all'art. 19 della L. 5 feb.

e) le sentenze che accertano l'acquisto, la perdita o il riacquisto della cittadinanza italiana.

25. ***Giuramento.*** — 1. L'ufficiale dello stato civile non può trascrivere il decreto di concessione della cittadinanza se prima non è stato prestato il giuramento prescritto dall'art. 10 della L. 5 feb. 1992, n. 91.

2. Della prestazione del giuramento e del relativo

processo verbale è fatta menzione nell'atto di trascrizione del decreto di concessione.

26. ***Attività dell'ufficiale dello stato civile.*** — 1. Le dichiarazioni e la prestazione del giuramento, di cui agli artt. 23 e 25, sono raccolte dall'ufficiale dello stato civile del comune dove l'interessato ha o intende stabilire la propria residenza ovvero, in caso di residenza all'estero, dall'autorità diplomatica o consolare della circoscrizione di residenza. Quest'ultima autorità trasmette, per la trascrizione, il decreto di concessione della cittadinanza all'ufficiale dello stato civile del comune di residenza o di ultima residenza dell'interessato o, in mancanza, del comune dove è iscritto o trascritto l'atto di matrimonio o dell'unione civile ovvero del comune scelto dall'interessato medesimo, dando notizia dell'avvenuto giuramento.[1]

2. L'ufficiale dello stato civile che riceve copia della dichiarazione e della comunicazione dell'esito dell'accertamento provvede alla loro annotazione sull'atto di nascita dell'interessato ed ai conseguenti adempimenti anagrafici.

[1] Comma così modif. dall'art. 1, c. 1, lett. *h*), D.lgs. 19 gen. 2017, n. 5.

27. ***Acquisto della cittadinanza.*** — 1. L'acquisto della cittadinanza italiana ha effetto dal giorno successivo a quello in cui è stato prestato il giuramento, ai sensi di quanto disposto dagli artt. 10 e 15 della L. 5 feb. 1992, n. 91, anche quando la trascrizione del decreto di concessione avviene in data posteriore.

TITOLO VII
Delle registrazioni relative agli atti di nascita e agli atti di riconoscimento dei figli nati fuori del matrimonio[1]

[1] Titolo così modif. dall'art. 1, c. 1, lett. *a*), D.P.R. 30 gen. 2015, n. 26.

28. ***Iscrizioni e trascrizioni.*** — 1. Negli archivi di cui all'art. 10 si iscrivono:

a) le dichiarazioni di nascita rese direttamente all'ufficiale dello stato civile;

b) gli atti di riconoscimento del figlio nato fuori del matrimonio ricevuti dall'ufficiale dello stato civile a norma dell'art. 254, primo comma, del codice civile;[1]

c) gli atti di assenso prestati ai sensi dell'art. 250, secondo comma, del codice civile, se successivi al riconoscimento, ricevuti dall'ufficiale dello stato civile;

d) gli atti di consenso prestati ai sensi dell'art. 250, terzo comma, del codice civile, se anteriori al riconoscimento dell'altro genitore, ricevuti dall'ufficiale dello stato civile;

e) i processi verbali di cui all'art. 58.

2. Nei medesimi archivi si trascrivono:

a) le dichiarazioni di nascita rese al direttore sanitario dell'ospedale o della casa di cura in cui è avvenuta la nascita;

b) gli atti di nascita ricevuti all'estero;

c) gli atti e i processi verbali relativi a nascite avvenute durante un viaggio marittimo, aereo o ferroviario;

d) gli atti di nascita ricevuti dagli ufficiali designati per le operazioni eseguite dalle forze di pace o di guerra;

e) le sentenze straniere e i provvedimenti stranieri di volontaria giurisdizione in materia di nascita;

f) i decreti di cambiamento o aggiunta di nome e cognome e i provvedimenti che revocano o annullano i decreti medesimi;

g) i provvedimenti in materia di adozione.

3. Negli archivi suddetti si iscrivono anche gli atti che si sarebbero dovuti iscrivere o trascrivere e che vengono formati per ordine del tribunale perché in precedenza omessi.

[1] Lettera così modif. dall'art. 1, c. 1, lett. *b*), D.P.R. 30 gen. 2015, n. 26.

29. ***Atto di nascita.*** — 1. La dichiarazione di nascita è resa nei termini e con le modalità di cui all'art. 30.

2. Nell'atto di nascita sono indicati il luogo, l'anno, il mese, il giorno e l'ora della nascita, le generalità, la cittadinanza, la residenza dei genitori del figlio nato nel matrimonio nonché di quelli che rendono la dichiarazione di riconoscimento del figlio nato fuori del matrimonio e di quelli che hanno espresso con atto pubblico il proprio consenso ad essere nominati, il sesso del bambino e il nome che gli viene dato ai sensi dell'art. 35.[1]

3. Se il parto è plurimo, se ne fa menzione in ciascuno degli atti indicando l'ordine in cui le nascite sono seguite.

4. Se il dichiarante non dà un nome al bambino, vi supplisce l'ufficiale dello stato civile.

5. Quando si tratta di bambini di cui non sono conosciuti i genitori, l'ufficiale dello stato civile impone ad essi il nome ed il cognome.

6. L'ufficiale dello stato civile accerta la verità della nascita attraverso l'attestazione o la dichiarazione sostitutiva di cui all'art. 30, commi 2 e 3.

7. Nell'atto di nascita si fa menzione del modo di accertamento della nascita.

[1] Comma così modif. dall'art. 1, c. 1, lett. *c*), D.P.R. 30 gen. 2015, n. 26.

30. ***Dichiarazione di nascita.*** — 1. La dichiarazione di nascita è resa da uno dei genitori, da un procuratore speciale, dal medico o dalla ostetrica o da altra persona che ha assistito al parto, rispettando l'eventuale volontà della madre di non essere nominata.

2. Ai fini della formazione dell'atto di nascita, la dichiarazione resa all'ufficiale dello stato civile è corredata da una attestazione di avvenuta nascita contenente le generalità della puerpera nonché le indicazioni del comune, ospedale, casa di cura o

altro luogo ove è avvenuta la nascita, del giorno e dell'ora della nascita e del sesso del bambino.

3. Se la puerpera non è stata assistita da personale sanitario, il dichiarante che non è neppure in grado di esibire l'attestazione di constatazione di avvenuto parto, produce una dichiarazione sostitutiva resa ai sensi dell'art. 2 della L. 4 ago. 1968, n. 15.

4. La dichiarazione può essere resa, entro dieci giorni dalla nascita, presso il comune nel cui territorio è avvenuto il parto o in alternativa, entro tre giorni, presso la direzione sanitaria dell'ospedale o della casa di cura in cui è avvenuta la nascita. In tale ultimo caso la dichiarazione può contenere anche il riconoscimento contestuale di figlio nato fuori del matrimonio e, unitamente all'attestazione di nascita, è trasmessa, ai fini della trascrizione, dal direttore sanitario all'ufficiale dello stato civile del comune nel cui territorio è situato il centro di nascita o, su richiesta dei genitori, al comune di residenza individuato ai sensi del comma 7, nei dieci giorni successivi, anche attraverso la utilizzazione dei sistemi di comunicazione telematici tali da garantire l'autenticità della documentazione inviata secondo la normativa in vigore.[1]

5. La dichiarazione non può essere ricevuta dal direttore sanitario se il bambino è nato morto ovvero se è morto prima che sia stata resa la dichiarazione stessa. In tal caso la dichiarazione deve essere resa esclusivamente all'ufficiale dello stato civile del comune dove è avvenuta la nascita.

6. Ai fini dell'applicazione delle disposizioni del presente articolo, gli uffici dello stato civile, nei loro rapporti con le direzioni sanitarie dei centri di nascita presenti sul proprio territorio, si attengono alle modalità di coordinamento e di collegamento previste dal decreto del Presidente del Consiglio dei Ministri di cui all'art. 10, comma 2.

7. I genitori, o uno di essi, se non intendono avvalersi di quanto previsto dal comma 4, hanno facoltà di dichiarare, entro dieci giorni dal parto, la nascita nel proprio comune di residenza. Nel caso in cui i genitori non risiedano nello stesso comune, salvo diverso accordo tra di loro, la dichiarazione di nascita è resa nel comune di residenza della madre. In tali casi, ove il dichiarante non esibisca l'attestazione della avvenuta nascita, il comune nel quale la dichiarazione è resa deve procurarsela presso il centro di nascita dove il parto è avvenuto, salvo quanto previsto al comma 3.

8. L'ufficiale dello stato civile che registra la nascita nel comune di residenza dei genitori o della madre deve comunicare al comune di nascita il nominativo del nato e gli estremi dell'atto ricevuto.

[1] Comma così modif. dall'art. 1, c. 1, lett. *d*), D.P.R. 30 gen. 2015, n. 26.

31. *Dichiarazione tardiva.* — 1. Se la dichiarazione è fatta dopo più di dieci giorni dalla nascita, il dichiarante deve indicare le ragioni del ritardo. In tal caso l'ufficiale dello stato civile procede alla formazione tardiva dell'atto di nascita e ne dà segnalazione al procuratore della Repubblica.

2. Nel caso in cui il dichiarante non produca la documentazione di cui all'art. 30, commi 2 e 3, o non indichi le ragioni del ritardo, la dichiarazione di nascita può essere ricevuta solo in forza di decreto dato con il procedimento della rettificazione. A tale fine l'ufficiale dello stato civile informa senza indugio il procuratore della Repubblica per il promovimento del relativo giudizio.

32. *Omessa dichiarazione.* — 1. L'ufficiale dello stato civile, quando viene a conoscenza che la dichiarazione di nascita non è stata fatta neppure tardivamente, ne riferisce al procuratore della Repubblica ai fini del promovimento del giudizio di rettificazione. Dopo che ne ha riferito al procuratore della Repubblica, non può più ricevere la dichiarazione tardiva di nascita, ma forma l'atto di nascita soltanto in base al relativo decreto.

33. *Disposizioni sul cognome.*[1] — 1.[2]

2. Il figlio maggiorenne che subisce il cambiamento o la modifica del proprio cognome a seguito della variazione di quello del genitore da cui il cognome deriva, nonché il figlio nato fuori del matrimonio, riconosciuto, dopo il raggiungimento della maggiore età, da uno dei genitori o contemporaneamente da entrambi, hanno facoltà di scegliere, entro un anno dal giorno in cui ne vengono a conoscenza, di mantenere il cognome portato precedentemente, se diverso, ovvero di aggiungere o di anteporre ad esso, a loro scelta, quello del genitore.[3]

3. Le dichiarazioni di cui al comma 2 sono rese all'ufficiale dello stato civile del comune di nascita dal figlio personalmente o con comunicazione scritta. Esse vengono annotate nell'atto di nascita del figlio medesimo.[3]

[1] V. nota 1 art. 34.

[2] Comma abrog. dall'art. 1, c. 1, lett. *e*), D.P.R. 30 gen. 2015, n. 26.

[3] Comma così sost. dall'art. 1, c. 1, lett. *e*), D.P.R. 30 gen. 2015, n. 26.

34. *Limiti all'attribuzione del nome.*[1] — 1. È vietato imporre al bambino lo stesso nome del padre vivente, di un fratello o di una sorella viventi, un cognome come nome, nomi ridicoli o vergognosi.

2. I nomi stranieri che sono imposti ai bambini aventi la cittadinanza italiana devono essere espressi in lettere dell'alfabeto italiano, con la estensione alle lettere: J, K, X, Y, W e, dove possibile, anche con i segni diacritici propri dell'alfabeto della lingua di origine del nome.

3. Ai figli di cui non sono conosciuti i genitori non possono essere imposti nomi o cognomi che facciano intendere l'origine naturale, o cognomi di importanza storica o appartenenti a famiglie particolarmente conosciute nel luogo in cui l'atto di nascita è formato.

4. Se il dichiarante intende dare al bambino un

nome in violazione del divieto stabilito nel comma 1 o in violazione delle indicazioni del comma 2, l'ufficiale dello stato civile lo avverte del divieto e, se il dichiarante persiste nella sua determinazione, riceve la dichiarazione, forma l'atto di nascita e, informandone il dichiarante, ne dà immediatamente notizia al procuratore della Repubblica ai fini del promuovimento del giudizio di rettificazione.

[1] La Corte cost., con sent. 21 dic. 2016, n. 286, l'ill. cost. della norma desumibile dagli artt. 237, 262 e 299 del c.c.; 72, c. 1, del R.D. 9 lug. 1939, n. 1238; e 33 e 34 del D.P.R. 3 nov. 2000, n. 396, nella parte in cui non consente ai coniugi, di comune accordo, di trasmettere ai figli, al momento della nascita, anche il cognome materno; 2) in via consequenziale, ai sensi dell'art. 27 della L. 11 mar. 1953, n. 87, l'ill. cost. dell'art. 262, c. 1, c.c., nella parte in cui non consente ai genitori, di comune accordo, di trasmettere al figlio, al momento della nascita, anche il cognome materno; 3) in via consequenziale, ai sensi dell'art. 27 della L. n. 87 del 1953, l'ill. cost. dell'art. 299, c. 3, c.c., nella parte in cui non consente ai coniugi, in caso di adozione compiuta da entrambi, di attribuire, di comune accordo, anche il cognome materno al momento dell'adozione.

La Corte cost. con sent. 31 maggio 2022, n. 131, ha dichiarato: 1) l'ill. cost. dell'art. 262, c. 1, del c.c., nella parte in cui prevede, con riguardo all'ipotesi del riconoscimento effettuato contemporaneamente da entrambi i genitori, che il figlio assume il cognome del padre, anziché prevedere che il figlio assume i cognomi dei genitori, nell'ordine dai medesimi concordato, fatto salvo l'accordo, al momento del riconoscimento, per attribuire il cognome di uno di loro soltanto; 2) in via consequenziale, ai sensi dell'art. 27, L. 11 mar. 1953, n. 87, l'ill. cost. della norma desumibile dagli artt. 262, c. 1, e 299, c.3, c.c., 27, c. 1, della L. 4 mag. 1983, n. 184 e 34 del D.P.R. 3 nov. 2000, n. 396, nella parte in cui prevede che il figlio nato nel matrimonio assume il cognome del padre, anziché prevedere che il figlio assume i cognomi dei genitori, nell'ordine dai medesimi concordato, fatto salvo l'accordo, alla nascita, per attribuire il cognome di uno di loro soltanto.

35. ***Nome.***[1] — 1. Il nome imposto al bambino deve corrispondere al sesso e può essere costituito da un solo nome o da più nomi, anche separati, non superiori a tre.

2. Nel caso siano imposti due o più nomi separati da virgola, negli estratti e nei certificati rilasciati dall'ufficiale dello stato civile e dall'ufficiale di anagrafe deve essere riportato solo il primo dei nomi.

[1] Articolo così sost. dall'art. 5, c. 2, L. 10 dic. 2012, n. 219.

36. ***Indicazioni sul nome.*** — 1. Chi ha avuto attribuito alla nascita, prima della data di entrata in vigore del presente regolamento, un nome composto da più elementi, anche se separati tra loro, può dichiarare per iscritto all'ufficiale dello stato civile del luogo di nascita l'esatta indicazione con cui, in conformità alla volontà del dichiarante o, all'uso fattone, devono essere riportati gli elementi del proprio nome negli estratti per riassunto e nei certificati rilasciati dagli uffici dello stato civile e di anagrafe.

2. La sottoscrizione della dichiarazione non è soggetta ad autenticazione ove presentata unitamente a copia fotostatica, non autenticata, di un documento di identità del sottoscrittore. L'istanza e la copia fotostatica del documento di identità possono essere inviate per via telematica o a mezzo posta o via fax.

3. La dichiarazione medesima è annotata senza altre formalità nell'atto di nascita ed è comunicata ai sensi dell'art. 6 della L. 24 dic. 1954, n. 1228.

37. ***Casi particolari.*** — 1. Quando al momento della dichiarazione di nascita il bambino non è vivo, il dichiarante deve far conoscere se il bambino è nato morto o è morto posteriormente alla nascita. Tali circostanze devono essere comprovate dal dichiarante con certificato medico.

2. L'ufficiale dello stato civile forma il solo atto di nascita se il bambino è nato morto e fa ciò risultare nell'atto stesso; egli forma anche quello di morte, se il bambino è morto posteriormente alla nascita.

38. ***Ritrovamento di minori abbandonati.*** — 1. Chiunque trova un bambino abbandonato deve affidarlo ad un istituto o ad una casa di cura. Il direttore della struttura che accoglie il bambino ne dà immediata comunicazione all'ufficiale dello stato civile del comune dove è avvenuto il ritrovamento. L'ufficiale dello stato civile iscrive negli archivi di cui all'art. 10 apposito processo verbale nel quale indica l'età apparente ed il sesso del bambino, così come risultanti nella comunicazione a lui pervenuta, ed impone un cognome ed un nome, informandone immediatamente il giudice tutelare e il tribunale per i minorenni per l'espletamento delle incombenze di rispettiva competenza.

39. ***Nascita in viaggio marittimo o aereo.*** — 1. Se la nascita avviene durante un viaggio marittimo, il relativo atto deve essere formato entro ventiquattro ore dall'evento.

2. Si osservano le disposizioni degli artt. 203, 205, 207, 208, e 210 del codice della navigazione, o in caso si tratti di navi militari, quelle del relativo regolamento per il servizio di bordo, in quanto compatibili con il presente regolamento.

3. Se la nascita avviene durante un viaggio aereo, si osservano le disposizioni degli artt. 835 e 836 del codice della navigazione, in quanto compatibili con il presente regolamento.

40. ***Nascita in viaggio per ferrovia.*** — 1. Se la nascita avviene durante un viaggio per ferrovia, la dichiarazione deve essere fatta al responsabile del convoglio che redige un processo verbale con le dichiarazioni prescritte per gli atti di nascita e lo consegna al capo della stazione nella quale si effettua la prima fermata del convoglio. Il capo della stazione lo trasmette all'ufficiale dello stato civile del luogo, per la trascrizione.

41. ***Trascrizioni.*** — 1. Per la trascrizione degli atti e dei processi verbali relativi a nascite avvenute durante un viaggio marittimo e aereo è competente l'ufficiale dello stato civile del luogo di primo approdo della nave o dell'aeromobile. Se tale luogo si trova all'estero si applica l'art. 15.

2. Di ogni documento trasmesso è fatta menzione negli archivi di cui all'art. 10.

42. ***Riconoscimento di figli nati fuori del matrimonio.***[1] — 1. Chi intende riconoscere un figlio nato fuori del matrimonio davanti all'ufficiale dello stato civile deve dimostrare che nulla osta al riconoscimento ai sensi di legge. Se il riconoscimento è fatto con atto distinto, posteriore alla nascita, e questa è avvenuta in altro comune, l'ufficiale dello stato civile deve acquisire direttamente la relativa documentazione ai sensi dell'art. 21, comma 2.[2]

2. Per gli atti di riconoscimento che riguardano figli nati da persone tra le quali esiste un vincolo di parentela in linea retta all'infinito o in linea collaterale nel secondo grado, ovvero un vincolo di affinità in linea retta, ai sensi dell'articolo 251 del codice civile, deve essere prodotta copia del provvedimento di autorizzazione al riconoscimento.[2]

[1] Rubrica così modif. dall'art. 1, c. 1, lett. *f*), D.P.R. 30 gen. 2015, n. 26.

[2] Comma così modif. dall'art. 1, c. 1, lett. *f*), D.P.R. 30 gen. 2015, n. 26.

43. ***Annotazioni.*** — 1. La dichiarazione di riconoscimento di un figlio nato fuori del matrimonio, fatta a norma dell'art. 254 del codice civile, è annotata nell'atto di nascita.[1]

2. Se il riconoscimento riguarda un figlio nato fuori del comune in cui l'atto è ricevuto, l'ufficiale dello stato civile trasmette copia dell'atto di riconoscimento, ai fini dell'annotazione nell'atto di nascita, all'ufficiale dello stato civile del comune dove è stata dichiarata la nascita.

[1] Comma così modif. dall'art. 1, c. 1, lett. *g*), D.P.R. 30 gen. 2015, n. 26.

44. ***Riconoscimento del nascituro.*** — 1. Il riconoscimento di un figlio nascituro può essere fatto dal padre o contestualmente a quello della gestante o dopo il riconoscimento di quest'ultima e la prestazione del suo consenso, ai sensi dell'art. 250, terzo comma del codice civile.

2. L'ufficiale dello stato civile che riceve una dichiarazione di riconoscimento di figlio nascituro, rilascia di ufficio a chi la effettua copia di tale dichiarazione.

45. ***Altri casi di riconoscimento.*** — 1. Il riconoscimento del figlio nato fuori del matrimonio che non ha compiuto i quattordici anni non può essere ricevuto dall'ufficiale dello stato civile in mancanza del consenso del genitore che lo ha riconosciuto per primo o della sentenza del tribunale per i minorenni che tiene luogo del consenso mancante. Il consenso può essere manifestato, anteriormente al riconoscimento, davanti ad un ufficiale dello stato civile o in un atto pubblico o in un testamento, qualunque sia la forma di questo, oppure può essere manifestato contestualmente al riconoscimento medesimo.[1]

2. Se il figlio ha compiuto i quattordici anni, il riconoscimento, è ricevuto dall'ufficiale dello stato civile ma non produce effetto senza l'assenso di cui al secondo comma dell'art. 250 del codice civile e di ciò si fa menzione nell'atto di riconoscimento. Se l'assenso è manifestato successivamente, di esso è fatta annotazione nell'atto di riconoscimento iscritto.[1]

3. In caso di riconoscimento contenuto in un testamento, le disposizioni di cui ai commi 1 e 2 si applicano con riguardo al momento in cui si chiede l'annotazione del riconoscimento nell'atto di nascita.

[1] Comma così modif. dall'art. 1, c. 1, lett. *h*), D.P.R. 30 gen. 2015, n. 26.

46. ***Adempimenti d'ufficio.*** — 1. Il pubblico ufficiale che ha ricevuto una dichiarazione di riconoscimento di figlio nato fuori del matrimonio deve, nei venti giorni successivi, inviarne copia all'ufficiale dello stato civile competente per l'annotazione.[1]

2. Se la dichiarazione è contenuta in un testamento, la copia deve essere trasmessa dal notaio entro venti giorni dalla pubblicazione del testamento olografo o del testamento segreto, o dal passaggio del testamento pubblico dal fascicolo a repertorio speciale degli atti di ultima volontà a quello generale degli atti fra vivi.

3. L'annotazione può essere chiesta all'ufficiale dello stato civile da chiunque vi ha interesse.

4. Il giudice nel caso previsto dall'art. 268 del codice civile, può ordinare che sia sospesa l'annotazione del riconoscimento impugnato. Può ordinare, altresì, che la domanda di impugnazione sia annotata nell'atto di nascita, quando vi è stato annotato il riconoscimento.

5. Se la persona riconosciuta è sottoposta a tutela, l'ufficiale dello stato civile deve dare notizia al giudice tutelare, nel termine di dieci giorni, dell'avvenuta iscrizione o annotazione del riconoscimento.

[1] Comma così modif. dall'art. 1, c. 1, lett. *i*), D.P.R. 30 gen. 2015, n. 26.

47. ***Adempimenti particolari.*** — 1. In caso di riconoscimento di un figlio nato fuori del matrimonio, già riconosciuto dall'altro genitore, l'ufficiale dello stato civile deve darne notizia al genitore che per primo ha effettuato il riconoscimento e che non ha prestato il proprio consenso.[1]

[1] Comma così modif. dall'art. 1, c. 1, lett. *l*), D.P.R. 30 gen. 2015, n. 26.

48. ***Impugnazioni dell'atto di riconoscimento.*** — 1. La sentenza passata in giudicato che accoglie l'impugnazione dell'atto di riconoscimento è comunicata, a cura del procuratore della Repubblica, o è notificata, a cura degli interessati, all'ufficiale dello stato civile che ne fa annotazione nell'atto di nascita.

2. Nel caso di rigetto dell'impugnazione, qualora

questa sia stata annotata nell'atto di nascita, la sentenza è parimenti comunicata o notificata all'ufficiale dello stato civile, affinché annoti, di seguito alle precedenti annotazioni, anche il rigetto dell'impugnazione.

3. La dichiarazione giudiziale di paternità o maternità [naturale][1], dopo il passaggio in giudicato, è comunicata, a cura del procuratore della Repubblica, o è notificata dagli interessati, all'ufficiale dello stato civile che ne fa annotazione nell'atto di nascita.

[1] Parola soppressa dall'art. 1, c. 1, lett. *m*), D.P.R. 30 gen. 2015, n. 26.

49. ***Annotazioni.*** — 1. Negli atti di nascita si annotano:

a) i provvedimenti di adozione e di revoca;

b) i provvedimenti di revoca o di estinzione dell'affiliazione;

c) le comunicazioni di apertura e di chiusura della tutela, eccettuati i casi di interdizione legale;

d) i decreti di nomina e di revoca del tutore o del curatore provvisorio in pedenza del giudizio di interdizione o di inabilitazione;

e) le sentenze di interdizione o di inabilitazione e quella di revoca;

f) gli atti di matrimonio e le sentenze dalle quali risulta l'esistenza del matrimonio, gli atti di costituzione dell'unione civile, iscritta anche ai sensi dell'articolo 70-*octies*, comma 5, e le sentenze dalle quali risulta l'esistenza dell'unione civile;[1]

g) le sentenze che pronunciano la nullità, lo scioglimento o la cessazione degli effetti civili del matrimonio e quelle che pronunciano la nullità o lo scioglimento dell'unione civile;[2]

g-bis) gli accordi raggiunti a seguito di convenzione di negoziazione assistita da uno o più avvocati ovvero autorizzati, conclusi tra coniugi al fine di raggiungere una soluzione consensuale di cessazione degli effetti civili del matrimonio e di scioglimento del matrimonio e quelli conclusi tra le parti dell'unione civile al fine di raggiungere una soluzione consensuale di scioglimento dell'unione civile;[3]

g-ter) gli accordi di scioglimento o di cessazione degli effetti civili del matrimonio e quelli di scioglimento dell'unione civile ricevuti dall'ufficiale dello stato civile;[4]

h) i provvedimenti della corte di appello previsti nell'art. 17 della L. 27 mag. 1929, n. 847, e le sentenze con le quali si pronuncia l'annullamento della trascrizione di un matrimonio celebrato dinanzi ad un ministro di culto;

i) gli atti e i provvedimenti riguardanti l'acquisto, la perdita, la rinuncia o il riacquisto della cittadinanza italiana;

j) le sentenze dichiarative di assenza o di morte presunta e quelle che, a termini dell'art. 67 del codice civile, dichiarano la esistenza delle persone di cui era stata dichiarata la morte presunta o ne accertano la morte;

k) gli atti di riconoscimento del figlio nato fuori del matrimonio, in qualunque forma effettuati;[5]

l) le domande di impugnazione del riconoscimento, quando ne è ordinata l'annotazione, e le relative sentenze di rigetto;

m) le sentenze che pronunciano la nullità o l'annullamento dell'atto di riconoscimento;

n)
[6]

o) le sentenze che dichiarano o disconoscono che il figlio è nato nel matrimonio;[5]

p) i provvedimenti che determinano il cambiamento o la modifica del nome o del cognome relativi alla persona cui l'atto si riferisce: quelli che determinano il cambiamento o la modifica del cognome relativi alla persona da cui l'intestatario dell'atto ha derivato il cognome, salvi i casi in cui il predetto intestatario, se maggiorenne, si sia avvalso della facoltà di poter mantenere il cognome precedentemente posseduto;

q) le sentenze relative al diritto di uso di uno pseudonimo;

r) gli atti di morte;

s) i provvedimenti di rettificazione che riguardano l'atto già iscritto o trascritto nei registri.

2-3.[7]

4. Le annotazioni di cui al comma 1 possono essere richieste, anche verbalmente, dagli interessati.[8]

[1] Lettera così sost. dall'art. 1, c. 1, lett. *i*), D.lgs. 19 gen. 2017, n. 5.

[2] Lettera così modif. dall'art. 1, c. 1, lett. *i*), D.lgs. 19 gen. 2017, n. 5.

[3] Lettera ins. dall'art. 6, c. 5, D.L. 12 set. 2014, n. 132, conv. con modif. in L. 10 nov. 2014, n. 162 e così modif. dall'art. 1, c. 1, lett. *i*), D.lgs. 19 gen. 2017, n. 5.

[4] Lettera ins. dall'art. 12, c. 5, D.L. 12 set. 2014, n. 132, conv. con modif. in L. 10 nov. 2014, n. 162 e così modif. dall'art. 1, c. 1, lett. *i*), D.lgs. 19 gen. 2017, n. 5.

[5] Lettera così modif. dall'art. 1, c. 1, lett. *n*), D.P.R. 30 gen. 2015, n. 26.

[6] Lettera soppressa dall'art. 1, c. 1, lett. *n*), D.P.R. 30 gen. 2015, n. 26.

[7] Commi abrog. dall'art. 1, c. 1, lett. *n*), D.P.R. 30 gen. 2015, n. 26.

[8] Comma così modif. dall'art. 1, c. 1, lett. *n*), D.P.R. 30 gen. 2015, n. 26.

TITOLO VIII
Della celebrazione del matrimonio

CAPO I
Della richiesta di pubblicazione

50. ***Richiesta presentata da procuratore speciale.*** — 1. Se la richiesta della pubblicazione di matrimonio è fatta da persona che, a termini dell'art. 96 del codice civile ne ha avuto dagli sposi speciale incarico, questo deve risultare nei modi indicati nell'art. 12, comma 7. Quando l'incarico è stato conferito a chi esercita la responsabilità genitoriale o la tutela, basta la semplice dichiarazione orale del richiedente di avere ricevuto l'incarico.[1]

[1] Comma così modif. dall'art. 1, c. 1, lett. o), D.P.R. 30 gen. 2015, n. 26.

51. *Dichiarazioni.* — 1. Chi richiede la pubblicazione deve dichiarare il nome, il cognome, la data e il luogo di nascita, la cittadinanza degli sposi; il luogo di loro residenza, la loro libertà di stato; se tra gli sposi esiste un qualche impedimento di parentela, di affinità, di adozione o di affiliazione, a termini dell'art. 87 del codice civile; se gli sposi hanno già contratto precedente matrimonio; se alcuno degli sposi si trova nelle condizioni indicate negli artt. 85 e 88 del codice civile.

2. L'ufficiale dello stato civile deve verificare l'esattezza della dichiarazione di cui al comma 1 e può acquisire d'ufficio eventuali documenti che ritenga necessari per provare l'inesistenza di impedimenti alla celebrazione del matrimonio.

52. *Impedimenti.* — 1. Quando a contrarre matrimonio osta un impedimento per il quale è stata concessa autorizzazione, a termini delle disposizioni del codice civile, uno degli sposi deve presentare copia del relativo provvedimento.

2. Se si tratta di vedova o di donna nei cui confronti è stato dichiarato l'annullamento, lo scioglimento o la cessazione degli effetti civili del precedente matrimonio, l'ufficiale dello stato civile deve accertare se ricorrono le condizioni previste dall'art. 89 del codice civile.

53. *Casi particolari.* — 1. Se gli sposi risiedono in comuni diversi, l'ufficiale dello stato civile cui è stata chiesta la pubblicazione provvede a richiederla anche all'ufficiale dello stato civile del comune in cui risiede l'altro sposo.

2. Quando uno degli sposi ha la residenza all'estero, l'ufficiale dello stato civile cui ne è fatta richiesta in Italia fa eseguire la pubblicazione alla competente autorità diplomatica o consolare nei modi previsti dall'art. 11, comma 3, del decreto del Presidente della Repubblica 5 gen. 1967, n. 200. Se invece la richiesta di pubblicazione viene fatta alla competente autorità diplomatica o consolare, quest'ultima la trasmette, in esenzione da ogni onere, all'ufficiale dello stato civile del comune di residenza attuale in Italia di uno degli sposi.

3. Nel caso previsto nel comma 2, il capo dell'ufficio diplomatico o consolare, una volta eseguita la pubblicazione, può richiedere la celebrazione del matrimonio all'ufficiale dello stato civile del comune, in Italia, nel quale gli sposi eventualmente intendano contrarre matrimonio, avvalendosi della facoltà di cui all'art. 109 del codice civile.

4. Gli uffici cui è richiesta la pubblicazione sono tenuti, quando questa è stata eseguita, a trasmettere senza indugio all'autorità richiedente il certificato di eseguita pubblicazione.

CAPO II
Della pubblicazione

54. *Attività d'ufficio.* — 1. Ricevuta la richiesta della pubblicazione, l'ufficiale dello stato civile redige processo verbale in cui indica l'identità delle persone comparse, la richiesta a lui fatta, le dichiarazioni degli sposi o di chi li rappresenta, la documentazione acquisita, la durata della pubblicazione o se essa è stata abbreviata o dispensata. Provvede quindi, all'affissione con atto separato al quale annota l'eventuale riduzione dei termini della pubblicazione.

2. Il processo verbale o l'atto affisso sono inseriti negli archivi di cui all'art. 10 con le modalità di cui all'art. 21, comma 1.

55. *Spazi per le pubblicazioni.* — 1. In ogni comune, presso la porta della casa comunale, deve essere destinato uno spazio ad uso esclusivo delle pubblicazioni di matrimonio. Sopra tale spazio deve essere scritta, in carattere ben visibile, l'indicazione "Pubblicazioni di matrimonio".

2. L'autorità comunale provvede affinché sia evitato che gli atti di pubblicazione esposti al pubblico siano dispersi o comunque deteriorati.

3. L'atto di pubblicazione resta affisso presso la porta della casa comunale almeno per otto giorni.

56. *Registrazioni.* — 1. I documenti che giustificano le enunciazioni contenute nel processo verbale di richiesta della pubblicazione sono registrati, celebrato il matrimonio, di seguito all'atto di matrimonio negli archivi di cui all'art. 10.

57. *Celebrazione del matrimonio.* — 1. Trascorsi i tre giorni successivi alla pubblicazione di cui all'art. 99 del codice civile senza che sia stata fatta alcuna opposizione, l'ufficiale dello stato civile può procedere alla celebrazione del matrimonio.

2. Fra i documenti registrati di seguito all'atto di matrimonio, l'ufficiale dello stato civile, che procede alla celebrazione o che richiede per questa altro ufficiale, inserisce negli archivi di cui all'art. 10, anche i certificati attestanti che la pubblicazione è stata eseguita e che non è stata notificata alcuna opposizione.

58. *Omissione della pubblicazione.* — 1. Quando è stata autorizzata l'omissione della pubblicazione, ai sensi dell'art. 100, primo comma, del codice civile, gli sposi, per essere ammessi alla celebrazione del matrimonio, devono presentare all'ufficiale dello stato civile il provvedimento di autorizzazione previsto dall'art. 52, comma 1, e rendere la dichiarazione di cui all'art. 51, comma 1.

CAPO III
Delle opposizioni

59. *Opposizione del pubblico ministero e di altri soggetti legittimati.* — 1. L'ufficiale dello stato civile, se conosce che osta al matrimonio un impedimento che non è stato dichiarato, deve immediatamente informare il procuratore della Repubblica, affinché questi possa proporre opposizione al matrimonio.

2. L'atto di opposizione deve essere proposto con ricorso al presidente del tribunale del luogo dove è stata eseguita la pubblicazione che fissa con decreto la comparizione delle parti davanti al collegio per una data compresa tra i tre e i dieci giorni da quella di presentazione del ricorso e dispone che ricorso e decreto siano comunicati al procuratore della Repubblica e siano notificati, a cura del ricorrente, entro il giorno precedente a quello fissato per la comparazione, ai nubendi e all'ufficiale dello stato civile del comune nel quale il matrimonio deve essere celebrato o a quello che ha rilasciato l'autorizzazione o il nulla osta per la celebrazione del matrimonio davanti a un ministro di culto.

3. Il tribunale, sentite le parti ed acquisiti senza particolari formalità gli elementi del caso, decide con decreto motivato avente efficacia immediata, indipendentemente dall'eventuale reclamo.

4. Se l'opposizione è stata proposta da chi ne ha facoltà, per causa ammessa dalla legge, il presidente del tribunale può, con proprio decreto, ove ne sussista la opportunità, sospendere la celebrazione del matrimonio sino a che sia stata rimossa la opposizione.

60. ***Termine per l'opposizione.*** — 1. L'opposizione al matrimonio può essere sempre proposta prima che questo è celebrato, anche se è trascorso il termine durante il quale l'atto di pubblicazione deve rimanere affisso.

61. ***Comunicazione dell'opposizione.*** — 1. Nel caso di matrimonio da celebrare davanti a ministro di culto diverso da quello cattolico, l'ufficiale dello stato civile che riceve la notizia di una opposizione, dopo aver rilasciato l'autorizzazione o il nulla osta previsti dalla legge, ne dà immediata notizia al ministro medesimo.

2. Se il matrimonio è stato celebrato nonostante l'opposizione, l'ufficiale dello stato civile sospende la trascrizione del relativo atto fino a che non sia definito il procedimento di opposizione.

62. ***Annotazione dell'opposizione.*** — 1. Nel processo verbale di richiesta della pubblicazione deve essere annotato l'atto di opposizione.

2. Nello stesso verbale si deve altresì annotare il decreto che rigetta od accoglie l'opposizione o il provvedimento di estinzione del giudizio.

CAPO IV

Della registrazione relativa agli atti di matrimonio e di unione civile[1]

[1] Rubrica così modif. dall'art. 1, c. 1, lett. *l*), D.lgs. 19 gen. 2017, n. 5.

63. ***Iscrizioni e trascrizioni.***[1] — 1. Negli archivi di cui all'art. 10, l'ufficiale dello stato civile iscrive:

a) gli atti dei matrimoni celebrati davanti a lui e le unioni civili costituite davanti a lui e quelle di cui all'articolo 70-*octies*, comma 5;

b) gli atti dei matrimoni celebrati fuori dalla casa comunale a norma dell'art. 110 del codice civile e le unioni civili costituite fuori dalla casa comunale a norma dell'articolo 70-*novies*;

c) gli atti dei matrimoni celebrati in caso di imminente pericolo di vita di uno degli sposi, ai sensi dell'art. 101 del codice civile, e le unioni civili costituite in imminente pericolo di vita di una delle parti a norma dell'articolo 70-*decies*;

d) gli atti dei matrimoni celebrati per richiesta, ai sensi dell'art. 109 del codice civile, e le unioni civili costituite per delega a norma dell'articolo 70-*quater*;

e) gli atti dei matrimoni celebrati per procura;

f) gli atti dei matrimoni e di costituzione delle unioni civili ai quali, per la particolarità del caso, non si adattano le formule stabilite;

g) le dichiarazioni con le quali i coniugi separati manifestano la loro riconciliazione, ai sensi dell'art. 157 del codice civile.

g-ter) gli accordi di separazione personale, di scioglimento o di cessazione degli effetti civili del matrimonio ricevuti dall'ufficiale dello stato civile, nonché di modifica delle condizioni di separazione o di divorzio.[2]

g-quater) gli accordi di scioglimento dell'unione civile ricevuti dall'ufficiale dello stato civile, nonché di modifica delle condizioni di scioglimento;

g-quinquies) la manifestazione congiunta di volontà di scioglimento dell'unione civile, a norma dell'articolo 1, comma 24, della legge 20 maggio 2016, n. 76, ovvero la manifestazione di volontà di scioglimento dell'unione civile di una sola parte a norma della predetta disposizione, previamente comunicata all'altra parte mediante invio di lettera raccomandata con avviso di ricevimento alla residenza anagrafica o, in mancanza, all'ultimo indirizzo noto, ovvero con altra forma di comunicazione parimenti idonea;

g-sexies) la dichiarazione con la quale le parti, dopo la costituzione dell'unione civile, dichiarano di voler assumere, per la durata dell'unione civile, un cognome comune scegliendolo tra i loro cognomi o di anteporre o posporre al cognome comune il proprio cognome, se diverso.

2. Nei medesimi archivi l'ufficiale dello stato civile trascrive:

a) gli atti dei matrimoni celebrati nello stesso comune davanti ai ministri di culto;

b) gli atti dei matrimoni, celebrati ai sensi dell'art. 109 del codice civile, e delle unioni civili costituite per delega ai sensi dell'articolo 70-*quater*, trasmessi all'ufficiale dello stato civile dei comuni di residenza degli sposi o delle parti dell'unione civile;

b-bis) gli atti di costituzione di unione civile avvenuti in un comune scelto dalle parti, trasmessi all'ufficiale dello stato civile dei comuni di residenza delle parti;

c) gli atti dei matrimoni celebrati all'estero e le unioni civili costituite all'estero;

c-bis) gli atti dei matrimoni tra persone dello stesso sesso celebrati all'estero;

d) gli atti dei matrimoni celebrati o le unioni civili costituite dinanzi all'autorità diplomatica o consolare straniera in Italia fra cittadini stranieri quando esistono convenzioni in materia;

e) gli atti e i processi verbali dei matrimoni celebrati in caso di imminente pericolo di vita di uno degli sposi e gli atti e i processi verbali di costituzione delle unioni civili avvenute in caso di imminente pericolo di vita di una delle parti dell'unione civile, a norma degli artt. 204, 208 e 834 del codice della navigazione;

f) le sentenze dalle quali risulta la esistenza del matrimonio o dell'unione civile;

g) le sentenze e gli altri atti con cui si pronuncia all'estero la nullità, lo scioglimento, la cessazione degli effetti civili di un matrimonio ovvero si rettifica in qualsiasi modo un atto di matrimonio già iscritto o trascritto negli archivi di cui all'art. 10;

g-bis) le sentenze e gli altri atti con cui si pronuncia all'estero la nullità, lo scioglimento di unioni civili ovvero si rettifica in qualsiasi modo un atto dell'unione civile già iscritto o trascritto negli archivi di cui all'articolo 10;

h) le sentenze della corte di appello previste dall'art. 17 della L. 27 mag. 1929, n. 847, e dall'art. 8, comma 2, dell'accordo del 18 feb. 1984 tra la Repubblica italiana e la Santa Sede ratificato dalla L. 25 mar. 1985, n. 121;

h-bis) gli accordi raggiunti a seguito di convenzione di negoziazione assistita da uno o più avvocati conclusi tra coniugi al fine di raggiungere una soluzione consensuale di separazione personale, di cessazione degli effetti civili del matrimonio, di scioglimento del matrimonio, nonché di modifica delle condizioni di separazione o di divorzio.[3]

h-ter) gli accordi raggiunti a seguito di convenzione di negoziazione assistita da un avvocato, conclusi tra le parti dell'unione civile al fine di raggiungere una soluzione consensuale di scioglimento dell'unione civile, nonché di modifica delle condizioni dello scioglimento.

3. Gli atti indicati nelle lett. *a*) e *b*) del comma 2 devono essere trascritti per intero.

[1] Articolo così modif. dall'art. 1, c. 1, lett. *m*), D.lgs. 19 gen. 2017, n. 5.

[2] Lettera aggiunta dall'art. 6, c. 5, D.L. 12 set. 2014, n. 132, conv. con modif. in L. 10 nov. 2014, n. 162.

[3] Lettera aggiunta dall'art. 12, c. 5, D.L. 12 set. 2014, n. 132, conv. con modif. in L. 10 nov. 2014, n. 162.

64. *Contenuto dell'atto del matrimonio.* — 1. L'atto di matrimonio deve specificamente indicare:

a) il nome e il cognome, il luogo e la data di nascita, la cittadinanza e la residenza degli sposi; il nome, il cognome, il luogo e la data di nascita e la residenza dei testimoni;

b) la data della eseguita pubblicazione o il decreto di autorizzazione alla omissione, salvo il caso di cui all'art. 101 del codice civile;

c) il decreto di autorizzazione quando ricorra alcuno degli impedimenti di legge, salvo il caso di cui all'art. 101 del codice civile;

d) la menzione dell'avvenuta lettura agli sposi degli artt. 143, 144 e 147 del codice civile;

e) la dichiarazione degli sposi di volersi prendere rispettivamente in marito e in moglie;

f) il luogo della celebrazione del matrimonio nei casi previsti dagli artt. 101 e 110 del codice civile, ed il motivo del trasferimento dell'ufficiale dello stato civile in detto luogo;

g) la dichiarazione fatta dall'ufficiale dello stato civile che gli sposi sono uniti in matrimonio.

2. Quando contemporaneamente alla celebrazione del matrimonio gli sposi dichiarano di riconoscere figli nati fuori del matrimonio, la dichiarazione è inserita nell'atto stesso di matrimonio. Ugualmente si provvede nel caso di scelta del regime di separazione dei beni o di scelta della legge applicabile ai loro rapporti patrimoniali ai sensi dell'articolo 30, comma 1, della legge 31 maggio 1995, n. 218.[1]

[1] Comma così modif. dall'art. 1, c. 1, lett. *p*), D.P.R. 30 gen. 2015, n. 26.

65. *Imminente pericolo di vita.* — 1. Se il matrimonio, nell'imminente pericolo di vita di uno degli sposi, è celebrato durante un viaggio marittimo o aereo, o se l'unione civile è costituita nell'imminente pericolo di vita di una delle parti, durante un viaggio marittimo o aereo, si osservano, rispettivamente, le disposizioni degli articoli 204, 205, 207, 208, 210 e 834 del codice della navigazione.[1]

2. Per la trascrizione degli atti o dei processi verbali relativi a matrimoni celebrati o alla costituzione di unioni civili nelle ipotesi previste nel comma 1 è competente l'ufficiale dello stato civile del comune di residenza degli sposi, o delle parti dell'unione civile, al quale la capitaneria di porto o il comandante dell'aeroporto, se l'approdo o l'atterraggio avviene in Italia, o l'autorità diplomatica o consolare, se l'approdo o l'atterraggio avviene all'estero, trasmette copia dei relativi atti consegnati dal comandante della nave o dell'aereo.[1]

[1] Comma così modif. dall'art. 1, c. 1, lett. *n*), D.lgs. 19 gen. 2017, n. 5.

66. *Casi particolari.* — 1. Nella ipotesi in cui lo sposo non conosce la lingua italiana nonché in quelle in cui è sordo, muto, o comunque impedito a comunicare, l'ufficiale dello stato civile celebra il matrimonio o con l'ausilio di un interprete o avvalendosi di mezzi idonei per rivolgere allo sposo le domande, riceverne le risposte e dargli comunicazione delle disposizioni contenute negli articoli 143, 144 e 147 del codice civile e della dichiarazione di unione degli sposi in matrimonio.

1-*bis*. Nella ipotesi in cui la parte dell'unione civile non conosce la lingua italiana nonché in quelle in cui è sorda, muta, o comunque impedita a comunicare, l'ufficiale dello stato civile costituisce l'unione civile o con l'ausilio di un interprete o avvalendosi di mezzi idonei per rivolgere alla parte le domande, riceverne le risposte e darle comunicazione delle disposizioni contenute nell'articolo 1, commi 11 e 12, della legge 20 maggio 2016, n. 76, e della dichiarazione di costituzione dell'unione civile tra le parti.[1]

2. Nei casi di cui ai commi 1 e 1-*bis* l'ufficiale dello stato civile fa menzione nell'atto dei mezzi usati per la celebrazione del matrimonio e per la costituzione dell'unione civile.[2]

[1] Comma ins. dall'art. 1, c. 1, lett. *o*), D.lgs. 19 gen. 2017, n. 5.

[2] Comma così modif. dall'art. 1, c. 1, lett. *o*), D.lgs. 19 gen. 2017, n. 5.

67. ***Matrimonio celebrato e unione civile costituita da altro ufficiale.***[1] — 1. L'ufficiale dello stato civile che, valendosi della facoltà concessa dall'art. 109 del codice civile o dall'articolo 70-*quater*, richiede un altro ufficiale per la celebrazione del matrimonio o per la costituzione dell'unione civile, deve esprimere nella richiesta il motivo di necessità o di convenienza che lo ha indotto a fare la richiesta stessa.[2]

2. I documenti sono tenuti dall'ufficiale richiedente per essere poi inseriti negli archivi di cui all'art. 10, con le modalità di cui all'art. 21, comma 1.

[1] Rubrica così modif. dall'art. 1, c. 1, lett. *p*), D.lgs. 19 gen. 2017, n. 5.

[2] Comma così modif. dall'art. 1, c. 1, lett. *p*), D.lgs. 19 gen. 2017, n. 5.

68. ***Comunicazioni.*** — 1. L'ufficiale dello stato civile che ha celebrato il matrimonio o costituito l'unione civile deve darne prontamente avviso agli ufficiali dello stato civile dei comuni di nascita degli sposi e delle parti dell'unione civile ai fini dell'annotazione sugli atti di nascita.[1]

2. Se il matrimonio è stato celebrato o l'unione civile costituita per delegazione, l'avviso è dato dall'ufficiale dello stato civile delegante, dopo aver ricevuto la copia dell'atto di matrimonio o di costituzione dell'unione civile da quello delegato.[1]

3. Uguale avviso deve essere dato:

a) dall'ufficiale dello stato civile che ha trascritto l'atto originale del matrimonio celebrato davanti a un ministro di culto;

b) dall'ufficiale dello stato civile che ha trascritto l'atto originale del matrimonio celebrato all'estero o della costituzione dell'unione civile avvenuta all'estero ovvero una sentenza dalla quale risulta la esistenza, la nullità, lo scioglimento di un matrimonio o di una unione civile o la cessazione degli effetti civili di un matrimonio.[1]

4. L'ufficiale dello stato civile del comune che ha ricevuto l'avviso provvede per le relative annotazioni.

[1] Comma così modif. dall'art. 1, c. 1, lett. *q*), D.lgs. 19 gen. 2017, n. 5.

69. ***Annotazioni.*** — 1. Negli atti di matrimonio si fa annotazione:

a) della trasmissione al ministro di culto della comunicazione dell'avvenuta trascrizione dell'atto di matrimonio da lui celebrato;

b) delle convenzioni matrimoniali, delle relative modificazioni, delle sentenze di omologazione di cui all'art. 163 del codice civile, delle sentenze di separazione giudiziale dei beni di cui all'art. 193 del codice civile, e della scelta della legge applicabile ai loro rapporti patrimoniali ai sensi dell'art. 30, comma 1, della L. 31 mag. 1995, n. 218;

c) dei ricorsi per lo scioglimento o la cessazione degli effetti civili del matrimonio, e delle relative pronunce;

d) delle sentenze, anche straniere, di scioglimento o di cessazione degli effetti civili del matrimonio; di quelle che dichiarano efficace nello Stato la pronuncia straniera di nullità o di scioglimento del matrimonio; di quelle che dichiarano efficace nello Stato la pronuncia dell'autorità ecclesiastica di nullità del matrimonio; e di quelle che pronunciano la separazione personale dei coniugi o l'omologazione di quella consensuale;

d-bis) degli accordi raggiunti a seguito di convenzione di negoziazione assistita da uno o più avvocati ovvero autorizzati, conclusi tra coniugi al fine di raggiungere una soluzione consensuale di separazione personale, di cessazione degli effetti civili del matrimonio, di scioglimento del matrimonio;[1]

d-ter) degli accordi di separazione personale, di scioglimento o di cessazione degli effetti civili del matrimonio ricevuti dall'ufficiale dello stato civile;[2]

e) delle sentenze con le quali si pronuncia l'annullamento della trascrizione dell'atto di matrimonio;

f) delle dichiarazioni con le quali i coniugi separati manifestano la loro riconciliazione;

g) delle sentenze dichiarative di assenza o di morte presunta di uno degli sposi e di quelle che dichiarano l'esistenza dello sposo di cui era stata dichiarata la morte presunta o ne accertano la morte;

h) dei provvedimenti che determinano il cambiamento o la modificazione del cognome o del nome o di entrambi e dei provvedimenti di revoca relativi ad uno degli sposi;

i) dei provvedimenti di rettificazione.

i-bis) della costituzione dell'unione civile iscritta ai sensi dell'articolo 70-*octies*, comma 5.[3]

l-*bis*) Negli atti di costituzione dell'unione civile si fa annotazione:

a) delle convenzioni patrimoniali, delle relative modificazioni, delle sentenze di omologazione di cui all'articolo 163 del codice civile, delle sentenze di separazione giudiziale dei beni di cui all'articolo 193 del codice civile, e della scelta della legge applicabile ai loro rapporti patrimoniali operata in base alle vigenti norme di diritto internazionale privato;

b) della dichiarazione contenente la manifestazione di volontà di scioglimento dell'unione civile resa ai sensi dell'articolo 1, comma 24, della legge 20 maggio 2016, n. 76;

c) delle sentenze, anche straniere, di scioglimento dell'unione civile; di quelle che dichiarano efficace nello Stato la pronuncia straniera di nullità o di scioglimento dell'unione civile;

d) degli accordi raggiunti a seguito di convenzione di negoziazione assistita da uno o più avvocati, conclusi tra le parti al fine di raggiungere una soluzione consensuale di scioglimento dell'unione civile;

e) degli accordi di scioglimento dell'unione civile ricevuti dall'ufficiale dello stato civile;

f) delle sentenze con le quali si pronuncia l'annullamento della trascrizione dell'atto di costituzione dell'unione civile;

g) delle sentenze dichiarative di assenza o di morte presunta di una delle parti dell'unione civile e di quelle che dichiarano l'esistenza della parte di cui era stata dichiarata la morte presunta o ne accertano la morte;

h) dei provvedimenti che determinano il cambiamento o la modificazione del cognome o del nome o di entrambi e dei provvedimenti di revoca relativi ad una delle parti dell'unione civile;

i) dei provvedimenti di rettificazione.[4]

[1] Lettera ins. dall'art. 6, c. 5, D.L. 12 set. 2014, n. 132, conv. con modif. in L. 10 nov. 2014, n. 162.

[2] Lettera ins. dall'art. 12, c. 5, D.L. 12 set. 2014, n. 132, conv. con modif. in L. 10 nov. 2014, n. 162.

[3] Comma così modif. dall'art. 1, c. 1, lett. *r*), D.lgs. 19 gen. 2017, n. 5.

[4] Comma così modif. dall'art. 1, c. 1, lett. *r*), D.lgs. 19 gen. 2017, n. 5.

70. ***Fascia tricolore.*** — 1. L'ufficiale dello stato civile, nel celebrare il matrimonio e nel costituire l'unione civile, deve indossare la fascia tricolore di cui all'art. 50, comma 12, del D.lgs. 18 ago. 2000, n. 267, da portarsi a tracolla.[1]

[1] Comma così modif. dall'art. 1, c. 1, lett. *s*), D.lgs. 19 gen. 2017, n. 5.

TITOLO VIII-bis
Della richiesta e della costituzione dell'unione civile

[1] Titolo ins. dall'art. 1, c. 1, lett. *t*), D.lgs. 19 gen. 2017, n. 5.

70-*bis*. ***Richiesta di costituzione dell'unione civile.*** — 1. La richiesta di costituzione dell'unione civile è presentata all'ufficio dello stato civile del comune scelto dalle parti. Chi richiede la costituzione dell'unione civile deve dichiarare il nome e il cognome, la data e il luogo di nascita, la cittadinanza e il luogo di residenza delle parti dell'unione civile, nonché l'insussistenza delle cause impeditive alla costituzione dell'unione di cui all'articolo 1, comma 4, della legge 20 maggio 2016, n. 76.

2. L'ufficiale dello stato civile deve verificare l'esattezza della dichiarazione di cui al comma 1 e può acquisire d'ufficio eventuali documenti che ritenga necessari per provare l'inesistenza di impedimenti alla costituzione dell'unione civile.

3. Ricevuta la richiesta di costituzione dell'unione civile, l'ufficiale dello stato civile redige processo verbale in cui indica l'identità delle persone comparse, la richiesta a lui fatta, le dichiarazioni delle parti o di chi le rappresenta, e lo sottoscrive unitamente ai richiedenti.

4. La richiesta di costituzione dell'unione civile può essere fatta anche all'ufficiale dello stato civile del comune di scelta delle parti da persona che ne ha avuto dalle stesse speciale incarico nei modi indicati dall'articolo 12, comma 7.

70-*ter*. ***Verifiche.*** — 1. Le verifiche di cui all'articolo 70-*bis*, comma 2, devono essere effettuate entro trenta giorni dalla redazione del processo verbale. Da tale data, o anche da data antecedente, se le verifiche sono completate prima e l'ufficiale dello stato civile ne ha dato obbligatoria comunicazione ai richiedenti, le parti possono presentarsi all'ufficiale dello stato civile per costituire l'unione civile.

2. Quando è accertata l'insussistenza dei presupposti o la sussistenza di un impedimento, l'ufficiale dello stato civile ne dà comunicazione alle parti e non procede alla costituzione dell'unione civile.

3. I documenti presentati o acquisti sono registrati, dopo la costituzione dell'unione civile, negli archivi di cui all'articolo 10.

4. Quando la costituzione dell'unione civile non avviene nei centottanta giorni successivi al termine o alla comunicazione di cui al comma 1, la richiesta delle parti e le verifiche dell'ufficiale dello stato civile si considerano come non avvenute.

70-*quater*. ***Costituzione dell'unione civile per delega.*** — 1. Quando vi è necessità o convenienza di costituire l'unione civile in un comune diverso da quello in cui è stata presentata la richiesta, l'ufficiale dello stato civile, completate le verifiche di cui all'articolo 70-*bis*, su istanza delle parti, delega per iscritto l'ufficiale dello stato civile del comune dalle stesse indicato.

70-*quinquies*. ***Impedimenti.*** — 1. Quando a costituire l'unione civile osta un impedimento per il quale è stata concessa autorizzazione a termini delle disposizioni del codice civile, una delle parti dell'unione civile deve presentare copia del relativo provvedimento.

70-*sexies*. ***Casi particolari***. — 1. Quando una delle parti che chiede la costituzione dell'unione civile è un cittadino italiano residente all'estero, l'ufficiale dello stato civile al quale è fatta richiesta effettua le verifiche di cui all'articolo 70-*bis*, anche presso il competente ufficio consolare. Se invece la richiesta di costituzione dell'unione civile viene fatta all'autorità consolare, quest'ultima effettua le verifiche di cui all'articolo 70-*bis* tramite l'ufficiale dello stato civile del comune di iscrizione anagrafica.

70-*septies*. *Registrazioni*. — 1. I documenti che giustificano le enunciazioni contenute nel processo verbale di richiesta di costituzione dell'unione civile sono registrati, costituita l'unione civile, di seguito all'atto di costituzione dell'unione civile negli archivi di cui all'articolo 10.

70-*octies*. *Costituzione dell'unione civile*. — 1. Trascorso il termine previsto dall'articolo 70-*ter*, comma 1, l'ufficiale dello stato civile può procedere alla costituzione dell'unione civile.

2. Le parti, nel giorno prescelto, si presentano e rendono personalmente e congiuntamente, alla presenza di due testimoni, all'ufficiale dello stato civile del comune dove è stata presentata la richiesta, la dichiarazione di voler costituire unione civile.

3. Le parti possono dichiarare di assumere, per la durata dell'unione civile, un cognome comune scegliendolo tra i loro cognomi. La parte può anteporre o posporre al cognome comune il proprio cognome, se diverso, facendone dichiarazione all'ufficiale dello stato civile. Possono inoltre dichiarare di scegliere il regime della separazione dei beni nei loro rapporti patrimoniali.

4. L'ufficiale dello stato civile, ricevuta la dichiarazione di cui al comma 2, fatta menzione del contenuto dei commi 11 e 12 dell'articolo 1 della legge 20 maggio 2016, n. 76, iscrive l'atto di costituzione dell'unione civile nel registro delle unioni civili. Tale atto, dopo essere stato letto agli intervenuti, è sottoscritto dalle parti, dai testimoni e dall'ufficiale dello stato civile.

5. Nell'ipotesi di cui all'articolo 31, comma 4-*bis*, del decreto legislativo 1° settembre 2011, n. 150, l'ufficiale dello stato civile del comune di celebrazione del matrimonio o di trascrizione se avvenuto all'estero, ricevuta la comunicazione della sentenza di rettificazione di attribuzione di sesso, procede all'iscrizione dell'unione civile nel registro delle unioni civili con le eventuali annotazioni relative alla scelta del cognome ed al regime patrimoniale.

70-*novies*. *Costituzione dell'unione civile fuori della casa comunale*. — 1. Se una delle parti dell'unione civile, per infermità o per altro impedimento giustificato all'ufficio dello stato civile, è nell'impossibilità di recarsi alla casa comunale, l'ufficiale si trasferisce col segretario nel luogo in cui si trova la parte impedita e, ivi, alla presenza di due testimoni, procede alla costituzione dell'unione civile.

70-*decies*. *Costituzione dell'unione civile in imminente pericolo di vita*. — 1. Nel caso di imminente pericolo di vita di una delle parti, l'ufficiale di stato civile del luogo può procedere alla costituzione senza le verifiche di cui all'articolo 70-*bis*, comma 2, purché le parti prima giurino che non esistono tra loro impedimenti.

2. L'ufficiale dello stato civile dichiara nell'atto di costituzione dell'unione il modo con cui ha accertato l'imminente pericolo di vita e procede secondo le modalità di cui all'articolo 70-*novies*.

70-*undecies*. *Opposizione del pubblico ministero*. — 1. L'ufficiale dello stato civile, se conosce che osta alla costituzione dell'unione civile un impedimento che non è stato dichiarato, deve immediatamente informare il procuratore della Repubblica, affinché questi possa proporre opposizione alla costituzione dell'unione civile.

2. L'atto di opposizione deve essere proposto con ricorso al presidente del tribunale del luogo dove è stata richiesta la costituzione dell'unione civile che fissa con decreto la comparizione delle parti davanti al collegio per una data compresa tra i tre e i dieci giorni da quella di presentazione del ricorso e dispone che ricorso e decreto siano comunicati al procuratore della Repubblica e siano notificati, a cura del ricorrente, entro il giorno precedente a quello fissato per la comparizione, alle parti dell'unione civile e all'ufficiale dello stato civile del comune nel quale deve essere costituita l'unione civile.

3. Il tribunale, sentite le parti ed acquisiti senza particolari formalità gli elementi del caso, decide con decreto motivato avente efficacia immediata, indipendentemente dall'eventuale reclamo.

4. Se l'opposizione è stata proposta da chi ne ha facoltà, per causa ammessa dalla legge, il presidente del tribunale può, con proprio decreto, ove ne sussista la opportunità, sospendere la costituzione dell'unione civile sino a che sia stata rimossa la opposizione.

70-*duodecies*. *Termine per l'opposizione*. — 1. L'opposizione all'unione civile può essere sempre proposta prima della sua costituzione.

70-*terdecies*. *Annotazione dell'opposizione*. — 1. Nel processo verbale di richiesta di costituzione della unione civile deve essere annotato l'atto di opposizione.

2. Nello stesso verbale si deve altresì annotare il decreto che rigetta od accoglie l'opposizione o il provvedimento di estinzione del giudizio.

70-*quaterdecies*. *Contenuto dell'atto di costituzione dell'unione civile*. — 1. L'atto di costituzione dell'unione civile deve specificamente indicare:

a) il nome e il cognome, il luogo e la data di nascita, la cittadinanza e la residenza delle parti dell'unione civile; il nome, il cognome, il luogo e la data di nascita e la residenza dei testimoni;

b) la data della richiesta di costituzione dell'unione civile, salvo il caso di cui all'articolo 70-*decies*;

c) il decreto di autorizzazione quando ricorre alcuno degli impedimenti di legge, salvo il caso di cui all'articolo 70-*decies*;

d) la menzione dell'avvenuta lettura del contenuto dei commi 11 e 12 dell'articolo 1 della legge 20 maggio 2016, n. 76;

e) la dichiarazione delle parti di voler costituire l'unione civile;

f) il luogo della costituzione dell'unione civile nel caso di imminente pericolo di vita e di costituzione fuori della casa comunale ed il motivo del trasferimento dell'ufficiale dello stato civile in detto luogo.

2. Quando contemporaneamente alla costituzione dell'unione civile le parti dichiarano di scegliere il cognome comune, a norma dell'articolo 1, comma 10, della legge 20 maggio 2016, n. 76, la dichiarazione è inserita nell'atto stesso di costituzione dell'unione civile. Ugualmente si provvede nel caso di scelta del regime di separazione dei beni o di scelta della legge applicabile ai loro rapporti patrimoniali operata in base alle vigenti norme di diritto internazionale privato.

70-*quinquiesdecies*. *Certificazione dell'unione civile*. — 1. La certificazione dell'unione civile riporta i dati anagrafici delle parti, l'indicazione del regime patrimoniale e della residenza, oltre ai dati anagrafici ed alla residenza dei testimoni.

2. Nei documenti e atti in cui è prevista l'indicazione dello stato civile, per le parti dell'unione civile sono riportate le seguenti formule: "unito civilmente" o "unita civilmente".

TITOLO IX
Delle registrazioni degli atti di morte

71. *Iscrizioni e trascrizioni*. — 1. Negli archivi di cui all'art. 10, si iscrivono:

a) le dichiarazioni di morte che sono fatte direttamente all'ufficiale dello stato civile;

b) gli atti di morte che l'ufficiale dello stato civile forma in seguito ad avviso, notizia e denuncia avuti da ospedali, da case di cura o di riposo, da collegi, da istituti o da qualsiasi altro stabilimento, da magistrati o da ufficiali di polizia giudiziaria;

c) gli atti di morte ai quali, per la particolarità del caso, non si adattano le formule predisposte;

d) gli atti formati ai sensi degli artt. 75 e 78.

2. Nei medesimi archivi si trascrivono:

a) gli atti di morte ricevuti dall'estero;

b) gli atti e i processi verbali relativi a morti avvenute durante un viaggio marittimo, aereo o ferroviario;

c) gli atti di morte, compilati dagli ufficiali designati nelle zone di operazioni eseguite come forze di pace o di guerra.

72. *Dichiarazione di morte*. — 1. La dichiarazione di morte è fatta non oltre le ventiquattro ore dal decesso all'ufficiale dello stato civile del luogo dove questa è avvenuta o, nel caso in cui tale luogo si ignori, del luogo dove il cadavere è stato deposto.

2. La dichiarazione è fatta da uno dei congiunti o da una persona convivente con il defunto o da un loro delegato o, in mancanza, da persona informata del decesso.

3. In caso di morte in un ospedale, casa di cura o di riposo; collegio, istituto o qualsiasi altro stabilimento, il direttore o chi ne è stato delegato dall'amministrazione deve trasmettere avviso della morte, nel termine fissato dal comma 1, all'ufficiale dello stato civile, con le indicazioni stabilite nell'art. 73.

73. *Atto di morte*. — 1. L'atto di morte deve enunciare il luogo, il giorno e l'ora della morte, il nome e il cognome, il luogo e la data di nascita, la residenza e la cittadinanza del defunto, il nome e il cognome del coniuge o della parte a lui unita civilmente, se il defunto era coniugato, vedovo o divorziato, unito civilmente o se l'unione civile si era in precedenza sciolta per una delle cause di cui all'articolo 1, commi da 22 a 26, della legge 20 maggio 2016, n. 76; il nome e il cognome, il luogo e la data di nascita e la residenza del dichiarante. Se taluna delle anzidette indicazioni non è nota, ma il cadavere è stato tuttavia riconosciuto, l'ufficiale dello stato civile fa di ciò espressa menzione nell'atto.[1]

2. In qualunque caso di morte violenta o avvenuta in un istituto di prevenzione o di pena non si fa menzione nell'atto di tali circostanze.

[1] Comma così modif. dall'art. 1, c. 1, lett. *u*), D.lgs. 19 gen. 2017, n. 5.

74. *Inumazione, tumulazione e cremazione*. — 1. Non si può far luogo ad inumazione o tumulazione di un cadavere senza la preventiva autorizzazione dell'ufficiale dello stato civile, da rilasciare in carta semplice e senza spesa.

2. L'ufficiale dello stato civile non può accordare l'autorizzazione se non sono trascorse ventiquattro ore dalla morte, salvi i casi espressi nei regolamenti speciali, e dopo che egli si è accertato della morte medesima per mezzo di un medico necroscopo o di un altro delegato sanitario; questi deve rilasciare un certificato scritto dalla visita fatta nel quale, se del caso, deve indicare la esistenza di indizi di morte dipendente da reato o di morte violenta. Il certificato è annotato negli archivi di cui all'art. 10.

3. In caso di cremazione si applicano le disposizioni di cui agli artt. 79 e seguenti del decreto del Presidente della Repubblica 10 set. 1990, n. 285.

75. *Inumazioni, tumulazioni e cremazioni senza autorizzazione*. — 1. Chi ha notizia che un cadavere è stato inumato o tumulato senza l'autorizzazione dell'ufficiale dello stato civile, o è stato cremato senza l'autorizzazione del sindaco, ne deve riferire immediatamente al procuratore della Repubblica; questi, a sua volta, dà immediata comunicazione del fatto all'ufficiale dello stato civile se non è stato costui a riferirgliene. Se l'atto di morte non è stato già formato, l'ufficiale dello stato civile lo redige esclusivamente in conformità agli elementi contenuti nel decreto del tribunale dato con il procedimento di rettificazione, su istanza di persona interessata o del procuratore della Repubblica. Il decreto deve essere menzionato nell'atto e inserito negli archivi di cui all'art. 10.

76. ***Denuncia di ipotesi di reato.*** — 1. L'ufficiale dello stato civile che, nell'accertare la morte di una persona ai fini dell'autorizzazione alla inumazione o alla tumulazione, o il sindaco che, ai fini dell'autorizzazione alla cremazione, rilevi qualche indizio di morte dipendente da reato, o ne abbia comunque conoscenza, deve farne immediata denuncia al procuratore della Repubblica dando, intanto, se occorre, le disposizioni necessarie affinché il cadavere non sia rimosso dal luogo in cui si trova.

77. ***Accertamenti legali.*** — 1. Quando risultano segni o indizi di morte violenta, o vi è ragione di sospettarla per altre circostanze, non si può inumare, tumulare o cremare il cadavere se non dopo che il magistrato o l'ufficiale di polizia giudiziaria, assistito da un medico, ha redatto il processo verbale sullo stato del cadavere, sulle circostanze relative alla morte e sulle notizie che ha potuto raccogliere circa il nome e il cognome, il luogo e la data di nascita e la residenza del defunto.

2. Il magistrato o l'ufficiale di polizia giudiziaria deve prontamente dare all'ufficiale dello stato civile del luogo dove è morta la persona e, quando questo non è noto, del luogo dove il cadavere è stato deposto, le notizie necessarie alla formazione dell'atto di morte.

78. ***Irreperibilità o irriconoscibilità di cadavere.*** — 1. Nel caso di morte di una o più persone senza che sia possibile rinvenirne o riconoscerne i cadaveri, il procuratore della Repubblica redige processo verbale dell'accaduto.

2. L'atto di morte viene formato con la procedura di rettificazione sulla base del decreto emesso dal tribunale.

3. La relativa azione è promossa dal procuratore della Repubblica.

79. ***Morte in viaggio marittimo o aereo.*** — 1. Se la morte avviene durante un viaggio marittimo, si osservano le disposizioni degli artt. 203 e 212 del codice della navigazione o, in caso si tratti di navi militari, quelle del relativo regolamento per il servizio di bordo, in quanto compatibili con il presente regolamento.

2. Se la morte avviene durante un viaggio aereo, si osservano le disposizioni degli artt. 835 e 838 del codice della navigazione, in quanto compatibili con il presente regolamento.

3. Per la trascrizione degli atti e dei processi verbali relativi a morti avvenute durante un viaggio marittimo o aereo, è competente l'ufficiale dello stato civile del luogo di primo approdo della nave o dell'aeromobile o, in caso di naufragio della nave o di perdita dell'aeromobile, del luogo in cui vengono formati i processi verbali di scomparsa; se tale luogo si trova in Paese estero, le autorità diplomatiche o consolari devono trasmettere all'ufficiale dello stato civile competente, ai sensi dell'art. 17, copia degli atti formati o acquisiti.

4. L'estratto delle annotazioni fatte nel giornale generale e di contabilità di cui agli artt. 205, secondo comma, e 207 del codice della navigazione, e ogni altro documento trasmesso, sono annotati negli archivi di cui all'art. 10.

80. ***Morte in viaggio per ferrovia.*** — 1. Se la morte avviene durante un viaggio ferroviario, il capo del convoglio redige un processo verbale con le dichiarazioni stabilite nel presente titolo e lo consegna al capo della stazione nella quale si effettua la prima fermata del convoglio; il capo della stazione lo trasmette all'ufficiale dello stato civile del luogo, competente per la sua trascrizione.

81. ***Annotazioni.*** — 1. L'ufficiale dello stato civile che registra l'atto di morte, lo annota su quello di nascita del defunto. Se la nascita è avvenuta in altro comune o il defunto risiedeva altrove al momento della morte, egli deve dare prontamente comunicazione della morte agli ufficiali dello stato civile del luogo di nascita e di quello di residenza del defunto, che devono provvedere rispettivamente all'annotazione o alla trascrizione del relativo atto.

2. Negli atti di morte si annotano i decreti di rettificazione ad essi relativi e l'intervenuto riconoscimento o la legittimazione del defunto, ai sensi degli artt. 255 e 282 del codice civile, nonché le sentenze che, ai sensi dell'art. 67 del codice civile, dichiarano la esistenza delle persone di cui era stata dichiarata la morte presunta o ne accertano la morte.

82. ***Comunicazione al giudice tutelare.*** — 1. L'ufficiale dello stato civile che ha formato o trascritto l'atto di morte, entro dieci giorni dalla formazione dell'atto, deve dare notizia al giudice tutelare della morte di persona che ha lasciato figli in età minore, ai sensi dell'art. 345, primo comma, del codice civile.

83. ***Morte dello straniero.*** — 1. Nel caso di morte di cittadino straniero nello Stato, l'ufficiale dello stato civile spedisce sollecitamente copia dell'atto di morte al Ministero degli affari esteri per la trasmissione all'autorità diplomatica o consolare dello Stato di cui il defunto era cittadino.

TITOLO X
Dei cambiamenti e delle modificazioni del nome e del cognome[1]

1 Ai sensi dell'art. 13, L. 11 gen. 2018, n. 4, «1. I figli della vittima del reato di cui all'articolo 575, aggravato ai sensi dell'articolo 577, primo comma, numero 1), e secondo comma, del codice penale possono chiedere la modificazione del proprio cognome, ove coincidente con quello del genitore condannato in via definitiva.

2. Ai fini del comma 1, la domanda di modificazione del cognome per indegnità del genitore è presentata, a norma dell'articolo 89 del regolamento di cui al decreto del Presidente della Repubblica 3 novembre 2000, n. 396, personalmente dal figlio maggiorenne o, previa autorizzazione del giudice tutelare, dal tutore del figlio minorenne.

3. Nel caso di persona interdetta in via giudiziale, gli atti finalizzati all'esercizio dei diritti previsti dal presente articolo sono compiuti, nell'interesse della persona, dal tutore, previa autorizzazione del giudice tutelare. Nel caso di persona beneficiaria di amministrazione di sostegno, il giudice tutelare dispone se tali atti possano essere compiuti dall'amministratore di sostegno ovvero dal beneficiario, con l'assistenza dell'amministratore di sostegno, ovvero se il beneficiario conservi per tali atti la capacità di agire.

4. In deroga agli articoli 90, 91 e 92 del regolamento di cui al decreto del Presidente della Repubblica 3 novembre 2000, n. 396, il prefetto, ricevuta la domanda, autorizza il richiedente a far affiggere all'albo pretorio del comune di nascita o di sua attuale residenza un avviso contenente il sunto della domanda. L'affissione deve avere la durata di dieci giorni consecutivi, trascorsi i quali il prefetto provvede sulla domanda con decreto di autorizzazione alla modificazione del cognome.

5. Alla modificazione del cognome di cui al presente articolo si applicano le disposizioni di cui all'articolo 94 del regolamento di cui al decreto del Presidente della Repubblica 3 novembre 2000, n. 396.».

84-88. [Abrogati][1]

[1] Articoli abrog. dall'art. 6 del D.P.R. 13 mar. 2012, n. 54.

89. ***Modificazioni del nome o del cognome.*** — 1. Salvo quanto disposto per le rettificazioni, chiunque vuole cambiare il nome o aggiungere al proprio un altro nome ovvero vuole cambiare il cognome, anche perché ridicolo o vergognoso o perché rivela l'origine naturale o aggiungere al proprio un altro cognome, deve farne domanda al prefetto della provincia del luogo di residenza o di quello nella cui circoscrizione è situato l'ufficio dello stato civile dove si trova l'atto di nascita al quale la richiesta si riferisce. Nella domanda l'istante deve esporre le ragioni a fondamento della richiesta.[1]

2. Nella domanda si deve indicare la modificazione che si vuole apportare al nome o al cognome oppure il nome o il cognome che si intende assumere.

3. In nessun caso può essere richiesta l'attribuzione di cognomi di importanza storica o comunque tali da indurre in errore circa l'appartenenza del richiedente a famiglie illustri o particolarmente note nel luogo in cui si trova l'atto di nascita del richiedente o nel luogo di sua residenza.

[1] Comma così sost. dall'art. 2 del D.P.R. 13 mar. 2012, n. 54.

90. ***Affissione.*** — 1. Il prefetto, assunte informazioni sulla domanda, se la ritiene meritevole di essere presa in considerazione, autorizza con suo decreto il richiedente a fare affiggere all'albo pretorio del comune di nascita e di attuale residenza del medesimo richiedente un avviso contenente il sunto della domanda. L'affissione deve avere la durata di giorni trenta consecutivi e deve risultare dalla relazione fatta dal responsabile in calce all'avviso.

1-*bis*. Il decreto di autorizzazione della pubblicazione può stabilire che il richiedente notifichi a determinate persone il sunto della domanda.[1]

[1] Comma aggiunto dall'art. 3 del D.P.R. 13 mar. 2012, n. 54.

91. ***Opposizione.***[1] — 1. Chiunque ne abbia interesse può fare opposizione alla domanda entro il termine di trenta giorni dalla data dell'ultima affissione ovvero dalla data dell'ultima notificazione alle persone interessate, effettuata ai sensi dell'articolo 90. L'opposizione si propone con atto notificato al prefetto.

[1] Articolo così sost. dall'art. 4 del D.P.R. 13 mar. 2012, n. 54.

92. ***Decreto di concessione del prefetto.***[1] — 1. Trascorso il termine di cui all'articolo 91, il richiedente presenta al prefetto un esemplare dell'avviso con la relazione attestante l'eseguita affissione e la sua durata nonché la documentazione comprovante le avvenute notificazioni, ove prescritte.

2. Il prefetto, accertata la regolarità delle affissioni e delle notificazioni e vagliate le eventuali opposizioni, provvede sulla domanda con decreto.

3. Il decreto di concessione di cui al comma 2, nei casi in cui vi è stata opposizione, deve essere notificato, a cura del richiedente, agli opponenti.

[1] Articolo così sost. dall'art. 5 del D.P.R. 13 mar. 2012, n. 54.

93. ***Esenzione fiscale.*** — 1. In tutti i casi di cambiamento di nomi e cognomi perché ridicoli o vergognosi o perché rivelanti origine naturale, le domande e i provvedimenti contemplati in questo capo, le copie relative, gli scritti e i documenti eventualmente prodotti dall'interessato sono esenti da ogni tassa.

94. ***Annotazioni ed altre formalità.*** — 1. I decreti che autorizzano il cambiamento o la modificazione del nome o del cognome devono essere annotati, su richiesta degli interessati, nell'atto di nascita del richiedente, nell'atto di matrimonio del medesimo e negli atti di nascita di coloro che ne hanno derivato il cognome. L'ufficiale dello stato civile del luogo di residenza, se la nascita o il matrimonio è avvenuto in altro comune, deve dare prontamente avviso del cambiamento o della modifica all'ufficiale dello stato civile del luogo della nascita o del matrimonio, che deve provvedere ad analoga annotazione.

2. Gli effetti dei decreti rimangono sospesi fino all'adempimento della formalità indicate nel comma 1.

3. Per i membri di una stessa famiglia si può provvedere con unico decreto.

TITOLO XI
Delle procedure giudiziali di rettificazione relative agli atti dello stato civile e delle correzioni

95. ***Ricorso.*** — 1. Chi intende promuovere la rettificazione di un atto dello stato civile o la ricostituzione di un atto distrutto o smarrito o la formazione di un atto omesso o la cancellazione di un atto indebitamente registrato, o intende opporsi a un rifiuto dell'ufficiale dello stato civile di ricevere in tutto o in parte una dichiarazione o di eseguire una trascrizione, una annotazione o altro adempimento, deve proporre ricorso al tribunale nel cui circondario si trova l'ufficio dello stato civile presso il quale è registrato l'atto di cui si tratta o presso il quale si chiede che sia eseguito l'adempimento.

2. Il procuratore della Repubblica può in ogni tempo promuovere il procedimento di cui al comma 1.

3. L'interessato può comunque richiedere il riconoscimento del diritto al mantenimento del cognome originariamente attribuitogli se questo costituisce ormai autonomo segno distintivo della sua identità personale.

96. ***Procedimento.*** — 1. Il tribunale, può, senza particolari formalità, assumere informazioni, acquisire documenti e disporre l'audizione dell'ufficiale dello stato civile.

2. Il tribunale, prima di provvedere, deve sentire il procuratore della Repubblica e gli interessati e richiedere, se del caso, il parere del giudice tutelare.

3. Sulla domanda il tribunale provvede in camera di consiglio con decreto motivato. Si applicano, in quanto compatibili, gli artt. 737 e seguenti del codice di procedura civile nonché, per quanto riguarda i soggetti cui non può essere opposto il decreto di rettificazione, l'art. 455 del codice civile.

97. ***Atti dell'autorità diplomatica e consolare.*** — 1. Le disposizioni di cui agli artt. 95 e 96 si applicano, altresì, per gli atti di competenza dell'autorità diplomatica o consolare. È competente in tal caso il tribunale nel cui circondario è registrato o avrebbe dovuto essere registrato l'atto da rettificarsi.

98. ***Correzioni.*** — 1. L'ufficiale dello stato civile, d'ufficio o su istanza di chiunque ne abbia interesse, corregge gli errori materiali di scrittura in cui egli sia incorso nella redazione degli atti mediante annotazione dandone contestualmente avviso al prefetto, al procuratore della Repubblica del luogo dove è stato registrato l'atto nonché agli interessati.

2. L'ufficiale dello stato civile provvede con le stesse modalità di cui al comma 1 nel caso in cui riceva, per la registrazione, un atto di nascita relativo a cittadino italiano nato all'estero nel matrimonio ovvero relativo a cittadino italiano riconosciuto come figlio nato fuori del matrimonio ai sensi dell'articolo 262, primo comma, del codice civile, al quale sia stato imposto un cognome diverso da quello ad esso spettante per la legge italiana. Quest'ultimo cognome deve essere indicato nell'annotazione.[1]

3. Avverso la correzione, il procuratore della Repubblica o chiunque ne abbia interesse può proporre, entro trenta giorni dal ricevimento dell'avviso, opposizione mediante ricorso al tribunale che decide in camera di consiglio con decreto motivato che ha efficacia immediata.

[1] Comma così sost. dall'art. 1, c. 1, lett. *q*), D.P.R. 30 gen. 2015, n. 26.

99. ***Correzioni dell'autorità diplomatica o consolare.*** — 1. Alla correzione degli errori materiali di scrittura, in cui sia incorsa l'autorità diplomatica o consolare, provvede l'autorità medesima secondo le modalità di cui all'art. 98.

2. Il ricorso in opposizione avverso la correzione operata dall'autorità diplomatica o consolare si propone al tribunale nel cui circondario si trova l'ufficio dello stato civile in cui è stato registrato o avrebbe dovuto essere registrato l'atto.

100. ***Competenza.*** — 1. I tribunali della Repubblica sono competenti a disporre le rettificazioni e le correzioni di cui ai precedenti articoli anche per gli atti dello stato civile ricevuti da autorità straniere, trascritti in Italia, ed a provvedere per la cancellazione di quelli indebitamente trascritti nonché per la formazione di quelli omessi o indispensabili che si sarebbero dovuti registrare in Italia, nei casi in cui non sia utilizzabile la procedura di cui all'art. 20. La competenza spetta al tribunale nel cui circondario si sarebbe dovuto registrare l'atto ovvero al tribunale per i minorenni che ha pronunciato sull'adozione di minore straniero.

101. ***Trasmissione di atti.*** — 1. Il cancelliere trasmette di ufficio, per l'esecuzione all'ufficiale dello stato civile copia dei decreti emessi a norma degli artt. 96, comma 3, e 98, comma 3. Altrimenti gli atti suddetti sono acquisiti dall'ufficiale dello stato civile su richiesta anche verbale di chiunque vi ha interesse.

TITOLO XII
Delle annotazioni

102. ***Procedure di annotazione.*** — 1. Le annotazioni disposte per legge od ordinate dall'autorità giudiziaria si eseguono per l'atto al quale si riferiscono, registrato negli archivi di cui all'art. 10, direttamente e senza altra formalità dall'ufficiale dello stato civile di ufficio o su istanza di parte.

2. Le annotazioni che sono eseguite in base ad atti o provvedimenti dei quali è anche prescritta la registrazione negli archivi di cui all'art. 10 devono essere precedute dalla detta registrazione.

3. In ogni caso nelle annotazioni occorre indicare per la registrazione negli archivi di cui all'art. 10, l'atto o il provvedimento in base al quale esse sono eseguite.

4. Le annotazioni sono datate e sottoscritte dall'ufficiale dello stato civile.

5. Le annotazioni apposte sugli atti iscritti vanno riportate su quelli trascritti a cura dell'ufficiale dello stato civile che le ha eseguite. In caso di più trascrizioni, l'annotazione si effettua soltanto nell'ultimo atto trascritto.

103. ***Forma delle annotazioni.*** — 1. Le annotazioni sugli atti contenuti negli archivi di cui all'art. 10, devono risultare di seguito all'atto cui si riferiscono e di cui costituiscono parte integrante.

TITOLO XIII
Delle verificazioni

104. ***Verifiche ordinarie e straordinarie.*** — 1. Il prefetto, o chi da lui delegato, si deve recare almeno una volta ogni anno negli uffici dello stato civile compresi nella propria provincia per verificare se gli archivi sono tenuti con regolarità e con precisione.

2. Può procedersi in ogni tempo a verificazione straordinaria disposta di ufficio.

105. ***Verbale di verificazione.*** — 1. Chi ha effettuato la verificazione redige processo verbale nel quale sono indicati il giorno in cui ha avuto luogo la verificazione, il numero degli atti esistenti e verificati e le osservazioni fatte.

TITOLO XIV
Degli estratti degli atti dello stato civile e dei relativi certificati

106. ***Estratti per riassunto.*** — 1. Gli estratti degli atti dello stato civile sono rilasciati per riassunto, riportando le indicazioni contenute nell'atto stesso e nelle relative annotazioni. Se nell'atto sono state fatte annotazioni o apportate rettificazioni o correzioni che modificano o integrano il testo dell'atto, l'estratto è formato avuto riguardo alle annotazioni e alle rettificazioni o correzioni tralasciando qualsiasi riferimento a quelle parti dell'atto modificate o integrate in base alle annotazioni o rettificazioni o correzioni medesime.

107. ***Estratti per copia integrale.*** — 1. Gli estratti degli atti dello stato civile possono essere rilasciati dall'ufficiale dello stato civile per copia integrale soltanto quando ne è fatta espressa richiesta da chi vi ha interesse e il rilascio non è vietato dalla legge.

2. L'estratto per copia integrale deve contenere:

a) la trascrizione esatta dell'atto come trovasi negli archivi di cui all'art. 10, compresi il numero e le firme appostevi;

b) le singole annotazioni che si trovano sull'atto originale;

c) l'attestazione, da parte di chi rilascia l'estratto, che la copia è conforme all'originale.

108. ***Contenuto.*** — 1. Ogni estratto degli atti dello stato civile deve contenere:

a) l'indicazione di estratto per riassunto o per copia integrale;

b) la sottoscrizione dell'ufficiale dello stato civile o del funzionario delegato;

c) il bollo dell'ufficio.

2. I certificati di stato civile devono contenere le generalità come per legge delle persone a cui i singoli eventi si riferiscono e gli estremi dei relativi atti. I dati suddetti possono essere desunti anche dagli atti anagrafici.

3. Restano salve le disposizioni di cui alla L. 31 ott. 1955, n. 1064, e di cui al decreto del Presidente della Repubblica 2 mag. 1957, n. 432.

TITOLO XV
Disposizioni transitorie e finali

109-110. (*Omissis*).

SUCCESSIONI

- 1 -

D.lgs. 31 ott. 1990, n. 346

Testo unico delle disposizioni concernenti l'imposta sulle successioni e donazioni

(G.U. 27 nov. 1990, n. 227, Suppl.)

1-27. (*Omissis*).

28. ***Dichiarazione della successione.*** — 1. La dichiarazione della successione deve essere presentata all'ufficio del registro competente, che ne rilascia ricevuta; può essere spedita per raccomandata e si considera presentata, in tal caso, nel giorno in cui è consegnata all'ufficio postale, che appone su di essa o sul relativo involucro il timbro a calendario.

2. Sono obbligati a presentare la dichiarazione: i chiamati all'eredità e i legatari, anche nel caso di apertura della successione per dichiarazione di morte presunta, ovvero i loro rappresentanti legali; gli immessi nel possesso temporaneo dei beni dell'assente; gli amministratori dell'eredità e i curatori delle eredità giacenti; gli esecutori testamentari.

3. La dichiarazione della successione deve, a pena di nullità, essere redatta su stampato fornito dall'ufficio del registro o conforme[1] al modello approvato con decreto del Ministro delle finanze pubblicato nella *Gazzetta Ufficiale*, e deve essere sottoscritta da almeno uno degli obbligati o da un suo rappresentante negoziale.

4. Se più soggetti sono obbligati alla stessa dichiarazione questa non si considera omessa se presentata da uno solo.

5. I chiamati all'eredità e i legatari sono esonerati dall'obbligo della dichiarazione se, anteriormente alla scadenza del termine stabilito nell'art. 31, hanno rinunziato all'eredità o al legato o, non essendo nel possesso di beni ereditari, hanno chiesto la nomina di un curatore dell'eredità a norma dell'art. 528, primo comma, del codice civile, e ne hanno informato per raccomandata l'ufficio del registro, allegando copia autentica della dichiarazione di rinunzia all'eredità o copia dell'istanza di nomina autenticata dal cancelliere della pretura.

6. Se dopo la presentazione della dichiarazione della successione sopravviene un evento, diverso da quelli indicati all'art. 13, comma 4, e dall'erogazione di rimborsi fiscali che dà luogo a mutamento della devoluzione dell'eredità o del legato ovvero ad applicazione dell'imposta in misura superiore, i soggetti obbligati, anche se per effetto di tale evento, devono presentare dichiarazione sostitutiva o integrativa. Si applicano le disposizioni dei commi 1, 3 e 8.[2]

6-*bis*. I rimborsi fiscali di competenza dell'Agenzia delle entrate, spettanti al defunto, sono erogati, salvo diversa comunicazione degli interessati, ai chiamati all'eredità come indicati nella dichiarazione di successione dalla quale risulta che l'eredità è devoluta per legge, per l'importo corrispondente alla rispettiva quota ereditaria. Il chiamato all'eredità che non intende accettare il rimborso fiscale riversa l'importo erogato all'Agenzia delle entrate. Con provvedimento del Direttore dell'Agenzia delle entrate sono definite le modalità di trasmissione della comunicazione di cui al primo periodo. Alle disposizioni di cui al presente comma si provvede mediante le risorse finanziarie, umane e strumentali previste a legislazione vigente, senza nuovi o maggiori oneri a carico della finanza pubblica.[3]

7. Non vi è obbligo di dichiarazione se l'eredità è devoluta al coniuge e ai parenti in linea retta del defunto e l'attivo ereditario ha un valore non superiore a euro centomila e non comprende beni immobili o diritti reali immobiliari, salvo che per effetto di sopravvenienze ereditarie queste condizioni vengano a mancare.[2]

8. La dichiarazione nulla si considera omessa.

[1] Parole così sost. dall'art. 23, L. 30 dic. 1991, n. 413.

[2] Comma così modif. dall'art. 11, c. 1, D.lgs. 21 nov. 2014, n. 175.

[3] Comma ins. dall'art. 5, D.L. 21 giu. 2022, n. 73, conv. con modif. in L. 4 ago. 2022, n. 122.

29. ***Contenuto della dichiarazione.*** — 1. Dalla dichiarazione della successione devono risultare:

a) le generalità, l'ultima residenza e il codice fiscale del defunto;

b) le generalità, la residenza e il codice fiscale dei chiamati all'eredità e dei legatari, il loro grado di parentela o affinità col defunto e le eventuali accettazioni o rinunzie;

c) la descrizione analitica dei beni e dei diritti compresi nell'attivo ereditario con l'indicazione dei rispettivi valori;

d) gli estremi degli atti di alienazione a titolo oneroso di cui all'art. 10, con l'indicazione dei relativi corrispettivi;

e) i modi di impiego delle somme riscosse dal defunto a seguito di alienazioni di beni e assunzioni di debiti negli ultimi sei mesi, con l'indicazione dei documenti di prova;

f) gli estremi delle donazioni fatte dal defunto agli eredi o legatari, comprese quelle presunte di cui all'art. 1, comma 3, con l'indicazione dei relativi valori alla data di apertura della successione;

g) i crediti contestati giudizialmente, con l'indicazione degli estremi dell'iscrizione a ruolo della causa e delle generalità e residenza dei debitori;

h) i crediti verso lo Stato e gli enti pubblici di cui all'art. 12, comma 1, lettera *e*);

i) le passività e gli oneri deducibili, con l'indicazione dei documenti di prova;

l) il domicilio eletto nello Stato italiano dagli eredi o legatari residenti all'estero;

m) il valore globale netto dell'asse ereditario;

n) le riduzioni e detrazioni di cui agli artt. 25 e 26, con l'indicazione dei documenti di prova;

n-bis) gli estremi dell'avvenuto pagamento delle

imposte ipotecarie e catastale, di bollo, delle tasse ipotecarie e dell'imposta sostitutiva di quella comunale sull'incremento di valore degli immobili.[1]

2. Se il dichiarante è un legatario, dalla dichiarazione devono risultare solo gli elementi di cui al comma 1, lettere *a*) e *b*), nonché quelli di cui alle lettere *c*), *i*) e *n*) limitatamente all'oggetto del legato, alla lettera *f*) limitatamente alle donazioni a suo favore e alla lettera *l*) limitatamente al suo domicilio.

3. Le somme e i valori devono essere indicati con arrotondamento dei relativi importi alle mille lire, per difetto se la frazione non è superiore a cinquecento lire, per eccesso se è superiore.

[1] Lettera così inserita dall'art. 11 del D.L. 28 mar. 1997, n. 79, conv. con modif. in L. 28 mag. 1997, n. 140.

30. ***Allegati alla dichiarazione.*** — 1. Alla dichiarazione devono essere allegati:

a) il certificato di morte o la copia autentica della sentenza dichiarativa dell'assenza o della morte presunta;

b) il certificato di stato di famiglia del defunto e quelli degli eredi e legatari che sono in rapporto di parentela o affinità con lui, nonché i documenti di prova della parentela naturale;

c) la copia autentica degli atti di ultima volontà dai quali è regolata la successione;

d) la copia autentica dell'atto pubblico o della scrittura privata autenticata dai quali risulta l'eventuale accordo delle parti per l'integrazione dei diritti di legittima lesi;

e) gli estratti catastali relativi agli immobili;

f) un certificato dei pubblici registri recante l'indicazione degli elementi di individuazione delle navi e degli aeromobili;

g) la copia autentica dell'ultimo bilancio o inventario di cui all'art. 15, comma 1, e all'art. 16, comma 1, lettera *b*), nonché delle pubblicazioni e prospetti di cui alla lettera *c*) dello stesso articolo e comma;

h) la copia autenticata degli altri inventari formati in ottemperanza a disposizioni di legge;

i) i documenti di prova delle passività e degli oneri deducibili nonché delle riduzioni e detrazioni di cui agli artt. 25 e 26;

i-bis) il prospetto di liquidazione delle imposte ipotecaria e catastale, di bollo, delle tasse ipotecarie e dell'imposta sostitutiva di quella comunale sull'incremento di valore degli immobili. L'attestato o la quietanza di versamento delle predette imposte o tasse deve essere conservato dagli eredi e dai legatari sino alla scadenza del termine per la rettifica, previsto dall'art. 27, comma 3.[1]

2. Se il dichiarante è un legatario, alla dichiarazione devono essere allegati soltanto i documenti di cui al comma 1, lettere *a*), *b*) e *c*), nonché quelli di cui alle lettere successive limitatamente all'oggetto del legato.

3. I certificati di morte e di stato di famiglia possono essere sostituiti dalle dichiarazioni di cui all'art. 2 della L. 4 gen. 1968, n. 15.

3-*bis*. I documenti di cui alle lettere *c*), *d*), *g*), *h*) e *i*) possono essere sostituiti anche da copie non autentiche con la dichiarazione sostitutiva di atto di notorietà di cui all'articolo 47, del testo unico delle disposizioni legislative e regolamentari in materia di documentazione amministrativa, di cui al decreto del Presidente della Repubblica 28 dicembre 2000, n. 445, attestante che le stesse costituiscono copie degli originali. Resta salva la facoltà dell'Agenzia delle entrate di richiedere i documenti in originale o in copia autentica.[2]

4. Per gli allegati redatti in lingua straniera si applica l'art. 11, commi 5 e 6, del T.U. sull'imposta di registo, approvato con D.P.R. 26 apr. 1986, n. 131.

5. L'ufficio competente, se la dimostrazione delle passività e degli oneri o delle riduzioni e detrazioni richieste risulta insufficiente, ne dà avviso al dichiarante, invitandolo ad integrarla e, nel caso previsto nel secondo periodo dell'art. 23, comma 2, ad esibire in copia autentica gli assegni indicati nel certificato. I nuovi documenti devono essere prodotti entro sei mesi dalla notificazione dell'avviso.

6. Per i documenti provenienti da pubbliche amministrazioni che non siano stati rilasciati entro il termine stabilito per la presentazione della dichiarazione, compresi l'attestazione di cui all'art. 13, comma 2, e le attestazioni o altri documenti relativi alle riduzioni e alle detrazioni di cui agli artt. 25 e 26, si applica, purché alla dichiarazione sia allegata copia della domanda di rilascio, la disposizione dell'art. 23, comma 4.

[1] Lettera così inserita dall'art. 11 del D.L. 28 mar. 1997, n. 79, conv. con modif. in L. 28 mag. 1997, n. 140.

[2] Comma ins. dall'art. 11, c. 1, D.lgs. 21 nov. 2014, n. 175.

31. ***Termine per la presentazione della dichiarazione.*** — 1. La dichiarazione deve essere presentata entro sei mesi dalla data di apertura della successione.

2. Il termine decorre:

a) per i rappresentanti legali degli eredi o legatari, per i curatori di eredità giacenti e per gli esecutori testamentari dalla data, successiva a quella di apertura della successione, in cui hanno avuto notizia legale della loro nomina;

b) nel caso di fallimento del defunto in corso alla data dell'apertura della successione o dichiarato entro sei mesi dalla data stessa, dalla data di chiusura del fallimento;

c) nel caso di dichiarazione di assenza o di morte presunta, dalla data di immissione nel possesso dei beni ovvero, se non vi è stata anteriore immissione nel possesso dei beni, dalla data in cui è divenuta eseguibile la sentenza dichiarativa della morte presunta;

d) dalla scadenza del termine per la formazione dell'inventario, se l'eredità è accettata con beneficio d'inventario entro il termine di cui al comma 1;

e) dalla data della rinunzia o dell'evento di cui

all'art. 28, commi 5 e 6, o dalla diversa data in cui l'obbligato dimostri di averne avuto notizia;

f) dalla data delle sopravvenienze di cui all'art. 28, comma 7;

g) per gli enti che non possono accettare l'eredità o il legato senza la preventiva autorizzazione, purché la relativa domanda sia stata presentata entro sei mesi dall'apertura della successione, dalla data in cui hanno avuto notizia legale dell'autorizzazione.

h) per gli enti non ancora riconosciuti, purché sia stata presentata domanda di riconoscimento e di autorizzazione all'accettazione entro un anno dalla data di apertura della successione, dalla data in cui hanno avuto notizia legale del riconoscimento e dell'autorizzazione.

3. Fino alla scadenza del termine la dichiarazione della successione può essere modificata con l'osservanza delle disposizioni degli artt. 28, 29 e 30.

4. La presentazione ad ufficio del registro diverso da quello competente si considera avvenuta nel giorno in cui la dichiarazione è pervenuta all'ufficio competente.

32. ***Irregolarità, incompletezza e infedeltà della dichiarazione.*** — 1. La dichiarazione è irregolare se manca delle indicazioni di cui all'art. 29, comma 1, lettere *a*), *b*) e *c*) e *n-bis*), o non è corredata dai documenti indicati nell'art. 30, comma 1, lettere *a*) e *b*), e da quelli indicati nelle successive lettere da *c*) a *i-bis*) ove ne ricorrono i presupposti.[1] In tal caso l'ufficio notifica al dichiarante, mediante avviso, l'invito a provvedere alla regolarizzazione entro sessanta giorni; la dichiarazione non regolarizzata nel termine si considera omessa.

2. La dichiarazione è incompleta se non vi sono indicati tutti i beni e i diritti compresi nell'attivo ereditario, inclusi quelli alienati negli ultimi sei mesi di cui all'art. 10.

3. La dichiarazione è infedele: se i beni e diritti compresi nell'attivo ereditario vi sono indicati per valori inferiori a quelli determinati secondo le disposizioni degli articoli da 14 a 19 e dell'art. 10; se vi sono indicati, sulla base di attestazioni o altri documenti di cui agli artt. 23 e 24 non conformi a verità, oneri e passività del tutto o in parte inesistenti; se non vi sono indicate donazioni anteriori o vi sono indicate per valore inferiore a quello determinato secondo le disposizioni dell'art. 8, comma 4.

[1] Parole così sost. dall'art. 11 del D.L. 28 mar. 1997, n. 79, conv. con modif. in L. 28 mag. 1997, n. 140.

33. ***Liquidazione dell'imposta in base alla dichiarazione.*** — 1. L'ufficio del registro liquida l'imposta in base alla dichiarazione della successione, anche se presentata dopo la scadenza del relativo termine ma prima che sia stato notificato l'accertamento d'ufficio, tenendo conto delle dichiarazioni integrative e modificative già presentate a norma dell'art. 28, comma 6, e dell'art. 31, comma 3, nonché dei rimborsi fiscali di cui allo stesso articolo 28, comma 6, erogati successivamente alla presentazione della dichiarazione di successione.[1]

1-*bis*. Se nella dichiarazione di successione e nella dichiarazione sostitutiva o integrativa, sono indicati beni immobili e diritti reali sugli stessi, gli eredi e i legatari devono provvedere nei termini indicati nell'art. 31, alla liquidazione ed al versamento delle imposte ipotecaria e catastale, di bollo, delle tasse ipotecarie e dell'imposta sostitutiva di quella comunale sull'incremento di valore degli immobili; il suddetto versamento deve essere effettuato, fino alla data di entrata in vigore del D.lgs. previsto dall'art. 3, c. 138, della L. 23 dic. 1996, n. 662, concernente la modifica della disciplina dei servizi autonomi di cassa degli uffici finanziari, mediante delega ad azienda di credito autorizzata o tramite il concessionario del servizio per la riscossione competente in base all'ultima residenza del defunto o, se questa era all'estero o non è nota, al concessionario del servizio per la riscossione di Roma.[2]

2. In sede di liquidazione l'ufficio provvede a correggere gli errori materiali e di calcolo commessi dal dichiarante nella determinazione della base imponibile e ad escludere:[3]

a) le passività esposte nella dichiarazione per le quali non ricorrono le condizioni di deducibilità di cui agli artt. 21 e 24 o eccedenti i limiti di deducibilità di cui agli artt. 22 e 24, nonché gli oneri non deducibili a norma dell'art. 8, comma 1;

b) le passività e gli oneri esposti nella dichiarazione che non risultano dai documenti prodotti in allegato alla dichiarazione o su richiesta dell'ufficio;

c) le riduzioni e le detrazioni indicate nella dichiarazione non previste negli artt. 25 e 26 o non risultanti dai documenti prodotti in allegato alla dichiarazione o su richiesta dell'ufficio.

3. Le correzioni e le esclusioni di cui al comma 2 devono risultare nell'avviso di liquidazione dell'imposta.

4. Le disposizioni del presente articolo si applicano anche per la riliquidazione dell'imposta in base a dichiarazione sostitutiva e per la liquidazione della maggiore imposta in base a dichiarazione integrativa.

[1] Comma così sost. da ultimo dall'art. 9 del D.L. 29 apr. 1994, n. 260, conv. in L. 27 giu. 1994, n. 413 e quindi così modif. dall'art. 11, c. 1, D.lgs. 21 nov. 2014, n. 175.

[2] Comma ins. dall'art. 11 del D.L. 28 mar. 1997, n. 79, conv. con modif. in L. 28 mag. 1997, n. 140.

[3] Alinea così sost. da ultimo dall'art. 9 del D.L. 29 apr. 1994, n. 260.

34. ***Rettifica e liquidazione della maggiore imposta.*** — 1. L'ufficio del registro, se ritiene che la dichiarazione della successione, o la dichiarazione sostitutiva o integrativa, sia incompleta o infedele, provvede con lo stesso atto alla rettifica e alla liquidazione della maggiore imposta, con gli interessi dalla data di notificazione della liquidazione dell'imposta principale[1] nella misura del 4,50 per cento per ogni semestre compiuto.

2. L'avviso di rettifica e di liquidazione della maggiore imposta deve contenere: la descrizione dei beni o diritti non dichiarati, compresi quelli alienati dal defunto negli ultimi sei mesi, con l'indicazione del valore attribuito a ciascuno di essi o del maggior valore attribuito a ciascuno dei beni o diritti dichiarati; l'indicazione delle donazioni anteriori non dichiarate e del relativo valore, o del maggior valore attribuito a quelle dichiarate; l'indicazione dei criteri seguiti nella determinazione dei valori a norma degli artt. da 14 a 19, 8, comma 4, e 10; l'indicazione delle passività e degli oneri ritenuti in tutto o in parte inesistenti, con la specificazione degli elementi di prova contraria alle attestazioni e agli altri documenti prodotti dal dichiarante; l'indicazione delle aliquote applicate e del calcolo della maggiore imposta. Per i beni e i diritti di cui ai commi 3 e 4 devono essere indicati anche gli elementi in base ai quali, secondo le disposizioni ivi contenute, ne è stato determinato il valore o il maggior valore.

2-*bis*. La motivazione dell'atto deve indicare i presupposti di fatto e le ragioni giuridiche che lo hanno determinato. Se la motivazione fa riferimento ad un altro atto non conosciuto né ricevuto dal contribuente, questo deve essere allegato all'atto che lo richiama salvo che quest'ultimo non ne riproduca il contenuto essenziale. L'accertamento è nullo se non sono osservate le disposizioni di cui al presente comma.[2]

3. Il valore dei beni immobili e dei diritti reali immobiliari è determinato dall'ufficio, avendo riguardo ai trasferimenti a qualsiasi titolo ed alle divisioni e perizie giudiziarie, anteriori di non oltre tre anni alla data di apertura della successione, che hanno avuto per oggetto gli stessi immobili o altri di analoghe caratteristiche e condizioni, ovvero al reddito netto di cui gli immobili sono suscettibili, capitalizzato al tasso mediamente applicato alla detta data e nella stessa località per gli investimenti immobiliari, nonché ad ogni altro elemento di valutazione, anche sulla base di indicazioni fornite dai comuni.

4. Per la determinazione del valore delle aziende, dei diritti reali su di esse e delle azioni o quote di cui all'art. 16, lettera *b*), l'ufficio può tenere conto anche degli accertamenti relativi ad altre imposte e può procedere ad accessi, ispezioni e verifiche secondo le disposizioni relative all'imposta sul valore aggiunto.

5. Non sono sottoposti a rettifica il valore degli immobili iscritti in catasto con attribuzione di rendita dichiarato in misura non inferiore, per i terreni, a settantacinque volte il reddito dominicale risultante in catasto e, per i fabbricati, a cento volte il reddito risultante in catasto, aggiornati con i coefficienti stabiliti per le imposte sui redditi, né i valori della nuda proprietà e dei diritti reali di godimento sugli immobili stessi dichiarati in misura non inferiore a quella determinata su tale base a norma dell'art. 14. La disposizione del presente comma non si applica per i terreni per i quali gli strumenti urbanistici prevedono la destinazione edificatoria.

6. Per i fabbricati dichiarati per l'iscrizione nel catasto edilizio ma non ancora iscritti alla data di presentazione della dichiarazione della successione la disposizione del comma 5 si applica a condizione: *a*) che la volontà di avvalersene sia espressamente manifesta nella dichiarazione della successione; *b*) che in allegato alla domanda di voltura catastale, la quale in tal caso non può essere inviata per posta, sia presentata specifica istanza di attribuzione della rendita, recante l'indicazione degli elementi di individuazione del fabbricato e degli estremi della dichiarazione di successione, di cui l'ufficio tecnico erariale rilascia ricevuta in duplice esemplare; *c*) che la ricevuta, entro il termine perentorio di sessanta giorni dalla presentazione della dichiarazione di successione, sia prodotta all'ufficio del registro, il quale ne restituisce un esemplare con l'attestazione dell'avvenuta produzione. L'ufficio tecnico erariale, entro dieci mesi dalla presentazione dell'istanza di attribuzione della rendita, invia all'ufficio del registro un certificato attestante l'avvenuta iscrizione in catasto del fabbricato e la rendita attribuita; se l'imposta era già stata liquidata in base al valore indicato nella dichiarazione della successione e tale valore risulta inferiore a cento volte la rendita così attribuita e debitamente aggiornata, o al corrispondente valore della nuda proprietà o del diritto reale di godimento, l'ufficio del registro, nel termine di decadenza di cui al comma 3 dell'art. 27, liquida la maggiore imposta corrispondente alla differenza, con gli interessi di cui al comma 1 dalla data di notificazione della precedente liquidazione e senza applicazione di sanzioni.

6-*bis*. La disposizione del comma 5 si applica inoltre alle unità immobiliari urbane oggetto di denuncia in catasto con modalità conformi a quelle previste dal regolamento di attuazione dell'art. 2 commi 1-*quinquies* e 1-*septies* del D.L. 23 gen. 1993, n. 16, conv. con modif. dalla L. 24 mar. 1993, n. 75, con riferimento alla rendita proposta, alla sola condizione che la volontà di avvalersene sia espressamente manifestata nella dichiarazione di successione.[3]

7. Ai fini dei commi 5 e 6 le modifiche dei coefficienti stabiliti per le imposte sui redditi hanno effetto per le successioni aperte dal decimo quinto giorno successivo a quello di pubblicazione dei relativi decreti ministeriali. Le modifiche dei moltiplicatori di settantacinque e cento volte, previste nell'art. 52, comma 5, del T.U. dell'imposta di registro approvato con D.P.R. 26 apr. 1986, n. 131, operano anche ai fini dei predetti commi e hanno effetto per le successioni aperte dal decimo quinto

giorno successivo a quello di pubblicazione del decreto con il quale sono disposte.

8. Ai fini della rettifica e della liquidazione della maggiore imposta non si tiene conto delle differenze di valore relative ai beni indicati nell'art. 16, comma 1, lettere *b*) e *d*), e nell'art. 19, dei quali sia evidente la scarsa rilevanza.

[1] Parole così sost. da ultimo dall'art. 9 del D.L. 29 apr. 1994, n. 260, conv. in L. 27 giu. 1994, n. 413.

[2] Comma inserito dall'art. 5 D.lgs. 26 gen. 2001, n. 32.

[3] Comma così inserito dall'art. 10 c. 21 del D.L. 20 giu. 1996, n. 323, conv. in L. 8 ago. 1996, n. 425.

35. ***Accertamento e liquidazione d'ufficio.*** — 1. In caso di omissione della dichiarazione della successione l'ufficio del registro provvede all'accertamento dell'attivo ereditario e alla liquidazione dell'imposta avvalendosi dei dati e delle notizie comunque raccolti o venuti a sua conoscenza, compresi quelli desunti da dichiarazioni considerate omesse a norma degli artt. 28, comma 8, e 32, comma 1. In aggiunta all'imposta sono liquidati, nella misura di cui all'art. 34, comma 1, gli interessi dalla data di scadenza del termine entro il quale la dichiarazione omessa avrebbe dovuto essere presentata.

2. L'avviso di accertamento e liquidazione deve contenere: l'indicazione delle generalità dei chiamati all'eredità; la descrizione dei beni e dei diritti compresi nell'attivo ereditario, con l'indicazione dei valori a ciascuno di essi attribuiti e dei criteri seguiti per determinarli a norma degli artt. da 14 a 19, 34, commi 3 e 4, e 10; l'indicazione degli estremi e del valore delle donazioni anteriori di cui all'art. 8, comma 4; l'indicazione delle aliquote applicate e del calcolo dell'imposta.

2-*bis*. La motivazione dell'atto deve indicare i presupposti dell'atto e le ragioni giuridiche che lo hanno determinato. Se la motivazione fa riferimento ad un altro atto non conosciuto né ricevuto dal contribuente, questo deve essere allegato all'atto che lo richiama, salvo che quest'ultimo non ne riproduca il contenuto essenziale. L'accertamento è nullo se non sono osservate le disposizioni di cui al presente comma.[1]

3. L'esistenza di passività deducibili e la spettanza di riduzioni e di detrazioni possono essere dimostrate, nei modi indicati negli artt. 23, commi 1, 2 e 3, 25 e 26, entro il termine di sei mesi dalla data di notificazione dell'avviso.

4. Le disposizioni del presente articolo si applicano, salvo il diverso contenuto dell'avviso, anche per la riliquidazione dell'imposta in caso di omissione della dichiarazione sostitutiva e per la liquidazione della maggiore imposta in caso di omissione della dichiarazione integrativa.

[1] Comma aggiunto dall'art. 5 D.lgs. 26 gen. 2001, n. 32.

36-54. (*Omissis*).[1]

TITOLO III
Applicazione dell'imposta alle donazioni

55. ***Registrazione degli atti di donazione.*** — 1. Gli atti di donazione sono soggetti a registrazione secondo le disposizioni del testo unico sull'imposta di registro, approvato con D.P.R. 26 apr. 1986, n. 131, concernenti gli atti da registrare in termine fisso.

2. Gli atti che hanno per oggetto trasferimenti di cui all'art. 3 sono registati gratuitamente, salvo il disposto del comma 3 dello stesso articolo.

56. ***Determinazione dell'imposta.*** — 1-3.[1]

4. Il valore dei beni e dei diritti donati è determinato a norma degli artt. da 14 a 19 e dell'art. 34, commi 3, 4, 5.[2]

5. Si applicano le riduzioni previste nell'art. 25, salvo quanto stabilito nell'art. 13, commi 3, 4 e 5, e nell'art. 51, comma 2, e si detrae l'imposta comunale sull'incremento di valore degli immobili liquidata a seguito di donazione, per ciascun immobile donato, fino a concorrenza della parte dell'imposta proporzionale al valore dell'immobile stesso.[2] È inoltre detratta, se alla richiesta di registrazione dell'atto di donazione è allegata la fattura, l'imposta sul valore aggiunto afferente la cessione.

[1] Commi abrog. dall'art. 2, L. 24 nov. 2006, n. 286.

[2] Comma così sost. dall'art. 23 della L. 30 dic. 1991, n. 413 ed applicabile alle dichiarazioni presentate a partire dal 1° gennaio 1993.

56-*bis*. ***Accertamento delle liberalità indirette.***[1] — 1. Ferma l'esclusione delle donazioni o liberalità di cui agli artt. 742 e 783 del codice civile, l'accertamento delle liberalità diverse dalle donazioni e da quelle risultanti da atti di donazione effettuati all'estero a favore di residenti può essere effettuato esclusivamente in presenza di entrambe le seguenti condizioni:

a) quando l'esistenza delle stesse risulti da dichiarazioni rese dall'interessato nell'ambito di provvedimenti diretti all'accertamento di tributi;

b) quando le liberalità abbiano determinato, da sole o unitamente a quelle già effettuate nei confronti del medesimo beneficiario, un incremento patrimoniale superiore all'importo di 350 milioni di lire.

2. Alle liberalità di cui al comma 1 si applica l'aliquota del sette per cento, da calcolare sulla parte dell'incremento patrimoniale che supera l'importo di 350 milioni di lire.

3. Le liberalità di cui al comma 1 possono essere registrate volontariamente, ai sensi dell'art. 8 del testo unico delle disposizioni concernenti l'imposta di registro, approvato con D.P.R. 26 apr. 1986, n. 131. In tale caso si applica l'imposta con le aliquote indicate all'art. 56 mentre, qualora la registrazione volontaria sia effettuata entro il 30 giu. 2002[2], si applica l'aliquota del tre per cento.

[1] Articolo introdotto dall'art. 69 L. 21 nov. 2000, n. 342.
[2] Il termine, inizialmente fissato al 31 dic. 2001, è stato prorogato sino al 30 giu. 2002 dall'art. 17 L. 18 ott. 2001, n. 383.

57. ***Donazioni anteriori.*** — 1. Il valore globale netto dei beni e dei diritti oggetto della donazione è maggiorato, ai soli fini della determinazione delle aliquote applicabili a norma dell'art. 56, di un importo pari al valore complessivo di tutte le donazioni, anteriormente fatte dal donatore al donatario, comprese quelle presunte di cui all'art. 1, comma 3, ed escluse quelle indicate nell'art. 1, comma 4, e quelle registrate gratuitamente o con pagamento dell'imposta in misura fissa a norma degli artt. 55 e 59. Agli stessi fini, nelle ipotesi di cui all'art. 56, comma 2, il valore globale netto di tutti i beni e diritti complessivamente donati è maggiorato di un importo pari al valore complessivo di tutte le donazioni anteriormente fatte ai donatari e il valore delle quote spettanti o dei beni e diritti attribuiti a ciascuno di essi è maggiorato di un importo pari al valore delle donazioni a lui anteriormente fatte dal donante. Per valore delle donazioni anteriori si intende il valore attuale dei beni e dei diritti donati; si considerano anteriori alla donazione, se dai relativi atti non risulta diversamente, anche le altre donazioni di pari data.

2. Negli atti di donazione e negli atti di cui all'art. 26 del T.U. sull'imposta di registro, approvato con D.P.R. 26 apr. 1986, n. 131, devono essere indicati gli estremi delle donazioni anteriormente fatte dal donante al donatario o ad alcuno dei donatari e i relativi valori alla data degli atti stessi. Per l'omissione, l'incompletezza o l'inesattezza di tale indicazione si applica, a carico solidalmente dei donanti e dei donatari, la pena pecuniaria da una a due volte la maggiore imposta dovuta.

58. ***Disposizioni varie.*** — 1. Gli oneri da cui è gravata la donazione, che hanno per oggetto prestazioni a soggetti terzi determinati individualmente, si considerano donazioni a favore dei beneficiari.

2. Per le donazioni sottoposte a condizione si applicano le disposizioni relative all'imposta di registro. Le donazioni a favore di nascituri e quelle a favore di enti di cui all'art. 31, comma 2, lettere *g*) e *h*), si considerano sottoposte a condizione sospensiva.

3. Se nell'atto di donazione è prevista la sostituzione di cui all'art. 692 del c.c. si applicano le disposizioni dell'art. 45.

4. Il rimborso dell'imposta pagata spetta anche nei casi di cui all'art. 42, comma 1, lettere *b*), *d*) e *g*).

5. Le disposizioni di questo titolo si applicano, in quanto compatibili, anche per gli atti di liberalità tra vivi diversi dalla donazione.

59. ***Applicazione dell'imposta in misura fissa.*** — 1. L'imposta si applica nella misura fissa prevista per l'imposta di registro:[1]

a) per le donazioni di beni culturali vincolati di cui all'art. 12, lettera *g*), a condizione che sia presentata all'ufficio del registro l'attestazione prevista dall'art. 13, comma 2, salvo quanto stabilito nei commi 3, 4 e 5 dello stesso articolo:

b) per le donazioni di ogni altro bene o diritto dichiarato esente dall'imposta a norma di legge, ad eccezione dei titoli di cui alle lettere *h*) ed *i*) dell'art. 12.[1]

2. Per le donazioni di veicoli di cui all'art. 12, lettera *l*), l'imposta si applica nelle misure fisse stabilite nell'art. 7 della parte prima della tariffa allegata al T.U. sull'imposta di registro, approvato con D.P.R. 26 apr. 1986, n. 131, come modificato dall'art. 6, comma 4, del D.L. 30 set. 1989, n. 332, convertito, con modificazioni, dalla L. 27 nov. 1989, n. 384.[2]

3. Se i beni di cui al presente articolo sono compresi insieme con altri beni o diritti in uno stesso atto di donazione, del loro valore non si tiene conto nella determinazione dell'imposta a norma dell'art. 57.

[1] lettera così modif. dall'art. 10 c. 10 del D.L. 20 giu. 1996, n. 323, conv. in L. 8 ago. 1996, n. 425.
[2] Comma abrog. dal 1° gen. 1999 dall'art. 57, D.Lg. 15 dic. 1997, n. 446.

59-*bis*. ***Esenzione per i veicoli iscritti al pubblico registro automobilistico.***[1] — Non sono soggette ad imposta, che nelle ipotesi di cui all'art. 59, c. 3, le donazioni di veicoli di cui all'art. 12, c. 1, lett. *l*).

[1] Articolo inserito con effetto dal 1° gennaio 1999 dall'art. 57 del D.Lg. 15 dic. 1997, n. 446.

60. ***Rinvio.*** — 1. Per le modalità e i termini della liquidazione dell'imposta o maggiore imposta determinata a norma degli artt. 56 e 57, per la rettifica del valore dei beni e dei diritti, per l'applicazione dell'imposta in caso di omissione della richiesta di registrazione, per la riscossione e il rimborso dell'imposta, per i divieti e gli obblighi a carico di terzi e per le sanzioni si applicano, in quanto non diversamente disposto in questo titolo e nell'art. 34 commi 4 e 8, le disposizioni del T.U. sull'imposta di registro, approvato con D.P.R. 26 apr. 1986, n. 131.

- 2 -

L. 18 ott. 2001, n. 383

Primi interventi per il rilancio dell'economia

(G.U. 24 nov. 2001, n. 248)

(*stralcio*)

CAPO VI

Soppressione dell'imposta sulle successioni e donazioni

13. ***Soppressione dell'imposta sulle successioni e donazioni.***[1]

[1] L'art. 13 è stato abrogato dall'art. 2 L. 24 nov. 2006, n. 286.

14. ***Esenzioni e riduzioni di imposta.*** — 1. Le disposizioni concernenti esenzioni, agevolazioni, franchigie e determinazione della base imponibile, già vigenti in materia di imposta sulle successioni e donazioni, si intendono riferite all'imposta dovuta per gli atti di trasferimento di cui all'art. 13, comma 2.

2. Il totale delle imposte di registro, ipotecarie e catastali applicate in misura fissa sugli immobili dell'asse ereditario costituiti da terreni agricoli o montani non può comunque eccedere il valore fiscale dei terreni medesimi. All'onere derivante dal presente comma, valutato in euro 1.500.000 a decorrere dall'anno 2001, si provvede mediante corrispondente riduzione dello stanziamento iscritto, ai fini del bilancio triennale 2001-2003, nell'ambito dell'unità previsionale di base di parte corrente "Fondo speciale" dello stato di previsione del Ministero del tesoro, del bilancio e della programmazione economica, allo scopo utilizzando per ciascuno degli anni 2001, 2002 e 2003 l'accantonamento relativo al Ministero del tesoro, del bilancio e della programmazione economica.

15. ***Disposizioni di attuazione e di semplificazione.*** — 1. In attesa della emanazione dei decreti previsti dall'art. 69, commi 8 e 11, della L. 21 nov. 2000, n. 342, la dichiarazione di successione, con l'indicazione degli immobili e dei diritti immobiliari oggetto di successione, è presentata secondo le modalità stabilite dagli artt. 28 e seguenti del testo unico delle disposizioni concernenti l'imposta sulle successioni e donazioni, di cui al D.lgs. 31 ott. 1990, n. 346.

2. Per gli immobili inclusi nella dichiarazione di successione l'erede ed i legatari non sono obbligati a presentare la dichiarazione ai fini dell'imposta comunale sugli immobili (ICI). L'ufficio presso il quale è presentata la dichiarazione di successione ne trasmette una copia a ciascun comune nel cui territorio sono ubicati gli immobili.

3. Nel caso in cui il defunto era residente all'estero, l'ufficio finanziario competente a ricevere la dichiarazione di successione è quello nella cui circoscrizione era stata fissata l'ultima residenza italiana; se quest'ultima non è conosciuta, l'ufficio competente è quello di Roma.

16. ***Disposizioni antielusive.*** — 1. Il beneficiario di un atto di donazione o di altra liberalità tra vivi, avente ad oggetto valori mobiliari inclusi nel campo di applicazione dell'imposta sostitutiva di cui all'art. 5 del D.lgs. 21 nov. 1997, n. 461, ovvero un suo avente causa a titolo gratuito, qualora ceda i valori stessi entro i successivi cinque anni, è tenuto al pagamento dell'imposta sostitutiva come se la donazione non fosse stata fatta, con diritto allo scomputo dall'imposta sostitutiva delle imposte eventualmente assolte ai sensi dell'art. 13, comma 2.

2.[1]

3. Le disposizioni antielusive di cui all'art. 69, comma 7, della L. 21 nov. 2000, n. 342, si applicano con riferimento alle imposte dovute in conseguenza dei trasferimenti a titolo di donazione o altra liberalità.

[1] Comma abrog. dall'art. 18, c. 4, D.lgs. 18 nov. 2005, n. 247.

17. ***Applicazione delle nuove disposizioni e delega al Governo per il coordinamento di disposizioni in materia fiscale.*** — 1. Le disposizioni di cui al presente capo si applicano alle successioni per causa di morte aperte e alle donazioni fatte successivamente alla data di entrata in vigore della presente legge.

2. Il termine di cui all'art. 56-*bis*, comma 3, del testo unico delle disposizioni concernenti l'imposta sulle successioni e donazioni, di cui al D.lgs. 31 ott. 1990, n. 346, per effettuare la registrazione volontaria delle liberalità indirette e delle donazioni fatte all'estero a favore di residenti, con l'applicazione dell'imposta di registro nella misura del 3 per cento sull'importo che eccede la franchigia indicata all'art. 13, comma 2, è prorogato al 30 giu. 2002.

3. Il Governo è delegato ad adottare, entro un anno dalla data di entrata in vigore della presente legge, previo parere delle competenti Commissioni parlamentari, uno o più decreti legislativi recanti disposizioni di coordinamento tra la vigente disciplina in materia di imposta di registro e di ogni altra forma di imposizione fiscale sugli atti di successione e di donazione e le norme di cui al presente capo, assumendo tali norme quali princìpi e criteri direttivi, senza ulteriori oneri per il bilancio dello Stato. I medesimi decreti legislativi dovranno disporre inoltre l'abrogazione espressa di tutte le disposizioni di legge incompatibili con le norme recate dal presente capo.

4. Sono abrogati i commi 13 e 14 dell'art. 69 della L. 21 nov. 2000, n. 342.

- 3 -

L. 24 nov. 2006, n. 286

Conversione in legge, con modificazioni, del D.L. 3 ott. 2006, n. 262, recante disposizioni urgenti in materia tributaria e finanziaria

(G.U. 28 nov. 2006, n. 277, Suppl. ord. 223)

(*stralcio*)

1. (*Omissis*).

2. 1-46. (*Omissis*).

47. È istituita l'imposta sulle successioni e donazioni sui trasferimenti di beni e diritti per causa di morte, per donazione o a titolo gratuito e sulla costituzione di vincoli di destinazione, secondo le disposizioni del testo unico delle disposizioni concernenti l'imposta sulle successioni e donazioni, di cui al decreto legislativo 31 ottobre 1990, n. 346, nel testo vigente alla data del 24 ottobre 2001, fatto salvo quanto previsto dai commi da 48 a 54.

48. I trasferimenti di beni e diritti per causa di morte sono soggetti all'imposta di cui al comma 47 con le seguenti aliquote sul valore complessivo netto dei beni:

a) devoluti a favore del coniuge e dei parenti in linea retta sul valore complessivo netto eccedente, per ciascun beneficiario, 1.000.000 di euro: 4 per cento;

a-bis) devoluti a favore dei fratelli e delle sorelle sul valore complessivo netto eccedente, per ciascun beneficiario, 100.000 euro: 6 per cento;[1]

b) devoluti a favore degli altri parenti fino al quarto grado e degli affini in linea retta, nonché degli affini in linea collaterale fino al terzo grado: 6 per cento;

c) devoluti favore di altri soggetti: 8 per cento.

49. Per le donazioni e gli atti di trasferimento a titolo gratuito di beni e diritti e la costituzione di vincoli di destinazione di beni l'imposta è determinata dall'applicazione delle seguenti aliquote al valore globale dei beni e dei diritti al netto degli oneri da cui è gravato il beneficiario diversi da quelli indicati dall'art. 58, comma 1, del citato testo unico di cui al decreto legislativo 31 ottobre 1990, n. 346, ovvero, se la donazione è fatta congiuntamente a favore di più soggetti o se in uno stesso atto sono compresi più atti di disposizioni a favore di soggetti diversi, al valore delle quote dei beni o diritti attribuiti:

a) a favore del coniuge e dei parenti in linea retta sul valore complessivo netto eccedente, per ciascun beneficiario, 1.000.000 di euro: 4 per cento;

a-bis) a favore dei fratelli e delle sorelle sul valore complessivo netto eccedente, per ciascun beneficiario, 100.000 euro: 6 per cento;[1]

b) a favore degli altri parenti fino al quarto grado e degli affini in linea retta, nonché degli affini in linea collaterale fino al terzo grado: 6 per cento;

c) a favore di altri soggetti: 8 per cento.

49-*bis*. Se il beneficiario dei trasferimenti di cui ai commi 48 e 49 è una persona portatrice di handicap riconosciuto grave ai sensi della L. 5 feb. 1992, n. 104, l'imposta si applica esclusivamente sulla parte del valore della quota o del legato che supera l'ammontare di 1.500.000 euro.[2]

50. Per quanto non disposto dai commi da 47 a 49 e da 51 a 54 si applicano, in quanto compatibili, le disposizioni previste dal citato testo unico di cui al decreto legislativo 31 ottobre 1990, n. 346, nel testo vigente alla data del 24 ottobre 2001.

51. Con cadenza quadriennale, con decreto del Ministro dell'economia e delle finanze si procede all'aggiornamento degli importi esenti dall'imposta tenendo conto dell'indice del costo della vita.

(*Omissis*).

[1] Lettera inserita dall'art. 1 c. 77 L. 27 dic. 2006, n. 296.

[2] Comma inserito dall'art. 1 c. 77 L. 27 dic. 2006, n. 296.

TERZO SETTORE

- 1 -

D.lgs. 3 lug. 2017, n. 117

Codice del Terzo settore, a norma dell'art. 1, c. 2, lett. b), della L. 6 giu. 2016, n. 1063

(G.U. 2 ago. 2017, n. 179)

Titolo I
Disposizioni generali

1. ***Finalità ed oggetto.*** — 1. Al fine di sostenere l'autonoma iniziativa dei cittadini che concorrono, anche in forma associata, a perseguire il bene comune, ad elevare i livelli di cittadinanza attiva, di coesione e protezione sociale, favorendo la partecipazione, l'inclusione e il pieno sviluppo della persona, a valorizzare il potenziale di crescita e di occupazione lavorativa, in attuazione degli articoli 2, 3, 4, 9, 18 e 118, quarto comma, della Costituzione, il presente Codice provvede al riordino e alla revisione organica della disciplina vigente in materia di enti del Terzo settore.

2. ***Principi generali.*** — 1. È riconosciuto il valore e la funzione sociale degli enti del Terzo settore, dell'associazionismo, dell'attività di volontariato e della cultura e pratica del dono quali espressione di partecipazione, solidarietà e pluralismo, ne è promosso lo sviluppo salvaguardandone la spontaneità ed autonomia, e ne è favorito l'apporto originale per il perseguimento di finalità civiche, solidaristiche e di utilità sociale, anche mediante forme di collaborazione con lo Stato, le Regioni, le Province autonome e gli enti locali.

3. ***Norme applicabili.*** — 1. Le disposizioni del presente Codice si applicano, ove non derogate ed in quanto compatibili, anche alle categorie di enti del Terzo settore che hanno una disciplina particolare.

2. Per quanto non previsto dal presente Codice, agli enti del Terzo settore si applicano, in quanto compatibili, le norme del Codice civile e le relative disposizioni di attuazione.

3. Salvo quanto previsto dal Capo II del Titolo VIII, le disposizioni del presente Codice non si applicano agli enti di cui al decreto legislativo 17 maggio 1999, n. 153.

Titolo II
Degli enti del terzo settore in generale

4. ***Enti del Terzo settore.*** — 1. Sono enti del Terzo settore le organizzazioni di volontariato, le associazioni di promozione sociale, gli enti filantropici, le imprese sociali, incluse le cooperative sociali, le reti associative, le società di mutuo soccorso, le associazioni, riconosciute o non riconosciute, le fondazioni e gli altri enti di carattere privato diversi dalle società costituiti per il perseguimento, senza scopo di lucro, di finalità civiche, solidaristiche e di utilità sociale mediante lo svolgimento, in via esclusiva o principale, di una o più attività di interesse generale in forma di azione volontaria o di erogazione gratuita di denaro, beni o servizi, o di mutualità o di produzione o scambio di beni o servizi, ed iscritti nel registro unico nazionale del Terzo settore.[1]

2. Non sono enti del Terzo settore le amministrazioni pubbliche di cui all'articolo 1, comma 2, del decreto legislativo 30 marzo 2001, n. 165, le formazioni e le associazioni politiche, i sindacati, le associazioni professionali e di rappresentanza di categorie economiche, le associazioni di datori di lavoro, nonché gli enti sottoposti a direzione e coordinamento o controllati dai suddetti enti, ad esclusione dei soggetti operanti nel settore della protezione civile alla cui disciplina si provvede ai sensi dell'articolo 32, comma 4. Sono esclusi dall'ambito di applicazione del presente comma i corpi volontari dei vigili del fuoco delle Province autonome di Trento e di Bolzano e della Regione autonoma della Valle d'Aosta. Sono altresì escluse dall'ambito di applicazione del presente comma le associazioni o fondazioni di diritto privato ex Ipab derivanti dai processi di trasformazione delle istituzioni pubbliche di assistenza o beneficenza, ai sensi del decreto del Presidente del Consiglio dei ministri 16 febbraio 1990, pubblicato nella *Gazzetta Ufficiale* n. 45 del 23 febbraio 1990, e del decreto legislativo 4 maggio 2001, n. 207, in quanto la nomina da parte della pubblica amministrazione degli amministratori di tali enti si configura come mera designazione, intesa come espressione della rappresentanza della cittadinanza, e non si configura quindi mandato fiduciario con rappresentanza, sicché è sempre esclusa qualsiasi forma di controllo da parte di quest'ultima.[2]

3. Agli enti religiosi civilmente riconosciuti e alle fabbricerie di cui all'articolo 72 della legge 20 maggio 1985, n. 222[3] , le norme del presente decreto si applicano limitatamente allo svolgimento delle attività di cui all'articolo 5 nonché delle eventuali attività diverse di cui all'articolo 6,[4] a condizione che per tali attività adottino un regolamento, in forma di atto pubblico o scrittura privata autenticata, che, ove non diversamente previsto ed in ogni caso nel rispetto della struttura e della finalità di tali enti, recepisca le norme del presente Codice e sia depositato nel Registro unico nazionale del Terzo settore. Per lo svolgimento di tali attività deve essere costituito un patrimonio destinato e devono essere tenute separatamente le scritture contabili di cui all'articolo 13. I beni che compongono il patrimonio destinato sono indicati nel regolamento, anche con atto distinto ad esso allegato. Per le ob-

bligazioni contratte in relazione alle attività di cui agli articoli 5 e 6, gli enti religiosi civilmente riconosciuti e le fabbricerie di cui all'articolo 72 della legge n. 222 del 1985[3] rispondono nei limiti del patrimonio destinato. Gli altri creditori dell'ente religioso civilmente riconosciuto o della fabbriceria non possono far valere alcun diritto sul patrimonio destinato allo svolgimento delle attività di cui ai citati articoli 5 e 6.[5]

[1] Comma così modif. dall'art. 2, D.lgs. 3 ago. 2018, n. 105.

[2] Periodo aggiunto dall'art. 11-*sexies*, c. 2, D.L. 14 dic. 2018, n. 135, conv. con modif. in L. 11 feb. 2019, n. 12.

[3] Parole aggiunte dall'art. 9, D.L. 30 dic. 2021, n. 228, conv. con modif. in L. 25 feb. 2022, n. 15.

[4] Parole aggiunte dall'art. 66, D.L. 31 mag. 2021, n. 77, conv. con modif. in L. 29 lug. 2021, n. 108.

[5] Gli ultimi tre periodi sono stati aggiunti dall'art. 66, D.L. 31 mag. 2021, n. 77, conv. con modif. in L. 29 lug. 2021, n. 108.

5. ***Attività di interesse generale***. — 1. Gli enti del Terzo settore, diversi dalle imprese sociali incluse le cooperative sociali, esercitano in via esclusiva o principale una o più attività di interesse generale per il perseguimento, senza scopo di lucro, di finalità civiche, solidaristiche e di utilità sociale. Si considerano di interesse generale, se svolte in conformità alle norme particolari che ne disciplinano l'esercizio, le attività aventi ad oggetto:

a) interventi e servizi sociali ai sensi dell'articolo 1, commi 1 e 2, della legge 8 novembre 2000, n. 328, e successive modificazioni, e interventi, servizi e prestazioni di cui alla legge 5 febbraio 1992, n. 104, e alla legge 22 giugno 2016, n. 112, e successive modificazioni;

b) interventi e prestazioni sanitarie;

c) prestazioni socio-sanitarie di cui al decreto del Presidente del Consiglio dei ministri 14 febbraio 2001, pubblicato nella *Gazzetta Ufficiale* n. 129 del 6 giugno 2001, e successive modificazioni;

d) educazione, istruzione e formazione professionale, ai sensi della legge 28 marzo 2003, n. 53, e successive modificazioni, nonché le attività culturali di interesse sociale con finalità educativa;

e) interventi e servizi finalizzati alla salvaguardia e al miglioramento delle condizioni dell'ambiente e all'utilizzazione accorta e razionale delle risorse naturali, con esclusione dell'attività, esercitata abitualmente, di raccolta e riciclaggio dei rifiuti urbani, speciali e pericolosi, nonché alla tutela degli animali e prevenzione del randagismo, ai sensi della legge 14 agosto 1991, n. 281;[1]

f) interventi di tutela e valorizzazione del patrimonio culturale e del paesaggio, ai sensi del decreto legislativo 22 gennaio 2004, n. 42, e successive modificazioni;

g) formazione universitaria e post-universitaria;

h) ricerca scientifica di particolare interesse sociale;

i) organizzazione e gestione di attività culturali, artistiche o ricreative di interesse sociale, incluse attività, anche editoriali, di promozione e diffusione della cultura e della pratica del volontariato e delle attività di interesse generale di cui al presente articolo;

j) radiodiffusione sonora a carattere comunitario, ai sensi dell'articolo 16, comma 5, della legge 6 agosto 1990, n. 223, e successive modificazioni;

k) organizzazione e gestione di attività turistiche di interesse sociale, culturale o religioso;

l) formazione extra-scolastica, finalizzata alla prevenzione della dispersione scolastica e al successo scolastico e formativo, alla prevenzione del bullismo e al contrasto della povertà educativa;

m) servizi strumentali ad enti del Terzo settore resi da enti composti in misura non inferiore al settanta per cento da enti del Terzo settore;

n) cooperazione allo sviluppo, ai sensi della legge 11 agosto 2014, n. 125, e successive modificazioni;

o) attività commerciali, produttive, di educazione e informazione, di promozione, di rappresentanza, di concessione in licenza di marchi di certificazione, svolte nell'ambito o a favore di filiere del commercio equo e solidale, da intendersi come un rapporto commerciale con un produttore operante in un'area economica svantaggiata, situata, di norma, in un Paese in via di sviluppo, sulla base di un accordo di lunga durata finalizzato a promuovere l'accesso del produttore al mercato e che preveda il pagamento di un prezzo equo, misure di sviluppo in favore del produttore e l'obbligo del produttore di garantire condizioni di lavoro sicure, nel rispetto delle normative nazionali ed internazionali, in modo da permettere ai lavoratori di condurre un'esistenza libera e dignitosa, e di rispettare i diritti sindacali, nonché di impegnarsi per il contrasto del lavoro infantile;

p) servizi finalizzati all'inserimento o al reinserimento nel mercato del lavoro dei lavoratori e delle persone di cui all'articolo 2, comma 4, del decreto legislativo recante revisione della disciplina in materia di impresa sociale, di cui all'articolo 1, comma 2, lettera *c*), della legge 6 giugno 2016, n. 106;

q) alloggio sociale, ai sensi del decreto del Ministero delle infrastrutture del 22 aprile 2008, e successive modificazioni, nonché ogni altra attività di carattere residenziale temporaneo diretta a soddisfare bisogni sociali, sanitari, culturali, formativi o lavorativi;

r) accoglienza umanitaria ed integrazione sociale dei migranti;

s) agricoltura sociale, ai sensi dell'articolo 2 della legge 18 agosto 2015, n. 141, e successive modificazioni;

t) organizzazione e gestione di attività sportive dilettantistiche;

u) beneficenza, sostegno a distanza, cessione gratuita di alimenti o prodotti di cui alla legge 19 agosto 2016, n. 166, e successive modificazioni, o erogazione di denaro, beni o servizi a sostegno di persone svantaggiate o di attività di interesse generale a norma del presente articolo;

v) promozione della cultura della legalità, della pace tra i popoli, della nonviolenza e della difesa non armata;

w) promozione e tutela dei diritti umani, civili, sociali e politici, nonché dei diritti dei consumatori e degli utenti delle attività di interesse generale di cui al presente articolo, promozione delle pari opportunità e delle iniziative di aiuto reciproco, incluse le banche dei tempi di cui all'articolo 27 della legge 8 marzo 2000, n. 53, e i gruppi di acquisto solidale di cui all'articolo 1, comma 266, della legge 24 dicembre 2007, n. 244;

x) cura di procedure di adozione internazionale ai sensi della legge 4 maggio 1983, n. 184;

y) protezione civile ai sensi della legge 24 febbraio 1992, n. 225, e successive modificazioni[2];

z) riqualificazione di beni pubblici inutilizzati o di beni confiscati alla criminalità organizzata.

2. Tenuto conto delle finalità civiche, solidaristiche e di utilità sociale di cui all'articolo 1, comma 1, della legge 6 giugno 2016, n. 106, nonché delle finalità e dei principi di cui agli articoli 1 e 2 del presente Codice, l'elenco delle attività di interesse generale di cui al comma 1 può essere aggiornato con decreto del Presidente del Consiglio dei ministri da adottarsi ai sensi dell'articolo 17, comma 3, della legge 23 agosto 1988, n. 400 su proposta del Ministro del lavoro e delle politiche sociali, di concerto con il Ministro dell'economia e delle finanze, previa intesa in sede di Conferenza Unificata, acquisito il parere delle Commissioni parlamentari competenti, che si esprimono entro trenta giorni dalla data di trasmissione del decreto, decorsi i quali quest'ultimo può essere comunque adottato.

[1] Lettera così modif. dall'art. 3, D.lgs. 3 ago. 2018, n. 105.
[2] Ai sensi dell'art. 47, c. 1, D.lgs. 2 gen. 2018, n. 1, tutti i riferimenti alla L. 24 feb. 1992, n. 225 si intendono riferiti al D.lgs. 1/2018.

6. ***Attività diverse.*** — 1. Gli enti del Terzo settore possono esercitare attività diverse da quelle di cui all'articolo 5, a condizione che l'atto costitutivo o lo statuto lo consentano e siano secondarie e strumentali rispetto alle attività di interesse generale, secondo criteri e limiti definiti con decreto del Ministro del lavoro e delle politiche sociali, di concerto con il Ministro dell'economia e delle finanze, da adottarsi ai sensi dell'articolo 17, comma 3, della legge 23 agosto 1988, n. 400, sentita la Cabina di regia di cui all'articolo 97, tenendo conto dell'insieme delle risorse, anche volontarie e gratuite, impiegate in tali attività in rapporto all'insieme delle risorse, anche volontarie e gratuite, impiegate nelle attività di interesse generale.

7. ***Raccolta fondi.*** — 1. Per raccolta fondi si intende il complesso delle attività ed iniziative poste in essere da un ente del Terzo settore al fine di finanziare le proprie attività di interesse generale, anche attraverso la richiesta a terzi di lasciti, donazioni e contributi di natura non corrispettiva.

2. Gli enti del Terzo settore, possono realizzare attività di raccolta fondi anche in forma organizzata e continuativa, anche mediante sollecitazione al pubblico o attraverso la cessione o erogazione di beni o servizi di modico valore, impiegando risorse proprie e di terzi, inclusi volontari e dipendenti, nel rispetto dei principi di verità, trasparenza e correttezza nei rapporti con i sostenitori e il pubblico, in conformità a linee guida adottate con decreto del Ministro del lavoro e delle politiche sociali, sentiti la Cabina di regia di cui all'articolo 97 e il Consiglio nazionale del Terzo settore.

8. ***Destinazione del patrimonio ed assenza di scopo di lucro.*** — 1. Il patrimonio degli enti del Terzo settore, comprensivo di eventuali ricavi, rendite, proventi, entrate comunque denominate è utilizzato per lo svolgimento dell'attività statutaria ai fini dell'esclusivo perseguimento di finalità civiche, solidaristiche e di utilità sociale.

2. Ai fini di cui al comma 1, è vietata la distribuzione, anche indiretta, di utili ed avanzi di gestione, fondi e riserve comunque denominate a fondatori, associati, lavoratori e collaboratori, amministratori ed altri componenti degli organi sociali, anche nel caso di recesso o di ogni altra ipotesi di scioglimento individuale del rapporto associativo.

3. Ai sensi e per gli effetti del comma 2, si considerano in ogni caso distribuzione indiretta di utili:

a) la corresponsione ad amministratori, sindaci e a chiunque rivesta cariche sociali di compensi individuali non proporzionati all'attività svolta, alle responsabilità assunte e alle specifiche competenze o comunque superiori a quelli previsti in enti che operano nei medesimi o analoghi settori e condizioni;

b) la corresponsione a lavoratori subordinati o autonomi di retribuzioni o compensi superiori del quaranta per cento rispetto a quelli previsti, per le medesime qualifiche, dai contratti collettivi di cui all'articolo 51 del decreto legislativo 15 giugno 2015, n. 81, salvo comprovate esigenze attinenti alla necessità di acquisire specifiche competenze ai fini dello svolgimento delle attività di interesse generale di cui all'articolo 5, comma 1, lettere *b*), *g*) o *h*);

c) l'acquisto di beni o servizi per corrispettivi che, senza valide ragioni economiche, siano superiori al loro valore normale;

d) le cessioni di beni e le prestazioni di servizi, a condizioni più favorevoli di quelle di mercato, a soci, associati o partecipanti, ai fondatori, ai componenti gli organi amministrativi e di controllo, a coloro che a qualsiasi titolo operino per l'organizzazione o ne facciano parte, ai soggetti che effettuano erogazioni liberali a favore dell'organizzazione, ai loro parenti entro il terzo grado ed ai loro affini entro il secondo grado, nonché alle società da questi direttamente o indirettamente controllate o collegate, esclusivamente in ragione della loro qualità, salvo che tali cessioni o prestazioni non costituiscano l'oggetto dell'attività di interesse generale di cui all'articolo 5;

e) la corresponsione a soggetti diversi dalle banche e dagli intermediari finanziari autorizzati, di interessi passivi, in dipendenza di prestiti di ogni specie, superiori di quattro punti al tasso annuo di riferimento. Il predetto limite può essere aggiornato con decreto del Ministro del lavoro e delle politiche sociali, di concerto con il Ministro dell'economia e delle finanze.

9. ***Devoluzione del patrimonio in caso di scioglimento.*** — 1. In caso di estinzione o scioglimento, il patrimonio residuo è devoluto, previo parere positivo dell'Ufficio di cui all'articolo 45, comma 1, e salva diversa destinazione imposta dalla legge, ad altri enti del Terzo settore secondo le disposizioni statutarie o dell'organo sociale competente o, in mancanza, alla Fondazione Italia Sociale. Il parere è reso entro trenta giorni dalla data di ricezione della richiesta che l'ente interessato è tenuto a inoltrare al predetto Ufficio con raccomandata a/r o secondo le disposizioni previste dal decreto legislativo 7 marzo 2005, n. 82, decorsi i quali il parere si intende reso positivamente. Gli atti di devoluzione del patrimonio residuo compiuti in assenza o in difformità dal parere sono nulli.

10. ***Patrimoni destinati ad uno specifico affare.*** — 1. Gli enti del Terzo settore dotati di personalità giuridica ed iscritti nel registro delle imprese possono costituire uno o più patrimoni destinati ad uno specifico affare ai sensi e per gli effetti degli articoli 2447-*bis* e seguenti del codice civile.

11. ***Iscrizione.*** — 1. Gli enti del Terzo settore si iscrivono nel registro unico nazionale del Terzo settore ed indicano gli estremi dell'iscrizione negli atti, nella corrispondenza e nelle comunicazioni al pubblico.

2. Oltre che nel registro unico nazionale del Terzo settore, gli enti del Terzo settore che esercitano la propria attività esclusivamente o principalmente in forma di impresa commerciale sono soggetti all'obbligo dell'iscrizione nel registro delle imprese.

3. Per le imprese sociali, l'iscrizione nell'apposita sezione del registro delle imprese soddisfa il requisito dell'iscrizione nel registro unico nazionale del Terzo settore.

12. ***Denominazione sociale.*** — 1. La denominazione sociale, in qualunque modo formata, deve contenere l'indicazione di ente del Terzo settore o l'acronimo ETS. Di tale indicazione deve farsi uso negli atti, nella corrispondenza e nelle comunicazioni al pubblico.

2. La disposizione di cui al comma 1 non si applica agli enti di cui all'articolo 4, comma 3.

3. L'indicazione di ente del Terzo settore o dell'acronimo ETS, ovvero di parole o locuzioni equivalenti o ingannevoli, non può essere usata da soggetti diversi dagli enti del Terzo settore.

13. ***Scritture contabili e bilancio.*** — 1. Gli enti del Terzo settore devono redigere il bilancio di esercizio formato dallo stato patrimoniale, dal rendiconto gestionale, con l'indicazione, dei proventi e degli oneri, dell'ente, e dalla relazione di missione che illustra le poste di bilancio, l'andamento economico e gestionale dell'ente e le modalità di perseguimento delle finalità statutarie.[1]

2. Il bilancio degli enti del Terzo settore con ricavi, rendite, proventi o entrate comunque denominate inferiori a 220.000,00 euro può essere redatto nella forma del rendiconto per cassa.[1]

3. Il bilancio di cui ai commi 1 e 2 deve essere redatto in conformità alla modulistica definita con decreto del Ministro del lavoro e delle politiche sociali, sentito il consiglio nazionale del terzo settore.

4. Gli enti del Terzo settore che esercitano la propria attività esclusivamente o principalmente in forma di impresa commerciale devono tenere le scritture contabili di cui all'articolo 2214 del codice civile.

5. Gli enti del Terzo settore di cui al comma 4 devono redigere e depositare presso il registro delle imprese il bilancio di esercizio redatto, a seconda dei casi, ai sensi degli articoli 2423 e seguenti, 2435-*bis* o 2435-*ter* del codice civile.

6. L'organo di amministrazione documenta il carattere secondario e strumentale delle attività di cui all'articolo 6 a seconda dei casi, nella relazione di missione o in una annotazione in calce al rendiconto per cassa o nella nota integrativa al bilancio.[1]

7. Gli enti del Terzo settore non iscritti nel registro delle imprese devono depositare il bilancio presso il registro unico nazionale del Terzo settore.

[1] Comma così modif. dall'art. 4, D.lgs. 3 ago. 2018, n. 105.

14. ***Bilancio sociale.*** — 1. Gli enti del Terzo settore con ricavi, rendite, proventi o entrate comunque denominate superiori ad 1 milione di euro devono depositare presso il registro unico nazionale del Terzo settore, e pubblicare nel proprio sito internet, il bilancio sociale redatto secondo linee guida adottate con decreto del Ministro del lavoro e delle politiche sociali, sentiti la Cabina di regia di cui all'articolo 97 e il Consiglio nazionale del Terzo settore, e tenendo conto, tra gli altri elementi, della natura dell'attività esercitata e delle dimensioni dell'ente, anche ai fini della valutazione dell'impatto sociale delle attività svolte.

2. Gli enti del Terzo settore con ricavi, rendite, proventi o entrate comunque denominate superiori a centomila euro annui devono in ogni caso pubblicare annualmente e tenere aggiornati nel proprio sito internet, o nel sito internet della rete associativa di cui all'articolo 41 cui aderiscano, gli eventuali emolumenti, compensi o corrispettivi a

qualsiasi titolo attribuiti ai componenti degli organi di amministrazione e controllo, ai dirigenti nonché agli associati.

15. ***Libri sociali obbligatori.*** — 1. Oltre le scritture prescritte negli articoli 13, 14 e 17, comma 1, gli enti del Terzo settore devono tenere:

a) il libro degli associati o aderenti;

b) il libro delle adunanze e delle deliberazioni delle assemblee, in cui devono essere trascritti anche i verbali redatti per atto pubblico;

c) il libro delle adunanze e delle deliberazioni dell'organo di amministrazione, dell'organo di controllo, e di eventuali altri organi sociali.

2. I libri di cui alle lettere *a*) e *b*) del comma 1, sono tenuti a cura dell'organo di amministrazione. I libri di cui alla lettera *c*) del comma 1, sono tenuti a cura dell'organo cui si riferiscono.

3. Gli associati o gli aderenti hanno diritto di esaminare i libri sociali, secondo le modalità previste dall'atto costitutivo o dallo statuto.

4. Il comma 3 non si applica agli enti di cui all'articolo 4, comma 3.

16. ***Lavoro negli enti del Terzo settore.*** — 1. I lavoratori degli enti del Terzo settore hanno diritto ad un trattamento economico e normativo non inferiore a quello previsto dai contratti collettivi di cui all'articolo 51 del decreto legislativo 15 giugno 2015, n. 81. In ogni caso, in ciascun ente del Terzo settore, la differenza retributiva tra lavoratori dipendenti non può essere superiore al rapporto uno a otto, da calcolarsi sulla base della retribuzione annua lorda. Gli enti del Terzo settore danno conto del rispetto di tale parametro nel proprio bilancio sociale o, in mancanza, nella relazione di cui all'articolo 13, comma 1.

Titolo III-Titolo XII

17-104. (*Omissis*).

TESTIMONI

- 1 -

D.P.R. 30 mag. 2002, n. 115

Testo unico delle disposizioni legislative e regolamentari in materia di spese di giustizia

(G.U. 15 giu. 2002, n. 139)

(*stralcio*)

TITOLO VI

Testimoni nel processo penale, civile, amministrtativo e contabile

45. ***Indennità per testimoni residenti.*** — I testimoni si considerano residenti quando il luogo di residenza si trova all'interno del Comune in cui ha sede l'ufficio presso il quale essi sono sentiti, ovvero, per i testimoni non residenti nel Comune, quando la residenza dista dallo stesso non oltre due chilometri e mezzo.

2. Ai testimoni residenti spetta l'indennità di euro 0,36 al giorno.

46. ***Spese di viaggio e indennità per testimoni non residenti.*** — 1. Ai residenti non residenti spetta il rimborso delle spese di viaggio, per andata e ritorno, pari al pezzo del biglietto di seconda classe sui servizi di linea o al prezzo del biglietto aereo della classe economica, se autorizzato dall'autorità giudiziaria.

2. Se tali servizi non esistono, il rimborso delle spese di viaggio è riferito alla località più vicina per cui esiste il servizio di linea.

3. Spetta, inoltre, l'indennità di euro 0,75 per ogni giornata impiegata per il viaggio, e l'indennità di euro 1,29 per ogni giornata di soggiorno nel luogo dell'esame. Quest'ultima è dovuta solo se i testimoni sono obbligati a rimanere fuori dalla propria residenza almeno un giorno intero, oltre a quello di partenza e di ritorno.

47. ***Testimoni minori e accompagnatori di testimoni minori o invalidi.*** — 1. Nessuna indennità spetta al testimone minore degli anni quattordici.

2. Il rimborso spese e le indennità di cui agli artt. 45 e 46 spettano agli accompagnatori di testimoni minori degli anni quattordici o invalidi gravi, ai sensi dell'art. 3, della L. 5 feb. 1992, n. 104, sempre che essi stessi non siano testimoni.

48. ***Testimoni dipendenti pubblici.*** — 1. Ai dipendenti pubblici, chiamati come testimoni per fatti inerenti al servizio, spettano il rimborso spese e le indennità di cui agli artt. 45 e 46, salva l'integrazione, sino a concorrenza dell'ordinario trattamento di missione, corrisposta dall'amministrazione di appartenenza.

- 2 -

D.M. 17 feb. 2010
Approvazione del modello di testimonianza scritta e delle relative istruzioni per la sua compilazione

(G.U. 1 mar. 2010, n. 49) (*stralcio*)

ALLEGATO B

Istruzioni per la compilazione del modulo di testimonianza scritta

AVVERTENZE GENERALI

Prima di procedere alla compilazione del modulo di testimonianza scritta il testimone è tenuto a leggere per intero le presenti istruzioni.

Le caselle del modulo vanno compilate a penna o a macchina, e non è consentito l'uso di matite o altri strumenti di scrittura che possono essere cancellati.

Le dichiarazioni e le risposte devono essere leggibili.

Sotto ogni dichiarazione o risposta data il testimone deve apporre la propria firma nell'apposito spazio a ciò dedicato.

La firma deve essere apposta alla presenza di un segretario comunale o di un cancelliere di un ufficio giudiziario.

Ogni foglio deve essere autenticato da un segretario comunale o dal cancelliere di un ufficio giudiziario.

L'autentica delle firme è in ogni caso gratuita ed esente dall'imposta di bollo o da ogni altro diritto (art. 103-bis, terzo comma, delle disposizioni di attuazione del codice di procedura civile).

Il testimone, dopo aver compilato e sottoscritto il modulo secondo le presenti istruzioni dovrà spedirlo con lettera raccomandata o consegnarlo personalmente alla cancelleria dell'ufficio giudiziario indicato a pagina n. 1 del modulo, entro il termine indicato nella medesima pagina.

CONSEGUENZE DELLA MANCATA SPEDIZIONE O CONSEGNA DELLE RISPOSTE

Il testimone che non spedisce o consegna le risposte scritte entro il termine stabilito può essere condannato al pagamento di una pena pecuniaria da un minimo di euro 100,00 ad un massimo di euro 1.000,00 (articoli 257-*bis*, sesto comma, e 255, primo comma, del codice di procedura civile).

CONSEGUENZE DELLA SPEDIZIONE O CONSEGNA DI RISPOSTE FALSE O RETICENTI

Il testimone che compila il modulo con risposte false o omette volontariamente di rispondere in modo completo alle domande formulate commette un reato.

Ai sensi dell'articolo 372 del codice penale «chiunque, deponendo come testimone innanzi all'Autorità giudiziaria, afferma il falso o nega il vero, ovvero tace, in tutto o in parte, ciò che sa intorno ai fatti sui quali è interrogato, è punito con la reclusione da due a sei anni».

ISTRUZIONI PER LA COMPILAZIONE DEI FOGLI 2 E 3

Istruzioni per le dichiarazioni contenute nei punti da 1 a 8

Le caselle dal n. 1 al n. 5 devono essere **compilate in ogni caso**.

Le informazioni contenute nelle caselle dal n. 1 al n. 5 sono indispensabili per consentire la identificazione dell'autore delle dichiarazioni e devono essere in ogni caso fornite dal testimone.

La compilazione delle caselle nn. 6, 7 ed 8 è facoltativa, ma è opportuno compilarle, ove possibile, per facilitare le comunicazioni con l'ufficio giudiziario che ha disposto la testimonianza.

Istruzioni per le dichiarazioni contenute nei punti 9 e 10

Il testimone deve barrare le caselle n. 9 e n. 10 ed apporre la propria firma nello spazio dedicato sotto ciascuna di esse solo dopo aver letto le presenti istruzioni.

Con la sottoscrizione della dichiarazione contenuta nella casella n. 9 il testimone dichiara di aver integralmente letto le presenti istruzioni e di aver compreso di essere obbligato a riferire la verità e di conoscere le conseguenze penali nel caso di testimonianza falsa o reticente.

Con la sottoscrizione della dichiarazione contenuta nella casella n. 10 il testimone deve impegnarsi a riferire la verità e a non nascondere nulla di quanto è a sua conoscenza, consapevole delle conseguenze indicate nel foglio n. 1 delle presenti istruzioni.

Istruzioni per la dichiarazione contenuta nel punto 11

La dichiarazione contenuta nella casella n. 11 deve essere compilata esclusivamente dal testimone che ha l'obbligo di astenersi o che intende esercitare la facoltà di astenersi dal rispondere.

Chi ha l'obbligo di astenersi:

I pubblici ufficiali, i pubblici impiegati e gli incaricati di un pubblico servizio hanno l'obbligo di astenersi dal deporre su fatti conosciuti per ragioni del loro ufficio che la legge stabilisce che devono rimanere segreti, salvi i casi in cui la legge stessa prevede l'obbligo di riferirne all'autorità giudiziaria.

I pubblici ufficiali, i pubblici impiegati e gli incaricati di un pubblico servizio hanno l'obbligo di astenersi dal deporre su fatti che in forza di una specifica disposizione di legge sono coperti dal segreto di Stato.

Chi ha facoltà di astenersi:

Hanno facoltà di astenersi dal rispondere:

a) i ministri di confessioni religiose, i cui statuti non contrastino con l'ordinamento giuridico italiano;

b) gli avvocati, gli investigatori privati autorizzati, i consulenti tecnici e i notai;

c) i medici e i chirurghi, i farmacisti, le ostetriche e ogni altro esercente una professione sanitaria;

d) gli esercenti altri uffici o professioni ai quali la legge riconosce la facoltà di astenersi dal deporre determinata dal segreto professionale;

e) i giornalisti professionisti iscritti nell'albo professionale.

Su quali domande il testimone ha la facoltà di astenersi:

I soggetti indicati nei punti *a*), *b*), *c*) e *d*) hanno la facoltà di astenersi dal deporre **soltanto** *su quanto hanno conosciuto per ragione del proprio ministero, ufficio o professione*, ma devono comunque rispondere alle domande nei casi in cui hanno l'obbligo di riferirne all'autorità giudiziaria per denunciare notizie di reato o per farne oggetto di referto.

I soggetti indicati al punto *e*) possono astenersi dal deporre **solo** *relativamente ai nomi delle persone dalle quali i medesimi hanno avuto notizie di carattere fiduciario nell'esercizio della loro professione*.

Istruzioni per la dichiarazione contenuta nel punto 12

La dichiarazione contenuta nella casella n. 12 deve essere compilata dal testimone soltanto se è legato da un rapporto di parentela o di affinità con una delle parti indicate nel foglio n. 1.

Per rapporto di parentela si intende il vincolo tra persone che discendono da uno stesso comune antenato.

Nella dichiarazione vanno indicati soltanto i rapporti di parentela fino al sesto grado.

Per rapporto di affinità si intende il vincolo con i parenti del proprio coniuge.

Istruzioni per la dichiarazione contenuta nel punto 13

La dichiarazione contenuta nella casella n. 13 deve essere compilata dal testimone soltanto se intrattiene un rapporto di lavoro con una delle parti indicate nel foglio n. 1.

Devono essere indicati eventuali rapporti di lavoro subordinato, a qualsiasi titolo, sia a tempo pieno che parziale, sia a tempo indeterminato che determinato, a progetto, nonché rapporti di collaborazione continuata e coordinata.

Il testimone, in particolare, deve indicare:

1) la parte o le parti con cui intrattiene il rapporto di lavoro;

2) il tipo di rapporto di lavoro;

3) le mansioni svolte;

4) la data di inizio e di eventuale fine del rapporto di lavoro.

Istruzioni per la dichiarazione contenuta nel punto 14

La dichiarazione contenuta nella casella n. 14 deve essere compilata dal testimone soltanto se intrattiene un rapporto di carattere personale con una delle parti indicate nel foglio n. 1.

Devono essere indicati eventuali rapporti di tipo personale **solo se comportano una frequentazione stabile, abituale o ricorrente**, quali, in particolare, i rapporti di convivenza o di coabitazione.

Istruzioni per la dichiarazione contenuta nel punto 15

La dichiarazione contenuta nella casella n. 15 deve essere compilata dal testimone soltanto se ha un interesse personale collegato direttamente all'oggetto della causa.

L'interesse deve essere personale (cioè proprio del testimone e non di altri suoi congiunti o conoscenti) e concreto (cioè non meramente generico ed eventuale).

In caso di dubbio il testimone è comunque obbligato a rendere la dichiarazione, che sarà poi valutata dall'ufficio giudiziario.

Dalla dichiarazione non derivano, in ogni caso, conseguenze di carattere pregiudizievole per il testimone.

ISTRUZIONI PER LA COMPILAZIONE DEI FOGLI 4 E SEGUENTI

Per ciascuna domanda il testimone deve fornire una **risposta separata**.

La risposta deve essere il più possibile specifica e deve avere ad oggetto solamente i fatti indicati nella domanda.

Nella risposta devono essere esposti solamente fatti storici e non devono essere riferite opinioni o valutazioni, proprie o altrui, sui medesimi fatti.

Il testimone deve specificare se ha avuto conoscenza diretta e personale dei fatti o se li ha appresi da altri soggetti. In tal caso deve indicare, ove possibile, le generalità dei soggetti dai quali ha appreso i fatti indicati nella risposta.

Se il testimone non comprende il significato della domanda è tenuto a specificarlo utilizzando lo spazio dedicato alla risposta.

ALLEGATO A

Repubblica Italiana

DICHIARAZIONE TESTIMONIALE SCRITTA

art. 257 bis del codice di procedura civile

Procedimento civile n.	
Ufficio Giudiziario	
Parti in causa:	
1)	2)
Difeso dall'Avv.	Difeso dall'Avv.
3)	4)
Difeso dall'Avv.	Difeso dall'Avv.
5)	6)
Difeso dall'Avv.	Difeso dall'Avv.
7)	8)
Difeso dall'Avv.	Difeso dall'Avv.
ordinanza che ha disposto la testimonianza scritta	
termine entro il quale le risposte devono essere spedite o consegnate	

IL/LA SOTTOSCRITTO/A	
1. Nome:	
2. Cognome:	
3. Luogo di nascita:	
4. Data di nascita:	
5. Professione:	
6. Residenza o domicilio:	
7. Telefono	
8. Indirizzo di posta elettronica	

DICHIARA

☐	**9.** di aver letto e compreso le avvertenze contenute nelle istruzioni allegate al presente modulo circa l'obbligo di dire la verità e le conseguenze penali previste dalle leggi vigenti nel caso di testimonianza falsa o reticente
	Firma
☐	**10.** di essere, pertanto, consapevole della responsabilità morale e giuridica che assume con la propria deposizione e di impegnarsi a dire tutta la verità e a non nascondere nulla di quanto è a propria conoscenza
	Firma

DICHIARA INOLTRE

☐	**11.** di astenersi dal testimoniare per i seguenti motivi : **(barrare la casella solo in caso di dichiarazione positiva)** Motivi dell'astensione:
	firma
☐	**12.** di essere coniuge, parente o affine di una o più delle parti sopra indicate: **(barrare la casella solo in caso di dichiarazione positiva)** Tipo di rapporto: Parte di cui si è coniuge, parente o affine:
	firma

AUTENTICAZIONE DELLE SOTTOSCRIZIONI

Io sottoscritto/a ....

attesto che il /la sig. ....

persona da me identificata attraverso ....

ha apposto le firme nel presente foglio in mia presenza

firma e timbro dell'ufficio

☐	**13.** di avere i seguenti rapporti di lavoro con una o più delle parti sopra indicate: **(barrare la casella solo in caso di dichiarazione positiva)** Parte con la quale si ha il rapporto di lavoro: Tipo di rapporto di lavoro e mansioni svolte: Data di inizio ed eventuale data di fine del rapporto di lavoro:
	firma
☐	**14.** di avere i seguenti rapporti personali con una o più delle parti sopra indicate: **(barrare la casella solo in caso di dichiarazione positiva)** Parte con la quale si ha un rapporto personale: Tipo di rapporto personale:
	firma
☐	**15.** di avere il seguente interesse personale nella causa: **(barrare la casella solo in caso di dichiarazione positiva)** Tipo di interesse personale:
	firma

AUTENTICAZIONE DELLE SOTTOSCRIZIONI

Io sottoscritto/a ....

attesto che il /la sig. ....

persona da me identificata attraverso..............................

ha apposto le firme nel presente foglio in mia presenza

firma e timbro dell'ufficio

AVVERTENZA

Prima di compilare e sottoscrivere le risposte leggere attentamente le avvertenze contenute a pagina 4 delle istruzioni allegate al presente modulo

Domanda n. 1:

Risposta:

firma

Domanda n. 2:

Risposta:

firma

Domanda n. …

Risposta:

AUTENTICAZIONE DELLE SOTTOSCRIZIONI

Io sottoscritto/a ……………………

attesto che il /la sig.……………………

persona da me identificata attraverso……………………

ha apposto le firme nel presente foglio in mia presenza

firma e timbro dell'ufficio

TITOLI DI CREDITO

- 1 -

R.D.L. 21 set. 1933, n. 1345
Cambiale tratta garantita mediante cessione di credito derivante da forniture
(G.U. 27 ott. 1933, n. 251),
conv. in L. 15 gen. 1934, n. 48

1. Nella cambiale tratta, che non debba essere presentata all'accettazione, e in ogni altra cambiale tratta per l'eventualità che non venga accettata, il traente può, nei limiti dell'importo della cambiale, cedere mediante clausola inserita nel contesto del titolo il credito derivante da fornitura di merci che egli ha verso il trattario. La clausola deve contenere, a pena di nullità, la data e il numero della fattura relativa alla fornitura di merci.

Nel caso di cambiale emessa all'ordine dello stesso traente la clausola di cessione può essere inserita nella prima girata.

La cessione non può dal traente essere fatta se non a favore di una banca o di un banchiere, ma giova a tutti i successivi giratari.

2. La cessione acquista efficacia di fronte ai terzi con la notificazione fattane al trattario, anche a mezzo di raccomandata con ricevuta di ritorno (1264[1] c.c.); la notificazione deve contenere le indicazioni esatte per identificare la cambiale.

Equivale a notificazione la presentazione della cambiale fatta personalmente al trattario e risultante dal protesto per mancata accettazione.

3. Il trattario dopo la notificazione della cessione non può pagare che al possessore della cambiale.

Questi non può far valere contro il trattario i diritti derivantigli dalla cessione se non abbia elevato contro di lui protesto per mancato pagamento e non siano trascorsi cinque giorni dalla notificazione al traente del precetto mobiliare o immobiliare o della citazione, ovvero dalla domanda di ammissiondel credito cambiario al passivo del fallimento del traente ove tale fallimento sia stato dichiarato.

L'esperimento dell'azione contro il trattario non impedisce il contemporaneo esercizio dell'azione cambiaria contro il traente e contro gli altri obbligati.

L'osservanza da parte del possessore della cambiale delle disposizioni contenute nel primo capoverso è necessaria per far valere nel concordato preventivo e nel fallimento del trattario i diritti derivanti dalla cessione.

4. Chiunque fa cessione di credito a norma dell'art. 1 conoscendo che al momento della cessione il credito ceduto non esiste in tutto o in parte, è punito con la multa da euro 51,65 a euro 516,46,[1] e nei casi più gravi, anche con la reclusione fino a sei mesi, salvo che il fatto costituisca reato punibile con pena maggiore.

[1] Multe quintuplicate ai sensi dell'art. 113 della L. 24 nov. 1981, n. 689.

5. (*Abrogato*).

- 2 -

R.D. 14 dic. 1933, n. 1669
Modificazioni alle norme sulla cambiale e sul vaglia cambiario
(G.U. 19 dic. 1933, n. 292)[1]

[1] A norma del combinato disposto degli artt. 349, c. 1, e 389, c. 1, D.lgs. 12 gen. 2019, n. 14, come sost. dall'art. 1, c. 1, D.L. 24 ago. 2021, n. 118, conv. in L. 21 ott. 2021, n. 147, a decorrere dal 16 mag. 2022, nelle disposizioni normative vigenti i termini «fallimento», «procedura fallimentare», «fallito» nonché le espressioni dagli stessi termini derivate devono intendersi sostituite, rispettivamente, con le espressioni «liquidazione giudiziale», «procedura di liquidazione giudiziale» e «debitore assoggettato a liquidazione giudiziale» e loro derivati, con salvezza della continuità delle fattispecie.

TITOLO I
Della cambiale[1]

[1] La materia dei titoli di credito è ora regolata anche dal codice civile che contiene «disposizioni generali» agli artt. 1992-2002 e tratta «dei titoli all'ordine» agli artt. 2008-2020.

CAPO I
Della emissione e della forma della cambiale

1. La cambiale contiene:

1) la denominazione di cambiale inserita nel contesto del titolo ed espressa nella lingua in cui esso è redatto;

2) l'ordine incondizionato di pagare una somma determinata (6);

3) il nome, il luogo e la data di nascita ovvero il codice fiscale di chi è designato a pagare (trattario).[1]

4) l'indicazione della scadenza (2, 38-42, 96);

5) l'indicazione del luogo di pagamento (2, 4, 99);

6) il nome di colui al quale o all'ordine del quale deve farsi il pagamento (3);

7) l'indicazione della data e del luogo dove la cambiale è emessa (2);

8) la sottoscrizione di colui che emette la cambiale (traente) (8).

[1] Numero così modif. dall'art. 45, L. 12 dic. 2002, n. 273.

2. Il titolo nel quale manchi alcuno dei requisiti indicati nell'art. precedente non vale come cambiale, salvo i casi previsti nei seguenti commi (14).

La cambiale senza indicazione di scadenza si considera pagabile a vista.

In mancanza di indicazione speciale, il luogo indicato accanto al nome del trattario si reputa luogo del pagamento e, insieme, domicilio del trattario (44, 99).

La cambiale in cui non è indicato il luogo di emissione si considera sottoscritta nel luogo indicato accanto al nome del traente.

Se sono indicati più luoghi di pagamento, s'intende che il portatore possa presentare in qualunque di essi la cambiale per l'accettazione ed il pagamento.

3. La cambiale può essere all'ordine dello stesso traente.

Può essere tratta sullo stesso traente.

Può essere tratta per conto di un terzo.

4. La cambiale può essere pagabile al domicilio (99) di un terzo, sia nel luogo del domicilio del trattario, sia in altro luogo (32).

Se non è detto che il pagamento sarà fatto presso il terzo dal trattario, si intende che sarà fatto dal terzo.

5. Nella cambiale pagabile a vista (2, 38, 39) o a certo tempo vista (28, 38, 40) il traente può disporre che la somma sia produttiva d'interessi. In qualunque altra specie di cambiale la promessa d'interessi si ha per non scritta.

Il tasso d'interesse deve essere indicato nella cambiale; mancando tale indicazione, la clausola si ha per non scritta.

Gli interessi decorrono dalla data della cambiale quando non sia indicata una decorrenza diversa.

6. La cambiale con la somma da pagarsi scritta in lettere ed in cifre, vale, in caso di differenza, per la somma indicata in lettere.

Se la somma da pagarsi è scritta più di una volta in lettere o in cifre, la cambiale, in caso di differenza, vale per la somma minore.

7. Se la cambiale contiene firme di persone incapaci di obbligarsi cambiariamente (9, 10), firme false o di persone immaginarie, ovvero firme che per qualsiasi altra ragione non obbligano le persone che hanno firmata la cambiale o col nome delle quali essa è stata firmata, le obbligazioni degli altri firmatari restano tuttavia valide (37).

8. Ogni sottoscrizione cambiaria deve contenere il nome e cognome o la ditta di colui che si obbliga. È valida tuttavia la sottoscrizione nella quale il nome sia abbreviato o indicato con la sola iniziale.

9. Il minore emancipato non autorizzato all'esercizio del commercio (337 c.c.) e l'inabilitato (425, 427 c.c.) non assumono obbligazioni cambiarie se la loro firma non sia accompagnata da quella del curatore con la clausola «per assistenza» o altra equivalente. Se sia omessa detta clausola o altra equivalente il curatore è obbligato personalmente (11; 1705, 2198, 2208 c.c.).

10. Il genitore o il tutore non autorizzato all'esercizio del commercio per conto del minore (320, 371 c.c.) o dell'interdetto (424 c.c.) si può obbligare cambiariamente in nome di costoro con l'autorizzazione del *giudice tutelare* (344 c.c.), anche di carattere generale.[1]

[1] Cfr. art. 320 c.c.

11. Chi appone la firma sulla cambiale quale rappresentante di una persona per la quale non ha il potere di agire, è obbligato cambiariamente come se avesse firmato in proprio (1398 c.c.), e, se ha pagato, ha gli stessi diritti che avrebbe avuto il preteso rappresentato. La stessa disposizione si applica al rappresentante che abbia ecceduto i suoi poteri (1398 c. c.).

12. La facoltà generale di obbligarsi in nome e per conto altrui non fa presumere, salvo prova contraria, la facoltà di obbligarsi cambiariamente (1708[2] c.c.).

La facoltà generale di obbligarsi in nome e per conto di un commerciante comprende anche quella di obbligarsi cambiariamente, salvo che l'atto di rappresentanza, pubblicato a norma dell'art. 2206 c.c., non disponga diversamente (399 c.c.).

13. Il traente risponde dell'accettazione (26 s.) e del pagamento (43 s.).

Egli può esonerarsi dalla responsabilità per l'accettazione; ogni clausola con la quale si esoneri dalla responsabilità per il pagamento si ha per non scritta.

14. Se una cambiale, incompleta quando fu emessa (2), venga completata contrariamente agli accordi intervenuti, la inosservanza di tali accordi non può essere opposta al portatore, a meno che questi abbia acquistato la cambiale in mala fede, ovvero abbia commesso colpa grave acquistandola.

Il portatore decade (2964 c.c.) dal diritto di riempire la cambiale in bianco dopo tre anni dal giorno dell'emissione del titolo.

Tale decadenza non è opponibile al portatore di buona fede, al quale il titolo sia pervenuto già completo.

CAPO II

Della girata

15. La cambiale ancorchè non espressamente tratta all'ordine (3[1]; 201 s., c.c.) è trasferibile mediante girata (82, 86, 87).

Se il traente abbia inserito nella cambiale le parole «non all'ordine» o una espressione equivalente, il titolo è trasferibile solo nella forma e con gli effetti di una cessione ordinaria (25).

La girata può essere fatta anche a favore del trattario, abbia o non abbia accettato (26), del traente o di qualunque altro obbligato. Essi possono girare di nuovo la cambiale.

16. La girata deve essere incondizionata. Qualsiasi condizione alla quale sia subordinata si ha per non scritta (2010 c.c.).

La girata parziale è nulla.

La girata al portatore vale come girata in bianco (2009 c. c.).

17. La girata deve essere scritta sulla cambiale o su un foglio ad essa attaccato (allungamento). Deve essere sottoscritta (8) dal girante (2009 c. c.).

La girata è valida ancorchè il beneficiario non sia indicato o il girante abbia apposto soltanto la firma (girata in bianco). In questo caso la girata per essere valida deve essere scritta a tergo della cambiale o sull'allungamento.

18. La girata trasferisce tutti i diritti inerenti alla cambiale (1995, 2011 c.c.).

Se la girata è in bianco, il portatore può:

1) riempirla col proprio nome o con quello di altra persona;

2) girare la cambiale di nuovo in bianco o a persona determinata;

3) trasmettere la cambiale a un terzo, senza riempire la girata in bianco e senza girarla.

19. Il girante, se non vi sia clausola contraria, risponde dell'accettazione (26) e del pagamento (43).

Egli può vietare una nuova girata; in questo caso non è responsabile verso coloro ai quali la cambiale sia stata ulteriormente girata.

20. Il detentore della cambiale è considerato portatore legittimo se giustifica il suo diritto con una serie continua di girate (2008 c.c.), anche se l'ultima è in bianco. Le girate cancellate si hanno, a questo effetto, per non scritte. Se una girata in bianco è seguita da una altra girata, si reputa che il sottocrittore di quest'ultima abbia acquistato la cambiale per effetto della girata in bianco.

Se una persona ha perduto per qualsiasi ragione il possesso di una cambiale, il nuovo portatore che giustifichi il suo diritto nella maniera indicata nel precedente comma, non è tenuto a consegnarla se non quando l'abbia acquistata in mala fede ovvero abbia commesso colpa grave acquistandola (1994 c.c.).

21. La persona contro la quale sia promossa azione cambiaria non può opporre al portatore le eccezioni fondate sui rapporti suoi personali col traente o con i portatori precedenti a meno che il portatore, acquistando la cambiale, abbia agito scientemente a danno del debitore (22^2, 25, 65; 1993 c.c.).

22. Se alla girata è apposta la clausola «valuta per incasso», «per incasso», «per procura» od ogni altra che implichi un semplice mandato, il portatore può esercitare tutti i diritti inerenti alla cambiale, ma non può girarla che per procura (2013 c.c.).

Gli obbligati non possono in questo caso opporre al portatore se non le eccezioni che avrebbero potuto opporre al girante (1993 c.c.).

Il mandato contenuto in una girata per procura non si estingue per la morte del mandante o per la sopravvenuta sua incapacità (1722 n. 4, 1723^2, 2013 c.c.).

23. Se alla girata è apposta la clausola «valuta in garanzia», «valuta in pegno» od ogni altra che implichi un pegno, il portatore può esercitare tutti i diritti inerenti alla cambiale, ma la girata da lui fatta vale solo come girata per procura (2014 c.c.).

Gli obbligati non possono opporre al portatore le eccezioni fondate sui loro rapporti personali col girante, a meno che il portatore, ricevendo la cambiale, abbia agito scientemente a danno del debitore (65; 1993 c.c.).

24. La girata posteriore alla scadenza produce gli stessi effetti di una girata anteriore. Nondimeno la girata fatta posteriormente al protesto per mancato pagamento (51, 68 s.) o dopo spirato il termine per levare protesto (51, 61) produce solo gli effetti di una cessione ordinaria (1260, 2015 c.c.).

La girata senza data si presume, fino a prova contraria, fatta prima dello spirare del termine stabilito per levare protesto.

25. Con la cessione della cambiale, sia derivante da una girata fatta posteriormente al protesto per mancato pagamento o dopo spirato il termine per levare protesto (51), sia derivante da atto separato ancorchè anteriore alla scadenza, si trasmettono al cessionario tutti i diritti cambiari del cedente, ma egli resta soggetto alle eccezioni opponibili a questo (65; 1993 c.c.).

Il cessionario ha diritto alla consegna della cambiale (1262 c.c.).

CAPO III
Dell'accettazione

26. La cambiale può, dal portatore o da un semplice detentore, essere presentata per l'accettazione al trattario nel suo domicilio (99) fino alla scadenza (38 s., 96).

27. In qualsiasi cambiale il traente può prescrivere che essa sia presentata per l'accettazione, fissando o non fissando un termine.

Egli può vietare nella cambiale che essa sia presentata all'accettazione, a meno che non sia pagabile presso un terzo, o in luogo diverso da quello del domicilio del trattario, o sia tratta a certo tempo vista (51, 38, 39).

Egli può anche prescrivere che la presentazione per l'accettazione non abbia luogo prima di un certo termine.

Ogni girante può prescrivere che la cambiale sia presentata per l'accettazione, fissando o non fissando un termine, salvo che il traente l'abbia dichiarata non accettabile.

28. La cambiale a certo tempo vista (38, 40) deve essere presentata all'accettazione entro un anno dalla sua data.

Il traente può abbreviare questo termine o prolungarlo.

Detti termini possono essere abbreviati dai giranti.

29. Il trattario può chiedere che gli sia fatta una seconda presentazione il giorno seguente alla prima. Gli interessati non possono prevalersi della inosservanza di tale richiesta se non sia stata menzionata nel protesto.

Il portatore non è obbligato a consegnare al trattario la cambiale presentata per l'accettazione (51, 68 s.).

30. L'accettazione è scritta sulla cambiale. È espressa colla parola «accettato», «visto» o con altre equivalenti; è sottoscritta dal trattario; il trattario indica il luogo e la data di nascita ovvero il codice fiscale[1] (8). La semplice sottoscrizione del trattario sulla faccia anteriore della cambiale vale accettazione. Ciò vale anche per la cambiale a certo tempo vista (5, 38, 40).

Se la cambiale è pagabile a certo tempo vista o, in virtù di clausola speciale, deve essere presentata per l'accettazione entro un termine stabilito (27[1]), l'accettazione deve portare la data del giorno in cui è fatta, a meno che il portatore non esiga che vi sia apposta la data della presentazione. Se manca la data, il portatore, per conservare il regresso (49 s.) contro i giranti e contro il traente, deve far constatare la mancanza con protesto levato in tempo utile (51, 61).

[1] Parole aggiunte dall'art. 45 L. 12 dic. 2002, n. 273.

31. L'accettazione deve essere incondizionata; il trattario può limitarla ad una parte della somma (16).

Qualsiasi altra modificazione apportata nell'accettazione al tenore della cambiale equivale a rifiuto di accettazione; nondimeno l'accettante resta obbligato nei termini della sua accettazione.

32. Se il traente ha indicato nella cambiale un luogo di pagamento diverso da quello del domicilio del trattario, ma non una terza persona presso la quale il pagamento deve essere effettuato, il trattario può indicarla al momento dell'accettazione. In mancanza di tale indicazione, si reputa che l'accettante sia tenuto a pagare egli stesso nel luogo di pagamento.

Se la cambiale è pagabile al domicilio del trattario, questi può indicare nell'accettazione un indirizzo nello stesso luogo in cui il pagamento deve essere effettuato.

33. Con l'accettazione il trattario si obbliga di pagare la cambiale alla scadenza.

In mancanza di pagamento il portatore, ancorché sia il traente, ha contro l'accettante una azione cambiaria diretta per tutto quanto può essere chiesto ai sensi degli artt. 55 e 56.

Il trattario che accetta resta obbligato anche se ignora il fallimento del traente.

34. Se l'accettazione apposta sulla cambiale dal trattario è da lui cancellata prima di restituire il titolo, l'accettazione si ha per rifiutata. La cancellazione si reputa fatta, fino a prova contraria, prima della restituzione del titolo.

Nondimeno, se il trattario ha dato notizia della accettazione per iscritto al portatore o a un firmatario qualsiasi, è tenuto verso di essi nei termini della accettazione.

CAPO IV
Dell'avallo

35. Il pagamento (43 s.) di una cambiale può essere garantito (1936 s., c.c.) con avallo per tutta o parte della somma.

Questa garanzia può essere prestata da un terzo o anche da un firmatario della cambiale.

36. L'avallo è apposto sulla cambiale o sull'allungamento (17).

È espresso con le parole «per avallo» o con ogni altra forma equivalente; è sottoscritto dall'avallante (8).

Si considera dato colla sola firma dell'avallante apposta sulla faccia anteriore della cambiale, purché non si tratti della firma del trattario o del traente.

L'avallo deve indicare per chi è dato. In mancanza di questa indicazione si intende dato per il traente.

37. L'avallante è obbligato nello stesso modo di colui per il quale l'avallo è stato dato (1945 c.c.).

La sua obbligazione è valida ancorchè l'obbligazione garantita sia nulla per qualsiasi altra causa che un vizio di forma (1939 c.c.).

L'avallante che paga la cambiale acquista i diritti ad essa inerenti contro l'avallato e contro coloro che sono obbligati cambiariamente verso quest'ultimo (1949 s., c.c.).

CAPO V
Della scadenza

38. La cambiale può essere tratta:
- a vista (39);
- a certo tempo vista (40);
- a certo tempo data (41);
- a giorno fisso (42).

Le cambiali ad altre scadenze o a scadenze successive sono nulle.

39. La cambiale a vista è pagabile alla presentazione. Essa deve essere presentata per il pagamento nel termine di un anno dalla sua data. Il traente può abbreviare questo termine o prolungarlo. Tali termini possono essere abbreviati dai giranti.

Il traente può stabilire che una cambiale pagabile a vista non sia presentata per il pagamento prima di una certa data. In questo caso il termine di presentazione decorre da tale data.

40. La scadenza della cambiale a certo tempo vista è determinata dalla data dell'accettazione (26 s.) o da quella del protesto (51, 61, 68).

In mancanza di protesto l'accettazione non datata si reputa data, rispetto all'accettante, l'ultimo giorno del termine previsto per la presentazione all'accettazione (28).

41. La cambiale tratta a uno o più mesi data o vista scade nel giorno corrispondente del mese in cui il pagamento deve essere effettuato. In mancanza del giorno corrispondente la cambiale scade l'ultimo del mese (1187, 2963 c.c.).

Se la cambiale è tratta a uno o più mesi e mezzo data o vista, si computano prima i mesi interi.

Se la scadenza è fissata al principio, alla metà (metà gennaio, metà febbraio, ecc.) o alla fine del mese, la cambiale scade il primo, il quindici o l'ultimo giorno del mese.

Con le espressioni «otto giorni» o «quindici giorni» s'intende non già una o due settimane ma otto o quindici giorni effettivi.

Con la espressione «mezzo mese» si intende il termine di quindici giorni.

42. Se la cambiale è pagabile a giorno fisso in un luogo in cui il calendario è differente da quello del luogo di emissione, la data della scadenza si intende fissata secondo il calendario del luogo di pagamento.

Se una cambiale tratta fra due piazze che hanno calendari diversi è pagabile a certo tempo data, la scadenza è stabilita contando dal giorno che, secondo il calendario del luogo di pagamento, corrisponde al giorno dell'emissione.

I termini di presentazione delle cambiali sono calcolati in conformità alle disposizioni del comma precedente.

Queste disposizioni non si applicano se da clausola della cambiale o anche dalle sole enunciazioni del titolo risulti la intenzione di adottare norme diverse.

CAPO VI
Del pagamento

43. Il portatore di una cambiale pagabile a giorno fisso (38, 42) o a certo tempo data (38, 41) o vista (38, 40) deve presentarla al pagamento nel giorno in cui essa è pagabile o in uno dei due giorni feriali successivi (48, 96 con nota).

La presentazione della cambiale ad una stanza di compensazione equivale a presentazione per il pagamento.

44. La cambiale deve essere presentata per il pagamento nel luogo e all'indirizzo indicato sul titolo.

Quando manchi tale indirizzo, deve essere presentata per il pagamento:

1) al domicilio del trattario o della persona designata sul titolo a pagare per esso (74);

2) al domicilio dell'accettante per intervento o della persona designata sul titolo a pagare per esso (74 s.);

3) al domicilio dell'indicato al bisogno (74).

45. Il trattario che paga la cambiale può esigere che gli sia consegnata quietanzata dal portatore (1199 c.c.).

Il portatore non può rifiutare un pagamento parziale (1181 c.c.).

In caso di pagamento parziale il trattario può esigere che ne sia fatta menzione sulla cambiale e gliene sia data quietanza.

46. Il portatore della cambiale non è tenuto a riceverne il pagamento prima della scadenza (385).

Il trattario che paga prima della scadenza lo fa a suo rischio e pericolo.

Chi paga alla scadenza è validamente liberato, a meno che da parte sua non vi sia dolo o colpa grave. Egli è tenuto ad accertare la regolare continuità delle girate ma non a verificare l'autenticità delle firme dei giranti.

47. Se la cambiale è pagabile in moneta che non ha corso nel luogo di pagamento, la somma può essere pagata nella moneta del paese secondo il suo valore nel giorno della scadenza (38; 1278 c.c.). Se il debitore è in ritardo, il portatore può a sua scelta domandare che la somma sia pagata nella moneta del paese secondo il valore nel giorno di scadenza o in quello del pagamento.

Il valore della moneta estera è determinato dagli usi del luogo di pagamento. Il traente può tuttavia stabilire che la somma da pagare sia calcolata secondo il corso indicato nella cambiale.

Le disposizioni precedenti non si applicano nel caso in cui il traente abbia stabilito che il pagamento sia fatto in una moneta espressamente indicata (clausola di pagamento effettivo in moneta estera) (1279 c.c.).

Se la somma è indicata in una moneta avente la stessa denominazione ma un valore diverso nel paese di emissione e in quello del pagamento, si presume che l'indicazione si riferisca alla moneta del luogo di pagamento.

48. Se la cambiale non è presentata per il pagamento nel termine fissato dall'art. 43, qualsiasi debitore ha facoltà di depositare la somma presso l'autorità competente, a spese, rischio e pericolo del portatore del titolo.

Per le cambiali pagabili nello *Stato* l'autorità competente a ricevere il deposito è l'Istituto di emissione (1210 s., c.c.).

CAPO VII
Del regresso per mancata accettazione o per mancato pagamento

49. L'azione cambiaria è diretta o di regresso (94): diretta contro l'accettante (26 s.) ed i suoi avallanti (35); di regresso contro ogni altro obbligato.

50. Il portatore può esercitare il regresso (55) contro i giranti (15), il traente e gli altri obbligati:

– alla scadenza, se il pagamento non ha avuto luogo;

– anche prima della scadenza (75):

1) se l'accettazione sia stata rifiutata in tutto o in parte;

2) in caso di fallimento del trattario, abbia o non abbia accettato; di cessazione dei pagamenti, ancorché non constatata con sentenza; di esecuzione infruttuosa sui suoi beni;

3) in caso di fallimento del traente di una cambiale non accettabile (27).

51. Il rifiuto dell'accettazione o del pagamento deve essere constatato con atto autentico (protesto per mancata accettazione o per mancato pagamento) (53, 68-73).

Il protesto per mancata accettazione deve essere levato nei termini fissati per la presentazione all'accettazione (26 s.). Se la prima presentazione, nel caso previsto dell'art. 29 comma primo, è stata fatta nell'ultimo giorno del termine, il protesto può essere levato anche il giorno successivo.

Il protesto per mancato pagamento di una cambiale pagabile a giorno fisso o a certo tempo data o vista deve essere levato in uno dei due giorni feriali seguenti al giorno in cui la cambiale è pagabile. Se la cambiale è a vista, il protesto deve essere levato secondo le norme del precedente comma relativo al protesto per mancata accettazione.[1]

Il protesto per mancata accettazione dispensa dalla presentazione al pagamento e dal protesto per mancato pagamento.

In caso di cessazione di pagamenti del trattario, abbia o non abbia accettato, o in caso di esecuzione infruttuosa sui suoi beni, il portatore non può esercitare il regresso che dopo aver presentato la cambiale al trattario per il pagamento e dopo aver levato protesto.

In caso di fallimento del trattario, abbia o non abbia accettato, e nel caso di fallimento del traente di una cambiale non accettabile (27²), la produzione della sentenza dichiarativa del fallimento basta al portatore per esercitare il regresso (50).

[1] «Sono assimilati ai giorni festivi legali, per quanto concerne i termini di scadenza e quelli della levata del protesto..., i giorni che, per il personale delle aziende ed istituti di credito, sono da considerarsi non lavorativi e comportano la chiusura degli sportelli». (Art. unico L. 24 feb. 1965, n. 92). V. anche art. 5 L. 12 giu. 1973, n. 349.

52. Il portatore deve dare avviso al proprio girante e al traente della mancata accettazione o del mancato pagamento entro i quattro giorni feriali successivi al giorno del protesto o della presentazione se vi sia la clausola «senza spese» (53). Ogni girante nei due giorni feriali successivi al giorno in cui ha ricevuto l'avviso deve informare il precedente girante dell'avviso ricevuto, indicando i nomi e gli indirizzi di coloro che hanno dato gli avvisi precedenti, e così di seguito, risalendo fino al traente. I termini predetti decorrono dal ricevimento dell'avviso precedente.

Se in conformità del precedente comma l'avviso è dato ad un firmatario della cambiale, analogo avviso deve essere dato entro lo stesso termine anche al suo avallante (35).

Se un girante non ha indicato il suo indirizzo o l'ha indicato in maniera illeggibile, basta che l'avviso sia dato al girante che lo precede.

Chi è tenuto a dare l'avviso può darlo in una forma qualsiasi, anche col semplice rinvio della cambiale (1237 c.c.).

Egli deve provare di aver dato l'avviso nel termine stabilito. Il termine si considera rispettato se una lettera contenente l'avviso sia stata spedita per posta nel termine predetto.

Chi non dà l'avviso nel termine sopra indicato non decade dal regresso (55); tuttavia è responsabile della sua negligenza se abbia causato danno, senza però che l'ammontare del risarcimento possa superare quello della cambiale.

53. Il traente, il girante o l'avallante può, con la clausola «senza spese», «senza protesto» od ogni altra equivalente, apposta sulla cambiale e firmata, dispensare il portatore dal protesto per mancata accettazione o per mancato pagamento, per esercitare il regresso.

Tale clausola non dispensa il portatore dalla presentazione della cambiale nei termini prescritti (43) né dagli avvisi (52). La prova dell'inosservanza dei termini incombe a colui che la oppone al portatore.

Se la clausola è apposta dal traente produce i suoi effetti nei confronti di tutti i firmatari; se è apposta da un girante o da un avallante, produce i suoi effetti soltanto rispetto a costui. Se la clausola è apposta dal traente e il portatore fa levare il protesto, le spese restano a suo carico. Se la clausola è apposta da un girante o da un avallante le spese per il protesto, qualora sia levato, sono ripetibili contro tutti i firmatari.

54. Il traente, l'accettante, il girante e l'avallante della cambiale rispondono in solido verso il portatore (20; 1292 c.c.).

Il portatore ha diritto di agire contro queste persone individualmente o congiuntamente e non è tenuto ad osservare l'ordine nel quale si sono obbligate.

Lo stesso diritto spetta a ogni firmatario che abbia pagato la cambiale.

L'azione promossa contro uno degli obbligati non impedisce di agire contro gli altri, anche se posteriori a colui contro il quale si sia prima proceduto.

55. Il portatore può chiedere in via di regresso:

1) l'ammontare della cambiale non accettata o non pagata con gli interessi, se siano stati indicati;

2) gli interessi dalla scadenza in misura uguale a quella indicata nel titolo a norma dell'art. 5 o, in mancanza, al tasso legale;

3) le spese per il protesto (51, 68 s.), per gli avvisi dati (52) e le altre spese.

Se il regresso è esercitato prima della scadenza, sarà dedotto uno sconto dall'ammontare della cambiale. Tale sconto è calcolato in base al tasso ufficiale vigente (tasso della Banca di emissione) alla data del regresso nel luogo del domicilio del portatore.

56. Chi ha pagato la cambiale può ripetere dai suoi garanti (35):

1) la somma integrale sborsata;

2) gli interessi sulla somma in misura uguale a quella indicata nel titolo a norma dell'art. 5 o, in mancanza, al tasso legale, dal giorno del disborso;

3) le spese sostenute.

57. Qualsiasi obbligato contro il quale sia stato o possa essere promosso il regresso può esigere, contro pagamento, la consegna della cambiale col protesto e il conto di ritorno quietanzato.

Qualsiasi girante che ha pagato la cambiale può cancellare la propria girata e quelle dei giranti susseguenti.

58. In caso di regresso dopo una accettazione parziale (31), chi paga la somma per la quale la cambiale non è stata accettata, può esigere che del pagamento sia fatta menzione sulla cambiale e che gliene sia data quietanza. Il portatore deve inoltre rilasciargli copia certificata conforme della cambiale ed il protesto per rendere possibile l'esercizio degli ulteriori regressi.

59. Chi ha il diritto di esercitare il regresso può, salvo clausola contraria, rimborsarsi con una nuova cambiale (rivalsa) tratta a vista su uno dei propri garanti e pagabile al domicilio di costui.

La rivalsa comprende, oltre le somme indicate negli artt. 55 e 56, un diritto di provvigione e la tassa di bollo sulla rivalsa.

Se la rivalsa è tratta dal portatore, l'ammontare ne è fissato secondo il corso di una cambiale a vista tratta dal luogo dove la cambiale originaria era pagabile sul luogo del domicilio del garante. Se la rivalsa è tratta da un girante, l'ammontare ne è fissato secondo il corso di una cambiale a vista tratta dal luogo dove i traente della rivalsa ha il suo domicilio sul luogo del domicilio del garante.

60. Spirati i termini stabiliti:

– per la presentazione di una cambiale a vista (39) o a certo tempo vista (28);

– per levare il protesto per mancata accettazione o mancato pagamento (51);

– per la presentazione al pagamento se vi sia la clausola «senza spese» (53);

– il portatore decade dai suoi diritti contro i giranti, contro il traente e contro gli altri obbligati, ad eccezione dell'accettante (61).

Se la cambiale non è presentata per l'accettazione nel termine stabilito dal traente, il portatore decade dal diritto di esercitare il regresso sia per mancato pagamento sia per mancata accettazione, salvo che non risulti dal tenore del titolo che il traente abbia inteso di esonerarsi soltanto dalla garanzia per l'accettazione.

Se un termine per la presentazione è fissato in una girata, solo il girante può prevalersene.

61. Se un ostacolo insormontabile (disposizione di legge di uno Stato o altro caso di forza maggiore) impedisce di presentare la cambiale o di levare il protesto nei termini stabiliti, questi sono prolungati.

Il portatore è tenuto a dare avviso senza indugio del caso di forza maggiore al girante precedente e a fare, sulla cambiale o sull'allungamento (17), menzione datata e sottoscritta di questo avviso; per il resto si applicano le disposizioni dell'art. 52.

Cessata la forza maggiore, il portatore deve presentare senza indugio la cambiale per l'accettazione o per il pagamento e, se necessario, levare protesto (51).

Se la forza maggiore dura oltre trenta giorni dalla scadenza, il regresso può essere esercitato senza bisogno di presentazione e di protesto (51).

Nelle cambiali a vista o a certo tempo vista, il termine di trenta giorni decorre dalla data in cui il portatore, anche prima che sia scaduto il termine di presentazione, ha dato avviso della forza maggiore al girante precedente; nelle cambiali a certo tempo vista al termine di trenta giorni si aggiunge il termine della vista indicato nella cambiale.

Non sono considerati casi di forza maggiore i fatti puramente personali al portatore o alla persona da lui incaricata di presentare la cambiale o di levare il protesto.

62. Fra più obbligati che abbiano assunto una posizione di pari grado nella cambiale non ha luogo l'azione cambiaria e il rapporto è regolato con le norme relative alle obbligazioni solidali (1292 s., c.c.).

63. La cambiale ha gli effetti di titolo esecutivo per il capitale e per gli accessori a norma degli artt. 55, 56 e 59 (474 s., p.c.).

La cambiale emessa all'estero ha gli stessi effetti in quanto questi siano ammessi dalla legge del luogo in cui la cambiale è stata emessa.

Il precetto (479 s., c.p.c.) deve contenere la trascrizione della cambiale o del protesto (68) e degli altri documenti necessari a dimostrare la somma dovuta.

Nelle obbligazioni cambiarie sottoscritte per procura (22) il precetto deve indicare anche l'atto dal quale risulta il mandato.

64. L'opposizione al precetto (615 s., c.p.c.) non sospende l'esecuzione; ma il presidente del tribunale, o il pretore competente per valore, su ricorso dell'opponente che disconosca la propria firma o la rappresentanza oppure adduca gravi e fondati motivi, può, con decreto motivato non soggetto a gravame, esaminati i documenti prodotti, sospendere in tutto o in parte gli atti esecutivi, imponendo idonea cauzione.

65. Nei giudizi cambiari, tanto di cognizione quanto di opposizione al precetto, il debitore può opporre soltanto le eccezioni di nullità della cambiale a termini dell'art. 2 e quelle non vietate dall'art. 21 (1993 c.c.).

Se le eccezioni siano di lunga indagine, il giudice, su istanza del creditore, deve emettere sentenza provvisoria di condanna, con cauzione o senza.

Può anche concedere su richiesta del debitore, quando concorrano gravi ragioni, la sospensione dell'esecuzione, imponendo, se lo ritenga opportuno, idonea cauzione (623 s., c.p.c.).

Se la sospensione fosse stata già concessa col decreto indicato nell'art. precedente, il giudice in prosieguo di giudizio deciderà la conferma o la revocazione del provvedimento.

66. Se dal rapporto che diede causa alla emissione o alla trasmissione della cambiale derivi un'azione, questa permane nonostante l'emissione o la trasmissione della cambiale, salvo che si provi che vi fu novazione (1230 s., c.c.).

Tale azione non può esercitarsi se non dopo accertata col protesto la mancanza di accettazione o di pagamento.

Il portatore non può esercitare l'azione causale se non offrendo al debitore la restituzione della cambiale e depositandola presso la cancelleria del giudice competente, purché abbia adempiuto le formalità necessarie per conservare al debitore stesso le azioni di regresso (49 s.) che possano competergli.

67. Qualora il portatore abbia perduto l'azione cambiaria contro tutti gli obbligati e non abbia contro i medesimi azione causale, può agire contro il traente o l'accettante o il girante per la somma di cui si siano arricchiti ingiustamente a suo danno (2041 c.c.).

68. Il protesto (51) deve essere fatto con un solo atto da un notaro o da un ufficiale giudiziario (51, 106).

Nei comuni nei quali non esista notaro o ufficiale giudiziario il protesto può essere levato dal segretario comunale.[1]

Non è richiesta l'assistenza di testimoni per levare protesto.

[1] V. gli artt. 1 e 2 della L. 12 giu. 1973, n. 349, che estende la competenza relativa al protesto agli aiutanti ufficiali giudiziari. V. anche il D.P.R. 3 giu. 1975, n. 290.

69. Il protesto può essere fatto con atto separato, oppure essere scritto sulla cambiale o sul duplicato (83 s.) o sulla copia (86 s.) ovvero sul foglio di allungamento (17, 61, 72). Questo foglio può essere aggiunto anche dal notaro o dall'ufficiale giudiziario o dal segretario comunale, i quali in ogni caso dovranno apporre il proprio sigillo sulla linea di congiunzione.

Se il protesto è fatto con atto separato chi vi procede deve farne menzione sulla cambiale o sul duplicato o sulla copia o sul foglio di allungamento, a meno che si sia dovuto procedere al protesto pur non avendo il possesso del titolo.

70. Il protesto si deve fare nei luoghi indicati dall'art. 44 contro le persone ivi rispettivamente indicate, anche se non presenti.

Se il domicilio di dette persone non si può rintracciare, il protesto può esser fatto in qualsiasi località nel luogo di pagamento a scelta di chi vi procede.

L'incapacità delle persone alle quali la cambiale deve essere presentata non dispensa dall'obbligo di levare il protesto contro di esse, salvo quanto è disposto nell'ultimo comma dell'art. 51.

Se la persona alla quale la cambiale deve essere presentata è morta, il protesto si leva egualmente al suo nome secondo le regole precedenti.

71. Il protesto deve contenere:

1) la data;
2) il nome del richiedente;
3) l'indicazione dei luoghi in cui è fatto e la menzione delle ricerche eseguite a termine dell'art. 44;
4) l'oggetto delle richieste, il nome delle persone richieste, le risposte avute o i motivi pei quali non se ne ebbe alcuna;
5) la sottoscrizione del notaro o dell'ufficiale giudiziario o del segretario comunale.

Il protesto per atto separato deve contenere la trascrizione della cambiale.

Per più cambiali da pagarsi dalla stessa persona nello stesso luogo, il creditore può levare protesto con unico atto separato.

72. A meno che il traente non abbia prescritto sullo stesso titolo l'obbligo del protesto, questo può essere sostituito, se il portatore lo consente, da una dichiarazione di rifiuto dell'accettazione o del pagamento, scritta e datata sulla cambiale o sul foglio di allungamento o su atto separato e firmata dal trattario.

Questa dichiarazione per avere gli effetti del protesto deve essere sottoposta a registrazione nei termini del protesto medesimo (51).

Nei casi previsti nel primo comma la girata senza data si presume fatta anteriormente alla dichiarazione.

73. I notari, gli ufficiali giudiziari e i segretari comunali debbono tener nota, nel repertorio, dei protesti, indicando i requisiti di cui agli articoli precedenti, giorno per giorno e per ordine di data.

L'originale del protesto fatto per atto separato deve essere consegnato al portatore della cambiale.[1]

[1] Per le sanzioni v. art. 235 L.F.

CAPO VIII
Dell'intervento

SEZIONE I
Disposizioni generali

74. Il traente, il girante o l'avallante può indicare una persona per accettare o pagare al bisogno (75²).

La cambiale può nelle condizioni sottoindicate (75 s., 78 s.), essere accettata o pagata da una persona che interviene per qualsiasi obbligato in via di regresso.

L'interveniente può essere un terzo, lo stesso trattario o una persona già obbligata cambiariamente tranne l'accettante.

L'interveniente deve, nei due giorni feriali successivi all'intervento, darne avviso a colui per il quale è intervenuto. In caso di inosservanza di tale termine egli è responsabile della sua negligenza se abbia causato danno, senza però che l'ammontare del risarcimento possa superare quello della cambiale.

SEZIONE II
Dell'accettazione per intervento

75. L'accettazione per intervento (76) può esser fatta ogni qualvolta il portatore di una cambiale accettabile possa esercitare il regresso prima della scadenza (50²).

Se sulla cambiale è stata indicata una persona per accettarla o pagarla al bisogno (74) nel luogo del pagamento, il portatore non può esercitare prima della scadenza il regresso contro colui che ha apposto l'indicazione e contro i firmatari susseguenti a meno che egli abbia presentato la cambiale alla persona indicata e, avendone questa rifiutato l'accettazione, il rifiuto sia stato constatato con protesto (51).

Negli altri casi d'intervento il portatore può rifiutare l'accettazione per intervento (76). Tuttavia, se l'ammette, perde il diritto di agire prima della scadenza in via di regresso (50²) contro colui per il quale l'accettazione è stata data e contro i firmatari susseguenti.

76. L'accettazione per intervento è apposta sulla cambiale ed è firmata dall'interveniente. Essa indica per chi è stata data; in mancanza di questa indicazione l'accettazione si reputa data per il traente.

77. L'accettante per intervento risponde verso il portatore e verso i giranti susseguenti a colui per il quale è intervenuto, nello stesso modo di questo.

Nonostante l'accettazione per intervento, colui per il quale è stata data e i suoi garanti (35 s.) possono chiedere al portatore, contro rimborso della somma indicata nell'art. 55, la consegna della cambiale, del protesto (51) e del conto di ritorno quietanzato, se del caso.

Se la cambiale non sia presentata all'accettante per intervento non più tardi del giorno seguente all'ultimo giorno consentito per levare il protesto per mancato pagamento, l'obbligazione dell'accettante per intervento si estingue.

SEZIONE III
Del pagamento per intervento

78. Il pagamento per intervento può essere fatto ogni qualvolta il portatore possa esercitare il regresso alla scadenza o prima di essa (50).

Il pagamento deve comprendere tutta la somma che avrebbe dovuto essere pagata da colui per il quale l'intervento ha luogo.

Esso deve essere fatto al più tardi nel giorno successivo all'ultimo giorno consentito per levare il protesto per mancato pagamento (51).

Il pagamento per intervento deve risultare dal protesto e, se questo era stato già levato, deve essere annotato in prosecuzione del protesto dal pubblico ufficiale che vi ha proceduto. Le spese del protesto sono ripetibili ancorchè il traente abbia apposto sulla cambiale la clausola «senza spese» (53).

79. Se la cambiale è stata accettata da intervenienti che hanno il loro domicilio nel luogo del pagamento o se sono state indicate per pagare al bisogno persone che hanno il loro domicilio nel detto luogo, il portatore deve presentare la cambiale a tutte queste persone e, se del caso, levare protesto per mancato pagamento non più tardi del giorno seguente all'ultimo consentito per levare il protesto.

Se il protesto non è levato entro questo termine, colui che ha apposto l'indicazione al bisogno o per il quale la cambiale è stata accettata e i giranti susseguenti sono liberati.

80. Il portatore che rifiuta il pagamento per intervento perde il regresso contro coloro che sarebbero stati liberati.

81. Del pagamento per intervento deve essere data quietanza sulla cambiale coll'indicazione per chi è fatto. In mancanza di tale indicazione, il pagamento si intende fatto per il traente.

La cambiale e il protesto, se sia stato levato, devono essere consegnati a chi paga per intervento.

82. Chi paga per intervento acquista i diritti inerenti alla cambiale contro colui per il quale ha pagato e contro coloro che sono obbligati cambiariamente verso quest'ultimo; ma non può girare nuovamente la cambiale.

I giranti susseguenti all'obbligato per il quale il pagamento è stato fatto sono liberati.

Se più persone offrono il pagamento per intervento, è preferita quella il cui pagamento libera il maggior numero di obbligati. Chi scientemente interviene in contrasto con questa disposizione perde il regresso contro coloro che sarebbero stati liberati.

CAPO IX
Dei duplicati e delle copie

SEZIONE I
Dei duplicati

83. La cambiale può essere tratta in più esemplari identici (duplicati).

I duplicati devono essere numerati nel contesto di ciascun titolo; in difetto, si considerano come altrettante cambiali distinte.

Il portatore può chiedere il rilascio di duplicati a sue spese, salvo che dalla cambiale risulti che essa è tratta come sola di cambio. A tale effetto egli deve rivolgersi al suo girante immediato il quale è tenuto a prestare l'opera sua verso il proprio girante e così di seguito fino al traente. I giranti sono tenuti a riprodurre le girate sui duplicati.

84. Il pagamento di un duplicato è liberatorio, ancorché non sia dichiarato che tale pagamento annulli gli effetti degli altri duplicati. Il trattario resta però obbligato per ogni duplicato accettato del quale non abbia ottenuta la restituzione.

Il girante che ha trasferito i duplicati a persone diverse e i giranti susseguenti sono obbligati per tutti i duplicati che portino la loro firma e non siano stati restituiti.

85. Chi ha inviato un duplicato per l'accettazione (26 s.) deve indicare sugli altri il nome della persona presso cui esso si trova. Questa è tenuta a consegnarlo al portatore legittimo di un altro duplicato.

Se essa si rifiuta, il portatore non può esercitare il regresso (49) che dopo aver fatto constatare con protesto (51, 68):

1) che il duplicato inviato per l'accettazione non gli è stato consegnato malgrado sua richiesta;

2) che l'accettazione o il pagamento non ha potuto essere ottenuto su altro duplicato.

SEZIONE II
Delle copie

86. Qualsiasi portatore di una cambiale ha diritto di farne una o più copie.

La copia deve riprodurre esattamente l'originale con le girate e tutte le altre indicazioni che vi figurano; essa deve indicare fin dove arriva.

Può essere girata ed avallata nello stesso modo e con gli stessi effetti dell'originale.

87. La copia deve indicare chi detiene il titolo originale. Questi è tenuto a consegnarlo al portatore legittimo della copia.

In caso di rifiuto il portatore non può esercitare il regresso contro le persone che hanno girato o avallato la copia se non dopo aver fatto constare con protesto che l'originale non gli è stato consegnato malgrado sua richiesta.

Se l'originale dopo l'ultima girata apposta prima che la copia sia stata fatta, porti la clausola «da qui la girata non vale che sulla copia» od ogni altra formula equivalente, la girata fatta ulteriormente sull'originale è nulla.

CAPO X
Delle alterazioni

88. In caso di alterazione del testo della cambiale chi ha firmato dopo l'alterazione risponde nei termini del testo alterato; chi ha firmato prima risponde nei termini del testo originario.

Qualora non risulti dal titolo o non si dimostri che la firma sia stata apposta prima o dopo, si presume che sia stata apposta prima.

CAPO XI
Dell'ammortamento

89. In caso di smarrimento, sottrazione o distruzione, il portatore della cambiale può farne denunzia al trattario e chiedere l'ammortamento del titolo con ricorso al presidente del tribunale del luogo in cui la cambiale è pagabile, o al pretore del luogo in cui egli ha domicilio (2016 c.c.).[1]

Il ricorso deve indicare i requisiti essenziali della cambiale e, se si tratta di cambiale in bianco, quelli sufficienti a identificarla.

Il presidente del tribunale o il pretore, premessi gli opportuni accertamenti sulla verità dei fatti e sul diritto del portatore, emette nel più breve tempo possibile un decreto con il quale, menzionando i dati della cambiale, ne pronuncia l'ammortamento e ne autorizza il pagamento dopo trenta giorni dalla data di pubblicazione del decreto nella *Gazzetta Ufficiale* della Repubblica, se la cambiale sia già scaduta o sia a vista, oppure dalla data della scadenza, se questa sia successiva alla detta pubblicazione, purché non venga fatta nel frattempo opposizione dal detentore.

Il decreto deve essere, a cura del ricorrente, notificato al trattario e pubblicato nella *Gazzetta Ufficiale* della Repubblica.

Malgrado la denunzia, il pagamento della cambiale al detentore prima della notificazione del decreto libera il debitore.

[1] Per le cambiali distrutte, v. R.D.L. 15 nov. 1925, n. 2071.

90. L'opposizione del detentore deve essere in ogni caso proposta con citazione da notificarsi al ricorrente e al trattario della cambiale per comparire davanti al tribunale del luogo di pagamento (2017 c.c.).

91. Durante il termine stabilito nell'art. 89, il ricorrente può esercitare tutti gli atti che tendono a conservare i suoi diritti e, trattandosi di cambiale a vista o già scaduta o che sia venuta intanto a scadere, è in facoltà di esigerne il pagamento mediante cauzione o di chiedere il deposito giudiziario della somma (2018 c.c.).

92. Trascorso il termine indicato nell'art. 89 senza opposizione, o rigettata l'opposizione con sentenza definitiva, la cambiale smarrita non ha più alcuna efficacia. Colui che ottenne l'ammortamento può, su presentazione del decreto e di un certificato del cancelliere del tribunale comprovante la non interposta opposizione, o su presentazione della sentenza definitiva che respinge l'opposizione, esigere il pagamento e, qualora la cambiale sia in bianco o non sia ancora scaduta, un duplicato (2019 c.c.).

Sulle cambiali sia scadute sia a vista dichiarate inefficaci sono dovuti interessi nella misura indicata negli artt. 55 e 56 salvo che la somma sia stata depositata a norma dell'art. 48 per conto della persona a favore della quale ha luogo l'ammortamento o è pronunziata la sentenza.

93. L'ammortamento estingue ogni diritto derivante dalla cambiale ammortizzata, ma non pregiudica le eventuali ragioni del portatore verso chi ottenne l'ammortamento (2019[1] c.c.).

CAPO XII
Della prescrizione

94. Le azioni cambiarie contro l'accettante (26) si prescrivono (2034 s., c.c.) in tre anni a decorrere dalla data della scadenza (38).

Le azioni del portatore contro i giranti e contro il traente si prescrivono in un anno a decorrere dalla data del protesto levato in tempo utile (51, 68) o da quella della scadenza, se vi sia la clausola «senza spese» (53).

Le azioni dei giranti gli uni contro gli altri e quelle contro il traente si prescrivono in sei mesi a decorrere dal giorno in cui il girante ha pagato la cambiale o dal giorno in cui l'azione di regresso (49) è stata promossa contro di lui.

L'azione d'arricchimento (67) si prescrive nel termine di un anno dal giorno della perdita dell'azione cambiaria.

95. L'interruzione della prescrizione non vale che contro colui rispetto al quale è stato compiuto l'atto interruttivo (1310, 2943 s., c.c.).

CAPO XIII
Disposizioni generali

96. Il pagamento della cambiale che scade in giorno festivo legale non si può chiedere che il primo giorno feriale successivo (43; 1187, 2963[3] c.c.). Ugualmente tutti gli altri atti relativi alla cambiale, e in particolare la presentazione per l'accettazione e il protesto, non possono essere fatti che in giorno feriale.

Se uno di questi atti deve esser fatto entro un termine il cui ultimo giorno è festivo legale, il termine è prorogato fino al primo giorno feriale successivo.[1] I giorni festivi intermedi sono compresi nel computo del termine.

[1] V. nota all'art. 51 per l'assimilazione ai giorni festivi dei giorni non lavorativi.

97. Nei termini legali o convenzionali non si computa il giorno da cui cominciano a decorrere (1187, 2963[2] c.c.).

98. Non sono ammessi giorni di rispetto né legali né giudiziari.

99. Agli effetti della presente legge col termine domicilio si intende il luogo di residenza e col termine luogo di pagamento l'intero territorio del comune.

TITOLO II
Del vaglia cambiario

100. Il vaglia cambiario contiene:

1) la denominazione del titolo inserita nel contesto ed espressa nella lingua in cui esso è redatto;

2) la promessa incondizionata di pagare una somma determinata;

3) l'indicazione della scadenza;

4) l'indicazione del luogo di pagamento;

5) il nome di colui al quale o all'ordine del quale deve farsi il pagamento;

6) l'indicazione della data e del luogo in cui il vaglia è emesso;

7) la sottoscrizione di colui che emette il titolo (emittente).

7-*bis*) l'indicazione del luogo e della data di nascita ovvero del codice fiscale dell'emittente.[1]

Il vaglia cambiario può anche denominarsi «pagherò cambiario» o «cambiale».

[1] Il numero 7-*bis* è stato aggiunto dall'art. 45 L. 12 dic. 2002, n. 273.

101. Il titolo nel quale manchi alcuno dei requisiti indicati nell'art. precedente non vale come vaglia cambiario, salvo nei casi previsti nei seguenti commi.

Il vaglia cambiario senza indicazione di scadenza si considera pagabile a vista.

In mancanza di indicazione speciale, il luogo di emissione del titolo si reputa luogo del pagamento ed insieme domicilio dell'emittente (100 n. 4).

Il vaglia cambiario in cui non è indicato il luogo di emissione si considera sottoscritto nel luogo indicato accanto al nome dell'emittente.

102. In quanto non siano incompatibili con la natura del vaglia cambiario, sono applicabili ad esso le disposizioni relative alla cambiale e concernenti:

– la girata (15 a 25);
– la scadenza (38 a 42);
– il pagamento (43 a 48);
– l'azione cambiaria (49), il regresso per mancato pagamento e il protesto (50 a 57, 59 a 73);
– il pagamento per intervento (74, 78 e 82);
– le copie (86 a 87);
– le alterazioni (88);

– la prescrizione (94 e 95);
– i giorni festivi, il computo dei termini e l'inammissibilità dei giorni di rispetto (96, 97 e 98).

Sono egualmente applicabili al vaglia cambiario le disposizioni concernenti la cambiale pagabile presso un terzo o in luogo diverso da quello del domicilio del trattario (4 e 32), la promessa di interessi (5), le differenze nella indicazione della somma (6), gli effetti delle firme apposte nelle circostanze previste dall'art. 7, quelli della firma di persona che agisce senza poteri o eccedendo i suoi poteri (11) e la cambiale in bianco (14).

Sono egualmente applicabili al vaglio cambiario le disposizioni relative all'avallo (35 a 37); se l'avallo nel caso previsto dall'art. 36 ultimo comma non indica per chi è dato, si reputa dato per l'emittente.

Sono egualmente applicabili al vaglia cambiario le disposizioni relative all'ammortamento (89 e 93) e quelle dell'art. 99.

103. L'emittente è obbligato nello stesso modo dell'accettante di una cambiale.

Il vaglia cambiario pagabile a certo tempo vista deve essere presentato al visto dell'emittente nel termine fissato dall'art. 28. Il termine dalla vista decorre dalla data del visto apposto dall'emittente sul vaglia. Il rifiuto dell'emittente di apporre il visto datato è constatato con il protesto (30), la cui data serve a fissare l'inizio del termine dalla vista.

TITOLO III
Disposizioni tributarie

104. La validità della cambiale e del vaglia cambiario, compresi quelli a vista o a certo tempo vista, non è subordinata all'osservanza delle disposizioni della legge sul bollo.[1] Essi tuttavia, se non siano stati regolarmente bollati originariamente, o nel tempo prescritto dalla legge, non hanno la qualità di titolo esecutivo (63; 474 c.p.c.).

Il portatore non può esercitare i diritti cambiari inerenti al titolo se non abbia corrisposto la tassa di bollo dovuta e pagato la relativa penalità.[2]

La inefficacia come titolo esecutivo dev'essere rilevata e pronunciata dai giudici anche di ufficio.

[1] V. ora l'art. 20 del D.P.R. 26 ott. 1972, n. 642, e D.M. 20 ago. 1992.

105. Qualora la cambiale pagabile a vista o a certo tempo vista od il vaglia cambiario pagabile a vista o a certo tempo vista portino l'indicazione di interessi, la tassa graduale di bollo è dovuta oltre che sul capitale anche sull'importo degli interessi, i quali debbono essere calcolati in base al saggio indicato sul titolo e in ragione del periodo di validità del titolo stesso nei riguardi del bollo. In nessun caso gl'interessi possono essere calcolati per un periodo superiore a dieci mesi.

- 3 -

R.D. 21 dic. 1933, n. 1736

Disposizioni sull'assegno bancario, sull'assegno circolare[1] e su alcuni titoli speciali dell'Istituto di emissione, del Banco di Napoli e del Banco di Sicilia

(G.U. 29 dic. 1933, n. 300)

[1] A norma dell'art. 1, c. 1, D.lgs. 1 dic. 2009, n. 179, è indispensabile la permanenza in vigore delle disposizioni di cui al presente provvedimento, limitatamente agli artt. 1 e 2 e agli artt. da 1 a 115; 117; 118; 120; 121; 122; 123; 124 e 125 delle norme allegate.

1. Alle disposizioni sull'assegno bancario contenute nel codice di commercio sono sostituite le norme sull'assegno bancario, sull'assegno circolare e su alcuni titoli speciali dell'Istituto di emissione, del Banco di Napoli e del Banco di Sicilia, allegate al presente decreto e firmate, d'ordine nostro, dal ministro guardasigilli.

Le disposizioni sugli assegni circolari e sui titoli speciali dell'Istituto di emissione, del Banco di Napoli e del Banco di Sicilia contenute in leggi speciali restano in vigore, in quanto non siano incompatibili con le norme anzidette.

2. Le norme approvate col presente decreto entreranno in vigore il 1° gennaio 1934.

TITOLO I
Dell'assegno bancario

CAPO I
Della emissione e della forma dell'assegno bancario

1. L'assegno bancario (chèque) contiene:

1) la denominazione di assegno bancario (chèque) inserita nel contesto del titolo ed espressa nella lingua in cui esso è redatto;

2) l'ordine incondizionato di pagare una somma determinata (9, 39);

3) il nome di chi è designato a pagare (trattario) (3, 6);

4) l'indicazione del luogo di pagamento (2, 8, 81);

5) l'indicazione della data e del luogo dove l'assegno bancario è emesso (2, 116);

6) la sottoscrizione di colui che emette l'assegno bancario (traente) (10, 11, 16).

2. Il titolo nel quale manchi alcuno dei requisiti indicati nell'art. precedente non vale come assegno bancario, salvo i casi previsti nei seguenti commi.

In mancanza di indicazione speciale, il luogo indicato accanto al nome del trattario si reputa luogo del pagamento (81). Se più luoghi sono indicati accanto al nome del trattario, l'assegno bancario è pagabile nel luogo indicato per primo.

In mancanza di queste o di ogni altra indicazione, l'assegno bancario è pagabile, nel luogo in cui è stato emesso, e, se in esso non vi è uno stabilimento del trattario, nel luogo dove questi ha lo stabilimento principale.

L'assegno bancario in cui non è indicato il luogo di emissione si considera sottoscritto nel luogo indicato accanto al nome del traente.

3. L'assegno bancario è tratto su un banchiere (77). Tuttavia il titolo emesso o pagabile fuori del territorio dello Stato è valido come assegno bancario anche se tratto su persona che non sia banchiere.

L'assegno bancario non può essere emesso se il traente non abbia fondi disponibili presso il trattario, dei quali abbia diritto di disporre per assegno bancario, e in conformità di una convenzione espressa o tacita. Il titolo tuttavia vale come assegno bancario anche se non sia osservata tale prescrizione.

4. L'assegno bancario non può essere accettato. Ogni menzione di accettazione apposta sull'assegno bancario si ha per non scritta.

Ogni menzione di certificazione, conferma, visto e ogni altra equivalente, scritta sul titolo e firmata dal trattario, ha soltanto l'effetto di accertare la esistenza dei fondi ed impedirne il ritiro da parte del traente prima della scadenza del termine di presentazione.

5. L'assegno bancario può essere pagabile:

– a una persona determinata con o senza l'espressa clausola «all'ordine» (17);

– a una persona determinata con la clausola «non all'ordine» o altra equivalente;

– al portatore (6, 66).

L'assegno bancario a favore di una persona determinata, con la clausola «o al portatore» ovvero con altra equivalente, vale come assegno bancario al portatore.

L'assegno bancario senza indicazione del prenditore vale come assegno bancario al portatore.

6. L'assegno bancario può essere all'ordine dello stesso traente.

L'assegno bancario può essere tratto per conto di un terzo.

L'assegno bancario non può essere tratto sullo stesso traente, salvo che il titolo sia tratto fra diversi stabilimenti di uno stesso traente. In questo caso l'assegno non può essere al portatore.

7. Qualsiasi promessa d'interessi inserita nell'assegno bancario si ha per non scritta.

8. L'assegno bancario può essere pagabile al domicilio (81) di un terzo, sia nel luogo del domicilio del trattario, sia in altro luogo, ancorché il terzo non sia banchiere.

9. L'assegno bancario con la somma da pagarsi scritta in lettere ed in cifre vale, in caso di differenza, per la somma indicata in lettere.

Se la somma da pagarsi è scritta più di una volta in lettere o in cifre l'assegno bancario, in caso di differenza, vale per la somma minore.

10. Se l'assegno bancario contiene firme di persone incapaci di obbligarsi per assegno, firme false o di persone immaginarie, ovvero firme che per qualsiasi altra ragione non obbligano le persone che hanno firmato l'assegno bancario o col nome delle quali esso è stato firmato, le obbligazioni degli altri firmatari restano tuttavia valide.

11. Ogni sottoscrizione deve contenere il nome e cognome o la ditta di colui che si obbliga. È valida tuttavia la sottoscrizione nella quale il nome sia abbreviato o indicato con la sola iniziale.

12. Il minore emancipato non autorizzato all'esercizio del commercio (397 c.c.) e l'inabilitato (415, 427 c.c.) non assumono obbligazione se la loro firma non sia accompagnata da quella del curatore con la clausola «per assistenza» o altra equivalente. Se sia omessa detta clausola o altra equivalente il curatore è obbligato personalmente (1705, 2198 c.c.).

13. Il genitore o il tutore non autorizzato all'esercizio del commercio per conto del minore (320, 371 c.c.) o dell'interdetto (424[1] c.c.) si può obbligare in nome di costoro, il primo con l'autorizzazione del tribunale, l'altro con l'autorizzazione del consiglio di famiglia o di tutela omologata dal tribunale, l'una e l'altra anche di carattere generale.[1]

[1] Vedi ora, a seguito della soppressione del consiglio di famiglia e di tutela, gli artt. 320 s. e 374 s. c.c. e l'art. 372 c.p.c. in materia di autorizzazione al genitore e al tutore.

14. Chi appone la firma sull'assegno bancario quale rappresentante di una persona per la quale non ha il potere di agire, è obbligato per effetto dell'assegno bancario come se l'avesse firmato in proprio (1398 c.c.), e, se ha pagato, ha gli stessi diritti che avrebbe avuto il preteso rappresentato. La stessa disposizione si applica al rappresentante che abbia ecceduto i suoi poteri (1398 c.c.).

15. La facoltà generale di obbligarsi in nome e per conto altrui comprende anche quella di emettere e girare assegni, salvo che l'atto di rappresentanza disponga diversamente (1708[2] c.c.).

16. Il traente risponde del pagamento. Ogni clausola con la quale si esoneri da tale responsabilità si ha per non scritta.

CAPO II
Del trasferimento[1]

[1] V. artt. 2009-2015 c.c.

17. L'assegno bancario pagabile ad una persona determinata con o senza la clausola espressa «all'ordine» è trasferibile mediante girata (18, 43).

L'assegno bancario pagabile ad una persona determinata con la clausola «non all'ordine» (5) o altra equivalente, non può essere trasferito che nella forma e con gli effetti della cessione ordinaria (43, 1260 c.c.).

La girata può essere fatta anche a favore del

traente o di qualunque altro obbligato. Essi possono girare di nuovo l'assegno bancario.

18. La girata deve essere incondizionata. Qualsiasi condizione alla quale sia subordinata si ha per non scritta.

La girata parziale è nulla.

È ugualmente nulla la girata del trattario.

La girata al portatore vale come girata in bianco (2009[3] c.c.).

La girata al trattario vale come quietanza, salvo il caso che il trattario abbia diversi stabilimenti e la girata sia fatta ad uno stabilimento diverso da quello sul quale l'assegno bancario è stato tratto (63).

19. La girata deve essere scritta sull'assegno bancario o su un foglio ad esso attaccato (allungamento) (61). Deve essere sottoscritta dal girante (2009 c.c.).

La girata è valida ancorchè il beneficiario non sia indicato o il girante abbia apposto soltanto la firma (girata in bianco). In questo caso la girata per essere valida deve essere scritta a tergo dell'assegno bancario o sull'allungamento.

20. La girata trasferisce tutti i diritti inerenti all'assegno bancario (1995, 2011 c.c.).

Se la girata è in bianco, il portatore può:

1) riempirla col proprio nome o con quello di altra persona;

2) girare l'assegno bancario di nuovo in bianco o a persona determinata;

3) trasmettere l'assegno bancario a un terzo, senza riempire la girata in bianco e senza girarlo.

21. Il girante, se non vi sia clausola contraria, risponde del pagamento (31 s.; 2012 c.c.).

Egli può vietare una nuova girata; in questo caso non è responsabile verso coloro ai quali l'assegno bancario sia stato ulteriormente girato.

22. Il detentore dell'assegno bancario trasferibile per girata è considerato portatore legittimo se giustifica il suo diritto con una serie continua di girate (2008 c.c.), anche se l'ultima è in bianco. Le girate cancellate si hanno, a questo effetto, per non scritte. Se una girata in bianco è seguita da un'altra girata, si reputa che il sottoscrittore di quest'ultima abbia acquistato l'assegno bancario per effetto della girata in bianco.

23. Una girata apposta ad un assegno bancario al portatore rende il girante responsabile secondo le norme sul regresso; ma non trasforma il titolo in un assegno bancario all'ordine.

24. Se una persona ha perduto per qualsiasi ragione il possesso di un assegno bancario, il nuovo portatore, cui è pervenuto l'assegno bancario - sia che si tratti di assegno bancario al portatore, sia che si tratti di assegno bancario trasferibile per girata e rispetto al quale il portatore giustifichi il suo diritto nella maniera indicata nell'art. 22 - non è tenuto a consegnarlo se non quando l'abbia acquistato in mala fede ovvero abbia commesso colpa grave acquistandolo (1994 c.c.).

25. La persona contro la quale sia promossa azione in virtù dell'assegno bancario, non può opporre al portatore le eccezioni fondate sui suoi rapporti personali col traente e con i portatori precedenti, a meno che il portatore, acquistando l'assegno bancario, abbia agito scientemente a danno del debitore (57; 1993 c.c.).

26. Se alla girata è apposta la clausola «valuta per incasso», «per incasso», «per procura» od ogni altra che implichi un semplice mandato, il portatore può esercitare tutti i diritti inerenti all'assegno bancario, ma non può girarlo che per procura (2013 c.c.).

Gli obbligati non possono in questo caso opporre al portatore se non le eccezioni che avrebbero potuto opporre al girante.

Il mandato contenuto in una girata per procura non si estingue per la morte del mandante o per la sopravvenuta sua incapacità (1722 n. 4, 1723 c.c.).

27. La girata fatta dopo il protesto (45 s., 60) o dopo una constatazione equivalente (45) oppure dopo spirato il termine per la presentazione produce solo gli effetti di una cessione ordinaria (1260, 2015 c.c.).

La girata senza data si presume, fino a prova contraria, fatta prima del protesto o della constatazione equivalente, oppure prima dello spirare del termine indicato nel comma precedente.

CAPO III
Dell'avallo

28. Il pagamento di un assegno bancario può essere garantito (1936 c.c. con avallo per tutta o parte della somma.

Questa garanzia può essere prestata da un terzo, escluso il trattario, o anche da un firmatario dell'assegno bancario.

29. L'avallo è apposto sull'assegno bancario o sull'allungamento.

È espresso con le parole «per avallo» o con ogni altra formula equivalente; è sottoscritto dall'avallante.

Si considera dato con la sola firma dell'avallante apposta sulla faccia anteriore dell'assegno bancario, purché non si tratti della firma del traente.

L'avallo deve indicare per chi è dato. In mancanza di questa indicazione si intende dato per il traente.

30. L'avallante è obbligato nello stesso modo di colui per il quale l'avallo è stato dato (1945 c.c.).

La sua obbligazione è valida ancorchè l'obbligazione garantita sia nulla per qualsiasi altra causa che un vizio di forma (10; 1939 c.c.).

L'avallante che paga l'assegno bancario acquista i diritti ad esso inerenti contro l'avallato e contro coloro che sono obbligati verso di lui per effetto dell'assegno bancario (1949 s., c.c.).

CAPO IV
Della presentazione e del pagamento

31. L'assegno bancario è pagabile a vista. Ogni contraria disposizione si ha per non scritta.

L'assegno bancario presentato al pagamento prima del giorno indicato come data d'emissione è pagabile nel giorno di presentazione (78).

L'assegno bancario può essere presentato al pagamento, anche nel caso previsto dall'articolo 34, in forma sia cartacea sia elettronica.[1]

[1] Comma aggiunto dall'art. 8, c. 7, lett. *b*), D.L. 13 mag. 2011, n. 70, conv. con modif. in L. 12 lug. 2011, n. 106, a decorrere dal 15 mag. 2016, ai sensi di quanto disposto dall'art. 8, c. 7, lett. *f*), del D.L. n. 70/2011.

32. L'assegno bancario deve essere presentato al pagamento nel termine di otto giorni se è pagabile nello stesso comune in cui fu emesso; di quindici giorni se pagabile in altro comune *dello Stato*; di trenta giorni se è pagabile nei territori comunque soggetti alla sovranità italiana compresi nel bacino del Mediterraneo; di sessanta giorni se è pagabile negli altri territori soggetti alla sovranità italiana (78).

L'assegno bancario emesso in un paese diverso da quello nel quale è pagabile deve essere presentato entro il termine di venti giorni o di sessanta giorni, a seconda che il luogo di emissione e quello di pagamento (81) siano nello stesso o in diversi continenti.

A questo effetto gli assegni bancari emessi in un paese di Europa e pagabili in un paese litoraneo del Mediterraneo o viceversa sono considerati come assegni bancari emessi e pagabili nello stesso continente.

I termini suddetti decorrono dal giorno indicato nell'assegno bancario come data d'emissione (79).

33. Se un assegno bancario è tratto fra due piazze che hanno calendari diversi, il giorno dell'emissione è sostituito con quello corrispondente del calendario del luogo di pagamento (81).

34. La presentazione ad una stanza di compensazione equivale a presentazione per il pagamento.

35. L'ordine di non pagare la somma dell'assegno bancario non ha effetto che dopo spirato il termine di presentazione.

In mancanza di tale ordine, il trattario può pagare anche dopo spirato detto termine.

36. La morte del traente e la sua incapacità sopravvenuta dopo l'emissione lasciano inalterati gli effetti dell'assegno bancario (1270 c.c.).

37. Il trattario che paga l'assegno bancario può esigere che esso gli sia consegnato quietanzato dal portatore (1199 c.c.).

Il portatore non può rifiutare un pagamento parziale (1181 c.c.).

In caso di pagamento parziale, il trattario può esigere che ne sia fatta menzione sull'assegno bancario e gliene sia data quietanza.

38. Il trattario che paga un assegno bancario trasferibile per girata è tenuto ad accertare la regolare continuità delle girate, ma non a verificare l'autenticità delle firme dei giranti.

39. Se l'assegno bancario è pagabile in moneta che non ha corso nel luogo di pagamento la somma può essere pagata entro il termine di presentazione nella moneta del paese secondo il suo valore nel giorno del pagamento (1278 c.c.). Se il pagamento non è stato fatto alla presentazione, il portatore può a sua scelta domandare che la somma sia pagata nella moneta del paese secondo il valore nel giorno della presentazione o in quello del pagamento (2, 81).

Il valore della moneta estera è determinato dagli usi del luogo di pagamento. Il traente può tuttavia stabilire che la somma da pagare sia calcolata secondo il corso indicato nell'assegno bancario.

Le disposizioni precedenti non si applicano nel caso in cui il traente abbia stabilito che il pagamento sia fatto in una moneta espressamente indicata (clausola di pagamento effettivo in moneta estera) (1279 c.c.).

Se la somma è indicata in una moneta avente la stessa denominazione, ma un valore diverso nel paese di emissione e in quello del pagamento, si presume che l'indicazione si riferisca alla moneta del luogo di pagamento.

CAPO V
Dell'assegno bancario sbarrato, dell'assegno bancario da accreditare, dell'assegno bancario «non trasferibile» e dell'assegno turistico

40. Il traente o il portatore dell'assegno bancario può sbarrarlo con gli effetti indicati nell'art. seguente.

Lo sbarramento è fatto con due sbarre parallele apposte sulla faccia anteriore. Esso può essere generale o speciale.

Lo sbarramento è generale se tra le due sbarre non vi è alcuna indicazione o vi è la semplice parola «banchiere» o altra equivalente; è speciale se tra le due sbarre è scritto il nome di un banchiere (77).

Lo sbarramento generale può essere trasformato in sbarramento speciale; ma questo non può essere trasformato in sbarramento generale.

La cancellazione dello sbarramento o del nome del banchiere si ha per non fatta.

41. L'assegno bancario con sbarramento generale non può essere pagato dal trattario che a un banchiere (77) o a un cliente del trattario.

Un assegno bancario con sbarramento speciale non può essere pagato dal trattario che al banchiere designato, o, se questi è il trattario, a un suo cliente. Tuttavia il banchiere designato può servirsi per l'incasso di altro banchiere.

Un banchiere non può acquistare un assegno sbarrato che da un suo cliente o da altro banchiere.

Non può incassarlo per conto di altre persone tranne le anzidette.

Un assegno bancario con diversi sbarramenti speciali non può essere pagato dal trattario, salvo il caso che si tratti di due sbarramenti, di cui uno per l'incasso a mezzo di una stanza di compensazione.

Il trattario o il banchiere che non osservi le precedenti disposizioni risponde del danno nei limiti dell'importo dell'assegno bancario.

42. Il traente o il portatore di un assegno bancario può vietare che esso sia pagato in contanti, apponendo sulla faccia anteriore in senso trasversale le parole «da accreditare» o altra espressione equivalente.

In questo caso l'assegno bancario non può essere regolato dal trattario che a mezzo di una scritturazione contabile (accreditamento in conto, giro in conto, compensazione) (1823 s., 1852 s., c.c.). Il regolamento per scritturazione contabile equivale a pagamento.

La cancellazione delle parole «da accreditare» si ha per non fatta.

Il trattario che non osservi le norme sopra indicate risponde del danno nei limiti dell'importo dell'assegno bancario.

Il trattario non è tenuto ad accreditare l'assegno che ad un proprio correntista.

43. L'assegno bancario emesso con la clausola «non trasferibile» (73) non può essere pagato se non al prenditore o, a richiesta di costui, accreditato nel suo conto corrente (1823 s., 1852 s., c.c.). Questi non può girare l'assegno se non ad un banchiere (77), per l'incasso, il quale non può ulteriormente girarlo. Le girate apposte nonostante il divieto si hanno per non scritte. La cancellazione della clausola si ha per non avvenuta.

Colui che paga un assegno non trasferibile a persona diversa dal prenditore o dal banchiere giratario per l'incasso risponde del pagamento.

La clausola «non trasferibile» deve essere apposta anche dal banchiere su richiesta del cliente.

La stessa clausola può essere apposta da un girante con i medesimi effetti.

Le disposizioni del presente articolo si applicano soltanto agli assegni pagabili nel territorio della Repubblica o nei territori soggetti alla sovranità italiana (73).

44. Il traente dell'assegno bancario può subordinare il pagamento all'esistenza sul titolo nel momento della presentazione di una doppia firma conforme del prenditore (assegno turistico).

CAPO VI
Del regresso per mancato pagamento

45. Il portatore può esercitare il regresso contro i giranti, il traente e gli altri obbligati (75), se l'assegno bancario, presentato in tempo utile (32), non è pagato, purché il rifiuto del pagamento sia constatato:

1) con atto autentico (protesto) (46, 48, 60-75, 78), oppure

2) con dichiarazione del trattario scritta sull'assegno bancario con l'indicazione del luogo e del giorno della presentazione (64), oppure

3) con dichiarazione della Banca d'Italia richiesta da un banchiere che si avvale dei sistemi di pagamento da essa gestiti.[1]

Il portatore mantiene i suoi diritti contro il traente, sebbene l'assegno bancario non sia stato presentato tempestivamente o non sia stato fatto il protesto o la constatazione equivalente. Se, dopo decorso il termine di presentazione, la disponibilità della somma sia venuta a mancare per fatto del trattario, il portatore perde tali diritti in tutto o limitatamente alla parte della somma che sia venuta a mancare.

[1] Numero così sost. dall'art. 17-*ter*, D.L. 14 feb. 2016, n. 18, conv. con modif. in L. 8 apr. 2016, n. 49.

46. Il protesto o la constatazione equivalente deve farsi prima che sia spirato il termine di presentazione (32).[1]

Se la presentazione è fatta l'ultimo giorno del termine, il protesto o la constatazione equivalente può farsi il primo giorno feriale successivo.

[1] Per le facilitazioni nella levata del protesto v. la nota all'art. 60.

47. Il portatore deve dare avviso al proprio girante ed al traente del mancato pagamento entro i quattro giorni feriali successivi al giorno del protesto o della dichiarazione equivalente (45) e, se vi sia la clausola «senza spese» (48), lo stesso giorno della presentazione. Ogni girante nei due giorni feriali successivi al giorno in cui ha ricevuto l'avviso deve informare il precedente girante dell'avviso ricevuto, indicando i nomi e gli indirizzi di coloro che hanno dato gli avvisi precedenti, e così di seguito, risalendo fino al traente. I termini predetti decorrono dal ricevimento dell'avviso precedente.

Se in conformità del precedente comma l'avviso è dato a un firmatario dell'assegno bancario, analogo avviso deve essere dato entro lo stesso termine al suo avallante.

Se un girante non ha indicato il suo indirizzo, o lo ha indicato in maniera illeggibile, basta che l'avviso sia dato al girante che lo precede.

Chi è tenuto a dare l'avviso può darlo in una forma qualsiasi anche col semplice rinvio dell'assegno bancario.

Egli deve provare di aver dato l'avviso nel termine stabilito. Il termine si considera rispettato se una lettera contenente l'avviso sia stata spedita per posta nel termine predetto.

Chi non dà l'avviso nel termine sopra indicato non decade dal regresso; tuttavia è responsabile della sua negligenza se abbia causato danno, senza però che l'ammontare del risarcimento possa superare quello dell'assegno bancario.

48. Il traente, il girante o l'avallante può, con la clausola «senza spese», «senza protesto» od ogni altra equivalente, apposta sul titolo e firmata, dispensare il portatore dall'obbligo del protesto o della dichiarazione equivalente per esercitare il regresso.

Tale clausola, salvo il disposto dell'art. 45, ultimo comma, non dispensa il portatore dalla presentazione dell'assegno bancario, nei termini prescritti, né dagli avvisi. La prova dell'inosservanza dei termini incombe a colui che la oppone al portatore.

Se la clausola è apposta dal traente, essa produce i suoi effetti nei confronti di tutti i firmatari; se è apposta da un girante o da un avallante, produce i suoi effetti soltanto rispetto a costui. Se la clausola è apposta dal traente e il portatore fa levare il protesto o la constatazione equivalente, le spese restano a suo carico. Se la clausola è apposta da un girante o da un avallante, le spese del protesto o della constatazione equivalente, qualora uno di tali atti sia stato fatto, sono ripetibili contro tutti i firmatari.

49. Tutte le persone obbligate in virtù dell'assegno bancario rispondono in solido verso il portatore (1292 s., c.c.).

Il portatore ha diritto di agire contro tutti i firmatari individualmente o congiuntamente e non è tenuto ad osservare l'ordine nel quale si sono obbligati.

Lo stesso diritto spetta a ogni firmatario che abbia pagato l'assegno bancario.

L'azione promossa contro uno degli obbligati non impedisce di agire contro gli altri, anche se posteriori a colui contro il quale si sia prima proceduto.

50. Il portatore può chiedere in via di regresso:
1) l'ammontare dell'assegno bancario non pagato;
2) gli interessi al tasso legale dal giorno della presentazione;
3) le spese per il protesto o la constatazione equivalente (45), quelle per gli avvisi dati e le altre spese.

51. Chi ha pagato l'assegno bancario può ripetere dai suoi garanti:
1) la somma integrale sborsata;
2) gli interessi sulla somma calcolati al tasso legale dal giorno del disborso;
3) le spese sostenute.

52. Qualsiasi obbligato contro il quale sia stato o possa essere promosso il regresso può esigere, contro pagamento, la consegna dell'assegno bancario col protesto o la constatazione equivalente (45) e il conto di ritorno quietanzato.

Qualsiasi girante che ha pagato l'assegno bancario può cancellare la propria girata e quelle dei giranti susseguenti.

53. Se un ostacolo insormontabile (disposizione di legge di uno Stato o altro caso di forza maggiore) impedisce di presentare l'assegno bancario, di levare il protesto o di ottenere la constatazione equivalente nei termini stabiliti (32), questi sono prolungati.

Il portatore è tenuto a dare avviso senza indugio del caso di forza maggiore al girante precedente e a fare, sull'assegno bancario o sull'allungamento (19), menzione datata e sottoscritta di questo avviso; per il resto si applicano le disposizioni dell'art. 47.

Cessata la forza maggiore, il portatore deve presentare senza indugio l'assegno bancario per il pagamento e, se necessario, levare protesto od ottenere la constatazione equivalente (45).

Se la forza maggiore dura oltre quindici giorni dal giorno in cui il portatore ha dato avviso della forza maggiore al precedente girante, ancorché detto avviso sia stato dato prima dello spirare del termine di presentazione (32), il regresso può essere esercitato senza bisogno di presentazione, di protesto o della constatazione equivalente (45).

Non sono considerati casi di forza maggiore i fatti puramente personali al portatore o alla persona da lui incaricata di presentare l'assegno bancario, di levare il protesto o di ottenere la constatazione equivalente (45).

54. Fra più obbligati che abbiano assunto una posizione di pari grado nell'assegno bancario non ha luogo l'azione cambiaria e il rapporto è regolato con le norme relative alle obbligazioni solidali (1292 s., c.c.).

55. L'assegno bancario ha gli effetti di titolo esecutivo per il capitale e per gli accessori a norma degli artt. 50 e 51 (474 c.p.c.).

L'assegno emesso all'estero ha gli stessi effetti in quanto questi siano ammessi dalla legge del luogo in cui l'assegno è stato emesso.

Il precetto (479 c.p.c.) deve contenere la trascrizione dell'assegno bancario o del protesto (45) e degli altri documenti necessari a dimostrare la somma dovuta.

56. L'opposizione al precetto (615 s., c.p.c.) non sospende l'esecuzione, ma il presidente del tribunale, o il pretore competente per valore, su ricorso dell'opponente che disconosca la propria firma o la rappresentanza oppure adduca gravi e fondati motivi, può, con decreto motivato non soggetto a gravame, esaminati i documenti prodotti, sospendere in tutto o in parte gli atti esecutivi imponendo idonea cauzione (119 e 623 s., c.p.c.).

57. Nei giudizi, tanto di cognizione quanto di opposizione al precetto, il debitore può opporre soltanto le eccezioni di nullità dell'assegno bancario a termini dell'art. 2 e quelle non vietate dall'art. 25.

Se le eccezioni siano di lunga indagine, il giudice, su istanza del creditore, deve emettere sentenza provvisoria di condanna, con cauzione o senza.

Può anche concedere su richiesta del debitore, quando concorrano gravi ragioni, la sospensione dell'esecuzione, imponendo, se lo ritenga opportuno, idonea cauzione (623 s., c.p.c.).

Se la sospensione fosse stata già concessa col decreto indicato nell'art. precedente, il giudice in prosieguo di giudizio deciderà la conferma o la revocazione del provvedimento.

58. Se dal rapporto che diede causa alla emissione o alla trasmissione dell'assegno bancario derivi un'azione questa permane nonostante l'emissione o la trasmissione del titolo salvo che si provi che vi fu novazione (1230 s., c.c.).

Il possessore non può esercitare l'azione causale se non offrendo al debitore la restituzione dell'assegno bancario e depositandolo presso la cancelleria del giudice competente, purché abbia adempiuto le formalità necessarie per conservare al debitore stesso le azioni di regresso che possano competergli.

59. Qualora il portatore abbia perduto l'azione cambiaria contro tutti gli obbligati e non abbia contro i medesimi azione causale, può agire contro il traente che non abbia fatto provvista o si sia comunque arricchito ingiustamente a suo danno (75; 2041 c.c.).

Eguale azione può esercitarsi nelle condizioni suddette anche contro i giranti (75).

60. Il protesto dev'essere fatto con un solo atto da un notaro o da un ufficiale giudiziario.

Nei comuni nei quali non esista notaro o ufficiale giudiziario il protesto può essere levato dal segretario comunale.[1]

Non è richiesta l'assistenza di testimoni per levare protesto.

[1] Per le facilitazioni nella levata del protesto, v. la L. 12 giu. 1973, n. 349, che si riferisce anche all'assegno bancario e che estende la competenza relativa al protesto agli aiutanti ufficiali giudiziari. Il notaro e l'ufficiale giudiziario possono farsi sostituire dal presentatore e il segretario comunale dal messo comunale.

61.[1] Il protesto può essere fatto con atto separato, oppure essere scritto sull'assegno bancario o sul duplicato (66) ovvero sul foglio di allungamento (19). Questo foglio può essere aggiunto anche dal notaro o dall'ufficiale giudiziario o dal segretario comunale, i quali in ogni caso dovranno apporre il proprio sigillo sulla linea di congiunzione.

Se il protesto è fatto con atto separato chi vi procede deve farne menzione sull'assegno bancario o sul duplicato o sul foglio di allungamento, a meno che si sia dovuto procedere al protesto pur non avendo il possesso del titolo.

Il protesto o la constatazione equivalente possono essere effettuati in forma elettronica sull'assegno presentato al pagamento in forma elettronica.[1]

[1] Comma aggiunto dall'art. 8, c. 7, lett. b), D.L. 13 mag. 2011, n. 70, conv. con modif. in L. 12 lug. 2011, n. 106, a decorrere dal 15 mag. 2016, ai sensi di quanto disposto dall'art. 8, c. 7, lett. f), del D.L. n. 70/2011.

62. Il protesto si deve fare nel luogo di pagamento (2, 81) e contro il trattario o il terzo indicati per il pagamento anche se non presenti.

Se il domicilio di dette persone non si può rintracciare, il protesto può essere fatto in qualsiasi località nel luogo di pagamento a scelta di chi vi procede.

L'incapacità del trattario o del terzo indicato nell'art. 8 non dispensa dall'obbligo di levare il protesto contro di esso, salvo che il trattario sia fallito, nel qual caso la produzione della sentenza dichiarativa di fallimento[1] basta per agire in regresso.

Se il trattario o il terzo è morto, il protesto si leva ugualmente al suo nome secondo le regole precedenti.

[1] A norma del combinato disposto degli artt. 349, c. 1, e 389, c. 1, D.lgs. 12 gen. 2019, n. 14, come sost. dall'art. 5, c. 1, D.L. 8 apr. 2020, n. 23, conv. con modif. in L. 5 giu. 2020, n. 40, a decorrere dal 1° set. 2021, nelle disposizioni normative vigenti i termini «fallimento», «procedura fallimentare», «fallito» nonché le espressioni dagli stessi termini derivate devono intendersi sostituite, rispettivamente, con le espressioni «liquidazione giudiziale», «procedura di liquidazione giudiziale» e «debitore assoggettato a liquidazione giudiziale» e loro derivati, con salvezza della continuità delle fattispecie.

63. Il protesto deve contenere:

1) la data;

2) il nome del richiedente;

3) l'indicazione del luogo in cui è fatto e la menzione delle ricerche eseguite;

4) l'oggetto delle richieste, il nome della persona richiesta, le risposte avute o i motivi pei quali non se ne ebbe alcuna;

5) la sottoscrizione del notaro o dell'ufficiale giudiziario o del segretario comunale.

Il protesto per atto separato deve contenere la trascrizione dell'assegno bancario.

Per più assegni da pagarsi dalla stessa persona nello stesso luogo, il creditore può levare protesto con unico atto separato (65).

64. Il protesto, ai sensi dell'art. 45, può essere sostituito, se il portatore lo consente, da una dichiarazione di rifiuto del pagamento, scritta e datata sul titolo o sul foglio di allungamento (19) e firmata (11) dal trattario.

Questa dichiarazione per avere gli effetti del protesto deve essere sottoposta a registrazione nei termini del protesto.

Nei casi previsti nel primo comma la girata senza data si presume fatta anteriormente alla dichiarazione.

65. I notari, gli ufficiali giudiziari e i segretari comunali debbono tener nota, nel repertorio, dei protesti, indicando i requisiti di cui agli articoli precedenti, giorno per giorno e per ordine di data.

L'originale del protesto fatto per atto separato deve essere consegnato al portatore dell'assegno bancario.

CAPO VII
Dei duplicati

66. Ad eccezione degli assegni bancari al portatore (5), qualsiasi assegno bancario, emesso in un paese e pagabile in un altro paese, oppure in una parte d'oltre mare dello stesso paese o viceversa, oppure emesso e pagabile nella stessa o in diverse parti d'oltre mare dello stesso paese, può essere emesso in diversi esemplari (duplicati). Se un assegno bancario è emesso in diversi duplicati, questi devono essere numerati nel contesto di ciascun titolo: in difetto, si considerano come altrettanti assegni bancari distinti.

Le copie informatiche di assegni cartacei sostituiscono ad ogni effetto di legge gli originali da cui sono tratte se la loro conformità all'originale è assicurata dalla banca negoziatrice mediante l'utilizzo della propria firma digitale e nel rispetto delle disposizioni attuative e delle regole tecniche dettate ai sensi dell'articolo 8, comma 7, lettere *d*) ed *e*), del decreto-legge 13 maggio 2011, n. 70.[1]

Il girante per l'incasso può attestare la conformità della copia informatica dell'assegno all'originale cartaceo mediante l'utilizzo della propria firma digitale quando sia stato delegato dalla banca negoziatrice a trarre copia per immagine dei titoli ad essa girati.[2]

La banca negoziatrice delegante assicura il rispetto delle disposizioni attuative e delle regole tecniche dettate ai sensi dell'articolo 8, comma 7, lettere *d*) ed *e*), del decreto-legge 13 maggio 2011, n. 70, convertito, con modificazioni, dalla legge 12 luglio 2011, n. 106, nonché la conformità della copia informatica all'originale cartaceo.[2]

Il girante per l'incasso invia alla banca negoziatrice la copia informatica generata ai sensi dei commi precedenti con modalità che assicurano l'autenticazione del mittente e del destinatario, la riservatezza, l'integrità e l'inalterabilità dei dati e danno certezza del momento dell'invio e della ricezione del titolo.[2]

[1] Comma aggiunto dall'art. 8, c. 7, D.L. 13 mag. 2011, n. 70, conv. con modif. in L. 12 lug. 2011, n. 106.

[2] Comma aggiunto dall'art. 55-*ter*, D.L. 31 mag. 2021, n. 77, conv. con modif. in L. 29 lug. 2021, n. 108.

67. Il pagamento di un duplicato è liberatorio, ancorché non sia dichiarato che tale pagamento annulli gli effetti degli altri duplicati.

Il girante che ha trasferito i duplicati a persone diverse ed i giranti susseguenti sono obbligati per tutti i duplicati che portino la loro firma e non siano stati restituiti.

CAPO VIII
Delle alterazioni

68. In caso di alterazione del testo di un assegno bancario chi ha firmato dopo l'alterazione risponde nei termini del testo alterato; chi ha firmato prima risponde nei termini del testo originario.

Qualora non risulti dal titolo o non si dimostri che la firma sia stata apposta prima o dopo, si presume che sia stata apposta prima.

CAPO IX
Dell'ammortamento[1]

[1] V. artt. 2016-2020 c.c.

69. In caso di smarrimento, sottrazione o distruzione dell'assegno bancario, se ne può fare denunzia al trattario e chiedere l'ammortamento con ricorso al presidente del tribunale del luogo in cui l'assegno bancario è pagabile (81), o al pretore del luogo in cui il richiedente ha domicilio (2016-2019 c.c.).

Il ricorso deve indicare i requisiti essenziali dell'assegno bancario.

Il presidente del tribunale o il pretore, premessi gli opportuni accertamenti sulla verità dei fatti e sul diritto del portatore, emette nel più breve termine possibile un decreto con il quale, menzionando i dati dell'assegno bancario, ne pronuncia l'ammortamento e ne autorizza il pagamento dopo quindici giorni dalla data di pubblicazione del decreto nella *Gazzetta Ufficiale* della Repubblica, purché non venga fatta nel frattempo opposizione dal detentore (79).

Il decreto deve essere, a cura del ricorrente, notificato al traente e al trattario e pubblicato nella *Gazzetta Ufficiale* della Repubblica.

Malgrado la denunzia, il pagamento dell'assegno bancario al detentore prima della notificazione del decreto libera il trattario.

70. L'opposizione del detentore deve essere in ogni caso proposta con citazione, da notificarsi al ricorrente, al trattario e al traente per comparire davanti al tribunale del luogo di pagamento (2, 81; 2017 c.c.).

71. Durante il termine stabilito nell'art. 69 il ricorrente può esercitare tutti gli atti che tendono a conservare i suoi diritti ed è in facoltà di esigere il pagamento dell'assegno mediante cauzione o di chiedere il deposito giudiziario della somma (2018 c.c.).

72. Trascorso il termine indicato nell'art. 69 senza opposizione, o rigettata l'opposizione con sentenza definitiva, l'assegno bancario smarrito non ha più alcuna efficacia. Colui che ottenne l'ammortamento può, su presentazione del decreto e di un certificato del cancelliere del tribunale, comprovante la non interposta opposizione, o su presentazione della sentenza definitiva che respinge l'opposizione, esigere il pagamento (2019 c.c.).

73. Nel caso di assegno bancario emesso colla clausola «non trasferibile» (43) non si fa luogo ad ammortamento, ma il prenditore ha diritto di ottenere a proprie spese un duplicato denunciando lo smarrimento, la distruzione o la sottrazione al trattario e al traente.

74. L'ammortamento estingue ogni diritto derivante dall'assegno dichiarato inefficace, ma non pregiudica le eventuali ragioni del portatore verso chi ottenne l'ammortamento (2019[1] c.c.).

CAPO X
Della prescrizione

75. Il regresso del portatore contro i giranti, il traente e gli altri obbligati si prescrive in sei mesi dallo spirare del termine di presentazione.

Le azioni di regresso tra i diversi obbligati al pagamento dell'assegno bancario gli uni contro gli altri si prescrivono in sei mesi a decorrere dal giorno in cui l'obbligato ha pagato l'assegno bancario o dal giorno in cui l'azione di regresso è stata promossa contro di lui.

L'azione di arricchimento (2041, 2042 c.c.) si prescrive nel termine di un anno dal giorno della perdita dell'azione nascente dal titolo (59).

76. L'interruzione della prescrizione non vale che contro colui rispetto al quale è stato compiuto l'atto interruttivo (1310, 2943 s., c.c.).

CAPO XI
Disposizioni generali

77. Nella presente legge sotto il nome di banchiere si comprendono anche le persone o le istituzioni assimilate per legge ai banchieri (3, 8, 40).

78. La presentazione e il protesto (45, 60) dell'assegno bancario non possono farsi che in giorno feriale.

Se l'ultimo giorno del termine stabilito dalla legge per compiere atti relativi all'assegno bancario e in particolare per la presentazione, per levare il protesto o per ottenere un atto equivalente è un giorno festivo legale,[1] il termine è prorogato fino al primo giorno feriale successivo (1187, 2963[3]). I giorni festivi intermedi sono compresi nel computo del termine.

[1] Sono assimilati ai giorni festivi legali quelli di chiusura degli sportelli bancari ai sensi della L. 24 gen. 1962, n. 13. V. nota all'art. 51 L.C. col testo della L. 24 feb. 1965, n. 92. V. altresì L. 5 mar. 1977, n. 54 e successive modifiche.

79. Nei termini previsti dalla presente legge non si computa il giorno da cui cominciano a decorrere (1187, 2963[3]).

80. Non sono ammessi giorni di rispetto né legali né giudiziari.

81. Agli effetti della presente legge col termine domicilio s'intende il luogo di residenza e col termine luogo di pagamento l'intero territorio del comune.

TITOLO II
Dell'assegno circolare

82. L'assegno circolare è un titolo di credito all'ordine emesso da un istituto di credito, a ciò autorizzato dalla autorità competente, per somme che siano presso di esso disponibili al momento dell'emissione, e pagabile a vista presso tutti i recapiti comunque indicati dall'emittente.

L'istituto autorizzato ad emettere assegni circolari è tenuto a costituire, in conformità delle leggi speciali, a garanzia dei medesimi, una cauzione sulla quale i portatori dei titoli hanno privilegio speciale (117).

83. L'assegno circolare contiene:

1) la denominazione di «assegno circolare» inserita nel contesto del titolo;

2) la promessa incondizionata di pagare a vista una somma determinata;

3) l'indicazione del prenditore;

4) l'indicazione della data e del luogo nel quale l'assegno circolare è emesso;

5) la sottoscrizione dell'istituto emittente.

Il titolo mancante di alcuno dei suddetti requisiti, non vale come assegno circolare.

84. Il possessore decade (2964 s., c.c.) dall'azione di regresso, se non presenta il titolo per il pagamento entro trenta giorni dall'emissione (45).

L'azione contro l'emittente si prescrive (2934 s., c.c.) nel termine di tre anni dall'emissione.

La girata a favore dell'emittente estingue l'assegno.

85. L'Istituto può affidare la emissione di assegni circolari muniti del suo visto ad un banchiere suo corrispondente, il quale deve firmare l'assegno come rappresentante dell'Istituto.

86. In quanto non siano incompatibili con la natura dell'assegno circolare o non siano derogate dalle norme della presente legge, sono applicabili all'assegno circolare le disposizioni della cambiale relative alla girata (15 s.), al pagamento (43 s.), al protesto (51), al regresso (49 s.), alla prescrizione (94), nonché quelle relative ai titoli con firme false o di persone incapaci (7), e alle sottoscrizioni (8); ed anche quelle dell'assegno bancario sbarrato (40), da accreditare (42), non trasferibile (43) e turistico (44). All'assegno circolare si applica altresì la disposizione dell'assegno bancario di cui all'articolo 31, terzo comma.[1]

Nella procedura di ammortamento dell'assegno circolare si applicano le disposizioni degli artt. 69 a 74, con le seguenti modificazioni.

Il ricorso deve essere fatto al presidente del tribunale del luogo in cui sia uno stabilimento dell'istituto emittente o al pretore del luogo in cui il ricorrente ha domicilio (81).

La notificazione del decreto deve essere fatta ad uno dei più vicini stabilimenti dell'istituto, il quale, a spese del ricorrente, ne darà subito comunicazione a tutti i recapiti presso i quali l'assegno è pagabile. L'eventuale opposizione deve essere proposta, con citazione da notificarsi al ricorrente ed al rappresentante dell'istituto, dinanzi al tribunale che ha emesso il decreto o, nel caso di decreto emesso dal pretore, dinanzi al tribunale nella cui giurisdizione è compresa la pretura (2017 c.c.).

La denunzia di smarrimento non rende responsabile l'istituto che paga l'assegno circolare al detentore prima della notificazione del decreto. Parimenti la notificazione del decreto non rende responsabile l'Istituto qualora il pagamento del titolo venga effettuato presso uno stabilimento o un recapito al quale, per fatto non imputabile all'istituto, non sia ancora pervenuta la notizia del decreto.

Nel caso di smarrimento, distruzione o sottrazione di un assegno circolare emesso con la clausola «non trasferibile» non si fa luogo alla procedura di ammortamento, ma il prenditore ha diritto di ottenere, dopo venti giorni dalla denunzia, il pagamento dell'assegno presso la filiale alla quale fu fatta la denunzia.

[1] Comma così modif. dall'art. 8, c. 7, lett. *b*), D.L. 13 mag. 2011, n. 70, conv. con modif. in L. 12 lug. 2011, n. 106, a decorrere dal 15 mag. 2016, ai sensi di quanto disposto dall'art. 8, c. 7, lett. *f*), del D.L. n. 70/2011.

87-115. (*Omissis*).

TITOLO V
Disposizioni penali

116-116-*bis*.[1]

[1] Articoli abrog. dall'art. 12, L. 15 dic. 1990, n. 386. Per la nuova disciplina penale si vedano gli artt. 1-11 della L. 386/1990.

117. L'Istituto non autorizzato o al quale sia stata revocata l'autorizzazione, che emetta assegni circolari, è colpito da una sanzione amministrativa da euro 1032,91 a euro 10.329,14,[1] salvo le altre sanzioni previste da altre disposizioni di legge.

La mancanza di autorizzazione non pregiudica i diritti del portatore di buona fede di ottenere dall'Istituto emittente il pagamento della somma e di esercitare le eventuali azioni di regresso.

[1] Pena quintuplicata ai sensi dell'art. 113, L. 24 nov. 1981, n. 689.

TITOLO VI
Disposizioni tributarie

118. La validità dell'assegno bancario non è subordinata all'osservanza delle disposizioni della legge sul bollo. Esso tuttavia se non è stato regolarmente bollato originariamente, [o nel tempo prescritto dalla legge], non ha la qualità di titolo esecutivo (55; 474 c.p.c.).[1]

Il possessore non può esercitare i diritti cambiari inerenti al titolo se non abbia corrisposto la tassa di bollo dovuta e pagata la relativa penalità.

La inefficacia come titolo esecutivo dev'essere rilevata e pronunciata dai giudici anche d'ufficio.

[1] V. art. 20 D.P.R. 26 ott. 1972, n. 642, sull'imposta di bollo.

119. ....[1]

[1] Articolo abrog. dalla L. 28 apr. 1967, n. 263.

120. Per ogni menzione scritta sull'assegno ai sensi del capoverso dell'art. 4, efficace unicamente ad accertare l'esistenza dei fondi, è dovuta, indipendentemente dalla tassa di bollo sull'assegno, altra tassa di bollo di euro 0,01 o frazione di euro 5,16 dell'importo dell'assegno, col massimo di euro 0,4 di tassa. Questa ultima tassa sarà riscossa mediante applicazione di marche a tassa fissa, da annullarsi con la firma e la data del trattario.

121. Qualora nell'assegno venga indicata una data di emissione posteriore a quella dell'effettiva emissione dell'assegno non giustificata dal periodo di tempo necessario per far pervenire il titolo al destinatario o da altra materiale impossibilità di presentazione e sempreché la data non differisca di oltre quattro giorni da quella dell'emissione, si rende applicabile la tassa proporzionale delle cambiali, salvo le sanzioni di cui all'art. 25 del D.P.R. 26 ott. 1972, n. 642, sull'imposta di bollo.

122. Sono soggette a bollo e registro le girate e le dichiarazioni apposte sulle fedi di credito (titoli apodissari) dei Banchi di Napoli e di Sicilia (108) a seconda del rapporto giuridico che contengono.

TITOLO VII
Disposizioni finali e transitorie

123. (*Omissis*).

124.[1] — All'atto del rilascio di moduli di assegno bancario o postale, il richiedente deve dichiarare al trattario di non essere in alcun modo interdetto dall'emissione di assegni. Il richiedente che dichiari il falso è punito, qualora vengano rilasciati uno o più moduli di assegno, con la reclusione da sei mesi a due anni.

[1] Articolo così modif. dall'art. 37, D.lgs. 30 dic. 1999, n. 507.

125.[1] — Prima del rilascio di moduli di assegno bancario o postale il dipendente responsabile accerta, sulla base dei dati risultanti dall'archivio previsto dall'art. 10-*bis* della legge 15 dic. 1990, n. 386, che il richiedente non risulti in alcun modo interdetto dall'emissione di assegni bancari o postali, ovvero soggetto a revoca delle autorizzazioni ad emettere assegni a norma dell'art. 9 della medesima legge.

Il dipendente responsabile che consegna moduli di assegno bancario o postale a persona interdetta, in base ai dati dell'archivio, dall'emissione di assegni o soggetta a revoca delle autorizzazioni, è punito, salvo che il fatto costituisca più grave reato, con la reclusione fino ad un anno.

[1] Articolo così modif. dall'art. 37, D.lgs. 30 dic. 1999, n. 507.

- 4 -

L. 12 feb. 1955, n. 77

Pubblicazione degli elenchi dei protesti cambiari

modificata con L. 29 dic. 1956, n. 1559, e con L. 12 giu. 1973, n. 349

1. Alla pubblicazione ufficiale dell'elenco dei protesti cambiari per mancato pagamento di cambiali accettate, di vaglia cambiari e di assegni bancari, nonché delle dichiarazioni di rifiuto di pagamento fatte in conformità della legge cambiaria, provvedono soltanto le Camere di commercio.[1]

La pubblicazione è quindicinale e deve apparire entro il ventesimo giorno successivo alla quindicina cui si riferisce, comprendendo tutti i protesti levati e le dichiarazioni di rifiuto di pagamento sottoposte a registrazione nella rispettiva circoscrizione camerale.[2]

Chiunque intenda pubblicare notizia di protesti cambiari deve fare riferimento alla pubblicazione ufficiale di cui al primo comma, indicando gli estremi di tale pubblicazione.

Chiunque contravviene alla disposizione di cui al precedente comma è punito con la sanzione amministrativa da euro 51,65 a euro 258,23.[3]

[1] V. ora l'art. 3 *bis* del D.L. 18 set. 1995, n. 381, conv. in L. 15 nov. 1995, n. 480 secondo il quale alla pubblicazione ufficiale dell'elenco dei protesti cambiari si provvede mediante il registro informatico tenuto dalle camere di commercio, industria, artigianato e agricoltura; la notizia di ciascun protesto levato è conservata nel registro informatico per cinque anni dalla data di registrazione.

Il secondo comma del medesimo art. prevede l'emanazione di un D.M. di attuazione della disposizione, dalla cui data di entrata in vigore sono abrogati il secondo comma dell'art. 1 e l'art. 2 della L. 12.2.1955, n. 77.

[2] Comma abrog. dall'art. 3 *bis*, D.L. 18 set. 1995, n. 381.

[3] Gli ultimi due commi sono stati modificati con L. 29 dic. 1956, n. 1559. Il reato originariamente previsto dall'art. 1 è stato depenalizzato dalla L. 24 dic. 1975, n. 706. L'entità della sanzione è stata aggiornata dall'art. 114 della L. 24 nov. 1981, n. 689.

2.[1] I pubblici ufficiali abilitati a levare protesti cambiari ed i procuratori del registro debbono, ai sensi dell'art. 13 del testo allegato al R.D. 16 marzo 1942, n. 267,[2] far pervenire al presidente del tribunale, in duplice esemplare, e non oltre il giorno 7 ed il giorno 22 di ogni mese, rispettivamente l'elenco dei protesti per mancato pagamento e delle dichiarazioni di rifiuto di pagamento.

[1] Articolo abrog. dall'art. 3 *bis*, D.L. 18 set. 1995, n. 381.

[2] V. *Fallimento*, artt. 13 e 235.

3.[1] 1. I pubblici ufficiali abilitati a levare protesti cambiari devono trasmettere al presidente della camera di commercio, industria, artigianato e agricoltura competente per territorio, il giorno successivo alla fine di ogni mese, l'elenco dei protesti per mancato pagamento di cambiali accettate, di vaglia cambiari e di assegni bancari nonché l'elenco dei protesti per mancata accettazione di cambiali, con l'eventuale motivazione del rifiuto. Uguale obbligo hanno gli uffici del registro per le dichiarazioni di rifiuto di accettazione delle cambiali.

2. Nell'atto di protesto di cambiali accettate e di vaglia cambiari il debitore contro il quale il protesto è levato deve essere identificato con l'indicazione del nome, del domicilio, del luogo e della data di nascita. Tali dati devono essere integralmente riportati nell'elenco dei protesti trasmessi al presidente della camera di commercio, industria, artigianato e agricoltura competente per territorio e trascritti a fianco del nome del debitore protestato nel registro informatico di cui all'art. 3-*bis* del D.L. 18 set. 1995, n. 381, convertito, con modificazioni, dalla L. 15 nov. 1995, n. 480.

3. Con decreto del Ministro dell'industria, del commercio e dell'artigianato le camere di commercio, industria, artigianato e agricoltura sono autorizzate ad elaborare le statistiche relative ai protesti per mancata accettazione.

[1] Articolo così modif. dall'art. 1, L. 18 ago. 2000, n. 235.

4.[1] 1. Il debitore che, entro il termine di dodici mesi dalla levata del protesto, esegua il pagamento della cambiale o del vaglia cambiario protestati, unitamente agli interessi maturati come dovuti ed alle spese per il protesto, per il precetto e per il processo esecutivo eventualmente promosso, ha diritto di ottenere la cancellazione del proprio nome dal registro informatico di cui all'art. 3-*bis* del D.L. 18 set. 1995, n. 381, convertito, con modificazioni, dalla L. 15 nov. 1995, n. 480. Il debitore che provveda al pagamento oltre il predetto termine, può chiederne l'annotazione sul citato registro informatico. A tale fine l'interessato presenta al presidente della camera di commercio, industria, artigianato e agricoltura competente per territorio la relativa formale istanza, compilata secondo il modello allegato alla presente legge, corredata del titolo quietanzato e dell'atto di protesto o della dichiarazione di rifiuto del pagamento, nonché della quietanza relativa al versamento del diritto di cui al comma 5.

2. Istanza analoga a quella di cui al comma 1 può essere presentata da chiunque dimostri di aver subìto levata di protesto, al proprio nome, illegittimamente od erroneamente, nonché dai pubblici ufficiali incaricati della levata del protesto o dalle aziende di credito, quando si è proceduto illegittimamente od erroneamente alla levata del protesto.

3. Il responsabile dirigente dell'ufficio protesti[2] provvede sull'istanza non oltre il termine di venti giorni dalla data di presentazione della stessa. Sulla base dell'accertamento della regolarità dell'adempimento o della sussistenza della illegittimità o dell'errore del protesto, il responsabile dirigente dell'ufficio protesti accoglie l'istanza e, conseguentemente, dispone la cancellazione richiesta, curando sotto la sua personale responsabilità l'esecuzione del provvedimento, da effettuare non oltre cinque giorni dalla pronuncia dello stesso, mediante

la cancellazione definitiva dal registro dei dati relativi al protesto, che si considera, a tutti gli effetti, come mai avvenuto. In caso contrario, decreta la reiezione dell'istanza.

4. In caso di reiezione dell'istanza o di mancata decisione sulla stessa, da parte del responsabile dirigente dell'ufficio protesti, entro il termine di cui al comma 3, l'interessato può ricorrere all'autorità giudiziaria ordinaria. Le controversie di cui al presente comma sono disciplinate dall'articolo 12 del decreto legislativo 1° settembre 2011, n. 150.[3]

5. Per la presentazione dell'istanza di cui al comma 1 è dovuto alla camera di commercio, industria, artigianato e agricoltura un diritto pari, per ogni protesto a euro 7,75, per il primo anno successivo alla data di entrata in vigore della presente disposizione, rivalutato annualmente, con decreto del Ministro dell'industria, del commercio e dell'artigianato, in base agli indici ISTAT dei prezzi al consumo per le famiglie di operai e impiegati.

[1] Articolo così modif. dall'art. 2, L. 28 ago. 2000, n. 235.
[2] Parole così modif. dall'art. 45, L. 12 dic. 2002, n. 273.
[3] Comma così modif. dall'art. 34, c. 14 D.lgs. 1 set. 2011, n. 150.

- 5 -

L. 12 giu. 1973, n. 349

Modificazioni alle norme sui protesti delle cambiali e degli assegni

(G.U. 30 giu. 1973, n. 165)

1-4. (*Omissis*).

5. ***Modalità di presentazione del titolo.*** — La data di scadenza della cambiale, che cada in giorno festivo, legale o equiparato, o, per i pubblici esercizi, per i negozi e per gli esercizi di vendita, in giorno di riposo settimanale, è prorogata a tutti gli effetti al primo giorno feriale successivo. Tutti gli altri atti relativi alla cambiale, ed in particolare la presentazione per l'accettazione ed il protesto, non possono essere fatti che in giorno feriale.

La presentazione del titolo deve essere effettuata nelle ore indicate dall'art. 147 del c.p.c. Per i pubblici esercizi, per i negozi e per gli esercizi di vendita la presentazione del titolo deve essere effettuata nelle ore di apertura fissate dalle competenti autorità, anche in deroga alla norma dell'art. 147 del c.p.c.

Quando, ai sensi del primo comma del presente articolo, il protesto è stato levato oltre il termine previsto dall'art. 51 delle norme approvate con R.D. 14 dic. 1933, n. 1669, a causa della chiusura per riposo settimanale dell'esercizio presso il quale il titolo è pagabile, di tale circostanza deve essere fatta menzione dal pubblico ufficiale nell'atto di protesto.

6-15. (*Omissis*).

- 6 -

L. 15 dic. 1990, n. 386

Nuova disciplina sanzionatoria degli assegni bancari

(G.U. 20 dic. 1990, n. 296)

1. ***Emissione di assegno senza autorizzazione.***[1] — 1. Chiunque emette un assegno bancario o postale senza l'autorizzazione del trattario è punito con la sanzione amministrativa del pagamento di una somma da euro 1032 a euro 6197.

2. Se l'importo dell'assegno è superiore a euro 10.329, 14 o nel caso di reiterazione delle violazioni, si applica la sanzione amministrativa pecuniaria da lire euro 2065 a euro 12.394.

3. Nei casi previsti dai commi 1 e 2 non è ammesso il pagamento in misura ridotta ai sensi dell'art. 16 della L. 24 nov. 1981, n. 689.

[1] Articolo così modif. dall'art. 28, D.lgs. 30 dic. 1999, n. 507.

2. ***Emissione di assegno senza provvista.***[1] — 1. Fuori dei casi previsti dall'art. 1, chiunque emette un assegno bancario o postale che, presentato in tempo utile, non viene pagato in tutto o in parte per difetto di provvista, è punito con la sanzione pecuniaria da euro 516,46 a euro 3098,74.

2. Se l'importo dell'assegno è superiore a euro 10.329,14 o nel caso di reiterazione delle violazioni, si applica la sanzione amministrativa pecuniaria da euro 1032,91 a euro 6197,48.

Nei casi previsti dai commi 1 e 2 non è ammesso il pagamento in misura ridotta ai sensi dell'art. 16 della L. 24 nov. 1981, n. 689.

[1] Articolo così modif. dall'art. 29, D.lgs. 30 dic. 1999, n. 507.

3. ***Clausola penale.*** — 1. Nei casi previsti dall'art. 2 il mancato pagamento, anche solo parziale, dell'assegno bancario presentato in tempo utile obbliga l'emittente a corrispondere al prenditore o al giratario che agisce nei suoi confronti per il pagamento del titolo una penale pari al dieci per cento della somma dovuta e non pagata.

2. L'assegno bancario ha gli effetti di titolo esecutivo anche per la somma rappresentante la penale.

4. ***Autorità competente.***[1] — 1. Per l'applicazione delle sanzioni previste dagli artt. 1 e 2 e delle conseguenti sanzioni amministrative accessorie è competente il prefetto del luogo di pagamento dell'assegno.

[1] Articolo così modif. dall'art. 30, D.lgs. 30 dic. 1999, n. 507.

5. ***Sanzioni amministrative accessorie.***[1] — 1. La violazione dell'art. 1 comporta il divieto di emettere assegni bancari e postali. La stessa sanzione amministrativa accessoria si applica in caso di violazione dell'art. 2 quando l'importo dell'assegno, ovvero di più assegni emessi in tempi ravvicinati e sulla base di una programmazione unitaria, è superiore a euro 2582.

2. Se l'importo dell'assegno o di più assegni emessi in tempi ravvicinati e sulla base di una programmazione unitaria è superiore a euro 51.645 ovvero risulta che il traente, nei cinque anni precedenti, ha commesso due o più violazioni delle disposizioni previste dagli artt. 1 e 2 per un importo superiore complessivamente a euro 10.329, accertate con provvedimento esecutivo, l'emissione di assegno senza autorizzazione o senza provvista comporta anche l'applicazione di una o più delle seguenti sanzioni amministrative accessorie:

a) interdizione dall'esercizio di un'attività professionale o imprenditoriale;

b) interdizione dall'esercizio degli uffici direttivi delle persone giuridiche e delle imprese;

c) incapacità di contrattare con la pubblica amministrazione.

[1] Articolo così modif. dall'art. 30, D.lgs. 30 dic. 1999, n. 507.

5-*bis*. *Effetti e durata delle sanzioni amministrative accessorie.*[1] — 1. L'interdizione dall'esercizio di un'attività professionale o imprenditoriale priva temporaneamente, il soggetto della capacità di esercitare una professione, industria o un commercio, per i quali è richiesto uno speciale permesso o una speciale abilitazione, autorizzazione o licenza dell'autorità.

2. L'interdizione dall'esercizio degli uffici direttivi delle persone giuridiche e delle imprese importa l'incapacità del soggetto di esercitare l'ufficio di amministratore, sindaco, liquidatore e direttore generale, nonché ogni altro ufficio con potere di rappresentanza della persona giuridica o dell'imprenditore.

3. L'incapacità di contrattare con la pubblica amministrazione importa il divieto di concludere contratti con la pubblica amministrazione, salvo che per ottenere le prestazioni di un pubblico servizio.

4. Le sanzioni amministrative accessorie previste dai commi 1, 2 e 3 non possono avere una durata inferiore a due mesi, né superiore a due anni. Il divieto di emettere assegni bancari e postali non può avere una durata inferiore a due anni né superiore a cinque anni.

5. Il prefetto nel determinare il numero e la durata delle sanzioni amministrative accessorie da applicare, tiene conto della gravità dell'illecito e dell'importo dell'assegno o degli assegni emessi.

[1] Articolo ins. dall'art. 30, D.lgs. 30 dic. 1999, n. 507.

6. *Rilascio di assegni e responsabilità del dipendente dell'istituto trattario.* — 1. Il primo comma dell'art. 124 delle disposizioni approvate con R.D. 21 dic. 1933, n. 1736, introdotto dall'art. 141 della L. 24 nov. 1981, n. 689, è sostituito dal seguente: (*Omissis*).

2. Il secondo comma dell'art. 125 delle disposizioni approvate con R.D. 21 dic. 1933, n. 1736, introdotto dall'art. 141 della L. 24 nov. 1981, n. 689, è sostituito dal seguente: (*Omissis*).

7. *Inosservanza delle sanzioni amministrative accessorie.*[1] — 1. Ferma restando l'applicabilità delle sanzioni amministrative di cui agli artt. 1 e 2, chiunque trasgredisce ai divieti conseguenti alle sanzioni amministrative accessorie di cui all'art. 5 e al comma 2 del presente articolo è punito con la reclusione da sei mesi a tre anni.

2. La condanna per il reato di cui al comma 1 importa la pubblicazione della sentenza e il divieto di emettere assegni bancari e postali per un periodo non inferiore a due anni, né superiore a cinque anni.

[1] Articolo così modif. dall'art. 32, D.lgs. 30 dic. 1999, n. 507.

8. *Pagamento dell'assegno emesso senza provvista dopo la scadenza del temine di presentazione.*[1] — 1. Nei casi previsti dall'art. 2, le sanzioni amministrative non si applicano se il traente, entro sessanta giorni dalla data di scadenza del termine di presentazione del titolo, effettua il pagamento dell'assegno, degli interessi, della penale e delle eventuali spese per il protesto o per la constatazione equivalente.

2. Il pagamento può essere effettuato nelle mani del portatore del titolo o presso lo stabilimento trattario mediante deposito vincolato al portatore del titolo, ovvero presso il pubblico ufficiale che ha levato il protesto o ha effettuato la constatazione equivalente.

3. La prova dell'avvenuto pagamento deve essere fornita dal traente allo stabilimento trattario o, in caso di levata del protesto o di rilascio della constatazione equivalente, al pubblico ufficiale tenuto alla presentazione del rapporto mediante quietanza del portatore con firma autenticata ovvero, in casa di pagamento a mezzo di deposito vincolato, mediante attestazione della banca comprovante il versamento dell'importo dovuto.

3-*bis*. L'autenticazione di cui al comma 3 del presente articolo è effettuata ai sensi dell'articolo 21, comma 2, del testo unico di cui al decreto del Presidente della Repubblica 28 dicembre 2000, n. 445. L'autenticazione deve essere rilasciata gratuitamente, tranne i previsti diritti, nella stessa data della richiesta, salvo motivato diniego.[2]

4. Il procedimento per l'applicazione delle sanzioni amministrative non può essere iniziato prima che sia decorso il termine per il pagamento indicato nel comma.

[1] Articolo modif. dall'art. 33, D.lgs. 30 dic. 1999, n. 507.
[2] Comma ins. dall'art. 8, D.L. 13 mag. 2011, n. 70, conv. con modif. in L. 12 lug. 2011, n. 106.

8-*bis*. *Procedimento per l'applicazione delle sanzioni amministrative.*[1] — 1. Nei casi previsti dall'art. 1, se viene levato il protesto o effettuata la constatazione equivalente, il pubblico ufficiale trasmette il rapporto di accertamento della violazione al prefetto territorialmente competente. Nei casi in cui non si leva il protesto o non si effettua la constatazione equivalente, il prefetto viene direttamente informato dal trattario.

2. Nei casi previsti dall'art. 2, il trattario dà comunicazione del mancato pagamento al pubblico ufficiale che deve levare il protesto o effettuare la constatazione equivalente; il pubblico ufficiale, se non è stato effettuato il pagamento dell'assegno nel termine previsto dall'art. 8, trasmette il rapporto di accertamento della violazione al prefetto territorialmente competente. Nei casi in cui non si leva il protesto o non si effettua la constatazione equivalente, il trattario, decorso inutilmente il termine previsto dall'art. 8, informa direttamente il prefetto territorialmente competente.

3. Entro novanta giorni dalla ricezione del rapporto o dell'informativa il prefetto notifica all'interessato gli estremi della violazione a norma dell'art. 14 della legge 24 nov. 1981, n. 689. Se l'interessato risiede all'estero il termine per la notifica è di trecentosessanta giorni.

4. L'interessato, entro trenta giorni dalla notifica, può presentare scritti difensivi e documenti.

5. Il prefetto, dopo aver valutato le deduzioni presentate, determina, con ordinanza motivata, la somma dovuta per la violazione e ne ingiunge il pagamento, insieme con le spese, ovvero emette ordinanza motivata di archiviazione degli atti.

6. Si applicano, per quanto non previsto dal presente articolo, le disposizioni delle sezioni I e II del capo 1 della legge 24 nov. 1981, n. 689 e successive modificazioni, in quanto compatibili.

[1] Articolo ins. dall'art. 33, D.lgs. 30 dic. 1999, n. 507.

9. ***Revoca delle autorizzazioni.***[1] — 1. In caso di mancato pagamento, in tutto o in parte, di un assegno per mancanza di autorizzazione o di provvista, il trattario iscrive il nominativo del traente nell'archivio previsto dall'art. 10-*bis*.

2. L'iscrizione è effettuata:

a) nel caso di mancanza di autorizzazione, entro il ventesimo giorno dalla presentazione al pagamento del titolo;

b) nel caso di difetto di provvista, quando è decorso il termine stabilito dall'art. 8 senza che il traente abbia fornito la prova dell'avvenuto pagamento, salvo quanto previsto dall'art. 9-*bis*, comma 3.

3. L'iscrizione nell'archivio determina la revoca di ogni autorizzazione ad emettere assegni. Una nuova autorizzazione non può essere data prima che sia trascorso il termine di sei mesi dall'iscrizione del nominativo nell'archivio.

4. La revoca comporta il divieto, della durata di sei mesi, per qualunque banca e ufficio postale di stipulare nuove convenzioni di assegno con il traente e di pagare gli assegni tratti dal medesimo dopo l'iscrizione nell'archivio, anche se emessi nei limiti della provvista.

[1] Articolo così sost. dall'art. 34, D.lgs. 30 dic. 1999, n. 507.

9-*bis*. ***Preavviso di revoca.***[1] — 1. Nel caso di mancato pagamento, in tutto o in parte, di un assegno per difetto di provvista, il trattario comunica al traente che, scaduto il termine indicato nell'art. 8 senza che abbia fornito la prova dell'avvenuto pagamento, il suo nominativo sarà iscritto nell'archivio di cui all'art. 10-*bis* e che dalla stessa data gli sarà revocata ogni autorizzazione ad emettere assegni. Con la comunicazione il traente è invitato a restituire, alla scadenza del medesimo termine e sempre che non sia effettuato il pagamento, tutti i moduli di assegno in suo possesso alle banche e agli uffici postali che li hanno rilasciati.

2. La comunicazione è effettuata presso il domicilio eletto dal traente a norma dell'art. 9-*ter* entro il decimo giorno dalla presentazione al pagamento del titolo, mediante telegramma o lettera raccomandata con avviso di ricevimento, ovvero con altro mezzo concordato tra le parti di cui sia certa la data di spedizione e quella di ricevimento.

3. Anche in deroga a quanto stabilito dall'art. 9, comma 2, lett. *b*), l'iscrizione del nominativo del traente nell'archivio non può aver luogo se non sono decorsi almeno dieci giorni dalla data di ricevimento della comunicazione.

4. La comunicazione si ha per effettuata ove consti l'impossibilità di eseguirla presso il domicilio eletto.

5. Se la comunicazione non è effettuata entro il termine indicato nel comma 2, il trattario è obbligato a pagare gli assegni emessi dal traente dopo tale data e fino al giorno successivo alla comunicazione, anche se manca o è insufficiente la provvista, nel limite di euro 10.329,14 per ogni assegno.

[1] Articolo ins. dall'art. 34, D.lgs. 30 dic. 1999, n. 507.

9-*ter*. ***Elezione di domicilio ai fini delle comunicazioni.***[1] — 1. All'atto della conclusione di convenzioni di assegno, il cliente elegge domicilio ai fini delle comunicazioni previste dall'art. 9-*bis*.

2. Eventuali variazioni del domicilio eletto debbono essere comunicate con dichiarazione presentata direttamente alla banca o all'ufficio postale, ovvero mediante telegramma o lettera raccomandata con avviso di ricevimento, o con altro mezzo concordato dalle parti, di cui sia certa la data di ricevimento.

[1] Articolo ins. dall'art. 34 D.lgs. 30 dic. 1999, n. 507.

10. ***Responsabilità solidale del trattario.***[1] — 1. Il trattario che omette o ritarda l'iscrizione nell'archivio di cui all'art. 10-*bis*, ovvero che autorizza il rilascio di moduli di assegni in favore di persona il cui nominativo risulta iscritto nell'archivio, è obbligato in solido con il traente a pagare gli assegni emessi dallo stesso traente nel periodo in cui avrebbe dovuto operare la revoca, anche se manca o è insufficiente la provvista, nel limite di euro 10.329,14 per ogni assegno.

[1] Articolo modif. dall'art. 35, D.lgs. 30 dic. 1999, n. 507.

10-*bis*. *Archivio degli assegni bancari e postali e delle carte di pagamento irregolari.*[1] — 1. Al fine del regolare funzionamento dei sistemi di pagamento, è istituito presso la Banca d'Italia un archivio informatizzato degli assegni bancari e postali e delle carte di pagamento, nel quale sono inseriti i seguenti dati:

a) generalità dei traenti degli assegni bancari o postali emessi senza autorizzazione o senza provvista;

b) assegni bancari e postali emessi senza autorizzazione o senza provvista, nonché assegni non restituiti alle banche e agli uffici postali dopo la revoca dell'autorizzazione;

c) sanzioni amministrative pecuniarie e accessorie applicate per l'emissione di assegni bancari e postali senza autorizzazione o senza provvista, nonché sanzioni penali e connessi divieti applicati per l'inosservanza degli obblighi imposti a titolo di sanzione amministrativa accessoria;

d) generalità del soggetto al quale è stata revocata l'autorizzazione all'utilizzo di carte di pagamento;

e) carte di pagamento per le quali sia stata revocata l'autorizzazione all'utilizzo;

f) assegni bancari e postali e carte di pagamento di cui sia stato denunciato il furto o lo smarrimento.

2. La Banca d'Italia, quale titolare del trattamento dei dati, può avvalersi di un ente esterno per la gestione dell'archivio, secondo quanto previsto dall'art. 8 della legge 31 dic. 1996, n. 675.

3. Il soggetto interessato ha diritto ad accedere alle informazioni che lo riguardano contenute nell'archivio e di esercitare gli altri diritti previsti dall'art. 13 della legge 31 dic. 1996, n. 675.

4. I prefetti, le banche, gli intermediari finanziari vigilati e gli uffici postali possono accedere alle informazioni contenute nell'archivio per le finalità previste dalla presente legge e per quelle connesse alla verifica della corretta utilizzazione degli assegni e delle carte di pagamento. L'autorità giudiziaria ha accesso diretto alle informazioni contenute nell'archivio, per lo svolgimento delle proprie funzioni.

[1] Articolo ins. dall'art. 30, D.lgs. 30 dic. 1999, n. 507.

10-*ter*. *Preavviso di revoca dell'autorizzazione all'utilizzo di carte di pagamento e annotazione dell'avvenuto pagamento delle ragioni di debito.*[1] — 1. Prima della revoca dell'autorizzazione all'utilizzo di carte di pagamento, gli emittenti carte di pagamento comunicano al titolare della carta che:

a) a partire dalla data indicata nella comunicazione sarà revocata l'autorizzazione all'utilizzo della carta, con conseguente iscrizione del suo nominativo nell'archivio di cui al precedente art. 10-*bis*;

b) l'iscrizione di cui alla lettera *a*) può essere evitata provvedendo, entro la predetta data, al pagamento di tutte le ragioni di debito nei confronti dell'emittente;

c) qualora il pagamento di tutte le ragioni di debito nei confronti dell'emittente venga effettuato successivamente all'iscrizione nel menzionato archivio, tale circostanza sarà annotata dall'emittente nell'archivio stesso.

2. L'obbligo di annotazione di cui al comma 1, lettera *c*), a carico degli emittenti carte di pagamento decorre dal momento in cui è operativo l'adeguamento della struttura tecnica dell'archivio, così come comunicato dalla Banca d'Italia.

3. La comunicazione di cui al comma 1 è effettuata all'indirizzo indicato dal titolare della carta, secondo quanto concordato tra le parti, con mezzi di cui sia certa la data di spedizione e quella di ricevimento, e può essere resa in via autonoma o unitamente all'invio di altre comunicazioni.

[1] Articolo ins. dall'art. 6, c. 3, D.lgs. 15 dic. 2017, n. 218, a decorrere dal 13 gen. 2018.

11. *Disposizioni transitorie.* — 1. Non si procede per i reati previsti dall'art. 2, commessi prima della data di entrata in vigore della presente legge, se l'imputato effettua, entro novanta giorni dalla data suddetta, il pagamento dell'assegno, degli interessi, della penale e delle spese per il protesto o per la constatazione equivalente, nei modi indicati nel secondo periodo del comma 1 dell'art. 8. La prova dell'avvenuto pagamento deve essere fornita in sede penale mediante quietanza del portatore con firma autenticata o attestazione del pubblico ufficiale che ha ricevuto il pagamento ovvero attestazione dell'azienda di credito comprovante l'effettuazione del deposito vincolato.[1]

2. I procedimenti penali relativi ai reati indicati nel comma 1 sono sospesi per il periodo di novanta giorni decorrente dalla data di entrata in vigore della presente legge.

[1] La Corte cost., con sent. 23 nov. 1993, n. 407, ha dichiarato l'ill. cost. del c. 5 «nella parte in cui prevede che "la prova dell'avvenuto pagamento deve essere fornita in sede penale mediante quietanza del portatore con firma autenticata o attestazione del pubblico ufficiale che ha ricevuto il pagamento ovvero attestazione dell'azienda di credito comprovante l'effettuazione del deposito vincolato"».

12. *Disposizioni abrogate.* — 1. Sono abrogati gli artt. 116 e 116-*bis* delle disposizioni approvate con R.D. 21 dic. 1933, n. 1736, e successive modificazioni e integrazioni. È altresì abrogato il secondo comma dell'art. 139 del T.U. approvato con D.P.R. 29 mar. 1973, n. 156.

- 7 -

L. 13 gen. 1994, n. 43

Disciplina delle cambiali finanziarie

(G.U. 20 gen. 1994, n. 15)

1. 1. Le cambiali finanziarie sono titoli di credito all'ordine emessi in serie ed aventi una scadenza non inferiore a un mese e non superiore a trentasei mesi dalla data di emissione.[1]

2. Le cambiali finanziarie sono equiparate per ogni effetto di legge alle cambiali ordinarie, sono girabili esclusivamente con la clausola «senza garanzia» o equivalenti e contengono, oltre alla denominazione di «cambiale finanziaria» inserita nel contesto del titolo, gli altri elementi specificati all'art. 100 delle disposizioni approvate con regio decreto 14 dicembre 1933, n. 1669, nonché l'indicazione dei proventi in qualunque forma pattuiti.

2-*bis*. Le cambiali finanziarie possono essere emesse da società di capitali nonché da società cooperative e mutue assicuratrici [diverse dalle banche][2] e dalle micro-imprese, come definite dalla raccomandazione 2003/361/CE della Commissione, del 6 maggio 2003. Le società e gli enti non aventi titoli rappresentativi del capitale negoziati in mercati regolamentati o non regolamentati possono emettere cambiali finanziarie subordinatamente alla presenza dei seguenti requisiti:

a) l'emissione deve essere assistita, in qualità di sponsor, da una banca o da un'impresa di investimento, da una società di gestione del risparmio (SGR), da una società di gestione armonizzata, da una società di investimento a capitale variabile (SICAV), purché con succursale costituita nel territorio della Repubblica, che assiste l'emittente nella procedura di emissione dei titoli e lo supporta nella fase di collocamento dei titoli stessi;

b) lo sponsor mantiene nel proprio portafoglio, fino alla naturale scadenza, una quota dei titoli emessi non inferiore:

1) al 5 per cento del valore di emissione dei titoli, per le emissioni fino a 5 milioni di euro;

2) al 3 per cento del valore di emissione dei titoli eccedente 5 milioni di euro, fino a 10 milioni di euro, in aggiunta alla quota risultante dall'applicazione della percentuale di cui al numero 1);

3) al 2 per cento del valore di emissione dei titoli eccedente 10 milioni di euro, in aggiunta alla quota risultante dall'applicazione delle percentuali di cui ai numeri 1) e 2);

c) l'ultimo bilancio deve essere certificato da un revisore contabile o da una società di revisione iscritta nel registro dei revisori contabili;

d) le cambiali finanziarie devono essere emesse e girate esclusivamente in favore di investitori professionali che non siano, direttamente o indirettamente, soci della società emittente; il collocamento presso investitori professionali in rapporto di controllo con il soggetto che assume il ruolo di sponsor è disciplinato dalle norme vigenti in materia di conflitti di interesse.[3]

2-*ter*. Lo sponsor deve segnalare, per ciascun emittente, se l'ammontare di cambiali finanziarie in circolazione è superiore al totale dell'attivo corrente, come rilevabile dall'ultimo bilancio approvato. Per attivo corrente si intende l'importo delle attività in bilancio con scadenza entro l'anno dalla data di riferimento del bilancio stesso. Nel caso in cui l'emittente sia tenuto alla redazione del bilancio consolidato o sia controllato da una società o da un ente a ciò tenuto, può essere considerato l'ammontare rilevabile dall'ultimo bilancio consolidato approvato. Lo sponsor classifica l'emittente al momento dell'emissione, distinguendo almeno cinque categorie di qualità creditizia dell'emittente, ottima, buona, soddisfacente, scarsa e negativa, da mettere in relazione, per le operazioni garantite, con i livelli di garanzia elevata, normale o bassa. Lo sponsor rende pubbliche le descrizioni della classificazione adottata.[3]

2-*quater*. In deroga a quanto previsto dal comma 2-*bis*, lettere *a*) e *b*), del presente articolo, le società diverse dalle medie e dalle piccole imprese, come definite dalla raccomandazione 2003/361/CE della Commissione, del 6 maggio 2003, possono rinunciare alla nomina dello sponsor.

2-*quinquies*. Si può derogare al requisito di cui al comma 2-*bis*, lettera *b*), qualora l'emissione sia assistita, in misura non inferiore al 25 per cento del valore di emissione, da garanzie prestate da una banca o da un'impresa di investimento, ovvero da un consorzio di garanzia collettiva dei fidi per le cambiali emesse da società aderenti al consorzio.[3]

2-*sexies*. Per un periodo di diciotto mesi dalla data di entrata in vigore della disposizione di cui al comma 2-*bis*, lettera *c*), si può derogare all'obbligo, ivi previsto, di certificazione del bilancio, qualora l'emissione sia assistita, in misura non inferiore al 50 per cento del valore di emissione delle cambiali, da garanzie prestate da una banca o da un'impresa di investimento, ovvero da un consorzio di garanzia collettiva dei fidi per le cambiali emesse da società aderenti al consorzio. In tal caso la cambiale non può avere durata superiore al predetto periodo di diciotto mesi.[3]

3. L'emissione di cambiali finanziarie costituisce raccolta del risparmio ai sensi dell'art. 11 del decreto legislativo 1° settembre 1993, n. 385, ed è disciplinata dalle disposizioni nel medesimo articolo.

[1] Comma così modif. dall'art. 32, c. 5, D.L. 22 giu. 2012, n. 83, conv. con modif. in L. 7 ago. 2012, n. 134.

[2] Parole soppresse dall'art. 27, D.L. 19 mag. 2020, n. 34, conv. con modif. in L. 17 lug. 2020, n. 77.

[3] Comma ins. dall'art. 32, c. 5-*bis*, D.L. 22 giu. 2012, n. 83, conv. con modif. in L. 7 ago. 2012, n. 134.

1-*bis*.[1] 1. Fermo restando quanto previsto dall'articolo 83-*bis*, comma 1, del testo unico delle disposizioni in materia di intermediazione finanziaria, di cui al decreto legislativo 24 febbraio 1998, n.

58, e successive modificazioni, le cambiali finanziarie possono essere emesse anche in forma dematerializzata; a tal fine l'emittente si avvale esclusivamente di una società autorizzata alla prestazione del servizio di gestione accentrata di strumenti finanziari.

2. Per l'emissione di cambiali finanziarie in forma dematerializzata, l'emittente invia una richiesta alla società di gestione accentrata di strumenti finanziari, contenente la promessa incondizionata di pagare alla scadenza le somme dovute ai titolari delle cambiali finanziarie che risultano dalle scritture contabili degli intermediari depositari.

3. Nella richiesta di cui al comma 2 sono altresì specificati:

a) l'ammontare totale dell'emissione;

b) l'importo di ciascuna cambiale;

c) il numero delle cambiali;

d) l'importo dei proventi, totale e suddiviso per singola cambiale;

e) la data di emissione;

f) gli elementi specificati nell'articolo 100, primo comma, numeri da 3) a 7), del regio decreto 14 dicembre 1933, n. 1669;

g) le eventuali garanzie a supporto dell'emissione, con l'indicazione dell'identità del garante e l'ammontare della garanzia;

h) l'ammontare del capitale sociale versato ed esistente alla data dell'emissione;

i) la denominazione, l'oggetto e la sede dell'emittente;

l) l'ufficio del registro delle imprese al quale l'emittente è iscritto.

4. Si applicano, ove compatibili, le disposizioni contenute nel capo II del titolo II della parte III del testo unico di cui al decreto legislativo 24 febbraio 1998, n. 58, e successive modificazioni.

5. Le cambiali emesse ai sensi del presente articolo sono esenti dall'imposta di bollo di cui al decreto del Presidente della Repubblica 26 ottobre 1972, n. 642, ferma restando comunque l'esecutività del titolo.

[1] Articolo ins. dall'art. 32, D.L. 22 giu. 2012, n. 83, conv. in L. 7 ago. 2012, n. 134.

2-3. (*Omissis*).

4. 1. Le cambiali finanziarie sono considerate valori mobiliari per qualsiasi finalità prevista dall'ordinamento.

5. 1. L'istituto per la vigilanza sulle assicurazioni private e di interesse collettivo (ISVAP) emana disposizioni che fissano i limiti e le condizioni per il rilascio, da parte di imprese di assicurazione, di eventuali garanzie a fronte dell'emissione di cambiali finanziarie.

- 8 -

L. 7 mar. 1996, n. 108

Disposizioni in materia di usura

(G.U. 9 mar. 1996, n. 44, Suppl.)

(*stralcio*)

17. 1. Il debitore protestato che abbia adempiuto all'obbligazione per la quale il protesto è stato levato e non abbia subìto ulteriore protesto ha diritto ad ottenere, trascorso un anno dal levato protesto, la riabilitazione.

2. La riabilitazione è accordata con decreto del presidente del tribunale su istanza dell'interessato corredata dai documenti giustificativi.[1]

3. Avverso il diniego di riabilitazione il debitore può proporre opposizione. L'opposizione è disciplinata dall'articolo 13 del decreto legislativo 1° settembre 2011, n. 150.[2]

4. Il decreto di riabilitazione è pubblicato nel Bollettino dei protesti cambiari ed è opponibile ai sensi del comma 3 da chiunque vi abbia interesse.[2]

5.[3]

6. Per effetto della riabilitazione il protesto si considera, a tutti gli effetti, come mai avvenuto.

6-*bis*. Il debitore protestato e riabilitato ha diritto di ottenere la cancellazione definitiva dei dati relativi al protesto anche dal registro informatico di cui all'art. 3-*bis* del D.L. 18 set. 1995, n. 381, convertito, con modificazioni, dalla L. 15 nov. 1995, n. 480. La cancellazione dei dati del protesto è disposta dal responsabile dirigente dell'ufficio protesti competente per territorio non oltre il termine di venti giorni dalla data di presentazione della relativa istanza, corredata del provvedimento di riabilitazione.[4]

6-*ter*. Ove sussistano tutte le condizioni indicate nel comma 1, è consentita la presentazione di un'unica istanza di riabilitazione anche in riferimento a più protesti, purché compresi nello spazio temporale di un triennio.[5]

[1] Comma così modif. dall'art. 34, c. 15 D.lgs. 1 set. 2011, n. 150.

[2] Per le modifiche di cui al D.lgs. 13 lug. 2017, n. 116, V. alla voce *Ordinamento Giudiziario*.

[3] Comma abrog. dall'art. 34, c. 15 D.lgs. 1 set. 2011, n. 150.

[4] Comma aggiunto dall'art. 3 L. 18 ago. 2000, n. 235.

[5] Comma aggiunto dall'art. 1, c. 4 L. 27 gen. 2012, n. 3.

18. 1. Su istanza del debitore che sia parte offesa del delitto di usura il presidente del tribunale può, con decreto non impugnabile, disporre la sospensione della pubblicazione, ovvero la cancellazione del protesto elevato a seguito di presentazione per il pagamento di un titolo di credito da parte dell'imputato del predetto delitto, direttamente o per interposta persona, quando l'imputato sia stato rinviato a giudizio. Il decreto di sospensione o cancellazione perde effetto nel caso di assoluzione dell'imputato del delitto di usura con sentenza definitiva.

TRASCRIZIONI E IPOTECHE

- 1 -

L. 27 feb. 1985, n. 52
Modifiche al libro sesto del codice civile e norme di servizio ipotecario, in riferimento alla introduzione di un sistema di elaborazione automatica nelle conservatorie dei registri immobiliari
(G.U. 6 mar. 1985, n. 56)

TITOLO II
Norme di servizio ipotecario

16. I servizi delle conservatorie dei registri immobiliari sono meccanizzati mediante l'uso di elaboratori elettronici.

Le procedure, i sistemi e i tempi di attuazione saranno stabiliti con decreto interministeriale da emanarsi di concerto tra il Ministro delle finanze ed il Ministro di grazia e giustizia, con l'osservanza delle norme di cui ai seguenti articoli. Lo stesso decreto potrà autorizzare, anche in sostituzione della nota di trascrizione, di iscrizione e della domanda di annotazione, da qualunque titolo derivanti, la presentazione di una nota o di una domanda redatta su supporto informatico o la sua trasmissione mediante l'uso di elaboratori elettronici, stabilendo le caratteristiche tecniche di tale nota o domanda e della certificazione di avvenuta esecuzione della formalità.[1]

Con lo stesso o con successivo decreto interministeriale viene stabilita per ciascuna conservatoria la data di inizio del funzionamento del servizio meccanizzato.

Con successivo decreto del Ministro delle finanze, di concerto con il Ministro di grazia e giustizia, viene stabilita, per ciascuna conservatoria dei regimi immobiliari, la data a decorrere dalla quale la presentazione della nota di trascrizione, di iscrizione e della domanda di annotazione da qualunque titolo derivanti avviene secondo le modalità stabilite dal secondo periodo del secondo comma.[2]

[1] Periodo così sost. dall'art. 10 c. 18 del D.L. 20 giu. 1996, n. 323, conv. in L. 8 ago. 1996, n. 425.
[2] Comma così inserito dall'art. 10 c. 18 del D.L. 20 giu. 1996, n. 323, *citato*.

17. Le note di trascrizione o iscrizione di cui agli artt. 2659, 2660 e 2839 del c.c. debbono essere redatte su modelli a stampa conformi a quelli approvati con decreto interministeriale da emanarsi di concerto tra il Ministro delle finanze e il Ministro di grazia e giustizia.

Apposita nota, in doppio esemplare, deve essere parimenti presentata, con le modalità di cui al precedente comma, per ogni formalità di annotazione.

Ciascuna nota non può riguardare più di un negozio giuridico o convenzione oggetto dell'atto di cui si chiede la trascrizione, l'iscrizione o l'annotazione.

Eventuali condizioni o patti di natura reale menzionati nella nota e la descrizione sommaria dei fabbricati in corso di costruzione devono essere riportati nello spazio predisposto nel modello di nota di cui al primo comma.

È ammesso l'uso di intercalari, conformi a quelli approvati dall'Amministrazione finanziaria, quando esigenze della formalità lo richiedano.

L'ufficiale rogante o il richiedente la formalità deve sottoscrivere per esteso le note.

L'avviso di vendita esattoriale costituisce il titolo per la trascrizione del pignoramento.

Ad eccezione delle rettifiche eventualmente occorrenti per errori materiali dell'ufficio e per le trascrizioni, iscrizioni e rinnovazioni da eseguirsi d'ufficio a norma di legge, non è consentito alle conservatorie di redigere le note, di trascrizione, di iscrizione, di rinnovazione e di annotazione, nonché le domande di certificati ipotecari.

18. Oltre ai casi previsti dall'art. 2674 del c.c., il conservatore non può ricevere le note di trascrizione, iscrizione o annotazione quando non sono conformi alle disposizioni di cui al precedente articolo.

19. Il conservatore, oltre ai registri di cui agli artt. 2678 e 2679 del c.c., deve tenere gli archivi, i registri e gli elenchi che saranno stabiliti con il decreto interministeriale previsto dal secondo comma dell'art. 16.

Le annotazioni previste dalla legge sono eseguite in calce alle note originali di cui all'art. 2664 del codice civile mediante indicazione della natura, della data e del numero particolare della formalità di annotazione.

19-*bis*.[1] 1. Fatto salvo quanto previsto dall'articolo 61 del codice dell'amministrazione digitale, di cui al decreto legislativo 7 marzo 2005, n. 82, le annotazioni nei pubblici registri immobiliari relative a trascrizioni, iscrizioni e annotazioni sono eseguite, a tutti gli effetti di legge, mediante l'inserimento dei dati relativi alle domande di annotazione negli archivi informatici delle conservatorie dei registri immobiliari.

2. L'archivio di cui al comma 1 contiene l'elenco delle relative annotazioni, con l'indicazione, per ciascuna di esse, della natura, della data e del numero del registro particolare delle annotazioni.

3. Le ispezioni e le certificazioni ipotecarie riportano, per ciascuna formalità, l'elenco delle relative annotazioni, con l'indicazione per ciascuna di esse della natura, della data e del numero del registro particolare delle annotazioni.

4. Le annotazioni relative a trascrizioni, iscrizioni e annotazioni cartacee non presenti negli archivi informatici delle conservatorie dei registri immo-

biliari sono eseguite secondo le modalità previste dall'articolo 19, secondo comma.

5. L'Agenzia del territorio provvede all'assolvimento dei nuovi compiti derivanti dall'attuazione del presente articolo con le risorse umane, finanziarie e strumentali disponibili a legislazione vigente, senza nuovi o maggiori oneri a carico della finanza pubblica.

[1] Articolo aggiunto dell'art. 63 L. 18 giu. 2009, n. 69.

20. Per ogni ispezione ipotecaria il richiedente deve presentare alla conservatoria apposita richiesta su moduli a stampa forniti dall'Amministrazione finanziaria.

La richiesta deve contenere l'indicazione delle generalità delle persone fisiche, la denominazione o la ragione sociale e la sede delle persone giuridiche, delle società, anche semplici, e delle associazioni non riconosciute.

La conservatoria rilascia al richiedente l'elenco delle formalità riguardanti il nominativo richiesto, con l'indicazione delle rispettive annotazioni eventualmente eseguite.

A decorrere dalla data di attivazione del collegamento in rete tra i servizi meccanizzati di conservazione dei registri immobiliari l'elenco delle formalità di cui al terzo comma può essere richiesto anche per ambiti circoscrizionali diversi da quello della conservatoria ove la richiesta stessa è presentata.[1]

Per le formalità non ancora registrate è consentita l'ispezione sulle note presentate.

Il richiedente può in ogni caso avere in visione la nota originale o il titolo.

Il decreto interministeriale previsto dal secondo comma dell'art. 16 potrà autorizzare le ispezioni anche mediante interrogazione a distanza direttamente sugli elaboratori elettronici utilizzati dalle conservatorie, stabilendone le modalità e le caratteristiche tecniche.

[1] Comma così inserito dall'art. 10 c. 18 del D.L. 20 giu. 1996, n. 323, conv. in L. 8 ago. 1996, n. 425.

21. Per il rilascio di ogni stato o certificato, generale o speciale, delle trascrizioni, iscrizioni o rinnovazioni e per ogni copia delle medesime formalità, delle note originali, delle annotazioni e dei titoli depositati nelle conservatorie, il richiedente deve presentare al conservatore apposita domanda sottoscritta, compilata su moduli a stampa conformi a quelli approvati dall'Amministrazione finanziaria.

È fatta eccezione per i certificati stesi in calce alle note ipotecarie da restituirsi al richiedente in prova delle eseguite formalità.

Il conservatore rilascia alla parte richiedente ricevuta in carta libera delle domande di certificati e copie.

Ove la parte lo richieda il conservatore deve rilasciare, in base ad un'unica domanda, il certificato cumulativo delle iscrizioni e trascrizioni.

22. I certificati ipotecari devono contenere, oltre alla copia della domanda di parte, l'elenco cronologico e le copie delle relative formalità.

È consentito chiedere copia di singole note originali.

Non devono essere comprese nei certificati ipotecari le iscrizioni soggette a rinnovazione e non rinnovate nei termini di legge.

Le certificazioni negative possono essere redatte anche mediante scritturazione meccanica.

23.[1] 1. I conservatori dei registri immobiliari inviano ogni quindici giorni al procuratore della Repubblica del tribunale nella cui circoscrizione è stabilito l'ufficio copia del registro generale d'ordine su supporto informatico o con modalità telematiche.

[1] Articolo così sost. dall'art. 1, c. 278, L. 24 dic. 2007, n. 244.

24.[1] 1. Nelle conservatorie l'orario di apertura al pubblico di cui all'articolo 2677 del codice civile è fissato dalle ore 8,30 alle ore 13 dei giorni feriali, con esclusione del sabato. Le ispezioni nei registri immobiliari e il rilascio di copie di formalità e di certificazioni possono essere effettuati, oltre che nell'orario di apertura al pubblico di cui al periodo precedente, anche negli orari pubblicati nel sito internet dell'Agenzia delle entrate.

2. Fino alla soppressione dei servizi di cassa degli uffici, nell'ultimo giorno lavorativo del mese l'orario per i servizi al pubblico è limitato fino alle ore 11.

[1] Articolo così sost. dall'art. 7-*quater*, c. 38, D.L. 22 ott. 2016, n. 193, conv. con modif. in L. 1 dic. 2016, n. 225. La disposizione entra in vigore dall'1 feb. 2017.

25. I conservatori dei registri immobiliari, per quanto concerne l'esercizio delle funzioni e l'adempimento degli obblighi attribuiti dal codice civile, sono sottoposti alla vigilanza del Ministero di grazia e giustizia; sotto ogni altro riguardo essi dipendono dal Ministero delle finanze.

26. Le disposizioni contenute nella presente legge si applicano anche agli uffici misti del registro e conservatorie dei registri immobiliari.

27. Sino all'emanazione del decreto interministeriale previsto dall'ultimo comma dell'art. 16, non si applicano le disposizioni del primo comma dell'art. 19.

Le ispezioni, le certificazioni ed il rilascio di copie, in relazione a formalità eseguite fino a tutto il giorno precedente l'attivazione del servizio meccanografico, si effettuano secondo la normativa vigente alla data di entrata in vigore della presente legge.

28. Nelle conservatorie e negli uffici misti del registro e conservatorie dei registri immobiliari nei quali, alla data di entrata in vigore della presente legge, non è stata effettuata la riproduzione delle note relative alle formalità di trascrizione, di iscrizione, di rinnovazione e di annotazione previste dall'art. 1 della L. 23 ott. 1969, n. 789, i registri particolari sono costituiti dalle raccolte delle note tenute nei modi di cui all'art. 2664 del c.c.

TITOLO III
Norme finali

29. 1. Negli atti con cui si concede l'ipoteca o di cui si chiede la trascrizione, l'immobile deve essere designato anche con l'indicazione di almeno tre dei suoi confini.

1-*bis*. Gli atti pubblici e le scritture private autenticate tra vivi aventi ad oggetto il trasferimento, la costituzione o lo scioglimento di comunione di diritti reali su fabbricati già esistenti, ad esclusione dei diritti reali di garanzia, devono contenere, per le unità immobiliari urbane, a pena di nullità, oltre all'identificazione catastale, il riferimento alle planimetrie depositate in catasto e la dichiarazione, resa in atti dagli intestatari, della conformità allo stato di fatto dei dati catastali e delle planimetrie sulla base delle disposizioni vigenti in materia catastale. La predetta dichiarazione può essere sostituita da un'attestazione di conformità rilasciata da un tecnico abilitato alla presentazione degli atti di aggiornamento catastale. Prima della stipula dei predetti atti il notaio individua gli intestatari catastali e verifica la loro conformità con le risultanze dei registri immobiliari.[1]

1-*ter*. Se la mancanza del riferimento alle planimetrie depositate in catasto o della dichiarazione, resa dagli intestatari, della conformità allo stato di fatto dei dati catastali e delle planimetrie, ovvero dell'attestazione di conformità rilasciata da un tecnico abilitato non siano dipese dall'inesistenza delle planimetrie o dalla loro difformità dallo stato di fatto, l'atto può essere confermato anche da una sola delle parti mediante atto successivo, redatto nella stessa forma del precedente, che contenga gli elementi omessi. L'atto di conferma costituisce atto direttamente conseguente a quello cui si riferisce, ai sensi dell'articolo 10, comma 3, del decreto legislativo 14 marzo 2011, n. 23.[2]

[1] Comma aggiunto dall'art. 19, D.L. 31 mag. 2010, n. 78, conv. in L. 30 lug. 2010, n. 122.

[2] Comma aggiunto dall'art. 8, c. 2, D.L. 24 apr. 2017, n. 50, conv. con modif. in L. 21 giu. 2017, n. 96.

30. Sono abrogati il secondo comma dell'art. 2669 ed il secondo comma dell'art. 2836 del c.c., nonché ogni altra norma incompatibile con la presente legge.

- 2 -

D.lgs. 31 ott. 1990, n. 347

Approvazione del testo unico delle disposizioni concernenti le imposte ipotecaria e catastale

(G.U. 27 nov. 1990, n. 277)

CAPO I
Imposta ipotecaria

1. ***Oggetto dell'imposta.*** — 1. Le formalità di trascrizione, iscrizione, rinnovazione e annotazione eseguite nei pubblici registri immobiliari sono soggette all'imposta ipotecaria secondo le disposizioni del presente testo unico e della allegata tariffa.

2. Non sono soggette all'imposta le formalità eseguite nell'interesse dello Stato né quelle relative ai trasferimenti di cui all'art. 3 del testo unico sull'imposta sulle successioni e donazioni, approvato con decreto legislativo 31 ottobre 1990, n. 346, salvo quanto disposto nel comma 3 dello stesso articolo.

2. ***Base imponibile per le trascrizioni.*** — 1. L'imposta proporzionale dovuta sulle trascrizioni è commisurata alla base imponibile determinata ai fini dell'imposta di registro o dell'imposta sulle successioni e donazioni.

2. Se l'atto o la successione è esente dall'imposta di registro o dall'imposta sulle successioni e donazioni o vi è soggetto in misura fissa, la base imponibile è determinata secondo le disposizioni relative a tali imposte.

2-*bis*. In deroga alle disposizioni del comma 2, per la trascrizione dei contratti preliminari ai sensi dell'articolo 2645-*bis* del codice civile l'imposta è dovuta nella misura fissa.[1]

[1] Comma aggiunto dall'art. 3, c. 10, D.L. 31 dic. 1996, n. 669, conve. con modif. in L. 28 feb. 1997, n. 30.

3. ***Base imponibile per le iscrizioni.*** — 1. L'imposta proporzionale dovuta sulle iscrizioni e rinnovazioni e sulle relative annotazioni, salvo il disposto del comma 3, è commisurata all'ammontare del credito garantito, comprensivo di interessi e accessori. Se gli interessi sono indicati soltanto nel saggio si cumulano le annualità alle quali per legge si estende l'iscrizione e la rinnovazione.

2. Se l'ipoteca è iscritta a garanzia di rendita o pensione, la base imponibile si determina secondo le disposizioni relative all'imposta di registro.

3. L'imposta dovuta sull'annotazione per restrizione di ipoteca è commisurata al minor valore tra quello del credito garantito e quello degli immobili o parti di immobili liberati determinato secondo le disposizioni relative all'imposta di registro.

4. ***Imposta relativa a più formalità.*** — 1. È soggetta ad imposta proporzionale una sola formalità, quando per lo stesso credito ed in virtù dello stesso atto debbono eseguirsi più iscrizioni o rinnovazioni; per ciascuna delle altre iscrizioni o rinnovazioni è dovuta l'imposta fissa.

2. Se le formalità devono eseguirsi in più uffici, devono essere presentate all'ufficio presso il quale si paga l'imposta proporzionale, oltre alle note prescritte dal codice civile, altrettante copie delle stesse quanti sono gli uffici, in cui la formalità deve essere ripetuta; l'ufficio appone su ciascuna di esse il visto di conformità all'originale e la certificazione di eseguita formalità di cui all'art. 14, comma 2, e le restituisce al richiedente. Tuttavia il richiedente può presentare a ciascuno degli uffici, presso i quali la formalità deve essere ripetuta, copia della nota recante la certificazione di eseguita formalità autenticata da notaio.

3. Le disposizioni dei commi 1 e 2 si applicano anche alle annotazioni soggette ad imposta proporzionale.

5. ***Trascrizione del certificato di successione.*** — 1. Nel caso di successione ereditaria comprendente beni immobili o diritti reali immobiliari, a chiunque devoluti e qualunque ne sia il valore, l'ufficio del registro redige il certificato di successione, in conformità alle risultanze della dichiarazione della successione o dell'accertamento d'ufficio, e ne richiede la trascrizione, compilando in duplice esemplare la nota a spese dei soggetti obbligati al pagamento dell'imposta di successione.

2. La trascrizione del certificato è richiesta ai soli effetti stabiliti dal presente testo unico e non costituisce trascrizione degli acquisti a causa di morte degli immobili e dei diritti reali immobiliari compresi nella successione.

6. ***Termini per la trascrizione.*** — 1. I notai e gli altri pubblici ufficiali, che hanno ricevuto o autenticato l'atto soggetto a trascrizione, o presso i quali è stato depositato l'atto ricevuto o autenticato all'estero, hanno l'obbligo di richiedere la formalità relativa nel termine di trenta giorni dalla data dell'atto del deposito.

2. I cancellieri, per gli atti e provvedimenti soggetti a trascrizione da essi ricevuti o ai quali essi hanno comunque partecipato, devono richiedere la formalità entro il termine di centoventi[1] giorni dalla data dell'atto o del provvedimento ovvero della sua pubblicazione, se questa è prescritta.

3. La trascrizione del certificato di successione deve essere richiesta nel termine di sessanta giorni dalla data di presentazione della dichiarazione di successione con l'indicazione degli estremi dell'avvenuto pagamento dell'imposta ipotecaria.[2]

[1] Termine così modif. dall'art. 27, D.lgs. 24 set. 2015, n. 158.
[2] Comma così sost. dall'art. 11, D.L. 28 mar. 1997, n. 79.

7. ***Termine per le annotazioni.*** — 1. Le annotazioni previste dagli articoli 2654, 2655 e 2896 del codice civile devono essere richieste, a cura delle parti o dei loro procuratori o dei notai o altri pubblici ufficiali che hanno ricevuto o autenticato l'atto, entro il termine di trenta giorni dalla data dell'atto o della pubblicazione della sentenza o della pronunzia del decreto.

8. ***Privilegio.*** — 1. Il credito dello Stato per l'imposta ipotecaria dovuta sulle iscrizioni, rinnovazioni e relative annotazioni ha privilegio, oltre che sull'immobile cui la formalità si riferisce a norma del codice civile, anche sul credito garantito con preferenza rispetto ad ogni ragione su di esso spettante a terzi.

9. ***Sanzioni.***[1] — 1. Chi omette la richiesta di trascrizione o le annotazioni obbligatorie è punito con la sanzione amministrativa dal cento al duecento per cento dell'imposta. Se la richiesta di trascrizione o le annotazioni obbligatorie sono effettuate con un ritardo non superiore a trenta giorni, si applica la sanzione amministrativa dal cinquanta al cento per cento dell'ammontare delle imposte dovute.[2]

2. Se l'omissione riguarda trascrizioni o annotazioni soggette ad imposta fissa o non soggette ad imposta o da eseguirsi a debito, ovvero per le quali l'imposta è stata già pagata entro il termine stabilito, si applica la sanzione amministrativa da euro 100 a euro 2.000, ridotta a euro 50 se la richiesta è effettuata con ritardo non superiore a trenta giorni.[3]

[1] Articolo così sost. dall'art. 4, D.lgs. 18 dic. 1997, n. 473.
[2] Periodo aggiunto dall'art. 27, D.lgs. 24 set. 2015, n. 158.
[3] Comma così modif. dall'art. 27, D.lgs. 24 set. 2015, n. 158.

CAPO II
Imposta catastale

10. ***Oggetto e misura dell'imposta.*** — 1. Le volture catastali sono soggette all'imposta del 10 per mille sul valore dei beni immobili o dei diritti reali immobiliari determinato a norma dell'art. 2, anche se relative a immobili strumentali, ancorché assoggettati all'imposta sul valore aggiunto, di cui all'articolo 10, primo comma, numero 8-*ter*), del decreto del Presidente della Repubblica 26 ottobre 1972, n. 633.[1]

2. L'imposta è dovuta nella misura fissa di euro 200,00[2] per le volture eseguite in dipendenza di atti che non importano trasferimento di beni immobili né costituzione o trasferimento di diritti reali immobiliari, di atti soggetti all'imposta sul valore aggiunto, di fusioni e di scissioni di società di qualunque tipo e di conferimenti di aziende o di complessi aziendali relativi a singoli rami dell'impresa, per quelle eseguite in dipendenza di atti di regolarizzazione di società di fatto, derivanti da comunione ereditaria di azienda registrati entro un anno dall'apertura della successione, nonché per quelle eseguite in dipendenza degli atti di cui all'articolo 1, comma 1, quarto, quinto e nono periodo, della tariffa, parte prima, allegata al testo unico

delle disposizioni concernenti l'imposta di registro, approvato con D.P.R. 26 aprile 1986, n. 131[3]

3. Non sono soggette ad imposta le volture eseguite nell'interesse dello Stato né quelle relative a trasferimenti di cui all'art. 3 del testo unico sull'imposta sulle successioni e donazioni, approvato con decreto legislativo 31 ottobre 1990, n. 346, salvo quanto disposto nel comma 3 dello stesso articolo.

[1] Comma così modif. dall'art. 3, L. 28 dic. 1995, n. 549 e dall'art. 35, D.L. 4 lug. 2006, n. 223, conv. con modif. in L. 4 ago. 2006, n. 248.

[2] Importo così modif. dall'art. 26, D.L. 12 set. 2013, n. 104, conv. con modif. in L. 8 nov. 2013, n. 128, con effetto dal 1° gennaio 2014.

[3] Comma così modif. dall'art. 16, D.L. 22 mag. 1993, n. 155, dall'art. 16, L. 24 dic. 1993, n. 537, dall'art. 3, D.L. 31 dic. 1996, n. 669, conv. con modif. in L. 28 feb. 1997, n. 30 e dall'art. 30, D.L. 29 nov. 2008, n. 185, conv. con modif. in L. 28 gennaio 2009, n. 2.

CAPO III
Accertamento, liquidazione e riscossione

11. ***Soggetti obbligati al pagamento.*** — 1. Sono obbligati al pagamento dell'imposta ipotecaria e dell'imposta catastale coloro che richiedono le formalità di cui all'art. 1 e le volture di cui all'art. 10 e i pubblici ufficiali obbligati al pagamento dell'imposta di registro o dell'imposta sulle successioni e donazioni, relativamente agli atti ai quali si riferisce la formalità o la voltura.

2. Sono inoltre solidalmente tenuti al pagamento delle imposte, di cui al comma 1, tutti coloro nel cui interesse è stata richiesta la formalità o la voltura e, nel caso di iscrizioni e rinnovazioni, anche i debitori contro i quali è stata iscritta o rinnovata l'ipoteca , nonché l'utilizzatore dell'immobile concesso in locazione finanziaria.[1]

[1] Comma così modif. dall' art. 1, L. 13 dic. 2010, n. 220, a decorrere dal 1° gennaio 2011.

12. ***Uffici competenti.*** — 1. Gli uffici del registro sono competenti per l'imposta catastale e per l'imposta ipotecaria relative ad atti che importano trasferimenti di beni immobili ovvero costituzione o trasferimento di diritti reali immobiliari di godimento e sulle trascrizioni relative a certificati di successione. Gli uffici dei registri immobiliari sono competenti per l'imposta ipotecaria sulle altre formalità che vi sono soggette.

13. ***Procedimenti e termini.*** — 1. Per l'accertamento e la liquidazione delle imposte ipotecaria e catastale, per la irrogazione delle relative sanzioni, per le modalità e i termini della riscossione e per la prescrizione, si applicano, in quanto non disposto nel presente testo unico le disposizioni relative all'imposta di registro e all'imposta sulle successioni e donazioni.

2. Gli uffici dei registri immobiliari riscuotono l'imposta ipotecaria di loro competenza all'atto della richiesta della formalità, salvo quanto disposto dall'articolo 33, comma 1-*bis*, del testo unico delle disposizioni concernenti l'imposta sulle successioni e donazioni, approvato con decreto legislativo 31 ottobre 1990, n. 346.[1]

2-*bis*. Gli uffici del registro, in sede di liquidazione di imposta di successione, provvedono a correggere gli errori e le omissioni commessi dagli eredi e dai legatari nell'adempimento degli obblighi previsti dall'articolo 33, comma 1-*bis*, del testo unico delle disposizioni concernenti l'imposta sulle successioni e donazioni, approvato con decreto legislativo 31 ottobre 1990, n. 346. In caso di omesso o insufficiente versamento gli uffici liquidano la maggiore imposta che risulta dovuta con le modalità e nei termini di cui all'articolo 27 del suddetto decreto legislativo n. 346 del 1990.[2]

3. Il pagamento delle imposte non può essere dilazionato.

4. Gli interessi di mora sulle somme dovute all'erario e su quelle da rimborsare al contribuente si applicano nella misura del 4,50 per cento per ogni semestre compiuto.

[1] Comma così modif. dall'art. 11, D.L. 28 mar. 1997, n. 79

[2] Comma ins. dall'art. 11, D.L. 28 mar. 1997, n. 79

14. ***Prova del pagamento delle imposte.*** — 1. La prova dell'avvenuto pagamento delle imposte può essere data solo nei modi stabiliti nei successivi commi 2, 3 e 4.

2. L'ufficio dei registri immobiliari indica le somme pagate, in lettere e in cifre, sulla certificazione da apporre a prova della eseguita formalità e sulla nota da esso trattenuta.

3. Nel caso previsto dall'art. 4, comma 2, l'ufficio presso il quale è eseguita la formalità col pagamento dell'imposta fissa ritira dalla parte la copia ivi prevista; se è stata attivata la meccanizzazione dei servizi, nella certificazione di cui al comma 2, deve essere indicato, in luogo dei numeri dei registri generale e particolare, il numero di presentazione di cui all'ultimo comma dell'art. 2678 del codice civile.

4. Le imposte riscosse dall'ufficio del registro e versate direttamente dagli eredi e dai legatari sono distintamente annotate sugli atti, sulle sentenze, sulle denunzie e sulle quietanze rilasciate a prova dell'eseguito pagamento delle imposte di registro e sulle successioni e donazioni, nonché sulle copie dei titoli registrati.[1]

[1] Comma così modificato dall'art. 11, D.L. 28 mar. 1997, n. 79.

15. ***Esecuzione di formalità e di volture senza previo pagamento dell'imposta.*** — 1. Possono essere eseguite anche senza previo pagamento delle imposte:

a) le iscrizioni, rinnovazioni ed annotazioni che sono richieste dal pubblico ministero nell'interesse di privati, da pubblici ufficiali e da privati in virtù di un obbligo loro imposto per legge;

b) le formalità e le volture richieste dalle amministrazioni dello Stato quando le spese relative devono far carico ad altri.

2. L'ufficio competente indica l'imposta dovuta sui documenti di cui all'art. 14 e procede alla riscossione.

16. *Formalità e volture da eseguirsi a debito.* — 1. Sono eseguite con prenotazione a debito dell'imposta, salvo il recupero secondo le disposizioni delle rispettive leggi:

a) le trascrizioni del sequestro conservativo di cui all'art. 316 del codice di procedura penale;

b) le iscrizioni e le trascrizioni di cui all'articolo 22 del decreto legislativo 18 dicembre 1997, n. 472, e successive modificazioni;[1]

c) le trascrizioni degli atti indicati nel comma 2 dell'art. 6;[2]

d) le formalità e le volture richieste nei procedimenti civili nell'interesse dello Stato e di persone fisiche o giuridiche ammesse al gratuito patrocinio;

e) le formalità e le volture relative a procedure di fallimento e ad altre procedure concorsuali.

2. Nei casi di cui alle lettere a) e b) del comma 1 l'imposta prenotata è riscossa in ragione della somma che risulta definitivamente dovuta.

2-*bis*. Nei casi di cui alla lettera c) del comma 1, l'ufficio provinciale dell'Agenzia del territorio notifica apposito avviso di liquidazione alle parti interessate con l'invito a effettuare entro il termine di sessanta giorni il pagamento dell'imposta, decorsi i quali procede alla riscossione a norma dell'articolo 15.[3]

[1] Lettera così sost. dall'art. 6, D.L. 2 mar. 2012, n. 16, conv. con modif. in L. 26 apr. 2012, n. 44.

[2] Lettera così modif. dall'art. 6, D.L. 2 mar. 2012, n. 16, conv. con modif. in L. 26 apr. 2012, n. 44.

[3] Comma aggiunto dall'art. 6, D.L. 2 mar. 2012, n. 16, conv. con modif. in L. 26 apr. 2012, n. 44.

17. *Decadenza.* — 1. Le imposte da corrispondere agli uffici del registro devono essere richieste entro gli stessi termini di decadenza stabiliti in materia di imposta di registro o di imposta sulle successioni e donazioni.

2. Le imposte da corrispondere agli uffici dei registri immobiliari devono essere richieste, a pena di decadenza, entro tre anni dal giorno in cui è stata eseguita la relativa formalità o entro cinque anni dalla scadenza del termine entro il quale la stessa doveva essere richiesta. L'intervenuta decadenza non dispensa dal pagamento dell'imposta nel caso di successiva richiesta della formalità.

3. Le sanzioni amministrative per le violazioni alle norme del presente testo unico devono essere applicate, a pena di decadenza, nel termine stabilito per l'accertamento dell'imposta cui si riferiscono e, se questa non è dovuta, nel termine di cinque anni dal giorno in cui è avvenuta la violazione. (20)

4. I privilegi previsti a garanzia dei crediti dello Stato per le imposte ipotecaria e catastale si estinguono col decorso di cinque anni dalla data di registrazione dell'atto o dalla data in cui è stata eseguita o doveva essere eseguita la formalità o la voltura.

5. La restituzione delle imposte e sanzioni amministrative indebitamente pagate deve essere richiesta, a pena di decadenza, entro tre anni dal giorno del pagamento ovvero, se posteriore, da quello in cui è sorto il diritto alla restituzione.[1]

[1] Comma così modif. dall'art. 4, D.lgs. 18 dic. 1997, n. 473.

UFFICIALI GIUDIZIARI

- 1 -

D.P.R. 15 dic. 1959, n. 1229
Ordinamento degli ufficiali giudiziari e degli aiutanti ufficiali giudiziari
(G.U. 1° feb. 1960, n. 26, Suppl.),
modif. con L. 11 giu. 1962, n. 546
(G.U. 27 giu. 1962, n. 161), con L. 29 nov. 1971, n. 1048, con L. 12 lug. 1975, n. 322
(G.U. 1° ago. 1975, n. 204)
e con L. 3 giu. 1980, n. 240.
(G.U. 14 giu. 1980, n. 162)

TITOLO I
Stato giuridico degli ufficiali giudiziari

CAPO I
Disposizioni preliminari

1.[1] Gli ufficiali giudiziari, gli aiutanti ufficiali giudiziari ed i coadiutori addetti agli uffici notificazioni, esecuzioni e protesti degli uffici giudiziari sono ausiliari dell'ordine giudiziario. Essi procedono all'espletamento degli atti loro demandati quando tali atti siano ordinati dalla autorità giudiziaria o siano richiesti dal cancelliere o dalla parte. È fatto loro divieto di assumere negli uffici personale privato.

[1] Articolo così sost. dall'art. 1 della L. 12 lug. 1975, n. 322.

2. Gli ufficiali giudiziari sono equiparati agli impiegati civili dello Stato agli effetti dei congedi, della imposta di ricchezza mobile e complementare, delle riduzioni sui viaggi, della impignorabilità e della insequestrabilità sia della retribuzione, sia delle indennità, sia degli assegni, nonché agli effetti dell'assegnazione degli alloggi dell'Istituto nazionale delle case per gli impiegati dello Stato e ai fini dell'iscrizione all'Ente nazionale di previdenza e di assistenza per i dipendenti dello Stato.[1]

La spesa relativa alle riduzioni sui viaggi è a carico del ministero di grazia e giustizia, alle condizioni e con le modalità che saranno stabilite d'intesa col ministero dei trasporti e col ministero del tesoro.

[1] «Gli ufficiali giudiziari e gli aiutanti ufficiali giudiziari sono equiparati agli impiegati civili dello Stato anche agli effetti della assegnazione di case popolari ed economiche costituite da cooperative mutuatarie della Cassa Depositi e Prestiti e rientrano nelle categorie previste dall'art. 91 del T.U. 28 apr. 1938, n. 1165»: art. 1 L. 29 set. 1964, n. 871 (G.U. 12 ott. 1964, n. 251).

3-31. (*Omissis*).

CAPO VI
Applicazioni e supplenze

32. Qualora in un ufficio manchi per qualsiasi motivo un ufficiale giudiziario può esservi applicato altro ufficiale giudiziario o, se ciò non sia possibile per esigenze di servizio, un aiutante ufficiale giudiziario del distretto.

Il presidente della Corte di appello provvede con decreto, che deve essere immediatamente comunicato al Ministero.

In tal caso all'ufficiale giudiziario o all'aiutante spetta l'indennità di missione prevista per gli impiegati civili dello Stato, in relazione al trattamento economico di cui godono ai sensi, rispettivamente, degli artt. 148 e 169.

33. Nel caso di impedimento temporaneo di un ufficiale giudiziario, o qualora particolari esigenze di migliore distribuzione del servizio nell'ambito dell'ufficio unico lo richiedano, il capo dell'ufficio giudiziario si avvale, con suo decreto, per tutti gli atti, esclusi quelli di esecuzione, dell'opera degli aiutanti ufficiali giudiziari addetti allo stesso ufficio.

34. Ove manchino o siano impediti l'ufficiale giudiziario e l'aiutante ufficiale giudiziario e ricorrano motivi di urgenza, il capo dell'ufficio dispone, con decreto scritto sull'atto originale, che le notificazioni siano eseguite dal messo di conciliazione del luogo dove l'atto deve essere notificato.

Per il compimento degli atti di protesto si applicano le disposizioni di legge vigenti in materia.

Gli atti diversi da quelli di notificazione e di protesto possono essere eseguiti dagli ufficiali giudiziari addetti agli uffici unici del circondario o del distretto; in tal caso i motivi dell'impedimento debbono essere specificatamente indicati nel verbale.

35. Nei casi di applicazione o di supplenza previsti dagli artt. 32, 33 e 34 l'applicato o il sostituto percepisce i diritti e le indennità che spetterebbero all'ufficiale giudiziario sostituito.

Agli aiutanti ufficiali giudiziari, temporaneamente incaricati del servizio dei protesti cambiari, competono i diritti stabiliti dalla legge esclusi quelli di cronologico e di protesto.

Nell'ipotesi prevista dall'art. 32, qualora si tratti di ufficio al quale è addetto un solo ufficiale giudiziario, gli atti sono annotati nei registri appositamente istituiti per il periodo dell'applicazione.

Al termine dell'applicazione i registri devono essere depositati nella cancelleria della pretura.

36. Nelle Corti di assise che funzionano in luogo diverso dalla propria sede, il servizio è disimpegnato dagli ufficiali giudiziari e dagli aiutanti ufficiali giudiziari addetti all'ufficio unico costituito presso il tribunale dello stesso luogo.

37. Nella circoscrizione della sede distaccata di pretura la notificazione degli atti in materia civile, penale e amministrativa, può essere compiuta promiscuamente dall'ufficiale giudiziario o dall'aiutante ufficiale giudiziario e dal messo di conciliazione della sede distaccata.

L'assistenza all'udienza può essere demandata dal pretore al messo di conciliazione.

38-58. (*Omissis*).

CAPO X

Sorveglianza, disciplina e procedimento disciplinare

59. Il presidente della Corte d'appello ha la sorveglianza su tutti gli ufficiali giudiziari del distretto.

Il presidente del tribunale ha la sorveglianza su tutti gli ufficiali giudiziari addetti all'ufficio.

L'ufficiale giudiziario dirigente esercita la sorveglianza sugli ufficiali giudiziari dipendenti.

I magistrati investiti del potere di sorveglianza a norma dei commi precedenti possono rivolgere, anche per iscritto, all'ufficiale giudiziario, per lievi negligenze o irregolarità di servizio, un richiamo all'osservanza dei suoi doveri.

60-102. (*Omissis*).

TITOLO II

Servizi degli ufficiali giudiziari e trattamento economico

CAPO I

Obblighi, attribuzioni, competenza

103. L'ufficiale giudiziario deve risiedere nel comune ove ha sede l'ufficio cui è addetto e non può allontanarsene senza regolare permesso, salvo per cause di servizio; in caso di inosservanza incorre nella sospensione disciplinare.

Il presidente della Corte di appello, per rilevanti ragioni, può autorizzare l'ufficiale giudiziario a risiedere in altro comune del mandamento ove ha sede l'ufficio, quando ciò sia conciliabile col pieno e regolare adempimento di ogni altro suo dovere; dell'eventuale diniego è data comunicazione scritta all'interessato.

104.[1] L'ufficiale giudiziario non può ricevere richieste di atti fuori dell'ufficio.

Le richieste debbono essere fatte dalla parte, personalmente o a mezzo di procuratore, all'ufficiale giudiziario o, dove esiste, al dirigente o all'ufficiale giudiziario preposto al competente ramo di servizio durante l'orario di ufficio.

L'ufficiale giudiziario è autorizzato a ricevere le richieste regolarmente pervenutegli a mezzo di raccomandata postale con avviso di ricevimento, qualora le medesime provengano da un ufficio postale di un comune o mandamento diverso da quello in cui egli risiede.

Il presidente della Corte, su proposta del capo dell'ufficio, disciplina con decreto all'inizio di ogni anno l'orario di accettazione delle richieste in relazione alle esigenze di servizio.

La richiesta pervenuta per posta fuori dell'orario di ufficio sarà considerata a tutti gli effetti come se fosse pervenuta entro il successivo orario utile.

L'ufficiale giudiziario provvede a iscrivere la richiesta di cui al precedente comma nell'apposito cronologico e nel registro di cui al n. 5 dell'art. 116 e il deposito nel registro di cui al n. 6 dello stesso articolo.

L'aiutante ufficiale giudiziario può ricevere le richieste soltanto se l'ufficio sia privo dell'ufficiale giudiziario.

[1] Articolo così modif. con L. 11 giu. 1962, n. 546.

105. Nelle sedi di ufficio unico, il presidente della Corte di appello o il presidente del tribunale provvede, sentito l'ufficiale giudiziario dirigente, alla designazione degli ufficiali giudiziari preposti ai diversi rami di servizio, nonché all'assegnazione del personale occorrente all'assistenza alle udienze degli uffici giudiziari della sede.

L'ufficio unico presso la Corte d'appello di Roma provvede, su richiesta anche nominativa del primo presidente della Corte suprema di cassazione, all'assegnazione del personale occorrente per l'assistenza alle udienze.

106. L'ufficiale giudiziario compie con attribuzione esclusiva gli atti del proprio ministero nell'ambito del mandamento ove ha sede l'ufficio al quale è addetto, salvo quanto disposto dal secondo comma dell'articolo seguente.

Sono attribuzioni dell'ufficiale giudiziario: la direzione dell'ufficio e di tutti i servizi ad esso inerenti, l'espletamento degli atti di esecuzione, dei protesti cambiari e titoli equiparati, nonché di tutti gli altri atti loro demandati per legge o per regolamento. Negli uffici nei quali esiste soltanto l'ufficiale giudiziario nelle sue attribuzioni è compresa la notificazione di atti in materia civile, penale ed amministrativa, l'assistenza all'udienza e ogni altra attività connessa alla funzione.[1]

[1] Comma aggiunto dall'art. 2 della L. 12 lug. 1975, n. 322.

107. L'ufficiale giudiziario deve avvalersi del servizio postale per la notificazione degli atti in materia civile ed amministrativa da eseguirsi fuori del comune ove ha sede l'ufficio, eccetto che la parte chieda che la notificazione sia eseguita di persona. In quest'ultimo caso la richiesta deve essere fatta per iscritto in calce o a margine dell'atto e firmata dallo stesso richiedente. Se questi non può o non sa scrivere, l'ufficiale giudiziario deve farne menzione nell'atto indicandone il motivo.

Tutti gli ufficiali giudiziari possono eseguire, a mezzo del servizio postale, senza limitazioni territoriali, la notificazione degli atti relativi ad affari di competenza delle autorità giudiziarie della sede alla quale sono addetti, del verbale di cui all'articolo

492-*bis* del codice di procedura civile e degli atti stragiudiziali.[1]

La notificazione a mezzo del servizio postale è eseguita secondo le norme previste dal R.D. 21 ott. 1923, n. 2393, e dal regolamento di esecuzione del c. post. approvato con R.D. 18 apr. 1940, n. 689.

[1] Comma così modif. dall'art. 19, c. 4, D.L. 12 set. 2014, n. 132, conv. con modif. in L. 10 nov. 2014, n. 162.

108. L'ufficiale giudiziario non può ricusare il suo ministero; in caso di rifiuto, deve indicare per iscritto i motivi.

Egli deve eseguire gli atti a lui commessi senza indugio e, comunque, non oltre il termine che eventualmente sia stato prefisso dall'autorità per gli atti da essa richiesti. In caso di impedimento, deve immediatamente riferirne e giustificarne i motivi al capo dell'ufficio cui è addetto o, dove esiste, all'ufficiale giudiziario dirigente.

Per l'inosservanza della disposizione di cui al primo comma gli ufficiali giudiziari sono puniti con la sospensione e per l'inosservanza delle disposizioni prevedute nel secondo comma sono puniti con la censura e, nei casi più gravi, con l'ammenda disciplinare, senza pregiudizio, in entrambe le ipotesi, del risarcimento dei danni.

109. L'ufficiale giudiziario, se richiesto, deve dare alla parte ricevuta degli incarichi a lui affidati e dei documenti a lui consegnati.

Il cancelliere che riceve dall'ufficiale giudiziario il deposito di un verbale deve rilasciarne ricevuta.

110. Gli atti dell'ufficiale giudiziario devono essere da lui sottoscritti e devono contenere l'indicazione del giorno, mese, anno e, ove occorra, dell'ora in cui sono eseguiti, nonché l'indicazione dell'autorità richiedente o della persona a istanza della quale sono compiuti.

111. L'ufficiale giudiziario quando deve provvedere alla notificazione di atti pubblici rilasciati in copia dal notaio o da altro pubblico ufficiale competente, è autorizzato a fare le altre copie che deve consegnare alle parti.

Egli è anche autorizzato a rilasciare le copie degli atti da lui redatti, nonché degli atti privati di cui le parti richiedono la notificazione.

Le copie degli atti in materia penale da notificare, fatta eccezione per le ordinanze, per i decreti penali, per gli estratti di requisitorie e di sentenze e, nei casi previsti, per le sentenze di condanna, sono formate dall'ufficiale giudiziario non appena l'autorità richiedente gli abbia consegnato gli atti per la notificazione insieme con gli stampati occorrenti.

112. L'ufficiale giudiziario che abbia notificato una sentenza o un atto d'impugnazione in materia civile deve darne immediatamente avviso scritto al cancelliere, il quale ne rilascia ricevuta e lo unisce all'originale della sentenza oppure lo trasmette alla cancelleria dell'autorità giudiziaria che ha pronunciato la sentenza.

L'inosservanza della disposizione contenuta nel comma precedente è punita con la censura, salvo quanto dispone l'art. 67 per il caso di recidiva.

113-115. (*Abrogati*).[1]

[1] Articoli abrog. dall'art. 229, D.P.R. 30 mag. 2002, n. 115.

CAPO II
Registri

116. L'ufficiale giudiziario deve tenere i seguenti registri, conformi ai modelli che sono stabiliti con decreto ministeriale:[1]

1) registro cronologico per gli atti di notificazione in materia civile ed amministrativa;

2) registro cronologico per gli atti di notificazione in materia penale;

3) registro cronologico per gli atti che importano la redazione di un verbale;

4) registro cronologico per i protesti cambiari;

5) registro delle richieste che pervengono a mezzo del servizio postale;

6) registro per i depositi di somme.[2]

Deve inoltre tenere:

1) un bollettario, conforme al modello stabilito con decreto ministeriale, per la ricevuta:

a) delle commissioni con anticipazione dei diritti e delle indennità;

b) dei diritti riscossi per le chiamate di causa;

c) delle somme riscosse, a qualunque titolo, dall'ufficio del registro;

2) un repertorio per gli atti soggetti a registrazione.

Nelle preture ove in base alla tabella organica è addetto soltanto l'ufficiale giudiziario i registri cronologici indicati ai nn. 1 e 2, nonché quelli indicati ai nn. 3 e 4 del primo comma sono unificati.

Negli uffici ai quali sono addetti due o più ufficiali giudiziari i registri, il bollettario e il repertorio innanzi indicati sono tenuti in unico esemplare sotto la responsabilità dell'ufficiale giudiziario dirigente.

[1] Con D.M. 9 set. 1975 (G.U. 2 ott. 1975, Suppl.) sono stati approvati nuovi modelli dei registri degli ufficiali giudiziari.

[2] Comma così sostituito dall'art. 7 della L. 11 giu. 1962, n. 546.

117. I registri, il bollettario ed il repertorio devono essere tenuti in uffici e, prima di essere posti in uso, devono essre numerati e vidimati in ogni mezzo foglio dal dirigente la cancelleria o da un altro funzionario da lui delegato, il quale scrive in lettere nell'ultima pagina il numero dei mezzi fogli di cui sono composti.

Il repertorio degli atti soggetti a registrazione deve essere tenuto dall'ufficiale giudiziario secondo le prescrizioni degli artt. 10, 65 e 66 del D.P.R. 26 ott. 1972, n. 634 e le infrazioni a tale obbligo sono punite, salvo le sanzioni disciplinari, ai sensi dell'art. 71 della predetta legge.

118. L'ufficiale giudiziario deve segnare giornalmente sui registri cronologici, prima della esecuzione, gli atti richiesti con l'ammontare dei diritti e delle indennità a qualsiasi titolo riscossi o da recuperare.

Qualora i diritti e le indennità non siano preventivamente determinabili, l'ufficiale giudiziario deve segnare giornalmente, prima dell'esecuzione, sui registri cronologici gli atti richiesti ed annotare, entro il giorno successivo all'esecuzione, l'ammontare dei diritti e delle indennità riscossi o da recuperare.

In apposite e distinte colonne deve altresì annotare se l'atto viene eseguito da un ufficiale giudiziario o da un aiutante.

L'ufficiale giudiziario, entro i primi quindici giorni di ciascun mese, deve addizionare le somme iscritte nei registri cronologici relative a diritti ed indennità di trasferta percepiti per le richieste pervenute entro il mese precedente, nonché le percentuali riscosse nel detto mese riportando i totali in lettere.

A margine dell'originale l'ufficiale giudiziario deve indicare il numero corrispondente del registro cronologico, nonché la specifica dei diritti, delle indennità e dell'eventuale deposito, col totale in cifre, apponendovi la data e la firma; a margine delle copie, invece, è sufficiente esporre in cifre il totale dei diritti e delle indennità percepiti, fermo restando l'obbligo di indicare il numero del registro cronologico e di apporre la data e la firma.

119. L'ufficiale giudiziario, che non esegue nel termine prescritto le annotazioni nei registri ovvero indica i diritti e le indennità in misura inferiore a quella percepita, è punito con la ammenda disciplinare, alla quale, nei casi più gravi, può essere aggiunta la sospensione per un tempo non inferiore a quindici giorni; per la recidiva si applica la disposizione di cui all'art. 67.

Ove, poi, dalla reiterazione e gravità delle infrazioni accertate possa desumersi l'abitualità dell'ufficiale giudiziario a commetterle, può farsi luogo alla sua destituzione.

Per le infrazioni previste dalle disposizioni precedenti, quando la gravità dei fatti lo esiga, la sospensione cautelare di cui all'art. 73 può essere ordinata, oltre che dal ministro, dal presidente della Corte d'appello, sentito il procuratore generale.

120. Il presidente della Corte di appello, il presidente del tribunale e il pretore, nell'esercizio del potere di sorveglianza di cui all'art. 59, eseguono ispezioni mensili, da attestarsi con apposito visto, per accertare la regolare tenuta dei registri e la quotidiana e fedele registrazione delle percezioni; danno all'ufficiale giudiziario o, dove esiste, all'ufficiale giudiziario dirigente, tutte le disposizioni che ravvisano opportune per assicurare il normale espletamento del servizio.

Le ispezioni ai servizi degli ufficiali giudiziari, anche quando si tratti di uffici unici, sono eseguite da magistrati ispettori, che vi procedono da soli o con l'assistenza, autorizzata dall'ispettore generale, di un cancelliere ispettore o di un ufficiale giudiziario, al quale compete, nei casi previsti dalla legge, l'indennità di missione determinata ai sensi dell'art. 32, ultimo comma.[1]

Alle stesse ispezioni negli uffici di pretura possono procedere da soli anche i cancellieri ispettori.[1]

[1] Commi aggiunti dall'art. 6 della L. 11 giu. 1962, n. 546.

121. Entro il mese di febbraio l'ufficiale giudiziario deve depositare, nella cancelleria dell'ufficio al quale è ad detto, i registri cronologici, il bollettario e il repertorio dell'anno precedente.

Il registro dei depositi di somme deve essere, invece, depositato in cancelleria entro trenta giorni dall'ultima operazione relativa ai depositi che vi sono iscritti.

In calce all'ultima iscrizione di ogni registro il cancelliere annota la data del deposito.

CAPO III
Retribuzione, percentuale, indennità

SEZIONE I
Diritti, percentuale e indennità di trasferta

122. Gli ufficiali giudiziari sono retribuiti:

1) mediante proventi costituiti dai diritti che sono autorizzati ad esigere, secondo le disposizioni del presente ordinamento o di altre leggi, sugli atti e commissioni inerenti al loro ufficio;

2) con una percentuale sui crediti recuperati dall'Erario, sui campioni civili, penali ed amministrativi e sulle somme introitate dall'Erario per effetto della vendita dei corpi di reato, in ragione del quindici per cento. Tale percentuale è comprensiva anche delle quote di spettanza degli aiutanti ufficiali giudiziari.

Quando si procede alle operazioni di pignoramento presso terzi a norma dell'articolo 492-*bis* del codice di procedura civile o di pignoramento mobiliare, gli ufficiali giudiziari sono retribuiti mediante un ulteriore compenso, che rientra tra le spese di esecuzione ed è dimezzato nel caso in cui le operazioni non vengano effettuate entro quindici giorni dalla richiesta, stabilito dal giudice dell'esecuzione:

a) in una percentuale del 5 per cento sul valore di assegnazione o sul ricavato della vendita dei beni mobili pignorati fino ad euro 10.000,00, in una percentuale del 2 per cento sul ricavato della vendita o sul valore di assegnazione dei beni mobili pignorati da euro 10.001,00 fino ad euro 25.000,00 e in una percentuale del 1 per cento sull'importo superiore;

b) in una percentuale del 6 per cento sul ricavato della vendita o sul valore di assegnazione dei beni e dei crediti pignorati ai sensi degli articoli 492-*bis* del codice di procedura civile fino ad euro 10.000,00, in una percentuale del 4 per cento sul ricavato della vendita o sul valore di assegnazione dei beni e dei crediti pignorati da euro 10.001,00 fino ad euro 25.000,00 ed in una percentuale del 3 per cento sull'importo superiore.[1]

In caso di conversione del pignoramento ai sensi dell'articolo 495 del codice di procedura civile, il compenso è determinato secondo le percentuali di cui alla lettera *a*) ridotte della metà, sul valore dei beni o dei crediti pignorati o, se maggiore, sull'importo della somma versata.[1]

In caso di estinzione del processo esecutivo il compenso è posto a carico del creditore procedente ed è liquidato dal giudice dell'esecuzione nella medesima misura di cui al terzo comma, calcolata sul valore dei beni o dei crediti pignorati o, se minore, sul valore del credito per cui si procede. In caso di chiusura anticipata del processo a norma dell'articolo 164-*bis* delle disposizioni per l'attuazione del codice di procedura civile o a norma dell'articolo 532, secondo comma, terzo periodo, del codice di procedura civile, il compenso previsto dal secondo comma non è dovuto. La disposizione di cui al periodo precedente si applica anche nel caso di inefficacia del pignoramento a norma dell'articolo 164-*ter* o dell'articolo 159-*ter* delle disposizioni per l'attuazione del codice di procedura civile. Negli altri casi di chiusura anticipata del processo esecutivo si applica la disposizione di cui al primo periodo. Il giudice provvede con decreto che costituisce titolo esecutivo.[2]

In ogni caso il compenso dell'ufficiale giudiziario calcolato ai sensi dei commi secondo, terzo e quarto non può essere superiore ad un importo pari al 5 per cento del valore del credito per cui si procede e comunque non può eccedere l'importo di euro 3.000,00.[3]

Le somme complessivamente percepite a norma dei commi secondo, terzo, quarto e quinto sono attribuite dall'ufficiale giudiziario dirigente l'ufficio nella misura del sessanta per cento all'ufficiale o al funzionario che ha proceduto alle operazioni di pignoramento. La residua quota del quaranta per cento è distribuita dall'ufficiale giudiziario coordinatore dell'ufficio, in parti uguali, tra tutti gli ufficiali giudiziari e funzionari appartenenti all'ufficio notificazioni, esecuzioni e protesti. Quando l'ufficiale o il funzionario che ha eseguito il pignoramento è diverso da colui che ha interrogato le banche dati previste dall'articolo 492-*bis* del codice di procedura civile e dal decreto di cui all'articolo 155-*quater* delle disposizioni per l'attuazione del codice di procedura civile, il compenso di cui al primo periodo del presente comma è attribuito nella misura del cinquanta per cento ciascuno.[3]

[1] Comma aggiunto dall'art. 19, c. 4, D.L. 12 set. 2014, n. 132, conv. con modif. in L. 10 nov. 2014, n. 162.

[2] Comma così sost. dall'art. 14, c. 3, D.L. 27 giu. 2015, n. 83, conv. con modif. in L. 6 ago. 2015, n. 132.

[3] Comma aggiunto dall'art. 19, c. 4, D.L. 12 set. 2014, n. 132, conv. con modif. in L. 10 nov. 2014, n. 162 e così modif. dall'art. 14, c. 3, D.L. 27 giu. 2015, n. 83, conv. con modif. in L. 6 ago. 2015, n. 132.

123.[1] Costituiscono proventi dell'ufficiale giudiziario:

a) il diritto di notificazione;

b) il diritto di esecuzione;

c) il diritto di protesto cambiario;

d) il diritto di assistenza ad atti di ufficio del magistrato o del cancelliere.

[1] Articolo così sost. dall'art. 2 della L. 15 gen. 1991, n. 14.

124-127.[1] .

[1] Articoli abrog. dall'art. 12, L. 15 gen. 1991, n. 14.

128-129. (*Abrogati*)[1]

[1] Articoli abrog. dall'art. 299 D.P.R. 30 mag. 2002, n. 115.

130. ....[1]

[1] L'art. 130 deve ritenersi abrog. per effetto degli artt. 7 e 8 della L. 12 giugno 1973, n. 349, che determinano i diritti di protesto e le indennità di accesso.

131-138. (*Abrogati*)[1]

[1] Articoli abrog. dall'art. 299, D.P.R. 30 mag. 2002, n. 115.

139-140. (*Omissis*).

141-145. (*Abrogati*)[1]

[1] Articoli abrog. dall'art. 299, D.P.R. 30 mag. 2002, n. 115.

146-159. (*Omissis*).

TITOLO III
Stato giuridico, servizi e trattamento economico degli aiutanti ufficiali giudiziari

CAPO I
Stato giuridico

160-164. (*Omissis*).

CAPO II
Servizi e trattamento economico

165. Gli aiutanti ufficiali giudiziari coadiuvano gli ufficiali giudiziari nella notificazione degli atti in materia civile, penale ed amministrativa e nell'assistenza alle udienze.

Gli aiutanti ufficiali giudiziari sono anche adibiti ai lavori interni di ufficio. Essi sono responsabili della regolarità della consegna della copia dell'atto e della relazione di notificazione.

Il personale femminile degli aiutanti ufficiali giudiziari è adibito esclusivamente ai lavori interni di ufficio e solo in via eccezionale, per esigenze di servizio, può essere addetto alla cancelleria della Corte d'appello o del tribunale e al ministero per i lavori attinenti al personale e ai servizi degli ufficiali giudiziari.

Sono estese agli aiutanti ufficiali giudiziari, in quanto applicabili, le disposizioni contenute nel capo I del titolo II, (103-115) concernenti gli obblighi, la competenza e le attribuzioni, esclusa l'autenticazione delle copie di cui all'art. 111.

166-171. (*Omissis*).[1]

[1] Per il trattamento economico v. ora art. 38 L. 11 lug. 1980, n. 312 e art. 11 L. 15 gen. 1991, n. 14.

TITOLO IV[1]
Organico, attribuzioni e trattamento economico dei coadiutori

[1] Il titolo IV è stato aggiunto dall'art. 6 della L. 12 giu. 1975, n. 322, che ha anche modificato la numerazione del titolo e degli articoli successivi.

CAPO I
Organico e attribuzioni

172. (*Omissis*).

173. I coadiutori provvedono alla materiale tenuta dei registri di cui all'art. 116 sotto la direzione e con la responsabilità dell'ufficiale giudiziario, provvedono alla copiatura degli atti ed ai lavori di dattilografia ed al servizio di assistenza alle udienze.

Il servizio di coadiutore è incompatibile con quello di presentatore di cui alla L. 12 giu. 1973, n. 349.

174-178. (*Omissis*).

TITOLO V
Disposizioni transitorie e finali

179-184. (*Omissis*).

185. Ogni disposizione del presente ordinamento, la quale fa espresso richiamo al solo ufficiale giudiziario, deve ritenersi riferita anche all'aiutante ufficiale giudiziario, in quanto compatibile con le funzioni di quest'ultimo.

- 2 -

D.P.R. 30 mag. 2002, n. 115
Testo unico delle disposizioni legislative e regolamentari in materia di spese di giustizia
(G.U. 15 giu. 2002, n. 139)
(*stralcio*)

TITOLO II
Spese di spedizione, diritti e indennità di trasferta degli ufficiali giudiziari

CAPO I
Disposizioni generali

19. ***Spese di spedizione, diritti e indennità di trasferta degli ufficiali giudiziari.*** — 1. Il presente titolo disciplina le, spese di spedizione, i diritti e le indennità di trasferta spettanti agli ufficiali giudiziari per le notificazioni e gli atti di esecuzione.

20. ***Indennità di trasferta.*** — 1. L'indennità di trasferta, che rimborsa ogni spesa, spetta per gli atti compiuti fuori dall'edificio in cui ha sede l'ufficiale giudiziario.

2. L'indennità di trasferta non è dovuta in caso di spedizione dell'atto.

3. L'importo dell'indennità di trasferta di cui agli artt. 26 e 35 è adeguato annualmente, in relazione alla variazione, accertata dall'Istituto nazionale di statistica (ISTAT), dell'indice dei prezzi al consumo per le famiglie di operai e impiegati verificatasi nel triennio precedente, con decreto dirigenziale del Ministero della giustizia, di concerto con il Ministero dell'economia e delle finanze.

21. ***Calcolo delle distanze.*** — 1. Nel calcolo delle distanze computabili ai fini dell'indennità di trasferta si deve tener conto della più breve fra quelle che si possono percorrere per raggiungere il luogo dove l'atto deve essere eseguito.

2. Le distanze sono calcolate secondo tavole note del Comune dove ha sede l'ufficio e, comunque, secondo tavole note, fondate su parametri obiettivi e comprovabili.

22. ***Equiparazioni alla notifica a richiesta d'ufficio.*** — 1. Alla notifica richiesta dall'amministrazione pubblica ammessa alla prenotazione a debito, alla notifica dell'invito al pagamento e alla notifica richiesta dal pubblico ministero, di cui agli artt. 145, 158, 212 e 248, si applica la disciplina della notifica a richiesta d'ufficio del processo in cui è inserita.

CAPO II
Notificazioni nel processo penale

SEZIONE I
Norme generali

23. ***Diritti.*** — 1. Per la notificazione degli atti è dovuto il diritto unico, di cui all'art. 34, salvo quanto previsto per la notifica degli atti a richiesta d'ufficio dall'art. 25.

24. ***Indennità di trasferta.*** — 1. Per gli atti di notificazione relativi allo stesso processo, spetta una sola indennità di trasferta se i luoghi dove la notificazione deve essere eseguita distano fra di loro meno di cinquecento metri.

SEZIONE II
Notificazioni a richiesta dell'ufficio

25. ***Importo dei diritti.***[1]

[1] Articolo abrog. dall'art. 68, L. 18 giu. 2009, n. 69.

26. ***Indennità di trasferta e spese di spedizione.*** — 1. L'indennità di trasferta è per ciascun atto di euro 0,62[1], compresa la maggiorazione per l'urgenza.

2. Se la trasferta supera, fra andata e ritorno, la distanza di dieci chilometri o di venti chilometri, l'indennità è corrisposta, rispettivamente, nella misura. di euro 1,58[1] e di euro 2,37[1].

3. L'indennità di trasferta è corrisposta dall'erario; le spese di spedizione sono a carico dell'erario.

[1] Importi così rideterminati dall'art. 1, c. 2, D.M. del Ministero della Giustizia 2 nov. 2021.

SEZIONE III
Notificazioni a richiesta delle parti

27. ***Notificazioni a richiesta delle parti.*** — 1. Le parti devono anticipare agli ufficiali giudiziari i diritti e le indennità di trasferta o le spese di spedizione, relativi agli atti richiesti.

2. Il diritto unico e l'indennità di trasferta sono dovuti in misura pari a quella prevista dagli artt. 34 e 35.

CAPO III
Notificazioni nel processo civile, amministrativo, contabile e tributario

SEZIONE I
Norme generali

28. ***Contestualità di trasferte.*** — 1. L'ufficiale giudiziario che procede nello stesso viaggio, su richiesta di una stessa parte, a diversi atti del suo ufficio nella medesima località, percepisce una sola indennità di trasferta, ripartita in misura uguale fra tutti gli atti eseguiti. Tale disposizione non si applica quando gli atti sono richiesti dalla stessa persona per conto e nell'interesse di parti diverse, né quando l'ufficiale giudiziario compie tali atti in Comuni diversi, ovvero, compiendoli nello stesso Comune, deve percorrere tra un luogo e l'altro una distanza eccedente i cinquecento metri.

29. ***Diritti.*** — 1. Per la notificazione degli atti è dovuto all'ufficiale giudiziario il diritto unico di cui all'art. 34, fatta eccezione per le notificazioni a richiesta d'ufficio.

SEZIONE II
Notificazioni a richiesta dell'ufficio

30. ***Anticipazioni forfettarie dai privati all'erario nel processo civile.*** — 1. La parte che per prima si costituisce in giudizio, che deposita il ricorso introduttivo, ovvero che, nei processi esecutivi di espropriazione forzata, fa istanza per l'assegnazione o la vendita di beni pignorati, anticipa i diritti, le indennità di trasferta e le spese di spedizione per la notificazione eseguita su richiesta del funzionario addetto all'ufficio, in modo forfettizzato, nella misura di euro 27, eccetto che nei processi previsti dall'articolo unico della legge 2 aprile, n. 319, e successive modificazioni, e in quelli in cui si applica lo stesso articolo.[1]

2. L'inosservanza delle prescrizioni di cui all'art. 134, secondo comma, n. 1, e del termine stabilito dal quarto comma dello stesso articolo, del R.D. 18 dic. 1941, n. 1368 e successive modificazioni, determina il raddoppio dell'importo dovuto; il funzionario addetto all'ufficio procede alla riscossione mediante ruolo, secondo le disposizioni della parte *VII* e relative norme transitorie, in solido nei confronti dell'impugnante e del difensore.

[1] Comma modif. dall'art. 323, L. 30 dic. 2004, n. 311 e dall'art. 1, c. 606, L. 27 dic. 2013, n. 147.

31. ***Indennità di trasferta e spese di spedizione.*** — 1. Per le notificazioni a richiesta d'ufficio è dovuto dall'erario all'ufficiale giudiziario soltanto il pagamento delle indennità di trasferta di cui all'art. 35.

2. Le spese di spedizione sono a carico dell'erario.

SEZIONE III
Notificazioni a richiesta delle parti

32. ***Notificazioni a richiesta delle parti.*** — 1. Le parti devono anticipare agli ufficiali giudiziari i diritti e le indennità di trasferta o le spese di spedizione relativi agli atti richiesti; nei processi previsti dall'articolo unico della L. 2 apr. 1958, n. 319, come sostituito dall'art. 10, della L. 11 ago. 1973, n. 533, e in quelli cui si applica lo stesso articolo, queste spese sono a carico dell'erario.

33. ***Trasferte per la notifica e l'esecuzione di atti a richiesta di parte ammessa al patrocinio a spese dello Stato.*** — 1. Se le notificazioni e gli atti di esecuzione a richiesta di parte ammessa al patrocinio a spese dello Stato sono compiuti contemporaneamente ad altri atti a pagamento, i diritti e le indennità di trasferta o le spese di spedizione degli ufficiali giudiziari sono assorbiti.

2. Se gli accessi sono in Comuni diversi o intercorre una distanza superiore a 500 metri, i diritti e le indennità di trasferta o le spese di spedizione sono prenotati a debito.

3. Se gli ufficiali giudiziari non compiono gli atti contemporaneamente a quelli a pagamento, le indennità di trasferta o le spese di spedizione sono anticipate dall'erario e i diritti sono prenotati a debito.

4. Se agli ufficiali giudiziari competono più indennità di trasferta per atti in Comuni diversi o con accessi a distanza superiore a 500 metri, è anticipata dall'erario solo l'indennità di maggiore importo e le altre sono prenotate a debito insieme ai diritti.

34. ***Importo dei diritti.*** — 1. Il diritto unico è dovuto nella seguente misura:

a) per gli atti aventi sino a due destinatari: euro 2,58;

b) per gli atti aventi da tre a sei destinatari: euro 7,75;

c) per gli atti aventi oltre i sei destinatari: euro 12,39.

35. ***Importo dell'indennità di trasferta.*** — 1. L'indennità di trasferta è stabilita nella seguente misura:

a) fino a 6 chilometri euro 2,37;

b) fino a 12 chilometri euro 4,31[1];

c) fino a 18 chilometri euro 5,96[1];

d) oltre i 18 chilometri, per ogni percorso di 6 chilometri o frazione superiore a 3 chilometri di percorso successivo, nella misura di cui alla lettera *c*), aumentata di euro 1,26[1].

[1] Importi così rideterminati dall'art. 1, c. 1, D.M. del Ministero della Giustizia 2 nov. 2021.

36. ***Maggiorazioni per l'urgenza.*** — 1. I diritti e l'indennità di trasferta sono aumentati della metà per gli atti urgenti, esclusi il deposito di verbali di pignoramento presso l'ufficio del giudice dell'esecuzione.

2. Nel caso previsto dall'art. 28, la maggiorazione spettante per l'urgenza è dovuta una sola volta nella misura stabilita per l'atto che importa il maggior diritto o la maggior indennità.

3. Si considera urgente l'atto da eseguirsi nello stesso giorno o in quello successivo.

4. La richiesta, con l'indicazione della data, può farsi solo per atti in scadenza nello stesso termine per espressa disposizione di legge o per volontà delle parti.

CAPO IV

Atti di esecuzione nel processo civile

37. ***Diritto di esecuzione.*** — 1. Per le esecuzioni mobiliari ed immobiliari e per ogni atto che comporta la redazione di un verbale, escluso l'atto di protesto, è dovuto agli ufficiali giudiziari il diritto unico nella seguente misura:

a) per gli atti relativi ad affari di valore fino a euro 516,46: euro 2,58;

b) per gli atti relativi ad affari di valore superiore a euro 516,46 fino a euro 2.582,28: euro 3,62;

c) per gli atti relativi ad affari di valore superiore a euro 2.582,28 o di valore indeterminabile: euro 6,71.

38. ***Indennità di trasferta per atti di esecuzione.*** — 1. Per gli atti di esecuzione, l'indennità di trasferta è dovuta, per il viaggio di andata e per quello di ritorno, nella misura doppia a quella prevista dall'art. 35.

39-43. (*Omissis*).

44. ***Trasferte degli ufficiali giudiziari.*** — 1. All'ufficiale giudiziario, che accompagna il magistrato o l'appartenente all'ufficio per l'assistenza ad atti, spetta, in aggiunta alle spese di viaggio e all'indennità di trasferta secondo le norme che disciplinano la missione per i dipendenti statali, in relazione al trattamento economico di cui gode ai sensi degli artt. 148 e 109 del decreto dei Presidente della Repubblica 15 dic. 1959, n. 1229, un diritto di importo pari a euro 0,52 per ogni ora o frazione di ora superiore a trenta, minuti, in ragione del tempo impiegato nella redazione degli atti ai quali assiste.

USI NORMATIVI

- 1 -

R.D. 20 set. 1934, n. 2011

T.U. sulle camere di commercio

(G.U. 21 dic. 1934, n. 299)

36. L'autorità giudiziaria e chiunque vi abbia interesse possono richiedere alla camera copia autenticata della raccolta o di singole parti di essa e valersene in giudizio.

37. Gli usi e le consuetudini accertati dalle camere di commercio possono combattersi colla prova contraria e quelli non accertati possono provarsi con ogni mezzo di prova.

38. Le cancellerie giudiziarie comprese nella circoscrizione della provincia, comunicano alla camera di commercio notizia delle sentenze che accertano l'esistenza o l'inesistenza di un uso o di una consuetudine e sono tenute a rilasciare copia delle sentenze stesse a spese della camera richiedente.

- 2 -

D.L.C.P. 27 gen. 1947, n. 152

Nuove norme per la raccolta degli usi generali del commercio

(G.U. 3 apr. 1947, n. 77)

4. La raccolta degli usi generali del commercio è depositata presso il ministero dell'industria e commercio e presso ciascuna camera di commercio.

L'autorità giudiziaria e chiunque vi abbia interesse possono chiedere al ministero copia autenticata della raccolta o di singole parti di essa.

Gli usi generali pubblicati nella raccolta si presumono esistenti fino a prova contraria. Gli usi generali non accertati possono accertarsi con ogni mezzo di prova.

USUCAPIONE SPECIALE

- 1 -

L. 10 mag. 1976, n. 346

Usucapione speciale per la piccola proprietà rurale

(G.U. 3 giu. 1976, n. 144)

1. Dopo l'art. 1159 del c.c. è aggiunto l'art. seguente:

1159-*bis*. – *Usucapione speciale per la piccola proprietà rurale* (V. c.c.).

2. Le disposizioni dell'art. 1159-*bis* del c.c. si applicano ai fondi rustici con annessi fabbricati situati in comuni classificati montani ai sensi della L. 3 dic. 1971, n. 1102, qualunque siano la loro estensione ed il loro reddito, nonché ai fondi rustici con annessi fabbricati situati in comuni non classificati montani, quando il loro reddito dominicale iscritto in catasto ai sensi del R.D.L. 4 apr. 1939, n. 589, convertito nella L. 29 giu. 1939, n. 976, non supera complessivamente euro 180,76.

3. Il riconoscimento della proprietà, quando ricorrono le condizioni e i requisiti previsti dall'art. precedente, può essere richiesto con ricorso al pretore del luogo in cui è situato il fondo. Il ricorso deve contenere l'indicazione specifica dei documenti sui quali si fonda e dei mezzi di prova che si propongono ai fini dell'accertamento del possesso.

La richiesta è resa nota mediante affissione dell'istanza, per novanta giorni, all'albo del comune, in cui sono situati i fondi per i quali viene richiesto il riconoscimento del diritto di proprietà, e all'albo della pretura, ed è pubblicata per estratto, per una sola volta, nel Foglio degli annunzi legali della provincia. Nelle due pubblicazioni deve essere indicato il termine di novanta giorni per l'opposizione di cui al terzo comma del presente articolo. La pubblicazione nel Foglio degli annunzi legali della provincia deve essere fatta non oltre quindici giorni dalla data dell'avvenuta affissione nei due albi. L'istanza deve essere notificata a coloro che nei registri immobiliari figurano come titolari di diritti reali sull'immobile ed a coloro che, nel ventennio antecedente alla presentazione della stessa, abbiano trascritto contro l'istante o i suoi danti causa domanda giudiziale non perenta diretta a rivendicare la proprietà o altri diritti reali di godimento sui fondi medesimi.

Contro la richiesta di riconoscimento è ammessa opposizione da parte di chiunque vi abbia interesse entro novanta giorni dalla scadenza del termine di affissione oppure dalla data di notifica di cui al comma precedente.

Sull'opposizione il pretore giudica con sentenza nei limiti della propria competenza per valore. Tuttavia, quando il valore dei fondi cui l'opposizione si riferisce eccede tali limiti, il pretore rimette gli atti al tribunale competente.

Quando non è fatta opposizione, il pretore, raccolte, ove occorra, le prove indicate ed assunte le informazioni opportune, provvede con decreto, per il quale, in caso di accoglimento dell'istanza, si osservano le forme di pubblicità previste dal secondo comma. Contro tale decreto può essere proposta opposizione entro sessanta giorni dalla scadenza del termine di affissione. Il pretore provvede ai sensi del comma precedente.

Contro il decreto di rigetto il ricorrente può proporre reclamo, entro trenta giorni dalla comunicazione, mediante ricorso al tribunale, che provvede in camera di consiglio.

Il decreto di accoglimento non opposto e la sentenza definitiva passata in cosa giudicata, ove contenga riconoscimento di proprietà, costituiscono titolo per la trascrizione ai sensi dell'art. 2651 del c.c.

Sono salvi i diritti che i terzi di buona fede abbiano acquistato da colui che ha ottenuto il decreto o la sentenza di cui al comma precedente, purché l'acquisto abbia avuto luogo in base ad un atto trascritto o iscritto anteriormente alla trascrizione della domanda giudiziale con cui si faccia valere sull'immobile un diritto di proprietà od altro diritto reale.

4. Ai trasferimenti immobiliari, regolarizzati a norma degli articoli precedenti, che abbiano realizzato arrotondamento o accorpamento di proprietà dirette coltivatrici, singole o associate, sono applicabili le agevolazioni previste dall'art. 9, secondo comma, del D.P.R. 29 set. 1973, n. 601.

5. I trasferimenti immobiliari di cui sia richiesta la regolarizzazione entro il 31 dic. 1980,[1] sempre che ricorrano le condizioni e i requisiti previsti dagli articoli precedenti, sono esenti all'atto della loro regolarizzazione da qualunque sovratassa e pena pecuniaria, dipendente dalle leggi sulle imposte di successione, di registro, di bollo, ipotecarie e catastali.

Le agevolazioni previste nel comma precedente si applicano altresì ai procedimenti, iniziati ai sensi della L. 14 nov. 1962, n. 1610, e successive modificazioni, e definiti dopo il 31 dic. 1974.

[1] Il termine del 31 dic. 1980 è stato soppresso dall'art. 6 della L. 31 gen. 1994, n. 97.

VENDITA

- 1 -

D.lgs. 20 giu. 2005, n. 122

Disposizioni per la tutela dei diritti patrimoniali degli acquirenti di immobili da costruire, a norma della L. 2 ago. 2004, n. 210

(G.U. 6 lug. 2005, n. 155)[1]

[1] A norma del combinato disposto degli artt. 349, c. 1, e 389, c. 1, D.lgs. 12 gen. 2019, n. 14, a decorrere dal 15 lug. 2022, nelle disposizioni normative vigenti i termini «fallimento», «procedura fallimentare», «fallito» nonché le espressioni dagli stessi termini derivate devono intendersi sostituite, rispettivamente, con le espressioni «liquidazione giudiziale», «procedura di liquidazione giudiziale» e «debitore assoggettato a liquidazione giudiziale» e loro derivati, con salvezza della continuità delle fattispecie.

1. ***Definizioni.*** — 1. Ai fini del presente decreto devono intendersi:

a) per "acquirente": la persona fisica che sia promissaria acquirente o che acquisti un immobile da costruire, ovvero che abbia stipulato ogni altro contratto, compreso quello di leasing, che abbia o possa avere per effetto l'acquisto o comunque il trasferimento non immediato, a sé o ad un proprio parente in primo grado, della proprietà o della titolarità di un diritto reale di godimento su di un immobile da costruire, ovvero colui il quale, ancorché non socio di una cooperativa edilizia, abbia assunto obbligazioni con la cooperativa medesima per ottenere l'assegnazione in proprietà o l'acquisto della titolarità di un diritto reale di godimento su di un immobile da costruire per iniziativa della stessa;

b) per "costruttore": l'imprenditore o la cooperativa edilizia che promettano in vendita o che vendano un immobile da costruire, ovvero che abbiano stipulato ogni altro contratto, compreso quello di leasing, che abbia o possa avere per effetto la cessione o il trasferimento non immediato in favore di un acquirente della proprietà o della titolarità di un diritto reale di godimento su di un immobile da costruire, sia nel caso in cui lo stesso venga edificato direttamente dai medesimi, sia nel caso in cui la realizzazione della costruzione sia data in appalto o comunque eseguita da terzi;

c) per "situazione di crisi": la situazione che ricorre nei casi in cui il costruttore sia sottoposto o sia stato sottoposto ad esecuzione immobiliare, in relazione all'immobile oggetto del contratto, ovvero a fallimento, amministrazione straordinaria, concordato preventivo, liquidazione coatta amministrativa;

d) per "immobili da costruire": gli immobili per i quali sia stato richiesto il permesso di costruire e che siano ancora da edificare o la cui costruzione non risulti essere stata ultimata versando in stadio tale da non consentire ancora il rilascio del certificato di agibilità.[1]

[1] La Corte cost., con sent. 24 feb. 2022, n. 43, ha dichiarato l'ill. cost. del combinato disposto dell'art. 1, c. 1, L. 2 ago. 2004, n. 210, della presente lettera e dell'art. 9, c. 1, del presente provvedimento, nella parte in cui non riconoscono il diritto di prelazione anche alle persone fisiche che abbiano acquistato prima che sia stato richiesto il permesso di costruire.

2. ***Garanzia fideiussoria.*** — 1. All'atto della stipula di un contratto che abbia come finalità il trasferimento non immediato della proprietà o di altro diritto reale di godimento su un immobile da costruire o di un atto avente le medesime finalità, ovvero in un momento precedente, il costruttore è obbligato, a pena di nullità del contratto che può essere fatta valere unicamente dall'acquirente, a procurare il rilascio ed a consegnare all'acquirente una fideiussione, anche secondo quanto previsto dall'art. 1938 del codice civile, di importo corrispondente alle somme e al valore di ogni altro eventuale corrispettivo che il costruttore ha riscosso e, secondo i termine e le modalità stabilite nel contratto, deve ancora riscuotere dall'acquirente prima del trasferimento della proprietà o di altro diritto reale di godimento. Restano comunque esclusi le somme per le quali è pattuito che debbano essere erogate da un soggetto mutante, nonché i contributi pubblici già assistiti da autonoma garanzia.

2. Per le società cooperative, l'atto equipollente a quello indicato al comma 1 consiste in quello con il quale siano state versate somme o assunte obbligazioni con la cooperativa medesima per ottenere l'assegnazione in proprietà o l'acquisto della titolarità di un diritto reale di godimento su di un immobile da costruire per iniziativa della stessa.

3. ***Rilascio, contenuto e modalità di escussione della fideiussione.*** — 1. La fideiussione è rilasciata da una banca o da un'impresa esercente le assicurazioni; essa deve garantire, nel caso in cui il costruttore incorra in una situazione di crisi di cui al comma 2 o, nel caso di inadempimento all'obbligo assicurativo di cui all'articolo 4, la restituzione delle somme e del valore di ogni altro eventuale corrispettivo effettivamente riscossi e dei relativi interessi legali maturati fino al momento in cui la predetta situazione si è verificata.[1]

2. La situazione di crisi si intende verificata in una delle seguenti date:

a) di trascrizione del pignoramento relativo all'immobile oggetto del contratto;

b) di pubblicazione della sentenza dichiarativa del fallimento o del provvedimento di liquidazione coatta amministrativa;

c) di presentazione della domanda di ammissione alla procedura di concordato preventivo;

d) di pubblicazione della sentenza che dichiara lo stato di insolvenza o, se anteriore, del decreto che dispone la liquidazione coatta amministrativa o l'amministrazione straordinaria.

3. La fideiussione può essere escussa:

a) a decorrere dalla data in cui si è verificata la situazione di crisi di cui al comma 2 a condizione che, per l'ipotesi di cui alla lettera *a*) del medesimo comma, l'acquirente abbia comunicato al costruttore la propria volontà di recedere dal contratto e, per le ipotesi di cui alle lettere *b*), *c*) e *d*) del comma 2, il competente organo della procedura concorsuale non abbia comunicato la volontà di subentrare nel contratto preliminare;

b) a decorrere dalla data dell'attestazione del notaio di non aver ricevuto per la data dell'atto di trasferimento della proprietà la polizza assicurativa conforme al decreto ministeriale di cui all'articolo 4, quando l'acquirente ha comunicato al costruttore la propria volontà di recedere dal contratto di cui all'articolo 6.[1]

4. La fideiussione deve prevedere la rinuncia al beneficio della preventiva escussione del debitore principale di cui all'art. 1944, secondo comma, del codice civile e deve essere escutibile, verificatesi le condizioni di cui al comma 3, a richiesta scritta dell'acquirente, corredata da idonea documentazione comprovante l'ammontare delle somme e il valore di ogni altro eventuale corrispettivo che complessivamente il costruttore ha riscosso, da inviarsi al domicilio indicato dal fideiussore a mezzo di lettera raccomandata con avviso di ricevimento.

5. Il mancato pagamento del premio o della commissione non è opponibile all'acquirente.

6. Il fideiussore è tenuto a pagare l'importo dovuto entro il termine di trenta giorni dalla data di ricevimento della richiesto di cui al comma 4. Qualora la restituzione degli importi oggetto di fideiussione non sia eseguita entro il suddetto termine, il fideiussore è tenuto a rimborsare all'acquirente le spese da quest'ultimo effettivamente sostenute e strettamente necessarie per conseguire la detta restituzione, oltre i relativi interessi.

7. L'efficacia della fideiussione cessa nel momento in cui il fideiussore riceve dal costruttore o da un altro dei contraenti copia dell'atto di trasferimento della proprietà o di altro diritto reale di godimento sull'immobile o dell'atto definitivo di assegnazione il quale contenga la menzione di cui all'articolo 4, comma 1-*quater*.[1]

7-*bis*. Con decreto del Ministro della giustizia, di concerto con il Ministro dell'economia e delle finanze, da adottarsi entro novanta giorni dal 1° settembre 2021, è determinato il modello standard della fideiussione.[2]

[1] Comma così sost. dall'art. 385, D.lgs. 12 gen. 2019, n. 14, con decorrenza 16 mar. 2019.

[2] Comma aggiunto dall'art. 385, D.lgs. 12 gen. 2019, n. 14, con decorrenza 16 mar. 2019, e così modif. dall'art. 12, c. 9-*quater*, D.L. 31 dic. 2020, n. 183, conv. con modif. in L. 26 feb. 2021, n. 21.

4. ***Assicurazione dell'immobile.*** — 1. Il costruttore è obbligato a contrarre ed a consegnare all'acquirente all'atto del trasferimento della proprietà a pena di nullità del contratto che può essere fatta valere solo dall'acquirente,[1] una polizza assicurativa indennitaria decennale a beneficio dell'acquirente e con effetto dalla data di ultimazione dei lavori a copertura dei danni materiali e diretti all'immobile, compresi i danni ai terzi, cui sia tenuto ai sensi dell'art. 1669 del codice civile, derivanti da rovina totale o parziale oppure da gravi difetti costruttivi delle opere, per vizio del suolo o per difetto della costruzione, e comunque manifestatisi successivamente alla stipula del contratto definitivo di compravendita o di assegnazione.

1-*bis*. Con decreto del Ministro dello sviluppo economico, di concerto con il Ministro della giustizia e con il Ministro dell'economia e delle finanze, da adottarsi entro novanta giorni dal 1° settembre 2021, sono determinati il contenuto e le caratteristiche della polizza di assicurazione e il relativo modello standard.[2,3]

1-*ter*. In caso di inadempimento all'obbligo previsto dal comma 1, l'acquirente che abbia comunicato al costruttore la propria volontà di recedere dal contratto di cui all'articolo 6 ha diritto di escutere la fideiussione ai sensi dell'articolo 3, comma 3, lettera *b*).[2]

1-*quater*. L'atto di trasferimento deve contenere la menzione degli estremi identificativi della polizza assicurativa e della sua conformità al decreto previsto dal comma 1-*bis*.[2]

[1] Parole ins. dall'art. 386, D.lgs. 12 gen. 2019, n. 14, con decorrenza 16 mar. 2019.

[2] Comma aggiunto dall'art. 386, D.lgs. 12 gen. 2019, n. 14, con decorrenza 16 mar. 2019.

[3] Comma così modif. dall'art. 12, c. 9-*quater*, D.L. 31 dic. 2020, n. 183, conv. con modif. in L. 26 feb. 2021, n. 21.

5. *Applicabilità della disciplina.* — 1. La disciplina prevista dagli artt. 2, 3 e 4 si applica ai contratti aventi ad oggetto il trasferimento non immediato della proprietà o di altro diritto reale di godimento di immobili per i quali il permesso di costruire o altra denuncia o provvedimento abilitativo sia stato richiesto successivamente alla data di entrata in vigore del presente decreto.

1-*bis*. L'acquirente non può rinunciare alle tutele previste dal presente decreto; ogni clausola contraria è nulla e deve intendersi come non apposta.[1]

1-*ter*. Le modifiche apportate dal decreto legislativo di attuazione dell'articolo 12 della legge 19 ottobre 2017, n. 155 si applicano ai contratti aventi ad oggetto immobili da costruire per i quali il titolo abilitativo edilizio sia stato richiesto o presentato successivamente alla data di entrata in vigore del decreto stesso.[2]

[1] Comma aggiunto dall'art. 10-*quater*, D.L. 28 mar. 2014, n. 47, conv. con modif. in L. 23 mag. 2014, n. 80.

[2] Comma aggiunto dall'art. 387, D.lgs. 12 gen. 2019, n. 14, con decorrenza 16 mar. 2019.

6. *Contenuto del contratto preliminare.* — 1. Il contratto preliminare ed ogni altro contratto che ai sensi dell'art. 2 sia comunque diretto al successivo acquisto in capo ad una persona fisica della proprietà o di altro diritto reale su un immobile oggetto del presente decreto devono essere stipulati per atto pubblico o per scrittura privata autenticata devono contenere:[1]

a) le indicazioni previste agli artt. 2659, primo comma, n. 1), e 2826 del codice;

b) la descrizione dell'immobile e di tutte le sue pertinenze di uso esclusivo oggetto del contratto;

c) gli estremi di eventuali atti d'obbligo e convenzioni urbanistiche stipulati per l'ottenimento dei titoli abilitativi alla costruzione e l'elencazione dei vincoli previsti;

d) le caratteristiche tecniche della costruzione, con particolare riferimento alla struttura portante, alle fondazioni, alle tamponature, ai solai, alla copertura, agli infissi ed agli impianti;

e) i termini massimi di esecuzione della costruzione, anche eventualmente correlati alle varie fasi di lavorazione;

f) l'indicazione del prezzo complessivo da corrispondersi in danaro o il valore di ogni altro eventuale corrispettivo, i termini e le modalità per il suo pagamento, la specificazione dell'importo di eventuali somme a titolo di caparra; le modalità di corresponsione del prezzo devono essere rappresentate da bonifici bancari o versamento diretti su conti correnti bancari o postali indicati dalla parte venditrice ed alla stessa intestati o da altre forme che siano comunque in grado di assicurare la prova certa dell'avvenuto pagamento;

g) gli estremi della fideiussione di cui all'articolo 2 e l'attestazione della sua conformità al modello contenuto nel decreto di cui all'articolo 3, comma 7-*bis*;[2]

h) l'eventuale esistenza di ipoteche o trascrizioni pregiudizievoli di qualsiasi tipo sull'immobile con la specificazione del relativo ammontare, del soggetto a cui favore risultano e del titolo dal quale derivano, nonché la pattuizione espressa degli obblighi del costruttore ad esse connessi e, in particolare, se tali obblighi debbano essere adempiuti prima o dopo la stipula del contratto definitivo di vendita;

i) gli estremi del permesso di costruire o della sua richiesta se non ancora rilasciato, nonché di ogni altro titolo, denuncia o provvedimento abilitativo alla costruzione;

l) l'eventuale indicazione dell'esistenza di imprese appaltatrici, con la specificazione dei relativi dati identificativi.

2. Agli stessi contratti devono essere allegati:

a) il capitolato contenente le caratteristiche dei materiali da utilizzarsi, individuati anche solo per tipologie, caratteristiche e valori omogenei, nonché l'elenco delle rifiniture e degli accessori convenuti fra le parti;

b) gli elaborati del progetto in base al quale è stato richiesto o rilasciato il permesso di costruire o l'ultima variazione al progetto originario, limitatamente alla rappresentazione grafica degli immobili oggetto del contratto, delle relative pertinenze esclusive e delle parti condominiali.

3. Sono fatte salve le disposizioni di cui al regio decreto 28 marzo 1929, n. 499.

[1] Alinea così modif. dall'art. 388, D.lgs. 12 gen. 2019, n. 14, con decorrenza 16 mar. 2019.

[2] Lettera così sost. dall'art. 388, D.lgs. 12 gen. 2019, n. 14, con decorrenza 16 mar. 2019.

7. (*Omissis*).

8. ***Obbligo di cancellazione o frazionamento dell'ipoteca antecedente alla compravendita.*** — 1. Il notaio non può procedere alla stipula dell'atto di compravendita se, anteriormente o contestualmente alla stipula, non si sia proceduto alla suddivisione del finanziamento in quote o al perfezionamento di un titolo per la cancellazione o frazionamento dell'ipoteca a garanzia o del pignoramento gravante sull'immobile.

9. ***Diritto di prelazione.*** — 1. Qualora l'immobile sia stato consegnato all'acquirente e da questi adibito ad abitazione principale per sé o per il proprio coniuge o per un proprio parente in primo grado, all'acquirente medesimo, anche nel caso in cui abbia escusso la fideiussione, è riconosciuto il diritto di prelazione nell'acquisto dell'immobile al prezzo definitivo raggiunto nell'incanto anche in esito alle eventuali offerte ai sensi dell'art. 584 del codice di procedura civile.[1,2]

2. Ai fini dell'esercizio del diritto di prelazione, l'autorità che procede alla vendita dell'immobile provvede a dare immediata comunicazione all'acquirente, con atto notificato a mezzo ufficiale giudiziario, della definitiva determinazione del prezzo entro dieci giorni dall'adozione del relativo provvedimento, con indicazione di tutte le condizioni alle quali la vendita dovrà essere conclusa e l'invito ad esercitare la prelazione.

3. Il diritto di prelazione è esercitato dall'acquirente, a pena di decadenza, entro il termine di dieci giorni dalla data di ricezione della comunicazione di cui al comma 2 offrendo, con atto notificato a mezzo ufficiale giudiziario all'autorità che procede alla vendita dell'immobile, condizioni uguali a quelle comunicategli.

4. Qualora l'acquirente abbia acquistato l'immobile, per effetto dell'esercizio del diritto di prelazione, ad un prezzo inferiore alle somme riscosse in sede di escussione della fideiussione, la differenza deve essere restituita al fideiussore, qualora l'immobile acquistato abbia consistenza e caratteristiche tipologiche e di finitura corrispondenti a quelle previste nel contratto stipulato con il costruttore. Ove non ricorra tale condizione, l'eventuale eccedenza da restituire al fideiussore deve risultare da apposita stima.

5. È escluso, in ogni caso, il diritto di riscatto nei confronti dell'aggiudicatario.

[1] Comma così modif. dall'art. 10-*quater*, D.L. 28 mar. 2014, n. 47, conv. con modif. in L. 23 mag. 2014, n. 80.

[2] La Corte cost., con sent. 24 feb. 2022, n. 43, ha dichiarato l'ill. cost. del combinato disposto dell'art. 1, c. 1, L. 2 ago. 2004, n. 210, dell'art. 1, c. 1, lett. *d*), del presente provvedimento e del presente comma, nella parte in cui non riconoscono il diritto di prelazione anche alle persone fisiche che abbiano acquistato prima che sia stato richiesto il permesso di costruire.

10. ***Esenzioni e limiti alla esperibilità dell'azione revocatoria fallimentare.*** — 1. Gli atti a titolo oneroso che hanno come effetto il trasferimento della proprietà o di altro diritto reale di godimento di immobili da costruire, nei quali l'acquirente si impegni a stabilire, entro dodici mesi dalla data di acquisto o di ultimazione degli stessi, la residenza propria o del proprio coniuge o di suoi parenti o affini entro il terzo grado, se posti in essere al giusto prezzo da valutarsi alla data della stipula del preliminare, non sono soggetti all'azione revocatoria previsto dall'art. 67 del regio decreto 16 marzo 1942, n. 267, e successive modificazioni.[1]

2. Non sono, altresì, soggetti alla medesima azione revocatoria i pagamenti dei premi e commissioni relativi ai contratti di fideiussione e di assicurazione di cui agli artt. 3 e 4, qualora effettuati nell'esercizio dell'attività d'impresa nei termini d'uso.

[1] Comma così modif. dall'art. 10-*quater*, D.L. 28 mar. 2014, n. 47, conv. con modif. in L. 23 mag. 2014, n. 80.

11-18. (*Omissis*).

- 2 -

L. 17 ago. 2005, n. 173

Disciplina della vendita diretta a domicilio e tutela del consumatore dalle forme di vendita piramidale

(G.U. 2 set. 2005, n. 204)

1. ***Definizioni e ambito di applicazione della legge.*** — 1. Ai fini della presente legge si intendono:

a) per "vendita diretta a domicilio", la forma speciale di vendita al dettaglio e di offerta di beni e servizi, di cui all'art. 19 del D.lgs. 31 mar. 1998, n. 114, effettuate tramite la raccolta di ordinativi di acquisto presso il domicilio del consumatore finale o nei locali nei quali il consumatore si trova, anche temporaneamente, per motivi personali, di studio, di intrattenimento o di svago;

b) per "incaricato alla vendita diretta a domicilio", colui che, con o senza vincolo di subordinazione, promuove, direttamente o indirettamente, la raccolta di ordinativi di acquisto presso privati consumatori per conto di imprese esercenti la vendita diretta a domicilio;

c) per "impresa" o "imprese", l'impresa o le imprese esercenti la vendita diretta a domicilio di cui alla lettera *a*).

2. ***Esercizio dell'attività di vendita diretta a domicilio.*** — 1. Alle attività di vendita diretta a domicilio di cui all'art. 1, comma 1, lettera *a*), si applicano le disposizioni di cui agli artt. 19, 20 e 22, commi 1 e 2, del D.lgs. 31 marzo 1998, n. 114, nonché le disposizioni vigenti in materia di commercializzazione dei beni e dei servizi offerti.

3. ***Attività di incaricato alla vendita diretta a domicilio.*** — 1. L'attività di incaricato alla vendita diretta a domicilio, con o senza vincolo di subordinazione, è soggetta all'obbligo del possesso del tesserino di riconoscimento di cui all'art. 19, commi 5 e 6, del D.lgs. 31 marzo 1998, n. 114, e può essere svolta da chi risulti in possesso dei requisiti di cui all'art. 5, comma 2, del medesimo decreto legislativo.

2. L'attività di incaricato alla vendita diretta a domicilio senza vincolo di subordinazione può essere esercitata come oggetto di una obbligazione assunta con contratto di agenzia.

3. L'attività di incaricato alla vendita diretta a domicilio senza vincolo di subordinazione può essere altresì esercitata, senza necessità di stipulare un contratto di agenzia, da soggetti che svolgono l'attività in maniera abituale, ancorché non esclusiva, o in maniera occasionale, purché incaricati da una o più imprese.

4. La natura dell'attività di cui al comma 3 è di carattere occasionale sino al conseguimento di un reddito annuo, derivante da tale attività, non superiore a 5.000 euro.

5. Resta ferma la disciplina previdenziale recata dall'art. 44, comma 2, ultimo periodo, del D.L. 30 settembre 2003, n. 269, convertito, con modificazioni, dalla L. 24 novembre 2003, n. 326.

4. ***Disciplina del rapporto fra impresa affidante e incaricato alla vendita diretta a domicilio - Compenso dell'incaricato.*** — 1. All'incaricato alla vendita diretta a domicilio con vincolo di subordinazione si applica il contratto collettivo nazionale di lavoro applicato dall'impresa esercente la vendita diretta. All'incaricato alla vendita diretta a domicilio senza vincolo di subordinazione di cui all'art. 3, comma 2, si applicano gli accordi economici collettivi di settore.

2. Per l'incaricato alla vendita diretta a domicilio senza vincolo di subordinazione di cui all'art. 3, comma 3, l'incarico deve essere provato per iscritto e può essere liberamente rinunciato, anche per fatti concludenti con relativa presa d'atto dell'impresa affidante, o revocato per iscritto tramite lettera raccomandata con avviso di ricevimento o altro mezzo idoneo. L'atto di conferimento dell'incarico deve contenere l'indicazione dei diritti e degli obblighi di cui ai commi 3 e 6.

3. L'incaricato alla vendita diretta a domicilio senza vincolo di subordinazione di cui all'art. 3, comma 3, ha diritto di recedere dall'incarico, senza obbligo di motivazione, inviando all'impresa affidante una comunicazione, a mezzo di lettera raccomandata con avviso di ricevimento, entro dieci giorni lavorativi dalla stipula dell'atto scritto di cui al comma 2. In tale caso, l'incaricato è tenuto a restituire a sua cura e spese i beni e i materiali da dimostrazione eventualmente acquistati e l'impresa, entro trenta giorni dalla restituzione dei beni e dei materiali, rimborsa all'incaricato le somme da questi eventualmente pagate. Il rimborso è subordinato all'integrità dei beni e dei materiali restituiti.

4. Nei confronti dell'incaricato alla vendita diretta a domicilio non può essere stabilito alcun obbligo di acquisto:

a) di un qualsiasi ammontare di materiali o di beni commercializzati o distribuiti dall'impresa affidante, ad eccezione dei beni e dei materiali da dimostrazione strumentali alla sua attività che per tipologia e quantità sono assimilabili ad un campionario;

b) di servizi forniti, direttamente o indirettamente, dall'impresa affidante, non strettamente inerenti e necessari all'attività commerciale in questione, e comunque non proporzionati al volume dell'attività svolta.

5. Nel caso in cui l'incarico venga rinunciato o revocato, il tesserino di riconoscimento di cui all'art. 3, comma 1, è ritirato.

6. In aggiunta al diritto di recesso di cui al comma 3, all'incaricato alla vendita diretta a domicilio è in ogni caso riconosciuto, in tutte le altre ipotesi di cessazione per qualsiasi causa del rapporto con l'impresa affidante, il diritto di restituzione e, entro trenta giorni, alla rifusione del prezzo relativamente ai beni e ai materiali integri eventualmente posseduti in misura non inferiore al 90 per cento del costo originario.

7. L'incaricato alla vendita diretta a domicilio deve attenersi alle modalità e alle condizioni generali di vendita stabilite dall'impresa affidante. In caso contrario, egli è responsabile dei danni derivanti dalle condotte difformi da lui adottate rispetto alle modalità e alle condizioni di cui al primo periodo.

8. L'incaricato alla vendita diretta a domicilio non ha, salvo espressa autorizzazione scritta, la facoltà di riscuotere il corrispettivo degli ordinativi di acquisto che abbiano avuto regolare esecuzione presso i privati consumatori né di concedere sconti o dilazioni di pagamento.

9. Il compenso dell'incaricato alla vendita diretta a domicilio senza vincolo di subordinazione è costituito dalle provvigioni sugli affari che, accettati, hanno avuto regolare esecuzione. La misura delle provvigioni e le modalità di corresponsione devono essere stabilite per iscritto.

5. ***Divieto delle forme di vendita piramidale e di giochi o catene.*** — 1. Sono vietate la promozione e la realizzazione di attività e di strutture di vendita nelle quali l'incentivo economico primario dei componenti la struttura si fonda sul mero reclutamento di nuovi soggetti piuttosto che sulla loro capacità di vendita o promuovere la vendita di beni o servizi determinati direttamente o attraverso altri componenti la struttura.[1]

2. È vietata, altresì, la promozione o l'organizzazione di tutte quelle operazioni, quali giochi, piani

di sviluppo, "catene di Sant'Antonio", che configurano la possibilità di guadagno attraverso il puro e semplice reclutamento di altre persone e in cui il diritto a reclutare si trasferisce all'infinito previo il pagamento di un corrispettivo.

[1] Gli artt. 5, c. 1, e 7 sono stati abrog. dall'art. 5 D.lgs. 2 ago. 2007, n. 146, nella parte in cui riguardano forme di vendita piramidali fra consumatori e professionisti come definite dall'art. 23, c. 1, lettera *p*), del D.lgs. 6 set. 2005, n. 206. I suddetti artt. 5, c. 1 e 7 restano applicabili pertanto alle forme di promozione piramidale che coinvolgano qualsiasi persona fisica o giuridica che agisce nel quadro della sua attività commerciale, industriale, artigianale o professionale.

6. *Elementi presuntivi.* — 1. Costituisce elemento presuntivo della sussistenza di una operazione o di una struttura di vendita vietate ai sensi dell'art. 5 la ricorrenza di una delle seguenti circostanze:

a) l'eventuale obbligo del soggetto reclutato di acquistare dall'impresa organizzatrice, ovvero da altro componente la struttura, una rilevante quantità di prodotti senza diritto di restituzione o rifusione del prezzo relativamente ai beni ancora vendibili, in misura non inferiore al 90 per cento del costo originario, nel caso di mancata o parzialmente mancata vendita al pubblico;

b) l'eventuale obbligo del soggetto reclutato di corrispondere, all'atto del reclutamento e comunque quale condizione per la permanenza nell'organizzazione, all'impresa organizzatrice o ad altro componente la struttura, una somma di denaro o titoli di credito o altri valori mobiliari e benefici finanziari in genere di rilevante entità e in assenza di una reale controprestazione;

c) l'eventuale obbligo del soggetto reclutato di acquistare, dall'impresa organizzatrice o da altro componente la struttura, materiali, beni o servizi, ivi compresi materiali didattici e corsi di formazione, non strettamente inerenti e necessari alla attività commerciale in questione e comunque non proporzionati al volume dell'attività svolta.

7. *Sanzioni.* — 1. Salvo che il fatto costituisca più grave reato, chiunque promuove o realizza le attività o le strutture di vendita o le operazioni di cui all'art. 5, anche promuovendo iniziative di carattere collettivo o inducendo uno o più soggetti ad aderire, associarsi o affiliarsi alle organizzazioni od operazioni di cui al medesimo articolo, è punito con l'arresto da sei mesi ad un anno o con l'ammenda da 100.000 euro a 600.000 euro.

2. Per le violazioni di cui al comma 1 si applica la sanzione accessoria della pubblicazione del provvedimento con le modalità di cui all'art. 36 del codice penale e della sua comunicazione alle associazioni dei consumatori e degli utenti rappresentative a livello nazionale.

3. All'impresa che non rispetti le disposizioni di cui all'art. 4, commi 2, 3, 5, 6 e 9, si applica una sanzione amministrativa pecuniaria da 1.500 euro a 5.000 euro.[1]

[1] Vedi nota all'art. 5.

INDICE PER VOCI DELL'APPENDICE DI LEGGI COMPLEMENTARI

Adozione

Anagrafi

Assicurazioni private

Autore (diritti di)

Avvocati

Azione collettiva

Brevetti e marchi

Cartolarizzazione dei crediti e obbligazioni garantite

Cittadinanza

Conciliazione delle controversie civili

Concorrenza

Consumatori (diritti dei)

Contenzioso tributario

Contratto di subfornitura

Controversie societarie

Controversie sulla proprietà industriale e intellettuale

Convenzioni internazionali

Danno da prodotti difettosi

Danno da responsabilità sanitaria

Depenalizzazione

Diritto internazionale privato

Documenti informatici

Edilizia e urbanistica

Espropriazioni

Factoring

Festività e ferie

Franchising

Interessi moratori nei contratti

Istituti di vendite giudiziarie

Lavoro

Liquidazione giudiziale

Locazioni urbane

Matrimonio e unioni civili

Mediazione

Notificazioni

Obbligazioni (legge applicabile)

Ordinamento giudiziario

Patrocinio a spese dello Stato

Periti e ausiliari del giudice

Persone giuridiche private

Privacy

Procedimenti vari

Processo amministrativo

Rapporti tra giudizio civile e giudizio penale

Registro (imposta di)

Regolamenti comunitari

Separazione e divorzio

Società

Stato civile

Successioni

Terzo settore

Testimoni

Titoli di credito

Trascrizioni e ipoteche

Ufficiali giudiziari

Usi normativi

Usucapione speciale

Vendita

INDICE CRONOLOGICO DELLE LEGGI COMPLEMENTARI

n = provvedimento citato in nota

Ulteriori provvedimenti emanati nel 2022 di cui si è tenuto conto

CODICE PENALE

DISPOSIZIONI DI COORDINAMENTO E TRANSITORIE

APPROVAZIONE DEL TESTO DEL CODICE PENALE IN VIGORE DAL 1° LUGLIO 1931

Regio Decreto 19 ottobre 1930, n. 1392
(G.U. 28 ott. 1930, n. 253, Suppl.)[1]

VITTORIO EMANUELE III
PER GRAZIA DI DIO
E PER VOLONTÀ DELLA NAZIONE
RE D'ITALIA

Vista la legge 24 dicembre 1925, n. 2260, che delega al Governo del Re la facoltà di emendare il codice penale;

Abbiamo decretato e decretiamo:

1. Il testo definitivo del codice penale portante la data di questo giorno è approvato ed avrà esecuzione a cominciare dal 1° luglio 1931.

2. Un esemplare del suddetto testo definitivo del codice penale, firmato da Noi e contrassegnato dal Nostro Ministro Segretario di Stato per la giustizia e per gli affari di culto, servirà di originale e sarà depositato e custodito nell'Archivio del Regno.

3. La pubblicazione del predetto codice si eseguirà col trasmetterne un esemplare stampato a ciascuno dei Comuni del Regno, per essere depositato nella sala comunale, e tenuto ivi esposto, durante un mese successivo, per sei ore in ciascun giorno, affinché ognuno possa prenderne cognizione.

Dato a S. Rossore, addì 19 ottobre 1930

VITTORIO EMANUELE

MUSSOLINI - ROCCO

Visto, *il Guardasigilli*: Rocco.

CODICE PENALE

LIBRO PRIMO

DEI REATI IN GENERALE[1]

[1] «Nessuno può essere punito se non in forza di una legge che sia entrata in vigore prima del fatto commesso»: Art. 25, secondo comma, della Costituzione.

TITOLO I

Della legge penale

1. ***Reati e pene: disposizione espressa di legge.*** — Nessuno può essere punito per un fatto che non sia espressamente preveduto come reato dalla legge, né con pene che non siano da essa stabilite.

2. ***Successione di leggi penali.*** — Nessuno può essere punito per un fatto che, secondo la legge del tempo in cui fu commesso, non costituiva reato.

Nessuno può essere punito per un fatto che, secondo la legge posteriore, non costituisce reato; e, se vi è stata condanna, ne cessano l'esecuzione e gli effetti penali.

Se vi è stata condanna a pena detentiva e la legge posteriore prevede esclusivamente la pena pecuniaria, la pena detentiva inflitta si converte immediatamente nella corrispondente pena pecuniaria, ai sensi dell'art. 135.

Se la legge del tempo in cui fu commesso il reato e le posteriori sono diverse, si applica quella le cui disposizioni sono più favorevoli al reo, salvo che sia stata pronunciata sentenza irrevocabile.

Se si tratta di leggi eccezionali o temporanee, non si applicano le disposizioni dei capoversi precedenti.

Le disposizioni di questo articolo si applicano altresì nei casi di decadenza e di mancata ratifica di un decreto-legge e nel caso di un decreto-legge convertito in legge con emendamenti.[1]

[1] La Corte cost., con sent. 22 feb. 1985, n. 51, ha dichiarato l'ill. cost. del quinto comma (ora sesto) dell'art. 2 «nella parte in cui rende applicabili alle ipotesi da esso previste le disposizioni contenute nel secondo e terzo comma dello stesso art. 2».

3. ***Obbligatorietà della legge penale.*** — La legge penale italiana obbliga tutti coloro che, cittadini o stranieri, si trovano nel territorio dello Stato, salve le eccezioni stabilite dal diritto pubblico interno o dal diritto internazionale.

La legge penale italiana obbliga altresì tutti coloro che, cittadini o stranieri, si trovano all'estero, ma limitatamente ai casi stabiliti dalla legge medesima o dal diritto internazionale.

3-*bis*. ***Principio della riserva di codice.***[1] — Nuove disposizioni che prevedono reati possono essere introdotte nell'ordinamento solo se modificano il codice penale ovvero sono inserite in leggi che disciplinano in modo organico la materia.

[1] Articolo ins. dall'art. 1, D.lgs. 1 mar. 2018, n. 21.

4. ***Cittadino italiano. Territorio dello Stato.*** — Agli effetti della legge penale, sono considerati *cittadini italiani* gli appartenenti per origine o per elezione ai luoghi soggetti alla sovranità dello Stato e gli apolidi residenti nel territorio dello Stato.

Agli effetti della legge penale, è *territorio dello Stato* il territorio *della Repubblica*, e ogni altro luogo soggetto alla sovranità dello Stato. Le navi e gli aeromobili italiani sono considerati come territorio dello Stato, ovunque si trovino, salvo che siano soggetti, secondo il diritto internazionale, a una legge territoriale straniera.

5. ***Ignoranza della legge penale.***[1,2] — Nessuno può invocare a propria scusa l'ignoranza della legge penale.

[1] La Corte cost., con sent. 24 mar. 1988, n. 364, ha dichiarato l'ill. cost. dell'art. 5 «nella parte in cui non esclude dall'inescusabilità dell'ignoranza della legge penale l'ignoranza inevitabile».

[2] La Corte cost., con sent. 24 feb. 1995, n. 61, ha dichiarato l'ill. cost. dell'art. 39 del c.p.m.p. nella parte in cui non esclude dall'inescusabilità dell'ignoranza dei doveri inerenti allo stato militare l'ignoranza inevitabile.

6. ***Reati commessi nel territorio dello Stato.*** — Chiunque commette un reato nel territorio dello Stato è punito secondo la legge italiana.

Il reato si considera commesso nel territorio dello Stato, quando l'azione o l'omissione, che lo costituisce, è ivi avvenuta in tutto o in parte, ovvero si è ivi verificato l'evento che è la conseguenza dell'azione od omissione.

7. ***Reati commessi all'estero.*** — È punito secondo la legge italiana il cittadino o lo straniero che commette in territorio estero taluno dei seguenti reati:

1) delitti contro la personalità dello Stato italiano;

2) delitti di contraffazione del sigillo dello Stato e di uso di tale sigillo contraffatto;

3) delitti di falsità in monete aventi corso legale nel territorio dello Stato, o in valori di bollo o in carte di pubblico credito italiano);

4) delitti commessi da pubblici ufficiali a servizio dello Stato, abusando dei poteri o violando i doveri inerenti alle loro funzioni;

5) ogni altro reato per il quale speciali disposizioni di legge o convenzioni internazionali stabiliscono l'applicabilità della legge penale italiana.

8. ***Delitto politico commesso all'estero.*** — Il cittadino o lo straniero, che commette in territorio estero un delitto politico non compreso tra quelli indicali nel n. 1 dell'articolo precedente, è punito secondo la legge italiana, a richiesta del Ministro della giustizia.

Se si tratta di delitto punibile a querela della persona offesa, occorre, oltre tale richiesta, anche la querela.

Agli effetti della legge penale, è delitto politico ogni delitto, che offende un interesse politico dello Stato, ovvero un diritto politico del cittadino. È altresì considerato delitto politico il delitto comune determinato, in tutto o in parte, da motivi politici.

9. ***Delitto comune del cittadino all'estero.*** — Il cittadino, che, fuori dei casi indicati nei due articoli precedenti, commette in territorio estero un delitto per il quale la legge italiana stabilisce la pena di morte[1] o l'ergastolo, o la reclusione non inferiore nel minimo a tre anni, è punito secondo la legge medesima, sempre che si trovi nel territorio dello Stato.

Se si tratta di delitto per il quale è stabilita una pena restrittiva della libertà personale di minore durata, il colpevole è punito a richiesta del Ministro della giustizia, ovvero a istanza o a querela della persona offesa.

Nei casi preveduti dalle disposizioni precedenti, qualora si tratti di delitto commesso a danno delle Comunità europee, di uno stato estero o di uno straniero, il colpevole è punito a richiesta del Ministro della giustizia, sempre che l'estradizione di lui non sia stata conceduta, ovvero non sia stata accettata dal Governo dello Stato in cui egli ha commesso il delitto.

Nei casi preveduti dalle disposizioni precedenti, la richiesta del Ministro della giustizia o l'istanza o la querela della persona offesa non sono necessarie per i delitti previsti dagli articoli 320, 321, 346-*bis*, 648 e 648-*ter*.l.[2]

[1] V. nota all'art. 21.

[2] Comma aggiunto dall'art. 1, c. 1, lett. *a*), L. 9 gen. 2019, n. 3, e così modif. dall'art. 1, D.lgs. 8 nov. 2021, n. 195.

10. ***Delitto comune dello straniero all'estero.*** — Lo straniero, che, fuori dai casi indicati dagli artt. 7 e 8, commette in territorio estero, a danno dello Stato o di un cittadino, un delitto per il quale la legge italiana stabilisce la pena di morte[1] o l'ergastolo, o la reclusione non inferiore nel minimo a un anno, è punito secondo la legge medesima, sempre che si trovi nel territorio dello Stato, e vi sia richiesta del Ministro della giustizia, ovvero istanza o querela della persona offesa.

Se il delitto è commesso a danno delle Comunità europee, di uno Stato estero o di uno straniero, il colpevole è punito secondo la legge italiana, a richiesta del Ministro della giustizia, sempre che:

1) si trovi nel territorio dello Stato;

2) si tratti di delitto per il quale è stabilita la pena di morte[1] o dell'ergastolo, ovvero della reclusione non inferiore nel minimo a tre anni;

3) l'estradizione di lui non sia stata conceduta, ovvero non sia stata accettata dal Governo dello Stato in cui egli ha commesso il delitto, o da quello dello Stato a cui egli appartiene.

La richiesta del Ministro della giustizia o l'istanza o la querela della persona offesa non sono necessarie per i delitti previsti dagli articoli 317, 318, 319, 319-*bis*, 319-*ter*, 319-*quater*, 320, 321, 322 e 322-*bis*.[2]

[1] V. nota all'art. 21.

[2] Comma aggiunto dall'art. 1, c. 1, lett. *b*), L. 9 gen. 2019, n. 3.

11. ***Rinnovamento del giudizio.*** — Nel caso indicato nell'art. 6, il cittadino o lo straniero è giudicato nello Stato, anche se sia stato giudicato all'estero.

Nei casi indicati negli artt. 7, 8, 9 e 10, il cittadino o lo straniero, che sia stato giudicato all'estero, è giudicato nuovamente nello Stato, qualora il Ministro della giustizia ne faccia richiesta.

12. ***Riconoscimento delle sentenze penali straniere.*** — Alla sentenza penale straniera pronunciata per un delitto può essere dato riconoscimento:

1) per stabilire la recidiva o un altro effetto penale della condanna, ovvero per dichiarare l'abitualità o la professionalità nel reato o la tendenza a delinquere;

2) quando la condanna importerebbe, secondo la legge italiana, una pena accessoria;

3) quando, secondo la legge italiana, si dovrebbe sottoporre la persona condannata o prosciolta, che si trova nel territorio dello Stato, a misure di sicurezza personali;

4) quando la sentenza straniera porta condanna alle restituzioni o al risarcimento del danno, ovvero deve, comunque, esser fatta valere in giudizio nel territorio dello Stato, agli effetti delle restituzioni o del risarcimento del danno, o ad altri effetti civili.

Per farsi luogo al riconoscimento, la sentenza deve essere stata pronunciata dall'Autorità giudiziaria di uno Stato estero col quale esiste trattato di estradizione. Se questo non esiste, la sentenza estera può essere egualmente ammessa a riconoscimento nello Stato, qualora il Ministro della giustizia ne faccia richiesta. Tale richiesta non occorre se viene fatta istanza per il riconoscimento agli effetti indicati nel n. 4.

13. ***Estradizione.*** — L'estradizione è regolata dalla legge penale italiana, dalle convenzioni e dagli usi internazionali.[1]

L'estradizione non è ammessa, se il fatto che forma oggetto della domanda di estradizione non è preveduto come reato dalla legge italiana e dalla legge straniera.

L'estradizione può essere conceduta od offerta, anche per reati non preveduti nelle convenzioni internazionali, purché queste non ne facciano espresso divieto.

Non è ammessa l'estradizione del cittadino, salvo che sia espressamente consentita nelle convenzioni internazionali.

[1] V. la nota all'art. 12.

14. ***Computo e decorrenza dei termini.*** — Quando la legge penale fa dipendere un effetto giuridico dal decorso del tempo, per il computo di questo si osserva il calendario comune.

Ogni qual volta la legge penale stabilisce un termine per il verificarsi di un effetto giuridico, il giorno della decorrenza non è computato nel termine.

15. ***Materia regolata da più leggi penali o da più disposizioni della medesima legge penale.*** — Quando più leggi penali o più disposizioni della medesima legge penale regolano la stessa materia, la legge o la disposizione di legge speciale deroga alla legge o alla disposizione di legge generale, salvo che sia altrimenti stabilito.

16. ***Leggi penali speciali.*** — Le disposizioni di questo codice si applicano anche nelle materie regolate da altre leggi penali, in quanto non sia da queste stabilito altrimenti.

TITOLO II
Delle pene[1]

[1] Per i reati di competenza del Giudice di pace si veda il titolo II del D.lgs. 28 ago. 2000, n. 274.

CAPO I
Delle specie di pene, in generale

17. ***Pene principali: specie.***[1] — Le pene principali stabilite per i delitti sono:

1) [la morte];
2) l'ergastolo;
3) la reclusione;
4) la multa.

Le pene principali stabilite per le contravvenzioni sono:

1) l'arresto;
2) l'ammenda.

[1] La Corte cost., con sent. 28 apr. 1994, n. 168, ha dichiarato l'articolo illegittimo nella parte in cui non esclude l'applicazione della pena dell'ergastolo al minore imputabile.

18. ***Denominazione e classificazione delle pene principali.*** — Sotto la denominazione di *pene detentive* o *restrittive della libertà personale* la legge comprende: l'ergastolo, la reclusione e l'arresto.

Sotto la denominazione di *pene pecuniarie* la legge comprende la multa e l'ammenda.

19. ***Pene accessorie: specie.*** — Le pene accessorie per i delitti sono:

1) l'interdizione dai pubblici uffici;
2) l'interdizione da una professione o da un'arte;
3) l'interdizione legale;
4) l'interdizione dagli uffici direttivi delle persone giuridiche e delle imprese;
5) l'incapacità di contrattare con la pubblica amministrazione;
5-*bis*) l'estinzione del rapporto di impiego o di lavoro;
6) la decadenza o la sospensione dall'esercizio della responsabilità genitoriale.[1]

Le pene accessorie per le contravvenzioni sono:

1) la sospensione dall'esercizio di una professione o di un'arte;
2) la sospensione dagli uffici direttivi delle persone giuridiche e delle imprese.[2]

Pena accessoria comune ai delitti e alle contravvenzioni è la pubblicazione della sentenza penale di condanna.

La legge penale determina gli altri casi in cui pene accessorie stabilite per i delitti sono comuni alle contravvenzioni.

[1] Le parole «potestà dei genitori» sono state sost. da «responsabilità genitoriale» dall'art. 93, D.lgs. 28 dic. 2013, n. 154, in vigore dal 7 feb. 2014.

[2] I primi due commi dell'art. 19 sono stati così sost. dall'art. 118 della L. 24 nov. 1981, n. 689.

20. ***Pene principali e accessorie.*** — Le pene principali sono inflitte dal giudice con sentenza di condanna; quelle accessorie conseguono di diritto alla condanna, come effetti penali di essa.

CAPO II
Delle pene principali, in particolare

21. [***Pena di morte***].[1]

[1] «Per i delitti preveduti nel c.p. è soppressa la pena di morte.

Quando nelle disposizioni del detto codice è comminata la pena di morte, in luogo di questa si applica la pena dell'ergastolo». (D.lgs. 10 ago. 1944, n. 224).

Tali disposizioni «sono estese ai delitti previsti dalle leggi speciali diverse da quelle militari di guerra». (D.lgs. 22 gen. 1948, n. 21).

«Non è ammessa la pena di morte, se non nei casi previsti dalle leggi militari di guerra» (Cost. 27).

«Per i delitti previsti dal cod. pen. milit. di guerra e dalle leggi militari di guerra la pena di morte è abolita ed è sostituita dalla pena massima prevista dal c.p.» (L. 13 ott. 1994, n. 589).

22. ***Ergastolo.***[1] — La pena dell'ergastolo è perpetua, ed è scontata in uno degli stabilimenti a ciò destinati, con l'obbligo del lavoro e con l'isolamento notturno.

Il condannato all'ergastolo può essere ammesso al lavoro all'aperto.[2]

[1] V. nota all'art. 17 c.p.

[2] Comma così modif. con L. 25 nov. 1962, n. 1634, che ha abrog. anche il 2° e il 3° cpv. dello stesso art. 22, i quali erano applicabili alla pena della reclusione.

23. ***Reclusione.*** — La pena della reclusione si estende da quindici giorni a ventiquattro anni, ed è scontata in uno degli stabilimenti a ciò destinati, con l'obbligo del lavoro e con l'isolamento notturno.

Il condannato alla reclusione, che ha scontato almeno un anno della pena, può essere ammesso al lavoro all'aperto.

24. ***Multa.***[1] — La pena della multa consiste nel pagamento allo Stato di una somma non inferiore a euro 50 né superiore a euro 50.000.

Per i delitti determinati da motivi di lucro, se la legge stabilisce soltanto la pena della reclusione, il giudice può aggiungere la multa da euro 50 a euro 25.000.

[1] Articolo così sost. dall'art. 101 della L. 24 nov. 1981, n. 689, e success. modif. dall'art. 3, c. 60 della L. 15 lug. 2009, n. 94.

25. ***Arresto.*** — La pena dell'arresto si estende da cinque giorni a tre anni, ed è scontata in uno degli stabilimenti a ciò destinati o in sezioni speciali degli stabilimenti di reclusione con l'obbligo del lavoro e con l'isolamento notturno.

Il condannato all'arresto può essere addetto a lavori anche diversi da quelli organizzati nello stabilimento, avuto riguardo alle sue attitudini e alle sue precedenti occupazioni.

26. ***Ammenda.***[1] — La pena dell'ammenda consiste nel pagamento allo Stato di una somma non inferiore a euro 20 né superiore a euro 10.000.

[1] Articolo così sost. dall'art. 101 della L. 24 nov. 1981, n. 689, e success. modif. dall'art. 3, c. 60 della L. 15 lug. 2009, n. 94.

27. ***Pene pecuniarie fisse e proporzionali.*** — La legge determina i casi nei quali le pene pecuniarie sono fisse e quelli in cui sono proporzionali. Le pene pecuniarie proporzionali non hanno limite massimo.

CAPO III
Delle pene accessorie, in particolare

28. ***Interdizione dai pubblici uffici.*** — L'interdizione dai pubblici uffici è perpetua o temporanea.

L'interdizione perpetua dai pubblici uffici, salvo che dalla legge sia altrimenti disposto, priva il condannato:

1) del diritto di elettorato o di eleggibilità in qualsiasi comizio elettorale, e di ogni altro diritto politico;

2) di ogni pubblico ufficio, di ogni incarico non obbligatorio di pubblico servizio, e della qualità ad essi inerente di pubblico ufficiale o d'incaricato di pubblico servizio;

3) dell'ufficio di tutore o di curatore, anche provvisorio, e di ogni altro ufficio attinente alla tutela o alla cura;

4) dei gradi e delle dignità accademiche, dei titoli, delle decorazioni o di altre pubbliche insegne onorifiche;

5) degli stipendi, delle pensioni e degli assegni che siano a carico dello Stato o di un altro ente pubblico;[1]

6) di ogni diritto onorifico, inerente a qualunque degli uffici, servizi, gradi o titoli e delle qualità, dignità e decorazioni indicati nei numeri precedenti;

7) della capacità di assumere o di acquistare qualsiasi diritto, ufficio, servizio, qualità, grado, titolo, dignità, decorazione e insegna onorifica, indicati nei numeri precedenti.

L'interdizione temporanea priva il condannato della capacità di acquistare o di esercitare o di godere, durante l'interdizione, i predetti diritti, uffici, servizi, qualità, gradi, titoli e onorificenze.

Essa non può avere una durata inferiore a un anno, né superiore a cinque.

La legge determina i casi nei quali l'interdizione dai pubblici uffici è limitata ad alcuni di questi.

[1] La Corte cost., con sent. 13 gen. 1966, n. 3, ha dichiarato l'ill. cost.: dell'art. 28, secondo comma n. 5, del c.p., limitatamente alla parte in cui i diritti in esso previsti traggono titolo da un rapporto di lavoro; del terzo comma dello stesso art. 28, nei medesimi limiti.

La Corte cost., con sent. 19 lug. 1968, n. 113, ha dichiarato l'ill. cost., dell'art. 28, secondo comma n. 5 del c.p. per quanto attiene alle pensioni di guerra.

29. ***Casi nei quali alla condanna consegue l'interdizione dai pubblici uffici.*** — La condanna all'ergastolo e la condanna alla reclusione per un tempo non inferiore a cinque anni importano l'interdizione perpetua del condannato dai pubblici uffici; e la condanna alla reclusione per un tempo non inferiore a tre anni importa l'interdizione dai pubblici uffici per la durata di anni cinque.

La dichiarazione di abitualità o di professionalità nel delitto, ovvero di tendenza a delinquere, importa l'interdizione perpetua dai pubblici uffici.

30. ***Interdizione da una professione o da un'arte.*** — L'interdizione da una professione o da un'arte priva il condannato della capacità di esercitare, durante l'interdizione, una professione, arte, industria, o un commercio o mestiere, per cui è richiesto uno speciale permesso o una speciale abilitazione, autorizzazione o licenza dell'Autorità e importa la decadenza dal permesso o dalla abilitazione, autorizzazione, o licenza anzidetta.

L'interdizione da una professione o da un'arte non può avere una durata inferiore a un mese, né superiore a cinque anni, salvi i casi espressamente stabiliti dalla legge.

31. ***Condanna per delitti commessi con abuso di un pubblico ufficio o di una professione o di un'arte. Interdizione.*** — Ogni condanna per delitti commessi con l'abuso dei poteri, o con la violazione dei doveri inerenti a una pubblica funzione, o ad un pubblico servizio, o a taluno degli uffici indicati nel n. 3 dell'art. 28, ovvero con l'abuso di una professione, arte, industria, o di un commercio o mestiere, o con la violazione dei doveri a essi inerenti, importa l'interdizione temporanea dai pubblici uffici o dalla professione, arte, industria, o dal commercio o mestiere.

32. ***Interdizione legale.*** — Il condannato all'ergastolo è in stato d'interdizione legale.

La condanna all'ergastolo importa anche la decadenza della responsabilità genitoriale.[1]

Il condannato alla reclusione per un tempo non inferiore a cinque anni è, durante la pena, in stato d'interdizione legale; la condanna produce altresì, durante la pena, la sospensione dell'esercizio della responsabilità genitoriale,[2] salvo che il giudice disponga altrimenti.[3]

Alla interdizione legale si applicano, per ciò che concerne la disponibilità e l'amministrazione dei beni, nonché la rappresentanza negli atti ad esse relativi, le norme della legge civile sulla interdizione giudiziale.

[1] Le parole «potestà dei genitori» sono state sost. da «responsabilità genitoriale» dall'art. 93, D.lgs. 28 dic. 2013, n. 154, in vigore dal 7 feb. 2014.

[2] Ai sensi dell'art. 105, D.lgs. 28 dic. 2013, n. 154, in vigore dal 7 feb. 2014, le parole «potestà dei genitori» sono state sost. da «responsabilità genitoriale».

[3] Il secondo ed il terzo comma dell'art. 32 sono stati così sost. dall'art. 119 della L. 24 nov. 1981, n. 689.

32-*bis*. ***Interdizione temporanea dagli uffici direttivi delle persone giuridiche e delle imprese.***[1] — L'interdizione dagli uffici direttivi delle persone giuridiche e delle imprese priva il condannato della capacità di esercitare, durante l'interdizione, l'ufficio di amministratore, sindaco, liquidatore e direttore generale e dirigente preposto alla redazione dei documenti contabili societari,[2] nonché ogni altro ufficio con potere di rappresentanza della persona giuridica o dell'imprenditore.

Essa consegue ad ogni condanna alla reclusione non inferiore a sei mesi per delitti commessi con abuso dei poteri o violazione dei doveri inerenti all'ufficio.

[1] Articolo ins. dall'art. 120, L. 24 nov. 1981, n. 689.

[2] Parole così sost. dall'art. 15 della L. 28 dic. 2005, n. 262.

32-*ter*. ***Incapacità di contrattare con la pubblica amministrazione.***[1] — L'incapacità di contrattare con la pubblica amministrazione importa il divieto di concludere contratti con la pubblica amministrazione, salvo che per ottenere le prestazioni di un pubblico servizio.

Essa non può avere durata inferiore ad un anno né superiore a cinque anni.[2]

[1] Articolo ins. dall'art. 120, L. 24 nov. 1981, n. 689.

[2] Comma così modif. dall'art. 1, c. 1, lett. a), L. 27 mag. 2015, n. 69.

32-*quater*. ***Casi nei quali alla condanna consegue l'incapacità di contrattare con la pubblica amministrazione.***[1] — Ogni condanna per i delitti previsti dagli articoli 314, primo comma, 316-*bis*, 316-*ter*, 317, 318, 319, 319-*bis*, 319-*ter*, 319-*quater*, 320, 321, 322, 322-*bis*, 346-*bis*, 353, 355, 356, 416, 416-*bis*, 423-*bis*, primo comma,[2] 437, 452-*bis*, 452-*quater*, 452-*sexies*, 452-*septies*, 452-*quaterdecies*, 501, 501-*bis*, 640, secondo comma, numero 1, 640-*bis* e 644, commessi in danno o a vantaggio di un'attività imprenditoriale o comunque in relazione ad essa, importa l'incapacità di contrattare con la pubblica amministrazione.

[1] Articolo così sost. dall'art. 1, c. 1, lett. *c*), L. 9 gen. 2019, n. 3.

[2] Parole aggiunte dall'art. 6, c. 1, D.L. 8 set. 2021, n. 120, conv. con modif. in L. 8 nov. 2021, n. 155.

32-*quinquies*. ***Casi nei quali alla condanna consegue l'estinzione del rapporto di lavoro o di impiego.***[1] — Salvo quanto previsto dagli artt. 29 e 31, la condanna alla reclusione per un tempo non inferiore a due anni per i delitti di cui agli artt. 314, primo comma, 317, 318, 319, 319-*ter*, 319-*quater*, primo comma, e 320 importa altresì l'estinzione del rapporto di lavoro o di impiego nei confronti del dipendente di amministrazioni o enti pubblici ovvero di enti a prevalente partecipazione pubblica.

[1] Articolo ins. dall'art. 5, c. 2, L. 27 mar. 2001, n. 97 e quindi modif. dall'art. 1, c. 75, lett. *b*), L. 6 nov. 2012, n. 190 e dall'art. 1, c. 1, lett. *b*), L. 27 mag. 2015, n. 69.

33. ***Condanna per delitto colposo.*** — Le disposizioni dell'art. 29 e del secondo capoverso dell'art. 32 non si applicano nel caso di condanna per delitto colposo.[1]

Le disposizioni dell'art. 31 non si applicano nel caso di condanna per delitto colposo, se la pena inflitta è inferiore a tre anni di reclusione, o se è inflitta soltanto una pena pecuniaria.

[1] Comma così sost. dall'art. 121 della L. 24 nov. 1981, n. 689.

34. ***Decadenza dalla responsabilità genitoriale e sospensione dall'esercizio di essa.***[1,2] — La legge determina i casi nei quali la condanna importa la decadenza dalla responsabilità genitoriale.[2]

La condanna per delitti commessi con abuso della responsabilità genitoriale[2] importa la sospensione dall'esercizio di essa per un periodo di tempo pari al doppio della pena inflitta.

La decadenza dalla responsabilità genitoriale[2] importa anche la privazione di ogni diritto che al genitore spetti sui beni del figlio in forza alla responsabilità genitoriale[2] di cui al titolo IX del libro I del c.c.

La sospensione dall'esercizio della responsabilità genitoriale[2] importa anche l'incapacità di esercitare, durante la sospensione, qualsiasi diritto che al genitore spetti sui beni del figlio in base alle norme del titolo IX del libro I del c.c.

Nelle ipotesi previste dai commi precedenti, quando sia concessa la sospensione condizionale della pena, gli atti del procedimento vengono trasmessi al tribunale dei minorenni, che assume i provvedimenti più opportuni nell'interesse dei minori.

[1] Articolo così sost. dall'art. 122 della L. 24 nov. 1981, n. 689.

[2] Le parole «potestà dei genitori» e «potestà» sono state sost. da «responsabilità genitoriale» dall'art. 93, D.lgs. 28 dic. 2013, n. 154, in vigore dal 7 feb. 2014.

35. ***Sospensione dall'esercizio di una professione o di una arte.*** — La sospensione dall'esercizio di una professione o di un'arte priva il condannato della capacità di esercitare, durante la sospensione, una professione, arte, industria, o un commercio o mestiere, per i quali è richiesto uno speciale permesso o una speciale abilitazione, autorizzazione o licenza dell'Autorità.

La sospensione dall'esercizio di una professione o di un'arte non può avere una durata inferiore a tre mesi, né superiore a tre anni.[1]

Essa consegue a ogni condanna per contravvenzione, che sia commessa con abuso della professione, arte, industria, o del commercio o mestiere, ovvero con violazione dei doveri ad essi inerenti, quando la pena inflitta non è inferiore a un anno d'arresto.

[1] Comma così modif. dall'art. 1, c. 1, lett. *c*), L. 27 mag. 2015, n. 69.

35-*bis*. ***Sospensione dall'esercizio degli uffici direttivi delle persone giuridiche e delle imprese.*** — La sospensione dall'esercizio degli uffici direttivi delle persone giuridiche e delle imprese priva il condannato della capacità di esercitare, durante la sospensione, l'ufficio di amministratore, sindaco, liquidatore e direttore generale e dirigente preposto alla redazione dei documenti contabili societari,[1] nonché ogni altro ufficio con potere di rappresentanza della persona giuridica o dell'imprenditore.

Essa non può avere una durata inferiore a quindici giorni né superiore a due anni e consegue ad ogni condanna all'arresto per contravvenzioni commesse con abuso dei poteri o violazione dei doveri inerenti all'ufficio.

[1] Parole così sost. dall'art. 15 della L. 28 dic. 2005, n. 262.

36. ***Pubblicazione della sentenza penale di condanna.*** — La sentenza di condanna all'ergastolo è pubblicata mediante affissione nel Comune ove è stata pronunciata, in quello ove il delitto fu commesso, e in quello ove il condannato aveva l'ultima residenza.

La sentenza di condanna è inoltre pubblicata nel sito internet del Ministro della Giustizia. La durata della pubblicazione nel sito è stabilita dal giudice in misura non superiore a trenta giorni. In mancanza la durata è di quindici giorni.[1]

La pubblicazione è fatta per estratto, salvo che il giudice disponga la pubblicazione per intero; essa è eseguita d'ufficio e a spese del condannato.

La legge determina gli altri casi nei quali la sentenza di condanna deve essere pubblicata. In tali casi la pubblicazione ha luogo nei modi stabiliti nei due capoversi precedenti.[1]

[1] Comma così modif. dall'art. 37, c. 18, lett. *a*), n. 2 D.L. 6 lug. 2011, n. 98, conv. in L. 15 lug. 2011, n. 111.

37. ***Pene accessorie temporanee: durata.*** — Quando la legge stabilisce che la condanna importa una pena accessoria temporanea, e la durata di questa non è espressamente determinata, la pena accessoria ha una durata eguale a quella della pena principale inflitta, o che dovrebbe scontarsi, nel caso di conversione, per insolvibilità del condannato. Tuttavia, in nessun caso essa può oltrepassare il limite minimo e quello massimo stabiliti per ciascuna specie di pena accessoria.

38. [***Condizione giuridica del condannato alla pena di morte***].[1]

[1] V. nota all'art. 21.

TITOLO III
Del reato

CAPO I
Del reato consumato e tentato

39. ***Reato: distinzione fra delitti e contravvenzioni.*** — I reati si distinguono in delitti e contravvenzioni, secondo la diversa specie delle pene per essi rispettivamente stabilite da questo codice.

40. ***Rapporto di causalità.*** — Nessuno può essere punito per un fatto preveduto dalla legge come reato, se l'evento dannoso o pericoloso, da cui dipende la esistenza del reato, non è conseguenza della sua azione od omissione.

Non impedire un evento, che si ha l'obbligo giuridico di impedire, equivale a cagionarlo.

41. ***Concorso di cause.*** — Il concorso di cause preesistenti o simultanee o sopravvenute, anche se indipendenti dall'azione od omissione del colpevole, non esclude il rapporto di causalità fra l'azione od omissione e l'evento.

Le cause sopravvenute escludono il rapporto di causalità quando sono state da sole sufficienti a determinare l'evento. In tal caso, se l'azione od omissione precedentemente commessa costituisce per sè un reato, si applica la pena per questo stabilita.

Le disposizioni precedenti si applicano anche quando la causa preesistente o simultanea o sopravvenuta consiste nel fatto illecito altrui.

42. ***Responsabilità per dolo o per colpa o per delitto preterintenzionale. Responsabilità obiettiva.*** — Nessuno può essere punito per un'azione od omissione preveduta dalla legge come reato, se non l'ha commessa con coscienza e volontà.

Nessuno può essere punito per un fatto preveduto dalla legge come delitto, se non l'ha commesso con dolo, salvi i casi di delitto preterintenzionale o colposo espressamente preveduti dalla legge.

La legge determina i casi nei quali l'evento è posto altrimenti a carico dell'agente, come conseguenza della sua azione od omissione.

Nelle contravvenzioni ciascuno risponde della propria azione od omissione cosciente e volontaria, sia essa dolosa o colposa.

43. ***Elemento psicologico del reato.*** — Il delitto:

– è doloso, o secondo l'intenzione, quando l'evento dannoso o pericoloso, che è il risultato dell'azione od omissione e da cui la legge fa dipendere l'esistenza del delitto, è dall'agente preveduto e voluto come conseguenza della propria azione od omissione;

– è preterintenzionale, o oltre l'intenzione, quando dall'azione od omissione deriva un evento dannoso o pericoloso più grave di quello voluto dall'agente;

– è colposo, o contro l'intenzione, quando l'evento, anche se preveduto, non è voluto dall'agente e si verifica a causa di negligenza o imprudenza o imperizia, ovvero per inosservanza di leggi, regolamenti, ordini o discipline.

La distinzione tra reato doloso e reato colposo, stabilita da questo articolo per i delitti, si applica altresì alle contravvenzioni, ogni qualvolta per queste la legge penale faccia dipendere da tale distinzione un qualsiasi effetto giuridico.

44. ***Condizione obiettiva di punibilità.*** — Quando, per la punibilità del reato, la legge richiede il verificarsi di una condizione, il colpevole risponde del reato, anche se l'evento, da cui dipende il verificarsi della condizione, non è da lui voluto.

45. ***Caso fortuito o forza maggiore.*** — Non è punibile chi ha commesso il fatto per caso fortuito o per forza maggiore.

46. ***Costringimento fisico.*** — Non è punibile chi ha commesso il fatto per esservi stato da altri costretto, mediante violenza fisica alla quale non poteva resistere o comunque sottrarsi.

In tal caso, del fatto commesso dalla persona costretta risponde l'autore della violenza.

47. ***Errore di fatto.*** — L'errore sul fatto che costituisce il reato esclude la punibilità dell'agente. Nondimeno, se si tratta di errore determinato da colpa, la punibilità non è esclusa, quando il fatto è preveduto dalla legge come delitto colposo.

L'errore sul fatto che costituisce un determinato reato non esclude la punibilità per un reato diverso.

L'errore su una legge diversa dalla legge penale esclude la punibilità, quando ha cagionato un errore sul fatto che costituisce il reato.

48. ***Errore determinato dall'altrui inganno.*** — Le disposizioni dell'articolo precedente si applicano anche se l'errore sul fatto che costituisce il reato è determinato dall'altrui inganno; ma, in tal caso, del fatto commesso dalla persona ingannata risponde chi l'ha determinata a commetterlo.

49. ***Reato supposto erroneamente e reato impossibile.*** — Non è punibile chi commette un fatto non costituente reato, nella supposizione erronea che esso costituisca reato.

La punibilità è altresì esclusa quando, per la inidoneità dell'azione o per la inesistenza dell'oggetto di essa, è impossibile l'evento dannoso o pericoloso.

Nei casi previsti dalle disposizioni precedenti, se concorrono nel fatto gli elementi costitutivi di un reato diverso, si applica la pena stabilita per il reato effettivamente commesso.

Nel caso indicato nel primo capoverso, il giudice può ordinare che l'imputato prosciolto sia sottoposto a misura di sicurezza.

50. ***Consenso dell'avente diritto.*** — Non è punibile chi lede o pone in pericolo un diritto, col consenso della persona che può validamente disporne.

51. ***Esercizio di un diritto o adempimento di un dovere.***[1] — L'esercizio di un diritto o l'adempimento di un dovere imposto da una norma giuridica o da un ordine legittimo della pubblica Autorità, esclude la punibilità.

Se un fatto costituente reato è commesso per ordine dell'Autorità, del reato risponde sempre il pubblico ufficiale che ha dato l'ordine.

Risponde del reato altresì chi ha eseguito l'ordine, salvo che, per errore di fatto, abbia ritenuto di obbedire a un ordine legittimo.

Non è punibile chi esegue l'ordine illegittimo, quando la legge non gli consente alcun sindacato sulla legittimità dell'ordine.

[1] Si veda l'art 4, L. 24 nov. 1981, n. 689, l'art. 97, D.P.R. 9 ott. 1990, n. 309, e l'art. 17, L. 3 ago. 2007. n. 124.

52. ***Difesa legittima.*** — Non è punibile chi ha commesso il fatto, per esservi stato costretto dalla necessità di difendere un diritto proprio od altrui contro il pericolo attuale di un'offesa ingiusta, sempre che la difesa sia proporzionata all'offesa.

Nei casi previsti dall'art. 614, primo e secondo comma, sussiste sempre[1] il rapporto di proporzione di cui al primo comma del presente articolo se taluno legittimamente presente in uno dei luoghi ivi indicati usa un'arma legittimamente detenuta o altro mezzo idoneo al fine di difendere:

a) la propria o altrui incolumità;

b) i beni propri o altrui, quando non vi è desistenza e vi è pericolo di aggressione.[2]

Le disposizioni di cui al secondo e al quarto comma si applicano[3] anche nel caso in cui il fatto sia avvenuto all'interno di ogni altro luogo ove venga esercitata un'attività commerciale, professionale o imprenditoriale.[2]

Nei casi di cui al secondo e al terzo comma agisce sempre in stato di legittima difesa colui che compie un atto per respingere l'intrusione posta in essere, con violenza o minaccia di uso di armi o di altri mezzi di coazione fisica, da parte di una o più persone.[4]

[1] Parola ins. dall'art. 1, L. 26 apr. 2019, n. 36.
[2] Comma aggiunto dall'art. 1 della L. 13 feb. 2006, n. 59.
[3] Parola così sost. dall'art. 1, L. 26 apr. 2019, n. 36.
[4] Comma aggiunto dall'art. 1, L. 26 apr. 2019, n. 36.

53. ***Uso legittimo delle armi.*** — Ferme le disposizioni contenute nei due articoli precedenti, non è punibile il pubblico ufficiale che, al fine di adempiere un dovere del proprio ufficio, fa uso ovvero ordina di far uso delle armi o di un altro mezzo di coazione fisica, quando vi è costretto dalla necessità di respingere una violenza o di vincere una resistenza all'Autorità e comunque di impedire la consumazione dei delitti di strage, di naufragio, sommersione, disastro aviatorio, disastro ferroviario, omicidio volontario, rapina a mano armata e sequestro di persona.

La stessa disposizione si applica a qualsiasi persona che, legalmente richiesta dal pubblico ufficiale, gli presti assistenza.

La legge determina gli altri casi, nei quali è autorizzato l'uso delle armi o di un altro mezzo di coazione fisica.

54. ***Stato di necessità.*** — Non è punibile chi ha commesso il fatto per esservi stato costretto dalla necessità di salvare sè od altri dal pericolo attuale di un danno grave alla persona, pericolo da lui non volontariamente causato, né altrimenti evitabile, sempre che il fatto sia proporzionato al pericolo.

Questa disposizione non si applica a chi ha un particolare dovere giuridico di esporsi al pericolo.

La disposizione della prima parte di questo articolo si applica anche se lo stato di necessità è determinato dall'altrui minaccia; ma, in tal caso, del fatto commesso dalla persona minacciata risponde chi l'ha costretta a commetterlo.

55. ***Eccesso colposo.*** — Quando, nel commettere alcuno dei fatti previsti dagli artt. 51, 52, 53 e 54, si eccedono colposamente i limiti stabiliti dalla legge o dall'ordine dell'Autorità ovvero imposti dalla necessità, si applicano le disposizioni concernenti i delitti colposi, se il fatto è preveduto dalla legge come delitto colposo.

Nei casi di cui ai commi secondo, terzo e quarto dell'articolo 52, la punibilità è esclusa se chi ha commesso il fatto per la salvaguardia della propria o altrui incolumità ha agito nelle condizioni di cui all'articolo 61, primo comma, numero 5), ovvero in stato di grave turbamento, derivante dalla situazione di pericolo in atto.[1]

[1] Comma aggiunto dall'art. 2, L. 26 apr. 2019, n. 36.

56. ***Delitto tentato.*** — Chi compie atti idonei, diretti in modo non equivoco a commettere un delitto, risponde di delitto tentato, se l'azione non si compie o l'evento non si verifica.[1]

Il colpevole di delitto tentato è punito: [con la reclusione da ventiquattro a trenta anni, se dalla legge è stabilita per il delitto la pena di morte];[2] con la reclusione non inferiore a dodici anni, se la pena stabilita è l'ergastolo; e, negli altri casi, con la pena stabilita per il delitto, diminuita da un terzo a due terzi.

Se il colpevole volontariamente desiste dall'azione, soggiace soltanto alla pena per gli atti compiuti, qualora questi costituiscano per sè un reato diverso.

Se volontariamente impedisce l'evento, soggiace alla pena stabilita per il delitto tentato, diminuita da un terzo alla metà.

[1] Nel contrabbando il delitto tentato è equiparato al delitto consumato. V. artt. 293 e 342 D.P.R. 23 gen. 1973, n. 43.
[2] V. nota all'art. 21.

57. ***Reati commessi col mezzo della stampa periodica.*** — Salva la responsabilità dell'autore della pubblicazione e fuori dei casi di concorso, il direttore o il vice-direttore responsabile, il quale omette di esercitare sul contenuto del periodico da lui diretto il controllo necessario ad impedire che col mezzo della pubblicazione siano commessi reati, è punito, a titolo di colpa, se un reato è commesso, con la pena stabilita per tale reato, diminuita in misura non eccedente un terzo.

57-*bis*. ***Reati commessi col mezzo della stampa non periodica.*** — Nel caso di stampa non periodica, le disposizioni di cui al precedente articolo si applicano all'editore, se l'autore della pubblicazione è ignoto o non imputabile, ovvero allo stampatore, se l'editore non è indicato o non è imputabile.

58. ***Stampa clandestina.*** — Le disposizioni dell'articolo precedente si applicano anche se non sono state osservate le prescrizioni di legge sulla pubblicazione e diffusione della stampa periodica e non periodica.

58-*bis*. ***Procedibilità per i reati commessi col mezzo della stampa.*** — Se il reato commesso col mezzo della stampa è punibile a querela, istanza o richiesta, anche per la punibilità dei reati preveduti dai tre articoli precedenti è necessaria querela, istanza o richiesta.

La querela, la istanza o la richiesta presentata contro il direttore o vice- direttore responsabile, l'editore o lo stampatore, ha effetto anche nei confronti dell'autore della pubblicazione per il reato da questo commesso.

Non si può procedere per i reati preveduti nei tre articoli precedenti se è necessaria una autorizzazione di procedimento per il reato commesso dall'autore della pubblicazione, fino a quando l'autorizzazione non è concessa. Questa disposizione non si applica se l'autorizzazione è stabilita per le qualità o condizioni personali dell'autore dalla pubblicazione.

CAPO II
Delle circostanze del reato

59. ***Circostanze non conosciute o erroneamente supposte.*** — Le circostanze che attenuano o escludono la pena sono valutate a favore dell'agente anche se da lui non conosciute, o da lui per errore ritenute inesistenti.[1]

Le circostanze che aggravano la pena sono valutate a carico dell'agente soltanto se da lui conosciute ovvero ignorate per colpa o ritenute inesistenti per errore determinato da colpa.

Se l'agente ritiene per errore che esistano circostanze aggravanti o attenuanti, queste non sono valutate contro o a favore di lui.

Se l'agente ritiene per errore che esistano circostanze di esclusione della pena, queste sono sempre valutate a favore di lui. Tuttavia, se si tratta di errore determinato da colpa, la punibilità non è esclusa quando il fatto è preveduto dalla legge come delitto colposo.

60. ***Errore sulla persona dell'offeso.*** — Nel caso di errore sulla persona offesa da un reato, non sono poste a carico dell'agente le circostanze aggravanti che riguardano le condizioni o qualità della persona offesa, o i rapporti tra offeso e colpevole.

Sono invece valutate a suo favore le circostanze attenuanti, erroneamente supposte, che concernono le condizioni, le qualità o i rapporti predetti.

Le disposizioni di questo articolo non si applicano, se si tratta di circostanze che riguardano l'età o altre condizioni o qualità, fisiche o psichiche, della persona offesa.

61. ***Circostanze aggravanti comuni.*** — Aggravano il reato, quando non ne sono elementi costitutivi o circostanze aggravanti speciali, le circostanze seguenti:[1]

1) l'avere agito per motivi abietti o futili;

2) l'avere commesso il reato per eseguirne od occultarne un altro, ovvero per conseguire o assicurare a sè o ad altri il prodotto o il profitto o il prezzo ovvero la impunità di un altro reato;

3) l'avere, nei delitti colposi, agito nonostante la previsione dell'evento;

4) l'avere adoperato sevizie, o l'aver agito con crudeltà verso le persone;

5) l'avere profittato di circostanze di tempo, di luogo o di persona, anche in riferimento all'età, tali da ostacolare la pubblica o privata difesa;[2]

6) l'avere il colpevole commesso il reato durante il tempo, in cui si è sottratto volontariamente alla esecuzione di un mandato o di un ordine di arresto o di cattura o di carcerazione, spedito per un precedente reato;

7) l'avere, nei delitti contro il patrimonio, o che comunque offendono il patrimonio, ovvero nei delitti determinati da motivi di lucro, cagionato alla persona offesa dal reato un danno patrimoniale di rilevante gravità;

8) l'avere aggravato o tentato di aggravare le conseguenze del delitto commesso;

9) l'avere commesso il fatto con abuso dei poteri, o con violazione dei doveri inerenti a una pubblica funzione o a un pubblico servizio, ovvero alla qualità di ministro di un culto;

10) l'avere commesso il fatto contro un pubblico ufficiale o una persona incaricata di un pubblico servizio, o rivestita della qualità di ministro del culto cattolico di un culto ammesso nello Stato, ovvero contro un agente diplomatico o consolare di uno Stato estero, nell'atto o a causa dell'adempimento delle funzioni o del servizio;

11) l'avere commesso il fatto con abuso di autorità o di relazioni domestiche, ovvero con abuso di relazioni d'ufficio, di prestazione d'opera, di coabitazione, o di ospitalità;

11-*bis*) l'avere il colpevole commesso il fatto mentre si trova illegalmente sul territorio nazionale.[3]

11-*ter*) l'aver commesso un delitto contro la persona ai danni di un soggetto minore all'interno o nelle adiacenze di istituti di istruzione o di formazione.[4]

11-*quater*) l'avere il colpevole commesso un delitto non colposo durante il periodo in cui era ammesso ad una misura alternativa alla detenzione in carcere.[5]

11-*quinquies*) l'avere, nei delitti non colposi contro la vita e l'incolumità individuale e contro la libertà personale, commesso il fatto in presenza o in danno di un minore di anni diciotto ovvero in danno di persona in stato di gravidanza.[6]

11-*sexies*) l'avere, nei delitti non colposi, commesso il fatto in danno di persone ricoverate presso strutture sanitarie o presso strutture sociosanitarie residenziali o semiresidenziali, pubbliche o private, ovvero presso strutture socio-educative.[7]

11-*septies*) l'avere commesso il fatto in occasione o a causa di manifestazioni sportive o durante i trasferimenti da o verso i luoghi in cui si svolgono dette manifestazioni.[8]

11-*octies*) l'avere agito, nei delitti commessi con violenza o minaccia, in danno degli esercenti le professioni sanitarie e socio-sanitarie nonché di chiunque svolga attività ausiliarie di cura, assistenza sanitaria o soccorso, funzionali allo svolgimento di dette professioni, a causa o nell'esercizio di tali professioni o attività.[9]

[1] Per reati commessi per finalità di terrorismo o di eversione dell'ordine democratico, si veda l'articolo 270-*bis*.1 c.p.

[2] Numero così sost. dall'art. 1, c. 7 della L. 15 lug. 2009, n. 94.

[3] Numero aggiunto dall'art. 1, c. 1, lett. *f*), D.L. 23 mag. 2008, n. 92, conv. con modif., in L. 24 lug. 2008, n. 125.

Tale disposizione, ai sensi dell'art. 1, c. 1, L. 15 lug. 2009, n. 94, si intende riferita ai cittadini di Paesi non appartenenti all'Unione europea e agli apolidi.

La Corte cost., con sent. 8 lug. 2010, n. 249, ha dichiarato l'ill. cost. del n. 11-*bis*.

[4] Numero aggiunto dall'art. 3, c. 20, L. 15 lug. 2009, n. 94.

[5] Numero aggiunto dall'art. 3, c. 1, L. 26 nov. 2010, n. 199.

[6] Numero aggiunto dall'art. 1, c. 1, D.L. 14 ago. 2013, n. 93, conv. con modif. in L. 15 ott. 2013, n. 119 e così modif. dall'art. 9, c. 1, L. 19 lug. 2019, n. 69.

[7] Numero aggiunto dall'art. 14, c. 1, L. 11 gen. 2018, n. 3.

[8] Numero aggiunto dall'art. 16, D.L. 14 giu. 2019, n. 53, conv. con modif. in L. 8 ago. 2019, n. 77.

[9] Numero aggiunto dall'art. 5, c. 1, L. 14 ago. 2020 n. 113.

61-*bis*. *Circostanza aggravante del reato transnazionale.*[1] — Per i reati puniti con la pena della reclusione non inferiore nel massimo a quattro anni nella commissione dei quali abbia dato il suo contributo un gruppo criminale organizzato impegnato in attività criminali in più di uno Stato la pena è aumentata da un terzo alla metà. Si applica altresì il secondo comma dell'articolo 416-*bis*.1.

[1] Articolo ins. dall'art. 5, c. 1, lett. *a*), D.lgs. 1 mar. 2018, n. 21.

62. *Circostanze attenuanti comuni.* — Attenuano il reato, quando non ne sono elementi costitutivi o circostanze attenuanti speciali, le circostanze seguenti:

1) l'avere agito per motivi di particolare valore morale o sociale;

2) l'avere reagito in stato d'ira, determinato da un fatto ingiusto altrui;

3) l'avere agito per suggestione di una folla in tumulto, quando non si tratta di riunioni o assembramenti vietati dalla legge o dall'Autorità, e il colpevole non è delinquente o contravventore abituale o professionale, o delinquente per tendenza;

4) l'avere, nei delitti contro il patrimonio, o che comunque offendono il patrimonio, cagionato alla persona offesa dal reato un danno patrimoniale di speciale tenuità, ovvero, nei delitti determinati da motivi di lucro, l'avere agito per conseguire o l'avere comunque conseguito un lucro di speciale tenuità, quando anche l'evento dannoso o pericoloso sia di speciale tenuità;

5) l'essere concorso a determinare l'evento, insieme con l'azione o l'omissione del colpevole, il fatto doloso della persona offesa;

6) l'avere, prima del giudizio, riparato interamente il danno, mediante il risarcimento di esso, e, quando sia possibile, mediante le restituzioni; o l'essersi, prima del giudizio e fuori del caso preveduto nell'ultimo capoverso dell'art. 56, adoperato spontaneamente ed efficacemente per elidere o attenuare le conseguenze dannose o pericolose del reato.

62-*bis*. *Circostanze attenuanti generiche.* — Il giudice, indipendentemente dalle circostanze previste nell'art. 62, può prendere in considerazione altre circostanze diverse, qualora le ritenga tali da giustificare una diminuzione della pena. Esse sono considerate in ogni caso, ai fini dell'applicazione di questo capo, come una sola circostanza, la quale può anche concorrere con una o più delle circostanze indicate nel predetto art. 62.

Ai fini dell'applicazione del primo comma non si tiene conto dei criteri di cui all'art. 133, primo comma, numero 3), e secondo comma, nei casi previsti dall'art. 99, quarto comma, in relazione ai delitti previsti dall'art. 407, comma 2, lettera *a*), del codice di procedura penale, nel caso in cui siano puniti con la pena della reclusione non inferiore nel minimo a cinque anni.[1]

In ogni caso, l'assenza di precedenti condanne per altri reati a carico del condannato non può essere, per ciò solo, posta a fondamento della concessione delle circostanze di cui al primo comma.[2]

[1] La Corte cost., con sent. 10 giu. 2011, n. 183, ha dichiarato l'ill. cost. dell'art. 62-*bis*, secondo comma, nella parte in cui stabilisce che, ai fini dell'applicazione del primo comma dello stesso art., non si possa tenere conto della condotta del reo susseguente al reato.

[2] Comma aggiunto dall'art. 1, c. 1, lett. *f-bis*) del D.L. 23 mag. 2008, n. 92, conv. con modif., nella L. 24 lug. 2008, n. 125.

63. *Applicazione degli aumenti o delle diminuzioni di pena.* — Quando la legge dispone che la pena sia aumentata o diminuita entro limiti determinati, l'aumento o la diminuzione si opera sulla quantità di essa, che il giudice applicherebbe al colpevole, qualora non concorresse la circostanza che la fa aumentare o diminuire.

Se concorrono più circostanze aggravanti, ovvero più circostanze attenuanti, l'aumento o la diminuzione di pena si opera sulla quantità di essa risultante dall'aumento o dalla diminuzione precedente.

Quando per una circostanza la legge stabilisce una pena di specie diversa da quella ordinaria del reato o si tratta di circostanza ad effetto speciale, l'aumento o la diminuzione per le altre circostanze non opera sulla pena ordinaria del reato, ma sulla pena stabilita per la circostanza anzidetta. Sono circostanze ad effetto speciale quelle che importano un aumento o una diminuzione della pena superiore ad un terzo.

Se concorrono più circostanze aggravanti tra quelle indicate nel secondo capoverso di questo articolo, si applica soltanto la pena stabilita per la circostanza più grave; ma il giudice può aumentarla.

Se concorrono più circostanze attenuanti tra quelle indicate nel secondo capoverso di questo articolo, si applica soltanto la pena meno grave stabilita per le predette circostanze; ma il giudice può diminuirla.

64. *Aumento di pena nel caso di una sola circostanza aggravante.* — Quando ricorre una circostanza aggravante, e l'aumento di pena non è determinato dalla legge, è aumentata fino a un terzo la pena che dovrebbe essere inflitta per il reato commesso.

Nondimeno, la pena della reclusione da applicare per effetto dell'aumento non può superare gli anni trenta.

65. ***Diminuzione di pena nel caso di una sola circostanza attenuante.*** — Quando ricorre una circostanza attenuante, e non è dalla legge determinata la diminuzione di pena, si osservano le norme seguenti:

[1) alla pena di morte è sostituita la reclusione da ventiquattro a trenta anni][1];

2) alla pena dell'ergastolo è sostituita la reclusione da venti a ventiquattro anni;

3) le altre pene sono diminuite in misura non eccedente un terzo.

[1] Ai sensi del D.lgs. 10 ago. 1944, n. 224, la pena di morte, per i delitti previsti dal c.p., è stata soppressa e sostituita con l'ergastolo.

66. ***Limiti degli aumenti di pena nel caso di concorso di più circostanze aggravanti.***[1] — Se concorrono più circostanze aggravanti, la pena da applicare per effetto degli aumenti non può superare il triplo del massimo stabilito dalla legge per il reato, salvo che si tratti delle circostanze indicate nel secondo capoverso dell'art. 63, né comunque eccedere:

1) gli anni trenta, se si tratta della reclusione;

2) gli anni cinque, se si tratta dell'arresto;

3) e, rispettivamente, euro 10.329 o euro 2.065 milioni o quattro milioni, se si tratta della multa o dell'ammenda; ovvero, rispettivamente, euro 30.987 o euro 6.197 se il giudice si avvale della facoltà di aumento indicata nel capoverso dell'art. 133-*bis*.

[1] Articolo così sost. dall'art. 101 della L. 24 nov. 1981, n. 689.

67. ***Limiti delle diminuzioni di pena nel caso di concorso di più circostanze attenuanti.*** — Se concorrono più circostanze attenuanti, la pena da applicare per effetto delle diminuzioni non può essere inferiore:

[1) a quindici anni di reclusione, se per il delitto la legge stabilisce la pena di morte];

2) a dieci anni di reclusione, se per il delitto la legge stabilisce la pena dell'ergastolo.

Le altre pene sono diminuite. In tal caso, quando non si tratta delle circostanze indicate nel 2° cpv. dell'art. 63, la pena non può essere applicata in misura inferiore ad un quarto.

68. ***Limiti al concorso di circostanze.*** — Salvo quando è disposto nell'art. 15, quando una circostanza aggravante comprende in sè un'altra circostanza aggravante, ovvero una circostanza attenuante comprende in sè un'altra circostanza attenuante, è valutata a carico o a favore del colpevole soltanto la circostanza aggravante o la circostanza attenuante, la quale importa, rispettivamente, il maggior aumento o la maggiore diminuzione di pena.

Se le circostanze aggravanti o attenuanti importano lo stesso aumento o la stessa diminuzione di pena, si applica un solo aumento o una sola diminuzione di pena.

69. ***Concorso di circostanze aggravanti e attenuanti.*** — Quando concorrono insieme circostanze aggravanti e circostanze attenuanti, e le prime sono dal giudice ritenute prevalenti, non si tien conto delle diminuzioni di pena stabilite per le circostanze attenuanti, e si fa luogo soltanto agli aumenti di pena stabiliti per le circostanze aggravanti.

Se le circostanze attenuanti sono ritenute prevalenti sulle circostanze aggravanti, non si tien conto degli aumenti di pena stabiliti per queste ultime, e si fa luogo soltanto alle diminuzioni di pena stabilite per le circostanze attenuanti.

Se fra le circostanze aggravanti e quelle attenuanti il giudice ritiene che vi sia equivalenza, si applica la pena che sarebbe inflitta se non concorresse alcuna di dette circostanze.

Le disposizioni precedenti si applicano anche alle circostanze inerenti alla persona del colpevole esclusi i casi previsti dall'art. 99, quarto comma, nonché dagli artt. 111 e 112, primo comma, numero 4), per cui vi è divieto di prevalenza delle circostanze attenuanti sulle ritenute circostanze aggravanti, ed a qualsiasi altra circostanza per la quale la legge stabilisca una pena di specie diversa o determini la misura della pena in modo indipendente da quella ordinaria del reato.[1]

[1] La Corte cost., con sent. 15 nov. 2012, n. 251, ha dichiarato l'ill. cost. del presente comma nella parte in cui prevede il divieto di prevalenza della circostanza attenuante di cui all'art. 73, c. 5, D.P.R. 9 ottobre 1990, n. 309 sulla recidiva di cui all'art. 99, c. 4, c.p.

La Corte cost., con sent. 18 apr. 2014, n. 105, ha dichiarato l'ill. cost. del presente comma nella parte in cui prevede il divieto di prevalenza della circostanza attenuante di cui all'art. 648, c. 2, c.p., sulla recidiva di cui all'art. 99, c. 4, c.p.

La Corte cost., con sent. 18 apr. 2014, n. 106, ha dichiarato l'ill. cost. del presente comma nella parte in cui prevede il divieto di prevalenza della circostanza attenuante di cui all'art. 609-*bis*, c. 3, c.p., sulla recidiva di cui all'art. 99, c. 4, c.p.

La Corte cost., con sent. 7 apr. 2016, n. 74, ha dichiarato l'ill. cost. del presente comma nella parte in cui prevede il divieto di prevalenza della circostanza attenuante di cui all'art. 73, c. 7, D.P.R. 9 ott. 1990, n. 309 sulla recidiva reiterata prevista dall'art. 99, c. 4, c.p.

La Corte cost., con sent. 17 lug. 2017, n. 205, ha dichiarato l'ill. cost. del presente comma, nella parte in cui prevede il divieto di prevalenza della circostanza attenuante di cui all'art. 219, c. 3, del R.D. 16 mar. 1942, n. 267 sulla recidiva di cui all'art. 99, c. 4, c.p.

La Corte Cost., con sent. 24 apr. 2020, n. 73, ha dichiarato l'ill. cost. del presente comma nella parte in cui prevede il divieto di prevalenza della circostanza attenuante di cui all'art. 89 c.p. sulla circostanza aggravante della recidiva di cui all'art. 99, c. 4, c.p.

La Corte Cost., con sent. 31 mar. 2021, n. 55, ha dichiarato l'ill. cost. del presente comma nella parte in cui prevede il divieto di prevalenza della circostanza attenuante di cui all'art. 116, c. 2, c.p., sulla recidiva di cui all'art. 99, c. 4, c.p.

La Corte Cost., con sent. 8 lug. 2021, n. 143, ha dichiarato l'ill. cost. del presente comma nella parte in cui prevede il divieto di prevalenza della circostanza attenuante del fatto di lieve entità – introdotta con sent. n. 68/2012 della Corte cost., in relazione al reato di sequestro di persona a scopo di estorsione, di cui all'art. 630 c.p. – sulla circostanza aggravante della recidiva di cui all'art. 99, c. 4, c.p.

69-*bis*. ***Casi di esclusione del giudizio di comparazione tra circostanze.***[1] — Per i delitti di cui all'articolo 407, comma 2, lettera *a*), numeri da 1) a 6), del codice di procedura penale le circostanze attenuanti, diverse da quella prevista dall'articolo 98, concorrenti con le aggravanti di cui agli articoli 111 e 112, primo comma, numeri 3) e 4), e secondo comma, non possono essere ritenute equivalenti o prevalenti rispetto a queste se chi ha determinato altri a commettere il reato, o si è avvalso di altri nella commissione del delitto, ne è il genitore esercente la responsabilità genitoriale ovvero il fratello o la sorella e le diminuzioni di pena si operano sulla quantità di pena risultante dall'aumento conseguente alle predette aggravanti.

[1] Articolo ins. dall'art. 5, c. 1, lett. *b*), D.lgs. 1 mar. 2018, n. 21.

70. ***Circostanze oggettive e soggettive.*** — Agli effetti della legge penale:

1) sono circostanze oggettive quelle che concernono la natura, la specie, i mezzi, l'oggetto, il tempo, il luogo e ogni altra modalità dell'azione, la gravità del danno o del pericolo, ovvero le condizioni o le qualità personali dell'offeso;

2) sono circostanze soggettive quelle che concernono la intensità del dolo o il grado della colpa, o le condizioni e le qualità personali del colpevole, o i rapporti fra il colpevole e l'offeso, ovvero che sono inerenti alla persona del colpevole.

Le circostanze inerenti alla persona del colpevole riguardano la imputabilità e la recidiva.

CAPO III

Del concorso di reati

71. ***Condanna per più reati con unica sentenza o decreto.*** — Quando, con una sola sentenza o con un solo decreto, si deve pronunciare condanna per più reati contro la stessa persona, si applicano le disposizioni degli articoli seguenti.

72. ***Concorso di reati che importano l'ergastolo e di reati che importano pene detentive temporanee.*** — Al colpevole di più delitti, ciascuno dei quali importa la pena dell'ergastolo, si applica la detta pena, con l'isolamento diurno da sei mesi a tre anni.

Nel caso di concorso di un delitto che importa la pena dell'ergastolo, con uno o più delitti che importano pene detentive temporanee per un tempo complessivo superiore a cinque anni, si applica la pena dell'ergastolo, con l'isolamento diurno per un periodo di tempo da due a diciotto mesi.

L'ergastolano condannato all'isolamento diurno partecipa all'attività lavorativa.

73. ***Concorso di reati che importano pene detentive temporanee o pene pecuniarie della stessa specie.*** — Se più reati importano pene temporanee detentive della stessa specie, si applica una pena unica, per un tempo eguale alla durata complessiva delle pene che si dovrebbero infliggere per i singoli reati.

Quando concorrono più delitti, per ciascuno dei quali deve infliggersi la pena della reclusione non inferiore a ventiquattro anni, si applica l'ergastolo.[1]

Le pene pecuniarie della stessa specie si applicano tutte per intero.

[1] La Corte cost., con sent. 28 apr. 1994, n. 168, ha dichiarato l'illegittimità del comma 2 nella parte in cui prevede la pena dell'ergastolo in caso di concorso di più delitti commessi da minore imputabile.

74. ***Concorso di reati che importano pene detentive di specie diversa.*** — Se più reati importano pene temporanee detentive di specie diversa, queste si applicano tutte distintamente e per intero.

La pena dell'arresto è eseguita per ultima.

75. ***Concorso di reati che importano pene pecuniarie di specie diversa.*** — Se più reati importano pene pecuniarie di specie diversa, queste si applicano tutte distintamente e per intero.

Nel caso che la pena pecuniaria non sia stata pagata per intero, la somma pagata, agli effetti della conversione, viene detratta dall'ammontare della multa.

76. ***Pene concorrenti considerate come pena unica ovvero come pene distinte.*** — Salvo che la legge stabilisca altrimenti, le pene della stessa specie concorrenti a norma dell'art. 73 si considerano come pena unica per ogni effetto giuridico.

Le pene di specie diversa concorrenti a norma degli artt. 74 e 75 si considerano egualmente, per ogni effetto giuridico, come pena unica della specie più grave. Nondimeno si considerano come pene distinte, agli effetti della loro esecuzione, dell'applicazione delle misure di sicurezza e in ogni altro caso stabilito dalla legge.

Se una pena pecuniaria concorre con un'altra pena di specie diversa, le pene si considerano distinte per qualsiasi effetto giuridico.

77. ***Determinazione delle pene accessorie.*** — Per determinare le pene accessorie e ogni altro effetto penale della condanna, si ha riguardo ai singoli reati per i quali è pronunciata la condanna, e alle pene principali che, se non vi fosse concorso di reati, si dovrebbero infliggere per ciascuno di essi.

Se concorrono pene accessorie della stessa specie, queste si applicano tutte per intero.

78. ***Limiti degli aumenti delle pene principali.***[1] — Nel caso di concorso di reati preveduto dall'art. 73, la pena da applicare a norma dello stesso articolo non può essere superiore al quintuplo della più grave fra le pene concorrenti, né comunque eccedere:

1) trenta anni per la reclusione;

2) sei anni per l'arresto;

3) euro 15.493 per la multa e euro 3.098 per l'ammenda; ovvero euro 64.557 per la multa e euro 12.911 per l'ammenda, se il giudice si vale della facoltà di aumento indicata nel capoverso dell'art. 133-*bis*.

Nel caso di concorso di reati preveduto dall'art. 74, la durata delle pene da applicare a norma dell'articolo stesso non può superare gli anni trenta. La parte della pena eccedente tale limite è detratta in ogni caso dall'arresto.

[1] Articolo così sost. dall'art. 101 della L. 24 nov. 1981, n. 689.

79. ***Limiti degli aumenti delle pene accessorie.*** — La durata massima delle pene accessorie temporanee non può superare, nel complesso, i limiti seguenti:

1) dieci anni, se si tratta dell'interdizione dai pubblici uffici o dell'interdizione da una professione o da un'arte;

2) cinque anni, se si tratta della sospensione dall'esercizio di una professione o di un'arte.

80. ***Concorso di pene inflitte con sentenze o decreti diversi.*** — Le disposizioni degli articoli precedenti si applicano anche nel caso in cui, dopo una sentenza o un decreto di condanna, si deve giudicare la stessa persona per un altro reato commesso anteriormente o posteriormente alla condanna medesima, ovvero quando contro la stessa persona si debbono eseguire più sentenze o più decreti di condanna.

81. ***Concorso formale. Reato continuato.*** — È punito con la pena che dovrebbe infliggersi per la violazione più grave aumentata sino al triplo chi con una sola azione od omissione viola diverse disposizioni di legge ovvero commette più violazioni della medesima disposizione di legge.

Alla stessa pena soggiace chi con più azioni od omissioni, esecutive di un medesimo disegno criminoso, commette anche in tempi diversi più violazioni della stessa o di diverse disposizioni di legge.

Nei casi preveduti da questo articolo, la pena non può essere superiore a quella che sarebbe applicabile a norma degli articoli precedenti.

Fermi restando i limiti indicati al terzo comma, se i reati in concorso formale o in continuazione con quello più grave sono commessi da soggetti ai quali sia stata applicata la recidiva prevista dall'art. 99, quarto comma, l'aumento della quantità di pena non può essere comunque inferiore ad un terzo della pena stabilita per il reato più grave.

82. ***Offesa di persona diversa da quella alla quale l'offesa era diretta.*** — Quando, per errore nell'uso dei mezzi di esecuzione del reato, o per un'altra causa, è cagionata offesa a persona diversa da quella alla quale l'offesa era diretta, il colpevole risponde come se avesse commesso il reato in danno della persona che voleva offendere, salve, per quanto riguarda le circostanze aggravanti e attenuanti, le disposizioni dell'art. 60.

Qualora, oltre alla persona diversa, sia offesa anche quella alla quale l'offesa era diretta, il colpevole soggiace alla pena stabilita per il reato più grave, aumentata fino alla metà.

83. ***Evento diverso da quello voluto dall'agente.*** — Fuori dei casi preveduti dall'articolo precedente, se, per errore nell'uso dei mezzi di esecuzione del reato, o per un'altra causa, si cagiona un evento diverso da quello voluto, il colpevole risponde, a titolo di colpa, dell'evento non voluto, quando il fatto è preveduto dalla legge come delitto colposo.

Se il colpevole ha cagionato altresì l'evento voluto, si applicano le regole sul concorso dei reati.

84. ***Reato complesso.*** — Le disposizioni degli articoli precedenti non si applicano quando la legge considera come elementi costitutivi, o come circostanze aggravanti di un solo reato, fatti che costituirebbero, per se stessi, reato.

Qualora la legge, nella determinazione della pena per il reato complesso, si riferisca alle pene stabilite per i singoli reati che lo costituiscono, non possono essere superati i limiti massimi indicati negli artt. 78 e 79.

TITOLO IV
Del reo e della persona offesa dal reato

CAPO I
Della imputabilità

85. ***Capacità d'intendere e di volere.*** — Nessuno può essere punito per un fatto preveduto dalla legge come reato, se, al momento in cui lo ha commesso, non era imputabile.

È imputabile chi ha la capacità d'intendere e di volere.

86. ***Determinazione in altri dello stato d'incapacità, allo scopo di far commettere un reato.*** — Se taluno mette altri nello stato d'incapacità d'intendere o di volere, al fine di fargli commettere un reato, del reato commesso dalla persona resa incapace risponde chi ha cagionato lo stato d'incapacità.

87. ***Stato preordinato d'incapacità d'intendere o di volere.*** — La disposizione della prima parte dell'art. 85 non si applica a chi si è messo in stato d'incapacità d'intendere o di volere al fine di commettere il reato, o di prepararsi una scusa.

88. ***Vizio totale di mente.*** — Non è imputabile chi, nel momento in cui ha commesso il fatto, era, per infermità, in tale stato di mente da escludere la capacità d'intendere o di volere.

89. ***Vizio parziale di mente.*** — Chi, nel momento in cui ha commesso il fatto, era, per infermità, in tale stato di mente da scemare grandemente, senza escluderla, la capacità d'intendere o di volere, risponde del reato commesso; ma la pena è diminuita.

90. ***Stati emotivi o passionali.*** — Gli stati emotivi o passionali non escludono né diminuiscono l'imputabilità.

91. ***Ubriachezza derivata da caso fortuito o da forza maggiore.*** — Non è imputabile chi, nel momento in cui ha commesso il fatto, non aveva la capacità d'intendere o di volere, a cagione di piena ubriachezza derivata da caso fortuito o da forza maggiore.

Se l'ubriachezza non era piena, ma era tuttavia tale da scemare grandemente, senza escluderla, la capacità d'intendere o di volere, la pena è diminuita.

92. ***Ubriachezza volontaria o colposa ovvero preordinata.*** — L'ubriachezza non derivata da caso fortuito o da forza maggiore non esclude né diminuisce la imputabilità.

Se l'ubriachezza era preordinata al fine di commettere il reato, o di prepararsi una scusa, la pena è aumentata.

93. ***Fatto commesso sotto l'azione di sostanze stupefacenti.*** — Le disposizioni dei due articoli precedenti si applicano anche quando il fatto è reato commesso sotto l'azione di sostanze stupefacenti.

94. ***Ubriachezza abituale.*** — Quando il reato è commesso in stato di ubriachezza, e questa è abituale, la pena è aumentata.

Agli effetti della legge penale, è considerato ubriaco abituale chi è dedito all'uso di bevande alcooliche e in stato frequente di ubriachezza.

L'aggravamento di pena stabilito nella prima parte di questo articolo si applica anche quando il reato è commesso sotto l'azione di sostanze stupefacenti da chi è dedito all'uso di tali sostanze.

95. ***Cronica intossicazione da alcool o da sostanze stupefacenti.*** — Per i fatti commessi in stato di cronica intossicazione prodotta da alcool ovvero da sostanze stupefacenti, si applicano le disposizioni contenute negli artt. 88 e 89.

96. ***Sordomutismo.*** — Non è imputabile il sordomuto che, nel momento in cui ha commesso il fatto, non aveva, per causa della sua infermità, la capacità d'intendere o di volere.

Se la capacità d'intendere o di volere era grandemente scemata, ma non esclusa, la pena è diminuita.

97. ***Minore degli anni quattordici.*** — Non è imputabile chi, nel momento in cui ha commesso il fatto, non aveva compiuto i 14 anni.

98. ***Minore degli anni diciotto.***[1] — È imputabile chi, nel momento in cui ha commesso il fatto, aveva compiuto i quattordici anni, ma non ancora i diciotto, se aveva capacità d'intendere e di volere; ma la pena è diminuita.

Quando la pena detentiva inflitta è inferiore a cinque anni, o si tratta di pena pecuniaria, alla condanna non conseguono pene accessorie. Se si tratta di pena più grave, la condanna importa soltanto l'interdizione dai pubblici uffici per una durata non superiore a cinque anni, e, nei casi stabiliti dalla legge, la sospensione dall'esercizio della responsabilità genitoriale[2] [o della potestà maritale].[3]

[1] V. art. 8 D.P.R. 22 set. 1988, n. 448.

[2] Le parole «potestà dei genitori» sono state sost. da «responsabilità genitoriale» dall'art. 93, D.lgs. 28 dic. 2013, n. 154, in vigore dal 7 feb. 2014.

[3] Comma così modif. dall'art. 146 della L. 24 nov. 1981, n. 689 che ha sostituito all'espressione "patria potestà" l'espressione "potestà da genitori" in conformità a quanto disposto dalla L. 19 mag. 1975, n. 151.

La potestà maritale è stata abolita dall'art. 26, L. 19 mag. 1975, n. 151, che ha sost. l'art. 144 c.c.

CAPO II
Della recidiva, dell'abitualità e professionalità nel reato e della tendenza a delinquere

99. ***Recidiva.*** — Chi, dopo essere stato condannato per un delitto non colposo, ne commette un altro, può essere sottoposto ad un aumento di un terzo della pena da infliggere per il nuovo delitto non colposo.

La pena può essere aumentata fino alla metà:

1) se il nuovo delitto non colposo è della stessa indole;

2) se il nuovo delitto non colposo è stato commesso nei cinque anni dalla condanna precedente;

3) se il nuovo delitto non colposo è stato commesso durante o dopo l'esecuzione della pena, ovvero durante il tempo in cui il condannato si sottrae volontariamente all'esecuzione della pena.

Qualora concorrano più circostanze fra quelle indicate al secondo comma, l'aumento di pena è della metà.

Se il recidivo commette un altro delitto non colposo, l'aumento della pena, nel caso di cui al primo comma, è della metà e, nei casi previsti dal secondo comma, è di due terzi.

Se si tratta di uno dei delitti indicati all'art. 407, comma 2, lettera *a*), del codice di procedura penale, l'aumento della pena per la recidiva è obbligatorio e, nei casi indicati al secondo comma, non può essere inferiore ad un terzo della pena da infliggere per il nuovo delitto.[1]

In nessun caso l'aumento di pena per effetto della recidiva può superare il cumulo delle pene risultante dalle condanne precedenti alla commissione del nuovo delitto non colposo.

[1] La Corte cost. con sent. 23 lug. 2015, n. 185 ha dichiarato: l'ill. cost. del presente comma limitatamente alle parole «è obbligatorio e,».

100. [*Recidiva facoltativa*].[1]

[1] Articolo abrog. dall'art. 10, D.L. 11 apr. 1974, n. 99, conv. in L. 7 giu. 1974, n. 220.

101. ***Reati della stessa indole.*** — Agli effetti della legge penale, sono considerati reati della stessa indole non soltanto quelli che violano una stessa disposizione di legge, ma anche quelli che, pure essendo preveduti da disposizioni diverse di questo codice ovvero da leggi diverse, nondimeno, per la natura dei fatti che li costituiscono o dei motivi che li determinarono, presentano, nei casi concreti, caratteri fondamentali comuni.

102. ***Abitualità presunta dalla legge.***[1] — È dichiarato delinquente abituale chi, dopo essere stato condannato alla reclusione in misura superiore complessivamente a cinque anni per tre delitti non colposi, della stessa indole, commessi entro dieci anni, e non contestualmente, riporta un'altra condanna per un delitto, non colposo, della stessa indole, e commesso entro i dieci anni successivi all'ultimo dei delitti precedenti.

Nei dieci anni indicati nella disposizione precedente non si computa il tempo in cui il condannato ha scontato pene detentive o è stato sottoposto a misure di sicurezza detentive.[2]

[1] Ai sensi dell'art. 1, c. 3, lett. *b*), L. 1° ago. 2003, n. 207 la sospensione condizionata dell'esecuzione della pena detentiva nel limite massimo di due anni non si applica nei confronti di chi sia stato dichiarato delinquente abituale, professionale o per tendenza.

[2] Per il contrabbando abituale v. artt. 297 e 342 D.P.R. 23 gen. 1973.

103. ***Abitualità ritenuta dal giudice.*** — Fuori del caso indicato nell'articolo precedente, la dichiarazione di abitualità nel delitto è pronunciata anche contro chi, dopo essere stato condannato per due delitti non colposi, riporta un'altra condanna per delitto non colposo, se il giudice, tenuto conto della specie e gravità dei reati, del tempo entro il quale sono stati commessi, della condotta e del genere di vita del colpevole e delle altre circostanze indicate nel capoverso dell'art. 133, ritiene che il colpevole sia dedito al delitto.

104. ***Abitualità nelle contravvenzioni.*** — Chi, dopo essere stato condannato alla pena dell'arresto per tre contravvenzioni della stessa indole, riporta condanna per un'altra contravvenzione, anche della stessa indole, è dichiarato contravventore abituale, se il giudice, tenuto conto della specie e gravità dei reati, del tempo entro il quale sono stati commessi, della condotta e del genere di vita del colpevole e delle altre circostanze indicate nel capoverso dell'art. 133, ritiene che il colpevole sia dedito al reato.

105. ***Professionalità nel reato.***[1] — Chi, trovandosi nelle condizioni richieste per la dichiarazione di abitualità, riporta condanna per un altro reato, è dichiarato delinquente o contravventore professionale, qualora, avuto riguardo alla natura dei reati, alla condotta e al genere di vita del colpevole e alle altre circostanze indicate nel capoverso dell'art. 133, debba ritenersi che egli viva abitualmente, anche in parte soltanto, dei proventi del reato.[2]

[1] Vedi nota n. 1 all'art. 102.

[2] Per il contrabbando professionale v. artt. 298 e 342 D.P.R. 23 gen. 1973.

106. ***Effetti della estinzione del reato o della pena.*** — Agli effetti della recidiva e della dichiarazione di abitualità o di professionalità nel reato, si tiene conto altresì delle condanne per le quali è intervenuta una causa di estinzione del reato o della pena.

Tale disposizione non si applica quando la causa estingue anche gli effetti penali.

107. ***Condanna per vari reati con una sola sentenza.*** — Le disposizioni relative alla dichiarazione di abitualità o di professionalità nel reato si applicano anche se, per i vari reati, è pronunciata condanna con una sola sentenza.

108. ***Tendenza a delinquere.*** — È dichiarato delinquente per tendenza chi, sebbene non recidivo o delinquente abituale o professionale, commette un delitto non colposo, contro la vita o l'incolumità individuale, anche non preveduto dal capo I del titolo XII del libro II di questo codice, il quale, per sè, e unitamente alle circostanze indicate nel capoverso dell'art. 133, riveli una speciale inclinazione al delitto, che trovi sua causa nell'indole particolarmente malvagia del colpevole.

La disposizione di questo articolo non si applica se la inclinazione al delitto è originata dall'infermità preveduta dagli artt. 88 e 89.

109. ***Effetti della dichiarazione di abitualità, professionalità o tendenza a delinquere.*** — Oltre gli aumenti di pena stabiliti per la recidiva e i particolari effetti indicati da altre disposizioni di legge, la dichiarazione di abitualità o di professionalità nel reato o di tendenza a delinquere importa l'applicazione di misure di sicurezza.

La dichiarazione di abitualità o di professionalità nel reato può essere pronunciata in ogni tempo, anche dopo la esecuzione della pena; ma se è pronunciata dopo la sentenza di condanna, non si tien conto della successiva condotta del colpevole e rimane ferma la pena inflitta.

La dichiarazione di tendenza a delinquere non può essere pronunciata che con la sentenza di condanna.

La dichiarazione di abitualità e professionalità nel reato e quella di tendenza a delinquere si estinguono per effetto della riabilitazione.

CAPO III
Del concorso di persone nel reato

110. ***Pena per coloro che concorrono nel reato.*** — Quando più persone concorrono nel medesimo reato, ciascuna di esse soggiace alla pena per questo stabilita, salve le disposizioni degli articoli seguenti.

111. ***Determinazione al reato di persona non imputabile o non punibile.*** — Chi ha determinato a commettere un reato una persona non imputabile, ovvero non punibile a cagione di una condizione o qualità personale, risponde del reato da questa commesso; e la pena è aumentata. Se si tratta di delitti per i quali è previsto l'arresto in flagranza, la pena è aumentata da un terzo alla metà.

Se chi ha determinato altri a commettere il reato ne è il genitore esercente la responsabilità genitoriale,[1] la pena è aumentata fino alla metà o, se si tratta di delitti per i quali è previsto l'arresto in flagranza, da un terzo a due terzi.

[1] La parola «potestà» è stata sost. da «responsabilità genitoriale» dall'art. 93, D.lgs. 28 dic. 2013, n. 154, in vigore dal 7 feb. 2014.

112. ***Circostanze aggravanti.***[1] — La pena da infliggere per il reato commesso è aumentata:

1) se il numero delle persone, che sono concorse nel reato, è di cinque o più, salvo che la legge disponga altrimenti;

2) per chi, anche fuori dei casi preveduti dai due numeri seguenti, ha promosso od organizzato la cooperazione nel reato, ovvero diretto l'attività delle persone che sono concorse nel reato medesimo;

3) per chi, nell'esercizio della sua autorità, direzione o vigilanza, ha determinato a commettere il reato persone ad esso soggette;

4) per chi, fuori del caso preveduto dall'art. 111, ha determinato a commettere il reato un minore di anni 18 o una persona in stato di infermità o di deficienza psichica, ovvero si è comunque avvalso degli stessi o con gli stessi ha partecipato nella commissione di un delitto per il quale è previsto l'arresto in flagranza

La pena è aumentata fino alla metà per chi si è avvalso di persona non imputabile o non punibile, a cagione di una condizione o qualità personale o con la stessa ha partecipato, nella commissione di un delitto per il quale è previsto l'arresto in flagranza.

Se chi ha determinato altri a commettere il reato o si è avvalso di altri o con questi ha partecipato nella commissione del delitto ne è il genitore esercente la responsabilità genitoriale,[2] nel caso previsto dal numero 4 del primo comma la pena è aumentata fino alla metà e in quello previsto dal secondo comma la pena è aumentata fino a due terzi.

Gli aggravamenti di pena stabiliti nei nn. 1, 2 e 3 di questo articolo si applicano anche se taluno dei partecipi al fatto non è imputabile o non è punibile.

[1] Articolo così modif. dalla L. 15 lug. 2009, n. 94.
[2] La parola «potestà» è stata sost. da «responsabilità genitoriale» dall'art. 93, D.lgs. 28 dic. 2013, n. 154, in vigore dal 7 feb. 2014.

113. ***Cooperazione nel delitto colposo.*** — Nel delitto colposo, quando l'evento è stato cagionato dalla cooperazione di più persone, ciascuna di queste soggiace alle pene stabilite per il delitto stesso.

La pena è aumentata per chi ha determinato altri a cooperare nel delitto, quando concorrono le condizioni stabilite nell'art. 111 e nei nn. 3 e 4 dell'art. 112.

114. ***Circostanze attenuanti.*** — Il giudice, qualora ritenga che l'opera prestata da taluna delle persone che sono concorse nel reato a norma degli artt. 110 e 113 abbia avuto minima importanza nella preparazione o nell'esecuzione del reato, può diminuire la pena.

Tale disposizione non si applica nei casi indicati nell'art. 112.

La pena può altresì essere diminuita per chi è stato determinato a commettere il reato o a cooperare nel reato, quando concorrono le condizioni stabilite nei nn. 3 e 4 del primo comma e nel terzo comma[1] dell'art. 112.

[1] Il richiamo al terzo comma è stato inserito dall'art. 7 del D.L. 31 dic. 1991, n. 419, conv. con modif. in L. 18 feb. 1992, n. 172.

115. ***Accordo per commettere un reato. Istigazione.*** — Salvo che la legge disponga altrimenti, qualora due o più persone si accordino allo scopo di commettere un reato, e questo non sia commesso, nessuna di esse è punibile per il solo fatto dell'accordo.

Nondimeno, nel caso di accordo per commettere un delitto, il giudice può applicare una misura di sicurezza.

Le stesse disposizioni si applicano nel caso di istigazione a commettere un reato, se la istigazione è stata accolta, ma il reato non è stato commesso.

Qualora la istigazione non sia stata accolta, e si sia trattato di istigazione a un delitto, l'istigatore può essere sottoposto a misura di sicurezza.

116. ***Reato diverso da quello voluto da taluno dei concorrenti.*** — Qualora il reato commesso sia diverso da quello voluto da taluno dei concorrenti, anche questi ne risponde, se l'evento è conseguenza della sua azione od omissione.

Se il reato commesso è più grave di quello voluto, la pena è diminuita riguardo a chi volle il reato meno grave.

117. ***Mutamento del titolo del reato per taluno dei concorrenti.*** — Se, per le condizioni o le qualità personali del colpevole, o per i rapporti fra il colpevole e l'offeso, muta il titolo del reato per taluno di coloro che vi sono concorsi, anche gli altri rispondono dello stesso reato. Nondimeno, se questo è più grave, il giudice può, rispetto a coloro per i quali non sussistono le condizioni, le qualità o i rapporti predetti, diminuire la pena.

118. ***Valutazione delle circostanze aggravanti o attenuanti.***[1] — Le circostanze che aggravano o diminuiscono le pene concernenti i motivi a delinquere, l'intensità del dolo, il grado della colpa e le circostanze inerenti alla persona del colpevole sono valutate soltanto riguardo alla persona cui si riferiscono.

[1] Articolo così sost. dall'art. 3 della L. 7 feb. 1990, n. 19.

119. ***Valutazione delle circostanze di esclusione della pena.*** — Le circostanze soggettive le quali escludono la pena per taluno di coloro che sono concorsi nel reato hanno effetto soltanto riguardo alla persona a cui si riferiscono.

Le circostanze oggettive che escludono la pena hanno effetto per tutti coloro che sono concorsi nel reato.

CAPO IV

Della persona offesa dal reato

120. ***Diritto di querela.*** — Ogni persona offesa da un reato per cui non debba procedersi d'ufficio o dietro richiesta o istanza) ha diritto di querela.

Per i minori degli anni quattordici e per gli interdetti a cagione d'infermità di mente, il diritto di querela è esercitato dal genitore o dal tutore.

I minori che hanno compiuto gli anni quattordici e gli inabilitati, possono esercitare il diritto di querela, e possono altresì, in loro vece, esercitarlo il genitore ovvero il tutore o il curatore, nonostante ogni contraria dichiarazione di volontà, espressa o tacita, del minore o dell'inabilitato.

121. ***Diritto di querela esercitato da un curatore speciale.*** — Se la persona offesa è minore degli anni quattordici o inferma di mente, e non v'è chi ne abbia la rappresentanza, ovvero chi l'esercita si trovi con la persona medesima in conflitto di interessi, il diritto di querela è esercitato da un curatore speciale.

122. ***Querela di uno fra più offesi.*** — Il reato commesso in danno di più persone è punibile anche se la querela è proposta da una soltanto di esse.

123. ***Estensione della querela.*** — La querela si estende di diritto a tutti coloro che hanno commesso il reato.

124. ***Termine per proporre la querela. Rinuncia.*** — Salvo che la legge disponga altrimenti, il diritto di querela non può essere esercitato, decorsi tre mesi dal giorno della notizia del fatto che costituisce il reato.

Il diritto di querela non può essere esercitato se vi è stata rinuncia espressa o tacita da parte di colui al quale ne spetta l'esercizio.

Vi è rinuncia tacita, quando chi ha facoltà di proporre querela ha compiuto fatti incompatibili con la volontà di querelarsi.

La rinuncia si estende di diritto a tutti coloro che hanno commesso il reato.

125. ***Querela del minore o inabilitato nel caso di rinuncia del rappresentante.*** — La rinuncia alla facoltà di esercitare il diritto di querela, fatta dal genitore o dal tutore o dal curatore, non priva il minore, che ha compiuto gli anni quattordici, o l'inabilitato, del diritto di proporre querela.

126. ***Estinzione del diritto di querela.*** — Il diritto di querela si estingue con la morte della persona offesa.

Se la querela è stata già proposta, la morte della persona offesa non estingue il reato.

127. ***Richiesta di procedimento per delitti contro il Presidente della Repubblica.***[1] — Salvo quanto è disposto nel titolo I del libro II di questo codice, qualora un delitto punibile a querela della persona offesa sia commesso in danno del Presidente della Repubblica, alla querela è sostituita la richiesta del Ministro della giustizia.

[1] Articolo così modif. con L. 11 nov. 1947, n. 1317.

128. ***Termine per la richiesta di procedimento.*** — Quando la punibilità di un reato dipende dalla richiesta dell'autorità, la richiesta non può essere più proposta, decorsi tre mesi dal giorno in cui l'autorità ha avuto notizia del fatto che costituisce il reato.

Quando la punibilità di un reato commesso all'estero dipende dalla presenza del colpevole nel territorio dello Stato, la richiesta non può essere più proposta, decorsi tre anni dal giorno in cui il colpevole si trova nel territorio dello Stato.

129. ***Irrevocabilità ed estensione della richiesta.*** — La richiesta dell'autorità è irrevocabile.

Le disposizioni degli artt. 122 e 123 si applicano anche alla richiesta.

130. ***Istanza della persona offesa.*** — Quando la punibilità del reato dipende dall'istanza della persona offesa, l'istanza è regolata dalle disposizioni relative alla richiesta. Nondimeno, per quanto riguarda la capacità e la rappresentanza della persona offesa, si applicano le disposizioni relative alla querela.

131. ***Reato complesso. Procedibilità di ufficio.*** — Nei casi preveduti dall'art. 84, per il reato complesso si procede sempre di ufficio, se per taluno dei reati, che ne sono elementi costitutivi o circostanze aggravanti, si deve procedere di ufficio.

TITOLO V

Della non punibilità per particolare tenuità del fatto. Della modificazione, applicazione ed esecuzione della pena

CAPO I

Della non punibilità per particolare tenuità del fatto. Della modificazione e applicazione della pena[1]

[1] Le denominazioni del Titolo V e del Capo I sono state sost. dall'art. 1, c. 1, D.lgs. 16 mar. 2015 , n. 28.

131-*bis*. ***Esclusione della punibilità per particolare tenuità del fatto.***[1] — Nei reati per i quali è prevista la pena detentiva non superiore nel massimo a cinque anni, ovvero la pena pecuniaria, sola o congiunta alla predetta pena, la punibilità è esclusa quando, per le modalità della condotta e per l'esiguità del danno o del pericolo, valutate ai sensi dell'articolo 133, primo comma, l'offesa è di particolare tenuità e il comportamento risulta non abituale.

L'offesa non può essere ritenuta di particolare tenuità, ai sensi del primo comma, quando l'autore ha agito per motivi abietti o futili, o con crudeltà, anche in danno di animali, o ha adoperato sevizie o, ancora, ha profittato delle condizioni di minorata difesa della vittima, anche in riferimento all'età della stessa ovvero quando la condotta ha cagionato o da essa sono derivate, quali conseguenze non volute, la morte o le lesioni gravissime di una persona. L'offesa non può altresì essere ritenuta di particolare tenuità quando si procede per delitti, puniti con una pena superiore nel massimo a due anni e sei mesi di reclusione, commessi in occasione o a causa di manifestazioni sportive, ovvero nei casi di cui agli articoli 336, 337 e 341-*bis*, quando il reato è commesso nei confronti di un ufficiale o agente di pubblica sicurezza o di un ufficiale o agente di polizia giudiziaria nell'esercizio delle proprie funzioni e nell'ipotesi di cui all'articolo 343.[2]

Il comportamento è abituale nel caso in cui l'autore sia stato dichiarato delinquente abituale, professionale o per tendenza ovvero abbia commesso più reati della stessa indole, anche se ciascun fatto, isolatamente considerato, sia di particolare tenuità, nonché nel caso in cui si tratti di reati che abbiano ad oggetto condotte plurime, abituali e reiterate.

Ai fini della determinazione della pena detentiva prevista nel primo comma non si tiene conto delle circostanze, ad eccezione di quelle per le quali la legge stabilisce una pena di specie diversa da quella ordinaria del reato e di quelle ad effetto speciale. In quest'ultimo caso ai fini dell'applicazione del primo comma non si tiene conto del giudizio di bilanciamento delle circostanze di cui all'articolo 69.

La disposizione del primo comma si applica anche quando la legge prevede la particolare tenuità del danno o del pericolo come circostanza attenuante.

[1] Articolo ins. dall'art. 1, c. 2, D.lgs. 16 mar. 2015, n. 28. La Corte cost. con sent. 21 lug. 2020, n. 156, ha dichiarato l'ill. cost. del presente articolo nella parte in cui non consente l'applicazione della causa di non punibilità per particolare tenuità del fatto ai reati per i quali non è previsto un minimo edittale di pena detentiva.

[2] Periodo aggiunto dall'art. 16, D.L. 14 giu. 2019, n. 53, conv. con modif. in L. 8 ago. 2019, n. 77 e così modif. dall'art. 7, D.L. 21 ott. 2020, n. 130, conv. in L. 18 dic. 2020, n. 173.

132. ***Potere discrezionale del giudice nell'applicazione della pena: limiti.*** — Nei limiti fissati dalla legge, il giudice applica la pena discrezionalmente; esso deve indicare i motivi che giustificano l'uso di tal potere discrezionale.

Nell'aumento o nella diminuzione della pena non si possono oltrepassare i limiti stabiliti per ciascuna specie di pena, salvo i casi espressamente determinati dalla legge.

133. ***Gravità del reato: valutazione agli effetti della pena.*** — Nell'esercizio del potere discrezionale indicato nell'articolo precedente, il giudice deve tener conto della gravità del reato, desunta:

1) dalla natura, dalla specie, dai mezzi, dall'oggetto, dal tempo, dal luogo e da ogni altra modalità dell'azione;

2) dalla gravità del danno o del pericolo cagionato alla persona offesa dal reato;

3) dalla intensità del dolo o dal grado della colpa.

Il giudice deve tener conto, altresì, della capacità a delinquere del colpevole, desunta:

1) dai motivi a delinquere e dal carattere del reo;

2) dai precedenti penali e giudiziari e, in genere, dalla condotta e dalla vita del reo, antecedenti al reato;

3) dalla condotta contemporanea o susseguente al reato;

4) dalle condizioni di vita individuale, familiare e sociale del reo.

133-*bis*. ***Condizioni economiche del reo; valutazione agli effetti della pena pecuniaria.***[1] — Nella determinazione dell'ammontare della multa o dell'ammenda, il giudice deve tenere conto, oltre che dei criteri indicati dall'articolo precedente anche delle condizioni economiche del reo.

Il giudice può aumentare la multa o l'ammenda stabilite dalla legge sino al triplo o diminuirle sino ad un terzo quando, per le condizioni economiche del reo, ritenga che la misura massima sia inefficace ovvero che la misura minima sia eccessivamente gravosa.

[1] Articolo inserito dall'art. 100 della L. 24 nov. 1981, n. 689.

133-*ter*. ***Pagamento rateale della multa o dell'ammenda.***[1] — Il giudice, con la sentenza di condanna o con il decreto penale, può disporre, in relazione alle condizioni economiche del condannato, che la multa o l'ammenda venga pagata in rate mensili da tre a trenta. Ciascuna rata tuttavia non può essere inferiore a euro 15.

In ogni momento il condannato può estinguere la pena mediante un unico pagamento.

[1] Articolo inserito dall'art. 100 della L. 24 nov. 1981, n. 689.

134. ***Computo delle pene.*** — Le pene temporanee si applicano a giorni, a mesi e ad anni.

Nelle condanne a pene temporanee non si tien conto delle frazioni di giorno, e, in quelle a pene pecuniarie, delle frazioni di euro.

135. ***Ragguaglio fra pene pecuniarie e pene detentive.***[1] — Quando, per qualsiasi effetto giuridico, si deve eseguire un ragguaglio fra pene pecuniarie e pene detentive, il computo ha luogo calcolando euro 250, o frazione di euro 250, di pena pecuniaria per un giorno di pena detentiva.

[1] Articolo così sostituito dall'art. 1 della L. 5 ott. 1993, n. 402 e poi modif. dall'art. 3, c. 62 della L. 15 lug. 2009, n. 94.

136. ***Modalità di conversione di pene pecuniarie.*** — Le pene della multa e dell'ammenda, non eseguite per insolvibilità del condannato, si convertono a norma di legge.[1]

[1] Per la conversione di pene pecuniarie non eseguite comminate per reati di competenza del giudice di pace si veda l'art. 55 del D.lgs. 28 ago. 2000, n. 274.

137. ***Carcerazione preventiva.***[1] — La carcerazione sofferta prima che la sentenza sia divenuta irrevocabile si detrae dalla durata complessiva della pena temporanea detentiva o dall'ammontare della pena pecuniaria.

La carcerazione preventiva è considerata, agli effetti della detrazione, come reclusione od arresto.

[1] Ai sensi dell'art. 11 della L. 28 lug. 1984, n. 398 «Nel codice di procedura penale e nelle altre leggi le espressioni: "carcerazione preventiva" e: "custodia preventiva", sono sostituite dalla seguente: "custodia cautelare"».

138. ***Pena e carcerazione preventiva per reati commessi all'estero.*** — Quando il giudizio seguito all'estero è rinnovato nello Stato, la pena scontata all'estero è sempre computata, tenendo conto della specie di essa; e, se vi è stata all'estero carcerazione preventiva, si applicano le disposizioni dell'articolo precedente.[1]

[1] V. la nota all'art. 137.

139. ***Computo delle pene accessorie.*** — Nel computo delle pene accessorie temporanee non si tien conto del tempo in cui il condannato sconta la pena detentiva, o è sottoposto a misura di sicurezza detentiva, né del tempo in cui egli si è sottratto volontariamente alla esecuzione della pena o della misura di sicurezza.

140. [***Applicazione provvisoria di pene accessorie***][1].

[1] Articolo abrog. dall'art. 217, comma 1, D.lgs. 28 lug. 1989, n. 271.

CAPO II
Della esecuzione della pena

141-144. ....[1]

[1] Articoli abrog. dall'art. 89 della L. 26 lug. 1975, n. 354.

145. ***Remunerazione ai condannati per il lavoro prestato.*** — Negli stabilimenti penitenziari, ai condannati è corrisposta una remunerazione per il lavoro prestato.

Sulla remunerazione, salvo che l'adempimento delle obbligazioni sia altrimenti eseguito, sono prelevate nel seguente ordine:[1]

1) le somme dovute a titolo di risarcimento del danno;

2) le spese che lo Stato sostiene per il mantenimento del condannato;

3) le somme dovute a titolo di rimborso delle spese del procedimento.

In ogni caso, deve essere riservata a favore del condannato una quota pari a un terzo della remunerazione,[1] a titolo di peculio. Tale quota non è soggetta a pignoramento o a sequestro.

[1] V. art. 53 L. 26 lug. 1975, n. 354.

146. ***Rinvio obbligatorio dell'esecuzione della pena.*** — La esecuzione di una pena, che non sia pecuniaria, è differita:

1) se deve aver luogo contro donna incinta;

2) se deve avere luogo nei confronti di una madre di infante di età inferiore ad anni uno;[1]

3) se deve aver luogo nei confronti di persona affetta da AIDS conclamata o da grave deficienza immunitaria accertate ai sensi dell'art. 286-*bis*, comma 2, del codice di procedura penale, ovvero da altra malattia particolarmente grave per effetto della quale le sue condizioni di salute risultano incompatibili con lo stato di detenzione, quando la persona si trova in una fase della malattia così avanzata da non rispondere più, secondo le certificazioni del servizio sanitario penitenziario o esterno, ai trattamenti disponibili e alle terapie curative.[2]

Nei casi previsti dai numeri 1) e 2) del primo comma il differimento non opera o, se concesso, è revocato se la gravidanza si interrompe, se la madre è dichiarata decaduta dalla responsabilità genitoriale[3] sul figlio ai sensi dell'art. 330 c.c., il figlio muore, viene abbandonato ovvero affidato ad altri, sempreché l'interruzione di gravidanza o il parto siano avvenuti da oltre due mesi.[4]

[1] Il n. 2 del comma 1 è stato così sost. dall'art. 1, comma 1, della L. 8 mar. 2001, n. 40, recante 'Misure alternative alla detenzione a tutela del rapporto tra detenute e figli minori'.

[2] Il n. 3 del comma 1 è stato così sostituito dall'art. 6 della L. 12 lug. 1999, n. 231.

[3] La parola «potestà» è stata sost. da «responsabilità genitoriale» dall'art. 93, D.lgs. 28 dic. 2013, n. 154, in vigore dal 7 feb. 2014.

[4] V. nota n. 1.

147. ***Rinvio facoltativo della esecuzione della pena.*** — L'esecuzione di una pena può essere differita:

1) se è presentata domanda di grazia, e l'esecuzione della pena non deve essere differita a norma dell'articolo precedente;

2) se una pena restrittiva della libertà personale deve essere eseguita contro chi si trova in condizioni di grave infermità fisica;

3) se una pena restrittiva della libertà personale deve essere eseguita nei confronti di madre di prole di età inferiore a tre anni.

Nel caso indicato nel n. 1, la esecuzione della pena non può essere differita per un periodo superiore complessivamente a sei mesi, a decorrere dal giorno in cui la sentenza è divenuta irrevocabile, anche se la domanda di grazia è successivamente rinnovata.

Nel caso indicato nel numero 3) del primo comma il provvedimento è revocato, qualora la madre sia dichiarata decaduta dalla responsabilità genitoriale[1] sul figlio ai sensi dell'art. 330 c.c., il figlio muoia, venga abbandonato ovvero affidato ad altri che alla madre.

Il provvedimento di cui al comma 1 non può essere adottato o, se adottato, è revocato se sussista il concreto pericolo della commissione di delitti.

[1] La parola «potestà» è stata sost. da «responsabilità genitoriale» dall'art. 93, D.lgs. 28 dic. 2013, n. 154, in vigore dal 7 feb. 2014.

148. ***Infermità psichica sopravvenuta al condannato.*** — Se, prima dell'esecuzione di una pena restrittiva della libertà personale o durante l'esecuzione, sopravviene al condannato una infermità psichica, il giudice, qualora ritenga che l'infermità sia tale da impedire la esecuzione della pena, ordina che questa sia differita o sospesa e che il condannato sia ricoverato in un manicomio giudiziario,[1] ovvero in una casa di cura e di custodia. Il giudice può disporre che il condannato, invece che in un manicomio giudiziario, sia ricoverato in un manicomio comune, se la pena inflittagli sia inferiore a tre anni di reclusione o di arresto, e non si tratti di delinquente o contravventore abituale o professionale, o di delinquente per tendenza.[2]

.... [3]

Il provvedimento di ricovero è revocato, e il condannato è sottoposto alla esecuzione della pena, quando sono venute meno le ragioni che hanno determinato tale provvedimento.

[1] Ora ospedale pschiatrico giudiziario (ex D.P.R. 30 giu 2000, n. 230).

[2] La Corte cost., con sent. 19 giu. 1975, n. 146, ha dichiarato l'ill. cost. dell'art. 148 c.p. «nella parte in cui prevede che il giudice, nel disporre il ricovero in manicomio giudiziario del condannato caduto in stato di infermità psichica durante l'esecuzione di pena restrittiva della libertà personale, ordini che la pena medesima sia sospesa» nonché «nella parte in cui prevede che il giudice ordini la sospensione della pena anche nel caso in cui il condannato sia ricoverato in una casa di cura e di custodia ovvero in un manicomio comune (ospedale psichiatrico)».

[3] Il II comma deve ritenersi abrogato a seguito della abolizione della pena di morte. V. nota all'art. 21.

149. [***Consiglio di patronato e Cassa delle ammende.***][1]

[1] Articolo abrog. dall'art. 89, L. 26 lug. 1975, n. 354.

TITOLO VI
Della estinzione del reato e della pena

CAPO I
Della estinzione del reato[1]

[1] Per l'estinzione del reato nelle contravvenzioni v. art. 162 c.p.

150. ***Morte del reo prima della condanna.*** — La morte del reo, avvenuta prima della condanna, estingue il reato.

151. ***Amnistia.*** — L'amnistia estingue il reato, e, se vi è stata condanna, fa cessare l'esecuzione della condanna e le pene accessorie.[1]

Nel concorso di più reati, l'amnistia si applica ai singoli reati per i quali è conceduta.

La estinzione del reato per effetto dell'amnistia è limitata ai reati commessi a tutto il giorno precedente la data del decreto, salvo che questo stabilisca una data diversa.

L'amnistia può essere sottoposta a condizioni o ad obblighi.

L'amnistia non si applica ai recidivi, nei casi preveduti dai capoversi dell'art. 99, né ai delinquenti abituali, o professionali o per tendenza, salvo che il decreto disponga diversamente.

[1] La Corte cost., con sent. 14 lug. 1971, n. 175, ha dichiarato l'ill. cost. dell'art. 151, primo comma «nella parte in cui esclude che l'imputato, rinunciando all'applicazione dell'amnistia possa ottenere di essere giudicato nel merito, con conseguente applicazione della sanzione penale a suo carico ove egli risulti colpevole, ma anche col riconoscimento della sua completa innocenza ove ciò emerga dalla prosecuzione e definizione del giudizio».

152. ***Remissione della querela.*** — Nei delitti punibili a querela della persona offesa, la remissione estingue il reato.

La remissione è processuale o estraprocessuale. La remissione estraprocessuale è espressa o tacita. Vi è remissione tacita, quando il querelante ha compiuto fatti incompatibili con la volontà di persistere nella querela.

La remissione può intervenire solo prima della condanna, salvi i casi per i quali la legge disponga altrimenti.

La remissione non può essere sottoposta a termini o a condizioni. Nell'atto di remissione può essere fatta rinuncia al diritto alle restituzioni e al risarcimento del danno.

153. ***Esercizio del diritto di remissione. Incapaci.*** — Per i minori degli anni quattordici e per gli interdetti a cagione di infermità di mente, il diritto di remissione è esercitato dal loro legale rappresentante.

I minori, che hanno compiuto gli anni quattordici, e gli inabilitati possono esercitare il diritto di remissione, anche quando la querela è stata proposta dal rappresentante, ma, in ogni caso, la remissione non ha effetto senza l'approvazione di questo.

Il rappresentante può rimettere la querela proposta da lui o dal rappresentato, ma la remissione non ha effetto, se questi manifesta volontà contraria.

Le disposizioni dei capoversi precedenti si applicano anche nel caso in cui il minore raggiunge gli anni quattordici, dopo che è stata proposta la querela.

154. ***Più querelanti: remissione di uno solo.*** — Se la querela è stata proposta da più persone, il reato non si estingue se non interviene la remissione di tutti i querelanti.

Se tra più persone offese da un reato taluna soltanto ha proposto querela, la remissione, che questa ha fatto, non pregiudica il diritto di querela delle altre.

155. ***Accettazione della remissione.*** — La remissione non produce effetto, se il querelato l'ha espressamente o tacitamente ricusata. Vi è ricusa tacita, quando il querelato ha compiuto fatti incompatibili con la volontà di accettare la remissione.

La remissione fatta a favore anche di uno soltanto fra coloro che hanno commesso il reato si estende a tutti, ma non produce effetto per chi l'abbia ricusata.

Per quanto riguarda la capacità di accettare la remissione, si osservano le disposizioni dell'art. 153.

Se il querelato è un minore o un infermo di mente, e nessuno ne ha la rappresentanza, ovvero chi la esercita si trova con esso in conflitto di interessi, la facoltà di accettare la remissione è esercitata da un curatore speciale.

156. ***Estinzione del diritto di remissione.*** — Il diritto di remissione si estingue con la morte della persona offesa dal reato.[1]

[1] La Corte cost., con sent. 19 giu. 1976, n. 151, ha dichiarato l'ill. cost. dell'art. 156 c.p. «nella parte in cui non attribuisce l'esercizio del diritto di remissione della querela agli eredi della persona offesa dal reato, allorché tutti vi consentano».

157. ***Prescrizione. Tempo necessario a prescrivere.***[1] — La prescrizione estingue il reato decorso il tempo corrispondente al massimo della pena edittale stabilita dalla legge e comunque un tempo non inferiore a sei anni se si tratta di delitto e a quattro anni se si tratta di contravvenzione, ancorché puniti con la sola pena pecuniaria.

Per determinare il tempo necessario a prescrivere si ha riguardo alla pena stabilita dalla legge per il reato consumato o tentato, senza tener conto della diminuzione per le circostanze attenuanti e dell'aumento per le circostanze aggravanti, salvo che per le aggravanti per le quali la legge stabilisce una pena di specie diversa da quella ordinaria e per quelle ad effetto speciale, nel qual caso si tiene conto dell'aumento massimo di pena previsto per l'aggravante.

Non si applicano le disposizione dell'art. 69 e il tempo necessario a prescrivere è determinato a norma del secondo comma.

Quando per il reato la legge stabilisce congiuntamente o alternativamente la pena detentiva e la pena pecuniaria, per determinare il tempo necessario a prescrivere si ha riguardo soltanto alla pena detentiva.

Quando per il reato la legge stabilisce pene diverse da quella detentiva e da quella pecuniaria, si applica il termine di tre anni.

I termini di cui ai commi che precedono sono raddoppiati per i reati di cui agli artt. 375, terzo comma,[2] 449, 589, secondo e terzo comma, e 589-*bis*[3] nonché per i reati di cui all'art. 51, commi 3-*bis* e 3-*quater*, del codice di procedura penale. I termini di cui ai commi che precedono sono altresì raddoppiati per i delitti di cui al titolo VI-*bis* del libro secondo,[4] per il reato di cui all'articolo 572 e per i reati di cui alla sezione I del capo III del titolo XII del libro II e di cui agli articoli 609-*bis*, 609-*quater*, 609-*quinquies* e 609-*octies*, salvo che risulti la sussistenza delle circostanze attenuanti contemplate dal terzo comma dell'articolo 609-*bis* ovvero dal quarto comma dell'articolo 609-*quater*.[5,6]

La prescrizione è sempre espressamente rinunciabile dall'imputato.

La prescrizione non estingue i reati per i quali la legge prevede la pena dell'ergastolo, anche come effetto dell'applicazione di circostanze aggravanti.[7]

[1] Articolo così sost. dall'art. 6 della L. 5 dic. 2005, n. 25.
[2] Parole ins. dall'art. 1, c. 4, L. 11 lug. 2016, n. 133.
[3] Parole così sost. dall'art. 1, c. 3, L. 23 mar. 2016, n. 41.
[4] Parole ins. dall'art. 1, c. 6. L. 22 mag. 2015, n. 68.
[5] Periodo agg. dall'art. 4, c. 1, lett. *a*), L. 1 ott. 2012, n. 172.
[6] La Corte cost. con sent. 28 mag. 2014, n. 143, ha dichiarato l'ill. cost. del presente comma nella parte in cui prevede che i termini di cui ai precedenti commi del presente articolo sono raddoppiati per il reato di incendio colposo (art. 449, in riferimento all'art. 423 del c.p.).
[7] Ai sensi dell'art. 10 della L. 5 dic. 2005, n. 251, ferme restando le disposizioni dell'art. 2 c.p., le disposizioni dell'art. 157 non si applicano ai procedimenti e ai processi in corso se i nuovi termini di prescrizione risultano più lunghi di quelli previgenti. "Se, per effetto delle nuove disposizioni, i termini di prescrizione risultano più brevi, le stesse si applicano ai procedimenti e ai processi pendenti alla data di entrata in vigore della presente legge, ad esclusione dei processi già pendenti in primo grado ove vi sia stata la dichiarazione di apertura del dibattimento, nonché dei processi già pendenti in grado di appello o avanti alla Corte di Cassazione".

158. ***Decorrenza del termine della prescrizione.*** — Il termine della prescrizione decorre, per il reato consumato, dal giorno della consumazione; per il reato tentato, dal giorno in cui è cessata l'attività del colpevole; per il reato permanente o continuato, dal giorno in cui è cessata la permanenza o la continuazione.[1]

Quando la legge fa dipendere la punibilità del reato dal verificarsi di una condizione, il termine della prescrizione decorre dal giorno in cui la condizione si è verificata. Nondimeno, nei reati punibili a querela, istanza o richiesta, il termine della prescrizione decorre dal giorno del commesso reato.

Per i reati previsti dall'articolo 392, comma 1-*bis*, del codice di procedura penale, se commessi nei confronti di minore, il termine della prescrizione decorre dal compimento del diciottesimo anno di età della persona offesa, salvo che l'azione penale sia stata esercitata precedentemente. In quest'ultimo caso il termine di prescrizione decorre dall'acquisizione della notizia di reato.[2]

[1] Comma così sost. dall'art. 1, c. 1, lett. *d*), L. 9 gen. 2019, n. 3.

[2] Comma ins. dall'art. 1, c. 10, L. 23 giu. 2017, n. 103. Ai sensi dall'art. 1, c. 15, L. 103/2017 la disposizione si applica ai fatti commessi dopo la data di entrata in vigore della L. 103/2017.

159. ***Sospensione del corso della prescrizione.*** — Il corso della prescrizione rimane sospeso in ogni caso in cui la sospensione del procedimento o del processo penale o dei termini di custodia cautelare è imposta da una particolare disposizione di legge, oltre che nei casi di:

1) autorizzazione a procedere, dalla data del provvedimento con cui il pubblico ministero presenta la richiesta sino al giorno in cui l'autorità competente la accoglie;[1]

2) deferimento della questione ad altro giudizio, sino al giorno in cui viene decisa la questione;

3) sospensione del procedimento o del processo penale per ragioni di impedimento delle parti e dei difensori ovvero su richiesta dell'imputato o del suo difensore. In caso di sospensione del processo per impedimento delle parti o dei difensori, l'udienza non può essere differita oltre il sessantesimo giorno successivo alla prevedibile cessazione dell'impedimento, dovendosi avere riguardo in caso contrario al tempo dell'impedimento aumentato di sessanta giorni. Sono fatte salve le facoltà previste dall'art. 71, commi 1 e 5, del codice di procedura penale.[1]

3-*bis*) sospensione del procedimento penale ai sensi dell'articolo 420-*quater* del codice di procedura penale.[2,3]

3-*ter*) rogatorie all'estero, dalla data del provvedimento che dispone una rogatoria sino al giorno in cui l'autorità richiedente riceve la documentazione richiesta, o comunque decorsi sei mesi dal provvedimento che dispone la rogatoria.[4]

[Il corso della prescrizione rimane altresì sospeso dalla pronunzia della sentenza di primo grado o del decreto di condanna fino alla data di esecutività della sentenza che definisce il giudizio o dell'irrevocabilità del decreto di condanna.][5]

[I periodi di sospensione di cui al secondo comma sono computati ai fini della determinazione del tempo necessario a prescrivere dopo che la sentenza del grado successivo ha prosciolto l'imputato ovvero ha annullato la sentenza di condanna nella parte relativa all'accertamento della responsabilità o ne ha dichiarato la nullità ai sensi dell'articolo 604, commi 1, 4 e 5-*bis*, del codice di procedura penale.][6]

[Se durante i termini di sospensione di cui al secondo comma si verifica un'ulteriore causa di sospensione di cui al primo comma, i termini sono prolungati per il periodo corrispondente.][6]

[Nel caso di autorizzazione a procedere, la sospensione del corso della prescrizione si verifica dal momento in cui il pubblico ministero presenta la richiesta e il corso della prescrizione riprende dal giorno in cui l'autorità competente accoglie la richiesta.][7]

La prescrizione riprende il suo corso dal giorno in cui è cessata la causa della sospensione.

[Nel caso di sospensione del procedimento ai sensi dell'articolo 420-*quater* del codice di procedura penale, la durata della sospensione della prescrizione del reato non può superare i termini previsti dal secondo comma dell'articolo 161 del presente codice.][5]

[1] Numero così sost. dall'art. 1, c. 11, L. 23 giu. 2017, n. 103. Ai sensi dall'art. 1, c. 15, L. 103/2017 la disposizione si applica ai fatti commessi dopo la data di entrata in vigore della L. 103/2017.

[2] La Corte cost., con sent. 25 mar. 2015, n. 45, ha dichiarato l'ill. cost. del presente comma «nella parte in cui, ove lo stato mentale dell'imputato sia tale da impedirne la cosciente partecipazione al procedimento e questo venga sospeso, non esclude la sospensione della prescrizione quando è accertato che tale stato è irreversibile».

[3] Numero aggiunto dall'art. 12, c. 1, L. 28 apr. 2014, n. 67. Si veda altresì l'art. 15-*bis* alla L. 67/2014 introdotto dall'art. 1, L. 11 ago. 2014, n. 118.

[4] Numero ins. dall'art. 1, c. 11, L. 23 giu. 2017, n. 103. V. nota 1.

[5] Comma abrog. dall'art. 2, L. 27 set. 2021, n. 134.

[6] Comma abrog. dall'art. 1, c. 1, lett. *e*), L. 9 gen. 2019, n. 3.

[7] Comma abrog. dall'art. 1, c. 11, L. 23 giu. 2017, n. 103. V. nota 1.

160. ***Interruzione del corso della prescrizione.***[1] — [Il corso della prescrizione è interrotto dalla sentenza di condanna o dal decreto di condanna.][2]

Interrompono la prescrizione l'ordinanza che applica le misure cautelari personali e quella di convalida del fermo o dell'arresto, l'interrogatorio reso davanti al pubblico ministero o alla polizia giudiziaria, su delega del pubblico ministero, o al giudice, l'invito a presentarsi al pubblico ministero per rendere l'interrogatorio, il provvedimento del giudice di fissazione dell'udienza in camera di consiglio per la decisione sulla richiesta di archiviazione, la richiesta di rinvio a giudizio, il decreto di fissazione della udienza preliminare, l'ordinanza che dispone il giudizio abbreviato, il decreto di fissazione della udienza per la decisione sulla richiesta di applicazione della pena, la presentazione o la citazione per il giudizio direttissimo, il decreto che dispone il giudizio immediato, il decreto che dispone il giudizio, il decreto di citazione a giudizio e il decreto di condanna.[3]

La prescrizione interrotta comincia nuovamente a decorrere dal giorno della interruzione. Se più sono gli atti interruttivi, la prescrizione decorre dall'ultimo di essi; ma in nessun caso i termini stabiliti nell'art. 157 possono essere prolungati oltre i termini di cui all'art. 161, secondo comma, fatta eccezione per i reati di cui all'art. 51, commi 3-*bis* e 3-*quater* del codice di procedura penale.

[1] Il corso della prescrizione per i reati di competenza del

giudice di pace è interrotto, ai sensi dell'art. 61 del D.lgs. 28 ago. 2000, n. 274, anche dalla citazione a giudizio disposta dalla polizia giudiziaria e dal decreto di convocazione delle parti emesso dal giudice di pace.

[2] Comma abrog. dall'art. 1, c. 1, lett. *f*), L. 9 gen. 2019, n. 3.

[3] Comma così sost. dall'art. 1, c. 1, lett. *f*), L. 9 gen. 2019, n. 3, e quindi così modif. dall'art. 2, L. 27 set. 2021, n. 134.

161. ***Effetti della sospensione e della interruzione.*** — L'interruzione della prescrizione ha effetto per tutti coloro che hanno commesso il reato. La sospensione della prescrizione ha effetto limitatamente agli imputati nei cui confronti si sta procedendo.[2]

Salvo che si proceda per i reati di cui all'art. 51, commi 3-*bis* e 3-*quater*, del codice di procedura penale, in nessun caso l'interruzione della prescrizione può comportare l'aumento di più di un quarto del tempo necessario a prescrivere, della metà per i reati di cui agli articoli 318, 319, 319-*ter*, 319-*quater*, 320, 321, 322-*bis*, limitatamente ai delitti richiamati dal presente comma, e 640-*bis*, nonché nei casi di cui all'art. 99, secondo comma, di due terzi nel caso di cui all'art. 99, quarto comma, e del doppio nei casi di cui agli artt. 102, 103 e 105.[2]

[1] Comma così sost. dall'art. 1, c. 13, L. 23 giu. 2017, n. 103. Ai sensi dall'art. 1, c. 15, L. 103/2017 la disposizione si applica ai fatti commessi dopo la data di entrata in vigore della L. 103/2017.

[2] Comma così modif. dall'art. 1, c. 14, L. 23 giu. 2017, n. 103. V. nota 1.

161-*bis*. ***Cessazione del corso della prescrizione.***[1] — Il corso della prescrizione del reato cessa definitivamente con la pronunzia della sentenza di primo grado. Nondimeno, nel caso di annullamento che comporti la regressione del procedimento al primo grado o a una fase anteriore, la prescrizione riprende il suo corso dalla data della pronunzia definitiva di annullamento.

[1] Articolo ins. dall'art. 2, L. 27 set. 2021, n. 134.

162. ***Oblazione nelle contravvenzioni.*** — Nelle contravvenzioni, per le quali la legge stabilisce la sola pena dell'ammenda, il contravventore è ammesso a pagare, prima dell'apertura del dibattimento, ovvero prima del decreto di condanna, una somma corrispondente alla terza parte del massimo della pena stabilita dalla legge per la contravvenzione commessa, oltre le spese del procedimento.

Il pagamento estingue il reato.

162-*bis*. ***Oblazione nelle contravvenzioni punite con pene alternative.*** — Nelle contravvenzioni per le quali la legge stabilisce la pena alternativa dell'arresto o dell'ammenda, il contravventore può essere ammesso a pagare, prima dell'apertura del dibattimento ovvero prima del decreto di condanna, una somma corrispondente alla metà del massimo dell'ammenda stabilita dalla legge per la contravvenzione commessa oltre le spese del procedimento.

Con la domanda di oblazione il contravventore deve depositare la somma corrispondente alla metà del massimo dell'ammenda.

L'oblazione non è ammessa quando ricorrono i casi previsti dal terzo capoverso dell'art. 99, dall'art. 104 o dall'art. 105, né quando permangono conseguenze dannose o pericolose del reato eliminabili da parte del contravventore.

In ogni altro caso il giudice può respingere con ordinanza la domanda di oblazione, avuto riguardo alla gravità del fatto.

La domanda può essere riproposta sino all'inizio della discussione finale del dibattimento di primo grado.

Il pagamento delle somme indicate nella prima parte del presente articolo estingue il reato.[1]

[In caso di modifica dell'originaria imputazione, qualora per questa non fosse possibile l'oblazione, l'imputato è rimesso in termini per chiedere la medesima, sempre che sia consentita].[2]

[1] L'art. 126 della L. 24 nov. 1981, n. 689, ha introdotto l'art. 162-*bis* c.p.; l'art. 127 della medesima ha esteso le disposizioni dell'art. 162-*bis* c.p. anche ai reati indicati nelle lettere *f*), *h*), *i*) del c. 1 dell'art. 34, L. 689/81.

[2] Comma abrog. dall'art. 2-*quattuordecies*, D.L. 7 apr. 2000, n. 82, conv. con modif. in L. 6 giu. 2000, n. 144.

162-*ter*. ***Estinzione del reato per condotte riparatorie.***[1] — Nei casi di procedibilità a querela soggetta a remissione, il giudice dichiara estinto il reato, sentite le parti e la persona offesa, quando l'imputato ha riparato interamente, entro il termine massimo della dichiarazione di apertura del dibattimento di primo grado, il danno cagionato dal reato, mediante le restituzioni o il risarcimento, e ha eliminato, ove possibile, le conseguenze dannose o pericolose del reato. Il risarcimento del danno può essere riconosciuto anche in seguito ad offerta reale ai sensi degli articoli 1208 e seguenti del codice civile, formulata dall'imputato e non accettata dalla persona offesa, ove il giudice riconosca la congruità della somma offerta a tale titolo.

Quando dimostra di non aver potuto adempiere, per fatto a lui non addebitabile, entro il termine di cui al primo comma, l'imputato può chiedere al giudice la fissazione di un ulteriore termine, non superiore a sei mesi, per provvedere al pagamento, anche in forma rateale, di quanto dovuto a titolo di risarcimento; in tal caso il giudice, se accoglie la richiesta, ordina la sospensione del processo e fissa la successiva udienza alla scadenza del termine stabilito e comunque non oltre novanta giorni dalla predetta scadenza, imponendo specifiche prescrizioni. Durante la sospensione del processo, il corso della prescrizione resta sospeso. Si applica l'articolo 240, secondo comma.

Il giudice dichiara l'estinzione del reato, di cui al primo comma, all'esito positivo delle condotte riparatorie.

Le disposizioni del presente articolo non si applicano nei casi di cui all'articolo 612-*bis*.[2]

[1] Art. ins. dall'art. 1, c. 1, L. 23 giu. 2017, n. 103. Ai sensi della predetta legge «Le disposizioni dell'articolo 162-*ter* del codice penale, introdotto dal c. 1, si applicano anche ai processi in corso alla data di entrata in vigore della presente legge e il giudice dichiara l'estinzione anche quando le condotte riparatorie siano state compiute oltre il termine della dichiarazione di apertura del dibattimento di primo grado.». Ai sensi dell'art. 1, c. 3, della legge citata «L'imputato, nella prima udienza, fatta eccezione per quella del giudizio di legittimità, successiva alla data di entrata in vigore della presente legge, può chiedere la fissazione di un termine, non superiore a sessanta giorni, per provvedere alle restituzioni, al pagamento di quanto dovuto a titolo di risarcimento e all'eliminazione, ove possibile, delle conseguenze dannose o pericolose del reato, a norma dell'articolo 162-*ter* del codice penale, introdotto dal c. 1. Nella stessa udienza l'imputato, qualora dimostri di non poter adempiere, per fatto a lui non addebitabile, nel termine di sessanta giorni, può chiedere al giudice la fissazione di un ulteriore termine, non superiore a sei mesi, per provvedere al pagamento, anche in forma rateale, di quanto dovuto a titolo di risarcimento.». Nei casi previsti dal c. 3, «il giudice, se accoglie la richiesta, ordina la sospensione del processo e fissa la successiva udienza alla scadenza del termine stabilito ai sensi del citato c. 3. Durante la sospensione del processo, il corso della prescrizione resta sospeso. Si applica l'art. 240, c. 2, del codice penale.».

[2] Comma aggiunto dall'art. 2, L. 4 dic. 2017, n. 172.

163. ***Sospensione condizionale della pena.***[1,2] — Nel pronunciare sentenza di condanna alla reclusione o all'arresto per un tempo non superiore a due anni, ovvero a pena pecuniaria che, sola o congiunta alla pena detentiva e ragguagliata a norma dell'art. 135, sia equivalente ad una pena privativa della libertà personale per un tempo non superiore, nel complesso, a due anni, il giudice può ordinare che l'esecuzione della pena rimanga sospesa per il termine di cinque anni se la condanna è per delitto e di due anni se la condanna è per contravvenzione. In caso di sentenza di condanna a pena pecuniaria congiunta a pena detentiva non superiore a due anni, quando la pena nel complesso, ragguagliata a norma dell'art. 135, sia superiore a due anni, il giudice può ordinare che l'esecuzione della pena detentiva rimanga sospesa.

Se il reato è stato commesso da un minore degli anni diciotto, la sospensione può essere ordinata quando si infligga una pena restrittiva della libertà personale non superiore a tre anni, ovvero una pena pecuniaria che, sola o congiunta alla pena detentiva e ragguagliata a norma dell'art. 135, sia equivalente ad una pena privativa della libertà personale per un tempo non superiore, nel complesso, a tre anni. In caso di sentenza di condanna a pena pecuniaria congiunta a pena detentiva non superiore a tre anni, quando la pena nel complesso, ragguagliata a norma dell'art. 135, sia superiore a tre anni, il giudice può ordinare che l'esecuzione della pena detentiva rimanga sospesa.

Se il reato è stato commesso da persona di età superiore agli anni diciotto ma inferiore agli anni ventuno o da chi ha compiuto gli anni settanta, la sospensione può essere ordinata quando si infligga una pena restrittiva della libertà personale non superiore a due anni e sei mesi ovvero una pena pecuniaria che, sola o congiunta alla pena detentiva e ragguagliata a norma dell'art. 135, sia equivalente ad una pena privativa della libertà personale per un tempo non superiore, nel complesso, a due anni e sei mesi. In caso di sentenza di condanna a pena congiunta a pena detentiva non superiore a due anni e sei mesi, quando la pena nel complesso, ragguagliata a norma dell'art. 135, sia superiore a due anni e sei mesi, il giudice può ordinare che l'esecuzione della pena detentiva rimanga sospesa.

Qualora la pena inflitta non sia superiore ad un anno e sia stato riparato interamente il danno, prima che sia stata pronunciata la sentenza di primo grado, mediante il risarcimento di esso e, quando sia possibile, mediante le restituzioni, nonché qualora il colpevole, entro lo stesso termine e fuori del caso previsto nel quarto comma dell'art. 56, si sia stato adoperato spontaneamente ed efficacemente per elidere o attenuare le conseguenze dannose o pericolose del reato da lui eliminabili, il giudice può ordinare che l'esecuzione della pena, determinata nel caso di pena pecuniaria ragguagliandola a norma dell'art. 135, rimanga sospesa per il termine di un anno.

[1] Articolo così sost. dall'art. 104 della L. 24 nov. 1981, n. 689.

[2] A norma dell'art. 60 del D.lgs. 28 ago. 2000, n. 274, le disposizioni relative alla sospensione condizionale della pena non si applicano alle pene irrogate dal giudice di pace.

164. ***Limiti entro i quali è ammessa la sospensione condizionale della pena.*** — La sospensione condizionale della pena è ammessa soltanto se, avuto riguardo alle circostanze indicate nell'art. 133, il giudice presume che il colpevole si asterrà dal commettere ulteriori reati.

La sospensione condizionale della pena non può essere conceduta:

1) a chi ha riportato una precedente condanna a pena detentiva per delitto, anche se è intervenuta la riabilitazione, né al delinquente o contravventore abituale, o professionale;

2) allorché alla pena inflitta deve essere aggiunta una misura di sicurezza personale perché il reo è persona che la legge presume socialmente pericolosa.

La sospensione condizionale della pena rende inapplicabili le misure di sicurezza, tranne che si tratti della confisca.

La sospensione condizionale della pena non può essere concessa più di una volta. Tuttavia il giudice, nell'infliggere una nuova condanna, può disporre la sospensione condizionale qualora la pena da infliggere, cumulata con quella irrogata con la precedente condanna anche per delitto, non superi i limiti stabiliti dall'art. 163.[1]

[1] La Corte cost., con sent. 28 apr. 1976, n. 76, ha dichiarato l'ill. cost. del presente comma «nella parte in cui non consente la concessione della sospensione condizionale

della pena a chi ha già riportato una precedente condanna a pena detentiva per delitto non sospesa, qualora la pena da infliggere cumulata con quella irrogata con la condanna precedente non superi i limiti stabiliti dall'art. 163 del c.p.».

165. ***Obblighi del condannato.***[1] — La sospensione condizionale della pena può essere subordinata all'adempimento dell'obbligo delle restituzioni, al pagamento della somma liquidata a titolo di risarcimento del danno o provvisoriamente assegnata sull'ammontare di esso e alla pubblicazione della sentenza a titolo di riparazione del danno; può altresì essere subordinata, salvo che la legge disponga altrimenti, all'eliminazione delle conseguenze dannose o pericolose del reato, ovvero, se il condannato non si oppone, alla prestazione di attività non retribuita a facore della collettività per un tempo determinato comunque non superiore alla durata della pena sospesa secondo le modalità indicate dal giudice nella sentenza di condanna.

La sospensione condizionale della pena, quando è concessa a persona che ne ha già usufruito, deve essere subordinata all'adempimento di uno degli obblighi previsti nel comma precedente [salvo che ciò sia impossibile].

La disposizione del secondo comma non si applica qualora la sospensione condizionale della pena sia stata concessa ai sensi del quarto comma dell'art. 163.

Nei casi di condanna per i reati previsti dagli articoli 314, 317, 318, 319, 319-*ter*, 319-*quater*, 320, 321 e 322-*bis*, la sospensione condizionale della pena è comunque subordinata al pagamento della somma determinata a titolo di riparazione pecuniaria ai sensi dell'articolo 322-*quater*, fermo restando il diritto all'ulteriore eventuale risarcimento del danno.[2]

Nei casi di condanna per il delitto previsto dall'articolo 575, nella forma tentata, o per i delitti, consumati o tentati, di cui agli articoli 572, 609-*bis*, 609-*ter*, 609-*quater*, 609-*quinquies*, 609-*octies* e 612-*bis*, nonché agli articoli 582 e 583-*quinquies* nelle ipotesi aggravate ai sensi degli articoli 576, primo comma, numeri 2, 5 e 5.1, e 577, primo comma, numero 1, e secondo comma, la sospensione condizionale della pena è comunque subordinata alla partecipazione a specifici percorsi di recupero presso enti o associazioni che si occupano di prevenzione, assistenza psicologica e recupero di soggetti condannati per i medesimi reati.[3]

Il giudice nella sentenza stabilisce il termine entro il quale gli obblighi devono essere adempiuti.

Nel caso di condanna per il reato previsto dall'articolo 624-*bis*, la sospensione condizionale della pena è comunque subordinata al pagamento integrale dell'importo dovuto per il risarcimento del danno alla persona offesa.[4]

[1] Articolo così sost. dall'art. 128, L. 24 nov. 1981, n. 689.
[2] Comma ins. dall'art. 2, L. 27 mag. 2015, n. 69 e così modif. dall'art. 1, c. 1, lett. g), L. 9 gen. 2019, n. 3.
[3] Comma ins. dall'art. 6, c. 1, L. 19 lug. 2019, n. 69, e così modif. dall'art. 2, c. 13, L. 27 set. 2021, n. 134.
[4] Comma aggiunto dall'art. 3, L. 26 apr. 2019, n. 36.

166. ***Effetti della sospensione.*** — La sospensione condizionale della pena si estende alle pene accessorie. Nondimeno, nel caso di condanna per i delitti previsti dagli articoli 314, primo comma, 317, 318, 319, 319-*bis*, 319-*ter*, 319-*quater*, primo comma, 320, 321, 322, 322-*bis* e 346-*bis*, il giudice può disporre che la sospensione non estenda i suoi effetti alle pene accessorie dell'interdizione dai pubblici uffici e dell'incapacità di contrattare con la pubblica amministrazione.[1]

La condanna a pena condizionalmente sospesa non può costituire in alcun caso, di per sé sola, motivo per l'applicazione di misure di prevenzione, né d'impedimento all'accesso a posti di lavoro pubblici o privati tranne i casi specificamente previsti dalla legge, né per il diniego di concessioni, di licenze o di autorizzazioni necessarie per svolgere attività lavorativa.

[1] Periodo aggiunto dall'art. 1, c. 1, lett. *h*), L. 9 gen. 2019, n. 3.

167. ***Estinzione del reato.*** — Se, nei termini stabiliti, il condannato non commette un delitto, ovvero una contravvenzione della stessa indole, e adempie gli obblighi impostigli, il reato è estinto.

In tal caso non ha luogo la esecuzione delle pene.

168. ***Revoca della sospensione.*** — Salva la disposizione dell'ultimo comma dell'art. 164, la sospensione condizionale della pena è revocata di diritto qualora, nei termini stabiliti, il condannato:

1) commetta un delitto ovvero una contravvenzione della stessa indole, per cui venga inflitta una pena detentiva, o non adempia agli obblighi impostigli;

2) riporti un'altra condanna per un delitto anteriormente commesso a pena che, cumulata a quella precedentemente sospesa, superi i limiti stabiliti dall'art. 163.

Qualora il condannato riporti un'altra condanna per un delitto anteriormente commesso, a pena che, cumulata a quella precedentemente sospesa, non supera i limiti stabiliti dall'art. 163, il giudice, tenuto conto dell'indole e della gravità del reato, può revocare l'ordine di sospensione condizionale della pena.

La sospensione condizionale della pena è altresì revocata quando è stata concessa in violazione dell'art. 164, IV c., in presenza di cause ostative. La revoca è disposta anche se la sospensione è stata concessa ai sensi del comma 3 dell'art. 444 del c.p.p.

168-*bis*. ***Sospensione del procedimento con messa alla prova dell'imputato.***[1] — Nei procedimenti per reati puniti con la sola pena edittale pecuniaria o con la pena edittale detentiva non superiore nel massimo a quattro anni, sola, congiunta o alternativa alla pena pecuniaria, nonché per i delitti indicati dal comma 2 dell'articolo 550 del codice di procedura penale, l'imputato può chiedere la sospensione del processo con messa alla prova.

La messa alla prova comporta la prestazione di condotte volte all'eliminazione delle conseguenze dannose o pericolose derivanti dal reato, nonché, ove possibile, il risarcimento del danno dallo stesso cagionato. Comporta altresì l'affidamento dell'imputato al servizio sociale, per lo svolgimento di un programma che può implicare, tra l'altro, attività di volontariato di rilievo sociale, ovvero l'osservanza di prescrizioni relative ai rapporti con il servizio sociale o con una struttura sanitaria, alla dimora, alla libertà di movimento, al divieto di frequentare determinati locali.

La concessione della messa alla prova è inoltre subordinata alla prestazione di lavoro di pubblica utilità. Il lavoro di pubblica utilità consiste in una prestazione non retribuita, affidata tenendo conto anche delle specifiche professionalità ed attitudini lavorative dell'imputato, di durata non inferiore a dieci giorni, anche non continuativi, in favore della collettività, da svolgere presso lo Stato, le regioni, le province, i comuni, le aziende sanitarie o presso enti o organizzazioni, anche internazionali, che operano in Italia, di assistenza sociale, sanitaria e di volontariato. La prestazione è svolta con modalità che non pregiudichino le esigenze di lavoro, di studio, di famiglia e di salute dell'imputato e la sua durata giornaliera non può superare le otto ore.

La sospensione del procedimento con messa alla prova dell'imputato non può essere concessa più di una volta.[2]

La sospensione del procedimento con messa alla prova non si applica nei casi previsti dagli articoli 102, 103, 104, 105 e 108.

[1] Articolo ins. dall'art. 3, c. 1, L. 28 apr. 2014, n. 67.

[2] La Corte cost., con sent. 12 lug. 2022, n. 174, ha dichiarato l'ill. cost. del presente comma nella parte in cui non prevede che l'imputato possa essere ammesso alla sospensione del procedimento con messa alla prova nell'ipotesi in cui si proceda per reati connessi, ai sensi dell'art. 12, c. 1, lett. *b*), del c.p.p., con altri reati per i quali tale beneficio sia già stato concesso.

168-*ter*. *Effetti della sospensione del procedimento con messa alla prova.*[1] — Durante il periodo di sospensione del procedimento con messa alla prova il corso della prescrizione del reato è sospeso. Non si applicano le disposizioni del primo comma dell'articolo 161.

L'esito positivo della prova estingue il reato per cui si procede. L'estinzione del reato non pregiudica l'applicazione delle sanzioni amministrative accessorie, ove previste dalla legge.

[1] Articolo ins. dall'art. 3, c. 1, L. 28 apr. 2014, n. 67.

168-*quater*. *Revoca della sospensione del procedimento con messa alla prova.*[1] — La sospensione del procedimento con messa alla prova è revocata:

1) in caso di grave o reiterata trasgressione al programma di trattamento o alle prescrizioni imposte, ovvero di rifiuto alla prestazione del lavoro di pubblica utilità;

2) in caso di commissione, durante il periodo di prova, di un nuovo delitto non colposo ovvero di un reato della stessa indole rispetto a quello per cui si procede.

[1] Articolo ins. dall'art. 3, c. 1, L. 28 apr. 2014, n. 67.

169. *Perdono giudiziale per i minori degli anni diciotto.* — Se, per il reato commesso dal minore degli anni diciotto la legge stabilisce una pena restrittiva della libertà personale non superiore nel massimo a due anni, ovvero una pena pecuniaria non superiore nel massimo a euro 5[1] anche se congiunta a detta pena, il giudice può astenersi dal pronunciare il rinvio al giudizio, quando, avuto riguardo alle circostanze indicate nell'art. 133, presume che il colpevole si asterrà dal commettere ulteriori reati.

Qualora si proceda al giudizio, il giudice, può, nella sentenza, per gli stessi motivi, astenersi dal pronunciare condanna.

Le disposizioni precedenti non si applicano nei casi preveduti dal n. 1 del primo capoverso dell'art. 164.

Il perdono giudiziale non può essere conceduto più di una volta.[2]

[1] Pena da ritenersi aumentata a euro 1.549 in relazione alla previsione dell'art. 19, R.D.L. 20 lug. 1934, n. 1404.

[2] La Corte cost., con sent. 5 lug. 1973, n. 108, ha dichiarato l'ill. cost. dell'art. 169 «nella parte in cui non consente che possa estendersi il perdono giudiziale ad altri reati che si legano col vincolo della continuazione a quelli per i quali è stato concesso il beneficio».

La Corte cost., con sent. 7 lug. 1976, n. 154, ha dichiarato inoltre l'ill. cost. dell'art. 169, quarto comma, «nella parte in cui esclude che possa concedersi un nuovo perdono giudiziale in caso di reato commesso anteriormente alla prima sentenza di perdono, e di pena che, cumulata con quella precedente, non superi i limiti di applicabilità del beneficio».

170. *Estinzione di un reato che sia presupposto, elemento costitutivo o circostanza aggravante di un altro reato.* — Quando un reato è il presupposto di un altro reato, la causa che lo estingue non si estende all'altro reato.

La causa estintiva di un reato, che è elemento costitutivo o circostanza aggravante di un reato complesso, non si estende al reato complesso.

L'estinzione di taluno fra più reati connessi non esclude, per gli altri, l'aggravamento di pena derivante dalla connessione.

CAPO II

Della estinzione della pena

171. *Morte del reo dopo la condanna.* — La morte del reo, avvenuta dopo la condanna, estingue la pena.

172. *Estinzione delle pene della reclusione e della multa per decorso del tempo.* — La pena della reclusione si estingue col decorso di un tempo pari al doppio della pena inflitta e, in ogni caso, non superiore a trenta e non inferiore a dieci anni.

La pena della multa si estingue nel termine di dieci anni.

Quando, congiuntamente alla pena della reclusione, è inflitta la pena della multa, per l'estinzione dell'una e dell'altra pena si ha riguardo soltanto al decorso del tempo stabilito per la reclusione.

Il termine decorre dal giorno in cui la condanna è divenuta irrevocabile, ovvero dal giorno in cui il condannato si è sottratto volontariamente alla esecuzione già iniziata della pena.

Se l'esecuzione della pena è subordinata alla scadenza di un termine o al verificarsi di una condizione, il tempo necessario per la estinzione della pena decorre dal giorno in cui il termine è scaduto o la condizione si è verificata.

Nel caso di concorso di reati si ha riguardo, per l'estinzione della pena, a ciascuno di essi, anche se le pene sono state inflitte con la medesima sentenza.

L'estinzione delle pene non ha luogo, se si tratta di recidivi, nei casi preveduti dai capoversi dell'art. 99, o di delinquenti abituali, professionali o per tendenza; ovvero se il condannato, durante il tempo necessario per l'estinzione della pena, riporta una condanna alla reclusione per un delitto della stessa indole.

173. ***Estinzione delle pene dell'arresto e dell'ammenda per decorso del tempo.*** — Le pene dell'arresto e dell'ammenda si estinguono nel termine di cinque anni. Tale termine è raddoppiato se si tratta di recidivi, nei casi preveduti dai capoversi dell'art. 99, ovvero di delinquenti abituali, professionali o per tendenza.

Se, congiuntamente alla pena dell'arresto, è inflitta la pena dell'ammenda, per l'estinzione dell'una e dell'altra pena si ha riguardo soltanto al decorso del termine stabilito per l'arresto.

Per la decorrenza del termine si applicano le disposizioni del 3°, 4° e 5° cpv. dell'articolo precedente.

174. ***Indulto e grazia.***[1] — L'indulto o la grazia condona, in tutto o in parte, la pena inflitta, o la commuta in un'altra specie di pena stabilita dalla legge. Non estingue le pene accessorie, salvo che il decreto disponga diversamente, e neppure gli altri effetti penali della condanna.

Nel concorso di più reati, l'indulto si applica una sola volta, dopo cumulate le pene, secondo le norme concernenti il concorso dei reati.

Si osservano, per l'indulto, le disposizioni contenute nei tre ultimi capoversi dell'art. 151.

[1] V. artt. 672 e 681 c.p.p.

175. ***Non menzione della condanna nel certificato del casellario giudiziale.***[1] — Se, con una prima condanna, è inflitta una pena detentiva non superiore a due anni, ovvero una pena pecuniaria non superiore a euro 516, il giudice, avuto riguardo alle circostanze indicate nell'art. 133, può ordinare in sentenza che non sia fatta menzione della condanna nel certificato del casellario giudiziale, spedito a richiesta di privati, non per ragione di diritto elettorale.[2]

La non menzione della condanna può essere altresì concessa quando è inflitta congiuntamente una pena detentiva non superiore a due anni ed una pena pecuniaria che, ragguagliata a norma dell'art. 135 e cumulata alla pena detentiva, priverebbe il condannato della libertà personale per un tempo non superiore a trenta mesi.

Se il condannato commette successivamente un delitto, l'ordine di non fare menzione della condanna precedente è revocato.

[...].[3]

[1] Articolo così sost. dall'art. 104, L. 24 nov. 1981, n. 689.

[2] La Corte cost., con sent. 7 giu. 1984, n. 155, ha dichiarato l'ill. cost. del primo comma dell'art. 175 c.p., nel testo introdotto con l'art. 104 della L. 24 nov. 1981, n. 689, «nella parte in cui esclude che possano concedersi ulteriori non menzioni di condanne nel certificato del casellario giudiziale spedito a richiesta di privati, nel caso di condanne, per reati anteriormente commessi, a pene che, cumulate con quelle già irrogate, non superino i limiti di applicabilità del beneficio».

La Corte cost., con sent. 17 mar. 1988, n. 304, ha dichiarato l'ill. cost. dell'art. 175 c. 1 «nella parte in cui prevede che la non menzione nel certificato del casellario giudiziale di condanna a sola pena pecuniaria possa essere ordinata dal giudice quando non sia superiore a un milione, anziché a somma pari a quella risultante dal ragguaglio della pena detentiva di anni due, a norma dell'art. 135 c.p.».

[3] Comma abrog. dall'art. 7, L. 7 feb. 1990, n. 19.

176. ***Liberazione condizionale.***[1] — Il condannato a pena detentiva che, durante il tempo di esecuzione della pena, abbia tenuto un comportamento tale da far ritenere sicuro il suo ravvedimento, può essere ammesso alla liberazione condizionale, se ha scontato almeno 30 mesi e comunque almeno metà della pena inflittagli, qualora il rimanente della pena non superi i 5 anni.

Se si tratta di recidivo, nei casi preveduti dai capoversi dell'art. 99, il condannato, per essere ammesso alla liberazione condizionale, deve avere scontato almeno 4 anni di pena e non meno di tre quarti della pena inflittagli.[2]

Il condannato all'ergastolo può essere ammesso alla liberazione condizionale quando abbia scontato almeno 26 anni di pena.

La concessione della liberazione condizionale è subordinata all'adempimento delle obbligazioni civili derivanti dal reato, salvo che il condannato dimostri di trovarsi nell'impossibilità di adempiere.[3]

[1] Articolo così sost. con L. 25 nov. 1962, n. 1634, che ha sost. anche l'art. 177.

[2] Per i condannati che commisero il reato quando erano minori degli anni 18, v. l'art. 21 R.D.L. 20 lug. 1934, n. 1404.

[3] V. però art. 2 D.L. 13 mag. 1991, n. 152, conv. in L. 12 lug. 1991, n. 203.

177. ***Revoca della liberazione condizionale o estinzione della pena.*** — Nei confronti del condannato ammesso alla liberazione condizionale resta sospesa la esecuzione della misura di sicurezza detentiva cui il condannato stesso sia stato sottoposto con la sentenza di condanna o con un provvedimento successivo. La liberazione condizionale è revocata, se la persona liberata commette un delitto o una contravvenzione della stessa indole, ovvero trasgredisce agli obblighi inerenti alla libertà vigilata, disposta a termini dell'art. 230, n. 2. In tal caso, il tempo trascorso in libertà condizionale non è computato nella durata della pena e il condannato non può essere riammesso alla liberazione condizionale.[1,2,3]

Decorso tutto il tempo della pena inflitta, ovvero 5 anni dalla data del provvedimento di liberazione condizionale, se trattasi di condannato all'ergastolo, senza che sia intervenuta alcuna causa di revoca, la pena rimane estinta e sono revocate le misure di sicurezza personali, ordinate dal giudice con la sentenza di condanna o con provvedimento successivo.

[1] La Corte cost., con sent. 25 mag. 1989, n. 282, ha dichiarato l'ill. cost. del primo comma «nella parte in cui, nel caso di revoca della liberazione condizionale, non consente al Tribunale di sorveglianza di determinare la pena detentiva ancora da espiare, tenendo conto del tempo trascorso in libertà condizionale nonché delle restrizioni di libertà subite dal condannato e del suo comportamento durante tale periodo».

[2] La Corte cost., con sent. 4 giu. 1997, n. 161, ha dichiarato l'ill. cost. del primo comma, ultimo periodo, «nella parte in cui non prevede che il condannato alla pena dell'ergastolo cui sia stata revocata la liberazione condizionale possa essere nuovamente ammesso a fruire del beneficio ove ne sussistano i relativi presupposti».

[3] La Corte cost., con sent. 23 dic. 1998, n. 418, ha dichiarato l'ill. cost. del primo comma «nella parte in cui prevede la revoca della liberazione condizionale nel caso di condanna per qualsiasi delitto o contravvenzione dello stesso indole, anziché stabilire che la liberazione condizionale è revocata se la condanna del soggetto, in relazione alla condanna subita, appare incompatibile con il mantenimento del beneficio».

178. ***Riabilitazione.*** — La riabilitazione estingue le pene accessorie ed ogni altro effetto penale della condanna, salvo che la legge disponga altrimenti.

179. ***Condizioni per la riabilitazione.*** — La riabilitazione è conceduta quando siano decorsi almeno tre anni dal giorno in cui la pena principale sia stata eseguita o siasi in altro modo estinta, e il condannato abbia dato prove effettive e costanti di buona condotta.

Il termine è di almeno otto anni se si tratta di recidivi, nei casi preveduti dai capoversi dell'art. 99.

Il termine è, di dieci anni se si tratta di delinquenti abituali, professionali o per tendenza e decorre dal giorno in cui sia stato revocato l'ordine di assegnazione ad una colonia agricola o ad una casa di lavoro.

Qualora sia stata concessa la sospensione condizionale della pena ai sensi dell'art. 163, primo, secondo e terzo comma, il termine di cui al primo comma decorre dallo stesso momento dal quale decorre il termine di sospensione della pena.

Qualora sia stata concessa la sospensione condizionale della pena ai sensi del quarto comma dell'art. 163, la riabilitazione è concessa allo scadere del termine di un anno di cui al medesimo quarto comma, purché sussistano le altre condizioni previste dal presente articolo.

La riabilitazione non può essere conceduta quando il condannato:

1) sia stato sottoposto a misura di sicurezza, tranne che si tratti di espulsione dello straniero dallo Stato ovvero di confisca, e il provvedimento non sia stato revocato;

2) non abbia adempiuto le obbligazioni civili derivanti dal reato, salvo che dimostri di trovarsi nella impossibilità di adempierle.

La riabilitazione concessa a norma dei commi precedenti non produce effetti sulle pene accessorie perpetue. Decorso un termine non inferiore a sette anni dalla riabilitazione, la pena accessoria perpetua è dichiarata estinta, quando il condannato abbia dato prove effettive e costanti di buona condotta.[1]

[1] Comma aggiunto dall'art. 1, c. 1, lett. *i*), L. 9 gen. 2019, n. 3.

180. ***Revoca della sentenza di riabilitazione.*** — La sentenza di riabilitazione è revocata di diritto se la persona riabilitata commette entro sette anni un delitto non colposo, per il quale sia inflitta la pena della reclusione per un tempo non inferiore a due anni, od un'altra pena più grave.

181. ***Riabilitazione nel caso di condanna all'estero.*** — Le disposizioni relative alla riabilitazione si applicano anche nel caso di sentenze straniere di condanna, riconosciute a norma dell'art. 12.

CAPO III
Disposizioni comuni

182. ***Effetti delle cause di estinzione del reato o della pena.*** — Salvo che la legge disponga altrimenti, l'estinzione del reato o della pena ha effetto soltanto per coloro ai quali la causa di estinzione si riferisce.

183. ***Concorso di cause estintive.*** — Le cause di estinzione del reato o della pena operano nel momento in cui esse intervengono.

Nel concorso di una causa che estingue il reato con una causa che estingue la pena, prevale la causa che estingue il reato, anche se è intervenuta successivamente.

Quando intervengono in tempi diversi più cause di estinzione del reato o della pena, la causa antecedente estingue il reato o la pena, e quelle successive fanno cessare gli effetti che non siano ancora estinti in conseguenza della causa antecedente.

Se più cause intervengono contemporaneamente, la causa più favorevole opera l'estinzione del reato o della pena; ma anche in tal caso, per gli effetti che non siano estinti in conseguenza della causa più favorevole, si applica il capoverso precedente.

184. ***Estinzione della pena dell'ergastolo o di pene temporanee nel caso di concorso di reati.*** — Quando, per effetto di amnistia, indulto o grazia, la pena dell'ergastolo è estinta, la pena detentiva temporanea, inflitta per il reato concorrente, è eseguita per intero. Nondimeno, se il condannato ha già interamente subito l'isolamento diurno, applicato a norma del capoverso dell'art. 72, la pena per il reato concorrente è ridotta alla metà; ed è estinta, se il condannato è stato detenuto per oltre trenta anni.

Se, per effetto di alcuna delle dette cause estintive, non deve essere scontata la pena detentiva temporanea inflitta, per il reato concorrente, al condannato all'ergastolo, non si applica l'isolamento diurno, stabilito nel capoverso dell'art. 72. Se la pena detentiva deve essere scontata solo in parte, il periodo dell'isolamento diurno, applicato a norma del predetto articolo, può essere ridotto fino a tre mesi.

TITOLO VII
Delle sanzioni civili

185. ***Restituzioni e risarcimento del danno.*** — Ogni reato obbliga alle restituzioni, a norma delle leggi civili.

Ogni reato, che abbia cagionato un danno patrimoniale o non patrimoniale, obbliga al risarcimento il colpevole e le persone che, a norma delle leggi civili, debbono rispondere per il fatto di lui.[1]

[1] Per i reati commessi col mezzo della stampa v. art. 11 L. 8 feb. 1948, n. 47. Per le vittime del terrorismo, v. art. 10, L. 20 ott. 1990, n. 302.

186. ***Riparazione del danno mediante pubblicazione della sentenza di condanna.*** — Oltre quanto è prescritto nell'articolo precedente e in altre disposizioni di legge,[1] ogni reato obbliga il colpevole alla pubblicazione, a sue spese, della sentenza di condanna, qualora la pubblicazione costituisca un mezzo per riparare il danno non patrimoniale cagionato dal reato).

[1] Per i reati commessi col mezzo della stampa, v. art. 9, L. 8 feb. 1948, n. 47.

187. ***Indivisibilità e solidarietà nelle obbligazioni ex delicto.*** — L'obbligo alle restituzioni e alla pubblicazione della sentenza penale di condanna è indivisibile.

I condannati per uno stesso reato sono obbligati in solido al risarcimento del danno patrimoniale o non patrimoniale.

188. ***Spese per il mantenimento del condannato. Obbligo di rimborso.*** — Il condannato è obbligato a rimborsare all'erario dello Stato le spese per il suo mantenimento negli stabilimenti di pena, e risponde di tale obbligazione con tutti i suoi beni mobili e immobili, presenti e futuri, a norma delle leggi civili.[1]

L'obbligazione non si estende alla persona civilmente responsabile, e non si trasmette agli eredi del condannato.[2]

[1] V. art. 2 R.D. 13 giu. 1931, n. 787.

[2] La Corte cost., con sent. 16 apr. 1998, n. 112, ha dichiarato l'ill. cost. di questo comma «nella parte in cui omette di prevedere la non trasmissibilità agli eredi dell'obbligo di rimborsare le spese del procedimento penale».

189. *[**Ipoteca legale**]*[1]; ***sequestro.*** — Lo Stato ha ipoteca legale sui beni dell'imputato a garanzia del pagamento:

1) delle pene pecuniarie e di ogni altra somma dovuta all'erario dello Stato;

2) delle spese del procedimento;

3) delle spese relative al mantenimento del condannato negli stabilimenti di pena;

4) delle spese sostenute da un pubblico istituto sanitario, a titolo di cura e di alimenti per la persona offesa, durante l'infermità;

5) delle somme dovute a titolo di risarcimento del danno, comprese le spese processuali;

6) delle spese anticipate dal difensore e delle somme a lui dovute a titolo di onorario.

L'ipoteca legale non pregiudica il diritto degli interessati a iscrivere ipoteca giudiziale, dopo la sentenza di condanna, anche se non divenuta irrevocabile.

Se vi è fondata ragione di temere che manchino o si disperdano le garanzie delle obbligazioni per le quali è ammessa l'ipoteca legale, può essere ordinato il sequestro dei beni mobili dell'imputato.

Gli effetti dell'ipoteca o del sequestro cessano con la sentenza irrevocabile di proscioglimento.

Se l'imputato offre cauzione, può non farsi luogo alla iscrizione dell'ipoteca legale o al sequestro.

Per effetto del sequestro i crediti indicati in questo articolo si considerano privilegiati rispetto ad ogni altro credito non privilegiato di data anteriore e ai crediti sorti posteriormente, salvi, in ogni caso, i privilegi stabiliti a garanzia del pagamento di tributi.

[1] Le disposizioni che prevedevano l'ipoteca legale sono state abrogate dall'art. 218 del D.lgs. 28 lug. 1989, n. 271 (Disp. att. c.p.p.).

190. ***Garanzie sui beni della persona civilmente responsabile.*** — Le garanzie stabilite nell'articolo precedente si estendono anche ai beni della persona civilmente responsabile, limitatamente ai crediti indicati nei nn. 2, 4 a 5 del predetto articolo qualora, per la ipoteca legale[1], sussistano le condizioni richieste per la iscrizione sui beni dell'imputato, e qualora, per il sequestro, concorrano, riguardo alla persona civilmente responsabile, le circostanze indicate nel 2° cpv. dell'articolo precedente.

[1] V. nota all'art. 189.

191. ***Ordine dei crediti garantiti con ipoteca*[1] *o sequestro.*** — Sul prezzo degli immobili ipotecati e dei mobili sequestrati a norma dei due articoli precedenti, e sulle somme versate a titolo di cauzione e non devolute alla Cassa delle ammende, sono pagate nell'ordine seguente:

1) le spese sostenute da un pubblico istituto sanitario, a titolo di cura e di alimenti per la persona offesa, durante l'infermità;

2) le somme dovute a titolo di risarcimento di danni e di spese processuali al danneggiato, purché il pagamento ne sia richiesto entro un anno dal giorno in cui la sentenza penale di condanna sia diventata irrevocabile;

3) le spese anticipate dal difensore del condannato e la somma a lui dovuta a titolo di onorario;

4) le spese del procedimento;

5) le spese per il mantenimento del condannato negli stabilimenti di pena. Se la esecuzione della pena non ha ancora avuto luogo, in tutto o in parte, è depositata nella Cassa delle ammende, una somma presumibilmente adeguata alle spese predette;

6) le pene pecuniarie e ogni altra somma dovuta all'erario dello Stato.

[1] V. nota all'art. 189.

192. ***Atti a titolo gratuito compiuti dal colpevole dopo il reato.*** — Gli atti a titolo gratuito, compiuti dal colpevole dopo il reato, non hanno efficacia rispetto ai crediti indicati nell'art. 189.

193. ***Atti a titolo oneroso compiuti dal colpevole dopo il reato.*** — Gli atti a titolo oneroso, eccedenti la semplice amministrazione ovvero la gestione dell'ordinario commercio, i quali siano compiuti dal colpevole dopo il reato, si presumono fatti in frode rispetto ai crediti indicati nell'art. 189.

Nondimeno, per la revoca dell'atto, è necessaria la prova della mala fede dell'altro contraente.

194. ***Atti a titolo oneroso o gratuito compiuti dal colpevole prima del reato.*** — Gli atti a titolo gratuito, compiuti dal colpevole prima del reato, non sono efficaci rispetto ai crediti indicati nell'art. 189, qualora si provi che furono da lui compiuti in frode.

La stessa disposizione si applica agli atti a titolo oneroso eccedenti la semplice amministrazione ovvero la gestione dell'ordinario commercio; nondimeno, per la revoca dell'atto a titolo oneroso, è necessaria la prova anche della mala fede dell'altro contraente.

Le disposizioni di questo articolo non si applicano per gli atti anteriori di un anno al commesso reato.

195. ***Diritti dei terzi.*** — Nei casi preveduti dai tre articoli precedenti, i diritti dei terzi sono regolati dalle leggi civili.

196. ***Obbligazione civile per le multe e le ammende inflitte a persona dipendente.***[1] — Nei reati commessi da chi è soggetto all'altrui autorità, direzione o vigilanza, la persona rivestita dell'autorità, o incaricata della direzione o vigilanza, è obbligata, in caso di insolvibilità, del condannato, al pagamento di una somma pari all'ammontare della multa o dell'ammenda inflitta al colpevole, se si tratta di violazioni di disposizioni che essa era tenuta a far osservare e delle quali non debba rispondere penalmente.

Qualora la persona preposta risulti insolvibile, si applicano al condannato le disposizioni dell'art. 136.

[1] Articolo così sost. dall'art. 116 della L. 24 nov. 1981, n. 689.

197. ***Obbligazione civile delle persone giuridiche per il pagamento delle multe e delle ammende.***[1] — Gli enti forniti di personalità giuridica, eccettuati lo Stato, le regioni, le province ed i comuni, qualora sia pronunciata condanna per reato contro chi ne abbia la rappresentanza, o l'amministrazione, o sia con essi in rapporto di dipendenza, e si tratti di reato che costituisca violazione degli obblighi inerenti alla qualità rivestita dal colpevole, ovvero sia commesso nell'interesse della persona giuridica, sono obbligati al pagamento, in caso di insolvibilità del condannato, di una somma pari all'ammontare della multa o dell'ammenda inflitta.

Se tale obbligazione non può essere adempiuta, si applicano al condannato le disposizioni dell'art. 136.

[1] Articolo così sost. dall'art. 116 della L. 24 nov. 1981, n. 689.

198. ***Effetti della estinzione del reato o della pena sulle obbligazioni civili.*** — L'estinzione del reato o della pena non importa la estinzione delle obbligazioni civili derivanti dal reato, salvo che si tratti delle obbligazioni indicate nei due articoli precedenti.

TITOLO VIII
Delle misure amministrative di sicurezza

CAPO I
Delle misure di sicurezza personali

SEZIONE I
Disposizioni generali

199. ***Sottoposizione a misure di sicurezza: disposizione espressa di legge.*** — Nessuno può essere sottoposto a misure di sicurezza che non siano espressamente stabilite dalla legge e fuori dei casi dalla legge stessa preveduti.

200. ***Applicabilità delle misure di sicurezza rispetto al tempo, al territorio e alle persone.*** — Le misure di sicurezza sono regolate dalla legge in vigore al tempo della loro applicazione.

Se la legge del tempo in cui deve eseguirsi la misura di sicurezza è diversa, si applica la legge in vigore al tempo della esecuzione.

Le misure di sicurezza si applicano anche agli stranieri, che si trovano nel territorio dello Stato.

Tuttavia l'applicazione di misure di sicurezza allo straniero non impedisce l'espulsione di lui dal territorio dello Stato, a norma delle leggi di pubblica sicurezza.

201. ***Misure di sicurezza per fatti commessi all'estero.*** — Quando, per un fatto commesso all'estero, si procede o si rinnova il giudizio nello Stato, è applicabile la legge italiana anche riguardo alle misure di sicurezza.

Nel caso indicato nell'art. 12, n. 3, l'applicazione delle misure di sicurezza stabilite dalla legge italiana è sempre subordinata all'accertamento che la persone sia socialmente pericolosa.

202. ***Applicabilità delle misure di sicurezza.*** — Le misure di sicurezza possono essere applicate soltanto alle persone socialmente pericolose, che abbiano commesso un fatto preveduto dalla legge come reato.

La legge penale determina i casi nei quali a persone socialmente pericolose possono essere applicate misure di sicurezza per un fatto non preveduto dalla legge come reato.

203. ***Pericolosità sociale.*** — Agli effetti della legge penale, è socialmente pericolosa la persona, anche se non imputabile o non punibile, la quale ha commesso taluno dei fatti indicati nell'articolo precedente, quando è probabile che commetta nuovi fatti preveduti dalla legge come reati.

La qualità di persona socialmente pericolosa si desume dalle circostanze indicate nell'art. 133.

204. [***Accertamento di pericolosità. Pericolosità sociale presunta***][1].

[1] Articolo abrog. dall'art. 31, L. 10 ott. 1986, n. 663, il quale al secondo comma dispone: «Tutte le misure di sicurezza personali sono ordinate previo accertamento che colui il quale ha commesso il fatto è persona socialmente pericolosa».

205. ***Provvedimento del giudice.*** — Le misure di sicurezza sono ordinate dal giudice nella stessa sentenza di condanna o di proscioglimento.

Possono essere ordinate con provvedimento successivo:

1) nel caso di condanna, durante l'esecuzione della pena o durante il tempo in cui il condannato si sottrae volontariamente all'esecuzione della pena;

2) nel caso di proscioglimento, qualora la qualità di persona socialmente pericolosa sia presunta[1], e non sia decorso un tempo corrispondente alla durata minima della relativa misura di sicurezza;

3) in ogni tempo, nei casi stabiliti dalla legge.

[1] V. nota all'art. 204.

V. altresì Corte cost. 27 lug. 1982, n. 139, in nota all'art. 222.

206. ***Applicazione provvisoria delle misure di sicurezza.*** — Durante l'istruzione o il giudizio, può disporsi che il minore di età, o l'infermo di mente, o l'ubriaco abituale, o la persona dedita all'uso di sostanze stupefacenti, o in stato di cronica intossicazione prodotta da alcool o da sostanze stupefacenti, siano provvisoriamente ricoverati in un riformatorio, o in un manicomio giudiziario,[1] o in una casa di cura e di custodia.

Il giudice revoca l'ordine, quando ritenga che tali persone non siano più socialmente pericolose.[2]

Il tempo dell'esecuzione provvisoria della misura di sicurezza è computato nella durata minima di essa.[3]

[1] Per la sostituzione dei manicomi giudiziari con gli ospedali psichiatrici giudiziari v. art. 62 L. 26 lug. 1975, n. 354; con sent. n. 324 del 24 lug. 1998, la Corte cost. ha dichiarato l'ill. cost. dell'art. 206 comma 1 «nella parte in cui prevede la possibilità di disporre il ricovero provvisorio anche di minori in un ospedale psichiatrico giudiziario».

[2] Per l'accertamento delle condizioni psichiche dell'imputato ai fini dell'applicazione dell'art. 206, v. art. 99 D.P.R. 29 apr. 1976, n. 431.

[3] La Corte cost., con sent. 17 nov. 2004, n. 367, ha dichiarato l'ill. cost. di questo articolo nella parte in cui non consente al giudice di disporre, in luogo del ricovero in ospedal psichiatrico giudiziario, una misura di sicurezza non detentiva, prevista dalla legge, idonea ad assicurare alla persona inferma di mente cure adeguate e a contenere la sua pericolosità sociale.

207. ***Revoca delle misure di sicurezza personali.*** — Le misure di sicurezza non possono essere revocate se le persone ad esse sottoposte non hanno cessato di essere socialmente pericolose.

La revoca non può essere ordinata se non è decorso un tempo corrispondente alla durata minima stabilita dalla legge per ciascuna misura di sicurezza.[1]

....[2]

[1] La Corte cost., con sent. 23 apr. 1974, n. 110, ha dichiarato l'ill. cost. dell'art. 207, secondo comma, del c.p. «in quanto non consente la revoca delle misure di sicurezza prima che sia decorso il tempo corrispondente alla durata minima stabilita dalla legge».

[2] Comma abrog. dall'art. 89, L. 26 lug. 1975, n. 354.

208. ***Riesame della pericolosità.*** — Decorso il periodo minimo di durata, stabilito dalla legge per ciascuna misura di sicurezza, il giudice riprende in esame le condizioni della persona che vi è sottoposta, per stabilire se essa è ancora socialmente pericolosa.

Qualora la persona risulti ancora pericolosa, il giudice fissa un nuovo termine per un esame ulteriore. Nondimeno, quando vi sia ragione di ritenere che il pericolo sia cessato, il giudice può, in ogni tempo, procedere a nuovi accertamenti.

209. ***Persona giudicata per più fatti.*** — Quando una persona ha commesso, anche in tempi diversi, più fatti per i quali siano applicabili più misure di sicurezza della medesima specie, è ordinata una sola misura di sicurezza.

Se le misure di sicurezza sono di specie diversa, il giudice valuta complessivamente il pericolo che deriva dalla persona e, in relazione ad esso, applica una o più delle misure di sicurezza stabilite dalla legge.

Sono in ogni caso applicate le misure di sicurezza detentive, alle quali debba essere sottoposta la persona, a cagione del pericolo presunto dalla legge.[1]

Le disposizioni precedenti si applicano anche nel caso di misure di sicurezza in corso di esecuzione, o delle quali non siasi ancora iniziata la esecuzione.

[1] V. nota all'art. 204.

210. ***Effetti della estinzione del reato o della pena.*** — La estinzione del reato impedisce l'applicazione delle misure di sicurezza e ne fa cessare l'esecuzione.

L'estinzione della pena impedisce l'applicazione delle misure di sicurezza, eccetto quelle per le quali la legge stabilisce che possono essere ordinate in ogni tempo, ma non impedisce l'esecuzione delle misure di sicurezza che sono state già ordinate dal giudice come misure accessorie di una condanna alla pena della reclusione superiore a dieci anni. Nondimeno, alla colonia agricola e alla casa di lavoro è sostituita la libertà vigilata.

Qualora per effetto di indulto o di grazia non debba essere eseguita, in tutto o in parte, la pena dell'ergastolo, il condannato è sottoposto a libertà vigilata per un tempo non inferiore a tre anni.

211. ***Esecuzione delle misure di sicurezza.*** — Le misure di sicurezza aggiunte a una pena detentiva sono eseguite dopo che la pena è stata scontata o è altrimenti estinta.

Le misure di sicurezza, aggiunte a pena non detentiva, sono eseguite dopo che la sentenza di condanna è divenuta irrevocabile.

L'esecuzione delle misure di sicurezza temporanee non detentive, aggiunte a misure di sicurezza detentive, ha luogo dopo la esecuzione di queste ultime.

211-*bis*. ***Rinvio dell'esecuzione delle misure di sicurezza.*** — Alle misure di sicurezza previste dal presente capo si applicano gli artt. 146 e 147.

Se la misura di sicurezza deve essere eseguita nei confronti dell'autore di un delitto consumato o tentato commesso con violenza contro le persone ovvero con l'uso di armi e vi sia concreto pericolo che il soggetto commetta nuovamente uno dei delitti indicati il giudice può ordinare il ricovero di una casa di cura o in altro luogo di cura comunque adeguato alla situazione o alla patologia della persona.

212. ***Casi di sospensione o di trasformazione di misure di sicurezza.*** — L'esecuzione di una misura di sicurezza applicata a persona imputabile è sospesa se questa deve scontare una pena detentiva, e riprende il suo corso dopo l'esecuzione della pena.

Se la persona sottoposta a una misura di sicurezza detentiva è colpita da un'infermità psichica, il giudice ne ordina il ricovero in un ospedale psichiatrico, ovvero in una casa di cura e di custodia.

Quando sia cessata la infermità, il giudice, accertato che la persona è socialmente pericolosa, ordina che essa sia assegnata ad una colonia agri cola o ad una casa di lavoro, ovvero a un riformatorio giudiziario, se non crede di sottoporla a libertà vigilata.

Se l'infermità psichica colpisce persona sottoposta a misura di sicurezza non detentiva o a cauzione di buona condotta, e l'infermo viene ricoverato in un ospedale psichiatrico, cessa l'esecuzione di dette misure. Nondimeno, se si tratta di persona sottoposta a misura di sicurezza personale non detentiva, il giudice, cessata l'infermità, procede a nuovo accertamento ed applica una misura di sicurezza personale non detentiva qualora la persona risulti ancora pericolosa.

213. ***Stabilimenti destinati alla esecuzione delle misure di sicurezza detentive. Regime educativo, curativo e di lavoro.*** — Le misure di sicurezza detentive sono eseguite negli stabilimenti a ciò destinati.[1]

Le donne sono assegnate a stabilimenti separati da quelli destinati agli uomini.

In ciascuno degli stabilimenti è adottato un particolare regime educativo o curativo e di lavoro, avuto riguardo alle tendenze e alle abitudini criminose della persona e, in genere, al pericolo sociale che da essa deriva.

Il lavoro è remunerato. Dalla remunerazione è prelevata una quota per il rimborso delle spese di mantenimento.

Per quanto concerne il mantenimento dei ricoverati negli ospedali psichiatrici, si osservano le disposizioni sul rimborso delle spese di spedalità.

[1] V. l'art. 62 della L. 26 lug. 1975, n. 354.

214. ***Inosservanza delle misure di sicurezza detentive.*** — Nel caso in cui la persona sottoposta a misura di sicurezza detentiva si sottrae volontariamente alla esecuzione di essa, ricomincia a decorrere il periodo minimo di durata della misura di sicurezza dal giorno in cui a questa è data nuovamente esecuzione.

Tale disposizione non si applica nel caso di persona ricoverata in un ospedale psichiatrico o in una casa di cura e di custodia.

SEZIONE II
Disposizioni speciali

215. *Specie.* — Le misure di sicurezza personali si distinguono in detentive e non detentive.

Sono misure di sicurezza detentive:

1) l'assegnazione a una colonia agricola o ad una casa di lavoro;

2) il ricovero in una casa di cura e di custodia;

3) il ricovero in un manicomio giudiziario [ospedale psichiatrico];

4) il ricovero in un riformatorio giudiziario.

Sono misure di sicurezza non detentive:

1) la libertà vigilata;

2) il divieto di soggiorno in uno o più Comuni, o in una o più Province;

3) il divieto di frequentare osterie e pubblici spacci di bevande alcooliche;

4) l'espulsione dello straniero dallo Stato.

Quando la legge stabilisce una misura di sicurezza senza indicarne la specie, il giudice dispone che si applichi la libertà vigilata, a meno che, trattandosi di un condannato per delitto, ritenga di disporre l'assegnazione di lui a una colonia agricola o ad una casa di lavoro.

216. *Assegnazione a una colonia agricola o ad una casa di lavoro.* — Sono assegnati a una colonia agricola o ad una casa di lavoro:

1) coloro che sono stati dichiarati delinquenti abituali, professionali o per tendenza;

2) coloro che, essendo stati dichiarati delinquenti abituali, professionali o per tendenza, e non essendo più sottoposti a misura di sicurezza, commettono un nuovo delitto, non colposo, che sia nuova manifestazione della abitualità, della professionalità o della tendenza a delinquere;

3) le persone condannate o prosciolte, negli altri casi indicati espressamente nella legge.

217. *Durata minima.* — L'assegnazione a una colonia agricola o ad una casa di lavoro ha la durata minima di un anno. Per i delinquenti abituali, la durata minima è di due anni, per i delinquenti professionali di tre anni, ed è di quattro anni per i delinquenti per tendenza.

218. *Esecuzione.* — Nelle colonie agricole e nelle case di lavoro i delinquenti abituali o professionali e quelli per tendenza sono assegnati a sezioni speciali.

Il giudice stabilisce se la misura di sicurezza debba essere eseguita in una colonia agricola, ovvero in una casa di lavoro, tenuto conto delle condizioni e attitudini della persona a cui il provvedimento si riferisce. Il provvedimento può essere modificato nel corso dell'esecuzione.

219. *Assegnazione a una casa di cura e di custodia.* — Il condannato, per delitto non colposo, a una pena diminuita per cagione di infermità psichica o di cronica intossicazione da alcool o da sostanze stupefacenti, ovvero per cagione di sordomutismo, è ricoverato in una casa di cura e di custodia per un tempo non inferiore a un anno, quando la pena stabilita dalla legge non è inferiore nel minimo a cinque anni di reclusione.[1]

Se per il delitto commesso è stabilita dalla legge [la pena di morte[2] o] la pena dell'ergastolo, ovvero la reclusione non inferiore al minimo a dieci anni, la misura di sicurezza è ordinata per un tempo non inferiore a tre anni.[1]

Se si tratta di un altro reato, per il quale la legge stabilisce la pena detentiva, e risulta che il condannato è persona socialmente pericolosa, il ricovero in una casa di cura e di custodia è ordinato per un tempo non inferiore a sei mesi: tuttavia il giudice può sostituire alla misura del ricovero quella della libertà vigilata. Tale sostituzione non ha luogo, qualora si tratti di condannati a pena diminuita per intossicazione cronica da alcool o da sostanze stupefacenti.[1]

Quando deve essere ordinato il ricovero in una casa di cura e di custodia, non si applica altra misura di sicurezza detentiva.

[1] La Corte cost., con sent. 28 lug. 1983, n. 249, ha dichiarato l'ill. cost. degli artt. 204, secondo comma e 219 primo comma del c.p. «nella parte in cui non subordinano il provvedimento di ricovero in una casa di cura e di custodia dell'imputato condannato per delitto non colposo ad una pena diminuita per cagione di infermità psichica al previo accertamento da parte del giudice della persistente pericolosità sociale derivante dalla infermità medesima, al tempo dell'applicazione della misura di sicurezza».

La Corte cost., con la medesima sent., ha dichiarato l'ill. cost. dell'art. 219, secondo comma c.p. «nella parte in cui non subordina il provvedimento di ricovero in una casa di cura e di custodia dell'imputato condannato ad una pena diminuita per cagione di infermità psichica per un delitto per il quale è stabilita dalla legge la pena dell'ergastolo o della reclusione non inferiore nel minimo a dieci anni, al previo accertamento da parte del giudice della persistente pericolosità sociale derivante dall'infermità medesima, al tempo della applicazione della misura di sicurezza».

La Corte cost., con sent. 13 dic. 1988, n. 1102, ha dichiarato l'ill. cost. del terzo comma «nella parte in cui, per i casi ivi previsti, subordina il provvedimento di ricovero in una casa di cura e di custodia al previo accertamento della pericolosità sociale derivante dalla seminfermità di mente, soltanto nel momento in cui la misura di sicurezza viene disposta e non anche nel momento della sua esecuzione».

[2] V. la nota all'art. 21.

220. *Esecuzione dell'ordine di ricovero.* — L'ordine di ricovero del condannato nella casa di cura e di custodia è eseguito dopo che la pena restrittiva della libertà personale sia stata scontata o sia altrimenti estinta.

Il giudice, nondimeno, tenuto conto delle particolari condizioni d'infermità psichica del condannato, può disporre che il ricovero venga eseguito prima che sia iniziata o abbia termine l'esecuzione della pena restrittiva della libertà personale.

Il provvedimento è revocato quando siano venute meno le ragioni che lo determinarono, ma non prima che sia decorso il termine minimo stabilito nell'articolo precedente.

Il condannato, dimesso dalla casa di cura e di custodia, è sottoposto alla esecuzione della pena.

221. ***Ubriachi abituali.*** — Quando non debba essere ordinata altra misura di sicurezza detentiva, i condannati alla reclusione per delitti commessi in stato di ubriachezza, qualora questa sia abituale, o per delitti commessi sotto la azione di sostanze stupefacenti all'uso delle quali siano dediti, sono ricoverati in una casa di cura e di custodia.

Tuttavia, se si tratta di delitti per i quali sia stata inflitta la reclusione per un tempo inferiore a tre anni, al ricovero in una casa di cura e di custodia può essere sostituita la libertà vigilata.

Il ricovero ha luogo in sezioni speciali, e ha la durata minima di sei mesi.

222. ***Ricovero in un ospedale psichiatrico giudiziario.***[1] — Nel caso di proscioglimento per infermità psichica, ovvero per intossicazione cronica da alcool o da sostanze stupefacenti, ovvero per sordomutismo, è sempre[2] ordinato il ricovero dell'imputato in un ospedale psichiatrico[3] per un tempo non inferiore a due anni; salvo che si tratti di contravvenzioni o di delitti colposi o di altri delitti per i quali la legge stabilisce la pena pecuniaria o la reclusione per un tempo non superiore nel massimo a due anni, nei quali casi la sentenza di proscioglimento è comunicata all'autorità di pubblica sicurezza.

La durata minima del ricovero nel manicomio giudiziario[3] è di dieci anni, se per il fatto commesso la legge stabilisce la pena di morte[1] o l'ergastolo, ovvero di cinque se per il fatto commesso la legge stabilisce la pena della reclusione per un tempo non inferiore nel minimo a dieci anni.

Nel caso in cui la persona ricoverata in un ospedale psichiatrico debba scontare una pena restrittiva della libertà personale, l'esecuzione di questa è differita fino a che perduri il ricovero nell'ospedale psichiatrico.

Le disposizioni di questo articolo si applicano anche ai minori degli anni quattordici o maggiori dei quattordici e minori dei diciotto, prosciolti per ragione di età, quando abbiano commesso un fatto preveduto dalla legge come reato, trovandosi in alcuna delle condizioni indicate nella prima parte dell'articolo stesso.[3]

[1] La Corte cost., con sent. 18 lug. 2003, n. 253, ha dichiarato l'ill. cost. di questo articolo "nella parte in cui non consente al giudice, nei casi ivi previsti, di adottare, in luogo del ricovero in ospedale psichiatrico giudiziario, una diversa misura di sicurezza, prevista dalla legge, idonea ad assicurare adeguate cure dell'infermo di mente e a far fronte alla sua pericolosità sociale".

[2] La Corte cost., con sent. 27 lug. 1982, n. 139, ha dichiarato l'ill. cost. degli artt. 222, primo comma, 204 cpv. e 205 cpv. n. 2 c.p. «nella parte in cui non subordinano il provvedimento di ricovero in ospedale psichiatrico giudiziario dell'imputato prosciolto per infermità psichica al previo accertamento da parte del giudice della cognizione o della esecuzione della persistente pericolosità sociale derivante dalla infermità medesima al tempo dell'applicazione della misura».

[3] La Corte cost., con sent. 24 lug. 1998, n. 324, ha dichiarato l'ill. cost. dell'art. 222, primo comma e secondo comma, nella parte in cui prevede l'applicazione anche ai minori della misura di sicurezza del ricovero in un ospedale psichiatrico giudiziario, nonché l'ill. cost. dell'art. 222, comma 4.

V. anche nota all'art. 206, I comma c.p.

223. ***Ricovero dei minori in un riformatorio giudiziario.*** — Il ricovero in un riformatorio giudiziario è misura di sicurezza speciale per i minori, e non può avere durata inferiore a un anno.

Qualora tale misura di sicurezza debba essere, in tutto o in parte, applicata o eseguita dopo che il minore abbia compiuto gli anni diciotto, ad essa è sostituita la libertà vigilata, salvo che il giudice ritenga di ordinare l'assegnazione a una colonia agricola, o ad una casa di lavoro.

224. ***Minore non imputabile.*** — Qualora il fatto commesso da un minore degli anni quattordici sia preveduto dalla legge come delitto, ed egli sia pericoloso, il giudice, tenuto specialmente conto della gravità del fatto e delle condizioni morali della famiglia in cui il minore è vissuto, ordina che questi sia ricoverato nel riformatorio giudiziario o posto in libertà vigilata.

Se, per il delitto, la legge stabilisce [la pena di morte o] l'ergastolo, o la reclusione non inferiore nel minimo a tre anni, e non si tratta di delitto colposo, è sempre ordinato il ricovero del minore nel riformatorio per un tempo [non inferiore a tre anni].[1]

Le disposizioni precedenti si applicano anche al minore che, nel momento in cui ha commesso il fatto preveduto dalla legge come delitto, aveva compiuto gli anni quattordici, ma non ancora i diciotto, se egli sia riconosciuto non imputabile, a norma dell'art. 98.

[1] La Corte cost., con sent. 20 gen. 1971, n. 1, ha dichiarato l'ill. cost. di questo comma «nella parte in cui rende obbligatorio ed automatico, per i minori degli anni 14, il ricovero, per almeno tre anni, in un riformatorio giudiziario».

225. ***Minore imputabile.*** — Quando il minore che ha compiuto gli anni quattordici, ma non ancora i diciotto, sia riconosciuto imputabile, il giudice può ordinare che, dopo l'esecuzione della pena, egli sia ricoverato in un riformatorio giudiziario o posto in libertà vigilata, tenuto conto delle circostanze indicate nella prima parte dell'articolo precedente.

È sempre applicata una delle predette misure di sicurezza al minore che sia condannato per delitto durante la esecuzione di una misura di sicurezza, a lui precedentemente applicata per difetto d'imputabilità.

226. ***Minore delinquente abituale, professionale o per tendenza.*** — Il ricovero in un riformatorio giudiziario è sempre ordinato per il minore degli anni diciotto, che sia delinquente abituale o professionale, ovvero delinquente per tendenza; e non può avere durata inferiore a tre anni. Quando egli ha compiuto gli anni diciotto, il giudice ne ordina l'assegnazione a una colonia agricola o ad una casa di lavoro.

La legge determina gli altri casi nei quali deve essere ordinato il ricovero del minore in un riformatorio giudiziario.

227. ***Riformatori speciali.***[1] — Quando la legge stabilisce che il ricovero in un riformatorio giudiziario sia ordinato senza che occorra accertare che il minore è socialmente pericoloso[2], questi è assegnato ad uno stabilimento speciale o ad una sezione speciale degli stabilimenti ordinari.

Può altresì essere assegnato ad uno stabilimento speciale o ad una sezione speciale degli stabilimenti ordinari il minore che, durante il ricovero nello stabilimento ordinario, si sia rivelato particolarmente pericoloso.

[1] Si veda l'art. 36 del D.P.R. 22 set. 1988, n. 448 "Applicazione delle misure di sicurezza nei confronti dei minorenni. 1. La misura di sicurezza della libertà vigilata applicata nei confronti di minorenni è eseguita nelle forme previste dagli art. 20 e 21.

[2] La misura di sicurezza del riformatorio giudiziario è applicata soltanto in relazione ai diritti previsti dall'art. 23 comma 1 ed è eseguita nelle forme dell'art, 22".

228. ***Libertà vigilata.*** — La sorveglianza della persona in stato di libertà vigilata è affidata all'autorità di pubblica sicurezza.[1]

Alla persona in stato di libertà vigilata sono imposte dal giudice prescrizioni idonee ad evitare le occasioni di nuovi reati.[2]

Tali prescrizioni possono essere dal giudice successivamente modificate o limitate.

La sorveglianza deve essere esercitata in modo da agevolare, mediante il lavoro, il riadattamento della persona alla vita sociale.

La libertà vigilata non può avere durata inferiore a un anno.

Per la vigilanza sui minori si osservano le disposizioni precedenti, in quanto non provvedano leggi speciali.[3]

[1] Si veda l'art. 55 della L. 26 lug. 1975, n. 354 e l'art. 105 del D.P.R. 30 giu. 2000, n. 230.

[2] In ordine alle modalità e al contenuto delle prescrizioni del magistrato si veda l'art. 190 *Att.* c.p.p.

[3] Si veda l'art. 23 del R.D.L. 20 lug. 1934, n. 1404, conv. in L. 27 mag. 1935, n. 835; nonché l'art. 36; I c. del D.P.R. 22 set. 1888, n. 448.

229. ***Casi nei quali può essere ordinata la libertà vigilata.*** — Oltre quanto è prescritto da speciali disposizioni di legge, la libertà vigilata può essere ordinata:

1) nel caso di condanna alla reclusione per un tempo superiore a un anno;[1]

2) nei casi in cui questo codice autorizza una misura di sicurezza per un fatto non preveduto dalla legge come reato.

[1] Per l'applicazione della libertà vigilata al delitto di contrabbando v. però artt. 300 e 342 D.P.R. 23 gen. 1973, n. 43.

230. ***Casi nei quali deve essere ordinata la libertà vigilata.*** — La libertà vigilata è sempre ordinata:

1) se è inflitta la pena della reclusione per non meno di dieci anni: e non può, in tal caso, avere durata inferiore a tre anni;

2) quando il condannato è ammesso alla liberazione condizionale;

3) se il contravventore abituale o professionale, non essendo più sottoposto a misure di sicurezza, commette un nuovo reato, il quale sia nuova manifestazione di abitualità o professionalità;

4) negli altri casi determinati dalla legge.

Nel caso in cui sia stata disposta l'assegnazione a una colonia agricola o ad una casa di lavoro, il giudice, al termine dell'assegnazione, può ordinare che la persona da dimettere sia posta in libertà vigilata, ovvero può obbligarla a cauzione di buona condotta.

231. ***Trasgressione degli obblighi imposti.*** — Fuori del caso preveduto dalla prima parte dell'art. 177, quando la persona in stato di libertà vigilata trasgredisce agli obblighi imposti, il giudice può aggiungere alla libertà vigilata la cauzione di buona condotta.

Avuto riguardo alla particolare gravità della trasgressione o al ripetersi della medesima, ovvero qualora il trasgressore non presti la cauzione, il giudice può sostituire alla libertà vigilata l'assegnazione a una colonia agricola o ad una casa di lavoro, ovvero, se si tratta di un minore, il ricovero in un riformatorio giudiziario[1].

[1] Si veda l'art. 55 della L. 26 lug. 1975, n. 354 e l'art. 105 del D.P.R. 30 giu. 2000, n. 230.

232. ***Minori o infermi di mente in stato di libertà vigilata.*** — La persona di età minore o in stato di infermità psichica non può essere posta in libertà vigilata, se non quando sia possibile affidarla ai genitori, o a coloro che abbiano obbligo di provvedere alla sua educazione o assistenza, ovvero a istituti di assistenza sociale.

Qualora tale affidamento non sia possibile e non sia ritenuto opportuno, è ordinato, o mantenuto, secondo i casi, il ricovero nel riformatorio, o nella casa di cura e di custodia.

Se, durante la libertà vigilata, il minore non dà prova di ravvedimento o la persona in stato d'infermità psichica si rivela di nuovo pericolosa, alla libertà vigilata è sostituito, rispettivamente, il ricovero in una casa di cura e di custodia.

233. ***Divieto di soggiorno in uno o più comuni o in una o più province.*** — Al colpevole di un delitto contro la personalità dello Stato o contro l'ordine pubblico, ovvero di un delitto commesso per motivi politici o occasionato da particolari condizioni sociali o morali esistenti in un determinato luogo, può essere imposto il divieto di soggiornare in uno o più comuni o in una o più province designati dal giudice. Il divieto di soggiorno ha una durata non inferiore a un anno.

Nel caso di trasgressione, ricomincia a decorrere il termine minimo, e può essere ordinata inoltre la libertà vigilata.

234. ***Divieto di frequentare osterie e pubblici spacci di bevande alcooliche.*** — Il divieto di frequentare osterie e pubblici spacci di bevande alcooliche ha la durata minima di un anno.

Il divieto è sempre aggiunto alla pena, quando si tratta di condannati per ubriachezza abituale o per reati commessi in stato di ubriachezza, sempre che questa sia abituale.

Nel caso di trasgressione, può essere ordinata inoltre la libertà vigilata o la prestazione di una cauzione di buona condotta.

235. ***Espulsione od allontanamento dello straniero dallo Stato.***[1] — Il giudice ordina l'espulsione dello straniero ovvero l'allontanamento dal territorio dello Stato del cittadino appartenente ad uno Stato membro dell'Unione Europea, oltre che nei casi espressamente preveduti dalla legge, quando lo straniero o il cittadino appartenente ad uno Stato membro dell'Unione Europea sia condannato alla reclusione per un tempo superiore ai due anni.

Il trasgressore dell'ordine di espulsione od allontanamento pronunciato dal giudice è punito con la reclusione da uno a quattro anni. In tal caso è obbligatorio l'arresto dell'autore del fatto, anche fuori dei casi di flagranza, e si procede con rito direttissimo.

[1] Articolo così modif. dall'art. 1, c. 1, lett. *a*) del D.L. 23 mag. 2008, n. 92, conv. con modif. in L. 24 lug. 2008, n. 125.

Riferimenti procedurali:
Arresto: Obbl.
Fermo: Sì
Misure cautelari personali: Sì
Autorità competente: T.m
Procedibilità: d'ufficio

CAPO II
Delle misure di sicurezza patrimoniali

236. ***Specie: regole generali.*** — Sono misure di sicurezza patrimoniali, oltre quelle stabilite da particolari disposizioni di legge:

1) la cauzione di buona condotta;

2) la confisca.

Si applicano anche alle misure di sicurezza patrimoniali le disposizioni degli artt. 199, 200, prima parte, 201, prima parte, 205, prima parte e n. 3 del capoverso, e, salvo che si tratti di confisca, le disposizioni del 1° e 2° cpv. dell'art. 200 e quelle dell'art. 210.

Alla cauzione di buona condotta si applicano altresì le disposizioni degli artt. 202, 203, 204, prima parte,[1] e 207.

[1] Poiché l'art. 204 è stato abrogato, dall'art. 31 della L. 10 ott. 1986, n. 663, il riferimento è da intendersi superato.

237. ***Cauzione di buona condotta.***[1] — La cauzione di buona condotta è data mediante il deposito, presso la Cassa delle ammende, di una somma non inferiore a euro 103,29 e superiore a euro 2.065,83.

In luogo del deposito, è ammessa la prestazione di una garanzia mediante ipoteca o anche mediante fideiussione solidale.

La durata della misura di sicurezza non può essere inferiore a un anno, né superiore a cinque, e decorre dal giorno in cui la cauzione fu prestata.

[1] Articolo così sost. dall'art. 104 della L. 24 nov. 1981, n. 689.

238. ***Inadempimento dell'obbligo di prestare cauzione.*** — Qualora il deposito della somma non sia eseguito o la garanzia non sia prestata, il giudice sostituisce alla cauzione la libertà vigilata.

239. ***Adempimento o trasgressione dell'obbligo di buona condotta.*** — Se, durante l'esecuzione della misura di sicurezza, chi vi è sottoposto non commette alcun delitto, ovvero alcuna contravvenzione per la quale la legge stabilisce la pena dell'arresto, è ordinata la restituzione della somma depositata o la cancellazione della ipoteca; e la fideiussione si estingue. In caso diverso, la somma depositata, o per la quale fu data garanzia, è devoluta alla Cassa delle ammende.

240. ***Confisca.*** — Nel caso di condanna il giudice può ordinare la confisca delle cose che servirono o furono destinate a commettere il reato, e delle cose che ne sono il prodotto o il profitto.

È sempre ordinata la confisca:

1) delle cose che costituiscono il prezzo del reato;

1-*bis*) dei beni e degli strumenti informatici o telematici che risultino essere stati in tutto o in parte utilizzati per la commissione dei reati di cui agli articoli 615-*ter*, 615-*quater*, 615-*quinquies*, 617-*bis*, 617-*ter*, 617-*quater*, 617-*quinquies*, 617-*sexies*, 635-*bis*, 635-*ter*, 635-*quater*, 635-*quinquies*, 640-*ter* e 640-*quinquies* nonché dei beni che ne costituiscono il profitto o il prodotto ovvero di somme di denaro, beni o altre utilità di cui il colpevole ha la disponibilità per un valore corrispondente a tale profitto o prodotto, se non è possibile eseguire la confisca del profitto o del prodotto diretti;[1]

2) delle cose, la fabbricazione, l'uso, il porto, la detenzione o l'alienazione delle quali costituisce reato, anche se non è stata pronunciata condanna.

Le disposizioni della prima parte e dei numeri 1 e 1-*bis* del capoverso precedente non si applicano se la cosa o il bene o lo strumento informatico o telematico appartiene a persona estranea al reato. La disposizione del numero 1-*bis* del capoverso precedente si applica anche nel caso di applicazione della pena su richiesta delle parti a norma dell'articolo 444 del codice di procedura penale.[2]

La disposizione del n. 2 non si applica se la cosa appartiene a persona estranea al reato e la fabbricazione, l'uso, il porto, la detenzione o l'alienazione possono essere consentiti mediante autorizzazione amministrativa.

[1] Numero aggiunto dall'art. 1, c. 1, lett. *a*), L. 15 feb. 2012, n. 12, e così modif. dall'art. 2, c. 1, lett. *a*), D.lgs. 29 ott. 2016, n. 202.

[2] Comma così sost. dall'art. 1, c. 1, lett. *b*), L. 15 feb. 2012, n. 12.

240-*bis*. *Confisca in casi particolari*.[1] — Nei casi di condanna o di applicazione della pena su richiesta a norma dell'articolo 444 del codice di procedura penale, per taluno dei delitti previsti dall'articolo 51, comma 3-*bis*, del codice di procedura penale, dagli articoli 314, 316, 316-*bis*, 316-*ter*, 317, 318, 319, 319-*ter*, 319-*quater*, 320, 322, 322-*bis*, 325, 416, realizzato allo scopo di commettere delitti previsti dagli articoli 453, 454, 455, 460, 461, 517-*ter*, 517-*quater*, 518-*quater*, 518-*quinquies*, 518-*sexies* e 518-*septies*, nonché dagli articoli 452-*quater*, 452-*octies*, primo comma, 493-ter, 512-bis, 600-bis, primo comma, 600-*ter*, primo e secondo comma, 600-*quater*.1, relativamente alla condotta di produzione o commercio di materiale pornografico, 600-*quinquies*, 603-*bis*, 629, 640, secondo comma, numero 1, con l'esclusione dell'ipotesi in cui il fatto è commesso col pretesto di far esonerare taluno dal servizio militare, 640-*bis*, 644, 648, esclusa la fattispecie di cui al quarto comma, 648-*bis*, 648-*ter* e 648-*ter*.1, dall'articolo 2635 del codice civile, o per taluno dei delitti commessi per finalità di terrorismo, anche internazionale, o di eversione dell'ordine costituzionale, è sempre disposta la confisca del denaro, dei beni o delle altre utilità di cui il condannato non può giustificare la provenienza e di cui, anche per interposta persona fisica o giuridica, risulta essere titolare o avere la disponibilità a qualsiasi titolo in valore sproporzionato al proprio reddito, dichiarato ai fini delle imposte sul reddito, o alla propria attività economica. In ogni caso il condannato non può giustificare la legittima provenienza dei beni sul presupposto che il denaro utilizzato per acquistarli sia provento o reimpiego dell'evasione fiscale, salvo che l'obbligazione tributaria sia stata estinta mediante adempimento nelle forme di legge. La confisca ai sensi delle disposizioni che precedono è ordinata in caso di condanna o di applicazione della pena su richiesta per i reati di cui agli articoli 617-*quinquies*, 617-*sexies*, 635-*bis*, 635-*ter*, 635-*quater*, 635-*quinquies* quando le condotte ivi descritte riguardano tre o più sistemi.[2]

Nei casi previsti dal primo comma, quando non è possibile procedere alla confisca del denaro, dei beni e delle altre utilità di cui allo stesso comma, il giudice ordina la confisca di altre somme di denaro, di beni e altre utilità di legittima provenienza per un valore equivalente, delle quali il reo ha la disponibilità, anche per interposta persona.

[1] Articolo ins. dall'art. 6, c. 1, D.lgs. 1 mar. 2018, n. 21.

[2] Comma così modif. dall'art. 1, D.lgs. 8 nov. 2021, n. 195, dall'art. 28-*bis*, D.L. 27 gen. 2022, n. 4, conv. con modif. in L. 28 mar. 2022, n. 25, e dalla L. 9 mar. 2022 n. 22.

LIBRO SECONDO

DEI DELITTI IN PARTICOLARE

TITOLO I
Dei delitti contro la personalità dello Stato

CAPO I
Dei delitti contro la personalità internazionale dello Stato[1]

[1] Le fattispecie previste e punite dal libro II, titolo I, capi primo e quinto del c.p., concernenti il segreto politico interno internazionale, debbono essere riferite alla definizione di segreto di cui agli artt. 1 e 12 della L. 24 ott. 1977, n. 801 (v. nota all'art. 256).

241. ***Attentati contro l'integrità, l'indipendenza o l'unità dello Stato.***[1] — Salvo che il fatto costituisca più grave reato, chiunque compie atti violenti diretti e idonei a sottoporre il territorio dello Stato o una parte di esso alla sovranità di uno Stato straniero, ovvero a menomare l'indipendenza o l'unità dello Stato, è punito con la reclusione non inferiore a dodici anni.

La pena è aggravata se il fatto è commesso con violazione dei doveri inerenti l'esercizio di funzioni pubbliche.

[1] Articolo così sost. dall'art. 1 della L. 24 feb. 2006, n. 85.

Riferimenti procedurali:
Arresto: Obbl.
Fermo: Sì
Misure cautelari personali: Sì
Autorità competente: C.d.A.
Procedibilità: d'ufficio

242. ***Cittadino che porta le armi contro lo Stato italiano.*** — Il cittadino che porta le armi contro lo Stato, o presta servizio nelle forze armate di un Stato in guerra contro lo Stato italiano, è punito con l'ergastolo. [Se esercita un comando superiore o una funzione direttiva è punito con la morte].[1]

Non è punibile chi, trovandosi, durante le ostilità, nel territorio dello Stato nemico, ha commesso il fatto per esservi stato costretto da un obbligo impostogli dalle leggi dello Stato medesimo.

Agli effetti delle disposizioni di questo titolo è considerato *cittadino* anche chi ha perduto per qualunque causa la cittadinanza italiana.

Agli effetti della legge penale, sono considerati *Stati in guerra* contro lo Stato italiano anche gli aggregati politici che, sebbene dallo Stato italiano non riconosciuti come Stati, abbiano tuttavia il trattamento di belligeranti.

[1] V. nota all'art. 21.

Riferimenti procedurali:
Arresto: Obbl.
Fermo: Sì
Misure cautelari personali: Sì
Autorità competente: C.d.A.
Procedibilità: d'ufficio

243. ***Intelligenze con lo straniero a scopo di guerra contro lo Stato italiano.*** — Chiunque tiene intelligenze con lo straniero affinché uno Stato estero muova guerra o compia atti di ostilità contro lo Stato italiano, ovvero commette altri fatti diretti allo stesso scopo, è punito con la reclusione non inferiore a dieci anni.

Se la guerra segue, si applica la pena [di morte];[1] se le ostilità si verificano, si applica l'ergastolo.

[1] V. nota all'art. 21.

Riferimenti procedurali:
Arresto: Obbl.
Fermo: Sì
Misure cautelari personali: Sì
Autorità competente: C.d.A.
Procedibilità: d'ufficio

244. ***Atti ostili verso uno Stato estero, che espongono lo Stato italiano al pericolo di guerra.*** — Chiunque, senza l'approvazione del Governo, fa arruolamenti o compie altri atti ostili contro uno Stato estero, in modo da esporre lo Stato italiano al pericolo di una guerra è punito con la reclusione da cinque a dodici anni; se la guerra avviene, è punito con l'ergastolo.

Qualora gli altri atti ostili siano tali da turbare soltanto le relazioni con un Governo estero, ovvero da esporre lo Stato italiano o i suoi cittadini, ovunque residenti, al pericolo di rappresaglie o di ritorsioni, la pena è della reclusione da tre a dodici anni. Se segue la rottura delle relazioni diplomatiche, o se avvengono le rappresaglie o le ritorsioni, la pena è della reclusione da cinque a quindici anni.

Riferimenti procedurali:
Arresto: Obbl.
Fermo: Sì
Misure cautelari personali: Sì
Autorità competente: C.d.A.
Procedibilità: con l'autorizzazione del Min. giustizia

245. ***Intelligenze con lo straniero per impegnare lo Stato italiano alla neutralità o alla guer-***

ra. — Chiunque tiene intelligenze con lo straniero per impegnare o per compiere atti diretti a impegnare lo Stato italiano alla dichiarazione o al mantenimento della neutralità, ovvero alla dichiarazione di guerra, è punito con la reclusione da cinque a quindici anni.

La pena è aumentata se le intelligenze hanno per oggetto una propaganda col mezzo della stampa.[1]

[1] V. art. 1 L. 8 feb. 1948, n. 47.

Riferimenti procedurali:
Arresto: Obbl.
Fermo: Sì
Misure cautelari personali: Sì
Autorità competente: C.d.A.
Procedibilità: con l'autorizzazione del Min. giustizia

246. ***Corruzione del cittadino da parte dello straniero.*** — Il cittadino, che, anche indirettamente, riceve o si fa promettere dallo straniero, per sè o per altri, denaro o qualsiasi utilità, o soltanto ne accetta la promessa, al fine di compiere atti contrari agli interessi nazionali, è punito, se il fatto non costituisce un più grave reato, con la reclusione da tre a dieci anni e con la multa da euro 516 a euro 2.065.

Alla stessa pena soggiace lo straniero che dà o promette il denaro o l'utilità.

La pena è aumentata:

1) se il fatto è commesso in tempo di guerra;

2) se il denaro o l'utilità sono dati o promessi per una propaganda col mezzo della stampa.[1]

[1] V. art. 1 L. 8 feb. 1948, n. 47.

Riferimenti procedurali:
Arresto: Obbl.
Fermo: Sì Fermo: Sì
Misure cautelari personali: Sì
Autorità competente: C.d.A.
Procedibilità: d'ufficio

247. ***Favoreggiamento bellico.*** — Chiunque, in tempo di guerra, tiene intelligenze con lo straniero per favorire le operazioni militari del nemico a danno dello Stato italiano, o per nuocere altrimenti alle operazioni militari dello Stato italiano, ovvero commette altri fatti diretti agli stessi scopi, è punito con la reclusione non inferiore a dieci anni; e, se raggiunge l'intento con l'ergastolo.

Riferimenti procedurali:
Arresto: Obbl.
Fermo: Sì
Misure cautelari personali: Sì
Autorità competente: C.d.A.
Procedibilità: d'ufficio (se il reato è commesso in danno dello Stato italiano), con autorizzazione Min. giustizia (se il reato è commesso in danno di uno Stato estero)

248. ***Somministrazione al nemico di provvigioni.*** — Chiunque, in tempo di guerra, somministra, anche indirettamente, allo Stato nemico provvigioni, ovvero altre cose, le quali possano essere usate a danno dello Stato italiano, è punito con la reclusione non inferiore a cinque anni.

Tale disposizione non si applica allo straniero che commette il fatto all'estero.

Riferimenti procedurali:
Arresto: Obbl.
Fermo: Sì
Misure cautelari personali: Sì
Autorità competente: C.d.A.
Procedibilità: d'ufficio (se il reato è commesso in danno dello Stato italiano), con autorizzazione Min. giustizia (se il reato è commesso in danno di uno Stato estero)

249. ***Partecipazione a prestiti a favore del nemico.*** — Chiunque, in tempo di guerra, partecipa a prestiti o a versamenti a favore dello Stato nemico, o agevola le operazioni ad essi relative, è punito con la reclusione non inferiore a cinque anni.

Tale disposizione non si applica allo straniero che commette il fatto all'estero.

Riferimenti procedurali:
Arresto: Obbl.
Fermo: Sì
Misure cautelari personali: Sì
Autorità competente: C.d.A.
Procedibilità: d'ufficio (se il reato è commesso in danno dello Stato italiano), con autorizzazione Min. giustizia (se il reato è commesso in danno di uno Stato estero)

250. ***Commercio col nemico.*** — Il cittadino, o lo straniero dimorante nel territorio dello Stato, il quale, in tempo di guerra e fuori dei casi indicati nell'art. 248, commercia, anche indirettamente, con sudditi dello Stato nemico, ovunque dimoranti, ovvero con altre persone dimoranti nel territorio dello Stato nemico, è punito con la reclusione da due a dieci anni e con la multa pari al quintuplo del valore della merce e, in ogni caso, non inferiore a euro 1.032.

Riferimenti procedurali:
Arresto: Obbl.
Fermo: Sì
Misure cautelari personali: Sì
Autorità competente: C.d.A.
Procedibilità: d'ufficio (se il reato è commesso in danno dello Stato italiano), con autorizzazione Min. giustizia (se il reato è commesso in danno di uno Stato estero)

251. ***Inadempimento di contratti di forniture in tempo di guerra.*** — Chiunque, in tempo di guerra, non adempie in tutto o in parte gli obblighi che gli derivano da un contratto di fornitura di cose o di opere concluso con lo Stato o con un altro ente pubblico o con un'impresa esercente servizi pubblici o di pubblica necessità, per i bisogni delle forze armate dello Stato o della popolazione, è punito con la reclusione da tre a dieci anni e con la multa pari al triplo del valore della cosa o dell'opera che egli avrebbe dovuto fornire e, in ogni caso, non inferiore a euro 1.032.

Se l'inadempimento, totale o parziale, del contratto è dovuto a colpa, le pene sono ridotte alla metà.

Le stesse disposizioni si aplicano ai subfornitori, ai mediatori e ai rappresentanti dei fornitori, allorché essi, violando i loro obblighi contrattuali, hanno cagionato l'inadempimento del contratto di fornitura.

Riferimenti procedurali:
Arresto: Obbl. in flagranza (I c.), Facol. in flagranza (II c.)
Fermo: Sì (I c.), No (II c.)
Misure cautelari personali: Sì
Autorità competente: C.d.A (I c.), T.m. (II c.)
Procedibilità: d'ufficio (se il reato è commesso in danno dello Stato italiano), con autorizzazione Min. giustizia (se il reato è commesso in danno di uno Stato estero)

252. ***Frode in forniture in tempo di guerra.*** — Chiunque, in tempo di guerra, commette frode nell'esecuzione dei contratti di fornitura o nell'adempimento degli altri obblighi contrattuali indicati nell'articolo precedente è punito con la reclusione non inferiore a dieci anni e con la multa pari al quintuplo del valore della cosa o dell'opera che avrebbe dovuto fornire, e, in ogni caso, non inferiore a euro 2.065.

Riferimenti procedurali:
Arresto: Obbl.
Fermo: Sì
Misure cautelari personali: Sì
Autorità competente: C.d.A.
Procedibilità: d'ufficio (se il reato è commesso in danno dello Stato italiano), con autorizzazione Min. giustizia (se il reato è commesso in danno di uno Stato estero)

253. ***Distruzione o sabotaggio di opere militari.*** — Chiunque distrugge, o rende inservibili, in tutto o in parte, anche temporaneamente, navi, aeromobili, convogli, strade, stabilimenti, depositi o altre opere militari o adibite al servizio delle forze armate dello Stato è punito con la reclusione non inferiore a otto anni.

Si applica la pena dell'ergastolo:

1) se il fatto è commesso nell'interesse di uno Stato in guerra contro lo Stato italiano;

2) se il fatto ha compromesso la preparazione o la efficienza bellica dello Stato, ovvero le operazioni militari.

Riferimenti procedurali:
Arresto: Obbl.
Fermo: Sì
Misure cautelari personali: Sì
Autorità competente: C.d.A.
Procedibilità: d'ufficio

254. ***Agevolazione colposa.*** — Quando l'esecuzione del delitto preveduto dall'articolo precedente è stata resa possibile, o soltanto agevolata, per colpa di chi era in possesso o aveva la custodia o la vigilanza delle cose ivi indicate, questi è punito con la reclusione da uno a cinque anni.

Riferimenti procedurali:
Arresto: Facol. in flagranza
Fermo: No
Misure cautelari personali: Sì
Autorità competente: T.m.
Procedibilità: d'ufficio

255. ***Soppressione, falsificazione o sottrazione di atti o documenti concernenti la sicurezza dello Stato.*** — Chiunque, in tutto o in parte, sopprime, distrugge o falsifica, ovvero carpisce, sottrae o distrae, anche temporaneamente, atti o documenti concernenti la sicurezza dello Stato od altro interesse politico, interno o internazionale dello Stato è punito con la reclusione non inferiore a otto anni.

Si applica la pena [di morte][1] se il fatto ha compromesso la preparazione o la efficienza bellica dello Stato, ovvero le operazioni militari.

[1] V. nota all'art. 21.

Riferimenti procedurali:
Arresto: Obbl.
Fermo: Sì
Misure cautelari personali: Sì
Autorità competente: C.d.A.
Procedibilità: d'ufficio

256. ***Procacciamento di notizie concernenti la sicurezza dello Stato.*** — Chiunque si procura notizie che, nell'interesse della sicurezza dello Stato o, comunque, nell'interesse politico, interno o internazionale, dello Stato, debbono rimanere segrete è punito con la reclusione da tre a dieci anni.

Agli effetti delle disposizioni di questo titolo, fra le notizie che debbono rimanere segrete nell'interesse politico dello Stato sono comprese quelle contenute in atti del Governo, da esso non pubblicati per ragioni d'ordine politico, interno o internazionale.[1]

Se si tratta di notizie di cui l'Autorità competente ha vietato la divulgazione, la pena è della reclusione da due a otto anni.

Si applica la pena [di morte][2] se il fatto ha compromesso la preparazione o la efficienza bellica dello Stato, ovvero le operazioni militari.

[1] V. art. 12 L. 24 ott. 1977, n. 801: «Sono coperti dal segreto di Stato gli atti, i documenti, le notizie, le attività e ogni altra cosa la cui diffusione sia idonea a recar danno alla integrità dello Stato democratico, anche in relazione ad accordi internazionali, alla difesa delle istituzioni poste dalla Costituzione a suo fondamento, al libero esercizio delle funzioni degli organi costituzionali, alla indipendenza dello Stato rispetto agli altri Stati e alle relazioni con essi, alla preparazione e alla difesa militare dello Stato.

In nessun caso possono essere oggetto di segreto di Stato fatti eversivi dell'ordine costituzionale».
[2] V. la nota all'art. 21.

Riferimenti procedurali:
Arresto: Obbl. in flagranza (I, IV c.), Facol. in flagranza (III c.)
Fermo: Sì
Misure cautelari personali: Sì
Autorità competente: C.d.A. (I, IV c.), T.m. (III c.)
Procedibilità: d'ufficio

257. ***Spionaggio politico o militare.*** — Chiunque si procura, a scopo di spionaggio politico o militare, notizie che, nell'interesse della sicurezza dello Stato o, comunque, nell'interesse politico, interno o internazionale, dello Stato, debbono rimanere segrete è punito con la reclusione non inferiore a quindici anni.

Si applica la pena dell'ergastolo:

1) se il fatto è commesso nell'interesse di uno Stato in guerra con lo Stato italiano;

2) se il fatto ha compromesso la preparazione o la efficienza bellica dello Stato, ovvero le operazioni militari.

Riferimenti procedurali:
Arresto: Obbl.
Fermo: Sì
Misure cautelari personali: Sì
Autorità competente: C.d.A.
Procedibilità: d'ufficio

258. ***Spionaggio di notizie di cui è stata vietata la divulgazione.*** — Chiunque si procura, a scopo di spionaggio politico o militare, notizie di cui l'Autorità competente ha vietato la divulgazione è punito con la reclusione non inferiore a dieci anni.

Si applica l'ergastolo se il fatto è commesso nell'interesse di uno Stato in guerra con lo Stato italiano.

Si applica la stessa pena se il fatto ha compromesso la preparazione o la efficienza bellica dello Stato, ovvero le operazioni militari.

Riferimenti procedurali:
Arresto: Obbl.
Fermo: Sì
Misure cautelari personali: Sì
Autorità competente: C.d.A.
Procedibilità: d'ufficio

259. ***Agevolazione colposa.*** — Quando l'esecuzione di alcuno dei delitti preveduti dagli artt. 255, 256, 257 e 258 è stata resa possibile, o soltanto agevolata, per colpa di chi era in possesso dell'atto o documento o a cognizione della notizia, questi è punito con la reclusione da uno a cinque anni.

Si applica la reclusione da tre a quindici anni se sono state compromesse la preparazione o la efficienza bellica dello Stato ovvero le operazioni militari.

Le stesse pene si applicano quando l'esecuzione dei delitti suddetti è stata resa possibile o soltanto agevolata per colpa di chi aveva la custodia o la vigilanza dei luoghi o delle zone di terra, di acqua o di aria, nelle quali è vietato l'accesso nell'interesse militare dello Stato.

Riferimenti procedurali:
Arresto: Obbl. in flagranza (II c.), Facol. in flagranza (I c.)
Fermo: Sì (II c.), No (I c.)
Misure cautelari personali: Sì
Autorità competente: C.d.A (II c.), T.m. (I c.)
Procedibilità: d'ufficio

260. ***Introduzione clandestina in luoghi militari e possesso ingiustificato di mezzi di spionaggio.*** — È punito con la reclusione da uno a cinque anni chiunque:

1) si introduce clandestinamente o con inganno in luoghi o zone di terra, di acqua o di aria, in cui è vietato l'accesso nell'interesse militare dello Stato;

2) è colto, in tali luoghi o zone, o in loro prossimità, in possesso ingiustificato di mezzi idonei a commettere alcuno dei delitti preveduti dagli artt. 256, 257 e 258;

3) è colto in possesso ingiustificato di documenti o di qualsiasi altra cosa atta a fornire le notizie indicate nell'art. 256.

Se alcuno dei fatti preveduti dai numeri precedenti è commesso in tempo di guerra, la pena è della reclusione da tre a dieci anni.

Le disposizioni del presente articolo si applicano, altresì, agli immobili adibiti a sedi di ufficio o di reparto o a deposito di materiali dell'Amministrazione della pubblica sicurezza, l'accesso ai quali sia vietato per ragioni di sicurezza pubblica.[1]

[1] Comma aggiunto dall'art. 7, c. 3-*bis*, D.L. 14 ago. 2013, n. 93, conv. con modif. in L. 15 ott. 2013, n. 119.

Riferimenti procedurali:
Arresto: Obbl in flagranza (II c.), Facol. in flagranza (I c.).
Fermo: Sì (II c.), No (I c.)
Misure cautelari personali: Sì
Autorità competente: C.d.A. (II c.), T.m. (I c.)
Procedibilità: d'ufficio

261. ***Rivelazione di segreti di Stato.*** — Chiunque rivela taluna delle notizie di carattere segreto indicate nell'articolo 256 è punito con la reclusione non inferiore a cinque anni.

Se il fatto è commesso in tempo di guerra, ovvero ha compromesso la preparazione o la efficienza bellica dello Stato o le operazioni militari, la pena della reclusione non può essere inferiore a dieci anni.

Se il colpevole ha agito a scopo di spionaggio politico o militare, si applica, nel caso preveduto dalla prima parte di questo articolo e nei casi preveduti dal primo capoverso la pena dell'ergastolo.

Le pene stabilite nelle disposizioni precedenti si applicano anche a chi ottiene la notizia.

Se il fatto è commesso per colpa, la pena è della reclusione da sei mesi a due anni, nel caso preveduto dalla prima parte di questo articolo, e da tre a quindici anni qualora concorra una delle circostanze indicate nel primo capoverso.

Riferimenti procedurali:
Arresto: Obbl. in flagranza (I, II, III c.), Facol. in flagranza (V c., 2ª parte), No (V c., 1ª parte)
Fermo: Sì (I, II, III, V c., 2ª parte), No (V c., 1ª parte)
Misure cautelari personali: Sì, No (V c., 1ª parte)
Autorità competente: C.d.A., T.m. (V c., 1ª parte)
Procedibilità: d'ufficio

262. ***Rivelazione di notizie di cui sia stata vietata la divulgazione.*** — Chiunque rivela notizie, delle quali l'Autorità competente ha vietato la divulgazione, è punito con la reclusione non inferiore a tre anni.

Se il fatto è commesso in tempo di guerra, ovvero ha compromesso la preparazione o la efficienza bellica dello Stato o le operazioni militari, la pena è della reclusione non inferiore a dieci anni.

Se il colpevole ha agito a scopo di spionaggio politico o militare, si applica, nel caso preveduto dalla prima parte di questo articolo, la reclusione non inferiore a quindici anni; e, nei casi preveduti dal primo capoverso, la pena dell'ergastolo.

Le pene stabilite nelle disposizioni precedenti si applicano anche a chi ottiene la notizia.

Se il fatto è commesso per colpa, la pena è della reclusione da sei mesi a due anni, nel caso preveduto dalla prima parte di questo articolo, e da tre a quindici anni qualora concorra una delle circostanze indicate nel primo capoverso.

Riferimenti procedurali:
Arresto: Obbl., No (V c., 1ª parte)
Fermo: Sì, No (V c., 1ª parte)
Misure cautelari personali: Sì, No (V c., 1ª parte)
Autorità competente: C.d.A., T.m. (V c., 1ª parte)
Procedibilità: d'ufficio

263. ***Utilizzazione dei segreti di Stato.*** — Il pubblico ufficiale o l'incaricato di un pubblico servizio, che impiega a proprio o altrui profitto invenzioni o scoperte scientifiche o nuove applicazioni industriali che egli conosca per ragione del suo ufficio o servizio, e che debbano rimanere segrete nell'interesse della sicurezza dello Stato, è punito con la reclusione non inferiore a cinque anni e con la multa non inferiore a euro 1.032.

Se il fatto è commesso nell'interesse di uno Stato in guerra con lo Stato italiano, o se ha compromesso la preparazione o la efficienza bellica dello Stato, ovvero le operazioni militari, il colpevole è punito con l'ergastolo.

Riferimenti procedurali:
Arresto: Obbl. in flagranza
Fermo: Sì
Misure cautelari personali: Sì
Autorità competente: C.d.A.
Procedibilità: d'ufficio

264. ***Infedeltà in affari di Stato.*** — Chiunque, incaricato dal Governo italiano di trattare all'estero affari di Stato, si rende infedele al mandato è punito, se dal fatto possa derivare nocumento all'interesse nazionale, con la reclusione non inferiore a cinque anni.

Riferimenti procedurali:
Arresto: Obbl. in flagranza
Fermo: Sì
Misure cautelari personali: Sì
Autorità competente: C.d.A.
Procedibilità: d'ufficio

265. ***Disfattismo politico.*** — Chiunque, in tempo di guerra, diffonde o comunica voci o notizie false, esagerate o tendenziose, che possano destare pubblico allarme o deprimere lo spirito pubblico o altrimenti menomare la resistenza della nazione di fronte al nemico, o svolge comunque un'attività tale da recare nocumento agli interessi nazionali, è punito con la reclusione non inferiore a cinque anni.

La pena è non inferiore a quindici anni:

1) se il fatto è commesso con propaganda o comunicazione dirette a militari;

2) se il colpevole ha agito in seguito a intelligenze con lo straniero.

La pena è dell'ergastolo se il colpevole ha agito in seguito a intelligenze col nemico.

Riferimenti procedurali:
Arresto: Obbl.in flagranza
Fermo: Sì
Misure cautelari personali: Sì
Autorità competente: C.d.A.
Procedibilità: con l'autorizzazione del Min. giustizia

266. ***Istigazione di militari a disobbedire alle leggi.*** — Chiunque istiga i militari a disobbedire alle leggi o a violare il giuramento dato o i doveri della disciplina militare o altri doveri inerenti al proprio stato, ovvero fa a militari l'apologia di fatti contrari alle leggi, al giuramento, alla disciplina o ad altri doveri militari, è punito, per ciò solo, se il fatto non costituisce un più grave delitto, con la reclusione da uno a tre anni.[1]

La pena è della reclusione da due a cinque anni se il fatto è commesso pubblicamente.

Le pene sono aumentate se il fatto è commesso in tempo di guerra.

Agli effetti della legge penale, il reato si considera avvenuto pubblicamente quando il fatto è commesso:

1) col mezzo della stampa, o con altro mezzo di propaganda;

2) in luogo pubblico o aperto al pubblico e in presenza di più persone;

3) in una riunione che, per il luogo in cui è tenuta, o per il numero degli intervenuti, o per lo scopo od oggetto di essa, abbia carattere di riunione non privata.

[1] Per gli artt. 213 e 214 R.D. 20 feb. 1941, n. 303, le pene sono aumentate da un sesto a un terzo quando i fatti di cui all'art. 266 sono commessi da militari anche in congedo verso militari in servizio o in congedo o iscritti di leva.

La Corte cost., con sent. 21 mar. 1989, n. 139, ha dichiarato l'ill. cost. dell'art. 266 «nella parte in cui non prevede che per l'istigazione di militari a commettere un reato militare la pena 'sia sempre applicata in misura inferiore alla metà della pena stabilita per il reato al quale si riferisce l'istigazione'».

Riferimenti procedurali:
Arresto: Facol. in flagranza (II c.), No (I c.)
Fermo: No
Misure cautelari personali: Sì (II c.), No (I c.)
Autorità competente: T.m.
Procedibilità: d'ufficio

267. ***Disfattismo economico.*** — Chiunque, in tempo di guerra, adopera mezzi diretti a deprimere il corso dei cambi, o ad influire sul mercato dei titoli o dei valori, pubblici o privati, in modo da esporre a pericolo la resistenza della nazione di fronte al nemico, è punito con la reclusione non inferiore a cinque anni e con la multa non inferiore a euro 3.098.

Se il colpevole ha agito in seguito a intelligenze con lo straniero, la reclusione non può essere inferiore a dieci anni.

La reclusione è non inferiore a quindici anni se il colpevole ha agito in seguito a intelligenze col nemico.

Riferimenti procedurali:
Arresto: Obbl. in flagranza
Fermo: Sì
Misure cautelari personali: Sì
Autorità competente: C.d.A.
Procedibilità: con autorizzazione del ministro della giustizia

268. ***Parificazione degli Stati alleati.*** — Le pene stabilite negli artt. 247 e seguenti si applicano anche quando il delitto è commesso a danno di uno Stato estero alleato o associato, a fine di guerra, con lo Stato italiano.

269. ***Attività antinazionale del cittadino all'estero.***[1]

[1] Articolo abrog. dall'art. 12, L. 24 feb. 2006, n. 85.

270. ***Associazioni sovversive.***[1] — Chiunque nel territorio dello Stato promuove, costituisce, organizza o dirige associazioni dirette e idonee a sovvertire violentemente gli ordinamenti economici o sociali costituiti nello Stato ovvero a sopprimere violentemente l'ordinamento politico e giuridico dello Stato, è punito con la reclusione da cinque a dieci anni.

Chiunque partecipa alle associazioni di cui al primo comma è punito con la reclusione da uno a tre anni.

Le pene sono aumentate per coloro che ricostituiscono, anche sotto falso nome o forma simulata, le associazioni di cui al primo comma, delle quali sia stato ordinato lo scioglimento.[1]

[1] Articolo così sost. dall'art. 2 della L. 24 feb. 2006, n. 85.

Riferimenti procedurali:
Arresto: Obbl. in flagranza, No (II, III c.)
Fermo: Sì, No (II e III c.)
Misure cautelari personali: Sì, No (II, III c.)
Autorità competente: C.d.A., T.c. (II, III c.)
Procedibilità: d'ufficio

270-*bis*. ***Associazioni con finalità di terrorismo anche internazionale o di eversione dell'ordine democratico.***[1] — Chiunque promuove, costituisce, organizza o finanzia associazioni che si propongono il compimento di atti di violenza con finalità di terrorismo o di eversione dell'ordine democratico è punito con la reclusione da sette a quindici anni.

Chiunque partecipa a tali associazioni è punito con la reclusione da cinque a dieci anni.

Ai fini della legge penale, la finalità di terrorismo ricorre anche quando gli atti di violenza sono rivolti contro uno Stato estero, una istituzione e un organismo internazionale.

Nei confronti del condannato è sempre obbligatoria la confisca delle cose che servirono o furono destinate a commettere il reato e delle cose che ne sono il prezzo, il prodotto, il profitto o che ne costituiscono l'impiego.

[1] Ai sensi dell'art. 1, c. 3-*bis*, D.L. 18 feb. 2015, n. 7, conv. con modif. in L. 17 apr. 2015, n. 43, la condanna per i delitti previsti dal presente articolo comporta la pena accessoria della perdita della potestà genitoriale quando è coinvolto un minore.

Riferimenti procedurali:
Arresto: Obbl. in flagranza (I c.), Facol. in flagranza (II c.)
Fermo: Sì
Misure cautelari personali: Sì
Autorità competente: C.d.A.
Procedibilità: d'ufficio

270-*bis*.1. ***Circostanze aggravanti e attenuanti.***[1] — Per i reati commessi per finalità di terrorismo o di eversione dell'ordine democratico, punibili con pena diversa dall'ergastolo, la pena è aumentata della metà, salvo che la circostanza sia elemento costitutivo del reato.

Quando concorrono altre circostanze aggravanti, si applica per primo l'aumento di pena previsto per la circostanza aggravante di cui al primo comma. Le circostanze attenuanti, diverse da quelle previste dagli articoli 98 e 114, concorrenti con l'aggravante di cui al primo comma, non possono essere ritenute equivalenti o prevalenti rispetto a questa e alle circostanze aggravanti per le quali la legge stabilisce una pena di specie diversa o ne determina la misura in modo indipendente da quella ordinaria del reato, e le diminuzioni di pena si operano sulla quantità di pena risultante dall'aumento conseguente alle predette aggravanti.

Per i delitti commessi per finalità di terrorismo o di eversione dell'ordine democratico, salvo quanto disposto nell'articolo 289-*bis*, nei confronti del concorrente che, dissociandosi dagli altri, si adopera per evitare che l'attività delittuosa sia portata a conseguenze ulteriori, ovvero aiuta concretamente l'autorità di polizia e l'autorità giudiziaria nella raccolta di prove decisive per l'individuazione o la cattura dei concorrenti, la pena dell'ergastolo è sostituita da quella della reclusione da dodici a venti anni e le altre pene sono diminuite da un terzo alla metà.

Quando ricorre la circostanza di cui al terzo comma non si applica l'aggravante di cui al primo comma.

Fuori del caso previsto dal quarto comma dell'articolo 56, non è punibile il colpevole di un delitto commesso per finalità di terrorismo o di eversione dell'ordine democratico che volontariamente impedisce l'evento e fornisce elementi di prova determinanti per la esatta ricostruzione del fatto e per la individuazione degli eventuali concorrenti.

[1] Articolo ins. dall'art. 5, c. 1, lett. *c*), D.lgs. 1 mar. 2018, n. 21.

270-*ter*. *Assistenza agli associati.*[1] — Chiunque, fuori dei casi di concorso nel reato o di favoreggiamento, dà rifugio o fornisce vitto, ospitalità, mezzi di trasporto, strumenti di comunicazione a taluna delle persone che partecipano alle associazioni indicate negli artt. 270 e 270-*bis* è punito con la reclusione fino a quattro anni.

La pena è aumentata se l'assistenza è prestata continuativamente.

Non è punibile chi commette il fatto in favore di un prossimo congiunto.

[1] Ai sensi dell'art. 3, c. 1, del D.L. 18 ott. 2001, n. 374, conv. in L. 15 dic. 2001, n. 438, così come modif. dall'art. 6, c. 1., della L. 14 feb. 2003, n. 34, nei procedimenti per i delitti previsti dagli artt. 270-*ter* e 280-*bis* del c.p. si applicano le disposizioni di cui all'art. 13 del D.L. 13 mag. 1991, n. 152 conv. in L. 12 lug. 1991, n. 203.

Ai sensi dell'art. 1, c. 3-*bis*, D.L. 18 feb. 2015, n. 7, conv. con modif. in L. 17 apr. 2015, n. 43, la condanna per i delitti previsti dal presente articolo comporta la pena accessoria della perdita della potestà genitoriale quando è coinvolto un minore.

Riferimenti procedurali:
Arresto: Facol. in flagranza
Fermo: No
Misure cautelari personali: Sì
Autorità competente: T.m.
Procedibilità: d'ufficio

270-*quater*. *Arruolamento con finalità di terrorismo anche internazionale.*[1] — Chiunque, al di fuori dei casi di cui all'articolo 270-*bis*, arruola una o più persone per il compimento di atti di violenza ovvero di sabotaggio di servizi pubblici essenziali, con finalità di terrosismo, anche se rivolti contro uno Stato estero, un'istituzione o un organismo internazionale, è punito con la reclusione da sette a quindici anni.

Fuori dei casi di cui all'articolo 270-*bis*, e salvo il caso di addestramento, la persona arruolata è punita con la pena della reclusione da cinque a otto anni.[2]

[1] Ai sensi dell'art. 1, c. 3-*bis*, D.L. 18 feb. 2015, n. 7, conv. con modif. in L. 17 apr. 2015, n. 43, la condanna per i delitti previsti dal presente articolo comporta la pena accessoria della perdita della potestà genitoriale quando è coinvolto un minore.

[2] Comma aggiunto dall'art. 1, c. 1, D.L. 18 feb. 2015, n. 7, conv. con modif. in L. 17 apr. 2015, n. 43.

Riferimenti procedurali:
Arresto: Obbl. in flagranza
Fermo: Sì
Misure cautelari personali: Sì
Autorità competente: T.c.
Procedibilità: d'ufficio

270-*quater*.1. *Organizzazione di trasferimenti per finalità di terrorismo.*[1,2] — Fuori dai casi di cui agli articoli 270-*bis* e 270-*quater*, chiunque organizza, finanzia o propaganda viaggi in territorio estero finalizzati al compimento delle condotte con finalità di terrorismo di cui all'articolo 270-*sexies*, è punito con la reclusione da cinque a otto anni.

[1] Articolo ins. dall'art. 1, c. 2, D.L. 18 feb. 2015, n. 7, conv. con modif. in L. 17 apr. 2015, n. 43.

[2] Ai sensi dell'art. 1, c. 3-*bis*, D.L. 18 feb. 2015, n. 7, conv. con modif. in L. 17 apr. 2015, n. 43, la condanna per i delitti previsti dal presente articolo comporta la pena accessoria della perdita della potestà genitoriale quando è coinvolto un minore.

Riferimenti procedurali:
Arresto: Obbl. in flagranza
Fermo: Sì
Misure cautelari personali: Sì
Autorità competente: T.m.
Procedibilità: d'ufficio

270-*quinquies*. *Addestramento ad attività con finalità di terrorismo anche internazionale.*[1] — Chiunque, al di fuori dei casi di cui all'art. 270-*bis*, addestra o comunque fornisce istruzioni sulla preparazione o sull'uso di materiali esplosivi, di armi da fuoco o di altre armi, di sostanze chimiche o batteriologiche nocive o pericolose, nonché di ogni altra tecnica o metodo per il compimento di atti di violenza ovvero di sabotaggio di servizi pubblici essenziali, con finalità di terrorismo, anche se rivolti contro uno Stato estero, un'istituzione o un organismo internazionale, è punito con la reclusione da cinque a dieci anni. La stessa pena si applica nei confronti della persona addestrata, nonché della persona che avendo acquisito, anche autonomamente, le istruzioni per il compimento degli atti di cui al primo periodo, pone in essere comportamenti univocamente finalizzati alla commissione delle condotte di cui all'articolo 270-*sexies*.[2]

Le pene previste dal presente articolo sono aumentate se il fatto di chi addestra o istruisce è commesso attraverso strumenti informatici o telematici.[3]

[1] Ai sensi dell'art. 1, c. 3-*bis*, D.L. 18 feb. 2015, n. 7, conv. con modif. in L. 17 apr. 2015, n. 43, la condanna per i delitti previsti dal presente articolo comporta la pena accessoria della perdita della potestà genitoriale quando è coinvolto un minore.

[2] Comma così modif. dall'art. 1, c. 3, D.L. 18 feb. 2015, n. 7, conv. con modif. in L. 17 apr. 2015, n. 43.

[3] Comma aggiunto dall'art. 1, c. 3, D.L. 18 feb. 2015, n. 7, conv. con modif. in L. 17 apr. 2015, n. 43.

Riferimenti procedurali:
Arresto: Obbl. in flagranza
Fermo: Sì
Misure cautelari personali: Sì
Autorità competente: C.d.A.
Procedibilità: d'ufficio

270-*quinquies*.1. *Finanziamento di condotte con finalità di terrorismo.*[1] — Chiunque, al di fuori dei casi di cui agli articoli 270-*bis* e 270-*quater*.1, raccoglie, eroga o mette a disposizione beni o denaro, in qualunque modo realizzati, destinati a essere in tutto o in parte utilizzati per il compimento delle condotte con finalità di terrorismo di cui all'articolo 270-*sexies* è punito con la reclusione da sette a quindici anni, indipendentemente dall'effettivo utilizzo dei fondi per la commissione delle citate condotte.

Chiunque deposita o custodisce i beni o il denaro indicati al primo comma è punito con la reclusione da cinque a dieci anni.

[1] Articolo ins. dall'art. 4, c. 1, lett. *a*), L. 28 lug. 2016, n. 153.

Riferimenti procedurali:
Arresto: Obbl. in flagranza
Fermo: Sì
Misure cautelari personali: Sì
Autorità competente: C.d.A.
Procedibilità: d'ufficio

270-*quinquies*.2. *Sottrazione di beni o denaro sottoposti a sequestro.*[1] — Chiunque sottrae, distrugge, disperde, sopprime o deteriora beni o denaro, sottoposti a sequestro per prevenire il finanziamento delle condotte con finalità di terrorismo di cui all'articolo 270-*sexies*, è punito con la reclusione da due a sei anni e con la multa da euro 3.000 a euro 15.000.

[1] Articolo ins. dall'art. 4, c. 1, lett. *a*), L. 28 lug. 2016, n. 153.

Riferimenti procedurali:
Arresto: Facol. in flagranza
Fermo: Sì
Misure cautelari personali: Sì
Autorità competente: T.c.
Procedibilità: d'ufficio

270-*sexies*. *Condotte con finalità di terrorismo.* — 1. Sono considerate con finalità di terrorismo le condotte che, per la loro natura o contesto, possono arrecare grave danno ad un Paese o ad un'organizzazione internazionale e sono compiute allo scopo di intimidire la popolazione o costringere i potere pubblici o un'organizzazione internazionale a compiere o astenersi dal compiere un qualsiasi atto o destabilizzare o distruggere le strutture politiche fondamentali, costituzionali, economiche e sociali di un Paese o di un'organizzazione internazionale, nonché le altre condotte definite terroristiche o commesse con finalità di terrorismo da convenzioni o altre norme di diritto internazionali vincolanti per l'Italia.

270-*septies*. *Confisca.*[1] — Nel caso di condanna o di applicazione della pena ai sensi dell'articolo 444 del codice di procedura penale per taluno dei delitti commessi con finalità di terrorismo di cui all'articolo 270-*sexies* è sempre disposta la confisca delle cose che servirono o furono destinate a commettere il reato e delle cose che ne costituiscono il prezzo, il prodotto o il profitto, salvo che appartengano a persona estranea al reato, ovvero, quando essa non è possibile, la confisca di beni, di cui il reo ha la disponibilità, per un valore corrispondente a tale prezzo, prodotto o profitto

[1] Articolo ins. dall'art. 4, c. 1, lett. *b*), L. 28 lug. 2016, n. 153.

271. *Associazioni antinazionali.*[1]

[1] La Corte cost. con sent. 12 lug. 2001, n. 243, ha dichiarato l'ill. cost. di questo articolo.

272. *Propaganda ed apologia sovversiva o antinazionale.*[1]

[1] Articolo abrog. dall'art. 12, L. 24 feb. 2006, n. 85.

273. *Illecita costituzione di associazioni aventi carattere internazionale.*[1]

[1] Articolo dichiarato ill. cost. con sent. 3 lug. 1985, n. 193.

274. *Illecita partecipazione ad associazioni aventi carattere internazionale.*[1]

[1] Articolo dichiarato ill. cost. con sent. 3 lug. 1985, n. 193.

275. *Accettazione di onorificenze o utilità da uno Stato nemico.*[1]

[1] Articolo abrog. dall'art. 18, L. 25 giu. 1999, n. 205.

CAPO II
Dei delitti contro la personalità interna dello Stato

276. *Attentato contro il Presidente della Repubblica.*[1] — Chiunque attenta alla vita, alla incolumità o alla libertà personale del Presidente della Repubblica, è punito con l'ergastolo.

[1] Articolo così sost. con L. 11 nov. 1947, n. 1317.

Riferimenti procedurali:
Arresto: Obblig. in flagranza
Fermo: Sì
Misure cautelari personali: Sì

Autorità competente: C.d.A.
Procedibilità: d'ufficio

277. *Offesa alla libertà del Presidente della Repubblica.*[1] — Chiunque, fuori dei casi preveduti dall'articolo precedente, attenta alla libertà del Presidente della Repubblica,[2] è punito con la reclusione da cinque a quindici anni.

[1] Articolo così sost. con L. 11 nov. 1947, n. 1317.
[2] Tale tutela penale è estesa alla persona del Sommo Pontefice (art. 8, L. 27 mag. 1929, n. 810).

Riferimenti procedurali:
Arresto: Obbl. in flagranza
Fermo: Sì
Misure cautelari personali: Sì
Autorità competente: C.d.A.
Procedibilità: con l'autorizzazione del Min. giustizia

278. *Offesa all'onore o al prestigio del Presidente della Repubblica.* — Chiunque offende l'onore o il prestigio del Presidente della Repubblica è punito con la reclusione da uno a cinque anni.[1]

[1] Articolo così sost. con L. 11 nov. 1947, n. 1317.

Riferimenti procedurali:
Arresto: Facol. in flagranza
Fermo: No
Misure cautelari personali: Sì
Autorità competente: T.m.
Procedibilità: con l'autorizzazione del Min. giustizia

279. *Lesa prerogativa della irresponsabilità del Presidente della Repubblica.*[1]

[1] Articolo abrog. dall'art. 12, L. 24 feb. 2006, n. 85.

280. *Attentato per finalità terroristiche o di eversione.* — Chiunque, per finalità di terrorismo o di eversione dell'ordine democratico attenta alla vita od alla incolumità di una persona, è punito, nel primo caso, con la reclusione non inferiore ad anni venti e, nel secondo caso, con la reclusione non inferiore ad anni sei.

Se dall'attentato alla incolumità di una persona deriva una lesione gravissima, si applica la pena della reclusione non inferiore ad anni diciotto; se ne deriva una lesione grave, si applica la pena della reclusione non inferiore ad anni dodici.

Se i fatti previsti nei commi precedenti sono rivolti contro persone che esercitano funzioni giudiziarie o penitenziarie ovvero di sicurezza pubblica nell'esercizio o a causa delle loro funzioni, le pene sono aumentate di un terzo.

Se dai fatti di cui ai commi precedenti deriva la morte della persona si applicano, nel caso di attentato alla vita, l'ergastolo e, nel caso di attentato alla incolumità, la reclusione di anni trenta.

Le circostanze attenuanti, diverse da quelle previste dagli artt. 98 e 114, concorrenti con le aggravanti di cui al secondo e al quarto comma, non possono essere ritenute equivalenti o prevalenti rispetto a queste e le diminuzioni di pena si operano sulla quantità risultante dall'aumento conseguente alle predette aggravanti.

Riferimenti procedurali:
Arresto: Obbl. in flagranza
Fermo: Sì
Misure cautelari personali: Sì
Autorità competente: C.d.A.
Procedibilità: d'ufficio

280-*bis*. *Atto di terrorismo con ordigni micidiali o esplosivi.*[1,2] — Salvo che il fatto costituisca più grave reato, chiunque per finalità di terrorismo compie qualsiasi atto diretto a danneggiare cose mobili o immobili altrui, mediante l'uso di dispositivi esplosivi o comunque micidiali, è punito con la reclusione da due a cinque anni.

Ai fini del presente articolo, per dispositivi esplosivi o comunque micidiali si intendono le armi e le materie ad esse assimilate indicate nell'art. 585 e idonee a causare importanti danni materiali.

Se il fatto è diretto contro la sede della Presidenza della Repubblica, delle assemblee legislative, della Corte Costituzionale, di organi del Governo o comunque di organi previsti dalla Costituzione o da leggi costituzionali, la pena è aumentata fino alla metà.

Se dal fatto deriva pericolo per l'incolumità pubblica ovvero un grave danno per l'economia nazionale, si applica la reclusione da cinque a dieci anni.

Le circostanze attenuanti, diverse da quelle previste dagli artt. 98 e 114, concorrenti con le aggravanti di cui al terzo e al quarto comma, non possono essere ritenute equivalenti o prevalenti rispetto a queste e le diminuzioni di pena si operano sulla quantità di pena risultante dall'aumento conseguente alle predette aggravanti.

[1] Articolo ins. dall'art. 3, L. 14 feb. 2003, n. 34.
[2] Si veda la nota n. 2 all'art. 270-*ter*.

Riferimenti procedurali:
Arresto: Facol. in flagranza (I, III c.), Obbl. in flagranza (IV c.)
Fermo: No (I c.), Sì (III, IV c.)
Misure cautelari personali: Sì
Autorità competente: T.m.(I c.) C.d.A. (IV c.)
Procedibilità: d'ufficio

280-*ter*. *Atti di terrorismo nucleare.*[1,2] — È punito con la reclusione non inferiore ad anni quindici chiunque, con le finalità di terrorismo di cui all'articolo 270-*sexies*:

1) procura a sé o ad altri materia radioattiva;

2) crea un ordigno nucleare o ne viene altrimenti in possesso.

È punito con la reclusione non inferiore ad anni venti chiunque, con le finalità di terrorismo di cui all'articolo 270-*sexies*:

1) utilizza materia radioattiva o un ordigno nucleare;

2) utilizza o danneggia un impianto nucleare in modo tale da rilasciare o con il concreto pericolo che rilasci materia radioattiva.

Le pene di cui al primo e al secondo comma si applicano altresì quando la condotta ivi descritta abbia ad oggetto materiali o aggressivi chimici o batteriologici.

[1] Articolo ins. dall'art. 4, c. 1, lett. *c*), L. 28 lug. 2016, n. 153.

[2] Ai sensi dell'art. 6, L. 28 lug. 2016, n. 153: «2. Quando procede in ordine a taluno dei reati di cui all'art. 280-*ter* del c.p., introdotto dall'art. 4 della presente legge, il pubblico ministero comunica immediatamente al Ministro della giustizia l'avvenuto esercizio dell'azione penale.

3. Il pubblico ministero comunica altresì immediatamente al Ministro della giustizia l'avvenuta esecuzione di un provvedimento che applica la misura della custodia cautelare in carcere o gli arresti domiciliari nei confronti di persone indagate in ordine a taluno dei reati di cui all'articolo 280-*ter* del c.p., introdotto dall'art. 4 della presente legge, allegando copia del relativo provvedimento.

4. Nei procedimenti in ordine a taluno dei reati di cui articolo 280-*ter* del c.p., introdotto dall'art. 4 della presente legge, l'autorità giudiziaria procedente comunica immediatamente al Ministro della giustizia il passaggio in giudicato della sentenza ovvero il deposito del decreto di archiviazione, allegando copia del relativo provvedimento. Dà altresì immediata comunicazione al Ministro della giustizia del luogo dove i beni sono custoditi e delle modalità della loro conservazione, per le comunicazioni di cui all'art. 18, paragrafo 6, della Convenzione di cui all'art. 1, c. 1, lett. *b*), della presente legge.

5. Nei casi previsti dai c. 2, 3 e 4, primo periodo, il Ministro della giustizia comunica senza ritardo l'esercizio dell'azione penale, l'esito del procedimento ovvero l'adozione della misura cautelare agli Stati parte della Convenzione di cui all'art. 1, c. 1, lett. *b*), interessati tramite il Segretario generale dell'Organizzazione delle Nazioni Unite. Nel caso di cui al c. 4, secondo periodo, il Ministro della giustizia informa senza ritardo il direttore generale dell'Agenzia internazionale per l'energia atomica».

Riferimenti procedurali:
Arresto: Obblig. in flagranza
Fermo: Sì
Misure cautelari personali: Sì
Autorità competente: C.d.A.
Procedibilità: d'ufficio

281. ***Offesa alla libertà del Capo del Governo.***[1]

[1] Articolo abrog. dall'art. 3 del D.L.L. 14 set. 1944, n. 288.

282. ***Offesa all'onore del Capo del Governo.***[1]

[1] Articolo abrog. dall'art. 3 del D.L.L. 14 set. 1944, n. 288.

283. ***Attentato contro la costituzione dello Stato.***[1] — Chiunque, con atti violenti, commette un fatto diretto e idoneo a mutare la Costituzione dello Stato o la forma di Governo, è punito con la reclusione non inferiore a cinque anni.

[1] Articolo così sost. dall'art. 3 della L. 24 feb. 2006, n. 85.

Riferimenti procedurali:
Arresto: Obbl. in flagranza
Fermo: Sì
Misure cautelari personali: Sì
Autorità competente: T.m.
Procedibilità: d'ufficio

284. ***Insurrezione armata contro i poteri dello Stato.*** — Chiunque promuove un'insurrezione armata contro i poteri dello Stato è punito con l'ergastolo [e, se l'insurrezione avviene con la morte].[1]

Coloro che partecipano alla insurrezione sono puniti con la reclusione da tre a quindici anni; coloro che la dirigono, con l'ergastolo.[1]

La insurrezione si considera armata anche se le armi sono soltanto tenute in un luogo di deposito (302 s., 311, 312).

[1] V. nota all'art. 21.

Riferimenti procedurali:
Arresto: Obbl.in flagranza
Fermo: Sì
Misure cautelari personali: Sì
Autorità competente: C.d.A.
Procedibilità: d'ufficio

285. ***Devastazione, saccheggio e strage.*** — Chiunque, allo scopo di attentare alla sicurezza dello Stato, commette un fatto diretto a portare la devastazione, il saccheggio o la strage nel territorio dello Stato o in una parte di esso è punito con l'ergastolo.

Riferimenti procedurali:
Arresto: Obbl. in flagranza
Fermo: Sì
Misure cautelari personali: Sì
Autorità competente: C.d.A.
Procedibilità: d'ufficio

286. ***Guerra civile.*** — Chiunque commette un fatto diretto a suscitare la guerra civile nel territorio dello Stato, è punito con l'ergastolo.

[Se la guerra civile avviene, il colpevole è punito con la morte][1].

[1] V. nota all'art. 21.

Riferimenti procedurali:
Arresto: Obbl. in flagranza
Fermo: Sì
Misure cautelari personali: Sì
Autorità competente: C.d.A.
Procedibilità: d'ufficio

287. ***Usurpazione di potere politico o di comando militare.*** — Chiunque usurpa un potere politico, ovvero persiste nell'esercitarlo indebitamente, è punito con la reclusione da sei a quindici anni.

Alla stessa pena soggiace chiunque indebitamente assume un alto comando militare.

Se il fatto è commesso in tempo di guerra, il colpevole è punito con l'ergastolo; ed è punito con [la morte],[1] se il fatto ha compromesso l'esito delle operazioni militari.

[1] V. nota all'art. 21.

Riferimenti procedurali:
Arresto: Obbl. in flagranza
Fermo: Sì
Misure cautelari personali: Sì

Autorità competente: C.d.A.
Procedibilità: con l'autorizzazione del Min. giustizia

288. ***Arruolamenti o armamenti non autorizzati a servizio di uno Stato estero.*** — Chiunque nel territorio dello Stato e senza approvazione del Governo arruola o arma cittadini, perché militino al servizio o a favore dello straniero, è punito con la reclusione da quattro a quindici anni.

La pena è aumentata se fra gli arruolati sono militari in servizio, o persone tuttora soggette agli obblighi del servizio militare.

Riferimenti procedurali:
Arresto: Obbl. in flagranza
Fermo: Sì
Misure cautelari personali: Sì
Autorità competente: C.d.A.
Procedibilità: con l'autorizzazione del Min. giustizia

289. ***Attentato contro gli organi costituzionali e contro le assemblee regionali.***[1] — È punito con la reclusione da uno a cinque anni, qualora non si tratti di un più grave delitto, chiunque commette atti violenti diretti ad impedire, in tutto o in parte, anche temporaneamente:

1) al Presidente della Repubblica o al Governo l'esercizio delle attribuzioni o delle prerogative conferite dalla legge;

2) alle assemblee legislative o ad una di queste, o alla Corte costituzionale o alle assemblee regionali l'esercizio delle loro funzioni.

[1] Articolo così sost. dall'art. 4, L. 24 feb. 2006, n. 85.

Riferimenti procedurali:
Arresto: facol. in flagranza
Fermo: No
Misure cautelari personali: Sì
Autorità competente: T.m.
Procedibilità: d'ufficio

289-*bis*. ***Sequestro di persona a scopo di terrorismo o di eversione.*** — Chiunque, per finalità di terrorismo o di eversione dell'ordine democratico sequestra una persona è punito con la reclusione da venticinque a trent'anni.

Se dal sequestro deriva comunque la morte, quale conseguenza non voluta dal reo, della persona sequestrata, il colpevole è punito con la reclusione di anni trenta.

Se il colpevole cagiona la morte del sequestrato si applica la pena dell'ergastolo.

Il concorrente che, dissociandosi dagli altri, si adopera in modo che il soggetto passivo riacquisti la libertà è punito con la reclusione da due a otto anni; se il soggetto passivo muore, in conseguenza del sequestro, dopo la liberazione, la pena è della reclusione da otto a diciotto anni.

Quando ricorre una circostanza attenuante, alla pena prevista dal secondo comma è sostituita la reclusione da venti a ventiquattro anni; alla pena prevista dal terzo comma è sostituita la reclusione da ventiquattro a trent'anni. Se concorrono più circostanze attenuanti, la pena da applicare per effetto delle diminuzioni non può essere inferiore a dieci anni, nell'ipotesi prevista dal secondo comma, ed a quindici anni, nell'ipotesi prevista dal terzo comma.

Riferimenti procedurali:
Arresto: Obbl.in flagranza
Fermo: Sì
Misure cautelari personali: Sì
Autorità competente: C.d.A.
Procedibilità: d'ufficio

289-*ter*. ***Sequestro di persona a scopo di coazione.***[1] — Chiunque, fuori dei casi indicati negli articoli 289-*bis* e 630, sequestra una persona o la tiene in suo potere minacciando di ucciderla, di ferirla o di continuare a tenerla sequestrata al fine di costringere un terzo, sia questi uno Stato, una organizzazione internazionale tra più governi, una persona fisica o giuridica o una collettività di persone fisiche, a compiere un qualsiasi atto o ad astenersene, subordinando la liberazione della persona sequestrata a tale azione od omissione, è punito con la reclusione da venticinque a trenta anni.

Si applicano i commi secondo, terzo, quarto e quinto dell'articolo 289-*bis*.

Se il fatto è di lieve entità si applicano le pene previste dall'articolo 605 aumentate dalla metà a due terzi.

[1] Articolo ins. dall'art. 2, c. 1, lett. *a*), D.lgs. 1 mar. 2018, n. 21.

Riferimenti procedurali:
Arresto: Obbl.in flagranza
Fermo: Sì
Misure cautelari personali: Sì
Autorità competente: C.d.A.
Procedibilità: d'ufficio

290. ***Vilipendio della Repubblica, delle Istituzioni costituzionali e delle Forze armate.*** — Chiunque pubblicamente vilipende la Repubblica, le Assemblee legislative o una di queste, ovvero il Governo, o la Corte cost., o l'Ordine giudiziario è punito con la multa da euro 1.000 a euro 5.000.[1]

La stessa pena si applica a chi pubblicamente vilipende le Forze armate dello Stato o quelle della liberazione.

[1] Parole così sost. dall'art. 11, c. 1, L. 24 feb. 2006, n. 85.

Riferimenti procedurali:
Arresto: No
Fermo: No
Misure cautelari personali: No
Autorità competente: T.m.
Procedibilità: con l'autorizzazione del Min. giustizia

290-*bis*. ***Parificazione al Presidente della Repubblica di chi ne fa le veci.***[1] — Agli effetti degli artt. 276, 277, 278, 279, 289 è parificato al Presidente della Repubblica chi ne fa le veci.

[1] Articolo aggiunto con L. 11 nov. 1947, n. 1317.

291. ***Vilipendio alla nazione italiana.*** — Chiunque pubblicamente vilipende la nazione italiana è punito con la multa da euro 1.000 a euro 5.000.[1]

[1] Parole così sost. dall'art. 11, c. 2, L. 24 feb. 2006, n. 85.

Riferimenti procedurali:
Arresto: No
Fermo: No
Misure cautelari personali: No
Autorità competente: T.m.
Procedibilità: d'ufficio

292. ***Vilipendio o danneggiamento alla bandiera o ad altro emblema dello Stato.***[1] — Chiunque vilipende con espressioni ingiuriose la bandiera nazionale o un altro emblema dello Stato è punito con la multa da euro 1.000 a euro 5.000. La pena è aumentata da euro 5.000 a euro 10.000 nel caso in cui il medesimo fatto sia commesso in occasione di una pubblica ricorrenza o di una cerimonia ufficiale.

Chiunque pubblicamente o intenzionalmente distrugge, disperde, deteriora, rende inservibile o imbratta la bandiera nazionale o un altro emblema dello Stato è punito con la reclusione fino a due anni.

Agli effetti della legge penale per bandiera nazionale si intende la bandiera ufficiale dello Stato e ogni altra bandiera portante i colori nazionali.

[1] Articolo così sost. dall'art. 5, L. 24 feb. 2006, n. 85.

Riferimenti procedurali:
Arresto: No
Fermo: No
Misure cautelari personali: No
Autorità competente: T.m.
Procedibilità: d'ufficio

292-*bis*. ***Circostanza aggravante.***[1]

[1] Articolo abrog. dall'art. 12, L. 24 feb. 2006, n. 85.

293. ***Circostanza aggravante.***[1]

[1] Articolo abrog. dall'art. 12, L. 24 feb. 2006, n. 85.

CAPO III

Dei delitti contro i diritti politici del cittadino

294. ***Attentati contro i diritti politici del cittadino.*** — Chiunque con violenza, minaccia o inganno impedisce in tutto o in parte l'esercizio di un diritto politico, ovvero determina taluno a esercitarlo in senso difforme dalla sua volontà, è punito con la reclusione da uno a cinque anni.

Riferimenti procedurali:
Arresto: Facol. in flagranza
Fermo: No
Misure cautelari personali: Sì
Autorità competente: T.m.
Procedibilità: d'ufficio

CAPO IV

Dei delitti contro gli Stati esteri, i loro Capi e i loro rappresentanti[1]

[1] Per il Sommo Pontefice v. art. 8 L. 27 mag. 1929, n. 810, che estende la tutela penale alla persona del Sommo Pontefice.

295. ***Attentato contro i Capi di Stati esteri.*** — Chiunque nel territorio dello Stato attenta alla vita, alla incolumità o alla libertà personale del Capo di uno Stato estero è punito, nel caso di attentato alla vita, con la reclusione non inferiore a venti anni, e negli altri casi, con la reclusione non inferiore a quindici anni. Se dal fatto è derivata la morte del Capo dello Stato estero, il colpevole è punito con [la morte nel caso di attentato alla vita; negli altri casi è punito con][1] l'ergastolo.

[1] V. nota all'art. 21.

Riferimenti procedurali:
Arresto: Obbl. in flagranza
Fermo: Sì
Misure cautelari personali: Sì
Autorità competente: C.d.A.
Procedibilità: d'ufficio

296. ***Offesa alla libertà dei Capi di Stati esteri.*** — Chiunque nel territorio dello Stato, fuori dei casi preveduti dall'articolo precedente, attenta alla libertà del Capo di uno Stato estero è punito con la reclusione da tre a dieci anni.

Riferimenti procedurali:
Arresto: Obbl. in flagranza
Fermo: Sì
Misure cautelari personali: Sì
Autorità competente: C.d.A.
Procedibilità: su richiesta del Min. giustizia

297. [***Offesa all'onore dei Capi di Stati esteri.***][1]

[1] Articolo abrog. dall'art. 18, L. 25 giu. 1999, n. 205.

298. [***Offese contro i rappresentanti di Stati esteri.***][1]

[1] Articolo abrog. dall'art. 18, della L. 25 giu. 1999, n. 205.

299. ***Offesa alla bandiera o ad altro emblema di uno Stato estero.***[1] — Chiunque nel territorio dello Stato vilipende, con espressioni ingiuriose, in luogo pubblico o aperto o esposto al pubblico, la bandiera ufficiale o un altro emblema di uno Stato estero, usati in conformità del diritto interno dello Stato italiano, è punito con l'ammenda da euro 100 a euro 1.000.

[1] Articolo così sost. dall'art. 6 della L. 24 feb. 2006, n. 85.

Riferimenti procedurali:
Arresto: No
Fermo: No
Misure cautelari personali: No
Autorità competente: T.m.
Procedibilità: su richiesta del Min. giustizia

300. ***Condizione di reciprocità.*** — Le disposizioni degli artt. 295, 296 e 299 si applicano solo in quanto la legge straniera garantisca, reciprocamente, al Capo dello Stato italiano o alla bandiera italiana parità di tutela penale.

I Capi di missione diplomatica sono equiparati ai Capi di Stati esteri, a norma dell'art. 298, soltanto se lo Stato straniero concede parità di tutela penale ai Capi di missione diplomatica italiana.

Se la parità della tutela penale non esiste, si applicano le disposizioni dei titoli dodicesimo e tredicesimo; ma la pena è aumentata.

CAPO V
Disposizioni generali e comuni ai capi precedenti

301. ***Concorso di reati.*** — Quando l'offesa alla vita, alla incolumità, alla libertà o all'onore, indicata negli artt. 276, 277, 278, 295, 296, 297 e 298, è considerata dalla legge come reato anche in base a disposizioni diverse da quelle contenute nei capi precedenti, si applicano le disposizioni che stabiliscono la pena più grave.

Nondimeno, nei casi in cui debbono essere applicate disposizioni diverse da quelle contenute nei capi precedenti, le pene sono aumentate da un terzo alla metà.

Quando l'offesa alla vita, alla incolumità, alla libertà o all'onore è considerata dalla legge come elemento costitutivo o circostanza aggravante di un altro reato, questo cessa dal costituire un reato complesso, e il colpevole soggiace a pene distinte, secondo le norme sul concorso dei reati, applicandosi, per le dette offese, le disposizioni contenute nei capi precedenti.

302. ***Istigazione a commettere alcuno dei delitti preveduti dai capi primo e secondo.*** — Chiunque istiga taluno a commettere uno dei delitti, non colposi, preveduti dai capi primo e secondo di questo titolo, per i quali la legge stabilisce [la pena di morte o] l'ergastolo o la reclusione, è punito, se la istigazione non è accolta, ovvero se l'istigazione è accolta ma il delitto non è commesso, con la reclusione da uno a otto anni. La pena è aumentata se il fatto è commesso attraverso strumenti informatici o telematici.[1]

Tuttavia, la pena da applicare è sempre inferiore alla metà della pena stabilita per il delitto al quale si riferisce la istigazione.

[1] Periodo aggiunto dall'art. 2, c. 1, D.L. 18 feb. 2015, n. 7, conv. con modif. in L. 17 apr. 2015, n. 43.

Riferimenti procedurali:
Arresto: Facol. in flagranza
Fermo: Sì
Misure cautelari personali: Sì
Autorità competente: T.m.
Procedibilità: d'ufficio

303. [***Pubblica istigazione e apologia.***][1]

[1] Articolo abrog. dall'art. 18, L. 25 giu. 1999, n. 205.

304. ***Cospirazione politica mediante accordo.*** — Quando più persone si accordano al fine di commettere uno dei delitti indicati nell'art. 302, coloro che partecipano all'accordo sono puniti, se il delitto non è commesso, con la reclusione da uno a sei anni.

Per i promotori la pena è aumentata.

Tuttavia, la pena da applicare è sempre inferiore alla metà della pena stabilita per il delitto al quale si riferisce l'accordo.

Riferimenti procedurali:
Arresto: Facol. in flagranza
Fermo: No
Misure cautelari personali: Sì
Autorità competente: T.m.
Procedibilità: d'ufficio

305. ***Cospirazione politica mediante associazione.*** — Quando tre o più persone si associano al fine di commettere uno dei delitti indicati nell'art. 302, coloro che promuovono, costituiscono od organizzano la associazione sono puniti, per ciò solo, con la reclusione da cinque a dodici anni.

Per il solo fatto di partecipare all'associazione, la pena è della reclusione da due a otto anni.

I capi dell'associazione soggiacciono alla stessa pena stabilita per i promotori.

Le pene sono aumentate se l'associazione tende a commettere due o più dei delitti sopra indicati.

Riferimenti procedurali:
Arresto: Obbl. in flagranza (I c.), Facol. in flagranza (II c.)
Fermo: Sì
Misure cautelari personali: Sì
Autorità competente: C.d.A. (I c.), T.m. (II c.)
Procedibilità: d'ufficio

306. ***Banda armata: formazione e partecipazione.*** — Quando, per commettere uno dei delitti indicati nell'art. 302, si forma una banda armata, coloro che la promuovono o costituiscono od organizzano, soggiacciono, per ciò solo, alla pena della reclusione da cinque a quindici anni.

Per il solo fatto di partecipare alla banda armata, la pena è della reclusione da tre a nove anni.

I capi o i sovventori della banda armata soggiacciono alla stessa pena stabilita per i promotori.

Riferimenti procedurali:
Arresto: Obbl.in flagranza
Fermo: Sì
Misure cautelari personali: Sì
Autorità competente: C.d.A. (I c.), T.m. (II c.)
Procedibilità: d'ufficio

307. ***Assistenza ai partecipi di cospirazione o di banda armata.*** — Chiunque, fuori dei casi di concorso nel reato o di favoreggiamento, dà rifugio o fornisce vitto, ospitalità, mezzi di trasporto, strumenti di comunicazione a taluna delle persone che partecipano all'associazione o alla banda indicate nei due articoli precedenti, è punito con la reclusione fino a due anni.

La pena è aumentata se l'assistenza è prestata continuamente.

Non è punibile chi commette il fatto in favore di un prossimo congiunto.

Agli effetti della legge penale, si intendono per *prossimi congiunti*, gli ascendenti, i discendenti, il coniuge, la parte di un'unione civile tra persone dello stesso sesso,[1] i fratelli, le sorelle, gli affini nello stesso grado, gli zii e i nipoti: nondimeno, nella denominazione di prossimi congiunti, non si comprendono gli affini, allorché sia morto il coniuge e non vi sia prole.

[1] Parole aggiunte dall'art. 1, D.lgs. 19 gen. 2017, n. 6.

Riferimenti procedurali:
Arresto: No
Fermo: No
Misure cautelari personali: No
Autorità competente: T.m.
Procedibilità: d'ufficio

308. ***Cospirazione: casi di non punibilità.*** — Nei casi preveduti dagli artt. 304, 305 e 307 non sono punibili coloro i quali, prima che sia commesso il delitto per cui l'accordo è intervenuto o l'associazione è costituita, e anteriormente all'arresto, ovvero al procedimento:

1) disciolgono o, comunque, determinano lo scioglimento dell'associazione;

2) non essendo promotori o capi, recedono dall'accordo o dall'associazione.

Non sono parimenti punibili coloro i quali impediscono comunque che sia compiuta l'esecuzione del delitto per cui l'accordo è intervenuto o l'associazione è stata costituita.

309. ***Banda armata: casi di non punibilità.*** — Nei casi preveduti dagli artt. 306 e 307, non sono punibili coloro i quali, prima che sia commesso il delitto per cui la banda armata venne formata, e prima dell'ingiunzione dell'Autorità o della forza pubblica, o immediatamente dopo tale ingiunzione:

1) disciolgono o, comunque, determinano lo scioglimento della banda;

2) non essendo promotori o capi della banda, si ritirano dalla banda stessa, ovvero si arrendono, senza opporre resistenza e consegnando o abbandonando le armi.

Non sono parimenti punibili coloro i quali impediscono comunque che sia compiuta l'esecuzione del delitto per cui la banda è stata formata.

310. ***Tempo di guerra.*** — Agli effetti della legge penale, nella denominazione di *tempo di guerra* è compreso anche il periodo di imminente pericolo di guerra, quando questa sia seguita.

311. ***Circostanza diminuente: lieve entità del fatto.*** — Le pene comminate per i delitti preveduti da questo titolo sono diminuite quando per la natura, la specie, i mezzi, le modalità o circostanze dell'azione, ovvero per la particolare tenuità del danno o del pericolo, il fatto risulti di lieve entità.

312. ***Espulsione od allontanamento dello straniero dallo Stato.***[1] — Il giudice ordina l'espulsione dello straniero ovvero l'allontanamento dal territorio dello Stato del cittadino appartenente ad uno Stato membro dell'Unione Europea, oltre che nei casi espressamente preveduti dalla legge, quando lo straniero o il cittadino appartenente ad uno Stato membro dell'Unione Europea sia condannato ad una pena restrittiva della libertà personale per taluno dei delitti preveduti da questo titolo.

[...].[2]

Il trasgressore dell'ordine di espulsione od allontanamento pronunciato dal giudice è punito con la reclusione da uno a quattro anni. In tal caso è obbligatorio l'arresto dell'autore del fatto, anche fuori dai casi di flagranza, e si procede con rito direttissimo.

[1] Articolo così modif. dall'art. 1, D.L. 23 mag. 2008 n. 92, conv. con modif. in L. 24 lug. 2008, n. 125.
[2] Comma soppresso dall'art. 1, c. 3. L.15 lug. 2009, n. 94.

Riferimenti procedurali:
Arresto: Sì anche fuori dei casi di flagranza
Fermo: Sì
Misure cautelari personali: Sì
Autorità competente: T.m.
Procedibilità: d'ufficio

313. ***Autorizzazione a procedere o richiesta di procedimento.***[1] — Per i delitti preveduti dagli artt. 244, 245, 265, 267, 269, 270-*ter* e 270-*quater* con riferimento alle ipotesi di cui all'art. 270-*ter*[2], 273, 274, 277, 278, 279, 287 e 288 non si può procedere senza l'autorizzazione del Ministro della giustizia.

Parimenti, non si può procedere senza tale autorizzazione per i delitti preveduti dagli artt. 247, 248, 249, 250, 251 e 252, quando sono commessi a danno di uno Stato estero alleato o associato, a fine di guerra, allo Stato italiano.

Per il delitto preveduto dall'art. 290, quando è commesso contro le Assemblee legislative o una di queste, non si può procedere senza la autorizzazione dell'Assemblea contro la quale il vilipendio è diretto. Negli altri casi non si può procedere senza l'autorizzazione del Min. della giustizia.[3]

I delitti preveduti dagli artt. 296 [297, 298] in relazione agli artt. 296 e [297], e dall'art. 299 sono punibili a richiesta del Ministro della giustizia.

[1] Articolo così sost. con L. 11 nov. 1947, n. 1317.
[2] Parole aggiunte dall'art. 1 del D.L. 18 ott. 2001, n. 374.
[3] La Corte cost., con sent. 17 feb. 1969, n. 15, ha dichiarato l'ill. cost. dell'art. 313, terzo comma, «nei limiti in cui attribuisce il potere di dare l'autorizzazione a procedere per il delitto di vilipendio della Corte costituzionale al Ministro della giustizia anziché alla Corte stessa».

TITOLO II
Dei delitti contro la pubblica amministrazione

CAPO I
Dei delitti dei pubblici ufficiali contro la pubblica amministrazione

314. *Peculato.* — Il pubblico ufficiale o l'incaricato di un pubblico servizio, che, avendo per ragione del suo ufficio o servizio il possesso o comunque la disponibilità di denaro o di altra cosa mobile altrui, se ne appropria, è punito con la reclusione da quattro a dieci anni e sei mesi.[1]

Si applica la pena della reclusione da sei mesi a tre anni quando il colpevole ha agito al solo scopo di fare uso momentaneo della cosa, e questa, dopo l'uso momentaneo, è stata immediatamente restituita.

[1] Comma così modif. dall'art. 1, c. 1, lett. *d*), L. 27 mag. 2015, n. 69.

Riferimenti procedurali:
Arresto: Facol. in flagranza (I c.), No (II c.)
Fermo: Sì (I c.), No (II c.)
Misure cautelari personali: Sì (I c.)
Autorità competente: T.c.
Procedibilità: d'ufficio

315. *Malversazione a danno di privati.*[1]

[1] Articolo abrog. dall'art. 20, L. 26 apr. 1990, n. 86.

316. *Peculato mediante profitto dell'errore altrui.*[1] — Il pubblico ufficiale o l'incaricato di un pubblico servizio, il quale, nell'esercizio delle funzioni o del servizio, giovandosi dell'errore altrui, riceve o ritiene indebitamente, per sè o per un terzo, denaro od altra utilità, è punito con la reclusione da sei mesi a tre anni.

La pena è della reclusione da sei mesi a quattro anni quando il fatto offende gli interessi finanziari dell'Unione europea e il danno o il profitto sono superiori a euro 100.000.[2]

[1] Articolo così sost. dall'art. 2, L. 26 apr. 1990, n. 86.
[2] Comma aggiunto dall'art. 1, D.lgs. 14 lug. 2020, n. 75.

Riferimenti procedurali:
Arresto: Facol. in flagranza
Fermo: No
Misure cautelari personali: Sì
Autorità competente: T.c.
Procedibilità: d'ufficio

316-*bis*. *Malversazione di erogazioni pubbliche.*[1] — Chiunque, estraneo alla pubblica amministrazione, avendo ottenuto dallo Stato o da altro ente pubblico o dalle Comunità europee contributi, sovvenzioni, finanziamenti, mutui agevolati o altre erogazioni dello stesso tipo, comunque denominate, destinati alla realizzazione di una o più finalità, non li destina alle finalità previste, è punito con la reclusione da sei mesi a quattro anni.

[1] Articolo così modif. dall'art. 28-*bis*, D.L. 27 gen. 2022, n. 4, conv. con modif. in L. 28 mar. 2022, n. 25.

Riferimenti procedurali:
Arresto: Facol. in flagranza
Fermo: No
Misure cautelari personali: Sì
Autorità competente: T.c.
Procedibilità: d'ufficio

316-*ter*. *Indebita percezione di erogazioni pubbliche.*[1] — Salvo che il fatto costituisca il reato previsto dall'art. 640-*bis*, chiunque mediante l'utilizzo o la presentazione di dichiarazioni o di documenti falsi o attestanti cose non vere, ovvero mediante l'omissione di informazioni dovute, consegue indebitamente, per se o per altri, contributi, sovvenzioni, finanziamenti, mutui agevolati o altre erogazioni dello stesso tipo, comunque denominate, concessi o erogati dallo stato, da altri enti pubblici o dalle comunità europee, è punito con la reclusione da sei mesi a tre anni. La pena è della reclusione da uno a quattro anni se il fatto è commesso da un pubblico ufficiale o da un incaricato di un pubblico servizio con abuso della sua qualità o dei suoi poteri. La pena è della reclusione da sei mesi a quattro anni se il fatto offende gli interessi finanziari dell'Unione europea e il danno o il profitto sono superiori a euro 100.000.[2]

Quando la somma indebitamente percepita è pari o inferiore a euro 3.999,96 si applica soltanto la sanzione amministrativa del pagamento di una somma di denaro da euro 5.164 a euro 25.822.

Tale sanzione non può comunque superare il triplo del beneficio conseguito.

[1] Articolo così modif. dall'art. 28-*bis*, D.L. 27 gen. 2022, n. 4, conv. con modif. in L. 28 mar. 2022, n. 25.
[2] Periodo aggiunto dall'art. 1, D.lgs. 14 lug. 2020, n. 75.

Riferimenti procedurali:
Arresto: No, Facol. (I c., 2 e 3 periodo)
Fermo: No
Misure cautelari personali: Sì
Autorità competente: T.c.
Procedibilità: d'ufficio

317. *Concussione.*[1] — Il pubblico ufficiale o l'incaricato di un pubblico servizio che, abusando della sua qualità o dei suoi poteri, costringe taluno a dare o a promettere indebitamente, a lui o a un terzo, denaro o altra utilità, è punito con la reclusione da sei a dodici anni.

[1] Articolo così sost. dall'art. 3, c. 1, L. 27 mag. 2015, n. 69.

Riferimenti procedurali:
Arresto: Facol. in flagranza
Fermo: Sì
Misure cautelari personali: Sì (sosp. dall'esercizio di un pubblico ufficio o servizio)
Autorità competente: T.c.
Procedibilità: d'ufficio

317-*bis*. *Pene accessorie.*[1] — La condanna per i reati di cui agli articoli 314, 317, 318, 319, 319-*bis*,

319-*ter*, 319-*quater*, primo comma, 320, 321, 322, 322-*bis* e 346-*bis* importa l'interdizione perpetua dai pubblici uffici e l'incapacità in perpetuo di contrattare con la pubblica amministrazione, salvo che per ottenere le prestazioni di un pubblico servizio. Nondimeno, se viene inflitta la reclusione per un tempo non superiore a due anni o se ricorre la circostanza attenuante prevista dall'articolo 323-*bis*, primo comma, la condanna importa l'interdizione e il divieto temporanei, per una durata non inferiore a cinque anni né superiore a sette anni.

Quando ricorre la circostanza attenuante prevista dall'articolo 323-*bis*, secondo comma, la condanna per i delitti ivi previsti importa le sanzioni accessorie di cui al primo comma del presente articolo per una durata non inferiore a un anno né superiore a cinque anni.

[1] Articolo così sost. dall'art. 1, c. 1, lett. *m*), L. 9 gen. 2019, n. 3.

318. ***Corruzione per l'esercizio della funzione.***[1] — Il pubblico ufficiale che, per l'esercizio delle sue funzioni o dei suoi poteri, indebitamente riceve, per sé o per un terzo, denaro o altra utilità o ne accetta la promessa è punito con la reclusione da tre a otto anni.[2]

[1] Articolo così sost. dall'art. 1, c. 75, lett. *f*), L. 6 nov. 2012, n. 190, e quindi modif. dall'art. 1, c. 1, lett. *e*), L. 27 mag. 2015, n. 69.

[2] Parole così sost. dall'art. 1, c. 1, lett. *n*), L. 9 gen. 2019, n. 3.

Riferimenti procedurali:
Arresto: Facol. in flagranza
Fermo: Sì
Misure cautelari personali: Sì (sosp. dall'esercizio di un pubblico ufficio o servizio)
Autorità competente: T.c.
Procedibilità: d'ufficio

319. ***Corruzione per un atto contrario ai doveri d'ufficio.***[1] — Il pubblico ufficiale, che, per omettere o ritardare o per aver omesso o ritardato un atto del suo ufficio, ovvero per compiere o per aver compiuto un atto contrario ai doveri di ufficio, riceve, per sé o per un terzo, denaro od altra utilità, o ne accetta la promessa, è punito con la reclusione da sei a dieci anni.

[1] Articolo così sost. dall'art. 7 della L. 26 apr. 1990, n. 86, e così modif. dall'art. 1, c. 75, lett. *g*), L. 6 nov. 2012, n. 190, e dall'art. 1, c. 1, lett. *f*), L. 27 mag. 2015, n. 69.

Riferimenti procedurali:
Arresto: Facol. in flagranza
Fermo: No
Misure cautelari personali: Sì
Autorità competente: T.c.
Procedibilità: d'ufficio

319-*bis*. ***Circostanze aggravanti.*** — La pena è aumentata se il fatto di cui all'art. 319 ha per oggetto il conferimento di pubblici impieghi o stipendi o pensioni o la stipulazione di contratti nei quali sia interessata l'amministrazione alla quale il pubblico ufficiale appartiene nonché il pagamento o il rimborso di tributi.[1]

[1] Parole aggiunte dall'art. 29, c. 4 n. 7 del D.L. 31 mag. 2010, n. 78.

Riferimenti procedurali:
Arresto: Facol. in flagranza
Fermo: Sì
Misure cautelari personali: Sì
Autorità competente: T.c.
Procedibilità: d'ufficio

319-*ter*. ***Corruzione in atti giudiziari.***[1] — Se i fatti indicati negli articoli 318 e 319 sono commessi per favorire o danneggiare una parte in un processo civile, penale o amministrativo, si applica la pena della reclusione da sei a dodici anni.[2]

Se dal fatto deriva l'ingiusta condanna di taluno alla reclusione non superiore a cinque anni, la pena è della reclusione da sei a quattordici anni; se deriva l'ingiusta condanna alla reclusione superiore a cinque anni o all'ergastolo, la pena è della reclusione da otto a venti anni.[2]

[1] Articolo ins. dall'art. 9, L. 26 apr. 1990, n. 86.

[2] Comma così modif. dall'art. 1, c. 75, lett. *h*), L. 6 nov. 2012, n. 190, e dall'art. 1, c. 1, lett. *g*), L. 27 mag. 2015, n. 69.

Riferimenti procedurali:
Arresto: Obbl. (II c., 2ª parte), Facol. (I, II c., 1ª parte)
Fermo: Sì
Misure cautelari personali: Sì
Autorità competente: T.c.
Procedibilità: d'ufficio

319-*quater*. ***Induzione indebita a dare o promettere utilità.***[1] — Salvo che il fatto costituisca più grave reato, il pubblico ufficiale o l'incaricato di pubblico servizio che, abusando della sua qualità o dei suoi poteri, induce taluno a dare o a promettere indebitamente, a lui o a un terzo, denaro o altra utilità è punito con la reclusione da sei anni a dieci anni e sei mesi.[2]

Nei casi previsti dal primo comma, chi dà o promette denaro o altra utilità è punito con la reclusione fino a tre anni ovvero con la reclusione fino a quattro anni quando il fatto offende gli interessi finanziari dell'Unione europea e il danno o il profitto sono superiori a euro 100.000.[3]

[1] Articolo ins. dall'art. 1, c. 75, lett. *i*), L. 6 nov. 2012, n. 190.

[2] Comma così modif. dall'art. 1, c. 1, lett. *h*), L. 27 mag. 2015, n. 69.

[3] Comma così modif. dall'art. 1, D.lgs. 14 lug. 2020, n. 75.

Riferimenti procedurali:
Arresto: Facol. in flagranza (I c.), No (II c.)
Fermo: Sì (I c.), No (II c.)
Misure cautelari personali: Sì (I c.), No (II c.)
Autorità competente: T.c.
Procedibilità: d'ufficio

320. ***Corruzione di persona incaricata di un pubblico servizio.***[1] — Le disposizioni degli articoli 318 e 319 si applicano anche all'incaricato di un pubblico servizio.[2]

In ogni caso, le pene sono ridotte in misura non superiore ad un terzo.

[1] Articolo così sost. dall'art. 10 della L. 26 apr. 1990, n. 86.

[2] Comma così sost. dall'art. 1, c. 75, lett. *l*), L. 6 nov. 2012, n. 190.

Riferimenti procedurali:
Arresto: No
Fermo: No
Misure cautelari personali: Sì (sosp. dall'esercizio di un pubblico ufficio o servizio)
Autorità competente: T.c.
Procedibilità: d'ufficio

321. ***Pene per il corruttore.***[1] — Le pene stabilite nel primo comma dell'art. 318, nell'art. 319, nell'art. 319-*bis*, nell'art. 319-*ter* e nell'art. 320 in relazione alle suddette ipotesi degli artt. 318 e 319, si applicano anche a chi dà o promette al pubblico ufficiale o all'incaricato di un pubblico servizio il denaro ad altra utilità.

[1] Articolo così sost. dall'art. 11, L. 26 apr. 1990, n. 86 e quindi modif. dall'art. 2, L. 7 feb. 1992, n. 181.

Riferimenti procedurali:
Arresto: No
Fermo: No
Misure cautelari personali: Sì (sosp. dall'esercizio di un pubblico ufficio o servizio)
Autorità competente: T.c.
Procedibilità: d'ufficio

322. ***Istigazione alla corruzione.***[1] — Chiunque offre o promette denaro od altra utilità non dovuti ad un pubblico ufficiale o ad un incaricato di un pubblico servizio, per l'esercizio delle sue funzioni o dei suoi poteri, soggiace, qualora l'offerta o la promessa non sia accettata, alla pena stabilita nel primo comma dell'articolo 318, ridotta di un terzo.[2]

Se l'offerta o la promessa è fatta per indurre un pubblico ufficiale o un incaricato di un pubblico servizio ad omettere o a ritardare un atto del suo ufficio, ovvero a fare un atto contrario ai suoi doveri, il colpevole[3] soggiace, qualora l'offerta o la promessa non sia accettata, alla pena stabilita nell'art. 319, ridotta di un terzo.

La pena di cui al primo comma si applica al pubblico ufficiale o all'incaricato di un pubblico servizio che sollecita una promessa o dazione di denaro o altra utilità per l'esercizio delle sue funzioni o dei suoi poteri.[4]

La pena di cui al secondo comma si applica al pubblico ufficiale o all'incaricato di un pubblico servizio che sollecita una promessa o dazione di denaro od altra utilità da parte di un privato per le finalità indicate dall'art. 319.

[1] Articolo così sost. dall'art. 12, L. 26 apr. 1990, n. 86.

[2] Comma così modif. dall'art. 1, c. 75, lett. *m*), L. 6 nov. 2012, n. 190.

[3] Parole ins. dall'art. 3, L. 7 feb. 1992, n. 181.

[4] Comma così sost. dall'art. 1, c. 75, lett. *m*), L. 6 nov. 2012, n. 190.

Riferimenti procedurali:
Arresto: No (I, III c.), Facol. in flagranza (II, IV c.)
Fermo: No
Misure cautelari personali: Sì
Autorità competente: T.c.
Procedibilità: d'ufficio

322-*bis*. ***Peculato, concussione, induzione indebita a dare o promettere utilità, corruzione e istigazione alla corruzione di membri delle Corti internazionali o degli organi delle Comunità europee o di assemblee parlamentari internazionali o di organizzazioni internazionali e di funzionari delle Comunità europee e di Stati esteri.***[1] — Le disposizioni degli articoli 314, 316, da 317 a 320 e 322, III e IV c., si applicano anche:

1) ai membri della Commissione delle Comunità europee, del Parlamento europeo, della Corte di Giustizia e della Corte dei Conti delle Comunità europee;

2) ai funzionari e agli agenti assunti per contratto a norma dello statuto dei funzionari delle Comunità europee o del regime applicabile agli agenti delle Comunità europee;

3) alle persone comandate dagli stati membri o da qualsiasi ente pubblico o privato presso le Comunità europee, che esercitino funzioni corrispondenti a quelle dei funzionari o agenti delle Comunità europee;

4) ai membri e agli addetti a enti costituiti sulla base dei trattati che istituiscono le Comunità europee;

5) a coloro che, nell'ambito di altri Stati membri dell'unione europea, svolgono funzioni o attività corrispondenti a quelle dei pubblici ufficiali o degli incaricati di un pubblico servizio.

5-*bis*) ai giudici, al procuratore, ai procuratori aggiunti, ai funzionari e agli agenti della Corte penale internazionale, alle persone comandate dagli Stati parte del Trattato istitutivo della Corte penale internazionale le quali esercitino funzioni corrispondenti a quelle dei funzionari o agenti della Corte stessa, ai membri ed agli addetti a enti costituiti sulla base del Trattato istitutivo della Corte penale internazionale;[2]

5-*ter*) alle persone che esercitano funzioni o attività corrispondenti a quelle dei pubblici ufficiali e degli incaricati di un pubblico servizio nell'ambito di organizzazioni pubbliche internazionali;[3]

5-*quater*) ai membri delle assemblee parlamentari internazionali o di un'organizzazione internazionale o sovranazionale e ai giudici e funzionari delle corti internazionali.[3]

5-*quinquies*) alle persone che esercitano funzioni o attività corrispondenti a quelle dei pubblici ufficiali e degli incaricati di un pubblico servizio nell'ambito di Stati non appartenenti all'Unione europea, quando il fatto offende gli interessi finanziari dell'Unione.[4]

Le disposizioni degli articoli 319 *quater*, secondo comma, 321 e 322, I e II c., si applicano anche se il denaro o altra utilità è dato, offerto o promesso:

1) alle persone indicate nel primo comma del presente articolo;

2) a persone che esercitano funzioni o attività corrispondenti a quelle dei pubblici ufficiali e degli incaricati di un pubblico servizio nell'ambito di altri Stati esteri o organizzazioni pubbliche internazionali[, qualora il fatto sia commesso per procurare a sè o ad altri un indebito vantaggio in operazioni economiche internazionali ovvero al fine di ottenere o di mantenere un'attività economica o finanziaria].[5]

Le persone indicate nel primo comma sono assimilate ai pubblici ufficiali, qualora esercitino funzioni corrispondenti, e agli incaricati di un pubblico servizio negli altri casi.

[1] Rubrica così modif. dall'art. 1, c. 1, lett. *o*), L. 9 gen. 2019, n. 3.

[2] Numero aggiunto dall'art. 10, c. 1, L. 20 dic. 2012, n. 237.

[3] Numero aggiunto dall'art. 1, c. 1, lett. *o*), L. 9 gen. 2019, n. 3.

[4] Numero aggiunto dall'art. 1, D.lgs. 14 lug. 2020, n. 75.

[5] Parole soppresse dall'art. 1, c. 1, lett. *o*), L. 9 gen. 2019, n. 3.

322-*ter*. *Confisca.*[1] — Nel caso di condanna o di applicazione pena su richiesta delle parti a norma dell'art. 444 del codice di procedura penale, per uno dei delitti previsti dagli articoli da 314 a 320, anche se commessi dai soggetti indicati nell'art. 322-*bis*, I c., è sempre ordinata la confisca dei beni che ne costituiscono il profitto o il prezzo, salvo che appartengano a persona estranea al reato, ovvero, quando essa non è possibile, la confisca dei beni, di cui il reo ha la disponibilità, per un valore corrispondente a tale prezzo o profitto.

Nel caso di condanna, o di applicazione della pena a norma dell'art. 444 del codice di procedura penale, per il delitto previsto dall'art. 321, anche se commesso ai sensi dell'art. 322-*bis*, II c., è sempre ordinata la confisca dei beni che ne costituiscono il profitto, salvo che appartengano a persona estranea del reato, ovvero, quando essa non è possibile, la confisca dei beni, di cui il reo ha la disponibilità per un valore corrispondente a quello di detto profitto e, comunque, non inferiore a quello del denaro o delle altre utilità date o promesse al pubblico ufficiale o all'incaricato di pubblico servizio o agli altri soggetti indicati nell'art. 322-*bis*, comma 2.[2]

Nei casi di cui ai commi I e II, il giudice, con la sentenza di condanna, determina le somme di denaro o individua i beni assoggettati a confisca in quanto costituenti il profitto o il prezzo del reato ovvero in quanto di valore corrispondente al profitto o al prezzo del reato.

[1] Articolo ins. dall'art. 3, I c., L. 29 set. 2000, n. 300.

[2] Comma così modif. dall'art. 1, c. 75, lett. *o*), L. 6 nov. 2012, n. 190.

322-*ter*.1. *Custodia giudiziale dei beni sequestrati.*[1] — I beni sequestrati nell'ambito dei procedimenti penali relativi ai delitti indicati all'articolo 322-*ter*, diversi dal denaro e dalle disponibilità finanziarie, possono essere affidati dall'autorità giudiziaria in custodia giudiziale agli organi della polizia giudiziaria che ne facciano richiesta per le proprie esigenze operative.

[1] Articolo ins. dall'art. 1, c. 1, lett. *p*), L. 9 gen. 2019, n. 3.

322-*quater*. *Riparazione pecuniaria.*[1] — Con la sentenza di condanna per i reati previsti dagli articoli 314, 317, 318, 319, 319-*ter*, 319-*quater*, 320, 321 e 322-*bis*, è sempre ordinato il pagamento di una somma equivalente al prezzo o al profitto del reato a titolo di riparazione pecuniaria in favore dell'amministrazione lesa dalla condotta del pubblico ufficiale o dell'incaricato di un pubblico servizio, restando impregiudicato il diritto al risarcimento del danno.

[1] Articolo ins. dall'art. 4, c. 1, L. 27 mag. 2015, n. 69, e così modif. dall'art. 1, c. 1, lett. *q*), L. 9 gen. 2019, n. 3.

323. *Abuso d'ufficio.*[1] — Salvo che il fatto non costituisca un più grave reato, il pubblico ufficiale o l'incaricato di pubblico servizio che, nello svolgimento delle funzioni o del servizio, in violazione di specifiche regole di condotta espressamente previste dalla legge o da atti aventi forza di legge e dalle quali non residuino margini di discrezionalità, ovvero omettendo di astenersi in presenza di un interesse proprio o di un prossimo congiunto o negli altri casi prescritti, intenzionalmente procura a sé o ad altri un ingiusto vantaggio patrimoniale ovvero arreca ad altri un danno ingiusto è punito con la reclusione da uno a quattro anni.[2]

La pena è aumentata nei casi in cui il vantaggio o il danno hanno un carattere di rilevante gravità.

[1] Articolo così sost. dall'art. 1, L. 16 lug. 1997, n. 234.

[2] Comma così modif. dall'art. 23, c. 1, D.L. 16 lug. 2020, n. 76, conv. con modif. in L. 11 set. 2020, n. 120.

Riferimenti procedurali:
Arresto: Facol. in flagranza
Fermo: No
Misure cautelari personali: Sì
Autorità competente: T.c.
Procedibilità: d'ufficio

323-*bis*. *Circostanze attenuanti.*[1,2] — Se i fatti previsti dagli artt. 314, 316, 316-*bis*, 316-*ter*, 317, 318, 319, 319-*quater*,320, 322, 322-*bis* e 323 sono di particolare tenuità, le pene sono diminuite.

Per i delitti previsti dagli articoli 318, 319, 319-*ter*, 319-*quater*, 320, 321, 322 e 322-*bis*, per chi si sia efficacemente adoperato per evitare che l'attività delittuosa sia portata a conseguenze ulteriori, per assicurare le prove dei reati e per l'individuazione

CODICE PENALE

degli altri responsabili ovvero per il sequestro delle somme o altre utilità trasferite, la pena è diminuita da un terzo a due terzi.[3]

[1] Articolo ins. dall'art. 14, L. 26 apr. 1990, n. 86, e quindi modif. prima dall'art. 6, c. 2, L. 29 set. 2000, n. 300 e poi dall'art. 1, c. 75, lett. *q*), L. 6 nov. 2012, n. 190.

[2] Rubrica così sost. dall'art. 1, c. 1, lett. *i*), L. 27 mag. 2015, n. 69.

[3] Comma ins. dall'art. 1, c. 1, lett. *i*), L. 27 mag. 2015, n. 69.

323-*ter*. *Causa di non punibilità.*[1] Non è punibile chi ha commesso taluno dei fatti previsti dagli articoli 318, 319, 319-*ter*, 319-*quater*, 320, 321, 322-*bis*, limitatamente ai delitti di corruzione e di induzione indebita ivi indicati, 353, 353-*bis* e 354 se, prima di avere notizia che nei suoi confronti sono svolte indagini in relazione a tali fatti e, comunque, entro quattro mesi dalla commissione del fatto, lo denuncia volontariamente e fornisce indicazioni utili e concrete per assicurare la prova del reato e per individuare gli altri responsabili.

La non punibilità del denunciante è subordinata alla messa a disposizione dell'utilità dallo stesso percepita o, in caso di impossibilità, di una somma di denaro di valore equivalente, ovvero all'indicazione di elementi utili e concreti per individuarne il beneficiario effettivo, entro il medesimo termine di cui al primo comma.

La causa di non punibilità non si applica quando la denuncia di cui al primo comma è preordinata rispetto alla commissione del reato denunciato. La causa di non punibilità non si applica in favore dell'agente sotto copertura che ha agito in violazione delle disposizioni dell'articolo 9 della legge 16 marzo 2006, n. 146.

[1] Articolo ins. dall'art. 1, c. 1, lett. *r*), L. 9 gen. 2019, n. 3.

324. *Interesse privato in atti di ufficio*[1]

[1] Articolo abrog. dall'art. 20, L. 26 apr. 1990, n. 86.

325. *Utilizzazione d'invenzioni o scoperte conosciute per ragione di ufficio.* — Il pubblico ufficiale o l'incaricato di un pubblico servizio, che impiega, a proprio o altrui profitto, invenzioni o scoperte scientifiche, o nuove applicazioni industriali, che egli conosca per ragione dell'ufficio o servizio, e che debbano rimanere segrete, è punito con la reclusione da uno a cinque anni e con la multa non inferiore a euro 516.

Riferimenti procedurali:
Arresto: Facol. in flagranza
Fermo: No
Misure cautelari personali: Sì
Autorità competente: T.c.
Procedibilità: d'ufficio

326. *Rivelazione ed utilizzazione di segreti di ufficio.*[1] — Il pubblico ufficiale o la persona incaricata di un pubblico servizio, che, violando i doveri inerenti alle funzioni o al servizio, o comunque abusando della sua qualità, rivela notizie di ufficio, le quali debbano rimanere segrete, o ne agevola in qualsiasi modo la conoscenza, è punito con la reclusione da sei mesi a tre anni.

Se l'agevolazione è soltanto colposa, si applica la reclusione fino a un anno.

Il pubblico ufficiale o la persona incaricata di un pubblico servizio, che, per procurare a sé o ad altri un indebito profitto patrimoniale, si avvale illegittimamente di notizie di ufficio, le quali debbano rimanere segrete, è punito con la reclusione da due a cinque anni. Se il fatto è commesso al fine di procurare a sé o ad altri un ingiusto profitto non patrimoniale o di cagionare ad altri un danno ingiusto, si applica la pena della reclusione fino a due anni.[2]

[1] Articolo così sost. dall'art. 15 della L. 26 apr. 1990, n. 86.

[2] Salvo che il fatto costituisca più grave reato, è punita a norma di questo articolo la violazione del segreto su atti e documenti in esame presso la «Commissione parlamentare d'inchiesta sul fenomeno della mafia», ex art. 5, c. 2, della L. 1° ott. 1996, n. 509.

Riferimenti procedurali:
Arresto: No (I, II, III c., 2ª parte), Facol. in flagranza (III c., 1ª parte)
Fermo: No (I, II, III c., 2ª parte), Sì (III c., 1ª parte)
Misure cautelari personali: Sì
Autorità competente: T.c.
Procedibilità: d'ufficio

327. [*Eccitamento al dispregio e vilipendio delle istituzioni, delle leggi e degli atti dell'Autorità.*][1]

[1] Articolo abrog. dall'art. 18, c. 1, L. 25 giu. 1999, n. 205.

328. *Rifiuto di atti d'ufficio. Omissione.*[1] — Il pubblico ufficiale o l'incaricato di un pubblico servizio, che indebitamente rifiuta un atto del suo ufficio che, per ragioni di giustizia o di sicurezza pubblica, o di ordine pubblico o di igiene e sanità, deve essere compiuto senza ritardo, è punito con la reclusione da sei mesi a due anni.

Fuori dei casi previsti dal primo comma, il pubblico ufficiale o l'incaricato di un pubblico servizio, che entro trenta giorni dalla richiesta di chi vi abbia interesse non compie l'atto del suo ufficio e non risponde per esporre le ragioni del ritardo, è punito con la reclusione fino ad un anno o con la multa fino a euro 1.032. Tale richiesta deve essere redatta in forma scritta ed il termine di trenta giorni decorre dalla ricezione della richiesta stessa.

[1] Articolo così sost. dall'art. 16 della L. 26 apr. 1990, n. 86.

Riferimenti procedurali:
Arresto: No
Fermo: No
Misure cautelari personali: Sì (sosp. dall'esercizio di un pubblico ufficio o servizio)
Autorità competente: T.c.
Procedibilità: d'ufficio

329. *Rifiuto o ritardo di obbedienza commes-*

so da un militare o da un agente della forza pubblica. — Il militare o l'agente della forza pubblica, il quale rifiuta o ritarda indebitamente di eseguire una richiesta fattagli dall'Autorità competente nelle forme stabilite dalla legge, è punito con la reclusione fino a due anni.

Riferimenti procedurali:
Arresto: No
Fermo: No
Misure cautelari personali: Sì (sosp. dall'esercizio di un pubblico ufficio o servizio)
Autorità competente: T.m.
Procedibilità: d'ufficio

330. ***Abbandono collettivo di pubblici uffici, impieghi, servizi o lavori.***[1]

[1] Articolo abrog. dall'art. 11, L. 12 giu. 1990, n. 146.

331. ***Interruzione d'un servizio pubblico o di pubblica necessità.*** — Chi, esercitando imprese di servizi pubblici o di pubblica necessità, interrompe il servizio, ovvero sospende il lavoro nei suoi stabilimenti, uffici o aziende, in modo da turbare la regolarità del servizio, è punito con la reclusione da sei mesi a un anno e con la multa non inferiore a euro 516.

I capi, promotori od organizzatori sono puniti con la reclusione da tre a sette anni e con la multa non inferiore a euro 3.098.

Si applica la disposizione dell'ultimo capoverso dell'articolo precedente.[1]

Riferimenti procedurali:
Arresto: No (I c.), Facol. in flagranza (II c.)
Fermo: No (I c.), Sì (II c.)
Misure cautelari personali: Sì
Autorità competente: T.m. (I c.), T.c. (II c.)
Procedibilità: d'ufficio

[1] V. nota all'art. 330.

332. [***Omissione di doveri di ufficio in occasione di abbandono di un pubblico ufficio o di interruzione di un pubblico servizio.***][1]

[1] Articolo abrog. dall'art. 18, L. 25 giu. 1999, n. 205.

333. ***Abbandono individuale di un pubblico ufficio, servizio o lavoro.***[1]

[1] Articolo abrog. dall'art. 11, L. 12 giu. 1990, n. 146.

334. ***Sottrazione o danneggiamento di cose sottoposte a sequestro disposto nel corso di un procedimento penale o dalla autorità amministrativa.***[1] — Chiunque sottrae, sopprime, distrugge, disperde o deteriora una cosa sottoposta a sequestro disposto nel corso di un procedimento penale o dall'autorità amministrativa e affidata alla sua custodia, al solo scopo di favorire il proprietario di essa, è punito con la reclusione da sei mesi a tre anni e con la multa da euro 51 a euro 516.

Si applicano la reclusione da tre mesi a due anni e la multa da euro 30 a euro 309 se la sottrazione, la soppressione, la distruzione, la dispersione o il deterioramento sono commessi dal proprietario della cosa affidata alla sua custodia.

La pena è della reclusione da un mese ad un anno e della multa fino a euro 309, se il fatto è commesso dal proprietario della cosa medesima non affidata alla sua custodia.

[1] Articolo così sost. dall'art. 86 della L. 24 nov. 1981, n. 689.

Riferimenti procedurali:
Arresto: No
Fermo: No
Misure cautelari personali: No
Autorità competente: T.m.
Procedibilità: d'ufficio

335. ***Violazione colposa di doveri inerenti alla custodia di cose sottoposte a sequestro disposto nel corso di un procedimento penale o dall'autorità amministrativa.***[1] — Chiunque, avendo in custodia una cosa sottoposta a sequestro disposto nel corso di un procedimento penale o dall'autorità amministrativa, per colpa ne cagiona la distruzione o la dispersione, ovvero ne agevola la sottrazione o la soppressione, è punito con la reclusione fino a sei mesi o con la multa fino a euro 309.

[1] Articolo così sost. dall'art. 86 della L. 24 nov. 1981, n. 689.

Riferimenti procedurali:
Arresto: No
Fermo: No
Misure cautelari personali: No
Autorità competente: T.m.
Procedibilità: d'ufficio

335-*bis*. ***Disposizioni patrimoniali.***[1] — Salvo quanto previsto dall'art. 322-*ter*, nel caso di condanna per delitti previsti dal presente capo è comunque ordinata la confisca anche nelle ipotesi previste dall'art. 240, I comma.

[1] Articolo inserito dall'art. 6, c. 1, della L. 27 mar. 2001, n. 97.

CAPO II
Dei delitti dei privati contro la pubblica Amministrazione

336. ***Violenza o minaccia a un pubblico ufficiale.***[1] — Chiunque usa violenza o minaccia a un pubblico ufficiale o ad un incaricato di un pubblico servizio, per costringerlo a fare un atto contrario ai propri doveri, o ad omettere un atto dell'ufficio o del servizio, è punito con la reclusione da sei mesi a cinque anni.

La pena è della reclusione fino a tre anni, se il fatto è commesso per costringere alcuna delle persone anzidette a compiere un atto del proprio ufficio o servizio, o per influire, comunque, su di essa.

[1] «Non si applicano le disposizioni degli artt. 336, 337, 338, 339, 341, 342, 343 c.p. quando il pubblico ufficiale o l'incaricato di un pubblico servizio ovvero il pubblico impiegato abbia dato causa al fatto preveduto negli stessi

articoli eccedendo con atti arbitrari i limiti delle sue attribuzioni» (art. 4, D.lgs. 14 set. 1944, n. 288).

Riferimenti procedurali:
Arresto: Facol. in flagranza (I, II c.)
Fermo: No
Misure cautelari personali: Sì (misure coercit.)
Autorità competente: T.m.
Procedibilità: d'ufficio

337. ***Resistenza a un pubblico ufficiale.***[1] — Chiunque usa violenza o minaccia per opporsi a un pubblico ufficiale o ad un incaricato di un pubblico servizio, mentre compie un atto di ufficio o di servizio, o a coloro che, richiesti, gli prestano assistenza, è punito con la reclusione da sei mesi a cinque anni.

[1] V. nota n. 1 all'art. 336.

Riferimenti procedurali:
Arresto: Facol. in flagranza
Fermo: No
Misure cautelari personali: Sì
Autorità competente: T.m.
Procedibilità: d'ufficio

337-*bis*. ***Occultamento, custodia o alterazione di mezzi di trasporto.*** — Chiunque occulti o custodisca mezzi di trasporto di qualsiasi tipo che, rispetto alle caratteristiche omologate, presentano alterazioni o modifiche o predisposizioni tecniche tali da costituire pericolo per l'incolumità fisica degli operatori di polizia, è punito con la reclusione da due a cinque anni e con la multa da euro 2.582 a euro 10.329.

La stessa pena di cui al primo comma si applica a chiunque altera mezzi di trasporto operando modifiche o predisposizioni tecniche tali da costruire pericolo per l'incolumità fisica degli operatori di polizia.

Se il colpevole è titolare di concessione o autorizzazione o licenza o di altro titolo abilitante l'attività, alla condanna consegue la revoca del titolo che legittima la medesima attività.

Riferimenti procedurali:
Arresto: Facol. in flagranza
Fermo: No
Misure cautelari personali: Sì
Autorità competente: T.m.
Procedibilità: d'ufficio

338. ***Violenza o minaccia ad un Corpo politico, amministrativo o giudiziario o ai suoi singoli componenti.***[1,2] — Chiunque usa violenza o minaccia ad un Corpo politico, amministrativo o giudiziario, ai singoli componenti o ad una rappresentanza di esso, o ad una qualsiasi pubblica Autorità costituita in collegio o ai suoi singoli componenti, per impedirne, in tutto o in parte, anche temporaneamente, o per turbarne comunque l'attività, è punito con la reclusione da uno a sette anni.

Alla stessa pena soggiace chi commette il fatto per ottenere, ostacolare o impedire il rilascio o l'adozione di un qualsiasi provvedimento, anche legislativo, ovvero a causa dell'avvenuto rilascio o adozione dello stesso.

Alla stessa pena soggiace chi commette il fatto per influire sulle deliberazioni collegiali di imprese che esercitano servizi pubblici o di pubblica necessità, qualora tali deliberazioni abbiano per oggetto l'organizzazione o l'esecuzione dei servizi.

[1] Articolo così modif. dall'art. 1, L. 3 lug. 2017, n. 105.
[2] V. nota 1 all'art. 336.

Riferimenti procedurali:
Arresto: Obbl. in flagranza
Fermo: No
Misure cautelari personali: Sì
Autorità competente: T.m.
Procedibilità: d'ufficio

339. ***Circostanze aggravanti.***[1] — Le pene stabilite nei tre articoli precedenti sono aumentate se la violenza o la minaccia è commessa nel corso di manifestazioni in luogo pubblico o aperto al pubblico ovvero[2] con armi, o da persona travisata, o da più persone riunite, o con scritto anonimo, o in modo simbolico, o valendosi della forza intimidatrice derivante da segrete associazioni, esistenti o supposte.

Se la violenza o la minaccia è commessa da più di cinque persone riunite, mediante uso di armi anche soltanto da parte di una di esse, ovvero da più di dieci persone, pur senza uso di armi, la pena è, nei casi preveduti dalla prima parte dell'art. 336 e dagli artt. 337 e 338, della reclusione da tre a quindici anni, e, nel caso preveduto dal capoverso dell'art. 336, della reclusione da due a otto anni.

Le disposizioni di cui al secondo comma si applicano anche, salvo che il fatto costituisca più grave reato, nel caso in cui la violenza o la minaccia sia commessa mediante il lancio o l'utilizzo di corpi contundenti o altri oggetti atti ad offendere, compresi gli artifici pirotecnici, in modo da creare pericolo alle persone.[3]

[1] V. nota 1 all'art. 336.
[2] Parole ins. dall'art. 7, D.L. 14 giu. 2019, n. 53, conv. con modif. in L. 8 ago. 2019, n. 77.
[3] Comma aggiunto dall'art. 7, c. 2, D.L. 8 feb. 2007, n. 8, conv. con modif. in L. 4 apr. 2007, n. 41.

Riferimenti procedurali:
Arresto: Facol. in flagranza
Fermo: No (I c.), Sì (II c.)
Misure cautelari personali: Sì
Autorità competente: T.m. (I c., II c., 2ª parte), T.c. (II c., 1ª parte)
Procedibilità: d'ufficio

339-*bis*. ***Circostanza aggravante. Atti intimidatori di natura ritorsiva ai danni di un componente di un Corpo politico, amministrativo o giudiziario.***[1] — Salvo che il fatto costituisca più grave reato, le pene stabilite per i delitti previsti dagli articoli 582, 610, 612 e 635 sono aumentate da un terzo alla metà se la condotta ha natura ritorsiva ed è commessa ai danni di un componente di un Corpo politico, amministrativo o giudiziario a causa del compimento di un atto nell'adempimento del mandato, delle funzioni o del servizio

[1] Articolo ins. dall'art. 3, L. 3 lug. 2017, n. 105.

340. ***Interruzione di un ufficio o servizio pubblico o di un servizio di pubblica necessità.*** — Chiunque, fuori dei casi preveduti da particolari disposizioni di legge, cagiona una interruzione o turba la regolarità di un ufficio o servizio pubblico o di un servizio di pubblica necessità, è punito con la reclusione fino a un anno.

Quando la condotta di cui al primo comma è posta in essere nel corso di manifestazioni in luogo pubblico o aperto al pubblico, si applica la reclusione fino a due anni.[1]

I capi, promotori od organizzatori sono puniti con la reclusione da uno a cinque anni.

[2] Comma ins. dall'art. 7, D.L. 14 giu. 2019, n. 53, conv. con modif. in L. 8 ago. 2019, n. 77.

Riferimenti procedurali:
Arresto: No (I c.), Facol. in flagranza (III c.)
Fermo: No
Misure cautelari personali: Sì (III c.)
Autorità competente: T.m.
Procedibilità: d'ufficio

341. [***Oltraggio a un pubblico ufficiale.***][1]

[1] Articolo abrog. dall'art. 18, c. 1, L. 25 giu. 1999, n. 205.

341-*bis*. ***Oltraggio a pubblico ufficiale.***[1] — Chiunque, in luogo pubblico o aperto al pubblico e in presenza di più persone, offende l'onore ed il prestigio di un pubblico ufficiale mentre compie un atto d'ufficio ed a causa o nell'esercizio delle sue funzioni è punito con la reclusione da sei mesi a tre anni[2].

La pena è aumentata se l'offesa consiste nell'attribuzione di un fatto determinato. Se la verità del fatto è provata o se per esso l'ufficiale a cui il fatto è attribuito è condannato dopo l'attribuzione del fatto medesimo, l'autore dell'offesa non è punibile. Ove l'imputato, prima del giudizio, abbia riparato interamente il danno, mediante risarcimento di esso sia nei confronti della persona offesa sia nei confronti dell'ente di appartenenza della medesima, il reato è estinto.

[1] Articolo ins. dall'art. 1, c. 8, L. 15 lug. 2009, n. 94.
[2] Parole così sost. dall'art. 7, D.L. 14 giu. 2019, n. 53, conv. con modif. in L. 8 ago. 2019, n. 77.

Riferimenti procedurali:
Arresto: No
Fermo: No
Misure cautelari personali: No
Autorità competente: T.m.
Procedibilità: d'ufficio

342. ***Oltraggio a un Corpo politico, amministrativo o giudiziario.***[1] — Chiunque offende l'onore o il prestigio di un Corpo politico, amministrativo o giudiziario, o di una rappresentanza di esso, o di una pubblica Autorità costituita in collegio, al cospetto del corpo, della rappresentanza o del collegio, è punito con la multa da euro 1.000 a euro 5.000.[2]

La stessa pena si applica a chi commette il fatto mediante comunicazione telegrafica, o con scritto o disegno, diretti al Corpo, alla rappresentanza o al collegio, a causa delle sue funzioni.

La pena è della multa da euro 2.000 a euro 6.000,[2] se l'offesa consiste nell'attribuzione di un fatto determinato.

Si applica la disposizione dell'ultimo capoverso dell'articolo precedente.

[1] V. nota n. 1 all'art. 336.
[2] Parole così sost. dall'art. 11, c. 3, della L. 24 feb. 2006, n. 85.

Riferimenti procedurali:
Arresto: No
Fermo: No
Misure cautelari personali: No
Autorità competente: T.m.
Procedibilità: d'ufficio

343. ***Oltraggio a un magistrato in udienza.***[1] — Chiunque offende l'onore o il prestigio di un magistrato in udienza è punito con la reclusione da sei mesi a tre anni[2].

La pena è della reclusione da due a cinque anni se l'offesa consiste nell'attribuzione di un fatto determinato.

Le pene sono aumentate se il fatto è commesso con violenza o minaccia.

[1] V. nota n. 1 all'art. 336.
[2] Parole così sost. dall'art. 7, D.L. 14 giu. 2019, n. 53, conv. con modif. in L. 8 ago. 2019, n. 77.

Riferimenti procedurali:
Arresto: Facol. in flagranza
Fermo: No
Misure cautelari personali: Sì (III c.)
Autorità competente: T.m.
Procedibilità: d'ufficio

343-*bis*. ***Corte penale internazionale.***[1] — Le disposizioni degli articoli 336, 337, 338, 339, 340, 342 e 343 si applicano anche quando il reato è commesso nei confronti:

a) della Corte penale internazionale;

b) dei giudici, del procuratore, dei procuratori aggiunti, dei funzionari e degli agenti della Corte stessa;

c) delle persone comandate dagli Stati parte del Trattato istitutivo della Corte penale internazionale, le quali esercitino funzioni corrispondenti a quelle dei funzionari o agenti della Corte stessa;

d) dei membri e degli addetti a enti costituiti sulla base del Trattato istitutivo della Corte penale internazionale.

[1] Articolo ins. dall'art. 10, c. 2, L. 20 dic. 2012, n. 237.

344. [***Oltraggio a un pubblico impiegato***].[1]

[1] Articolo abrog. dall'art. 18, comma 1, L. 25 giu. 1999, n. 205.

345. ***Offesa all'Autorità mediante danneggiamento di affissioni.***[1] — Chiunque, per disprezzo verso l'Autorità, rimuove, lacera, o, altrimenti, rende illeggibili o comunque inservibili scritti o disegni affissi o esposti al pubblico per ordine dell'Autorità stessa, è punito con la sanzione amministrativa pecuniaria da euro 103 a euro 619.

[1] Fattispecie depenalizzata dall'art. 38, D.lgs. 30 dic. 1999, n. 507.

346. ***Millantato credito.***[1] — [Chiunque, millantando credito presso un pubblico ufficiale o presso un pubblico impiegato che presti un pubblico servizio, riceve o fa dare o fa promettere, a sè o ad altri, denaro o altra utilità, come prezzo della propria mediazione verso il pubblico ufficiale o impiegato, è punito con la reclusione da uno a cinque anni e con la multa da euro 309 a euro 2.065.

La pena è della reclusione da due a sei anni e della multa da euro 516 a euro 3.098, se il colpevole riceve o fa dare o promettere, a sé o ad altri, denaro o altra utilità, col pretesto di dover comprare il favore di un pubblico ufficiale o impiegato, o di doverlo remunerare.]

[1] Articolo abrog. dall'art. 1, c. 1, lett. *s*), L. 9 gen. 2019, n. 3.

346-*bis*. ***Traffico di influenze illecite.***[1] — Chiunque, fuori dei casi di concorso nei reati di cui agli articoli 318, 319, 319-*ter* e nei reati di corruzione di cui all'articolo 322-*bis*, sfruttando o vantando relazioni esistenti o asserite con un pubblico ufficiale o un incaricato di un pubblico servizio o uno degli altri soggetti di cui all'articolo 322-*bis*, indebitamente fa dare o promettere, a sé o ad altri, denaro o altra utilità, come prezzo della propria mediazione illecita verso un pubblico ufficiale o un incaricato di un pubblico servizio o uno degli altri soggetti di cui all'articolo 322-*bis*, ovvero per remunerarlo in relazione all'esercizio delle sue funzioni o dei suoi poteri, è punito con la pena della reclusione da un anno a quattro anni e sei mesi.[2]

La stessa pena si applica a chi indebitamente dà o promette denaro o altra utilità.[3]

La pena è aumentata se il soggetto che indebitamente fa dare o promettere, a sé o ad altri, denaro o altra utilità[3] riveste la qualifica di pubblico ufficiale o di incaricato di un pubblico servizio.

Le pene sono altresì aumentate se i fatti sono commessi in relazione all'esercizio di attività giudiziarie o per remunerare il pubblico ufficiale o l'incaricato di un pubblico servizio o uno degli altri soggetti di cui all'articolo 322-*bis* in relazione al compimento di un atto contrario ai doveri d'ufficio o all'omissione o al ritardo di un atto del suo ufficio.[4]

Se i fatti sono di particolare tenuità, la pena è diminuita.

[1] Articolo ins. dall'art. 1, c. 75, lett. *r*), L. 6 nov. 2012, n. 190.

[2] Comma così sost. dall'art. 1, c. 1, lett. *t*), L. 9 gen. 2019, n. 3.

[3] Parole così sost. dall'art. 1, c. 1, lett. *t*), L. 9 gen. 2019, n. 3.

[4] Parole aggiunte dall'art. 1, c. 1, lett. *t*), L. 9 gen. 2019, n. 3.

Riferimenti procedurali:
Arresto: Facol.
Fermo: No
Misure cautelari personali: No
Autorità competente: T.m.
Procedibilità: d'ufficio

347. ***Usurpazione di funzioni pubbliche.*** — Chiunque usurpa una funzione pubblica o le attribuzioni inerenti a un pubblico impiego è punito con la reclusione fino a due anni.

Alla stessa pena soggiace il pubblico ufficiale o impiegato il quale, avendo ricevuta partecipazione del provvedimento che fa cessare o sospendere le sue funzioni o le sue attribuzioni, continua ad esercitarle.

La condanna importa la pubblicazione della sentenza.

Riferimenti procedurali:
Arresto: No
Fermo: No
Misure cautelari personali: No
Autorità competente: T.m
Procedibilità: d'ufficio

348. ***Abusivo esercizio di una professione.***[1] — Chiunque abusivamente esercita una professione per la quale è richiesta una speciale abilitazione dello Stato è punito con la reclusione da sei mesi a tre anni e con la multa da euro 10.000 a euro 50.000.

La condanna comporta la pubblicazione della sentenza e la confisca delle cose che servirono o furono destinate a commettere il reato e, nel caso in cui il soggetto che ha commesso il reato eserciti regolarmente una professione o attività, la trasmissione della sentenza medesima al competente Ordine, albo o registro ai fini dell'applicazione dell'interdizione da uno a tre anni dalla professione o attività regolarmente esercitata.

Si applica la pena della reclusione da uno a cinque anni e della multa da euro 15.000 a euro 75.000 nei confronti del professionista che ha determinato altri a commettere il reato di cui al primo comma ovvero ha diretto l'attività delle persone che sono concorse nel reato medesimo.

[1] Articolo così sost. dall'art. 12, c. 1, L. 11 gen. 2018, n. 3.

Riferimenti procedurali:
Arresto: Facol. in flagranza (III c.)
Fermo: No
Misure cautelari personali: Sì (III c.)
Autorità competente: T.m.
Procedibilità: d'ufficio

349. ***Violazione di sigilli.*** — Chiunque viola i sigilli, per disposizione della legge o per ordine dell'Autorità apposti al fine di assicurare la conservazione o la identità di una cosa, è punito con la reclusione da sei mesi a tre anni e con la multa euro 103 a euro 1.032.

Se il colpevole è colui che ha in custodia la cosa, la pena è della reclusione da tre a cinque anni e la multa da euro 309 a euro 3.098.

Riferimenti procedurali:
Arresto: No (I c.), Facol. in flagranza (II c.)
Fermo: No
Misure cautelari personali: Sì (II c.)
Autorità competente: T.m.
Procedibilità: d'ufficio

350. ***Agevolazione colposa.*** — Se la violazione dei sigilli è resa possibile, o comunque agevolata, per colpa di chi ha in custodia la cosa, questi è punito con la sanzione amministrativa pecuniaria da euro 154 a euro 929.

351. ***Violazione della pubblica custodia di cose.*** — Chiunque sottrae, sopprime, distrugge, disperde o deteriora corpi di reato, atti, documenti, ovvero un'altra cosa mobile particolarmente custodita in un pubblico ufficio, o presso un pubblico ufficiale o un impiegato che presti un pubblico servizio, è punito, qualora il fatto non costituisca un più grave delitto, con la reclusione da uno a cinque anni.

Riferimenti procedurali:
Arresto: Facol. in flagranza
Fermo: No
Misure cautelari personali: Sì
Autorità competente: T.m.
Procedibilità: d'ufficio

352. ***Vendita di stampati dei quali è stato ordinato il sequestro.*** — Chiunque vende, distribuisce o affigge, in luogo pubblico o aperto al pubblico, scritti o disegni, dei quali l'Autorità ha ordinato il sequestro, è punito con la sanzione amministrativa pecuniaria da euro 103 a euro 619.

353. ***Turbata libertà degli incanti.***[1] — Chiunque, con violenza o minaccia, o con doni, promesse, collusioni o altri mezzi fraudolenti, impedisce o turba la gara nei pubblici incanti o nelle licitazioni private per conto di pubbliche Amministrazioni, ovvero ne allontana gli offerenti, è punito con la reclusione da sei mesi a cinque anni e con la multa da euro 103 a euro 1.032.[2]

Se il colpevole è persona preposta dalla legge o dall'Autorità agli incanti o alle licitazioni suddette, la reclusione è da uno a cinque anni e la multa da euro 516 a euro 2.065.

Le pene stabilite in questo articolo si applicano anche nel caso di licitazioni private per conto di privati, dirette da un pubblico ufficiale o da persona legalmente autorizzata; ma sono ridotte alla metà.[3]

[1] Ai sensi dell'art. 71 del D.lgs. 6 dic. 2011, n. 159 (codice delle leggi antimafia) le pene stabilite per i delitti previsti da questo art. sono aumentate da un terzo alla metà se il fatto è commesso da persona sottoposta con provvedimento definitivo ad una misura di prevenzione personale durante il periodo previsto di applicazione e fino a tre anni dal momento in cui ne è cessata l'esecuzione. Si procede d'ufficio e se i delitti di cui al c. 1 dell'art. 71, per i quali è consentito l'arresto in fragranza, sono commessi da persone sottoposte alla misura di prevenzione, la polizia giudiziaria può procedere all'arresto anche fuori dai casi di flagranza. Alla pena è aggiunta una misura di sicurezza detentiva.

[2] V. nota n. 1 all'art. 336.

Riferimenti procedurali:
Arresto: No (I, III c.), Facol. in flagranza (II c.)
Fermo: No
Misure cautelari personali: Sì
Autorità competente: T.m.
Procedibilità: d'ufficio

353-*bis*. ***Turbata libertà del procedimento di scelta del contraente.*** — Salvo che il fatto costituisca più grave reato, chiunque con violenza o minaccia, o con doni, promesse, collusioni o altri mezzi fraudolenti, turba il procedimento amministrativo diretto a stabilire il contenuto del bando o di altro atto equipollente al fine di condizionare le modalità di scelta del contraente da parte della pubblica amministrazione è punito con la reclusione da sei mesi a cinque anni e con la multa da euro 103 a euro 1.032.

Riferimenti procedurali:
Arresto: Facol. in flagranza
Fermo: No
Misure cautelari personali: Sì
Autorità competente: T.m.
Procedibilità: d'ufficio

354. ***Astensione dagli incanti.*** — Chiunque, per denaro, dato o promesso a lui o ad altri, o per una utilità a lui o ad altri data o promessa, si astiene dal concorrere agli incanti o alle licitazioni indicati nell'articolo precedente, è punito con la reclusione sino a sei mesi o con la multa fino a euro 516.

Riferimenti procedurali:
Arresto: No
Fermo: No
Misure cautelari personali: No
Autorità competente: T.m.
Procedibilità: d'ufficio

355. ***Inadempimento di contratti di pubbliche forniture.*** — Chiunque, non adempiendo gli obblighi che gli derivano da un contratto di fornitura concluso con lo Stato, o con un altro ente pubblico, ovvero con un'impresa esercente servizi pubblici o di pubblica necessità fa mancare, in tutto o in parte, cose od opere, che siano necessarie a uno stabilimento pubblico o ad un pubblico servizio, è punito con la reclusione da sei mesi a tre anni e con la multa non inferiore a euro 103.

La pena è aumentata se la fornitura concerne:

1) sostanze alimentari o medicinali, ovvero cose od opere destinate alle comunicazioni per terra,

per acqua o per aria, o alle comunicazioni telegrafiche o telefoniche;

2) cose od opere destinate all'armamento o all'equipaggiamento delle forze armate dello Stato;

3) cose od opere destinate ad ovviare a un comune pericolo o ad un pubblico infortunio.

Se il fatto è commesso per colpa, si applica la reclusione fino a un anno, ovvero la multa da euro 51 a euro 2.065.

Le stesse disposizioni si applicano ai subfornitori, ai mediatori e ai rappresentanti dei fornitori, quando essi, violando i loro obblighi contrattuali, hanno fatto mancare la fornitura.

Riferimenti procedurali:
Arresto: No
Fermo: No
Misure cautelari personali: Sì
Autorità competente: T.m.
Procedibilità: d'ufficio

356. ***Frode nelle pubbliche forniture.*** — Chiunque commette frode nella esecuzione dei contratti di fornitura o nell'adempimento degli altri obblighi contrattuali indicati nell'articolo precedente, è punito con la reclusione da uno a cinque anni e con la multa non inferiore a euro 1.032.

La pena è aumentata nei casi preveduti dal 1° cpv. dell'articolo precedente.

Riferimenti procedurali:
Arresto: Facol. in flagranza
Fermo: No
Misure cautelari personali: Sì
Autorità competente: T.m.
Procedibilità: d'ufficio

CAPO III
Disposizioni comuni ai capi precedenti

357. ***Nozione del pubblico ufficiale.***[1] — Agli effetti della legge penale sono pubblici ufficiali coloro i quali esercitano una pubblica funzione legislativa, giudiziaria[2] o amministrativa.

Agli stessi effetti è pubblica la funzione amministrativa disciplinata da norme di diritto pubblico e da atti autoritativi e caratterizzata dalla formazione e dalla manifestazione della volontà della pubblica amministrazione o dal suo svolgersi per mezzo di poteri autoritativi e certificativi.[2]

[1] Articolo così sost. dall'art. 17 della L. 26 apr. 1990, n. 86.

[2] L'art. 4 della L. 7 feb. 1992, n. 181 ha modif. il primo comma e sost. il secondo come al testo.

358. ***Nozione della persona incaricata di un pubblico servizio.***[1] — Agli effetti della legge penale, sono incaricati di un pubblico servizio coloro i quali, a qualunque titolo, prestano un pubblico servizio.[2]

Per pubblico servizio deve intendersi un'attività disciplinata nelle stesse forme della pubblica funzione, ma caratterizzata dalla mancanza dei poteri tipici di questa ultima, e con esclusione dello svolgimento di semplici mansioni di ordine e della prestazione di opera meramente materiale.

[1] Articolo così sost. dall'art. 18 della L. 26 apr. 1990, n. 86.

[2] Sono considerate di un pubblico servizio le persone addette ai servizi postali.

359. ***Persone esercenti un servizio di pubblica necessità.*** — Agli effetti della legge penale, sono persone che esercitano un servizio di pubblica necessità:

1) i privati che esercitano professioni forensi o sanitarie, o altre professioni il cui esercizio sia per legge vietato senza una speciale abilitazione dello Stato, quando dell'opera di essi il pubblico sia per legge obbligato a valersi;

2) i privati che, non esercitando una pubblica funzione, né prestando un pubblico servizio, adempiono un servizio dichiarato di pubblica necessità mediante un atto della pubblica Amministrazione.

360. ***Cessazione della qualità di pubblico ufficiale.*** — Quando la legge considera la qualità di pubblico ufficiale o di incaricato di un pubblico servizio, o di esercente un servizio di pubblica necessità, come elemento costitutivo o come circostanza aggravante di un reato, la cessazione di tale qualità, nel momento in cui il reato è commesso, non esclude la esistenza di questo né la circostanza aggravante, se il fatto si riferisce all'ufficio o al servizio esercitato.

TITOLO III
Dei delitti contro l'amministrazione della giustizia

CAPO I
Dei delitti contro l'attività giudiziaria

361. ***Omessa denuncia di reato da parte del pubblico ufficiale.*** — Il pubblico ufficiale, il quale omette o ritarda di denunciare all'Autorità giudiziaria, o ad un'altra Autorità che a quella abbia obbligo di riferirne, un reato di cui ha avuto notizia nell'esercizio o a causa delle sue funzioni, è punito con la multa da euro 30 a euro 516.

La pena è della reclusione fino ad un anno, se il colpevole è un ufficiale o un agente di polizia giudiziaria, che ha avuto comunque notizia di un reato del quale doveva fare rapporto.

Le disposizioni precedenti non si applicano se si tratta di delitto punibile a querela della persona offesa.

Riferimenti procedurali:
Arresto: No
Fermo: No
Misure cautelari personali: No

Autorità competente: T.m.
Procedibilità: d'ufficio

362. ***Omessa denuncia da parte di un incaricato di pubblico servizio.*** — L'incaricato di un pubblico servizio, che omette o ritarda di denunciare all'Autorità indicata nell'articolo precedente un reato del quale abbia avuto notizia nell'esercizio o a causa del servizio, è punito con la multa fino a euro 103.

Tale disposizione non si applica se si tratta di un reato punibile a querela della persona offesa né si applica ai responsabili delle comunità terapeutiche socio-riabilitative per fatti commessi da persone tossicodipendenti affidate per l'esecuzione del programma definito da un servizio pubblico.

Riferimenti procedurali:
Arresto: No
Fermo: No
Misure cautelari personali: No
Autorità competente: T.m.
Procedibilità: d'ufficio

363. ***Omessa denuncia aggravata.*** — Nei casi preveduti dai due articoli precedenti, se la omessa o ritardata denuncia riguarda un delitto contro la personalità dello Stato, la pena è della reclusione da sei mesi a tre anni; ed è da uno a cinque anni, se il colpevole è un ufficiale o un agente di polizia giudiziaria.

Riferimenti procedurali:
Arresto: No (1ª parte), Facol. in flagranza (2ª parte)
Fermo: No
Misure cautelari personali: Sì
Autorità competente: T.m.
Procedibilità: d'ufficio

364. ***Omessa denuncia di reato da parte del cittadino.*** — Il cittadino, che avendo avuto notizia di un delitto contro la personalità dello Stato, per il quale la legge stabilisce la pena di morte[1] o l'ergastolo, non ne fa immediatamente denuncia all'Autorità indicata nell'art. 361, è punito con la reclusione fino a un anno o con la multa da euro 103 a euro 1.032.

[1] V. nota all'art. 21.

Riferimenti procedurali:
Arresto: No
Fermo: No
Misure cautelari personali: No
Autorità competente: T.m.
Procedibilità: d'ufficio

365. ***Omissione di referto.*** — Chiunque, avendo nell'esercizio di una professione sanitaria prestato la propria assistenza od opera in casi che possono presentare i caratteri di un delitto pel quale si debba procedere d'ufficio, omette o ritarda di riferirne all'Autorità indicata nell'art. 361, è punito con la multa fino a euro 516.

Questa disposizione non si applica quando il referto esporrebbe la persona assistita a procedimento penale.

Riferimenti procedurali:
Arresto: No
Fermo: No
Misure cautelari personali: No
Autorità competente: T.m.
Procedibilità: d'ufficio

366. ***Rifiuto di uffici legalmente dovuti.*** — Chiunque, nominato dall'Autorità giudiziaria perito, interprete, ovvero custode di cose sottoposte a sequestro dal giudice penale, ottiene con mezzi fraudolenti l'esenzione dall'obbligo di comparire o di prestare il suo ufficio, è punito con la reclusione fino a sei mesi o con la multa da euro 30 a euro 516.

Le stesse pene si applicano a chi, chiamato dinanzi all'Autorità giudiziaria per adempiere ad alcuna delle predette funzioni, rifiuta di dare le proprie generalità, ovvero di prestare il giuramento richiesto, ovvero di assumere o di adempiere le funzioni medesime.

Le disposizioni precedenti si applicano alla persona chiamata a deporre come testimonio dinanzi all'Autorità giudiziaria e ad ogni altra persona chiamata ad esercitare una funzione giudiziaria.

Se il colpevole è un perito o un interprete, la condanna importa l'interdizione dalla professione o dall'arte.

Riferimenti procedurali:
Arresto: No
Fermo: No
Misure cautelari personali: No
Autorità competente: T.m.
Procedibilità: d'ufficio

367. ***Simulazione di reato.*** — Chiunque, con denuncia, querela, richiesta o istanza, anche se anonima o sotto falso nome, diretta all'Autorità giudiziaria o ad un'altra Autorità che a quella abbia obbligo di riferirne, afferma falsamente essere avvenuto un reato, ovvero simula le tracce di un reato, in modo che si possa iniziare un procedimento penale per accertarlo, è punito con la reclusione da uno a tre anni.

Riferimenti procedurali:
Arresto: No
Fermo: No
Misure cautelari personali: No
Autorità competente: T.m.
Procedibilità: d'ufficio

368. ***Calunnia.***[1] — Chiunque, con denunzia, querela, richiesta o istanza, anche se anonima o sotto falso nome, diretta all'Autorità giudiziaria o ad un'altra Autorità che a quella abbia obbligo di riferirne, o alla Corte penale internazionale,[2] incolpa di un reato taluno che egli sa innocente, ovvero simula a carico di lui le tracce di un reato, è punito con la reclusione da due a sei anni.

La pena è aumentata se s'incolpa taluno di un reato pel quale la legge stabilisce la pena della reclusione superiore nel massimo a dieci anni, o un'altra pena più grave.

La reclusione è da quattro a dodici anni, se dal fatto deriva una condanna alla reclusione superiore a cinque anni; è da sei a venti anni, se dal fatto deriva una condanna all'ergastolo [e si applica la pena dell'ergastolo, se dal fatto deriva una condanna alla pena di morte].[3]

[1] Ai sensi dell'art 22, L. 11 gen 2018, n. 6, le pene previste da questo articolo sono aumentate da un terzo alla metà quando il colpevole ha commesso il fatto allo scopo di usufruire o di continuare ad usufruire delle speciali misure di protezione previste dalla presente legge. L'aumento è dalla metà a due terzi se uno dei benefici è stato conseguito.

[2] Parole ins. dall'art. 10, c. 3, L. 20 dic. 2012, n. 237.

[3] v. nota all'art. 21.

Riferimenti procedurali:
Arresto: Facol. in flagranza (I, II, III c. 1ª ipotesi), Obbl. in flagranza (III c., 2ª ipotesi)
Fermo: No (I c.), Sì (II, III c.)
Misure cautelari personali: Sì
Autorità competente: T.m. (I c.), T.c. (II, III c.)
Procedibilità: d'ufficio

369. ***Autocalunnia.*** — Chiunque, mediante dichiarazione ad alcuna delle Autorità indicate nell'articolo precedente, anche se fatta con scritto anonimo o sotto falso nome, ovvero mediante confessione innanzi alla Autorità giudiziaria, incolpa sè stesso di un reato che egli sa non avvenuto, o di un reato commesso da altri, è punito con la reclusione da uno a tre anni.

Riferimenti procedurali:
Arresto: No
Fermo: No
Misure cautelari personali: No
Autorità competente: T.m.
Procedibilità: d'ufficio

370. ***Simulazione o calunnia per un fatto costituente contravvenzione.*** — Le pene stabilite negli articoli precedenti sono diminuite se la simulazione o la calunnia concerne un fatto preveduto dalla legge come contravvenzione.

371. ***Falso giuramento della parte.*** — Chiunque, come parte in giudizio civile, giura il falso è punito con la reclusione da sei mesi a tre anni.

Nel caso di giuramento deferito d'ufficio, il colpevole non è punibile, se ritratta il falso prima che sulla domanda giudiziale sia pronunciata sentenza definitiva, anche se non irrevocabile.

La condanna importa l'interdizione dai pubblici uffici.

Riferimenti procedurali:
Arresto: No
Fermo: No
Misure cautelari personali: No
Autorità competente: T.m.
Procedibilità: d'ufficio

371-*bis*. ***False informazioni al pubblico ministero o al procuratore della Corte penale internazionale.***[1] — Chiunque, nel corso di un procedimento penale, richiesto dal pubblico ministero o dal procuratore della Corte penale internazionale di fornire informazioni ai fini delle indagini, rende dichiarazioni false ovvero tace, in tutto o in parte, ciò che sa intorno ai fatti sui quali viene sentito, è punito con la reclusione fino a quattro anni[2].[3]

Ferma l'immediata procedibilità nel caso di rifiuto di informazioni, il procedimento penale, negli altri casi, resta sospeso fino a quando nel procedimento nel corso del quale sono state assunte le informazioni sia stata pronunciata sentenza di primo grado ovvero il procedimento sia stato anteriormente definito con archiviazione o con sentenza di non luogo a procedere.[4]

Le disposizioni di cui ai commi primo e secondo si applicano, nell'ipotesi prevista dall'art. 391-*bis*, comma 10, del c.p.p., anche quando le informazioni ai fini delle indagini sono richieste dal difensore.[5]

[1] Rubrica così modif. dall'art. 10, c. 4, L. 20 dic. 2012, n. 237.

[2] Pena così aumentata dall'art. 25 della L. 8 ago. 1995, n. 332.

[3] Comma così modif. dall'art. 10, c. 4, L.20 dic. 2012, n. 237.

[4] Comma agg. dall'art. 25, L. 8 ago. 1995, n. 332.

[5] Comma agg. dall'art. 19, L. 7 dic. 2000, n. 397.

Riferimenti procedurali:
Arresto: No
Fermo: No
Misure cautelari personali: Sì
Autorità competente: T.m.
Procedibilità: d'ufficio

371-*ter*. ***False dichiarazioni al difensore.***[1] — Nelle ipotesi previste dall'art. 391-*bis*, commi 1 e 2, del c.p.p., chiunque, non essendosi avvalso della facoltà di cui alla lettera *d*) del comma 3 del medesimo articolo, rende dichiarazioni false è punito con la reclusione fino a quattro anni.

Il procedimento penale resta sospeso fino a quando nel procedimento nel corso del quale sono state assunte le dichiarazioni sia stata pronunciata sentenza di primo grado ovvero il procedimento sia stato anteriormente definito con archiviazione o con sentenza di non luogo a procedere.

[1] Articolo inserito dall'art. 20 della L. 7 dic. 2000, n. 397.

Riferimenti procedurali:
Arresto: Facol. in flagranza
Fermo: No
Misure cautelari personali: Sì
Autorità competente: T.m.
Procedibilità: d'ufficio

372. ***Falsa testimonianza.***[1] — Chiunque, deponendo come testimone innanzi all'Autorità giudiziaria o alla Corte penale internazionale, afferma il falso o nega il vero, ovvero tace, in tutto o in parte, ciò che sa intorno ai fatti sui quali è interrogato, è punito con la reclusione da due a sei anni.

[1] Articolo così modif. dall'art. 10, c. 5, L. 20 dic. 2012, n. 237.

Riferimenti procedurali:
Arresto: Facol. in flagranza
Fermo: Sì (se aggr. ex art. 384 ter)
Misure cautelari personali: Sì
Autorità competente: T.m.
Procedibilità: d'ufficio

373. ***Falsa perizia o interpretazione.*** — Il perito o l'interprete, che, nominato dall'Autorità giudiziaria, dà pareri o interpretazioni mendaci, o afferma fatti non conformi al vero, soggiace alle pene stabilite nell'articolo precedente.

La condanna importa, oltre l'interdizione dai pubblici uffici, l'interdizione dalla professione o dall'arte.

Riferimenti procedurali:
Arresto: Facol. in flagranza
Fermo: No
Misure cautelari personali: Sì
Autorità competente: T.m.
Procedibilità: d'ufficio

374. ***Frode processuale.*** — Chiunque, nel corso di un procedimento civile o amministrativo, al fine di trarre in inganno il giudice in un atto d'ispezione o di esperimento giudiziale, ovvero il perito nella esecuzione di una perizia, immuta artificiosamente lo stato dei luoghi o delle cose o delle persone, è punito, qualora il fatto non sia preveduto come reato da una particolare disposizione di legge, con la reclusione da uno a cinque anni[1].

La stessa disposizione si applica se il fatto è commesso nel corso di un procedimento penale, anche davanti alla Corte penale internazionale, o anteriormente ad esso; ma in tal caso la punibilità è esclusa, se si tratta di reato per cui non si può procedere che in seguito a querela, richiesta o istanza, e questa non è stata presentata.[2]

[1] Parole così modif. dall'art. 1, c. 2, L. 11 lug. 2016, n. 133.

[2] Comma così modif. dall'art. 10, c. 6, L. 20 dic. 2012, n. 237.

Riferimenti procedurali:
Arresto: Facol. in flagranza
Fermo: No
Misure cautelari personali: Sì
Autorità competente: T.m.
Procedibilità: d'ufficio

374-*bis*. ***False dichiarazioni o attestazioni in atti destinati all'autorità giudiziaria o alla Corte penale internazionale.***[1,2] — Salvo che il fatto costituisca più grave reato, è punito con la reclusione da uno a cinque anni chiunque dichiara o attesta falsamente in certificati o atti destinati a essere prodotti all'autorità giudiziaria o alla Corte penale internazionale condizioni, qualità personali, trattamenti terapeutici, rapporti di lavoro in essere o da instaurare, relativi all'imputato, al condannato o alla persona sottoposta a procedimento di prevenzione.[3]

Si applica la pena della reclusione da due a sei anni se il fatto è commesso da un pubblico ufficiale, da un incaricato di un pubblico servizio o da un esercente la professione sanitaria.

[1] Articolo inserito dall'art. 11, comma 3, del D.L. 8 giu. 1992, n. 306, conv. in L. 7 ago. 1992, n. 356.

[2] Rubrica così modif. dall'art. 10, c. 7, L. 20 dic. 2012, n. 237.

[3] Comma così modif. dall'art. 10, c. 7, L. 20 dic. 2012, n. 237.

Riferimenti procedurali:
Arresto: Facol. in flagranza
Fermo: No
Misure cautelari personali: Sì
Autorità competente: T.m.
Procedibilità: d'ufficio

375. ***Frode in processo penale e depistaggio.***[1] — Salvo che il fatto costituisca più grave reato, è punito con la reclusione da tre a otto anni il pubblico ufficiale o l'incaricato di pubblico servizio che, al fine di impedire, ostacolare o sviare un'indagine o un processo penale:

a) immuta artificiosamente il corpo del reato ovvero lo stato dei luoghi, delle cose o delle persone connessi al reato;

b) richiesto dall'autorità giudiziaria o dalla polizia giudiziaria di fornire informazioni in un procedimento penale, afferma il falso o nega il vero, ovvero tace, in tutto o in parte, ciò che sa intorno ai fatti sui quali viene sentito.

Se il fatto è commesso mediante distruzione, soppressione, occultamento, danneggiamento, in tutto o in parte, ovvero formazione o artificiosa alterazione, in tutto o in parte, di un documento o di un oggetto da impiegare come elemento di prova o comunque utile alla scoperta del reato o al suo accertamento, la pena è aumentata da un terzo alla metà.

Se il fatto è commesso in relazione a procedimenti concernenti i delitti di cui agli articoli 270, 270-*bis*, 276, 280, 280-*bis*, 283, 284, 285, 289-*bis*, 304, 305, 306, 416-*bis*, 416-*ter* e 422 o i reati previsti dall'articolo 2 della legge 25 gennaio 1982, n. 17, ovvero i reati concernenti il traffico illegale di armi o di materiale nucleare, chimico o biologico e comunque tutti i reati di cui all'articolo 51, comma 3-*bis*, del codice di procedura penale, si applica la pena della reclusione da sei a dodici anni.

La pena è diminuita dalla metà a due terzi nei confronti di colui che si adopera per ripristinare lo stato originario dei luoghi, delle cose, delle persone o delle prove, nonché per evitare che l'attività delittuosa venga portata a conseguenze ulteriori, ovvero aiuta concretamente l'autorità di polizia o l'autorità giudiziaria nella ricostruzione del fatto oggetto di inquinamento processuale e depistaggio e nell'individuazione degli autori.

Le circostanze attenuanti diverse da quelle previste dagli articoli 98 e 114 e dal quarto comma, concorrenti con le aggravanti di cui al secondo e al terzo comma, non possono essere ritenute equivalenti o prevalenti rispetto a queste ultime e le diminuzioni di pena si operano sulla quantità di pena risultante dall'aumento conseguente alle predette aggravanti.

La condanna alla reclusione superiore a tre anni comporta l'interdizione perpetua dai pubblici uffici.

La pena di cui ai commi precedenti si applica anche quando il pubblico ufficiale o l'incaricato di pubblico servizio siano cessati dal loro ufficio o servizio.

La punibilità è esclusa se si tratta di reato per cui non si può procedere che in seguito a querela, richiesta o istanza, e questa non è stata presentata.

Le disposizioni del presente articolo si applicano anche alle indagini e ai processi della Corte penale internazionale in ordine ai crimini definiti dallo Statuto della Corte medesima.

[1] Articolo così sost. dall'art. 1, c. 1, L. 11 lug. 2016, n. 133.

Arresto: Facol. in flagranza
Fermo: No (IV c.)
Misure cautelari personali: Sì
Autorità competente: T.m.
Procedibilità: d'ufficio

376. ***Ritrattazione.*** — Nei casi previsti dagli artt. 371-*bis*, 371-*ter*,[1] 372 e 373, nonché dall'articolo 375, primo comma, lettera *b*), e[2] dall'art. 378,[3] il colpevole non è punibile se, nel procedimento penale in cui ha prestato il suo ufficio o reso le sue dichiarazioni, ritratta il falso e manifesta il vero non oltre la chiusura del dibattimento.[4]

Qualora la falsità sia intervenuta in una causa civile, il colpevole non è punibile se ritratta il falso e manifesta il vero prima che sulla domanda giudiziale sia pronunciata sentenza definitiva anche se non irrevocabile.

[1] Parole ins. dall'art. 22, c. 1, L. 7 dic. 2000, n. 397.
[2] Parole ins. dall'art. 3, c. 1, L. 11 lug. 2016, n. 133.
[3] Parole ins. dall'art. 1, c. 6, L. 15 lug. 2009, n. 94.
[4] Comma così sost. dall'art. 11, comma 5, del D.L. 8 giu. 1992, n. 306; la Corte cost., con sent. 7 apr. 1999, n. 101, ha dichiarato l'ill. cost. "nella parte in cui non prevede la ritrattazione come causa di non punibilità per chi, richiesto dalla P.G., delegata dal P.M. a norma dell'art. 370 c.p.p., di fornire informazioni ai fini delle indagini, abbia rese dichiarazioni false ovvero in tutto o in parte reticenti".

377. ***Intralcio alla giustizia.*** — Chiunque offre o promette denaro o altra utilità alla persona chiamata a rendere dichiarazioni davanti all'autorità giudiziaria o alla Corte penale internazionale ovvero alla persona richiesta di rilasciare dichiarazioni dal difensore nel corso dell'attività investigativa, o alla persona chiamata a svolgere attività di perito, consulente tecnico o interprete, per indurla a commettere i reati previsti dagli artt. 371-*bis*, 371-*ter*, 372 e 373, soggiace, qualora l'offerta e la promessa non sia accettata, alle pene stabilite negli articoli medesimi, ridotte dalla metà ai due terzi.[1]

La stessa disposizione si applica qualora l'offerta o la promessa sia accettata, ma la falsità non sia commessa.

Chiunque usa violenza o minaccia ai fini indicati al primo comma, soggiace, qualora il fine non sia conseguito, alle pene stabilite in ordine ai reati di cui al medesimo primo comma, diminuite in misura non eccedente un terzo.

Le pene previste ai commi primo e terzo sono aumentate se concorrono le condizioni di cui all'art. 339.[2]

La condanna importa l'interdizione dai pubblici uffici.

[1] Comma così sost. dall'art. 11, c. 6, D.L. 8 giu. 1992, n. 306, conv. con modif., nella L. 7 ago. 1992, n. 356, quindi modif. prima dall'art. 22, L. 7 dic. 2000, n. 397, poi dall'art. 10, c. 8, L. 20 dic. 2012, n. 237.

Riferimenti procedurali:
Arresto: No
Fermo: No
Misure cautelari personali: No (I e II c.)
Autorità competente: T.m.
Procedibilità: d'ufficio

377-*bis*. ***Induzione a non rendere dichiarazioni o a rendere dichiarazioni mendaci all'autorità giudiziaria.***[1] — Salvo che il fatto costituisca più grave reato, chiunque, con violenza o minaccia, o con offerta o promessa di denaro o di altra utilità, induce a non rendere dichiarazioni o a rendere dichiarazioni meudaci la persona chiamata a rendere davanti all'autorità giudiziaria dichiarazioni utilizzabili in un procedimento penale, quando questa ha la facoltà di non rispondere, è punito con la reclusione da due a sei anni.

[1] Articolo inserito dall'art. 20, L. 1 mar. 2001, n. 63.

Riferimenti procedurali:
Arresto: Facol. in flagranza
Fermo: No
Misure cautelari personali: Sì
Autorità competente: T.m.
Procedibilità: d'ufficio

378. ***Favoreggiamento personale.*** — Chiunque, dopo che fu commesso un delitto per il quale la legge stabilisce [la pena di morte o] l'ergastolo o la reclusione, e fuori dei casi di concorso nel medesimo, aiuta taluno a eludere le investigazioni dell'Autorità, comprese quelle svolte da organi della Corte penale internazionale, o a sottrarsi alle ricerche effettuate dai medesimi soggetti, è punito con la reclusione fino a quattro anni.[1]

Quando il delitto commesso è quello previsto dall'art. 416-*bis*, si applica, in ogni caso, la pena della reclusione non inferiore a due anni.[2]

Se si tratta di delitti per i quali la legge stabilisce

una pena diversa, ovvero di contravvenzioni, la pena è della multa fino a euro 516.

Le disposizioni di questo articolo si applicano anche quando la persona aiutata non è imputabile o risulta che non ha commesso il delitto.

[1] Comma così modif. dall'art. 10, c. 9, L. 20 dic. 2012, n. 237.

[2] Comma ins. dall'art. 2, L. 13 set. 1982, n. 646.

Riferimenti procedurali:
Arresto: Facol. in flagranza (I, II c.), No (III c.)
Fermo: Sì (I c.)
Misure cautelari personali: Sì, No (III c.)
Autorità competente: T.m.
Procedibilità: d'ufficio

379. ***Favoreggiamento reale.*** — Chiunque, fuori dei casi di concorso nel reato e dei casi previsti dagli artt. 648, 648-*bis* e 648-*ter*, aiuta taluno ad assicurare il prodotto o il profitto o il prezzo di un reato, è punito con la reclusione fino a cinque anni se si tratta di delitto, e con la multa da euro 51 a euro 1.032 se si tratta di contravvenzione.

Si applicano le disposizioni del primo e dell'ultimo capoverso dell'articolo precedente.

Riferimenti procedurali:
Arresto: Facol. in flagranza (I c., 1ª ipotesi), No (I c., 2ª ipotesi)
Fermo: No
Misure cautelari personali: Sì, No (I c., 2ª ipotesi)
Autorità competente: T.m.
Procedibilità: d'ufficio

379-*bis*. ***Rivelazione di segreti inerenti a un procedimento penale.***[1] — Salvo che il fatto costituisca più grave reato, chiunque rivela indebitamente notizie segrete concernenti un procedimento penale, da lui apprese per avere partecipato o assistito ad un atto del procedimento stesso, è punito con la reclusione fino a un anno. La stessa pena si applica alla persona che, dopo avere rilasciato dichiarazioni nel corso delle indagini preliminari, non osserva il divieto imposto dal pubblico ministero ai sensi dell'art. 391-*quinquies* del c.p.p.

[1] Articolo inserito dall'art. 21, L. 7 dic. 2000, n. 397.

Riferimenti procedurali:
Arresto: No
Fermo: No
Misure cautelari personali: No
Autorità competente: T.m.
Procedibilità: d'ufficio

380. ***Patrocinio o consulenza infedele.*** — Il patrocinatore o il consulente tecnico, che, rendendosi infedele ai suoi doveri professionali, arreca nocumento agli interessi della parte da lui difesa, assistita o rappresentata dinanzi all'Autorità giudiziaria o alla Corte penale internazionale,[1] è punito con la reclusione da uno a tre anni e con la multa non inferiore a euro 516.

La pena è aumentata:

1) se il colpevole ha commesso il fatto, colludendo con la parte avversaria;

2) se il fatto è stato commesso a danno di un imputato.

Si applicano la reclusione da tre a dieci anni e la multa non inferiore a euro 1.032, se il fatto è commesso a danno di persona imputata di un delitto per il quale la legge commina [la pena di morte o] l'ergastolo ovvero la reclusione superiore a cinque anni.

[1] Parole ins. dall'art. 10, c. 10, L. 20 dic. 2012, n. 237.

Riferimenti procedurali:
Arresto: No (I, II c.), Facol. in flagranza (III c.)
Fermo: No (I, II c.), Sì (III c.)
Misure cautelari personali: Sì
Autorità competente: T.m.
Procedibilità: d'ufficio

381. ***Altre infedeltà del patrocinatore o del consulente tecnico.*** — Il patrocinatore o il consulente tecnico, che, in un procedimento dinanzi all'Autorità giudiziaria, presta contemporaneamente, anche per interposta persona, il suo patrocinio o la sua consulenza a favore di parti contrarie, è punito, qualora il fatto non costituisca un più grave reato, con la reclusione da sei mesi a tre anni e con la multa non inferiore a euro 103.

La pena è della reclusione fino a un anno e della multa da euro 51 a euro 516, se il patrocinatore o il consulente, dopo aver difeso, assistito o rappresentato una parte, assume, senza il consenso di questa, nello stesso procedimento, il patrocinio o la consulenza della parte avversaria.

Riferimenti procedurali:
Arresto: No
Fermo: No
Misure cautelari personali: Sì
Autorità competente: T.m.
Procedibilità: d'ufficio

382. ***Millantato credito del patrocinatore.*** — Il patrocinatore, che, millantando credito presso il giudice o il pubblico ministero che deve concludere, ovvero presso il testimone, il perito o l'interprete, riceve o fa dare o promettere dal suo cliente, a sè o ad un terzo denaro o altra utilità, col pretesto di doversi procurare il favore del giudice o del pubblico ministero, o del testimone, perito o interprete, ovvero di doverli remunerare, è punito con la reclusione da due a otto anni e con la multa non inferiore a euro 1.032.

Riferimenti procedurali:
Arresto: Facol. in flagranza
Fermo: Sì
Misure cautelari personali: Sì
Autorità competente: T.m.
Procedibilità: d'ufficio

383. ***Interdizione dai pubblici uffici.*** — La condanna per i delitti preveduti dagli artt. 380,

381, prima parte, e 382 importa l'interdizione dai pubblici uffici.

383-*bis*. *Circostanze aggravanti per il caso di condanna.*[1] — Nei casi previsti dagli articoli 371-*bis*, 371-*ter*, 372, 373, 374 e 375, la pena è della reclusione da quattro a dieci anni se dal fatto deriva una condanna alla reclusione non superiore a cinque anni; è della reclusione da sei a quattordici anni se dal fatto deriva una condanna superiore a cinque anni; è della reclusione da otto a venti anni se dal fatto deriva una condanna all'ergastolo.

[1] Articolo ins. dall'art. 1, c. 3, L. 11 lug. 2016, n. 133.

Riferimenti procedurali:
Arresto: Sì
Fermo: Sì
Misure cautelari personali: Sì
Autorità competente: T.m.
Procedibilità: d'ufficio

384. *Casi di non punibilità.* — Nei casi previsti dagli artt. 361, 362, 363, 364, 365, 366, 369, 371-*bis*, 371-*ter*[1], 372, 373, 374 e 378, non è punibile chi ha commesso il fatto per esservi stato costretto dalla necessità di salvare se medesimo o un prossimo congiunto da un grave e inevitabile nocumento nella libertà o nell'onore.

Nei casi previsti dagli artt. 371-*bis*, 371-*ter*, 372 e 373, la punibilità è esclusa se il fatto è commesso da chi per legge non avrebbe dovuto essere richiesto di fornire informazioni ai fini delle indagini o assunto come testimonio, perito o interprete ovvero non avrebbe potuto essere obbligato a deporre o comunque a rispondere o avrebbe dovuto essere avvertito della facoltà di astenersi dal rendere testimonianza, perizia o interpretazione.[2]

[1] Le parole "371-*ter*" sono state inserite dall'art. 22, IV c. dalla L. 7 dic. 2000, n. 397.

[2] La Corte cost., con sent. 27 dic. 1996, n. 416, ha dichiarato l'ill. cost. del comma 2 «nella parte in cui non prevede l'esclusione della punibilità per false o reticenti informazioni assunte dalla P.G., fornite da chi avrebbe dovuto essere avvertito della facoltà di astenersi dal renderle, a norma dell'art. 199 c.p.».

384-*bis*. *Punibilità dei fatti commessi in collegamento audiovisivo nel corso di una rogatoria all'estero.* — 1. I delitti di cui agli artt. 366, 367, 369, 371-*bis*, 372 e 373 connessi in occasione di un collegamento audiovisivo nel corso di una rogatoria all'estero, si considerano connessi nel territorio dello Stato e sono puniti secondo la legge italiana.

384-*ter*. *Circostanze speciali.*[1] — Se i fatti di cui agli articoli 371-*bis*, 371-*ter*, 372, 374 e 378 sono commessi al fine di impedire, ostacolare o sviare un'indagine o un processo penale in relazione ai delitti di cui agli articoli 270, 270-bis, 276, 280, 280-*bis*, 283, 284, 285, 289-*bis*, 304, 305, 306, 416-*bis*, 416-*ter* e 422 o ai reati previsti dall'articolo 2 della legge 25 gennaio 1982, n. 17, ovvero ai reati concernenti il traffico illegale di armi o di materiale nucleare, chimico o biologico e comunque in relazione ai reati di cui all'articolo 51, comma 3-*bis*, del codice di procedura penale, la pena è aumentata dalla metà a due terzi e non opera la sospensione del procedimento di cui agli articoli 371-*bis* e 371-*ter*.

La pena è diminuita dalla metà a due terzi nei confronti di colui che si adopera per ripristinare lo stato originario dei luoghi, delle cose, delle persone o delle prove, nonché per evitare che l'attività delittuosa venga portata a conseguenze ulteriori, ovvero aiuta concretamente l'autorità di polizia o l'autorità giudiziaria nella ricostruzione del fatto oggetto di inquinamento processuale e depistaggio e nell'individuazione degli autori.

[1] Articolo ins. dall'art. 2, c. 1, L. 11 lug. 2016, n. 133.

CAPO II
Dei delitti contro l'autorità delle decisioni giudiziarie

385. *Evasione.* — Chiunque, essendo legalmente arrestato o detenuto per un reato, evade è punito con la reclusione da uno a tre anni.[1]

La pena è della reclusione da due a cinque anni se il colpevole commette il fatto usando violenza o minaccia verso le persone, ovvero mediante effrazione; ed è da tre a sei anni se la violenza o minaccia è commessa con armi o da più persone riunite.[1]

Le disposizioni precedenti si applicano anche all'imputato che essendo in stato di arresto nella propria abitazione o in altro luogo designato nel provvedimento se ne allontani, nonché al condannato ammesso a lavorare fuori dello stabilimento penale.[2]

Le disposizioni precedenti si applicano anche al condannato ammesso a lavorare fuori dello stabilimento penale.

Quando l'evaso si costituisce in carcere prima della condanna, la pena è diminuita.[3]

[1] Le pene sono state così aumentate dall'art. 2 della L. 26 nov. 2010, n. 199.

[2] Comma così sost. dall'art. 29 della L. 12 ago. 1982, n. 532.

[3] È consentito l'arresto anche fuori dei casi di flagranza, ai sensi dell'art. 3 del D.L. 13 mag. 1991, n. 152.

Per i provvedimenti in caso di evasione, si veda l'art. 90 del D.P.R. 30 giu. 2000, n. 230.

Riferimenti procedurali:
Arresto: Facol.
Fermo: No
Misure cautelari personali: Sì
Autorità competente: T.m.
Procedibilità: d'ufficio

386. *Procurata evasione.* — Chiunque procura o agevola la evasione di una persona legalmente arrestata o detenuta per un reato, è punito con la reclusione da sei mesi a cinque anni.

Si applica la reclusione da tre a dieci anni se il fatto è commesso a favore di un condannato [alla pena di morte o] all'ergastolo.

La pena è aumentata se il colpevole, per commettere il fatto, adopera alcuno dei mezzi indicati nel primo capoverso dell'articolo precedente.

La pena è diminuita:

1) se il colpevole è un prossimo congiunto;

2) se il colpevole, nel termine di tre mesi dall'evasione, procura la cattura della persona evasa o la presentazione di lei all'Autorità.

La condanna importa in ogni caso l'interdizione dai pubblici uffici.

Riferimenti procedurali:
Arresto: Facol. in flagranza
Fermo: No (I c.), Sì (II c.)
Misure cautelari personali: Sì
Autorità competente: T.m.
Procedibilità: d'ufficio

387. ***Colpa del custode.*** — Chiunque, preposto per ragione del suo ufficio alla custodia, anche temporanea, di una persona arrestata o detenuta per un reato, ne cagiona, per colpa, la evasione, è punito con la reclusione fino a tre anni o con la multa da euro 103 a euro 1.032.

Il colpevole non è punibile se nel termine di tre mesi dalla evasione procura la cattura della persona evasa o la presentazione di lei all'Autorità.

Riferimenti procedurali:
Arresto: No
Fermo: No
Misure cautelari personali: No
Autorità competente: T.m.
Procedibilità: d'ufficio

387-*bis*. ***Violazione dei provvedimenti di allontanamento dalla casa familiare e del divieto di avvicinamento ai luoghi frequentati dalla persona offesa.***[1] - Chiunque, essendovi legalmente sottoposto, violi gli obblighi o i divieti derivanti dal provvedimento che applica le misure cautelari di cui agli articoli 282-*bis* e 282-*ter* del codice di procedura penale o dall'ordine di cui all'articolo 384-*bis* del medesimo codice è punito con la reclusione da sei mesi a tre anni.

[1] Comma ins. dall'art. 4, L. 19 lug. 2019, n. 69.

Riferimenti procedurali:
Arresto: No
Fermo: No
Misure cautelari personali: No
Autorità competente: T.m.
Procedibilità: d'ufficio

388. ***Mancata esecuzione dolosa di un provvedimento del giudice.*** — Chiunque, per sottrarsi all'adempimento degli obblighi nascenti da un provvedimento dell'autorità giudiziaria, o dei quali è in corso l'accertamento dinanzi all'autorità giudiziaria stessa, compie, sui propri o sugli altrui beni, atti simulati o fraudolenti, o commette allo stesso scopo altri fatti fraudolenti, è punito, qualora non ottemperi all'ingiunzione di eseguire il provvedimento, con la reclusione fino a tre anni o con la multa da euro 103 a euro 1.032.

La stessa pena si applica a chi elude l'ordine di protezione previsto dall'articolo 342-*ter* del codice civile, ovvero un provvedimento di eguale contenuto assunto nel procedimento di separazione personale dei coniugi o nel procedimento di scioglimento o di cessazione degli effetti civili del matrimonio ovvero ancora[1] l'esecuzione di un provvedimento del giudice civile, ovvero amministrativo o contabile, che concerna l'affidamento di minori o di altre persone incapaci, ovvero prescriva misure cautelari a difesa della proprietà, del possesso o del credito.

La stessa pena si applica a chi elude l'esecuzione di un provvedimento del giudice che prescriva misure inibitorie o correttive a tutela dei diritti di proprietà industriale.[2]

È altresì punito con la pena prevista al primo comma chiunque, essendo obbligato alla riservatezza per espresso provvedimento adottato dal giudice nei procedimenti che riguardino diritti di proprietà industriale, viola il relativo ordine.[2]

Chiunque sottrae, sopprime, distrugge, disperde o deteriora una cosa di sua proprietà sottoposta a pignoramento ovvero a sequestro giudiziario o conservativo è punito con la reclusione fino a un anno e con la multa fino a euro 309.

Si applicano la reclusione da due mesi a due anni e la multa da euro 30 a euro 309 se il fatto è commesso dal proprietario su una cosa affidata alla sua custodia, e la reclusione da quattro mesi a tre anni e la multa da euro 51 a euro 516 se il fatto è commesso dal custode al solo scopo di favorire il proprietario della cosa.

Il custode di una cosa sottoposta a pignoramento ovvero a sequestro giudiziario o conservativo che indebitamente rifiuta, omette o ritarda un atto dell'ufficio è punito con la reclusione fino ad un anno o con la multa fino a euro 516.

La pena di cui al settimo comma si applica al debitore o all'amministratore, direttore generale o liquidatore della società debitrice che, invitato dall'ufficiale giudiziario a indicare le cose o i crediti pignorabili, omette di rispondere nel termine di quindici giorni o effettua una falsa dichiarazione.[3]

Il colpevole è punito a querela della persona offesa.

[1] Parole aggiunte dall'art. 2, c. 1, lett. *b*), D.lgs. 1 mar. 2018, n. 21.
[2] Comma ins. dall'art. 9, D.lgs. 11 mag. 2018, n. 63.
[3] Comma così modif. dall'art. 9, c. 1, D.lgs. 11 mag. 2018, n. 63.

Riferimenti procedurali:
Arresto: No
Fermo: No
Misure cautelari personali: No
Autorità competente: T.m.
Procedibilità: a querela di parte

CODICE PENALE

388-*bis*. *Violazione colposa dei doveri inerenti alla custodia di cose sottoposte a pignoramento ovvero a sequestro giudiziario o conservativo.*[1] — Chiunque, avendo in custodia una cosa sottoposta a pignoramento ovvero a sequestro giudiziario o conservativo, per colpa ne cagiona la distruzione o la dispersione, ovvero ne agevola la soppressione o la sottrazione, è punito, a querela della persona offesa, con la reclusione fino a sei mesi o con la multa fino a euro 309.

[1] Articolo aggiunto dall'art. 109, L. 24 nov. 1981, n. 689.

Riferimenti procedurali:
Arresto: No
Fermo: No
Misure cautelari personali: No
Autorità competente: T.m.
Procedibilità: a querela di parte

388-*ter*. *Mancata esecuzione dolosa di sanzioni pecuniarie.*[1] — Chiunque, per sottrarsi all'esecuzione di una multa o di una ammenda o di una sanzione amministrativa pecuniaria compie, sui propri o sugli altrui beni, atti simulati o fraudolenti, o commette allo stesso scopo altri fatti fraudolenti, è punito, qualora non ottemperi nei termini all'ingiunzione di pagamento contenuta nel precetto, con la reclusione da sei mesi a tre anni.

[1] Articolo aggiunto dall'art. 109, L. 24 nov. 1981, n. 689.

Riferimenti procedurali:
Arresto: No
Fermo: No
Misure cautelari personali: No
Autorità competente: T.m.
Procedibilità: d'ufficio

389. *Inosservanza di pene accessorie.*[1] — Chiunque, avendo riportato una condanna da cui consegue una pena accessoria, trasgredisce agli obblighi o ai divieti inerenti a tale pena, è punito con la reclusione da due a sei mesi.

La stessa pena si applica a chi trasgredisce agli obblighi o ai divieti inerenti ad una pena accessoria provvisoriamente applicata.[2]

[1] Articolo così sost. dall'art. 129, L. 24 nov. 1981, n. 689.
[2] L'art. 217 disp. coord. c.p.p. ha abrogato, con l'art. 140 c.p.p., ogni altra disposizione che prevedesse l'applicazione provvisoria di pena accessorie.

Riferimenti procedurali:
Arresto: No
Fermo: No
Misure cautelari personali: No
Autorità competente: T.m.
Procedibilità: d'ufficio

390. *Procurata inosservanza di pena.* — Chiunque, fuori dei casi di concorso nel reato, aiuta taluno a sottrarsi all'esecuzione della pena è punito con la reclusione da tre mesi a cinque anni se si tratta di condannato per delitto, e con la multa da euro 51 a euro 1.032 se si tratta di condannato per contravvenzione.

Si applicano le disposizioni del 3° cpv. dell'art. 386.

Riferimenti procedurali:
Arresto: Facol. in flagranza (per delitto), No (per contravvenzione)
Fermo: No
Misure cautelari personali: Sì (per delitto), No (per contravvenzione)
Autorità competente: T.m.
Procedibilità: d'ufficio

391. *Procurata inosservanza di misure di sicurezza detentive.* — Chiunque procura o agevola l'evasione di una persona sottoposta a misura di sicurezza detentiva, ovvero nasconde l'evaso o comunque lo favorisce nel sottrarsi alle ricerche dell'Autorità, è punito con la reclusione fino a due anni. Si applicano le disposizioni del 3° cpv. dell'art. 386.

Se l'evasione avviene per colpa di chi, per ragione del suo ufficio, ha la custodia, anche temporanea, della persona sottoposta a misura di sicurezza, il colpevole è punito con la multa fino a euro 1.032. Si applica la disposizione del capoverso dell'art. 387.

Riferimenti procedurali:
Arresto: No
Fermo: No
Misure cautelari personali: No
Autorità competente: T.m.
Procedibilità: d'ufficio

391-*bis*. *Agevolazione delle comunicazioni dei detenuti sottoposti alle restrizioni di cui all'articolo 41-bis della legge 26 luglio 1975, n. 354. Comunicazioni in elusione delle prescrizioni.*[1,2] — Chiunque consente a un detenuto, sottoposto alle restrizioni di cui all'articolo 41-*bis* della legge 26 luglio 1975, n. 354, di comunicare con altri in elusione delle prescrizioni all'uopo imposte è punito con la reclusione da due a sei anni[3].

Se il fatto è commesso da un pubblico ufficiale, da un incaricato di pubblico servizio ovvero da un soggetto che esercita la professione forense si applica la pena della reclusione da tre a sette anni[3].

La pena prevista dal primo comma si applica anche al detenuto sottoposto alle restrizioni di cui all'articolo 41-*bis* della legge 26 luglio 1975, n. 354, il quale comunica con altri in elusione delle prescrizioni all'uopo imposte.[4]

[1] Articolo ins. dall'art. 2, c. 26, L. 15 lug. 2009, n. 94.
[2] Rubrica così modif. dall'art. 8, D.L. 21 ott. 2020, n. 130, conv. in L. 18 dic. 2020, n. 173.
[3] Parole così modif. dall'art. 8, D.L. 21 ott. 2020, n. 130, conv. in L. 18 dic. 2020, n. 173.
[4] Comma ins. dall'art. 8, D.L. 21 ott. 2020, n. 130, conv. in L. 18 dic. 2020, n. 173.

Riferimenti procedurali:
Arresto: Facol. in flagranza
Fermo: No

Misure cautelari personali: Sì
Autorità competente: T.m.
Procedibilità: d'ufficio

391-*ter*. *Accesso indebito a dispositivi idonei alla comunicazione da parte di soggetti detenuti.* - Fuori dei casi previsti dall'articolo 391-*bis*, chiunque indebitamente procura a un detenuto un apparecchio telefonico o altro dispositivo idoneo ad effettuare comunicazioni o comunque consente a costui l'uso indebito dei predetti strumenti o introduce in un istituto penitenziario uno dei predetti strumenti al fine di renderlo disponibile a una persona detenuta è punito con la pena della reclusione da uno a quattro anni.

Si applica la pena della reclusione da due a cinque anni se il fatto è commesso da un pubblico ufficiale, da un incaricato di pubblico servizio ovvero da un soggetto che esercita la professione forense.

Salvo che il fatto costituisca più grave reato, la pena prevista dal primo comma si applica anche al detenuto che indebitamente riceve o utilizza un apparecchio telefonico o altro dispositivo idoneo ad effettuare comunicazioni.

[1] Articolo ins. dall'art. 9, D.L. 21 ott. 2020, n. 130, conv. in L. 18 dic. 2020, n. 173.

Riferimenti procedurali:
Arresto: Facol. in flagranza
Fermo: No
Misure cautelari personali: Sì
Autorità competente: T.m.
Procedibilità: d'ufficio

CAPO III

Della tutela arbitraria delle private ragioni

392. *Esercizio arbitrario delle proprie ragioni con violenza sulle cose.* — Chiunque, al fine di esercitare un preteso diritto, potendo ricorrere al giudice, si fa arbitrariamente ragione da sè medesimo, mediante violenza sulle cose, è punito, a querela della persona offesa, con la multa fino a euro 516.

Agli effetti della legge penale, si ha *violenza sulle cose* allorché la cosa viene danneggiata o trasformata, o ne è mutata la destinazione.

Si ha, altresì, violenza sulle cose allorché un programma informatico viene alterato, modificato o cancellato in tutto o in parte ovvero viene impedito o turbato il funzionamento di un sistema informatico o telematico.

Riferimenti procedurali:
Arresto: No
Fermo: No
Misure cautelari personali: No
Autorità competente: T.m.
Procedibilità: a querela di parte

393. *Esercizio arbitrario delle proprie ragioni con violenza alle persone.* — Chiunque, al fine indicato nell'articolo precedente, e potendo ricorrere al giudice, si fa arbitrariamente ragione da sè medesimo usando violenza o minaccia alle persone, è punito, a querela dell'offeso, con la reclusione fino a un anno.

Se il fatto è commesso anche con violenza sulle cose, alla pena della reclusione è aggiunta la multa fino a euro 206.

La pena è aumentata se la violenza o la minaccia alle persone è commessa con armi.

Riferimenti procedurali:
Arresto: No
Fermo: No
Misure cautelari personali: No
Autorità competente: T.m.
Procedibilità: a querela di parte

393-*bis*. *Causa di non punibilità.* — Non si applicano le disposizioni degli articoli 336, 337, 338, 339, 339-*bis*,[1] 341-*bis*, 342 e 343 quando il pubblico ufficiale o l'incaricato di un pubblico servizio ovvero il pubblico impiegato abbia dato causa al fatto preveduto negli stessi articoli, eccedendo con atti arbitrari i limiti delle sue attribuzioni.

[1] Parola ins. dall'art. 4, L. 3 lug. 2017, n. 105.

394-401...................................... [1]

[1] Articoli abrog. dall'art. 18, L. 25 giu. 1999, n. 205.

TITOLO IV

Dei delitti contro il sentimento religioso e contro la pietà dei defunti

CAPO I

Dei delitti contro le confessioni religiose

402. *Vilipendio della religione dello Stato.*[1] — Chiunque pubblicamente vilipende la religione dello Stato è punito con la reclusione fino a un anno.

[1] La Corte cost., con sent. 20 nov. 2000, n. 508, ha dichiarato l'ill. cost. dell'art. 402.

403. *Offese a una confessione religiosa mediante vilipendio di persone.*[1] — Chiunque pubblicamente offende una confessione religiosa, mediante vilipendio di chi la professa, è punito con la multa da euro 1.000 a euro 5.000.

Si applica la multa da euro 2.000 a euro 6.000 a chi offende una confessione religiosa, mediante vilipendio di un ministro del culto.

[1] Articolo così sost. dall'art. 7 della L. 24 feb. 2006, n. 85.

Riferimenti procedurali:
Arresto: No
Fermo: No
Misure cautelari personali: No
Autorità competente: T.m.
Procedibilità: d'ufficio

404. *Offese a una confessione religiosa me-*

diante vilipendio o danneggiamento di cose.[1] — Chiunque, in luogo destinato al culto, o in luogo pubblico o aperto al pubblico, offendendo una confessione religiosa, vilipende con espressioni ingiuriose cose che formino oggetto di culto, o siano consacrate al culto, ovvero commette il fatto in occasione di funzioni religiose, compiute in luogo privato da un ministro del culto, è punito con la multa da euro 1.000 a euro 5.000.

Chiunque pubblicamente e intenzionalmente distrugge, disperde, deteriora, rende inservibili o imbratta cose che formino oggetto di culto o siano consacrate al culto o siano destinate necessariamente all'esercizio del culto, è punito con la reclusione fino a due anni.

[1] Articolo così sost. dall'art. 8 della L. 24 feb. 2006, n. 85.

Riferimenti procedurali:
Arresto: No
Fermo: No
Misure cautelari personali: No
Autorità competente: T.m.
Procedibilità: d'ufficio

405. ***Turbamento di funzioni religiose del culto di una confessione religiosa.*** — Chiunque impedisce o turba l'esercizio di funzioni, cerimonie o pratiche religiose del culto di una confessione religiosa,[1] le quali si compiano con l'assistenza di un ministro del culto medesimo o in un luogo destinato al culto, o in un luogo pubblico o aperto al pubblico, è punito con la reclusione fino a due anni.

Se concorrono fatti di violenza alle persone o di minaccia, si applica la reclusione da uno a tre anni.[2]

[1] Parole così sost. dall'art. 9 della L. 24 feb. 2006, n. 85.
[2] La Corte cost., con sent. 1° lug. 2002, n. 327, ha dichiarato l'ill. cost. di questo articolo nella parte in cui, per i fatti di turbamento di funzioni religiose del culto cattolico, prevede pene più gravi, anziché le pene diminuite stabilite dall'art. 206 c.p. per gli stessi fatti commessi contro gli altri culti.

Riferimenti procedurali:
Arresto: No
Fermo: No
Misure cautelari personali: No
Autorità competente: T.m.
Procedibilità: d'ufficio

406. ***Delitti contro i culti ammessi nello Stato.***[1]

[1] Articolo abrog. dall'art. 10, L. 24 feb. 2006, n. 85.

CAPO II

Dei delitti contro la pietà dei defunti

407. ***Violazione di sepolcro.*** — Chiunque viola una tomba, un sepolcro o un'urna è punito con la reclusione da uno a cinque anni.

Riferimenti procedurali:
Arresto: Facol. in flagranza
Fermo: No
Misure cautelari personali: Sì
Autorità competente: T.m.
Procedibilità: d'ufficio

408. ***Vilipendio delle tombe.*** — Chiunque, in cimiteri o in altri luoghi di sepoltura, commette vilipendio di tombe, sepolcri o urne, o di cose destinate al culto dei defunti, ovvero a difesa o ad ornamento dei cimiteri, è punito con la reclusione da sei mesi a tre anni.

Riferimenti procedurali:
Arresto: No
Fermo: No
Misure cautelari personali: No
Autorità competente: T.m.
Procedibilità: d'ufficio

409. ***Turbamento di un funerale o servizio funebre.*** — Chiunque, fuori dei casi preveduti dall'art. 405, impedisce o turba un funerale o un servizio funebre è punito con la reclusione fino a un anno.

Riferimenti procedurali:
Arresto: No
Fermo: No
Misure cautelari personali: No
Autorità competente: T.m.
Procedibilità: d'ufficio

410. ***Vilipendio di cadavere.*** — Chiunque commette atti di vilipendio sopra un cadavere o sulle sue ceneri è punito con la reclusione da uno a tre anni.

Se il colpevole deturpa o mutila il cadavere, o commette, comunque, su questo atti di brutalità o di oscenità, è punito con la reclusione da tre a sei anni.

Riferimenti procedurali:
Arresto: No (I c.), Facol. in flagranza (II c.)
Fermo: No
Misure cautelari personali: Sì, No (I c.)
Autorità competente: T.m.
Procedibilità: d'ufficio

411. ***Distruzione, soppressione o sottrazione di cadavere.*** — Chiunque distrugge, sopprime o sottrae un cadavere, o una parte di esso, ovvero ne sottrae o disperde le ceneri, è punito con la reclusione da due a sette anni.

La pena è aumentata se il fatto è commesso in cimiteri o in altri luoghi di sepoltura, di deposito o di custodia.

Non costituisce reato la dispersione delle ceneri di cadavere, autorizzata dall'ufficiale dello Stato civile sulla base di espressa volontà del defunto.[1]

La dispersione delle ceneri non autorizzata dall'ufficiale dello Stato civile, o effettuata con modalità diverse rispetto a quanto indicato dal defunto, è punita con la reclusione da due mesi a un anno e con la multa da euro 2.582 a euro 12.911.[1]

[1] Commi aggiunti dall'art. 2 della L. 30 mar. 2001, n. 130.

Riferimenti procedurali:
Arresto: Facol. in flagranza (I, II c.), No (IV c.)
Fermo: Sì (I, II c.); No (IV c.)
Misure cautelari personali: Sì, No (IV c.)
Autorità competente: T.m.
Procedibilità: d'ufficio

412. ***Occultamento di cadavere.*** — Chiunque occulta un cadavere, o una parte di esso, ovvero ne nasconde le ceneri, è punito con la reclusione fino a tre anni.

Riferimenti procedurali:
Arresto: No
Fermo: No
Misure cautelari personali: No
Autorità competente: T.m.
Procedibilità: d'ufficio

413. ***Uso illegittimo di cadavere.*** — Chiunque disseziona o altrimenti adopera un cadavere, o una parte di esso, a scopi scientifici o didattici, in casi non consentiti dalla legge, è punito con la reclusione fino a sei mesi o con la multa fino a euro 516.

La pena è aumentata se il fatto è commesso su un cadavere, o su una parte di esso, che il colpevole sappia essere stato da altri mutilato, occultato o sottratto.

Riferimenti procedurali:
Arresto: No
Fermo: No
Misure cautelari personali: No
Autorità competente: T.m.
Procedibilità: d'ufficio

TITOLO V
Dei delitti contro l'ordine pubblico

414. ***Istigazione a delinquere.*** — Chiunque pubblicamente istiga a commettere uno o più reati è punito, per il solo fatto dell'istigazione:

1) con la reclusione da uno a cinque anni, se trattasi di istigazione a commettere delitti;

2) con la reclusione fino a un anno, ovvero con la multa fino a euro 206, se trattasi di istigazione a commettere contravvenzioni.

Se si tratta di istigazione a commettere uno o più delitti e una o più contravvenzioni, si applica la pena stabilita nel n. 1.

Alla pena stabilita nel n. 1 soggiace anche chi pubblicamente fa l'apologia di uno o più delitti. La pena prevista dal presente comma nonché dal primo e dal secondo comma è aumentata se il fatto è commesso attraverso strumenti informatici o telematici.[1,2]

Fuori dei casi di cui all'art. 302, se l'istigazione o l'apologia di cui ai commi precedenti riguarda delitti di terrorismo o crimini contro l'umanità la pena è aumentata della metà. La pena è aumentata fino a due terzi se il fatto è commesso attraverso strumenti informatici o telematici.[1,3]

[1] Periodo aggiunto dall'art. 2, c. 1, D.L. 18 feb. 2015, n. 7, conv. con modif. in L. 17 apr. 2015, n. 43.

[2] La Corte cost., con sent. 23 apr. 1970, n. 65, ha dichiarato che l'apologia, punibile a sensi del presente comma dell'art. 414, è quella che, per le sue modalità, integra un comportamento concretamente idoneo a provocare la commissione di delitti, trascendendo la pura e semplice manifestazione del pensiero.

[3] Comma aggiunto dall'art. 15, D.L. 27 lug. 2005, n. 144, conv. con modif. in L. 31 lug. 2005, n. 155.

Riferimenti procedurali:
Arresto: Facol. in flagranza (I c., n. 1), No (I c., n. 2)
Fermo: No
Misure cautelari personali: Sì, No (I c., n. 2)
Autorità competente: T.m.
Procedibilità: d'ufficio

414-*bis*. ***Istigazione a pratiche di pedofilia e di pedopornografia.***[1] — Salvo che il fatto costituisca più grave reato, chiunque, con qualsiasi mezzo e con qualsiasi forma di espressione, pubblicamente istiga a commettere, in danno di minorenni, uno o più delitti previsti dagli articoli 600-*bis*, 600-*ter* e 600-*quater*, anche se relativi al materiale pornografico di cui all'articolo 600-*quater.1*, 600-*quinquies*, 609-*bis*, 609-*quater* e 609-*quinquies* è punito con la reclusione da un anno e sei mesi a cinque anni.

Alla stessa pena soggiace anche chi pubblicamente fa l'apologia di uno o più delitti previsti dal primo comma.

Non possono essere invocate, a propria scusa, ragioni o finalità di carattere artistico, letterario, storico o di costume.

[1] Articolo ins. dall'art. 4, c. 1, lett. *b*), L. 1 ott. 2012, n. 172.

Riferimenti procedurali:
Arresto: Facol. in flagranza
Fermo: No
Misure cautelari personali: Sì
Autorità competente: T.m.
Procedibilità: d'ufficio

415. ***Istigazione a disobbedire alle leggi.*** — Chiunque pubblicamente istiga alla disobbedienza delle leggi di ordine pubblico, ovvero all'odio fra le classi sociali, è punito con la reclusione da sei mesi a cinque anni.[1]

[1] La Corte cost., con sent. 23 apr. 1974, n. 108, ha dichiarato l'ill. cost. della disposizione contenuta nell'art. 415 c.p., riguardante l'istigazione all'odio fra le classi sociali «nella parte in cui non specifica che tale istigazione deve essere attuata in modo pericoloso per la pubblica tranquillità».

Riferimenti procedurali:
Arresto: Facol. in flagranza
Fermo: No
Misure cautelari personali: Sì
Autorità competente: T.m.
Procedibilità: d'ufficio

416. ***Associazione per delinquere.*** — Quando

tre o più persone si associano allo scopo di commettere più delitti, coloro che promuovono o costituiscono od organizzano l'associazione sono puniti, per ciò solo, con la reclusione da tre a sette anni.

Per il solo fatto di partecipare all'associazione, la pena è della reclusione da uno a cinque anni.

I capi soggiacciono alla stessa pena stabilita per i promotori.

Se gli associati scorrono in armi le campagne o le pubbliche vie si applica la reclusione da cinque a quindici anni.

La pena è aumentata se il numero degli associati è di dieci o più.

Se l'associazione è diretta a commettere taluno dei delitti di cui agli artt. 600, 601, 601-*bis*[1] e 602, nonché all'articolo 12, comma 3-*bis*, del T.U. delle disposizioni concernenti la disciplina dell'immigrazione e norme sulla condizione dello straniero, di cui al D.lgs. 25 lug. 1998, n. 286,[2] nonché agli articoli 22, commi 3 e 4, e 22-*bis*, comma 1, della legge 1° aprile 1999, n. 91[3], si applica la reclusione da cinque a quindici anni nei casi previsti dal primo comma e da quattro a nove anni nei casi previsti dal secondo comma.[4]

Se l'associazione è diretta a commettere taluno dei delitti previsti dagli articoli 600-*bis*, 600-*ter*, 600-*quater*, 600-*quater.1*, 600-*quinquies*, 609-*bis*, quando il fatto è commesso in danno di un minore di anni diciotto, 609-*quater*, 609-*quinquies*, 609-*octies*, quando il fatto è commesso in danno di un minore di anni diciotto, e 609-*undecies*, si applica la reclusione da quattro a otto anni nei casi previsti dal primo comma e la reclusione da due a sei anni nei casi previsti dal secondo comma.[5]

[1] Parole aggiunte dall'art. 2, L. 11 dic. 2016, n. 236.

[2] Parole così sost. dall'art. 1, c. 5 della L. 15 lug. 2009, n. 94.

[3] Parole aggiunte dall'art. 2, L. 11 dic. 2016, n. 236. I c. 3 e 4, art. 22, L. 1 apr. 1999, n. 91, così dispongono: «3. Chiunque procura per scopo di lucro un organo o un tessuto prelevato da soggetto di cui sia stata accertata la morte ai sensi della legge 29 dicembre 1993, n. 578, e del decreto 22 agosto 1994, n. 582, del Ministro della sanità, ovvero ne fa comunque commercio, è punito con la reclusione da due a cinque anni e con la multa da euro 10.329 a euro 154.937. Se il fatto è commesso da persona che esercita una professione sanitaria, alla condanna consegue l'interdizione perpetua dall'esercizio della professione.

4. Chiunque procura, senza scopo di lucro, un organo o un tessuto prelevato abusivamente da soggetto di cui sia stata accertata la morte ai sensi della legge 29 dicembre 1993, n. 578, e del decreto 22 agosto 1994, n. 582, del Ministro della sanità, è punito con la reclusione fino a due anni. Se il fatto è commesso da persona che esercita una professione sanitaria, alla condanna consegue l'interdizione temporanea fino ad un massimo di cinque anni dall'esercizio della professione.».

[4] Ai sensi della Tabella A di cui all'art. 8, D.lgs. 1 mar. 2018, n. 21, il riferimento all'art. 22-*bis*, L. 1 apr. 1999, n. 91, deve intendersi all'art. 601-*bis* c.p.

[5] Comma aggiunto dall'art. 4 della L. 11 ago. 2003, n. 228.

[6] Comma agg. dall'art. 4, c. 1, lett. *c*), L. 1 ott. 2012, n. 172.

Riferimenti procedurali:
Arresto: Sì in flagranza
Fermo: Sì
Misure cautelari personali: Sì
Autorità competente: T.c., C.d.A.(VI c.)
Procedibilità: d'ufficio

416-*bis*. *Associazioni di tipo mafioso anche straniere.* [1] — Chiunque fa parte di un'associazione di tipo mafioso formata da tre o più persone, è punito con la reclusione da dieci a quindici anni.[2]

Coloro che promuovono, dirigono o organizzano l'associazione sono puniti, per ciò solo, con la reclusione da dodici a diciotto anni.[2]

L'associazione è di tipo mafioso quando coloro che ne fanno parte si avvalgono della forza di intimidazione del vincolo associativo e della condizione di assoggettamento e di omertà che ne deriva per commettere delitti, per acquisire in modo diretto o indiretto la gestione o comunque il controllo di attività economiche, di concessioni, di autorizzazioni, appalti e servizi pubblici o per realizzare profitti o vantaggi ingiusti per sé o per altri ovvero al fine di impedire od ostacolare il libero esercizio del voto o di procurare voti a sé o ad altri in occasione di consultazioni elettorali.

Se l'associazione è armata si applica la pena della reclusione da dodici a venti anni nei casi previsti dal primo comma e da quindici a ventisei anni nei casi previsti dal secondo comma.[2]

L'associazione si considera armata quando i partecipanti hanno la disponibilità, per il conseguimento della finalità dell'associazione, di armi o materie esplodenti, anche se occultate o tenute in luogo di deposito.

Se le attività economiche di cui gli associati intendono assumere o mantenere il controllo sono finanziate in tutto o in parte con il prezzo, il prodotto, o il profitto di delitti, le pene stabilite nei commi precedenti sono aumentate da un terzo alla metà.

Nei confronti del condannato è sempre obbligatoria la confisca delle cose che servirono o furono destinate a commettere il reato e delle cose che ne sono il prezzo, il prodotto, il profitto o che ne costituiscono l'impiego. [Decadono inoltre di diritto le licenze di polizia, di commercio, di commissionario astatore presso i mercati annonari all'ingrosso, le concessioni di acque pubbliche e i diritti ad esse inerenti nonché le iscrizioni agli albi di appaltatori di opere o di forniture pubbliche di cui il condannato fosse titolare].[3]

Le disposizioni del presente articolo si applicano anche alla camorra alla 'ndrangheta e alle altre associazioni, comunque localmente denominate, anche straniere, che valendosi della forza intimidatrice del vincolo associativo perseguono scopi corrispondenti a quelli delle associazioni di tipo mafioso.[4]

[1] Articolo così modif. dall'art. 1, comma 1, lett. *b-bis*), D.L. 23 mag. 2008, n. 92, conv. con modif. in L. 24 lug.

2008, n. 125. Ai sensi dell'art. 2, D.L. 12 feb. 2010, n. 10, nei procedimenti in corso alla data di entrata in vigore del decreto medesimo, relativi ai delitti di cui all'art. 416-*bis*, comunque aggravati, è competente il tribunale, anche nell'ipotesi in cui sia stata già esercitata l'azione penale, salvo che, prima della suddetta data, sia stato dichiarato aperto il dibattimento davanti alla Corte d'assise.

[2] Comma così modif. dall'art. 5, c. 1, L. 27 mag. 2015, n. 69.

[3] La seconda parte del VII comma è stata abrogata dall'art. 36, L. 19 mar. 1990, n. 55 secondo il quale «restano tuttavia ferme le decadenze ivi previste conseguenti a sentenze divenute irrevocabili anteriormente alla data di entrata in vigore della presente legge».

[4] Periodo aggiunto dall'art. 11-*bis*, D.L. 8 giu. 1992, n. 306, conv. con modif. in L. 7 ago. 1992, n. 356.

Riferimenti procedurali:
Arresto: Obbl. in flagranza
Fermo: Sì
Misure cautelari personali: Sì
Autorità competente: T.c.
Procedibilità: d'ufficio

416-*bis*.1. ***Circostanze aggravanti e attenuanti per reati connessi ad attività mafiose.***[1] — Per i delitti punibili con pena diversa dall'ergastolo commessi avvalendosi delle condizioni previste dall'articolo 416-*bis* ovvero al fine di agevolare l'attività delle associazioni previste dallo stesso articolo, la pena è aumentata da un terzo alla metà.

Le circostanze attenuanti, diverse da quelle previste dagli articoli 98 e 114 concorrenti con l'aggravante di cui al primo comma non possono essere ritenute equivalenti o prevalenti rispetto a questa e le diminuzioni di pena si operano sulla quantità di pena risultante dall'aumento conseguente alla predetta aggravante.

Per i delitti di cui all'articolo 416-*bis* e per quelli commessi avvalendosi delle condizioni previste dal predetto articolo ovvero al fine di agevolare l'attività delle associazioni di tipo mafioso, nei confronti dell'imputato che, dissociandosi dagli altri, si adopera per evitare che l'attività delittuosa sia portata a conseguenze ulteriori anche aiutando concretamente l'autorità di polizia o l'autorità giudiziaria nella raccolta di elementi decisivi per la ricostruzione dei fatti e per l'individuazione o la cattura degli autori dei reati, la pena dell'ergastolo è sostituita da quella della reclusione da dodici a venti anni e le altre pene sono diminuite da un terzo alla metà.

Nei casi previsti dal terzo comma non si applicano le disposizioni di cui al primo e secondo comma.

[1] Articolo ins. dall'art. 5, c. 1, lett. *d*), D.lgs. 1 mar. 2018, n. 21.

416-*ter*. ***Scambio elettorale politico-mafioso.***[1] — Chiunque accetta, direttamente o a mezzo di intermediari, la promessa di procurare voti da parte di soggetti appartenenti alle associazioni di cui all'articolo 416-*bis* o mediante le modalità di cui al terzo comma dell'articolo 416-*bis* in cambio dell'erogazione o della promessa di erogazione di denaro o di qualunque altra utilità o in cambio della disponibilità a soddisfare gli interessi o le esigenze dell'associazione mafiosa è punito con la pena stabilita nel primo comma dell'articolo 416-*bis*. La stessa pena si applica a chi promette, direttamente o a mezzo di intermediari, di procurare voti nei casi di cui al primo comma. Se colui che ha accettato la promessa di voti, a seguito dell'accordo di cui al primo comma, è risultato eletto nella relativa consultazione elettorale, si applica la pena prevista dal primo comma dell'articolo 416-*bis* aumentata della metà. In caso di condanna per i reati di cui al presente articolo, consegue sempre l'interdizione perpetua dai pubblici uffici.

[1] Articolo così sost. dall'art. 1, L. 21 mag. 2019, n. 43.

Riferimenti procedurali:
Arresto: Facol. in flagranza
Fermo: Sì
Misure cautelari personali: Sì
Autorità competente: T.c.
Procedibilità: d'ufficio

417. ***Misura di sicurezza.*** — Nel caso di condanna per i delitti preveduti dai due articoli precedenti,[1] è sempre ordinata una misura di sicurezza.

[1] Comma così modif. dall'art. 5, L. 23 dic. 1982, n. 936. Il richiamo deve ora intendersi agli artt. 416 e 416-*bis*.

418. ***Assistenza agli associati.*** — Chiunque, fuori dei casi di concorso nel reato o di favoreggiamento, dà rifugio o fornisce vitto, ospitalità, mezzi di trasporto, strumenti di comunicazione[1] a taluna delle persone che partecipano all'associazione è punito con la reclusione da due a quattro anni.[2]

La pena è aumentata se l'assistenza è prestata continuatamente.

Non è punibile chi commette il fatto in favore di un prossimo congiunto.

[1] Parole così sost. dall'art. 1, D.L. 18 ott. 2001, n. 374, conv. con modif., nella L. 15 dic. 2001, n. 438.

[2] Parole così sost. dall'art. 1, c. 3, della L. 5 dic. 2005, n. 251.

Riferimenti procedurali:
Arresto: Facol. in flagranza
Fermo: No
Misure cautelari personali: Sì
Autorità competente: T.m.
Procedibilità: d'ufficio

419. ***Devastazione e saccheggio.*** — Chiunque, fuori dei casi preveduti dall'art. 285, commette fatti di devastazione o di saccheggio è punito con la reclusione da otto a quindici anni.

La pena è aumentata se il fatto è commesso nel corso di manifestazioni in luogo pubblico o aperto al pubblico ovvero[1] su armi, munizioni o viveri esistenti in luogo di vendita o di deposito.

[1] Parole ins. dall'art. 7, D.L. 14 giu. 2019, n. 53, conv. con modif. in L. 8 ago. 2019, n. 77.

Riferimenti procedurali:
Arresto: Obbl. in flagranza
Fermo: Sì
Misure cautelari personali: Sì
Autorità competente: T.c.
Procedibilità: d'ufficio

420. ***Attentato a impianti di pubblica utilità.*** — Chiunque commette un fatto diretto a danneggiare o distruggere impianti di pubblica utilità, è punito, salvo che il fatto costituisca più grave reato, con la reclusione da uno a quattro anni.[1]

[1] I commi 2 e 3 sono stati abrogati dall'art. 6, L. 18 mar. 2008, n. 48.

Riferimenti procedurali:
Arresto: Facol. in flagranza
Fermo: No
Misure cautelari personali: Sì
Autorità competente: T.m.
Procedibilità: d'ufficio

421. ***Pubblica intimidazione.*** — Chiunque minaccia di commettere delitti contro la pubblica incolumità, ovvero fatti di devastazione o di saccheggio, in modo da incutere pubblico timore, è punito con la reclusione fino a un anno.

Riferimenti procedurali:
Arresto: No
Fermo: No
Misure cautelari personali: No
Autorità competente: T.m.
Procedibilità: d'ufficio

TITOLO VI
Dei delitti contro l'incolumità pubblica

CAPO I
Dei delitti di comune pericolo mediante violenza

422. ***Strage.*** — Chiunque, fuori dei casi preveduti dall'art. 285, al fine di uccidere, compie atti tali da porre in pericolo la pubblica incolumità è punito, se dal fatto deriva la morte di più persone, con [la morte].[1]

Se è cagionata la morte di una sola persona, si applica l'ergastolo. In ogni altro caso si applica la reclusione non inferiore a quindici anni.

[1] V. la nota all'art. 21.

Riferimenti procedurali:
Arresto: Obbl. in flagranza
Fermo: Sì
Misure cautelari personali: Sì
Autorità competente: C.d.A.
Procedibilità: d'ufficio

423. ***Incendio.*** — Chiunque cagiona un incendio è punito con la reclusione da tre a sette anni.

La disposizione precedente si applica anche nel caso d'incendio della cosa propria, se dal fatto deriva pericolo per la incolumità pubblica.

Riferimenti procedurali:
Arresto: Obbl. in flagranza
Fermo: Sì
Misure cautelari personali: Sì
Autorità competente: T.m.
Procedibilità: d'ufficio

423-*bis*. ***Incendio boschivo.***[1] — Chiunque, al di fuori dei casi di uso legittimo delle tecniche di controfuoco e di fuoco prescritto, cagiona un incendio su boschi, selve o foreste ovvero su vivai forestali destinati al rimboschimento, propri o altrui, è punito con la reclusione da quattro a dieci anni.[2]

Se l'incendio di cui al primo comma è cagionato per colpa, la pena è della reclusione da uno a cinque anni.

Le pene previste dal primo e dal secondo comma sono aumentate se dall'incendio deriva pericolo per edifici o danno su aree o specie animali o vegetali protette o su animali domestici o di allevamento.[2]

Le pene previste dal primo e dal secondo comma sono aumentate della metà, se dall'incendio deriva un danno grave, esteso e persistente all'ambiente.

Le pene previste dal presente articolo sono diminuite dalla metà a due terzi nei confronti di colui che si adopera per evitare che l'attività delittuosa venga portata a conseguenze ulteriori, ovvero, prima della dichiarazione di apertura del dibattimento di primo grado, provvede concretamente alla messa in sicurezza e, ove possibile, al ripristino dello stato dei luoghi.[3]

Le pene previste dal presente articolo sono diminuite da un terzo alla metà nei confronti di colui che aiuta concretamente l'autorità di polizia o l'autorità giudiziaria nella ricostruzione del fatto, nell'individuazione degli autori o nella sottrazione di risorse rilevanti per la commissione dei delitti.[3]

[1] Articolo ins. dall'art. 1, D.L. 4 ago. 2000, n. 220, conv. con modif. in L. 6 ott. 2000, n. 275.

[2] Comma così modif. dall'art. 6, c. 1, D.L. 8 set. 2021, n. 120, conv. con modif. in L. 8 nov. 2021, n. 155.

[3] Comma aggiunto dall'art. 6, c. 1, D.L. 8 set. 2021, n. 120, conv. con modif. in L. 8 nov. 2021, n. 155.

Riferimenti procedurali:
Arresto: Obbl. in flagranza (I c.), No (II c.)
Fermo: Sì (I c. e IV c.)
Misure cautelari personali: Sì
Autorità competente: T.m., T.c. (IV c.)
Procedibilità: d'ufficio

423-*ter*. ***Pene accessorie.***[1] — Fermo quanto previsto dal secondo comma e dagli articoli 29 e 31, la condanna alla reclusione per un tempo non inferiore a due anni per il delitto di cui all'articolo 423-*bis*, primo comma, importa l'estinzione del rapporto di lavoro o di impiego nei confronti del dipendente di amministrazioni od enti pubblici ovvero di enti a prevalente partecipazione pubblica.

La condanna per il reato di cui all'articolo 423-*bis*, primo comma, importa altresì l'interdizione da cinque a dieci anni dall'assunzione di incarichi o dallo svolgimento di servizi nell'ambito della lotta attiva contro gli incedi boschivi.

[1] Articolo ins. dall'art. 6, c. 1, D.L. 8 set. 2021, n. 120, conv. con modif. in L. 8 nov. 2021, n. 155.

423-*quater*. *Confisca.*[1] — Nel caso di condanna o di applicazione della pena su richiesta delle parti, a norma dell'articolo 444 del codice di procedura penale, per il delitto previsto dall'articolo 423-*bis*, primo comma, è sempre ordinata la confisca dei beni che costituiscono il prodotto o il profitto del reato e delle cose che servirono a commettere il reato, salvo che appartengano a persone estranee al reato.

Quando, a seguito di condanna per il delitto previsto dall'articolo 423-*bis*, primo comma, è stata disposta la confisca dei beni che costituiscono il prodotto o il profitto del reato ed essa non è possibile, il giudice individua beni di valore equivalente di cui il condannato abbia anche indirettamente o per interposta persona la disponibilità e ne ordina la confisca.

I beni confiscati e i loro eventuali proventi sono messi nella disponibilità della pubblica amministrazione competente e vincolati all'uso per il ripristino dei luoghi.

La confisca non si applica nel caso in cui l'imputato abbia efficacemente provveduto al ripristino dello stato dei luoghi.

[1] Articolo ins. dall'art. 6, c. 1, D.L. 8 set. 2021, n. 120, conv. con modif. in L. 8 nov. 2021, n. 155.

424. *Danneggiamento seguito da incendio.*[1] — Chiunque, al di fuori delle ipotesi previste nell'art. 423-*bis*,[2] al solo scopo di danneggiare la cosa altrui, appicca il fuoco a una cosa propria o altrui è punito, se dal fatto sorge il pericolo di un incendio, con la reclusione da sei mesi a due anni.

Se segue l'incendio, si applicano le disposizioni dell'art. 423,[3] ma la pena è ridotta da un terzo alla metà.

Se al fuoco appiccato a boschi, selve e foreste, ovvero vivai forestali destinati al rimboschimento, segue incendio, si applicano le pene previste dall'art. 423-*bis*.

[1] Ai sensi dell'art. 71 del D.lgs. 6 dic. 2011, n. 159 (codice delle leggi antimafia) le pene stabilite per i delitti previsti da questo art. sono aumentate da un terzo alla metà se il fatto è commesso da persona sottoposta con provvedimento definitivo ad una misura di prevenzione personale durante il periodo previsto di applicazione e fino a tre anni dal momento in cui ne è cessata l'esecuzione. Si procede d'ufficio e se i delitti di cui al c. 1 dell'art. 71, per i quali è consentito l'arresto in fragranza, sono commessi da persone sottoposte alla misura di prevenzione, la polizia giudiziaria può procedere all'arresto anche fuori dai casi di flagranza. Alla pena è aggiunta una misura di sicurezza detentiva.

[2] Parole inserite dall'art. 1, II c., della L. 6 ott. 2000, n. 275.

[3] Parole sostituite dall'art. 1, III c., della L. 6 ott. 2000, n. 275.

Riferimenti procedurali:
Arresto: No (I c.), Facol. in flagranza (II c.)
Fermo: No (III c.)
Misure cautelari personali: Sì
Autorità competente: T.m.
Procedibilità: d'ufficio

425. *Circostanze aggravanti.* — Nei casi preveduti dagli artt. 423 e 424,[1] la pena è aumentata se il fatto è commesso:

1) su edifici pubblici o destinati a uso pubblico, su monumenti, cimiteri e loro dipendenze;

2) su edifici abitati o destinati a uso di abitazione, su impianti industriali o cantieri, su aziende agricole,[2] o su miniere, cave, sorgenti, o su acquedotti o altri manufatti destinati a raccogliere e condurre le acque;

3) su navi o altri edifici natanti, o su aeromobili;

4) su scali ferroviari o marittimi, o aeroscali, magazzini generali o altri depositi di merci o derrate, o su ammassi o depositi di materie esplodenti, infiammabili o combustibili;

[5) su boschi, selve o foreste.][3]

[1] Parole così sostituite dall'art. 1, c. 5, L. 6 ott. 2000, n. 275.

[2] Parole ins. dall'art. 6, c. 1, D.L. 8 set. 2021, n. 120, conv. con modif. in L. 8 nov. 2021, n. 155.

[3] Numero abrog. dall'art. 1, D.L. 4 ago. 2000, n. 220, conv. in L. 6 ott. 2000, n. 353.

426. *Inondazione, frana o valanga.* — Chiunque cagiona un'inondazione o una frana, ovvero la caduta di una valanga, è punito con la reclusione da cinque a dodici anni.

Riferimenti procedurali:
Arresto: Obbl. in flagranza
Fermo: Sì
Misure cautelari personali: Sì
Autorità competente: T.c.
Procedibilità: d'ufficio

427. *Danneggiamento seguito da inondazione, frana o valanga.* — Chiunque rompe, deteriora o rende in tutto o in parte inservibili chiuse, sbarramenti, argini, dighe o altre opere destinate alla difesa contro acque, valanghe o frane, ovvero alla raccolta o alla condotta delle acque, al solo scopo di danneggiamento, è punito, se dal fatto deriva il pericolo di una inondazione o di una frana, ovvero della caduta di una valanga, con la reclusione da uno a cinque anni.

Se il disastro si verifica, la pena è della reclusione da tre a dieci anni.

Riferimenti procedurali:
Arresto: Facol. in flagranza (I c.), Obbl. (II c.)
Fermo: No (I c.), Sì (II c.)
Misure cautelari personali: Sì

Autorità competente: T.m.
Procedibilità: d'ufficio

428. *Naufragio, sommersione o disastro aviatorio.* — Chiunque cagiona il naufragio o la sommersione di una nave o di un altro edificio natante, ovvero la caduta di un aeromobile, di altrui proprietà, è punito con la reclusione da cinque a dodici anni.

La pena è della reclusione da cinque a quindici anni se il fatto è commesso distruggendo, rimuovendo o facendo mancare le lanterne o altri segnali, ovvero adoperando falsi segnali o altri mezzi fraudolenti.

Le disposizioni di questo articolo si applicano anche a chi cagiona il naufragio o la sommersione di una nave o di un altro edificio natante, ovvero la caduta di un aeromobile, di sua proprietà, se dal fatto deriva pericolo per la incolumità pubblica.

Riferimenti procedurali:
Arresto: Obbl. in flagranza
Fermo: Sì
Misure cautelari personali: Sì
Autorità competente: T.c.
Procedibilità: d'ufficio

429. *Danneggiamento seguito da naufragio.* — Chiunque, al solo scopo di danneggiare una nave, un edificio natante o un aeromobile, ovvero un apparecchio prescritto per la sicurezza della navigazione, lo deteriora, ovvero lo rende in tutto o in parte inservibile, è punito, se dal fatto deriva pericolo di naufragio, di sommersione o di disastro aviatorio, con la reclusione da uno a cinque anni.

Se dal fatto deriva il naufragio, la sommersione o il disastro, la pena è della reclusione da tre a dieci anni.

Riferimenti procedurali:
Arresto: Facol. in flagranza (I c.), Obbl. in flagranza (II c.)
Fermo: No (I c.), Sì (II c.)
Misure cautelari personali: Sì
Autorità competente: T.m. (I c.), T.c. (II c.)
Procedibilità: d'ufficio

430. *Disastro ferroviario.* — Chiunque cagiona un disastro ferroviario è punito con la reclusione da cinque a quindici anni.

Riferimenti procedurali:
Arresto: Obbl. in flagranza
Fermo: Sì
Misure cautelari personali: Sì
Autorità competente: T.c.
Procedibilità: d'ufficio

431. *Pericolo di disastro ferroviario causato da danneggiamento.* — Chiunque, al solo scopo di danneggiare una strada ferrata ovvero macchine, veicoli, strumenti, apparecchi o altri oggetti che servono all'esercizio di essa, li distrugge in tutto o in parte, li deteriora o li rende altrimenti in tutto o in parte inservibili, è punito, se dal fatto deriva il pericolo di un disastro ferroviario, con la reclusione da due a sei anni.

Se dal fatto deriva il disastro, la pena è della reclusione da tre a dieci anni.

Per *strade ferrate* la legge penale intende, oltre le strade ferrate ordinarie, ogni altra strada con rotaie metalliche, sulla quale circolino veicoli mossi dal vapore, dall'elettricità o da un altro mezzo di trazione meccanica.

Riferimenti procedurali:
Arresto: Facol. in flagranza (I c.), Obbl. in flagranza (II c.)
Fermo: No (I c.), Sì (II c.)
Misure cautelari personali: Sì
Autorità competente: Tm (I c.), T.c. (II c.)
Procedibilità: d'ufficio

432. *Attentati alla sicurezza dei trasporti.* — Chiunque, fuori dei casi preveduti dagli articoli precedenti, pone in pericolo la sicurezza dei pubblici trasporti per terra, per acqua o per aria, è punito con la reclusione da uno a cinque anni.[1]

Si applica la reclusione da tre mesi a due anni a chi lancia corpi contundenti o proiettili contro veicoli in movimento, destinati a pubblici trasporti per terra, per acqua o per aria.

Se dal fatto deriva un disastro, la pena è della reclusione da tre a dieci anni.

[1] V. R.D. 31 ott. 1873, n. 1687.

Riferimenti procedurali:
Arresto: Facol. in flagranza (I c.), Obbl. in flagranza (III c.)
Fermo: No (I, II c.), Sì (III c.)
Misure cautelari personali: Sì
Autorità competente: T.m. (I, II c.), T.c. (III c.)
Procedibilità: d'ufficio

433. *Attentati alla sicurezza degli impianti di energia elettrica e del gas, ovvero delle pubbliche comunicazioni.* — Chiunque attenta alla sicurezza delle officine, delle opere, degli apparecchi o di altri mezzi destinati alla produzione o alla trasmissione di energia elettrica o di gas, per la illuminazione o per le industrie, è punito, qualora dal fatto derivi pericolo alla pubblica incolumità, con la reclusione da uno a cinque anni.

La stessa pena si applica a chi attenta alla sicurezza delle pubbliche comunicazioni telegrafiche o telefoniche, qualora dal fatto derivi pericolo per la pubblica incolumità.

Se dal fatto deriva un disastro, la pena è della reclusione da tre a dieci anni.

Riferimenti procedurali:
Arresto: Facol. in flagranza (I, II c.), Obbl. in flagranza (III c.)
Fermo: No (I, II c.), Sì (III c.)
Misure cautelari personali: Sì
Autorità competente: T.m. (I, II c.), T.c. (III c.)
Procedibilità: d'ufficio

433-*bis*. *Attentato alla sicurezza delle instal-*

lazioni nucleari.[1] — Chiunque attenta alla sicurezza delle installazioni nucleari ovvero degli impianti, dei luoghi o dei mezzi adibiti alla produzione, alla conservazione o al trasporto di materie nucleari è punito, qualora dal fatto derivi pericolo per la pubblica incolumità, con la reclusione da quattro a otto anni.

Se dal fatto deriva un disastro, la pena è della reclusione da cinque a venti anni.

[1] Articolo ins. dall'art. 8, c. 1, L. 28 apr. 2015, n. 58.

Riferimenti procedurali:
Arresto: Facol. in flagranza (I c.), Obblig in flagranza (II c.)
Fermo: Sì
Misure cautelari personali: Sì
Autorità competente: T.m. (I c.), T.c. (II c.)
Procedibilità: d'ufficio

434. ***Crollo di costruzioni o altri disastri dolosi.*** — Chiunque, fuori dei casi preveduti dagli artt. precedenti, commette un fatto diretto a cagionare il crollo di una costruzione o di una parte di essa ovvero un altro disastro è punito, se dal fatto deriva pericolo per la pubblica incolumità, con la reclusione da uno a cinque anni.

La pena è della reclusione da tre a dodici anni se il crollo o il disastro avviene.

Riferimenti procedurali:
Arresto: Facol. in flagranza (I c.), Obbl. in flagranza (II c.)
Fermo: No (I c.), Sì (II c.)
Misure cautelari personali: Sì
Autorità competente: T.m. (I c.), T.c. (II c.)
Procedibilità: d'ufficio

435. ***Fabbricazione o detenzione di materie esplodenti.***[1] — Chiunque, al fine di attentare alla pubblica incolumità, fabbrica, acquista o detiene dinamite o altre materie esplodenti, asfissianti, accecanti, tossiche o infiammabili, ovvero sostanze che servano alla composizione o alla fabbricazione di esse, è punito con la reclusione da uno a cinque anni.

[1] Ai sensi dell'art. 71 del D.lgs. 6 dic. 2011, n. 159 (codice delle leggi antimafia) le pene stabilite per i delitti previsti da questo art. sono aumentate da un terzo alla metà se il fatto è commesso da persona sottoposta con provvedimento definitivo ad una misura di prevenzione personale durante il periodo previsto di applicazione e fino a tre anni dal momento in cui ne è cessata l'esecuzione. Si procede d'ufficio e se i delitti di cui al c. 1 dell'art. 71, per i quali è consentito l'arresto in fragranza, sono commessi da persone sottoposte alla misura di prevenzione, la polizia giudiziaria può procedere all'arresto anche fuori dai casi di flagranza. Alla pena è aggiunta una misura di sicurezza detentiva.

Riferimenti procedurali:
Arresto: Facol. in flagranza
Fermo: Sì
Misure cautelari personali: Sì
Autorità competente: T.m.
Procedibilità: d'ufficio

436. ***Sottrazione, occultamento o guasto di apparecchi a pubblica difesa da infortuni.*** — Chiunque, in occasione di un incendio, di una inondazione, di una sommersione, di un naufragio, o di un altro disastro o pubblico infortunio, sottrae, occulta o rende inservibili materiali, apparecchi o altri mezzi destinati all'estinzione dell'incendio o all'opera di difesa, di salvataggio o di soccorso, ovvero in qualsiasi modo impedisce, od ostacola, che l'incendio sia estinto, o che sia prestata opera di difesa o di assistenza, è punito con la reclusione da due a sette anni.

Riferimenti procedurali:
Arresto: Facoltà in flagranza
Fermo: Sì
Misure cautelari personali: Sì
Autorità competente: T.m.
Procedibilità: d'ufficio

437. ***Rimozione od omissione dolosa di cautele contro infortuni sul lavoro.*** — Chiunque omette di collocare impianti, apparecchi o segnali destinati a prevenire disastri o infortuni sul lavoro, ovvero li rimuove o li danneggia, è punito con la reclusione da sei mesi a cinque anni.

Se dal fatto deriva un disastro o un infortunio, la pena è della reclusione da tre a dieci anni.

Riferimenti procedurali:
Arresto: Facol. in flagranza (I c.), Obbl. in flagranza (II c.)
Fermo: No (I c.), Sì (II c.)
Misure cautelari personali: Sì
Autorità competente: T.m.
Procedibilità: d'ufficio

CAPO II

Dei delitti di comune pericolo mediante frode

438. ***Epidemia.*** — Chiunque cagiona un'epidemia mediante la diffusione di germi patogeni è punito con l'ergastolo.

[Se dal fatto deriva la morte di più persone, si applica la pena di morte].[1]

[1] V. nota all'art. 21.

Riferimenti procedurali:
Arresto: Obbl. in flagranza
Fermo: Sì
Misure cautelari personali: Sì
Autorità competente: C.d.A.
Procedibilità: d'ufficio

439. ***Avvelenamento di acque o di sostanze alimentari.*** — Chiunque avvelena acque o sostanze destinate all'alimentazione, prima che siano attinte o distribuite per il consumo, è punito con la reclusione non inferiore a quindici anni.[1]

Se dal fatto deriva la morte di alcuno, si applica l'ergastolo; [e, nel caso di morte di più persone, si applica la pena di morte].[1]

[1] V. nota all'art. 21.

Riferimenti procedurali:
Arresto: Obbl. in flagranza
Fermo: Sì
Misure cautelari personali: Sì
Autorità competente: C.d.A.
Procedibilità: d'ufficio

440. ***Adulterazione e contraffazione di sostanze alimentari.*** — Chiunque corrompe o adultera acque o sostanze destinate all'alimentazione, prima che siano attinte o distribuite per il consumo, rendendole pericolose alla salute pubblica, è punito con la reclusione da tre a dieci anni.

La stessa pena si applica a chi contraffà, in modo pericoloso alla salute pubblica, sostanze alimentari destinate al commercio.[1]

La pena è aumentata se sono adulterate o contraffatte sostanze medicinali.[2]

[1] Sulla disciplina igienica della produzione e della vendita delle sostanze alimentari e delle bevande v. L. 30 apr. 1962, n. 283 e D.L. 18 giu. 1986, n. 282, conv. in L. 7 ago. 1986, n. 462.
[2] V. art. 452, comma 2.

Riferimenti procedurali:
Arresto: Obbl. in flagranza
Fermo: Sì
Misure cautelari personali: Sì
Autorità competente: T.c.
Procedibilità: d'ufficio

441. ***Adulterazione e contraffazione di altre cose in danno della pubblica salute.*** — Chiunque adultera o contraffà, in modo pericoloso alla salute pubblica, cose destinate al commercio, diverse da quelle indicate nell'articolo precedente, è punito con la reclusione da uno a cinque anni o con la multa non inferiore a euro 309.[1]

[1] V. art. 452, comma 2.

Riferimenti procedurali:
Arresto: Facol. in flagranza
Fermo: No
Misure cautelari personali: Sì
Autorità competente: T.m.
Procedibilità: d'ufficio

442. ***Commercio di sostanze alimentari contraffatte o adulterate.*** — Chiunque, senza essere concorso nei reati preveduti dai tre articoli precedenti detiene per il commercio, pone in commercio, ovvero distribuisce per il consumo acque, sostanze o cose che sono state da altri avvelenate, corrotte, adulterate o contraffatte, in modo pericoloso alla salute pubblica, soggiace alle pene rispettivamente stabilite nei detti articoli.[1,2]

[1] V. art. 452, comma 2.
[2] Delitto di competenza della Corte di assise, se dal fatto è derivata la morte di una o più persone ex art. 5 c. 1. lett. *c* c.p.p.

443. ***Commercio o somministrazione di medicinali guasti.*** — Chiunque detiene per il commercio, pone in commercio o somministra medicinali guasti o imperfetti è punito con la reclusione da sei mesi a tre anni e con la multa non inferiore a euro 103.[1]

[1] V. art. 452, comma 2.

Riferimenti procedurali:
Arresto: Facol. in flagranza
Fermo: No
Misure cautelari personali: Sì
Autorità competente: T.m.
Procedibilità: d'ufficio

444. ***Commercio di sostanze alimentari nocive.*** — Chiunque detiene per il commercio, pone in commercio ovvero distribuisce per il consumo sostanze destinate all'alimentazione, non contraffatte né adulterate, ma pericolose alla salute pubblica, è punito con la reclusione da sei mesi a tre anni e con la multa non inferiore a euro 51.

La pena è diminuita se la qualità nociva delle sostanze è nota alla persona che le acquista o le riceve.

Riferimenti procedurali:
Arresto: Facol. in flagranza
Fermo: No
Misure cautelari personali: Sì
Autorità competente: T.m.
Procedibilità: d'ufficio

445. ***Somministrazione di medicinali in modo pericoloso per la salute pubblica.*** — Chiunque, esercitando, anche abusivamente, il commercio di sostanze medicinali, le somministra in specie, qualità o quantità non corrispondente alle ordinazioni mediche, o diversa da quella dichiarata o pattuita, è punito con la reclusione da sei mesi a due anni e con la multa da euro 103 a euro 1.032.

Riferimenti procedurali:
Arresto: No
Fermo: No
Misure cautelari personali: Sì
Autorità competente: T.m.
Procedibilità: d'ufficio

446. ***Confisca obbligatoria.***[1] — In caso di condanna per taluno dei delitti preveduti negli artt. 439, 440, 441 e 442, se dal fatto è derivata la morte o la lesione grave o gravissima di una persona, la confisca delle cose indicate nel primo comma dell'art. 240 è obbligatoria.

[1] Articolo ins. dall'art. 1, D.L. 18 giu. 1986, n. 282, conv. con modif. in L. 7 ago. 1986, n. 462 e quindi abrog. dall'art. 110, L. 26 giu. 1990, n. 162. V. tuttavia l'art. 136 del D.P.R. 9 ott. 1990, n. 309, che ha implicitamente eliminato l'abrogazione operata della L. 162/1990.

447. [***Agevolazione dolosa dell'uso di sostanze stupefacenti***][1]

[1] Articolo abrog. implicitamente dalla L. 22 dic. 1975, n. 685 e quindi esplicitamente dall'art. 136, D.P.R. 9 ott. 1990, n. 309.

448. ***Pene accessorie.*** — La condanna per taluno dei delitti preveduti da questo capo importa la pubblicazione della sentenza.

La condanna per taluno dei delitti preveduti dagli art. 439, 440, 441 e 442 importa l'interdizione da cinque a dieci anni dalla professione, arte, industria, commercio o mestiere nonché l'interdizione dagli uffici direttivi delle persone giuridiche e delle imprese per lo stesso periodo. La condanna comporta altresì la pubblicazione della sentenza su almeno due quotidiani a diffusione nazionale.[1]

[1] Comma inserito dall'art. 1 del D.L. 18 giu. 1986, n. 282, conv. con modif. in L. 7 ago. 1986, n. 462.

CAPO III
Dei delitti colposi di comune pericolo

449. *Delitti colposi di danno.* — Chiunque, al di fuori delle ipotesi previste nel secondo comma dell'art. 423-*bis*,[1] cagiona per colpa un incendio, o un altro disastro preveduto dal capo primo di questo titolo, è punito con la reclusione da uno a cinque anni.

La pena è raddoppiata se si tratta di disastro ferroviario o di naufragio o di sommersione di una nave adibita a trasporto di persone o di caduta di un aeromobile adibito a trasporto di persone.

[1] Parole inserite dall'art. 1, VII c., del D.L. 4 ago. 2000, n. 220, conv. in L. 6 ott. 2000, n. 275.

Riferimenti procedurali:
Arresto: Facol. in flagranza
Fermo: No (I c.), Sì (II c.)
Misure cautelari personali: Sì
Autorità competente: T.m. (I c.), T.c. (II c.)
Procedibilità: d'ufficio

450. *Delitti colposi di pericolo.* — Chiunque, con la propria azione od omissione colposa, fa sorgere o persistere il pericolo di un disastro ferroviario, di un'inondazione, di un naufragio, o della sommersione di una nave o di un altro edificio natante, è punito con la reclusione fino a due anni.

La reclusione non è inferiore a un anno se il colpevole ha trasgredito ad un particolare ingiunzione dell'Autorità diretta alla rimozione del pericolo.

Riferimenti procedurali:
Arresto: No
Fermo: No
Misure cautelari personali: No
Autorità competente: T.m.
Procedibilità: d'ufficio

451. *Omissione colposa di cautele o difese contro disastri o infortuni sul lavoro.* — Chiunque, per colpa, omette di collocare, ovvero rimuove o rende inservibili apparecchi o altri mezzi destinati alla estinzione di un incendio, o al salvataggio o al soccorso contro disastri o infortuni sul lavoro, è punito con la reclusione fino a un anno o con la multa da euro 103 a euro 516.

Riferimenti procedurali:
Arresto: No
Fermo: No
Misure cautelari personali: No
Autorità competente: T.m.
Procedibilità: d'ufficio

452. *Delitti colposi contro la salute pubblica.* — Chiunque commette, per colpa, alcuno dei fatti preveduti dagli artt. 438 e 439 è punito:

1) con la reclusione da tre a dodici anni, nei casi per i quali le dette disposizioni stabiliscono la pena di morte;[1]

2) con la reclusione da uno a cinque anni, nei casi per i quali esse stabiliscono l'ergastolo;

3) con la reclusione da sei mesi a tre anni, nel caso in cui l'art. 439 stabilisce la pena della reclusione.

Quando sia commesso per colpa alcuno dei fatti preveduti dagli artt. 440,

441, 442, 443, 444 e 445 si applicano le pene ivi rispettivamente stabilite ridotte da un terzo a un sesto.

[1] V. nota all'art. 21.

Riferimenti procedurali:
Arresto: Facol. in flagranza (I c. 1ª, 2ª ipotesi), No (3ª ipotesi), Obbl. in flagranza (II c.), Sì
Fermo: Sì (I c. 1ª ipotesi)
Misure cautelari personali: Sì
Autorità competente: T.c. (I c., n. 1 e 2), T.m. (I c., n. 3)
Procedibilità: d'ufficio

TITOLO VI-*bis*
Dei delitti contro l'ambiente[1]

[1] Titolo ins. dall'art. 1, c. 1, L. 22 mag. 2015, n. 68.

452-*bis*. *Inquinamento ambientale.* — È punito con la reclusione da due a sei anni e con la multa da euro 10.000 a euro 100.000 chiunque abusivamente cagiona una compromissione o un deterioramento significativi e misurabili:

1) delle acque o dell'aria, o di porzioni estese o significative del suolo o del sottosuolo;

2) di un ecosistema, della biodiversità, anche agraria, della flora o della fauna.

Quando l'inquinamento è prodotto in un'area naturale protetta o sottoposta a vincolo paesaggistico, ambientale, storico, artistico, architettonico o archeologico, ovvero in danno di specie animali o vegetali protette, la pena è aumentata.

Riferimenti procedurali:
Arresto: Facol. in flagranza
Fermo: No
Misure cautelari personali: Sì
Autorità competente: T.m.
Procedibilità: d'ufficio

452-*ter*. *Morte o lesioni come conseguenza del delitto di inquinamento ambientale.* — Se da uno dei fatti di cui all'articolo 452-*bis* deriva, quale conseguenza non voluta dal reo, una lesione personale, ad eccezione delle ipotesi in cui la malattia ha una durata non superiore ai venti giorni, si applica la pena della reclusione da due anni e sei mesi a sette anni; se ne deriva una lesione grave, la pena della reclusione da tre a otto anni; se ne deriva una lesione gravissima, la pena della reclusione da quattro a nove anni; se ne deriva la morte, la pena della reclusione da cinque a dieci anni.

Nel caso di morte di più persone, di lesioni di più persone, ovvero di morte di una o più persone e lesioni di una o più persone, si applica la pena che dovrebbe infliggersi per l'ipotesi più grave, aumentata fino al triplo, ma la pena della reclusione non può superare gli anni venti.

Riferimenti procedurali:
Arresto: Facol. in flagranza, Obblig. (II c.)
Fermo: Sì
Misure cautelari personali: Sì
Autorità competente: T.m. (I c.), T.c. (II c.)
Procedibilità: d'ufficio

452-*quater*. *Disastro ambientale.* — Fuori dai casi previsti dall'articolo 434, chiunque abusivamente cagiona un disastro ambientale è punito con la reclusione da cinque a quindici anni. Costituiscono disastro ambientale alternativamente:

1) l'alterazione irreversibile dell'equilibrio di un ecosistema;

2) l'alterazione dell'equilibrio di un ecosistema la cui eliminazione risulti particolarmente onerosa e conseguibile solo con provvedimenti eccezionali;

3) l'offesa alla pubblica incolumità in ragione della rilevanza del fatto per l'estensione della compromissione o dei suoi effetti lesivi ovvero per il numero delle persone offese o esposte a pericolo.

Quando il disastro è prodotto in un'area naturale protetta o sottoposta a vincolo paesaggistico, ambientale, storico, artistico, architettonico o archeologico, ovvero in danno di specie animali o vegetali protette, la pena è aumentata.

Riferimenti procedurali:
Arresto: Facol. in flagranza
Fermo: Sì
Misure cautelari personali: Sì
Autorità competente: T.c.
Procedibilità: d'ufficio

452-*quinquies*. *Delitti colposi contro l'ambiente.* — Se taluno dei fatti di cui agli articoli 452-*bis* e 452-*quater* è commesso per colpa, le pene previste dai medesimi articoli sono diminuite da un terzo a due terzi.

Se dalla commissione dei fatti di cui al comma precedente deriva il pericolo di inquinamento ambientale o di disastro ambientale le pene sono ulteriormente diminuite di un terzo.

452-*sexies*. *Traffico e abbandono di materiale ad alta radioattività.* — Salvo che il fatto costituisca più grave reato, è punito con la reclusione da due a sei anni e con la multa da euro 10.000 a euro 50.000 chiunque abusivamente cede, acquista, riceve, trasporta, importa, esporta, procura ad altri, detiene, trasferisce, abbandona o si disfa illegittimamente di materiale ad alta radioattività.

La pena di cui al primo comma è aumentata se dal fatto deriva il pericolo di compromissione o deterioramento:

1) delle acque o dell'aria, o di porzioni estese o significative del suolo o del sottosuolo;

2) di un ecosistema, della biodiversità, anche agraria, della flora o della fauna.

Se dal fatto deriva pericolo per la vita o per l'incolumità delle persone, la pena è aumentata fino alla metà.

Riferimenti procedurali:
Arresto: Facol. in flagranza
Fermo: Sì (III c.), No (I c.)
Misure cautelari personali: Sì
Autorità competente: T.m.
Procedibilità: d'ufficio

452-*septies*. *Impedimento del controllo.* — Salvo che il fatto costituisca più grave reato, chiunque, negando l'accesso, predisponendo ostacoli o mutando artificiosamente lo stato dei luoghi, impedisce, intralcia o elude l'attività di vigilanza e controllo ambientali e di sicurezza e igiene del lavoro, ovvero ne compromette gli esiti, è punito con la reclusione da sei mesi a tre anni.

Riferimenti procedurali:
Arresto: No
Fermo: No
Misure cautelari personali: No
Autorità competente: T.m.
Procedibilità: d'ufficio

452-*octies*. *Circostanze aggravanti.* — Quando l'associazione di cui all'articolo 416 è diretta, in via esclusiva o concorrente, allo scopo di commettere taluno dei delitti previsti dal presente titolo, le pene previste dal medesimo articolo 416 sono aumentate.

Quando l'associazione di cui all'articolo 416-*bis* è finalizzata a commettere taluno dei delitti previsti dal presente titolo ovvero all'acquisizione della gestione o comunque del controllo di attività economiche, di concessioni, di autorizzazioni, di appalti o di servizi pubblici in materia ambientale, le pene previste dal medesimo articolo 416-*bis* sono aumentate.

Le pene di cui ai commi primo e secondo sono aumentate da un terzo alla metà se dell'associazione fanno parte pubblici ufficiali o incaricati di un pubblico servizio che esercitano funzioni o svolgono servizi in materia ambientale.

452-*novies*. *Aggravante ambientale.* — Quando un fatto già previsto come reato è commesso allo scopo di eseguire uno o più tra i delitti previsti dal presente titolo, dal decreto legislativo 3 aprile 2006, n. 152, o da altra disposizione di legge posta a tutela dell'ambiente, ovvero se dalla commissione del fatto deriva la violazione di una o più norme previste dal citato decreto legislativo n. 152 del

2006 o da altra legge che tutela l'ambiente, la pena nel primo caso è aumentata da un terzo alla metà e nel secondo caso è aumentata di un terzo. In ogni caso il reato è procedibile d'ufficio.

452-*decies*. *Ravvedimento operoso.* — Le pene previste per i delitti di cui al presente titolo, per il delitto di associazione per delinquere di cui all'articolo 416 aggravato ai sensi dell'articolo 452-*octies*, nonché per il delitto di cui all'articolo 260 del decreto legislativo 3 aprile 2006, n. 152, e successive modificazioni, sono diminuite dalla metà a due terzi nei confronti di colui che si adopera per evitare che l'attività delittuosa venga portata a conseguenze ulteriori, ovvero, prima della dichiarazione di apertura del dibattimento di primo grado, provvede concretamente alla messa in sicurezza, alla bonifica e, ove possibile, al ripristino dello stato dei luoghi, e diminuite da un terzo alla metà nei confronti di colui che aiuta concretamente l'autorità di polizia o l'autorità giudiziaria nella ricostruzione del fatto, nell'individuazione degli autori o nella sottrazione di risorse rilevanti per la commissione dei delitti.

Ove il giudice, su richiesta dell'imputato, prima della dichiarazione di apertura del dibattimento di primo grado disponga la sospensione del procedimento per un tempo congruo, comunque non superiore a due anni e prorogabile per un periodo massimo di un ulteriore anno, al fine di consentire le attività di cui al comma precedente in corso di esecuzione, il corso della prescrizione è sospeso.

452-*undecies*. *Confisca.* — Nel caso di condanna o di applicazione della pena su richiesta delle parti, a norma dell'articolo 444 del codice di procedura penale, per i delitti previsti dagli articoli 452-*bis*, 452-*quater*, 452-*sexies*, 452-*septies* e 452-*octies* del presente codice, è sempre ordinata la confisca delle cose che costituiscono il prodotto o il profitto del reato o che servirono a commettere il reato, salvo che appartengano a persone estranee al reato.

Quando, a seguito di condanna per uno dei delitti previsti dal presente titolo, sia stata disposta la confisca di beni ed essa non sia possibile, il giudice individua beni di valore equivalente di cui il condannato abbia anche indirettamente o per interposta persona la disponibilità e ne ordina la confisca.

I beni confiscati ai sensi dei commi precedenti o i loro eventuali proventi sono messi nella disponibilità della pubblica amministrazione competente e vincolati all'uso per la bonifica dei luoghi.

L'istituto della confisca non trova applicazione nell'ipotesi in cui l'imputato abbia efficacemente provveduto alla messa in sicurezza e, ove necessario, alle attività di bonifica e di ripristino dello stato dei luoghi.

452-*duodecies*. *Ripristino dello stato dei luoghi.* — Quando pronuncia sentenza di condanna ovvero di applicazione della pena su richiesta delle parti a norma dell'articolo 444 del codice di procedura penale per taluno dei delitti previsti dal presente titolo, il giudice ordina il recupero e, ove tecnicamente possibile, il ripristino dello stato dei luoghi, ponendone l'esecuzione a carico del condannato e dei soggetti di cui all'articolo 197 del presente codice.

Al ripristino dello stato dei luoghi di cui al comma precedente si applicano le disposizioni di cui al titolo II della parte sesta del decreto legislativo 3 aprile 2006, n. 152, in materia di ripristino ambientale.

452-*terdecies*. *Omessa bonifica.* — Salvo che il fatto costituisca più grave reato, chiunque, essendovi obbligato per legge, per ordine del giudice ovvero di un'autorità pubblica, non provvede alla bonifica, al ripristino o al recupero dello stato dei luoghi è punito con la pena della reclusione da uno a quattro anni e con la multa da euro 20.000 a euro 80.000.

Riferimenti procedurali:
Arresto: Facol. in flagranza
Fermo: No
Misure cautelari personali: No
Autorità competente: T.m.
Procedibilità: d'ufficio

452-*quaterdecies*. *Attività organizzate per il traffico illecito di rifiuti.*[1] — Chiunque, al fine di conseguire un ingiusto profitto, con più operazioni e attraverso l'allestimento di mezzi e attività continuative organizzate, cede, riceve, trasporta, esporta, importa, o comunque gestisce abusivamente ingenti quantitativi di rifiuti è punito con la reclusione da uno a sei anni.

Se si tratta di rifiuti ad alta radioattività si applica la pena della reclusione da tre a otto anni.

Alla condanna conseguono le pene accessorie di cui agli articoli 28, 30, 32-bis e 32-*ter*, con la limitazione di cui all'articolo 33.

Il giudice, con la sentenza di condanna o con quella emessa ai sensi dell'articolo 444 del codice di procedura penale, ordina il ripristino dello stato dell'ambiente e può subordinare la concessione della sospensione condizionale della pena all'eliminazione del danno o del pericolo per l'ambiente.

È sempre ordinata la confisca delle cose che servirono a commettere il reato o che costituiscono il prodotto o il profitto del reato, salvo che appartengano a persone estranee al reato. Quando essa non sia possibile, il giudice individua beni di valore equivalente di cui il condannato abbia anche indirettamente o per interposta persona la disponibilità e ne ordina la confisca.

[1] Articolo ins. dall'art. 3, c. 1, D.lgs. 1 mar. 2018, n. 21.

Riferimenti procedurali:
Arresto: Facol. in flagranza
Fermo: No (I c.), Sì (II c.)
Misure cautelari personali: Sì
Autorità competente: T.m.
Procedibilità: d'ufficio

CODICE PENALE

TITOLO VII
Dei delitti contro la fede pubblica

CAPO I
Della falsità in monete,
in carte di pubblico credito e in valori di bollo

453. ***Falsificazione di monete, spendita e introduzione nello Stato, previo concerto, di monete falsificate.*** — È punito con la reclusione da tre a dodici anni e con la multa da euro 516 a euro 3.098:

1) chiunque contraffà monete nazionali o straniere, aventi corso legale nello Stato o fuori;

2) chiunque altera in qualsiasi modo monete genuine, col dare ad esse l'apparenza di un valore superiore;

3) chiunque, non essendo concorso nella contraffazione o nell'alterazione, ma di concerto con chi l'ha eseguita ovvero con un intermediario, introduce nel territorio dello Stato o detiene o spende o mette altrimenti in circolazione monete contraffatte o alterate;

4) chiunque, al fine di metterle in circolazione, acquista o comunque riceve, da chi le ha falsificate, ovvero da un intermediario, monete contraffatte o alterate.

La stessa pena si applica a chi, legalmente autorizzato alla produzione, fabbrica indebitamente, abusando degli strumenti o dei materiali nella sua disponibilità, quantitativi di monete in eccesso rispetto alle prescrizioni.[1]

La pena è ridotta di un terzo quando le condotte di cui al primo e secondo comma hanno ad oggetto monete non aventi ancora corso legale e il termine iniziale dello stesso è determinato.[1]

[1] Comma aggiunto dall'art. 1, c. 1, D.lgs. 21 giu. 2016, n. 125.

Riferimenti procedurali:
Arresto: Facol. in flagranza
Fermo: Sì
Misure cautelari personali: Sì
Autorità competente: T.c.
Procedibilità: d'ufficio

454. ***Alterazione di monete.*** — Chiunque altera monete della qualità indicata nell'articolo precedente, scemandone in qualsiasi modo il valore, ovvero, rispetto alle monete in tal modo alterate, commette alcuno dei fatti indicati nei nn. 3 e 4 del detto articolo, è punito con la reclusione da uno a cinque anni e con la multa da euro 103 a euro 516.

Riferimenti procedurali:
Arresto: Facoltà in flagranza
Fermo: No
Misure cautelari personali: Sì
Autorità competente: T.m.
Procedibilità: d'ufficio

455. ***Spendita e introduzione nello Stato, senza concerto, di monete falsificate.*** — Chiunque, fuori dei casi preveduti dai due articoli precedenti, introduce nel territorio dello Stato, acquista o detiene monete contraffatte o alterate, al fine di metterle in circolazione, ovvero le spende o le mette altrimenti in circolazione, soggiace alle pene stabilite nei detti articoli ridotte da un terzo alla metà.

Riferimenti procedurali:
Arresto: Facol. in flagranza
Fermo: No
Misure cautelari personali: Sì
Autorità competente: T.m.
Procedibilità: d'ufficio

456. ***Circostanze aggravanti.*** — Le pene stabilite negli artt. 453 e 455 sono aumentate se dai fatti ivi preveduti deriva una diminuzione nel prezzo della valuta o dei titoli di Stato, o ne è compromesso il credito nei mercati interni o esteri.

457. ***Spendita di monete falsificate ricevute in buona fede.*** — Chiunque spende, o mette altrimenti in circolazione monete contraffatte o alterate, da lui ricevute in buona fede, è punito con la reclusione fino a sei mesi o con la multa fino a euro 1.032.

Riferimenti procedurali:
Arresto: No
Fermo: No
Misure cautelari personali: No
Autorità competente: T.m.
Procedibilità: d'ufficio

458. ***Parificazione delle carte di pubblico credito alle monete.*** — Agli effetti della legge penale, sono parificate alle monete le carte di pubblico credito.

Per *carte di pubblico credito* s'intendono, oltre quelle che hanno corso legale come moneta, le carte e cedole al portatore emesse dai Governi, e tutte le altre aventi corso legale emesse da istituti a ciò autorizzati.

459. ***Falsificazione di valori di bollo, introduzione nello Stato, acquisto, detenzione o messa in circolazione di valori di bollo falsificati.*** — Le disposizioni degli artt. 453, 455 e 457 si applicano anche alla contraffazione o alterazione di valori di bollo e alla introduzione nel territorio dello Stato, o all'acquisto, detenzione e messa in circolazione di valori di bollo contraffatti; ma le pene sono ridotte di un terzo.

Agli effetti della legge penale, s'intendono per *valori di bollo* la carta bollata, le marche da bollo, i francobolli e gli altri valori equiparati a questi da leggi speciali.[1]

[1] V. l'art. 27 del D.P.R. 26 ott. 1972, n. 642, sull'imposta di bollo, e Codice postale 20 mar. 1973, n. 156, art. 33.

Riferimenti procedurali:
Arresto: Facol. in flagranza (in relaz. artt. 453), No (in relaz. artt. 455 e 457)
Fermo: Sì (in relaz. art. 453)
Misure cautelari personali: Sì

Autorità competente: T.m.
Procedibilità: d'ufficio

460. ***Contraffazione di carta filigranata in uso per la fabbricazione di carte di pubblico credito o di valori di bollo.*** — Chiunque contraffà la carta filigranata che si adopera per la fabbricazione delle carte di pubblico credito o dei valori di bollo, ovvero acquista, detiene o aliena tale carta contraffatta, è punito, se il fatto non costituisce un più grave reato, con la reclusione da due a sei anni e con la multa da euro 309 a euro 1.032.

Riferimenti procedurali:
Arresto: Facol. in flagranza
Fermo: No
Misure cautelari personali: Sì
Autorità competente: T.m.
Procedibilità: d'ufficio

461. ***Fabbricazione o detenzione di filigrane o di strumenti destinati alla falsificazione di monete, di valori di bollo o di carta filigranata.*** — Chiunque fabbrica, acquista, detiene o aliena filigrane, programmi e dati[1] informatici[2] o strumenti destinati [esclusivamente][3] alla contraffazione o alterazione di monete, di valori di bollo o di carta filigranata è punito, se il fatto non costituisce un più grave reato, con la reclusione da uno a cinque anni e con la multa da euro 103 a euro 516.

La stessa pena si applica se le condotte previste dal I comma hanno ad oggetto ologrammi o altri componenti della moneta destinati ad assicurarne la protezione contro la contraffazione o l'alterazione.[4]

[1] Le parole "e dati" sono state ins. dall'art. 1, c. 1, D.lgs. 21 giu. 2016, n. 125.
[2] Le parole "programmi informatici" sono state inserite dall'art. 5, c. 1, D.L. 25 set. 2001, n. 350, conv. con modif. in L. 23 nov. 2001, n. 409.
[3] Parola soppressa dall'art. 1, c. 1, D.lgs. 21 giu. 2016, n. 125.
[4] Comma aggiunto dall'art. 5, c. 1, del D.L. 25 set. 2001, n. 350, conv. con modif. in L. 23 nov. 2001, n. 409.

Riferimenti procedurali:
Arresto: Facol. in flagranza
Fermo: No
Misure cautelari personali: Sì
Autorità competente: T.m.
Procedibilità: d'ufficio

462. ***Falsificazione di biglietti di pubbliche imprese di trasporto.*** — Chiunque contraffà o altera biglietti di strade ferrate o di altre pubbliche imprese di trasporto, ovvero, non essendo concorso nella contraffazione o nell'alterazione, acquista o detiene al fine di metterli in circolazione, o mette in circolazione tali biglietti contraffatti o alterati, è punito con la reclusione fino a un anno e con la multa da euro 10 a euro 206.

Riferimenti procedurali:
Arresto: No
Fermo: No
Misure cautelari personali: No
Autorità competente: T.m.
Procedibilità: d'ufficio

463. ***Casi di non punibilità.*** — Non è punibile chi, avendo commesso alcuno dei fatti preveduti dagli articoli precedenti, riesce, prima che l'Autorità ne abbia notizia, a impedire la contraffazione, l'alterazione, la fabbricazione o la circolazione delle cose indicate negli articoli stessi.

464. ***Uso di valori di bollo contraffatti o alterati.*** — Chiunque, non essendo concorso nella contraffazione o nell'alterazione, fa uso di valori di bollo contraffatti o alterati è punito con la reclusione fino a tre anni e con la multa fino a euro 516.

Se i valori sono stati ricevuti in buona fede, si applica la pena stabilita nell'art. 457, ridotta di un terzo.

Riferimenti procedurali:
Arresto: No
Fermo: No
Misure cautelari personali: No
Autorità competente: T.m.
Procedibilità: d'ufficio

465. ***Uso di biglietti falsificati di pubbliche imprese di trasporto.***[1] — Chiunque, non essendo concorso nella contraffazione o nell'alterazione, fa uso di biglietti di strade ferrate o di altre pubbliche imprese di trasporto, contraffatti o alterati, è punito con la sanzione amministrativa pecuniaria da euro 103 a euro 619.

Se i biglietti sono stati ricevuti in buona fede, si applica soltanto la sanzione amministrativa pecuniaria da euro 51 a euro 309.

[1] Articolo così modif. dall'art. 41, D.lgs. 30 dic. 1999, n. 507.

466. ***Alterazione di segni nei valori di bollo o nei biglietti usati e uso degli oggetti così alterati.***[1] — Chiunque cancella o fa in qualsiasi modo scomparire, da valori di bollo o da biglietti di strade ferrate o di altre pubbliche imprese di trasporto, i segni appostivi per indicare l'uso già fattone, è punito, qualora ne faccia uso o lasci che altri ne facciano uso con la sanzione amministrativa pecuniaria da euro 103 a euro 619.

Alla stessa sanzione soggiace chi, senza essere concorso nell'alterazione, fa uso dei valori di bollo o dei biglietti alterati. Se le cose sono state ricevute in buona fede, si applica la sanzione amministrativa pecuniaria da euro 51 a euro 1.032.

[1] Articolo così modif. dall'art. 42 del D.lgs. 30 dic. 1999, n. 507.

466-*bis*. ***Confisca.***[1] — Nel caso di condanna o di applicazione di pena su richiesta delle parti, a norma dell'articolo 444 del codice di procedura penale, per uno dei delitti di cui agli articoli 453, 454, 455, 460 e 461 è sempre ordinata la confisca delle cose che servirono o furono destinate a commettere il reato e delle cose che ne sono il prodotto, il prezzo o il profitto, salvo che appartengano a persona estranea al reato, ovvero quando essa non è possibile dei beni di cui il condannato ha comunque la disponibilità, per un valore corrispondente al profitto, al prodotto o al prezzo del reato. Si applica il terzo comma dell'articolo 322-*ter*.

[1] Articolo ins. dall'art. 2, c. 1, lett. *b*), D.lgs. 29 ott. 2016, n. 202.

CAPO II
Dalla falsità in sigilli o strumenti o segni di autenticazione, certificazione o riconoscimento[1]

[1] Le disposizioni del capo II sono estese alla contraffazione dei contrassegni indicati nel T.U. sulle tasse automobilistiche, all'uso e messa in vendita e detenzione dei contrassegni contraffatti ed alla detenzione degli strumenti destinati alla contraffazione (art. 36 D.P.R. 5 feb. 1953, n. 39).

467. ***Contraffazione del sigillo dello Stato e uso del sigillo contraffatto.*** — Chiunque contraffà il sigillo dello Stato, destinato a essere apposto sugli atti di Governo, ovvero, non essendo concorso nella contraffazione, fa uso di tale sigillo da altri contraffatto, è punito con la reclusione da tre a sei anni e con la multa da euro 103 a euro 2.065.

Riferimenti procedurali:
Arresto: Facol. in flagranza
Fermo: No
Misure cautelari personali: Sì
Autorità competente: T.m.
Procedibilità: d'ufficio

468. ***Contraffazione di altri pubblici sigilli o strumenti destinati a pubblica autenticazione o certificazione e uso di tali sigilli e strumenti contraffatti.*** — Chiunque contraffà il sigillo di un ente pubblico o di un pubblico ufficio, ovvero, non essendo concorso nella contraffazione, fa uso di tale sigillo contraffatto, è punito con la reclusione da uno a cinque anni e con la multa da euro 103 a euro 1.032.

La stessa pena si applica a chi contraffà altri strumenti destinati a pubblica autenticazione o certificazione, ovvero, senza essere concorso nella contraffazione, fa uso di tali strumenti.

Riferimenti procedurali:
Arresto: Facol. in flagranza
Fermo: No
Misure cautelari personali: Sì
Autorità competente: T.m.
Procedibilità: d'ufficio

469. ***Contraffazione delle impronte di una pubblica autenticazione o certificazione.*** — Chiunque, con mezzi diversi dagli strumenti indicati negli articoli precedenti, contraffà le impronte di una pubblica autenticazione o certificazione, ovvero, non essendo concorso nella contraffazione, fa uso della cosa che reca l'impronta contraffatta, soggiace alle pene rispettivamente stabilite nei detti articoli, ridotte di un terzo.[1]

[1] Per la contraffazione o alterazione dei biglietti di ingresso alle sale cinematografiche, v. L. 4 nov. 1965, n. 1213, art. 40.

Riferimenti procedurali:
Arresto: Facol. in flagranza
Fermo: No
Misure cautelari personali: Sì
Autorità competente: T.m.
Procedibilità: d'ufficio

470. ***Vendita o acquisto di cose con impronte contraffatte di una pubblica autenticazione o certificazione.*** — Chiunque, fuori dei casi di concorso nei reati preveduti dagli articoli precedenti, pone in vendita o acquista cose sulle quali siano le impronte contraffatte di una pubblica autenticazione o certificazione, soggiace alle pene rispettivamente stabilite per i detti reati.

471. ***Uso abusivo di sigilli e strumenti veri.*** — Chiunque, essendosi procurati i veri sigilli o i veri strumenti destinati a pubblica autenticazione o certificazione, ne fa uso a danno altrui, o a profitto di sè o di altri, è punito con la reclusione fino a tre anni e con la multa fino a euro 309.

Riferimenti procedurali:
Arresto: No
Fermo: No
Misure cautelari personali: No
Autorità competente: T.m.
Procedibilità: d'ufficio

472. ***Uso o detenzione di misure o pesi con falsa impronta.*** — Chiunque fa uso, a danno altrui, di misure o di pesi con la impronta legale contraffatta o alterata, o comunque alterati, è punito con la reclusione fino a sei mesi o con la multa fino a euro 516.

La stessa pena si applica a chi nell'esercizio di una attività commerciale, ovvero in uno spaccio aperto al pubblico, detiene misure o pesi con l'impronta legale contraffatta o alterata, ovvero comunque alterati.

Agli effetti della legge penale, nella denominazione di *misure* o di *pesi* è compreso qualsiasi strumento per misurare o pesare.[1]

[1] V. T.U. delle leggi sui pesi e sulle misure 23 ago. 1890, n. 7088, modif., all'art. 31, dalla L. 14 feb. 1951, n. 73.

Riferimenti procedurali:
Arresto: No
Fermo: No
Misure cautelari personali: No
Autorità competente: T.m.
Procedibilità: d'ufficio

473. ***Contraffazione, alterazione o uso di marchi o segni distintivi ovvero di brevetti, modelli e disegni.***[1] — Chiunque, potendo conoscere dell'esistenza del titolo di proprietà industriale, contraffà o altera marchi o segni distintivi, nazionali o esteri, di prodotti industriali, ovvero chiunque, senza essere concorso nella contraffazione o alterazione, fa uso di tali marchi o segni contraffatti o alterati, è punito con la reclusione da sei mesi a tre anni e con la multa da euro 2.500 a euro 25.000.

Soggiace alla pena della reclusione da uno a quattro anni e della multa da euro 3.500 a euro 35.000 chiunque contraffà o altera brevetti, disegni o modelli industriali, nazionali o esteri, ovvero, senza essere concorso nella contraffazione o alterazione, fa uso di tali brevetti, disegni o modelli contraffatti o alterati.I delitti previsti dai commi primo e secondo sono punibili a condizione che siano state osservate le norme delle leggi interne, dei regolamenti comunitari e delle convenzioni internazionali sulla tutela della proprietà intellettuale o industriale.

[1] Articolo così sost. dall'art. 15, c. 1, lett. *a*) della L. 23 lug. 2009, n. 99.

Riferimenti procedurali:
Arresto: No (I c.), Facol. in flagranza (II c.)
Fermo: No
Misure cautelari personali: No, Sì (II c.)
Autorità competente: T.m.
Procedibilità: d'ufficio

474. ***Introduzione nello Stato e commercio di prodotti con segni falsi.***[1] — Fuori dei casi di concorso nei reati previsti dall'articolo 473, chiunque introduce nel territorio dello Stato, al fine di trarne profitto, prodotti industriali con marchi o altri segni distintivi, nazionali o esteri, contraffatti o alterati è punito con la reclusione da uno a quattro anni e con la multa da euro 3.500 a euro 35.000.

Fuori dei casi di concorso nella contraffazione, alterazione, introduzione nel territorio dello Stato, chiunque detiene per la vendita, pone in vendita o mette altrimenti in circolazione, al fine di trarne profitto, i prodotti di cui al primo comma è punito con la reclusione fino a due anni e con la multa fino a euro 20.000.I delitti previsti dai commi primo e secondo sono punibili a condizione che siano state osservate le norme delle leggi interne, dei regolamenti comunitari e delle convenzioni internazionali sulla tutela della proprietà intellettuale o industriale.

[1] Articolo così sost. dall'art. 15, c. 1, lett. *b*) della L. 23 lug. 2009, n. 99.

Riferimenti procedurali:
Arresto: Facol. in flagranza (I c.), No (II c.)
Fermo: No
Misure cautelari personali: Sì
Autorità competente: T.m.
Procedibilità: d'ufficio

474-*bis*. ***Confisca.***[1] — Nei casi di cui agli articoli 473 e 474 è sempre ordinata, salvi i diritti della persona offesa alle restituzioni e al risarcimento del danno, la confisca delle cose che servirono o furono destinate a commettere il reato e delle cose che ne sono l'oggetto, il prodotto, il prezzo o il profitto, a chiunque appartenenti.

Quando non è possibile eseguire il provvedimento di cui al primo comma, il giudice ordina la confisca di beni di cui il reo ha la disponibilità per un valore corrispondente al profitto. Si applica il terzo comma dell'articolo 322-*ter*. Si applicano le disposizioni dell'articolo 240, commi terzo e quarto, se si tratta di cose che servirono o furono destinate a commettere il reato, ovvero che ne sono l'oggetto, il prodotto, il prezzo o il profitto, appartenenti a persona estranea al reato medesimo, qualora questa dimostri di non averne potuto prevedere l'illecito impiego, anche occasionale, o l'illecita provenienza e di non essere incorsa in un difetto di vigilanza.Le disposizioni del presente articolo si osservano anche nel caso di applicazione della pena su richiesta delle parti a norma del titolo II del libro sesto del codice di procedura penale.

[1] Articolo inserito dall'art. 15, c. 1, lett. *c*) della L. 23 lug. 2009, n. 99.

474-*ter*. ***Circostanza aggravante.***[1] — Se, fuori dai casi di cui all'articolo 416, i delitti puniti dagli articoli 473 e 474, primo comma, sono commessi in modo sistematico ovvero attraverso l'allestimento di mezzi e attività organizzate, la pena è della reclusione da due a sei anni e della multa da euro 5.000 a euro 50.000.

Si applica la pena della reclusione fino a tre anni e della multa fino a euro 30.000 se si tratta dei delitti puniti dall'articolo 474, secondo comma.

[1] Articolo inserito dall'art. 15, c. 1, lett. *c*) della L. 23 lug. 2009, n. 99.

Riferimenti procedurali:
Arresto: Facol. in flagranza (I c.), No (II c.)
Fermo: Sì (I c.), No (II c.)
Misure cautelari personali: Sì
Autorità competente: T.m.
Procedibilità: d'ufficio

474-*quater*. ***Circostanza attenuante.***[1] — Le pene previste dagli articoli 473 e 474 sono diminuite dalla metà a due terzi nei confronti del colpevole che si adopera per aiutare concretamente l'autorità di polizia o l'autorità giudiziaria nell'azione di contrasto dei delitti di cui ai predetti articoli 473 e 474, nonché nella raccolta di elementi decisivi per la ricostruzione dei fatti e per l'individuazione o la cattura dei concorrenti negli stessi, ovvero per la individuazione degli strumenti occorrenti per la commissione dei delitti medesimi o dei profitti da essi derivanti.

[1] Articolo inserito dall'art. 15, c. 1, lett. *c*) della L. 23 lug. 2009, n. 99.

475. ***Pena accessoria.*** — La condanna per alcuno dei delitti preveduti dai due articoli precedenti importa la pubblicazione della sentenza.

CAPO III

Della falsità in atti[1]

[1] Secondo l'art. 76, comma 1, D.P.R. 28 dic. 2000, n. 445 "Chiunque rilascia dichiarazioni mendaci, firma atti falsi o ne fa uso nei casi previsti dal presente T.U., è punito ai sensi del c.p. e delle leggi speciali in materia". Relativamente alla falsificazione delle targhe automobilistiche, v. art. 100 del D.lgs. 30 apr. 1992, n. 285.

476. ***Falsità materiale commessa dal pubblico ufficiale in atti pubblici.*** — Il pubblico ufficiale, che, nell'esercizio delle sue funzioni, forma, in tutto o in parte, un atto falso o altera un atto vero, è punito con la reclusione da uno a sei anni.

Se la falsità concerne un atto o parte di un atto, che faccia fede fino a querela di falso, la reclusione è da tre a dieci anni.

Riferimenti procedurali:
Arresto: Facol. in flagranza
Fermo: No (I c.), Sì (II c.)
Misure cautelari personali: Sì
Autorità competente: T.m.
Procedibilità: d'ufficio

477. ***Falsità materiale commessa dal pubblico ufficiale in certificati o autorizzazioni amministrative.*** — Il pubblico ufficiale, che, nell'esercizio delle sue funzioni, contraffà o altera certificati o autorizzazioni amministrative, ovvero, mediante contraffazione o alterazione, fa apparire adempiute le condizioni richieste per la loro validità, è punito con la reclusione da sei mesi a tre anni.

Riferimenti procedurali:
Arresto: No
Fermo: No
Misure cautelari personali: No
Autorità competente: T.m.
Procedibilità: d'ufficio

478. ***Falsità materiale commessa dal pubblico ufficiale in copie autentiche di atti pubblici o privati e in attestati del contenuto di atti.*** — Il pubblico ufficiale, che, nell'esercizio delle sue funzioni, supponendo esistente un atto pubblico o privato, ne simula una copia e la rilascia in forma legale, ovvero rilascia una copia di un atto pubblico o privato diversa dall'originale, è punito con la reclusione da uno a quattro anni.

Se la falsità concerne un atto o parte di un atto, che faccia fede fino a querela di falso, la reclusione è da tre a otto anni.

Se la falsità è commessa dal pubblico ufficiale in un attestato sul contenuto di atti, pubblici o privati, la pena è della reclusione da uno a tre anni.

Riferimenti procedurali:
Arresto: Facol. in flagranza (I, II c.), No (III c.)
Fermo: No (I III c.), Sì (II c.)
Misure cautelari personali: Sì
Autorità competente: T.m.
Procedibilità: d'ufficio

479. ***Falsità ideologica commessa dal pubblico ufficiale in atti pubblici.*** — Il pubblico ufficiale, che ricevendo o formando un atto nell'esercizio delle sue funzioni, attesta falsamente che un fatto è stato da lui compiuto o è avvenuto alla sua presenza, o attesta come da lui ricevute dichiarazioni a lui non rese, ovvero omette o altera dichiarazioni da lui ricevute, o comunque attesta falsamente fatti dei quali l'atto è destinato a provare la verità, soggiace alle pene stabilite nell'art. 476.

Riferimenti procedurali:
Arresto: Facol. in flagranza
Fermo: Sì
Misure cautelari personali: Sì
Autorità competente: T.m.
Procedibilità: d'ufficio

480. ***Falsità ideologica commessa dal pubblico ufficiale in certificati o in autorizzazioni amministrative.*** — Il pubblico ufficiale, che, nell'esercizio delle sue funzioni, attesta falsamente, in certificati o autorizzazioni amministrative, fatti dei quali l'atto è destinato a provare la verità, è punito con la reclusione da tre mesi a due anni.

Riferimenti procedurali:
Arresto: No
Fermo: No
Misure cautelari personali: No
Autorità competente: T.m.
Procedibilità: d'ufficio

481. ***Falsità ideologica in certificati commessa da persone esercenti un servizio di pubblica necessità.*** — Chiunque, nell'esercizio di una professione sanitaria o forense, o di un altro servizio di pubblica necessità), attesta falsamente, in un certificato, fatti dei quali l'atto è destinato a provare la verità, è punito con la reclusione fino a un anno o con la multa da euro 51 a euro 516.

Tali pene si applicano congiuntamente se il fatto è commesso a scopo di lucro.

Riferimenti procedurali:
Arresto: No
Fermo: No
Misure cautelari personali: No
Autorità competente: T.m.
Procedibilità: d'ufficio

482. ***Falsità materiale commessa dal privato.*** — Se alcuno dei fatti preveduti dagli artt. 476, 477 e 478 è commesso da un privato, ovvero da un pubblico ufficiale fuori dell'esercizio delle sue funzioni, si applicano rispettivamente le pene stabilite nei detti articoli, ridotte di un terzo.

Riferimenti procedurali:
Arresto: Facol. in flagranza (in relaz. artt. 476 e 478 II c.)
Fermo: Sì (in relaz. art. 476 II c.)
Misure cautelari personali: Sì
Autorità competente: T.m.
Procedibilità: d'ufficio

483. *Falsità ideologica commessa dal privato in atto pubblico.* — Chiunque attesta falsamente al pubblico ufficiale, in un atto pubblico, fatti dei quali l'atto è destinato a provare la verità, è punito con la reclusione fino a due anni.

Se si tratta di false attestazioni in atti dello stato civile, la reclusione non può essere inferiore a tre mesi.[1]

[1] V. art. 196 R.D.L. 9 lug. 1939, n. 1238.

Riferimenti procedurali:
Arresto: No
Fermo: No
Misure cautelari personali: No
Autorità competente: T.m.
Procedibilità: d'ufficio

484. *Falsità in registri e notificazioni.* — Chiunque, essendo per legge obbligato a fare registrazioni soggette all'ispezione dell'Autorità di pubblica sicurezza, o a fare notificazioni all'Autorità stessa circa le proprie operazioni industriali, commerciali o professionali, scrive o lascia scrivere false indicazioni è punito con la reclusione fino a sei mesi o con la multa fino a euro 309.

Riferimenti procedurali:
Arresto: No
Fermo: No
Misure cautelari personali: No
Autorità competente: T.m.
Procedibilità: d'ufficio

485. *Falsità in scrittura privata.*[1] — [Chiunque, al fine di procurare a sè o ad altri un vantaggio o di recare ad altri un danno, forma, in tutto o in parte, una scrittura privata falsa, o altera una scrittura privata vera, è punito, qualora ne faccia uso o lasci che altri ne faccia uso, con la reclusione da sei mesi a tre anni.

Si considerano alterazioni anche le aggiunte falsamente apposte a una scrittura vera, dopo che questa fu definitivamente formata.]

[1] Articolo abrog. dall'art.1, D.lgs. 15 gen 2016, n. 7. Ai sensi dell'art. 4 del medesimo D.lgs. 7/2016, soggiace alla sanzione pecuniaria civile da euro 200 a euro 12.000 chi, facendo uso o lasciando che altri faccia uso di una scrittura privata da lui falsamente formata o da lui alterata, arreca ad altri un danno. Si considerano alterazioni anche le aggiunte falsamente apposte a una scrittura vera, dopo che questa fu definitivamente formata.

486. *Falsità in foglio firmato in bianco. Atto privato.*[1] — [Chiunque, al fine di procurare a sè o ad altri un vantaggio o di recare ad altri un danno, abusando di un foglio firmato in bianco, del quale abbia il possesso per un titolo che importi l'obbligo o la facoltà di riempirlo, vi scrive o fa scrivere un atto privato produttivo di effetti giuridici, diverso da quello a cui era obbligato o autorizzato, è punito, se del foglio faccia uso o lasci che altri ne faccia uso, con la reclusione da sei mesi a tre anni.

Si considera firmato in bianco il foglio in cui il sottoscrittore abbia lasciato bianco un qualsiasi spazio destinato a essere riempito.]

[1] Articolo abrog. dall'art.1, D.lgs. 15 gen 2016, n. 7. Ai sensi dell'art. 4 del medesimo D.lgs. 7/2016, soggiace alla sanzione pecuniaria civile da euro 200 a euro 12.000 chi, abusando di un foglio firmato in bianco, del quale abbia il possesso per un titolo che importi l'obbligo o la facoltà di riempirlo, vi scrive o fa scrivere un atto privato produttivo di effetti giuridici, diverso da quello a cui era obbligato o autorizzato, se dal fatto di farne uso o di lasciare che se ne faccia uso, deriva un danno ad altri.

487. *Falsità in foglio firmato in bianco. Atto pubblico.* — Il pubblico ufficiale, che, abusando di un foglio firmato in bianco, del quale abbia il possesso per ragione del suo ufficio e per un titolo che importa l'obbligo o la facoltà di riempirlo, vi scrive o vi fa scrivere un atto pubblico diverso da quello a cui era obbligato o autorizzato, soggiace alle pene rispettivamente stabilite negli artt. 479 e 480.

488. *Altre falsità in foglio firmato in bianco. Applicabilità delle disposizioni sulle falsità materiali.*[1] — Ai casi di falsità su un foglio firmato in bianco diversi da quelli preveduti dall'articolo 487 si applicano le disposizioni sulle falsità materiali in atti pubblici.

[1] Articolo così sost. dall'art. 2, c. 1, lett. *a*), D.lgs. 15 gen. 2016, n. 7.

489. *Uso di atto falso.* — Chiunque, senza essere concorso nella falsità, fa uso di un atto falso soggiace alle pene stabilite negli articoli precedenti, ridotte di un terzo.

[Qualora si tratti di scritture private, chi commette il fatto è punibile soltanto se ha agito al fine di procurare a sé o ad altri un vantaggio o di recare ad altri un danno.][1]

[1] Comma abrog. dall'art. 2, c. 1, lett. *b*), D.lgs. 15 gen. 2016, n. 7.

Riferimenti procedurali:
Arresto: Facol. in flagranza (in relaz. art. 482)
Fermo: Sì (in relaz. artt. 476 I, II c. e 482)
Misure cautelari personali: Sì
Autorità competente: T.m.
Procedibilità: d'ufficio (testamento olografo), a querela di parte (altri casi)

490. *Soppressione, distruzione e occultamento di atti veri.* — Chiunque, in tutto o in parte, distrugge, sopprime od occulta un atto pubblico vero o, al fine di recare a sé o ad altri un vantaggio o di recare ad altri un danno, distrugge, sopprime od occulta un testamento olografo, una cambiale o un altro titolo di credito trasmissibile per girata o al portatore veri, soggiace rispettivamente alle pene stabilite negli articoli 476, 477 e 482, secondo le distinzioni in essi contenute.[1]

[Si applica la disposizione del capoverso dell'articolo precedente.][2]

[1] Comma così sost. dall'art. 2, c. 1, lett. *c*), D.lgs. 15 gen. 2016, n. 7.

[2] Comma abrog. dall'art. 2, c. 1, lett. *c*), D.lgs. 15 gen. 2016, n. 7.

491. ***Falsità in testamento olografo, cambiale o titoli di credito.***[1] — Se alcuna delle falsità prevedute dagli articoli precedenti riguarda un testamento olografo, ovvero una cambiale o un altro titolo di credito trasmissibile per girata o al portatore e il fatto è commesso al fine di recare a sé o ad altri un vantaggio o di recare ad altri un danno, si applicano le pene rispettivamente stabilite nella prima parte dell'articolo 476 e nell'articolo 482.

Nel caso di contraffazione o alterazione degli atti di cui al primo comma, chi ne fa uso, senza essere concorso nella falsità, soggiace alla pena stabilita nell'articolo 489 per l'uso di atto pubblico falso.

[1] Articolo così sost. dall'art. 2, c. 1, lett. *d*), D.lgs. 15 gen. 2016, n. 7.

491-*bis*. ***Documenti informatici.***[1] — Se alcuna delle falsità previste dal presente capo riguarda un documento informatico pubblico avente efficacia probatoria, si applicano le disposizioni del capo stesso concernenti gli atti pubblici.

[1] Articolo così sost. dall'art. 2, c. 1, lett. *e*), D.lgs. 15 gen. 2016, n. 7.

492. ***Copie autentiche che tengono luogo degli originali mancanti.*** — Agli effetti delle disposizioni precedenti, nella denominazione di *atti pubblici* e di *scritture private* sono compresi gli atti originali e le copie autentiche di essi, quando a norma di legge tengano luogo degli originali mancanti.

493. ***Falsità commesse da pubblici impiegati incaricati di un servizio pubblico.*** — Le disposizioni degli articoli precedenti sulle falsità commesse da pubblici ufficiali si applicano altresì agli impiegati dello Stato, o di un altro ente pubblico, incaricati di un pubblico servizio relativamente agli atti che essi redigono nell'esercizio delle loro attribuzioni.

493-*bis*. ***Casi di perseguibilità a querela.***[1] — I delitti previsti dagli articoli 490 e 491, quando concernono una cambiale o un titolo di credito trasmissibile per girata o al portatore, sono punibili a querela della persona offesa.

Si procede d'ufficio, se i fatti previsti dagli articoli di cui al precedente comma riguardano un testamento olografo.

[1] Articolo così sost. dall'art. 2, c. 1, lett. *f*), D.lgs. 15 gen. 2016, n. 7.

493-*ter*. ***Indebito utilizzo e falsificazione di strumenti di pagamento diversi dai contanti.***[1,2] — Chiunque al fine di trarne profitto per sé o per altri, indebitamente utilizza, non essendone titolare, carte di credito o di pagamento, ovvero qualsiasi altro documento analogo che abiliti al prelievo di denaro contante o all'acquisto di beni o alla prestazione di servizi, o comunque ogni altro strumento di pagamento diverso dai contanti è punito con la reclusione da uno a cinque anni e con la multa da 310 euro a 1.550 euro. Alla stessa pena soggiace chi, al fine di trarne profitto per sé o per altri, falsifica o altera gli strumenti o i documenti di cui al primo periodo, ovvero possiede, cede o acquisisce tali strumenti o documenti di provenienza illecita o comunque falsificati o alterati, nonché ordini di pagamento prodotti con essi.[3]

In caso di condanna o di applicazione della pena su richiesta delle parti a norma dell'articolo 444 del codice di procedura penale per il delitto di cui al primo comma è ordinata la confisca delle cose che servirono o furono destinate a commettere il reato, nonché del profitto o del prodotto, salvo che appartengano a persona estranea al reato, ovvero quando essa non è possibile, la confisca di beni, somme di denaro e altre utilità di cui il reo ha la disponibilità per un valore corrispondente a tale profitto o prodotto.

Gli strumenti sequestrati ai fini della confisca di cui al secondo comma, nel corso delle operazioni di polizia giudiziaria, sono affidati dall'autorità giudiziaria agli organi di polizia che ne facciano richiesta.

[1] Articolo ins. dall'art. 4, c. 1, lett. *a*), D.lgs. 1 mar. 2018, n. 21.

[2] Rubrica così modif. dall'art.2, D.lgs. 8 nov. 2021, n. 184.

[3] Comma così modif. dall'art.2, D.lgs. 8 nov. 2021, n. 184.

Riferimenti procedurali:
Arresto: Facol.
Fermo: No
Misure cautelari personali: Sì
Autorità competente: T.m.
Procedibilità: d'ufficio

493-*quater*. ***Detenzione e diffusione di apparecchiature, dispositivi o programmi informatici diretti a commettere reati riguardanti strumenti di pagamento diversi dai contanti.***[1] — Salvo che il fatto costituisca più grave reato, chiunque, al fine di farne uso o di consentirne ad altri l'uso nella commissione di reati riguardanti strumenti di pagamento diversi dai contanti, produce, importa, esporta, vende, trasporta, distribuisce, mette a disposizione o in qualsiasi modo procura a sé o a altri apparecchiature, dispositivi o programmi informatici che, per caratteristiche tecnico-costruttive o di progettazione, sono costruiti principalmente per commettere tali reati, o sono specificamente adattati al medesimo scopo, è punito con la reclusione sino a due anni e la multa sino a 1000 euro.

In caso di condanna o di applicazione della pena su richiesta delle parti a norma dell'articolo 444 del codice di procedura penale per il delitto di cui al primo comma è sempre ordinata la confisca delle apparecchiature, dei dispositivi o dei programmi informatici predetti, nonché la confisca del profitto o del prodotto del reato ovvero, quando essa non è possibile, la confisca di beni, somme di denaro e altre utilità di cui il reo ha la disponibilità per un valore corrispondente a tale profitto o prodotto.

[1] Articolo ins. dall'art. 2, D.lgs. 8 nov. 2021, n. 184.

CAPO IV
Della falsità personale

494. ***Sostituzione di persona.*** — Chiunque al fine di procurare a sè o ad altri un vantaggio o di recare ad altri un danno, induce taluno in errore, sostituendo illegittimamente la propria all'altrui persona, o attribuendo a sè o ad altri un falso nome, o un falso stato, ovvero una qualità a cui la legge attribuisce effetti giuridici, è punito, se il fatto non costituisce un altro delitto contro la fede pubblica, con la reclusione fino a un anno.

Riferimenti procedurali:
Arresto: No
Fermo: No
Misure cautelari personali: No
Autorità competente: T.m.
Procedibilità: d'ufficio

495. ***Falsa attestazione o dichiarazione a un pubblico ufficiale sulla identità o su qualità personali proprie o di altri.***[1] — Chiunque dichiara o attesta falsamente al pubblico ufficiale l'identità, lo stato o altre qualità della propria o dell'altrui persona è punito con la reclusione da uno a sei anni. La reclusione non è inferiore a due anni:

1) se si tratta di dichiarazioni in atti dello stato civile;

2) se la falsa dichiarazione sulla propria identità, sul proprio stato o sulle proprie qualità personali è resa all'autorità giudiziaria da un imputato o da una persona sottoposta ad indagini, ovvero se, per effetto della falsa dichiarazione, nel casellario giudiziale una decisione penale viene iscritta sotto falso nome.

[1] Articolo così sost. dall'art. 1, c. 1, lett. *b-ter*) del D.L. 23 mag. 2008, n. 92, conv. con modif., nella L. 24 lug. 2008, n. 125.

Riferimenti procedurali:
Arresto: Facol. in flagranza
Fermo: No
Misure cautelari personali: Sì
Autorità competente: T.m.
Procedibilità: d'ufficio

495-*bis*. ***Falsa dichiarazione o attestazione al certificatore di firma elettronica sull'identità o su qualità personali proprie o di altri.***[1] — Chiunque dichiara o attesta falsamente al soggetto che presta servizi di certificazione delle firme elettroniche l'identità o lo stato o altre qualità della propria o dell'altrui persona è punito con la reclusione fino ad un anno.

[1] Articolo inserito dall'art. 3, comma 2, della L. 18 mar. 2008, n. 48.

Riferimenti procedurali:
Arresto: No
Fermo: No
Misure cautelari personali: No
Autorità competente: T.m.
Procedibilità: d'ufficio

495-*ter*. ***Fraudolente alterazioni per impedire l'identificazione o l'accertamento di qualità personali.***[1] — Chiunque, al fine di impedire la propria o altrui identificazione, altera parti del proprio o dell'altrui corpo utili per consentire l'accertamento di identità o di altre qualità personali, è punito con la reclusione da uno a sei anni

Il fatto è aggravato se commesso nell'esercizio di una professione sanitaria.

[1] Articolo inserito dall'art. 1, c. 1, lett *b-quater*) del D.L. 23 mag. 2008, n. 92, conv. con modif., nella L. 24 lug. 2008, n. 125.

Riferimenti procedurali:
Arresto: Facol. in flagranza
Fermo: No
Misure cautelari personali: Sì
Autorità competente: T.m.
Procedibilità: d'ufficio

496. ***False dichiarazioni sulla identità o su qualità personali proprie o di altri.***[1] — Chiunque, fuori dei casi indicati negli articoli precedenti, interrogato sulla identità, sullo stato o su altre qualità della propria o dell'altrui persona, fa mendaci dichiarazioni a un pubbico ufficiale o a persona incaricata di un pubblico servizio, nell'esercizio delle funzioni o del servizio, è punito con la reclusione da uno a cinque anni.

[1] Articolo così sost. dall'art. 1, c. 1, lett. *b-quinquies*) del D.L. 23 mag. 2008, n. 92, conv. con modif., nella L. 24 lug. 2008, n. 125.

Riferimenti procedurali:
Arresto: Facol. in flagranza
Fermo: No
Misure cautelari personali: Sì
Autorità competente: T.m.
Procedibilità: d'ufficio

497. ***Frode nel farsi rilasciare certificati del casellario giudiziale e uso indebito di tali certificati.*** — Chiunque si procura con frode un certificato del casellario giudiziale o un altro certificato penale relativo ad altra persona, ovvero ne fa uso per uno scopo diverso da quello per cui esso è domandato, è punito con la reclusione fino a sei mesi o con la multa fino a euro 516.

Riferimenti procedurali:
Arresto: No
Fermo: No
Misure cautelari personali: No
Autorità competente: T.m.
Procedibilità: d'ufficio

497-*bis*. ***Possesso e fabbricazione di documenti di identificazione falsi.***[1] — Chiunque è trovato in possesso di un documento falso valido per l'espatrio è punito con la reclusione da due a cinque anni.[2]

La pena di cui cui al primo comma è aumentata da un terzo alla metà per chi fabbrica o comunque forma il documento falso, ovvero lo detiene fuori dei casi di uso personale.

[1] Articolo inserito dal D.L. 27 lug. 2005, n. 144, conv. con modif. in L. 31 lug. 2005, n. 155.

[2] Comma così modif. dall'art. 2, c. 1, D.L. 18 feb. 2015, n. 7, conv. con modif. in L. 17 apr. 2015, n. 43.

Riferimenti procedurali:
Arresto: Obbl. in flagranza
Fermo: No (I c.)
Misure cautelari personali: Sì
Autorità competente: T.m.
Procedibilità: d'ufficio

497-*ter*. *Possesso di segni distintivi contraffatti.*[1] — Le pene di cui all'art. 497-*bis*, si applicano anche, rispettivamente:

1) a chiunque illecitamente detiene segni distintivi, contrassegni o documenti di identificazione in uso ai Corpi di polizia, ovvero oggetti o documenti che ne simulano la funzione;

2) a chiunque illecitamente fabbrica o comunque forma gli oggetti e i documenti indicati nel numero precedente, ovvero illecitamente ne fa uso.

[1] Articolo aggiunto dall'art. 1-*ter* della L. 21 feb. 2006, n. 49.

Riferimenti procedurali:
Arresto: Facol. in flagranza
Fermo: No
Misure cautelari personali: Sì
Autorità competente: T.m.
Procedibilità: d'ufficio

498. *Usurpazione di titoli o di onori.*[1] — Chiunque, fuori dei casi previsti dall'art. 497-*ter*, abusivamente porta in pubblico la divisa o i segni distintivi di un ufficio o impiego pubblico, o di un Corpo politico, amministrativo o giudiziario, ovvero di una professione per la quale è richiesta una speciale abilitazione dello Stato, ovvero indossa abusivamente in pubblico l'abito ecclesiastico, è punito con la sanzione amministrativa pecuniaria da euro 154 a euro 929.

Alla stessa sanzione[2] soggiace chi si arroga dignità o gradi accademici, titoli, decorazioni o altre pubbliche insegne onorifiche, ovvero qualità inerenti ad alcuno degli uffici, impieghi o professioni, indicati nella disposizione precedente.

Per le violazioni di cui al presente articolo si applica la sanzione amministrativa accessoria della pubblicazione del provvedimento che accerta la violazione con le modalità stabilite dall'art. 36 e non è ammesso il pagamento in misura ridotta previsto dall'art. 16 della L. 24 nov. 1981, n. 689.

[1] Articolo così modif. dall'art. 43, D.lgs. 30 dic. 1999, n. 507.

[2] Parole così sost. dall'art. 43 del D.lgs. 30 dic. 1999, n. 507.

TITOLO VIII
Dei delitti contro l'economia pubblica, l'industria e il commercio

CAPO I
Dei delitti contro l'economia pubblica

499. *Distruzione di materie prime o di prodotti agricoli o industriali ovvero di mezzi di produzione.* — Chiunque, distruggendo materie prime o prodotti agricoli o industriali, ovvero mezzi di produzione, cagiona un grave nocumento alla produzione nazionale o fa venir meno in misura notevole merci di comune o largo consumo, è punito con la reclusione da tre a dodici anni e con la multa non inferiore a euro 2.065.

Riferimenti procedurali:
Arresto: Facol. in flagranza
Fermo: Sì
Misure cautelari personali: Sì
Autorità competente: T.c.
Procedibilità: d'ufficio

500. *Diffusione di una malattia delle piante o degli animali.* — Chiunque cagiona la diffusione di una malattia alle piante o agli animali, pericolosa all'economia rurale o forestale, ovvero al patrimonio zootecnico della nazione, è punito con la reclusione da uno a cinque anni.

Se la diffusione avviene per colpa, la pena è della multa da euro 103 a euro 2.065.

Riferimenti procedurali:
Arresto: Facol. in flagranza (I c.), No (II c.)
Fermo: No
Misure cautelari personali: Sì, No (II c.)
Autorità competente: T.m.
Procedibilità: d'ufficio

501. *Rialzo e ribasso fraudolento di prezzi sul pubblico mercato o nelle borse di commercio.* — Chiunque, al fine di turbare il mercato interno dei valori o delle merci, pubblica o altrimenti divulga notizie false, esagerate o tendenziose o adopera altri artifici atti a cagionare un aumento o una diminuzione del prezzo delle merci, ovvero dei valori ammessi nelle liste di borsa o negoziabili nel pubblico mercato, è punito con la reclusione fino a tre anni e con la multa da euro 516 a euro 25.822.[1,2]

Se l'aumento o la diminuzione del prezzo delle merci o dei valori si verifica, le pene sono aumentate.

Le pene sono raddoppiate:

1) se il fatto è commesso dal cittadino per favorire interessi stranieri;

2) se dal fatto deriva un deprezzamento della valuta nazionale o dei titoli dello Stato, ovvero il rincaro di merci di comune o largo consumo.

Le pene stabilite nelle disposizioni precedenti si applicano anche se il fatto è commesso all'estero, in danno della valuta nazionale o di titoli pubblici italiani.

La condanna importa l'interdizione dai pubblici uffici.

[1] La pena della multa è stata così aumentata dalla L. 27 nov. 1976, n. 787.

[2] Alle medesime pene rinvia l'art. 138 del D.L. 1° set. 1993, n. 385, *Aggiotaggio bancario*, per "chiunque divulga, in qualunque forma, notizie false, esagerate o tendenziose riguardanti banche o gruppi bancari, atte a turbare i mercati finanziari o a indurre il panico nei depositanti, o comunque a menomare la fiducia del pubblico".

Riferimenti procedurali:
Arresto: No (I, II c.), Facol. in flagranza (III c.)
Fermo: No
Misure cautelari personali: Sì
Autorità competente: T.m.
Procedibilità: d'ufficio

501-*bis*. *Manovre speculative su merci.*[1] — Fuori dei casi previsti dall'articolo precedente, chiunque, nell'esercizio di qualsiasi attività produttiva o commerciale, compie manovre speculative ovvero occulta, accaparra od incetta materie prime, generi alimentari di largo consumo o prodotti di prima necessità, in modo atto a determinarne la rarefazione o il rincaro sul mercato interno, è punito con la reclusione da sei mesi a tre anni e con la multa da euro 516 a euro 25.822.

Alla stessa pena soggiace chiunque, in presenza di fenomeni di rarefazione o rincaro sul mercato interno delle merci indicate nella prima parte del presente articolo e nell'esercizio delle medesime attività, ne sottrae alla utilizzazione o al consumo rilevanti quantità.

L'autorità giudiziaria competente e, in caso di flagranza, anche gli ufficiali e agenti di polizia giudiziaria procedono al sequestro delle merci, osservando le norme sull'istruzione formale. L'autorità giudiziaria competente dispone la vendita coattiva immediata delle merci stesse nelle forme di cui all'art. 625 del c.p.p.

La condanna importa l'interdizione dall'esercizio di attività commerciali o industriali per le quali sia richiesto uno speciale srmesso o una speciale abilitazione, autorizzazione o licenza da parte dell'autorità e la pubblicazione della sentenza.

[1] Articolo aggiunto dalla L. 27 nov. 1976, n. 787.

Riferimenti procedurali:
Arresto: No
Fermo: No
Misure cautelari personali: Sì
Autorità competente: T.m.
Procedibilità: d'ufficio

502. *Serrata e sciopero per fini contrattuali.*[1] — Il datore di lavoro, che, col solo scopo di imporre ai suoi dipendenti modificazioni ai patti stabiliti, o di opporsi a modificazioni di tali patti, ovvero di ottenere o impedire una diversa applicazione dei patti o usi esistenti, sospende in tutto o in parte il lavoro nei suoi stabilimenti, aziende o uffici, è punito con la multa non inferiore a euro 1.032.

I lavoratori addetti a stabilimenti, aziende o uffici, che, in numero di tre o più, abbandonano collettivamente il lavoro, ovvero lo prestano in modo da turbarne la continuità o la regolarità, col solo scopo di imporre ai datori di lavoro patti diversi da quelli stabiliti, ovvero di opporsi a modificazioni di tali patti o, comunque, di ottenere o impedire una diversa applicazione dei patti o usi esistenti, sono puniti con la multa fino a euro 103.

[1] La Corte cost., con sent. 4 mag. 1960, n. 29, ha dichiarato l'ill. cost. dell'art. 502.

503. *Serrata e sciopero per fini non contrattuali.* — Il datore di lavoro o i lavoratori, che per fine politico commettono, rispettivamente, alcuno dei fatti preveduti dall'articolo precedente, sono puniti con la reclusione fino a un anno e con la multa non inferiore a euro 1.032, se si tratta di un datore di lavoro, ovvero con la reclusione fino a sei mesi e con la multa fino a euro 103, se si tratta di lavoratori.[1]

[1] La Corte cost., con sent. 27 dic. 1974, n. 290, ha dichiarato l'ill. cost. dell'art. 503 c.p. «nella parte in cui punisce anche lo sciopero politico che non sia diretto a sovvertire l'ordinamento costituzionale ovvero ad impedire o ostacolare il libero esercizio dei poteri legittimi nei quali si esprime la sovranità popolare».

Riferimenti procedurali:
Arresto: No
Fermo: No
Misure cautelari personali: Sì
Autorità competente: T.m.
Procedibilità: d'ufficio

504. *Coazione alla pubblica Autorità mediante serrata o sciopero.* — Quando alcuno dei fatti preveduti dall'art. 502 è commesso con lo scopo di costringere l'Autorità a dare o ad omettere un provvedimento, ovvero con lo scopo di influire sulle deliberazioni di essa, si applica la pena della reclusione fino a due anni.[1]

[1] La Corte cost., con sent. 13 giu. 1983, n. 165, ha dichiarato l'ill. cost. dell'art. 504 c.p. «nella parte in cui punisce lo sciopero il quale ha lo scopo di costringere l'autorità a dare o ad omettere un provvedimento o lo scopo di influire sulle deliberazioni di essa, a meno che non sia diretto a sovvertire l'ordinamento costituzionale ovvero ad impedire o ostacolare il libero esercizio dei poteri legittimi nei quali si esprime la sovranità popolare».

Riferimenti procedurali:
Arresto: No
Fermo: No
Misure cautelari personali: Sì
Autorità competente: T.m.
Procedibilità: d'ufficio

505. *Serrata o sciopero a scopo di solidarietà o di protesta.* — Il datore di lavoro o i lavoratori, che, fuori dei casi indicati nei due articoli precedenti, commettono uno dei fatti preveduti dall'art. 502 soltanto per solidarietà con altri datori di lavoro o con altri lavoratori ovvero soltanto per protesta, soggiacciono alle pene ivi stabilite.

506. ***Serrata di esercenti di piccole industrie o commerci.*** — Gli esercenti di aziende industriali o commerciali, i quali, non avendo lavoratori alla loro dipendenza, in numero di tre o più sospendono collettivamente il lavoro per uno degli scopi indicati nei tre articoli precedenti, soggiacciono alle pene ivi rispettivamente stabilite per i datori di lavoro, ridotte alla metà.[1]

[1] La Corte cost., con sent. 17 lug. 1975, n. 222, ha dichiarato l'ill. cost. dell'art. 506 del c.p., in relazione all'art. 505, «nella parte in cui punisce la sospensione del lavoro effettuata per protesta dagli esercenti di piccole aziende industriali o commerciali che non hanno lavoratori alle loro dipendenze».

507. ***Boicottaggio.*** — Chiunque, per uno degli scopi indicati negli artt. 502, 503, 504 e 505 [mediante propaganda o][1] valendosi della forza e autorità di partiti, leghe o associazioni, induce una o più persone a non stipulare patti di lavoro o a non somministrare materie o strumenti necessari al lavoro, ovvero a non acquistare gli altrui prodotti agricoli o industriali, è punito con la reclusione fino a tre anni.

Se concorrono fatti di violenza o di minaccia, si applica la reclusione da due a sei anni.

[1] La Corte cost., con sent. 17 apr. 1969, n. 84, ha dichiarato l'ill. cost. dell'art. 507 per la parte relativa alla fattispecie della propaganda, limitatamente all'ipotesi che non raggiunga un grado di intensità e di efficacia tali da superare i limiti demcoratici della libera manifestazione di pensiero.

Riferimenti procedurali:
Arresto: No (I c.), Facol. in flagranza (II c.)
Fermo: No
Misure cautelari personali: Sì
Autorità competente: T.m.
Procedibilità: d'ufficio

508. ***Arbitraria invasione e occupazione di aziende agricole o industriali. Sabotaggio.*** — Chiunque, col solo scopo d'impedire o turbare il normale svolgimento del lavoro, invade od occupa l'altrui azienda agricola o industriale, ovvero dispone di altrui macchine, scorte, apparecchi o strumenti destinati alla produzione agricola o industriale, è punito con la reclusione fino a tre anni e con la multa non inferiore a euro 103.

Soggiace alla reclusione da sei mesi a quattro anni e alla multa non inferiore a euro 516, qualora il fatto non costituisca un più grave reato, chi danneggia gli edifici adibiti ad azienda agricola o industriale, ovvero un'altra delle cose indicate nella disposizione precedente.

Riferimenti procedurali:
Arresto: No (I c.), Facol. in flagranza (II c.)
Fermo: No
Misure cautelari personali: Sì
Autorità competente: T.m.
Procedibilità: d'ufficio

509. ***Inosservanza delle norme disciplinanti i rapporti di lavoro.***[1] — Il datore di lavoro o il lavoratore, il quale non adempie gli obblighi che gli derivano da un contratto collettivo [o dalle norme emanate dagli organi corporativi], è punito con la sanzione amministrativa da euro 103 a euro 516.

[1] Articolo così modif. dal D.lgs. 19 dic. 1994, n. 758.

510. ***Circostanze aggravanti.*** — Quando i fatti preveduti dagli artt. 502 e seguenti sono commessi in tempo di guerra, ovvero hanno determinato dimostrazioni, tumulti o sommosse popolari, le pene stabilite negli articoli stessi sono aumentate.

511. ***Pena per i capi, promotori e organizzatori.*** — Le pene stabilite per i delitti preveduti dagli artt. 502 e seguenti sono raddoppiate per i capi, promotori od organizzatori; e, se sia stabilita dalla legge la sola pena pecuniaria, è aggiunta la reclusione da sei mesi a due anni.

512. ***Pena accessoria.*** — La condanna per alcuno dei delitti preveduti dagli artt. 502 e seguenti importa l'interdizione da ogni ufficio sindacale per la durata di anni cinque.

512-*bis*. ***Trasferimento fraudolento di valori.***[1] — Salvo che il fatto costituisca più grave reato, chiunque attribuisce fittiziamente ad altri la titolarità o disponibilità di denaro, beni o altre utilità al fine di eludere le disposizioni di legge in materia di misure di prevenzione patrimoniali o di contrabbando, ovvero di agevolare la commissione di uno dei delitti di cui agli articoli 648, 648-*bis* e 648-*ter*, è punito con la reclusione da due a sei anni.

[1] Articolo ins. dall'art. 4, c. 1, lett. *b*), D.lgs. 1 mar. 2018, n. 21.

Riferimenti procedurali:
Arresto: Facol.
Fermo: No
Misure cautelari personali: Sì
Autorità competente: T.c.
Procedibilità: d'ufficio

CAPO II
Dei delitti contro l'industria e il commercio

513. ***Turbata libertà dell'industria o del commercio.*** — Chiunque adopera violenza sulle cose ovvero mezzi fraudolenti per impedire o turbare l'esercizio di un'industria o di un commercio è punito, a querela della persona offesa, se il fatto non costituisce un più grave reato, con la reclusione fino a due anni e con la multa da euro 103 a euro 1.032.

Riferimenti procedurali:
Arresto: No
Fermo: No
Misure cautelari personali: Sì
Autorità competente: T.m.
Procedibilità: a querela di parte

513-*bis*. ***Illecita concorrenza con minaccia o violenza.***[1] — Chiunque nell'esercizio di un'attività commerciale, industriale o comunque produttiva, compie atti di concorrenza con violenza o minaccia è punito con la reclusione da due a sei anni.

La pena è aumentata se gli atti di concorrenza riguardano un'attività finanziata in tutto o in parte ed in qualsiasi modo dallo Stato o da altri enti pubblici.

[1] Articolo ins. dall'art. 8 della L. 13 set. 1982, n. 646.

Riferimenti procedurali:
Arresto: Facol. in flagranza
Fermo: No (I c.), Sì (II c.)
Misure cautelari personali: Sì
Autorità competente: T.c.
Procedibilità: d'ufficio

514. ***Frodi contro le industrie nazionali.*** — Chiunque, ponendo in vendita o mettendo altrimenti in circolazione, sui mercati nazionali o esteri, prodotti industriali, con nomi, marchi o segni distintivi contraffatti o alterati, cagiona un nocumento all'industria nazionale, è punito con la reclusione da uno a cinque anni e con la multa non inferiore a euro 516.

Se per i marchi o segni distintivi sono state osservate le norme delle leggi interne o delle convenzioni internazionali sulla tutela della proprietà industriale, la pena è aumentata e non si applicano le disposizioni degli artt. 473 e 474.

Riferimenti procedurali:
Arresto: Facol. in flagranza
Fermo: No (I c.), Sì (II c.)
Misure cautelari personali: Sì
Autorità competente: T.m.
Procedibilità: d'ufficio

515. ***Frode nell'esercizio del commercio.*** — Chiunque, nell'esercizio di una attività commerciale, ovvero in uno spaccio aperto al pubblico, consegna all'acquirente una cosa mobile per un'altra, ovvero una cosa mobile, per origine, provenienza, qualità o quantità, diversa da quella dichiarata o pattuita, è punito, qualora il fatto non costituisca un più grave delitto, con la reclusione fino a due anni o con la multa fino a euro 2.065.

Se si tratta di oggetti preziosi, la pena è della reclusione fino a tre anni o della multa non inferiore a euro 103.

Riferimenti procedurali:
Arresto: No
Fermo: No
Misure cautelari personali: Sì
Autorità competente: T.m.
Procedibilità: d'ufficio

516. ***Vendita di sostanze alimentari non genuine come genuine.*** — Chiunque pone in vendita o mette altrimenti in commercio come genuine sostanze alimentari non genuine è punito con la reclusione fino a sei mesi o con la multa fino a euro 1.032.

Riferimenti procedurali:
Arresto: No
Fermo: No
Misure cautelari personali: Sì
Autorità competente: T.m.
Procedibilità: d'ufficio

517. ***Vendita di prodotti industriali con segni mendaci.*** — Chiunque pone in vendita o mette altrimenti in circolazione opere dell'ingegno o prodotti industriali, con nomi, marchi o segni distintivi nazionali o esteri, atti a indurre in inganno il compratore sull'origine, provenienza o qualità dell'opera o del prodotto, è punito, se il fatto non è preveduto come reato da altra disposizione di legge, con la reclusione fino a due anni e con la multa fino a euro 20.000.[1]

[1] Parole così sost. dall'art. 15, c. 1, lett. *d*) della L. 23 lug. 2009, n. 99.

Riferimenti procedurali:
Arresto: No
Fermo: No
Misure cautelari personali: Sì
Autorità competente: T.m.
Procedibilità: d'ufficio

517-*bis*. ***Circostanza aggravante.***[1] — Le pene stabilite dagli artt. 515, 516 e 517 sono aumentate se i fatti da essi previsti hanno ad oggetto alimenti o bevande la cui denominazione di origine o le cui caratteristiche sono protetti dalle norme vigenti.

Negli stessi casi, il giudice, nel pronunciare condanna, può disporre, se il fatto è di particolare gravità o in caso di recidiva specifica, la chiusura dello stabilimento o dell'esercizio in cui il fatto è stato commesso da un minimo di cinque giorni ad un massimo di tre mesi, ovvero la revoca della licenza, dell'autorizzazione o dell'analogo provvedimento amministrativo che consente lo svolgimento dell'attività commerciale nello stabilimento o nell'esercizio stesso.

[1] Articolo inserito dall'art. 5 del D.lgs. 30 dic. 1999, n. 507.

517-*ter*. ***Fabbricazione e commercio di beni realizzati usurpando titoli di proprietà industriale.***[1] — Salva l'applicazione degli articoli 473 e 474 chiunque, potendo conoscere dell'esistenza del titolo di proprietà industriale, fabbrica o adopera industrialmente oggetti o altri beni realizzati usurpando un titolo di proprietà industriale o in violazione dello stesso è punito, a querela della persona offesa, con la reclusione fino a due anni e con la multa fino a euro 20.000.

Alla stessa pena soggiace chi, al fine di trarne profitto, introduce nel territorio dello Stato, detiene per la vendita, pone in vendita con offerta diretta ai consumatori o mette comunque in circolazione i beni di cui al primo comma.Si applicano le disposizioni di cui agli articoli 474-*bis*, 474-*ter*, secondo comma, e 517-*bis*, secondo comma.I delitti previsti dai commi primo e secondo sono punibili sempre che siano state osservate le norme delle leggi interne, dei regolamenti comunitari e delle convenzioni internazionali sulla tutela della proprietà intellettuale o industriale.

[1] Articolo aggiunto dall'art. 15, c. 1, lett. *e*) della L. 23 lug. 2009, n. 99.

Riferimenti procedurali:
Arresto: No

Fermo: No
Misure cautelari personali: No
Autorità competente: T.m.
Procedibilità: d'ufficio

517-*quater*. *Contraffazione di indicazioni geografiche o denominazioni di origine dei prodotti agroalimentari.* [1] — Chiunque contraffà o comunque altera indicazioni geografiche o denominazioni di origine di prodotti agroalimentari è punito con la reclusione fino a due anni e con la multa fino a euro 20.000.

Alla stessa pena soggiace chi, al fine di trarne profitto, introduce nel territorio dello Stato, detiene per la vendita, pone in vendita con offerta diretta ai consumatori o mette comunque in circolazione i medesimi prodotti con le indicazioni o denominazioni contraffatte.Si applicano le disposizioni di cui agli articoli 474-*bis*, 474-*ter*, secondo comma, e 517-*bis*, secondo comma.

I delitti previsti dai commi primo e secondo sono punibili a condizione che siano state osservate le norme delle leggi interne, dei regolamenti comunitari e delle convenzioni internazionali in materia di tutela delle indicazioni geografiche e delle denominazioni di origine dei prodotti agroalimentari.

[1] Articolo aggiunto dall'art. 15, c. 1, lett. *e*) della L. 23 lug. 2009, n. 99.

Riferimenti procedurali:
Arresto: No
Fermo: No
Misure cautelari personali: No
Autorità competente: T.m.
Procedibilità: d'ufficio

517-*quinquies*. *Circostanza attenuante.* [1] — Le pene previste dagli articoli 517-*ter* e 517-*quater* sono diminuite dalla metà a due terzi nei confronti del colpevole che si adopera per aiutare concretamente l'autorità di polizia o l'autorità giudiziaria nell'azione di contrasto dei delitti di cui ai predetti articoli 517-*ter* e 517-*quater*, nonché nella raccolta di elementi decisivi per la ricostruzione dei fatti e per l'individuazione o la cattura dei concorrenti negli stessi, ovvero per la individuazione degli strumenti occorrenti per la commissione dei delitti medesimi o dei profitti da essi derivanti.

[1] Articolo aggiunto dall'art. 15, c. 1, lett. *e*) della L. 23 lug. 2009, n. 99.

CAPO III
Disposizione comune ai capi precedenti

518. *Pubblicazione della sentenza.* — La condanna per alcuno dei delitti preveduti dagli artt. 501, 514, 515, 516 e 517 importa la pubblicazione della sentenza.

TITOLO VIII-*bis*
Dei delitti contro il patrimonio culturale[1]

[1] Titolo ins. dall'art. 1, L. 9 mar. 2022, n. 22, che ha inserito gli artt. da 518-*bis* a 518-*undevicies*.

518-*bis*. *Furto di beni culturali.* — Chiunque si impossessa di un bene culturale mobile altrui, sottraendolo a chi lo detiene, al fine di trarne profitto, per sé o per altri, o si impossessa di beni culturali appartenenti allo Stato, in quanto rinvenuti nel sottosuolo o nei fondali marini, è punito con la reclusione da due a sei anni e con la multa da euro 927 a euro 1.500.

La pena è della reclusione da quattro a dieci anni e della multa da euro 927 a euro 2.000 se il reato è aggravato da una o più delle circostanze previste nel primo comma dell'articolo 625 o se il furto di beni culturali appartenenti allo Stato, in quanto rinvenuti nel sottosuolo o nei fondali marini, è commesso da chi abbia ottenuto la concessione di ricerca prevista dalla legge.

Riferimenti procedurali:
Arresto: Facol. in flagranza
Fermo: Sì
Misure cautelari personali: Sì
Autorità competente: T.m.
Procedibilità: d'ufficio

518-*ter*. *Appropriazione indebita di beni culturali.* — Chiunque, per procurare a sé o ad altri un ingiusto profitto, si appropria di un bene culturale altrui di cui abbia, a qualsiasi titolo, il possesso è punito con la reclusione da uno a quattro anni e con la multa da euro 516 a euro 1.500.

Se il fatto è commesso su cose possedute a titolo di deposito necessario, la pena è aumentata.

Riferimenti procedurali:
Arresto: Facol. in flagranza
Fermo: No
Misure cautelari personali: Sì
Autorità competente: T.m.
Procedibilità: d'ufficio

518-*quater*. *Ricettazione di beni culturali.* — Fuori dei casi di concorso nel reato, chi, al fine di procurare a sé o ad altri un profitto, acquista, riceve od occulta beni culturali provenienti da un qualsiasi delitto, o comunque si intromette nel farli acquistare, ricevere od occultare, è punito con la reclusione da quattro a dieci anni e con la multa da euro 1.032 a euro 15.000.

La pena è aumentata quando il fatto riguarda beni culturali provenienti dai delitti di rapina aggravata ai sensi dell'articolo 628, terzo comma, e di estorsione aggravata ai sensi dell'articolo 629, secondo comma.

Le disposizioni del presente articolo si applicano anche quando l'autore del delitto da cui i beni culturali provengono non è imputabile o non è punibile ovvero quando manca una condizione di procedibilità riferita a tale delitto.

Riferimenti procedurali:
Arresto: Facol. in flagranza
Fermo: Sì
Misure cautelari personali: Sì
Autorità competente: T.m.
Procedibilità: d'ufficio

518-*quinquies*. *Impiego di beni culturali provenienti da delitto.* — Chiunque, fuori dei casi di concorso nel reato e dei casi previsti dagli articoli 518-*quater* e 518-*sexies*, impiega in attività economiche o finanziarie beni culturali provenienti da delitto è punito con la reclusione da cinque a tredici anni e con la multa da euro 6.000 a euro 30.000.

Le disposizioni del presente articolo si applicano anche quando l'autore del delitto da cui i beni culturali provengono non è imputabile o non è punibile ovvero quando manca una condizione di procedibilità riferita a tale delitto.

Riferimenti procedurali:
Arresto: Facol. in flagranza
Fermo: Sì
Misure cautelari personali: Sì
Autorità competente: T.m.
Procedibilità: d'ufficio

518-*sexies*. *Riciclaggio di beni culturali.* — Fuori dei casi di concorso nel reato, chiunque sostituisce o trasferisce beni culturali provenienti da delitto non colposo, ovvero compie in relazione ad essi altre operazioni, in modo da ostacolare l'identificazione della loro provenienza delittuosa, è punito con la reclusione da cinque a quattordici anni e con la multa da euro 6.000 a euro 30.000.

La pena è diminuita se i beni culturali provengono da delitto per il quale è stabilita la pena della reclusione inferiore nel massimo a cinque anni.

Le disposizioni del presente articolo si applicano anche quando l'autore del delitto da cui i beni culturali provengono non è imputabile o non è punibile ovvero quando manca una condizione di procedibilità riferita a tale delitto.

Riferimenti procedurali:
Arresto: Facol. in flagranza
Fermo: Sì
Misure cautelari personali: Sì
Autorità competente: T.m.
Procedibilità: d'ufficio

518-*septies*. *Autoriciclaggio di beni culturali.* — Chiunque, avendo commesso o concorso a commettere un delitto non colposo, impiega, sostituisce, trasferisce, in attività economiche, finanziarie, imprenditoriali o speculative, beni culturali provenienti dalla commissione di tale delitto, in modo da ostacolare concretamente l'identificazione della loro provenienza delittuosa, è punito con la reclusione da tre a dieci anni e con la multa da euro 6.000 a euro 30.000.

Se i beni culturali provengono dalla commissione di un delitto non colposo, punito con la reclusione inferiore nel massimo a cinque anni, si applicano la reclusione da due a cinque anni e la multa da euro 3.000 a euro 15.000.

Fuori dei casi di cui ai commi primo e secondo, non sono punibili le condotte per cui i beni vengono destinati alla mera utilizzazione o al godimento personale.

Si applica il terzo comma dell'articolo 518-*quater*.

Riferimenti procedurali:
Arresto: Facol. in flagranza
Fermo: Sì
Misure cautelari personali: Sì
Autorità competente: T.m.
Procedibilità: d'ufficio

518-*octies*. *Falsificazione in scrittura privata relativa a beni culturali.* — Chiunque forma, in tutto o in parte, una scrittura privata falsa o, in tutto o in parte, altera, distrugge, sopprime od occulta una scrittura privata vera, in relazione a beni culturali mobili, al fine di farne apparire lecita la provenienza, è punito con la reclusione da uno a quattro anni.

Chiunque fa uso della scrittura privata di cui al primo comma, senza aver concorso nella sua formazione o alterazione, è punito con la reclusione da otto mesi a due anni e otto mesi.

Riferimenti procedurali:
Arresto: Facol. in flagranza (I c.)
Fermo: No
Misure cautelari personali: Sì (I c.)
Autorità competente: T.m.
Procedibilità: d'ufficio

518-*novies*. *Violazioni in materia di alienazione di beni culturali.* — È punito con la reclusione da sei mesi a due anni e con la multa da euro 2.000 a euro 80.000:

1) chiunque, senza la prescritta autorizzazione, aliena o immette sul mercato beni culturali;

2) chiunque, essendovi tenuto, non presenta, nel termine di trenta giorni, la denuncia degli atti di trasferimento della proprietà o della detenzione di beni culturali;

3) l'alienante di un bene culturale soggetto a prelazione che effettua la consegna della cosa in pendenza del termine di sessanta giorni dalla data di ricezione della denuncia di trasferimento.

Riferimenti procedurali:
Arresto: No
Fermo: No
Misure cautelari personali: No
Autorità competente: T.m.
Procedibilità: a querela di parte

518-*decies*. *Importazione illecita di beni culturali.* — Chiunque, fuori dei casi di concorso nei reati previsti dagli articoli 518-*quater*, 518-*quinquies*, 518-*sexies* e 518-*septies*, importa beni culturali provenienti da delitto ovvero rinvenuti a seguito di ricerche svolte senza autorizzazione, ove prevista dall'ordinamento dello Stato in cui il rinvenimento ha avuto luogo, ovvero esportati da un altro Stato in violazione della legge in materia di protezione del patrimonio culturale di quello Stato, è punito con la reclusione da due a sei anni e con la multa da euro 258 a euro 5.165.

Riferimenti procedurali:
Arresto: Facol. in flagranza
Fermo: No
Misure cautelari personali: Sì
Autorità competente: T.m.
Procedibilità: d'ufficio

518-*undecies*. *Uscita o esportazione illecite di beni culturali.* — Chiunque trasferisce all'estero beni culturali, cose di interesse artistico, storico, archeologico, etnoantropologico, bibliografico, documentale o archivistico o altre cose oggetto di specifiche disposizioni di tutela ai sensi della normativa sui beni culturali, senza attestato di libera circolazione o licenza di esportazione, è punito con la reclusione da due a otto anni e con la multa fino a euro 80.000.

La pena prevista al primo comma si applica altresì nei confronti di chiunque non fa rientrare nel territorio nazionale, alla scadenza del termine, beni culturali, cose di interesse artistico, storico, archeologico, etnoantropologico, bibliografico, documentale o archivistico o altre cose oggetto di specifiche disposizioni di tutela ai sensi della normativa sui beni culturali, per i quali siano state autorizzate l'uscita o l'esportazione temporanee, nonché nei confronti di chiunque rende dichiarazioni mendaci al fine di comprovare al competente ufficio di esportazione, ai sensi di legge, la non assoggettabilità di cose di interesse culturale ad autorizzazione all'uscita dal territorio nazionale.

Riferimenti procedurali:
Arresto: Facol. in flagranza
Fermo: Sì
Misure cautelari personali: Sì
Autorità competente: T.m.
Procedibilità: d'ufficio

518-*duodecies*. *Distruzione, dispersione, deterioramento, deturpamento, imbrattamento e uso illecito di beni culturali o paesaggistici.* — Chiunque distrugge, disperde, deteriora o rende in tutto o in parte inservibili o non fruibili beni culturali o paesaggistici propri o altrui è punito con la reclusione da due a cinque anni e con la multa da euro 2.500 a euro 15.000.

Chiunque, fuori dei casi di cui al primo comma, deturpa o imbratta beni culturali o paesaggistici propri o altrui, ovvero destina beni culturali a un uso incompatibile con il loro carattere storico o artistico ovvero pregiudizievole per la loro conservazione o integrità, è punito con la reclusione da sei mesi a tre anni e con la multa da euro 1.500 a euro 10.000.

La sospensione condizionale della pena è subordinata al ripristino dello stato dei luoghi o all'eliminazione delle conseguenze dannose o pericolose del reato ovvero alla prestazione di attività non retribuita a favore della collettività per un tempo determinato, comunque non superiore alla durata della pena sospesa, secondo le modalità indicate dal giudice nella sentenza di condanna.

Riferimenti procedurali:
Arresto: Facol. in flagranza (I c.)
Fermo: No
Misure cautelari personali: Sì
Autorità competente: T.m.
Procedibilità: d'ufficio

518-*terdecies*. *Devastazione e saccheggio di beni culturali e paesaggistici.* — Chiunque, fuori dei casi previsti dall'articolo 285, commette fatti di devastazione o di saccheggio aventi ad oggetto beni culturali o paesaggistici ovvero istituti e luoghi della cultura è punito con la reclusione da dieci a sedici anni.

Riferimenti procedurali:
Arresto: Facol. in flagranza
Fermo: No
Misure cautelari personali: Sì
Autorità competente: T.m.
Procedibilità: d'ufficio

518-*quaterdecies*. *Contraffazione di opere d'arte.* — È punito con la reclusione da uno a cinque anni e con la multa da euro 3.000 a euro 10.000:

1) chiunque, al fine di trarne profitto, contraffà, altera o riproduce un'opera di pittura, scultura o grafica ovvero un oggetto di antichità o di interesse storico o archeologico;

2) chiunque, anche senza aver concorso nella contraffazione, alterazione o riproduzione, pone in commercio, detiene per farne commercio, introduce a questo fine nel territorio dello Stato o comunque pone in circolazione, come autentici, esemplari contraffatti, alterati o riprodotti di opere di pittura, scultura o grafica, di oggetti di antichità o di oggetti di interesse storico o archeologico;

3) chiunque, conoscendone la falsità, autentica opere od oggetti indicati ai numeri 1) e 2) contraffatti, alterati o riprodotti;

4) chiunque, mediante altre dichiarazioni, perizie, pubblicazioni, apposizione di timbri o etichette o con qualsiasi altro mezzo, accredita o contribuisce ad accreditare, conoscendone la falsità, come autentici opere od oggetti indicati ai numeri 1) e 2) contraffatti, alterati o riprodotti.

È sempre ordinata la confisca degli esemplari contraffatti, alterati o riprodotti delle opere o degli oggetti indicati nel primo comma, salvo che si tratti di cose appartenenti a persone estranee al reato. Delle cose confiscate è vietata, senza limiti di tempo, la vendita nelle aste dei corpi di reato.

Riferimenti procedurali:
Arresto: Facol. in flagranza
Fermo: No

Misure cautelari personali: Sì
Autorità competente: T.m.
Procedibilità: d'ufficio

518-*quinquiesdecies*. *Casi di non punibilità*. — Le disposizioni dell'articolo 518-*quaterdecies* non si applicano a chi riproduce, detiene, pone in vendita o altrimenti diffonde copie di opere di pittura, di scultura o di grafica, ovvero copie o imitazioni di oggetti di antichità o di interesse storico o archeologico, dichiarate espressamente non autentiche, mediante annotazione scritta sull'opera o sull'oggetto o, quando ciò non sia possibile per la natura o le dimensioni della copia o dell'imitazione, mediante dichiarazione rilasciata all'atto dell'esposizione o della vendita. Non si applicano del pari ai restauri artistici che non abbiano ricostruito in modo determinante l'opera originale.

518-*sexiesdecies*. *Circostanze aggravanti*. — La pena è aumentata da un terzo alla metà quando un reato previsto dal presente titolo:

1) cagiona un danno di rilevante gravità;

2) è commesso nell'esercizio di un'attività professionale, commerciale, bancaria o finanziaria;

3) è commesso da un pubblico ufficiale o da un incaricato di pubblico servizio, preposto alla conservazione o alla tutela di beni culturali mobili o immobili;

4) è commesso nell'ambito dell'associazione per delinquere di cui all'articolo 416.

Se i reati previsti dal presente titolo sono commessi nell'esercizio di un'attività professionale o commerciale, si applicano la pena accessoria di cui all'articolo 30 e la pubblicazione della sentenza penale di condanna ai sensi dell'articolo 36.

518-*septiesdecies*. *Circostanze attenuanti*. — La pena è diminuita di un terzo quando un reato previsto dal presente titolo cagioni un danno di speciale tenuità ovvero comporti un lucro di speciale tenuità quando anche l'evento dannoso o pericoloso sia di speciale tenuità.

La pena è diminuita da un terzo a due terzi nei confronti di chi abbia consentito l'individuazione dei correi o abbia fatto assicurare le prove del reato o si sia efficacemente adoperato per evitare che l'attività delittuosa fosse portata a conseguenze ulteriori o abbia recuperato o fatto recuperare i beni culturali oggetto del delitto.

518-*duodevicies*. *Confisca*. — Il giudice dispone in ogni caso la confisca delle cose indicate all'articolo 518-*undecies*, che hanno costituito l'oggetto del reato, salvo che queste appartengano a persona estranea al reato. In caso di estinzione del reato, il giudice procede a norma dell'articolo 666 del codice di procedura penale. La confisca ha luogo in conformità alle norme della legge doganale relative alle cose oggetto di contrabbando.

Nel caso di condanna o di applicazione della pena su richiesta delle parti, a norma dell'articolo 444 del codice di procedura penale, per uno dei delitti previsti dal presente titolo, è sempre ordinata la confisca delle cose che servirono o furono destinate a commettere il reato e delle cose che ne costituiscono il prodotto, il profitto o il prezzo, salvo che appartengano a persone estranee al reato.

Quando non è possibile procedere alla confisca di cui al secondo comma, il giudice ordina la confisca del denaro, dei beni o delle altre utilità delle quali il reo ha la disponibilità, anche per interposta persona, per un valore corrispondente al profitto o al prodotto del reato.

Le navi, le imbarcazioni, i natanti e gli aeromobili, le autovetture e i motocicli sequestrati nel corso di operazioni di polizia giudiziaria a tutela dei beni culturali sono affidati dall'autorità giudiziaria in custodia giudiziale agli organi di polizia che ne facciano richiesta per l'impiego in attività di tutela dei beni medesimi.

518-*undevicies*. *Fatto commesso all'estero*. — Le disposizioni del presente titolo si applicano altresì quando il fatto è commesso all'estero in danno del patrimonio culturale nazionale.

TITOLO IX
Dei delitti contro la moralità pubblica e il buon costume

CAPO I
Dei delitti contro la libertà sessuale[1]

[1] Il Capo I è stato abrogato dall'art. 1 della L. 15 feb. 1996, n. 66.

CAPO II
Delle offese al pudore e all'onore sessuale

527. *Atti osceni*. — Chiunque, in luogo pubblico o aperto o esposto al pubblico, compie atti osceni è soggetto alla sanzione amministrativa pecuniaria da euro 5.000 a euro 30.000.[1]

Si applica la pena della reclusione da quattro mesi a quattro anni e sei mesi se il fatto è commesso all'interno o nelle immediate vicinanze di luoghi abitualmente frequentati da minori e se da ciò deriva il pericolo che essi vi assistano.[1]

Se il fatto avviene per colpa, si applica la sanzione amministrativa pecuniaria da euro 51 a euro 309.

[1] Comma così modif. dall'art. 2, c. 1, D.lgs. 15 gen. 2016, n. 8.

Riferimenti procedurali:
Arresto: No, Facol. in flagranza (II c. circostanze aggravanti)
Fermo: No
Misure cautelari personali: Sì (II c.)
Autorità competente: T.m, Prefetto (I e III c.)
Procedibilità: d'ufficio (II c.)

528. *Pubblicazioni e spettacoli osceni*.[1] — Chiunque, allo scopo di farne commercio o distri-

CODICE PENALE

buzione ovvero di esporli pubblicamente, fabbrica, introduce nel territorio dello Stato, acquista, detiene, esporta, ovvero mette in circolazione scritti, disegni, immagini od altri oggetti osceni di qualsiasi specie, è soggetto alla sanzione amministrativa pecuniaria da euro 10.000 a euro 50.000.

Alla stessa sanzione soggiace chi fa commercio, anche se clandestino, degli oggetti indicati nella disposizione precedente, ovvero li distribuisce o espone pubblicamente.

Si applicano la reclusione da tre mesi a tre anni e la multa non inferiore a euro 103 a chi:

1) adopera qualsiasi mezzo di pubblicità atto a favorire la circolazione o il commercio degli oggetti indicati nella prima parte di questo articolo;

2) dà pubblici spettacoli teatrali o cinematografici, ovvero audizioni o recitazioni pubbliche, che abbiano carattere di oscenità.

Nel caso preveduto dal n. 2, la pena è aumentata se il fatto è commesso nonostante il divieto dell'Autorità.

[1] Articolo così modif. dall'art. 2, c. 2, D.lgs. 15 gen. 2016, n. 8.

Riferimenti procedurali:
Arresto: No
Fermo: No
Misure cautelari personali: No
Autorità competente: T.m., Prefetto (I e III c.)
Procedibilità: d'ufficio (III e IV c.)

529. ***Atti e oggetti osceni: nozione.*** — Agli effetti della legge penale, si considerano *osceni* gli atti e gli oggetti che, secondo il comune sentimento, offendono il pudore.

Non si considera oscena l'opera d'arte o l'opera di scienza, salvo che, per motivo diverso da quello di studio, sia offerta in vendita, venduta o comunque procurata a persona minore degli anni diciotto.

530. [***Corruzione di minorenni***][1]

[1] Articolo abrog. dall'art. 1 della L. 15 feb. 1996, n. 66.

531-536. .... [1]

[1] Articoli sostituiti dalle disposizioni della L. 20 feb. 1958, n. 75, artt. 3-6.

537. ***Tratta di donne e di minori commessa all'estero.*** — I delitti preveduti dai due articoli precedenti sono punibili anche se commessi da un cittadino in territorio estero.[1]

[1] «In quanto le convenzioni internazionali lo prevedono» (art. 3 u.c. L. 20 feb. 1958, n. 75).

538. ***Misura di sicurezza.*** — Alla condanna per il delitto dell'art. 531 può essere aggiunta una misura di sicurezza detentiva. La misura di sicurezza detentiva è sempre aggiunta nei casi preveduti dagli artt. 532, 533, 534, 535 e 536.[1]

[1] Per l'individuazione dei delitti previsti dagli artt. 531, 532, 533, 534, 535 e 536, ora abrogati, si veda l'art. 3 della L. 20 feb. 1958, n. 75.

CAPO III
Disposizioni comuni ai capi precedenti

539. [***Età della persona offesa.***][1]

[1] Articolo abrog. dall'art. 1 della L. 15 feb. 1996, n. 66.

540. ***Rapporto di parentela.***[1] — Agli effetti della legge penale, quando il rapporto di parentela è considerato come elemento costitutivo o come circostanza aggravante o attenuante o come causa di non punibilità, la filiazione fuori del matrimonio è equiparata alla filiazione nel matrimonio.

Il rapporto di filiazione fuori del matrimonio è stabilito osservando i limiti di prova indicati dalla legge civile, anche se per effetti diversi dall'accertamento dello stato delle persone.

[1] Ai sensi dell'art. 93, D.lgs. 28 dic. 2013, n. 154, in vigore dal 7 feb. 2014, la parola "illegittima" è stata sost. da "fuori del matrimonio" e la parola "legittima" da "nel matrimonio".

541. ***Pene accessorie ed altri effetti penali.***[1]

[1] Articolo abrog. dall'art. 1, L. 15 feb. 1996, n. 66.

542. ***Querela dell'offeso.***[1]

[1] Articolo abrog. dall'art. 1, L. 15 feb. 1996, n. 66.

543. ***Diritto di querela.***[1]

[1] Articolo abrog. dall'art. 1, L. 15 feb. 1996, n. 66.

544. ***Causa speciale di estinzione del reato.***[1]

[1] Articolo abrog. dall'art. 1, L. 5 ago. 1981, n. 442.

TITOLO IX-*bis*
Dei delitti contro il sentimento per gli animali[1]

[1] Titolo inserito dalla L. 20 lug. 2004, n. 189.

544-*bis*. ***Uccisione di animali.***[1] — Chiunque, per crudeltà o senza necessità, cagiona la morte di un animale è punito con la reclusione da quattro mesi a due anni.

[1] Articolo così modif. dall'art. 3, lett. *a*), L. 4 nov. 2010, n. 201.

Riferimenti procedurali:
Arresto: No
Fermo: No
Misure cautelari personali: No
Autorità competente: T.m.
Procedibilità: d'ufficio

544-*ter*. ***Maltrattamento di animali.***[1] — Chiunque, per crudeltà o senza necessità, cagiona una lesione ad un animale ovvero lo sottopone a sevizie o a comportamenti o a fatiche o a lavori insopportabili per le sue caratteristiche etologiche è punito con la reclusione da tre a diciotto mesi o con la multa da 5.000 a 30.000 euro.

La stessa pena si applica a chiunque somministra agli animali sostanze stupefacenti o vietate ovvero li sottopone a trattamenti che procurano un danno alla salute degli stessi.

La pena è aumentata della metà se dai fatti di cui al primo comma deriva la morte dell'animale.

[1] Articolo così modif. dall'art. 3, lett. *b*), L. 4 nov. 2010, n. 201.

Riferimenti procedurali:
Arresto: No
Fermo: No
Misure cautelari personali: No
Autorità competente: T.m.
Procedibilità: d'ufficio

544-*quater*. *Spettacoli o manifestazioni vietati.* — Salvo che il fatto costituisca più grave reato, chiunque organizza o promuove spettacoli o manifestazioni che comportino sevizie o strazio per gli animali è punito con la reclusione da quattro mesi a due anni e con la multa da 3.000 a 15.000 euro.

La pena è aumentata da un terzo alla metà se i fatti di cui al primo comma sono commessi in relazione all'esercizio di scommesse clandestine o al fine di trarne profitto per sé od altri ovvero se ne deriva la morte dell'animale.

Riferimenti procedurali:
Arresto: No
Fermo: No
Misure cautelari personali: No
Autorità competente: T.m.
Procedibilità: d'ufficio

544-*quinquies*. *Divieto di combattimenti tra animali.* — Chiunque promuove, organizza o dirige combattimenti o competizioni non autorizzate tra animali che possono metterne in pericolo l'integrità fisica è punito con la reclusione da uno a tre anni e con la multa da 50.000 a 160.000 euro.

La pena è aumentata da un terzo alla metà:

1) se le predette attività sono compiute in concorso con minorenni o da persone armate:

2) se le predette attività sono promosse utilizzando videoriproduzioni o materiale di qualsiasi tipo contenente scene o immagini dei combattimenti o delle competizioni;

3) se il colpevole cura la ripresa o la registrazione in qualsiasi forma dei combattimenti o delle competizioni.

Chiunque, fuori dei casi di concorso nel reato, allevando o addestrando animali li destina sotto qualsiasi forma e anche per il tramite di terzo alla loro partecipazione ai combattimenti di cui al primo comma è punito con la reclusione da tre mesi a due anni e con la multa da 5.000 a 30.000 euro. La stessa pena si applica anche ai proprietari o ai detentori degli animali impiegati nei combattimenti e nelle competizioni di cui al primo comma, se consenzienti.

Chiunque, anche se non presente sul luogo del reato, fuori dei casi di concorso nel medesimo, organizza o effettua scommesse sui combattimenti e sulle competizioni di cui al primo comma è punito con la reclusione da tre mesi a due anni e con la multa da 5.000 a 30.000 euro.

Riferimenti procedurali:
Arresto: No (I, III e IV c.), Facol (II c.)
Fermo: No
Misure cautelari personali: Sì (II c.)
Autorità competente: T.m.
Procedibilità: d'ufficio

544-*sexies*. *Confisca e pene accessorie.* — Nel caso di condanna, o di applicazione della pena su richiesta delle parti a norma dell'art. 444 del codice di procedura penale, per i delitti previsti dagli artt. 544-*ter*, 544-*quater* e 544-*quinquies*, è sempre ordinata la confisca dell'animale, salvo che appartenga a persona estranea al reato. È altresì disposta la sospensione da tre mesi a tre anni dell'attività di trasporto, di commercio o di allevamento degli animali se la sentenza di condanna o di applicazione della pena su richiesta è pronunciata nei confronti di chi svolge le predette attività. In caso di recidiva è disposta l'intersizione dell'esercizio delle attività medesime.

TITOLO X
Dei delitti contro la integrità e la sanità della stirpe[1]

[1] Il titolo X è stato abrogato dall'art. 22, L. 22 mag. 1978, n. 194.

545-555.......................................[1]

[1] V. ora l'art. 593-*ter* e gli artt. 19-22, L. 22 mag. 1978, n. 194.

TITOLO XI
Dei delitti contro la famiglia

CAPO I
Dei delitti contro il matrimonio

556. *Bigamia.* — Chiunque, essendo legato da matrimonio avente effetti civili, ne contrae un altro, pure avente effetti civili, è punito con la reclusione da uno a cinque anni. Alla stessa pena soggiace chi, non essendo coniugato, contrae matrimonio con persona legata da matrimonio avente effetti civili.

La pena è aumentata se il colpevole ha indotto in errore la persona, con la quale ha contratto matrimonio, sulla libertà dello stato proprio o di lei.

Se il matrimonio, contratto precedentemente dal bigamo, è dichiarato nullo, ovvero è annullato il secondo matrimonio per causa diversa dalla bigamia, il reato è estinto, anche rispetto a coloro che sono concorsi nel reato, e, se vi è stata condanna, ne cessano l'esecuzione e gli effetti penali.

Riferimenti procedurali:
Arresto: Facoltà in flagranza

Fermo: No
Misure cautelari personali: Sì
Autorità competente: T.m.
Procedibilità: d'ufficio

557. ***Prescrizione del reato.*** — Il termine della prescrizione per il delitto preveduto dall'articolo precedente decorre dal giorno in cui è sciolto uno dei due matrimoni o è dichiarato nullo il secondo per bigamia.

558. ***Induzione al matrimonio mediante inganno.*** — Chiunque, nel contrarre matrimonio avente effetti civili, con mezzi fraudolenti occulta all'altro coniuge l'esistenza di un impedimento che non sia quello derivante da un precedente matrimonio è punito, se il matrimonio è annullato a causa dell'impedimento occultato, con la reclusione fino a un anno ovvero con la multa da euro 206 a euro 1.032.

Riferimenti procedurali:
Arresto: No
Fermo: No
Misure cautelari personali: No
Autorità competente: T.m.
Procedibilità: d'ufficio

558-*bis*. ***Costrizione o induzione al matrimonio.***[1] — Chiunque, con violenza o minaccia, costringe una persona a contrarre matrimonio o unione civile è punito con la reclusione da uno a cinque anni.

La stessa pena si applica a chiunque, approfittando delle condizioni di vulnerabilità o di inferiorità psichica o di necessità di una persona, con abuso delle relazioni familiari, domestiche, lavorative o dell'autorità derivante dall'affidamento della persona per ragioni di cura, istruzione o educazione, vigilanza o custodia, la induce a contrarre matrimonio o unione civile.

La pena è aumentata se i fatti sono commessi in danno di un minore di anni diciotto.

La pena è da due a sette anni di reclusione se i fatti sono commessi in danno di un minore di anni quattordici.

Le disposizioni del presente articolo si applicano anche quando il fatto è commesso all'estero da cittadino italiano o da straniero residente in Italia ovvero in danno di cittadino italiano o di straniero residente in Italia.

[1] Articolo ins. dall'art. 7, L. 19 lug. 2019, n. 69.

Riferimenti procedurali:
Arresto: Facol, in flagranza
Fermo: No, Sì (IV c.)
Misure cautelari personali: Sì
Autorità competente: T.m.
Procedibilità: d'ufficio

559. ***Adulterio.***[1] — La moglie adultera è punita con la reclusione fino a un anno.

Con la stessa pena è punito il correo dell'adultera.

La pena è della reclusione fino a due anni nel caso di relazione adulterina.

Il delitto è punibile a querela del marito.

[1] La Corte cost., con sent. 19 dic. 1968, n. 126, ha dichiarato l'ill. cost. del primo e del secondo comma dell'art. 559.

La Corte cost., con sent. 3 dic. 1969, n. 147, ha dichiarato l'ill. cost. dei commi III e IV.

560. ***Concubinato.***[1] — Il marito, che tiene una concubina nella casa coniugale, o notoriamente altrove, è punito con la reclusione fino a due anni. La concubina è punita con la stessa pena. Il delitto è punibile a querela della moglie.

[1] La Corte cost., con sent. 3 dic. 1969, n. 147, ha dichiarato l'ill. cost. di questo articolo.

561. ***Casi di non punibilità. Circostanza attenuante.***[1] — Nel caso preveudto dall'art. 559, non è punibile la moglie quando il marito l'abbia indotta o eccitata alla prostituzione ovvero abbia comunque tratto vantaggio dalla prostituzione di lei.

Nei casi preveduti dai due articoli precedenti non è punibile il coniuge legalmente separato per colpa dell'altro coniuge, ovvero da questo ingiustamente abbandonato.

Se il fatto è commesso dal coniuge legalmente separato per colpa propria o per colpa propria e dell'altro coniuge o per mutuo consenso, la pena è diminuita.

[1] La Corte cost., con sent. 3 dic. 1969, n. 147, ha dichiarato l'ill. cost. di questo articolo.

562. ***Pena accessoria e sanzione civile.*** — La condanna per alcuno dei delitti preveduti dagli artt. 556 e 560 importa la perdita dell'autorità maritale.

Con la sentenza di condanna per adulterio o per concubinato il giudice può, sull'istanza del coniuge offeso, ordinare i provvedimenti temporanei di indole civile, che ritenga urgenti nell'interesse del coniuge offese e della prole.

Tali provvedimenti sono immediatamente eseguibili, ma cessano di avere effetto se, entro tre mesi dalla sentenza di condanna, divenuta irrevocabile, non è presentata dinanzi al giudice civile domanda di separazione personale.[1]

[1] La Corte cost., con sent. 3 dic. 1969, n. 147, ha dichiarato ill. cost. del comma 1 nella parte relativa alla perdita dell'autorità maritale per effetto della condanna per delitto di concubinato, e dei commi 2 e 3 in toto. Deve poi ritenersi abrogato il comma 1 anche nel residuale riferimento alla perdita dell'autorità maritale per la condanna ai sensi del 556 c.p., in quanto l'art. 26 della L. 19 mag. 1975, n. 151 ha eliminato la potestà maritale stessa.

563. ***Estinzione del reato.***[1] — Nei casi preveduti dagli artt. 559 e 560 la remissione della querela, anche se intervenuta dopo la condanna, estingue il reato. Estinguono altresì il reato: 1) la mente del coniuge offeso; 2) l'annullamento del matrimonio del colpevole di adulterio o di concubinato.

L'estinzione del reato ha effetto anche riguardo al correo e alla concubina e ad ogni persona che sia concorsa nel reato; e, se vi è stata condanna, ne cessano l'esecuzione e gli effetti penali.

[1] La Corte cost., con sent. 3 dic. 1969, n. 147, ha dichiarato l'ill. cost. di questo articolo.

CAPO II
Dei delitti contro la morale familiare

564. *Incesto.* — Chiunque, in modo che ne derivi pubblico scandalo, commette incesto con un discendente o un ascendente, o con un affine in linea retta, ovvero con una sorella o un fratello, è punito con la reclusione da uno a cinque anni.

La pena è della reclusione da due a otto anni nel caso di relazione incestuosa.

Nei casi preveduti dalle disposizioni precedenti, se l'incesto è commesso da persona maggiore di età, con persona minore degli anni diciotto, la pena è aumentata per la persona maggiorenne.

La condanna pronunciata contro il genitore importa la perdita della responsabilità genitoriale.[1,2]

[1] Comma così modif. dall'art. 146, L. 24 nov. 1981, n. 689.

[2] Le parole «potestà dei genitori» sono state sost. da «responsabilità genitoriale» dall'art. 93, D.lgs. 28 dic. 2013, n. 154, in vigore dal 7 feb. 2014.

Riferimenti procedurali:
Arresto: Facol. in flagranza
Fermo: No (I c.), Sì (II c.)
Misure cautelari personali: Sì
Autorità competente: T.c.
Procedibilità: d'ufficio

565. *Attentati alla morale familiare commessi col mezzo della stampa periodica.*[1] — Chiunque nella cronaca dei giornali o di altri scritti periodici, nei disegni che ad essa si riferiscono, ovvero nelle inserzioni fatte a scopo di pubblicità sugli stessi giornali o scritti, espone o mette in rilievo circostanze tali da offendere la morale familiare, è punito con la multa da euro 103 a euro 516.

[1] V. L. 8 feb. 1948, n. 47.

Riferimenti procedurali:
Arresto: No
Fermo: No
Misure cautelari personali: No
Autorità competente: T.m.
Procedibilità: d'ufficio

CAPO III
Dei delitti contro lo stato di famiglia

566. *Supposizione o soppressione di stato.* — Chiunque fa figurare nei registri dello stato civile una nascita inesistente è punito con la reclusione da tre a dieci anni.

Alla stessa pena soggiace chi, mediante l'occultamento di un neonato, ne sopprime lo stato civile.

Riferimenti procedurali:
Arresto: Facol. in flagranza
Fermo: Sì
Misure cautelari personali: Sì
Autorità competente: T.m.
Procedibilità: d'ufficio

567. *Alterazione di stato.* — Chiunque, mediante la sostituzione di un neonato, ne altera lo stato civile è punito con la reclusione da tre a dieci anni.

Si applica la reclusione da cinque a quindici anni a chiunque, nella formazione di un atto di nascita, altera lo stato civile di un neonato, mediante false certificazioni, false attestazioni o altre falsità.[1]

[1] La Corte cost., con sent. 10 nov. 2016, n. 236, ha dichiarato l'ill. cost. di questo comma nella parte in cui prevede la pena edittale della reclusione da un minimo di cinque a un massimo di quindici anni, anziché la pena edittale della reclusione da un minimo di tre a un massimo di dieci anni.

Riferimenti procedurali:
Arresto: Facol. in flagranza
Fermo: Sì
Misure cautelari personali: Sì
Autorità competente: T.m.
Procedibilità: d'ufficio

568. *Occultamento di stato di un figlio.*[1] — Chiunque depone o presenta un fanciullo, già iscritto nei registri dello stato civile come figlio nato nel matrimonio o riconosciuto, in un ospizio di trovatelli o in un altro luogo di beneficenza, occultandone lo stato, è punito con la reclusione da uno a cinque anni.

[1] Ai sensi dell'art. 93, D.lgs. 28 dic. 2013, n. 154, in vigore dal 7 feb. 2014, nella rubrica le parole "fanciullo legittimo o naturale riconosciuto" sono state sost. da "figlio"; al primo comma le parole "legittimo o naturale riconosciuto" sono state sost. da "nato nel matrimonio o riconosciuto".

Riferimenti procedurali:
Arresto: Facol. in flagranza
Fermo: No
Misure cautelari personali: Sì
Autorità competente: T.m.
Procedibilità: d'ufficio

569. *Pena accessoria.*[1] — La condanna pronunciata contro il genitore per alcuno dei delitti preveduti da questo capo importa la perdita della responsabilità genitoriale.[2]

[1] La Corte cost., con sent. 23 feb. 2012, n. 31, ha dichiarato l'ill. cost. di questo articolo nella parte in cui stabilisce che, in caso di condanna pronunciata contro il genitore per il delitto di alterazione di stato, previsto dall'art. 567 c. 2 del codice penale, consegua di diritto la perdita della potestà genitoriale, così precludendo al giudice ogni possibilità di valutazione dell'interesse del minore nel caso concreto.

La Corte cost., con sent. 23 gen. 2013, n. 7, ha dichiarato l'ill. cost. di questo articolo nella parte in cui stabilisce che, in caso di condanna pronunciata contro il genitore per il delitto di soppressione di stato, previsto dall'art. 566, c. 2, consegua di diritto la perdita della potestà genitoriale, così precludendo al giudice ogni possibilità di valutazione dell'interesse del minore nel caso concreto.

[2] La parola «potestà dei genitori» sono state sost. da «responsabilità genitoriale» dall'art. 93, D.lgs. 28 dic. 2013, n. 154, in vigore dal 7 feb. 2014.

CAPO IV

Dei delitti contro l'assistenza familiare

570. ***Violazione degli obblighi di assistenza familiare.*** — Chiunque, abbandonando il domicilio domestico, o comunque serbando una condotta contraria all'ordine o alla morale delle famiglie, si sottrae agli obblighi di assistenza inerenti alla responsabilità genitoriale,[1] [alla tutela legale],[2] o alla qualità di coniuge, è punito con la reclusione fino a un anno o con la multa da euro 103 a euro 1.032.

Le dette pene si applicano congiuntamente a chi:

1) malversa o dilapida i beni del figlio minore [o del pupillo] o del coniuge;

2) fa mancare i mezzi di sussistenza ai discendenti di età minore, ovvero inabili al lavoro, agli ascendenti o al coniuge, il quale non sia legalmente separato per sua colpa.

Il delitto è punibile a querela della persona offesa salvo nei casi previsti dal n. 1 e, quando il reato è commesso nei confronti dei minori, dal n. 2 del precedente comma.[3]

Le disposizioni di questo articolo non si applicano se il fatto è preveduto come più grave reato da un'altra disposizione di legge.

[1] Le parole «potestà dei genitori» sono state sost. da «responsabilità genitoriale» dall'art. 93, D.lgs. 28 dic. 2013, n. 154, in vigore dal 7 feb. 2014.

[2] Comma così modif. dall'art. 146 della L. 24 nov. 1981, n. 689.

[3] Comma aggiunto dall'art. 90 della L. 24 nov. 1981, n. 689.

Riferimenti procedurali:
Arresto: No
Fermo: No
Misure cautelari personali: No (vedi art. 282 bis c.p.p.)
Autorità competente: T.m.
Procedibilità: a querela di parte (art. 336 c.p.p.), d'ufficio (art. 570 III c., c.p.)

570-*bis*. ***Violazione degli obblighi di assistenza familiare in caso di separazione o di scioglimento del matrimonio.***[1] — Le pene previste dall'articolo 570 si applicano al coniuge che si sottrae all'obbligo di corresponsione di ogni tipologia di assegno dovuto in caso di scioglimento, di cessazione degli effetti civili o di nullità del matrimonio ovvero viola gli obblighi di natura economica in materia di separazione dei coniugi e di affidamento condiviso dei figli.

[1] Articolo ins. dall'art. 2, c. 1, lett. *c*), D.lgs. 1 mar. 2018, n. 21.

571. ***Abuso dei mezzi di correzione o di disciplina.*** — Chiunque abusa dei mezzi di correzione o di disciplina in danno di una persona sottoposta alla sua autorità, o a lui affidata per ragione di educazione, istruzione, cura, vigilanza o custodia, ovvero per l'esercizio di una professione o di un'arte, è punito, se dal fatto deriva il pericolo di una malattia nel corpo o nella mente, con la reclusione fino a sei mesi.

Se dal fatto deriva una lesione personale, si applicano le pene stabilite negli artt. 582 e 583, ridotte a un terzo; se ne deriva la morte, si applica la reclusione da tre a otto anni.

Riferimenti procedurali:
Arresto: Facol. (lesione gravissima, morte)
Fermo: Sì (morte)
Misure cautelari personali: Sì
Autorità competente: T.m., C.d.A. (in caso di morte)
Procedibilità: d'ufficio

572. ***Maltrattamenti contro familiari e conviventi.***[1] — Chiunque, fuori dei casi indicati nell'articolo precedente, maltratta una persona della famiglia o comunque convivente, o una persona sottoposta alla sua autorità o a lui affidata per ragioni di educazione, istruzione, cura, vigilanza o custodia, o per l'esercizio di una professione o di un'arte, è punito con la reclusione da tre a sette anni[2].

La pena è aumentata fino alla metà se il fatto è commesso in presenza o in danno di persona minore, di donna in stato di gravidanza o di persona con disabilità come definita ai sensi dell'articolo 3 della legge 5 febbraio 1992, n. 104, ovvero se il fatto è commesso con armi.[3]

[...][4]

Se dal fatto deriva una lesione personale grave, si applica la reclusione da quattro a nove anni; se ne deriva una lesione gravissima, la reclusione da sette a quindici anni; se ne deriva la morte, la reclusione da dodici a ventiquattro anni.

Il minore di anni diciotto che assiste ai maltrattamenti di cui al presente articolo si considera persona offesa dal reato.[3]

[1] Articolo sost. dall'art. 4, c. 1, lett. *d*), L. 1 ott. 2012, n. 172.

[2] Parole così modif. dall'art. 9, c. 2, L. 19 lug. 2019, n. 69.

[3] Comma ins. dall'art. 9, c. 2, L. 19 lug. 2019, n. 69.

[4] Comma abrog. dall'art. 1, c. 1-*bis*, D.L. 14 ago. 2013, n. 93, conv. con modif. in L. 15 ott. 2013, n. 119.

Riferimenti procedurali:
Arresto: Obbl. in flagranza
Fermo: Sì
Misure cautelari personali: Sì
Autorità competente: T.m. (I c. III c. se lesione grave), T.c. (se lesione gravissima), C.d.A. (se deriva la morte)
Procedibilità: d'ufficio

573. ***Sottrazione consensuale di minorenni.*** — Chiunque sottrae un minore, che abbia compiuto gli anni quattordici, col consenso di esso, al genitore esercente la responsabilità genitoriale[1] o al tutore, ovvero lo ritiene contro la volontà del medesimo genitore o del tutore, è punito, a querela [di questo] con la reclusione fino a due anni.

La pena è diminuita, se il fatto è commesso per fine di matrimonio; è aumentata, se è commesso per fine di libidine.

Si applicano le disposizioni degli artt. 525 e 544.[2]

[1] Le parole «potestà dei genitori» sono state sost. da «responsabilità genitoriale» dall'art. 93, D.lgs. 28 dic. 2013, n. 154, in vigore dal 7 feb. 2014.

[2] Si tratta di due articoli abrogati.

Riferimenti procedurali:
Arresto: No
Fermo: No
Misure cautelari personali: No
Autorità competente: T.m.
Procedibilità: a querela del genitore o tutore

574. ***Sottrazione di persone incapaci.*** — Chiunque sottrae un minore degli anni quattordici, o un infermo di mente al genitore esercente la responsabilità genitoriale,[1] al tutore, o al curatore, o a chi ne abbia la vigilanza o la custodia, ovvero lo ritiene contro la volontà dei medesimi, è punito, a querela del genitore esercente la responsabilità genitoriale[1] del tutore o del curatore, con la reclusione da uno a tre anni.

Alla stessa pena soggiace, a querela delle stesse persone, chi sottrae o ritiene un minore che abbia compiuto gli anni quattordici, senza il consenso di esso, per fine diverso da quello di libidine o di matrimonio.

Si applicano le disposizioni degli artt. 524 e 544.

[1] Le parole «potestà dei genitori» sono state sost. da «responsabilità genitoriale» dall'art. 93, D.lgs. 28 dic. 2013, n. 154, in vigore dal 7 feb. 2014.

Riferimenti procedurali:
Arresto: No
Fermo: No
Misure cautelari personali: No
Autorità competente: T.m.
Procedibilità: a querela del genitore, tutore o curatore

574-*bis*. ***Sottrazione e trattenimento di minore all'estero.***[1] — Salvo che il fatto costituisca più grave reato, chiunque sottrae un minore al genitore esercente la responsabilità genitoriale[2] o al tutore, conducendolo o trattenendolo all'estero contro la volontà del medesimo genitore o tutore, impedendo in tutto o in parte allo stesso l'esercizio della responsabilità genitoriale[2], è punito con la reclusione da uno a quattro anni.

Se il fatto di cui al primo comma è commesso nei confronti di un minore che abbia compiuto gli anni quattordici e con il suo consenso, si applica la pena della reclusione da sei mesi a tre anni.

Se i fatti di cui al primo e secondo comma sono commessi da un genitore in danno del figlio minore, la condanna comporta la sospensione dall'esercizio della responsabilità genitoriale[2].[3]

[1] Articolo ins. dall'art. 3, c. 29 della L. 15 lug. 2009, n. 94.

[2] Le parole «potestà dei genitori» e «potestà genitoriale» sono state sost. da «responsabilità genitoriale» dall'art. 93, D.lgs. 28 dic. 2013, n. 154, in vigore dal 7 feb. 2014.

[3] La Corte cost., con sent. 29 mag. 2020, n. 102, ha dichiarato l'ill. cost. del presente comma nella parte in cui prevede che la condanna pronunciata contro il genitore per il delitto di sottrazione e mantenimento di minore all'estero ai danni del figlio minore comporta la sospensione dell'esercizio della responsabilità genitoriale, anziché la possibilità per il giudice di disporre la sospensione dall'esercizio della responsabilità genitoriale.

Riferimenti procedurali:
Arresto: Facol. in flagranza (I c.)
Fermo: No
Misure cautelari personali: Sì (I c.), No (II c.)
Autorità competente: T.m.
Procedibilità: d'ufficio

574-*ter*. ***Costituzione di un'unione civile agli effetti della legge penale.***[1] — Agli effetti della legge penale il termine matrimonio si intende riferito anche alla costituzione di un'unione civile tra persone dello stesso sesso.

Quando la legge penale considera la qualità di coniuge come elemento costitutivo o come circostanza aggravante di un reato essa si intende riferita anche alla parte di un'unione civile tra persone dello stesso sesso.

[1] Articolo ins. dall'art. 1, D.lgs. 19 gen. 2017, n. 6.

TITOLO XII
Dei delitti contro la persona

CAPO I
Dei delitti contro la vita e l'incolumità individuale[1]

[1] Per gli aumenti di pena in caso di delitti non colposi nei quali la persona offesa sia handicappata v. l'art. 36 della L. 5 feb. 1992, n. 104.

575. ***Omicidio.***[1] — Chiunque cagiona la morte di un uomo è punito con la reclusione non inferiore ad anni ventuno.

[1] Il delitto consumato resta di competenza della Corte di Assise mentre passa alla competenza del tribunale il suo tentativo.

Riferimenti procedurali:
Arresto: Obbl. in flagranza
Fermo: Sì
Misure cautelari personali: Sì
Autorità competente: C.d.A. o T.c.(se tentativo)
Procedibilità: d'ufficio

576. ***Circostanze aggravanti. Ergastolo.***[1] — Si applica la pena dell'ergastolo se il fatto preveduto dall'articolo precedente è commesso:[2]

1) col concorso di taluna delle circostanze indicate nel n. 2 dell'art. 61;

2) contro l'ascendente o il discendente, quando concorre taluna delle circostanze indicate nei nn. 1 e 4 dell'art. 61 o quando è adoperato un mezzo ve-

nefico o un altro mezzo insidioso ovvero quando vi è premeditazione;

3) dal latitante, per sottrarsi all'arresto, alla cattura o alla carcerazione ovvero per procurarsi i mezzi di sussistenza durante la latitanza;

4) dall'associato per delinquere, per sottrarsi all'arresto, alla cattura o alla carcerazione;

5) in occasione della commissione di taluno dei delitti previsti dagli articoli 572, 583-*quinquies*,[3] 600-*bis*, 600-*ter*, 609-*bis*, 609-*quater* e 609-*octies*;[4]

5.1) dall'autore del delitto previsto dall'articolo 612-*bis* nei confronti della stessa persona offesa;[5]

5-*bis*) contro un ufficiale o agente di polizia giudiziaria, ovvero un ufficiale o agente di pubblica sicurezza, nell'atto o a causa dell'adempimento delle funzioni o del servizio.[6]

È latitante, agli effetti della legge penale, chi si trova nelle condizioni indicate nel n. 6 dell'art. 61.

[1] Rubrica così modif. dall'art. 4, c. 1, lett. *e*), L. 1 ott. 2012, n. 172.

[2] Alinea così modif. dall'art. 4, c. 1, lett. *e*), L. 1 ott. 2012, n. 172.

[3] Parola ins. dall'art. 12, c. 2, L. 19 lug. 2019, n. 69.

[4] Numero così sost. dall'art. 4, c. 1, lett. *e*), L. 1 ott. 2012, n. 172.

[5] Numero ins. dall'art. 1, c. 1, lett. *b*) del D.L. 23 feb. 2009, n. 11, conv. con modif. in L. 23 apr. 2009 n. 38.

[6] Numero aggiunto dall'art. 1, c. 1, lett. *b-sexies*) del D.L. 23 mag. 2008, n. 92, conv. con modif. in L. 24 lug. 2008, n. 125.

Riferimenti procedurali:
Arresto: Obbl. in flagranza
Fermo: Sì
Misure cautelari personali: Sì
Autorità competente: C.d.A., T.c. (in caso di tentativo)
Procedibilità: d'ufficio

577. ***Altre circostanze aggravanti. Ergastolo.***[1] — Si applica la pena dell'ergastolo se il fatto preveduto dall'art. 575 è commesso:

1) contro l'ascendente o il discendente anche per effetto di adozione di minorenne o contro il coniuge, anche legalmente separato, contro l'altra parte dell'unione civile o contro la persona stabilmente convivente con il colpevole o ad esso legata da relazione affettiva;

2) col mezzo di sostanze venefiche, ovvero con un altro mezzo insidioso;

3) con premeditazione;

4) col concorso di talune delle circostanze indicate nei nn. 1 e 4 dell'art. 61.[2]

La pena è della reclusione da ventiquattro a trenta anni, se il fatto è commesso contro il coniuge divorziato, l'altra parte dell'unione civile, ove cessata, la persona legata al colpevole da stabile convivenza o relazione affettiva, ove cessate, il fratello o la sorella, l'adottante o l'adottato nei casi regolati dal titolo VIII del libro primo del codice civile, il padre o la madre adottivi, o il figlio adottivo o contro un affine in linea retta.[2]

Le circostanze attenuanti, diverse da quelle previste dagli articoli 62, numero 1, 89, 98 e 114, concorrenti con le circostanze aggravanti di cui al primo comma, numero 1, e al secondo comma, non possono essere ritenute prevalenti rispetto a queste.[3]

[1] V. nota 1 all'art. 575.

[2] Comma così modif. dall'art. 11, c. 1, L. 19 lug. 2019, n. 69.

[3] Comma aggiunto dall'art. 11, c. 1, L. 19 lug. 2019, n. 69.

Riferimenti procedurali:
Arresto: Obbl. in flagranza
Fermo: Sì
Misure cautelari personali: Sì
Autorità competente: C.d.A., T.c. (in caso di tentato omicidio)
Procedibilità: d'ufficio

578. ***Infanticidio in condizioni di abbandono materiale e morale.***[1] — La madre che cagiona la morte del proprio neonato immediatamente dopo il parto, o del feto durante il parto, quando il fatto è determinato da condizioni di abbandono materiale e morale connesse al parto, è punita con la reclusione da quattro a dodici anni.

A coloro che concorrono nel fatto di cui al primo comma si applica la reclusione non inferiore ad anni ventuno. Tuttavia se essi hanno agito al solo scopo di favorire la madre, la pena può essere diminuita da un terzo a due terzi.

Non si applicano le aggravanti stabilite dall'art. 61 del codice penale.

[1] Articolo così sost. dall'art. 2 della L. 5 ago. 1981, n. 442.

Riferimenti procedurali:
Arresto: Facol. in flagranza (I c.), Obbl. (II c.)
Fermo: Sì
Misure cautelari personali: Sì
Autorità competente: T.c. (I c.), C.d.A. (II c.)
Procedibilità: d'ufficio

579. ***Omicidio del consenziente.*** — Chiunque cagiona la morte di un uomo, con consenso di lui, è punito con la reclusione da sei a quindici anni.

Non si applicano le aggravanti indicate nell'art. 61.

Si applicano le disposizioni relative all'omicidio se il fatto è commesso:

1) contro una persona minore degli anni diciotto;

2) contro una persona inferma di mente, o che si trova in condizioni di deficienza psichica per un'altra infermità o per l'abuso di sostanze alcooliche o stupefacenti;

3) contro una persona il cui consenso sia stato dal colpevole estorto con violenza, minaccia o suggestione, ovvero carpito con inganno.

Riferimenti procedurali:
Arresto: Facol. in flagranza (I c.), Obbl. in flagranza (III c.)
Fermo: Sì
Misure cautelari personali: Sì
Autorità competente: C.d.A., T.c. (se tentativo)
Procedibilità: d'ufficio

580. *Istigazione o aiuto al suicidio.*[1,2] — Chiunque determina altri al suicidio o rafforza l'altrui proposito di suicidio, ovvero ne agevola in qualsiasi modo l'esecuzione, è punito se il suicidio avviene, con la reclusione da cinque a dodici anni. Se il suicidio non avviene, è punito con la reclusione da uno a cinque anni, sempre che dal tentativo di suicidio derivi una lesione personale grave o gravissima.

Le pene sono aumentate se la persona istigata o eccitata o aiutata si trova in una delle condizioni indicate nei numeri 1 e 2 dell'articolo precedente. Nondimeno, se la persona suddetta è minore degli anni quattordici o comunque è priva della capacità d'intendere o di volere, si applicano le disposizioni relative all'omicidio.

[1] V. nota all'art. 575.

[2] La Corte cost., con sent. 22 nov. 2019, n. 242, ha dichiarato l'ill. cost. del presente articolo nella parte in cui non esclude la punibilità di chi, con le modalità previste dagli artt. 1 e 2 della L. 22 dic. 2017, n. 219 (Norme in materia di consenso informato e di disposizioni anticipate di trattamento) – ovvero, quanto ai fatti anteriori alla pubblicazione della presente sentenza nella G.U., con modalità equivalenti nei sensi di cui in motivazione –, agevola l'esecuzione del proposito di suicidio, autonomamente e liberamente formatosi, di una persona tenuta in vita da trattamenti di sostegno vitale e affetta da una patologia irreversibile, fonte di sofferenze fisiche o psicologiche che ella reputa intollerabili, ma pienamente capace di prendere decisioni libere e consapevoli, sempre che tali condizioni e le modalità di esecuzione siano state verificate da una struttura pubblica del servizio sanitario nazionale, previo parere del comitato etico territorialmente competente.

Riferimenti procedurali:
Arresto: Facol. in flagranza, Obblig. (II parte II c.)
Fermo: Sì, No (1ª e 2ª ipotesi), No (II parte II c.)
Misure cautelari personali: Sì
Autorità competente: C.d.A., T.c. (se tentativo), T.m. (II parte I c.)
Procedibilità: d'ufficio

581. *Percosse.*[1] — Chiunque percuote taluno, se dal fatto non deriva una malattia nel corpo o nella mente, è punito, a querela della persona offesa, salvo che ricorra la circostanza aggravante prevista dall'articolo 61, numero 11-*octies*)[2], con la reclusione fino a sei mesi o con la multa fino a euro 309.

Tale disposizione non si applica quando la legge considera la violenza come elemento costitutivo o come circostanza aggravante di un altro reato.

[1] Per il reato di competenza del giudice di pace previsto da questo articolo si applica la pena pecuniaria della multa da euro 258 a euro 2.582, a norma dell'art. 2, lett. *a*), D.lgs. 28 ago. 2000, n. 274.

[2] Parole aggiunte dall'art. 6, c. 1, L. 14 ago. 2020 n. 113.

Riferimenti procedurali:
Arresto: No
Fermo: No
Misure cautelari personali: No
Autorità competente: G.d.P., T.m. (per le aggravanti)
Procedibilità: a querela di parte, d'ufficio (se aggravanti ex art 61 n. 11 octies)

582. *Lesione personale.*[1] — Chiunque cagiona ad alcuno una lesione personale, dalla quale deriva una malattia nel corpo o nella mente, è punito con la reclusione da sei[2] mesi a tre anni.

Se la malattia ha una durata non superiore ai venti giorni e non concorre alcuna delle circostanze aggravanti previste negli articoli 61, numero 11-*octies*),[3] 583 e 585, ad eccezione di quelle indicate nel n. 1 e nell'ultima parte dell'articolo 577, il delitto è punibile a querela della persona offesa.[4]

[1] Per i reati di competenza del giudice di pace previsti da questo articolo si applica la pena pecuniaria della multa da euro 516 a euro 2.582 o la pena della permanenza domiciliare da 15 giorni a 45 giorni ovvero la pena del lavoro di pubblica utilità da 20 giorni a 45 giorni ovvero la pena del lavoro di pubblica utilità da 20 giorni a 6 mesi, a norma dell'art. 52, c. 2, lett. *b*) del D.lgs. 28 ago. 2000, n. 274.

[2] Parole così sost. dall'art. 1, c. 3, L. 23 mar. 2016, n. 41.

[3] Parole aggiunte dall'art. 6, c. 2, L. 14 ago. 2020 n. 113.

[4] Comma così sost. dall'art. 91, L. 24 nov. 1981, n. 689.

Riferimenti procedurali:
Arresto: Facol. in flagranza
Fermo: No
Misure cautelari personali: Sì
Autorità competente: G.d.P., T.m. (per le aggravanti)
Procedibilità: a querela di parte, d'ufficio (se art. 582 II c.)

583. *Circostanze aggravanti.* — La lesione personale è grave, e si applica la reclusione da tre a sette anni:

1) se dal fatto deriva una malattia che metta in pericolo la vita della persona offesa, ovvero una malattia o un'incapacità di attendere alle ordinarie occupazioni per un tempo superiore ai quaranta giorni;

2) se il fatto produce l'indebolimento permanente di un senso o di un organo;

3)[1]

La lesione personale è gravissima, e si applica la reclusione da sei a dodici anni, se dal fatto deriva:

1) una malattia certamente o probabilmente insanabile;

2) la perdita di un senso;

3) la perdita di un arto, o una mutilazione che renda l'arto inservibile, ovvero la perdita dell'uso di un organo o della capacità di procreare, ovvero una permanente e grave difficoltà della favella;

4) [la deformazione, ovvero lo sfregio permanente del viso][2];

5)[1]

[1] Ipotesi abrogate dall'art. 22, L. 22 mag. 1978, n. 194.

[2] Numero abrog. dall'art. 12, c. 3, L. 19 lug. 2019, n. 69.

Riferimenti procedurali:
Arresto: Facol. in flagranza
Fermo: Sì

Misure cautelari personali: Sì
Autorità competente: T.m., T.c. (II c.)
Procedibilità: d'ufficio

583-*bis*. *Pratiche di mutilazione degli organi genitali femminili.*[1] — Chiunque, in assenza di esigenze terapeutiche, cagiona una mutilazione degli organi genitali femminili è punito con la reclusione da quattro a dodici anni. Ai fini del presente articolo, si intendono come pratiche di mutilazione degli organi genitali femminili la clitoridectomia, l'escissione e l'infibulazione e qualsiasi altra pratica che cagioni effetti dello stesso tipo.

Chiunque, in assenza di esigenze terapeutiche, provoca, al fine di menomare le funzioni sessuali, lesioni agli organi genitali femminili diverse da quelle indicate al primo comma, da cui derivi una malattia nel corpo o nella mente, è punito con la reclusione da tre a sette anni. La pena è diminuita fino a due terzi se la lesione è di lieve entità.

La pena è aumentata di un terzo quando le pratiche di cui al primo e al secondo comma sono commesse a danno di un minore ovvero se il fatto è commesso a fini di lucro.

La condanna ovvero l'applicazione della pena su richiesta delle parti a norma dell'articolo 444 del codice di procedura penale per il reato di cui al presente articolo comporta, qualora il fatto sia commesso dal genitore o dal tutore, rispettivamente:

1) la decadenza dall'esercizio della responsabilità genitoriale;[2]

2) l'interdizione perpetua da qualsiasi ufficio attinente alla tutela, alla curatela e all'amministrazione di sostegno.[3]

Le disposizioni del presente articolo si applicano altresì quando il fatto è commesso all'estero da cittadino italiano o da straniero residente in Italia, ovvero in danno di cittadino italiano o di straniero residente in Italia. In tal caso, il colpevole è punito a richiesta del ministro della giustizia.

[1] Articolo inserito dall'art. 6, c. 1, L. 9 gen. 2006, n. 7.
[2] Le parole «potestà del genitore» sono state sost. da «responsabilità genitoriale» dall'art. 93, D.lgs. 28 dic. 2013, n. 154, in vigore dal 7 feb. 2014.
[3] Comma agg. dall'art. 4, c. 1, lett. *f*), L. 1 ott. 2012, n. 172.

Riferimenti procedurali:
Arresto: facol. in flagranza
Fermo: Sì
Misure cautelari personali: Sì
Autorità competente: T.c. (I c.), T.m. (II c.)
Procedibilità: d'ufficio (I, II e III c.), su richiesta Ministro della giustizia (IV c.)

583-*ter*. *Pena accessoria.*[1] — La condanna contro l'esercente una professione sanitaria per taluno dei delitti previsti dall'art. 583-*bis* importa la pena accessoria dell'interdizione dalla professione da tre a dieci anni. Della sentenza di condanna è data comunicazione all'ordine dei medici chirurghi e degli odontoiatri.

[1] Articolo ins. dall'art. 6, c. 1, L. 9 gen. 2006, n. 7.

583-*quater*. *Lesioni personali gravi o gravissime a un pubblico ufficiale in servizio di ordine pubblico in occasione di manifestazioni sportive, nonché a personale esercente una professione sanitaria o sociosanitaria e a chiunque svolga attività ausiliarie ad essa funzionali.*[1,2] — Nell'ipotesi di lesioni personali cagionate a un pubblico ufficiale in servizio di ordine pubblico in occasione di manifestazioni sportive, le lesioni gravi sono punite con la reclusione da 4 a 10 anni; le lesioni gravissime, con la reclusione da otto a sedici anni.

Le stesse pene si applicano in caso di lesioni personali gravi o gravissime cagionate a personale esercente una professione sanitaria o socio-sanitaria nell'esercizio o a causa delle funzioni o del servizio, nonché a chiunque svolga attività ausiliarie di cura, assistenza sanitaria o soccorso, funzionali allo svolgimento di dette professioni, nell'esercizio o a causa di tali attività.[3]

[1] Articolo ins. dall'art. 7, D.L. 8 feb. 2007, n. 8, conv. con modif. in L. 4 apr. 2007, n. 41.
[2] Rubrica così modif. dall'art. 4, c. 2, L. 14 ago. 2020 n. 113.
[3] Comma aggiunto dall'art. 4, c. 1, L. 14 ago. 2020 n. 113.

Riferimenti procedurali:
Arresto: facol. in flagranza
Fermo: Sì
Misure cautelari personali: Sì
Autorità competente: T.m (lesioni gravi), T.c. (lesioni gravissime)
Procedibilità: d'ufficio

583-*quinquies*. *Deformazione dell'aspetto della persona mediante lesioni permanenti al viso.*[1] — Chiunque cagiona ad alcuno lesione personale dalla quale derivano la deformazione o lo sfregio permanente del viso è punito con la reclusione da otto a quattordici anni.

La condanna ovvero l'applicazione della pena su richiesta delle parti a norma dell'articolo 444 del codice di procedura penale per il reato di cui al presente articolo comporta l'interdizione perpetua da qualsiasi ufficio attinente alla tutela, alla curatela e all'amministrazione di sostegno.

[1] Articolo ins. dall'art. 12, c. 1, L. 19 lug. 2019, n. 69.

Riferimenti procedurali:
Arresto: Facol. in flagranza
Fermo: Sì
Misure cautelari personali: Sì
Autorità competente: T.c.
Procedibilità: d'ufficio

584. *Omicidio preterintenzionale.* — Chiunque, con atti diretti a commettere uno dei delitti preveduti dagli artt. 581 e 582, cagiona la morte di un uomo, è punito con la reclusione da dieci a diciotto anni.

Riferimenti procedurali:
Arresto: Facol. in flagranza
Fermo: Sì

Misure cautelari personali: Sì
Autorità competente: C.d.A.
Procedibilità: d'ufficio

585. ***Circostanze aggravanti.*** — Nei casi previsti dagli articoli 582, 583, 583-*bis*, 583-*quinquies*[1] e 584, la pena è aumentata da un terzo alla metà, se concorre alcuna delle circostanze aggravanti previste dall'articolo 576, ed è aumentata fino a un terzo, se concorre alcuna delle circostanze aggravanti previste dall'articolo 577, ovvero se il fatto è commesso con armi o con sostanze corrosive, ovvero da persona travisata o da più persone riunite.[2]

Agli effetti della legge penale, per armi s'intendono:

1) quelle da sparo e tutte le altre la cui destinazione naturale è l'offesa alla persona;

2) tutti gli strumenti atti ad offendere, dei quali è dalla legge vietato il porto in modo assoluto, ovvero senza giustificato motivo.

Sono assimilate alle armi le materie esplodenti e i gas asfissianti o accecanti.

[1] Parola ins. dall'art. 12, c. 4, L. 19 lug. 2019, n. 69.
[2] Comma così sost. dall'art. 3, c. 59, L. 15 lug. 2009, n. 94.

586. ***Morte o lesioni come conseguenza di altro delitto.*** — Quando da un fatto preveduto come delitto doloso deriva, quale conseguenza non voluta dal colpevole, la morte o la lesione di una persona, si applicano le disposizioni dell'art. 83, ma le pene stabilite negli artt. 589 e 590 sono aumentate.

586-*bis*. ***Utilizzo o somministrazione di farmaci o di altre sostanze al fine di alterare le prestazioni agonistiche degli atleti.***[1] — Salvo che il fatto costituisca più grave reato, è punito con la reclusione da tre mesi a tre anni e con la multa da euro 2.582 a euro 51.645 chiunque procura ad altri, somministra, assume o favorisce comunque l'utilizzo di farmaci o di sostanze biologicamente o farmacologicamente attive, ricompresi nelle classi previste dalla legge, che non siano giustificati da condizioni patologiche e siano idonei a modificare le condizioni psicofisiche o biologiche dell'organismo, al fine di alterare le prestazioni agonistiche degli atleti, ovvero siano diretti a modificare i risultati dei controlli sull'uso di tali farmaci o sostanze.

La pena di cui al primo comma si applica, salvo che il fatto costituisca più grave reato, a chi adotta o si sottopone alle pratiche mediche ricomprese nelle classi previste dalla legge non giustificate da condizioni patologiche ed idonee a modificare le condizioni psicofisiche o biologiche dell'organismo, al fine di alterare le prestazioni agonistiche degli atleti ovvero dirette a modificare i risultati dei controlli sul ricorso a tali pratiche.

La pena di cui al primo e secondo comma è aumentata:

a) se dal fatto deriva un danno per la salute;

b) se il fatto è commesso nei confronti di un minorenne;

c) se il fatto è commesso da un componente o da un dipendente del Comitato olimpico nazionale italiano ovvero di una federazione sportiva nazionale, di una società, di un'associazione o di un ente riconosciuti dal Comitato olimpico nazionale italiano.

Se il fatto è commesso da chi esercita una professione sanitaria, alla condanna consegue l'interdizione temporanea dall'esercizio della professione.

Nel caso previsto dal terzo comma, lettera *c*), alla condanna consegue l'interdizione permanente dagli uffici direttivi del Comitato olimpico nazionale italiano, delle federazioni sportive nazionali, società, associazioni ed enti di promozione riconosciuti dal Comitato olimpico nazionale italiano.

Con la sentenza di condanna è sempre ordinata la confisca dei farmaci, delle sostanze farmaceutiche e delle altre cose servite o destinate a commettere il reato.

Chiunque commercia i farmaci e le sostanze farmacologicamente o biologicamente attive ricompresi nelle classi indicate dalla legge, che siano idonei a modificare le condizioni psicofisiche o biologiche dell'organismo, al fine di alterare le prestazioni agonistiche degli atleti ovvero idonei a modificare i risultati dei controlli sull'uso di tali farmaci o sostanze, attraverso canali diversi dalle farmacie aperte al pubblico, dalle farmacie ospedaliere, dai dispensari aperti al pubblico e dalle altre strutture che detengono farmaci direttamente destinati alla utilizzazione sul paziente, è punito con la reclusione da due a sei anni e con la multa da euro 5.164 a euro 77.468.[2]

[1] Articolo ins. dall'art. 2, c. 1, lett. *d*), D.lgs. 1 mar. 2018, n. 21.
[2] La Corte cost., con sent. 22 apr. 2022, n. 105, ha dichiarato l'ill. cost. del presente comma, limitatamente alle parole «al fine di alterare le prestazioni agonistiche degli atleti».

Riferimenti procedurali:
Arresto: No (I c.), facol (VII c.)
Fermo: No
Misure cautelari personali: Sì
Autorità competente: T.m.
Procedibilità: d'ufficio

587. [***Omicidio e lesione personale a causa di onore.***][1]

[1] Articolo abrog. dall'art. 1, L. 5 ago. 1981, n. 442.

588. ***Rissa.*** — Chiunque partecipa a una rissa è punito con la multa fino a euro 2000[1].

Se nella rissa taluno rimane ucciso, o riporta lesione personale, la pena, per il solo fatto della partecipazione alla rissa, è della reclusione da sei mesi a sei anni[1]. La stessa pena si applica se la uccisione, o la lesione personale, avviene immediatamente dopo la rissa e in conseguenza di essa.

[1] Parole così modif. dall'art. 10, D.L. 21 ott. 2020, n. 130, conv. in L. 18 dic. 2020, n. 173.

Riferimenti procedurali:
Arresto: No (I c.), Facol. in flagranza (II c.)

Fermo: No
Misure cautelari personali: Sì (II c.)
Autorità competente: T.m.
Procedibilità: d'ufficio

589. *Omicidio colposo.*[1,2] — Chiunque cagiona per colpa la morte di una persona è punito con la reclusione da sei mesi a cinque anni.

Se il fatto è commesso con violazione delle norme [sulla disciplina della circolazione stradale o di quelle][3] per la prevenzione degli infortuni sul lavoro la pena è della reclusione da due a sette anni.

Se il fatto è commesso nell'esercizio abusivo di una professione per la quale è richiesta una speciale abilitazione dello Stato o di un'arte sanitaria, la pena è della reclusione da tre a dieci anni.[4]

[Si applica la pena della reclusione da tre a dieci anni se il fatto è commesso con la violazione delle norme sulla disciplina della circolazione stradale da:

1) soggetto in stato di ebbrezza alcolica ai sensi dell'art. 186, c. 2, lett. *c*) del D.lgs. 30 apr. 1992, n. 285 e successive modificazioni;

2) soggetto sotto l'effetto di sostanze stupefacenti o psicotrope.][5]

Nel caso di morte di più persone, ovvero di morte di una o più persone e di lesioni di una o più persone, si applica la pena che dovrebbe infliggersi per la più grave delle violazioni commesse aumentata fino al triplo, ma la pena non può superare gli anni quindici.

[1] Articolo così modif. dall'art. 1, c. 1, lett. *c*), D.L. 23 mag. 2008, n. 92, conv. con modif. in L. 24 lug. 2008, n. 125.

[2] Ai sensi dell'art. 3-*bis*, D.L. 1 apr. 2021, n. 44, conv. con modif. in L. 28 mag. 2021, n. 76, «1. Durante lo stato di emergenza epidemiologica da COVID-19, dichiarato con delibera del Consiglio dei ministri del 31 gen. 2020, e successive proroghe, i fatti di cui agli articoli 589 e 590 del c.p., commessi nell'esercizio di una professione sanitaria e che trovano causa nella situazione di emergenza, sono punibili solo nei casi di colpa grave.

2. Ai fini della valutazione del grado della colpa, il giudice tiene conto, tra i fattori che ne possono escludere la gravità, della limitatezza delle conoscenze scientifiche al momento del fatto sulle patologie da SARS-CoV-2 e sulle terapie appropriate, nonché della scarsità delle risorse umane e materiali concretamente disponibili in relazione al numero dei casi da trattare, oltre che del minor grado di esperienza e conoscenze tecniche possedute dal personale non specializzato impiegato per far fronte all'emergenza».

[3] Parole soppresse dall'art. 1, c. 3, L. 23 mar. 2016, n. 41.

[4] Comma ins. dall'art. 12, c. 2, L. 11 gen. 2018, n. 3.

[5] Comma abrog. dall'art. 1, c. 3, L. 23 mar. 2016, n. 41.

Riferimenti procedurali:
Arresto: Facol. in flagranza
Fermo: No (I c.), Sì (II, III e V c.)
Misure cautelari personali: Sì
Autorità competente: T.m.
Procedibilità: d'ufficio

589-*bis*. *Omicidio stradale.*[1] — Chiunque cagioni per colpa la morte di una persona con violazione delle norme sulla disciplina della circolazione stradale è punito con la reclusione da due a sette anni.

Chiunque, ponendosi alla guida di un veicolo a motore in stato di ebbrezza alcolica o di alterazione psico-fisica conseguente all'assunzione di sostanze stupefacenti o psicotrope ai sensi rispettivamente degli articoli 186, comma 2, lettera *c*), e 187 del decreto legislativo 30 aprile 1992, n. 285, cagioni per colpa la morte di una persona, è punito con la reclusione da otto a dodici anni.

La stessa pena si applica al conducente di un veicolo a motore di cui all'articolo 186-*bis*, comma 1, lettere *b*), *c*) e *d*), del decreto legislativo 30 aprile 1992, n. 285, il quale, in stato di ebbrezza alcolica ai sensi dell'articolo 186, comma 2, lettera *b*), del medesimo decreto legislativo n. 285 del 1992, cagioni per colpa la morte di una persona.

Salvo quanto previsto dal terzo comma, chiunque, ponendosi alla guida di un veicolo a motore in stato di ebbrezza alcolica ai sensi dell'articolo 186, comma 2, lettera *b*), del decreto legislativo 30 aprile 1992, n. 285, cagioni per colpa la morte di una persona, è punito con la reclusione da cinque a dieci anni.

La pena di cui al comma precedente si applica altresì:

1) al conducente di un veicolo a motore che, procedendo in un centro urbano ad una velocità pari o superiore al doppio di quella consentita e comunque non inferiore a 70 km/h, ovvero su strade extraurbane ad una velocità superiore di almeno 50 km/h rispetto a quella massima consentita, cagioni per colpa la morte di una persona;

2) al conducente di un veicolo a motore che, attraversando un'intersezione con il semaforo disposto al rosso ovvero circolando contromano, cagioni per colpa la morte di una persona;

3) al conducente di un veicolo a motore che, a seguito di manovra di inversione del senso di marcia in prossimità o in corrispondenza di intersezioni, curve o dossi o a seguito di sorpasso di un altro mezzo in corrispondenza di un attraversamento pedonale o di linea continua, cagioni per colpa la morte di una persona.

Nelle ipotesi di cui ai commi precedenti la pena è aumentata se il fatto è commesso da persona non munita di patente di guida o con patente sospesa o revocata, ovvero nel caso in cui il veicolo a motore sia di proprietà dell'autore del fatto e tale veicolo sia sprovvisto di assicurazione obbligatoria.

Nelle ipotesi di cui ai commi precedenti, qualora l'evento non sia esclusiva conseguenza dell'azione o dell'omissione del colpevole, la pena è diminuita fino alla metà.

Nelle ipotesi di cui ai commi precedenti, qualora il conducente cagioni la morte di più persone, ovvero la morte di una o più persone e lesioni a una o più persone, si applica la pena che dovrebbe infliggersi per la più grave delle violazioni commesse aumentata fino al triplo, ma la pena non può superare gli anni diciotto.

[1] Articolo ins. dall'art. 1, c. 1, L. 23 mar. 2016, n. 41.

Riferimenti procedurali:
Arresto: Obbl. in flagranza (II c. e III c.)
Fermo: Sì
Misure cautelari personali: Sì
Autorità competente: T.m.
Procedibilità: d'ufficio

589-*ter*. *Fuga del conducente in caso di omicidio stradale.*[1] — Nel caso di cui all'articolo 589-*bis*, se il conducente si dà alla fuga, la pena è aumentata da un terzo a due terzi e comunque non può essere inferiore a cinque anni.

[1] Articolo ins. dall'art. 1, c. 1, L. 23 mar. 2016, n. 41.

Riferimenti procedurali:
Arresto: Facol. in flagranza
Fermo: Sì
Misure cautelari personali: Sì
Autorità competente: T.m.
Procedibilità: d'ufficio

590. *Lesioni personali colpose.*[1,2] — Chiunque cagiona ad altri per colpa una lesione personale è punito con la reclusione fno a tre mesi o con la multa fino a euro 309.

Se la lesione è grave la pena è della reclusione da uno a sei mesi o della multa da euro 123 a euro 619; se è gravissima, della reclusione da tre mesi a due anni o della multa da euro 309 a euro 1.239.

Se i fatti di cui al secondo comma sono commessi con violazione delle norme [sulla disciplina della circolazione stradale o di quelle][3] per la prevenzione degli infortuni sul lavoro la pena per le lesioni gravi è della reclusione da tre mesi a un anno o della multa da euro 500 a euro 2.000 e la pena per le lesioni gravissime è della reclusione da uno a tre anni. [Nei casi di violazione delle norme sulla circolazione stradale, se il fatto è commesso da soggetto in stato di ebbrezza alcolica ai sensi dell'art. 186, c. 2, lett. *c*) del. D.lgs. 30 apr. 1992, n. 285, ovvero da soggetto sotto l'effetto di sostanze stupefacenti o psicotrope, la pena per le lesioni gravi è della reclusione da 6 mesi a due anni e la pena per le lesioni gravissime è della reclusione da un anno e sei mesi a quattro anni.][4]

Se i fatti di cui al secondo comma sono commessi nell'esercizio abusivo di una professione per la quale è richiesta una speciale abilitazione dello Stato o di un'arte sanitaria, la pena per lesioni gravi è della reclusione da sei mesi a due anni e la pena per lesioni gravissime è della reclusione da un anno e sei mesi a quattro anni.[5]

Nel caso di lesioni di più persone si applica la pena che dovrebbe infliggersi per la più grave delle violazioni commesse, aumentata fino al triplo; ma la pena della reclusione non può superare gli anni cinque.

Il delitto è punibile a querela della persona offesa, salvo nei casi previsti nel primo e secondo capoverso, limitatamente ai fatti commessi con violazione delle norme per la prevenzione degli infortuni sul lavoro o relative all'igiene del lavoro o che abbiano determinato una malattia professionale.

[1] Per i reati di competenza del giudice di pace previsti da questo articolo si applica la pena pecuniaria della multa da euro 258 a euro 2.582 ai sensi dell'art. 52, D.lgs. 28 ago. 2000, n. 274.
[2] V. nota 2, art. 589 c.p.
[3] Parole soppresse dall'art. 1, c. 3, L. 23 mar. 2016, n. 41.
[4] Periodo soppresso dall'art. 1, c. 3, L. 23 mar. 2016, n. 41.
[5] Comma ins. dall'art. 12, c. 3, L. 11 gen. 2018, n. 3.

Riferimenti procedurali:
Arresto: Facol. in flagranza (IV c.)
Fermo: No
Misure cautelari personali: Sì (IV c.)
Autorità competente: G.d.P., T.m. (per le aggravanti)
Procedibilità: a querela dell'offeso

590-*bis*. *Lesioni personali stradali gravi o gravissime.*[1] — Chiunque cagioni per colpa ad altri una lesione personale con violazione delle norme sulla disciplina della circolazione stradale è punito con la reclusione da tre mesi a un anno per le lesioni gravi e da uno a tre anni per le lesioni gravissime.

Chiunque, ponendosi alla guida di un veicolo a motore in stato di ebbrezza alcolica o di alterazione psico-fisica conseguente all'assunzione di sostanze stupefacenti o psicotrope ai sensi rispettivamente degli articoli 186, comma 2, lettera *c*), e 187 del decreto legislativo 30 aprile 1992, n. 285, cagioni per colpa a taluno una lesione personale, è punito con la reclusione da tre a cinque anni per le lesioni gravi e da quattro a sette anni per le lesioni gravissime.

Le pene di cui al comma precedente si applicano altresì al conducente di un veicolo a motore di cui all'articolo 186-*bis*, comma 1, lettere *b*), *c*) e *d*), del decreto legislativo 30 aprile 1992, n. 285, il quale, in stato di ebbrezza alcolica ai sensi dell'articolo 186, comma 2, lettera *b*), del medesimo decreto legislativo n. 285 del 1992, cagioni per colpa a taluno lesioni personali gravi o gravissime.

Salvo quanto previsto dal terzo comma, chiunque, ponendosi alla guida di un veicolo a motore in stato di ebbrezza alcolica ai sensi dell'articolo 186, comma 2, lettera *b*), del decreto legislativo 30 aprile 1992, n. 285, cagioni per colpa a taluno lesioni personali, è punito con la reclusione da un anno e sei mesi a tre anni per le lesioni gravi e da due a quattro anni per le lesioni gravissime.

Le pene di cui al comma precedente si applicano altresì:

1) al conducente di un veicolo a motore che, procedendo in un centro urbano ad una velocità pari o superiore al doppio di quella consentita e comunque non inferiore a 70 km/h, ovvero su strade extraurbane ad una velocità superiore di almeno 50 km/

h rispetto a quella massima consentita, cagioni per colpa a taluno lesioni personali gravi o gravissime;

2) al conducente di un veicolo a motore che, attraversando un'intersezione con il semaforo disposto al rosso ovvero circolando contromano, cagioni per colpa a taluno lesioni personali gravi o gravissime;

3) al conducente di un veicolo a motore che, a seguito di manovra di inversione del senso di marcia in prossimità o in corrispondenza di intersezioni, curve o dossi o a seguito di sorpasso di un altro mezzo in corrispondenza di un attraversamento pedonale o di linea continua, cagioni per colpa a taluno lesioni personali gravi o gravissime.

Nelle ipotesi di cui ai commi precedenti la pena è aumentata se il fatto è commesso da persona non munita di patente di guida o con patente sospesa o revocata, ovvero nel caso in cui il veicolo a motore sia di proprietà dell'autore del fatto e tale veicolo sia sprovvisto di assicurazione obbligatoria.

Nelle ipotesi di cui ai commi precedenti, qualora l'evento non sia esclusiva conseguenza dell'azione o dell'omissione del colpevole, la pena è diminuita fino alla metà.

Nelle ipotesi di cui ai commi precedenti, qualora il conducente cagioni lesioni a più persone, si applica la pena che dovrebbe infliggersi per la più grave delle violazioni commesse aumentata fino al triplo, ma la pena non può superare gli anni sette.

[1] Articolo sost. dall'art. 1, c. 2, L. 23 mar. 2016, n. 41.

Riferimenti procedurali:
Arresto: Facol. in flagranza (II, III, IV e V c.)
Fermo: No (I c.)
Misure cautelari personali: Sì (II, III e IV c.)
Autorità competente: T.m.
Procedibilità: d'ufficio

590-*ter*. *Fuga del conducente in caso di lesioni personali stradali.*[1] — Nel caso di cui all'articolo 590-*bis*, se il conducente si dà alla fuga, la pena è aumentata da un terzo a due terzi e comunque non può essere inferiore a tre anni.

[1] Articolo ins. dall'art. 1, c. 2, L. 23 mar. 2016, n. 41.

Riferimenti procedurali:
Arresto: Sì, no (in relazione all'art. 590 bis, I e VII c.)
Fermo: Sì, no (in relazione all'art. 590 bis, I c.)
Misure cautelari personali: Sì
Autorità competente: T.m.
Procedibilità: d'ufficio

590-*quater*. *Computo delle circostanze.*[1] — Quando ricorrono le circostanze aggravanti di cui agli articoli 589-*bis*, secondo, terzo, quarto, quinto e sesto comma, 589-*ter*, 590-*bis*, secondo, terzo, quarto, quinto e sesto comma, e 590-*ter*, le concorrenti circostanze attenuanti, diverse da quelle previste dagli articoli 98 e 114, non possono essere ritenute equivalenti o prevalenti rispetto a queste e le diminuzioni si operano sulla quantità di pena determinata ai sensi delle predette circostanze aggravanti.

[1] Articolo ins. dall'art. 1, c. 2, L. 23 mar. 2016, n. 41.

590-*quinquies*. *Definizione di strade urbane e extraurbane.*[1] — Ai fini degli articoli 589-*bis* e 590-*bis* si intendono per strade extraurbane le strade di cui alle lettere A, B e C del comma 2 dell'articolo 2 del decreto legislativo 30 aprile 1992, n. 285, e per strade di un centro urbano le strade di cui alle lettere D, E, F e F-*bis* del medesimo comma 2.

[1] Articolo ins. dall'art. 1, c. 2, L. 23 mar. 2016, n. 41.

590-*sexies*. *Responsabilità colposa per morte o lesioni personali in ambito sanitario.*[1] — Se i fatti di cui agli articoli 589 e 590 sono commessi nell'esercizio della professione sanitaria, si applicano le pene ivi previste salvo quanto disposto dal secondo comma. Qualora l'evento si sia verificato a causa di imperizia, la punibilità è esclusa quando sono rispettate le raccomandazioni previste dalle linee guida come definite e pubblicate ai sensi di legge ovvero, in mancanza di queste, le buone pratiche clinico-assistenziali, sempre che le raccomandazioni previste dalle predette linee guida risultino adeguate alle specificità del caso concreto.

[1] Articolo ins. dall'art. 6, c. 1, L. 8 mar. 2017, n. 24.

591. *Abbandono di persone minori o incapaci.* — Chiunque abbandona una persona minore degli anni quattordici, ovvero una persona incapace, per malattia di mente o di corpo, per vecchiaia, o per altra causa, di provvedere a sé stessa, e della quale abbia la custodia o debba avere cura, è punito con la reclusione da sei mesi a cinque anni.

Alla stessa pena soggiace chi abbandona all'estero un cittadino italiano minore degli anni diciotto, a lui affidato nel territorio dello Stato per ragioni di lavoro.

La pena è della reclusione da uno a sei anni se dal fatto deriva una lesione personale, ed è da tre a otto anni se ne deriva la morte.

Le pene sono aumentate se il fatto è commesso dal genitore, dal figlio, dal tutore o dal coniuge, ovvero dall'adottante o dall'adottato.

Riferimenti procedurali:
Arresto: Facol. in flagranza
Fermo: No (I, II c.), Sì (III c.)
Misure cautelari personali: Sì
Autorità competente: T.m., C.d.A. (se deriva la morte)
Procedibilità: d'ufficio

592. [***Abbandono di un neonato per causa di onore.***][1]

[1] Articolo abrog. dall'art. 1, L. 5 ago. 1981, n. 442.

593. *Omissione di soccorso.*[1] — Chiunque, trovando abbandonato o smarrito un fanciullo minore degli anni dieci, o un'altra persona incapace di provvedere a sé stessa, per malattia di mente o di corpo, per vecchiaia o per altra causa, omette di darne immediato avviso all'Autorità è punito con la reclusione fino a un anno o con la multa fino a euro 2.500.[2]

Alla stessa pena soggiace chi, trovando un corpo umano che sia o sembri inanimato, ovvero una persona ferita o altrimenti in pericolo, omette di prestare l'assistenza occorrente o di darne immediato avviso all'Autorità.

Se da siffatta condotta del colpevole deriva una lesione personale, la pena è aumentata; se ne deriva la morte, la pena è raddoppiata.

[1] Per i reati di competenza del giudice di pace previsti da questo articolo si applica la pena pecuniaria della multa da euro 258 a euro 2.582 ai sensi dell'art. 52, c. 2, lett. *a*), D.lgs. 28 ago. 2000, n. 274.

[2] Comma così modif. dall'art. 1, L. 9 apr. 2003, n. 72.

Riferimenti procedurali:
Arresto: No
Fermo: No
Misure cautelari personali: No
Autorità competente: T.m.
Procedibilità: d'ufficio

CAPO I-*bis*
Dei delitti contro la maternità[1]

[1] Capo ins. dall'art. 2, c. 1, lett. *e*), D.lgs. 1 mar. 2018, n. 21.

593-*bis*. *Interruzione colposa di gravidanza.*[1] — Chiunque cagiona a una donna per colpa l'interruzione della gravidanza è punito con la reclusione da tre mesi a due anni.

Chiunque cagiona a una donna per colpa un parto prematuro è punito con la pena prevista dal primo comma, diminuita fino alla metà.

Nei casi previsti dal primo e dal secondo comma, se il fatto è commesso con la violazione delle norme poste a tutela del lavoro la pena è aumentata.

[1] Articolo ins. dall'art. 2, c. 1, lett. *e*), D.lgs. 1 mar. 2018, n. 21.

Riferimenti procedurali:
Arresto: No
Fermo: No
Misure cautelari personali: No
Autorità competente: T.m.
Procedibilità: d'ufficio

593-*ter*. *Interruzione di gravidanza non consensuale.*[1] — Chiunque cagiona l'interruzione della gravidanza senza il consenso della donna è punito con la reclusione da quattro a otto anni. Si considera come non prestato il consenso estorto con violenza o minaccia ovvero carpito con l'inganno.

La stessa pena si applica a chiunque provochi l'interruzione della gravidanza con azioni dirette a provocare lesioni alla donna.

Detta pena è diminuita fino alla metà se da tali lesioni deriva l'acceleramento del parto.

Se dai fatti previsti dal primo e dal secondo comma deriva la morte della donna si applica la reclusione da otto a sedici anni; se ne deriva una lesione personale gravissima si applica la reclusione da sei a dodici anni; se la lesione personale è grave quest'ultima pena è diminuita.

Le pene stabilite dai commi precedenti sono aumentate se la donna è minore degli anni diciotto.

[1] Articolo ins. dall'art. 2, c. 1, lett. *e*), D.lgs. 1 mar. 2018, n. 21.

Riferimenti procedurali:
Arresto: Facol.
Fermo: Sì
Misure cautelari personali: Sì
Autorità competente: T.c, C.d.A. (I parte IV c.)
Procedibilità: d'ufficio

CAPO II
Dei delitti contro l'onore[1]

[1] Per i delitti commessi da un militare nei confronti di altro militare v. gli artt. da 226 a 228 del c.p.m.p.

594. *Ingiuria.*[1] — [Chiunque offende l'onore o il decoro di una persona presente è punito con la reclusione fino a sei mesi o con la multa fino a euro 516.

Alla stessa pena soggiace chi commette il fatto mediante comunicazione telegrafica o telefonica, o con scritti o disegni, diretti alla persona offesa.

La pena è della reclusione fino a un anno o della multa fino a euro 1.032, se l'offesa consiste nell'attribuzione di un fatto determinato.

Le pene sono aumentate qualora l'offesa sia commessa in presenza di più persone.]

[1] Articolo abrog. dall'art.1, D.lgs. 15 gen 2016, n. 7. Ai sensi dell'art. 4 del medesimo D.lgs. 7/2016, «chi offende l'onore o il decoro di una persona presente, ovvero mediante comunicazione telegrafica, telefonica, informatica o telematica, o con scritti o disegni, diretti alla persona offesa soggiace alla sanzione pecuniaria civile da euro 100 a euro 8.000. Se le offese sono reciproche, il giudice può non applicare la sanzione pecuniaria civile ad uno o ad entrambi gli offensori. Non è sanzionabile chi ha commesso il fatto nello stato d'ira determinato da un fatto ingiusto altrui, e subito dopo di esso».

595. *Diffamazione.*[1] — Chiunque, fuori dei casi indicati nell'articolo precedente, comunicando con più persone, offende l'altrui reputazione, è punito con la reclusione fino a un anno o con la multa fino a euro 1.032.

Se l'offesa consiste nell'attribuzione di un fatto determinato, la pena è della reclusione fino a due anni, ovvero della multa fino a euro 2.065.

Se l'offesa è recata col mezzo della stampa o con qualsiasi altro mezzo di pubblicità, ovvero in atto pubblico, la pena è della reclusione da sei mesi a tre anni o della multa non inferiore a euro 516.[2]

Se l'offesa è recata a un Corpo politico, amministrativo o giudiziario, o ad una sua rappresentanza, o ad una Autorità costituita in collegio, le pene sono aumentate.

[1] Per i reati di competenza del giudice di pace si applica la pena pecuniaria della multa da euro 258 a euro 2.582 o la pena della permanenza domiciliare da 6 giorni a 30 giorni ovvero la pena del lavoro di pubblica utilità per un periodo da 10 giorni a 3 mesi ai sensi dell'art. 52, II c., lett. *a*) del D.lgs. 28 ago. 2000, n. 274.

[2] V. però per la diffamazione a mezzo stampa consistente nell'attribuzione di un fatto determinato art. 13 L. 8 feb. 1948, n. 47. Per le trasmissioni radiofoniche e televisive v. artt. 7 e 34 L. 14 apr. 1975, n. 103.

Riferimenti procedurali:
Arresto: No
Fermo: No
Misure cautelari personali: No
Autorità competente: G.d.P., T.m. (per le aggravanti)
Procedibilità: a querela di parte

596. ***Esclusione della prova liberatoria.*** — Il colpevole del delitto previsto dall'articolo precedente non è ammesso a provare, a sua discolpa, la verità o la notorietà del fatto attribuito alla persona offesa.[1]

Tuttavia, quando l'offesa consiste nell'attribuzione di un fatto determinato, la persona offesa o l'offensore possono, d'accordo, prima che sia pronunciata sentenza irrevocabile, deferire ad un giurì d'onore il giudizio sulla verità del fatto medesimo.

Quando l'offesa consiste nella attribuzione di un fatto determinato, la prova della verità del fatto medesimo è però sempre ammessa nel procedimento penale:

1) se la persona offesa è un pubblico ufficiale ed il fatto ad esso attribuito si riferisce all'esercizio delle sue funzioni;

2) se per il fatto attribuito alla persona offesa è tuttora aperto o si inizia contro di essa un procedimento penale;

3) se il querelante domanda formalmente che il giudizio si estenda ad accertare la verità o la falsità del fatto ad esso attribuito.

Se la verità del fatto è provata o se per esso la persona, a cui il fatto è attribuito, è per esso condannata dopo l'attribuzione del fatto medesimo, l'autore della imputazione non è punibile, salvo che i modi usati non rendano per sé stessi applicabile la disposizione dell'articolo 595, primo comma.[1]

[1] Comma così modif. dall'art. 2, c. 1, lett. *g*), D.lgs. 15 gen. 2016, n. 7.

596-*bis*. ***Diffamazione col mezzo della stampa.***[1] — Se il delitto di diffamazione è commesso col mezzo della stampa le disposizioni dell'articolo precedente si applicano anche al direttore o vice-direttore responsabile, all'editore e allo stampatore, per i reati preveduti negli artt. 57, 57-*bis* e 58.

[1] Articolo inserito con L. 4 mar. 1958, n. 127. V. art. 13 L. 8 feb. 1948, n. 47.

597. ***Querela della persona offesa ed estinzione del reato.*** — Il delitto previsto dall'articolo 595 è punibile a querela della persona offesa.[1]

Se la persona offesa e l'offensore hanno esercitato la facoltà indicata nel primo capoverso dell'art. 596, la querela si considera tacitamente rinunciata o rimessa.

Se la persona offesa muore prima che sia decorso il termine per proporre la querela, o se si tratta di offesa alla memoria di un defunto, possono proporre querela i prossimi congiunti, l'adottante e l'adottato. In tali casi, e altresì in quello in cui la persona offesa muoia dopo aver proposta la querela, la facoltà indicata nel primo capoverso dell'art. 596 spetta ai prossimi congiunti, all'adottante e all'adottato.

[1] Comma così modif. dall'art. 2, c. 1, lett. *h*), D.lgs. 15 gen. 2016, n. 7.

598. ***Offese in scritti e discorsi pronunciati dinanzi alle Autorità giudiziarie o amministrative.*** — Non sono punibili le offese contenute negli scritti presentati o nei discorsi pronunciati dalle parti o dai loro patrocinatori nei procedimenti dinanzi all'Autorità giudiziaria, ovvero dinanzi a un'Autorità amministrativa, quando le offese concernono l'oggetto della causa o del ricorso amministrativo.

Il giudice, pronunciando nella causa, può, oltre ai provvedimenti disciplinari, ordinare la soppressione o la cancellazione, in tutto o in parte, delle scritture offensive, e assegnare alla persona offesa una somma a titolo di risarcimento del danno non patrimoniale. Qualora si tratti di scritture per le quali la soppressione o cancellazione non possano eseguirsi, è fatta sulle medesime annotazione della sentenza.

599. ***Provocazione.***[1] — [Nei casi preveduti dall'art. 594, se le offese sono reciproche, il giudice può dichiarare non punibili uno o entrambi gli offensori.][2]

Non è punibile chi ha commesso alcuno dei fatti preveduti dall'articolo 595 nello stato d'ira determinato da un fatto ingiusto altrui, e subito dopo di esso.[3]

[La disposizione della prima parte di questo articolo si applica anche all'offensore che non abbia proposto querela per le offese ricevute.][2]

[1] Rubrica così modif. dall'art. 2, c. 1, lett. i), D.lgs. 15 gen. 2016, n. 7.

[2] Comma abrog. dall'art. 2, c. 1, lett. i), D.lgs. 15 gen. 2016, n. 7.

[3] Comma così modif. dall'art. 2, c. 1, lett. i), D.lgs. 15 gen. 2016, n. 7.

CAPO III

Dei delitti contro la libertà individuale[1]

[1] In relazione ai provvedimenti per i delitti previsti da questa sezione, si applicano le disposizioni di cui all'art. 13 del D.L. 13 mag. 1991, n. 152, conv. con modif. in L. 12 lug. 1991, n. 203. Si applicano altresì le disposizioni dell'art. 4, commi 1, 2, 4, 5, 6 e 7 del D.L. 18 ott. 2001, n. 374, conv. con modif. in L. 15 dic. 2001, n. 438.

SEZIONE I

Dei delitti contro la personalità individuale[1]

[1] Ai sensi dell'art. 1, c. 3, lett. *a*) della L. 1 ago. 2003, n. 207, la sospensione condizionata dell'esecuzione della pena detentiva nel limite massimo di due anni non si applica ai reati previsti da questa sezione.

600. ***Riduzione o mantenimento in schiavitù o in servitù.***[1] — Chiunque esercita su una persona poteri corrispondenti a quelli del diritto di proprietà ovvero chiunque riduce o mantiene una persona in uno stato di soggezione continuativa, costringendola a prestazioni lavorative o sessuali ovvero all'accattonaggio o comunque al compimento di attività illecite che ne comportino lo sfruttamento ovvero a sottoporsi al prelievo di organi, è punito con la reclusione da otto a venti anni.[2]

La riduzione o il mantenimento nello stato di soggezione ha luogo quando la condotta è attuata mediante violenza, minaccia, inganno, abuso di autorità o approfittamento di una situazione di vulnerabilità, di inferiorità fisica o psichica o di una situazione di necessità, o mediante la promessa o la dazione di somme di denaro o di altri vantaggi a chi ha autorità sulla persona.[2]

[...].[3]

[1] Ai sensi dell'art. 71 del D.lgs. 6 dic. 2011, n. 159 (codice delle leggi antimafia) le pene stabilite per i delitti previsti da questo art. sono aumentate da un terzo alla metà se il fatto è commesso da persona sottoposta con provvedimento definitivo ad una misura di prevenzione personale durante il periodo previsto di applicazione e fino a tre anni dal momento in cui ne è cessata l'esecuzione. Si procede d'ufficio e se i delitti di cui al c. 1 dell'art. 71, per i quali è consentito l'arresto in fragranza, sono commessi da persone sottoposte alla misura di prevenzione, la polizia giudiziaria può procedere all'arresto anche fuori dai casi di flagranza. Alla pena è aggiunta una misura di sicurezza detentiva.

[2] Comma così modif. dall'art. 2, c. 1, D.lgs. 4 mar. 2014, n. 24.

[3] Comma abrog. dall'art. 3, c. 1, lett. *a*) L. 2 lug. 2010, n. 108.

Riferimenti procedurali:
Arresto: Obbl. in flagranza
Fermo: Sì
Misure cautelari personali: Sì
Autorità competente: C.d.A.
Procedibilità: d'ufficio

600-*bis*. ***Prostituzione minorile.***[1] — È punito con la reclusione da sei a dodici anni e con la multa da euro 15.000 a euro 150.000 chiunque:

1) recluta o induce alla prostituzione una persona di età inferiore agli anni diciotto;

2) favorisce, sfrutta, gestisce, organizza o controlla la prostituzione di una persona di età inferiore agli anni diciotto, ovvero altrimenti ne trae profitto.

Salvo che il fatto costituisca più grave reato, chiunque compie atti sessuali con un minore di età compresa tra i quattordici e i diciotto anni, in cambio di un corrispettivo in denaro o altra utilità, anche solo promessi, è punito con la reclusione da uno a sei anni e con la multa da euro 1.500 a euro 6.000.

[1] Articolo ins. dall'art. 2 della L. 3 ago. 1998, n. 269 e quindi così sost. dall'art. 4, c. 1, lett. *g*), L. 1 ott. 2012, n. 172.

Riferimenti procedurali:
Arresto: Obbl.(I c.), Facol. in flagranza (II c.)
Fermo: Sì (I c.), No (II c.)
Misure cautelari personali: Sì (I c.)
Autorità competente: T.c. (I c.)
Procedibilità: d'ufficio

600-*ter*. ***Pornografia minorile.***[1] — È punito con la reclusione da sei a dodici anni e con la multa da euro 24.000 a euro 240.000 chiunque:

1) utilizzando minori di anni diciotto, realizza esibizioni o spettacoli pornografici ovvero produce materiale pornografico;

2) recluta o induce minori di anni diciotto a partecipare a esibizioni o spettacoli pornografici ovvero dai suddetti spettacoli trae altrimenti profitto.[2]

Alla stessa pena soggiace chi fa commercio del materiale pornografico di cui al primo comma.

Chiunque, al di fuori delle ipotesi di cui al primo e al secondo comma, con qualsiasi mezzo, anche per via telematica, distribuisce, divulga, diffonde[3] o pubblicizza il materiale pornografico di cui al primo comma, ovvero distribuisce o divulga notizie o informazioni finalizzate all'adescamento o allo sfruttamento sessuale di minori degli anni diciotto, è punito con la reclusione da uno a cinque anni e con la multa da euro 2.582 a euro 51.645.

Chiunque, al di fuori delle ipotesi di cui ai commi primo, secondo e terzo, offre o cede ad altri, anche a titolo gratuito, il materiale pornografico di cui al primo comma, è punito con la reclusione fino a tre anni e con la multa da euro 1.549 a euro 5.164.[4]

Nei casi previsti dal terzo e dal quarto comma la pena è aumentata in misura non eccedente i due terzi ove il materiale sia di ingente quantità.[5]

Salvo che il fatto costituisca più grave reato, chiunque assiste a esibizioni o spettacoli pornografici in cui siano coinvolti minori di anni diciotto è punito con la reclusione fino a tre anni e con la multa da euro 1.500 a euro 6.000.[6]

Ai fini di cui al presente articolo per pornografia minorile si intende ogni rappresentazione, con qualunque mezzo, di un minore degli anni diciotto coinvolto in attività sessuali esplicite, reali o simulate, o qualunque rappresentazione degli organi sessuali di un minore di anni diciotto per scopi sessuali.[6]

[1] Articolo ins. dall'art. 3, L. 3 ago. 1998, n. 269.
[2] Comma così sost. dall'art. 1, lett. *h*), L. 1 ott. 2012, n. 172.
[3] Parola ins. dall'art. 2, lett. *b*), L. 6 feb. 2006, n. 38.
[4] Comma così sost. dall'art. 2, lett. *c*), L. 6 feb. 2006, n. 38.
[5] Comma agg. dall'art. 2, lett. *d*), L. 6 feb. 2006, n. 38.
[6] Commi agg. dall'art. 4, c. 1, lett. *h*), L. 1 ott. 2012, n. 172.

Riferimenti procedurali:
Arresto: Obbli (I, II c.), Facol (III, IV, V c.), No (VI c)
Fermo: Sì (I, II c.), No (III, IV c.)
Misure cautelari personali: Sì
Autorità competente: T.c. (I, II, III c.), T.m. (IV, VI c.)
Procedibilità: d'ufficio

600-*quater*. *Detenzione o accesso a materiale pornografico.*[1,2] — Chiunque, al di fuori delle ipotesi previste nell'art. 600-*ter*, consapevolmente si procura o detiene materiale pornografico realizzato utilizzando minori degli anni diciotto, è punito con la reclusione fino a tre anni e con la multa non inferiore a euro 1.549.

La pena è aumentata in misura non eccedente i due terzi ove il materiale detenuto sia di ingente quantità.

Fuori dei casi di cui al primo comma, chiunque, mediante l'utilizzo della rete internet o di altre reti o mezzi di comunicazione, accede intenzionalmente e senza giustificato motivo a materiale pornografico realizzato utilizzando minori degli anni diciotto è punito con la reclusione fino a due anni e con la multa non inferiore a euro 1.000.[3]

[1] Articolo così sost. dall'art. 3 della L. 6 feb. 2006, n. 38.
[2] Rubrica così modif. dall'art. 20, L. 23 dic. 2021, n. 238.
[3] Comma aggiunto dall'art. 20, L. 23 dic. 2021, n. 238.

Riferimenti procedurali:
Arresto: No (I c.), Facol. in flagranza (II c.)
Fermo: No
Misure cautelari personali: Sì
Autorità competente: T.m.
Procedibilità: d'ufficio

600-*quater*-1. *Pornografia virtuale.*[1] — Le disposizioni di cui agli artt. 600-*ter* e 600-*quater* si applicano anche quando il materiale pornografico rappresenta immagini virtuali realizzate utilizzando immagini di minori degli anni diciotto o parti di esse, ma la pena è diminuita di un terzo.

Per immagini virtuali si intendono immagini realizzate con tecniche di elaborazione grafica non associate in tutto o in parte a situazioni reali, la cui qualità di rappresentazione fa apparire come vere situazioni non reali.[1]

[1] Articolo ins. dall'art. 4 della L. 6 feb. 2006, n. 38.

Riferimenti procedurali:
Arresto: Sì (ipotesi art. 600-ter, I e II c.); Facol. in flagranza (ipotesi art. 600-ter, III c.); No (ipotesi art. 600-ter, IV c. e 600-quater)
Fermo: No, Sì (ipotesi art. 600-ter, I e II c.)
Misure cautelari personali: Sì
Autorità competente: T.m. (solo per art. 600-ter, II e III c. e 600-quater)
Procedibilità: d'ufficio

600-*quinquies*. *Iniziative turistiche volte allo sfruttamento della prostituzione minorile.*[1] — Chiunque organizza o propaganda viaggi finalizzati alla fruizione di attività di prostituzione a danno di minori o comunque comprendenti tale attività è punito con la reclusione da sei a dodici anni e con la multa da euro 15.493 a euro 154.937.

[1] Articolo introdotto dall'art. 5 della L. 3 ago. 1998, n. 269.

Riferimenti procedurali:
Arresto: Obbl. in flagranza
Fermo: Sì
Misure cautelari personali: Sì
Autorità competente: T.c.
Procedibilità: d'ufficio

600-*sexies*. [***Circostanze aggravanti ed attenuanti.***][1]

[1] Articolo ins. dall'art. 6, L. 3 ago. 1998, n. 269 e quindi abrog. dall'art. 4, L. 1 ott. 2012, n. 172.

600-*septies*. *Confisca.*[1] — Nel caso di condanna, o di applicazione della pena su richiesta delle parti a norma dell'articolo 444 del codice di procedura penale, per i delitti previsti dalla presente sezione, nonché dagli articoli 609-*bis*, quando il fatto è commesso in danno di un minore di anni diciotto o il reato è aggravato dalle circostanze di cui all'articolo 609-*ter*, primo comma, numeri 1), 5) e 5-*bis*), 609-*quater*, 609-*quinquies*, 609-*octies*, quando il fatto è commesso in danno di un minore di anni diciotto o il reato è aggravato dalle circostanze di cui all'articolo 609-*ter*, primo comma, numeri 1), 5) e 5-*bis*), e 609-*undecies*, è sempre ordinata, salvi i diritti della persona offesa alle restituzioni e al risarcimento dei danni, la confisca dei beni che costituiscono il prodotto, il profitto o il prezzo del reato. Ove essa non sia possibile, il giudice dispone la confisca di beni di valore equivalente a quelli che costituiscono il prodotto, il profitto o il prezzo del reato e di cui il condannato abbia, anche indirettamente o per interposta persona, la disponibilità. Si applica il terzo comma dell'articolo 322-*ter*.

[1] Articolo così sost. dall'art. 4, c. 1, lett. *l*), L. 1 ott. 2012, n. 172.

600-*septies*.1. *Circostanza attenuante.*[1] — La pena per i delitti di cui alla presente sezione è diminuita da un terzo fino alla metà nei confronti del concorrente che si adopera per evitare che l'attività delittuosa sia portata a conseguenze ulteriori, ovvero aiuta concretamente l'autorità di polizia o l'autorità giudiziaria nella raccolta di prove decisive per l'individuazione o la cattura dei concorrenti.

[1] Articolo ins. dall'art. 4, c. 1, lett. *m*), L. 1 ott. 2012, n. 172.

600-*septies*.2. ***Pene accessorie.***[1] — Alla condanna o all'applicazione della pena su richiesta delle parti a norma dell'articolo 444 del codice di procedura penale per i delitti previsti dalla presente sezione e per il delitto di cui all'articolo 414-*bis* del presente codice conseguono:

1) la perdita della responsabilità genitoriale,[2] quando la qualità di genitore è prevista quale circostanza aggravante del reato;

2) l'interdizione perpetua da qualsiasi ufficio attinente alla tutela, alla curatela o all'amministrazione di sostegno;

3) la perdita del diritto agli alimenti e l'esclusione dalla successione della persona offesa;

4) l'interdizione temporanea dai pubblici uffici; l'interdizione dai pubblici uffici per la durata di anni cinque in seguito alla condanna alla reclusione da tre a cinque anni, ferma restando, comunque, l'applicazione dell'articolo 29, primo comma, quanto all'interdizione perpetua.

La condanna o l'applicazione della pena su richiesta delle parti a norma dell'articolo 444 del codice di procedura penale per uno dei delitti previsti dalla presente sezione e per il delitto di cui all'articolo 414-*bis* del presente codice, quando commessi in danno di minori, comporta in ogni caso l'interdizione perpetua da qualunque incarico nelle scuole di ogni ordine e grado, nonché da ogni ufficio o servizio in istituzioni o strutture pubbliche o private frequentate abitualmente da minori.

In ogni caso è disposta la chiusura degli esercizi la cui attività risulta finalizzata ai delitti previsti dalla presente sezione, nonché la revoca della licenza di esercizio o della concessione o dell'autorizzazione per le emittenti radiotelevisive.

[1] Articolo ins. dall'art. 4, c. 1, lett. *m*), L. 1 ott. 2012, n. 172.

[2] Le parole «potestà dei genitori» sono state sost. da «responsabilità genitoriale» dall'art. 93, D.lgs. 28 dic. 2013, n. 154, in vigore dal 7 feb. 2014.

600-*octies*. ***Impiego di minori nell'accattonaggio. Organizzazione dell'accattonaggio.***[1] — Salvo che il fatto costituisca più grave reato, chiunque si avvale per mendicare di una persona minore degli anni quattordici o, comunque, non imputabile, ovvero permette che tale persona, ove sottoposta alla sua autorità o affidata alla sua custodia o vigilanza, mendichi, o che altri se ne avvalga per mendicare, è punito con la reclusione fino a tre anni.

Chiunque organizzi l'altrui accattonaggio, se ne avvalga o comunque lo favorisca a fini di profitto è punito con la reclusione da uno a tre anni.[2]

[1] Articolo ins. dall'art. 3, c. 19, lett. *a*), L. 15 lug. 2009, n. 94. La rubrica è stata così modif. dall'art. 21-*quinquies*, c. 1, D.L. 4 ott. 2018, n. 113, conv. in L. 1 dic. 2018, n. 132.

[2] Comma aggiunto dall'art. 21-*quinquies*, c. 1, D.L. 4 ott. 2018, n. 113, conv. in L. 1 dic. 2018, n. 132.

Riferimenti procedurali:
Arresto: No
Fermo: No
Misure cautelari personali: No
Autorità competente: T.m.
Procedibilità: d'ufficio

601. ***Tratta di persone.***[1] — È punito con la reclusione da otto a venti anni chiunque recluta, introduce nel territorio dello Stato, trasferisce anche al di fuori di esso, trasporta, cede l'autorità sulla persona, ospita una o più persone che si trovano nelle condizioni di cui all'articolo 600, ovvero, realizza le stesse condotte su una o più persone, mediante inganno, violenza, minaccia, abuso di autorità o approfittamento di una situazione di vulnerabilità, di inferiorità fisica, psichica o di necessità, o mediante promessa o dazione di denaro o di altri vantaggi alla persona che su di essa ha autorità, al fine di indurle o costringerle a prestazioni lavorative, sessuali ovvero all'accattonaggio o comunque al compimento di attività illecite che ne comportano lo sfruttamento o a sottoporsi al prelievo di organi.

Alla stessa pena soggiace chiunque, anche al di fuori delle modalità di cui al primo comma, realizza le condotte ivi previste nei confronti di persona minore di età.

La pena per il comandante o l'ufficiale della nave nazionale o straniera, che commette alcuno dei fatti previsti dal primo o dal secondo comma o vi concorre, è aumentata fino a un terzo.[2]

Il componente dell'equipaggio di nave nazionale o straniera destinata, prima della partenza o in corso di navigazione, alla tratta è punito, ancorché non sia stato compiuto alcun fatto previsto dal primo o dal secondo comma o di commercio di schiavi, con la reclusione da tre a dieci anni.[2]

[1] Articolo così sost. dall'art. 2, c. 1, D.lgs. 4 mar. 2014, n. 24.

[2] Comma ins. dall'art. 2, c. 1, lett. *f*), D.lgs. 1 mar. 2018, n. 21.

Riferimenti procedurali:
Arresto: Obbl. in flagranza, Facol. (IV c.)
Fermo: Sì
Misure cautelari personali: Sì
Autorità competente: C.d.A.
Procedibilità: d'ufficio

601-*bis*. ***Traffico di organi prelevati da persona vivente.***[1] — Chiunque, illecitamente, commercia, vende, acquista ovvero, in qualsiasi modo e a qualsiasi titolo, procura o tratta organi o parti di organi prelevati da persona vivente è punito con la reclusione da tre a dodici anni e con la multa da euro 50.000 ad euro 300.000. [Se il fatto è commesso da persona che esercita una professione sanitaria, alla condanna consegue l'interdizione perpetua dall'esercizio della professione][2].

Salvo che il fatto costituisca più grave reato, è punito con la reclusione da tre a sette anni e con la multa da euro 50.000 ad euro 300.000 chiunque organizza o propaganda viaggi ovvero pubblicizza o diffonde, con qualsiasi mezzo, anche per via informatica o telematica, annunci finalizzati al traffico di organi o parti di organi di cui al primo comma.

Chiunque svolge opera di mediazione nella donazione di organi da vivente al fine di trarne un vantaggio economico è punito con la reclusione da tre a otto anni e con la multa da euro 50.000 a euro 300.000.[3]

Se i fatti previsti dai precedenti commi sono commessi da persona che esercita una professione sanitaria, alla condanna consegue l'interdizione perpetua dall'esercizio della professione.[3]

[1] Articolo ins. dall'art. 1, L. 11 dic. 2016, n. 236.

[2] Periodo soppresso dall'art. 2, c. 1, lett. g), D.lgs. 1 mar. 2018, n. 21.

[3] Comma aggiunto dall'art. 2, c. 1, lett. g), D.lgs. 1 mar. 2018, n. 21.

Riferimenti procedurali:
Arresto: Facol. in flagranza
Fermo: Sì
Misure cautelari personali: Sì
Autorità competente: T.c. (I c.); T.m. (II e IV c.)
Procedibilità: d'ufficio

602. ***Acquisto e alienazione di schiavi.*** — Chiunque, fuori dei casi indicati nell'art. 601, acquista o aliena o cede una persona che si trova in una delle condizioni di cui all'art. 600 è punito con la reclusione da otto a venti anni.

[...][1]

[1] Comma abrog. dall'art. 3 della L. 2 lug. 2010, n. 108.

Riferimenti procedurali:
Arresto: Facol. in flagranza
Fermo: Sì
Misure cautelari personali: Sì
Autorità competente: C.d.A.
Procedibilità: d'ufficio

602-*bis*. ***Pene accessorie.***[1]

[1] Articolo ins. dall'art. 3, c. 19, lett. *b*) della L. 15 lug. 2009, n. 94 e quindi abrog. dall'art. 4, c. 1, lett. *n*), L. 1 ott. 2012, n. 172.

602-*ter*. ***Circostanze aggravanti.*** — La pena per i reati previsti dagli articoli 600, 601 primo e secondo comma[1] e 602 è aumentata da un terzo alla metà:

a) se la persona offesa è minore degli anni diciotto;

b) se i fatti sono diretti allo sfruttamento della prostituzione o al fine di sottoporre la persona offesa al prelievo di organi;

c) se dal fatto deriva un grave pericolo per la vita o l'integrità fisica o psichica della persona offesa.

Se i fatti previsti dal titolo VII, capo III, del presente libro sono commessi al fine di realizzare od agevolare i delitti di cui agli articoli 600, 601 e 602, le pene ivi previste sono aumentate da un terzo alla metà.

Nei casi previsti dagli articoli 600-*bis*, primo comma, e 600-*ter*, la pena è aumentata da un terzo alla metà se il fatto è commesso con violenza o minaccia.[2]

Nei casi previsti dagli articoli 600-*bis*, primo e secondo comma, 600-*ter*, primo comma, e 600-*quinquies*, la pena è aumentata da un terzo alla metà se il fatto è commesso approfittando della situazione di necessità del minore.[2]

Nei casi previsti dagli articoli 600-*bis*, primo e secondo comma, 600-*ter* e 600-*quinquies*, nonché dagli articoli 600, 601 e 602, la pena è aumentata dalla metà ai due terzi se il fatto è commesso in danno di un minore degli anni sedici.[2]

Nei casi previsti dagli articoli 600-*bis*, primo comma, e 600-*ter*, nonché, se il fatto è commesso in danno di un minore degli anni diciotto, dagli articoli 600, 601 e 602, la pena è aumentata dalla metà ai due terzi se il fatto è commesso da un ascendente, dal genitore adottivo, o dal loro coniuge o convivente, dal coniuge o da affini entro il secondo grado, da parenti fino al quarto grado collaterale, dal tutore o da persona a cui il minore è stato affidato per ragioni di cura, educazione, istruzione, vigilanza, custodia, lavoro, ovvero da pubblici ufficiali o incaricati di pubblico servizio nell'esercizio delle loro funzioni ovvero ancora se è commesso in danno di un minore in stato di infermità o minorazione psichica, naturale o provocata.[2]

Nei casi previsti dagli articoli 600-*bis*, primo comma, e 600-*ter*, nonché dagli articoli 600, 601 e 602, la pena è aumentata dalla metà ai due terzi se il fatto è commesso mediante somministrazione di sostanze alcoliche, narcotiche, stupefacenti o comunque pregiudizievoli per la salute fisica o psichica del minore, ovvero se è commesso nei confronti di tre o più persone.[2]

Nei casi previsti dagli articoli 600-*bis*, 600-*ter*, 600-*quater*, 600-*quater*.1. e 600-*quinquies*, la pena è aumentata:

a) se il reato è commesso da più persone riunite;

b) se il reato è commesso da persona che fa parte di un'associazione per delinquere e al fine di agevolarne l'attività;

c) se il reato è commesso con violenze gravi o se dal fatto deriva al minore, a causa della reiterazione delle condotte, un pregiudizio grave;

c-bis) se dal fatto deriva pericolo di vita per il minore.[3,4]

Le pene previste per i reati di cui al comma precedente sono aumentate in misura non eccedente i due terzi nei casi in cui gli stessi siano compiuti con l'utilizzo di mezzi atti ad impedire l'identificazione dei dati di accesso alle reti telematiche.[4]

Le circostanze attenuanti, diverse da quelle previste dagli articoli 98 e 114, concorrenti con le circostanze aggravanti di cui alla presente sezione, non possono essere ritenute equivalenti o prevalenti rispetto a queste e le diminuzioni di pena si operano sulla quantità della stessa risultante dall'aumento conseguente alle predette aggravanti.[2]

[1] Parole aggiunte dall'art. 2, c. 1, lett. *h*), D.lgs. 1 mar. 2018, n. 21.
[2] Commi aggiunti dall'art. 4, c. 1, lett. *o*), L. 1 ott. 2012, n. 172.
[3] Lettera aggiunta dall'art. 20, L. 23 dic. 2021, n. 238.
[4] Commi aggiunti dall'art. 1, c. 1, D.lgs. 4 mar. 2014, n. 39.

602-*quater*. *Ignoranza dell'età della persona offesa.*[1] — Quando i delitti previsti dalla presente sezione sono commessi in danno di un minore degli anni diciotto, il colpevole non può invocare a propria scusa l'ignoranza dell'età della persona offesa, salvo che si tratti di ignoranza inevitabile.

[1] Articolo agg. dall'art. 4, c. 1, lett. *p*), L. 1 ott. 2012, n. 172.

603. *Plagio.*[1] — Chiunque sottopone una persona al proprio potere, in modo da ridurla in totale stato di soggezione, è punito con la reclusione da cinque a quindici anni.

[1] La Corte cost., con sent. 8 giu. 1981, n. 96, ha dichiarato l'ill. cost. di questo articolo.

603-*bis*. *Intermediazione illecita e sfruttamento del lavoro.*[1] — Salvo che il fatto costituisca più grave reato, è punito con la reclusione da uno a sei anni e con la multa da 500 a 1.000 euro[2] per ciascun lavoratore reclutato, chiunque:

1) recluta manodopera allo scopo di destinarla al lavoro presso terzi in condizioni di sfruttamento, approfittando dello stato di bisogno dei lavoratori;

2) utilizza, assume o impiega manodopera, anche mediante l'attività di intermediazione di cui al numero 1), sottoponendo i lavoratori a condizioni di sfruttamento ed approfittando del loro stato di bisogno.

Se i fatti sono commessi mediante violenza o minaccia, si applica la pena della reclusione da cinque a otto anni e la multa da 1.000 a 2.000 euro per ciascun lavoratore reclutato.

Ai fini del presente articolo, costituisce indice di sfruttamento la sussistenza di una o più delle seguenti condizioni:

1) la reiterata corresponsione di retribuzioni in modo palesemente difforme dai contratti collettivi nazionali o territoriali stipulati dalle organizzazioni sindacali più rappresentative a livello nazionale, o comunque sproporzionato rispetto alla quantità e qualità del lavoro prestato;

2) la reiterata violazione della normativa relativa all'orario di lavoro, ai periodi di riposo, al riposo settimanale, all'aspettativa obbligatoria, alle ferie;

3) la sussistenza di violazioni delle norme in materia di sicurezza e igiene nei luoghi di lavoro;

4) la sottoposizione del lavoratore a condizioni di lavoro, a metodi di sorveglianza o a situazioni alloggiative degradanti.

Costituiscono aggravante specifica e comportano l'aumento della pena da un terzo alla metà:

1) il fatto che il numero di lavoratori reclutati sia superiore a tre;

2) il fatto che uno o più dei soggetti reclutati siano minori in età non lavorativa;

3) l'aver commesso il fatto esponendo i lavoratori sfruttati a situazioni di grave pericolo, avuto riguardo alle caratteristiche delle prestazioni da svolgere e delle condizioni di lavoro.

[1] Articolo così sost. dall'art. 1, c. 1, L. 29 ott. 2016, n. 199.
[2] Ai sensi dell'art. 103, D.L. 19 mag. 2020, n. 34, conv. con modif. in L. 17 lug, 2020, n. 77, quando i fatti di cui all'articolo 603-*bis* c.p. sono commessi ai danni di stranieri che hanno presentato l'istanza di rilascio del permesso di soggiorno temporaneo di cui all'art. 103, c. 2, D.L. 34/2020, la pena prevista è aumentata da un terzo alla metà.

Riferimenti procedurali:
Arresto: Obblig. (II c.), Facol. in flagranza (I e IV c.)
Fermo: Sì
Misure cautelari personali: Sì
Autorità competente: T.m., T.c. (IV c.)
Procedibilità: d'ufficio

603-*bis*.1. *Circostanza attenuante.*[1] — Per i delitti previsti dall'articolo 603-*bis*, la pena è diminuita da un terzo a due terzi nei confronti di chi, nel rendere dichiarazioni su quanto a sua conoscenza, si adopera per evitare che l'attività delittuosa sia portata a conseguenze ulteriori ovvero aiuta concretamente l'autorità di polizia o l'autorità giudiziaria nella raccolta di prove decisive per l'individuazione o la cattura dei concorrenti o per il sequestro delle somme o altre utilità trasferite.

Nel caso di dichiarazioni false o reticenti si applicano le disposizioni dell'articolo 16-*septies* del decreto-legge 15 gennaio 1991, n. 8, convertito, con modificazioni, dalla legge 15 marzo 1991, n. 82.

Non si applicano le disposizioni dell'articolo 600-*septies*.1.

[1] Articolo ins. dall'art. 2, c. 1, L. 29 ott. 2016, n. 199. Ai sensi dell'art. 3, L. 29 ott. 2016, n. 199; nei procedimenti per i reati previsti da questo articolo, «... qualora ricorrano i presupposti indicati nel c. 1 dell'art. 321 del c.p.p., il giudice dispone, in luogo del sequestro, il controllo giudiziario dell'azienda presso cui è stato commesso il reato, qualora l'interruzione dell'attività imprenditoriale possa comportare ripercussioni negative sui livelli occupazionali o compromettere il valore economico del complesso aziendale».

603-*bis*.2. *Confisca obbligatoria.*[1] — In caso di condanna o di applicazione della pena su richiesta delle parti ai sensi dell'articolo 444 del codice di procedura penale per i delitti previsti dall'articolo 603-*bis*, è sempre obbligatoria, salvi i diritti della persona offesa alle restituzioni e al risarcimento del danno, la confisca delle cose che servirono o furono destinate a commettere il reato e delle cose che ne sono il prezzo, il prodotto o il profitto, salvo che appartengano a persona estranea al reato. Ove essa non sia possibile è disposta la confisca di beni di cui il reo ha la disponibilità, anche indirettamente o per interposta persona, per un valore corrispondente al prodotto, prezzo o profitto del reato.

[1] Articolo ins. dall'art. 2, c. 1, L. 29 ott. 2016, n. 199. Ai sensi dell'art. 3, L. 29 ott. 2016 n. 199; nei casi di confisca disposta ai sensi di questo articolo «... si applicano le disposizioni di cui al c. 4-*bis* dell'art.12-*sexies* del D.L. 8 giu. 1992, n. 306, convertito, con modificazioni, dalla L. 7 ago. 1992, n. 356».

603-*ter*. *Pene accessorie.*[1] — La condanna per i delitti di cui agli articoli 600, limitatamente ai casi in cui lo sfruttamento ha ad oggetto prestazioni lavorative, e 603-*bis*, importa l'interdizione dagli uffici direttivi delle persone giuridiche o delle imprese, nonché il divieto di concludere contratti di appalto, di cottimo fiduciario, di fornitura di opere, beni o servizi riguardanti la pubblica amministrazione, e relativi subcontratti.

La condanna per i delitti di cui al primo comma importa altresì l'esclusione per un periodo di due anni da agevolazioni, finanziamenti, contributi o sussidi da parte dello Stato o di altri enti pubblici, nonché dell'Unione europea, relativi al settore di attività in cui ha avuto luogo lo sfruttamento.

L'esclusione di cui al secondo comma è aumentata a cinque anni quando il fatto è commesso da soggetto al quale sia stata applicata la recidiva ai sensi dell'articolo 99, secondo comma, numeri 1) e 3).

[1] Articolo agg. dall'art. 12, c. 1, D.L. 13 ago. 2011, n. 138, conv. con modif. in L. 14 set. 2011, n. 148.

604. *Fatto commesso all'estero.* — Le disposizioni di questa sezione, nonché quelle previste dagli artt. 609-*bis*, 609-*ter*, 609-*quater*, 609-*quinquies*, 609-*octies* e 609-*undecies*, si applicano altresì quando il fatto è commesso all'estero da cittadino italiano, ovvero in danno di cittadino italiano, ovvero dallo straniero in concorso con cittadino italiano. In quest'ultima ipotesi lo straniero è punibile quando si tratta di delitto per il quale è prevista la pena della reclusione non inferiore nel massimo a cinque anni e quando vi è stata richiesta del Ministro di grazia e giustizia.[1]

[1] Comma così modif. dall'art. 6, c. 2, L. 9 gen. 2006, n. 7 e quindi dall'art. 4, c. 1, lett. *q*), L. 1 ott. 2012, n. 172.

SEZIONE I-*bis*
Dei delitti contro l'eguaglianza[1]

[1] Sezione ins. dall'art. 2, c. 1, lett. *i*), D.lgs. 1 mar. 2018, n. 21.

604-*bis*. *Propaganda e istigazione a delinquere per motivi di discriminazione razziale etnica e religiosa.*[1] — Salvo che il fatto costituisca più grave reato, è punito:

a) con la reclusione fino ad un anno e sei mesi o con la multa fino a 6.000 euro chi propaganda idee fondate sulla superiorità o sull'odio razziale o etnico, ovvero istiga a commettere o commette atti di discriminazione per motivi razziali, etnici, nazionali o religiosi;

b) con la reclusione da sei mesi a quattro anni chi, in qualsiasi modo, istiga a commettere o commette violenza o atti di provocazione alla violenza per motivi razziali, etnici, nazionali o religiosi.

È vietata ogni organizzazione, associazione, movimento o gruppo avente tra i propri scopi l'incitamento alla discriminazione o alla violenza per motivi razziali, etnici, nazionali o religiosi. Chi partecipa a tali organizzazioni, associazioni, movimenti o gruppi, o presta assistenza alla loro attività, è punito, per il solo fatto della partecipazione o dell'assistenza, con la reclusione da sei mesi a quattro anni. Coloro che promuovono o dirigono tali organizzazioni, associazioni, movimenti o gruppi sono puniti, per ciò solo, con la reclusione da uno a sei anni.

Si applica la pena della reclusione da due a sei anni se la propaganda ovvero l'istigazione e l'incitamento, commessi in modo che derivi concreto pericolo di diffusione, si fondano in tutto o in parte sulla negazione, sulla minimizzazione in modo grave o sull'apologia della Shoah o dei crimini di genocidio, dei crimini contro l'umanità e dei crimini di guerra, come definiti dagli articoli 6, 7 e 8 dello statuto della Corte penale internazionale.

[1] Articolo ins. dall'art. 2, c. 1, lett. *i*), D.lgs. 1 mar. 2018, n. 21.

Riferimenti procedurali:
Arresto: No, Obblig (II c.)
Fermo: No
Misure cautelari personali: Sì
Autorità competente: T.m.
Procedibilità: d'ufficio

604-*ter*. *Circostanza aggravante.*[1] — Per i reati punibili con pena diversa da quella dell'ergastolo commessi per finalità di discriminazione o di odio etnico, nazionale, razziale o religioso, ovvero al fine di agevolare l'attività di organizzazioni, associazioni, movimenti o gruppi che hanno tra i loro scopi le medesime finalità la pena è aumentata fino alla metà.

Le circostanze attenuanti, diverse da quella prevista dall'articolo 98, concorrenti con l'aggravante di cui al primo comma, non possono essere ritenute equivalenti o prevalenti rispetto a questa e le diminuzioni di pena si operano sulla quantità di pena risultante dall'aumento conseguente alla predetta aggravante.

[1] Articolo ins. dall'art. 2, c. 1, lett. *i*), D.lgs. 1 mar. 2018, n. 21.

SEZIONE II
Dei delitti contro la libertà personale

605. *Sequestro di persona.*[1] — Chiunque priva taluno della libertà personale è punito con la reclusione da sei mesi a otto anni.

La pena è della reclusione da uno a dieci anni, se il fatto è commesso:

1) in danno di un ascendente, di un discendente o del coniuge;

2) da un pubblico ufficiale, con abuso dei poteri inerenti alle sue funzioni.

Se il fatto di cui al primo comma è commesso in danno di un minore, si applica la pena della reclusione da tre a dodici anni. Se il fatto è commesso in presenza di taluna delle circostanze di cui al secondo comma, ovvero in danno di minore di anni quattordici o se il minore sequestrato è condotto o trattenuto all'estero, si applica la pena della reclusione da tre a quindici anni.[2]

Se il colpevole cagiona la morte del minore sequestrato si applica la pena dell'ergastolo.[2]

Le pene previste dal terzo comma sono altresì diminuite fino alla metà nei confronti dell'imputato che si adopera concretamente:

1) affinché il minore riacquisti la propria libertà;

2) per evitare che l'attività delittuosa sia portata a conseguenze ulteriori, aiutando concretamente l'autorità di polizia o l'autorità giudiziaria nella raccolta di elementi di prova decisivi per la ricostruzione dei fatti e per l'individuazione o la cattura di uno o più autori di reati;

3) per evitare la commissione di ulteriori fatti di sequestro di minore.[2]

[1] Ai sensi dell'art. 71 del D.lgs. 6 dic. 2011, n. 159 (codice delle leggi antimafia) le pene stabilite per i delitti previsti da questo art. sono aumentate da un terzo alla metà se il fatto è commesso da persona sottoposta con provvedimento definitivo ad una misura di prevenzione personale durante il periodo previsto di applicazione e fino a tre anni dal momento in cui ne è cessata l'esecuzione. Si procede d'ufficio e se i delitti di cui al c. 1 dell'art. 71, per i quali è consentito l'arresto in fragranza, sono commessi da persone sottoposte alla misura di prevenzione, la polizia giudiziaria può procedere all'arresto anche fuori dai casi di flagranza. Alla pena è aggiunta una misura di sicurezza detentiva.

[2] Commi aggiunti dall'art. 3, c. 29, lett. *a*) della L. 15 lug. 2009, n. 94.

Riferimenti procedurali:
Arresto: Facol. in flagranza, Obblig (IV c.)
Fermo: No, Sì (III, IV c.)
Misure cautelari personali: Sì
Autorità competente: T.m. (I e II c.); T.c. (III c.); C.d.A. (IV c.)
Procedibilità: d'ufficio

606. ***Arresto illegale.*** — Il pubblico ufficiale che procede ad un arresto, abusando dei poteri inerenti alle sue funzioni, è punito con la reclusione fino a tre anni.

Riferimenti procedurali:
Arresto: No
Fermo: No
Misure cautelari personali: No
Autorità competente: T.m.
Procedibilità: d'ufficio

607. ***Indebita limitazione di libertà personale.*** — Il pubblico ufficiale, che, essendo preposto o addetto a un carcere giudiziario o ad uno stabilimento destinato all'esecuzione di una pena o di una misura di sicurezza, vi riceve taluno senza un ordine dell'Autorità competente, o non obbedisce all'ordine di liberazione dato da questa Autorità, ovvero indebitamente protrae l'esecuzione della pena o della misura di sicurezza, è punito con la reclusione fino a tre anni.

Riferimenti procedurali:
Arresto: No
Fermo: No
Misure cautelari personali: No
Autorità competente: T.m.
Procedibilità: d'ufficio

608. ***Abuso di autorità contro arrestati o detenuti.*** — Il pubblico ufficiale, che sottopone a misure di rigore non consentite dalla legge una persona arrestata o detenuta di cui egli abbia la custodia, anche temporanea, o che sia a lui affidata in esecuzione di un provvedimento dell'Autorità competente, è punito con la reclusione fino a trenta mesi.

La stessa pena si applica se il fatto è commesso da un altro pubblico ufficiale, rivestito, per ragione del suo ufficio, di una qualsiasi autorità sulla persona custodita.

Riferimenti procedurali:
Arresto: No
Fermo: No
Misure cautelari personali: No
Autorità competente: T.m.
Procedibilità: d'ufficio

609. ***Perquisizione e ispezione personali arbitrarie.*** — Il pubblico ufficiale, che, abusando dei poteri inerenti alle sue funzioni, esegue una perquisizione o un'ispezione personale, è punito con la reclusione fino a un anno.

Riferimenti procedurali:
Arresto: No
Fermo: No
Misure cautelari personali: No
Autorità competente: T.m.
Procedibilità: d'ufficio

609-*bis*. ***Violenza sessuale.***[1] — Chiunque, con violenza o minaccia o mediante abuso di autorità, costringe taluno a compiere o subire atti sessuali è punito con la reclusione da sei a dodici anni[2].

Alla stessa pena soggiace chi induce taluno a compiere o subire atti sessuali:

1) abusando delle condizioni di inferiorità fisica o psichica della persona offesa al momento del fatto;

2) traendo in inganno la persona offesa per essersi il colpevole sostituito ad altra persona.

Nei casi di minore gravità la pena è diminuita in misura non eccedente i due terzi.

[1] Articolo ins. dall'art. 3, L. 15 feb. 1996, n. 66; ai sensi

dell'art. 16 della medesima legge è previsto inoltre che l'imputato per i delitti previsti da questo articolo sia sottoposto, con le forme della perizia, ad accertamenti per l'individuazione di patologie sessualmente trasmissibili, qualora le modalità del fatto possono prospettare un rischio di trasmissione delle patologie medesime. Si veda altresì l'art. 1 L. 1 ago. 2003, n. 207 che esclude l'applicazione della sospensione condizionata dell'esecuzione della pena detentiva.

[2] Parole così modif. dall'art. 13, c. 1, L. 19 lug. 2019, n. 69.

Riferimenti procedurali:
Arresto: Obblig. in flagranza
Fermo: Sì
Misure cautelari personali: Sì
Autorità competente: T.c.
Procedibilità: a querela di parte, d'ufficio (se art. 609-septies, IV c., c.p.)

609-*ter*. *Circostanze aggravanti*.[1] — La pena stabilita dall'articolo 609-*bis* è aumentata di un terzo se i fatti ivi previsti sono commessi:[2]

1) nei confronti di persona della quale il colpevole sia l'ascendente, il genitore, anche adottivo, o il tutore;[3]

2) con l'uso di armi o di sostanze alcoliche, narcotiche o stupefacenti o di altri strumenti o sostanze gravemente lesivi della salute della persona offesa;

3) da persona travisata o che simuli la qualità di pubblico ufficiale o di incaricato di pubblico servizio;

4) su persona comunque sottoposta a limitazioni della libertà personale;

5) nei confronti di persona che non ha compiuto gli anni diciotto.[3]

5-*bis*) all'interno o nelle immediate vicinanze di istituto d'istruzione o di formazione frequentato dalla persona offesa;[4]

5-*ter*) nei confronti di donna in stato di gravidanza;[5]

5-*quater*) nei confronti di persona della quale il colpevole sia il coniuge, anche separato o divorziato, ovvero colui che alla stessa persona è o è stato legato da relazione affettiva, anche senza convivenza;[5]

5-*quinquies*) se il reato è commesso da persona che fa parte di un'associazione per delinquere e al fine di agevolarne l'attività;[6]

5-*sexies*) se il reato è commesso con violenze gravi o se dal fatto deriva al minore, a causa della reiterazione delle condotte, un pregiudizio grave;[6]

5-*septies*) se dal fatto deriva pericolo di vita per il minore.[7]

La pena stabilita dall'articolo 609-*bis* è aumentata della metà se i fatti ivi previsti sono commessi nei confronti di persona che non ha compiuto gli anni quattordici. La pena è raddoppiata se i fatti di cui all'articolo 609-*bis* sono commessi nei confronti di persona che non ha compiuto gli anni dieci.[8]

[1] Articolo ins. dall'art. 4, L. 15 feb. 1996, n. 66; ai sensi dell'art. 16 della medesima legge è previsto inoltre che l'imputato per i delitti previsti da questo articolo sia sottoposto, con le forme della perizia, ad accertamenti per l'individuazione di patologie sessualmente trasmissibili, qualora le modalità del fatto possono prospettare un rischio di trasmissione delle patologie medesime.

[2] Alinea così modif. dall'art. 13, c. 2, L. 19 lug. 2019, n. 69.

[3] Numero così sost. dall'art. 13, c. 2, L. 19 lug. 2019, n. 69.

[4] Numero aggiunto dall'art. 3, c. 23, L. 15 lug. 2009, n. 94.

[5] Numero aggiunto dall'art. 1, c. 2, D.L. 14 ago. 2013, n. 93, conv. con modif. in L. 15 ott. 2013, n. 119.

[6] Numero aggiunto dall'art. 1, c. 2, D.lgs. 4 mar. 2014, n. 39.

[7] Numero aggiunto dall'art. 20, L. 23 dic. 2021, n. 238.

[8] Comma così sost. dall'art. 13, c. 2, L. 19 lug. 2019, n. 69.

609-*quater*. *Atti sessuali con minorenne*.[1,2] — Soggiace alla pena stabilita dall'art. 609-*bis* chiunque, al di fuori delle ipotesi previste in detto articolo, compie atti sessuali con persona che, al momento del fatto:

1) non ha compiuto gli anni quattordici;

2) non ha compiuto gli anni sedici, quando il colpevole sia l'ascendente, il genitore, anche adottivo, o il di lui convivente, il tutore, ovvero altra persona cui, per ragioni di cura, di educazione, di istruzione, di vigilanza o di custodia, il minore è affidato o che abbia, con quest'ultimo, una relazione di convivenza.[3]

Fuori dei casi previsti dall'articolo 609-*bis*, l'ascendente, il genitore, anche adottivo, o il di lui convivente, il tutore, ovvero altra persona cui, per ragioni di cura, di educazione, di istruzione, di vigilanza o di custodia, il minore è affidato, o che abbia con quest'ultimo una relazione di convivenza, che, con l'abuso dei poteri connessi alla sua posizione, compie atti sessuali con persona minore che ha compiuto gli anni sedici, è punito con la reclusione da tre a sei anni.[4]

Fuori dei casi previsti dai commi precedenti, chiunque compie atti sessuali con persona minore che ha compiuto gli anni quattordici, abusando della fiducia riscossa presso il minore o dell'autorità o dell'influenza esercitata sullo stesso in ragione della propria qualità o dell'ufficio ricoperto o delle relazioni familiari, domestiche, lavorative, di coabitazione o di ospitalità, è punito con la reclusione fino a quattro anni.[5]

La pena è aumentata:

1) se il compimento degli atti sessuali con il minore che non ha compiuto gli anni quattordici avviene in cambio di denaro o di qualsiasi altra utilità, anche solo promessi;

2) se il reato è commesso da più persone riunite;

3) se il reato è commesso da persona che fa parte di un'associazione per delinquere e al fine di agevolarne l'attività;

4) se dal fatto, a causa della reiterazione delle condotte, deriva al minore un pregiudizio grave;

5) se dal fatto deriva pericolo di vita per il minore.[6]

Non è punibile il minorenne che, al di fuori delle ipotesi previste nell'art. 609-*bis*, compie atti sessuali con un minorenne che abbia compiuto gli anni tredici, se la differenza di età tra i soggetti non è superiore a quattro[7] anni.

Nei casi di minore gravità la pena è diminuita in misura non eccedente i due terzi.[8]

Si applica la pena di cui all'art. 609-*ter*, secondo comma, se la persona offesa non ha compiuto gli anni dieci.

[1] Articolo ins. dall'art. 5, L. 15 feb. 1996, n. 66; ai sensi dell'art. 16 della medesima legge è previsto inoltre che l'imputato per i delitti previsti da questo articolo sia sottoposto, con le forme della perizia, ad accertamenti per l'individuazione di patologie sessualmente trasmissibili, qualora le modalità del fatto possono prospettare un rischio di trasmissione delle patologie medesime.

[2] Ai sensi dell'art. 1, c. 3, lett. *a*), L. 1° ago. 2003, n. 207 la sospensione condizionata dell'esecuzione della pena detentiva nel limite massimo di due anni, non si applica quando la pena è conseguente alla condanna per il reato previsto da questo articolo.

[3] Numero così sost. dall'art. 6, L. 6 feb. 2006, n. 38.

[4] Comma ins. dall'art. 6 lett. *b*), L. 6 feb. 2006, n. 38 e quindi sost. dall'art. 4, c. 1, lett. *r*), L. 1 ott. 2012, n. 172.

[5] Comma ins. dall'art. 20, L. 23 dic. 2021, n. 238.

[6] Comma così sost. dall'art. 20, L. 23 dic. 2021, n. 238.

[7] Parole così sost. dall'art. 13, c. 3, L. 19 lug. 2019, n. 69.

[8] Comma così modif. dall'art. 4, c. 1, lett. *r*), L. 1 ott. 2012, n. 172.

Riferimenti procedurali:
Arresto: Obblig. in flagranza (I e II c.)
Fermo: Sì, No (II c.)
Misure cautelari personali: Sì
Autorità competente: T.c.
Procedibilità: a querela di parte, d'ufficio (se art. 609-septies, IV c., c.p.)

609-*quinquies*. *Corruzione di minorenne.*[1] — Chiunque compie atti sessuali in presenza di persona minore di anni quattordici, al fine di farla assistere, è punito con la reclusione da uno a cinque anni.

Salvo che il fatto costituisca più grave reato, alla stessa pena di cui al primo comma soggiace chiunque fa assistere una persona minore di anni quattordici al compimento di atti sessuali, ovvero mostra alla medesima materiale pornografico, al fine di indurla a compiere o a subire atti sessuali.

La pena è aumentata:

a) se il reato è commesso da più persone riunite;

b) se il reato è commesso da persona che fa parte di un'associazione per delinquere e al fine di agevolarne l'attività;

c) se il reato è commesso con violenze gravi o se dal fatto deriva al minore, a causa della reiterazione delle condotte, un pregiudizio grave;

c-bis) se dal fatto deriva pericolo di vita per il minore.[2,3]

La pena è aumentata fino alla metà quando il colpevole sia l'ascendente, il genitore, anche adottivo, o il di lui convivente, il tutore, ovvero altra persona cui, per ragioni di cura, di educazione, di istruzione, di vigilanza o di custodia, il minore è affidato, o che abbia con quest'ultimo una relazione di stabile convivenza.

[1] Articolo ins. dall'art. 6, L. 15 feb. 1996, n. 66 e quindi sost. dall'art. 4, c. 1, lett. *s*), L. 1 ott. 2012, n. 172.

[2] Lettera aggiunta dall'art. 20, L. 23 dic. 2021, n. 238.

[3] Comma aggiunto dall'art. 1, c. 3, D.lgs. 4 mar. 2014, n. 39.

Riferimenti procedurali:
Arresto: Facol. in flagranza
Fermo: No
Misure cautelari personali: No (Sì l'allontanamento dalla casa familiare)
Autorità competente: T.m.
Procedibilità: d'ufficio

609-*sexies*. *Ignoranza dell'età della persona offesa.*[1] — Quando i delitti previsti negli articoli 609-*bis*, 609-*ter*, 609-*quater*, 609-*octies* e 609-*undecies* sono commessi in danno di un minore degli anni diciotto, e quando è commesso il delitto di cui all'articolo 609-*quinquies*, il colpevole non può invocare a propria scusa l'ignoranza dell'età della persona offesa, salvo che si tratti di ignoranza inevitabile.

[1] Articolo ins. dall'art. 7, L. 15 feb. 1996, n. 66 e quindi sost. dall'art. 4, c. 1, lett. *t*), L. 1 ott. 2012, n. 172.

609-*septies*. *Querela di parte.*[1] — I delitti previsti dagli artt. 609-*bis* e 609-*ter*[2] sono punibili a querela della persona offesa.

Salvo quanto previsto dall'art. 597, terzo comma, il termine per la proposizione della querela è di dodici[2] mesi.

La querela proposta è irrevocabile.

Si procede tuttavia d'ufficio:

1) se il fatto di cui all'art. 609-*bis* è commesso nei confronti di persona che al momento del fatto non ha compiuto gli anni diciotto;

2) se il fatto è commesso dall'ascendente, dal genitore, anche adottivo, o dal di lui convivente, dal tutore ovvero da altra persona cui il minore è affidato per ragioni di cura, di educazione, di istruzione, di vigilanza o di custodia o che abbia con esso una relazione di convivenza.[3]

3) se il fatto è commesso da un pubblico ufficiale o da un incaricato di pubblico servizio nell'esercizio delle proprie funzioni;

4) se il fatto è connesso con un altro delitto per il quale si deve procedere d'ufficio;

5) [se il fatto è commesso nell'ipotesi di cui all'art. 609-*quater*, ultimo comma].

[1] Articolo ins. dall'art. 8, L. 15 feb. 1996, n. 66.

[2] Parole così sost. dall'art. 13, c. 4, L. 19 lug. 2019, n. 69.

[3] Numero così sost. dall'art. 7 lett. *b*), L. 6 feb. 2006, n. 38.

[4] Numero abrog. dall'art. 13, c. 4, L. 19 lug. 2019, n. 69.

609-*octies*. *Violenza sessuale di gruppo.*[1] — La violenza sessuale di gruppo consiste nella partecipazione, da parte di più persone riunite, ad atti di violenza sessuale di cui all'art. 609-*bis*.

Chiunque commette atti di violenza sessuale di gruppo è punito con la reclusione da otto a quattordici anni[2].

Si applicano le[2] circostanze aggravanti previste dall'art. 609-*ter*.

La pena è diminuita per il partecipante la cui opera abbia avuto minima importanza nella preparazione o nella esecuzione del reato. La pena è altresì diminuita per chi sia stato determinato a commettere il reato quando concorrono le condizioni stabilite dai numeri 3) e 4) del primo comma e dal terzo comma dell'art. 112.

[1] Articolo ins. dall'art. 9, L. 15 feb. 1996, n. 66; ai sensi dell'art. 16 della medesima legge è previsto inoltre che l'imputato per i delitti previsti da questo articolo sia sottoposto, con le forme della perizia, ad accertamenti per l'individuazione di patologie sessualmente trasmissibili, qualora le modalità del fatto possono prospettare un rischio di trasmissione delle patologie medesime.

[2] Parole così sost. dall'art. 13, c. 5, L. 19 lug. 2019, n. 69.

Riferimenti procedurali:
Arresto: Obblig. in flagranza
Fermo: Sì
Misure cautelari personali: Sì
Autorità competente: T.c.
Procedibilità: d'ufficio

609-*nonies*. *Pene accessorie ed altri effetti penali.*[1] — La condanna o l'applicazione della pena su richiesta delle parti ai sensi dell'articolo 444 del codice di procedura penale per alcuno dei delitti previsti dagli articoli 609-*bis*, 609-*ter*, 609-*quater*, 609-*quinquies*, 609-*octies* e 609-*undecies* comporta:

1) la perdita della responsabilità genitoriale,[2] quando la qualità di genitore è elemento costitutivo o circostanza aggravante del reato;

2) l'interdizione perpetua da qualsiasi ufficio attinente alla tutela, alla curatela e all'amministrazione di sostegno;

3) la perdita del diritto agli alimenti e l'esclusione dalla successione della persona offesa;

4) l'interdizione temporanea dai pubblici uffici; l'interdizione dai pubblici uffici per la durata di anni cinque in seguito alla condanna alla reclusione da tre a cinque anni, ferma restando, comunque, l'applicazione dell'articolo 29, primo comma, quanto all'interdizione perpetua;

5) la sospensione dall'esercizio di una professione o di un'arte.[3]

La condanna o l'applicazione della pena su richiesta delle parti a norma dell'art. 444 del codice di procedura penale, per alcuno dei delitti previsti dagli artt. 609-*bis*, 609-*ter*, 609-*octies* e 609-*undecies*, se commessi nei confronti di persona che non ha compiuto gli anni diciotto, 609-*quater* e 609-*quinquies*, comporta in ogni caso l'interdizione perpetua da qualunque incarico nelle scuole di ogni ordine e grado nonché da ogni ufficio o servizio in istituzioni o in altre strutture pubbliche o private frequentate prevalentemente da minori.[4]

La condanna per i delitti previsti dall'articolo 600-*bis*, secondo comma, dall'articolo 609-*bis*, nelle ipotesi aggravate di cui all'articolo 609-*ter*, dagli articoli 609-*quater*, 609-*quinquies* e 609-*octies*, nelle ipotesi aggravate di cui al terzo comma del medesimo articolo, comporta, dopo l'esecuzione della pena e per una durata minima di un anno, l'applicazione delle seguenti misure di sicurezza personali:

1) l'eventuale imposizione di restrizione dei movimenti e della libera circolazione, nonché il divieto di avvicinarsi a luoghi frequentati abitualmente da minori;

2) il divieto di svolgere lavori che prevedano un contatto abituale con minori;

3) l'obbligo di tenere informati gli organi di polizia sulla propria residenza e sugli eventuali spostamenti.[5]

Chiunque viola le disposizioni previste dal terzo comma è soggetto alla pena della reclusione fino a tre anni.[5]

[1] Articolo introdotto dall'art. 10 della L. 15 feb. 1996, n. 66.

[2] Le parole «potestà del genitore» sono state sost. da «responsabilità genitoriale» dall'art. 93, D.lgs. 28 dic. 2013, n. 154, in vigore dal 7 feb. 2014.

[3] Comma così sost. dall'art. 4, c. 1, lett. *u*), L. 1 ott. 2012, n. 172.

[4] Comma agg. dall'art. 8, lett. *c*), L. 6 feb. 2006, n. 38 e quindi così modif. dall'art. 4, c. 1, lett. *u*), L. 1 ott. 2012, n. 172.

[5] Commi agg. dall'art. 4, c. 1, lett. *u*), L. 1 ott. 2012, n. 172.

Riferimenti procedurali:
Arresto: No
Fermo: No
Misure cautelari personali: No
Autorità competente: T.m.
Procedibilità: d'ufficio

609-*decies*. *Comunicazione al tribunale per i minorenni.*[1] — Quando si procede per taluno dei delitti previsti dagli articoli 600, 600-*bis*, 600-*ter*, 600-*quinquies*, 601, 602, 609-*bis*, 609-*ter*, 609-*quinquies*, 609-*octies* e 609-*undecies* commessi in danno di minorenni, ovvero per il delitto previsto dall'articolo 609-*quater* o per i delitti previsti dagli articoli 572 e 612-*bis*, se commessi in danno di un minorenne o da uno dei genitori di un minorenne in danno dell'altro genitore,[2] il procuratore della Repubblica ne dà notizia al tribunale per i minorenni.[3]

Qualora riguardi taluno dei delitti previsti dagli articoli 572, 609-*ter* e 612-*bis*, commessi in danno di un minorenne o da uno dei genitori di un minorenne in danno dell'altro genitore, la comunicazione di cui al primo comma si considera effettuata anche ai fini dell'adozione dei provvedimenti di cui agli articoli 155 e seguenti, nonché 330 e 333 del codice civile.[4]

Nei casi previsti dal primo comma, l'assistenza affettiva e psicologica della persona offesa minorenne è assicurata, in ogni stato e grado del procedimento, dalla presenza dei genitori o di altre persone idonee indicate dal minorenne, nonché di gruppi, fondazioni, associazioni od organizzazioni non governative di comprovata esperienza nel settore dell'assistenza e del supporto alle vittime dei reati di cui al primo comma e iscritti in apposito elenco dei soggetti legittimati a tale scopo, con il consenso del minorenne, e ammessi dall'autorità giudiziaria che procede.[3]

In ogni caso al minorenne è assicurata l'assistenza dei servizi minorili dell'Amministrazione della giustizia e dei servizi istituiti dagli enti locali.

Dei servizi indicati nei terzo comma si avvale altresì l'autorità giudiziaria in ogni stato e grado del procedimento.

[1] Articolo ins. dall'art. 11 della L. 15 feb. 1996, n. 66.

[2] Parole ins. dall'art. 1, c. 2-*bis*, D.L. 14 ago. 2013, n. 93, conv. con modif. in L. 15 ott. 2013, n. 119.

[3] Comma così sost. dall'art. 4, c. 1, lett. *v*), L. 1 ott. 2012, n. 172.

[4] Comma ins. dall'art. 1, c. 2-*bis*, D.L. 14 ago. 2013, n. 93, conv. con modif. in L. 15 ott. 2013, n. 119.

609-*undecies*. *Adescamento di minorenni.*[1] — Chiunque, allo scopo di commettere i reati di cui agli articoli 600, 600-*bis*, 600-*ter* e 600-*quater*, anche se relativi al materiale pornografico di cui all'articolo 600-*quater.1*, 600-*quinquies*, 609-*bis*, 609-*quater*, 609-*quinquies* e 609-*octies*, adesca un minore di anni sedici, è punito, se il fatto non costituisce più grave reato, con la reclusione da uno a tre anni. Per adescamento si intende qualsiasi atto volto a carpire la fiducia del minore attraverso artifici, lusinghe o minacce posti in essere anche mediante l'utilizzo della rete internet o di altre reti o mezzi di comunicazione.

La pena è aumentata:

1) se il reato è commesso da più persone riunite;

2) se il reato è commesso da persona che fa parte di un'associazione per delinquere e al fine di agevolarne l'attività;

3) se dal fatto, a causa della reiterazione delle condotte, deriva al minore un pregiudizio grave;

4) se dal fatto deriva pericolo di vita per il minore.[2]

[1] Articolo aggiunto dall'art. 4, c. 1, lett. *z*), L. 1 ott. 2012, n. 172.

[2] Comma aggiunto dall'art. 20, L. 23 dic. 2021, n. 238.

Riferimenti procedurali:
Arresto: No
Fermo: No
Misure cautelari personali: No
Autorità competente: T.m.
Procedibilità: d'ufficio

609-*duodecies*. *Circostanze aggravanti.*[1] — Le pene per i reati di cui agli articoli 609-*bis*, 609-*quater*, 609-*quinquies*, 609-*octies* e 609-*undecies*, sono aumentate in misura non eccedente la metà nei casi in cui gli stessi siano compiuti con l'utilizzo di mezzi atti ad impedire l'identificazione dei dati di accesso alle reti telematiche.

[1] Articolo aggiunto dall'art. 1, c. 4, D.lgs. 4 mar. 2014, n. 39.

SEZIONE III
Dei delitti contro la libertà morale

610. *Violenza privata.* — Chiunque, con violenza o minaccia, costringe altri a fare, tollerare od omettere qualche cosa è punito con la reclusione fino a quattro anni.

La pena è aumentata se concorrono le condizioni prevedute dall'art. 339.

Riferimenti procedurali:
Arresto: Facol. in flagranza
Fermo: No
Misure cautelari personali: Sì
Autorità competente: T.m.
Procedibilità: d'ufficio

611. *Violenza o minaccia per costringere a commettere un reato.*[1] — Chiunque usa violenza o minaccia per costringere o determinare altri a commettere un fatto costituente reato è punito con la reclusione fino a cinque anni.

La pena è aumentata se concorrono le condizioni prevedute dall'articolo 339.

[1] Ai sensi dell'art. 71 del D.lgs. 6 dic. 2011, n. 159 (codice delle leggi antimafia) le pene stabilite per i delitti previsti da questo art. sono aumentate da un terzo alla metà se il fatto è commesso da persona sottoposta con provvedimento definitivo ad una misura di prevenzione personale durante il periodo previsto di applicazione e fino a tre anni dal momento in cui ne è cessata l'esecuzione. Si procede d'ufficio e se i delitti di cui al c. 1 dell'art. 71, per i quali è consentito l'arresto in fragranza, sono commessi da persone sottoposte alla misura di prevenzione, la polizia giudiziaria può procedere all'arresto anche fuori dai casi di flagranza. Alla pena è aggiunta una misura di sicurezza detentiva.

Riferimenti procedurali:
Arresto: Facol. in flagranza
Fermo: No
Misure cautelari personali: Sì
Autorità competente: T.m.
Procedibilità: d'ufficio

612. *Minaccia.*[1] — Chiunque minaccia ad altri un ingiusto danno è punito, a querela della persona offesa, con la multa fino a euro 1032.[2,3]

Se la minaccia è grave, o è fatta in uno dei modi indicati nell'art. 339, la pena è della reclusione fino a un anno [e si procede d'ufficio][4].

Si procede d'ufficio se la minaccia è fatta in uno dei modi indicati nell'articolo 339.[5]

[1] Ai sensi dell'art. 71, D.lgs. 6 dic. 2011, n. 159 (codice delle leggi antimafia) le pene stabilite per i delitti previsti da questo art. sono aumentate da un terzo alla metà se il fatto è commesso da persona sottoposta con provvedimento definitivo ad una misura di prevenzione personale durante il periodo previsto di applicazione e fino a tre anni dal momento in cui ne è cessata l'esecuzione. Si pro-

cede d'ufficio e se i delitti di cui al c. 1 dell'art. 71, per i quali è consentito l'arresto in fragranza, sono commessi da persone sottoposte alla misura di prevenzione, la polizia giudiziaria può procedere all'arresto anche fuori dai casi di flagranza. Alla pena è aggiunta una misura di sicurezza detentiva.

[2] Parole così sost. dall'art. 1, c. 2-*ter*, D.L. 14 ago. 2013, n. 93, conv. con modif. in L. 15 ott. 2013, n. 119.

[3] Per i reati di competenza del giudice di pace previsti da questo comma si applicano le pene pecuniarie vigenti ai sensi dell'art. 52, c. 1, D.lgs. 28 ago. 2000, n. 274.

[4] Parole soppresse dall'art. 1, D.lgs. 10 apr. 2018, n. 36.

[5] Comma aggiunto dall'art. 1, D.lgs. 10 apr. 2018, n. 36.

Riferimenti procedurali:
Arresto: No
Fermo: No
Misure cautelari personali: No, Sì (II c.)
Autorità competente: G.d.P. (I c.), T.m. (II c.)
Procedibilità: a querela di parte (I c.), d'ufficio (II c. e nei casi di cui all'art. 8, L. 23 apr. 2009 n. 38)

612-*bis*. *Atti persecutori.*[1] — Salvo che il fatto costituisca più grave reato, è punito con la reclusione da un anno a sei anni e sei mesi[2] chiunque, con condotte reiterate, minaccia o molesta taluno in modo da cagionare un perdurante e grave stato di ansia o di paura ovvero da ingenerare un fondato timore per l'incolumità propria o di un prossimo congiunto o di persona al medesimo legata da relazione affettiva ovvero da costringere lo stesso ad alterare le proprie abitudini di vita.

La pena è aumentata se il fatto è commesso dal coniuge, anche separato o divorziato, o da persona che è o è stata legata da relazione affettiva alla persona offesa ovvero se il fatto è commesso attraverso strumenti informatici o telematici.[3]

La pena è aumentata fino alla metà se il fatto è commesso a danno di un minore, di una donna in stato di gravidanza o di una persona con disabilità di cui all'articolo 3 della legge 5 febbraio 1992, n. 104, ovvero con armi o da persona travisata.

Il delitto è punito a querela della persona offesa. Il termine per la proposizione della querela è di sei mesi. La remissione della querela può essere soltanto processuale. La querela è comunque irrevocabile se il fatto è stato commesso mediante minacce reiterate nei modi di cui all'articolo 612, secondo comma. Si procede tuttavia d'ufficio se il fatto è commesso nei confronti di un minore o di una persona con disabilità di cui all'articolo 3 della legge 5 febbraio 1992, n. 104, nonché quando il fatto è connesso con altro delitto per il quale si deve procedere d'ufficio.[4]

[1] Articolo ins. dall'art. 7, D.L. 23 feb. 2009, n. 11, conv. con modif. in L. 23 apr. 2009, n. 38.

Ai sensi dell'art. 8, L. 38/2009 (misure urgenti in materia di sicurezza pubblica e di contrasto alla violenza sessuale, nonché in tema di atti persecutori): «Fino a quando non è proposta querela per il reato di cui all'articolo 612-*bis* del codice penale, introdotto dall'articolo 7, la persona offesa può esporre i fatti all'autorità di pubblica sicurezza avanzando richiesta al questore di ammonimento nei confronti dell'autore della condotta. La richiesta è trasmessa senza ritardo al questore. Il questore, assunte se necessario informazioni dagli organi investigativi e sentite le persone informate dei fatti, ove ritenga fondata l'istanza, ammonisce oralmente il soggetto nei cui confronti è stato richiesto il provvedimento, invitandolo a tenere una condotta conforme alla legge e redigendo processo verbale. Copia del processo verbale è rilasciata al richiedente l'ammonimento e al soggetto ammonito. Il questore adotta i provvedimenti in materia di armi e munizioni. La pena per il delitto di cui all'articolo 612-*bis* del codice penale è aumentata se il fatto è commesso da soggetto già ammonito ai sensi del presente articolo. Si procede d'ufficio per il delitto previsto dall'articolo 612-*bis* del codice penale quando il fatto è commesso da soggetto ammonito ai sensi del presente articolo».

Ai sensi dell'art. 11 della L. 38/2009 «Le forze dell'ordine, i presidi sanitari e le istituzioni pubbliche che ricevono dalla vittima notizia del reato di atti persecutori, di cui agli articoli 572, 600, 600-*bis*, 600-*ter*, anche se relativo al materiale pornografico di cui all'articolo 600-*quater*.1, 600-*quinquies*, 601, 602, 609-*bis*, 609-*ter*, 609-*quater*, 609-*quinquies*, 609-*octies* o 612-*bis* del codice penale, introdotto dall'articolo 7, hanno l'obbligo di fornire alla vittima stessa tutte le informazioni relative ai centri antiviolenza presenti sul territorio e, in particolare, nella zona di residenza della vittima. Le forze dell'ordine, i presidi sanitari e le istituzioni pubbliche provvedono a mettere in contatto la vittima con i centri antiviolenza, qualora ne faccia espressamente richiesta».

[2] Parole così sost. dall'art. 9, c. 3, L. 19 lug. 2019, n. 69.

[3] Comma così sost. dall'art. 1, c. 3, D.L. 14 ago. 2013, n. 93, conv. con modif. in L. 15 ott. 2013, n. 119.

[4] Comma così modif. dall'art. 1, c. 3, D.L. 14 ago. 2013, n. 93, conv. con modif. in L. 15 ott. 2013, n. 119.

Riferimenti procedurali:
Arresto: Obbl. in flagranza
Fermo: No
Misure cautelari personali: Sì
Autorità competente: T.m.
Procedibilità: a querela di parte (I, II c.), d'ufficio (IV c.)

612-*ter*. *Diffusione illecita di immagini o video sessualmente espliciti.*[1] — Salvo che il fatto costituisca più grave reato, chiunque, dopo averli realizzati o sottratti, invia, consegna, cede, pubblica o diffonde immagini o video a contenuto sessualmente esplicito, destinati a rimanere privati, senza il consenso delle persone rappresentate, è punito con la reclusione da uno a sei anni e con la multa da euro 5.000 a euro 15.000.

La stessa pena si applica a chi, avendo ricevuto o comunque acquisito le immagini o i video di cui al primo comma, li invia, consegna, cede, pubblica o diffonde senza il consenso delle persone rappresentate al fine di recare loro nocumento.

La pena è aumentata se i fatti sono commessi dal coniuge, anche separato o divorziato, o da persona che è o è stata legata da relazione affettiva alla persona offesa ovvero se i fatti sono commessi attraverso strumenti informatici o telematici.

La pena è aumentata da un terzo alla metà se i fatti sono commessi in danno di persona in condizione di inferiorità fisica o psichica o in danno di una donna in stato di gravidanza.

Il delitto è punito a querela della persona offesa. Il termine per la proposizione della querela è di sei mesi. La remissione della querela può essere soltanto processuale. Si procede tuttavia d'ufficio nei casi di cui al quarto comma, nonché quando il fatto è connesso con altro delitto per il quale si deve procedere d'ufficio.

[1] Articolo ins. dall'art. 10, L. 19 lug. 2019, n. 69.

Riferimenti procedurali:
Arresto: Facol. in flagranza
Fermo: No
Misure cautelari personali: Sì
Autorità competente: T.m.
Procedibilità: a querela di parte (I, II e III c.), d'ufficio (IV c.)

613. ***Stato di incapacità procurato mediante violenza.*** — Chiunque, mediante suggestione ipnotica o in veglia, o mediante somministrazione di sostanze alcooliche o stupefacenti, o con qualsiasi altro mezzo, pone una persona, senza il consenso di lei, in stato d'incapacità d'intendere o di volere, è punito con la reclusione fino a un anno.

Il consenso dato dalle persone indicate nell'ultimo capoverso dell'art. 579 non esclude la punibilità.

La pena è della reclusione fino a cinque anni:

1) se il colpevole ha agito col fine di far commettere un reato;

2) se la persona resa incapace commette, in tale stato, un fatto preveduto dalla legge come delitto.

Riferimenti procedurali:
Arresto: No (I c.), Facol. in flagranza (III c.)
Fermo: No
Misure cautelari personali: Sì (III c.)
Autorità competente: T.m.
Procedibilità: d'ufficio

613-*bis*. ***Tortura.***[1] — Chiunque, con violenze o minacce gravi, ovvero agendo con crudeltà, cagiona acute sofferenze fisiche o un verificabile trauma psichico a una persona privata della libertà personale o affidata alla sua custodia, potestà, vigilanza, controllo, cura o assistenza, ovvero che si trovi in condizioni di minorata difesa, è punito con la pena della reclusione da quattro a dieci anni se il fatto è commesso mediante più condotte ovvero se comporta un trattamento inumano e degradante per la dignità della persona.

Se i fatti di cui al primo comma sono commessi da un pubblico ufficiale o da un incaricato di un pubblico servizio, con abuso dei poteri o in violazione dei doveri inerenti alla funzione o al servizio, la pena è della reclusione da cinque a dodici anni.

Il comma precedente non si applica nel caso di sofferenze risultanti unicamente dall'esecuzione di legittime misure privative o limitative di diritti.

Se dai fatti di cui al primo comma deriva una lesione personale le pene di cui ai commi precedenti sono aumentate; se ne deriva una lesione personale grave sono aumentate di un terzo e se ne deriva una lesione personale gravissima sono aumentate della metà.

Se dai fatti di cui al primo comma deriva la morte quale conseguenza non voluta, la pena è della reclusione di anni trenta. Se il colpevole cagiona volontariamente la morte, la pena è dell'ergastolo.

[1] Articolo ins. dall'art. 1, L. 14 lug. 2017, n. 110. Ai sensi dell'art. 4, L. 110/2017: «1. Non può essere riconosciuta alcuna forma di immunità agli stranieri sottoposti a procedimento penale o condannati per il reato di tortura in altro Stato o da un tribunale internazionale.

2. Nel rispetto del diritto interno e dei trattati internazionali, nei casi di cui al c. 1, lo straniero è estradato verso lo Stato richiedente nel quale è in corso il procedimento penale o è stata pronunciata sentenza di condanna per il reato di tortura o, nel caso di procedimento davanti ad un tribunale internazionale, verso il tribunale stesso o lo Stato individuato ai sensi dello statuto del medesimo tribunale.».

Riferimenti procedurali:
Arresto: Obbl in flagranza (V c.), Facol. in flagranza (I, II e IV c.)
Fermo: Sì
Misure cautelari personali: Sì
Autorità competente: T.m. (I c.), T.c. (II c.), C.d.A. (V c.)
Procedibilità: d'ufficio

613-*ter*. ***Istigazione del pubblico ufficiale a commettere tortura.***[1] - Il pubblico ufficiale o l'incaricato di un pubblico servizio il quale, nell'esercizio delle funzioni o del servizio, istiga in modo concretamente idoneo altro pubblico ufficiale o altro incaricato di un pubblico servizio a commettere il delitto di tortura, se l'istigazione non è accolta ovvero se l'istigazione è accolta ma il delitto non è commesso, è punito con la reclusione da sei mesi a tre anni.

[1] Articolo ins. dall'art. 1, L. 14 lug. 2017, n. 110.

Riferimenti procedurali:
Arresto: No
Fermo: No
Misure cautelari personali: No
Autorità competente: T.m.
Procedibilità: d'ufficio

SEZIONE IV
Dei delitti contro la inviolabilità del domicilio

614. ***Violazione di domicilio.***[1] — Chiunque s'introduce nell'abitazione altrui, o in un altro luogo di privata dimora, o nelle appartenenze di essi, contro la volontà espressa o tacita di chi ha il diritto di escluderlo, ovvero vi s'introduce clandestinamente o con inganno, è punito con la reclusione da uno a quattro anni.[2]

Alla stessa pena soggiace chi si trattiene nei detti luoghi contro l'espressa volontà di chi ha il diritto di escluderlo, ovvero vi si trattiene clandestinamente o con inganno.

Il delitto è punibile a querela della persona offesa.

La pena è da due a sei anni,[2] e si procede d'ufficio, se il fatto è commesso con violenza sulle cose, o alle persone, ovvero se il colpevole è palesemente armato.

[1] Ai sensi dell'art. 6, D.lgs 29 dic. 2017, n. 216, l'intercettazione di comunicazioni tra presenti nei luoghi indicati dall'art. 614 del c.p. non può essere eseguita mediante l'inserimento di un captatore informatico su dispositivo elettronico portatile quando non vi è motivo di ritenere che ivi si stia svolgendo l'attività criminosa.

[2] Parole così sost. dall'art. 4, L. 26 apr. 2019, n. 36.

Riferimenti procedurali:
Arresto: No (I, II c.), Facol. in flagranza (IV c.)
Fermo: No
Misure cautelari personali: Sì (IV c.)
Autorità competente: T.m.
Procedibilità: a querela di parte (I, II c.), d'ufficio (IV c.)

615. ***Violazione di domicilio commessa da un pubblico ufficiale.*** — Il pubblico ufficiale, che, abusando dei poteri inerenti alle sue funzioni, s'introduce o si trattiene nei luoghi indicati nell'articolo precedente, è punito con la reclusione da uno a cinque anni.

Se l'abuso consiste nell'introdursi nei detti luoghi senza la osservanza delle formalità prescritte dalla legge, la pena è della reclusione fino a un anno.

Nel caso previsto dal secondo comma il delitto è punibile a querela della persona offesa.[1]

[1] Comma aggiunto dall'art. 2, D.lgs. 10 apr. 2018, n. 36

Riferimenti procedurali:
Arresto: Facol. in flagranza (I c.), No (II c.)
Fermo: No
Misure cautelari personali: Sì (I c.)
Autorità competente: T.m.
Procedibilità: d'ufficio (se circostanze aggravanti ad effetto speciale), a querela di parte (II c.)

615-*bis*. ***Interferenze illecite nella vita privata.*** — Chiunque mediante l'uso di strumenti di ripresa visiva o sonora, si procura indebitamente notizie o immagini attinenti alla vita privata svolgentesi nei luoghi indicati nell'art. 614, è punito con la reclusione da sei mesi a quattro anni.

Alla stessa pena soggiace, salvo che il fatto costituisca più grave reato, chi rivela o diffonde, mediante qualsiasi mezzo di informazione al pubblico, le notizie o le immagini ottenute nei modi indicati nella prima parte di questo articolo.

I delitti sono punibili a querela della persona offesa; tuttavia si procede d'ufficio e la pena è della reclusione da uno a cinque anni se il fatto è commesso da un pubblico ufficiale o da un incaricato di un pubblico servizio, con abuso dei poteri o con violazione dei doveri inerenti alla funzione o servizio, o da chi esercita anche abusivamente la professione di investigatore privato.

Riferimenti procedurali:
Arresto: Facol. in flagranza
Fermo: No
Misure cautelari personali: Sì
Autorità competente: T.m.
Procedibilità: a querela di parte, d'ufficio (III c.)

615-*ter*. ***Accesso abusivo ad un sistema informatico o telematico.*** — Chiunque abusivamente si introduce in un sistema informatico o telematico protetto da misure di sicurezza ovvero vi si mantiene contro la volontà espressa o tacita di chi ha il diritto di escluderlo, è punito con la reclusione fino a tre anni.

La pena è della reclusione da uno a cinque anni:

1) se il fatto è commesso da un pubblico ufficiale o da un incaricato di un pubblico servizio, con abuso dei poteri o con violazione dei doveri inerenti alla funzione o al servizio, o da chi esercita anche abusivamente la professione di investigatore privato, o con abuso della qualità di operatore del sistema;

2) se il colpevole per commettere il fatto usa violenza sulle cose o alle persone, ovvero se è palesemente armato;

3) se dal fatto deriva la distruzione o il danneggiamento del sistema o l'interruzione totale o parziale del suo funzionamento, ovvero la distruzione o il danneggiamento dei dati, delle informazioni o dei programmi in esso contenuti.

Qualora i fatti di cui ai commi primo e secondo riguardino sistemi informatici o telematici di interesse militare o relativi all'ordine pubblico o alla sicurezza pubblica o alla sanità o alla protezione civile o comunque di interesse pubblico, la pena è, rispettivamente, della reclusione da uno a cinque anni e da tre a otto anni.

Nel caso previsto dal primo comma il delitto è punibile a querela della persona offesa; negli altri casi si procede d'ufficio.

Riferimenti procedurali:
Arresto: No (I c.), Facol. in flagranza (II, III c.)
Fermo: Sì (III c. in relaz. alle ipotesi di cui al II c.)
Misure cautelari personali: Sì (II e III c.)
Autorità competente: T.m.
Procedibilità: a querela di parte (I c.), d'ufficio (II, III c.)

615-*quater*. ***Detenzione, diffusione e installazione abusiva di apparecchiature, codici e altri mezzi atti all'accesso a sistemi informatici o telematici.***[1] — Chiunque, al fine di procurare a sé o ad altri un profitto o di arrecare ad altri un danno, abusivamente si procura, detiene, produce, riproduce, diffonde, importa, comunica, consegna, mette in altro modo a disposizione di altri o installa apparati, strumenti, parti di apparati o di strumenti, codici, parole chiave o altri mezzi idonei all'accesso ad un sistema informatico o telematico, protetto da misure di sicurezza, o comunque fornisce indicazioni o istruzioni idonee al predetto scopo, è punito con la reclusione sino a due anni e con la multa sino a euro 5.164.[2]

La pena è della reclusione da uno a tre anni e della multa da euro 5.164 a euro 10.329 se ricorre taluna delle circostanze di cui al quarto comma dell'art. 617-*quater*.[2]

[1] Rubrica così modif. dall'art. 19, c. 1, L. 23 dic. 2021, n. 238.
[2] Comma così modif. dall'art. 19, c. 1, L. 23 dic. 2021, n. 238.

Riferimenti procedurali:
Arresto: No
Fermo: No
Misure cautelari personali: No
Autorità competente: T.m.
Procedibilità: d'ufficio

615-*quinquies*. *Detenzione, diffusione e installazione abusiva di apparecchiature, dispositivi o programmi informatici diretti a danneggiare o interrompere un sistema informatico o telematico.*[1,2] — Chiunque, allo scopo di danneggiare illecitamente un sistema informatico o telematico, le informazioni, i dati o i programmi in esso contenuti o ad esso pertinenti ovvero di favorire l'interruzione, totale o parziale, o l'alterazione del suo funzionamento, abusivamente si procura, detiene, produce, riproduce, importa, diffonde, comunica, consegna o, comunque, mette in altro modo a disposizione di altri o installa apparecchiature, dispositivi o programmi informatici, è punito con la reclusione fino a due anni e con la multa sino a euro 10.329.

[1] Rubrica cosi modif. dall'art. 19, c. 2, L. 23 dic. 2021, n. 238.
[2] Articolo così modif. dall'art. 4, L. 18 mar. 2008, n. 48, e dall'art. 19, c. 2, L. 23 dic. 2021, n. 238.

Riferimenti procedurali:
Arresto: No
Fermo: No
Misure cautelari personali: No
Autorità competente: T.m.
Procedibilità: d'ufficio

SEZIONE V

Dei delitti contro la inviolabilità dei segreti

616. *Violazione, sottrazione e soppressione di corrispondenza.* — Chiunque prende cognizione del contenuto di una corrispondenza chiusa, a lui non diretta, ovvero sottrae o distrae, al fine di prenderne o di farne da altri prendere cognizione, una corrispondenza chiusa o aperta, a lui non diretta, ovvero, in tutto o in parte, la distrugge o sopprime, è punito, se il fatto non è preveduto come reato da altra disposizione di legge, con la reclusione fino a un anno o con la multa da euro 30 a euro 516.

Se il colpevole, senza giusta causa, rivela, in tutto o in parte, il contenuto della corrispondenza, è punito, se dal fatto deriva nocumento ed il fatto medesimo non costituisce un più grave reato, con la reclusione fino a tre anni.

Il delitto è punibile a querela della persona offesa.

Agli effetti delle disposizioni di questa sezione, per corrispondenza s'intende quella epistolare, telegrafica, telefonica, informatica o telematica ovvero effettuata con ogni altra forma di comunicazione a distanza[1].

[1] Parole aggiunte dall'art. 5, L. 23 dic. 1993, n. 547.

Riferimenti procedurali:
Arresto: No
Fermo: No
Misure cautelari personali: No
Autorità competente: T.m.
Procedibilità: a querela di parte

617. *Cognizione, interruzione o impedimento illeciti di comunicazioni o conversazioni telegrafiche o telefoniche.* — Chiunque, fraudolentemente, prende cognizione di una comunicazione o di una conversazione, telefoniche o telegrafiche, tra altre persone o comunque a lui non dirette, ovvero le interrompe o le impedisce è punito con la reclusione da un anno e sei mesi a cinque anni[1].

Salvo che il fatto costituisca più grave reato, la stessa pena si applica a chiunque rivela, mediante qualsiasi mezzo di informazione al pubblico, in tutto o in parte, il contenuto delle comunicazioni o delle conversazioni indicate nella prima parte di questo articolo.

I delitti sono punibili a querela della persona offesa; tuttavia si procede d'ufficio e la pena è della reclusione da tre a otto anni[1] se il fatto è commesso in danno di un pubblico ufficiale o di un incaricato di un pubblico servizio nell'esercizio o a causa delle funzioni o del servizio, ovvero da un pubblico ufficiale o da un incaricato di un pubblico servizio con abuso dei poteri o con violazione dei doveri inerenti alla funzione o servizio, o da chi esercita anche abusivamente la professione di investigatore privato.

1 Parole così modif. dall'art. 19, c. 3, L. 23 dic. 2021, n. 238.

Riferimenti procedurali:
Arresto: Facol. in flagranza
Fermo: No
Misure cautelari personali: Sì
Autorità competente: T.m.
Procedibilità: a querela di parte, d'ufficio (III c.)

617-*bis*. *Detenzione, diffusione e installazione abusiva di apparecchiature e di altri mezzi atti a intercettare, impedire o interrompere comunicazioni o conversazioni telegrafiche o telefoniche.*[1] — Chiunque, fuori dei casi consentiti dalla legge, al fine di prendere cognizione di una comunicazione o di una conversazione telefonica o telegrafica tra altre persone o comunque a lui non diretta, ovvero di impedirla o di interromperla, si procura, detiene, produce, riproduce, diffonde, importa, comunica, consegna, mette in altro modo a disposizione di altri o installa apparati,

CODICE PENALE

strumenti o parti di apparati o di strumenti idonei a intercettare, impedire o interrompere comunicazioni o conversazioni telefoniche o telegrafiche tra altre persone, è punito con la reclusione da uno a quattro anni.[2]

La pena è della reclusione da uno a cinque anni se il fatto è commesso in danno di un pubblico ufficiale nell'esercizio o a causa delle sue funzioni ovvero da un pubblico ufficiale o da un incaricato di un pubblico servizio con abuso dei poteri o con violazione dei doveri inerenti alla funzione o servizio o da chi esercita anche abusivamente la professione di investigatore privato.

[1] Rubrica così sost. dall'art. 19, c. 4, L. 23 dic. 2021, n. 238.

[2] Comma così sost. dall'art. 19, c. 4, L. 23 dic. 2021, n. 238.

Riferimenti procedurali:
Arresto: Facol. in flagranza
Fermo: No
Misure cautelari personali: Sì
Autorità competente: T.m.
Procedibilità: d'ufficio

617-*ter*. *Falsificazione, alterazione o soppressione del contenuto di comunicazioni o conversazioni telegrafiche o telefoniche.* [1] — Chiunque, al fine di procurare a sé o ad altri un vantaggio o di recare ad altri un danno, forma falsamente, in tutto o in parte, il testo di una comunicazione o di una conversazione telegrafica o telefonica ovvero altera o sopprime, in tutto o in parte, il contenuto di una comunicazione o di una conversazione telegrafica o telefonica vera, anche solo occasionalmente intercettata, è punito, qualora ne faccia uso o lasci che altri ne faccia uso, con la reclusione da uno a quattro anni.

La pena è della reclusione da uno a cinque anni se il fatto è commesso in danno di un pubblico ufficiale nell'esercizio o a causa delle sue funzioni ovvero da un pubblico ufficiale o da un incaricato di un pubblico servizio con abuso dei poteri o con violazione dei doveri inerenti alla funzione o servizio o da chi esercita anche abusivamente la professione di investigatore privato.

Nel caso previsto dal primo comma il delitto è punibile a querela della persona offesa.[2]

[1] Articolo ins. dall'art. 3, L. 8 apr. 1974, n. 98.

[2] Comma aggiunto dall'art. 3, D.lgs. 10 apr. 2018, n. 36.

Riferimenti procedurali:
Arresto: Facol. in flagranza
Fermo: No
Misure cautelari personali: Sì
Autorità competente: T.m.
Procedibilità: d'ufficio (se circostanze aggravanti ad effetto speciale), a querela di parte (I c.)

617-*quater*. *Intercettazione, impedimento o interruzione illecita di comunicazioni informatiche o telematiche.* [1] — Chiunque fraudolentemente intercetta comunicazioni relative ad un sistema informatico o telematico o intercorrenti tra più sistemi, ovvero le impedisce o le interrompe, è punito con la reclusione da un anno e sei mesi a cinque anni[2].

Salvo che il fatto costituisca più grave reato, la stessa pena si applica a chiunque rivela, mediante qualsiasi mezzo di informazione al pubblico, in tutto o in parte, il contenuto delle comunicazioni di cui al primo comma.

I delitti di cui ai commi primo e secondo sono punibili a querela della persona offesa.

Tuttavia si procede d'ufficio e la pena è della reclusione da tre a otto anni[2] se il fatto è commesso:

1) in danno di un sistema informatico o telematico utilizzato dallo Stato o da altro ente pubblico o da impresa esercente servizi pubblici o di pubblica necessità;

2) da un pubblico ufficiale o da un incaricato di un pubblico servizio, con abuso dei poteri o con violazione dei doveri inerenti alla funzione o al servizio, ovvero con abuso della qualità di operatore del sistema;

3) da chi esercita anche abusivamente la professione di investigatore privato.

[1] Articolo ins. dall'art. 6, L. 23 dic. 1993, n. 547.

[2] Parole così modif. dall'art. 19, c. 5, L. 23 dic. 2021, n. 238.

Riferimenti procedurali:
Arresto: Facol. in flagranza
Fermo: No
Misure cautelari personali: Sì
Autorità competente: T.m.
Procedibilità: d'ufficio (IV c.), a querela di parte (I, II c.)

617-*quinquies*. *Detenzione, diffusione e installazione abusiva di apparecchiature e di altri mezzi atti a intercettare, impedire o interrompere comunicazioni informatiche o telematiche.* [1,2] — Chiunque, fuori dai casi consentiti dalla legge, al fine di intercettare comunicazioni relative ad un sistema informatico o telematico o intercorrenti tra più sistemi, ovvero di impedirle o interromperle, si procura, detiene, produce, riproduce, diffonde, importa, comunica, consegna, mette in altro modo a disposizione di altri o installa apparecchiature, programmi, codici, parole chiave o altri mezzi atti ad intercettare, impedire o interrompere comunicazioni relative ad un sistema informatico o telematico ovvero intercorrenti tra più sistemi, è punito con la reclusione da uno a quattro anni.[3]

La pena è della reclusione da uno a cinque anni nei casi previsti dal quarto comma dell'art. 617-*quater*.

[1] Articolo ins. dall'art. 6, L. 23 dic. 1993, n. 547.

[2] Rubrica così modif. dall'art. 19, c. 6, L. 23 dic. 2021, n. 238.

[3] Comma così modif. dall'art. 19, c. 6, L. 23 dic. 2021, n. 238.

Riferimenti procedurali:
Arresto: Facol. in flagranza
Fermo: No
Misure cautelari personali: Sì
Autorità competente: T.m.
Procedibilità: d'ufficio

617-*sexies*. *Falsificazione, alterazione o soppressione del contenuto di comunicazioni informatiche o telematiche.*[1] — Chiunque, al fine di procurare a sè o ad altri un vantaggio o di arrecare ad altri un danno, forma falsamente ovvero altera o sopprime, in tutto o in parte, il contenuto, anche occasionalmente intercettato, di taluna delle comunicazioni relative ad un sistema informatico o telematico o intercorrenti tra più sistemi, è punito qualora ne faccia uso o lasci che altri ne facciano uso, con la reclusione da uno a quattro anni.

La pena è della reclusione da uno a cinque anni nei casi previsti dal quarto comma dell'art. 617-*quater*.

Nel caso previsto dal primo comma il delitto è punibile a querela della persona offesa.[2]

[1] Articolo ins. dall'art. 6, L. 23 dic. 1993, n. 547.
[2] Comma aggiunto dall'art. 4, D.lgs. 10 apr. 2018, n. 36.

Riferimenti procedurali:
Arresto: Facol. in flagranza
Fermo: No
Misure cautelari personali: Sì
Autorità competente: T.m.
Procedibilità: d'ufficio (se circostanze aggravanti ad effetto speciale), a querela di parte (I c.)

617-*septies*. *Diffusione di riprese e registrazioni fraudolente.*[1] — Chiunque, al fine di recare danno all'altrui reputazione o immagine, diffonde con qualsiasi mezzo riprese audio o video, compiute fraudolentemente, di incontri privati o registrazioni, pur esse fraudolente, di conversazioni, anche telefoniche o telematiche, svolte in sua presenza o con la sua partecipazione, è punito con la reclusione fino a quattro anni.

La punibilità è esclusa se la diffusione delle riprese o delle registrazioni deriva in via diretta ed immediata dalla loro utilizzazione in un procedimento amministrativo o giudiziario o per l'esercizio del diritto di difesa o del diritto di cronaca.

Il delitto è punibile a querela della persona offesa.

[1] Articolo ins. dall'art. 1, D.lgs. 29 dic. 2017, n. 216.

Riferimenti procedurali:
Arresto: Facol. in flagranza
Fermo: No
Misure cautelari personali: Sì
Autorità competente: T.m.
Procedibilità: a querela di parte

618. *Rivelazione del contenuto di corrispondenza.* — Chiunque, fuori dei casi preveduti dall'art. 616, essendo venuto abusivamente a cognizione del contenuto di una corrispondenza a lui non diretta, che doveva rimanere segreta, senza giusta causa lo rivela, in tutto o in parte, è punito, se dal fatto deriva nocumento, con la reclusione fino a sei mesi o con la multa da euro 103 a euro 516.

Il delitto è punibile a querela della persona offesa.

Riferimenti procedurali:
Arresto: No
Fermo: No
Misure cautelari personali: No
Autorità competente: T.m.
Procedibilità: a querela di parte

619. *Violazione, sottrazione e soppressione di corrispondenza commesse da persona addetta al servizio delle poste, dei telegrafi o dei telefoni.* — L'addetto al servizio delle poste, dei telegrafi o dei telefoni, il quale, abusando di tale qualità, commette alcuno dei fatti preveduti dalla prima parte dell'art. 616, è punito con la reclusione da sei mesi a tre anni.

Se il colpevole, senza giusta causa, rivela, in tutto o in parte, il contenuto della corrispondenza, è punito, qualora il fatto non costituisca un più grave reato, con la reclusione da sei mesi a cinque anni e con la multa da euro 30 a euro 516.

Nel caso previsto dal primo comma il delitto è punibile a querela della persona offesa.[1]

[1] Comma aggiunto dall'art. 5, D.lgs. 10 apr. 2018, n. 36.

Riferimenti procedurali:
Arresto: No (I c.), Facol. in flagranza (II c.)
Fermo: No
Misure cautelari personali: Sì (II c.)
Autorità competente: T.m.
Procedibilità: d'ufficio (se circostanze aggravanti ad effetto speciale), a querela di parte (I c.)

620. *Rivelazione del contenuto di corrispondenza, commessa da persona addetta al servizio delle poste, dei telegrafi o dei telefoni.* — L'addetto al servizio delle poste, dei telegrafi o dei telefoni, che, avendo notizia, in questa sua qualità, del contenuto di una corrispondenza aperta, o di una comunicazione telegrafica, o di una conversazione telefonica lo rivela, senza giusta causa ad altri che non sia il destinatario, ovvero a una persona diversa da quelle tra le quali la comunicazione o la conversazione è interceduta, è punito con la reclusione da sei mesi a tre anni.

Il delitto è punibile a querela della persona offesa.[1]

[1] Comma aggiunto dall'art. 6, D.lgs. 10 apr. 2018, n. 36.

Riferimenti procedurali:
Arresto: No
Fermo: No
Misure cautelari personali: No

Autorità competente: T.m.
Procedibilità: a querela di parte, d'ufficio (se circostanze aggravanti ad effetto speciale)

621. *Rivelazione del contenuto di documenti segreti.* — Chiunque, essendo venuto abusivamente a cognizione del contenuto, che debba rimanere segreto, di altrui atti o documenti, pubblici o privati, non costituenti corrispondenza, lo rivela, senza giusta causa, ovvero lo impiega a proprio o altrui profitto, è punito, se dal fatto deriva nocumento, con la reclusione fino a tre anni o con la multa da euro 103 a euro 1.032.

Agli effetti della disposizione di cui al primo comma è considerato documento anche qualunque supporto informatico contenente dati, informazioni o programmi.[1]

Il delitto è punibile a querela della persona offesa.

[1] Comma inserito dall'art. 7 della L. 23 dic. 1993, n. 547.

Riferimenti procedurali:
Arresto: No
Fermo: no
Misure cautelari personali: No
Autorità competente: T.m.
Procedibilità: a querela di parte

622. *Rivelazione di segreto professionale.* — Chiunque, avendo notizia, per ragione del proprio stato o ufficio, o della propria professione o arte, di un segreto, lo rivela, senza giusta causa, ovvero lo impiega a proprio o altrui profitto, è punito, se dal fatto può derivare nocumento, con la reclusione fino a un anno o con la multa da euro 30 a euro 516.

La pena è aggravata se il fatto è commesso da amministratori, direttori generali, dirigenti preposti alla redazione dei documenti contabili societari,[1] sindaci o liquidatori o se è commesso da chi svolge la revisione contabile della società.[2]

Il delitto è punibile a querela della persona offesa.

[1] Parole inserite dall'art. 15 della L. 28 dic. 2005, n. 262.
[2] Comma inserito dall'art. 2 del D.lgs. 11 apr. 2002, n. 61.

Riferimenti procedurali:
Arresto: No
Fermo: No
Misure cautelari personali: No
Autorità competente: T.m.
Procedibilità: a querela di parte

623. *Rivelazione di segreti scientifici o commerciali.*[1] — Chiunque, venuto a cognizione per ragioni del suo stato o ufficio, o della sua professione o arte, di segreti commerciali o di notizie destinate a rimanere segrete, sopra scoperte o invenzioni scientifiche, li rivela o li impiega a proprio o altrui profitto, è punito con la reclusione fino a due anni.

La stessa pena si applica a chiunque, avendo acquisito in modo abusivo segreti commerciali, li rivela o li impiega a proprio o altrui profitto.

Se il fatto relativo ai segreti commerciali è commesso tramite qualsiasi strumento informatico la pena è aumentata.

Il colpevole è punito a querela della persona offesa.

[1] Articolo così sost. dall'art. 9, c. 2, D.lgs. 11 mag. 2018, n. 63. Ai sensi dell'art. 9, D.lgs. 63/2018: «Ai fini dell'art. 623, nel testo riformulato dal presente articolo, le notizie destinate a rimanere segrete sopra applicazioni industriali, di cui alla formulazione previgente del medesimo articolo 623, costituiscono segreti commerciali».

Riferimenti procedurali:
Arresto: No
Fermo: No
Misure cautelari personali: No
Autorità competente: T.m.
Procedibilità: a querela di parte

623-*bis*. *Altre comunicazioni e conversazioni.*[1] — Le disposizioni contenute nella presente sezione, relative alle comunicazioni e conversazioni telegrafiche, telefoniche, informatiche o telematiche, si applicano a qualunque altra trasmissione a distanza di suoni, immagini od altri dati.

[1] Articolo inserito dall'art. 4 della L. 8 apr. 1974, n. 98 e così sost. dall'art. 8 della L. 23 dic. 1993, n. 547.

CAPO III-*bis*

Disposizioni comuni sulla procedibilità[1]

[1] Capo ins. dall'art. 7, D.lgs. 10 apr. 2018, n. 36.

623-*ter*. *Casi di procedibilità d'ufficio.*[1] — Per i fatti perseguibili a querela preveduti dagli articoli 612, se la minaccia è grave, 615, secondo comma, 617-*ter*, primo comma, 617-*sexies*, primo comma, 619, primo comma, e 620 si procede d'ufficio qualora ricorrano circostanze aggravanti ad effetto speciale.

[1] Articolo ins. dall'art. 7, D.lgs. 10 apr. 2018, n. 36.

TITOLO XIII

Dei delitti contro il patrimonio

CAPO I

Dei delitti contro il patrimonio mediante violenza alle cose o alle persone

624. *Furto.* — Chiunque si impossessa della cosa mobile altrui, sottraendola a chi la detiene, al fine di trarne profitto per sè o per altri, è punito con la reclusione da sei mesi a tre anni e con la multa da euro 154 a euro 516.[1]

Agli effetti della legge penale, si considera *cosa mobile* anche l'energia elettrica e ogni altra energia che abbia un valore economico.

Il delitto è punibile a querela della persona offesa, salvo che ricorra una o più delle circostanze di cui agli artt. 61, n. 7, e 625.[2]

[1] Comma così modif. dall'art. 2 della L. 26 mar. 2001, n. 128.
[2] Comma aggiunto dall'art. 12 della L. 25 giu. 1999, n. 205.

Riferimenti procedurali:
Arresto: Facol. in flagranza
Fermo: No
Misure cautelari personali: Sì
Autorità competente: T.m.
Procedibilità: a querela di parte

624-*bis*. *Furto in abitazione e furto con strappo.*[1] — Chiunque si impossessa della cosa mobile altrui, sottraendola a chi la detiene, al fine di trarne profitto per sé o per altri, mediante introduzione in un edificio o in altro luogo destinato in tutto o in parte a dimora o nelle pertinenze di essa, è punito con la reclusione da quattro a sette anni[2] e con la multa da euro 927 a euro 1.500.[3]

Alla stessa pena di cui al primo comma soggiace chi si impossessa della cosa mobile altrui, sottraendola a chi la detiene, al fine di trarne profitto per sè o per altri, strappandola di mano o di dosso alla persona.

La pena è della reclusione da cinque a dieci anni e della multa da euro 1.000 a euro 2.500[2] se il reato è aggravato da una o più delle circostanze previste nel primo comma dell'art. 625 ovvero se ricorre una o più delle circostanze indicate all'art. 61.[3]

Le circostanze attenuanti, diverse da quelle previste dagli articoli 98 e 625-*bis*, concorrenti con una o più delle circostanze aggravanti di cui all'articolo 625, non possono essere ritenute equivalenti o prevalenti rispetto a queste e le diminuzioni di pena si operano sulla quantità della stessa risultante dall'aumento conseguente alle predette circostanze aggravanti.[4]

[1] Articolo ins. dall'art. 2, c. 2, L. 26 mar. 2001, n. 128.
[2] Parole così sost. dall'art. 5, L. 26 apr. 2019, n. 36.
[3] Comma così modif. dall'art. 1, c. 6, L. 23 giu. 2017, n. 103.
[4] Comma ins. dall'art. 1, c. 6, L. 23 giu. 2017, n. 103.

Riferimenti procedurali:
Arresto: Obbl. in flagranza, No (circostanze attenuanti art. 62 I c., n. 4)
Fermo: Sì (III c.)
Misure cautelari personali: Sì
Autorità competente: T.m.
Procedibilità: d'ufficio

625. *Circostanze aggravanti.* — La pena per il fatto previsto dall'articolo 624 è della reclusione da due a sei anni e della multa da euro 927 a euro 1.500:[1]

1) [*Soppresso*]

2) se il colpevole usa violenza sulle cose o si vale di un qualsiasi mezzo fraudolento;

3) se il colpevole porta indosso armi o narcotici, senza farne uso;

4) se il fatto è commesso con destrezza;

5) se il fatto è commesso da tre o più persone, ovvero anche da una sola, che sia travisata o simuli la qualità di pubblico ufficiale o d'incaricato di un pubblico servizio;

6) se il fatto è commesso sul bagaglio dei viaggiatori in ogni specie di veicoli, nelle stazioni, negli scali o banchine, negli alberghi o in altri esercizi ove si somministrano cibi o bevande;

7) se il fatto è commesso su cose esistenti in uffici o stabilimenti pubblici, o sottoposte a sequestro o a pignoramento, o esposte per necessità o per consuetudine o per destinazione alla pubblica fede, o destinate a pubblico servizio o a pubblica utilità, difesa o reverenza;[2]

7-*bis*) se il fatto è commesso su componenti metalliche o altro materiale sottratto ad infrastrutture destinate all'erogazione di energia, di servizi di trasporto, di telecomunicazioni o di altri servizi pubblici e gestite da soggetti pubblici o da privati in regime di concessione pubblica;[3]

8) se il fatto è commesso su tre o più capi di bestiame raccolti in gregge o in mandria, ovvero su animali bovini o equini, anche non raccolti in mandria.

8-*bis*) se il fatto è commesso all'interno di mezzi di pubblico trasporto;

8-*ter*) se il fatto è commesso nei confronti di persona che si trovi nell'atto di fruire ovvero che abbia appena fruito dei servizi di istituti di credito, uffici postali o sportelli automatici adibiti al prelievo di denaro.[4]

Se concorrono due o più delle circostanze prevedute dai numeri precedenti, ovvero se una di tali circostanze concorre con altra fra quelle indicate nell'art. 61, la pena è della reclusione da tre a dieci anni e della multa da euro 206 a euro 1.549.

[1] Alinea così modif. dall'art. 1, c. 7, L. 23 giu. 2017, n. 103.
[2] «Chiunque si impossessa di cose di antichità o di arte, rinvenute fortuitamente, ovvero in seguito a ricerche od opere in genere, è punito ai sensi dell'art. 624 c.p.
Quando il reato sia commesso da coloro ai quali venne fatta la concessione o data l'autorizzazione di cui agli artt. 45 e 47, sono applicabili le disposizioni dell'art. 625 c.p.» (art. 67, L. 1° giu. 1939, n. 1089).
[3] Numero ins. dall'art. 8, c. 1, lett. *a*), D.L. 14 ago. 2013, n. 93, conv. con modif. in L. 15 ott. 2013, n. 119.
[4] Numeri aggiunti dall'art. 3, c. 26, L. 15 lug. 2009, n. 94.

Riferimenti procedurali:
Arresto: Obbl. in flagranza (aggravanti art. 625), Facol. in flagranza
Fermo: Sì (ultimo c.)
Misure cautelari personali: Sì
Autorità competente: T.m.
Procedibilità: d'ufficio

625-*bis*. *Circostanze attenuanti.*[1] — Nei casi previsti dagli artt. 624, 624-*bis* e 625 la pena è diminuita da un terzo alla metà qualora il colpevole, prima del giudizio, abbia consentito l'individuazione dei correi o di coloro che hanno acquistato, ricevuto od occultato la cosa sottratta o si sono comunque intromessi per farla acquistare, ricevere od occultare.

CODICE PENALE

[1] Articolo inserito dall'art. 2, c. 4, L. 26 mar. 2001, n. 128.

626. ***Furti punibili a querela dell'offeso.***[1] — Si applica la reclusione fino a un anno ovvero la multa fino a euro 206 e il delitto è punibile a querela della persona offesa:

1) se il colpevole ha agito al solo scopo di fare uso momentaneo della cosa sottratta, e questa, dopo l'uso momentaneo, è stata immediatamente restituita;

2) se il fatto è commesso su cose di tenue valore, per provvedere a un grave ed urgente bisogno;[2]

3) se il fatto consiste nello spigolare, rastrellare o raspollare nei fondi altrui, non ancora spogliati interamente del raccolto.

Tali disposizioni non si applicano se concorre taluna delle circostanze indicate nei num. 1, 2, 3 e 4 dell'articolo precedente.

[1] Per i reati di competenza del giudice di pace previsti da questo articolo si applica la pena pecuniaria della multa da euro 258 a euro 2.582 o della permanenza domiciliare da 6 giorni a 30 giorni ovvero la pena del lavoro di pubblica utilità per un periodo da 10 giorni a 3 mesi ai sensi dell'art. 52, c. 2, lett. *a*), D.lgs. 28 ago. 2000, n. 274.

[2] La Corte cost., con sent. 13 dic. 1988, n. 1085, ha dichiarato l'ill. cost. del n. 1 «nella parte in cui non estende la disciplina ivi prevista alla mancata restituzione, dovuta a caso fortuito o a forza maggiore, della cosa sottratta».

Riferimenti procedurali:
Arresto: No
Fermo: No
Misure cautelari personali: No
Autorità competente: G.d.P., T.m. (aggravanti)
Procedibilità: a querela di parte

627. ***Sottrazione di cose comuni.***[1] — [Il comproprietario socio o coerede che, per procurare a sè o ad altri il profitto, si impossessa della cosa comune, sottraendola a chi la detiene, è punito, a querela della persona offesa fino a due anni o con la multa da euro 20 a euro 206.

Non è punibile chi commette il fatto su cose fungibili, se il valore di esse non eccede la quota a lui spettante.]

[1] Articolo abrog. dall'art.1, D.lgs. 15 gen 2016, n. 7. Ai sensi dell'art. 4 del medesimo D.lgs. 7/2016 «il comproprietario, socio o coerede che, per procurare a sé o ad altri un profitto, s'impossessa della cosa comune, sottraendola a chi la detiene, salvo che il fatto sia commesso su cose fungibili e il valore di esse non ecceda la quota spettante al suo autore soggiace alla sanzione pecuniaria civile da euro 100 a euro 8.000.».

628. ***Rapina.***[1] — Chiunque, per procurare a sé o ad altri un ingiusto profitto, mediante violenza alla persona o minaccia, s'impossessa della cosa mobile altrui, sottraendola a chi la detiene, è punito con la reclusione da cinque[2] a dieci anni e con la multa da euro 927 a euro 2.500.

Alla stessa pena soggiace chi adopera violenza o minaccia immediatamente dopo la sottrazione per assicurare a sé o ad altri il possesso della cosa sottratta, o per procurare a sé o ad altri l'impunità.

La pena è della reclusione da sei[2] a venti anni e della multa da euro 2.000 a euro 4.000:[2]

1) se la violenza o minaccia è commessa con armi o da persona travisata, o da più persone riunite;

2) se la violenza consiste nel porre taluno in stato di incapacità di volere o di agire;

3) se la violenza o minaccia è posta in essere da persona che fa parte dell'associazione di cui all'art. 416-*bis*.

3-*bis*) se il fatto è commesso nei luoghi di cui all'articolo 624-*bis* o in luoghi tali da ostacolare la pubblica o privata difesa[3];[4]

3-*ter*) se il fatto è commesso all'interno di mezzi di pubblico trasporto;[5]

3-*quater*) se il fatto è commesso nei confronti di persona che si trovi nell'atto di fruire ovvero che abbia appena fruito dei servizi di istituti di credito, uffici postali o sportelli automatici adibiti al prelievo di denaro;[4]

3-*quinquies*) se il fatto è commesso nei confronti di persona ultrasessantacinquenne.[5]

Se concorrono due o più delle circostanze di cui al terzo comma del presente articolo, ovvero se una di tali circostanze concorre con altra fra quelle indicate nell'articolo 61, la pena è della reclusione da sette[2] a venti anni e della multa da euro 2.500 a euro 4.000.[6]

Le circostanze attenuanti, diverse da quella prevista dall'articolo 98, concorrenti con le aggravanti di cui al terzo comma, numeri 3), 3-*bis*), 3-*ter*) e 3-*quater*), non possono essere ritenute equivalenti o prevalenti rispetto a queste e le diminuzioni di pena si operano sulla quantità della stessa risultante dall'aumento conseguente alle predette aggravanti.[7]

[1] Ai sensi dell'art. 71 del D.lgs. 6 dic. 2011, n. 159 (codice delle leggi antimafia) le pene stabilite per i delitti previsti da questo art. sono aumentate da un terzo alla metà se il fatto è commesso da persona sottoposta con provvedimento definitivo ad una misura di prevenzione personale durante il periodo previsto di applicazione e fino a tre anni dal momento in cui ne è cessata l'esecuzione. Si procede d'ufficio e se i delitti di cui al c. 1 dell'art. 71, per i quali è consentito l'arresto in fragranza, sono commessi da persone sottoposte alla misura di prevenzione, la polizia giudiziaria può procedere all'arresto anche fuori dai casi di flagranza. Alla pena è aggiunta una misura di sicurezza detentiva.

[2] Parole così sost. dall'art. 6, L. 26 apr. 2019, n. 36.

[3] Parole aggiunte dall'art. 7, c. 2, D.L. 14 ago. 2013, n. 93, conv. con modif. in L. 15 ott. 2013, n. 119.

[4] Numeri aggiunti dall'art. 3, c. 27, L. 15 lug. 2009, n. 94.

[5] Numero aggiunto dall'art. 7, c. 2, D.L. 14 ago. 2013, n. 93, conv. con modif. in L. 15 ott. 2013, n. 119.

[6] Comma ins. dall'art. 1, c. 8, L. 23 giu. 2017, n. 103.

[7] Comma aggiunto dall'art. 3, c. 27, L. 15 lug. 2009, n. 94.

Riferimenti procedurali:
Arresto: Obbl. in flagranza
Fermo: Sì
Misure cautelari personali: Sì
Autorità competente: T.m. (I, II c.), T.c. (III c.)
Procedibilità: d'ufficio

629. *Estorsione.* — Chiunque, mediante violenza o minaccia, costringendo taluno a fare o ad omettere qualche cosa, procura a sé o ad altri un ingiusto profitto con altrui danno, è punito con la reclusione da cinque a dieci anni e con la multa da euro 1000 a euro 4.000[1].

La pena è della reclusione da sette a venti anni[2] e della multa da euro 5.000 a euro 15.000[1] se concorre taluna delle circostanze indicate nell'ultimo capoverso dell'articolo precedente.2

[1] Importi così modif. dall'art. 4, L. 27 gen. 2012, n. 3.
[2] Parole così modif. dall'art. 1, c. 9, L. 23 giu. 2017, n. 103.

Riferimenti procedurali:
Arresto: Obbl. in flagranza
Fermo: Sì
Misure cautelari personali: Sì
Autorità competente: T.m. (I c.), T.c. (II c.)
Procedibilità: d'ufficio

630. *Sequestro di persona a scopo di estorsione.*[1] — Chiunque sequestra una persona allo scopo di conseguire, per sé o per altri, un ingiusto profitto come prezzo della liberazione, è punito con la reclusione da venticinque a trent'anni.

Se dal sequestro deriva comunque la morte, quale conseguenza non voluta dal reo, della persona sequestrata, il colpevole è punito con la reclusione di anni trenta.

Se il colpevole cagiona la morte del sequestrato si applica la pena dell'ergastolo.

Al concorrente che, dissociandosi dagli altri, si adopera in modo che il soggetto passivo riacquisti la libertà, senza che tale risultato sia conseguenza del prezzo della liberazione, si applicano le pene previste dall'art. 605. Se tuttavia il soggetto passivo muore, in conseguenza del sequestro, dopo la liberazione, la pena è della reclusione da sei a quindici anni.

Nei confronti del concorrente che, dissociandosi dagli altri, si adopera, al di fuori del caso previsto dal comma precedente, per evitare che l'attività delittuosa sia portata a conseguenze ulteriori ovvero aiuta concretamente l'autorità di polizia o l'autorità giudiziaria nella raccolta di prove decisive per l'individuazione o la cattura dei concorrenti, la pena dell'ergastolo è sostituita da quella della reclusione da dodici a venti anni e le altre pene sono diminuite da un terzo a due terzi.

Quando ricorre una circostanza attenuante, alla pena prevista dal secondo comma è sostituita la reclusione da venti a ventiquattro anni; alla pena prevista dal terzo comma è sostituita la reclusione da ventiquattro a trent'anni. Se concorrono più circostanze attenuanti, la pena da applicare per effetto delle diminuzioni non può essere inferiore a dieci anni, nell'ipotesi prevista dal secondo comma, ed a quindici anni, nell'ipotesi prevista dal terzo comma.

I limiti di pena preveduti nel comma precedente possono essere superati allorché ricorrono le circostanze attenuanti di cui al quinto comma del presente articolo.

[1] Articolo così sost. dalla L. 30 dic. 1980, n. 894. La Corte cost., con sent. 23 mar. 2012, n. 68, ha dichiarato l'ill. cost. del presente art., nella parte in cui non prevede che la pena da esso comminata è diminuita quando per la natura, la specie, i mezzi, le modalità o circostanze dell'azione, ovvero per la particolare tenuità del danno o del pericolo, il fatto risulti di lieve entità.

Riferimenti procedurali:
Arresto: Obbl. in flagranza
Fermo: Sì
Misure cautelari personali: Sì
Autorità competente: C.d.A.
Procedibilità: d'ufficio

631. *Usurpazione.*[1,2] — Chiunque, per appropriarsi, in tutto o in parte, dell'altrui cosa immobile, ne rimuove o altera i termini è punito, a querela della persona offesa, con la reclusione fino a tre anni e con la multa fino a euro 206.

[1] Articolo così sost. dall'art. 94, L. 24 nov. 1981, n. 689.
[2] Per i reati di competenza del giudice di pace previsti da questo articolo si applica la pena pecuniaria della multa da euro 774 a euro 2.582 o la pena della permanenza domiciliare da 20 giorni a 45 giorni ovvero la pena del lavoro di pubblica utilità da 1 mese a 6 mesi, ai sensi dell'art. 52, c. 2, lett. *c*), D.lgs. 28 ago. 2000, n. 274.

Riferimenti procedurali:
Arresto: No
Fermo: No
Misure cautelari personali: No
Autorità competente: G.d.P.; T.m. (aggravanti e per l'ipotesi prevista dall'art. 639-bis c.p.)
Procedibilità: a querela di parte, d'ufficio (se art. 639-bis c.p.)

632. *Deviazione di acque e modificazione dello stato dei luoghi.*[1,2] — Chiunque, per procurare a sè o ad altri un ingiusto profitto, devia acque, ovvero immuta nell'altrui proprietà lo stato dei luoghi, è punito, a querela della persona offesa, con reclusione fino a tre anni e con la multa fino a euro 206.[3]

[1] Articolo così sost. dall'art. 95, L. 24 nov. 1981, n. 689.
[2] Ai sensi dell'art. 71, D.lgs. 6 dic. 2011, n. 159 (codice delle leggi antimafia) le pene stabilite per i delitti previsti da questo art. sono aumentate da un terzo alla metà se il fatto è commesso da persona sottoposta con provvedimento definitivo ad una misura di prevenzione personale durante il periodo previsto di applicazione e fino a tre anni dal momento in cui ne è cessata l'esecuzione. Si procede d'ufficio e se i delitti di cui al c. 1 dell'art. 71, per i quali è consentito l'arresto in fragranza, sono commessi da persone sottoposte alla misura di prevenzione, la polizia giudiziaria può procedere all'arresto anche fuori dai casi di flagranza. Alla pena è aggiunta una misura di sicurezza detentiva.
[3] Per i reati di competenza del giudice di pace previsti da questo articolo si applica la pena pecuniaria della multa da euro 774 a euro 2.582 o la pena della permanenza domiciliare da 20 giorni a 45 giorni ovvero la pena del lavoro di pubblica utilità da 1 mese a 6 mesi, ai sensi dell'art. 52, II c. lett. *c*) del D.lgs. 28 ago. 2000, n. 274.

Riferimenti procedurali:
Arresto: No
Fermo: No
Misure cautelari personali: No
Autorità competente: G.d.P., T.m. (aggravanti e per l'ipotesi prevista dall'art. 639-bis)
Procedibilità: a querela di parte, d'ufficio (art. 639-bis c.p.)

633. ***Invasione di terreni o edifici.***[1] — Chiunque invade arbitrariamente terreni o edifici altrui, pubblici o privati, al fine di occuparli o di trarne altrimenti profitto, è punito, a querela della persona offesa, con la reclusione da uno a tre anni e con la multa da euro 103 a euro 1032.

Si applica la pena della reclusione da due a quattro anni e della multa da euro 206 a euro 2064 e si procede d'ufficio se il fatto è commesso da più di cinque persone o se il fatto è commesso da persona palesemente armata.

Se il fatto è commesso da due o più persone, la pena per i promotori o gli organizzatori è aumentata.

[1] Articolo così sost. dall'art. 30, c. 1, D.L. 4 ott. 2018, n. 113, conv. in L. 1 dic. 2018, n. 132 e così corretto da errata-corrige pubblicato in *G.U.* 17 dic. 2018 e da errata-corrige pubblicato in *G.U.* 18 dic. 2018.

Ai sensi dell'art. 71 del D.lgs. 6 dic. 2011, n. 159 (codice delle leggi antimafia) le pene stabilite per i delitti previsti da questo art. sono aumentate da un terzo alla metà se il fatto è commesso da persona sottoposta con provvedimento definitivo ad una misura di prevenzione personale durante il periodo previsto di applicazione e fino a tre anni dal momento in cui ne è cessata l'esecuzione. Si procede d'ufficio e se i delitti di cui al c. 1 dell'art. 71, per i quali è consentito l'arresto in fragranza, sono commessi da persone sottoposte alla misura di prevenzione, la polizia giudiziaria può procedere all'arresto anche fuori dai casi di flagranza. Alla pena è aggiunta una misura di sicurezza detentiva.

Riferimenti procedurali:
Arresto: No, Facol. (II e III c.)
Fermo: No
Misure cautelari personali: No
Autorità competente: G.d.P. (I c.), T.m. (aggravanti, II c., e anche per l'ipotesi prevista dall'art. 639-bis)
Procedibilità: a querela di parte, d'ufficio (art. 639-bis c.p.)

634. ***Turbativa violenta del possesso di cose immobili.***[1] — Chiunque, fuori dei casi indicati nell'articolo precedente, turba, con violenza alla persona o con minaccia, l'altrui pacifico possesso di cose immobili, è punito con la reclusione fino a due anni e con la multa da euro 103 a euro 309.

Il fatto si considera compiuto con violenza o minaccia quando è commesso da più di dieci persone.

[1] Ai sensi dell'art. 71 del D.lgs. 6 dic. 2011, n. 159 (codice delle leggi antimafia) le pene stabilite per i delitti previsti da questo art. sono aumentate da un terzo alla metà se il fatto è commesso da persona sottoposta con provvedimento definitivo ad una misura di prevenzione personale durante il periodo previsto di applicazione e fino a tre anni dal momento in cui ne è cessata l'esecuzione. Si procede d'ufficio e se i delitti di cui al c. 1 dell'art. 71, per i quali è consentito l'arresto in fragranza, sono commessi da persone sottoposte alla misura di prevenzione, la polizia giudiziaria può procedere all'arresto anche fuori dai casi di flagranza. Alla pena è aggiunta una misura di sicurezza detentiva.

Riferimenti procedurali:
Arresto: No
Fermo: No
Misure cautelari personali: No
Autorità competente: T.m.
Procedibilità: d'ufficio

635. ***Danneggiamento.***[1] — Chiunque distrugge, disperde, deteriora o rende, in tutto o in parte, inservibili cose mobili o immobili altrui con violenza alla persona o con minaccia ovvero in occasione [di manifestazioni che si svolgono in luogo pubblico o aperto al pubblico][2] o del delitto previsto dall'articolo 331, è punito con la reclusione da sei mesi a tre anni.

Alla stessa pena soggiace chiunque distrugge, disperde, deteriora o rende, in tutto o in parte, inservibili le seguenti cose altrui:

1. edifici pubblici o destinati a uso pubblico o all'esercizio di un culto [o cose di interesse storico o artistico ovunque siano ubicate][3] o immobili compresi nel perimetro dei centri storici, ovvero immobili i cui lavori di costruzione, di ristrutturazione, di recupero o di risanamento sono in corso o risultano ultimati o altre delle cose indicate nel numero 7) dell'articolo 625;
2. opere destinate all'irrigazione;
3. piantate di viti, di alberi o arbusti fruttiferi, o boschi, selve o foreste, ovvero vivai forestali destinati al rimboschimento;
4. attrezzature e impianti sportivi al fine di impedire o interrompere lo svolgimento di manifestazioni sportive.

Chiunque distrugge, disperde, deteriora o rende, in tutto o in parte, inservibili cose mobili o immobili altrui in occasione di manifestazioni che si svolgono in luogo pubblico o aperto al pubblico è punito con la reclusione da uno a cinque anni.[4]

Per i reati di cui ai commi precedenti[5], la sospensione condizionale della pena è subordinata all'eliminazione delle conseguenze dannose o pericolose del reato, ovvero, se il condannato non si oppone, alla prestazione di attività non retribuita a favore della collettività per un tempo determinato, comunque non superiore alla durata della pena sospesa, secondo le modalità indicate dal giudice nella sentenza di condanna.

[1] Articolo così modif. dall'art. 2, c. 1, lett. *l*), D.lgs. 15 gen. 2016, n. 7.

[2] Parole soppresse dall'art. 7, D.L. 14 giu. 2019, n. 53, conv. con modif. in L. 8 ago. 2019, n. 77.

[3] Parole soppresse dall'art. 5, L. 9 mar. 2022, n. 22.

[4] Comma ins. dall'art. 7, D.L. 14 giu. 2019, n. 53, conv. con modif. in L. 8 ago. 2019, n. 77.

[5] Parole così sost. dall'art. 7, D.L. 14 giu. 2019, n. 53, conv. con modif. in L. 8 ago. 2019, n. 77.

Riferimenti procedurali:
Arresto: No (I c.), Facol. in flagranza (II c.)
Fermo: No
Misure cautelari personali: Sì (II c.)
Autorità competente: T.m.
Procedibilità: d'ufficio

635-*bis*. *Danneggiamento di informazioni, dati e programmi informatici.*[1] — Salvo che il fatto costituisca più grave reato, chiunque distrugge, deteriora, cancella, altera o sopprime informazioni, dati o programmi informatici altrui è punito, a querela della persona offesa, con la reclusione da sei mesi a tre anni.

Se il fatto è commesso con violenza alla persona o con minaccia ovvero con abuso della qualità di operatore del sistema, la pena è della reclusione da uno a quattro anni.[2]

[1] Articolo così sost. dall'art. 5, c. 1, L. 18 mar. 2008, n. 48.
[2] Comma così sost. dall'art. 2, c. 1, lett. *m*), D.lgs. 15 gen. 2016, n. 7.

Riferimenti procedurali:
Arresto: No (I c.), Facol. in flagranza (II c.)
Fermo: No
Misure cautelari personali: Sì (II c.)
Autorità competente: T.m.
Procedibilità: d'ufficio (II c.)

635-*ter*. *Danneggiamento di informazioni, dati e programmi informatici utilizzati dallo Stato o da altro ente pubblico o comunque di pubblica utilità.*[1] — Salvo che il fatto costituisca più grave reato, chiunque commette un fatto diretto a distruggere, deteriorare, cancellare, alterare o sopprimere informazioni, dati o programmi informatici utilizzati dallo Stato o da altro ente pubblico o ad essi pertinenti, o comunque di pubblica utilità, è punito con la reclusione da uno a quattro anni.

Se dal fatto deriva la distruzione, il deterioramento, la cancellazione, l'alterazione o la soppressione delle informazioni, dei dati o dei programmi informatici, la pena è della reclusione da tre a otto anni.

Se il fatto è commesso con violenza alla persona o con minaccia ovvero con abuso della qualità di operatore del sistema, la pena è aumentata.[2]

[1] Articolo inserito dall'art. 5, c. 2, L. 18 mar. 2008, n. 48.
[2] Comma così sost. dall'art. 2, c. 1, lett. *n*), D.lgs. 15 gen. 2016, n. 7.

Riferimenti procedurali:
Arresto: Facol. in flagranza
Fermo: No
Misure cautelari personali: Sì
Autorità competente: T.m.
Procedibilità: d'ufficio

635-*quater*. *Danneggiamento di sistemi informatici o telematici.*[1] — Salvo che il fatto costituisca più grave reato, chiunque, mediante le condotte di cui all'art. 635-*bis*, ovvero attraverso l'introduzione o la trasmissione di dati, informazioni o programmi, distrugge, danneggia, rende, in tutto o in parte, inservibili sistemi informatici o telematici altrui o ne ostacola gravemente il funzionamento è punito con la reclusione da uno a cinque anni.

Se il fatto è commesso con violenza alla persona o con minaccia ovvero con abuso della qualità di operatore del sistema, la pena è aumentata.[2]

[1] Articolo inserito dall'art. 5, c. 2, L. 18 mar. 2008, n. 48.
[2] Comma così sost. dall'art. 2, c. 1, lett. *o*), D.lgs. 15 gen. 2016, n. 7.

Riferimenti procedurali:
Arresto: Facol. in flagranza
Fermo: No
Misure cautelari personali: Sì
Autorità competente: T.m.
Procedibilità: d'ufficio

635-*quinquies*. *Danneggiamento di sistemi informatici o telematici di pubblica utilità.*[1] — Se il fatto di cui all'art. 635-*quater* è diretto a distruggere, danneggiare, rendere, in tutto o in parte, inservibili sistemi informatici o telematici di pubblica utilità o ad ostacolarne gravemente il funzionamento, la pena è della reclusione da uno a quattro anni.

Se dal fatto deriva la distruzione o il danneggiamento del sistema informatico o telematico di pubblica utilità ovvere se questo è reso, in tutto o in parte, inservibile, la pena è della reclusione da tre a otto anni.

Se il fatto è commesso con violenza alla persona o con minaccia ovvero con abuso della qualità di operatore del sistema, la pena è aumentata.[2]

[1] Articolo inserito dall'art. 5, c. 2, L. 18 mar. 2008, n. 48.
[2] Comma così sost. dall'art. 2, c. 1, lett. *p*), D.lgs. 15 gen. 2016, n. 7.

Riferimenti procedurali:
Arresto: Facol. in flagranza
Fermo: No (I c.), Sì (II c.)
Misure cautelari personali: Sì
Autorità competente: T.m.
Procedibilità: d'ufficio

636. *Introduzione o abbandono di animali nel fondo altrui e pascolo abusivo.* — Chiunque introduce o abbandona animali in gregge o in mandria nel fondo altrui è punito con la multa da euro 10 a euro 103.[1]

Se l'introduzione o l'abbandono di animali, anche non raccolti in gregge o in mandria, avviene per farli pascolare nel fondo altrui, la pena è della reclusione fino a un anno o della multa da euro 20 a euro 206.[2]

Qualora il pascolo avvenga, ovvero dalla introduzione o dall'abbandono degli animali il fondo sia stato danneggiato, il colpevole è punito con la reclusione fino a due anni e con la multa da euro 51 a euro 516.[3]

CODICE PENALE

Il delitto è punibile a querela della persona offesa.[4]

[1] Per i reati di competenza del giudice di pace previsti da questo comma continuano ad applicarsi le pene pecuniarie vigenti ai sensi dell'art. 52, I c., del D.lgs. 28 ago. 2000, n. 274.

[2] Per i reati di competenza del giudice di pace previsti da questo comma si applica la pena pecuniaria della multa da euro 258 a euro 2.582 o la pena della permanenza domiciliare da 6 giorni a 30 giorni ovvero la pena del lavoro di pubblica utilità per un periodo da 10 giorni a 3 mesi, ai sensi dell'art. 52, II c. lett. *a*) del D.lgs. 28 ago. 2000, n. 274.

[3] Per i reati di competenza del giudice di pace previsti da questo comma si applica la pena pecuniaria della multa da euro 774 a euro 2.582 o la pena della permanenza domiciliare da 20 giorni a 45 giorni ovvero la pena del lavoro di pubblica utilità da 1 mese a 6 mesi, ai sensi dell'art. 52, II c. lett. *c*) del D.lgs. 28 ago. 2000, n. 274.

[4] Comma aggiunto dall'art. 98 della L. 24 nov. 1981, n. 689.

V. altresì la nota n. 2 all'art. 635.

Riferimenti procedurali:
Arresto: No
Fermo: No
Misure cautelari personali: No
Autorità competente: G.d.p. (salvo per l'ipotesi dell'art. 639-bis)
Procedibilità: a querela di parte, d'ufficio (art. 639-bis c.p.)

637. ***Ingresso abusivo nel fondo altrui.*** — Chiunque senza necessità entra nel fondo altrui recinto da fosso, da siepe viva o da un altro stabile riparo è punito a querela della persona offesa, con la multa fino a euro 103.[1]

[1] V. altresì la nota n. 1 all'art. 635.

Riferimenti procedurali:
Arresto: No
Fermo: no
Misure cautelari personali: No
Autorità competente: G.d.P., T.m. (per le aggravanti)
Procedibilità: a querela di parte

638. ***Uccisione o danneggiamento di animali altrui.***[1] — Chiunque senza necessità uccide o rende inservibili o comunque deteriora animali che appartengono ad altri è punito, salvo che il fatto costituisca più grave reato,[2] a querela della persona offesa, con la reclusione fino a un anno o con la multa fino a euro 309.[3]

La pena è della reclusione da sei mesi a quattro anni, e si procede d'ufficio, se il fatto è commesso su tre o più capi di bestiame raccolti in gregge o in mandria, ovvero su animali bovini o equini, anche non raccolti in mandria.

Non è punibile chi commette il fatto sopra volatili sorpresi nei fondi da lui posseduti e nel momento in cui gli recano danno.

[1] Per i reati di competenza del giudice di pace previsti dal I comma si applica la pena pecuniaria della multa da euro 258 a euro 2.582 o la pena della permanenza domiciliare da 6 giorni a 30 giorni ovvero la pena del lavoro di pubblica utilità per un periodo da 10 giorni a 3 mesi, ai sensi dell'art. 52, II c., lett. *a*), D.lgs. 28 ago. 2000, n. 274.

[2] Parole inserite dall'art. 1, c. 2, L. 20 lug. 2004, n. 189.

[3] V. la L. 23 dic. 1928, n. 3086 *Norme concernenti l'allevamento e l'impiego dei colombi viaggiatori*, che, all'art. 12, stabilisce particolari sanzioni «senza pregiudizio delle pene stabilite dall'art. 638 c.p. e delle disp. concernenti la difesa dello Stato e la legge sulla caccia».

V. altresì la nota n. 1 all'art. 635.

Riferimenti procedurali:
Arresto: No (I c.), Facol. in flagranza (II c.)
Fermo: No
Misure cautelari personali: Sì (II c.)
Autorità competente: G.d.p. (I c.), T.m (II c.).
Procedibilità: a querela di parte (I c.) d'ufficio (II c.)

639. ***Deturpamento e imbrattamento di cose altrui.*** — Chiunque, fuori dei casi preveduti dall'art. 635, deturpa o imbratta cose mobili altrui è punito, a querela della persona offesa, con la multa fino a euro 103.[1]

Se il fatto è commesso su beni immobili o su mezzi di trasporto pubblici o privati, si applica la pena della reclusione da uno a sei mesi o della multa da 300 a 1.000 euro. [Se il fatto è commesso su cose di interesse storico o artistico, si applica la pena della reclusione da tre mesi a un anno e della multa da 1.000 a 3.000 euro][2].

Nei casi di recidiva per le ipotesi di cui al secondo comma si applica la pena della reclusione da tre mesi a due anni e della multa fino a 10.000 euro.[3]

Nei casi previsti dal secondo comma si procede d'ufficio.[3]

Con la sentenza di condanna per i reati di cui al secondo e terzo comma il giudice, ai fini di cui all'articolo 165, primo comma, può disporre l'obbligo di ripristino e di ripulitura dei luoghi ovvero, qualora ciò non sia possibile, l'obbligo di sostenerne le spese o di rimborsare quelle a tal fine sostenute, ovvero, se il condannato non si oppone, la prestazione di attività non retribuita a favore della collettività per un tempo determinato comunque non superiore alla durata della pena sospesa, secondo le modalità indicate nella sentenza di condanna.[4]

[1] Per i reati di competenza del giudice di pace previsti da questo comma continuano ad applicarsi le pene pecuniarie vigenti ai sensi dell'art. 52, c. 1, D.lgs. 28 ago. 2000, n. 274.

[2] Periodo soppresso dall'art. 5, L. 9 mar. 2022, n. 22.

[3] Comma aggiunto dall'art. 3, L. 15 lug. 2009, n. 94. Ai sensi dell'art. 3, c. 4, legge cit. «Chiunque vende bombolette spray contenenti vernici non biodegradabili ai minori di diciotto anni è punito con la sanzione amministrativa fino a 1.000 euro».

[4] Comma aggiunto dall'art. 16, D.L. 20 feb. 2017, n. 14, conv. con modif. in L. 18 apr. 2017, n. 48.

Riferimenti procedurali:
Arresto: No
Fermo: No
Misure cautelari personali: No

Autorità competente: G.d.P., T.m. (aggravanti II e III c.)
Procedibilità: a querela di parte, d'ufficio (II c.)

639-*bis*. *Casi di esclusione della perseguibilità a querela.*[1] — Nei casi previsti dagli artt. 631, 632, 633 e 636 si procede d'ufficio se si tratta di acque, terreni, fondi o edifici pubblici o destinati ad uso pubblico.

[1] Articolo aggiunto dall'art. 97, L. 24 nov. 1981, n. 689.

CAPO II
Dei delitti contro il patrimonio mediante frode

640. *Truffa.* — Chiunque, con artifizi o raggiri,inducendo taluno in errore, procura a sé o ad altri un ingiusto profitto con altrui danno, è punito con la reclusione da sei mesi a tre anni e con la multa da euro 51 a euro 1.032.

La pena è della reclusione da uno a cinque anni e della multa da euro 309 a euro 1.549:

1) se il fatto è commesso a danno dello Stato o di un altro ente pubblico o dell'Unione europea[1] o col pretesto di far esonerare taluno dal servizio militare;

2) se il fatto è commesso ingenerando nella persona offesa il timore di un pericolo immaginario o l'erroneo convincimento di dovere eseguire un ordine dell'Autorità.

2-*bis*) se il fatto è commesso in presenza della circostanza di cui all'articolo 61, numero 5).[2]

Il delitto è punibile a querela della persona offesa, salvo che ricorra taluna delle circostanze previste dal capoverso precedente o la circostanza aggravante prevista dall'articolo 61, primo comma, numero 7.[3]

[1] Parole aggiunte dall'art. 1, D.lgs. 14 lug. 2020, n. 75.
[2] Numero aggiunto dall'art. 3, c. 28, L. 15 lug. 2009, n. 94.
[3] Parole così sost. dall'art. 8, D.lgs. 10 apr. 2018, n. 36.

Riferimenti procedurali:
Arresto: Facol. in flagranza
Fermo: No
Misure cautelari personali: Sì
Autorità competente: T.m.
Procedibilità: a querela di parte, d'ufficio (se circostanze aggravanti ad effetto speciale)

640-*bis*. *Truffa aggravata per il conseguimento di erogazioni pubbliche.*[1] — La pena è della reclusione da due a sette anni e si procede d'ufficio se il fatto di cui all'art. 640 riguarda contributi, sovvenzioni,[2] finanziamenti, mutui agevolati ovvero altre erogazioni dello stesso tipo, comunque denominate, concessi o erogati da parte dello Stato, di altri enti pubblici o delle Comunità europee.[3]

[1] Articolo ins. dall'art. 22, L. 19 mar. 1990, n. 55.
[2] Parola aggiunta dall'art. 28-*bis*, D.L. 27 gen. 2022, n. 4, conv. con modif. in L. 28 mar. 2022, n. 25.
[3] Comma così modif. dall'art. 30, c. 1, L. 17 ott. 2017, n. 161.

Riferimenti procedurali:
Arresto: Facol. in flagranza
Fermo: Sì
Misure cautelari personali: Sì
Autorità competente: T.m.
Procedibilità: d'ufficio

640-*ter*. *Frode informatica.*[1] — Chiunque, alterando in qualsiasi modo il funzionamento di un sistema informatico o telematico o intervenendo senza diritto con qualsiasi modalità su dati, informazioni o programmi contenuti in un sistema informatico o telematico o ad esso pertinenti, procura a sè o ad altri un ingiusto profitto con altrui danno, è punito con la reclusione da sei mesi a tre anni e con la multa da euro 51 a euro 1.032.

La pena è della reclusione da uno a cinque anni e della multa da euro 309 a euro 1.549 se ricorre una delle circostanze previste dal numero 1) del secondo comma dell'articolo 640, ovvero se il fatto produce un trasferimento di denaro, di valore monetario o di valuta virtuale[2] o è commesso con abuso della qualità di operatore del sistema.

La pena è della reclusione da due a sei anni e della multa da euro 600 a euro 3.000 se il fatto è commesso con furto o indebito utilizzo dell'identità digitale in danno di uno o più soggetti.[3]

Il delitto è punibile a querela della persona offesa, salvo che ricorra taluna delle circostanze di cui al secondo e terzo[4] comma o taluna delle circostanze previste dall'articolo 61, primo comma, numero 5, limitatamente all'aver approfittato di circostanze di persona, anche in riferimento all'età, e numero 7[5].

[1] Articolo inserito dall'art. 10, L. 23 dic. 1993, n. 547.
[2] Parole ins. dall'art. 2, D.lgs. 8 nov. 2021, n. 184.
[3] Comma aggiunto dall'art. 9, c. 1, lett. *a*), D.L. 14 ago. 2013, n. 93, conv. con modif. in L. 15 ott. 2013, n. 119.
[4] Parole aggiunte dall'art. 9, c. 1, lett. *b*), D.L. 14 ago. 2013, n. 93, conv. con modif. in L. 15 ott. 2013, n. 119.
[5] Parole così sost. dall'art. 9, D.lgs. 10 apr. 2018, n. 36.

Riferimenti procedurali:
Arresto: No (I c.), Facol. in flagranza (II c.)
Fermo: No
Misure cautelari personali: Sì (II c.)
Autorità competente: T.m.
Procedibilità: a querela di parte; d'ufficio (se circostanze aggravanti ad effetto speciale)

640-*quater*. *Applicabilità dell'art. 322-ter.*[1] — Nei casi in cui agli artt. 640, II c., n. 1, 640-*bis* e 640-*ter*, II c., con esclusione dell'ipotesi in cui il fatto è commesso con abuso della qualità di operatore del sistema, si osservano, in quanto applicabili, le disposizioni contenute nell'art. 322-*ter*.

[1] Articolo inserito dall'art. 3, c. 2, L. 29 set. 2000, n. 300. Le disposizioni del predetto articolo non si applicano ai reati ivi previsti commessi anteriormente all'entrata in vigore della L. 300/2000.

640-*quinquies*. *Frode informatica del soggetto che presta servizi di certificazione di firma elettronica.*[1] — Il soggetto che presta servizi di certificazione di firma elettronica, il quale, al fine di procurare a sè o ad altri un ingiusto profitto ovvero di arrecare ad altri danno, viola gli obblighi previsti dalla legge per il rilascio di un certificato qualificato, è punito con la reclusione fino a tre anni e con la multa da euro 51 a 1.032 euro.

[1] Articolo inserito dall'art. 5, comma 3, della L. 18 mar. 2008, n. 48.

Riferimenti procedurali:
Arresto: No
Fermo: No
Misure cautelari personali: No
Autorità competente: T.m.
Procedibilità: d'ufficio

641. *Insolvenza fraudolenta.* — Chiunque, dissimulando il proprio stato d'insolvenza, contrae un'obbligazione col proposito di non adempierla è punito, a querela della persona offesa, qualora la obbligazione non sia adempiuta, con la reclusione fino a due anni o con la multa fino a euro 516.

L'adempimento della obbligazione avvenuto prima della condanna estingue il reato.

Riferimenti procedurali:
Arresto: No
Fermo: No
Misure cautelari personali: No
Autorità competente: T.m.
Procedibilità: a querela di parte

642. *Fraudolento danneggiamento dei beni assicurati e mutilazione fraudolenta della propria persona.*[1] — Chiunque, al fine di conseguire per sé o per altri l'indennizzo di una assicurazione o comunque un vantaggio derivante da un contratto di assicurazione, distrugge, disperde, deteriora od occulta cose di sua proprietà, falsifica o altera una polizza o la documentazione richiesta per la stipulazione di un contratto di assicurazione è punito con la reclusione da uno a cinque anni.[2]

Alla stessa pena soggiace chi al fine predetto cagiona a se stesso una lesione personale o aggrava le conseguenze della lesione personale prodotta da un infortunio o denuncia un sinistro non accaduto ovvero distrugge, falsifica, altera o precostituisce elementi di prova o documentazione relativi al sinistro. Se il colpevole consegue l'intento la pena è aumentata. Si procede a querela di parte.

Le disposizioni di cui al presente articolo si applicano anche se il fatto è commesso all'estero in danno di un assicuratore italiano, che eserciti la sua attività nel territorio dello stato. Il delitto è punibile a querela della persona offesa.

[1] Articolo così sostituito dall'art. 24 della L. 12 dic. 2002, n. 273.

[2] Comma così modif. dall'art. 33, c. 1-*bis*, D.L.24 gen. 2012, n. 1, conv. con modif. in L. 24 mar. 2012, n. 27.

Riferimenti procedurali:
Arresto: Facol. in flagranza
Fermo: No
Misure cautelari personali: Sì
Autorità competente: T.m.
Procedibilità: d'ufficio, a querela di parte (II e III c.)

643. *Circonvenzione di persone incapaci.* — Chiunque, per procurare a sè o ad altri un profitto, abusando dei bisogni, delle passioni o della inesperienza di una persona minore, ovvero abusando dello stato d'infermità o deficienza psichica di una persona, anche se non interdetta o inabilitata, la induce a compiere un atto, che importi qualsiasi effetto giuridico per lei o per altri dannoso, è punito con la reclusione da due a sei anni e con la multa da euro 206 a euro 2.065.

Riferimenti procedurali:
Arresto: Facol. in flagranza
Fermo: No
Misure cautelari personali: Sì
Autorità competente: T.m.
Procedibilità: d'ufficio

644. *Usura.*[1] — Chiunque, fuori dei casi previsti dall'art. 643 si fa dare o promettere, sotto qualsiasi forma, per sè o per altri, in corrispettivo di una prestazione di denaro o di altra utilità, interessi o altri vantaggi usurari, è punito con la reclusione da due a dieci anni e con la multa da euro 5.000 a euro 30.000.[2]

Alla stessa pena soggiace chi, fuori del caso di concorso nel delitto previsto dal primo comma, procura a taluno una somma di denaro o altra utilità facendo dare o promettere, a sè o ad altri, per la mediazione, un compenso usurario.

La legge stabilisce il limite oltre il quale gli interessi sono sempre usurari.

Sono altresì usurari gli interessi, anche se inferiori a tale limite, e gli altri vantaggi o compensi che, avuto riguardo alle concrete modalità del fatto e al tasso medio praticato per operazioni similari, risultano comunque sproporzionati rispetto alla prestazione di denaro o di altra utilità, ovvero all'opera di mediazione, quando chi li ha dati o promessi si trova in condizioni di difficoltà economica o finanziaria.

Per la determinazione del tasso di interesse usurario si tiene conto delle commissioni, remunerazioni a qualsiasi titolo e delle spese, escluse quelle per imposte e tasse, collegate alla erogazione del credito.

Le pene per i fatti di cui al primo e secondo comma sono aumentate da un terzo alla metà:

1) se il colpevole ha agito nell'esercizio di una attività professionale, bancaria o di intermediazione finanziaria mobiliare;

2) se il colpevole ha richiesto in garanzia parteci-

pazioni o quote societarie o aziendali o proprietà immobiliari;

3) se il reato è commesso in danno di chi si trova in stato di bisogno;

4) se il reato è commesso in danno di chi svolge attività imprenditoriale, professionale o artigianale;

5) se il reato è commesso da persona sottoposta con provvedimento definitivo alla misura di prevenzione della sorveglianza speciale durante il periodo previsto di applicazione e fino a tre anni dal momento in cui è cessata l'esecuzione.

Nel caso di condanna, o di applicazione di pena ai sensi dell'art. 444 del C.p.p., per uno dei delitti di cui al presente articolo, è sempre ordinata la confisca dei beni che costituiscono prezzo o profitto del reato ovvero di somme di denaro, beni e utilità di cui il reo ha la disponibilità anche per interposta persona per un importo pari al valore degli interessi o degli altri vantaggi o compensi usurari, salvi i diritti della persona offesa dal reato alle restituzioni e al risarcimento dei danni.

[1] Articolo così sost. dall'art. 1 della L. 7 mar. 1996, n. 108. In base all'art. 1, comma 1, del D.L. 29 dic. 2000, n. 394, conv. in L. 28 feb. 2001, n. 24 "ai fini dell'applicazione dell'art. 644 c.p. e 1815 c.c., si intendono usurari gli interessi che superano il limite stabilito dalla legge nel momento in cui essi sono promessi o comunque convenuti, a qualunque titolo, indipendentemente dal momento del loro pagamento".

[2] Parole così sost. dall'art. 2 della L. 5 dic. 2005, n. 251.

Riferimenti procedurali:
Arresto: Facol. in flagranza
Fermo: No, Sì (ipotesi aggravate)
Misure cautelari personali: Sì
Autorità competente: T.c.
Procedibilità: d'ufficio

644-*bis*. *Usura impropria.*[1]

[1] Articolo abrog. dall'art. 1, L. 7 mar. 1996, n. 108.

644-*ter*. *Prescrizione del reato di usura.*[1] — La prescrizione del reato di usura decorre dal giorno dell'ultima riscossione sia degli interessi che del capitale.

[1] Articolo ins. dall'art. 11, L. 7 mar. 1996, n. 108.

645. *Frode in emigrazione.*[1] — Chiunque, con mendaci asserzioni o con false notizie, eccitando taluno ad emigrare, o avviandolo a paese diverso da quello nel quale voleva recarsi, si fa consegnare o promettere, per sé o per altri, denaro o altra utilità, come compenso per farlo emigrare, è punito con la reclusione da uno a cinque anni e con la multa da euro 309 a euro 1.032.

La pena è aumentata se il fatto è commesso a danno di due o più persone.

[1] V. T.U.L. P.S. art. 158 e L. 24 lug. 1930, n. 1278.

Riferimenti procedurali:
Arresto: Facol. in flagranza
Fermo: No
Misure cautelari personali: Sì
Autorità competente: T.m.
Procedibilità: d'ufficio

646. *Appropriazione indebita.* — Chiunque, per procurare a sé o ad altri un ingiusto profitto, si appropria il denaro o la cosa mobile altrui di cui abbia, a qualsiasi titolo, il possesso, è punito, a querela della persona offesa, con la reclusione da due a cinque anni e con la multa da euro 1.000 a euro 3.000.[1]

Se il fatto è commesso su cose possedute a titolo di deposito necessario[2], la pena è aumentata.

[Si procede d'ufficio se ricorre la circostanza indicata nel capoverso precedente o taluna delle circostanze indicate nel n. 11 dell'art. 61.][3]

[1] Parole così sost. dall'art. 1, c. 1, lett. *u*), L. 9 gen. 2019, n. 3.

[2] Il vigente c.c. non definisce il deposito necessario, come invece faceva il c.c. del 1865, per il quale (art. 1864) «il deposito necessario è quello a cui uno è costretto da qualche accidente, come un incendio, una rovina, un saccheggio, un naufragio o altro avvenimento non preveduto».

[3] Comma abrog. dall'art. 10, D.lgs. 10 apr. 2018, n. 36.

Riferimenti procedurali:
Arresto: Facol. in flagranza
Fermo: No
Misure cautelari personali: Sì (misure coercitive)
Autorità competente: T.m.
Procedibilità: a querela di parte, d'ufficio (se circostanze aggravanti ad effetto speciale)

647. *Appropriazione di cose smarrite, del tesoro o di cose avute per errore o caso fortuito.*[1] — [È punito a querela della persona offesa, con la reclusione fino a un anno o con la multa da euro 30 a euro 309:

1) chiunque, avendo trovato denaro o cose da altri smarrite, se li appropria, senza osservare le prescrizioni della legge civile sull'acquisto della proprietà di cose trovate;

2) chiunque, avendo trovato un tesoro, si appropria, in tutto o in parte, la quota dovuta al proprietario del fondo;

3) chiunque si appropria cose, delle quali sia venuto in possesso per errore altrui o per caso fortuito.

Nei casi preveduti dai num. 1 e 3, se il colpevole conosceva il proprietario della cosa che si è appropriata, la pena è della reclusione fino a due anni e della multa fino a euro 309.]

[1] Articolo abrogato dall'art.1, D.lgs. 15 gen 2016, n. 7. Ai sensi dell'art. 4 del medesimo D.lgs. 7/2016 «chi, avendo trovato denaro o cose da altri smarrite, se ne appropria, senza osservare le prescrizioni della legge civile sull'acquisto della proprietà di cose trovate; chi, avendo trovato un tesoro, si appropria, in tutto o in parte, della quota dovuta al proprietario del fondo; chi si appropria di cose delle quali sia venuto in possesso per errore altrui o per caso fortuito autore soggiace alla sanzione pecuniaria civile da euro 100 a euro 8.000.».

648. *Ricettazione.*[1] — Fuori dei casi di concorso nel reato, chi, al fine di procurare a sé o ad altri un profitto, acquista, riceve od occulta denaro o cose provenienti da un qualsiasi delitto, o comunque s'intromette nel farli acquistare, ricevere od occultare, è punito con la reclusione da due ad otto anni e con la multa da euro 516 a euro 10.329. La pena è aumentata quando il fatto riguarda denaro o cose provenienti da delitti di rapina aggravata ai sensi dell'articolo 628, terzo comma, di estorsione aggravata ai sensi dell'articolo 629, secondo comma, ovvero di furto aggravato ai sensi dell'articolo 625, primo comma, n. 7-*bis*).[2]

La pena è della reclusione da uno a quattro anni e della multa da euro 300 a euro 6.000 quando il fatto riguarda denaro o cose provenienti da contravvenzione punita con l'arresto superiore nel massimo a un anno o nel minimo a sei mesi.[3]

La pena è aumentata se il fatto è commesso nell'esercizio di un'attività professionale.[3]

Se il fatto è di particolare tenuità, si applica la pena della reclusione sino a sei anni e della multa sino a euro 1.000 nel caso di denaro o cose provenienti da delitto e la pena della reclusione sino a tre anni e della multa sino a euro 800 nel caso di denaro o cose provenienti da contravvenzione.[4]

Le disposizioni di questo articolo si applicano anche quando l'autore del reato[5], da cui il denaro o le cose provengono, non è imputabile o non è punibile ovvero quando manchi una condizione di procedibilità riferita a tale reato[5].[6]

[1] Articolo così sost. dall'art. 15, L. 22 mag. 1975, n. 152.
[2] Periodo aggiunto dall'art. 8, D.L. 14 ago. 2013, n. 93, conv. con modif. in L. 15 ott. 2013, n. 119.
[3] Comma ins. dall'art. 1, D.lgs. 8 nov. 2021, n. 195.
[4] Comma così sost. dall'art. 1, D.lgs. 8 nov. 2021, n. 195.
[5] Parola così sost. dall'art. 1, D.lgs. 8 nov. 2021, n. 195.
[6] Così l'art. 3, L. 9 ago. 1993, n. 328, di ratifica della *Convenzione sul riciclaggio, la ricerca, il sequestro e la confisca dei proventi di reato.*

Riferimenti procedurali:
Arresto: Facol. in flagranza, Obblig. (se ipotesi aggravata)
Fermo: Sì (I c.), No (IV c.)
Misure cautelari personali: Sì
Autorità competente: T.m.
Procedibilità: d'ufficio

648-*bis*. *Riciclaggio.*[1,2] — Fuori dei casi di concorso nel reato, chiunque sostituisce o trasferisce denaro, beni o altre utilità provenienti da delitto [non colposo][3], ovvero compie in relazione ad essi altre operazioni, in modo da ostacolare l'identificazione della loro provenienza delittuosa, è punito con la reclusione da quattro a dodici anni e con la multa da euro 5.000 a euro 25.000.[4]

La pena è della reclusione da due a sei anni e della multa da euro 2.500 a euro 12.500 quando il fatto riguarda denaro o cose provenienti da contravvenzione punita con l'arresto superiore nel massimo a un anno o nel minimo a sei mesi.[5]

La pena è aumentata quando il fatto è commesso nell'esercizio di un'attività professionale.

La pena è diminuita se il denaro, i beni o le altre utilità provengono da delitto per il quale è stabilita la pena della reclusione inferiore nel massimo a cinque anni.

Si applica l'ultimo comma dell'art. 648.

[1] Articolo ins. dal D.L. 21 mar. 1978, n. 59 e quindi sost. dall'art. 23 della L. 19 mar. 1990, n. 55, nonché da ultimo dall'art. 4 della L. 9 ago. 1993, n. 328, per cui v. nota 2 all'art. 648.
[2] Ai sensi dell'art. 71 del D.lgs. 6 dic. 2011, n. 159 (codice delle leggi antimafia) le pene stabilite per i delitti previsti da questo art. sono aumentate da un terzo alla metà se il fatto è commesso da persona sottoposta con provvedimento definitivo ad una misura di prevenzione personale durante il periodo previsto di applicazione e fino a tre anni dal momento in cui ne è cessata l'esecuzione. Si procede d'ufficio e se i delitti di cui al c. 1 dell'art. 71, per i quali è consentito l'arresto in fragranza, sono commessi da persone sottoposte alla misura di prevenzione, la polizia giudiziaria può procedere all'arresto anche fuori dai casi di flagranza. Alla pena è aggiunta una misura di sicurezza detentiva.
[3] Parole soppresse dall'art. 1, D.lgs. 8 nov. 2021, n. 195.
[4] Comma così modif. dall'art. 3, c. 1, L. 15 dic. 2014, n. 186.
[5] Comma ins. dall'art. 1, D.lgs. 8 nov. 2021, n. 195.

Riferimenti procedurali:
Arresto: Facol. in flagranza
Fermo: Sì, No (II c.)
Misure cautelari personali: Sì
Autorità competente: T.c.
Procedibilità: d'ufficio

648-*ter*. *Impiego di denaro, beni o utilità di provenienza illecita.*[1,2] — Chiunque, fuori dei casi di concorso nel reato e dei casi previsti dagli artt. 648 e 648-*bis*, impiega in attività economiche o finanziarie denaro, beni o altre utilità provenienti da delitto, è punito con la reclusione da quattro a dodici anni e con la multa da euro 5.000 a euro 25.000.[3]

La pena è della reclusione da due a sei anni e della multa da euro 2.500 a euro 12.500 quando il fatto riguarda denaro o cose provenienti da contravvenzione punita con l'arresto superiore nel massimo a un anno o nel minimo a sei mesi.[4]

La pena è aumentata quando il fatto è commesso nell'esercizio di un'attività professionale.

La pena è diminuita nell'ipotesi di cui al quarto[5] comma dell'art. 648.

Si applica l'ultimo comma dell'art. 648.

[1] Articolo ins. dall'art. 24, L. 19 mar. 1990, n. 55 e così sost. dall'art. 5, L. 9 ago. 1993, n. 328.
[2] Ai sensi dell'art. 71, D.lgs. 6 dic. 2011, n. 159 (codice delle leggi antimafia) le pene stabilite per i delitti previsti da questo art. sono aumentate da un terzo alla metà se il fatto è commesso da persona sottoposta con provvedimento definitivo ad una misura di prevenzione personale durante il periodo previsto di applicazione e fino a tre anni dal momento in cui ne è cessata l'esecuzione. Si procede d'ufficio e se i delitti di cui al c. 1 dell'art. 71, per i quali è consentito l'arresto in fragranza, sono commessi da persone sottoposte alla misura di prevenzione, la polizia giudiziaria può procedere all'arresto anche fuori dai casi di flagranza. Alla pena è aggiunta una misura di sicurezza detentiva.

[3] Comma così modif. dall'art. 3, c. 2, L. 15 dic. 2014, n. 186.
[4] Comma ins. dall'art. 1, D.lgs. 8 nov. 2021, n. 195.
[5] Parola così modif. dall'art. 1, D.lgs. 8 nov. 2021, n. 195.

Riferimenti procedurali:
Arresto: Facol. in flagranza
Fermo: Sì, No (II c.)
Misure cautelari personali: Sì
Autorità competente: T.c.
Procedibilità: d'ufficio

648-*ter*.1. ***Autoriciclaggio.***[1] — Si applica la pena della reclusione da due a otto anni e della multa da euro 5.000 a euro 25.000 a chiunque, avendo commesso o concorso a commettere un delitto [non colposo][2], impiega, sostituisce, trasferisce, in attività economiche, finanziarie, imprenditoriali o speculative, il denaro, i beni o le altre utilità provenienti dalla commissione di tale delitto, in modo da ostacolare concretamente l'identificazione della loro provenienza delittuosa.

La pena è della reclusione da uno a quattro anni e della multa da euro 2.500 a euro 12.500 quando il fatto riguarda denaro o cose provenienti da contravvenzione punita con l'arresto superiore nel massimo a un anno o nel minimo a sei mesi.[3]

La pena è diminuita se il denaro, i beni o le altre utilità provengono da delitto per il quale è stabilita la pena della reclusione inferiore nel massimo a cinque anni.[4]

Si applicano comunque le pene previste dal primo comma se il denaro, i beni o le altre utilità provengono da un delitto commesso con le condizioni o le finalità di cui all'articolo 416 *bis*.1.[5]

Fuori dei casi di cui ai commi precedenti, non sono punibili le condotte per cui il denaro, i beni o le altre utilità vengono destinate alla mera utilizzazione o al godimento personale.

La pena è aumentata quando i fatti sono commessi nell'esercizio di un'attività bancaria o finanziaria o di altra attività professionale.

La pena è diminuita fino alla metà per chi si sia efficacemente adoperato per evitare che le condotte siano portate a conseguenze ulteriori o per assicurare le prove del reato e l'individuazione dei beni, del denaro e delle altre utilità provenienti dal delitto.

Si applica l'ultimo comma dell'articolo 648.

[1] Articolo ins. dall'art. 3, c. 3, L. 15 dic. 2014, n. 186.
[2] Parole soppresse dall'art. 1, D.lgs. 8 nov. 2021, n. 195.
[3] Comma ins. dall'art. 1, D.lgs. 8 nov. 2021, n. 195.
[4] Comma così sost. dall'art. 1, D.lgs. 8 nov. 2021, n. 195.
[5] Comma così modif. dall'art. 1, D.lgs. 8 nov. 2021, n. 195.

Riferimenti procedurali:
Arresto: Facol. in flagranza
Fermo: Sì, No (II c.)
Misure cautelari personali: Sì
Autorità competente: T.m.
Procedibilità: d'ufficio

648-*quater*. ***Confisca.***[1] — Nel caso di condanna o di applicazione della pena su richiesta delle parti, a norma dell'art. 444 del codice di procedura penale, per uno dei delitti previsti dagli articoli 648-*bis*, 648-*ter* e 648-*ter*.1, è sempre ordinata la confisca dei beni che ne costituiscono il prodotto o il profitto, salvo che appartengano a persone estranee al reato.[2]

Nel caso in cui non sia possibile procedere alla confisca di cui al primo comma, il giudice ordina la confisca delle somme di denaro, dei beni o delle altre utilità delle quali il reo ha la disponibilità, anche per interposta persona, per un valore equivalente al prodotto, profitto o prezzo del reato.

In relazione ai reati di cui agli articoli 648-*bis*, 648-*ter* e 648-*ter*.1, il pubblico ministero può compiere, nel termine e ai fini di cui all'art. 430 del codice di procedura penale, ogni attività di indagine che si renda necessaria circa i beni, il denaro o le altre utilità da sottoporre a confisca a norma dei commi precedenti.[2]

[1] Articolo ins. dall'art. 63 (ora art. 72), c. 4, D.lgs. 21 nov. 2007, n. 231. La numerazione degli artt. del D.lgs. n. 231/2007 è stata così definita dal D.lgs. 25 mag. 2017, n. 90.
[2] Comma così modif. dall'art. 3, c. 4, L. 15 dic. 2014, n. 186.

CAPO III
Disposizioni comuni ai capi precedenti

649. ***Non punibilità e querela della persona offesa, per fatti commessi a danno di congiunti.*** — Non è punibile chi ha commesso alcuno dei fatti preveduti da questo titolo in danno:

1) del coniuge non legalmente separato;

1-*bis*) della parte dell'unione civile tra persone dello stesso sesso;[1]

2) di un ascendente o discendente o di un affine in linea retta, ovvero dell'adottante o dell'adottato;

3) di un fratello o di una sorella che con lui convivano.

I fatti preveduti da questo titolo sono punibili a querela della persona offesa, se commessi a danno del coniuge legalmente separato o della parte dell'unione civile tra persone dello stesso sesso, nel caso in cui sia stata manifestata la volontà di scioglimento dinanzi all'ufficiale dello stato civile e non sia intervenuto lo scioglimento della stessa, ovvero del fratello o della sorella che non convivano coll'autore del fatto, ovvero dello zio o del nipote o dell'affine in secondo grado con lui conviventi.[2]

Le disposizioni di questo articolo non si applicano ai delitti preveduti dagli artt. 628, 629 e 630 e ad ogni altro delitto contro il patrimonio che sia commesso con violenza alle persone.

[1] Numero ins. dall'art. 1, D.lgs. 19 gen. 2017, n. 6.
[2] Comma così modif. dall'art. 1, D.lgs. 19 gen. 2017, n. 6.

CAPO III-*bis*

Disposizioni comuni sulla procedibilità[1]

[1] Capo ins. dall'art. 11, D.lgs. 10 apr. 2018, n. 36.

649-*bis*. *Casi di procedibilità d'ufficio.*[1] — Per i fatti perseguibili a querela preveduti dagli articoli 640, terzo comma, 640-*ter*, quarto comma, e per i fatti di cui all'articolo 646, secondo comma, o aggravati dalle circostanze di cui all'articolo 61, primo comma, numero 11, si procede d'ufficio qualora ricorrano circostanze aggravanti ad effetto speciale ovvero se la persona offesa è incapace per età o per infermità o se il danno arrecato alla persona offesa è di rilevante gravità[2].

[1] Articolo ins. dall'art. 11, D.lgs. 10 apr. 2018, n. 36.

[2] Parole aggiunte dall'art. 1, c. 1, lett. *v*), L. 9 gen. 2019, n. 3.

LIBRO TERZO

DELLE CONTRAVVENZIONI IN PARTICOLARE[1]

[1] Relativamente alle contravvenzioni, la competenza è sempre del tribunale monocratico, escluse quelle previste dagli artt. 689, 690, 691, 726 c. 1 e 731, di competenza del giudice di pace. La procedibilità è d'ufficio. Il termo e l'arresto non sono consentiti.

TITOLO I
Delle contravvenzioni di polizia

CAPO I
Delle contravvenzioni concernenti la polizia di sicurezza

SEZIONE I
Delle contravvenzioni concernenti l'ordine pubblico e la tranquillità pubblica

§ 1.
Delle contravvenzioni concernenti l'inosservanza dei provvedimenti di polizia e le manifestazioni sediziose e pericolose

650. ***Inosservanza dei provvedimenti dell'Autorità.*** — Chiunque non osserva un provvedimento legalmente dato dall'Autorità per ragione di giustizia o di sicurezza pubblica, o di ordine pubblico o d'igiene, è punito, se il fatto non costituisce un più grave reato, con l'arresto fino a tre mesi o con l'ammenda fino a euro 206.

651. ***Rifiuto d'indicazioni sulla propria identità personale.*** — Chiunque, richiesto da un pubblico ufficiale nell'esercizio delle sue funzioni, rifiuta di dare indicazioni sulla propria identità personale, sul proprio stato, o su altre qualità personali, è punito con l'arresto fino a un mese o con l'ammenda fino a euro 206.

652. ***Rifiuto di prestare la propria opera in occasione di un tumulto.***[1] — Chiunque, in occasione di un tumulto o di un pubblico infortunio o di un comune pericolo, ovvero nella flagranza di un reato, rifiuta, senza giusto motivo, di prestare il proprio aiuto o la propria opera, ovvero di dare le informazioni o le indicazioni che gli siano richieste da un pubblico ufficiale o da una persona incaricata di un pubblico servizio, nell'esercizio delle funzioni o del servizio, è soggetto alla sanzione amministrativa pecuniaria da euro 5.000 a euro 15.000.

Se il colpevole dà informazioni o indicazioni mendaci, è soggetto alla sanzione amministrativa pecuniaria da euro 6.000 a euro 18.000.

[1] Articolo così modif. dall'art. 2, c. 3, D.lgs. 15 gen. 2016, n. 8.

653. ***Formazione di corpi armati non diretti a commettere reati.*** — Chiunque, senza autorizzazione, forma un corpo armato non diretto a commettere reati è punito con l'arresto fino a un anno.

654. ***Grida e manifestazioni sediziose.*** — Chiunque, in una riunione che non sia da considerare privata a norma del n. 3 dell'art. 266 ovvero in un luogo pubblico, aperto o esposto al pubblico, compie manifestazioni o emette grida sediziose è punito, se il fatto non costituisce reato, con la sanzione amministrativa pecuniaria da euro 103 a euro 619[1].

[1] Parole così sostituite dall'art. 45 del D.lgs. 30 dic. 1999, n. 507.

655. ***Radunata sediziosa.*** — Chiunque fa parte di una radunata sediziosa di dieci o più persone è punito, per il solo fatto della partecipazione, con l'arresto fino a un anno.

Se chi fa parte della radunata è armato, la pena è dell'arresto non inferiore a sei mesi.

Non è punibile chi, prima dell'ingiunzione della Autorità, o per obbedire ad essa, si ritira dalla radunata.

656. ***Pubblicazione o diffusione di notizie false, esagerate o tendenziose, atte a turbare l'ordine pubblico.*** — Chiunque pubblica o diffonde notizie false, esagerate o tendenziose, per le quali possa essere turbato l'ordine pubblico, è punito, se il fatto non costituisce un più grave reato, con l'arresto fino a tre mesi o con l'ammenda fino a euro 309.

657. [***Grida o notizie atte a turbare la tranquillità pubblica o privata.***][1]

[1] Articolo abrog. dall'art. 18, L. 25 giu. 1999, n. 205.

658. ***Procurato allarme presso l'Autorità.*** — Chiunque, annunziando disastri, infortuni o pericoli inesistenti, suscita allarme presso l'Autorità, o presso enti o persone che esercitano un pubblico servizio, è punito con l'arresto fino a sei mesi o con l'ammenda da euro 10 a euro 516.

659. ***Disturbo delle occupazioni o del riposo delle persone.*** — Chiunque, mediante schiamazzi o rumori, ovvero abusando di strumenti sonori o di segnalazioni acustiche, ovvero suscitando o non impedendo strepiti di animali, disturba le occupazioni o il riposo delle persone, ovvero gli spettacoli, i ritrovi o i trattenimenti pubblici, è punito con l'arresto fino a tre mesi o con l'ammenda fino a euro 309.

Si applica l'ammenda da euro 103 a euro 516 a chi esercita una professione o un mestiere rumoroso contro le disposizioni della legge o le prescrizioni dell'Autorità.

660. ***Molestie o disturbo alle persone.*** — Chiunque, in un luogo pubblico o aperto al pubblico, ovvero col mezzo del telefono, per petulanza o per altro biasimevole motivo, reca a taluno molestia o disturbo è punito con l'arresto fino a sei mesi o con l'ammenda fino a euro 516.[1]

[1] Per l'abuso del telefono v. art. 286 del codice postale, approvato con D.P.R. 29 mar. 1973, n. 156.

661. ***Abuso della credulità popolare.***[1] — Chiunque, pubblicamente, cerca con qualsiasi impostura, anche gratuitamente, di abusare della credulità popolare è soggetto, se dal fatto può derivare un turbamento dell'ordine pubblico, alla sanzione amministrativa pecuniaria da euro 5.000 a euro 15.000.

[1] Articolo così modif. dall'art. 2, c. 4, D.lgs. 15 gen. 2016, n. 8.

§ 2.

Delle contravvenzioni concernenti
la vigilanza sui mezzi di pubblicità

662. [***Esercizio abusivo dell'arte tipografica***].[1]

[1] Articolo abrog. con D.lgs. 13 lug. 1994, n. 480, art. 13.

663. ***Vendita, distribuzione o affissione abusiva di scritti o disegni.*** — Chiunque, in un luogo pubblico o aperto al pubblico, vende o distribuisce o mette comunque in circolazione scritti o disegni, senza avere ottenuto l'autorizzazione richiesta dalla legge, è punito con la sanzione amministrativa pecuniaria da euro 103 a euro 309.[1]

Alla stessa sanzione soggiace chiunque, senza licenza dell'Autorità o senza osservarne le prescrizioni, in un luogo pubblico, aperto o esposto al pubblico, affigge scritti o disegni, o fa uso di mezzi luminosi o acustici per comunicazioni al pubblico, o comunque colloca iscrizioni o disegni.[2]

Le disposizioni dei commi 1 e 2 non si applicano all'affissione di scritti o disegni fuori dai luoghi destinati dall'autorità competente.[3]

[1] Parole così sostituite dall'art. 46 del D.lgs. 30 dic. 1999, n. 507.

[2] La Corte cost., con sent. 14 giu. 1956, n. 1, ha dichiarato l'ill. cost. delle disposizioni dell'art. 663 c.p. solo in quanto riferibili al precetto dell'art. 113 della legge di P.S. V. nota ivi.

[3] Ultimo comma introdotto dall'art. 8 del D.lgs. 13 lug. 1994, n. 480.

663-*bis*. ***Divulgazione di stampa clandestina.***[1] — Salvo che il fatto costituisca reato, chiunque in qualsiasi modo divulga stampe o stampati pubblicati senza l'osservanza delle prescrizioni di legge sulla pubblicazione e diffusione della stampa periodica e non periodica, è punito con la sanzione amministrativa pecuniaria da euro 103 a euro 619.

Per le violazioni di cui al presente articolo non è ammesso il pagamento in misura ridotta previsto dall'art. 16 della L. 24 nov. 1981, n. 689.

[1] Articolo così modif. dall'art. 47, D.lgs. 30 dic. 1999, n. 507.

664. ***Distruzione o deterioramento di affissioni.***[1] — Chiunque stacca, lacera o rende comunque inservibili o illeggibili scritti o disegni, fatti affiggere dalle Autorità civili o da quelle ecclesiastiche, è punito con la sanzione amministrativa pecuniaria da euro 77 a euro 464.

Se si tratta di scritti o disegni fatti affiggere da privati, nei luoghi e nei modi consentiti dalla legge o dall'Autorità,[2] si applica la sanzione amministrativa pecuniaria da euro 51 a euro 309.

[1] Articolo così sostituito dall'art. 48 del D.lgs. 30 dic. 1999, n. 507.

[2] V. art. 20 L. 8 feb. 1948, n. 47.

§ 3.

Delle contravvenzioni concernenti la vigilanza
su talune industrie e sugli spettacoli pubblici

665. [***Agenzie di affari ed esercizi pubblici non autorizzati o vietati***].[1]

[1] Articolo abrog. dall'art. 13, D.lgs. 13 lug. 1994, n. 480.

666. ***Spettacoli o trattenimenti pubblici senza licenza.***[1] — Chiunque, senza la licenza dell'Autorità, in un luogo pubblico o aperto o esposto al pubblico, dà spettacoli o trattenimenti di qualsiasi natura, o apre circoli o sale da ballo o di audizione, è punito con la sanzione amministrativa pecuniaria da euro 258 a euro 1.549.

Se la licenza è stata negata, revocata o sospesa si applica la sanzione amministrativa pecuniaria da euro 413 a euro 2.478. È sempre disposta la cessazione dell'attività svolta in difetto di licenza. Se l'attività è svolta in locale per il quale è stata rilasciata autorizzazione o altro titolo abilitativo all'esercizio di diversa attività, nel caso di reiterazione delle violazioni di cui al primo comma è disposta altresì la chiusura del locale per un periodo non superiore a sette giorni.[2]

Per le violazioni previste dal presente articolo non è ammesso il pagamento in misura ridotta a norma dell'art. 16 della L. 24 nov. 1981, n. 689.[2]

[1] Articolo così modif. dall'art. 49, D.lgs. 30 dic. 1999, n. 507.

[2] Commi aggiunti dall'art. 49, D.lgs. 30 dic. 1999, n. 507.

667. [***Esecuzione abusiva di azioni destinate a essere riprodotte col cinematografo***].[1]

[1] Articolo abrog. dall'art. 13, D.lgs. 13 lug. 1994, n. 480.

668. ***Rappresentazioni teatrali o cinemato-***

grafiche abusive.[1] — Chiunque recita in pubblico drammi o altre opere, ovvero dà in pubblico produzioni teatrali di qualunque genere, senza averli prima comunicati all'Autorità, è soggetto alla sanzione amministrativa pecuniaria da euro 5.000 a euro 15.000.

Alla stessa sanzione soggiace chi fa rappresentare in pubblico opere cinematografiche, non sottoposte prima alla revisione dell'Autorità o non sottoposte a classificazione o senza rispettare la classificazione verificata dalla Commissione per la classificazione delle opere cinematografiche.[2]

Se il fatto è commesso contro il divieto dell'Autorità si applica la sanzione amministrativa pecuniaria da euro 10.000 a euro 30.000.

Il fatto si considera commesso in pubblico se ricorre taluna delle circostanze indicate nei num. 2 e 3 dell'art. 266.

[1] Articolo così modif. dall'art. 2, c. 5, D.lgs. 15 gen. 2016, n. 8.

[2] Comma così modif. dall'art. 13, c. 3, D.lgs. 7 dic. 2017, n. 203, a decorrere dalla data di adozione del regolamento di funzionamento della Commissione di cui al D.lgs. 203/2017.

§ 4.
Delle contravvenzioni concernenti la vigilanza sui mestieri girovaghi e la prevenzione dell'accattonaggio

669. *Esercizio abusivo di mestieri girovaghi.* — Chiunque esercita un mestiere girovago senza la licenza dell'Autorità o senza osservare le altre prescrizioni stabilite dalla legge,[1] è punito con la sanzione amministrativa da euro 10 a euro 258.

Alla stessa pena soggiace il genitore o il tutore che impiega in mestieri girovaghi un minore degli anni diciotto, senza che questi abbia ottenuto la licenza o abbia osservate le altre prescrizioni di legge.

La pena è della sanzione amministrativa da euro 10 a euro 258 e può essere ordinata la libertà vigilata:

1) se il fatto è commesso contro il divieto della legge o dell'Autorità;

2) se la persona che esercita abusivamente il mestiere girovago ha riportato una precedente condanna a pena detentiva per delitto non colposo.[2]

[1] V. T.U. di P.S. art. 121 s.; v. Regolam. P.S. art. 224 s.

[2] Il reato è stato depenalizzato dall'art. 33, L. 24 nov. 1981, n. 689, e le pene originariamente previste sono state sostituite dalla sanzione amministrativa di cui all'art. 38 della legge citata.

669-*bis*. *Esercizio molesto dell'accattonaggio.*[1] — Salvo che il fatto costituisca più grave reato, chiunque esercita l'accattonaggio con modalità vessatorie o simulando deformità o malattie o attraverso il ricorso a mezzi fraudolenti per destare l'altrui pietà è punito con la pena dell'arresto da tre a sei mesi e con l'ammenda da euro 3.000 a euro 6.000. È sempre disposto il sequestro delle cose che sono servite o sono state destinate a commettere l'illecito o che ne costituiscono il provento.

[1] Articolo ins. dall'art. 21-*quater*, c. 1, D.L. 4 ott. 2018, n. 113, conv. in L. 1 dic. 2018, n. 132 e così corretto da errata-corrige pubblicato in *G.U.* 17 dic. 2018.

670. *Mendicità.*[1]

[1] Articolo abrog. dall'art. 18, L. 25 giu. 1999, n. 205.

671. *Impiego di minori nell'accattonaggio.*[1]

[1] Articolo abrog. dall'art. 3, c. 19, lett. *d)* L. 15 lug. 2009, n. 94.

SEZIONE II
Delle contravvenzioni concernenti l'incolumità pubblica

§ 1.
Delle contravvenzioni concernenti l'incolumità delle persone nei luoghi di pubblico transito o nelle abitazioni

672. *Omessa custodia e malgoverno di animali.* — Chiunque lascia liberi, o non custodisce con le debite cautele, animali pericolosi da lui posseduti, o ne affida la custodia a persona inesperta, è punito con la sanzione amministrativa da euro 25 a euro 258.[1]

Alla stessa pena soggiace:

1) chi, in luoghi aperti, abbandona a sè stessi animali da tiro, da soma o da corsa, o li lascia comunque senza custodia, anche se non siano disciolti, o li attacca o conduce in modo da esporre a pericolo l'incolumità pubblica, ovvero li affida a persona inesperta;

2) chi aizza o spaventa animali, in modo da mettere in pericolo l'incolumità delle persone.

[1] Il reato è stato depenalizzato dall'art. 33 della L. 24 nov. 1981, n. 689, e le pene originariamente previste sono state sostituite dalla sanzione amministrativa di cui all'art. 38 della legge citata.

673. *Omesso collocamento o rimozione di segnali o ripari.* — Chiunque omette di collocare i segnali o i ripari prescritti dalla legge o dall'Autorità per impedire pericoli alle persone in un luogo di pubblico transito, ovvero rimuove i segnali o i ripari suddetti, o spegne i fanali collocati come segnali, è punito con l'arresto fino a tre mesi o con l'ammenda fino a euro 516.

Alla stessa pena soggiace chi rimuove apparecchi o segnali diversi da quelli indicati nella disposizione precedente e destinati a un servizio pubblico o di pubblica necessità, ovvero spegne i fanali della pubblica illuminazione.

674. *Getto pericoloso di cose.* — Chiunque getta o versa, in un luogo di pubblico transito o in un luogo privato ma di comune o di altrui uso, cose atte a offendere o imbrattare o molestare persone, ovvero, nei casi non consentiti dalla legge, provoca emissioni di gas, di vapori o di fumo, atti a cagionare tali effetti, è punito con l'arresto fino a un mese o con l'ammenda fino a euro 206.

675. ***Collocamento pericoloso di cose.*** — Chiunque, senza le debite cautele, pone o sospende cose, che, cadendo in un luogo di pubblico transito, o in un luogo privato ma di comune o di altrui uso, possano offendere o imbrattare o molestare persone, è punito con la sanzione amministrativa pecuniaria da euro 103 a euro 619.[1]

[1] Parole così sostituite dall'art. 50 del D.lgs. 30 dic. 1999, n. 507.

676. ***Rovina di edifici o di altre costruzioni.*** — Chiunque ha avuto parte nel progetto o nei lavori concernenti un edificio o un'altra costruzione, che poi, per sua colpa, rovini, è punito con la sanzione amministrativa pecuniaria da euro 154 a euro 929.[1]

Se dal fatto è derivato pericolo alle persone, la pena è dell'arresto fino a sei mesi ovvero dell'ammenda non inferiore a euro 309.

[1] Parole così sostituite dall'art. 51 del D.lgs. 30 dic. 1999, n. 507.

677. ***Omissione di lavori in edifici o costruzioni che minacciano rovina.*** — Il proprietario di un edificio o di una costruzione che minacci rovina ovvero chi è per lui obbligato alla conservazione o alla vigilanza dell'edificio o della costruzione, il quale omette di provvedere ai lavori necessari per rimuovere il pericolo, è punito con la sanzione amministrativa pecuniaria da euro 154 a euro 929.[1]

La stessa sanzione si applica a chi,[2] avendone l'obbligo, omette di rimuovere il pericolo cagionato dall'avvenuta rovina di un edificio o di una costruzione.

Se dai fatti preveduti dalle disposizioni precedenti deriva pericolo per le persone, la pena è dell'arresto fino a sei mesi o dell'ammenda non inferiore a euro 309.

[1,2] Parole così sostituite dall'art. 52 del D.lgs. 30 dic. 1999, n. 507.

§ 2.

Delle contravvenzioni concernenti la prevenzione di infortuni nelle industrie o nella custodia di materie esplodenti

678. ***Fabbricazione o commercio abusivi di materie esplodenti.*** — Chiunque, senza la licenza dell'Autorità o senza le prescritte cautele,[1] fabbrica o introduce nello Stato, ovvero tiene in deposito o vende o trasporta materie esplodenti o sostanze destinate alla composizione o alla fabbricazione di esse, è punito con l'arresto fino a sei mesi e con l'ammenda fino a euro 247.[2]

[1] V. T.U. di P.S. artt. 46-59.

[2] V. l'art. 34 della L. 8 apr. 1975, n. 110, e l'art. 113 della L. 24 nov. 1981, n. 689. Ai sensi dell'art. 34 L. 8 apr. 1975, *cit.* "In ogni caso l'arresto non può essere inferiore a tre mesi".

678-*bis*. ***Detenzione abusiva di precursori di esplosivi.***[1] — [Chiunque, senza averne titolo, introduce nel territorio dello Stato, detiene, usa o mette a disposizione di privati le sostanze o le miscele che le contengono indicate come precursori di esplosivi nell'allegato I del regolamento (CE) n. 98/2013 del Parlamento europeo e del Consiglio, del 15 gennaio 2013, è punito con l'arresto fino a diciotto mesi e con l'ammenda fino a euro 1.000.]

[1] Articolo abrog. dall'art. 13, L. 23 dic. 2021, n. 238, a decorrere dal 1° feb. 2022.

679. ***Omessa denuncia di materie esplodenti.*** — Chiunque omette di denunciare all'Autorità che egli detiene materie esplodenti di qualsiasi specie, ovvero materie infiammabili, pericolose per la loro qualità o quantità,[1] è punito con l'arresto fino a quattro mesi o con l'ammenda fino a euro 371.[2]

Soggiace all'ammenda fino a euro 247[2] chiunque, avendo notizia che in un luogo da lui abitato si trovano materie esplodenti, omette di farne denuncia all'Autorità.

Nel caso di trasgressione all'ordine, legalmente dato dall'Autorità, di consegnare, nei termini prescritti, le materie esplodenti, la pena è dell'arresto da un mese ad un anno o dell'ammenda euro 37 a euro 619.[2]

[1] V. T.U. di P.S. art. 38 s., e Reg. di P.S. art. 57 s.

[2] V. l'art. 34 della L. 8 apr. 1975, n. 110, e l'art. 113 della L. 24 nov. 1981, n. 689. Ai sensi dell'art. 34 L. 8 apr. 1975, *cit.* «In ogni caso l'arresto non può essere inferiore a tre mesi».

679-*bis*. ***Omissioni in materia di precursori di esplosivi.***[1] — [Chiunque omette di denunciare all'Autorità il furto o la sparizione delle materie indicate come precursori di esplosivi negli Allegati I e II del Regolamento (CE) n. 98/2013 del Parlamento europeo e del Consiglio, del 15 gennaio 2013, e di miscele o sostanze che le contengono, è punito con l'arresto fino a dodici mesi o con l'ammenda fino a euro 371.]

[1] Articolo abrog. dall'art. 13, L. 23 dic. 2021, n. 238, a decorrere dal 1° feb. 2022.

680. ***Circostanze aggravanti.*** — Le pene per le contravvenzioni prevedute dai due articoli precedenti sono aumentate se il fatto è commesso da alcuna delle persone alle quali la legge vieta di concedere la licenza, ovvero se questa è stata negata o revocata.

681. ***Apertura abusiva di luoghi di pubblico spettacolo o trattenimento.*** — Chiunque apre o tiene aperti luoghi di pubblico spettacolo, trattenimento o ritrovo, senza avere osservato le prescrizioni dell'Autorità a tutela della incolumità pubblica è punito con l'arresto fino a sei mesi e con l'ammenda non inferiore a euro 103.

SEZIONE III
Delle contravvenzioni concernenti la prevenzione di talune specie di reati

§ 1.
Delle contravvenzioni concernenti la tutela preventiva dei segreti

682. ***Ingresso arbitrario in luoghi, ove l'accesso è vietato nell'interesse militare dello Stato.*** — Chiunque s'introduce in luoghi, nei quali l'accesso è vietato nell'interesse militare dello Stato, è punito, se il fatto non costituisce un più grave reato, con l'arresto da tre mesi a un anno, ovvero con l'ammenda da euro 51 a euro 309.

Le disposizioni del primo comma si applicano, altresì, agli immobili adibiti a sedi di ufficio, di reparto o a deposito di materiali dell'Amministrazione della pubblica sicurezza, il cui accesso è vietato per ragioni di sicurezza pubblica.[1]

[1] Comma aggiunto dall'art. 7, c. 4, D.L. 14 ago. 2013, n. 93, conv. con modif. in L. 15 ott. 2013, n. 119.

683. ***Pubblicazione delle discussioni o delle deliberazioni segrete di una delle Camere.***[1] — Chiunque, senza autorizzazione, pubblica col mezzo della stampa, o con un altro dei mezzi indicati nell'art. 662, anche per riassunto il contenuto delle deliberazioni segrete del Senato o della Camera dei deputati è punito, qualora il fatto non costituisca un più grave reato, con l'arresto fino a trenta giorni o con l'ammenda da euro 51 a euro 258.

[1] Articolo così sost. dall'art. 44 della L. 24 nov. 1981, n. 689.

684. ***Pubblicazione arbitraria di atti di un procedimento penale.***[1] — Chiunque pubblica, in tutto o in parte, anche per riassunto o a guisa d'informazione, atti o documenti di un procedimento penale, di cui sia vietata per legge la pubblicazione, è punito con l'arresto fino a trenta giorni o con l'ammenda da euro 51 a euro 258.[2]

[1] Articolo così sost. dall'art. 45 della L. 24 nov. 1981, n. 689.
[2] V. artt. 114, 115, 329 c.p.p. e *Att.* 179 c.p.p.

685. ***Indebita pubblicazione di notizie concernenti un procedimento penale.***[1] — Chiunque pubblica i nomi dei giudici, con l'indicazione dei voti individuali che ad essi si attribuiscono nelle deliberazioni prese in un procedimento penale, è punito con l'arresto fino a quindici giorni o con l'ammenda da euro 25 a euro 103.

[1] Articolo così sost. dall'art. 46 della L. 24 nov. 1981, n. 689.

§ 2.
Delle contravvenzioni concernenti la prevenzione dell'alcoolismo e dei delitti commessi in stato di ubriachezza

686. ***Fabbricazione o commercio abusivi di liquori o droghe, o di sostanze destinate alla loro composizione.*** — Chiunque, contro il divieto della legge, ovvero senza osservare le prescrizioni della legge o dell'Autorità, fabbrica o introduce nello Stato droghe, liquori o altre bevande alcooliche[1] ovvero detiene per vendere o vende droghe, è punito con la sanzione amministrativa pecuniaria da euro 413 a euro 2.478.[2]

Alla stessa sanzione soggiace chi, senza osservare le prescrizioni della legge o dell'Autorità, fabbrica o introduce nello Stato sostanze destinate alla composizione di liquori o droghe.

È sempre disposta la cessazione dell'attività illecitamente esercitata. Se l'attività è svolta in uno stabilimento o in un esercizio per il quale è stata rilasciata autorizzazione o altro titolo abilitativo all'esercizio di diversa attività nel caso di reiterazione delle violazioni è dispsota altresì la chiusura dello stabilimento o dell'esercizio per un periodo non superiore a sette giorni.

Per le violazioni previste dal presente articolo non è ammesso il pagamento in misura ridotta a norma dell'art. 16 della L. 24 nov. 1981, n. 689.[3]

[1] V. T.U. 27 lug. 1934, n. 1265 sulla sanità pubblica, art. 251 s.; T.U. di P.S. art. 86 s.; Reg. di P.S. art. 157.
[2] Parole così sostituite dall'art. 53 del D.lgs. 30 dic. 1999, n. 500.
[3] Commi 3 e 4 aggiunti dall'art. 53 del D.lgs. 30 dic. 1999, n. 507.

687. ***Consumo di bevande alcooliche in tempo di vendita non consentita.*** — Chiunque acquista o consuma, in un esercizio pubblico, bevande alcooliche fuori del tempo in cui ne è permessa la vendita,[1] è punito con la sanzione amministrativa fino a euro 51.[2]

[1] V. T.U. di P.S. art. 86 s.; Reg. di P.S. art. 157.
[2] Il reato è stato depenalizzato dall'art. 33 della L. 24 nov. 1981, n. 689, e la pena originariamente prevista è stata sostituita dalla sanzione amministrativa di cui all'art. 38 della legge citata.

688. ***Ubriachezza.*** — Chiunque, in un luogo pubblico o aperto al pubblico, è colto in stato di manifesta ubriachezza è punito con la sanzione amministrativa pecuniaria da euro 51 a euro 309.[1]

La pena è dell'arresto da tre a sei mesi se il fatto è commesso da chi ha già riportato una condanna per delitto non colposo contro la vita o la incolumità individuale.[2]

La pena è aumentata se la ubriachezza è abituale.[3]

[1] Parole così sost. dall'art. 54 del D.lgs. 30 dic. 1999, n. 507.
[2] La Corte cost., con sent. 10 lug. 2002, n. 354, ha dichiarato l'ill. cost. del presente comma.
[3] V. Codice della strada, D.lgs. 30 apr. 1992, n. 285, art. 186: Guida sotto l'influenza dell'alcool. V. L. 30 mar. 2001, n. 125.

689. ***Somministrazione di bevande alcooliche a minori o a infermi di mente.***[1] — L'esercente un'osteria o un altro pubblico spaccio di cibi o di bevande, il quale somministra, in un luogo pubblico o aperto al pubblico, bevande alcooliche a un minore degli anni sedici, o a persona che appaia affetta da malattia di mente, o che si trovi in manifeste condizioni di deficienza psichica a causa di un'altra infermità, è punito con l'arresto fino a un anno.

La stessa pena di cui al primo comma si applica a chi pone in essere una delle condotte di cui al medesimo comma, attraverso distributori automatici che non consentano la rilevazione dei dati anagrafici dell'utilizzatore mediante sistemi di lettura ottica dei documenti. La pena di cui al periodo precedente non si applica qualora sia presente sul posto personale incaricato di effettuare il controllo dei dati anagrafici.[2]

Se il fatto di cui al primo comma è commesso più di una volta si applica anche la sanzione amministrativa pecuniaria da 1.000 euro a 25.000 euro con la sospensione dell'attività per tre mesi.[2]

Se dal fatto deriva l'ubriachezza, la pena è aumentata.

La condanna importa la sospensione dall'esercizio.

[1] Per le contravvenzioni di competenza del giudice di pace, ai sensi dell'art. 4, I c. lett. *b*) del D.lgs. 28 ago. 2000, n. 274 previste da questo articolo, si applica la pena pecuniaria dell'ammenda da euro 516 a euro 2.582 o la pena della permanenza domiciliare da 15 giorni a 45 giorni ovvero la pena del lavoro di pubblica utilità da 20 giorni a 6 mesi, ai sensi dell'art. 52, II c. lett. *b*) del D.lgs. 28 ago. 2000, n. 274.

[2] Comma ins. dall'art. 7, c. 3-*ter*, D.L. 13 set. 2012, n. 158, conv. con modif. in L. 8 nov. 2012, n. 189.

690. ***Determinazione in altri dello stato di ubriachezza.***[1] — Chiunque, in un luogo pubblico o aperto al pubblico, cagiona la ubriachezza altrui, somministrando bevande alcooliche, è punito con l'arresto fino a sei mesi o con l'ammenda da euro 30 a euro 309.

[1] Per le contravvenzioni di competenza del giudice di pace, ai sensi dell'art. 4, comma 1 lett. *b*) del D.lgs. 28 ago. 2000, n. 274, previste da questo articolo si applica la pena pecuniaria dell'ammenda da euro 258 a euro 2.582, ai sensi dell'art. 52, II c. lett. *a*) del D.lgs. 28 ago. 2000, n. 274.

691. ***Somministrazione di bevande alcooliche a persona in stato di manifesta ubriachezza.***[1] — Chiunque somministra bevande alcooliche a una persona in stato di manifesta ubriachezza, è punito con l'arresto da tre mesi a un anno.

Qualora il colpevole sia esercente un'osteria o un altro pubblico spaccio di cibi o bevande, la condanna importa la sospensione dall'esercizio.

[1] Per le contravvenzioni di competenza del giudice di pace, ai sensi dell'art. 4, I c. lett. *b*) del D.lgs. 28 ago. 2000, n. 274 previste da questo articolo, si applica la pena pecuniaria dell'ammenda da euro 516 a euro 2.582 o la pena della permanenza domiciliare da 15 giorni a 45 giorni ovvero la pena del lavoro di pubblica utilità da 20 giorni a 6 mesi, ai sensi dell'art. 52, II c. lett. *b*) del D.lgs. 28 ago. 2000, n. 274.

§ 3.

Delle contravvenzioni concernenti la prevenzione di delitti contro la fede pubblica

692. ***Detenzione di misure e pesi illegali.*** — Chiunque, nell'esercizio di un'attività commerciale, o in uno spaccio aperto al pubblico, detiene misure o pesi diversi da quelli stabiliti dalla legge, ovvero usa misure o pesi senza osservare le prescrizioni di legge, è punito con la sanzione amministrativa pecuniaria da euro 103 a euro 619.[1]

....[2]

[1] Parole così sostituite dall'art. 55 del D.lgs. 30 dic. 1999, n. 502.

[2] Il secondo comma dell'art. 692 è stato abrogato dall'art. 18 della L. 25 giu. 1999, n. 205.

693. ***Rifiuto di monete aventi corso legale.*** — Chiunque rifiuta di ricevere per il loro valore, monete aventi corso legale nello stato è punito con la sanzione amministrativa fino a euro 30.[1]

[1] Il reato è stato depenalizzato dall'art. 33 della L. 24 nov. 1981, n. 689, e la pena originariamente prevista è stata sost. dalla sanzione amministrativa di cui all'art. 38 della legge citata.

694. ***Omessa consegna di monete riconosciute contraffatte.*** — Chiunque, avendo ricevuto come genuine, per un valore complessivo non inferiore a lire venti, monete contraffatte o alterate, non le consegna all'Autorità entro tre giorni da quello in cui ne ha conosciuto la falsità o l'alterazione, indicandone la provenienza se la conosce, è punito con la sanzione amministrativa fino a euro 206.[1]

[1] I reati sono stati depenalizzati dall'art. 33 della L. 24 nov. 1981, n. 689, e le pene originariamente previste sono state sost. dalla sanzione amministrativa di cui all'art. 38 della legge citata.

§ 4.

Delle contravvenzioni concernenti la prevenzione di delitti contro la vita e l'incolumità individuale

695. ***Fabbricazione o commercio non autorizzati di armi.*** — Chiunque, senza la licenza dell'Autorità, fabbrica o introduce nello Stato, o esporta, o pone comunque in vendita armi,[1] ovvero ne fa raccolta per ragioni di commercio o di industria, è punito con l'arresto fino a un anno e con l'ammenda fino a euro 1.239.

Non si applica la pena dell'arresto, qualora si tratti di collezioni di armi artistiche, rare o antiche.

[1] V. l'art. 7, L. 7 ott. 1974, n. 497 e l'art. 113, L. 24 nov. 1981, n. 689. Ai sensi dell'art. 7 L. 7 ott. 1974, *cit.* «In ogni caso l'arresto non può essere inferiore a tre mesi».

696. ***Vendita ambulante di armi.*** — Chiunque esercita la vendita ambulante di armi è punito con l'arresto fino a un anno e con l'ammenda fino a euro 1.239.[1]

[1] V. la nota n. 1 all'art. 695.

697. ***Detenzione abusiva di armi.*** — Chiunque detiene armi o caricatori soggetti a denuncia ai sensi dell'articolo 38 del testo unico di cui al regio decreto 18 giugno 1931, n. 773, e successive modificazioni, o munizioni senza averne fatto denuncia alla Autorità, quando la denuncia è richiesta, è punito con l'arresto fino a quattro mesi o con l'ammenda fino a euro 371.[1,2]

Chiunque, avendo notizia che in un luogo da lui abitato si trovano armi o munizioni, omette di farne denuncia all'Autorità, è punito con l'arresto fino a due mesi o con l'ammenda fino a euro 258.[3]

[1] V. la nota n. 1 all'art. 695.
[2] Comma così modif. dall'art. 3, c. 3-*octies*, D.L. 18 feb. 2015, n. 7, conv. con modif. in L. 17 apr. 2015, n. 43.
[3] Comma così sost. dall'art. 47 della L. 24 nov. 1981, n. 689.

698. ***Omessa consegna di armi.*** — Chiunque trasgredisce all'ordine, legalmente dato dall'Autorità, di consegnare nei termini prescritti le armi o le munizioni da lui detenute, è punito con l'arresto non inferiore a tre mesi o con l'ammenda non inferiore a euro 123.[1]

[1] V. la nota 1 all'art. 695.

699. ***Porto abusivo di armi.*** — Chiunque, senza la licenza dell'Autorità, quando la licenza è richiesta porta un'arma fuori della propria abitazione o delle appartenenze di essa, è punito con l'arresto fino a diciotto mesi.[1]

Soggiace all'arresto da diciotto mesi a tre anni chi, fuori della propria abitazione o delle appartenenze di essa, porta un'arma per cui non è ammessa licenza.

Se alcuno dei fatti preveduti dalle disposizioni precedenti è commesso in un luogo ove sia concorso o adunanza di persone, o di notte in un luogo abitato, le pene sono aumentate.

[1] V. la nota n. 1 all'art. 695.

700. ***Circostanze aggravanti.*** — Nei casi preveduti dagli articoli precedenti, la pena è aumentata qualora concorra taluna delle circostanze indicate nell'art. 680.

701. ***Misura di sicurezza.*** — Il condannato per alcuna delle contravvenzioni prevedute dagli articoli precedenti può essere sottoposto alla libertà vigilata.

702. ***Omessa custodia di armi***[1].

[1] Articolo abrog. dall'art. 9, D.L. 13 mag. 1991, n. 152, conv. in L. 12 lug. 1991, n. 203.
Per la disciplina v. ora l'art. 20-*bis* della L. 18 apr. 1975, n. 110, introdotto dal medesimo art. 9.

703. ***Accensioni ed esplosioni pericolose.*** — Chiunque, senza la licenza dell'Autorità,[1] in un luogo abitato o nelle sue adiacenze, o lungo una pubblica via o in direzione di essa spara armi da fuoco, accende fuochi d'artificio, o lancia razzi o innalza aerostati con fiamme, o, in genere, fa accensioni o esplosioni pericolose, è punito con l'ammenda fino a euro 103.

Se il fatto è commesso in un luogo ove sia adunanza o concorso di persone, la pena è dell'arresto fino a un mese.[2]

[1] V. nota n. 1 all'art. 678 e nota n. 1 all'art. 695.
[2] V. T.U. di P.S. art. 57.

704. ***Armi.*** — Agli effetti delle disposizioni precedenti, per *armi* si intendono:

1) quelle indicate nel n. 1 del capoverso dell'art. 585;

2) le bombe, qualsiasi macchina o involucro contenente materie esplodenti, e i gas asfissianti o accecanti.

§ 5.

Delle contravvenzioni concernenti
la prevenzione di delitti contro il patrimonio

705. ***Commercio non autorizzato di cose preziose.*** — Chiunque, senza la licenza dell'Autorità o senza osservare le prescrizioni della legge,[1] fabbrica o pone in commercio cose preziose, o compie su esse operazioni di mediazione o esercita altre simili industrie, arti o attività, è punito con la sanzione amministrativa pecuniaria da euro 258 a euro 1.549.[2]

Si applicano le disposizioni di cui al terzo e al quarto comma dell'art. 686.[3]

[1] V. T.U. di P.S. artt. 127, 128; Reg. di P.S. artt. 243-246.
[2] Parole così sostituite dall'art. 56 del D.lgs. 30 dic. 1999, n. 507.
[3] Comma aggiunto dall'art. 56 del D.lgs. 30 dic. 1999, n. 507.

706. ***Commercio clandestino di cose antiche.***[1]

[1] Articolo abrog. dall'art. 13, D.lgs. 13 lug. 1994, n. 480.

707. ***Possesso ingiustificato di chiavi alterate o di grimaldelli.*** — Chiunque, essendo stato condannato per delitti determinati da motivi di lucro o, per contravvenzioni concernenti la prevenzione di delitti contro il patrimonio, o per mendicità o essendo ammonito o sottoposto a una misura di sicurezza personale o a cauzione di buona condotta[1], è colto in possesso di chiavi alterate o contraffatte, ovvero di chiavi genuine o di strumenti atti ad aprire o a forzare serrature, dei quali non giustifichi l'attuale destinazione, è punito con l'arresto da sei mesi a due anni.

[1] La Corte cost., con sent. 2 feb. 1971, n. 14, ha dichiarato l'ill. cost. dell'art. 707 limitatamente alla parte in cui fa richiamo alle condizioni personali di condannato per mendicità, di ammonito, di sottoposto a misura di sicurezza personale o a cauzione di buona condotta.

707-*bis*. ***Possesso ingiustificato di strumenti per il sondaggio del terreno o di apparecchiature per la rilevazione dei metalli.***[1] — È punito con l'arresto fino a due anni e con l'ammenda da euro 500 a euro 2.000 chi è colto in possesso di strumenti per il sondaggio del terreno o di apparecchiature per la rilevazione dei metalli, dei quali non giustifichi l'attuale destinazione, all'interno di aree e parchi archeologici, di zone di interesse archeologico, se delimitate con apposito atto dell'amministrazione competente, o di aree nelle quali sono in corso lavori sottoposti alle procedure di verifica preventiva dell'interesse archeologico secondo quanto previsto dalla legge.

[1] Articolo ins. dall'art. 1, L. 9 mar. 2022, n. 22.

708. ***Possesso ingiustificato di valori.***[1] — Chiunque, trovandosi nelle condizioni personali indicate nell'articolo precedente, è colto in possesso di denaro o di oggetti di valore, e di altre cose non confacenti al suo stato, e dei quali non giustifichi la provenienza, è punito con l'arresto da tre mesi ad un anno.

[1] La Corte cost., con sent. 2 nov. 1996, n. 370, ha dichiarato l'ill. cost. dell'art. 708.

709. ***Omessa denuncia di cose provenienti da delitto.*** — Chiunque, avendo ricevuto denaro o acquistato o comunque avuto cose provenienti da delitto, senza conoscerne la provenienza, omette, dopo averla conosciuta, di darne immediato avviso all'Autorità è punito con l'arresto fino a sei mesi o con l'ammenda fino a euro 516.

710. [***Vendita o consegna di chiavi o grimaldelli a persona sconosciuta.***][1]

[1] Articolo abrog. dall'art. 18, L. 25 giu. 1999, n. 205.

711. [***Apertura arbitraria di luoghi o di oggetti.***][1]

[1] Articolo abrog. dall'art. 18, L. 25 giu. 1999, n. 205.

712. ***Acquisto di cose di sospetta provenienza.*** — Chiunque, senza averne prima accertata la legittima provenienza, acquista o riceve a qualsiasi titolo cose, che, per la loro qualità o per la condizione di chi le offre o per la entità del prezzo, si abbia motivo di sospettare che provengano da reato, è punito con l'arresto fino a sei mesi o con l'ammenda non inferiore a euro 10.

Alla stessa pena soggiace chi si adopera per fare acquistare o ricevere a qualsiasi titolo alcuna delle cose suindicate, senza averne prima accertata la legittima provenienza.

713. ***Misura di sicurezza.*** — Il condannato per alcuna delle contravvenzioni prevedute dagli articoli precedenti può essere sottoposto alla libertà vigilata.

§ 6.

Delle contravvenzioni concernenti la custodia di minori o di persone detenute

714. ***Omessa o non autorizzata custodia, in manicomi o in riformatori, di alienati di mente o di minori.***[1]

[1] Articolo abrog. dalla L. 13 mag. 1978, n. 180.

715. ***Omessa o non autorizzata custodia privata di alienati di mente***[1]

[1] Articolo abrog. dalla L. 13 mag. 1978, n. 180.

716. ***Omesso avviso all'Autorità della evasione o fuga di minori.*** — Il pubblico ufficiale o l'addetto a uno stabilimento destinato alla esecuzione di pene o di misure di sicurezza, ovvero ad un riformatorio pubblico[1], che omette di dare immediato avviso all'Autorità dell'evasione o della fuga di persona ivi detenuta o ricoverata, è punito con l'ammenda da euro 10 a euro 206.

La stessa disposizione si applica a chi per legge o per provvedimento dell'Autorità è stata affidata una persona a scopo di custodia o di vigilanza.

[1] V. la nota all'art. 223.

717. ***Omessa denuncia di malattie di mente o di gravi infermità psichiche pericolose***[1]

[1] Articolo abrog. dalla L. 13 mag. 1978, n. 180.

CAPO II

Delle contravvenzioni concernenti la polizia amministrativa sociale

SEZIONE I

Delle contravvenzioni concernenti la polizia dei costumi

718. ***Esercizio di giuochi di azzardo.***[1] — Chiunque, in un luogo pubblico o aperto al pubblico, o in circoli privati di qualunque specie, tiene un giuoco d'azzardo o lo agevola è punito con l'arresto da tre mesi ad un anno e con l'ammenda non inferiore a euro 206.

Se il colpevole è un contravventore abituale o professionale, alla libertà vigilata può essere aggiunta la cauzione di buona condotta.

[1] V. L. 13 giu. 1942, n. 788.

719. ***Circostanze aggravanti.*** — La pena per il reato preveduto dall'articolo precedente è raddoppiata:

1) se il colpevole ha istituito o tenuto una casa da giuoco;
2) se il fatto è commesso in un pubblico esercizio;
3) se sono impegnate nel giuoco poste rilevanti;
4) se fra coloro che partecipano al giuoco sono persone minori degli anni diciotto.

720. ***Partecipazione a giuochi d'azzardo.*** — Chiunque, in un luogo pubblico o aperto al pubblico, o in circoli privati di qualunque specie, senza essere concorso nella contravvenzione preveduta dall'art. 718, è colto mentre prende parte al giuoco d'azzardo, è punito con l'arresto fino a sei mesi o con l'ammenda fino a euro 516.

La pena è aumentata:

1) nel caso di sorpresa in una casa da giuoco o in un pubblico esercizio;
2) per coloro che hanno impegnato nel giuoco poste rilevanti.

721. ***Elementi essenziali del giuoco d'azzar-***

do. Case da giuoco. — Agli effetti delle disposizioni precedenti:

– sono giuochi di azzardo quelli nei quali ricorre il fine di lucro e la vincita o la perdita è interamente o quasi interamente aleatoria;

– sono case da giuoco i luoghi di convegno destinati al giuoco d'azzardo, anche se privati, e anche se lo scopo del giuoco è sotto qualsiasi forma dissimulato.[1]

[1] Fra le case da giuoco previste dall'art. 721 sono comprese le abitazioni private (v. L. 13 giu. 1942, n. 788).

722. ***Pena accessoria e misura di sicurezza.*** — La condanna per alcuna delle contravvenzioni prevedute dagli articoli precedenti importa la pubblicazione della sentenza. È sempre ordinata la confisca del denaro esposto nel giuoco e degli arnesi od oggetti ad esso destinati.

723. ***Esercizio abusivo di un giuoco non d'azzardo.*** — Chiunque, essendo autorizzato a tenere sale da giuoco o da bigliardo, tollera che vi si facciano giuochi non d'azzardo, ma tuttavia vietati dall'Autorità, è punito con l'ammenda da euro 5 a euro 103.

Nei casi preveduti dai num. 3 e 4 dell'art. 719, si applica l'arresto fino a tre mesi o l'ammenda da euro 51 a euro 516.

Per chi sia colto mentre prende parte al giuoco, la pena è dell'ammenda fino a euro 51.

724. ***Bestemmia e manifestazioni oltraggiose verso i defunti.*** — Chiunque pubblicamente bestemmia, con invettive o parole oltraggiose, contro la Divinità [o i Simboli o le Persone venerati nella religione dello Stato],[1] è punito con la sanzione amministrativa pecuniaria da euro 51 a euro 309.[2]

La stessa sanzione si applica a[3] chi compie qualsiasi pubblica manifestazione oltraggiosa verso i defunti.

[1] La Corte cost., con sent. 18 ott. 1995, n. 440, ha dichiarato l'ill. cost. del c. 1 relativamente alle parole fra parentesi quadre.

[2] Parole così sostituite dall'art. 57, D.lgs. 30 dic. 1999, n. 507.

[3] Parole così sostituite dall'art. 57, D.lgs. 30 dic. 1999, n. 507.

725. ***Commercio di scritti, disegni o altri oggetti contrari alla pubblica decenza.*** — Chiunque espone alla pubblica vista o, in un luogo pubblico o aperto al pubblico, offre in vendita o distribuisce scritti, disegni o qualsiasi altro oggetto figurato, che offenda la pubblica decenza, è punito con la sanzione amministrativa pecuniaria da euro 103 a euro 619.[1]

[1] Parole così sostituite dall'art. 58, D.lgs. 30 dic. 1999, n. 507.

726. ***Atti contrari alla pubblica decenza. Turpiloquio.***[1] — Chiunque, in un luogo pubblico o aperto o esposto al pubblico, compie atti contrari alla pubblica decenza è soggetto alla sanzione amministrativa pecuniaria da euro 5.000 a euro 10.000.

[1] Articolo così sost. dall'art. 2, c. 6, D.lgs. 15 gen. 2016, n. 8.

La Corte cost., con sent. 14 apr. 2022, n. 95, ha dichiarato l'ill. cost. del presente articolo, nella parte in cui prevede la sanzione amministrativa pecuniaria «da euro 5.000 a euro 10.000» anziché «da euro 51 a euro 309».

727. ***Abbandono di animali.***[1] — Chiunque abbandona animali domestici o che abbiano acquisito abitudini della cattività è punito con l'arresto fino ad un anno o con l'ammenda da 1.000 a 10.000 euro.

Alla stessa pena soggiace chiunque detiene animali in condizioni incompatibili con la loro natura, e produttive di gravi sofferenze.[2]

[1] Articolo così sost. dall'art. 1 c. 3, della L. 20 giu. 2004, n. 189.

[2] Con ordinanza del ministero della salute del 5 lug. 2005 è stato disposto che l'uso del collare elettrico e di altro analogo strumento, che provoca effetti di dolore sui cani, nella fase di addestramento ed in ogni altra fase del rapporto uomo-cane rientra nella disciplina sanzionatoria prevista da questo comma.

727-*bis*. ***Uccisione, distruzione, cattura, prelievo, detenzione e commercio di esemplari di specie animali o vegetali selvatiche protette.***[1,2] — Salvo che il fatto costituisca più grave reato, chiunque, fuori dai casi consentiti, uccide, cattura o detiene esemplari appartenenti ad una specie animale selvatica protetta è punito con l'arresto da uno a sei mesi o con l'ammenda fino a 4.000 euro, salvo i casi in cui l'azione riguardi una quantità trascurabile di tali esemplari e abbia un impatto trascurabile sullo stato di conservazione della specie.

Salvo che il fatto costituisca più grave reato, chiunque, fuori dai casi consentiti, viola i divieti di commercializzazione di cui all'articolo 8, comma 2, del decreto del Presidente della Repubblica 8 settembre 1997, n. 357, è punito con l'arresto da due a otto mesi e con l'ammenda fino a 10.000 euro.[3]

Chiunque, fuori dai casi consentiti, distrugge, preleva o detiene esemplari appartenenti ad una specie vegetale selvatica protetta è punito con l'ammenda fino a 4.000 euro, salvo i casi in cui l'azione riguardi una quantità trascurabile di tali esemplari e abbia un impatto trascurabile sullo stato di conservazione della specie.

[1] Articolo ins. dall'art. 1, D.lgs. 7 lug. 2011, n. 121.

Ai fini dell'applicazione di questo articolo, per specie animali o vegetali selvatiche protette si intendono quelle indicate nell'allegato IV della direttiva 92/43/CEE e nell'allegato I della direttiva 2009/147/CE.

[2] Rubrica così modif. dall'art. 15, D.lgs. 5 ago. 2022, n. 135, a decorrere dal 27 set. 2022.

[3] Comma ins. dall'art. 15, D.lgs. 5 ago. 2022, n. 135, a decorrere dal 27 set. 2022.

SEZIONE II
Delle contravvenzioni concernenti la polizia sanitaria

728. ***Trattamento idoneo a sopprimere la coscienza o la volontà altrui.*** — Chiunque pone taluno, col suo consenso, in stato di narcosi o d'ipnotismo, o esegue su lui un trattamento che ne sopprima la coscienza o la volontà, è punito, se dal fatto deriva pericolo per l'incolumità della persona, con l'arresto da uno a sei mesi o con l'ammenda da euro 30 a euro 516.

Tale disposizione non si applica se il fatto è commesso, a scopo scientifico o di cura, da chi esercita una professione sanitaria.

729. [***Abuso di sostanze stupefacenti.***][1]

[1] Articolo abrog. implicitamente dall'art. 108, L. 22 dic. 1975, n. 685, e quindi esplicitamente dall'art. 136, D.P.R. 9 ott. 1990, n. 309.

730. ***Somministrazione a minori di sostanze velenose o nocive.*** — Chiunque, essendo autorizzato alla vendita o al commercio di medicinali, consegna a persona minore degli anni sedici sostanze velenose o stupefacenti, anche su prescrizione medica, è punito con l'ammenda fino a euro 516.[1]

Soggiace all'ammenda fino a euro 103 a euro 258 chi vende o somministra tabacco a persona minore degli anni quattordici.[2]

[1] V. art. 82 del D.P.R. 9 ott. 1990, n. 309.

[2] Per la somministrazione di tabacco a persona minore degli anni 16 v. l'art. 25 del R.D. 24 dic. 1934 n. 2316.

TITOLO II
Delle contravvenzioni concernenti l'attività sociale della pubblica amministrazione

731. ***Inosservanza dell'obbligo della istruzione [elementare]***[1,2] ***dei minori.*** — Chiunque, rivestito di autorità o incaricato della vigilanza sopra un minore, omette, senza giusto motivo, d'impartirgli o di fargli impartire l'istruzione [elementare][1] è punito con l'ammenda fino a euro 30.

[1] «In attuazione dell'art. 34 della Costituzione, l'istruzione obbligatoria successiva a quella elementare è impartita gratuitamente nella scuola media che ha la durata di tre anni ed è scuola secondaria di primo grado» (art. 1 L. 31 dic. 1962, n. 1859).

[2] Per le contravvenzioni di competenza del giudice di pace, ai sensi dell'art. 4, comma 1 lett. *b*) del D.lgs. 28 ago. 2000, n. 274, previste da questo articolo continuano ad applicarsi le pene pecuniarie vigenti ai sensi dell'art. 52, I comma, del D.lgs. 28 ago. 2000, n. 274.

732. [***Omesso avviamento dei minori al lavoro.***][1]

[1] L'articolo abrog. dall'art. 18, L. 25 giu. 1999, n. 205.

733. ***Danneggiamento al patrimonio archeologico, storico o artistico nazionale.*** — Chiunque distrugge, deteriora o comunque danneggia un monumento o un'altra cosa propria di cui gli sia noto il rilevante pregio, è punito, se dal fatto deriva un nocumento al patrimonio archeologico, storico o artistico nazionale,[1] con l'arresto fino a un anno o con l'ammenda non inferiore a euro 2.065.

Può essere ordinata la confisca della cosa deteriorata o comunque danneggiata.

[1] V. la L. 1° giu. 1939, n. 1089.

733-*bis*. ***Distruzione o deterioramento di habitat all'interno di un sito protetto.***[1,2] — Chiunque, fuori dai casi consentiti, distrugge un habitat all'interno di un sito protetto o comunque lo deteriora compromettendone lo stato di conservazione, è punito con l'arresto fino a diciotto mesi e con l'ammenda non inferiore a 3.000 euro.

[1] Articolo ins. dall'art. 1, c. 1, lett. *b*) del D.lgs. 7 lug. 2011, n. 121.

[2] Ai fini dell'applicazione di questo art., per "habitat all'interno di un sito protetto" si intende qualsiasi habitat di specie per le quali una zona sia classificata come zona a tutela speciale a norma dell'articolo 4, paragrafi 1 o 2, della direttiva 2009/147/CE, o qualsiasi habitat naturale o un habitat di specie per cui un sito sia designato come zona speciale di conservazione a norma dell'art. 4, paragrafo 4, della direttiva 92/43/CE.

734. ***Distruzione o deturpamento di bellezze naturali.*** — Chiunque, mediante costruzioni, demolizioni, o in qualsiasi altro modo, distrugge o altera le bellezze naturali dei luoghi soggetti alla speciale protezione dell'Autorità,[1] è punito con l'ammenda da euro 1.032 a euro 6.197.[2,3]

[1] V. la L. 29 giu. 1939, n. 1497.

[2] Pena così aumentata in ultimo dall'art. 113, L. 24 nov. 1981.

[3] Sulla protezione dei beni paesaggistici e ambientali, v. gli artt. 138 ss del D.lgs. 29 ott. 1999, n. 490.

Per la tutela delle acque dall'inquinamento, v. il D.lgs. 11 mag. 1999, n. 152.

TITOLO II-*bis*[1]
Delle contravvenzioni concernenti la tutela della riservatezza

[1] Titolo introdotto dalla L. 15 feb. 1996, n. 66.

734-*bis*. ***Divulgazione delle generalità o dell'immagine di persona offesa da atti di violenza sessuale.***[1] — Chiunque, nei casi di delitti previsti dagli artt. 600-*bis*, 600-*ter*, 600-*quater*, anche se relativi al materiale pornografico di cui all'art. 600-*quater*. 1,[2] 600-*quinques*, 609-*bis*, 609-*ter*, 609-*quater*, 609-*quinquies* e 609-*octies*, divulghi, anche attraverso mezzi di comunicazione di massa, le generalità o l'immagine della persona offesa senza il suo consenso, è punito con l'arresto da tre a sei mesi.

[1] Articolo introdotto dall'art. 12 della L. 15 feb. 1996, n. 66 ed ampliato dall'art. 8 della L. 3 ago. 1998, n. 269.

[2] Parole così sost. dall'art. 9 della L. 6 feb. 2006, n. 38.

DISPOSIZIONI DI COORDINAMENTO E TRANSITORIE PER IL CODICE PENALE

R.D. 28 maggio 1931, n. 601

TITOLO I
Disposizioni di coordinamento

1. Quando le leggi, i decreti e le convenzioni internazionali fanno menzione di pene criminali, correzionali o di polizia, devono considerarsi, per ogni effetto giuridico, come corrispondenti:

1) alle "pene criminali" [la pena di morte],[1] l'ergastolo e la reclusione per un tempo non inferiore nel minimo a tre anni;

2) alle "pene correzionali", le pene non indicate nei nn. 1 e 3;

3) alle "pene di polizia" le pene dell'arresto per un tempo non superiore nel massimo a tre mesi e dell'ammenda in misura non superiore nel massimo a euro 103.

Quando sia stata pronunciata condanna, si considerano pene criminali [la morte],[1] l'ergastolo e la reclusione per un tempo maggiore dei cinque anni.

[1] V. la nota all'art. 21 c.p.

2. Quando le leggi, i decreti e le convenzioni internazionali fanno menzione di "crimini" per distinguerli dai delitti, si intendono per crimini i delitti che importano le pene indicate nel n. 1 dell'articolo precedente.

3. Quando nelle leggi, nei decreti e nelle convenzioni internazionali si fa menzione di "pene restrittive della libertà personale" o "individuale" e di una determinata durata di tali pene, si intendono richiamate quelle che il codice penale comprende sotto la denominazione di "pene detentive" o "pene restrittive della libertà personale", per la stessa durata.

4. Per determinare se i reati preveduti dalle leggi, dai decreti e dalle convenzioni internazionali anteriori all'attuazione del codice penale sono delitti ovvero contravvenzioni, si osservano le disposizioni degli articoli seguenti.

5. I reati si considerano delitti o contravvenzioni secondo la diversa specie delle pene per essi rispettivamente stabilite, sempre che la pena sia fra quelle indicate nell'art. 17 del c.p.

Tuttavia sono considerati contravvenzioni i reati preveduti dalle leggi anteriori al 19 ottobre 1930 per i quali dalla legge è stabilita la pena della multa non superiore a euro 206 sola ovvero congiuntamente o alternativamente con l'ammenda o con una pena pecuniaria senza indicazione della specie, anche se determinate in misura fissa o proporzionale.

Non si tiene conto degli aumenti della pena della multa derivanti dal concorso di circostanze aggravanti.

Quando per il reato sono stabilite, congiuntamente o alternativamente, la pena detentiva e quella pecuniaria, anche se stabilita in misura fissa o proporzionale, per determinare se si tratta di un delitto ovvero di una contravvenzione si ha riguardo soltanto alla pena detentiva.

6. Quando la legge stabilisce una specie di pena diversa da quelle indicate nell'art. 17 del codice penale, per determinare se si tratta di delitto ovvero di contravvenzione si ha riguardo alla pena corrispondente, a termini di questo decreto.

Si applicano i due ultimi capoversi dell'art. 5.

7. I reati per i quali la legge stabilisce soltanto la "pena pecuniaria", senza indicazione della specie, si considerano contravvenzioni se la pena non supera euro 206 e si considerano delitti se la pena supera euro 206.

Non si tiene conto degli aumenti di pena derivanti dal concorso di circostanze aggravanti.

I reati per i quali la legge stabilisce soltanto una pena pecuniaria proporzionale, senza indicazione della specie, si considerano contravvenzioni.

8. Quando la legge stabilisce la pena della multa o dell'ammenda, senza determinarne l'ammontare, si applica rispettivamente la multa da euro 5 a euro 207 o l'ammenda da euro 2 a euro 30.

Quando la legge stabilisce la "pena pecuniaria", senza determinarne l'ammontare, si applica l'ammenda da euro 2 a euro 30.

9. Quando per il concorso di una o più circostanze la legge stabilisce una pena di specie diversa da quella ordinaria stabilita per il reato, per determinare se si tratta di delitto ovvero di contravvenzione non si ha riguardo alla pena ordinaria, ma a quella di specie diversa.

10. Nulla è innovato a quanto è stabilito nell'art. 61 della L. 7 gennaio 1929, n. 4, contenente norme generali per la repressione delle violazioni delle leggi finanziarie.

11. I reati che secondo le disposizioni precedenti si considerano contravvenzioni sono sempre perseguibili d'ufficio, anche se è stabilita la punibilità a querela della persona offesa.

12. Quando è stabilita o richiamata una determinata specie di pena, di cui non è indicata la durata, corrisponde:

1) ai lavori forzati a tempo, la reclusione da dieci a venti anni;

2) alla casa di forza, la reclusione da tre a venti anni;

3) alla relegazione, la reclusione da tre a quindici anni;

4) alla reclusione, la reclusione da tre a dieci anni;

5) alla detenzione, la reclusione da due a sette anni;

6) al carcere, la reclusione fino a tre anni;

7) agli arresti, l'arresto da cinque giorni ad un mese.

Quando, invece, è indicata la durata della pena, la reclusione e l'arresto sono sostituiti alle pene corrispondenti per una eguale durata; ma in nessun caso può essere oltrepassato il massimo della pena stabilito dal codice penale.

Ai lavori forzati a vita è sostituito l'ergastolo.

Nulla è innovato circa ogni altra pena, diversa da quelle prevedute dal codice penale, che sia stabilita o richiamata da leggi, decreti o convenzioni internazionali.

13. Quando nelle leggi, nei decreti e nelle convenzioni internazionali si fa menzione di pene restrittive della capacità giuridica, si intendono richiamate la interdizione perpetua o temporanea dai pubblici uffici, la interdizione da una professione o da un'arte e la sospensione dall'esercizio di una professione o di un'arte secondo il codice penale.

14. Quando nelle leggi, nei decreti e nelle convenzioni internazionali si fa menzione della interdizione dai pubblici uffici senza che sia indicato se perpetua o temporanea, ovvero della sospensione dall'esercizio di una professione o di un'arte:

– alla interdizione dai pubblici uffici corrisponde la interdizione perpetua dai pubblici uffici;

– alla sospensione dall'esercizio di una professione o di un'arte corrisponde l'interdizione da una professione o da un'arte ovvero la sospensione dall'esercizio di una professione o di un'arte, secondo che si tratti di delitto ovvero di contravvenzione.

15. Quando non è stabilita la durata delle pene temporanee indicate nell'articolo precedente, l'interdizione temporanea dai pubblici uffici si applica da tre mesi a cinque anni e l'interdizione da una professione o da un'arte e la sospensione dall'esercizio di una professione o di un'arte da quindici giorni a due anni.

16. Quando l'interdizione dai pubblici uffici o la sospensione da una professione o da un'arte sono prevedute dalle leggi, dai decreti e dalle convenzioni internazionali come effetti penali, senza che ne sia stabilita la durata, esse hanno una durata eguale a quella della pena detentiva inflitta o che dovrebbe scontarsi nel caso di conversione per insolvibilità del condannato.

Tuttavia, in nessun caso possono essere oltrepassati il limite massimo e quello minimo stabiliti negli artt. 20 e 25 del codice penale abrogato.[1]

[1] L'art. 20, relativo all'interdizione dai pubblici uffici, stabiliva la durata da un minimo di tre mesi a un massimo di cinque anni. L'art. 25, dichiarava la sospensione da una professione o da un'arte estensibile da tre giorni a due anni.

17. Salvo quando è disposto negli articoli precedenti, ogni altra incapacità giuridica preveduta come pena o come effetto penale dalle leggi, dai decreti e dalle convenzioni internazionali continua ad essere applicata anche se diversa dalle pene accessorie regolate nel codice penale.

Nondimeno alla "sospensione dall'esercizio dei pubblici uffici" deve considerarsi corrispondente l'interdizione temporanea dai pubblici uffici.

18. Quando dalle leggi, dai decreti e dalle convenzioni internazionali è stabilito che la pena debba essere aumentata o diminuita per gradi, ad un grado corrisponde l'aumento o la diminuzione della pena da un terzo alla metà. Se più sono i gradi, lo stesso aumento o la stessa diminuzione si opera per ciascun grado sulla quantità di pena aumentata o diminuita per il grado precedente.

18-*bis*.[1] Nei casi di cui all'art. 165 del codice penale il giudice dispone che il condannato svolga attività non retribuita a favore della collettività osservando, in quanto compatibili, le disposizioni degli artt. 44, 54, commi 2, 3, 4 e 6, e 59 del decreto legislativo 28 agosto 2000, n. 274.

[1] Articolo inserito dall'art. 5 della L. 11 giu. 2004, n. 145.

19. Quando nelle leggi, nei decreti e nelle convenzioni internazionali sono richiamati i titoli o le disposizioni di leggi penali abrogate per effetto del codice penale, s'intendono richiamate le disposizioni corrispondenti del codice penale stesso.

19-*bis*.[1] L'autorità competente a ricevere il rapporto e ad applicare le sanzioni per le violazioni amministrative previste dagli artt. 350, 352, 498, 527, 654, 663-*bis*, 672, 688, 692, 705, 724 e 725 del c.p. è il Prefetto.

Le autorità di seguito elencate sono competenti ad applicare le sanzioni amministrative previste dagli articoli indicati in relazione a ciascuna di esse:

a) ministero dei Trasporti e della navigazione: art. 465 e, limitatamente ai fatti concernenti biglietti di strade ferrate o di altre pubbliche imprese di trasporto, art. 466 del c.p.;

b) ministero del Lavoro e della previdenza sociale: art. 509 del c.p.;

c) ministero delle Finanze: art. 686, nonché, limitatamente ai fatti concernenti valori di bollo, art. 466 del c.p.;

d) ministero del bilancio e della programmazione economica: artt. 693 e 694 del c.p.;

e) sindaco: artt. 345, 663, 664, 666, 669, 675, 677 e 687 del c.p.

[1] Articolo inserito dall'art. 59 del D.lgs. 30 dic. 1999, n. 507.

19-*ter*. *Leggi speciali in materia di animali.* [1] — Le disposizioni del titolo IX-*bis* del libro II del codice penale non si applicano ai casi previsti dalle leggi speciali in materia di caccia, di pesca, di allevamento, di trasporto, di macellazione degli animali, di sperimentazione scientifica degli stessi, di attività circense, di giardini zoologici, nonché dalle altre leggi speciali in materia di animali. Le disposizioni del titolo IX-*bis* del libro II del codice penale non si applicano altresì alle manifestazioni storiche e culturali autorizzate dalla regione competente.

[1] Articolo inserito dall'art. 3 della L. 20 lug. 2004, n. 189.

19-*quater*. *Affidamento degli animali sequestrati o confiscati.* [1] — Gli animali oggetto di provvedimenti di sequestro o di confisca sono affidati ad associazioni o enti che ne facciano richiesta individuati con decreto del Ministro della salute, adottato di concerto con il Ministro dell'interno.

[1] Articolo inserito dall'art. 3 della L. 20 lug. 2004, n. 189. Tale legge, recante "Disposizioni concernenti il divieto di maltrattamento degli animali" stabilisce altresì che il decreto di cui all'art. 19-*quater* è adottato entro tre mesi dalla data di entrata in vigore della legge *cit.*

TITOLO II
Disposizioni transitorie

20-57. (*Omissis*).

INDICE-SOMMARIO DEL CODICE PENALE

LIBRO PRIMO
DEI REATI IN GENERALE

LIBRO SECONDO
DEI DELITTI IN PARTICOLARE

LIBRO TERZO
DELLE CONTRAVVENZIONI IN PARTICOLARE

DISPOSIZIONI DI COORDINAMENTO E TRANSITORIE PER IL CODICE PENALE

CODICE DI PROCEDURA PENALE

NORME DI ATTUAZIONE, DI COORDINAMENTO E TRANSITORIE

REGOLAMENTO PER L'ESECUZIONE

APPROVAZIONE DEL TESTO DEL CODICE DI PROCEDURA PENALE IN VIGORE DAL 24 ottobre 1989

D.P.R. 22 sett. 1988, n. 447
(G.U. Serie gen. 24 ott. 1988, n. 250, Suppl.)

IL PRESIDENTE DELLA REPUBBLICA

Visti gli articoli 76 e 87 della Costituzione;
Vista la legge 16 febbraio 1987, n. 81, recante delega legislativa al Governo della Repubblica per l'emanazione del nuovo codice di procedura penale;
Vista la deliberazione del Consiglio dei Ministri, adottata nella riunione del 29 gennaio 1988;
Visto il parere espresso in data 16 maggio 1988 dalla Commissione parlamentare istituita a norma dell'articolo 8 della citata legge n. 81 del 1987;
Vista la deliberazione del Consiglio dei Ministri, adottata nella riunione del 18 luglio 1988;
Visto il parere espresso in data 4 agosto 1988 dalla Commissione parlamentare a norma dell'articolo 8, comma 3, della citata legge n. 81 del 1987;
Visto il parere espresso in data 19 luglio 1988 dal Consiglio superiore della magistratura;
Vista la deliberazione del Consiglio dei Ministri, adottata nella riunione del 22 settembre 1988;
Sulla proposta del Ministro di grazia e giustizia;

EMANA IL SEGUENTE DECRETO:

1. È approvato il testo del codice di procedura penale, allegato al presente decreto.
2. Le disposizioni del nuovo codice di procedura penale entrano in vigore un anno dopo la loro pubblicazione nella *Gazzetta Ufficiale*.

Il presente decreto, munito del sigillo dello Stato, sarà inserito nella Raccolta ufficiale degli atti normativi della Repubblica italiana. È fatto obbligo a chiunque spetti di osservarlo e di farlo osservare.

Dato a Roma, addì 22 settembre 1988

FRANCESCO COSSIGA

il Presidente del Consiglio dei Ministri: DE MITA
il Ministro di grazia e giustizia: VASSALLI

Visto, *il Guardasigilli*: Vassalli

CODICE DI PROCEDURA PENALE

LIBRO PRIMO
SOGGETTI[1]

[1] V. *Att.* 1-38.

TITOLO I
Giudice

CAPO I
Giurisdizione

1. ***Giurisdizione penale.*** — 1. La giurisdizione penale è esercitata dai giudici previsti dalle leggi di ordinamento giudiziario secondo le norme di questo codice.[1]

[1] V. art. 1 R.D. 30 gen. 1941, n. 12.

2. ***Cognizione del giudice.*** — 1. Il giudice penale risolve ogni questione da cui dipende la decisione, salvo che sia diversamente stabilito.

2. La decisione del giudice penale che risolve incidentalmente una questione civile, amministrativa o penale non ha efficacia vincolante in nessun altro processo.

3. ***Questioni pregiudiziali.*** — 1. Quando la decisione dipende dalla risoluzione di una controversia sullo stato di famiglia o di cittadinanza, il giudice, se la questione è seria e se l'azione a norma delle leggi civili è già in corso, può sospendere il processo fino al passaggio in giudicato della sentenza che definisce la questione.

2. La sospensione è disposta con ordinanza soggetta a ricorso per cassazione. La corte decide in camera di consiglio.

3. La sospensione del processo non impedisce il compimento degli atti urgenti.

4. La sentenza irrevocabile del giudice civile che ha deciso una questione sullo stato di famiglia o di cittadinanza ha efficacia di giudicato nel procedimento penale.

CAPO II
Competenza[1]

[1] V. *Coord.* art. 210.

SEZIONE I
Disposizione generale

4. ***Regole per la determinazione della competenza.*** — 1. Per determinare la competenza si ha riguardo alla pena stabilita dalla legge per ciascun reato consumato o tentato. Non si tiene conto della continuazione, della recidiva e delle circostanze del reato, fatta eccezione delle circostanze aggravanti per le quali la legge stabilisce una pena di specie diversa da quella ordinaria del reato e di quelle ad effetto speciale.

SEZIONE II
Competenza per materia

5. ***Competenza della corte di assise.***[1] — 1. La corte di assise è competente:

a) per i delitti per i quali la legge stabilisce la pena dell'ergastolo o della reclusione non inferiore nel massimo a ventiquattro anni, esclusi i delitti, comunque aggravati, di tentato omicidio, di rapina, di estorsione e di associazioni di tipo mafioso anche straniere, e i delitti, comunque aggravati, previsti dal D.P.R. 9 ott. 1990, n. 309;[2]

b) per i delitti consumati previsti dagli artt. 579, 580, 584 del c.p.;

c) per ogni delitto doloso se dal fatto è derivata la morte di una o più persone, escluse le ipotesi previste dagli artt. 586, 588 e 593 del c. p.;

d) per i delitti previsti dalle leggi di attuazione della XII disposizione finale della Costituzione, dalla L. 9 ott. 1967, n. 962 e nel titolo I del libro II del c. p., sempre che per tali delitti sia stabilita la pena della reclusione non inferiore nel massimo a dieci anni;

d-bis) per i delitti consumati o tentati di cui agli artt. 416, c. 6, 600, 601, 602 del c.p., nonché per i delitti con finalità di terrorismo sempre che per tali delitti sia stabilita la pena della reclusione non inferiore nel massimo a dieci anni.[3,4]

[1] V. Cost. 102[3]; L. 10 apr. 1951, n. 287, in App: *Corti di assise.*

[2] Lettera così sostituita dall'art. 1, lett. *a*) del D.L. 12 feb. 2010, n. 10, conv. con modif. in L. 6 apr. 2010, n. 52.

[3] Lettera aggiunta dall'art. 1, lett. *b*) del D.L. 12 feb. 2010, n. 10, conv. con modif. in L. 6 apr. 2010, n. 52.

[4] Ai sensi del c. 2 dell'art. 1 del D.L. 12 feb. 2010, n. 10, fermo quanto previsto dall'art. 2, le disposizioni di cui al c. 1 si applicano anche ai procedimenti in corso alla data di entrata in vigore del D.L. 12 feb. 2010, n. 10 cit. solo nei casi in cui alla data del 30 giu. 2010 non sia stata già esercitata l'azione penale.

Ai sensi dell'art. 2 del D.L. 12 feb. 2010, n. 10, in deroga a quanto previsto nell'art. 1, c. 2, nei procedimenti in corso alla data di entrata in vigore del decreto cit., relativi ai delitti di cui all'art. 416-*bis* del c.p., comunque aggravati, è competente il tribunale anche nell'ipotesi in cui sia stata già esercitata l'azione penale, salvo che, prima della suddetta data, sia stato dichiarato aperto il dibattimento davanti alla corte d'assise.

6. ***Competenza del tribunale.***[1] — 1. Il tribunale è competente per i reati che non appartengono alla competenza della corte di assise, o del giudice di pace.[2]

[1] Articolo così sost. dall'art. 166, D.lgs. 19 feb. 1998, n. 51, recante l'istituzione del giudice unico.

[2] Le parole "o del giudice di pace" sono state aggiunte dall'art. 47 del D.lgs. 28 ago. 2000, n. 274.

7. [***Competenza del pretore.***][1]

[1] Articolo abrog. dall'art. 218, D.lgs. 19 feb. 1998, n. 51, recante l'istituzione del giudice unico.

SEZIONE III

Competenza per territorio

8. ***Regole generali.*** — 1. La competenza per territorio è determinata dal luogo in cui il reato è stato consumato.

2. Se si tratta di fatto dal quale è derivata la morte di una o più persone, è competente il giudice del luogo in cui è avvenuta l'azione o l'omissione.

3. Se si tratta di reato permanente, è competente il giudice del luogo in cui ha avuto inizio la consumazione, anche se dal fatto è derivata la morte di una o più persone.

4. Se si tratta di delitto tentato, è competente il giudice del luogo in cui è stato compiuto l'ultimo atto diretto a commettere il delitto.

9. ***Regole suppletive.*** — 1. Se la competenza non può essere determinata a norma dell'articolo 8, è competente il giudice dell'ultimo luogo in cui è avvenuta una parte dell'azione o dell'omissione.

2. Se non è noto il luogo indicato nel comma 1, la competenza appartiene successivamente al giudice della residenza, della dimora o del domicilio dell'imputato.

3. Se nemmeno in tale modo è possibile determinare la competenza, questa appartiene al giudice del luogo in cui ha sede l'ufficio del pubblico ministero che ha provveduto per primo a iscrivere la notizia di reato nel registro previsto dall'articolo 335.

10. ***Competenza per reati commessi all'estero.*** — 1. Se il reato è stato commesso interamente all'estero, la competenza è determinata successivamente dal luogo della residenza, della dimora, del domicilio, dell'arresto o della consegna dell'imputato. Nel caso di pluralità di imputati, procede il giudice competente per il maggior numero di essi.

1-*bis*. Se il reato è stato commesso a danno del cittadino e non sussistono i casi previsti dagli articoli 12 e 371, comma 2, lettera *b*), la competenza è del tribunale o della corte di assise di Roma quando non è possibile determinarla nei modi indicati nel comma 1.[1]

2. In tutti gli altri casi, se non è possibile determinare nei modi indicati nei commi 1 e 1-*bis* la competenza, questa appartiene al giudice del luogo in cui ha sede l'ufficio del pubblico ministero che ha provveduto per primo a iscrivere la notizia di reato nel registro previsto dall'articolo 335.[2]

3. Se il reato è stato commesso in parte all'estero, la competenza è determinata a norma degli articoli 8 e 9.

[1] Comma ins. dall'art. 6, c. 3, D.L. 16 mag. 2016, n. 67 conv. in L. 14 lug. 2016, n. 131. Ai sensi del medesimo articolo: «Le disposizioni si applicano ai fatti commessi successivamente all'entrata in vigore della legge di conversione del presente decreto».

[2] Comma così modif. dall'art. 6, c. 3, D.L. 16 mag. 2016, n. 67 conv. in L. 14 lug. 2016, n. 131. Ai sensi del medesimo articolo: «Le disposizioni si applicano ai fatti commessi successivamente all'entrata in vigore della legge di conversione del presente decreto». Per l'applicazione di tale disposizione, vedi l'art. 6, c. 4, D.L. 67/2016.

11. ***Competenza per i procedimenti riguardanti i magistrati.***[1] — 1. I procedimenti in cui un magistrato assume la qualità di persona sottoposta ad indagini, di imputato ovvero di persona offesa o danneggiata dal reato, che secondo le norme di questo capo sarebbero attribuiti alla competenza di un ufficio giudiziario compreso nel distretto di Corte d'appello in cui il magistrato esercita le proprie funzioni o le esercitava al momento del fatto, sono di competenza del giudice, ugualmente competente per materia, che ha sede nel capoluogo del distretto di corte di appello determinato dalla legge.

2. Se nel distretto determinato ai sensi del comma 1 il magistrato stesso è venuto ad esercitare le proprie funzioni in un momento successivo a quello del fatto, è competente il giudice che ha sede nel capoluogo del diverso distretto di corte d'appello determinato ai sensi del medesimo comma 1.

3. I procedimenti connessi a quelli in cui un ma-

gistrato assume la qualità di persona sottoposta ad indagini, di imputato ovvero di persone offesa o danneggiata dal reato sono di competenza del medesimo giudice individuato a norma del comma 1.

[1] Articolo così sost. dall'art. 1, L. 2 dic. 1998, n. 420.

11-*bis*. *Competenza per i procedimenti riguardanti i magistrati della Direzione nazionale antimafia e antiterrorismo.*[1,2] — 1. I procedimenti in cui assume la qualità di persona sottoposta ad indagini, di imputato ovvero di persona offesa o danneggiata dal reato un magistrato addetto alla Direzione nazionale antimafia e antiterrorismo[2] di cui all'art. 76-*bis* dell'ordinamento giudiziario, approvato con regio decreto 30 gennaio 1941, n. 12, e successive modificazioni, sono di competenza del giudice determinato ai sensi dell'art. 11.

[1] Articolo ins. dall'art. 2, L. 2 dic. 1998, n. 420.

[2] Ai sensi dell'art. 20, c. 4, D.L. 18 feb. 2015, n. 7, conv. con modif. in L. 17 apr. 2015, n. 43, le parole: «Direzione nazionale antimafia» sono sost. da «Direzione nazionale antimafia e antiterrorismo».

SEZIONE IV
Competenza per connessione[1]

[1] V. Cost. 25.

12. *Casi di connessione.*[1] — 1. Si ha connessione di procedimenti:

a) se il reato per cui si procede è stato commesso da più persone in concorso o cooperazione fra loro, o se più persone con condotte indipendenti hanno determinato l'evento;

b) se una persona è imputata di più reati commessi con una sola azione od omissione ovvero con più azioni od omissioni esecutive di un medesimo disegno criminoso;[1]

c) se dei reati per cui si procede gli uni sono stati commessi per eseguire o per occultare gli altri [o in occasione di questi ovvero per conseguirne o assicurarne al colpevole o ad altri il profitto, il prezzo, il prodotto o l'impunità].[2]

[1] Sulla commissione davanti al giudice di pace si veda l'art. 7, D.lgs. 28 ago. 2000, n. 274.

[2] Parole soppresse dall'art. 1, c. 1, L. 1 mar. 2001, n. 63.

13. *Connessione di procedimenti di competenza di giudici ordinari e speciali.* — 1. Se alcuni dei procedimenti connessi appartengono alla competenza di un giudice ordinario e altri a quella della Corte costituzionale, è competente per tutti quest'ultima.

2. Fra reati comuni e reati militari, la connessione di procedimenti opera soltanto quando il reato comune è più grave di quello militare, avuto riguardo ai criteri previsti dall'art. 16 comma 3. In tale caso, la competenza per tutti i reati è del giudice ordinario.[1]

[1] In virtù della L. cost. 16 gen. 1989, n. 1 che ha innovato la materia dei reati ministeriali, con sost. dell'art. 96 Cost., la giurisdizione penale della Corte cost. verte esclusivamente sui reati di alto tradimento e di attentato alla Cost. imputati al Presidente della Repubblica ex art. 90 Cost.

14. *Limiti alla connessione nel caso di reati commessi da minorenni.* — 1. La connessione non opera fra procedimenti relativi a imputati che al momento del fatto erano minorenni e procedimenti relativi a imputati maggiorenni.

2. La connessione non opera, altresì, fra procedimenti per reati commessi quando l'imputato era minorenne e procedimenti per reati commessi quando era maggiorenne.[1]

[1] V. art. 3 D.P.R. 22 set. 1988, n. 448.

15. *Competenza per materia determinata dalla connessione.* — 1. Se alcuni dei procedimenti connessi appartengono alla competenza della corte di assise ed altri a quella del tribunale, è competente per tutti la corte di assise.

16. *Competenza per territorio determinata dalla connessione.* — 1. La competenza per territorio per i procedimenti connessi rispetto ai quali più giudici sono ugualmente competenti per materia appartiene al giudice competente per il reato più grave e, in caso di pari gravità, al giudice competente per il primo reato.

2. Nel caso previsto dall'articolo 12 comma 1 lettera *a*) se le azioni od omissioni sono state commesse in luoghi diversi e se dal fatto è derivata la morte di una persona, è competente il giudice del luogo in cui si è verificato l'evento.

3. I delitti si considerano più gravi delle contravvenzioni. Fra delitti o fra contravvenzioni si considera più grave il reato per il quale è prevista la pena più elevata nel massimo ovvero, in caso di parità dei massimi, la pena più elevata nel minimo; se sono previste pene detentive e pene pecuniarie, di queste si tiene conto solo in caso di parità delle pene detentive.

CAPO III
Riunione e separazione di processi

17. *Riunione di processi.* — 1. La riunione di processi pendenti nello stesso stato e grado davanti al medesimo giudice può essere disposta quando non determini un ritardo nella definizione degli stessi:[1]

a) nei casi previsti dall'articolo 12;

b) [...];[2]

c) nei casi previsti dall'art. 371, 2 comma, lett. *b*;

d) [...].[3]

1-*bis*. Se alcuni dei processi pendono davanti al tribunale collegiale ed altri davanti al tribunale monocratico, la riunione è disposta davanti al tribunale in composizione collegiale. Tale composizione resta ferma anche nel caso di successiva separazione dei processi.

[1] Parole così modif. dall'art. 1, c. 2, L. 1 mar. 2001, n. 63.

[2] Lettera soppressa dall'art. 1, D.L. 20 nov. 1991, n. 367, conv. in L. 20 gen. 1992, n. 8. Ai sensi dell'art. 15, D.L. 367/

1991 la modifica si applica solo ai procedimenti iniziati successivamente all'entrata in vigore del D.L. citato.

[3] Lettera soppressa dall'art. 1, L. 1 mar. 2001, n. 63.

18. ***Separazione di processi.***[1] — 1. La separazione di processi è disposta, salvo che il giudice ritenga la riunione assolutamente necessaria per l'accertamento dei fatti:

a) se, nell'udienza preliminare, nei confronti di uno o più imputati o per una o più imputazioni è possibile pervenire prontamente alla decisione, mentre nei confronti di altri imputati o per altre imputazioni è necessario acquisire ulteriori informazioni a norma dell'articolo 422;

b) se nei confronti di uno o più imputati o per una o più imputazioni è stata ordinata la sospensione del procedimento;

c) se uno o più imputati non sono comparsi al dibattimento per nullità dell'atto di citazione o della sua notificazione, per legittimo impedimento o per mancata conoscenza incolpevole dell'atto di citazione;

d) se uno o più difensori di imputati non sono comparsi al dibattimento per mancato avviso ovvero per legittimo impedimento;

e) se nei confronti di uno o più imputati o per una o più imputazioni l'istruzione dibattimentale risulta conclusa, mentre nei confronti di altri imputati o per altre imputazioni è necessario il compimento di ulteriori atti che non consentono di pervenire prontamente alla decisione.

e-bis) se uno o più imputati dei reati previsti dall'articolo 407, II *c*., lett. *a*), è prossimo ad essere rimesso in libertà per scadenza dei termini per la mancanza di altri titoli di detenzione.[2]

2. Fuori dei casi previsti dal comma 1, la separazione può essere altresì disposta, sull'accordo delle parti, qualora il giudice la ritenga utile ai fini della speditezza del processo.

[1] Articolo modif. dall'art. 1 del D.L. 24 nov. 2000, conv. con modif. in L. 19 gen. 2001, n. 4.

[2] Lettera aggiunta dall'art. 1 del D.L. 24 nov. 2000, conv. con modif. in L. 19 gen. 2001, n. 4.

19. ***Provvedimenti sulla riunione e separazione.*** — 1. La riunione e la separazione di processi sono disposte con ordinanza, anche di ufficio, sentite le parti.

CAPO IV

Provvedimenti sulla giurisdizione e sulla competenza

20. ***Difetto di giurisdizione.*** — 1. Il difetto di giurisdizione è rilevato, anche di ufficio, in ogni stato e grado del procedimento.

2. Se il difetto di giurisdizione è rilevato nel corso delle indagini preliminari, si applicano le disposizioni previste dall'articolo 22 commi 1 e 2. Dopo la chiusura delle indagini preliminari e in ogni stato e grado del processo il giudice pronuncia sentenza e ordina, se del caso, la trasmissione degli atti all'autorità competente.

21. ***Incompetenza.*** — 1. L'incompetenza per materia è rilevata, anche di ufficio, in ogni stato e grado del processo, salvo quanto previsto dal comma 3 e dall'art. 23 comma 2.

2. L'incompetenza per territorio è rilevata o eccepita, a pena di decadenza, prima della conclusione dell'udienza preliminare o, se questa manchi, entro il termine previsto dall'art. 491 comma 1. Entro quest'ultimo termine deve essere riproposta l'eccezione di incompetenza respinta nell'udienza preliminare.

3. L'incompetenza derivante da connessione è rilevata o eccepita, a pena di decadenza, entro i termini previsti dal comma 2.

22. ***Incompetenza dichiarata dal giudice per le indagini preliminari.*** — 1. Nel corso delle indagini preliminari il giudice, se riconosce la propria incompetenza per qualsiasi causa, pronuncia ordinanza e dispone la restituzione degli atti al pubblico ministero.

2. L'ordinanza pronunciata a norma del comma 1 produce effetti limitatamente al provvedimento richiesto.

3. Dopo la chiusura delle indagini preliminari il giudice, se riconosce la propria incompetenza per qualsiasi causa, la dichiara con sentenza e ordina la trasmissione degli atti al pubblico ministero presso il giudice competente.

23. ***Incompetenza dichiarata nel dibattimento di primo grado.*** — 1. Se nel dibattimento di primo grado il giudice ritiene che il processo appartiene alla competenza di altro giudice, dichiara con sentenza la propria incompetenza per qualsiasi causa e ordina la trasmissione degli atti al giudice competente.[1,2]

2. Se il reato appartiene alla cognizione di un giudice di competenza inferiore, l'incompetenza è rilevata o eccepita, a pena di decadenza, entro il termine stabilito dall'art. 491 comma 1. Il giudice, se ritiene la propria incompetenza, provvede a norma del comma 1.

[1] La Corte cost., con sent. 11 mar. 1993, n. 76, ha dichiarato l'ill. cost. dell'art. 23 c. 1 «nella parte in cui dispone che, quando il giudice del dibattimento dichiara con sentenza la propria incompetenza per **materia**, ordina la trasmissione degli atti al giudice competente anziché al pubblico ministero presso quest'ultimo».

[2] La Corte cost., con sent. 15 mar. 1996, n. 70, ha dichiarato l'ill. cost. del primo comma, «nella parte in cui prevede la trasmissione degli atti al giudice competente anziché al pubblico ministero presso quest'ultimo quando il giudice del dibattimento dichiara con sentenza la propria incompetenza per **territorio**».

24. ***Decisioni del giudice di appello sulla competenza.*** — 1. Il giudice di appello pronuncia sentenza di annullamento e ordina la trasmissione degli atti al giudice di primo grado competente[1,2] quando riconosce che il giudice di primo grado era incompetente per materia a norma dell'art. 23 comma 1 ovvero per territorio o per connessione, purché, in tali ultime ipotesi, l'incompetenza sia stata eccepita a norma dell'art. 21 e l'eccezione sia stata riproposta nei motivi di appello.

2. Negli altri casi il giudice di appello pronuncia nel merito, salvo che si tratti di decisione inappellabile.

[1] La Corte cost., con sent. 5 mag. 1993, n. 214, ha dichiarato l'ill. cost. del primo comma «nella parte in cui dispone che, a seguito dell'annullamento della sentenza di primo grado per incompetenza per **materia**, gli atti siano trasmessi al giudice ritenuto competente, anziché al pubblico ministero presso quest'ultimo».

[2] La Corte cost., con sent. 15 mar. 1996 n. 70, ha dichiarato l'ill. cost. del primo comma "nella parte in cui dispone che, a seguito di annullamento della sentenza di primo grado per incompetenza per **territorio**, gli atti sono trasmessi al giudice competente anziché al pubblico ministero presso quest'ultimo".

25. ***Effetti delle decisioni della corte di cassazione sulla giurisdizione e sulla competenza.*** — 1. La decisione della corte di cassazione sulla giurisdizione o sulla competenza è vincolante nel corso del processo, salvo che risultino nuovi fatti che comportino una diversa definizione giuridica da cui derivi la modificazione della giurisdizione o la competenza di un giudice superiore.

26. ***Prove acquisite dal giudice incompetente.*** — 1. L'inosservanza delle norme sulla competenza non produce l'inefficacia delle prove già acquisite.

2. Le dichiarazioni rese al giudice incompetente per materia, se ripetibili, sono utilizzabili soltanto nell'udienza preliminare e per le contestazioni a norma degli artt. 500 e 503.

27. ***Misure cautelari disposte dal giudice incompetente.*** — 1. Le misure cautelari disposte dal giudice che, contestualmente o successivamente, si dichiara incompetente per qualsiasi causa cessano di avere effetto se, entro venti giorni dalla ordinanza di trasmissione degli atti, il giudice competente non provvede a norma degli artt. 292, 317 e 321.

CAPO V

Conflitti di giurisdizione e di competenza

28. ***Casi di conflitto.*** — 1. Vi è conflitto quando in qualsiasi stato e grado del processo:

a) uno o più giudici ordinari e uno o più giudici speciali contemporaneamente prendono o ricusano di prendere cognizione del medesimo fatto attribuito alla stessa persona;

b) due o più giudici ordinari contemporaneamente prendono o ricusano di prendere cognizione del medesimo fatto attribuito alla stessa persona.

2. Le norme sui conflitti si applicano anche nei casi analoghi a quelli previsti dal comma 1. Tuttavia, qualora il contrasto sia tra giudice dell'udienza preliminare e giudice del dibattimento, prevale la decisione di quest'ultimo.

3. Nel corso delle indagini preliminari, non può essere proposto conflitto positivo fondato su ragioni di competenza per territorio determinata dalla connessione.

29. ***Cessazione del conflitto.*** — 1. I conflitti previsti dall'art. 28 cessano per effetto del provvedimento di uno dei giudici che dichiara, anche di ufficio, la propria competenza o la propria incompetenza.

30. ***Proposizione del conflitto.*** — 1. Il giudice che rileva un caso di conflitto pronuncia ordinanza con la quale rimette alla corte di cassazione copia degli atti necessari alla sua risoluzione con l'indicazione delle parti e dei difensori.

2. Il conflitto può essere denunciato dal pubblico ministero presso uno dei giudici in conflitto ovvero dalle parti private. La denuncia è presentata nella cancelleria di uno dei giudici in conflitto, con dichiarazione scritta e motivata alla quale è unita la documentazione necessaria. Il giudice trasmette immediatamente alla corte di cassazione la denuncia e la documentazione nonché copia degli atti necessari alla risoluzione del conflitto, con l'indicazione delle parti e dei difensori e con eventuali osservazioni.

3. L'ordinanza e la denuncia previste dai commi 1 e 2 non hanno effetto sospensivo sui procedimenti in corso.

31. ***Comunicazione al giudice in conflitto.*** — 1. Il giudice che ha pronunciato l'ordinanza o ricevuto la denuncia previste dall'art. 30 ne dà immediata comunicazione al giudice in conflitto.

2. Questi trasmette immediatamente alla corte di cassazione copia degli atti necessari alla risoluzione del conflitto, con l'indicazione delle parti e dei difensori e con eventuali osservazioni.

32. ***Risoluzione del conflitto.*** — 1. I conflitti sono decisi dalla corte di cassazione con sentenza in camera di consiglio secondo le forme previste dall'art. 127. La corte assume le informazioni e acquisisce gli atti e i documenti che ritiene necessari.

2. L'estratto della sentenza è immediatamente comunicato ai giudici in conflitto e al pubblico ministero presso i medesimi giudici ed è notificato alle parti private.

3. Si applicano le disposizioni degli artt. 25, 26 e 27, ma il termine previsto da quest'ultimo articolo decorre dalla comunicazione effettuata a norma del comma 2.

CAPO VI

Capacità e composizione del giudice

33. ***Capacità del giudice.*** — 1. Le condizioni di capacità del giudice e il numero dei giudici necessario per costituire i collegi sono stabiliti dalle leggi di ordinamento giudiziario.

2. Non si considerano attinenti alla capacità del giudice le disposizioni sulla destinazione del giudice agli uffici giudiziari e alle sezioni, sulla formazione dei collegi e sulla assegnazione dei processi a sezioni, collegi e giudici.[1]

3. Non si considerano altresì attinenti alla capacità del giudice né al numero dei giudici necessari per costituire l'organo giudicante le disposizioni sull'attribuzione degli affari penali al tribunale collegiale o monocratico.

[1] V. artt. 7-*bis*, 7-*ter* R.D. 30 gen. 1941, n. 12.

33-*bis*. *Attribuzioni del tribunale in composizione collegiale.* — 1. Sono attributi al tribunale in composizione collegiale i seguenti reati, consumati o tentati:

a) delitti indicati nell'articolo 407, comma 2, lettera *a*), numeri 3), 4) e 5), sempre che per essi non sia stabilita la competenza della corte d'assise;

b) delitti previsti dal capo I del titolo II del libro II del codice penale, esclusi quelli indicati dagli articoli 329, 331, primo comma, 332, 334 e 335;

c) delitti previsti dagli artt. 416, 416-*bis*, 416-*ter*, 420, terzo comma, 429, secondo comma, 431, secondo comma, 432, terzo comma, 433, terzo comma, 433-*bis*, secondo comma,440, 449, secondo comma, 452, primo comma, n. 2, 513-*bis*, 564, da 600-*bis* a 600-*sexies* puniti con reclusione non inferiore nel massimo a cinque anni, 609-*bis*, 609-*quater* e 644 del codice penale;[1]

d) reati previsti dal titolo XI del libro V del codice civile, nonché dalle disposizioni che ne estendono l'applicazione a soggetti diversi da quelli in essi indicati;[2]

e) delitti previsti dall'art. 1136 del codice della navigazione;

f) delitti previsti dagli artt. 6 e 11 della legge costituzionale 16 gen. 1989, n. 1;

g) delitti previsti dagli artt. 216, 223, 228 e 234 del R.D. 16 mar. 1942, n. 267, in materia fallimentare, nonché dalle disposizioni che ne estendono l'applicazione a soggetti diversi da quelli in essi indicati;

h) delitti previsti dall'art. 1 del D.L. 14 feb. 1948, n. 43, ratificato dalla L. 17 apr. 1956, n. 561, in materia di associazioni di carattere militare;

i) delitti previsti dalla L. 20 giu. 1952, n. 645, attuativa della XII disposizione transitoria e finale della Costituzione;

i-bis) delitti previsti dall'art. 291-*quater* del testo unico approvato con D.P.R. 23 gen. 1973, n. 43.

l) delitto previsto dall'articolo 593-ter del codice penale;[3]

m) delitto previsto dall'art. 2 della L. 25 gen. 1982, n. 17, in materia di associazioni segrete;

n) delitto previsto dall'art. 29, comma 2, della L. 13 set. 1982, n. 646, in materia di misure di prevenzione;

o) delitto previsto dall'articolo 512-bis del codice penale;[4]

p) delitti previsti dall'art. 6, commi 3 e 4, del D.L. 26 apr. 1993, n. 122, convertito con modificazioni, dalla L. 25 giu. 1993, n. 205, in materia di discriminazione razziale, etnica e religiosa;

q) delitti previsti dall'art. 10 della L. 18 nov. 1995, n. 496, in materia di produzione e uso di armi chimiche.

2. Sono attribuiti altresì al tribunale in composizione collegiale, salva la disposizione dell'art. 33-*ter*, comma 1, i delitti puniti con la pena della reclusione superiore nel massimo a dieci anni, anche nell'ipotesi del tentativo.[5] Per la determinazione della pena si osservano le disposizioni dell'art. 4.

[1] Lettera così modif. dall'art. 8, c. 2, L. 28 apr. 2015, n. 58.

[2] Comma così sost. dall'art. 6, D.lgs. 11 apr. 2002, n. 61.

[3] Lettera così sost. dall'art. 2, c. 2, D.lgs. 1 mar. 2018, n. 21.

[4] Lettera così sost. dall'art. 4, c. 2, D.lgs. 1 mar. 2018, n. 21.

[5] Comma così modif. dalla L. 5 giu. 2000, n. 144 recante modificazioni alla disciplina dei termini di custodia cautelare nella fase del giudizio abbreviato.

33-*ter*. *Attribuzioni del tribunale in composizione monocratica.* — 1. Sono attribuiti al tribunale in composizione monocratica i delitti previsti dall'art. 73 del testo unico approvato con D.P.R. 9 ott. 1990, n. 309, sempre che non siano contestate le aggravanti di cui all'art. 80 del medesimo testo unico.[1]

2. Il tribunale giudica in composizione monocratica, altresì, in tutti i casi non previsti dall'art. 33-*bis* o da altre disposizioni di legge.

[1] Comma così modif. nella L. 5 giu. 2000, n. 144.

33-*quater*. *Effetti della connesione sulla composizione del giudice.* — 1. Se alcuni dei procedimenti connessi appartengono alla cognizione del tribunale in composizione collegiale ed altri a quella del tribunale in composizione monocratica, si applicano le disposizioni relative al procedimento davanti al giudice collegiale, al quale sono attribuiti tutti i procedimenti connessi.

CAPO VI-*bis*

Provvedimenti sulla composizione collegiale o monocratica del tribunale

33-*quinquies*. *Inosservanza delle disposizioni sulla composizione collegiale o monocratica del tribunale.* — L'inosservanza delle disposizioni relative all'attribuzione dei reati alla cognizione del tribunale in composizione collegiale o monocratica e delle disposizioni processuali collegate è rilevata o eccepita, a pena di decadenza, prima della conclusione dell'udienza preliminare o, se questa manca, entro il termine previsto dall'art. 491, comma 1. Entro quest'ultimo termine deve essere riproposta l'eccezione respinta nell'udienza preliminare.

33-*sexies*. *Inosservanza dichiarata nell'udienza preliminare.*[1] — 1. Se nella udienza preliminare il giudice ritiene che per il reato deve procedersi con citazione diretta a giudizio pronuncia, nei casi previsti dall'art. 550, ordinanza di trasmissione degli atti al pubblico ministero per l'emissione del decreto di citazione a giudizio a norma dell'art. 552.

2. Si applicano le disposizioni previste dagli articoli 424, commi 2 e 3, 553 e 554.

[1] Articolo così sost. dall'art. 47, c. 1, L. 16 dic. 1999, n. 479.

33-*septies*. *Inosservanza dichiarata nel dibattimento di primo grado.*[1] — 1. Nel dibattimento di primo grado instaurato a seguito dell'udienza preliminare, il giudice, se ritiene che il reato appartiene alla cognizione del tribunale in composizione diversa, trasmette gli atti, con ordinanza al giudice competente a decidere sul reato contestato.

2. Fuori dai casi previsti dal comma 1, se il giudice monocratico ritiene che il reato appartiene alla cognizione del collegio, dispone con ordinanza la trasmissione degli atti al pubblico ministero.

3. Si applica la disposizione dell'art. 420-*ter*, comma 4.

[1] Articolo inserito dall'art. 10 della L. 16 dic. 1999, n. 479.

33-*octies*. *Inosservanza dichiarata dal giudice di appello o dalla corte di cassazione.*[1] — 1. Il giudice d'appello o la corte di cassazione pronuncia sentenza di annullamento e ordina la trasmissione degli atti al pubblico ministero presso il giudice di primo grado quando ritiene l'inosservanza delle disposizioni sull'attribuzione dei reati alla cognizione del tribunale in composizione collegiale o monocratica, purché la stessa sia stata tempestivamente eccepita e l'eccezione sia stata riproposta nei motivi di impugnazione.

2. Il giudice di appello pronuncia tuttavia nel merito se ritiene che il reato appartiene alla cognizione del tribunale in composizione monocratica.

[1] Articolo inserito dall'art. 10 della L. 16 dic. 1999, n. 479.

33-*nonies*. *Validità delle prove acquisite.*[1] — 1. L'inosservanza delle disposizioni sulla composizione collegiale o monocratica del tribunale non determina l'invalidità degli atti del procedimento, né l'inutilizzabilità delle prove già acquisite.

[1] Articolo inserito dall'art. 10 della L. 16 dic. 1999, n. 479.

CAPO VII

Incompatibilità, astensione e ricusazione del giudice

34. *Incompatibilità determinata da atti compiuti nel procedimento.* — 1. Il giudice che ha pronunciato o ha concorso a pronunciare sentenza in un grado del procedimento non può esercitare funzioni di giudice negli altri gradi, né partecipare al giudizio di rinvio dopo l'annullamento o al giudizio per revisione.[1]

2. Non può partecipare al giudizio il giudice che ha emesso il provvedimento conclusivo dell'udienza preliminare o ha disposto il giudizio immediato o ha emesso decreto penale di condanna o ha deciso sull'impugnazione avverso la sentenza di non luogo a procedere.[2]

2-*bis*. Il giudice che nel medesimo procedimento ha esercitato funzione di giudice per le indagini preliminari non può emettere il decreto penale di condanna, né tenere l'udienza preliminare; inoltre, anche fuori dai casi previsti dal comma 2, non può partecipare al giudizio.

2-*ter*. Le disposizioni del comma 2-*bis* non si applicano al giudice che nel medesimo procedimento abbia adottato uno dei seguenti provvedimenti:

a) le autorizzazioni sanitarie previste dall'art. 11 della L. 26 lug. 1975, n. 354;

b) i provvedimenti relativi ai permessi di colloquio, alla corrispondenza telefonica e al visto di controllo sulla corrispondenza, previsti dagli articoli 18 e 18-*ter* della L. 26 lug. 1975, n. 354;[3]

c) i provvedimenti relativi ai permessi previsti dall'art. 30 della L. 26 lug. 1875, n. 354;

d) il provvedimento di restituzione nel termine di cui all'art. 175;

e) il provvedimento che dichiara la latitanza a norma dell'art. 296.[4]

2-*quater*. Le disposizioni del comma 2-*bis* non si applicano inoltre al giudice che abbia provveduto all'assunzione dell'incidente probatorio o comunque adottato uno dei provvedipenti previsti dal titolo VII del libro quinto.[5]

3. Chi ha esercitato funzioni di pubblico ministero o ha svolto atti di polizia giudiziaria o ha prestato ufficio di difensore, di procuratore speciale, di curatore di una parte ovvero di testimone, perito, consulente tecnico o ha proposto denuncia, querela, istanza o richiesta o ha deliberato o ha concorso a deliberare l'autorizzazione a procedere non può esercitare nel medesimo procedimento l'ufficio di giudice.

[1] La Corte cost., con sent. 6 lug. 2001, n. 224, ha dichiarato l'ill. cost. del c. 1, nella parte in cui non prevede l'incompatibilità alla funzione di giudice dell'udienza preliminare del giudice che abbia pronunciato o concorso a pronunciare sentenza, poi annullata, nei confronti del medesimo imputato e per lo stesso fatto.

La Corte cost., con sent. 3 lug. 2013, n. 183, ha dichiarato l'ill. cost. del c. 1, nella parte in cui non prevede che non possa partecipare al giudizio di rinvio dopo l'annullamento il giudice che ha pronunciato o concorso a pronunciare ordinanza di accoglimento o rigetto della richiesta di applicazione in sede esecutiva della disciplina del reato continuato, ai sensi dell'art. 671 del medesimo codice; ha dichiarato altresì l'ill. cost. dei medesimi articoli (34, c. 1, e 623, c. 1, lett. *a*)), nella parte in cui non prevedono che non possa partecipare al giudizio di rinvio dopo l'annullamento il giudice che ha pronunciato o concorso a pronunciare ordinanza di accoglimento o rigetto della richiesta di applicazione in sede esecutiva della disciplina del concorso formale, ai sensi dell'art. 671 c.p.p.

La Corte cost., con sent. 18 gen. 2022, n. 7, ha dichiarato l'ill. cost. del presente comma e dell'art. 623, c. 1, lett. *a*), del c.p.p., nella parte in cui non prevedono che il giudice dell'esecuzione deve essere diverso da quello che ha pronunciato l'ordinanza sulla richiesta di rideterminazione della pena, a seguito di declaratoria di illegittimità costituzionale di una norma incidente sulla commisurazione del trattamento sanzionatorio, annullata con rinvio dalla Corte di cassazione.

[2] La Corte cost., con sent. 26 ott. 1990, n. 496, ha dichiarato l'ill. cost. del c. 2 «nella parte in cui non prevede che non possa partecipare al successivo giudizio abbreviato il G.I.P. presso la Pretura che abbia emesso l'ordinanza di cui all'art. 554 c. 2 c.p.p.».

La Corte cost., con sent. 12 nov. 1991, n. 401, ha dichiarato l'ill. cost. del c. 2 «nella parte in cui non prevede che non possa partecipare al successivo giudizio abbreviato il G.I.P. presso il tribunale che abbia emesso l'ordinanza di cui all'art. 409, quinto comma, del medesimo codice».

La Corte cost., con sent. 30 dic. 1991, n. 502 (rett. con ord. 9 mar. 1992, n. 104), ha dichiarato l'ill. cost. del c. 2 «nella parte in cui non prevede che non possa partecipare al giudizio dibattimentale il G.I.P. presso la pretura che abbia emesso l'ordinanza di cui all'art. 554 c. 2 dello stesso codice»; «nella parte in cui non prevede che non possa partecipare al giudizio dibattimentale il giudice per le indagini preliminari presso il tribunale che abbia emesso l'ordinanza di cui all'art. 409 c. 5 dello stesso codice» e «nella parte in cui non prevede l'incompatibilità a partecipare al giudizio del G.I.P. che ha rigettato la richiesta di decreto di condanna per inadeguatezza della pena richiesta dal pubblico ministero».

La Corte cost., con sent. 25 mar. 1992, n. 124, ha dichiarato l'ill. cost. del c. 2 «nella parte in cui non prevede l'incompatibilità a partecipare all'udienza dibattimentale del G.I.P. presso la pretura che abbia respinto la richiesta di applicazione di pena concordata per la ritenuta non concedibilità di circostanze attenuanti».

La Corte cost., con sent. 22 apr. 1992, n. 186, corretta con ord. 18 giu.-1° lug. 1992, ha dichiarato l'ill. cost. del c. 2 «nella parte in cui non prevede l'incompatibilità per il giudice del dibattimento che abbia rigettato la richiesta di applicazione di pena concordata di cui all'art. 444 dello stesso codice a partecipare al giudizio».

La Corte cost., con sent. 26 ott. 1992, n. 399, ha dichiarato l'ill. cost. del c. 2 «nella parte in cui non prevede l'incompatibilità a procedere al dibattimento del pretore che, prima dell'apertura di questo, abbia respinto la richiesta di applicazione di pena concordata per il ritenuto non ricorrere di un'ipotesi attenuata del reato contestato».

La Corte cost., con sent. 16 dic. 1993, n. 439, ha dichiarato l'ill. cost. del c. 2 «nella parte in cui non prevede l'incompatibilità a partecipare al giudizio abbreviato del G.I.P. che abbia rigettato la richiesta di applicazione di pena concordata di cui all'art. 444 dello stesso codice».

La Corte cost., con sent. 30 dic. 1994, n. 453, ha dichiarato l'ill. cost. del c. 2 «nella parte in cui non prevede l'incompatibilità alla funzione di giudizio del G.I.P. il quale, per la ritenuta diversità del fatto, sulla base di una valutazione del complesso delle indagini preliminari, abbia rigettato la domanda di oblazione».

La Corte cost., con sent. 30 dic. 1994, n. 455, ha dichiarato l'ill. cost. del c. 2 «nella parte in cui non prevede l'incompatibilità alla funzione di giudizio del giudice che abbia, all'esito di precedente dibattimento, riguardante il medesimo fatto storico a carico del medesimo imputato, ordinato la trasmissione degli atti al pubblico ministero a norma dell'art. 521, c. 2, del c.p.p.».

La Corte cost., con sent. 15 set. 1995, n. 432, ha dichiarato l'ill. cost. del c. 2 «nella parte in cui non prevede che non possa partecipare al giudizio dibattimentale il G.I.P. che abbia applicato una misura cautelare personale nei confronti dell'imputato».

La Corte cost., con sent. 24 apr. 1996, n. 131, ha dichiarato l'ill. cost. del c. 2 nella parte in cui non prevede: l'incompatibilità alla funzione di giudizio del giudice che come componente del Tribunale del riesame (art. 309 cpp) si sia pronunciato sull'ordinanza che dispone una misura cautelare personale nei confronti dell'indagato o dell'imputato; l'incompatibilità alla funzione di giudizio del giudice che come componente del Tribunale dell'appello avversa l'ordinanza disponente una misura cautelare personale nei confronti dell'indagato o imputato (art. 310 cpp) si sia pronunciato su aspetti non esclusivamente formali dell'ordinanza anzidetta.

La Corte cost., con sent. 20 mag. 1996, n. 155, ha dichiarato l'ill. cost. del c. 2 nella parte in cui:

a) non prevede che non possa partecipare al giudizio abbreviato e disporre l'applicazione della pena su richiesta delle parti, il G.I.P. che abbia disposto una misura cautelare personale;

b) né il G.I.P. che abbia disposto la modifica, la sostituzione o la revoca di una misura cautelare personale ovvero che abbia rigettato una richiesta di applicazione, modifica, sostituzione o revoca di una misura cautelare personale;

c) non prevede che non possa partecipare al giudizio dibattimentale il G.I.P. che abbia disposto la modifica, la sostituzione o la revoca di una misura cautelare personale ovvero che abbia rigettato una richiesta di applicazione, modifica, sostituzione o revoca di una misura cautelare, personale;

d) non prevede che non possa disporre l'applicazione della pena su richiesta delle parti il giudice che, come componente del tribunale del riesame, si sia pronunciato sull'ordinanza che dispone una misura cautelare personale nei confronti dell'indagato o dell'imputato nonché il giudice che, come componente del tribunale dell'appello avverso l'ordinanza che provvede in ordine a una misura cautelare personale nei confronti dell'indagato o dell'imputato, si sia pronunciato su aspetti non esclusivamente formali dell'ordinanza anzidetta.

La Corte cost., con sent. 2 nov. 1996, n. 371, ha dichiarato l'ill. cost. del c. 2 "nella parte in cui non prevede che non possa partecipare al giudizio nei confronti di un imputato il giudice che abbia pronunciato o concorso a pronunciare una precedente sentenza nei confronti di altri soggetti, nella quale la posizione di quello stesso imputato in ordine alla sua responsabilità penale sia già stata comunque valutata".

La Corte cost., con sent. 22 ott. 1997, n. 311, ha dichiarato l'ill. cost. del c. 2 "nella parte in cui non prevede l'incompatibilità alla funzione di G.U.P. nel procedimento penale a carico di imputati minorenni del G.I.P. che si sia pronunciata in ordine a una misura cautelare personale nei confronti dell'imputato".

La Corte cost., con sent. 21 nov. 1997, n. 346, dichiarato l'ill. cost. del c. 2 "nella parte in cui non prevede che non possa pronunciarsi sulla richiesta di emissione del decreto penale di condanna il G.I.P. che abbia emesso l'ordinanza di cui agli artt. 409, c. 5, e 554, c. 2 c.p.p.».

La Corte cost., con sent. 17 giu. 1999, n. 241, ha dichiarato l'ill. cost. del c. 2, "nella parte in cui non prevede che non possa partecipare al giudizio nei confronti di un imputato il giudice che abbia pronunciato o concorso a pronunciare sentenza nei confronti di quello stesso imputato per il medesimo fatto".

La Corte cost., con sent. 5 dic. 2008, n. 400, ha dichiarato l'ill. cost. del c. 2, nella parte in cui non prevede l'incompatibilità alla trattazione dell'udienza preliminare del giudice che abbia ordinato, all'esito del precedente dibattimento, riguardante il medesimo fatto storico a carico del medesimo imputato, la trasmissione degli atti al pubblico ministero, a norma dell'art. 521, c. 2 del c.p.p.

La Corte cost., con sent. 21 gen. 2022, n. 16, ha dichiarato l'ill. cost. del c. 2, nella parte in cui non prevede che il giudice per le indagini preliminari, che ha rigettato la richiesta di decreto penale di condanna per mancata contestazione di una circostanza aggravante, sia incompatibile a pronunciare sulla nuova richiesta di decreto penale formulata dal pubblico ministero in conformità ai rilievi del giudice stesso.

[3] Parole così sost. dall'art. 3, L. 8 apr. 2004, n. 95.

[4] Commi aggiunti dall'art. 11 della L. 16 dic. 1999, n. 479.

[5] Commi ins. dalla L. 5 giu. 2000, n. 144.

35. ***Incompatibilità per ragioni di parentela, affinità o coniugio.*** — 1. Nello stesso procedimento non possono esercitare funzioni, anche separate o diverse, giudici che sono tra loro coniugi, parenti o affini fino al secondo grado.

36. ***Astensione.*** — 1. Il giudice ha l'obbligo di astenersi:

a) se ha interesse nel procedimento o se alcuna delle parti private o un difensore è debitore o creditore di lui, del coniuge o dei figli;

b) se è tutore, curatore, procuratore o datore di lavoro di una delle parti private ovvero se il difensore, procuratore o curatore di una di dette parti è prossimo congiunto di lui o del coniuge;

c) se ha dato consigli o manifestato il suo parere sull'oggetto del procedimento fuori dell'esercizio delle funzioni giudiziarie;

d) se vi è inimicizia grave fra lui o un suo prossimo congiunto e una delle parti private;

e) se alcuno dei prossimi congiunti di lui o del coniuge è offeso o danneggiato dal reato o parte privata;

f) se un prossimo congiunto di lui o del coniuge svolge o ha svolto funzioni di pubblico ministero;

g) se si trova in taluna delle situazioni di incompatibilità stabilite dagli articoli 34 e 35 e dalle leggi di ordinamento giudiziario;

h) se esistono altre gravi ragioni di convenienza.

2. I motivi di astensione indicati nel comma 1 lettera *b*) seconda ipotesi e lettera *e*) o derivanti da incompatibilità per ragioni di coniugio o affinità, sussistono anche dopo l'annullamento, lo scioglimento o la cessazione degli effetti civili del matrimonio.

3. La dichiarazione di astensione è presentata al presidente della corte o del tribunale che decide con decreto senza formalità di procedura.

4. Sulla dichiarazione di astensione del pretore decide il presidente del tribunale; su quella del presidente del tribunale decide il presidente della corte di appello; su quella del presidente della corte di appello decide il presidente della corte di cassazione.

37. ***Ricusazione.*** — 1. Il giudice può essere ricusato dalle parti:

a) nei casi previsti dall'articolo 36 comma 1 lettere *a*), *b*), *c*), *d*), *e*), *f*), *g*);

b) se nell'esercizio delle funzioni e prima che sia pronunciata sentenza, egli ha manifestato indebitamente il proprio convincimento sui fatti oggetto dell'imputazione.

2. Il giudice ricusato non può pronunciare né concorrere a pronunciare sentenza fino a che non sia intervenuta l'ordinanza che dichiara inammissibile o rigetta la ricusazione.[1,2]

[1] La Corte cost., con sent. 23 gen. 1997, n. 10, ha dichiarato l'ill. cost. del c. 2 "nella parte in cui, qualora sia riproposta la dichiarazione di ricusazione, fondata sui medesimi motivi, fa divieto al giudice di pronunciare o concorrere a pronunciare la sentenza fino a che non sia intervenuta l'ordinanza che dichiara inammissibile o rigetta la ricusazione".

[2] La Corte cost., con sent. 14 lug. 2000, n. 283, ha dichiarato l'ill. cost. del c. 1 nella parte in cui non prevcede che possa essere ricusato dalle parti il giudice che, chiamato a decidere sulla responsabilità di un imputato, abbia espresso in altro procedimento, anche non penale, una valutazione di merito sullo stesso fatto nei confronti del medesimo soggetto.

38. ***Termini e forme per la dichiarazione di ricusazione.*** — 1. La dichiarazione di ricusazione può essere proposta, nell'udienza preliminare, fino a che non siano conclusi gli accertamenti relativi alla costituzione delle parti; nel giudizio, fino a che non sia scaduto il termine previsto dall'art. 491 comma 1; in ogni altro caso, prima del compimento dell'atto da parte del giudice.

2. Qualora la causa di ricusazione sia sorta o sia divenuta nota dopo la scadenza dei termini previsti dal comma 1, la dichiarazione può essere proposta entro tre giorni. Se la causa è sorta o è divenuta nota durante l'udienza, la dichiarazione di ricusazione deve essere in ogni caso proposta prima del termine dell'udienza.

3. La dichiarazione contenente l'indicazione dei motivi e delle prove è proposta con atto scritto ed è presentata, assieme ai documenti, nella cancelleria del giudice competente a decidere. Copia della dichiarazione è depositata nella cancelleria dell'ufficio cui è addetto il giudice ricusato.

4. La dichiarazione, quando non è fatta personalmente dall'interessato, può essere proposta a mezzo del difensore o di un procuratore speciale. Nell'atto di procura devono essere indicati, a pena di inammissibilità, i motivi della ricusazione.

39. ***Concorso di astensione e di ricusazione.*** — 1. La dichiarazione di ricusazione si considera come non proposta quando il giudice, anche successivamente ad essa, dichiara di astenersi e l'astensione è accolta.

40. ***Competenza a decidere sulla ricusazione.*** — 1. Sulla ricusazione di un giudice del tribunale o della corte di assise o della corte di assise di appello decide la corte di appello; su quella di un giudice

CODICE DI PROCEDURA PENALE

della corte di appello decide una sezione della corte stessa, diversa da quella a cui appartiene il giudice ricusato.[1]

2. Sulla ricusazione di un giudice della corte di cassazione decide una sezione della corte, diversa da quella a cui appartiene il giudice ricusato.

3. Non è ammessa la ricusazione dei giudici chiamati a decidere sulla ricusazione.

[1] Comma così modif. dall'art. 173, c. 1, D.lgs. 19 feb. 1998, n. 51.

41. ***Decisione sulla dichiarazione di ricusazione.*** — 1. Quando la dichiarazione di ricusazione è stata proposta da chi non ne aveva il diritto o senza l'osservanza dei termini o delle forme previsti dall'art. 38 ovvero quando i motivi addotti sono manifestamente infondati, la corte [o il tribunale][1] senza ritardo, la dichiara inammissibile con ordinanza avverso la quale è proponibile ricorso per cassazione. La corte di cassazione decide in camera di consiglio a norma dell'art. 611.

2. Fuori dei casi di inammissibilità della dichiarazione di ricusazione, la corte o il tribunale può disporre, con ordinanza, che il giudice sospenda temporaneamente ogni attività processuale o si limiti al compimento degli atti urgenti.

3. Sul merito della ricusazione la corte [o il tribunale][1] decide a norma dell'articolo 127, dopo aver assunto, se necessario, le opportune informazioni.

4. L'ordinanza pronunciata a norma dei commi precedenti è comunicata al giudice ricusato e al pubblico ministero ed è notificata alle parti private.

[1] Parole soppresse dall'art. 174, D.lgs. 19 feb. 1998, n. 51.

42. ***Provvedimenti in caso di accoglimento della dichiarazione di astensione o ricusazione.*** — 1. Se la dichiarazione di astensione o di ricusazione è accolta, il giudice non può compiere alcun atto del procedimento.

2. Il provvedimento che accoglie la dichiarazione di astensione o di ricusazione dichiara se e in quale parte gli atti compiuti precedentemente dal giudice astenutosi o ricusato conservano efficacia.

43. ***Sostituzione del giudice astenuto o ricusato.*** — 1. Il giudice astenuto o ricusato è sostituito con altro magistrato dello stesso ufficio designato secondo le leggi di ordinamento giudiziario.

2. Qualora non sia possibile la sostituzione prevista dal comma 1, la corte o il tribunale rimette il procedimento al giudice ugualmente competente per materia determinato a norma dell'articolo 11.

44. ***Sanzioni in caso di inammissibilità o di rigetto della dichiarazione di ricusazione.*** — 1. Con l'ordinanza che dichiara inammissibile o rigetta la dichiarazione di ricusazione, la parte privata che l'ha proposta può essere condannata al pagamento a favore della cassa delle ammende di una somma da euro 258 a euro 1.549, senza pregiudizio di ogni azione civile o penale.

CAPO VIII
Rimessione del processo

45. ***Casi di rimessione.***[1] — 1. In ogni stato e grado del processo di merito, quando gravi situazioni locali, tali da turbare lo svolgimento del processo e non altrimenti eliminabili, pregiudicano la libera determinazione delle persone che partecipano al processo ovvero la sicurezza o l'incolumità pubblica, o determinano motivi di legittimo sospetto, la corte di cassazione, su richiesta motivata del procuratore generale presso la corte di appello o del pubblico ministero presso il giudice che procede o dell'imputato, rimette il processo ad altro giudice, designato a norma dell'articolo 11.

[1] Articolo così sost. dall'art. 1, c. 1, della L. 7 nov. 2002, n. 248. L'art. 1, c. 5, della legge 248/2002 stabilisce che: "La presente legge si applica anche ai processi in corso e le richieste di remissione, che risultano già presentate alla data di entrata in vigore della legge, conservano efficacia. Il Presidente della Corte di Cassazione, salvo che per esse non rilevi una causa di inammissibilità e non disponga quindi procedersi applicando l'art. 610, c. 1, c.p.p., dispone per l'immediata comunicazione di cui all'art. 48, c. 3, c.p.p.".

46. ***Richiesta di rimessione.*** — 1. La richiesta è depositata, con i documenti che vi si riferiscono, nella cancelleria del giudice ed è notificata entro sette giorni a cura del richiedente alle altre parti.

2. La richiesta dell'imputato è sottoscritta da lui personalmente o da un suo procuratore speciale.

3. Il giudice trasmette immediatamente alla corte di cassazione la richiesta con i documenti allegati e con eventuali osservazioni.

4. L'inosservanza delle forme e dei termini previsti dai commi 1 e 2 è causa di inammissibilità della richiesta.

47. ***Effetti della richiesta.***[1] — 1. In seguito alla presentazione della richiesta di rimessione il giudice può disporre con ordinanza la sospensione del processo fino a che non sia intervenuta l'ordinanza che dichiara inammissibile o rigetta la richiesta. La Corte di cassazione può sempre disporre con ordinanza la sospensione del processo.

2. Il giudice deve comunque sospendere il processo prima dello svolgimento delle conclusioni e della discussione e non possono essere pronunciati il decreto che dispone il giudizio o la sentenza quando ha avuto notizia dalla corte di cassazione che la richiesta di rimessione è stata assegnata alle sezioni unite ovvero a sezione diversa dall'apposita sezione di cui all'articolo 610, comma 1. Il giudice non dispone la sospensione quando la richiesta non è fondata su elementi nuovi rispetto a quelli di altra già rigettata o dichiarata inammissibile.

3. La sospensione del processo ha effetto fino a che non sia intervenuta l'ordinanza che rigetta o dichiara inammissibile la richiesta e non impedisce il compimento degli atti urgenti.

4. In caso di sospensione del processo si applica l'articolo 159 del codice penale e, se la richiesta è

stata proposta dall'imputato, sono sospesi i termini di cui all'articolo 303, comma 1. La prescrizione e i termini di custodia cautelare riprendono il loro corso dal giorno in cui la Corte di cassazione rigetta o dichiara inammissibile la richiesta ovvero, in caso di suo accoglimento, dal giorno in cui il processo dinanzi al giudice designato perviene al medesimo stato in cui si trovava al momento della sospensione. Si osservano in quanto compatibili le disposizioni dell'articolo 304.

[1] Articolo così sost. dall'art. 1, c. 2, L. 7 nov. 2002, n. 248.

48. ***Decisione.*** — 1. La Corte di cassazione decide in camera di consiglio a norma dell'articolo 127, dopo aver assunto, se necessario, le opportune informazioni.

2. Il presidente della Corte di cassazione, se rileva una causa di inammissibilità della richiesta, dispone che per essa si proceda a norma dell'articolo 610, comma 1.

3. L'avvenuta assegnazione della richiesta di rimessione alle sezioni unite o a sezione diversa dall'apposita sezione prevista dall'articolo 610, comma 1, è immediatamente comunicata al giudice che procede.

4. L'ordinanza che accoglie la richiesta è comunicata senza ritardo al giudice procedente e a quello designato. Il giudice procedente trasmette immediatamente gli atti del processo al giudice designato e dispone che l'ordinanza della corte di cassazione sia per estratto comunicata al pubblico ministero e notificata alle parti private.

5. Fermo quanto disposto dall'articolo 190-*bis*, il giudice designato dalla Corte di cassazione procede alla rinnovazione degli atti compiuti anteriormente al provvedimento che ha accolto la richiesta di rimessione, quando ne è richiesto da una delle parti e non si tratta di atti di cui è divenuta impossibile la ripetizione. Nel processo davanti a tale giudice le parti esercitano gli stessi diritti e facoltà che sarebbero loro spettati davanti al giudice originariamente competente.

6. Se la corte rigetta o dichiara inammissibile la richiesta delle parti private, queste con la stessa ordinanza possono essere condannate al pagamento a favore della cassa delle ammende di una somma da 1.000 euro a 5.000 euro, che può essere aumentata fino al doppio, tenuto conto della causa di inammissibilità della richiesta.[1]

6-*bis*. Gli importi di cui al comma 6 sono adeguati ogni due anni con decreto del Ministro della giustizia, di concerto con il Ministro dell'economia e delle finanze, in relazione alla variazione, accertata dall'Istituto nazionale di statistica, dell'indice dei prezzi al consumo per le famiglie di operai e impiegati, verificatasi nel biennio precedente.[2]

[1] Comma così modif. dall'art. 1, c. 59, L. 23 giu. 2017, n. 103.

[2] Comma ins. dall'art. 1, c. 59, L. 23 giu. 2017, n. 103.

49. ***Nuova richiesta di rimessione.***[1] — 1. Anche quando la richiesta di rimessione è stata accolta, il pubblico ministero o l'imputato può chiedere un nuovo provvedimento per la revoca di quello precedente o per la designazione di un altro giudice.

2. L'ordinanza che rigetta o dichiara inammissibile per manifesta infondatezza la richiesta di rimessione non impedisce che questa sia nuovamente proposta purché sia fondata su elementi nuovi.

3. È inammissibile per manifesta infondatezza anche la richiesta di rimessione non fondata su elementi nuovi rispetto a quelli già valutati in un'ordinanza che ha rigettato o dichiarato inammissibile una richiesta proposta da altro imputato dello stesso procedimento o di un procedimento da esso separato.

4. La richiesta dichiarata inammissibile per motivi diversi dalla manifesta infondatezza può essere sempre riproposta.

[1] Articolo così sost. dall'art. 1, c. 4, della L. 7 nov. 2002, n. 248.

TITOLO II
Pubblico ministero[1]

[1] V. *Coord.* 231.

50. ***Azione penale.*** — 1. Il pubblico ministero esercita l'azione penale[1] quando non sussistono i presupposti per la richiesta di archiviazione.

2. Quando non è necessaria la querela, la richiesta, l'istanza o l'autorizzazione a procedere, l'azione penale è esercitata di ufficio.

3. L'esercizio dell'azione penale può essere sospeso o interrotto soltanto nei casi espressamente previsti dalla legge.[2]

[1] V. Cost. 112; 326, 358, 405; v. *Coord.* 231; v. anche art. 27 D.P.R. 22 set. 1988, n. 448.

[2] V. artt. 3, 41, 47, 71, 344[3], 479; v. anche artt. 27-29 D.P.R. 22 set. 1988, n. 448.

51. ***Uffici del pubblico ministero. Attribuzioni del procuratore della Repubblica distrettuale.*** — 1. Le funzioni di pubblico ministero sono esercitate:

a) nelle indagini preliminari e nei procedimenti di primo grado dai magistrati della procura della Repubblica presso il tribunale;

b) nei giudizi di impugnazione dai magistrati della procura generale presso la corte di appello o presso la corte di cassazione.

2. Nei casi di avocazione, le funzioni previste dal comma 1 lettera *a*) sono esercitate dai magistrati della procura generale presso la corte di appello. Nei casi di avocazione previsti dall'art. 371-*bis*, sono esercitate dai magistrati della Direzione nazionale antimafia e antiterrorismo[1].

3. Le funzioni previste dal comma 1 sono attribuite all'ufficio del pubblico ministero presso il giudice competente a norma del capo II del titolo I.

3-*bis*. Quando si tratta di procedimenti per i delitti, consumati o tentati, di cui agli artt. 416, sesto e settimo comma,[2] 416, realizzato allo scopo di commettere taluno dei delitti di cui all'articolo 12, commi 1,[3] 3 e 3-*ter*, del testo unico delle disposizioni concernenti la disciplina dell'immigrazione e norme sulla condizione dello straniero, di cui al decreto legislativo 25 luglio 1998, n. 286,[4] 416, realizzato allo scopo di commettere delitti previsti dagli articoli 473 e 474, 600, 601, 602, 416-*bis*, 416-*ter*[5], 452-*quaterdecies*[6] e 630 del codice penale, per i delitti commessi avvalendosi delle condizioni previste dal predetto art. 416-*bis* ovvero al fine di agevolare l'attività delle associazioni previste dallo stesso articolo, nonché per i delitti previsti dall'art. 74 del T.U. approvato con D.P.R. 9 ott. 1990, n. 309 e dall'art. 291-*quater* del testo unico approvato con D.P.R. 23 gen. 1973, n. 43, [e dall'articolo 260 del D.lgs. 3 apr. 2006, n. 152,][7] le funzioni indicate nel comma 1 lettera *a*) sono attribuite all'ufficio del pubblico ministero presso il tribunale del capoluogo del distretto nel cui ambito ha sede il giudice competente.

3-*ter*. Nei casi previsti dal comma 3-*bis*, e dai commi 3-*quater* e 3-*quinquies* se ne fa richiesta il procuratore distrettuale, il procuratore generale presso la corte di appello può, per giustificati motivi, disporre che le funzioni del pubblico ministero per il dibattimento siano esercitate da un magistrato designato dal procuratore della Repubblica presso il giudice competente.

3-*quater*. Quando si tratta di procedimenti per i delitti consumati o tentati con finalità di terrorismo le funzioni indicate nel comma 1, lett. *a*), sono attribuite all'ufficio del pubblico ministero presso il tribunale del capoluogo del distretto nel cui ambito ha sede il giudice competente.[8]

3-*quinquies*. Quando si tratta di procedimenti per i delitti, consumati o tentati, di cui agli articoli 414-*bis*, 600-*bis*, 600-*ter*, 600-*quater*, 600-*quater.1*, 600-*quinquies*, 609-*undecies*, 615-*ter*, 615-*quater*, 615-*quinquies*, 617-*bis*, 617-*ter*, 617-*quater*, 617-*quinquies*, 617-*sexies*, 635-*bis*, 635-*ter*, 635-*quater*, 640-*ter* e 640-*quinquies* del codice penale, le funzioni indicate nel comma 1, lettera *a*), del presente articolo sono attribuite all'ufficio del pubblico ministero presso il Tribunale del capoluogo del distretto nel cui ambito ha sede il giudice competente.

[1] Ai sensi dell'art. 20, c. 4, D.L. 18 feb. 2015, n. 7, conv. con modif. in L. 17 apr. 2015, n. 43, le parole: «Direzione nazionale antimafia» sono sost. da «Direzione nazionale antimafia e antiterrorismo».

[2] Parole così sost. dall'art. 5, c. 1, lett. *a*), L. 1 ott. 2012, n. 172.

[3] Parola ins. dall'art. 3, D.L. 14 giu. 2019, n. 53, conv. con modif. in L. 8 ago. 2019, n. 77. La disposizione si applica solo ai procedimenti ivi considerati, iniziati successivamente alla data di entrata in vigore del D.L. 53/2019 (14 giu. 2019).

[4] Parole ins. dall'art. 18, D.L. 17 feb. 2017, n. 13, conv. con modif. in L. 13 apr. 2017, n. 46.

[5] Parole ins. dall'art. 2, L. 23 feb. 2015, n. 19.

[6] Parole ins. dall'art. 3, c. 2, D.lgs. 1 mar. 2018, n. 21.

[7] Parole soppresse dall'art. 3, c. 2, D.lgs. 1 mar. 2018, n. 21.

[8] Si veda altresì l'art. 4-*bis*, D.L. 18 feb. 2015, n. 7, conv. con modif. in L. 17 apr. 2015, n. 43.

52. ***Astensione.*** — 1. Il magistrato del pubblico ministero ha la facoltà di astenersi quando esistono gravi ragioni di convenienza.

2. Sulla dichiarazione di astensione decidono, nell'ambito dei rispettivi uffici, [il procuratore della Repubblica presso la pretura][1] il procuratore della Repubblica presso il tribunale e il procuratore generale.

3. Sulla dichiarazione di astensione del procuratore della Repubblica presso il tribunale e del procuratore generale presso la corte di appello decidono, rispettivamente, il procuratore generale presso la corte di appello e il procuratore generale presso la corte di cassazione.

4. Con il provvedimento che accoglie la dichiarazione di astensione, il magistrato del pubblico ministero astenuto è sostituito con un altro magistrato del pubblico ministero appartenente al medesimo ufficio. Nondimeno, quando viene accolta la dichiarazione di astensione del procuratore della Repubblica presso la pretura, del procuratore della Repubblica presso il tribunale e del procuratore generale presso la corte di appello, può essere designato alla sostituzione altro magistrato del pubblico ministero appartenente all'ufficio ugualmente competente determinato a norma dell'articolo 11.

[1] Parole soppresse con efficacia dal 19 lug. 1998, termine prorogato al 2 giu. 1999, dalla L. 16 giu. 1998, n. 188, dall'art. 176.

53. ***Autonomia del pubblico ministero nell'udienza. Casi di sostituzione.*** — 1. Nell'udienza,[1] il magistrato del pubblico ministero esercita le sue funzioni con piena autonomia.

2. Il capo dell'ufficio provvede alla sostituzione del magistrato nei casi di grave impedimento, di rilevanti esigenze di servizio e in quelli previsti dall'art. 36 comma 1 lettere *a*), *b*), *d*), *e*). Negli altri casi il magistrato può essere sostituito solo con il suo consenso.

3. Quando il capo dell'ufficio omette di provvedere alla sostituzione del magistrato nei casi previsti dall'art. 36 comma 1 lettere *a*), *b*), *d*), *e*), il procuratore generale presso la corte di appello designa per l'udienza un magistrato appartenente al suo ufficio.

[1] V. artt. 127, 391, 401, 420, 441, 447, 450, 567, 666, 678, 704, 724. Si veda altresì art. 70 ordinamento giudiziario R.D. 30 gen. 1941, n. 12.

54. ***Contrasti negativi tra pubblici ministeri.***[1] — 1. Il pubblico ministero, se durante le indagini preliminari ritiene che il reato appartenga alla competenza di un giudice diverso da quello presso cui egli esercita le funzioni, trasmette immediatamente gli atti all'ufficio del pubblico ministero presso il giudice competente.

2. Il pubblico ministero che ha ricevuto gli atti, se ritiene che debba procedere l'ufficio che li ha trasmessi, informa il procuratore generale presso la corte di appello ovvero, qualora appartenga a un diverso distretto, il procuratore generale presso la corte di cassazione.[2] Il procuratore generale, esaminati gli atti, determina quale ufficio del pubblico ministero deve procedere e ne dà comunicazione agli uffici interessati.

3. Gli atti di indagine preliminare[3] compiuti prima della trasmissione o della designazione indicate nei commi 1 e 2 possono essere utilizzati nei casi e nei modi previsti dalla legge.

3-*bis*. Le disposizioni dei commi 1 e 2 si applicano in ogni altro caso di contrasto negativo tra pubblici ministeri.[4]

[1] Rubrica così sost. dall'art. 8 del D.L. 14 gen. 1991, n. 12.
[2] V. *Att.* 4.
[3] V. artt. 347 s., 358 s., 419[3], 430.
[4] Comma inserito dall'art. 8 del D.L. 14 gen. 1991, n. 12.

54-*bis*. *Contrasti positivi tra uffici del pubblico ministero.*[1] — 1. Quando il pubblico ministero riceve notizia che presso un altro ufficio sono in corso indagini preliminari a carico della stessa persona e per il medesimo fatto in relazione al quale egli procede, informa senza ritardo il pubblico ministero di questo ufficio richiedendogli la trasmissione degli atti a norma dell'art. 54 comma 1.

2. Il pubblico ministero che ha ricevuto la richiesta, ove non ritenga di aderire, informa il procuratore generale presso la corte di appello ovvero, qualora appartenga a un diverso distretto, il procuratore generale presso la Corte di cassazione. Il procuratore generale, assunte le necessarie informazioni, determina con decreto motivato, secondo le regole sulla competenza del giudice, quale ufficio del pubblico ministero deve procedere e ne dà comunicazione agli uffici interessati. All'ufficio del pubblico ministero designato sono immediatamente trasmessi gli atti da parte del diverso ufficio.

3. Il contrasto si intende risolto quando, prima della designazione prevista dal comma 2, uno degli uffici del pubblico ministero provvede alla trasmissione degli atti a norma dell'art. 54 comma 1.

4. Gli atti di indagine preliminare compiuti dai diversi uffici del pubblico ministero sono comunque utilizzabili nei casi e nei modi previsti dalla legge.

5. Le disposizioni dei commi 1, 2 e 3 si applicano in ogni altro caso di contrasto positivo tra pubblici ministeri.

[1] Articolo inserito dall'art. 2 del D.L. 20 nov. 1991, n. 367, conv. in L. 20 gen. 1992, n. 9 (*Istituzione della Direzione Nazionale Antimafia*).

54-*ter*. *Contrasti tra pubblici ministeri in materia di criminalità organizzata.*[1] — 1. Quando il contrasto previsto dagli art. 54 e 54-*bis* riguarda taluno dei reati indicati nell'art. 51 commi 3-*bis* e 3-*quater*, se la decisione spetta al procuratore generale presso la Corte di cassazione, questi procede sentito il procuratore nazionale antimafia e antiterrorismo; se spetta al procuratore generale presso la corte di appello, questi informa il procuratore nazionale antimafia e antiterrorismo dei provvedimenti adottati.[2]

[1] Articolo aggiunto dall'art. 2, D.L. 20 nov. 1991, n. 367, conv. in L. 20 gen. 1992, n. 8. Ai sensi dell'art. 16 del menzionato D.L. 367/ 1991, la norma avrà effetto a decorrere dalla data di pubblicazione nella *Gazz. Uff.* del D.M. previsto dall'art. 15 dello stesso D.L., relativo alla operatività della Direzione nazionale antimafia.
[2] Comma così modif. dall'art. 9, c. 1, D.L. 18 feb. 2015, n. 7, conv. con modif. in L. 17 apr. 2015, n. 43.

54-*quater*. *Richiesta di trasmissione degli atti a un diverso pubblico ministero.*[1] — 1. La persona sottoposta alle indagini che abbia conoscenza del procedimento ai sensi dell'art. 335 o dell'art. 369 e la persona offesa dal reato che abbia conoscenza del procedimento ai sensi dell'art. 369, nonché i rispettivi difensori, se ritengono che il reato appartenga alla competenza di un giudice diverso da quello presso il quale il pubblico ministero che procede esercita le sue funzioni, possono chiedere la trasmissione degli atti al pubblico ministero presso il giudice competente enunciando, a pena di inammissibilità, le ragioni a sostegno della indicazione del diverso giudice ritenuto competente.

2. La richiesta deve essere depositata nella segreteria del pubblico ministero che procede con l'indicazione del giudice ritenuto competente.

3. Il pubblico ministero decide entro dieci giorni dalla presentazione della richiesta e, ove la accolga, trasmette gli atti del procedimento all'ufficio del pubblico ministero presso il giudice competente, dandone comunicazione al richiedente. Se non provvede in tal senso, il richiedente, entro i successivi dieci giorni, può chiedere al procuratore generale presso la corte d'appello o, qualora il giudice ritenuto competente appartenga ad un diverso distretto, al procuratore generale presso la corte di cassazione, di determinare quale ufficio del pubblico ministero deve procedere. Il procuratore generale, assunte le necessarie informazioni, provvede alla determinazione, entro venti giorni dal deposito della richiesta, con decreto motivato dandone comunicazione alle parti ed agli uffici interessati. Quando la richiesta riguarda taluno dei reati indicati nell'art. 51, comma 3-*bis* e comma 3-*quater*,[2] il procuratore generale provvede osservando le disposizioni dell'art. 54-*ter*.

4. La richiesta non può essere riproposta a pena di inammissibilità salvo che sia basata su fatti nuovi e diversi.

5. Gli atti di indagine preliminare compiuti prima della trasmissione degli atti o della comunicazione del decreto di cui al comma 3 possono essere utilizzati nei casi e nei modi previsti dalla legge.

[1] Articolo aggiunto dall'art. 12, L. 16 dic. 1999, n. 479.
[2] Comma così modif. dall'art. 9, c. 2, D.L. 18 feb. 2015, n. 7, conv. con modif. in L. 17 apr. 2015, n. 43.

TITOLO III
Polizia giudiziaria

55. ***Funzioni della polizia giudiziaria.*** — 1. La polizia giudiziaria deve, anche di propria iniziativa, prendere notizia dei reati, impedire che vengano portati a conseguenze ulteriori, ricercarne gli autori, compiere gli atti necessari per assicurare le fonti di prova e raccogliere quant'altro possa servire per l'applicazione della legge penale.

2. Svolge ogni indagine e attività disposta o delegata dall'autorità giudiziaria.

3. Le funzioni indicate nei commi 1 e 2 sono svolte dagli ufficiali e dagli agenti di polizia giudiziaria.

56. ***Servizi e sezioni di polizia giudiziaria.*** — 1. Le funzioni di polizia giudiziaria sono svolte alla dipendenza e sotto la direzione dell'autorità giudiziaria:

a) dai servizi di polizia giudiziaria previsti dalla legge,[1]

b) dalle sezioni di polizia giudiziaria istituite presso ogni procura della Repubblica e composte con personale dei servizi di polizia giudiziaria,[2]

c) dagli ufficiali e dagli agenti di polizia giudiziaria appartenenti agli altri organi cui la legge fa obbligo di compiere indagini a seguito di una notizia di reato.

[1] V. *Att.* 12-14.

[2] V. *Att.* 5-11; art. 5 D.P.R. 22 set. 1988, n. 448.

57. ***Ufficiali e agenti di polizia giudiziaria.*** — 1. Salve le disposizioni delle leggi speciali, sono ufficiali di polizia giudiziaria:

a) i dirigenti, i commissari, gli ispettori, i sovrintendenti e gli altri appartenenti alla polizia di Stato ai quali l'ordinamento dell'amministrazione della pubblica sicurezza riconosce tale qualità;

b) gli ufficiali superiori e inferiori e i sottufficiali dei carabinieri, della guardia di finanza, degli agenti di custodia e del corpo forestale dello Stato nonché gli altri appartenenti alle predette forze di polizia ai quali l'ordinamento delle rispettive amministrazioni riconosce tale qualità;

c) il sindaco dei comuni ove non abbia sede un ufficio della polizia di Stato ovvero un comando dell'arma dei carabinieri o della guardia di finanza.

2. Sono agenti di polizia giudiziaria:

a) il personale della polizia di Stato al quale l'ordinamento dell'amministrazione della pubblica sicurezza riconosce tale qualità;

b) i carabinieri, le guardie di finanza, gli agenti di custodia[1], le guardie forestali e, nell'ambito territoriale dell'ente di appartenenza, le guardie delle province e dei comuni quando sono in servizio.

3. Sono altresì ufficiali e agenti di polizia giudiziaria, nei limiti del servizio cui sono destinate e secondo le rispettive attribuzioni, le persone alle quali le leggi e i regolamenti attribuiscono le funzioni previste dall'articolo 55.

[1] Il Corpo degli agenti di custodia è stato disciolto e sostituito con il Corpo di polizia penitenziaria (v. art. 2 della L. 5 dic. 1990, n. 395).

58. ***Disponibilità della polizia giudiziaria.*** — 1. Ogni procura della Repubblica dispone della rispettiva sezione; la procura generale presso la corte di appello dispone di tutte le sezioni istituite nel distretto.

2. Le attività di polizia giudiziaria per i giudici del distretto sono svolte dalla sezione istituita presso la corrispondente procura della Repubblica.

3. L'autorità giudiziaria si avvale direttamente del personale delle sezioni a norma dei commi 1 e 2 e può altresì avvalersi di ogni servizio o altro organo di polizia giudiziaria.

59. ***Subordinazione della polizia giudiziaria.*** — 1. Le sezioni di polizia giudiziaria dipendono dai magistrati che dirigono gli uffici presso i quali sono istituite.[1]

2. L'ufficiale preposto ai servizi di polizia giudiziaria è responsabile verso il procuratore della Repubblica presso il tribunale dove ha sede il servizio dell'attività di polizia giudiziaria svolta da lui stesso e dal personale dipendente.

3. Gli ufficiali e gli agenti di polizia giudiziaria sono tenuti a eseguire i compiti a essi affidati inerenti alle funzioni di cui all'articolo 55, comma 1.[2] Gli appartenenti alle sezioni non possono essere distolti dall'attività di polizia giudiziaria se non per disposizione del magistrato dal quale dipendono a norma del comma 1.

[1] V. art. 83 R.D. 30 gen. 1941, n. 12.

[2] Parole inserite dall'art. 17, c. 3, del D.L. 27 lug. 2005, n. 144, conv. con modif. in L. 31 lug. 2005, n. 155.

TITOLO IV
Imputato

60. ***Assunzione della qualità di imputato.*** — 1. Assume la qualità di imputato la persona alla quale è attribuito il reato nella richiesta di rinvio a giudizio, di giudizio immediato, di decreto penale di condanna, di applicazione della pena a norma dell'art. 447 comma 1, nel decreto di citazione diretta a giudizio e nel giudizio direttissimo.[1]

2. La qualità di imputato si conserva in ogni stato e grado del processo, sino a che non sia più soggetta a impugnazione la sentenza di non luogo a procedere, sia divenuta irrevocabile la sentenza di proscioglimento o di condanna o sia divenuto esecutivo il decreto penale di condanna.

3. La qualità di imputato si riassume in caso di revoca della sentenza di non luogo a procedere e qualora sia disposta la revisione del processo.

[1] Comma così modif. dalla L. 16 dic. 1999, n. 479.

61. ***Estensione dei diritti e delle garanzie dell'imputato.*** — 1. I diritti e le garanzie dell'imputato si estendono alla persona sottoposta alle indagini preliminari.

2. Alla stessa persona si estende ogni altra dispo-

sizione relativa all'imputato, salvo che sia diversamente stabilito.

62. ***Divieto di testimonianza sulle dichiarazioni dell'imputato.*** — 1. Le dichiarazioni comunque rese[1] nel corso del procedimento dall'imputato o dalla persona sottoposta alle indagini non possono formare oggetto di testimonianza.

2. Il divieto si estende alle dichiarazioni, comunque inutilizzabili, rese dall'imputato nel corso di programmi terapeutici diretti a ridurre il rischio che questi commetta delitti sessuali a danno di minori.[2]

[1] V. artt. 64-66, 228, 294, 350, 364, 374, 388, 391, 421 s, 494, 503.

[2] Comma aggiunto dall'art. 4, c. 2, D.lgs. 4 mar. 2014, n. 39.

63. ***Dichiarazioni indizianti.*** — 1. Se davanti all'autorità giudiziaria o alla polizia giudiziaria una persona non imputata ovvero una persona non sottoposta alle indagini rende dichiarazioni dalle quali emergono indizi di reità a suo carico, l'autorità procedente ne interrompe l'esame, avvertendola che a seguito di tali dichiarazioni potranno essere svolte indagini nei suoi confronti e la invita a nominare un difensore. Le precedenti dichiarazioni non possono essere utilizzate contro la persona che le ha rese.

2. Se la persona doveva essere sentita sin dall'inizio in qualità di imputato o di persona sottoposta alle indagini, le sue dichiarazioni non possono essere utilizzate.

64. ***Regole generali per l'interrogatorio.*** — 1. La persona sottoposta alle indagini, anche se in stato di custodia cautelare o se detenuta per altra causa, interviene libera all'interrogatorio, salve le cautele necessarie per prevenire il pericolo di fuga o di violenze.

2. Non possono essere utilizzati, neppure con il consenso della persona interrogata, metodi o tecniche idonei a influire sulla libertà di autodeterminazione o ad alterare la capacità di ricordare e di valutare i fatti.

3. Prima che abbia inizio l'interrogatorio, la persona deve essere avvertita che:

a) le sue dichiarazioni potranno sempre essere utilizzate nei suoi confronti;

b) salvo quanto disposto dall'articolo 66, comma 1, ha facoltà di non rispondere ad alcuna domanda, ma comunque il procedimento seguirà il suo corso;

c) se renderà dichiarazioni su fatti che concernono la responsabilità di altri, assumerà, in ordine a tali fatti, l'ufficio di testimone, salve le incompatibilità previste dall'articolo 197 e le garanzie di cui all'articolo 197-*bis*.

3-*bis*. L'inosservanza delle disposizioni di cui al comma 3, lettere *a*) e *b*), rende inutilizzabili le dichiarazioni rese dalla persona interrogata. In mancanza dell'avvertimento di cui al comma 3, lettera *c*), le dichiarazioni eventualmente rese dalla persona interrogata su fatti che concernono la responsabilità di altri non sono utilizzabili nei loro confronti e la persona interrogata non potrà assumere, in ordine a detti fatti, l'ufficio di testimone.[1]

[1] I commi 3 e 3-*bis* sono stati così sost. dall'art. 2 della L. 1 mar. 2001, n. 63.

65. ***Interrogatorio nel merito.*** — 1. L'autorità giudiziaria contesta alla persona sottoposta alle indagini in forma chiara e precisa il fatto che le è attribuito, le rende noti gli elementi di prova esistenti contro di lei e, se non può derivarne pregiudizio per le indagini, gliene comunica le fonti.

2. Invita, quindi, la persona ad esporre quanto ritiene utile per la sua difesa e le pone direttamente domande.

3. Se la persona rifiuta di rispondere, ne è fatta menzione nel verbale. Nel verbale è fatta anche menzione, quando occorre, dei connotati fisici e di eventuali segni particolari della persona.

66. ***Verifica dell'identità personale dell'imputato.*** — 1. Nel primo atto cui è presente l'imputato, l'autorità giudiziaria lo invita a dichiarare le proprie generalità e quant'altro può valere a identificarlo, ammonendolo circa le conseguenze cui si espone chi si rifiuta di dare le proprie generalità o le dà false.

2. L'impossibilità di attribuire all'imputato le sue esatte generalità non pregiudica il compimento di alcun atto da parte dell'autorità procedente, quando sia certa l'identità fisica della persona. In ogni caso, quando si procede nei confronti di un apolide, di una persona della quale è ignota la cittadinanza, di un cittadino di uno Stato non appartenente all'Unione europea ovvero di un cittadino di uno Stato membro dell'Unione europea privo del codice fiscale o che è attualmente, o è stato in passato, titolare anche della cittadinanza di uno Stato non appartenente all'Unione europea, nei provvedimenti destinati a essere iscritti nel casellario giudiziale è riportato il codice univoco identificativo della persona nei cui confronti il provvedimento è emesso.[1]

3. Le erronee generalità attribuite all'imputato sono rettificate nelle forme previste dall'articolo 130.

[1] Periodo aggiunto dall'art. 2, c. 7, L. 27 set. 2021, n. 134.

66-*bis*. ***Verifica dei procedimenti a carico dell'imputato.***[1] — 1. In ogni stato e grado del procedimento, quando risulta che la persona sottoposta alle indagini o l'imputato è stato segnalato, anche sotto diverso nome, all'autorità giudiziaria quale autore di un reato commesso antecedentemente o successivamente a quello per il quale si procede, sono eseguite le comunicazioni all'autorità giudiziaria competente ai fini dell'applicazione della legge penale.

[1] Articolo aggiunto dall'art. 12, D.L. 27 lug. 2005, n. 144, conv. con modif. in L. 31 lug. 2005, n. 155.

67. ***Incertezza sull'età dell'imputato.*** — 1. In

ogni stato e grado del procedimento, quando vi è ragione di ritenere che l'imputato sia minorenne, l'autorità giudiziaria trasmette gli atti al procuratore della Repubblica presso il tribunale per i minorenni.[1]

[1] V. art. 3 D.P.R. 22 set. 1988, n. 448. Quando vi è incertezza sulla minore età dell'imputato, il giudice dispone, anche d'ufficio, perizia. Qualora, dopo la perizia, permangono dubbi sulla minore età, questa è presunta ad ogni effetto.

68. ***Errore sull'identità fisica dell'imputato.*** — 1. Se risulta l'errore di persona, in ogni stato e grado del processo il giudice, sentiti il pubblico ministero e il difensore, pronuncia sentenza a norma dell'articolo 129.

69. ***Morte dell'imputato.*** — 1. Se risulta la morte dell'imputato, in ogni stato e grado del processo il giudice, sentiti il pubblico ministero e il difensore, pronuncia sentenza a norma dell'art. 129.

2. La sentenza non impedisce l'esercizio dell'azione penale per il medesimo fatto e contro la medesima persona, qualora successivamente si accerti che la morte dell'imputato è stata erroneamente dichiarata.

70. ***Accertamenti sulla capacità dell'imputato.*** — 1. Quando non deve essere pronunciata sentenza di proscioglimento o di non luogo a procedere e vi è ragione di ritenere che, per infermità mentale sopravvenuta al fatto, l'imputato non è in grado di partecipare coscientemente al processo, il giudice, se occorre, dispone anche di ufficio, perizia.[1]

2. Durante il tempo occorrente per l'espletamento della perizia il giudice assume, a richiesta del difensore, le prove che possono condurre al proscioglimento dell'imputato, e, quando vi è pericolo nel ritardo, ogni altra prova richiesta dalle parti.

3. Se la necessità di provvedere risulta durante le indagini preliminari, la perizia è disposta dal giudice a richiesta di parte con le forme previste per l'incidente probatorio. Nel frattempo restano sospesi i termini per le indagini preliminari e il pubblico ministero compie i soli atti che non richiedono la partecipazione cosciente della persona sottoposta alle indagini. Quando vi è pericolo nel ritardo, possono essere assunte le prove nei casi previsti dall'art. 392.

[1] La Corte cost., con sent. 20 lug. 1992, n. 340, ha dichiarato l'ill. cost. del c. 1 limitatamente alle parole «sopravvenuta al fatto».

71. ***Sospensione del procedimento per incapacità dell'imputato.*** — 1. Se, a seguito degli accertamenti previsti dall'art. 70, risulta che lo stato mentale dell'imputato è tale da impedirne la cosciente partecipazione al procedimento e che tale stato è reversibile, il giudice dispone con ordinanza che il procedimento sia sospeso, sempre che non debba essere pronunciata sentenza di proscioglimento o di non luogo a procedere.[1]

2. Con l'ordinanza di sospensione il giudice nomina all'imputato un curatore speciale, designando di preferenza l'eventuale rappresentante legale.

3. Contro l'ordinanza possono ricorrere per cassazione il pubblico ministero, l'imputato e il suo difensore nonché il curatore speciale nominato dall'imputato.

4. La sospensione non impedisce al giudice di assumere prove, alle condizioni e nei limiti stabiliti dall'art. 70 comma 2. A tale assunzione il giudice procede anche a richiesta del curatore speciale, che in ogni caso ha facoltà di assistere agli atti disposti sulla persona dell'imputato, nonché agli atti cui questi ha facoltà di assistere.

5. Se la sospensione interviene nel corso delle indagini preliminari, si applicano le disposizioni previste dall'art. 70 comma 3.

6. Nel caso di sospensione, non si applica la disposizione dell'art. 75 comma 3.

[1] Comma così modif. dall'art. 1, c. 21, L. 23 giu. 2017, n. 103.

72. ***Revoca dell'ordinanza di sospensione.*** — 1. Allo scadere del sesto mese dalla pronuncia dell'ordinanza di sospensione del procedimento, o anche prima quando ne ravvisi l'esigenza, il giudice dispone ulteriori accertamenti peritali sullo stato di mente dell'imputato. Analogamente provvede a ogni successiva scadenza di sei mesi, qualora il procedimento non abbia ripreso il suo corso.

2. La sospensione è revocata con ordinanza non appena risulti che lo stato mentale dell'imputato ne consente la cosciente partecipazione al procedimento ovvero che nei confronti dell'imputato deve essere pronunciata sentenza di proscioglimento o di non luogo a procedere.

72-*bis*. ***Definizione del procedimento per incapacità irreversibile dell'imputato.***[1] — 1. Se, a seguito degli accertamenti previsti dall'articolo 70, risulta che lo stato mentale dell'imputato è tale da impedire la cosciente partecipazione al procedimento e che tale stato è irreversibile, il giudice, revocata l'eventuale ordinanza di sospensione del procedimento, pronuncia sentenza di non luogo a procedere o sentenza di non doversi procedere, salvo che ricorrano i presupposti per l'applicazione di una misura di sicurezza diversa dalla confisca.

[1] Articolo ins. dall'art. 1, c. 22, L. 23 giu. 2017, n. 103.

73. ***Provvedimenti cautelari.*** — 1. In ogni caso in cui lo stato di mente dell'imputato appare tale da renderne necessaria la cura nell'ambito del servizio psichiatrico, il giudice informa con il mezzo più rapido l'autorità competente per l'adozione delle misure previste dalle leggi sul trattamento sanitario per malattie mentali.

2. Qualora vi sia pericolo nel ritardo, il giudice dispone anche di ufficio il ricovero provvisorio dell'imputato in idonea struttura del servizio psichia-

trico ospedaliero. L'ordinanza perde in ogni caso efficacia nel momento in cui viene data esecuzione al provvedimento dell'autorità indicata nel comma 1.

3. Quando è stata o deve essere disposta la custodia cautelare dell'imputato, il giudice ordina che la misura sia eseguita nelle forme previste dall'articolo 286.

4. Nel corso delle indagini preliminari, il pubblico ministero provvede all'informativa prevista dal comma 1 e, se ne ricorrono le condizioni, chiede al giudice il provvedimento di ricovero provvisorio previsto dal comma 2.

TITOLO V

Parte civile, responsabile civile e civilmente obbligato per la pena pecuniaria

74. ***Legittimazione all'azione civile.*** — 1. L'azione civile per le restituzioni e per il risarcimento del danno di cui all'articolo 185 del codice penale può essere esercitata nel processo penale dal soggetto al quale il reato ha recato danno ovvero dai suoi successori universali, nei confronti dell'imputato e del responsabile civile.[1]

[1] V. art. 10 D.P.R. 22 set. 1988, n. 448; v. anche *Coord.* 212.

75. ***Rapporti tra azione civile e azione penale.*** — 1. L'azione civile proposta davanti al giudice civile può essere trasferita nel processo penale fino a quando in sede civile non sia stata pronunciata sentenza di merito anche non passata in giudicato. L'esercizio di tale facoltà comporta rinuncia agli atti del giudizio; il giudice penale provvede anche sulle spese del procedimento civile.

2. L'azione civile prosegue in sede civile se non è trasferita nel processo penale o è stata iniziata quando non è più ammessa la costituzione di parte civile.

3. Se l'azione è proposta in sede civile nei confronti dell'imputato dopo la costituzione di parte civile nel processo penale o dopo la sentenza penale di primo grado, il processo civile è sospeso fino alla pronuncia della sentenza penale non più soggetta a impugnazione, salve le eccezioni previste dalla legge.[1,2,3]

[1] V. però artt. 71, 88, 441, 444.

[2] V. *Coord.* 211.

[3] La Corte cost., con sent. 22 ott. 1996, n. 354, ha dichiarato l'ill. cost. del c. 3 "nella parte in cui non prevede che la disciplina ivi contenuta non trovi applicazione nel caso di accertato impedimento fisico permanente che non permetta all'imputato di comparire all'udienza, ove questi non consenta che il dibattimento prosegua in sua assenza.

76. ***Costituzione di parte civile.*** — 1. L'azione civile nel processo penale è esercitata, anche a mezzo di procuratore speciale, mediante la costituzione di parte civile.[1]

2. La costituzione di parte civile produce i suoi effetti in ogni stato e grado del processo.[2]

[1] V. art. 10 D.P.R. 22 set. 1988, n. 448.

[2] La Corte cost., con sent. 28 feb. 1996, n. 60, ha dichiarato l'ill. cost. dell'art. 270, I e II comma del c.p.m.p., così estendendo al processo penale militare la possibilità di costituzione di parte civile.

77. ***Capacità processuale della parte civile.*** — 1. Le persone che non hanno il libero esercizio dei diritti non possono costituirsi parte civile se non sono rappresentate, autorizzate o assistite nelle forme prescritte per l'esercizio delle azioni civili.

2. Se manca la persona a cui spetta la rappresentanza o l'assistenza e vi sono ragioni di urgenza ovvero vi è conflitto di interessi tra il danneggiato e chi lo rappresenta, il pubblico ministero può chiedere al giudice di nominare un curatore speciale. La nomina può essere chiesta altresì dalla persona che deve essere rappresentata o assistita ovvero dai suoi prossimi congiunti e, in caso di conflitto di interessi, dal rappresentante.

3. Il giudice, assunte le opportune informazioni e sentite se possibile le persone interessate, provvede con decreto, che è comunicato al pubblico ministero affinché provochi, quando occorre, i provvedimenti per la costituzione della normale rappresentanza o assistenza dell'incapace.

4. In caso di assoluta urgenza, l'azione civile nell'interesse del danneggiato incapace per infermità di mente o per età minore può essere esercitata dal pubblico ministero, finché subentri a norma dei commi precedenti colui al quale spetta la rappresentanza o l'assistenza ovvero il curatore speciale.

78. ***Formalità della costituzione di parte civile.*** — 1. La dichiarazione di costituzione di parte civile è depositata nella cancelleria del giudice che procede o presentata in udienza e deve contenere, a pena di inammissibilità:

a) le generalità della persona fisica o la denominazione dell'associazione o dell'ente che si costituisce parte civile e le generalità del suo legale rappresentante;

b) le generalità dell'imputato nei cui confronti viene esercitata l'azione civile o le altre indicazioni personali che valgono a identificarlo;

c) il nome e il cognome del difensore e l'indicazione della procura;

d) l'esposizione delle ragioni che giustificano la domanda;

e) la sottoscrizione del difensore.

2. Se è presentata fuori udienza, la dichiarazione deve essere notificata, a cura della parte civile, alle altre parti e produce effetto per ciascuna di esse dal giorno nel quale è eseguita la notificazione.

3. Se la procura non è apposta in calce o a margine della dichiarazione di parte civile, ed è conferita nelle altre forme previste dall'art. 100, commi 1 e 2, essa è depositata nella cancelleria o presentata in udienza unitamente alla dichiarazione di costituzione della parte civile.[1]

[1] Comma così modif. dall'art. 13, c. 2, della L. 16 dic. 1999, n. 479.

79. ***Termine per la costituzione di parte civile.*** — 1. La costituzione di parte civile può avvenire per l'udienza preliminare e, successivamente, fino a che non siano compiuti gli adempimenti previsti dall'art. 484.

2. Il termine previsto dal comma 1 è stabilito a pena di decadenza.

3. Se la costituzione avviene dopo la scadenza del termine previsto dall'art. 468 comma 1, la parte civile non può avvalersi della facoltà di presentare le liste dei testimoni, periti o consulenti tecnici.

80. ***Richiesta di esclusione della parte civile.*** — 1. Il pubblico ministero, l'imputato e il responsabile civile possono proporre richiesta motivata di esclusione della parte civile.

2. Nel caso di costituzione di parte civile per l'udienza preliminare, la richiesta è proposta, a pena di decadenza, non oltre il momento degli accertamenti relativi alla costituzione delle parti nella udienza preliminare o nel dibattimento.

3. Se la costituzione avviene nel corso degli atti preliminari al dibattimento o introduttivi dello stesso, la richiesta è proposta oralmente a norma dell'art. 491 comma 1.

4. Sulla richiesta il giudice decide senza ritardo con ordinanza.

5. L'esclusione della parte civile ordinata nell'udienza preliminare non impedisce una successiva costituzione fino a che non siano compiuti gli adempimenti previsti dall'art. 484.

81. ***Esclusione di ufficio della parte civile.*** — 1. Fino a che non sia dichiarato aperto il dibattimento di primo grado, il giudice, qualora accerti che non esistono i requisiti per la costituzione di parte civile, ne dispone l'esclusione di ufficio, con ordinanza.

2. Il giudice provvede a norma del comma 1 anche quando la richiesta di esclusione è stata rigettata nella udienza preliminare.

82. ***Revoca della costituzione di parte civile.*** — 1. La costituzione di parte civile può essere revocata in ogni stato e grado del procedimento con dichiarazione fatta personalmente dalla parte o da un suo procuratore speciale in udienza ovvero con atto scritto depositato nella cancelleria del giudice e notificato alle altre parti.

2. La costituzione si intende revocata se la parte civile non presenta le conclusioni a norma dell'art. 523 ovvero se promuove l'azione davanti al giudice civile.

3. Avvenuta la revoca della costituzione a norma dei commi 1 e 2, il giudice penale non può conoscere delle spese e dei danni che l'intervento della parte civile ha cagionato all'imputato e al responsabile civile. L'azione relativa può essere proposta davanti al giudice civile.

4. La revoca non preclude il successivo esercizio dell'azione in sede civile.

83. ***Citazione del responsabile civile.***[1] — 1. Il responsabile civile per il fatto dell'imputato può essere citato nel processo penale a richiesta della parte civile e, nel caso previsto dell'art. 77 comma 4, a richiesta del pubblico ministero. L'imputato può essere citato come responsabile civile per il fatto dei coimputati per il caso in cui venga prosciolto o sia pronunciata nei suoi confronti sentenza di non luogo a procedere.

2. La richiesta deve essere proposta al più tardi per il dibattimento.

3. La citazione è ordinata con decreto del giudice che procede. Il decreto contiene:

a) le generalità o la denominazione della parte civile, con l'indicazione del difensore e le generalità del responsabile civile, se è una persona fisica, ovvero la denominazione dell'associazione o dell'ente chiamato a rispondere e le generalità del suo legale rappresentante;

b) l'indicazione delle domande che si fanno valere contro il responsabile civile;

c) l'invito a costituirsi nei modi previsti dall'art. 84;

d) la data e le sottoscrizioni del giudice e dell'ausiliario che lo assiste.

4. Copia del decreto è notificata, a cura della parte civile, al responsabile civile, al pubblico ministero e all'imputato. Nel caso previsto dall'art. 77 comma 4, la copia del decreto è notificata al responsabile civile e all'imputato a cura del pubblico ministero. L'originale dell'atto con la relazione di notificazione è depositato nella cancelleria del giudice che procede.

5. La citazione del responsabile civile è nulla se per omissione o per erronea indicazione di qualche elemento essenziale il responsabile civile non è stato posto in condizione di esercitare i suoi diritti nell'udienza preliminare o nel giudizio. La nullità della notificazione rende nulla la citazione.[2]

6. La citazione del responsabile civile perde efficacia se la costituzione di parte civile è revocata o se è ordinata l'esclusione della parte civile.

[1] La Corte cost., con sent. 16 apr. 1998, n. 112, ha dichiarato l'ill. cost. del presente articolo «nella parte in cui non prevede che, in caso di responsabilità civile derivante dalla assicurazione obbligatoria prevista dalla L. 24 dic. 1969, n. 990, l'assicuratore possa essere citato nel processo penale a richiesta dell'imputato».

La Corte cost., con sent. 24 giu. 1998, n. 112, ha dichiarato l'ill. cost. del presente articolo nella parte in cui non prevede che, nel caso di responsabilità civile derivante dall'assicurazione obbligatoria prevista dall'art. 12, c. 8, della L. 11 feb. 1992, n. 157 (Norme per la protezione della fauna selvatica omeoterma e per il prelievo venatorio), l'assicuratore possa essere citato nel processo penale a richiesta dell'imputato.

[2] La Corte cost., con sent. 17 nov. 1992, n. 453, ha dichiarato l'ill. cost. del presente comma «nella parte in cui non prevede per la citazione del responsabile civile nel procedimento davanti al pretore il medesimo termine as-

segnato all'imputato dall'art. 555, c. 3, dello stesso codice».

84. ***Costituzione del responsabile civile.*** — 1. Chi è citato come responsabile civile può costituirsi in ogni stato e grado del processo, anche a mezzo di procuratore speciale, con dichiarazione depositata nella cancelleria del giudice che procede o presentata in udienza.

2. La dichiarazione deve contenere a pena di inammissibilità:

a) le generalità della persona fisica o la denominazione dell'associazione o dell'ente che si costituisce e le generalità del suo legale rappresentante;

b) il nome e il cognome del difensore e l'indicazione della procura;

c) la sottoscrizione del difensore.

3. La procura conferita nelle forme previste dall'art. 100 comma 1 è depositata nella cancelleria o presentata in udienza unitamente alla dichiarazione di costituzione del responsabile civile.

4. La costituzione produce i suoi effetti in ogni stato e grado del processo.

85. ***Intervento volontario del responsabile civile.*** — 1. Quando vi è costituzione di parte civile o quando il pubblico ministero esercita l'azione civile a norma dell'art. 77 comma 4, il responsabile civile può intervenire volontariamente nel processo, anche a mezzo di procuratore speciale, per l'udienza preliminare e, successivamente, fino a che non siano compiuti gli adempimenti previsti dall'art. 484, presentando una dichiarazione scritta a norma dell'art. 84 commi 1 e 2.

2. Il termine previsto dal comma 1 è stabilito a pena di decadenza. Se l'intervento avviene dopo la scadenza del termine previsto dall'art. 468 comma 1, il responsabile civile non può avvalersi della facoltà di presentare le liste dei testimoni, periti o consulenti tecnici.

3. Se è presentata fuori udienza, la dichiarazione è notificata, a cura del responsabile civile, alle altre parti e produce effetto per ciascuna di esse dal giorno nel quale è eseguita la notificazione.

4. L'intervento del responsabile civile perde efficacia se la costituzione di parte civile è revocata o se è ordinata l'esclusione della parte civile.

86. ***Richiesta di esclusione del responsabile civile.*** — 1. La richiesta di esclusione del responsabile civile può essere proposta dall'imputato nonché dalla parte civile e dal pubblico ministero che non ne abbiano richiesto la citazione.

2. La richiesta può essere proposta altresì dal responsabile civile che non sia intervenuto volontariamente anche qualora gli elementi di prova raccolti prima della citazione possano recare pregiudizio alla sua difesa in relazione a quanto previsto dagli artt. 651 e 654.

3. La richiesta deve essere motivata ed è proposta, a pena di decadenza, non oltre il momento degli accertamenti relativi alla costituzione delle parti nella udienza preliminare o nel dibattimento. Il giudice decide senza ritardo con ordinanza.

87. ***Esclusione di ufficio del responsabile civile.*** — 1. Fino a che non sia dichiarato aperto il dibattimento di primo grado, il giudice, qualora accerti che non esistono i requisiti per la citazione o per l'intervento del responsabile civile, ne dispone l'esclusione di ufficio, con ordinanza.

2. Il giudice provvede a norma del comma 1 anche quando la richiesta di esclusione è stata rigettata nella udienza preliminare.

3. L'esclusione è disposta senza ritardo, anche di ufficio, quando il giudice accoglie la richiesta di giudizio abbreviato.

88. ***Effetti dell'ammissione o dell'esclusione della parte civile o del responsabile civile.*** — 1. L'ammissione della parte civile o del responsabile civile non pregiudica la successiva decisione sul diritto alle restituzioni e al risarcimento del danno.

2. L'esclusione della parte civile o del responsabile civile non pregiudica l'esercizio in sede civile dell'azione per le restituzioni e il risarcimento del danno. Tuttavia se il responsabile civile è stato escluso su richiesta della parte civile, questa non può esercitare l'azione davanti al giudice civile per il medesimo fatto.

3. Nel caso di esclusione della parte civile non si applica la disposizione dell'art. 75 comma 3.

89. ***Citazione del civilmente obbligato per la pena pecuniaria.*** — 1. La persona civilmente obbligata per la pena pecuniaria è citata per l'udienza preliminare o per il giudizio a richiesta del pubblico ministero o dell'imputato.

2. Si osservano in quanto applicabili le disposizioni relative alla citazione e alla costituzione del responsabile civile. Non si applica la disposizione dell'art. 87 comma 3.

TITOLO VI
Persona offesa dal reato

90. ***Diritti e facoltà della persona offesa dal reato.*** — 1. La persona offesa dal reato, oltre ad esercitare i diritti e le facoltà ad essa espressamente riconosciuti dalla legge,[1] in ogni stato e grado del procedimento può presentare memorie e, con esclusione del giudizio di cassazione, indicare elementi di prova.

2. La persona offesa minore, interdetta per infermità di mente o inabilitata esercita le facoltà e i diritti a essa attribuiti a mezzo dei soggetti indicati negli artt. 120 e 121 del c.p.

2-*bis*. Quando vi è incertezza sulla minore età della persona offesa dal reato, il giudice dispone, anche di ufficio, perizia. Se, anche dopo la perizia, permangono dubbi, la minore età è presunta, ma soltanto ai fini dell'applicazione delle disposizioni processuali.[2]

3. Qualora la persona offesa sia deceduta in con-

seguenza del reato, le facoltà e i diritti previsti dalla legge sono esercitati dai prossimi congiunti di essa o da persona alla medesima legata da relazione affettiva e con essa stabilmente convivente.

[1] V. artt. 120 c.p.; 101, 360[1], 394, 401, 408-9, 413, 419, 451, 456, 572.

[2] Comma ins. dall'art. 1, c. 1, lett. *a*), D.lgs. 15 dic. 2015, n. 212.

90-*bis*. *Informazioni alla persona offesa*.[1] — 1. Alla persona offesa, sin dal primo contatto con l'autorità procedente, vengono fornite, in una lingua a lei comprensibile, informazioni in merito:

a) alle modalità di presentazione degli atti di denuncia o querela, al ruolo che assume nel corso delle indagini e del processo, al diritto ad avere conoscenza della data, del luogo del processo e della imputazione e, ove costituita parte civile, al diritto a ricevere notifica della sentenza, anche per estratto;

b) alla facoltà di ricevere comunicazione del procedimento e delle iscrizioni di cui all'articolo 335, commi 1, 2 e 3-*ter*;[2]

c) alla facoltà di essere avvisata della richiesta di archiviazione;

d) alla facoltà di avvalersi della consulenza legale e del patrocinio a spese dello Stato;

e) alle modalità di esercizio del diritto all'interpretazione e alla traduzione di atti del procedimento;

f) alle eventuali misure di protezione che possono essere disposte in suo favore;

g) ai diritti riconosciuti dalla legge nel caso in cui risieda in uno Stato membro dell'Unione europea diverso da quello in cui è stato commesso il reato;

h) alle modalità di contestazione di eventuali violazioni dei propri diritti;

i) alle autorità cui rivolgersi per ottenere informazioni sul procedimento;

l) alle modalità di rimborso delle spese sostenute in relazione alla partecipazione al procedimento penale;

m) alla possibilità di chiedere il risarcimento dei danni derivanti da reato;

n) alla possibilità che il procedimento sia definito con remissione di querela di cui all'articolo 152 del codice penale, ove possibile, o attraverso la mediazione;

o) alle facoltà ad essa spettanti nei procedimenti in cui l'imputato formula richiesta di sospensione del procedimento con messa alla prova o in quelli in cui è applicabile la causa di esclusione della punibilità per particolare tenuità del fatto;

p) alle strutture sanitarie presenti sul territorio, alle case famiglia, ai centri antiviolenza, alle case rifugio e ai servizi di assistenza alle vittime di reato[3].

[1] Articolo ins. dall'art. 1, c. 1, lett. *b*), D.lgs.15 dic. 2015, n. 212.

[2] Lettera così sost. dall'art. 1, c. 27, L. 23 giu. 2017, n. 103.

[3] Parole così sost. dall'art. 14, c. 2, L. 19 lug. 2019.

90-*ter*. *Comunicazioni dell'evasione e della scarcerazione*.[1] — 1. Fermo quanto previsto dall'articolo 299, nei procedimenti per delitti commessi con violenza alla persona sono immediatamente comunicati alla persona offesa che ne faccia richiesta, con l'ausilio della polizia giudiziaria, i provvedimenti di scarcerazione e di cessazione della misura di sicurezza detentiva, ed è altresì data tempestiva notizia, con le stesse modalità, dell'evasione dell'imputato in stato di custodia cautelare o del condannato, nonché della volontaria sottrazione dell'internato all'esecuzione della misura di sicurezza detentiva, salvo che risulti, anche nella ipotesi di cui all'articolo 299, il pericolo concreto di un danno per l'autore del reato.

1-*bis*. Le comunicazioni previste al comma 1 sono sempre effettuate alla persona offesa e al suo difensore, ove nominato, se si procede per il delitto previsto dall'articolo 575 del codice penale, nella forma tentata, o per i delitti, consumati o tentati, previsti dagli articoli 572, 609-*bis*, 609-*ter*, 609-*quater*, 609-*quinquies*, 609-*octies* e 612-*bis* del codice penale, nonché dagli articoli 582 e 583-*quinquies* del codice penale nelle ipotesi aggravate ai sensi degli articoli 576, primo comma, numeri 2, 5 e 5.1, e 577, primo comma, numero 1, e secondo comma, del codice penale.[2]

[1] Articolo ins. dall'art. 1, c. 1, lett. *b*), D.lgs. 15 dic. 2015, n. 212.

[2] Comma aggiunto dall'art. 15, c. 1, L. 19 lug. 2019, n. 69, e così modif. dall'art. 2, c. 11, L. 27 set. 2021, n. 134.

90-*quater*. *Condizione di particolare vulnerabilità*.[1] — 1. Agli effetti delle disposizioni del presente codice, la condizione di particolare vulnerabilità della persona offesa è desunta, oltre che dall'età e dallo stato di infermità o di deficienza psichica, dal tipo di reato, dalle modalità e circostanze del fatto per cui si procede. Per la valutazione della condizione si tiene conto se il fatto risulta commesso con violenza alla persona o con odio razziale, se è riconducibile ad ambiti di criminalità organizzata o di terrorismo, anche internazionale, o di tratta degli esseri umani, se si caratterizza per finalità di discriminazione, e se la persona offesa è affettivamente, psicologicamente o economicamente dipendente dall'autore del reato.

[1] Articolo ins. dall'art. 1, c. 1, lett. *b*), D.lgs. 15 dic. 2015, n. 212.

91. *Diritti e facoltà degli enti e delle associazioni rappresentativi di interessi lesi dal reato*. — 1. Gli enti e le associazioni senza scopo di lucro ai quali, anteriormente alla commissione del fatto per cui si procede, sono state riconosciute, in forza di legge, finalità di tutela degli interessi lesi dal reato, possono esercitare, in ogni stato e grado del procedimento, i diritti e le facoltà attribuiti alla persona offesa dal reato.[1]

[1] Ai sensi dell'art. 7 della L. 20 lug. 2004, n. 189, le associazioni e gli enti di cui all'art. 19-*quater* delle *Coord.* e

Trans. del c.p. perseguono finalità di tutela degli interessi lesi dai reati previsti dalla L. *cit.* (Disposizioni concernenti il divieto di maltrattamento degli animali nonché di impiego degli stessi in combattimenti clandestini o competizioni non autorizzate).

92. ***Consenso della persona offesa.*** — 1. L'esercizio dei diritti e delle facoltà spettanti agli enti e alle associazioni rappresentativi di interessi lesi dal reato è subordinato al consenso della persona offesa.

2. Il consenso deve risultare da atto pubblico o da scrittura privata autenticata e può essere prestato a non più di uno degli enti o delle associazioni. È inefficace il consenso prestato a più enti o associazioni.

3. Il consenso può essere revocato in qualsiasi momento con le forme previste dal comma 2.

4. La persona offesa che ha revocato il consenso non può prestarlo successivamente né allo stesso né ad altro ente o associazione.

93. ***Intervento degli enti o delle associazioni.*** — 1. Per l'esercizio dei diritti e delle facoltà previsti dall'art. 91 l'ente o l'associazione presenta all'autorità procedente un atto di intervento che contiene a pena di inammissibilità:

a) le indicazioni relative alla denominazione dell'ente o dell'associazione, alla sede, alle disposizioni che riconoscono le finalità di tutela degli interessi lesi, alle generalità del legale rappresentante;

b) l'indicazione del procedimento;

c) il nome e il cognome del difensore e l'indicazione della procura;

d) l'esposizione sommaria delle ragioni che giustificano l'intervento;

e) la sottoscrizione del difensore.

2. Unitamente all'atto di intervento sono presentate le dichiarazioni di consenso della persona offesa e la procura al difensore se questa è stata conferita nelle forme previste dall'art. 100 comma 1.

3. Se è presentato fuori udienza, l'atto di intervento deve essere notificato alle parti e produce effetto dal giorno dell'ultima notificazione.

4. L'intervento produce i suoi effetti in ogni stato e grado del procedimento.

94. ***Termine per l'intervento.*** — 1. Gli enti e le associazioni rappresentativi di interessi lesi dal reato possono intervenire nel procedimento fino a che non siano compiuti gli adempimenti previsti dall'art. 484.

95. ***Provvedimenti del giudice.*** — 1. Entro tre giorni dalla notificazione eseguita a norma dell'art. 93 comma 3, le parti possono opporsi con dichiarazione scritta all'intervento dell'ente o dell'associazione. L'opposizione è notificata al legale rappresentante dell'ente o dell'associazione il quale può presentare le sue deduzioni nei cinque giorni successivi.

2. Se l'intervento è avvenuto prima dell'esercizio dell'azione penale, sull'opposizione provvede il giudice per le indagini preliminari; se è avvenuto nell'udienza preliminare, l'opposizione è proposta prima dell'apertura della discussione; se è avvenuto in dibattimento, l'opposizione è proposta a norma dell'art. 491 comma 1.

3. I termini previsti dai commi 1 e 2 sono stabiliti a pena di decadenza. Il giudice provvede senza ritardo con ordinanza.

4. In ogni stato e grado del processo il giudice, qualora accerti che non esistono i requisiti per l'esercizio dei diritti e delle facoltà previsti dall'art. 91, dispone anche di ufficio, con ordinanza, l'esclusione dell'ente o dell'associazione.

TITOLO VII
Difensore

96. ***Difensore di fiducia.*** — 1. L'imputato ha diritto di nominare non più di due difensori di fiducia.[1]

2. La nomina è fatta con dichiarazione resa all'autorità procedente ovvero consegnata alla stessa dal difensore o trasmessa con raccomandata.

3. La nomina del difensore di fiducia della persona fermata, arrestata o in custodia cautelare, finché la stessa non vi ha provveduto, può essere fatta da un prossimo congiunto, con le forme previste dal comma 2.

[1] V. *Att.* 24, 25.

97. ***Difensore di ufficio.***[1] — 1. L'imputato che non ha nominato un difensore di fiducia o ne è rimasto privo è assistito da un difensore di ufficio.

2. Il difensore d'ufficio nominato ai sensi del comma 1 è individuato nell'ambito degli iscritti all'elenco nazionale di cui all'articolo 29 delle disposizioni di attuazione. I Consigli dell'ordine circondariali di ciascun distretto di Corte d'appello predispongono, mediante un apposito ufficio centralizzato, l'elenco dei professionisti iscritti all'albo e facenti parte dell'elenco nazionale ai fini della nomina su richiesta dell'autorità giudiziaria e della polizia giudiziaria. Il Consiglio nazionale forense fissa, con cadenza annuale, i criteri generali per la nomina dei difensori d'ufficio sulla base della prossimità alla sede del procedimento e della reperibilità.[2]

3. Il giudice, il pubblico ministero e la polizia giudiziaria, se devono compiere un atto per il quale è prevista l'assistenza del difensore e la persona sottoposta alle indagini o l'imputato ne sono privi, danno avviso dell'atto al difensore il cui nominativo è comunicato dall'ufficio di cui al comma 2.[3]

4. Quando è richiesta la presenza del difensore e quello di fiducia o di ufficio nominato a norma dei commi 2 e 3 non è stato reperito, non è comparso o ha abbandonato la difesa, il giudice designa come sostituto un altro difensore immediatamente reperibile per il quale si applicano le disposizioni di cui all'articolo 102. Il pubblico ministero e la polizia

giudiziaria, nelle medesime circostanze, richiedono un altro nominativo all'ufficio di cui al comma 2, salva, nei casi di urgenza, la designazione di un altro difensore immediatamente reperibile, previa adozione di un provvedimento motivato che indichi le ragioni dell'urgenza. Nel corso del giudizio può essere nominato sostituto solo un difensore iscritto nell'elenco di cui al comma 2.[4]

5. Il difensore di ufficio ha l'obbligo di prestare il patrocinio e può essere sostituito solo per giustificato motivo.

6. Il difensore di ufficio cessa dalle sue funzioni se viene nominato un difensore di fiducia.

[1] Articolo modif. dall'art. 13, L. 16 dic. 1999, n. 479.
[2] Comma così sost. dall'art. 1, D.lgs. 30 gen. 2015, n. 6.
[3] Comma così sost. dall'art. 2, L. 6 mar. 2001, n. 60.
[4] Comma così sost. dall'art. 3, L. 6 mar. 2001, n. 60.

98. ***Patrocinio dei non abbienti.*** — 1. L'imputato, la persona offesa dal reato, il danneggiato che intende costituirsi parte civile e il responsabile civile possono chiedere di essere ammessi al patrocinio a spese dello Stato, secondo le norme della legge sul patrocinio dei non abbienti.

99. ***Estensione al difensore dei diritti dell'imputato.*** — 1. Al difensore competono le facoltà e i diritti che la legge riconosce all'imputato, a meno che essi siano riservati personalmente a quest'ultimo.

2. L'imputato può togliere effetto, con espressa dichiarazione contraria, all'atto compiuto dal difensore prima che, in relazione all'atto stesso, sia intervenuto un provvedimento del giudice.

100. ***Difensore delle altre parti private.*** — 1. La parte civile, il responsabile civile e la persona civilmente obbligata per la pena pecuniaria stanno in giudizio col ministero di un difensore, munito di procura speciale conferita con atto pubblico o scrittura privata autenticata dal difensore o da altra persona abilitata.[1]

2. La procura speciale può essere anche apposta in calce o a margine della dichiarazione di costituzione di parte civile, del decreto di citazione o della dichiarazione di costituzione o di intervento del responsabile civile e della persona civilmente obbligata per la pena pecuniaria. In tali casi l'autografia della sottoscrizione della parte è certificata dal difensore.

3. La procura speciale si presume conferita soltanto per un determinato grado del processo, quando nell'atto non è espressa volontà diversa.

4. Il difensore può compiere e ricevere, nell'interesse della parte rappresentata, tutti gli atti del procedimento che dalla legge non sono a essa espressamente riservati. In ogni caso non può compiere atti che importino disposizione del diritto in contesa se non ne ha ricevuto espressamente il potere.

5. Il domicilio delle parti private indicate nel comma 1 per ogni effetto processuale si intende eletto presso il difensore.

[1] Comma così modif. dall'art. 13, c. 1, L. 16 dic. 1999, n. 479.

101. ***Difensore della persona offesa.*** — 1. La persona offesa dal reato, per l'esercizio dei diritti e delle facoltà ad essa attribuiti, può nominare un difensore nelle forme previste dall'art. 96 comma 2. Al momento dell'acquisizione della notizia di reato il pubblico ministero e la polizia giudiziaria informano la persona offesa dal reato di tale facoltà. La persona offesa è altresì informata della possibilità dell'accesso al patrocinio a spese dello Stato ai sensi dell'articolo 76 del testo unico delle disposizioni legislative e regolamentari in materia di spese di giustizia, di cui al decreto del Presidente della Repubblica 30 maggio 2002, n. 115, e successive modificazioni.[1]

2. Per la nomina dei difensori degli enti e delle associazioni che intervengono a norma dell'art. 93 si applicano le disposizioni dell'art. 100.

[1] Comma così modif. dall'art. 2, c. 1, lett. *0a*), D.L. 14 ago. 2013, n. 93, conv. con modif. in L. 15 ott. 2013, n. 119.

102. ***Sostituto del difensore.*** — 1. Il difensore di fiducia e il difensore d'ufficio possono nominare un sostituto.[1]

Il sostituto esercita i diritti e assume i doveri del difensore.

[1] Comma così sost. dall'art. 4 della L. 6 mar. 2001, n. 60.

103. ***Garanzie di libertà del difensore.***[1] — 1. Le ispezioni e le perquisizioni negli uffici dei difensori sono consentite solo:

a) quando essi o altre persone che svolgono stabilmente attività nello stesso ufficio sono imputati, limitatamente ai fini dell'accertamento del reato loro attribuito;

b) per rilevare tracce o altri effetti materiali del reato o per ricercare cose o persone specificamente predeterminate.

2. Presso i difensori e gli investigatori privati autorizzati e incaricati in relazione al procedimento, nonché presso i consulenti tecnici[2] non si può procedere a sequestro di carte o documenti relativi all'oggetto della difesa, salvo che costituiscano corpo del reato.

3. Nell'accingersi a eseguire una ispezione, una perquisizione o un sequestro nell'ufficio di un difensore, l'autorità giudiziaria a pena di nullità avvisa il consiglio dell'ordine forense del luogo perché il presidente o un consigliere da questo delegato possa assistere alle operazioni. Allo stesso, se interviene e ne fa richiesta, è consegnata copia del provvedimento.

4. Alle ispezioni, alle perquisizioni e ai sequestri negli uffici dei difensori procede personalmente il giudice ovvero, nel corso delle indagini preliminari, il pubblico ministero in forza di motivato decreto di autorizzazione del giudice.

5. Non è consentita l'intercettazione relativa a conversazioni o comunicazioni dei difensori, degli investigatori privati autorizzati e incaricati in rela-

zione al procedimento, dei consulenti tecnici e loro ausiliari, né a quelle tra i medesimi e le persone da loro assistite.[3]

6. Sono vietati il sequestro e ogni forma di controllo della corrispondenza tra l'imputato e il proprio difensore in quanto riconoscibile dalle prescritte indicazioni, salvo che l'autorità giudiziaria abbia fondato motivo di ritenere che si tratti di corpo del reato.

7. Salvo quanto previsto dal comma 3 e dall'art. 271, i risultati delle ispezioni, perquisizioni, sequestri, intercettazioni di conversazioni o comunicazioni, eseguiti in violazione delle disposizioni precedenti, non possono essere utilizzati. Fermo il divieto di utilizzazione di cui al primo periodo, quando le comunicazioni e conversazioni sono comunque intercettate, il loro contenuto non può essere trascritto, neanche sommariamente, e nel verbale delle operazioni sono indicate soltanto la data, l'ora e il dispositivo su cui la registrazione è intervenuta.[4]

[1] Le garanzie previste da questa disposizione si estendono anche agli assistenti sociali e, in quanto applicabili, ai dipendenti del servizio pubblico per le tossicodipendenze.

[2] Parole così sost. dall'art. 1, lett. *a*), della L. 7 dic. 2000, n. 397.

[3] Parole inserite dall'art. 1, lett. *b*), della L. 7 dic. 2000, n. 397.

[4] Periodo aggiunto dall'art. 2, c. 1, lett. *a*), D.lgs. 29 dic. 2017, n. 216. Ai sensi dell'art. 9, c. 1, D.lgs. 216/2017, come modif. dall'art. 1, D.L. 30 apr. 2020, n. 28, conv. con modif. in L. 25 giu. 2020, n. 70 «la disposizione si applica ai procedimenti penali iscritti dopo il 31 agosto 2020».

104. ***Colloqui del difensore con l'imputato in custodia cautelare.*** — 1. L'imputato in stato di custodia cautelare ha diritto di conferire con il difensore fin dall'inizio dell'esecuzione della misura.

2. La persona arrestata in flagranza o fermata a norma dell'art. 384 ha diritto di conferire con il difensore subito dopo l'arresto o il fermo.

3. Nel corso delle indagini preliminari per i delitti di cui all'articolo 51, commi 3-*bis* e 3-*quater*, quando sussistono specifiche ed eccezionali ragioni di cautela, il giudice su richiesta del pubblico ministero può, con decreto motivato, dilazionare, per un tempo non superiore a cinque giorni, l'esercizio del diritto di conferire con il difensore.[1,2]

4. Nell'ipotesi di arresto o di fermo, il potere previsto dal comma 3 è esercitato dal pubblico ministero fino al momento in cui l'arrestato o il fermato è posto a disposizione del giudice.

4-*bis*. L'imputato in stato di custodia cautelare, l'arrestato e il fermato, che non conoscono la lingua italiana, hanno diritto all'assistenza gratuita di un interprete per conferire con il difensore a norma dei commi precedenti. Per la nomina dell'interprete si applicano le disposizioni del titolo IV del libro II.[3]

[1] Comma così modif. dall'art. 1, c. 25, L. 23 giu. 2017, n. 103.

[2] V. *Att.* 36.

[3] Comma aggiunto dall'art. 1, D.lgs. 4 mar. 2014, n. 32.

105. ***Abbandono e rifiuto della difesa.*** — 1. Il consiglio dell'ordine forense ha competenza esclusiva per le sanzioni disciplinari relative all'abbandono della difesa o al rifiuto della difesa di ufficio.

2. Il procedimento disciplinare è autonomo rispetto al procedimento penale in cui è avvenuto l'abbandono o il rifiuto.

3. Nei casi di abbandono o di rifiuto motivati da violazione dei diritti della difesa, quando il consiglio dell'ordine li ritiene comunque giustificati, la sanzione non è applicata, anche se la violazione dei diritti della difesa è esclusa dal giudice.

4. L'autorità giudiziaria riferisce al consiglio dell'ordine i casi di abbandono della difesa, di rifiuto della difesa di ufficio o, nell'ambito del procedimento, i casi di violazione da parte dei difensori dei doveri di lealtà e di probità, nonché del divieto di cui all'art. 106 comma 4-*bis*.[1]

5. L'abbandono della difesa delle parti private diverse dall'imputato, della persona offesa, degli enti e delle associazioni previsti dall'art. 91 non impedisce in alcun caso l'immediata continuazione del procedimento e non interrompe l'udienza.

[1] Comma così sost. dall'art. 15 della L. 13 feb. 2001, n. 45.

106. ***Incompatibilità della difesa di più imputati nello stesso procedimento.*** — 1. Salva la disposizione del comma 4-*bis*,[1] la difesa di più imputati può essere assunta da un difensore comune, purché le diverse posizioni non siano tra loro incompatibili.

2. L'autorità giudiziaria, se rileva una situazione di incompatibilità, la indica e ne espone i motivi, fissando un termine per rimuoverla.

3. Qualora l'incompatibilità non sia rimossa, il giudice la dichiara con ordinanza provvedendo alle necessarie sostituzioni a norma dell'art. 97.

4. Se l'incompatibilità è rilevata nel corso delle indagini preliminari, il giudice, su richiesta del pubblico ministero o di taluna delle parti private,[2] di questo e sentite le parti interessate, provvede a norma del comma 3.

4-*bis*. Non può essere assunta da uno stesso difensore la difesa di più imputati che abbiano reso dichiarazioni concernenti la responsabilità di altro imputato nel medesimo procedimento o in procedimento connesso ai sensi dell'articolo 12 o collegato ai sensi dell'articolo 371, comma 2, lett. *b*). Si applicano, in quanto compatibili, le disposizioni dei commi 2, 3 e 4.[3]

[1] Parole aggiunte dall'art. 16 della L. 13 feb. 2001, n. 45.

[2] Comma così sost. dall'art. 16 della L. 13 feb. 2001, n. 45.

[3] Comma aggiunto dall'art. 16 della L. 13 feb. 2001, n. 45.

107. ***Non accettazione, rinuncia o revoca del difensore.*** — 1. Il difensore che non accetta l'incarico conferitogli o vi rinuncia ne dà subito comunicazione all'autorità procedente e a chi lo ha nominato.

2. La non accettazione ha effetto dal momento in cui è comunicata all'autorità procedente.

3. La rinuncia non ha effetto finché la parte non risulti assistita da un nuovo difensore di fiducia o da un difensore di ufficio e non sia decorso il termine eventualmente concesso a norma dell'art. 108.

4. La disposizione del comma 3 si applica anche nel caso di revoca.

108. ***Termine per la difesa.***[1] — 1. Nei casi di rinuncia, di revoca, di incompatibilità, e nel caso di abbandono, il nuovo difensore dell'imputato o quello designato d'ufficio che ne fa richiesta ha diritto a un termine congruo, non inferiore a sette giorni, per prendere cognizione degli atti e per informarsi sui fatti oggetto del procedimento.

2. Il termine di cui al comma 1 può essere inferiore se vi è il consenso dell'imputato o del difensore o se vi sono specifiche esigenze processuali che possono determinare la scarcerazione dell'imputato o la prescrizione del reato. In tale caso il termine non può comunque essere inferiore a ventiquattro ore. Il giudice provvede con ordinanza.

[1] Articolo così sost. dall'art. 5, L. 6 mar. 2001, n. 60.

LIBRO SECONDO

ATTI[1]

[1] V. *Att.* 39-65.

TITOLO I
Disposizioni generali

109. ***Lingua degli atti.*** — 1. Gli atti del procedimento penale sono compiuti in lingua italiana.

2. Davanti all'autorità giudiziaria avente competenza di primo grado o di appello su un territorio dove è insediata una minoranza linguistica riconosciuta, il cittadino italiano che appartiene a questa minoranza è, a sua richiesta, interrogato o esaminato nella madrelingua e il relativo verbale è redatto anche in tale lingua. Nella stessa lingua sono tradotti gli atti del procedimento a lui indirizzati successivamente alla sua richiesta. Restano salvi gli altri diritti stabiliti da leggi speciali e da convenzioni internazionali.

3. Le disposizioni di questo articolo si osservano a pena di nullità.

110. ***Sottoscrizione degli atti.*** — 1. Quando è richiesta la sottoscrizione di un atto, se la legge non dispone altrimenti, è sufficiente la scrittura di propria mano, in fine dell'atto, del nome e cognome di chi deve firmare.

2. Non è valida la sottoscrizione apposta con mezzi meccanici o con segni diversi dalla scrittura.

3. Se chi deve firmare non è in grado di scrivere, il pubblico ufficiale, al quale è presentato l'atto scritto o che riceve l'atto orale, accertata l'identità della persona, ne fa annotazione in fine dell'atto medesimo.

111. ***Data degli atti.*** — 1. Quando la legge richiede la data di un atto, sono indicati il giorno, il mese, l'anno e il luogo in cui l'atto è compiuto. L'indicazione dell'ora è necessaria solo se espressamente prescritta.

2. Se l'indicazione della data di un atto è prescritta a pena di nullità, questa sussiste soltanto nel caso in cui la data non possa stabilirsi con certezza in base ad elementi contenuti nell'atto medesimo o in atti a questo connessi.

112. ***Surrogazione di copie agli originali mancanti.*** — 1. Salvo che la legge disponga altrimenti, quando l'originale di una sentenza o di un altro atto del procedimento, del quale occorre fare uso, è per qualsiasi causa distrutto, smarrito o sottratto e non è possibile recuperarlo, la copia autentica ha valore di originale ed è posta nel luogo in cui l'originale dovrebbe trovarsi.

2. A tal fine, il presidente della corte o del tribunale o il pretore, anche di ufficio, ordina con decreto a chi detiene la copia di consegnarla alla cancelleria, salvo il diritto del detentore di avere gratuitamente un'altra copia autentica.

113. ***Ricostituzione di atti.*** — 1. Se non è possibile provvedere a norma dell'articolo 112, il giudice, anche di ufficio, accerta il contenuto dell'atto mancante e stabilisce con ordinanza se e in quale tenore esso deve essere ricostituito.

2. Se esiste la minuta dell'atto mancante, questo è ricostituito secondo il tenore della medesima, quando alcuno dei giudici che l'hanno sottoscritto riconosce che questo era conforme alla minuta.

3. Quando non si può provvedere a norma dei commi 1 e 2, il giudice dispone con ordinanza la rinnovazione dell'atto mancante, se necessaria e possibile, prescrivendone il modo ed eventualmente indicando anche gli altri atti che devono essere rinnovati.

114. ***Divieto di pubblicazione di atti e immagini.*** — 1. È vietata la pubblicazione, anche parziale o per riassunto, con il mezzo della stampa o con altro mezzo di diffusione, degli atti coperti dal segreto o anche solo del loro contenuto.

2. È vietata la pubblicazione, anche parziale, degli atti non più coperti dal segreto fino a che non siano concluse le indagini preliminari ovvero fino al termine dell'udienza preliminare, fatta eccezione per l'ordinanza indicata dall'articolo 292.[1]

2-*bis*. È sempre vietata la pubblicazione, anche parziale, del contenuto delle intercettazioni non acquisite ai sensi degli articoli 268 e 415-*bis* o 454.[2]

3. Se si procede al dibattimento, non è consentita la pubblicazione, anche parziale, degli atti [del fascicolo per il dibattimento, se non dopo la pronuncia della sentenza di primo grado, e di quelli][3] del fascicolo del pubblico ministero, se non dopo la pronuncia della sentenza in grado di appello. È sempre consentita la pubblicazione degli atti utilizzati per le contestazioni.

4. È vietata la pubblicazione, anche parziale, degli atti del dibattimento celebrato a porte chiuse nei casi previsti dall'art. 472 commi 1 e 2. In tali casi il giudice, sentite le parti, può disporre il divieto di pubblicazione anche degli atti o di parte degli atti utilizzati per le contestazioni. Il divieto di pubblicazione cessa comunque quando sono trascorsi

i termini stabiliti dalla legge sugli archivi di Stato ovvero è trascorso il termine di dieci anni dalla sentenza irrevocabile e la pubblicazione è autorizzata dal ministro di grazia e giustizia.[4]

5. Se non si procede al dibattimento, il giudice, sentite le parti, può disporre il divieto di pubblicazione di atti o di parte di atti quando la pubblicazione di essi può offendere il buon costume o comportare la diffusione di notizie sulle quali la legge prescrive di mantenere il segreto nell'interesse dello Stato[5] ovvero causare pregiudizio alla riservatezza dei testimoni o delle parti private. Si applica la disposizione dell'ultimo periodo del comma 4.

6. È vietata la pubblicazione delle generalità e dell'immagine dei minorenni testimoni, persone offese o danneggiati dal reato fino a quando non sono divenuti maggiorenni. È altresì vietata la pubblicazione di elementi che anche indirettamente possano comunque portare alla identificazione dei suddetti minorenni.[6] Il tribunale per i minorenni, nell'interesse esclusivo del minorenne, o il minorenne che ha compiuto i sedici anni, può consentire la pubblicazione.[7]

6-*bis*. È vietata la pubblicazione dell'immagine di persona privata della libertà personale ripresa mentre la stessa si trova sottoposta all'uso di manette ai polsi ovvero ad altro mezzo di coercizione fisica, salvo che la persona vi consenta.[8]

7. È sempre consentita la pubblicazione del contenuto di atti non coperti dal segreto.

[1] Parole aggiunte dall'art. 2, c. 1, lett. *b*), D.lgs. 29 dic. 2017, n. 216. Ai sensi dell'art. 9, c. 2, D.lgs. 216/2017, come modif. dall'art. 1, D.L. 30 apr. 2020, n. 28, conv. con modif. in L. 25 giu. 2020, n. 70 «la disposizione acquista efficacia a decorrere dal 1° set. 2020».

[2] Comma ins. dall'art. 2, c. 1, D.L. 30 dic. 2019, n. 161, conv. con modif. in L. 28 feb. 2020, n. 7. La disposizione si applica ai procedimenti penali iscritti successivamente al 31 agosto 2020.

[3] La Corte cost., con sent. 24 feb. 1995, n. 59, ha dichiarato l'ill. cost. del terzo comma, limitatamente alle parole qui fra parentesi quadre.

[4] Ora Ministro della giustizia, ai sensi dell'art. 16 del D.lgs. 1999, n. 300 sulla riforma dell'organizzazione del Governo.

[5] Rubrica così sostituita dall'art. 14, c. 1, della L. 16 dic. 1999, n. 479.

[6] Periodo inserito dall'art. 108 della L. 3 mag. 2004, n. 112, in materia di assetto del sistema radiotelevisivo.

[7] V. art. 13 D.P.R. 22 set. 1988, n. 448.

[8] Comma inserito dall'art. 14, c. 2, della L. 16 dic. 1999, n. 479.

115. ***Violazione del divieto di pubblicazione.*** — 1. Salve le sanzioni previste dalla legge penale, la violazione del divieto di pubblicazione previsto dagli artt. 114 e 329 comma 3 lettera *b)* costituisce illecito disciplinare quando il fatto è commesso da impiegati dello Stato o di altri enti pubblici ovvero da persone esercenti una professione per la quale è richiesta una speciale abilitazione dello Stato.

2. Di ogni violazione del divieto di pubblicazione commessa dalle persone indicate nel comma 1 il pubblico ministero informa l'organo titolare del potere disciplinare.

115-*bis*. ***Garanzia della presunzione di innocenza.***[1] — 1. Salvo quanto previsto dal comma 2, nei provvedimenti diversi da quelli volti alla decisione in merito alla responsabilità penale dell'imputato, la persona sottoposta a indagini o l'imputato non possono essere indicati come colpevoli fino a quando la colpevolezza non è stata accertata con sentenza o decreto penale di condanna irrevocabili. Tale disposizione non si applica agli atti del pubblico ministero volti a dimostrare la colpevolezza della persona sottoposta ad indagini o dell'imputato.

2. Nei provvedimenti diversi da quelli volti alla decisione in merito alla responsabilità penale dell'imputato, che presuppongono la valutazione di prove, elementi di prova o indizi di colpevolezza, l'autorità giudiziaria limita i riferimenti alla colpevolezza della persona sottoposta alle indagini o dell'imputato alle sole indicazioni necessarie a soddisfare i presupposti, i requisiti e le altre condizioni richieste dalla legge per l'adozione del provvedimento.

3. In caso di violazione delle disposizioni di cui al comma 1, l'interessato può, a pena di decadenza, nei dieci giorni successivi alla conoscenza del provvedimento, richiederne la correzione, quando è necessario per salvaguardare la presunzione di innocenza nel processo.

4. Sull'istanza di correzione il giudice che procede provvede, con decreto motivato, entro quarantotto ore dal suo deposito. Nel corso delle indagini preliminari è competente il giudice per le indagini preliminari. Il decreto è notificato all'interessato e alle altre parti e comunicato al pubblico ministero, i quali, a pena di decadenza, nei dieci giorni successivi, possono proporre opposizione al presidente del tribunale o della corte, il quale decide con decreto senza formalità di procedura. Quando l'opposizione riguarda un provvedimento emesso dal presidente del tribunale o dalla corte di appello si applicano le disposizioni di cui all'articolo 36, comma 4.

[1] Articolo ins. dall'art. 4, D.lgs. 8 nov. 2021, n. 188.

116. ***Copie, estratti e certificati.*** — 1. Durante il procedimento e dopo la sua definizione, chiunque vi abbia interesse può ottenere il rilascio a proprie spese di copie, estratti o certificati di singoli atti.[1]

2. Sulla richiesta provvede il pubblico ministero o il giudice che procede al momento della presentazione della domanda ovvero, dopo la definizione del procedimento, il presidente del collegio o il giudice che ha emesso il provvedimento di archiviazione o la sentenza.

3. Il rilascio non fa venire meno il divieto di pubblicazione stabilito dall'art. 114.

3-*bis*. Quando il difensore, anche a mezzo di sostituti, presenta all'autorità giudiziaria atti o documenti, ha diritto al rilascio di attestazione dell'avvenuto deposito, anche in calce ad una copia.[2]

[1] V. artt. 141[2], 243, 258, 366, 675; v. *Att.* 42.
[2] Comma aggiunto dall'art. 2, L. 7 dic. 2000, n. 397.

117. ***Richiesta di copie di atti e di informazioni da parte del pubblico ministero.*** — 1. Fermo quanto disposto dall'art. 371, quando è necessario per il compimento delle proprie indagini, il pubblico ministero può ottenere dall'autorità giudiziaria competente, anche in deroga al divieto stabilito dall'art. 329, copie di atti relativi ad altri procedimenti penali e informazioni scritte sul loro contenuto. L'autorità giudiziaria può trasmettere le copie e le informazioni anche di propria iniziativa.[1]

2. L'autorità giudiziaria provvede senza ritardo e può rigettare la richiesta con decreto motivato.

2-*bis*. Il procuratore nazionale antimafia e antiterrorismo, nell'ambito delle funzioni previste dall'articolo 371-*bis* accede al registro delle notizie di reato, al registro di cui all'articolo 81 del codice delle leggi antimafia e delle misure di prevenzione, di cui al decreto legislativo 6 settembre 2011, n. 159, nonché a tutti gli altri registri relativi al procedimento penale e al procedimento per l'applicazione delle misure di prevenzione. Il procuratore nazionale antimafia e antiterrorismo accede, altresì, alle banche di dati logiche dedicate alle procure distrettuali e realizzate nell'ambito della banca di dati condivisa della Direzione nazionale antimafia e antiterrorismo.[3]

[1] L'autorità giudiziaria che procede per i delitti di cui all'art. 416-*bis* c.p. di cui all'art. 74, D.P.R. 9 ott. 1990, n. 309, d'iniziativa trasmette gli atti all'autorità giudiziaria competente per il procedimento di prevenzione.
[2] Parole inserite dall'art. 2, c. 1, L. 15 lug. 2009, n. 94.
[3] Comma così sost. dall'art. 9, c. 3, D.L. 18 feb. 2015, n. 7, conv. con modif. in L. 17 apr. 2015, n. 43.

118. ***Richiesta di copie di atti e di informazioni da parte del ministro dell'interno.*** — 1. Il ministro dell'interno, direttamente o a mezzo di un ufficiale di polizia giudiziaria o del personale della Direzione investigativa antimafia[1] appositamente delegato, può ottenere dall'autorità giudiziaria competente, anche in deroga al divieto stabilito dall'art. 329, copie di atti di procedimenti penali e informazioni scritte sul loro contenuto, ritenute indispensabili per la prevenzione dei delitti per i quali è obbligatorio l'arresto in flagranza. L'autorità giudiziaria può trasmettere le copie e le informazioni anche di propria iniziativa.

1-*bis*. Ai medesimi fini l'autorità giudiziaria può autorizzare i soggetti indicati nel comma 1 all'accesso diretto al registro previsto dall'art. 335, anche se tenuto in forma automatizzata.[2]

2. L'autorità giudiziaria provvede senza ritardo e può rigettare la richiesta con decreto motivato.

3. Le copie e le informazioni acquisite a norma del comma 1 sono coperte dal segreto di ufficio.

[1] Comma così modif. dall'art. 4 del D.L. 8 gen. 1992, n. 306, conv. in L. 7 ago. 1992, n. 356.
[2] Comma così inserito dall'art. 4-*cit*.

118-*bis*. ***Richiesta di copie di atti e di informazioni da parte del Presidente del Consiglio dei ministri.***[1] — 1. Il Presidente del Consiglio dei ministri può richiedere all'autorità giudiziaria competente, anche in deroga al divieto stabilito dall'articolo 329, direttamente o a mezzo del direttore generale del Dipartimento delle informazioni per la sicurezza, copie di atti di procedimenti penali e informazioni scritte sul loro contenuto ritenute indispensabili per lo svolgimento delle attività connesse alle esigenze del sistema di informazione per la sicurezza della Repubblica.

2. Si applicano le disposizioni dell'articolo 118, commi 2 e 3.

3. L'autorità giudiziaria può altresì trasmettere le copie e le informazioni di cui al comma 1 anche di propria iniziativa. Ai medesimi fini l'autorità giudiziaria può autorizzare l'accesso diretto di funzionari delegati dal direttore generale del Dipartimento delle informazioni per la sicurezza al registro delle notizie di reato, anche se tenuto in forma automatizzata.

[1] Articolo inserito dall'art. 14 della L. 3 ago. 2007, n. 124 a decorrere dal 12 ott. 2007.

119. ***Partecipazione del sordo, muto o sordomuto ad atti del procedimento.*** — 1. Quando un sordo, un muto o un sordomuto vuole o deve fare dichiarazioni, al sordo si presentano per iscritto le domande, gli avvertimenti e le ammonizioni ed egli risponde oralmente; al muto si fanno oralmente le domande, gli avvertimenti e le ammonizioni ed egli risponde per iscritto; al sordomuto si presentano per iscritto le domande, gli avvertimenti e le ammonizioni ed egli risponde per iscritto.

2. Se il sordo, il muto o il sordomuto non sa leggere o scrivere, l'autorità procedente nomina uno o più interpreti, scelti di preferenza fra le persone abituate a trattare con lui.[1]

[1] La Corte cost., con sent. 22 lug. 1999, n. 341, ha dichiarato l'ill. cost. dell'art. 119, nella parte in cui non prevede che l'imputato sordo, muto o sordomuto, indipendentemente dal fatto che sappia o meno leggere e scrivere, ha diritto di farsi assistere gratuitamente da un interprete, scelto di preferenza fra le persone abituate a trattare con lui, al fine di poter comprendere l'accusa contro di lui formulata e di seguire il compimento degli atti cui partecipa.

120. ***Testimoni ad atti del procedimento.*** — 1. Non possono intervenire come testimoni ad atti del procedimento:

a) i minori degli anni quattordici e le persone palesemente affette da infermità di mente o in stato di manifesta ubriachezza o intossicazione da sostanze stupefacenti o psicotrope. La capacità si presume sino a prova contraria;

b) le persone sottoposte a misure di sicurezza detentive o a misure di prevenzione.[1]

[1] V. L. 27 dic. 1956, n. 1423; L. 31 mag. 1965, n. 575; L. 13 set. 1982, n. 646; L. 3 ago. 1988, n. 327.

121. ***Memorie e richieste delle parti.*** — 1. In ogni stato e grado del procedimento le parti e i difensori possono presentare al giudice memorie o richieste scritte, mediante deposito nella cancelleria.

2. Sulle richieste ritualmente formulate il giudice provvede senza ritardo e comunque, salve specifiche disposizioni di legge entro quindici giorni.

122. ***Procura speciale per determinati atti.*** — 1. Quando la legge consente che un atto sia compiuto per mezzo di un procuratore speciale, la procura deve, a pena di inammissibilità, essere rilasciata per atto pubblico o scrittura privata autenticata e deve contenere, oltre alle indicazioni richieste specificamente dalla legge, la determinazione dell'oggetto per cui è conferita e dei fatti ai quali si riferisce. Se la procura è rilasciata per scrittura privata al difensore, la sottoscrizione può essere autenticata dal difensore medesimo.[1] La procura è unita agli atti.

2. Per le pubbliche amministrazioni è sufficiente che la procura sia sottoscritta dal dirigente dell'ufficio nella circoscrizione in cui si procede e sia munita del sigillo dell'ufficio.

3. Non è ammessa alcuna ratifica degli atti compiuti nell'interesse altrui senza procura speciale nei casi in cui questa è richiesta dalla legge.

[1] Comma così modif. dall'art. 13, comma 3, della L. 16 dic. 1999, n. 479.

123. ***Dichiarazioni e richieste di persone detenute o internate.*** — 1. L'imputato detenuto o internato in un istituto per l'esecuzione di misure di sicurezza ha facoltà di presentare impugnazioni, dichiarazioni e richieste con atto ricevuto dal direttore. Esse sono iscritte in apposito registro, sono immediatamente comunicate all'autorità competente e hanno efficacia come se fossero ricevute direttamente dall'autorità giudiziaria.

2. Quando l'imputato è in stato di arresto o di detenzione domiciliare[1] ovvero è custodito in un luogo di cura, ha facoltà di presentare impugnazioni, dichiarazioni e richieste con atto ricevuto da un ufficiale di polizia giudiziaria, il quale ne cura l'immediata trasmissione all'autorità competente. Le impugnazioni, le dichiarazioni e le richieste hanno efficacia come se fossero ricevute direttamente dall'autorità giudiziaria.

2-*bis*. Le impugnazioni, le dichiarazioni, compresa quella relativa alla nomina del difensore, e le richieste, di cui ai commi 1 e 2, sono contestualmente comunicate anche al difensore nominato.[2]

3. Le disposizioni del comma 1 si applicano alle denunce, impugnazioni, dichiarazioni e richieste presentate dalle altre parti private o dalla persona offesa.

[1] V. art. 47-*ter* L. 26 lug. 1975, n. 354.
[2] Comma ins. dall'art. 2, c. 14, L. 27 set. 2021, n. 134.

124. ***Obbligo di osservanza delle norme processuali.*** — 1. I magistrati, i cancellieri e gli altri ausiliari del giudice, gli ufficiali giudiziari, gli ufficiali e gli agenti di polizia giudiziaria sono tenuti a osservare le norme di questo codice anche quando l'inosservanza non importa nullità o altra sanzione processuale.

2. I dirigenti degli uffici vigilano sull'osservanza delle norme anche ai fini della responsabilità disciplinare.

TITOLO II

Atti e provvedimenti del giudice

125. ***Forme dei provvedimenti del giudice.*** — 1. La legge stabilisce i casi nei quali il provvedimento del giudice assume la forma della sentenza, dell'ordinanza o del decreto.

2. La sentenza è pronunciata in nome del popolo italiano.

3. Le sentenze e le ordinanze sono motivate, a pena di nullità. I decreti sono motivati, a pena di nullità, nei casi in cui la motivazione è espressamente prescritta dalla legge.

4. Il giudice delibera in camera di consiglio senza la presenza dell'ausiliario designato ad assisterlo e delle parti. La deliberazione è segreta.

5. Nel caso di provvedimenti collegiali, se lo richiede un componente del collegio che non ha espresso voto conforme alla decisione, è compilato sommario verbale contenente l'indicazione del dissenziente, della questione o delle questioni alle quali si riferisce il dissenso e dei motivi dello stesso, succintamente esposti. Il verbale, redatto dal meno anziano dei componenti togati del collegio e sottoscritto da tutti i componenti, è conservato a cura del presidente in plico sigillato presso la cancelleria dell'ufficio.[1]

6. Tutti gli altri provvedimenti sono adottati senza l'osservanza di particolari formalità e, quando non è stabilito altrimenti, anche oralmente.

[1] Comma così sostituito dall'art. 1 del D.L. 30 ott. 1989, n. 351.

126. ***Assistenza al giudice.*** — 1. Il giudice, in tutti gli atti ai quali procede, è assistito dall'ausiliario a ciò designato a norma dell'ordinamento, se la legge non dispone altrimenti.

127. ***Procedimento in camera di consiglio.*** — 1. Quando si deve procedere in camera di consiglio, il giudice o il presidente del collegio fissa la data dell'udienza e ne fa dare avviso alle parti, alle altre persone interessate e ai difensori. L'avviso è comunicato o notificato almeno dieci giorni prima della data predetta. Se l'imputato è privo di difensore, l'avviso è dato a quello di ufficio.

2. Fino a cinque giorni prima dell'udienza possono essere presentate memorie in cancelleria.

3. Il pubblico ministero, gli altri destinatari dell'avviso nonché i difensori sono sentiti se compaiono. Se l'interessato è detenuto o internato in luogo posto fuori della circoscrizione del giudice e ne fa

richiesta, deve essere sentito prima del giorno dell'udienza dal magistrato di sorveglianza del luogo.

4. L'udienza è rinviata se sussiste un legittimo impedimento dell'imputato o del condannato che ha chiesto di essere sentito personalmente e che non sia detenuto o internato in luogo diverso da quello in cui ha sede il giudice.

5. Le disposizioni dei commi 1, 3 e 4 sono previste a pena di nullità.

6. L'udienza si svolge senza la presenza del pubblico.

7. Il giudice provvede con ordinanza comunicata o notificata senza ritardo ai soggetti indicati nel comma 1, che possono proporre ricorso per cassazione.

8. Il ricorso non sospende l'esecuzione dell'ordinanza, a meno che il giudice che l'ha emessa disponga diversamente con decreto motivato.

9. L'inammissibilità dell'atto introduttivo del procedimento è dichiarata dal giudice con ordinanza, anche senza formalità di procedura, salvo che sia altrimenti stabilito. Si applicano le disposizioni dei commi 7 e 8.

10. Il verbale di udienza è redatto soltanto in forma riassuntiva a norma dell'art. 140 comma 2.[1]

[1] La Corte cost., con sent. 3 dic. 1990, n. 529, ha dichiarato l'ill. cost. del c. 10 «nella parte in cui dopo la parola 'redatto' prevede 'soltanto' anziché 'di regola'».

128. ***Deposito dei provvedimenti del giudice.*** — 1. Salvo quanto disposto per i provvedimenti emessi nell'udienza preliminare e nel dibattimento, gli originali dei provvedimenti del giudice sono depositati in cancelleria entro cinque giorni dalla deliberazione. Quando si tratta di provvedimenti impugnabili, l'avviso di deposito contenente l'indicazione del dispositivo è comunicato al pubblico ministero e notificato a tutti coloro cui la legge attribuisce il diritto di impugnazione.

129. ***Obbligo della immediata declaratoria di determinate cause di non punibilità.*** — 1. In ogni stato e grado del processo, il giudice, il quale riconosce che il fatto non sussiste o che l'imputato non lo ha commesso o che il fatto non costituisce reato o non è previsto dalla legge come reato ovvero che il reato è estinto o che manca una condizione di procedibilità, lo dichiara di ufficio con sentenza.[1]

2. Quando ricorre una causa di estinzione del reato ma dagli atti risulta evidente che il fatto non sussiste o che l'imputato non lo ha commesso o che il fatto non costituisce reato o non è previsto dalla legge come reato, il giudice pronuncia sentenza di assoluzione o di non luogo a procedere con la formula prescritta.

[1] V. artt. 442[1], 444[2], 455, 459[3], 469, 531; v. anche art. 26 D.P.R. 22 set. 1988, n. 448.

130. ***Correzione di errori materiali.*** — 1. La correzione delle sentenze, delle ordinanze e dei decreti inficiati da errori od omissioni che non determinano nullità, e la cui eliminazione non comporta una modificazione essenziale dell'atto, è disposta, anche di ufficio, dal giudice che ha emesso il provvedimento.[1] Se questo è impugnato, e l'impugnazione non è dichiarata inammissibile, la correzione è disposta dal giudice competente a conoscere dell'impugnazione.

1-*bis*. Quando nella sentenza di applicazione della pena su richiesta delle parti si devono rettificare solo la specie e la quantità della pena per errore di denominazione o di computo, la correzione è disposta, anche d'ufficio, dal giudice che ha emesso il provvedimento. Se questo è impugnato, alla rettificazione provvede la corte di cassazione a norma dell'articolo 619, comma 2.[2]

2. Il giudice provvede in camera di consiglio a norma dell'art. 127. Dell'ordinanza che ha disposto la correzione è fatta annotazione sull'originale dell'atto.

[1] V. artt. 66[3], 534, 547, 624, 668.
[2] Comma così modif. dall'art. 1, c. 49, L. 23 giu. 2017, n. 103.

131. ***Poteri coercitivi del giudice.*** — 1. Il giudice, nell'esercizio delle sue funzioni, può chiedere l'intervento della polizia giudiziaria e, se necessario, della forza pubblica, prescrivendo tutto ciò che occorre per il sicuro e ordinato compimento degli atti ai quali procede.

132. ***Accompagnamento coattivo dell'imputato.*** — 1. L'accompagnamento coattivo è disposto, nei casi previsti dalla legge, con decreto motivato, con il quale il giudice ordina di condurre l'imputato alla sua presenza, se occorre anche con la forza.

2. La persona sottoposta ad accompagnamento coattivo non può essere tenuta a disposizione oltre il compimento dell'atto previsto e di quelli conseguenziali per i quali perduri la necessità della sua presenza. In ogni caso la persona non può essere trattenuta oltre le ventiquattro ore.

133. ***Accompagnamento coattivo di altre persone.*** — 1. Se il testimone, il perito, la persona sottoposta all'esame del perito diversa dall'imputato[1], il consulente tecnico, l'interprete o il custode di cose sequestrate, regolarmente citati o convocati, omettono senza un legittimo impedimento di comparire nel luogo, giorno e ora stabiliti, il giudice può ordinarne l'accompagnamento coattivo e può altresì condannarli, con ordinanza, al pagamento di una somma da euro 51 a euro 516 a favore della cassa delle ammende nonché alle spese alle quali la mancata comparizione ha dato causa.

2. Si applicano le disposizioni dell'art. 132.

[1] Parole aggiunte dall'art. 26 della L. 30 giu. 2009, n. 85.

TITOLO III
Documentazione degli atti

134. ***Modalità di documentazione.*** — 1. Alla documentazione degli atti si procede mediante verbale.

2. Il verbale è redatto, in forma integrale o rias-

suntiva, con la stenotipia o altro strumento meccanico ovvero, in caso di impossibilità di ricorso a tali mezzi, con la scrittura manuale.

3. Quando il verbale è redatto in forma riassuntiva è effettuata anche la riproduzione fonografica.

4. Quando le modalità di documentazione indicate nei commi 2 e 3 sono ritenute insufficienti, può essere aggiunta la riproduzione audiovisiva se assolutamente indispensabile. La riproduzione audiovisiva delle dichiarazioni della persona offesa in condizione di particolare vulnerabilità è in ogni caso consentita, anche al di fuori delle ipotesi di assoluta indispensabilità.[1]

[1] Periodo aggiunto dall'art. 1, c. 1, lett. *c*), D.lgs. 15 dic. 2015, n. 212.

135. ***Redazione del verbale.*** — 1. Il verbale è redatto dall'ausiliario che assiste il giudice.

2. Quando il verbale è redatto con la stenotipia o altro strumento meccanico, il giudice autorizza l'ausiliario che non possiede le necessarie competenze a farsi assistere da personale tecnico, anche esterno all'amministrazione dello Stato.

136. ***Contenuto del verbale.*** — 1. Il verbale contiene la menzione del luogo, dell'anno, del mese, del giorno e, quando occorre, dell'ora in cui è cominciato e chiuso, le generalità delle persone intervenute, l'indicazione delle cause, se conosciute, della mancata presenza di coloro che sarebbero dovuti intervenire, la descrizione di quanto l'ausiliario ha fatto o ha constatato o di quanto è avvenuto in sua presenza nonché le dichiarazioni ricevute da lui o da altro pubblico ufficiale che egli assiste.

2. Per ogni dichiarazione è indicato se è stata resa spontaneamente o previa domanda e, in tale caso, è riprodotta anche la domanda; se la dichiarazione è stata dettata dal dichiarante, o se questi si è avvalso dell'autorizzazione a consultare note scritte, ne è fatta menzione.

137. ***Sottoscrizione del verbale.*** — 1. Salvo quanto previsto dall'art. 483 comma 1, il verbale, previa lettura, è sottoscritto alla fine di ogni foglio dal pubblico ufficiale che lo ha redatto, dal giudice e dalle persone intervenute, anche quando le operazioni non sono esaurite e vengono rinviate ad altro momento.

2. Se alcuno degli intervenuti non vuole o non è in grado di sottoscrivere, ne è fatta menzione con l'indicazione del motivo.

138. ***Trascrizione del verbale redatto con il mezzo della stenotipia.*** — 1. Salvo quanto previsto dall'articolo 483 comma 2, i nastri impressi con i caratteri della stenotipia sono trascritti in caratteri comuni non oltre il giorno successivo a quello in cui sono stati formati. Essi sono uniti agli atti del processo, insieme con la trascrizione.

2. Se la persona che ha impresso i nastri è impedita, il giudice dispone che la trascrizione sia affidata a persona idonea anche estranea all'amministrazione dello Stato.

139. ***Riproduzione fonografica o audiovisiva.*** — 1. La riproduzione fonografica o audiovisiva è effettuata da personale tecnico, anche estraneo all'amministrazione dello Stato, sotto la direzione dell'ausiliario che assiste il giudice.

2. Quando si effettua la riproduzione fonografica, nel verbale è indicato il momento di inizio e di cessazione delle operazioni di riproduzione.

3. Per la parte in cui la riproduzione fonografica, per qualsiasi motivo, non ha avuto effetto o non è chiaramente intelligibile, fa prova il verbale redatto in forma riassuntiva.

4. La trascrizione della riproduzione è effettuata da personale tecnico giudiziario. Il giudice può disporre che essa sia affidata a persona idonea estranea all'amministrazione dello Stato.

5. Quando le parti vi consentono, il giudice può disporre che non sia effettuata la trascrizione.

6. Le registrazioni fonografiche o audiovisive e le trascrizioni, se effettuate, sono unite agli atti del procedimento.

140. ***Modalità di documentazione in casi particolari.*** — 1. Il giudice dispone che si effettui soltanto la redazione contestuale del verbale in forma riassuntiva quando gli atti da verbalizzare hanno contenuto semplice o limitata rilevanza ovvero quando si verifica una contingente indisponibilità di strumenti di riproduzione o di ausiliari tecnici.

2. Quando è redatto soltanto il verbale in forma riassuntiva,[1] il giudice vigila affinché sia riprodotta nell'originaria genuina espressione la parte essenziale delle dichiarazioni, con la descrizione delle circostanze nelle quali sono rese se queste possono servire a valutarne la credibilità.

[1] V. artt. 125^5, 127^{10}, 357^3, 373^3, 420^5, 494^2, 567^3, 666^9.

141. ***Dichiarazioni orali delle parti.*** — 1. Quando la legge non impone la forma scritta, le parti possono fare, personalmente o a mezzo di procuratore speciale, richieste o dichiarazioni orali attinenti al procedimento. In tal caso l'ausiliario che assiste il giudice redige il verbale e cura la registrazione delle dichiarazioni a norma degli articoli precedenti. Al verbale è unita, se ne è il caso, la procura speciale.

2. Alla parte che lo richiede è rilasciata, a sue spese, una certificazione ovvero una copia delle dichiarazioni rese.

141-*bis*. ***Modalità di documentazione dell'interrogatorio di persona in stato di detenzione.***[1] — 1. Ogni interrogatorio di persona che si trovi, a qualsiasi titolo, in stato di detenzione, e che non si svolga in udienza, deve essere documentato integralmente, a pena di inutilizzabilità, con mezzi di riproduzione fonografica o audiovisiva. Quando si verifica una indisponibilità di strumenti di riproduzione o di personale tecnico, si provvede con le forme della perizia ovvero della consulenza tecnica. Dell'interrogatorio è anche redatto verbale in forma riassuntiva. La trascrizione della riproduzione è disposta solo se richiesta dalle parti.

[1] Articolo inserito dall'art. 2 della L. 8 ago. 1995, n. 332.

142. ***Nullità dei verbali.*** — 1. Salve particolari disposizioni di legge, il verbale è nullo se vi è incertezza assoluta sulle persone intervenute o se manca la sottoscrizione del pubblico ufficiale che lo ha redatto.

TITOLO IV
Traduzione degli atti

143. ***Diritto all'interprete e alla traduzione di atti fondamentali.***[1] — 1. L'imputato che non conosce la lingua italiana ha diritto di farsi assistere gratuitamente, indipendentemente dall'esito del procedimento, da un interprete al fine di poter comprendere l'accusa contro di lui formulata e di seguire il compimento degli atti e lo svolgimento delle udienze cui partecipa. Ha altresì diritto all'assistenza gratuita di un interprete per le comunicazioni con il difensore prima di rendere un interrogatorio, ovvero al fine di presentare una richiesta o una memoria nel corso del procedimento.

2. Negli stessi casi l'autorità procedente dispone la traduzione scritta, entro un termine congruo tale da consentire l'esercizio dei diritti e della facoltà della difesa, dell'informazione di garanzia, dell'informazione sul diritto di difesa, dei provvedimenti che dispongono misure cautelari personali, dell'avviso di conclusione delle indagini preliminari, dei decreti che dispongono l'udienza preliminare e la citazione a giudizio, delle sentenze e dei decreti penali di condanna.

3. La traduzione gratuita di altri atti o anche solo di parte di essi, ritenuti essenziali per consentire all'imputato di conoscere le accuse a suo carico, può essere disposta dal giudice, anche su richiesta di parte, con atto motivato, impugnabile unitamente alla sentenza.

4. L'accertamento sulla conoscenza della lingua italiana è compiuto dall'autorità giudiziaria. La conoscenza della lingua italiana è presunta fino a prova contraria per chi sia cittadino italiano.

5. L'interprete e il traduttore sono nominati anche quando il giudice, il pubblico ministero o l'ufficiale di polizia giudiziaria ha personale conoscenza della lingua o del dialetto da interpretare.

6. La nomina del traduttore per gli adempimenti di cui ai commi 2 e 3 è regolata dagli articoli 144 e seguenti del presente titolo. La prestazione dell'ufficio di interprete e di traduttore è obbligatoria.

[1] Articolo così sost. dall'art. 1, D.lgs. 4 mar. 2014, n. 32.

143-*bis*. ***Altri casi di nomina dell'interprete.***[1] — 1. L'autorità procedente nomina un interprete quando occorre tradurre uno scritto in lingua straniera o in un dialetto non facilmente intellegibile ovvero quando la persona che vuole o deve fare una dichiarazione non conosce la lingua italiana. La dichiarazione può anche essere fatta per iscritto e in tale caso è inserita nel verbale con la traduzione eseguita dall'interprete.

2. Oltre che nei casi di cui al comma 1 e di cui all'articolo 119, l'autorità procedente nomina, anche d'ufficio, un interprete quando occorre procedere all'audizione della persona offesa che non conosce la lingua italiana nonché nei casi in cui la stessa intenda partecipare all'udienza e abbia fatto richiesta di essere assistita dall'interprete.

3. L'assistenza dell'interprete può essere assicurata, ove possibile, anche mediante l'utilizzo delle tecnologie di comunicazione a distanza, sempreché la presenza fisica dell'interprete non sia necessaria per consentire alla persona offesa di esercitare correttamente i suoi diritti o di comprendere compiutamente lo svolgimento del procedimento.

4. La persona offesa che non conosce la lingua italiana ha diritto alla traduzione gratuita di atti, o parti degli stessi, che contengono informazioni utili all'esercizio dei suoi diritti. La traduzione può essere disposta sia in forma orale che per riassunto se l'autorità procedente ritiene che non ne derivi pregiudizio ai diritti della persona offesa.

[1] Articolo ins. dall'art. 1, c. 1, lett. *d*), D.lgs. 15 dic. 2015, n. 212.

144. ***Incapacità e incompatibilità dell'interprete.*** — 1. Non può prestare ufficio di interprete, a pena di nullità:

a) il minorenne, l'interdetto, l'inabilitato e chi è affetto da infermità di mente;

b) chi è interdetto anche temporaneamente dai pubblici uffici ovvero è interdetto o sospeso dall'esercizio di una professione o di un'arte;

c) chi è sottoposto a misure di sicurezza personali o a misure di prevenzione;

d) chi non può essere assunto come testimone o ha facoltà di astenersi dal testimoniare o chi è chiamato a prestare ufficio di testimone o di perito ovvero è stato nominato consulente tecnico nello stesso procedimento o in un procedimento connesso. Nondimeno, nel caso previsto dall'art. 119, la qualità di interprete può essere assunta da un prossimo congiunto della persona sorda, muta o sordomuta.

145. ***Ricusazione e astensione dell'interprete.*** — 1. L'interprete può essere ricusato, per i motivi indicati nell'articolo 144, dalle parti private e, in rapporto agli atti compiuti o disposti dal giudice, anche dal pubblico ministero.

2. Quando esiste un motivo di ricusazione, anche se non proposto, ovvero se vi sono gravi ragioni di convenienza per astenersi, l'interprete ha obbligo di dichiararlo.

3. La dichiarazione di ricusazione o di astensione può essere presentata fino a che non siano esaurite le formalità di conferimento dell'incarico e, quando si tratti di motivi sopravvenuti ovvero conosciu-

ti successivamente, prima che l'interprete abbia espletato il proprio incarico.

4. Sulla dichiarazione di ricusazione o di astensione decide il giudice con ordinanza.

146. ***Conferimento dell'incarico.*** — 1. L'autorità procedente accerta l'identità dell'interprete e gli chiede se versi in una delle situazioni previste dagli artt. 144 e 145.

2. Lo ammonisce poi sull'obbligo di adempiere bene e fedelmente l'incarico affidatogli, senz'altro scopo che quello di far conoscere la verità, e di mantenere il segreto su tutti gli atti che si faranno per suo mezzo o in sua presenza. Quindi lo invita a prestare l'ufficio.

2-*bis*. Quando l'interprete o il traduttore risiede nella circoscrizione di altro tribunale, l'autorità procedente, ove non ritenga di procedere personalmente, richiede al giudice per le indagini preliminari del luogo il compimento delle attività di cui ai commi precedenti.[1]

[1] Comma aggiunto dall'art. 1, c. 1, lett. *b-bis*), D.lgs. 4 mar. 2014, n. 32, introdotta dall'art. 1, c. 1, D.lgs. 23 giu. 2016, n. 129.

147. ***Termine per le traduzioni scritte. Sostituzione dell'interprete.*** — 1. Per la traduzione di scritture che richiedono un lavoro di lunga durata, l'autorità procedente fissa all'interprete un termine che può essere prorogato per giusta causa una sola volta. L'interprete può essere sostituito se non presenta entro il termine la traduzione scritta.

2. L'interprete sostituito, dopo essere stato citato a comparire per discolparsi, può essere condannato dal giudice al pagamento a favore della cassa delle ammende di una somma da euro 51 a euro 516.

TITOLO V
Notificazioni

148. ***Organi e forme delle notificazioni.*** — 1. Le notificazioni degli atti, salvo che la legge disponga altrimenti, sono eseguite dall'ufficiale giudiziario o da chi ne esercita le funzioni.[1]

2. Nei procedimenti con detenuti e in quelli davanti al tribunale del riesame, il giudice può disporre che, in caso di urgenza, le notificazioni siano eseguite dalla Polizia penitenziaria del luogo in cui i destinatari sono detenuti, con l'osservanza delle norme del presente titolo.[2]

2-*bis*. L'autorità giudiziaria può disporre che le notificazioni o gli avvisi ai difensori siano eseguiti con mezzi tecnici idonei. L'ufficio che invia l'atto attesta in calce ad esso di aver trasmesso il testo originale.

2-*ter*. Nei procedimenti avanti al tribunale per il riesame il giudice può disporre che, in caso di urgenza, le notificazioni siano eseguite dalle sezioni della polizia giudiziaria presso le procure della Repubblica con le medesime modalità di cui al comma 2.[3]

3. L'atto è notificato per intero, salvo che la legge disponga altrimenti, di regola mediante consegna di copia al destinatario oppure, se ciò non è possibile, alle persone indicate nel presente titolo. Quando la notifica non può essere eseguita in mani proprie del destinatario, l'ufficiale giudiziario o la polizia giudiziaria consegnano la copia dell'atto da notificare, fatta eccezione per il caso di notificazione al difensore o al domiciliario, dopo averla inserita in busta che provvedono a sigillare trascrivendovi il numero cronologico della notificazione e dandone atto nella relazione in calce all'originale e alla copia dell'atto.[4]

4. La consegna di copia dell'atto all'interessato da parte della cancelleria ha valore di notificazione. Il pubblico ufficiale addetto annota sull'originale dell'atto la eseguita consegna e la data in cui questa è avvenuta.

5. La lettura dei provvedimenti alle persone presenti e gli avvisi che sono dati dal giudice verbalmente agli interessati in loro presenza sostituiscono le notificazioni, purché ne sia fatta menzione nel verbale.[5]

5-*bis*. Le comunicazioni, gli avvisi e ogni altro biglietto o invito consegnati non in busta chiusa a persona diversa dal destinatario recano le indicazioni strettamente necessarie.[6]

[1] V. *Att.* 54.
[2] Comma così sost. dall'art. 17, c. 1, lett. *a*), D.L. 27 lug. 2005, n. 144, conv. con modif. in L. 31 lug. 2005, n. 155.
[3] Comma abrog. dall'art. 17, c. 1, lett. *b*) D.L. 27 lug. 2005, n. 144, conv. con modif. in L. 31 lug. 2005, n. 155.
[4] Comma così sost. dall'art. 174, D.lgs. 30 giu. 2003, n. 196. L'art. 174, D.lgs. n. 196/2003 è stato poi abrog. dall'art. 27, c. 1, D.lgs. 10 ago. 2018, n. 101.
[5] Comma così sost. dall'art. 1, D.L. 14 gen. 1991, n. 12.
[6] Comma aggiunto dall'art. 174, D.lgs. 30 giu. 2003, n. 196. L'art. 174, D.lgs. n. 196/2003 è stato poi abrog. dall'art. 27, c. 1, D.lgs. 10 ago. 2018, n. 101.

149. ***Notificazioni urgenti a mezzo del telefono e del telegrafo.***[1] — 1. Nei casi di urgenza, il giudice può disporre, anche su richiesta di parte, che le persone diverse dall'imputato siano avvisate o convocate a mezzo del telefono a cura della cancelleria.[2]

2. Sull'originale dell'avviso o della convocazione sono annotati il numero telefonico chiamato, il nome, le funzioni o le mansioni svolte dalla persona che riceve la comunicazione, il suo rapporto con il destinatario, il giorno e l'ora della telefonata.

3. Alla comunicazione si procede chiamando il numero telefonico corrispondente ai luoghi indicati nell'articolo 157 commi 1 e 2. Essa non ha effetto se non è ricevuta dal destinatario ovvero da persona che conviva anche temporaneamente col medesimo.

4. La comunicazione telefonica ha valore di notificazione con effetto dal momento in cui è avve-

nuta, sempre che della stessa sia data immediata conferma al destinatario mediante telegramma.

5. Quando non è possibile procedere nel modo indicato nei commi precedenti, la notificazione è eseguita, per estratto, mediante telegramma.

[1] Si veda l'art. 4, n. 3 del D.L. 29 dic. 2009, n. 193, conv. in L. 22 feb. 2010, n. 24.

[2] Comma così modif. dall'art. 9 del D.L. 18 ott. 2001, n. 374, conv. con modif. in L. 15 dic. 2001, n. 438.

150. ***Forme particolari di notificazione disposte dal giudice.***[1] — 1. Quando lo consigliano circostanze particolari, il giudice può prescrivere, anche di ufficio, con decreto motivato in calce all'atto, che la notificazione a persona diversa dall'imputato sia eseguita mediante l'impiego di mezzi tecnici che garantiscano la conoscenza dell'atto.

2. Nel decreto sono indicate le modalità necessarie per portare l'atto a conoscenza del destinatario.

[1] Si veda l'art. 4, n. 3 del D.L. 29 dic. 2009, n. 193, conv. in L. 22 feb. 2010, n. 24.

151. ***Notificazioni richieste dal pubblico ministero.*** — 1. Le notificazioni di atti del pubblico ministero nel corso delle indagini preliminari sono eseguite dall'ufficiale giudiziario, ovvero dalla polizia giudiziaria nei soli casi di atti di indagine o provvedimenti che la stessa polizia giudiziaria è delegata a compiere o è tenuta ad eseguire.[1]

2. La consegna di copia dell'atto all'interessato da parte della segreteria ha valore di notificazione. Il pubblico ufficiale addetto annota sull'originale dell'atto la eseguita consegna e la data in cui questa è avvenuta.[2]

3. La lettura dei provvedimenti alle persone presenti e gli avvisi che sono dati dal pubblico ministero verbalmente agli interessati in loro presenza sostituiscono le notificazioni, purché ne sia fatta menzione nel verbale.[3]

4. Il decreto di irreperibilità emesso a norma dell'art. 159 dal pubblico ministero ha valore solo per le notificazioni di propri atti e limitatamente alla fase delle indagini preliminari. A seguito della emissione del decreto, la notificazione è eseguita mediante consegna di copia al difensore.[4]

[1] Comma così sost. dall'art. 17, c. 2 del D.L. 27 lug. 2005, n. 144, conv. con modif. in L. 31 lug. 2005, n. 155.

[2] Si veda l'art. 4, n. 3 del D.L. 29 dic. 2009, n. 193, conv. in L. 22 feb. 2010, n. 24.

[3] Comma così sostituito dall'art. 2 del D.L. 14 gen. 1991, n. 12.

[4] Comma soppresso dall'art. 2 del D.L. 14 gen. 1991, n. 12.

152. ***Notificazioni richieste dalle parti private.*** — 1. Salvo che la legge disponga altrimenti, le notificazioni richieste dalle parti private[1] possono essere sostituite dall'invio di copia dell'atto effettuata dal difensore mediante lettera raccomandata con avviso di ricevimento.[2]

[1] V. artt. 60, 61, 74, 83, 89.

[2] V. *Att.* 56.

153. ***Notificazioni e comunicazioni al pubblico ministero.*** — 1. Le notificazioni al pubblico ministero sono eseguite, anche direttamente dalle parti o dai difensori, mediante consegna di copia dell'atto nella segreteria. Il pubblico ufficiale addetto annota sull'originale e sulla copia dell'atto le generalità di chi ha eseguito la consegna e la data in cui questa è avvenuta.

2. Le comunicazioni di atti e provvedimenti del giudice al pubblico ministero sono eseguite a cura della cancelleria nello stesso modo, salvo che il pubblico ministero prenda visione dell'atto sottoscrivendolo. Il pubblico ufficiale addetto annota sull'originale dell'atto la eseguita consegna e la data in cui questa è avvenuta.[1]

[1] V. *Att.* 64.

154. ***Notificazioni alla persona offesa, alla parte civile, al responsabile civile e al civilmente obbligato per la pena pecuniaria.*** — 1. Le notificazioni alla persona offesa dal reato sono eseguite a norma dell'art. 157 commi 1, 2, 3, 4 e 8. Se sono ignoti i luoghi ivi indicati, la notificazione è eseguita mediante deposito dell'atto nella cancelleria. Qualora risulti dagli atti notizia precisa del luogo di residenza o di dimora all'estero, la persona offesa è invitata mediante raccomandata con avviso di ricevimento a dichiarare o eleggere domicilio nel territorio dello Stato. Se nel termine di venti giorni dalla ricezione della raccomandata non viene effettuata la dichiarazione o l'elezione di domicilio ovvero se la stessa è insufficiente o risulta inidonea, la notificazione è eseguita mediante deposito dell'atto nella cancelleria.

2. La notificazione della prima citazione al responsabile civile e alla persona civilmente obbligata per la pena pecuniaria è eseguita con le forme stabilite per la prima notificazione all'imputato non detenuto.

3. Se si tratta di pubbliche amministrazioni, di persone giuridiche o di enti privi di personalità giuridica, le notificazioni sono eseguite nelle forme stabilite per il processo civile.

4. Le notificazioni alla parte civile, al responsabile civile e alla persona civilmente obbligata per la pena pecuniaria costituiti in giudizio sono eseguite presso i difensori. Il responsabile civile e la persona civilmente obbligata per la pena pecuniaria, se non sono costituiti, devono dichiarare o eleggere il proprio domicilio nel luogo in cui si procede con atto ricevuto dalla cancelleria del giudice competente. In mancanza di tale dichiarazione o elezione o se la stessa è insufficiente o inidonea, le notificazioni sono eseguite mediante deposito nella cancelleria.

155. ***Notificazioni per pubblici annunzi alle persone offese.*** — 1. Quando per il numero dei destinatari o per l'impossibilità di identificarne alcuni, la notificazione nelle forme ordinarie alle persone offese risulti difficile, l'autorità giudiziaria può disporre, con decreto in calce all'atto da notificare, che la notificazione sia eseguita mediante pubblici annunzi. Nel decreto sono designati, quando occorre, i destinatari nei cui confronti la notificazione deve essere eseguita nelle forme ordinarie e sono indicati i modi che appaiono opportuni per portare l'atto a conoscenza degli altri interessati.

2. In ogni caso, copia dell'atto è depositata nella casa comunale del luogo in cui si trova l'autorità procedente e un estratto è inserito nella *Gazzetta Ufficiale* della Repubblica.

3. La notificazione si ha per avvenuta quando l'ufficiale giudiziario deposita una copia dell'atto, con la relazione e i documenti giustificativi dell'attività svolta, nella cancelleria o segreteria dell'autorità procedente.

156. ***Notificazioni all'imputato detenuto.*** — 1. Le notificazioni all'imputato detenuto sono eseguite nel luogo di detenzione mediante consegna di copia alla persona.

2. In caso di rifiuto della ricezione, se ne fa menzione nella relazione di notificazione e la copia rifiutata è consegnata al direttore dell'istituto o a chi ne fa le veci. Nello stesso modo si provvede quando non è possibile consegnare la copia direttamente all'imputato, perché legittimamente assente.[1] In tal caso, della avvenuta notificazione il direttore dell'istituto informa immediatamente l'interessato con il mezzo più celere.

3. Le notificazioni all'imputato detenuto in luogo diverso dagli istituti penitenziari sono eseguite a norma dell'art. 157.

4. Le disposizioni che precedono si applicano anche quando dagli atti risulta che l'imputato è detenuto per causa diversa dal procedimento per il quale deve eseguirsi la notificazione o è internato in un istituto penitenziario.

5. In nessun caso le notificazioni all'imputato detenuto o internato possono essere eseguite con le forme dell'articolo 159.

[1] V. L. 26 lug. 1975, n. 354.

157. ***Prima notificazione all'imputato non detenuto.*** — 1. Salvo quanto previsto dagli artt. 161 e 162, la prima notificazione all'imputato non detenuto è eseguita mediante consegna di copia alla persona. Se non è possibile consegnare personalmente la copia, la notificazione è eseguita nella casa di abitazione o nel luogo in cui l'imputato esercita abitualmente l'attività lavorativa, mediante consegna a una persona che conviva anche temporaneamente o, in mancanza, al portiere o a chi ne fa le veci.

2. Qualora i luoghi indicati nel comma 1 non siano conosciuti, la notificazione è eseguita nel luogo dove l'imputato ha temporanea dimora o recapito, mediante consegna a una delle predette persone.

3. Il portiere o chi ne fa le veci sottoscrive l'originale dell'atto notificato e l'ufficiale giudiziario dà notizia al destinatario dell'avvenuta notificazione dell'atto a mezzo di lettera raccomandata con avviso di ricevimento. Gli effetti della notificazione decorrono dal ricevimento della raccomandata.

4. La copia non può essere consegnata a persona minore degli anni quattordici o in stato di manifesta incapacità di intendere o di volere.

5. L'autorità giudiziaria dispone la rinnovazione della notificazione quando la copia è stata consegnata alla persona offesa dal reato e risulta o appare probabile che l'imputato non abbia avuto effettiva conoscenza dell'atto notificato.

6. La consegna alla persona convivente, al portiere o a chi ne fa le veci è effettuata in plico chiuso e la relazione di notificazione è effettuata nei modi previsti dall'art. 148, comma 3.[1]

7. Se le persone indicate nel comma 1 mancano o non sono idonee o si rifiutano di ricevere la copia, si procede nuovamente alla ricerca dell'imputato, tornando nei luoghi indicati nei commi 1 e 2.

8. Se neppure in tal modo è possibile eseguire la notificazione, l'atto è depositato nella casa del comune dove l'imputato ha l'abitazione, o, in mancanza di questa, del comune dove egli esercita abitualmente la sua attività lavorativa. Avviso del deposito stesso è affisso alla porta della casa di abitazione dell'imputato ovvero alla porta del luogo dove egli abitualmente esercita la sua attività lavorativa. L'ufficiale giudiziario dà inoltre comunicazione all'imputato dell'avvenuto deposito a mezzo di lettera raccomandata con avviso di ricevimento. Gli effetti della notificazione decorrono dal ricevimento della raccomandata.

8-*bis*. Le notificazioni successive sono eseguite, in caso di nomina di difensore di fiducia ai sensi dell'articolo 96, mediante consegna ai difensori. Il difensore può dichiarare immediatamente all'autorità che procede di non accettare la notificazione. Per le modalità della notificazione si applicano anche le disposizioni previste dall'articolo 148, comma 2-*bis*.[2]

[1] Parole così sost. dall'art. 174, D.lgs. 30 giu. 2003, n. 196. L'art. 174, D.lgs. n. 196/2003 è stato poi abrog. dall'art. 27, c. 1, D.lgs. 10 ago. 2018, n. 101.

[2] Comma aggiunto dall'art. 2 del D.L. 21 feb. 2005, n. 17, conv. con modif. in L. 22 apr. 2005, n. 60.

158. ***Prima notificazione all'imputato in servizio militare.*** — 1. La prima notificazione all'imputato militare in servizio attivo il cui stato risulti dagli atti è eseguita nel luogo in cui egli risiede per ragioni di servizio, mediante consegna alla persona. Se la consegna non è possibile, l'atto è notificato presso l'ufficio del comandante il quale informa immediatamente l'interessato della avvenuta notificazione con il mezzo più celere.

159. ***Notificazioni all'imputato in caso di irreperibilità.*** — 1. Se non è possibile eseguire le notificazioni nei modi previsti dall'art. 157, l'autorità giudiziaria[1] dispone nuove ricerche dell'imputato, particolarmente nel luogo di nascita, dell'ultima residenza anagrafica, dell'ultima dimora, in quello dove egli abitualmente esercita la sua attività lavorativa e presso l'amministrazione carceraria centrale. Qualora le ricerche non diano esito positivo, l'autorità giudiziaria[1] emette decreto di irreperibilità con il quale, dopo avere designato un difensore all'imputato che ne sia privo, ordina che la notificazione sia eseguita mediante consegna di copia al difensore.

2. Le notificazioni in tal modo eseguite sono valide a ogni effetto. L'irreperibile è rappresentato dal difensore.

[1] Espressione sostituita al termine "giudice" dall'art. 3, D.L. 14 gen. 1991, n. 12.

160. ***Efficacia del decreto di irreperibilità.***[1] — 1. Il decreto di irreperibilità emesso dal giudice o dal pubblico ministero nel corso delle indagini preliminari cessa di avere efficacia con la pronuncia del provvedimento che definisce l'udienza preliminare ovvero, quando questa manchi, con la chiusura delle indagini preliminari.

2. Il decreto di irreperibilità emesso dal giudice per la notificazione degli atti introduttivi dell'udienza preliminare nonché il decreto di irreperibilità emesso dal giudice o dal pubblico ministero per la notificazione del provvedimento che dispone il giudizio cessano di avere efficacia con la pronuncia della sentenza di primo grado.

3. Il decreto di irreperibilità emesso dal giudice di secondo grado e da quello di rinvio cessa di avere efficacia con la pronuncia della sentenza.

4. Ogni decreto di irreperibilità deve essere preceduto da nuove ricerche nei luoghi indicati nell'art. 159.

[1] Articolo così sost. dall'art. 4, D.L. 14 gen. 1991, n. 12.

161. ***Domicilio dichiarato, eletto o determinato per le notificazioni.***[1] — 1. Il giudice, il pubblico ministero o la polizia giudiziaria, nel primo atto compiuto con l'intervento della persona sottoposta alle indagini o dell'imputato non detenuto né internato, lo invitano a dichiarare uno dei luoghi indicati nell'art. 157, comma 1 ovvero a eleggere domicilio per le notificazioni, avvertendolo che, nella sua qualità di persona sottoposta alle indagini o di imputato, ha l'obbligo di comunicare ogni mutamento del domicilio dichiarato o eletto e che in mancanza di tale comunicazione o nel caso di rifiuto di dichiarare o eleggere domicilio, le notificazioni verranno eseguite mediante consegna al difensore. Della dichiarazione o della elezione di domicilio, ovvero del rifiuto di compierla, è fatta menzione nel verbale.

2. Fuori del caso previsto dal comma 1, l'invito a dichiarare o eleggere domicilio è formulato con l'informazione di garanzia o con il primo atto notificato per disposizione dell'autorità giudiziaria. L'imputato è avvertito che deve comunicare ogni mutamento del domicilio dichiarato o eletto e che in caso di mancanza, di insufficienza o di inidoneità della dichiarazione o della elezione, le successive notificazioni verranno eseguite nel luogo in cui l'atto è stato notificato.

3. L'imputato detenuto che deve essere scarcerato per causa diversa dal proscioglimento definitivo e l'imputato che deve essere dimesso da un istituto per l'esecuzione di misure di sicurezza, all'atto della scarcerazione o della dimissione ha l'obbligo di fare la dichiarazione o l'elezione di domicilio con atto ricevuto a verbale dal direttore dell'istituto. Questi lo avverte a norma del comma 1, iscrive la dichiarazione o elezione nell'apposito registro e trasmette immediatamente il verbale all'autorità che ha disposto la scarcerazione o la dimissione.

4. Se la notificazione nel domicilio determinato a norma del comma 2 diviene impossibile, le notificazioni sono eseguite mediante consegna al difensore. Nello stesso modo si procede quando, nei casi previsti dai commi 1 e 3, la dichiarazione o l'elezione di domicilio mancano o sono insufficienti o inidonee. Tuttavia, quando risulta che, per caso fortuito o forza maggiore, l'imputato non è stato nella condizione di comunicare il mutamento del luogo dichiarato o eletto, si applicano le disposizioni degli artt. 157 e 159.

[1] Articolo così sost. dall'art. 5, D.L. 14 gen. 1991, n. 12.

162. ***Comunicazione del domicilio dichiarato o del domicilio eletto.*** — 1. Il domicilio dichiarato, il domicilio eletto e ogni loro mutamento sono comunicati dall'imputato all'autorità che procede, con dichiarazione raccolta a verbale ovvero mediante telegramma o lettera raccomandata con sottoscrizione autenticata da un notaio o da persona autorizzata o dal difensore.

2. La dichiarazione può essere fatta anche nella cancelleria del Tribunale del luogo nel quale l'imputato si trova.

3. Nel caso previsto dal comma 2 il verbale è trasmesso immediatamente all'autorità giudiziaria che procede. Analogamente si provvede in tutti i casi in cui la comunicazione è ricevuta da una autorità giudiziaria che, nel frattempo, abbia trasmesso gli atti ad altra autorità.

4. Finché l'autorità giudiziaria che procede non ha ricevuto il verbale o la comunicazione, sono valide le notificazioni disposte nel domicilio precedentemente dichiarato o eletto.

4-*bis*. L'elezione di domicilio presso il difensore d'ufficio non ha effetto se l'autorità che procede non riceve, unitamente alla dichiarazione di elezione, l'assenso del difensore domiciliatario.[1]

[1] Comma ins. dall'art. 1, c. 24, L. 23 giu. 2017, n. 103.

163. ***Formalità per le notificazioni nel domicilio dichiarato o eletto.*** — 1. Per le notificazioni eseguite nel domicilio dichiarato o eletto a norma degli artt. 161 e 162 si osservano, in quanto applicabili, le disposizioni dell'art. 157.

164. ***Durata del domicilio dichiarato o eletto.*** — 1. La determinazione del domicilio dichiarato o eletto è valida per ogni stato e grado del procedimento, salvo quanto è previsto dagli artt. 156 e 613 comma 2.

165. ***Notificazioni all'imputato latitante o evaso.*** — 1. Le notificazioni all'imputato latitante o evaso sono eseguite mediante consegna di copia al difensore.

2. Se l'imputato è privo di difensore, l'autorità giudiziaria designa un difensore di ufficio.

3. L'imputato latitante o evaso è rappresentato a ogni effetto dal difensore.

166. ***Notificazioni all'imputato interdetto o infermo di mente.*** — 1. Se l'imputato è interdetto, le notificazioni si eseguono a norma degli articoli precedenti e presso il tutore; se l'imputato si trova nelle condizioni previste dall'art. 71 comma 1, le notificazioni si eseguono a norma degli articoli precedenti e presso il curatore speciale.

167. ***Notificazioni ad altri soggetti.*** — 1. Le notificazioni a soggetti diversi da quelli indicati negli articoli precedenti si eseguono a norma dell'art. 157 commi 1, 2, 3, 4 e 8, salvi i casi di urgenza previsti dall'art. 149.

168. ***Relazione di notificazione.*** — 1. Salvo quanto previsto dall'art. 157 comma 6, l'ufficiale giudiziario che procede alla notificazione scrive, in calce all'originale e alla copia notificata, la relazione in cui indica l'autorità o la parte privata richiedente, le ricerche effettuate, le generalità della persona alla quale è stata consegnata la copia, i suoi rapporti con il destinatario, le funzioni o le mansioni da essa svolte, il luogo e la data della consegna della copia, apponendo la propria sottoscrizione.

2. Quando vi è contraddizione tra la relazione scritta sulla copia consegnata e quella contenuta nell'originale, valgono per ciascun interessato le attestazioni contenute nella copia notificata.

3. La notificazione produce effetto per ciascun interessato dal giorno della sua esecuzione.

169. ***Notificazioni all'imputato all'estero.*** — 1. Se risulta dagli atti notizia precisa del luogo di residenza o di dimora all'estero della persona nei cui confronti si deve procedere, il giudice o il pubblico ministero le invia raccomandata con avviso di ricevimento, contenente l'indicazione della autorità che procede, il titolo del reato e la data e il luogo in cui è stato commesso nonché l'invito a dichiarare o eleggere domicilio nel territorio dello Stato. Se nel termine di trenta giorni dalla ricezione della raccomandata non viene effettuata la dichiarazione o l'elezione di domicilio ovvero se la stessa è insufficiente o risulta inidonea, le notificazioni sono eseguite mediante consegna al difensore.

2. Nello stesso modo si provvede se la persona risulta essersi trasferita all'estero successivamente al decreto di irreperibilità emesso a norma dell'art. 159.[1]

3. L'invito previsto dal comma 1 è redatto nella lingua dell'imputato straniero quando dagli atti non risulta che egli conosca la lingua italiana.

4. Quando dagli atti risulta che la persona nei cui confronti si deve procedere risiede o dimora all'estero, ma non si hanno notizie sufficienti per provvedere a norma del comma 1, il giudice o il pubblico ministero, prima di pronunciare decreto di irreperibilità, dispone le ricerche anche fuori del territorio dello Stato nei limiti consentiti dalle convenzioni internazionali.

5. Le disposizioni precedenti si applicano anche nel caso in cui dagli atti risulti che la persona è detenuta all'estero.

[1] Comma così modif. dall'art. 6 del D.lgs. 14 gen. 1991, n. 12.

170. ***Notificazioni col mezzo della posta.*** — 1. Le notificazioni possono essere eseguite anche col mezzo degli uffici postali, nei modi stabiliti dalle relative norme speciali.

2. È valida la notificazione anche se eseguita col mezzo di un ufficio postale diverso da quello a cui inizialmente fu diretto il piego.

3. Qualora l'ufficio postale restituisca il piego per irreperibilità del destinatario, l'ufficiale giudiziario provvede alle notificazioni nei modi ordinari.

171. ***Nullità delle notificazioni.*** — 1. La notificazione è nulla:

a) se l'atto è notificato in modo incompleto, fuori dei casi nei quali la legge consente la notificazione per estratto;

b) se vi è incertezza assoluta sull'autorità o sulla parte privata richiedente ovvero sul destinatario;

c) se nella relazione della copia notificata manca la sottoscrizione di chi l'ha eseguita;

d) se sono violate le disposizioni circa la persona a cui deve essere consegnata la copia;

e) se non è stato dato l'avvertimento nei casi previsti dall'art. 161 commi 1, 2 e 3[1] e la notificazione è stata eseguita mediante consegna al difensore;

f) se è stata omessa l'affissione o non è stata data la comunicazione prescritta dall'art. 157 comma 8;

g) se sull'originale dell'atto notificato manca la sottoscrizione della persona indicata nell'art. 157 comma 3;

h) se non sono state osservate le modalità prescritte dal giudice nel decreto previsto dall'art. 150 e l'atto non è giunto a conoscenza del destinatario.

[1] Comma così modif. dall'art. 7 del D.L. 14 gen. 1991, n. 12.

TITOLO VI
Termini[1]

[1] Circa il diritto ad un giudizio in tempo "ragionevole", si veda l'art. 111, c. 2, della Costituzione, così modif. dall'art. 1, c. 1, della L. cost. 23 nov. 1999, n. 2.

172. ***Regole generali.*** — 1. I termini processuali sono stabiliti a ore, a giorni, a mesi o ad anni.

2. I termini si computano secondo il calendario comune.

3. Il termine stabilito a giorni, il quale scade in

giorno festivo, è prorogato di diritto al giorno successivo non festivo.

4. Salvo che la legge disponga altrimenti, nel termine non si computa l'ora o il giorno in cui ne è iniziata la decorrenza; si computa l'ultima ora o l'ultimo giorno.

5. Quando è stabilito soltanto il momento finale, le unità di tempo stabilite per il termine si computano intere e libere.

6. Il termine per fare dichiarazioni, depositare documenti o compiere altri atti in un ufficio giudiziario si considera scaduto nel momento in cui, secondo i regolamenti, l'ufficio viene chiuso al pubblico.

173. ***Termini a pena di decadenza. Abbreviazione.*** — 1. I termini si considerano stabiliti a pena di decadenza soltanto nei casi previsti dalla legge.

2. I termini stabiliti dalla legge a pena di decadenza non possono essere prorogati, salvo che la legge disponga altrimenti.

3. La parte a favore della quale è stabilito un termine può chiederne o consentirne l'abbreviazione con dichiarazione ricevuta nella cancelleria o nella segreteria dell'autorità procedente.

174. ***Prolungamento dei termini di comparizione.*** — 1. Se la residenza dell'imputato risultante dagli atti ovvero il domicilio dichiarato o eletto a norma dell'art. 161 è fuori del comune nel quale ha sede l'autorità giudiziaria procedente, il termine per comparire è prolungato del numero di giorni necessari per il viaggio. Il prolungamento è di un giorno ogni cinquecento chilometri di distanza, quando è possibile l'uso dei mezzi pubblici di trasporto e di un giorno ogni cento chilometri negli altri casi. Lo stesso prolungamento ha luogo per gli imputati detenuti o internati fuori del comune predetto. In ogni caso il prolungamento del termine non può essere superiore a tre giorni. Per l'imputato residente all'estero il prolungamento del termine è stabilito dall'autorità giudiziaria, tenendo conto della distanza e dei mezzi di comunicazione utilizzabili.

2. Le stesse disposizioni si applicano quando si tratta di termine stabilito per la presentazione di ogni altra persona per la quale l'autorità procedente emette ordine o invito.

175. ***Restituzione nel termine.*** — 1. Il pubblico ministero, le parti private[1] e i difensori sono restituiti nel termine stabilito a pena di decadenza, se provano di non averlo potuto osservare per caso fortuito o per forza maggiore. La richiesta per la restituzione nel termine è presentata, a pena di decadenza, entro dieci giorni da quello nel quale è cessato il fatto costituente caso fortuito o forza maggiore.[1]

2. L'imputato condannato con decreto penale, che non ha avuto tempestivamente effettiva conoscenza del provvedimento, è restituito, a sua richiesta, nel termine per proporre opposizione, salvo che vi abbia volontariamente rinunciato.[2]

2-*bis*. La richiesta indicata al comma 2 è presentata, a pena di decadenza, nel termine di trenta giorni da quello in cui l'imputato ha avuto effettiva conoscenza del provvedimento. In caso di estradizioni dall'estero, il termine per la presentazione della richiesta decorre dalla consegna del condannato.[3]

3. La restituzione non può essere concessa più di una volta per ciascuna parte in ciascun grado del procedimento.[4]

4. Sulla richiesta decide con ordinanza il giudice che procede al tempo della presentazione della stessa. Prima dell'esercizio dell'azione penale provvede il giudice per le indagini preliminari. Se sono stati pronunciati sentenza o decreto di condanna, decide il giudice che sarebbe competente sulla impugnazione o sulla opposizione.

5. L'ordinanza che concede la restituzione nel termine per la proposizione della impugnazione o della opposizione può essere impugnata solo con la sentenza che decide sulla impugnazione o sulla opposizione.

6. Contro l'ordinanza che respinge la richiesta di restituzione nel termine può essere proposto ricorso per cassazione.

7. Quando accoglie la richiesta di restituzione nel termine per proporre impugnazione, il giudice, se occorre, ordina la scarcerazione dell'imputato detenuto e adotta tutti i provvedimenti necessari per far cessare gli effetti determinati dalla scadenza del termine.

8. Se la restituzione nel termine è concessa a norma del comma 2, non si tiene conto, ai fini della prescrizione del reato, del tempo intercorso tra la notificazione della sentenza contumaciale o del decreto di condanna e la notificazione alla parte dell'avviso di deposito dell'ordinanza che concede la restituzione.

[1] Periodo aggiunto dall'art. 1 del D.L. 21 feb. 2005, n. 17, conv. con modif. in L. 22 apr. 2005, n. 60.

[2] Comma così sost. dall'art. 11, c. 6, L. 28 apr. 2014, n. 67. Si veda altresì l'art. 15-*bis* alla L. 67/2014 introdotto dall'art. 1, L. 11 ago. 2014, n. 118.

[3] Comma inserito dall'art. 1, c. 1 lett. *c*), D.L. 21 feb. 2005, n. 17, conv. con modif. in L. 22 apr. 2005, n. 60.

[4] Il primo periodo di questo comma è stato soppresso dall'art. 1, c. 1 lett. *d*), D.L. 21 feb. 2005, n. 17, conv. con modif. in L. 22 apr. 2005, n. 60.

176. ***Effetti della restituzione nel termine.*** — 1. Il giudice che ha disposto la restituzione provvede, a richiesta di parte e in quanto sia possibile, alla rinnovazione degli atti ai quali la parte aveva diritto di assistere.

2. Se la restituzione nel termine è concessa dalla corte di cassazione, al compimento degli atti di cui è disposta la rinnovazione provvede il giudice competente per il merito.

TITOLO VII
Nullità

177. *Tassatività.* — 1. L'inosservanza delle disposizioni stabilite per gli atti del procedimento è causa di nullità soltanto nei casi previsti dalla legge.

178. *Nullità di ordine generale.* — 1. È sempre prescritta a pena di nullità l'osservanza delle disposizioni concernenti:

a) le condizioni di capacità del giudice e il numero dei giudici necessario per costituire i collegi stabilito dalle leggi di ordinamento giudiziario;[1]

b) l'iniziativa del pubblico ministero nell'esercizio dell'azione penale e la sua partecipazione al procedimento;

c) l'intervento, l'assistenza e la rappresentanza dell'imputato e delle altre parti private nonché la citazione in giudizio della persona offesa dal reato e del querelante.

[1] V. R.D. 30 gen. 1941, n. 12.

179. *Nullità assolute.* — 1. Sono insanabili e sono rilevate di ufficio in ogni stato e grado del procedimento le nullità previste dall'art. 178 comma 1 lettera *a*), quelle concernenti l'iniziativa del pubblico ministero nell'esercizio dell'azione penale e quelle derivanti dalla omessa citazione dell'imputato o dall'assenza del suo difensore nei casi in cui ne è obbligatoria la presenza.

2. Sono altresì insanabili e sono rilevate di ufficio in ogni stato e grado del procedimento le nullità definite assolute da specifiche disposizioni di legge.

180. *Regime delle altre nullità di ordine generale.* — 1. Salvo quanto disposto dall'art. 179, le nullità previste dall'art. 178 sono rilevate anche di ufficio, ma non possono più essere rilevate né dedotte dopo la deliberazione della sentenza di primo grado ovvero, se si sono verificate nel giudizio, dopo la deliberazione della sentenza del grado successivo.

181. *Nullità relative.* — 1. Le nullità diverse da quelle previste dagli artt. 178 e 179 comma 2 sono dichiarate su eccezione di parte.

2. Le nullità concernenti gli atti delle indagini preliminari e quelli compiuti nell'incidente probatorio e le nullità concernenti gli atti dell'udienza preliminare devono essere eccepite prima che sia pronunciato il provvedimento previsto dall'art. 424. Quando manchi l'udienza preliminare, le nullità devono essere eccepite entro il limite previsto dall'art. 491 comma 1.

3. Le nullità concernenti il decreto che dispone il giudizio, ovvero gli atti preliminari al dibattimento devono essere eccepite entro il termine previsto dall'art. 491 comma 1. Entro lo stesso termine, ovvero con l'impugnazione della sentenza di non luogo a procedere, devono essere riproposte le nullità eccepite a norma del primo periodo del comma 2, che non siano state dichiarate dal giudice.

4. Le nullità verificatesi nel giudizio devono essere eccepite con l'impugnazione della relativa sentenza.

182. *Deducibilità delle nullità.* — 1. Le nullità previste dagli art. 180 e 181 non possono essere eccepite da chi vi ha dato o ha concorso a darvi causa ovvero non ha interesse all'osservanza della disposizione violata.

2. Quando la parte vi assiste, la nullità di un atto deve essere eccepita prima del suo compimento ovvero, se ciò non è possibile, immediatamente dopo. Negli altri casi la nullità deve essere eccepita entro i termini previsti dagli artt. 180 e 181 commi 2, 3 e 4.

3. I termini per rilevare o eccepire le nullità sono stabiliti a pena di decadenza.

183. *Sanatorie generali delle nullità.* — 1. Salvo che sia diversamente stabilito, le nullità sono sanate:

a) se la parte interessata ha rinunciato espressamente ad eccepirle ovvero ha accettato gli effetti dell'atto;

b) se la parte si è avvalsa della facoltà al cui esercizio l'atto omesso o nullo è preordinato.

184. *Sanatoria delle nullità delle citazioni, degli avvisi e delle notificazioni.* — 1. La nullità di una citazione o di un avviso ovvero delle relative comunicazioni e notificazioni è sanata se la parte interessata è comparsa o ha rinunciato a comparire.

2. La parte la quale dichiari che la comparizione è determinata dal solo intento di far rilevare l'irregolarità ha diritto a un termine per la difesa non inferiore a cinque giorni.

3. Quando la nullità riguarda la citazione a comparire al dibattimento, il termine non può essere inferiore a quello previsto dall'art. 429.

185. *Effetti della dichiarazione di nullità.* — 1. La nullità di un atto rende invalidi gli atti consecutivi che dipendono da quello dichiarato nullo.

2. Il giudice che dichiara la nullità di un atto ne dispone la rinnovazione, qualora sia necessaria e possibile, ponendo le spese a carico di chi ha dato causa alla nullità per dolo o colpa grave.

3. La dichiarazione di nullità comporta la regressione del procedimento allo stato o al grado di cui è stato compiuto l'atto nullo, salvo che sia diversamente stabilito.

4. La disposizione del comma 3 non si applica alle nullità concernenti le prove.

186. *Inosservanza di norme tributarie.* — 1. Quando la legge assoggetta un atto a una imposta o a una tassa, l'inosservanza della norma tributaria non rende inammissibile l'atto né impedisce il suo compimento, salve le sanzioni finanziarie previste dalla legge.

LIBRO TERZO
PROVE

TITOLO I
Disposizioni generali

187. ***Oggetto della prova.*** — 1. Sono oggetto di prova i fatti che si riferiscono all'imputazione, alla punibilità e alla determinazione della pena o della misura di sicurezza.

2. Sono altresì oggetto di prova i fatti dai quali dipende l'applicazione di norme processuali.

3. Se vi è costituzione di parte civile, sono inoltre oggetto di prova i fatti inerenti alla responsabilità civile derivante dal reato.

188. ***Libertà morale della persona nell'assunzione della prova.*** — 1. Non possono essere utilizzati, neppure con il consenso della persona interessata, metodi o tecniche idonei a influire sulla libertà di autodeterminazione o ad alterare la capacità di ricordare e di valutare i fatti.

189. ***Prove non disciplinate dalla legge.*** — 1. Quando è richiesta una prova non disciplinata dalla legge, il giudice può assumerla se essa risulta idonea ad assicurare l'accertamento dei fatti e non pregiudica la libertà morale della persona. Il giudice provvede all'ammissione, sentite le parti sulle modalità di assunzione della prova.

190. ***Diritto alla prova.*** — 1. Le prove sono ammesse a richiesta di parte. Il giudice provvede senza ritardo con ordinanza escludendo le prove vietate dalla legge e quelle che manifestamente sono superflue o irrilevanti.

2. La legge stabilisce i casi in cui le prove sono ammesse di ufficio.

3. I provvedimenti sull'ammissione della prova possono essere revocati sentite le parti in contraddittorio.

190-*bis*. ***Requisiti della prova in casi particolari.*** — 1. Nei procedimenti per taluno dei delitti indicati nell'art. 51, comma 3-*bis*, quando è richiesto l'esame di un testimone o di una delle persone indicate nell'art. 210 e queste hanno già reso dichiarazioni in sede di incidente probatorio o in dibattimento nel contraddittorio con la persona nei cui confronti le dichiarazioni medesime saranno utilizzate ovvero dichiarazioni i cui verbali sono stati acquisiti a norma dell'articolo 238, l'esame è ammesso solo se riguarda fatti o circostanze diversi da quelli oggetto delle precedenti dichiarazioni ovvero se il giudice o taluna delle parti lo ritengono necessario sulla base di specifiche esigenze.[1]

1-*bis*. La stessa disposizione si applica quando si procede per uno dei reati previsti dagli artt. 600-*bis*, primo comma, 600-*ter*, 600-*quater*, anche se relativi al materiale pornografico di cui all'articolo 600-*quater*.1,[2] 600-*quinquies*, 609-*bis*, 609-*ter*, 609-*quater*, 609-*quinquies* e 609-*octies* del c.p., se l'esame richiesto riguarda un testimone minore degli anni diciotto[3] e, in ogni caso, quando l'esame testimoniale richiesto riguarda una persona offesa in condizione di particolare vulnerabilità[4].

[1] Comma così sost. dall'art. 3, L. 1 mar. 2001, n. 63, recante disposizioni in materia di formazione e valutazione della prova in attuazione dell'art. 111 Cost.

[2] Parole ins. dall'art. 14, L. 6 feb. 2006, n. 38.

[3] Parole così sost. dall'art. 14, c. 3, L. 19 lug. 2019, n. 69.

[4] Parole aggiunte dall'art. 1, c. 1, lett. *e*), D.lgs. 15 dic. 2015, n. 212.

191. ***Prove illegittimamente acquisite.*** — 1. Le prove acquisite in violazione dei divieti stabiliti dalla legge non possono essere utilizzate.

2. L'inutilizzabilità è rilevabile anche di ufficio in ogni stato e grado del procedimento.

2-*bis*. Le dichiarazioni o le informazioni ottenute mediante il delitto di tortura non sono comunque utilizzabili, salvo che contro le persone accusate di tale delitto e al solo fine di provarne la responsabilità penale.[1]

[1] Comma ins. dall'art. 2, L. 14 lug. 2017, n. 110.

192. ***Valutazione della prova.*** — 1. Il giudice valuta la prova dando conto nella motivazione dei risultati acquisiti e dei criteri adottati.

2. L'esistenza di un fatto non può essere desunta da indizi a meno che questi siano gravi, precisi e concordanti.

3. Le dichiarazioni rese dal coimputato del medesimo reato o da persona imputata in un procedimento connesso a norma dell'art. 12 sono valutate unitamente agli altri elementi di prova che ne confermano l'attendibilità.

4. La disposizione del comma 3 si applica anche alle dichiarazioni rese da persona imputata di un reato collegato a quello per cui si procede, nel caso previsto dall'art. 371 comma 2 lettera *b*).

193. ***Limiti di prova stabiliti dalle leggi civili.*** — 1. Nel processo penale non si osservano i limiti di prova stabiliti dalle leggi civili, eccettuati quelli che riguardano lo stato di famiglia e di cittadinanza.

TITOLO II

Mezzi di prova

CAPO I

Testimonianza

194. ***Oggetto e limiti della testimonianza.*** — 1. Il testimone è esaminato sui fatti che costituiscono oggetto di prova. Non può deporre sulla moralità dell'imputato, salvo che si tratti di fatti specifici, idonei a qualificarne la personalità in relazione al reato e alla pericolosità sociale.

2. L'esame può estendersi anche ai rapporti di parentela e di interesse che intercorrono tra il testimone e le parti o altri testimoni nonché alle circostanze il cui accertamento è necessario per valutarne la credibilità. La deposizione sui fatti che servono a definire la personalità della persona offesa dal reato è ammessa solo quando il fatto dell'imputato deve essere valutato in relazione al comportamento di quella persona.

3. Il testimone è esaminato su fatti determinati. Non può deporre sulle voci correnti nel pubblico né esprimere apprezzamenti personali salvo che sia impossibile scinderli dalla deposizione sui fatti.

195. ***Testimonianza indiretta.*** — 1. Quando il testimone si riferisce, per la conoscenza dei fatti, ad altre persone, il giudice, a richiesta di parte, dispone che queste siano chiamate a deporre.

2. Il giudice può disporre anche di ufficio l'esame delle persone indicate nel comma 1.

3. L'inosservanza della disposizione del comma 1 rende inutilizzabili le dichiarazioni relative a fatti di cui il testimone abbia avuto conoscenza da altre persone, salvo che l'esame di queste risulti impossibile per morte, infermità o irreperibilità.

4. Gli ufficiali e gli agenti di polizia giudiziaria non possono deporre sul contenuto delle dichiarazioni acquisite da testimoni con le modalità di cui agli articoli 351 e 357, c. 2, lett. *a*) e *b*). Negli altri casi si applicano le disposizioni dei commi 1, 2 e 3 del presente articolo.[1,2]

5. Le disposizioni dei commi precedenti si applicano anche quando il testimone abbia avuto comunicazione del fatto in forma diversa da quella orale.

6. I testimoni non possono essere esaminati su fatti comunque appresi dalle persone indicate negli articoli 200 e 201 in relazione alle circostanze previste nei medesimi articoli, salvo che le predette persone abbiano deposto sugli stessi fatti o li abbiano in altro modo divulgati.

7. Non può essere utilizzata la testimonianza di chi si rifiuta o non è in grado di indicare la persona o la fonte da cui ha appreso la notizia dei fatti oggetto dell'esame.

[1] Comma così modif. dall'art. 4 della L. 1 mar. 2001, n. 63.

[2] La Corte cost., con sent. 30 lug. 2008, n. 305, ha dichiarato l'ill. cost. del c. 4 ove interpretato nel senso che gli ufficiali e gli agenti di polizia giudiziaria non possono essere chiamati a deporre sul contenuto delle dichiarazioni rese dai testimoni soltanto se acquisite con le modalità di cui agli artt. 351 e 357, comma 2 lett. *a*) e *b*), c.p.p., e non anche nel caso in cui, pur ricorrendone le condizioni, tali modalità non siano state osservate.

196. ***Capacità di testimoniare.*** — 1. Ogni persona ha la capacità di testimoniare.

2. Qualora, al fine di valutare le dichiarazioni del testimone, sia necessario verificarne l'idoneità fisica o mentale a rendere testimonianza, il giudice anche di ufficio può ordinare gli accertamenti opportuni con i mezzi consentiti dalla legge.

3. I risultati degli accertamenti che, a norma del comma 2, siano stati disposti prima dell'esame testimoniale non precludono l'assunzione della testimonianza.

197. ***Incompatibilità con l'ufficio di testimone.*** — 1. Non possono essere assunti come testimoni:

a) i coimputati del medesimo reato o le persone imputate in un procedimento connesso a norma dell'art. 12, c. 1, lett. *a*), salvo che nei loro confronti sia stata pronunciata sentenza irrevocabile di proscioglimento, di condanna o di applicazione della pena ai sensi dell'articolo 444;

b) salvo quanto previsto dall'articolo 64, c. 3, lett. *c*), le persone imputate in un procedimento connesso a norma dell'articolo 12, c. 1, lett. *c*), o di un reato collegato a norma dell'articolo 371, c. 2, lett. *b*), prima che nei loro confronti sia stata pronunciata sentenza irrevocabile di proscioglimento, di condanna o di applicazione della pena ai sensi dell'articolo 444.[1]

c) il responsabile civile e la persona civilmente obbligata per la pena pecuniaria;

d) coloro che nel medesimo procedimento svolgono o hanno svolto la funzione di giudice, pubblico ministero o loro ausiliario nonché il difensore che abbia svolto attività di investigazione difensiva e coloro che hanno formato la documentazione delle dichiarazioni e delle informazioni assunte ai sensi dell'art. 391-*ter*.[1]

[1] Lettere così sost. dall'art. 5 della L. 1 mar. 2001; n. 63.

[2] Parole aggiunte dall'art. 3 della L. 7 dic. 2000, n. 397.

197-*bis*. ***Persone imputate o giudicate in un procedimento connesso o per reato collegato che assumono l'ufficio di testimone.***[1] — 1. L'imputato in un procedimento connesso ai sensi dell'art. 12 o di un reato collegato a norma dell'art. 371, c. 2, lett. *b*), può essere sempre sentito come testimone quando nei suoi confronti è stata pronunciata sentenza irrevocabile di proscioglimento, di condanna o di applicazione della pena ai sensi dell'art. 444.

2. L'imputato in un procedimento connesso ai sensi dell'art. 12, c. 1, lett. *c*), o di un reato collegato a norma dell'art. 371, c. 2, lett. *b*), può essere sentito come testimone, inoltre, nel caso previsto dall'art. 64, c. 3, lett. *c*).

3. Nei casi previsti dai commi 1 e 2 il testimone è

assistito da un difensore. In mancanza di difensore di fiducia è designato un difensore di ufficio.[2]

4. Nel caso previsto dal c. 1 il testimone non può essere obbligato a deporre sui fatti per i quali è stata pronunciata in giudizio sentenza di condanna nei suoi confronti, se nel procedimento egli aveva negato la propria responsabilità ovvero non aveva reso alcuna dichiarazione. Nel caso previsto dal c. 2 il testimone non può essere obbligato a deporre su fatti che concernono la propria responsabilità in ordine al reato per cui si procede o si è proceduto nei suoi confronti.

5. In ogni caso le dichiarazioni rese dai soggetti di cui al presente articolo non possono essere utilizzate contro la persona che le ha rese nel procedimento a suo carico, nel procedimento di revisione della sentenza di condanna ed in qualsiasi giudizio civile o amministrativo relativo al fatto oggetto dei procedimenti e delle sentenze suddette.

6. Alle dichiarazioni rese dalle persone che assumono l'ufficio di testimone ai sensi del presente articolo si applica la disposizione di cui all'art. 192, c. 3.[2]

[1] Articolo inserito dall'art. 6 della L. 1 mar. 2001, n. 63.

[2] La Corte cost., con sent. 21 nov. 2006, n. 381, ha dichiarato l'ill. cost. dei commi 3 e 6 nella parte in cui prevedono, rispettivamente, l'assistenza di un difensore e l'applicazione della disposizione di cui all'art. 192, comma 3, c.p.p. anche per le dichiarazioni rese dalle persone, indicate al comma 1 dell'art. 197-*bis* c.p.p., nei cui confronti sia stata pronunciata sentenza di assoluzione "per non aver commesso il fatto" divenuta irrevocabile.

La Corte cost., con sent. 26 gen. 2017, n. 21, ha dichiarato: *a*) l'ill. cost. del c. 6, nella parte in cui prevede l'applicazione della disposizione di cui all'art. 192, c. 3, del medesimo codice di rito anche per le dichiarazioni rese dalle persone, indicate al c. 1 dell'art. 197-*bis* c.p.p., nei cui confronti sia stata pronunciata sentenza di assoluzione "perché il fatto non sussiste" divenuta irrevocabile; *b*) l'ill. cost. del c. 3, nella parte in cui prevede l'assistenza di un difensore anche per le dichiarazioni rese dalle persone, indicate al c. 1 del medesimo art. 197-*bis*, nei cui confronti sia stata pronunciata sentenza di assoluzione "perché il fatto non sussiste" divenuta irrevocabile.

198. ***Obblighi del testimone.*** — 1. Il testimone ha l'obbligo di presentarsi al giudice e di attenersi alle prescrizioni date dal medesimo per le esigenze processuali e di rispondere secondo verità alle domande che gli sono rivolte.

2. Il testimone non può essere obbligato a deporre su fatti dai quali potrebbe emergere una sua responsabilità penale.[1]

[1] Sulle indennità spettanti ai testimoni si veda "Spese di Giustizia".

199. ***Facoltà di astensione dei prossimi congiunti.*** — 1. I prossimi congiunti dell'imputato non sono obbligati a deporre. Devono tuttavia deporre quando hanno presentato denuncia, querela o istanza ovvero essi o un loro prossimo congiunto sono offesi dal reato.

2. Il giudice, a pena di nullità, avvisa le persone predette della facoltà di astenersi chiedendo loro se intendono avvalersene.

3. Le disposizioni dei commi 1 e 2 si applicano anche a chi è legato all'imputato da vincolo di adozione. Si applicano inoltre, limitatamente ai fatti verificatisi o appresi dall'imputato durante la convivenza coniugale o derivante da un'unione civile tra persone dello stesso sesso:

a) a chi, pur non essendo coniuge dell'imputato, come tale conviva o abbia convissuto con esso;

b) al coniuge separato dell'imputato;

c) alla persona nei cui confronti sia intervenuta sentenza di annullamento, scioglimento o cessazione degli effetti civili del matrimonio o dell'unione civile tra persone dello stesso sesso contratti con l'imputato.[1]

[1] Comma così modif. dall'art. 2, D.lgs. 19 gen. 2017, n. 6.

200. ***Segreto professionale.*** — 1. Non possono essere obbligati a deporre su quanto hanno conosciuto per ragione del proprio ministero, ufficio o professione, salvi i casi in cui hanno l'obbligo di riferirne all'autorità giudiziaria:

a) i ministri di confessioni religiose, i cui statuti non contrastino con l'ordinamento giuridico italiano;[1]

b) gli avvocati, gli investigatori privati autorizzati,[2] i consulenti tecnici[3] e i notai;

c) i medici e i chirurghi, i farmacisti, le ostetriche e ogni altro esercente una professione sanitaria;

d) gli esercenti altri uffici o professioni ai quali la legge riconosce la facoltà di astenersi dal deporre determinata dal segreto professionale.

2. Il giudice, se ha motivo di dubitare che la dichiarazione resa da tali persone per esimersi dal deporre sia infondata, provvede agli accertamenti necessari. Se risulta infondata, ordina che il testimone deponga.

3. Le disposizioni previste dai commi 1 e 2 si applicano ai giornalisti professionisti iscritti nell'albo professionale, relativamente ai nomi delle persone dalle quali i medesimi hanno avuto notizie di carattere fiduciario nell'esercizio della loro professione. Tuttavia se le notizie sono indispensabili ai fini della prova del reato per cui si procede e la loro veridicità può essere accertata solo attraverso l'identificazione della fonte della notizia, il giudice ordina al giornalista di indicare la fonte delle sue informazioni.

[1] Si veda l'art. 4 del Concordato tra Santa Sede e l'Italia che recita "Gli ecclesiastici non sono tenuti a dare ai magistrati o ad altre autorità informazioni su persone o materie di cui siano venuti a conoscenza per ragioni del loro ministero".

[2] Lett. *b*) così modif. dall'art. 4 della L. 7 dic. 2000, n. 397.

[3] V. anche *Coord.* 223[4] e, in materia di tossicodipendenze, l'art. 120 c. 7 del D.P.R. 9 ott. 1990, n. 309 (T.U. in materia di stupefacenti), che, per i dipendenti del servizio pubblico per le tossicodipendenze nonché per coloro che operano presso enti o centri o associazioni o gruppi che hanno stipulato apposite convenzioni, esclude l'obbligo

di deporre su quanto conosciuto per ragione della propria professione.

201. ***Segreto di ufficio.*** — 1. Salvi i casi in cui hanno l'obbligo di riferirne all'autorità giudiziaria, i pubblici ufficiali, i pubblici impiegati e gli incaricati di un pubblico servizio hanno l'obbligo di astenersi dal deporre su fatti conosciuti per ragioni del loro ufficio che devono rimanere segreti.

2. Si applicano le disposizioni dell'art. 200 commi 2 e 3.

202. ***Segreto di Stato.***[1] — 1. I pubblici ufficiali, i pubblici impiegati e gli incaricati di un pubblico servizio hanno l'obbligo di astenersi dal deporre su fatti coperti dal segreto di Stato.

2. Se il testimone oppone un segreto di Stato, l'autorità giudiziaria ne informa il Presidente del Consiglio dei Ministri, ai fini dell'eventuale conferma, sospendendo ogni iniziativa volta ad acquisire la notizia oggetto del segreto.

3. Qualora il segreto sia confermato e per la definizione del processo risulti essenziale la conoscenza di quanto coperto dal segreto di Stato, il giudice dichiara non doversi procedere per l'esistenza del segreto di Stato.

4. Se entro trenta giorni dalla notificazione della richiesta il Presidente del Consiglio dei ministri non dà conferma del segreto, l'autorità giudiziaria acquisisce la notizia e provvede per l'ulteriore corso del procedimento.

5. L'opposizione del segreto di Stato, confermata con atto motivato dal Presidente del Consiglio dei ministri, inibisce all'autorità giudiziaria l'acquisizione e l'utilizzazione, anche indiretta, delle notizie coperte dal segreto.

6. Non è, in ogni caso, precluso all'autorità giudiziaria di procedere in base a elementi autonomi e indipendenti dagli atti, documenti e cose coperti dal segreto.

7. Quando è sollevato conflitto di attribuzione nei confronti del Presidente del Presidente del Consiglio dei ministri, qualora il conflitto sia risolto nel senso dell'insussistenza del segreto di Stato, il Presidente del Consiglio dei ministri non può più opporlo con riferimento al medesimo oggetto. Qualora il conflitto sia risolto nel senso della sussistenza del segreto di Stato, l'autorità giudiziaria non può né acquisire né utilizzare, direttamente o indirettamente, atti o documenti sui quali è stato opposto il segreto di Stato.

8. In nessun caso il segreto di Stato è opponibile alla Corte costituzionale. La Corte adotta le necessarie garanzie per la segretezza del procedimento.

[1] Articolo così sost. dall'art. 40 della L. 3 ago. 2007, n. 124.

203. ***Informatori della polizia giudiziaria e dei servizi di sicurezza.*** — 1. Il giudice non può obbligare gli ufficiali e gli agenti di polizia giudiziaria nonché il personale dipendente dai servizi per le informazioni e la sicurezza militare o democratica a rivelare i nomi dei loro informatori. Se questi non sono esaminati come testimoni, le informazioni da essi fornite non possono essere acquisite né utilizzate.

1-*bis*. L'inutilizzabilità opera anche nelle fasi diverse dal dibattimento, se gli informatori non sono stati interrogati né assunti a sommarie informazioni.[1]

[1] Comma aggiunto dall'art. 7 della L. 1 mar. 2001, n. 63.

204. ***Esclusione del segreto.*** — 1. Non possono essere oggetto del segreto previsto dagli artt. 201, 202 e 203 fatti, notizie o documenti concernenti reati diretti all'eversione dell'ordinamento costituzionale, nonché i delitti previsti dagli articoli 285, 416-*bis*, 416-*ter* e 422 del codice penale.[1] Se viene opposto il segreto, la natura del reato è definita dal giudice. Prima dell'esercizio dell'azione penale provvede il giudice per le indagini preliminari su richiesta di parte.

1-*bis*. Non possono essere oggetto del segreto previsto dagli articoli 201, 202 e 203 fatti, notizie o documenti concernenti le condotte poste in essere da appartenenti ai servizi di informazione per la sicurezza in violazione della disciplina concernente la speciale causa di giustificazione prevista per attività del personale dei servizi di informazione per la sicurezza. Si considerano violazioni della predetta disciplina le condotte per le quali, essendo stata esperita l'apposita procedura prevista dalla legge, risulta esclusa l'esistenza della speciale causa di giustificazione.

1-*ter*. Il segreto di Stato non può essere opposto o confermato ad esclusiva tutela della classifica di segretezza o in ragione esclusiva della natura del documento, atto o cosa oggetto della classifica.

1-*quater*. In nessun caso il segreto di Stato è opponibile alla Corte costituzionale. La Corte adotta le necessarie garanzie per la segretezza del procedimento.

1-*quinquies*. Quando il Presidente del Consiglio dei ministri non ritenga di confermare il segreto di Stato, provvede, in qualità di Autorità nazionale per la sicurezza, a declassificare gli atti, i documenti, le cose o i luoghi oggetto di classifica di segretezza, prima che siano messi a disposizione dell'autorità giudiziaria competente.[2]

2. Del provvedimento che rigetta l'eccezione di segretezza è data comunicazione al Presidente del Consiglio dei Ministri.

[1] Parole aggiunte dall'art. 40, comma 2, della L. 3 ago. 2007, n. 124.

[2] Commi inseriti dall'art. 40 della L. 3 ago. 2007, n. 124.

205. ***Assunzione della testimonianza del Presidente della Repubblica e di grandi ufficiali dello Stato.*** — 1. La testimonianza del Presidente della Repubblica è assunta nella sede in cui egli esercita la funzione di Capo dello Stato.

2. Se deve essere assunta la testimonianza di uno dei presidenti delle Camere o del Presidente del Consiglio dei Ministri o della Corte costituzionale, questi possono chiedere di essere esaminati nella

sede in cui esercitano il loro ufficio, al fine di garantire la continuità e la regolarità della funzione cui sono preposti.

3. Si procede nelle forme ordinarie quando il giudice ritiene indispensabile la comparizione di una delle persone indicate nel comma 2 per eseguire un atto di ricognizione o di confronto o per altra necessità.

206. ***Assunzione della testimonianza di agenti diplomatici.*** — 1. Se deve essere esaminato un agente diplomatico o l'incaricato di una missione diplomatica all'estero durante la sua permanenza fuori dal territorio dello Stato, la richiesta per l'esame è trasmessa, per mezzo del ministero di grazia e giustizia,[1] all'autorità consolare del luogo. Si procede tuttavia nelle forme ordinarie nei casi previsti dall'art. 205 comma 3.

2. Per ricevere le deposizioni di agenti diplomatici della Santa Sede accreditati presso lo Stato italiano ovvero di agenti diplomatici di uno Stato estero accreditati presso lo Stato italiano o la Santa Sede si osservano le convenzioni e le consuetudini internazionali.

[1] Ora ministro della Giustizia, ai sensi dell'art. 16 del D.lgs. 30 lug. 1999, n. 300 relativo alla riforma dell'organizzazione del Governo.

206-*bis*. ***Assunzione della testimonianza di cardinali.***[1] — 1. Se deve essere assunta la testimonianza di un cardinale che svolge una funzione di rilievo particolare presso la Santa Sede, questi può chiedere di essere esaminato in un luogo da lui indicato, al fine di garantire la continuità e la regolarità della funzione cui risulta preposto.

2. Rivestono funzioni di rilievo particolare presso la Santa Sede il cardinale decano del Sacro Collegio, i cardinali prefetti dei dicasteri della Curia romana aventi la qualifica di congregazione, il cardinale prefetto del Supremo tribunale della Segnatura apostolica ed il cardinale che presiede la Penitenzieria apostolica.

3. Si procede nelle forme ordinarie nei casi previsti dall'articolo 205, comma 3.

[1] Articolo ins. dall'art. 5, L. 22 apr. 2021, n. 70.

207. ***Testimoni sospettati di falsità o reticenza. Testimoni renitenti.*** — 1. Se nel corso dell'esame un testimone rende dichiarazioni contraddittorie, incomplete o contrastanti con le prove già acquisite, il presidente o il giudice glielo fa rilevare rinnovandogli, se del caso, l'avvertimento previsto dall'art. 497 comma 2. Allo stesso avvertimento provvede se un testimone rifiuta di deporre fuori dei casi espressamente previsti dalla legge e, se il testimone persiste nel rifiuto, dispone l'immediata trasmissione degli atti al pubblico ministero perché proceda a norma di legge.

2. Con la decisione che definisce la fase processuale in cui il testimone ha prestato il suo ufficio, il giudice, se ravvisa indizi del reato previsto dall'art. 372 del c.p., ne informa il pubblico ministero trasmettendogli i relativi atti.

CAPO II
Esame delle parti

208. ***Richiesta dell'esame.*** — 1. Nel dibattimento, l'imputato, la parte civile che non debba essere esaminata come testimone, il responsabile civile e la persona civilmente obbligata per la pena pecuniaria sono esaminati se ne fanno richiesta o vi consentono.

209. ***Regole per l'esame.*** — 1. All'esame delle parti si applicano le disposizioni previste dagli artt. 194, 198 comma 2 e 499 e, se è esaminata una parte diversa dall'imputato, quelle previste dall'art. 195.

2. Se la parte rifiuta di rispondere a una domanda, ne è fatta menzione nel verbale.

210. ***Esame di persone imputate in un procedimento connesso.***[1] — 1. Nel dibattimento, le persone imputate in un procedimento connesso a norma dell'art. 12, comma 1 lett. *a*), nei confronti delle quali si procede o si è proceduto separatamente, e che non possono assumere l'ufficio di testimone, sono esaminate a richiesta di parte, ovvero, nel caso indicato nell'art. 195, anche di ufficio.

2. Esse hanno obbligo di presentarsi al giudice, il quale, ove occorra, ne ordina l'accompagnamento coattivo. Si osservano le norme sulla citazione dei testimoni.[2]

3. Le persone indicate nel comma 1 sono assistite da un difensore che ha diritto di partecipare all'esame. In mancanza di un difensore di fiducia è designato un difensore di ufficio.

4. Prima che abbia inizio l'esame, il giudice avverte le persone indicate nel comma 1 che, salvo quanto disposto dall'articolo 66 comma 1, esse hanno facoltà di non rispondere.

5. All'esame si applicano le disposizioni previste dagli artt. 194, 195, 498, 499, 500.

6. Le disposizioni dei commi precedenti si applicano anche alle persone imputate in un procedimento connesso ai sensi dell'art. 12, c. 1, lett. *c*), o di un reato collegato a norma dell'art. 371, c. 2, lett. *b*), che non hanno reso in precedenza dichiarazioni concernenti la responsabilità dell'imputato. Tuttavia a tali persone è dato l'avvertimento previsto dall'art. 64, c. 3, lett. *c*), e se esse non si avvalgono della facoltà di non rispondere, assumono l'ufficio di testimone. Al loro esame si applicano, in tal caso, oltre alle disposizioni richiamate dal c. 5, anche quelle previste dagli articoli 197-*bis* e 497.[3]

[1] La Corte cost., con sent. 2 nov. 1998, n. 361, ha dichiarato l'ill. cost. di questo articolo "nella parte in cui non ne è prevista l'applicazione anche all'esame dell'imputato nel medesimo procedimento su fatti concernenti la responsabilità di altri già oggetto delle sue precedenti dichiarazioni rese all'A.G. o alla P.G. su delega del P.M.".

[2] Comma così sost. dall'art. 2 del D.L. 8 giu. 1992, n. 306, conv. in L. 7 ago. 1992, n. 356.

[3] Comma così modif. dall'art. 8 della L. 1 mar. 2001, n. 63.

CAPO III
Confronti

211. ***Presupposti del confronto.*** — 1. Il confronto è ammesso esclusivamente fra persone già esaminate o interrogate, quando vi è disaccordo fra esse su fatti e circostanze importanti.

212. ***Modalità del confronto.*** — 1. Il giudice, richiamate le precedenti dichiarazioni ai soggetti tra i quali deve svolgersi il confronto, chiede loro se le confermano o le modificano, invitandoli, ove occorra, alle reciproche contestazioni.

2. Nel verbale è fatta menzione delle domande rivolte dal giudice, delle dichiarazioni rese dalle persone messe a confronto e di quanto altro è avvenuto durante il confronto.

CAPO IV
Ricognizioni

213. ***Ricognizione di persone. Atti preliminari.*** — 1. Quando occorre procedere a ricognizione personale, il giudice invita chi deve eseguirla a descrivere la persona indicando tutti i particolari che ricorda; gli chiede poi se sia stato in precedenza chiamato a eseguire il riconoscimento, se, prima e dopo il fatto per cui si procede, abbia visto, anche se riprodotta in fotografia o altrimenti, la persona da riconoscere, e la stessa gli sia stata indicata o descritta e se vi siano altre circostanze che possano influire sull'attendibilità del riconoscimento.

2. Nel verbale è fatta menzione degli adempimenti previsti dal comma 1 e delle dichiarazioni rese.

3. L'inosservanza delle disposizioni previste dai commi 1 e 2 è causa di nullità della ricognizione.

214. ***Svolgimento della ricognizione.*** — 1. Allontanato colui che deve eseguire la ricognizione, il giudice procura la presenza di almeno due persone il più possibile somiglianti, anche nell'abbigliamento, a quella sottoposta a ricognizione. Invita quindi quest'ultima a scegliere il suo posto rispetto alle altre, curando che si presenti, sin dove è possibile, nelle stesse condizioni nelle quali sarebbe stata vista dalla persona chiamata alla ricognizione. Nuovamente introdotta quest'ultima, il giudice le chiede se riconosca taluno dei presenti e, in caso affermativo, la invita a indicare chi abbia riconosciuto e a precisare se ne sia certa.

2. Se vi è fondata ragione di ritenere che la persona chiamata alla ricognizione possa subire intimidazione o altra influenza dalla presenza di quella sottoposta a ricognizione, il giudice dispone che l'atto sia compiuto senza che quest'ultima possa vedere la prima.

3. Nel verbale è fatta menzione, a pena di nullità, delle modalità di svolgimento della ricognizione. Il giudice può disporre che lo svolgimento della ricognizione sia documentato anche mediante rilevazioni fotografiche o cinematografiche o mediante altri strumenti o procedimenti.

215. ***Ricognizione di cose.*** — 1. Quando occorre procedere alla ricognizione del corpo del reato o di altre cose pertinenti al reato, il giudice procede osservando le disposizioni dell'art. 213, in quanto applicabili.

2. Procurati, ove possibile, almeno due oggetti simili a quello da riconoscere, il giudice chiede alla persona chiamata alla ricognizione se riconosca taluno tra essi e, in caso affermativo, la invita a dichiarare quale abbia riconosciuto e a precisare se ne sia certa.

3. Si applicano le disposizioni dell'art. 214 comma 3.

216. ***Altre ricognizioni.*** — 1. Quando dispone la ricognizione di voci, suoni o di quanto altro può essere oggetto di percezione sensoriale, il giudice procede osservando le disposizioni dell'art. 213, in quanto applicabili.

2. Si applicano le disposizioni dell'art. 214 comma 3.

217. ***Pluralità di ricognizioni.*** — 1. Quando più persone sono chiamate ad eseguire la ricognizione della medesima persona o del medesimo oggetto, il giudice procede con atti separati, impedendo ogni comunicazione tra chi ha compiuto la ricognizione e coloro che devono ancora eseguirla.

2. Se una stessa persona deve eseguire la ricognizione di più persone o di più oggetti, il giudice provvede, per ogni atto, in modo che la persona o l'oggetto sottoposti a ricognizione siano collocati tra persone od oggetti diversi.

3. Si applicano le disposizioni degli articoli precedenti.

CAPO V
Esperimenti giudiziali

218. ***Presupposti dell'esperimento giudiziale.*** — 1. L'esperimento giudiziale è ammesso quando occorre accertare se un fatto sia o possa essere avvenuto in un determinato modo.

2. L'esperimento consiste nella riproduzione, per quanto è possibile, della situazione in cui il fatto si afferma o si ritiene essere avvenuto e nella ripetizione delle modalità di svolgimento del fatto stesso.

219. ***Modalità dell'esperimento giudiziale.*** — 1. L'ordinanza che dispone l'esperimento giudiziale contiene una succinta enunciazione dell'oggetto dello stesso e l'indicazione del giorno, dell'ora e del luogo in cui si procederà alle operazioni. Con la stessa ordinanza o con un provvedimento successivo il giudice può designare un esperto per l'esecuzione di determinate operazioni.

2. Il giudice dà gli opportuni provvedimenti per lo svolgimento delle operazioni, disponendo per le rilevazioni fotografiche o cinematografiche o con altri strumenti o procedimenti.

3. Anche quando l'esperimento è eseguito fuori dell'aula di udienza, il giudice può adottare i provvedimenti previsti dall'art. 471 al fine di assicurare il regolare compimento dell'atto.

4. Nel determinare le modalità dell'esperimento, il giudice, se del caso, dà le opportune disposizioni affinché esso si svolga in modo da non offendere sentimenti di coscienza e da non esporre a pericolo l'incolumità delle persone o la sicurezza pubblica.

CAPO VI
Perizia

220. ***Oggetto della perizia.*** — 1. La perizia è ammessa quando occorre svolgere indagini o acquisire dati o valutazioni che richiedono specifiche competenze tecniche, scientifiche o artistiche.

2. Salvo quanto previsto ai fini dell'esecuzione della pena o della misura di sicurezza, non sono ammesse perizie per stabilire l'abitualità o la professionalità nel reato, la tendenza a delinquere, il carattere e la personalità dell'imputato e in genere le qualità psichiche indipendenti da cause patologiche.

221. ***Nomina del perito.*** — 1. Il giudice nomina il perito scegliendolo tra gli iscritti negli appositi albi o tra persone fornite di particolare competenza nella specifica disciplina. Quando la perizia è dichiarata nulla, il giudice cura, ove possibile, che il nuovo incarico sia affidato ad altro perito.

2. Il giudice affida l'espletamento della perizia a più persone quando le indagini e le valutazioni risultano di notevole complessità ovvero richiedono distinte conoscenze in differenti discipline.

3. Il perito ha l'obbligo di prestare il suo ufficio, salvo che ricorra uno dei motivi di astensione previsti dall'articolo 36.

222. ***Incapacità e incompatibilità del perito.*** — 1. Non può prestare ufficio di perito, a pena di nullità:

a) il minorenne, l'interdetto, l'inabilitato e chi è affetto da infermità di mente;

b) chi è interdetto anche temporaneamente dai pubblici uffici ovvero è interdetto o sospeso dall'esercizio di una professione o di un'arte;

c) chi è sottoposto a misure di sicurezza personali o a misure di prevenzione;

d) chi non può essere assunto come testimone o ha facoltà di astenersi dal testimoniare o chi è chiamato a prestare ufficio di testimone o di interprete;

e) chi è stato nominato consulente tecnico nello stesso procedimento o in un procedimento connesso.

223. ***Astensione e ricusazione del perito.*** — 1. Quando esiste un motivo di astensione, il perito ha l'obbligo di dichiararlo.

2. Il perito può essere ricusato dalle parti nei casi previsti dall'articolo 36 a eccezione di quello previsto dal comma 1 lettera *h*) del medesimo articolo.

3. La dichiarazione di astensione o di ricusazione può essere presentata fino a che non siano esaurite le formalità di conferimento dell'incarico e, quando si tratti di motivi sopravvenuti ovvero conosciuti successivamente, prima che il perito abbia dato il proprio parere.

4. Sulla dichiarazione di astensione o di ricusazione decide, con ordinanza, il giudice che ha disposto la perizia.

5. Si osservano, in quanto applicabili, le norme sulla ricusazione del giudice.

224. ***Provvedimenti del giudice.*** — 1. Il giudice dispone anche di ufficio la perizia con ordinanza motivata, contenente la nomina del perito, la sommaria enunciazione dell'oggetto delle indagini, l'indicazione del giorno, dell'ora e del luogo fissati per la comparizione del perito.

2. Il giudice dispone la citazione del perito e dà gli opportuni provvedimenti per la comparizione delle persone sottoposte all'esame del perito. Adotta tutti gli altri provvedimenti che si rendono necessari per l'esecuzione delle operazioni peritali.[1]

[1] La Corte cost., con sent. 9 lug. 1996, n. 238, ha dichiarato l'ill. cost. del c. 2 in relazione all'art. 13, c. 2 Cost. nella parte in cui consente che il giudice nell'ambito delle operazioni peritali disponga misure (v. il prelievo ematico coattivo) che comunque incidano sulla libertà personale dell'indagato o dell'imputato o di terzi, al di fuori di quelle specificamente previste nei «casi» e nei «modi» dalla legge.

224-*bis*. ***Provvedimenti del giudice per le perizie che richiedono il compimento di atti idonei ad incidere sulla libertà personale.***[1] — 1. Quando si procede per delitto non colposo, consumato o tentato, per il quale la legge stabilisce la pena dell'ergastolo o della reclusione superiore nel massimo a tre anni, per i delitti di cui agli articoli 589-*bis* e 590-*bis* del codice penale e negli altri casi espressamente previsti dalla legge, se per l'esecuzione della perizia è necessario compiere atti idonei ad incidere sulla libertà personale, quali il prelievo di capelli, di peli o di mucosa del cavo orale su persone viventi ai fini della determinazione del profilo del DNA o accertamenti medici, e non vi è il consenso della persona da sottoporre all'esame del perito, il giudice, anche d'ufficio, ne dispone con ordinanza motivata l'esecuzione coattiva, se essa risulta assolutamente indispensabile per la prova dei fatti.[2]

2. Oltre a quanto disposto dall'articolo 224, l'ordinanza di cui al comma 1 contiene, a pena di nullità:

a) le generalità della persona da sottoporre all'esame e quanto altro valga ad identificarla;

b) l'indicazione del reato per cui si procede, con la descrizione sommaria del fatto;

c) l'indicazione specifica del prelievo o dell'accertamento da effettuare e delle ragioni che lo rendono assolutamente indispensabile per la prova dei fatti;

d) l'avviso della facoltà di farsi assistere da un difensore o da persona di fiducia;

e) l'avviso che, in caso di mancata comparizione non dovuta a legittimo impedimento, potrà essere ordinato l'accompagnamento coattivo ai sensi del comma 6;

f) l'indicazione del luogo, del giorno e dell'ora stabiliti per il compimento dell'atto e delle modalità di compimento.

3. L'ordinanza di cui al comma 1 è notificata all'interessato, all'imputato e al suo difensore nonché alla persona offesa almeno tre giorni prima di quello stabilito per l'esecuzione delle operazioni peritali.

4. Non possono in alcun caso essere disposte operazioni che contrastano con espressi divieti posti dalla legge o che possono mettere in pericolo la vita, l'integrità fisica o la salute della persona o del nascituro, ovvero che, secondo la scienza medica, possono provocare sofferenze di non lieve entità.

5. Le operazioni peritali sono comunque eseguite nel rispetto della dignità e del pudore di chi vi è sottoposto. In ogni caso, a parità di risultato, sono prescelte le tecniche meno invasive.

6. Qualora la persona invitata a presentarsi per i fini di cui al comma 1 non compare senza addurre un legittimo impedimento, il giudice può disporre che sia accompagnata, anche coattivamente, nel luogo, nel giorno e nell'ora stabiliti.

Se, pur comparendo, rifiuta di prestare il proprio consenso agli accertamenti, il giudice dispone che siano eseguiti coattivamente. L'uso di mezzi di coercizione fisica è consentito per il solo tempo strettamente necessario all'esecuzione del prelievo o dell'accertamento. Si applicano le disposizioni dell'articolo 132, comma 2.

7. L'atto è nullo se la persona sottoposta al prelievo o agli accertamenti non è assistita dal difensore nominato.

[1] Articolo ins. dall'art. 24, L. 30 giu. 2009, n. 85.

[2] Comma così modif. dall'art. 1, c. 4, L. 23 mar. 2016, n. 41.

225. ***Nomina del consulente tecnico.*** — 1. Disposta la perizia, il pubblico ministero e le parti private hanno facoltà di nominare propri consulenti tecnici in numero non superiore, per ciascuna parte, a quello dei periti.

2. Le parti private, nei casi e alle condizioni previsti dalla legge sul patrocinio statale dei non abbienti, hanno diritto di farsi assistere da un consulente tecnico a spese dello Stato.

3. Non può essere nominato consulente tecnico chi si trova nelle condizioni indicate nell'art. 222 comma 1 lettere *a*), *b*), *c*), *d*).

226. ***Conferimento dell'incarico.*** — 1. Il giudice, accertate le generalità del perito, gli chiede se si trova in una delle condizioni previste dagli artt. 222 e 223, lo avverte degli obblighi e delle responsabilità previste dalla legge penale e lo invita a rendere la seguente dichiarazione: «consapevole della responsabilità morale e giuridica che assumo nello svolgimento dell'incarico, mi impegno ad adempiere al mio ufficio senza altro scopo che quello di far conoscere la verità e a mantenere il segreto su tutte le operazioni peritali».

2. Il giudice formula quindi i quesiti, sentiti il perito, i consulenti tecnici, il pubblico ministero e i difensori presenti.

227. ***Relazione peritale.*** — 1. Concluse le formalità di conferimento dell'incarico, il perito procede immediatamente ai necessari accertamenti e risponde ai quesiti con parere raccolto nel verbale.

2. Se, per la complessità dei quesiti, il perito non ritiene di poter dare immediata risposta, può chiedere un termine al giudice.

3. Quando non ritiene di concedere il termine, il giudice provvede alla sostituzione del perito; altrimenti fissa la data, non oltre novanta giorni, nella quale il perito stesso dovrà rispondere ai quesiti e dispone perché ne venga data comunicazione alle parti e ai consulenti tecnici.

4. Quando risultano necessari accertamenti di particolare complessità, il termine può essere prorogato dal giudice, su richiesta motivata del perito, anche più volte per periodi non superiori a trenta giorni. In ogni caso, il termine per la risposta ai quesiti, anche se prorogato, non può superare i sei mesi.

5. Qualora sia indispensabile illustrare con note scritte il parere, il perito può chiedere al giudice di essere autorizzato a presentare, nel termine stabilito a norma dei commi 3 e 4, relazione scritta.

228. ***Attività del perito.*** — 1. Il perito procede alle operazioni necessarie per rispondere ai quesiti. A tal fine può essere autorizzato dal giudice a prendere visione degli atti, dei documenti e delle cose prodotti dalle parti dei quali la legge prevede l'acquisizione al fascicolo per il dibattimento.

2. Il perito può essere inoltre autorizzato ad assistere all'esame delle parti e all'assunzione di prove nonché a servirsi di ausiliari di sua fiducia per lo svolgimento di attività materiali non implicanti apprezzamenti e valutazioni.

3. Qualora, ai fini dello svolgimento dell'incarico, il perito richieda notizie all'imputato, alla persona offesa o ad altre persone, gli elementi in tal modo acquisiti possono essere utilizzati solo ai fini dell'accertamento peritale.

4. Quando le operazioni peritali si svolgono senza la presenza del giudice e sorgono questioni relative ai poteri del perito e ai limiti dell'incarico, la decisione è rimessa al giudice, senza che ciò importi sospensione delle operazioni stesse.

229. ***Comunicazioni relative alle operazioni peritali.*** — 1. Il perito indica il giorno, l'ora e il luogo in cui inizierà le operazioni peritali e il giudice ne fa dare atto nel verbale.

2. Della eventuale continuazione delle operazio-

ni peritali il perito dà comunicazione senza formalità alle parti presenti.

230. ***Attività dei consulenti tecnici.*** — 1. I consulenti tecnici possono assistere al conferimento dell'incarico al perito e presentare al giudice richieste, osservazioni e riserve, delle quali è fatta menzione nel verbale.

2. Essi possono partecipare alle operazioni peritali, proponendo al perito specifiche indagini e formulando osservazioni e riserve, delle quali deve darsi atto nella relazione.

3. Se sono nominati dopo l'esaurimento delle operazioni peritali, i consulenti tecnici possono esaminare le relazioni e richiedere al giudice di essere autorizzati a esaminare la persona, la cosa e il luogo oggetto della perizia.

4. La nomina dei consulenti tecnici e lo svolgimento della loro attività non può ritardare l'esecuzione della perizia e il compimento delle altre attività processuali.

231. ***Sostituzione del perito.*** — 1. Il perito può essere sostituito se non fornisce il proprio parere nel termine fissato o se la richiesta di proroga non è accolta ovvero se svolge negligentemente l'incarico affidatogli.

2. Il giudice, sentito il perito, provvede con ordinanza alla sua sostituzione, salvo che il ritardo o l'inadempimento sia dipeso da cause a lui non imputabili. Copia dell'ordinanza è trasmessa all'ordine o al collegio cui appartiene il perito.

3. Il perito sostituito, dopo essere stato citato a comparire per discolparsi, può essere condannato dal giudice al pagamento a favore della cassa delle ammende di una somma da euro 154 a euro 1.549.

4. Il perito è altresì sostituito quando è accolta la dichiarazione di astensione o di ricusazione.

5. Il perito sostituito deve mettere immediatamente a disposizione del giudice la documentazione e i risultati delle operazioni peritali già compiute.

232. ***Liquidazione del compenso al perito.*** — 1. Il compenso al perito è liquidato con decreto del giudice che ha disposto la perizia, secondo le norme delle leggi speciali.[1]

[1] Sull'indennità spettante al perito, si veda "Spese di Giustizia".

233. ***Consulenza tecnica fuori dei casi di perizia.*** — 1. Quando non è stata disposta perizia, ciascuna parte può nominare, in numero non superiore a due, propri consulenti tecnici. Questi possono esporre al giudice il proprio parere, anche presentando memorie a norma dell'art. 121.

1-*bis*. Il giudice, a richiesta del difensore, può autorizzare il consulente tecnico di una parte privata ed esaminare le cose sequestrate nel luogo in cui esse si trovano, ad intervenire alle ispezioni, ovvero ad esaminare l'oggetto delle ispezioni alle quali il consulente non è intervenuto. Prima dell'esercizio dell'azione penale l'autorizzazione è disposta dal pubblico ministero a richiesta del difensore. Contro il decreto che respinge la richiesta il difensore può proporre opposizione al giudice, che provvede nelle forme di cui all'art. 127.[1]

1-*ter*. L'autorità giudiziaria impartisce le prescrizioni necessarie per la conservazione dello stato originario delle cose e dei luoghi e per il rispetto delle persone.[2]

2. Qualora, successivamente alla nomina del consulente tecnico, sia disposta perizia, ai consulenti tecnici già nominati sono riconosciuti i diritti e le facoltà previsti dall'art. 230, salvo il limite previsto dall'art. 225 comma 1.

3. Si applica la disposizione dell'art. 225 comma 3.

[1,2] Commi inseriti dall'art. 5, della L. 7 dic. 2000, n. 397.

CAPO VII
Documenti

234. ***Prova documentale.*** — 1. È consentita l'acquisizione di scritti o di altri documenti che rappresentano fatti, persone o cose mediante la fotografia, la cinematografia, la fonografia o qualsiasi altro mezzo.

2. Quando l'originale di un documento del quale occorre far uso è per qualsiasi causa distrutto, smarrito o sottratto e non è possibile recuperarlo, può esserne acquisita copia.

3. È vietata l'acquisizione di documenti che contengono informazioni sulle voci correnti nel pubblico intorno ai fatti di cui si tratta nel processo o sulla moralità in generale delle parti, dei testimoni, dei consulenti tecnici e dei periti.

234-*bis*. ***Acquisizione di documenti e dati informatici.***[1] — 1. È sempre consentita l'acquisizione di documenti e dati informatici conservati all'estero, anche diversi da quelli disponibili al pubblico, previo consenso, in quest'ultimo caso, del legittimo titolare.

[1] Articolo ins.dall'art. 2, c. 1-*bis*, D.L. 18 feb. 2015, n. 7, conv. con modif. in L. 17 apr. 2015, n. 43.

235. ***Documenti costituenti corpo del reato.*** — 1. I documenti che costituiscono corpo del reato devono essere acquisiti qualunque sia la persona che li abbia formati o li detenga.

236. ***Documenti relativi al giudizio sulla personalità.*** — 1. È consentita l'acquisizione dei certificati del casellario giudiziale, della documentazione esistente presso gli uffici del servizio sociale degli enti pubblici e presso gli uffici di sorveglianza nonché delle sentenze irrevocabili di qualunque giudice italiano e delle sentenze straniere riconosciute, ai fini del giudizio sulla personalità dell'imputato o della persona offesa dal reato, se il fatto per il quale si procede deve essere valutato in relazione al comportamento o alle qualità morali di questa.

2. Le sentenze indicate nel comma 1 e i certificati

del casellario giudiziale possono inoltre essere acquisiti al fine di valutare la credibilità di un testimone.

237. ***Acquisizione di documenti provenienti dall'imputato.*** — 1. È consentita l'acquisizione, anche di ufficio, di qualsiasi documento proveniente dall'imputato, anche se sequestrato presso altri o da altri prodotto.

238. ***Verbali di prove di altri procedimenti.***[1] — 1. È ammessa l'acquisizione di verbali di prove di altro procedimento penale se si tratta di prove assunte nell'incidente probatorio o nel dibattimento.

2. È ammessa l'acquisizione di verbali di prove assunte in un giudizio civile definito con sentenza che abbia acquistato autorità di cosa giudicata.

2-*bis*. Nei casi previsti dai commi 1 e 2 i verbali di dichiarazioni possono essere utilizzati contro l'imputato soltanto se il suo difensore ha partecipato all'assunzione della prova o se nei suoi coinfronti fa stato la sentenza civile.

3. È comunque ammessa l'acquisizione della documentazione di atti che anche per cause sopravvenute non sono ripetibili. Se la ripetizione dell'atto è divenuta impossibile per fatti o circostanze sopravvenuti, l'acquisizione è ammessa se si tratta di fatti o circostanze imprevedibili.

4. Al di fuori dei casi previsti dai commi 1, 2, 2-*bis* e 3, i verbali di dichiarazioni possono essere utilizzati nel dibattimento solo nei confronti dell'imputato che vi consenta; in mancanza di consenso, detti verbali possono essere utilizzati per le contestazioni previste dagli artt. 500 e 503.

5. Salvo quanto previsto dall'art. 190-*bis*, resta fermo il diritto delle parti di ottenere a norma dell'articolo 190 l'esame delle persone le cui dichiarazioni sono state acquisite a norma dei commi 1, 2, 2-*bis* e 4 del presente articolo.

[1] Articolo così modif. dall'art. 9, L. 1 mar. 2001, n. 63.

238-*bis*. ***Sentenze irrevocabili.***[1] — 1. Fermo quanto previsto dall'art. 236, le sentenze divenute irrevocabili possono essere acquisite ai fini della prova del fatto in esse accertato e sono valutate a norma degli artt. 187 e 192, comma 3.

[1] Articolo ins. dall'art. 3, D.L. 8 giu. 1992, n. 306, conv. in L. 7 ago. 1992, n. 356.

239. ***Accertamento della provenienza dei documenti.*** — 1. Se occorre verificarne la provenienza, il documento è sottoposto per il riconoscimento alle parti private o ai testimoni.

240. ***Documenti anonimi ed atti relativi ad intercettazioni illegali.***[1] — 1. I documenti che contengono dichiarazioni anonime non possono essere acquisiti né in alcun modo utilizzati, salvo che costituiscano corpo di reato o provengano comunque dall'imputato.

2. Il pubblico ministero dispone l'immediata secretazione e la custodia in luogo protetto dei documenti, dei supporti e degli atti concernenti dati e contenuti di conversazioni o comunicazioni, relativi a traffico telefonico e telematico, illegalmente formati o acquisiti. Allo stesso modo provvede per i documenti formati attraverso la raccolta illegale di informazioni. Di essi è vietato effettuare copia in qualunque forma e in qualunque fase del procedimento ed il loro contenuto non può essere utilizzato.

3. Il pubblico ministero, acquisiti i documenti, i supporti e gli atti di cui al comma 2, entro quarantotto ore, chiede al giudice per le indagini preliminari di disporne la distruzione.

4. Il giudice per le indagini preliminari entro le successive quarantotto ore fissa l'udienza da tenersi entro dieci giorni, ai sensi dell'articolo 127, dando avviso a tutte le parti interessate, che potranno nominare un difensore di fiducia, almeno tre giorni prima della data dell'udienza.

5. Sentite le parti comparse, il giudice per le indagini preliminari legge il provvedimento in udienza e, nel caso ritenga sussistenti i presupposti di cui al comma 2, dispone la distruzione dei documenti, dei supporti e degli atti di cui al medesimo comma 2 e vi dà esecuzione subito dopo alla presenza del pubblico ministero e dei difensori delle parti.

6. Delle operazioni di distruzione è redatto apposito verbale, nel quale si dà atto dell'avvenuta intercettazione o detenzione o acquisizione illecita dei documenti, dei supporti e degli atti di cui al comma 2 nonché delle modalità e dei mezzi usati oltre che dei soggetti interessati, senza alcun riferimento al contenuto degli stessi documenti, supporti e atti.[2]

[1] Articolo così sost. dall'art. 1 del D.L. 22 set. 2006, conv. in L. 20 nov., 2006 n. 281.

[2] Ai sensi dell'art. 3 della L. 20 nov., 2006, n. 281 "Chiunque consapevolmene detiene gli atti, i supporti o i documenti di cui sia stata disposta la distruzione ai sensi dell'art. 240 è punito con la pena della reclusione da 6 mesi a 4 anni. Si applica la pena della reclusione da 1 a 5 anni se il fatto di cui al comma 1 è commesso da un pubblico ufficiale o di un incaricato di un pubblico servizio".

Ai sensi dell'art. 4 della L. 20 nov. 2006, n. 281 "A titolo di riparazione può essere richiesta all'autore della pubblicazione degli atti o dei documenti di cui al comma 2 dell'articolo 240 del codice di procedura penale, al direttore responsabile e all'editore, in solido fra loro, una somma di denaro determinata in ragione di cinquanta centesimi per ogni copia stampata, ovvero da 50.000 a 1.000.000 di euro secondo l'entità del bacino di utenza ove la diffusione sia avvenuta con mezzo radiofonico, televisivo o telematico. In ogni caso, l'entità della riparazione non può essere inferiore a 10.000 euro.

L'azione può essere proposta da parte di coloro a cui i detti atti o documenti fanno riferimento. L'azione si prescrive nei termine di cinque anni dalla data della pubblicazione. Agli effetti della prova della corrispondenza degli atti o dei documenti pubblicati con quelli di cui al comma 2 dell'articolo 240 del codice di procedura penale fa fede il verbale di cui al comma 6 dello stesso articolo. Si applicano, in quanto compatibili, le norme di cui al capo III del titolo I del libro IV del codice di procedura civile.

L'azione è esercitata senza pregiudizio di quanto il Garante per la protezione dei dati personali possa disporre ove accerti o inibisca l'illecita diffusione di dati o di documenti, anche a seguito dell'esercizio di diritti da parte dell'interessato.

Qualora sia promossa per i medesimi fatti di cui al comma 1 anche l'azione per il risarcimento del danno, il giudice tiene conto, in sede di determinazione e liquidazione dello stesso, della somma corrisposta ai sensi del comma 1".

241. ***Documenti falsi.*** — 1. Fuori dei casi previsti dall'art. 537, il giudice, se ritiene la falsità di un documento acquisito al procedimento, dopo la definizione di questo, ne informa il pubblico ministero trasmettendogli copia del documento.

242. ***Traduzione di documenti. Trascrizione di registrazioni.***[1] — 1. Quando è acquisito un documento redatto in lingua diversa da quella italiana, il giudice ne dispone la traduzione a norma dell'art. 143 se ciò è necessario alla sua comprensione.

2. Quando è acquisita una registrazione, il giudice ne dispone, se necessario, la trascrizione a norma dell'articolo 268, comma 7.[2]

[1] Rubrica così sost. dall'art. 2, c. 1, D.L. 30 dic. 2019, n. 161, conv. con modif. in L. 28 feb. 2020, n. 7. La disposizione si applica ai procedimenti penali iscritti successivamente al 31 agosto 2020.

[2] Comma così modif. dall'art. 2, c. 1, D.L. 30 dic. 2019, n. 161, conv. con modif. in L. 28 feb. 2020, n. 7. V. nota 1.

243. ***Rilascio di copie.*** — 1. Quando dispone l'acquisizione di un documento che non deve rimanere segreto, il giudice, a richiesta di chi ne abbia interesse, può autorizzare la cancelleria a rilasciare copia autentica a norma dell'articolo 116.

TITOLO III
Mezzi di ricerca della prova

CAPO I
Ispezioni

244. ***Casi e forme delle ispezioni.*** — 1. L'ispezione delle persone, dei luoghi e delle cose è disposta con decreto motivato quando occorre accertare le tracce e gli altri effetti materiali del reato.

2. Se il reato non ha lasciato tracce o effetti materiali, o se questi sono scomparsi o sono stati cancellati o dispersi, alterati o rimossi, l'autorità giudiziaria descrive lo stato attuale e, in quanto possibile, verifica quello preesistente, curando anche di individuare modo, tempo e cause delle eventuali modificazioni. L'autorità giudiziaria può disporre rilievi segnaletici, descrittivi e fotografici e ogni altra operazione tecnica, anche in relazione a sistemi informatici o telematici, adottando misure tecniche dirette ad assicurare la conservazione dei dati originali e ad impedirne l'alterazione.[1]

[1] Periodo aggiunto dall'art. 8, c. 1, L. 18 mar. 2008, n. 48.

245. ***Ispezione personale.*** — 1. Prima di procedere all'ispezione personale l'interessato è avvertito della facoltà di farsi assistere da persona di fiducia, purché questa sia prontamente reperibile e idonea a norma dell'art. 120.

2. L'ispezione è eseguita nel rispetto della dignità e, nei limiti del possibile, del pudore di chi vi è sottoposto.

3. L'ispezione può essere eseguita anche per mezzo di un medico. In questo caso l'autorità giudiziaria può astenersi dall'assistere alle operazioni.

246. ***Ispezione di luoghi o di cose.*** — 1. All'imputato e in ogni caso a chi abbia l'attuale disponibilità del luogo in cui è eseguita l'ispezione è consegnata, nell'atto di iniziare le operazioni e sempre che essi siano presenti, copia del decreto che dispone tale accertamento.

2. Nel procedere all'ispezione dei luoghi, l'autorità giudiziaria può ordinare, enunciando nel verbale i motivi del provvedimento, che taluno non si allontani prima che le operazioni siano concluse e può far ricondurre coattivamente sul posto il trasgressore.

CAPO II
Perquisizioni

247. ***Casi e forme delle perquisizioni.*** — 1. Quando vi è fondato motivo di ritenere che taluno occulti sulla persona il corpo del reato o cose pertinenti al reato, è disposta perquisizione personale. Quando vi è fondato motivo di ritenere che tali cose si trovino in un determinato luogo ovvero che in esso possa eseguirsi l'arresto dell'imputato o dell'evaso, è disposta perquisizione locale.

1-*bis*. Quando vi è fondato motivo di ritenere che dati, informazioni, programmi informatici o tracce comunque pertinenti al reato si trovino in un sistema informatico o telematico, ancorché protetto da misure di sicurezza, ne è disposta la perquisizione, adottando misure tecniche dirette ad assicurare la conservazione dei dati originali e ad impedirne l'alterazione.[1]

2. La perquisizione è disposta con decreto motivato.

3. L'autorità giudiziaria può procedere personalmente ovvero disporre che l'atto sia compiuto da ufficiali di polizia giudiziaria delegati con lo stesso decreto.

[1] Comma ins. dall'art. 8, c. 2, L. 18 mar. 2008, n. 48.

248. ***Richiesta di consegna.*** — 1. Se attraverso la perquisizione si ricerca una cosa determinata, l'autorità giudiziaria può invitare a consegnarla. Se la cosa è presentata, non si procede alla perquisizione, salvo che si ritenga utile procedervi per la completezza delle indagini.

2. Per rintracciare le cose da sottoporre a sequestro o per accertare altre circostanze utili ai fini delle indagini, l'autorità giudiziaria o gli ufficiali di polizia giudiziaria da questa delegati possono esaminare presso banche atti, documenti e corri-

spondenza nonché dati, informazioni e programmi informatici. In caso di rifiuto, l'autorità giudiziaria procede a perquisizione.[1]

[1] Comma così modif. dall'art. 8, c. 3, L. 18 mar. 2008, n. 48.

249. ***Perquisizioni personali.***[1] — 1. Prima di procedere alla perquisizione personale è consegnata una copia del decreto all'interessato, con l'avviso della facoltà di farsi assistere da persona di fiducia, purché questa sia prontamente reperibile e idonea a norma dell'art. 120.

2. La perquisizione è eseguita nel rispetto della dignità e, nei limiti del possibile, del pudore di chi vi è sottoposto.

[1] V. *Att.* 79.

250. ***Perquisizioni locali.*** — 1. Nell'atto di iniziare le operazioni, copia del decreto di perquisizione locale è consegnata all'imputato, se presente, e a chi abbia l'attuale disponibilità del luogo, con l'avviso della facoltà di farsi rappresentare o assistere da persona di fiducia, purché questa sia prontamente reperibile e idonea a norma dell'art. 120.

2. Se mancano le persone indicate nel comma 1, la copia è consegnata e l'avviso è rivolto a un congiunto, un coabitante o un collaboratore ovvero, in mancanza, al portiere o a chi ne fa le veci.

3. L'autorità giudiziaria, nel procedere alla perquisizione locale, può disporre con decreto motivato che siano perquisite le persone presenti o sopraggiunte, quando ritiene che le stesse possano occultare il corpo del reato o cose pertinenti al reato. Può inoltre ordinare, enunciando nel verbale i motivi del provvedimento, che taluno non si allontani prima che le operazioni siano concluse. Il trasgressore è trattenuto o ricondotto coattivamente sul posto.

251. ***Perquisizioni nel domicilio. Limiti temporali.*** — 1. La perquisizione in un'abitazione o nei luoghi chiusi adiacenti a essa non può essere iniziata prima delle ore sette e dopo le ore venti.

2. Tuttavia nei casi urgenti l'autorità giudiziaria può disporre per iscritto che la perquisizione sia eseguita fuori dei suddetti limiti temporali.

252. ***Sequestro conseguente a perquisizione.*** — 1. Le cose rinvenute a seguito della perquisizione sono sottoposte a sequestro con l'osservanza delle prescrizioni degli artt. 259 e 260.

CAPO III
Sequestri

253. ***Oggetto e formalità del sequestro.*** — 1. L'autorità giudiziaria dispone con decreto motivato il sequestro del corpo del reato e delle cose pertinenti al reato necessarie per l'accertamento dei fatti.

2. Sono corpo del reato le cose sulle quali o mediante le quali il reato è stato commesso nonché le cose che ne costituiscono il prodotto, il profitto o il prezzo.

3. Al sequestro procede personalmente l'autorità giudiziaria ovvero un ufficiale di polizia giudiziaria delegato con lo stesso decreto.

4. Copia del decreto di sequestro è consegnata all'interessato, se presente.

254. ***Sequestro di corrispondenza.***[1] — 1. Presso coloro che forniscono servizi postali, telegrafici, telematici o di telecomunicazioni è consentito procedere al sequestro di lettere, pieghi, pacchi, valori, telegrammi e altri oggetti di corrispondenza, anche se inoltrati per via telematica, che l'autorità giudiziaria abbia fondato motivo di ritenere spediti dall'imputato o a lui diretti, anche sotto nome diverso o per mezzo di persona diversa, o che comunque possono avere relazione con il reato.

2. Quando al sequestro procede un ufficiale di polizia giudiziaria, questi deve consegnare all'autorità giudiziaria gli oggetti di corrispondenza sequestrati, senza aprirli o alterarli e senza prendere altrimenti conoscenza del loro contenuto.

3. Le carte e gli altri documenti sequestrati che non rientrano fra la corrispondenza sequestrabile sono immediatamente restituiti all'avente diritto e non possono comunque essere utili.

[1] Articolo così modif. dall'art. 8, c. 4, L. 18 mar. 2008, n. 48.

254-*bis*. ***Sequestro di dati informatici presso fornitori di servizi informatici, telematici e di telecomunicazioni.***[1] — 1. L'autorità giudiziaria, quando dispone il sequestro, presso i fornitori di servizi informatici, telematici o di telecomunicazioni, dei dati da questi detenuti, compresi quelli di traffico o di ubicazione, può stabilire, per esigenze legate alla regolare fornitura dei medesimi servizi, che la loro acquisizione avvenga mediante copia di essi su adeguato supporto, con una procedura che assicuri la conformità dei dati acquisiti a quelli originali e la loro immodificabilità. In questo caso è, comuque, ordinato al fornitore dei servizi di conservare e proteggere adeguatamente i dati originali.

[1] Articolo ins. dall'art. 8, c. 5, L. 18 mar. 2008, n. 48.

255. ***Sequestro presso banche.*** — 1. L'autorità giudiziaria può procedere al sequestro presso banche di documenti, titoli, valori, somme depositate in conto corrente e di ogni altra cosa, anche se contenuti in cassette di sicurezza, quando abbia fondato motivo di ritenere che siano pertinenti al reato, quantunque non appartengano all'imputato o non siano iscritti al suo nome.

256. ***Dovere di esibizione e segreti.*** — 1. Le persone indicate negli artt. 200 e 201 devono consegnare immediatamente all'autorità giudiziaria, che ne faccia richiesta, gli atti e i documenti, anche in originale se così è ordinato, nonché i dati, le informazioni e i programmi informatici, anche mediante copia di essi su adeguato supporto,[1] e ogni altra cosa esistente presso di esse per ragioni del loro ufficio, incarico, ministero, professione o arte, salvo che dichiarino per iscritto che si tratti di segreto di Stato ovvero di segreto inerente al loro ufficio o professione.

2. Quando la dichiarazione concerne un segreto di ufficio o professionale, l'autorità giudiziaria, se ha motivo di dubitare della fondatezza di essa e ritiene di non potere procedere senza acquisire gli atti, i documenti o le cose indicati nel comma 1, provvede agli accertamenti necessari. Se la dichiarazione risulta infondata, l'autorità giudiziaria dispone il sequestro.

3. Quando la dichiarazione concerne un segreto di Stato, l'autorità giudiziaria ne informa il Presidente del Consiglio dei Ministri, chiedendo che ne sia data conferma. Qualora il segreto sia confermato e la prova sia essenziale per la definizione del processo, il giudice dichiara non doversi procedere per l'esistenza di un segreto di Stato.

4. Qualora, entro sessanta giorni dalla notificazione della richiesta, il Presidente del Consiglio dei Ministri non dia conferma del segreto, l'autorità giudiziaria dispone il sequestro.

5. Si applica la disposizione dell'art. 204.

[1] Parole ins. dall'art. 8, c. 6, L. 18 mar. 2008, n. 48.

256-*bis*. *Acquisizione di documenti, atti o altre cose da parte dell'autorità giudiziaria presso le sedi dei servizi di informazione per la sicurezza.*[1] — 1. Quando deve disporre l'acquisizione di documenti, atti o altre cose presso le sedi dei servizi di informazione per la sicurezza, presso gli uffici del Dipartimento delle informazioni per la sicurezza o comunque presso uffici collegati all'esercizio delle funzioni di informazione per la sicurezza della Repubblica, l'autorità giudiziaria indica nell'ordine di esibizione, in modo quanto più possibile specifico, i documenti, gli atti e le cose oggetto della richiesta.

2. L'autorità giudiziaria procede direttamente sul posto all'esame dei documenti, degli atti e delle cose e acquisisce agli atti quelli strettamente indispensabili ai fini dell'indagine. Nell'espletamento di tale attività, l'autorità giudiziaria può avvalersi della collaborazione di ufficiali di polizia giudiziaria.

3. Quando ha fondato motivo di ritenere che i documenti, gli atti o le cose esibiti non siano quelli richiesti o siano incompleti, l'autorità giudiziaria informa il Presidente del Consiglio dei ministri, che provvede a disporre la consegna di ulteriori documenti, atti o cose o, se ne ricorrono i presupposti, a confermare l'inesistenza di ulteriori documenti, atti o cose.

4. Quando deve essere acquisito, in originale o in copia, un documento, un atto o una cosa, originato da un organismo informativo estero, trasmesso con vincolo di non divulgazione, l'esame e la consegna immediata sono sospesi e il documento, l'atto o la cosa è trasmesso immediatamente al Presidente del Consiglio dei ministri affinché vengano assunte le necessarie iniziative presso l'autorità estera per le relative determinazioni in ordine all'opposizione del segreto di Stato.

5. Nell'ipotesi prevista al comma 4, il Presidente del Consiglio dei ministri autorizza l'acquisizione del documento, dell'atto o della cosa ovvero oppone o conferma il segreto di Stato entro sessanta giorni dalla trasmissione.

6. Se il Presidente del Consiglio dei ministri non si pronuncia nel termine di cui al comma 5, l'autorità giudiziaria acquisisce il documento, l'atto o la cosa.

[1] Articolo ins. dall'art. 15, L. 3 ago. 2007, n. 124.

256-*ter*. *Acquisizione di atti, documenti o altre cose per i quali viene eccepito il segreto di Stato.*[1] — 1. Quando devono essere acquisiti, in originale o in copia, documenti, atti o altre cose per i quali il responsabile dell'ufficio detentore eccepisce il segreto di Stato, l'esame e la consegna sono sospesi; il documento, l'atto o la cosa è sigillato in appositi contenitori e trasmesso prontamente al Presidente del Consiglio dei ministri.

2. Nell'ipotesi prevista al comma 1, il Presidente del Consiglio dei ministri autorizza l'acquisizione del documento, dell'atto o della cosa ovvero conferma il segreto di Stato entro trenta giorni dalla trasmissione.

3. Se il Presidente del Consiglio dei ministri non si pronuncia nel termine di cui al comma 2, l'autorità giudiziaria acquisisce il documento, l'atto o la cosa.

[1] Articolo ins. dall'art. 16, L. 3 ago. 2007, n. 124.

257. *Riesame del decreto di sequestro.* — 1. Contro il decreto di sequestro l'imputato, la persona alla quale le cose sono state sequestrate e quella che avrebbe diritto alla loro restituzione possono proporre richiesta di riesame, anche nel merito, a norma dell'articolo 324.

2. La richiesta di riesame non sospende l'esecuzione del provvedimento.

258. *Copie dei documenti sequestrati.* — 1. L'autorità giudiziaria può fare estrarre copia degli atti e dei documenti sequestrati, restituendo gli originali, e, quando il sequestro di questi è mantenuto, può autorizzare la cancelleria o la segreteria a rilasciare gratuitamente copia autentica a coloro che li detenevano legittimamente.

2. I pubblici ufficiali possono rilasciare copie, estratti o certificati dei documenti loro restituiti dall'autorità giudiziaria in originale o in copia, ma devono fare menzione in tali copie, estratti o certificati del sequestro esistente.

3. In ogni caso la persona o l'ufficio presso cui fu eseguito il sequestro ha diritto di avere copia del verbale dell'avvenuto sequestro.

4. Se il documento sequestrato fa parte di un volume o di un registro da cui non possa essere separato e l'autorità giudiziaria non ritiene di farne

estrarre copia, l'intero volume o registro rimane in deposito giudiziario. Il pubblico ufficiale addetto, con l'autorizzazione dell'autorità giudiziaria, rilascia agli interessati che li richiedono copie, estratti o certificati delle parti del volume o del registro non soggette al sequestro, facendo menzione del sequestro parziale nelle copie, negli estratti e nei certificati.

259. ***Custodia delle cose sequestrate.*** — 1. Le cose sequestrate sono affidate in custodia alla cancelleria o alla segreteria. Quando ciò non è possibile o non è opportuno, l'autorità giudiziaria dispone che la custodia avvenga in luogo diverso, determinandone il modo e nominando un altro custode, idoneo a norma dell'art. 120.

2. All'atto della consegna, il custode è avvertito dell'obbligo di conservare e di presentare le cose a ogni richiesta dell'autorità giudiziaria nonché delle pene previste dalla legge penale per chi trasgredisce ai doveri della custodia. Quando la custodia riguarda dati, informazioni o programmi informatici, il custode è altresì avvertito dell'obbligo di impedirne l'alterazione o l'accesso da parte di terzi, salva, in quest'ultimo caso, diversa disposizione dell'autorità giudiziaria.[1] Al custode può essere imposta una cauzione. Dell'avvenuta consegna, dell'avvertimento dato e della cauzione imposta è fatta menzione nel verbale. La cauzione è ricevuta, con separato verbale, nella cancelleria o nella segreteria.

[1] Periodo ins. dall'art. 8, c. 7, L. 18 mar. 2008, n. 48.

260. ***Apposizione dei sigilli alle cose sequestrate. Cose deperibili. Distruzione di cose sequestrate*** — 1. Le cose sequestrate si assicurano con il sigillo dell'ufficio giudiziario e con le sottoscrizioni dell'autorità giudiziaria e dell'ausiliario che la assiste ovvero, in relazione alla natura delle cose, con altro mezzo, anche di carattere elettrico o informatico,[1] idoneo a indicare il vincolo imposto a fini di giustizia.

2. L'autorità giudiziaria fa estrarre copia dei documenti e fa eseguire fotografie o altre riproduzioni delle cose sequestrate che possono alterarsi o che sono di difficile custodia, le unisce agli atti e fa custodire in cancelleria o segreteria gli originali dei documenti, disponendo, quanto alle cose, in conformità dell'art. 259. Quando si tratta di dati, di informazioni o di programmi informatici, la copia deve essere realizzata su adeguati supporti, mediante procedura che assicuri la conformità della copia all'originale e la sua immodificabilità; in tali casi, la custodia degli originali può essere disposta anche in luoghi diversi dalla cancelleria o dalla segreteria.[2]

3. Se si tratta di cose che possono alterarsi, l'autorità giudiziaria ne ordina, secondo i casi, l'alienazione o la distruzione.

3-*bis*. L'autorità giudiziaria procede, altresì, anche su richiesta dell'organo accertatore, alla distruzione delle merci di cui sono comunque vietati la fabbricazione, il possesso, la detenzione o la commercializzazione quando le stesse sono di difficile custodia, ovvero quando la custodia risulta particolarmente onerosa o pericolosa per la sicurezza, la salute o l'igiene pubblica ovvero quando, anche all'esito di accertamenti compiuti ai sensi dell'articolo 360, risulti evidente la violazione dei predetti divieti. L'autorità giudiziaria dispone il prelievo di uno o più campioni con l'osservanza delle formalità di cui all'articolo 364 e ordina la distruzione della merce residua.[3]

3-*ter*. Nei casi di sequestro nei procedimenti a carico di ignoti, la polizia giudiziaria, decorso il termine di tre mesi dalla data di effettuazione del sequestro, può procedere alla distruzione delle merci contraffatte sequestrate, previa comunicazione all'autorità giudiziaria. La distruzione può avvenire dopo 15 giorni dalla comunicazione salva diversa decisione dell'autorità giudiziaria. È fatta salva la facoltà di conservazione di campioni da utilizzare a fini giudiziari.[3]

[1] Parole inserite dall'art. 8, comma 8 lett. *a*) della L. 18 mar. 2008, n. 48.

[2] Periodo aggiunto dall'art. 8, comma 8 lett. *a*) della L. 18 mar. 2008, n. 48.

[3] Commi aggiunti dall'art. 2, c. 1, lett. *a*) del D.L. 23 mag. 2008, n. 92, conv. con modif. in L. 24 lug. 2008, n. 125.

261. ***Rimozione e riapposizione dei sigilli.*** — 1. L'autorità giudiziaria, quando occorre procedere alla rimozione dei sigilli, ne verifica prima l'identità e l'integrità con l'assistenza dell'ausiliario. Compiuto l'atto per cui si è resa necessaria la rimozione dei sigilli, le cose sequestrate sono nuovamente sigillate dall'ausiliario in presenza dell'autorità giudiziaria. L'autorità giudiziaria e l'ausiliario appongono presso il sigillo la data e la sottoscrizione.

262. ***Durata del sequestro e restituzione delle cose sequestrate.*** — 1. Quando non è necessario mantenere il sequestro a fini di prova, le cose sequestrate sono restituite a chi ne abbia diritto, anche prima della sentenza. Se occorre, l'autorità giudiziaria prescrive di presentare a ogni richiesta le cose restituite e a tal fine può imporre cauzione.

2. Nel caso previsto dal comma 1, la restituzione non è ordinata se il giudice dispone, a richiesta del pubblico ministero o della parte civile, che sulle cose appartenenti all'imputato o al responsabile civile sia mantenuto il sequestro a garanzia dei crediti indicati nell'art. 316.

3. Non si fa luogo alla restituzione e il sequestro è mantenuto ai fini preventivi quando il giudice provvede a norma dell'art. 321.

3-*bis*. Trascorsi cinque anni dalla data della sentenza non più soggetta ad impugnazione, le somme di denaro sequestrate, se non ne è stata disposta la confisca e nessuno ne ha chiesto la restituzione, reclamando di averne diritto, sono devolute allo Stato.[1]

4. Dopo la sentenza non più soggetta a impugna-

zione le cose sequestrate sono restituite a chi ne abbia diritto, salvo che sia disposta la confisca.

[1] Comma ins. dall'art. 2, c. 612, L. 24 dic. 2007, n. 244.

263. ***Procedimento per la restituzione delle cose sequestrate.***[1] — 1. La restituzione delle cose sequestrate è disposta dal giudice con ordinanza se non vi è dubbio sulla loro appartenenza.

2. Quando le cose sono state sequestrate presso un terzo, la restituzione non può essere ordinata a favore di altri senza che il terzo sia sentito in camera di consiglio con le forme previste dall'art. 127.

3. In caso di controversia sulle proprietà delle cose sequestrate, il giudice ne rimette la risoluzione al giudice civile del luogo competente in primo grado, mantenendo nel frattempo il sequestro.

4. Nel corso delle indagini preliminari, sulla restituzione delle cose sequestrate il pubblico ministero provvede con decreto motivato.[2]

5. Contro il decreto del pubblico ministero che dispone la restituzione o respinge la relativa richiesta,[3] gli interessati possono proporre opposizione sulla quale il giudice provvede a norma dell'art. 127.

6. Dopo la sentenza non più soggetta a impugnazione, provvede il giudice dell'esecuzione.

[1] V. *Att.* 84, 85.
[2] Comma così sost. dall'art. 10, D.L. 14 gen. 1991, n. 12.
[3] Comma così modif. dall'art. 10, D.L. 14 gen. 1991, n. 12.

264. [***Provvedimenti in caso di mancata restituzione.***][1]

[1] Articolo abrog. dall'art. 299, D.P.R. 30 mag. 2002, n. 115.

265. ***Spese relative al sequestro penale.***[1]

[1] Vedi nota art. 264.

CAPO IV
Intercettazioni di conversazioni o comunicazioni[1]

[1] Sull'acquisizione dei dati relativi al traffico telefonico l'art. 132, D.lgs. 30 giu. 2003, n. 196 stabilisce quanto segue:

1. Fermo restando quanto previsto dall'art. 123, c. 2, i dati relativi al traffico telefonico sono conservati dal fornitore per ventiquattro mesi dalla data della comunicazione, per finalità di accertamento e repressione di reati, mentre, per le medesime finalità, i dati relativi al traffico telematico, esclusi comunque i contenuti delle comunicazioni, sono conservati dal fornitore per dodici mesi dalla data della comunicazione.

1-*bis*. I dati relativi alle chiamate senza risposta, trattati temporaneamente da parte dei fornitori di servizi di comunicazione elettronica accessibili al pubblico oppure di una rete pubblica di comunicazione, sono conservati per trenta giorni.

2. [Abrogato.]

3. Entro il termine di cui al c. 1, i dati sono acquisiti presso il fornitore con decreto motivato del pubblico ministero anche su istanza del difensore dell'imputato, della persona sottoposta alle indagini, della persona offesa e delle altre parti private. Il difensore dell'imputato o della persona sottoposta alle indagini può richiedere, direttamente al fornitore i dati relativi alle utenze intestate al proprio assistito con le modalità indicate dall'art. 391-*quater* del c.p.p. e, ferme restando le condizioni di cui all'art. 8, c. 2, lett. *f*), per il traffico entrante.

4. [Abrogato.]

4-*bis*. [Abrogato.]

4-*ter*. Il Ministro dell'interno o, su sua delega, i responsabili degli uffici centrali specialistici in materia informatica o telematica della Polizia di Stato, dell'Arma dei carabinieri e del Corpo della guardia di finanza, nonché gli altri soggetti indicati nel c. 1 dell'art. 226 delle norme di attuazione, di coordinamento e transitorie del c.p.p., di cui al d.lgs. 28 lug. 1989, n. 271, possono ordinare, anche in relazione alle eventuali richieste avanzate da autorità investigative straniere, ai fornitori e agli operatori di servizi informatici o telematici di conservare e proteggere, secondo le modalità indicate e per un periodo non superiore a novanta giorni, i dati relativi al traffico telematico, esclusi comunque i contenuti delle comunicazioni, ai fini dello svolgimento delle investigazioni preventive previste dal citato art. 226 delle norme di cui al d.lgs. n. 271 del 1989, ovvero per finalità di accertamento e repressione di specifici reati. Il provvedimento, prorogabile, per motivate esigenze, per una durata complessiva non superiore a sei mesi, può prevedere particolari modalità di custodia dei dati e l'eventuale indisponibilità dei dati stessi da parte dei fornitori e degli operatori di servizi informatici o telematici ovvero di terzi.

4-*quater*. Il fornitore o l'operatore di servizi informatici o telematici cui è rivolto l'ordine previsto dal comma 4-*ter* deve ottemperarvi senza ritardo, fornendo immediatamente all'autorità richiedente l'assicurazione dell'adempimento. Il fornitore o l'operatore di servizi informatici o telematici è tenuto a mantenere il segreto relativamente all'ordine ricevuto e alle attività conseguentemente svolte per il periodo indicato dall'autorità. In caso di violazione dell'obbligo si applicano, salvo che il fatto costituisca più grave reato, le disposizioni dell'art. 326 del c.p.

4-*quinquies*. I provvedimenti adottati ai sensi del comma 4-*ter* sono comunicati per iscritto, senza ritardo e comunque entro quarantotto ore dalla notifica al destinatario, al pubblico ministero del luogo di esecuzione il quale, se ne ricorrono i presupposti, li convalida. In caso di mancata convalida, i provvedimenti assunti perdono efficacia.

5. Il trattamento dei dati per le finalità di cui al c. 1 è effettuato nel rispetto delle misure e degli accorgimenti a garanzia dell'interessato prescritti ai sensi dell'art. 17, volti a garantire che i dati conservati possiedano i medesimi requisiti di qualità, sicurezza e protezione dei dati in rete, nonché a:

a) prevedere in ogni caso specifici sistemi di autenticazione informatica e di autorizzazione degli incaricati del trattamento di cui all'allegato *b*);
b) [abrogato];
c) [abrogato];
d) indicare le modalità tecniche per la periodica distruzione dei dati, decorsi i termini di cui al c. 1.

266. ***Limiti di ammissibilità.*** — 1. L'intercettazione di conversazioni o comunicazioni telefoniche e di altre forme di telecomunicazione è consentita nei procedimenti relativi ai seguenti reati:

a) delitti non colposi per i quali è prevista la pena dell'ergastolo o della reclusione superiore nel massimo a cinque anni determinata a norma dell'articolo 4;

b) delitti contro la pubblica amministrazione

per i quali è prevista la pena della reclusione non inferiore nel massimo a cinque anni determinata a norma dell'articolo 4;

c) delitti concernenti sostanze stupefacenti o psicotrope;

d) delitti concernenti le armi e le sostanze esplosive;

e) delitti di contrabbando;

f) reati di ingiuria, minaccia, usura, abusiva attività finanziaria[1], abuso di informazioni privilegiate, molestia o disturbo alle persone col mezzo del telefono;

f-bis) delitti previsti dall'art. 600-*ter*, terzo comma, del codice penale, anche se relativi al materiale pornografico di cui all'articolo 600-*quater*.1 del medesimo codice,[2] nonché dall'art. 609-*undecies*.[3]

f-ter) delitti previsti dagli articoli 444, 473, 474, 515, 516, 517-*quater* e 633, secondo comma, del codice penale;[4]

f-quater) delitto previsto dall'articolo 612-*bis* del codice penale;[5]

f-quinquies) delitti commessi avvalendosi delle condizioni previste dall'articolo 416-*bis* del codice penale ovvero al fine di agevolare l'attività delle associazioni previste dallo stesso articolo.[6]

2. Negli stessi casi è consentita l'intercettazione di comunicazioni tra presenti, che può essere eseguita anche mediante l'inserimento di un captatore informatico su un dispositivo elettronico portatile.[7] Tuttavia, qualora queste avvengano nei luoghi indicati dall'art. 614 del codice penale, l'intercettazione è consentita solo se vi è fondato motivo di ritenere che ivi si stia svolgendo l'attività criminosa.

2-*bis*. L'intercettazione di comunicazioni tra presenti mediante inserimento di captatore informatico su dispositivo elettronico portatile è sempre consentita nei procedimenti per i delitti di cui all'articolo 51, commi 3-*bis* e 3-*quater*, e, previa indicazione delle ragioni che ne giustificano l'utilizzo anche nei luoghi indicati dall'articolo 614 del codice penale, per i delitti dei pubblici ufficiali o degli incaricati di pubblico servizio contro la pubblica amministrazione per i quali è prevista la pena della reclusione non inferiore nel massimo a cinque anni, determinata a norma dell'articolo 4.[8]

[1] I reati di usura ed abusiva attività finanziaria sono stati inclusi dall'art. 8 della L. 7 mar. 1996, n. 108; quelli di cui al 600-*ter* terzo comma c.p., dall'art. 12, L. 3 ago. 1998, n. 269.

[2] Parole aggiunte dall'art. 13, L. 6 feb. 2006, n. 38.

[3] Parole aggiunte dall'art. 4, c. 1, D.lgs. 4 mar. 2014, n. 39.

[4] Lettera aggiunta dall'art. 14, c. 3, L. 14 gen. 2013, n. 9, e così modif. dall'art. 31, c. 1, D.L. 4 ott. 2018, n. 113, conv. in L. 1 dic. 2018, n. 132.

[5] Lettera aggiunta dall'art. 2, c. 1, lett. *0b*), D.L. 14 ago. 2013, n. 93, conv. con modif. in L. 15 ott. 2013, n. 119.

[6] Lettera ins. dall'art. 2, c. 1, D.L. 30 dic. 2019, n. 161, conv. con modif. in L. 28 feb. 2020, n. 7. La disposizione si applica ai procedimenti penali iscritti successivamente al 31 agosto 2020.

[7] Parole aggiunte dall'art. 4, c. 1, lett. *a*), D.lgs. 29 dic. 2017, n. 216. Ai sensi dell'art. 9, c. 1, D.lgs. 216/2017, come modif. dall'art. 1, D.L. 30 apr. 2020, n. 28, conv. con modif. in L. 25 giu. 2020, n. 70 «la disposizione si applica ai procedimenti penali iscritti dopo il 31 agosto 2020».

[8] Comma aggiunto dall'art. 4, c. 1, lett. *a*), D.lgs. 29 dic. 2017, n. 216. V. nota 7. Il presente comma è stato poi modif. dall'art. 1, L. 9 gen. 2019, n. 3, a decorrere dal 31 gen. 2019, e dall'art. 2, D.L. 30 dic. 2019, n. 161, a decorrere dal 1° gen. 2020.

266-*bis*. *Intercettazioni di comunicazioni informatiche o telematiche.*[1] — 1. Nei procedimenti relativi ai reati indicati nell'art. 266, nonché a quelli commessi mediante l'impiego di tecnologie informatiche o telematiche, è consentita l'intercettazione del flusso di comunicazioni relativo a sistemi informatici o telematici ovvero intercorrente tra più sistemi.

[1] Articolo ins. dall'art. 11, L. 23 dic. 1993, n. 547.

267. *Presupposti e forme del provvedimento.*[1] — 1. Il pubblico ministero richiede al giudice per le indagini preliminari l'autorizzazione a disporre le operazioni previste dall'art. 266. L'autorizzazione è data con decreto motivato quando vi sono gravi indizi di reato e l'intercettazione è assolutamente indispensabile ai fini della prosecuzione delle indagini. Il decreto che autorizza l'intercettazione tra presenti mediante inserimento di captatore informatico su dispositivo elettronico portatile indica le specifiche ragioni[2] che rendono necessaria tale modalità per lo svolgimento delle indagini; nonché, se si procede per delitti diversi da quelli di cui all'articolo 51, commi 3-*bis* e 3-*quater*, e dai delitti dei pubblici ufficiali o degli incaricati di pubblico servizio contro la pubblica amministrazione per i quali è prevista la pena della reclusione non inferiore nel massimo a cinque anni, determinata a norma dell'articolo 4,[3] i luoghi e il tempo, anche indirettamente determinati, in relazione ai quali è consentita l'attivazione del microfono.[4]

1-*bis*. Nella valutazione dei gravi indizi di reato si applica l'articolo 203.

2. Nei casi di urgenza, quando vi è fondato motivo di ritenere che dal ritardo possa derivare grave pregiudizio alle indagini, il pubblico ministero dispone l'intercettazione con decreto motivato, che va comunicato immediatamente e comunque non oltre le ventiquattro ore al giudice indicato nel comma 1. Il giudice, entro quarantotto ore dal provvedimento, decide sulla convalida con decreto motivato. Se il decreto del pubblico ministero non viene convalidato nel termine stabilito, l'intercettazione non può essere proseguita e i risultati di essa non possono essere utilizzati.

2-*bis*. Nei casi di cui al comma 2, il pubblico ministero può disporre, con decreto motivato, l'intercettazione tra presenti mediante inserimento di captatore informatico su dispositivo elettronico portatile soltanto nei procedimenti per i delitti di cui all'articolo 51, commi 3-*bis* e 3-*quater* e per i delitti dei pubblici ufficiali o degli incaricati di pubblico servizio contro la pubblica amministrazione per i quali è prevista la pena della reclusione non inferiore nel massimo a cinque anni, determinata a norma dell'articolo 4[5]. A tal fine indica, oltre a quanto previsto dal comma 1, secondo periodo, le ragioni di urgenza che rendono impossibile attendere il provvedimento del giudice. Il decreto è trasmesso al giudice che decide sulla convalida nei termini, con le modalità e gli effetti indicati al comma 2.[6]

3. Il decreto del pubblico ministero che dispone l'intercettazione indica le modalità e la durata delle operazioni. Tale durata non può superare i quindici giorni, ma può essere prorogata dal giudice con decreto motivato per periodi successivi di quindici giorni, qualora permangano i presupposti indicati nel comma 1.

4. Il pubblico ministero procede alle operazioni personalmente ovvero avvalendosi di un ufficiale di polizia giudiziaria. [L'ufficiale di polizia giudiziaria provvede a norma dell'articolo 268, comma 2-*bis*, informando preventivamente il pubblico ministero con annotazione sui contenuti delle comunicazioni e conversazioni.][7]

5. In apposito registro riservato gestito, anche con modalità informatiche, e tenuto sotto la direzione e la sorveglianza del Procuratore della Repubblica, sono annotati, secondo un ordine cronologico, i decreti che dispongono, autorizzano, convalidano o prorogano le intercettazioni e, per ciascuna intercettazione, l'inizio e il termine delle operazioni.[8]

[1] V. però *Coord.* 226 e l'art. 13 del D.L. 13 mag. 1991, n. 152, conv. in L. 12 lug. 1991, n. 203 come integrato dall'art. 3-*bis* del D.L. 8 giu. 1992, n. 306, conv. in L. 7 ago. 1992, n. 356, che detta una disciplina derogatoria a quanto disposto dall'art. 267.

[2] Parole così modif. dall'art. 1, c. 1-*ter*, D.L. 30 set. 2021, n. 132, conv. con modif. in L. 23 nov. 2021, n. 178.

[3] Parole così modif. dall'art. 2, c. 1, D.L. 30 dic. 2019, n. 161, conv. con modif. in L. 28 feb. 2020, n. 7. La disposizione si applica ai procedimenti penali iscritti successivamente al 31 agosto 2020.

[4] Periodo aggiunto dall'art. 4, c. 1, lett. *b*), D.lgs. 29 dic. 2017, n. 216. Ai sensi dell'art. 9, c. 1, D.lgs. 216/2017, come modif. dall'art. 1, D.L. 30 apr. 2020, n. 28, conv. con modif. in L. 25 giu. 2020, n. 70 «la disposizione si applica ai procedimenti penali iscritti dopo il 31 agosto 2020».

[5] Parole aggiunte dall'art. 2, c. 1, D.L. 30 dic. 2019, n. 161, conv. con modif. in L. 28 feb. 2020, n. 7. V. nota 2.

[6] Comma aggiunto dall'art. 4, c. 1, lett. *b*), D.lgs. 29 dic. 2017, n. 216. V. nota 3.

[7] Periodo aggiunto dall'art. 2, c. 1, lett. *c*), D.lgs. 29 dic. 2017, n. 216 e quindi soppresso dall'art. 2, c. 1, D.L. 30 dic. 2019, n. 161, conv. con modif. in L. 28 feb. 2020, n. 7. V. nota 2.

[8] Comma così sost. dall'art. 2, c. 1, D.L. 30 dic. 2019, n. 161, conv. con modif. in L. 28 feb. 2020, n. 7. V. nota 2.

268. ***Esecuzione delle operazioni.***[1] — 1. Le comunicazioni intercettate sono registrate e delle operazioni è redatto verbale.

2. Nel verbale è trascritto, anche sommariamente, il contenuto delle comunicazioni intercettate.

2-*bis*. Il pubblico ministero dà indicazioni e vigila affinché nei verbali non siano riportate espressioni lesive della reputazione delle persone o quelle che riguardano dati personali definiti sensibili dalla legge, salvo che risultino rilevanti ai fini delle indagini.[2]

2-*ter*. [Il pubblico ministero, con decreto motivato, può disporre che le comunicazioni e conversazioni di cui al comma 2-*bis* siano trascritte nel verbale quando ne ritiene la rilevanza per i fatti oggetto di prova. Può altresì disporre la trascrizione nel verbale, se necessarie a fini di prova, delle comunicazioni e conversazioni relative a dati personali definiti sensibili dalla legge.][3]

3. Le operazioni possono essere compiute esclusivamente per mezzo degli impianti installati nella procura della Repubblica. Tuttavia, quando tali impianti risultano insufficienti o inidonei ed esistono eccezionali ragioni di urgenza, il pubblico ministero può disporre, con provvedimento motivato, il compimento delle operazioni mediante impianti di pubblico servizio o in dotazione alla polizia giudiziaria.

3-*bis*. Quando si procede a intercettazione di comunicazioni informatiche o telematiche, il pubblico ministero può disporre che le operazioni siano compiute anche mediante impianti appartenenti a privati. Per le operazioni di avvio e di cessazione delle registrazioni con captatore informatico su dispositivo elettronico portatile, riguardanti comunicazioni e conversazioni tra presenti, l'ufficiale di polizia giudiziaria può avvalersi di persone idonee di cui all'articolo 348, comma 4.[4]

4. I verbali e le registrazioni sono immediatamente trasmessi al pubblico ministero per la conservazione nell'archivio di cui all'articolo 269, comma 1. Entro cinque giorni dalla conclusione delle operazioni, essi sono depositati presso l'archivio di cui all'articolo 269, comma 1, insieme ai decreti che hanno disposto, autorizzato, convalidato o prorogato l'intercettazione, rimanendovi per il tempo fissato dal pubblico ministero, salvo che il giudice non riconosca necessaria una proroga.[5]

5. Se dal deposito può derivare un grave pregiudizio per le indagini, il giudice autorizza il pubblico ministero a ritardarlo non oltre la chiusura delle indagini preliminari.[5]

6. Ai difensori delle parti è immediatamente dato avviso che, entro il termine fissato a norma dei commi 4 e 5, per via telematica hanno facoltà di esaminare gli atti e ascoltare le registrazioni ovvero di prendere cognizione dei flussi di comunicazioni informatiche o telematiche. Scaduto il termine, il giudice dispone l'acquisizione delle conversazioni o dei flussi di comunicazioni informatiche o telematiche indicati dalle parti, che non appaiano irrilevanti, procedendo anche di ufficio allo stralcio delle registrazioni e dei verbali di cui è vietata l'utilizzazione e di quelli che riguardano categorie

particolari di dati personali, sempre che non ne sia dimostrata la rilevanza. Il pubblico ministero e i difensori hanno diritto di partecipare allo stralcio e sono avvisati almeno ventiquattro ore prima.[5]

7. Il giudice, anche nel corso delle attività di formazione del fascicolo per il dibattimento ai sensi dell'articolo 431, dispone la trascrizione integrale delle registrazioni ovvero la stampa in forma intelligibile delle informazioni contenute nei flussi di comunicazioni informatiche o telematiche da acquisire, osservando le forme, i modi e le garanzie previsti per l'espletamento delle perizie. Le trascrizioni o le stampe sono inserite nel fascicolo per il dibattimento. Il giudice, con il consenso delle parti, può disporre l'utilizzazione delle trascrizioni delle registrazioni ovvero delle informazioni contenute nei flussi di comunicazioni informatiche o telematiche effettuate dalla polizia giudiziaria nel corso delle indagini. In caso di contestazioni si applicano le disposizioni di cui al primo periodo.[5]

8. I difensori possono estrarre copia delle trascrizioni e fare eseguire la trasposizione della registrazione su idoneo supporto. In caso di intercettazione di flussi di comunicazioni informatiche o telematiche i difensori possono richiedere copia su idoneo supporto dei flussi intercettati, ovvero copia della stampa prevista dal comma 7.[5]

[1] Articolo così modif. dall'art. 12, L. 23 dic. 1993, n. 547. La Corte cost., con sent. 10 ott. 2008, n. 336, ha dichiarato l'ill. cost. di questo articolo nella parte in cui non prevede che, dopo la notificazione o l'esecuzione dell'ordinanza che dispone una misura cautelare personale, il difensore possa ottenere la trasposizione su nastro magnetico delle registrazioni di conversazioni o comunicazioni intercettate, utilizzate ai fini dell'adozione del provvedimento cautelare, anche se non depositate.

[2] Comma così sost. dall'art. 2, c. 1, D.L. 30 dic. 2019, n. 161, conv. con modif. in L. 28 feb. 2020, n. 7. La disposizione si applica ai procedimenti penali iscritti successivamente al 31 agosto 2020.

[3] Comma abrog. dall'art. 2, c. 1, D.L. 30 dic. 2019, n. 161, conv. con modif. in L. 28 feb. 2020, n. 7. V. nota 2.

[4] Periodo aggiunto dall'art. 4, c. 1, lett. *c*), D.lgs. 29 dic. 2017, n. 216. Ai sensi dell'art. 9, c. 1, D.lgs. 216/2017, come modif. dall'art. 1, D.L. 30 apr. 2020, n. 28, conv. con modif. in L. 25 giu. 2020, n. 70 «la disposizione si applica ai procedimenti penali iscritti dopo il 31 agosto 2020».

[5] L'originario c. 4 è stato sostituito dagli attuali commi 4, 5, 6, 7, 8 dall'art. 2, c. 1, D.L. 30 dic. 2019, n. 161, conv. con modif. in L. 28 feb. 2020, n. 7. V. nota 2.

268-*bis*. *Deposito di verbali e registrazioni.*[1]

[1] Articolo ins. dall'art. 3, c. 1, lett. *m*), D.lgs. 29 dic. 2017, n. 216 e poi soppresso dall'art. 2, c. 1, D.L. 30 dic. 2019, n. 161, conv. con modif. in L. 28 feb. 2020, n. 7. La disposizione si applica ai procedimenti penali iscritti successivamente al 31 agosto 2020.

268-*ter*. *Acquisizione al fascicolo delle indagini.*[1]

[1] Articolo ins. dall'art. 3, c. 1, lett. *m*), D.lgs. 29 dic. 2017, n. 216 e poi soppresso dall'art. 2, c. 1, D.L. 30 dic. 2019, n. 161, conv. con modif. in L. 28 feb. 2020, n. 7. La disposizione si applica ai procedimenti penali iscritti successivamente al 31 agosto 2020.

268-*quater*. *Termini e modalità della decisione del giudice.*[1]

[1] Articolo ins. dall'art. 3, c. 1, lett. *m*), D.lgs. 29 dic. 2017, n. 216 e poi soppresso dall'art. 2, c. 1, D.L. 30 dic. 2019, n. 161, conv. con modif. in L. 28 feb. 2020, n. 7. La disposizione si applica ai procedimenti penali iscritti successivamente al 31 agosto 2020.

269. *Conservazione della documentazione.* — 1. I verbali e le registrazioni, e ogni altro atto ad esse relativo, sono conservati integralmente in apposito archivio gestito e tenuto sotto la direzione e la sorveglianza del Procuratore della Repubblica dell'ufficio che ha richiesto ed eseguito le intercettazioni. Non sono coperti da segreto solo i verbali e le registrazioni delle comunicazioni e conversazioni acquisite al fascicolo di cui all'articolo 373, comma 5, o comunque utilizzati nel corso delle indagini preliminari. Al giudice per le indagini preliminari e ai difensori delle parti, successivamente al deposito effettuato ai sensi degli articoli 268 e 415-*bis* o nel caso previsto dall'articolo 454, comma 2-*bis*, per l'esercizio dei loro diritti e facoltà è consentito l'accesso all'archivio e l'ascolto delle conversazioni o comunicazioni registrate.[1]

1-*bis*. [Non sono coperti da segreto i verbali e le registrazioni delle comunicazioni e conversazioni acquisite al fascicolo di cui all'articolo 373, comma 5].[2]

2. Salvo quanto previsto dall'articolo 271 comma 3, le registrazioni sono conservate fino alla sentenza non più soggetta a impugnazione. Tuttavia gli interessati, quando la documentazione non è necessaria per il procedimento, possono chiederne la distruzione, a tutela della riservatezza, al giudice che ha autorizzato o convalidato l'intercettazione. Il giudice decide in camera di consiglio a norma dell'articolo 127.[1]

3. La distruzione, nei casi in cui è prevista, viene eseguita sotto controllo del giudice. Dell'operazione è redatto verbale.

[1] Comma così sost. dall'art. 2, c. 1, D.L. 30 dic. 2019, n. 161, conv. con modif. in L. 28 feb. 2020, n. 7. La disposizione si applica ai procedimenti penali iscritti successivamente al 31 agosto 2020.

[2] Comma abrog. dall'art. 2, c. 1, D.L. 30 dic. 2019, n. 161, conv. con modif. in L. 28 feb. 2020, n. 7. V. nota 1.

270. *Utilizzazione in altri procedimenti.* — 1. I risultati delle intercettazioni non possono essere utilizzati in procedimenti diversi da quelli nei quali sono stati disposti, salvo che risultino rilevanti e indispensabili per l'accertamento di delitti per i quali è obbligatorio l'arresto in flagranza e dei reati di cui all'articolo 266, comma 1.[1]

1-*bis*. Fermo restando quanto previsto dal comma 1, i risultati delle intercettazioni tra presenti operate con captatore informatico su dispositivo elettronico portatile possono essere utilizzati anche per la prova di reati diversi da quelli per i quali è stato emesso il decreto di autorizzazione qualora risultino indispensabili per l'accertamento dei delitti indicati dall'articolo 266, comma 2-*bis*.[1]

2. Ai fini della utilizzazione prevista dal comma 1, i verbali e le registrazioni delle intercettazioni sono depositati presso l'autorità competente per il diverso procedimento. Si applicano le disposizioni dell'articolo 268, commi 6, 7 e 8.[2]

3. Il pubblico ministero e i difensori delle parti hanno altresì facoltà di esaminare i verbali e le registrazioni in precedenza depositati nel procedimento in cui le intercettazioni furono autorizzate.

[1] Comma così sost. dall'art. 2, c. 1, D.L. 30 dic. 2019, n. 161, conv. con modif. in L. 28 feb. 2020, n. 7. La disposizione si applica ai procedimenti penali iscritti successivamente al 31 agosto 2020.

[2] Parole così sost. dall'art. 2, c. 1, D.L. 30 dic. 2019, n. 161, conv. con modif. in L. 28 feb. 2020, n. 7. V. nota 1.

270-*bis*. *Comunicazioni di servizio di appartenenti al Dipartimento delle informazioni per la sicurezza e ai servizi di informazione per la sicurezza.*[1] — 1. L'autorità giudiziaria, quando abbia acquisito, tramite intercettazioni, comunicazioni di servizio di appartenenti al Dipartimento delle informazioni per la sicurezza o ai servizi di informazione per la sicurezza, dispone l'immediata secretazione e la custodia in luogo protetto dei documenti, dei supporti e degli atti concernenti tali comunicazioni.

2. Terminate le intercettazioni, l'autorità giudiziaria trasmette al Presisente del Consiglio dei ministri copia della documentazione contenente le informazioni di cui intende avvalersi nel processo, per accertare se taluna di queste informazioni sia coperta da segreto di Stato.

3. Prima della risposta del Presidente del Consiglio dei ministri, le informazioni ad esso inviate possono essere utilizzate solo se vi è pericolo di inquinamento delle prove, o pericolo di fuga, o quando è necessario intervenire per prevenire o interrompere la commissione di un delitto per il quale sia prevista la pena della reclusione non inferiore nel massimo a quattro anni. Resta ferma la disciplina concernente la speciale causa di giustificazione prevista per attività del personale dei servizi di informazione per la sicurezza.

4. Se entro sessanta giorni dalla notificazione della richiesta il Presidente del Consiglio dei ministri non oppone il segreto, l'autorità giudiziaria acquisisce la notizia e provvede per l'ulteriore corso del procedimento.

5. L'opposizione del segreto di Stato inibisce all'autorità giudiziaria l'utilizzazione delle notizie coperte dal segreto.

6. Non è in ogni caso precluso all'autorità giudiziaria di procedere in base ad elementi autonomi e indipendenti dalle informazioni coperte dal segreto.

7. Quando è sollevato conflitto di attribuzione nei confronti del Presidente del Consiglio dei ministri, qualora il conflitto sia risolto nel senso dell'insussistenza del segreto di Stato, il Presidente del Consiglio dei ministri non può più opporlo con riferimento al medesimo oggetto. Qualora il conflitto sia risolto nel senso della sussistenza del segreto di Stato, l'autorità giudiziaria non può acquisire né utilizzare, direttamente o indirettamente, atti o documenti sui quali è stato opposto il segreto di Stato.

8. In nessun caso il segreto di Stato è opponibile alla Corte costituzionale. La Corte adotta le necessarie garanzie per la segretezza del procedimento.

[1] Articolo introdotto dall'art. 28, L. 3 ago. 2007, n. 124.

271. *Divieti di utilizzazione.* — 1. I risultati delle intercettazioni non possono essere utilizzati qualora le stesse siano state eseguite fuori dei casi consentiti dalla legge o qualora non siano state osservate le disposizioni previste dagli artt. 267 e 268 commi 1 e 3.

1-*bis*. Non sono in ogni caso utilizzabili i dati acquisiti nel corso delle operazioni preliminari all'inserimento del captatore informatico sul dispositivo elettronico portatile e i dati acquisiti al di fuori dei limiti di tempo e di luogo indicati nel decreto autorizzativo.[1]

2. Non possono essere utilizzate le intercettazioni relative a conversazioni o comunicazioni delle persone indicate nell'articolo 200 comma 1, quando hanno a oggetto fatti conosciuti per ragione del loro ministero, ufficio o professione, salvo che le stesse persone abbiano deposto sugli stessi fatti o li abbiano in altro modo divulgati.

3. In ogni stato e grado del processo il giudice dispone che la documentazione delle intercettazioni previste dai commi 1, 1-*bis*[2] e 2 sia distrutta, salvo che costituisca corpo del reato.

[1] Comma aggiunto dall'art. 4, c. 1, lett. *e*), D.lgs. 29 dic. 2017, n. 216. Ai sensi dell'art. 9, c. 1, D.lgs. 216/2017, come modif. dall'art. 1, D.L. 30 apr. 2020, n. 28, conv. con modif. in L. 25 giu. 2020, n. 70 «la disposizione si applica ai procedimenti penali iscritti dopo il 31 agosto 2020».

[2] Parole aggiunte dall'art. 4, c. 1, lett. *e*), D.lgs. 29 dic. 2017, n. 216. V. nota 1.

LIBRO QUARTO

MISURE CAUTELARI[1]

[1] V. *Att.* 91-105.

TITOLO I
Misure cautelari personali

CAPO I
Disposizioni generali

272. *Limitazioni alle libertà della persona.* — 1. Le libertà della persona[1] possono essere limitate con misure cautelari soltanto a norma delle disposizioni del presente titolo.

[1] V. artt. 19-24 D.P.R. 22 set. 1988, n. 448.

273. *Condizioni generali di applicabilità delle misure.* — 1. Nessuno può essere sottoposto a misure cautelari se a suo carico non sussistono gravi indizi di colpevolezza.[1]

1-*bis*. Nella valutazione dei gravi indizi di colpevolezza si applicano le disposizioni degli articoli 192, commi 3 e 4, 195, comma 7, 203 e 271, comma 1.[2]

2. Nessuna misura può essere applicata se risulta che il fatto è stato compiuto in presenza di una causa di giustificazione o di non punibilità o se sussiste una causa di estinzione del reato ovvero una causa di estinzione della pena che si ritiene possa essere irrogata.

[1] V. artt. 384, 714[2], 715, 736[2].
[2] Comma inserito dall'art. 11 della L. 1 mar. 2001, n. 63.

274. *Esigenze cautelari.*[1] — 1. Le misure cautelari sono disposte:

a) quando sussistono specifiche e inderogabili esigenze attinenti alle indagini relative ai fatti per i quali si procede in relazione a situazioni di concreto e attuale pericolo per l'acquisizione o la genuinità della prova, fondate su circostanze di fatto espressamente indicate nel provvedimento a pena di nullità rilevabile anche d'ufficio. Le situazioni di concreto e attuale pericolo non possono essere individuate nel rifiuto della persona sottoposta alle indagini o dell'imputato di rendere dichiarazioni né nella mancata ammissione degli addebiti;

b) quando l'imputato si è dato alla fuga o sussiste concreto e attuale pericolo che egli si dia alla fuga, sempre che il giudice ritenga che possa essere irrogata una pena superiore a due anni di reclusione. Le situazioni di concreto e attuale pericolo non possono essere desunte esclusivamente dalla gravità del titolo di reato per cui si procede;[2]

c) quando, per specifiche modalità e circostanze del fatto e per la personalità della persona sottoposta alle indagini o dell'imputato, desunta da comportamenti o atti concreti o dai suoi precedenti penali, sussiste il concreto e attuale pericolo che questi commetta gravi delitti con uso di armi o di altri mezzi di violenza personale o diretti contro l'ordine costituzionale[3] ovvero delitti di criminalità organizzata o della stessa specie di quello per cui si procede. Se il pericolo riguarda la commissione di delitti della stessa specie di quello per cui si procede, le misure di custodia cautelare sono disposte soltanto se trattasi di delitti per i quali è prevista la pena della reclusione non inferiore nel massimo a quattro anni ovvero, in caso di custodia cautelare in carcere, di delitti per i quali è prevista la pena della reclusione non inferiore nel massimo a cinque anni nonché per il delitto di finanziamento illecito dei partiti di cui all'articolo 7 della legge 2 maggio 1974, n. 195, e successive modificazioni. Le situazioni di concreto e attuale pericolo, anche in relazione alla personalità dell'imputato, non possono essere desunte esclusivamente dalla gravità del titolo di reato per cui si procede.[4]

[1] Articolo così modif. dall'art. 3, L. 8 ago. 1995, n. 332.
[2] Lettera così modif. dall'art. 1, L. 16 apr. 2015, n. 47.
[3] V. artt. 270, 270-*bis*, 272, 280, 283, 284, 289-*bis* c.p.; V. anche artt. 21, 29, L. 18 apr. 1975, n. 110, e art. 11, L. 29 mag. 1982, n. 304.
[4] Lettera così modif. dall'art. 1, c. 1, lett. *0b*), D.L. 1 lug. 2013, n. 78, conv. con modif. in L. 9 ago. 2013, n. 94, e dall'art. 2, L. 16 apr. 2015, n. 47.

275. *Criteri di scelta delle misure.* — 1. Nel disporre le misure, il giudice tiene conto della specifica idoneità di ciascuna in relazione alla natura e al grado delle esigenze cautelari da soddisfare nel caso concreto.

1-*bis*. Contestualmente ad una sentenza di condanna, l'esame delle esigenze cautelari è condotto tenendo conto anche dell'esito del procedimento, delle modalità del fatto e degli elementi sopravvenuti, dai quali possa emergere che, a seguito della sentenza, risulta taluna delle esigenze indicate nell'articolo 274, comma 1, lettere *b*) e *c*).[1]

2. Ogni misura deve essere proporzionata all'entità del fatto e alla sanzione che sia stata o si ritiene possa essere irrogata.

2-*bis*. Non può essere applicata la misura della custodia cautelare in carcere o quella degli arresti domiciliari se il giudice ritiene che con la sentenza possa essere concessa la sospensione condizionale della pena. Salvo quanto previsto dal comma 3 e ferma restando l'applicabilità degli articoli 276, comma 1-*ter*, e 280, comma 3, non può applicarsi la misura della custodia cautelare in carcere se il giudice ritiene che, all'esito del giudizio, la pena detentiva irrogata non sarà superiore a tre anni. Tale disposizione non si applica nei procedimenti per i delitti di cui agli articoli 423-*bis*, 572, 612-*bis*, 612-*ter*[2] e 624-*bis* del codice penale, nonché all'articolo 4-*bis* della legge 26 luglio 1975, n. 354, e successive modificazioni, e quando, rilevata l'inadeguatezza di ogni altra misura, gli arresti domiciliari non possano essere disposti per mancanza di uno dei luoghi di esecuzione indicati nell'articolo 284, comma 1, del presente codice.[3]

2-*ter*. Nei casi di condanna di appello le misure cautelari personali sono sempre disposte, contestualmente alla sentenza, quando, all'esito dell'esame condotto a norma del comma 1-*bis*, risultano sussistere esigenze cautelari previste dall'articolo 274 e la condanna riguarda una dei delitti previsti dall'articolo 380, comma 1, e questo risulta commesso da soggetto condannato nei cinque anni precedenti per delitti della stessa indole.[4]

3. La custodia cautelare in carcere può essere disposta soltanto quando le altre misure coercitive o interdittive, anche se applicate cumulativamente, risultino inadeguate.[5] Quando sussistono gravi indizi di colpevolezza in ordine ai delitti di cui agli articoli 270, 270-*bis* e 416-*bis* del codice penale, è applicata la custodia cautelare in carcere, salvo che siano acquisiti elementi dai quali risulti che non sussistono esigenze cautelari. Salvo quanto previsto dal secondo periodo del presente comma, quando sussistono gravi indizi di colpevolezza in ordine ai delitti di cui all'articolo 51, commi 3-*bis* e 3-*quater*, del presente codice nonché in ordine ai delitti di cui agli articoli 575, 600-*bis*, primo comma, 600-*ter*, escluso il quarto comma, 600-*quinquies* e, quando non ricorrano le circostanze attenuanti contemplate, 609-*bis*, 609-*quater* e 609-*octies* del codice penale, è applicata la custodia cautelare in carcere, salvo che siano acquisiti elementi dai quali risulti che non sussistono esigenze cautelari o che, in relazione al caso concreto, le esigenze cautelari possono essere soddisfatte con altre misure.[6] [Le disposizioni di cui al periodo precedente si applicano anche in ordine ai delitti previsti dagli articoli 609-*bis*, 609-*quater* e 609-*octies* del codice penale, salvo che ricorrano le circostanze attenuanti dagli stesse contemplate.][7,8]

3-*bis*. Nel disporre la custodia cautelare in carcere il giudice deve indicare le specifiche ragioni per cui ritiene inidonea, nel caso concreto, la misura degli arresti domiciliari con le procedure di controllo di cui all'articolo 275-*bis*, comma 1.[9]

4. Quando imputati siano donna incinta o madre di prole di età non superiore a sei anni con lei convivente, ovvero padre, qualora la madre sia deceduta o assolutamente impossibilitata a dare assistenza alla prole, non può essere disposta né mantenuta la custodia cautelare in carcere, salvo che sussistano esigenze cautelari di eccezionale rilevanza. Non può essere disposta la custodia cautelare in carcere, salvo che sussistano esigenze cautelari di eccezionale rilevanza, quando imputato sia persona che ha superato l'età di settanta anni.[10]

4-*bis*. Non può essere disposta né mantenuta la custodia cautelare in carcere quando l'imputato è persona affetta da AIDS conclamata o da grave deficienza immunitaria accertate ai sensi dell'art. 286-*bis*, comma 2, ovvero da altra malattia particolarmente grave, per effetto della quale le sue condizioni di salute risultino incompatibili con lo stato di detenzione e comunque tali da non consentire adeguate cure in caso di detenzione in carcere.

4-*ter*. Nell'ipotesi di cui al comma 4-*bis*, se sussistono esigenze cautelari di eccezionale rilevanza e la custodia cautelare presso idonee strutture sanitarie penitenziarie non è possibile senza pregiudizio per la salute dell'imputato o quella degli altri detenuti, il giudice dispone la misura degli arresti domiciliari presso un luogo di cura o di assistenza o di accoglienza. Se l'imputato è persona affetta da AIDS conclamata o grave deficienza immunitaria, gli arresti domiciliari possono essere disposti presso le unità operative di malattie infettive ospedaliere ed universitarie o altre unità operative prevalentemente impegnate secondo i piani regionali nell'assistenza ai casi di AIDS, ovvero presso una residenza collettiva o casa alloggio di cui all'art. 1, comma 2, della L. 5 giu. 1990, n. 135.

4-*quater*. Il giudice può comunque disporre la custodia cautelare in carcere qualora il soggetto risulti imputato o sia stato sottoposto ad altra misura cautelare per uno dei delitti previsti dall'art. 380, relativamente a fatti commessi dopo l'applicazione delle misure disposte ai sensi dei commi 4-*bis* e 4-*ter*. In tal caso il giudice dispone che l'imputato venga condotto in un istituto dotato di reparto attrezzato per la cura e l'assistenza necessarie.

4-*quinquies*. La custodia cautelare in carcere non può comunque essere disposta o mantenuta quando la malattia si trova in una fase così avanzata da non rispondere più, secondo le certificazioni del servizio sanitario penitenziario o esterno, ai trattamenti disponibili e alle terapie curative.

[1] Comma inserito dall'art. 16, D.L. 24 nov. 2000, n. 341, conv. con modif. in L. 19 gen. 2001, n. 4 e successivamente modif. dall'art. 14 della L. 26 mar. 2001, n. 128.

[2] Parole ins. dall'art. 16, L. 19 lug. 2019, n. 69.

[3] Comma così sost. dall'art. 8, D.L. 26 giu. 2014, n. 92, conv. con modif. in L. 11 ago. 2014, n. 117 e successivamente modif. dall'art. 16, c. 1, L. 19 lug. 2019, n. 69, a decorrere dal 9 ago. 2019.

[4] Comma inserito dall'art. 14 della L. 26 mar. 2001, n. 128.

[5] Periodo così sost. dall'art. 3, L. 16 apr. 2015, n. 47.

[6] Periodo così sost. dall'art. 4, L. 16 apr. 2015, n. 47.

[7] Periodo aggiunto dall'art. 2, D.L. 23 feb. 2009, n. 11, conv. con modif. in L. 23 apr. 2009, n. 38 poi soppresso dall'art. 4, L. 16 apr. 2015, n. 47.

[8] La Corte cost., con sent. 26 mar. 2015, n. 48, ha dichia-

CODICE DI PROCEDURA PENALE

rato l'ill. cost. del c. 3, secondo periodo, nella parte in cui – nel prevedere che, quando sussistono gravi indizi di colpevolezza in ordine al delitto di cui all'art. 416-*bis* c.p., è applicata custodia cautelare in carcere, salvo che siano acquisiti elementi dai quali risulti che non sussistono esigenze cautelari – non fa salva, altresì, rispetto al concorrente esterno nel suddetto delitto, l'ipotesi in cui siano acquisiti elementi specifici, in relazione al caso concreto, dai quali risulti che le esigenze cautelari possono essere soddisfatte con altre misure.

[9] Comma ins. dall'art. 4, L. 16 apr. 2015, n. 47.

[10] Comma così modif. dall'art. 1, c. 1 della L. 21 apr. 2011, n. 62. Ai sensi del c. 4 dell'art. 1 della L. 21 apr. 2011 n. 62, tale disposizione si applica a far data dalla completa attuazione del piano straordinario penitenziario, e comunque a decorrere dal 1° gen. 2014, fatta salva la possibilità di utilizzare i posti già disponibili a legislazione vigente presso gli istituti a custodia attenuata.

275-*bis*. *Particolari modalità di controllo.*[1] — 1. Nel disporre la misura degli arresti domiciliari anche in sostituzione della custodia cautelare in carcere, il giudice, salvo che le ritenga non necessarie in relazione alla natura e al grado delle esigenze cautelari da soddisfare nel caso concreto, prescrive procedure di controllo mediante mezzi elettronici o altri strumenti tecnici, quando ne abbia accertato la disponibilità da parte della polizia giudiziaria. Con lo stesso provvedimento il giudice prevede l'applicazione della misura della custodia cautelare in carcere quando l'imputato neghi il consenso all'adozione dei mezzi e strumenti anzidetti.[2]

2. L'imputato accetta i mezzi e gli strumenti di controllo di cui al comma 1 ovvero nega il consenso all'applicazione di essi, con dichiarazione espressa resa all'ufficiale o all'agente incaricato di eseguire l'ordinanza che ha disposto la misura. La dichiarazione è trasmessa al giudice che ha emesso l'ordinanza ed al pubblico ministero, insieme con il verbale previsto dall'art. 293, comma 1.

3. L'imputato che ha accettato l'applicazione dei mezzi e strumenti di cui al comma 1 è tenuto ad agevolare le procedure di installazione e ad osservare le altre prescrizioni impostegli.

[1] Articolo ins. dall'art. 16, c. 2, D.L. 24 nov. 2000, n. 341, conv. con modif. in L. 19 gen. 2001, n. 4.

[2] Comma così modif. dall'art. 1, c. 1, lett. *a*), D.L. 23 dic. 2013, n. 146, conv. con modif. in L. 21 feb. 2014, n. 10, in vigore dal 22 feb. 2014.

276. *Provvedimenti in caso di trasgressione alle prescrizioni imposte.* — 1. In caso di trasgressione alle prescrizioni inerenti a una misura cautelare, il giudice può disporre la sostituzione o il cumulo con altra più grave, tenuto conto dell'entità, dei motivi e delle circostanze della violazione. Quando si tratta di trasgressione alle prescrizioni inerenti a una misura interdittiva, il giudice può disporre la sostituzione o il cumulo anche con una misura coercitiva.

1-*bis*. Quando l'imputato si trova nelle condizioni di cui all'art. 275, comma 4-*bis*, e nei suoi confronti è stata disposta misura diversa dalla custodia cautelare in carcere, il giudice, in caso di trasgressione delle prescrizioni inerenti alla diversa misura cautelare, può disporre anche la misura della custodia cautelare in carcere. In tal caso il giudice dispone che l'imputato venga condotto in un istituto dotato di reparto attrezzato per la cura e l'assistenza necessarie.[1]

1-*ter*. In deroga a quanto previsto nel comma 1, in caso di trasgressione alle prescrizioni degli arresti domiciliari concernenti il divieto di allontanarsi dalla propria abitazione o da altro luogo di privata dimora, il giudice dispone la revoca della misura e la sostituzione con la custodia cautelare in carcere, salvo che il fatto sia di lieve entità.[2]

[1] Comma inserito dall'art. 2, L. 12 lug. 1999, n. 231.

[2] Comma così sost. dall'art. 5, L. 16 apr. 2015, n. 47.

277. *Salvaguardia dei diritti della persona sottoposta a misure cautelari.* — 1. Le modalità di esecuzione delle misure devono salvaguardare i diritti della persona ad esse sottoposta, il cui esercizio non sia incompatibile con le esigenze cautelari del caso concreto.

278. *Determinazione della pena agli effetti dell'applicazione delle misure.* — 1. Agli effetti dell'applicazione delle misure, si ha riguardo alla pena stabilita dalla legge per ciascun reato consumato o tentato. Non si tiene conto della continuazione, della recidiva e delle circostanze del reato, fatta eccezione della circostanza aggravante prevista al n. 5 dell'art. 61 del codice penale e della circostanza attenuante prevista dall'art. 62, n. 4 del codice penale nonché delle circostanze [aggravanti][2] per le quali la legge stabilisce una pena di specie diversa da quella ordinaria del reato e di quelle ad effetto speciale.

[1] Aggiunta la recidiva all'originario elenco con l'art. 6 della L. 8 ago. 1995, n. 332.

[2] Caduta la delimitazione alle sole aggravanti con l'art. 6 della L. 8 ago. 1995, n. 332.

279. *Giudice competente.* — 1. Sull'applicazione e sulla revoca delle misure nonché sulle modifiche delle loro modalità esecutive, provvede il giudice che procede. Prima dell'esercizio dell'azione penale provvede il giudice per le indagini preliminari.

CAPO II
Misure coercitive

280. *Condizioni di applicabilità delle misure coercitive.* — 1. Salvo quanto disposto dai commi 2 e 3 del presente articolo e dall'art. 391, le misure previste in questo capo possono essere applicate solo quando si procede per delitti per i quali la legge stabilisce la pena dell'ergastolo o della reclusione superiore nel massimo a tre anni.

2. La custodia cautelare in carcere può essere disposta solo per delitti, consumati o tentati, per i quali sia prevista la pena della reclusione non infe-

riore nel massimo a cinque anni e per il delitto di finanziamento illecito dei partiti di cui all'articolo 7 della legge 2 maggio 1974, n. 195, e successive modificazioni.[1,2]

3. La disposizione di cui al comma 2 non si applica nei confronti di chi abbia trasgredito alle prescrizioni inerenti a una misura cautelare.[1]

[1] Comma aggiunto dall'art. 7, L. 8 ago. 1995, n. 332.

[2] Comma così modif. dall'art. 1, c. 1, lett. *0a*), D.L. 1 lug. 2013, n. 78, conv. con modif. in L. 9 ago. 2013, n. 94.

281. ***Divieto di espatrio.*** — 1. Con il provvedimento che dispone il divieto di espatrio, il giudice prescrive all'imputato di non uscire dal territorio nazionale senza l'autorizzazione del giudice che procede.

2. Il giudice dà le disposizioni necessarie per assicurare l'esecuzione del provvedimento, anche al fine di impedire l'utilizzazione del passaporto e degli altri documenti di identità validi per l'espatrio.

2-*bis*. Con l'ordinanza che applica una delle altre misure coercitive previste dal presente capo, il giudice dispone in ogni caso il divieto di espatrio.[1]

[1] Comma ins. dall'art. 9 del D.L. 8 giu. 1992, n. 306, conv. in L. 7 ago. 1992, n. 356; dichiarato incostituzionale dalla Corte cost. con sent. 31 mar. 1994, n. 109.

282. ***Obbligo di presentazione alla polizia giudiziaria.*** — 1. Con il provvedimento che dispone l'obbligo di presentazione alla polizia giudiziaria, il giudice prescrive all'imputato di presentarsi a un determinato ufficio di polizia giudiziaria.

2. Il giudice fissa i giorni e le ore di presentazione tenendo conto dell'attività lavorativa e del luogo di abitazione dell'imputato.

282-*bis*. ***Allontanamento dalla casa familiare.***[1] — 1. Con il provvedimento che dispone l'allontanamento il giudice prescrive all'imputato di lasciare immediatamente la casa familiare, ovvero di non farvi rientro, e di non accedervi senza l'autorizzazione del giudice che procede. L'eventuale autorizzazione può prescrivere determinate modalità di visita.

2. Il giudice, qualora sussistano esigenze di tutela dell'incolumità della persona offesa o dei suoi prossimi congiunti, può inoltre prescrivere all'imputato di non avvicinarsi a luoghi determinati abitualmente frequentati dalla persona offesa, in particolare il luogo di lavoro, il domicilio della famiglia di origine o dei prossimi congiunti, salvo che la frequentazione sia necessaria per motivi di lavoro. In tale ultimo caso il giudice prescrive le relative modalità e può imporre limitazioni.

3. Il giudice, su richiesta del pubblico ministero, può altresì ingiungere il pagamento periodico di un assegno a favore delle persone conviventi che, per effetto della misura cautelare disposta, rimangano prive di mezzi adeguati. Il giudice determina la misura dell'assegno tenendo conto delle circostanze e dei redditi dell'obbligato e stabilisce le modalità ed i termini del versamento. Può ordinare, se necessario, che l'assegno sia versato direttamente al beneficiario da parte del datore di lavoro dell'obbligato, detraendolo dalla retribuzione a lui spettante. L'ordine di pagamento ha efficacia di titolo esecutivo.

4. I provvedimenti di cui ai commi 2 e 3 possono essere assunti anche successivamente al provvedimento di cui al comma 1, sempre che questo non sia stato revocato o non abbia comunque perduto efficacia. Essi, anche se assunti successivamente, perdono efficacia se è revocato o perde comunque efficacia il provvedimento di cui al comma 1. Il provvedimento di cui al comma 3, se a favore del coniuge o dei figli, perde efficacia, inoltre, qualora sopravvenga l'ordinanza prevista dall'articolo 708 del codice di procedura civile ovvero altro provvedimento del giudice civile in ordine ai rapporti economico-patrimoniali tra i coniugi ovvero al mantenimento dei figli.

5. Il provvedimento di cui al comma 3 può essere modificato se mutano le condizioni dell'obbligato o del beneficiario, e viene revocato se la convivenza riprende.

6. Qualora si proceda per uno dei delitti previsti dagli articoli 570, 571, 572,[2] 582, limitatamente alle ipotesi procedibili d'ufficio o comunque aggravate, 600, 600-*bis*, 600-*ter*, 600-*quater*, 600-*septies.1*, 600-*septies.2*, 601, 602, 609-*bis*, 609-*ter*, 609-*quater*, 609-*quinquies*, 609-*octies* e 612, secondo comma, 612-*bis*[2] del codice penale, commesso in danno dei prossimi congiunti o del convivente, la misura può essere disposta anche al di fuori dei limiti di pena previsti dall'articolo 280, anche con le modalità di controllo previste all'articolo 275-*bis*.[3]

[1] Articolo ins. dall'art. 1, comma 2, L. 4 apr. 2001, n. 154, recante misure contro la violenza nelle relazioni familiari.

[2] Parola ins. dall'art. 16, c. 1, D.L. 4 ott. 2018, n. 113, conv. in L. 1 dic. 2018, n. 132.

[3] Comma così modif. dall'art. 5, c. 1, lett. *b*), L. 1 ott. 2012, n. 172, e dall'art. 2, c. 1, lett. *a*), D.L. 14 ago. 2013, n. 93, conv. con modif. in L. 15 ott. 2013, n. 119.

282-*ter*. ***Divieto di avvicinamento ai luoghi frequentati dalla persona offesa.***[1] — 1. Con il provvedimento che dispone il divieto di avvicinamento il giudice prescrive all'imputato di non avvicinarsi a luoghi determinati abitualmente frequentati dalla persona offesa ovvero di mantenere una determinata distanza da tali luoghi o dalla persona offesa, anche disponendo l'applicazione delle particolari modalità di controllo previste dall'articolo 275-*bis*[2].

2. Qualora sussistano ulteriori esigenze di tutela, il giudice può prescrivere all'imputato di non avvicinarsi a luoghi determinati abitualmente frequentati da prossimi congiunti della persona offesa o da persone con questa conviventi o comunque legate da relazione affettiva ovvero di mantenere una determinata distanza da tali luoghi o da tali persone.

3. Il giudice può, inoltre, vietare all'imputato di comunicare, attraverso qualsiasi mezzo, con le persone di cui ai commi 1 e 2.

4. Quando la frequentazione dei luoghi di cui ai

commi 1 e 2 sia necessaria per motivi di lavoro ovvero per esigenze abitative, il giudice prescrive le relative modalità e può imporre limitazioni.

[1] Articolo ins. dall'art. 9, c. 1 lett. *a*) del D.L. 23 feb. 2009, n. 11, conv. con modif. in L. 23 apr. 2009, n. 38.

[2] Parole aggiunte dall'art. 15, c. 2, L. 19 lug. 2019, n. 69.

282-*quater*. *Obblighi di comunicazione.*[1] — 1. I provvedimenti di cui agli articoli 282-*bis* e 282-*ter* sono comunicati all'autorità di pubblica sicurezza competente, ai fini dell'eventuale adozione dei provvedimenti in materia di armi e munizioni. Essi sono altresì comunicati alla parte offesa e, ove nominato, al suo difensore[2] e ai servizi socio-assistenziali del territorio. Quando l'imputato si sottopone positivamente ad un programma di prevenzione della violenza organizzato dai servizi socio-assistenziali del territorio, il responsabile del servizio ne dà comunicazione al pubblico ministero e al giudice ai fini della valutazione ai sensi dell'articolo 299, comma 2.[3]

1-*bis*. Con la comunicazione prevista dal comma 1, la persona offesa è informata della facoltà di richiedere l'emissione di un ordine di protezione europeo.[4]

[1] Articolo ins. dall'art. 9, c. 1 lett. *a*) del D.L. 23 feb. 2009, n. 11, conv. con modif. in L. 23 apr. 2009, n. 38.

[2] Parole ins. dall'art. 15, c. 3, L. 19 lug. 2019, n. 69.

[3] Periodo aggiunto dall'art. 2, c. 1, lett. *a-bis*), D.L. 14 ago. 2013, n. 93, conv. con modif. in L. 15 ott. 2013, n. 119.

[4] Comma aggiunto dall'art. 4, D.lgs. 11 feb. 2015, n. 9.

283. *Divieto e obbligo di dimora.* — 1. Con il provvedimento che dispone il divieto di dimora, il giudice prescrive all'imputato di non dimorare in un determinato luogo e di non accedervi senza l'autorizzazione del giudice che procede.

2. Con il provvedimento che dispone l'obbligo di dimora, il giudice prescrive all'imputato di non allontanarsi, senza l'autorizzazione del giudice che procede, dal territorio del comune di dimora abituale ovvero, al fine di assicurare un più efficace controllo o quando il comune di dimora abituale non è sede di ufficio di polizia, dal territorio di una frazione del predetto comune o dal territorio di un comune viciniore ovvero di una frazione di quest'ultimo. Se per la personalità del soggetto o per le condizioni ambientali la permanenza in tali luoghi non garantisce adeguatamente le esigenze cautelari previste dall'articolo 274, l'obbligo di dimora può essere disposto nel territorio di un altro comune o frazione di esso, preferibilmente nella provincia e comunque nell'ambito della regione ove è ubicato il comune di abituale dimora.

3. Quando dispone l'obbligo di dimora, il giudice indica l'autorità di polizia alla quale l'imputato deve presentarsi senza ritardo e dichiarare il luogo dove fisserà la propria abitazione. Il giudice può prescrivere all'imputato di dichiarare all'autorità di polizia gli orari e i luoghi in cui sarà quotidianamente reperibile per i necessari controlli, con obbligo di comunicare preventivamente alla stessa autorità le eventuali variazioni dei luoghi e degli orari predetti.

4. Il giudice può, anche con separato provvedimento, prescrivere all'imputato di non allontanarsi dall'abitazione in alcune ore del giorno, senza pregiudizio per le normali esigenze di lavoro.

5. Nel determinare i limiti territoriali delle prescrizioni, il giudice considera, per quanto è possibile, le esigenze di alloggio, di lavoro e di assistenza dell'imputato. Quando si tratta di persona tossicodipendente o alcooldipendente che abbia in corso un programma terapeutico di recupero nell'ambito di una struttura autorizzata, il giudice stabilisce i controlli necessari per accertare che il programma di recupero prosegua.

6. Dei provvedimenti del giudice è data in ogni caso immediata comunicazione all'autorità di polizia competente, che ne vigila l'osservanza e fa rapporto al pubblico ministero di ogni infrazione.

284. *Arresti domiciliari.*[1,2] — 1. Con il provvedimento che dispone gli arresti domiciliari, il giudice prescrive all'imputato di non allontanarsi dalla propria abitazione o da altro luogo di privata dimora ovvero da un luogo pubblico di cura o di assistenza ovvero, ove istituita, da una casa famiglia protetta.[3]

1-*bis*. Il giudice dispone il luogo degli arresti domiciliari in modo da assicurare comunque le prioritarie esigenze di tutela della persona offesa dal reato.[4]

1-*ter*. La misura cautelare degli arresti domiciliari non può essere eseguita presso un immobile occupato abusivamente.[5]

2. Quando è necessario, il giudice impone limiti o divieti alla facoltà dell'imputato di comunicare con persone diverse da quelle che con lui coabitano o che lo assistono.

3. Se l'imputato non può altrimenti provvedere alle sue indispensabili esigenze di vita ovvero versa in situazione di assoluta indigenza, il giudice può autorizzarlo ad assentarsi nel corso della giornata dal luogo di arresto per il tempo strettamente necessario per provvedere alle suddette esigenze ovvero per esercitare una attività lavorativa.

4. Il pubblico ministero o la polizia giudiziaria, anche di propria iniziativa, possono controllare in ogni momento l'osservanza delle prescrizioni imposte all'imputato.

5. L'imputato agli arresti domiciliari si considera in stato di custodia cautelare.

5-*bis*. Non possono essere, comunque, concessi gli arresti domiciliari a chi sia stato condannato per il reato di evasione nei cinque anni precedenti al fatto per il quale si procede, salvo che il giudice ritenga, sulla base di specifici elementi, che il fatto sia di lieve entità e che le esigenze cautelari possano essere soddisfatte con tale misura. A tal fine il giudice assume nelle forme più rapide le relative notizie.[6]

[1] V. art. 21, D.P.R. 22 set. 1988, n. 448.

[2] Ai sensi dell'art. 4, L. 21 apr. 2011, n. 62 «Con decreto del Ministro della giustizia, da adottare, entro centottanta giorni dalla data di entrata in vigore della presente legge, d'intesa con la Conferenza Stato-città ed autonomie locali, sono determinate le caratteristiche tipologiche delle case famiglia protette previste dall'articolo 284 del codice di procedura penale e dagli articoli 47-*ter* e 47-*quinquies* della legge 26 luglio 1975, n. 354».

[3] Comma così modif. dall'art. 1, c. 2, L. 21 apr. 2011, n. 62. Ai sensi dell'art. 1, c. 4, L. 62/2011, tale disposizione si applica a far data dalla completa attuazione del piano straordinario penitenziario, e comunque a decorrere dal 1° gennaio 2014, fatta salva la possibilità di utilizzare i posti già disponibili a legislazione vigente presso gli istituti a custodia attenuata.

[4] Comma aggiunto dall'art. 1, c. 1, lett. *a*), D.L. 1 lug. 2013, n. 78, conv. con modif. in L. 9 ago. 2013, n. 94.

[5] Comma ins. dall'art. 31-*bis*, c. 1, D.L. 4 ott. 2018, n. 113, conv. in L. 1 dic. 2018, n. 132.

[6] Comma ins. dall'art. 16, c. 4, D.L. 24 nov. 2000, n. 341, conv. con modif. in L. 19 gen. 2001, n. 4, quindi così modif. dall'art. 5, L. 26 mar. 2001, n. 128, e dall'art. 6, L. 16 apr. 2015, n. 47.

285. ***Custodia cautelare in carcere.***[1] — 1. Con il provvedimento che dispone la custodia cautelare, il giudice ordina agli ufficiali e agli agenti di polizia giudiziaria che l'imputato sia catturato e immediatamente condotto in un istituto di custodia per rimanervi a disposizione dell'autorità giudiziaria.

2. Prima del trasferimento nell'istituto la persona sottoposta a custodia cautelare non può subire limitazione della libertà, se non per il tempo e con le modalità strettamente necessarie alla sua traduzione.

3. Per determinare la pena da eseguire, la custodia cautelare subita si computa a norma dell'art. 657, anche quando si tratti di custodia cautelare subita all'estero in conseguenza di una domanda di estradizione ovvero nel caso di rinnovamento del giudizio a norma dell'art. 11 del c.p.

[1] V. art. 22, D.P.R. 22 set 1988, n. 448, e art. 13, D.L. 15 gen. 1991, n. 8, conv. in L. 15 mar. 1991, n. 82, che detta, per l'ipotesi della ricorrenza di gravi ed urgenti motivi di sicurezza, una disciplina derogatoria della previsione del primo comma.

285-*bis*. ***Custodia cautelare in istituto a custodia attenuata per detenute madri.***[1] — 1. Nelle ipotesi di cui all'articolo 275, comma 4, se la persona da sottoporre a custodia cautelare sia donna incinta o madre di prole di età non superiore a sei anni, ovvero padre, qualora la madre sia deceduta o assolutamente impossibilitata a dare assistenza alla prole, il giudice può disporre la custodia presso un istituto a custodia attenuata per detenute madri, ove le esigenze cautelari di eccezionale rilevanza lo consentano.

[1] Articolo ins. dall'art. 1, c. 3 della L. 21 apr. 2011, n. 62. Ai sensi del c. 4 dell'art. 1 della L. 21 apr. 2011 n. 62, tale disposizione si applica a far data dalla completa attuazione del piano straordinario penitenziario, e comunque a decorrere dal 1° gen. 2014, fatta salva la possibilità di utilizzare i posti già disponibili a legislazione vigente presso gli istituti a custodia attenuata.

286. ***Custodia cautelare in luogo di cura.*** — 1. Se la persona da sottoporre a custodia cautelare si trova in stato di infermità di mente che ne esclude o ne diminuisce grandemente la capacità di intendere o di volere, il giudice, in luogo della custodia in carcere, può disporre il ricovero provvisorio in idonea struttura del servizio psichiatrico ospedaliero, adottando i provvedimenti necessari per prevenire il pericolo di fuga. Il ricovero non può essere mantenuto quando risulta che l'imputato non è più infermo di mente.

2. Si applicano le disposizioni dell'art. 285 commi 2 e 3.

286-*bis*. ***Divieto di custodia cautelare.***[1] — 1. [Non può essere mantenuta la custodia cautelare in carcere nei confronti di chi sia affetto da infezione da HIV e ricorra una situazione di incompatibilità con lo stato di detenzione. L'incompatibilità sussiste, ed è dichiarata dal giudice, nei casi di AIDS conclamata o di grave deficienza immunitaria; negli altri casi l'incompatibilità per infezione da HIV è valutata dal giudice tenendo conto del periodo residuo di custodia cautelare e degli effetti che sulla pericolosità del detenuto hanno le sue attuali condizioni fisiche. La richiesta di accertamento dello stato di incompatibilità può essere fatta dall'imputato, dal suo difensore o dal servizio sanitario penitenziario. Nei casi di incompatibilità il giudice dispone la revoca della misura cautelare, ovvero gli arresti domiciliari presso l'abitazione dell'imputato].[2]

2. Con decreto del Ministro della sanità, da adottare di concerto con il Ministro di grazia e giustizia,[3] sono definiti i casi di AIDS conclamata o di grave deficienza immunitaria e sono stabilite le procedure diagnostiche e medico-legali per il loro accertamento.

3. Quando ricorrono esigenze diagnostiche al fine di accertare la sussistenza delle condizioni di salute di cui all'art. 275, comma 4-*bis*, ovvero esigenze terapeutiche nei confronti di persona che si trovi in tali condizioni, se tali esigenze non possono essere soddisfatte nell'ambito penitenziario, il giudice può disporre il ricovero provvisorio in idonea struttura del Servizio sanitario nazionale per il tempo necessario, adottando, ove occorra, i provvedimenti idonei a evitare il pericolo di fuga. Cessate le esigenze di ricovero, il giudice provvede a norma dell'art. 275.[4]

[1] Articolo inserito dall'art. 1 del D.L. 14 mag. 1993, n. 139, conv. in L. 14 lug. 1993, n. 222.

[2] Comma abrog. dall'art. 3, L. 12 lug. 1999, n. 231.

[3] Ora ministro della Giustizia, ai sensi dell'art. 16, D.lgs. 30 lug. 1999, n. 300.

[4] Commi così sost. dall'art. 3, L. 12 lug. 1999, n. 231.

CAPO III

Misure interdittive

287. ***Condizioni di applicabilità delle misure interdittive.*** — 1. Salvo quanto previsto da disposizioni particolari, le misure previste in questo capo possono essere applicate solo quando si procede per delitti per i quali la legge stabilisce la pena dell'ergastolo o della reclusione superiore nel massimo a tre anni.

288. ***Sospensione dall'esercizio della responsabilità genitoriale.***[1] — 1. Con il provvedimento che dispone la sospensione dall'esercizio della responsabilità genitoriale[1], il giudice priva temporaneamente l'imputato, in tutto o in parte, dei poteri a essa inerenti.

2. Qualora si proceda per un delitto contro la libertà sessuale, ovvero per uno dei delitti previsti dagli art. 530[2] e 571 del c.p., commesso in danno di prossimi congiunti, la misura può essere disposta anche al di fuori dei limiti di pena previsti dall'art. 287 comma 1.

[1] Le parole «potestà dei genitori» sono state sost. da «responsabilità genitoriale» dall'art. 94, D.lgs. 28 dic. 2013, n. 154, in vigore dal 7 feb. 2014.

[2] L'art. 530 è stato abrogato dall'art. 1 della L. 15 feb. 1996, n. 66 recante norme contro la violenza sessuale. Si veda ora l'art. 609-*quinques* c.p.

289. ***Sospensione dall'esercizio di un pubblico ufficio o servizio.*** — 1. Con il provvedimento che dispone la sospensione dall'esercizio di un pubblico ufficio o servizio, il giudice interdice temporaneamente all'imputato, in tutto o in parte, le attività a essi inerenti.

2. Qualora si proceda per un delitto contro la pubblica amministrazione, la misura può essere disposta a carico del pubblico ufficiale o dell'incaricato di un pubblico servizio, anche al di fuori dei limiti di pena previsti dall'art. 287 comma 1. Nel corso delle indagini preliminari, prima di decidere sulla richiesta del pubblico ministero di sospensione dall'esercizio di un pubblico ufficio o servizio, il giudice procede all'interrogatorio dell'indagato, con le modalità indicate agli artt. 64 e 65.[1] Se la sospensione dall'esercizio di un pubblico ufficio o servizio è disposta dal giudice in luogo di una misura coercitiva richiesta dal pubblico ministero, l'interrogatorio ha luogo nei termini di cui al comma 1-*bis* dell'articolo 294.[2]

3. La misura non si applica agli uffici elettivi ricoperti per diretta investitura popolare.

[1] Periodo aggiunto dall'art. 2, L. 16 lug. 1997, n. 234.

[2] Periodo aggiunto dall'art. 7, L. 16 apr. 2015, n. 47.

289-*bis*. ***Divieto temporaneo di contrattare con la pubblica amministrazione.***[1] — 1. Con il provvedimento che dispone il divieto di contrattare con la pubblica amministrazione, il giudice interdice temporaneamente all'imputato di concludere contratti con la pubblica amministrazione, salvo che per ottenere le prestazioni di un pubblico servizio. Qualora si proceda per un delitto contro la pubblica amministrazione, la misura può essere disposta anche al di fuori dei limiti di pena previsti dall'articolo 287, comma 1.

[1] Articolo ins. dall'art. 1, c. 4, lett. *c*), L. 9 gen. 2019, n. 3.

290. ***Divieto temporaneo di esercitare determinate attività professionali o imprenditoriali.*** — 1. Con il provvedimento che dispone il divieto di esercitare determinate professioni, imprese o uffici direttivi delle persone giuridiche e delle imprese, il giudice interdice temporaneamente all'imputato, in tutto o in parte, le attività a essi inerenti.

2. Qualora si proceda per un delitto contro l'incolumità pubblica o contro l'economia pubblica, l'industria e il commercio, ovvero per alcuno dei delitti previsti dalle disposizioni penali in materia di società e di consorzi o dagli artt. 353, 355, 373, 380 e 381 del c.p., la misura può essere disposta anche al di fuori dei limiti di pena previsti dall'art. 287 comma 1.

CAPO IV
Forma ed esecuzione dei provvedimenti

291. ***Procedimento applicativo.*** — 1. Le misure sono disposte su richiesta del pubblico ministero,[1] che presenta al giudice competente gli elementi su cui la richiesta si fonda, compresi i verbali di cui all'articolo 268, comma 2, limitatamente alle comunicazioni e conversazioni rilevanti,[2] e comunque conferiti nell'archivio di cui all'articolo 269,[3] nonché tutti gli elementi a favore dell'imputato e le eventuali deduzioni e memorie difensive già depositate.

1-*bis*.[4]

1-*ter*. Quando è necessario, nella richiesta sono riprodotti soltanto i brani essenziali delle comunicazioni e conversazioni intercettate.[5]

2. Se riconosce la propria incompetenza per qualsiasi causa, il giudice, quando ne ricorrono le condizioni e sussiste l'urgenza di soddisfare taluna delle esigenze cautelari previste dall'art. 274, dispone la misura richiesta con lo stesso provvedimento con il quale dichiara la propria incompetenza. Si applicano in tal modo le disposizioni dell'art. 27.

2-*bis*. In caso di necessità o urgenza il pubblico ministero può chiedere al giudice, nell'interesse della persona offesa, le misure patrimoniali provvisorie di cui all'articolo 282-*bis*. Il provvedimento perde efficacia qualora la misura cautelare sia successivamente revocata.[6]

[1] V. artt. 714, 715, 716, 745.

[2] Parole ins. dall'art. 3, c. 1, lett. *e*), D.lgs. 29 dic. 2017, n. 216. Ai sensi dell'art. 9, c. 1, D.lgs. 216/2017, come modif. dall'art. 1, D.L. 30 apr. 2020, n. 28, conv. con modif. in L. 25 giu. 2020, n. 70 «la disposizione si applica ai procedimenti penali iscritti dopo il 31 agosto 2020».

[3] Parole ins. dall'art. 2, c. 1, D.L. 30 dic. 2019, n. 161, conv. con modif. in L. 28 feb. 2020, n. 7. La disposizione si applica ai procedimenti penali iscritti successivamente al 31 agosto 2020.

[4] Comma abrog. dall'art. 8, L. 8 ago. 1995, n. 332.

[5] Comma ins. dall'art. 3, c. 1, lett. *e*), D.lgs. 29 dic. 2017, n. 216. V. nota 2.

[6] Comma aggiunto dall'art. 1, c. 1, L. 4 apr. 2001, n. 154.

292. ***Ordinanza del giudice.*** — 1. Sulla richiesta del pubblico ministero il giudice provvede con ordinanza.[1]

2. L'ordinanza che dispone la misura cautelare contiene, a pena di nullità rilevabile anche d'ufficio:

a) le generalità dell'imputato o quanto altro valga a identificarlo;[2]

b) la descrizione sommaria del fatto con l'indicazione delle norme di legge che si assumono violate;

c) l'esposizione e l'autonoma valutazione delle specifiche esigenze cautelari e degli indizi che giustificano in concreto la misura disposta, con l'indicazione degli elementi di fatto da cui sono desunti e dei motivi per i quali essi assumono rilevanza, tenuto conto anche del tempo trascorso dalla commissione del reato.[3]

c-bis) l'esposizione e l'autonoma valutazione dei motivi per i quali sono stati ritenuti non rilevanti gli elementi forniti dalla difesa, nonché, in caso di applicazione della misura della custodia cautelare in carcere, l'esposizione delle concrete e specifiche ragioni per le quali le esigenze di cui all'art. 274 non possono essere soddisfatte con altre misure;[3]

d) la fissazione della data di scadenza della misura, in relazione alle indagini da compiere, allorché questa è disposta al fine di garantire l'esigenza cautelare di cui alla lettera *a*) del comma 1 dell'art. 274;

e) la data e la sottoscrizione del del giudice.[2]

2-*bis*. L'ordinanza contiene altresì la sottoscrizione dell'ausiliario che assiste il giudice, il sigillo dell'ufficio e, se possibile, l'indicazione del luogo in cui probabilmente si trova l'imputato.[4]

2-*ter*. L'ordinanza è nulla se non contiene la valutazione degli elementi a carico e a favore dell'imputato, di cui all'art. 358, nonché all'art. 327-*bis*.[5]

2-*quater*. Quando è necessario per l'esposizione delle esigenze cautelari e degli indizi, delle comunicazioni e conversazioni intercettate sono riprodotti soltanto i brani essenziali.[6]

3. L'incertezza circa il giudice che ha emesso il provvedimento ovvero circa la persona nei cui confronti la misura è disposta esime gli ufficiali e gli agenti incaricati dal darvi esecuzione.[7]

[1] V. *Att.* 92, 97.

[2] Lettera così modif. dall'art. 5, D.L. 13 mag. 1991, n. 152, conv. in L. 12 lug. 1991, n. 203.

[3] Lettera così modif. dall'art. 8, L. 16 apr. 2015, n. 47.

[4] Comma aggiunto dall'art. 5, D.L. 13 mag. 1991, n. 152, conv. in L. 12 lug. 1991, n. 203, che altresì prevede:

«3. La mancanza dei requisiti indicati all'art. 292, comma 2-*bis*, del c.p.p. non comporta la nullità delle ordinanze che hanno applicato misure cautelari personali anteriormente alla data di entrata in vigore del presente decreto».

[5] Parole così sost. dall'art. 6, L. 7 dic. 2000, n. 397.

[6] Comma ins. dall'art. 3, c. 1, lett. *f*), D.lgs. 29 dic. 2017, n. 216. Ai sensi dell'art. 9, c. 1, D.lgs. 216/2017, come modif. dall'art. 1, D.L. 30 apr. 2020, n. 28, conv. con modif. in L. 25 giu. 2020, n. 70 «la disposizione si applica ai procedimenti penali iscritti dopo il 31 agosto 2020».

[7] L'art. 9, L. 8 ago. 1995, n. 332 ha introdotto il comma 2-*ter*, la lett. *c-bis* nel comma 2, la rilevabilità anche d'ufficio della nullità di cui al comma 2.

293. ***Adempimenti esecutivi.*** — 1. Salvo quanto previsto dall'articolo 156, l'ufficiale o l'agente incaricato di eseguire l'ordinanza che ha disposto la custodia cautelare consegna all'imputato copia del provvedimento unitamente a una comunicazione scritta, redatta in forma chiara e precisa e, per l'imputato che non conosce la lingua italiana, tradotta in una lingua a lui comprensibile, con cui lo informa:

a) della facoltà di nominare un difensore di fiducia e di essere ammesso al patrocinio a spese dello Stato nei casi previsti dalla legge;

b) del diritto di ottenere informazioni in merito all'accusa;

c) del diritto all'interprete ed alla traduzione di atti fondamentali;

d) del diritto di avvalersi della facoltà di non rispondere;

e) del diritto di accedere agli atti sui quali si fonda il provvedimento;

f) del diritto di informare le autorità consolari e di dare avviso ai familiari;

g) del diritto di accedere all'assistenza medica di urgenza;

h) del diritto di essere condotto davanti all'autorità giudiziaria non oltre cinque giorni dall'inizio dell'esecuzione, se la misura applicata è quella della custodia cautelare in carcere ovvero non oltre dieci giorni se la persona è sottoposta ad altra misura cautelare;

i) del diritto di comparire dinanzi al giudice per rendere l'interrogatorio, di impugnare l'ordinanza che dispone la misura cautelare e di richiederne la sostituzione o la revoca.[1]

1-*bis*. Qualora la comunicazione scritta di cui al comma 1 non sia prontamente disponibile in una lingua comprensibile all'imputato, le informazioni sono fornite oralmente, salvo l'obbligo di dare comunque, senza ritardo, comunicazione scritta all'imputato.[2]

1-*ter*. L'ufficiale o l'agente incaricato di eseguire l'ordinanza informa immediatamente il difensore di fiducia eventualmente nominato ovvero quello di ufficio designato a norma dell'articolo 97 e redige verbale di tutte le operazioni compiute, facendo menzione della consegna della comunicazione di cui al comma 1 o dell'informazione orale fornita ai sensi del comma 1-*bis*. Il verbale è immediatamente trasmesso al giudice che ha emesso l'ordinanza e al pubblico ministero.[2]

2. Le ordinanze che dispongono misure diverse dalla custodia cautelare sono notificate all'imputato.

3. Le ordinanze previste dai commi 1 e 2, dopo la loro notificazione o esecuzione, sono depositate nella cancelleria del giudice che le ha emesse insieme alla richiesta del pubblico ministero e agli atti presentati con la stessa. Avviso del deposito è notificato al difensore. Il difensore ha diritto di esaminare e di estrarre copia dei verbali delle comunica-

zioni e conversazioni intercettate di cui all'articolo 291, comma 1.[3] Ha in ogni caso diritto alla trasposizione, su supporto idoneo alla riproduzione dei dati, delle relative registrazioni.[4]

4. Copia dell'ordinanza che dispone una misura interdittiva è trasmessa all'organo eventualmente competente a disporre l'interdizione in via ordinaria.

4-*bis*. Copia dell'ordinanza che dispone la custodia cautelare in carcere nei confronti di madre di prole di minore età è comunicata al procuratore della Repubblica presso il tribunale per i minorenni del luogo di esecuzione della misura.[5]

[1] Comma così sost. dall'art. 1, c. 1, lett. *a*), D.lgs. 1 lug. 2014, n. 101 (Attuazione Direttiva UE sul diritto all'informazione nei procedimenti penali).

[2] Comma ins. dall'art. 1, c. 1, lett. *a*), D.lgs. 1 lug. 2014, n. 101.

[3] Periodo così sost. dall'art. 2, c. 1, D.L. 30 dic. 2019, n. 161, conv. con modif. in L. 28 feb. 2020, n. 7. La disposizione si applica ai procedimenti penali iscritti successivamente al 31 agosto 2020.

[4] Periodi aggiunti dall'art. 3, c. 1, lett. *g*), D.lgs. 29 dic. 2017, n. 216. Ai sensi dell'art. 9, c. 1, D.lgs. 216/2017, come modif. dall'art. 1, D.L. 30 apr. 2020, n. 28, conv. con modif. in L. 25 giu. 2020, n. 70 «la disposizione si applica ai procedimenti penali iscritti dopo il 31 agosto 2020». «la disposizione si applica ai procedimenti penali iscritti dopo il 30 aprile 2020».

[5] Comma aggiunto dall'art. 15-*bis*, c. 2, lett. *b*), D.L. 4 ott. 2018, n. 113, conv. in L. 1 dic. 2018, n. 132.

294. ***Interrogatorio della persona sottoposta a misura cautelare personale.***[1] — 1. Fino alla dichiarazione di apertura del dibattimento il giudice che ha deciso in ordine all'applicazione della misura cautelare, se non vi ha proceduto nel corso dell'udienza di convalida dell'arresto o del fermo, di indiziato di delitto, procede all'interrogatorio della persona in stato di custodia cautelare in carcere immediatamente e comunque non oltre cinque giorni dall'inizio dell'esecuzione della custodia, salvo il caso in cui essa sia assolutamente impedita.[2]

1-*bis*. Se la persona è sottoposta ad altra misura cautelare, sia coercitiva che interdittiva, l'interrogatorio deve avvenire non oltre dieci giorni dalla esecuzione del provvedimento o dalla sua notificazione. Il giudice, anche d'ufficio, verifica che all'imputato in stato di custodia cautelare in carcere o agli arresti domiciliari sia stata data la comunicazione di cui all'articolo 293, comma 1, o che comunque sia stato informato ai sensi del comma 1-*bis* dello stesso articolo, e provvede, se del caso, a dare o a completare la comunicazione o l'informazione ivi indicate.[3,4]

1-*ter*. L'interrogatorio della persona in stato di custodia cautelare deve avvenire entro il termine di quarantotto ore se il pubblico ministero ne fa istanza nella richiesta di custodia cautelare.[3]

2. Nel caso di assoluto impedimento, il giudice ne dà atto con decreto motivato e il termine per l'interrogatorio decorre nuovamente dalla data in cui il giudice riceve comunicazione della cessazione dell'impedimento o comunque accerta la cessazione dello stesso.

3. Mediante l'interrogatorio il giudice valuta se permangono le condizioni di applicabilità e le esigenze cautelari previste dagli art. 273, 274 e 275. Quando ne ricorrono le condizioni, provvede, a norma dell'art. 299, alla revoca o alla sostituzione della misura disposta.

4. Ai fini di quanto previsto dal comma 3, l'interrogatorio è condotto dal giudice con le modalità indicate negli articoli 64 e 65. Al pubblico ministero e al difensore, che ha l'obbligo di intervenire, è dato tempestivo avviso del compimento dell'atto.

4-*bis*. Quando la misura cautelare è stata disposta dalla corte di assise od il tribunale, all'interrogatorio procede il presidente del collegio o uno dei componenti da lui delegato.[5]

5. Per gli interrogatori da assumere nella circoscrizione di altro tribunale, il giudice, o il presidente, nel caso di organo collegiale, qualora non ritenga di procedere personalmente, richiede il giudice per le indagini preliminari del luogo.

6. L'interrogatorio della persona in stato di custodia cautelare da parte del pubblico ministero non può precedere l'interrogatorio del giudice.[6]

[1] Ai sensi dell'art. 4, D.L. 22 feb. 1999, n. 29, conv. con modif. in L. 21 apr. 1999, n. 109, "Disposizioni transitorie sull'interrogatorio" previsto dall'art. 294 c.p.p.: «Salvo quanto previsto dal c. 2, nei procedimenti in corso alla data di entrata in vigore del presente decreto, la misura della custodia cautelare in carcere, la cui esecuzione ha avuto inizio dopo la trasmissione degli atti al giudice del dibattimento, perde efficacia se entro venti giorni dalla medesima data il giudice non procede all'interrogatorio previsto dall'art. 284 dello stesso codice.

Nei casi previsti dal c. 1, l'obbligo di interrogare l'imputato è escluso se, alla data di entrata in vigore del presente decreto, è già stato aperto il dibattimento.».

[2] Comma così sost. dall'art. 2, D.L. 22 feb. 1999, n. 29, conv. con modif. in L. 21 apr. 1999, n. 109.

[3] Commi aggiunti dall'art. 11, L. 8 ago. 1995, n. 332.

[4] Periodo aggiunto dall'art. 1, c. 1, lett. *c*), D.lgs. 1 lug. 2014, n. 101 (Attuazione Direttiva UE sul diritto all'informazione nei procedimenti penali).

[5] Comma introdotto dall'art. 2, L. 21 apr. 1999, n. 109.

[6] Sbarramento introdotto dall'art. 11, L. 8 ago. 1995, n. 332.

295. ***Verbale di vane ricerche.*** — 1. Se la persona nei cui confronti la misura è disposta non viene rintracciata e non è possibile procedere nei modi previsti dall'art. 293, l'ufficiale o l'agente redige ugualmente il verbale, indicando specificamente le indagini svolte, e lo trasmette senza ritardo al giudice che ha emesso l'ordinanza.

2. Il giudice, se ritiene le ricerche esaurienti, dichiara, nei casi previsti dall'art. 296, lo stato di latitanza.

3. Al fine di agevolare le ricerche del latitante, il giudice o il pubblico ministero, nei limiti e con le modalità previste dagli artt. 266 e 267, può disporre l'intercettazione di conversazioni o comunicazioni telefoniche e di altre forme di telecomunica-

zione. Si applicano, ove possibile, le disposizioni degli articoli 268, 269 e 270.[1]

3-*bis*. Fermo quanto disposto nel comma 3 del presente articolo e nel comma 5 dell'art. 103, il giudice o il pubblico ministero può disporre l'intercettazione di comunicazioni tra presenti quando si tratta di agevolare le ricerche di un latitante in relazione a uno dei delitti previsti dall'art. 51, comma 3-*bis*[2] nonché dall'articolo 407, II c. lett. *a*), n. 4.[3]

3-*ter*. Nei giudizi davanti alla Corte d'assise, ai fini di quanto previsto dai commi 3 e 3-*bis*, in luogo del giudice provvede il presidente della Corte.[4]

[1] Parole così sost. dall'art. 2, c. 1, D.L. 30 dic. 2019, n. 161, conv. con modif. in L. 28 feb. 2020, n. 7. La disposizione si applica ai procedimenti penali iscritti successivamente al 31 agosto 2020.

[2] Parole aggiunte dall'art. 6 del D.L. 18 ott. 2001, n. 374, conv. con modif. in L. 15 dic. 2001, n. 438.

[3] Comma inserito dall'art. 3-*bis* del D.L. 8 giu. 1992, n. 306, conv. in L. 7 ago. 1992, n. 356.

[4] Comma aggiunto dall'art. 1 della L. 14 feb. 2006, n. 56.

296. ***Latitanza.*** — 1. È latitante chi volontariamente si sottrae alla custodia cautelare, agli arresti domiciliari, al divieto di espatrio, all'obbligo di dimora o a un ordine con cui si dispone la carcerazione.

2. Con il provvedimento che dichiara la latitanza, il giudice designa un difensore di ufficio al latitante che ne sia privo e ordina che sia depositata in cancelleria copia dell'ordinanza con la quale è stata disposta la misura rimasta ineseguita. Avviso del deposito è notificato al difensore.

3. Gli effetti processuali conseguenti alla latitanza operano soltanto nel procedimento penale nel quale essa è stata dichiarata.

4. La qualità di latitante permane fino a che il provvedimento che vi ha dato causa sia stato revocato a norma dell'art. 299 o abbia altrimenti perso efficacia ovvero siano estinti il reato o la pena per cui il provvedimento è stato emesso.

5. Al latitante per ogni effetto è equiparato l'evaso.

297. ***Computo dei termini di durata delle misure.*** — 1. Gli effetti della custodia cautelare decorrono dal momento della cattura, dell'arresto o del fermo.

2. Gli effetti delle altre misure decorrono dal momento in cui l'ordinanza che le dispone è notificata a norma dell'art. 293.

3. Se nei confronti di un imputato sono emesse più ordinanze che dispongono la medesima misura per uno stesso fatto, benché diversamente circostanziato o qualificato, ovvero per fatti diversi commessi anteriormente alla emissione della prima ordinanza in relazione ai quali sussiste connessione ai sensi dell'art. 12, comma 1, lettere *b*) e *c*), limitatamente ai casi di reati commessi per eseguire gli altri, i termini decorrono dal giorno in cui è stata eseguita o notificata la prima ordinanza e sono commisurati all'imputazione più grave. La disposizione non si applica relativamente alle ordinanze per fatti non desumibili dagli atti prima del rinvio a giudizio disposto per il fatto con il quale sussiste connessione ai sensi del presente comma.[1,2]

4. [Salvo quanto disposto dall'art. 304 comma 2][3] Nel computo dei termini della custodia cautelare si tiene conto dei giorni in cui si sono tenute le udienze e di quelli impiegati per la deliberazione della sentenza nel giudizio di primo grado o nel giudizio sulle impugnazioni solo ai fini della determinazione della durata complessiva della custodia a norma dell'art. 303 comma 4.[4]

5. Se l'imputato è detenuto per un altro reato o è internato per misura di sicurezza, gli effetti della misura decorrono dal giorno in cui è notificata l'ordinanza che la dispone, se sono compatibili con lo stato di detenzione o di internamento; altrimenti decorrono dalla cessazione di questo. Ai soli effetti del computo dei termini di durata massima, la custodia cautelare si considera compatibile con lo stato di detenzione per esecuzione di pena o di internamento per misura di sicurezza.

[1] La Corte cost., con sent. 3 nov. 2005, n. 408, ha dichiarato l'ill. cost. di questo comma nella parte in cui non applica anche a fatti diversi non connessi, quando risulti che gli elementi per emettere la nuova ordinanza erano già desumibili dagli atti al momento della emissione della precedente ordinanza.

[2] La Corte cost., con sent. 22 lug. 2011, n. 233, ha dichiarato l'ill. cost. del c. 3 dell'art. 297 nella parte in cui – con riferimento alle ordinanze che dispongono misure cautelari per fatti diversi – non prevede che la regola in tema di decorrenza dei termini in esso stabilita si applichi anche quando, per i fatti contestati con la prima ordinanza, l'imputato sia stato condannato con sentenza passata in giudicato anteriormente all'adozione della seconda misura.

[3] La clausola di riserva fra parentesi quadre è stata abolita dall'art. 12 della L. 8 ago. 1995, n. 332.

[4] Ai sensi dell'art. 1 del D.L. 1° mar. 1991, n. 60, conv. con modif. in L. 22 apr. 1991, n. 133: «L'art. 297, comma 4, del c.p.p. deve intendersi nel senso che, indipendentemente da una richiesta del pubblico ministero e da un provvedimento del giudice, nel computo dei termini di custodia cautelare stabiliti in relazione alle fasi del giudizio di primo grado o del giudizio sulle impugnazioni non si tiene conto dei giorni in cui si sono tenute le udienze e di quelli impiegati per la deliberazione della sentenza. Dei giorni suddetti si tiene invece conto nel computo dei termini di durata complessiva della custodia cautelare stabiliti nell'art. 303, comma 4, del c.p.p., salvo che ricorra l'ipotesi di sospensione prevista dall'art. 304, comma 2, del c.p.p.».

298. ***Sospensione dell'esecuzione delle misure.*** — 1. L'esecuzione di un ordine con cui si dispone la carcerazione nei confronti di un imputato al quale sia stata applicata una misura cautelare personale per un altro reato ne sospende l'esecuzione, salvo che gli effetti della misura disposta siano compatibili con la espiazione della pena.

2. La sospensione non opera quando la pena è espiata in regime di misure alternative alla detenzione.[1]

[1] V. artt. 47 s. L. 26 lug. 1975, n. 354.

CAPO V
Estinzione delle misure

299. *Revoca e sostituzione delle misure.* — 1. Le misure coercitive e interdittive sono immediatamente revocate quando risultano mancanti, anche per fatti sopravvenuti, le condizioni di applicabilità previste dall'art. 273 o dalle disposizioni relative alle singole misure ovvero le esigenze cautelari previste dall'art. 274.

2. Salvo quanto previsto dall'art. 275 comma 3, quando le esigenze cautelari risultano attenuate ovvero la misura applicata non appare più proporzionata all'entità del fatto o alla sanzione che si ritiene possa essere irrogata, il giudice sostituisce la misura con un'altra meno grave ovvero ne dispone l'applicazione con modalità meno gravose.

2-*bis*. I provvedimenti di cui ai commi 1 e 2 relativi alle misure previste dagli articoli 282-*bis*, 282-*ter*, 283, 284, 285 e 286, applicate nei procedimenti aventi ad oggetto delitti commessi con violenza alla persona, devono essere immediatamente comunicati, a cura della polizia giudiziaria, ai servizi socio-assistenziali e alla persona offesa e, ove nominato, al suo difensore.[1]

3. Il pubblico ministero e l'imputato richiedono la revoca o la sostituzione delle misure al giudice, il quale provvede con ordinanza entro cinque giorni dal deposito della richiesta. Il giudice provvede anche di ufficio quando assume l'interrogatorio della persona in stato di custodia cautelare o quando è richiesto della proroga del termine per le indagini preliminari o dell'assunzione di incidente probatorio ovvero quando procede all'udienza preliminare o al giudizio. La richiesta di revoca o di sostituzione delle misure previste dagli articoli 282-*bis*, 282-*ter*, 283, 284, 285 e 286, applicate nei procedimenti di cui al comma 2-*bis* del presente articolo, che non sia stata proposta in sede di interrogatorio di garanzia, deve essere contestualmente notificata, a cura della parte richiedente ed a pena di inammissibilità, presso il difensore della persona offesa o, in mancanza di questo, alla persona offesa, salvo che in quest'ultimo caso essa non abbia provveduto a dichiarare o eleggere domicilio. Il difensore e la persona offesa possono, nei due giorni successivi alla notifica, presentare memorie ai sensi dell'articolo 121. Decorso il predetto termine il giudice procede.[2]

3-*bis*. Il giudice, prima di provvedere in ordine alla revoca o alla sostituzione delle misure coercitive e interdittive, di ufficio o su richiesta dell'imputato, deve sentire il pubblico ministero. Se nei due giorni successivi il pubblico ministero non esprime il proprio parere, il giudice procede.[3]

3-*ter*. Il giudice, valutati gli elementi addotti per la revoca o la sostituzione delle misure, prima di provvedere può assumere l'interrogatorio della persona sottoposta alle indagini. Se l'istanza di revoca o di sostituzione è basata su elementi nuovi o diversi rispetto a quelli già valutati, il giudice deve assumere l'interrogatorio dell'imputato che ne ha fatto richiesta.[4]

4. Fermo quanto previsto dall'articolo 276, quando le esigenze cautelari risultano aggravate, il giudice, su richiesta del pubblico ministero, sostituisce la misura applicata con un'altra più grave ovvero ne dispone l'applicazione con modalità più gravose o applica congiuntamente altra misura coercitiva o interdittiva.[5]

4-*bis*. Dopo la chiusura delle indagini preliminari, se l'imputato chiede la revoca o la sostituzione della misura con altra meno grave ovvero la sua applicazione con modalità meno gravose, il giudice, se la richiesta non è presentata in udienza, ne dà comunicazione al pubblico ministero, il quale, nei due giorni successivi, formula le proprie richieste. La richiesta di revoca o di sostituzione delle misure previste dagli articoli 282-*bis*, 282-*ter*, 283, 284, 285 e 286, applicate nei procedimenti di cui al comma 2-*bis* del presente articolo, deve essere contestualmente notificata, a cura della parte richiedente ed a pena di inammissibilità, presso il difensore della persona offesa o, in mancanza di questo, alla persona offesa, salvo che in quest'ultimo caso essa non abbia provveduto a dichiarare o eleggere domicilio.[3]

4-*ter*. In ogni stato e grado del procedimento, quando non è in grado di decidere allo stato degli atti, il giudice dispone, anche di ufficio e senza formalità, accertamenti sulle condizioni di salute o su altre condizioni o qualità personali dell'imputato. Gli accertamenti sono eseguiti al più presto e comunque entro quindici giorni da quello in cui la richiesta è pervenuta al giudice. Se la richiesta di revoca o di sostituzione della misura della custodia cautelare in carcere è basata sulle condizioni di salute di cui all'art. 275, comma 4-*bis*, ovvero se tali condizioni di salute sono segnalate dal servizio sanitario penitenziario, o risultano in altro modo al giudice, questi, se non ritiene di accogliere la richiesta sulla base degli atti, dispone con immediatezza, e comunque non oltre il termine previsto nel comma 3, gli accertamenti medici del caso, nominando perito ai sensi dell'art. 220 e seguenti, il quale deve tener conto del parere del medico penitenziario e riferire entro il termine di cinque giorni, ovvero, nel caso di rilevata urgenza, non oltre due giorni dall'accertamento. Durante il periodo compreso tra il provvedimento che dispone gli accertamenti e la scadenza del termine per gli accertamenti medesimi, è sospeso il termine previsto dal comma 3.[3,6]

4-*quater*. Si applicano altresì le disposizioni di cui all'art. 286-*bis*, comma 3.[7]

[1] Parole così sost. dall'art. 15, c. 4, L. 19 lug. 2019, n. 69.

[2] Comma così modif. dall'art. 2, c. 1, lett. *b*), D.L. 14 ago. 2013, n. 93, conv. con modif. in L. 15 ott. 2013, n. 119.

[3] Comma inserito dall'art. 14, D.L. 14 gen. 1991, n. 12, e così modif. dall'art. 2, c. 1, lett. *b*), D.L. 14 ago. 2013, n. 93, conv. con modif. in L. 15 ott. 2013, n. 119.

[4] Comma aggiunto dall'art. 13, L. 8 ago. 1995, n. 332.

[5] Comma così modif. dall'art. 9, L. 16 apr. 2015, n. 47.
[6] Comma così modif. dall'art. 5, L. 8 ago. 1995, n. 332.
[7] Comma aggiunto dall'art. 4, L. 12 lug. 1999, n. 231.

300. ***Estinzione delle misure per effetto della pronuncia di determinate sentenze.*** — 1. Le misure disposte in relazione a un determinato fatto perdono immediatamente efficacia quando, per tale fatto e nei confronti della medesima persona, è disposta l'archiviazione ovvero è pronunciata sentenza di non luogo a procedere o di proscioglimento.

2. Se l'imputato si trova in stato di custodia cautelare e con la sentenza di proscioglimento o di non luogo a procedere è applicata la misura di sicurezza del ricovero in ospedale psichiatrico giudiziario, il giudice provvede a norma dell'art. 312.

3. Quando, in qualsiasi grado del processo, è pronunciata sentenza di condanna, le misure perdono efficacia se la pena irrogata è dichiarata estinta ovvero condizionalmente sospesa.

4. La custodia cautelare perde altresì efficacia quando è pronunciata sentenza di condanna, ancorché sottoposta a impugnazione, se la durata della custodia già subita non è inferiore all'entità della pena irrogata.

5. Qualora l'imputato prosciolto o nei confronti del quale sia stata emessa sentenza di non luogo a procedere sia successivamente condannato per lo stesso fatto, possono essere disposte nei suoi confronti misure coercitive quando ricorrono le esigenze cautelari previste dall'art. 274 comma 1 lettere *b*) o *c*).

301. ***Estinzione di misure disposte per esigenze probatorie.*** — 1. Le misure disposte per le esigenze cautelari previste dall'art. 274 comma 1 lettera *a*) perdono immediatamente efficacia se alla scadenza del termine previsto dall'art. 292 comma 2 lettera *d*), non ne è ordinata la rinnovazione.

2. La rinnovazione è disposta dal giudice con ordinanza, su richiesta del pubblico ministero, anche per più di una volta, entro i limiti previsti dagli artt. 305 e 308.[1]

2-*bis*. Salvo il disposto dell'articolo 292, comma 2, lettera *d*), quando si procede per reati diversi sia da quelli previsti dall'art. 407, comma 2, lettera *a*), numeri da 1 a 6, sia da quelli per il cui accertamento sono richieste investigazioni particolarmente complesse per la molteplicità di fatti tra loro collegati ovvero per l'elevato numero di persone sottoposte alle indagini o di persone offese, ovvero per reati per il cui accertamento è richiesto il compimento di atti di indagine all'estero, la custodia cautelare in carcere disposta per il compimento delle indagini previste dall'art. 274, comma 1, lettera *a*), non può avere durata superiore a trenta giorni.[2]

2-*ter*. La proroga della medesima misura è disposta, per non più di due volte ed entro il limite complessivo di novanta giorni, dal giudice con ordinanza, su richiesta inoltrata dal pubblico ministero prima della scadenza, valutate le ragioni che hanno impedito il compimento delle indagini per le cui esigenze la misura era stata disposta e previo interrogatorio dell'imputato.[2]

[1] La Corte cost., con sent. 8 giu. 1994, n. 219, ha dichiarato l'ill. cost. dell'art. 301, comma 2, del c.p.p., nella parte in cui non prevede che, ai fini dell'adozione del provvedimento di rinnovazione della misura cautelare personale, debba essere previamente sentito il difensore della persona da assoggettare alla misura.
[2] Commi aggiunti dall'art. 14 della L. 8 ago. 1995, n. 332.

302. ***Estinzione della custodia per omesso interrogatorio della persona in stato di custodia cautelare.*** — 1. La custodia cautelare [disposta nel corso delle indagini preliminari][1] perde immediatamente efficacia se il giudice non procede all'interrogatorio entro il termine previsto dall'art. 294. Dopo la liberazione, la misura può essere nuovamente disposta dal giudice, su richiesta del pubblico ministero, previo interrogatorio, allorché, valutati i risultati di questo, sussistono le condizioni indicate negli artt. 273, 274 e 275. Nello stesso modo si procede nel caso in cui la persona, senza giustificato motivo, non si presenta a rendere interrogatorio. Si osservano le disposizioni dell'art. 294 commi 3, 4 e 5.[2]

[1] La Corte cost., con sent. 3 aprile 1997, n. 77, ha dichiarato l'ill. cost. dell'art. 302 limitatamente alle parole poste fra parentesi quadre.
[2] La Corte cost., con sent. 4 apr. 2001, n. 45, ha dichiarato l'ill. cost. dell'art. 302 nella parte in cui non prevede che le misure cautelari coercitive, diverse dalla custodia cautelare, e quelle interdittive, perdono immediatamente efficacia se il giudice non procede all'interrogatorio entro il termine previsto dall'art. 294, comma 1-*bis*.

303. ***Termini di durata massima della custodia cautelare.***[1] — 1. La custodia cautelare perde efficacia quando:

a) dall'inizio della sua esecuzione sono decorsi i seguenti termini senza che sia stato emesso il provvedimento che dispone il giudizio o l'ordinanza con cui il giudice dispone il giudizio abbreviato ai sensi dell'articolo 438, ovvero senza che sia stata pronunciata la sentenza di applicazione della pena su richiesta delle parti:

1) tre mesi, quando si procede per un delitto per il quale la legge stabilisce la pena della reclusione non superiore nel massimo a sei anni;

2) sei mesi, quando si procede per un delitto per il quale la legge stabilisce la pena della reclusione superiore nel massimo a sei anni, salvo quanto previsto dal numero 3);

3) un anno, quando si procede per un delitto per il quale la legge stabilisce la pena dell'ergastolo o la pena della reclusione non inferiore nel massimo a venti anni ovvero per uno dei delitti indicati nell'articolo 407, comma 2, lettera *a*), sempre che per lo stesso la legge preveda la pena della reclusione superiore nel massimo a sei anni;

b) dall'emissione del provvedimento che dispone il giudizio o dalla sopravvenuta esecuzione della custodia sono decorsi i seguenti termini senza che sia stata pronunciata sentenza di condanna di primo grado:

1) sei mesi, quando si procede per un delitto per il quale la legge stabilisce la pena della reclusione non superiore nel massimo a sei anni;

2) un anno, quando si procede per un delitto per il quale la legge stabilisce la pena della reclusione non superiore nel massimo a venti anni, salvo quanto previsto dal numero 1);

3) un anno e sei mesi, quando si procede per un delitto per il quale la legge stabilisce la pena dell'ergastolo o la pena della reclusione superiore nel massimo a venti anni;

3-*bis*) qualora si proceda per i delitti di cui articolo 407, comma 2, lettera *a*), i termini di cui ai numeri 1), 2) e 3) sono aumentati fino a sei mesi. Tale termine è imputato a quello della fase precedente ove non completamente utilizzato, ovvero ai termini di cui alla lettera *d*) per la parte eventualmente residua. In quest'ultimo caso i termini di cui alla lettera *d*) sono proporzionalmente ridotti;

b-bis) dall'emissione dell'ordinanza con cui il giudice dispone il giudizio abbreviato o della sopravvenuta esecuzione della custodia sono decorsi i seguenti termini senza che sia stata pronunciata sentenza di condanna ai sensi dell'articolo 442:

1) tre mesi, quando si procede per un delitto per il quale la legge stabilisce la pena della reclusione non superiore nel massimo a sei anni;

2) sei mesi, quando si procede per un delitto per il quale la legge stabilisce la pena della reclusione non superiore nel massimo a venti anni, salvo quanto previsto nel numero 1);

3) nove mesi, quando si procede per un delitto per il quale la legge stabilisce la pena dell'ergastolo o la pena della reclusione superiore nel massimo a venti anni;

c) dalla pronuncia della sentenza di condanna di primo grado o dalla sopravvenuta esecuzione della custodia sono decorsi i seguenti termini senza che sia stata pronunciata sentenza di condanna in grado di appello:

1) nove mesi, se vi è stata condanna alla pena della reclusione non superiore a tre anni;

2) un anno, se vi è stata condanna alla pena della reclusione non superiore a dieci anni;

3) un anno e sei mesi, se vi è stata condanna alla pena dell'ergastolo o della reclusione superiore a dieci anni;

d) dalla pronuncia della sentenza di condanna in grado di appello o dalla sopravvenuta esecuzione della custodia sono decorsi gli stessi termini previsti dalla lettera *c*) senza che sia stata pronunciata sentenza irrevocabile di condanna, salve le ipotesi di cui alla lettera *b*), numero 3-*bis*). Tuttavia, se vi è stata condanna in primo grado, ovvero se la impugnazione è stata proposta esclusivamente dal pubblico ministero, si applica soltanto la disposizione del comma 4.

2. Nel caso in cui, a seguito di annullamento con rinvio da parte della Corte di cassazione o per altra causa, il procedimento regredisca a una fase o a un grado di giudizio diversi ovvero sia rinviato ad altro giudice, dalla data del procedimento che dispone il regresso o il rinvio ovvero dalla sopravvenuta esecuzione della custodia cautelare decorrono di nuovo i termini previsti dal comma 1 relativamente a ciascuno stato e grado del procedimento.[2]

3. Nel caso di evasione dell'imputato sottoposto a custodia cautelare, i termini previsti dal comma 1 decorrono di nuovo, relativamente a ciascuno stato e grado del procedimento, dal momento in cui venga ripristinata la custodia cautelare.

4. La durata complessiva della custodia cautelare, considerate anche le proroghe previste dall'articolo 305, non può superare i seguenti termini:

a) due anni, quando si procede per un delitto per il quale la legge stabilisce la pena della reclusione non superiore nel massimo a sei anni;

b) quattro anni, quando si procede per un delitto per il quale la legge stabilisce la pena della reclusione non superiore nel massimo a venti anni, salvo quanto previsto dalla lettera *a*);

c) sei anni, quando si procede per un delitto per il quale la legge stabilisce la pena dell'ergastolo o della reclusione superiore nel massimo a venti anni.

[1] Articolo così modif. dal D.L. 24 nov. 2000, n. 341, conv. con modif. in L. 19 gen. 2001, n. 4.

[2] La Corte cost., con sent. 22 lug. 2005, n. 299, ha dichiarato l'ill. cost. di questo comma nella parte in cui non consente di computare ai fini dei termini massimi di fase determinati dall'art. 304, c. VI, cpp., i periodi di custodia cautelare sofferti in fasi o in gradi diversi dalla fase o dal grado in cui il procedimento è regredito.

304. ***Sospensione dei termini di durata massima della custodia cautelare.*** — 1. I termini previsti dall'articolo 303 sono sospesi, con ordinanza appellabile a norma dell'articolo 310, nei seguenti casi:

a) nella fase del giudizio, durante il tempo in cui il dibattimento è sospeso o rinviato per impedimento dell'imputato o del suo difensore ovvero su richiesta dell'imputato o del suo difensore, sempre che la sospensione o il rinvio non siano stati disposti per esigenze di acquisizione della prova o a seguito di concessione di termini per la difesa;

b) nella fase del giudizio, durante il tempo in cui il dibattimento è sospeso o rinviato a causa della mancata presentazione, dell'allontanamento o della mancata partecipazione di uno o più difensori che rendano privo di assistenza uno o più imputati;

c) nella fase del giudizio, durante la pendenza dei termini previsti dall'art. 544, commi 2 e 3.[1]

c-bis) nel giudizio abbreviato, durante il tempo in cui l'udienza è sospesa o rinviata per taluno dei casi indicati nelle lettere *a*) e *b*) e durante la pendenza dei termini previsti dall'art. 544, commi 2 e 3.[2]

2. I termini previsti dall'art. 303 possono altresì essere sospesi, quando si procede per taluno dei

reati indicati dall'art. 407 comma 2 lettera *a*), nel caso di dibattimenti o di giudizi abbreviati particolarmente complessi, durante il tempo in cui sono tenute le udienze o si delibera la sentenza nel giudizio di primo grado o nel giudizio sulle impugnazioni.[3]

3. Nei casi previsti dal comma 2, la sospensione è disposta dal giudice, su richiesta del pubblico ministero, con ordinanza appellabile a norma dell'art. 310.

4. I termini previsti dall'art. 303, comma 1, lettera *a*), sono sospesi, con ordinanza appellabile a norma dell'art. 310 se l'udienza preliminare è sospesa o rinviata per taluno dei casi indicati nel comma 1, lettere *a*) e *b*), del presente articolo.

5. Le disposizioni di cui alle lettere *a*) e *b*) del comma 1, anche se riferite al giudizio abbreviato,[4] e di cui al comma 4 non si applicano ai coimputati ai quali i casi di sospensione non si riferiscono e che chiedono che si proceda nei loro confronti previa separazione dei processi.

6. La durata della custodia cautelare non può comunque superare il doppio dei termini previsti dall'art. 303, commi 1, 2 e 3 senza tenere conto dell'ulteriore termine previsto dall'articolo 303, comma 1, lettera *b*), numero 3-*bis*), e i termini aumentati della metà previsti dall'art. 303, comma 4, ovvero, se più favorevole, i due terzi del massimo della pena temporanea prevista per il reato contestato o ritenuto in sentenza. A tal fine la pena, dell'ergastolo è equiparata alla pena massima temporanea.[5]

7. Nel computo dei termini di cui al comma 6, salvo che per il limite relativo alla durata complessiva della custodia cautelare, non si tiene conto dei periodi di sospensione di cui al comma 1, lettera *b*).[6,7]

[1] Lettera aggiunta dall'art. 4 del D.L. 1° mar. 1991, n. 60, *cit.*

[2] Lettera aggiunta dall'art. 2 della L. 5 giu. 2000, n. 144.

[3] Comma così modif. dall'art. 2 della L. 5 giu. 2000, n. 144.

[4] Parole aggiunte dall'art. 2 della L. 5 giu. 2000, n. 144.

[5] Comma così sost. dall'art. 2, II c., del D.L. 24 nov. 2000, n. 341, conv. con modif. in L. 19 gen. 2001, n. 4.

[6] I commi dal 4 al 7 sono stati introdotti dall'art. 15 della L. 8 ago. 1995, n. 332; l'art. 28 comma 2 della stessa ha differito l'applicazione dei commi 5, 6 e 7 al novantesimo giorno dalla pubblicazione della L. 332 (G.U. 8 ago. 1995, n. 184).

[7] Nè ai sensi dell'art. 1 c. 5 della L. 23 dic. 1996, n. 652, di conversione con modificazioni del D.L. 23 ott. 1996, n. 553, si tiene conto del periodo di sospensione successivo all'accoglimento delle dichiarazioni di astensione o di ricusazione.

305. ***Proroga della custodia cautelare.*** — 1. In ogni stato e grado del procedimento di merito, quando è disposta perizia sullo stato di mente dell'imputato, i termini di custodia cautelare sono prorogati per il periodo di tempo assegnato per l'espletamento della perizia. La proroga è disposta con ordinanza dal giudice, su richiesta del pubblico ministero, sentito il difensore. L'ordinanza è soggetta a ricorso per cassazione nelle forme previste dall'articolo 311.

2. Nel corso delle indagini preliminari, il pubblico ministero può altresì chiedere la proroga dei termini di custodia cautelare che siano prossimi a scadere, quando sussistono gravi esigenze cautelari che, in rapporto ad accertamenti particolarmente complessi, o a nuove indagini disposte ai sensi dell'articolo 415-*bis*, comma 4,[1] rendano indispensabile il protrarsi della custodia. Il giudice, sentiti il pubblico ministero e il difensore, provvede con ordinanza appellabile a norma dell'articolo 310. La proroga è rinnovabile una sola volta. I termini previsti dall'articolo 303 comma 1 non possono essere comunque superati di oltre la metà.

[1] Parole aggiunte dall'art. 2, L. 5 giu. 2000, n. 144.

306. ***Provvedimenti conseguenti alla estinzione delle misure.*** — 1. Nei casi in cui la custodia cautelare perde efficacia secondo le norme del presente titolo, il giudice dispone con ordinanza l'immediata liberazione della persona sottoposta alla misura.

2. Nei casi di perdita di efficacia di altre misure cautelari, il giudice adotta con ordinanza i provvedimenti necessari per la immediata cessazione delle misure medesime.

307. ***Provvedimenti in caso di scarcerazione per decorrenza dei termini.*** — 1. Nei confronti dell'imputato scarcerato per decorrenza dei termini il giudice dispone le altre misure cautelari di cui ricorrano i presupposti, solo se sussistono le ragioni che avevano determinato la custodia cautelare.[1]

1-*bis*. Qualora si proceda per taluno dei reati indicati nell'art. 407, comma 2, lettera *a*), il giudice dispone le misure cautelari indicate dagli articoli 281, 282 e 283 anche cumulativamente.[2]

2. La custodia cautelare, ove risulti necessaria a norma dell'art. 275, è tuttavia ripristinata:

a) se l'imputato ha dolosamente trasgredito alle prescrizioni inerenti a una misura cautelare disposta a norma del comma 1, sempre che, in relazione alla natura di tale trasgressione, ricorra taluna delle esigenze cautelari previste dall'art. 274;

b) contestualmente o successivamente alla sentenza di condanna[3] di primo o di secondo grado, quando ricorre l'esigenza cautelare prevista dall'art. 274 comma 1 lettera *b*).

3. Con il ripristino della custodia, i termini relativi alla fase in cui il procedimento si trova decorrono nuovamente ma, ai fini del computo del termine previsto dall'art. 303 comma 4, si tiene conto anche della custodia anteriormente subita.

4. Gli ufficiali e gli agenti di polizia giudiziaria possono procedere al fermo dell'imputato che, trasgredendo alle prescrizioni inerenti a una misura cautelare disposta a norma del comma 1, o nell'ipotesi prevista dal comma 2, lett. *b*), stia per darsi alla fuga.[4] Del fermo è data notizia senza ritardo, e comunque entro le ventiquattro ore, al procuratore della Repubblica presso il tribunale del luogo

ove il fermo è stato eseguito. Si applicano, in quanto compatibili, le disposizioni sul fermo di indiziato di delitto. Con il provvedimento di convalida, il giudice per le indagini preliminari, se il pubblico ministero ne fa richiesta, dispone con ordinanza, quando ne ricorrono le condizioni, la misura della custodia cautelare e trasmette gli atti al giudice competente.

5. La misura disposta a norma del comma 4 cessa di avere effetto se, entro venti giorni dalla ordinanza, il giudice competente non provvede a norma del comma 2 lettera *a*).

[1] Comma così sost. dall'art. 2, c. 5, D.L. 24 nov. 2000, n. 341, conv. con modif. in L. 19 gen. 2001, n. 4.

[2] Comma inserito dall'art. 2, c. 6, D.L. 24 nov. 2000, n. 341, conv. con modif. in L. 19 gen. 2001, n. 4.

[3] Lettera così modif. dall'art. 5 del D.L. 1° mar. 1991, n. 60, *cit.*

[4] Comma così modif. dall'art. 2, VII c., D.L. 24 nov. 2000, n. 341, conv. con modif. in L. 19 gen. 2001, n. 4.

308. ***Termini di durata massima delle misure diverse dalla custodia cautelare.*** — 1. Le misure coercitive diverse dalla custodia cautelare perdono efficacia quando dall'inizio della loro esecuzione è decorso un periodo di tempo pari al doppio dei termini previsti dall'articolo 303.

2. Le misure interdittive non possono avere durata superiore a dodici mesi e perdono efficacia quando è decorso il termine fissato dal giudice nell'ordinanza. In ogni caso, qualora siano state disposte per esigenze probatorie, il giudice può disporne la rinnovazione nei limiti temporali previsti dal primo periodo del presente comma.[1]

2-*bis*.[2]

3. L'estinzione delle misure non pregiudica l'esercizio dei poteri che la legge attribuisce al giudice penale o ad altre autorità nell'applicazione di pene accessorie o di altre misure interdittive.

[1] Comma così sost. dall'art. 10, L. 16 apr. 2015, n. 47.

[2] Comma ins. dall'art. 1, c. 78, L. 6 nov. 2012, n. 190, e quindi abrog. dall'art. 10, L. 16 apr. 2015, n. 47.

CAPO VI
Impugnazioni[1]

[1] V. *Att.* 99.

309. ***Riesame delle ordinanze che dispongono una misura coercitiva.*** — 1. Entro dieci giorni dalla esecuzione o notificazione del provvedimento, l'imputato può proporre richiesta di riesame, anche nel merito, della ordinanza che dispone una misura coercitiva, salvo che si tratti di ordinanza emessa a seguito di appello del pubblico ministero

2. Per l'imputato latitante il termine decorre dalla data di notificazione eseguita a norma dell'art. 165. Tuttavia, se sopravviene l'esecuzione della misura, il termine decorre da tale momento quando l'imputato prova di non aver avuto tempestiva conoscenza del provvedimento.

3. Il difensore dell'imputato può proporre la richiesta di riesame entro dieci giorni dalla notificazione dell'avviso di deposito dell'ordinanza che dispone la misura.[1]

3-*bis*. Nei termini previsti dai commi 1, 2 e 3 non si computano i giorni per i quali è stato disposto il differimento del colloquio, a norma dell'art. 104, comma 3.[2]

4. La richiesta di riesame è presentata nella cancelleria del tribunale indicato nel comma 7. Si osservano le forme previste dagli artt. 582 e 583.[2]

5. Il presidente cura che sia dato immediato avviso all'autorità giudiziaria procedente la quale, entro il giorno successivo, e comunque non oltre il quinto giorno, trasmette al tribunale gli atti presentati a norma dell'art. 291, comma 1, nonché tutti gli elementi sopravvenuti a favore della persona sottoposta alle indagini.[2]

6. Con la richiesta di riesame possono essere enunciati anche i motivi e l'imputato può chiedere di comparire personalmente.[3] Chi ha proposto la richiesta ha, inoltre, facoltà di enunciare nuovi motivi davanti al giudice del riesame facendone dare atto a verbale prima dell'inizio della discussione.

7. Sulla richiesta di riesame decide il tribunale del luogo nel quale ha sede la corte di appello o la sezione distaccata della corte di appello nella cui circoscrizione è compreso l'ufficio del giudice che ha emesso l'ordinanza;[4]

8. Il procedimento davanti al tribunale si svolge in camera di consiglio nelle forme previste dall'art. 127. L'avviso della data fissata per l'udienza è comunicato, almeno tre giorni prima, al pubblico ministero presso il tribunale indicato nel comma 7 e, se diverso, a quello che ha richiesto l'applicazione della misura; esso è notificato, altresì, entro lo stesso termine, all'imputato ed al suo difensore. Fino al giorno dell'udienza gli atti restano depositati in cancelleria, con facoltà per il difensore di esaminarli e di estrarne copia.[4]

8-*bis*. Il pubblico ministero che ha richiesto l'applicazione della misura può partecipare all'udienza in luogo del pubblico ministero presso il tribunale indicato nel comma 7. L'imputato che ne abbia fatto richiesta ai sensi del comma 6 ha diritto di comparire personalmente.[5,6]

9. Entro dieci giorni dalla ricezione degli atti il tribunale, se non deve dichiarare l'inammissibilità della richiesta, annulla, riforma o conferma l'ordinanza oggetto del riesame decidendo anche sulla base degli elementi addotti dalle parti nel corso dell'udienza. Il tribunale può annullare il provvedimento impugnato o riformarlo in senso favorevole all'imputato anche per motivi diversi da quelli enunciati ovvero può confermarlo per ragioni diverse da quelle indicate nella motivazione del provvedimento stesso. Il tribunale annulla il provvedimento impugnato se la motivazione manca o non contiene l'autonoma valutazione, a norma dell'ar-

ticolo 292, delle esigenze cautelari, degli indizi e degli elementi forniti dalla difesa.[6]

9-*bis*. Su richiesta formulata personalmente dall'imputato entro due giorni dalla notificazione dell'avviso, il tribunale differisce la data dell'udienza da un minimo di cinque ad un massimo di dieci giorni se vi siano giustificati motivi. In tal caso il termine per la decisione e quello per il deposito dell'ordinanza sono prorogati nella stessa misura.[7]

10. Se la trasmissione degli atti non avviene nei termini di cui al comma 5 o se la decisione sulla richiesta di riesame o il deposito dell'ordinanza del tribunale in cancelleria non intervengono nei termini prescritti, l'ordinanza che dispone la misura coercitiva perde efficacia e, salve eccezionali esigenze cautelari specificamente motivate, non può essere rinnovata. L'ordinanza del tribunale deve essere depositata in cancelleria entro trenta giorni dalla decisione salvi i casi in cui la stesura della motivazione sia particolarmente complessa per il numero degli arrestati o la gravità delle imputazioni. In tali casi, il giudice può disporre per il deposito un termine più lungo, comunque non eccedente il quarantacinquesimo giorno da quello della decisione.[8]

[1] La Corte cost., con sent. 15 mar. 1996, n. 71, ha dichiarato l'ill. cost. degli artt. 309 e 310 del c.p.p. «nella parte in cui non prevedono la possibilità di valutare la sussistenza dei gravi indizi di colpevolezza nell'ipotesi in cui sia stato emesso il decreto che dispone il giudizio a norma dell'art. 429 dello stesso codice».

La Corte cost., con sent. 6 dic. 2013, n. 293, ha dichiarato l'ill. cost. di questo articolo, in quanto interpretato nel senso che la deducibilità, nel procedimento di riesame, della retrodatazione della decorrenza dei termini di durata massima delle misure cautelari, prevista dall'art. 297, c. 3, del medesimo codice, sia subordinata – oltre che alla condizione che, per effetto della retrodatazione, il termine sia già scaduto al momento dell'emissione dell'ordinanza cautelare impugnata – anche a quella che tutti gli elementi per la retrodatazione risultino da detta ordinanza.

[2] Comma ins. dall'art. 16, L. 8 ago. 1995, n. 332.

[3] Comma così modif. dall'art. 11, L. 16 apr. 2015, n. 47.

[4] Comma così sost. dall'art. 2, D.L. 23 ott. 1996, n. 553, conv. con modif. in L. 23 dic. 1996, n. 652.

[5] Comma ins. dall'art. 2, D.L. 23 ott. 1996, n. 553, conv. con modif. in L. 23 dic. 1996, n. 652.

[6] Periodo aggiunto dall'art. 11, L. 16 apr. 2015, n. 47.

[7] Comma ins. dall'art. 11, L. 16 apr. 2015, n. 47.

[8] Comma così sost. dall'art. 11, L. 16 apr. 2015, n. 47.

310. ***Appello.*** — 1. Fuori dei casi previsti dall'art. 309 comma 1, il pubblico ministero, l'imputato e il suo difensore possono proporre appello contro le ordinanze in materia di misure cautelari personali, enunciandone contestualmente i motivi.[1]

2. Si osservano le disposizioni dell'art. 309 commi 1, 2, 3, 4 e 7. Dell'appello è dato immediato avviso all'autorità giudiziaria procedente che, entro il giorno successivo, trasmette al tribunale l'ordinanza appellata e gli atti su cui la stessa si fonda. Il procedimento davanti al tribunale si svolge in camera di consiglio nelle forme previste dall'art. 127. Fino al giorno dell'udienza gli atti restano depositati in cancelleria con facoltà per il difensore di esaminarli e di estrarne copia. Il tribunale decide entro venti giorni dalla ricezione degli atti con ordinanza depositata in cancelleria entro trenta giorni dalla decisione. L'ordinanza del tribunale deve essere depositata in cancelleria entro trenta giorni dalla decisione salvi i casi in cui la stesura della motivazione sia particolarmente complessa per il numero degli arrestati o la gravità delle imputazioni. In tali casi, il giudice può indicare nel dispositivo un termine più lungo, non eccedente comunque il quarantacinquesimo giorno da quello della decisione.[2]

3. L'esecuzione della decisione con la quale il tribunale, accogliendo l'appello del pubblico ministero, dispone una misura cautelare è sospesa fino a che la decisione non sia divenuta definitiva.

[1] V, nota 1 all'art. precedente.

[2] Comma così modif. dall'art. 17, L. 8 ago. 1995, n. 332, e dall'art. 12, L. 16 apr. 2015, n. 47.

311. ***Ricorso per cassazione.*** — 1. Contro le decisioni emesse a norma degli artt. 309 e 310, il pubblico ministero che ha richiesto l'applicazione della misura, l'imputato e il suo difensore possono proporre ricorso per cassazione entro dieci giorni dalla comunicazione o dalla notificazione dell'avviso di deposito del provvedimento. Il ricorso può essere proposto anche dal pubblico ministero presso il tribunale indicato nel comma 7 dell'art. 309.[1]

2. Entro i termini previsti dall'art. 309 commi 1, 2 e 3, l'imputato e il suo difensore possono proporre direttamente ricorso per cassazione per violazione di legge contro le ordinanze che dispongono una misura coercitiva. La proposizione del ricorso rende inammissibile la richiesta di riesame.

3. Il ricorso è presentato nella cancelleria del giudice che ha emesso la decisione ovvero, nel caso previsto dal comma 2, in quella del giudice che ha emesso l'ordinanza. Il giudice cura che sia dato immediato avviso all'autorità giudiziaria procedente che, entro il giorno successivo, trasmette gli atti alla corte di cassazione.

4. Nei casi previsti dai commi 1 e 2, i motivi devono essere enunciati contestualmente al ricorso, ma il ricorrente ha facoltà di enunciare nuovi motivi davanti alla corte di cassazione, prima dell'inizio della discussione.

5. La corte di cassazione decide entro trenta giorni dalla ricezione degli atti osservando le forme previste dall'art. 127.

5-*bis*. Se è stata annullata con rinvio, su ricorso dell'imputato, un'ordinanza che ha disposto o confermato la misura coercitiva ai sensi dell'articolo 309, comma 9, il giudice decide entro dieci giorni dalla ricezione degli atti e l'ordinanza è depositata in cancelleria entro trenta giorni dalla decisione. Se la decisione ovvero il deposito dell'ordinanza non intervengono entro i termini prescritti, l'ordinanza che ha disposto la misura coercitiva perde efficacia, salvo che l'esecuzione sia sospesa ai sensi dell'articolo 310, comma 3, e, salve eccezionali esigenze cautelari specificamente motivate, non può essere rinnovata.[2]

[1] Comma così sostituito dall'art. 3 della L. 23 dic. 1996, n. 652, di conversione con modificazioni del D.L. 23 ott. 1996. n. 553.

[2] Comma aggiunto dall'art. 13, L. 16 apr. 2015, n. 47.

CAPO VII
Applicazione provvisoria di misure di sicurezza

312. ***Condizioni di applicabilità.*** — 1. Nei casi previsti dalla legge, l'applicazione provvisoria delle misure di sicurezza è disposta dal giudice, su richiesta del pubblico ministero, in qualunque stato e grado del procedimento, quando sussistono gravi indizi di commissione del fatto e non ricorrono le condizioni previste dall'art. 273 comma 2.

313. ***Procedimento.*** — 1. Il giudice provvede con ordinanza a norma dell'art. 292, previo accertamento sulla pericolosità sociale dell'imputato. Ove non sia stato possibile procedere all'interrogatorio della persona sottoposta alle indagini prima della pronuncia del provvedimento, si applica la disposizione dell'art. 294.

2. Salvo quanto previsto dall'art. 299 comma 1, ai fini dell'art. 206 comma 2 del c.p., il giudice procede a nuovi accertamenti sulla pericolosità sociale dell'imputato nei termini indicati nell'art. 72.

3. Ai fini delle impugnazioni, la misura prevista dall'articolo 312 è equiparata alla custodia cautelare. Si applicano le norme sulla riparazione per l'ingiusta detenzione.

CAPO VIII
Riparazione per l'ingiusta detenzione

314. ***Presupposti e modalità della decisione.***[1,2] — 1. Chi è stato prosciolto con sentenza irrevocabile perché il fatto non sussiste, per non aver commesso il fatto, perché il fatto non costituisce reato o non è previsto dalla legge come reato, ha diritto a un'equa riparazione per la custodia cautelare subita, qualora non vi abbia dato o concorso a darvi causa per dolo o colpa grave. L'esercizio da parte dell'imputato della facoltà di cui all'articolo 64, comma 3, lettera b), non incide sul diritto alla riparazione di cui al primo periodo[3].[4]

2. Lo stesso diritto spetta al prosciolto per qualsiasi causa o al condannato che nel corso del processo sia stato sottoposto a custodia cautelare, quando con decisione irrevocabile risulti accertato che il provvedimento che ha disposto la misura è stato emesso o mantenuto senza che sussistessero le condizioni di applicabilità previste dagli artt. 273 e 280.[5]

3. Le disposizioni dei commi 1 e 2 si applicano, alle medesime condizioni, a favore delle persone nei cui confronti sia pronunciato provvedimento di archiviazione ovvero sentenza di non luogo a procedere.

4. Il diritto alla riparazione è escluso per quella parte della custodia cautelare che sia computata ai fini della determinazione della misura di una pena ovvero per il periodo in cui le limitazioni conseguenti all'applicazione della custodia siano state sofferte anche in forza di altro titolo.

5. Quando con la sentenza o con il provvedimento di archiviazione è stato affermato che il fatto non è previsto dalla legge come reato per abrogazione della norma incriminatrice, il diritto alla riparazione è altresì escluso per quella parte di custodia cautelare sofferta prima della abrogazione medesima.

[1] La Corte cost., con sent. 25 lug. 1996, n. 310, ha dichiarato l'ill. cost. dell'art. 314 c.p.p. «nella parte in cui non prevede il diritto all'equa riparazione anche per la detenzione ingiustamente patita a causa di erroneo ordine di esecuzione.»

[2] Ai sensi dell'art. 3-*bis*, D.L. 22 dic. 2011, n. 211, conv. con modif. in L. 17 feb. 2012, n. 9: "1. Le disposizioni di cui all'art. 134 del c.p.p. si applicano anche ai procedimenti definiti anteriormente alla data di entrata in vigore del medesimo codice, con sentenza passata in giudicato dal 1º luglio 1988.

2. Ai fini di cui al c. 1, il termine per la proposizione della domanda di riparazione è di sei mesi e decorre dalla data di entrata in vigore della legge di conversione del presente decreto. La domanda di riparazione resta impregiudicata dall'eventuale precedente rigetto che sia stato determinato dalla inammissibilità della stessa in ragione della definizione del procedimento in epoca anteriore alla data di entrata in vigore del codice di procedura penale vigente.

3. Il diritto alla riparazione di cui al c. 1 non è comunque trasmissibile agli eredi.

4. Ai fini della determinazione del risarcimento, per il periodo intercorrente tra il 1º luglio 1988 e la data di entrata in vigore del vigente codice, si applicano i commi 2 e 3 dell'art. 315 del codice."

[3] Periodo aggiunto dall'art. 4, D.lgs. 8 nov. 2021, n. 188.

[4] La Corte cost., con sent. 2 apr. 1999, n. 109, ha dichiarato l'ill. cost. di questo comma nella parte in cui non prevede che chi è stato prosciolto con sentenza irrevocavile perché il fatto non sussite, per non aver commesso il fatto, perché il fatto non costituisce reato o non è previsto dalla legge come reato, ha diritto a un'equa riparazione per la detenzione subita a causa di arresto in flagranza o di fermo di indiziato di delitto entro gli stessi limiti stabiliti per la custodia cautelare.

[5] La Corte cost., con sent. 2 apr. 1999, n. 117, ha dichiarato l'ill. cost. di questo comma nella parte in cui non prevede che lo stesso diritto nei medesimi limiti spetta al prosciolto per qualsiasi causa o al condannato che nel corso del processo sia stato sottoposto ad arresto in flagranza o a fermo di indiziato di delitto quando, con decisione irrevocabile, siano risultate insussistenti le condizioni per la convalida.

315. ***Procedimento per la riparazione.*** — 1. La domanda di riparazione deve essere proposta, a pena di inammissibilità, entro due anni dal giorno in cui la sentenza di proscioglimento o di condanna è divenuta irrevocabile, la sentenza di non luogo a procedere è divenuta inoppugnabile, o è stata effettuata la notificazione del provvedimento di archiviazione alla persona nei cui confronti è stato pronunciato a norma del comma 3 dell'art. 314.[1]

2. L'entità della riparazione non può comunque eccedere euro 516.456,90.[1]

3. Si applicano, in quanto compatibili, le norme sulla riparazione dell'errore giudiziario.

[1] Commi così sost. dall'art. 15, c. 1, L. 26 dic. 1999, n. 479.

TITOLO II
Misure cautelari reali

CAPO I
Sequestro conservativo

316. ***Presupposti ed effetti del provvedimento.*** — 1. Se vi è fondata ragione di ritenere che manchino o si disperdano le garanzie per il pagamento della pena pecuniaria, delle spese di procedimento e di ogni altra somma dovuta all'erario dello Stato, il pubblico ministero, in ogni stato e grado del processo di merito, chiede il sequestro conservativo dei beni mobili o immobili dell'imputato o delle somme o cose a lui dovute, nei limiti in cui la legge ne consente il pignoramento.

1-*bis*. Quando procede per il delitto di omicidio commesso contro il coniuge, anche legalmente separato o divorziato, contro l'altra parte dell'unione civile, anche se l'unione civile è cessata, o contro la persona che è o è stata legata da relazione affettiva e stabile convivenza, il pubblico ministero rileva la presenza di figli della vittima minorenni o maggiorenni economicamente non autosufficienti e, in ogni stato e grado del procedimento, chiede il sequestro conservativo dei beni di cui al comma 1, a garanzia del risarcimento dei danni civili subiti dai figli delle vittime.[1]

2. Se vi è fondata ragione di ritenere che manchino o si disperdano le garanzie delle obbligazioni civili derivanti dal reato, la parte civile può chiedere il sequestro conservativo dei beni dell'imputato o del responsabile civile, secondo quanto previsto dal comma 1.

3. Il sequestro disposto a richiesta del pubblico ministero giova anche alla parte civile.

4. Per effetto del sequestro i crediti indicati nei commi 1 e 2 si considerano privilegiati, rispetto a ogni altro credito non privilegiato di data anteriore e ai crediti sorti posteriormente, salvi, in ogni caso, i privilegi stabiliti a garanzia del pagamento dei tributi.

[1] Comma ins. dall'art. 3, L. 11 gen. 2018, n. 4.

317. ***Forma del provvedimento. Competenza.*** — 1. Il provvedimento che dispone il sequestro conservativo a richiesta del pubblico ministero o della parte civile è emesso con ordinanza del giudice che procede.

2. Se è stata pronunciata sentenza di condanna, di proscioglimento o di non luogo a procedere, soggetta a impugnazione, il sequestro è ordinato, prima che gli atti siano trasmessi al giudice dell'impugnazione, dal giudice che ha pronunciato la sentenza e, successivamente, dal giudice che deve decidere sull'impugnazione. Dopo il provvedimento che dispone il giudizio e prima che gli atti siano trasmessi al giudice competente, provvede il giudice per le indagini preliminari.

3. Il sequestro è eseguito dall'ufficiale giudiziario con le forme prescritte dal codice di procedura civile per l'esecuzione del sequestro conservativo sui beni mobili o immobili.

4. Gli effetti del sequestro cessano quando la sentenza di proscioglimento o di non luogo a procedere non è più soggetta a impugnazione. La cancellazione della trascrizione del sequestro di immobili è eseguita a cura del pubblico ministero. Se il pubblico ministero non provvede, l'interessato può proporre incidente di esecuzione.

318. ***Riesame dell'ordinanza di sequestro conservativo.*** — 1. Contro l'ordinanza di sequestro conservativo chiunque vi abbia interesse può proporre richiesta di riesame, anche nel merito, a norma dell'art. 324.

2. La richiesta di riesame non sospende l'esecuzione del provvedimento.

319. ***Offerta di cauzione.*** — 1. Se l'imputato o il responsabile civile offre cauzione idonea a garantire i crediti indicati nell'art. 316, il giudice dispone con decreto che non si faccia luogo al sequestro conservativo e stabilisce le modalità con cui la cauzione deve essere prestata.

2. Se l'offerta è proposta con la richiesta di riesame, il giudice revoca il sequestro conservativo quando ritiene la cauzione proporzionata al valore delle cose sequestrate.

3. Il sequestro è altresì revocato dal giudice se l'imputato o il responsabile civile offre, in qualunque stato e grado del processo di merito, cauzione idonea.

320. ***Esecuzione sui beni sequestrati.*** — 1. Il sequestro conservativo si converte in pignoramento quando diventa irrevocabile la sentenza di condanna al pagamento di una pena pecuniaria ovvero quando diventa esecutiva la sentenza che condanna l'imputato e il responsabile civile al risarcimento del danno in favore della parte civile, fatto salvo quanto previsto dal comma 2-*bis* dell'articolo 539[1]. La conversione non estingue il privilegio previsto dall'articolo 316 comma 4.

2. Salva l'azione per ottenere con le forme ordinarie il pagamento delle somme che rimangono ancora dovute, l'esecuzione forzata sui beni sequestrati ha luogo nelle forme prescritte dal codice di procedura civile. Sul prezzo ricavato dalla vendita dei beni sequestrati e sulle somme depositate a titolo di cauzione e non devolute alla cassa delle am-

CODICE DI PROCEDURA PENALE

mende, sono pagate, nell'ordine, le somme dovute alla parte civile a titolo di risarcimento del danno e di spese processuali, le pene pecuniarie, le spese di procedimento e ogni altra somma dovuta all'erario dello Stato.

[1] Parole aggiunte dall'art. 4, c. 2, L. 11 gen. 2018, n. 4.

CAPO II
Sequestro preventivo[1]

[1] V. *Att.* 104.

321. ***Oggetto del sequestro preventivo.*** — 1. Quando vi è pericolo che la libera disponibilità di una cosa pertinente al reato possa aggravare o protrarre le conseguenze di esso ovvero agevolare la commissione di altri reati, a richiesta del pubblico ministero il giudice competente a pronunciarsi nel merito ne dispone il sequestro con decreto motivato. Prima dell'esercizio dell'azione penale provvede il giudice per le indagini preliminari.

2. Il giudice può altresì disporre il sequestro delle cose di cui è consentita la confisca.

2-*bis*. Nel corso del procedimento penale relativo ai delitti previsti al capo I del titolo II del libro secondo del codice penale il giudice dispone il sequestro dei beni di cui è consentita la confisca.[1]

3. Il sequestro è immediatamente revocato a richiesta del pubblico ministero o dell'interessato quando risultano mancanti, anche per fatti sopravvenuti, le condizioni di applicabilità previste dal comma 1. Nel corso delle indagini preliminari provvede il pubblico ministero con decreto motivato, che è notificato a coloro che hanno diritto di proporre impugnazione. Se vi è richiesta di revoca dell'interessato, il pubblico ministero, quando ritiene che essa vada anche in parte respinta, la trasmette al giudice, cui presenta richieste specifiche nonché gli elementi sui quali fonda le sue valutazioni. La richiesta è trasmessa non oltre il giorno successivo a quello del deposito nella segreteria.[2]

3-*bis*. Nel corso delle indagini preliminari, quando non è possibile, per la situazione di urgenza, attendere il provvedimento del giudice, il sequestro è disposto con decreto motivato dal pubblico ministero. Negli stessi casi, prima dell'intervento del pubblico ministero, al sequestro procedono ufficiali di polizia giudiziaria, i quali, nelle quarantotto ore successive, trasmettono il verbale al pubblico ministero del luogo in cui il sequestro è stato eseguito. Questi, se non dispone la restituzione delle cose sequestrate, richiede al giudice la convalida e l'emissione del decreto previsto dal comma 1 entro quarantotto ore dal sequestro, se disposto dallo stesso pubblico ministero, o dalla ricezione del verbale, se il sequestro è stato eseguito di iniziativa dalla polizia giudiziaria.[2]

3-*ter*. Il sequestro perde efficacia se non sono osservati i termini previsti dal comma 3-*bis* ovvero se il giudice non emette l'ordinanza di convalida entro dieci giorni dalla ricezione della richiesta. Copia dell'ordinanza è immediatamente notificata alla persona alla quale le cose sono state sequestrate.[3]

[1] Comma inserito dall'art. 6, comma 3 della L. 27 mar. 2001, n. 97.
[2] Gli ultimi tre periodi sono stati aggiunti dall'art. 15 del D.L. 14 gen. 1991, n. 12.
[3] Comma aggiunto dall'art. 15 del D.lgs. 14 gen. 1991, n. 12.

322. ***Riesame del decreto di sequestro preventivo.*** — 1. Contro il decreto di sequestro emesso dal giudice[1] l'imputato e il suo difensore, la persona alla quale le cose sono state sequestrate e quella che avrebbe diritto alla loro restituzione possono proporre richiesta di riesame, anche nel merito, a norma dell'art. 324.

2. La richiesta di riesame non sospende l'esecuzione del provvedimento.

[1] Comma così modif. dall'art. 16 del D.L. 14 gen. 1991, n. 12.

322-*bis*. ***Appello.***[1] — 1. Fuori dei casi previsti dall'art. 322, il pubblico ministero, l'imputato e il suo difensore, la persona alla quale le cose sono state sequestrate e quella che avrebbe diritto alla loro restituzione, possono proporre appello contro le ordinanze in materia di sequestro preventivo e contro il decreto di revoca del sequestro emesso dal pubblico ministero

1-*bis*. Sull'appello decide in composizione collegiale il tribunale del capoluogo della provincia nella quale ha sede l'ufficio che ha emesso il provvedimento.[2]

2. L'appello non sospende l'esecuzione del provvedimento. Si applicano, in quanto compatibili, le disposizioni dell'art. 310.

[1] Articolo inserito dall'art. 17 del D.L. 14 gen. 1991, n. 12.
[2] Comma introdotto dall'art. 4 della L. 23 dic. 1996, n. 652, di conversione con modificazioni del D.L. 23 ott. 1996, n. 553.

323. ***Perdita di efficacia del sequestro preventivo.*** — 1. Con la sentenza di proscioglimento o di non luogo a procedere, ancorché soggetta a impugnazione, il giudice ordina che le cose sequestrate siano restituite a chi ne abbia diritto, quando non deve disporre la confisca a norma dell'art. 240 del c.p. Il provvedimento è immediatamente esecutivo.

2. Quando esistono più esemplari identici della cosa sequestrata e questa presenta interesse a fini di prova, il giudice, anche dopo la sentenza di proscioglimento o di non luogo a procedere impugnata dal pubblico ministero, ordina che sia mantenuto il sequestro di un solo esemplare e dispone la restituzione degli altri esemplari.

3. Se è pronunciata sentenza di condanna, gli effetti del sequestro permangono quando è stata disposta la confisca delle cose sequestrate.

4. La restituzione non è ordinata se il giudice dispone, a richiesta del pubblico ministero o della parte civile, che sulle cose appartenenti all'imputato o al responsabile civile sia mantenuto il sequestro a garanzia dei crediti indicati nell'art. 316.

CAPO III
Impugnazioni[1]

[1] V. *Att.* 99.

324. *Procedimento di riesame.* — 1. La richiesta di riesame è presentata, nella cancelleria del tribunale indicato nel comma 5, entro dieci giorni dalla data di esecuzione del provvedimento che ha disposto il sequestro o dalla diversa data in cui l'interessato ha avuto conoscenza dell'avvenuto sequestro.

2. La richiesta è presentata con le forme previste dall'art. 582. Se la richiesta è proposta dall'imputato non detenuto né internato, questi, ove non abbia già dichiarato o eletto domicilio o non si sia proceduto a norma dell'art. 161 comma 2, deve indicare il domicilio presso il quale intende ricevere l'avviso previsto dal comma 6; in mancanza, l'avviso è notificato mediante consegna al difensore. Se la richiesta è proposta da un'altra persona e questa abbia omesso di dichiarare il proprio domicilio, l'avviso è notificato mediante deposito in cancelleria.[1]

3. La cancelleria dà immediato avviso all'autorità giudiziaria procedente che, entro il giorno successivo, trasmette al tribunale gli atti su cui si fonda il provvedimento oggetto del riesame.

4. Con la richiesta di riesame possono essere enunciati anche i motivi. Chi ha proposto la richiesta ha, inoltre, facoltà di enunciare nuovi motivi davanti al giudice del riesame, facendone dare atto a verbale prima dell'inizio della discussione.

5. Sulla richiesta di riesame decide il tribunale del capoluogo della provincia nella quale ha sede l'ufficio che ha emesso il provvedimento nel termine di dieci giorni dalla ricezione degli atti.

6. Il procedimento davanti al tribunale si svolge in camera di consiglio nelle forme previste dall'art. 127. Almeno tre giorni prima, l'avviso della data fissata per l'udienza è comunicato al pubblico ministero e notificato al difensore e a chi ha proposto la richiesta. Fino al giorno dell'udienza gli atti restano depositati in cancelleria.

7. Si applicano le disposizioni dell'art. 309 commi 9, 9-*bis* e 10. La revoca del provvedimento di sequestro può essere parziale e non può essere disposta nei casi indicati nell'art. 240 comma 2 del c.p.[2]

8. Il giudice del riesame, nel caso di contestazione della proprietà, rinvia la decisione della controversia al giudice civile, mantenendo nel frattempo il sequestro.

[1] Periodo aggiunto dall'art. 18 del D.L. 14 gen. 1991, n. 12.

[2] Comma così modif. dall'art. 11, c. 6, L. 16 apr. 2015, n. 47.

325. *Ricorso per cassazione.* — 1. Contro le ordinanze emesse a norma degli artt. 322-*bis* e 324, il pubblico ministero, l'imputato e il suo difensore, la persona alla quale le cose sono state sequestrate e quella che avrebbe diritto alla loro restituzione possono proporre ricorso per cassazione per violazione di legge.

2. Entro il termine previsto dall'art. 324 comma 1, contro il decreto di sequestro emesso dal giudice può essere proposto direttamente ricorso per cassazione. La proposizione del ricorso rende inammissibile la richiesta di riesame.

3. Si applicano le disposizioni dell'art. 311 commi 3, 4 e 5.[1]

4. Il ricorso non sospende l'esecuzione della ordinanza.

[1] Comma così modif. dall'art. 1, c. 60, L. 23 giu. 2017, n. 103.

LIBRO QUINTO

INDAGINI PRELIMINARI E UDIENZA PRELIMINARE[1]

[1] V. *Att.* 106-133; *Esec.* 14-19.

TITOLO I
Disposizioni generali

326. ***Finalità delle indagini preliminari.*** — 1. Il pubblico ministero e la polizia giudiziaria svolgono, nell'ambito delle rispettive attribuzioni, le indagini necessarie per le determinazioni inerenti all'esercizio dell'azione penale.

327. ***Direzione delle indagini preliminari.*** — 1. Il pubblico ministero dirige le indagini e dispone direttamente della polizia giudiziaria che, anche dopo la comunicazione della notizia di reato, continua a svolgere attività di propria iniziativa secondo le modalità indicate nei successivi articoli.[1]

[1] Parole aggiunte dall'art. 7 della L. 26 mar. 2001, n. 128.

327-*bis*. ***Attività investigativa del difensore.***[1] — 1. Fin dal momento dell'incarico professionale, risultante da atto scritto, il difensore ha facoltà di svolgere investigazioni per ricercare ed individuare elementi di prova a favore del proprio assistito, nelle forme e per le finalità stabilite nel titolo VI-*bis* del presente libro.

2. La facoltà indicata al comma 1 può essere attribuita per l'esercizio del diritto di difesa, in ogni stato e grado del procedimento, nell'esecuzione penale e per promuovere il giudizio di revisione.

3. Le attività previste dal comma 1 possono essere svolte, su incarico del difensore, dal sostituto, da investigatori privati autorizzati e, quando sono necessarie specifiche competenze, da consulenti tecnici.

[1] Articolo inserito dall'art. 7 della L. 7 dic. 2000, n. 397.

328. ***Giudice per le indagini preliminari.*** — 1. Nei casi previsti dalla legge, sulle richieste del pubblico ministero, delle parti private e della persona offesa dal reato, provvede il giudice per le indagini preliminari.

1-*bis*. Quando si tratta di procedimenti per i delitti indicati nell'art. 51 commi 3-*bis* e 3-*quater* le funzioni di giudice per le indagini preliminari sono esercitate, salve specifiche disposizioni di legge, da un magistrato del tribunale del capoluogo del distretto nel cui ambito ha sede il giudice competente.[1]

1-*ter*. [...][2]

1-*quater*. Quando si tratta di procedimenti per i delitti indicati nell'articolo 51, comma 3-*quinquies* le funzioni di giudice per le indagini preliminari e le funzioni di giudice per l'udienza preliminare sono esercitate, salve specifiche disposizioni di legge, da un magistrato del tribunale del capoluogo del distretto nel cui ambito ha sede il giudice competente.[3]

[1] Comma aggiunto dall'art. 12, D.L. 20 nov. 1991, n. 367, conv. in L. 20 gen. 1992, n. 8 (Istituzione della DIA). In virtù dell'art. 15 del citato D.L., le nuove disposizioni si applicano solo ai procedimenti iniziati successivamente alla data di entrata in vigore del decreto stesso. Tale comma è stato poi successivamente modif. dall'art. 2, comma 1, lett. *b*), n. 1, del D.L. 23 mag. 2008, n. 92, conv. con modif. in L. 24 lug. 2008, n. 125.

[2] Comma abrog. dall'art. 2, comma 1, lett. *b*), n. 2, D.L. 23 mag. 2008, n. 92, conv. con modif. in L. 24 lug. 2008, n. 125.

[3] Comma aggiunto dall'art. 2, c. 1, lett. *b*) n. 3, D.L. 23 mag. 2008, n. 92, conv. con modif. in L. 24 lug. 2008, n. 125.

329. ***Obbligo del segreto.***[1] — 1. Gli atti di indagine compiuti dal pubblico ministero e dalla polizia giudiziaria, le richieste del pubblico ministero di autorizzazione al compimento di atti di indagine e gli atti del giudice che provvedono su tali richieste[2] sono coperti dal segreto fino a quando l'imputato non ne possa avere conoscenza e, comunque, non oltre la chiusura delle indagini preliminari.

2. Quando è strettamente[3] necessario per la prosecuzione delle indagini, il pubblico ministero può, in deroga a quanto previsto dall'articolo 114, consentire, con decreto motivato, la pubblicazione di singoli atti o di parti di essi. In tal caso, gli atti pubblicati sono depositati presso la segreteria del pubblico ministero.

3. Anche quando gli atti non sono più coperti dal segreto a norma del comma 1, il pubblico ministero, in caso di necessità per la prosecuzione delle indagini, può disporre con decreto motivato:

a) l'obbligo del segreto per singoli atti, quando l'imputato lo consente o quando la conoscenza dell'atto può ostacolare le indagini riguardanti altre persone;

b) il divieto di pubblicare il contenuto di singoli atti o notizie specifiche relative a determinate operazioni.[4]

[1] Si veda l'art. 4, c. 4 e l'art. 2, L. 3 ago. 2007, n. 124 (Sistema di informazione per la sicurezza della Repubblica e nuova disciplina del segreto).

[2] Parole aggiunte dall'art. 2, c. 1, lett. *f*), D.lgs. 29 dic.

2017, n. 216. Ai sensi dell'art. 9, c. 1, D.lgs. 216/2017, come modif. dall'art. 1, D.L. 30 apr. 2020, n. 28, conv. con modif. in L. 25 giu. 2020, n. 70 «la disposizione si applica ai procedimenti penali iscritti dopo il 31 agosto 2020».

[3] Parola ins. dall'art. 4, D.lgs. 8 nov. 2021, n. 188.

[4] Si veda l'art. 27, L. 3 ago. 2007, n. 124. Ai sensi dell'art. 5, L. 19 lug. 2013, n. 87, «in deroga al divieto, la Commissione parlamentare d'inchiesta può ottenere copie di atti e documenti relativi a procedimenti e inchieste in corso presso l'autorità giudiziaria o altri organi inquirenti, nonché copie di atti e documenti relativi a indagini e inchieste parlamentari. L'autorità giudiziaria può trasmettere le copie di atti e documenti anche di propria iniziativa».

TITOLO II
Notizia di reato

330. ***Acquisizione delle notizie di reato.*** — 1. Il pubblico ministero e la polizia giudiziaria prendono notizia dei reati di propria iniziativa e ricevono le notizie di reato presentate o trasmesse a norma degli articoli seguenti.

331. ***Denuncia da parte di pubblici ufficiali e incaricati di un pubblico servizio.*** — 1. Salvo quanto stabilito dall'art. 347, i pubblici ufficiali e gli incaricati di un pubblico servizio che, nell'esercizio o a causa delle loro funzioni o del loro servizio, hanno notizia di un reato perseguibile di ufficio, devono farne denuncia per iscritto, anche quando non sia individuata la persona alla quale il reato è attribuito.

2. La denuncia è presentata o trasmessa senza ritardo al pubblico ministero o a un ufficiale di polizia giudiziaria.

3. Quando più persone sono obbligate alla denuncia per il medesimo fatto, esse possono anche redigere e sottoscrivere un unico atto.

4. Se, nel corso di un procedimento civile o amministrativo, emerge un fatto nel quale si può configurare un reato perseguibile di ufficio, l'autorità che procede redige e trasmette senza ritardo la denuncia al pubblico ministero.

332. ***Contenuto della denuncia.*** — 1. La denuncia contiene la esposizione degli elementi essenziali del fatto e indica il giorno dell'acquisizione della notizia nonché le fonti di prova già note. Contiene inoltre, quando è possibile, le generalità, il domicilio e quanto altro valga alla identificazione della persona alla quale il fatto è attribuito, della persona offesa e di coloro che siano in grado di riferire su circostanze rilevanti per la ricostruzione dei fatti.

333. ***Denuncia da parte di privati.***[1,2] — 1. Ogni persona che ha notizia di un reato perseguibile di ufficio può farne denuncia. La legge determina i casi in cui la denuncia è obbligatoria.

2. La denuncia è presentata oralmente o per iscritto, personalmente o a mezzo di procuratore speciale, al pubblico ministero o a un ufficiale di polizia giudiziaria; se è presentata per iscritto, è sottoscritta dal denunciante o da un suo procuratore speciale.

3. Delle denunce anonime non può essere fatto alcun uso, salvo quanto disposto dall'art. 240.

[1] Ai sensi dell'art. 17 della L. 26 mar. 2001, n. 128 in materia di tutela della sicurezza dei cittadini "Qualora vittime di reati siano soggetti portatori di handicap, persone anziane o altrimenti impedite, in seguito alle richieste di intervento da questi inoltrate un appartenente delle forze dell'ordine su reca al domicilio della vittima stessa anche al fine di stendere e ricevere la relativa denuncia. Le modalità di attuazione del servizio sono stabilite con protocolli di intesa tra comuni e prefetture.

[2] L'art. 1 della L. 14 nov. 2012, n. 203, *Disposizioni per la ricerca delle persone scomparse*, dispone:

1. Fermo restando quanto previsto dall'articolo 333 del codice di procedura penale, nonché gli obblighi previsti dalla vigente normativa, chiunque viene a conoscenza dell'allontanamento di una persona dalla propria abitazione o dal luogo di temporanea dimora e, per le circostanze in cui è avvenuto il fatto, ritiene che dalla scomparsa possa derivare un pericolo per la vita o per l'incolumità personale della stessa, può denunciare il fatto alle forze di polizia o alla polizia locale.

2. Quando la denuncia di cui al comma 1 è raccolta dalla polizia locale, questa la trasmette immediatamente al più prossimo tra i presidi territoriali delle forze di polizia, anche ai fini dell'avvio dell'attività di ricerca di cui al comma 4, nonché per il contestuale inserimento nel Centro elaborazione dati di cui all'articolo 8 della legge 1° aprile 1981, n. 121, e successive modificazioni.

3. Copia della denuncia è immediatamente rilasciata ai presentatori.

4. Ferme restando le competenze dell'autorità giudiziaria, l'ufficio di polizia che ha ricevuto la denuncia promuove l'immediato avvio delle ricerche e ne dà contestuale comunicazione al prefetto per il tempestivo e diretto coinvolgimento del commissario straordinario per le persone scomparse nominato ai sensi dell'articolo 11 della legge 23 agosto 1988, n. 400, e per le iniziative di competenza, da intraprendere anche con il concorso degli enti locali, del Corpo nazionale dei vigili del fuoco e del sistema di protezione civile, delle associazioni del volontariato sociale e di altri enti, anche privati, attivi nel territorio. Nell'ambito delle iniziative di propria competenza il prefetto valuta, altresì, sentiti l'autorità giudiziaria e i familiari della persona scomparsa, l'eventuale coinvolgimento degli organi di informazione, comprese le strutture specializzate, televisive e radiofoniche, che hanno una consolidata esperienza nella ricerca di informazioni sulle persone scomparse.

5. Qualora vengano meno le condizioni che hanno determinato la denuncia ai sensi del comma 1, il denunciante, venutone a conoscenza, ne dà immediata comunicazione alle forze di polizia.

6-7. (*Omissis*).

334. ***Referto.*** — 1. Chi ha l'obbligo del referto deve farlo pervenire entro quarantotto ore o, se vi è pericolo nel ritardo, immediatamente al pubblico ministero o a qualsiasi ufficiale di polizia giudiziaria del luogo in cui ha prestato la propria opera o assistenza ovvero, in loro mancanza, all'ufficiale di polizia giudiziaria più vicino.

2. Il referto indica la persona alla quale è stata prestata assistenza e, se è possibile, le sue generalità, il luogo dove si trova attualmente e quanto

altro valga a identificarla nonché il luogo, il tempo e le altre circostanze dell'intervento; dà inoltre le notizie che servono a stabilire le circostanze del fatto, i mezzi con i quali è stato commesso e gli effetti che ha causato o può causare.

3. Se più persone hanno prestato la loro assistenza nella medesima occasione, sono tutte obbligate al referto, con facoltà di redigere e sottoscrivere un unico atto.

334-*bis*. *Esclusione dell'obbligo di denuncia nell'ambito dell'attività di investigazioni difensiva.*[1] — 1. Il difensore e gli altri soggetti di cui all'articolo 391-*bis* non hanno obbligo di denuncia neppure relativamente ai reati dei quali abbiano avuto notizia nel corso delle attività investigative da essi svolte.

[1] Articolo aggiunto dall'art. 8, L. 7 dic. 2000, n. 397.

335. *Registro delle notizie di reato.* — 1. Il pubblico ministero iscrive immediatamente, nell'apposito registro custodito presso l'ufficio, ogni notizia di reato che gli perviene o che ha acquisito di propria iniziativa nonché, contestualmente o dal momento in cui risulta, il nome della persona alla quale il reato stesso è attribuito.

2. Se nel corso delle indagini preliminari muta la qualificazione giuridica del fatto ovvero questo risulta diversamente circostanziato, il pubblico ministero cura l'aggiornamento delle iscrizioni previste dal comma 1 senza procedere a nuove iscrizioni.

3. Ad esclusione dei casi in cui si procede per uno dei delitti di cui all'art. 407, comma 2, lettera *a*), le iscrizioni previste dai commi 1 e 2 sono comunicate alla persona alla quale il reato è attribuito, alla persona offesa e ai rispettivi difensori, ove ne facciano richiesta.

3-*bis*. Se sussistono specifiche esigenze attinenti all'attività di indagine, il pubblico ministero, nel decidere sulla richiesta può disporre, con decreto motivato, il segreto sulle iscrizioni per un periodo non superiore a tre mesi e non rinnovabile.

3-*ter*. Senza pregiudizio del segreto investigativo, decorsi sei mesi dalla data di presentazione della denuncia, ovvero della querela, la persona offesa dal reato può chiedere di essere informata dall'autorità che ha in carico il procedimento circa lo stato del medesimo.[1]

[1] Comma aggiunto dall'art. 1, c. 26, L. 23 giu. 2017, n. 103.

TITOLO III
Condizioni di procedibilità

336. *Querela.* — 1. La querela è proposta mediante dichiarazione nella quale, personalmente o a mezzo di procuratore speciale, si manifesta la volontà che si proceda in ordine a un fatto previsto dalla legge come reato.[1]

[1] V. *Att.* 39.

337. *Formalità della querela.* — 1. La dichiarazione di querela è proposta, con le forme previste dall'art. 333 comma 2, alle autorità alle quali può essere presentata denuncia ovvero a un agente consolare all'estero. Essa, con sottoscrizione autentica, può essere anche recapitata da un incaricato o spedita per posta in piego raccomandato.

2. Quando la dichiarazione di querela è proposta oralmente, il verbale in cui essa è ricevuta è sottoscritto dal querelante o dal procuratore speciale.

3. La dichiarazione di querela proposta dal legale rappresentante di una persona giuridica, di un ente o di una associazione deve contenere la indicazione specifica della fonte dei poteri di rappresentanza.

4. L'autorità che riceve la querela provvede all'attestazione della data e del luogo della presentazione, all'identificazione della persona che la propone e alla trasmissione degli atti all'ufficio del pubblico ministero.

338. *Curatore speciale per la querela.* — 1. Nel caso previsto dall'art. 121 del c.p., il termine per la presentazione della querela decorre dal giorno in cui è notificato al curatore speciale il provvedimento di nomina.

2. Alla nomina provvede, con decreto motivato, il giudice per le indagini preliminari del luogo in cui si trova la persona offesa, su richiesta del pubblico ministero.

3. La nomina può essere promossa anche dagli enti che hanno per scopo la cura, l'educazione, la custodia o l'assistenza dei minorenni.

4. Il curatore speciale ha facoltà di costituirsi parte civile nell'interesse della persona offesa.

5. Se la necessità della nomina del curatore speciale sopravviene dopo la presentazione della querela, provvede il giudice per le indagini preliminari o il giudice che procede.

339. *Rinuncia alla querela.* — 1. La rinuncia espressa alla querela è fatta personalmente o a mezzo di procuratore speciale, con dichiarazione sottoscritta, rilasciata all'interessato o a un suo rappresentante. La dichiarazione può anche essere fatta oralmente a un ufficiale di polizia giudiziaria o a un notaio, i quali, accertata l'identità del rinunciante, redigono verbale. Questo non produce effetti se non è sottoscritto dal dichiarante.

2. La rinuncia sottoposta a termini o a condizioni non produce effetti.

3. Con la stessa dichiarazione può essere fatta rinuncia anche all'azione civile per le restituzioni e per il risarcimento del danno.

340. *Remissione della querela.* — 1. La remissione della querela è fatta e accettata personalmente o a mezzo di procuratore speciale, con dichiarazione ricevuta dall'autorità procedente o da un ufficiale di polizia giudiziaria che deve trasmetterla immediatamente alla predetta autorità.

2. La dichiarazione di remissione e quella di ac-

cettazione sono fatte con le forme previste per la rinuncia espressa alla querela.

3. Il curatore speciale previsto dall'art. 155 comma 4 del c.p. è nominato a norma dell'art. 338.

4. Le spese del procedimento sono a carico del querelato, salvo che nell'atto di remissione sia stato diversamente convenuto.[1]

[1] Comma così modif. dall'art. 13, L. 25 giu. 1999, n. 205.

341. ***Istanza di procedimento*** — 1. L'istanza di procedimento è proposta dalla persona offesa con le forme della querela.

342. ***Richiesta di procedimento.*** — 1. La richiesta di procedimento è presentata al pubblico ministero con atto sottoscritto dall'autorità competente.

343. ***Autorizzazione a procedere.*** — 1. Qualora sia prevista l'autorizzazione a procedere, il pubblico ministero ne fa richiesta a norma dell'art. 344.

2. Fino a quando non sia stata concessa l'autorizzazione, è fatto divieto di disporre il fermo o misure cautelari personali nei confronti della persona rispetto alla quale è prevista l'autorizzazione medesima nonché di sottoporla a perquisizione personale o domiciliare, a ispezione personale, a ricognizione, a individuazione, a confronto, a intercettazione di conversazioni o di comunicazioni. Si può procedere all'interrogatorio solo se l'interessato lo richiede.

3. Gli atti previsti dal comma 2 sono consentiti, anche prima della richiesta di autorizzazione, quando la persona è colta nella flagranza di uno dei delitti indicati nell'art. 380 commi 1 e 2. Tuttavia quando l'autorizzazione a procedere o l'autorizzazione al compimento di determinati atti sono prescritte da disposizioni della Costituzione o di leggi costituzionali, si applicano tali disposizioni, nonché, in quanto compatibili con esse, quelle di cui agli artt. 344, 345 e 346.[1]

4. Gli atti compiuti in violazione di quanto stabilito nei commi 2 e 3 non possono essere utilizzati.

5. L'autorizzazione a procedere, una volta concessa, non può essere revocata.

[1] Comma così sost. dall'art. 2, L. 20 giu. 2003, n. 140.

344. ***Richiesta di autorizzazione a procedere.*** — 1. Il pubblico ministero chiede l'autorizzazione prima di procedere a giudizio direttissimo o di richiedere il giudizio immediato, il rinvio a giudizio o il decreto penale di condanna o di emettere il decreto di citazione a giudizio. La richiesta deve, comunque, essere presentata entro trenta giorni dalla iscrizione nel registro delle notizie di reato del nome della persona per la quale è necessaria l'autorizzazione.

2. Se la persona per la quale è necessaria l'autorizzazione è stata arrestata in flagranza, il pubblico ministero richiede l'autorizzazione a procedere immediatamente e comunque prima della udienza di convalida.

3. Il giudice sospende il processo e il pubblico ministero richiede senza ritardo l'autorizzazione a procedere qualora ne sia sorta la necessità dopo che si è proceduto a giudizio direttissimo ovvero dopo che sono state formulate le richieste previste dalla prima parte del comma 1. Se vi è pericolo nel ritardo, il giudice provvede all'assunzione delle prove richieste dalle parti.

4. Quando si procede nei confronti di più persone per alcune delle quali soltanto è necessaria l'autorizzazione e questa tarda ad essere concessa, si può procedere separatamente contro gli imputati per i quali l'autorizzazione non è necessaria.

344-*bis*. ***Improcedibilità per superamento dei termini di durata massima del giudizio di impugnazione.***[1] — 1. La mancata definizione del giudizio di appello entro il termine di due anni costituisce causa di improcedibilità dell'azione penale.

2. La mancata definizione del giudizio di cassazione entro il termine di un anno costituisce causa di improcedibilità dell'azione penale.

3. I termini di cui ai commi 1 e 2 del presente articolo decorrono dal novantesimo giorno successivo alla scadenza del termine previsto dall'articolo 544, come eventualmente prorogato ai sensi dell'articolo 154 delle norme di attuazione, di coordinamento e transitorie del presente codice, per il deposito della motivazione della sentenza.

4. Quando il giudizio di impugnazione è particolarmente complesso, in ragione del numero delle parti o delle imputazioni o del numero o della complessità delle questioni di fatto o di diritto da trattare, i termini di cui ai commi 1 e 2 sono prorogati, con ordinanza motivata del giudice che procede, per un periodo non superiore a un anno nel giudizio di appello e a sei mesi nel giudizio di cassazione. Ulteriori proroghe possono essere disposte, per le ragioni e per la durata indicate nel periodo precedente, quando si procede per i delitti commessi per finalità di terrorismo o di eversione dell'ordinamento costituzionale per i quali la legge stabilisce la pena della reclusione non inferiore nel minimo a cinque anni o nel massimo a dieci anni, per i delitti di cui agli articoli 270, terzo comma, 306, secondo comma, 416-*bis*, 416-*ter*, 609-*bis*, nelle ipotesi aggravate di cui all'articolo 609-*ter*, 609-*quater* e 609-*octies* del codice penale, nonché per i delitti aggravati ai sensi dell'articolo 416-*bis*.1, primo comma, del codice penale e per il delitto di cui all'articolo 74 del testo unico delle leggi in materia di disciplina degli stupefacenti e sostanze psicotrope, prevenzione, cura e riabilitazione dei relativi stati di tossicodipendenza, di cui al decreto del Presidente della Repubblica 9 ottobre 1990, n. 309. Nondimeno, quando si procede per i delitti aggravati ai sensi dell'articolo 416-*bis*.1, primo comma, del codice penale, i periodi di proroga non possono superare complessivamente tre anni nel giudizio di appello e un anno e sei mesi nel giudizio di cassazione.

5. Contro l'ordinanza che dispone la proroga del termine previsto dal comma 1, l'imputato e il suo difensore possono proporre ricorso per cassazione, a pena di inammissibilità, entro cinque giorni dalla lettura dell'ordinanza o, in mancanza, dalla sua notificazione. Il ricorso non ha effetto sospensivo. La Corte di cassazione decide entro trenta giorni dalla ricezione degli atti osservando le forme previste dall'articolo 611. Quando la Corte di cassazione rigetta o dichiara inammissibile il ricorso, la questione non può essere riproposta con l'impugnazione della sentenza.

6. I termini di cui ai commi 1 e 2 sono sospesi, con effetto per tutti gli imputati nei cui confronti si sta procedendo, nei casi previsti dall'articolo 159, primo comma, del codice penale e, nel giudizio di appello, anche per il tempo occorrente per la rinnovazione dell'istruzione dibattimentale. In caso di sospensione per la rinnovazione dell'istruzione dibattimentale, il periodo di sospensione tra un'udienza e quella successiva non può comunque eccedere sessanta giorni. Quando è necessario procedere a nuove ricerche dell'imputato, ai sensi dell'articolo 159 del presente codice, per la notificazione del decreto di citazione per il giudizio di appello o degli avvisi di cui all'articolo 613, comma 4, i termini di cui ai commi 1 e 2 del presente articolo sono altresì sospesi, con effetto per tutti gli imputati nei cui confronti si sta procedendo, tra la data in cui l'autorità giudiziaria dispone le nuove ricerche e la data in cui la notificazione è effettuata.

7. La declaratoria di improcedibilità non ha luogo quando l'imputato chiede la prosecuzione del processo.

8. Fermo restando quanto previsto dall'articolo 624, le disposizioni di cui ai commi 1, 4, 5, 6 e 7 del presente articolo si applicano anche nel giudizio conseguente all'annullamento della sentenza con rinvio al giudice competente per l'appello. In questo caso, il termine di durata massima del processo decorre dal novantesimo giorno successivo alla scadenza del termine previsto dall'articolo 617.

9. Le disposizioni del presente articolo non si applicano nei procedimenti per i delitti puniti con l'ergastolo, anche come effetto dell'applicazione di circostanze aggravanti.

[1] Articolo ins. dall'art. 2, c. 2, L. 27 set. 2021, n. 134. Ai sensi del c. 3, L. 134/2021, le disposizioni si applicano ai soli procedimenti di impugnazione che hanno a oggetto reati commessi a far data dal 1° gen. 2020. Ai sensi dei commi 4 e 5 L. 134/2021, per i procedimenti di cui al c. 3, L. 134/2021, nei quali, alla data di entrata in vigore della L. 134/2021, siano già pervenuti al giudice dell'appello o alla Corte di cassazione gli atti trasmessi ai sensi dell'art. 590 del c.p.p., i termini di cui ai commi 1 e 2 del presente articolo decorrono dalla data di entrata in vigore della L. 134/2021. Nei procedimenti di cui al c. 3, L. 134/2021, nei quali l'impugnazione è proposta entro la data del 31 dic. 2024, i termini previsti dai commi 1 e 2 del presente articolo sono, rispettivamente, di tre anni per il giudizio di appello e di un anno e sei mesi per il giudizio di cassazione. Gli stessi termini si applicano nei giudizi conseguenti ad annullamento con rinvio pronunciato prima del 31 dic. 2024. In caso di pluralità di impugnazioni, si fa riferimento all'atto di impugnazione proposto per primo.

345. ***Difetto di una condizione di procedibilità. Riproponibilità dell'azione penale.*** — 1. Il provvedimento di archiviazione e la sentenza di proscioglimento o di non luogo a procedere, anche se non più soggetta a impugnazione, con i quali è stata dichiarata la mancanza della querela, della istanza, della richiesta o dell'autorizzazione a procedere, non impediscono l'esercizio dell'azione penale per il medesimo fatto e contro la medesima persona se è in seguito proposta la querela, l'istanza, la richiesta o è concessa l'autorizzazione ovvero se è venuta meno la condizione personale che rendeva necessaria l'autorizzazione.

2. La stessa disposizione si applica quando il giudice accerta la mancanza di una condizione di procedibilità diversa da quelle indicate nel comma 1, nonché quando, dopo che è stata pronunciata sentenza di non luogo a procedere o di non doversi procedere a norma dell'articolo 72-*bis*, lo stato di incapacità dell'imputato viene meno o si accerta che è stato erroneamente dichiarato.[1]

[1] Comma così modif. dall'art. 1, c. 23, L. 23 giu. 2017, n. 103.

346. ***Atti compiuti in mancanza di una condizione di procedibilità.*** — 1. Fermo quanto disposto dall'art. 343, in mancanza di una condizione di procedibilità che può ancora sopravvenire, possono essere compiuti gli atti di indagine preliminare necessari ad assicurare le fonti di prova e, quando vi è pericolo nel ritardo, possono essere assunte le prove previste dall'art. 392.

TITOLO IV
Attività a iniziativa della polizia giudiziaria

347. ***Obbligo di riferire la notizia del reato.*** — 1. Acquisita la notizia di reato, la polizia giudiziaria, senza ritardo, riferisce al pubblico ministero, per iscritto, gli elementi essenziali del fatto e gli altri elementi sino ad allora raccolti, indicando le fonti di prova e le attività compiute, delle quali trasmette la relativa documentazione.[1]

2. Comunica, inoltre, quando è possibile, le generalità, il domicilio e quanto altro valga alla identificazione della persona nei cui confronti vengono svolte le indagini, della persona offesa e di coloro che siano in grado di riferire su circostanze rilevanti per la ricostruzione dei fatti.

2-*bis*. Qualora siano stati compiuti atti per i quali è prevista l'assistenza del difensore della persona nei cui confronti vengano svolte le indagini, la comunicazione della notizia di reato è trasmessa al più tardi entro quarantotto ore dal compimento dell'atto, salve le disposizioni di legge che prevedono termini particolari.[2]

3. Se si tratta di taluno dei delitti indicati nell'art.

407, comma 2, lett. *a*), numeri da 1) a 6), del presente codice, o di uno dei delitti previsti dagli articoli 572, 609-*bis*, 609-*ter*, 609-*quater*, 609-*quinquies*, 609-*octies*, 612-*bis* e 612-*ter* del codice penale, ovvero dagli articoli 582 e 583-*quinquies* del codice penale nelle ipotesi aggravate ai sensi degli articoli 576, primo comma, numeri 2, 5 e 5.1, e 577, primo comma, numero 1, e secondo comma, del medesimo codice penale, e, in ogni caso, quando sussistono ragioni di urgenza, la comunicazione della notizia di reato è data immediatamente anche in forma orale. Alla comunicazione orale deve seguire senza ritardo quella scritta con le indicazioni e la documentazione previste dai commi 1 e 2.[3]

4. Con la comunicazione, la polizia giudiziaria indica il giorno e l'ora in cui ha acquisito la notizia.

[1] Comma così sost. dall'art. 4, D.L. 8 giu. 1992, n. 306, conv. in L. 7 ago. 1992, n. 356.

[2] Comma ins. dall'art. 4, D.L. 8 giu. 1992, n. 306, conv. in L. 7 ago. 1992, n. 356 .

[3] Comma così modif. dall'art. 1, L. 19 lug. 2019, n. 69.

348. ***Assicurazione delle fonti di prova.*** — 1. Anche successivamente alla comunicazione della notizia di reato, la polizia giudiziaria continua a svolgere le funzioni indicate nell'art. 55 raccogliendo in specie ogni elemento utile alla ricostruzione del fatto e alla individuazione del colpevole.[1]

2. Al fine indicato nel comma 1, procede, fra l'altro:

a) alla ricerca delle cose e delle tracce pertinenti al reato nonché alla conservazione di esse e dello stato dei luoghi;

b) alla ricerca delle persone in grado di riferire su circostanze rilevanti per la ricostruzione dei fatti;

c) al compimento degli atti indicati negli articoli seguenti.

3. Dopo l'intervento del pubblico ministero, la polizia giudiziaria compie gli atti ad essa specificamente delegati a norma dell'art. 370, esegue le direttive del pubblico ministero ed inoltre svolge di propria iniziativa, informandone prontamente il pubblico ministero, tutte le altre attività di indagine per accertare i reati ovvero richieste da elementi successivamente emersi e assicura le nuove fonti di prova.[2]

4. La polizia giudiziaria, quando, di propria iniziativa o a seguito di delega del pubblico ministero, compie atti od operazioni che richiedono specifiche competenze tecniche, può avvalersi di persone idonee le quali non possono rifiutare la propria opera.

[1] Comma così sost. dall'art. 4 del D.L. 8 giu. 1992, n. 306, con. in L. 7 ago. 1992, n. 356 che ha altresì modif. come al testo il terzo comma.

[2] Comma così sost. dall'art. 8 della L. 26 mar. 2001, n. 128.

349. ***Identificazione della persona nei cui confronti vengono svolte le indagini e di altre persone.*** — 1. La polizia giudiziaria procede alla identificazione della persona nei cui confronti vengono svolte le indagini e delle persone in grado di riferire su circostanze rilevanti per la ricostruzione dei fatti.

2. Alla identificazione della persona nei cui confronti vengono svolte le indagini può procedersi anche eseguendo, ove occorra, rilievi dattiloscopici, fotografici e antropometrici nonché altri accertamenti. I rilievi di cui al periodo precedente sono sempre eseguiti quando si procede nei confronti di un apolide, di una persona della quale è ignota la cittadinanza, di un cittadino di uno Stato non appartenente all'Unione europea ovvero di un cittadino di uno Stato membro dell'Unione europea privo del codice fiscale o che è attualmente, o è stato in passato, titolare anche della cittadinanza di uno Stato non appartenente all'Unione europea. In tale caso, la polizia giudiziaria trasmette al pubblico ministero copia del cartellino fotodattiloscopico e comunica il codice univoco identificativo della persona nei cui confronti sono svolte le indagini.[1]

2-*bis*. Se gli accertamenti indicati dal comma 2 comportano il prelievo di capelli o saliva e manca il consenso dell'interessato, la polizia giudiziaria procede al prelievo coattivo nel rispetto della dignità personale del soggetto, previa autorizzazione scritta, oppure resa oralmente e confermata per iscritto, del pubblico ministero.[2]

3. Quando procede alla identificazione, la polizia giudiziaria invita la persona nei cui confronti vengono svolte le indagini a dichiarare o a eleggere il domicilio per le notificazioni a norma dell'art. 161. Osserva inoltre le disposizioni dell'art. 66.

4. Se taluna delle persone indicate nel comma 1 rifiuta di farsi identificare ovvero fornisce generalità o documenti di identificazione in relazione ai quali sussistono sufficienti elementi per ritenerne la falsità, la polizia giudiziaria la accompagna nei propri uffici e ivi la trattiene per il tempo strettamente necessario per la identificazione e comunque non oltre le dodici ore, ovvero, previo avviso anche orale al pubblico ministero, non oltre le ventiquattro ore, nel caso che l'identificazione risulti particolarmente complesse oppure occorre l'assistenza dell'autorità consolare o di un interprete ed in tal caso con facoltà per il soggetto di chiedere di avvisa un familiare o un convivente.[3]

5. Dell'accompagnamento e dell'ora in cui questo è stato compiuto è data immediata notizia al pubblico ministero il quale, se ritiene che non ricorrono le condizioni previste dal comma 4, ordina il rilascio della persona accompagnata.

6. Al pubblico ministero è data altresì notizia del rilascio della persona accompagnata e dell'ora in cui esso è avvenuto.

[1] Gli ultimi due periodi sono stati ins. dall'art. 2, c. 8, L. 27 set. 2021, n. 134.

[2] Comma inserito dall'art. 10, c. 1, del D.L. 27 lug. 2005, n. 144, conv. con modif. in L. 31 lug. 2005, n. 155. Le disposizioni previste da questo comma si osservano an-

che per le procedure di identificazione di cui all'art. 11 del D.L. 21 mar. 1978, n. 59, conv. con modif. nella L. 18 mag. 1978, n. 191.

[3] Parole aggiunte dall'art. 10, c. 2, del D.L. 27 lug. 2005, n. 144, conv. con modif. in L. 31 lug. 2005, n. 155.

350. ***Sommarie informazioni dalla persona nei cui confronti vengono svolte le indagini.*** — 1. Gli ufficiali di polizia giudiziaria assumono, con le modalità previste dall'art. 64, sommarie informazioni utili per le investigazioni dalla persona nei cui confronti vengono svolte le indagini che non si trovi in stato di arresto o di fermo a norma dell'art. 384, e nei casi di cui all'articolo 384-*bis*.[1]

2. Prima di assumere le sommarie informazioni, la polizia giudiziaria invita la persona nei cui confronti vengono svolte le indagini a nominare un difensore di fiducia e, in difetto, provvede a norma dell'art. 97 comma 3.

3. Le sommarie informazioni sono assunte con la necessaria assistenza del difensore, al quale la polizia giudiziaria dà tempestivo avviso. Il difensore ha l'obbligo di presenziare al compimento dell'atto.

4. Se il difensore non è stato reperito o non è comparso, la polizia giudiziaria richiede al pubblico ministero di provvedere a norma dell'art. 97, comma 4.

5. Sul luogo o nell'immediatezza del fatto, gli ufficiali di polizia giudiziaria possono anche senza la presenza del difensore, assumere dalla persona nei cui confronti vengono svolte le indagini, anche se arrestata in flagranza o fermata a norma dell'art. 384, notizie o indicazioni utili ai fini della immediata prosecuzione delle indagini.

6. Delle notizie e delle indicazioni assunte senza l'assistenza del difensore sul luogo o nell'immediatezza del fatto a norma del comma 5 è vietata ogni documentazione, e utilizzazione.

7. La polizia giudiziaria può altresì ricevere dichiarazioni spontanee dalla persona nei cui confronti vengono svolte le indagini, ma di esse non è consentita la utilizzazione nel dibattimento, salvo quanto previsto dall'art. 503, comma 3.[2]

[1] Parole aggiunte dall'art. 2, c. 1, lett. *b-bis*), D.L. 14 ago. 2013, n. 93, conv. con modif. in L. 15 ott. 2013, n. 119.

[2] Comma così sost. dall'art. 4 del D.L. 8 giu. 1992, n. 306, conv. in L. 7 ago. 1992, n. 356.

351. ***Altre sommarie informazioni.*** — 1. La polizia giudiziaria assume sommarie informazioni dalle persone che possono riferire circostanze utili ai fini delle indagini. Si applicano le disposizioni del secondo e del terzo periodo del comma 1 dell'art. 362.[1]

1-*bis*. All'assunzione di informazioni da persona imputata in un procedimento connesso ovvero da persona imputata di un reato collegato a quello per cui si procede nel caso previsto dall'art. 371, comma 2, lettera *b*), procede un ufficiale di polizia giudiziaria. La persona predetta, se priva del difensore, è avvisata che è assistita da un difensore di ufficio, ma che può nominarne uno di fiducia. Il difensore deve essere tempestivamente avvisato e ha diritto di assistere all'atto.

1-*ter*. Nei procedimenti per i delitti previsti dagli articoli 572, 600, 600-*bis*, 600-*ter*, 600-*quater*, 600-*quater.1*, 600-*quinquies*, 601, 602, 609-*bis*, 609-*quater*, 609-*quinquies*, 609-*octies*, 609-*undecies* e 612-*bis* del codice penale, la polizia giudiziaria, quando deve assumere sommarie informazioni da persone minori, si avvale dell'ausilio di un esperto in psicologia o in psichiatria infantile, nominato dal pubblico ministero. Allo stesso modo procede quando deve assumere sommarie informazioni da una persona offesa, anche maggiorenne, in condizione di particolare vulnerabilità. In ogni caso assicura che la persona offesa particolarmente vulnerabile, in occasione della richiesta di sommarie informazioni, non abbia contatti con la persona sottoposta ad indagini e non sia chiamata più volte a rendere sommarie informazioni, salva l'assoluta necessità per le indagini.[2,3]

[1] Periodo così sostituito dall'art. 13 della L. 1 mar. 2001, n. 63.

[2] Comma agg. dall'art. 5, L. 1 ott. 2012, n. 172, così modif. dall'art. 2, D.L. 14 ago. 2013, n. 93, conv. con modif. in L. 15 ott. 2013, n. 119.

[3] Gli ultimi due periodi sono stati aggiunti dall'art. 1, c. 1, lett. *f*), D.lgs. 15 dic. 2015, n. 212.

352. ***Perquisizioni.*** — 1. Nella flagranza del reato o nel caso di evasione, gli ufficiali di polizia giudiziaria procedono a perquisizione personale o locale quando hanno fondato motivo di ritenere che sulla persona si trovino occultate cose o tracce pertinenti al reato che possono essere cancellate o disperse ovvero che tali cose o tracce si trovino in un determinato luogo o che ivi si trovi la persona sottoposta alle indagini o l'evaso.

1-*bis*. Nella flagranza del reato, ovvero nei casi di cui al comma 2 quando sussistono i presupposti e le altre condizioni ivi previsti, adottando misure tecniche dirette ad assicurare la conservazione dei dati originali e ad impedirne l'alterazione, precedono altresì alla perquisizione di sistemi informatici o telematici, ancorché protetti da misure di sicurezza, quando hanno fondato motivo di ritenere che in questi si trovino occultati dati, informazioni, programmi informatici o tracce comunque pertinenti al reato che possono essere cancellati o dispersi.[1]

2. Quando si deve procedere alla esecuzione di un'ordinanza che dispone la custodia cautelare o di un ordine che dispone la carcerazione nei confronti di persona imputata o condannata per uno dei delitti previsti dall'art. 380 ovvero al fermo di una persona indiziata di delitto, gli ufficiali di polizia giudiziaria possono altresì procedere a perquisizione personale o locale se ricorrono i presupposti indicati nel comma 1 e sussistono particolari motivi di urgenza che non consentono la emissione di un tempestivo decreto di perquisizione.

3. La perquisizione domiciliare può essere ese-

guita anche fuori dei limiti temporali dell'art. 251 quando il ritardo potrebbe pregiudicarne l'esito.

4. La polizia giudiziaria trasmette senza ritardo, e comunque non oltre le quarantotto ore, al pubblico ministero del luogo dove la perquisizione è stata eseguita il verbale delle operazioni compiute. Il pubblico ministero, se ne ricorrono i presupposti, nelle quarantotto ore successive, convalida la perquisizione.

[1] Comma inserito dall'art. 9 della L. 18 mar. 2008, n. 48.

353. ***Acquisizione di plichi o di corrispondenza.*** — 1. Quando vi è necessità di acquisire plichi sigillati o altrimenti chiusi, l'ufficiale di polizia giudiziaria li trasmette intatti al pubblico ministero per l'eventuale sequestro.

2. Se ha fondato motivo di ritenere che i plichi contengano notizie utili alla ricerca e all'assicurazione di fonti di prova che potrebbero andare disperse a causa del ritardo, l'ufficiale di polizia giudiziaria informa col mezzo più rapido il pubblico ministero il quale può autorizzarne l'apertura immediata e l'accertamento del contenuto.[1]

3. Se si tratta di lettere, pieghi, pacchi, valori, telegrammi o altri oggetti di corrispondenza, anche se in forma elettronica o se inoltrati per via telematica,[2] per i quali è consentito il sequestro a norma dell'art. 254, gli ufficiali di polizia giudiziaria, in caso di urgenza, ordinano a chi è preposto al servizio postale, telegrafo, telematico o di telecomunicazione[3] di sospendere l'inoltro. Se entro quarantotto ore dall'ordine della polizia giudiziaria il pubblico ministero non dispone il sequestro, gli oggetti di corrispondenza sono inoltrati.

[1] Parole aggiunte dall'art. 9, comma 2 lett. *a*) della L. 18 mar. 2008, n. 48.

[2] Parole così sost. dall'art. 9, comma 2 lett. *b*) della L. 18 mar. 2008, n. 48.

[3] Parole inserite dall'art. 9, comma 2 lett. *b*) della L. 18 mar. 2008, n. 48.

354. ***Accertamenti urgenti sui luoghi, sulle cose e sulle persone. Sequestro.*** — 1. Gli ufficiali e gli agenti di polizia giudiziaria curano che le tracce e le cose pertinenti al reato siano conservate e che lo stato dei luoghi e delle cose non venga mutato prima dell'intervento del pubblico ministero.

2. Se vi è pericolo che le cose, le tracce e i luoghi indicati nel comma 1 si alterino o si disperdano o comunque si modifichino e il pubblico ministero non può intervenire tempestivamente, ovvero non ha ancora assunto la direzione delle indagini,[1] gli ufficiali di polizia giudiziaria compiono i necessari accertamenti e rilievi sullo stato dei luoghi e delle cose. In relazione ai dati, alle informazioni e ai programmi informatici o ai sistemi informatici o telematici, gli ufficiali della polizia giudiziaria adottano, altresì, le misure tecniche o impartiscono le prescrizioni necessarie ad assicurarne la conservazione e ad impedirne l'alterazione e l'accesso e provvedono, ove possibile, alla loro immediata duplicazione su adeguati supporti, mediante una procedura che assicuri la conformità della copia all'originale e la sua immodificabilità.[2] Se del caso, sequestrano il corpo del reato e le cose a questo pertinenti.

3. Se ricorrono i presupposti previsti dal comma 2, gli ufficiali di polizia giudiziaria compiono i necessari accertamenti e rilievi sulle persone diversi dalla ispezione personale. [Se gli accertamenti comportano il prelievo di materiale biologico, si osservano le disposizioni del comma 2-*bis* dell'articolo 349.][3]

[1] Parole inserite dall'art. 9 della L. 26 mar. 2001, n. 128.

[2] Periodo inserito dall'art. 9, comma 3, della L. 18 mar. 2008, n. 48.

[3] Periodo aggiunto dall'art. 10 c. 4-*ter*, del D.L. 27 lug. 2005, n. 144, conv. con modif. in L. 31 lug. 2005, n. 155 e poi soppresso dall'art. 27 della L. 30 giu. 2009, n. 85.

355. ***Convalida del sequestro e suo riesame.*** — 1. Nel caso in cui abbia proceduto a sequestro, la polizia giudiziaria enuncia nel relativo verbale il motivo del provvedimento e ne consegna copia alla persona alla quale le cose sono state sequestrate. Il verbale è trasmesso senza ritardo, e comunque non oltre le quarantotto ore, al pubblico ministero del luogo dove il sequestro è stato eseguito.

2. Il pubblico ministero, nelle quarantotto ore successive, con decreto motivato convalida il sequestro se ne ricorrono i presupposti ovvero dispone la restituzione delle cose sequestrate. Copia del decreto di convalida è immediatamente notificata alla persona alla quale le cose sono state sequestrate.

3. Contro il decreto di convalida, la persona nei cui confronti vengono svolte le indagini e il suo difensore, la persona alla quale le cose sono state sequestrate e quella che avrebbe diritto alla loro restituzione possono proporre, entro dieci giorni dalla notifica del decreto ovvero dalla diversa data in cui l'interessato ha avuto conoscenza dell'avvenuto sequestro, richiesta di riesame, anche nel merito, a norma dell'art. 324.

4. La richiesta di riesame non sospende l'esecuzione del provvedimento.

356. ***Assistenza del difensore.*** — 1. Il difensore della persona nei cui confronti vengono svolte le indagini ha facoltà di assistere, senza diritto di essere preventivamente avvisato, agli atti previsti dagli artt. 352 e 354 oltre che all'immediata apertura del plico autorizzata dal pubblico ministero a norma dell'art. 353 comma 2.

357. ***Documentazione dell'attività di polizia giudiziaria.*** — 1. La polizia giudiziaria annota secondo le modalità ritenute idonee ai fini delle indagini, anche sommariamente, tutte le attività svolte, comprese quelle dirette alla individuazione delle fonti di prova.

2. Fermo quanto disposto in relazione a specifiche attività, redige verbale dei seguenti atti:

a) denunce, querele e istanze presentate oralmente;

b) sommarie informazioni rese e dichiarazioni spontanee ricevute dalla persona nei cui confronti vengono svolte le indagini;

c) informazioni assunte a norma dell'art. 351;[1]

d) perquisizioni e sequestri;

e) operazioni e accertamenti previsti dagli artt. 349, 353 e 354;

f) atti, che descrivono fatti e situazioni, eventualmente compiuti sino a che il pubblico ministero non ha impartito le direttive per lo svolgimento delle indagini.

3. Il verbale è redatto da ufficiali o agenti di polizia giudiziaria nelle forme e con le modalità previste dall'art. 373.

4. La documentazione dell'attività di polizia giudiziaria è posta a disposizione del pubblico ministero.

5. A disposizione del pubblico ministero sono altresì poste le denunce, le istanze e le querele presentate per iscritto, i referti, il corpo del reato e le cose pertinenti al reato.

[1] Lettera così modif. dall'art. 4 del D.L. 8 giu. 1992, n. 306.

TITOLO V
Attività del pubblico ministero

358. ***Attività di indagine del pubblico ministero.*** — 1. Il pubblico ministero compie ogni attività necessaria ai fini indicati nell'art. 326 e svolge altresì accertamenti su fatti e circostanze a favore della persona sottoposta alle indagini.

359. ***Consulenti tecnici del pubblico ministero.*** — 1. Il pubblico ministero, quando procede ad accertamenti, rilievi segnaletici, descrittivi o fotografici e ad ogni altra operazione tecnica per cui sono necessarie specifiche competenze, può nominare e avvalersi di consulenti, che non possono rifiutare la loro opera.

2. Il consulente può essere autorizzato dal pubblico ministero ad assistere a singoli atti di indagine.

359-*bis*. ***Prelievo coattivo di campioni biologici su persone viventi.***[1] — 1. Fermo quanto disposto dall'articolo 349, comma 2-*bis*, quando devono essere eseguite le operazioni di cui all'articolo 224-*bis* e non vi è il consenso della persona interessata, il pubblico ministero ne fa richiesta al giudice per le indagini preliminari che le autorizza con ordinanza quando ricorrono le condizioni ivi previste.

2. Nei casi di urgenza, quando vi è fondato motivo di ritenere che dal ritardo possa derivare grave o irreparabile pregiudizio alle indagini, il pubblico ministero dispone lo svolgimento delle operazioni con decreto motivato contenente i medesimi elementi previsti dal comma 2 dell'articolo 224-*bis*, provvedendo a disporre l'accompagnamento coattivo, qualora la persona da sottoporre alle operazioni non si presenti senza addurre un legittimo impedimento, ovvero l'esecuzione coattiva delle operazioni, se la persona comparsa rifiuta di sottoporvisi. Entro le quarantotto ore successive il pubblico ministero richiede al giudice per le indagini preliminari la convalida del decreto e dell'eventuale provvedimento di accompagnamento coattivo. Il giudice provvede con ordinanza al più presto e comunque entro le quarantotto ore successive, dandone avviso immediatamente al pubblico ministero e al difensore.

3. Nei casi di cui ai commi 1 e 2, le disposizioni degli articoli 132, comma 2, e 224-*bis*, commi 2, 4 e 5, si applicano a pena di nullità delle operazioni e di inutilizzabilità delle informazioni così acquisite. Si applicano le disposizioni di cui al comma 2 dell'articolo 191.

3-*bis*. Nei casi di cui agli articoli 589-*bis* e 590-*bis* del codice penale, qualora il conducente rifiuti di sottoporsi agli accertamenti dello stato di ebbrezza alcolica ovvero di alterazione correlata all'uso di sostanze stupefacenti o psicotrope, se vi è fondato motivo di ritenere che dal ritardo possa derivare grave o irreparabile pregiudizio alle indagini, il decreto di cui al comma 2 e gli ulteriori provvedimenti ivi previsti possono, nei casi di urgenza, essere adottati anche oralmente e successivamente confermati per iscritto. Gli ufficiali di polizia giudiziaria procedono all'accompagnamento dell'interessato presso il più vicino presidio ospedaliero al fine di sottoporlo al necessario prelievo o accertamento e si procede all'esecuzione coattiva delle operazioni se la persona rifiuta di sottoporvisi. Del decreto e delle operazioni da compiersi è data tempestivamente notizia al difensore dell'interessato, che ha facoltà di assistervi, senza che ciò possa comportare pregiudizio nel compimento delle operazioni. Si applicano le previsioni di cui ai commi 1 e 2 dell'articolo 365. Entro le quarantotto ore successive, il pubblico ministero richiede la convalida del decreto e degli eventuali ulteriori provvedimenti al giudice per le indagini preliminari, che provvede al più presto e comunque entro le quarantotto ore successive, dandone immediato avviso al pubblico ministero e al difensore. Le operazioni devono sempre svolgersi nel rispetto delle condizioni previste dai commi 4 e 5 dell'articolo 224-*bis*.[2]

[1] Articolo aggiunto dall'art. 25, L. 30 giu. 2009, n. 85.
[2] Comma aggiunto dall'art. 1, c. 4, L. 23 mar. 2016, n. 41.

360. ***Accertamenti tecnici non ripetibili.*** — 1. Quando gli accertamenti previsti dall'art. 359 riguardano persone, cose o luoghi il cui stato è soggetto a modificazione, il pubblico ministero avvisa, senza ritardo, la persona sottoposta alle indagini, la persona offesa dal reato e i difensori del giorno, dell'ora e del luogo fissati per il conferimento dell'incarico e della facoltà di nominare consulenti tecnici.[1]

2. Si applicano le disposizioni dell'articolo 364 comma 2.

3. I difensori nonché i consulenti tecnici eventualmente nominati hanno diritto di assistere al conferimento dell'incarico, di partecipare agli accertamenti e di formulare osservazioni e riserve.

4. Qualora, prima del conferimento dell'incarico, la persona sottoposta alle indagini formuli riserva di promuovere incidente probatorio, il pubblico ministero dispone che non si proceda agli accertamenti salvo che questi, se differiti, non possano più essere utilmente compiuti.

4-*bis*. La riserva di cui al comma 4 perde efficacia e non può essere ulteriormente formulata se la richiesta di incidente probatorio non è proposta entro il termine di dieci giorni dalla formulazione della riserva stessa.[2]

5. Fuori del caso di inefficacia della riserva di incidente probatorio previsto dal comma 4-*bis*, se il pubblico ministero, malgrado l'espressa riserva formulata dalla persona sottoposta alle indagini e pur non sussistendo le condizioni indicate nell'ultima parte del comma 4, ha ugualmente disposto di procedere agli accertamenti, i relativi risultati non possono essere utilizzati nel dibattimento.[3]

[1] V. *Att.* 116, 117.

[2] Comma così sost. dall'art. 1, c. 28, L. 23 giu. 2017, n. 103.

[3] Comma così modif. dall'art. 1, c. 29, L. 23 giu. 2017, n. 103.

361. ***Individuazione di persone e di cose.*** — 1. Quando è necessario per la immediata prosecuzione delle indagini, il pubblico ministero procede alla individuazione di persone, di cose o di quanto altro può essere oggetto di percezione sensoriale.

2. Le persone, le cose e gli altri oggetti sono presentati ovvero sottoposti in immagine a chi deve eseguire la individuazione.

3. Se ha fondata ragione di ritenere che la persona chiamata alla individuazione possa subire intimidazione o altra influenza dalla presenza di quella sottoposta a individuazione, il pubblico ministero adotta le cautele previste dall'art. 214 comma 2.

362. ***Assunzione di informazioni.*** — 1. Il pubblico ministero assume informazioni dalle persone che possono riferire circostanze utili ai fini delle indagini. Alle persone già sentite dal difensore o dal suo sostituto non possono essere chieste informazioni sulle domande formulate e sulle risposte date. Si applicano le disposizioni degli articoli 197, 197-*bis*, 198, 199, 200, 201, 202 e 203.[1]

1-*bis*. Nei procedimenti per i delitti di cui all'articolo 351, comma 1-*ter*, il pubblico ministero, quando deve assumere informazioni da persone minori, si avvale dell'ausilio di un esperto in psicologia o in psichiatria infantile. Allo stesso modo provvede quando deve assumere sommarie informazioni da una persona offesa, anche maggiorenne, in condizione di particolare vulnerabilità. In ogni caso assicura che la persona offesa particolarmente vulnerabile, in occasione della richiesta di sommarie informazioni, non abbia contatti con la persona sottoposta ad indagini e non sia chiamata più volte a rendere sommarie informazioni, salva l'assoluta necessità per le indagini.[2,3]

1-*ter*. Quando si procede per il delitto previsto dall'articolo 575 del codice penale, nella forma tentata, o per i delitti, consumati o tentati, previsti dagli articoli 572, 609-*bis*, 609-*ter*, 609-*quater*, 609-*quinquies*, 609-*octies* e 612-*bis* del codice penale, ovvero dagli articoli 582 e 583-*quinquies* del codice penale nelle ipotesi aggravate ai sensi degli articoli 576, primo comma, numeri 2, 5 e 5.1, e 577, primo comma, numero 1, e secondo comma, del medesimo codice, il pubblico ministero assume informazioni dalla persona offesa e da chi ha presentato denuncia, querela o istanza, entro il termine di tre giorni dall'iscrizione della notizia di reato, salvo che sussistano imprescindibili esigenze di tutela di minori di anni diciotto o della riservatezza delle indagini, anche nell'interesse della persona offesa.[4]

[1] Periodo ins. dall'art. 9, L. 7 dic. 2000, n. 397 e sost. dall'art. 13, c. 2, L. 1 mar. 2001, n. 63.

[2] Comma aggiunto dall'art. 5, c. 1, lett. *d*), L. 1 ott. 2012, n. 172.

[3] Gli ultimi due periodi sono stati aggiunti dall'art. 1, c. 1, lett. *g*), D.lgs. 15 dic. 2015, n. 212.

[4] Comma aggiunto dall'art. 2, L. 19 lug. 2019, n. 69, e quindi così modif. dall'art. 2, c. 11, L. 27 set. 2021, n. 134.

363. ***Interrogatorio di persona imputata in un procedimento connesso.*** — 1. Le persone imputate in un procedimento connesso a norma dell'art. 12 sono interrogate dal pubblico ministero sui fatti per cui si procede nelle forme previste dall'art. 210 commi 2, 3, 4 e 6.

2. La disposizione del comma 1 si applica anche alle persone imputate di un reato collegato a quello per cui si procede, nel caso previsto dall'art. 371 comma 2 lettera *b*).

364. ***Nomina e assistenza del difensore.*** — 1. Il pubblico ministero, se deve procedere a interrogatorio, ovvero a ispezione, a individuazione di persone[1] o confronto cui deve partecipare la persona sottoposta alle indagini, la invita a presentarsi a norma dell'art. 375.

2. La persona sottoposta alle indagini priva del difensore è altresì avvisata che è assistita da un difensore di ufficio, ma che può nominarne uno di fiducia.

3. Al difensore di ufficio o a quello di fiducia in precedenza nominato è dato avviso almeno ventiquattro ore prima del compimento degli atti indicati nel comma 1 e delle ispezioni a cui non deve partecipare la persona sottoposta alle indagini.

4. Il difensore ha in ogni caso diritto di assistere agli atti indicati nei commi 1 e 3, fermo quanto previsto dall'art. 245.

5. Nei casi di assoluta urgenza, quando vi è fondato motivo di ritenere che il ritardo possa pregiudicare la ricerca o l'assicurazione delle fonti di prova, il pubblico ministero può procedere a interro-

gatorio, a ispezione, a individuazione di persone[1] o a confronto anche prima del termine fissato dandone avviso al difensore senza ritardo e comunque tempestivamente. L'avviso può essere omesso quando il pubblico ministero procede a ispezione e vi è fondato motivo di ritenere che le tracce o gli altri effetti materiali del reato possano essere alterati. È fatta salva, in ogni caso, la facoltà del difensore d'intervenire.

6. Quando procede nei modi previsti dal comma 5, il pubblico ministero deve specificamente indicare, a pena di nullità, i motivi della deroga e le modalità dell'avviso.

7. È vietato a coloro che intervengono agli atti di fare segni di approvazione o disapprovazione. Quando assiste al compimento degli atti, il difensore può presentare al pubblico ministero richieste, osservazioni e riserve delle quali è fatta menzione nel verbale.

[1] Parole aggiunte dall'art. 2, D.lgs. 15 set. 2016, n. 184.

365. ***Atti ai quali il difensore ha diritto di assistere senza avviso.*** — 1. Il pubblico ministero, quando procede al compimento di atti di perquisizione o sequestro, chiede alla persona sottoposta alle indagini, che sia presente, se è assistita da un difensore di fiducia e, qualora ne sia priva, designa un difensore di ufficio a norma dell'art. 97 comma 3.

2. Il difensore ha facoltà di assistere al compimento dell'atto, fermo quanto previsto dall'art. 249.

3. Si applicano le disposizioni dell'art. 364 comma 7.

366. ***Deposito degli atti cui hanno diritto di assistere i difensori.*** — 1. Salvo quanto previsto da specifiche disposizioni, i verbali degli atti compiuti dal pubblico ministero e dalla polizia giudiziaria ai quali il difensore ha diritto di assistere, sono de positati nella segreteria del pubblico ministero entro il terzo giorno successivo al compimento dell'atto, con facoltà per il difensore di esaminarli ed estrarne copia nei cinque giorni successivi. Quando non è stato dato avviso del compimento dell'atto, al difensore è immediatamente notificato l'avviso di deposito e il termine decorre dal ricevimento della notificazione.

Il difensore ha facoltà di esaminare le cose sequestrate nel luogo in cui esse si trovano e, se si tratta di documenti, di estrarne copia.[1]

2. Il pubblico ministero, con decreto motivato, può disporre, per gravi motivi, che il deposito degli atti indicati nel comma 1 e l'esercizio della facoltà indicata nel terzo periodo dello stesso comma siano ritardati, senza pregiudizio di ogni altra attività del difensore, per non oltre trenta giorni. Contro il decreto del pubblico ministero la persona sottoposta ad indagini ed il difensore possono proporre opposizione al giudice, che provvede ai sensi dell'articolo 127.[2]

[1] Periodo aggiunto dall'art. 10, c. 1., L. 7 dic. 2000, n. 397.
[2] Comma così sost. dall'art. 10, c. 2, L. 7 dic. 2000, n. 397.

367. ***Memorie e richieste dei difensori.*** — 1. Nel corso delle indagini preliminari, i difensori hanno facoltà di presentare memorie e richieste scritte al pubblico ministero.

368. ***Provvedimenti del giudice sulla richiesta di sequestro.*** — 1. Quando, nel corso delle indagini preliminari, il pubblico ministero ritiene che non si debba disporre il sequestro richiesto dall'interessato, trasmette la richiesta con il suo parere, al giudice per le indagini preliminari.

369. ***Informazione di garanzia.*** — 1. Solo quando deve compiere un atto al quale il difensore ha diritto di assistere, il pubblico ministero invia per posta, in piego chiuso raccomandato con ricevuta di ritorno, alla persona sottoposta alle indagini e alla persona offesa una informazione di garanzia con indicazione delle norme di legge che si sono violate, della data e del luogo del fatto e con invito a esercitare la facoltà di nominare un difensore di fiducia.[1]

1-*bis*. Il pubblico ministero informa altresì la persona sottoposta alle indagini e la persona offesa del diritto alla comunicazione previsto dall'articolo 335, comma 3.[2]

2. Qualora ne ravvisi la necessità ovvero l'ufficio postale restituisca il piego per irreperibilità del destinatario, il pubblico ministero può disporre che l'informazione di garanzia sia notificata a norma dell'articolo 151.

[1] Comma così modif. dall'art. 19, L. 8 ago. 1995, n. 332.
[2] Comma ins. dall'art. 1, c. 1, lett. *b*), D.lgs. 1 lug. 2014, n. 101 (Attuazione Direttiva UE sul diritto all'informazione nei procedimenti penali).

369-*bis*. ***Informazione della persona sottoposta alle indagini sul diritto di difesa.***[1] — 1. Al compimento del primo atto a cui il difensore ha diritto di assistere e, comunque, prima dell'invito a presentarsi per rendere l'interrogatorio ai sensi del combinato disposto degli articoli 375, comma 3, e 416, ovvero, al più tardi, contestualmente all'avviso della conclusione delle indagini preliminari ai sensi dell'articolo 415-bis, il pubblico ministero, a pena di nullità degli atti successivi, notifica alla persona sottoposta alle indagini la comunicazione della nomina del difensore d'ufficio.[2]

2. La comunicazione di cui al comma 1 deve contenere:

a) l'informazione della obbligatorietà della difesa tecnica nel processo penale, con l'indicazione della facoltà e dei diritti attribuiti dalla legge alla persona sottoposta alle indagini;

b) il nominativo del difensore d'ufficio e il suo indirizzo e recapito telefonico;

c) l'indicazione della facoltà di nominare un difensore di fiducia con l'avvertimento che, in mancanza, l'indagato sarà assistito da quello nominato d'ufficio;

d) l'indicazione dell'obbligo di retribuire il difensore d'ufficio ove non sussistano le condizioni per accedere al beneficio di cui alla lett. *e*) e l'avvertimento che, in caso di insolvenza, si procederà ad esecuzione forzata;

d-bis) l'informazione del diritto all'interprete ed alla traduzione di atti fondamentali;[3]

e) l'indicazione delle condizioni per l'ammissione al patrocinio a spese dello Stato.

[1] Articolo ins. dall'art. 19, L. 6 mar. 2001, n. 60.
[2] Comma così modif. dall'art. 1, c. 1, lett. *d*), D.lgs. 1 lug. 2014, n. 101 (Attuazione Direttiva UE sul diritto all'informazione nei procedimenti penali).
[3] Lettera ins. dall'art. 1, c. 1, lett. *d*), D.lgs. 1 lug. 2014, n. 101.

370. ***Atti diretti e atti delegati.*** — 1. Il pubblico ministero compie personalmente ogni attività di indagine. Può avvalersi della polizia giudiziaria per il compimento di attività di indagine e di atti specificamente delegati, ivi compresi gli interrogatori ed i confronti cui partecipi la persona sottoposta alle indagini che si trovi in stato di libertà, con l'assistenza necessaria del difensore.[1]

2. Quando procede a norma del comma 1, la polizia giudiziaria osserva le disposizioni degli artt. 364, 365 e 373.

2-*bis*. Se si tratta del delitto previsto dall'articolo 575 del codice penale, nella forma tentata, o di uno dei delitti, consumati o tentati, previsti dagli articoli 572, 609-*bis*, 609-*ter*, 609-*quater*, 609-*quinquies*, 609-*octies*, 612-*bis* e 612-*ter* del codice penale, ovvero dagli articoli 582 e 583-*quinquies* del codice penale nelle ipotesi aggravate ai sensi degli articoli 576, primo comma, numeri 2, 5, 5.1, e 577, primo comma, numero 1, e secondo comma, del medesimo codice, la polizia giudiziaria procede senza ritardo al compimento degli atti delegati dal pubblico ministero.[2]

2-*ter*. Nei casi di cui al comma 2-*bis*, la polizia giudiziaria pone senza ritardo a disposizione del pubblico ministero la documentazione dell'attività nelle forme e con le modalità previste dall'articolo 357.[3]

3. Per singoli atti da assumere nella circoscrizione di altro tribunale, il pubblico ministero, qualora non ritenga di procedere personalmente, può delegare, secondo la rispettiva competenza per materia, il pubblico ministero presso il tribunale [o la pretura][4] del luogo.

4. Quando ricorrono ragioni di urgenza o altri gravi motivi, il pubblico ministero delegato a norma del comma 3 ha facoltà di procedere di propria iniziativa anche agli atti che a seguito dello svolgimento di quelli specificamente delegati appaiono necessari ai fini delle indagini.

[1] Comma così sost. dall'art. 5, D.L. 8 giu. 1992, n. 306, conv. in L. 7 ago. 1992, n. 356.
[2] Comma ins. dall'art. 3, L. 19 lug. 2019, n. 69, e così modif. dall'art. 2, c. 11, L. 27 set. 2021, n. 134.
[3] Comma ins. dall'art. 3, L. 19 lug. 2019, n. 69.
[4] Parole soppresse dall'art. 183, D.lgs. 19 feb. 1998, n. 51.

371. ***Rapporti tra diversi uffici del pubblico ministero.*** — 1. Gli uffici diversi del pubblico ministero che procedono a indagini collegate, si coordinano tra loro per la speditezza, economia ed efficacia delle indagini medesime. A tali fini provvedono allo scambio di atti e di informazioni nonché alla comunicazione delle direttive rispettivamente impartite alla polizia giudiziaria. Possono altresì procedere, congiuntamente, al compimento di specifici atti.

2. Le indagini di uffici diversi del pubblico ministero si considerano collegate:

a) se i procedimenti sono connessi a norma dell'articolo 12;

b) se si tratta di reati dei quali gli uni sono stati commessi in occasione degli altri, o per conseguirne o assicurarne al colpevole o ad altri il profitto, il prezzo, i prodotto l'impunità, o che sono stati commessi da più persone in danno reciproco le une delle altre, ovvero se la prova di un reato o di una sua circostanza influisce sulla prova di un altro reato o di un'altra circostanza;[2]

c) se la prova di più reati deriva, anche in parte, dalla stessa fonte.

3. Salvo quanto disposto dall'articolo 12, il collegamento delle indagini non ha effetto sulla competenza.

[1] Le parole «di reato continuato o» sono state soppresse dall'art. 1 del D.L. 20 nov. 1991, n. 367, conv. in L. 20 gen. 1992, n. 8.
[2] Lettera così sost. dall'art. 1, comma V, della L. 1 mar. 2001, n. 63.

371-*bis*. ***Attività di coordinamento del procuratore nazionale antimafia e antiterrorismo.***[1,2] — 1. Il procuratore nazionale antimafia e antiterrorismo esercita le sue funzioni in relazione ai procedimenti per i delitti indicati nell'art. 51 comma 3-*bis* e comma 3-*quater* e in relazione ai procedimenti di prevenzione antimafia e antiterrorismo. In relazione ai procedimenti per i delitti di cui all'articolo 51, comma 3-*quater*, si avvale altresì dei servizi centrali e interprovinciali delle forze di polizia e impartisce direttive intese a regolarne l'impiego a fini investigativi.[3]

2. Il procuratore nazionale antimafia e antiterrorismo esercita funzioni di impulso nei confronti dei procuratori distrettuali al fine di rendere effettivo il coordinamento delle attività di indagine, di garantire la funzionalità dell'impiego della polizia giudiziaria nelle sue diverse articolazioni e di assicurare la completezza e tempestività delle investigazioni.[3]

3. Per lo svolgimento delle funzioni attribuitegli dalla legge, il procuratore nazionale antimafia e antiterrorismo, in particolare:

a) d'intesa con i procuratori distrettuali interessati, assicura il collegamento investigativo anche per mezzo dei magistrati della Direzione nazionale antimafia e antiterrorismo;

b) cura, mediante applicazioni temporanee dei

magistrati della Direzione nazionale antimafia e antiterrorismo e delle procure distrettuali, la necessaria flessibilità e mobilità che soddisfino specifiche e contingenti esigenze investigative o processuali;

c) ai fini del coordinamento investigativo e della repressione dei reati provvede all'acquisizione e all'elaborazione di notizie, informazioni e dati attinenti alla criminalità organizzata e ai delitti di terrorismo, anche internazionale;

d) - *e*)[4];

f) impartisce ai procuratori distrettuali specifiche direttive alle quali attenersi per prevenire o risolvere contrasti riguardanti le modalità secondo le quali realizzare il coordinamento nell'attività di indagine;

g) riunisce i procuratori distrettuali interessati al fine di risolvere i contrasti che, malgrado le direttive specifiche impartite, sono insorti e hanno impedito di promuovere o di rendere effettivo il coordinamento;

h) dispone con decreto motivato, reclamabile al procuratore generale presso la corte di cassazione, l'avocazione delle indagini preliminari relative a taluno dei delitti indicati nell'art. 51 comma 3-*bis* e comma 3-*quater* quando non hanno dato esito le riunioni disposte al fine di promuovere o rendere effettivo il coordinamento e questo non è stato possibile a causa della:

1) perdurante e ingiustificata inerzia nella attività di indagine;

2) ingiustificata e reiterata violazione dei doveri previsti dall'art. 371 ai fini del coordinamento delle indagini;

3) (*soppresso dalla legge di conversione*).[3]

4. Il procuratore nazionale antimafia e antiterrorismo provvede alla avocazione dopo aver assunto sul luogo le necessarie informazioni personalmente o tramite un magistrato della Direzione nazionale antimafia e antiterrorismo all'uopo designato. Salvi casi particolari, il procuratore nazionale antimafia e antiterrorismo o il magistrato da lui designato non può delegare per il compimento degli atti di indagine altri uffici del pubblico ministero.[3]

[1] Articolo inserito dall'art. 7, D.L. 20 nov. 1991, n. 367, conv. in L. 20 gen. 1992, n. 8. La norma avrà effetto a decorrere dalla data di pubbl. del D.M. sulla operatività della Dir. naz. antimafia previsto dall'art. 15 del citato D.L. (v. art. 16).

[2] Rubrica così modif. dall'art. 9, c. 4, D.L. 18 feb. 2015, n. 7, conv. con modif. in L. 17 apr. 2015, n. 43.

[3] Comma così modif. dall'art. 2, c. 1, lett. *b*), D.L. 23 mag. 2008, n. 92, conv. con modif. in L. 24 lug. 2008, n. 125 e dall'art. 9, c. 4, D.L. 18 feb. 2015, n. 7, conv. con modif. in L. 17 apr. 2015, n. 43.

[4] Lettere soppresse dalla legge di conversione.

372. ***Avocazione delle indagini.*** — 1. Il procuratore generale presso la corte di appello dispone con decreto motivato, e assunte, quando occorre, le necessarie informazioni, l'avocazione delle indagini preliminari quando:

a) in conseguenza dell'astensione o della incompatibilità del magistrato designato non è possibile provvedere alla sua tempestiva sostituzione;

b) il capo dell'ufficio del pubblico ministero ha omesso di provvedere alla tempestiva sostituzione del magistrato designato per le indagini nei casi previsti dall'art. 36 comma 1 lettere *a*), *b*), *d*), *e*).

1-*bis*. Il procuratore generale presso la corte d'appello, assunte le necessarie informazioni, dispone altresì con decreto motivato l'avocazione delle indagini preliminari relative ai delitti previsti dagli art. 270-*bis*, 280, 285, 286, 289-*bis*, 305, 306, 416 nei casi in cui è obbligatorio l'arresto in flagranza e 422 del c.p. quando, trattandosi di indagini collegate, non risulta effettivo il coordinamento delle indagini previste dall'art. 371 comma 1 e non hanno dato esito le riunioni per il coordinamento disposte o promosse dal procuratore generale anche d'intesa con altri procuratori generali interessati.[1]

[1] Comma inserito dall'art. 3 del D.L. 9 set. 1991, n. 292 e quindi sost. come al testo dall'art. 8 del D.L. 20 nov. 1991, n. 367 *citato*. Per l'entrata in vigore della nuova disposizione v. la nota all'art. 371-*bis*.

373. ***Documentazione degli atti.*** — 1. Salvo quanto disposto in relazione a specifici atti, è redatto verbale:

a) delle denunce, querele e istanze di procedimento presentate oralmente;

b) degli interrogatori e dei confronti con la persona sottoposta alle indagini;

c) delle ispezioni, delle perquisizioni e dei sequestri;

d) delle sommarie informazioni assunte a norma dell'art. 362[1];

d-bis) dell'interrogatorio assunto a norma dell'art. 363[1];

e) degli accertamenti tecnici compiuti a norma dell'art. 360.

2. Il verbale è redatto secondo le modalità previste nel titolo III del libro II.

3. Alla documentazione delle attività di indagine preliminare, diverse da quelle previste dal comma 1, si procede soltanto mediante la redazione del verbale in forma riassuntiva ovvero, quando si tratta di atti a contenuto semplice o di limitata rilevanza, mediante le annotazioni ritenute necessarie.

4. Gli atti sono documentati nel corso del loro compimento ovvero immediatamente dopo quando ricorrono insuperabili circostanze, da indicarsi specificamente, che impediscono la documentazione contestuale.

5. L'atto contenente la notizia di reato e la documentazione relativa alle indagini sono conservati in apposito fascicolo presso l'ufficio del pubblico ministero assieme agli atti trasmessi dalla polizia giudiziaria a norma dell'articolo 357.

6. Alla redazione del verbale e delle annotazioni provvede l'ufficiale di polizia giudiziaria o l'ausilia-

rio che assiste il pubblico ministero. Si applica la disposizione dell'art. 142.

[1] Lettera così modif. dall'art. 5 del D.L. 8 giu. 1992, n. 306, conv. in L. 7 ago. 1992, n. 356.

374. ***Presentazione spontanea.*** — 1. Chi ha notizia che nei suoi confronti sono svolte indagini, ha facoltà di presentarsi al pubblico ministero e di rilasciare dichiarazioni.

2. Quando il fatto per cui si procede è contestato a chi si presenta spontaneamente e questi è ammesso a esporre le sue discolpe, l'atto così compiuto equivale per ogni effetto all'interrogatorio. In tale ipotesi, si applicano le disposizioni previste dagli artt. 64, 65 e 364.

3. La presentazione spontanea non pregiudica l'applicazione di misure cautelari.

375. ***Invito a presentarsi.*** — 1. Il pubblico ministero invita la persona sottoposta alle indagini a presentarsi quando deve procedere ad atti che ne richiedono la presenza.

2. L'invito a presentarsi contiene:

a) le generalità o le altre indicazioni personali che valgono a identificare la persona sottoposta alle indagini;

b) il giorno, l'ora e il luogo della presentazione nonché l'autorità davanti alla quale la persona deve presentarsi;

c) il tipo di atto per il quale l'invito è predisposto;

d) l'avvertimento che il pubblico ministero potrà disporre a norma dell'art. 132 l'accompagnamento coattivo in caso di mancata presentazione senza che sia stato addotto legittimo impedimento.

3. Quando la persona è chiamata a rendere l'interrogatorio, l'invito contiene altresì la sommaria enunciazione del fatto quale risulta dalle indagini fino a quel momento compiute. L'invito può inoltre contenere, ai fini di quanto previsto dall'art. 453, comma 1, l'indicazione degli elementi e delle fonti di prova e l'avvertimento che potrà essere presentata richiesta di giudizio immediato.[1]

4. L'invito a presentarsi è notificato almeno tre giorni prima di quello fissato per la comparizione, salvo che, per ragioni di urgenza, il pubblico ministero ritenga di abbreviare il termine, purché sia lasciato il tempo necessario per comparire.

[1] Periodo aggiunto dall'art. 26 del D.L. 14 gen. 1991, n. 12.

376. ***Accompagnamento coattivo per procedere a interrogatorio o a confronto.*** — 1. Quando si tratta di procedere ad atti di interrogatorio o confronto, l'accompagnamento coattivo è disposto dal pubblico ministero su autorizzazione del giudice.

377. ***Citazioni di persone informate sui fatti.*** — 1. Il pubblico ministero può emettere decreto di citazione quando deve procedere ad atti che richiedono la presenza della persona offesa e delle persone in grado di riferire su circostanze utili ai fini delle indagini.

2. Il decreto contiene:

a) le generalità della persona;

b) il giorno, l'ora e il luogo della comparizione nonché l'autorità davanti alla quale la persona deve presentarsi;

c) l'avvertimento che il pubblico ministero potrà disporre a norma dell'articolo 133 l'accompagnamento coattivo in caso di mancata comparizione senza che sia stato addotto legittimo impedimento.

3. Il pubblico ministero provvede allo stesso modo per la citazione del consulente tecnico, dell'interprete e del custode delle cose sequestrate.

378. ***Poteri coercitivi del pubblico ministero.*** — 1. Il pubblico ministero ha, nell'esercizio delle sue funzioni, i poteri indicati nell'art. 131.

TITOLO VI
Arresto in flagranza e fermo[1]

[1] V. *Coord.* 214, 224.

379. ***Determinazione della pena.*** — 1. Agli effetti delle disposizioni di questo titolo, la pena è determinata a norma dell'art. 278.

380. ***Arresto obbligatorio in flagranza.*** — 1. Gli ufficiali e gli agenti di polizia giudiziaria procedono all'arresto di chiunque è colto in flagranza di un delitto non colposo, consumato o tentato, per il quale la legge stabilisce la pena dell'ergastolo o della reclusione non inferiore nel minimo a cinque anni e nel massimo a venti anni.

2. Anche fuori dei casi previsti dal comma 1, gli ufficiali e gli agenti di polizia giudiziaria procedono all'arresto di chiunque è colto in flagranza di uno dei seguenti delitti non colposi, consumati o tentati:

a) delitti contro la personalità dello Stato previsti nel titolo I del libro II del c.p. per i quali è stabilita la pena della reclusione non inferiore nel minimo a cinque anni o nel massimo a dieci anni;

a-bis) delitto di violenza o minaccia ad un Corpo politico, amministrativo o giudiziario o ai suoi singoli componenti previsto dall'articolo 338 del codice penale;[1]

b) delitto di devastazione e saccheggio previsto dall'art. 419 del c.p.;

c) delitti contro l'incolumità pubblica previsti nel titolo VI del libro II del c.p. per i quali è stabilita la pena della reclusione non inferiore nel minimo a tre anni o nel massimo a dieci anni;

d) delitto di riduzione in schiavitù previsto dall'art. 600 del c.p., delitto di prostituzione minorile previsto dall'art. 600-*bis*, primo comma, delitto di pornografia minorile previsto dall'art, 600-*ter*, commi primo e secondo, anche se relativo al materiale pornografico di cui all'art. 600-*quater*.1 e delitto di iniziative turistiche volte allo sfruttamen-

CODICE DI PROCEDURA PENALE

to della prostituzione minorile previsto dall'art. 600-*quinquies*;

d.1) delitti di intermediazione illecita e sfruttamento del lavoro previsti dall'articolo 603-*bis*, secondo comma, del codice penale;[2]

d-bis) delitto di violenza sessuale previsto dall'articolo 609-*bis*, escluso il caso previsto dal terzo comma, e delitto di violenza sessuale di gruppo previsto dall'articolo 609-*octies* del codice penale;[3]

d-ter) delitto di atti sessuali con minorenne di cui all'articolo 609-*quater*, primo e secondo comma, del codice penale;[4]

e) delitto di furto quando ricorre la circostanza aggravante prevista dall'articolo 4 della legge 8 agosto 1977, n. 533, o taluna delle circostanze aggravanti previste dall'articolo 625, primo comma, numeri 2), prima ipotesi, 3) e 5), nonché 7-*bis*),[5] del codice penale, salvo che ricorra, in questi ultimi casi, la circostanza attenuante di cui all'articolo 62, primo comma, numero 4), del codice penale;[6]

e-bis) delitti di furto previsti dall'art. 624-*bis* del codice penale, salvo che ricorra la circostanza attenuante di cui all'art. 62, I comma, n. 4) del codice penale;

f) delitto di rapina previsto dall'art. 628 del c.p. e di estorsione previsto dall'art. 629 del c.p.;

f-bis) delitto di ricettazione, nell'ipotesi aggravata di cui all'articolo 648, primo comma, secondo periodo, del codice penale;[7]

g) delitti di illegale fabbricazione, introduzione nello Stato, messa in vendita, cessione, detenzione e porto in luogo pubblico o aperto al pubblico di armi da guerra o tipo guerra o parti di esse, di esplosivi, di armi clandestine, nonché di più armi comuni da sparo escluse quelle previste dall'art. 2 comma 3 della L. 18 apr. 1975, n. 110;

h) delitti concernenti sostanze stupefacenti o psicotrope puniti a norma dell'art. 73 del T.U. approvato con D.P.R. 9 ott. 1990, n. 309, salvo che per i delitti di cui al comma 5 del medesimo articolo;[8]

i) delitti commessi per finalità di terrorismo anche internazionale o di eversione dell'ordine costituzionale per i quali la legge stabilisce la pena della reclusione non inferiore nel minimo a quattro anni o nel massimo a dieci anni;

l) delitti di promozione, costituzione, direzione e organizzazione delle associazioni segrete previste dall'art. 1 della L. 25 gennaio 1982, n. 17, delle associazioni di carattere militare previste dall'art. 1 della L. 17 aprile 1956, n. 561, delle associazioni, dei movimenti o dei gruppi previsti dagli artt. 1 e 2 della L. 20 giugno 1952, n. 645, delle organizzazioni, associazioni, movimenti o gruppi di cui all'art. 3, comma 3, della L. 13 ottobre 1975, n. 654[9];

l-bis) delitti di partecipazione, promozione, direzione e organizzazione della associazione di tipo mafioso prevista dall'art. 416-*bis* del c.p.;

l-ter) delitti di violazione dei provvedimenti di allontanamento dalla casa familiare e del divieto di avvicinamento ai luoghi frequentati dalla persona offesa, di maltrattamenti contro familiari e conviventi e di atti persecutori, previsti dagli articoli 387-bis, 572 e 612-bis del codice penale;[10]

m) delitti di promozione, direzione, costituzione e organizzazione della associazione per delinquere prevista dall'art. 416 commi 1 e 3 del c.p., se l'associazione è diretta alla commissione di più delitti fra quelli previsti dal comma 1 o dalle lettere *a*), *b*), *c*), *d*), *f*), *g*), *i*) del presente comma;

m-bis) delitti di fabbricazione, detenzione o uso di documento di identificazione falso previsti dall'articolo 497-*bis* del codice penale.[11]

m-ter) delitti di promozione, direzione, organizzazione, finanziamento o effettuazione di trasporto di persone ai fini dell'ingresso illegale nel territorio dello Stato, di cui all'articolo 12, commi 1 e 3, del testo unico delle disposizioni concernenti la disciplina dell'immigrazione e norme sulla condizione dello straniero, di cui al decreto legislativo 25 luglio 1998, n. 286, e successive modificazioni.[12]

m-quater) delitto di omicidio colposo stradale previsto dall'articolo 589-*bis*, secondo e terzo comma, del codice penale.[13]

m-quinquies) delitto di resistenza o di violenza contro una nave da guerra, previsto dall'articolo 1100 del codice della navigazione.[14]

3. Se si tratta di delitto perseguibile a querela, l'arresto in flagranza è eseguito se la querela viene proposta, anche con dichiarazione resa oralmente all'ufficiale o all'agente di polizia giudiziaria presente nel luogo. Se l'avente diritto dichiara di rimettere la querela, l'arrestato è posto immediatamente in libertà.

[1] Lettera ins. dall'art. 2, c. 1, L. 3 lug. 2017, n. 105.
[2] Lettera ins. dall'art. 4, c. 1, L. 29 ott. 2016, n. 199.
[3] Lettera ins. dall'art. 3, c. 1, lett. *b*), D.L. 23 feb. 2009, n. 11, conv. con modif. in L. 23 apr. 2009, n. 38.
[4] Lettera ins. dall'art. 5, c. 1, lett. *e*), L. 1 ott. 2012, n. 172.
[5] Parole aggiunte dall'art. 8, c. 2, D.L. 14 ago. 2013, n. 93, conv. con modif. in L. 15 ott. 2013, n. 119.
[6] Lettera così sost. dall'art. 3, c. 25, L. 15 lug. 2009, n. 94.
[7] Lettera ins. dall'art. 8, c. 2, D.L. 14 ago. 2013, n. 93, conv. con modif. in L. 15 ott. 2013, n. 119.
[8] Lettera così così modif. dall'art. 2, c. 1-*bis*, D.L. 23 dic. 2013, n. 146, conv. con modif. in L. 21 feb. 2014, n. 10.
[9] Ai sensi della Tabella A di cui all'art. 8, D.lgs. 1 mar. 2018, n. 21, il riferimento all'art. 3, L. 13 ott. 1975, n. 654, deve intendersi all'art. 604-*bis* c.p.
[10] Lettera così sost. dall'art. 2, c. 15, L. 27 set. 2021, n. 134.
[11] Lettera aggiunta dall'art. 2, c. 1-*ter*, D.L. 18 feb. 2015, n. 7, conv. con modif. in L. 17 apr. 2015, n. 43.
[12] Lettera aggiunta dall'art. 3-*bis*, c. 2, D.L. 18 feb. 2015, n. 7, conv. con modif. in L. 17 apr. 2015, n. 43.
[13] Lettera aggiunta dall'art. 1, c. 5, L. 23 mar. 2016, n. 41.
[14] Lettera aggiunta dall'art. 3-*bis*, D.L. 14 giu. 2019, n. 53, conv. con modif. in L. 8 ago. 2019, n. 77.

381. ***Arresto facoltativo in flagranza.*** — 1. Gli ufficiali e gli agenti di polizia giudiziaria hanno facoltà di arrestare chiunque è colto in flagranza di un delitto non colposo, consumato o tentato, per il quale la legge stabilisce la pena della reclusione superiore nel massimo a tre anni ovvero di un delitto colposo per il quale la legge stabilisce la pena della reclusione non inferiore nel massimo a cinque anni.

2. Gli ufficiali e gli agenti di polizia giudiziaria hanno altresì facoltà di arrestare chiunque è colto in flagranza di uno dei seguenti delitti:

a) peculato mediante profitto dell'errore altrui previsto dall'art. 316 del c.p.;

b) corruzione per un atto contrario ai doveri d'ufficio prevista dagli artt. 319 comma 4 e 321 del c.p.;

c) violenza o minaccia a un pubblico ufficiale prevista dall'art. 336 comma 2 del c.p.;

d) commercio e somministrazione di medicinali guasti e di sostanze alimentari nocive previsti dagli artt. 443 e 444 del c.p.;

e) corruzione di minorenni prevista dall'art. 530 del c.p.;

f) lesione personale prevista dall'art. 582 del c.p.;

f-bis) violazione di domicilio prevista dall'articolo 614, primo e secondo comma, del codice penale»

g) furto previsto dall'art. 624 del c.p.;

h) danneggiamento aggravato a norma dell'art. 635 comma 2 del c.p.;

i) truffa prevista dall'art. 640 del c.p.;

l) appropriazione indebita prevista dall'art. 646 del c.p.;

l-bis) offerta, cessione o detenzione di materiale pornografico previste dagli articoli 600-*ter*, quarto comma, e 600-*quater* del codice penale, anche se relative al materiale pornografico di cui all'articolo 600-*quater.1* del medesimo codice;

m) alterazione di armi e fabbricazione di esplosivi non riconosciuti previste dagli artt. 3 e 24 comma 1 della L. 18 apr. 1975, n. 110.

m-bis) [...][1]

m-ter) falsa attenzione o dichiarazione a un pubblico ufficiale sulla identità o su qualità personali proprie o di altri, prevista dall'articolo 495 del codice penale.[2]

m-quater) fraudolente alterazioni per impedire l'identificazione o l'accertamento di qualità personali, previste dall'articolo 495-*ter* del codice penale.[2]

m-quinquies) delitto di lesioni colpose stradali gravi o gravissime previsto dall'articolo 590-*bis*, secondo, terzo, quarto e quinto comma, del codice penale.[3]

3. Se si tratta di delitto perseguibile a querela, l'arresto in flagranza può essere eseguito se la querela viene proposta, anche con dichiarazione resa oralmente all'ufficiale o all'agente di polizia giudiziaria presente nel luogo. Se l'avente diritto dichiara di rimettere la querela, l'arrestato è posto immediatamente in libertà.

4. Nelle ipotesi previste dal presente articolo si procede all'arresto in flagranza soltanto se la misura è giustificata dalla gravità del fatto ovvero dalla pericolosità del soggetto desunta dalla sua personalità o dalle circostanze del fatto.

4-*bis*. Non è consentito l'arresto della persona richiesta di fornire informazioni dalla polizia giudiziaria o dal pubblico ministero per reati concernenti il contenuto delle informazioni o il rifiuto di fornirle.

[1] Lettera abrog. dall'art. 2, c. 1-*ter*, D.L. 18 feb. 2015, n. 7, conv. con modif. in L. 17 apr. 2015, n. 43.

[2] Lettere aggiunte dall'art. 2, c. 1, lett. *b-bis*) del D.L. 23 mag. 2008, n. 92, conv. con modif. in L. 24 lug. 2008, n. 125.

[3] Lettera ins. dall'art. 1, c. 5, L. 23 mar. 2016, n. 41.

382. ***Stato di flagranza.*** — 1. È in stato di flagranza chi viene colto nell'atto di commettere il reato ovvero chi, subito dopo il reato, è inseguito dalla polizia giudiziaria, dalla persona offesa o da altre persone ovvero è sorpreso con cose o tracce dalle quali appaia che egli abbia commesso il reato immediatamente prima.

2. Nel reato permanente lo stato di flagranza dura fino a quando non è cessata la permanenza.

383. ***Facoltà di arresto da parte dei privati.*** — 1. Nei casi previsti dall'art. 380 ogni persona è autorizzata a procedere all'arresto in flagranza, quando si tratta di delitti perseguibili di ufficio.

2. La persona che ha eseguito l'arresto deve senza ritardo consegnare l'arrestato e le cose costituenti il corpo del reato alla polizia giudiziaria la quale redige il verbale della consegna e ne rilascia copia.

384. ***Fermo di indiziato di delitto.*** — 1. Anche fuori dei casi di flagranza, quando sussistono specifici elementi che, anche in relazione alla impossibilità di identificare l'indiziato[1] fanno ritenere fondato il pericolo di fuga, il pubblico ministero dispone il fermo della persona gravemente indiziata di un delitto per il quale la legge stabilisce la pena dell'ergastolo o della reclusione non inferiore nel minimo a due anni e superiore nel massimo a sei anni ovvero di un delitto concernente le armi da guerra e gli esplosivi o di un delitto commesso per finalità di terrorismo, anche internazionale, o di eversione dell'ordine democratico.[2]

2. Nei casi previsti dal comma 1 e prima che il pubblico ministero abbia assunto la direzione delle indagini, gli ufficiali e gli agenti di polizia giudiziaria procedono al fermo di propria iniziativa.

3. La polizia giudiziaria procede inoltre al fermo di propria iniziativa qualora sia successivamente individuato l'indiziato ovvero sopravvengano specifici elementi quali il possesso di documenti falsi, che rendano fondato il pericolo che l'indiziato sia per darsi alla fuga e non sia possibile, per la situazione di urgenza, attendere il provvedimento del pubblico ministero.[3]

[1] Parole inserite dall'art. 11 della L. 26 mar. 2001, n. 128.

[2] Parole aggiunte dall'art. 13, c. 3 lett. *a*) del D.L. 27 lug. 2005, n. 144, conv. con modif. in L. 31 lug. 2005, n. 155.

[3] Parole così sost. dall'art. 13, c. 3 lett. *b*) del D.L. 27 lug. 2005, n. 144, conv. con modif. in L. 31 lug. 2005, n. 155.

384-*bis*. *Allontanamento d'urgenza dalla casa familiare.*[1] — 1. Gli ufficiali ed agenti di polizia giudiziaria hanno facoltà di disporre, previa autorizzazione del pubblico ministero, scritta, oppure resa oralmente e confermata per iscritto, o per via telematica, l'allontanamento urgente dalla casa familiare con il divieto di avvicinarsi ai luoghi abitualmente frequentati dalla persona offesa, nei confronti di chi è colto in flagranza dei delitti di cui all'articolo 282-*bis*, comma 6, ove sussistano fondati motivi per ritenere che le condotte criminose possano essere reiterate ponendo in grave ed attuale pericolo la vita o l'integrità fisica o psichica della persona offesa. La polizia giudiziaria provvede senza ritardo all'adempimento degli obblighi di informazione previsti dall'articolo 11 del decreto-legge 23 febbraio 2009, n. 11, convertito, con modificazioni, dalla legge 23 aprile 2009, n. 38, e successive modificazioni.

2. Si applicano in quanto compatibili le disposizioni di cui agli articoli 385 e seguenti del presente titolo. Si osservano le disposizioni di cui all'articolo 381, comma 3. Della dichiarazione orale di querela si dà atto nel verbale delle operazioni di allontanamento.

[1] Articolo inserito dall'art. 2, c. 1, lett. *d*), D.L. 14 ago. 2013, n. 93, conv. con modif. in L. 15 ott. 2013, n. 119.

385. *Divieto di arresto o di fermo in determinate circostanze.* — 1. L'arresto o il fermo non è consentito quando, tenuto conto delle circostanze del fatto, appare che questo è stato compiuto nell'adempimento di un dovere o nell'esercizio di una facoltà legittima ovvero in presenza di una causa di non punibilità.

386. *Doveri della polizia giudiziaria in caso di arresto o di fermo.*[1] — 1. Gli ufficiali e gli agenti di polizia giudiziaria che hanno eseguito l'arresto o il fermo o hanno avuto in consegna l'arrestato, ne danno immediata notizia al pubblico ministero del luogo ove l'arresto o il fermo è stato eseguito. Consegnano all'arrestato o al fermato una comunicazione scritta, redatta in forma chiara e precisa e, se questi non conosce la lingua italiana, tradotta in una lingua a lui comprensibile, con cui lo informano:

a) della facoltà di nominare un difensore di fiducia e di essere ammesso al patrocinio a spese dello Stato nei casi previsti dalla legge;

b) del diritto di ottenere informazioni in merito all'accusa;

c) del diritto all'interprete ed alla traduzione di atti fondamentali;

d) del diritto di avvalersi della facoltà di non rispondere;

e) del diritto di accedere agli atti sui quali si fonda l'arresto o il fermo;

f) del diritto di informare le autorità consolari e di dare avviso ai familiari;

g) del diritto di accedere all'assistenza medica di urgenza;

h) del diritto di essere condotto davanti all'autorità giudiziaria per la convalida entro novantasei ore dall'avvenuto arresto o fermo;

i) del diritto di comparire dinanzi al giudice per rendere l'interrogatorio e di proporre ricorso per cassazione contro l'ordinanza che decide sulla convalida dell'arresto o del fermo.[2]

1-*bis*. Qualora la comunicazione scritta di cui al comma 1 non sia prontamente disponibile in una lingua comprensibile all'arrestato o al fermato, le informazioni sono fornite oralmente, salvo l'obbligo di dare comunque, senza ritardo, comunicazione scritta all'arrestato o al fermato.[3]

2. Dell'avvenuto arresto o fermo gli ufficiali e gli agenti di polizia giudiziaria informano immediatamente il difensore di fiducia eventualmente nominato ovvero quello di ufficio designato dal pubblico ministero a norma dell'art. 97.

3. Qualora non ricorra l'ipotesi prevista dall'art. 389 comma 2, gli ufficiali e gli agenti di polizia giudiziaria pongono l'arrestato o il fermato a disposizione del pubblico ministero al più presto e comunque non oltre ventiquattro ore dall'arresto o dal fermo. Entro il medesimo termine trasmettono il relativo verbale, anche per via telematica salvo che il pubblico ministero autorizzi una dilazione maggiore. Il verbale contiene l'eventuale nomina del difensore di fiducia, l'indicazione del giorno dell'ora e del luogo in cui l'arresto o il fermo è stato eseguito e l'enunciazione delle ragioni che lo hanno determinato nonché la menzione dell'avvenuta consegna della comunicazione scritta o dell'informazione orale fornita ai sensi del comma 1-*bis*.[4,5]

4. Gli ufficiali e gli agenti di polizia giudiziaria pongono l'arrestato o il fermato a disposizione del pubblico ministero mediante la conduzione nella casa circondariale o mandamentale del luogo dove l'arresto o il fermo è stato eseguito, salvo quanto previsto dall'articolo 558.[6]

5. Il pubblico ministero può disporre che l'arrestato o il fermato sia custodito in uno dei luoghi indicati nel comma 1 dell'art. 284 ovvero, se ne possa derivare grave pregiudizio per le indagini, presso altra casa circondariale o mandamentale.[7]

6. Gli ufficiali e gli agenti di polizia giudiziaria trasmettono il verbale di fermo anche al pubblico ministero che lo ha disposto, se diverso da quello indicato nel comma 1.

7. L'arresto o il fermo diviene inefficace se non sono osservati i termini previsti dal comma 3.[8]

[1] In caso di arresto o di fermo di minorenne si v. art. 18 D.P.R. 22 set. 1988, n. 448.

[2] Comma così sost. dall'art. 1, c. 1, lett. *e*), D.lgs. 1 lug. 2014, n. 101 (Attuazione Direttiva UE sul diritto all'informazione nei procedimenti penali).

[3] Comma ins. dall'art. 1, c. 1, lett. *e*), D.lgs. 1 lug. 2014, n. 101.

[4] Comma così sost. dall'art. 23 del D.L. 14 gen. 1991, n. 12 e così modif. dall'art. 1, c. 1, lett. *a-bis*), D.L. 1 lug. 2013, n. 78, conv. con modif. in L. 9 ago. 2013, n. 94.

[5] Parole aggiunte dall'art. 1, c. 1, lett. *e*), D.lgs. 1 lug. 2014, n. 101.

[6] Comma così sost. dall'art. 23 del D.L. 14 gen. 1991, n. 12 e così modif. dall'art. 1, c. 01, del D.L. 22 dic. 2011, n. 211, conv. con modif. in L. 17 feb. 2012, n. 9.

[7] Comma così modif. dall'art. 20, L. 8 ago. 1995, n. 332.

[8] Comma così modif. dall'art. 23, D.L. 14 gen. 1991, n. 12.

387. ***Avviso dell'arresto o del fermo ai familiari.*** — 1. La polizia giudiziaria, con il consenso dell'arrestato o del fermato, deve senza ritardo dare notizia ai familiari dell'avvenuto arresto o fermo.

387-*bis*. ***Adempimenti della polizia giudiziaria nel caso di arresto o di fermo di madre di prole di minore età.***[1] — 1. Nell'ipotesi di arresto o di fermo di madre con prole di minore età, la polizia giudiziaria che lo ha eseguito, senza ritardo, ne dà notizia al pubblico ministero territorialmente competente, nonché al procuratore della Repubblica presso il tribunale per i minorenni del luogo dell'arresto o del fermo.

[1] Articolo ins. dall'art. 15-*bis*, c. 2, lett. *a*), D.L. 4 ott. 2018, n. 113, conv. in L. 1 dic. 2018, n. 132.

388. ***Interrogatorio dell'arrestato o del fermato.*** — 1. Il pubblico ministero può procedere all'interrogatorio dell'arrestato o del fermato, dandone tempestivo avviso al difensore di fiducia ovvero, in mancanza, al difensore di ufficio.

2. Durante l'interrogatorio, osservate le forme previste dall'art. 64, il pubblico ministero informa l'arrestato o il fermato del fatto per cui si procede e delle ragioni che hanno determinato il provvedimento comunicandogli inoltre gli elementi a suo carico e, se non può derivarne pregiudizio per le indagini, le fonti.

389. ***Casi di immediata liberazione dell'arrestato o del fermato.*** — 1. Se risulta evidente che l'arresto o il fermo è stato eseguito per errore di persona o fuori dei casi previsti dalla legge o se la misura dell'arresto o del fermo è divenuta inefficace a norma degli art. 386 comma 7 e 390 comma 3, il pubblico ministero dispone con decreto motivato che l'arrestato o il fermato sia posto immediatamente in libertà.

2. La liberazione è altresì disposta prima dell'intervento del pubblico ministero dallo stesso ufficiale di polizia giudiziaria, che ne informa subito il pubblico ministero del luogo dove l'arresto o il fermo è stato eseguito.

390. ***Richiesta di convalida dell'arresto o del fermo.*** — 1. Entro quarantotto ore dall'arresto o dal fermo il pubblico ministero, qualora non debba ordinare la immediata liberazione dell'arrestato o del fermato, richiede la convalida al giudice per le indagini preliminari competente in relazione al luogo dove l'arresto o il fermo è stato eseguito.

2. Il giudice fissa l'udienza di convalida al più presto e comunque entro le quarantotto ore successive dandone avviso, senza ritardo, al pubblico ministero e al difensore.

3. L'arresto o il fermo diviene inefficace se il pubblico ministero non osserva la prescrizioni del comma 1.

3-*bis*. Se non ritiene di comparire, il pubblico ministero trasmette al giudice, per l'udienza di convalida, le richieste in ordine alla libertà personale con gli elementi su cui le stesse si fondano.[1]

[1] Comma aggiunto dall'art. 24 del D.L. 14 gen. 1991, n. 12.

391. ***Udienza di convalida.*** — 1. L'udienza di convalida si svolge in camera di consiglio con la partecipazione necessaria [del pubblico ministero e][1] del difensore dell'arrestato o del fermato.

2. Se il difensore di fiducia o di ufficio non è stato reperito o non è comparso, il giudice provvede a norma dell'art. 97 comma 4. Il giudice altresì, anche d'ufficio, verifica che all'arrestato o al fermato sia stata data la comunicazione di cui all'articolo 386, comma 1, o che comunque sia stato informato ai sensi del comma 1-*bis* dello stesso articolo, e provvede, se del caso, a dare o a completare la comunicazione o l'informazione ivi indicate.[2]

3. Il pubblico ministero, se comparso, indica i motivi dell'arresto o del fermo e illustra le richieste in ordine alla libertà personale. Il giudice procede quindi all'interrogatorio dell'arrestato o del fermato, salvo che questi non abbia potuto o si sia rifiutato di comparire; sente in ogni caso il suo difensore.[3]

4. Quando risulta che l'arresto o il fermo è stato legittimamente eseguito e sono stati osservati i termini previsti dagli artt. 386 comma 3[4] e 390 comma 1, il giudice provvede alla convalida con ordinanza. Contro l'ordinanza che decide sulla convalida, il pubblico ministero e l'arrestato o il fermato possono proporre ricorso per cassazione.

5. Se ricorrono le condizioni di applicabilità previste dall'art. 273 e taluna delle esigenze cautelari previste dall'art. 274, il giudice dispone l'applicazione di una misura coercitiva a norma dell'art. 291. Quando l'arresto è stato eseguito per uno dei delitti indicati nell'art. 381, comma 2, ovvero per uno dei delitti per i quali è consentito anche fuori dai casi di flagranza, l'applicazione della misura è disposta anche al di fuori dei limiti di pena previsti dagli articoli 274, comma 1, lett. *c*), e 280.[3,5]

6. Quando non provvede a norma del comma 5, il giudice dispone con ordinanza la immediata liberazione dell'arrestato o del fermato.

7. Le ordinanze previste dai commi precedenti, se non sono pronunciate in udienza, sono comunicate o notificate a coloro che hanno diritto di proporre impugnazione. Le ordinanze pronunciate in udienza sono comunicate al pubblico ministero e notificate all'arrestato o al fermato, se non comparsi. I termini per l'impugnazione decorrono dalla lettura del provvedimento in udienza ovvero dalla sua comunicazione o notificazione. L'arresto o il fermo cessa di avere efficacia se l'ordinanza di convalida non è pronunciata o depositata nelle qua-

rantotto ore successive al momento in cui l'arrestato o il fermato è stato posto a disposizione del giudice.[3]

[1] Parole soppresse dall'art. 25, D.lgs. 14 gen. 1991, n. 12.
[2] Periodo aggiunto dall'art. 1, c. 1, lett. *f*), D.lgs. 1 lug. 2014, n. 101 (Attuazione Direttiva UE sul diritto all'informazione nei procedimenti penali).
[3] Comma così sost. dall'art. 25, D.lgs. 14 gen. 1991, n. 12.
[4] Comma così modif. dall'art. 25, D.lgs. 14 gen. 1991, n. 12.
[5] Periodo così sost. dall'art. 12 della L. 26 mar. 2001, n. 128.

TITOLO VI-*bis*[1]

Investigazioni difensive

[1] Titolo inserito dall'art. 11 della L. 7 dic. 2000, n. 397.

391-*bis*. *Colloquio, ricezione di dichiarazioni e assunzione di informazioni da parte del difensore.*[1] — 1. Salve le incompatibilità previste dall'articolo 197, comma 1, lettere *c*) e *d*), per acquisire notizie il difensore, il sostituto, gli investigatori privati autorizzati o i consulenti tecnici possono conferire con le persone in grado di riferire circostanze utili ai fini dell'attività investigativa. In questo caso, l'acquisizione delle notizie avviene attraverso un colloquio non documentato.

2. Il difensore o il sostituto possono inoltre chiedere alle persone di cui al comma 1 una dichiarazione scritta ovvero di rendere informazioni da documentare secondo le modalità previste dall'articolo 391-*ter*.

3. In ogni caso, il difensore, il sostituto, gli investigatori privati autorizzati o i consulenti tecnici avvertono le persone indicate nel comma 1:

a) della propria qualità e dello scopo del colloquio;

b) se intendono semplicemente conferire ovvero ricevere dichiarazioni o assumere informazioni indicando, in tal caso, le modalità e la forma di documentazione;

c) dell'obbligo di dichiarare se sono sottoposte ad indagini o imputate nello stesso procedimento, in un procedimento connesso o per un reato collegato;

d) della facoltà di non rispondere o di non rendere la dichiarazione;

e) del divieto di rivelare le domande eventualmente formulate dalla polizia giudiziaria o dal pubblico ministero e le risposte date;

f) delle responsabilità penali conseguenti alla falsa dichiarazione.

4. Alle persone già sentite dalla polizia giudiziaria o dal pubblico ministero non possono essere richieste notizie sulle domande formulate o sulle risposte date.

5. Per conferire, ricevere dichiarazioni o assumere informazioni da una persona sottoposta ad indagini o imputata nello stesso procedimento, in un procedimento connesso o per un reato collegato, è dato avviso, almeno ventiquattro ore prima, al suo difensore la cui presenza è necessaria. Se la persona è priva di difensore, il giudice, su richiesta del difensore che procede alle investigazioni, dispone la nomina di un difensore di ufficio ai sensi dell'articolo 97.

5-*bis*. Nei procedimenti per i delitti di cui all'articolo 351, comma 1-*ter*, il difensore, quando assume informazioni da persone minori, si avvale dell'ausilio di un esperto in psicologia o in psichiatria infantile.[2]

6. Le dichiarazioni ricevute e le informazioni assunte in violazione di una delle disposizioni di cui ai commi precedenti non possono essere utilizzate. La violazione di tali disposizioni costituisce illecito disciplinare ed è comunicata dal giudice che procede all'organo titolare del potere disciplinare.

7. Per conferire, ricevere dichiarazioni o assumere informazioni da persona detenuta, il difensore deve munirsi di specifica autorizzazione del giudice che procede nei confronti della stessa, sentiti il suo difensore ed il pubblico ministero. Prima dell'esercizio dell'azione penale l'autorizzazione è data dal giudice per le indagini preliminari. Durante l'esecuzione della pena provvede il magistrato di sorveglianza.

8. All'assunzione di informazioni non possono assistere la persona sottoposta alle indagini, la persona offesa e le altre parti private.

9. Il difensore o il sostituto interrompono l'assunzione di informazioni da parte della persona non imputata ovvero della persona non sottoposta ad indagini, qualora essa renda dichiarazioni dalle quali emergano indizi di reità a suo carico. Le precedenti dichiarazioni non possono essere utilizzate contro la persona che le ha rese.

10. Quando la persona in grado di riferire circostanze utili ai fini dell'attività investigativa abbia esercitato la facoltà di cui alla lettera *d*) del comma 3, il pubblico ministero, su richiesta del difensore, ne dispone l'audizione che fissa entro sette giorni dalla richiesta medesima. Tale disposizione non si applica nei confronti delle persone sottoposte ad indagini o imputate nello stesso procedimento e nei confronti delle persone sottoposte ad indagini o imputate in un diverso procedimento nelle ipotesi previste dall'articolo 210. L'audizione si svolge alla presenza del difensore che per primo formula le domande. Anche con riferimento alle informazioni richieste dal difensore si applicano le disposizioni dell'articolo 362.

11. Il difensore, in alternativa di cui al comma 10, può chiedere che si proceda con incidente probatorio all'assunzione della testimonianza o all'esame della persona che abbia esercitato la facoltà di cui alla lettera *d*) del comma 3, anche al di fuori delle ipotesi previste dall'articolo 392, comma 1.

[1] Articolo inserito dall'art. 11 della L. 7 dic. 2000, n. 397.
[2] Comma ins. dall'art. 5, c. 1, lett. *f*), L. 1 ott. 2012, n. 172.

391-*ter*. *Documentazione delle dichiarazioni*

e delle informazioni.[1] — 1. La dichiarazione di cui al comma 2 dell'articolo 391-*bis*, sottoscritta dal dichiarante, è autenticata dal difensore o da un suo sostituto, che redige una relazione nella quale sono riportati:

a) la data in cui ha ricevuto la dichiarazione;

b) le proprie generalità e quelle della persona che ha rilasciato la dichiarazione;

c) l'attestazione di avere rivolto gli avvertimenti previsti dal comma 3 dell'articolo 391-*bis*;

d) i fatti sui quali verte la dichiarazione.

2. La dichiarazione è allegata alla relazione.

3. Le informazioni di cui al comma 2 dell'articolo 391-*bis* sono documentate dal difensore o da un suo sostituto che possono avvalersi per la materiale redazione del verbale di persone di loro fiducia. Si osservano le disposizioni contenute nel titolo III del libro secondo, in quanto applicabili.

[1] Articolo inserito dall'art. 11 della L. 7 dic. 2000, n. 397.

391-*quater*. *Richiesta di documentazione alla pubblica amministrazione.*[1] — 1. Ai fini delle indagini difensive, il difensore può chiedere i documenti in possesso della pubblica amministrazione e di estrarne copia a sue spese.

2. L'istanza deve essere rivolta all'amministrazione che ha formato il documento o lo detiene stabilmente.

3. In caso di rifiuto da parte della pubblica amministrazione si applicano le disposizioni degli articoli 367 e 368.

[1] Articolo inserito dall'art. 11 della L. 7 dic. 2000, n. 397.

391-*quinquies*. *Potere di segretazione del pubblico ministero.*[1] — 1. Se sussistono specifiche esigenze attinenti all'attività di indagine, il pubblico ministero può, con decreto motivato, vietare alle persone sentite di comunicare i fatti e le circostanze oggetto dell'indagine di cui hanno conoscenza. Il divieto non può avere una durata superiore a due mesi.

2. Il pubblico ministero, nel comunicare il divieto di cui al comma 1 alle persone che hanno rilasciato le dichiarazioni, le avvertenze delle responsabilità penali conseguenti all'indebita rivelazione delle notizie.

[1] Articolo inserito dall'art. 11 della L. 7 dic. 2000, n. 397.

391-*sexies*. *Accesso ai luoghi e documentazione.*[1] — 1.Quando effettuano un accesso per prendere visione dello stato dei luoghi e delle cose ovvero per procedere alla loro descrizione o per eseguire rilievi tecnici, grafici, planimetrici, fotografici o audiovisivi, il difensore, il sostituto e gli ausiliari indicati nell'articolo 391-*bis* possono redigere un verbale nel quale sono riportati:

a) la data ed il luogo dell'accesso;

b) le proprie generalità e quelle delle persone intervenute;

c) la descrizione dello stato dei luoghi e delle cose;

d) l'indicazione degli eventuali rilievi tecnici, grafici, planimetrici, fotografici o audiovisivi eseguiti, che fanno parte integrante dell'atto e sono allegati al medesimo. Il verbale è sottoscritto dalle persone intervenute.

[1] Articolo inserito dall'art. 11 della L. 7 dic. 2000, n. 397.

391-*septies*. *Accesso ai luoghi privati o non aperti al pubblico.*[1] — 1. Se è necessario accedere a luoghi privati o non aperti al pubblico e non vi è il consenso di chi ne ha la disponibilità, l'accesso, su richiesta del difensore, è autorizzato dal giudice, con decreto motivato che ne specifica le concrete modalità.

2. Nel caso di cui al comma 1, la persona presente è avvertita della facoltà di farsi assistere da persona di fiducia, purché questa sia prontamente reperibile e idonea a norma dell'articolo 120.

3. Non è consentito l'accesso ai luoghi di abitazione e loro pertinenze, salvo che sia necessario accertare le tracce e gli altri effetti materiali del reato.

[1] Articolo inserito dall'art. 11 della L. 7 dic. 2000, n. 397.

391-*octies*. *Fascicolo del difensore.*[1] — 1. Nel corso delle indagini preliminari e nell'udienza preliminare, quando il giudice deve adottare una decisione con l'intervento della parte privata, il difensore può presentargli direttamente gli elementi di prova a favore del proprio assistito.

2. Nel corso delle indagini preliminari il difensore che abbia conoscenza di un procedimento penale può presentare gli elementi difensivi di cui al comma 1 direttamente al giudice, perché ne tenga conto anche nel caso in cui debba adottare una decisione per la quale non è previsto l'intervento della parte assistita.

3. La documentazione di cui ai commi 1 e 2, in originale o, se il difensore ne richiede la restituzione, in copia, è inserita nel fascicolo del difensore, che è formato e conservato presso l'ufficio del giudice per le indagini preliminari. Della documentazione il pubblico ministero può prendere visione ed estrarre copia prima che venga adottata una decisione su richiesta delle altre parti o con il loro intervento. Dopo la chiusura delle indagini preliminari il fascicolo del difensore è inserito nel fascicolo di cui all'articolo 433.

4. Il difensore può, in ogni caso, presentare al pubblico ministero gli elementi di prova a favore del proprio assistito.

[1] Articolo inserito dall'art. 11 della L. 7 dic. 2000, n. 397.

391-*nonies*. *Attività investigativa preventiva.*[1] — 1. L'attività investigativa prevista dall'articolo 327-*bis*, con esclusione degli atti che richiedono l'autorizzazione o l'intervento dell'autorità giudiziaria, può essere svolta anche dal difensore che ha ricevuto apposito mandato per l'eventualità che si instauri un procedimento penale.

2. Il mandato è rilasciato con sottoscrizione autenticata e contiene la nomina del difensore e l'indicazione dei fatti ai quali si riferisce.

[1] Articolo inserito dall'art. 11 della L. 7 dic. 2000, n. 397.

391-*decies*. *Utilizzazione della documentazione delle investigazioni difensive.*[1] — 1. Delle dichiarazioni inserite nel fascicolo del difensore le parti possono servirsi a norma degli articoli 500, 512 e 513.

2. Fuori del caso in cui è applicabile l'articolo 234, la documentazione di atti non ripetibili compiuti in occasione dell'accesso ai luoghi, presentata nel corso delle indagini preliminari o nell'udienza preliminare, è inserita nel fascicolo previsto dall'articolo 431.

3. Quando si tratta di accertamenti tecnici non ripetibili, il difensore deve darne avviso, senza ritardo, al pubblico ministero per l'esercizio delle facoltà previste, in quanto compatibili, dall'articolo 360. Negli altri casi di atti non ripetibili di cui al comma 2, il pubblico ministero, personalmente o mediante delega alla polizia giudiziaria, ha facoltà di assistervi.

4. Il verbale degli accertamenti compiuti ai sensi del comma 3 e, quando il pubblico ministero ha esercitato la facoltà di assistervi, la documentazione degli atti compiuti ai sensi del comma 2 sono inseriti nel fascicolo del difensore e nel fascicolo del pubblico ministero. Si applica la disposizione di cui all'articolo 431, comma 1, lettera *c*).

[1] Articolo inserito dall'art. 11 della L. 7 dic. 2000, n. 397.

TITOLO VII
Incidente probatorio[1]

[1] Le disposizioni del presente titolo non si applicano nel procedimento davanti al giudice di pace.

392. *Casi.* — 1. Nel corso delle indagini preliminari.[1] il pubblico ministero e la persona sottoposta alle indagini possono chiedere al giudice che si proceda con incidente probatorio:

a) all'assunzione della testimonianza di una persona, quando vi è fondato motivo di ritenere che la stessa non potrà essere esaminata nel dibattimento per infermità o altro grave impedimento;

b) all'assunzione di una testimonianza quando, per elementi concreti e specifici, vi è fondato motivo di ritenere che la persona sia esposta a violenza, minaccia, offerta o promessa di denaro o di altra utilità affinché non deponga o deponga il falso;

c) all'esame della persona sottoposta alle indagini su fatti concernenti la responsabilità di altri;

d) all'esame delle persone indicate nell'art. 210 e all'esame dei testimoni di giustizia[2];

e) al confronto tra persone che in altro incidente probatorio o al pubblico ministero hanno reso dichiarazioni discordanti, quando ricorre una delle circostanze previste dalle lettere *a*) e *b*);

f) a una perizia o a un esperimento giudiziale, se la prova riguarda una persona, una cosa o un luogo il cui stato è soggetto a modificazione non evitabile;

g) a una ricognizione, quando particolari ragioni di urgenza non consentono di rinviare l'atto al dibattimento.

1-*bis*. Nei procedimenti per i delitti di cui agli articoli 572, 600, 600-*bis*, 600-*ter* e 600-*quater*, anche se relativi al materiale pornografico di cui all'articolo 600-*quater.1*, 600-*quinquies*, 601, 602, 609-*bis*, 609-*quater*, 609-*quinquies*, 609-*octies*, 609-*undecies* e 612-*bis* del codice penale il pubblico ministero, anche su richiesta della persona offesa, o la persona sottoposta alle indagini possono chiedere che si proceda con incidente probatorio all'assunzione della testimonianza di persona minorenne ovvero della persona offesa maggiorenne, anche al di fuori delle ipotesi previste dal comma 1. In ogni caso, quando la persona offesa versa in condizione di particolare vulnerabilità, il pubblico ministero, anche su richiesta della stessa, o la persona sottoposta alle indagini possono chiedere che si proceda con incidente probatorio all'assunzione della sua testimonianza.[3]

2. Il pubblico ministero e la persona sottoposta alle indagini possono altresì chiedere una perizia che, se fosse disposta nel dibattimento, ne potrebbe determinare una sospensione superiore a sessanta giorni ovvero che comporti l'esecuzione di accertamenti o prelievi su persona vivente previsti dall'articolo 224-*bis*[4].

[1] La Corte cost., con sent. 10 mar. 1994, n. 77, ha dichiarato l'ill. cost. degli artt. 392 e 393 del c.p.p. nella parte in cui non consentono che l'incidente probatorio possa essere richiesto ed eseguito anche nella fase dell'udienza preliminare.

[2] Parole aggiunte dall'art. 21, L. 11 gen. 2018, n. 6.

[3] Comma così modif. dall'art. 1, c. 1, lett. *h*), D.lgs. 15 dic. 2015, n. 212.

[4] Parole agg. dall'art. 28, L. 30 giu. 2009, n. 85.

393. *Richiesta.* — 1. La richiesta è presentata entro i termini per la conclusione delle indagini preliminari e comunque in tempo sufficiente per l'assunzione della prova prima della scadenza dei medesimi termini e indica:

a) la prova da assumere, i fatti che ne costituiscono l'oggetto e le ragioni della sua rilevanza per la decisione dibattimentale;

b) le persone nei confronti delle quali si procede per i fatti oggetto della prova;

c) le circostanze che, a norma dell'art. 392, rendono la prova non rinviabile al dibattimento.

2. La richiesta proposta dal pubblico ministero indica anche i difensori delle persone interessate a norma del comma 1 lettera *b*), la persona offesa e il suo difensore.

2-*bis*. Con la richiesta di incidente probatorio di cui all'art. 392, comma 1-*bis* il pubblico ministero deposita tutti gli atti di indagine compiuti.[1]

3. Le disposizioni dei commi 1 e 2 si osservano a pena di inammissibilità.

4. Il pubblico ministero e la persona sottoposta alle indagini possono chiedere la proroga del termine delle indagini preliminari ai fini dell'esecu-

zione dell'incidente probatorio. Il giudice provvede con decreto motivato, concedendo la proroga per il tempo indispensabile all'assunzione della prova quando risulta che la richiesta di incidente probatorio non avrebbe potuto essere formulata anteriormente. Nello stesso modo il giudice provvede se il termine per le indagini preliminari scade durante l'esecuzione dell'incidente probatorio. Del provvedimento è data in ogni caso comunicazione al procuratore generale presso la corte di appello.

[1] Comma aggiunto dall'art. 13 della L. 15 feb. 1996, n. 66.

394. ***Richiesta della persona offesa.*** — 1. La persona offesa può chiedere al pubblico ministero di promuovere un incidente probatorio.

2. Se non accoglie la richiesta, il pubblico ministero pronuncia decreto motivato e lo fa notificare alla persona offesa.

395. ***Presentazione e notificazione della richiesta.*** — 1. La richiesta di incidente probatorio è depositata nella cancelleria del giudice per le indagini preliminari, unitamente a eventuali cose o documenti, ed è notificata a cura di chi l'ha proposta, secondo i casi, al pubblico ministero e alle persone indicate nell'articolo 393 comma 1 lettera *b*). La prova della notificazione è depositata in cancelleria.

396. ***Deduzioni.*** — 1. Entro due giorni dalla notificazione della richiesta, il pubblico ministero ovvero la persona sottoposta alle indagini può presentare deduzioni sull'ammissibilità e sulla fondatezza della richiesta, depositare cose, produrre documenti nonché indicare altri fatti che debbano costituire oggetto della prova e altre persone interessate a norma dell'art. 393 comma 1 lettera *b*).

2. Copia delle deduzioni è consegnata dalla persona sottoposta alle indagini alla segreteria del pubblico ministero, che comunica senza ritardo al giudice le indicazioni necessarie per gli avvisi. La persona sottoposta alle indagini può prendere visione ed estrarre copia delle deduzioni da altri presentate.

397. ***Differimento dell'incidente probatorio.*** — 1. Il pubblico ministero può chiedere che il giudice disponga il differimento dell'incidente probatorio richiesto dalla persona sottoposta alle indagini quando la sua esecuzione pregiudicherebbe uno o più atti di indagine preliminare. Il differimento non è consentito quando pregiudicherebbe l'assunzione della prova.

2. La richiesta di differimento è presentata a pena di inammissibilità nella cancelleria del giudice entro il termine previsto dall'art. 396, comma 1, e indica:

a) l'atto o gli atti di indagine preliminare che l'incidente probatorio pregiudicherebbe e le cause del pregiudizio;

b) il termine del differimento richiesto.

3. Il giudice, se non dichiara inammissibile o rigetta la richiesta di incidente probatorio, provvede entro due giorni con ordinanza con la quale accoglie, dichiara inammissibile o rigetta la richiesta di differimento. L'ordinanza di inammissibilità o di rigetto è immediatamente comunicata al pubblico ministero.

4. Nell'accogliere la richiesta di differimento il giudice fissa l'udienza per l'incidente probatorio non oltre il termine strettamente necessario al compimento dell'atto o degli atti di indagine preliminare indicati nel comma 2 lettera *a*). L'ordinanza è immediatamente comunicata al pubblico ministero e notificata per estratto alle persone indicate nell'art. 393 comma 1 lettera *b*). La richiesta di differimento e l'ordinanza sono depositate alla udienza.

398. ***Provvedimenti sulla richiesta di incidente probatorio.*** — 1. Entro due giorni dal deposito della prova della notifica e comunque dopo la scadenza del termine previsto dall'art. 396 comma 1, il giudice pronuncia ordinanza con la quale accoglie, dichiara inammissibile o rigetta la richiesta di incidente probatorio. L'ordinanza di inammissibilità o di rigetto è immediatamente comunicata al pubblico ministero e notificata alle persone interessate.

2. Con l'ordinanza che accoglie la richiesta il giudice stabilisce:

a) l'oggetto della prova nei limiti della richiesta e delle deduzioni;

b) le persone interessate all'assunzione della prova individuate sulla base della richiesta e delle deduzioni;

c) la data dell'udienza. Tra il provvedimento e la data dell'udienza non può intercorrere un termine superiore a dieci giorni.

3. Il giudice fa notificare alla persona sottoposta alle indagini), alla persona offesa e ai difensori avviso del giorno, dell'ora e del luogo in cui si deve procedere all'incidente probatorio almeno due giorni prima della data fissata con l'avvertimento che nei due giorni precedenti l'udienza possono prendere cognizione ed estrarre copia delle dichiarazioni già rese dalla persona da esaminare.[1] Nello stesso termine l'avviso è comunicato al pubblico ministero.

3-*bis*. La persona sottoposta alle indagini ed i difensori delle parti hanno diritto di ottenere copia degli atti depositati ai sensi dell'art. 393, comma 2-*bis*.[2]

4. Se si deve procedere a più incidenti probatori, essi sono assegnati alla medesima udienza, sempre che non ne derivi ritardo.

5. Quando ricorrono ragioni di urgenza e l'incidente probatorio non può essere svolto nella circoscrizione del giudice competente, quest'ultimo può delegare il giudice per le indagini preliminari del luogo dove la prova deve essere assunta.

5-*bis*. Nel caso di indagini che riguardano ipotesi di reato previste dagli artt. 572,[3] 600, 600-*bis*, 600-

ter, anche se relativo al materiale pornografico di cui all'articolo 600-*quater*.1,[4] 600-*quinquies*, 601, 602, 609-*bis*, 609-*ter*, 609-*quater* e 609-*octies*, 609-*undecies*[5] e 612-*bis* del c.p., il giudice, ove fra le persone interessate all'assunzione della prova vi siano minorenni, con l'ordinanza di cui al comma 2, stabilisce il luogo, il tempo e le modalità particolari attraverso cui procedere all'incidente probatorio, quando le esigenze di tutela delle persone lo rendono necessario od opportuno. A tal fine l'udienza può svolgersi anche in luogo diverso dal tribunale, avvalendosi il giudice, ove esistano, di strutture specializzate di assistenza o, in mancanza, presso l'abitazione della persona interessata all'assunzione della prova. Le dichiarazioni testimoniali debbono essere documentate integralmente con mezzi di riproduzione fonografica o audiovisiva. Quando si verifica una indisponibilità di strumenti di riproduzione o di personale tecnico, si provvede con le forme della perizia ovvero della consulenza tecnica. Dell'interrogatorio è anche redatto verbale in forma riassuntiva. La trascrizione della riproduzione è disposta solo se richiesta dalle parti.[6,7,8]

5-*ter*. Il giudice, su richiesta di parte, applica le disposizioni di cui al comma 5-*bis* quando fra le persone interessate all'assunzione della prova vi siano maggiorenni in condizione di particolare vulnerabilità, desunta anche dal tipo di reato per cui si procede.[9]

5-*quater*. Fermo quanto previsto dal comma 5-*ter*, quando occorre procedere all'esame di una persona offesa che versa in condizione di particolare vulnerabilità si applicano le disposizioni di cui all'articolo 498, comma 4-*quater*.[10]

[1] Parole aggiunte dall'art. 4, c. 3, L. 7 ago. 1997, n. 267.

[2] Comma ins. dall'art. 14, L. 15 feb. 1996, n. 66.

[3] Parole ins. dall'art. 2, c. 1, lett. *e*), D.L. 14 ago. 2013, n. 93, conv. con modif. in L. 15 ott. 2013, n. 119.

[4] Parole ins. dall'art. 14, c. 3, L. 6 feb. 2006, n. 38.

[5] Parole ins. dall'art. 5, c. 1, lett. *h*), L. 1 ott. 2012, n. 172.

[6] Comma agg. dall'art. 14 della L. 15 feb. 1996, n. 66 ed esteso dall'art. 13 della L. 3 ago. 1998, n. 269.

[7] La Corte cost., con sent. 9 lug. 1998, n. 262, ha dichiarato l'ill. cost. di questo comma nella parte in cui non prevede l'ipotesi di reato di cui all'art. 609-*quinquies* (corruzione di minorenne) del c.p. tra quelle in presenza delle quali, ove fra le persone interessate all'assunzione della prova vi siano minori di anni sedici, il giudice stabilisce il luogo, il tempo e le modalità particolari attraverso cui procedere all'incidente probatorio, quando le esigenze del minore lo rendono necessario od opportuno.

[8] La Corte cost., con sent. 29 gen. 2005, n. 63, ha dichiarato l'ill. cost. di questo comma nella parte in cui non prevede che il giudice possa provvedere nei modi ivi previsti all'assunzione della prova ove fra le persone interessate ad essa vi sia un maggiorenne infermo di mente, quando le esigenze di questi lo rendano necessario od opportuno.

[9] Comma aggiunto dall'art. 3, D.lgs. 4 mar. 2014, n. 24.

[10] Comma aggiunto dall'art. 1, c. 1, lett. *i*), D.lgs. 15 dic. 2015, n. 212.

399. ***Accompagnamento coattivo della persona sottoposta alle indagini.*** — 1. Se la persona sottoposta alle indagini, la cui presenza è necessaria per compiere un atto da assumere con l'incidente probatorio, non compare senza addurre un legittimo impedimento, il giudice ne ordina l'accompagnamento coattivo.

400. ***Provvedimenti per i casi di urgenza.*** — 1. Quando per assicurare l'assunzione della prova è indispensabile procedere con urgenza all'incidente probatorio, il giudice dispone con decreto motivato che i termini previsti dagli articoli precedenti siano abbreviati nella misura necessaria.

401. ***Udienza.*** — 1. L'udienza si svolge in camera di consiglio con la partecipazione necessaria del pubblico ministero e del difensore della persona sottoposta alle indagini. Ha altresì diritto di parteciparvi il difensore della persona offesa.

2. In caso di mancata comparizione del difensore della persona sottoposta alle indagini, il giudice designa altro difensore a norma dell'art. 97 comma 4.

3. La persona sottoposta alle indagini e la persona offesa hanno diritto di assistere all'incidente probatorio quando si deve esaminare un testimone o un'altra persona. Negli altri casi possono assistere previa autorizzazione del giudice.

4. Non è consentita la trattazione e la pronuncia di nuovi provvedimenti su questioni relative all'ammissibilità e alla fondatezza della richiesta.

5. Le prove sono assunte con le forme stabilite per il dibattimento. Il difensore della persona offesa può chiedere al giudice di rivolgere domande alle persone sottoposte ad esame.

6. Salvo quanto previsto dall'art. 402, è vietato estendere l'assunzione della prova a fatti riguardanti persone diverse da quelle i cui difensori partecipano all'incidente probatorio. È in ogni caso vietato verbalizzare dichiarazioni riguardanti tali soggetti.

7. Se l'assunzione della prova non si conclude nella medesima udienza, il giudice ne dispone il rinvio al giorno successivo non festivo, salvo che lo svolgimento delle attività di prova richieda un termine maggiore.

8. Il verbale, le cose e i documenti acquisiti nell'incidente probatorio sono trasmessi al pubblico ministero. I difensori hanno diritto di prenderne visione ed estrarne copia.

402. ***Estensione dell'incidente probatorio.*** — 1. Se il pubblico ministero o il difensore della persona sottoposta alle indagini chiede che la prova si estenda ai fatti o alle dichiarazioni previsti dall'art. 401 comma 6, il giudice, se ne ricorrono i requisiti, dispone le necessarie notifiche a norma dell'art. 398 comma 3 rinviando l'udienza per il tempo strettamente necessario e comunque non oltre tre giorni. La richiesta non è accolta se il rinvio pregiudica l'assunzione della prova.

403. ***Utilizzabilità nel dibattimento delle pro-***

ve assunte con incidente probatorio. — 1. Nel dibattimento le prove assunte con l'incidente probatorio sono utilizzabili soltanto nei confronti degli imputati i cui difensori hanno partecipato alla loro assunzione.

1-*bis*. Le prove di cui al comma 1 non sono utilizzabili nei confronti dell'imputato raggiunto solo successivamente all'incidente probatorio da indizi di colpevolezza se il difensore non ha partecipato alla loro assunzione, salvo che i suddetti indizi siano emersi dopo che la ripetizione dell'atto sia divenuta impossibile.[1]

[1] Il comma 1-*bis* è stato aggiunto dall'art. 5 della L. 7 ago. 1997, n. 267.

404. ***Efficacia dell'incidente probatorio nei confronti della parte civile.*** — 1. La sentenza pronunciata sulla base di una prova assunta con incidente probatorio a cui il danneggiato dal reato non è stato posto in grado di partecipare non produce gli effetti previsti dall'art. 652, salvo che il danneggiato stesso ne abbia fatta accettazione anche tacita.

TITOLO VIII

Chiusura delle indagini preliminari

405. ***Inizio dell'azione penale. Forme e termini.*** — 1. Il pubblico ministero, quando non deve richiedere l'archiviazione, esercita l'azione penale, formulando l'imputazione, nei casi previsti nei titoli II, III, IV e V del libro VI ovvero con richiesta di rinvio a giudizio.

1-*bis*. Il pubblico ministero, al termine delle indagini, formula richiesta di archiviazione quando la Corte di cassazione si è pronunciata in ordine alla insussistenza dei gravi indizi di colpevolezza, ai sensi dell'articolo 273, e non sono stati acquisiti, successivamente, ulteriori elementi a carico della persona sottoposta alle indagini.[1]

2. Salvo quanto previsto dall'art. 415-*bis*,[2] il pubblico ministero richiede il rinvio a giudizio entro sei mesi dalla data in cui il nome della persona alla quale è attribuito il reato è iscritto nel registro delle notizie di reato. Il termine è di un anno se si procede per taluno dei delitti indicati nell'art. 407 comma 2, lettera *a*).[3]

3. Se è necessaria la querela, l'istanza o la richiesta di procedimento, il termine decorre dal momento in cui queste pervengono al pubblico ministero.

4. Se è necessaria l'autorizzazione a procedere, il decorso del termine è sospeso dal momento della richiesta a quello in cui l'autorizzazione perviene al pubblico ministero.

[1] Comma inserito dall'art. 3 della L. 20 feb. 2006, n. 46. La Corte cost., con sent. 24 apr. 2009, n. 121, ha dichiarato l'ill. cost. di questo comma.

[2] Comma così modif. dall'art. 17, c. 1, L. 16 dic. 1999, n. 479.

[3] Periodo aggiunto dall'art. 5, D.L. 8 giu. 1992, n. 306, conv. in L. 7 ago. 1992, n. 356.

406. ***Proroga del termine.*** — 1. Il pubblico ministero, prima della scadenza, può richiedere al giudice, per giusta causa, la proroga del termine previsto dall'art. 405. La richiesta contiene l'indicazione della notizia di reato e l'esposizione dei motivi che la giustificano.

2. Ulteriori proroghe possono essere richieste dal pubblico ministero nei casi di particolare complessità delle indagini ovvero di oggettiva impossibilità di concluderle entro il termine prorogato.

2-*bis*. Ciascuna proroga può essere autorizzata dal giudice per un tempo non superiore a sei mesi.

2-*ter*. Qualora si proceda per i reati di cui agli articoli 572, 589, secondo comma, 589-*bis*, 590, terzo comma, 590-*bis* e 612-*bis*, del codice penale, la proroga di cui al comma 1 può essere concessa per non più di una volta.[1]

3. La richiesta di proroga è notificata, a cura del giudice, con l'avviso della facoltà di presentare memorie entro cinque giorni dalla notificazione, alla persona sottoposta alle indagini nonché alla persona offesa dal reato che, nella notizia di reato o successivamente alla sua presentazione, abbia dichiarato di volere esserne informata. Il giudice provvede entro dieci giorni dalla scadenza del termine per la presentazione delle memorie.

4. Il giudice autorizza la proroga del termine con ordinanza emessa in camera di consiglio senza intervento del pubblico ministero e dei difensori.

5. Qualora ritenga che allo stato degli atti non si debba concedere la proroga, il giudice, entro il termine previsto dal comma 3 secondo periodo, fissa la data dell'udienza in camera di consiglio e ne fa notificare avviso al pubblico ministero, alla persona sottoposta alle indagini nonché, nella ipotesi prevista dal comma 3, alla persona offesa del reato. Il procedimento si svolge nelle forme previste dall'art. 127.

5-*bis*. Le disposizioni dei commi 3, 4 e 5 non si applicano se si procede per taluno dei delitti indicati nell'art. 51 comma 3-*bis* e nell'articolo 407, comma 2, lett. *a*), numeri 4 e 7-*bis*. In tali casi, il giudice provvede con ordinanza entro dieci giorni dalla presentazione della richiesta, dandone comunicazione al pubblico ministero.

6. Se non ritiene di respingere la richiesta di proroga, il giudice autorizza con ordinanza il pubblico ministero a proseguire le indagini.

7. Con l'ordinanza che respinge la richiesta di proroga, il giudice, se il termine per le indagini preliminari è già scaduto, fissa un termine non superiore a dieci giorni per la formulazione delle richieste del pubblico ministero a norma dell'art. 405.

8. Gli atti di indagine compiuti dopo la presentazione della richiesta di proroga e prima della comunicazione del provvedimento del giudice sono comunque utilizzabili, sempre che, nel caso di provvedimento negativo, non siano successivi alla

data di scadenza del termine originariamente previsto per le indagini.

[1] Comma così modif. dall'art. 1, c. 5, L. 23 mar. 2016, n. 41.

407. ***Termini di durata massima delle indagini preliminari.*** — 1. Salvo quanto previsto dall'art. 393 comma 4, la durata delle indagini preliminari non può comunque superare diciotto mesi.

2. La durata massima è tuttavia di due anni se le indagini preliminari riguardano:

a) i delitti appresso indicati:[1]

1) delitti di cui agli artt. 285, 286, 416-*bis* e 422 del c.p., limitatamente alle ipotesi aggravate previste dalle lett. *a*), *d*) ed *e*) del comma 2, e 291-*quater*, comma IV, del T.U. approvato con D.P.R. 23 gen. 1973, n. 43;

2) delitti consumati o tentati di cui agli artt. 575, 628, terzo comma, 629, secondo comma, e 630 dello stesso c.p.;

3) delitti commessi avvalendosi delle condizioni previste dall'art. 416-*bis* del c.p. ovvero al fine di agevolare l'attività delle associazioni previste dallo stesso articolo;

4) delitti commessi per finalità di terrorismo anche internazionale o di eversione dell'ordinamento costituzionale per i quali la legge stabilisce la pena della reclusione non inferiore nel minimo a cinque anni o nel massimo a dieci anni, nonché delitti di cui agli artt. 270, terzo comma, e 306, secondo comma, del codice penale;[2]

5) delitti di illegale fabbricazione, introduzione nello Stato, messa in vendita, cessione, detenzione e porto in luogo pubblico o aperto al pubblico di armi da guerra o tipo guerra o parti di esse, di esplosivi, di armi clandestine nonché di più armi comuni da sparo escluse quelle previste dall'art. 2, comma terzo, della L. 18 apr. 1975, n. 110;

6) delitti di cui agli artt. 73, limitatamente alle ipotesi aggravate ai sensi dell'art. 80, comma 2, e 74 del T.U. delle leggi in materia di disciplina degli stupefacenti e sostanze psicotrope, prevenzione, cura e riabilitazione dei relativi stati di tossicodipendenza, approvato con D.P.R. 9 ott. 1990, n. 309, e successive modificazioni;

7) delitto di cui all'art. 416 del c.p. nei casi in cui è obbligatorio l'arresto in flagranza.

7-*bis*) dei delitti previsti dagli articoli 600, 600-*bis*, primo comma, 600-*ter*, primo e secondo comma, 601, 602, 609-*bis* nelle ipotesi aggravate previste dall'articolo 609-*ter*, 609-*quater*, 609-*octies* del codice penale, nonché dei delitti previsti dall'art. 12, comma 3, del Testo Unico di cui al D.lgs. 25 lug. 1998, n. 286 e successive modificazioni.[3]

b) notizie di reato che rendono particolarmente complesse le investigazioni per la molteplicità di fatti tra loro collegati ovvero per l'elevato numero di persone sottoposte alle indagini o di persone offese;[4,5]

c) indagini che richiedono il compimento di atti all'estero;

d) procedimenti in cui è indispensabile mantenere il collegamento tra più uffici del pubblico ministero a norma dell'art. 371.

3. Salvo quanto previsto dall'art. 415-*bis*,[6] qualora il pubblico ministero non abbia esercitato l'azione penale o richiesto l'archiviazione nel termine stabilito dalla legge o prorogato dal giudice, gli atti di indagine compiuti dopo la scadenza del termine non possono essere utilizzati.

3-*bis*. In ogni caso il pubblico ministero è tenuto a esercitare l'azione penale o a richiedere l'archiviazione entro il termine di tre mesi dalla scadenza del termine massimo di durata delle indagini e comunque dalla scadenza dei termini di cui all'articolo 415-*bis*. Nel caso di cui al comma 2, lettera *b*), del presente articolo, su richiesta presentata dal pubblico ministero prima della scadenza, il procuratore generale presso la corte di appello può prorogare, con decreto motivato, il termine per non più di tre mesi, dandone notizia al procuratore della Repubblica. Il termine di cui al primo periodo del presente comma è di quindici mesi per i reati di cui al comma 2, lettera *a*), numeri 1), 3) e 4), del presente articolo. Ove non assuma le proprie determinazioni in ordine all'azione penale nel termine stabilito dal presente comma, il pubblico ministero ne dà immediata comunicazione al procuratore generale presso la corte di appello.[7]

[1] Lettera così sost. dall'art. 21 della L. 8 ago. 1995, n. 332. Si veda altresì l'art. 132 del D.lgs n. 196/2003 (Codice in materia di protezione dei dati personali) che al c. 2 stabilisce che i dati relativi al traffico telefonico sono conservati dal fornitore ulteriori 26 mesi, oltre a quanto previsto dal c. 1, per esclusive finalità di accertamento e repressione dei delitti di cui all'art. 407, c. 2, lett. *a*). Si veda altresì l'art. 4-*bis*, D.L. 18 feb. 2015, n. 7, conv. con modif. in L. 17 apr. 2015, n. 43.

[2] Parole aggiunte dall'art. 1, D.L. 5 apr. 2001, n. 98, conv. in L. 14 mag. 2001, n. 196. Comma così modif. dalla L. 15 dic. 2001, n. 438.

[3] Numero aggiunto dall'art. 3, c. 2, D.L. 24 nov. 2000, n. 341, conv. con modif. in L. 19 gen. 2001, n. 4. Successivamente è stato modif. dalla L. 11 ago. 2003, n. 228, dall'art. 1, c. 27, L. 15 lug. 2009, n. 94, e infine dall'art. 5, c. 1, lett. *i*), L. 1 ott. 2012, n. 172.

[4] L'art. 1 della L. 23 nov. 1999, n. 438 ha portato a 4 anni il termine di durata massima delle indagini preliminari ove ricorra l'ipotesi di cui agli artt. 285 e 422 c.p. commessi anteriormente all'entrata in vigore del c.p.p.

[5] Ai sensi dell'art. 9, D.L. 24 nov. 2000, n. 341, conv. con modif. in L. 19 gen. 2001, n. 4 «Nei procedimenti penali in corso alla data di entrata in vigore del presente decreto-legge, aventi ad oggetto i reati di cui agli artt. 285 e 422 del c.p., connessi anteriormente alla data di entrata in vigore del c.p.p., il termine di durata massima delle indagini preliminari è di cinque anni ove ricorra l'ipotesi di cui alla lett. *b*) del comma 2 dell'art. 407 del c.p.p.».

[6] Comma così modif. dall'art. 17, comma 1, L. 16 dic. 1999, n. 479.

[7] Comma aggiunto dall'art. 1, c. 30, L. 23 giu. 2017, n. 103. La disposizione si applica ai procedimenti nei quali le notizie di reato sono iscritte nell'apposito registro di cui all'articolo 335 del c.p.p. successivamente alla data di entrata in vigore della L. 103/2017.

408. ***Richiesta di archiviazione per infondatezza della notizia di reato.*** — 1. Entro i termini previsti dagli articoli precedenti, il pubblico ministero, se la notizia di reato è infondata, presenta al giudice richiesta di archiviazione. Con la richiesta è trasmesso il fascicolo contenente la notizia di reato, la documentazione relativa alle indagini espletate e i verbali degli atti compiuti davanti al giudice per le indagini preliminari.

2. L'avviso della richiesta è notificato, a cura del pubblico ministero, alla persona offesa che, nella notizia di reato o successivamente alla sua presentazione, abbia dichiarato di volere essere informata circa l'eventuale archiviazione.

3. Nell'avviso è precisato che, nel termine di venti[1] giorni, la persona offesa può prendere visione degli atti e presentare opposizione con richiesta motivata di prosecuzione delle indagini preliminari.

3-*bis*. Per i delitti commessi con violenza alla persona e per il reato di cui all'articolo 624-*bis* del codice penale, l'avviso della richiesta di archiviazione è in ogni caso notificato, a cura del pubblico ministero, alla persona offesa ed il termine di cui al comma 3 è elevato a trenta[1] giorni.[2]

[1] Termine così modif. dall'art. 1, c. 31, L. 23 giu. 2017, n. 103.

[2] Comma aggiunto dall'art. 2, c. 1, lett. *g*), D.L. 14 ago. 2013, n. 93, conv. con modif. in L. 15 ott. 2013, n. 119, e così modif. dall'art. 1, c. 31, L. 23 giu. 2017, n. 103.

409. ***Provvedimenti del giudice sulla richiesta di archiviazione.*** — 1. Fuori dei casi in cui sia stata presentata l'opposizione prevista dall'art. 410, il giudice, se accoglie la richiesta di archiviazione, pronuncia decreto motivato e restituisce gli atti al pubblico ministero. Il provvedimento che dispone l'archiviazione è notificato alla persona sottoposta alle indagini se nel corso del procedimento è stata applicata nei suoi confronti la misura della custodia cautelare.

2. Se non accoglie la richiesta, il giudice entro tre mesi fissa la data dell'udienza in camera di consiglio e ne fa dare avviso al pubblico ministero, alla persona sottoposta alle indagini e alla persona offesa dal reato. Il procedimento si svolge nelle forme previste dall'art. 127. Fino al giorno dell'udienza gli atti restano depositati in cancelleria con facoltà del difensore di estrarne copia.[1]

3. Della fissazione dell'udienza il giudice dà inoltre comunicazione al procuratore generale presso la corte di appello.

4. A seguito dell'udienza, il giudice, se ritiene necessarie ulteriori indagini, le indica con ordinanza al pubblico ministero, fissando il termine indispensabile per il compimento di esse, altrimenti provvede entro tre mesi sulle richieste.[1]

5. Fuori del caso previsto dal comma 4, il giudice, quando non accoglie la richiesta di archiviazione, dispone con ordinanza che, entro dieci giorni, il pubblico ministero formuli l'imputazione. Entro due giorni dalla formulazione dell'imputazione, il giudice fissa con decreto l'udienza preliminare. Si osservano, in quanto applicabili, le disposizioni degli artt. 418 e 419.

6. [...][2]

[1] Comma così modif. dall'art. 1, c. 32, L. 23 giu. 2017, n. 103.

[2] Comma abrog. dall'art. 1, c. 32, L. 23 giu. 2017, n. 103.

410. ***Opposizione alla richiesta di archiviazione.*** — 1. Con l'opposizione alla richiesta di archiviazione la persona offesa dal reato chiede la prosecuzione delle indagini preliminari indicando, a pena di inammissibilità, l'oggetto della investigazione suppletiva e i relativi elementi di prova.

2. Se l'opposizione è inammissibile e la notizia di reato è infondata, il giudice dispone l'archiviazione con decreto motivato e restituisce gli atti al pubblico ministero.

3. Fuori dei casi previsti dal comma 2, il giudice provvede a norma dell'art. 409 commi 2, 3, 4 e 5, ma, in caso di più persone offese, l'avviso per l'udienza è notificato al solo opponente.

410-*bis*. ***Nullità del provvedimento di archiviazione.***[1] — 1. Il decreto di archiviazione è nullo se è emesso in mancanza dell'avviso di cui ai commi 2 e 3-*bis* dell'articolo 408 e al comma 1-*bis* dell'articolo 411 ovvero prima che il termine di cui ai commi 3 e 3-*bis* del medesimo articolo 408 sia scaduto senza che sia stato presentato l'atto di opposizione. Il decreto di archiviazione è altresì nullo se, essendo stata presentata opposizione, il giudice omette di pronunciarsi sulla sua ammissibilità o dichiara l'opposizione inammissibile, salvi i casi di inosservanza dell'articolo 410, comma 1.

2. L'ordinanza di archiviazione è nulla solo nei casi previsti dall'articolo 127, comma 5.

3. Nei casi di nullità previsti dai commi 1 e 2, l'interessato, entro quindici giorni dalla conoscenza del provvedimento, può proporre reclamo innanzi al tribunale in composizione monocratica, che provvede con ordinanza non impugnabile, senza intervento delle parti interessate, previo avviso, almeno dieci giorni prima, dell'udienza fissata per la decisione alle parti medesime, che possono presentare memorie non oltre il quinto giorno precedente l'udienza.

4. Il giudice, se il reclamo è fondato, annulla il provvedimento oggetto di reclamo e ordina la restituzione degli atti al giudice che ha emesso il provvedimento. Altrimenti conferma il provvedimento o dichiara inammissibile il reclamo, condannando la parte privata che lo ha proposto al pagamento delle spese del procedimento e, nel caso di inammissibilità, anche al pagamento di una somma in favore della cassa delle ammende nei limiti di quanto previsto dall'articolo 616, comma 1.

[1] Articolo ins. dall'art. 1, c. 33, L. 23 giu. 2017, n. 103.

411. ***Altri casi di archiviazione.*** — 1. Le disposizioni degli articoli 408, 409, 410 e 410-*bis* si applicano anche quando risulta che manca una condizione di procedibilità, che la persona sottoposta alle indagini non è punibile ai sensi dell'articolo 131-*bis* del codice penale per particolare tenuità del fatto, che il reato è estinto o che il fatto non è previsto dalla legge come reato.[1]

1-*bis*. Se l'archiviazione è richiesta per particolare tenuità del fatto, il pubblico ministero deve darne avviso alla persona sottoposta alle indagini e alla persona offesa, precisando che, nel termine di dieci giorni, possono prendere visione degli atti e presentare opposizione in cui indicare, a pena di inammissibilità, le ragioni del dissenso rispetto alla richiesta. Il giudice, se l'opposizione non è inammissibile, procede ai sensi dell'articolo 409, comma 2, e, dopo avere sentito le parti, se accoglie la richiesta, provvede con ordinanza. In mancanza di opposizione, o quando questa è inammissibile, il giudice procede senza formalità e, se accoglie la richiesta di archiviazione, pronuncia decreto motivato. Nei casi in cui non accoglie la richiesta il giudice restituisce gli atti al pubblico ministero, eventualmente provvedendo ai sensi dell'articolo 409, commi 4 e 5.[2]

[1] Comma così modif. dall'art. 2, D.lgs. 16 mar. 2015, n. 28, e successivamente dall'art. 1, c. 34, L. 23 giu. 2017, n. 103.

[2] Comma aggiunto dall'art. 2, D.lgs. 16 mar. 2015, n. 28.

412. ***Avocazione delle indagini preliminari per mancato esercizio dell'azione penale.*** — 1. Il procuratore generale presso la corte di appello, se il pubblico ministero non esercita l'azione penale o non richiede l'archiviazione nel termine previsto dall'articolo 407, comma 3-*bis*, dispone, con decreto motivato, l'avocazione delle indagini preliminari.[1] Il procuratore generale svolge le indagini preliminari indispensabili e formula le sue richieste entro trenta giorni dal decreto di avocazione.

2. Il procuratore generale può altresì disporre l'avocazione a seguito della comunicazione prevista dall'art. 409 comma 3.

[1] Periodo così sost. dall'art. 1, c. 30, L. 23 giu. 2017, n. 103. La disposizione si applica ai procedimenti nei quali le notizie di reato sono iscritte nell'apposito registro di cui all'articolo 335 del c.p.p. successivamente alla data di entrata in vigore della L. 103/2017.

413. ***Richiesta della persona sottoposta alle indagini o della persona offesa dal reato.*** — 1. La persona sottoposta alle indagini o la persona offesa dal reato può chiedere al procuratore generale di disporre l'avocazione a norma dell'art. 412 comma 1.

2. Disposta l'avocazione, il procuratore generale svolge le indagini preliminari indispensabili e formula le sue richieste entro trenta giorni dalla richiesta proposta a norma del comma 1.

414. ***Riapertura delle indagini.*** — 1. Dopo il provvedimento di archiviazione emesso a norma degli articoli precedenti, il giudice autorizza con decreto motivato la riapertura delle indagini su richiesta del pubblico ministero motivata dalla esigenza di nuove investigazioni.

2. Quando è autorizzata la riapertura delle indagini, il pubblico ministero procede a nuova iscrizione a norma dell'art. 335.

415. ***Reato commesso da persone ignote.***[1] — 1. Quando è ignoto l'autore del reato, il pubblico ministero, entro sei mesi dalla data della registrazione della notizia di reato, presenta al giudice richiesta di archiviazione ovvero di autorizzazione a proseguire le indagini.

2. Quando accoglie la richiesta di archiviazione ovvero di autorizzazione a proseguire le indagini, il giudice pronuncia decreto motivato e restituisce gli atti al pubblico ministero. Se ritiene che il reato sia da attribuire a persona già individuata ordina che il nome di questa sia iscritto nel registro delle notizie di reato.

2-*bis*. Il termine di cui al comma 2 dell'articolo 405 decorre dal provvedimento del giudice.[2]

3. Si osservano, in quanto applicabili, le altre disposizioni di cui al presente titolo.

4. Nell'ipotesi di cui all'art. 107-*bis* delle norme di attuazione, di coordinamento e transitorie, la richiesta di archiviazione ed il decreto del giudice che accoglie la richiesta sono pronunciati cumulativamente con riferimento agli elenchi trasmessi dagli organi di polizia con l'eventuale indicazione delle denunce che il pubblico ministero o il giudice intendono escludere, rispettivamente, dalla richiesta del decreto.

[1] Articolo così sost. dall'art. 16, L. 16 dic. 1999, n. 479.

[2] Comma ins. dall'art. 1, c. 35, L. 23 giu. 2017, n. 103.

415-*bis*. ***Avviso all'indagato della conclusione delle indagini preliminari.***[1] — 1. Prima della scadenza del termine previsto dal comma 2 dell'art. 405, anche se prorogato, il pubblico ministero, se non deve formulare richiesta di archiviazione ai sensi degli artt. 408 e 411, fa notificare alla persona sottoposta alle indagini e al difensore nonché, quando si procede per i reati di cui agli articoli 572 e 612-*bis* del codice penale, anche al difensore della persona offesa o, in mancanza di questo, alla persona offesa avviso della conclusione delle indagini preliminari.[2]

2. L'avviso contiene la sommaria enunciazione del fatto per il quale si procede, delle norme di legge che si assumono violate, della data e del luogo del fatto, con l'avvertimento che la documentazione relativa alle indagini espletata è depositata presso la segreteria del pubblico ministero e che l'indagato e il suo difensore hanno facoltà di prenderne visione ed estrarne copia.

2-*bis*. Qualora non si sia proceduto ai sensi dell'articolo 268, commi 4, 5 e 6, l'avviso contiene inoltre l'avvertimento che l'indagato e il suo difensore hanno facoltà di esaminare per via telematica gli atti depositati relativi ad intercettazioni ed ascoltare le registrazioni ovvero di prendere cognizione dei flussi di comunicazioni informatiche o telematiche e che hanno la facoltà di estrarre copia delle registrazioni o dei flussi indicati come rilevanti dal pubblico ministero. Il difensore può, entro il termine di venti giorni, depositare l'elenco delle ulteriori registrazioni ritenute rilevanti e di cui chiede copia. Sull'istanza provvede il pubblico ministero con decreto motivato. In caso di rigetto dell'istanza o di contestazioni sulle indicazioni relative alle registrazioni ritenute rilevanti il difensore può avanzare al giudice istanza affinché si proceda nelle forme di cui all'articolo 268, comma 6.[3]

3. L'avviso contiene altresì l'avvertimento che l'indagato ha facoltà, entro il termine di venti giorni, di presentare memorie, produrre documenti, depositare documentazione relativa ad investigazioni del difensore, chiedere al pubblico ministero il compimento di atti di indagine, nonché di presentarsi per rilasciare dichiarazioni ovvero di essere sottoposto ad interrogatorio. Se l'indagato chiede di essere sottoposto ad interrogatorio il pubblico ministero deve procedervi.

4. Quando il pubblico ministero, a seguito delle richieste dell'indagato dispone nuove indagini, queste devono essere compiute entro trenta giorni dalla presentazione della richiesta. Il termine può essere prorogato dal giudice per le indagini preliminari, su richiesta del pubblico ministero, per una sola volta e per non più di sessanta giorni.

5. Le dichiarazioni rilasciate dall'indagato, l'interrogatorio del medesimo ed i nuovi atti di indagine del pubblico ministero, previsti dai commi 3 e 4, sono utilizzabili se compiuti entro il termine stabilito dal comma 4, ancorché sia decorso il termine stabilito dalla legge o prorogato dal giudice per l'esercizio dell'azione penale o per la richiesta di archiviazione.

[1] Articolo ins. dall'art. 17, c. 2, L. 16 dic. 1999, n. 479.
[2] Comma così modif. dall'art. 2, c. 1, lett. *h*), D.L. 14 ago. 2013, n. 93, conv. con modif. in L. 15 ott. 2013, n. 119.
[3] Comma ins. dall'art. 2, c. 1, D.L. 30 dic. 2019, n. 161, conv. con modif. in L. 28 feb. 2020, n. 7. La disposizione si applica ai procedimenti penali iscritti successivamente al 31 agosto 2020.

TITOLO IX
Udienza preliminare[1]

[1] Queste disposizioni non si applicano nel procedimento davanti al Giudice di pace.

416. ***Presentazione della richiesta del pubblico ministero.*** — 1. La richiesta di rinvio a giudizio è depositata dal pubblico ministero nella cancelleria del giudice. La richiesta di rinvio a giudizio è nulla se non è preceduta dall'avviso previsto dall'art. 415-*bis* nonché dall'invito a presentarsi per rendere l'interrogatorio ai sensi dell'art. 375, comma 3, qualora la persona sottoposta alle indagini abbia chiesto di essere sottoposta ad interrogatorio entro il termine di cui all'art. 415-*bis*, comma 3.

2. Con la richiesta è trasmesso il fascicolo contenente la notizia di reato, la documentazione relativa alle indagini espletate e i verbali degli atti compiuti davanti al giudice per le indagini preliminari. Il corpo del reato e le cose pertinenti al reato sono allegati al fascicolo, qualora non debbano essere custoditi altrove.

2-*bis*. Qualora si proceda per i reati di cui agli articoli 589, secondo comma, e 589-*bis* del codice penale, la richiesta di rinvio a giudizio del pubblico ministero deve essere depositata entro trenta giorni dalla chiusura delle indagini preliminari.[1]

[1] Comma così modif. dall'art. 1, c. 5, L. 23 mar. 2016, n. 41.

417. ***Requisiti formali della richiesta di rinvio a giudizio.*** — 1. La richiesta di rinvio a giudizio contiene:

a) le generalità dell'imputato o le altre indicazioni personali che valgono a identificarlo nonché le generalità della persona offesa dal reato qualora ne sia possibile l'identificazione;

b) l'enunciazione, in forma chiara e precisa,[1] del fatto, delle circostanze aggravanti e di quelle che possono comportare l'applicazione di misure di sicurezza, con l'indicazione dei relativi articoli di legge;

c) l'indicazione delle fonti di prova acquisite;

d) la domanda al giudice di emissione del decreto che dispone il giudizio;

e) la data e la sottoscrizione.

[1] Lettera così modif. dall'art. 18, comma 1, della L. 16 dic. 1999, n. 479.

418. ***Fissazione dell'udienza.*** — 1. Entro cinque giorni dal deposito della richiesta, il giudice fissa con decreto il giorno, l'ora e il luogo dell'udienza in camera di consiglio, provvedendo a norma dell'art. 97 quando l'imputato è privo di difensore di fiducia.

2. Tra la data di deposito della richiesta e la data dell'udienza non può intercorrere un termine superiore a trenta giorni.

419. ***Atti introduttivi.*** — 1. Il giudice fa notificare all'imputato e alla persona offesa, della quale risulti agli atti l'identità e il domicilio, l'avviso del giorno, dell'ora e del luogo dell'udienza, con la richiesta di rinvio a giudizio formulata dal pubblico ministero e con l'avvertimento all'imputato che, qualora non compaia, si applicheranno le disposizioni di cui agli articoli 420-*bis*, 420-*ter*, 420-*quater* e 420-*quinquies*.[1]

2. L'avviso è altresì comunicato al pubblico ministero e notificato al difensore dell'imputato con l'avvertimento della facoltà di prendere visione degli atti e delle cose trasmessi a norma dell'art. 416 comma 2 e di presentare memorie e produrre documenti.

3. L'avviso (comunicato al pubblico ministero)[2] contiene inoltre l'invito a trasmettere la documen-

tazione relativa alle indagini eventualmente espletate dopo la richiesta di rinvio a giudizio.

4. Gli avvisi sono notificati e comunicati almeno dieci giorni prima della data dell'udienza. Entro lo stesso termine è notificata la citazione del responsabile civile e della persona civilmente obbligata per la pena pecuniaria.

5. L'imputato può rinunciare all'udienza preliminare e richiedere il giudizio immediato con dichiarazione presentata in cancelleria, personalmente o a mezzo di procuratore speciale, almeno tre giorni prima della data dell'udienza. L'atto di rinuncia è notificato al pubblico ministero e alla persona offesa dal reato a cura dell'imputato.

6. Nel caso previsto dal comma 5, il giudice emette decreto di giudizio immediato.

7. Le disposizioni dei commi 1 e 4 sono previste a pena di nullità.

[1] Parole così modif. dall'art. 9, c. 1, L. 28 apr. 2014, n. 67. Si veda altresì l'art. 15-*bis* alla L. 67/2014 introdotto dall'art. 1, L. 11 ago. 2014, n. 118.

[2] Parole soppresse dall'art. 13 della L. 7 dic. 2000, n. 397.

420. ***Costituzione delle parti.***[1] — 1. L'udienza si svolge in camera di consiglio con la partecipazione necessaria del pubblico ministero e del difensore dell'imputato.

2. Il giudice procede agli accertamenti relativi alla costituzione delle parti ordinando la rinnovazione degli avvisi, delle citazioni, delle comunicazioni e delle notificazioni di cui dichiara la nullità.

3. Se il difensore dell'imputato non è presente, il giudice provvede a norma dell'art. 97 comma 4.

4. Il verbale dell'udienza preliminare è redatto di regola in forma riassuntiva a norma dell'art. 140 comma 2; il giudice, su richiesta di parte, dispone la riproduzione fonografica o audiovisiva ovvero la redazione verbale con la stenotipia.

[1] Articolo così sost. dall'art. 19 della L. 16 dic. 1999, n. 479.

420-*bis*. ***Assenza dell'imputato.***[1] — 1. Se l'imputato, libero o detenuto, non è presente all'udienza e, anche se impedito, ha espressamente rinunciato ad assistervi, il giudice procede in sua assenza.

2. Salvo quanto previsto dall'articolo 420-*ter*, il giudice procede altresì in assenza dell'imputato che nel corso del procedimento abbia dichiarato o eletto domicilio ovvero sia stato arrestato, fermato o sottoposto a misura cautelare ovvero abbia nominato un difensore di fiducia, nonché nel caso in cui l'imputato assente abbia ricevuto personalmente la notificazione dell'avviso dell'udienza ovvero risulti comunque con certezza che lo stesso è a conoscenza del procedimento o si è volontariamente sottratto alla conoscenza del procedimento o di atti del medesimo.

3. Nei casi di cui ai commi 1 e 2, l'imputato è rappresentato dal difensore. È altresì rappresentato dal difensore ed è considerato presente l'imputato che, dopo essere comparso, si allontana dall'aula di udienza o che, presente ad una udienza, non compare ad udienze successive.

4. L'ordinanza che dispone di procedere in assenza dell'imputato è revocata anche d'ufficio se, prima della decisione, l'imputato compare. Se l'imputato fornisce la prova che l'assenza è stata dovuta ad una incolpevole mancata conoscenza della celebrazione del processo, il giudice rinvia l'udienza e l'imputato può chiedere l'acquisizione di atti e documenti ai sensi dell'articolo 421, comma 3. Nel corso del giudizio di primo grado, l'imputato ha diritto di formulare richiesta di prove ai sensi dell'articolo 493. Ferma restando in ogni caso la validità degli atti regolarmente compiuti in precedenza, l'imputato può altresì chiedere la rinnovazione di prove già assunte. Nello stesso modo si procede se l'imputato dimostra che versava nell'assoluta impossibilità di comparire per caso fortuito, forza maggiore o altro legittimo impedimento e che la prova dell'impedimento è pervenuta con ritardo senza sua colpa.

5. Il giudice revoca altresì l'ordinanza e procede a norma dell'articolo 420-*quater* se risulta che il procedimento, per l'assenza dell'imputato, doveva essere sospeso ai sensi delle disposizioni di tale articolo.

[1] Articolo così sost. dall'art. 9, c. 2, L. 28 apr. 2014, n. 67. Si veda altresì l'art. 15-*bis* alla L. 67/2014 introdotto dall'art. 1, L. 11 ago. 2014, n. 118.

420-*ter*. ***Impedimento a comparire dell'imputato o del difensore.***[1] — 1. Quando l'imputato, anche se detenuto, non si presenta all'udienza e risulta che l'assenza è dovuta ad assoluta impossibilità di comparire per caso fortuito, forza maggiore o altro legittimo impedimento, il giudice, con ordinanza, anche d'ufficio, rinvia ad una nuova udienza e dispone che sia rinnovato l'avviso all'imputato, a norma dell'art. 419, comma 1.

2. Con le medesime modalità di cui al comma 1 il giudice provvede quando appare probabile che l'assenza dell'imputato sia dovuta ad assoluta impossibilità di comparire per caso fortuito o forza maggiore. Tale probabilità è liberamente valutata dal giudice e non può formare oggetto di discussione successiva né motivo di impugnazione.

3. Quando l'imputato, anche se detenuto, non si presenta alle successive udienze e ricorrono le condizioni previste dal comma 1, il giudice rinvia anche d'ufficio l'udienza, fissa con ordinanza la data della nuova udienza e ne dispone la notificazione all'imputato.

4. In ogni caso la lettura dell'ordinanza che fissa la nuova udienza sostituisce la citazione e gli avvisi per tutti coloro che sono o devono considerarsi presenti.

5. Il giudice provvede a norma del comma 1 nel caso di assenza del difensore, quando risulta che l'assenza stessa è dovuta ad assoluta impossibilità di comparire per legittimo impedimento, purché prontamente comunicato. Tale disposizione non

si applica se l'imputato è assistito da due difensori e l'impedimento riguarda uno dei medesimi ovvero quando il difensore impedito ha designato un sostituto o quando l'imputato chiede che si proceda in assenza del difensore impedito.

5-*bis*. Agli effetti di cui al comma 5 il difensore che abbia comunicato prontamente lo stato di gravidanza si ritiene legittimamente impedito a comparire nei due mesi precedenti la data presunta del parto e nei tre mesi successivi ad esso.[2]

[1] Articolo aggiunto dall'art. 19 della L. 16 dic. 1999, n. 479.

[2] Comma aggiunto dall'art. 1, c. 466, L. 27 dic. 2017, n. 205.

420-*quater*. *Sospensione del processo per assenza dell'imputato.*[1] — 1. Fuori dei casi previsti dagli articoli 420-*bis* e 420-*ter* e fuori delle ipotesi di nullità della notificazione, se l'imputato non è presente il giudice rinvia l'udienza e dispone che l'avviso sia notificato all'imputato personalmente ad opera della polizia giudiziaria.

2. Quando la notificazione ai sensi del comma 1 non risulta possibile, e sempre che non debba essere pronunciata sentenza a norma dell'articolo 129, il giudice dispone con ordinanza la sospensione del processo nei confronti dell'imputato assente. Si applica l'articolo 18, comma 1, lettera *b*). Non si applica l'articolo 75, comma 3.

3. Durante la sospensione del processo, il giudice, con le modalità stabilite per il dibattimento, acquisisce, a richiesta di parte, le prove non rinviabili.

[1] Articolo così sost. dall'art. 9, c. 3, L. 28 apr. 2014, n. 67. Si veda altresì l'art. 15-*bis* alla L. 67/2014 introdotto dall'art. 1, L. 11 ago. 2014, n. 118.

420-*quinquies*. *Nuove ricerche dell'imputato e revoca della sospensione del processo.*[1] — 1. Alla scadenza di un anno dalla pronuncia dell'ordinanza di cui al comma 2 dell'articolo 420-*quater*, o anche prima quando ne ravvisi l'esigenza, il giudice dispone nuove ricerche dell'imputato per la notifica dell'avviso. Analogamente provvede a ogni successiva scadenza annuale, qualora il procedimento non abbia ripreso il suo corso.

2. Il giudice revoca l'ordinanza di sospensione del processo:

a) se le ricerche di cui al comma 1 hanno avuto esito positivo;

b) se l'imputato ha nel frattempo nominato un difensore di fiducia;

c) in ogni altro caso in cui vi sia la prova certa che l'imputato è a conoscenza del procedimento avviato nei suoi confronti;

d) se deve essere pronunciata sentenza a norma dell'articolo 129.

3. Con l'ordinanza di revoca della sospensione del processo, il giudice fissa la data per la nuova udienza, disponendo che l'avviso sia notificato all'imputato e al suo difensore, alle altre parti private e alla persona offesa, nonché comunicato al pubblico ministero.

4. All'udienza di cui al comma 3 l'imputato può formulare richiesta ai sensi degli articoli 438 e 444.

[1] Articolo così sost. dall'art. 9, c. 4, L. 28 apr. 2014, n. 67. Si veda altresì l'art. 15-*bis* alla L. 67/2014 introdotto dall'art. 1, L. 11 ago. 2014, n. 118.

421. *Discussione.* — 1. Conclusi gli accertamenti relativi alla costituzione delle parti, il giudice dichiara aperta la discussione.

2. Il pubblico ministero espone sinteticamente i risultati delle indagini preliminari e gli elementi di prova che giustificano la richiesta di rinvio a giudizio. L'imputato può rendere dichiarazioni spontanee e chiedere di essere sottoposto all'interrogatorio per il quale si applicano le disposizioni degli artt. 64 e 65.[1] Su richiesta di parte, il giudice dispone che l'interrogatorio sia reso nelle forme previste dagli artt. 498 e 499.[2] Prendono poi la parola, nell'ordine, i difensori della parte civile, del responsabile civile, della persona civilmente obbligata per la pena pecuniaria e dell'imputato che espongono le loro difese. Il pubblico ministero e i difensori possono replicare una sola volta.

3. Il pubblico ministero e i difensori formulano e illustrano le rispettive conclusioni utilizzando gli atti contenuti nel fascicolo trasmesso a norma dell'art. 416 comma 2 nonché gli atti e i documenti ammessi dal giudice prima dell'inizio della discussione.

4. Se il giudice ritiene di poter decidere allo stato degli atti, dichiara chiusa la discussione.

[1] Il secondo periodo del comma 2 è stato così sostituito dall'art. 20, comma 1, della L. 16 dic. 1999, n. 479.

[2] Il terzo periodo del comma 2 è stato inserito dall'art. 2 della L. 7 ago. 1997, n. 267.

421-*bis*. *Ordinanza per l'integrazione delle indagini.*[1] — 1. Quando non provvede a norma del comma 4 dell'art. 421, il giudice, se le indagini preliminari sono incomplete, indica le ulteriori indagini fissando il termine per il loro compimento e la data della nuova udienza preliminare. Del provvedimento è data comunicazione al procuratore generale presso la corte d'appello.

2. Il procuratore generale presso la corte d'appello può disporre con decreto motivato l'avocazione delle indagini a seguito della comunicazione prevista dal comma 1. Si applica in quanto compatibile, la disposizione dell'art. 412, comma 1.

[1] Articolo inserito dall'art. 21 della L. 16 dic. 1999, n. 479.

422. *Attività di integrazione probatoria del giudice.*[1] — 1. Quando non provvede a norma del comma 4 dell'art. 421, ovvero a norma dell'art. 421-*bis*, il giudice può disporre, anche d'ufficio, l'assunzione delle prove delle quali appare evidente la decisività ai fini della sentenza di non luogo a procedere.

2. Il giudice, se non è possibile procedere immediatamente all'assunzione di prove, fissa la data

della nuova udienza e dispone la citazione dei testimoni, dei periti, dei consulenti tecnici e delle persone indicate nell'art. 210 di cui siano stati ammessi l'audizione o l'interrogatorio.

3. L'audizione e l'interrogatorio delle persone indicate nel comma 2 sono condotti dal giudice. Il pubblico ministero e i difensori possono porre domande, a mezzo del giudice, nell'ordine previsto dall'art. 421, comma 2. Successivamente, il pubblico ministero e i difensori formulano e illustrano le rispettive conclusioni.

4. In ogni caso l'imputato può chiedere di essere sottoposto all'interrogatorio, per il quale si applicano le disposizioni degli artt. 64 e 65. Su richiesta di parte, il giudice dispone che l'interrogatorio sia reso nelle forme previste dagli artt. 489 e 499.

4-*bis*. [Se la richiesta di cui al comma 1 ha ad oggetto conversazioni o comunicazioni intercettate e non acquisite si applicano, in quanto compatibili, gli articoli 268-*ter* e 268-*quater*].[2]

[1] Articolo così sost. dall'art. 22, L. 16 dic. 1999, n. 479.

[2] Comma aggiunto dall'art. 3, c. 1, lett. *i*), D.lgs. 29 dic. 2017, n. 216, e poi soppresso dall'art. 2, c. 1, D.L. 30 dic. 2019, n. 161, conv. con modif. in L. 28 feb. 2020, n. 7. La disposizione si applica ai procedimenti penali iscritti successivamente al 31 agosto 2020.

423. ***Modificazioni dell'imputazione.*** — 1. Se nel corso dell'udienza il fatto risulta diverso da come è descritto nell'imputazione ovvero emerge un reato connesso a norma dell'art. 12 comma 1 lettera *b*), o una circostanza aggravante, il pubblico ministero modifica l'imputazione e la contesta all'imputato presente. Se l'imputato non è presente, la modificazione della imputazione è comunicata al difensore, che rappresenta l'imputato ai fini della contestazione.

2. Se risulta a carico dell'imputato un fatto nuovo non enunciato nella richiesta di rinvio a giudizio, per il quale si debba procedere di ufficio, il giudice ne autorizza la contestazione se il pubblico ministero ne fa richiesta e vi è il consenso dell'imputato.

424. ***Provvedimenti del giudice.*** — 1. Subito dopo che è stata dichiarata chiusa la discussione, il giudice procede alla deliberazione pronunciando sentenza di non luogo a procedere o decreto che dispone il giudizio.

2. Il giudice dà immediata lettura del provvedimento. La lettura equivale a notificazione per le parti presenti.

3. Il provvedimento è immediatamente depositato in cancelleria. Le parti hanno diritto di ottenerne copia.

4. Qualora non sia possibile procedere alla redazione immediata dei motivi della sentenza di non luogo a procedere, il giudice provvede non oltre il trentesimo giorno da quello della pronuncia.

425. ***Sentenza di non luogo a procedere.***[1] — 1. Se sussiste una causa che estingue il reato o per la quale l'azione penale non doveva essere iniziata o non deve essere proseguita, se il fatto non è previsto dalla legge come reato ovvero quando risulta che il fatto non sussiste o che l'imputato non lo ha commesso o che il fatto non costituisce reato o che si tratta di persona non punibile per qualsiasi altra causa, il giudice pronuncia sentenza di non luogo a procedere, indicandone la causa nel dispositivo.

2. Ai fini della pronuncia della sentenza di cui al comma 1, il giudice tiene conto delle circostanze attenuanti. Si applicano le disposizioni dell'art. 69 del codice penale.

3. Il giudice pronuncia sentenza di non luogo a procedere anche quando gli elementi acquisiti risultano insufficienti, contraddittori o comunque non idonei a sostenere l'accusa in giudizio.

4. Il giudice non può pronunciare sentenza di non luogo a procedere se ritiene che dal proscioglimento dovrebbe conseguire l'applicazione di una misura di sicurezza diversa dalla confisca.[2]

5. Si applicano le disposizioni dell'art. 537.

[1] Articolo così sostituito dall'art. 23, comma 1, della L. 16 dic. 1999, n. 479.

[2] Parole aggiunte dall'art. 2-*sexies* della L. 5 giu. 2000, n. 144.

426. ***Requisiti della sentenza.*** — 1. La sentenza contiene:

a) l'intestazione «in nome del popolo italiano» e l'indicazione dell'autorità che l'ha pronunciata;

b) le generalità dell'imputato o le altre indicazioni personali che valgono a identificarlo nonché le generalità delle altre parti private;

c) l'imputazione;

d) l'esposizione sommaria dei motivi di fatto e di diritto su cui la decisione è fondata;

e) il dispositivo, con l'indicazione degli articoli di legge applicati;

f) la data e la sottoscrizione del giudice.

2. In caso di impedimento del giudice, la sentenza è sottoscritta dal presidente del tribunale previa menzione della causa della sostituzione.

3. Oltre che nel caso previsto dall'art. 125 comma 3, la sentenza è nulla se manca o è incompleto nei suoi elementi essenziali il dispositivo ovvero se manca la sottoscrizione del giudice.

427. ***Condanna del querelante alle spese e ai danni.*** — 1. Quando si tratta di reato per il quale si procede a querela della persona offesa, con la sentenza di non luogo a procedere perché il fatto non sussiste o l'imputato non lo ha commesso, il giudice condanna il querelante al pagamento delle spese del procedimento anticipate dallo Stato.[1]

2. Nei casi previsti dal comma 1, il giudice, quando ne è fatta domanda, condanna inoltre il querelante alla rifusione delle spese sostenute dall'imputato e, se il querelante si è costituito parte civile, anche di quelle sostenute dal responsabile civile citato o intervenuto. Quando ricorrono giusti motivi, le spese possono essere compensate in tutto o in parte.

3. Se vi è colpa grave, il giudice può condannare il

querelante a risarcire i danni all'imputato e al responsabile civile che ne abbiano fatto domanda.

4. Contro il capo della sentenza di non luogo a procedere che decide sulle spese e sui danni possono proporre impugnazione, a norma dell'art. 428, il querelante, l'imputato e il responsabile civile.

5. Se il reato è estinto per remissione della querela, si applica la disposizione dell'art. 340 comma 4.

[1] La Corte cost., con sent. 21 apr. 1993, n. 180, ha dichiarato l'ill. cost. del c. 1 «nella parte in cui prevede, nel caso di proscioglimento dell'imputato per non aver commesso il fatto, che il giudice condanni il querelante al pagamento delle spese anticipate dallo Stato anche quando risulti che l'attribuzione del reato all'imputato non sia ascrivibile a colpa del querelante».

La Corte cost., con sent. 3 dic. 1993, n. 423, ha dichiarato l'ill. cost. del c. 1 «nella parte in cui prevede, nel caso di proscioglimento dell'imputato perché il fatto non sussiste o per non aver commesso il fatto, che il giudice condanni il querelante al pagamento delle spese anticipate dallo Stato anche in assenza di qualsiasi colpa a questi ascrivibile nell'esercizio del diritto di querela».

428. ***Impugnazione della sentenza di non luogo a procedere.*** — 1. Contro la sentenza di non luogo a procedere possono proporre appello[1]:

a) il procuratore della Repubblica e il procuratore generale nei casi di cui all'articolo 593-*bis*, comma 2[2];

b) l'imputato, salvo che con la sentenza sia stato dichiarato che il fatto non sussiste o che l'imputato non lo ha commesso.

2. La persona offesa può proporre appello[1] nei soli casi di nullità previsti dall'articolo 419, comma 7.[La persona offesa costituita parte civile può proporre ricorso per cassazione ai sensi dell'articolo 606.][3]

3. Sull'impugnazione la corte di appello decide in camera di consiglio con le forme previste dall'articolo 127. In caso di appello del pubblico ministero, la corte, se non conferma la sentenza, pronuncia decreto che dispone il giudizio, formando il fascicolo per il dibattimento secondo le disposizioni degli articoli 429 e 431, o sentenza di non luogo a procedere con formula meno favorevole all'imputato. In caso di appello dell'imputato, la corte, se non conferma la sentenza, pronuncia sentenza di non luogo a procedere con formula più favorevole all'imputato.

3-*bis*. Contro la sentenza di non luogo a procedere pronunciata in grado di appello possono ricorrere per cassazione l'imputato e il procuratore generale solo per i motivi di cui alle lettere *a*), *b*) e *c*) del comma 1 dell'articolo 606.

3-*ter*. Sull'impugnazione la corte di cassazione decide in camera di consiglio con le forme previste dall'articolo 611.[4]

3-*quater*. Sono inappellabili le sentenze di non luogo a procedere relative a contravvenzioni punite con la sola pena dell'ammenda o con pena alternativa.[5]

[1] L'art. 1, c. 38, L. 23 giu. 2017, n. 103, ha sost. le parole «ricorso per cassazione» con «appello».
[2] Parole aggiunte dall'art. 3, c. 2, D.lgs. 6 feb. 2018, n. 11.
[3] Periodo soppresso dall'art. 1, c. 39, L. 23 giu. 2017, n. 103.
[4] L'art. 1, c. 40, L. 23 giu. 2017, n. 103, ha sost. l'originario c. 3 con gli attuali commi da 3 a 3-*ter*.
[5] Comma aggiunto dall'art. 2, c. 2, D.lgs. 6 feb. 2018, n. 11.

429. ***Decreto che dispone il giudizio.*** — 1. Il decreto che dispone il giudizio contiene:

a) le generalità dell'imputato e le altre indicazioni personali che valgono a identificarlo nonché le generalità delle altre parti private, con l'indicazione dei difensori;

b) l'indicazione della persona offesa dal reato qualora risulti identificata;

c) l'enunciazione, in forma chiara e precisa, del fatto, delle circostanze aggravanti e di quelle che possono comportare l'applicazione di misure di sicurezza, con l'indicazione dei relativi articoli di legge;

d) l'indicazione sommaria delle fonti di prova e dei fatti cui esse si riferiscono;

e) il dispositivo, con l'indicazione del giudice competente per il giudizio;

f) l'indicazione del luogo, del giorno e dell'ora della comparizione, con l'avvertimento all'imputato che non comparendo sarà giudicato in contumacia;

g) la data e la sottoscrizione del giudice e dell'ausiliario che l'assiste.

2. Il decreto è nullo se l'imputato non è identificato in modo certo ovvero se manca o è insufficiente l'indicazione di uno dei requisiti previsti dal comma 1 lettere *c*) e *f*).

2-*bis*. Se si procede per delitto punito con la pena dell'ergastolo e il giudice dà al fatto una definizione giuridica diversa da quella enunciata nell'imputazione, tale da rendere ammissibile il giudizio abbreviato, il decreto che dispone il giudizio contiene anche l'avviso che l'imputato può chiedere il giudizio abbreviato entro quindici giorni dalla lettura del provvedimento o dalla sua notificazione. Si applicano le disposizioni dell'articolo 458.[1]

3. Tra la data del decreto e la data fissata per il giudizio deve intercorrere un termine non inferiore a venti giorni.

3-*bis*. Qualora si proceda per i reati di cui agli articoli 589, secondo comma, e 589-*bis* del codice penale, il termine di cui al comma 3 non può essere superiore a sessanta giorni.[2]

4. Il decreto è notificato all'imputato contumace nonché all'imputato e alla persona offesa comunque non presenti alla lettura del provvedimento di cui al comma 1 dell'art. 424 almeno venti giorni prima della data fissata per il giudizio.

[1] Comma ins. dall'art. 4, L. 12 apr. 2019, n. 33. La disposizione si applica ai fatti commessi successivamente alla data di entrata in vigore della L. 33/2019.
[2] Comma così modif. dall'art. 1, c. 5, L. 23 mar. 2016, n. 41.

430. ***Attività integrativa di indagine del pubblico ministero e del difensore.***[1] — 1. Successivamente all'emissione del decreto che dispone il giudizio, il pubblico ministero e il difensore possono, ai fini delle proprie richieste al giudice del dibattimento, compiere attività integrativa di indagine, fatta eccezione degli atti per i quali è prevista la partecipazione dell'imputato o del difensore di questo.

2. La documentazione relativa all'attività indicata nel comma 1 è immediatamente depositata nella segreteria del pubblico ministero con facoltà delle parti di prenderne visione e di estrarne copia.

[1] Articolo così sost. dall'art. 14, L. 7 dic. 2000, n. 397.

430-*bis*. ***Divieto di assumere informazioni.***[1] — 1. È vietato al pubblico ministero, alla polizia giudiziaria e al difensore assumere informazioni dalla persona ammessa ai sensi dell'art. 507 o indicata nella richiesta di incidente probatorio o ai sensi dell'art. 422, comma 2, ovvero nella lista prevista dall'art. 468 e presentata dalle altre parti processuali. Le informazioni assunte in violazione del divieto sono inutilizzabili.

2. Il divieto di cui al comma 1 cessa dopo l'assunzione della testimonianza e nei casi in cui questa non sia ammessa o non abbia luogo.

[1] Articolo aggiunto dall'art. 25 della L. 16 dic. 1999, n. 479.

431. ***Fascicolo per il dibattimento.***[1] — 1. Immediatamente dopo l'emissione del decreto che dispone il giudizio, il giudice provvede nel contraddittorio delle parti alla formazione del fascicolo per il dibattimento. Se una delle parti ne fa richiesta il giudice fissa una nuova udienza, non oltre il termine di quindici giorni, per la formazione del fascicolo. Nel fascicolo per il dibattimento sono raccolti:

a) gli atti relativi alla procedibilità dell'azione penale e all'esercizio dell'azione civile;

b) i verbali degli atti non ripetibili compiuti dalla polizia giudiziaria;

c) i verbali degli atti non ripetibili compiuti dal pubblico ministero e dal difensore;[2]

d) i documenti acquisiti all'estero mediante rogatoria internazionale e i verbali degli atti non ripetibili assunti con le stesse modalità;

e) i verbali degli atti assunti nell'incidente probatorio;

f) i verbali degli atti, diversi da quelli previsti dalla lettera *d*), assunti all'estero a seguito di rogatoria internazionale ai quali i difensori sono stati posti in grado di assistere e di esercitare le facoltà loro consentite dalla legge italiana;

g) il certificato generale del casellario giudiziario e gli altri documenti indicati nell'art. 236, nonché, quando si procede nei confronti di un apolide, di una persona della quale è ignota la cittadinanza, di un cittadino di uno Stato non appartenente all'Unione europea ovvero di un cittadino di uno Stato membro dell'Unione europea privo del codice fiscale o che è attualmente, o è stato in passato, titolare anche della cittadinanza di uno Stato non appartenente all'Unione europea, una copia del cartellino fotodattiloscopico con indicazione del codice univoco identificativo;[3]

h) il corpo del reato e le cose pertinenti al reato, qualora non debbano essere custoditi altrove.

2. Le parti possono concordare l'acquisizione al fascicolo per il dibattimento di atti contenuti nel fascicolo del pubblico ministero, nonché della documentazione relativa all'attività di investigazione difensiva.

[1] Articolo così sost. dall'art. 26, L. 16 dic. 1999, n. 479.
[2] Parole aggiunte dall'art. 15, L. 7 dic. 2000, n. 397.
[3] Lettera così modif. dall'art. 2, c. 9, L. 27 set. 2021, n. 134.

432. ***Trasmissione e custodia del fascicolo per il dibattimento.*** — 1. Il decreto che dispone il giudizio è trasmesso senza ritardo, con il fascicolo previsto dall'art. 431 e con l'eventuale provvedimento che abbia disposto misure cautelari in corso di esecuzione, alla cancelleria del giudice competente per il giudizio.

433. ***Fascicolo del pubblico ministero.*** — 1. Gli atti diversi da quelli previsti dall'art. 431 sono trasmessi al pubblico ministero con gli atti acquisiti all'udienza preliminare unitamente al verbale dell'udienza.

2. I difensori hanno facoltà di prendere visione ed estrarre copia, nella segreteria del pubblico ministero, degli atti raccolti nel fascicolo formato a norma del comma 1.

3. Nel fascicolo del pubblico ministero ed in quello del difensore[1] è altresì inserita la documentazione dell'attività prevista dall'art. 430 quando di essa le parti si sono servite per la formulazione di richieste al giudice del dibattimento e quest'ultimo le ha accolte.

[1] Parole aggiunte dall'art. 16 della L. 7 dic. 2000, n. 397.

TITOLO X
Revoca della sentenza di non luogo a procedere

434. ***Casi di revoca.*** — 1. Se dopo la pronuncia di una sentenza di non luogo a procedere sopravvengono o si scoprono nuove fonti di prova che, da sole o unitamente a quelle già acquisite, possono determinare il rinvio a giudizio, il giudice per le indagini preliminari, su richiesta del pubblico ministero, dispone la revoca della sentenza.

435. ***Richiesta di revoca.*** — 1. Nella richiesta di revoca il pubblico ministero indica le nuove fonti di prova, specifica se queste sono già state acquisite o sono ancora da acquisire e richiede, nel primo caso, il rinvio a giudizio e, nel secondo, la riapertura delle indagini.

2. Con la richiesta sono trasmessi alla cancelleria del giudice gli atti relativi alle nuove fonti di prova.

3. Il giudice, se non dichiara inammissibile la ri-

chiesta, designa un difensore all'imputato che ne sia privo, fissa la data dell'udienza in camera di consiglio e ne fa dare avviso al pubblico ministero, all'imputato, al difensore e alla persona offesa. Il procedimento si svolge nelle forme previste dall'art. 127.

436. ***Provvedimenti del giudice.*** — 1. Sulla richiesta di revoca il giudice provvede con ordinanza.

2. Quando revoca la sentenza di non luogo a procedere, il giudice, se il pubblico ministero ha chiesto il rinvio a giudizio, fissa l'udienza preliminare, dandone avviso agli interessati presenti e disponendo per gli altri la notificazione; altrimenti ordina la riapertura delle indagini.

3. Con l'ordinanza di riapertura delle indagini, il giudice stabilisce per il loro compimento un termine improrogabile non superiore a sei mesi.

4. Entro la scadenza del termine, il pubblico ministero, qualora sulla base dei nuovi atti di indagine non debba chiedere l'archiviazione, trasmette alla cancelleria del giudice la richiesta di rinvio a giudizio.

437. ***Ricorso per cassazione.*** — 1. Contro l'ordinanza che dichiara inammissibile o rigetta la richiesta di revoca il pubblico ministero può proporre ricorso per cassazione solamente per i motivi indicati all'art. 606, I comma, lett. *b*), *d*) ed *e*).[1]

[1] Parole aggiunte dall'art. 6, comma 1, della L. 26 mar. 2001, n. 128.

CODICE DI PROCEDURA PENALE

LIBRO SESTO
PROCEDIMENTI SPECIALI

TITOLO I
Giudizio abbreviato[1]

[1] A norma dell'art. 2 del D.lgs. 28 ago. 2000, n. 274, nei procedimenti davanti al giudice di pace non si applicano le norme previste da questo titolo.

438. ***Presupposti del giudizio abbreviato.*** — 1. L'imputato può chiedere che il processo sia definito all'udienza preliminare allo stato degli atti, salve le disposizioni di cui al comma 5 del presente articolo e all'art. 441, comma 5.

1-*bis*. Non è ammesso il giudizio abbreviato per i delitti puniti con la pena dell'ergastolo.[1]

2. La richiesta può essere proposta, oralmente o per iscritto, fino a che non siano formulate le conclusioni a norma degli artt. 421 e 422.

3. La volontà dell'imputato è espressa personalmente o per mezzo di procuratore speciale e la sottoscrizione è autenticata nelle forme previste dall'art. 583 comma 3.

4. Sulla richiesta il giudice provvede con ordinanza con la quale dispone il giudizio abbreviato. Quando l'imputato chiede il giudizio abbreviato immediatamente dopo il deposito dei risultati delle indagini difensive, il giudice provvede solo dopo che sia decorso il termine non superiore a sessanta giorni, eventualmente richiesto dal pubblico ministero, per lo svolgimento di indagini suppletive limitatamente ai temi introdotti dalla difesa. In tal caso, l'imputato ha facoltà di revocare la richiesta.[2]

5. L'imputato, ferma restando la utilizzabilità ai fini della prova degli atti indicati nell'art. 442, comma 1-*bis*, può subordinare la richiesta ad una integrazione probatoria necessaria ai fini della decisione. Il giudice dispone il giudizio abbreviato se l'integrazione probatoria richiesta risulta necessaria ai fini della decisione e compatibile con le finalità di economia processuale proprie del procedimento, tenuto conto degli atti già acquisiti ed utilizzabili. In tal caso il pubblico ministero può chiedere l'ammissione di prova contraria. Resta salva l'applicabilità dell'art. 423.

5-*bis*. Con la richiesta presentata ai sensi del comma 5 può essere proposta, subordinatamente al suo rigetto, la richiesta di cui al comma 1, oppure quella di applicazione della pena ai sensi dell'articolo 444.[3]

6. In caso di dichiarazione di inammissibilità o di rigetto, ai sensi, rispettivamente, dei commi 1-*bis* e 5, la richiesta può essere riproposta fino al termine previsto dal comma 2.[4]

6-*bis*. La richiesta di giudizio abbreviato proposta nell'udienza preliminare determina la sanatoria delle nullità, sempre che non siano assolute, e la non rilevabilità delle inutilizzabilità, salve quelle derivanti dalla violazione di un divieto probatorio. Essa preclude altresì ogni questione sulla competenza per territorio del giudice.[5]

6-*ter*. Qualora la richiesta di giudizio abbreviato proposta nell'udienza preliminare sia stata dichiarata inammissibile ai sensi del comma 1-*bis*, il giudice, se all'esito del dibattimento ritiene che per il fatto accertato sia ammissibile il giudizio abbreviato, applica la riduzione della pena ai sensi dell'articolo 442, comma 2.[1]

[1] Comma ins. dall'art. 1, L. 12 apr. 2019, n. 33. La disposizione si applica ai fatti commessi successivamente alla data di entrata in vigore della L. 33/2019.
[2] Comma così sost. dall'art. 1, c. 41, L. 23 giu. 2017, n. 103.
[3] Comma ins. dall'art. 1, c. 42, L. 23 giu. 2017, n. 103.
[4] Comma così sost. dall'art. 1, L. 12 apr. 2019, n. 33. V. nota 1.
[5] Comma ins. dall'art. 1, c. 43, L. 23 giu. 2017, n. 103.

439. ***Richiesta di giudizio abbreviato.***[1].

[1] Articolo abrog. dall'art. 28, L. 16 dic. 1999, n. 479.

440. ***Provvedimenti del giudice.***[1]

[1] Articolo abrog. dall'art. 28, L. 16 dic. 1999, n. 479.

441. ***Svolgimento del giudizio abbreviato.***[1] — 1. Nel giudizio abbreviato si osservano, in quanto applicabili, le disposizioni previste per l'udienza preliminare, fatta eccezione di quelle di cui agli articoli 422 e 423.

2. La costituzione di parte civile, intervenuta dopo la conoscenza dell'ordinanza che dispone il giudizio abbreviato, equivale ad accettazione del rito abbreviato.

3. Il giudizio abbreviato si svolge in camera di consiglio; il giudice dispone che il giudizio si svolga in pubblica udienza quando ne fanno richiesta tutti gli imputati.

4. Se la parte civile non accetta il rito abbreviato non si applica la disposizione di cui all'art. 75, comma 3.

5. Quando il giudice ritiene di non poter decidere allo stato degli atti assume, anche d'ufficio, gli elementi necessari ai fini della decisione. Resta salva in tal caso l'applicabilità dell'art. 423.

6. All'assunzione delle prove di cui al comma 5 del presente articolo e dell'art. 438, comma 5, si

procede nelle forme previste dall'art. 422, commi 2, 3 e 4.

[1] Articolo così sost. dall'art. 29 della L. 16 dic. 1999, n. 479.

441-*bis*. *Provvedimenti del giudice a seguito di nuove contestazioni sul giudizio abbreviato.*[1] — 1. Se nei casi disciplinati dagli artt. 438, comma 5, e 441, comma 5, il pubblico ministero procede alle contestazioni previste dall'art. 423, comma 1, l'imputato può chiedere che il procedimento prosegua nelle forme ordinarie.

1-*bis*. Se, a seguito delle contestazioni, si procede per delitti puniti con la pena dell'ergastolo, il giudice revoca, anche d'ufficio, l'ordinanza con cui era stato disposto il giudizio abbreviato e fissa l'udienza preliminare o la sua eventuale prosecuzione. Si applica il comma 4.[2]

2. La volontà dell'imputato è espressa nelle forme previste dall'art. 438, comma 3.

3. Il giudice, su istanza dell'imputato o del difensore, assegna un termine non superiore a dieci giorni, per la formulazione della richiesta di cui ai commi 1 e 2 ovvero per l'integrazione della difesa, e sospende il giudizio per il tempo corrispondente.

4. Se l'imputato chiede che il procedimento prosegua nelle forme ordinarie, il giudice revoca l'ordinanza con cui era stato disposto il giudizio abbreviato e fissa l'udienza preliminare o la sua eventuale prosecuzione. Gli atti compiuti ai sensi degli artt. 438, comma 5, e 441, comma 5, hanno la stessa efficacia degli atti compiuti ai sensi dell'art. 422. La richiesta di giudizio abbreviato non può essere riproposta. Si applicano le disposizioni dell'art. 303, comma 2.[3]

5. Se il procedimento prosegue nelle forme del giudizio abbreviato, l'imputato può chiedere l'ammissione di nuove prove, in relazione alle contestazioni ai sensi dell'art. 423, anche altre i limiti previsti dall'art. 438, comma 5, ed il pubblico ministero può chiedere l'ammissione di prova contraria.

[1] Articolo inserito dall'art. 2-*octies* del D.L. 7 apr. 2000 n. 82, conv. con modif. in L. 5 giu. 2000, n. 144.

[2] Comma ins. dall'art. 2, L. 12 apr. 2019, n. 33. La disposizione si applica ai fatti commessi successivamente alla data di entrata in vigore della L. 33/2019.

[3] L'ultimo periodo di questo comma è stato aggiunto dall'art. 7-*bis* del D.L. 24 nov. 2000, n. 341, conv. con modif. in L. 19 gen. 2001, n. 4.

442. *Decisione.* — 1. Terminata la discussione, il giudice provvede a norma degli artt. 529 e seguenti.

1-*bis*. Ai fini della deliberazione il giudice utilizza gli atti contenuti nel fascicolo di cui all'articolo 416, comma 2, la documentazione di cui all'art. 419, comma 3, e le prove assunte nell'udienza.

2. In caso di condanna, la pena che il giudice determina tenendo conto di tutte le circostanze è diminuita della metà se si procede per una contravvenzione e di un terzo se si procede per un delitto.[1] [Alla pena dell'ergastolo è sostituita quella della reclusione di anni trenta. Alla pena dell'ergastolo con isolamento diurno, nei casi di concorso di reati e di reato continuato, è sostituita quella dell'ergastolo.][2]

3. La sentenza è notificata all'imputato che non sia comparso.

4. Si applica la disposizione dell'art. 426 comma 2.

[1] Periodo così modif. dall'art. 1, c. 44, L. 23 giu. 2017, n. 103.

[2] Periodi soppressi dall'art. 3, L. 12 apr. 2019, n. 33. La disposizione si applica ai fatti commessi successivamente alla data di entrata in vigore della L. 33/2019.

443. *Limiti all'appello.* — 1. L'imputato e il pubblico ministero non possono proporre appello contro le sentenze di proscioglimento, [quando l'appello tende a ottenere una diversa formula].[1]

2.[2]

3. Il pubblico ministero non può proporre appello contro le sentenze di condanna, salvo che si tratti di sentenza che modifica il titolo del reato.

4. Il giudizio di appello si svolge con le forme previste dall'art. 599.

[1] Parole soppresse dall'art. 2, L. 20 feb. 2006, n. 46. La Corte cost., con sent. 20 lug. 2007, n. 320, ha dichiarato l'ill. cost. dell'art. 2, L. 20 feb. 2006, n. 46, nella parte in cui, modificando l'art. 443, c. 1, esclude che il pubblico ministero possa appellare contro le sentenze di proscioglimento emesse a seguito di giudizio abbreviato. Ha dichiarato altresì l'ill. cost. dell'art. 10, c. 2 della citata L. 20 feb. 2006, n. 46 nella parte in cui prevede che l'appello proposto dal pubblico ministero, prima dell'entrata in vigore della medesima legge, contro una sentenza di proscioglimento emessa a seguito di giudizio abbreviato, è dichiarato inammissibile.

La Corte cost., con sent. 29 ott. 2009, n. 274, ha dichiarato l'ill. cost. di questo comma, nella parte in cui esclude che l'imputato possa proporre appello contro le sentenze di assoluzione per difetto di imputabilità, derivante da vizio totale di mente.

[2] Comma abrog. dall'art. 31, c. 1 lett. *b*), L. 16 dic. 1999, n. 479.

TITOLO II
Applicazione della pena su richiesta delle parti[1,2]

[1] A norma dell'art. 25 del D.P.R. 22 set. 1988, n. 448, le disposizioni di questo titolo non si applicano nel procedimento davanti al tribunale per i minorenni.

[2] Queste disposizioni non si applicano nel procedimento davanti al giudice di pace.

444. *Applicazione della pena su richiesta.* — 1. L'imputato e il pubblico ministero possono chiedere al giudice l'applicazione, nella specie e nella misura indicata, di una sanzione sostitutiva o di una pena pecuniaria, diminuita fino a un terzo, ovvero di una pena detentiva quando questa, tenuto conto delle circostanze e diminuita fino a un terzo, non supera cinque anni o congiunti a pena pecuniaria.[1]

1-*bis*. Sono esclusi dall'applicazione del comma 1, procedimenti per i delitti di cui all'articolo 51, commi 3-*bis* e 3-*quater*, i procedimenti per i delitti di cui agli articoli 600-*bis*, 600-*ter*, primo, secondo, terzo e quinto comma, 600-*quater*, secondo comma, 600-*quater*.1, relativamente alla condotta di produzione o commercio di materiale pornografico, 600-*quinquies*, nonché 609-*bis*, 609-*ter*, 609-*quater* e 609-*octies* del codice penale, nonché contro coloro che siano stati dichiarati delinquenti abituali, professionali e per tendenza, o recidivi ai sensi dell'articolo 99, quarto comma, del c.p., qualora la pena superi due anni soli o congiunti a pena pecuniaria.[1,2]

1-*ter*. Nei procedimenti per i delitti previsti dagli articoli 314, 317, 318, 319, 319-*ter*, 319-*quater* e 322-*bis* del codice penale, l'ammissibilità della richiesta di cui al comma 1 è subordinata alla restituzione integrale del prezzo o del profitto del reato.[3]

2. Se vi è il consenso anche della parte che non ha formulato la richiesta e non deve essere pronunciata sentenza di proscioglimento a norma dell'art. 129, il giudice, sulla base degli atti, se ritiene corretta la qualificazione giuridica del fatto, l'applicazione e la comparazione delle circostanze prospettate dalle parti, nonché congrua la pena indicata, ne dispone con sentenza l'applicazione enunciando nel dispositivo che vi è stata la richiesta delle parti. Se vi è costituzione di parte civile, il giudice non decide sulla relativa domanda; l'imputato è tuttavia condannato al pagamento delle spese sostenute dalla parte civile, salvo che ricorrano giusti motivi per la compensazione totale o parziale.

Non si applica la disposizione dell'art. 75, comma 3. Si applica l'articolo 537-*bis*[4].[5]

3. La parte, nel formulare la richiesta, può subordinarne l'efficacia alla concessione della sospensione condizionale della pena. In questo caso il giudice, se ritiene che la sospensione condizionale non può essere concessa, rigetta la richiesta.

3-*bis*. Nei procedimenti per i delitti previsti dagli articoli 314, primo comma, 317, 318, 319, 319-*ter*, 319-*quater*, primo comma, 320, 321, 322, 322-*bis* e 346-*bis* del codice penale, la parte, nel formulare la richiesta, può subordinarne l'efficacia all'esenzione dalle pene accessorie previste dall'articolo 317-*bis* del codice penale ovvero all'estensione degli effetti della sospensione condizionale anche a tali pene accessorie. In questi casi il giudice, se ritiene di applicare le pene accessorie o ritiene che l'estensione della sospensione condizionale non possa essere concessa, rigetta la richiesta.[6]

[1] Gli attuali c. 1 e 1-*bis* hanno così sost. l'originario c. 1, ai sensi dell'art. 1, L. 12 giu. 2003, n. 134.

[2] Comma così modif. dall'art. 11, L. 6 feb. 2006, n. 38 e dall'art. 5, c. 1, lett. *l*), L. 1 ott. 2012, n. 172.

[3] Comma ins. dall'art. 6, c. 1, L. 27 mag. 2015, n. 69.

[4] Periodo aggiunto dall'art. 5, c. 3, L. 11 gen. 2018, n. 4.

[5] La Corte cost., con sent. 2 lug. 1990, n. 313, ha dichiarato l'ill. cost. del c. 2 «nella parte in cui non prevede che, ai fini e nei limiti di cui all'art. 27, terzo comma, della Cost., il giudice possa valutare la congruità della pena indicata dalle parti, rigettando la richiesta in ipotesi di sfavorevole valutazione».

La Corte cost., con sent. 12 ott. 1990, n. 443, ha dichiarato l'ill. cost. del c. 2, secondo periodo «nella parte in cui non prevede che il giudice condanni l'imputato al pagamento delle spese processuali in favore della parte civile, salvo che ritenga di disporne, per giusti motivi, la compensazione totale o parziale».

[6] Comma aggiunto dall'art. 1, c. 4, lett. *d*), L. 9 gen. 2019, n. 3.

445. ***Effetti dell'applicazione della pena su richiesta.*** — 1. La sentenza prevista dall'articolo 444, comma 2, quando la pena irrogata non superi i due anni di pena detentiva soli o congiunti a pena pecuniaria, non comporta la condanna al pagamento delle spese del procedimento né l'applicazione di pene accessorie e di misure di sicurezza, fatta eccezione della confisca nei casi previsti dall'art. 240 del codice penale. Nei casi previsti dal presente comma è fatta salva l'applicazione del comma 1-*ter*.[1]

1-*bis*. Salvo quanto previsto dall'art. 653, la sentenza prevista dall'art. 444, comma 2, anche quando è pronunciata dopo la chiusura del dibattimento, non ha efficacia nei giudizi civili o amministrativi. Salve diverse disposizioni di legge, la sentenza è equiparata ad una pronuncia di condanna.

1-*ter*. Con la sentenza di applicazione della pena di cui all'articolo 444, comma 2, del presente codice per taluno dei delitti previsti dagli articoli 314, primo comma, 317, 318, 319, 319-*ter*, 319-*quater*, primo comma, 320, 321, 322, 322-*bis* e 346-*bis* del codice penale, il giudice può applicare le pene accessorie previste dall'articolo 317-*bis* del codice penale.[2]

2. Il reato è estinto, ove sia stata irrogata una pena detentiva non superiore a due anni soli o congiunti a pena pecuniaria, se nel termine di cinque anni, quando la sentenza concerne un delitto, ovvero di due anni, quando la sentenza concerne una contravvenzione, l'imputato non commette un delitto ovvero una contravvenzione della stessa indole. In questo caso si estingue ogni effetto penale, e se è stata applicata una pena pecuniaria o una sanzione sostitutiva, l'applicazione non è comunque di ostacolo alla concessione di una successiva sospensione condizionale della pena.

[1] Periodo aggiunto dall'art. 1, c. 4, lett. *e*), L. 9 gen. 2019, n. 3.

[2] Comma ins. dall'art. 1, c. 4, lett. *e*), L. 9 gen. 2019, n. 3.

446. ***Richiesta di applicazione della pena e consenso.*** — 1. Le parti possono formulare la richiesta prevista dall'art. 444, comma 1, fino alla presentazione delle conclusioni di cui agli art. 421, comma 3, e 422, comma 3, e fino alla dichiarazione di apertura del dibattimento di primo grado nel giudizio direttissimo. Se è stato notificato il decreto di giudizio immediato, la richiesta è formulata entro il termine e con le forme stabilite dall'art. 458, comma 1.[1]

2. La richiesta e il consenso nell'udienza sono formulati oralmente; negli altri casi sono formulati con atto scritto.

3. La volontà dell'imputato è espressa personalmente o a mezzo di procuratore speciale e la sottoscrizione è autenticata nelle forme previste dall'art. 583 comma 3.

4. Il consenso sulla richiesta può essere dato entro i termini previsti dal comma 1, anche se in precedenza era stato negato.[2]

5. Il giudice, se ritiene opportuno verificare la volontarietà della richiesta o del consenso, dispone la comparizione dell'imputato.

6. Il pubblico ministero, in caso di dissenso, deve enunciarne le ragioni.

[1] Comma così sostituito dall'art. 33 della L. 16 dic. 1999, n. 479.

[2] Comma così sostituito dall'art. 33 della L. 16 dic. 1999, n. 479.

447. ***Richiesta di applicazione della pena nel corso delle indagini preliminari.*** — 1. Nel corso delle indagini preliminari, il giudice, se è presentata una richiesta congiunta o una richiesta con il consenso scritto dell'altra parte, fissa, con decreto in calce alla richiesta, l'udienza per la decisione, assegnando, se necessario, un termine al richiedente per la notificazione all'altra parte. Almeno tre giorni prima dell'udienza il fascicolo del pubblico ministero è depositato nella cancelleria del giudice.

2. Nell'udienza il pubblico ministero e il difensore sono sentiti se compaiono.

3. Se la richiesta è presentata da una parte, il giudice fissa con decreto un termine all'altra parte per esprimere il consenso o il dissenso e dispone che la richiesta e il decreto siano notificati a cura del richiedente. Prima della scadenza del termine non è consentita la revoca o la modifica della richiesta e in caso di consenso si procede a norma del comma 1.

448. ***Provvedimenti del giudice.*** — 1. Nell'udienza prevista dall'art. 447, nell'udienza preliminare, nel giudizio direttissimo e nel giudizio immediato, il giudice, se ricorrono le condizioni per accogliere la richiesta prevista dall'art. 444, comma 1, pronuncia immediatamente sentenza. Nel caso di dissenso da parte del pubblico ministero o di rigetto della richiesta da parte del giudice per le indagini preliminari, l'imputato, prima della dichiarazione di apertura del dibattimento di primo grado, può rinnovare la richiesta e il giudice, se la ritiene fondata, pronuncia immediatamente sentenza. La richiesta non è ulteriormente rinnovabile dinanzi ad altro giudice. Nello stesso modo il giudice provvede dopo la chiusura del dibattimento di primo grado o nel giudizio di impugnazione quando ritiene ingiustificato il dissenso del pubblico ministero o il rigetto della richiesta.

2. In caso di dissenso, il pubblico ministero può proporre appello; negli altri casi la sentenza è inappellabile.

2-*bis*. Il pubblico ministero e l'imputato possono proporre ricorso per cassazione contro la sentenza solo per motivi attinenti all'espressione della volontà dell'imputato, al difetto di correlazione tra la richiesta e la sentenza, all'erronea qualificazione giuridica del fatto e all'illegalità della pena o della misura di sicurezza.[1]

3. Quando la sentenza è pronunciata nel giudizio di impugnazione, il giudice decide sull'azione civile a norma dall'art. 578.

[1] Comma ins. dall'art. 1, c. 50, L. 23 giu. 2017, n. 103. Ai sensi dell'art. 1, c. 51, L. 103/2017, le disposizioni del c. 2-*bis* non si applicano nei procedimenti nei quali la richiesta di applicazione della pena ai sensi dell'articolo 444 del c.p.p. è stata presentata anteriormente alla data di entrata in vigore della presente legge.

TITOLO III

Giudizio direttissimo[1]

[1] Queste disposizioni non si applicano nel procedimento davanti al Giudice di pace.

449. ***Casi e modi del giudizio direttissimo.***[1,2] — 1. Quando una persona è stata arrestata in flagranza di un reato, il pubblico ministero, se ritiene di dover procedere, può presentare direttamente l'imputato in stato di arresto davanti al giudice del dibattimento, per la convalida e il contestuale giudizio, entro quarantotto ore dall'arresto. Si applicano al giudizio di convalida le disposizioni dell'art. 391, in quanto compatibili.

2. Se l'arresto non è convalidato, il giudice restituisce gli atti al pubblico ministero. Il giudice procede tuttavia a giudizio direttissimo quando l'imputato e il pubblico ministero vi consentono.

3. Se l'arresto è convalidato, si procede immediatamente al giudizio.

4. Il pubblico ministero, quando l'arresto in flagranza è già stato convalidato, precede al giudizio direttissimo presentando l'imputato in udienza non oltre il trentesimo giorno dall'arresto, salvo che ciò pregiudichi gravemente le indagini.[3]

5. Il pubblico ministero procede inoltre al giudizio direttissimo, salvo che ciò pregiudichi gravemente le indagini, nei confronti della persona che nel corso dell'interrogatorio ha reso confessione.[4] L'imputato libero è citato a comparire a una udienza non successiva al trentesimo giorno dalla iscrizione nel registro delle notizie di reato. L'imputato in stato di custodia cautelare per il fatto per cui si procede è presentato all'udienza entro il medesimo termine. Quando una persona è stata allontanata d'urgenza dalla casa familiare ai sensi dell'articolo 384-*bis*, la polizia giudiziaria può provvedere, su disposizione del pubblico ministero, alla sua citazione per il giudizio direttissimo e per la contestuale convalida dell'arresto entro le successive qua-

rantotto ore, salvo che ciò pregiudichi gravemente le indagini. In tal caso la polizia giudiziaria provvede comunque, entro il medesimo termine, alla citazione per l'udienza di convalida indicata dal pubblico ministero.[5]

6. Quando il reato per cui è richiesto il giudizio direttissimo risulta connesso con altri reati per i quali mancano le condizioni che giustificano la scelta di tale rito, si procede separatamente per gli altri reati e nei confronti degli altri imputati, salvo che ciò pregiudichi gravemente le indagini. Se la riunione risulta indispensabile, prevale in ogni caso il rito ordinario.

[1] V. *Att.* 138; *Coord.* 233; v. anche art. 25[2] D.P.R. 22 set. 1988, n. 448.

[2] V. artt. 64, 65, 294, 364, 374[2], 388.

V. altresì l'art. 12-*bis* del D.L. 8 giu. 1992, n. 306, conv. in L. 7 ago. 1992, n. 356.

[3] Comma così sost. dall'art. 2, c. 1, lett. *c*) del D.L. 23 mag. 2008, n. 92, conv. con modif. in L. 24 lug. 2008, n. 125.

[4] Periodo così sost. dall'art. 2, c. 1 lett. *d*) del D.L. 23 mag. 2008, n. 92, conv. con modif. in L. 24 lug. 2008, n. 125.

[5] Gli ultimi due periodi sono stati aggiunti dall'art. 2, c. 1, lett. *h-bis*), D.L. 14 ago. 2013, n. 93, conv. con modif. in L. 15 ott. 2013, n. 119.

450. ***Instaurazione del giudizio direttissimo.*** — 1. Quando procede a giudizio direttissimo, il pubblico ministero fa condurre direttamente all'udienza l'imputato arrestato in flagranza o in stato di custodia cautelare.

2. Se l'imputato è libero, il pubblico ministero lo cita a comparire all'udienza per il giudizio direttissimo. Il termine per comparire non può essere inferiore a tre giorni.

3. La citazione contiene i requisiti previsti dall'articolo 429 comma 1 lettere *a*), *b*), *c*), *f*), con l'indicazione del giudice competente per il giudizio nonché la data e la sottoscrizione. Si applica inoltre la disposizione dell'art. 429 comma 2.

4. Il decreto, unitamente al fascicolo previsto dall'art. 431, formato dal pubblico ministero, è trasmesso alla cancelleria del giudice competente per il giudizio.

5. Al difensore è notificato senza ritardo a cura del pubblico ministero l'avviso della data fissata per il giudizio.

6. Il difensore ha facoltà di prendere visione e di estrarre copia, nella segreteria del pubblico ministero, della documentazione relativa alle indagini espletate.

451. ***Svolgimento del giudizio direttissimo.*** — 1. Nel corso del giudizio direttissimo si osservano le disposizioni degli artt. 470 e seguenti.

2. La persona offesa e i testimoni possono essere citati anche oralmente da un ufficiale giudiziario o da un agente di polizia giudiziaria.

3. Il pubblico ministero, l'imputato e la parte civile possono presentare nel dibattimento testimoni senza citazione.

4. Il pubblico ministero, fuori del caso previsto dall'art. 450 comma 2, contesta l'imputazione all'imputato presente.

5. Il presidente avvisa l'imputato della facoltà di chiedere il giudizio abbreviato ovvero l'applicazione della pena a norma dell'art. 444.

6. L'imputato è altresì avvisato della facoltà di chiedere un termine per preparare la difesa non superiore a dieci giorni. Quando l'imputato si avvale di tale facoltà, il dibattimento è sospeso fino all'udienza immediatamente successiva alla scadenza del termine.

452. ***Trasformazione del rito.*** — 1. Se il giudizio direttissimo risulta promosso fuori dei casi previsti dall'art. 449, il giudice dispone con ordinanza la restituzione degli atti al pubblico ministero.

2. Se l'imputato chiede il giudizio abbreviato, il giudice, prima che sia dichiarato aperto il dibattimento, dispone con ordinanza la prosecuzione del giudizio con il rito abbreviato. Si osservano, in quanto applicabili, le disposizioni degli artt. 438, commi 3 e 5, 441, 441-*bis*, 442 e 443; si applicano altresì le disposizioni di cui all'articolo 438, comma 6-*bis*; nel caso di cui all'art. 441-*bis*, comma 4, il giudice, revocata l'ordinanza con cui era stato disposto il giudizio abbreviato, fissa l'udienza per il giudizio direttissimo.[1]

[1] Comma così modif. dall'art. 1, c. 45, L. 23 giu. 2017, n. 103.

TITOLO IV
Giudizio immediato

453. ***Casi e modi di giudizio immediato.*** — 1. Quando la prova appare evidente, salvo che ciò pregiudichi gravemente le indagini, il pubblico ministero chiede il giudizio immediato se la persona sottoposta alle indagini è stata interrogata sui fatti dai quali emerge l'evidenza della prova ovvero, a seguito di invito a presentarsi emesso con l'osservanza delle forme indicate nell'art. 375, comma 3, secondo periodo, la stessa abbia omesso di comparire, sempre che non sia stato adotto un legittimo impedimento e che non si tratti di persona irreperibile.[1]

1-*bis*. Il pubblico ministero richiede il giudizio immediato, anche fuori dai termini di cui all'articolo 454, comma 1, e comunque entro centottanta giorni dall'esecuzione della misura, per il reato in relazione al quale la persona sottoposta alle indagini si trova in stato di custodia cautelare, salvo che la richiesta pregiudichi gravemente le indagini.[2]

1-*ter*. La richiesta di cui al comma 1-*bis* è formulato dopo la definizione del procedimento di cui all'articolo 309, ovvero dopo il decorso dei termini per la proposizione della richiesta di riesame.[2]

2. Quando il reato per cui è richiesto il giudizio immediato risulta connesso con altri reati per i quali mancano le condizioni che giustificano la

scelta di tale rito, si procede separatamente per gli altri reati e nei confronti degli altri imputati, salvo che ciò pregiudichi gravemente le indagini. Se la riunione risulta indispensabile, prevale in ogni caso il rito ordinario.

3. L'imputato può chiedere il giudizio immediato a norma dell'art. 419 comma 5.

[1] Comma così sost. dall'art. 2, c. 1, lett. *f*) del D.L. 23 mag. 2008, n. 92, conv. in L. 24 lug. 2008, n. 125.

[2] Commi inseriti dall'art. 2, c. 1, lett. *g*) del D.L. 23 mag. 2008, n. 92, conv. in L. 24 lug. 2008, n. 125.

454. ***Presentazione della richiesta del pubblico ministero.*** — 1. Entro novanta giorni dalla iscrizione della notizia di reato nel registro previsto dall'art. 335, il pubblico ministero trasmette la richiesta di giudizio immediato alla cancelleria del giudice per le indagini preliminari.

2. Con la richiesta è trasmesso il fascicolo contenente la notizia di reato, la documentazione relativa alle indagini espletate e i verbali degli atti compiuti davanti al giudice per le indagini preliminari. Il corpo del reato e le cose pertinenti al reato, sono allegati al fascicolo, qualora non debbano essere custoditi altrove.

2-*bis*. Qualora non abbia proceduto ai sensi dell'articolo 268, commi 4, 5 e 6, con la richiesta il pubblico ministero deposita l'elenco delle intercettazioni di comunicazioni o conversazioni o dei flussi di comunicazioni informatiche o telematiche rilevanti ai fini di prova. Entro quindici giorni dalla notifica prevista dall'articolo 456, comma 4, il difensore può depositare l'elenco delle ulteriori registrazioni ritenute rilevanti e di cui chiede copia. Sull'istanza provvede il pubblico ministero con decreto motivato. In caso di rigetto dell'istanza o di contestazioni sulle indicazioni relative alle registrazioni ritenute rilevanti il difensore può avanzare al giudice istanza affinché si proceda nelle forme di cui all'articolo 268, comma 6. Il termine di cui al presente comma può essere prorogato di dieci giorni su richiesta del difensore.[1]

[1] Comma aggiunto dall'art. 2, c. 1, D.L. 30 dic. 2019, n. 161, conv. con modif. in L. 28 feb. 2020, n. 7. La disposizione si applica ai procedimenti penali iscritti successivamente al 31 agosto 2020.

455. ***Decisione sulla richiesta di giudizio immediato.*** — 1. Il giudice, entro cinque giorni, emette decreto con il quale dispone il giudizio immediato ovvero rigetta la richiesta ordinando la trasmissione degli atti al pubblico ministero.

1-*bis*. Nei casi in cui all'articolo 453, comma 1-*bis*, il giudice rigetta la richiesta se l'ordinanza che dispone la custodia cautelare è stata revocata o annullata per sopravvenuta insussistenza dei gravi indizi di colpevolezza.[1]

[1] Comma aggiunto dall'art. 2, c. 1, lett. *h*) del D.L. 23 mag. 2008, n. 92, conv. in L. 24 lug. 2008, n. 125.

456. ***Decreto di giudizio immediato.*** — 1. Al decreto che dispone il giudizio immediato si applicano le disposizioni dell'art. 429 commi 1 e 2.

2. Il decreto contiene anche l'avviso che l'imputato può chiedere il giudizio abbreviato ovvero l'applicazione della pena a norma dell'art. 444.[1]

3. Il decreto è comunicato al pubblico ministero e notificato all'imputato e alla persona offesa almeno trenta giorni prima della data fissata per il giudizio.

4. All'imputato e alla persona offesa, unitamente al decreto, è notificata la richiesta del pubblico ministero.

5. Al difensore dell'imputato è notificato avviso della data fissata per il giudizio entro il termine previsto dal comma 3.

[1] La Corte cost., con sent. 14 feb. 2020, n. 19, ha dichiarato l'ill. cost. del presente comma nella parte in cui non prevede che il decreto che dispone il giudizio immediato contenga l'avviso della facoltà dell'imputato di chiedere la sospensione del procedimento con messa alla prova.

457. ***Trasmissione degli atti.*** — 1. Decorsi i termini previsti dall'art. 458 comma 1, il decreto che dispone il giudizio immediato è trasmesso, con il fascicolo formato a norma dell'art. 431, al giudice competente per il giudizio.

2. Gli atti non inseriti nel fascicolo previsto dal comma 1 sono restituiti al pubblico ministero. Si applica la disposizione dell'art. 433 comma 2.

458. ***Richiesta di giudizio abbreviato.***[1] — 1. L'imputato, a pena di decadenza, può chiedere il giudizio abbreviato depositando nella cancelleria del giudice per le indagini preliminari la richiesta, con la prova della avvenuta notifica al pubblico ministero, entro quindici giorni dalla notificazione del decreto di giudizio immediato. Si applicano le disposizioni di cui all'articolo 438, comma 6-*bis*. Con la richiesta l'imputato può eccepire l'incompetenza per territorio del giudice.[2,3]

2. Il giudice fissa con decreto l'udienza in camera di consiglio dandone avviso almeno cinque giorni prima al pubblico ministero, all'imputato, al difensore e alla persona offesa. Qualora riconosca la propria incompetenza, il giudice la dichiara con sentenza e ordina la trasmissione degli atti al pubblico ministero presso il giudice competente. Nel giudizio si osservano, in quanto applicabili, le disposizioni degli articoli 438, commi 3 e 5, 441, 441-*bis*, 442 e 443; nel caso di cui all'articolo 441-*bis*, comma 4, il giudice, revocata l'ordinanza con cui era stato disposto il giudizio abbreviato, fissa l'udienza per il giudizio immediato.[4]

3. Le disposizioni del presente articolo non si applicano quando il giudizio immediato è stato richiesto dall'imputato a norma dell'art. 419 comma 5.

[1] La Corte cost., con sent. 22 gen. 2015, n. 1, ha dichiarato, tra l'altro, l'ill. cost. del presente articolo, nella parte in cui prevede che, nel processo minorile, nel caso di giudizio abbreviato richiesto dall'imputato in seguito a un decreto di giudizio immediato, la composizione dell'organo giudicante sia quella monocratica del giudice per le indagini preliminari e non quella collegiale prevista dall'art. 50-*bis*, c. 2, R.D. 30 gen. 1941, n. 12.

[2] Comma così modif. dall'art. 1, c. 46, L. 23 giu. 2017, n. 103.

[3] La Corte cost., con sent. 16 apr. 2002, n. 120, ha dichiarato l'ill. cost. del presente comma nella parte in cui prevede che il termine entro cui l'imputato può chiedere il giudizio abbreviato decorre dalla notificazione del decreto di giudizio immediato, anziché dall'ultima notificazione, all'imputato o al difensore rispettivamente del decreto ovvero dell'avviso della data fissata per il giudizio immediato.

[4] Comma così sost. dall'art. 1, c. 47, L. 23 giu. 2017, n. 103.

TITOLO V
Procedimento per decreto[1,2]

[1] Le norme previste da questo titolo non si applicano nei procedimenti davanti al giudice di pace (D.lgs. 28 ago. 2000, n. 274) né nel processo penale a carico di imputati minorenni (D.P.R. 22 set. 1988, n. 448).

[2] Queste disposizioni non si applicano nel procedimento davanti al Giudice di pace.

459. ***Casi di procedimento per decreto.*** — 1. Nei procedimenti per reati perseguibili di ufficio ed in quelli perseguibili a querela se questa è stata validamente presentata e se il querelante non ha nella stessa dichiarato di opporvisi, il pubblico ministero, quando ritiene che si debba applicare soltanto una pena pecuniaria, anche se inflitta in sostituzione di una pena detentiva, può presentare al giudice per le indagini preliminari, entro sei mesi dalla data in cui il nome della persona alla quale il reato è attribuito è iscritto nel registro delle notizie di reato e previa trasmissione del fascicolo, richiesta motivata di emissione del decreto penale di condanna, indicando la misura della pena.[1]

1-*bis*. Nel caso di irrogazione di una pena pecuniaria in sostituzione di una pena detentiva, il giudice, per determinare l'ammontare della pena pecuniaria, individua il valore giornaliero al quale può essere assoggettato l'imputato e lo moltiplica per i giorni di pena detentiva. Nella determinazione dell'ammontare di cui al periodo precedente il giudice tiene conto della condizione economica complessiva dell'imputato e del suo nucleo familiare. Il valore giornaliero non può essere inferiore alla somma di euro 75 di pena pecuniaria per un giorno di pena detentiva e non può superare di tre volte tale ammontare. Alla pena pecuniaria irrogata in sostituzione della pena detentiva si applica l'articolo 133-*ter* del codice penale.[2]

2. Il pubblico ministero può chiedere l'applicazione di una pena diminuita sino alla metà rispetto al minimo edittale.

3. Il giudice, quando non accoglie la richiesta, se non deve pronunciare sentenza di proscioglimento a norma dell'art. 129, restituisce gli atti al pubblico ministero.

4. Del decreto penale è data comunicazione al querelante.

5. Il procedimento per decreto non è ammesso quando risulta la necessità di applicare una misura di sicurezza personale.

[1] La Corte cost., con sent. 27 feb. 2015, n. 23, ha dichiarato l'ill. cost. del presente comma nella parte in cui prevede la facoltà del querelante di opporsi, in caso di reati perseguibili a querela, alla definizione del procedimento con l'emissione di decreto penale di condanna.

[2] Comma ins. dall'art. 1, c. 53, L. 23 giu. 2017, n. 103.

460. ***Requisiti del decreto di condanna.***[1] — 1. Il decreto di condanna contiene:

a) le generalità dell'imputato o le altre indicazioni personali che valgano a identificarlo nonché, quando occorre, quelle della persona civilmente obbligata per la pena pecuniaria;

b) l'enunciazione del fatto, delle circostanze e delle disposizioni di legge violate;

c) la concisa esposizione dei motivi di fatto e di diritto su cui la decisione è fondata, comprese le ragioni dell'eventuale diminuzione della pena al di sotto del minimo edittale;

d) il dispositivo;

e) l'avviso che l'imputato e la persona civilmente obbligata per la pena pecuniaria possono proporre opposizione entro quindici giorni dalla notificazione del decreto e che l'imputato può chiedere mediante l'opposizione il giudizio immediato ovvero il giudizio abbreviato o l'applicazione della pena a norma dell'art. 444;[2]

f) l'avvertimento all'imputato e alla persona civilmente obbligata per la pena pecuniaria che, in caso di mancata opposizione, il decreto diviene esecutivo;

g) l'avviso che l'imputato e la persona civilmente obbligata per la pena pecuniaria hanno la facoltà di nominare un difensore;

h) la data e la sottoscrizione del giudice e dell'ausiliario che lo assiste.

2. Con il decreto di condanna il giudice applica la pena nella misura richiesta dal pubblico ministero indicando l'entità della eventuale diminuzione della pena stessa al di sotto del minimo edittale; ordina la confisca, nei casi previsti dall'art. 240, secondo comma, del codice penale, o la restituzione delle cose sequestrate; concede la sospensione condizionale della pena. Nei casi previsti dagli artt. 196 e 197 del codice penale, dichiara altresì la responsabilità della persona civilmente obbligata per la pena pecuniaria.

3. Copia del decreto è comunicata al pubblico ministero ed è notificata con il precetto al condannato, al difensore d'ufficio o al difensore di fiducia eventualmente nominato ed alla persona civilmente obbligata per la pena pecuniaria.[3]

4. Se non è possibile eseguire la notificazione per irreperibilità dell'imputato, il giudice revoca il decreto penale di condanna e restituisce gli atti al pubblico ministero.[4]

5. Il decreto penale di condanna non comporta la condanna al pagamento delle spese del procedimento, né l'applicazione di pene accessorie. Anche se divenuto esecutivo non ha efficacia di giudicato

nel giudizio civile o amministrativo. Il reato è estinto se nel termine di cinque anni, quando il decreto concerne un delitto, ovvero di due anni, quando il decreto concerne una contravvenzione, l'imputato non commette un delitto ovvero una contravvenzione della stessa indole. In questo caso si estingue ogni effetto penale e la condanna non è comunque di ostacolo alla concessione di una successiva sospensione condizionale della pena.

[1] Articolo così modif. dall'art. 37, c. 2, L. 16 dic. 1999, n. 479, dall'art. 2-*decies* del D.L. 7 apr. 2000, n. 82, conv. con modif. in L. 5 giu. 2000, n. 144 ed infine dall'art. 20 della L. 6 mar. 2001, n. 60.

[2] La Corte cost., con sent. 21 lug. 2016, n. 201, ha dichiarato l'ill. cost. della presente lettera nella parte in cui non prevede che il decreto penale di condanna contenga l'avviso della facoltà dell'imputato di chiedere mediante l'opposizione la sospensione del procedimento con messa alla prova.

[3] Comma così modif. dall'art. 20 della L. 6 nov. 2001, n. 60.

[4] La Corte cost., con sent. 18 nov. 2000, n. 504, ha dichiarato l'ill. cost. del c. 4 nella parte in cui non prevede la revoca del decreto penale di condanna e la restituzione degli atti del P.M anche nel caso in cui non sia possibile la notificazione nel domicilio dichiarato a norma dell'art. 161 c.p.p.

461. ***Opposizione.*** — 1. Nel termine di quindici giorni dalla notificazione del decreto, l'imputato e la persona civilmente obbligata per la pena pecuniaria, personalmente o a mezzo del difensore eventualmente nominato, possono proporre opposizione mediante dichiarazione ricevuta nella cancelleria del giudice per le indagini preliminari che ha emesso il decreto ovvero nella cancelleria del tribunale o del giudice di pace del luogo in cui si trova l'opponente.[1]

2. La dichiarazione di opposizione deve indicare, a pena di inammissibilità, gli estremi del decreto di condanna, la data del medesimo e il giudice che lo ha emesso. Ove non abbia già provveduto in precedenza, nella dichiarazione l'opponente può nominare un difensore di fiducia.

3. Con l'atto di opposizione l'imputato può chiedere al giudice che ha emesso il decreto di condanna il giudizio immediato ovvero il giudizio abbreviato o l'applicazione della pena a norma dell'art. 444.

4. L'opposizione è inammissibile, oltre che nei casi indicati nel comma 2, quando è proposta fuori termine o da persona non legittimata.

5. Se non è proposta opposizione o se questa è dichiarata inammissibile, il giudice che ha emesso il decreto di condanna ne ordina l'esecuzione.

6. Contro l'ordinanza di inammissibilità l'opponente può proporre ricorso per cassazione.

[1] Comma così modif. dall'art. 45, c. 1, L. 16 dic. 1999, n. 479.

462. ***Restituzione nel termine per proporre opposizione.*** — 1. L'imputato e la persona civilmente obbligata per la pena pecuniaria sono restituiti nel termine per proporre opposizione a norma dell'art. 175.

463. ***Opposizione proposta soltanto da alcuni interessati.*** — 1. L'esecuzione del decreto di condanna pronunciato a carico di più persone imputate dello stesso reato rimane sospesa nei confronti di coloro che non hanno proposto opposizione fino a quando il giudizio conseguente all'opposizione proposta da altri coimputati non sia definito con pronuncia irrevocabile.

2. Se l'opposizione è proposta dal solo imputato o dalla sola persona civilmente obbligata per la pena pecuniaria, gli effetti si estendono anche a quella fra le dette parti che non ha proposto opposizione.

464. ***Giudizio conseguente all'opposizione.*** — 1. Se l'opponente ha chiesto il giudizio immediato, il giudice emette decreto a norma dell'art. 456 commi 1, 3 e 5. Se l'opponente ha chiesto il giudizio abbreviato, il giudice fissa con decreto l'udienza dandone avviso almeno cinque giorni prima al pubblico ministero, all'imputato, al difensore e alla persona offesa; nel giudizio si osservano, in quanto applicabili, le disposizioni degli artt. 438, commi 3 e 5, 441, 441-*bis*, 442 e 443; si applicano altresì le disposizioni di cui all'articolo 438, comma 6-*bis*; nel caso di cui all'art. 441-*bis* comma 4, il giudice, revocata l'ordinanza con cui era stato disposto il giudizio abbreviato, fissa l'udienza per il giudizio conseguente all'opposizione. Se l'opponente ha chiesto l'applicazione della pena a norma dell'art. 444, il giudice fissa con decreto un termine entro il quale il pubblico ministero deve esprimere il consenso, disponendo che la richiesta e il decreto siano notificati al pubblico ministero a cura dell'opponente. Ove il pubblico ministero non abbia espresso il consenso nel termine stabilito ovvero l'imputato non abbia formulato nell'atto di opposizione alcuna richiesta, il giudice emette decreto di giudizio immediato.[1,2]

2. Il giudice, se è presentata domanda di oblazione contestuale all'opposizione, decide sulla domanda stessa prima di emettere i provvedimenti a norma del comma 1.

3. Nel giudizio conseguente all'opposizione, l'imputato non può chiedere il giudizio abbreviato o l'applicazione della pena su richiesta, né presentare domanda di oblazione. In ogni caso, il giudice revoca il decreto penale di condanna.

4. Il giudice può applicare in ogni caso una pena anche diversa e più grave di quella fissata nel decreto di condanna e revocare i benefici già concessi.

5. Con la sentenza che proscioglie l'imputato perché il fatto non sussiste, non è previsto dalla legge come reato ovvero è commesso in presenza di una causa di giustificazione, il giudice revoca il decreto di condanna anche nei confronti degli imputati dello stesso reato che non hanno proposto opposizione.

[1] Comma così modif. dall'art. 1, c. 48, L. 23 giu. 2017, n. 103.

[2] La Corte cost., con sent. 15 feb. 1991, n. 81, ha dichiarato l'ill. cost. del c. 1 nella parte in cui non prevede che il pubblico ministero, in caso di dissenso, sia tenuto ad enunciarne le ragioni e nella parte in cui non prevede che il giudice, quando, a dibattimento concluso, ritiene ingiustificato il dissenso del pubblico ministero, possa applicare all'imputato la riduzione di pena contemplata dall'art. 442, c. 2, dello stesso codice. La Corte cost., ha altresì dichiarato, con sent. 31 gen. 1992, n. 23, l'ill. cost. del c. 1 nella parte in cui non prevede che il giudice, all'esito del dibattimento, ritenendo che il processo poteva essere definito allo stato degli atti dal giudice per le indagini preliminari, possa applicare la riduzione di pena prevista dall'art. 442, c. 2, dello stesso codice.

La Corte cost., con sent. 23 mag. 2003, n. 169, ha dichiarato l'ill. cost. dell'art. 464, c. 1, II periodo, nella parte in cui non prevede che, in caso di rigetto della richiesta di giudizio abbreviato subordinata ad una integrazione probatoria, l'imputato possa rinnovare la richiesta prima della dichiarazione di apertura del dibattimento di primo grado e il giudice possa disporre il giudizio abbreviato.

TITOLO V-*bis*
Sospensione del procedimento con messa alla prova[1]

[1] Titolo aggiunto dall'art. 4, c. 1, lett. *a*), L. 28 apr. 2014, n. 67.

464-*bis*. *Sospensione del procedimento con messa alla prova.* — 1. Nei casi previsti dall'articolo 168-*bis* del codice penale l'imputato può formulare richiesta di sospensione del procedimento con messa alla prova.

2. La richiesta può essere proposta, oralmente o per iscritto, fino a che non siano formulate le conclusioni a norma degli articoli 421 e 422 o fino alla dichiarazione di apertura del dibattimento di primo grado nel giudizio direttissimo e nel procedimento di citazione diretta a giudizio. Se è stato notificato il decreto di giudizio immediato, la richiesta è formulata entro il termine e con le forme stabiliti dall'articolo 458, comma 1. Nel procedimento per decreto, la richiesta è presentata con l'atto di opposizione.

3. La volontà dell'imputato è espressa personalmente o per mezzo di procuratore speciale e la sottoscrizione è autenticata nelle forme previste dall'articolo 583, comma 3.

4. All'istanza è allegato un programma di trattamento, elaborato d'intesa con l'ufficio di esecuzione penale esterna, ovvero, nel caso in cui non sia stata possibile l'elaborazione, la richiesta di elaborazione del predetto programma. Il programma in ogni caso prevede:

a) le modalità di coinvolgimento dell'imputato, nonché del suo nucleo familiare e del suo ambiente di vita nel processo di reinserimento sociale, ove ciò risulti necessario e possibile;

b) le prescrizioni comportamentali e gli altri impegni specifici che l'imputato assume anche al fine di elidere o di attenuare le conseguenze del reato, considerando a tal fine il risarcimento del danno, le condotte riparatorie e le restituzioni, nonché le prescrizioni attinenti al lavoro di pubblica utilità ovvero all'attività di volontariato di rilievo sociale;

c) le condotte volte a promuovere, ove possibile, la mediazione con la persona offesa.

5. Al fine di decidere sulla concessione, nonché ai fini della determinazione degli obblighi e delle prescrizioni cui eventualmente subordinarla, il giudice può acquisire, tramite la polizia giudiziaria, i servizi sociali o altri enti pubblici, tutte le ulteriori informazioni ritenute necessarie in relazione alle condizioni di vita personale, familiare, sociale ed economica dell'imputato. Tali informazioni devono essere portate tempestivamente a conoscenza del pubblico ministero e del difensore dell'imputato.

464-*ter*. *Richiesta di sospensione del procedimento con messa alla prova nel corso delle indagini preliminari.* — 1. Nel corso delle indagini preliminari, il giudice, se è presentata una richiesta di sospensione del procedimento con messa alla prova, trasmette gli atti al pubblico ministero affinché esprima il consenso o il dissenso nel termine di cinque giorni.

2. Se il pubblico ministero presta il consenso, il giudice provvede ai sensi dell'articolo 464-*quater*.

3. Il consenso del pubblico ministero deve risultare da atto scritto e sinteticamente motivato, unitamente alla formulazione dell'imputazione.

4. Il pubblico ministero, in caso di dissenso, deve enunciarne le ragioni. In caso di rigetto, l'imputato può rinnovare la richiesta prima dell'apertura del dibattimento di primo grado e il giudice, se ritiene la richiesta fondata, provvede ai sensi dell'articolo 464-*quater*.

464-*quater*. *Provvedimento del giudice ed effetti della pronuncia.* — 1. Il giudice, se non deve pronunciare sentenza di proscioglimento a norma dell'articolo 129, decide con ordinanza nel corso della stessa udienza, sentite le parti nonché la persona offesa, oppure in apposita udienza in camera di consiglio, della cui fissazione è dato contestuale avviso alle parti e alla persona offesa. Si applica l'articolo 127.

2. Il giudice, se ritiene opportuno verificare la volontarietà della richiesta, dispone la comparizione dell'imputato.

3. La sospensione del procedimento con messa alla prova è disposta quando il giudice, in base ai parametri di cui all'articolo 133 del codice penale, reputa idoneo il programma di trattamento presentato e ritiene che l'imputato si asterrà dal commettere ulteriori reati. A tal fine, il giudice valuta anche che il domicilio indicato nel programma dell'imputato sia tale da assicurare le esigenze di tutela della persona offesa dal reato.

4. Il giudice, anche sulla base delle informazioni acquisite ai sensi del comma 5 dell'articolo 464-*bis*,

e ai fini di cui al comma 3 del presente articolo può integrare o modificare il programma di trattamento, con il consenso dell'imputato.

5. Il procedimento non può essere sospeso per un periodo:

a) superiore a due anni quando si procede per reati per i quali è prevista una pena detentiva, sola, congiunta o alternativa alla pena pecuniaria;

b) superiore a un anno quando si procede per reati per i quali è prevista la sola pena pecuniaria.

6. I termini di cui al comma 5 decorrono dalla sottoscrizione del verbale di messa alla prova dell'imputato.

7. Contro l'ordinanza che decide sull'istanza di messa alla prova possono ricorrere per cassazione l'imputato e il pubblico ministero, anche su istanza della persona offesa. La persona offesa può impugnare autonomamente per omesso avviso dell'udienza o perché, pur essendo comparsa, non è stata sentita ai sensi del comma 1. L'impugnazione non sospende il procedimento.

8. Nel caso di sospensione del procedimento con messa alla prova non si applica l'articolo 75, comma 3.

9. In caso di reiezione dell'istanza, questa può essere riproposta nel giudizio, prima della dichiarazione di apertura del dibattimento.

464-*quinquies*. *Esecuzione dell'ordinanza di sospensione del procedimento con messa alla prova.* — 1. Nell'ordinanza che dispone la sospensione del procedimento con messa alla prova, il giudice stabilisce il termine entro il quale le prescrizioni e gli obblighi relativi alle condotte riparatorie o risarcitorie imposti devono essere adempiuti; tale termine può essere prorogato, su istanza dell'imputato, non più di una volta e solo per gravi motivi. Il giudice può altresì, con il consenso della persona offesa, autorizzare il pagamento rateale delle somme eventualmente dovute a titolo di risarcimento del danno.

2. L'ordinanza è immediatamente trasmessa all'ufficio di esecuzione penale esterna che deve prendere in carico l'imputato.

3. Durante la sospensione del procedimento con messa alla prova, il giudice, sentiti l'imputato e il pubblico ministero, può modificare con ordinanza le prescrizioni originarie, ferma restando la congruità delle nuove prescrizioni rispetto alle finalità della messa alla prova.

464-*sexies*. *Acquisizione di prove durante la sospensione del procedimento con messa alla prova.* — 1. Durante la sospensione del procedimento con messa alla prova il giudice, con le modalità stabilite per il dibattimento, acquisisce, a richiesta di parte, le prove non rinviabili e quelle che possono condurre al proscioglimento dell'imputato.

464-*septies*. *Esito della messa alla prova.* — 1. Decorso il periodo di sospensione del procedimento con messa alla prova, il giudice dichiara con sentenza estinto il reato se, tenuto conto del comportamento dell'imputato e del rispetto delle prescrizioni stabilite, ritiene che la prova abbia avuto esito positivo. A tale fine acquisisce la relazione conclusiva dell'ufficio di esecuzione penale esterna che ha preso in carico l'imputato e fissa l'udienza per la valutazione dandone avviso alle parti e alla persona offesa.

2. In caso di esito negativo della prova, il giudice dispone con ordinanza che il processo riprenda il suo corso.

464-*octies*. *Revoca dell'ordinanza.* — 1. La revoca dell'ordinanza di sospensione del procedimento con messa alla prova è disposta anche d'ufficio dal giudice con ordinanza.

2. Al fine di cui al comma 1 del presente articolo il giudice fissa l'udienza ai sensi dell'articolo 127 per la valutazione dei presupposti della revoca, dandone avviso alle parti e alla persona offesa almeno dieci giorni prima.

3. L'ordinanza di revoca è ricorribile per cassazione per violazione di legge.

4. Quando l'ordinanza di revoca è divenuta definitiva, il procedimento riprende il suo corso dal momento in cui era rimasto sospeso e cessa l'esecuzione delle prescrizioni e degli obblighi imposti.

464-*novies*. *Divieto di riproposizione della richiesta di messa alla prova.* — 1. Nei casi di cui all'articolo 464-*septies*, comma 2, ovvero di revoca dell'ordinanza di sospensione del procedimento con messa alla prova, l'istanza non può essere riproposta.

LIBRO SETTIMO
GIUDIZIO

TITOLO I
Atti preliminari al dibattimento

465. ***Atti del presidente del tribunale o della corte di assise.*** — 1. Il presidente del tribunale o della corte di assise, ricevuto il decreto che dispone il giudizio, può, con decreto, per giustificati motivi, anticipare l'udienza o differirla non più di una volta.

2. Il provvedimento è comunicato al pubblico ministero e notificato alle parti private, alla persona offesa e ai difensori; nel caso di anticipazione, fermi restando i termini previsti dall'articolo 429 commi 3 e 4, il provvedimento è comunicato e notificato almeno sette giorni prima della nuova udienza.

466. ***Facoltà dei difensori.*** — 1. Durante il termine per comparire, le parti e i loro difensori hanno facoltà di prendere visione, nel luogo dove si trovano, delle cose sequestrate, di esaminare in cancelleria gli atti e i documenti raccolti nel fascicolo per il dibattimento e di estrarne copia.

467. ***Atti urgenti.*** — 1. Nei casi previsti dall'art. 392, il presidente del tribunale o della corte di assise dispone, a richiesta di parte, l'assunzione delle prove non rinviabili, osservando le forme previste per il dibattimento.

2. Del giorno, dell'ora e del luogo stabiliti per il compimento dell'atto è dato avviso almeno ventiquattro ore prima al pubblico ministero, alla persona offesa e ai difensori.

3. I verbali degli atti compiuti sono inseriti nel fascicolo per il dibattimento.

468. ***Citazione di testimoni, periti e consulenti tecnici.*** — 1. Le parti che intendono chiedere l'esame di testimoni, periti o consulenti tecnici nonché delle persone indicate dall'art. 210[1] devono, a pena di inammissibilità, depositare in cancelleria, almeno sette giorni prima della data fissata per il dibattimento, la lista con la indicazione delle circostanze su cui deve vertere l'esame.

2. Il presidente del tribunale o della corte di assise, quando ne sia fatta richiesta, autorizza con decreto la citazione dei testimoni, periti o consulenti tecnici nonché delle persone indicate nell'art. 210, escludendo le testimonianze vietate dalla legge e quelle manifestatamente sovrabbondanti. Il presidente può stabilire che la citazione dei testimoni, periti o consulenti tecnici nonché delle persone indicate nell'art. 210 sia effettuata per la data fissata per il dibattimento ovvero per altre successive udienze nelle quali ne sia previsto l'esame. In ogni caso, il provvedimento non pregiudica la decisione sull'ammissibilità della prova a norma dell'art. 495.[2]

3. I testimoni e i consulenti tecnici indicati nelle liste possono anche essere presentati direttamente al dibattimento.

4. In relazione alle circostanze indicate nelle liste, ciascuna parte può chiedere la citazione a prova contraria di testimoni, periti e consulenti tecnici non compresi nella propria lista, ovvero presentarli al dibattimento.

4-*bis*. La parte che intende chiedere l'acquisizione di verbali di prove di altro procedimento penale deve farne espressa richiesta unitamente al deposito delle liste. Se si tratta di verbali di dichiarazioni di persone delle quali la stessa o altra parte chiede la citazione, questa è autorizzata dal presidente solo dopo che in dibattimento il giudice ha ammesso l'esame a norma dell'art. 495.[2]

5. Il presidente in ogni caso dispone di ufficio la citazione del perito nominato nell'incidente probatorio a norma dell'art. 392 comma 2.

[1] Comma così modif. dall'art. 38, c. 1, L. 16 dic. 1999, n. 479.

[2] Comma così sost. dall'art. 38, c. 2, L. 16 dic. 1999, n. 479.

469. ***Proscioglimento prima del dibattimento.*** — 1. Salvo quanto previsto dall'art. 129 comma 2, se l'azione penale non doveva essere iniziata o non deve essere proseguita ovvero se il reato è estinto e se per accertarlo non è necessario procedere al dibattimento, il giudice, in camera di consiglio, sentiti il pubblico ministero e l'imputato e se questi non si oppongono, pronuncia sentenza inappellabile di non doversi procedere enunciandone la causa nel dispositivo.

1-*bis*. La sentenza di non doversi procedere è pronunciata anche quando l'imputato non è punibile ai sensi dell'articolo 131-*bis* del codice penale, previa audizione in camera di consiglio anche della persona offesa, se compare.[1]

[1] Comma aggiunto dall'art. 3, D.lgs. 16 mar. 2015, n. 28.

TITOLO II
Dibattimento

CAPO I
Disposizioni generali

470. ***Disciplina dell'udienza.*** — 1. La disciplina dell'udienza e la direzione del dibattimento sono esercitate dal presidente che decide senza formalità; in sua assenza la disciplina dell'udienza è esercitata dal pubblico ministero.

2. Per l'esercizio delle funzioni indicate in questo capo, il presidente o il pubblico ministero si avvale, ove occorra, anche della forza pubblica, che dà immediata esecuzione ai relativi provvedimenti.

471. ***Pubblicità dell'udienza.*** — 1. L'udienza è pubblica a pena di nullità.[1]

2. Non sono ammessi nell'aula di udienza coloro che non hanno compiuto gli anni diciotto, le persone che sono sottoposte a misure di prevenzione[2] e quelle che appaiono in stato di ubriachezza, di intossicazione o di squilibrio mentale.

3. Se alcuna di queste persone deve intervenire all'udienza come testimone, è fatta allontanare non appena la sua presenza non è più necessaria.

3-*bis*. Il dibattimento relativo ai delitti previsti dagli artt. 609-*bis*, 609-*ter* e 609-*octies* del c.p. si svolge a porte aperte; tuttavia, la persona offesa può chiedere che si proceda a porte chiuse anche solo per una parte di esso. Si procede sempre a porte chiuse quando la parte offesa è minorenne. In tali procedimenti non sono ammesse domande sulla sensibilità della persona offesa se non sono necessarie alla ricostruzione del fatto.[3]

4. Non è consentita la presenza in udienza di persone armate, fatta eccezione per gli appartenenti alla forza pubblica, né di persone che portino oggetti atti a molestare. Le persone che turbano il regolare svolgimento dell'udienza sono espulse per ordine del presidente o, in sua assenza, del pubblico ministero, con divieto di assistere alle ulteriori attività processuali.

5. Per ragioni di ordine, il presidente può disporre, in casi eccezionali, che l'ammissione nell'aula di udienza sia limitata a un determinato numero di persone.

6. I provvedimenti menzionati nel presente articolo sono dati oralmente e senza formalità.[4]

[1] V. *Att.* 147.
[2] V. L. 27 dic. 1956, n. 1423, L. 13 set. 1982, n. 646, L. 3 ago. 1988, n. 327.
[3] Comma aggiunto dall'art. 15 della L. 15 feb. 1996, n. 66.
[4] V. *Esec.* 21.

472. ***Casi in cui si procede a porte chiuse.***[1] — 1. Il giudice dispone che il dibattimento o alcuni atti di esso si svolgano a porte chiuse quando la pubblicità può nuocere al buon costume ovvero, se vi è richiesta dell'autorità competente, quando la pubblicità può comportare la diffusione di notizie da mantenere segrete nell'interesse dello Stato. [Il giudice dispone che si proceda a porte chiuse alle operazioni di cui all'articolo 268-*ter* quando le parti rinnovano richieste non accolte o richiedono acquisizioni, anche ulteriori, e quando le ragioni della rilevanza a fini di prova emergono nel corso dell'istruzione dibattimentale.][2]

2. Su richiesta dell'interessato, il giudice dispone che si proceda a porte chiuse all'assunzione di prove che possono causare pregiudizio alla riservatezza dei testimoni ovvero delle parti private in ordine a fatti che non costituiscono oggetto dell'imputazione. Quando l'interessato è assente o estraneo al processo, il giudice provvede di ufficio.

3. Il giudice dispone altresì che il dibattimento o alcuni atti di esso si svolgano a porte chiuse quando la pubblicità può nuocere alla pubblica igiene, quando avvengono da parte del pubblico manifestazioni che turbano il regolare svolgimento delle udienze ovvero quando è necessario salvaguardare la sicurezza di testimoni o di imputati.

3-*bis*. Il dibattimento relativo ai delitti previsti dagli artt. 600, 600-*bis*, 600-*ter*, 600-*quinquies*, 601, 602, 609-*bis*, 609-*ter* e 609-*octies* del c.p. si svolge a porte aperte; tuttavia, la persona offesa può chiedere che si proceda a porte chiuse anche solo per una parte di esso. Si procede sempre a porte chiuse quando la persona offesa è minorenne. In tali procedimenti non sono ammesse domande sulla vita privata o sulla sessualità della persona offesa se non sono necessarie alla ricostruzione del fatto.[3]

4. Il giudice può disporre che avvenga a porte chiuse l'esame dei minorenni.[4]

[1] V. artt. 256-258, 261-263 c.p.; v. inoltre L. 24 ott. 1977, n. 801.
[2] Periodo aggiunto dall'art. 3, c. 1, lett. *l*), D.lgs. 29 dic. 2017, n. 216. e poi soppresso dall'art. 2, c. 1, D.L. 30 dic. 2019, n. 161, conv. con modif. in L. 28 feb. 2020, n. 7. La disposizione si applica ai procedimenti penali iscritti successivamente al 31 agosto 2020.
[3] Comma introdotto dall'art. 15, L. 15 feb. 1996, n. 66 ed ampliato dall'art. 13, L. 3 ago. 1998, n. 269. Successivamente modif. dall'art. 15, L. 11 ago. 2003, n. 228.
[4] V. art. 33 D.P.R. 22 set. 1988, n. 448. V. anche *Att.* 147.

473. ***Ordine di procedere a porte chiuse.*** — 1. Nei casi previsti dall'art. 472, il giudice, sentite le parti, dispone, con ordinanza pronunciata in pubblica udienza, che il dibattimento o alcuni atti di esso si svolgano a porte chiuse. L'ordinanza è revocata con le medesime forme quando sono cessati i motivi del provvedimento.

2. Quando si è ordinato di procedere a porte chiuse, non possono per alcun motivo essere ammesse nell'aula di udienza persone diverse da quelle che hanno il diritto o il dovere di intervenire. Nei casi previsti dall'articolo 472 comma 3, il giudice può consentire la presenza dei giornalisti.

3. I testimoni, i periti e i consulenti tecnici sono assunti secondo l'ordine in cui vengono chiamati e, fatta eccezione di quelli che sia necessario tratte-

nere nell'aula di udienza, vi rimangono per il tempo strettamente necessario.

474. ***Assistenza dell'imputato all'udienza.*** — 1. L'imputato assiste all'udienza libero nella persona, anche se detenuto, salvo che in questo caso siano necessarie cautele per prevenire il pericolo di fuga o di violenza.

1-*bis*. Il giudice, sentite le parti, dispone con ordinanza l'impiego delle cautele di cui al comma 1. È comunque garantito il diritto dell'imputato e del difensore di consultarsi riservatamente, anche attraverso l'impiego di strumenti tecnici idonei, ove disponibili. L'ordinanza è revocata con le medesime forme quando sono cessati i motivi del provvedimento.[1]

[1] Comma aggiunto dall'art. 4, D.lgs. 8 nov. 2021, n. 188.

475. ***Allontanamento coattivo dell'imputato.*** — 1. L'imputato che, dopo essere stato ammonito, persiste nel comportarsi in modo da impedire il regolare svolgimento dell'udienza, è allontanato dall'aula con ordinanza del presidente.

2. L'imputato allontanato si considera presente ed è rappresentato dal difensore.

3. L'imputato allontanato può essere riammesso nell'aula di udienza, in ogni momento, anche di ufficio. Qualora l'imputato debba essere nuovamente allontanato, il giudice può disporre con la stessa ordinanza che sia espulso dall'aula, con divieto di partecipare ulteriormente al dibattimento, se non per rendere le dichiarazioni previste dagli artt. 503 e 523 comma 5.

476. ***Reati commessi in udienza.*** — 1. Quando viene commesso un reato in udienza, il pubblico ministero procede a norma di legge, disponendo l'arresto dell'autore nei casi consentiti.

2. Non è consentito l'arresto del testimone in udienza per reati concernenti il contenuto della deposizione.

477. ***Durata e prosecuzione del dibattimento.*** — 1. Quando non è assolutamente possibile esaurire il dibattimento in una sola udienza, il presidente dispone che esso venga proseguito nel giorno seguente non festivo.

2. Il giudice può sospendere il dibattimento soltanto per ragioni di assoluta necessità e per un termine massimo che, computate tutte le dilazioni, non oltrepassi i dieci giorni, esclusi i festivi.

3. Il presidente dà oralmente gli avvisi opportuni e l'ausiliario ne fa menzione nel verbale. Gli avvisi sostituiscono le citazioni e le notificazioni per coloro che sono comparsi o debbono considerarsi presenti.

478. ***Questioni incidentali.*** — 1. Sulle questioni incidentali proposte dalle parti nel corso del dibattimento il giudice decide immediatamente con ordinanza, previa discussione nei modi previsti dall'art. 491.

479. ***Questioni civili o amministrative.*** — 1. Fermo quanto previsto dall'articolo 3, qualora la decisione sull'esistenza del reato dipenda dalla risoluzione di una controversia civile o amministrativa di particolare complessità, per la quale sia già in corso un procedimento presso il giudice competente, il giudice penale, se la legge non pone limitazioni alla prova della posizione soggettiva controversa, può disporre la sospensione del dibattimento, fino a che la questione non sia stata decisa con sentenza passata in giudicato.

2. La sospensione è disposta con ordinanza, contro la quale può essere proposto ricorso per cassazione. Il ricorso non ha effetto sospensivo.

3. Qualora il giudizio civile o amministrativo non si sia concluso nel termine di un anno, il giudice, anche di ufficio, può revocare l'ordinanza di sospensione.

480. ***Verbale di udienza.*** — 1. L'ausiliario che assiste il giudice redige il verbale di udienza, nel quale sono indicati:

a) il luogo, la data, l'ora di apertura e di chiusura dell'udienza;

b) i nomi e i cognomi dei giudici;

c) il nome e il cognome del rappresentante del pubblico ministero, le generalità dell'imputato o le altre indicazioni personali che valgono a identificarlo nonché le generalità delle altre parti e dei loro rappresentanti, i nomi e i cognomi dei difensori.

2. Il verbale di udienza è inserito nel fascicolo per il dibattimento.

481. ***Contenuto del verbale.*** — 1. Il verbale descrive le attività svolte in udienza e riporta sinteticamente le richieste e le conclusioni del pubblico ministero e dei difensori.

2. I provvedimenti dati oralmente dal presidente sono riprodotti in modo integrale. I provvedimenti del giudice pubblicati in udienza mediante lettura sono allegati al verbale.

482. ***Diritto delle parti in ordine alla documentazione.*** — 1. Le parti hanno diritto di fare inserire nel verbale, entro i limiti strettamente necessari, ogni dichiarazione a cui abbiano interesse, purché non contraria alla legge. Le memorie scritte presentate dalle parti a sostegno delle proprie richieste e conclusioni sono allegate al verbale.

2. Il presidente può disporre, anche di ufficio, che l'ausiliario dia lettura di singole parti del verbale al fine di verificarne la fedeltà e la completezza. Sulla domanda di rettificazione o di cancellazione nonché sulle questioni relative a quanto previsto dal comma 1, il presidente decide con ordinanza.

483. ***Sottoscrizione e trascrizione del verbale.*** — 1. Subito dopo la conclusione dell'udienza o la chiusura del dibattimento, il verbale, sottoscritto alla fine di ogni foglio dal pubblico ufficiale che lo ha redatto, è presentato al presidente per l'apposizione del visto.

2. Salvo quanto previsto dall'art. 528, i nastri impressi con i caratteri della stenotipia sono trascritti

in caratteri comuni non oltre tre giorni dalla loro formazione.

3. I verbali e le trascrizioni sono acclusi al fascicolo per il dibattimento.

CAPO II
Atti introduttivi

484. ***Costituzione delle parti.*** — 1. Prima di dare inizio al dibattimento, il presidente controlla la regolare costituzione delle parti.

2. Qualora il difensore dell'imputato non sia presente, il presidente designa come sostituto altro difensore a norma dell'art. 97 comma 4.

2-*bis*. Si applicano, in quanto compatibili, le disposizioni degli artt. 420-*bis*, 420-*ter*, 420-*quater* e 420-*quinquies*.[1]

[1] Comma aggiunto dall'art. 39, c. 1, della L. 16 dic. 1999, n. 479.

485. [***Rinnovazione della citazione.***][1]

[1] Articolo abrog. dall'art. 32, c. 2, L. 16 dic. 1999, n. 479.

486. [***Impedimento a comparire dell'imputato o del difensore.***][1]

[1] Articolo abrog. dall'art. 32, c. 2, L. 16 dic. 1999, n. 479.

487. [***Contumacia dell'imputato.***][1]

[1] Articolo abrog. dall'art. 39, c. 2, L. 16 dic. 1999, n. 479.

488. [***Assenza e allontanamento volontario dell'imputato.***][1]

[1] Articolo abrog. dall'art. 39, c. 2, L. 16 dic. 1999, n. 479.

489. ***Dichiarazioni dell'imputato contro il quale si è proceduto in assenza nell'udienza preliminare.***[1] — 1. L'imputato contro il quale si è proceduto in assenza nel corso dell'udienza preliminare può chiedere di rendere le dichiarazioni previste dall'articolo 494.

2. Se l'imputato fornisce la prova che l'assenza nel corso dell'udienza preliminare è riconducibile alle situazioni previste dall'articolo 420-*bis*, comma 4, è rimesso nel termine per formulare le richieste di cui agli articoli 438 e 444.

[1] Articolo così sost. dall'art. 10, c. 1, L. 28 apr. 2014, n. 67. Si veda altresì l'art. 15-*bis* alla L. 67/2014 introdotto dall'art. 1, L. 11 ago. 2014, n. 118.

490. ***Accompagnamento coattivo dell'imputato assente [o contumace]***[1]. — 1. Il giudice, a norma dell'art. 132, può disporre l'accompagnamento coattivo dell'imputato assente [o contumace], quando la sua presenza è necessaria per l'assunzione di una prova diversa dall'esame.

[1] Parole soppresse dall'art. 10, c. 2, L. 28 apr. 2014, n. 67. Si veda altresì l'art. 15-*bis* alla L. 67/2014 introdotto dall'art. 1, L. 11 ago. 2014, n. 118.

491. ***Questioni preliminari.*** — 1. Le questioni concernenti la competenza per territorio o per connessione, le nullità indicate nell'art. 181 commi 2 e 3, la costituzione di parte civile, la citazione o l'intervento del responsabile civile e della persona civilmente obbligata per la pena pecuniaria e l'intervento degli enti e delle associazioni previsti dall'art. 91 sono precluse se non sono proposte subito dopo compiuto per la prima volta l'accertamento della costituzione delle parti e sono decise immediatamente.

2. La disposizione del comma 1 si applica anche alle questioni concernenti il contenuto del fascicolo per il dibattimento e la riunione o la separazione dei giudizi, salvo che la possibilità di proporle sorga soltanto nel corso del dibattimento.

3. Le questioni preliminari sono discusse dal pubblico ministero e da un difensore per ogni parte privata. La discussione deve essere contenuta nei limiti di tempo strettamente necessari alla illustrazione delle questioni. Non sono ammesse repliche.

4. Il giudice provvede in merito agli atti che devono essere acquisiti al fascicolo per il dibattimento ovvero eliminati da esso.

5. Sulle questioni preliminari il giudice decide con ordinanza.

492. ***Dichiarazione di apertura del dibattimento.*** — 1. Compiute le attività indicate negli art. 484 e seguenti, il presidente dichiara aperto il dibattimento.

2. L'ausiliario che assiste il giudice dà lettura dell'imputazione.

493. ***Richieste di prova.***[1] — 1. Il pubblico ministero, i difensori della parte civile, del responsabile civile, della persona civilmente obbligata per la pena pecuniaria e dell'imputato nell'ordine indicano i fatti che intendono provare e chiedono l'ammissione delle prove.

2. È ammessa l'acquisizione di prove non indicate nella lista prevista dall'art. 468 quando la parte che le richiede dimostra di non averle potute indicare tempestivamente.

3. Le parti possono concordare l'acquisizione al fascicolo per il dibattimento di atti contenuti nel fascicolo del pubblico ministero, nonché della documentazione relativa all'attività di investigazione difensiva.

4. Il presidente impedisce ogni divagazione, ripetizione e interruzione e ogni lettera o esposizione del contenuto degli atti compiuti durante le indagini preliminari.

[1] Articolo così sostituito dall'art. 40 della L. 16 dic. 1999, n. 479.

493-*bis*. ***Trascrizione delle intercettazioni.***[1]

[1] Articolo ins. dall'art. 3, c. 1, lett. *m*), D.lgs. 29 dic. 2017, n. 216 e poi soppresso dall'art. 2, c. 1, D.L. 30 dic. 2019, n. 161, conv. con modif. in L. 28 feb. 2020, n. 7. La disposizione si applica ai procedimenti penali iscritti successivamente al 31 agosto 2020.

494. ***Dichiarazioni spontanee dell'imputato.*** — 1. Esaurita l'esposizione introduttiva, il presidente informa l'imputato che egli ha facoltà di rendere in ogni stato del dibattimento le dichiarazioni che ritiene opportune, purché esse si riferiscano all'oggetto dell'imputazione e non intralcino l'istruzione dibattimentale. Se nel corso delle dichiarazioni l'imputato non si attiene all'oggetto dell'imputazione, il presidente lo ammonisce e, se l'imputato persiste, gli toglie la parola.

2. L'ausiliario riproduce integralmente le dichiarazioni rese a norma del comma 1, salvo che il giudice disponga che il verbale sia redatto in forma riassuntiva.

495. ***Provvedimenti del giudice in ordine alla prova.*** — 1. Il giudice, sentite le parti, provvede con ordinanza all'ammissione delle prove a norma dell'art. 190 comma 1 e 190-*bis*.[1] Quando è stata ammessa l'acquisizione di verbali di prove di altri procedimenti, il giudice provvede in ordine alla richiesta di nuova assunzione della stessa prova solo dopo l'acquisizione della documentazione relativa alla prova dell'altro procedimento.[2].

2. L'imputato ha diritto all'ammissione delle prove indicate a discarico sui fatti costituenti oggetto delle prove a carico; lo stesso diritto spetta al pubblico ministero in ordine alle prove a carico dell'imputato sui fatti costituenti oggetto delle prove a discarico.

3. Prima che il giudice provveda sulla domanda, le parti hanno facoltà di esaminare i documenti di cui è chiesta l'ammissione.

4. Nel corso dell'istruzione dibattimentale, il giudice decide con ordinanza sulle eccezioni proposte dalle parti in ordine alla ammissibilità delle prove. Il giudice, sentite le parti, può revocare con ordinanza l'ammissione di prove che risultano superflue o ammettere prove già escluse.

4-*bis*. Nel corso dell'istruzione dibattimentale ciascuna delle parti può rinunziare, con il consenso dell'altra parte, all'assunzione delle prove ammesse a sua richiesta.[3]

[1] Comma così modif. dall'art. 3 del D.L. 8 giu. 1992, n. 306, conv. in L. 7 ago. 1992, n. 356.
[2] Periodo aggiunto dall'art. 7 del D.L. *cit.*
[3] Comma aggiunto dall'art. 17 della L. 7 dic. 2000, n. 397.

CAPO III
Istruzione dibattimentale

496. ***Ordine nell'assunzione delle prove.*** — 1. L'istruzione dibattimentale inizia con l'assunzione delle prove richieste dal pubblico ministero e prosegue con l'assunzione di quelle richieste da altre parti, nell'ordine previsto dall'art. 493 comma 2.

2. Le parti possono concordare un diverso ordine di assunzione delle prove.

497. ***Atti preliminari all'esame dei testimoni.*** — 1. I testimoni sono esaminati l'uno dopo l'altro nell'ordine prescelto dalle parti che li hanno indicati.

2. Prima che l'esame abbia inizio, il presidente avverte il testimone dell'obbligo di dire la verità. Salvo che si tratti di persona minore degli anni quattordici, il presidente avverte altresì il testimone delle responsabilità previste dalla legge penale per i testimoni falsi o reticenti e lo invita a rendere la seguente dichiarazione: «Consapevole della responsabilità morale e giuridica che assumo con la mia deposizione, mi impegno a dire tutta la verità e a non nascondere nulla di quanto è a mia conoscenza». Lo invita quindi a fornire le proprie generalità.

2-*bis*. Gli ufficiali e gli agenti di polizia giudiziaria, anche appartenenti ad organismi di polizia esteri, i dipendenti dei servizi di informazione per la sicurezza, gli ausiliari, nonché le interposte persone, chiamati a deporre, in ogni stato e grado del procedimento, in ordine alle attività svolte sotto copertura ai sensi dell'articolo 9 della legge 16 marzo 2006, n. 146, e della legge 3 agosto 2007, n. 124, e successive modificazioni, invitati a fornire le proprie generalità, indicano quelle di copertura utilizzate nel corso delle attività medesime.[1]

3. L'osservanza delle disposizioni del comma 2 è prescritta a pena di nullità.

[1] Comma inserito dall'art. 8, L. 13 ago. 2010, n. 136 e così modif. dall'art. 8, c. 1, D.L. 18 feb. 2015, n. 7, conv. con modif. in L. 17 apr. 2015, n. 43.

498. ***Esame diretto e controesame dei testimoni.*** — 1. Le domande sono rivolte direttamente dal pubblico ministero o dal difensore che ha chiesto l'esame del testimone.

2. Successivamente altre domande possono essere rivolte dalle parti che non hanno chiesto l'esame, secondo l'ordine indicato nell'art. 496.

3. Chi ha chiesto l'esame può proporre nuove domande.

4. L'esame testimoniale del minorenne è condotto dal presidente su domande e contestazioni proposte dalle parti. Nell'esame il presidente può avvalersi dell'ausilio di un familiare del minore o di un esperto in psicologia infantile. Il presidente, sentite le parti, se ritiene che l'esame diretto del minore non possa nuocere alla serenità del teste, dispone con ordinanza che la deposizione prosegua nelle forme previste dai commi precedenti. L'ordinanza può essere revocata nel corso dell'esame.[1]

4-*bis*. Si applicano, se una parte lo richiede ovvero se il presidente lo ritiene necessario, le modalità di cui all'art. 398, comma 5-*bis*.

4-*ter*. Quando si procede per i reati di cui agli artt. 572,[2] 600, 600-*bis*, 600-*ter*, 600-*quater*, 600-*quinquies*, 601, 602, 609-*bis*, 609-*ter*, 609-*quater*, 609-*octies* e 612-*bis* del c.p., l'esame del minore vittima del reato ovvero del maggiorenne infermo di mente vittima del reato viene effettuato, su richiesta sua o del suo difensore, mediante l'uso di un vetro specchio unitamente ad un impianto citofonico.[3,4,5]

4-*quater*. Fermo quanto previsto dai precedenti commi, quando occorre procedere all'esame di una persona offesa che versa in condizione di particolare vulnerabilità, il giudice, se la persona offesa o il suo difensore ne fa richiesta, dispone l'adozione di modalità protette.[6]

[1] La Corte cost., con sent. 30 lug. 1997, n. 283, ha dichiarato l'ill. cost. dell'art. 498 nella parte in cui non consente, nel caso di testimone maggiorenne infermo di mente, che il presidente, sentite le parti, ove ritenga che l'esame del teste ad opera delle parti possa nuocere alla personalità del teste medesimo, ne conduca direttamente l'esame su domande e contestazioni proposte dalle parti.

[2] Parola aggiunta dall'art. 2, c. 1, lett. *i*), D.L. 14 ago. 2013, n. 93, conv. con modif. in L. 15 ott. 2013, n. 119.

[3] Commi aggiunti dall'art. 13 della L. 3 ago. 1998, n. 269, e successivamente modif. dall'art. 15 della L. 11 ago. 2003, n. 228.

[4] La Corte cost., con sent. 29 gen. 2005, n. 63, ha dichiarato l'ill. cost. di questo comma nella parte in cui non prevede che l'esame del maggiorenne infermo di mente vittima del reato sia effettuato, su richiesta sua o del suo difensore, mediante l'uso di un vetro specchio unitamente ad un impianto citofonico.

[5] Comma così modif. dall'art. 9 lett. *d*) del D.L. 23 feb. 2009 n. 11, conv. con modif. in L. 23 apr. 2009, n. 38.

[6] Comma così sost, dall'art. 1, c. 1, lett. *l*), D.lgs. 15 dic. 2015, n. 212.

499. ***Regole per l'esame testimoniale.*** — 1. L'esame testimoniale si svolge mediante domande su fatti specifici.

2. Nel corso dell'esame sono vietate le domande che possono nuocere alla sincerità delle risposte.

3. Nell'esame condotto dalla parte che ha chiesto la citazione del testimone e da quella che ha un interesse comune sono vietate le domande che tendono a suggerire le risposte.

4. Il presidente cura che l'esame del testimone sia condotto senza ledere il rispetto della persona.

5. Il testimone può essere autorizzato dal presidente a consultare, in aiuto della memoria, documenti da lui redatti.

6. Durante l'esame, il presidente, anche di ufficio, interviene per assicurare la pertinenza delle domande, la genuinità delle risposte, la lealtà dell'esame e la correttezza delle contestazioni, ordinando, se occorre, l'esibizione del verbale nella parte in cui le dichiarazioni sono state utilizzate per le contestazioni.[1]

[1] Comma così sostituito dall'art. 15 della L. 1 mar. 2001, n. 63.

500. ***Contestazioni nell'esame testimoniale.***[1] — 1. Fermi i divieti di lettura e di allegazione, le parti, per contestare in tutto o in parte il contenuto della deposizione, possono servirsi delle dichiarazioni precedentemente rese dal testimone e contenute nel fascicolo del pubblico ministero. Tale facoltà può essere esercitata solo se sui fatti e sulle circostanze da contestare il testimone abbia già deposto.

2. Le dichiarazioni lette per la contestazione possono essere valutate ai fini della credibilità del teste.

3. Se il teste rifiuta di sottoporsi all'esame o al controesame di una delle parti, nei confronti di questa non possono essere utilizzate, senza il suo consenso, le dichiarazioni rese ad altra parte, salve restando le sanzioni penali eventualmente applicabili al dichiarante.

4. Quando, anche per le circostanze emerse nel dibattimento, vi sono elementi concreti per ritenere che il testimone è stato sottoposto a violenza, minaccia, offerta o promessa di denaro o di altra utilità, affinché non deponga ovvero deponga il falso, le dichiarazioni contenute nel fascicolo del pubblico ministero precedentemente rese dal testimlone sono acquisite al fascicolo del dibattimento e quelle previste dal comma 3 possono essere utilizzate.

5. Sull'acquisizione di cui al comma 4 il giudice decide senza ritardo, svolgendo gli accertamenti che ritiene necessari, su richiesta della parte, che può fornire gli elementi concreti per ritenere che il testimone è stato sottoposto a violenza, minaccia, offerta o promessa di denaro o di altra utilità.

6. A richiesta di parte, le dichiarazioni assunte dal giudice a norma dell'articolo 422 sono acquisite al fascicolo del dibattimento e sono valutate ai fini della prova nei confronti delle parti che hanno partecipato alla loro assunzione, se sono state utilizzate per le contestazioni previste dal presente articolo. Fuori dal caso previsto dal periodo precedente, si applicano le disposizioni di cui ai commi 2, 4 e 5.

7. Fuori dai casi al comma 4, su accordo delle parti le dichiarazioni contenute nel fascicolo del pubblico ministero precedentemente rese dal testimone sono acquisite al fascicolo del dibattimento.

[1] Articolo così sost. dall'art. 16 della L. 1 mar. 2001, n. 63.

501. ***Esame dei periti e dei consulenti tecnici.*** — 1. Per l'esame dei periti e dei consulenti tecnici si osservano le disposizioni sull'esame dei testimoni, in quanto applicabili.

2. Il perito e il consulente tecnico hanno in ogni caso facoltà di consultare documenti, note scritte e pubblicazioni, che possono essere acquisite anche di ufficio.

502. ***Esame a domicilio di testimoni, periti e consulenti tecnici.*** — 1. In caso di assoluta impossibilità di un testimone, di un perito o di un consulente tecnico a comparire per legittimo impedimento, il giudice, a richiesta di parte, può disporne l'esame nel luogo in cui si trova, dando comunicazione, a norma dell'art. 477 comma 3, del giorno, dell'ora e del luogo dell'esame.

2. L'esame si svolge con le forme previste dagli articoli precedenti, esclusa la presenza del pubblico. L'imputato e le altre parti private sono rappresentati dai rispettivi difensori. Il giudice, quando ne è fatta richiesta, ammette l'intervento personale dell'imputato interessato all'esame.

503. ***Esame delle parti private.***[1] — 1. Il presidente dispone l'esame delle parti che ne abbiano fatto richiesta o che vi abbiano consentito, secondo il seguente ordine: parte civile, responsabile civile, persona civilmente obbligata per la pena pecuniaria e imputato.

2. L'esame si svolge nei modi previsti dagli artt. 498 e 499. Ha inizio con le domande del difensore o del pubblico ministero che l'ha chiesto e prosegue con le domande, secondo i casi, del pubblico ministero e dei difensori della parte civile, del responsabile civile, della persona civilmente obbligata per la pena pecuniaria, del coimputato e dell'imputato. Quindi, chi ha iniziato l'esame può rivolgere nuove domande.

3. Fermi i divieti di lettura e di allegazione, il pubblico ministero e i difensori, per contestare in tutto o in parte il contenuto della deposizione, possono servirsi delle dichiarazioni precedentemente rese dalla parte esaminata e contenute nel fascicolo del pubblico ministero. Tale facoltà può essere esercitata solo se sui fatti e sulle circostanze da contestare la parte abbia già deposto.

4. Si applica la disposizione dell'art. 500 comma 2.

5. Le dichiarazioni alle quali il difensore aveva diritto di assistere assunte dal pubblico ministero o dalla polizia giudiziaria su delega del pubblico ministero sono acquisite nel fascicolo per il dibattimento, se sono state utilizzate per le contestazioni previste dal comma 3.

6. La disposizione prevista dal comma 5 si applica anche per le dichiarazioni rese a norma degli artt. 294, 299, comma 3-*ter*[2] e 422.

[1] Articolo modif. dal D.L. 8 giu. 1992, n. 306, conv. in L. 7 ago. 1992, n. 356, e dalla L. 1 mar. 2001, n. 63.

[2] Il riferimento all'art. 299, comma 3-*ter* è dovuto all'art. 13 della L. 8 ago. 1995, n. 332.

504. ***Opposizioni nel corso dell'esame dei testimoni.*** — 1. Salvo che la legge disponga diversamente, sulle opposizioni formulate nel corso dell'esame dei testimoni, dei periti, dei consulenti tecnici e delle parti private il presidente decide immediatamente e senza formalità.

505. ***Facoltà degli enti e delle associazioni rappresentativi di interessi lesi dal reato.*** — 1. Gli enti e le associazioni intervenuti nel processo a norma dell'art. 93 possono chiedere al presidente di rivolgere domande ai testimoni, ai periti, ai consulenti tecnici e alle parti private che si sono sottoposte a esame. Possono altresì chiedere al giudice l'ammissione di nuovi mezzi di prova utili all'accertamento dei fatti.

506. ***Poteri del presidente in ordine all'esame dei testimoni e delle parti private.*** — 1. Il presidente, anche su richiesta di altro componente del collegio, in base ai risultati delle prove assunte nel dibattimento a iniziativa delle parti o a seguito delle letture disposte a norma degli artt. 511, 512 e 513, può indicare alle parti temi di prova nuovi o più ampi, utili per la completezza dell'esame.

2. Il presidente, anche su richiesta di altro componente del collegio, può rivolgere domande ai testimoni, ai periti, ai consulenti tecnici, alle persone indicate nell'art. 210 ed alle parti già esaminate, solo dopo l'esame e il controesame. Resta salvo il diritto delle parti di concludere l'esame secondo l'ordine indicato negli artt. 498, commi 1 e 2, e 503, comma 2.[1]

[1] Comma così sostituito dall'art. 41, della L. 16 dic. 1999, n. 479.

507. ***Ammissione di nuove prove.*** — 1. Terminata l'acquisizione delle prove, il giudice, se risulta assolutamente necessario, può disporre anche di ufficio l'assunzione di nuovi mezzi di prove.[1]

1-*bis*. Il giudice può disporre a norma del comma 1 anche l'assunzione dei mezzi di prova relativi agli atti acquisiti al fascicolo per il dibattimento a norma degli artt. 431, comma 2 e 493, comma 3.[2]

[1] V. *Att.* 151.

[2] Comma inserito dall'art. 42 della L. 16 dic. 1999, n. 479.

508. ***Provvedimenti conseguenti all'ammissione della perizia nel dibattimento.*** — 1. Se il giudice, di ufficio o su richiesta di parte, dispone una perizia, il perito è immediatamente citato a comparire e deve esporre il suo parere nello stesso dibattimento. Quando non è possibile provvedere in tale modo, il giudice pronuncia ordinanza con la quale, se è necessario, sospende il dibattimento e fissa la data della nuova udienza nel termine massimo di sessanta giorni.[1]

2. Con l'ordinanza il giudice designa un componente del collegio per l'esercizio dei poteri previsti dall'articolo 228.

3. Nella nuova udienza il perito risponde ai quesiti ed è esaminato a norma dell'articolo 501.

[1] V. *Att.* 152.

509. ***Sospensione del dibattimento per esigenze istruttorie.*** — 1. Nei casi previsti dagli articoli 495 comma 4, 506 e 507 il giudice, qualora non sia possibile provvedere nella medesima udienza, sospende il dibattimento per il tempo strettamente necessario, fissando la data della nuova udienza.

510. ***Verbale di assunzione dei mezzi di prova.*** — 1. Nel verbale sono indicate le generalità dei testimoni, dei periti, dei consulenti tecnici e degli interpreti ed è fatta menzione di quanto previsto dall'art. 497 comma 2.

2. L'ausiliario che assiste il giudice documenta nel verbale lo svolgimento dell'esame dei testimoni, dei periti, dei consulenti tecnici e delle parti private,[1] riproducendo integralmente in forma diretta le domande poste dalle parti o dal presidente nonché le risposte delle persone esaminate.

3. Quando il giudice dispone che il verbale sia redatto solo in forma riassuntiva, i poteri di vigilanza previsti dall'art. 140 comma 2, sono esercitati dal presidente.

[1] V. artt. 60, 74, 83, 89.

511. ***Letture consentite.*** — 1. Il giudice, anche di ufficio, dispone che sia data lettura, integrale o parziale, degli atti contenuti nel fascicolo per il dibattimento.

2. La lettura di verbali di dichiarazioni è disposta solo dopo l'esame della persona che le ha rese, a meno che l'esame non abbia luogo.

3. La lettura della relazione peritale è disposta solo dopo l'esame del perito.

4. La lettura dei verbali delle dichiarazioni orali di querela o di istanza è consentita ai soli fini dell'accertamento della esistenza della condizione di procedibilità.

5. In luogo della lettura, il giudice, anche di ufficio, può indicare specificamente gli atti utilizzabili ai fini della decisione. L'indicazione degli atti equivale alla loro lettura. Il giudice dispone tuttavia la lettura, integrale o parziale, quando si tratta di verbali di dichiarazioni e una parte ne fa richiesta. Se si tratta di altri atti, il giudice è vincolato alla richiesta di lettura solo nel caso di un serio disaccordo sul contenuto di essi.

6. La facoltà di chiedere la lettura o l'indicazione degli atti, prevista dai commi 1 e 5, è attribuita anche agli enti e alle associazioni intervenuti a norma dell'art. 93.

511-*bis*. *Lettura di verbali di prove di altri procedimenti.*[1] — 1. Il giudice, anche di ufficio, dispone che sia data lettura dei verbali degli atti indicati nell'art. 238. Si applica il comma 2 dell'art. 511.

[1] Articolo inserito dall'art. 8 del D.L. 8 giu. 1992, n. 306, conv. in L. 7 ago. 1992, n. 356.

512. *Lettura di atti per sopravvenuta impossibilità di ripetizione.* — 1. Il giudice, a richiesta di parte, dispone che sia data lettura degli atti assunti dalla polizia giudiziaria,[1] dal pubblico ministero, dai difensori delle parti private[2] e dal giudice nel corso della udienza preliminare quando, per fatti o circostanze imprevedibili, ne è divenuta impossibile la ripetizione.[3]

1-*bis*. È sempre consentita la lettura dei verbali relativi all'acquisizione ed alle operazioni di distruzione degli atti di cui all'articolo 240.[4]

[1] Comma così modif. dall'art. 8 D.L. 8 giu. 1992, n. 306, conv. in L. 7 ago. 1992, n. 356.

[2] Parole inserite dall'art. 18 della L. 7 dic. 2000, n. 397.

[3] La Corte cost., con sent. 20 ott. 2020, n. 218, ha dichiarato l'ill. cost. del presente comma nella parte in cui non prevede che, alle condizioni ivi stabilite, sia data lettura delle dichiarazioni rese al giudice per le indagini preliminari in sede di interrogatorio di garanzia dall'imputato di un reato collegato a norma dell'art. 371, c. 2, lett. *b*), che, avendo ricevuto l'avvertimento di cui all'art. 64, c. 3, lett. *c*), sia stato citato per essere sentito come testimone.

[4] Comma aggiunto dall'art. 2 del D.L. 22 set. 2006, n. 259, conv. con modif. in L. 20 nov. 2006, n. 281.

512-*bis*. *Lettura di dichiarazioni rese da persona residente all'estero.*[1] — 1. Il giudice, a richiesta di parte, può disporre, tenuto conto degli altri elementi di prova acquisiti, che sia data lettura dei verbali di dichiarazioni rese da persona residente all'estero anche a seguito di rogatoria internazionale se essa, essendo stata citata, non è comparsa e solo nel caso in cui non ne sia assolutamente possibile l'esame dibattimentale.

[1] Articolo così sostituito dall'art. 43 della L. 16 dic. 1999, n. 479.

513. *Lettura delle dichiarazioni rese dall'imputato nel corso delle indagini preliminari o nell'udienza preliminare.* — 1. Il giudice, se l'imputato è [contumace o][1] assente ovvero rifiuta di sottoporsi all'esame, dispone, a richiesta di parte, che sia data lettura dei verbali delle dichiarazioni rese dall'imputato al pubblico ministero o alla polizia giudiziaria su delega del pubblico ministero o al giudice nel corso delle indagini preliminari o nell'udienza preliminare, ma tali dichiarazioni non possono essere utilizzate nei confronti di altri senza il loro consenso salvo che ricorrano i presupposti di cui all'art. 500, comma 4.[2]

2. Se le dichiarazioni sono state rese dalle persone indicate nell'art. 210, comma 1, il giudice, a richiesta di parte, dispone, secondo i casi, l'accompagnamento coattivo del dichiarante o l'esame a domicilio o la rogatoria internazionale ovvero l'esame in altro modo previsto dalla legge con le garanzie del contraddittorio. Se non è possibile ottenere la presenza del dichiarante, ovvero procedere all'esame in uno dei modi suddetti, si applica la disposizione dell'art. 512 qualora la impossibilità dipenda da fatti o circostanze imprevedibili al momento delle dichiarazioni. Qualora il dichiarante si avvalga della facoltà di non rispondere, il giudice dispone la lettura dei verbali contenenti le suddette dichiarazioni soltanto con l'accordo delle parti.[3]

3. Se le dichiarazioni di cui ai commi 1 e 2 del presente articolo sono state assunte ai sensi dell'art. 392, si applicano le disposizioni di cui all'art. 511.

[1] Parole soppresse dall'art. 10, c. 3, L. 28 apr. 2014, n. 67. Si veda altresì l'art. 15-*bis* alla L. 67/2014 introdotto dall'art. 1, L. 11 ago. 2014, n. 118.

[2] Parole aggiunte dall'art. 18 della L. 1 mar. 2001, n. 63.

[3] La Corte cost., con sent. 2 nov. 1998, n. 361, ha dichiarato l'ill. cost. del c. 2 ultimo periodo «nella parte in cui non prevede che, qualora il dichiarante rifiuti o comunque ometta in tutto o in parte di rispondere su fatti concernenti la responsabilità di altri già oggetto delle sue precedenti dichiarazioni, in mancanza dell'accordo delle parti alla lettura si applica l'art. 500, 2-*bis* e 3 del c.p.p.».

514. *Letture vietate.* — 1. Fuori dei casi previsti dagli artt. 511, 512 512-*bis* e 513, non può essere data lettura dei verbali delle dichiarazioni rese dall'imputato, dalle persone indicate nell'art. 210 e dai testimoni alla polizia giudiziaria, al pubblico ministero o al giudice nel corso delle indagini preliminari o nell'udienza preliminare, a meno che nell'udienza preliminare le dichiarazioni siano state rese nelle forme previste dagli artt. 498 e 499, alla presenza dell'imputato o del suo difensore.[1]

2. Fuori dei casi previsti dall'art. 511, è vietata la lettura dei verbali e degli altri atti di documentazione delle attività compiute dalla polizia giudizia-

ria. L'ufficiale o l'agente di polizia giudiziaria esaminato come testimone può servirsi di tali atti a norma dell'art. 499 comma 5.

[1] Comma così sost. dall'art. 2, L. 7 ago. 1997, n. 267.

515. ***Allegazione di atti al fascicolo per il dibattimento.*** — 1. I verbali degli atti di cui è stata data lettura e i documenti ammessi a norma dell'articolo 495 sono inseriti, unitamente al verbale di udienza, nel fascicolo per il dibattimento.

CAPO IV
Nuove contestazioni

516. ***Modifica della imputazione.***[1] — 1. Se nel corso dell'istruzione dibattimentale il fatto risulta diverso da come è descritto nel decreto che dispone il giudizio, e non appartiene alla competenza di un giudice superiore, il pubblico ministero modifica l'imputazione e procede alla relativa contestazione.

1-*bis*. Se a seguito della modifica il reato risulta attribuito alla cognizione del tribunale in composizione collegiale anziché monocratica l'inosservanza delle disposizioni sulla composizione del giudice è rilevata o eccepita, a pena di decadenza, immediatamente dopo la nuova contestazione ovvero, nei casi indicati dagli artt. 519, comma 2 e 520 comma 2, prima del compimento di ogni altro atto nella nuova udienza fissata a norma dei medesimi articoli.

1-*ter*. Se a seguito della modifica risulta un reato per il quale è prevista l'udienza preliminare, e questa non si è tenuta, l'inosservanza delle relative disposizioni è eccepita, a pena di decadenza, entro il termine indicato dal comma 1-*bis*.[2]

[1] La Corte cost., con sent. 30 giu. 1994, n. 265, ha dichiarato l'ill. cost del presente articolo «nella parte in cui non prevede la facoltà dell'imputato di richiedere al giudice del dibattimento l'applicazione di pena a norma dell'art. 444 c.p.p., relativamente al fatto diverso o al reato concorrente contestato in dibattimento, quando la nuova contestazione concerne un fatto che già risultava dagli atti di indagine al momento dell'esercizio dell'azione penale ovvero quando l'imputato ha tempestivamente e ritualmente proposto la richiesta di applicazione di pena in ordine alle originarie imputazioni».

La Corte cost., con sent. 29 dic. 1995, n. 530, ha dichiarato l'ill. cost del presente art. «nella parte in cui non prevede la facoltà dell'imputato di proporre domanda di oblazione, ai sensi degli artt. 162 e 162-*bis* c.p., relativamente al fatto diverso contestato in dibattimento».

La Corte cost., con sent. 18 dic. 2009, n. 333, ha dichiarato l'ill. cost. del presente articolo nella parte in cui non prevede la facoltà dell'imputato di richiedere al giudice del dibattimento il giudizio abbreviato relativamente al fatto diverso contestato in dibattimento, quando la nuova contestazione concerne un fatto che già risultava dagli atti di indagine al momento di esercizio dell'azione penale.

La Corte cost., con sent. 25 giugno 2014, n. 184, ha dichiarato l'ill. cost. del presente articolo nella parte in cui non prevede la facoltà dell'imputato di richiedere al giudice del dibattimento l'applicazione di pena, a norma dell'art. 444 del c.p.p., in seguito alla contestazione nel dibattimento di una circostanza aggravante che già risultava dagli atti di indagine al momento dell'esercizio dell'azione penale.

La Corte cost., con sent. 5 dic. 2014, n. 237, ha dichiarato l'ill. cost. del presente articolo nella parte in cui non prevede la facoltà dell'imputato di richiedere al giudice del dibattimento il giudizio abbreviato relativamente al fatto diverso emerso nel corso dell'istruzione dibattimentale, che forma oggetto della nuova contestazione.

La Corte cost., con sent. 17 lug. 2017, n. 206, ha dichiarato l'ill. cost. del presente articolo nella parte in cui non prevede la facoltà dell'imputato di richiedere al giudice del dibattimento l'applicazione della pena a norma dell'art. 444 del c.p.p., relativamente al fatto diverso emerso nel corso dell'istruzione dibattimentale, che forma oggetto della nuova contestazione.

La Corte cost., con sent. 11 feb. 2020, n. 14, ha dichiarato l'ill. cost. del presente articolo nella parte in cui, in seguito alla modifica dell'originaria imputazione, non prevede la facoltà dell'imputato di richiedere al giudice del dibattimento la sospensione del procedimento con messa alla prova

[2] Comma aggiunto dall'art. 47, comma 4 della L. 16 dic. 1999, n. 479.

517. ***Reato concorrente e circostanze aggravanti risultanti dal dibattimento.***[1] — 1. Qualora nel corso dell'istruzione dibattimentale emerga un reato connesso a norma dell'art. 12 comma 1 lettera *b*) ovvero una circostanza aggravante e non ve ne sia menzione nel decreto che dispone il giudizio, il pubblico ministero contesta all'imputato il reato o la circostanza, purché la cognizione non appartenga alla competenza di un giudice superiore.

1-*bis*. Si applicano le disposizioni previste dall'art. 516, commi 1-*bis* e 1-*ter*.[2]

[1] La Corte cost., con sent. 30 giu. 1994, n. 265, ha dichiarato l'ill. cost di questo art. «nella parte in cui non prevede la facoltà dell'imputato di richiedere al giudice del dibattimento l'applicazione di pena a norma dell'art. 444 c.p.p., relativamente al fatto diverso o al reato concorrente contestato in dibattimento, quando la nuova contestazione concerne un fatto che già risultava dagli atti di indagine al momento dell'esercizio dell'azione penale ovvero quando l'imputato ha tempestivamente e ritualmente proposto la richiesta di applicazione di pena in ordine alle originarie imputazioni».

La Corte cost., con sent. 29 dic. 1995, n. 530, ha dichiarato l'ill. cost. di questo art. nella parte in cui non prevede la facoltà dell'imputato di proporre domanda di oblazione, ai sensi degli artt. 162 e 162-*bis* del c.p., relativamente al reato concorrente contestato in dibattitimento.

La Corte cost., con sent. 18 dic. 2009, n. 333, ha dichiarato l'ill. cost. di questo art. nella parte in cui non prevede la facoltà dell'imputato di richiedere al giudice del dibattimento il giudizio abbreviato relativamente al reato concorrente contestato in dibattimento, quando la nuova contestazione concerne un fatto che già risultava dagli atti di indagine al momento di esercizio dell'azione penale.

La Corte cost., con sent. 26 ott. 2012, n. 237, ha dichiarato l'ill. cost. di questo art. nella parte in cui non prevede la facoltà per l'imputato di richiedere al giudice del dibattimento il giudizio abbreviato relativamente al reato concorrente emerso nel corso dell'istruzione dibattimentale, che forma oggetto della nuova contestazione.

La Corte cost., con sent. 25 giu. 2014, n. 184, ha dichiarato l'ill. cost. di questo art. nella parte in cui non prevede la facoltà dell'imputato di richiedere al giudice del dibattimento l'applicazione di pena, a norma dell'art. 444 del c.p.p., in seguito alla contestazione nel dibattimento di una circostanza aggravante che già risultava dagli atti di indagine al momento dell'esercizio dell'azione penale.

La Corte cost., con sent. 26 mag. 2015, n. 139, ha dichiarato l'ill. cost. di questo art. nella parte in cui, nel caso di contestazione di una circostanza aggravante che già risultava dagli atti di indagine al momento dell'esercizio dell'azione penale, non prevede la facoltà dell'imputato di richiedere al giudice del dibattimento il giudizio abbreviato relativamente al reato oggetto della nuova contestazione.

La Corte cost., con sent. 5 lug. 2018, n. 141, ha dichiarato l'ill. cost. di questo art., nella parte in cui, in seguito alla nuova contestazione di una circostanza aggravante, non prevede la facoltà dell'imputato di richiedere al giudice del dibattimento la sospensione del procedimento con messa alla prova.

La Corte cost., con sent. 11 apr. 2019, n. 82, ha dichiarato l'ill. cost. di questo articolo nella parte in cui non prevede la facoltà dell'imputato di richiedere al giudice del dibattimento l'applicazione della pena, a norma dell'art. 444 c.p.p., relativamente al reato concorrente emerso nel corso del dibattimento e che forma oggetto di nuova contestazione.

La Corte cost., con sent. 14 giu. 2022, n. 146, ha dichiarato l'ill. cost. di questo articolo nella parte in cui non prevede, in seguito alla contestazione di reati connessi a norma dell'art. 12, c. 1, lett. *b*), c.p.p., la facoltà dell'imputato di richiedere la sospensione del procedimento con messa alla prova, con riferimento a tutti i reati contestatigli.

[2] Comma aggiunto dall'art. 47, comma 5 della L. 16 dic. 1999, n. 479.

518. ***Fatto nuovo risultante dal dibattimento.*** — 1. Fuori dei casi previsti dall'art. 517, il pubblico ministero procede nelle forme ordinarie se nel corso del dibattimento risulta a carico dell'imputato un fatto nuovo non enunciato nel decreto che dispone il giudizio e per il quale si debba procedere di ufficio.

2. Tuttavia il presidente, qualora il pubblico ministero ne faccia richiesta, può autorizzare la contestazione nella medesima udienza, se vi è consenso dell'imputato presente e non ne deriva pregiudizio per la speditezza dei procedimenti.

519. ***Diritti delle parti.*** — 1. Nei casi previsti dagli artt. 516, 517 e 518 comma 2, salvo che la contestazione abbia per oggetto la recidiva, il presidente informa l'imputato che può chiedere un termine per la difesa.

2. Se l'imputato ne fa richiesta, il presidente sospende il dibattimento per un tempo non inferiore al termine per comparire previsto dall'art. 429, ma comunque non superiore a quaranta giorni. In ogni caso l'imputato può chiedere l'ammissione di nuove prove [a norma dell'art. 507].[1]

3. Il presidente dispone la citazione della persona offesa, osservando un termine non inferiore a cinque giorni.

[1] La Corte cost., con sent. 3 giu. 1992, n. 241, ha dichiarato l'ill. cost. del secondo comma «nella parte in cui, nei casi previsti dall'art. 516 c.p.p., non consente al pubblico ministero e alle parti private diverse dall'imputato di chiedere l'ammissione di nuove prove» e dell'inciso «a norma dell'art. 507».

520. ***Nuove contestazioni all'imputato [contumace o]***[1] ***assente.*** — 1. Quando intende contestare i fatti o le circostanze indicati negli artt. 516 e 517 all'imputato [contumace o][1] assente, il pubblico ministero chiede al presidente che la contestazione sia inserita nel verbale del dibattimento e che il verbale sia notificato per estratto all'imputato.

2. In tal caso il presidente sospende il dibattimento e fissa una nuova udienza per la prosecuzione, osservando i termini indicati nell'art. 519 commi 2 e 3.

[1] Parole soppresse dall'art. 10, c. 4, L. 28 apr. 2014, n. 67. Si veda altresì l'art. 15-*bis* alla L. 67/2014 introdotto dall'art. 1, L. 11 ago. 2014, n. 118.

521. ***Correlazione tra l'imputazione contestata e la sentenza.***[1] — 1. Nella sentenza il giudice può dare al fatto una definizione giuridica diversa da quella enunciata nell'imputazione, purché il reato non ecceda la sua competenza né risulti attribuito alla cognizione del tribunale in composizione collegiale anziché monocratica.

2. Il giudice dispone con ordinanza la trasmissione degli atti al pubblico ministero se accerta che il fatto è diverso da come descritto nel decreto che dispone il giudizio ovvero nella contestazione effettuata a norma degli artt. 516, 517 e 518 comma 2.

3. Nello stesso modo il giudice procede se il pubblico ministero ha effettuato una nuova contestazione fuori dei casi previsti dagli artt. 516, 517 e 518 comma 2.

[1] Articolo così modif. dall'art. 47, c. 6, L. 16 dic. 1999, n. 479, nonché dall'art. 2-*undecies*, L. 5 giu. 2000, n. 144.

521-*bis*. ***Modifiche della composizione del giudice a seguito di nuove contestazioni.***[1] — 1. Se, in seguito ad una diversa definizione giuridica o alle contestazioni previste dagli artt. 516, commi 1-*bis* e 1-*ter*, 517, comma 1-*bis*, e 518, il reato risulta tra quelli attribuiti alla cognizione del tribunale per cui è prevista l'udienza preliminare e questa non si è tenuta, il giudice dispone con ordinanza la trasmissione degli atti al pubblico ministero.

2. L'inosservanza della disposizione prevista dal comma 1 deve essere eccepita, a pena di decadenza, nei motivi di impugnazione.

[1] Articolo così modif. dall'art. 47, c. 7, L. 16 dic. 1999, n. 479.

522. ***Nullità della sentenza per difetto di contestazione.*** — 1. L'inosservanza delle disposizioni previste in questo capo è causa di nullità.

2. La sentenza di condanna pronunciata per un fatto nuovo, per un reato concorrente o per una circostanza aggravante senza che siano state osservate le disposizioni degli articoli precedenti è nulla soltanto nella parte relativa al fatto nuovo, al reato concorrente o alla circostanza aggravante.

CAPO V
Discussione finale

523. ***Svolgimento della discussione.*** — 1. Esaurita l'assunzione delle prove, il pubblico ministero e successivamente i difensori della parte civile, del responsabile civile, della persona civilmente obbligata per la pena pecuniaria e dell'imputato formulano e illustrano le rispettive conclusioni, anche in ordine alle ipotesi previste dall'art. 533, comma 3-*bis*.[1]

2. La parte civile presenta conclusioni scritte, che devono comprendere, quando sia richiesto il risarcimento dei danni, anche la determinazione del loro ammontare.

3. Il presidente dirige la discussione e impedisce ogni divagazione, ripetizione e interruzione.

4. Il pubblico ministero e i difensori delle parti private possono replicare; la replica è ammessa una sola volta e deve essere contenuta nei limiti strettamente necessari per la confutazione degli argomenti avversari.

5. In ogni caso l'imputato e il difensore devono avere, a pena di nullità, la parola per ultimi se la domandano.

6. La discussione non può essere interrotta per l'assunzione di nuove prove, se non in caso di assoluta necessità. Se questa si verifica, il giudice provvede a norma dell'art. 507.

[1] Comma così modif. dal D.L. 24 nov. 2000, n. 341, conv. con modif. dalla L. 19 gen. 2001, n. 4.

524. ***Chiusura del dibattimento.*** — 1. Esaurita la discussione, il presidente dichiara chiuso il dibattimento.

TITOLO III
Sentenza

CAPO I
Deliberazione

525. ***Immediatezza della deliberazione.*** — 1. La sentenza è deliberata subito dopo la chiusura del dibattimento.

2. Alla deliberazione concorrono, a pena di nullità assoluta, gli stessi giudici che hanno partecipato al dibattimento. Se alla deliberazione devono concorrere i giudici supplenti in sostituzione dei titolari impediti, i provvedimenti già emessi conservano efficacia se non sono espressamente revocati.

3. Salvo quanto previsto dall'art. 528, la deliberazione non può essere sospesa se non in caso di assoluta impossibilità. La sospensione è disposta dal presidente con ordinanza.

526. ***Prove utilizzabili ai fini della deliberazione.*** — 1. Il giudice non può utilizzare ai fini della deliberazione prove diverse da quelle legittimamente acquisite nel dibattimento.

1-*bis*. La colpevolezza dell'imputato non può essere provato sulla base delle dichiarazioni rese da chi, per libera scelta, si è sempre volontariamente sottratto all'esame da parte dell'imputato o del suo difensore.[1]

[1] Comma aggiunto dall'art. 19 della L. 1 mar. 2001, n. 63.

527. ***Deliberazione collegiale.*** — 1. Il collegio, sotto la direzione del presidente, decide separatamente le questioni preliminari non ancora risolte e ogni altra questione relativa al processo. Qualora l'esame del merito non risulti precluso dall'esito della votazione, sono poste in decisione le questioni di fatto e di diritto concernenti l'imputazione e, se occorre, quelle relative all'applicazione delle pene e delle misure di sicurezza nonché quelle relative alla responsabilità civile.[1]

2. Tutti i giudici enunciano le ragioni della loro opinione e votano su ciascuna questione qualunque sia stato il voto espresso sulle altre. Il presidente raccoglie i voti cominciando dal giudice con minore anzianità di servizio e vota per ultimo. Nei giudizi davanti alla corte di assise votano per primi i giudici popolari, cominciando dal meno anziano per età.

3. Se nella votazione sull'entità della pena o della misura di sicurezza si manifestano più di due opinioni, i voti espressi per la pena o la misura di maggiore gravità si riuniscono a quelli per la pena o la misura gradatamente inferiore, fino a che venga a risultare la maggioranza. In ogni altro caso, qualora vi sia parità di voti, prevale la soluzione più favorevole all'imputato.

528. ***Lettura del verbale in camera di consiglio.*** — 1. Qualora sia necessaria la lettura del verbale di udienza redatto con la stenotipia ovvero l'ascolto o la visione di riproduzioni fonografiche o audiovisive di atti del dibattimento, il giudice sospende la deliberazione e procede in camera di consiglio alle operazioni necessarie, con l'assistenza dell'ausiliario ed eventualmente del tecnico incaricato della documentazione.

CAPO II
Decisione

SEZIONE I
Sentenza di proscioglimento

529. ***Sentenza di non doversi procedere.*** — 1. Se l'azione penale non doveva essere iniziata o non deve essere proseguita, il giudice pronuncia sentenza di non doversi procedere indicandone la causa nel dispositivo.

2. Il giudice provvede nello stesso modo quando la prova dell'esistenza di una condizione di procedibilità è insufficiente o contraddittoria.

530. ***Sentenza di assoluzione.*** — 1. Se il fatto non sussiste, se l'imputato non lo ha commesso, se il fatto non costituisce reato o non è previsto dalla legge come reato ovvero se il reato è stato commesso da persona non imputabile o non punibile per un'altra ragione, il giudice pronuncia sentenza di assoluzione indicandone la causa nel dispositivo.

2. Il giudice pronuncia sentenza di assoluzione anche quando manca, è insufficiente o è contraddittoria la prova che il fatto sussiste, che l'imputato lo ha commesso, che il fatto costituisce reato o che il reato è stato commesso da persona imputabile.

3. Se vi è la prova che il fatto è stato commesso in presenza di una causa di giustificazione o di una causa personale di non punibilità ovvero vi è dubbio sull'esistenza delle stesse, il giudice pronuncia sentenza di assoluzione a norma del comma 1.

4. Con la sentenza di assoluzione il giudice applica, nei casi previsti dalla legge, le misure di sicurezza.

531. ***Dichiarazione di estinzione del reato.*** — 1. Salvo quanto disposto dall'articolo 129 comma 2, il giudice, se il reato è estinto, pronuncia sentenza di non doversi procedere enunciandone la causa nel dispositivo.

2. Il giudice provvede nello stesso modo quando vi è dubbio sull'esistenza di una causa di estinzione del reato.

532. ***Provvedimenti sulle misure cautelari personali.*** — 1. Con la sentenza di proscioglimento, il giudice ordina la liberazione dell'imputato in stato di custodia cautelare e dichiara la cessazione delle altre misure cautelari personali eventualmente disposte.

2. La stessa disposizione si applica nel caso di sentenza di condanna che concede la sospensione condizionale della pena.

SEZIONE II

Sentenza di condanna

533. ***Condanna dell'imputato.*** — 1. Il giudice pronuncia sentenza di condanna se l'imputato risulta colpevole del reato contestatogli al di là di ogni ragionevole dubbio. Con la sentenza il giudice applica la pena e le eventuali misure di sicurezza.[1]

2. Se la condanna riguarda più reati, il giudice stabilisce la pena per ciascuno di essi e quindi determina la pena che deve essere applicata in osservanza delle norme sul concorso di reati e di pene o sulla continuazione. Nei casi previsti dalla legge il giudice dichiara il condannato delinquente o contravventore abituale o professionale o per tendenza.

3. Quando il giudice ritiene di dover concedere la sospensione condizionale della pena o la non menzione della condanna nel certificato del casellario giudiziale, provvede in tal senso con la sentenza di condanna.

3-*bis*. Quando la condanna riguarda procedimenti per i delitti di cui all'art. 407, comma 2, lettera *a*), anche se connessi ad altri reati, il giudice può disporre, nel pronunciare la sentenza, la separazione dei procedimenti anche con riferimento allo stesso condannato quando taluno dei condannati si trovi in stato di custodia cautelare e, per la scadenza dei termini e la mancanza di altri titoli, sarebbe rimesso in libertà.[2]

[1] Comma così sost. dall'art. 5 della L. 20 feb. 2006, n. 46.

[2] Comma aggiunto dall'art. 4 del D.L. 24 nov. 2000, n. 341, conv. con modif. dalla L. 18 gen. 2001, n. 4.

534. ***Condanna del civilmente obbligato per la pena pecuniaria.*** — 1. Nei casi previsti dagli artt. 196 e 197 del c.p. e nelle leggi speciali, il giudice condanna la persona civilmente obbligata a pagare, se il condannato risulterà insolvibile, una somma pari alla pena pecuniaria a questo inflitta.

535. ***Condanna alle spese.*** — 1. La sentenza di condanna pone a carico del condannato il pagamento delle spese processuali [relative ai reati cui la condanna si riferisce].[1]

2. [...][2]

3. Sono poste a carico del condannato le spese di mantenimento durante la custodia cautelare, a norma dell'art. 692.

4. Qualora il giudice non abbia provveduto circa le spese, la sentenza è rettificata a norma dell'art. 130.

[1] Parole soppresse dall'art. 67, c. 2, della L. 18 giu. 2009, n. 69.

[2] Comma abrog. dall'art. 67, c. 2, lett. *b*) L. 18 giu. 2009, n. 69.

536. ***Pubblicazione della sentenza come effetto della condanna.*** — 1. Nei casi previsti dall'articolo 36 del codice penale, il giudice stabilisce nel dispositivo se la sentenza deve essere pubblicata per intero o per estratto e designa il giornale o i giornali in cui deve essere inserita.

537. ***Pronuncia sulla falsità di documenti.*** — 1. La falsità di un atto o di un documento, accertata con sentenza di condanna, è dichiarata nel dispositivo.

2. Con lo stesso dispositivo è ordinata la cancellazione totale o parziale, secondo le circostanze e, se è il caso, la ripristinazione, la rinnovazione o la riforma dell'atto o del documento, con la prescrizione del modo con cui deve essere eseguita. La cancellazione, la ripristinazione, la rinnovazione o la riforma non è ordinata quando possono essere pregiudicati interessi di terzi non intervenuti come parti nel procedimento.

3. La pronuncia sulla falsità è impugnabile, anche autonomamente, con il mezzo previsto dalla legge per il capo che contiene la decisione sull'imputazione.

4. Le disposizioni del presente articolo si applicano anche nel caso di sentenza di proscioglimento.

537-*bis*. ***Indegnità a succedere.***[1] — 1. Quando pronuncia sentenza di condanna per uno dei fatti previsti dall'articolo 463 del codice civile, il giudice dichiara l'indegnità dell'imputato a succedere.

[1] Articolo aggiunto dall'art. 5, c. 2, L. 11 gen. 2018, n. 4.

SEZIONE III
Decisione sulle questioni civili

538. ***Condanna per la responsabilità civile.***[1] — 1. Quando pronuncia sentenza di condanna, il giudice decide sulla domanda per le restituzioni e il risarcimento del danno, proposta a norma degli articoli 74 e seguenti.

2. Se pronuncia condanna dell'imputato al risarcimento del danno, il giudice provvede altresì alla liquidazione, salvo che sia prevista la competenza di altro giudice.

3. Se il responsabile civile è stato citato o è intervenuto nel giudizio, la condanna alle restituzioni e al risarcimento del danno è pronunciata anche contro di lui in solido, quando è riconosciuta la sua responsabilità.

[1] La Corte cost. con sent. 12 lug. 2022, n. 173, ha dichiarato l'ill. cost. del presente articolo nella parte in cui non prevede che il giudice, quando pronuncia sentenza di proscioglimento per la particolare tenuità del fatto, ai sensi dell'art. 131-*bis* del c.p., decide sulla domanda per le restituzioni e il risarcimento del danno proposta dalla parte civile, a norma degli artt. 74 e seguenti c.p.p.

539. ***Condanna generica ai danni e provvisionale.*** — 1. Il giudice, se le prove acquisite non consentono la liquidazione del danno, pronuncia condanna generica e rimette le parti davanti al giudice civile.

2. A richiesta della parte civile, l'imputato e il responsabile civile sono condannati al pagamento di una provvisionale nei limiti del danno per cui si ritiene già raggiunta la prova.

2-*bis*. Nel caso di cui al comma 1, quando si procede per l'omicidio del coniuge, anche legalmente separato o divorziato, dell'altra parte dell'unione civile, anche se l'unione civile è cessata, o della persona che è o è stata legata da relazione affettiva e stabile convivenza, il giudice, rilevata la presenza di figli della vittima minorenni o maggiorenni economicamente non autosufficienti, costituiti come parte civile, provvede, anche d'ufficio, all'assegnazione di una provvisionale in loro favore, in misura non inferiore al 50 per cento del presumibile danno, da liquidare in separato giudizio civile; nel caso vi siano beni dell'imputato già sottoposti a sequestro conservativo, in deroga all'articolo 320, comma 1, il sequestro si converte in pignoramento con la sentenza di condanna in primo grado, nei limiti della provvisionale accordata.

[1] Comma aggiunto dall'art. 4, c. 1, L. 11 gen. 2018, n. 4.

540. ***Provvisoria esecuzione delle disposizioni civili.*** — 1. La condanna alla restituzioni e al risarcimento del danno è dichiarata provvisoriamente esecutiva, a richiesta della parte civile, quando ricorrono giustificati motivi.

2. La condanna al pagamento della provvisionale è immediatamente esecutiva.

541. ***Condanna alle spese relative all'azione civile.*** — 1. Con la sentenza che accoglie la domanda di restituzione o di risarcimento del danno, il giudice condanna l'imputato e il responsabile civile in solido al pagamento delle spese processuali in favore della parte civile, salvo che ritenga di disporne, per giusti motivi, la compensazione totale o parziale.

2. Con la sentenza che rigetta la domanda indicata nel comma 1 o che assolve l'imputato per cause diverse dal difetto di imputabilità, il giudice, se ne è fatta richiesta, condanna la parte civile alla rifusione delle spese processuali sostenute dall'imputato e dal responsabile civile per effetto dell'azione civile, sempre che non ricorrano giustificati motivi per la compensazione totale o parziale. Se vi è colpa grave, può inoltre condannarla al risarcimento dei danni causati all'imputato o al responsabile civile.

542. ***Condanna del querelante alle spese e ai danni.*** — 1. Nel caso di assoluzione perché il fatto non sussiste o perché l'imputato non lo ha commesso, quando si tratta di reato perseguibile a querela, si applicano le disposizioni dell'art. 427 per ciò che concerne la condanna del querelante al pagamento delle spese del procedimento anticipate dallo Stato nonché alla rifusione delle spese e al risarcimento del danno in favore dell'imputato e del responsabile civile.

2. L'avviso del deposito della sentenza è notificato al querelante.

543. ***Ordine di pubblicazione della sentenza come riparazione del danno.*** — 1. La pubblicazione della sentenza di condanna a norma dell'art. 186 del c.p. è ordinata dal giudice su richiesta della parte civile con la stessa sentenza.

2. La pubblicazione ha luogo a spese del condannato e, se del caso, anche del responsabile civile, per una o due volte, per estratto o per intero, in giornali indicati dal giudice.

3. Se l'inserzione non avviene nel termine stabilito dal giudice con la sentenza, la parte civile può provvedervi direttamente con diritto a ripetere le spese dall'obbligato.

CAPO III
Atti successivi alla deliberazione

544. ***Redazione della sentenza.*** — 1. Conclusa la deliberazione, il presidente redige e sottoscrive il dispositivo. Subito dopo è redatta una concisa esposizione dei motivi di fatto e di diritto su cui la sentenza è fondata.

2. Qualora non sia possibile procedere alla redazione immediata dei motivi in camera di consiglio, vi si provvede non oltre il quindicesimo giorno[1] da quello della pronuncia.

3. Quando la stesura della motivazione è particolarmente complessa per il numero delle parti o per il numero e la gravità delle imputazioni, il giudice, se ritiene di non poter depositare la sentenza nel termine previsto dal comma 2, può indicare nel dispositivo un termine più lungo, non eccedente comunque il novantesimo giorno da quello della pronuncia.[2]

3-*bis*. Nelle ipotesi previste dall'art. 533, comma 3-*bis*, il giudice provvede alla stesura della motivazione per ciascuno dei procedimenti separati, accordando precedenza alla motivazione della condanna degli imputati in stato di custodia cautelare. In tal caso il termine di cui al comma 3 è raddoppiato per la motivazione della sentenza cui non si è accordata precedenza.[3]

[1] Comma così modif. dall'art. 6 del D.L. 1° mar. 1991, n. 60, conv. con modif. in L. 22 apr. 1991, n. 133.

[2] V. *Att.* 154.

[3] Comma aggiunto dall'art. 4, II c., del D.L. 24 nov. 2000, n. 341, conv. con modif. in L. 19 gen. 2001, n. 4.

545. ***Pubblicazione della sentenza.*** — 1. La sentenza è pubblicata in udienza dal presidente o da un giudice del collegio mediante la lettura del dispositivo.

2. La lettura della motivazione redatta a norma dell'articolo 544 comma 1, segue quella del dispositivo e può essere sostituita con un'esposizione riassuntiva.

3. La pubblicazione prevista dal comma 2 equivale a notificazione della sentenza per le parti che sono o devono considerarsi presenti all'udienza.

546. ***Requisiti della sentenza.*** — 1. La sentenza contiene:

a) l'intestazione "in nome del popolo italiano" e l'indicazione dell'autorità che l'ha pronunciata;

b) le generalità dell'imputato o le altre indicazioni personali che valgono a identificarlo nonché le generalità delle altre parti private;

c) l'imputazione;

d) l'indicazione delle conclusioni delle parti;

e) la concisa esposizione dei motivi di fatto e di diritto su cui la decisione è fondata, con l'indicazione dei risultati acquisiti e dei criteri di valutazione della prova adottati e con l'enunciazione delle ragioni per le quali il giudice ritiene non attendibili le prove contrarie, con riguardo:

1) all'accertamento dei fatti e delle circostanze che si riferiscono all'imputazione e alla loro qualificazione giuridica;

2) alla punibilità e alla determinazione della pena, secondo le modalità stabilite dal comma 2 dell'articolo 533, e della misura di sicurezza;

3) alla responsabilità civile derivante dal reato;

4) all'accertamento dei fatti dai quali dipende l'applicazione di norme processuali;[1]

f) il dispositivo, con l'indicazione degli articoli di legge applicati;

g) la data e la sottoscrizione del giudice.

2. La sentenza emessa dal giudice collegiale è sottoscritta dal presidente e dal giudice estensore. Se, per morte o altro impedimento, il presidente non può sottoscrivere, alla sottoscrizione provvede, previa menzione dell'impedimento, il componente più anziano del collegio; se non può sottoscrivere l'estensore, alla sottoscrizione, previa menzione dell'impedimento, provvede il solo presidente.

3. Oltre che nel caso previsto dall'art. 125 comma 3, la sentenza è nulla se manca o è incompleto nei suoi elementi essenziali il dispositivo ovvero se manca la sottoscrizione del giudice.

[1] Lettera così sost. dall'art. 1, c. 52, L. 23 giu. 2017, n. 103.

547. ***Correzione della sentenza.*** — 1. Fuori dei casi previsti dall'art. 546 comma 3, se occorre completare la motivazione insufficiente ovvero se manca o è incompleto alcuno degli altri requisiti previsti dall'art. 546, si procede anche di ufficio alla correzione della sentenza a norma dell'art. 130.

548. ***Deposito della sentenza.*** — 1. La sentenza è depositata in cancelleria immediatamente dopo la pubblicazione ovvero entro i termini previsti dall'art. 544 commi 2 e 3. Il pubblico ufficiale addetto vi appone la sottoscrizione e la data del deposito.

2. Quando la sentenza non è depositata entro il trentesimo giorno o entro il diverso termine indicato dal giudice a norma dell'art. 544 comma 3, l'avviso di deposito è comunicato al pubblico ministero e notificato alle parti private cui spetta il diritto di impugnazione. È notificato altresì a chi risulta difensore dell'imputato al momento del deposito della sentenza.

3. L'avviso di deposito con l'estratto della sentenza è in ogni caso [notificato all'imputato contumace e][1] comunicato al procuratore generale presso la corte di appello.

[1] Parole soppresse dall'art. 10, c. 5, L. 28 apr. 2014, n. 67. Si veda altresì l'art. 15-*bis* alla L. 67/2014 introdotto dall'art. 1, L. 11 ago. 2014, n. 118.

LIBRO OTTAVO

PROCEDIMENTO DAVANTI AL TRIBUNALE IN COMPOSIZIONE MONOCRATICA[1]

[1] Libro così sostituito dall'art. 44 della L. 16 dic. 1999, n. 479.

TITOLO I
Disposizione generale

549. ***Norme applicabili al procedimento davanti al tribunale in composizione monocratica.***[1] — 1. Nel procedimento davanti al tribunale in composizione monocratica, per tutto ciò che non è previsto nel presente libro o in altre disposizioni, si osservano le norme contenute nei libri che precedono, in quanto applicabili.

[1] Articolo così sostituito dall'art. 44 della L. 16 dic. 1999, n. 479.

TITOLO II
Citazione diretta a giudizio

550. ***Casi di citazione diretta a giudizio.***[1] — 1. Il pubblico ministero esercita l'azione penale con la citazione diretta a giudizio quando si tratta di contravvenzioni ovvero di delitti puniti con la pena della reclusione non superiore nel massimo a quattro anni, o con la multa, sola o congiunta alla predetta pena detentiva.[2] Si applicano, in quanto compatibili, le disposizioni di cui all'art. 415-*bis*. Per la determinazione della pena si osservano le disposizioni dell'art. 4.

2. La disposizione del comma 1 si applica anche quando si procede per uno dei seguenti reati:

a) violenza o minaccia a un pubblico ufficiale prevista dall'art. 336 del codice penale;

b) resistenza a un pubblico ufficiale prevista dall'art. 337 del codice penale;

c) oltraggio a un magistrato in udienza aggravato a norma dell'art. 343, secondo comma, del codice penale;

d) violazione di sigilli aggravata a norma dell'art. 349, secondo comma, del codice penale;

e) rissa aggravata a norma dell'art. 588, secondo comma, del codice penale, con esclusione delle ipotesi in cui nella rissa taluno sia rimasto ucciso o abbia riportato lesioni gravi o gravissime;

e-bis) lesioni personali stradali, anche se aggravate, a norma dell'articolo 590-*bis* del codice penale;[3]

f) furto aggravato a norma dell'art. 625 del codice penale;

g) ricettazione prevista dall'art. 648 del codice penale.

3. Se il pubblico ministero ha esercitato l'azione penale con citazione diretta per un reato per il quale è prevista l'udienza preliminare e la relativa eccezione è proposta entro il termine indicato dall'art. 491, comma 1, il giudice dispone con ordinanza la trasmissione degli atti al pubblico ministero.

[1] Articolo così sost. dall'art. 44, L. 16 dic. 1999, n. 479.
[2] Comma così modif. dall'art. 2-*duodecies*, L. 5 giu. 2000, n. 144.
[3] Lettera ins. dall'art. 1, c. 5, L. 23 mar. 2016, n. 41.

551. ***Procedimenti connessi.***[1] — 1. Nel caso di procedimenti connessi, se la citazione diretta a giudizio è ammessa solo per alcuni di essi, il pubblico ministero presenta per tutti la richiesta di rinvio a giudizio a norma dell'art. 416.

[1] Articolo così sostituito dall'art. 44 della L. 16 dic. 1999, n. 479.

552. ***Decreto di citazione a giudizio.***[1] — 1. Il decreto di citazione a giudizio contiene:

a) le generalità dell'imputato o le altre indicazioni personali che valgono a identificarlo nonché le generalità delle altre parti private, con l'indicazione dei difensori;

b) l'indicazione della persona offesa, qualora risulti identificata;

c) l'enunciazione del fatto, in forma chiara e precisa, delle circostanze aggravanti e di quelle che possono comportare l'applicazione di misure di sicurezza, con l'indicazione dei relativi articoli di legge;

d) l'indicazione del giudice competente per il giudizio nonché del luogo, del giorno e dell'ora della comparizione, con l'avvertimento all'immutato non comparendo sarà giudicato in contumacia;

e) l'avviso che l'imputato ha facoltà di nominare un difensore di fiducia e che, in mancanza, sarà assistito dal difensore di ufficio;

f) l'avviso che, qualora ne ricorrano i presupposti, l'imputato, prima della dichiarazione di apertura del dibattimento di primo grado, può presentare le richieste previste dagli artt. 438 e 444 ovvero presentare domanda di oblazione;

g) l'avviso che il fascicolo relativo alle indagini preliminari è depositato nella segreteria del pubblico ministero e che le parti e i loro difensori hanno facoltà di prenderne visione e di estrarne copia;

h) la data e la sottoscrizione del pubblico ministero e dell'ausiliario che lo assiste.

1-*bis*. Qualora si proceda per taluni dei reati previsti dall'articolo 590, terzo comma, del codice penale e per i reati previsti dall'articolo 590-*bis* del medesimo codice, il decreto di citazione a giudizio deve essere emesso entro trenta giorni dalla chiusura delle indagini preliminari.[2]

1-*ter*. Qualora si proceda per taluno dei reati previsti dall'articolo 590, terzo comma, del codice penale e per i reati previsti dall'articolo 590-*bis* del medesimo codice, la data di comparizione di cui al comma 1, lett. *d*), è fissata non oltre novanta giorni dalla emissione del decreto.[2]

2. Il decreto è nullo se l'imputato non è identificato in modo certo ovvero se manca o è insufficiente l'indicazione di uno dei requisiti previsti dalle lettere *c*), *d*), *e*) ed *f*) del comma 1. Il decreto è altresì nullo se non è preceduto dall'avviso previsto dall'art. 415-*bis*, nonché dall'invito a presentarsi per rendere l'interrogatorio ai sensi dell'art. 375, comma 3, qualora la persona sottoposta alle indagini lo abbia richiesto entro il termine di cui al comma 3 del medesimo articolo 415-*bis*.

3. Il decreto di citazione è notificato all'imputato, al suo difensore e alla parte offesa almeno sessanta giorni prima della data fissata per l'udienza di comparizione. Nei casi di urgenza, di cui deve essere data motivazione, il termine è ridotto a quarantacinque giorni.

4. Il decreto di citazione è depositato dal pubblico ministero nella segreteria unitamente al fascicolo contenente la documentazione, gli atti e le cose indicati nell'art. 416, comma 2.

[1] Articolo così sost. dall'art. 44, L. 16 dic. 1999, n. 479.

[2] Comma ins. dall'art. 4, L. 21 feb. 2006, n. 102, e così modif. dall'art. 1, c. 5, L. 23 mar. 2016, n. 41.

553. ***Trasmissione degli atti al giudice dell'udienza di comparazione in dibattimento.***[1] — 1. Il pubblico ministero forma il fascicolo per il dibattimento e lo trasmette al giudice con il decreto di citazione immediatamente dopo la notificazione.

[1] Articolo così sostituito dall'art. 44 della L. 16 dic. 1999, n. 479.

554. ***Atti urgenti.***[1] — 1. Il giudice per le indagini preliminari è competente ad assumere gli atti urgenti a norma dell'articolo 467 e provvede sulle misure cautelari fino a quando il decreto, unitamente al fascicolo per il dibattimento, non è trasmesso al giudice a norma dell'art. 553, comma 1.

[1] Articolo così sostituito dall'art. 44 della L. 16 dic. 1999, n. 479.

555. ***Udienza di comparizione a seguito della citazione diretta.***[1] — 1. Almeno sette giorni prima della data fissata per l'udienza di comparizione, le parti devono, a pena di inammissibilità, depositare in cancelleria le liste dei testimoni, periti o consulenti tecnici nonché delle persone indicate nell'art. 210 di cui intendono chiedere l'esame.

2. Prima della dichiarazione di apertura del dibattimento, l'imputato o il pubblico ministero può presentare la richiesta prevista dall'art. 444, comma 1; l'imputato inoltre, può richiedere il giudizio abbreviato o presentare domanda di oblazione.

3. Il giudice, quando il reato è perseguibile a querela, verifica se il querelante è disposto a rimettere la querela e il querelato ad accettare la remissione.

4. Se deve procedersi al giudizio, le parti, dopo la dichiarazione di apertura del dibattimento, indicano i fatti che intendono provare e chiedono l'ammissione delle prove; inoltre, le parti possono concordare l'acquisizione al fascicolo per il dibattimento di atti contenuti nel fascicolo del pubblico ministero, nonché della documentazione relativa all'attività di investigazione difensiva.

5. Per tutto ciò che non è espressamente previsto si osservano le disposizioni contenute nel libro settimo, in quanto compatibili.

[1] Articolo così sostituito dall'art. 44 della L. 16 dic. 1999, n. 479.

TITOLO III
Procedimenti speciali[1]

[1] Queste disposizioni non si applicano nel procedimento davanti al Giudice di pace.

556. ***Giudizio abbreviato e applicazione della pena su richiesta.***[1] — 1. Per il giudizio abbreviato e per l'applicazione della pena su richiesta si osservano, rispettivamente, le disposizioni dei titoli I e II del libro sesto, in quanto applicabili.

2. Se manca l'udienza preliminare, si applicano, secondo i casi, le disposizioni degli artt. 555, comma 2, 557 e 558, comma 8. Si osserva altresì, in quanto applicabile, la disposizione dell'art. 441-*bis*; nel caso di cui al comma 4 di detto articolo, il giudice, revocata l'ordinanza con cui era stato disposto il giudizio abbreviato, fissa l'udienza per il giudizio.[2]

[1] Articolo così sostituito dall'art. 44 della L. 16 dic. 1999, n. 479.

[2] Periodo aggiunto dall'art. 2-*nonies* della L. 5 giu. 2000, n. 144.

557. ***Procedimento per decreto.***[1] — 1. Con l'atto di opposizione l'imputato chiede al giudice di emettere il decreto di citazione a giudizio ovvero chiede il giudizio abbreviato o l'applicazione della pena a norma dell'art. 444 o presenta domanda di oblazione.

2. Nel giudizio conseguente all'opposizione, l'imputato non può chiedere il giudizio abbreviato o l'applicazione della pena su richiesta, né presentare domanda di oblazione. In ogni caso, il giudice revoca il decreto penale di condanna.

3. Si osservano le disposizioni del titolo V del libro sesto, in quanto applicabili.

[1] Articolo così sostituito dall'art. 44 della L. 16 dic. 1999, n. 479.

558. ***Convalida dell'arresto e giudizio direttissimo.***[1] — 1. Gli ufficiali o gli agenti di polizia giudiziaria che hanno eseguito l'arresto in flagranza o che hanno avuto in consegna l'arrestato lo conducono direttamente davanti al giudice del dibattimento per la convalida dell'arresto e il contestuale giudizio, sulla base della imputazione formulata dal pubblico ministero. In tal caso citano anche oralmente la persona offesa e i testimoni e avvisano il difensore di fiducia o, in mancanza, quello designato di ufficio a norma dell'art. 97, comma 3.

2. Quando il giudice non tiene udienza, gli ufficiali o gli agenti di polizia giudiziaria che hanno eseguito l'arresto o che hanno avuto in consegna l'arrestato gliene danno immediata notizia e presentano l'arrestato all'udienza che il giudice fissa entro quarantotto ore dall'arresto. Non si applica la disposizione prevista dall'articolo 386, comma 4.

3. Il giudice al quale viene presentato l'arrestato autorizza l'ufficiale o l'agente di polizia giudiziaria a una relazione orale e quindi sente l'arrestato per la convalida dell'arresto.

4. Se il pubblico ministero ordina che l'arrestato in flagranza sia posto a sua disposizione, lo può presentare direttamente all'udienza, in stato di arresto, per la convalida e il contestuale giudizio, entro quarantotto ore dall'arresto. Si applicano al giudizio di convalida le disposizioni dell'articolo 391, in quanto compatibili.[2]

4-*bis*. Salvo quanto previsto dal comma 4-*ter*, nei casi di cui ai commi 2 e 4 il pubblico ministero dispone che l'arrestato sia custodito in uno dei luoghi indicati nel comma 1 dell'articolo 284. In caso di mancanza, indisponibilità o inidoneità di tali luoghi, o quando essi sono ubicati fuori dal circondario in cui è stato eseguito l'arresto, o in caso di pericolosità dell'arrestato, il pubblico ministero dispone che sia custodito presso idonee strutture nella disponibilità degli ufficiali o agenti di polizia giudiziaria che hanno eseguito l'arresto o che hanno avuto in consegna l'arrestato. In caso di mancanza, indisponibilità o inidoneità di tali strutture, o se ricorrono altre specifiche ragioni di necessità o di urgenza, il pubblico ministero dispone con decreto motivato che l'arrestato sia condotto nella casa circondariale del luogo dove l'arresto è stato eseguito ovvero, se ne possa derivare grave pregiudizio per le indagini, presso altra casa circondariale vicina.[3]

4-*ter*. Nei casi previsti dall'articolo 380, comma 2, lettere *e-bis*) ed *f*), il pubblico ministero dispone che l'arrestato sia custodito presso idonee strutture nella disponibilità degli ufficiali o agenti di polizia giudiziaria che hanno eseguito l'arresto o che hanno avuto in consegna l'arrestato. Si applica la disposizione di cui al comma 4-*bis*, terzo periodo.[3]

5. Se l'arresto non è convalidato, il giudice restituisce gli atti al pubblico ministero. Il giudice procede tuttavia a giudizio direttissimo quando l'imputato e il pubblico ministero vi consentono.

6. Se l'arresto è convalidato a norma dei commi precedenti, si procede immediatamente al giudizio.

7. L'imputato ha facoltà di chiedere un termine per preparare la difesa non superiore a cinque giorni. Quando l'imputato si avvale di tale facoltà, il dibattimento è sospeso fino all'udienza immediatamente successiva alla scadenza del termine.

8. Subito dopo l'udienza di convalida, l'imputato può formulare richiesta di giudizio abbreviato ovvero di applicazione della pena su richiesta. In tal caso il giudizio si svolge davanti allo stesso giudice del dibattimento. Si applicano le disposizioni dell'art. 452, comma 2.

9. Il pubblico ministero può, altresì, procedere al giudizio direttissimo nei casi previsti dall'art. 449, commi 4 e 5.

[1] Articolo così sostituito dall'art. 44 della L. 16 dic. 1999, n. 479.

[2] Comma così sost. dall'art. 1, c. 1, lett. *a*), D.L. 22 dic. 2011, conv. in L. 17 feb. 2012, n. 9.

[3] Commi aggiunti dall'art. 1, c. 1, lett. *b*), D.L. 22 dic. 2011, conv. con modif. in L. 17 feb. 2012, n. 9.

TITOLO IV
Dibattimento

559. ***Dibattimento.***[1] — 1. Il dibattimento si svolge secondo le norme stabilite per il procedimento davanti al tribunale in composizione collegiale, in quanto applicabili.

2. Anche fuori dei casi previsti dall'art. 140, il verbale di udienza è redatto soltanto in forma riassuntiva se le parti vi consentono e il giudice non ritiene necessaria la relazione in forma integrale.

3. L'esame diretto e il controesame dei testimoni, dei periti, dei consulenti tecnici, delle persone indicate nell'art. 210 e delle parti private sono svolti dal pubblico ministero e dai difensori. Su concorde richiesta delle parti, l'esame può essere condotto direttamente dal giudice sulla base delle domande e contestazioni proposte dal pubblico ministero e dai difensori.

4. In caso di impedimento del giudice, la sentenza è sottoscritta dal presidente del tribunale previa menzione della causa della sostituzione.

[1] Articolo così sostituito dall'art. 44 della L. 16 dic. 1999, n. 479.

560. [***Giudizio abbreviato.***][1]

[1] Articolo abrog. dalla L. 16 dic. 1999, n. 479.

561. [***Udienza per il giudizio abbreviato.***][1]

[1] Articolo abrog. dalla L. 16 dic. 1999, n. 479.

562. [*Trasformazione del rito.*][1]

[1] Articolo abrog. dalla L. 16 dic. 1999, n. 479.

563. [*Applicazione della pena su richiesta.*][1]

[1] Articolo abrog. dalla L. 16 dic. 1999, n. 479.

564. [*Tentativo di conciliazione.*][1]

[1] Articolo abrog. dalla L. 16 dic. 1999, n. 479.

565. [*Procedimento per decreto.*][1]

[1] Articolo abrog. dalla L. 16 dic. 1999, n. 479.

566. [*Convalida dell'arresto e giudizio direttissimo.*][1]

[1] Articolo abrog. dalla L. 16 dic. 1999, n. 479.

567. [*Dibattimento.*][1]

[1] Articolo abrog. dalla L. 16 dic. 1999, n. 479.

LIBRO NONO

IMPUGNAZIONI[1]

[1] *Att.* 164-176.

TITOLO I
Disposizioni generali

568. ***Regole generali.*** — 1. La legge stabilisce i casi nei quali i provvedimenti del giudice sono soggetti a impugnazione e determina il mezzo con cui possono essere impugnati.

2. Sono sempre soggetti a ricorso per cassazione, quando non sono altrimenti impugnabili, i provvedimenti con i quali il giudice decide sulla libertà personale e le sentenze, salvo quelle sulla competenza che possono dare luogo a un conflitto di giurisdizione o di competenza a norma dell'art. 28.

3. Il diritto di impugnazione spetta soltanto a colui al quale la legge espressamente lo conferisce. Se la legge non distingue tra le diverse parti, tale diritto spetta a ciascuna di esse.

4. Per proporre impugnazione è necessario avervi interesse.

4-*bis*. Il pubblico ministero propone impugnazione diretta a conseguire effetti favorevoli all'imputato solo con ricorso per cassazione.[1,2]

5. L'impugnazione è ammissibile indipendentemente dalla qualificazione a essa data dalla parte che l'ha proposta. Se l'impugnazione è proposta a un giudice incompetente, questi trasmette gli atti al giudice competente.

[1] Comma ins. dall'art. 1, D.lgs. 6 feb. 2018, n. 11.

[2] La Corte cost., con sent. 9 mag. 2022, n. 111, ha dichiarato l'ill. cost. del presente comma, in quanto interpretato nel senso che è inammissibile, per carenza di interesse ad impugnare, il ricorso per cassazione proposto avverso sentenza di appello che, in fase predibattimentale e senza alcuna forma di contraddittorio, abbia dichiarato non doversi procedere per intervenuta prescrizione del reato.

569. ***Ricorso immediato per cassazione.*** — 1. La parte che ha diritto di appellare la sentenza di primo grado può proporre direttamente ricorso per cassazione.

2. Se la sentenza è appellata da una delle altre parti, si applica la disposizione dell'art. 580. Tale disposizione non si applica se, entro quindici giorni dalla notificazione del ricorso, le parti che hanno proposto appello dichiarano tutte di rinunciarvi per proporre direttamente ricorso per cassazione. In tale caso, l'appello si converte in ricorso e le parti devono presentare entro quindici giorni dalla dichiarazione suddetta nuovi motivi, se l'atto di appello non aveva i requisiti per valere come ricorso.

3. La disposizione del comma 1 non si applica nei casi previsti dall'art. 606 comma 1 lettere *d*) ed *e*). In tali casi, il ricorso eventualmente proposto si converte in appello.

4. Fuori dei casi in cui nel giudizio di appello si sarebbe dovuta annullare la sentenza di primo grado, la corte di cassazione, quando pronuncia l'annullamento con rinvio della sentenza impugnata a norma del comma 1, dispone che gli atti siano trasmessi al giudice competente per l'appello.

570. ***Impugnazione del pubblico ministero.*** — 1. [Il procuratore della Repubblica presso la pretura],[1] il procuratore della Repubblica presso il tribunale e il procuratore generale presso la corte di appello possono proporre impugnazione, nei casi stabiliti dalla legge, quali che siano state le conclusioni del rappresentante del pubblico ministero. Salvo quanto previsto dall'articolo 593-*bis*,[2] comma 2, il procuratore generale può proporre impugnazione nonostante l'impugnazione o l'acquiescenza del pubblico ministero presso il giudice che ha emesso il provvedimento.

2. L'impugnazione può essere proposta anche dal rappresentante del pubblico ministero che ha presentato le conclusioni.

3. Il rappresentante del pubblico ministero che ha presentato le conclusioni e che ne fa richiesta nell'atto di appello può partecipare al successivo grado di giudizio quale sostituto del procuratore generale presso la corte di appello. La partecipazione è disposta dal procuratore generale presso la corte di appello qualora lo ritenga opportuno. Gli avvisi spettano in ogni caso al procuratore generale.

[1] Parole soppresse dall'art. 200, D.lgs. 19 feb. 1998, n. 51, a decorrere dal 2 giu. 1999.

[2] Parole così modif. dall'art. 1, D.lgs. 6 feb. 2018, n. 11.

571. ***Impugnazione dell'imputato.***[1] — 1. Salvo quanto previsto per il ricorso per cassazione dall'articolo 613, comma 1, l'imputato può proporre impugnazione personalmente o per mezzo di un procuratore speciale nominato anche prima della emissione del provvedimento.[2]

2. Il tutore per l'imputato soggetto alla tutela e il curatore speciale per l'imputato incapace di intendere o di volere, che non ha tutore, possono proporre l'impugnazione che spetta all'imputato.

3. Può inoltre proporre impugnazione il difenso-

re dell'imputato al momento del deposito del provvedimento ovvero il difensore nominato a tal fine.

4. L'imputato, nei modi previsti per la rinuncia, può togliere effetto all'impugnazione proposta dal suo difensore. Per l'efficacia della dichiarazione nel caso previsto dal comma 2, è necessario il consenso del tutore o del curatore speciale.

[1] V. art. 34, D.P.R. 22 set. 1988, n. 448: Imputati minorenni.

[2] Comma così modif. dall'art. 1, c. 54, L. 23 giu. 2017, n. 103.

572. ***Richiesta della parte civile o della persona offesa.*** — 1. La parte civile, la persona offesa, anche se non costituita parte civile, e gli enti e le associazioni intervenuti a norma degli artt. 93 e 94, possono presentare richiesta motivata al pubblico ministero di proporre impugnazione a ogni effetto penale.

2. Il pubblico ministero, quando non propone impugnazione, provvede con decreto motivato da notificare al richiedente.

573. ***Impugnazione per i soli interessi civili.*** — 1. L'impugnazione per i soli interessi civili è proposta, trattata e decisa con le forme ordinarie del processo penale.

2. L'impugnazione per i soli interessi civili non sospende l'esecuzione delle disposizioni penali del provvedimento impugnato.

574. ***Impugnazione dell'imputato per gli interessi civili.*** — 1. L'imputato può proporre impugnazione contro i capi della sentenza che riguardano la sua condanna alle restituzioni e al risarcimento del danno e contro quelli relativi alla rifusione delle spese processuali.

2. L'imputato può altresì proporre impugnazione contro le disposizioni della sentenza di assoluzione relative alle domande da lui proposte per il risarcimento del danno e per la rifusione delle spese processuali.

3. L'impugnazione è proposta col mezzo previsto per le disposizioni penali della sentenza.

4. L'impugnazione dell'imputato contro la pronuncia di condanna penale o di assoluzione estende i suoi effetti alla pronuncia di condanna alle restituzioni, al risarcimento dei danni e alla rifusione delle spese processuali, se questa pronuncia dipende dal capo o dal punto impugnato.

575. ***Impugnazione del responsabile civile e della persona civilmente obbligata per la pena pecuniaria.*** — 1. Il responsabile civile può proporre impugnazione contro le disposizioni della sentenza riguardanti la responsabilità dell'imputato e contro quelle relative alla condanna di questi e del responsabile civile alle restituzioni, al risarcimento del danno e alla rifusione delle spese processuali. L'impugnazione è proposta col mezzo che la legge attribuisce all'imputato.

2. Lo stesso diritto spetta alla persona civilmente obbligata per la pena pecuniaria nel caso in cui sia stata condannata.

3. Il responsabile civile può altresì proporre impugnazione contro le disposizioni della sentenza di assoluzione relative alle domande proposte per il risarcimento del danno e per la rifusione delle spese processuali.

576. ***Impugnazione della parte civile e del querelante.*** — 1. La parte civile può proporre impugnazione, contro i capi della sentenza di condanna che riguardano l'azione civile e, ai soli effetti della responsabilità civile, contro la sentenza di proscioglimento pronunciata nel giudizio. La parte civile può altresì[1] proporre impugnazione contro la sentenza pronunciata a norma dell'art. 442, quando ha consentito alla abbreviazione del rito.

2. Lo stesso diritto compete al querelante condannato a norma dell'art. 542.

[1] Parole così sost. dall'art. 6 della L. 20 feb. 2006, n. 46.

577. [***Impugnazione della persona offesa per i reati di ingiuria e diffamazione.***][1]

[1] Articolo abrog. dall'art. 9, L. 20 feb. 2006, n. 46.

578. ***Decisione sugli effetti civili nel caso di estinzione del reato per amnistia o per prescrizione e nel caso di improcedibilità per superamento dei termini di durata massima del giudizio di impugnazione.***[1] — 1. Quando nei confronti dell'imputato è stata pronunciata condanna, anche generica, alle restituzioni o al risarcimento dei danni cagionati dal reato, a favore della parte civile, il giudice di appello e la corte di cassazione, nel dichiarare il reato estinto per amnistia o per prescrizione, decidono sull'impugnazione ai soli effetti delle disposizioni e dei capi della sentenza che concernono gli interessi civili.

1-*bis*. Quando nei confronti dell'imputato è stata pronunciata condanna, anche generica, alle restituzioni o al risarcimento dei danni cagionati dal reato, a favore della parte civile, il giudice di appello e la Corte di cassazione, nel dichiarare improcedibile l'azione penale per il superamento dei termini di cui ai commi 1 e 2 dell'articolo 344-*bis*, rinviano per la prosecuzione al giudice civile competente per valore in grado di appello, che decide valutando le prove acquisite nel processo penale.[2]

[1] Rubrica così modif. dall'art. 2, c. 2, L. 27 set. 2021, n. 134.

[2] Articolo ins. dall'art. 2, c. 2, L. 27 set. 2021, n. 134. L'art. 2, ai commi 3, 4 e 5 dispone: «3. Le disposizioni di cui al c. 2 del presente articolo si applicano ai soli procedimenti di impugnazione che hanno a oggetto reati commessi a far data dal 1° gen. 2020.

4. Per i procedimenti di cui al c. 3 nei quali, alla data di entrata in vigore della presente legge, siano già pervenuti al giudice dell'appello o alla Corte di cassazione gli atti trasmessi ai sensi dell'articolo 590 del c.p.p., i termini di cui ai commi 1 e 2 dell'art. 344-*bis* del c.p.p. decorrono dalla data di entrata in vigore della presente legge.

5. Nei procedimenti di cui al c. 3 nei quali l'impugnazione è proposta entro la data del 31 dic. 2024, i termini previsti dai commi 1 e 2 dell'articolo 344-*bis* del codice di

procedura penale sono, rispettivamente, di tre anni per il giudizio di appello e di un anno e sei mesi per il giudizio di cassazione. Gli stessi termini si applicano nei giudizi conseguenti ad annullamento con rinvio pronunciato prima del 31 dic. 2024. In caso di pluralità di impugnazioni, si fa riferimento all'atto di impugnazione proposto per primo».

578-*bis*. *Decisione sulla confisca in casi particolari nel caso di estinzione del reato per amnistia o per prescrizione.*[1] — 1. Quando è stata ordinata la confisca in casi particolari prevista dal primo comma dell'articolo 240-*bis* del codice penale e da altre disposizioni di legge o la confisca prevista dall'articolo 322-*ter* del codice penale[2], il giudice di appello o la corte di cassazione, nel dichiarare il reato estinto per prescrizione o per amnistia, decidono sull'impugnazione ai soli effetti della confisca, previo accertamento della responsabilità dell'imputato.

[1] Articolo ins. dall'art. 6, c. 4, D.lgs. 1 mar. 2018, n. 21.
[2] Parole aggiunte dall'art. 1, c. 4, lett. *f*), L. 9 gen. 2019, n. 3.

579. *Impugnazione di sentenze che dispongono misure di sicurezza.* — 1. Contro le sentenze di condanna o di proscioglimento[1] è data impugnazione anche per ciò che concerne le misure di sicurezza, se l'impugnazione è proposta per un altro capo della sentenza che non riguardi esclusivamente gli interessi civili.

2. L'impugnazione contro le sole disposizioni della sentenza che riguardano le misure di sicurezza è proposta a norma dell'art. 680 comma 2.

3. L'impugnazione contro la sola disposizione che riguarda la confisca è proposta con gli stessi mezzi previsti per i capi penali.

[1] Comma così modif. dall'art. 23, L. 16 dic. 1999, n. 479.

580. *Conversione del ricorso in appello.*[1] — Quando contro la stessa sentenza sono proposti mezzi di impugnazione diversi, nel caso in cui sussista la connessione di cui all'articolo 12, il ricorso per la cassazione si converte nell'appello.

[1] Articolo così sost. dall'art. 7 della L. 20 feb. 2006, n. 46.

581. *Forma dell'impugnazione.*[1] — 1. L'impugnazione si propone con atto scritto nel quale sono indicati il provvedimento impugnato, la data del medesimo e il giudice che lo ha emesso, con l'enunciazione specifica, a pena di inammissibilità:

a) dei capi o dei punti della decisione ai quali si riferisce l'impugnazione;

b) delle prove delle quali si deduce l'inesistenza, l'omessa assunzione o l'omessa o erronea valutazione;

c) delle richieste, anche istruttorie;

d) dei motivi, con l'indicazione delle ragioni di diritto e degli elementi di fatto che sorreggono ogni richiesta.

[1] Articolo così sost. dall'art. 1, c. 55, L. 23 giu. 2017, n. 103.

582. *Presentazione dell'impugnazione.* — 1. Salvo che la legge disponga altrimenti, l'atto di impugnazione è presentato personalmente ovvero a mezzo di incaricato nella cancelleria del giudice che ha emesso il provvedimento impugnato. Il pubblico ufficiale addetto vi appone l'indicazione del giorno in cui riceve l'atto e della persona che lo presenta, lo sottoscrive, lo unisce agli atti del procedimento e rilascia, se richiesto, attestazione della ricezione.

2. Le parti private[1] e i difensori possono presentare l'atto di impugnazione anche nella cancelleria del tribunale o del giudice di pace[2] del luogo in cui si trovano, se tale luogo è diverso da quello in cui fu emesso il provvedimento, ovvero davanti a un agente consolare all'estero. In tali casi, l'atto viene immediatamente trasmesso alla cancelleria del giudice che emise il provvedimento impugnato.

[1] V. artt. 60, 74, 83, 89.
[2] Comma così sostituito dall'art. 45, comma 2, della L. 16 dic. 1999, n. 479.

583. *Spedizione dell'atto di impugnazione.* — 1. Le parti e i difensori possono proporre l'impugnazione con telegramma ovvero con atto da trasmettersi a mezzo di raccomandata alla cancelleria indicata nell'art. 582 comma 1. Il pubblico ufficiale addetto allega agli atti la busta contenente l'atto di impugnazione e appone su quest'ultimo l'indicazione del giorno della ricezione e la propria sottoscrizione.

2. L'impugnazione si considera proposta nella data di spedizione della raccomandata o del telegramma.

3. Se si tratta di parti private, la sottoscrizione dell'atto deve essere autenticata da un notaio, da altra persona autorizzata o dal difensore.

584. *Notificazione della impugnazione.* — 1. A cura della cancelleria del giudice che ha emesso il provvedimento impugnato, l'atto di impugnazione è comunicato al pubblico ministero presso il medesimo giudice ed è notificato alle parti private senza ritardo.

585. *Termini per l'impugnazione.* — 1. Il termine per proporre impugnazione, per ciascuna delle parti, è:

a) di quindici giorni, per i provvedimenti emessi in seguito a procedimento in camera di consiglio e nel caso previsto dall'art. 544 comma 1;

b) di trenta giorni, nel caso previsto dall'art. 544 comma 2;

c) di quarantacinque giorni, nel caso previsto dall'art. 544 comma 3.

2. I termini previsti dal comma 1 decorrono:

a) dalla notificazione o comunicazione dell'avviso di deposito del provvedimento emesso in seguito a procedimento in camera di consiglio;

b) dalla lettura del provvedimento in udienza, quando è redatta anche la motivazione, per tutte le parti che sono state o che debbono considerarsi presenti nel giudizio, anche se non sono presenti alla lettura;

c) dalla scadenza del termine stabilito dalla legge o determinato dal giudice per il deposito della sentenza ovvero, nel caso previsto dall'art. 548 comma 2, dal giorno in cui è stata eseguita la notificazione o la comunicazione dell'avviso di deposito;

d) dal giorno in cui è stata eseguita [la notificazione o][1] la comunicazione dell'avviso di deposito con l'estratto del provvedimento, [per l'imputato contumace e][1] per il procuratore generale presso la corte di appello rispetto ai provvedimenti emessi in udienza da qualsiasi giudice della sua circoscrizione diverso dalla corte di appello.

3. Quando la decorrenza è diversa per l'imputato e per il suo difensore, opera per entrambi il termine che scade per ultimo.

4. Fino a quindici giorni prima dell'udienza possono essere presentati nella cancelleria del giudice della impugnazione motivi nuovi nel numero di copie necessarie per tutte le parti. L'inammissibilità dell'impugnazione si estende ai motivi nuovi.

5. I termini previsti dal presente articolo sono stabiliti a pena di decadenza.

[1] Parole soppresse dall'art. 11, c. 1, L. 28 apr. 2014, n. 67. Si veda altresì l'art. 15-*bis* alla L. 67/2014 introdotto dall'art. 1, L. 11 ago. 2014, n. 118.

586. ***Impugnazione di ordinanze emesse nel dibattimento.*** — 1. Quando non è diversamente stabilito dalla legge, l'impugnazione contro le ordinanze emesse nel corso degli atti preliminari ovvero nel dibattimento può essere proposta, a pena di inammissibilità, soltanto con l'impugnazione contro la sentenza. L'impugnazione è tuttavia ammissibile anche se la sentenza è impugnata soltanto per connessione con l'ordinanza.

2. L'impugnazione dell'ordinanza è giudicata congiuntamente a quella contro la sentenza, salvo che la legge disponga altrimenti.

3. Contro le ordinanze in materia di libertà personale[1] è ammessa l'impugnazione immediata, indipendentemente dall'impugnazione contro la sentenza.

587. ***Estensione dell'impugnazione.*** — 1. Nel caso di concorso di più persone in uno stesso reato, l'impugnazione proposta da uno degli imputati, purché non fondata su motivi esclusivamente personali, giova anche agli altri imputati.

2. Nel caso di riunione di procedimenti per reati diversi, l'impugnazione proposta da un imputato giova a tutti gli altri imputati soltanto se i motivi riguardano violazioni della legge processuale e non sono esclusivamente personali.

3. L'impugnazione proposta dall'imputato giova anche al responsabile civile e alla persona civilmente obbligata per la pena pecuniaria.

4. L'impugnazione proposta dal responsabile civile o dalla persona civilmente obbligata per la pena pecuniaria giova all'imputato anche agli effetti penali, purché non sia fondata su motivi esclusivamente personali.

588. ***Sospensione della esecuzione.*** — 1. Dal momento della pronuncia, durante i termini per impugnare e fino all'esito del giudizio di impugnazione, l'esecuzione del provvedimento impugnato è sospesa, salvo che la legge disponga altrimenti.[1]

2. Le impugnazioni contro i provvedimenti in materia di libertà personale non hanno in alcun caso effetto sospensivo.

[1] A norma dell'art. 41 del D.P.R. 22 set. 1998, n. 448, sul processo penale a carico di imputati minorenni, è escluso l'effetto sospensivo dell'appello contro i provvedimenti del magistrato di sorveglianza per i minorenni, in materia di misure di sicurezza, salva diversa disposizione del Tribunale per i minorenni.

589. ***Rinuncia all'impugnazione.*** — 1. Il pubblico ministero presso il giudice che ha pronunciato il provvedimento impugnato può rinunciare alla impugnazione da lui proposta fino all'apertura del dibattimento. Successivamente la dichiarazione di rinuncia può essere effettuata prima dell'inizio della discussione dal pubblico ministero presso il giudice della impugnazione, anche se l'impugnazione stessa è stata proposta da altro pubblico ministero.

2. Le parti private possono rinunciare all'impugnazione anche per mezzo di procuratore speciale.

3. La dichiarazione di rinuncia è presentata a uno degli organi competenti a ricevere l'impugnazione nelle forme e nei modi previsti dagli artt. 581, 582 e 583 ovvero, in dibattimento, prima dell'inizio della discussione.

4. Quando l'impugnazione è trattata e decisa in camera di consiglio, la dichiarazione di rinuncia può essere effettuata, prima dell'udienza, dal pubblico ministero che ha proposto l'impugnazione e, successivamente, dal pubblico ministero presso il giudice dell'impugnazione, anche se la stessa è stata proposta da altro pubblico ministero.

590. ***Trasmissione di atti in seguito all'impugnazione.*** — 1. Al giudice della impugnazione sono trasmessi senza ritardo il provvedimento impugnato, l'atto di impugnazione e gli atti del procedimento.

591. ***Inammissibilità dell'impugnazione.*** — 1. L'impugnazione è inammissibile:

a) quando è proposta da chi non è legittimato o non ha interesse;

b) quando il provvedimento non è impugnabile;

c) quando non sono osservate le disposizioni degli artt. 581, 582, 583, 585 e 586;

d) quando vi è rinuncia all'impugnazione.

2. Il giudice dell'impugnazione, anche di ufficio, dichiara con ordinanza l'inammissibilità e dispone l'esecuzione del provvedimento impugnato.

3. L'ordinanza è notificata a chi ha proposto l'impugnazione ed è soggetta a ricorso per cassazione.

Se l'impugnazione è stata proposta personalmente dall'imputato, l'ordinanza è notificata anche al difensore.

4. L'inammissibilità, quando non è stata rilevata a norma del comma 2, può essere dichiarata in ogni stato e grado del procedimento.

592. ***Condanna alle spese nei giudizi di impugnazione.*** — 1. Con il provvedimento che rigetta o dichiara inammissibile l'impugnazione, la parte privata che l'ha proposta è condannata alle spese del procedimento.

2. I coimputati che hanno partecipato al giudizio a norma dell'art. 587 sono condannati alle spese in solido con l'imputato che ha proposto l'impugnazione.

3. L'imputato che nel giudizio di impugnazione riporta condanna penale è condannato alle spese dei precedenti giudizi, anche se in questi sia stato prosciolto.

4. Nei giudizi di impugnazione per i soli interessi civili, la parte privata soccombente è condannata alle spese.

TITOLO II
Appello

593. ***Casi di appello.***[1] — 1. Salvo quanto previsto dagli articoli 443, comma 3, 448, comma 2, 579 e 680, l'imputato può appellare contro le sentenze di condanna mentre il pubblico ministero può appellare contro le medesime sentenze solo quando modificano il titolo del reato o escludono la sussistenza di una circostanza aggravante ad effetto speciale o stabiliscono una pena di specie diversa da quella ordinaria del reato.[2]

2. Il pubblico ministero può appellare contro le sentenze di proscioglimento. L'imputato può appellare contro le sentenze di proscioglimento emesse al termine del dibattimento, salvo che si tratti di sentenze di assoluzione perché il fatto non sussiste o perché l'imputato non lo ha commesso.[2]

3. Sono in ogni caso inappellabili le sentenze di condanna per le quali è stata applicata la sola pena dell'ammenda e le sentenze di proscioglimento relative a contravvenzioni punite con la sola pena dell'ammenda o con pena alternativa.[3]

[1] Articolo così sost. dall'art. 1, L. 20 feb. 2006, n. 46.

La Corte cost., con sent. 7 feb. 2007, n. 26, ha dichiarato l'ill. cost. dell'art. 1, L. 20 feb. 2006, n. 46 (modifiche al cpp in materia di inappellabilità delle sentenze di proscioglimento) nella parte in cui, sostituendo l'art. 593, esclude che il pubblico ministero possa appellare contro le sentenze di proscioglimento, fatta eccezione per le ipotesi previste dall'art. 603, c. 2, se la nuova prova è decisiva.

La Corte cost., con sent. 4 apr. 2008, n. 85, ha dichiarato l'ill. cost. dell'art. 1, L. 20 feb. 2006, n. 46 nella parte in cui, sostituendo l'art. 593 del c.p.p., esclude che l'imputato possa appellare contro le sentenze di proscioglimento relativi a reati diversi dalle contravvenzioni punite con la sola ammenda o con pena alternativa, fatta eccezione per le ipotesi previste dall'art. 603, c. 2, del medesimo codice, se la nuova prova è decisiva.

Con medesima sentenza la Corte ha dichiarato altresì l'ill. cost. dell'art. 10, c. 2, della citata legge, nella parte in cui prevede che l'appello proposto prima dell'entrata in vigore della medesima legge dall'imputato, a norma dell'art. 593 c.p.p., contro una sentenza di proscioglimento, relativa a reato diverso dalle contravvenzioni punite con la sola ammenda o con pena alternativa, sia dichiarato inammissibile.

[2] Comma così sost. dall'art. 2, c. 1, D.lgs. 6 feb. 2018, n. 11.

[3] Comma così modif. dall'art. 2, c. 1, D.lgs. 6 feb. 2018, n. 11.

593-*bis*. ***Appello del pubblico ministero.***[1] — 1. Nei casi consentiti, contro le sentenze del giudice per le indagini preliminari, della corte d'assise e del tribunale può appellare il procuratore della Repubblica presso il tribunale.

2. Il procuratore generale presso la corte d'appello può appellare soltanto nei casi di avocazione o qualora il procuratore della Repubblica abbia prestato acquiescenza al provvedimento.

[1] Articolo ins. dall'art. 3, c. 1, D.lgs. 6 feb. 2018, n. 11.

594. [***Appello del pubblico ministero.***][1]

[1] Articolo abrog. dall'art. 218, D.lgs. 19 feb. 1998, n. 51.

595. ***Appello incidentale.*** — 1. L'imputato che non ha proposto impugnazione può proporre appello incidentale entro quindici giorni da quello in cui ha ricevuto la notificazione prevista dall'articolo 584.[1]

2. L'appello incidentale è proposto, presentato e notificato a norma degli artt. 581, 582, 583 e 584.

3. Entro quindici giorni dalla notificazione dell'impugnazione presentata dalle altre parti, l'imputato può presentare al giudice, mediante deposito in cancelleria, memorie o richieste scritte.[1]

4. L'appello incidentale perde efficacia in caso di inammissibilità dell'appello principale o di rinuncia allo stesso.

[1] Comma così sost. dall'art. 4, c. 1, D.lgs. 6 feb. 2018, n. 11.

596. ***Giudice competente.*** — Sull'appello proposto contro le sentenze pronunciate dal Tribunale decide la corte d'appello.[1]

2. Sull'appello proposto contro le sentenze della corte di assise decide la corte di assise di appello.

3. Salvo quanto previsto dall'art. 428, sull'appello contro le sentenze pronunciate dal giudice per le indagini preliminari, decidono, rispettivamente, la corte di appello e la corte di assise di appello, a seconda che si tratti di reato di competenza del tribunale o della corte di assise.

[1] Comma così sost. dall'art. 202, I. c., lett. *a*) del D.lgs. 19 feb. 1998, n. 51.

597. ***Cognizione del giudice di appello.*** — 1. L'appello attribuisce al giudice di secondo grado la cognizione del procedimento limitatamente ai punti della decisione ai quali si riferiscono i motivi proposti.

2. Quando appellante è il pubblico ministero:

a) se l'appello riguarda una sentenza di condanna, il giudice può, entro i limiti della competenza del giudice di primo grado, dare al fatto una definizione giuridica più grave, mutare la specie o aumentare la quantità della pena, revocare benefici, applicare, quando occorre, misure di sicurezza e adottare ogni altro provvedimento imposto o consentito dalla legge;

b) se l'appello riguarda una sentenza di proscioglimento, il giudice può pronunciare condanna ed emettere i provvedimenti indicati nella lettera *a*) ovvero prosciogliere per una causa diversa da quella enunciata nella sentenza appellata;

c) se conferma la sentenza di primo grado, il giudice può applicare, modificare o escludere, nei casi determinati dalla legge, le pene accessorie e le misure di sicurezza.

3. Quando appellante è il solo imputato, il giudice non può irrogare una pena più grave per specie o quantità, applicare una misura di sicurezza nuova o più grave, prosciogliere l'imputato per una causa meno favorevole di quella enunciata nella sentenza appellata né revocare benefici, salva la facoltà, entro i limiti indicati nel comma 1, di dare al fatto una definizione giuridica più grave, purché non venga superata la competenza del giudice di primo grado.

4. In ogni caso, se è accolto l'appello dell'imputato relativo a circostanze o reati concorrenti, anche se unificati per la continuazione, la pena complessiva irrogata è corrispondentemente diminuita.

5. Con la sentenza possono essere applicate anche di ufficio la sospensione condizionale della pena), la non menzione della condanna nel certificato del casellario giudiziale e una o più circostanze attenuanti; può essere altresì effettuato, quando occorre, il giudizio di comparazione a norma dell'art. 69 del c.p.

598. ***Estensione delle norme sul giudizio di primo grado al giudizio di appello.*** — 1. In grado di appello si osservano, in quanto applicabili, le disposizioni relative al giudizio di primo grado, salvo quanto previsto dagli articoli seguenti.

599. ***Decisioni in camera di consiglio.*** — 1. Quando l'appello ha esclusivamente per oggetto la specie o la misura della pena, anche con riferimento al giudizio di comparazione fra circostanze, o l'applicabilità delle circostanze attenuanti generiche, di sanzioni sostitutive,[1] della sospensione condizionale della pena o della non menzione della condanna nel certificato del casellario giudiziale, la corte provvede in camera di consiglio con le forme previste dall'art. 127.

2. L'udienza è rinviata se sussiste un legittimo impedimento dell'imputato che ha manifestato la volontà di comparire.

3. Nel caso di rinnovazione dell'istruzione dibattimentale, il giudice assume le prove in camera di consiglio, a norma dell'art. 603, con la necessaria partecipazione del pubblico ministero e dei difensori. Se questi non sono presenti quando è disposta la rinnovazione, il giudice fissa una nuova udienza e dispone che copia del provvedimento sia comunicata al pubblico ministero e notificata ai difensori.

4-5.[2]

[1] V. artt. 53 s. L. 21 nov. 1981, n. 689.

[2] Commi abrog. dall'art. 2, c. 1, lett. *i*), D.L. 23 mag. 2008, n. 92, conv. con modif. in L. 24 lug. 2008, n. 125.

599-*bis*. ***Concordato anche con rinuncia ai motivi di appello.***[1] — 1. La corte provvede in camera di consiglio anche quando le parti, nelle forme previste dall'articolo 589, ne fanno richiesta dichiarando di concordare sull'accoglimento, in tutto o in parte, dei motivi di appello, con rinuncia agli altri eventuali motivi. Se i motivi dei quali viene chiesto l'accoglimento comportano una nuova determinazione della pena, il pubblico ministero, l'imputato e la persona civilmente obbligata per la pena pecuniaria indicano al giudice anche la pena sulla quale sono d'accordo.

2. Sono esclusi dall'applicazione del comma 1 i procedimenti per i delitti di cui all'articolo 51, commi 3-*bis* e 3-*quater*, i procedimenti per i delitti di cui agli articoli 600-*bis*, 600-*ter*, primo, secondo, terzo e quinto comma, 600-*quater*, secondo comma, 600-*quater*.1, relativamente alla condotta di produzione o commercio di materiale pornografico, 600-*quinquies*, 609-*bis*, 609-*ter*, 609-*quater* e 609-*octies* del codice penale, nonché quelli contro coloro che siano stati dichiarati delinquenti abituali, professionali o per tendenza.

3. Il giudice, se ritiene di non poter accogliere, allo stato, la richiesta, ordina la citazione a comparire al dibattimento. In questo caso la richiesta e la rinuncia perdono effetto, ma possono essere riproposte nel dibattimento.

4. Fermo restando quanto previsto dal comma 1 dell'articolo 53, il procuratore generale presso la corte di appello, sentiti i magistrati dell'ufficio e i procuratori della Repubblica del distretto, indica i criteri idonei a orientare la valutazione dei magistrati del pubblico ministero nell'udienza, tenuto conto della tipologia dei reati e della complessità dei procedimenti.

[1] Articolo ins. dall'art. 1, c. 56, L. 23 giu. 2017, n. 103.

600. ***Provvedimenti in ordine all'esecuzione delle condanne civili.*** — 1. Se il giudice di primo grado ha omesso di pronunciare sulla richiesta di provvisoria esecuzione proposta a norma dell'art. 540 comma 1 ovvero l'ha rigettata, la parte civile può riproporla mediante impugnazione della sentenza di primo grado al giudice di appello il quale, a richiesta della parte, provvede con ordinanza in camera di consiglio.

2. Il responsabile civile e l'imputato possono chiedere con le stesse forme la revoca o la sospensione della provvisoria esecuzione.

3. Su richiesta delle stesse parti, il giudice di ap-

pello può disporre, con le forme previste dal comma 1, che sia sospesa l'esecuzione della condanna al pagamento della provvisionale quando possa derivarne grave e irreparabile danno.[1]

[1] La Corte cost., con sent. 27 lug. 1994, n. 353, ha dichiarato l'ill. cost. dell'art. 600, c. 3, nella parte in cui prevede che il giudice d'appello può disporre la sospensione dell'esecuzione della condanna al pagamento della provvisionale «quando possa derivarne grave e irreparabile danno», anziché «quando ricorrono gravi motivi».

601. ***Atti preliminari al giudizio.*** — 1. Fuori dei casi previsti dall'art. 591, il presidente ordina senza ritardo la citazione dell'imputato appellante; ordina altresì la citazione dell'imputato non appellante se vi è appello del pubblico ministero, se ricorre alcuno dei casi previsti dall'art. 587 o se l'appello è proposto per i soli interessi civili.

2. Quando si procede in camera di consiglio a norma dell'art. 599, ne è fatta menzione nel decreto di citazione.

3. Il decreto di citazione per il giudizio di appello contiene i requisiti previsti dall'art. 429 comma 1 lettere *a*), *f*), *g*) nonché l'indicazione del giudice competente. Il termine per comparire non può essere inferiore a venti giorni.

4. È ordinata in ogni caso la citazione del responsabile civile, della persona civilmente obbligata per la pena pecuniaria e della parte civile; questa è citata anche quando ha appellato il solo imputato contro una sentenza di proscioglimento.

5. Almeno venti giorni prima della data fissata per il giudizio di appello, è notificato avviso ai difensori.

6. Il decreto di citazione è nullo se l'imputato non è identificato in modo certo ovvero se manca o è insufficiente l'indicazione di uno dei requisiti previsti dall'art. 429 comma 1 lettera *f*).

602. ***Dibattimento di appello.*** — 1. Nell'udienza, il presidente o il consigliere da lui delegato fa la relazione della causa.

1-*bis*. Se le parti richiedono concordemente l'accoglimento, in tutto o in parte, dei motivi di appello a norma dell'articolo 599-*bis*, il giudice, quando ritiene che la richiesta deve essere accolta, provvede immediatamente; altrimenti dispone la prosecuzione del dibattimento. La richiesta e la rinuncia ai motivi non hanno effetto se il giudice decide in modo difforme dall'accordo.[1]

2.[2]

3. Nel dibattimento può essere data lettura, anche di ufficio, di atti del giudizio di primo grado nonché, entro i limiti previsti dagli artt. 511 e seguenti, di atti compiuti nelle fasi antecedenti.

4. Per la discussione si osservano le disposizioni dell'art. 523.

[1] Comma ins. dall'art. 1, c. 57, L. 23 giu. 2017, n. 103.
[2] Comma abrog. dall'art. 2, c. 1, lett. *l*), D.L. 23 mag. 2008, n. 92, conv. con modif. in L. 24 lug. 2008, n. 125.

603. ***Rinnovazione dell'istruzione dibattimentale.*** — 1. Quando una parte, nell'atto di appello o nei motivi presentati a norma dell'art. 585 comma 4, ha chiesto la riassunzione di prove già acquisite nel dibattimento di primo grado o l'assunzione di nuove prove, il giudice, se ritiene di non essere in grado di decidere allo stato degli atti, dispone la rinnovazione dell'istruzione dibattimentale.

2. Se le nuove prove sono sopravvenute o scoperte dopo il giudizio di primo grado, il giudice dispone la rinnovazione dell'istruzione dibattimentale nei limiti previsti dall'articolo 495 comma 1.

3. La rinnovazione dell'istruzione dibattimentale è disposta di ufficio se il giudice la ritiene assolutamente necessaria.

3-*bis*. Nel caso di appello del pubblico ministero contro una sentenza di proscioglimento per motivi attinenti alla valutazione della prova dichiarativa, il giudice dispone la rinnovazione dell'istruzione dibattimentale.[1]

4. [...][2]

5. Il giudice provvede con ordinanza, nel contraddittorio delle parti.

6. Alla rinnovazione dell'istruzione dibattimentale, disposta a norma dei commi precedenti, si procede immediatamente. In caso di impossibilità, il dibattimento è sospeso per un termine non superiore a dieci giorni.

[1] Comma ins. dall'art. 1, c. 58, L. 23 giu. 2017, n. 103.
[2] Comma abrog. dall'art. 11, c. 2, L. 28 apr. 2014, n. 67. Si veda altresì l'art. 15-*bis* alla L. 67/2014 introdotto dall'art. 1, L. 11 ago. 2014, n. 118.

604. ***Questioni di nullità.*** — 1. Il giudice di appello, nei casi previsti dall'art. 522, dichiara la nullità in tutto o in parte della sentenza appellata e dispone la trasmissione degli atti al giudice di primo grado, quando vi è stata condanna per un fatto diverso o applicazione di una circostanza aggravante per la quale la legge stabilisce una pena di specie diversa da quella ordinaria del reato o di una circostanza aggravante ad effetto speciale, sempre che non vengano ritenute prevalenti o equivalenti circostanze attenuanti.

2. Quando sono state ritenute prevalenti o equivalenti circostanze attenuanti o sono state applicate circostanze aggravanti diverse da quelle previste dal comma 1, il giudice di appello esclude le circostanze aggravanti, effettua, se occorre, un nuovo giudizio di comparizione e ridetermina la pena.

3. Quando vi è stata condanna per un reato concorrente o per un fatto nuovo, il giudice di appello dichiara nullo il relativo capo della sentenza ed elimina la pena corrispondente, disponendo che del provvedimento sia data notizia al pubblico ministero per le sue determinazioni.

4. Il giudice di appello, se accerta una delle nullità indicate nell'art. 179, da cui sia derivata la nullità del provvedimento che dispone il giudizio[1] o della sentenza di primo grado, la dichiara con sentenza e rinvia gli atti al giudice che procedeva quando si è verificata la nullità. Nello stesso modo il giudice

provvede se accerta una delle nullità indicate nell'art. 180 che non sia stata sanata e da cui sia derivata la nullità del provvedimento che dispone il giudizio o della sentenza di primo grado.

5. Se si tratta di altre nullità che non sono state sanate, il giudice di appello può ordinare la rinnovazione degli atti nulli o anche, dichiarata la nullità, decidere nel merito, qualora riconosca che l'atto non fornisce elementi necessari al giudizio.

5-*bis*. Nei casi in cui si sia proceduto in assenza dell'imputato, se vi è la prova che si sarebbe dovuto provvedere ai sensi dell'articolo 420-*ter* o dell'articolo 420-*quater*, il giudice di appello dichiara la nullità della sentenza e dispone il rinvio degli atti al giudice di primo grado. Il giudice di appello annulla altresì la sentenza e dispone la restituzione degli atti al giudice di primo grado qualora l'imputato provi che l'assenza è stata dovuta ad una incolpevole mancata conoscenza della celebrazione del processo di primo grado. Si applica l'articolo 489, comma 2.[2]

6. Quando il giudice di primo grado ha dichiarato che il reato è estinto o che l'azione penale non poteva essere iniziata o proseguita, il giudice di appello, se riconosce erronea tale dichiarazione, ordina, occorrendo, la rinnovazione del dibattimento e decide nel merito.

7. Quando il giudice di primo grado ha respinto la domanda di oblazione, il giudice di appello, se riconosce erronea tale decisione, accoglie la domanda e sospende il dibattimento fissando un termine massimo non superiore a dieci giorni per il pagamento delle somme dovute. Se il pagamento avviene nel termine, il giudice di appello pronuncia sentenza di proscioglimento.

8. Nei casi previsti dal comma 1, se annulla una sentenza della corte di assise o del tribunale, il giudice di appello dispone la trasmissione degli atti ad altra sezione della stessa corte o dello stesso tribunale ovvero, in mancanza, alla corte o al tribunale più vicini. Se annulla una sentenza di un giudice per le indagini preliminari, dispone la trasmissione degli atti al medesimo tribunale; tuttavia il giudice deve essere diverso da quello che ha pronunciato la sentenza annullata.[3]

[1] V. artt. 429, 450, 456, 555.
[2] Comma ins. dall'art. 11, c. 3, L. 28 apr. 2014, n. 67. Si veda altresì l'art. 15-*bis* alla L. 67/2014 introdotto dall'art. 1, L. 11 ago. 2014, n. 118.
[3] Comma così sost. dall'art. 203 del D.lgs. 19 feb. 1998, n. 51.

605. ***Sentenza.*** — 1. Fuori dei casi previsti dall'art. 604, il giudice di appello pronuncia sentenza con la quale conferma o riforma la sentenza appellata.

2. Le pronunce del giudice di appello sull'azione civile sono immediatamente esecutive.

3. Copia della sentenza di appello, con gli atti del procedimento, è trasmessa senza ritardo, a cura della cancelleria, al giudice di primo grado, quando questi è competente per l'esecuzione e non è stato proposto ricorso per cassazione.

TITOLO III
Ricorso per cassazione[1]

[1] V. *Att.* 168.

CAPO I
Disposizioni generali

606. ***Casi di ricorso.*** — 1. Il ricorso per cassazione può essere proposto per i seguenti motivi:

a) esercizio da parte del giudice di una potestà riservata dalla legge a organi legislativi o amministrativi ovvero non consentita ai pubblici poteri;

b) inosservanza o erronea applicazione della legge penale o di altre norme giuridiche, di cui si deve tener conto nell'applicazione della legge penale;

c) inosservanza delle norme processuali stabilite a pena di nullità, di inutilizzabilità, di inammissibilità o di decadenza;

d) mancata assunzione di una prova decisiva, quando la parte ne ha fatto richiesta anche nel corso dell'istruzione dibattimentale limitatamente ai casi previsti dall'articolo 495, comma 2;[1]

e) mancanza, contraddittorietà o manifesta illogicità della motivazione, quando il vizio risulta dal testo del provvedimento impugnato ovvero da altri atti del processo specificamente indicati nei motivi di gravame;[1]

2. Il ricorso, oltre che nei casi e con gli effetti determinati da particolari disposizioni, può essere proposto contro le sentenze pronunciate in grado di appello o inappellabili.

2-*bis*. Contro le sentenze di appello pronunciate per reati di competenza del giudice di pace, il ricorso può essere proposto soltanto per i motivi di cui al comma 1, lettere *a*), *b*) e *c*).[2]

3. Il ricorso è inammissibile se è proposto per motivi diversi da quelli consentiti dalla legge o manifestamente infondati ovvero, fuori dei casi previsti dagli artt. 569 e 609 comma 2, per violazioni di legge non dedotte con i motivi di appello.

[1] Lettera così sost. dall'art. 8, c. 1, L. 20 feb. 2006, n. 46. V. l'art. 10, L. 20 feb. 2006, n. 46.
[2] Comma ins. dall'art. 5, c. 1, D.lgs. 6 feb. 2018, n. 11.

607. ***Ricorso dell'imputato.*** — 1. L'imputato può ricorrere per cassazione contro la sentenza di condanna o di proscioglimento ovvero contro la sentenza inappellabile di non luogo a procedere.

2. Può, inoltre, ricorrere contro le sole disposizioni della sentenza che riguardano le spese processuali.

608. ***Ricorso del pubblico ministero.*** — 1. Il procuratore generale presso la corte di appello può ricorrere per cassazione contro ogni sentenza di condanna o di proscioglimento pronunciata in grado di appello o inappellabile.

1-*bis*. Se il giudice di appello pronuncia sentenza di conferma di quella di proscioglimento, il ricorso per cassazione può essere proposto solo per i motivi di cui alle lettere *a*), *b*) e *c*) del comma 1 dell'articolo 606.[1]

2. Il procuratore della Repubblica presso il tribunale può ricorrere per cassazione contro ogni sentenza inappellabile, di condanna o di proscioglimento, pronunciata dalla corte di assise, dal tribunale o dal giudice per le indagini preliminari presso il tribunale.

3.[2]

4. Il procuratore generale e il procuratore della Repubblica presso il tribunale possono anche ricorrere nei casi previsti dall'art. 569 e da altre disposizioni di legge.

[1] Comma ins. dall'art. 1, c. 69, L. 23 giu. 2017, n. 103.

[2] Comma soppresso dall'art. 204, c. 1, lett. *a*) del D.lgs. 19 feb. 1998, n. 51. A decorrere dal 2 giu. 1999.

609. ***Cognizione della corte di cassazione.*** — 1. Il ricorso attribuisce alla corte di cassazione la cognizione del procedimento limitatamente ai motivi proposti.

2. La corte decide altresì le questioni rilevabili di ufficio in ogni stato e grado del processo e quelle che non sarebbe stato possibile dedurre in grado di appello.

CAPO II
Procedimento[1]

[1] V. *Att.* 169.

610. ***Atti preliminari.*** — 1. Il presidente della corte di cassazione, se rileva una causa di inammissibilità dei ricorsi, li assegna ad apposita sezione. Il presidente della sezione fissa la data per la decisione in camera di consiglio. La cancelleria dà comunicazione del deposito degli atti e della data dell'udienza al procuratore generale ed ai difensori nel termine di cui al comma 5. L'avviso contiene l'enunciazione della causa di inammissibilità rilevata con riferimento al contenuto dei motivi di ricorso. Si applica il comma 1 dell'art. 611. Ove non venga dichiarata l'inammissibilità, gli atti sono rimessi al presidente della corte.[1]

1-*bis*. Il presidente della corte di cassazione provvede all'assegnazione dei ricorsi alle singole sezioni secondo i criteri stabiliti dalle leggi di ordinamento giudiziario.[2]

2. Il presidente, su richiesta del procuratore generale, dei difensori delle parti o anche di ufficio, assegna il ricorso alle sezioni unite quando le questioni proposte sono di speciale importanza o quando occorre dirimere contrasti insorti tra le decisioni delle singole sezioni.

3. Il presidente della corte, se si tratta delle sezioni unite, ovvero il presidente della sezione fissa la data per la trattazione del ricorso in udienza pubblica o in camera di consiglio e designa il relatore. Il presidente dispone altresì la riunione dei giudizi nei casi previsti dall'art. 17 e la separazione dei medesimi quando giovi alla speditezza della decisione.

4.[2]

5. Almeno trenta giorni prima della data dell'udienza, la cancelleria ne dà avviso al procuratore generale e ai difensori, indicando se il ricorso sarà deciso a seguito di udienza pubblica ovvero in camera di consiglio.

5-*bis*. Nei casi previsti dall'articolo 591, comma 1, lettere *a*), limitatamente al difetto di legittimazione, *b*), *c*), esclusa l'inosservanza delle disposizioni dell'articolo 581, e *d*), la corte dichiara senza formalità di procedura l'inammissibilità del ricorso. Allo stesso modo la corte dichiara l'inammissibilità del ricorso contro la sentenza di applicazione della pena su richiesta delle parti e contro la sentenza pronunciata a norma dell'articolo 599-*bis*. Contro tale provvedimento è ammesso il ricorso straordinario a norma dell'articolo 625-*bis*.[3]

[1] Comma così modif. dall'art. 1, c. 61, L. 23 giu. 2017, n. 103.

[2] Comma abrog. dall'art. 6, c. 2, L. 26 mar. 2001, n. 128.

[3] Comma ins. dall'art. 1, c. 62, L. 23 giu. 2017, n. 103.

611. ***Procedimento in camera di consiglio.*** — 1. Oltre che nei casi particolarmente previsti dalla legge, la corte procede in camera di consiglio quando deve decidere su ogni ricorso contro provvedimenti non emessi nel dibattimento, fatta eccezione delle sentenze pronunciate a norma dell'art. 442. Se non è diversamente stabilito e in deroga a quanto previsto dall'art. 127, la corte giudica sui motivi, sulle richieste del procuratore generale e sulle memorie delle altre parti senza intervento dei difensori. Fino a quindici giorni prima dell'udienza, tutte le parti possono presentare motivi nuovi e memorie e, fino a cinque giorni prima, possono presentare memorie di replica.

2.[1]

[1] Comma abrog. dall'art. 6, c. 3, L. 26 mar. 2001, n. 128.

612. ***Sospensione dell'esecuzione della condanna civile.*** — 1. A richiesta dell'imputato o del responsabile civile, la corte di cassazione può sospendere, in pendenza del ricorso, l'esecuzione della condanna civile, quando può derivarne grave e irreparabile danno. La decisione sulla richiesta di sospensione della condanna civile è adottata dalla corte di cassazione con ordinanza in camera di consiglio.

613. ***Difensori.*** — 1. [Salvo che la parte non vi provveda personalmente,][1] l'atto di ricorso, le memorie e i motivi nuovi devono essere sottoscritti, a pena di inammissibilità, da difensori iscritti nell'albo speciale della corte di cassazione. Davanti alla corte medesima le parti sono rappresentate dai difensori.

2. Per tutti gli atti che si compiono nel procedimento davanti alla corte, il domicilio delle parti è presso i rispettivi difensori, salvo quanto previsto dal comma 4. Il difensore è nominato per la proposizione del ricorso o successivamente; in mancanza di nomina il difensore è quello che ha assistito la

parte nell'ultimo giudizio, purché abbia i requisiti indicati nel comma 1.

3. Se l'imputato è privo del difensore di fiducia, il presidente del collegio provvede a norma dell'art. 97.

4. Gli avvisi che devono essere dati al difensore sono notificati anche all'imputato che non sia assistito da difensore di fiducia.

5. Quando il ricorso concerne gli interessi civili, il presidente, se la parte ne fa richiesta, nomina un difensore secondo le norme sul patrocinio dei non abbienti.

[1] Parole soppresse dall'art. 1, c. 63, L. 23 giu. 2017, n. 103.

614. ***Dibattimento.*** — 1. Le norme concernenti la pubblicità, la polizia e la disciplina delle udienze e la direzione della discussione nei giudizi di primo e di secondo grado si osservano davanti alla corte di cassazione, in quanto siano applicabili.

2. Le parti private possono comparire per mezzo dei loro difensori.

3. Nell'udienza stabilita, il presidente procede alla verifica della costituzione delle parti e della regolarità degli avvisi, dandone atto a verbale; quindi, il presidente o un consigliere da lui delegato fa la relazione della causa.

4. Dopo la requisitoria del pubblico ministero, i difensori della parte civile, del responsabile civile, della persona civilmente obbligata per la pena pecuniaria e dell'imputato espongono nell'ordine le loro difese. Non sono ammesse repliche.

CAPO III
Sentenza

615. ***Deliberazione e pubblicazione.*** — 1. La corte di cassazione delibera la sentenza in camera di consiglio subito dopo terminata la pubblica udienza salvo che, per la molteplicità o per l'importanza delle questioni da decidere, il presidente ritenga indispensabile differire la deliberazione ad altra udienza prossima. Si osservano, in quanto applicabili, le disposizioni degli artt. 527 e 546.

2. Se non provvede a norma degli artt. 620, 622 e 623, la corte dichiara inammissibile o rigetta il ricorso.

3. La sentenza è pubblicata in udienza subito dopo la deliberazione, mediante lettura del dispositivo fatta dal presidente o da un consigliere da lui delegato.

4. Prima della lettura, il dispositivo è sottoscritto dal presidente.

616. ***Spese e sanzione pecuniaria in caso di rigetto o di inammissibilità del ricorso.***[1] — 1. Con il provvedimento che dichiara inammissibile o rigetta il ricorso, la parte privata[2] che lo ha proposto è condannata al pagamento delle spese del procedimento. Se il ricorso è dichiarato inammissibile, la parte privata è inoltre condannata con lo stesso provvedimento al pagamento a favore della cassa delle ammende di una somma da euro 258 a euro 2.065, che può essere aumentata fino al triplo, tenuto conto della causa di inammissibilità del ricorso.[3] Nello stesso modo si può provvedere quando il ricorso è rigettato.

1-*bis*. Gli importi di cui al comma 1 sono adeguati ogni due anni con decreto del Ministro della giustizia, di concerto con il Ministro dell'economia e delle finanze, in relazione alla variazione, accertata dall'Istituto nazionale di statistica, dell'indice dei prezzi al consumo per le famiglie di operai e impiegati, verificatasi nel biennio precedente.[4]

[1] La Corte cost., con sent. 13 giu. 2000, n. 186, ha dichiarato l'ill. cost. dell'art. 616 nella parte in cui non prevede che la Corte di Cassazione, in caso di inammissibilità del ricorso, possa non pronunciare la condanna in favore della cassa delle ammende, a carico della parte privata che abbia proposto il ricorso senza versare in colpa nella determinazione della causa di inammissibilità.

[2] V. artt. 571, 574, 575, 576.

[3] Periodo così modif. dall'art. 1, c. 64, L. 23 giu. 2017, n. 103.

[4] Comma aggiunto dall'art. 1, c. 65, L. 23 giu. 2017, n. 103.

617. ***Motivazione e deposito.*** — 1. Conclusa la deliberazione, il presidente o il consigliere da lui designato redige la motivazione. Si osservano le disposizioni concernenti la sentenza nel giudizio di primo grado, in quanto applicabili.

2. La sentenza, sottoscritta dal presidente e dall'estensore, è depositata in cancelleria non oltre il trentesimo giorno dalla deliberazione.

3. Qualora il presidente lo disponga, la corte si riunisce in camera di consiglio per la lettura e l'approvazione del testo della motivazione. Sulle proposte di rettifica, integrazione o cancellazione la corte delibera senza formalità.

618. ***Decisioni delle sezioni unite.*** — 1. Se una sezione della corte rileva che la questione di diritto sottoposta al suo esame ha dato luogo, o può dar luogo, a un contrasto giurisprudenziale, su richiesta delle parti o di ufficio, può con ordinanza rimettere il ricorso alle sezioni unite.

1-*bis*. Se una sezione della corte ritiene di non condividere il principio di diritto enunciato dalle sezioni unite, rimette a queste ultime, con ordinanza, la decisione del ricorso.[1]

1-*ter*. Il principio di diritto può essere enunciato dalle sezioni unite, anche d'ufficio, quando il ricorso è dichiarato inammissibile per una causa sopravvenuta.[1]

[1] Comma aggiunto dall'art. 1, c. 66, L. 23 giu. 2017, n. 103.

619. ***Rettificazione di errori non determinanti annullamento.*** — 1. Gli errori di diritto nella motivazione e le erronee indicazioni di testi di legge non producono l'annullamento della sentenza impugnata, se non hanno avuto influenza decisiva sul dispositivo. La corte tuttavia specifica nella sentenza le censure e le rettificazioni occorrenti.

2. Quando nella sentenza impugnata si deve sol-

tanto rettificare la specie o la quantità della pena per errore di denominazione o di computo, la corte di cassazione vi provvede senza pronunciare annullamento.

3. Nello stesso modo si provvede nei casi di legge più favorevole all'imputato, anche se sopravvenuta dopo la proposizione del ricorso, qualora non siano necessari nuovi accertamenti di fatto.

620. ***Annullamento senza rinvio.*** — 1. Oltre che nei casi particolarmente previsti dalla legge, la corte pronuncia sentenza di annullamento senza rinvio:

a) se il fatto non è previsto dalla legge come reato, se il reato è estinto o se l'azione penale non doveva essere iniziata o proseguita;

b) se il reato non appartiene alla giurisdizione del giudice ordinario;

c) se il provvedimento impugnato contiene disposizioni che eccedono i poteri della giurisdizione, limitatamente alle medesime;

d) se la decisione impugnata consiste in un provvedimento non consentito dalla legge;

e) se la sentenza è nulla a norma e nei limiti dell'articolo 522 in relazione a un reato concorrente;

f) se la sentenza è nulla a norma e nei limiti dell'articolo 522 in relazione a un fatto nuovo;

g) se la condanna è stata pronunciata per errore di persona;

h) se vi è contraddizione fra la sentenza o l'ordinanza impugnata e un'altra anteriore concernente la stessa persona e il medesimo oggetto, pronunciata dallo stesso o da un altro giudice penale;

i) se la sentenza impugnata ha deciso in secondo grado su materia per la quale non è ammesso l'appello;

l) se la corte ritiene di poter decidere, non essendo necessari ulteriori accertamenti di fatto, o di rideterminare la pena sulla base delle statuizioni del giudice di merito o di adottare i provvedimenti necessari, e in ogni altro caso in cui ritiene superfluo il rinvio.[1]

[1] Lettera così sost. dall'art. 1, c. 67, L. 23 giu. 2017, n. 103.

621. ***Effetti dell'annullamento senza rinvio.*** — 1. Nel caso previsto dall'art. 620 comma 1 lettera *b*), la corte dispone che gli atti siano trasmessi all'autorità competente, che essa designa; in quello previsto dalla lettera *e*) e in quello previsto dalla lettera *f*), la corte dispone che del provvedimento sia data notizia al pubblico ministero per le sue determinazioni; in quello previsto dalla lettera *h*), ordina l'esecuzione della prima sentenza o ordinanza, ma, se si tratta di una sentenza di condanna, ordina l'esecuzione della sentenza che ha inflitto la condanna meno grave determinata a norma dell'art. 669; in quello previsto dalla lettera *i*), ritiene il giudizio qualificando l'impugnazione come ricorso; in quello previsto dalla lettera *l*), procede alla determinazione della pena o dà i provvedimenti che occorrono.

622. ***Annullamento della sentenza ai soli effetti civili.*** — 1. Fermi gli effetti penali della sentenza, la corte di cassazione, se ne annulla solamente le disposizioni o i capi che riguardano l'azione civile ovvero se accoglie il ricorso della parte civile contro la sentenza di proscioglimento dell'imputato, rinvia quando occorre al giudice civile competente per valore in grado di appello, anche se l'annullamento ha per oggetto una sentenza inappellabile.

623. ***Annullamento con rinvio.*** — 1. Fuori dei casi previsti dagli artt. 620 e 622:

a) se è annullata un'ordinanza, la corte di cassazione dispone che gli atti siano trasmessi al giudice che l'ha pronunciata, il quale provvede uniformandosi alla sentenza di annullamento;[1]

b) se è annullata una sentenza di condanna nei casi previsti dall'articolo 604, commi 1, 4 e 5-*bis*, la Corte di cassazione dispone che gli atti siano trasmessi al giudice di primo grado;[2]

c) se è annullata la sentenza di una corte di assise di appello o di una corte di appello ovvero di una corte di assise o di un tribunale in composizione collegiale, il giudizio è rinviato rispettivamente a un'altra sezione della stessa corte o dello stesso tribunale o, in mancanza, alla corte o al tribunale più vicini;[3]

d) se è annullata la sentenza di un pretore o di un giudice per le indagini preliminari, la corte di cassazione dispone che gli atti siano trasmessi alla medesima pretura o al medesimo tribunale; tuttavia, il pretore o il giudice deve essere diverso da quello che ha pronunciato la sentenza annullata.[4]

[1] La Corte cost., con sent. 3 lug. 2013, n. 183, ha dichiarato l'ill. cost. del c. 1, lett. *a*) di questo articolo, nella parte in cui non prevede che non possa partecipare al giudizio di rinvio dopo l'annullamento il giudice che ha pronunciato o concorso a pronunciare ordinanza di accoglimento o rigetto della richiesta di applicazione in sede esecutiva della disciplina del reato continuato, ai sensi dell'art. 671 del medesimo codice; ha dichiarato altresì l'ill. cost. dei medesimi articoli (34, c. 1, e 623, c. 1, lett. *a*)), nella parte in cui non prevedono che non possa partecipare al giudizio di rinvio dopo l'annullamento il giudice che ha pronunciato o concorso a pronunciare ordinanza di accoglimento o rigetto della richiesta di applicazione in sede esecutiva della disciplina del concorso formale, ai sensi dell'art. 671 c.p.p.

La Corte cost., con sent. 18 gen. 2022, n. 7, ha dichiarato l'ill. cost. della presente lettera e dell'art. 34, c. 1, del c.p.p., nella parte in cui non prevedono che il giudice dell'esecuzione deve essere diverso da quello che ha pronunciato l'ordinanza sulla richiesta di rideterminazione della pena, a seguito di declaratoria di illegittimità costituzionale di una norma incidente sulla commisurazione del trattamento sanzionatorio, annullata con rinvio dalla Corte di cassazione.

[2] Lettera così sost. dall'art. 11, c. 4, L. 28 apr. 2014, n. 67. Si veda altresì l'art. 15-*bis* alla L. 67/2014 introdotto dall'art. 1, L. 11 ago. 2014, n. 118.

[3] V. *Att.* 175.

[4] V. *Att.* 173[2].

624. ***Annullamento parziale.*** — 1. Se l'annullamento non è pronunciato per tutte le disposizioni della sentenza, questa ha autorità di cosa giudicata nelle parti che non hanno connessione essenziale con la parte annullata.

2. La corte di cassazione, quando occorre, dichiara nel dispositivo quali parti della sentenza diventano irrevocabili. L'omissione di tale dichiarazione è riparata dalla corte stessa in camera di consiglio con ordinanza che deve trascriversi in margine o in fine della sentenza e di ogni copia di essa posteriormente rilasciata. L'ordinanza può essere pronunciata di ufficio ovvero su domanda del giudice competente per il rinvio, del pubblico ministero presso il medesimo giudice o della parte privata interessata. La domanda si propone senza formalità.

3. La corte di cassazione provvede in camera di consiglio senza l'osservanza delle forme previste dall'art. 127.

624-*bis*. ***Cessazione delle misure cautelari.***[1] — 1. La Corte di cassazione, nel caso di annullamento della sentenza d'appello, dispone la cessazione delle misure cautelari.

[1] Articolo inserito dall'art. 6, c. 5, della L. 26 mar. 2001, n. 128.

625. ***Provvedimenti conseguenti alla sentenza.*** — 1. In caso di annullamento con rinvio, la cancelleria della corte di cassazione trasmette senza ritardo gli atti del processo con la copia della sentenza al giudice che deve procedere al nuovo giudizio.

2. In caso di rigetto o di dichiarazione di inammissibilità del ricorso, la cancelleria trasmette gli atti e la copia del solo dispositivo al giudice che ha emesso la decisione impugnata.

3. In caso di annullamento senza rinvio o di rettificazione, la cancelleria trasmette al giudice indicato nel comma 2 gli atti e la copia della sentenza.

4. In ogni caso la cancelleria del giudice che ha emesso la decisione impugnata esegue annotazione, in margine o in fine dell'originale, della decisione della corte.

625-*bis*. ***Ricorso straordinario per errore materiale o di fatto.*** — 1. È ammessa, a favore del condannato, la richiesta per la correzione dell'errore materiale o di fatto contenuto nei provvedimenti pronunciati dalla corte di cassazione.

2. La richiesta è proposta dal procuratore generale o dal condannato, con ricorso presentato alla corte di cassazione entro centottanta giorni dal deposito del provvedimento. La presentazione del ricorso non sospende gli effetti del provvedimento, ma, nei casi di eccezionale gravità, la corte provvede, con ordinanza, alla sospensione.

3. L'errore materiale di cui al comma 1 può essere rilevato dalla corte di cassazione, d'ufficio, in ogni momento e senza formalità. L'errore di fatto può essere rilevato dalla corte di cassazione, d'ufficio, entro novanta giorni dalla deliberazione.[1]

4. Quando la richiesta è proposta fuori dall'ipotesi prevista al comma 1 o, quando essa riguardi la correzione di un errore di fatto, fuori del termine previsto al comma 2, ovvero risulta manifestatamente infondata, la corte, anche d'ufficio, ne dichiara con ordinanza l'inammissibilità; altrimenti procede in camera di consiglio, a norma dell'art. 127 e, se accoglie la richiesta, adotta i provvedimenti necessari per correggere l'errore.

[1] Comma così modif. dall'art. 1, c. 68, L. 23 giu. 2017, n. 103.

625-*ter*. [***Rescissione del giudicato.***][1]

[1] Articolo ins. dall'art. 11, c. 5, L. 28 apr. 2014, n. 67 e abrog. dall'art. 1, c. 70, L. 23 giu. 2017, n. 103.

626. ***Effetti della sentenza sui provvedimenti di natura personale o reale.*** — 1. Quando, in seguito alla sentenza della corte di cassazione, deve cessare una misura cautelare ovvero una pena accessoria o una misura di sicurezza, la cancelleria ne comunica immediatamente il dispositivo al procuratore generale presso la corte medesima perché dia i provvedimenti occorrenti.

627. ***Giudizio di rinvio dopo annullamento.***[1] — 1. Nel giudizio di rinvio non è ammessa discussione sulla competenza attribuita con la sentenza di annullamento, salvo quanto previsto dall'art. 25.

2. Il giudice di rinvio decide con gli stessi poteri che aveva il giudice la cui sentenza è stata annullata, salve le limitazioni stabilite dalla legge. Se è annullata una sentenza di appello e le parti ne fanno richiesta, il giudice dispone la rinnovazione dell'istruzione dibattimentale per l'assunzione delle prove rilevanti per la decisione.

3. Il giudice di rinvio si uniforma alla sentenza della corte di cassazione per ciò che concerne ogni questione di diritto con essa decisa.

4. Non possono rilevarsi nel giudizio di rinvio nullità, anche assolute, o inammissibilità, verificatesi nei precedenti giudizi o nel corso delle indagini preliminari.

5. Se taluno degli imputati, condannati con la sentenza annullata, non aveva proposto ricorso, l'annullamento pronunciato rispetto al ricorrente giova anche al non ricorrente, salvo che il motivo dell'annullamento sia esclusivamente personale. L'imputato che può giovarsi di tale effetto estensivo deve essere citato e ha facoltà di intervenire nel giudizio di rinvio.

[1] Si veda l'art. 6 della L. 7 ago. 1977, n. 267.

628. ***Impugnabilità della sentenza del giudice di rinvio.*** — La sentenza del giudice di rinvio può essere impugnata con ricorso per cassazione se pronunciata in grado di appello e col mezzo previsto dalla legge se pronunciata in primo grado.

2. In ogni caso la sentenza del giudice di rinvio può essere impugnata soltanto per motivi non riguardanti i punti già decisi dalla corte di cassazione ovvero per inosservanza della disposizione dell'art. 627 comma 3.

TITOLO IV
Revisione

629. ***Condanne soggette a revisione.*** — 1. È ammessa in ogni tempo a favore dei condannati, nei casi determinati dalla legge, la revisione delle sentenze di condanna o delle sentenze emesse ai sensi dell'art. 444, comma 2,[1] o dei decreti penali di condanna, divenuti irrevocabili, anche se la pena è già stata eseguita o è estinta.

[1] Parole inserite dall'art. 3 della L. 12 giu. 2003, n. 134.

629-*bis*. ***Rescissione del giudicato.***[1] — 1. Il condannato o il sottoposto a misura di sicurezza con sentenza passata in giudicato, nei cui confronti si sia proceduto in assenza per tutta la durata del processo, può ottenere la rescissione del giudicato qualora provi che l'assenza è stata dovuta ad una incolpevole mancata conoscenza della celebrazione del processo.

2. La richiesta è presentata alla corte di appello nel cui distretto ha sede il giudice che ha emesso il provvedimento, a pena di inammissibilità, personalmente dall'interessato o da un difensore munito di procura speciale autenticata nelle forme previste dall'articolo 583, comma 3, entro trenta giorni dal momento dell'avvenuta conoscenza del procedimento.

3. La corte di appello provvede ai sensi dell'articolo 127 e, se accoglie la richiesta, revoca la sentenza e dispone la trasmissione degli atti al giudice di primo grado. Si applica l'articolo 489, comma 2.

4. Si applicano gli articoli 635 e 640.

[1] Articolo ins. dall'art. 1, c. 71, L. 23 giu. 2017, n. 103.

630.[1] ***Casi di revisione.*** — 1. La revisione può essere richiesta:

a) se i fatti stabiliti a fondamento della sentenza o del decreto penale di condanna non possono conciliarsi con quelli stabiliti in un'altra sentenza penale irrevocabile del giudice ordinario o di un giudice speciale;

b) se la sentenza o il decreto penale di condanna hanno ritenuto la sussistenza del reato a carico del condannato in conseguenza di una sentenza del giudice civile o amministrativo, successivamente revocata, che abbia deciso una delle questioni pregiudiziali previste dall'art. 3 ovvero una delle questioni previste dall'art. 479;

c) se dopo la condanna sono sopravvenute o si scoprono nuove prove che, sole o unite a quelle già valutate, dimostrano che il condannato deve essere prosciolto a norma dell'art. 631;

d) se è dimostrato che la condanna venne pronunciata in conseguenza di falsità in atti o in giudizio o di un altro fatto previsto dalla legge come reato.

[1] La Corte cost., con sent. 7 apr. 2011, n. 113, ha dichiarato l'ill. cost. di questo articolo nella parte in cui non prevede un diverso caso di revisione della sentenza o del decreto penale di condanna al fine di conseguire la riapertura del processo, quando ciò sia necessario, ai sensi dell'art. 46, paragrafo 1, della Convenzione per la salvaguardia dei diritti dell'uomo e delle libertà fondamentali, per conformarsi a una sentenza definitiva della Corte europea dei diritti dell'uomo.

631. ***Limiti della revisione.*** — 1. Gli elementi in base ai quali si chiede la revisione devono, a pena d'inammissibilità della domanda, essere tali da dimostrare, se accertati, che il condannato deve essere prosciolto a norma degli artt. 529, 530 o 531.

632. ***Soggetti legittimati alla richiesta.*** — 1. Possono chiedere la revisione:

a) il condannato o un suo prossimo congiunto ovvero la persona che ha sul condannato l'autorità tutoria e, se il condannato è morto, l'erede o un prossimo congiunto;

b) il procuratore generale presso la corte di appello nel cui distretto fu pronunciata la sentenza di condanna. Le persone indicate nella lettera *a*) possono unire la propria richiesta a quella del procuratore generale.

633. ***Forma della richiesta.*** — 1. La richiesta di revisione è proposta personalmente o per mezzo di un procuratore speciale. Essa deve contenere l'indicazione specifica delle ragioni e delle prove che la giustificano e deve essere presentata, unitamente a eventuali atti e documenti, nella cancelleria della corte di appello individuata secondo i criteri di cui all'articolo 11.[1]

2. Nei casi previsti dall'art. 630 comma 1 lettere *a*) e *b*), alla richiesta devono essere unite le copie autentiche delle sentenze o dei decreti penali di condanna ivi indicati.

3. Nel caso previsto dall'art. 630 comma 1 lettera *d*), alla richiesta deve essere unita copia autentica della sentenza irrevocabile di condanna per il reato ivi indicato.

[1] Comma così modif. dall'art. 1 comma 1 della L. 23 nov. 1998, n. 405. L'art. 2 della L. 23 nov. 1998, n. 405 prevede inoltre "La competenza individuata ai sensi del comma 1 dell'articolo 633 del codice di procedura penale, come sostituito dall'art. 1 della presente legge, vale anche per i procedimenti di revisione in corso alla data di entrata in vigore della legge stessa, salvo che sia stato aperto il dibattimento ai sensi degli articoli 636 e 492 del codice di procedura penale o sia stata pronunciata ordinanza di inamissibilità a norma dell'art. 634 dello stesso codice. Lo spostamento della competenza di cui al comma 1 opera tuttavia anche per i procedimenti di revisione per i quali la corte di cassazione ha annullato l'ordinanza di inamissibilità rinviando ad altra sezione della corte d'appello che ha pronunciato l'ordinanza annullata.

634. ***Declaratoria d'inammissibilità.*** — 1. Quando la richiesta è proposta fuori delle ipotesi previste dagli artt. 629 e 630 o senza l'osservanza delle disposizioni previste dagli artt. 631, 632, 633, 641 ovvero risulta manifestamente infondata, la corte di appello anche di ufficio dichiara con ordinanza l'inammissibilità e può condannare il privato che ha proposto la richiesta al pagamento a favore della cassa delle ammende di una somma da euro 258 a euro 2.065.

2. L'ordinanza è notificata al condannato e a colui che ha proposto la richiesta, i quali possono ricorrere per cassazione. In caso di accoglimento del ricorso, la corte di cassazione rinvia il giudizio di revisione ad altra corte d'appello individuata secondo i criteri di cui all'art. 11.[1]

[1] Comma così modif. dall'art. 1 comma 2 della L. 23 nov. 1998, n. 405.

635. ***Sospensione dell'esecuzione.*** — 1. La corte di appello può in qualunque momento disporre, con ordinanza, la sospensione dell'esecuzione della pena o della misura di sicurezza, applicando, se del caso, una delle misure coercitive previste dagli artt. 281, 282, 283 e 284. In ogni caso di inosservanza della misura, la corte di appello revoca l'ordinanza e dispone che riprenda l'esecuzione della pena o della misura di sicurezza.

2. Contro l'ordinanza che decide sulla sospensione dell'esecuzione, sull'applicazione delle misure coercitive e sulla revoca, possono ricorrere per cassazione il pubblico ministero e il condannato.

636. ***Giudizio di revisione.*** — 1. Il presidente della corte di appello emette il decreto di citazione a norma dell'art. 601.

2. Si osservano le disposizioni del titolo I e del titolo II del libro VII in quanto siano applicabili e nei limiti delle ragioni indicate nella richiesta di revisione.

637. ***Sentenza.*** — 1. La sentenza è deliberata secondo le disposizioni degli artt. 525, 526, 527 e 528.

2. In caso di accoglimento della richiesta di revisione, il giudice revoca la sentenza di condanna o il decreto penale di condanna e pronuncia il proscioglimento indicandone la causa nel dispositivo.

3. Il giudice non può pronunciare il proscioglimento esclusivamente sulla base di una diversa valutazione delle prove assunte nel precedente giudizio.

4. In caso di rigetto della richiesta, il giudice condanna la parte privata che l'ha proposta al pagamento delle spese processuali e, se è stata disposta la sospensione, dispone che riprenda l'esecuzione della pena o della misura di sicurezza.

638. ***Revisione a favore del condannato defunto.*** — 1. In caso di morte del condannato dopo la presentazione della richiesta di revisione, il presidente della corte di appello nomina un curatore, il quale esercita i diritti che nel processo di revisione sarebbero spettati al condannato.

639. ***Provvedimenti in accoglimento della richiesta.*** — 1. La corte di appello, quando pronuncia sentenza di proscioglimento a seguito di accoglimento della richiesta di revisione, anche nel caso previsto dall'art. 638, ordina la restituzione delle somme pagate in esecuzione della condanna per le pene pecuniarie, per le misure di sicurezza patrimoniali, per le spese processuali e di mantenimento in carcere e per il risarcimento dei danni a favore della parte civile citata per il giudizio di revisione. Ordina altresì la restituzione delle cose che sono state confiscate, a eccezione di quelle previste nell'art. 240 comma 2 n. 2 del c.p.

640. ***Impugnabilità della sentenza.*** — 1. La sentenza pronunciata nel giudizio di revisione è soggetta al ricorso per cassazione.

641. ***Effetti dell'inammissibilità o del rigetto.*** — 1. L'ordinanza che dichiara inammissibile la richiesta o la sentenza che la rigetta non pregiudica il diritto di presentare una nuova richiesta fondata su elementi diversi.

642. ***Pubblicazione della sentenza di accoglimento della richiesta.*** — 1. La sentenza di accoglimento, a richiesta dell'interessato, è affissa per estratto, a cura della cancelleria, nel comune in cui la sentenza di condanna era stata pronunciata e in quello dell'ultima residenza del condannato. L'ufficiale giudiziario deposita in cancelleria il certificato delle eseguite affissioni.

2. Su richiesta dell'interessato, il presidente della corte di appello dispone con ordinanza che l'estratto della sentenza sia pubblicato a cura della cancelleria in un giornale, indicato nella richiesta; le spese della pubblicazione sono a carico della cassa delle ammende.

643. ***Riparazione dell'errore giudiziario.*** — 1. Chi è stato prosciolto in sede di revisione, se non ha dato causa per dolo o colpa grave all'errore giudiziario, ha diritto a una riparazione commisurata alla durata dell'eventuale espiazione della pena o internamento e alle conseguenze personali e familiari derivanti dalla condanna.

2. La riparazione si attua mediante pagamento di una somma di denaro ovvero, tenuto conto delle condizioni dell'avente diritto e della natura del danno, mediante la costituzione di una rendita vitalizia. L'avente diritto, su sua domanda, può essere accolto in un istituto, a spese dello Stato.

3. Il diritto alla riparazione è escluso per quella parte della pena detentiva che sia computata nella determinazione della pena da espiare per un reato diverso, a norma dell'art. 657 comma 2.

644. ***Riparazione in caso di morte.*** — 1. Se il condannato muore, anche prima del procedimento di revisione, il diritto alla riparazione spetta al coniuge, ai discendenti e ascendenti, ai fratelli e sorelle, agli affini entro il primo grado e alle persone legate da vincolo di adozione con quella deceduta.

2. A tali persone, tuttavia, non può essere assegnata a titolo di riparazione una somma maggiore di quella che sarebbe stata liquidata al prosciolto. La somma è ripartita equitativamente in ragione delle conseguenze derivate dall'errore a ciascuna persona.

3. Il diritto alla riparazione non spetta alle perso-

ne che si trovino nella situazione di indegnità prevista dall'art. 463 del c.c.

645. *Domanda di riparazione.* — 1. La domanda di riparazione è proposta, a pena di inammissibilità, entro due anni dal passaggio in giudicato della sentenza di revisione ed è presentata per iscritto, unitamente ai documenti ritenuti utili, personalmente o per mezzo di procuratore speciale, nella cancelleria della corte di appello che ha pronunciato la sentenza.

2. Le persone indicate nell'art. 644 possono presentare la domanda nello stesso termine, anche per mezzo del curatore indicato nell'art. 638 ovvero giovarsi della domanda già proposta da altri. Se la domanda è presentata soltanto da alcuna delle predette persone, questa deve fornire l'indicazione degli altri aventi diritto.

646. *Procedimento e decisione.* — 1. Sulla domanda di riparazione la corte di appello decide in camera di consiglio osservando le forme previste dall'art. 127.

2. La domanda, con il provvedimento che fissa l'udienza, è comunicata al pubblico ministero ed è notificata, a cura della cancelleria, al ministro del tesoro[1] presso l'avvocatura dello Stato che ha sede nel distretto della corte e a tutti gli interessati, compresi gli aventi diritto che non hanno proposto la domanda.

3. L'ordinanza che decide sulla domanda di riparazione è comunicata al pubblico ministero e notificata a tutti gli interessati, i quali possono ricorrere per cassazione.

4. Gli interessati che, dopo aver ricevuto la notificazione prevista dal comma 2, non formulano le proprie richieste nei termini e nelle forme previsti dall'art. 127 comma 2, decadono dal diritto di presentare la domanda di riparazione successivamente alla chiusura del procedimento stesso.

5. Il giudice, qualora ne ricorrano le condizioni, assegna all'interessato una provvisionale a titolo di alimenti.

[1] Ora ministro dell'economia e delle finanze.

647. *Risarcimento del danno e riparazione.* — 1. Nel caso previsto dall'art. 630 comma 1 lettera *d*), lo Stato, se ha corrisposto la riparazione, si surroga, fino alla concorrenza della somma pagata, nel diritto al risarcimento dei danni contro il responsabile.

LIBRO DECIMO

ESECUZIONE[1]

[1] Per i provvedimenti davanti al giudice di pace si vedano gli artt. 40-46 del D.lgs. 28 ago. 2000, n. 274.

TITOLO I
Giudicato

648. ***Irrevocabilità delle sentenze e dei decreti penali.*** — 1. Sono irrevocabili le sentenze pronunciate in giudizio contro le quali non è ammessa impugnazione diversa dalla revisione.

2. Se l'impugnazione è ammessa, la sentenza è irrevocabile quando è inutilmente decorso il termine per proporla o quello per impugnare l'ordinanza che la dichiara inammissibile. Se vi è stato ricorso per cassazione, la sentenza è irrevocabile dal giorno in cui è pronunciata l'ordinanza o la sentenza che dichiara inammissibile o rigetta il ricorso.

3. Il decreto penale di condanna è irrevocabile quando è inutilmente decorso il termine per proporre opposizione o quello per impugnare l'ordinanza che la dichiara inammissibile.

649. ***Divieto di un secondo giudizio.***[1] — 1. L'imputato prosciolto o condannato con sentenza o decreto penale divenuti irrevocabili non può essere di nuovo sottoposto a procedimento penale per il medesimo fatto, neppure se questo viene diversamente considerato per il titolo, per il grado o per le circostanze, salvo quanto disposto dagli artt. 69 comma 2 e 345.

2. Se ciò nonostante viene di nuovo iniziato procedimento penale, il giudice in ogni stato e grado del processo pronuncia sentenza di proscioglimento o di non luogo a procedere, enunciandone la causa nel dispositivo.

[1] La Corte cost. con sent. 21 lug. 2016, n. 200, ha dichiarato l'ill. cost. del presente articolo nella parte in cui esclude che il fatto sia il medesimo per la sola circostanza che sussiste un concorso formale tra il reato già giudicato con sentenza divenuta irrevocabile e il reato per cui è iniziato il nuovo procedimento penale.

650. ***Esecutività delle sentenze e dei decreti penali.*** — 1. Salvo che sia diversamente disposto, le sentenze e i decreti penali hanno forza esecutiva quando sono divenuti irrevocabili.

2. Le sentenze di non luogo a procedere hanno forza esecutiva quando non sono più soggette a impugnazione.

651. ***Efficacia della sentenza penale di condanna nel giudizio civile o amministrativo di danno.*** — 1. La sentenza penale irrevocabile di condanna pronunciata in seguito a dibattimento ha efficacia di giudicato, quanto all'accertamento della sussistenza del fatto, della sua illiceità penale e all'affermazione che l'imputato lo ha commesso, nel giudizio civile o amministrativo per le restituzioni e il risarcimento del danno promosso nei confronti del condannato e del responsabile civile che sia stato citato ovvero sia intervenuto nel processo penale.

2. La stessa efficacia ha la sentenza irrevocabile di condanna pronunciata a norma dell'art. 442, salvo che vi si opponga la parte civile che non abbia accettato il rito abbreviato.

651-*bis*. ***Efficacia della sentenza di proscioglimento per particolare tenuità del fatto nel giudizio civile o amministrativo di danno.***[1] — 1. La sentenza penale irrevocabile di proscioglimento pronunciata per particolare tenuità del fatto in seguito a dibattimento ha efficacia di giudicato quanto all'accertamento della sussistenza del fatto, della sua illiceità penale e all'affermazione che l'imputato lo ha commesso, nel giudizio civile o amministrativo per le restituzioni e il risarcimento del danno promosso nei confronti del prosciolto[2] e del responsabile civile che sia stato citato ovvero sia intervenuto nel processo penale.

2. La stessa efficacia ha la sentenza irrevocabile di proscioglimento pronunciata per particolare tenuità del fatto a norma dell'articolo 442, salvo che vi si opponga la parte civile che non abbia accettato il rito abbreviato.

[1] Articolo ins. dall'art. 3, D.lgs. 16 mar. 2015, n. 28.
[2] Parola così modif. dal Comunicato 23 mar. 2015.

652. ***Efficacia della sentenza penale di assoluzione nel giudizio civile o amministrativo di danno.*** — 1. La sentenza penale irrevocabile di assoluzione pronunciata in seguito a dibattimento ha efficacia di giudicato, quanto all'accertamento che il fatto non sussiste o che l'imputato non lo ha commesso o che il fatto è stato compiuto nell'adempimento di un dovere o nell'esercizio di una facoltà legittima, nel giudizio civile o amministrativo per le restituzioni e il risarcimento del danno promosso dal danneggiato o nell'interesse dello stesso, sempre che il danneggiato si sia costituito o sia stato posto in condizione di costituirsi parte civile, salvo che il danneggiato dal reato abbia esercitato l'azione in sede civile a norma dell'art. 75 comma 2.[1]

2. La stessa efficacia ha la sentenza irrevocabile

di assoluzione pronunciata a norma dell'art. 442, se la parte civile ha accettato il rito abbreviato.

[1] Parole così sost. dall'art. 9, L. 27 mar. 2001, n. 97.

653. *Efficacia della sentenza penale nel giudizio disciplinare.* — 1. La sentenza penale irrevocabile di assoluzione ha efficacia di giudicato nel giudizio per responsabilità disciplinare davanti alle pubbliche autorità quanto all'accertamento che il fatto non sussiste o non costituisce illecito penale ovvero che l'imputato non lo ha commesso.

1-*bis*. La sentenza penale irrevocabile di condanna ha efficacia di giudicato nel giudizio per responsabilità disciplinare davanti alle pubbliche autorità quanto all'accertamento della sussistenza del fatto, della sua illiceità penale e all'affermazione che l'imputato lo ha commesso.[1]

[1] Comma aggiunto dall'art. 1, c. 1, lett. *c*), L. 27 mar. 2001, n. 97.

654. *Efficacia della sentenza penale di condanna o di assoluzione in altri giudizi civili o amministrativi.* — 1. Nei confronti dell'imputato, della parte civile e del responsabile civile che si sia costituito o che sia intervenuto nel processo penale, la sentenza penale irrevocabile di condanna o di assoluzione pronunciata in seguito a dibattimento ha efficacia di giudicato nel giudizio civile o amministrativo, quando in questo si controverte intorno a un diritto o a un interesse legittimo il cui riconoscimento dipende dall'accertamento degli stessi fatti materiali che furono oggetto del giudizio penale, purché i fatti accertati siano stati ritenuti rilevanti ai fini della decisione penale e purché la legge civile non ponga limitazioni alla prova della posizione soggettiva controversa.

TITOLO II
Esecuzione dei provvedimenti giurisdizionali[1]

[1] V. *Esec.* 29, 31.

655. *Funzioni del pubblico ministero.*[1] — 1. Salvo che sia diversamente disposto, il pubblico ministero presso il giudice indicato nell'art. 665 cura di ufficio l'esecuzione dei provvedimenti.

2. Il pubblico ministero propone le sue richieste al giudice competente e interviene in tutti i procedimenti di esecuzione.

3. Quando occorre, il pubblico ministero può chiedere il compimento di singoli atti a un ufficio del pubblico ministero di altra sede.

4. Se per l'esecuzione di un provvedimento è necessaria l'autorizzazione, il pubblico ministero ne fa richiesta all'autorità competente; l'esecuzione è sospesa fino a quando l'autorizzazione non è concessa. Allo stesso modo si procede quando la necessità dell'autorizzazione è sorta nel corso dell'esecuzione.

5. I provvedimenti del pubblico ministero dei quali è prescritta nel presente titolo la notificazione al difensore, sono notificati, a pena di nullità, entro trenta giorni dalla loro emissione, al difensore nominato dall'interessato o, in mancanza, a quello designato dal pubblico ministero a norma dell'art. 97, senza che ciò determini la sospensione o il ritardo dell'esecuzione.

[1] V. art. 78, R.D. 30 gen. 1941, n. 12.

656. *Esecuzione delle pene detentive.* — 1. Quando deve essere eseguita una sentenza di condanna a pena detentiva, il pubblico ministero emette ordine di esecuzione con il quale, se il condannato non è detenuto, ne dispone la carcerazione. Copia dell'ordine è consegnata all'interessato.

2. Se il condannato è già detenuto, l'ordine di esecuzione è comunicato al Ministro di grazia e giustizia e notificato all'interessato.

3. L'ordine di esecuzione contiene le generalità della persona nei cui confronti deve essere eseguito e quant'altro valga a identificarla, l'imputazione, il dispositivo del provvedimento e le disposizioni necessarie all'esecuzione. L'ordine è notificato al difensore del condannato.

3-*bis*. L'ordine di esecuzione della sentenza di condanna a pena detentiva nei confronti di madre di prole di minore età è comunicato al procuratore della Repubblica presso il tribunale per i minorenni del luogo di esecuzione della sentenza.[1]

4. L'ordine che dispone la carcerazione è eseguito secondo le modalità previste dall'articolo 277.

4-*bis*. Al di fuori dei casi previsti dal comma 9, lett. *b*), quando la residua pena da espiare, computando le detrazioni previste dall'articolo 54 della legge 26 luglio 1975, n. 354, non supera i limiti indicati dal comma 5, il pubblico ministero, prima di emettere l'ordine di esecuzione, previa verifica dell'esistenza di periodi di custodia cautelare o di pena dichiarata fungibile relativi al titolo esecutivo da eseguire, trasmette gli atti al magistrato di sorveglianza affinché provveda all'eventuale applicazione della liberazione anticipata. Il magistrato di sorveglianza provvede senza ritardo con ordinanza adottata ai sensi dell'articolo 69-*bis* della legge 26 luglio 1975, n. 354. La presente disposizione non si applica nei confronti dei condannati per i delitti di cui all'articolo 4-*bis* della legge 26 luglio 1975, n. 354.[2]

4-*ter*. Quando il condannato si trova in stato di custodia cautelare in carcere il pubblico ministero emette l'ordine di esecuzione e, se ricorrono i presupposti di cui al comma 4-*bis*, trasmette senza ritardo gli atti al magistrato di sorveglianza per la decisione sulla liberazione anticipata.[2]

4-*quater*. Nei casi previsti dal comma 4-*bis*, il pubblico ministero emette i provvedimenti previsti dai commi 1, 5 e 10 dopo la decisione del magistrato di sorveglianza.[2]

5. Se la pena detentiva, anche se costituente residuo di maggiore pena, non è superiore a tre anni, quattro anni nei casi previsti dall'articolo 47-*ter*, comma 1, della legge 26 luglio 1975, n. 354,[3] o sei

anni nei casi di cui agli artt. 90 e 94 del T.U. approvato con D.P.R. 9 ott. 1990, n. 309, e successive modificazioni, il pubblico ministero, salvo quanto previsto dai commi 7 e 9, ne sospende l'esecuzione. L'ordine di esecuzione e il decreto di sospensione sono notificati al condannato e al difensore nominato per la fase dell'esecuzione o, in difetto, al difensore che lo ha assistito nella fase del giudizio, con l'avviso che entro trenta giorni può essere presentata istanza, corredata dalle indicazioni e dalla documentazione necessarie, volta ad ottenere la concessione di una delle misure alternative alla detenzione di cui agli artt. 47-47-*ter* e 50, comma 1, della L. 26 lug. 1975, n. 354, e successive modificazioni, e di cui all'art. 94 del T.U. approvato con D.P.R. 9 ott. 1990, n. 309, e successive modificazioni, ovvero la sospensione dell'esecuzione della pena di cui all'art. 90 dello stesso T.U. L'avviso informa altresì che, ove non sia presentata l'istanza, o la stessa sia inammissibile ai sensi degli articoli 90 e seguenti del citato testo unico, l'esecuzione della pena avrà corso immediato.[4]

6. L'istanza deve essere presentata dal condannato o dal difensore di cui al comma 5 ovvero allo scopo nominato al pubblico ministero, il quale la trasmette, unitamente alla documentazione, al tribunale di sorveglianza competente in relazione al luogo in cui ha sede l'ufficio del pubblico ministero Se l'istanza non è corredata dalla documentazione utile, questa, salvi i casi di inammissibilità, può essere depositata nella cancelleria del tribunale di sorveglianza fino a cinque giorni prima dell'udienza fissata a norma dell'art. 666, comma 3. Resta salva, in ogni caso, la facoltà del tribunale di sorveglianza di procedere anche d'ufficio alla richiesta di documenti o di informazioni, o all'assunzione di prove a norma dell'articolo 666, comma 5. Il tribunale di sorveglianza decide non prima del trentesimo e non oltre il quarantacinquesimo giorno dalla ricezione della richiesta.[5]

7. La sospensione dell'esecuzione per la stessa condanna non può essere disposta più di una volta, anche se il condannato ripropone nuova istanza sia in ordine a diversa misura alternativa, sia in ordine alla medesima, diversamente motivata, sia in ordine alla sospensione dell'esecuzione della pena di cui all'art. 90 del T.U. approvato con D.P.R. 9 ott. 1990, n. 309, e successive modificazioni.

8. Salva la disposizione del comma 8-*bis*, qualora l'istanza non sia tempestivamente presentata, o il tribunale di sorveglianza la dichiari inammissibile o la respinga, il pubblico ministero revoca immediatamente il decreto di sospensione dell'esecuzione. Il pubblico ministero provvede analogamente quando l'istanza presentata è inammissibile ai sensi degli articoli 90 e seguenti del testo unico di cui al decreto del Presidente della Repubblica 9 ottobre 1990, n. 309, e successive modificazioni, nonché, nelle more della decisione del tribunale di sorveglianza, quando il programma di recupero di cui all'articolo 94 del medesimo testo unico non risulta iniziato entro cinque giorni dalla data di presentazione della relativa istanza o risulta interrotto. A tal fine il pubblico ministero, nel trasmettere l'istanza al tribunale di sorveglianza, dispone gli opportuni accertamenti.[6]

8-*bis*. Quando è provato o appare probabile che il condannato non abbia avuto effettiva conoscenza dell'avviso di cui al comma 5, il pubblico ministero può assumere, anche presso il difensore, le opportune informazioni, all'esito delle quali può disporre la rinnovazione della notifica.

9. La sospensione dell'esecuzione di cui al comma 5 non può essere disposta:

a) nei confronti dei condannati per i delitti di cui all'articolo 4-*bis* della legge 26 luglio 1975, n. 354, e successive modificazioni, nonché di cui agli articoli 423-*bis*, 572, secondo comma, 612-*bis*, terzo comma, 624-*bis* del codice penale, fatta eccezione per coloro che si trovano agli arresti domiciliari disposti ai sensi dell'articolo 89 del testo unico di cui al decreto del Presidente della Repubblica 9 ottobre 1990, n. 309, e successive modificazioni;[7]

b) nei confronti di coloro che, per il fatto oggetto della condanna da eseguire, si trovano in stato di custodia cautelare in carcere nel momento in cui la sentenza diviene definitiva;

c)
[8]

10. Nella situazione considerata dal comma 5, se il condannato si trova agli arresti domiciliari per il fatto oggetto della condanna da eseguire, e se la residua pena da espiare determinata ai sensi del comma 4-*bis* non supera i limiti indicati dal comma 5,[3] il pubblico ministero sospende l'esecuzione dell'ordine di carcerazione e trasmette gli atti senza ritardo al tribunale di sorveglianza perché provveda alla eventuale applicazione di una delle misure alternative di cui al comma 5. Fino alla decisione del tribunale di sorveglianza, il condannato permane nello stato detentivo nel quale si trova e il tempo corrispondente è considerato come pena espiata a tutti gli effetti. Agli adempimenti previsti dall'art. 47-*ter* della L. 26 lug. 1975, n. 354, e successive modificazioni, provvede in ogni caso il magistrato di sorveglianza.

[1] Comma ins. dall'art. 15-*bis*, c. 2, lett. *c*), D.L. 4 ott. 2018, n. 113, conv. in L. 1 dic. 2018, n. 132.

[2] Comma aggiunto dall'art. 1, c. 1, lett. *b*), D.L. 1 lug. 2013, n. 78, conv. con modif. in L. 9 ago. 2013, n. 94.

[3] Parole inserite dall'art. 1, c. 1, lett. *b*), D.L. 1 lug. 2013, n. 78, conv. con modif. in L. 9 ago. 2013, n. 94.

[4] La Corte cost., con sent. 2 mar. 2018, n. 41, ha dichiarato l'ill. cost. del presente comma nella parte in cui si prevede che il pubblico ministero sospende l'esecuzione della pena detentiva, anche se costituente residuo di maggiore pena, non superiore a tre anni anziché a quattro anni.

[5] Periodo così sost. dall'art. 4, c. 1, D.lgs. 2 ott. 2018, n. 123.

[6] Periodi aggiunti dall'art. 4-*undevicies*, c. 1, lett. *c*), L. 21 feb. 2006, n. 49.

CODICE DI PROCEDURA PENALE

[7] Lettera così modif. dall'art. 1, c. 1, lett. *b*), D.L. 1 lug. 2013, n. 78, conv. con modif. in L. 9 ago. 2013, n. 94.

La Corte cost., con sent. 1 giu. 2016, n. 125, ha dichiarato l'ill. cost. della presente lettera nella parte in cui stabilisce che non può essere disposta la sospensione dell'esecuzione nei confronti delle persone condannate per il delitto di furto con strappo.

La Corte cost., con sent. 28 apr. 2017, n. 90, ha dichiarato l'ill. cost. della presente lettera nella parte in cui non consente la sospensione dell'esecuzione della pena detentiva nei confronti dei minorenni condannati per i delitti ivi elencati.

[8] Lettera soppressa dall'art. 1, c. 1, lett. *b*), D.L. 1 lug. 2013, n. 78, conv. con modif. in L. 9 ago. 2013, n. 94.

657. ***Computo della custodia cautelare e delle pene espiate senza titolo.*** — 1. Il pubblico ministero, nel determinare la pena detentiva da eseguire, computa il periodo di custodia cautelare subita per lo stesso o per altro reato, anche se la custodia è ancora in corso. Allo stesso modo procede in caso di applicazione provvisoria di una misura di sicurezza detentiva, se questa non è stata applicata definitivamente.

2. Il pubblico ministero computa altresì il periodo di pena detentiva espiata per un reato diverso, quando la relativa condanna è stata revocata, quando per il reato è stata concessa amnistia o quando è stato concesso indulto, nei limiti dello stesso.

3. Nei casi previsti dai commi 1 e 2, il condannato può chiedere al pubblico ministero che i periodi di custodia cautelare e di pena detentiva espiata, operato il ragguaglio, siano computati per la determinazione della pena pecuniaria o della sanzione sostitutiva da eseguire; nei casi previsti dal comma 2, può altresì chiedere che le sanzioni sostitutive espiate siano computate nelle sanzioni sostitutive da eseguire per altro reato.

4. In ogni caso sono computate soltanto la custodia cautelare subita o le pene espiate dopo la commissione del reato per il quale deve essere determinata la pena da eseguire.

5. Il pubblico ministero provvede con decreto, che deve essere notificato al condannato e al suo difensore.

657-*bis*. ***Computo del periodo di messa alla prova dell'imputato in caso di revoca.***[1] — 1. In caso di revoca o di esito negativo della messa alla prova, il pubblico ministero, nel determinare la pena da eseguire, detrae un periodo corrispondente a quello della prova eseguita. Ai fini della detrazione, tre giorni di prova sono equiparati a un giorno di reclusione o di arresto, ovvero a 250 euro di multa o di ammenda.

[1] Articolo ins. dall'art. 4, c. 1, lett. *b*), L. 28 apr. 2014, n. 67.

658. ***Esecuzione delle misure di sicurezza ordinate con sentenza.*** — 1. Quando deve essere eseguita una misura di sicurezza, diversa dalla confisca, ordinata con sentenza, il pubblico ministero presso il giudice indicato nell'art. 665 trasmette gli atti al pubblico ministero presso il magistrato di sorveglianza competente per i provvedimenti previsti dall'art. 679. Le misure di sicurezza di cui sia stata ordinata l'applicazione provvisoria a norma dell'art. 312 sono eseguite dal pubblico ministero presso il giudice che ha emesso il provvedimento, il quale provvede a norma dell'art. 659 comma 2.

659. ***Esecuzione di provvedimenti del giudice di sorveglianza.*** — 1. Quando a seguito di un provvedimento del giudice di sorveglianza deve essere disposta la carcerazione o la scarcerazione del condannato, il pubblico ministero che cura l'esecuzione della sentenza di condanna emette ordine di esecuzione con le modalità previste dall'articolo 656 comma 4.[1] Tuttavia, nei casi di urgenza, il pubblico ministero presso il giudice di sorveglianza che ha adottato il provvedimento può emettere ordine provvisorio di esecuzione che ha effetto fino a quando non provvede il pubblico ministero competente.

1-*bis*. Quando a seguito di un provvedimento del giudice di sorveglianza deve essere disposta la scarcerazione del condannato per il delitto previsto dall'articolo 575 del codice penale, nella forma tentata, o per uno dei delitti, consumati o tentati, previsti dagli articoli 572, 609-*bis*, 609-*ter*, 609-*quater*, 609-*quinquies*, 609-*octies* e 612-*bis* del codice penale, nonché dagli articoli 582 e 583-*quinquies* del codice penale nelle ipotesi aggravate ai sensi degli articoli 576, primo comma, numeri 2, 5 e 5.1, e 577, primo comma, numero 1, e secondo comma, del codice penale, il pubblico ministero che cura l'esecuzione ne dà immediata comunicazione, a mezzo della polizia giudiziaria, alla persona offesa e, ove nominato, al suo difensore.[2]

2. I provvedimenti relativi alle misure di sicurezza diverse dalla confisca sono eseguiti dal pubblico ministero presso il giudice di sorveglianza che li ha adottati. Il pubblico ministero comunica in copia il provvedimento all'autorità di pubblica sicurezza e, quando ne è il caso, emette ordine di esecuzione, con il quale dispone la consegna o la liberazione dell'interessato.

[1] A seguito della sost. dell'art. 656 con L. 27 mag. 1998, n. 165, il rinvio va interpretato non più al 4° c., bensì al 3°.

[2] Comma ins. dall'art. 15, c. 5, L. 19 lug. 2019, n. 69, e quindi così modif. dall'art. 2, c. 11, L. 27 set. 2021, n. 134.

660. ***Esecuzione delle pene pecuniarie.*** — 1. Le condanne a pena pecuniaria sono eseguite nei modi stabiliti dalle leggi e dai regolamenti.

2. Quando è accertata la impossibilità di esazione della pena pecuniaria o di una rata di essa, il pubblico ministero trasmette gli atti al magistrato di sorveglianza competente per la conversione, il quale provvede previo accertamento dell'effettiva insolvibilità del condannato e, se ne è il caso, della persona civilmente obbligata per la pena pecuniaria. Se la pena è stata rateizzata, è convertita la parte non ancora pagata.

3. In presenza di situazioni di insolvenza, il magistrato di sorveglianza può disporre la rateizzazione della pena a norma dell'articolo 133-*ter* del codice penale, se essa non è stata disposta con la sentenza di condanna ovvero può differire la conversione per un tempo non superiore a sei mesi. Alla scadenza del termine fissato, se lo stato di insolvenza perdura, è disposto un nuovo differimento, altrimenti è ordinata la conversione. Ai fini della estinzione della pena per decorso del tempo, non si tiene conto del periodo durante il quale l'esecuzione è stata differita.

4. Con l'ordinanza che dispone la conversione, il magistrato di sorveglianza determina le modalità delle sanzioni conseguenti in osservanza delle norme vigenti.

5. Il ricorso contro l'ordinanza di conversione ne sospende l'esecuzione.[1]

[1] Articolo abrog. dall'art. 299, D.P.R. 30 mag. 2002, n. 113. La Corte cost., con sent. 18 giu. 2003, n. 212, ha dichiarato l'ill. cost. dell'art. 299 citato.

661. ***Esecuzione delle sanzioni sostitutive.***[1] — 1. Per l'esecuzione della semidetenzione e della libertà controllata, il pubblico ministero trasmette l'estratto della sentenza di condanna al magistrato di sorveglianza territorialmente competente che provvede in osservanza delle leggi vigenti.

2. La pena pecuniaria, quale sanzione sostitutiva, è eseguita a norma dell'art. 660.

[1] V. artt. 53 s. L. 24 nov. 1981, n. 689.

662. ***Esecuzione delle pene accessorie.*** — 1. Per l'esecuzione delle pene accessorie, il pubblico ministero, fuori dei casi previsti dagli artt. 32 e 34 del c.p., trasmette l'estratto della sentenza di condanna agli organi della polizia giudiziaria e di pubblica sicurezza e, occorrendo, agli altri organi interessati, indicando le pene accessorie da eseguire. Nei casi previsti dagli artt. 32 e 34 del c.p., il pubblico ministero trasmette l'estratto della sentenza al giudice civile competente.

2. Quando alla sentenza di condanna consegue una delle pene accessorie previste dagli artt. 28, 30, 32-*bis* e 34 del c.p., per la determinazione della relativa durata si computa la misura interdittiva di contenuto corrispondente eventualmente disposta a norma degli artt. 288, 289 e 290.

663. ***Esecuzione di pene concorrenti.*** — 1. Quando la stessa persona è stata condannata con più sentenze o decreti penali per reati diversi, il pubblico ministero determina la pena da eseguirsi, in osservanza delle norme sul concorso di pene.

2. Se le condanne sono state inflitte da giudici diversi, provvede il pubblico ministero presso il giudice indicato nell'art. 665 comma 4.

3. Il provvedimento del pubblico ministero è notificato al condannato e al suo difensore.

664. ***Esecuzione di altre sanzioni pecuniarie.*** — 1. Le somme dovute per sanzioni disciplinari pecuniarie o per condanna alla perdita della cauzione o in conseguenza della dichiarazione di inammissibilità o di rigetto di una richiesta, sono devolute alla cassa delle ammende anche quando ciò non sia espressamente stabilito.

2. I relativi provvedimenti possono essere revocati dal giudice, su richiesta dell'interessato o del pubblico ministero, prima della conclusione della fase del procedimento nella quale sono stati adottati, sempre che la revoca non sia vietata.

3.[1]

4. Per l'esecuzione delle sanzioni conseguenti a violazioni amministrative accertate nel processo penale, il pubblico ministero trasmette l'estratto della sentenza esecutiva all'autorità amministrativa competente.

[1] Comma abrog. dall'art. 299, D.P.R. 30 mag. 2002, n. 115.

TITOLO III
Attribuzioni degli organi giurisdizionali

CAPO I
Giudice dell'esecuzione

665. ***Giudice competente.*** — 1. Salvo diversa disposizione di legge, competente a conoscere dell'esecuzione di un provvedimento è il giudice che lo ha deliberato.

2. Quando è stato proposto appello, se il provvedimento è stato confermato o riformato soltanto in relazione alla pena, alle misure di sicurezza o alle disposizioni civili, è competente il giudice di primo grado; altrimenti è competente il giudice di appello.

3. Quando vi è stato ricorso per cassazione e questo è stato dichiarato inammissibile o rigettato ovvero quando la corte ha annullato senza rinvio il provvedimento impugnato, è competente il giudice di primo grado, se il ricorso fu proposto contro provvedimento inappellabile ovvero a norma dell'art. 569, e il giudice indicato nel comma 2 negli altri casi. Quando è stato pronunciato l'annullamento con rinvio, è competente il giudice di rinvio.

4. Se l'esecuzione concerne più provvedimenti emessi da giudici diversi, è competente il giudice che ha emesso il provvedimento divenuto irrevocabile per ultimo. Tuttavia, se i provvedimenti sono stati emessi da giudici ordinari e giudici speciali, è competente in ogni caso il giudice ordinario; se sono stati emessi da giudici ordinari e giudici speciali, è competente il giudice ordinario.

4-*bis*. Se l'esecuzione concerne più provvedimenti emessi dal tribunale in composizione monocratica e collegiale, l'esecuzione è attribuita in ogni caso al collegio.

666. ***Procedimento di esecuzione.*** — 1. Il giudice dell'esecuzione procede a richiesta del pubblico ministero, dell'interessato o del difensore.

2. Se la richiesta appare manifestamente infon-

data per difetto delle condizioni di legge ovvero costituisce mera riproposizione di una richiesta già rigettata, basata sui medesimi elementi, il giudice o il presidente del collegio, sentito il pubblico ministero, la dichiara inammissibile con decreto motivato che è notificato entro cinque giorni all'interessato. Contro il decreto può essere proposto ricorso per cassazione.

3. Salvo quanto previsto dal comma 2, il giudice o il presidente del collegio, designato il difensore di ufficio all'interessato che ne sia privo, fissa la data dell'udienza in camera di consiglio e ne fa dare avviso alle parti e ai difensori. L'avviso è comunicato o notificato almeno dieci giorni prima della data predetta. Fino a cinque giorni prima dell'udienza possono essere depositate memorie in cancelleria.[1]

4. L'udienza si svolge con la partecipazione necessaria del difensore e del pubblico ministero. L'interessato che ne fa richiesta è sentito personalmente; tuttavia, se è detenuto o internato in luogo posto fuori della circoscrizione del giudice, è sentito prima del giorno dell'udienza dal magistrato di sorveglianza del luogo, salvo che il giudice ritenga di disporre la traduzione.

5. Il giudice può chiedere alle autorità competenti tutti i documenti e le informazioni di cui abbia bisogno; se occorre assumere prove, procede in udienza nel rispetto del contraddittorio.

6. Il giudice decide con ordinanza. Questa è comunicata o notificata senza ritardo alle parti e ai difensori, che possono proporre ricorso per cassazione. Si osservano, in quanto applicabili, le disposizioni sulle impugnazioni e quelle sul procedimento in camera di consiglio davanti alla corte di cassazione.

7. Il ricorso non sospende l'esecuzione dell'ordinanza, a meno che il giudice che l'ha emessa disponga diversamente.

8. Se l'interessato è infermo di mente, l'avviso previsto dal comma 3 è notificato anche al tutore o al curatore; se l'interessato ne è privo, il giudice o il presidente del collegio nomina un curatore provvisorio. Al tutore e al curatore competono gli stessi diritti dell'interessato.

9. Il verbale di udienza è redatto soltanto in forma riassuntiva a norma dell'art. 140 comma 2.[2]

[1] La Corte cost., con sent. 21 mag. 2014, n. 135, ha dichiarato l'ill. cost. degli artt. 666, c. 3, 678, c. 1, e 679, c. 1, c.p.p., nella parte in cui non consentono che, su istanza degli interessati, il procedimento per l'applicazione delle misure di sicurezza si svolga, davanti al magistrato di sorveglianza e al tribunale di sorveglianza, nelle forme dell'udienza pubblica.

La Corte cost., con sent. 5 giu. 2015, n. 97, ha dichiarato l'ill. cost. degli artt. 666, c. 3 e 678, c. 1, c.p.p., nella parte in cui non consentono che, su istanza degli interessati, il procedimento davanti al tribunale di sorveglianza nelle materie di sua competenza si svolga nelle forme dell'udienza pubblica.

La Corte cost., con sent. 15 giu. 2015, n. 109, ha dichiarato l'ill. cost. degli artt. 666, c. 3, 667, c. 4, e 676 c.p.p., nella parte in cui non consentono che, su istanza degli interessati, il procedimento di opposizione contro l'ordinanza in materia di applicazione della confisca si svolga, davanti al giudice dell'esecuzione, nelle forme dell'udienza pubblica.

[2] La Corte cost., con sent. 3 dic. 1990, n. 529, ha dichiarato l'ill. cost. del c. 9 «nella parte in cui dopo la parola 'redatto' prevede 'soltanto' anziché 'di regola'».

667. ***Dubbio sull'identità fisica della persona detenuta.*** — 1. Se vi è ragione di dubitare dell'identità della persona arrestata per esecuzione di pena o perché evasa mentre scontava una condanna, il giudice dell'esecuzione la interroga e compie ogni indagine utile alla sua identificazione anche a mezzo della polizia giudiziaria.[1]

2. Quando riconosce che non si tratta della persona nei cui confronti deve compiersi l'esecuzione, ne ordina immediatamente la liberazione. Se l'identità rimane incerta, ordina la sospensione dell'esecuzione, dispone la liberazione del detenuto e invita il pubblico ministero a procedere a ulteriori indagini.

3. Se appare evidente che vi è stato un errore di persona e non è possibile provvedere tempestivamente a norma dei commi 1 e 2, la liberazione può essere ordinata in via provvisoria con decreto motivato dal pubblico ministero del luogo dove l'arrestato si trova. Il provvedimento del pubblico ministero ha effetto fino a quando non provvede il giudice competente, al quale gli atti sono immediatamente trasmessi.

4. Il giudice dell'esecuzione provvede in ogni caso senza formalità con ordinanza comunicata al pubblico ministero e notificata all'interessato. Contro l'ordinanza possono proporre opposizione davanti allo stesso giudice il pubblico ministero, l'interessato e il difensore; in tal caso si procede a norma dell'art. 666. L'opposizione è proposta, a pena di decadenza, entro quindici giorni dalla comunicazione o dalla notificazione dell'ordinanza.[1,2]

5. Se la persona detenuta deve essere giudicata per altri reati, l'ordinanza è comunicata all'autorità giudiziaria procedente.

[1] Comma così sost. dall'art. 28 del D.L. 14 gen. 1991, n. 12.

[2] La Corte cost., con sent. 15 giu. 2015, n. 109, ha dichiarato l'ill. cost. degli artt. 666, c. 3, 667, c. 4, e 676 c.p.p., nella parte in cui non consentono che, su istanza degli interessati, il procedimento di opposizione contro l'ordinanza in materia di applicazione della confisca si svolga, davanti al giudice dell'esecuzione, nelle forme dell'udienza pubblica.

668. ***Persona condannata per errore di nome.*** — 1. Se una persona è stata condannata in luogo di un'altra per errore di nome, il giudice dell'esecuzione provvede alla correzione nelle forme previste dall'art. 130 soltanto se la persona contro cui si doveva procedere è stata citata come imputato anche sotto altro nome per il giudizio; altrimenti si provvede a norma dell'art. 630 comma 1 lettera *c*). In ogni caso l'esecuzione contro la persona erroneamente condannata è sospesa.

669. ***Pluralità di sentenze per il medesimo fatto contro la stessa persona.***[1] — 1. Se più sentenze di condanna divenute irrevocabili sono state pronunciate contro la stessa persona per il medesimo fatto, il giudice ordina l'esecuzione della sentenza con cui si pronunciò la condanna meno grave, revocando le altre.

2. Quando le pene irrogate sono diverse, l'interessato può indicare la sentenza che deve essere eseguita. Se l'interessato non si avvale di tale facoltà prima della decisione del giudice dell'esecuzione, si applicano le disposizioni dei commi 3 e 4.

3. Se si tratta di pena pecuniaria e pena detentiva, si esegue la pena pecuniaria. Se si tratta di pene detentive o pecuniarie di specie diversa, si esegue la pena di minore entità; se le pene sono di uguale entità, si esegue rispettivamente l'arresto o l'ammenda. Se si tratta di pena detentiva o pecuniaria e della sanzione sostitutiva della semidetenzione[2] o della libertà controllata,[3] si esegue, in caso di pena detentiva, la sanzione sostitutiva e, in caso di pena pecuniaria, quest'ultima.

4. Quando le pene principali sono uguali, si tiene conto della eventuale applicazione di pene accessorie o di misure di sicurezza e degli altri effetti penali. Quando le condanne sono identiche, si esegue la sentenza divenuta irrevocabile per prima.

5. Se la sentenza revocata era stata in tutto o in parte eseguita, l'esecuzione si considera come conseguente alla sentenza rimasta in vigore.

6. Le stesse disposizioni si applicano se si tratta di più decreti penali o di sentenze e di decreti ovvero se il fatto è stato giudicato in concorso formale con altri fatti o quale episodio di un reato continuato, premessa, ove necessaria, la determinazione della pena corrispondente.

7. Se più sentenze di non luogo a procedere o più sentenze di proscioglimento sono state pronunciate nei confronti della stessa persona per il medesimo fatto, il giudice, se l'interessato entro il termine previsto dal comma 2 non indica la sentenza che deve essere eseguita, ordina l'esecuzione della sentenza più favorevole, revocando le altre.

8. Salvo quanto previsto dagli articoli 69 comma 2 e 345, se si tratta di una sentenza di proscioglimento e di una sentenza di condanna o di un decreto penale, il giudice ordina l'esecuzione della sentenza di proscioglimento revocando la decisione di condanna. Tuttavia, se il proscioglimento è stato pronunciato per estinzione del reato verificatasi successivamente alla data in cui è divenuta irrevocabile la decisione di condanna, si esegue quest'ultima.

9. Se si tratta di una sentenza di non luogo a procedere e di una sentenza pronunciata in giudizio o di un decreto penale, il giudice ordina l'esecuzione della sentenza pronunciata in giudizio o del decreto.

[1] V. *Att.* 193.
[2] V. art. 55 L. 24 nov. 1981, n. 689.
[3] V. art. 56 L. 24 nov. 1981, n. 689.

670. ***Questioni sul titolo esecutivo.*** — 1. Quando il giudice dell'esecuzione accerta che il provvedimento manca o non è divenuto esecutivo, valutata anche nel merito l'osservanza delle garanzie previste nel caso di irreperibilità del condannato, lo dichiara con ordinanza e sospende l'esecuzione, disponendo, se occorre, la liberazione dell'interessato e la rinnovazione della notificazione non validamente eseguita. In tal caso decorre nuovamente il termine per l'impugnazione.

2. Quando è proposta impugnazione od opposizione, il giudice dell'esecuzione, dopo aver provveduto sulla richiesta dell'interessato, trasmette gli atti al giudice di cognizione competente. La decisione del giudice dell'esecuzione non pregiudica quella del giudice dell'impugnazione o dell'opposizione, il quale, se ritiene ammissibile il gravame, sospende con ordinanza l'esecuzione che non sia già stata sospesa.

3. Se l'interessato, nel proporre richiesta perché sia dichiarata la non esecutività del provvedimento, eccepisce che comunque sussistono i presupposti e le condizioni per la restituzione nel termine a norma dell'art. 175, e la relativa richiesta non è già stata proposta al giudice dell'impugnazione, il giudice dell'esecuzione, se non deve dichiarare la non esecutività del provvedimento, decide sulla restituzione. In tal caso, la richiesta di restituzione nel termine non può essere riproposta al giudice dell'impugnazione. Si applicano le disposizioni dell'art. 175 commi 7 e 8.

671. ***Applicazione della disciplina del concorso formale e del reato continuato.*** — 1. Nel caso di più sentenze o decreti penali irrevocabili pronunciati in procedimenti distinti contro la stessa persona, il condannato o il pubblico ministero possono chiedere al giudice dell'esecuzione l'applicazione della disciplina del concorso formale o del reato continuato, sempre che la stessa non sia stata esclusa dal giudice della cognizione. Fra gli elementi che incidono sulla applicazione della disciplina del reato continuato vi è la consumazione di più reati in relazione allo stato di tossicodipendenza.[1]

2. Il giudice dell'esecuzione provvede determinando la pena in misura non superiore alla somma di quelle inflitte con ciascuna sentenza o ciascun decreto.

3. Il giudice dell'esecuzione può concedere altresì la sospensione condizionale della pena e la non menzione della condanna nel certificato del casellario giudiziale, quando ciò consegue al riconoscimento del concorso formale o della continuazione. Adotta infine ogni altro provvedimento conseguente.

[1] Periodo aggiunto dall'art. 4-*vicies* della L. 21 feb. 2006, n. 49.

672. ***Applicazione dell'amnistia e dell'indulto.*** — 1. Per l'applicazione dell'amnistia e dell'in-

CODICE DI PROCEDURA PENALE

dulto il giudice dell'esecuzione procede a norma dell'art. 667, comma 4.

2. Quando, in conseguenza dell'applicazione dell'amnistia o dell'indulto, occorre applicare o modificare una misura di sicurezza a norma dell'art. 210 del c.p., il giudice dell'esecuzione dispone la trasmissione degli atti al magistrato di sorveglianza.

3. Il pubblico ministero che cura l'esecuzione della sentenza di condanna può disporre provvisoriamente la liberazione del condannato detenuto ovvero la cessazione delle sanzioni sostitutive[2] e delle misure alternative,[3] prima che essa sia definitivamente ordinata con il provvedimento che applica l'amnistia o l'indulto.

4. L'amnistia e l'indulto devono essere applicati, qualora il condannato ne faccia richiesta, anche se è terminata l'esecuzione della pena.

5. L'amnistia e l'indulto condizionati hanno per effetto di sospendere l'esecuzione della sentenza o del decreto penale fino alla scadenza del termine stabilito nel decreto di concessione o, se non fu stabilito termine, fino alla scadenza del quarto mese dal giorno della pubblicazione del decreto. L'amnistia e l'indulto condizionati si applicano definitivamente se, alla scadenza del termine, è dimostrato l'adempimento delle condizioni o degli obblighi ai quali la concessione del beneficio è subordinata.

[1] Comma così sost. dall'art. 29 del D.L. 14 gen. 1991, n. 12.

[2] V. artt. 53 s. L. 24 nov. 1981, n. 689.

[3] V. artt. 47 s. L. 26 lug. 1975, n. 354.

673. *Revoca della sentenza per abolizione del reato.* — 1. Nel caso di abrogazione o di dichiarazione di illegittimità costituzionale della norma incriminatrice, il giudice dell'esecuzione revoca la sentenza di condanna o il decreto penale dichiarando che il fatto non è previsto dalla legge come reato e adotta i provvedimenti conseguenti.

2. Allo stesso modo provvede quando è stata emessa sentenza di proscioglimento o di non luogo a procedere per estinzione del reato o per mancanza di imputabilità.

[1] V. *Att.* 193.

674. *Revoca di altri provvedimenti.* — 1. La revoca della sospensione condizionale della pena, della grazia o dell'amnistia o dell'indulto condizionati e della non menzione della condanna nel certificato del casellario giudiziale è disposta dal giudice dell'esecuzione, qualora non sia stata disposta con la sentenza di condanna per altro reato.

1-*bis*. Il giudice dell'esecuzione provvede altresì alla revoca della sospensione condizionale della pena quando rileva l'esistenza delle condizioni di cui al 3° comma dell'art. 168 del codice penale.[1]

[1] Comma aggiunto dall'art. 1, II° c., della L. 26 mar. 2001, n. 128.

675. *Falsità di documenti.* — 1. Se la falsità di un atto o di un documento, accertata a norma dell'art. 537, non è stata dichiarata nel dispositivo della sentenza e non è stata proposta impugnazione per questo capo, ogni interessato può chiedere al giudice dell'esecuzione che la dichiari.

2. La cancellazione totale del documento, disposta dal giudice della cognizione o dell'esecuzione, è eseguita mediante annotazione della sentenza o dell'ordinanza a margine di ciascuna pagina del medesimo e attestazione di tale adempimento nel verbale, con la dichiarazione che il documento non può avere alcun effetto giuridico. Il documento rimane allegato al verbale e una copia di questo è rilasciata in sostituzione del documento stesso a chi lo possedeva o lo aveva in deposito, quando la copia è stata richiesta per un legittimo interesse.

3. Negli altri casi, il testo del documento, quale risulta in seguito alla cancellazione parziale o alla ripristinazione, rinnovazione o riforma, è inserito per intero nel verbale. Se il documento era in deposito pubblico, è restituito al depositario unitamente a una copia autentica del verbale a cui deve rimanere allegato. Se il documento era posseduto da un privato, la cancelleria lo conserva allegato al verbale e ne rilascia copia quando questa è richiesta per un legittimo interesse. Tale copia vale come originale per ogni effetto giuridico.

4. Per l'osservanza dei predetti adempimenti, il giudice o il presidente del collegio dà le disposizioni occorrenti nel relativo verbale.

676. *Altre competenze.*[1] — 1. Il giudice dell'esecuzione è competente a decidere in ordine all'estinzione del reato dopo la condanna, all'estinzione della pena quando la stessa non consegue alla liberazione condizionale o all'affidamento in prova al servizio sociale, in ordine alle pene accessorie, alla confisca o alla restituzione delle cose sequestrate [o alla devoluzione allo Stato delle somme di denaro sequestrate ai sensi del comma 3-*bis* dell'articolo 262].[2] In questi casi il giudice dell'esecuzione procede a norma dell'art. 667, comma 4.[3]

2. Qualora sorga controversia sulla proprietà delle cose confiscate, si applica la disposizione dell'articolo 263 comma 3.

3. Quando accerta l'estinzione del reato o della pena, il giudice dell'esecuzione la dichiara anche di ufficio adottando i provvedimenti conseguenti.

[1] La Corte cost., con sent. 15 giu. 2015, n. 109, ha dichiarato l'ill. cost. degli artt. 666, c. 3, 667, c. 4, e 676 c.p.p., nella parte in cui non consentono che, su istanza degli interessati, il procedimento di opposizione contro l'ordinanza in materia di applicazione della confisca si svolga, davanti al giudice dell'esecuzione, nelle forme dell'udienza pubblica.

[2] Parole inserite dall'art. 2, c. 613, della L. 24 dic. 2007, n. 244 (Legge finanziaria) e successivamente soppresse dall'art. 2, comma 9, del D.L. 16 set. 2008, n. 143, conv. con modif. in L. 13 nov. 2008, n. 181.

[3] Comma così sost. dall'art. 30 del D.L. 14 gen. 1991, n. 12.

CAPO II
Magistratura di sorveglianza

677. *Competenza per territorio.* — 1. La competenza a conoscere le materie attribuite alla magistratura di sorveglianza[1] appartiene al tribunale o al magistrato di sorveglianza che hanno giurisdizione sull'istituto di prevenzione o di pena in cui si trova l'interessato all'atto della richiesta, della proposta o dell'inizio di ufficio del procedimento.

2. Quando l'interessato non è detenuto o internato, la competenza, se la legge non dispone diversamente, appartiene al tribunale o al magistrato di sorveglianza che ha giurisdizione sul luogo in cui l'interessato ha la residenza o il domicilio. Se la competenza non può essere determinata secondo il criterio sopra indicato, essa appartiene al tribunale o al magistrato di sorveglianza del luogo in cui fu pronunciata la sentenza di condanna, di proscioglimento o di non luogo a procedere, e, nel caso di più sentenze di condanna o di proscioglimento, al tribunale o al magistrato di sorveglianza del luogo in cui fu pronunciata la sentenza divenuta irrevocabile per ultima.

2-*bis*. Il condannato, non detenuto, ha l'obbligo, a pena di inammissibilità, di fare la dichiarazione o l'elezione di domicilio con la domanda con la quale chiede una misura alternativa alla detenzione o altro provvedimento attribuito dalla legge alla magistratura di sorveglianza. Il condannato, non detenuto, ha altresì l'obbligo di comunicare ogni mutamento del domicilio dichiarato o eletto. Si applicano, in quanto compatibili, le disposizioni previste dall'articolo 161.[2]

[1] V. artt. 68 s. L. 26 lug. 1975, n. 354.

[2] Comma inserito dall'art. 9 del D.L. 18 ott. 2001, n. 347, conv. con modif. dalla L. 15 dic. 2001, n. 438.

678. *Procedimento di sorveglianza.* — 1. Il magistrato di sorveglianza, nelle materie attinenti alle misure di sicurezza e alla dichiarazione di abitualità o professionalità nel reato o di tendenza a delinquere, e il tribunale di sorveglianza, nelle materie di sua competenza, se non diversamente previsto, procedono, a richiesta del pubblico ministero, dell'interessato, del difensore o di ufficio, a norma dell'articolo 666. Quando vi è motivo di dubitare dell'identità fisica di una persona, procedono comunque a norma dell'articolo 667, comma 4.[1]

1-*bis*. Il magistrato di sorveglianza, nelle materie attinenti alla rateizzazione e alla conversione delle pene pecuniarie, alla remissione del debito e alla esecuzione della semidetenzione e della libertà controllata, e il tribunale di sorveglianza, nelle materie relative alle richieste di riabilitazione, alla valutazione sull'esito dell'affidamento in prova, anche in casi particolari, alla dichiarazione di estinzione del reato conseguente alla liberazione condizionale e al differimento dell'esecuzione della pena nei casi previsti dal primo comma, numeri 1) e 2), dell'articolo 146 del codice penale, procedono a norma dell'articolo 667, comma 4.[1]

1-*ter*. Quando la pena da espiare non è superiore a un anno e sei mesi, per la decisione sulle istanze di cui all'articolo 656, comma 5, il presidente del tribunale di sorveglianza, acquisiti i documenti e le necessarie informazioni, designa il magistrato relatore e fissa un termine entro il quale questi, con ordinanza adottata senza formalità, può applicare in via provvisoria una delle misure menzionate nell'articolo 656, comma 5. L'ordinanza di applicazione provvisoria della misura è comunicata al pubblico ministero e notificata all'interessato e al difensore, i quali possono proporre opposizione al tribunale di sorveglianza entro il termine di dieci giorni. Il tribunale di sorveglianza, decorso il termine per l'opposizione, conferma senza formalità la decisione del magistrato. Quando non è stata emessa o confermata l'ordinanza provvisoria, o è stata proposta opposizione, il tribunale di sorveglianza procede a norma del comma 1. Durante il termine per l'opposizione e fino alla decisione sulla stessa, l'esecuzione dell'ordinanza è sospesa.[2]

2. Quando si procede nei confronti di persona sottoposta a osservazione scientifica della personalità, il giudice acquisisce la relativa documentazione e si avvale, se occorre, della consulenza dei tecnici del trattamento.

3. Le funzioni di pubblico ministero sono esercitate, davanti al tribunale di sorveglianza, dal procuratore generale presso la corte di appello e, davanti al magistrato di sorveglianza, dal procuratore della Repubblica presso il tribunale della sede dell'ufficio di sorveglianza.

3.1. Quando ne fa richiesta l'interessato l'udienza si svolge in forma pubblica. Si osservano, in quanto compatibili, le disposizioni degli articoli 471 e 472.[2]

3.2. L'avviso di fissazione dell'udienza, notificato all'interessato, contiene, a pena di nullità, l'avvertimento della facoltà di parteciparvi personalmente. Se l'interessato detenuto o internato ne fa richiesta, il giudice dispone la traduzione. Si applicano in ogni caso le forme e le modalità di partecipazione a distanza nei procedimenti in camera di consiglio previste dalla legge. La partecipazione all'udienza avviene a distanza anche quando l'interessato, detenuto o internato, ne fa richiesta ovvero quando lo stesso è detenuto o internato in un luogo posto fuori dalla circoscrizione del giudice. Ove lo ritenga opportuno, il giudice dispone la traduzione dell'interessato.[2]

3-*bis*. Il tribunale di sorveglianza e il magistrato di sorveglianza, nelle materie di rispettiva competenza, quando provvedono su richieste di provvedimenti incidenti sulla libertà personale di condannati da Tribunali o Corti penali internazionali, danno immediata comunicazione della data dell'udienza e della pertinente documentazione al Ministro della giustizia, che tempestivamente ne informa il Ministro degli affari esteri e, qualora previsto da accordi internazionali, l'organismo che ha pronunciato la condanna.[3]

[1] Comma così sost. dall'art. 4, c. 1, D.lgs. 2 ott. 2018, n. 123.
[2] Comma ins. dall'art. 4, c. 1, D.lgs. 2 ott. 2018, n. 123.
[3] Comma aggiunto dall'art. 3, D.L. 26 giu. 2014, n. 92, conv. con modif. in L. 11 ago. 2014, n. 117.

679. ***Misure di sicurezza.***[1] — 1. Quando una misura di sicurezza diversa dalla confisca è stata, fuori dei casi previsti nell'art. 312, ordinata con sentenza, o deve essere ordinata successivamente, il magistrato di sorveglianza, su richiesta del pubblico ministero o di ufficio, accerta se l'interessato è persona socialmente pericolosa e adotta i provvedimenti conseguenti, premessa, ove occorra, la dichiarazione di abitualità o professionalità nel reato. Provvede altresì, su richiesta del pubblico ministero, dell'interessato, del suo difensore o di ufficio, su ogni questione relativa nonché sulla revoca della dichiarazione di tendenza a delinquere.

2. Il magistrato di sorveglianza sovraintende alla esecuzione delle misure di sicurezza personali.

[1] La Corte cost., con sent. 21 mag. 2014, n. 135, ha dichiarato l'ill. cost. dell'art. 666, c. 3, 678, c. 1, e 679, c. 1, c.p.p., nella parte in cui non consentono che, su istanza degli interessati, il procedimento per l'applicazione delle misure di sicurezza si svolga, davanti al magistrato di sorveglianza e al tribunale di sorveglianza, nelle forme dell'udienza pubblica.

680. ***Impugnazione di provvedimenti relativi alle misure di sicurezza.*** — 1. Contro i provvedimenti del magistrato di sorveglianza concernenti le misure di sicurezza e la dichiarazione di abitualità o professionalità nel reato o di tendenza a delinquere, possono proporre appello al tribunale di sorveglianza il pubblico ministero, l'interessato e il difensore.

2. Fuori dei casi previsti dall'art. 579 commi 1 e 3, il tribunale di sorveglianza giudica anche sulle impugnazioni contro sentenze di condanna o di proscioglimento[1] concernenti le disposizioni che riguardano le misure di sicurezza.

3. Si osservano le disposizioni generali sulle impugnazioni, ma l'appello non ha effetto sospensivo, salvo che il tribunale disponga altrimenti.

[1] Comma così sostituito dall'art. 23, comma 2, della L. 16 dic. 1999, n. 479.

681. ***Provvedimenti relativi alla grazia.*** — 1. La domanda di grazia, diretta al Presidente della Repubblica, è sottoscritta dal condannato o da un suo prossimo congiunto o dal convivente o dal tutore o dal curatore ovvero da un avvocato o procuratore legale ed è presentata al ministro di grazia e giustizia.

2. Se il condannato è detenuto o internato, la domanda può essere presentata al magistrato di sorveglianza, il quale, acquisiti tutti gli elementi di giudizio utili e le osservazioni del procuratore generale presso la corte di appello del distretto ove ha sede il giudice indicato nell'art. 665, la trasmette al ministro con il proprio parere motivato. Se il condannato non è detenuto o internato, la domanda può essere presentata al predetto procuratore generale, il quale, acquisite le opportune informazioni, la trasmette al ministro con le proprie osservazioni.

3. La proposta di grazia è sottoscritta dal presidente del consiglio di disciplina ed è presentata al magistrato di sorveglianza, che procede a norma del comma 2.

4. La grazia può essere concessa anche in assenza di domanda o proposta. Emesso il decreto di grazia, il pubblico ministero presso il giudice indicato nell'art. 665 ne cura la esecuzione ordinando, quando è il caso, la liberazione del condannato e adottando i provvedimenti conseguenti.

5. In caso di grazia sottoposta a condizioni, si provvede a norma dell'art. 672 comma 5.

682. ***Liberazione condizionale.*** — 1. Il tribunale di sorveglianza decide sulla concessione e sulla revoca della liberazione condizionale.

2. Se la liberazione non è concessa per difetto del requisito del ravvedimento, la richiesta non può essere riproposta prima che siano decorsi sei mesi dal giorno in cui è divenuto irrevocabile il provvedimento di rigetto.

683. ***Riabilitazione.*** — 1. Il tribunale di sorveglianza, su richiesta dell'interessato, decide sulla riabilitazione, anche se relativa a condanne pronunciate da giudici speciali, quando la legge non dispone altrimenti, e sull'estinzione della pena accessoria nel caso di cui all'articolo 179, settimo comma, del codice penale[1]. Decide altresì sulla revoca della riabilitazione[1], qualora essa non sia stata disposta con la sentenza di condanna per altro reato.

2. Nella richiesta sono indicati gli elementi dai quali può desumersi la sussistenza delle condizioni previste dall'art. 179 del c.p. Il tribunale acquisisce la documentazione necessaria.

3. Se la richiesta è respinta per difetto del requisito della buona condotta, essa non può essere riproposta prima che siano decorsi due anni dal giorno in cui è divenuto irrevocabile il provvedimento di rigetto.

[1] Parole aggiunte dall'art. 1, c. 4, lett. *g*), L. 9 gen. 2019, n. 3.

684. ***Rinvio dell'esecuzione.*** — 1. Il tribunale di sorveglianza provvede in ordine al differimento dell'esecuzione delle pene detentive e delle sanzioni sostitutive[1] della semidetenzione e della libertà controllata nei casi previsti dagli art. 146 e 147 del c.p., salvo quello previsto dall'art. 147 comma 1 numero 1 del c.p., nel quale provvede il ministro di grazia e giustizia.[2] Il tribunale ordina, quando occorre, la liberazione del detenuto e adotta gli altri provvedimenti conseguenti.

2. Quando vi è fondato motivo per ritenere che sussistono i presupposti perché il tribunale di-

sponga il rinvio, il magistrato di sorveglianza può ordinare il differimento dell'esecuzione o, se la protrazione della detenzione può cagionare grave pregiudizio al condannato, la liberazione del detenuto. Il provvedimento conserva effetto fino alla decisione del tribunale, al quale il magistrato di sorveglianza trasmette immediatamente gli atti.

[1] V. art. 53 s. L. 24 nov. 1981, n. 689.

[2] La Corte cost., con sent. 31 mag. 1990, n. 274, ha dichiarato l'ill. cost. dell'art. 684 «nella parte in cui attribuisce al Ministero di grazia e Giustizia e non al Tribunale di sorveglianza il potere di differire l'esecuzione della pena ai sensi del primo comma dell'art. 147 c.p.».

TITOLO IV
Casellario giudiziale

685-690. .... [1]

[1] Articoli abrog. dall'art. 52, c. 1, D.P.R. 14 nov. 2002, n. 313.

TITOLO V
Spese

691. [*Anticipazione delle spese.*][1]

[1] Articolo abrog. dall'art. 299, D.P.R. 30 mag. 2002, n. 115.

692. ***Spese della custodia cautelare.*** — 1. Quando l'imputato è condannato a pena detentiva per il reato per il quale fu sottoposto a custodia cautelare, sono poste a suo carico le spese per il mantenimento durante il periodo di custodia.

2. Se la custodia cautelare supera la durata della pena, sono detratte le spese relative alla maggiore durata.

3.[1]

[1] Comma abrog. dall'art. 299, D.P.R. 30 mag. 2002, n. 115.

693. [***Provvedimenti in caso d'insolvibilità.***][1]

[1] Articolo abrog. dall'art. 299, D.P.R. 30 mag. 2002, n. 115.

694. ***Spese per la pubblicazione di sentenze e obbligo di inserzione.*** — 1. Il direttore o vice direttore responsabile di un giornale o periodico deve pubblicare, senza diritto ad anticipazione o a rifusione di spese, non più tardi dei tre giorni successivi a quello in cui ne ha ricevuto ordine dall'autorità competente per l'esecuzione, la sentenza di condanna irrevocabile pronunciata contro di lui o contro altri per pubblicazione avvenuta nel suo giornale.

2. Fuori di questo caso, quando l'inserzione di una sentenza penale in un giornale è ordinata dal giudice, il direttore o vicedirettore responsabile del giornale o periodico designato deve eseguirla, a richiesta del pubblico ministero o della persona obbligata o autorizzata a provvedervi.

3. La pubblicazione ordinata dal giudice per estratto o per intero può essere eseguita anche in foglio di supplemento dello stesso formato, corpo e carattere della parte principale del giornale o periodico, da unirsi a ciascuna copia di questo e in un unico contesto esattamente riprodotto.

4. Se il direttore o il vice direttore responsabile contravviene alle disposizioni precedenti, è condannato in solido con l'editore e con il proprietario della tipografia al pagamento a favore della cassa delle ammende di una somma fino a euro 1.549.

695. [***Questioni sulle spese processuali.***][1]

[1] Articolo abrog. dall'art. 299, D.P.R. 30 mag. 2002, n. 115.

LIBRO UNDICESIMO

RAPPORTI GIURISDIZIONALI CON AUTORITÀ STRANIERE[1]

[1] V. *Att.* 201-205.

TITOLO I
Disposizioni generali

696. ***Prevalenza del diritto dell'Unione europea, delle convenzioni e del diritto internazionale generale.***[1] — 1. Nei rapporti con gli Stati membri dell'Unione europea le estradizioni, le domande di assistenza giudiziaria internazionali, gli effetti delle sentenze penali straniere, l'esecuzione all'estero delle sentenze penali italiane e gli altri rapporti con le autorità straniere, relativi all'amministrazione della giustizia in materia penale, sono disciplinati dalle norme del Trattato sull'Unione europea e del Trattato sul funzionamento dell'Unione europea, nonché dagli atti normativi adottati in attuazione dei medesimi. Se tali norme mancano o non dispongono diversamente, si applicano le norme delle convenzioni internazionali in vigore per lo Stato e le norme di diritto internazionale generale.

2. Nei rapporti con Stati diversi da quelli membri dell'Unione europea le estradizioni, le domande di assistenza giudiziaria internazionali, gli effetti delle sentenze penali straniere, l'esecuzione all'estero delle sentenze penali italiane e gli altri rapporti con le autorità straniere, relativi all'amministrazione della giustizia in materia penale, sono disciplinati dalle norme delle convenzioni internazionali in vigore per lo Stato e dalle norme di diritto internazionale generale.

3. Se le norme indicate ai commi 1 e 2 mancano o non dispongono diversamente, si applicano le norme del presente libro.

4. Il Ministro della giustizia può, in ogni caso, non dare corso alle domande di cooperazione giudiziaria quando lo Stato richiedente non dia idonee garanzie di reciprocità.

[1] Articolo così sost. dall'art. 2, D.lgs. 3 ott. 2017, n. 149.

TITOLO I-*bis*
Principi generali del mutuo riconoscimento delle decisioni e dei provvedimenti giudiziari tra Stati membri dell'Unione europea[1]

[1] Titolo ins. dall'art. 3, D.lgs. 3 ott. 2017, n. 149.

696-*bis*. ***Principio del mutuo riconoscimento.*** — 1. Il principio del mutuo riconoscimento è disciplinato dalle norme del presente titolo e dalle altre disposizioni di legge attuative del diritto dell'Unione europea.

2. Le decisioni e i provvedimenti giudiziari emessi dalle competenti autorità degli altri Stati membri possono essere riconosciuti ed eseguiti nel territorio dello Stato; l'autorità giudiziaria può richiedere alle competenti autorità degli altri Stati membri l'esecuzione dei propri provvedimenti e decisioni.

696-*ter*. ***Tutela dei diritti fondamentali della persona nel mutuo riconoscimento.*** — 1. L'autorità giudiziaria provvede al riconoscimento e all'esecuzione se non sussistono fondate ragioni per ritenere che l'imputato o il condannato verrà sottoposto ad atti che configurano una grave violazione dei princìpi fondamentali dell'ordinamento giuridico dello Stato, dei diritti fondamentali della persona riconosciuti dall'articolo 6 del Trattato sull'Unione europea o dei diritti, delle libertà e dei princìpi sanciti nella Carta dei diritti fondamentali dell'Unione europea.

696-*quater*. ***Modalità di trasmissione delle decisioni giudiziarie.*** — 1. L'autorità giudiziaria competente riceve direttamente le decisioni e i provvedimenti da riconoscere ed eseguire nel territorio dello Stato.

2. L'autorità giudiziaria trasmette direttamente alle competenti autorità giudiziarie degli altri Stati membri le decisioni e i provvedimenti da riconoscere ed eseguire, dandone comunicazione al Ministro della giustizia nei casi e nei modi previsti dalla legge, anche ai fini dell'esercizio dei poteri di cui all'articolo 696-*sexies*.

3. La documentazione e gli accertamenti integrativi, nonché le ulteriori informazioni necessarie all'esecuzione delle decisioni e dei provvedimenti dei quali sia chiesto il riconoscimento, sono oggetto di trasmissione diretta tra le autorità giudiziarie degli Stati membri.

696-*quinquies*. ***Limiti al sindacato delle decisioni giudiziarie degli altri Stati membri.*** — 1. L'autorità giudiziaria riconosce ed esegue le decisioni e i provvedimenti giudiziari degli altri Stati membri senza sindacarne le ragioni di merito, salvo che sia altrimenti previsto. È in ogni caso assicurato il rispetto dei princìpi fondamentali dell'ordinamento giuridico dello Stato.

696-*sexies*. *Poteri del Ministro della giustizia*. — 1. Il Ministro della giustizia, nei casi e nei modi previsti dalla legge, garantisce l'osservanza delle condizioni eventualmente poste in casi particolari dall'autorità giudiziaria dello Stato membro per dare esecuzione alle decisioni giudiziarie di cui è stato chiesto il riconoscimento, sempre che tali condizioni non contrastino con i principi fondamentali dell'ordinamento giuridico dello Stato.

2. Il Ministro della giustizia verifica l'osservanza delle condizioni poste dall'autorità giudiziaria italiana per l'esecuzione delle decisioni e dei provvedimenti nel territorio di altro Stato membro.

696-*septies*. *Mutuo riconoscimento e responsabilità da reato degli enti*. — 1. In materia di mutuo riconoscimento delle decisioni giudiziarie riguardanti la responsabilità da reato degli enti, nei rapporti con gli Stati membri dell'Unione europea, si osservano le norme di questo titolo nonché quelle contenute in altre disposizioni di legge attuative del diritto dell'Unione europea.

696-*octies*. *Modalità di esecuzione*. — 1. L'autorità giudiziaria riconosce ed esegue le decisioni e i provvedimenti giudiziari di altri Stati membri senza ritardo e con modalità idonee ad assicurarne la tempestività e l'efficacia.

2. All'esecuzione delle decisioni e dei provvedimenti giudiziari al cui riconoscimento l'interessato ha prestato il consenso si provvede senza formalità, nel rispetto dei diritti fondamentali della persona.

696-*novies*. *Impugnazioni*. — 1. Le decisioni sul riconoscimento e l'esecuzione di un provvedimento emesso dall'autorità giudiziaria di altro Stato membro sono impugnabili nei casi e con i mezzi previsti dalla legge.

2. Avverso le sentenze e i provvedimenti sulla libertà personale è ammesso il ricorso per cassazione per violazione di legge.

3. Non è ammessa l'impugnazione per motivi di merito, salvo quanto previsto dall'articolo 696-*quinquies*.

4. L'impugnazione non ha effetto sospensivo, salvo che sia diversamente previsto.

696-*decies*. *Tutela dei terzi di buona fede*. — 1. I terzi di buona fede interessati dall'esecuzione della decisione di riconoscimento sono tutelati nei casi e con i mezzi previsti dalla legge. Ai terzi è assicurata la partecipazione al procedimento di riconoscimento con le forme e le garanzie che la legge assicura nei procedimenti analoghi già regolati dall'ordinamento interno.

TITOLO II
Estradizione

CAPO I
Estradizione per l'estero

SEZIONE I
Procedimento

697. *Estradizione e poteri del Ministro della giustizia*[1]. — 1. Salvo che sia diversamente stabilito, la consegna a uno stato estero di una persona per l'esecuzione di una sentenza straniera di condanna a pena detentiva o di altro provvedimento restrittivo della libertà personale può aver luogo soltanto mediante estradizione.[2]

1-*bis*. Il Ministro della giustizia non dà corso alla domanda di estradizione quando questa può compromettere la sovranità, la sicurezza o altri interessi essenziali dello Stato.[3]

1-*ter*. Fermo quanto previsto dal comma 1-*bis*, quando un accordo internazionale prevede il potere di rifiutare l'estradizione di un cittadino senza regolarne l'esercizio, il Ministro della giustizia rifiuta l'estradizione tenendo conto della gravità del fatto, della rilevanza degli interessi lesi dal reato e delle condizioni personali dell'interessato.[3]

1-*quater*. Il Ministro della giustizia concede l'estradizione della persona che ha prestato il consenso a norma dell'articolo 701, comma 2, sempre che non sussistano le ragioni ostative di cui all'articolo 705, comma 2.[3]

1-*quinquies*. La decisione di non dare corso alla domanda di estradizione è comunicata dal Ministro della giustizia allo Stato estero e all'autorità giudiziaria.[3]

2. Nel concorso di più domande di estradizione, il Ministro della giustizia[1] ne stabilisce l'ordine di precedenza. A tal fine egli tiene conto di tutte le circostanze del caso e in particolare della data di ricezione delle domande, della gravità e del luogo di commissione del reato o dei reati, della nazionalità e della residenza della persona richiesta e della possibilità di una riestradizione dallo stato richiedente a un altro stato.

[1] Parole così modif. dall'art. 4, c. 1, lett. *a*), D.lgs. 3 ott. 2017, n. 149.
[2] Comma così modif. dall'art. 4, c. 1, lett. *a*), D.lgs. 3 ott. 2017, n. 149.
[3] Comma ins. dall'art. 4, c. 1, lett. *a*), D.lgs. 3 ott. 2017, n. 149.

698. *Reati politici. Tutela dei diritti fondamentali della persona*. — 1. Non può essere concessa l'estradizione per un reato politico né quando vi è ragione di ritenere che l'imputato o il condannato verrà sottoposto ad atti persecutori o discriminatori per motivi di razza, di religione, di sesso, di nazionalità, di lingua, di opinioni politiche o di condizioni personali o sociali ovvero a pene o trattamenti crudeli, disumani o degradanti o

CODICE DI PROCEDURA PENALE

comunque ad atti che configurano violazione di uno dei diritti fondamentali della persona.[1]

2. Se il fatto per il quale è domandata l'estradizione è punito con la pena di morte secondo la legge dello Stato estero, l'estradizione può essere concessa solo quando l'autorità giudiziaria accerti che è stata adottata una decisione irrevocabile che irroga una pena diversa dalla pena di morte o, se questa è stata inflitta, è stata commutata in una pena diversa, comunque nel rispetto di quanto stabilito dal comma 1.[2]

[1] Il testo adottato risulta conforme al Protocollo n. 6 aggiuntivo alla "Convenzione Europea di salvaguardia dei diritti dell'uomo e delle libertà fondamentali", 4 nov. 1950, Roma, ratificata il 4 ago. 1955 con L. n. 849, e ai principi del "Patto internazionale relativo ai diritti civili e politici", 16 dic. 1966, New York, ratificato il 25 ott. 1977, con L. n. 881.

[2] Comma così sost. dall'art. 5, c. 1, L. 21 lug. 2016, n. 149.

699. ***Principio di specialità.*** — 1. La concessione dell'estradizione, l'estensione dell'estradizione già concessa e la riestradizione sono sempre subordinate alla condizione espressa che, per un fatto anteriore alla consegna diverso da quello per il quale l'estradizione è stata concessa o estesa ovvero da quello per il quale la riestradizione è stata concessa, l'estradato non venga sottoposto a restrizione della libertà personale in esecuzione di una pena o misura di sicurezza né assoggettato ad altra misura restrittiva della libertà personale né consegnato ad altro stato.

2. La disposizione del comma 1 non si applica quando l'estradato, avendone avuta la possibilità, non ha lasciato il territorio dello stato al quale è stato consegnato trascorsi quarantacinque giorni dalla sua definitiva liberazione ovvero, avendolo lasciato, vi ha fatto volontariamente ritorno.

3. Il ministro può inoltre subordinare la concessione dell'estradizione ad altre condizioni che ritiene opportune.

4. Il ministro verifica l'osservanza della condizione di specialità e delle altre condizioni eventualmente apposte.

700. ***Documenti a sostegno della domanda.*** — 1. L'estradizione è consentita soltanto sulla base di una domanda alla quale sia allegata copia del provvedimento restrittivo della libertà personale o della sentenza di condanna a pena detentiva che ha dato luogo alla domanda stessa.

2. Alla domanda devono essere allegati:

a) una relazione sui fatti addebitati alla persona della quale è domandata l'estradizione, con l'indicazione del tempo e del luogo di commissione dei fatti stessi e della loro qualificazione giuridica;

b) il testo delle disposizioni di legge applicabili, [con l'indicazione se per il fatto per cui è domandata l'estradizione è prevista dalla legge dello stato estero la pena di morte e, in tal caso, quali assicurazioni lo stato richiedente fornisce che tale pena non sarà inflitta o, se già inflitta, che non sarà eseguita][1];

b-bis) il provvedimento di commutazione della pena nei casi di cui all'articolo 698, comma 2;[2]

c) i dati segnaletici e ogni altra possibile informazione atta a determinare l'identità e la nazionalità della persona della quale è domandata l'estradizione.

[1] Parole soppresse dall'art. 4, c. 1, lett. *b*), D.lgs. 3 ott. 2017, n. 149.

[2] Lettera ins. dall'art. 4, c. 1, lett. *b*), D.lgs. 3 ott. 2017, n. 149.

701. ***Garanzia giurisdizionale.*** — 1. L'estradizione di un imputato o di un condannato all'estero non può essere concessa senza la decisione favorevole della corte di appello.

2. Tuttavia, non si fa luogo al giudizio della corte di appello quando l'imputato o il condannato all'estero acconsente all'estradizione richiesta. L'eventuale consenso deve essere espresso alla presenza del difensore e, se del caso, dell'interprete e di esso è fatta menzione nel verbale.[1]

3. La decisione favorevole della corte di appello e il consenso della persona non rendono obbligatoria l'estradizione.

4. La competenza a decidere appartiene, nell'ordine, alla corte di appello nel cui distretto l'imputato o il condannato ha la residenza, la dimora o il domicilio nel momento in cui la domanda di estradizione perviene al Ministro della giustizia ovvero alla corte di appello che ha ordinato l'arresto provvisorio previsto dall'art. 715 o alla corte di appello il cui presidente ha provveduto alla convalida dell'arresto previsto dall'art. 716. Se la competenza non può essere determinata nei modi così indicati, è competente la corte di appello di Roma.[1]

[1] Comma così modif. dall'art. 4, c. 1, lett. *c*), D.lgs. 3 ott. 2017, n. 149.

702. ***Intervento dello stato richiedente.*** — 1. A condizione di reciprocità, lo stato richiedente ha la facoltà di intervenire nel procedimento davanti alla corte di appello e alla corte di cassazione facendosi rappresentare da un avvocato abilitato al patrocinio davanti all'autorità giudiziaria italiana.

703. ***Accertamenti del procuratore generale.*** — 1. Il Ministro della giustizia quando ritiene di dare corso alla domanda di estradizione, la trasmette entro trenta giorni dal ricevimento con i documenti che vi sono allegati al procuratore generale presso la corte di appello competente a norma dell'articolo 701, comma 4.[1]

2. Salvo che si sia già provveduto a norma dell'articolo 717, il procuratore generale, ricevuta la domanda, dispone la comparizione davanti a sé dell'interessato e provvede alla sua identificazione. Procede, altresì, all'interrogatorio dello stesso e ne raccoglie, previa informazione sulle conseguenze, l'eventuale consenso all'estradizione o la rinuncia al principio di specialità. L'interessato è avvisato che è assistito da un difensore di ufficio, ma che

può nominarne uno di fiducia. L'atto è compiuto alla necessaria presenza del difensore cui deve essere dato avviso almeno ventiquattro ore prima. Il consenso all'estradizione e la rinuncia al principio di specialità non sono validi se non sono espressi alla presenza del difensore. La rinuncia dell'estradato alla garanzia del principio di specialità è irrevocabile alle condizioni stabilite dall'articolo 717, comma 2-*bis*.[1]

3. Il procuratore generale richiede alle autorità straniere, per mezzo del Ministro della giustizia, la documentazione e le informazioni suppletive che ritiene necessarie. Ove previsto dalle convenzioni internazionali, la richiesta è inoltrata direttamente dal procuratore generale, che ne dà comunicazione al Ministro della giustizia.[1]

4. Il procuratore generale, entro trenta giorni dalla data in cui la domanda di estradizione gli è pervenuta, presenta alla corte di appello la requisitoria.[2]

5. La requisitoria è depositata nella cancelleria della corte di appello, unitamente agli atti e alle cose sequestrate. La cancelleria cura la notificazione dell'avviso del deposito alla persona della quale è richiesta l'estradizione, al suo difensore e all'eventuale rappresentante dello stato richiedente, i quali, entro dieci giorni, hanno facoltà di prendere visione e di estrarre copia della requisitoria e degli atti nonché di esaminare le cose sequestrate e di presentare memorie.

[1] Comma così sost. dall'art. 4, c. 1, lett. *d*), D.lgs. 3 ott. 2017, n. 149.

[2] Comma così modif. dall'art. 4, c. 1, lett. *d*), D.lgs. 3 ott. 2017, n. 149.

704. ***Procedimento davanti alla corte di appello.*** — 1. Scaduto il termine previsto dall'art. 703 comma 5, il presidente della corte fissa l'udienza per la decisione, con decreto da comunicarsi al procuratore generale e da notificarsi alla persona della quale è richiesta l'estradizione, al suo difensore e all'eventuale rappresentante dello stato richiedente, almeno dieci giorni prima, a pena di nullità. Provvede inoltre a designare un difensore di ufficio alla persona che ne sia priva e, ove necessario, nomina un interprete[1]. Fino a cinque giorni prima dell'udienza possono essere presentate memorie in cancelleria.

2. La corte decide con sentenza in camera di consiglio, entro sei mesi dalla presentazione della requisitoria[1], sull'esistenza delle condizioni per l'accoglimento della domanda di estradizione, dopo aver assunto le informazioni e disposto gli accertamenti ritenuti necessari e, sentiti il pubblico ministero, il difensore e, se comparsi, la persona della quale è richiesta l'estradizione e il rappresentante dello stato richiedente.[1]

3. Quando la decisione è favorevole all'estradizione, la corte, se vi è richiesta del Ministro della giustizia, dispone la custodia cautelare in carcere della persona da estradare che si trovi in libertà. Provvede, altresì, al sequestro del corpo del reato e delle cose pertinenti, stabilendo quali devono essere consegnati allo Stato richiedente.[3]

4. Quando la decisione è contraria all'estradizione, la corte revoca le misure cautelari applicate e dispone in ordine alla restituzione delle cose sequestrate.

[1] Parole ins. dall'art. 4, c. 1, lett. *e*), D.lgs. 3 ott. 2017, n. 149.

[2] Comma così modif. dall'art. 4, c. 1, lett. *e*), D.lgs. 3 ott. 2017, n. 149.

[3] Comma così sost. dall'art. 4, c. 1, lett. *e*), D.lgs. 3 ott. 2017, n. 149.

705. ***Condizioni per la decisione.*** — 1. Quando non esiste convenzione o questa non dispone diversamente, la corte di appello pronuncia sentenza favorevole all'estradizione se sussistono gravi indizi di colpevolezza ovvero se esiste una sentenza irrevocabile di condanna e se, per lo stesso fatto, nei confronti della persona della quale è domandata l'estradizione, non è in corso procedimento penale né è stata pronunciata sentenza irrevocabile nello Stato.

2. La corte di appello pronuncia comunque sentenza contraria all'estradizione:

a) se, per il reato per il quale l'estradizione è stata domandata, la persona è stata o sarà sottoposta a un procedimento che non assicura il rispetto dei diritti fondamentali;

b) se la sentenza per la cui esecuzione è stata domandata l'estradizione contiene disposizioni contrarie ai principi fondamentali dell'ordinamento giuridico dello Stato);

c) se vi è motivo di ritenere che la persona verrà sottoposta ad atti persecutori o discriminatori per motivi di razza, di religione, di sesso, di nazionalità, di lingua, di opinioni politiche o di condizioni personali o sociali ovvero alla pena di morte o a pene o trattamenti crudeli, disumani o degradanti o comunque ad atti che configurano violazione di uno dei diritti fondamentali della persona;[1]

c-bis) se ragioni di salute o di età comportino il rischio di conseguenze di eccezionale gravità per la persona richiesta.[1]

[1] L'originaria lett. *c*) è stata sost. dalle attuali *c*) e *c-bis*) dall'art. 4, c. 1, lett. *f*), D.lgs. 3 ott. 2017, n. 149.

706. ***Ricorso per cassazione.*** — 1. Contro la sentenza della corte di appello può essere proposto ricorso per cassazione, anche per il merito, dalla persona interessata, dal suo difensore, dal procuratore generale e dal rappresentante dello stato richiedente. La corte decide entro sei mesi dal ricevimento del ricorso.[1]

2. Nel giudizio davanti alla corte di cassazione si applicano le disposizioni dell'art. 704.

[1] Periodo aggiunto dall'art. 4, c. 1, lett. *g*), D.lgs. 3 ott. 2017, n. 149.

707. ***Rinnovo della domanda di estradizione.*** — 1. La sentenza contraria all'estradizione preclude la pronuncia di una successiva sentenza favorevole a seguito di un'ulteriore domanda presentata per i medesimi fatti dallo stesso stato, salvo che la domanda sia fondata su elementi che non siano già stati valutati dall'autorità giudiziaria.

708. ***Provvedimento di estradizione. Consegna.*** — 1. Il Ministro della giustizia decide in merito all'estradizione entro quarantacinque giorni dalla ricezione del verbale che dà atto del consenso all'estradizione ovvero dalla notizia della scadenza del termine per l'impugnazione o dal deposito della sentenza della corte di cassazione.[1]

2. Scaduto tale termine senza che sia intervenuta la decisione del ministro, la persona della quale è stata chiesta l'estradizione, se detenuta, è posta in libertà.

3. La persona medesima è altresì posta in libertà in caso di diniego dell'estradizione.

4. Il Ministro della giustizia comunica senza indugio allo stato richiedente la decisione e, se questa è positiva, il luogo della consegna e la data a partire dalla quale sarà possibile procedervi, dando altresì precise indicazioni circa le limitazioni alla libertà personale subite dall'estradando ai fini dell'estradizione.[1]

5. Il termine per la consegna è di quindici giorni dalla data stabilita a norma del comma 4 e, su domanda motivata dello Stato richiedente, può essere prorogato di altri venti giorni. Il termine per la consegna è sospeso in caso di sospensione dell'efficacia della decisione del Ministro della giustizia da parte del competente giudice amministrativo e riprende a decorrere dalla data di deposito del provvedimento di revoca del provvedimento cautelare o del provvedimento con cui è accolto il gravame proposto avverso il provvedimento cautelare o della sentenza che rigetta il ricorso ovvero della decisione che dichiara l'estinzione del giudizio.[2]

6. Il provvedimento di concessione dell'estradizione perde efficacia se, nel termine fissato, lo stato richiedente non provvede a prendere in consegna l'estradando; in tal caso quest'ultimo viene posto in libertà.

[1] Comma così modif. dall'art. 4, c. 1, lett. *h*), D.lgs. 3 ott. 2017, n. 149.

[2] Comma così sost. dall'art. 5, c. 2, L. 21 lug. 2016, n. 149.

709. ***Sospensione della consegna. Consegna temporanea. Esecuzione all'estero.*** — 1. L'esecuzione dell'estradizione è sospesa se l'estradando deve essere giudicato nel territorio dello Stato o vi deve scontare una pena per reati commessi prima o dopo quello per il quale l'estradizione è stata concessa. Ove sia disposta la sospensione, il Ministro della giustizia, sentita l'autorità giudiziaria competente per il procedimento in corso nello Stato o per l'esecuzione della pena, può procedere alla consegna temporanea allo Stato richiedente della persona da estradare, concordandone termini e modalità.[1]

2. Il ministro può inoltre, osservate le disposizioni del capo II del titolo IV, convenire che la pena da scontare abbia esecuzione nello stato richiedente.

[1] Periodo così sost. dall'art. 4, c. 1, lett. *i*), D.lgs. 3 ott. 2017, n. 149.

710. ***Estensione dell'estradizione concessa.*** — 1. In caso di nuova domanda di estradizione, presentata dopo la consegna dell'estradato e avente a oggetto un fatto anteriore alla consegna diverso da quello per il quale l'estradizione è già stata concessa, si osservano, in quanto applicabili, le disposizioni del presente capo. Alla domanda devono essere allegate le dichiarazioni della persona interessata, rese davanti a un giudice dello stato richiedente, in ordine alla richiesta estensione dell'estradizione.

2. La corte di appello procede in assenza della persona interessata.

3. Non si fa luogo al giudizio davanti alla corte di appello se l'estradato, con le dichiarazioni previste dal comma 1, ha consentito all'estensione richiesta.

711. ***Riestradizione.*** — 1. Le disposizioni dell'art. 710 si applicano anche nel caso in cui lo stato al quale la persona è stata consegnata domanda il consenso alla riestradizione della stessa persona verso un altro stato.

712. ***Transito.*** — 1. Quando l'estradizione di una persona da uno Stato terzo a un altro richiede il transito sul territorio italiano, il Ministro della giustizia lo autorizza, su domanda dello Stato richiedente l'estradizione, salvo che il transito non comprometta la sovranità, la sicurezza o altri interessi essenziali dello Stato.[1]

2. Il transito non può essere autorizzato:

a) se l'estradizione è stata concessa per fatti non previsti come reati dalla legge italiana;

b) se ricorre taluna delle ipotesi previste dall'articolo 698;[2]

c) se si tratta di un cittadino italiano e la sua estradizione allo stato che ha richiesto il transito non potrebbe essere concessa.

3. Se la persona estradata non ha consentito al transito con dichiarazione resa davanti all'autorità giudiziaria dello Stato che ha concesso l'estradizione, l'autorizzazione è data previa decisione della corte di appello di Roma, resa in camera di consiglio.[1]

4. L'autorizzazione non è richiesta quando il transito avviene per via aerea e non è previsto lo scalo nel territorio dello Stato. Tuttavia, se lo scalo si verifica, si applicano, in quanto compatibili, le disposizioni dei commi precedenti e quelle della sezione II del presente capo.

[1] Comma così sost. dall'art. 4, c. 1, lett. *l*), D.lgs. 3 ott. 2017, n. 149.

[2] Lettera così sost. dall'art. 4, c. 1, lett. *l*), D.lgs. 3 ott. 2017, n. 149.

713. ***Misure di sicurezza applicate all'estradato.*** — 1. Le misure di sicurezza applicate al prosciolto o al condannato nello Stato, che successivamente venga estradato, sono eseguite quando lo stesso ritorna per qualsiasi causa nel territorio dello Stato, previo nuovo accertamento della pericolosità sociale.

SEZIONE II
Misure cautelari

714. ***Misure coercitive e sequestro.*** — 1. In ogni tempo la persona della quale è domandata l'estradizione può essere sottoposta, a richiesta del Ministro della giustizia, a misure coercitive. Parimenti, in ogni tempo, può essere disposto, a richiesta del ministro di grazia e giustizia, il sequestro del corpo del reato e delle cose pertinenti al reato per il quale è domandata l'estradizione.[1]

2. Si osservano, in quanto applicabili, le disposizioni del titolo I del libro IV, riguardanti le misure coercitive, fatta eccezione di quelle degli articoli 273 e 280, e le disposizioni del capo III del titolo III del libro III. Nell'applicazione delle misure coercitive si tiene conto in particolare dell'esigenza di garantire che la persona della quale è domandata l'estradizione non si sottragga all'eventuale consegna.

3. Le misure coercitive e il sequestro non possono comunque essere disposti se vi sono ragioni per ritenere che non sussistono le condizioni per una sentenza favorevole all'estradizione.

4. Le misure coercitive sono revocate se dall'inizio della loro esecuzione è trascorso un anno senza che la corte di appello abbia pronunciato la sentenza favorevole all'estradizione ovvero, in caso di ricorso per cassazione contro tale sentenza, un anno e sei mesi senza che sia stato esaurito il procedimento davanti all'autorità giudiziaria. A richiesta del procuratore generale, detti termini possono essere prorogati, anche più volte, per un periodo complessivamente non superiore a tre mesi, quando è necessario procedere ad accertamenti di particolare complessità.

4-*bis*. Le misure coercitive sono altresì revocate se sono trascorsi tre mesi dalla pronuncia della decisione favorevole del Ministro della giustizia sulla richiesta di estradizione senza che l'estradando sia stato consegnato allo Stato richiedente. Il termine è sospeso dalla data di deposito del ricorso presentato al giudice amministrativo avverso la decisione del Ministro della giustizia, fino alla data di deposito della sentenza che rigetta il ricorso o della decisione che dichiara l'estinzione del giudizio, comunque per un periodo non superiore a sei mesi.[2]

5. La competenza a provvedere a norma dei commi precedenti appartiene alla corte di appello o, nel corso del procedimento davanti alla corte di cassazione, alla corte medesima.

[1] Comma così modif. dall'art. 4, c. 1, lett. *m*), D.lgs. 3 ott. 2017, n. 149.
[2] Comma ins. dall'art. 5, c. 3, L. 21 lug. 2016, n. 149.

715. ***Applicazione provvisoria di misure cautelari.*** — 1. Su domanda dello stato estero e a richiesta motivata del Ministro della giustizia, la corte di appello può disporre, in via provvisoria, una misura coercitiva prima che la domanda di estradizione sia pervenuta.[1]

2. La misura può essere disposta se:

a) lo stato estero ha dichiarato che nei confronti della persona è stato emesso provvedimento restrittivo della libertà personale ovvero sentenza di condanna a pena detentiva e che intende presentare domanda di estradizione;

b) lo stato estero ha fornito la descrizione dei fatti, la specificazione del reato e delle pene previste per lo stesso, nonché gli elementi per l'esatta identificazione della persona;[2]

c) vi è pericolo di fuga.

3. La competenza a disporre la misura appartiene, nell'ordine, alla corte di appello nel cui distretto la persona ha la residenza, la dimora o il domicilio ovvero alla corte di appello del distretto in cui risulta che la persona si trova. Se la competenza non può essere determinata nei modi così indicati, è competente la corte di appello di Roma.

4. La corte di appello può altresì disporre il sequestro del corpo del reato e delle cose pertinenti al reato.

5. Il Ministro della giustizia dà immediata comunicazione allo stato estero dell'applicazione in via provvisoria della misura coercitiva e dell'eventuale sequestro.[1]

6. Le misure cautelari sono revocate se entro quaranta giorni dalla predetta comunicazione non sono pervenuti al ministero degli affari esteri o a quello della giustizia la domanda di estradizione e i documenti previsti dall'art. 700.[1]

[1] Comma così modif. dall'art. 4, c. 1, lett. *n*), D.lgs. 3 ott. 2017, n. 149.
[2] Lettera così modif. dall'art. 4, c. 1, lett. *n*), D.lgs. 3 ott. 2017, n. 149.

716. ***Arresto da parte della polizia giudiziaria.*** — 1. Nei casi di urgenza, la polizia giudiziaria può procedere all'arresto della persona nei confronti della quale sia stata presentata domanda di arresto provvisorio se ricorrono le condizioni previste dall'art. 715 comma 2. Essa provvede altresì al sequestro del corpo del reato e delle cose pertinenti al reato.

2. L'autorità che ha proceduto all'arresto ne informa immediatamente il Ministro della giustizia e al più presto, e comunque non oltre quarantotto ore, pone l'arrestato a disposizione del presidente della corte di appello nel cui distretto l'arresto è avvenuto, mediante la trasmissione del relativo verbale.[1]

3. Quando non deve disporre la liberazione dell'arrestato, il presidente della corte di appello, entro le successive quarantotto ore, convalida l'arresto con ordinanza disponendo, se ne ricorrono i presupposti l'applicazione di una misura coerciti-

CODICE DI PROCEDURA PENALE

va. Dei provvedimenti dati informa immediatamente il Ministro della giustizia.[2]

4. La misura coercitiva è revocata se il Ministro della giustizia e giustizia non ne chiede il mantenimento entro dieci giorni dalla convalida.[1]

5. Si applicano le disposizioni dell'art. 715 commi 5 e 6.

[1] Comma così modif. dall'art. 4, c. 1, lett. *o*), D.lgs. 3 ott. 2017, n. 149.

[2] Comma così sost. dall'art. 4, c. 1, lett. *o*), D.lgs. 3 ott. 2017, n. 149.

717. ***Audizione della persona sottoposta a una misura coercitiva.*** — 1. Quando è stata applicata una misura coercitiva a norma degli artt. 714, 715 e 716, il presidente della corte di appello, al più presto e comunque entro cinque giorni dalla esecuzione della misura ovvero dalla convalida prevista dall'art. 716, provvede all'identificazione della persona, al suo interrogatorio, e ne raccoglie, previa informazione sulle conseguenze giuridiche che ne derivano, l'eventuale consenso all'estradizione o la rinuncia alla garanzia del principio di specialità, facendone menzione nel verbale[1].

2. Al fine di provvedere agli adempimenti previsti dal comma 1, il presidente della corte di appello invita l'interessato a nominare un difensore di fiducia designando, in difetto di tale nomina, un difensore di ufficio a norma dell'art. 97 comma 3. Gli adempimenti di cui al comma 1 sono compiuti alla necessaria presenza del difensore, al quale è dato avviso almeno ventiquattro ore prima. Il consenso all'estradizione e la rinuncia alla garanzia del principio di specialità non sono validi se non sono espressi alla presenza del difensore.[2]

2-*bis*. La rinuncia dell'estradato alla garanzia del principio di specialità è irrevocabile, salvo l'intervento di fatti nuovi che modifichino la situazione esistente al momento della rinuncia.[3]

[1] Parole così sost. dall'art. 4, c. 1, lett. *p*), D.lgs. 3 ott. 2017, n. 149.

[2] Comma così modif. dall'art. 4, c. 1, lett. *p*), D.lgs. 3 ott. 2017, n. 149.

[3] Comma aggiunto dall'art. 4, c. 1, lett. *p*), D.lgs. 3 ott. 2017, n. 149.

718. ***Revoca e sostituzione delle misure.*** — 1. La revoca e la sostituzione delle misure previste dagli articoli precedenti sono disposte in camera di consiglio dalla corte di appello o, nel corso del procedimento davanti alla corte di cassazione, dalla corte medesima.

2. La revoca è sempre disposta se il Ministro della giustizia ne fa richiesta.[1]

[1] Comma così modif. dall'art. 4, c. 1, lett. *q*), D.lgs. 3 ott. 2017, n. 149.

719. ***Impugnazione dei provvedimenti relativi alle misure cautelari.*** — 1. Copia dei provvedimenti emessi dal presidente della corte di appello o dalla corte di appello a norma degli articoli precedenti è comunicata e notificata, dopo la loro esecuzione, al procuratore generale presso la corte di appello, alla persona interessata e al suo difensore, i quali possono proporre ricorso per cassazione per violazione di legge.

CAPO II

Estradizione dall'estero

720. ***Domanda di estradizione.*** — 1. Il Ministro della giustizia è competente a domandare a uno stato estero l'estradizione di un imputato o di un condannato nei cui confronti debba essere eseguito un provvedimento restrittivo della libertà personale. A tal fine il procuratore generale presso la corte di appello nel cui distretto si procede o è stata pronunciata la sentenza di condanna ne fa richiesta al ministro di grazia e giustizia, trasmettendogli gli atti e i documenti necessari.[1]

2. L'estradizione può essere domandata di propria iniziativa dal ministro di grazia e giustizia.

3. Il Ministro della giustizia può decidere di non presentare la domanda di estradizione o di differirne la presentazione, quando la richiesta può pregiudicare la sovranità, la sicurezza o altri interessi essenziali dello Stato[2], dandone comunicazione all'autorità giudiziaria richiedente.[1]

4. Il Ministro della giustizia è competente a decidere in ordine all'accettazione delle condizioni eventualmente poste dallo stato estero per concedere l'estradizione, purché non contrastanti con i principi fondamentali dell'ordinamento giuridico italiano. L'autorità giudiziaria è vincolata al rispetto delle condizioni accettate.[1]

5. Il Ministro della giustizia può disporre, al fine di estradizione, le ricerche all'estero dell'imputato o del condannato e domandarne l'arresto provvisorio.[1]

[1] Comma così modif. dall'art. 5, c. 1, lett. *a*), D.lgs. 3 ott. 2017, n. 149.

[2] Parole ins. dall'art. 5, c. 1, lett. *a*), D.lgs. 3 ott. 2017, n. 149.

721. ***Principio di specialità.***[1] — 1. La persona estradata non può essere sottoposta a restrizione della libertà personale in esecuzione di una pena o di una misura di sicurezza detentiva, né assoggettata ad altra misura restrittiva della libertà personale per un fatto anteriore alla consegna diverso da quello per il quale l'estradizione è stata concessa.

2. Quando le convenzioni internazionali o le condizioni poste prevedono che un fatto anteriore alla consegna non possa essere giudicato, il giudice dispone con ordinanza la sospensione del processo se l'azione penale è stata esercitata, sempre che non debba essere pronunciata sentenza di proscioglimento o di non luogo a procedere.

3. Avverso l'ordinanza di cui al comma 2 possono ricorrere per cassazione il pubblico ministero, l'imputato e il suo difensore. Il ricorso non ha effetto sospensivo.

4. La sospensione del processo non impedisce il compimento degli atti urgenti, l'assunzione delle

prove non rinviabili, nonché di quelle che possono determinare il proscioglimento per fatti anteriori alla consegna.

5. Il principio di specialità non opera quando:

a) lo Stato estero ha consentito all'estensione;

b) l'estradato ha espresso il proprio consenso con le modalità indicate nell'articolo 717, commi 2 e 2-*bis*;

c) l'estradato, avendone avuta la possibilità, non ha lasciato il territorio dello Stato trascorsi quarantacinque giorni dalla sua definitiva liberazione oppure se, dopo averlo lasciato, vi ha fatto volontariamente ritorno.

[1] Articolo così sost. dall'art. 5, c. 1, lett. *b*), D.lgs. 3 ott. 2017, n. 149.

721-*bis*. *Estensione dell'estradizione.* — 1. Ai fini della richiesta di estensione dell'estradizione può essere emessa ordinanza di custodia cautelare quando sussistono gravi indizi di colpevolezza.

2. L'esecuzione dell'ordinanza resta sospesa fino alla concessione della estensione dell'estradizione ed è revocata, anche d'ufficio, in caso di rifiuto da parte dello Stato estero.

3. Concessa l'estensione, su richiesta del pubblico ministero l'ordinanza di custodia cautelare è confermata ai fini dell'esecuzione, soltanto se, fermi i gravi indizi di colpevolezza, sussistono esigenze cautelari a norma degli articoli 274 e seguenti.

[1] Articolo ins. dall'art. 5, c. 1, lett. *c*), D.lgs. 3 ott. 2017, n. 149.

722. *Custodia cautelare all'estero.*[1] — 1. La custodia cautelare all'estero in conseguenza di una domanda di estradizione presentata dallo Stato è computata ai sensi dell'articolo 303, fermo quanto previsto dall'articolo 304, comma 6..

[1] Articolo così sost. dall'art. 5, c. 1, lett. *d*), D.lgs. 3 ott. 2017, n. 149.

722-*bis*. *Riparazione per ingiusta detenzione.*[1] — 1. La custodia cautelare all'estero in conseguenza di una domanda di estradizione presentata dallo Stato è computata ai fini della riparazione per ingiusta detenzione nei casi indicati all'articolo 314.

[1] Articolo ins. dall'art. 5, c. 1, lett. *e*), D.lgs. 3 ott. 2017, n. 149.

TITOLO III
Rogatorie internazionali

CAPO I
Rogatorie dall'estero

723. *Poteri del Ministro della giustizia.*[1] — 1. Il Ministro della giustizia provvede sulla domanda di assistenza giudiziaria di un'autorità straniera, trasmettendola per l'esecuzione all'autorità giudiziaria competente entro trenta giorni dalla ricezione della stessa, salvo quanto previsto dal comma 3.

2. Quando le convenzioni in vigore tra gli Stati membri dell'Unione europea, ovvero gli atti adottati dal Consiglio e dal Parlamento dell'Unione europea, prevedono un intervento del Ministro, questi può disporre con decreto di non dare corso alla esecuzione della domanda di assistenza giudiziaria nei casi e nei limiti stabiliti dalle convenzioni e dagli atti indicati.

3. Nei rapporti con Stati diversi da quelli membri dell'Unione europea, tale potere può essere esercitato altresì in caso di pericolo per la sovranità, la sicurezza o altri interessi essenziali dello Stato.

4. Quando un accordo internazionale prevede la trasmissione diretta della richiesta di assistenza, l'autorità giudiziaria che la riceve ne trasmette copia senza ritardo al Ministero della giustizia.

5. Il Ministro della giustizia non dà altresì corso alla rogatoria quando risulta evidente che gli atti richiesti sono espressamente vietati dalla legge o sono contrari ai princìpi fondamentali dell'ordinamento giuridico italiano o ancora quando vi sono fondate ragioni per ritenere che considerazioni relative alla razza, alla religione, al sesso, alla nazionalità, alla lingua, alle opinioni politiche o alle condizioni personali o sociali possano influire negativamente sullo svolgimento o sull'esito del processo e non risulta che l'imputato abbia liberamente espresso il suo consenso alla rogatoria.

6. Nei casi in cui la richiesta di assistenza ha ad oggetto la citazione di un testimone, di un perito o di un imputato davanti all'autorità giudiziaria straniera, il Ministro della giustizia ha facoltà di non dare corso alla stessa quando lo Stato richiedente non offre idonea garanzia in ordine all'immunità della persona citata. Il Ministro ha altresì facoltà di non dare corso alla richiesta di assistenza giudiziaria quando lo Stato richiedente non dà idonee garanzie di reciprocità.

7. Nei casi in cui il Ministro della giustizia esercita il potere di cui al presente articolo ne dà comunicazione alle autorità giudiziarie interessate.

[1] Articolo così sost. dall'art. 6, c. 1, lett. *a*), D.lgs. 3 ott. 2017, n. 149.

724. *Procedimento di esecuzione.*[1] — 1. Le richieste di assistenza giudiziaria per le attività di acquisizione probatoria e di sequestro di beni a fini di confisca sono trasmesse al procuratore della Repubblica presso il tribunale del capoluogo del distretto del luogo nel quale deve compiersi l'attività richiesta.

2. Il procuratore della Repubblica, ricevuti gli atti trasmessi dal Ministro della giustizia o direttamente dall'autorità straniera a norma di convenzioni internazionali in vigore per lo Stato, se la rogatoria ha per oggetto acquisizioni probatorie da compiersi davanti al giudice ovvero attività che secondo la legge italiana devono essere svolte dal giudice, presenta senza ritardo le proprie richieste al giudice per le indagini preliminari.

3. Negli altri casi il procuratore della Repubblica

dà senza ritardo esecuzione alla richiesta, con decreto motivato.

4. Quando la domanda di assistenza ha ad oggetto atti che devono essere eseguiti in più distretti all'esecuzione provvede il procuratore del luogo nel quale deve compiersi il maggior numero di atti, ovvero, se di eguale numero, quello nel cui distretto deve compiersi l'atto di maggiore importanza investigativa.

5. Se il procuratore della Repubblica ritiene che deve provvedere alla esecuzione altro ufficio, trasmette allo stesso immediatamente gli atti; in caso di contrasto si applicano gli articoli 54, 54-*bis* e 54-*ter*.

6. Quando è previsto l'intervento del giudice, in caso di contrasto, gli atti sono trasmessi alla Corte di cassazione che decide secondo le forme previste dagli articoli 32, comma 1, e 127, in quanto compatibili. L'avviso di cui all'articolo 127, comma 1, è comunicato soltanto al procuratore generale presso la Corte di cassazione. La Corte di cassazione trasmette gli atti all'autorità giudiziaria designata, comunicando la decisione al Ministero della giustizia.

7. L'esecuzione della domanda di assistenza giudiziaria è negata:

a) se gli atti richiesti sono vietati dalla legge o sono contrari a princìpi dell'ordinamento giuridico dello Stato;

b) se il fatto per cui procede l'autorità straniera non è previsto come reato dalla legge italiana e non risulta che l'imputato abbia liberamente espresso il suo consenso alla domanda di assistenza giudiziaria;

c) se vi sono fondate ragioni per ritenere che considerazioni relative alla razza, alla religione, al sesso, alla nazionalità, alla lingua, alle opinioni politiche o alle condizioni personali o sociali possano influire sullo svolgimento o sull'esito del processo e non risulta che l'imputato abbia liberamente espresso il suo consenso alla domanda di assistenza giudiziaria.

8. L'esecuzione della richiesta di assistenza giudiziaria è sospesa quando da essa può derivare pregiudizio alle indagini o a procedimenti penali in corso.

9. Il procuratore della Repubblica trasmette senza ritardo al procuratore nazionale antimafia e antiterrorismo copia delle richieste di assistenza dell'autorità straniera che si riferiscono ai delitti di cui all'articolo 51, commi 3-*bis* e 3-*quater*.

[1] Articolo così sost. dall'art. 6, c. 1, lett. *b*), D.lgs. 3 ott. 2017, n. 149.

725. ***Esecuzione delle rogatorie.*** — 1. Per il compimento degli atti richiesti si applicano le disposizioni del presente codice, salva l'osservanza delle forme espressamente richieste dall'autorità giudiziaria straniera che non siano contrarie ai princìpi dell'ordinamento giuridico dello Stato.

2. Si applica l'articolo 370, comma 3.

3. L'autorità giudiziaria può autorizzare, con decreto motivato, la presenza al compimento degli atti richiesti di rappresentanti o incaricati dell'autorità richiedente. Quando la richiesta proviene da autorità diverse da quelle di Stati membri dell'Unione europea, l'autorizzazione è comunicata al Ministro della giustizia.

4. Se nel corso dell'esecuzione il procuratore della Repubblica rileva l'opportunità del compimento di atti ulteriori non indicati nella richiesta, ne informa senza ritardo l'autorità richiedente ai fini dell'integrazione della richiesta. Si osservano, in quanto compatibili, le disposizioni di cui all'articolo 724, commi 7 e 9.

[1] Articolo così sost. dall'art. 6, c. 1, lett. *c*), D.lgs. 3 ott. 2017, n. 149.

726. ***Citazione di testimoni a richiesta dell'autorità straniera.*** — 1. La citazione dei testimoni residenti o dimoranti nel territorio dello Stato, richiesta da una autorità giudiziaria straniera, è trasmessa al procuratore della Repubblica del luogo in cui deve essere eseguita, il quale provvede per la notificazione a norma dell'art. 167.

726-*bis*. ***Notifica diretta all'interessato.*** — 1. Quando le convenzioni o gli accordi internazionali consentono la notificazione diretta all'interessato a mezzo posta e questa non viene utilizzata, anche la richiesta dell'autorità giudiziaria straniera di notificazione all'imputato residente o dimorante nel territorio dello stato è trasmessa al procuratore della Repubblica dei luogo in cui deve essere eseguita, che provvede per la notificazione a norma degli artt. 156, 157 e 158.

726-*ter*. ***Rogatoria proveniente da autorità amministrativa straniera.***[1] — 1. Quando la richiesta di assistenza giudiziaria in un procedimento concernente un reato è presentata da un'autorità amministrativa di altro Stato, essa è trasmessa per l'esecuzione al procuratore della Repubblica del luogo nel quale devono essere compiuti gli atti richiesti. Si applicano in quanto compatibili le disposizioni del presente Capo.

[1] Articolo così sost. dall'art. 6, c. 1, lett. *d*), D.lgs. 3 ott. 2017, n. 149.

726-*quater*. ***Trasferimento temporaneo all'estero di persone detenute.***[1] — 1. Sulle richieste di trasferimento temporaneo a fini di indagine di persone detenute o internate, previste da accordi internazionali in vigore per lo Stato, provvede il Ministro della giustizia, sentita l'autorità giudiziaria procedente ovvero il magistrato di sorveglianza quando si tratti di soggetto condannato o internato e acquisite le informazioni relative alla situazione processuale, alle condizioni di salute e alle eventuali esigenze di sicurezza.

2. In caso di accoglimento, il Ministro della giustizia indica il termine entro il quale la persona deve essere riconsegnata, che non può comunque

eccedere il tempo strettamente necessario all'espletamento dell'atto.

3. L'autorità giudiziaria italiana concorda con l'autorità straniera competente le modalità del trasferimento e della detenzione nello Stato richiedente.

4. Il trasferimento temporaneo è rifiutato se:

a) la persona detenuta non vi acconsente;

b) il trasferimento può prolungare la sua detenzione.

5. Il trasferimento temporaneo è subordinato alla condizione che la persona trasferita non sia perseguita, detenuta o sottoposta a qualsiasi altra restrizione della libertà personale nello Stato richiedente per fatti commessi o condanne pronunciate prima del suo temporaneo trasferimento, salvo che:

a) il testimone, il perito o l'imputato, avendone avuta la possibilità, non ha lasciato il territorio dello Stato richiedente trascorsi quindici giorni dal momento in cui la sua presenza non è più richiesta dall'autorità giudiziaria;

b) avendolo lasciato, vi ha fatto volontariamente ritorno.

6. La persona trasferita rimane in stato di detenzione nel territorio dello Stato estero, salvo che l'autorità giudiziaria italiana ne disponga la liberazione. La detenzione al di fuori del territorio nazionale si considera ad ogni effetto come sofferta in Italia.

[1] Articolo ins. dall'art. 6, c. 1, lett. *e*), D.lgs. 3 ott. 2017, n. 149.

726-*quinquies*. *Audizione mediante videoconferenza o altra trasmissione audiovisiva.*[1] — 1. Nei casi previsti dagli accordi internazionali, l'audizione e la partecipazione all'udienza davanti all'autorità giudiziaria straniera della persona sottoposta ad indagini, dell'imputato, del testimone, del consulente tecnico o del perito che si trovi nello Stato può essere eseguita mediante videoconferenza o altra forma di collegamento audiovisivo a distanza.

2. L'autorità giudiziaria competente ai sensi dell'articolo 724 procede all'esecuzione della richiesta, salvo che sia contraria ai princìpi fondamentali dell'ordinamento. L'audizione e la partecipazione a distanza della persona sottoposta alle indagini o dell'imputato è subordinata all'acquisizione del consenso dello stesso.

3. L'autorità giudiziaria e l'autorità richiedente concordano le modalità dell'audizione o della partecipazione a distanza, nonché le eventuali misure relative alla protezione della persona di cui è richiesto l'esame o la partecipazione a distanza.

4. Per la citazione della persona di cui è richiesta l'audizione o la partecipazione a distanza si applicano le norme del presente codice.

5. L'autorità giudiziaria provvede all'identificazione della persona di cui è richiesta l'audizione o la partecipazione e assicura, ove necessario, la presenza di un interprete e la traduzione degli atti nei casi previsti dalla legge.

6. L'audizione è direttamente condotta dall'autorità richiedente secondo il proprio diritto interno, in presenza dell'autorità nazionale che, assistita se del caso da un interprete, assicura il rispetto dei princìpi fondamentali dell'ordinamento giuridico italiano.

7. Al termine delle operazioni è redatto processo verbale attestante la data e il luogo di esecuzione delle medesime, l'identità della persona sentita o che ha partecipato all'udienza, fatte salve le misure eventualmente concordate per la protezione della stessa, nonché l'identità e le qualifiche di tutte le altre persone presenti, le eventuali prestazioni di giuramento e le condizioni tecniche in cui si è svolto il collegamento. Il processo verbale, sottoscritto dall'autorità giudiziaria procedente, è trasmesso all'autorità richiedente.

8. Si applicano le norme di cui agli articoli 366, 367, 368, 369, 371-*bis*, 372 e 373 del codice penale per i fatti commessi nel corso dell'audizione in videoconferenza.

[1] Articolo ins. dall'art. 6, c. 1, lett. *e*), D.lgs. 3 ott. 2017, n. 149.

726-*sexies*. *Audizione mediante teleconferenza.*[1] — Nei casi previsti dagli accordi internazionali, l'audizione del testimone o del perito che si trovi nello Stato e la cui comparizione davanti all'autorità richiedente non sia possibile od opportuna può essere eseguita mediante teleconferenza.

2. Si applicano le disposizioni dell'articolo 726-*quinquies*, comma 8, nonché in quanto compatibili le ulteriori disposizioni del medesimo articolo.

[1] Articolo ins. dall'art. 6, c. 1, lett. *e*), D.lgs. 3 ott. 2017, n. 149.

CAPO II

Rogatorie all'estero

727. *Trasmissione di rogatorie ad autorità straniere.*[1] — 1. Le richieste di assistenza giudiziaria per comunicazioni, notificazioni e per attività di acquisizione probatoria sono trasmesse al Ministro della giustizia il quale provvede all'inoltro all'autorità estera entro trenta giorni dalla ricezione. Il Ministro comunica senza ritardo all'autorità giudiziaria richiedente la data di ricezione della domanda.

2. Quando le convenzioni in vigore tra gli Stati membri dell'Unione europea, ovvero le disposizioni del diritto dell'Unione europea, prevedono l'intervento del Ministro della giustizia, questi può disporre con decreto che non si dia corso all'inoltro della richiesta di assistenza giudiziaria nei casi e nei limiti stabiliti dalle convenzioni e dagli atti indicati. Nei rapporti con Stati diversi da quelli membri dell'Unione europea, tale potere può essere esercitato, oltre a quanto previsto dalle convenzio-

ni, in caso di pericolo per la sovranità, la sicurezza o altri interessi essenziali dello Stato.

3. Il Ministro della giustizia comunica tempestivamente all'autorità richiedente l'avvenuto inoltro, ovvero il decreto di cui al comma 2.

4. Quando la richiesta di assistenza giudiziaria non è stata inoltrata dal Ministro della giustizia entro trenta giorni dalla ricezione e non sia stato emesso il decreto previsto dal comma 2, l'autorità giudiziaria può provvedere all'inoltro diretto all'agente diplomatico o consolare italiano, informandone il Ministro.

5. Nei casi urgenti, l'autorità giudiziaria provvede all'inoltro diretto a norma del comma 4 dopo che copia della richiesta di assistenza è stata ricevuta dal Ministro della giustizia. Resta salva l'applicazione della disposizione del comma 2 sino al momento della trasmissione della domanda, da parte dell'agente diplomatico o consolare, all'autorità straniera.

6. Quando un accordo internazionale prevede la trasmissione diretta della richiesta di assistenza giudiziaria, l'autorità giudiziaria ne trasmette copia senza ritardo al Ministro della giustizia.

7. Quando, nei rapporti di assistenza giudiziaria con Stati diversi da quelli membri dell'Unione europea, le convenzioni internazionali prevedono la trasmissione diretta delle domande di assistenza, l'autorità giudiziaria provvede alla trasmissione diretta decorsi dieci giorni dalla ricezione della copia della stessa da parte del Ministro della giustizia. Entro il termine indicato, il Ministro della giustizia può esercitare il potere di cui al comma 2.

8. In ogni caso, copia delle richieste di assistenza giudiziaria formulate nell'ambito di procedimenti relativi ai delitti di cui all'articolo 51, commi 3-*bis* e 3-*quater*, è trasmessa senza ritardo al procuratore nazionale antimafia e antiterrorismo.

9. Quando, a norma di accordi internazionali, la richiesta di assistenza giudiziaria può essere eseguita secondo quanto previsto dall'ordinamento giuridico dello Stato, l'autorità giudiziaria indica all'autorità dello Stato estero le modalità e le forme stabilite dalla legge ai fini dell'utilizzabilità degli atti richiesti.

[1] Articolo così sost. dall'art. 7, c. 1, lett. *a*), D.lgs. 3 ott. 2017, n. 149.

728. ***Immunità temporanea della persona citata.***[1] — 1. Nei casi in cui la domanda di assistenza giudiziaria ha ad oggetto la citazione di un testimone, di un perito o di un imputato davanti all'autorità giudiziaria italiana, la persona citata, qualora compaia, non può essere sottoposta a restrizione della libertà personale in esecuzione di una pena o di una misura di sicurezza né assoggettata ad altre misure restrittive della libertà personale per fatti anteriori alla notifica della citazione, salvo che:

a) il testimone, il perito o l'imputato, avendone avuta la possibilità, non ha lasciato il territorio dello Stato trascorsi quindici giorni dal momento in cui la sua presenza non è più richiesta dall'autorità giudiziaria;

b) avendolo lasciato, vi ha fatto volontariamente ritorno.

[1] Articolo così sost. dall'art. 7, c. 1, lett. *b*), D.lgs. 3 ott. 2017, n. 149.

729. ***Utilizzabilità degli atti assunti per rogatoria.***[1] — 1. Nei casi in cui lo Stato estero abbia posto condizioni all'utilizzabilità degli atti richiesti, l'autorità giudiziaria è vincolata al rispetto di tali condizioni.

2. Se lo Stato estero dà esecuzione alla richiesta di assistenza con modalità diverse da quelle indicate dall'autorità giudiziaria ai sensi dell'articolo 727, comma 9, gli atti compiuti sono inutilizzabili solo nei casi in cui l'inutilizzabilità è prevista dalla legge.

3. Non possono in ogni caso essere utilizzate le dichiarazioni, da chiunque rese, aventi ad oggetto il contenuto di atti inutilizzabili.

4. Si applica la disposizione dell'articolo 191, comma 2

[1] Articolo così sost. dall'art. 7, c. 1, lett. *c*), D.lgs. 3 ott. 2017, n. 149.

729-*bis*. ***Acquisizione di atti e informazioni da autorità straniere.***[1] — 1. La documentazione relativa ad atti e a informazioni spontaneamente trasmessi dall'autorità di altro Stato può essere acquisita al fascicolo del pubblico ministero.

2. L'autorità giudiziaria è vincolata al rispetto delle condizioni eventualmente poste all'utilizzabilità degli atti e delle informazioni spontaneamente trasmessi a norma del comma 1.

[1] Articolo ins. dall'art. 7, c. 1, lett. *d*), D.lgs. 3 ott. 2017, n. 149.

729-*ter*. ***Trasferimento temporaneo in Italia di persone detenute.***[1] — 1. L'autorità giudiziaria può richiedere il trasferimento temporaneo nel territorio italiano di persona detenuta in altro Stato, al fine del compimento di un atto di indagine o per l'assunzione di una prova.

2. L'autorità giudiziaria italiana concorda con l'autorità straniera competente le modalità del trasferimento e il termine entro cui la persona detenuta deve fare rientro nello Stato richiesto, tenuto conto delle condizioni di salute fisica e mentale della persona interessata, nonché del livello di sicurezza indicato dall'autorità dello Stato richiesto.

3. Ai fini dell'esecuzione il procuratore della Repubblica dispone che la persona temporaneamente trasferita sia custodita, per la durata del trasferimento temporaneo, nella casa circondariale del luogo di compimento dell'atto di indagine o di prova. Le spese di mantenimento sono a carico dello Stato italiano.

4. La persona trasferita rimane in stato di detenzione sul territorio nazionale, salvo che l'autorità straniera non ne chieda la liberazione.

5. Quando il trasferimento temporaneo è condizionato al fatto che la persona trasferita non può essere perseguita, detenuta o sottoposta a qualsiasi altra restrizione della libertà personale nello Stato italiano per fatti commessi o condanne pronunciate prima del suo temporaneo trasferimento, l'immunità cessa qualora il testimone, il perito o l'imputato, avendone avuta la possibilità, non ha lasciato il territorio dello Stato trascorsi quindici giorni dal momento in cui la sua presenza non è più richiesta dall'autorità giudiziaria ovvero, avendolo lasciato, vi ha fatto volontariamente ritorno.

[1] Articolo ins. dall'art. 7, c. 1, lett. *d*), D.lgs. 3 ott. 2017, n. 149.

729-*quater*. *Audizione mediante videoconferenza o altra trasmissione audiovisiva.*[1] — 1. Nei casi previsti dagli accordi internazionali, l'audizione e la partecipazione all'udienza davanti all'autorità giudiziaria italiana della persona sottoposta ad indagini, dell'imputato, del testimone o del perito che si trovi all'estero e che non possa essere trasferito in Italia, può essere eseguita mediante videoconferenza o altra forma di collegamento audiovisivo a distanza.

2. L'audizione e la partecipazione a distanza della persona sottoposta alle indagini o dell'imputato è subordinata all'acquisizione del consenso dello stesso. Si applicano, in ogni caso, le disposizioni di cui all'articolo 205-*ter* delle disposizioni di attuazione.

3. L'autorità giudiziaria e l'autorità straniera competente concordano le modalità della citazione, dell'audizione o della partecipazione a distanza, nonché le eventuali misure relative alla protezione della persona di cui è richiesto l'esame o la partecipazione all'udienza.

4. L'autorità giudiziaria richiede all'autorità straniera di identificare la persona da sentire o di cui è chiesta la partecipazione all'udienza e di comunicarle tempestivamente i diritti che le vengono riconosciuti dall'ordinamento italiano e, ove necessario, quelli relativi alla traduzione e alla interpretazione, al fine di garantirne l'effettivo esercizio.

5. L'imputato e la persona sottoposta alle indagini sono necessariamente assistiti dal difensore e devono essere informati dei diritti e delle facoltà che sono loro riconosciuti dall'ordinamento interno e da quello dello Stato richiedente. I testimoni e i periti sono informati della facoltà di astensione prevista dall'ordinamento interno e da quello dello Stato richiesto.

6. L'autorità giudiziaria può mettere a disposizione dello Stato richiesto i mezzi tecnici per procedere all'audizione mediante videoconferenza, ove necessario.

7. Nel verbale redatto dall'autorità giudiziaria procedente deve darsi atto che l'attività è stata compiuta mediante collegamento a distanza.

[1] Articolo ins. dall'art. 7, c. 1, lett. *d*), D.lgs. 3 ott. 2017, n. 149.

729-*quinquies*. *Squadre investigative comuni.*[1] — 1. Quando le convenzioni in vigore tra gli Stati membri dell'Unione europea, ovvero le disposizioni del diritto dell'Unione europea prevedono l'impiego di squadre investigative comuni, il procuratore della Repubblica può richiedere la costituzione di una o più squadre investigative comuni con le modalità e alle condizioni stabilite dalla legge.

2. Nei rapporti con le autorità giudiziarie di Stati diversi da quelli membri dell'Unione europea il procuratore della Repubblica può richiedere la costituzione di una o più squadre investigative comuni con le modalità e alle condizioni stabilite dalla legge, nei casi previsti dagli accordi internazionali. Della costituzione di una o più squadre investigative comuni è data comunicazione al Ministro della giustizia.

[1] Articolo ins. dall'art. 7, c. 1, lett. *d*), D.lgs. 3 ott. 2017, n. 149.

TITOLO IV
Effetti delle sentenze penali straniere - Esecuzione all'estero di sentenze penali italiane

CAPO I
Effetti delle sentenze penali straniere

730. *Riconoscimento delle sentenze penali straniere per gli effetti previsti dal codice penale.* — 1. Il Ministro della giustizia, quando riceve una sentenza penale di condanna o di proscioglimento pronunciata all'estero nei confronti di cittadini italiani o di stranieri o di apolidi residenti nello Stato ovvero di persone sottoposte a procedimento penale nello Stato, trasmette senza ritardo al procuratore generale presso la corte di appello, nel distretto della quale ha sede l'ufficio del casellario locale del luogo di nascita della persona cui è riferito il provvedimento giudiziario straniero, o, se questo è sconosciuto[1], presso la Corte di appello di Roma, una copia della sentenza, unitamente alla traduzione in lingua italiana, con gli atti che vi siano allegati, e con le informazioni e la documentazione del caso. Trasmette inoltre l'eventuale richiesta indicata nell'art. 12 comma 2 del c.p.[2]

2. Il procuratore generale, se deve essere dato riconoscimento alla sentenza straniera per gli effetti previsti dall'art. 12 comma 1 numeri 1, 2 e 3 del c.p., promuove il relativo procedimento con richiesta alla corte di appello. A tale scopo, anche per mezzo del Ministero della giustizia, può chiedere alle autorità estere competenti le informazioni che ritiene opportune.[2]

2-*bis*. Quando il procuratore generale è informato dall'autorità straniera, anche per il tramite del Ministero della giustizia, dell'esistenza di una sentenza penale di condanna pronunciata all'estero, ne richiede la trasmissione all'autorità straniera con le forme previste dalle convenzioni internazionali in vigore con lo Stato estero ovvero, in mancanza,[1] con rogatoria, ai fini del riconoscimento ai sensi del II comma.

3. La richiesta alla corte di appello contiene la specificazione degli effetti per i quali il riconoscimento è domandato.

[1] Parole ins. dall'art. 8, c. 1, lett. *a*), D.lgs. 3 ott. 2017, n. 149.

[2] Comma così modif. dall'art. 8, c. 1, lett. *a*), D.lgs. 3 ott. 2017, n. 149.

731. ***Riconoscimento delle sentenze penali straniere a norma di accordi internazionali.*** — 1. Il Ministro della giustizia, se ritiene che a norma di un accordo internazionale deve avere esecuzione nello Stato una sentenza penale pronunciata all'estero o comunque che a essa devono venire attribuiti altri effetti nello Stato, ne richiede il riconoscimento. A tale scopo trasmette al procuratore generale presso la corte di appello nel distretto della quale ha sede l'ufficio del casellario locale del luogo di nascita della persona cui è riferito il provvedimento giudiziario straniero, o, se questo è sconosciuto,[1] presso la Corte d'appello di Roma, una copia della sentenza, unitamente alla traduzione in lingua italiana, con gli atti che vi siano allegati, e con la documentazione e le informazioni disponibili. Trasmette inoltre l'eventuale domanda di esecuzione nello Stato da parte dello stato estero ovvero l'atto con cui questo stato acconsente all'esecuzione. Le informazioni supplementari, eventualmente necessarie, possono essere richieste e ottenute con qualsiasi mezzo idoneo a garantire l'autenticità della documentazione e della provenienza.[2]

1-*bis*. Le disposizioni del comma 1 si applicano anche quando si tratta dell'esecuzione di una confisca ed il relativo provvedimento è stato adottato dall'autorità giudiziaria straniera con atto diverso dalla sentenza di condanna.

2. Il procuratore generale promuove il riconoscimento con richiesta alla corte di appello. Ove ne ricorrano i presupposti, richiede che il riconoscimento sia deliberato anche agli effetti previsti dall'art. 12 comma 1 numeri 1, 2 e 3 del c.p.

[1] Parole ins. dall'art. 8, c. 1, lett. *b*), D.lgs. 3 ott. 2017, n. 149.

[2] Periodo aggiunto dall'art. 8, c. 1, lett. *b*), D.lgs. 3 ott. 2017, n. 149.

732. ***Riconoscimento delle sentenze penali straniere per gli effetti civili.*** — 1. Chi ha interesse a far valere in giudizio le disposizioni penali di una sentenza straniera per conseguire le restituzioni o il risarcimento del danno o per altri effetti civili, può domandare il riconoscimento della sentenza alla corte di appello nel distretto della quale ha sede l'ufficio del casellario locale del luogo di nascita della persona cui è riferito il provvedimento giudiziario straniero, o alla Corte d'appello di Roma.[1]

[1] Parole così sost. dall'art. 53, c. 3, D.P.R. 14 nov. 2002, n. 313.

733. ***Presupposti del riconoscimento.*** — 1. La sentenza straniera non può essere riconosciuta se:

a) la sentenza non è divenuta irrevocabile per le leggi dello stato in cui è stata pronunciata;

b) la sentenza contiene disposizioni contrarie ai principi fondamentali dell'ordinamento giuridico dello Stato, ovvero quando le condizioni poste dallo Stato straniero per l'esecuzione della sentenza della quale è chiesto il riconoscimento sono contrarie a tali principi[1];

c) la sentenza non è stata pronunciata da un giudice indipendente e imparziale ovvero l'imputato non è stato citato a comparire in giudizio davanti all'autorità straniera ovvero non gli è stato riconosciuto il diritto a essere interrogato in una lingua a lui comprensibile e a essere assistito da un difensore;

d) vi sono fondate ragioni per ritenere che considerazioni relative alla razza, alla religione, al sesso, alla nazionalità, alla lingua, alle opinioni politiche o alle condizioni personali o sociali abbiano influito sullo svolgimento o sull'esito del processo;

e) il fatto per il quale è stata pronunciata la sentenza non è previsto come reato dalla legge italiana;

f) per lo stesso fatto e nei confronti della stessa persona è stata pronunciata nello Stato sentenza irrevocabile;

g) per lo stesso fatto e nei confronti della stessa persona è in corso nello Stato procedimento penale.

1-*bis*. Salvo quanto previsto nell'art. 735-*bis*, la sentenza straniera non può essere riconosciuta ai fini dell'esecuzione di una confisca se questa ha per oggetto beni la cui confisca non sarebbe possibile secondo la legge italiana qualora per lo stesso fatto si procedesse nello Stato.[2]

[1] Parole aggiunte dall'art. 8, c. 1, lett. *c*), D.lgs. 3 ott. 2017, n. 149.

734. ***Deliberazione della corte di appello.***[1] — 1. La corte di appello delibera in ordine al riconoscimento senza ritardo, e comunque non oltre novanta giorni dal ricevimento della richiesta, pronunciando sentenza, nella quale enuncia espressamente gli effetti che ne conseguono, osservate le forme di cui all'articolo 127.

2. Nei casi disciplinati dagli articoli 730, 732 e 741 la corte di appello decide sulla base della richiesta scritta del procuratore generale e delle memorie presentate dalle parti.

3. Avverso la decisione della corte di appello il procuratore generale, l'interessato e il difensore possono proporre ricorso per cassazione per violazione di legge. La decisione della Corte di cassazione è adottata entro sessanta giorni dal ricevimento del ricorso.

[1] Articolo così sost. dall'art. 8, c. 1, lett. *d*), D.lgs. 3 ott. 2017, n. 149.

734-*bis*. *Poteri del Ministro in materia di esecuzione della decisione dello Stato estero.*[1] — 1. Il Ministro della giustizia assicura il rispetto delle condizioni eventualmente poste dallo Stato estero per l'esecuzione della sentenza della quale è stato chiesto il riconoscimento, purché non contrastanti con i princìpi fondamentali dell'ordinamento giuridico dello Stato.

[1] Articolo ins. dall'art. 8, c. 1, lett. *e*), D.lgs. 3 ott. 2017, n. 149.

735. *Determinazione della pena ed ordine di confisca.* — 1. La corte di appello, quando pronuncia il riconoscimento ai finidell'esecuzione di una sentenza straniera, determina la pena che deve essere eseguita nello Stato.

2. A tal fine essa converte la pena stabilita nella sentenza straniera in una delle pene previste per lo stesso fatto dalla legge italiana. Tale pena, per quanto possibile, deve corrispondere per natura a quella inflitta con la sentenza straniera. La quantità della pena è determinata, tenendo eventualmente conto dei criteri di ragguaglio previsti dalla legge italiana, sulla base di quella fissata nella sentenza straniera; tuttavia tale quantità non può eccedere il limite massimo previsto per lo stesso fatto dalla legge italiana. Quando la quantità della pena non è stabilita nella sentenza straniera, la corte la determina sulla base dei criteri indicati negli artt. 133, 133-*bis* e 133-*ter* del c.p.

3. In nessun caso la pena così determinata può essere più grave di quella stabilita nella sentenza straniera.

4. Se nello stato estero nel quale fu pronunciata la sentenza l'esecuzione della pena è stata condizionalmente sospesa, la corte dispone inoltre, con la sentenza di riconoscimento, la sospensione condizionale della pena a norma del c.p.; se in detto stato il condannato è stato liberato sotto condizione, la corte sostituisce alla misura straniera la liberazione condizionale e il magistrato di sorveglianza, nel determinare le prescrizioni relative alla libertà vigilata, non può aggravare il trattamento sanzionatorio complessivo stabilito nei provvedimenti stranieri.

4-*bis*. Se la decisione prevede la concessione di benefici riconosciuti nello Stato di emissione, diversi da quelli di cui al comma 4, essi sono convertiti in misure analoghe previste dall'ordinamento giuridico italiano.[1]

5. Per determinare la pena pecuniaria l'ammontare stabilito nella sentenza straniera è convertito nel pari valore in euro al cambio del giorno in cui il riconoscimento è deliberato.[2]

6. Quando la corte pronuncia il riconoscimento ai fini dell'esecuzione di una confisca, questa è ordinata con la stessa sentenza di riconoscimento, fermo quanto previsto dall'articolo 733, comma 1-*bis*.[2]

[1] Comma ins. dall'art. 8, c. 1, lett. *f*), D.lgs. 3 ott. 2017, n. 149.

[2] Comma così modif. dall'art. 8, c. 1, lett. *f*), D.lgs. 3 ott. 2017, n. 149.

735-*bis*. *Confisca consistente nella imposizione del pagamento di una somma di denaro.* — 1. Nel caso di esecuzione di un provvedimento straniero di confisca consistente nella imposizione del pagamento di una somma di denaro corrispondente al valore del prezzo, del prodotto o del profitto di un reato, si applicano le disposizioni sull'esecuzione delle pene pecuniarie, ad eccezione di quella concernente il rispetto del limite massimo di pena previsto dall'art. 735, comma 2.

736. *Misure coercitive.* — 1. Su richiesta del procuratore generale, la corte di appello competente per il riconoscimento di una sentenza straniera ai fini dell'esecuzione di una pena restrittiva della libertà personale, può disporre una misura coercitiva nei confronti del condannato che si trovi nel territorio dello Stato.

2. Si osservano, in quanto applicabili, le disposizioni del titolo I del libro IV riguardanti le misure coercitive, fatta eccezione di quelle dell'art. 273.

3. Il presidente della corte di appello, al più presto e comunque entro cinque giorni dalla esecuzione della misura coercitiva, provvede alla identificazione e all'audizione[1] della persona. Si applica la disposizione dell'art. 717 comma 2.

4. La misura coercitiva, disposta a norma del presente articolo, è revocata se dall'inizio della sua esecuzione sono trascorsi novanta giorni senza che la corte di appello abbia pronunciato sentenza di riconoscimento, ovvero, in caso di ricorso per cassazione contro tale sentenza, cinque mesi senza che sia intervenuta sentenza irrevocabile di riconoscimento.[2]

5. La revoca e la sostituzione della misura coercitiva sono disposte in camera di consiglio dalla corte di appello.

6. Copia dei provvedimenti emessi dalla corte è comunicata e notificata, dopo la loro esecuzione, al procuratore generale, alla persona interessata e al suo difensore, i quali possono proporre ricorso per cassazione per violazione di legge.

[1] Parole ins. dall'art. 8, c. 1, lett. *g*), D.lgs. 3 ott. 2017, n. 149.

[2] Comma così modif. dall'art. 8, c. 1, lett. *g*), D.lgs. 3 ott. 2017, n. 149.

737. *Sequestro.* — 1. Su richiesta del procuratore generale, la corte di appello competente per il riconoscimento di una sentenza straniera ai fini dell'esecuzione di una confisca può ordinare il sequestro delle cose assoggettabili a confisca.

2. Se la corte non accoglie la richiesta, contro la relativa ordinanza può essere proposto ricorso per cassazione da parte del procuratore generale. Contro l'ordinanza che dispone il sequestro può essere proposto ricorso per cassazione per violazione di

legge da parte dell'interessato. Il ricorso non ha effetto sospensivo.

3. Si osservano, in quanto applicabili, le disposizioni che regolano l'esecuzione del sequestro preventivo.

737-*bis*. *Indagini e sequestro a fini di confisca.* — 1. Nei casi previsti da convenzioni internazionali, al fine di dar corso alla domanda dell'autorità straniera di procedere ad indagini su beni che possono divenire oggetto di una successiva richiesta di esecuzione di una confisca, anche se non ancora adottata, ovvero di procedere al sequestro di tali beni, si applicano gli articoli 723, 724 e 725.[1]

2. A tal fine il Ministro della giustizia trasmette la richiesta, unitamente agli atti allegati, al procuratore distrettuale competente ai sensi dell'articolo 724.[1]

3. L'esecuzione della richiesta di indagini o sequestro è negata:

a) se gli atti richiesti sono contrari a princìpi dell'ordinamento giuridico dello Stato, o sono vietati dalla legge, ovvero se si tratta di atti che non sarebbero consentiti qualora si procedesse nello Stato per gli stessi fatti;

b) se vi sono ragioni per ritenere che non sussistono le condizioni per la successiva esecuzione della confisca.

3-*bis*. L'autorità giudiziaria comunica al Ministro della giustizia l'adozione del provvedimento di sequestro richiesto dall'autorità straniera.[2]

4-5.[3]

6. Il sequestro ordinato ai sensi di questo articolo perde efficacia e si dispone la restituzione delle cose sequestrate a chi ne abbia diritto, se, entro un anno dal momento in cui esso è stato eseguito, lo Stato estero non richiede l'esecuzione della confisca. Il termine può essere prorogato anche più volte per un periodo massimo di sei mesi; sulla richiesta decide l'autorità giudiziaria che ha ordinato il sequestro.[4]

[1] Comma così sost. dall'art. 8, c. 1, lett. *h*), D.lgs. 3 ott. 2017, n. 149.
[2] Comma ins. dall'art. 8, c. 1, lett. *h*), D.lgs. 3 ott. 2017, n. 149.
[3] Commi soppressi dall'art. 8, c. 1, lett. *h*), D.lgs. 3 ott. 2017, n. 149.
[4] Comma così modif. dall'art. 8, c. 1, lett. *h*), D.lgs. 3 ott. 2017, n. 149.

738. *Esecuzione conseguente al riconoscimento.* — 1. Nei casi di riconoscimento ai fini dell'esecuzione della sentenza straniera, le pene e la confisca conseguenti al riconoscimento sono eseguite secondo la legge italiana. La pena espiata nello stato di condanna è computata ai fini dell'esecuzione.

2. All'esecuzione provvede di ufficio il procuratore generale presso la corte di appello che ha deliberato il riconoscimento. Tale corte è equiparata, a ogni effetto, al giudice che ha pronunciato sentenza di condanna in un procedimento penale ordinario.

739. *Divieto di estradizione e di nuovo procedimento.* — 1. Nei casi di riconoscimento ai fini dell'esecuzione della sentenza straniera, salvo che si tratti dell'esecuzione di una confisca, il condannato non può essere estradato né sottoposto di nuovo a procedimento penale nello Stato per lo stesso fatto, neppure se questo viene diversamente considerato per il titolo, per il grado o per le circostanze.

740. *Esecuzione della pena pecuniaria e devoluzione di cose confiscate.* — 1. La somma ricavata dall'esecuzione della pena pecuniaria è versata alla cassa delle ammende; è invece versata allo stato di condanna, a sua richiesta, qualora quest'ultimo stato nelle medesime circostanze provvederebbe al versamento a favore dello Stato italiano.

2. Le cose confiscate sono devolute allo Stato. Esse sono invece devolute, a sua richiesta, allo stato nel quale è stata pronunciata la sentenza riconosciuta, qualora quest'ultimo stato nelle medesime circostanze provvederebbe alla devoluzione allo Stato italiano.

740-*bis*. *Devoluzione ad uno Stato estero delle cose confiscate.*[1] — 1. Nei casi previsti dagli accordi internazionali in vigore per lo Stato, le cose confiscate con sentenza definitiva o con altro provvedimento irrevocabile sono devolute allo Stato estero nel quale è stata pronunciata la sentenza ovvero è stato adottato il provvedimento di confisca.

2. La devoluzione di cui al comma 1 è ordinata quando ricorrono i seguenti presupposti:

a) lo Stato estero ne ha fatto espressa richiesta;

b) la sentenza ovvero il provvedimento di cui al comma 1 sono stati riconosciuti nello Stato ai sensi degli articoli 731, 733 e 734.

[1] Articolo inserito dall'art. 5 della L. 3 ago. 2009, n. 116.

740-*ter*. *Ordine di devoluzione.*[1] — 1. La corte di appello, nel deliberare il riconoscimento della sentenza straniera o del provvedimento di confisca, ordina la devoluzione delle cose confiscate ai sensi dell'articolo 740-*bis*.

2. Copia del provvedimento è immediatamente trasmessa al Ministro della giustizia, che concorda le modalità della devoluzione con lo Stato richiedente.

[1] Articolo ins. dall'art. 5, L. 3 ago. 2009, n. 116.

741. *Procedimento relativo al riconoscimento delle disposizioni civili di sentenze penali straniere.* — 1. A domanda dell'interessato, nel medesimo procedimento e con la stessa sentenza prevista dall'art. 734 possono essere dichiarate efficaci le disposizioni civili della sentenza penale straniera di condanna alle restituzioni o al risarcimento del danno.

2. Negli altri casi, la domanda è proposta da chi ne ha interesse alla corte di appello nel distretto della quale le disposizioni civili della sentenza penale straniera dovrebbero essere fatte valere. Si osservano le disposizioni degli artt. 733 e 734.

CAPO II

Esecuzione all'estero di sentenze penali italiane

742. *Poteri del Ministro della giustizia e presupposti dell'esecuzione all'estero.*[1] — 1. Nei casi previsti da accordi internazionali o dall'art. 709 comma 2, il Ministro della giustizia, anche su domanda del pubblico ministero competente, chiede l'esecuzione all'estero delle sentenze penali ovvero vi acconsente quando essa è richiesta dallo stato estero, sempre che non contrasti con i princìpi fondamentali dell'ordinamento giuridico dello Stato.[2]

2. L'esecuzione all'estero di una sentenza penale di condanna a pena restrittiva della libertà personale può essere domandata o concessa solo se il condannato, reso edotto delle conseguenze, ha liberamente dichiarato di acconsentirvi e l'esecuzione nello stato estero è idonea a favorire il suo reinserimento sociale.

3. L'esecuzione all'estero di una sentenza penale di condanna a pena restrittiva della libertà personale è ammissibile, anche se non ricorrono le condizioni previste dal comma 2, quando il condannato si trova nel territorio dello stato richiesto e l'estradizione è stata negata o non è comunque possibile.

[1] Rubrica così modif. dall'art. 9, c. 1, lett. *a*), D.lgs. 3 ott. 2017, n. 149.

[2] Comma così modif. dall'art. 9, c. 1, lett. *a*), D.lgs. 3 ott. 2017, n. 149.

742-*bis*. *Poteri del Ministro della giustizia in materia di esecuzione della decisione nello Stato estero.*[1] — 1. Il Ministro della giustizia vigila sull'osservanza delle condizioni eventualmente poste per l'esecuzione nello Stato estero della sentenza della quale è stato chiesto il riconoscimento.

[1] Articolo ins. dall'art. 9, c. 1, lett. *b*), D.lgs. 3 ott. 2017, n. 149.

743. *Deliberazione della corte di appello.* — 1. La domanda di esecuzione all'estero di una sentenza di condanna a pena restrittiva della libertà personale non è ammessa senza previa deliberazione favorevole della corte di appello nel cui distretto fu pronunciata la condanna. A tale scopo il Ministro della giustizia trasmette gli atti al procuratore generale affinché promuova il procedimento davanti alla corte di appello.[1]

2. La corte delibera con sentenza, osservate le forme previste dall'art. 127, nei termini di cui all'articolo 734.[1]

3. Qualora sia necessario il consenso del condannato, esso deve essere prestato davanti all'autorità giudiziaria italiana. Se il condannato si trova all'estero, il consenso può essere prestato davanti all'autorità consolare italiana ovvero davanti all'autorità giudiziaria dello stato estero.

4. La sentenza è soggetta a ricorso per cassazione per violazione di legge da parte del procuratore generale presso la corte di appello, dell'interessato e del difensore.[1]

[1] Comma così modif. dall'art. 9, c. 1, lett. *c*), D.lgs. 3 ott. 2017, n. 149.

744. *Limiti dell'esecuzione della condanna all'estero.* — 1. In nessun caso il Ministro della giustizia può domandare l'esecuzione all'estero di una sentenza penale di condanna a pena restrittiva della libertà personale se si ha motivo di ritenere che il condannato verrà sottoposto ad atti persecutori o discriminatori per motivi di razza, di religione, di sesso, di nazionalità, di lingua, di opinioni politiche o di condizioni personali o sociali ovvero a pene o trattamenti crudeli, disumani o degradanti.[1]

[1] Comma così modif. dall'art. 9, c. 1, lett. *d*), D.lgs. 3 ott. 2017, n. 149.

745. *Richiesta di misure cautelari all'estero.* — 1. Se è domandata l'esecuzione di una pena restrittiva della libertà personale e il condannato si trova all'estero, il Ministro della giustizia ne richiede la custodia cautelare.[1]

2. Nel domandare l'esecuzione di una confisca, il ministro ha facoltà di richiedere il sequestro.

2-*bis*. Il Ministro ha altresì facoltà, nei casi previsti da accordi internazionali, di richiedere lo svolgimento di indagini per l'identificazione e la ricerca di beni che si trovano all'estero e che possono divenire oggetto di una domanda di esecuzione di confisca, nonché di richiedere il loro sequestro.

[1] Comma così modif. dall'art. 9, c. 1, lett. *e*), D.lgs. 3 ott. 2017, n. 149.

746. *Effetti sull'esecuzione nello Stato.* — 1. L'esecuzione della pena nello Stato è sospesa dal momento in cui ha inizio l'esecuzione nello stato richiesto e per tutta la durata della medesima.

2. La pena non può più essere eseguita nello Stato quando, secondo le leggi dello stato richiesto, essa è stata interamente espiata.

TITOLO IV-*bis*

Trasferimento dei procedimenti penali[1]

[1] Titolo ins. dall'art. 10, c. 1, D.lgs. 3 ott. 2017, n. 149.

746-*bis*. *Disposizioni generali.* — 1. Salve le disposizioni speciali in materia di conflitti di giurisdizione con le autorità giudiziarie degli Stati membri dell'Unione europea, possono essere disposti, quando previsto dalle convenzioni internazionali, sia il trasferimento del procedimento penale in favore dell'autorità giudiziaria di altro Stato perché essa proceda che l'assunzione, nello Stato, del procedimento penale pendente davanti all'autorità giudiziaria di Stato estero.

2. Il trasferimento del procedimento penale o la sua assunzione sono disposti fino a quando non sia esercitata l'azione penale.

3. Il trasferimento è disposto in favore dell'autorità giudiziaria di altro Stato che presenti più stretti legami territoriali con il fatto per il quale si procede o con le fonti di prova. Ai fini della decisione si tiene conto dei seguenti criteri:

a) luogo in cui è avvenuta la maggior parte dell'azione, dell'omissione o dell'evento;

b) luogo in cui si è verificata la maggior parte delle conseguenze dannose;

c) luogo in cui si trovano il maggior numero di persone offese, di testimoni o delle fonti di prova;

d) impossibilità di procedere ad estradizione dell'indagato che ha trovato rifugio nello Stato richiesto;

e) luogo in cui risiede, dimora, è domiciliato ovvero si trova l'indagato.

746-*ter*. *Assunzione di procedimenti penali dall'estero.* — 1. Il Ministro della giustizia, ricevuta richiesta di assunzione nello Stato di un procedimento penale, la trasmette all'ufficio del pubblico ministero presso il giudice competente.

2. Nel caso in cui le convenzioni internazionali prevedono il rapporto diretto tra autorità giudiziarie, il pubblico ministero dà tempestiva comunicazione al Ministro della giustizia del provvedimento di assunzione, reso all'esito delle consultazioni con l'autorità giudiziaria dello Stato estero.

3. La decisione di assunzione del procedimento è notificata alla persona offesa con l'avviso della facoltà di proporre querela, se questa è richiesta soltanto dall'ordinamento dello Stato. Il termine per la presentazione della querela decorre dalla notificazione dell'avviso.

4. La querela presentata nello Stato estero conserva efficacia nell'ordinamento interno.

5. Nel caso di misure cautelari disposte nel procedimento assunto in Italia, si applica l'articolo 27, ma il termine per l'adozione dei relativi provvedimenti è di trenta giorni dalla ricezione degli atti.

6. Il periodo di custodia cautelare sofferto all'estero è computato ai sensi e per gli effetti degli articoli 303, comma 4, 304 e 657. Si applica il comma 2 dell'articolo 303.

7. Gli atti di acquisizione probatoria compiuti all'estero conservano la loro efficacia e sono utilizzabili secondo la legge italiana, sempre che non contrastino con i principi fondamentali dell'ordinamento.

8. Il Ministro della giustizia informa tempestivamente lo Stato estero delle decisioni assunte dalle autorità giudiziarie italiane.

746-*quater*. *Trasferimento di procedimenti penali all'estero.* — 1. Quando il pubblico ministero ha notizia della pendenza di un procedimento penale all'estero, per gli stessi fatti per i quali si è proceduto all'iscrizione a norma dell'articolo 335, adotta le proprie determinazioni in relazione al trasferimento del procedimento, dopo essersi consultato con la competente autorità straniera.

2. La decisione sul trasferimento del procedimento all'estero è comunicata al Ministro della giustizia che, nel termine di trenta giorni dalla ricezione degli atti, può vietarne l'esecuzione quando sono compromessi la sicurezza, la sovranità o altri interessi essenziali dello Stato, nonché nei casi previsti dal comma 4. Della decisione del Ministro è data comunicazione al pubblico ministero.

3. Quando gli accordi internazionali prevedono la decisione di autorità centrali, il pubblico ministero inoltra al Ministro della giustizia richiesta motivata di trasferimento del procedimento. Entro il termine di trenta giorni dalla ricezione degli atti, il Ministro può disporre il trasferimento sempre che non ricorrano le condizioni di cui ai commi 2 e 4, dandone tempestiva comunicazione all'autorità straniera e al pubblico ministero che procede.

4. Non può disporsi il trasferimento del procedimento se vi è motivo di ritenere che lo Stato estero non assicuri, nel procedimento, il rispetto dei principi fondamentali dell'ordinamento, ovvero se vi è motivo di ritenere che l'indagato verrà sottoposto ad atti persecutori o discriminatori per motivi di razza, di religione, di sesso, di nazionalità, di lingua, di opinioni politiche o di condizioni personali o sociali ovvero a pene o trattamenti crudeli, disumani o degradanti o comunque ad atti che configurano violazione di uno dei diritti fondamentali della persona.

5. Il procedimento penale è sospeso dal momento della trasmissione al Ministro della giustizia della decisione prevista dal comma 2 o della richiesta motivata prevista al comma 3 e sino alla comunicazione della decisione del Ministro. In ogni caso possono essere compiuti gli atti urgenti o irripetibili.

6. A seguito della comunicazione del trasferimento all'estero del procedimento penale ovvero decorso il termine di cui al comma 2 senza che il Ministro abbia esercitato il potere di diniego, il giudice emette decreto di archiviazione. Non si applicano gli articoli 408, 409 e 410. Il decreto di archiviazione è comunicato alla persona offesa che, nella notizia di reato o successivamente alla sua presentazione, abbia dichiarato di volere essere informata circa l'eventuale archiviazione.

7. Resta fermo quanto stabilito dall'articolo 414 quando l'azione penale non è esercitata nello Stato estero nel termine convenuto all'atto del trasferimento, sempre che la decisione assunta nello Stato estero non determini il divieto di un secondo giudizio. Dell'avvenuta riapertura delle indagini è data comunicazione allo Stato estero.

NORME DI ATTUAZIONE, DI COORDINAMENTO E TRANSITORIE

D.lgs. 28 lug. 1989, n. 271
(G.U. Serie gen. 5 ago. 1989, n. 182, Suppl.,
con avviso di rettifica in G.U. 28 set. 1989, n. 227)

TITOLO I
Norme di attuazione

CAPO I
Disposizioni relative al giudice[1]

[1] V. artt. 1-49 c.p.p.

1. *Modalità di determinazione della competenza per i procedimenti riguardanti i magistrati.*[1] — 1. Agli effetti di quanto stabilito dall'art. 11 del codice, il distretto di corte di appello nel cui capoluogo ha sede il giudice competente è determinato sulla base della Tabella A allegata alle presenti norme.

Tabella A

Dal distretto di	*Al distretto di*
Roma	Perugia
Perugia	Firenze
Firenze	Genova
Genova	Torino
Torino	Milano
Milano	Brescia
Brescia	Venezia
Venezia	Trento
Trento	Trieste
Trieste	Bologna
Bologna	Ancona
Ancona	L'Aquila
L'Aquila	Campobasso
Campobasso	Bari
Bari	Lecce
Lecce	Potenza
Potenza	Catanzaro
Cagliari	Roma[2]
Palermo	Caltanissetta
Caltanissetta	Catania
Catania	Messina
Messina	Reggio Calabria
Reggio Calabria	Catanzaro
Catanzaro	Salerno
Salerno	Napoli
Napoli	Roma

[1] Articolo così modif. dall'art. 6 della L. 2 dic. 1998, n. 420.

[2] Capoverso così sost. dall'art. 1 della L. 24 lug. 2003, n. 199, ai sensi dell'art. 2 della legge *cit.* la disposizione così modif. si applica ai procedimenti concernenti i reati commessi e ai giudizi civioli iniziati successivamente alla data di entrata in vigore della L. 24 lug. 03, n. 199.

2. *Riunione di processi.* — 1. Se più processi che possono essere riuniti a norma dell'art. 17 del codice pendono davanti a diversi giudici o a diverse sezioni dello stesso ufficio giudiziario, il dirigente dell'ufficio o della sezione designa per la eventuale riunione il giudice o la sezione cui è stato assegnato per primo uno dei processi, salvo che sussistano rilevanti esigenze di servizio ovvero la designazione possa pregiudicare la rapida definizione dei processi medesimi. In tali ultime ipotesi provvede con decreto motivato.

1-*bis*. Fermo quanto previsto dalla seconda parte del comma 1, nel caso indicato dall'art. 17 comma 1-*bis* del codice il dirigente dell'ufficio o della sezione designa per l'eventuale riunione il giudice o la sezione che procede in composizione collegiale cui è stato assegnato per primo uno dei processi. Se la riunione non viene disposta, gli atti sono restituiti.

CAPO II
Disposizioni relative al pubblico ministero

3. [*Designazione del pubblico ministero.*][1]

[1] Articolo abrog. dall'art. 7, D.lgs. 20 feb. 2006, n. 106.

4. *Contrasto tra pubblici ministeri.* — 1. Quando ricorre l'ipotesi prevista dall'art. 54 comma 2 del codice, il pubblico ministero trasmette immediatamente al procuratore generale presso la corte di appello o presso la corte di cassazione gli atti del procedimento in originale o in copia.

4-*bis*. *Formalità delle richieste per la trasmissione a un diverso ufficio del pubblico ministero.*[1] — 1. La richiesta del procuratore generale di cui all'art. 54-*quater*, comma 3, del codice, deve essere depositata presso la segreteria del medesimo, unitamente a copia della richiesta presentata al pubblico ministero.

2. Ai fini della determinazione dell'ufficio del pubblico ministero che deve procedere, il procuratore generale presso la corte di appello o presso la

Corte di cassazione, verificata l'ammissibilità della richiesta, può richiedere la trasmissione di copia degli atti del procedimento.

[1] Articolo inserito dall'art. 48 della L. 16 dic. 1999, n. 479.

4-*ter*. *Nucleo di polizia penitenziaria a supporto delle funzioni del procuratore nazionale antimafia.*[1] — 1. Nell'esercizio delle funzioni di cui all'articolo 371-*bis*, commi 1 e 2, del codice e con specifico riferimento all'acquisizione, all'analisi ed all'elaborazione dei dati e delle informazioni provenienti dall'ambiente penitenziario, il procuratore nazionale antimafia e antiterrorismo si avvale di un apposito nucleo costituito, fino a un massimo di venti unità, nell'ambito del Corpo di polizia penitenziaria e composto da personale del medesimo Corpo. L'assegnazione al predetto nucleo non determina l'attribuzione di emolumenti aggiuntivi.

[1] Articolo ins. dall'art. 15-*ter*, c. 1, D.L. 4 ott. 2018, n. 113, conv. in L. 1 dic. 2018, n. 132.

CAPO III
Disposizioni relative alla polizia giudiziaria[1]

[1] V. artt. 55-59 c.p.p.

5. *Composizione delle sezioni di polizia giudiziaria.* — 1. Le sezioni di polizia giudiziaria sono composte dagli ufficiali e dagli agenti di polizia giudiziaria della polizia di Stato, dell'arma dei carabinieri e del corpo della guardia di finanza nonché del Corpo forestale dello Stato.[1]

2. Quando lo richiedono particolari esigenze di specializzazione dell'attività di polizia giudiziaria, su richiesta del procuratore generale presso la corte di appello e del procuratore della Repubblica interessato, possono essere applicati presso le sezioni, con provvedimento delle amministrazioni di appartenenza, ufficiali e agenti di polizia giudiziaria di altri organi. Si osservano le disposizioni dell'art. 8 in quanto applicabili.

3. Al personale indicato nel comma 2 si applicano le disposizioni dell'art. 10.

[1] Comma così modif. dall'art. 4, c. 7, L. 3 feb. 2011, n. 4.

6. *Costituzione dell'organico delle sezioni.* — 1. L'organico delle sezioni di polizia giudiziaria è costituito da personale in numero non inferiore al doppio di quello dei magistrati previsti nell'organico delle procure della Repubblica.

2. Almeno due terzi dell'organico sono riservati ad ufficiali di polizia giudiziaria.

3. Fermi restando i limiti previsti dai commi 1 e 2, entro il 15 gennaio di ogni biennio il ministro di grazia e giustizia, di concerto con i ministri dell'interno, della difesa e delle finanze, determina con decreto l'organico delle sezioni, tenuto conto delle esigenze connesse all'esercizio delle funzioni di polizia giudiziaria e sentito il procuratore generale presso la corte di appello interessato. Nel decreto è fissato, per ogni sezione, il contingente assegnato a ciascuna forza di polizia, tenuto conto dei rispettivi organici.

4. Il personale applicato a norma dell'art. 5 comma 2 non viene calcolato nell'organico delle sezioni.

7. *Ripianamento organico e posti vacanti.* — 1. Le amministrazioni rispettivamente interessate provvedono al ripianamento organico entro novanta giorni dalla pubblicazione del decreto previsto dall'art. 6 comma 3.

2. Quando si deve provvedere alla copertura delle vacanze, l'elenco di queste è pubblicato senza ritardo sul bollettino dell'amministrazione interessata su richiesta del procuratore generale presso la corte di appello.

3. Nell'ipotesi indicata nel comma 2, l'amministrazione interessata provvede alla copertura entro novanta giorni dalla richiesta del procuratore generale.

8. *Assegnazione alle sezioni.* — 1. Gli interessati alla assegnazione alle sezioni di polizia giudiziaria presentano domanda alla amministrazione di appartenenza entro trenta giorni dalla pubblicazione delle vacanze indicando, se lo ritengono, tre sedi di preferenza.

2. Le domande, con il parere dell'ufficio o comando da cui dipendono gli interessati, sono trasmesse senza ritardo al procuratore generale presso la corte di appello nel cui distretto è stata dichiarata la vacanza.

3. Quando mancano le domande o queste sono in numero inferiore al triplo delle vacanze, ciascuna amministrazione indica al procuratore generale, individuato a norma del comma 2, coloro che possono essere presi in considerazione ai fini della assegnazione alle sezioni sino a raggiungere, tenendo conto anche delle eventuali domande, un numero triplo a quello delle vacanze.

4. Un terzo dei soggetti indicati dalla amministrazione di appartenenza deve avere svolto attività di polizia giudiziaria per almeno due anni nelle sezioni o nei servizi di polizia giudiziaria.

5. Per ogni candidato, l'amministrazione di appartenenza trasmette contestualmente copia della documentazione caratteristica.

6. L'assegnazione è disposta senza ritardo con provvedimento dell'amministrazione di appartenenza su richiesta nominativa congiunta del procuratore gerale presso la corte di appello e del procuratore della Repubblica interessato.

7. Non sono considerate le domande e le posizioni rispetto alle quali ricorrono divieti previsti da leggi o da regolamenti concernenti gli ordinamenti delle amministrazioni di appartenenza.

9. *Direzione e coordinamento delle sezioni.* — 1. Il capo dell'ufficio presso cui è istituita la sezione la dirige e ne coordina l'attività in relazione alle richieste formulate dai singoli magistrati a norma dell'art. 58 del codice.

2. Per ciascuna forza di polizia che compone la sezione, l'ufficiale di polizia giudiziaria più elevato in grado o con qualifica superiore è responsabile del personale appartenente alla propria amministrazione.

10. ***Stato giuridico e carriera del personale delle sezioni.*** — 1. Lo stato giuridico e la carriera del personale delle sezioni sono disciplinati dagli ordinamenti delle amministrazioni di appartenenza.

2. Ai fini della compilazione della documentazione caratteristica del personale, nei casi previsti dai rispettivi ordinamenti, il capo dell'ufficio presso cui è istituita la sezione fornisce elementi informativi che concorrono alla formazione della valutazione.

3. Il personale delle sezioni è esonerato, quanto all'impiego, dai compiti e dagli obblighi derivanti dagli ordinamenti delle amministrazioni di appartenenza non inerenti alle funzioni di polizia giudiziaria, salvo che per casi eccezionali o per esigenze di istruzione e addestrative, previo consenso del capo dell'ufficio presso il quale la sezione è istituita.

11. ***Trasferimenti del personale delle sezioni.*** — 1. I trasferimenti del personale della sezione di polizia giudiziaria sono disposti dall'amministrazione di appartenenza su proposta motivata del capo dell'ufficio presso cui è istituita la sezione ovvero, su iniziativa della amministrazione, previo nulla osta del medesimo e del procuratore generale presso la corte di appello.

2. Qualora il trasferimento si renda necessario in relazione alla progressione in carriera, è sufficiente il tempestivo avviso al capo dell'ufficio e al procuratore generale da parte dell'amministrazione.

12. ***Servizi di polizia giudiziaria.*** — 1. Agli effetti di quanto previsto dall'art. 56 del codice, sono servizi di polizia giudiziaria tutti gli uffici e le unità ai quali è affidato dalle rispettive amministrazioni o dagli organismi previsti dalla legge il compito di svolgere in via prioritaria e continuativa le funzioni indicate nell'art. 55 del codice.

2. Entro il termine stabilito per l'entrata in vigore del codice, le amministrazioni o gli organismi dalle quali dipendono i servizi indicati nel comma 1 comunicano al procuratore generale presso la corte di appello e al procuratore della Repubblica presso il tribunale il nome e il grado degli ufficiali che dirigono i servizi di polizia giudiziaria e specifici settori o articolazioni di questi.

3. Salvo quanto disposto dall'art. 14, ogni variazione dell'elenco degli ufficiali indicati nel comma 2 deve essere comunicata senza ritardo.

13. ***Servizi operanti in ambito più vasto del circondario.*** — 1. Quando i servizi di polizia giudiziaria sono costituiti per attività da svolgere in ambito territoriale più vasto del circondario, l'ufficiale preposto è responsabile verso il procuratore generale del distretto dove ha sede il servizio.

14. ***Allontanamento dei dirigenti dei servizi.*** — 1. Per allontanare anche provvisoriamente dalla sede o assegnare ad altri uffici i dirigenti dei servizi di polizia giudiziaria o di specifici settori o articolazioni di questi, le amministrazioni dalle quali essi dipendono devono ottenere il consenso del procuratore generale presso la corte di appello e del procuratore della Repubblica presso il tribunale.

2. Il diniego deve essere motivato. Qualora l'allontanamento si renda necessario ai fini della progressione in carriera, il consenso non può essere negato.

15. ***Promozioni.*** — 1. Le promozioni degli addetti alle sezioni di polizia giudiziaria non possono essere disposte senza il parere favorevole del procuratore generale presso la corte di appello e del capo dell'ufficio presso cui è istituita la sezione.

2. Le promozioni degli ufficiali che dirigono i servizi o specifici settori o articolazioni di questi non possono essere disposte senza il parere favorevole del procuratore generale presso la corte di appello e del procuratore della Repubblica presso il tribunale.

3. Le disposizioni dei commi 1 e 2 si applicano anche quando l'ufficiale o l'agente ha cessato dalle funzioni di polizia giudiziaria da non più di due anni.

16. ***Sanzioni disciplinari.*** — 1. Gli ufficiali e gli agenti di polizia giudiziaria che senza giustificato motivo omettono di riferire nel termine previsto all'autorità giudiziaria la notizia del reato, che omettono o ritardano l'esecuzione di un ordine dell'autorità giudiziaria o lo eseguono soltanto in parte o negligentemente o comunque violano ogni altra disposizione di legge relativa all'esercizio delle funzioni di polizia giudiziaria, sono soggetti alla sanzione disciplinare della censura e, nei casi più gravi, alla sospensione dall'impiego per un tempo non eccedente sei mesi.

2. Nei confronti degli ufficiali e degli agenti indicati nell'art. 56 comma 1 lettera *b*) del codice può essere altresì disposto l'esonero dal servizio presso le sezioni.

3. Fuori delle trasgressioni previste dal comma 1, gli ufficiali e gli agenti di polizia giudiziaria rimangono soggetti alle sanzioni disciplinari stabilite dai propri ordinamenti.

17. ***Procedimento disciplinare.*** — 1. L'azione disciplinare è promossa dal procuratore generale presso la corte di appello nel cui distretto l'ufficiale o l'agente presta servizio. Dell'inizio dell'azione disciplinare è data comunicazione all'amministrazione dalla quale dipende l'ufficiale o l'agente di polizia giudiziaria.

2. L'addebito è contestato all'incolpato per iscritto. La contestazione indica succintamente il fatto e

la specifica trasgressione della quale l'incolpato è chiamato a rispondere. Essa è notificata all'incolpato e contiene l'avviso che, fino a cinque giorni prima dell'udienza, egli può presentare memorie, produrre documenti e richiedere l'audizione di testimoni.

3. Competente a giudicare è una commissione composta:

a) da un presidente di sezione della corte di appello che la presiede e da un magistrato di tribunale, nominati ogni due anni dal consiglio giudiziario;

b) da un ufficiale di polizia giudiziaria, scelto, a seconda dell'appartenenza dell'incolpato, fra tre ufficiali di polizia giudiziaria nominati ogni due anni rispettivamente dal questore, dal comandante di legione dei carabinieri e dal comandante di zona della guardia di finanza. Se l'incolpato non appartiene alla polizia di Stato, ai carabinieri o alla guardia di finanza, a comporre la commissione è invece chiamato un ufficiale di polizia giudiziaria appartenente alla stessa amministrazione dell'incolpato e nominato ogni due anni dagli organi che la rappresentano.

4. Nel procedimento disciplinare si osservano, in quanto applicabili, le disposizioni dell'art. 127 del codice. L'accusa è esercitata dal procuratore generale che ha promosso l'azione disciplinare o da un suo sostituto. L'incolpato ha facoltà di nominare un difensore scelto tra gli appartenenti alla propria amministrazione ovvero tra gli avvocati e i procuratori iscritti negli albi professionali. In mancanza di tale nomina, il presidente della commissione designa un difensore di ufficio individuato secondo le modalità previste dall'art. 97 del codice.

5. Il procuratore generale presso la corte di appello comunica i provvedimenti all'amministrazione di appartenenza dell'ufficiale o agente di polizia giudiziaria nei cui confronti è stata promossa l'azione disciplinare.

18. ***Ricorso.*** — 1. Contro la decisione emessa a norma dell'art. 17 l'incolpato e il procuratore generale presso la corte di appello possono proporre ricorso a una commissione che ha sede presso il ministero di grazia e giustizia ed è composta:

a) da un magistrato della corte di cassazione che la presiede e da un magistrato che esercita funzioni di appello, nominati ogni quattro anni dal Consiglio superiore della magistratura;

b) da un ufficiale di polizia giudiziaria scelto, a seconda dell'appartenenza dell'incolpato, fra i tre nominati ogni quattro anni rispettivamente dal capo della polizia e dai comandamenti generali dei carabinieri e della guardia di finanza. Se l'incolpato non appartiene alla polizia di Stato, ai carabinieri o alla guardia di finanza, a comporre la commissione è chiamato un ufficiale di polizia giudiziaria appartenente alla stessa amministrazione dell'incolpato e nominato ogni quattro anni dagli organi che la rappresentano.

2. L'accusa è esercitata da un magistrato della procura generale presso la corte di cassazione.

3. L'incolpato ha facoltà di nominare un difensore scelto tra gli avvocati e i procuratori iscritti negli albi professionali. In mancanza di tale nomina, il presidente della commissione designa un difensore di ufficio individuato secondo le modalità previste dall'art. 97 del codice.

4. La decisione è immediatamente trasmessa per l'esecuzione all'amministrazione cui appartiene l'ufficiale o l'agente.

5. Contro la decisione l'incolpato e il procuratore generale presso la corte di cassazione possono proporre ricorso per cassazione per violazione di legge. Il ricorso non sospende l'esecuzione della decisione. Si osservano le disposizioni dell'art. 611 del codice, in quanto applicabili.[1]

[1] La Corte cost., con sent. 4 dic. 1998, n. 394, ha dichiarato l'ill. cost. del c. 5.

19. ***Sospensione cautelare.*** — 1. Le commissioni previste dagli artt. 17 e 18 possono disporre la sospensione cautelare dell'ufficiale o dell'agente dalle funzioni di polizia giudiziaria.

20. ***Disposizione transitoria.*** — 1. Il personale di polizia giudiziaria attualmente operante presso gli uffici giudiziari è mantenuto nelle sue funzioni fino a che non siano costituite per la prima volta le sezioni di polizia giudiziaria.

2. Per la prima costituzione delle sezioni di polizia giudiziaria, il decreto previsto dall'art. 6 comma 3 è emesso non oltre un mese prima della data di entrata in vigore del codice.

3. Il personale è assegnato alle sezioni a norma degli artt. 7 e 8; tuttavia, al ripianamento si provvede entro trenta giorni dal decreto indicato nel comma 2 e alla assegnazione si provvede non oltre i sessanta giorni successivi.

CAPO IV
Disposizioni relative alle parti private e ai difensori[1]

[1] V. artt. 74-89, 90-95, 96-108 c.p.p.

21. ***Notizie da chiedere all'imputato nel primo atto cui egli è presente.*** — 1. Quando procede a norma dell'art. 66 del codice, il giudice o il pubblico ministero invita l'imputato o la persona sottoposta alle indagini a dichiarare se ha un soprannome o uno pseudonimo, se ha beni patrimoniali e quali sono le sue condizioni di vita individuale, familiare e sociale. Lo invita inoltre a dichiarare se è sottoposto ad altri processi penali, se ha riportato condanne nello Stato o all'estero e, quando ne è il caso, se esercita o ha esercitato uffici o servizi pubblici o servizi di pubblica necessità e se ricopre o ha ricoperto cariche pubbliche.

22. ***Comparizione delle persone in stato di arresto o detenzione domiciliare.*** — 1. Quando una persona in stato di arresto o detenzione domiciliare[1] deve comparire per ragioni di giustizia davanti all'autorità giudiziaria, il giudice competente a norma dell'art. 279 del codice ovvero il magistrato di sorveglianza del luogo dove si svolge la detenzione, se non ritiene di dover disporre l'accompagnamento o la traduzione per salvaguardare comprovate esigenze processuali o di sicurezza, autorizza l'allontanamento dal luogo di arresto o di detenzione per il tempo strettamente necessario. In tal caso detta le opportune prescrizioni e dà comunicazione del provvedimento all'ufficio di polizia giudiziaria territorialmente competente. Il giudice per le indagini preliminari provvede sentito il pubblico ministero.

2. L'autorizzazione prevista dal comma 1 può essere concessa anche quando la traduzione sia stata disposta da altra autorità giudiziaria davanti alla quale la persona deve comparire.

[1] V. art. 47 ter. L. 26 lug. 1975, n. 354.

23. *Assenza delle parti private diverse dall'imputato.*[1] — 1. L'assenza delle parti private diverse dall'imputato regolarmente citate non determina la sospensione o il rinvio del dibattimento, né la nuova fissazione della udienza preliminare a norma degli artt. 420-*bis* e 420-*ter* del codice.[2]

2. Fermo quanto previsto dall'art. 82 comma 2 del codice, nel caso di mancata comparazione delle parti private diverse dall'imputato, la sentenza è notificata alle stesse per estratto unitamente all'avviso di deposito della sentenza.

[1] V. artt. 74, 83, 89 c.p.p.

[2] Comma così sostituito dall'art. 49 della L. 16 dic. 1999, n. 479.

24. *Nomina di più difensori.* — 1. La nomina di ulteriori difensori si considera senza effetto finché la parte non provvede alla revoca delle nomine precedenti che risultano in eccedenza rispetto al numero previsto dagli artt. 96, 100 e 101 del codice.

25. *Divieto di consigli circa la scelta del difensore di fiducia.* — 1. Costituisce grave infrazione disciplinare per gli ufficiali e gli agenti di polizia giudiziaria e per tutti i dipendenti dell'amministrazione degli istituti di prevenzione e di pena dare consigli sulla scelta del difensore di fiducia.

26. *Nomina del difensore nei casi di uso di lingua diversa dall'italiano.* — 1. Anche nei casi di uso di lingua diversa dall'italiano nel procedimento, l'imputato e le altre parti private hanno il diritto di nominare il difensore senza alcun limite derivante dall'appartenenza etnica o linguistica dello stesso.

2. Nei casi previsti dall'art. 109 comma 2 del codice, quando ciò serve ad assicurare l'effettività della difesa, l'autorità giudiziaria, nell'individuare il difensore di ufficio o nel designare il sostituto del difensore a norma dell'art. 97 comma 4 del codice, tiene conto dell'appartenenza etnica o linguistica dell'imputato.

27. *Documentazione della qualità di difensore.* — 1. Quando è richiesto, il difensore documenta la sua qualità esibendo:

a) la certificazione della nomina fatta con dichiarazione orale all'autorità procedente;

b) la copia della nomina recante l'attestazione dell'avvenuto deposito, nel caso di consegna da parte del difensore;

c) la copia della nomina, certificata conforme all'originale da parte del difensore, e l'originale della ricevuta postale, nel caso di trasmissione a mezzo di raccomandata;

d) la copia del verbale o dell'avviso indicati nell'art. 30, nel caso di nomina di ufficio.

28. *Comunicazione del nominativo del difensore di ufficio.*[1] — 1. Il nominativo del difensore di ufficio è comunicato senza ritardo all'imputato con l'avvertimento che può essere nominato, in qualunque momento, un difensore di fiducia.

[1] V. art. 97 c.p.p.

29. *Elenchi e tabelle dei difensori di ufficio.* — 1. Il Consiglio nazionale forense predispone e aggiorna, con cadenza trimestrale, l'elenco alfabetico degli avvocati iscritti negli albi, disponibili ad assumere le difese d'ufficio.

1-*bis*. L'inserimento nell'elenco di cui al comma 1 è disposto sulla base di almeno uno dei seguenti requisiti:

a) partecipazione a un corso biennale di formazione e aggiornamento professionale in materia penale, organizzato dal Consiglio dell'ordine circondariale o da una Camera penale territoriale o dall'Unione delle Camere penali, della durata complessiva di almeno 90 ore e con superamento di esame finale;

b) iscrizione all'albo da almeno cinque anni ed esperienza nella materia penale, comprovata dalla produzione di idonea documentazione;

c) conseguimento del titolo di specialista in diritto penale, secondo quanto previsto dall'articolo 9 della legge 31 dicembre 2012, n. 247.

1-*ter*. La domanda di inserimento nell'elenco nazionale di cui al comma 1 è presentata al Consiglio dell'ordine circondariale di appartenenza, che provvede alla trasmissione degli atti, con allegato parere, al Consiglio nazionale forense. Avverso la decisione di rigetto della domanda è ammessa opposizione ai sensi dell'articolo 7 del decreto del Presidente della Repubblica 24 novembre 1971, n. 1199.

1-*quater*. Ai fini della permanenza nell'elenco dei difensori d'ufficio sono condizioni necessarie:

a) non avere riportato sanzioni disciplinari definitive superiori all'ammonimento;

b) l'esercizio continuativo di attività nel settore penale comprovato dalla partecipazione ad almeno dieci udienze camerali o dibattimentali per anno, escluse quelle di mero rinvio.

1-*quinquies*. Il professionista iscritto nell'elenco nazionale deve presentare, con cadenza annuale, la relativa documentazione al Consiglio dell'ordine circondariale, che la inoltra, con allegato parere, al Consiglio nazionale forense. In caso di mancata presentazione della documentazione, il professionista è cancellato d'ufficio dall'elenco nazionale.

1-*sexies*. I professionisti iscritti all'elenco nazionale non possono chiedere la cancellazione dallo stesso prima del termine di due anni.

2. È istituito presso l'ordine forense di ciascun capoluogo del distretto di corte d'appello un apposito ufficio con recapito centralizzato che, mediante linee telefoniche dedicate, fornisce i nominativi dei difensori d'ufficio a richiesta dell'autorità giudiziaria o della polizia giudiziaria. Non si ricorre al sistema informatizzato se il procedimento concerne materie che riguardano competenze specifiche.

3. L'ufficio di cui al comma 2 gestisce separatamente gli elenchi dei difensori d'ufficio di ciascun ordine forense esistente nel distretto di corte d'appello.

4. Il sistema informatizzato di cui al comma 2 deve garantire:

a) che l'indicazione dei nominativi rispetti un criterio di rotazione automatico tra gli iscritti nell'elenco di cui al comma 1;

b) che sia evitata l'attribuzione contestuale di nomine, ad un unico difensore, per procedimenti pendenti innanzi ad autorità giudiziarie e di polizia distanti tra di loro e, comunque, dislocate in modo da non permettere l'effettività della difesa;

c) l'istituzione di un turno differenziato, per gli indagati e gli imputati detenuti o arrestati all'estero in esecuzione di mandato di arresto europeo nell'ambito di procedura attiva di consegna, al fine di agevolare la tempestiva nomina di un difensore che assista quello officiato nello Stato di esecuzione, che assicuri, attraverso un criterio di rotazione giornaliera dei nominativi, la reperibilità di un numero di difensori d'ufficio corrispondente alle esigenze.[1]

5. L'autorità giudiziaria e, nei casi previsti, la polizia giudiziaria, individuano il difensore richiedendone il nominativo all'ufficio di cui al comma 2.

6. Il presidente del consiglio dell'ordine forense o un componente da lui delegato vigila sul rispetto dei criteri per l'individuazione e la designazione del difensore d'ufficio.

7. I difensori inseriti nei turni giornalieri di cui al comma 4, lettera *c*), hanno l'obbligo della reperibilità.

8-9. [Abrogati].

[1] Comma così modif. dall'art. 3, D.lgs. 15 set. 2016, n. 184.

30. ***Comunicazione al difensore d'ufficio.*** — Al difensore d'ufficio è data comunicazione della individuazione effettuata a norma dell'art. 97, c. III, del codice.

2. Allo stesso modo è comunicata la designazione del sostituto nei casi previsti dall'art. 97, c. IV, del codice.

3. Nel caso previsto dall'art. 97, c. V, del codice, il difensore di ufficio che si trova nell'impossibilità di adempiere l'incarico e non ha nominato un sostituto deve avvisare immediatamente l'autorità giudiziaria, indicandone le ragioni, affinché si provveda alla sostituzione.[1]

[1] Comma così modif. dall'art. 15 della L. 6 mar. 2001, n. 60.

31. ***Diritto alla retribuzione del difensore di ufficio.*** — 1. Fermo quanto previsto dalle norme sul gratuito patrocinio, l'attività del difensore di ufficio è in ogni caso retribuita.

32. ***Recupero dei crediti professionali.*** — 1. Le procedure intraprese per il recupero dei crediti professionali vantati dai difensori d'ufficio nei confronti degli indagati, degli imputati e dei condannati inadempienti sono esenti da bolli, imposte e spese.

2-3.[1]

[1] Commi abrog. dall'art. 299, D.P.R. 30 mag. 2002, n. 115.

32-*bis*. [***Retribuzione del difensore d'ufficio di persona irreperibile.***][1]

[1] Articolo abrog. dall'art. 299 D.P.R. 30 mag. 2002, n. 115.

33. ***Domicilio della persona offesa.*** — 1. Il domicilio della persona offesa dal reato che abbia nominato un difensore si intende eletto presso quest'ultimo.

34. ***Designazione del sostituto del difensore.*** — 1. Il difensore designa il sostituto nelle forme indicate nell'art. 96 comma 2 del codice.

35. ***Corrispondenza e colloqui telefonici del difensore con l'imputato.*** — 1. Ai fini di quanto previsto dall'art. 103 comma 6 del codice, la busta della corrispondenza tra l'imputato e il suo difensore deve riportare:

a) il nome e il cognome dell'imputato;

b) il nome, il cognome e la qualifica professionale del difensore;

c) la dicitura «corrispondenza per ragioni di giustizia» con la sottoscrizione del mittente e l'indicazione del procedimento cui la corrispondenza si riferisce.

2. Quando mittente è il difensore, la sottoscrizione è autenticata dal presidente del consiglio dell'ordine forense di appartenenza o da un suo delegato.

3. Se l'imputato è detenuto, l'autorità che ne ha la custodia appone il proprio timbro o firma sulla busta chiusa che già reca le indicazioni suddette, senza che ciò ritardi l'inoltro della corrispondenza.

4. Alla corrispondenza tra l'imputato detenuto e il suo difensore, recante le indicazioni stabilite nei commi 1 e 2, non si applicano la disposizioni dell'art. 18 commi 8 e 9 della L. 26 lug. 1975, n. 354 e

degli artt. 20 comma 1 e 36 commi 7 e 8 del D.P.R. 29 apr. 1976, n. 431.

5. Ai fini di quanto previsto dall'art. 103 comma 5 del codice, quando sono autorizzati colloqui telefonici tra l'imputato detenuto e il suo difensore, come risultante dall'indicazione del relativo procedimento, non si applica la disposizione dell'art. 37 comma 8 del D.P.R. 29 apr. 1976, n. 431.

36. ***Accesso del difensore al luogo di custodia.*** — 1. Per conferire con la persona fermata, arrestata o sottoposta a custodia cautelare, il difensore ha diritto di accedere ai luoghi in cui la persona stessa si trova custodita.

2. A tale fine la qualità di difensore, che non risulti in qualsiasi modo all'autorità che esercita la custodia, è documentata a norma dell'articolo 27 o con altro mezzo equipollente.

3. Quando è disposta la dilazione prevista dall'art. 104 commi 3 e 4 del codice, copia del relativo decreto è consegnata a chi esercita la custodia ed è da questi esibita all'arrestato, al fermato, alla persona sottoposta a custodia cautelare o al difensore che richiedono il colloquio.

37. ***Procura speciale rilasciata in via preventiva.*** — 1. La procura speciale prevista dall'art. 122 del codice può essere rilasciata anche preventivamente, per l'eventualità in cui si verifichino i presupposti per il compimento dell'atto al quale la procura si riferisce.

38. [***Facoltà dei difensori per l'esercizio del diritto alla prova.***][1]

[1] Articolo abrog. dall'art. 23, L. 7 dic. 2000, n. 397.

CAPO V

Disposizioni relative agli atti

39. ***Autenticazione della sottoscrizione di atti.*** — 1. Fermo quanto previsto da speciali disposizioni, l'autenticazione della sottoscrizione di atti per i quali il codice prevede tale formalità può essere effettuata, oltre che dal funzionario di cancelleria, dal notaio, dal difensore, dal sindaco, da un funzionario delegato dal sindaco, dal segretario comunale, dal giudice conciliatore, dal presidente del consiglio dell'ordine forense o da un consigliere da lui delegato.

40. ***Copia dell'atto che surroga l'originale mancante.*** — 1. Nel caso previsto dall'art. 112 comma 1 del codice, la cancelleria attesta sulla copia autentica dell'atto che si tratta di copia che tiene luogo, ad ogni effetto, dell'originale distrutto, smarrito o sottratto.

41. ***Atto ricostituito.*** — 1. Quando si procede a norma dell'art. 113 commi 1 e 2 del codice, sull'atto ricostituito sono indicati gli estremi dell'ordinanza che ha disposto la ricostituzione.

42. ***Trasmissione a distanza di copia di atti.*** — 1. Il rilascio di copie di atti del procedimento, nei casi previsti dalla legge, può avvenire mediante la trasmissione a distanza con mezzi tecnici idonei, previo accertamento della legittimazione del richiedente. In tal caso l'ufficio presso il quale l'atto si trova attesta, in calce ad esso, di aver trasmesso il testo originale.

43. ***Autorizzazione al rilascio di copia di atti.*** — 1. L'autorizzazione prevista dall'art. 116 comma 2 del codice non è richiesta nei casi in cui è riconosciuto espressamente al richiedente il diritto al rilascio di copie, estratti o certificati di atti.

44. ***Comunicazione delle dichiarazioni e richieste di persone detenute o internate.*** — 1. Le impugnazioni, le richieste e le altre dichiarazioni previste dall'art. 123 del codice sono comunicate nel giorno stesso, o al più tardi nel giorno successivo, all'autorità giudiziaria competente mediante estratto o copia autentica, anche per mezzo di lettera raccomandata. Nei casi di speciale urgenza, la comunicazione può avvenire anche con telegramma confermato da lettera raccomandata ovvero mediante l'uso di altri mezzi tecnici idonei. In tal caso l'ufficio presso il quale l'atto si trova attesta, in calce ad esso, di aver trasmesso il testo originale.

45. ***Relazione nel procedimento in camera di consiglio.*** — 1. Nel procedimento in camera di consiglio davanti alle corti e ai tribunali, la relazione orale è svolta, appena compiuti gli atti introduttivi, da un componente del collegio previamente designato dal presidente.

45-*bis*. ***Partecipazione al procedimento in camera di consiglio a distanza.*** — 1. [Nei casi previsti dall'art. 146-*bis*, commi 1 e 1-*bis*,][1] la partecipazione dell'imputato o del condannato all'udienza nel procedimento in camera di consiglio avviene a distanza nei casi e secondo quanto previsto dall'articolo 146-*bis*, commi 1, 1-*bis*, 1-*ter* e 1-*quater*.[2]

2. La partecipazione a distanza è comunicata o notificata dal giudice o dal presidente del collegio unitamente all'avviso di cui all'art. 127, c. 1, del codice.[2]

3. Si applicano, in quanto compatibili, le disposizioni previste dall'art. 146-*bis*, commi 2, 3, 4, 4-*bis* e 6.[2]

[1] Parole soppresse dall'art. 1, c. 78, L. 23 giu. 2017, n. 103. La disposizione acquista efficacia decorso un anno dalla pubblicazione della L. 103/2017 nella G.U. Successivamente, l'art. 2, c. 2, D.L. 25 lug. 2018, n. 91, conv. in L. 21 set. 2018, n. 108, ha disposto che l'efficacia delle disposizioni, di cui al citato art. 1, c. 78, L. 103/2017, è sospesa fino al 15 feb. 2019.

[2] Comma così modif. dall'art. 1, c. 78, L. 23 giu. 2017, n. 103. V. nota 1.

46. ***Esecuzione dell'accompagnamento coattivo.*** — 1. Il provvedimento che dispone l'accompagnamento coattivo è trasmesso, a cura della cancelleria o della segreteria dell'autorità giudiziaria che lo ha emesso, all'organo che deve provvedere alla esecuzione. Copia del provvedimento è consegnata all'interessato.

47. ***Revoca della condanna pecuniaria inflitta alle persone non comparse.*** — 1. La condanna al pagamento di una somma a norma dell'art. 133 del codice è revocata con ordinanza dal giudice quando sono ritenute fondate le giustificazioni addotte dall'interessato.

48. ***Cancellature, variazioni e aggiunte negli atti.*** — 1. Le cancellature che occorre eseguire nelle sentenze, nelle ordinanze, nei decreti, nei verbali o in altri atti del procedimento sono fatte in modo da lasciare leggere le parole cancellate.

2. Alle variazioni e alle aggiunte che occorre eseguire prima della sottoscrizione si provvede con postille, che devono essere approvate.

49. ***Conservazione dei nastri e dei supporti fonografici e audiovisivi.*** — 1. I nastri e i supporti contenenti le riproduzioni fonografiche o audiovisive sono racchiusi in apposite custodie numerate e sigillate.

2. Ciascuna custodia, a sua volta, è racchiusa in un involucro, sul quale è trascritto il numero della custodia e sono indicati gli estremi del procedimento e le generalità delle persone alle quali si riferiscono le riproduzioni nonché la data in cui le singole riproduzioni sono state effettuate.

3. Al fine di evitarne il deterioramento, i nastri e i supporti possono essere conservati anche in contenitori separati dagli atti processuali.

50. ***Redazione del verbale in forma stenotipica o con altro strumento meccanico.*** — 1. Quando il verbale è redatto in forma stenotipica o con altro strumento meccanico, esso può essere formato da più ausiliari o da più tecnici autorizzati a norma dell'art. 135 del codice, ciascuno dei quali lo sottoscrive per la parte di rispettiva competenza.

2. Se lo strumento meccanico impiegato non comporta la immediata impressione di caratteri comuni di scrittura, il relativo nastro è sottoscritto dai soli verbalizzanti.

51. ***Personale tecnico impiegato per la documentazione degli atti.*** — 1. Quando rileva l'esigenza di avvalersi di personale tecnico estraneo all'amministrazione dello Stato per la documentazione degli atti, nei casi previsti dagli artt. 135 comma 2, 138 comma 2 e 139 comma 4 del codice, l'autorità giudiziaria ne fa richiesta al Presidente della Corte di appello[1] perché provveda alla scelta del personale idoneo.

2. Al fine indicato nel comma 1 il Ministro della giustizia, nei limiti delle risorse finanziarie attribuite e con le modalità di cui al comma 3-*bis*, stipula contratti di durata biennale con imprese o cooperative di servizi specialistici.[1]

3. Nell'ambito della politica di decentramento amministrativo e di contenimento della spesa pubblica, le procedure di cui al comma 2 possono essere delegate, per ciascun distretto, al Presidente della Corte di appello.[1]

3-*bis*. Il Direttore generale delle risorse materiali, dei beni e dei servizi, al fine di attivare la delega di cui al comma 3, individua, sentito il Direttore generale della giustizia penale, gli schemi di contratto di cui al comma 2, nonché, previo monitoraggio delle caratteristiche e del costo medio di mercato di prestazioni analoghe od equivalenti, la tipologia ed il costo massimo delle prestazioni.[4]

[1] Parole così sost. dall'art. 9, c. 1, lett. *a*), *b*), *c*) e *d*), D.L. 30 giu. 2005, n. 115, conv. con modif. in L. 17 ago. 2005, n. 168.

51-*bis*. ***Assistenza dell'interprete e traduzione degli atti.***[1] — 1. Per ciascuno dei casi previsti dall'articolo 143, comma 1, secondo periodo, del codice, l'imputato ha diritto all'assistenza gratuita dell'interprete per un colloquio con il difensore. Se per fatti o circostanze particolari l'esercizio del diritto di difesa richiede lo svolgimento di più colloqui in riferimento al compimento di un medesimo atto processuale, l'assistenza gratuita dell'interprete può essere assicurata per più di un colloquio.

2. Quando ricorrono particolari ragioni di urgenza e non è possibile avere prontamente una traduzione scritta degli atti di cui all'articolo 143, comma 2, del codice l'autorità giudiziaria dispone, con decreto motivato, se ciò non pregiudica il diritto di difesa dell'imputato, la traduzione orale, anche in forma riassuntiva, redigendo contestualmente verbale.

3. L'imputato può rinunciare espressamente, anche a mezzo di procuratore speciale, alla traduzione scritta degli atti. La rinuncia produce effetti solo se l'imputato ha consapevolezza delle conseguenze che da essa derivano, anche per avere a tal fine consultato il difensore. In tal caso il contenuto degli atti è tradotto oralmente, anche in forma riassuntiva.

4. Nei casi di cui ai commi 2 e 3 della traduzione orale è effettuata anche la riproduzione fonografica.

5. Ove vi siano strumenti tecnici idonei, l'autorità procedente può disporre l'assistenza dell'interprete mediante l'utilizzo delle tecnologie di comunicazione a distanza, salvo che ciò possa causare concreto pregiudizio al diritto di difesa.

[1] Articolo ins. dall'art. 2, c. 1, lett. 0*a*), D.lgs. 4 mar. 2014, n. 32, introdotta dall'art. 2, c. 1, D.lgs. 23 giu. 2016, n. 129.

52. ***Citazione dell'interprete.*** — 1. Con il provvedimento di nomina è disposta la notificazione all'interprete del relativo decreto di citazione. Nei casi urgenti l'interprete può essere citato anche oralmente per mezzo dell'ufficiale giudiziario o della polizia giudiziaria.

53. ***Sanzione pecuniaria inflitta all'interprete nel corso delle indagini preliminari.*** — 1. Nel corso delle indagini preliminari, quando si verifica l'ipotesi prevista dall'art. 147 comma 2 del codice, il pubblico ministero richiede al giudice per le indagini preliminari di provvedere all'applicazione della sanzione pecuniaria.

54. ***Copie degli atti da notificare.*** — 1. Quando l'atto da notificare viene trasmesso all'ufficiale giudiziario, questi deve formarne un numero di copie uguale a quello dei destinatari della notificazione.

2. Tengono luogo dell'originale le copie, trasmesse con mezzi tecnici idonei, quando l'ufficio che ha emesso l'atto attesta, in calce ad esso, di aver trasmesso il testo originale.

3. Quando la notificazione viene eseguita a mezzo della polizia giudiziaria, l'atto è trasmesso all'ufficio di polizia competente per territorio con numero di copie uguale a quello dei destinatari della notificazione.

55. ***Modalità di attuazione delle notificazioni urgenti a mezzo del telefono o del telegrafo.*** — 1. Alla spedizione del telegramma previsto dall'art. 149 commi 4 e 5 del codice provvede la cancelleria o la segreteria.

2. La copia e la ricevuta di spedizione del telegramma e il testo del fonogramma previsto dall'art. 149 comma 2 del codice, con l'indicazione della persona che lo trasmette, di quella che lo riceve, dell'ora e del giorno di trasmissione, sono allegati agli atti del procedimento a cura della cancelleria o della segreteria.

56. ***Notificazione a mezzo posta effettuata dal difensore.*** — 1. Ai fini previsti dall'art. 152 del codice, il difensore che ha spedito l'atto da notificare con lettera raccomandata documenta tale spedizione depositando in cancelleria copia dell'atto inviato, attestandone la conformità all'originale, e l'avviso di ricevimento.

2. Il difensore indica altresì se l'atto è stato spedito in busta chiusa o in piego.

57. ***Rifiuto di ricezione dell'atto notificato all'imputato detenuto.*** — 1. Gli atti che l'imputato detenuto si è rifiutato di ricevere e che devono essere consegnati al direttore dell'istituto a norma dell'art. 156 comma 2 del codice sono inseriti nel fascicolo personale del detenuto. Se l'imputato richiede che gli atti depositati gli siano consegnati, della consegna è fatta menzione in apposito registro.

58. ***Informazione all'imputato detenuto legittimamente assente.*** — 1. Il direttore dell'istituto annota nel registro indicato nell'art. 57 data, ora e modalità dell'informazione prevista dall'art. 156 comma 2 del codice.

59. ***Secondo accesso per la prima notificazione all'imputato non detenuto.*** — 1. Nel caso previsto dall'art. 157 comma 7 del codice, nella relazione di notificazione è indicata anche l'ora in cui sono avvenuti gli accessi. In caso di mancanza o inidoneità delle persone indicate nell'art. 157 comma 1 del codice, il secondo accesso deve avvenire in uno dei giorni successivi e in orario diverso da quello del primo accesso.

60. ***Informazione dell'avvenuta notificazione all'imputato in servizio militare.*** — 1. Il comandante militare che ha provveduto alla informazione a norma dell'art. 158 del codice annota data, ora e modalità in apposito registro.

61. ***Documentazione delle nuove ricerche dell'imputato.*** — 1. La polizia giudiziaria, in caso di nuove ricerche disposte a norma dell'art. 159 del codice, ne fa relazione all'autorità richiedente, indicando i luoghi in cui le ricerche sono state svolte, gli ufficiali e gli agenti che le hanno eseguite, i nomi dei familiari dell'imputato reperiti e le notizie dagli stessi fornite circa il luogo in cui il loro congiunto si trova.

62. ***Indicazione delle generalità del domiciliatario.*** — 1. Nell'eleggere il domicilio a norma dell'art. 162 del codice, l'imputato è tenuto a indicare anche le generalità del domiciliatario.

63. ***Traduzione dell'avviso inviato all'imputato straniero all'estero.*** — 1. Ai fini di quanto previsto dall'art. 169 comma 3 del codice, all'avviso redatto in lingua italiana e sottoscritto dall'autorità giudiziaria che procede è allegata la traduzione nella lingua ufficiale dello stato in cui l'imputato risulta essere nato.

64. ***Comunicazione di atti.*** — 1. La comunicazione di atti del giudice ad altro giudice si esegue mediante trasmissione di copia dell'atto con lettera raccomandata con avviso di ricevimento ovvero mediante consegna al personale di cancelleria, che ne rilascia ricevuta su apposito registro custodito presso la cancelleria del giudice che ha emesso l'atto.

2. La comunicazione di atti dal giudice al pubblico ministero, che ha sede diversa da quella del giudice, si esegue mediante trasmissione di copia dell'atto con lettera raccomandata con avviso di ricevimento.

3. In caso di urgenza o quando l'atto contiene disposizioni concernenti la libertà personale, la comunicazione è eseguita col mezzo più celere nelle forme previste dagli artt. 149 e 150 del codice ovvero è eseguita dalla polizia giudiziaria mediante consegna di copia dell'atto presso la cancelleria o la segreteria. In questo ultimo caso, la polizia redige verbale, copia del quale è trasmessa al giudice che ha emesso l'atto.

4. Ai fini delle comunicazioni previste dai commi precedenti, la copia può essere trasmessa con mezzi tecnici idonei, quando il funzionario di cancelleria del giudice che ha emesso l'atto attesta, in calce ad esso, di aver trasmesso il testo originale.

64-*bis*. ***Trasmissione obbligatoria di provvedimenti al giudice civile.***[1] — 1. Ai fini della decisione dei procedimenti di separazione personale dei coniugi o delle cause relative ai figli minori di età o all'esercizio della potestà genitoriale, copia delle ordinanze che applicano misure cautelari personali o ne dispongono la sostituzione o la revoca, dell'avviso di conclusione delle indagini preliminari, del provvedimento con il quale è disposta l'archiviazione e della sentenza emessi nei confronti di una delle parti in relazione al delitto previsto dall'articolo 575 del codice penale, nella forma tentata, o a uno dei delitti, consumati o tentati, previsti dagli articoli 572, 609-*bis*, 609-*ter*, 609-*quater*, 609-*quinquies*, 609-*octies*, 612-*bis* e 612-*ter* del codice penale, nonché dagli articoli 582 e 583-*quinquies* del codice penale nelle ipotesi aggravate ai sensi degli articoli 576, primo comma, numeri 2, 5 e 5.1, e 577, primo comma, numero 1, e secondo comma, del codice penale è trasmessa senza ritardo al giudice civile procedente.

[1] Articolo ins. dall'art. 14, c. 1, L. 19 lug. 2019, n. 69, e così modif. dall'art. 2, c. 12, L. 27 set. 2021, n. 134.

65. [***Obblighi del difensore non iscritto nell'albo del circondario***].[1]

[1] Articolo abrog. dal D.L. 18 ott. 2001, conv. in L. 15 dic. 2001, n. 438.

CAPO VI
Disposizione relative alle prove

66. ***Procedimento di esclusione del segreto.*** — 1. Nei fatti, notizie e documenti indicati nell'art. 204 comma 1 del codice non sono compresi i nomi degli informatori.

2. Quando perviene la comunicazione prevista dall'art. 204, comma 2, del codice, il Presidente del Consiglio dei ministri, con atto motivato, conferma il segreto, se ritiene che non ricorrano i presupposti indicati nei commi 1, 1-*bis* e 1-*ter* dello stesso articolo, perché il fatto, la notizia o il documento coperto dal segreto di Stato non concerne il reato per cui si procede. In mancanza, decorsi trenta giorni dalla notificazione della comunicazione, il giudice dispone il sequestro del documento o l'esame del soggetto interessato.[1]

3.[2]

[1] Comma così sost. dall'art. 40, c. 4, lett. *a*), L. 3 ago. 2007, n. 124.
[2] Comma abrog. dall'art. 40, L. 3 ago. 2007, n. 124.

67. ***Albo dei periti presso il tribunale.***[1] — 1. Presso ogni tribunale è istituito un albo dei periti, diviso in categorie.

2. Nell'albo sono sempre previste le categorie di esperti in medicina legale, psichiatria, contabilità, ingegneria e relative specialità, infortunistica del traffico e della circolazione stradale, balistica, chimica, analisi e comparazione della grafia, interpretariato e traduzione.[2]

3. Quando il giudice nomina come perito un esperto non iscritto negli albi, designa, se possibile, una persona che svolge la propria attività professionale presso un ente pubblico.

4. Nel caso previsto dal comma 3, il giudice indica specificamente nell'ordinanza di nomina le ragioni della scelta.

5. In ogni caso il giudice evita di designare quale perito le persone che svolgano o abbiano svolto attività di consulenti di parte in procedimenti collegati a norma dell'art. 371 comma 2 del codice.

[1] V. art. 221[1] c.p.p.
[2] Comma così modif. dall'art. 11, D.L. 14 gen. 1991, n. 12, e dall'art. 2, D.lgs. 4 mar. 2014, n. 32.

67-*bis*. ***Elenco nazionale degli interpreti e traduttori.***[1] — 1. Ogni tribunale trasmette per via telematica al Ministero della giustizia l'elenco aggiornato, in formato elettronico, degli interpreti e dei traduttori iscritti nell'albo dei periti di cui all'articolo 67. L'autorità giudiziaria si avvale di tale elenco nazionale e nomina interpreti e traduttori diversi da quelli ivi inseriti solo in presenza di specifiche e particolari esigenze.

2. L'elenco nazionale di cui al comma 1 è consultabile dall'autorità giudiziaria, dagli avvocati e dalla polizia giudiziaria sul sito istituzionale del Ministero della giustizia, nel rispetto della normativa vigente sul trattamento dei dati personali. Le modalità di consultazione dell'elenco nazionale sono definite con decreto del Ministro della giustizia, da adottarsi entro il termine di otto mesi dalla data di entrata in vigore della presente disposizione.

[1] Articolo ins. dall'art. 2, c. 1, lett. *a-bis*), D.lgs. 4 mar. 2014, n. 32, introdotta dall'art. 2, c. 1, D.lgs. 23 giu. 2016, n. 129.

68. ***Formazione e revisione dell'albo dei periti.*** — 1. L'albo dei periti previsto dall'art. 67 è tenuto a cura del presidente del tribunale ed è formato da un comitato da lui presieduto e composto dal procuratore della Repubblica presso il medesimo tribunale, dal presidente del consiglio dell'ordine forense, dal presidente dell'ordine, del collegio ovvero delle associazioni rappresentative a livello nazionale delle professioni non regolamentate a cui appartiene la categoria di esperti per la quale si deve provvedere ovvero da loro delegati.[1]

2. Il comitato decide sulla richiesta di iscrizione e di cancellazione dall'albo.

3. Il comitato può assumere informazioni e delibera a maggioranza dei voti. In caso di parità di voti, prevale il voto del presidente.

4. Il comitato provvede ogni due anni alla revisione dell'albo per cancellare gli iscritti per i quali è venuto meno alcuno dei requisiti previsti dall'articolo 69 comma 3 o è sorto un impedimento a esercitare l'ufficio di perito.

[1] Comma così modif. dall'art. 2, D.lgs. 4 mar. 2014, n. 32.

69. ***Requisiti per la iscrizione nell'albo dei periti.*** — 1. Salvo quanto previsto dal comma 3, possono ottenere l'iscrizione nell'albo le persone fornite di speciale competenza nella materia.

2. La richiesta di iscrizione, diretta al presidente del tribunale, deve essere accompagnata dall'e-

stratto dell'atto di nascita, dal certificato generale del casellario giudiziale, dal certificato di residenza nella circoscrizione del tribunale e dai titoli e documenti attestanti la speciale competenza del richiedente.

3. Non possono ottenere l'iscrizione nell'albo le persone:

a) condannate con sentenza irrevocabile alla pena della reclusione per delitto non colposo, salvo che sia intervenuta riabilitazione;

b) che si trovano in una delle situazioni di incapacità previste dall'art. 222 comma 1 lettere *a*), *b*), *c*) del codice;

c) cancellate o radiate dal rispettivo albo professionale a seguito di provvedimento disciplinare definitivo.

4. La richiesta di iscrizione nell'albo resta sospesa per il tempo in cui la persona è imputata di delitto non colposo per il quale è consentito l'arresto in flagranza ovvero è sospesa dal relativo albo professionale.

70. ***Sanzioni applicabili agli iscritti nell'albo dei periti.*** — 1. Agli iscritti nell'albo dei periti che non abbiano adempiuto agli obblighi derivanti dal conferimento dell'incarico possono essere applicate, su segnalazione del giudice procedente, le sanzioni dell'avvertimento, della sospensione dall'albo per un periodo non superiore a un anno o della cancellazione.

2. È disposta la sospensione dall'albo nei confronti delle persone che si trovano nelle situazioni previste dall'art. 69 comma 4 per il tempo in cui perdurano le situazioni medesime.

3. È disposta la cancellazione dall'albo, anche prima della scadenza del termine stabilito per la revisione degli albi, nei confronti degli iscritti per i quali è venuto meno alcuno dei requisiti previsti dall'art. 69 comma 3.

4. Competente a decidere è il comitato previsto dall'art. 68.

71. ***Procedimento per l'applicazione delle sanzioni.*** — 1. Ai fini dell'applicazione delle sanzioni previste dall'art. 70, il presidente del tribunale contesta l'addebito al perito mediante lettera raccomandata con avviso di ricevimento, invitandolo a fornire deduzioni scritte entro il termine di dieci giorni dalla ricezione della raccomandata. Decorso tale termine e assunte se del caso informazioni, il comitato delibera a norma dell'art. 68 comma 3.

72. ***Reclamo avverso le decisioni del comitato.*** — 1. Entro quindici giorni dalla notificazione, contro le decisioni del comitato può essere proposto reclamo sul quale decide una commissione composta dal presidente della corte di appello nel cui distretto ha sede il comitato, dal procuratore generale della Repubblica presso la corte medesima, dal presidente del consiglio dell'ordine forense, dal presidente dell'ordine o del collegio professionale cui l'interessato appartiene ovvero da loro delegati.

2. Della commissione non possono far parte persone che abbiano partecipato alla decisione oggetto del reclamo.

3. La commissione decide entro trenta giorni dalla ricezione degli atti.

72-*bis*. ***Prelievo di campioni biologici e accertamenti medici su minori e su persone incapaci o interdette.***[1] — 1. Nei casi previsti dagli articoli 224-*bis* e 359-*bis* del codice, se la persona da sottoporre a prelievo di campioni biologici o ad accertamenti medici è minore, incapace ovvero interdetta per infermità di mente, il consenso è prestato dal genitore o dal tutore, i quali possono presenziare alle operazioni.

2. Ai fini di cui al comma 1, se il genitore o il tutore mancano o non sono reperibili, ovvero si trovano in conflitto di interessi con la persona da sottoporre a prelievo di campioni biologici o ad accertamenti medici, il consenso è prestato da un curatore speciale nominato dal giudice, il quale può presenziare alle operazioni.

3. Si osservano, in quanto applicabili, le disposizioni di cui agli articoli 224-*bis* e 359-*bis* del codice.

[1] Articolo aggiunto dall'art. 29 della L. 30 giu. 2009, n. 85.

72-*ter*. ***Redazione del verbale delle operazioni.***[1] — 1. Nel verbale relativo alle operazioni di prelievo di campioni biologici o all'effettuazione di accertamenti medici è fatta espressa menzione del consenso eventualmente prestato dalla persona sottoposta ad esame.

[1] Articolo aggiunto dall'art. 29 della L. 30 giu. 2009, n. 85.

72-*quater*. ***Distruzione dei campioni biologici.***[1] — 1. All'esito della perizia su campioni biologici, ai sensi dell'articolo 224-*bis* del codice, il giudice dispone l'immediata distruzione del campione prelevato, salvo che non ritenga la conservazione assolutamente indispensabile. La distruzione è effettuata a cura del perito il quale ha proceduto alla relativa analisi, che ne redige verbale da allegare agli atti.

2. Dopo la definizione del procedimento con decreto di archiviazione o dopo che è stata pronunciata sentenza non più soggetta ad impugnazione, la cancelleria procede, in ogni caso e senza ritardo, alla distruzione dei campioni biologici prelevati ai sensi degli articoli 224-*bis* e 359-*bis* del codice.

[1] Articolo aggiunto dall'art. 29 della L. 30 giu. 2009, n. 85.

73. ***Consulente tecnico del pubblico ministero.*** — 1. Il pubblico ministero nomina il consulente tecnico scegliendo di regola una persona iscritta negli albi dei periti. Per la liquidazione del compenso al consulente tecnico si osservano le disposizioni previste per il perito.

74. ***Consulenza o[1] perizia nummaria.*** — 1. Nei procedimenti per la falsificazione di biglietti di banca o di monete metalliche è nominato consulente o perito rispettivamente un tecnico della direzione generale della Banca d'Italia o un tecnico della direzione generale del tesoro.

2. Se l'autorità giudiziaria che ha disposto la perizia non ha sede in Roma, può richiedere per il relativo espletamento il giudice per le indagini preliminari presso il tribunale di Roma. A tal fine l'autorità rogante pronuncia ordinanza con la quale formula i quesiti, indica le parti e i difensori da convocare e trasmette gli atti, anche in copia, il corpo del reato e i documenti occorrenti per l'espletamento della perizia. Il giudice per le indagini preliminari provvede nelle forme previste per l'incidente probatorio.

[1] Le parole "Consulenza o" e "consulente o" sono state ins. dall'art. 1, c. 2, D.lgs. 21 giu. 2016, n. 125.

75. ***Scritture di comparazione.*** — 1. Nei procedimenti per falsità in atti, il giudice ordina la presentazione di scritture di comparazione che si trovano presso pubblici ufficiali o presso incaricati di un pubblico servizio. Ammette inoltre ogni altra scrittura quando non vi è dubbio sulla sua autenticità, ordinando, se necessario, atti di perquisizione e di sequestro. Analogamente provvede il pubblico ministero nel corso delle indagini preliminari.

2. Il giudice può disporre che l'imputato, se possibile alla presenza del perito, rilasci una scrittura di comparazione facendo menzione dell'eventuale rifiuto dell'imputato stesso e di quant'altro interessi per valutare la genuinità della scrittura.

76. ***Consegna al perito di documenti o di altri oggetti.*** — 1. Quando il giudice ritiene necessario disporre la consegna al perito di documenti in originale o di altri oggetti, della consegna è redatto verbale a cura del funzionario di cancelleria. In tal caso, il giudice può disporre che dei documenti venga estratta copia autentica.

77. ***Attività di investigazione della polizia in materia di armi e di sostanze stupefacenti.*** — 1. Il dirigente del servizio di polizia giudiziaria può essere autorizzato dal giudice a prelevare, dopo l'espletamento della perizia, armi, munizioni, esplosivi e altri oggetti o sostanze equiparati occorrenti ai fini di investigazione o di prevenzione nonché alla raccolta ed elaborazione dei relativi dati, sempre che tale attività non comporti modifiche o alterazioni degli oggetti o delle sostanze medesime. Analoga autorizzazione può essere concessa anche dopo che è stata disposta la confisca e la distruzione ovvero dopo la chiusura del giudizio di primo grado, se la perizia non ha avuto luogo.

2. Dopo il provvedimento di archiviazione perché è ignoto l'autore del reato ovvero dopo che la sentenza è divenuta inoppugnabile, il giudice può autorizzare il dirigente del servizio di polizia giudiziaria a prelevare gli oggetti e le sostanze indicate nel comma 1 anche per l'espletamento di accertamenti tecnici che ne determinano modifiche o alterazioni.

3. In ogni stato e grado del processo, il giudice può autorizzare il dirigente del servizio di polizia giudiziaria a prelevare, ai fini previsti dal comma 1, campioni di sostanze stupefacenti o psicotrope sequestrate o confiscate, se il quantitativo lo consente. Nel relativo verbale viene dato atto del quantitativo e della natura presunta della sostanza prelevata.

4. Delle operazioni di prelievo e di restituzione degli oggetti e delle sostanze previsti dai commi 1 e 3 è redatto verbale a cura del pubblico ufficiale addetto alla cancelleria.

78. ***Acquisizione di atti di un procedimento penale straniero.*** — 1. La documentazione di atti di un procedimento penale compiuti da autorità giudiziaria straniera può essere acquisita a norma dell'art. 238 del codice.

2. Gli atti non ripetibili compiuti dalla polizia straniera possono essere acquisiti nel fascicolo per il dibattimento se le parti vi consentono ovvero dopo l'esame testimoniale dell'autore degli stessi, compiuto anche mediante rogatoria all'estero in contraddittorio.

79. ***Esecuzione di perquisizioni e ispezioni personali*** — 1. Le perquisizioni e le ispezioni personali sono fatte eseguire da persona dello stesso sesso di quella che vi è sottoposta, salvi i casi di impossibilità o di urgenza assoluta.

2. La disposizione del comma 1 non si applica quando le operazioni sono eseguite da persona esercente la professione sanitaria.

80. ***Esecuzione di perquisizioni locali.*** — 1. Se la copia del decreto di perquisizione locale è consegnata al portiere o a chi ne fa le veci, si applica la disposizione di cui all'art. 148, comma 3 del codice.[1]

2. Se non si può provvedere a norma dell'art. 250 comma 2 del codice, la copia del decreto di perquisizione è depositata presso la cancelleria o la segreteria dell'autorità giudiziaria che procede, e di tale deposito è affisso un avviso alla porta del luogo dove è stata eseguita la perquisizione.

[1] Comma così sost. dall'art. 174 del D.lgs. 30 giu. 2003, n. 196. L'art. 174, D.lgs. n. 196/2003 è stato poi abrogato dall'art. 27, c. 1, D.lgs. 10 ago. 2018, n. 101.

81. ***Redazione del verbale di sequestro.*** — 1. Il verbale di sequestro contiene l'elenco delle cose sequestrate, la descrizione delle cautele adottate per assicurarle e l'indicazione della specie e del numero dei sigilli apposti.

2. Le carte sono numerate e sottoscritte singolarmente da chi procede al sequestro. Se ciò non è possibile, esse sono rinchiuse in uno o più pacchi sigillati, numerati e timbrati.

3. Il verbale indica anche il luogo della custodia. Il provvedimento previsto dall'art. 259 comma 1

secondo periodo del codice può essere adottato, quando ne ricorrono le condizioni, anche da chi ha provveduto al sequestro. Quando è nominato un custode, questi dichiara di assumere gli obblighi di legge e sottoscrive il verbale. L'inosservanza di queste formalità non esime il custode, che abbia assunto l'ufficio, dall'adempimento dei suoi doveri e dalla relativa responsabilità disciplinare e penale.

4. Sulle cose sequestrate ovvero sui pacchi in cui esse sono rinchiuse è apposta l'indicazione del procedimento al quale si riferiscono.

82. ***Attività per il deposito e la custodia delle cose sequestrate.*** — 1. Le cose sequestrate sono annotate in apposito registro nel quale la cancelleria o la segreteria indica il numero del procedimento a cui si riferiscono, il cognome e il nome della persona a cui appartengono, se sono noti, e quelli della persona il cui nome è stato iscritto nel registro delle notizie di reato, le trasmissioni ad altri uffici giudiziari e le restituzioni.

2. Le cose sequestrate non possono essere rimosse dal luogo in cui sono custodite, se non nei casi consentiti dalla legge. Quando i sigilli appaiono rotti o alterati, si procede alla verificazione delle cose sequestrate, a cura della cancelleria o della segreteria. Di ogni verificazione e in tutti i casi di rimozione e riapposizione di sigilli è redatto verbale.

3. Con decreto del ministro di grazia e giustizia sono dettate le disposizioni regolamentari per il deposito e la custodia delle cose sequestrate.

4. Fino alla data di entrata in vigore del decreto previsto dal comma 3, le cose sequestrate, che a norma dell'art. 259 del codice andrebbero depositate nella segreteria del pubblico ministero, sono depositate nella cancelleria [della pretura o][1] del tribunale e annotate nei relativi registri. La stessa cancelleria provvede altresì agli adempimenti previsti dall'art. 83.

[1] Le parole tra parentesi quadre sono state soppresse dall'art. 211 del D.lgs. 19 feb. 1998, n. 51.

83. ***Vendita o distruzione delle cose deperibili.*** — 1. La vendita delle cose indicate nell'art. 260 comma 3 del codice è eseguita a cura della cancelleria o della segreteria anche a trattativa privata.

2. Allo stesso modo si procede per la distruzione delle cose. Tuttavia a questa può procedersi anche avvalendosi di persona idonea o della polizia giudiziaria che ha eseguito il sequestro. Delle operazioni compiute è redatto verbale da allegare agli atti.

3. L'autorità giudiziaria, prima che si proceda alle operazioni indicate nei commi 1 e 2, dispone il prelievo dei campioni, quando ciò è possibile, dando avviso al difensore.

84. [***Restituzione delle cose sequestrate.***][1]

[1] Articolo abrog. dall'art. 299, D.P.R. 30 mag. 2002, n. 115.

85. ***Restituzione con imposizione di prescrizioni.*** — 1. Quando sono state sequestrate cose che possono essere restituite previa esecuzione di specifiche prescrizioni, l'autorità giudiziaria, se l'interessato consente, ne ordina la restituzione impartendo le prescrizioni del caso e imponendo una idonea cauzione a garanzia della esecuzione delle prescrizioni nel termine stabilito.

2. Scaduto il termine, se le prescrizioni non sono adempiute, l'autorità giudiziaria provvede a norma dell'art. 260 comma 3 del codice qualora ne ricorrano le condizioni.

86. ***Vendita o distruzione delle cose confiscate.*** — 1. La cancelleria provvede alla vendita delle cose di cui è stata ordinata la confisca, salvo che per esse sia prevista una specifica destinazione.

2. Il giudice dispone la distruzione delle cose confiscate se la vendita non è opportuna. All'affidamento dell'incarico procede la cancelleria. Il giudice può disporre che alla distruzione proceda la polizia giudiziaria che ha eseguito il sequestro.

86-*bis*. ***Destinazione dei beni informatici o telematici sequestrati o confiscati in quanto utilizzati per la commissione dei reati di cui agli articoli 473, 474, 615-ter, 615-quater, 615-quinquies, 617-bis, 617-ter, 617-quater, 617-quinquies, 617-sexies, 635-bis, 635-ter, 635-quater, 635-quinquies, 640-ter e 640-quinquies del codice penale.***[1] — 1. I beni e gli strumenti informatici o telematici oggetto di sequestro che, a seguito di analisi tecnica forense, risultino essere stati in tutto o in parte utilizzati per la commissione dei reati di cui agli articoli 473, 474, 615-*ter*, 615-*quater*, 615-*quinquies*, 617-*bis*, 617-*ter*, 617-*quater*, 617-*quinquies*, 617-*sexies*, 635-*bis*, 635-*ter*, 635-*quater*, 635-*quinquies*, 640-*ter* e 640-*quinquies* del codice penale sono affidati dall'autorità giudiziaria in custodia giudiziale con facoltà d'uso, salvo che vi ostino esigenze processuali, agli organi di polizia che ne facciano richiesta per l'impiego in attività di contrasto ai crimini informatici, ovvero ad altri organi dello Stato per finalità di giustizia.

2. I beni e gli strumenti di cui al comma 1, ove acquisiti dallo Stato a seguito di procedimento definitivo di confisca, sono assegnati alle amministrazioni che ne facciano richiesta e che ne abbiano avuto l'uso ovvero, ove non vi sia stato un precedente affidamento in custodia giudiziale, agli organi di polizia che ne facciano richiesta per l'impiego in attività di contrasto ai crimini informatici ovvero ad altri organi dello Stato per finalità di giustizia.

[1] Articolo ins. dall'art. 2, L. 15 feb. 2012, n. 12.

86-*ter*. ***Destinazione dei beni confiscati in quanto utilizzati per la commissione del reato di esercizio abusivo della professione sanitaria.***[1] — 1. Nel caso di condanna o di applicazione della pena su richiesta delle parti a norma dell'articolo 444 del codice per l'esercizio abusivo di una professione sanitaria, i beni immobili confiscati sono trasferiti al patrimonio del comune ove l'immobile è sito, per essere destinati a finalità sociali e assistenziali

[1] Articolo ins. dall'art. 12, c. 7, L. 11 gen. 2018, n. 3.

87. [***Cose di cui è stata ordinata la consegna al ministero di grazia e giustizia.***][1]

[1] Vedi nota art. 84.

88. ***Destinazione delle monete metalliche e dei biglietti di banca confiscati.*** — 1. I biglietti di banca e le monete metalliche, di cui è stata accertata la falsità e ordinata la confisca, sono trasferiti rispettivamente alla filiale della Banca d'Italia o alla sezione della tesoreria provinciale più vicina, a cura della cancelleria del giudice che ha emesso il provvedimento, immediatamente dopo che questo è divenuto esecutivo.

2. La disposizione del comma 1 si applica anche agli strumenti e agli altri oggetti destinati esclusivamente alla falsificazione dei quali è stata ordinata la confisca.

89. ***Verbale e registrazioni delle intercettazioni.***[1] — 1. Il verbale delle operazioni previsto dall'articolo 268 comma 1 del codice contiene l'indicazione degli estremi del decreto che ha disposto l'intercettazione, la descrizione delle modalità di registrazione, l'annotazione del giorno e dell'ora di inizio e di cessazione della intercettazione nonché i nominativi delle persone che hanno preso parte alle operazioni. Quando si procede ad intercettazione delle comunicazioni e conversazioni tra presenti mediante inserimento di captatore informatico su dispositivo elettronico portatile, il verbale indica il tipo di programma impiegato e, ove possibile, i luoghi in cui si svolgono le comunicazioni o conversazioni.

2. Ai fini dell'installazione e dell'intercettazione attraverso captatore informatico in dispositivi elettronici portatili, devono essere impiegati soltanto programmi conformi ai requisiti tecnici stabiliti con decreto del Ministro della giustizia.

3. Nei casi previsti dal comma 2 le comunicazioni intercettate sono conferite, dopo l'acquisizione delle necessarie informazioni in merito alle condizioni tecniche di sicurezza e di affidabilità della rete di trasmissione, esclusivamente negli impianti della procura della Repubblica. Durante il trasferimento dei dati sono operati controlli costanti di integrità che assicurino l'integrale corrispondenza tra quanto intercettato, registrato e trasmesso.

4. Quando è impossibile il contestuale trasferimento dei dati intercettati, il verbale di cui all'articolo 268 del codice dà atto delle ragioni impeditive e della successione cronologica degli accadimenti captati e delle conversazioni intercettate.

5. Al termine delle operazioni si provvede, anche mediante persone idonee di cui all'articolo 348 del codice, alla disattivazione del captatore con modalità tali da renderlo inidoneo a successivi impieghi. Dell'operazione si dà atto nel verbale.

[1] Articolo così sost. dall'art. 2, c. 2, D.L. 30 dic. 2019, n. 161, conv. con modif. in L. 28 feb. 2020, n. 7. La disposizione si applica ai procedimenti penali iscritti successivamente al 31 agosto 2020.

89-*bis*. ***Archivio delle intercettazioni.***[1] — 1. Nell'archivio digitale istituito dall'articolo 269, comma 1, del codice, tenuto sotto la direzione e la sorveglianza del Procuratore della Repubblica, sono custoditi i verbali, gli atti e le registrazioni delle intercettazioni a cui afferiscono.

2. L'archivio è gestito con modalità tali da assicurare la segretezza della documentazione relativa alle intercettazioni non necessarie per il procedimento, ed a quelle irrilevanti o di cui è vietata l'utilizzazione ovvero riguardanti categorie particolari di dati personali come definiti dalla legge o dal regolamento in materia. Il Procuratore della Repubblica impartisce, con particolare riguardo alle modalità di accesso, le prescrizioni necessarie a garantire la tutela del segreto su quanto ivi custodito.

3. All'archivio possono accedere, secondo quanto stabilito dal codice, il giudice che procede e i suoi ausiliari, il pubblico ministero e i suoi ausiliari, ivi compresi gli ufficiali di polizia giudiziaria delegati all'ascolto, i difensori delle parti, assistiti, se necessario, da un interprete. Ogni accesso è annotato in apposito registro, gestito con modalità informatiche; in esso sono indicate data, ora iniziale e finale, e gli atti specificamente consultati.

4. I difensori delle parti possono ascoltare le registrazioni con apparecchio a disposizione dell'archivio e possono ottenere copia delle registrazioni e degli atti quando acquisiti a norma degli articoli 268 e 415-*bis* e 454 del codice. Ogni rilascio di copia è annotato in apposito registro, gestito con modalità informatiche; in esso sono indicate data e ora di rilascio e gli atti consegnati in copia.

[1] Articolo così sost. dall'art. 2, c. 2, D.L. 30 dic. 2019, n. 161, conv. con modif. in L. 28 feb. 2020, n. 7. La disposizione si applica ai procedimenti penali iscritti successivamente al 31 agosto 2020.

90. [***Intercettazioni disposte dalla procura della Repubblica presso la pretura.***][1]

[1] Articolo abrog. dall'art. 218, D.lgs. 19 feb. 1998, n. 51.

CAPO VII

Disposizioni relative alle misure cautelari[1]

[1] V. artt. 272-325 c.p.p.

91. ***Giudice competente in ordine alle misure cautelari.*** — Nel corso degli atti preliminari al dibattimento, i provvedimenti concernenti le misure cautelari sono adottati, secondo la rispettiva competenza dal tribunale in composizione collegiale o monocratica, dalla corte di assise, dalla corte di appello o dalla corte di assise di appello; dopo la pronuncia della sentenza e prima della trasmissione degli atti a norma dell'art. 590 del codice, provvede il giudice che ha emesso la sentenza; durante la pendenza del ricorso per cassazione, provvede il giudice che ha emesso il provvedimento impugnato.

92. ***Trasmissione dell'ordinanza che dispone la misura cautelare.*** — 1. L'ordinanza che dispone la misura cautelare è immediatamente trasmessa, in duplice copia, a cura della cancelleria del giudice che ha emesso il provvedimento, all'organo che deve provvedere all'esecuzione ovvero, nel corso delle indagini preliminari, al pubblico ministero che ne ha fatto richiesta, il quale ne cura l'esecuzione.

1-*bis*. Contestualmente sono restituiti al pubblico ministero, per la conservazione nell'archivio [riservato][1] di cui all'articolo 89-*bis*, gli atti contenenti le comunicazioni e conversazioni intercettate ritenute dal giudice non rilevanti o inutilizzabili.[2]

[1] Parola soppressa dall'art. 2, c. 2, D.L. 30 dic. 2019, n. 161, conv. con modif. in L. 28 feb. 2020, n. 7. La disposizione si applica ai procedimenti penali iscritti successivamente al 31 agosto 2020.

[2] Comma aggiunto dall'art. 5, c. 1, lett. *c*), D.lgs. 29 dic. 2017, n. 216. Ai sensi dell'art. 9, c. 1, D.lgs. 216/2017, come modif. dall'art. 1, D.L. 30 apr. 2020, n. 28, conv. con modif. in L. 25 giu. 2020, n. 70 «la disposizione si applica ai procedimenti penali iscritti dopo il 31 agosto 2020».

93. ***Deposito del verbale di interrogatorio.*** — 1. Il verbale dell'interrogatorio della persona in stato di custodia cautelare è trasmesso al pubblico ministero. I difensori hanno diritto di prenderne visione ed estrarne copia.

94. ***Ingresso in istituti penitenziari.*** — 1. Il pubblico ufficiale preposto a un istituto penitenziario non può ricevere né ritenervi alcuno se non in forza di un provvedimento dell'autorità giudiziaria o di un avviso di consegna da parte di un ufficiale di polizia giudiziaria.

1-*bis*. Copia del provvedimento che costituisce titolo di custodia è inserita nella cartella personale del detenuto. All'atto del colloquio previsto dall'art. 23, quarto comma, del regolamento approvato con D.P.R. 29 apr. 1976, n. 431, o anche successivamente, il direttore o l'operatore penitenziario da lui designato accerta, se del caso con l'ausilio di un interprete, che l'interessato abbia precisa conoscenza del provvedimento che ne dispone la custodia e gliene illustra, ove occorra, i contenuti.[1]

1-*ter*. L'autorità giudiziaria che dispone la custodia cautelare in carcere o che pronuncia un provvedimento da cui non consegua la rimessione in libertà del detenuto dispone che copia del provvedimento sia trasmessa, a cura della polizia giudiziaria o della cancelleria, al direttore dell'istituto penitenziario perché provveda a quanto stabilito dal comma 1-*bis*.[1]

1-*quater*. Il detenuto ha sempre diritto di consultare la propria cartella personale e di ottenere copia dei provvedimenti dell'autorità giudiziaria in essa contenuti.[1]

2. Nondimeno, se si presenta nell'istituto una persona che dichiari di avere commesso un reato per il quale è obbligatorio l'arresto in flagranza, vi deve essere trattenuto a norma dell'art. 349 del codice ad opera degli appartenenti al personale di custodia che abbiano qualità di ufficiale o di agente di polizia giudiziaria, i quali redigono verbale e ne danno immediata notizia all'autorità giudiziaria competente.

3. Allo stesso modo si procede nei confronti di un latitante che si sia sottratto alla esecuzione della custodia cautelare, di un evaso o di un condannato in via definitiva che non sia in grado di produrre copia dell'ordine di esecuzione.

[1] Commi introdotti dall'art. 23 della L. 8 ago. 1995, n. 332.

95. ***Esecuzione della custodia cautelare nei confronti dell'internato per misura di sicurezza.*** — 1. Con l'ordinanza che dispone la custodia cautelare nei confronti di persona internata per misura di sicurezza, il giudice ne dispone il trasferimento nell'istituto di custodia, salvo quanto previsto dall'art. 286 del codice.

96. ***Separazione degli imputati detenuti.*** — 1. Negli istituti di custodia gli imputati in uno stesso procedimento o comunque di uno stesso reato devono essere tenuti separati tra loro, se l'autorità giudiziaria abbia così ordinato. In mancanza di tale ordine, la separazione deve essere disposta sempre che lo consentano le possibilità dell'istituto.

97. ***Comunicazioni al servizio informatico.*** — 1. I provvedimenti con i quali è disposta una misura cautelare personale sono comunicati, a cura della cancelleria del giudice che li ha emessi, al servizio informatico istituito con decreto del ministro di grazia e giustizia, quando la misura ha avuto esecuzione. La stessa comunicazione è altresì data quando è dichiarato lo stato di latitanza.

2. Nel caso di fermo o di arresto in flagranza, alla comunicazione prevista dal comma 1 provvede la direzione dell'istituto di custodia al quale il fermato o l'arrestato è consegnato.

3. Deve essere altresì data immediata comunicazione al servizio previsto dal comma 1 del provvedimento con cui è ordinata la immediata liberazione dell'arrestato o del fermato nonché di ogni provvedimento estintivo o modificativo delle misure cautelari personali. Alla comunicazione provvede la cancelleria o la segreteria dell'autorità giudiziaria che ha adottato il provvedimento.

97-*bis*. ***Modalità di esecuzione del provvedimento che applica gli arresti domiciliari.***[1] — 1. A seguito del provvedimento che sostituisce la misura della custodia cautelare in carcere con quella degli arresti domiciliari, l'imputato raggiunge senza accompagnamento il luogo di esecuzione della misura, individuato ai sensi dell'articolo 284 del codice; del provvedimento emesso, il giudice informa il pubblico ministero e la polizia giudiziaria che possono, anche di propria iniziativa, controllare l'osservanza delle prescrizioni imposte.

2. Qualora il giudice, anche a seguito della segnalazione operata dal pubblico ministero, dal direttore dell'istituto penitenziario o dalle forze di polizia, ritenga sussistenti specifiche esigenze processuali ovvero altre esigenze di sicurezza, con il provvedimento di sostituzione di cui al comma 1 dispone che l'imputato venga accompagnato dalle forze di polizia presso il luogo di esecuzione degli arresti domiciliari.

[1] Comma così sost. dall'art. 4, D.L. 26 giu. 2014, n. 92, conv. con modif. in L. 11 ago. 2014, n. 117.

98. ***Cessazione delle misure cautelari estinte.*** — 1. Quando l'imputato sottoposto a custodia cautelare deve essere liberato, il giudice, con il provvedimento emesso a norma dell'art. 306 del codice, ordina al direttore dell'istituto di custodia l'immediata dimissione. L'ordine è trasmesso con urgenza.

2. Nel caso di imputato custodito in luogo di cura, il provvedimento previsto dal comma 1 è trasmesso, con urgenza, al direttore del servizio psichiatrico ospedaliero dove l'imputato è ricoverato nonché alla polizia giudiziaria incaricata della custodia, la quale provvede agli adempimenti previsti dall'art. 161 comma 3 del codice.

3. Nel caso di imputato agli arresti domiciliari o sottoposto alle misure del divieto o dell'obbligo di dimora, il giudice comunica, con urgenza, il provvedimento previsto dal comma 1, oltre che all'imputato, anche alla polizia giudiziaria competente a controllare l'osservanza delle prescrizioni imposte con le suddette misure. Nel caso della misura dell'obbligo di presentazione alla polizia giudiziaria, la comunicazione della cessazione deve essere data, oltre che all'imputato, anche all'ufficio di polizia giudiziaria competente.

4. In caso di cessazione della misura del divieto di espatrio e delle misure interdittive, il giudice dispone la comunicazione del provvedimento all'imputato e, se del caso, rispettivamente, all'organo competente ad assicurare la esecuzione della misura ovvero a quello eventualmente competente a disporre l'interdizione in via ordinaria.

99. ***Inammissibilità della richiesta di riesame.*** — 1. La disposizione dell'art. 585 del codice si applica anche ai termini per le impugnazioni previsti dal libro IV del codice.

100. ***Trasmissione degli atti in caso di impugnazione.*** — 1. Quando è impugnato un provvedimento concernente la libertà personale, la cancelleria o la segreteria dell'autorità giudiziaria procedente trasmette, in originale o in copia, al giudice competente gli atti necessari per decidere sull'impugnazione, con precedenza assoluta su ogni altro affare e, comunque, entro il giorno successivo alla ricezione dell'avviso della proposizione dell'impugnazione previsto dagli artt. 309, 310 e 311 del codice.

101. ***Termine per la decisione sulla richiesta di riesame.*** — 1. Nel procedimento previsto dall'art. 309 del codice, se l'udienza è rinviata a norma dell'art. 127 comma 4 del codice, il termine per la decisione sulla richiesta di riesame decorre nuovamente dalla data in cui il giudice riceve comunicazione della cessazione dell'impedimento o comunque accerta la cessazione dello stesso.

2. Quando l'imputato è detenuto o internato in luogo posto fuori del circondario del tribunale competente, il termine previsto dall'art. 309 comma 10 del codice decorre dal momento in cui pervengono al tribunale gli atti assunti dal magistrato di sorveglianza a norma dell'art. 127 comma 3 del codice. Il magistrato di sorveglianza senza ritardo assume le dichiarazioni dell'imputato, previo tempestivo avviso al difensore e trasmette gli atti al tribunale con il mezzo più celere.

102. ***Domanda di riparazione per l'ingiusta detenzione.*** — 1. La domanda di riparazione per l'ingiusta detenzione è presentata presso la cancelleria della corte di appello nel cui distretto è stata pronunciata la sentenza o il provvedimento di archiviazione che ha definito il procedimento. Nel caso di sentenza emessa dalla corte di cassazione, è competente la corte di appello nel cui distretto è stato emesso il provvedimento impugnato.

102-*bis*. ***Reintegrazione nel posto di lavoro perduto per ingiusta detenzione.***[1] — 1. Chiunque sia stato sottoposto alla misura della custodia cautelare in carcere ai sensi dell'art. 285 del codice ovvero a quella degli arresti domiciliari ai sensi dell'art. 284 del codice e sia stato per ciò stesso licenziato dal posto di lavoro che occupava prima dell'applicazione della misura, ha diritto di essere reintegrato nel posto di lavoro medesimo qualora venga pronunciata in suo favore sentenza di assoluzione, di proscioglimento o di non luogo a procedere ovvero venga disposto provvedimento di archiviazione.

[1] Articolo ins. dall'art. 24, L. 8 ago. 1995, n. 332.

103. ***Trascrizione e cancellazione del sequestro conservativo.*** — 1. Per la trascrizione e la cancellazione del sequestro conservativo richiesto dal pubblico ministero, l'ufficio del conservatore dei registri immobiliari non può esigere alcuna tassa o diritto, salva l'azione contro il condannato.

104. ***Esecuzione del sequestro preventivo.***[1] — 1. Il sequestro preventivo è eseguito:

a) sui mobili e sui crediti, secondo le forme prescritte dal codice di procedura civile per il pignoramento presso il debitore o presso il terzo in quanto applicabili;

b) sugli immobili o mobili registrati, con la trascrizione del provvedimento presso i competenti uffici;

c) sui beni aziendali organizzati per l'esercizio di un'impresa, oltre che con le modalità previste per i singoli beni sequestrati, con l'immissione in possesso dell'amministratore, con l'iscrizione del provvedimento nel registro delle imprese presso il quale è iscritta l'impresa;

d) sulle azioni e sulle quote sociali, con l'annotazione nei libri sociali e con l'iscrizione nel registro delle imprese;

e) sugli strumenti finanziari dematerializzati, ivi compresi i titoli del debito pubblico, con la registrazione nell'apposito conto tenuto dall'intermediario ai sensi dell'articolo 34 del decreto legislativo 24 giugno 1998, n. 213. Si applica l'articolo 10, comma 3, del decreto legislativo 21 maggio 2004, n. 170.

2. Si applica altresì la disposizione dell'articolo 92.

[1] Articolo così sost. dall'art. 2, c. 9 lett. *a*), L. 15 lug. 2009, n. 94.

104-*bis*. *Amministrazione dei beni sottoposti a sequestro preventivo e a sequestro e confisca in casi particolari. Tutela dei terzi nel giudizio.*[1] — 1. Nel caso in cui il sequestro preventivo abbia per oggetto aziende, società ovvero beni di cui sia necessario assicurare l'amministrazione, esclusi quelli destinati ad affluire nel Fondo unico giustizia, di cui all'articolo 61, comma 23, del decreto-legge 25 giugno 2008, n. 112, convertito con modificazioni, dalla legge 6 agosto 2008, n. 133, l'autorità giudiziaria nomina un amministratore giudiziario scelto nell'Albo di cui all'articolo 35 del codice di cui al decreto legislativo 6 settembre 2011, n. 159, e successive modificazioni. Con decreto motivato dell'autorità giudiziaria la custodia dei beni suddetti può tuttavia essere affidata a soggetti diversi da quelli indicati al periodo precedente.[2]

1-*bis*. Si applicano le disposizioni di cui al Libro I, titolo III, del codice di cui al decreto legislativo 6 settembre 2011, n. 159, e successive modificazioni nella parte in cui recano la disciplina della nomina e revoca dell'amministratore, dei compiti, degli obblighi dello stesso e della gestione dei beni. Quando il sequestro è disposto ai sensi dell'articolo 321, comma 2, del codice ai fini della tutela dei terzi e nei rapporti con la procedura di liquidazione giudiziaria si applicano, altresì, le disposizioni di cui al titolo IV del Libro I del citato decreto legislativo.[3]

1-*ter*. I compiti del giudice delegato alla procedura sono svolti nel corso di tutto il procedimento dal giudice che ha emesso il decreto di sequestro ovvero, nel caso di provvedimento emesso da organo collegiale, dal giudice delegato nominato ai sensi e per gli effetti dell'articolo 35, comma 1, del codice di cui al decreto legislativo 6 settembre 2011, n. 159, e successive modificazioni.[4]

1-*quater*. Ai casi di sequestro e confisca in casi particolari previsti dall'articolo 240-*bis* del codice penale o dalle altre disposizioni di legge che a questo articolo rinviano, nonché agli altri casi di sequestro e confisca di beni adottati nei procedimenti relativi ai delitti di cui all'articolo 51, comma 3-*bis*, del codice, si applicano le disposizioni del titolo IV del Libro I del decreto legislativo 6 settembre 2011, n. 159. Si applicano inoltre le disposizioni previste dal medesimo decreto legislativo in materia di amministrazione e destinazione dei beni sequestrati e confiscati e di esecuzione del sequestro. In tali casi l'Agenzia nazionale per l'amministrazione e la destinazione dei beni sequestrati e confiscati alla criminalità organizzata coadiuva l'autorità giudiziaria nell'amministrazione e nella custodia dei beni sequestrati, fino al provvedimento di confisca emesso dalla corte di appello e, successivamente a tale provvedimento, amministra i beni medesimi secondo le modalità previste dal citato decreto legislativo 6 settembre 2011, n. 159. Restano comunque salvi i diritti della persona offesa dal reato alle restituzioni e al risarcimento del danno.[3]

1-*quinquies*. Nel processo di cognizione devono essere citati i terzi titolari di diritti reali o personali di godimento sui beni in sequestro, di cui l'imputato risulti avere la disponibilità a qualsiasi titolo.[5]

1-*sexies*. Le disposizioni dei commi 1-*quater* e 1-*quinquies* si applicano anche nel caso indicato dall'articolo 578-*bis* del codice.[5]

[1] Rubrica così sost. dall'art. 6, c. 3, lett. *a*), D.lgs. 1 mar. 2018, n. 21.
[2] Comma così modif. dall'art. 30, c. 2, L. 17 ott. 2017, n. 161.
[3] Comma così sost. dall'art. 373, c. 1, D.lgs. 12 gen. 2019, n. 14, a decorrere dal 16 lug. 2022, ai sensi di quanto disposto dall'art. 389, c. 1, D.lgs. 14/2019.
[4] Comma aggiunto dall'art. 30, c. 2, L. 17 ott. 2017, n. 161.
[5] Comma aggiunto dall'art. 6, c. 3, lett. *a*), D.lgs. 1 mar. 2018, n. 21.

CAPO VIII
Disposizioni relative alle indagini preliminari

105. *Registrazione e conservazione dei provvedimenti del giudice per le indagini preliminari.* — 1. Con il regolamento previsto dall'art. 206 comma 1 sono stabiliti i casi e le modalità di registrazione e di custodia dei provvedimenti del giudice per le indagini preliminari.

106. *Informativa al giudice civile o amministrativo che ha redatto denuncia di reato.* — 1. Nel caso previsto dall'art. 331 comma 4 del codice, il procuratore della Repubblica informa senza ritardo il giudice civile o amministrativo delle richieste da lui formulate alla conclusione delle indagini preliminari.

107. *Attestazione della presentazione di denuncia o querela ovvero della mancata identificazione dell'autore del reato.* — 1. La persona che presenta una denuncia o che propone una querela ha diritto di ottenere attestazione della ricezione dall'autorità davanti alla quale la denuncia o la querela è stata presentata o proposta. L'attestazione può essere apposta in calce alla copia dell'atto.

2. Anche nel corso delle indagini preliminari, la persona offesa e il danneggiato dal reato possono ottenere dal pubblico ministero attestazione relativa alla mancata identificazione della persona alla quale il reato è attribuito, sempre che ciò non pregiudichi l'esito delle indagini.

107-*bis*. *Denunce a carico di ignoti.*[1] — 1. Le denunce a crico di ignoti sono trasmesse all'ufficio di procura competente da parte degli organi di polizia, unitamente agli eventuali atti di indagine svolti per la identificazione degli autori del reato, con elenchi mensili.

[1] Articolo ins. dall'art. 50, L. 16 dic. 1999, n. 479.

107-*ter*. *Assistenza dell'interprete per la proposizione o presentazione di denuncia o querela.*[1] — 1. La persona offesa che non conosce la lingua italiana, se presenta denuncia o propone querela dinnanzi alla procura della Repubblica presso il tribunale del capoluogo del distretto, ha diritto di utilizzare una lingua a lei conosciuta. Negli stessi casi ha diritto di ottenere, previa richiesta, la traduzione in una lingua a lei conosciuta dell'attestazione di ricezione della denuncia o della querela.

[1] Articolo ins. dall'art. 2, c. 1, lett. *a*), D.lgs. 15 dic. 2015, n. 212.

108. *Denunce e altri documenti anonimi.* — 1. Con regolamento del ministro di grazia e giustizia sono stabilite le modalità di conservazione delle denunce anonime e degli altri documenti anonimi che non possono essere utilizzati nel procedimento.

108-*bis*. *Modalità particolari di trasmissione della notizia di reato.*[1] — 1. Tiene luogo della comunicazione scritta la comunicazione della notizia di reato consegnata su supporto magnetico o trasmessa per via telematica. Nei casi di urgenza, le indicazioni e la documentazione previste dall'art. 347, commi 1 e 2, del codice sono trasmesse senza ritardo.

2. Quando la comunicazione è eseguita nelle forme previste dal comma 1, la polizia giudiziaria indica altresì la data di consegna e di trasmissione.

[1] Articolo ins. dall'art. 4, D.L. 8 giu. 1992, n. 306, conv. in L. 7 ago. 1992, n. 356.

108-*ter*. *Denunce e querele per reati commessi in altro Stato dell'Unione europea.*[1] — 1. Quando la persona offesa denunciante o querelante sia residente o abbia il domicilio nel territorio dello Stato, il procuratore della Repubblica trasmette al procuratore generale presso la Corte di appello le denunce o le querele per reati commessi in altri Stati dell'Unione europea, affinché ne curi l'invio all'autorità giudiziaria competente.

[1] Articolo ins. dall'art. 2, c. 1, lett. *b*), D.lgs. 15 dic. 2015, n. 212.

109. *Ricezione della notizia di reato.* — 1. La segreteria della procura della Repubblica annota sugli atti che possono contenere notizia di reato la data e l'ora in cui sono pervenuti in ufficio e li sottopone immediatamente al procuratore della Repubblica per l'eventuale iscrizione nel registro delle notizie di reato.

110. *Richiesta dei certificati.* — 1. Non appena il nome della persona alla quale il reato è attribuito è stato iscritto nel registro indicato nell'art. 335 del codice, la segreteria richiede:

a) i certificati anagrafici;

b) il certificato previsto dall'art. 688 del codice;

c) il certificato del casellario dei carichi pendenti.

c-bis) il certificato del casellario giudiziale europeo.[1]

1-*bis*. Quando la persona alla quale il reato è attribuito è un apolide, una persona della quale è ignota la cittadinanza, un cittadino di uno Stato non appartenente all'Unione europea ovvero un cittadino di uno Stato membro dell'Unione europea privo del codice fiscale o che è attualmente, o è stato in passato, titolare anche della cittadinanza di uno Stato non appartenente all'Unione europea, la segreteria acquisisce altresì, ove necessario, una copia del cartellino fotodattiloscopico e provvede, in ogni caso, ad annotare il codice univoco identificativo della persona nel registro di cui all'articolo 335 del codice.[2]

2.[3]

[1] Lettera aggiunta dall'art. 11, c. 1, D.lgs. 12 mag. 2016, n. 74.

[2] Comma ins. dall'art. 2, c. 10, L. 27 set. 2021, n. 134.

[3] Comma abrog. dall'art. 52, D.P.R. 14 nov. 2002, n. 313.

110-*bis*. *Richiesta di comunicazione delle iscrizioni.*[1] — 1. Quando vi è richiesta di comunicazione delle iscrizioni contenute nel registro delle notizie di reato a norma dell'art. 335, comma 3, del codice, la segreteria della procura della Repubblica, se la risposta è positiva e non sussistono gli impedimenti a rispondere di cui all'art. 335, commi 3 e 3-*bis* del codice, fornisce le informazioni richieste precedute dalla formula: «Risultano le seguenti iscrizioni suscettibili di comunicazione». In caso contrario, risponde con la formula: «Non risultano iscrizioni suscettibili di comunicazione».

[1] Articolo introdotto dall'art. 18 della L. 8 ago. 1995, n. 332.

111. *Requisiti della richiesta di autorizzazione a procedere.* — 1. Con la richiesta di autorizzazione a procedere, il pubblico ministero enuncia il fatto per il quale intende procedere, indicando le norme di legge che si assumono violate, e fornisce all'autorità competente gli elementi sui quali la richiesta si fonda.

112. *Attività della polizia giudiziaria in man-*

canza di una condizione di procedibilità. — 1. La polizia giudiziaria riferisce senza ritardo al pubblico ministero l'attività di indagine prevista dall'art. 346 del codice. Se sussistono ragioni di urgenza o si tratta di taluno dei delitti indicati nell'art. 407, comma 2, lett. *a*) numeri da 1) a 6), la comunicazione è data immediatamente anche in forma orale.[1] La documentazione delle attività compiute è prontamente trasmessa al pubblico ministero se questi ne fa richiesta.

[1] Periodo così sost. dall'art. 4 del D.L. 8 giu. 1992, n. 306, conv. in L. 7 ago. 1992, n. 356; l'art. 21 della L. 8 ago. 1995, n. 332 ha poi così sost. l'originario richiamo all'art. 275, comma 3.

113. ***Accertamenti urgenti della polizia giudiziaria.*** — 1. Nei casi di particolare necessità e urgenza, gli atti previsti dagli artt. 352 e 354 commi 2 e 3 del codice possono essere compiuti anche dagli agenti di polizia giudiziaria.

114. ***Avvertimento del diritto all'assistenza del difensore.*** — 1. Nel procedere al compimento degli atti indicati nell'art. 356 del codice, la polizia giudiziaria avverte la persona sottoposta alle indagini, se presente, che ha facoltà di farsi assistere dal difensore di fiducia.

115. ***Annotazioni e verbali della polizia giudiziaria.*** — 1. Le annotazioni previste dall'art. 357 comma 1 del codice contengono l'indicazione dell'ufficiale o dell'agente di polizia giudiziaria che ha compiuto le attività di indagine, del giorno, dell'ora e del luogo in cui sono state eseguite e la enunciazione succinta del loro risultato. Quando assume dichiarazioni ovvero quando per il compimento di atti si avvale di altre persone, la polizia giudiziaria annota altresì le relative generalità e le altre indicazioni personali utili per la identificazione.

1-*bis*. Le annotazioni di cui al comma 1, se riguardanti le attività di indagine condotte da ufficiali o agenti di polizia giudiziaria nel corso delle operazioni sotto copertura ai sensi dell'articolo 9 della legge 16 marzo 2006, n. 146, e successive modificazioni, contengono le generalità di copertura dagli stessi utilizzate nel corso delle attività medesime.[1]

2. Copia delle annotazioni e dei verbali redatti a norma dell'art. 357 del codice è conservata presso l'ufficio di polizia giudiziaria.

[1] Comma inserito dall'art. 8 della L. 13 ago. 2010, n. 136.

116. ***Indagini sulla morte di una persona per la quale sorge sospetto di reato.*** — 1. Se per la morte di una persona sorge sospetto di reato, il procuratore della Repubblica accerta la causa della morte e, se lo ravvisa necessario, ordina l'autopsia secondo le modalità previste dall'art. 360 del codice ovvero fa richiesta di incidente probatorio, dopo aver compiuto le indagini occorrenti per l'identificazione. Trattandosi di persona sconosciuta, ordina che il cadavere sia esposto nel luogo pubblico a ciò designato e, occorrendo, sia fotografato; descrive nel verbale le vesti e gli oggetti rinvenuti con esso, assicurandone la custodia. Nei predetti casi la sepoltura non può essere eseguita senza l'ordine del procuratore della Repubblica.

2. Il disseppellimento di un cadavere può essere ordinato, con le dovute cautele, dall'autorità giudiziaria se vi sono gravi indizi di reato.

117. ***Accertamenti tecnici che modificano lo stato dei luoghi, delle cose o delle persone.*** — 1. Le disposizioni previste dall'art. 360 del codice si applicano anche nei casi in cui l'accertamento tecnico determina modificazioni delle cose, dei luoghi o delle persone tali da rendere l'atto non ripetibile.

118. ***Deposito di atti compiuti nel corso delle indagini preliminari.*** — 1. Gli atti compiuti nel corso delle indagini preliminari, ai quali i difensori hanno diritto di assistere, sono raccolti in fascicolo separato; sulla copertina del fascicolo è segnata la data del deposito nella segreteria del pubblico ministero. Scaduto il termine fissato dalla legge, gli atti sono riuniti a quelli non depositati.

118-*bis*. ***Coordinamento delle indagini.***[1] — 1. Il procuratore della Repubblica, quando procede a indagini per taluno dei delitti indicati nell'art. 407, comma 2 lettera *a*), del codice, nonché per i delitti di cui agli articoli 452-*bis*, 452-*quater*, 452-*sexies* e 452-*octies* del codice penale,[2] ne dà notizia al procuratore generale presso la Corte di appello nonché all'Agenzia delle entrate ai fini dei necessari accertamenti.[2] Se rileva trattarsi di indagini collegate, il procuratore generale ne dà segnalazione ai procuratori generali e ai procuratori della Repubblica del distretto interessati al coordinamento. Il procuratore della Repubblica, quando procede a indagini per i delitti di cui agli articoli 452-*bis*, 452-*quater*, 452-*sexies* e 452-*octies* del codice penale e all'articolo 260 del decreto legislativo 3 aprile 2006, n. 152, e successive modificazioni, ne dà altresì notizia al Procuratore nazionale antimafia.[3,4]

2. Quando, di loro iniziativa o a seguito della segnalazione prevista dal comma 1, più uffici del pubblico ministero procedono a indagini collegate, i procuratori della Repubblica ne danno notizia al procuratore generale del rispettivo distretto.

3. Quando il coordinamento, di cui ai commi precedenti, non è stato promosso o non risulta effettivo, il procuratore generale presso la corte di appello può riunire i procuratori della Repubblica che procedono a indagini collegate. Se i procuratori della Repubblica appartengono a distretti diversi, la riunione è promossa dai procuratori generali presso le corti di appello interessate, di intesa tra loro.

[1] Articolo inserito dall'art. 9 del D.L. 14 gen. 1991, n. 12.
[2] Parole ins. dall'art. 1, c. 7, L. 22 mag. 2015, n. 68.
[3] Periodo ins. dall'art. 1, c. 7, L. 22 mag. 2015, n. 68.
[4] Comma così sost. dall'art. 3 del D.L. 9 set. 1991, n. 292.

119. ***Annotazione di atti del pubblico ministero.*** — 1. Per le annotazioni previste dall'art. 373

comma 3 del codice si applicano, in quanto compatibili, le disposizioni dell'art. 115 comma 1.

120. ***Adempimenti conseguenti all'arresto o al fermo.*** — 1. Agli adempimenti previsti dall'art. 386 del codice possono provvedere anche ufficiali e agenti di polizia giudiziaria diversi da quelli che hanno eseguito l'arresto o il fermo. Se l'arresto o il fermo è stato eseguito da agenti di polizia giudiziaria, questi provvedono a darne immediata notizia all'ufficiale di polizia giudiziaria competente ad adottare il provvedimento di liberazione previsto dall'art. 389 comma 2 del codice.

121. ***Liberazione dell'arrestato o del fermato.*** — 1. Oltre che nei casi previsti dall'art. 389 del codice, il pubblico ministero dispone con decreto motivato che l'arrestato o il fermato sia posto immediatamente in libertà quando ritiene di non dover richiedere l'applicazione di misure coercitive.

2. Nel caso di liberazione prevista dal comma 1, il giudice, nel fissare l'udienza di convalida, ne dà avviso, senza ritardo, anche alla persona liberata.

122. ***Trasmissione della richiesta di convalida.*** — 1. Con la richiesta di convalida prevista dall'art. 390 del codice, il pubblico ministero trasmette al giudice il verbale di arresto o di fermo e copia della documentazione attestante che l'arrestato o il fermato è stato tempestivamente condotto nel luogo di custodia; trasmette altresì il decreto di fermo emesso a norma dell'art. 384 comma 1 del codice.

123. ***Luogo di svolgimento dell'udienza di convalida e dell'interrogatorio del detenuto.***[1] — 1. Salvo quanto previsto dall'art. 121, nonché dagli artt. 449 comma 1 e 558 del codice, l'udienza di convalida si svolge nel luogo dove l'arrestato o il fermato è custodito salvo che nel caso di custodia nel proprio domicilio o altro luogo di privata dimora. Nel medesimo luogo si svolge l'interrogatorio della persona che si trovi, a qualsiasi titolo, in stato di detenzione. Tuttavia, quando sussistono eccezionali motivi di necessità o di urgenza il giudice con decreto motivato può disporre il trasferimento dell'arrestato, del fermato o del detenuto per la comparizione davanti a sè. Il procuratore capo della Repubblica predispone le necessarie misure organizzative per assicurare il rispetto dei termini di cui all'articolo 558 del codice.

[1] Articolo così sost. dall'art. 2, c. 1, lett. *a*) del D.L. 22 dic. 2011, n. 211, conv. con modif. in L. 17 feb. 2012, n. 9.

124. ***Ordinanza che accoglie la richiesta di incidente probatorio.*** — 1. Con l'ordinanza che accoglie la richiesta di incidente probatorio il giudice dispone la citazione delle persone che devono comparire per l'assunzione della prova. Quando occorre procedere a una perizia, con la stessa ordinanza il giudice nomina il perito.

125. ***Richiesta di archiviazione.*** — 1. Il pubblico ministero presenta al giudice la richiesta di archiviazione quando ritiene l'infondatezza della notizia di reato perché gli elementi acquisiti nelle indagini preliminari non sono idonei a sostenere l'accusa in giudizio.

126. ***Avviso alla persona offesa della richiesta di archiviazione.*** — 1. Nel caso previsto dall'art. 408 comma 2 del codice, il pubblico ministero trasmette gli atti al giudice per le indagini preliminari dopo la presentazione dell'opposizione della persona offesa ovvero dopo la scadenza del termine indicato nel comma 3 del medesimo articolo.

127. ***Comunicazione delle notizie di reato al procuratore generale.***[1] — 1. La segreteria del pubblico ministero trasmette ogni settimana al procuratore generale presso la corte di appello un elenco delle notizie di reato contro persone note per le quali non è stata esercitata l'azione penale o richiesta l'archiviazione entro il termine previsto dalla legge o prorogato dal giudice.

[1] V. art. 412 c.p.p.

128. ***Fissazione della udienza preliminare nel caso di mancato accoglimento della richiesta di archiviazione.*** — 1. Nel caso previsto dall'art. 409 comma 5 del codice, il giudice fa notificare all'imputato e alla persona offesa dal reato il decreto di fissazione della udienza preliminare, nel quale sono enunciati gli elementi previsti dall'art. 417 comma 1 lettere *a*), *b*), *c*) del codice.

129. ***Informazioni sul procedimento penale.***[1] — 1. Quando esercita l'azione penale nei confronti di un impiegato dello Stato o di altro ente pubblico, il pubblico ministero informa l'autorità da cui l'impiegato dipende, dando notizia dell'imputazione. Quando si tratta di personale dipendente dai servizi per le informazioni e la sicurezza militare o democratica, ne dà comunicazione anche al comitato parlamentare per i servizi di informazione e sicurezza e per il segreto di Stato.

2. Quando un ecclesiastico o un religioso del culto cattolico è arrestato, fermato o sottoposto a una misura cautelare limitativa della libertà personale o quando è comunicata allo stesso o al suo difensore la pendenza del procedimento penale o, in ogni caso, quando è esercitata l'azione penale nei suoi confronti, il pubblico ministero informa, segnalando le norme che si assumono violate, la data e il luogo del fatto, la seguente autorità ecclesiastica:

a) la Santa Sede, nella persona del Cardinale Segretario di Stato, quando la comunicazione riguarda vescovi titolari o emeriti, inclusi gli ordinari diocesani, i prelati territoriali, i coadiutori e ausiliari, oppure ordinari di luogo equiparati a vescovi diocesani, inclusi gli abati di abbazie territoriali o i sacerdoti che, in sede vacante, svolgono l'ufficio di amministratore della diocesi;

b) l'ordinario diocesano nella cui circoscrizione territoriale ha sede la procura della Repubblica, quando la comunicazione riguarda sacerdoti, secolari o appartenenti a istituti di vita consacrata o a società di vita apostolica.[2]

3. Quando esercita l'azione penale per un reato che ha cagionato un danno per l'erario, il pubblico ministero informa il procuratore generale presso la Corte dei conti, dando notizia della imputazione. Quando esercita l'azione penale per i delitti di cui agli articoli 317, 318, 319, 319-*bis*, 319-*ter*, 319-*quater*, 320, 321, 322, 322-*bis*, 346-*bis*, 353 e 353-*bis* del codice penale, il pubblico ministero informa il presidente dell'Autorità nazionale anticorruzione, dando notizia dell'imputazione.[3]

3-*bis*. Il pubblico ministero invia l'informazione contenente l'indicazione delle norme di legge che si assumono violate anche quando taluno dei soggetti indicati nel comma 1[4] è stato arrestato o fermato ovvero si trova in stato di custodia cautelare.

3-*ter*. Quando esercita l'azione penale per i reati previsti nel decreto legislativo 3 aprile 2006, n. 152, ovvero per i reati previsti dal codice penale o da leggi speciali comportanti un pericolo o un pregiudizio per l'ambiente, il pubblico ministero informa il Ministero dell'ambiente e della tutela del territorio e del mare e la Regione nel cui territorio i fatti si sono verificati, dando notizia dell'imputazione.[5] Qualora i reati di cui al primo periodo arrechino un concreto pericolo alla tutela della salute o alla sicurezza agroalimentare, il pubblico ministero informa anche il Ministero della salute o il Ministero delle politiche agricole alimentari e forestali. [Il pubblico ministero, nell'informazione, indica le norme di legge che si assumono violate.][6] Le sentenze e i provvedimenti definitori di ciascun grado di giudizio sono trasmessi per estratto, a cura della cancelleria del giudice che ha emesso i provvedimenti medesimi, alle amministrazioni indicate nei primi due periodi del presente comma. I procedimenti di competenza delle amministrazioni di cui ai periodi precedenti, che abbiano ad oggetto, in tutto o in parte, fatti in relazione ai quali procede l'autorità giudiziaria, possono essere avviati o proseguiti anche in pendenza del procedimento penale, in conformità alle norme vigenti. Per le infrazioni di maggiore gravità, sanzionate con la revoca di autorizzazioni o con la chiusura di impianti, l'ufficio competente, nei casi di particolare complessità dell'accertamento dei fatti addebitati, può sospendere il procedimento amministrativo fino al termine di quello penale, salva la possibilità di adottare strumenti cautelari.[7]

[1] Rubrica così modif. dall'art. 4, L. 22 apr. 2021, n. 70.
[2] Comma così sost. dall'art. 4, L. 22 apr. 2021, n. 70.
[3] Comma così modif. dall'art. 7, c. 1, L. 27 mag. 2015, n. 69.
[4] Parole così modif. dall'art. 4, L. 22 apr. 2021, n. 70.
[5] Periodo così modif. dall'art. 1, c. 73, L. 23 giu. 2017, n. 103.
[6] Periodo abrog. dall'art. 1, c. 73, L. 23 giu. 2017, n. 103.
[7] Comma aggiunto dall'art. 4, c. 1, D.L. 10 dic. 2013, n. 136, conv. con modif. in L. 6 feb. 2014, n. 6.

130. ***Contenuto del fascicolo trasmesso dal pubblico ministero con la richiesta di rinvio a giudizio.*** — 1. Se gli atti di indagine preliminare riguardano più persone o più imputazioni, il pubblico ministero forma il fascicolo previsto dall'art. 416 comma 2 del codice, inserendovi gli atti ivi indicati per la parte che si riferisce alle persone o alle imputazioni per cui viene esercitata l'azione penale.

2. In ogni caso il pubblico ministero può, ai fini di indagine, trattenere copia della documentazione e degli atti trasmessi al giudice.

130-*bis*. ***Separazione dei procedimenti in fase di indagine.***[1] — 1. Il pubblico ministero, prima dell'esercizio dell'azione penale, procede di regola separatamente quando ricorrono le ragioni di urgenza indicate nell'art. 18, c. 1, lett. *e-bis*) del codice.

[1] Articolo aggiunto dall'art. 1, c. 4, D.L. 24 nov. 2000, n. 341, conv. con modif. in L. 19 gen. 2001, n. 4.

131. ***Deposito degli atti per l'udienza preliminare.*** — 1. Durante il termine per comparire e fino alla conclusione dell'udienza preliminare, le parti, la persona offesa e i difensori hanno facoltà di prendere visione, nel luogo dove si trovano, degli atti e delle cose indicati nell'art. 419 commi 2 e 3 del codice e di estrarre copia degli atti suddetti.

131-*bis*. ***Liberazione dell'imputato prosciolto.***[1] — 1. L'imputato detenuto nei cui confronti è pronunciata la sentenza di cui all'art. 425 del codice è posto in libertà immediatamente dopo la lettura del dispositivo. Si applicano le disposizioni di cui al comma 2 dell'articolo 154-*bis*.

[1] Articolo ins. dall'art. 4, L. 12 dic. 1992, n. 492.

132. ***Decreto che dispone il giudizio davanti alla corte di assise o al tribunale.*** — 1. Quando la corte di assise o il tribunale è diviso in sezioni, il decreto che dispone il giudizio contiene anche l'indicazione della sezione davanti alla quale le parti devono comparire.

2. Per ogni processo il presidente del tribunale, in seguito alla richiesta del giudice per le indagini preliminari, comunica anche con mezzi telematici, sulla base dei criteri determinati dal Consiglio superiore della magistratura, il giorno e l'ora della comparizione e, quando occorre, anche la sezione da indicare nel decreto che dispone il giudizio.

132-*bis*. ***Formazione dei ruoli di udienza e trattazione dei processi.***[1] — 1. Nella formazione dei ruoli di udienza e nella trattazione dei processi è assicurata la priorità assoluta:

a) ai processi relativi ai delitti di cui all'articolo 407, comma 2, lettera *a*), del codice e ai delitti di criminalità organizzata, anche terroristica;

a-bis) ai delitti previsti dagli articoli 572 e da 609-*bis* a 609-*octies* e 612-*bis* del codice penale;[2]

a-ter) ai processi relativi ai delitti di cui agli articoli 589 e 590 del codice penale verificatisi in presenza delle circostanze di cui agli articoli 52, secondo, terzo e quarto comma, e 55, secondo comma, del codice penale.[3]

b) ai processi relativi ai delitti commessi in violazione delle norme relative alla prevenzione degli infortuni e all'igiene sul lavoro e delle norme in materia di circolazione stradale, ai delitti di cui al testo unico delle disposizioni concernenti la disciplina dell'immigrazione e norme sulla condizione dello straniero, di cui al decreto legislativo 25 luglio 1998, n. 286, nonché ai delitti puniti con la pena della reclusione non inferiore nel massimo a quattro anni;

c) ai processi a carico di imputati detenuti, anche per reato diverso da quello per cui si procede;

d) ai processi nei quali l'imputato è stato sottoposto ad arresto o a fermo di indiziato di delitto, ovvero a misura cautelare personale, anche revocata o la cui efficacia sia cessata;

e) ai processi nei quali è contestata la recidiva, ai sensi dell'articolo 99, quarto comma, del codice penale;

f) ai processi da celebrare con giudizio direttissimo e con giudizio immediato;

f-bis) ai processi relativi ai delitti di cui agli articoli 317, 319, 319-*ter*, 319-*quater*, 320, 321 e 322-*bis* del codice penale.[4]

f-bis) ai processi nei quali vi sono beni sequestrati in funzione della confisca di cui all'articolo 12-*sexies* del decreto-legge 8 giugno 1992, n. 306, convertito, con modificazioni, dalla legge 7 agosto 1992, n. 356, e successive modificazioni.[5]

2. I dirigenti degli uffici giudicanti adottano i provvedimenti organizzativi necessari per assicurare la rapida definizione dei processi per i quali è prevista la trattazione prioritaria.[6]

[1] Articolo così sost. dall'art. 2-*bis*, D.L. 23 mag. 2008, n. 92, conv. in L. 24 lug. 2008, n. 125.

[2] Lettera aggiunta dall'art. 2, c. 2, D.L. 14 ago. 2013, n. 93, conv. con modif. in L. 15 ott. 2013, n. 119.

[3] Lettera ins. dall'art. 9, L. 26 apr. 2019, n. 36.

[4] Lettera ins. dall'art. 1, c. 74, L. 23 giu. 2017, n. 103.

[5] Lettera ins. dall'art. 30, c. 3, L. 17 ott. 2017, n. 161. La lettera deve intendersi come *f-ter*).

[6] Si veda l'art. 2-*ter* del D.L. 23 mag. 2008, n. 92, conv. in L. 24 lug. 2008, n. 125 che recita:

«Misure per assicurare la rapida definizione dei processi relativi a reati per i quali è prevista la trattazione prioritaria. – 1. Al fine di assicurare la rapida definizione dei processi pendenti alla data di entrata in vigore della legge di conversione del presente decreto, per i quali è prevista la trattazione prioritaria, nei provvedimenti adottati ai sensi del comma 2 dell'articolo 132-*bis* delle norme di attuazione, di coordinamento e transitorie del codice di procedura penale, di cui al decreto legislativo 28 luglio 1989, n. 271, come sostituito dall'articolo 2-*bis* del presente decreto, i dirigenti degli uffici possono individuare i criteri e le modalità di rinvio della trattazione dei processi per reati commessi fino al 2 maggio 2006 in ordine ai quali ricorrono le condizioni per l'applicazione dell'indulto, ai sensi della legge 31 luglio 2006, n. 241, e la pena eventualmente da infliggere può essere contenuta nei limiti di cui all'articolo 1, comma 1, della predetta legge n. 241 del 2006. Nell'individuazione dei criteri di rinvio di cui al presente comma i dirigenti degli uffici tengono, altresì, conto della gravità e della concreta offensività del reato, del pregiudizio che può derivare dal ritardo per la formazione della prova e per l'accertamento dei fatti, nonché dell'interesse della persona offesa.

2. Il rinvio della trattazione del processo non può avere durata superiore a diciotto mesi e il termine di prescrizione del reato rimane sospeso per tutta la durata del rinvio.

3. Il rinvio non può essere disposto se l'imputato si oppone ovvero se è già stato dichiarato chiuso il dibattimento.

4. I provvedimenti di cui al comma 1 sono tempestivamente comunicati al Consiglio superiore della magistratura. Il Consiglio superiore della magistratura e il Ministro della giustizia valutano gli effetti dei provvedimenti adottati dai dirigenti degli uffici sull'organizzazione e sul funzionamento dei servizi relativi alla giustizia, nonché sulla trattazione prioritaria e sulla durata dei processi. In sede di comunicazioni sull'amministrazione della giustizia, ai sensi dell'articolo 86 dell'ordinamento giudiziario, di cui al regio decreto 30 gennaio 1941, n. 12, e successive modificazioni, il Ministro della giustizia riferisce alle Camere le valutazioni effettuate ai sensi del presente comma.

5. La parte civile costituita può trasferire l'azione in sede civile. In tal caso, i termini per comparire, di cui all'articolo 163-*bis* del codice di procedura civile, sono abbreviati fino alla metà e il giudice fissa l'ordine di trattazione delle cause dando precedenza al processo relativo all'azione trasferita. Non si applica la disposizione dell'articolo 75, comma 3, del codice di procedura penale.

6. Nel corso dei processi di primo grado relativi ai reati in ordine ai quali, in caso di condanna, deve trovare applicazione la legge 31 luglio 2006, n. 241, l'imputato o il suo difensore munito di procura speciale e il pubblico ministero, se ritengono che la pena possa essere contenuta nei limiti di cui all'articolo 1, comma 1, della medesima legge n. 241 del 2006, nella prima udienza successiva alla data di entrata in vigore della legge di conversione del presente decreto possono formulare richiesta di applicazione della pena ai sensi degli articoli 444 e seguenti del codice di procedura penale, anche se risulti decorso il termine previsto dall'articolo 446, comma 1, del medesimo codice di procedura penale.

7. La richiesta di cui al comma 6 può essere formulata anche quando sia già stata in precedenza presentata altra richiesta di applicazione della pena, ma vi sia stato il dissenso da parte del pubblico ministero ovvero la stessa sia stata rigettata dal giudice, sempre che la nuova richiesta non costituisca mera riproposizione della precedente».

133. ***Notificazione del decreto che dispone il giudizio.*** — 1. Il decreto che dispone il giudizio è notificato, a norma dell'art. 429 comma 4 del codice, anche alle altre parti private non presenti all'udienza preliminare.

1-*bis*. Il decreto è altresì comunicato alle amministrazioni o enti di appartenenza quando è emesso nei confronti dei dipendenti di amministrazioni pubbliche o di enti pubblici ovvero di enti a prevalente partecipazione pubblica, per alcuno dei delitti previsti dagli artt. 314, 318, 319, 319-*ter*, 319-*quater* e 320 del c.p. e dall'art. 3 della L. 9 dic. 1941, n. 1383.[1]

[2] Comma ins. dall'art. 3, c. 5, L. 27 mar. 2001, n. 97 e così modif. dall'art. 1, c. 79, L. 6 nov. 2012, n. 190.

CAPO IX

Disposizioni relative ai procedimenti speciali[1]

[1] V. artt. 438-464 c.p.p.

134. ***Sentenza emessa nel giudizio abbreviato nei confronti di imputato non comparso.*** — 1. La sentenza emessa nel giudizio abbreviato è notificata per estratto all'imputato non comparso, unitamente all'avviso di deposito della sentenza medesima.

134-*bis*. ***Partecipazione a distanza nel giudizio abbreviato.***[1] — 1. Nei casi previsti dall'art. 146-*bis*, commi 1, 1-*bis* e 1-*quater*, la partecipazione dell'imputato avviene a distanza anche quando il giudizio abbreviato si svolge in pubblica udienza.

[1] Articolo così modif. dall'art. 1, c. 79, L. 23 giu. 2017, n. 103. La disposizione acquista efficacia decorso un anno dalla pubblicazione della L. 103/2017 nella G.U. Successivamente, l'art. 2, c. 2, D.L. 25 lug. 2018, n. 91, conv. in L. 21 set. 2018, n. 108, ha disposto che l'efficacia delle disposizioni, di cui al citato art. 1, c. 78, L. 103/2017, è sospesa fino al 15 feb. 2019.

135. ***Decisione nel giudizio sulla richiesta di applicazione della pena.***[1] — 1. Il giudice, per decidere sulla richiesta di applicazione della pena rinnovata prima della dichiarazione di apertura del dibattimento di primo grado, ordina l'esibizione degli atti contenuti nel fascicolo del pubblico ministero. Se la richiesta è accolta, gli atti esibiti vengono inseriti nel fascicolo per il dibattimento; altrimenti gli atti sono immediatamente restituiti al pubblico ministero.

[1] Articolo così sost. dall'art. 52, L. 16 dic. 1999, n. 479.

136. ***Limiti all'effetto estintivo.*** — 1. L'effetto estintivo previsto dall'art. 445 comma 2 del codice non si produce se la persona nei cui confronti la pena è stata applicata si sottrae volontariamente alla sua esecuzione.

137. ***Concorso formale e continuazione.*** — 1. Nel caso di applicazione della pena richiesta dalle parti con più sentenze per reati unificati a norma dell'art. 81 del codice penale, il termine di estinzione previsto dall'art. 445 comma 2 del codice decorre nuovamente per tutti i reati dalla data in cui è divenuta irrevocabile l'ultima sentenza.

2. La disciplina del concorso formale e del reato continuato è applicabile anche quando concorrono reati per i quali la pena è applicata su richiesta delle parti e altri reati.

138. ***Formazione del fascicolo per il dibattimento nel giudizio direttissimo.*** — 1. In tutti i casi di giudizio direttissimo con imputato in stato di arresto o di custodia cautelare, il pubblico ministero forma il fascicolo per il dibattimento a norma dell'art. 431 del codice. Quando l'imputato è presentato davanti al giudice del dibattimento per la convalida dell'arresto e il contestuale giudizio, il fascicolo medesimo è formato subito dopo il giudizio di convalida dal pubblico ministero presente all'udienza.

139. ***Facoltà dei difensori di prendere visione del fascicolo trasmesso con la richiesta di giudizio immediato.*** — 1. Durante i termini previsti dall'art. 458 del codice, le parti e i difensori hanno facoltà di prendere visione ed estrarre copia, nella cancelleria del giudice per le indagini preliminari, del fascicolo trasmesso a norma dell'art. 454 comma 2 del codice.

140. ***Facoltà dei difensori di prendere visione del fascicolo trasmesso con la richiesta di decreto penale di condanna.*** — 1. Durante il termine per proporre opposizione, le parti e i difensori hanno facoltà di prendere visione ed estrarre copia, nella cancelleria del giudice per le indagini preliminari, del fascicolo trasmesso a norma dell'art. 459 comma 1 del codice.

CAPO X

Disposizioni relative al procedimento di oblazione

141. ***Procedimento di oblazione.***[1] — 1. Se la domanda di oblazione è proposta nel corso delle indagini preliminari, il pubblico ministero la trasmette, unitamente agli atti del procedimento, al giudice per le indagini preliminari.

2. Il pubblico ministero, anche prima di presentare richiesta di decreto penale, può avvisare l'interessato, ove ne ricorrano i presupposti, che ha facoltà di chiedere di essere ammesso all'oblazione e che il pagamento dell'oblazione estingue il reato.

3. Quando per il reato per il quale si è proceduto è ammessa l'oblazione e non è stato dato l'avviso previsto dal comma 2, nel decreto penale deve essere fatta menzione della relativa facoltà dell'imputato.

4. Quando è proposta domanda di oblazione, il giudice, acquisito il parere del pubblico ministero, se respinge la domanda pronuncia ordinanza disponendo, se del caso, la restituzione degli atti al pubblico ministero; altrimenti ammette all'oblazione e fissa con ordinanza la somma da versare, dandone avviso all'interessato. Avvenuto il versamento della somma, il giudice, se la domanda è stata proposta nel corso delle indagini preliminari, trasmette gli atti al pubblico ministero per le sue determinazioni; in ogni altro caso dichiara con sentenza l'estinzione del reato. Non si applica la disposizione dell'art. 75, comma 3, del codice.

4-*bis*. In caso di modifica dell'originaria imputazione in altra per la quale sia ammissibile l'oblazione, l'imputato è rimesso in termini per chiedere la medesima. Il giudice, se accoglie la domanda, fissa un termine non superiore a dieci giorni, per il pagamento della somma dovuta. Se il pagamento avviene nel termine il giudice dichiara con sentenza l'estinzione del reato.

[1] Articolo così sostituito dall'art. 53 della L. 16 dic. 1999, n. 479.

CAPO X-*bis*

Disposizioni in materia di messa alla prova[1]

[1] Capo ins. dall'art. 5, c. 1, L. 28 apr. 2014, n. 67.

141-*bis*. *Avviso del pubblico ministero per la richiesta di ammissione alla messa alla prova.* — 1. Il pubblico ministero, anche prima di esercitare l'azione penale, può avvisare l'interessato, ove ne ricorrano i presupposti, che ha la facoltà di chiedere di essere ammesso alla prova, ai sensi dell'articolo 168-*bis* del codice penale, e che l'esito positivo della prova estingue il reato.

141-*ter*. *Attività dei servizi sociali nei confronti degli adulti ammessi alla prova.* — 1. Le funzioni dei servizi sociali per la messa alla prova, disposta ai sensi dell'articolo 168-*bis* del codice penale, sono svolte dagli uffici locali di esecuzione penale esterna, nei modi e con i compiti previsti dall'articolo 72 della legge 26 luglio 1975, n. 354, e successive modificazioni.

2. Ai fini del comma 1, l'imputato rivolge richiesta all'ufficio locale di esecuzione penale esterna competente affinché predisponga un programma di trattamento. L'imputato deposita gli atti rilevanti del procedimento penale nonché le osservazioni e le proposte che ritenga di fare.

3. L'ufficio di cui al comma 2, all'esito di un'apposita indagine socio-familiare, redige il programma di trattamento, acquisendo su tale programma il consenso dell'imputato e l'adesione dell'ente o del soggetto presso il quale l'imputato è chiamato a svolgere le proprie prestazioni. L'ufficio trasmette quindi al giudice il programma accompagnandolo con l'indagine socio-familiare e con le considerazioni che lo sostengono. Nell'indagine e nelle considerazioni, l'ufficio riferisce specificamente sulle possibilità economiche dell'imputato, sulla capacità e sulla possibilità di svolgere attività riparatorie nonché sulla possibilità di svolgimento di attività di mediazione, anche avvalendosi a tal fine di centri o strutture pubbliche o private presenti sul territorio.

4. Quando è disposta la sospensione del procedimento con messa alla prova dell'imputato, l'ufficio di cui al comma 2 informa il giudice, con la cadenza stabilita nel provvedimento di ammissione e comunque non superiore a tre mesi, dell'attività svolta e del comportamento dell'imputato, proponendo, ove necessario, modifiche al programma di trattamento, eventuali abbreviazioni di esso ovvero, in caso di grave o reiterata trasgressione, la revoca del provvedimento di sospensione.

5. Alla scadenza del periodo di prova, l'ufficio di cui al comma 2 trasmette al giudice una relazione dettagliata sul decorso e sull'esito della prova medesima.

6. Le relazioni periodiche e quella finale dell'ufficio di cui al comma 2 del presente articolo sono depositate in cancelleria non meno di dieci giorni prima dell'udienza di cui all'articolo 464-*septies* del codice, con facoltà per le parti di prenderne visione ed estrarne copia.

CAPO XI

Disposizioni relative al dibattimento

142. *Citazione dei testimoni, periti, interpreti, consulenti tecnici e imputati di un procedimento connesso.*[1] — 1.[2]

2. Quando per le notificazioni dei testimoni, dei periti, degli interpreti, dei consulenti tecnici e delle persone indicate nell'art. 210 del codice è richiesto l'ufficiale giudiziario, le parti devono consegnare al medesimo gli atti di citazione in tempo utile e nel numero di copie necessario.

3. L'atto di citazione contiene:

a) l'indicazione della parte richiedente e dell'imputato nonché del decreto che ha autorizzato la citazione;

b) le generalità e il domicilio della persona da citare;

c) il giorno, l'ora e il luogo della comparazione e il giudice davanti al quale la persona citata deve presentarsi;

d) l'indicazione degli obblighi e delle facoltà previsti dagli artt. 198, 210 e 226 del codice;

e) l'avvertimento che, in caso di mancata comparizione non dovuta a legittimo impedimento, la persona citata potrà, a norma dell'art. 133 del codice, essere accompagnata a mezzo della polizia giudiziaria e condannata al pagamento di una somma da euro 51 a euro 516 a favore della cassa delle ammende e alla rifusione delle spese alle quali la mancata comparizione ha dato causa.

4. Quando la citazione è disposta di ufficio il decreto di citazione contiene i requisiti previsti dal comma 3, lettere *b*), *c*), *d*), *e*) nonché l'indicazione dell'imputato.

[1] Articolo così modif. dall'art. 2, D.L. 8 giu. 1992, n. 306, conv. in L. 7 ago. 1992, n. 356.

[2] Comma abrog. dall'art. 2, D.L. 8 giu. 1992, n. 306, conv. in L. 7 ago. 1992, n. 356.

143. *Rinnovazione della citazione a giudizio.* — 1. Negli atti preliminari al dibattimento, in tutti i casi in cui occorre, per qualunque motivo, rinnovare la citazione a giudizio o la relativa notificazione, vi provvede il presidente.

143-*bis*. *Adempimenti in caso di sospensione del processo per assenza dell'imputato.*[1] — 1. Quando il giudice dispone la sospensione ai sensi dell'articolo 420-*quater* del codice, la relativa ordinanza e il decreto di fissazione dell'udienza preliminare ovvero il decreto che dispone il giudizio o il decreto di citazione a giudizio sono trasmessi alla locale sezione di polizia giudiziaria, per l'inserimento nel Centro elaborazione dati, di cui all'articolo 8 della legge 1° aprile 1981, n. 121, e successive modificazioni.

[1] Articolo ins. dall'art. 14, c. 1, L. 28 apr. 2014, n. 67. Si veda altresì l'art. 15-*bis* alla L. 67/2014 introdotto dall'art. 1, L. 11 ago. 2014, n. 118.

144. [***Spese e indennità per i testimoni, periti e consulenti tecnici.***][1]

[1] Articolo abrog. dall'art. 299, D.P.R. 30 mag. 2002, n. 115.

145. ***Comparizione dei testimoni, periti, consulenti tecnici e interpreti.*** — 1. I testimoni, i periti, i consulenti tecnici e gli interpreti citati devono trovarsi presenti all'inizio dell'udienza.

2. Se il dibattimento deve protrarsi per più giorni, il presidente, sentiti il pubblico ministero e i difensori, può stabilire il giorno in cui ciascuna persona deve comparire.

145-*bis*. ***Aule di udienza protette.*** — 1. Nei procedimenti per taluno dei reati indicati nell'art. 51, comma 3-*bis*, del codice, quando è necessario, per ragioni di sicurezza, utilizzare aule protette e queste non siano disponibili nella sede giudiziaria territorialmente competente, il Presidente della Corte d'Appello, su proposta del presidente del Tribunale, individua l'aula protetta per il dibattimento nell'ambito del distretto. Qualora l'aula protetta non sia disponibile nell'ambito del distretto, il Ministero della giustizia fornisce a Presidente della Corte d'appello nel cui distretto si trova il giudice competente l'indicazione dell'aula disponibile, individuata nel distretto di Corte d'appello più vicino.

2. Il provvedimento di cui ai commi che precedono è adottato, ove possibile, prima della notificazione del decreto di citazione che dispone il giudizio a norma dell'art. 133.[1]

[1] Articolo aggiunto dall'art. 6, D.L. 24 nov. 2000, n. 341, conv. con modif. in L. 19 gen. 2001, n. 4.

146. ***Aula di udienza dibattimentale.*** — 1. Nelle aule di udienza per il dibattimento, i banchi riservati al pubblico ministero e ai difensori sono posti allo stesso livello di fronte all'organo giudicante. Le parti private siedono a fianco dei propri difensori, salvo che sussistano esigenze di cautela. Il seggio delle persone da sottoporre ad esame è collocato in modo da consentire che le persone stesse siano agevolmente visibili sia dal giudice che dalle parti.

146-*bis*. ***Partecipazione al dibattimento a distanza.***[1] — 1. La persona che si trova in stato di detenzione per taluno dei delitti indicati nell'articolo 51, comma 3-*bis*, nonché nell'articolo 407, comma 2, lettera a), numero 4)[2], del codice, partecipa a distanza alle udienze dibattimentali dei processi nei quali è imputata, anche relativi a reati per i quali sia in libertà. Allo stesso modo partecipa alle udienze penali e alle udienze civili nelle quali deve essere esaminata quale testimone.[2]

1-*bis*. La persona ammessa a programmi o misure di protezione, comprese quelle di tipo urgente o provvisorio, partecipa a distanza alle udienze dibattimentali dei processi nei quali è imputata.[2]

1-*ter*. Ad esclusione del caso in cui sono state applicate le misure di cui all'articolo 41-*bis* della legge 26 luglio 1975, n. 354, e successive modificazioni, il giudice può disporre con decreto motivato, anche su istanza di parte, la presenza alle udienze delle persone indicate nei commi 1 e 1-*bis* del presente articolo qualora lo ritenga necessario.[3]

1-*quater*. Fuori dei casi previsti dai commi 1 e 1-*bis*, il giudice può disporre con decreto motivato la partecipazione a distanza anche quando sussistano ragioni di sicurezza, qualora il dibattimento sia di particolare complessità e sia necessario evitare ritardi nel suo svolgimento, ovvero quando si deve assumere la testimonianza di persona a qualunque titolo in stato di detenzione presso un istituto penitenziario.[3]

2. Il presidente del tribunale o della corte di assise nella fase degli atti preliminari, oppure il giudice nel corso del dibattimento, dà comunicazione alle autorità competenti nonché alle parti e ai difensori della partecipazione al dibattimento a distanza.[2]

3. Quando è disposta la partecipazione a distanza, è attivato un collegamento audiovisivo tra l'aula di udienza e il luogo della custodia, con modalità tali da assicurare la contestuale, effettiva e reciproca visibilità delle persone presenti in entrambi i luoghi e la possibilità di udire quanto vi viene detto. Se il provvedimento è adottato nei confronti di più imputati che si trovano, a qualsiasi titolo, in stato di detenzione in luoghi diversi, ciascuno è posto altresì in grado, con il medesimo mezzo, di vedere ed udire gli altri.

4. È sempre consentito al difensore o a un suo sostituto di essere presente nel luogo dove si trova l'imputato. Il difensore o il suo sostituto presenti nell'aula di udienza e l'imputato possono consultarsi riservatamente, per mezzo di strumenti tecnici idonei.

4-*bis*. In tutti i processi nei quali si procede con il collegamento audiovisivo ai sensi dei commi precedenti, il giudice, su istanza, può consentire alle altre parti e ai loro difensori di intervenire a distanza assumendosi l'onere dei costi del collegamento.[3]

5. Il luogo dove l'imputato si collega in audiovisione è equiparato all'aula di udienza.

6. Un ausiliario abilitato ad assistere il giudice in udienza designato dal giudice o, in caso di urgenza, dal presidente è presente nel luogo ove si trova l'imputato e ne attesta l'identità dando atto che non sono posti impedimenti o limitazioni all'esercizio dei diritti e delle facoltà a lui spettanti. Egli dà atto altresì della osservanza delle disposizioni di cui al c. 3 ed al secondo periodo del c. 4 nonché, se ha luogo l'esame, delle cautele adottate per assicurarne la regolarità con riferimento al luogo ove si trova. A tal fine interpella, ove occorra, l'imputato ed il suo difensore. Durante il tempo del dibattimento in cui non si procede ad esame dell'imputato il giudice o, in caso di urgenza, il presidente, può designare ad essere presente nel luogo ove si trova l'imputato, in vece dell'ausiliario, un ufficiale di polizia giudiziaria scelto tra coloro che non svolgono, né hanno svolto, attività di investigazione o di protezione con riferimento all'imputato o ai fatti a lui

riferiti. Delle operazioni svolte l'ausiliario o l'ufficiale di polizia giudiziaria redigono verbale a norma dell'art. 136 del codice.

7. Se nel dibattimento occorre procedere a confronto o ricognizione dell'imputato o ad altro atto che implica l'osservazione della sua persona, il giudice, ove lo ritenga indispensabile, sentite le parti, dispone la presenza dell'imputato nell'aula di udienza per il tempo necessario al compimento dell'atto.

[1] Si veda l'art. 27, L. 3 ago. 2007, n. 124.

[2] Comma così sost. dall'art. 1, c. 77, L. 23 giu. 2017, n. 103. La disposizione acquista efficacia decorso un anno dalla pubblicazione della L. 103/2017 nella G.U., fatta eccezione per le disposizioni di cui al comma 77, relativamente alle persone che si trovano in stato di detenzione per i delitti di cui agli articoli 270-*bis*, c. 1, e 416-*bis*, c. 2, del c.p,, nonché di cui all'art. 74, c. 1, del testo unico di cui al decreto del Presidente della Repubblica 9 ott. 1990, n. 309, e successive modificazioni. Successivamente, l'art. 2, c. 2, D.L. 25 lug. 2018, n. 91, conv. in L. 21 set. 2018, n. 108, ha disposto che l'efficacia delle disposizioni, di cui al citato art. 1, L. 103/2017, è sospesa fino al 15 feb. 2019.

[3] Comma ins. dall'art. 1, c. 77, L. 23 giu. 2017, n. 103. V. nota 2.

147. ***Riprese audiovisive dei dibattimenti.*** — 1. Ai fini dell'esercizio del diritto di cronaca, il giudice con ordinanza, se le parti consentono, può autorizzare in tutto o in parte la ripresa fotografica, fonografica o audiovisiva ovvero la trasmissione radiofonica o televisiva del dibattimento, purché non ne derivi pregiudizio al sereno e regolare svolgimento dell'udienza o alla decisione.

2. L'autorizzazione può essere data anche senza il consenso delle parti quando sussiste un interesse sociale particolarmente rilevante alla conoscenza del dibattimento.

3. Anche quando autorizza la ripresa o la trasmissione a norma dei commi 1 e 2, il presidente vieta la ripresa delle immagini di parti, testimoni, periti, consulenti tecnici, interpreti e di ogni altro soggetto che deve essere presente, se i medesimi non vi consentono o la legge ne fa divieto.

4. Non possono in ogni caso essere autorizzate le riprese o le trasmissioni dei dibattimenti che si svolgono a porte chiuse a norma dell'art. 472 commi 1, 2 e 4 del codice.

147-*bis*. ***Esame degli operatori sotto copertura, delle persone che collaborano con la giustizia e degli imputati di reato connesso.*** — 1. L'esame in dibattimento delle persone ammesse, in base alla legge, a programmi o misure di protezione anche di tipo urgente o provvisorio si svolge con le cautele necessarie alla tutela della persona sottoposta all'esame, determinate, d'ufficio ovvero su richiesta di parte o dell'autorità che ha disposto il programma o le misure di protezione, dal giudice o, nei casi di urgenza, dal presidente del tribunale o della corte di assise.

1-*bis*. L'esame in dibattimento degli ufficiali e degli agenti di polizia giudiziaria, anche appartenenti ad organismi di polizia esteri, degli ausiliari e delle interposte persone, che abbiano operato in attività sotto copertura ai sensi dell'articolo 9 della legge 16 marzo 2006, n. 146, e successive modificazioni, si svolge sempre con le cautele necessarie alla tutela e alla riservatezza della persona sottoposta all'esame e con modalità determinate dal giudice o, nei casi di urgenza, dal presidente, in ogni caso idonee a evitare che il volto di tali soggetti sia visibile.[1]

2. Ove siano disponibili strumenti tecnici idonei, il giudice o il presidente, sentite le parti, può disporre, anche d'ufficio, che l'esame si svolga a distanza, mediante collegamento audiovisivo che assicuri la contestuale visibilità delle persone presenti nel luogo dove la persona sottoposta ad esame si trova. In tal caso, un ausiliario abilitato ad assistere il giudice in udienza, designato dal giudice o, in caso di urgenza, dal presidente, è presente nel luogo ove si trova la persona sottoposta ad esame e ne attesta le generalità, dando atto della osservanza delle disposizioni contenute nel presente comma nonché delle cautele adottate per assicurare la regolarità dell'esame con riferimento al luogo ove egli si trova. Delle operazioni svolte l'ausiliario redige verbale a norma dell'art. 136 del codice.

3. Salvo che il giudice ritenga assolutamente necessaria la presenza della persona da esaminare, l'esame si svolge a distanza secondo le modalità previste dal c. 2 nei seguenti casi:

a) quando l'esame è disposto nei confronti di persone ammesse al piano provvisorio di protezione previsto dall'art. 13, c. 1, del D.L.15 gen. 1991, n. 8, conv. con modif. dalla L.15 mar. 1991, n. 82, e successive modificazioni, o alle speciali misure di protezione di cui al citato art. 13, commi 4 e 5, del medesimo decreto legge;[2]

a-bis) quando l'esame o altro atto istruttorio è disposto nei confronti di persone ammesse al piano provvisorio o al programma definitivo per la protezione dei testimoni di giustizia;[3]

b) quando nei confronti della persona sottoposta ad esame è stato emesso il decreto di cambiamento delle generalità di cui all'art. 3 del D.lgs. 29 mar. 1993, n. 119; in tale caso, nel procedere all'esame, il giudice o il presidente si uniforma a quanto previsto dall'art. 6, c. 6, del medesimo decreto legislativo e dispone le cautele idonee ad evitare che il volto della persona sia visibile;

c) quando, nell'ambito di un processo per taluno dei delitti previsti dall'art. 51, c. 3-*bis*, o dall'art. 407, c. 2, lett. *a*), n. 4 del codice, devono essere esaminate le persone indicate nell'art. 210 del codice nei cui confronti si procede per uno dei delitti di cui al medesimo art. 51, c. 3-*bis*,[4] o dall'art. 407, c. 2, lett. *a*), n. 4, anche se vi è stata separazione dei procedimenti.

c-bis) quando devono essere esaminati ufficiali o agenti di polizia giudiziaria, anche appartenenti ad organismi di polizia esteri, nonché ausiliari e interposte persone, in ordine alle attività dai medesimi svolte nel corso delle operazioni sotto copertura di cui all'articolo 9 della legge 16 marzo 2006, n. 146, e successive modificazioni. In tali casi, il giudice o il presidente dispone le cautele idonee ad evitare che il volto di tali soggetti sia visibile.[5]

4. Se la persona da esaminare deve essere assistita da un difensore si applicano le disposizioni previste dall'art. 146-*bis*, commi 3, 4 e 6.

5. Le modalità di cui al comma 2 possono essere altresì adottate, a richiesta di parte, per l'esame della persona di cui è stata disposta la nuova assunzione a norma dell'art. 495, c. 1, del codice, o quando vi siano gravi difficoltà ad assicurare la comparizione della persona da sottoporre ad esame.

[1] Comma ins. dall'art. 8, L. 13 ago. 2010, n. 136.
[2] Lettera così sost. dall'art. 11, L. 13 ago. 2010, n. 136.
[3] Lettera ins. dall'art. 24, L. 11 gen. 2018, n. 6.
[4] Lettera così modif. dall'art. 8, D.L. 18 ott. 2001, n. 374, conv. con modif. in L. 15 dic. 2001, n. 438.
[5] Lettera ins. dall'art. 8, L. 13 ago. 2010, n. 136.

147-*ter*. ***Ricognizione in dibattimento delle persone che collaborano con la giustizia.***[1] — 1. Quando nel dibattimento occorre procedere a ricognizione della persona nei cui confronti è stato emesso il decreto di cambiamento delle generalità di cui all'art. 3 del D.lgs. 29 mar. 1993, n. 119, ovvero ad altro atto che implica l'osservazione del corpo della medesima, il giudice, ove lo ritenga indispensabile, ne autorizza o ordina la citazione o ne dispone l'accompagnamento coattivo per il tempo necessario al compimento dell'atto.

2. Durante tutto il tempo in cui la persona è presente nell'aula di udienza, il dibattimento si svolge a porte chiuse a norma dell'art. 473, c. 2, del codice.

3. Se l'atto da assumere non ne rende necessaria l'osservazione, il giudice dispone le cautele idonee ad evitare che il volto della persona sia visibile.

[1] Articolo ins. dall'art. 3, L. 7 gen. 1998, n. 11, con termine di efficacia al 31 dic. 2000.

148. ***Eliminazione di atti dal fascicolo per il dibattimento.*** — 1. Gli atti del fascicolo per il dibattimento dei quali il giudice ha disposto la eliminazione a norma dell'art. 491 comma 4 del codice sono restituiti al pubblico ministero.

149. ***Regole da osservare prima dell'esame testimoniale.***[1] — 1. L'esame del testimone deve avvenire in modo che nel corso della udienza nessuna delle persone citate prima di deporre possa comunicare con alcuna delle parti o con i difensori o consulenti tecnici, assistere agli esami degli altri o vedere o udire o essere altrimenti informata di ciò che si fa nell'aula di udienza.

[1] V. artt. 497/506 c.p.p.

150. ***Esame delle parti private.*** — 1. L'esame delle parti private, nell'ordine previsto dall'art. 503 comma 1 del codice, ha luogo appena terminata l'assunzione delle prove a carico dell'imputato.

151. ***Assunzione di nuove prove.*** — 1. Nel caso previsto dall'art. 507 del codice, il giudice dispone l'assunzione dei nuovi mezzi di prova secondo l'ordine previsto dall'art. 496 del codice, se le prove sono state richieste dalle parti.

2. Quando è stato disposto di ufficio l'esame di una persona, il presidente vi provvede direttamente stabilendo, all'esito, la parte che deve condurre l'esame diretto.

152. ***Facoltà delle parti nel caso di perizia disposta nel dibattimento.*** — 1. Quando il giudice ha disposto la citazione del perito a norma dell'art. 508 comma 1 del codice, le parti hanno facoltà di presentare al dibattimento, anche senza citazione, i propri consulenti tecnici a norma dell'art. 225 del codice.

153. ***Liquidazione delle spese processuali in favore della parte civile.*** — 1. Agli effetti dell'art. 541 comma 1 del codice, le spese sono liquidate dal giudice sulla base della nota che la parte civile presenta al più tardi insieme alle conclusioni.

154. ***Redazione non immediata dei motivi della sentenza.*** — 1. Nei casi previsti dall'art. 544 commi 2 e 3 del codice, il presidente provvede personalmente alla redazione della motivazione o designa un estensore tra i componenti del collegio.

2. L'estensore consegna la minuta della sentenza al presidente il quale, se sorgono questioni sulla motivazione, ne dà lettura al collegio, che può designare un altro estensore.

3. La minuta, sottoscritta dall'estensore e dal presidente, è consegnata alla cancelleria per la formazione dell'originale.

4. Il presidente e l'estensore, verificata la corrispondenza dell'originale alla minuta, sottoscrivono la sentenza.

4-*bis*. Il presidente della Corte d'Appello può prorogare, su richiesta motivata del giudice che deve procedere alla redazione della motivazione, i termini previsti dall'art. 544, comma 3, del codice, per una sola volta e per un periodo massimo di novanta giorni, esonerando, se necessario, il giudice estensore da altri incarichi. Per i giudizi di primo grado provvede il presidente del Tribunale. In ogni caso del provvedimento è data comunicazione al Consiglio superiore della magistratura.[1]

[1] Comma ins. dal D.L. 24 nov. 2000, n. 341, conv. con modif. in L. 19 gen. 2001, n. 4.

154-*bis*. ***Liberazione dell'imputato prosciolto.***[1] — 1. L'imputato detenuto è posto in libertà immediatamente dopo la lettura in udienza del dispositivo della sentenza di proscioglimento, se non detenuto per altra causa.

2. L'imputato prosciolto e la persona di cui è comunque disposta l'immediata liberazione sono accompagnati, separatamente dai soggetti da tradur-

re, presso l'istituto penitenziario, per il disbrigo delle formalità conseguenti alla liberazione; se ne fanno richiesta, possono recarsi presso l'istituto anche senza accompagnamento. È vietato l'uso di qualsiasi mezzo di coercizione fisica.

[1] Articolo ins. dall'art. 4, L. 12 dic. 1992, n. 492.

154-*ter*. *Comunicazione della sentenza.*[1] — 1. La cancelleria del giudice che ha pronunciato sentenza penale nei confronti di un lavoratore dipendente di un'amministrazione pubblica ne comunica il dispositivo all'amministrazione di appartenenza e, su richiesta di questa, trasmette copia integrale del provvedimento. La comunicazione e la trasmissione sono effettuate con modalità telematiche, ai sensi del D.lgs. 7 mar. 2005, n. 82 entro trenta giorni dalla data del deposito.

[1] Articolo ins. dall'art. 70, D.lgs. 27 ott. 2009, n. 150.

CAPO XII
Disposizioni relative al procedimento davanti al tribunale in composizione monocratica[1]

[1] Rubrica così sost. dall'art. 213 del D.lgs. 19 feb. 1998, n. 51.

155. [***Decisione sulla richiesta di incidente probatorio.***][1]

[1] Articolo abrog. dall'art. 54, L. 16 dic. 1999, n. 479.

156. [***Opposizione alla richiesta di archiviazione.***][1]

[1] Articolo abrog. dall'art. 54, L. 16 dic. 1999, n. 479.

157. *Ulteriori indagini. Avocazione.*[1] — 1. Quando emette decreto di archiviazione, il giudice per le indagini preliminari, se rileva l'esigenza di ulteriori indagini, ne informa il procuratore generale presso la corte di appello. Questi, se ne ravvisa i presupposti, richiede la riapertura delle indagini a norma dell'art. 414 del codice.

2. Quando è accolta la richiesta del procuratore generale, le nuove indagini restano avocate.

[1] Articolo dichiarato costituzionalmente illegittimo con sent. 12 ott. 1990, n. 445.

158. [***Avocazione nel caso di mancato accoglimento della richiesta di archiviazione.***][1]

[1] Articolo abrog. dall'art. 54, L. 16 dic. 1999, n. 479.

159. *Indicazione dei procedimenti speciali nel decreto di citazione a giudizio.* — 1. Nel decreto di citazione a giudizio sono indicati i procedimenti speciali, e i relativi articoli di legge, che possono trovare applicazione nel caso concreto.

2. Il pubblico ministero, nel decreto i citazione a giudizio, può manifestare il proprio consenso all'applicazione della pena su richiesta, indicando gli elementi previsti dall'art. 444, comma 1 del codice.[1]

[1] Comma così sost. dall'art. 55, L. 16 dic. 1999, n. 479.

160. *Determinazione della data dell'udienza dibattimentale o del procedimento speciale.* — 1. Ai fini dell'emissione del decreto di citazione a giudizio ovvero del decreto che dispone il giudizio a seguito di opposizione a decreto penale, la richiesta prevista dall'art. 132 comma 2 è proposta al presidente del tribunale rispettivamente dal pubblico ministero o dal giudice per le indagini preliminari.

2. [...][1]

[1] Comma abrog. dall'art. 54, L. 16 dic. 1999, n. 479.

161. [***Deposito degli atti per il giudizio abbreviato.***][1]

[1] Articolo abrog. dall'art. 54, L. 16 dic. 1999, n. 479.

162. *Delega delle funzioni di pubblico ministero in udienza dibattimentale.* — 1. La delega prevista dall'art. 72 del R.D. 30 gen. 1941, n. 12 è conferita con atto scritto di cui è fatta annotazione in apposito registro ed è esibita in dibattimento.

2. Nel caso di giudizio direttissimo, la delega può essere conferita anche per la partecipazione alla contestuale udienza di convalida.

3. Quando si presenta la necessità di prestare il consenso all'applicazione della pena su richiesta [o al giudizio abbreviato] ovvero si deve procedere a nuove contestazioni, il pubblico ministero delegato può procedere a consultazioni con il procuratore della Repubblica.

4. Il giudice[1] nel caso previsto dal comma 3, può sospendere l'udienza per il tempo strettamente necessario.

[1] L'originario riferimento al pretore è stato sostituito con il riferimento al giudice dall'art. 216 del D.lgs. 19 feb. 1998, n. 51.

163. *Presentazione dell'arrestato per la convalida.* — 1. Nel caso previsto dall'art. 558[1] comma 1, la presentazione dell'arrestato al giudice[2] per la convalida e il contestuale giudizio è disposta dal procuratore della Repubblica con l'atto mediante il quale formula l'imputazione.

2. Gli ufficiali o gli agenti di polizia giudiziaria che hanno eseguito l'arresto consegnano immediatamente gli atti al pubblico ministero presente all'udienza.

[1] Comma così sost. dall'art. 51, c. 1, L. 16 dic. 1999, n. 479.

[2] Si veda la nota all'art. precedente.

CAPO XII-*bis*
Disposizioni relative alle sezioni distaccate del tribunale

163-*bis*. *Inosservanza delle disposizioni delle attribuzioni delle sezioni distaccate del Tribunale.* — 1. L'inosservanza delle disposizioni di ordinamento giudiziario relative alla ripartizione tra sede principale e sezioni distaccate, o tra diverse sezioni distaccate, dei procedimenti nei quali il tribunale giudica in composizione monocratica è rilevata fino alla dichiarazione di apertura del dibattimento di primo grado.

2. Il giudice, se ravvisa l'inosservanza o ritiene comunque non manifestamente infondata la relativa questione, rimette gli atti al presidente del Tribunale, che provvede con decreto non impugnabile.

163-*ter*. *Presentazione dell'atto di impugnazione presso la sezione distaccata.* — 1. Nei casi previsti dagli artt. 461, comma 1 e 582, comma 2 del codice, le dichiarazioni e le impugnazioni possono essere presentate anche nella cancelleria della sezione distaccata del Tribunale.

CAPO XIII
Disposizioni relative alle impugnazioni

[1] V. artt. 568-647 c.p.p.

164. *Deposito delle copie dell'atto di impugnazione e formazione dei relativi fascicoli.* — 1. Le parti devono depositare le copie dell'atto di impugnazione occorrenti per la notificazione prevista dall'art. 584 del codice.

2. Le parti devono inoltre depositare, presso la cancelleria del giudice che ha emesso il provvedimento impugnato, due copie dell'atto di impugnazione, nel caso di appello, e cinque copie, nel caso di ricorso per cassazione, oltre a una copia per il procuratore generale.

3. Se non sono depositate le copie indicate nei commi 1 e 2, la cancelleria provvede a farle a spese di chi ha presentato l'impugnazione. [...][1]

4. A cura della cancelleria presso il giudice che ha emesso il provvedimento impugnato sono formati, nel caso di appello, tre fascicoli e, nel caso di ricorso per cassazione, sei fascicoli contenenti ciascuno una copia della sentenza impugnata e degli atti di impugnazione.

[1] Periodo abrog. dall'art. 299, D.P.R. 30 mag. 2002, n. 115.

165. *Annotazione della impugnazione in calce al provvedimento impugnato.* — 1. Prima della notificazione, l'impugnazione è annotata in calce al provvedimento impugnato, con la indicazione di chi la ha proposta e della data della proposizione.

2. Le copie del provvedimento impugnato trasmesse al giudice dell'impugnazione contengono le indicazioni previste dal comma 1.

165-*bis*. *Adempimenti connessi alla trasmissione degli atti al giudice dell'impugnazione.*[1] — 1. Gli atti da trasmettere al giudice dell'impugnazione devono contenere, in distinti allegati formati subito dopo la presentazione dell'atto di impugnazione, a cura del giudice o del presidente del collegio che ha emesso il provvedimento impugnato, i seguenti dati:

a) i nominativi dei difensori, di fiducia o d'ufficio, con indicazione della data di nomina;

b) le dichiarazioni o elezioni o determinazioni di domicilio, con indicazione delle relative date;

c) i termini di prescrizione riferiti a ciascun reato, con indicazione degli atti interruttivi e delle specifiche cause di sospensione del relativo corso, ovvero eventuali dichiarazioni di rinuncia alla prescrizione;

d) i termini di scadenza delle misure cautelari in atto, con indicazione della data di inizio e di eventuali periodi di sospensione o proroga.

2. Nel caso di ricorso per cassazione, a cura della cancelleria del giudice che ha emesso il provvedimento impugnato, è inserita in separato fascicolo allegato al ricorso, qualora non già contenuta negli atti trasmessi, copia degli atti specificamente indicati da chi ha proposto l'impugnazione ai sensi dell'articolo 606, comma 1, lettera *e*), del codice; della loro mancanza è fatta attestazione.

[1] Articolo ins. dall'art. 7, c. 1, D.lgs. 6 feb. 2018, n. 11.

166. [***Comunicazione al procuratore generale dell'appello dell'imputato.***][1]

[1] Articolo abrog. dall'art. 6, c. 1, D.lgs. 6 feb. 2018, n. 11.

166-*bis*. *Poteri del procuratore generale in materia di impugnazione delle sentenze di primo grado.*[1] — 1. Al fine di acquisire tempestiva notizia in ordine alle determinazioni relative all'impugnazione delle sentenze di primo grado, il procuratore generale presso la corte d'appello promuove intese o altre forme di coordinamento con i procuratori della Repubblica del distretto.

[1] Articolo ins. dall'art. 8, c. 1, D.lgs. 6 feb. 2018, n. 11.

167. *Nuovi motivi della impugnazione già proposta.* — 1. Nel caso di presentazione di motivi nuovi, si applicano le disposizioni dell'art. 164 commi 2 e 3 e devono essere specificati i capi e i punti enunciati a norma dell'art. 581 comma 1 lettera *a*) del codice, ai quali i motivi si riferiscono.

168. *Disposizione di rinvio.* — 1. Nei giudizi di impugnazione si osservano, in quanto applicabili, le disposizioni di attuazione relative al giudizio di primo grado.

169. *Riduzione dei termini nel giudizio di cassazione.* — 1. Nei casi di urgenza, le parti possono chiedere la riduzione dei termini stabiliti per il giudizio di cassazione. Il presidente, se accoglie la richiesta, dispone con decreto la riduzione dei termini in misura non superiore a un terzo. Del provvedimento di riduzione è fatta menzione negli avvisi.

2. Con l'atto di ricorso o anche successivamente le parti possono rinunciare agli avvisi.

169-*bis*. *Sezione della corte di cassazione per l'esame dell'inammissibilità dei ricorsi.*[1] — La sezione di cui al comma 1 dell'art. 610 del codice è predeterminata con rotazione biennale dal provvedimento tabellare riguardante la corte di cassazione.

[1] Articolo ins. dall'art. 6, 4. c., della L. 26 mar. 2001, n. 128.

170. ***Sezioni unite.*** — 1. Le sezioni unite sono convocate con decreto del presidente della corte di cassazione o del presidente aggiunto da lui delegato e sono composte con magistrati di tutte le sezioni penali. Il collegio è presieduto dal presidente della corte ovvero, su sua delegazione, dal presidente aggiunto o da un presidente di sezione.

171. ***Questione dedotta nel corso della discussione.*** — 1. Se una questione è dedotta per la prima volta nel corso della discussione, il presidente può concedere nuovamente la parola alle parti già intervenute.

172. ***Restituzione alla sezione di ricorsi già rimessi alle sezioni unite.*** — 1. Nel caso previsto dall'art. 618 del codice, il presidente della corte di cassazione può restituire alla sezione il ricorso qualora siano stati assegnati alle sezioni unite altri ricorsi sulla medesima questione o il contrasto giurisprudenziale risulti superato.

2. In nessun caso può essere restituito il ricorso che, dopo una decisione delle sezioni unite, è stato rimesso da una sezione della corte di cassazione con l'enunciazione delle ragioni che possono dar luogo a un nuovo contrasto giurisprudenziale.

173. ***Motivazione della sentenza. Enunciazione del principio di diritto.*** — 1. Nella sentenza della corte di cassazione i motivi del ricorso sono enunciati nei limiti strettamente necessari per la motivazione.

2. Nel caso di annullamento con rinvio, la sentenza enuncia specificamente il principio di diritto al quale il giudice di rinvio deve uniformarsi.

3. Quando il ricorso è stato rimesso alle sezioni unite, la sentenza enuncia sempre il principio di diritto sul quale si basa la decisione.

174. ***Rettifiche e integrazioni alla motivazione.*** — 1. Nel caso previsto dall'art. 617 comma 3 del codice, alla redazione del testo rettificato o integrato provvede la corte di cassazione in camera di consiglio. Quando ciò non è possibile, provvede un consigliere che può anche essere diverso da quello precedentemente designato per la redazione della motivazione.

175. ***Determinazione del giudice di rinvio.*** — 1. Per determinare ai fini del giudizio di rinvio la corte di appello, la corte di assise di appello, la corte di assise o il tribunale più vicino, si tiene conto della distanza chilometrica ferroviaria, e se del caso marittima, tra i capoluoghi del distretto o, rispettivamente, del circolo o del circondario.

176. ***Rilascio dei documenti da unire alla domanda di riparazione dell'errore giudiziario.*** — 1. I documenti da unire alla domanda di riparazione dell'errore giudiziario, a norma dell'art. 645 del codice, sono rilasciati gratuitamente dagli uffici competenti e sono esenti da imposta di bollo.

CAPO XIV
Disposizioni relative al giurì d'onore

177. ***Deferimento del giudizio a un giurì d'onore.*** — 1. Agli effetti dell'art. 597 del codice penale, la facoltà di deferire a un giurì d'onore il giudizio sulla verità del fatto s'intende esercitata quando i componenti il giurì hanno accettato la nomina. L'accettazione deve risultare da atto scritto.

2. Nel deferire il giudizio previsto dal comma 1, le parti interessate, se non dichiarano espressamente di rinunciare al diritto al risarcimento e alla riparazione, possono demandare al giurì il relativo accertamento e le conseguenti pronunce in via equitativa.

3. Su richiesta delle parti interessate, la nomina dei componenti il giurì può essere fatta dal presidente del tribunale.

4. Su richiesta delle parti interessate, la nomina dei componenti il giurì può essere fatta da associazioni legalmente riconosciute come enti morali. I componenti sono scelti fra le persone iscritte in appositi albi formati dalle stesse associazioni e approvati dal presidente del tribunale.

5. Se vengono a mancare per qualunque causa tutti o alcuni dei componenti il giurì, il presidente del tribunale o le associazioni provvedono alla loro sostituzione.

178. ***Componenti del giurì d'onore. Termine per la pronuncia del verdetto.*** — 1. Il giurì d'onore si compone di uno o più membri in numero dispari.

2. Il giurì deve pronunciare il verdetto nel termine di tre mesi dal giorno dall'accettazione. Il presidente del tribunale per gravi motivi può prorogare questo termine fino ad altri tre mesi.

179. ***Procedimento davanti al giurì d'onore.*** — 1. Le sedute del giurì non sono pubbliche.

2. I componenti del giurì sono obbligati al segreto per tutto ciò che concerne gli atti compiuti, salvo che per il verdetto.

3. È vietata la pubblicazione, in tutto o in parte, anche per riassunto o a guisa di informazione, degli atti e documenti concernenti il giudizio, fatta eccezione per il verdetto. Sono applicabili gli artt. 684 e 685 del c.p.

4. Quando lo ritiene necessario, il giurì può, anche di sua iniziativa, sentire testimoni.

5. Il giurì, quando è stato nominato nei modi indicati nell'art. 177 commi 3 e 4, può chiedere documenti e informazioni alle pubbliche amministrazioni, le quali hanno l'obbligo di fornirli, salvo che vi ostino gravi ragioni di servizio, e compiere altri accertamenti.

180. ***Sanzioni pecuniarie.*** — 1. I componenti del giurì che violano gli obblighi stabiliti dall'art. 178 comma 2 o dall'art. 179 comma 2 possono essere condannati al pagamento di una somma da euro 25 a euro 258 a favore della cassa delle ammende.

2. Nel caso in cui il giurì sia stato nominato nei modi indicati nell'art. 177 commi 3 e 4, il testimone che omette senza legittimo impedimento di comparire nel luogo, giorno e ora stabiliti, può essere condannato al pagamento di una somma da euro 12 a euro 129 a favore della cassa delle ammende.

3. Le condanne previste dai commi 1 e 2 sono pronunciate dal presidente del tribunale, sentito il trasgressore, e alla loro esecuzione provvede la cancelleria del tribunale, osservate le disposizioni dell'art. 664 del codice.

CAPO XV
Disposizioni relative alla esecuzione[1]

[1] V. artt. 648-695 c.p.p.

181. [***Esecuzione delle pene pecuniarie e recupero delle spese.***][1]

[1] Articolo abrog. dall'art. 299, D.P.R. 30 mag. 2002, n. 115.

182. [***Procedura in caso di insolvibilità.***][1]

[1] Articolo abrog. dall'art. 299, D.P.R. 30 mag. 2002, n. 115.

183. ***Richiesta di applicazione di pena accessoria.*** — 1. Quando alla condanna consegue di diritto una pena accessoria predeterminata dalla legge nella specie e nella durata, il pubblico ministero ne richiede l'applicazione al giudice dell'esecuzione se non si è provveduto con la sentenza di condanna.

183-*bis*. ***Esecuzione della misura di sicurezza dell'espulsione del cittadino di uno Stato non appartenente all'Unione europea e dell'apolide.***[1] — 1. L'espulsione del cittadino di uno Stato non appartenente all'Unione europea e dell'apolide dal territorio dello Stato è eseguita dal questore secondo le modalità di cui all'articolo 13, comma 4, del testo unico di cui al decreto legislativo 25 luglio 1998, n. 286.

[1] Articolo inserito dall'art. 1, c. 4 della L. 15 lug. 2009, n. 94.

183-*ter*. ***Esecuzione della misura di sicurezza dell'allontanamento del cittadino di uno Stato membro dell'Unione europea e di un suo familiare.***[1] — 1. L'allontanamento del cittadino di uno Stato membro dell'Unione europea o di un suo familiare, di cui agli articoli 2, comma 1, lettera b), e 3, comma 2, del decreto legislativo 6 febbraio 2007, n. 30, è disposto in conformità ai criteri ed alle modalità fissati dall'articolo 20 del medesimo decreto legislativo.[2]

[1] Articolo ins. dall'art. 1, c. 4 della L. 15 lug. 2009, n. 94 e così sost. dall'art. 2, c. 1 del D.L. 23 giu. 2011, n. 89, conv. con modif. in L. 2 ago. 2011, n. 129.

[2] Comma così modif. dall'art. 1, c. 2, L. 6 ago. 2013, n. 97.

183-*quater*. ***Esecuzione della confisca in casi particolari.***[1] — 1. Competente a emettere i provvedimenti di confisca in casi particolari previsti dall'articolo 240-*bis* del codice penale o da altre disposizioni di legge che a questo articolo rinviano dopo l'irrevocabilità della sentenza, è il giudice di cui all'articolo 666, commi 1, 2 e 3, del codice. Il giudice, sulla richiesta di sequestro e contestuale confisca proposta dal pubblico ministero, provvede nelle forme previste dall'articolo 667, comma 4, del codice. L'opposizione è proposta, a pena di decadenza, entro trenta giorni dalla comunicazione o notificazione del decreto.

2. In caso di morte del soggetto nei cui confronti è stata disposta la confisca con sentenza di condanna passata in giudicato, il relativo procedimento inizia o prosegue, a norma dell'articolo 666 del codice, nei confronti degli eredi o comunque degli aventi causa.

3. L'autorità giudiziaria competente ad amministrare i beni sequestrati è il giudice che ha disposto il sequestro ovvero, se organo collegiale, il giudice delegato nominato dal collegio stesso. L'opposizione ai provvedimenti adottati, ove consentita, è presentata, nelle forme dell'articolo 666 del codice, allo stesso giudice ovvero, nel caso di provvedimento del giudice delegato, al collegio.

[1] Articolo ins. dall'art. 6, c. 3, lett. *b*), D.lgs. 1 mar. 2018, n. 21.

184. ***Forma dei provvedimenti che applicano altre sanzioni pecuniarie.*** — 1. Salvo che la legge disponga altrimenti, i provvedimenti previsti dall'art. 664 comma 1 del codice sono adottati con ordinanza.

185. ***Assunzione delle prove nel procedimento di esecuzione.*** — 1. Il giudice, nell'assumere le prove a norma dell'art. 666 comma 5 del codice, procede senza particolari formalità anche per quanto concerne la citazione e l'esame dei testimoni e l'espletamento della perizia.

186. ***Applicazione della disciplina del concorso formale e del reato continuato.*** — 1. Le copie delle sentenze o decreti irrevocabili, se non sono allegate alla richiesta prevista dall'art. 671 comma 1 del codice, sono acquisite di ufficio.

187. ***Determinazione del reato più grave.*** — 1. Per l'applicazione della disciplina del concorso formale e del reato continuato da parte del giudice dell'esecuzione si considera violazione più grave quella per la quale è stata inflitta la pena più grave, anche quando per alcuni reati si è proceduto con giudizio abbreviato.

188. ***Concorso formale e reato continuato nel caso di più sentenze di applicazione della pena su richiesta delle parti.***[1] — 1. Fermo quanto previsto dall'art. 137, nel caso di più sentenze di applicazione della pena su richiesta delle parti pronunciate in procedimenti distinti contro la stessa persona, questa e il pubblico ministero possono chiedere al giudice dell'esecuzione l'applicazione della disciplina del concorso formale o del reato continuato, quando concordano sulla entità della sanzione sostitutiva o della pena detentiva, sempre che quest'ultima non superi complessivamente cinque anni, soli o congiunti a pena pecuniaria, ovvero due anni, soli o congiunti a pena pecuniaria, nei casi previsti nel comma 1-*bis* dell'articolo 444 del codice. Nel caso di disaccordo del pubblico ministero, il giudice, se lo ritiene ingiustificato, accoglie ugualmente la richiesta.

[1] Articolo così modif. dall'art. 1, L. 2 ago. 2004, n. 205.

189. ***Comunicazione dei provvedimenti del giudice di sorveglianza.*** — 1. Il dispositivo dei provvedimenti esecutivi del giudice di sorveglianza che incidono sulla durata della pena, o sulla data in cui la stessa deve avere inizio o termine, è comunicato senza ritardo, a cura della cancelleria presso il giudice medesimo, al pubblico ministero competente per l'esecuzione della sentenza di condanna. Le medesime disposizioni si applicano ai provvedimenti esecutivi del giudice di sorveglianza concernenti le misure di sicurezza.

190. ***Prescrizioni per la persona sottoposta a libertà vigilata.*** — 1. Il magistrato di sorveglianza stabilisce le prescrizioni alle quali deve attenersi la persona sottoposta a libertà vigilata a norma dell'art. 228 del c.p.

2. Le prescrizioni sono trascritte in una carta precettiva che è consegnata all'interessato con obbligo di conservarla e di presentarla ad ogni richiesta dell'autorità. In caso di irreperibilità, il magistrato di sorveglianza provvede a norma dell'art. 231 del c.p.

3. Il vigilato non può, senza autorizzazione del magistrato di sorveglianza, trasferire la propria residenza o dimora in un comune diverso e deve informare gli organi ai quali è stata affidata la vigilanza di ogni mutamento di abitazione nell'ambito del comune.

4. In caso di trasferimento non autorizzato, di successiva irreperibilità e di altre trasgressioni, il magistrato di sorveglianza provvede a norma dell'art. 231 del c.p.

5. Copia delle prescrizioni indicate nel comma 1 è comunicata agli organi e alle persone cui è affidata la vigilanza a norma degli artt. 228 e 232 del c.p. nonché al centro di servizio sociale.

6. La vigilanza è esercitata in modo da non rendere difficoltosa alla persona che vi è sottoposta la ricerca di un lavoro e da consentirle di attendervi con la necessaria tranquillità.

191. ***Applicazione del divieto di soggiorno.*** — 1. Il provvedimento del magistrato di sorveglianza che applica il divieto di soggiorno in determinati luoghi a norma dell'art. 233 del c.p. è immediatamente comunicato dalla cancelleria agli organi di pubblica sicurezza dei comuni o delle province cui si riferisce il divieto. Di ogni trasgressione gli organi predetti fanno rapporto al magistrato di sorveglianza per i provvedimenti conseguenti.

192. ***Annotazione del decreto di grazia.*** — 1. Il pubblico ministero competente a norma dell'art. 681 comma 4 del codice provvede senza ritardo affinché il decreto di grazia sia annotato sull'originale della sentenza o del decreto penale di condanna.

193. ***Annotazione del provvedimento di riabilitazione e di revoca delle sentenze di condanna.*** — 1. Il provvedimento che concede la riabilitazione, divenuta irrevocabile, è annotato nella sentenza di condanna a cura della cancelleria del giudice che la ha emessa. Allo stesso modo si procede per i provvedimenti di revoca adottati a norma degli artt. 669 e 673 del codice.

194-197... [1]

[1] Articoli abrog. dall'art. 52, D.P.R. 14 nov. 2002, n. 313.

198. [***Certificati che possono essere chiesti dall'interessato.***][1]

[1] Articolo soppresso dall'art. 34 del D.lgs. 14 gen. 1991, n. 12.

199. [***Recupero delle spese del procedimento***][1]

[1] Articolo abrog. dall'art. 299, D.P.R. 30 mag. 2002, n. 115.

200. ***Annotazione delle spese anticipate dall'erario***[1]

[1] Vedi nota art. 199.

CAPO XVI
Disposizioni relative ai rapporti giurisdizionali con autorità straniere.[1]

[1] V. artt. 696-746 c.p.p.

201. ***Traduzione delle domande provenienti da un'autorità straniera.*** — 1. Le domande provenienti da un'autorità straniera nonché i relativi atti e documenti sono accompagnati da una traduzione in lingua italiana.

202. ***Consenso dell'interessato alla estradizione per l'estero.*** — 1. Fuori dei casi previsti dagli artt. 703 e 717 del codice, il consenso dell'interessato alla estradizione è prestato davanti al presidente della corte di appello nel rispetto delle garanzie previste dall'art. 701 comma 2. Il verbale è compilato in due originali, uno dei quali è trasmesso senza ritardo, a cura della cancelleria, al ministro di grazia e giustizia.

203. ***Comunicazioni al ministro di grazia e giustizia in merito alla estradizione.***[1] — 1. La cancelleria comunica senza ritardo al ministro di grazia e giustizia l'avvenuta scadenza del termine per l'impugnazione della sentenza della corte di appello o l'avvenuto deposito della sentenza della corte di cassazione. Trasmette, inoltre, al ministro di grazia e giustizia copia della sentenza della corte di appello non più soggetta a impugnazione ovvero copia della sentenza della corte di cassazione.

[1] V. art. 708 c.p.p.

204. ***Comunicazioni all'autorità giudiziaria che ha trasmesso la rogatoria all'estero.*** — 1. Le comunicazioni previste dall'art. 727 comma 3 del codice devono pervenire all'autorità giudiziaria richiedente senza ritardo. Le comunicazioni dell'avvenuto inoltro della rogatoria ovvero dell'emissione del decreto previsto dall'art. 727 comma 2 del codice devono comunque pervenire entro cinque giorni dalle rispettive date di inoltro e di emissione.

204-*bis*. ***Comunicazioni dell'autorità giudiziaria in tema di rogatoria.***[1] — 1. Quando un accordo internazionale prevede la trasmissione diretta della richiesta dell'assistenza giudiziaria, l'autorità giudiziaria indicata dagli articoli 724, 726 e 726-*ter* del codice che riceve direttamente la richiesta ovvero l'autorità giudiziaria che la invia direttamente all'autorità straniera ne trasmette senza ritardo copia al Ministero della giustizia.

[1] Articolo ins. dall'art. 15, L. 5 ott. 2001, n. 367.

205. ***Richiesta del testo di leggi straniere.*** — 1. L'autorità giudiziaria, per ragioni di ufficio, può richiedere al ministro di grazia e giustizia il testo di leggi straniere.

205-*bis*. ***Irrevocabilità del consenso nell'ambito di procedure di cooperazione giudiziaria.***[1] — 1. Quando è previsto dal codice o da accordi internazionali, per l'espletamento di determinati atti, che l'interessato esprima il proprio consenso in una procedura di cooperazione giudiziaria, il consenso espresso non può essere revocato, salvo che l'interessato ignorasse circostanze di fatto rilevanti ai fini della sua decisione ovvero esse si siano successivamente modificate.

[1] Articolo ins. dall'art. 16, L. 5 ott. 2001, n. 367.

205-*ter*. ***Partecipazione al processo a distanza per l'imputato detenuto all'estero.***[1] — 1. La partecipazione all'udienza dell'imputato detenuto all'estero, che non possa essere trasferito in Italia, ha luogo attraverso il collegamento audiovisivo, quando previsto da accordi internazionali e secondo la disciplina in essi contenuta. Per quanto non espressamente discipinato dagli accordi internazionali, si applica la disposizione dell'articolo 146-*bis*.

2. Non può procedersi a collegamento audiovisivo se lo Stato estero non assicura la possibilità di presenza del difensore o di un sostituto nel luogo in cui viene assunto l'atto e se quest'ultimo non ha la possibilità di colloquiare riservatamente con il suo assistito.

3. L'imputato ha diritto alla presenza dell'interprete se non conosce la lingua del luogo ove l'atto è compiuto o quella usata per rivolgergli le domande.

4. La detenzione dell'imputato all'estero non può comportare la sospensione o il differimento dell'udienza quando è possibile la partecipazione all'udienza in collegamento audiovisivo, nei casi in cui l'imputato non da il consenso o rifiuta di assistere. Si osservano, in quanto applicabili, le disposizioni di cui all'articolo 420-*ter* del codice.

5. La partecipazione all'udienza attraverso il collegamento audiovisivo del testimone o del perito si svolge secondo le modalità e i presupposti previsti dagli accordi internazionali. Per quanto non espressamente disciplinato, si applica, in quanto compatibile, la disposizione dell'articolo 147-*bis*.

[1] Articolo ins. dall'art. 16, L. 5 ott. 2001, n. 367.

CAPO XVII

Disposizione finale

206. ***Regolamento ministeriale.*** — 1. Con decreto del ministro di grazia e giustizia sono adottate le disposizioni regolamentari che concernono:

a) la tenuta, anche in forma automatizzata, dei registri e degli altri strumenti di registrazione in materia penale;

b) le modalità di formazione e di tenuta dei fascicoli degli uffici giudiziari penali;

c) le altre attività necessarie per l'attuazione del codice non disciplinate dal presente decreto.

2. Il decreto previsto dal comma 1 e quello previsto dall'art. 199 sono emanati entro il 30 settembre 1989; all'uopo il Consiglio di Stato deve pronunziarsi entro quindici giorni dalla richiesta del parere.

TITOLO II

Norme di coordinamento

207. ***Ambito di applicazione delle disposizioni del codice.*** — 1. Le disposizioni del codice si osservano nei procedimenti relativi a tutti i reati anche se previsti da leggi speciali, salvo quanto diversamente stabilito in questo titolo e nel titolo III.

208. ***Corrispondenza tra gli istituti e le disposizioni del codice e del codice abrogato.*** — 1. Quando nelle leggi o nei decreti sono richiamati istituti o disposizioni del codice abrogato, il richiamo si intende riferito agli istituti o alle disposizioni del codice che disciplinano la corrispondente materia.

209. ***Corrispondenza tra uffici e organi del codice e del codice abrogato.*** — 1. Quando leggi o decreti indicano uffici o organi giudiziari con la denominazione del codice abrogato, l'indicazione si intende riferita agli uffici o agli organi giudiziari ai quali il codice attribuisce funzioni corrispondenti o analoghe.

210. ***Competenza.*** — 1. Continuano a osservarsi le disposizioni di leggi o decreti che regolano la competenza per materia o per territorio in deroga alla disciplina del codice nonché le disposizioni che prevedono la competenza de giudice penale in ordine a violazioni connesse a fatti costituenti reato.

211. ***Rapporti tra azione civile e azione penale.*** — 1. Salvo quanto disposto dall'art. 75 comma 2 del codice, quando disposizioni di legge prevedono la sospensione necessaria del processo civile o amministrativo a causa della pendenza di un processo penale, il processo civile o amministrativo è sospeso fino alla definizione del processo penale se questo può dare luogo a una sentenza che abbia efficacia di giudicato nell'altro processo e se è già stata esercitata l'azione penale.

212. ***Costituzione di parte civile e intervento nel processo.*** — 1. Quando leggi o decreti consentono la costituzione di parte civile o l'intervento nel processo penale al di fuori delle ipotesi indicate nell'art. 74 del codice, è consentito solo l'intervento nei limiti e alle condizioni previsti dagli artt. 91, 92, 93 e 94 del codice.

2. Resta in vigore l'art. 240 del R.D. 16 mar. 1942, n. 267.

213. ***Responsabilità civile derivante dalla circolazione dei veicoli a motore e dei natanti e provvisoria esecuzione.*** — 1. Continua a osservarsi la disposizione dell'art. 5-*bis* del D.L. 23 dic. 1976, n. 857, convertito nella L. 26 feb. 1977, n. 39.

214. ***Arresto o cattura da parte di organi che non esercitano funzioni penali.*** — 1. Sono abrogate le disposizioni di leggi o decreti che prevedono l'arresto o la cattura da parte di organi giudiziari che non esercitano funzioni penali.

215. ***Rilascio del passaporto.*** — 1. È abrogato l'art. 3 comma 1 lettera *c*) della L. 21 nov. 1967, n. 1185.

216. ***Modalità di esecuzione della custodia cautelare, delle pene e delle misure di sicurezza.*** — 1. Continuano a osservarsi le disposizioni di leggi o decreti che prevedono speciali modalità per l'esecuzione della custodia cautelare, delle pene e delle misure di sicurezza in istituti penitenziari.

217. ***Applicazione provvisoria di pene accessorie.*** — 1. È abrogato l'art. 140 del c.p.

2. È abrogata, altresì, ogni altra disposizione che prevede l'applicazione provvisoria di pene accessorie.

218. ***Ipoteca legale.*** — 1. Sono abrogate le disposizioni del codice penale che prevedono l'ipoteca legale.

2. L'ipoteca legale per illeciti penali prevista da altre disposizioni di legge è sostituita con il sequestro conservativo secondo le norme del codice.

219. ***Associazioni segrete.*** — 1. Continuano a osservarsi le disposizioni processuali della L. 25 gen. 1982, n. 17.

220. ***Attività ispettive e di vigilanza.*** — 1. Quando nel corso di attività ispettive o di vigilanza previste da leggi o decreti emergono indizi di reato, gli atti necessari per assicurare le fonti di prova e raccogliere quant'altro possa servire per l'applicazione della legge penale sono compiuti con l'osservanza delle disposizioni del codice.

221. ***Modalità particolari per la denuncia delle notizie di reato.*** — 1. Continuano a osservarsi le disposizioni di leggi o decreti che prevedono modalità diverse da quelle indicate negli artt. 331 e 347 del codice per l'inoltro della denuncia all'autorità giudiziaria ovvero consentono di presentare la denuncia stessa ad altra autorità che a quella abbia l'obbligo di riferire.

222. ***Investigatori privati.*** — 1. Fino all'approvazione della nuova disciplina sugli investigatori privati, l'autorizzazione a svolgere le attività indicate nell'art. 327-*bis* del codice[1] è rilasciata dal prefetto agli investigatori che abbiano maturato una specifica esperienza professionale che garantisca il corretto esercizio dell'attività.

2. In deroga a quanto previsto dall'art. 135 del R.D. 18 giu. 1931, n. 773, l'incarico è iscritto in uno speciale registro, in cui sono annotate:

a) le generalità e l'indirizzo del difensore committente;

b) la specie degli atti investigativi richiesti;

c) la durata delle indagini, determinata al momento del conferimento dell'incarico.

3. Nell'ambito delle indagini previste dal presente articolo non si applica la disposizione dell'art. 139 del R.D. 18 giu. 1931, n. 773.

4. Ai fini di quanto disposto dall'art. 103, commi 2 e 5, del codice, il difensore comunica il conferimento dell'incarico previsto dal comma 2 del presente articolo all'autorità giudiziaria procedente.[1]

[1] Commi così modif. dall'art. 24, L. 7 dic. 2000, n. 397.

223. ***Analisi di campioni e garanzie per l'interessato.*** — 1. Qualora nel corso di attività ispettive o di vigilanza previste da leggi o decreti si debbano eseguire analisi di campioni per le quali non è prevista la revisione, a cura dell'organo procedente è dato, anche oralmente, avviso all'interessato del giorno, dell'ora e del luogo dove le analisi verranno effettuate. L'interessato o persona di sua fiducia appositamente designata possono presenziare alle analisi, eventualmente con l'assistenza di un consulente tecnico. A tali persone spettano i poteri previsti dall'art. 230 del codice.

2. Se leggi o decreti prevedono la revisione delle analisi e questa sia richiesta dall'interessato, a cura dell'organo incaricato della revisione, almeno tre giorni prima, deve essere dato avviso del giorno, dell'ora e del luogo ove la medesima verrà effettuata all'interessato e al difensore eventualmente nominato. Alle operazioni di revisione l'interessato e il difensore hanno diritto di assistere personalmente, con l'assistenza eventuale di un consulente

tecnico. A tali persone spettano i poteri previsti dall'art. 230 del codice.

3. I verbali di analisi non ripetibili e i verbali di revisione di analisi sono raccolti nel fascicolo per il dibattimento, sempre che siano state osservate le disposizioni dei commi 1 e 2.

224. ***Violazione del foglio di via da parte dello straniero.***[1] — 1. Continuano a osservarsi le disposizioni dell'art. 152 del R.D. 18 giu. 1931, n. 773 che prevedono l'arresto dello straniero munito di foglio di via obbligatorio che si allontani dall'itinerario prescritto.

2. Se l'arresto è convalidato e ricorre taluna delle esigenze cautelari previste dall'art. 274 lettere *a*) e *c*) del codice ovvero concreto pericolo di fuga, in deroga a quanto stabilito dall'art. 280 del codice il giudice, su richiesta del pubblico ministero, dispone l'applicazione di una misura coercitiva.

3. Nei casi di applicazione di misure coercitive a norma del comma 2, si applicano, ridotti di due terzi, i termini di durata previsti dall'art. 303 del codice per i delitti puniti con la reclusione non superiore nel massimo a sei anni, ma la durata complessiva delle misure non può comunque superare il termine di tre mesi.

4. Le disposizioni del presente articolo si applicano non oltre il termine di due anni a decorrere dall'entrata in vigore del codice.

[1] Articolo da ritenersi abrogato in considerazione dell'abrogazione dell'art. 152 T.U. p.s. (v. L. 28 feb. 1990, n. 39).

225. ***Perquisizioni domiciliari.*** — 1. Continuano a osservarsi le disposizioni dell'art. 41 del R.D. 18 giu. 1931, n. 773 e dell'art. 33 della L. 7 gen. 1929, n. 4.

226. ***Intercettazione e controlli preventivi sulle comunicazioni.***[1] — 1. Il Ministro dell'interno o, su sua delega, i responsabili dei Servizi centrali di cui all'articolo 12 del D.L. 13 mag. 1991, n. 152, convertito, con modificazioni, dalla L. 12 lug. 1991, n. 203, nonché il questore o il comandante provinciale dei Carabinieri e della Guardia di finanza, richiedono al procuratore della Repubblica presso il tribunale del capoluogo del distretto in cui si trova il soggetto da sottoporre a controllo ovvero, nel caso non sia determinabile, del distretto in cui sono emerse le esigenze di prevenzione, l'autorizzazione all'intercettazione di comunicazioni o conversazioni, anche per via telematica, nonché all'intercettazione di comunicazioni o conversazioni tra presenti anche se queste avvengono nei luoghi indicati dall'art. 614 del codice penale, quando sia necessario per l'acquisizione di notizie concernenti la prevenzione di delitti di cui all'articolo 407, c. 2, lett. *a*); n. 4 e 51, c. 3-*bis*, del codice , nonché di quelli di cui all'articolo 51, comma 3-*quater*, del codice, commessi mediante l'impiego di tecnologie informatiche o telematiche. Il Ministro dell'interno può altresì delegare il Direttore della Direzione investigativa antimafia limitatamente ai delitti di cui all'articolo 51, c. 3-*bis*, del codice.[2]

2. Il procuratore della Repubblica, qualora vi siano elementi investigativi che giustifichino l'attività di prevenzione o lo ritenga necessario, autorizza l'intercettazione per la durata massima di giorni quaranta, prorogabile per periodi successivi di giorni venti ove permangano i presupposti di legge. L'autorizzazione alla prosecuzione delle operazioni è data dal pubblico ministero con decreto motivato, nel quale deve essere dato chiaramente atto dei motivi che rendono necessaria la prosecuzione delle operazioni.

3. Delle operazioni svolte e dei contenuti intercettati è redatto verbale sintetico che, unitamente ai supporti utilizzati, è depositato presso il procuratore che ha autorizzato le attività entro cinque giorni dal termine delle stesse. Il predetto termine è di dieci giorni se sussistono esigenze di traduzione delle comunicazioni o conversazioni.[3] Il procuratore, verificata la conformità delle attività compiute all'autorizzazione, dispone l'immediata distruzione dei supporti e dei verbali.

3-*bis*. In deroga a quanto previsto dal comma 3, il procuratore può autorizzare, per un periodo non superiore a ventiquattro mesi, la conservazione dei dati acquisiti, anche relativi al traffico telematico, esclusi comunque i contenuti delle comunicazioni, quando gli stessi sono indispensabili per la prosecuzione dell'attività finalizzata alla prevenzione di delitti di cui al comma 1.[4]

4. Con le modalità e nei casi di cui ai commi 1 e 3, può essere autorizzato il tracciamento delle comunicazioni telefoniche e telematiche, nonché l'acquisizione dei dati esterni relativi alle comunicazioni telefoniche e telematiche intercorse e l'acquisizione di ogni altra informazione utile in possesso degli operatori di telecomunicazioni.

5. In ogni caso gli elementi acquisiti avverso le attività preventive non possono essere utilizzati nel procedimento penale, fatti salvi i fini investigativi. In ogni caso le attività di intercettazione preventiva di cui ai commi precedenti, e le notizie acquisite a seguito delle attività medesime, non possono essere mezionate in atti di indagine né costituire oggetto di deposizione né essere altrimenti divulgate.

[1] Articolo così sost. dall'art. 5 del D.L. 18 ott. 2001, n. 374, conv. in L. 15 dic. 2001, n. 348.

[2] Comma così modif. dall'art. 2, c. 1-*quater*, D.L. 18 feb. 2015, n. 7, conv. con modif. in L. 17 apr. 2015, n. 43.

[3] Periodo inserito dall'art. 4, c. 3, D.L. 18 feb. 2015, n. 7, conv. con modif. in L. 17 apr. 2015, n. 43.

[4] Comma inserito dall'art. 2, c. 1-*quater*, D.L. 18 feb. 2015, n. 7, conv. con modif. in L. 17 apr. 2015, n. 43.

227. [***Detenzione per uso personale di sostanze stupefacenti.***][1]

[1] Articolo abrog. dall'art. 136, D.P.R. 9 ott. 1990, n. 309.

228. [***Disposizioni speciali in tema di sostanze stupefacenti.***][1]

[1] Articolo abrog. dall'art. 136, D.P.R. 9 ott. 1990, n. 309.

229. ***Disposizioni speciali in tema di sequestri.*** — 1. Continuano a osservarsi, se più brevi, i termini previsti da leggi o decreti per la trasmissione del verbale di sequestro effettuato dalla polizia giudiziaria e per la successiva convalida. In ogni caso i provvedimenti relativi ai sequestri per il procedimento penale sono assoggettati soltanto ai rimedi previsti dal codice.

230. ***Fermo, arresto e cattura.*** — 1. Le disposizioni dell'art. 384 del codice si osservano anche quando leggi o decreti prevedono il fermo o l'arresto fuori dei casi di flagranza per delitti punibili con la reclusione superiore nel massimo a tre anni.

2. Ai fini della determinazione di effetti giuridici diversi dalla cattura, se in leggi o decreti si fa riferimento a reati per i quali è previsto il mandato o l'ordine di cattura obbligatorio, il riferimento deve intendersi operato ai delitti non colposi consumati o tentati previsti dall'art. 380 commi 1 e 2 lettere *a*), *b*), *d*), *f*), *i*) del codice nonché, se la legge stabilisce la pena della reclusione non inferiore nel massimo a dieci anni, dalle lettere *c*), *g*), *h*) dello stesso comma 2. Se il riferimento è fatto a reati per i quali è previsto il mandato o l'ordine di cattura facoltativo, esso deve intendersi operato ai delitti indicati nell'art. 280 del codice diversi da quelli menzionati nel primo periodo del presente comma.

3. Restano in vigore l'art. 133 comma 4 del D.P.R. 15 giu. 1959, n. 393 e l'art. unico comma 1 del D.P.R. 4 lug. 1980, n. 575.

231. ***Esercizio dell'azione penale da parte di organi diversi dal pubblico ministero.*** — 1. Sono abrogate le disposizioni di legge o decreti che prevedono l'esercizio dell'azione penale da parte di organi diversi dal pubblico ministero.

232. ***Corrispondenza tra sentenza istruttoria, sentenza di non luogo a procedere e provvedimento di archiviazione.*** — 1. Le sentenze istruttorie di non doversi procedere emesse a norma del codice abrogato sono equiparate, nei corrispondenti casi, ai provvedimenti di archiviazione per mancanza di una condizione di procedibilità o per essere ignoto l'autore del reato ovvero alle sentenze di non luogo a procedere previste dal codice.

233. ***Giudizio direttissimo.*** — 1. Sono abrogate le disposizioni di leggi o decreti che prevedono il giudizio direttissimo in casi, con forme o termini diversi da quelli indicati nel codice.

2. Tuttavia, il pubblico ministero procede al giudizio direttissimo, anche fuori dei casi previsti dagli artt. 449 e 566 del codice, per i reati concernenti le armi e gli esplosivi e per i reati commessi con il mezzo della stampa.[1]

[1] La Corte cost., con sent. 8 feb. 1991, n. 68, ha dichiarato l'ill. cost. del c. 2; v. però art. 12-*bis* D.L. 8 giu. 1992, n. 306.

234. ***Richiesta di sanzioni sostitutive da parte dell'imputato.*** — 1. Salvo quanto stabilito dall'art. 248 comma 4, sono abrogati gli artt. 77, 78, 79 e 80 della L. 24 nov. 1981, n. 689.

235. ***Violazioni di leggi finanziarie.*** — 1. Nei procedimenti relativi a violazioni delle leggi finanziarie continua a osservarsi la disposizione dell'art. 53 della L. 7 gen. 1929, n. 4.

236. ***Disposizioni concernenti il tribunale di sorveglianza.*** — 1. Competente a dichiarare l'estinzione della pena in conseguenza della liberazione condizionale o dell'affidamento in prova al servizio sociale è il tribunale di sorveglianza.

2. Nelle materie di competenza del tribunale di sorveglianza continuano a osservarsi le disposizioni processuali della L. 26 lug. 1975, n. 354 diverse da quelle contenute nel capo II-*bis* del titolo II della stessa legge.[1]

[1] La Corte cost., con sent. 16 feb. 1993, n. 53, ha dichiarato l'ill. cost. del c. 2 dell'art. 236 e degli artt. 14-*ter* c. 1, 2, 3 e 30-*bis* della L. 26 lug. 1975, n. 354 «nella parte in cui non consentono l'applicazione degli artt. 666 e 678 del c.p.p. nel procedimento di reclamo avverso il decreto del magistrato di sorveglianza che esclude dal computo della detenzione il periodo trascorso in permesso premio».

237. [***Eliminazione di iscrizioni dal casellario giudiziale.***][1]

[1] Articolo abrog. dall'art. 52, D.P.R. 14 nov. 2002, n. 313.

238. ***Individuazione del pubblico ministero e del giudice per le indagini preliminari nei procedimenti di assise.*** — 1. Per i reati di competenza della corte di assise le indagini preliminari sono svolte dal procuratore della Repubblica presso il tribunale individuato a norma degli artt. 8, 9, 10, 11 e 16 del codice. Con i medesimi criteri è individuato il giudice per le indagini preliminari. È fatto salvo quanto previsto dagli artt. 51 comma 3-*bis* e 328 comma 1-*bis* del codice.[1]

2. Il procuratore della Repubblica indicato nel comma 1 partecipa al dibattimento davanti alla corte di assise e, nelle ipotesi di giudizio direttissimo, presenta l'imputato davanti al giudice del dibattimento.

3. Sono abrogati gli artt. 3 e 4 della L. 24 nov. 1951, n. 1324.

[1] L'ultimo periodo è stato aggiunto dall'art. 4 del D.L. 20 nov. 1991, n. 367, conv. in L. 20 gen. 1992, n. 8.

239. ***Interruzione della prescrizione.***[1] (*Omissis*)

[1] Sostituiva il c.2 dell'art. 160 del c.p.

240. [***Trattamento sanitario del detenuto.***][1]

[1] Articolo abrog. dall'art. 2, c. 1, D.lgs. 2 ott. 2018, n. 123.

240-*bis*. ***Sospensione dei termini processuali nel periodo finale.***[1] (*Omissis*)

[1] Articolo aggiunto dal D.L. 20 lug. 1990, n. 193, sostituiva l'art. 2, L. 7 ott. 1969, n. 742.

TITOLO III
Norme transitorie

241. ***Procedimenti in corso che si trovano in una fase diversa da quella istruttoria.*** — 1. Salvo quanto previsto dal presente titolo, i procedimenti in corso alla data di entrata in vigore del codice proseguono con l'applicazione delle norme anteriormente vigenti se a tale data è stata già richiesta la citazione a giudizio ovvero sono stati emessi sentenza istruttoria di proscioglimento non irrevocabile, ordinanza di rinvio a giudizio, decreto di citazione a giudizio o decreto penale di condanna ovvero è stato disposto il giudizio direttissimo.

242. ***Procedimenti in fase istruttoria che proseguono con le norme anteriormente vigenti.*** — 1. La disposizione dell'art. 241 si osserva altresì:

a) nei procedimenti in corso alla data di entrata in vigore del codice quando è stato compiuto un atto di istruzione del quale è previsto il deposito e il fatto è stato contestato all'imputato ovvero enunciato in un mandato o in un ordine rimasto senza effetto;

b) quando, prima dell'entrata in vigore del codice, è stato eseguito l'arresto in flagranza o il fermo;

c) nei procedimenti connessi a norma dell'art. 45 del codice abrogato per i quali le condizioni indicate nelle lettere *a*) e *b*) ricorrono anche relativamente a uno solo degli indiziati o imputati ovvero a una sola delle imputazioni, sempre che alla data di entrata in vigore del codice i procedimenti siano già riuniti.

2. Quando si procede con istruzione sommaria, se entro il 31 dicembre 1990[1] non è stato ancora richiesto il decreto di citazione a giudizio o richiesta la sentenza di proscioglimento o non è stato disposto il giudizio direttissimo, il pubblico ministero entro i successivi trenta giorni trasmette il fascicolo con le sue conclusioni al giudice istruttore. Questi provvede agli adempimenti previsti dall'art. 372 del codice abrogato ed entro sessanta giorni dalla scadenza del termine ivi indicato pronuncia sentenza di proscioglimento od ordinanza di rinvio a giudizio.

3. Quando si procede con istruzione formale, se l'istruzione è ancora in corso alla data del 31 dicembre 1990, ovvero, quando si tratta dei reati indicati nell'art. 407 comma 2 lettera *a*) del codice, alla data del 30 giugno 1997[3], il giudice istruttore entro cinque giorni deposita il fascicolo in cancelleria, dandone avviso al pubblico ministero a norma dell'articolo 369 del codice abrogato. Entro sessanta giorni dalla scadenza del termine previsto dall'art. 372 del codice abrogato, il giudice istruttore pronuncia sentenza di proscioglimento od ordinanza di rinvio a giudizio.[2]

4. Nei procedimenti di competenza del pretore, se alla data del 31 dicembre 1990[1] mesi previsto dal comma 2 l'istruzione è ancora in corso, il pretore entro trenta giorni pronuncia sentenza di proscioglimento, decreto di citazione a giudizio o decreto penale di condanna ovvero dispone il giudizio direttissimo.

[1] Comma così modif. dall'art. 1 del D.L. 12 apr. 1990, n. 77 e quindi dall'art. 1 del D.L. 17 ott. 1990, n. 293.

[2] Comma così sost. dall'art. 1 del D.L. 17 ott. 1990, n. 293.

[3] Il termine previsto dal comma 3 dell'art. 242, già prorogato per effetto della L. 2 lug. 1996, n. 343, è ulteriormente prorogato con L. 27 giu. 1997, n. 183 al 31 dicembre 1997, limitatamente ai procedimenti nei quali siano contestati i delitti previsti dagli artt. 285, 286, 422 e 428 del c.p.

243. ***Revoca delle sentenze di proscioglimento.*** — 1. Le sentenze istruttorie di proscioglimento emesse nei procedimenti indicati nell'art. 242 comma 1 possono essere revocate nei casi e con le forme previste dal titolo X del libro V del codice.

2. In caso di revoca di una sentenza istruttoria di proscioglimento si osservano le disposizioni del codice. Gli atti di polizia giudiziaria e gli atti istruttori già compiuti sono considerati ad ogni effetto come compiuti nel corso delle indagini preliminari; tuttavia quando si tratta di esperimenti giudiziali, perizie e ricognizioni, anche compiuti all'estero col rispetto del contraddittorio, i relativi verbali sono raccolti nel fascicolo previsto dall'art. 431 del codice[1].

[1] Comma così modif. dall'art. 2 del D.L. 17 ott. 1990, n. 293.

244. ***Disciplina applicabile in caso di regressione dei procedimenti alla fase istruttoria.*** — 1. Le disposizioni dell'art. 243 comma 2 si osservano anche quando, dopo la scadenza dei termini indicati nell'art. 242 commi 2, 3 e 4, i procedimenti proseguiti con l'applicazione delle norme vigenti anteriormente alla data di entrata in vigore del codice regrediscono per qualunque motivo alla fase istruttoria ovvero quando i suddetti termini non sono rispettati. In tali casi si osservano altresì le seguenti disposizioni:[1]

a) i termini che, secondo il codice, decorrono dal momento in cui è effettuata taluna delle iscrizioni nel registro previsto dall'art. 335, sono computati a partire dalla data del provvedimento che dispone la regressione del procedimento o la trasmissione degli atti al pubblico ministero;

b) alle nullità relative verificatesi nel corso dell'istruzione si applica l'art. 181 commi 1 e 2 del codice;

c) alla parte civile ritualmente costituita spettano nelle indagini preliminari i poteri attribuiti dal codice alla persona offesa.

2. Quando non sono rispettati i termini indicati nell'art. 242 commi 2, 3 e 4, il pubblico ministero, il giudice istruttore o il pretore[2] comunica al procuratore generale presso la corte di appello, che ne informa il ministro di grazia e giustizia, le ragioni che hanno impedito l'osservanza dei predetti ter-

CODICE DI PROCEDURA PENALE

mini e dispone la trasmissione degli atti al pubblico ministero.

[1] Comma così modif. dall'art. 3 del D.L. 17 ott. 1990, n. 293.

[2] Ai sensi del D.lgs. 19 feb. 1998, n. 51, l'ufficio del pretore è stato soppresso a decorrere dal 2 giu. 1999, fatta salva l'attività necessaria per l'esaurimento degli affari pendenti.

245. ***Disposizioni del codice applicabili ai procedimenti che proseguono con le norme anteriormente vigenti.*** — 1. Nei procedimenti in corso alla data di entrata in vigore del codice che proseguono con l'applicazione delle norme anteriormente vigenti si osservano le disposizioni degli artt. 246, 247, 248, 249, 250, 251, 252, 253, 254, 255, 256 e 257.

2. Nei procedimenti indicati nel comma 1 si osservano, inoltre, le seguenti disposizioni del codice:

a) art. 104;
b) art. 192;
c) art. 200;
d) art. 207;
e) art. 296 comma 3, per i soli procedimenti pendenti nella fase istruttoria;
f) art. 298;
g) artt. 314 e 315;
h) art. 476 comma 2;
i) art. 486 comma 5;[1]
l) art. 508 commi 1 e 2;
m) art. 564;
n) art. 578;
o) art. 586;
p) art. 597 commi 4 e 5;
q) art. 599.

[1] Ora abrogato.

246. ***Questioni pregiudiziali.*** — 1. Per la risoluzione delle questioni pregiudiziali si osservano le disposizioni del codice nonché quelle delle leggi vigenti. Se è stata disposta la sospensione del processo e questa non è più consentita, la relativa ordinanza è revocata.

247. ***Giudizio abbreviato.*** — 1. Prima che siano state compiute le formalità di apertura del dibattimento di primo grado, l'imputato può chiedere, nella forma prevista dall'art. 438 del codice, che il processo sia definito allo stato degli atti a norma dell'art. 442 del codice.[1]

2. Alla presentazione della richiesta il giudice, sospese le formalità di apertura del dibattimento se già iniziate, ne dà avviso al pubblico ministero, che nei cinque giorni successivi esprime o nega il proprio consenso.[1] Se il consenso interviene e il giudice ritiene di poter decidere allo stato degli atti, fissa con ordinanza l'udienza in camera di consiglio, dandone avviso al pubblico ministero, all'imputato, al difensore e alla parte civile. All'udienza, il pubblico ministero e i difensori della parte civile e dell'imputato illustrano, nell'ordine, le rispettive conclusioni; l'imputato può chiedere di essere interrogato dopo le conclusioni del pubblico ministero. Terminata la discussione, il giudice pronuncia sentenza a norma dell'art. 442 del codice. La sentenza ha autorità di cosa giudicata nel giudizio civile se la parte civile ha presentato le sue conclusioni alla udienza. Si osservano le disposizioni previste dall'art. 443 del codice.[2]

3. Il giudice, se non vi è il consenso del pubblico ministero o se ritiene di non poter decidere allo stato degli atti, pronuncia ordinanza con la quale dispone procedersi nelle forme ordinarie.[1]

4. Quando la richiesta prevista dal comma 1 è formulata nel corso dell'istruzione, la competenza a provvedere spetta al giudice istruttore. Se si procede con istruzione sommaria, la richiesta è depositata presso la segreteria del pubblico ministero il quale, se esprime il proprio consenso, la trasmette al giudice istruttore unitamente agli atti del processo. Nei procedimenti di competenza del pretore[3] il consenso è espresso dal pubblico ministero indicato nell'art. 550 comma 1 lettera *a*) del codice. Si osservano in ogni caso, in quanto applicabili, le disposizioni previste dai commi 1, 2 e 3.

5. Quando si procede a carico di più imputati o per più imputazioni e sussistono i presupposti per definire il processo allo stato degli atti solo per alcuni degli imputati o per alcune delle imputazioni, il giudice, anche di ufficio, dispone con ordinanza la separazione dei procedimenti.

[1] Si veda l'art. 27 della L. 16 dic. 1999, n. 479 che ha modificato la disciplina del giudizio abbreviato.

[2] La Corte cost., con sent. 8 feb. 1990, n. 66, ha dichiarato l'ill. cost. dell'art. 247 commi primo, secondo e terzo «nella parte in cui non prevede che il pubblico ministero, in caso di dissenso, debba enunciarne le ragioni» e «nella parte in cui non prevede che il giudice, quando, a dibattimento concluso, ritiene ingiustificato il dissenso del pubblico ministero, possa applicare all'imputato la riduzione di pena contemplata dall'art. 442, secondo comma, del c.p.p. del 1988». Sentenza da ritenersi ormai superata poiché è da ritenersi privo di significato il riferimento al consenso/dissenso del pubblico ministero.

[3] Vedi nota all'art. 244.

248. ***Applicazione della pena su richiesta delle parti.*** — 1. Prima che siano compiute le formalità di apertura del dibattimento di primo grado, l'imputato e il pubblico ministero possono chiedere al giudice l'applicazione della pena a norma dell'art. 444 del codice. Se la richiesta non è formulata in udienza, il giudice ne dà avviso all'altra parte che, nei cinque giorni successivi, esprime o nega il proprio consenso. La richiesta e il consenso sono espressi nelle forme previste dall'art. 446 commi 2, 3 e 6 del codice. Il giudice, se non deve provvedere a norma dell'art. 421 del codice abrogato e sempre che ne sussistano i presupposti, pronuncia la sentenza prevista dall'art. 444 comma 2 del codice. Si osservano le disposizioni previste dagli artt. 444 comma 2, 445 e 448 del codice. Quando non pronuncia sentenza, il giudice dispone con ordinanza procedersi nelle forme ordinarie.

2. Se la richiesta è formulata nel corso dell'istru-

zione, la competenza a provvedere spetta al giudice istruttore, osservate, in quanto compatibili, le disposizioni previste dall'art. 447 del codice. Quando si procede con istruzione sommaria, la richiesta dell'imputato è depositata presso la segreteria del pubblico ministero il quale, se esprime il proprio consenso, la trasmette al giudice istruttore unitamente agli atti del processo, altrimenti emette decreto motivato di dissenso. Quando il pubblico ministero ritiene che il processo possa essere definito con la sentenza prevista dall'art. 444 del codice, notifica all'imputato avviso di deposito della richiesta che intende rivolgere al giudice; se l'imputato esprime il proprio consenso, il pubblico ministero trasmette la richiesta, il consenso e gli atti del procedimento al giudice istruttore che provvede a norma del primo periodo del presente comma. Nei procedimenti di competenza del pretore,[1] il consenso o il dissenso motivato è espresso dal pubblico ministero indicato nell'art. 550 comma 1 lettera *a*) del codice.

3. Si osservano le disposizioni previste dall'art. 247 comma 5.

4. Continuano ad osservarsi le disposizioni relative alla applicazione di sanzioni sostitutive su richiesta dell'imputato, a norma della L. 24 nov. 1981, n. 689, se la richiesta medesima è stata formulata anteriormente all'entrata in vigore del codice e sempre che l'interessato non si avvalga delle facoltà previste dall'art. 247 e dal presente articolo.

[1] Si veda l'art. 1 del D.lgs. 19 feb. 1998, n. 51.

249. ***Procedimento per decreto.*** — 1. Quando ritiene di emettere decreto di condanna, il pretore[1] può applicare una pena diminuita sino alla metà rispetto al minimo edittale.

2. Nei procedimenti di competenza del tribunale, sino alla chiusura dell'istruzione sommaria o formale, il pubblico ministero può chiedere al giudice istruttore di emettere decreto di condanna nei casi previsti dall'art. 459 del codice, anche per una pena diminuita fino alla metà rispetto al minimo edittale. Se il giudice accoglie la richiesta emette il decreto, altrimenti si procede secondo le forme ordinarie. Per il decreto di condanna e per l'eventuale giudizio di opposizione davanti al tribunale si osservano, in quanto compatibili, le disposizioni, del codice abrogato.

[1] Si veda la nota all'art. precedente.

250. ***Disciplina delle misure cautelari, del fermo, dell'arresto e delle pene accessorie.*** — 1. Successivamente alla data di entrata in vigore del codice può procedersi al fermo solo nei casi e alle condizioni previste dal codice. I mandati di cattura e gli ordini e i mandati di arresto possono essere emessi solo se ricorrono i presupposti indicati negli artt. 273, 274 e 280 del codice.

2. I provvedimenti sulla libertà personale disposti anteriormente alla data di entrata in vigore del codice sono revocati se non ricorrono i presupposti indicati nell'ultima parte del comma 1 ovvero, quando sono stati disposti con il provvedimento di convalida dell'arresto o di conferma della convalida, se sono relativi a reati per i quali il codice non consente l'arresto in flagranza.

3. Quando i provvedimenti indicati nel comma 2 sono stati emessi esclusivamente al fine di evitare il pericolo per l'acquisizione della prova, il termine previsto dall'art. 292 lettera *d*) del codice è fissato su richiesta di parte ovvero di ufficio se il provvedimento non è stato ancora eseguito. Competente a fissare il suddetto termine è il giudice che procede o, nel corso dell'istruzione sommaria, il giudice istruttore su richiesta del pubblico ministero o del pretore.[1]

4. Alla data di entrata in vigore del codice cessa l'esecuzione delle pene accessorie provvisoriamente applicate. Il giudice indicato nel comma 3 può disporre in sostituzione di esse, qualora ne ricorrano le condizioni, le misure interdittive previste nel capo III del titolo I del libro IV del codice.

[1] Si veda la nota all'art. 248.

251. ***Durata delle misure cautelari e restituzione della cauzione.*** — 1. Quando si procede nei confronti di un imputato che si trova in stato di custodia cautelare si osservano le disposizioni del codice sui termini di durata della custodia stessa calcolati a decorrere dalla data di entrata in vigore del codice. Tuttavia, la durata della custodia cautelare non può superare i termini previsti dalle norme del codice abrogato.

2. Le misure previste dall'art. 282 comma 1 del codice abrogato, imposte anteriormente alla data di entrata in vigore del codice, sono revocate quando dalla loro esecuzione è decorso un periodo di tempo pari a quello indicato nell'art. 308 comma 1 del codice.

3. Se alla data di entrata in vigore del codice non è stata pronunciata l'ordinanza prevista dal comma 4 ovvero quella prevista dal comma 6 dell'art. 292 del codice abrogato, la cauzione è restituita a richiesta dell'imputato o dei suoi eredi e i fideiussori sono liberati.[1]

[1] V., per la durata della custodia cautelare, D.L. 13 nov. 1989, n. 370, conv. in L. 22 dic. 1989, n. 410 che modif. l'art. 272 c.p.p. vecchio testo.

252. ***Infermità di mente sopravvenuta all'imputato.*** — 1. Quando l'imputato si trova ricoverato per infermità di mente sopravvenuta a norma dell'art. 88 del codice abrogato o tale infermità è accertata successivamente alla data di entrata in vigore del codice, si osservano le disposizioni previste dagli artt. 72 e 73 commi 1, 2 e 3 del codice.

2. I provvedimenti previsti dall'art. 73 commi 1, 2 e 3 del codice sono adottati senza ritardo dal giudice anche di ufficio.

253. ***Trasferimento delle funzioni della sezione istruttoria.*** — 1. Le funzioni attribuite dal codice abrogato alla sezione istruttoria sono esercitate dalla corte di appello.

254. *Formule di proscioglimento.* — 1. Le sentenze di proscioglimento possono essere pronunciate solo con le formule previste dal codice.

255. *Ricorso immediato per cassazione.* — 1. La parte che ha diritto di appellare la sentenza di primo grado può proporre direttamente ricorso per cassazione. Si osservano, in quanto applicabili, le disposizioni dell'art. 569 del codice.

256. *Criteri per il rinvio a giudizio.* — 1. La richiesta e il decreto di citazione a giudizio nonché l'ordinanza di rinvio a giudizio sono emessi solo quando il pubblico ministero, il pretore[1] o il giudice istruttore ritengono che gli elementi di prova raccolti siano sufficienti a determinare, all'esito della istruttoria dibattimentale, la condanna dell'imputato.

[1] Ai sensi del D.lgs. 19 feb. 1998, n. 51, l'ufficio del pretore è stato soppresso a decorrere dal 2 giu. 1999.

257. *Criteri per l'emissione delle sentenze di proscioglimento.* — 1. Ai fini della pronuncia delle sentenze istruttorie di proscioglimento ovvero di quelle previste dall'art. 421 del codice abrogato, il giudice può tenere conto delle diminuzioni di pena derivanti da circostanze attenuanti e applicare le disposizioni dell'art. 69 del c.p.

258. *Procedimenti che proseguono secondo le disposizioni del codice.*[1] — 1. I procedimenti in corso diversi da quelli indicati negli artt. 241 e 242 proseguono con l'osservanza delle disposizioni del codice, ma i termini previsti dagli artt. 405 comma 2 [e 553 comma 1 del codice][2] sono di dodici mesi e il termine di durata massima delle indagini preliminari scade il 31 dicembre 1991.

2. Il termine per la richiesta di giudizio immediato previsto dall'art. 454 comma 1 del codice è di nove mesi; il termine per la richiesta di emissione del decreto penale di condanna previsto dall'art. 459 comma 1 del codice è di dodici mesi.

3. Detti termini sono computati dalla data di entrata in vigore del codice. Per gli atti di polizia giudiziaria e per gli atti istruttori si osservano le disposizioni previste dagli artt. 243 comma 2 e 244 comma 1.

4. Qualora alla scadenza dei termini per le indagini preliminari il pubblico ministero non abbia esercitato l'azione penale o richiesto l'archiviazione, la proroga prevista dagli artt. 406 comma 1 e 553 comma 2 del codice opera di diritto fino al 31 dicembre 1991 per i procedimenti indicati nel comma 1 e per la durata di dodici mesi per i procedimenti relativi alle notizie di reato pervenute agli uffici di procura della Repubblica dalla data di entrata in vigore del codice fino a tutto il 31 maggio 1990. Per i suddetti procedimenti, in deroga a quanto previsto dall'art. 412 comma 1 del codice, il procuratore generale presso la corte di appello ha facoltà di avocare le indagini preliminari qualora il pubblico ministero non abbia esercitato l'azione penale o richiesto l'archiviazione nei termini. Nei casi di proroga dei termini per le indagini preliminari previsti dal presente comma, la richiesta di emissione del decreto penale di condanna, in deroga a quanto previsto dall'art. 459 comma 1 del codice, può essere trasmessa entro il termine prorogato.

[1] Articolo così sost. da ultimo dall'art. 1 D.lgs. 7 dic. 1990, n. 369.

[2] Si applicano ora i termini previsti dall'art. 407 cpp.

259. *Disciplina della competenza e della riunione dei procedimenti.* — 1. Ai fini della determinazione della competenza per materia e per territorio le disposizioni del codice si applicano solo per i reati commessi successivamente alla data di entrata in vigore dello stesso.

2. La riunione non può essere disposta e la connessione non opera tra i procedimenti che proseguono con l'osservanza del codice abrogato e quelli per i quali si applica il codice.

260. *Esecuzione.* — 1. Nelle materie regolate dal libro X del codice si osservano le disposizioni ivi previste anche per i provvedimenti emessi anteriormente alla data di entrata in vigore del codice e per i procedimenti già iniziati a tale data, ferma restando la competenza del giudice davanti al quale i procedimenti medesimi sono in corso.

REGOLAMENTO PER L'ESECUZIONE DEL CODICE DI PROCEDURA PENALE

D.M. 30 set. 1989, n. 334
(G.U. Serie gen. 5 ott. 1989, n. 233)

1. 1. I compiti che il codice, le norme di attuazione e il presente regolamento attribuiscono all'ausiliario, al funzionario di cancelleria, al pubblico ufficiale, alla cancelleria o alla segreteria si intendono attribuiti al personale di cancelleria e di segreteria secondo le mansioni a ciascuno spettanti a norma delle disposizioni sullo stato giuridico.

2. Il dirigente dell'ufficio di cancelleria o di segreteria, con ordine di servizio, ripartisce i compiti fra il personale, in modo da assicurare la continuità ed efficienza del servizio.

2. 1. Gli uffici giudiziari tengono, nella materia penale, i registri obbligatori conformi ai modelli approvati con decreto del Ministro di grazia e giustizia. Possono altresì tenere i registri sussidiari, senza carattere ufficiale, che ritengono utili.

2. I registri non devono presentare alterazioni o abrasioni. Se occorre eseguire cancellature, le stesse sono fatte in modo da lasciar leggere le parole cancellate.

3. I registri sono tenuti in luogo non accessibile al pubblico e possono essere consultati solo dal personale autorizzato.

3. 1. Nella formazione dei fascicoli[1] si osservano le disposizioni seguenti:

a) gli atti e le produzioni sono inseriti nel fascicolo in ordine cronologico a cura della cancelleria o segreteria, che provvede alla numerazione delle singole pagine;

b) la copertina del fascicolo deve contenere le generalità della persona a cui è attribuito il reato nonché la data e il numero della iscrizione della notizia di reato nel registro previsto dall'art. 335 del codice.

2. Il fascicolo deve contenere:

a) l'indice degli atti e delle produzioni;

b) l'elenco delle cose sequestrate;

c) la distinta delle spese anticipate dall'erario, diverse da quelle per le quali è stabilito il recupero in misura fissa;

d) la copia della sentenza o del decreto penale di condanna.

[1] V. artt. 431, 433 c.p.p.

4. 1. Le comunicazioni previste dall'art. 157 commi 3 e 8 del codice sono spedite in plico chiuso e contengono:

a) il nome del destinatario della notificazione;

b) la indicazione della natura dell'atto notificato e del luogo della notificazione;

c) la data e la firma dell'ufficiale giudiziario.

2. Ricorrendone le ipotesi, le comunicazioni contengono altresì la indicazione del giudice o del pubblico ministero che ha emesso il provvedimento notificato nonché del luogo e della data di comparizione.

5. 1. Le denunce e gli altri documenti anonimi che non possono essere utilizzati nel procedimento sono annotati in apposito registro suddiviso per anni, nel quale sono iscritti la data in cui il documento è pervenuto e il relativo oggetto.

2. Il registro e i documenti sono custoditi presso la procura della Repubblica con modalità tali da assicurarne la riservatezza.

3. Decorsi cinque anni da quando i documenti indicati nel comma 1 sono pervenuti alla procura della Repubblica, i documenti stessi e il registro sono distrutti con provvedimento adottato annualmente dal procuratore della Repubblica. Delle relative operazioni è redatto verbale.

6. 1. La cancelleria o la segreteria dell'autorità giudiziaria che ha emesso un provvedimento relativo alla libertà personale di persona detenuta o internata lo comunica all'autorità preposta all'istituto penitenziario. A quest'ultima autorità sono comunicati per estratto i provvedimenti che dispongono la rimessione per qualunque causa del procedimento ad altra autorità giudiziaria e gli estratti delle sentenze.

7. 1. L'autorità preposta a un istituto penitenziario o un funzionario da essa delegato iscrive in un registro, in ordine cronologico, il cognome, il nome, il luogo e la data di nascita, la cittadinanza, la lingua, lo stato, il domicilio dichiarato o eletto, i contrassegni personali delle persone che riceve in custodia, il giorno della loro entrata nell'istituto, il tempo e il luogo del loro arresto con l'indicazione del provvedimento in forza del quale furono arrestate, dell'autorità a disposizione della quale si trova il detenuto e del nome di chi ha proceduto alla

CODICE DI PROCEDURA PENALE

consegna. Nello stesso registro sono iscritti la data dell'uscita dall'istituto, il provvedimento che la ordina e la dichiarazione o l'elezione di domicilio prevista dall'art. 161 comma 3 del codice.

2. Nel registro sono altresì annotati i provvedimenti comunicati a norma dell'art. 6.

8. 1. La disposizione [dell'art. 24 comma 2 del D.P.R. 29 apr. 1976, n. 431], relativa alla vidimazione da parte del magistrato di sorveglianza, si applica anche al registro previsto dall'art. 57 del D.L. 28 lug. 1989, n. 271.[1]

[1] La disposizione risulta abrogata dall'art. 136 D.P.R. 30 giu. 2000, n. 230.

9. 1. Nessun onere grava sull'amministrazione penitenziaria per il mantenimento, la cura e l'assistenza medica della persona sottoposta alla misura degli arresti domiciliari.

2. La disposizione del comma 1 non si applica se la misura degli arresti domiciliari è eseguita presso le comunità terapeutiche o di riabilitazione individuate con decreto del ministro di grazia e giustizia, sentite le regioni interessate, tra quelle che svolgono funzioni di recupero sociale senza finalità di lucro.

10. 1. L'elenco previsto dall'art. 81 comma 1 del D.L. 28 luglio 1989, n. 271[1] è formato assegnando un distinto numero a ciascuna cosa sequestrata. Più cose sequestrate possono essere raggruppate sotto un unico numero quando esse sono della stessa specie e non rilevano per la loro individualità.

2. L'autorità che ha proceduto al sequestro cura che ciascuna cosa o ciascun gruppo di cose siano contraddistinti, mediante le modalità ritenute più idonee, da un numero corrispondente a quello con il quale la cosa o il gruppo di cose sono indicati nell'elenco richiamato dal comma 1.

[1] V. *Att.* 81.

11. 1. Se le cose sequestrate sono oggetti preziosi, monete, carte di pubblico credito indicate nell'art. 458 del c.p. o altri titoli al portatore, si provvede, appena pervengono nella cancelleria o nella segreteria, alla loro verificazione, osservate le disposizioni dell'art. 261 del codice. Allo stesso modo si procede per ogni altra cose sequestrata quando i sigilli appaiono rotti o alterati. Delle operazioni è compilato verbale che viene unito agli atti.

2.[1]

[1] Comma abrog. dall'art. 301, D.P.R. 30 mag. 2002, n. 115.

12. ....[1]

[1] Articolo abrog. dall'art. 301, D.P.R. 30 mag. 2002, n. 115.

13. 1. La vendita delle cose confiscate può essere eseguita dalla cancelleria anche a mezzo degli istituti di vendite giudiziarie.

14. 1. Nel corso delle indagini preliminari possono essere compiuti atti del procedimento anche nei giorni festivi.

15. 1. La cancelleria del giudice che ha emesso un provvedimento che definisce una fase o un grado del processo ne comunica l'estratto alla segreteria del pubblico ministero per l'annotazione nel registro delle notizie di reato.

2. Alla stessa segreteria è comunicata la trasmissione degli atti a norma dell'art. 590 del codice o la rimessione per qualunque causa del procedimento ad altra autorità giudiziaria.

16. 1. Salvo quanto previsto dall'art. 17, la cancelleria del giudice per le indagini preliminari annota in apposito registro, sotto un unico numero d'ordine, tutti i provvedimenti relativi a un medesimo procedimento adottati nel corso delle indagini preliminari o a seguito della chiusura di queste.

2. Gli originali dei provvedimenti del giudice per le indagini preliminari sono custoditi nel fascicolo relativo agli atti di indagine presso la segreteria del pubblico ministero.

Per le sentenze e per i decreti di condanna emessi dal giudice per le indagini preliminari si applica la disposizione dell'art. 23.

3. Il giudice per le indagini preliminari può disporre l'esibizione dei provvedimenti da lui emessi nel corso delle indagini.

17. 1. Può prescindersi dall'annotazione prevista dall'art. 16 comma 1 per i decreti di archiviazione emessi a norma dell'art. 415 del codice qualora, prima della richiesta di archiviazione, non sia stato emesso alcun provvedimento da parte del giudice per le indagini preliminari. In tal caso, la segreteria del pubblico ministero trasmette alla cancelleria del giudice per le indagini preliminari i fascicoli contenenti le richieste di archiviazione per essere ignoto l'autore del reato accompagnati da un elenco in duplice esemplare. Uno degli esemplari è restituito alla segreteria del pubblico ministero con attestazione di ricevuta da parte della cancelleria del giudice.

2. Quando, a seguito della procedura prevista dal comma 1, è emesso decreto di archiviazione, la cancelleria del giudice allega agli atti da restituire alla segreteria del pubblico ministero un elenco in duplice esemplare, nel quale, con riferimento a ciascun procedimento, è indicata la data del decreto di archiviazione. Un esemplare di tale elenco, con l'attestazione di ricevuta da parte della segreteria del pubblico ministero, è conservato nella cancelleria del giudice in raccolta annuale.

18. 1. La segreteria del pubblico ministero dà avviso senza ritardo ai difensori del deposito della documentazione relativa all'attività integrativa di indagine prevista dall'art. 430 del codice.

19. 1. La cancelleria del giudice per le indagini preliminari, nel trasmettere al pubblico ministero il fascicolo a norma dell'art. 433 del codice, annota nell'indice gli atti acquisiti successivamente al deposito della richiesta di rinvio a giudizio nonché quelli che sono stati raccolti nel fascicolo per il dibattimento. In quest'ultimo fascicolo sono inseriti l'elenco delle cose sequestrate e la distinta delle spese non soggette a recupero in misura fissa.

20. 1. Il ruolo per i dibattimenti davanti al tribunale, alla corte di assise e al pretore è formato a norma degli artt. 132 e 160 del D.L. 28 lug. 1989, n. 271.

2. Il ruolo per i dibattimenti davanti alla corte di appello e alla corte di assise di appello è formato ogni venti giorni dal presidente della corte di appello o da un consigliere da lui delegato.

3. Il ruolo è affisso a cura della cancelleria all'ingresso dell'aula di udienza almeno un giorno prima di quello dell'udienza.

4. Ai dibattimenti si procede secondo l'ordine del ruolo e conformemente agli orari indicati sui decreti che dispongono il giudizio, salvo che, per ragioni di urgenza o per altro giustificato motivo, il presidente o il pretore[1] ordini che sia tenuto in precedenza un determinato dibattimento iscritto nel ruolo.

5. È in ogni caso data precedenza ai dibattimenti con imputati in custodia cautelare.

[1] L'ufficio del pretore è stato soppresso dall'art. 1 del D.lgs. 19 feb. 1998, n. 51.

21. 1. L'ufficiale giudiziario o chi ne esercita le funzioni deve trovarsi nell'aula prima che cominci l'udienza. Quando il giudice entra nell'aula di udienza ne dà l'annuncio ad alta voce e quando il giudice si ritira in camera di consiglio resta nell'aula agli ordini del pubblico ministero.

2. Durante l'udienza l'ufficiale giudiziario o chi ne esercita le funzioni deve:

a) impedire qualunque comunicazione tra i testimoni esaminati e quelli da esaminare nonché fra questi ultimi e gli estranei;

b) vigilare perché i testimoni non assistano al dibattimento prima di essere esaminati;

c) curare che siano osservate le disposizioni dell'art. 471 del codice e impedire che sia turbato l'ordine dell'udienza;

d) eseguire gli ordini del presidente o, in sua assenza, del pubblico ministero.

22. .... [1]

[1] Articolo abrog. dall'art. 301, D.P.R. 30 mag. 2002, n. 115.

23. 1. Gli originali delle sentenze e dei decreti penali di condanna sono raccolti in appositi volumi custoditi nella cancelleria del giudice che li ha emessi.

24. 1. I nastri e i supporti previsti dall'art. 49 del D.L. 28 lug. 1989, n. 271 dei quali è stata eseguita la trascrizione sono trasmessi senza ritardo alla cancelleria del giudice della impugnazione se questi ne fa richiesta.

25. 1. Prima dell'udienza della corte di cassazione, la cancelleria trasmette al presidente e ai consiglieri copia del provvedimento impugnato, dell'atto di impugnazione e delle memorie.

26. 1. Con decreto del presidente della corte di cassazione sono stabiliti i criteri per la individuazione delle sentenze dalle quali devono essere tratte le massime e per la redazione delle stesse.

27. 1. Fermo quanto previsto dall'art. 625 comma 4 del codice, la cancelleria annota sull'originale della sentenza o del decreto di condanna l'irrevocabilità del provvedimento, dandone comunicazione alla segreteria del pubblico ministero per le conseguenti annotazioni sul registro previsto dall'art. 335 del codice.

28. 1. La cancelleria, quando un provvedimento diviene esecutivo per non essere stata proposta impugnazione od opposizione, ne trasmette l'estratto senza ritardo, e comunque entro cinque giorni, al pubblico ministero presso il giudice indicato nell'art. 665 del codice. Fermo quanto previsto dall'art. 626 del codice, allo stesso modo provvede la cancelleria della Corte di cassazione quando l'esecuzione consegue alla decisione della stessa Corte.

2. L'estratto del provvedimento contiene le generalità della persona nei confronti della quale deve essere eseguito, l'imputazione, il dispositivo e, quando ne è il caso, l'attestazione che non è stata proposta impugnazione od opposizione. All'estratto è allegata copia dei dispositivi dei provvedimenti che hanno definito gli eventuali altri gradi del procedimento.

3. Allo stesso modo si procede quando la legge stabilisce che l'impugnazione non sospende l'esecuzione del provvedimento.

4. Il pubblico ministero promuove senza ritardo l'esecuzione del provvedimento.

29. 1. Per l'esecuzione delle sentenze e dei decreti di condanna la segreteria del pubblico ministero procede ai seguenti adempimenti:

a) eseguiti i necessari accertamenti, iscrive ciascuna sentenza di condanna a pene detentive nel registro delle esecuzioni; le sentenze di condanna a pene pecuniarie o a sanzioni sostitutive, i decreti di condanna nonché le sentenze di condanna a pene detentive la cui esecuzione è sospesa sono iscritti nel registro delle esecuzioni nel caso di conversione in pena detentiva o di revoca della sospensione. Con l'iscrizione è annotato il provvedimento con il quale è stata promossa l'esecuzione della sentenza o del decreto di condanna;

b) forma un fascicolo con un numero progressivo corrispondente a quello del registro, nel quale sono raccolti l'estratto indicato nell'art. 28, il certificato del casellario giudiziale riguardante il condannato, i dati acquisiti presso il servizio informatico previsto dall'art. 97 del decreto legislativo 28 luglio 1989, n. 27 nonché copia degli atti del procedimento di grazia e dei provvedimenti emessi dall'autorità giudiziaria in sede di esecuzione. Di tutti gli atti viene formato un indice;

c) sottopone al pubblico ministero il fascicolo, anche per l'adozione dei provvedimenti previsti dagli articoli 657 e 663 del codice;

d) trasmette al direttore dell'istituto penitenziario dove si trova il condannato un foglio, sottoscritto dal pubblico ministero, con l'indicazione della quantità di pena da eseguire e della data in cui termina l'esecuzione;

e) comunica al direttore predetto ogni successivo provvedimento che incida sull'esecuzione della pena.

30. .... [1]

[1] Articolo soppresso dall'art. 301 del D.P.R. 30 mag. 2002, n. 115.

31. 1. Per l'esecuzione delle sanzioni sostitutive, la cancelleria del magistrato di sorveglianza iscrive in apposito registro l'estratto del provvedimento che le ha disposte e forma un fascicolo nel quale sono raccolti l'estratto medesimo e tutti gli atti del procedimento.

2. Allo stesso modo si procede per l'esecuzione delle misure di sicurezza diverse dalla confisca.

32. 1. Il provvedimento con il quale viene respinta la richiesta di liberazione anticipata[1] o di liberazione condizionale è comunicato, a cura della cancelleria, al direttore dell'istituto di pena presso il quale il condannato è ristretto perché ne sia presa nota nella cartella biografica.

[1] V. art. 54 L. 24 nov. 1981, n. 689.

33. 1. La cancelleria del giudice che emette i provvedimenti di riabilitazione o di revoca previsti dall'art. 193 del decreto legislativo 28 luglio 1989, n. 271 ne trasmette l'estratto per l'annotazione alla cancelleria del giudice che ha emesso la sentenza di condanna.

34. 1. La cancelleria o la segreteria dell'autorità giudiziaria che ha emesso un provvedimento del quale è prevista l'iscrizione nel casellario giudiziale ne comunica senza ritardo, anche avvalendosi di mezzi tecnici idonei, l'estratto al casellario indicato nell'art. 685[1] del codice.

2. Allo stesso modo la segreteria del pubblico ministero indicato nell'art. 655 comunica gli eventi relativi alla espiazione della pena di cui è prevista l'iscrizione.

[1] Ora abrogato.

35. 1. Il giudice istruttore e il pretore[1] trasmettono senza ritardo al pubblico ministero gli atti dei procedimenti indicati nell'art. 258 del D.L. 28 lug. 1989, n. 271. La segreteria del pubblico ministero provvede all'iscrizione dei procedimenti medesimi nel registro previsto dall'art. 335 del codice.

[1] L'ufficio del Pretore è stato soppresso dall'art. 1 del D.lgs. 19 feb. 1998, n. 51.

36. 1. Il presente regolamento entra in vigore lo stesso giorno dell'entrata in vigore del codice di procedura penale, approvato con decreto del Presidente della Repubblica 22 settembre 1988, n. 447.

INDICE-SOMMARIO
DEL CODICE DI PROCEDURA PENALE

LIBRO PRIMO
SOGGETTI

LIBRO SECONDO
ATTI

LIBRO TERZO
PROVE

LIBRO QUARTO
MISURE CAUTELARI

LIBRO QUINTO
INDAGINI PRELIMINARI E UDIENZA PRELIMINARE

LIBRO SESTO
PROCEDIMENTI SPECIALI

LIBRO SETTIMO
GIUDIZIO

LIBRO OTTAVO
PROCEDIMENTO DAVANTI AL TRIBUNALE IN COMPOSIZIONE MONOCRATICA

LIBRO NONO
IMPUGNAZIONI

LIBRO DECIMO
ESECUZIONE

LIBRO UNDICESIMO
RAPPORTI GIURISDIZIONALI CON AUTORITÀ STRANIERE

NORME DI ATTUAZIONE, DI COORDINAMENTO E TRANSITORIE

REGOLAMENTO PER L'ESECUZIONE DEL CODICE DI PROCEDURA PENALE

APPENDICE DI

LEGGI COMPLEMENTARI

DEL CODICE PENALE

E DEL CODICE DI PROCEDURA PENALE

CON INDICE CRONOLOGICO

Le pene pecuniarie previste nelle leggi pubblicate sono già state modificate nel testo in conformità a quanto disposto dall'art. 3 della L. 12 lug. 1961, n. 603 e dall'art. 113 della L. 24 nov. 1981, n. 689.

ABORTO

- 1 -

L. 22 mag. 1978, n. 194

Norme per la tutela sociale della maternità e sull'interruzione volontaria della gravidanza

(G.U. 22 mag. 1978, n. 140)

1-5. (*Omissis*).

6. L'interruzione volontaria della gravidanza, dopo i primi novanta giorni, può essere praticata:

a) quando la gravidanza o il parto comportino un grave pericolo per la vita della donna;

b) quando siano accertati processi patologici, tra cui quelli relativi a rilevanti anomalie o malformazioni del nascituro, che determinino un grave pericolo per la salute fisica o psichica della donna.

7. I processi patologici che configurano i casi previsti dall'articolo precedente vengono accertati da un medico del servizio ostetrico-ginecologico dell'ente ospedaliero in cui deve praticarsi l'intervento, che ne certifica l'esistenza. Il medico può avvalersi della collaborazione di specialisti. Il medico è tenuto a fornire la documentazione sul caso e a comunicare la sua certificazione al direttore sanitario dell'ospedale per l'intervento da praticarsi immediatamente.

Qualora l'interruzione della gravidanza si renda necessaria per l'imminente pericolo per la vita della donna, l'intervento può essere praticato anche senza lo svolgimento delle procedure previste dal comma precedente e al di fuori delle sedi di cui all'art. 8. In questi casi, il medico è tenuto a darne comunicazione al medico provinciale.

Quando sussiste la possibilità di vita autonoma del feto, l'interruzione della gravidanza può essere praticata solo nel caso di cui alla lettera *a*) dell'art. 6 e il medico che esegue l'intervento deve adottare ogni misura idonea a salvaguardare la vita del feto.

8. L'interruzione della gravidanza è praticata da un medico del servizio ostetrico-ginecologico presso un ospedale generale tra quelli indicati nell'art. 20 della L. 12 feb. 1968, n. 132, il quale verifica anche l'inesistenza di controindicazioni sanitarie.

Gli interventi possono essere altresì praticati presso gli ospedali pubblici specializzati, gli istituti ed enti di cui all'art. 1, penultimo comma, della L. 12 feb. 1968, n. 132, e le istituzioni di cui alla L. 26 nov. 1973, n. 817, ed al D.P.R. 18 giu. 1958, n. 754, sempre che i rispettivi organi di gestione ne facciano richiesta.

Nei primi novanta giorni l'interruzione della gravidanza può essere praticata anche presso case di cura autorizzate dalla regione, fornite di requisiti igienico-sanitari e di adeguati servizi ostetrico-ginecologici.

Il Ministro della sanità con suo decreto limiterà la facoltà delle case di cura autorizzate, a praticare gli interventi di interruzione della gravidanza, stabilendo:

1) la percentuale degli interventi di interruzione della gravidanza che potranno avere luogo, in rapporto al totale degli interventi operatori eseguiti nell'anno precedente presso la stessa casa di cura;

2) la percentuale dei giorni di degenza consentiti per gli interventi di interruzione della gravidanza, rispetto al totale dei giorni di degenza che nell'anno precedente si sono avuti in relazione alle convenzioni con la regione.

Le percentuali di cui ai punti 1 e 2 dovranno essere non inferiori al 20% e uguali per tutte le case di cura.

Le case di cura potranno scegliere il criterio al quale attenersi, fra i due sopra fissati.

Nei primi novanta giorni gli interventi di interruzione della gravidanza dovranno altresì poter essere effettuati, dopo la costituzione delle unità socio-sanitarie locali, presso poliambulatori pubblici adeguatamente attrezzati, funzionalmente collegati agli ospedali ed autorizzati dalla regione.

Il certificato rilasciato ai sensi del terzo comma dell'art. 5 e, alla scadenza dei sette giorni, il documento consegnato alla donna ai sensi del quarto comma dello stesso articolo costituiscono titolo per ottenere in via d'urgenza l'intervento e, se necessario, il ricovero.

9. Il personale sanitario ed esercente le attività ausiliarie non è tenuto a prendere parte alle procedure di cui agli artt. 5 e 7 ed agli interventi per l'interruzione della gravidanza quando sollevi obiezione di coscienza, con preventiva dichiarazione. La dichiarazione dell'obiettore deve essere comunicata al medico provinciale e, nel caso di personale dipendente dell'ospedale o dalla casa di cura, anche al direttore sanitario, entro un mese dall'entrata in vigore della presente legge o dal conseguimento dell'abilitazione o dall'assunzione presso un ente tenuto a fornire prestazioni dirette alla interruzione della gravidanza o dalla stipulazione di una convenzione con enti previdenziali che comporti l'esecuzione di tali prestazioni.

L'obiezione può sempre essere revocata o venire proposta anche al di fuori dei termini di cui al precedente comma, ma in tale caso la dichiarazione produce effetto dopo un mese dalla sua presentazione al medico provinciale.

L'obiezione di coscienza esonera il personale sanitario ed esercente le attività ausiliarie dal compimento delle procedure e delle attività specificamente e necessariamente dirette a determinare l'interruzione della gravidanza, e non dall'assistenza antecedente e conseguente all'intervento.

Gli enti ospedalieri e le case di cura autorizzate sono tenuti in ogni caso ad assicurare l'espletamento delle procedure previste dall'art. 7 e l'effettuazione degli interventi di interruzione della gravidanza richiesti secondo le modalità previste dagli artt. 5, 7 e 8. La regione ne controlla e garantisce l'attuazione anche attraverso la mobilità del personale.

L'obiezione di coscienza non può essere invocata dal personale sanitario ed esercente le attività ausiliarie quando, data la particolarità delle circostanze, il loro personale intervento è indispensabile per salvare la vita della donna in imminente pericolo.

L'obiezione di coscienza si intende revocata, con effetto immediato, se chi l'ha sollevata prende parte a procedure o a interventi per l'interruzione della gravidanza previsti dalla presente legge, al di fuori dei casi di cui al comma precedente.

10. L'accertamento, l'intervento, la cura e l'eventuale degenza relativi all'interruzione della gravidanza nelle circostanze previste dagli artt. 4 e 6, ed attuati nelle istituzioni sanitarie di cui all'art. 8, rientrano fra le prestazioni ospedaliere trasferite alle regioni dalla L. 17 ago. 1974, n. 386.

Sono a carico della regione tutte le spese per eventuali accertamenti, cure o degenze necessarie per il compimento della gravidanza nonché per il parto, riguardanti le donne che non hanno diritto all'assistenza mutualistica.

Le prestazioni sanitarie e farmaceutiche non previste dai precedenti commi e gli accertamenti effettuati secondo quanto previsto dal secondo comma dell'art. 5 e dal primo comma dell'art. 7 da medici dipendenti pubblici, o che esercitino la loro attività nell'ambito di strutture pubbliche o convenzionate con la regione, sono a carico degli enti mutualistici, sino a che non sarà istituito il servizio sanitario nazionale.

11. L'ente ospedaliero, la casa di cura o il poliambulatorio nei quali l'intervento è stato effettuato sono tenuti ad inviare al medico provinciale competente per territorio una dichiarazione con la quale il medico che lo ha eseguito dà notizia dell'intervento stesso e della documentazione sulla base della quale è avvenuto, senza fare menzione dell'identità della donna.

Le lettere *b* e *f* dell'art. 103 del T.U. delle leggi sanitarie, approvato con il R.D. 27 lug. 1934, n. 1265, sono abrogate.

12. La richiesta di interruzione della gravidanza secondo le procedure della presente legge è fatta personalmente dalla donna.

Se la donna è di età inferiore ai diciotto anni, per l'interruzione della gravidanza è richiesto l'assenso di chi esercita sulla donna stessa la responsabilità genitoriale[1] o la tutela. Tuttavia, nei primi novanta giorni, quando vi siano seri motivi che impediscano o sconsiglino la consultazione delle persone esercenti la responsabilità genitoriale[1] o la tutela, oppure queste, interpellate, rifiutino il loro assenso o esprimano pareri tra loro difformi, il consultorio o la struttura socio-sanitaria, o il medico di fiducia, espleta i compiti e le procedure di cui all'art. 5 e rimette entro sette giorni dalla richiesta una relazione, corredata del proprio parere, al giudice tutelare del luogo in cui esso opera. Il giudice tutelare, entro cinque giorni, sentita la donna e tenuto conto della sua volontà, delle ragioni che adduce e della relazione trasmessagli, può autorizzare la donna, con atto non soggetto a reclamo, a decidere l'interruzione della gravidanza.

Qualora il medico accerti l'urgenza dell'intervento a causa di un grave pericolo per la salute della minore di diciotto anni, indipendentemente dall'assenso di chi esercita la responsabilità genitoriale[1] o la tutela e senza adire il giudice tutelare, certifica l'esistenza delle condizioni che giustificano l'interruzione della gravidanza. Tale certificazione costituisce titolo per ottenere in via di urgenza l'intervento e, se necessario, il ricovero.

Ai fini dell'interruzione della gravidanza dopo i primi novanta giorni, si applicano anche alla minore di diciotto anni le procedure di cui all'art. 7, indipendentemente dall'assenso di chi esercita la responsabilità genitoriale[1] o la tutela.

[1] La parola «potestà» è stata sost. da «responsabilità genitoriale» dall'art. 99, D.lgs. 28 dic. 2013, n. 154, in vigore dal 7 feb. 2014.

13. Se la donna è interdetta per infermità di mente, la richiesta di cui agli artt. 4 e 6 può essere presentata, oltre che da lei personalmente, anche dal tutore o dal marito non tutore, che non sia legalmente separato.

Nel caso di richiesta presentata dall'interdetta o dal marito, deve essere sentito il parere del tutore. La richiesta presentata dal tutore o dal marito deve essere confermata dalla donna.

Il medico del consultorio o della struttura sociosanitaria, o il medico di fiducia, trasmette al giudice tutelare, entro il termine di sette giorni dalla presentazione della richiesta, una relazione contenente ragguagli sulla domanda e sulla sua provenienza, sull'atteggiamento comunque assunto dalla donna e sulla gravità e specie dell'infermità mentale di essa nonché il parere del tutore, se espresso.

Il giudice tutelare, sentiti se lo ritiene opportuno gli interessati, decide entro cinque giorni dal ricevimento della relazione, con atto non soggetto a reclamo.

Il provvedimento del giudice tutelare ha gli effetti di cui all'ultimo comma dell'art. 8.

14. Il medico che esegue la interruzione della gravidanza è tenuto a fornire alla donna le informazioni e le indicazioni sulla regolazione delle nascite nonché a renderla partecipe dei procedimenti abortivi, che devono comunque essere attuati in modo da rispettare la dignità personale della donna.

In presenza di processi patologici, fra cui quelli relativi ad anomalie o malformazioni del nascituro, il medico che esegue l'interruzione della gravidanza deve fornire alla donna i ragguagli necessari per la prevenzione di tali processi.

15. Le regioni, d'intesa con le università e con gli enti ospedalieri, promuovono l'aggiornamento del personale sanitario ed esercente le arti ausiliarie sui problemi della procreazione cosciente e responsabile, sui metodi anticoncezionali, sul decorso della gravidanza, sul parto o sull'uso delle tecniche più moderne, più rispettose della integrità fisica e psichica della donna e meno rischiose per la interruzione della gravidanza. Le regioni promuovono inoltre corsi ed incontri ai quali possono partecipare sia il personale sanitario ed esercente le arti ausiliarie sia le persone interessate ad approfondire le questioni relative all'educazione sessuale, al decorso della gravidanza, al parto, ai metodi anticoncezionali e alle tecniche per la interruzione della gravidanza.

Al fine di garantire quanto disposto dagli artt. 2 e 5, le regioni redigono un programma annuale d'aggiornamento e di informazione sulla legislazione statale e regionale, e sui servizi sociali, sanitari e assistenziali esistenti nel territorio regionale.

16. Entro il mese di febbraio, a partire dall'anno successivo a quello dell'entrata in vigore della presente legge, il Ministro della sanità presenta al Parlamento una relazione sull'attuazione della legge stessa e sui suoi effetti, anche in riferimento al problema della prevenzione.

Le regioni sono tenute a fornire le informazioni necessarie entro il mese di gennaio di ciascun anno, sulla base di questionari predisposti dal Ministro.

Analoga relazione presenta il Ministro di grazia e giustizia per quanto riguarda le questioni di specifica competenza del suo Dicastero.

17-18. .... [1]

[1] Articoli abrog. dall'art. 7, D.lgs. 1 mar. 2018, n. 21. Ai sensi della Tabella A di cui all'art. 8, D.lgs. 21/2018, il riferimento agli artt. 17 e 18, L. 194/1978, deve intendersi agli artt. 593-*bis* e 593-*ter* c.p.

19. Chiunque cagiona l'interruzione volontaria della gravidanza senza l'osservanza delle modalità indicate negli artt. 5 e 8, è punito con la reclusione sino a tre anni.

La donna è punita con la multa fino a euro 51.

Se l'interruzione volontaria della gravidanza avviene senza l'accertamento medico dei casi previsti dalle lettere *a* e *b* dell'art. 6 o comunque senza la osservanza delle modalità previste dall'art. 7, chi la cagiona è punito con la reclusione da uno a quattro anni.

La donna è punita con la reclusione sino a sei mesi.

Quando l'interruzione volontaria della gravidanza avviene su donna minore degli anni diciotto, o interdetta, fuori dei casi o senza l'osservanza delle modalità previste dagli artt. 12 e 13, chi la cagiona è punito con le pene rispettivamente previste dai commi precedenti aumentate fino alla metà. La donna non è punibile.

Se dai fatti previsti dai commi precedenti deriva la morte della donna, si applica la reclusione da tre a sette anni; se ne deriva una lesione personale gravissima si applica la reclusione da due a cinque anni; se la lesione personale è grave quest'ultima pena è diminuita.

Le pene stabilite dal comma precedente sono aumentate se la morte o la lesione della donna derivano dai fatti previsti dal quinto comma.

20. Le pene previste dagli artt. 18[1] e 19 per chi procura l'interruzione della gravidanza sono aumentate quando il reato è commesso da chi ha sollevato obiezione di coscienza ai sensi dell'art. 9.

[1] Ora art. 593-*ter* c.p. Vedi art. 8. D.lgs 1 mar. 2018 n. 21.

21. Chiunque, fuori dei casi previsti dall'art. 326 del c.p., essendone venuto a conoscenza per ragioni di professione o di ufficio, rivela la identità — o comunque divulga notizie idonee a rivelarla – di chi ha fatto ricorso alle procedure o agli interventi previsti dalla presente legge, è punito a norma dell'art. 622 del codice penale.

22. Il titolo X del libro II del codice penale è abrogato.

Sono altresì abrogati il n. 3) del primo comma e il n. 5) del secondo comma dell'art. 583 del codice penale.

Salvo che sia stata pronunciata sentenza irrevocabile di condanna, non è punibile per il reato di aborto di donna consenziente chiunque abbia commesso il fatto prima dell'entrata in vigore della presente legge, se il giudice accerta che sussistevano le condizioni previste dagli artt. 4 e 6.

AMNISTIA E INDULTO

- 1 -

D.P.R. 12 apr. 1990, n. 75
Concessione di amnistia

(G.U. 12 apr. 1990, n. 86)

1. ***Amnistia.*** — 1. È concessa amnistia:

a) per ogni reato non finanziario per il quale è stabilita una pena detentiva non superiore nel massimo a quattro anni, ovvero una pena pecuniaria, sola o congiunta a detta pena;

b) per i reati previsti dall'art. 57 del codice penale commessi dal direttore o dal vicedirettore responsabile, quando è noto l'autore della pubblicazione;

c) per i delitti previsti dai seguenti articoli del codice penale:

1) 336, comma primo (violenza o minaccia a un pubblico ufficiale) e 337 (resistenza a un pubblico ufficiale), sempre che non ricorra taluna delle ipotesi previste dall'art. 339 del codice penale o il fatto non abbia cagionato lesioni personali gravi o gravissime ovvero la morte;

2) 588, comma secondo (rissa), sempre che dal fatto non siano derivate lesioni personali gravi o gravissime ovvero la morte;

3) 614, comma quarto (violazione di domicilio), limitatamente all'ipotesi in cui il fatto è stato commesso con violenza sulle cose;

4) 640, comma secondo (truffa), sempre che non ricorra la circostanza aggravante prevista dall'art. 61, n. 7, del codice penale;[1]

d) per i reati di cui all'art. 7 in relazione agli artt. 1, 2 e 4 della legge 2 ott. 1967, n. 895 (disposizioni per il controllo delle armi), come modificata dalla legge 14 ott. 1974, n. 497, quando ricorre l'attenuante di cui all'art. 5 della predetta legge;

e) per il reato di cui al comma terzo dell'art. 23 della legge 18 apr. 1975, n. 110 (norme integrative della disciplina vigente per il controllo delle armi, delle munizioni e degli esplosivi), quando concerne armi la cui detenzione l'imputato o il condannato aveva denunciato all'autorità di pubblica sicurezza;

f) per il reato previsto dall'art. 1 del decreto legislativo 22 gen. 1948, n. 66, commesso a causa e in occasione di manifestazioni sindacali o in conseguenza di situazioni di gravi disagi dovuti a disfunzioni di pubblici servizi o a problemi abitativi, anche se il suddetto reato è aggravato dal numero o dalla riunione delle persone e dalle circostanze di cui all'art. 61 del codice penale, fatta esclusione per quella prevista dal numero 1, nonché da quella di cui all'art. 112, n. 2, del codice penale, sempre che non ricorrano altre aggravanti e il fatto non abbia cagionato ad altri lesioni personali o la morte;

g) per ogni reato commesso da minore degli anni diciotto, quando il giudice ritiene che possa essere concesso il perdono giudiziale ai sensi dell'art. 19 del R.D.L. 20 lug. 1934, n. 1404, convertito, con modificazioni, dalla legge 27 mag. 1935, n. 835, come sostituito da ultimo dall'art. 112 della legge 24 nov. 1981, n. 689, ma non si applicano le disposizioni dei commi terzo e quarto dell'art. 169 del codice penale;

h) per i reati relativi a violazioni delle norme concernenti il monopolio dei tabacchi e le imposte di fabbricazione sugli apparecchi di accensione, limitatamente alla vendita al pubblico e all'acquisto e alla detenzione di quantitativi di detti prodotti destinati alla vendita al pubblico direttamente da parte dell'agente;

i) per i reati di cui al secondo capoverso dell'art. 9 dell'Allegato C al R.D.L. 16 gen. 1936, n. 54, convertito, con modificazioni, dalla legge 4 giu. 1936, n. 1334, ed all'art. 20 del testo unico delle disposizioni di carattere legislativo concernenti l'imposta sul consumo del gas e dell'energia elettrica approvato con decreto ministeriale 8 lug. 1924, e successive modificazioni, limitatamente all'evasione dell'imposta erariale sull'energia elettrica.

2. A seguito dell'applicazione dell'amstia ad uno dei delitti previsti dall'art. 8 della legge 15 dic. 1972, n. 772,[2] l'imputato o il condannato è esonerato dalla prestazione del servizio di leva.

3. Non si applica l'ultimo comma dell'art. 151 del codice penale.

[1] La Corte cost., con sent. 25 lug. 1997, n. 272, ha dichiarato l'ill. cost. dell'art. 1 c. 1 lett. *c*) n. 4 «nella parte in cui non prevede l'applicazione dell'amnistia per il delitto di truffa militare aggravata (art. 234 c. 2 c.p.m.p.), sempre che non ricorra la circostanza aggravante prevista dall'art. 61, n. 7 del c.p.».

[2] V. ora la L. 8 lug. 1998, n. 230.

2. ***Amnistia per i reati minori in materia tributaria concernenti enti non commerciali e condizioni per la concessione dell'amnistia per taluni reati tributari.*** — 1. È concessa amnistia per i reati di cui all'art. 1 del D.L. 10 lug. 1982, n. 429, convertito, con modificazioni, dalla legge 7 ago. 1982, n. 516,[1] commessi fino a tutto il giorno 28 lug. 1989[1] – in relazione ad attività commerciali svolte da enti pubblici e privati diversi dalle società che non hanno per oggetto esclusivo o principale l'esercizio di attività commerciali di cui alle lettere *c*) e *d*) dell'art. 87, comma 1, del testo unico delle imposte sui redditi, approvato con decreto del Presidente della Repubblica 22 dic. 1986, n. 917.

2. È concessa altresì amnistia per i reati previsti dal secondo comma dell'art. 2 del D.L. 10 lug. 1982, n. 429, convertito, con modificazioni, dalla legge 7 ago. 1982, n. 516, se il versamento delle ritenute è stato effettuato entro il termine previsto per la presentazione della dichiarazione annuale del sostituto di imposta.

3. In conseguenza della errata indicazione del termine del 31 nov. 1989 per la presentazione dell'istanza di definizione ad ogni effetto amministrativo e penale contenuto nel comma 1 dell'art. 21 del

D.L. 2 mar. 1989, n. 69, convertito, con modificazioni, dalla legge 27 apr. 1989, n. 154, si considerano regolarmente adempiuti gli adempimenti eseguiti entro il 31 dic. 1989.[2]

[1] Ora D.lgs. 10 mar. 2000, n. 74.

[2] Con D.P.R. 24 lug. 1990, n. 203 si è previsto che «ad integrazione della concessione di amnistia di cui all'art. 2, comma 1, è concessa amnistia, alle condizioni ivi previste, per i medesimi reati commessi fino a tutto il giorno 24 ott. 1989».

3. ***Esclusioni oggettive dall'amnistia.*** — 1. L'amnistia non si applica:

a) ai reati commessi in occasione di calamità naturali approfittando delle condizioni determinate da tali eventi, ovvero in danno di persone danneggiate ovvero al fine di approfittare illecitamente di provvedimenti adottati dallo Stato o da altro ente pubblico per far fronte alla calamità, risarcirne i danni e portare sollievo alla popolazione ed all'economia dei luoghi colpiti dagli eventi;

b) ai reati commessi dai pubblici ufficiali contro la pubblica amministrazione previsti dal capo I del titolo II del libro secondo del codice penale ed ai reati di falsità in atti previsti dal capo III del titolo VII del libro secondo del codice penale, quando siano compiuti in relazione ad eventi di calamità naturali ovvero ai conseguenti interventi di ricostruzione e sviluppo dei territori colpiti;

c) ai reati previsti dai seguenti articoli del codice penale:

1) 316 (peculato mediante profitto dell'errore altrui);

2) 318 (corruzione per un atto d'ufficio);

3) 319, comma quarto (corruzione per un atto contrario ai doveri d'ufficio);

4) 320 (corruzione di persona incaricata di un pubblico servizio), in relazione ai fatti previsti negli artt. 318, comma primo, e 319, comma quarto;

5) 321 (pene per il corruttore);

6) 353 e 354 (turbata libertà degli incanti e astensione dagli incanti), quando siano compiuti in relazione ad eventi di calamità naturali ovvero ai conseguenti interventi di ricostruzione e sviluppo dei territori colpiti;

7) 355 (inadempimento di contratti di pubbliche forniture), salvo che si tratti di fatto commesso per colpa;

8) 371 (falso giuramento della parte);

9) 372 (falsa testimonianza), quando la deposizione verte su fatti relativi all'esercizio di pubbliche funzioni espletate dal testimone;

10) 378 (favoreggiamento personale), fuori delle ipotesi previste dal comma terzo, salvo che si tratti di fatto commesso in relazione a reati per i quali è concessa amnistia;

11) 385 (evasione), limitatamente alle ipotesi previste dal comma secondo;

12) 391 (procurata inosservanza di misure di sicurezza detentive), limitatamente alle ipotesi previste dal comma primo. Tale esclusione non si applica ai minori degli anni diciotto;

13) 420 (attentato a impianti di pubblica utilità);

14) 443 (commercio o somministrazione di medicinali guasti);

15) 444 (commercio di sostanze alimentari nocive);

16) 445 (somministrazione di medicinali in modo pericoloso per la salute pubblica);

17) 452 (delitti colposi contro la salute pubblica), comma primo, n. 3, e comma secondo;

18) 471 (uso abusivo di sigilli e strumenti veri), quando sia compiuto in relazione ad eventi di calamità naturali ovvero ai conseguenti interventi di ricostruzione e sviluppo dei territori colpiti;

19) 478 (falsità materiale commessa dal pubblico ufficiale in copie autentiche di atti pubblici o privati e in attestati del contenuto di atti);

20) 501 (rialzo e ribasso fraudolento di prezzi sul pubblico mercato o nelle borse di commercio);

21) 501-*bis* (manovre speculative su merci);

22) 521 (atti di libidine violenti), in relazione all'art. 520;

23) 590, commi secondo e terzo (lesioni personali colpose), limitatamente ai fatti commessi con violazione delle norme per la prevenzione degli infortuni sul lavoro o relative all'igiene del lavoro, che abbiano determinato le conseguenze previste dal comma primo, n. 2, o dal comma secondo dell'art. 583 del codice penale;

24) 595, comma terzo (diffamazione), quando l'offesa consiste nell'attribuzione di un fatto determinato ed è commessa con mezzi di diffusione radiofonica o televisiva;

25) 610 (violenza privata), nelle ipotesi di cui al comma secondo;

26) 644 (usura);

27) 733 (danneggiamento al patrimonio archeologico, storico o artistico nazionale);

28) 734 (distruzione o deturpamento di bellezze naturali);

d) al delitto previsto dall'art. 218 del codice penale militare di pace (peculato militare mediante profitto dell'errore altrui);

e) ai reati previsti:

1) dall'art. 20, comma primo, lettere *b*) e *c*), della legge 28 feb. 1985, n. 47 (norme in materia di controllo dell'attività urbanistico-edilizia, sanzioni, recupero e sanatoria delle opere abusive), come modificato dall'art. 3 del D.L. 23 apr. 1985, n. 146, convertito, con modificazioni, dalla legge 21 giu. 1985, n. 298, salvo che si tratti di violazioni riguardanti un'area di piccola estensione, in assenza di opere edilizie, ovvero di violazioni che comportino limitata entità dei volumi illegittimamente realizzati o limitate modifiche dei volumi esistenti, e sempre che non siano violati i vincoli di cui all'art. 33, comma primo, della predetta legge n. 47 del 1985 o il bene non sia assoggettato alla tutela indicata nel comma secondo del medesimo articolo;

2) dall'art. 1-*sexies* del decreto-legge 27 giu. 1985, n. 312 (disposizioni urgenti per la tutela delle zone

di particolare interesse ambientale), convertito, con modificazioni, dalla legge 8 ago. 1985, n. 431, salvo che sia conseguita in sanatoria l'autorizzazione da parte delle competenti autorità;

3) dagli artt. 21, 22, 23, comma secondo, e 24-*bis* della legge 10 mag. 1976, n. 319 (norme per la tutela delle acque dall'inquinamento), salvo che il fatto consista nella mancata presentazione della domanda di autorizzazione o di rinnovo di cui all'art. 15, comma secondo, della stessa legge; dagli artt. 24, 25 e 26 del decreto del Presidente della Repubblica 24 mag. 1988, n. 203, e dall'art. 15 del decreto del Presidente della Repubblica 24 mag. 1988, n. 217;

4) dall'art. 9, commi sesto e settimo, della legge 16 apr. 1973, n. 171 (interventi per la salvaguardia di Venezia), come sostituiti dall'art. 1-*ter* del D.L. 10 ago. 1976, n. 544, convertito, con modificazioni, dalla legge 8 ott. 1976, n. 690;

5) dagli artt. 24, 25, 26, 27, 29, 31 e 32 del decreto del Presidente della Repubblica 10 sett. 1982, n. 915 (norme in materia di smaltimento dei rifiuti);

6) dall'art. 2 della legge 26 apr. 1983, n. 136 (biodegradabilità dei detergenti sintetici);

7) dagli artt. 17 e 20 della legge 31 dic. 1982, n. 979 (disposizioni per la difesa del mare);

8) dall'art. 21 del decreto del Presidente della Repubblica 17 mag. 1988, n. 175 (attuazione della direttiva CEE n. 82/501 relativa ai rischi di incidenti rilevanti connessi con determinate attività industriali);[1]

9) dagli artt. 3 e 10, commi sesto, ottavo, nono e decimo, della legge 18 apr. 1975, n. 110 (norme integrative della disciplina vigente per il controllo delle armi, delle munizioni e degli esplosivi), salvo che il fatto, limitatamente alle ipotesi previste dai commi sesto e ottavo dello stesso art. 10, debba ritenersi di lieve entità per la qualità e il numero limitato delle armi;

10) dagli artt. 10-*bis*, commi settimo e nono, quando si tratti di condotta dolosa, e 10-*quinquies*, comma primo, della legge 31 mag. 1965, n. 575 (disposizioni contro la mafia)[2];

11) dall'art. 21 del decreto del Presidente della Repubblica 24 mag. 1988, n. 236 (attuazione della direttiva CEE n. 80/778 concernente la qualità delle acque destinate al consumo umano);

12) dagli artt. 3 e 4 della legge 20 nov. 1971, n. 1062 (norme penali sulla contraffazione od alterazione di opere d'arte).[3]

2. Quando vi è stata condanna ai sensi dell'art. 81 del codice penale, ove necessario, il giudice dell'esecuzione applica l'amnistia secondo le disposizioni del decreto, determinando le pene corrispondenti ai reati estinti.

[1] Disposizione abrog. dall'art. 30, D.lgs. 17 ago. 1999, n. 334 contenente norme di attuazione della direttiva 96/82 CE relativa al controllo dei pericoli di incidenti rilevanti commessi con determinate sostanze pericolose.

[2] I richiami alle disposizioni contenute nella L. 31 mag. 1965, n. 575, ora abrogata, sono da riferirsi alle disposizioni di cui al D.lgs. 6 set. 2011, n. 159.

[3] V. ora il D.lgs. 29 ott. 1999, n. 490.

4. ***Computo della pena per l'applicazione dell'amnistia.*** — 1. Ai fini del computo della pena per l'applicazione dell'amnistia:

a) si ha riguardo alla pena stabilita per ciascun reato consumato o tentato;

b) non si tiene conto dell'aumento di pena derivante dalla continuazione e dalla recidiva, anche se per quest'ultima la legge stabilisce una pena di specie diversa;

c) si tiene conto dell'aumento di pena derivante dalle circostanze aggravanti per le quali la legge stabilisce una pena di specie diversa o dalle circostanze ad effetto speciale. Si tiene conto della circostanza aggravante prevista dall'art. 61, n. 7, del codice penale. Non si tiene conto delle altre circostanze aggravanti;

d) si tiene conto della circostanza attenuante di cui all'art. 98 del codice penale nonché, nei reati contro il patrimonio, delle circostanze attenuanti di cui ai numeri 4 e 6 dell'art. 62 del codice penale. Quando le predette circostanze attenuanti concorrono con circostanze aggravanti di qualsiasi specie, si tiene conto soltanto delle prime, salvo che concorrano le circostanze di cui agli artt. 583 e 625, numeri 1 e 4, secondo parte, del codice penale, nel qual caso si tiene conto soltanto di queste ultime. Ai fini dell'applicazione dell'amnistia la sussistenza delle predette circostanze è accertata, dopo l'esercizio dell'azione penale, anche dal giudice per le indagini preliminari, nonché dal giudice in camera di consiglio nella fase degli atti preliminari al dibattimento ai sensi dell'art. 469 del codice di procedura penale. Nei procedimenti indicati negli artt. 241 e 242 del decreto legislativo 28 lug. 1989, n. 271, la sussistenza delle predette circostanze è accertata dal giudice istruttore o dal pretore nel corso dell'istruzione, ovvero dal giudice in camera di consiglio nella fase degli atti preliminari al giudizio ai sensi dell'art. 421 del codice di procedura penale abrogato;

e) si tiene conto delle circostanze attenuanti previste dall'art. 48 del codice penale militare di pace quando siano prevalenti o equivalenti, ai sensi dell'art. 69 del codice penale, rispetto ad ogni tipo di circostanza aggravante.

5. ***Rinunciabilità dell'amnistia.*** — 1. L'amnistia non si applica qualora l'imputato, prima che sia pronunciata sentenza di non luogo a procedere o di non doversi procedere per estinzione del reato per amnistia, faccia espressa dichiarazione di non volerne usufruire.

6. ***Termine di efficacia dell'amnistia.*** — 1. L'amnistia ha efficacia per i reati commessi fino a tutto il giorno 24 ott. 1989.

7. ***Entrata in vigore.*** — 1. Il presente decreto entra in vigore il giorno stesso della sua pubblicazione nella *Gazzetta Ufficiale* della Repubblica italiana.

- 2 -

D.P.R. 22 dic. 1990, n. 394

Concessione di indulto

(G.U. 24 dic. 1990, n. 299)

1. 1. È concesso indulto nella misura non superiore a due anni per le pene detentive e non superiore a euro 5.164 per le pene pecuniarie, sole o congiunte alle pene detentive.

2. Non si applicano le esclusioni di cui all'ultimo comma dell'art. 151 del codice penale.

2. 1. È concesso indulto, per intero, per le pene accessorie temporanee, conseguenti a condanne per le quali è applicato, anche solo in parte, l'indulto.

3. 1. L'indulto non si applica alle pene:

a) per i delitti previsti dai seguenti articoli del c.p.:

1) 285 (devastazione, saccheggio e strage);

2) 416-*bis* (associazione di tipo mafioso);

3) 422 (strage);

4) 630, commi primo, secondo e terzo (sequestro di persona a scopo di estorsione);

5) 648-*bis* (riciclaggio), limitatamente all'ipotesi che la sostituzione riguardi denaro, beni o altre utilità provenienti dal delitto di sequestro di persona a scopo di estorsione o dai delitti concernenti la produzione o il traffico di sostanze stupefacenti o psicotrope;

b) per i delitti previsti dai seguenti articoli della L. 22 dic. 1975, n. 685, recante disciplina degli stupefacenti e sostanze psicotrope, prevenzione, cura e riabilitazione dei relativi stati di tossicodipendenza, nel testo in vigore precedentemente alle modifiche di cui alla L. 26 giu. 1990, n. 162:

1) 71, commi primo, secondo e terzo (attività illecite), ove applicate le circostanze aggravanti specifiche di cui all'art. 74;

2) 75 (associazione per delinquere).[1]

[1] Corrispondente all'art. 74 D.P.R. 9 ott. 1990, n. 309.

4. 1. Il beneficio dell'indulto è revocato di diritto se chi ne ha usufruito commette, entro cinque anni dalla data di entrata in vigore del presente decreto, un delitto non colposo per il quale riporti condanna a pena detentiva non inferiore a due anni.

5. 1. L'indulto ha efficacia per i reati commessi fino a tutto il giorno 24 ott. 1989.

6. Il presente decreto entra in vigore il giorno stesso della sua pubblicazione nella *Gazzetta Ufficiale* della Repubblica italiana.

- 3 -

D.P.R. 20 gen. 1992, n. 23

Concessione di amnistia per reati tributari

(G.U. 23 gen 1992, n. 18)

1. *Amnistia.* — 1. È concessa amnistia per i reati previsti in materia di imposte dirette e di imposta sul valore aggiunto, commessi fino al 30 sett. 1991 e riferibili ai periodi di imposta che possono essere definiti secondo le disposizioni del titolo VI della legge 30 dic. 1991, n. 413.

2. Per ciascuna imposta l'amnistia si applica, salvo quanto previsto dal comma 3, a tutti i reati di cui al comma 1 riferibili al periodo di imposta a condizione che il contribuente o chiunque altro, avendone interesse, presenti dichiarazione integrativa per la definizione per l'intero periodo ovvero definisca il periodo stesso. L'amnistia si applica, indipendentemente dalla definizione dell'intero periodo di imposta:

a) relativamente ai reati di cui al primo e al secondo comma dell'art. 1 e al numero 7 dell'art. 4 del D.L. 10 lug. 1982, n. 429, convertito, con modificazioni, dalla L. 7 ago. 1982, n. 516, nonché alla lettera *f*) del comma 1 dell'art. 4 del predetto decreto nel testo modificato dal D.L. 16 mar. 1991, n. 83, convertito, con modificazioni, dalla L. 15 mag. 1991, n. 154, e al primo comma dell'art. 56 del D.P.R. 29 set. 1973, n. 600, nei limiti degli importi integrativamente dichiarati o versati;

b) relativamente alle altre contravvenzioni, se la dichiarazione integrativa reca l'impegno a versare gli importi minimi previsti dai commi 3, 4 e 5 dell'art. 38 della L. 30 dic. 1991, n. 413.

3. Per i reati commessi dai sostituti d'imposta l'amnistia si applica a condizione che, alla data di entrata in vigore del presente decreto, le ritenute siano state versate ovvero l'importo delle ritenute non versate risulti compreso in quello indicato nella dichiarazione integrativa.

4. Nei confronti delle persone che si trovano nelle condizioni previste dal comma 6 dell'art. 57 della L. 30 dic. 1991, n. 413, l'amnistia si applica altresì per ciascun periodo di imposta cui i reati si riferiscono, se è presentata l'istanza di cui allo stesso comma 6.

5. È concessa amnistia, alle condizioni sopra indicate, per i reati, commessi fino al 30 sett. 1991, previsti dagli artt. 482, 483, 484, 485, 489, 490, 492 del codice penale, nonché dall'art. 2621 del codice civile quando tali reati siano stati commessi per eseguire od occultare quelli indicati nel comma 1 del presente articolo ovvero per conseguirne il profitto e siano riferiti alla stessa pendenza o situazione tributaria.

2. *Esclusioni dall'amnistia.* — 1. L'amnistia non si applica:

a) ai condannati per i delitti di cui agli artt. 416-*bis*, 648-*bis*, 648-*ter* del codice penale o per taluno dei delitti richiamati nel citato art. 648-*bis*;

b) ai condannati, qualora ricorrano le circostanze previste dall'art. 7 del D.L. 13 mag. 1991, n. 152,convertito, con modificazioni, dalla L. 12 lug. 1991, n. 203;[1]

c) alle persone indiziate di appartenenza ad associazioni di tipo mafioso e sottoposte ad una misura di prevenzione ai sensi della L. 31 mag. 1965, n. 575, e successive modificazioni.

2. L'amnistia non si applica anche se la sentenza di condanna di cui al comma 1, per fatti anteriormente commessi, è divenuta definitiva successivamente alla data di entrata in vigore del presente decreto, sempre che a tale data sia pendente il relativo processo penale.

3. I procedimenti in corso per i reati di cui all'art. 1 sono sospesi fino alla scadenza del termine per la presentazione della dichiarazione integrativa o dell'istanza di cui al comma 6 dell'art. 57 della L. 30 dic. 1991, n. 413, e, se queste sono state presentate, fino a quando l'ufficio finanziario non avrà comunicato al giudice, evitando ogni ritardo, gli elementi necessari per valutare la sussistenza delle condizioni richieste per l'applicazione dell'amnistia.

4. Agli effetti della disposizione contenuta nel comma 2, se la dichiarazione integrativa è presentata da soggetti nei cui confronti, alla data di entrata in vigore del presente decreto, è pendente processo penale per taluno dei reati indicati al comma 1, i procedimenti in corso restano comunque sospesi in attesa dell'esito definitivo dei suddetti processi; a tal fine la pendenza di tali processi e la definizione degli stessi sono comunicate dalla cancelleria al locale ufficio delle imposte che ne dà notizia al giudice, senza ritardo, anche per tramite dell'ufficio competente, se diverso.

[1] Ai sensi della Tabella A di cui all'art. 8, D.lgs. 1 mar. 2018, n. 21, il riferimento all'art. 7, D.L. 13 mag. 1991, n. 152, deve intendersi all'art. 416-*bis*.1 c.p.

3. ***Entrata in vigore.*** — 1. Il presente decreto entra in vigore il giorno stesso della sua pubblicazione nella *Gazzetta Ufficiale* della Repubblica italiana.

- 4 -

L. 31 lug. 2006, n. 241

Concessione di indulto

(G.U. 31 lug. 2006, n. 176)

1. È concesso indulto, per tutti i reati commessi fino a tutto il 2 maggio 2006, nella misura non superiore a tre anni per le pene detentive e non superiore a 10.000 euro per quelle pecuniarie sole o congiunte a pene detentive. Non si applicano le esclusioni di cui all'ultimo comma dell'art. 151 el codice penale.

2. L'indulto non si applica:

a) per i delitti previsti dai seguenti articoli del codice penale:

1) 270 (associazioni sovversive), primo comma;

2) 270-*bis* (associazioni con finalità di terrorismo anche internazionale o di eversione dell'ordine democratico);

3) 270-*quater* (arruolamento con finalità di terrorismo anche internazionale);

4) 270-*quinquies* (addestramento ad attività con finalità di terrorismo anche internazionale);

5) 280 (attentato per finalità terroristiche o di eversione);

6) 280-*bis* (atto di terrorismo con ordigni micidiali o esplosivi);

7) 285 (devastazione, saccheggio e strage);

8) 289-*bis* (sequestro di persona a scopo di terrorismo o di eversione);

9) 306 (banda armata).

10) 416, sesto comma (associazione per delinquere finalizzata alla commissione dei delitti di cui agli artt. 600, 601 e 602 del codice penale;

11) 416-*bis* (associazione di tipo mafioso);

12) 422 (strage);

13) 600 (riduzione o mantenimento in schiavitù o in servitù);

14) 600-*bis* (prostituzione minorile);

15) 600-*ter* (pornografia minorile), anche nell'ipotesi prevista dall'art. 600-*quater*. 1 del codice penale;

16) 600-*quater* (detenzione di materiale pornografico), anche nell'ipotesi prevista dall'art. 600-*quater* 1 del codice penale, sempre che il delitto sia aggravato ai sensi del secondo comma del medesimo art. 600-*quater*;

17) 600-*quinquies* (iniziative turistiche volte allo sfruttamento della prostituzione minorile);

18) 601 (tratta di persone);

19) 602 (acquisto e alienazione di schiavi);

20) 609-*bis* (violenza sessuale);

21) 609-*quater* (atti sessuali con minorenne);

22) 609-*quinquies* (corruzione di minorenne);

23) 609-*octies* (violenza sessuale di gruppo);

24) 630 (sequestro di persona a scopo di estorsione), commi primo, secondo e terzo;

25) 644 (usura);

26) 648-*bis* (riciclaggio), limitatamente all'ipotesi che la sostituzione riguardi denaro, beni o altre utilità provenienti dal delitto di sequestro di persona a scopo di estorsione o dai delitti concernenti la produzione o il traffico di sostanze stupefacenti o psicotrope;

b) per i delitti riguardanti, il traffico e la detenzione illeciti di sostanze stupefacenti o psicotrope, di cui all'art. 73 del testo unico delle leggi in materia di disciplina degli stupefacenti e sostanze psicotrope, prevenzione, cura e riabilitazione dei relativi stati di tossicodipendenza, di cui al decreto del Presidente della Repubblica 9 ottobre 1990, n. 309, e successive modificazioni, aggravati ai sensi dell'art. 80, comma 1, lettera *a*), e comma 2, del medesimo testo unico, nonché per il delitto di associazione finalizzata al traffico illecito di sostanze stupefacenti psicotrope di cui all'art. 74 del citato testo unico, in tutte le ipotesi previste dai commi 1, 4 e 5 del medesimo artt. 74;

c) per i reati per i quali ricorre la circostanza aggravante di cui all'art. 1 del D.L. 15 dicembre 1979, n. 625, convertito, con modificazioni, dalla legge 6 febbraio 1980, n. 15, e successive modificazioni;

d) per i reati per i quali ricorre la circostanza aggravante di cui all'art. 7 del D.L. 13 maggio 1991, n. 152, convertito, con modificazioni, dalla legge 12 luglio 1991, n. 203, e successive modificazioni;

e) per i reati per i quali ricorre la circostanza aggravante di cui all'art. 3 del D.L. 26 aprile 1993, n. 122, convertito, con modificazioni, dalla legge 25 giugno 1993, n. 205.

3. Il beneficio dell'indulto è revocato di diritto se chi ne ha usufruito commette, entro cinque anni dalla data di entrata in vigore della presente legge, un delitto non colposo per il quale riporti condanna a pena detentiva non inferiore a due anni.

4. La presente legge entra in vigore il giorno successivo a quello della sua pubblicazione nella *Gazzetta Ufficiale*.

ANIMALI DA COMPAGNIA

- 1 -

L. 4 nov. 2010, n. 201

Ratifica ed esecuzione della Convenzione europea per la protezione degli animali da compagnia, fatta a Strasburgo il 13 novembre 1987, nonché norme di adeguamento dell'ordinamento interno.

(G.U. 3 dic. 2010, n. 283)

1. ***Autorizzazione alla ratifica.*** — 1. Il Presidente della Repubblica è autorizzato a ratificare la Convenzione europea per la protezione degli animali da compagnia, fatta a Strasburgo il 13 novembre 1987.

2. ***Ordine di esecuzione.*** — 1. Piena ed intera esecuzione è data alla Convenzione di cui all'articolo 1, a decorrere dalla data della sua entrata in vigore, in conformità a quanto disposto dall'articolo 18 della Convenzione stessa.

3. ***Modifiche al codice penale.*** — (*Omissis*).

4. ***Traffico illecito di animali da compagnia.*** — 1. Chiunque, al fine di procurare a sé o ad altri un profitto, reiteratamente o tramite attività organizzate, introduce nel territorio nazionale animali da compagnia di cui all'allegato I, parte A, del regolamento (CE) n. 998/2003 del Parlamento europeo e del Consiglio, del 26 maggio 2003, privi di sistemi per l'identificazione individuale e delle necessarie certificazioni sanitarie e non muniti, ove richiesto, di passaporto individuale, è punito con la reclusione da tre mesi a un anno e con la multa da euro 3.000 a euro 15.000.

2. La pena di cui al comma 1 si applica altresì a chiunque, al fine di procurare a sé o ad altri un profitto, trasporta, cede o riceve a qualunque titolo animali da compagnia di cui all'allegato I, parte A, del regolamento (CE) n. 998/2003 del Parlamento europeo e del Consiglio, del 26 maggio 2003, introdotti nel territorio nazionale in violazione del citato comma 1.

3. La pena è aumentata se gli animali di cui al comma 1 hanno un'età accertata inferiore a dodici settimane o se provengono da zone sottoposte a misure restrittive di polizia veterinaria adottate per contrastare la diffusione di malattie trasmissibili proprie della specie.

4. Nel caso di condanna o di applicazione della pena su richiesta delle parti ai sensi dell'articolo 444 del codice di procedura penale per i delitti previsti dai commi 1 e 2 del presente articolo, è sempre ordinata la confisca dell'animale, salvo che appartenga a persona estranea al reato. È altresì disposta la sospensione da tre mesi a tre anni dell'attività di trasporto, di commercio o di allevamento degli animali se la sentenza di condanna o di applicazione della pena su richiesta delle parti è pronunciata nei

confronti di chi svolge le predette attività. In caso di recidiva è disposta l'interdizione dall'esercizio delle attività medesime.

5. Gli animali oggetto di provvedimento di sequestro o di confisca sono affidati alle associazioni o agli enti indicati nel decreto del Ministro della salute, adottato ai sensi dell'articolo 19-*quater* delle disposizioni di coordinamento e transitorie per il codice penale, di cui al regio decreto 28 maggio 1931, n. 601, che ne fanno richiesta, salvo che vi ostino esigenze processuali.

6. Gli animali acquisiti dallo Stato a seguito di provvedimento definitivo di confisca sono assegnati, a richiesta, alle associazioni o agli enti ai quali sono stati affidati ai sensi del comma 5.

7. Le entrate derivanti dall'applicazione delle sanzioni pecuniarie previste dalla presente legge affluiscono all'entrata del bilancio dello Stato per essere riassegnate allo stato di previsione del Ministero della salute e sono destinate alle associazioni o agli enti di cui al comma 5 del presente articolo, con le modalità di cui all'articolo 8 della legge 20 luglio 2004, n. 189.

5. ***Introduzione illecita di animali da compagnia.*** — 1. Salvo che il fatto costituisca reato, chiunque introduce nel territorio nazionale animali da compagnia di cui all'allegato I, parte A, del regolamento (CE) n. 998/2003 del Parlamento europeo e del Consiglio, del 26 maggio 2003, privi di sistemi per l'identificazione individuale, è soggetto alla sanzione amministrativa del pagamento di una somma da euro 100 a euro 1.000 per ogni animale introdotto.

2. Salvo che il fatto costituisca reato, chiunque introduce nel territorio nazionale animali da compagnia di cui all'allegato I, parte A, del regolamento (CE) n. 998/2003 del Parlamento europeo e del Consiglio, del 26 maggio 2003, in violazione dei requisiti previsti dalla legislazione vigente, è soggetto alla sanzione amministrativa del pagamento di una somma da euro 500 a euro 1.000 per ogni animale introdotto. La sanzione non si applica se le violazioni sono regolarizzate nel rispetto di quanto disposto dalla legislazione vigente.

3. Salvo che il fatto costituisca reato, alla sanzione di cui al comma 2 è altresì soggetto chiunque trasporta o cede, a qualunque titolo, animali introdotti nel territorio nazionale in violazione di quanto previsto dai commi 1 e 2.

4. Si applica la sanzione amministrativa del pagamento di una somma da euro 1.000 a euro 2.000 per ogni animale introdotto se gli animali di cui ai commi 1, 2 e 3 hanno un'età accertata inferiore a dodici settimane o se provengono da zone sottoposte a misure restrittive di polizia veterinaria adottate per contrastare la diffusione di malattie trasmissibili proprie della specie.

6. ***Sanzioni amministrative accessorie.*** — 1. Il trasportatore o il titolare di un'azienda commerciale che, nel periodo di tre anni, commette tre violazioni delle disposizioni previste dall'articolo 5, accertate in modo definitivo, è soggetto alla sospensione dell'autorizzazione per l'esercizio dell'attività per un periodo da uno a tre mesi. Se il periodo intercorrente tra le due violazioni è inferiore a tre mesi, è applicata la durata massima della sospensione.

2. Il titolare di un'azienda commerciale che, nel periodo di tre anni, commette tre violazioni delle disposizioni previste dall'articolo 13-*bis*, comma 3, del decreto legislativo 30 gennaio 1993, n. 28, accertate in modo definitivo, è soggetto alla sospensione dell'autorizzazione per l'esercizio dell'attività per un periodo da uno a tre mesi. Se il periodo intercorrente tra le due violazioni è inferiore a tre mesi, è applicata la durata massima della sospensione.

3. Il trasportatore che, nel periodo di tre anni, commette cinque violazioni delle disposizioni previste dall'articolo 5 della presente legge, o il titolare di un'azienda commerciale che, nel periodo di tre anni, commette cinque violazioni delle disposizioni previste dal medesimo articolo 5 della presente legge o dall'articolo 13-*bis*, comma 3, del decreto legislativo 30 gennaio 1993, n. 28, accertate in modo definitivo, è soggetto alla revoca dell'autorizzazione per l'esercizio dell'attività.

4. Il trasportatore o il titolare di un'azienda commerciale nei cui confronti è stata disposta la revoca dell'autorizzazione, ai sensi del comma 3, non può conseguire un'altra autorizzazione per l'esercizio della medesima attività prima di dodici mesi.

5. I soggetti che hanno accertato una violazione che prevede l'applicazione della sospensione o della revoca dell'autorizzazione del trasportatore o del titolare di un'azienda commerciale trasmettono all'autorità che l'ha rilasciata copia del verbale di contestazione e ogni altro documento utile all'adozione dei provvedimenti di sospensione o di revoca.

7. ***Procedimento di applicazione delle sanzioni amministrative.*** — 1. Ai fini dell'accertamento e dell'irrogazione delle sanzioni previste dalla presente legge si applicano le disposizioni della legge 24 novembre 1981, n. 689, in quanto compatibili.

2. Quando una violazione delle disposizioni previste dall'articolo 5 della presente legge è commessa utilizzando un veicolo immatricolato all'estero, si applicano le disposizioni dell'articolo 207 del codice della strada, di cui al decreto legislativo 30 aprile 1992, n. 285, e successive modificazioni.

3. Il veicolo sottoposto a fermo amministrativo ai sensi dell'articolo 207 del codice della strada, di cui al decreto legislativo 30 aprile 1992, n. 285, e successive modificazioni, è affidato in custodia, a spese del responsabile della violazione, ad uno dei soggetti indicati nell'articolo 214-*bis* del medesimo codice, di cui al decreto legislativo n. 285 del 1992, e successive modificazioni. Gli animali sono ricoverati, a spese del responsabile della violazione, in un

luogo che garantisca la tutela del loro benessere nel rispetto delle norme vigenti in materia.

4. L'entità delle sanzioni amministrative previste dalla presente legge è aggiornata ogni due anni in misura pari all'intera variazione, accertata dall'Istituto nazionale di statistica, dell'indice dei prezzi al consumo per le famiglie di operai e impiegati verificatasi nei due anni precedenti. A questo fine, entro il 1° dicembre di ogni biennio, il Ministro della salute, di concerto con i Ministri dell'economia e delle finanze e della giustizia, fissa, seguendo il criterio di cui al periodo precedente, i nuovi limiti delle sanzioni amministrative pecuniarie, che si applicano dal 1° gennaio dell'anno successivo. Tali limiti possono superare quelli massimi indicati nella legge 24 novembre 1981, n. 689. La misura delle sanzioni amministrative pecuniarie, aggiornata ai sensi delle disposizioni del presente comma, è oggetto di arrotondamento all'unità di euro, per eccesso se la frazione decimale è pari o superiore a 50 centesimi di euro, ovvero per difetto se è inferiore a tale limite.

5. Le autorità competenti all'irrogazione delle sanzioni amministrative previste dalla presente legge sono il Ministero della salute, le regioni e province autonome di Trento e di Bolzano, negli ambiti di rispettiva competenza.

8. ***Entrata in vigore.*** — 1. La presente legge entra in vigore il giorno successivo a quello della sua pubblicazione nella *Gazzetta Ufficiale*.

ARMI

- 1 -

L. 2 ott. 1967, n. 895

Disposizioni per il controllo delle armi

(G.U. 12 ott. 1967, n. 255)
modif. dal D.lgs. 26 ott. 2010, n. 204

1. Chiunque senza licenza dell'autorità fabbrica o introduce nello Stato o pone in vendita o cede a qualsiasi titolo armi da guerra o tipo guerra, o parti di esse, atte all'impiego, munizioni da guerra, esplosivi di ogni genere, aggressivi chimici o altri congegni micidiali, ovvero ne fa raccolta, è punito con la reclusione da tre a dodici anni e con la multa da 10.000 euro a 50.000 euro.[1]

[1] Parole così sost. dall'art. 4 del D.lgs. 26 ott. 2010, n. 204.

2. Chiunque illegalmente detiene a qualsiasi titolo le armi o parti di esse, le munizioni, gli esplosivi, gli aggressivi chimici e i congegni indicati nell'articolo precedente è punito con la reclusione da uno a otto anni e con la multa da 3.000 euro a 20.000 euro.[1]

[1] Parole così sost. dall'art. 4 del D.lgs. 26 ott. 2010, n. 204.

2-*bis*.[1] 1. Chiunque fuori dei casi consentiti da disposizioni di legge o di regolamento addestra taluno o fornisce istruzioni *in qualsiasi forma, anche anonima, o per via telematica* sulla preparazione o sull'uso di materiali esplosivi, di armi da guerra, di aggressivi chimici o di sostanze batteriologiche nocive o pericolose e di altri congegni micidiali è punito, salvo che il fatto costituisca più grave reato, con la reclusione da uno a sei anni.

[1] Articolo inserito dall'art. 8, c. 5, del D.L. 27 lug. 2005, n. 144, conv. con modif. in L. 31 lug. 2005, n. 155.

3. Chiunque trasgredisce all'ordine, legalmente dato dalla autorità, di consegnare nei termini prescritti le armi o parti di esse, le munizioni, gli esplosivi, gli aggressivi chimici e i congegni indicati nell'art. 1, da lui detenuti legittimamente sino al momento dell'emanazione dell'ordine, è punito con la reclusione da uno a otto anni e con la multa da 3.000 euro a 20.000 euro.[1]

[1] Parole così sost. dall'art. 4 del D.lgs. 26 ott. 2010, n. 204.

4. Chiunque illegalmente porta in luogo pubblico o aperto al pubblico le armi o parti di esse, le munizioni, gli esplosivi, gli aggressivi chimici e i congegni indicati nell'art. 1, è punito con la reclusione da due a dieci anni e con la multa da 4.000 euro a 40.000 euro.[1]

Salvo che il porto d'arma costituisca elemento costitutivo o circostanza aggravante specifica per il reato commesso, la pena prevista dal primo comma è aumentata da un terzo alla metà:

a) quando il fatto è commesso da persone travisate o da più persone riunite;

b) quando il fatto è commesso nei luoghi di cui all'articolo 61, numero 11-*ter*), del codice penale;

c) quando il fatto è commesso nelle immediate vicinanze di istituti di credito, uffici postali o sportelli automatici adibiti al prelievo di denaro, parchi e giardini pubblici o aperti al pubblico, stazioni ferroviarie, anche metropolitane, e luoghi destinati alla sosta o alla fermata di mezzi di pubblico trasporto.[2]

[1] Parole così sost. dall'art. 4 del D.lgs. 26 ott. 2010, n. 204.

[2] Comma così sost. dall'art. 3, c. 30 della L. 15 lug. 2009, n. 94.

5.[1] Le pene stabilite negli articoli precedenti possono essere diminuite in misura non eccedente i due terzi quando per la quantità o per la qualità delle armi e delle loro parti, delle munizioni, esplosivi o aggressivi chimici, il fatto debba ritenersi di lieve entità. In ogni caso, la reclusione non può essere inferiore a sei mesi.

[1] Articolo così modif. dall'art. 4 del D.lgs. 26 ott. 2010, n. 204.

6. Chiunque, al fine di incutere pubblico timore o di suscitare tumulto o pubblico disordine o di attentare alla sicurezza pubblica, fa esplodere colpi di arma da fuoco o fa scoppiare bombe o altri ordigni o materie esplodenti, è punito, se il fatto non costituisce più grave reato, con la reclusione da uno a otto anni.

7.[1] Le pene rispettivamente stabilite negli articoli precedenti sono ridotte di un terzo se i fatti ivi previsti si riferiscono alle armi comuni da sparo, o a parti di esse, atte all'impiego, di cui all'art. 44 del R.D. 6 mag. 1940, n. 635.

Le pene stabilite nel codice penale per le contravvenzioni alle norme concernenti le armi non contemplate dalla presente legge sono triplicate. In ogni caso l'arresto non può essere inferiore a tre mesi.

[1] Articolo così sost. dall'art. 14 della L. 14 ott. 1974, n. 497. Le disposizioni contenute nel presente articolo «non si applicano nell'ipotesi di reato di porto d'armi abusivo per mancanza di validità della licenza di porto d'armi anche per uso di caccia conseguente all'omesso pagamento della tassa di concessione governativa». (Art. 15 della L. 14 ott. 1974, n. 497).

8. Non è punibile chi, entro 30 giorni dall'entrata in vigore della presente legge e prima dell'accertamento del reato, consegna le armi o parti di esse, le munizioni, gli esplosivi e gli altri congegni micidiali illegalmente detenuti, indicati nel precedente art. 1 o nell'art. 695 del codice penale.

9. Per i reati previsti dalla presente legge si procede a giudizio direttissimo (502-505 c.p.p.).[1]

[1] La Corte cost., con sent. 8 feb. 1991, n. 68, ha dichiarato l'ill. cost. di *Coord.* 233 c.p.p., in quanto prevede il rito direttissimo anche fuori dei casi, di cui agli artt. 449 e 566 c.p.p., in contrasto con la legge delega per il c.p.p.; ma v. art. 12-*bis* D.L. 8 giu. 1992, n. 306.

- 2 -

L. 23 dic. 1974, n. 694

Disciplina del porto delle armi a bordo degli aeromobili

(G.U. 31 dic. 1974, n. 340)

1. Il passeggero in partenza dal territorio nazionale con aeromobile nazionale o straniero adibito al servizio di pubblico trasporto, il quale porti con sè, sulla persona o nel bagaglio, armi o munizioni, ha l'obbligo di farne denunzia prima dell'accettazione da parte del vettore e di consegnarle all'ufficio di polizia di frontiera aeroportuale, o, in mancanza, all'ufficio di polizia dell'aeroporto, anche se munito di porto d'armi o di licenza di esportazione.

L'ufficio di polizia di frontiera aeroportuale o l'ufficio di polizia dell'aeroporto provvede a far ispezionare le armi o le munizioni ed a consegnarle, d'intesa con il vettore, al comandante o ad altro membro dell'equipaggio da lui incaricato, che ne curano l'imbarco e la custodia nella stiva dell'aeromobile o in apposito contenitore.

Al termine del viaggio, il ritiro delle armi o delle munizioni, denunziate e consegnate ai sensi del precedente comma, deve essere richiesto dagli aventi diritto presso gli uffici di polizia predetti nello scalo nazionale di arrivo. Le armi o le munizioni sono trasportate negli stessi uffici a cura del vettore. Negli scali esteri, il ritiro delle armi o delle munizioni è soggetto all'osservanza delle disposizioni locali.

2. Salve le disposizioni di cui al successivo art. 3:

a) il passeggero proveniente dall'estero con aeromobile straniero – in transito su scalo nazionale – ha l'obbligo, anche se munito di porto o di licenza di trasporto di armi, di consegnare le armi o le munizioni che porti con sè, sulla persona o nel bagaglio a mano, e di denunziare quelle contenute nel bagaglio stivato, al comandante o ad altro membro dell'equipaggio da lui incaricato, quando la prosecuzione del viaggio debba avvenire con lo stesso aeromobile. Il comandante di quest'ultimo, o il membro dell'equipaggio da lui incaricato, che abbiano avuto in consegna per la custodia armi o munizioni o che abbiano avuto denunzia o comunque notizia della loro esistenza a bordo, debbono darne immediata comunicazione agli uffici di polizia di cui al precedente art. 1, ai quali spetta di impartire le disposizioni ritenute necessarie a norma di legge;

b) quando la prosecuzione del viaggio avvenga con aeromobile diverso da quello di arrivo, ovvero il viaggio venga interrotto o abbia termine, il passeggero proveniente dall'estero ha l'obbligo, anche se munito di porto d'armi o di licenza di importazione, di consegnare le armi o le munizioni che porti con sè, sulla persona o nel bagaglio a mano, e di denunziare quelle contenute nel bagaglio stivato al comandante dell'aeromobile di arrivo o ad altro membro dell'equipaggio da lui incaricato, che ne danno comunicazione agli uffici di cui al precedente art. 1.

Le armi o le munizioni come sopra consegnate sono trasportate negli stessi uffici a cura del vettore per l'osservanza degli obblighi previsti nell'art. 1 della presente legge.

3. I passeggeri, all'atto dell'imbarco in territorio estero su aeromobile battente bandiera nazionale, devono consegnare le armi o le munizioni che portano con sè, sulla persona, o nel bagaglio, al comandante dell'aeromobile o ad altro membro dell'equipaggio da lui incaricato, che provvedono a custodirle nei modi previsti nell'art. 1 della presente legge. Per il ritiro delle armi o delle munizioni si applicano le disposizioni di cui all'art. 1 della presente legge.

4. Gli obblighi di cui alla presente legge non si applicano agli ufficiali ed agenti di pubblica sicurezza contemplati nei commi primo e secondo dell'art. 73 del regolamento di pubblica sicurezza approvato con R.D. 6 mag. 1940, n. 635, nonché agli ufficiali, sottufficiali e militari delle forze armate dello Stato che viaggiano per ragioni di servizio, limitatamente alle armi previste dai rispettivi regolamenti militari.

Restano ferme le disposizioni del codice della navigazione in ordine ai poteri ed alle responsabilità del comandante dell'aeromobile.

5. Agli effetti della presente legge, per armi si intendono quelle di cui all'art. 30 del T.U. di P.S. 18 giu. 1931, n. 773.

6. Il passeggero che non osservi le disposizioni della presente legge è punito con la reclusione fino a cinque anni e con la multa fino a euro 516.[1]

Il comandante dell'aeromobile o il membro dell'equipaggio, che non osservi le prescrizioni dell'art. 2, è punito con la multa fino a euro 30.[1]

[1] Multe raddoppiate a sensi dell'art. 113 della L. 24 nov. 1981, n. 689.

- 3 -

L. 18 apr. 1975, n. 110

Norme integrative della disciplina vigente per il controllo delle armi, delle munizioni e degli esplosivi

(G.U. 21 apr. 1975, n. 105)

1. ***Armi da guerra, armi tipo guerra e munizioni da guerra.*** — Agli effetti delle leggi penali, di quelle di pubblica sicurezza e delle altre disposizioni legislative o regolamentari in materia sono armi da guerra le armi di ogni specie che, per la loro spiccata potenzialità di offesa, sono o possono essere destinate al moderno armamento delle truppe nazionali o estere per l'impiego bellico, nonché le bombe di qualsiasi tipo o parti di esse, gli aggressivi chimici, biologici, radioattivi[1] i congegni bellici micidiali di qualunque natura, le bottiglie o gli involucri esplosivi o incendiari.

Fatto salvo quanto stabilito nel secondo comma dell'art. 2, sono armi tipo guerra quelle che, pur non rientrando tra le armi da guerra, possono utilizzare lo stesso munizionamento delle armi da guerra o sono predisposte al funzionamento automatico per l'esecuzione del tiro a raffica o presentano caratteristiche balistiche o di impiego comuni con le armi da guerra. Agli effetti della legge penale sono, altresì, considerate armi tipo guerra le armi da fuoco camuffate di cui all'articolo 1-*bis*, comma 1, lettera *c*), del decreto legislativo 30 dicembre 1992, n. 527.[2]

Sono munizioni da guerra le cartucce e i relativi bossoli, i proiettili o parti di essi destinati al caricamento delle armi da guerra. Le munizioni di calibro 9x19 destinate alle Forze armate o ai Corpi armati dello Stato devono recare il marchio NATO o altra marcatura idonea a individuarne la specifica destinazione.[3]

[1] Parole ins. dall'art. 1, c. 2, D.L. 18 ott. 2001, n. 374, conv. con modif. in L. 15 dic. 2001, n. 438.

[2] Periodo aggiunto dall'art. 5, c. 1, lett. *a*), D.lgs 10 ago. 2018, n. 104.

[3] Periodo aggiunto dall'art. 18, L. 23 dic. 2021, n. 238.

2. ***Armi e munizioni comuni da sparo.*** — Agli stessi effetti indicati nel primo comma del precedente art. 1 e salvo quanto disposto dal secondo comma dell'articolo stesso sono armi comuni da sparo:

a) i fucili anche semiautomatici con una o più canne ad anima liscia;

b) i fucili con due canne ad anima rigata, a caricamento successivo con azione manuale;

c) i fucili con due o tre canne miste, ad anime lisce o rigate, a caricamento successivo con azione manuale;

d) i fucili, le carabine ed i moschetti ad una canna ad anima rigata, anche se predisposti per il funzionamento semiautomatico;

e) i fucili e le carabine che impiegano munizioni a percussione anulare, purché non a funzionamento automatico;

f) le rivoltelle a rotazione;

g) le pistole a funzionamento semiautomatico;

h) le repliche di armi antiche ad avancarica di modelli anteriori al 1890 fatta eccezione per quelle a colpo sicuro.[1]

Sono altresì armi comuni da sparo i fucili e le carabine che, pur potendosi prestare all'utilizzazione del munizionamento da guerra, presentino specifiche caratteristiche per l'effettivo impiego per uso di caccia o sportivo, abbiano limitato volume di fuoco e siano destinate ad utilizzare munizioni di tipo diverso da quelle militari. Salvo che siano destinate alle Forze armate o ai Corpi armati dello Stato, ovvero all'esportazione, non è consentita la fabbricazione, l'introduzione nel territorio dello Stato e la vendita di [armi da fuoco corte semiautomatiche o a ripetizione, che sono camerate per il munizionamento nel calibro 9x19 parabellum, nonché di][2] armi comuni da sparo, salvo quanto previsto per quelle per uso sportivo, per le armi antiche e per le repliche di armi antiche, con caricatori o serbatoi, fissi o amovibili, contenenti un numero superiore a 10 colpi per le armi lunghe ed un numero superiore a 20 colpi per le armi corte,[3] nonché di tali caricatori e di ogni dispositivo progettato o adattato per attenuare il rumore causato da uno sparo. Per le repliche di armi antiche è ammesso un numero di colpi non superiore a 10. Nei casi consentiti è richiesta la licenza di cui all'articolo 31 del testo unico delle leggi di pubblica sicurezza, approvato con regio decreto 18 giugno 1931, n. 773.[4]

Sono infine considerate armi comuni da sparo quelle denominate "da bersaglio da sala", o ad emissione di gas, nonché le armi ad aria compressa o gas compressi, sia lunghe sia corte i cui proiettili erogano un'energia cinetica superiore a 7,5 joule,[1] e gli strumenti lanciarazzi, salvo che si tratti di armi destinate alla pesca ovvero di armi e strumenti per i quali il Banco nazionale di prova escluda, in relazione alle rispettive caratteristiche, l'attitudine a recare offesa alla persona. Non sono armi gli strumenti ad aria compressa o gas compresso a canna liscia e a funzionamento non automatico, destinati al lancio di capsule sferiche marcatrici prive di sostanze o miscele classificate come pericolose dall'articolo 3 del regolamento n. 1272/2008/CE del Parlamento europeo e del Consiglio, del 16 dicembre 2008,[3] che erogano una energia cinetica non superiore a 12,7 joule, purché di calibro non inferiore a 12,7 millimetri e non superiore a 17,27 millimetri. Il Banco nazionale di prova, a spese dell'interessato, procede a verifica di conformità dei prototipi dei medesimi strumenti. Gli strumenti che erogano una energia cinetica superiore a 7,5 joule possono essere utilizzati esclusivamente per attività agonistica. In caso di inosservanza delle disposizioni di cui al presente comma, si applica la sanzione amministrativa di cui all'articolo 17-*bis*, primo comma, del regio decreto 18 giugno 1931, n. 773. Con decreto del Ministro dell'interno sono definite le disposizioni per l'acquisto, la detenzione, il trasporto, il porto e l'utilizzo degli strumenti da impiegare per l'attività amatoriale e per quella agonistica.[4,5]

Le munizioni a palla destinate alle armi da sparo comuni non possono comunque essere costituite con pallottole a nucleo perforante, traccianti, incendiarie, a carica esplosiva, ad espansione, autopropellenti, né possono essere tali da emettere sostanze stupefacenti, tossiche o corrosive, o capsule sferiche marcatrici, diverse da quelle consentite a norma del terzo comma ed eccettuate le cartucce che lanciano sostanze e strumenti narcotizzanti destinate a fini scientifici e di zoofilia per le quali venga rilasciata apposita licenza del questore.[4,6]

Le disposizioni del T.U. 18 giu. 1931, n. 773, del R.D. 6 mag. 1940, n. 635, con le successive rispettive modificazioni, e della presente legge relative alla detenzione ed al porto delle armi non si applicano nei riguardi degli strumenti lanciarazzi e delle relative munizioni quando il loro impiego è previsto da disposizioni legislative o regolamentari ovvero quando sono comunque detenuti o portati per essere utilizzati come strumenti di segnalazione per soccorso, salvataggio o attività di protezione civile. Gli strumenti di cui al presente comma, se muniti di camera di cartuccia, devono essere conformi alle specifiche tecniche di cui all'allegato annesso alla direttiva di esecuzione (UE) n. 2019/69 della Commissione, del 16 gennaio 2019, che stabilisce le specifiche tecniche relative alle armi d'allarme o da segnalazione a norma della direttiva n. 91/477/CEE del Consiglio relativa al controllo dell'acquisizione e della detenzione di armi[7].

[1] Parole aggiunte dall'art. 11, L. 21 dic. 1999, n. 526.

[2] Parole soppresse dall'art. 18, L. 23 dic. 2021, n. 238.

[3] Parole così sost. dall'art. 5, c. 1, lett. *b*), D.lgs 10 ago. 2018, n. 104.

[4] Comma così modif. dall'art. 2, c. 1, lett. *a*), D.lgs. 29 set. 2013, n. 121.

[5] Comma così sost. dall'art. 1, L. 21 feb. 1990, n. 36.

[6] Comma così modif. dall'art. 12, D.L. 8 giu. 1992, n. 306, conv. con modif. in L. 7 ago. 1992, n. 356.

[7] Periodo aggiunto dall'art. 18, L. 23 dic. 2021, n. 238.

3. ***Alterazione di armi.*** — Chiunque, alterando in qualsiasi modo le caratteristiche meccaniche o le dimensioni di una arma, ne aumenti la potenzialità di offesa, ovvero ne renda più agevole il porto, l'uso o l'occultamento, è punito con la reclusione da uno a tre anni e con la multa da euro 309 a euro 2.065.[1,2]

[1] Pene pecuniarie raddoppiate a sensi dell'art. 113, L. 24 nov. 1981, n. 689.

[2] Ai sensi dell'art. 381, c. 2., c.p.p. è ammesso l'arresto facoltativo in flagranza se ricorre la necessità di interrompere l'attività criminosa.

4. ***Porto di armi od oggetti atti ad offendere.*** — Salve le autorizzazioni previste dal terzo comma dell'art. 42 del T.U. di p.s. 18 giu. 1931, n. 773, e successive modificazioni, non possono essere portati, fuori della propria abitazione o delle appartenenze di essa, armi, mazze ferrate o bastoni ferrati, sfollagente, noccoliere, storditori elettrici e altri apparecchi analoghi in grado di erogare una elettrocuzione.[1,2]

Senza giustificato motivo, non possono portarsi, fuori della propria abitazione o delle appartenenze di essa, bastoni muniti di puntale acuminato, strumenti da punta o da taglio atti ad offendere, mazze, tubi, catene, fionde, bulloni, sfere metalliche, nonché qualsiasi altro strumento non considerato espressamente come arma da punta o da taglio, chiaramente utilizzabile, per le circostanze di tempo e di luogo, per l'offesa alla persona, gli strumenti di cui all'articolo 5, quarto comma, nonché i puntatori laser o oggetti con funzione di puntatori laser, di classe pari o superiore a 3 b, secondo le norme CEI EN 60825-1, CEI EN 60825-1/A11, CEI EN 60825-4.[1,2]

Il contravventore è punito con l'arresto da sei mesi a due anni e con l'ammenda da 1.000 euro a 10.000 euro.[1,3] Nei casi di lieve entità, riferibili al porto dei soli oggetti atti ad offendere, può essere irrogata la sola pena dell'ammenda. La pena è aumentata se il fatto avviene nel corso o in occasione di manifestazioni sportive.[4]

È vietato portare armi nelle riunioni pubbliche anche alle persone munite di licenza. Il trasgressore è punito con l'arresto da uno a tre anni e con l'ammenda da 3.000 euro a 20.000 euro.[3] La pena è dell'arresto da tre a sei anni e dell'ammenda da 5.000 euro a 20.000 euro quando il fatto è commesso da persona non munita di licenza.[3,5]

Chiunque, all'infuori dei casi previsti nel comma precedente, porta in una riunione pubblica uno strumento ricompreso tra quelli indicati nel primo o nel secondo comma, è punito con l'arresto da sei a diciotto mesi e con l'ammenda da 2.000 euro a 20.000 euro.[3,5]

La pena prevista dal terzo comma è raddoppiata quando ricorre una delle circostanze previste dall'articolo 4, secondo comma, della legge 2 ottobre 1967, n. 895, salvo che l'uso costituisca elemento costitutivo o circostanza aggravante specifica per il reato commesso.[6]

[...].[7]

Con la condanna deve essere disposta la confisca delle armi e degli altri oggetti atti ad offendere.

Sono abrogati l'art. 19 e il primo e secondo comma dell'art. 42 del T.U. di P.S. 18 giu. 1931, n. 773, e successive modificazioni.

Non sono considerate armi ai fini delle disposizioni penali di questo articolo le aste di bandiere, dei cartelli e degli striscioni usate nelle pubbliche manifestazioni e nei cortei, né gli altri oggetti simbolici usati nelle stesse circostanze, salvo che non vengano adoperati come oggetti contundenti.

[1] Nei casi di flagranza, arresto facoltativo ove ricorra la circostanza di cui all'art. 3 comma 1 del D.L. 26 apr. 1993, n. 122. Ai sensi della Tabella A di cui all'art. 8, D.lgs. 1 mar. 2018, n. 21, il riferimento all'art. 3, D.L. 122/1993, deve intendersi all'art. 604-*ter* c.p.

[2] Parole aggiunte dall'art. 5, D.lgs. 26 ott. 2010, n. 204.

[3] Pene pecuniarie aggiornate dall'art. 5, D.lgs. 26 ott. 2010, n. 204.

[4] Periodo aggiunto dall'art. 2, D.L. 20 ago. 2001, n. 336, conv. con modif. in L. 19 ott. 2001, n. 377.

[5] Nei casi di flagranza, l'arresto è facoltativo ai sensi dell'art. 6, D.L. 26 apr. 1993, n. 122.

[6] Comma così sost. dall'art. 3, c. 31, L. 15 lug. 2009, n. 94.

[7] Comma abrog. dall'art. 8, D.L. 26 apr. 1993, n. 122, conv. in L. 25 giu. 1993, n. 205.

5. ***Limiti alle registrazioni. Divieto di strumenti trasformabili in armi.*** — Le disposizioni di cui al primo comma dell'art. 55 del T.U. di P.S. 18 giu. 1931, n. 773 e successive modificazioni, non si applicano alla vendita al minuto delle cartucce da caccia a pallini, dei relativi bossoli o inneschi nonché alla vendita dei pallini per le armi ad aria compressa.

L'art. 4-*bis* del D.L. 22 nov. 1956, n. 1274, conv. nella L. 2 dic. 1956, n. 1452, è abrogato.

Le disposizioni del citato T.U., del R.D. 6 mag. 1940, n. 635, e quelle della presente legge non si applicano agli strumenti di cui al presente articolo.[1]

Gli strumenti riproducenti armi non possono essere fabbricati con l'impiego di tecniche e di materiali che ne consentano la trasformazione in armi da guerra o comuni da sparo o che consentano l'utilizzo del relativo munizionamento o il lancio di oggetti idonei all'offesa della persona. I predetti strumenti se realizzati in metallo devono avere la canna completamente ostruita, non in grado di camerare cartucce ed avere la canna occlusa da un tappo rosso inamovibile. Quelli da segnalazione acustica, destinati a produrre un rumore tramite l'accensione di una cartuccia a salve, devono avere la canna occlusa da un inserto di metallo ed un tappo rosso inamovibile all'estremità della canna.

Gli strumenti denominati «softair», vendibili solo ai maggiori di 16 anni, possono sparare pallini in plastica, di colore vivo, per mezzo di aria o gas compresso, purché l'energia del singolo pallino, misurata ad un metro dalla volata, non sia superiore ad 1 joule. La canna dell'arma deve essere colorata di rosso per almeno tre centimetri e qualora la canna non sia sporgente la verniciatura deve interessare la parte anteriore dello strumento per un pari tratto.[2]

Gli strumenti di cui al presente comma sono sottoposti, a spese dell'interessato, a verifica di conformità accertata dal Banco nazionale di prova [e riconosciuta con provvedimento del Ministero dell'interno. Con decreto del Ministro dell'interno sono definite le modalità di attuazione del presente comma][3].[4]

Nessuna limitazione è posta all'aspetto degli strumenti riproducenti armi destinati all'esportazione.

Chiunque produce o pone in commercio gli strumenti di cui al presente articolo, senza l'osservanza delle disposizioni del quarto comma, è punito con la reclusione da uno a tre anni e con la multa da 1.500 euro a 15.000 euro.[5]

Quando l'uso o il porto d'armi è previsto quale elemento costitutivo o circostanza aggravante del reato, il reato stesso sussiste o è aggravato anche qualora si tratti di arma per uso scenico o di strumenti riproducenti armi la cui canna non sia occlusa a norma del quarto comma.[6,7]

[1] Parole così modif. dall'art. 5 del D.lgs. 26 ott. 2010, n. 204.

[2] Comma così modif. dall'art. 5 del D.lgs. 26 ott. 2010, n. 204.

[3] Parole soppresse dall'art. 2, c. 1, lett. *b*), D.lgs. 29 set. 2013, n. 121.

[4] Comma aggiunto dall'art. 5 del D.lgs. 26 ott. 2010, n. 204.

[5] Comma così sost. dall'art. 5 del D.lgs. 26 ott. 2010, n. 204.

[6] Comma aggiunto dall'art. 2 della L. 21 feb. 1990, n. 36, in sostituzione dell'originario sesto comma.

[7] La parola «giocattoli» è stata ovunque sostituita da «strumenti» all'art. 5 del D.lgs. 26 ott. 2010, n. 204.

5-*bis*. *Disposizioni particolari per gli strumenti da segnalazione acustica, gli strumenti lanciarazzi e gli strumenti di autodifesa.*[1] — 1. Il Banco nazionale di prova verifica, a spese dell'interessato, che gli strumenti da segnalazione acustica e quelli di cui all'articolo 2, quinto comma, della presente legge, nonché gli strumenti di autodifesa, qualora provvisti di camera di cartuccia, disciplinati dal regolamento emanato ai sensi dell'articolo 3, comma 32, della legge 15 luglio 2009, n. 94, prodotti o importati a decorrere dalla data di entrata in vigore della presente disposizione, siano conformi alle specifiche tecniche di cui all'allegato annesso alla direttiva di esecuzione (UE) n. 2019/69. Il Banco nazionale di prova fornisce i risultati delle predette verifiche agli omologhi punti di contatto degli Stati membri che ne facciano richiesta.

2. Chiunque produce o pone in commercio gli strumenti di cui al comma 1 senza l'osservanza delle disposizioni previste dal medesimo comma è punito con la reclusione da uno a tre anni e con la multa da 1.500 euro a 15.000 euro.

3. Nel caso in cui l'uso o il porto di armi sia previsto quale elemento costitutivo o circostanza aggravante del reato, il reato stesso sussiste o è aggravato anche qualora si tratti di strumenti da segnalazione acustica che non siano conformi alle specifiche tecniche di cui all'allegato annesso alla direttiva di esecuzione (UE) n. 2019/69.

[1] Articolo ins. dall'art. 18, c. 1, L. 23 dic. 2021, n. 238. 2. Ai sensi dell'art. 18, c. 2, L. 238/2021, «Agli strumenti di cui all'art. 5-*bis*, c. 1, della L. 18 apr. 1975, n. 110, introdotto dal c. 1, lett. *c*), del presente articolo, legittimamente prodotti, importati o detenuti alla data di entrata in vigore della presente legge, continuano ad applicarsi le disposizioni vigenti anteriormente alla medesima data».

6. *Commissione consultiva centrale per il controllo delle armi.* (*Omissis*).

7. *Catalogo nazionale delle armi comuni da sparo.*[1]

[1] Articolo abrog. dall'art. 14, c. 7, L. 16 nov. 2011, n. 183.

8. *Accertamento per il rilascio di autorizzazioni di polizia in materia di armi.* — La richiesta intesa ad ottenere il nulla osta per l'acquisto o la cessione di armi, ai sensi dell'art. 35, terzo comma, del T.U. di P.S. 18 giu. 1931, n. 773, modificato con D.L. 22 nov. 1956, n. 1274, conv. nella L. 22 dic. 1956, n. 1452, deve indicare i motivi dell'acquisto o della cessione.

La licenza di cui all'art. 31 del T.U. di P.S. è richiesta anche per l'esercizio dell'industria di riparazione delle armi.

Il rilascio delle autorizzazioni per la fabbricazione, la raccolta, il commercio, il deposito e la riparazione di armi, nonché del permesso di porto d'armi, previsti dagli artt. 28, 31, 32, 35 e 42 del testo unico sopracitato e 37 del regio decreto 6 mag. 1940, n. 635, e dalla presente legge, è subordinato all'accertamento della capacità tecnica del richiedente. L'accertamento non occorre per l'autorizzazione alla collezione.[1]

Ai fini dell'accertamento della capacità tecnica, l'interessato deve sostenere apposito esame presso la commissione di cui all'art. 49 del T.U. di P.S. La commissione è integrata da un esperto designato dal Ministero della difesa quando l'accertamento è richiesto da persona che debba esercitare l'attività di fabbricazione, riparazione o commercio di armi.

Le disposizioni di cui ai precedenti commi si applicano altresì alle persone che rappresentano, a norma dell'art. 8 del citato T.U., il titolare dell'autorizzazione di polizia.

Coloro che nei dieci anni antecedenti alla presentazione della prima istanza[2] hanno prestato servizio militare nelle Forze armate o in uno dei Corpi armati dello Stato ovvero abbiano appartenuto ai ruoli del personale civile della p.s. in qualità di funzionari o che esibiscano certificato d'idoneità al maneggio delle armi rilasciato dalla competente sezione della Federazione del tiro a segno nazionale devono sottoporsi all'accertamento tecnico soltanto per l'esercizio delle attività di fabbricazione, riparazione o commercio di armi.

L'accertamento della capacità tecnica non è richiesto per l'acquisto e il porto di armi da parte di coloro che siano autorizzati per legge.

La capacità tecnica è presunta nei confronti di coloro che, all'atto dell'entrata in vigore della presente legge, abbiano già ottenuto le autorizzazioni ovvero abbiano adempiuto agli obblighi previsti in materia dalle disposizioni del T.U. di P.S. e del R.D. 6 mag. 1940, n. 635.

Coloro che esercitano l'industria di riparazione delle armi devono richiedere alla competente autorità di p.s. la licenza di cui al secondo comma del presente articolo entro il termine di 45 giorni dall'entrata in vigore della legge.

L'art. 33 del T.U. di P.S. 18 giu. 1931, n. 773, è abrogato.

[1] Comma così sostituito dall'art. 3, L. 21 feb. 1990, n. 36.

[2] Parole aggiunte dall'art. 5 del D.lgs. 26 ott. 2010, n. 204.

9. *Requisiti soggettivi per le autorizzazioni di polizia in materia di armi.* — Oltre quanto stabilito dall'art. 11 T.U. di p.s. 18 giu. 1931, n. 773, e successive modificazioni, le autorizzazioni di polizia prescritte per la fabbricazione, la raccolta, il commercio, l'importazione, l'esportazione, la collezione, il deposito, la riparazione e il trasporto di armi di qualsiasi tipo non possono essere rilasciate alle persone che si trovino nelle condizioni indicate nell'art. 43 dello stesso T.U. Per il rilascio di tali autorizzazioni, l'autorità di p.s. può richiedere agli interessati la presentazione del certificato di cui al quarto comma dell'art. 35 del predetto T.U. modificato con D.L. 22 nov. 1956, n. 1274, conv. nella L. 22 dic. 1956, n. 1452.

Ferme restando le disposizioni contenute nell'art. 8 della L. 31 mag. 1965, n. 575, le autorizzazioni di cui al primo comma non possono essere rilasciate a coloro che siano sottoposti ad una delle misure di prevenzione previste dalla L. 27 dic. 1956, n. 1423.[1]

[1] I richiami alle disposizioni contenute nella L. 27 dic. 1956, n. 1423, e nella L. 31 mag. 1965, n. 575, ora abrogate, sono da riferirsi alle disposizioni di cui al D.lgs. 6 set. 2011, n. 159.

10. ***Divieto di detenzione e raccolta di armi da guerra. Collezione di armi comuni da sparo.*** — A decorrere dall'entrata in vigore della presente legge, non possono rilasciarsi licenze per la detenzione o la raccolta di armi da guerra, o tipo guerra, o di parti di esse, o di munizioni da guerra.

Le armi di cui sia stata autorizzata la detenzione o la raccolta ai sensi dell'art. 28 del T.U. di P.S. 18 giu. 1931, n. 773, anteriormente all'entrata in vigore della presente legge, possono essere trasferite soltanto per successione a causa di morte, per versamento ai competenti organi del Min. della difesa, per cessione agli enti pubblici di cui al quinto comma ed ai soggetti muniti di autorizzazione per la fabbricazione di armi da guerra o tipo guerra o di munizioni da guerra ovvero per cessione, con l'osservanza delle norme vigenti per l'esportazione di tali armi, ad enti o persone residenti all'estero. L'erede, il privato o l'ente pubblico cui pervengono, in tutto o in parte, tali armi è tenuto a darne immediato avviso al Ministero dell'interno ed a chiedere il rilascio di apposita autorizzazione a conservarle. In quanto applicabili si osservano le disposizioni dei precedenti artt. 8 e 9.

Chiunque trasferisce le armi di cui all'art. 28 del T.U. di P.S. per cause diverse da quelle indicate nel precedente comma è punito con la reclusione da due a sei anni e la multa da 2.000 a 20.000 euro.[1]

È punito con l'ammenda fino a 1.000 euro chiunque, essendone obbligato, omette di dare l'avviso previsto nel secondo comma del presente articolo.[1]

Salva la normativa concernente la dotazione di armi alle Forze armate ed ai Corpi armati dello Stato, è consentita la detenzione e la raccolta delle armi e dei materiali indicati nel primo comma allo Stato e, nell'ambito delle loro competenze, agli enti pubblici in relazione all'esercizio di attività di carattere storico o culturale nonché ai soggetti muniti di autorizzazioni per la fabbricazione di armi da guerra o tipo guerra o di munizioni da guerra per esigenze di studio, di esperimento, di collaudo.

La detenzione di armi comuni da sparo per fini diversi da quelli previsti dall'art. 31 del T.U. delle leggi di P.S., approvato con regio decreto 18 giu. 1931, n. 773, è consentita nel numero di tre per le armi comuni da sparo e di dodici per le armi di uso sportivo[2]. Per le armi da caccia resta valido il disposto dell'art. 37, c. 2, della L. 11 feb. 1992, n. 157. La detenzione di armi comuni da sparo in misura superiore è subordinata al rilascio di apposita licenza di collezione da parte del questore, nel limite di un esemplare per ogni modello del catalogo nazionale; il limite di un esemplare per ogni modello, non si applica ai fucili da caccia ad anima liscia ed alle repliche di armi ad avancarica.[3]

Restano ferme le disposizioni del T.U. di P.S. 18 giu. 1931, n. 773, per le armi antiche. Sono armi antiche quelle ad avancarica e quelle fabbricate anteriormente al 1890. Per le armi antiche, artistiche o rare di importanza storica di modelli anteriori al 1890 sarà disposto un apposito regolamento da emanarsi di concerto tra il Min. per l'interno e il Min. per i beni culturali entro sei mesi dall'entrata in vigore della presente legge. Dette armi non si computano ai fini di cui al sesto comma.

La richiesta della licenza al questore deve essere effettuata da parte di coloro che già detengono armi comuni da sparo in quantità superiori a quelle indicate nel sesto comma entro il termine di 180 giorni dall'entrata in vigore della presente legge.

Per la raccolta e la collezione di armi di qualsiasi tipo è esclusa la detenzione del relativo munizionamento. Il divieto non si applica alle raccolte per ragioni di commercio e di industria.

Fermo restando il divieto di cui al nono comma, il titolare di licenza di collezione, in possesso della capacità di cui all'articolo 8, può trasportare le armi presso poligoni o campi di tiro autorizzati per effettuare prove di funzionamento delle medesime armi. Ai fini del presente comma, la prova di funzionamento può essere effettuata, per ciascuna arma con cadenza non inferiore a sei mesi e consiste nello sparo di un numero di colpi non superiore a 62. Il munizionamento acquistato per l'effettuazione della prova di funzionamento deve essere consumato dal titolare della collezione entro ventiquattro ore dall'acquisto. Le violazioni alle disposizioni di cui al secondo e terzo periodo del presente comma sono punite con l'ammenda fino a 1.000 euro.[4]

Chiunque non osserva gli obblighi o i divieti di cui al sesto, ottavo e nono comma è punito con la reclusione da uno a quattro anni e con la multa da 1.500 euro a 10.000 euro.[1]

[1] Pene pecuniarie aggiornate dall'art. 5, D.lgs. 26 ott. 2010, n. 204.

[2] Parole così sost. dall'art. 5, c. 1, lett. *c*) D.lgs 10 ago. 2018, n. 104.

[3] Comma così sost. dall'art. 5, L. 16 lug. 1982, n. 452 e quindi modif. dall'art. 1, L. 25 mar. 1986, n. 85, dall'art. 4, L. 21 feb. 1990, n. 36, dall'art. 12, D.L. 8 giu. 1992, n. 306 e dall'art. 9, L. 19 dic. 1992, n. 489.

[4] Comma ins. dall'art. 5, c. 1, lett. *c*) D.lgs 10 ago. 2018, n. 104.

11. ***Marcatura delle armi comuni da sparo.***[1] — Sulle armi prodotte, assemblate o introdotte nello Stato, deve essere impressa, senza ritardo, a cura del fabbricante, dell'assemblatore o dell'importatore una marcatura unica, chiara e permanente, dopo la fabbricazione, l'assemblaggio, o l'importazione. Tale marcatura, contenente il nome, la sigla o il marchio del fabbricante o dell'assemblatore, il Paese o il luogo di fabbricazione o assemblaggio, il numero di serie e l'anno di fabbricazione o assemblaggio, qualora lo stesso non faccia parte del numero di serie e, ove possibile, il modello, deve essere impressa sul telaio o sul fusto o su un'altra parte dell'arma, di cui all'articolo 1-*bis*, comma 1, lettera *b*), del decreto legislativo 30 dicembre 1992, n. 527. Può, altresì, essere apposto il marchio del produttore. Nel caso in cui una parte dell'arma sia di dimensioni troppo ridotte per essere provvista della marcatura in conformità del presente articolo, essa è contrassegnata almeno da un numero di serie o da un codice alfanumerico o digitale. Un numero progressivo deve, altresì, essere impresso sulle canne intercambiabili di armi. Il calibro deve essere riportato almeno sulla canna. Ogni marcatura deve essere apposta su una parte visibile dell'arma o facilmente ispezionabile senza attrezzi. A cura del Banco nazionale di prova deve essere apposta la sigla della Repubblica italiana e l'indicazione dell'anno in cui è avvenuta l'introduzione dell'arma nel territorio nazionale, salvo che l'indicazione dello Stato membro dell'Unione europea importatore e l'anno di importazione siano già stati apposti dal medesimo Stato membro dell'Unione europea. Nei trasferimenti di armi da fuoco o delle loro parti dalle scorte governative ad usi permanentemente civili, le armi sono provviste della marcatura unica, ai sensi del presente comma, che consente di identificare l'ente che effettua il trasferimento. La marcatura è eseguita in conformità alle specifiche tecniche di cui all'allegato annesso alla direttiva di esecuzione (UE) n. 2019/68[2].[3]

Oltre ai compiti previsti dall'art. 1 della L. 23 feb. 1960, n. 186,[4] il Banco nazionale di prova di Gardone Valtrompia, direttamente o a mezzo delle sue sezioni, accerta che le armi o le canne presentate rechino le indicazioni prescritte nel primo comma e imprime uno speciale contrassegno con l'emblema della Repubblica italiana e la sigla di identificazione del Banco o della sezione. L'operazione deve essere annotata con l'attribuzione di un numero progressivo in apposito registro da tenersi a cura del Banco o della sezione. I dati contenuti nel registro sono comunicati, anche in forma telematica, al Ministero dell'interno.[5]

Le armi comuni da sparo prodotte all'estero recanti i punzoni di prova di uno dei banchi riconosciuti per legge in Italia non sono assoggettate alla presentazione al Banco di prova di Gardone Valtrompia quando rechino i contrassegni di cui al primo comma. Qualora l'autorità di pubblica sicurezza, nell'ambito dell'attività di controllo, abbia motivo di ritenere che le armi di cui al presente comma, introdotte nel territorio dello Stato non siano corrispondenti al prototipo o all'esemplare iscritto al catalogo nazionale, dispone che il detentore inoltri l'arma stessa al Banco nazionale di prova, che provvede alle verifiche di conformità secondo le modalità di cui all'articolo 14.[5]

Qualora manchino sulle armi prodotte all'estero i segni distintivi di cui al comma precedente, l'importatore deve curare i necessari adempimenti.

In caso di mancanza anche di uno degli elementi indicati nel primo comma il Banco o la sezione provvede ad apporli, in base a motivata richiesta degli aventi diritto, vistata dall'ufficio locale di pubblica sicurezza o in mancanza dal comando dei carabinieri. A tal fine, in luogo del numero di matricola è impresso il numero progressivo di iscrizione dell'operazione nel registro di cui al secondo comma.

Le disposizioni di cui al quinto comma si applicano altresì alle armi comuni da sparo ed alle canne intercambiabili importate dall'estero. Si osservano a tal fine le modalità di cui al successivo art. 13.

Le norme del presente articolo relative all'apposizione sulle armi del numero di iscrizione nel catalogo nazionale, si applicano a decorrere dalla data indicata nel decreto ministeriale di cui al precedente art. 7, settimo comma, n. 1.[6]

Entro il termine di un anno dalla data indicata nel decreto di cui al precedente comma debbono essere presentate al Banco nazionale di prova o alle sue sezioni, ove mancanti del numero di matricola, per l'apposizione di quest'ultimo a norma del quinto comma:

– le armi comuni da sparo prodotte nello Stato o importate prima dell'entrata in vigore della presente legge, con esclusione di quelle prodotte o importate anteriormente al 1920;

– le armi portatili da fuoco di cui al precedente art. 1 appartenenti a privati di cui è consentita la detenzione.

Per il compimento delle operazioni previste dal presente articolo è dovuto al Banco nazionale di prova un diritto fisso da determinarsi secondo le modalità previste dall'art. 3 della citata L. 23 feb. 1960, n. 186, è concesso una tantum un contributo straordinario di euro 139.443,36 a carico dello stato di previsione della spesa del Ministero dell'industria, del commercio e dell'artigianato.

All'onere di euro 139.443,36 si provvede mediante corrispondente riduzione dello stanziamento iscritto al capitolo 6856 dello stato di previsione del Ministero del Tesoro per l'anno 1980, all'uopo utilizzando parte dell'accantonamento predisposto per il rinnovo della convenzione di Lomè.

Il Ministro del Tesoro è autorizzato ad apportare con propri decreti, le occorrenti variazioni di bilancio.[7]

Fermo restando quanto previsto dall'articolo 32, nono e decimo comma, è consentita la rottamazione delle armi, loro parti e relative munizioni, nonché la sostituzione della parte di arma su cui è stata apposta la marcatura qualora divenga inservibile, per rottura o usura, previo versamento delle stesse a cura dell'interessato, per la rottamazione, al Comando o Reparto delle Forze Armate competente per la rottamazione delle armi o altro ente di diritto pubblico sottoposto alla vigilanza del Ministero della difesa. Resta ferma la facoltà del detentore di sostituire la parte di arma inservibile, per rottura o usura, oggetto della rottamazione con una corrispondente parte nuova recante la prescritta marcatura.[8]

[1] Rubrica così sost. dall'art. 5, c. 1, lett. *d*). D.lgs 10 ago. 2018, n. 104.

[2] Periodo aggiunto dall'art. 18, L. 23 dic. 2021, n. 238.

[3] Comma così sost. dall'art. 5, c. 1, lett. *d*), D.lgs. 10 ago. 2018, n. 104.

[4] Obbligatorietà della punzonatura.

[5] Periodo aggiunto dall'art. 5, D.lgs. 26 ott. 2010, n. 204.

[6] V. D.M. 30 giu. 1978, per il quale il termine per l'apposizione sulle armi del numero di iscrizione nel catalogo nazionale decorrerà dal 1° ott. 1979.

[7] Comma così sost. dall'art. unico della L. 25 feb. 1981, n. 40.

[8] Comma aggiunto dall'art. 5, c. 1, lett. *d*), D.lgs. 10 ago. 2018, n. 104.

11-*bis*. *Tracciabilità delle armi e delle munizioni.*[1] — 1. Nell'archivio di cui all'articolo 3 del decreto legislativo 25 gennaio 2010, n. 8,[2] sono registrati e conservati per un periodo di trenta anni dalla data della distruzione, per ciascuna arma da fuoco, il tipo, la marca, il modello, il calibro, il numero di matricola di ciascuna arma e la marcatura apposta sull'arma quale marcatura unica ai sensi dell'articolo 11, nonché il numero di matricola o la marcatura unica applicata alla singola parte, nel caso in cui differisca dalla marcatura apposta su ciascuna arma da fuoco. L'archivio contiene, altresì, i dati identificativi del fornitore, dell'acquirente o del detentore dell'arma da fuoco.

2. Nel medesimo archivio sono registrati e conservati i dati di cui all'articolo 3, comma 2, lettere *a*), *b*) e *c*), della legge 6 dicembre 1993, n. 509, nonché i dati identificativi del fornitore e dell'acquirente delle munizioni medesime.

[1] Articolo così sost. dall'art. 5, c. 1, lett. *e*), D.lgs. 10 ago. 2018, n. 104.

[2] A decorrere dall'entrata in vigore del regolamento di cui al c. 13, D.lgs. 10 ago. 2018, n. 104, il riferimento si intende al sistema informatico di cui al c. 1, art. 11 della presente legge.

12. *Importazione definitiva di armi comuni da sparo.* — Chi, senza licenza per la fabbricazione ed il commercio di armi intende importare armi comuni da sparo in numero superiore a tre, nel corso dello stesso anno solare, oltre alla licenza del questore di cui all'art. 31 del T.U. di P.S. 18 giu. 1931, n. 773, deve munirsi di apposita licenza del prefetto della provincia in cui l'interessato ha la propria residenza anagrafica.

La richiesta intesa ad ottenere il rilascio delle licenze di importazione deve essere motivata.

Il rilascio delle licenze d'importazione è subordinato all'accertamento dell'esistenza, nei casi previsti, delle autorizzazioni di competenza di altre pubbliche amministrazioni.

Non può essere autorizzata l'importazione di armi comuni da sparo che non abbiano superato la verifica di cui all'articolo 23, comma 12-*sexiesdecies*, del decreto-legge 6 luglio 2012, n. 95, convertito, con modificazioni, dalla legge 7 agosto 2012, n. 135.[1]

Chiunque importa armi in numero superiore a tre senza munirsi della licenza di cui al primo comma è punito con la reclusione da uno a sei anni e con la multa da euro 206 a euro 1.549.[2]

[1] Comma così sost. dall'art. 2, c. 1, lett. *c*), D.lgs. 29 set. 2013, n. 121.

[2] Multa raddoppiata a sensi dell'art. 113 della L. 24 nov. 1981, n. 689.

13. *Modalità per l'importazione definitiva di armi comuni da sparo.* — La dogana alla quale vengono presentate per l'importazione definitiva armi comuni da sparo deve, dopo la nazionalizzazione, curarne l'inoltro, a spese dell'importatore, al Banco naz. di prova di Gardone Valtrompia od alla più vicina sezione di esso, eccezion fatta per le armi provenienti dagli Stati i cui punzoni di prova siano riconosciuti in base alla L. 23 feb. 1960, n. 186, alla L. 12 dic. 1973, n. 993 ed alle altre disposizioni vigenti, purché provviste dei segni distintivi di cui al primo comma dell'art. 11.

È abrogato l'ultimo comma dell'art. 1 della L. 23 feb. 1960, n. 186.

13-*bis*. *Immissione sul mercato delle armi provenienti da scorte governative.*[1] — 1. Le armi di proprietà delle Forze armate e delle Forze di polizia dichiarate fuori uso, in quanto non più in dotazione, possono essere immesse sul mercato civile, a condizione che siano state demilitarizzate. La demilitarizzazione consiste nella trasformazione di un'arma da guerra o tipo guerra in un'arma comune da sparo.

2. Le armi di cui al comma 1 possono essere cedute solo a soggetti muniti delle necessarie autorizzazioni all'acquisto. La procedura di demilitarizzazione è effettuata secondo le modalità definite con decreto del Ministro dell'interno.

3. Le armi disattivate possono essere alienate senza autorizzazione. Sono armi disattivate quelle sottoposte ad una operazione tecnica mediante la quale un'arma portatile di cui agli articoli 1 e 2, viene resa inerte e portata allo stato di mero simulacro anche nelle sue parti essenziali, in modo permanente ed irreversibile, secondo le modalità definite con decreto del Ministro dell'interno.

4. La demilitarizzazione e la disattivazione devono essere effettuate da soggetti muniti della licenza di fabbricazione di armi da guerra o da stabilimenti militari, ovvero da altri soggetti pubblici contemplati dall'articolo 10, comma 5, in quanto muniti delle necessarie attrezzature tecniche. La disattivazione per le armi comuni può essere effettuata,

oltre che dai soggetti già indicati per la disattivazione delle armi da guerra, dai soggetti muniti di licenza di fabbricazione e riparazione di armi comuni.

5. Prima dell'avvio delle procedure di cessione delle armi di cui al presente articolo, le Amministrazioni interessate devono darne comunicazione al Ministero dell'interno ed alla questura della provincia dove sono ubicati gli arsenali nei quali sono tenute in deposito.

[1] Articolo aggiunto dall'art. 5 del D.lgs. 26 ott. 2010, n. 204.

14. ***Armi inidonee e non catalogate.*** — Qualora le armi comuni da sparo e le canne presentate al Banco od alle sezioni non superino la prova prescritta dall'art. 1 della L. 23 feb. 1960, n. 186,[1] ovvero risultino non catalogate o non conformi ai tipi catalogati, ovvero non superino la verifica di cui all'articolo 23, comma 12-*sexiesdecies*, del decreto-legge 6 luglio 2012, n. 95, convertito, con modificazioni, dalla legge 7 agosto 2012, n. 135, è dato avviso, entro 30 giorni, a cura del Banco o della sezione, al produttore od all'importatore.[2]

Trascorsi 30 giorni dalla comunicazione dell'avviso di cui al primo comma senza che il produttore abbia disposto il ritiro delle armi ovvero senza che l'importatore abbia richiesto il rinvio, a sue spese, delle armi medesime alla dogana che ha provveduto alla loro nazionalizzazione, per la rispedizione all'estero, le armi si considerano abbandonate e sono versate alla competente direzione di artiglieria che può disporre la rottamazione e la successiva alienazione.

Sono del pari considerate abbandonate le armi rinviate alla dogana ai sensi del comma precedente, delle quali l'importatore non abbia richiesto la rispedizione fuori dal territorio doganale entro venti giorni dalla comunicazione all'interessato da parte della dogana medesima.

La rispedizione all'estero delle armi inidonee o non catalogate è effettuata in deroga ai divieti economici e valutari in materia di armi e comporta lo sgravio dei diritti doganali liquidati all'atto dell'importazione ed il rimborso di quelli già pagati, esclusi in ogni caso i corrispettivi per servizi resi.

Le disposizioni contenute nel secondo, terzo e quarto comma sono applicabili anche per la restituzione ai produttori ed agli importatori delle armi di cui sia stato eventualmente richiesto il deposito o l'esibizione da parte del Ministero dell'interno per la catalogazione ai sensi del precedente art. 7.

[...][3]

[1] Obbligatorietà della punzonatura.

[2] Comma così modif. dall'art. 2, c. 1, lett. *d*), D.lgs. 29 set. 2013, n. 121.

[3] Comma abrog. dall'art. 2, c. 1, lett. *d*), D.lgs. 29 set. 2013, n. 121.

15. ***Importazione temporanea di armi comuni da sparo.*** — I cittadini italiani residenti all'estero o dimoranti all'estero per ragioni di lavoro, ovvero gli stranieri non residenti in Italia, sono ammessi all'importazione temporanea di armi comuni da sparo, senza la licenza di cui all'articolo 31 del regio decreto 18 giugno 1931, n. 773, per finalità sportive o di caccia, provviste del numero di matricola, nonché di armi comuni da sparo per finalità commerciali ai soli fini espositivi durante fiere, esposizioni, mostre, o di valutazione e riparazione.[1]

Con decreto del Ministro per l'interno, di concerto con i Ministri per gli affari esteri, per le finanze, per l'agricoltura, per il commercio con l'estero e per il turismo, da pubblicarsi nella *Gazzetta Ufficiale*, sono determinate le modalità per l'introduzione, la detenzione, il porto e il trasporto all'interno dello Stato delle armi temporaneamente importate nonché il numero delle stesse.

Ai fini della presente legge si considera temporanea l'importazione per un periodo non eccedente i 90 giorni. Trascorso tale termine l'interessato è soggetto agli obblighi di cui al precedente art. 12.

Chiunque non osserva le disposizioni del decreto ministeriale di cui al secondo comma è punito con la reclusione da sei mesi a un anno e con la multa da 4.000 euro a 30.000 euro.[2,3]

[1] Comma così sost. dall'art. 2, c. 1, lett. *e*), D.lgs. 29 set. 2013, n. 121.

[2] Pena pecuniaria aggiornata dall'art. 5 del D.lgs. 26 ott. 2010, n. 204.

[3] V. nota 2 all'art. 12.

16. ***Esportazione di armi.*** — Nelle operazioni concernenti le armi comuni da sparo di cui al precedente art. 2 dichiarate per l'esportazione, sono obbligatori la visita doganale e il riscontro della guardia di finanza.

Il rilascio della licenza di polizia, singola, multipla e globale, fatte salve le previsioni di cui all'articolo 1, comma 11, della legge 9 luglio 1990, n. 185, come modificata dal decreto legislativo 22 giugno 2012, n. 105, per l'esportazione di armi comuni da sparo di ogni tipo è subordinato all'applicazione del disposto dell'articolo 11 del regolamento (CE) n. 258/2012.[1]

Il titolare della licenza di polizia deve esibire all'autorità che ha rilasciato la licenza la bolletta di esportazione, ovvero copia di essa autenticata o vistata dall'autorità medesima.[2]

Il contravventore all'obbligo di cui al precedente comma è punito a norma dell'art. 17 del T.U. di P.S. 18 giu. 1931, n. 773, e successive modificazioni.

Con decreto del Ministro per le finanze, di concerto col Ministro per l'interno, da pubblicarsi nella *Gazzetta Ufficiale*, sono determinate le modalità per assicurare l'effettiva uscita dal territorio dello Stato delle armi destinate all'esportazione, nonché quelle per disciplinare l'esportazione temporanea, da parte di persone residenti in Italia, di armi comuni da sparo per uso sportivo o di caccia, ovvero di armi comuni da sparo per finalità commerciali ai soli fini espositivi durante fiere, esposizioni, mostre, o di valutazione e riparazione.[2]

Con decreto del Ministro per l'interno, sentito il Ministro per i beni culturali, da pubblicarsi nella *Gazzetta Ufficiale*, sono determinate le modalità relative alla temporanea esportazione di armi antiche, artistiche, rare o comunque aventi importanza storica ai fini di mostre e scambi culturali.

[1] Comma così sost. dall'art. 2, c. 1, lett. *f*), D.lgs. 29 set. 2013, n. 121.

[2] Comma così modif. dall'art. 2, c. 1, lett. *f*), D.lgs. 29 set. 2013, n. 121.

17. ***Compravendita di armi comuni da sparo per corrispondenza o mediante contratto a distanza.***[1] — Ferme restando le vigenti disposizioni in materia di importazione, esportazione e trasferimenti intracomunitari di armi comuni da sparo, alle persone residenti nello Stato è consentita la compravendita di armi comuni da sparo commissionate per corrispondenza o acquistate in base a contratto a distanza, di cui all'articolo 45, comma 1, lettera *g*), del decreto legislativo 6 settembre 2005, n. 206, qualora l'acquirente sia autorizzato ad esercitare attività industriali o commerciali in materia di armi, ovvero, se privo delle predette autorizzazioni, provveda al ritiro dell'arma presso un titolare di licenza per il commercio di armi comuni da sparo o presso un intermediario di armi, muniti, rispettivamente, delle licenze di cui agli articoli 31 e 31-*bis* del regio decreto 18 giugno 1931, n. 773. Di ogni spedizione la ditta interessata deve dare comunicazione all'ufficio di pubblica sicurezza, o, in mancanza, al comando dei carabinieri del comune in cui risiede il destinatario.

2. I trasgressori sono puniti con la reclusione da uno a sei mesi e con la multa fino a euro 154.

[1] Articolo così sost. dall'art. 5, c. 1, lett. *f*), D.lgs. 10 ago. 2018, n. 104.

18. ***Modalità per il trasporto di armi ed esplosivi.*** — Salvo che non sia disposto diversamente dalla relativa autorizzazione, il trasporto delle armi di cui agli art. 1 e 2 o parti di esse deve essere effettuato esclusivamente a mezzo di pubblici servizi o di imprese di trasporto in possesso dei requisiti prescritti dalle vigenti disposizioni legislative o regolamentari, o di soggetti dipendenti dalle aziende produttrici o commerciali muniti di specifica autorizzazione del questore della provincia di residenza, in possesso dei requisiti di cui al precedente art. 9.

Oltre a quanto stabilito in materia dal T.U. di p.s. 18 giu. 1931, n. 773, e dal R.D. 6 mag. 1940, n. 635, con le successive rispettive modificazioni, le modalità per il trasporto di armi o di parti di esse e di esplosivi di ogni genere, nonché per la spedizione, la ricezione, presa e resa a domicilio, sono determinate con decreto del Ministro per l'interno, da pubblicare nella *Gazzetta Ufficiale*, di concerto con i Ministri per la difesa, per le finanze, per i trasporti, per la marina mercantile e per le poste, nell'ambito delle rispettive competenze.

Chiunque non osserva le disposizioni del primo comma o quelle del D.M. di cui al precedente comma è punito con la reclusione da sei mesi a un anno e con la multa da euro 20 a euro 103.[1]

Le disposizioni del presente articolo non si applicano alle cartucce da caccia a pallini, a salve, da tiro e ad uso industriale ed alle polveri relative alle armi da caccia. Il rilascio ai commessi delle tessere di riconoscimento previste dall'art. 52 del regol. 6 mag. 1940, n. 635, per il recapito di armi nella provincia è attribuito alla competenza del questore, previo accertamento della sussistenza dei requisiti di cui al precedente art. 9.

[1] Multa raddoppiata ai sensi dell'art. 113, L. 24 nov. 1981, n. 689.

19. ***Trasporto di parti di armi.*** — L'obbligo dell'avviso previsto rispettivamente dagli artt. 28 e 34 del T.U. di p.s. 18 giu. 1931, n. 773, deve essere osservato anche per il trasporto di singole parti di armi da guerra e tipo guerra nonché di canne, carcasse, carrelli, fusti, tamburi e bascule[1] di armi comuni.

Qualora il fatto non costituisca un più grave reato, il contravventore è punito con l'arresto non inferiore ad un mese e con l'ammenda da 250 euro a 1.000 euro se trattasi di parti di armi da guerra o tipo guerra; con l'arresto sino a tre mesi e con l'ammenda fino a 500 euro se trattasi di parti di armi comuni.[2]

Ai fini del presente articolo non sono da considerare parti di arma quelle ancora in uno stato di semilavorato. Per semilavorato deve intendersi quella parte di arma che, per poter essere assemblata sull'arma e garantirne il funzionamento, necessita di ulteriori lavorazioni meccaniche. Non sono da considerare lavorazioni meccaniche i trattamenti superficiali dei metalli.[3]

[1] Parole così sost. dall'art. 5 del D.lgs. 26 ott. 2010, n. 204.

[2] Pene pecuniarie aggiornate dall'art. 5 del D.lgs. 26 ott. 2010, n. 204.

[3] Comma aggiunto dall'art. 5 del D.lgs. 26 ott. 2010, n. 204.

20. ***Custodia delle armi e degli esplosivi. Denunzia di furto, smarrimento o rinvenimento.*** — La custodia delle armi di cui ai precedenti artt. 1 e 2 e degli esplosivi deve essere assicurata con ogni diligenza nell'interesse della sicurezza pubblica. Chi esercita professionalmente attività in materia di armi o di esplosivi o è autorizzato alla raccolta o alla collezione di armi deve adottare e mantenere efficienti difese antifurto secondo le modalità prescritte dalla autorità di p.s.

Chiunque non osserva le prescrizioni di cui al precedente comma è punito, se il fatto non costituisce più grave reato, con l'arresto da uno a tre mesi o con l'ammenda fino a euro 516.

Dello smarrimento o del furto di armi o di parti di

esse o di esplosivi di qualunque natura deve essere fatta immediata denunzia all'ufficio locale di p.s. o, se questo manchi, al più vicino comando dei carabinieri.

Il contravventore è punito con l'ammenda fino a euro 516.

Chiunque rinvenga un'arma o parti di essa è tenuto ad effettuarne immediatamente il deposito presso l'ufficio locale di p.s. o, in mancanza, presso il più vicino comando dei carabinieri che ne rilasciano apposita ricevuta.

Chiunque rinvenga esplosivi di qualunque natura o venga a conoscenza di depositi o di rinvenimenti di esplosivi è tenuto a darne immediata notizia all'ufficio locale di p.s. o, in mancanza, al più vicino comando dei carabinieri.

Salva l'applicazione delle sanzioni previste dalle vigenti disposizioni in materia di detenzione e porto illegale di armi o di esplosivi di qualunque natura, il contravventore è punito con l'arresto fino a sei mesi e con l'ammenda fino a euro 206.

Con uno o più decreti del Ministro dell'interno, da adottarsi entro sei mesi dalla data di entrata in vigore della presente disposizione sono determinate le modalità ed i termini di custodia delle armi e delle parti di cui al primo comma in relazione al numero di armi o parti di armi detenute, prevedendo anche sistemi di sicurezza elettronici o di difesa passiva, nonché le modalità ed i termini per assicurare, anche con modalità telematiche, la tracciabilità di tutte le armi, delle loro parti e delle munizioni, attraverso l'introduzione di meccanismi di semplificazione e snellimento degli adempimenti previsti.[1]

[1] Comma aggiunto dall'art. 5 del D.lgs. 26 ott. 2010, n. 204.

20-*bis*. *Omessa custodia di armi.*[1] — Chiunque consegna a minori degli anni diciotto, che non siano in possesso della licenza dell'autorità, ovvero a persone anche parzialmente incapaci, a tossicodipendenti o a persone imperite nel maneggio, un'arma fra quelle indicate nel primo e secondo comma dell'art. 2, munizioni o esplosivi diversi dai giocattoli pirici è punito, salvo che il fatto costituisca più grave reato, con l'arresto fino a due anni.

Chiunque trascura di adoperare, nella custodia delle armi, munizioni ed esplosivi di cui al comma 1 le cautele necessarie per impedire che alcuna delle persone indicate nel medesimo comma 1 giunga ad impossessarsene agevolmente, è punito con l'arresto fino ad un anno o con l'ammenda fino a euro 1.032.

Si applica la pena dell'ammenda da euro 154 a euro 516 quando il fatto di cui al primo comma è commesso:

a) nei luoghi predisposti per il tiro, sempre che non si tratti dell'esercizio consentito di attività sportiva;

b) nei luoghi in cui può svolgersi l'attività venatoria.

Quando i fatti di cui ai commi precedenti riguardano le armi, le munizioni o gli esplosivi indicati nell'art. 1 o armi clandestine, la pena è della reclusione da uno a tre anni.

[1] Articolo inserito dall'art. 9 del D.L. 13 mag. 1991, n. 152, conv. in L. 12 lug. 1991, n. 203.

21. *Distrazione o sottrazione di armi.* — Chiunque distrae dalla prevista destinazione, sottrae o comunque detiene le armi di cui agli artt. 1 e 2 al fine di sovvertire l'ordinamento dello Stato ovvero di mettere in pericolo la vita delle persone o la sicurezza della collettività mediante la commissione di attentati o comunque di uno dei reati previsti dal capo I, titolo VI, del libro II del c.p. (art. 422-437) o dagli artt. 284, 285, 286 e 306 dello stesso codice, è punito con la reclusione da cinque a quindici anni.

22. *Locazione e comodato di armi.* — Non è consentita la locazione o il comodato delle armi di cui agli artt. 1 e 2, salvo che si tratti di armi per uso scenico, ovvero di armi destinate ad uso sportivo o di caccia, ovvero che il conduttore o accomodatario sia munito di autorizzazione per la fabbricazione di armi o munizioni ed il contratto avvenga per esigenze di studio, di esperimento, di collaudo. Per armi da fuoco per uso scenico si intendono le armi alle quali, con semplici accorgimenti tecnici, venga occlusa parzialmente la canna al solo scopo di impedire che possa espellere un proiettile ed il cui impiego avvenga costantemente sotto il controllo dell'armaiolo che le ha in carico.[1] Le armi da fuoco per uso scenico sono sottoposte, a spese dell'interessato, a verifica del Banco nazionale di prova, che vi apporrà specifico punzone.[2]

È punito con la reclusione da due ad otto anni e con la multa da 2.000 euro a 20.000 euro chiunque dà o riceve in locazione o comodato armi in violazione del divieto di cui al precedente comma.[3]

La pena è raddoppiata se l'attività di locazione o comodato delle armi risulta abituale.

[1] Periodo aggiunto dall'art. 5 del D.lgs. 26 ott. 2010, n. 204.

[2] Periodo aggiunto dall'art. 2, c. 1, lett. *g*), D.lgs. 29 set. 2013, n. 121.

[3] Pene pecuniarie aggiornate dall'art. 5 del D.lgs. 26 ott. 2010, n. 204.

23. *Armi clandestine.* — Sono considerate clandestine:

1) le armi comuni da sparo non catalogate ai sensi del precedente art. 7, ovvero non sottoposte alla verifica di cui all'articolo 23, comma 12-*sexiesdecies*, del decreto-legge 6 luglio 2012, n. 95, convertito, con modificazioni, dalla legge 7 agosto 2012, n. 135;[1]

2) le armi comuni e le canne sprovviste dei numeri, dei contrassegni e delle sigle di cui al precedente art. 11.

È punito con la reclusione da tre a dieci anni e

con la multa da 2.000 euro a 20.000 euro chiunque fabbrica, introduce nello Stato, esporta, commercia, pone in vendita o altrimenti cede armi o canne clandestine.[2,3]

Chiunque detiene armi o canne clandestine è punito con la reclusione da uno a sei anni e con la multa da 1.000 euro a 15.000 euro.[2,3]

Si applica la pena della reclusione da due a otto anni e la multa da 2.000 euro a 20.000 euro a chiunque porta in luogo pubblico o aperto al pubblico armi o canne clandestine. La stessa pena si applica altresì a chiunque cancella, contraffà o altera i numeri di catalogo o di matricola e altri segni distintivi di cui all'art. 11.[2,3]

Con la sentenza di condanna è ordinata la revoca delle autorizzazioni di polizia in materia di armi o la confisca delle stesse armi.

Non è punibile, ai sensi del presente articolo, per la mancanza dei segni d'identificazione prescritti per le armi comuni da sparo, chiunque ne effettua il trasporto per la presentazione del prototipo al Banco nazionale di prova ai fini della sottoposizione alla verifica di cui all'articolo 23, comma 12-*sexiesdecies*, del decreto-legge 6 luglio 2012, n. 95, convertito, con modificazioni, dalla legge 7 agosto 2012, n. 135, o l'importazione ai sensi dell'articolo 11.[4]

[1] Numero così modif. dall'art. 2, c. 1, lett. *h*), D.lgs. 29 set. 2013, n. 121.

[2] Comma così sost. dall'art. 9 del D.L. 13 mag. 1991, n. 152, conv. in L. 12 lug. 1991, n. 203.

[3] Pene pecuniarie aggiornate dall'art. 5 del D.lgs. 26 ott. 2010, n. 204.

[4] Comma così sost. dall'art. 2, c. 1, lett. *h*), D.lgs. 29 set. 2013, n. 121.

24. ***Divieto di fabbricazione di esplosivi non riconosciuti.*** — Chiunque fabbrica un prodotto esplodente non riconosciuto o modifica o altera la composizione dei prodotti esplodenti riconosciuti e classificati a norma dell'art. 53 del T.U. di P.S. 18 giu. 1931, n. 773, è punito con la reclusione da sei mesi a tre anni e con la multa da euro 206 a euro 1.032.[1]

La sanzione di cui al comma precedente non si applica ai fabbricanti di prodotti esplodenti titolari di licenza rilasciata dal Ministero dell'interno per l'attività di ricerca, studio e sperimentazione condotta nel proprio stabilimento.

[1] Multa raddoppiata ai sensi dell'art. 113 della L. 24 nov. 1981, n. 689.

25. ***Registro delle operazioni giornaliere.*** — Chiunque, per l'esercizio della propria attività lavorativa, fa abituale impiego di esplosivi di qualsiasi genere deve tenere il registro delle operazioni giornaliere previsto dal primo comma dell'art. 55 del T.U. di P.S. 18 giu. 1931, n. 773.

È punito con la reclusione da sei mesi a tre anni e con la multa da euro 206 a euro 2.065[1] chi non osserva l'obbligo di cui al comma precedente.

Con la stessa pena sono punite le persone indicate nel primo comma del citato art. 55 che non osservano l'obbligo di tenuta del registro.

Sono punite con l'arresto da venti giorni a tre mesi e con l'ammenda fino a euro 103[1] le persone obbligate a tenere il predetto registro le quali rifiutano ingiustificatamente di esibire il registro stesso agli ufficiali ed agenti di p.s. che ne facciano richiesta.

[1] Multa raddoppiata ai sensi dell'art. 113 della L. 24 nov. 1981, n. 689.

26. ***Limiti alla detenzione senza denuncia di munizioni.*** — È soggetto all'obbligo della denuncia, stabilito dall'art. 38 del T.U. di P.S. 18 giu. 1931, n. 773, chi, in possesso di armi regolarmente denunziate, detiene munizioni per armi comuni da sparo eccedenti la dotazione di 1.000 cartucce a pallini per fucili da caccia.

27. ***Requisiti soggettivi per le autorizzazioni in materia di esplosivi.*** — Il rilascio delle licenze di cui agli artt. 46 e 47 del T.U. di P.S. 18 giu. 1931, n. 773, è subordinato all'accertamento dei requisiti di cui al precedente art. 9.

28. ***Responsabilità nell'impiego di esplosivi.*** — I titolari delle licenze di deposito per il consumo permanente, temporaneo o giornaliero di esplosivi di ogni genere, a qualunque uso adibiti, di cui agli artt. 46 e 47 del T.U. di P.S. 18 giu. 1931, n. 773, e 100 e 101 del R.D. 6 mag. 1940, n. 635, e successive modificazioni, devono seguire personalmente o esclusivamente a mezzo delle persone che li rappresentano a norma dell'art. 8 del citato T.U. le attività e le operazioni d'impiego e di utilizzo degli esplosivi medesimi.

Chiunque non osserva le disposizioni di cui al precedente comma è punito con la reclusione da tre mesi ad un anno e con la multa da euro 103 a euro 1.032.[1]

[1] Multa raddoppiata ai sensi dell'art. 113 della L. 24 nov. 1981, n. 689.

29. ***Distrazione o sottrazione di esplosivi.*** — Chiunque distrae dalla prevista destinazione, sottrae o comunque detiene esplosivi di ogni genere al fine di sovvertire l'ordinamento dello Stato ovvero di mettere in pericolo la vita delle persone o la sicurezza della collettività mediante la commissione di attentati o comunque di uno dei reati previsti dal capo I, titolo VI del libro II del c.p. (artt. 422-437) o dagli artt. 284, 285, 286 e 306 dello stesso codice, è punito con la reclusione da cinque a quindici anni.

30. ***Armi, munizioni ed esplosivi delle Forze armate e dei Corpi armati dello Stato.*** — Le autorizzazioni previste dal T.U. di P.S. 18 giu. 1931, n. 773, dal R.D. 6 mag. 1940, n. 635, e dalla presente legge, nonché gli adempimenti di cui agli artt. 28, terzo comma, e 34 del citato T.U. di P.S. non sono richiesti per le armi, o parti di esse, munizioni ed esplosivi appartenenti alle Forze armate ed ai Corpi armati dello Stato e per il personale delle Forze armate e dei Corpi armati dello Stato impiegato nell'esercizio delle funzioni e degli altri compiti di istituto.

Con decreto del Ministro per la difesa, da pubblicarsi nella *Gazzetta Ufficiale*, di concerto con il Min. per l'interno, verranno specificati i documenti di accompagnamento necessari per il trasporto delle armi o di parti di esse, di munizioni e di esplosivi che non venga effettuato direttamente dalle Forze armate o dai Corpi armati dello Stato.

31. ***Vigilanza sulle attività di tiro a segno.*** — Ferme restando le disposizioni di cui al D.L. 16 dic. 1935, n. 2430, convertito nella L. 4 giu. 1936, n. 1143, sul tiro a segno nazionale e successive modificazioni, i direttori e gli istruttori delle sezioni dell'Unione di tiro a segno nazionale devono munirsi di apposita licenza del prefetto, da rilasciarsi previo accertamento della capacità tecnica e dei requisiti di cui al precedente art. 9.

La capacità tecnica è presunta nei confronti di coloro che esercitano la propria attività in seno alle sezioni del tiro a segno all'entrata in vigore della presente legge.

I presidenti delle sezioni di tiro a segno sono obbligati a tenere costantemente aggiornati:

a) l'elenco degli iscritti con le relative generalità;

b) l'inventario delle armi in dotazione con la relativa descrizione per numero di matricola, tipo, calibro, fabbrica e nazionalità, con richiamo ai titoli che ne legittimano la provenienza, ai fini di cui all'ultimo comma dell'art. 38 del T.U. di P.S. 18 giu. 1931, n. 773;

c) il registro di carico e scarico per le munizioni, con la indicazione dei nominativi degli utilizzatori;

d) un registro sulle frequenze in cui devono giornalmente annotarsi le generalità di coloro che si esercitano al tiro, con l'indicazione delle armi da ciascuno impiegate nonché degli orari di inizio e di conclusione delle singole esercitazioni.

Gli atti di cui al precedente comma devono essere esibiti ad ogni richiesta degli ufficiali o agenti di P.S., i quali vi appongono la data e la firma ogni qualvolta procedono al loro esame.

I presidenti delle sezioni di tiro a segno sono responsabili dell'osservanza delle disposizioni del primo comma dell'art. 20 della presente legge.

La vidimazione della carta di riconoscimento prevista dall'art. 76 del R.D. 6 mag. 1940, n. 635, è attribuita all'autorità provinciale di P.S. che vi procede secondo le competenze stabilite dagli artt. 42 e 44 del T.U. di P.S., previo accertamento dei requisiti soggettivi prescritti per il rilascio delle licenze di porto d'armi.

Salvo che il fatto non costituisca più grave reato, il trasgressore degli obblighi di cui al presente articolo è punito con l'arresto da tre mesi a due anni o con l'ammenda da euro 206 a euro 1.032.[1]

[1] Ammenda raddoppiata a sensi dell'art. 113 della L. 24 nov. 1981, n. 689.

32. ***Vigilanza sulle armi e munizioni raccolte nei musei.*** — Salva la normativa concernente le armi in dotazione alle Forze armate o ai Corpi armati dello Stato e fermo restando quanto stabilito nella L. 1° giu. 1939, n. 1089, sulle cose di interesse storico o artistico, i direttori dei musei di Stato, di altri enti pubblici o appartenenti ad enti morali, cui è affidata la custodia e la conservazione di raccolte di armi da guerra o tipo guerra o di parte di esse, di munizioni da guerra, di collezioni di armi comuni da sparo, di collezioni di armi artistiche, rare o antiche devono, entro tre mesi dall'entrata in vigore della presente legge, redigere l'inventario dei materiali custoditi su apposito registro ai sensi dell'art. 16, primo comma, del R.D. 6 mag. 1940, n. 635.

Le persone di cui al primo comma sono altresì obbligate a curare il puntuale aggiornamento dell'inventario, comunicandone immediatamente le variazioni al questore.

Per la compilazione dell'inventario e delle variazioni si osservano le formalità di cui all'art. 31, terzo comma, lettera *b*).

L'inventario ed i relativi aggiornamenti devono essere esibiti ad ogni richiesta degli ufficiali o agenti di P.S. i quali vi appongono la data e la firma ogni qualvolta procedono al loro esame.

Le persone di cui al primo comma sono responsabili dell'osservanza delle disposizioni del primo comma dell'art. 20 della presente legge.

Salvo che il fatto non costituisca più grave reato, il trasgressore degli obblighi di cui al presente articolo è punito con l'arresto da tre mesi a due anni o con l'ammenda da euro 206 a euro 1.032.[1]

Ai musei indicati nel presente articolo non si applicano le disposizioni di cui al primo comma dell'art. 28 del T.U. di P.S. 18 giu. 1931, n. 773.

Fermo restando il disposto dell'ultimo comma dell'art. 37 del R.D. 6 mag. 1940, n. 635, la licenza del Ministero dell'interno non è prescritta per la cessione di cimeli o armi antiche da parte degli stessi musei.

Le armi antiche e artistiche comunque versate all'autorità di P.S. o alle direzioni di artiglieria non potranno essere distrutte senza il preventivo consenso di un esperto nominato dal sovrintendente per le gallerie competente per territorio.

Le armi riconosciute di interesse storico e artistico saranno destinate alle raccolte pubbliche indicate dalla sovrintendenza delle gallerie competente per territorio.

Tale disciplina non si applica alle armi in dotazione ai Corpi armati dello Stato eventualmente destinate alla distruzione.

[1] Ammenda raddoppiata a sensi dell'art. 113 della L. 24 nov. 1981, n. 689.

33. ***Aste pubbliche.***[1] — 1. È vietata la vendita,

nelle pubbliche aste, delle armi indicate negli artt. 1 e 2.

2. Salvo che il fatto non costituisca più grave reato, il trasgressore dell'obbligo di cui al comma 1 è punito con l'arresto da tre mesi a tre anni e con l'ammenda da euro 103 a euro 516.

[1] Articolo così sost. dall'art. 10 *bis* del D.L. 13 mag. 1991, n. 152, conv. in L. 12 lug. 1991, n. 203 *cit*.

34. ***Sanzioni penali.*** — Le pene stabilite dal codice penale e dal T.U. di P.S. 18 giu. 1931, n. 773, e successive modificazioni, per le contravvenzioni alle norme concernenti gli esplosivi sono triplicate.

In ogni caso l'arresto non può essere inferiore a tre mesi.[1]

[1] Ai sensi dell'art. 11, comma 4, della L. 21 dic. 1999, n. 526, le sanzioni di cui all'art. 34 non si applicano alle armi ad aria compressa o a gas compressi sia lunghe che corte, i cui proiettili erogano un'energia cinetica non superiore a 7,5 joule.

35. ***Giudizio direttissimo.*** — Per i reati previsti dalla presente legge, si procede in ogni caso con il giudizio direttissimo v. però la nota a *Coord.* 233 c.p.p. salvo che non siano necessarie speciali indagini. Per i reati connessi si procede, di regola, previa separazione dei giudizi.

36. ***Sanatorie.*** — I detentori delle armi comuni da sparo che, alla data di entrata in vigore della presente legge, non abbiano provveduto a denunciare ai sensi dell'art. 38 del T.U. 18 giu. 1931, n. 773, le armi medesime, non sono punibili, ai sensi delle disposizioni vigenti, qualora ottemperino all'obbligo della denuncia entro il termine di 60 giorni dalla predetta data, sempre che la denunzia avvenga prima dell'accertamento del reato.

Non sono, altresì, punibili coloro che, entro lo stesso termine di 60 giorni e prima dell'accertamento del reato, consegnano le armi o parti di esse, le munizioni, gli esplosivi e gli altri congegni micidiali illegittimamente detenuti di cui all'art. 1 della L. 2 ott. 1967, n. 895, modificato dall'art. 9 della L. 14 ott. 1974, n. 497, né coloro che entro il detto termine provvedono all'obbligo della denuncia di cui all'art. 13 del D.L. 6 lug. 1974, n. 258, conv. con modificazioni nella L. 14 ago. 1974, n. 393.

Non sono, infine, punibili quanti detengono, in forza di denunzia, presentata a norma dell'art. 38 del T.U. di P.S., ed accettata dai competenti organi, armi da guerra o tipo guerra impropriamente acquisite come armi comuni prima dell'entrata in vigore della presente legge, sempre che provvedano agli adempimenti prescritti entro 60 giorni dalla pubblicazione del catalogo di cui al precedente art. 7.

Disposizioni transitorie e finali

37. Sino alla pubblicazione del catalogo nazionale delle armi comuni da sparo previsto dall'art. 7, ne sono ammesse la produzione, l'importazione e l'esportazione, a condizione che gli esercenti tali attività siano muniti delle prescritte licenze dell'autorità di p.s. e che ogni arma sia contrassegnata dal numero di matricola.

Sono, altresì, consentiti, anche dopo la pubblicazione del catalogo nazionale di cui all'art. 7, l'esportazione ed il commercio, di armi comuni da sparo non catalogate, prodotte od importate anteriormente, purché registrate con i rispettivi numeri di matricola, a norma dell'art. 35 del T.U. di P.S. 18 giu. 1931, n. 773.

38. Le disposizioni di cui all'art. 5 della presente legge concernenti i giocattoli si applicano decorso un anno dal giorno di entrata in vigore della legge stessa.

39. Entro sei mesi dall'entrata in vigore della presente legge l'autorità di p.s. deve procedere ad una revisione straordinaria delle autorizzazioni a privati per la raccolta di armi da guerra o tipo guerra o di parti di esse o di munizioni da guerra, previste dall'art. 28 del T.U. di P.S. 18 giu. 1931, n. 773.

Nell'ipotesi di revoca della licenza, le armi, entro trenta giorni dal relativo provvedimento, possono essere cedute agli enti pubblici, nonché ai soggetti muniti di autorizzazione per la fabbricazione di armi da guerra o tipo guerra o di munizioni da guerra, ad enti e persone residenti all'estero.

40. Per tutto quanto non previsto dalla presente legge continuano ad applicarsi le disposizioni del T.U. di P.S. 18 giu. 1931, n. 773, del R.D. 6 mag. 1940, n. 635, con le successive rispettive modificazioni, nonché le altre vigenti disposizioni legislative e regolamentari in materia di armi ed esplosivi.

Nulla è innovato alle disposizioni della L. 14 ott. 1974, n. 497.

ASSEGNO BANCARIO

- 1 -

L. 15 dic. 1990, n. 386

Nuova disciplina sanzionatoria degli assegni bancari

(G.U. 20 dic. 1990, n. 296)

1. *Emissione di assegno senza autorizzazione.*[1] — Chiunque emette un assegno bancario o postale senza l'autorizzazione del trattario è punito con la sanzione amministrativa del pagamento di una somma da euro 1.032 a euro 6.197.

Se l'importo dell'assegno è superiore a euro 10.329 o nel caso di reiterazione delle violazioni, si applica la sanzione amministrativa pecuniaria da euro 2.065 a euro 12.394.

Nei casi previsti dai commi 1 e 2 non è ammesso il pagamento in misura ridotta ai sensi dell'art. 16 della legge 24 nov. 1981, n. 689.

[1] Articolo così sostituito dall'art. 28 del D.lgs. 30 dic. 1999, n. 507.

2. *Emissione di assegno senza provvista.*[1] — 1. Fuori dei casi previsti dall'art. 1, chiunque emette un assegno bancario o postale che, presentato in tempo utile, non viene pagato in tutto o in parte per difetto di provvista è punito con la sanzione amministrativa pecuniaria da euro 516 a euro 3.098.

Se l'importo dell'assegno è superiore a euro 10.392,14 o nel caso di reiterazione delle violazioni, si applica la sanzione amministrativa pecuniaria da euro 1.032 a euro 6.197.

Nei casi previsti dai commi 1 e 2 non è ammesso il pagamento in misura ridotta ai sensi dell'art. 16 della legge 24 nov. 1981, n. 689.

[1] Articolo così sostituito dall'art. 29 del D.lgs. 30 dic. 1999, n. 507.

3. *Clausola penale.* — 1. Nei casi previsti dall'art. 2 il mancato pagamento, anche solo parziale, dell'assegno bancario presentato in tempo utile obbliga l'emittente a corrispondere al prenditore o al giratario che agisce nei suoi confronti per il pagamento del titolo una penale pari al dieci per cento della somma dovuta e non pagata.

2. L'assegno bancario ha gli effetti di titolo esecutivo anche per la somma rappresentante la penale.

4. *Autorità competente.*[1] — 1. Per l'applicazione delle sanzioni previste dagli artt. 1 e 2 e delle conseguenti sanzioni amministrative accessorie è competente il prefetto del luogo di pagamento dell'assegno.

[1] Articolo così sostituito dall'art. 30 del D.lgs. 30 dic. 1999, n. 507.

5. *Sanzioni amministrative accessorie.*[1] — 1. La violazione dell'art. 1 comporta il divieto di emettere assegni bancari e postali. La stessa sanzione amministrativa accessoria si applica in caso di violazione dell'art. 2, quando l'importo dell'assegno, ovvero di più assegni emessi in tempi ravvicinati e sulla base di una programmazione unitaria, è superiore a euro 2.582,28.

Se l'importo dell'assegno o di più assegni emessi in tempi ravvicinati e sulla base di una programmazione unitaria è superiore a euro 51.645,69, ovvero risulta che il traente, nei cinque anni precedenti, ha commesso due o più violazioni delle disposizioni previste dagli artt. 1 e 2 per un importo superiore complessivamente a euro 10.329 accertate con provvedimento esecutivo, l'emissione di assegno senza autorizzazione o senza provvista comporta anche l'applicazione di una o più delle seguenti sanzioni amministrative accessorie:

a) interdizione dall'esercizio di una attività professionale o imprenditoriale;

b) interdizione dall'esercizio degli uffici direttivi delle persone giuridiche e delle imprese;

c) incapacità di contrattare con la pubblica amministrazione.

[1] Articolo così sostituito dall'art. 31 del D.lgs. 30 dic. 1999, n. 507.

5-*bis*. *Effetti e durata delle sanzioni amministrative accessorie.*[1] — 1. L'interdizione dall'esercizio di un'attività professionale o imprenditoriale priva, temporaneamente, il soggetto della capacità di esercitare una professione, industria o un commercio, per i quali è richiesto uno speciale permesso o una speciale abilitazione, autorizzazione o licenza dell'autorità.

2. L'interdizione dall'esercizio degli uffici direttivi delle persone giuridiche e delle imprese importa l'incapacità del soggetto di esercitare l'ufficio di amministratore, sindaco, liquidatore e direttore generale, nonché ogni altro ufficio con potere di rappresentanza della persona giuridica o dell'imprenditore.

3. L'incapacità di contrattare con la pubblica amministrazione importa il divieto di concludere contratti con la pubblica amministrazione, salvo che per ottenere le prestazioni di un pubblico servizio.

4. Le sanzioni amministrative accessorie previste dai commi 1, 2 e 3 non possono avere una durata inferiore a due mesi, né superiore a due anni. Il divieto di emettere assegni bancari e postali non può avere una durata inferiore a due anni, né superiore a cinque anni.

5. Il prefetto, nel determinare il numero e la durata delle sanzioni amministrative accessorie da applicare, tiene conto della gravità dell'illecito e dell'importo dell'assegno o degli assegni emessi.

[1] Articolo così sostituito dall'art. 31 del D.lgs. 30 dic. 1999, n. 507.

6. *Rilascio di assegni e responsabilità del dipendente dell'istituto trattario.* — 1. Il primo comma dell'art. 124 delle disposizioni approvate con R.D. 21 dic. 1933, n. 1736, introdotto dall'art.

141 della L. 24 nov. 1981, n. 689, è sostituito dal seguente:

«All'atto del rilascio di moduli di assegno bancario o postale il dipendente responsabile fa sottoscrivere al richiedente una dichiarazione dalla quale risulta che lo stesso non è interdetto dall'emissione di assegni bancari e postali e non ha riportato, nel semestre precedente, sentenza penale di condanna non definitiva o decreto penale di condanna anche non esecutivo per i reati di emissione di assegno senza autorizzazione o senza provvista».

2. Il secondo comma dell'art. 125 delle disposizioni approvate con R.D. 21 dic. 1933, n. 1736, introdotto dall'art. 141 della L. 24 nov. 1981, n. 689, è sostituito dal seguente:

«Il dipendente che consegna moduli di assegno bancario o postale a chi abbia dichiarato di essere stato interdetto dall'emissione di assegni bancari e postali o di aver riportato, nel semestre precedente, sentenza penale di condanna non definitiva o decreto penale di condanna anche non esecutivo per i reati di emissione di assegno senza autorizzazione o senza provvista, è punito, salvo che il fatto costituisca più grave reato, con la reclusione da sei mesi a due anni».

7. *Inosservanza delle sanzioni amministrative accessorie.* [1] — 1. Ferma restando l'applicabilità delle sanzioni amministrative di cui agli artt. 1 e 2, chiunque trasgredisce ai divieti conseguenti alle sanzioni amministrative accessorie di cui all'art. 5 ed al comma 2 del presente articolo è punito con la reclusione da sei mesi a tre anni.

2. La condanna per il reato di cui al comma 1 importa la pubblicazione della sentenza e il divieto di emettere assegni bancari e postali per un periodo non inferiore a due anni, né superiore a cinque anni.

[1] Articolo così sostituito dall'art. 32 del D.lgs. 30 dic. 1999, n. 507.

8. *Pagamento dell'assegno emesso senza provvista dopo la scadenza del termine di presentazione.* [1] — 1. Nei casi previsti dall'art. 2, le sanzioni amministrative non si applicano se il traente, entro sessanta giorni dalla data di scadenza dei termine di presentazione del titolo, effettua il pagamento dell'assegno, degli interessi, della penale e delle eventuali spese per il protesto o per la constatazione equivalente.

2. Il pagamento può essere effettuato nelle mani del portatore del titolo o presso lo stabilimento trattario mediante deposito vincolato al portatore del titolo, ovvero presso il pubblico ufficiale che ha levato il protesto o ha effettuato la constatazione equivalente.

3. La prova dell'avvenuto pagamento deve essere fornita dal traente allo stabilimento trattario o, in caso di levata del protesto o di rilascio della constatazione equivalente, al pubblico ufficiale tenuto alla presentazione del rapporto mediante quietanza del portatore con firma autenticata ovvero, in caso di pagamento a mezzo di deposito vincolato, mediante attestazione della banca comprovante il versamento dell'importo dovuto.

3-*bis*. L'autenticazione di cui al comma 3 del presente articolo è effettuata ai sensi dell' articolo 21, comma 2, del testo unico di cui al decreto del Presidente della Repubblica 28 dicembre 2000, n. 445. L'autenticazione deve essere rilasciata gratuitamente, tranne i previsti diritti, nella stessa data della richiesta, salvo motivato diniego.[2]

Il procedimento per l'applicazione delle sanzioni amministrative non può essere iniziato prima che sia decorso il termine per il pagamento indicato nel comma 1.

[1] Articolo così sostituito dall'art. 33 del D.lgs. 30 dic. 1999, n. 507.

[2] Comma aggiunto dall'art. 8, c. 7, lett. *f-bis*) del D.L. 13 mag. 2011, n. 70, conv. con modif. in L. 12 lug. 2011, n. 106.

8-*bis*. *Procedimento per l'applicazione delle sanzioni amministrative.* [1] — 1. Nei casi previsti dall'art. 1, se viene levato il protesto o effettuata la constatazione equivalente, pubblico ufficiale trasmette il rapporto di accertamento della violazione al prefetto territorialmente competente. Nei casi in cui non si leva il protesto o non si effettua la constatazione equivalente, il prefetto viene direttamente informato dal trattario.

Nei casi previsti dall'art. 2, il trattario dà comunicazione del mancato pagamento al pubblico ufficiale che deve levare il protesto o effettuare la constatazione equivalente; il pubblico ufficiale, se non è stato effettuato il pagamento dell'assegno nel termine previsto dall'art. 8, trasmette il rapporto di accertamento della violazione al prefetto territorialmente competente. Nei casi in cui non sì leva il protesto o non si effettua la constatazione equivalente, il trattario, decorso inutilmente il termine previsto dall'art. 8, informa direttamente il prefetto territorialmente competente.

Entro novanta giorni dalla ricezione del rapporto o dell'informativa il prefetto notifica all'interessato gli estremi della violazione a norma dell'art. 14 della legge 24 nov. 1981, n. 689. Se l'interessato risiede all'estero il termine per la notifica è di trecentosessanta giorni.

L'interessato, entro trenta giorni dalla notifica, può presentare scritti difensivi e documenti.

Il prefetto, dopo aver valutato le deduzioni presentate, determina, con ordinanza motivata, la somma dovuta per la violazione e ne ingiunge il pagamento, insieme con le spese, ovvero emette ordinanza motivata di archiviazione degli atti.

Si applicano, per quanto non previsto dal presente articolo, le disposizioni delle sezioni I e II del capo I della legge 24 nov. 1981, n. 689 e successive modificazioni, in quanto compatibili.

[1] Articolo così sostituito dall'art. 33 del D.lgs. 30 dic. 1999, n. 507.

9. *Revoca delle autorizzazioni.* [1] — 1. In caso di mancato pagamento, in tutto o in parte, di un assegno per mancanza di autorizzazione o di provvista, il trattario iscrive il nominativo dei traente nell'archivio previsto dall'art. 10-*bis*.

L'iscrizione è effettuata:

a) nel caso di mancanza di autorizzazione, entro il ventesimo giorno dalla presentazione al pagamento del titolo;

b) nel caso di difetto di provvista, quando è decorso il termine stabilito dall'art. 8 senza che il traente abbia fornito la prova dell'avvenuto pagamento salvo quanto previsto dall'art. 9-*bis*, comma 3.

2. L'iscrizione nell'archivio determina la revoca di ogni autorizzazione ad emettere assegni. Una nuova autorizzazione non può essere data prima che sia trascorso il termine di sei mesi dall'iscrizione del nominativo nell'archivio.

La revoca comporta il divieto, della durata di sei mesi, per qualunque banca e ufficio postale di stipulare nuove convenzioni di assegno con il traente e di pagare ali assegni tratti dal medesimo dopo l'iscrizione nell'archivio, anche se emessi nei limiti della provvista.

[1] Articolo così sostituito dall'art. 34 del D.lgs. 30 dic. 1999, n. 507.

9-*bis*. *Preavviso di revoca.* [1] — Nel caso di mancato pagamento, in tutto o in parte, di un assegno per difetto di provvista, il trattario comunica al traente che, scaduto il termine indicato nell'art. 8 senza che abbia fornito la prova dell'avvenuto pagamento, il suo nominativo sarà iscritto nell'archivio di cui all'art. 10-*bis* e che dalla stessa data gli sarà revocata ogni autorizzazione ad emettere assegni. Con la comunicazione il traente è invitato a restituire, alla scadenza del medesimo termine e sempre che non sia effettuato il pagamento, tutti i moduli di assegno in suo possesso alle banche e agli uffici postali che li hanno rilasciati.

La comunicazione è effettuata presso il domicilio eletto dal traente a norma dell'art. 9-*ter* entro il decimo giorno dalla presentazione al pagamento del titolo, mediante telegramma o lettera raccomandata con avviso di ricevimento, ovvero con altro mezzo concordato tra le parti di cui sia certa la data di spedizione e quella di ricevimento.

Anche in deroga a quanto stabilito dall'art. 9, comma 2, lett. *b*), l'iscrizione del nominativo del traente nell'archivio non può aver luogo se non sono decorsi almeno dieci giorni dalla data di ricevimento della comunicazione.

La comunicazione si ha per effettuata ove consti l'impossibilità di eseguirla presso il domicilio eletto.

Se la comunicazione non è effettuata entro il termine indicato nel comma 2, il trattario è obbligato a pagare gli assegni emessi dal traente dopo tale data e fino al giorno successivo alla comunicazione, anche se manca o è insufficiente la provvista, nel limite di euro 10.329,14 per ogni assegno.

[1] Articolo così sostituito dall'art. 34 del D.lgs. 30 dic. 1999, n. 507.

9-*ter*. *Elezione di domicilio ai fini delle comunicazioni.* [1] — All'atto della conclusione di convenzioni di assegno, il cliente elegge domicilio ai fini delle comunicazioni previste dall'art. 9-*bis*.

Eventuali variazioni del domicilio eletto debbono essere comunicate con dichiarazione presentata direttamente alla banca o all'ufficio postale, ovvero mediante telegramma o lettera raccomandata con avviso di ricevimento, o con altro mezzo concordato dalle parti, di cui sia certa la data di ricevimento.

[1] Articolo così sostituito dall'art. 34 del D.lgs. 30 dic. 1999, n. 507.

10. *Responsabilità solidale del trattario.* [1] — 1. Il trattario che omette o ritarda l'iscrizione nell'archivio di cui all'art. 10-*bis*, ovvero che autorizza il rilascio di moduli di assegni in favore di persona il cui nominativo risulta iscritto nell'archivio, è obbligato in solido con il traente a pagare gli assegni emessi dallo stesso traente nel periodo in cui avrebbe dovuto operare la revoca, anche se manca o è insufficiente la provvista, nel limite di euro 10.329,14 per ogni assegno.

[1] Articolo così modif. dall'art. 35, D.lgs. 30 dic. 1999, n. 507.

10-*bis*. *Archivio degli assegni bancari e postali delle carte di pagamento irregolari.* [1] — 1. Al fine del regolare funzionamento dei sistemi di pagamento, è istituito presso la Banca d'Italia un archivio informatizzato degli assegni bancari e postali e delle carte di pagamento, nel quale sono inseriti i seguenti dati:

a) generalità dei traenti degli assegni bancari o postali emessi senza autorizzazione o senza provvista;

b) assegni bancari e postali emessi senza autorizzazione o senza provvista, nonché assegni non restituiti alle banche e agli uffici postali dopo la revoca dell'autorizzazione;

c) sanzioni amministrative pecuniarie e accessorie applicate per l'emissione di assegni bancari e postali senza autorizzazione o senza provvista, nonché sanzioni penali e connessi divieti applicati per l'inosservanza degli obblighi imposti a titolo di sanzione amministrativa accessoria;

d) generalità del soggetto al quale è stata revocata l'autorizzazione all'utilizzo di carte di pagamento;

e) carte di pagamento per le quali sia stata revocata l'autorizzazione all'utilizzo;

f) assegni bancari e postali e carte di pagamento di cui sia stato denunciato il furto o lo smarrimento.

2. La Banca d'Italia, quale titolare del trattamento dei dati, può avvalersi di un ente esterno per la

gestione dell'archivio, secondo quanto previsto dall'art. 8 della legge 31 dic. 1996, n. 675.[2]

3. Il soggetto interessato ha diritto ad accedere alle informazioni che lo riguardano contenute nell'archivio e di esercitare gli altri diritti previsti dall'art. 13 della legge 31 dic. 1996, n. 675,

4. I prefetti, le banche, gli intermediari finanziari vigilati e gli uffici postali possono accedere alle informazioni contenute nell'archivio per le finalità previste dalla presente legge e per quelle connesse alla verifica della corretta utilizzazione degli assegni e delle carte di pagamento. L'autorità giudiziaria ha accesso diretto alle informazioni contenute nell'archivio, per lo svolgimento delle proprie funzioni.

[1] Articolo così sostituito dall'art. 36 del D.lgs. 30 dic. 1999, n. 507.

[2] In materia di protezione dei dati personali, si veda il D.lgs. 30 giu. 2003, n. 196.

10-*ter*. *Preavviso di revoca dell'autorizzazione all'utilizzo di carte di pagamento e annotazione dell'avvenuto pagamento delle ragioni di debito.*[1] — 1. Prima della revoca dell'autorizzazione all'utilizzo di carte di pagamento, gli emittenti carte di pagamento comunicano al titolare della carta che:

a) a partire dalla data indicata nella comunicazione sarà revocata l'autorizzazione all'utilizzo della carta, con conseguente iscrizione del suo nominativo nell'archivio di cui al precedente art. 10-*bis*;

b) l'iscrizione di cui alla lettera *a*) può essere evitata provvedendo, entro la predetta data, al pagamento di tutte le ragioni di debito nei confronti dell'emittente;

c) qualora il pagamento di tutte le ragioni di debito nei confronti dell'emittente venga effettuato successivamente all'iscrizione nel menzionato archivio, tale circostanza sarà annotata dall'emittente nell'archivio stesso.

2. L'obbligo di annotazione di cui al comma 1, lettera *c*), a carico degli emittenti carte di pagamento decorre dal momento in cui è operativo l'adeguamento della struttura tecnica dell'archivio, così come comunicato dalla Banca d'Italia.

3. La comunicazione di cui al comma 1 è effettuata all'indirizzo indicato dal titolare della carta, secondo quanto concordato tra le parti, con mezzi di cui sia certa la data di spedizione e quella di ricevimento, e può essere resa in via autonoma o unitamente all'invio di altre comunicazioni.

[1] Articolo ins. dall' art. 6, c. 3, D.lgs. 15 dic. 2017, n. 218.

11. *Disposizioni transitorie.* — 1. Non si procede per i reati previsti dall'art. 2, commessi prima della data di entrata in vigore della presente legge, se l'imputato effettua, entro novanta giorni dalla data suddetta, il pagamento dell'assegno, degli interessi, della penale e delle spese per il protesto o per la constatazione equivalente, nei modi indicati nel secondo periodo del comma 1 dell'art. 8. La prova dell'avvenuto pagamento deve essere fornita in sede penale mediante quietanza del portatore con firma autenticata o attestazione del pubblico ufficiale che ha ricevuto il pagamento ovvero attestazione dell'azienda di credito comprovante l'effettuazione del deposito vincolato.[1]

2. I procedimenti penali relativi ai reati indicati nel comma 1 sono sospesi per il periodo di novanta giorni decorrente dalla data di entrata in vigore della presente legge.

[1] La Corte cost., con sent. 23 nov. 1993, n. 407, ha dichiarato l'ill. cost. del c. 1 nella parte in cui pone limiti alla prova dell'avvenuto pagamento, vincolando senza ragione il diritto di difesa dell'imputato.

12. *Disposizioni abrogate.* — 1. Sono abrogati gli artt. 116 e 116-*bis* delle disposizioni approvate con R.D. 21 dic. 1933, n. 1736, e successive modificazioni e integrazioni. È altresì abrogato il secondo comma dell'art. 139 del T.U. approvato con D.P.R. 29 mar. 1973, n. 156.

ASSOCIAZIONI MILITARI E SEGRETE

- 1 -

D.lgs. 14 feb. 1948, n. 43

Divieto delle associazioni di carattere militare

(G.U. 17 feb. 1948, n. 40), ratificato con L. 17 apr. 1956, n. 561

1. Chiunque promuove, costituisce, organizza o dirige associazioni di carattere militare, le quali perseguono, anche indirettamente, scopi politici, è punito con la reclusione da uno a dieci anni.

Chiunque vi partecipa è punito con la reclusione fino a diciotto mesi.

La pena è da uno a cinque anni se è trovato in possesso di armi.

Ai fini del presente decreto, si considerano associazioni di carattere militare quelle costituite mediante l'inquadramento degli associati in corpi, reparti o nuclei, con disciplina ed ordinamento gerarchico interno analoghi a quelli militari, con l'eventuale adozione di gradi o di uniformi, e con organizzazione atta anche all'impiego collettivo in azioni di violenza o di minaccia.

Non è ammesso l'arresto preventivo nei casi previsti dal secondo comma del presente articolo.

2. Alle associazioni od organizzazioni dipendenti o collegate con partiti politici od aventi anche indirettamente fini politici è vietato di dotare di uniformi o divise i propri aderenti.

Sono eccettuate le associazioni od organizzazioni costituite a fine sportivo e gli istituti di carattere culturale od educativo.

I trasgressori sono puniti con la pena dell'arresto da sei mesi a tre anni e le uniformi sono confiscate.

3. Il Ministro per l'interno è autorizzato a vietare, limitatamente a determinati periodi di tempo, l'uso in pubblico di uniformi o di divise da parte di associazioni od organizzazioni di qualsiasi natura.

- 2 -

L. 25 gen. 1982, n. 17

Norme di attuazione dell'art. 18 della Costituzione in materia di associazioni segrete e scioglimento della associazione denominata Loggia P2

(G.U. 28 gen. 1982, n. 27)

1. Si considerano associazioni segrete, come tali vietate dall'art. 18 della Costituzione, quelle che, anche all'interno di associazioni palesi, occultando la loro esistenza ovvero tenendo segrete congiuntamente finalità e attività sociali ovvero rendendo sconosciuti, in tutto od in parte ed anche reciprocamente, i soci, svolgono attività diretta ad interferire sull'esercizio delle funzioni di organi costituzionali, di amministrazioni pubbliche, anche ad ordinamento autonomo, di enti pubblici anche economici, nonché di servizi pubblici essenziali di interesse nazionale.

2. Chiunque promuove o dirige un'associazione segreta, ai sensi dell'art. 1, o svolge attività di proselitismo a favore della stessa è punito con la reclusione da uno a cinque anni. La condanna importa la interdizione dai pubblici uffici per cinque anni.

Chiunque partecipa ad un'associazione segreta è punito con la reclusione fino a due anni. La condanna importa l'interdizione per un anno dai pubblici uffici. La competenza a giudicare è del tribunale.

3. Qualora con sentenza irrevocabile sia accertata la costituzione di una associazione segreta, il Presidente del Consiglio dei Ministri, previa deliberazione del Consiglio stesso, ne ordina con decreto lo scioglimento e dispone la confisca dei beni.

Il decreto di cui al comma precedente è pubblicato nella *Gazzetta Ufficiale* della Repubblica.

In qualunque stato e grado del procedimento, qualora vi sia pericolo nel ritardo, il procuratore della Repubblica presso il giudice competente per il giudizio, anche su istanza del Governo, può richiedere che sia cautelativamente disposta la sospensione di ogni attività associativa.

Il provvedimento è adottato dal giudice competente per il giudizio, in camera di consiglio in contraddittorio delle parti, entro dieci giorni dalla richiesta.

Avverso il provvedimento di cui al comma precedente è ammesso ricorso, anche per motivi di merito, alla Corte di cassazione, che decide, in camera di consiglio e in contraddittorio delle parti, entro dieci giorni dalla presentazione dei motivi del ricorso stesso. Il ricorso non sospende l'esecuzione del provvedimento impugnato.

Il Governo riferisce immediatamente alle Camere sulla presentazione dell'istanza prevista dal terzo comma.

4. I dipendenti pubblici, civili e militari, per i quali risulti, sulla base di concreti elementi, il fondato sospetto di appartenenza ad associazioni segrete ai sensi dell'art. 1, possono essere sospesi dal servizio, valutati il grado di corresponsabilità nell'associazione, la posizione ricoperta dal dipendente nella propria amministrazione nonché l'eventualità che la permanenza in servizio possa compromettere l'accertamento delle responsabilità del dipendente stesso.

Le amministrazioni competenti devono inviare immediatamente gli atti all'autorità giudiziaria e promuovere l'azione disciplinare nei confronti di tutti i soggetti di cui al comma precedente. Gli accertamenti istruttori sono svolti da chi esercita le funzioni di capo del personale nell'amministrazione di appartenenza.

Conclusi gli accertamenti, gli atti sono trasmessi ad una commissione nominata, ogni tre anni, con decreto del Presidente della Repubblica su proposta del Presidente del Consiglio dei Ministri, composta:

da un presidente di sezione del Consiglio di Stato, che la presiede, designato dal presidente del Consiglio di Stato;

da un magistrato con qualifica non inferiore a quella di consigliere di cassazione, designato dal primo presidente della Corte di cassazione;

da un magistrato con qualifica non inferiore a quella di consigliere della Corte dei conti, designato dal presidente della Corte dei conti;

da un magistrato militare, designato dal Ministro della difesa;

da due dirigenti generali, designati dal Presidente del Consiglio dei Ministri;

da un professore ordinario di materie giuridiche nelle università, designato dal Ministro della pubblica istruzione.

La commissione decide, con provvedimento motivato, il proscioglimento ovvero la sanzione da irrogare. Essa ha sede presso la Presidenza del Consiglio dei Ministri e si avvale dei suoi uffici.

Per lo svolgimento del procedimento disciplinare sia nel corso degli accertamenti istruttori che innanzi alla commissione suddetta, si osservano, in quanto applicabili, le norme degli ordinamenti di rispettiva appartenenza degli inquisiti.

Le disposizioni di cui al secondo, terzo, quarto e quinto comma non si applicano nei confronti dei magistrati ordinari, amministrativi e militari. Restano ferme, nei confronti degli stessi, le vigenti norme in materia di competenze e procedure disciplinari.

Ai dipendenti pubblici, civili e militari, riconosciuti responsabili di appartenere ad associazioni segrete, sono irrogate le sanzioni disciplinari previste dai rispettivi ordinamenti di appartenenza.

Le sanzioni debbono essere commisurate al grado di corresponsabilità del dipendente nell'associazione segreta, nonché alla posizione del medesimo ricoperta nell'ordinamento di appartenenza in relazione alle funzioni esercitate.

La sospensione dal servizio, disposta ai sensi del primo comma, cessa di avere efficacia qualora, entro il termine di centottanta giorni dal relativo provvedimento, non sia stata esercitata l'azione penale ovvero non sia concluso il procedimento disciplinare.

Le disposizioni di cui al primo, ottavo e nono comma si applicano, altresì, ai dipendenti di enti pubblici che svolgono esclusivamente o prevalentemente attività economica ed ai dipendenti di enti e società concessionari di pubblici servizi, riconosciuti responsabili di appartenere ad associazioni segrete. Per lo svolgimento del procedimento disciplinare e per le relative sanzioni si osservano, in quanto applicabili, le disposizioni dei rispettivi contratti ed accordi di lavoro.

I componenti degli organi di amministrazione e di controllo degli enti pubblici, compresi quelli che svolgono esclusivamente o prevalentemente attività economica, degli enti e delle società concessionari di pubblici servizi, nonché delle società per azioni di interesse nazionale, dei quali risulti accertata l'appartenenza ad associazioni segrete ai sensi dell'art. 1, possono essere revocati dagli organi competenti alla nomina. La revoca disposta ai sensi del presente comma si considera determinata da giusta causa.

Le disposizioni di cui al precedente comma si applicano anche agli amministratori ed ai sindaci nominati ai sensi degli articoli 2458 e 2459 del codice civile.

Per i dipendenti delle regioni, per i soggetti indicati nei commi decimo, undicesimo e dodicesimo, la cui nomina, proposta o designazione spetti ad organi regionali, nonché per i componenti degli organi di controllo o di amministrazione di società che, in forza di provvedimenti regionali, siano concessionari di pubblici servizi, le regioni provvedono ad emanare leggi nell'osservanza dei principi dell'ordinamento espressi nel presente articolo.

5. L'associazione segreta denominata "Loggia P2" è disciolta. Il Ministro dell'interno, sentito il Consiglio dei Ministri, provvede alle conseguenti misure, inclusa la confisca dei beni.

6. Sono abrogati gli artt. 209 e 212 del testo unico delle leggi di pubblica sicurezza, approvato con R.D. 18 giugno 1931, n. 773, ed ogni altra disposizione in contrasto con la presente legge. Tuttavia le disposizioni del citato art. 212 continuano ad applicarsi nei confronti di coloro che risultino avere aderito all'associazione di cui all'art. 5 e comunque ai fatti compiuti prima dell'entrata in vigore della presente legge. In tal caso, le sanzioni debbono essere commisurate al grado di corresponsabilità del dipendente nella associazione, nonché alla posizione ricoperta nell'ordinamento di appartenenza in relazione alle funzioni esercitate. Restano ferme le norme vigenti per quanto riguarda gli organi competenti dell'accertamento delle responsabilità disciplinari.

AUTORE (DIRITTI DI)

- 1 -

L. 22 apr. 1941, n. 633

Protezione del diritto d'autore e di altri diritti connessi al suo esercizio

(G.U. 16 lug. 1941, n. 166) (*stralcio*)

TITOLO III

Disposizioni comuni

1-170. (*Omissis*).

171. Salvo quanto previsto dall'art. 171-*bis* e dall'art. 171-*ter*[1] è punito con la multa da euro 51 a euro 2.065 chiunque, senza averne diritto, a qualsiasi scopo e in qualsiasi forma:

a) riproduce, trascrive, recita in pubblico, diffonde, vende o mette in vendita o pone altrimenti in commercio un'opera altrui o ne rivela il contenuto prima che sia reso pubblico, o introduce e mette in circolazione nel regno esemplari prodotto dall'estero contrariamente alla legge italiana;

a-bis) mette a disposizione del pubblico, immettendola in un sistema di reti telematiche, mediante connessioni di qualsiasi genere, un'opera dell'ingegno protetta, o parte di essa;[2]

b) rappresenta, esegue o recita in pubblico o diffonde con o senza variazione od aggiunte, un'opera altrui adatta a pubblico spettacolo od una composizione musicale. La rappresentazione o esecuzione comprende la proiezione pubblica dell'opera cinematografica, l'esecuzione in pubblico delle composizioni musicali inserite nelle opere cinematografiche e la radiodiffusione mediante altoparlante azionato in pubblico;

c) compie i fatti indicati nelle precedenti lettere mediante una delle forme di elaborazione previste da questa legge;

d) riproduce un numero di esemplari o esegue un numero di esecuzioni o di rappresentazioni maggiore di quello che aveva il diritto rispettivamente di produrre o di rappresentare;

e)[3]

f) in violazione dell'art. 79 ritrasmette su filo o per radio o registra in dischi fonografici o altri apparecchi analoghi le trasmissioni o ritrasmissioni radiofoniche o smercia i dischi fonografici o altri apparecchi inedibitamente registrati.

Chiunque commette la violazione di cui al primo comma, lett. *a-bis*), è ammesso a pagare, prima dell'apertura del dibattimento, ovvero prima dell'emissione del decreto penale di condanna, una somma corrispondente alla metà del massimo della pena stabilita dal primo comma per il reato commesso, oltre le spese di procedimento. Il pagamento estingue il reato.[4]

La pena è della reclusione fino ad un anno o della multa non inferiore a euro 516 se i reati di cui sopra sono commessi sopra un'opera altrui non destinata alla pubblicazione, ovvero con usurpazione della paternità dell'opera, ovvero con deformazione, mutilazione o altra modificazione dell'opera medesima, qualora ne risulti offesa all'onore od alla reputazione dell'autore (p. 595).

La violazione delle disposizioni di cui al terzo ed al quarto comma dell'art. 68 comporta la sospensione della attività di fotocopia, xerocopia o analogo sistema di riproduzione da sei ad un anno nonché la sanzione amministrativa pecuniaria da euro 1.032 a euro 5.164.[5]

[1] Parole inserite dall'art. 9, D.lgs. 29 dic. 1992, n. 518.

[2] Lettera inserita dall'art. 3-*ter*, D.L. 31 gen. 2005, n. 7, conv. con modif. in L. 31 mar. 2005, n. 43.

[3] Lettera abrog. dall'art. 3, L. 29 lug. 1981, n. 406.

[4] Comma aggiunto dall'art. 3-*quater*, D.L. 31 gen. 2005, n. 7, conv. con modif. in L. 31 mar. 2005, n. 43.

[5] Comma inserito dall'art. 1, comma 4, L. 18 ago. 2000, n. 248.

171-*bis*.[1] 1. Chiunque abusivamente duplica, per trarne profitto, programmi per elaboratore o ai medesimi fini importa, distribuisce, vende, detiene a scopo commerciale o imprenditoriale o concede in locazione programmi contenuti in supporti non contrassegnati dalla Società italiana degli autori ed editori (SIAE), è soggetto alla pena della reclusione da sei mesi a tre anni e della multa da euro 2.582 a euro 15.493. La stessa pena si applica se il fatto concerne qualsiasi mezzo inteso unicamente a consentire o facilitare la rimozione arbitraria o l'elusione funzionale di dispositivi applicati a protezione di un programma per elaboratori. La pena non è inferiore nel minimo a due anni di reclusione e la multa a euro 15.493 se il fatto è di rilevante gravità.

2. Chiunque, al fine di trarne profitto, su supporti non contrassegnati SIAE riproduce, trasferisce su altro supporto, distribuisce, comunica, presenta o dimostra in pubblico il contenuto di una banca di dati in violazione delle disposizioni di cui gli art. 64-*quinquies* e 64-*sexies*, ovvero esegue l'estrazione o il reimpiego della banca di dati in violazione delle disposizioni di cui gli art. 102-*bis* e 102-*ter*, ovvero distribuisce, vende o concede in locazione una banca di dati, è soggetto alla pena della reclusione da sei mesi e tre anni e della multa da euro 2.582 a euro 15.493. La pena non è inferiore nel minimo a due anni di reclusione e la multa a euro 15.493 se il fatto è di rilevante gravità.

[1] Articolo così sostituito dall'art. 13, comma 1, L. 18 ago. 2000, n. 248.

171-*ter*. 1. È punito, se il fatto è commesso per uso non personale, con la reclusione da sei mesi a tre anni e con la multa da euro 2.582 a euro 15.493 chiunque a fini di lucro:[1]

a) abusivamente duplica, riproduce, trasmette o diffonde in pubblico con qualsiasi procedimento, in tutto o in parte, un'opera dell'ingegno destinata al circuito televisivo, cinematografico, della vendita o del noleggio, dischi, nastri o supporti analoghi ovvero ogni altro supporto supporto contenente fonogrammi o videogrammi di opere musicali, cinematografiche o audiovisive assimilate o sequenze di immagini in movimento;

b) abusivamente riproduce, trasmette o diffonde in pubblico, con qualsiasi procedimento, opere o parti di opere letterarie, drammatiche, scientifiche o didattiche, musicali o drammatico-musicali, ovvero multimediali, anche se inserite in opere collettive o composite o banche dati;

c) pur non avendo concorso alla duplicazione o riproduzione, introduce nel territorio dello Stato, detiene per le vendita o la distribuzione, distribuisce, pone in commercio, concede in noleggio o comunque cede a qualsiasi titolo, proietta in pubblico, trasmette a mezzo della televisione con qualsiasi procedimento, trasmette a mezzo della radio, fa ascoltare in pubblico le duplicazioni o riproduzioni abusive di cui alle lettere a e b;

d) detiene per la vendita o la distribuzione, pone in commercio, vende, noleggia, cede a qualsiasi titolo, proietta in pubblico, trasmette a mezzo della radio o della televisione con qualsiasi procedimento, videocassette, musicassette, qualsiasi supporto contenente fonogrammi o videogrammi di opere musicali, cinematografie o audiovisive o sequenze di immagini in movimento, od altro supporto per il quale è prescritta, ai sensi della presente legge, l'apposizione di contrassegno da parte della Società italiana degli autori ed editori (SIAE), privi del contrassegno medesimo o dotati di contrassegno contraffatto o alterato;[2]

e) in assenza di accordo con il legittimo distributore, ritrasmette o diffonde con qualsiasi mezzo un servizio criptato ricevuto per mezzo di apparati o parti di apparati atti alla decodificazione di trasmissioni ad accesso condizionato;

f) introduce nel territorio dello Stato, detiene per la vendita o la distribuzione, distribuisce, vende, concede in noleggio, cede a qualsiasi titolo, promuove commercialmente, installa dispositivi o elementi di decodificazione speciale che consentono l'accesso ad un servizio criptato senza il pagamento del canone dovuto.

f-bis) fabbrica, importa, distribuisce, vende, noleggia, cede a qualsiasi titolo, pubblicizza per la vendita o il noleggio, o detiene per scopi commerciali, attrezzature, prodotti o componenti ovvero presta servizi che abbiano la prevalente finalità o l'uso commerciale di eludere efficaci misure tecnologiche di cui all'art. 102-*quater* ovvero siano principalmente progettati, prodotti, adattati o realizzati con la finalità di rendere possibile o facilitare l'elusione di predette misure. Fra le misure tecnologiche sono comprese quelle applicate, o che residuano, a seguito della rimozione delle misure medesime conseguentemente a iniziativa volontaria dei titolari dei diritti o ad accordi tra questi ultimi e i beneficiari di eccezioni, ovvero a seguito di esecuzione di provvedimenti dell'autorità amministrativa o giurisdizionale.[3]

g) abusivamente rimuove o altera le informazioni elettroniche di cui all'art. 102-*quinquies*, ovvero distribuisce, importa a fini di distribuzione, diffonde per radio o per televisione, comunica o mette a disposizione del pubblico opere o altri materiali protetti dai quale siano state rimosse o alterate le informazioni elettroniche stesse.

2. è punito con la reclusione da uno a quattro anni e con la multa euro 2.582 a euro 15.493 chiunque:

a) riproduce, duplica, trasmette o diffonde abusivamente, vende o pone altrimenti in commercio, cede a qualsiasi titolo o importa abusivamente oltre cinquanta copie o esemplari di opere tutelate dal diritto d'autore e da diritti connessi;

a-bis) in violazione dell'art. 16, a fini di, comunica al pubblico immettendola in un sistema di reti telematiche, mediante connessioni di qualsiasi genere, un'opera dell'ingegno protetta dal diritto d'autore, o parte di essa.[4]

b) esercitando in forma imprenditoriale attività di riproduzione, distribuzione, vendita o commercializzazione, importazione di opere tutelate dal diritto d'autore e da diritti connessi, si rende colpevole dei fatti previsti dal comma 1;

c) promuove o organizza le attività illecite di cui al comma 1.

3. La pena è diminuita se il fatto è di particolare tenuità.

4. La condanna per uno dei relativi previsti nel comma 1 comporta:

a) l'applicazione delle pene accessorie di cui agli art. 30 e 32-*bis* del codice penale;

b) la pubblicazione della sentenza ai sensi dell'articolo 36 del codice penale;[5]

c) la sospensione per un periodo di un anno della connessione o autorizzazione di diffusione radiotelevisiva per l'esercizio dell'attività produttiva o commerciale.

5. Gli importi derivanti dall'applicazione delle sanzioni pecuniarie previste dai precedenti commi sono versati all'Ente nazionale di previdenza ed assistenza per i pittori e scultori, musicisti, scrittori ed autori drammatici.

[1] Parole così sost. dall'art. 3-*quinquies* del D.L. 31 gen. 2005, n. 7, conv. con modif. in L. 31 mar. 2005, n. 43.

[2] Lettera così sost. dall'art. 26, c. 1, D.lgs. 9 apr. 2003, n. 68.

[3] Lettera inserita dall'art. 26, c. 2, D.lgs. 9 apr. 2003, n. 68.

[4] Lettera inserita dall'art. 1 del D.L. 22 mar. 2004, n. 72, conv. con modif. in L. 21 mag. 2004, n. 128.

[5] Lettera così sost. dall'art. 217 della L. 23 dic. 2009, n. 191.

171-*quater*.[1] 1. Salvo che il fatto costituisca reato, è soggetto alla sanzione amministrativa pecuniaria da euro 5.000 a euro 30.000 chiunque, abusivamente ed a fini di lucro:

a) concede in noleggio, o comunque concede in uso a qualche titolo, originali, copie o supporti lecitamente ottenuti di opere tutelate dal diritto di autore;

b) esegue la fissazione su supporto audio, video o audiovideo delle prestazioni artistiche di cui all'art. 80.

[1] Articolo così modif. dall'art. 3, c. 2, D.lgs. 15 gen. 2016, n. 8.

171-*quinquies*.[1] 1. Ai fini delle disposizioni di cui alla presente legge è equiparata alla concessione in noleggio la vendita con patto di riscatto ovvero sotto condizione risolutiva quando sia previsto che nel caso di riscatto o di avveramento della condizione il venditore restituisca una somma comunque inferiore a quella pagata oppure quando sia previsto da parte dell'acquirente, al momento della consegna, il pagamento di una somma e titolo di acconto o ad altro titolo comunque inferiore al prezzo di vendita.

[1] Disposizione inserita dall'art. 15, L. 18 ago. 2000, n. 248.

171-*sexies*.[1] 1. Quando il materiale sequestrato è, per entità, di difficile custodia, l'autorità giudiziaria può ordinarne la distruzione, osservate le disposizioni di cui all'art. 83 delle norme di attuazione, di coordinamento e transitorie del codice di procedura penale, approvate con D.lg. 28 lug. 1989, n. 271.

2. È sempre ordinata la confisca degli strumenti e dei materiali serviti o destinati a commettere i reati di cui agli art. 171-*bis*, 171-*ter* e l'illecito amministrativo di cui all'articolo 171-*quater* nonché delle videocassette, degli altri supporti audiovisivi o fonografici o informatici o multimediali abusivamente duplicati, riprodotti, ceduti, commerciati, detenuti o introdotti sul territorio nazionale, ovvero non provvisti di contrassegno SIAE, ove richiesto, o provvisti di contrassegno SIAE contraffatto o alterato, o destinato ad opera diversa. La confisca è ordinata anche nel caso di applicazione della pena su richiesta delle parti a norma dell'art. 444 del codice di procedura penale.

3. Le disposizioni di cui ai precedenti commi si applicano anche si i beni appartengono ad un soggetto giuridico diverso, nel cui interesse abbia agito uno dei partecipanti al reato.

[1] Articolo inserito dall'art. 17, c. 1, L. 18 ago. 2000, n. 248, e così modif. dall'art. 3, c. 2, D.lgs. 15 gen. 2016, n. 8.

171-*septies*.[1] 1. La pena di cui all'art. 171-*ter*, comma 1, si applica anche:

a) ai produttori o importatori dei supporti non soggetti al contrassegno di cui all'art. 181-*bis*, i quali non comunicano alla SIAE entro trenta giorni dalla data di immissione in commercio sul territorio nazionale o di importazione i dati necessari alla univoca identificazione dei supporti medesimi;

b) salvo che il fatto non costituisca più grave reato, a chiunque dichiari falsamente l'avvenuto assolvimento degli obblighi di cui all'art. 181-*bis*, comma 2, della presente legge.

[1] Articolo inserito dall'art. 17, c. 1, L. 18 ago. 2000, n. 248.

171-*octies*.[1] 1. Qualora il fatto non costituisca più grave reato, è punito con la reclusione da sei mesi a tre anni con la multa da euro 2.582 a euro 25.822 chiunque a fini fraudolenti produce, pone in vendita, importa, promuove, installa, modifica, utilizza per uso pubblico e privato apparati o parti di apparati atti alla decodificazione di trasmissioni audiovisive ad accesso condizionato effettuate via etere, via satellite, via cavo, in forma sia analogica sia digitale. Si intendono ad accesso condizionato tutti i segnali audiovisivi trasmessi da emittenti italiane o estere in forma tale de rendere gli stessi visibili esclusivamente a gruppi chiusi di utenti selezionati dal soggetto che effettua l'emissione del segnale, independentemente dalla imposizione di un canone per la funzione di tale servizio.

2. La pena non è inferiore a due anni di reclusione e la multa a euro 15.493 se il fatto è di rilevata gravità.

[1] Articolo inserito dall'art. 17, c. 1, L. 18 ago. 2000, n. 248.

171-*octies*-1.[1] 1. Chiunque si rifiuti senza giustificato motivo di rispondere alle domande del giudice ai sensi dell'articolo 156-*ter* ovvero fornisce allo stesso false informazioni è punito con le pene previste dall'articolo 372 del codice penale, ridotte della metà.

[1] Articolo inserito dall'art. 13 del D.lgs. 16 mar. 2006, n. 140.

171-*nonies*.[1] 1. La pena principale per i reati di cui agli 171-*bis*, 171-*ter* e 171-*quater* è diminuita da un terzo alla metà e non si applicano le pene accessorie a colui che, prima che la violazione gli sia stata specificatamente contestata in un atto dell'autorità giudiziaria, la denuncia spontaneamente o, fornendo tutte le informazioni in suo possesso, consente l'individuazione del promotore o organizzatore dell'attività illecita di cui agli art. 171-*ter* e 171-*quater*, di altro duplicatore o di altro distributore, ovvero il sequestro di notevoli quantità di supporti audiovisivi e fonografici o di strumenti o materiali serviti o destinati alla commissione dei reati.

2. Le disposizioni del presente articolo non si applicano al promotore o organizzatore delle attività illecite previste dall'art. 171-*bis*, comma 1, e dall'art. 171-*ter*, comma 1.

[1] Articolo inserito dall'art. 17 comma 1, L. 18 ago. 2000, n. 248.

172. 1. Se i fatti preveduti nell'art. 171 sono commessi per colpa (p. 43) la pena è della sanzione amministrativa sino a euro 1.032.

2. Con la stessa pena è punito chiunque esercita

l'attività di intermediario in violazione del disposto degli articoli 180 e 183.

3. La violazione delle disposizioni di cui al comma 2 dell'articolo 152 e all'articolo 153 comporta la sospensione dell'attività professionale o commerciale da sei mesi ad un anno, nonché la sanzione amministrativa da 1.034,00 euro a 5.165,00 euro.

173. Le sanzioni previste negli articoli precedenti si applicano quando il fatto non costituisce reato più grave previsto dal codice penale o da altre leggi.

174. Nei giudizi penali regolati da questa sanzione la persona offesa, costituitasi parte civile (p.p. 74 ss.), può sempre chiedere al giudice penale l'applicazione dei provvedimenti e delle sanzioni previsti dagli art. 159 e 160.

174-*bis*. (*Omissis*).

174-*ter*.[1] 1. Chiunque abusivamente utilizza, anche via etere o via cavo, duplica, riproduce, in tutto o in parte, con qualsiasi procedimento, anche avvalendosi di strumenti atti ad eludere le misure tecnologiche di protezione, opere o materiali protetti, oppure acquista o noleggia supporti audiovisivi, fonografici, informatici, o multimediali non conformi alle prescrizioni della presente legge, ovvero attrezzature, prodotti o componenti atti ad eludere misure di protezione tecnologiche è punito, purché il fatto non occorra con i reati di cui agli art. 171, 171-*bis*, 171-*ter*, 171-*quater*, 171-*quinquies*, 171-*septies* e 171-*octies*, con la sanzione amministrativa pecuniaria di euro 154 e con le sanzioni accessorie della confisca del materiale e della pubblicazione del provvedimento su un giornale quotidiano a diffusione nazionale.

2. In caso di recidivia o di fatto grave per la quantità delle violazioni o delle copie acquistate sino ad euro 1.032,00 ed il fatto è punito con la confisca degli strumenti e del materiale, con la pubblicazione del provvedimento su due o più giornali quotidiani a diffusione nazionale o su uno o puù periodici specializzati nel settore dello spettacolo e, se si tratta di attività imprenditoriale, con le revoca della connessione o dell'autorizzazione di diffusione radiotelevisiva o dell'autorizzazione per l'esercizio dell'attività produttiva o commerciale.

[1] Articolo così sostituito dall'art. 28, D.lgs. 9 apr. 2003, n. 68.

174-*quater*.[1] 1. I proventi derivanti dalle sanzioni amministrative, applicati ai sensi degli art. 174-*bis* e 174-*ter*, affluiscono all'entrata del bilancio dello Stato per essere riassegnati, con decreto del Ministro dell'economia e delle finanze:

a) in misura pari al cinquanta per cento ad un Fondo iscritto allo Stato di previsione del Ministero della giustizia destinato al potenziamento delle strutture e degli strumenti impiegati nella prevenzione e nell'accertamento dei reati previsti dalla presente legge. Il Fondo è istituito con decreto adottato dal Ministro della giustizia, di concerto con il Ministro dell'interno, ai sensi dell'art. 17, comma 3, della L. 23 ago. 1988, n. 400;

b) nella restante misura, ad apposito capitolo dello stato di previsione del Ministero dell'economia e delle finanze per la promozione delle campagne informative di cui al comma 3-*bis* dell'art. 26 delle L. 23 ago. 1988, n. 400, e successive modificazioni.

[1] Articolo inserito dall'art. 29, D.lgs. 9 apr. 2003, n. 68.

174-*quinquies*.[1] 1. Quando esercita l'azione penale per taluno dei reati non colposi previsti dalla presente sezione commessi nell'ambito di un esercizio commerciale o di un'attività soggetta ad autorizzazione, il pubblico ministero ne dà comunicazione al questore, indicando gli elementi utili per l'adozione del provvedimento di cui al comma 2.

2. Valutati gli alementi indicati nella comunicazione di cui al comma 1, il questore, sentiti gli interessati, può disporre, con provvedimento motivato, la sospensione dell'esercizio o dell'attività per un periodo non inferiore a quindici giorni e non inferiore a tre mesi, senza pregiudizio del sequestro penale eventualmente adottato.

3. In caso di condanna per taluno dei reati di cui al comma 1, è sempre disposta, a titolo di sanzione amministrativa accessoria, la cessazione temporanea dell'esercizio o dell'attività per un periodo da tre mesi ad un anno, computata la durata della sospensione disposta a norma del comma 2. Si applica l'art. 24 della L. 24 nov. 1981, n. 689. In caso di recidiva specifica è disposta la revoca della licenza di esercizio o dell'autorizzazione allo svolgimento dell'attività.

4. Le disposizioni di cui al presente articolo si applicano anche nei confronti degli stabilimenti di sviluppo e di stampa, di sincronizzazione e postproduzione, nonché di masterizzazione, tipografia e che comunque esercitino attività di produzione industriale cinnesse alla realizzazione dei supporti contraffatti e nei confronti dei centri di emissione o ricezione di programmi televisivi. Le agevolazioni di cui all'art. 45 della L. 4 nov. 1965, n. 1213, e successive modificazioni, sono sospese in caso di esercizio dell'azione penale; se vi è condanna, sono revocate e non possono essere nuovamente connesse per almeno un biennio.

[1] Articolo inserito dall'art. 30, D.lg. 9 apr. 2003, n. 68.

175-206. (*Omissis*).

BANCAROTTA E REATI FALLIMENTARI

- 1 -

D.lgs. 12 gen. 2019, n. 14

Codice della crisi d'impresa e dell'insolvenza in attuazione della legge 19 ottobre 2017, n. 155 (stralcio)

(G.U. 14 feb. 2019, n. 38)[1]

[1] Il D.L. 30 apr. 2022, n. 36 conv. con modif. in L. 29 giu. 2022, n. 79, ha disposto che il presente provvedimento entra in vigore il 15 lug. 2022.

TITOLO IX
Disposizioni penali

CAPO I
Reati commessi dall'imprenditore in liquidazione giudiziale

322. ***Bancarotta fraudolenta.*** — 1. È punito con la reclusione da tre a dieci anni, se è dichiarato in liquidazione giudiziale, l'imprenditore che:

a) ha distratto, occultato, dissimulato, distrutto o dissipato in tutto o in parte i suoi beni ovvero, allo scopo di recare pregiudizio ai creditori, ha esposto o riconosciuto passività inesistenti;

b) ha sottratto, distrutto o falsificato, in tutto o in parte, con lo scopo di procurare a sé o ad altri un ingiusto profitto o di recare pregiudizi ai creditori, i libri o le altre scritture contabili o li ha tenuti in guisa da non rendere possibile la ricostruzione del patrimonio o del movimento degli affari.

2. La stessa pena si applica all'imprenditore, dichiarato in liquidazione giudiziale, che, durante la procedura, commette alcuno dei fatti preveduti dalla lettera *a*) del comma 1, ovvero sottrae, distrugge o falsifica i libri o le altre scritture contabili.

3. È punito con la reclusione da uno a cinque anni l'imprenditore in liquidazione giudiziale che, prima o durante la procedura, a scopo di favorire, a danno dei creditori, taluno di essi, esegue pagamenti o simula titoli di prelazione.

4. Salve le altre pene accessorie, di cui al capo III, titolo II, libro I del codice penale, la condanna per uno dei fatti previsti nel presente articolo importa l'inabilitazione all'esercizio di una impresa commerciale e l'incapacità ad esercitare uffici direttivi presso qualsiasi impresa fino a dieci anni.

323. ***Bancarotta semplice.*** — 1. È punito con la reclusione da sei mesi a due anni, se è dichiarato in liquidazione giudiziale, l'imprenditore che, fuori dai casi preveduti nell'articolo precedente:

a) ha sostenuto spese personali o per la famiglia eccessive rispetto alla sua condizione economica;

b) ha consumato una notevole parte del suo patrimonio in operazioni di pura sorte o manifestamente imprudenti;

c) ha compiuto operazioni di grave imprudenza per ritardare l'apertura della liquidazione giudiziale;

d) ha aggravato il proprio dissesto, astenendosi dal richiedere la dichiarazione di apertura della propria liquidazione giudiziale o con altra grave colpa;

e) non ha soddisfatto le obbligazioni assunte in un precedente concordato preventivo o liquidatorio giudiziale.

2. La stessa pena si applica all'imprenditore in liquidazione giudiziale che, durante i tre anni antecedenti alla dichiarazione di liquidazione giudiziale ovvero dall'inizio dell'impresa, se questa ha avuto una minore durata, non ha tenuto i libri e le altre scritture contabili prescritti dalla legge o li ha tenuti in maniera irregolare o incompleta.

3. Salve le altre pene accessorie di cui al capo III, titolo II, libro I del codice penale, la condanna importa l'inabilitazione all'esercizio di un'impresa commerciale e l'incapacità ad esercitare uffici direttivi presso qualsiasi impresa fino a due anni.

324. ***Esenzioni dai reati di bancarotta.*** — 1. Le disposizioni di cui agli articoli 322, comma 3 e 323 non si applicano ai pagamenti e alle operazioni computi in esecuzione di un concordato preventivo o di accordi di ristrutturazione dei debiti omologati o degli accordi in esecuzione del piano attestato ovvero del concordato minore omologato ai sensi dell'articolo 80, nonché ai pagamenti e alle operazioni di finanziamento autorizzati dal giudice a norma degli articoli 99, 100 e 101.

325. ***Ricorso abusivo al credito.*** — 1. Gli amministratori, i direttori generali, i liquidatori e gli imprenditori esercenti un'attività commerciale che ricorrono o continuano a ricorrere al credito, anche al di fuori dei casi di cui agli articoli 322 e 323, dissimulando il dissesto o lo stato d'insolvenza sono puniti con la reclusione da sei mesi a tre anni.

2. La pena è aumentata nel caso di società soggette alle disposizioni di cui al capo II, titolo III, parte IV, del testo unico delle disposizioni in materia di intermediazione finanziaria, di cui al decreto legislativo 24 febbraio 1998, n. 58, e successive modificazioni.

3. Salve le altre pene accessorie di cui al libro I, titolo II, capo III, del codice penale, la condanna importa l'inabilitazione all'esercizio di un'impresa commerciale e l'incapacità ad esercitare uffici direttivi presso qualsiasi impresa fino a tre anni.

326. ***Circostanze aggravanti e circostanza attenuante.*** — 1. Nel caso in cui i fatti previsti negli articoli 322, 323 e 325 hanno cagionato un danno patrimoniale di rilevante gravità, le pene da essi stabilite sono aumentate fino alla metà.

2. Le pene stabilite negli articoli suddetti sono aumentate:

a) se il colpevole ha commesso più fatti tra quelli previsti in ciascuno degli articoli indicati;

b) se il colpevole per divieto di legge non poteva esercitare un'impresa commerciale.

3. Nel caso in cui i fatti indicati nel comma 1 hanno cagionato un danno patrimoniale di speciale tenuità, le pene sono ridotte fino al terzo.

327. ***Denuncia di creditori inesistenti e altre inosservanze da parte dell'imprenditore in liquidazione giudiziale.*** — 1. È punito con la reclusione da sei mesi a un anno e sei mesi l'imprenditore in liquidazione giudiziale, il quale, fuori dei casi preveduti all'articolo 322, nell'elenco nominativo dei suoi creditori denuncia creditori inesistenti od omette di dichiarare l'esistenza di altri beni da comprendere nell'inventario, ovvero non osserva gli obblighi imposti dagli articoli 49, comma 3, lettera *c*) e 149.

2. Se il fatto è avvenuto per colpa, si applica la reclusione fino ad un anno.

328. ***Liquidazione giudiziale delle società in nome collettivo e in accomandita semplice.*** — 1. Nella liquidazione giudiziale delle società in nome collettivo e in accomandita semplice le disposizioni del presente capo si applicano ai fatti commessi dai soci illimitatamente responsabili.

CAPO II
Reati commessi da persone diverse dall'imprenditore in liquidazione giudiziale

329. ***Fatti di bancarotta fraudolenta.*** — 1. Si applicano le pene stabilite nell'articolo 322 agli amministratori, ai direttori generali, ai sindaci e ai liquidatori di società in liquidazione giudiziale, i quali hanno commesso alcuno dei fatti preveduti nel suddetto articolo.

2. Si applica alle persone suddette la pena prevista dall'articolo 322, comma 1, se:

a) hanno cagionato, o concorso a cagionare, il dissesto della società, commettendo alcuno dei fatti previsti dagli articoli 2621, 2622, 2626, 2627, 2628, 2629, 2632, 2633 e 2634 del codice civile.

b) hanno cagionato con dolo o per effetto di operazioni dolose il dissesto della società.

3. Si applica altresì in ogni caso la disposizione dell'articolo 322, comma 4.

330. ***Fatti di bancarotta semplice.*** — 1. Si applicano le pene stabilite nell'articolo 323 agli amministratori, ai direttori generali, ai sindaci e ai liquidatori di società dichiarate in liquidazione giudiziale, i quali:

a) hanno commesso alcuno dei fatti preveduti nel suddetto articolo;

b) hanno concorso a cagionare od aggravare il dissesto della società con inosservanza degli obblighi ad essi imposti dalla legge.

331. ***Ricorso abusivo al credito.*** — 1. Si applicano le pene stabilite nell'articolo 325 agli amministratori ed ai direttori generali di società sottoposte a liquidazione giudiziale, i quali hanno commesso il fatto in esso previsto.

332. ***Denuncia di crediti inesistenti.*** — 1. Si applicano le pene stabilite nell'articolo 327 agli amministratori, ai direttori generali e ai liquidatori di società dichiarate in liquidazione giudiziale, che hanno commesso i fatti in esso indicati.

333. ***Reati dell'institore.*** — 1. All'institore dell'imprenditore, dichiarato in liquidazione giudiziale, il quale nella gestione affidatagli si è reso colpevole dei fatti preveduti negli articoli 322, 323, 325 e 327 si applicano le pene in questi stabilite.

334. ***Interesse privato del curatore negli atti della liquidazione giudiziale.*** — 1. Salvo che al fatto non siano applicabili gli articoli 315, 317, 318, 319, 321, 322 e 323 del codice penale, il curatore che prende interesse privato in qualsiasi atto della liquidazione giudiziale direttamente o per interposta persona o con atti simulati è punito con la reclusione da due a sei anni e con la multa non inferiore a euro 206.

2. La condanna importa l'interdizione dai pubblici uffici.

335. ***Accettazione di retribuzione non dovuta.*** — 1. Il curatore della liquidazione giudiziale che riceve o pattuisce una retribuzione, in danaro o in altra forma, in aggiunta di quella liquidata in suo favore dal tribunale o dal giudice delegato, è punito con la reclusione da tre mesi a due anni e con la multa da euro 103 a euro 516.

2. Nei casi più gravi alla condanna può aggiungersi l'inabilitazione temporanea all'ufficio di amministratore per la durata non inferiore a due anni.

336. ***Omessa consegna o deposito di cose della liquidazione giudiziale.*** — 1. Il curatore che non ottempera all'ordine del giudice di consegnare o depositare somme o altra cosa della liquidazione giudiziale, ch'egli detiene a causa del suo ufficio, è punito con la reclusione fino a due anni e con la multa fino a euro 1.032.

2. Se il fatto avviene per colpa, si applica la reclusione fino a sei mesi o la multa fino a euro 309.

337. ***Coadiutori del curatore.*** — 1. Le disposizioni degli articoli 333, 334 e 335, si applicano anche alle persone che coadiuvano il curatore nell'amministrazione della liquidazione giudiziale.

338. ***Domande di ammissione di crediti simulati o distrazioni senza concorso con l'imprenditore in liquidazione giudiziale.*** — 1. È punito con la reclusione da uno a cinque anni e con la multa da euro 51 a euro 516 chiunque, fuori dei casi di concorso in bancarotta, anche per interposta persona presenta domanda di ammissione al passivo della liquidazione giudiziale per un credito fraudolentemente simulato.

2. Se la domanda è ritirata prima della verificazione dello stato passivo, la pena è ridotta alla metà.

3. È punito con la reclusione da uno a cinque anni chiunque:

a) dopo l'apertura della procedura di liquidazione giudiziale, fuori dei casi di concorso in bancarotta o di favoreggiamento, sottrae, distrae, ricetta ovvero in pubbliche o private dichiarazioni dissimula beni del debitore assoggettato a liquidazione giudiziale;

b) essendo consapevole dello stato di dissesto dell'imprenditore distrae o ricetta merci o altri beni dello stesso o li acquista a prezzo notevolmente inferiore al valore corrente, se la apertura della liquidazione giudiziale si verifica.

4. La pena, nei casi previsti dalle lettere *a*) e *b*) del comma 3, è aumentata se l'acquirente è un imprenditore che esercita un'attività commerciale.

339. ***Mercato di voto.*** — 1. Il creditore che stipula con l'imprenditore in liquidazione giudiziale o con altri nell'interesse del predetto vantaggi a proprio favore per dare il suo voto nel concordato o nelle deliberazioni del comitato dei creditori, è punito con la reclusione da sei mesi a tre anni e con la multa non inferiore a euro 103.

2. La somma o le cose ricevute dal creditore sono confiscate.

3. La stessa pena si applica all'imprenditore in liquidazione giudiziale e a chi ha contrattato col creditore nell'interesse dell'imprenditore in liquidazione giudiziale.

340. ***Esercizio abusivo di attività commerciale.*** — 1. Chiunque esercita un'impresa commerciale, sebbene si trovi in stato di inabilitazione ad esercitarla per effetto di condanna penale, è punito con la reclusione fino a due anni e con la multa non inferiore a euro 103.

CAPO III

Disposizioni applicabili nel caso di concordato preventivo, accordi di ristrutturazione dei debiti, piani attestati e liquidazione coatta amministrativa

341. ***Concordato preventivo e accordo di ristrutturazione con intermediari finanziari e convenzione di moratoria.*** — 1. È punito con la reclusione da uno a cinque anni l'imprenditore, che, al solo scopo di ottenere l'apertura della procedura di concordato preventivo o di ottenere l'omologazione di un accordo di ristrutturazione o il consenso alla sottoscrizione della convenzione di moratoria, si sia attribuito attività inesistenti, ovvero, per influire sulla formazione delle maggioranze, abbia simulato crediti in tutto o in parte inesistenti.

2. Nel caso di concordato preventivo si applicano:

a) le disposizioni degli articoli 329 e 330 agli amministratori, direttori generali, sindaci e liquidatori di società;

b) la disposizione dell'articolo 333 agli institori dell'imprenditore;

c) le disposizioni degli articoli 334 e 335 al commissario del concordato preventivo;

d) le disposizioni degli articoli 338 e 339 ai creditori.

3. Nel caso di accordi di ristrutturazione ad efficacia estesa o di convenzione di moratoria, nonché nel caso di omologa di accordi di ristrutturazione ai sensi dell'articolo 63, comma 2-*bis*, si applicano le disposizioni previste al comma 2, lettere *a*), *b*) e *d*).[1]

[1] Comma così modif. dall'art. 39, D.lgs. 17 giu. 2022, n. 83, a decorrere dal 15 lug. 2022.

342. ***Falso in attestazioni e relazioni.*** — 1. Il professionista che nelle relazioni o attestazioni di cui agli articoli 56 comma 4, 57, comma 4, 58 commi 1 e 2, 62, comma 2, lettera *d*), 87, comma 3, 88, commi 1 e 2, 90, comma 5, 100, commi 1 e 2, espone informazioni false ovvero omette di riferire informazioni rilevanti in ordine alla veridicità dei dati contenuti nel piano o nei documenti ad esso allegati, è punito con la reclusione da due a cinque anni e con la multa da 50.000 a 100.000 euro.[1]

2. Se il fatto è commesso al fine di conseguire un ingiusto profitto per sé o per altri, la pena è aumentata.

3. Se dal fatto consegue un danno per i creditori la pena è aumentata fino alla metà.

[1] Comma così modif. dall'art. 39, D.lgs. 17 giu. 2022, n. 83, a decorrere dal 15 lug. 2022.

343. ***Liquidazione coatta amministrativa.***[1] — 1. L'accertamento giudiziario dello stato di insolvenza a norma degli articoli 297 e 298 è equiparato alla dichiarazione di apertura della liquidazione giudiziale ai fini dell'applicazione delle disposizioni del presente titolo.

2. Nel caso di liquidazione coatta amministrativa si applicano al commissario liquidatore le disposizioni degli articoli 334, 335 e 336.

3. Nel caso di risoluzione, si applicano al commissario speciale di cui all'articolo 37 del decreto legislativo 16 novembre 2015, n. 180, e alle persone che lo coadiuvano nell'amministrazione della procedura le disposizioni degli articoli 334, 335 e 336.

[1] Articolo così sost. dall'art. 34, D.lgs. 26 ott. 2020, n. 147.

CAPO IV

Reati commessi nelle procedure di composizione delle crisi da sovraindebitamento e reati commessi nella procedura di composizione della crisi

344. ***Sanzioni per il debitore e per i componenti dell'organismo di composizione della crisi.*** — 1. Salvo che il fatto costituisca più grave reato, è punito con la reclusione da sei mesi a due anni e con la multa da 1.000 a 50.000 euro il debitore che:

a) al fine di ottenere l'accesso alle procedure di composizione delle crisi da sovraindebitamento di cui alle sezioni II e III del capo II del titolo IV aumenta o diminuisce il passivo ovvero sottrae o dissimula una parte rilevante dell'attivo ovvero dolosamente simula attività inesistenti;

b) al fine di ottenere l'accesso alle procedure di cui alle sezioni II e III del capo II del titolo IV e di quelle di cui al capo IX del titolo V, produce documentazione contraffatta o alterata, ovvero sottrae, occulta o distrugge, in tutto o in parte, la documentazione relativa alla propria situazione debitoria ovvero la propria documentazione contabile;

c) nel corso delle procedure di cui alle sezioni II e III del capo II, effettua pagamenti in violazione del piano di ristrutturazione dei debiti o del concordato minore omologati;

d) dopo il deposito del piano di ristrutturazione dei debiti o della proposta di concordato minore, e per tutta la durata della procedura, aggrava la sua posizione debitoria;

e) intenzionalmente non rispetta i contenuti del piano di ristrutturazione dei debiti o del concordato minore.

2. Le pene previste dal comma 1 si applicano al debitore incapiente che, con la domanda di esdebitazione di cui all'articolo 283, produce documentazione contraffatta o alterata o sottrae, occulta o distrugge, in tutto o in parte, la documentazione relativa alla propria situazione debitoria ovvero la propria documentazione contabile ovvero omette, dopo il decreto di esdebitazione, la dichiarazione di cui al comma 7 del medesimo articolo 283, quando dovuta o in essa attesta falsamente fatti rilevanti.

3. Il componente dell'organismo di composizione della crisi che rende false attestazioni nella relazione di cui agli articoli 68, 76, 269 e 283 in ordine alla veridicità dei dati contenuti nella proposta di cui agli articoli 67 e 75, nell'attestazione di cui all'articolo 268, nella domanda di apertura della liquidazione controllata o nella domanda di esdebitazione di cui all'articolo 283, è punito con la reclusione da uno a tre anni e con la multa da 1.000 a 50.000 euro.[1]

4. Le pene di cui al comma 2, si applicano al componente dell'organismo di composizione della crisi che cagiona danno ai creditori omettendo o rifiutando senza giustificato motivo un atto del suo ufficio.

[1] Comma così sost. dall'art. 35, D.lgs. 26 ott. 2020, n. 147.

345. ***Falso nelle attestazioni dei componenti dell'OCRI.***[1] [1. Il componente dell'organismo di composizione della crisi di impresa che nell'attestazione di cui all'articolo 19, comma 3, espone informazioni false ovvero omette di riferire informazioni rilevanti in ordine alla veridicità dei dati contenuti nel piano o nei documenti ad esso allegati, è punito con la reclusione da due a cinque anni e con la multa da 50.000 a 100.000 euro.

2. Se il fatto è commesso al fine di conseguire un ingiusto profitto per sé o per altri, la pena è aumentata.

3. Se dal fatto consegue un danno per i creditori la pena è aumentata fino alla metà.]

[1] Articolo abrog. dall'art. 40, D.lgs. 17 giu. 2022, n. 83, a decorrere dal 15 lug. 2022.

CAPO V
Disposizioni di procedura

346. ***Esercizio dell'azione penale per reati in materia di liquidazione giudiziale.*** — 1. Per reati previsti negli articoli 322, 323, 329 e 330, l'azione penale è esercitata dopo la comunicazione della sentenza di apertura della liquidazione giudiziale di cui all'articolo 49.

2. È iniziata anche prima nel caso previsto dall'articolo 38 e in ogni altro in cui concorrano gravi motivi e già esista o sia contemporaneamente presentata domanda per ottenere la dichiarazione suddetta.

347. ***Costituzione di parte civile.*** — 1. Il curatore, il liquidatore giudiziale, il commissario liquidatore e il commissario speciale di cui all'articolo 37 del decreto legislativo 16 novembre 2015, n. 180, possono costituirsi parte civile nel procedimento penale per i reati preveduti nel presente titolo, anche contro l'imprenditore in liquidazione giudiziale.

2. I creditori possono costituirsi parte civile nel procedimento penale per bancarotta fraudolenta quando manca la costituzione del curatore, del commissario liquidatore o del commissario speciale di cui all'articolo 37 del decreto legislativo 16 novembre 2015, n. 180, quando non sia stato nominato il liquidatore giudiziale o quando intendono far valere un titolo di azione propria personale.

348-388. (*Omissis*)

PARTE QUARTA
DISPOSIZIONI FINALI E TRANSITORIE

389. ***Entrata in vigore.*** — 1. Il presente decreto entra in vigore il 15 luglio 2022, salvo quanto previsto al comma 2.[1]

1-*bis*.[2]

2. Gli articoli 27, comma 1, 350, 356, 357, 359, 363, 364, 366, 375, 377, 378, 379, 385, 386, 387 e 388 entrano in vigore il trentesimo giorno successivo alla pubblicazione nella *Gazzetta Ufficiale* del presente decreto.

3. (*Omissis*).

[1] Comma così modif. dall'art. 42, D.L. 30 apr. 2022, n. 36 conv. con modif. in L. 29 giu. 2022, n. 79.

[2] Comma abrog. dall'art. 42, D.L. 30 apr. 2022, n. 36 conv. con modif. in L. 29 giu. 2022, n. 79.

390. ***Disciplina transitoria.*** — 1. I ricorsi per dichiarazione di fallimento e le proposte di concordato fallimentare, i ricorsi per l'omologazione degli accordi di ristrutturazione, per l'apertura del concordato preventivo, per l'accertamento dello stato di insolvenza delle imprese soggette a liquidazione coatta amministrativa e le domande di accesso alle procedure di composizione della crisi da sovraindebitamento depositati prima dell'entrata in vigore del presente decreto sono definiti secondo le disposizioni del regio decreto 16 marzo 1942, n. 267, nonché della legge 27 gennaio 2012, n. 3.

2. Le procedure di fallimento e le altre procedure di cui al comma 1, pendenti alla data di entrata in vigore del presente decreto, nonché le procedure aperte a seguito della definizione dei ricorsi e delle domande di cui al medesimo comma sono definite secondo le disposizioni del regio decreto 16 marzo 1942, n. 267, nonché della legge 27 gennaio 2012, n. 3.

3. Quando, in relazione alle procedure di cui ai commi 1 e 2, sono commessi i fatti puniti dalle disposizioni penali del titolo sesto del regio decreto 16 marzo 1942, n. 267, nonché della sezione terza del capo II della legge 27 gennaio 2012, n. 3, ai medesimi fatti si applicano le predette disposizioni.

391. ***Disposizioni finanziarie e finali.*** (*Omissis*).

CASELLARIO GIUDIZIALE

- 1 -

D.P.R. 14 nov. 2002, n. 313

Testo unico delle disposizioni legislative e regolamentari in materia di casellario giudiziale, di casellario giudiziale europeo, di anagrafe delle sanzioni amministrative dipendenti da reato e dei relativi carichi pendenti[1] (Testo A)

(G.U. 13 feb. 2003, n. 36)

[1] Titolo così modif. dall'art. 6, D.lgs. 2 ott. 2018, n. 122.

TITOLO I
Oggetto e definizioni

1 (L). ***Oggetto.*** — 1. Le norme del presente testo unico disciplinano il casellario giudiziale, il casellario giudiziale europeo,[1] il casellario dei carichi pendenti, l'anagrafe delle sanzioni amministrative dipendenti da reato, l'anagrafe dei carichi pendenti degli illeciti amministrativi dipendenti da reato, i servizi certificativi, le relative procedure. In particolare, disciplinano l'iscrizione, l'eliminazione, la trasmissione e conservazione dei dati, i certificati, le funzioni degli uffici interessati.

[1] Parole aggiunte dall'art. 12, c. 1, D.lgs. 12 mag. 2016, n. 74.

2 (R). ***Definizioni.*** — 1. Al fini del presente testo unico, se non diversamente ed espressamente indicato:

a) «casellario giudiziale» è il registro nazionale che contiene l'insieme dei dati relativi a provvedimenti giudiziari e amministrativi riferiti a soggetti determinati;[1]

a-bis) «casellario giudiziale europeo» è l'insieme dei dati relativi a provvedimenti giudiziari di condanna adottati negli Stati membri dell'Unione europea nei confronti di cittadini italiani;[2]

b) «casellario dei carichi pendenti» è l'insieme dei dati relativi a provvedimenti giudiziari riferiti a soggetti determinati che hanno la qualità di imputato;

c) «anagrafe delle sanzioni amministrative dipendenti da reato» è l'insieme dei dati relativi a provvedimenti giudiziari che applicano, agli enti con personalità giuridica e alle società e associazioni anche prive di personalità giuridica, le sanzioni amministrative dipendenti da reato, al sensi del D.lgs. 8 giu. 2001, n. 231;

d) «anagrafe di carichi pendenti degli illeciti amministrativi dipendenti da reato» è l'insieme dei dati relativi a provvedimenti giudiziari riferiti agli enti con personalità giuridica e alle società e associazioni anche prive di personalità giuridica, cui è stato contestato l'illecito amministrativo dipendente da reato, al sensi del D.lgs. 8 giu. 2001, n. 231;

e) «ente» è l'ente fornito di personalità giuridica, la società e l'associazione, anche priva di personalità giuridica, al sensi del D.lgs. 8 giu. 2001, n. 231;

e-bis) «procedimento penale» è il procedimento, sia nella fase delle indagini preliminari che nelle fasi successive all'esercizio dell'azione penale;[2]

f) «provvedimento giudiziario» è la sentenza, il decreto penale e ogni altro provvedimento emesso dall'autorità giudiziaria;

g) «provvedimento giudiziario definitivo» è il provvedimento divenuto irrevocabile, passato in giudicato o, comunque, non più soggetto a impugnazione con strumenti diversi dalla revocazione;

g-bis) «condanna» è ogni decisione definitiva di condanna adottata dalla autorità giudiziaria penale nei confronti di una persona fisica in relazione a un reato e riportata nel casellario giudiziale;[2]

h) «codice identificativo» è il codice fiscale o il codice individuato ai sensi dell'art. 43;

h-bis) «impronte digitali» sono le impressioni piatte e rollate delle impronte digitali di ciascun dito;[3]

h-ter) «immagine del volto» è l'insieme delle immagini digitalizzate del volto di una persona;[3]

i) «numero identificativo del procedimento» è il numero del procedimento assegnato dal sistema al momento dell'iscrizione nel registro di cui all'art. 335 del codice di procedura penale,

l) «estratto» è l'insieme dei dati del provvedimento giudiziario o amministrativo da inserire nel sistema;

m) «ufficio iscrizione» è l'ufficio presso l'autorità giudiziaria che ha emesso il provvedimento giudiziario soggetto a iscrizione o a eliminazione che ha competenze nella materia del presente testo unico;

n) «ufficio territoriale» è l'ufficio presso il giudice di, pace, che ha competenze nella materia del presente testo unico;

o) «ufficio locale» è l'ufficio presso il tribunale e presso il tribunale per i minorenni, che ha competenze nella materia del presente testo unico;

p) «ufficio centrale» è l'ufficio presso il Ministero della giustizia, che ha competenze nella materia del presente testo unico;

p-bis) «autorità centrali» sono gli enti competenti per lo scambio di informazioni sulle sentenze penali di condanna designati dagli Stati membri dell'Unione europea;[2]

q) «sistema» è il sistema informativo automatizzato del casellario giudiziale, del casellario giudiziale europeo,[4] del casellario dei carichi pendenti, dell'anagrafe delle sanzioni amministrative dipendenti da reato, dell'anagrafe dei carichi pendenti degli illeciti amministrativi dipendenti da reato.

[1] Lettera così sost. dall'art. 12, c. 1, D.lgs. 12 mag. 2016, n. 74.

[2] Lettera ins. dall'art. 12, c. 1, D.lgs. 12 mag. 2016, n. 74.

[3] Lettera ins. dall'art. 3, c. 1, D.lgs. 27 mag. 2022, n. 76.

[4] Parole aggiunte dall'art. 12, c. 1, D.lgs. 12 mag. 2016, n. 74.

TITOLO II
Casellario giudiziale

3 (L). ***Provvedimenti iscrivibili.*** — 1. Nel casellario giudiziale si iscrivono per estratto:

a) i provvedimenti giudiziari penali di condanna definitivi, anche pronunciati da autorità giudiziarie straniere se riconosciuti ai sensi degli artt. 730 e seguenti del codice di procedura penale, salvo quelli concernenti contravvenzioni per le quali la legge ammette la definizione in via amministrativa, o l'oblazione limitatamente alle ipotesi di cui all'art. 162 del codice penale, sempre che per quelli esclusi non sia stata concessa la sospensione condizionale della pena;

b) i provvedimenti giudiziari definitivi concernenti le pene, compresa la sospensione condizionale e la non menzione, le misure di sicurezza personali e patrimoniali, gli effetti penali della condanna, l'amnistia, l'indulto, la grazia, la dichiarazione di abitualità, di professionalità nel reato, di tendenza a delinquere;

c) i provvedimenti giudiziari concernenti le pene accessorie;

d) i provvedimenti giudiziari concernenti le misure alternative alla detenzione;

e) i provvedimenti giudiziari concernenti la liberazione condizionale;

f) i provvedimenti giudiziari definitivi che hanno prosciolto l'imputato o dichiarato non luogo a procedere per difetto di imputabilità, o disposto una misura di sicurezza, nonché quelli che hanno dichiarato la non punibilità ai sensi dell'articolo 131-*bis* del codice penale;[1]

g) i provvedimenti giudiziari definitivi di condanna alle sanzioni sostitutive e i provvedimenti di conversione di cui all'art. 66, terzo comma, e all'art. 108, terzo comma, della L. 24 nov. 1981, n. 689;

h) i provvedimenti giudiziari del pubblico ministero previsti dagli artt. 656, comma 5, 657 e 663 del codice di procedura penale;

i) i provvedimenti giudiziari di conversione delle pene pecuniarie;

i-bis) l'ordinanza che ai sensi dell'articolo 464-*quater* del codice di procedura penale dispone la sospensione del procedimento con messa alla prova, nonché le sentenze che dichiarano estinto il reato per esito positivo della messa alla prova ai sensi dell'articolo 464-*septies* del codice di procedura penale[2];[3]

i-ter) i provvedimenti con cui il giudice dispone la sospensione del procedimento ai sensi dell'articolo 420-*quater* del codice di procedura penale;[4]

l) i provvedimenti giudiziari definitivi concernenti le misure di prevenzione della sorveglianza speciale semplice o con divieto o obbligo di soggiorno;

m) i provvedimenti giudiziari concernenti la riabilitazione;

n) i provvedimenti giudiziari di riabilitazione, di cui all'art. 15 della L. 3 ago. 1988, n. 327;

o) i provvedimenti giudiziari di riabilitazione speciale relativi ai minori, di cui all'art. 24 del R.D.L. 20 lug. 1934, n. 1404, convertito, con modificazioni, dalla L. 27 maggio 1935, n. 835, e successive modificazioni;

p) i provvedimenti giudiziari definitivi di interdizione e inabilitazione e quelli di revoca;

q) i provvedimenti giudiziari che dichiarano fallito l'imprenditore; quelli di omologazione del concordato fallimentare; quelli di chiusura del fallimento; quelli di riabilitazione del fallito;

r) i provvedimenti giudiziari relativi all'espulsione a titolo di sanzione sostitutiva o alternativa alla detenzione, al sensi dell'art. 16 del D.lgs. 25 lug. 1998, n, 286, come sostituito dall'art. 15 della L. 30 lug. 2002, n. 189;

s) i provvedimenti amministrativi di espulsione e i provvedimenti giudiziari che decidono il ricorso avverso i primi, ai sensi dell'art. 13 del D.lgs. 25 lug. 1998, n. 286, come modificato dall'art. 12 della L. 30 lug. 2002, n. 189;

t) i provvedimenti di correzione, a norma di legge, dei provvedimenti già iscritti;

u) qualsiasi altro provvedimento che concerne a norma di legge i provvedimenti già iscritti, come individuato con decreto del Presidente della Repubblica, ai sensi dell'art. 17, comma 1, della L. 23 ago. 1988, n. 400, su proposta del Ministro della giustizia.

[1] Lettera così modif. dall'art. 4, D.lgs. 16 mar. 2015, n. 28.

[2] Parole aggiunte dall'art. 1, D.lgs. 2 ott. 2018, n. 122.

[3] Lettera ins. dall'art. 6, c. 1, L. 28 apr. 2014, n. 67. Si veda altresì l'art. 15-*bis* alla L. 67/2014 introdotto dall'art. 1, L. 11 ago. 2014, n. 118.

[4] Lettera ins. dall'art. 15, c. 1, lett. *a*), L. 28 apr. 2014, n. 67. Si veda altresì l'art. 15-*bis* alla L. 67/2014 introdotto dall'art. 1, L. 11 ago. 2014, n. 118.

4 (R). ***Estratto del provvedimento iscrivibile.*** — 1. Ogni provvedimento giudiziario e amministrativo è iscritto per estratto contenente i seguenti dati:

a) cognome, nome luogo e data di nascita, cittadinanza, codice identificativo della persona cui si riferisce il provvedimento; codice identificativo è il codice fiscale per il cittadino italiano , per il cittadino di Stato non appartenente all'Unione europea, per la persona di cui non è nota la cittadinanza e per l'apolide che abbia il domicilio fiscale in Italia, nonché il codice individuato ai sensi dell'art. 43 per il cittadino di Stato dell'Unione europea che non abbia il codice fiscale e per il cittadino di Stato non appartenente all'Unione europea;[1]

b) numero identificativo del procedimento;

c) autorità che ha emesso il provvedimento;

d) data, dispositivo del provvedimento e norme applicate.

1-*bis*. Quando le informazioni sulla cittadinanza della persona condannata non sono note, o quando la persona condannata è un apolide, nell'estratto ne è fatta specifica menzione.[2]

2. L'estratto del provvedimento giudiziario penale contiene, inoltre, secondo il tipo di provvedimento, i seguenti dati:

a) luogo, data dell'infrazione e norme applicate, con riferimento a ciascun reato;

b) pena principale e pena accessoria, circostanze, sanzione sostitutiva, sospensione condizionale della pena e non menzione della condanna nel certificato del casellario giudiziale, misure alternative alla detenzione, con riferimento a ciascun reato, anche nelle ipotesi di cui all'art. 81 del codice penale e dell'art. 6, del D.lgs. 28 ago. 2000, n. 274;

c) misura di sicurezza, dichiarazione di abitualità o professionalità, dichiarazione di tendenza a delinquere.

[1] Lettera così modif. dall'art. 3, c. 1, D.lgs. 27 mag. 2022, n. 76.

[2] Comma ins. dall'art. 3, c. 1, D.lgs. 27 mag. 2022, n. 76.

5 (L). ***Eliminazione delle iscrizioni.*** — 1. Le iscrizioni nel casellario giudiziale sono eliminate decorsi quindici anni dalla morte della persona alla quale si riferiscono e, comunque, decorsi cento anni dalla sua nascita.[1]

2. Sono, inoltre, eliminate le iscrizioni relative:

a) ai provvedimenti giudiziari revocati a seguito di revisione ovvero di rescissione del giudicato, o a norma degli articoli 669 e 673 del codice di procedura penale;[2]

b) ai provvedimenti giudiziari dichiarati mancanti o non esecutivi o dei quali è stata sospesa l'esecuzione o disposta la restituzione nel termine, ai sensi dell'art. 670 del codice di procedura penale;

c) ai provvedimenti giudiziari di proscioglimento o di non luogo a procedere per difetto di imputabilità, trascorsi dieci anni in caso di de o tre anni in caso di contravvenzione dal giorno in cui il provvedimento è divenuto irrevocabile o, nel caso di non luogo a procedere, dal giorno in cui è scaduto il termine per l'impugnazione;

d) ai provvedimenti giudiziari di condanna per contravvenzioni per le quali è stata inflitta la pena dell'ammenda, salvo che sia stato concesso alcuno dei benefici di cui agli artt. 163 e 175 del codice penale, trascorsi dieci anni dal giorno in cui la pena è stata eseguita ovvero si è in altro modo estinta;

d-bis) ai provvedimenti giudiziari che hanno dichiarato la non punibilità ai sensi dell'articolo 131-*bis* del codice penale, trascorsi dieci anni dalla pronuncia;[3]

e) ai provvedimenti giudiziari di proscioglimento per difetto di imputabilità emessi dal giudice di pace, trascorsi tre anni dal giorno in cui il provvedimento è divenuto irrevocabile;

f) ai provvedimenti giudiziari di proscioglimento per difetto di imputabilità relativi ai reati di competenza del giudice di pace, emessi da un giudice diverso, limitatamente alle iscrizioni concernenti questi reati, trascorsi tre anni dal giorno in cui il provvedimento è divenuto irrevocabile;

g) ai provvedimenti giudiziari di condanna emessi dal giudice di pace, trascorsi cinque anni dai giorno mi cui la sanzione è stata eseguita se è stata inflitta la pena pecuniaria, o dieci anni se è stata inflitta una pena diversa, se nei periodi indicati non è stato commesso un ulteriore reato;

h) ai provvedimenti giudiziari di condanna relativi ai reati di competenza del giudice di pace emessi da un giudice diverso, limitatamente alle iscrizioni concernenti questi reati, trascorsi cinque anni dal giorno in cui la sanzione è stata eseguita se è stata inflitta la pena pecuniaria, o dieci anni se è stata inflitta una pena diversa, se nei periodi indicati non è stato commesso un ulteriore reato;

i) ai provvedimenti giudiziari con i quali l'imprenditore è stato dichiarato fallito ed è stato chiuso il fallimento, quando il fallimento è revocato con provvedimento definitivo;

l) ai provvedimenti amministrativi di espulsione, quando sono annullati con provvedimento giudiziario o amministrativo definitivo.

l-bis) ai provvedimenti con cui il giudice dispone la sospensione del procedimento ai sensi dell'articolo 420-*quater* del codice di procedura penale, quando il provvedimento è revocato.[4]

3. Se sono state applicate misure di sicurezza, i termini previsti dal comma 2 decorrono dalla data della revoca della misura di sicurezza e, se questa è, stata applicata o sostituita con provvedimento giudiziario di esecuzione, è eliminata anche l'iscrizione relativa a quest'ultimo.

4. Le iscrizioni di provvedimenti giudiziari relativi a minori di età sono eliminate al compimento del diciottesimo anno di età della persona cui si riferiscono, eccetto quelle relative al perdono giudiziale, che sono eliminate al compimento del ventunesimo anno, ed eccetto quelle relative ai provvedimenti di condanna, a pena detentiva, anche se condizionalmente sospesa.

[1] Comma così sost. dall'art. 2, D.lgs. 2 ott. 2018, n. 122.
[2] Lettera così modif. dall'art. 2, D.lgs. 2 ott. 2018, n. 122.
[3] Lettera ins. dall'art. 4, D.lgs. 16 mar. 2015, n. 28.
[4] Lettera ins. dall'art. 15, c. 1, lett. *b*), L. 28 apr. 2014, n. 67. Si veda altresì l'art. 15-*bis* alla L. 67/2014 introdotto dall'art. 1, L. 11 ago. 2014, n. 118.

TITOLO II-*bis*
Casellario giudiziale europeo[1]

[1] Titolo aggiunto dall'art. 12, c. 1, D.lgs. 12 mag. 2016, n. 74.

5-*bis*. *Provvedimenti iscrivibili.* — 1. Nel casellario giudiziale europeo si iscrivono per estratto:

a) le condanne pronunciate in un altro Stato membro dell'Unione europea nei confronti di cittadini italiani trasmesse all'Ufficio centrale;

b) le successive decisioni concernenti l'esecuzione della pena o che modificano o eliminano le condanne iscritte.

5-*ter*. *Estratto del provvedimento iscrivibile.* — 1. Ogni estratto di condanna ricevuto è conservato integralmente attraverso l'iscrizione dei seguenti dati:

a) informazioni obbligatorie necessariamente trasmesse dallo Stato di condanna:

1) nome completo (cognome, nome, eventuale secondo cognome, eventuale secondo nome), data di nascita, luogo di nascita, composto di città e Stato, sesso, cittadinanza ed eventuali nomi precedenti;

2) data della condanna, nome dell'organo giurisdizionale, data in cui la decisione è diventata definitiva;

3) data del reato, qualificazione giuridica del fatto, riferimento alle disposizioni giuridiche applicabili;

4) pena, principale ed accessoria, misure di sicurezza e decisioni successive che modificano l'esecuzione della pena;

b) informazioni facoltative trasmesse se iscritte nel casellario giudiziale dello Stato di condanna:

1) nome dei genitori della persona condannata;
2) numero di riferimento della condanna;
3) luogo del reato;
4) interdizioni derivanti dalla condanna;

c) informazioni supplementari che devono essere trasmesse se sono a disposizione dell'autorità centrale dello Stato di condanna:

1) numero di identità o tipo e numero del documento di identificazione della persona condannata;

2) impronte digitali della persona condannata, conservate ai sensi dell'articolo 43;

2-*bis*) immagine del volto della persona condannata;[1]

3) eventuali pseudonimi della persona condannata.

[1] Numero ins. dall'art. 3, c. 1, D.lgs. 27 mag. 2022, n. 76.

5-*quater*. *Eliminazione delle iscrizioni.* — 1. Le iscrizioni nel casellario giudiziale europeo sono eliminate a seguito di identica eliminazione comunicata dall'autorità centrale di altro Stato membro di condanna.

TITOLO III
Casellario dei carichi pendenti

6 (L). *Provvedimenti iscrivibili.* — 1. Nel casellario dei carichi pendenti si iscrivono per estratto:

a) i provvedimenti giudiziari di cui all'art. 60, comma 1, del codice di procedura penale, il provvedimento di revoca della sentenza di non luogo a procedere, il decreto di citazione di cui all'art. 636, comma 11 del codice di procedura penale, i provvedimenti giudiziari di cui all'art. 3 del D.lgs. 28 ago. 2000, n. 274;

b) ogni altro provvedimento giudiziario che decide sull'imputazione, emesso nelle fasi e nei gradi successivi.

7 (R). ***Estratto del provvedimento iscrivibile.*** — 1. Ogni provvedimento giudiziario è iscritto per estratto contenente, secondo il tipo di provvedimento, i seguenti dati:

a) cognome, nome, luogo e data di nascita, codice identificativo della persona cui si riferisce il provvedimento giudiziario; codice identificativo è il codice fiscale per il cittadino italiano e per il cittadino di Stato dell'Unione europea che abbia il domicilio fiscale in Italia, nonché il codice individuato ai sensi dell'art. 43 per il cittadino di Stato dell'Unione europea che non abbia il codice fiscale e per il cittadino di Stato non appartenente all'Unione europea;

b) numero identificativo del procedimento;

c) autorità che ha emesso il provvedimento giudiziario;

d) data, dispositivo del provvedimento giudiziario e norme applicate;

e) luogo, data dell'infrazione e norme applicate, con riferimento a ciascun reato;

f) pena principale e pena accessoria, circostanze, sanzione sostitutiva, sospensione condizionale della pena e non menzione della condanna nel certificato del casellario giudiziale, anche nelle ipotesi di cui all'art. 81 del codice penale e dell'art. 6 del D.lgs. 28 ago. 2000, n. 274;

g) misura di sicurezza, dichiarazione di abitualità o professionalità, dichiarazione di tendenza a delinquere.

8 (L). ***Eliminazioni delle iscrizioni.*** — 1. Le iscrizioni nel casellario dei carichi pendenti sono eliminate:

a) per morte della persona alla quale si riferiscono;[1]

b) alla cessazione della qualità di imputato ai sensi dell'art. 60, comma 2, del codice di procedura penale.

[1] Lettera così sost. dall'art. 2, D.lgs. 2 ott. 2018, n. 122.

TITOLO IV
Anagrafe delle sanzioni amministrative dipendenti da reato

9 (L). ***Provvedimenti iscrivibili.*** — (Art. 80, c. 2, D.lgs. n. 231/2001). 1. Nell'anagrafe delle sanzioni amministrative dipendenti da reato si iscrivono per estratto:

a) i provvedimenti giudiziari definitivi che applicano agli enti le sanzioni amministrative di cui al D.lgs. 8 giu. 2001, n. 231;

b) i provvedimenti giudiziari definitivi relativi all'esecuzione delle stesse sanzioni;

c) qualsiasi altro provvedimento che concerne a norma di legge i provvedimenti già iscritti, come individuato con decreto del Presidente della Repubblica, al sensi dell'art. 17, comma 1, della L. 23 ago. 1988, n. 400, su proposta del Ministro della giustizia.

10 (R). ***Estratto del provvedimento iscrivibile.*** — 1. Ogni provvedimento giudiziario è iscritto per estratto contenente i seguenti dati:

a) denominazione e codice identificativo dell'ente cui si riferisce il provvedimento giudiziario; codice identificativo e il codice fiscale dell'ente;

b) rappresentante e sede legale dell'ente;

c) numero identificativo del procedimento;

d) autorità che ha emesso il provvedimento giudiziario;

e) data, dispositivo del provvedimento giudiziario e norme applicate;

f) luogo, data dell'infrazione e norme applicate, con riferimento a ciascun illecito amministrativo dipendente da reato;

g) sanzione amministrativa applicata, con riferimento a ciascun illecito amministrativo dipendente da reato, anche nelle ipotesi di cui all'art. 21 del D.lgs. 8 giu. 2001, n. 2

11 (L). ***Eliminazione delle iscrizioni.*** — 1. Le iscrizioni nell'anagrafe delle sanzioni amministrative sono eliminate trascorsi cinque anni dal giorno in cui è stata eseguita la sanzione pecuniaria, o trascorsi dieci anni dal giorno in cui è cessata l'esecuzione di qualunque altra diversa sanzione, se negli stessi periodi non è stato commesso un ulteriore illecito amministrativo.

TITOLO V
Anagrafe dei carichi pendenti degli illeciti amministrativi dipendenti da reato

12 (L). ***Provvedimenti iscrivibili.*** — 1. Nell'anagrafe dei carichi pendenti degli illeciti amministrativi dipendenti da reato si iscrivono per estratto:

a) i provvedimenti giudiziari con i quali viene contestato all'ente l'illecito amministrativo dipendente da reato;

b) ogni altro provvedimento giudiziario che decide sulla contestazione dell'illecito amministrativo emesso nelle fasi e nei gradi successivi.

13 (R). ***Estratto del provvedimento iscrivibile.*** — 1. Ogni provvedimento giudiziario è iscritto per estratto contenente, secondo il tipo di provvedimento, i seguenti dati:

a) denominazione e codice identificativo dell'ente cui si riferisce il provvedimento giudiziario; codice identificativo è il codice fiscale dell'ente;

b) rappresentante e sede legale dell'ente;

c) numero identificativo del procedimento;

d) autorità che ha emesso il provvedimento giudiziario;

e) data, dispositivo del provvedimento giudiziario e norme applicate;

f) luogo, data dell'infrazione e norme applicate, con riferimento a ciascun illecito amministrativo dipendente da reato;

g) sanzione amministrativa applicata, con riferimento a ciascun illecito amministrativo dipendente da reato, anche nelle ipotesi di cui all'art. 21 del D.lgs. 8 giu. 2001, n. 231.

14 (L). ***Eliminazione delle iscrizioni.*** — 1. Le iscrizioni dell'anagrafe dei carichi pendenti delle sanzioni amministrative sono eliminate alla cessazione della qualità di ente sottoposto al procedimento di accertamento relativo agli illeciti amministrativi dipendenti da reato.

TITOLO VI
Ufficio iscrizione, ufficio territoriale, ufficio locale, ufficio centrale

15 (L-R). ***Ufficio iscrizione.*** — 1. L'ufficio iscrizione iscrive per estratto nel sistema ed elimina dal sistema, anche sulla base delle comunicazioni di cui all'articolo 16, i provvedimenti di cui agli articoli 3 e 9, esclusi quelli di competenza dell'ufficio centrale ai sensi dell'articolo 19, commi 3, 4 e 5 (L).[1]

Ai fini dell'eliminazione, ufficio iscrizione è l'ufficio presso l'autorità giudiziaria che ha emesso il provvedimento soggetto ad eliminazione per decorso del tempo ai sensi dell'art. 5, comma 2, lettere *c*), *d*), *e*), *j*), *g*) e *h*), e dell'art. 11, comma 1, o l'ufficio presso l'autorità giudiziaria che ha emesso il provvedimento da cui deriva l'eliminazione dell'iscrizione ai sensi dell'art. 5, comma 2, lettere *a*), *b*) ed *i*), dell'art. 8, comma 1, lettera *b*), e dell'art. 14, comma 1.

3. L'iscrizione o l'eliminazione è effettuata quando il provvedimento giudiziario è definitivo, nel caso di iscrizione di provvedimenti non definitivi, quando il provvedimento è pubblicato nelle forme di legge.

4. L'ufficio iscrizione verifica l'esistenza nel fascicolo dei codici identificativi delle persone e degli enti, nonché del numero identificativo del procedimento; verifica, inoltre, la completezza nel provvedimento dei dati utili al fini dell'estratto.

5. L'ufficio iscrizione se riscontra nel fascicolo la mancanza del codice identificativo delle persone o degli enti o del numero identificativo del procedimento provvede ad inserirlo secondo le modalità previste dai decreti dirigenziali emanati ai sensi degli artt. 42 e 43.

6. L'ufficio iscrizione se nel provvedimento riscontra dati mancanti o incompleti, lo segnala all'autorità competente alla correzione, e in particolare, al giudice penale al sensi dell'art. 130 del codice di procedura penale, al giudice civile o amministrativo al sensi dell'art. 288, secondo comma, del codice di procedura civile, all'autorità amministrativa che ha emesso il provvedimento.

7. L'ufficio iscrizione se riscontra contrasti tra il provvedimento da iscrivere e quelli già iscritti nel sistema, effettua la segnalazione al pubblico ministero competente ai fini della risoluzione della questione concernente l'iscrizione, ai sensi dell'art. 40.

[1] Comma così sost. dall'art. 3, D.lgs. 2 ott. 2018, n. 122.

16 (R). ***Comunicazioni all'ufficio iscrizione.*** — 1. L'ufficio di cancelleria del giudice dell'esecuzione comunica all'ufficio iscrizione l'avvenuta esecuzione della pena pecuniaria e di ogni altra pena ai fini della eliminazione delle iscrizioni collegate al decorso del tempo dall'esecuzione della pena.

17 (R). ***Ufficio territoriale.*** — 1. L'ufficio territoriale rilascia, i certificati, esclusi quelli richiesti da autorità straniere, e consente la visura delle iscrizioni.

18 (R). ***Ufficio locale.*** — 1. L'ufficio locale rilascia i certificati, compresi quelli richiesti da autorità straniere, e consente la visura delle iscrizioni.

19 (L-R). ***Ufficio centrale.*** — 1. L'ufficio centrale svolge i seguenti compiti:

a) raccoglie e conserva i dati immessi nel sistema del casellario giudiziale e dei carichi pendenti, trattando separatamente quelli delle iscrizioni relative al minorenni;

b) raccoglie e conserva i dati immessi nell'anagrafe delle sanzioni amministrative dipendenti da reato e nell'anagrafe dei carichi pendenti delle sanzioni amministrative dipendenti da reato,

c) conserva i dati suddetti adottando le più idonee modalità tecniche al fine di consentirne l'immediato utilizzo per la reintegrazione di quelli eventualmente andati persi e per la compilazione dei certificati di emergenza;

d) conserva a fini statistici, in modo anonimo, i dati eliminati;

e) concorre ad elaborare le modalità tecniche di funzionamento del sistema di cui all'art. 42, relative all'iscrizione, eliminazione, scambio, trasmissione e conservazione dei dati nelle procedure degli e tra gli uffici;

f) vigila sull'attività degli uffici, adottando le misure per prevenire o rimuovere eventuali irregolarità,

g) adotta le iniziative necessarie e promuove gli interventi opportuni per garantire il pieno svolgimento delle funzioni del casellario giudiziale, del casellario dei carichi pendenti, dell'anagrafe, delle sanzioni amministrative dipendenti da reato, dell'anagrafe dei carichi pendenti delle sanzioni amministrative dipendenti da reato.

2. L'ufficio centrale iscrive nel sistema l'estratto ed elimina dal sistema le iscrizioni dei provvedimenti amministrativi di espulsione e dei provvedi-

menti giudiziari che decidono il ricorso avverso questi.

2-*bis*. L'ufficio centrale iscrive nel sistema l'estratto delle decisioni definitive adottate dalla Corte europea dei diritti dell'uomo nei confronti dello Stato italiano, concernenti i provvedimenti giudiziali ed amministrativi definitivi delle autorità nazionali già iscritti, di seguito alla preesistente iscrizione cui esse si riferiscono, su richiesta del Dipartimento per gli affari di giustizia del Ministero della giustizia.

2-*ter*. L'iscrizione può essere effettuata anche su istanza del soggetto o dei soggetti interessati. In tale caso, l'istanza è presentata direttamente all'ufficio centrale ovvero, qualora si tratti di decisioni della Corte europea dei diritti dell'uomo relative a provvedimenti giudiziari, all'ufficio iscrizione del casellario giudiziale presso l'autorità giudiziaria che ha emesso il provvedimento cui la decisione si riferisce. L'ufficio iscrizione trasmette senza indugio la richiesta all'ufficio centrale, che provvede alla successiva iscrizione, acquisito il parere del Dipartimento per gli affari di giustizia del Ministero della giustizia.

3. L'ufficio centrale iscrive nel sistema l'estratto del decreto di grazia.

4. Si applicano i commi 4, 5 e 6 dell'art. 15.

5. L'ufficio centrale elimina dal sistema le iscrizioni relative alle persone decorsi quindici anni dalla morte della persona alla quale si riferiscono e, comunque, decorsi cento anni dalla sua nascita, nonché le iscrizioni dei provvedimenti giudiziari relativi a minori ai sensi dell'articolo 5, comma 4 (L).[1]

5-*bis*. L'Ufficio centrale svolge, altresì, i seguenti compiti:

a) raccoglie e conserva i dati immessi nel sistema del casellario giudiziale europeo, ricevuti dalle autorità centrali degli altri Stati membri di condanna;

b) trasmette le informazioni relative alle condanne pronunciate nel proprio territorio nei confronti di cittadini di altro Stato membro dell'Unione europea;

c) rivolge all'autorità centrale degli altri Stati membri richiesta di estrazione di informazioni sulle condanne in ordine a cittadini di tali Stati, a cittadini di Paesi terzi, a persone di cui non è nota la cittadinanza e ad apolidi;[2]

d) riceve dall'autorità centrale degli altri Stati membri le risposte alle richieste di estrazione di informazioni sulle condanne da esso formulate in ordine a cittadini di tali Stati, a cittadini di Paesi terzi, a persone di cui non è nota la cittadinanza e ad apolidi;[2]

e) risponde alle richieste di informazioni sulle condanne degli organi della giurisdizione penale italiana relative a cittadini italiani, cittadini di Paesi terzi, a persone di cui non è nota la cittadinanza e apolidi;[2]

f) risponde alle richieste di informazioni sul casellario giudiziale europeo formulate da un cittadino italiano ovvero risponde alla richiesta di informazioni sulle condanne presentata da un cittadino di altro Stato membro rivolgendo istanza all'autorità centrale dello Stato membro di cittadinanza di quest'ultimo;

f-bis) risponde alle richieste di informazioni sul casellario giudiziale formulate da un cittadino di Paese terzo, da una persona di cui non è nota la cittadinanza e da un apolide alle condizioni e secondo le modalità previste dagli articoli 6 e 7 del decreto legislativo 12 maggio 2016, n. 74;[3]

g) risponde alle richieste di informazioni sulle condanne formulate dalle autorità centrali di altri Stati membri, per fini diversi da un procedimento penale.[4]

6. L'ufficio centrale, infine, svolge le seguenti attività di supporto:

a) fornisce al Ministero della giustizia i dati relativi all'esecuzione dei provvedimenti giudiziari in materia penale;

b) fornisce all'autorità giudiziaria e alla pubblica amministrazione, in modo anonimo a fini statistici, dati in ordine all'andamento dei fenomeni criminali, utilizzando anche le informazioni relative alle iscrizioni eliminate, fatte salve le norme a tutela del trattamento dei dati personali;

c) in applicazione di convenzioni internazionali o per ragioni di reciprocità e, in quest'ultimo caso, nel limiti ed alle condizioni di legge, fornisce alle competenti autorità straniere i dati relativi a decisioni riguardanti cittadini stranieri.

[1] Comma così sost. dall'art. 3, D.lgs. 2 ott. 2018, n. 122.
[2] Lettera così modif. dall'art. 3, c. 1, D.lgs. 27 mag. 2022, n. 76.
[3] Lettera ins. dall'art. 3, c. 1, D.lgs. 27 mag. 2022, n. 76.
[4] Comma ins. dall'art. 12, c. 1, D.lgs. 12 mag. 2016, n. 74.

20 (R). ***Comunicazioni all'ufficio centrale.*** — 1. L'autorità che emette i provvedimenti amministrativi di espulsione e i provvedimenti giudiziari che decidono i ricorsi avverso questi ne dà comunicazione all'ufficio centrale senza ritardo.

2. Il Ministero della giustizia comunica senza ritardo all'ufficio centrale il decreto di grazia.

3. Il Comune competente comunica senza ritardo all'ufficio centrale l'avvenuta morte della persona.

4. Con decreto dirigenziale del Ministero della giustizia sono stabilite le modalità tecnico operative per consentire la rapida trasmissione, anche telematica, dei provvedimenti e delle informazioni, sentita la Presidenza del Consiglio dei Ministri-Dipartimento per l'innovazione e le tecnologie, per le modalità telematiche, e sentito il Garante per la protezione dei dati personali.

TITOLO VII

Servizi certificativi

CAPO I

Servizi certificativi del casellario giudiziale, del casellario giudiziale europeo[1] *e del casellario dei carichi pendenti*

[1] Parole aggiunte dall'art. 12, c. 1, D.lgs. 12 mag. 2016, n. 74.

21 (L). ***Certificato del casellario giudiziale, del casellario giudiziale europeo***[1] ***e del casellario dei carichi pendenti acquisito dall'autorità giudiziaria.*** — 1. Per ragioni di giustizia, gli uffici che esercitano la giurisdizione penale e quelli del pubblico ministero acquisiscono dal sistema il certificato di tutte le iscrizioni esistenti riferite ad un determinato soggetto.

2. Previa autorizzazione del giudice procedente, il pubblico ministero acquisisce dal sistema lo stesso certificato concernente la persona offesa dal reato o il testimone, per le finalità riconosciute dal codice di procedura penale.

[1] Parole aggiunte dall'art. 12, c. 1, D.lgs. 12 mag. 2016, n. 74.

21-*bis*. ***Certificato del casellario giudiziale europeo acquisito dall'autorità giudiziaria di altro Stato membro dell'Unione europea.***[1] — 1. Per ragioni di giustizia, gli uffici che esercitano la giurisdizione penale in uno Stato membro dell'Unione europea richiedono e acquisiscono, tramite la propria autorità centrale competente, dall'Ufficio centrale le informazioni sulle condanne relative a un cittadino italiano con riferimento:

a) ai provvedimenti giudiziari iscritti nel casellario giudiziale italiano;

b) alle condanne iscritte nel casellario giudiziale europeo.

[1] Articolo ins. dall'art. 12, c. 1, D.lgs. 12 mag. 2016, n. 74.

22 (L). ***Certificato del casellario giudiziale, del casellario giudiziale europeo***[1] ***e del casellario dei carichi pendenti richiesto dal difensore.*** — 1. Previa autorizzazione del giudice procedente, il difensore ha diritto di ottenere il certificato di tutte le iscrizioni esistenti riferite ad un determinato soggetto, avente la qualità di persona offesa dal reato o di testimone, per le finalità riconosciute dal codice di procedura penale.

[1] Parole aggiunte dall'art. 12, c. 1, D.lgs. 12 mag. 2016, n. 74.

23 (L). ***Certificati del casellario giudiziale richiesti dall'interessato.***[1]

[1] Articolo abrog. dall'art. 4, D.lgs. 2 ott. 2018, n. 122.

24 (L). ***Certificato del casellario giudiziale richiesto dall'interessato.***[1,2] — 01. L'interessato ha il diritto di ottenere il certificato senza motivare la richiesta.[3]

1. Nel certificato[4] sono te le iscrizioni esistenti nel casellario giudiziale ad eccezione di quelle relative:

a) alle condanne delle quali è stato ordinato che non si faccia menzione nel certificato a norma dell'art. 175 del codice penale, purché li: beneficio non sia stato revocato;

b) alle condanne per contravvenzioni punibili con la sola ammenda e alle condanne per reati estinti a norma dell'art. 167, primo comma, del codice penale;

c) alle condanne per i reati per i quali si è verificata la causa speciale di estinzione prevista dall'art. 556 del codice penale;

d) alle condanne in relazione alle quali è stata definitivamente applicata l'amnistia e a quelle per le quali è stata dichiarata la riabilitazione, senza che questa sia stata in seguito revocata;

e) ai provvedimenti previsti dall'art. 445 del codice di procedura penale, quando la pena irrogata non superi i due anni di pena detentiva soli o congiunti a pena pecuniaria, e ai decreti penali;[5]

f) alle condanne per fatti che la legge ha cessato di considerare come reati, quando la relativa iscrizione non è stata eliminata;

f-bis) ai provvedimenti giudiziari che hanno dichiarato la non punibilità ai sensi dell'articolo 131-*bis* del codice penale, quando la relativa iscrizione non è stata eliminata;[6]

g) ai provvedimenti riguardanti misure di sicurezza conseguenti a sentenze di proscioglimento o di non luogo a procedere, quando le misure sono state revocate;

h) ai provvedimenti che riguardano l'applicazione delle misure di prevenzione della sorveglianza speciale semplice o con divieto o obbligo di soggiorno;

i) ai provvedimenti giudiziari emessi dal giudice di pace;

l) ai provvedimenti. giudiziari relativi al reati di competenza del giudice di pace emessi da un giudice diverso, limitatamente alle iscrizioni concernenti questi reati;

m) ai provvedimenti di interdizione e di inabilitazione e relativi all'amministrazione di sostegno, quando esse sono state revocate;[7]

m-bis) ai provvedimenti che ai sensi dell'articolo 464-*quater* del codice di procedura penale dispongono la sospensione del procedimento con messa alla prova;[8]

m-ter) alle sentenze che ai sensi dell'articolo 464-*septies* del codice di procedura penale dichiarano estinto il reato per esito positivo della messa alla prova;[8]

n) ai provvedimenti concernenti il fallimento, quando il fallito stato riabilitato con sentenza definitiva.

1-*bis*. Il certificato riguardante un cittadino italiano contiene anche l'attestazione relativa alla sussistenza o non di iscrizioni nel casellario giudiziale europeo.[2]

LEGGI COMPLEMENTARI - C.P. e C.P.P.

2. Se è stata dichiarata la riabilitazione speciale ai sensi dell'art. 24 del R.D.L. 20 luglio 1934, n. 1404, convertito, con modificazioni, dalla L. 27 maggio 1935, n. 835, e successive modificazioni, non è riportata alcuna iscrizione relativa al minore.

[1] Rubrica così modif. dall'art. 4, D.lgs. 2 ott. 2018, n. 122.
[2] La Corte cost., con sent. 30 lug. 2020, n. 179, ha dichiarato l'ill. cost. del presente articolo nella parte in cui non prevede, tanto nella versione antecedente, quanto in quella successiva alle modifiche intervenute ad opera del D.lgs. 2 ott. 2018, n. 122, che nel certificato del casellario giudiziale richiesto dall'interessato non siano riportate le iscrizioni della sentenza di condanna per uno dei reati di cui all'art. 186 del D.lgs. 30 apr. 1992, n. 285 (Nuovo codice della strada) che sia stato dichiarato estinto in seguito al positivo svolgimento del lavoro di pubblica utilità, nonché dell'ordinanza che dichiara l'estinzione del reato medesimo ai sensi dell'art. 186, c. 9-*bis*, cod. strada.
[3] Comma ins. dall'art. 4, D.lgs. 2 ott. 2018, n. 122.
[4] Parole così modif. dall'art. 4, D.lgs. 2 ott. 2018, n. 122.
[5] Lattera così modif. dall'art. 4, D.lgs. 2 ott. 2018, n. 122.
[6] Lettera ins. dall'art. 4, D.lgs. 16 mar. 2015, n. 28.
[7] Lettera così sost. dall'art. 18 della L. 9 gen. 2004, n. 6.
[8] Lettera ins. dall'art. 4, D.lgs. 2 ott. 2018, n. 122.

25 (L). ***Certificato penale del casellario giudiziale richiesto dall'interessato.***[1]

[1] Articolo abrog. dall'art. 4, D.lgs. 2 ott. 2018, n. 122.

25-*bis*. ***Certificato [penale]***[1] ***del casellario giudiziale richiesto dal datore di lavoro.***[2] — 1. Il certificato del casellario giudiziale di cui all'articolo 24[3] deve essere richiesto dal soggetto che intenda impiegare al lavoro una persona per lo svolgimento di attività professionali o attività volontarie organizzate che comportino contatti diretti e regolari con minori, al fine di verificare l'esistenza di condanne per taluno dei reati di cui agli articoli 600-*bis*, 600-*ter*, 600-*quater*, 600-*quinquies* e 609-*undecies* del codice penale, ovvero l'irrogazione di sanzioni interdittive all'esercizio di attività che comportino contatti diretti e regolari con minori.

2. Il datore di lavoro che non adempie all'obbligo di cui all'articolo 25-*bis* del decreto del Presidente della Repubblica 14 novembre, n. 313, è soggetto alla sanzione amministrativa pecuniaria del pagamento di una somma da euro 10.000,00 a euro 15.000,00.

[1] Parola soppressa dall'art. 4, D.lgs. 2 ott. 2018, n. 122.
[2] Articolo aggiunto dall'art. 2, D.lgs. 4 mar. 2014, n. 39.
[3] Parole così modif. dall'art. 4, D.lgs. 2 ott. 2018, n. 122.

25-*ter*. ***Certificato del casellario giudiziale europeo richiesto dall'interessato.***[1] — 1. Il cittadino italiano ha diritto di ottenere, senza motivare la richiesta, il rilascio del certificato contenente le iscrizioni esistenti nel casellario giudiziale europeo, nella misura in cui il diritto dello Stato membro di condanna ne preveda la menzione.

1-*bis*. Il certificato di cui al comma 1 contiene anche l'attestazione relativa alla sussistenza o non di iscrizioni nel casellario giudiziale.[2]

2. Il cittadino di altro Stato membro dell'Unione europea che rivolge richiesta di informazioni all'Ufficio centrale acquisisce da esso le informazioni relative alle condanne pronunciate nello Stato membro di cittadinanza e a quelle dallo stesso ricevute e conservate, nella misura in cui il diritto dello Stato membro di condanna ne preveda la menzione.

2-*bis*. Il cittadino di Paese terzo, la persona di cui non è nota la cittadinanza e l'apolide che rivolge richiesta di informazioni all'Ufficio centrale acquisiscono da esso le informazioni relative alle condanne pronunciate nei loro confronti nei limiti previsti dagli articoli 6 e 7 del decreto legislativo 12 maggio 2016, n. 74.[3]

[1] Articolo ins. dall'art. 12, c. 1, D.lgs. 12 mag. 2016, n. 74.
[2] Comma ins. dall'art. 4, D.lgs. 2 ott. 2018, n. 122.
[3] Comma ins. dall'art. 3, c. 1, D.lgs. 27 mag. 2022, n. 76.

26 (L). ***Certificato civile del casellario giudiziale richiesto dall'interessato.***[1]

[1] Articolo abrog. dall'art. 4, D.lgs. 2 ott. 2018, n. 122.

27 (L). ***Certificato del casellario dei carichi pendenti richiesto dall'interessato.*** — 1. L'interessato ha il diritto di ottenere il certificato senza motivare la richiesta.

2. Nel certificato sono riportate le iscrizioni esistenti nel casellario dei carichi pendenti ad eccezione di quelle relative:

a) alle condanne delle quali è stato ordinato che non si faccia menzione nel certificato a norma dell'art. 175 del codice penale, purché il beneficio non sia stato revocato;

b) alle condanne per contravvenzioni punibili con la sola ammenda;

c) alle condanne per i reati per i quali si è verificata la causa speciale di estinzione prevista dall'art. 556 del codice penale;

d) ai provvedimenti previsti dall'art. 445 del codice di procedura penale e ai decreti penali

e) ai provvedimenti giudiziari emessi dal giudice di pace;

f) ai provvedimenti giudiziari relativi al reati di competenza del giudice di pace emessi da un giudice diverso, limitatamente alle iscrizioni concernenti questi reali;

f-bis) ai provvedimenti giudiziari che hanno dichiarato la non punibilità ai sensi dell'articolo 131-*bis* del codice penale;[1]

f-ter) ai provvedimenti che ai sensi dell'articolo 464-*quater* del codice di procedura penale dispongono la sospensione del procedimento con messa alla prova;[1]

f-quater) alle sentenze che ai sensi dell'articolo 464-*septies* del codice di procedura penale dichiarano estinto il reato per esito positivo della messa alla prova.[1]

[1] Lettera ins. dall'art. 4, D.lgs. 2 ott. 2018, n. 122.

28 (L). ***Certificati richiesti dalle amministrazioni pubbliche e gestori di pubblici servizi.***[1] — 1. Le amministrazioni pubbliche e i gestori di pubblici servizi, quando è necessario per l'esercizio delle loro funzioni, hanno diritto di ottenere, con le modalità di cui all'articolo 39, in relazione a persone maggiori di età, il certificato selettivo di cui al comma 2 o il certificato generale del casellario giudiziale di cui al comma 3, nonché i certificati di cui agli articoli 27 e 28-*bis*.

2. Il certificato selettivo contiene le sole iscrizioni esistenti nel casellario giudiziale a carico di un determinato soggetto pertinenti e rilevanti rispetto alle finalità istituzionali dell'amministrazione o del gestore. Ciascuna iscrizione riportata è conforme all'estratto di cui all'articolo 4.

3. Il certificato generale riporta tutte le iscrizioni esistenti nel casellario giudiziale a carico di un determinato soggetto ed è rilasciato quando non può procedersi, sulla base delle disposizioni che regolano i singoli procedimenti amministrativi, alla selezione delle iscrizioni pertinenti e rilevanti.

4. I dati acquisiti dalle amministrazioni pubbliche e dai gestori di pubblici servizi sono trattati nel rispetto delle norme in materia di protezione dei dati personali e solo ai fini del procedimento amministrativo cui si riferisce la richiesta.

5. Il certificato selettivo è rilasciato dall'ufficio locale del casellario di cui all'articolo 18 quando motivi tecnici ne impediscono temporaneamente il rilascio secondo le modalità di cui all'articolo 39.

6. Il certificato generale è rilasciato dall'ufficio locale del casellario di cui all'articolo 18:

a) quando motivi tecnici ne impediscono temporaneamente il rilascio secondo le modalità di cui all'articolo 39;

b) nelle more della stipula o della modifica della convenzione di cui all'articolo 39 e della realizzazione delle procedure informatiche finalizzate all'accesso selettivo;

c) nel caso di motivate richieste relative a procedimenti amministrativi ulteriori rispetto a quelli indicati in convenzione.

7. Nei certificati di cui ai commi 2 e 3 non sono, in ogni caso, riportate le iscrizioni relative:

a) alle condanne per contravvenzioni punibili con la sola ammenda e alle condanne per reati estinti a norma dell'articolo 167, primo comma, del codice penale;

b) ai provvedimenti che ai sensi dell'articolo 464-*quater* del codice di procedura penale, dispongono la sospensione del procedimento con messa alla prova, nonché alle sentenze che ai sensi dell'articolo 464-*septies* del codice di procedura penale dichiarano estinto il reato per esito positivo della messa alla prova;

c) ai provvedimenti giudiziari che hanno dichiarato la non punibilità ai sensi dell'articolo 131-*bis* del codice penale.

8. L'interessato che, a norma degli articoli 46 e 47 del decreto del Presidente della Repubblica 28 dicembre 2000, n. 445, rende dichiarazioni sostitutive relative all'esistenza nel casellario giudiziale di iscrizioni a suo carico, non è tenuto a indicare la presenza di quelle di cui al comma 7, nonché di cui all'articolo 24, comma 1.

9. I certificati di cui ai commi 2 e 3 riguardanti un cittadino italiano contengono anche l'attestazione relativa alla sussistenza o non di iscrizioni nel casellario giudiziale europeo;

10. In caso di comunicazione prevista dall'articolo 20, comma 3, i certificati contengono il riferimento alla data del decesso.

[1] Articolo ins. dall'art. 4, D.lgs. 2 ott. 2018, n. 122.

28-*bis*. *Certificato del casellario giudiziale europeo richiesto dalla pubblica amministrazione.* [1] - 1. Nel certificato del casellario giudiziale europeo richiesto dalla pubblica amministrazione sono riportate le iscrizioni del casellario giudiziale europeo, in ordine a un cittadino italiano, nella misura in cui il diritto dello Stato membro di condanna ne preveda la menzione.

1-*bis*. Il certificato di cui al comma 1 contiene anche l'attestazione relativa alla sussistenza o non di iscrizioni nel casellario giudiziale.[2]

2. Nella risposta alla richiesta di informazioni da parte della pubblica amministrazione in ordine ad un cittadino di altro Stato membro sono riportate le condanne pronunciate nello stesso e quelle da esso ricevute e conservate, nella misura in cui il diritto dello Stato membro di condanna ne preveda la menzione.

2-*bis*. Nella risposta alla richiesta di informazioni da parte della pubblica amministrazione in ordine ad un cittadino di Paese terzo, ad una persona di cui non è nota la cittadinanza e ad un apolide sono riportate le informazioni sulle condanne acquisite alle condizioni e secondo le modalità previste dagli articoli 6 e 7 del decreto legislativo 12 maggio 2016, n. 74.[3]

3. La pubblica amministrazione di altro Stato membro dell'Unione europea che rivolge richiesta di informazioni all'Ufficio centrale nei confronti di un cittadino italiano acquisisce da esso le informazioni relative alle condanne iscritte:

a) nel casellario giudiziale;

b) nel casellario giudiziale europeo, nella misura in cui il diritto dello Stato membro di condanna ne preveda la menzione.

3-*bis*. La pubblica amministrazione di altro Stato membro dell'Unione europea che rivolge richiesta di informazioni all'Ufficio centrale nei confronti di un cittadino di Paese terzo, di una persona di cui non è nota la cittadinanza e di un apolide cittadino italiano acquisisce da esso le informazioni relative alle condanne acquisite alle condizioni e secondo le modalità previste dagli articoli 6 e 7 del decreto legislativo 12 maggio 2016, n. 74.[3]

[1] Articolo ins. dall'art. 12, c. 1, D.lgs. 12 mag. 2016, n. 74.
[2] Comma ins. dall'art. 4, D.lgs. 2 ott. 2018, n. 122.
[3] Comma ins. dall'art. 3, c. 1, D.lgs. 27 mag. 2022, n. 76.

29 (L). *Certificato del casellario giudiziale per ragioni di elettorato.* — 1. Il certificato per ragioni di elettorato contiene solo le iscrizioni esistenti nel casellario giudiziale che incidono sul diritto elettorale, al sensi dell'art. 2 del decreto del Presidente della Repubblica 20 mar. 1967, n. 223, e successive modificazioni.

2. L'interessato ha diritto di ottenere il certificato senza motivare la richiesta; soggetti diversi dall'interessato possono richiedere lo stesso certificato ai sensi dell'art. 29, secondo comma, e dell'art. 32, primo comma, n. 5), del decreto del Presidente della Repubblica 20 mar. 1967, n. 223, e successive modificazioni.

29-*bis*. *Modalità di rilascio dei certificati.*[1] — 1. Le modalità di rilascio dei certificati di cui agli articoli 21-*bis*, 25-*ter* e 28-*bis* sono stabilite con il decreto dirigenziale di cui all'articolo 42, comma 1-*bis*.

[1] Articolo ins. dall'art. 12, c. 1, D.lgs. 12 mag. 2016, n. 74.

CAPO II

Servizi certificativi dell'anagrafe delle sanzioni amministrative dipendenti da reato e dell'anagrafe dei carichi pendenti degli illeciti amministrativi dipendenti da reato

30 (L). *Certificato dell'anagrafe delle sanzioni amministrative dipendenti da reato e all'anagrafe dei carichi pendenti degli illeciti amministrativi dipendenti da reato acquisito dall'autorità giudiziaria.* — 1. Per ragioni di giustizia, gli uffici che esercitano la giurisdizione penale e quelli del pubblico ministero acquisiscono dal sistema il certificato di tutte le iscrizioni esistenti riferite ad un determinato ente.

31 (L). *Certificato dell'anagrafe delle sanzioni amministrative dipenda reato e dell'anagrafe dei carichi pendenti degli illeciti amministrativi dipendenti da reato richiesto dall'ente interessato.* — 1. L'ente interessato ha diritto di ottenere il certificato dell'anagrafe delle sanzioni amministrative dipendenti dal reato e dell'anagrafe dei carichi pendenti degli illeciti amministrativi dipendenti da reato senza motivare la richiesta.

2. Nel certificato sono rispettivamente riportate le iscrizioni esistenti nell'anagrafe delle sanzioni amministrative dipendenti da reato e nell'anagrafe dei carichi pendenti degli illeciti amministrativi dipendenti da reato, ad eccezione di quelle relative ai provvedimenti di applicazione della sanzione su richiesta e ai provvedimenti di applicazione della sanzione pecuniaria all'esito del procedimento per decreto.

32 (L). *Certificato richiesto dalle amministrazioni pubbliche e dai gestori di pubblici servizi.* — 1. Le amministrazioni pubbliche e i gestori di pubblici servizi hanno diritto di ottenere i certificati di cui all'art. 31, quando sono necessari per l'esercizio delle loro funzioni.

CAPO III

Disposizioni comuni al servizi certificativi

33 (R). *Visura delle iscrizioni da parte della persona o dell'ente interessato.* — 1. La persona o l'ente interessato può conoscere senza motivare la richiesta, ma senza efficacia certificativa, tutte le iscrizioni ad esso riferite, comprese quelle di cui non è fatta menzione nei certificati di cui agli articoli 24, 27 e 31[1].

2. Con decreto dirigenziale del Ministero della giustizia sono stabilite le modalità tecnico operative per consentire tale conoscibilità, sentita la Presidenza del Consiglio dei Ministri-Dipartimento per l'innovazione e le tecnologie, per le modalità telematiche, e sentito il Garante per la protezione dei dati personali.

3. Sono competenti a consentire la visura tutti gli uffici territoriali e tutti gli uffici locali.

4. Gli altri uffici abilitati sono individuati con le modalità di cui all'art. 35, comma 2.

[1] Parole così modif. dall'art. 12, c. 1, D.lgs. 12 mag. 2016, n. 74.

34 (R). *Esclusione del codice identificativo dal certificato.* — 1. Il Codice identificativo della persona o dell'ente cui si riferisce il provvedimento non risulta dal certificato.

35 (R). *Ufficio competente al rilascio del certificato.* — 1. Sono competenti al rilascio del certificato tutti gli uffici territoriali e tutti gli uffici locali.

2. Il certificato può essere rilasciato da altri uffici, anche diversi da quelli giudiziari, individuati con decreto dirigenziale del Ministero della giustizia, che definisce altresì le modalità tecniche di collegamento telematico finalizzate all'utilizzabilità del sistema da parte di detti uffici, sentiti la Presidenza del Consiglio dei Ministri-Dipartimento per l'innovazione e le tecnologie, e il Garante per la protezione dei dati personali.

3. Gli uffici di cui ai commi 1 e 2 assicurano la tenuta di archivi informatici in cui confluiscono i dati relativi ai certificati rilasciati.

36 (R). *Certificato di emergenza.* — 1. Nel caso di totale o parziale non operatività del sistema, l'ufficio che riceve la richiesta rilascia un certificato di emergenza che contiene i dati acquisiti presso l'ufficio centrale.

2. Se, alla data del ripristino del sistema, è riscontrata qualsiasi, discordanza nel dati rispetto alla data di richiesta del certificato, l'ufficio che ha rilasciato il certificato di emergenza provvede all'invio al richiedente del certificato ordinario, che sostituisce quello di emergenza,

37 (L). *Certificati richiesti da autorità straniere.* — 1. Le autorità interessate di Stati dell'Unione europea richiedono i certificati, nei casi previsti dal presente testo unico, all'Ufficio centrale attraverso le relative autorità centrali competenti.[1]

2. La richiesta di certificati da parte di altre autorità straniere è disciplinata da convenzioni internazionali, nel rispetto del principio di reciprocità.

[1] Comma così sost. dall'art. 12, c. 1, D.lgs. 12 mag. 2016, n. 74.

38 (R). ***Termine per il rilascio di certificato.*** — 1. Il certificato è rilasciato nello stesso giorno della richiesta, eccetto il certificato di emergenza che è rilasciato non appena sono acquisiti i dati necessari.

39 (L). ***Consultazione del sistema da parte dell'autorità giudiziaria e da parte delle amministrazioni pubbliche e dei gestori di pubblici servizi.***[1] — 1. La consultazione del sistema da parte delle amministrazioni pubbliche e dei gestori di pubblici servizi, ai fini dell'acquisizione dei certificati di cui agli articoli 28 e 32, anche per le finalità delle acquisizioni d'ufficio, di cui all'articolo 46 del decreto del Presidente della Repubblica 28 dicembre 2000, n. 445, e dei controlli, di cui all'articolo 71 del predetto decreto del Presidente della Repubblica, avviene previa stipula di apposite convenzioni tra il Ministero della giustizia e le amministrazioni interessate, senza oneri a carico di queste ultime.

2. Le convenzioni di cui al comma 1 sono stipulate per categorie omogenee, a livello nazionale, regionale, comunale, e sono finalizzate ad assicurare la fruibilità dei dati nel rispetto della normativa in materia di protezione dei dati personali, di accesso ai documenti amministrativi, di tutela del segreto e di divieto di divulgazione.

3. Limitatamente all'esigenza di rilascio dei certificati di cui all'articolo 28 e al fine di stabilire se deve essere rilasciato il certificato selettivo previsto dal comma 2 o quello generale di cui al comma 3 dello stesso articolo, nella convenzione di cui al comma 1 devono essere indicati i procedimenti amministrativi di competenza dell'amministrazione interessata e, per ciascuno di essi, le disposizioni che disciplinano il trattamento dei dati personali, a tutela dei diritti e delle libertà degli interessati, nonché le norme che individuano i reati ostativi, al fine di realizzare una specifica procedura informatizzata che garantisca l'accesso selettivo al sistema. Nelle stesse convenzioni è stabilito l'obbligo, per l'amministrazione interessata e per l'ufficio centrale, di comunicare alla controparte eventuali modifiche, rispettivamente, delle disposizioni che incidono sulle regole tecniche alla base dell'accesso selettivo e delle disposizioni del presente testo unico. Sugli schemi di convenzione destinati a selezionare l'ambito di consultazione dei dati personali in relazione agli specifici procedimenti di competenza e alle fattispecie di reato pertinenti è acquisito il parere del Garante per la protezione dei dati personali.

4. Le amministrazioni interessate inviano la richiesta di consultazione del sistema all'ufficio centrale, allegando scheda informativa contenente i dati di cui al comma 3, e comunque conforme a quanto previsto nel decreto di cui al comma 5.

5. Le modalità tecnico-operative per consentire la consultazione del sistema ai fini dell'acquisizione dei certificati di cui agli articoli 28 e 32 sono individuate con decreto dirigenziale del Ministero della giustizia, sentiti l'Agenzia per l'Italia digitale e il Garante per la protezione dei dati personali.

6. La consultazione del sistema da parte dell'autorità giudiziaria, ai fini dell'acquisizione dei certificati di cui agli articoli 21 e 30, avviene secondo le modalità stabilite dal decreto del Ministero della giustizia 25 gennaio 2007, pubblicato nella *Gazzetta Ufficiale* n. 32 dell'8 febbraio 2007, e successive modificazioni.

[1] Articolo ins. dall'art. 4, D.lgs. 2 ott. 2018, n. 122.

TITOLO VIII
Garanzie giurisdizionali

40 (L). ***Questioni concernenti le iscrizioni e i certificati.*** — 1. Sulle questioni concernenti le iscrizioni e i certificati del casellario giudiziale e dei carichi pendenti decide, in composizione monocratica e con le forme stabilite dall'art. 660 del codice di procedura penale, il tribunale del luogo dove ha sede l'ufficio locale nel cui ambito territoriale è nata la persona cui è riferita l'iscrizione o il certificato, o il Tribunale di Roma, per le persone nate all'estero, o delle quali non è stato accertato il luogo di nascita nel territorio dello Stato.

2. Sulle questioni concernenti le iscrizioni e i certificati dell'anagrafe delle sanzioni amministrative dipendenti da reato e dell'anagrafe dei carichi pendenti degli illeciti amministrativi dipendenti da reato decide il Tribunale di Roma, in composizione monocratica e con le forme, stabilite dall'art. 666 del codice di procedura penale, in quanto applicabili.

41-55. (*Omissis*)

COLLABORATORI DI GIUSTIZIA, PENTITI E DISSOCIATI

- 1 -

L. 18 feb. 1987, n. 34

Misure a favore di chi si dissocia dal terrorismo

(G.U. 21 feb. 1987, n. 43)

1. ***Condotte di dissociazione.*** — 1. Agli effetti della presente legge si considera condotta di dissociazione dal terrorismo il comportamento di chi, imputato o condannato per reati aventi finalità di terrorismo o di eversione dell'ordinamento costituzionale, ha definitivamente abbandonato l'organizzazione o il movimento terroristico o eversivo cui ha appartenuto, tenendo congiuntamente le seguenti condotte: ammissione delle attività effettivamente svolte, comportamenti oggettivamente ed univocamente incompatibili con il permanere del vincolo associativo, ripudio della violenza come metodo di lotta politica.

2. ***Commutazione e diminuzioni di pena.*** — 1. La pena per i delitti di terrorismo o di eversione dell'ordinamento costituzionale è così commutata o diminuita nei confronti di chi, entro la data di entrata in vigore della presente legge, si è dissociato ai sensi dell'art. 1:

a) alla pena dell'ergastolo è sostituita quella della reclusione per trenta anni;

b) fuori del caso di cui alla lettera a, le altre pene sono diminuite: di un quarto se la condanna concerne, da soli o insieme ad altri reati, i delitti di omicidio volontario consumato o tentato o di lesioni personali volontarie gravissime; della metà se la condanna concerne soltanto delitti di carattere associativo o di accordo, delitti di porto e detenzione di armi ed esplosivi, delitti di falsità e di favoreggiamento personale o reale, delitti di apologia e istigazione di cui agli artt. 302, 303, 414 e 415 del codice penale anche in concorso tra di loro; di un terzo in ogni altro caso.

2. Nessun beneficio di cui al comma 1 è applicabile quando la condanna concerne anche i delitti di strage di cui agli artt. 285 e 422 del codice penale.

3. La commutazione e le diminuzioni di pena indicate nel comma 1 si applicano alla pena che dovrebbe essere inflitta tenendo conto delle circostanze aggravanti e attenuanti, del concorso formale e della continuazione esse sono escluse dalla comparazione di cui all'art. 69 del codice penale e sono valutate per ultime. La commutazione e le diminuzioni sono applicate dal giudice del dibattimento. La Corte di cassazione provvede ai sensi del terzo comma dell'articolo [538][1] del codice di procedura penale.

[1] Il riferimento ora va effettuato all'art. 619, c. 3, c.p.p.

3. ***Commutazione e diminuzioni di pena nel caso di condanna definitiva.*** — 1. Le pene inflitte per uno o più reati commessi per finalità di terrorismo o di eversione dell'ordinamento costituzionale con sentenza divenuta definitiva prima dell'entrata in vigore della presente legge sono commutate o diminuite, secondo quanto previsto, dall'art. 2, nei confronti di chi, prima o anche dopo la condanna, purché entro la data di entrata in vigore della presente legge, si è dissociato ai sensi dell'art. 1.

2. Il provvedimento è preso con ordinanza del giudice degli incidenti di esecuzione, con il procedimento di cui agli articoli [628 e seg.][1] del codice di procedura penale.

[1] Il riferimento ora va effettuato agli artt. 665 e seg.

4. ***Dichiarazione di dissociazione successiva all'entrata in vigore della legge.*** — 1. Se l'imputato o il condannato intendono rendere dichiarazioni ai sensi e per gli effetti dell'art. 1, ovvero integrare quelle già rese, possono chiedere di esercitare tale facoltà entro trenta giorni dall'entrata in vigore della presente legge, La richiesta va rivolta al pubblico ministero presso l'ufficio giudiziario davanti al quale è pendente il processo, ovvero al pubblico ministero presso il giudice competente per l'incidente di esecuzione.

2. Il pubblico ministero, raccolte senza ritardo le dichiarazioni suddette, le trasmette immediatamente al giudice competente.

3. Il giudice competente a pronunciarsi, ai sensi degli artt. 2 e 3, in ordine alla sussistenza della dissociazione, acquisisce, relativamente ad ogni singolo procedimento sottoposto al suo esame, tutti gli elementi necessari per la decisione.

5. ***Revoca.*** — 1. La commutazione e le diminuzioni di pena applicate in base agli artt. 2 e 3 sono revocate se chi ne ha beneficiato commette un nuovo delitto di terrorismo o di eversione dell'ordinamento costituzionale o comunque tiene comportamenti inequivocabilmente incompatibili con la precedente dissociazione.

2. Alla revoca provvede in ogni stato e grado il giudice competente per il giudizio ovvero il giudice degli incidenti di esecuzione con il procedimento di cui agli articoli [628 e seg.][1] del codice di procedura penale.

[1] Ora, artt. 665 e seg.

6. ***Libertà provvisoria.***[1] — [1. A coloro che hanno tenuto le condotte previste all'art. 1 e relativamente ai delitti punibili con la pena della, reclusione non superiore nel massimo a dieci anni, può essere concessa la libertà provvisoria.]

[1] Disposizione superata per effetto dell'art. 37 della L. 5 ago. 1988, n. 330, che ha sostituito l'istituto della libertà provvisoria con quello della rimessione in libertà.

7. ***Cumulo.***[1] — 1. Quando contro la stessa persona sono state pronunciate più sentenze di condanna per reati di terrorismo o di eversione dell'ordinamento costituzionale, a ciascuna delle quali è stata applicata una delle diminuzioni di pena di cui agli artt. 2 e 3 della presente legge, la pena complessiva da e 1 spiare non può eccedere anni e mesi sei per la reclusione e anni quattro per l'arresto. La pena così determinata deve essere considerata pena unica ai fini dell'eventuale provvedimento di cui agli artt. 80 del codice penale e [582][2] del codice di procedura penale.

[1] La Corte cost., con sent. 13 lug. 1989, n. 306, ha dichiarato l'ill. cost. degli artt. 7 e 8 "nella parte in cui esclude che il cumulo delle pene previsto dal primo di tali articoli possa essere applicato anche nei confronti di una o più sentenze di condanna pronunciate contro la stessa persona ai sensi degli artt. 2 e 3 della L. 29 mag. 1982, n. 304".

[2] Ora, art. 663 c.p.p.

8. *Applicabilità delle norme.*[1] — 1. Le disposizioni della presente legge si applicano solo ai delitti che sono stati commessi, o la cui permanenza è cessata, entro il 31 dicembre 1983.

2. Le disposizioni della presente legge non si applicano nei confronti di chi ha usufruito o può usufruire dei benefici previsti dall'art. 4 del decreto legge 15 dic. 1979, n. 625, convertito, con modificazioni, dalla L. 6 feb. 1980, n. 15[2] e dagli artt. 2 e 3 della L. 29 mag. 1982, n. 304.

[1] La Corte cost., con sent. 13 lug. 1989, n. 306, lha dichiarato l'ill. cost. degli artt. 7 e 8, c. 2, "nella parte in cui esclude che il cumulo delle pene previsto dal primo di tali articoli possa essere applicato anche nei confronti di una o più sentenze di condanna pronunciate contro la stessa persona ai sensi degli artt. 2 e 3 della L. 29 mag. 1982, n. 304".

[2] Ai sensi della Tabella A di cui all'art. 8, D.lgs. 1 mar. 2018, n. 21, il riferimento all'art. 4, L. 13 ott. 1975, n. 654, deve intendersi all'art. 270-*bis*.1 c.p.

- 2 -

D.L. 15 gen. 1991, n. 8

Nuove norme in materia di sequestri di persona a scopo di estorsione e per la protezione dei testimoni di giustizia, nonché per la protezione e il trattamento sanzionatorio di coloro che collaborano con la giustizia[1]

(G.U. 15 gen. 1991, n. 12)
conv. con modif, in L. 15 mar. 1991, n. 82
(G.U. 16 mar. 1991, n. 64)

[1] Titolo così sostituito dall'art. 1 della L. 13 feb. 2001, n. 45.

CAPO I
Nuove norme in materia di sequestri di persona a scopo di estorsione

1. *Sequestro dei beni utilizzabili per far conseguire il prezzo del riscatto.* — 1. Quando si procede per il delitto di sequestro di persona a scopo di estorsione, il pubblico ministero richiede ed il giudice dispone il sequestro dei beni appartenenti alla persona sequestrata, al coniuge e ai parenti e affini conviventi. Il pubblico ministero può altresì richiedere ed il giudice può disporre il sequestro dei beni appartenenti ad altre persone quando vi è fondato motivo di ritenere che tali beni possano essere utilizzati, direttamente o indirettamente, per far conseguire agli autori del delitto il prezzo della liberazione della vittima.

2. Si osservano le disposizioni relative al sequestro preventivo. Il sequestro ha la durata massima di un anno, ma, prima della scadenza, può essere rinnovato se permangono i fondati motivi di cui al comma 1. In ogni caso, il sequestro è revocato, su istanza di un interessato o del pubblico ministero, quando risulti cessata la permanenza del reato.

3. Il sequestro dei beni non comporta limitazioni ai poteri di amministrazione e di gestione, ai diritti di godimento dei beni medesimi e non incide sui rapporti giuridici preesistenti. In caso di necessità o quando ne sia fatta richiesta per motivi familiari, professionali, economici o imprenditoriali, il giudice, sentito il pubblico ministero, può autorizzare atti di disposizione aventi ad oggetto beni sottoposti al sequestro.

4. Le disposizioni dell'art. 379 del c.p. si applicano nei confronti di chi, al di fuori delle ipotesi previste ai commi 1 e 2 dell'art. 7 e di concorso nel delitto di sequestro di persona a scopo di estorsione, si adopera, con qualsiasi mezzo, al fine di far conseguire agli autori del delitto medesimo il prezzo della liberazione della vittima.

4-*bis*. Non è punibile chi ha posto in essere la condotta indicata nel comma 4 in favore del prossimo congiunto.

5. Sono nulli i negozi giuridici posti in essere al fine di far conseguire agli autori del delitto di sequestro di persona a scopo di estorsione il prezzo della liberazione della vittima.

2. *Nullità dei contratti di assicurazione.* (*Omissis*)

3. *Omessa denuncia.* — 1. Chiunque, essendo a conoscenza di atti o fatti concernenti il delitto, anche tentato, di sequestro di persona a scopo di estorsione o di circostanze relative alla richiesta o al pagamento del prezzo della liberazione della persona sequestrata, ovvero di altre circostanze utili per l'individuazione o la cattura dei colpevoli o per la liberazione del sequestrato, omette o ritarda di riferirne all'autorità di cui all'art. 361 del c.p. è punito con la reclusione fino a tre anni.

2. Non è punibile chi ha posto in essere le condotte indicate al comma 1 in favore del prossimo congiunto.

4. *Comunicazioni al Governatore della Banca d'Italia.* — 1. L'autorità giudiziaria, quando ha fondato motivo di ritenere che la sostituzione o l'impiego di denaro, beni o altre utilità di cui agli artt. 648-*bis* e 648-*ter* del c.p. siano avvenuti attraverso operazioni bancarie, ne dà comunicazione al Governatore della Banca d'Italia per gli atti di sua competenza. Le notizie comunicate sono coperte dal segreto di ufficio. La comunicazione può essere ritardata quando può derivarne pregiudizio alle indagini.

2. Il Governatore dà comunicazione all'autorità giudiziaria delle iniziative assunte e dei provvedimenti adottati.

5. .... [1]

[1] Soppresso dalla legge di conversione.

6. *Attenuante speciale in caso di collaborazione.* — Nei casi di cui al comma quarto dell'art. 289-*bis* e ai commi quarto e quinto dell'art. 630 del c.p., se il contributo fornito dal concorrente del reato dissociatosi dagli altri è di eccezionale rilevanza, anche con riguardo alla durata del sequestro e alla incolumità della persona sequestrata, le pene ivi previste possono essere ulteriormente diminuite in misura non eccedente un terzo.

7. *Disposizioni processuali.*[1]

[1] Articolo abrog. dall'art. 9, c. 11, lett. *f-bis*) della L. 16 mar. 2006, n. 146, come modif. dall'art. 8, c. 1, lett. *o*) della L. 13 ago. 2010, n. 136.

8-17-*bis*. (*Omissis*)

18. 1. Il presente decreto entra in vigore il giorno successivo a quello della sua pubblicazione nella *Gazzetta Ufficiale* della Repubblica italiana e sarà presentato alle Camere per la conversione in legge.

- 3 -

D.lgs. 29 mar. 1993, n. 119

Disciplina del cambiamento delle generalità per la protezione di coloro che collaborano con la giustizia

(G.U. 24 apr. 1993, n. 95)

1-4. (*Omissis*).

5. *Esonero da responsabilità.* — 1. I pubblici ufficiali, gli incaricati di pubblico servizio ed i dipendenti degli uffici della pubblica amministrazione sono esonerati da responsabilità penale, civile e disciplinare relativamente alla formazione di atti, provvedimenti, compresi anche i titoli autorizzatori o abilitativi, alle trascrizioni, iscrizioni, o annotazione di atti, nonché al rilascio di estratti e certificati previsti dal presente decreto.

6. *Effetti del decreto. di cambiamento delle generalità.* — 1. Successivamente alla emanazione del decreto di cambiamento delle generalità è fatto divieto alla persona ammessa allo speciale programma di, protezione di usare le precedenti generalità, salvo autorizzazione della commissione centrale per specifici atti o rapporti giuridici.

2. Gli atti da annotarsi, iscriversi o trascriversi nei registri dello stato civile contenenti i dati relativi alle precedenti generalità continuano ad essere annotati, iscritti o trascritti sotto le precedenti. generalità.

3. Il decreto di mutamento delle generalità non ha effetto sui rapporti di natura civile e amministrativa, sostanziali e processuali, in cui è parte la persona protetta, che sono in corso alla data del decreto medesimo e che si riferiscono a fatti, atti o contratti verificatisi o stipulati anteriormente alla data del provvedimento.

4. Per i rapporti di cui al comma 3, l'interessato è rappresentato, anche in giudizio, dalle persone designate a norma dell'art. 12 del D.L. 15 gen. 1991, n. 8, convertito, con modificazioni, dalla L. 15 mar. 1991, n. 82.

5. Nei procedimenti civili, la persona ammessa allo speciale programma di protezione che sia chiamata in giudizio per deporre come testimone, per rendere l'interrogatorio libero o formale, ovvero per rendere il giuramento o. per essere sottoposta ad ispezione corporale, può richiedere al Servizio centrale di protezione di far pervenire al giudice davanti al quale pende il giudizio, in ogni stato e grado, un'attestazione dell'autorità provinciale di pubblica sicurezza della sussistenza di gravi motivi di sicurezza personale che non consentono all'interessato di comparire in giudizio. L'attestazione è acquisita agli atti; dalla mancata comparizione non possono essere tratte conseguenze sfavorevoli a carico della persona protetta.

6. Le indagini ed i procedimenti penali a carico della persona protetta per fatti commessi anteriormente alla data del decreto di mutamento delle generalità sono instaurati e condotti sotto le precedenti generalità sino al passaggio in giudicato della sentenza che definisce il giudizio. Sotto le medesime generalità sono fatte le iscrizioni nel casellario giudiziale.

7. Per gli atti soggetti ad iscrizione nel casellario giudiziale, emessi per fatti successivi alla data del decreto di cambiamento delle generalità, si osservano le disposizioni del regio decreto 18 giugno 1931, n. 778.

.... [1]

[1] Commi abrog. dall'art. 5, L. 7 gen. 1998, n. 11. Si vedranno ora gli artt. 147-*bis* e 147-*ter*, disp. att. c.p.p.

7. *Residenza della persona ammessa allo speciale programma di protezione. Notificazioni.* — 1. L'autorità di cui all'art. 2 direttamente o a mezzo di persona delegata provvede a richiedere alle competenti autorità le variazioni ed i trasferimenti delle iscrizioni anagrafiche relative alle precedenti generalità della persona ammessa allo speciale programma di protezione, in località stabilita dal servizio centrale di protezione.

2. Alla residenza fissata ai sensi del comma 1 sono eseguite le notificazioni a norma degli artt. 157 del codice di procedura penale e 139 del codice di procedura civile.

3. Gli agenti, del Servizio centrale di protezione e le persone richieste di collaborare con essi sono tenuti a consegnare alla persona ammessa allo speciale programma di protezione i plichi e altri effetti postali, nonché gli atti notificati ad essa pervenuti

sotto le precedenti generalità, con esclusione del certificato elettorale, facendosene rilasciare ricevuta da custodirsi, agli atti del servizio.

8. (*Omissis*).

9. ***Segretezza dei procedimenti.*** — 1. Le notizie, gli atti ed i provvedimenti concernenti: il procedimento per il cambiamento delle generalità di cui al presente decreto e quelli relativi alle attività dell'autorità designata di cui all'art. 3 e del Servizio centrale di protezione sono coperti dal segreto di ufficio.

2. Salvo quanto previsto dall'art. 8 comma 1, i pubblici ufficiali, i pubblici impiegati e gli incaricati di un pubblico servizio hanno l'obbligo di astenersi dal deporre sulle precedenti generalità della persona per la quale è disposto il cambiamento delle generalità.

3. Le disposizioni dei commi 1 e 2 si applicano ai soggetti ivi indicati anche se i fatti coperti da segreto non sono conosciuti per ragioni di ufficio.

- 4 -

D.M. 23 apr. 2004, n. 161

Regolamento ministeriale concernente le speciali misure di protezione previste per i collaboratori di giustizia e i testimoni, ai sensi dell'art. 17-bis del D.L. 15 gen. 1991, n. 8, convertito, con modificazioni, della L. 15 mar. 1991, n. 82, introdotto dall'art. 19 della L. 13 feb. 2001, n. 45

(G.U. 25 giu. 2004, n. 147)

1. ***Tipologie delle misure di protezione.*** — 1. Il D.L. 15 gennaio 1991, n. 8, convertito, con modificazioni, nella L. 15 marzo 1991, n. 82 (d'ora in avanti, ai fini del presente decreto, legge 15 marzo 1991, n. 82) come modificato dalla legge 13 febbraio 2001, n. 45, prevede le seguenti misure di protezione:

a) piano provvisorio di protezione, ai sensi dell'art. 13, comma 1;

b) speciali misure di protezione, ai sensi dell'art. 13, comma 4;

c) speciali misure di protezione applicate mediante la definizione di un programma speciale di protezione, ai sensi dell'art. 13, comma 5;

2. Le misure di protezione di cui al comma 1 sono deliberate dalla Commissione centrale di cui all'art. 10 della legge 15 marzo 1991, n. 82, denominata d'ora in avanti, ai fini del presente decreto, Commissione centrale.

3. Per le misure di protezione di cui al comma 1 non si applicano, in relazione al carattere speciale delle disposizioni del Capo II e del Capo II-*bis* della legge 15 marzo 1991, n. 82, le disposizioni del D.L. 6 maggio 2002, n. 83, convertito, con modificazioni, nella legge 2 luglio 2002, n. 133.

2. ***Modalità della formulazione della proposta di adozione delle speciali misure di protezione e del piano provvisorio.*** — 1. La proposta per l'ammissione alle speciali misure di protezione, avanzata secondo le modalità indicate dall'art. 11, della legge 15 marzo 1991, n. 82, è sottoscritta dal Procuratore della Repubblica il cui ufficio procede o ha proceduto sui fatti indicati nella dichiarazione rese dalla persona che si assume sottoposta a grave e attuale pericolo. Allorché sui fatti procede o ha proceduto la Direzione distrettuale antimafia e antiterrorismo e ad essa non è preposto il Procuratore distrettuale, ma un suo delegato, la proposta è sottoscritta da quest'ultimo.

2. La proposta di piano provvisorio è sottoscritta e inoltrata dal Procuratore della Repubblica innanzi al quale è iniziata la collaborazione. Per i reati indicati nell'art. 51, comma 3-*bis*, del Codice di procedura penale, il Procuratore della Repubblica che ha avanzato la proposta ne dà comunicazione al Procuratore nazionale antimafia e antiterrorismo[1], il quale, nel caso di indagini collegate, adotta le eventuali iniziative di coordinamento in vista della formulazione della proposta di speciali misure o di programma speciale di protezione. Per i reati indicati nell'art. 51, comma 3-*quater*, del Codice di procedura penale, il Procuratore della Repubblica che ha avanzato la proposta ne dà comunicazione ai Procuratori generali presso le Corti d'appello interessate, affinché possano adottare le opportune iniziative di coordinamento.

3. Le proposte indicate ai commi precedenti possono essere formulate anche dal capo della polizia-direttore generale della pubblica sicurezza, che le sottoscrive previa acquisizione del parere del Procuratore della Repubblica, secondo le modalità indicate dall'art. 11, comma 3, della legge 15 marzo 1991, n. 82.

4. Le proposte prive dei requisiti indicati nei commi 1, 2 e 3 sono irricevibili e sono restituite all'Ufficio proponente, che può ripresentarle dopo aver provveduto alle integrazioni necessarie.

5. La proposta di adozione delle speciali misure di protezione è indirizzata alla Commissione centrale per la definizione e applicazione delle speciali misure di protezione, presso il Ministero dell'interno-Dipartimento della pubblica sicurezza-Ufficio per il coordinamento e la pianificazione delle Forze di polizia, utilizzando i mezzi più celeri e adottando idonee garanzie di sicurezza.

6. La proposta di adozione delle speciali misure di protezione e del piano provvisorio, nonché gli atti e i provvedimenti a essa conseguenti sono soggetti a quanto disposto dall'art. 10, comma 2-*ter*, della legge 15 marzo 1991, n. 82.

[1] Ai sensi dell'art. 20, c. 4, D.L. 18 feb. 2015, n. 7, conv. con modif. in L. 17 apr. 2015, n. 43, le parole: «procuratore nazionale antimafia» sono sost. da «procuratore nazionale antimafia e antiterrorismo».

3. ***Contenuti della proposta di adozione delle speciali misure di protezione.*** — 1. La proposta di adozione delle misure speciali di protezione contiene i seguenti elementi informativi:

a) specificazione dei delitti e delle organizzazioni criminali, sui quali l'interessato rende le dichiarazioni;

b) indicazione degli elementi da cui si desume che le dichiarazioni hanno carattere di intrinseca attendibilità, nonché, con riferimento specifico ai collaboratori della giustizia, di novità o di completezza;

c) specificazione dei motivi per i quali le dichiarazioni appaiono di notevole importanza per lo sviluppo delle indagini o ai fini del giudizio ovvero per le attività di investigazione, ai sensi dell'art. 9, comma 3, della legge 15 marzo 1991, n. 82;

d) indicazione dei provvedimenti, anche di carattere cautelare, ovvero relativi all'applicazione di una misura di prevenzione, eventualmente adottati sulla base delle dichiarazioni rese dal soggetto proposto, nonché delle eventuali deposizioni rese dallo stesso in sede di udienza preliminare o dibattimentale;

e) notizie circa le informazioni rese dal collaboratore per la individuazione, il sequestro e la confisca del denaro, dei beni e di ogni altra utilità, dei quali egli stesso o altri appartenenti a gruppi criminali dispongono direttamente o indirettamente, nonché l'indicazione di eventuali versamenti effettuati dal collaboratore, con conseguente sequestro da parte dell'Autorità giudiziaria, di denaro frutto di attività illecite;

f) specificazione dettagliata, anche ai fini della definizione delle misure di assistenza economica di cui all'art. 13, comma 6, della legge 15 marzo 1991, n. 82, ivi compresa la determinazione dell'assegno di mantenimento, del denaro, dei beni e di ogni altra utilità posseduti o controllati dal collaboratori o dei quali egli comunque disponga direttamente o indirettamente per interposta persona, nonché l'indicazione degli accertamenti svolti e degli elementi acquisiti in ordine all'effettivo stato patrimoniale del collaboratore;

g) indicazioni circa la sussistenza o meno di misure di prevenzione, ovvero di procedimenti di applicazione delle stesse, ai sensi della legge 31 maggio 1965, n. 575;

h) specificazione delle circostanze da cui si desume la sussistenza di un grave e attuale pericolo, e se tale pericolo deriva dalla collaborazione o dalle dichiarazioni rese dall'interessato nell'ambito di un procedimento penale;

i) indicazione delle misure ordinarie di protezione eventualmente adottate dalle competenti Autorità di Pubblica sicurezza o, se si tratta di persone detenute o internate, dal Ministero della giustizia-Dipartimento dell'amministrazione penitenziaria;

j) spacificazione dei motivi che determinano l'inadeguatezza delle anzidette misure di tutela.

2. Qualora l'Autorità proponente ritenga che le misure speciali di protezione debbano essere applicate medainte la definizione di uno speciale programma di protezione, specifica dettagliatamente le situazioni di gravità e attualità del pericolo che inducono a ritenerlo necessario.

3. L'Autorità proponente deve altresì comunicare, con la stessa proposta di adozione delle misure speciali di protezione, l'avvenuta redazione del verbale illustrativo dei contenuti della collaborazione di cui all'art. 16-*quater*, della legge 15 marzo 1991, n. 82. Se la redazione del verbale illustrativo avviene in un momento successivo alla proposta di adozione delle misure speciali di protezione, ma comunque nei termini di cui all'art. 16-*quater*, comma 1, l'Autorità proponente ne dà pronta comunicazione alla Commissione centrale.

4. Nella proposta sono indicate dettagliatamente le persone, diverse dal collaboratore o dal testimone, destinatarie delle misure tutorie, con la specificazione dei dati anagrafici, dell'eventuale legame di parentela, della sussistenza o meno di una situazione di convivenza con i predetti collaboratore e testimone. Sono altresì dettagliatamente specificate le situazioni di grave, attuale e concreto pericolo, che rendono necessaria l'estensione delle misure speciali di protezione a persone diverse da quelle che convivano stabilmente con il collaboratore o il testimone.

5. La Commissione, nel caso in cui riscontra che la proposta di adozione delle misure speciali di protezione non contiene talune delle notizie elencate nei commi precedenti o se ritiene che gli elementi informativi disponibili siano insufficienti per le proprie determinazioni, chiede l'acquisizione dei necessari ulteriori elementi informativi o documentali.

6. La proposta di adozione delle misure speciali di protezione è rigettata quando non sussistono i presupposti indicati nell'art. 9 della legge 15 marzo 1991, n. 82, nonché quando sussistono gli elementi indicati nell'art. 13-*quater*, comma 2, della medesima legge 15 marzo 1991, n. 82.

7. La proposta è parimenti rigettata in caso di mancata redazione del verbale illustrativo dei contenuti della collaborazione nei termini indicati dall'art. 16-*quater* delle legge 15 marzo 1991, n. 82.

8. La Commissione può adottare misure diverse da quelle richieste dall'Autorità proponente, sulla base degli elementi informativi acquisiti circa il livello di esposizione a pericolo, nonché alle specifiche esigenze dei soggetti interessati.

9. Le misure speciali di protezione già adottate possono essere estese anche ad altre persone, su richiesta dell'Autorità proponente, osservate le disposizioni del presente articolo concernenti le modalità della proposta.

10. Nella richiesta di estensione delle misure speciali di protezione, l'Autorità proponente specifica dettagliatamente:

a) i motivi che determinano la necessità di tale misura;

b) gli elementi da cui si desume la sussistenza di un grave, attuale e concreto pericolo;

c) i motivi per cui le misure ordinarie di protezione sono insufficienti a tutelare l'incolumità degli interessati;

d) i motivi che hanno indotto a suo tempo l'Autorità proponente a non includere gli interessati nella originaria proposta di adozione delle misure speciali di protezione e le circostanze che hanno determinato la necessità di richiederle successivamente;

e) le relazioni intrattenute tra le persone proposte per l'estensione delle misure e coloro che rendono le dichiarazioni.

4. ***Contenuto della proposta di adozione del piano provvisorio di protezione.*** — 1. Nei confronti di un soggetto che ha manifestato la volontà di collaborare o delle persone indicate negli artt. 9, comma 5, e 16-*bis*, comma 3, della legge 15 marzo 1991, n. 82, se vi sono situazioni di particolare gravità o urgenza, può essere adottato un piano provvisorio di protezione.

2. La richiesta di adozione di un piano provvisorio di protezione contiene i seguenti elementi informativi:

a) notizie ed elementi utili per la valutazione sulla gravità e attualità del pericolo;

b) elencazione delle eventuali misure di tutela adottate o fatte adottare;

c) motivi per i quali le misure in questione non appaiono adeguate;

d) indicazione quanto meno sommaria dei fatti sui quali il soggetto interessato ha manifestato la volontà di collaborare;

e) motivi per i quali la collaborazione è ritenuta attendibile e di notevole importanza;

f) motivi per i quali vi è urgenza di provvedere;

3. La richiesta di adozione di un piano provvisorio di protezione viene indirizzata alla Commissione centrale, che delibera entro la prima seduta successiva alla richiesta.

4. In caso di situazioni di eccezionale urgenza, che non consentono di attendere la deliberazione della Commissione centrale, l'Autorità proponente il piano provvisorio segnala al Prefetto del luogo dove dimorano il collaboratore, il testimone e le altre persone inserite nella proposta la necessità dell'adozione di misure di protezione atte a tutelarne immediatamente l'incolumità.

5. Per le persone detenute o internate, la segnalazione di cui al comma 4 deve essere inoltrata al Dipartimento dell'Amministrazione penitenziaria del Ministero della giustizia, che adotta le misure di cui all'art. 6, comma 4, lettera *f*) del presente Regolamento.

6. Il Prefetto, ricevuta la segnalazione di cui al comma 4, dispone le misure indicate nell'art. 6, comma 4, lettere *a*), *b*), *c*), *d*) e *g*) del presente Regolamento, dandone contestuale notizia alla Commissione centrale e, ove ritenuto necessario, avanza, ai sensi dell'art. 13, comma 1, della legge 15 marzo 1991, n. 82, e sempre informandone la Commissione centrale, motivata richiesta al capo della polizia-direttore generale della pubblica sicurezza di avvalersi degli specifici stanziamenti previsti dall'art. 17 della legge 15 marzo 1991, n. 82.

7. Tali misure mantengono validità fino a quando non interviene la deliberazione della Commissione centrale in ordine al Piano provvisorio, che viene comunicata tempestivamente al Prefetto a cura della Commissione stessa.

8. Il Prefetto comunica alla Commissione centrale ogni altro elemento utile per valutare l'esposizione a pericolo degli interessati, in relazione alla situazione locale e alla capacità di relazione del gruppo criminale sul quale sono rese le dichiarazioni.

9. Il Prefetto comunica inoltre le proprie valutazioni circa l'efficacia delle misure adottate, le iniziative adottabili per assicurare o rafforzare la tutela dell'incolumità delle persone in questione ed ogni altra notizia utile ai fini delle determinazioni della Commissione centrale.

10. Il Prefetto, ove necessario, segnala al capo della polizia-direttore generale della pubblica sicurezza le situazioni che possono richiedere l'attivazione dei poteri di coordinamento attribuiti dall'art. 14 della legge 15 marzo 1991, n. 82.

5. ***Richieste di pareri all'Autorità giudiziaria e al Prefetto.*** — 1. La Commissione centrale, nell'ambito dei procedimenti cui è preposta, richiede all'Autorità giudiziaria e al Prefetto i pareri e gli elementi informativi necessari nei casi espressamente previsti e in ogni altro caso in cui lo ritiene opportuno.

2. I pareri espressi ai sensi del precedente comma non sono vincolanti.

6. ***Contenuto del piano provvisorio di protezione.*** — 1. Il contenuto del piano provvisorio di protezione viene stabilito dalla Commissione, in relazione all'esposizione a pericolo dei soggetti interessati, tenendo conto degli elementi informativi disponibili o acquisiti successivamente alla proposta, nonché delle notizie eventualmente fornite dal Prefetto.

2. Nella definizione del piano provvisorio di protezione la Commissione tiene conto delle misure eventualmente adottate dal Prefetto, il cui contenuto può essere confermato, integrato o modificato.

3. All'attuazione del piano provvisorio provvede il Servizio centrale di protezione di cui all'art. 14 della legge 15 marzo 1991, n. 82, denominato d'ora in avanti, ai fini del presente decreto, Servizio centrale di protezione. Se la Commissione non ritiene necessario il trasferimento in luogo protetto, il soggetto responsabile della specificazione e dell'attuazione del piano provvisorio è il Prefetto.

4. In particolare, il piano provvisorio può prevedere:

a) misure di vigilanza e di tutela da edeguire a cura degli organi di polizia territorialmente competenti;

b) accorgimenti tecnici di sicurezza;

c) misure necessarie per i trasferimenti in comuni diversi da quelli di residenza;

d) trasferimento in località segrete, in casi di particolare gravità;

e) forme di assistenza economica, consistenti nelle spese alloggiative, nell'erogazione dell'assegno di mantenimento, secondo le modalità e nei limiti previsti per i collaboratori ed i testimoni, rispettivamente dall'art. 13, comma 6, e dall'art. 16-*ter*, comma 1, lettera *b*), della legge 15 marzo 1991, n. 82 e nell'assistenza legale;

f) modalità particolari di custodia in istituti penitenziari, ovvero di esecuzione di traduzioni e piantonamenti, secondo quanto stabilito dall'Amministrazione penitenziaria in attuazione delle disposizioni vigenti;

g) ogni altra misura, anche di carattere economico, ritenuta necessaria.

7. ***Contenuti delle speciali misure di protezione.*** — 1. Le speciali misure di protezione, quando non attuate mediante un programma speciale, sono disposte dalla Commissione centrale e sono determinate e attuate dal Prefetto del luogo di residenza del collaboratore o del testimone di giustizia.

2. La Commissione delibera l'adozione delle speciali misure di protezione qualora l'esposizione a pericolo degli interessati non è tale da rendere necessario il trasferimento in luogo protetto o quando gli interessati, se testimoni, manifestato disponibilità a trasferirsi in un luogo protetto.

3. La Commissione adotta le proprie determinazioni dopo aver acquisito elementi utili sull'esposizione a pericolo, acquisendo se necessario il parere del Prefetto competente.

4. Le speciali misure di protezione possono prevedere:

a) Misure di vigilanza e di tutela da eseguire a cura degli organi di polizia territorialmente competenti;

b) accorgimenti tecnici di sicurezza per le abitazioni o per gli immobili di pertinenza degli interessati, consistenti anche in strumenti di videosorveglianza e di teleallarme;

c) misure necessarie per i trasferimenti in comuni diversi da quelli di residenza;

d) modalità particolari di custodia in istituti penitenziari, ovvero di esecuzione di traduzioni e piantonamenti, secondo quanto stabilito dall'Amministrazione penitenziaria in attuazione delle disposizioni vigenti;

e) interventi contingenti, anche di carattere economico, finalizzati ad agevolare il reinserimento sociale;

f) ogni altra misura necessaria, nel rispetto delle direttive generali impartite dal capo della polizia-direttore generale della pubblica sicurezza.

8. ***Contenuti del programma speciale di protezione.*** — 1. Il programma speciale di protezione è disposto dalla Commissione centrale ed è attuato dal Servizio centrale di protezione.

2. La Commissione delibera l'adozione del programma speciale di protezione quando l'esposizione a pericolo degli interessati è tale da rendere necessario il trasferimento in un luogo protetto, e, se si tratta di testimone, questi non si opponga al trasferimento stesso.

3. La Commissione adotta le proprie determinazioni dopo aver acquisito ogni elemento utile circa l'esposizione a pericolo, richiedendo se necessario il parere del Prefetto competente.

4. Il programma speciale di protezione comprende:

a) trasferimento delle persone non detenute in luoghi protetti;

b) misure di vigilanza e di tutela da eseguire a cura degli organi di polizia territorialmente competenti;

c) accorgimenti tecnici di sicurezza per quanto riguarda le abitazioni o gli immobili di pertinenza degli interessati, che potranno consistere anche in strumenti di video-sorveglianza e di teleallarme;

d) Misure necessarie per i trasferimenti in comuni diversi da qualli sede della località protetta;

e) modalità particolari di custodia in istituti penitenziari ovvero di esecuzione di traduzioni e piantonamenti, secondo quanto stabilito dall'Amministrazione penitenziaria in attuazione delle disposizioni vigenti;

f) speciali modalità di tenuta della documentazione e delle comunicazioni al servizio informatico;

g) misure di assistenza personale ed economica;

h) utilizzazione di documenti di copertura, per assicurare la sicurezza, la riservatezza e il reinserimento sociale degli interessati. Il Servizio centrale di protezione provvede, tramite dirette intese con il Centro elaborazione dati di cui all'art. 8 della legge 1° aprile 1981, n. 121, ad attivare procedure di controllo sull'utilizzazione dei documenti di copertura rilasciati ai collaboratori di giustizia, salvaguardando la riservatezza delle informazioni;

i) cambiamento delle generalità a norma del decreto legislativo 29 marzo 1993, n. 119, esuccessive modificazioni;

j) misure atte a favorire il reinserimento sociale del collaboratore o del testimone di giustizia e delle altre persone sottoposte a protezione;

k) misure straordinarie, anche di carattere economico, eventualmente necessarie.

5. Le misure di assistenza economica comprendono, sempre che a tutte o ad alcune non provveda

direttamente il soggetto sottoposto al programma di protezione:

a) sistemazione e spese alloggiative;

b) spese per i trasferimenti giustificati da motivi di sicurezza, sanitari o di reinserimento sociale;

c) spese per esigenze sanitarie quando non sia possibile avvalersi delle strutture pubbliche ordinarie;

d) assegno di mantenimento nel caso di impossibilità di svolgere attività lavorativa, secondo le modalità e nei limiti fissati dall'art. 13, comma 6, della legge 15 marzo 1991, n. 82 e della Commissione centrale.

6. Le misure di assistenza economica di cui al comma 5 prevedono altresì l'assistenza legale per il collaboratore e il testimone di giustizia ammessi al programma speciale di protezione o al piano provvisorio di protezione.

7. L'assistenza legale consiste nel pagamento degli onorari e delle spese riferibili a un solo difensore, e, nei casi di esame a distanza previsti dell'art. 147-*bis* delle disposizioni di attuazione del Codice di procedura penale, anche al suo sostituto, se presente.

8. L'onorario e le spese spettanti al difensore sono liquidati dal magistrato ai sensi dell'art. 115 del decreto del Presidente della Repubblica 30 maggio 2002, n. 115.

9. L'assistenza legale è concessa al collaboratore di giustizia in relazione ai procedimenti penali riconducibili all'attività di collaborazione, nonché per i procedimenti relativi all'applicazione di misure di sicurezza, di prevenzione e per quelli dinanzi alla magistratura di sorveglianza; essa spetta per ogni fase del procedimento, compresa quella dell'esecuzione, e per ogni grado del giudizio.

10. L'assistenza legale è concessa al testimone di giustizia in relazione ai procedimenti nei quali rende dichiarazioni, esercita i diritti e le facoltà riconosciutigli dalla legge in qualità di persona offesa o si costituisce parte civile, nonché in relazione ai procedimenti per la tutela di posizioni soggettive lese a motivo della collaborazione resa.

11. L'assistenza legale è concessa ai familiari e alle altre persone ammesse al programma di protezione in ragione delle relazioni intrattenute con il collaboratore o il testimone di giustizia solo quando anche i soggetti indicati hanno reso dichiarazioni o hanno tenuto condotte di collaborazione.

12. L'assistenza legale è assicurata al collaboratore e al testimone della giustizia anche dopo la capitalizzazione delle altre misure di assistenza economica.

13. Nell'ambito degli speciali programmi così definiti, ai testimoni di giustizia si applicano le condizioni di maggior favore di cui all'art. 16-*ter* della legge 15 marzo 1991, n. 82.

14. I testimoni di giustizia, previa autorizzazione della Commissione centrale, accedono ai mutui agevolati sulla base di convenzioni stipulate tra il Ministero dell'interno e gli Istituti di credito.

9. ***Obblighi delle persone protette.*** — 1. Il contenuto delle speciali misure di protezione e dei programmi speciali di protezione viene riportato in un apposito atto, sottoscritto dal collaboratore, dal testimone di giustizia, nonché dalle alle altre persone destinatarie della proposta, che si impegnano anche per conto dei figli minori.

2. La sottoscrizione dell'atto non può essere parziale e comporta l'integrale adesione a tutte le clausole, in esso contenute, comprese quelle relative agli obblighi derivanti dalle misure speciali di protezione e dai programmi.

3. Il rifiuto di sottoscrivere l'atto determina in ogni caso la revoca delle speciali misure di protezione o del programma.

4. Con la sottoscrizione, il collaboratore di giustizia si assume l'impegno di rispettare le prescrizioni di cui all'art. 12, commi 1 e 2, della legge 15 marzo 1991, n. 82, e dà atto di essere stato informato delle conseguenze derivanti dalla loro inosservanza, nonché di quelle derivanti dalle condotte di cui all'art. 13-*quater*, comma 2, della legge 15 marzo 1991, n. 82.

5. Con la sottoscrizione, il testimone di giustizia si assume l'impegno di rispettare le prescrizioni di cui all'art. 12, commi 1 e 2, con l'esecuzione della lettera *e*) del comma 2, della legge 15 marzo 1991, n. 82, e dà atto di essere stato informato delle conseguenze derivanti dalla loro inosservanza, nonché di quelle derivanti, dall'art. 13-*quater*, comma 2, della legge 15 marzo 1991, n. 82.

10. ***Modifica e verifica periodica delle speciali misure di protezione.*** — 1. La Commissione centrale può modificare le speciali misure di protezione e il programma speciale di protezione attraverso l'introduzione, la modificazione, l'integrazione, l'abrogazione o la sospensione delle misure tutorie, di quelle assistenziali, nonché di quelle relative agli impegni previsti a carico degli interessati.

2. Le modifiche di cui al comma 1 sono adottate su richiesta delle persone sottoposte alle misure tutorie, dell'Autorità proponente, delle Autorità preposte all'attuazione delle misure speciali di protezione, nonché su iniziativa della Commissione.

3. Le modifiche delle misure speciali di protezione non possono comunque riguardare gli obblighi previsti dalla legge 15 marzo 1991, n. 82 a carico dei soggetti che vi sono sottoposti.

4. Le modifiche delle misure speciali di protezione sono disposte quando vi sono esigenze connesse alla tutela della sicurezza o al reinserimento sociale e lavorativo degli interessati.

5. La Commissione delibera sentite l'Autorità proponente e le Autorità preposte all'attuazione delle misure speciali di protezione, nonché il Procuratore nazionale antimafia e antiterrorismo[1] o il Procuratore generale presso la Corte d'appello interessato.

6. La modifica della misure tutorie può essere temporanea o definitiva. In quest'ultimo caso la Commissione può anche disporre, se ne ravvisa la necessità, la trasformazione del programma speciale di protezione in misure speciali di protezione, con il rientro degli interessati nella località di origine. Tale determinazione può essere adottata anche nei confronti di soggetti che hanno avviato il processo di reiserimento sociale e lavorativo, nei cui confronti vi è più l'esigenza di assicurare le misure assistenziali previste nel programma speciale di protezione. In tal caso le misure speciali di protezione sono applicate dal Prefetto del luogo ove gli interessati di fatto risiedono.

7. Le speciali misure di protezione e il programma speciale di protezione sono a termine.

8. Il termine delle misure e dei programmi speciali di protezione - non inferiore a sei mesi e non superiore ai cinque anni - è fissato dalla Commissione centrale con lo stesso provvedimento con cui vengono adottati. In caso di mancata indicazione il termine è di un anno dalla data del provvedimento.

9. La durata delle misure speciali di protezione è resa nota all'Autorità proponente che, almeno un mese prima della scadenza, comunica alla segreteria della Commissione centrale ogni elemento utile per valutare la persistenza dei presupposti che hanno giustificato l'adozione delle misure o del programma speciale di protezione. L'Autorità proponente indica in particolare i procedimenti in cui il collaboratore o il testimone è impegnato e in cui ha deposto, lo stato degli stessi, le sentenze o gli altri provvedimenti, anche di natura cautelare, emessi. L'Autorità proponente trasmette ogni documento utile ai fini delle valutazioni della Commissione.

10. Il Prefetto, per quanto riguarda le misure speciali di protezione, e il Servizio centrale di protezione, per quanto riguarda il programma speciale di protezione, provvedono entro il termine previsto dal comma precedente a comunicare alla segreteria della Commissione elementi utili sul comportamento degli interessati, sull'efficacia delle misure adottate, sulle concrete possibilità di reiserimento socio-lavorativo al di fuori delle misure tutorie, nonché ogni proposta ritenuta utile.

11. La Commissione proroga le speciali misure di protezione, fissando un nuovo termine di scadenza, se ritiene, sulla base degli elementi informativi acquisiti, che permangono i presupposti che ne hanno giustificato l'adozione.

12. La Commissione dispone l'adozione di un programma speciale di protezione nei confronti di soggetti già sottoposti alle misure speciali di protezione, quando il pericolo si è aggravato al punto da rendere le misure inidonee a tutelare l'incolumità degli interessati.

13. In caso di mancata proroga delle misure speciali di protezione restano salvi gli effetti conseguiti fino alla data del provvedimento della Commissione.

14. Il provvedimento di modifica o di mancata proroga delle speciali misure di protezione può prevedere, per agevolare il reinserimento sociale degli interessati, la capitalizzazione, in tutto o in parte, delle misure di assistenza nell'entità e con le modalità indicate nel comma successivo, con l'eventuale prosecuzione delle misure di protezione. è sempre fatta salva la facoltà di adottare misure tutorie in occasione degli impieghi processuali inerenti alla pregressa collaborazione o testimonianza rese dall'interessato. Per tali finalità, possono essere garantiti, inoltre, gli interventi di tipo assistenziale strettamente collegati, compresa l'assistenza legale.

15. La capitalizzazione delle misure di assistenza economica di cui al comma precedente avviene, con riferimento ai collaboratori della giustizia, mediante l'erogazione di una somma di denaro pari all'importo dell'assegno di mantenimento, erogato per la tutela di due anni. La capitalizzazione può essere riferita ad un periodo fino a cinque anni, in presenza di documentati e concreti progetti di reinserimento socio-lavorativo. Alla somma a titolo di capitalizzazione si aggiunge l'importo forfetario di 10.000 euro, rivalutabile secondo gli indici ASTAT, quale contributo per la sistemazione alloggiativa. I Predetti criteri si applicano anche a tutti i nuclei familiari inseriti nel programma di protezione. La capitalizzazione può essere riferita ad un periodo fino a dieci anni per i testimoni di giustizia, sempre in presenza di un concreto e documentato progetto di reinserimento socio-lavorativo. La Commissione centrale può comunque deliberare misure straordinarie anche di carattere economico eventualmente necessarie per il reinserimento sociale del collaboratore, del testimone e delle altre persone sottoposte a protezione.

[1] Ai sensi dell'art. 20, c. 4, D.L. 18 feb. 2015, n. 7, conv. con modif. in L. 17 apr. 2015, n. 43, le parole: «procuratore nazionale antimafia» sono sost. da «procuratore nazionale antimafia e antiterrorismo».

11. ***Cessazione delle misure di protezione.*** — 1. Le speciali misure di protezione, anche se di tipo urgente o provvisorio ai sensi dell'art. 13, comma 1, della legge 15 marzo 1991, n. 82, sono revocate o non sono prorogate nei casi espressamente previsti dalla legge ovvero quando vengono meno l'attualità e la gravità del pericolo o appaiono idonee altre misure adottate. Le misure speciali di protezione possono altresì essere revocate o non prorogate in caso di inosservanza degli impegni assunti da parte dei soggetti ad esse sottoposti in relazione a quanto disposto all'art. 13-*quater*, commi 1 e 2, della legge 15 marzo 1991, n. 82 e negli altri casi in cui la legge non prevede espressamente l'obbligatorietà della revoca.

2. Il Prefetto e il Servizio centrale di protezione informano la Commissione centrale, l'Autorità

proponente e il Procuratore nazionale antimafia e antiterrorismo[1] o il Procuratore generale presso la Corte d'appello interessato di ogni comportamento o circostanza che possono integrare i presupposti per la revoca delle misure speciali di protezione.

3. La Commissione centrale, una colta ricevuta dal Servizio centrale di protezione o dal Prefetto la nota informativa di cui al comma 2, chiede all'Autorità proponente, al Procuratore nazionale antimafia e antiterrorismo[1] o al Procuratore generale presso la Corte d'appello interessato di esprimere un parere in ordine alla modifica o alla revoca delle speciali misure di protezione, in conseguenza dei fatti segnalati. Qualora le predette Autorità non abbiano emesso il parere entro trenta giorni dalla richiesta della Commissione centrale, quest'ultima decide nel merito, ove non ritenga di prorogare ulteriormente il termine.

4. Il parere reso dall'Autorità proponente ai sensi del comma 3 non è vincolante.

5. Quando l'Autorità proponente ne fa motivata richiesta, la Commissione verifica la permanenza delle condizioni che hanno determinato l'applicazione delle speciali misure di protezione, provvedendo, se necessario, alla modifica o alla revoca delle medesime.

6. Le misure speciali di protezione possono essere modificate o revocate prima della scadenza, d'ufficio o su richiesta degli interessati, per avviare il reinserimento sociale e lavorativo, tenuto conto degli impegni processuali, della esposizione a pericolo, della compatibilità delle iniziative proposte con le esigenze di sicurezza, del tempo trascorso dall'adozione delle misure speciali di protezione. è in ogni caso richiesto il parere dell'Autorità proponente e di quelle preposte all'attuazione delle misure speciali di protezione, nonché quello del Procuratore nazionale antimafia e antiterrorismo[1] o del Procuratore generale presso la Corte d'appello interessato.

[1] Ai sensi dell'art. 20, c. 4, D.L. 18 feb. 2015, n. 7, conv. con modif. in L. 17 apr. 2015, n. 43, le parole: «procuratore nazionale antimafia» sono sost. da «procuratore nazionale antimafia e antiterrorismo».

12. ***Testimoni di giustizia.*** — 1. L'atto di cui all'art. 9, comma 1, recante il contenuto delle speciali misure di protezione e dei programmi speciali di protezione, viene predisposto tenendo conto della particolare condizione dei testimoni e delle loro esigenze specifiche.

2. Quando il testimone di giustizia è ammesso alle misure speciali di protezione, la Commissione centrale può adottare interventi contingenti, anche di carattere economico, per agevolarne il reinserimento sociale, ai sensi dell'art. 13, comma 4, della legge 15 marzo 1991, n. 82.

3. La Commissione fornisce il supporto, tecnico e di consulenza, ai testimoni per l'accesso alle misure economiche previste dalla legge 7 marzo 1996, n. 108 e dalla legge 23 feb. 1999, n. 44.

4. La Commissione, a mezzo del Prefetto, cura che il testimone permanga nella località di origine e prosegua o riprende le attività ivi svolte, sempre che non sussistano esigenze di sicurezza che rendano necessario il trasferimento in un luogo protetto, a cura del Servizio centrale di protezione.

5. La Commissione incontra periodicamente, di propria iniziativa o su richiesta degli interessati, o testimoni di giustizia sottoposti alle misure speciali di protezione o al programma, per verificarne le esigenze e per individuarne le soluzioni più adeguate.

13. ***Provvedimenti del Capo della polizia. Direttore generali della pubblica sicurezza.*** — 1. Gli impieghi finanziari di cui all'art. 17 della legge 15 marzo 1991, n. 82, sono autorizzati dal capo della polizia-direttore generale della pubblica sicurezza, che si avvale del Servizio centrale di protezione.

2. Il capo della polizia-direttore generale della pubblica sicurezza, adotta le direttive occorrenti per la corresponsione e l'utilizzazione dei fondi da attribuire al Prefetto, a richiesta, per l'attuazione delle misure di accezionale urgenza e delle misure speciali di protezione. La richiesta del Prefetto è inoltrata al Servizio centrale di protezione, con l'indicazione dettagliata della destinazione dei fondi e delle misure attuate.

3. Il capo della polizia-direttore generale della pubblica sicurezza, emana, sentita la Commissione centrale, una "Prassi della normativa primaria e regolamentare in tema di protezione ed assistenza dei collaboratori di giustizia e dei testimoni di giustizia", contenente l'individuazione e la disciplina delle speciali misure di protezione, in applicazione delle disposizioni di legge in materia.

14. ***Cambiamento delle generalità.*** — 1. Il cambiamento delle generalità viene disposto dalla Commissione centrale su richiesta degli interessati e si provvede a norma del decreto legislativo 29 marzo 1993, n. 119, e successive modificazioni.

15. ***Decreto di cambiamento delle generalità.*** — 1. Quando è necessario per garantire la sicurezza, la riservatezza ed il reinserimento sociale, alla persona ammessa allo speciale programma di protezione che utilizza un documento di copertura rilasciato ai sensi dell'art. 13, commi 10 e 11, della legge 15 marzo 1991, n. 82, e successive modificazioni, possono, anche a richiesta dell'interessato, essere attribuiti, con il decreto di cambiamento delle generalità, i medesimi dati anagrafici riportati nel documento di copertura utilizzato.

16. ***Documentazione relativa al cambiamento delle generalità.*** — 1. Il registro dei dati di cui all'art. 3 del decreto legislativo 29 marzo 1993, n. 119, è composto di fogli in doppia pagina, conformi al modello di cui all'allegato A, che forma parte integrante del presente decreto, ed è tenuto in unico originale. Il registro non può essere posto in uso se non previa vidimazione di ogni foglio da parte del Presidente della Commissione centrale o del magistrato delegato per la vigilanza, il quale annota nella prima pagina di esso il numero del registro e quello dei fogli di cui è composto.

2. In caso di insufficienza dello spazio utile per la sezione di foglio da riempire, le iscrizioni sono continuate nel primo foglio in bianco successivo, annotando, a margine del foglio riempito, il rinvio al numero di foglio successivo e, in quest'ultimo, le generalità della persona interessata e il numero di foglio cui si fa seguito.

3. Per ciascuna iscrizione, è annotato il numero dell'atto conservato nel fascicolo personale di cui al comma 5 e il numero di protocollo di quest'ultimo, la data di compilazione e la firma del compilatore. Le scritturazioni sono effettuate con le modalità di cui al decreto del Presidente della Repubblica 3 novembre 2000, n. 396.

4. Dopo l'utilizzazione dell'ultimo foglio del registro, ogni altra iscrizione relativa a persone diverse da quelle già iscritte nel registro è effettuata su un nuovo registro numerativo e vidimato con le modalità di cui al comma 1. Parimenti, sono iscritti nel nuovo registro i dati relativi a persone già iscritte in precedenti registri quando, in essi, sia insufficiente lo spazio utile per la sezione di foglio da riempire, osservate le modalità di cui al comma 2.

5. Gli atti di cui all'art. 3 comma 3, del decreto legislativo indicato al comma 1 e ogni altro atto relativo alla persona iteressata sono conservati in apposito fascicolo personale, dopo essere stati regolarmente protocollati e singolarmente individuati da un numero d'ordine progressivo, unitamente al decreto di cambiamento delle generalità e alle schede generali debitamente aggiornate di cui al comma 6.

6. Per ciascuna persona nei cui confronti è adottato il decreto di cambiamento delle generalità sono compilate due schede generali, una relativa alle precedenti generalità e una relativa a quelle acquisite, contenente tutti i dati iscritti nel registro di cui al comma 1, con l'indicazione del numero del registro e di pagina da cui sono tratti, nonché dal numero distintivo e del protocollo degli atti relativi conservati nel fascicolo di cui al comma 5. Salvo che le schede siano formate con mezzi informatici protetti, le integrazioni sono effettuate mediante applicazione, in ciascuna sezione, dei fogli suppletivi occorrenti.

17. ***Autorità designata per le richieste di atti o certificati relativi alle nuove generalità.*** — 1. L'autorità incaricata di inoltrare le richieste di cui all'art. 5 del decreto legislativo 29 marzo 1993, n. 119, è di norma il Direttore del Servizio centrale di protezione o persona dipendente dello stesso Servizio, specificatamente designata.

2. La Commissione centrale può autorizzare l'Autorità di cui al comma 1 a inoltrare, salvo quanto previsto dall'art. 4, comma 3, del predetto decreto legislativo 29 marzo 1993, n. 119, ulteriori richieste oltre quelle occorrenti o per nominativi diversi, quando sia necessario per motivi di sicurezza e di riservatezza. I documenti o certificati ulteriori sono distrutti a cura del Servizio centrale di protezione o custoditi dallo stesso; in quest'ultimo caso, non possono essere utilizzati per finalità diverse da quelle indicate nel presente articolo. L'acquisizione, la distruzione e l'utilizzazione dei documenti e certificati predetti sono annotati in apposito registro riservato.

3. Le richieste di atti, certificati o estratti, di formazione, iscrizione, annotazione o trascrizione di atti, compresi quelli di stato civile, effettuate ai sensi dell'art. 4 del decreto legislativo 29 marzo 1993, n. 119, sono fatte per iscritto e sono conservate dal pubblico ufficiale che le riceve, il quale ne cura la custodia riservata.

4. Nel caso in cui il destinatario del procedimento di cambiamento delle generalità è un collaboratore di giustizia, il Servizio centrale di protezione, con modalità atte a garantire la riservatezza delle informazioni, deve provvedere a comunicare per l'inserimento nel centro elaborazione dati di cui all'art. 8 della legge 1° aprile 1981, n. 121, le situazioni soggettive di cui all'art. 12, comma 1, della legge 15 marzo 1991, n. 82, e successive modificazioni, e gli altri dati iscritti nel registro di cui al comma 2 dell'art. 3 del decreto legislativo 29 marzo 1993, n. 119, riferendoli alle nuove generalità.

5. Il Servizio centrale di protezione provvede, altresì, a comunicare, con modalità idonee a garantire la riservatezza delle informazioni, le risultanze del casellario giudiziale all'Ufficio del casellario presso il Tribunale di Roma, riferendole alle nuove generalità.

6. Il Direttore del Servizio centrale di protezione riferisce periodicamente, e comunque almeno ogni sei mesi, alla Commissione centrale sulle modalità di applicazione delle disposizioni concernenti il cambiamento delle generalità.

18. ***Norme finali.*** — 1. Dalla data di entrata in vigore del presente regolamento sono abrogati il decreto onterministeriale 24 novembre 1994, n. 687, contenente il "Regolamento recante norme dirette ad individuare i criteri di formulazione del programma di protezione di coloro che collaborano con la giustizia e le relative modalità di attuazione", nonché il decreto riservato del Ministero dell'interno, di concerto con il Ministero della giustizia, del 24 novembre 1994, recante norme dirette ad individuare i criteri di formulazione ed i contenuti del programma speciale di protezione.

2. Agli oneri derivanti dall'attuazione del presente regolamento si provvede nei limiti degli stanziamenti previsti dalla legge.

- 5 -

D.M. 7 feb. 2006, n. 144

Regolamento, ai sensi dell'art. 19, comma 2, della L. 13 feb. 2001, n. 45, in materia di trattamento penitenziari di coloro che collaborano con la giustizia

(G.U. 10 apr. 2006, n. 84)

1. ***Ambito di applicazione.*** — 1. Sono sottoposti alle disposizioni del presente regolamento:

a) i detenuti e gli internati che risultano tenere o aver tenuto condotte di collaborazione previste dal codice penale o da disposizioni speciali relativamente ai delitti previsti dall'art. 9, comma 2, D.L. 15 gennaio 1991, n. 8, e che siano ammessi alle speciali misure di protezione o per i quali sia stata avanzata la proposta di ammissione a misure speciali di protezione, ovvero per i quali sia stata avanzata richiesta di piano provvisorio di protezione, ovvero che siano sottoposti a piano provvisorio di protezione, ovvero che siano sottoposti a misure di eccezionale urgenza ai sensi dell'art. 13, comma 1, D.L. 15 gennaio 1991, n. 8;

b) i detenuti e gli internati che risultano tenere o aver tenuto condotte di collaborazione previste dal codice penale o da disposizioni speciali relativamente ai delitti previsti dall'art. 9, comma 2, D.L. 15 gennaio 1991, n. 8, per i quali, sebbene non sia stata avanzata richiesta di speciali misure di protezione, il Procuratore della Repubblica che sta raccogliendo o che ha raccolto il verbale illustrativo dei contenuti della collaborazione previsto dall'art. 16-*quater* del medesimo decreto-legge, richiede, in vista della formulazione della proposta di ammissione a speciali misure di protezione, l'adozione di particolari cautele nella gestione penitenziaria;

c) i soggetti che sono stati sottoposti nel passato alle speciali misure di protezione e ne sono fuoriusciti con misure di reinserimento sociale ai sensi dell'art. 13, comma 5, D.L. 15 gennaio 1991, n. 8, salvo che, anche sulla base di informazioni provenienti dall'autorità giudiziaria, il nuovo stato di detenzione o di internamento non sia conseguente a fatti incompatibili con le condotte di collaborazione con la giustizia;

d) i detenuti e gli internati che sono stati sottoposti nel passato alle speciali misure di protezione poi revocate, ovvero al piano provvisorio di protezione non seguito dalla richiesta delle speciali misure di protezione, ovvero a misure di eccezionale urgenza non seguite dalla definizione di un piano provvisorio o delle speciali misure di protezione;

e) i detenuti e gli internati che, sebbene non tengono o non hanno tenuto condotte di collaborazione, sono sottoposti alle speciali misure di protezione in ragione delle situazioni previste dall'art. 9, comma 5, D.L. 15 gennaio 1991, n. 8.

2. ***Principi direttivi del trattamento penitenziario dei collaboratori di giustizia.*** — 1. I soggetti indicati all'art. 1 godono dei diritti e sono sottoposti ai doveri previsti dalla legge 26 luglio 1975, n. 354, ed al regolamento approvato con decreto del Presidente della Repubblica 30 giu. 2000, n. 230.

2. Le modalità di esercizio dei diritti e di adempimento dei doveri dei soggetti indicati all'art. 1 possono essere modificate soltanto al fine di garantire la genuinità delle dichiarazioni, di assicurare la riservatezza nonché di tutelare l'incolumità personale del detenuto o dell'internato.

3. Nei confronti di un soggetto che al momento dell'ingresso in carcere si trova nelle condizioni previste dall'art. 1, l'Amministrazione penitenziaria adotta, a richiesta delle autorità preposte alla tutela del soggetto e, in caso di urgenza, di propria iniziativa, le misure di protezione necessarie ad assicurarne l'incolumità personale.

4. La direzione dell'istituto di pena adotta tutte le misure di sostegno e di trattamento, compatibili con le esigenze di sicurezza, idonee ad evitare che le condizioni di vita dei soggetti indicati all'art. 1 risultino deteriori rispetto a quelle degli altri detenuti.

3. ***Provvedimenti nei confronti dei detenuti che manifestano la volontà di collaborare.*** — 1. Qualora il detenuto o l'internato manifesta la volontà di collaborare con la giustizia, il Dipartimento dell'Amministrazione penitenziaria, in attuazione dall'art. 13, comma 14, D.L. 15 gennaio 1991, n. 8, dispone immediatamente le misure necessarie ad evitare l'incontro con altre persone che collaborano con la giustizia, i colloqui investigativi di cui all'art. 18-*bis* della legge 26 luglio 1975, n. 354, e le comunicazioni epistolari, telefoniche o telegrafiche, nonché adotta le specifiche misure volte a garantire la sicurezza. Le misure sono mantenute fino alla completa conclusione della redazione dei verbali e comunque almeno fino alla redazione del verbale illustrativo dei contenuti della collaborazione.

2. Se la manifestazione della volontà di collaborare è comunicata dall'autorità giudiziaria, le disposizioni sono impartite dalla Direzione generale dei detenuti e del trattamento del Dipartimento dell'Amministrazione penitenziaria, che adotta altresì le opportune misure di protezione, dandone immediata comunicazione al Procuratore della Repubblica ed al Procuratore nazionale antimafia e antiterrorismo.[1]

3. Nell'ipotesi indicata al comma 2, qualora ricorrano ragioni di urgenza, la direzione dell'istituto che abbia ricevuto direttamente la comunicazione dall'autorità giudiziaria adotta provvedimenti di contenuto analogo a quelli indicati nel comma precedente, dandone immediata comunicazione al Procuratore della Repubblica, al Procuratore nazionale antimafia e antiterrorismo[1], nonché alla Direzione generale dei detenuti e del trattamento per le successive disposizioni.

4. Analoghe misure d'urgenza si applicano ai detenuti ed agli internati che manifestano la volontà di collaborare direttamente alla direzione dell'istituto che provvede alle comunicazioni di cui al comma 3.

5. Qualora non pervenga diversa comunicazione da parte del Procuratore della Repubblica al quale il detenuto sta rendendo o ha reso le dichiarazioni indicate all'art. 16-*quater*, D.L. 15 gennaio 1991, n. 8, le misure previste dai commi 2 e 3 sono revocate decorsi centottanta giorni da quello in cui il soggetto ha manifestato la volontà di collaborare, secondo quanto comunicato dal Procuratore della Repubblica.

[1] Ai sensi dell'art. 20, c. 4, D.L. 18 feb. 2015, n. 7, conv. con modif. in L. 17 apr. 2015, n. 43, le parole: «procuratore nazionale antimafia» sono sost. da «procuratore nazionale antimafia e antiterrorismo».

4. ***Criteri di assegnazione agli istituti o alle sezioni.*** — 1. Fatte salve le misure indicate all'art. 3, comma 1, i detenuti e gli internati indicati all'art. 1, comma 1, lettere *a*) e *c*), sono assegnati, con provvedimento della Direzione generale dei detenuti e del trattamento del Dipartimento dell'Amministrazione penitenziaria, ad appositi istituti o sezioni di istituti. L'assegnazione deve essere effettuata in modo da evitare contatti fra collaboratori di giustizia che, in base alle notizie comunicate dall'autorità giudiziaria e dal Servizio centrale di protezione, risultano partecipare ai medesimi procedimenti giudiziari o avere, comunque, reso dichiarazioni sui medesimi fatti delittuosi.

2. Fatte salve le misure indicate all'art. 3, comma 1, su richiesta del Procuratore della Repubblica che sta raccogliendo o che ha raccolto il verbale illustrativo dei contenuti della collaborazione, o su richiesta di altro Procuratore della Repubblica, d'intesa con il primo, i detenuti e gli internati indicati all'art. 1, comma 1, lettera *b*), sono assegnati con provvedimento della Direzione generale dei detenuti e del trattamento del Dipartimento dell'Amministrazione penitenziaria, ad appositi istituti o sezioni di istituto, comunque diversi da quelli indicati al comma 1. L'assegnazione deve essere effettuata in modo da evitare contatti fra collaboratori di giustizia che, in base alle notizie comunicate dall'autorità giudiziaria e dal Servizio centrale di protezione, risultano partecipare ai medesimi procedimenti giudiziari o avere, comunque, reso dichiarazioni sui medesimi fatti delittuosi.

3. I detenuti e gli internati indicati all'art. 1, comma 1, lettere *d*) ed *e*), sono rispettivamente assegnati, con provvedimento della Direzione generale dei detenuti e del trattamento del Dipartimento dell'Amministrazione penitenziaria, ad appositi e tra loro distinti istituti o sezioni di istituto, comunque diversi da quelli indicati ai commi 1 e 2.

4. Le disposizioni previste ai precedenti commi si applicano, compatibilmente con le modalità di fruizione del beneficio concesso, anche ai detenuti e agli internati, collaboratori di giustizia:

a) assegnati al lavoro all'esterno ai sensi dell'art. 21, legge 26 luglio 1975, n. 354;

b) ammessi alla misura della semilibertà ai sensi dell'art. 48 della medesima legge;

c) ammessi alla cura e all'assistenza all'esterno dei figli di età non superiore agli anni dieci ai sensi dell'art. 21-*bis* della medesima legge.

5. Per il compimento di specifici atti non esperibili nell'istituto o nella sezione di assegnazione, su richiesta del Procuratore della Repubblica che svolge le indagini, la Direzione generale dei detenuti e del trattamento del Dipartimento dell'Amministrazione penitenziaria può trasferire, per il tempo strettamente necessario e comunque preventivamente indicato, i detenuti e gli internati di cui all'art. 1 ad istituti o sezioni diversi da quelli indicati ai commi 1, 2, 3 e 4, assicurando comunque le esigenze di sicurezza ed evitando i contatti con altri collaboratori di giustizia che, in base alle notizie comunicate dall'autorità giudiziaria e dal Servizio centrale di protezione, risultano partecipare ai medesimi procedimenti giudiziari o avere, comunque, reso dichiarazioni sui medesimi fatti delittuosi.

6. Qualora agli internati che si trovano nelle condizioni previste dall'art. 1, per salvaguardare la genuinità delle dichiarazioni nonché per tutelare l'incolumità personale, non sia possibile assicurare nella casa di lavoro o nella colonia agricola di assegnazione le stesse condizioni restrittive e le stesse opportunità di trattamento applicate agli altri internati, la Direzione generale dei detenuti e del trattamento del Dipartimento dell'Amministrazione penitenziaria può assegnarli ad un'altra casa di lavoro o colonia agricola, assicurando comunque le suddette esigenze.

7. I medesimi criteri indicati al comma 6 si applicano agli internati che si trovano nelle condizioni previste dall'art. 1 e che sono assegnati ad una casa di cura e custodia, ad un ospedale psichiatrico giudiziario, ad un istituto per infermi o minorati, ovvero che sono sottoposti ad osservazione psichiatrica ai sensi dell'art. 112 del decreto del Presidente della Repubblica 30 giugno 2000, n. 230.

8. La Direzione generale dei detenuti e del trattamento del Dipartimento dell'Amministrazione penitenziaria, qualora ricorrano gravi ragioni di sicurezza, può, sentita l'autorità giudiziaria, assegnare i detenuti o gli internati indicati all'art. 1, comma 1, lettera *d*), ad istituti o sezioni di istituto ordinari.

5. ***Ordini di servizio in materia di sicurezza.*** — 1. La direzione dell'istituto penitenziario dotato di sezione per detenuti o internati indicati all'art. 1 adotta, anche sulla base di eventuali disposizioni del Dipartimento dell'Amministrazione penitenziaria, un apposito ordine di servizio contenente tutte le prescrizioni alle quali deve attenersi il personale per la gestione dei soggetti ivi ristretti e in ogni caso:

a) l'assegnazione ai servizi di sezione, di personale capace ed esperto, nonché la rigorosa limitazione e la registrazione degli accessi;

b) le cautele per assicurare la riservatezza degli atti relativi ai collaboratori di giustizia;

c) le modalità di spostamento e di uscita dei detenuti dalla sezione;

d) le cautele per assicurare che il cibo, i farmaci e gli oggetti che i detenuti possono legittimamente acquistare o detenere non possano subire manipolazioni;

e) l'indicazione delle misure per garantire il rispetto dei divieti contenuti nell'art. 13, comma 14, D.L. 15 gennaio 1991, n. 8.

3. Qualora l'istituto penitenziario non sia dotato di sezione per collaboratori di giustizia, la direzione dell'istituto di pena in cui sia ristretto un soggetto che abbia manifestato la volontà di collaborare o che comunque si trovi nelle condizioni di cui all'art. 1, emana un ordine di servizio di contenuto analogo a quello indicato nel comma 2.

6. ***Colloqui e corrispondenza.*** — 1. Ai detenuti ed agli internati indicati all'art. 1 si applicano integralmente le disposizioni previste dagli artt. 18 e 18-*ter*, legge 26 luglio 1975, n. 354, e dagli artt. 37, 38, 39 del decreto del Presidente della Repubblica 30 giugno 2000, n. 230, salve le limitazioni previste dall'art. 13, comma 14, D.L. 15 gennaio 1991, n. 8.

2. Le condizioni indicate all'art. 1 integrano le particolari circostanze previste dall'art. 37, comma 9, decreto del Predente della Repubblica 30 giugno 2000, n. 230.

3. Ai detenuti o internati che si trovano nelle condizioni previste dall'art. 1, comma 1, lettere *a*) e *c*), può essere concessa l'autorizzazione al colloquio telefonico con propri familiari o conviventi sottoposti a protezione mediante connessione ad utenza cellulare, purché il Servizio centrale di protezione attesti la disponibilità dell'utenza da parte del familiare o del convivente. La connessione è effettuata dalla direzione dell'istituto tramite personale specificatamente addetto ed a spese del detenuto.

7. ***Traduzioni e trasferimenti.*** — 1. La traduzione, il trasferimento ed il piantonamento dei soggetti indicati all'art. 1, anche se detenuti o internati in luoghi esterni agli istituti di pena, sono effettuati da personale del Corpo di Polizia penitenziaria.

2. La direzione dell'istituto penitenziario che provvede alla traduzione o al trasferimento emana le disposizioni ritenute utili ad assicurare l'incolumità fisica del detenuto o internato e della scorta, ad impedire tentativi di evasione, ad assicurare l'effettività dei divieti di colloquio e di incontro stabiliti dalla legge o da disposizioni dell'autorità giudiziaria competente.

3. La direzione dell'istituto penitenziario comunica tempestivamente l'ordine di traduzione o trasferimento al Servizio centrale di protezione che ne informa le Questure ed i Comandi provinciali del'Arma dei Carabinieri competenti in relazione all'itinerario previsto.

4. Le Forze di polizia interessate dispongono la vigilanza ritenuta adeguata alle concrete esigenze di sicurezza.

5. Salvi i provvedimenti adottati dall'autorità di pubblica sicurezza, per particolari esigenze di ordine e di sicurezza pubblica, il responsabile del servizio di traduzione può richiedere, in situazioni di emergenza attinenti la sicurezza, l'intervento della Polizia di Stato e dell'Arma dei Carabinieri competenti per territorio.

6. La traduzione ed il trasferimento dei soggetti collocati in detenzione domiciliare o agli arresti domiciliari e sottoposti alle speciali misure di protezione, al piano provvisorio di protezione e alle misure di eccezionale urgenza ai sensi dell'art. 13, comma 1, D.L. 15 gennaio 1991, n. 8, sono effettuati a cura del Servizio centrale di protezione, il quale vi provvede mediante le forze di polizia territoriali.

7. Qualora venga concesso un permesso ai sensi degli artt. 30 e 30-*ter*, legge 26 luglio 1975, n. 354, se l'autorità giudiziaria ne ha disposto la fruizione in località nota al Servizio centrale di protezione, la traduzione del soggetto è effettuata a cura del Servizio medesimo, il quale vi provvede mediante le Forze di polizia territoriali.

CONTRABBANDO

- 1 -

D.P.R. 23 gen. 1973, n. 43

T.U. delle disposizioni legislative in materia doganale

(G.U. 28 mar. 1973, n. 30, Suppl. ord.)

TITOLO I

Disposizioni generali

CAPO I

Determinazione del territorio doganale

1. ***Linea doganale.*** — Il lido del mare ed i confini con gli altri Stati costituiscono la linea doganale.

Lungo il lido del mare, in corrispondenza delle foci dei fiumi e degli altri corsi d'acqua nonché degli sbocchi dei canali, delle lagune e dei bacini interni di ogni specie, la linea doganale segue la linea retta congiungente i punti più foranei di apertura della costa; in corrispondenza dei porti marittimi segue il limite esterno delle opere portuali e le linee rette che congiungono le estremità delle loro aperture, in modo da includere gli specchi d'acqua dei porti medesimi.

Nel tratto fra Ponte Tresa e Porto Ceresio e nella zona di Livigno la linea doganale, anziché il confine politico, segue rispettivamente le sponde nazionali del lago di Lugano e la delimitazione del territorio del comune di Livigno verso i comuni italiani ad esso limitrofi.[1] Il confine politico che racchiude il territorio del comune di Campione d'Italia non costituisce linea doganale.

[1] Comma così modif. dal D.P.R. 16 dic. 1977, n. 960.

2. ***Territorio doganale e territori extradoganali.*** — Il territorio circoscritto dalla linea doganale costituisce il territorio doganale.

Il mare territoriale è considerato come territorio doganale, eccetto per quanto concerne l'impiego ed il consumo dei macchinari, materiali ed altri prodotti di cui all'art. 132. Agli effetti doganali le acque marittime comprese fra il lido e le linee di base di cui al D.P.R. 26 apr. 1977, n. 816, sono assimilate al mare territoriale.[1]

È altresì considerato come territorio doganale lo spazio aereo sottoposto alla sovranità dello Stato.

I territori dei comuni di Livigno e di Campione d'Italia, nonché le acque nazionali del lago di Lugano racchiuse fra la sponda ed il confine politico nel tratto fra Ponte Tresa e Porto Ceresio, non compresi nel territorio doganale, costituiscono i territori extra-doganali.

Sono assimilati ai territori extra- doganali i depositi franchi, i punti franchi e gli altri analoghi istituti, di cui agli artt. 132, 164, 166 e 254.

Sono fatti salvi gli speciali regimi fiscali vigenti nel territorio della Valle d'Aosta ed in quello della provincia di Gorizia, dichiarati "zona franca" rispettivamente con l'art. 14 della L. costituzionale 26 feb. 1948, n. 4, e con l'art. 1 della L. 1° dic. 1948, n. 1438.

[1] Comma così modif. dal D.P.R. 16 dic. 1977, n. 960.

TITOLO II

Rapporto doganale

16. ***Passaggio della linea doganale.*** — Le merci possono attraversare la linea doganale soltanto nei punti stabiliti. Nei casi in cui nel punto di attraversamento stabilito non esista una dogana o una sezione doganale o un posto doganale, il trasporto fra il punto stesso e la località sede dell'ufficio doganale competente deve avvenire, sia per le merci in entrata sia per quelle in uscita, lungo le vie all'uopo prescritte in base al primo comma dell'art. 9.

Il capo della circoscrizione doganale, con provvedimento motivato, può vietare o limitare il movimento delle merci nei punti di attraversamento della linea doganale durante le ore notturne; può altresì vietare o limitare l'esecuzione, durante le ore predette, di operazioni di carico, scarico o trasbordo di merci nei porti o punti di approdo e negli aeroporti internazionali.

25. ***Esercizio della vigilanza nella zona terrestre.*** — Per accertare la legittima provenienza delle merci estere soggette a diritti di confine, che sono trasportate o si trovano depositate nella zona di vigilanza doganale terrestre, può procedersi a perquisizioni, verificazioni e ricerche, ai sensi degli artt. 33 e 35 della legge 7 gen. 1929, n. 4. Le merci stesse possono essere sottoposte a sequestro quando vi sono indizi che esse siano state introdotte di contrabbando nel territorio doganale.

Il detentore delle merci indicate nel comma precedente deve dimostrarne la legittima provenienza. Qualora rifiuti o non sia in grado di fornire tale dimostrazione, o quando le prove addotte siano inattendibili, è ritenuto responsabile di contrabbando, salvo che risulti che egli si trova in possesso della merce in conseguenza di altro reato da lui commesso.

90. ***Esonero dall'obbligo di prestare cauzione.*** — L'Amministrazione finanziaria può concedere alle amministrazioni dello Stato e degli enti pubblici ed alle ditte di notoria solvibilità l'esonero dall'obbligo di prestare cauzione per i diritti doganali gravanti sulle merci proprie o di terzi che formano oggetto delle operazioni doganali da esse effettuate, in tutti i casi in cui detto obbligo è previsto.

La concessione può essere revocata in qualsiasi momento, quando sorgano fondati dubbi sulla solvibilità dell'ente o della ditta; in tal caso l'ente o la ditta deve, entro cinque giorni dalla notifica della revoca, prestare la prescritta cauzione relativamente alle operazioni in corso.

TITOLO III

Movimento delle merci da e per l'estero

114. ***Atterraggi forzati degli aeromobili.*** — Il comandante di un aeromobile, il quale per forza maggiore attraversi il confine in un punto diverso da quelli autorizzati, deve atterrare nell'aeroporto doganale più vicino, situato sulla rotta seguita. Questa norma deve essere osservata anche quando l'aeromobile, pur avendo attraversato il confine in uno dei punti prescritti, sia nell'impossibilità, per forza maggiore, di seguire la rotta regolamentare.

Nel caso di approdo forzato fuori degli aeroporti doganali stabiliti, il comandante dell'aeromobile deve denunciare, entro il più breve termine, l'avvenuto atterraggio al più vicino ufficio doganale o comando della guardia di finanza od altro organo di polizia ovvero al sindaco per le opportune constatazioni e per averne autorizzazione a ripartire. L'autorità avvertita, che non sia la dogana o la guardia di finanza, deve darne immediata partecipazione ad una di queste autorità.

TITOLO IV

Le destinazioni doganali

140. ***Rimozione di materiali e macchinari esteri impiegati in particolari usi agevolati.*** — In caso di rimozione dagli usi agevolati, per qualsiasi destinazione, dei materiali e dei macchinari di provenienza estera, importati definitivamente in esenzione o con riduzione di diritti doganali ovvero con la sospensione del dazio, è dovuto il pagamento dei diritti stessi, calcolati sulla base del valore proprio dei materiali e dei macchinari al momento della loro rimozione e con l'applicazione delle aliquote vigenti in tale momento.

Il trattamento di cui al comma precedente non può essere concesso se non a partire dal terzo anno dalla data di emissione della bolletta doganale dalla quale risulta la concessione del beneficio fiscale.

Può essere consentita la restituzione al fornitore estero, senza pagamento dei diritti doganali dei quali è stata chiesta l'esenzione, la sospensione o la riduzione, dei materiali e dei macchinari di cui al primo comma non utilizzati negli usi od impieghi agevolati, oppure rimossi dagli usi od impieghi medesimi prima che sia intervenuto il riconoscimento del beneficio da parte del Ministero delle finanze.

I materiali ed i macchinari rimossi dagli usi od impieghi agevolati perché riconosciuti fuori uso, possono essere ridotti in rottami, sotto la vigilanza finanziaria ed assoggettati, agli effetti del primo comma, al trattamento proprio dei corrispondenti rottami provenienti dall'estero.

Può essere consentito il trasferimento dei materiali e dei macchinari ad altri impieghi od usi agevolati. Per tale trasferimento deve essere corrisposta l'eventuale differenza tra i diritti doganali determinati, per ciascun tributo, sulla base dei criteri indicati nel primo comma e l'ammontare dei diritti medesimi dei quali nel nuovo impiego od uso è prevista l'esenzione, la sospensione o la riduzione.

TITOLO V

Procedure e regimi doganali particolari

254. ***Imbarco e trasbordo di provviste di bordo sulle navi.*** — I generi costituenti provviste di bordo imbarcati o trasbordati sulle navi in partenza dai porti dello Stato si considerano usciti in transito o riesportazione se esteri ovvero in esportazione definitiva se nazionali o nazionalizzati.

La precedente disposizione è applicabile alle navi militari italiane solo quando debbono recarsi in crociera fuori del mare territoriale. È altresì applicabile ai natanti italiani da diporto a condizione che siano abilitati a navigare fuori dal mare territoriale e che siano in partenza con diretta destinazione ad un porto estero; in caso di rientro di tali natanti da diporto in un porto nazionale senza aver toccato un porto estero, i generi consumati durante la navigazione sono considerati immessi in consumo nel territorio doganale.

Quando ragioni di sicurezza fiscale lo esigano, per l'imbarco ed il trasbordo di provviste di bordo sulle navi di stazza netta non superiore a cinquanta tonnellate e su quelle di qualsiasi stazza che non siano in diretta partenza per un porto estero il Ministro delle finanze, con proprio decreto da pubblicarsi nella *Gazzetta Ufficiale* della Repubblica italiana, può, sia in via generale sia limitatamente a determinati generi od a determinati quantitativi di essi, escludere l'applicabilità del disposto di cui al primo comma, ovvero subordinarla all'osservanza di particolari norme o condizioni.

Le provviste di bordo imbarcate o trasbordate a norma dei precedenti commi possono essere consumate nel porto in esenzione dai diritti doganali, prima della partenza della nave, alle condizioni stabilite nell'articolo precedente.

Nei casi in cui la disposizione del primo comma non è applicabile, i generi imbarcati si intendono destinati al consumo nel territorio doganale.

TITOLO VI

Trattamento delle merci abbandonate

275-281. (*Omissis*).

TITOLO VII
Violazioni doganali

CAPO I
Contrabbando

282. ***Contrabbando nel movimento delle merci attraverso i confini di terra e gli spazi doganali.*** — È punito con la multa non minore di due e non maggiore di dieci volte i diritti di confine dovuti chiunque:

a) introduce merci estere attraverso il confine di terra in violazione delle prescrizioni, divieti e limitazioni stabiliti a norma dell'art. 16;

b) scarica o deposita merci estere nello spazio intermedio tra la frontiera e la più vicina dogana;

c) è sorpreso con merci estere nascoste sulla persona o nei bagagli o nei colli o nelle suppellettili o fra merci di altro genere od in qualunque mezzo di trasporto, per sottrarle alla visita doganale;

d) asporta merci dagli spazi doganali senza aver pagato i diritti dovuti o senza averne garantito il pagamento, salvo quanto previsto nell'art. 90;

e) porta fuori del territorio dello Stato, nelle condizioni prevedute nelle lettere precedenti, merci nazionali o nazionalizzate soggette a diritti di confine;

f) detiene merci estere, quando ricorrano le circostanze prevedute nel secondo comma dell'art. 25 per il delitto di contrabbando.

283. ***Contrabbando nel movimento delle merci nei laghi di confine.*** — È punito con la multa non minore di due e non maggiore di dieci volte i diritti di confine dovuti il capitano:

a) che introduce attraverso il lago Maggiore o il lago di Lugano nei bacini di Porlezza, merci estere senza presentarle ad una delle dogane nazionali più vicine al confine, salva l'eccezione preveduta nel terzo comma dell'art. 102;[1]

b) che, senza il permesso della dogana, trasportando merci estere con navi nei tratti del lago di Lugano in cui non sono dogane, rasenta le sponde nazionali opposte a quelle estere o getta l'àncora o sta alla cappa ovvero comunque si mette in comunicazione con il territorio doganale dello Stato, in modo che sia agevole lo sbarco o l'imbarco delle merci stesse, salvo casi di forza maggiore.

Con la stessa pena è punito chiunque nasconde nella nave merci estere allo scopo di sottrarle alla visita doganale.

[1] Sono esenti i capitani di navi aventi ufficio doganale a bordo.

284. ***Contrabbando nel movimento marittimo delle merci.*** — È punito con la multa non minore di due e non maggiore di dieci volte i diritti di confine dovuti il capitano:

a) che, senza il permesso della dogana, trasportando merci estere con navi, rasenta il lido del mare o getta l'àncora o sta alla cappa in prossimità del lido stesso, salvo casi di forza maggiore;

b) che, trasportando merci estere, approda in luoghi dove non sono dogane, ovvero sbarca o trasborda le merci stesse in violazione delle prescrizioni, divieti e limitazioni stabiliti a norma dell'art. 16, salvi i casi di forza maggiore;

c) che trasporta senza manifesto merci estere con nave di stazza netta non superiore a duecento tonnellate nei casi in cui il manifesto è prescritto;

d) che al momento della partenza della nave non ha a bordo le merci estere o le merci nazionali in esportazione con restituzione di diritti che vi si dovrebbero trovare secondo il manifesto e gli altri documenti doganali;

e) che trasporta merci estere da una dogana all'altra, con nave di stazza netta non superiore a cinquanta tonnellate, senza la relativa "Bolletta di cauzione";

f) che ha imbarcato merci estere in uscita dal territorio doganale su nave di stazza non superiore a cinquanta tonnellate, salvo quanto previsto nell'art. 254 per l'imbarco di provviste di bordo.

Con la stessa pena è punito chiunque nasconde nella nave merci estere allo scopo di sottrarle alla visita doganale.

285. ***Contrabbando nel movimento delle merci per via aerea.*** — È punito con la multa non minore di due e non maggiore di dieci volte i diritti di confine dovuti il comandante di aeromobile:

a) che trasporta merci estere nel territorio dello Stato senza essere munito del manifesto quando questo è prescritto;

b) che al momento della partenza dell'aeromobile non ha a bordo le merci estere, le quali vi si dovrebbero trovare secondo il manifesto e gli altri documenti doganali;

c) che asporta merci dai luoghi di approdo dell'aeromobile senza il compimento delle prescritte operazioni doganali;

d) che, atterrando fuori di un aeroporto doganale, omette di denunciare, entro il più breve termine, l'atterraggio alle autorità indicate dall'art. 114.[1] In tali casi è considerato introdotto in contrabbando nel territorio dello Stato, oltre il carico, anche l'aeromobile.

Con la stessa pena è punito chiunque da un aeromobile in volo getta nel territorio doganale, merci estere, ovvero le nasconde nell'aeromobile stesso allo scopo di sottrarle alla visita doganale.

Le pene sopraindicate si applicano indipendentemente da quelle comminate per il medesimo fatto dalle leggi speciali sulla navigazione aerea, in quanto non riguardino la materia doganale.

[1] Cioè alla Dogana, alla Guardia di finanza o ai Carabinieri.

286. ***Contrabbando nelle zone extra- doganali.*** — È punito con la multa non minore di due e non maggiore di dieci volte i diritti di confine dovuti chiunque nei territori extra-doganali indicati nell'art. 2, costituisce depositi non permessi di merci estere soggette a diritti di confine, o li costituisce in misura superiore a quella consentita.

287. *Contrabbando per indebito uso di merci importate con agevolazioni doganali.* — È punito con la multa non minore di due e non maggiore di dieci volte i diritti di confine dovuti chiunque dà, in tutto o in parte, a merci estere importate in franchigia o con riduzione dei diritti stessi, una destinazione od un uso diverso da quello per il quale fu concessa la franchigia o la riduzione salvo quanto previsto nell'art. 140.

288. *Contrabbando nei depositi doganali.* — Il concessionario di un magazzino di proprietà privata, che vi detiene merci estere per le quali non vi è stata la prescritta dichiarazione d'introduzione o che non risultano assunte in carico nei registri di deposito, è punito con la multa non minore di due e non maggiore di dieci volte i diritti di confine dovuti.

289. *Contrabbando nel cabotaggio e nella circolazione.* — È punito con la multa non minore di due e non maggiore di dieci volte i diritti di confine dovuti chiunque introduce nello Stato merci estere in sostituzione di merci nazionali o nazionalizzate spedite in cabotaggio od in circolazione.

290. *Contrabbando nell'esportazione di merci ammesse a restituzione di diritti.* — Chiunque usa mezzi fraudolenti allo scopo di ottenere indebita restituzione di diritti stabiliti per la importazione delle materie prime impiegate nella fabbricazione di merci nazionali che si esportano, è punito con la multa non minore di due volte l'ammontare dei diritti che indebitamente ha riscosso o tentava di riscuotere, e non maggiore del decuplo di essi.

291. *Contrabbando nell'importazione od esportazione temporanea.* — Chiunque nelle operazioni di importazione o di esportazione temporanea o nelle operazioni di riesportazione e di reimportazione, allo scopo di sottrarre merci al pagamento di diritti che sarebbero dovuti, sottopone le merci stesse a manipolazioni artificiose ovvero usa altri mezzi fraudolenti, è punito con la multa non minore di due e non maggiore di dieci volte l'ammontare dei diritti evasi o che tentava di evadere.

291-*bis*. *Contrabbando di tabacchi lavorati esteri.*[1] — 1. Chiunque introduce, vende, trasporta, acquista o detiene nel territorio dello Stato un quantitativo di tabacco lavorato estero di contrabbando superiore a dieci chilogrammi convenzionali è punito con la multa di euro 5 per ogni grammo convenzionale di prodotto, come definito dall'art. 9 della legge 7 mar. 1985, n. 76, e con la reclusione da due a cinque anni.

2. I fatti previsti dal comma 1, quando hanno ad oggetto un quantitativo di tabacco lavorato estero fino a dieci chilogrammi convenzionali, sono puniti con la multa di euro 5 per ogni grammo convenzionale di prodotto e comunque in misura non inferiore a euro 516.

[1] Articolo inserito dall'art. 1 della L. 19 mar. 2001, n. 92.

291-*ter*.[1] *Circostanze aggravanti del delitto di contrabbando di tabacchi lavorati esteri.* — 1. Se i fatti previsti dall'art. 291-*bis* sono commessi adoperando mezzi di trasporto appartenenti a persone estranee al reato, la pena è aumentata.

2. Nelle ipotesi previsti dall'art. 291-*bis*, si applica la multa di euro 25 per ogni grammo convenzionale di prodotto e la reclusione da tre a sette anni, quando:

a) nel commettere il reato o nei comportamenti diretti ad assicurare il prezzo, il prodotto, il profitto o l'impunità del reato, il colpevole faccia uso delle armi o si accerti averle possedute nell'esecuzione del reato;

b) nel commettere il reato o immediatamente dopo l'autore è sorpreso insieme a due o più persone in condizioni tali da frapporre ostacolo agli organi di polizia;

c) il fatto è connesso con altro reato contro la fede pubblica o contro la pubblica amministrazione;

d) nel commettere il reato l'autoe ha utilizzato mezzi di trasporto, che, rispetto alle caratteristiche omologate, presentano alterazioni o modifiche idonee ad ostacolare l'intervento degli organi di polizia ovvero a provocare pericolo per la pubblica incolumità;

e) nel commettere il reato l'autore ha utilizzato società di persone o di capitali ovvero si è avvalso di disponibilità finanziarie in qualsiasi modo costituite in Stati che non hanno ratificato la Convenzione sul riciclaggio, la ricerca, il sequestro e la confisca dei proventi di reato, fatta a Strasburgo l'8 nov. 1990, ratificata e resa esecutiva ai sensi della legge 9 ago. 1993, n. 328, e che comunque non hanno stipulato e ratificato convenzioni di assistenza giudiziaria con l'Italia aventi ad oggetto il delitto di contrabbando.

3. La circostanza attenuante prevista dall'art. 62-*bis* del codice penale, se concorre con le circostanze aggravanti di cui alle lettere *a*) e *d*) del comma 2 del presente articolo, non può essere ritenuta equivalente o prevalente rispetto a esse e la diminuzione di pena si opera sulla quantità di pena risultante dall'aumento conseguente alle predette aggravanti.

[1] Articolo inserito dall'art. 1 della L. 19 mar. 2001, n. 92.

291-*quater*. *Associazione per delinquere finalizzata al contrabbando di tabacchi lavorati esteri.*[1] — 1. Quando tre o più persone si associano allo scopo di commettere più delitti tra quelle previsti dall'art. 291-*bis*, coloro che promuovono, costituiscono, dirigono, organizzano o finanziano l'associazione sono puniti, per ciò solo, con la reclusione da tre a otto anni.

2. Chi partecipa all'associazione è punito con la reclusione da un anno a sei anni.

3. La pena è aumentata se il numero degli associati è di dieci o più.

4. Se l'associazione è armata ovvero se ricorrono le circostanze previste dalle lettere *d*) od *e*) del comma 2 dell'art. 291-*ter*, si applica la pena della reclusione da cinque a quindici anni nei casi previsti dal comma 1 del presente articolo, e da quattro a dieci anni nei casi previsti dal comma 2. L'associazione si considera armata quando i partecipanti hanno la disponibilità, per il conseguimento delle finalità dell'associazione, di armi o materie esplodenti, anche se occultate o tenute in luogo di deposito.

5. Le pene previste dagli artt. 291-*bis*, 291-*ter* e dal presente articolo sono diminuite da un terzo alla metà nei confronti dell'imputato che, dissociandosi dagli altri, si adopera per evitare che l'attività delittuosa sia portata ad ulteriori conseguenze anche aiutando concretamente l'autorità di polizia o l'autorità giudiziaria nella raccolta di elementi decisivi per la ricostruzione dei fatti e per l'individuazione o la cattura degli autori del reato o per la individuazione di risorse rilevanti per la commissione dei delitti.

[1] Articolo inserito dall'art. 1 della L. 19 mar. 2001, n. 92.

292. ***Altri casi di contrabbando.*** — Chiunque, fuori dei casi preveduti negli articoli precedenti, sottrae merci al pagamento dei diritti di confine dovuti, è punito con la multa non minore di due e non maggiore di dieci volte i diritti medesimi.

293. ***Equiparazione del delitto tentato a quello consumato.*** — Per il tentativo di contrabbando si applica la stessa pena stabilita per il reato consumato.

294. ***Pena per il contrabbando in caso di mancato o incompleto accertamento dell'oggetto del reato.*** — Nei casi di contrabbando, qualora per fatto del colpevole non siasi potuto accertare, in tutto o in parte, la qualità, la quantità e il valore della merce, in luogo della pena proporzionale si applica la multa fino a euro 516.

In ogni caso, la pena non può essere inferiore al doppio dei diritti dovuti sulla quantità di merce che sia stato possibile accertare.

295. ***Circostanze aggravanti del contrabbando.*** — Per i delitti preveduti negli articoli precedenti, è punito con la multa non minore di cinque e non maggiore di dieci volte i diritti di confine dovuti chiunque, per commettere il contrabbando, adopera mezzi di trasporto appartenenti a persona estranea al reato.

Per gli stessi delitti, alla multa è aggiunta la reclusione da tre a cinque anni:

a) quando nel commettere il reato, o immediatamente dopo nella zona di vigilanza, il colpevole sia sorpreso a mano armata;

b) quando nel commettere il reato, o immediatamente dopo nella zona di vigilanza, tre o più persone colpevoli di contrabbando siano sorprese insieme riunite e in condizioni tali da frapporre ostacolo agli organi di polizia;

c) quando il fatto sia connesso con altro delitto contro la fede pubblica o contro la pubblica amministrazione;

d) quando il colpevole sia un associato per commettere delitti di contrabbando e il delitto commesso sia tra quelli per cui l'associazione è stata costituita;

d-bis) quando l'ammontare dei diritti di confine dovuti è superiore a centomila euro.[1]

Per gli stessi delitti, alla multa è aggiunta la reclusione fino a tre anni quando l'ammontare dei diritti di confine dovuti è maggiore di cinquantamila euro e non superiore a centomila euro.[2]

[1] Lettera aggiunta dall'art. 3, D.lgs. 14 lug. 2020, n. 75.
[2] Comma così sost. dall'art. 3, D.lgs. 14 lug. 2020, n. 75.

295-*bis*. ***Sanzioni amministrative per le violazioni di lieve entità.***[1] — Nei casi previsti dagli artt. 282, 283, 294, 295, 286, 287, 288, 289, 290, 291, 292 e 294, se l'ammontare dei diritti di confine dovuti non supera euro 3.999,96 e non ricorrono le circostanze indicate dall'art. 295, secondo comma, si applica, in luogo della pena stabilita dai medesimi articoli, la sanzione amministrativa pecuniaria non minore di due e non maggiore di dieci volte i diritti di confine dovuti. Nei casi previsti dall'art. 294, la sanzione non può essere comunque inferiore a euro 516.

La sanzione può essere aumentata fino alla metà se ricorre la circostanza indicata dall'art. 295, primo comma.

Le disposizioni degli artt. 301, 301-*bis* e 333 si osservano anche con riguardo alle violazioni previste dal presente articolo. I provvedimenti per i quali, in base alle medesime disposizioni, è competente l'attività giudiziaria sono adottati dal capo della dogana nella cui circoscrizione la violazione è stata accertata.

Nei casi in cui le violazioni previste dagli articoli indicati nel primo comma conservano rilevanza penale sebbene l'ammontare dei diritti di confine dovuti non superi euro 3.999,96, per la presenza delle circostanze aggravanti indicate dall'art. 295, secondo comma, queste ultime restano soggette al giudizio di equivalenza o di prevalenza con evento di circostanze attenuanti a norma dell'art. 69 del c.p.

Le disposizioni del presente articolo non si applicano ai fatti di contrabbando relativi a tabacchi lavorati esteri.

[1] Articolo aggiunto dall'art. 25 del D.lgs. 30 dic. 1999, n. 507.

296. ***Recidiva nel contrabbando.*** — Colui, che dopo essere stato condannato per delitto di contrabbando preveduto dal presente T.U. o da altra legge fiscale, commette un altro delitto di contrabbando per il quale la legge stabilisce la sola multa, è punito, oltre che con la pena della multa, con la reclusione fino ad un anno.

Se il recidivo di un delitto di contrabbando preveduto dal presente T.U. o da altra legge fiscale commette un altro delitto di contrabbando per il quale la legge stabilisce la sola multa, la pena della reclusione comminata nella precedente disposizione è aumentata dalla metà a due terzi.

Quando non concorrono le circostanze prevedute in questo articolo, la recidiva nel contrabbando è regolata dal codice penale.

297. ***Contrabbando abituale.*** — È dichiarato delinquente abituale in contrabbando chi riporta condanna per delitto di contrabbando, dopo essere stato condannato per tre contrabbandi previsti dal presente T.U. o da altra legge fiscale, commessi entro dieci anni e non contestualmente, e relativi a violazioni per le quali i diritti sottratti o che si tentava di sottrarre non siano inferiori complessivamente a euro 11.999,88.[1]

[1] Parole così sost. dall'art. 26, D.lgs. 30 dic. 1999, n. 507, e successivamente modif. dall'art. 9, L. 29 set. 2000, n. 300.

298. ***Contrabbando professionale.*** — Chi, dopo aver riportato quattro condanne per delitto di contrabbando preveduto dal presente T.U. o da altra legge fiscale, riporta condanna per un altro delitto di contrabbando, è dichiarato delinquente professionale in contrabbando, qualora, avuto riguardo alla condotta ed al genere di vita del colpevole ed alle altre circostanze indicate nel capoverso dell'art. 133 del c.p., debba ritenersi che egli viva abitualmente, anche in parte soltanto, dei proventi del reato.

299. ***Contrabbando abituale o professionale secondo il codice penale.*** — Gli effetti della dichiarazione di abitualità e di professionalità nel contrabbando sono regolati dall'art. 109 c.p.

Le disposizioni dei due articoli precedenti non pregiudicano l'applicazione degli artt. 102 e 105 c.p., quando ricorrono le condizioni ivi prevedute.

300. ***Delle misure di sicurezza personali non detentive. Libertà vigilata.*** — Quando per il delitto di contrabbando sia applicata la pena della reclusione superiore ad un anno, è sempre ordinata la sottoposizione del condannato alla libertà vigilata.

Ad assicurare l'esecuzione di tale misura concorre la guardia di finanza.

301. ***Delle misure di sicurezza patrimoniali. Confisca.*** — 1. Nei casi di contrabbando è sempre ordinata la confisca (240 c.p.) delle cose che servirono o furono destinate a commettere il reato e delle cose che ne sono l'oggetto ovvero il prodotto o il profitto.[1]

2. Sono in ogni caso soggetti a confisca i mezzi di trasporto a chiunque appartenenti che risultino adattati allo stivaggio fraudolento di merci ovvero contengano accorgimenti idonei a maggiorarne la capacità di carico o l'autonomia in difformità delle caratteristiche costruttive omologate o che siano impiegati in violazioni alle norme concernenti la circolazione o la navigazione e la sicurezza in mare.

3. Si applicano le disposizioni dell'art. 240 del c.p. se si tratta di mezzo di trasporto appartenente a persona estranea al reato qualora questa dimostri di non averne potuto prevedere l'illecito impiego anche occasionale e di non essere incorsa in un difetto di vigilanza.

4. Nel caso di vendita all'asta di mezzi di trasporto confiscati per il delitto di contrabbando, qualora l'aggiudicazione non abbia luogo al primo incanto, l'asta non può essere ripetuta e i mezzi esecutati vengono acquisiti al patrimonio dello Stato.

5. Le disposizioni del presente articolo si osservano anche nel caso di applicazione della pena su richiesta a norma del titolo II del libro VI del codice procedura penale.

5-*bis*. Nei casi di condanna o di applicazione della pena su richiesta a norma dell'articolo 444 del codice di procedura penale, per taluno dei delitti previsti dall'articolo 295, secondo comma, si applica l'articolo 240-*bis* del codice penale.[2]

[1] Con sent. n. 1 del 10 gen. 1997 la Corte cost. ha dichiarato l'ill. cost. del primo comma «nella parte in cui non consente alle persone estranee al reato di provare di aver acquistato la proprietà delle cose ignorando senza colpa l'illecita immissione di esse sul mercato».

[2] Comma ins. dall'art. 6, c. 6, D.lgs. 1 mar. 2018, n. 21.

301-*bis*. ***Destinazione di beni sequestrati o confiscati a seguito di operazioni anticontrabbando.***[1] — 1. I beni mobili iscritti in pubblici registri, le navi, le imbarcazioni, i natanti e gli aeromobili sequestrati nel corso di operazioni di polizia giudiziaria anticontrabbando, sono affidati dall'autorità giudiziaria in custodia giudiziale agli organi di polizia che ne facciano richiesta per l'impiego in attività di polizia; ovvero possono essere affidati ad altri organi dello Stato o ad altri enti pubblici non economici, per finalità di giustizia, di protezione civile o di tutela ambientale.

2. Gli oneri relativi alla gestione dei beni e all'assicurazione obbligatoria dei veicoli, dei natanti e degli aeromobili sono a carico dell'Ufficio o comando usuario.

3. Nel caso in cui non vi sia alcuna istanza di affidamento in custodia giudiziale ai sensi del comma 1, i beni sequestrati sono ceduti ai fini della loro distruzione, sulla base di apposite convenzioni. In caso di distruzione, la cancellazione dei veicoli dai pubblici registri è eseguita in esenzione da qualsiasi tributo o diritto, su richiesta dell'Amministrazione finanziaria. L'ispettorato compartimentale dei Monopoli di Stato e il ricevitore capo della dogana, competenti per territorio, possono stipulare convenzioni per la distruzione, in deroga alle norme sulla contabilità generale dello Stato, direttamente con una o più ditte del settore.

4. L'ispettorato compartimentale dei Monopoli di Stato o il ricevitore capo della dogana, prima di procedere all'affidamento in custodia giudiziale o alla distruzione dei beni mobili di cui ai commi 1 e 3, devono chiedere preventiva autorizzazione all'organo dell'autorità giudiziaria competente per il procedimento, che provvede entro trenta giorni dal ricevimento della richiesta.

5. Nel caso di dissequestro dei beni di cui al comma 1, per i quali si sia proceduto alla distruzione, all'avente diritto è corrisposta una indennità sulla base delle quotazioni di mercato espresse in pubblicazione specializzate, tenuto conto dello stato del bene al momento del sequestro.

6. I beni mobili di cui al comma 1, acquisiti dallo Stato a seguito di provvedimento definitivo di confisca, sono assegnati, a richiesta, agli organi o enti che ne hanno avuto l'uso. Qualora ali enti od organi non presentino richiesta di assegnazione i beni sono distrutti ai sensi del comma 3.

7. Sono abrogati i commi 5, 6 e 7 dell'art. 4 del D.lgs. 9 nov. 1990, n. 375.

8. Con decreto del Ministro delle finanze, di concerto con il Ministro della giustizia, emanato ai sensi dell'art. 17, comma 3, della legge 23 ago. 1988, n. 400, sono dettate le disposizioni di attuazione del presente articolo.

[1] Articolo così sost. dall'art. 1 lett. *b*) della L. 19 mar. 2001, n. 92.

CAPO II

Contravvenzioni ed illeciti amministrativi

302-322. (*Omissis*).

CAPO III

Disposizioni comuni al contrabbando, agli illeciti amministrativi ed alle contravvenzioni

323-328. (*Omissis*).

329. ***Obbligazione civile in dipendenza di delitti di contrabbando.*** — Quando il delitto di contrabbando sia commesso sulle navi, sugli aeromobili, sui veicoli di qualsiasi genere, nelle stazioni, sui treni, negli stabilimenti industriali e commerciali, negli esercizi pubblici o in altri luoghi aperti al pubblico, il capitano, il comandante, il vettore, il capostazione, il capotreno, l'ente o la persona da cui dipende il servizio o lo stabilimento, l'esercente o il proprietario, sono rispettivamente tenuti al pagamento di una somma pari all'ammontare della multa inflitta, se il condannato sia persona da essi dipendente o sottoposta alla loro autorità, direzione o vigilanza e risulti insolvibile.

Le persone e gli enti suddetti sono, inoltre, solidalmente responsabili con i condannati per il pagamento dei diritti dovuti.

Le precedenti disposizioni non si applicano:

a) quando il condannato è persona dipendente dallo Stato, da una provincia o da un comune o sia sottoposto alla loro autorità, direzione o vigilanza;

b) ai soprastanti all'esercizio di trasporti, per i delitti di contrabbando commessi dai viaggiatori.

330. ***Solidarietà di enti e privati - Conversione della pena.*** — Per il pagamento della somma indicata nell'articolo precedente, sono obbligati solidalmente: il capitano con l'armatore; il comandante dell'aeromobile con la società di navigazione o con il proprietario dell'apparecchio; il capostazione e il capotreno, per le linee gestite dall'industria privata, con la società concessionaria.

Qualora anche le persone e gli enti menzionati in questo articolo e nel precedente quali obbligati civilmente per il pagamento della multa, risultino insolvibili, si procede, contro il condannato, alla conversione della pena della multa in quella della reclusione, secondo le norme del c.p. (586 c.p.p.).

Si osservano, in quanto siano applicabili, le disposizioni del c.p.p. e della L. 7 gen. 1929, n. 4 relative alla citazione ed all'intervento delle persone o degli enti civilmente obbligati per le ammende inflitte a persone dipendenti.

331. ***Obbligazione civile in dipendenza di contravvenzioni doganali.*** — Ai fini dell'applicazione dell'art. 9 della L. 7 gen. 1929, n. 4, le persone rivestite dell'autorità o incaricate della direzione o vigilanza, sono tenute a far osservare ai loro dipendenti le disposizioni di questa legge, per la cui violazione è stabilita la pena dell'ammenda.

332. ***Casi di arresto.*** — Fermo quanto è disposto nel codice di procedura penale circa la libertà personale dell'imputato, il colpevole dei reati preveduti in questa legge è arrestato quando non è nota la sua identità, ovvero quando si tratta di straniero che non dà idonea cauzione o malleveria per il pagamento delle multe e delle ammende.[1]

La liberazione non può essere ordinata fino a che l'identità personale del colpevole non è stata accertata, o, trattandosi di straniero, fino a che questi non ha prestato la cauzione o la malleveria. Tuttavia, la detenzione del colpevole non può superare il massimo della pena stabilita dalla legge per il reato di cui è imputato, od i tre mesi quando contro di lui si procede per contravvenzione.[2]

Quando egli debba essere scarcerato ne è dato avviso alla autorità di pubblica sicurezza.

I provvedimenti relativi alla liberazione dell'arrestato spettano al Procuratore della Repubblica presso il tribunale nella cui circoscrizione il reato è stato accertato, se alla scarcerazione non deve provvedere altra autorità giudiziaria a norma del c.p.p.

L'Intendente di finanza e la dogana hanno obbligo di comunicare d'urgenza al Procuratore della Repubblica qualsiasi circostanza o qualsiasi atto o provvedimento, che possa influire sullo stato di detenzione del colpevole.

[1] Con sent. 18 lug. 1983, n. 21, la Corte cost. ha dichia-

rato l'ill. cost. del primo comma relativamente alle parole «ovvero quando si tratta di straniero che da' idonea cauzione o malleveria per il pagamento delle multe e delle ammende».

[2] Con sent. 18 lug. 1983, n. 21, la Corte cost. ha dichiarato l'ill. cost. del secondo comma relativamente alle parole «o, trattandosi di straniero, fino a che questi non ha pagato la cauzione o la malleveria».

333. ***Cose sequestrate.*** — Le cose sequestrate per reati preveduti dal presente T.U. sono prese in custodia dalla dogana più vicina al luogo del sequestro. Per assicurare l'identità e la conservazione di esse si osservano, in quanto applicabili, le norme di cui agli artt. 344, 345 e 346 del codice di procedura penale.[1]

Nei procedimenti per delitti, i provvedimenti relativi alla restituzione ed alla vendita delle cose sequestrate sono ordinati d'urgenza dall'autorità giudiziaria che procede alla istruzione od al giudizio e sono eseguiti dal ricevitore della dogana.

[1] V. ora artt. 259, 260, 261 del nuovo c.p.p.

334. ***Estinzione dei delitti di contrabbando punibili con la sola multa.*** — Per i delitti di contrabbando punibili con la sola pena della multa, l'amministrazione doganale può consentire che il colpevole effettui il pagamento, oltre che del tributo dovuto, di una somma non inferiore al doppio e non superiore al decuplo del tributo stesso, da determinarsi dall'amministrazione medesima.

Il pagamento della somma anzidetta e del tributo estingue il reato.

L'estinzione del reato non impedisce l'applicazione della confisca, la quale è disposta con provvedimento della amministrazione doganale.

335. ***Oblazione in materia contravvenzionale.***[1] — L'oblazione ai sensi dell'art. 13 della L. 7 gen. 1929, n. 4, è ammessa anche per le contravvenzioni, il cui massimo non supera euro 25,82. In questi casi l'amministrazione doganale può, quando ricorrano particolari circostanze, determinare la somma da pagare per l'estinzione del reato anche in misura inferiore al sesto del massimo dell'ammenda stabilita dalla legge, oltre al tributo.

Sulla domanda di oblazione a' sensi dell'art. 14 della legge predetta, è competente a provvedere l'amministrazione doganale qualunque sia la misura dell'ammenda, osservate, nel resto, le disposizioni della legge medesima.

[1] V. ora art. 39, quarto comma, della L. 24 nov. 1981, n. 689.

336. (*Omissis*).

337. (*Omissis*).

338. ***Obbligo del pagamento dei diritti doganali.*** — Il pagamento della multa o dell'ammenda non esime dall'obbligo del pagamento dei diritti doganali, salvo il caso in cui la merce oggetto del contrabbando sia stata sequestrata.

A tale pagamento è obbligato, solidalmente con il colpevole del contrabbando, anche il ricettatore.

339. ***Violazione dei divieti di importazione e di esportazione.*** — Le pene comminate dalle leggi speciali relative ai divieti di importazione e di esportazione si applicano senza pregiudizio di quelle stabilite dal presente T.U., quando il fatto sia anche punibile ai termini di esso.

340. ***Applicabilità delle disposizioni penali doganali ad alcune leggi speciali.*** — Le disposizioni di questo titolo sono applicabili anche alle violazioni in materia doganale delle leggi e decreti che non contemplino sanzioni particolari per le violazioni medesime.

341. ***Applicabilità delle disposizioni penali doganali ai delitti di contrabbando previsti dalla legge sui monopoli.*** — Ai fatti di contrabbando che abbiano per oggetto tabacchi di provenienza estera si applicano esclusivamente le disposizioni di questo titolo.[1]

[1] Il secondo comma dell'art. 341 è stato abrogato dall'art. 5 del D.L. 9 nov. 1990, n. 375, in vigore dal 12 gen. 1991.

342. ***Deroga legislativa espressa.*** — Le disposizioni degli artt. 293, 296, 297, 298, 300, 301, 329, 330 e 334 sono stabilite in deroga, rispettivamente degli artt. 56, 99, 102, 105, 229 n. 1, 240, 196, 197 e 205 del c.p. La disposizione dell'art. 337 è stabilita in deroga degli artt. 24 e 26 dello stesso codice. Le disposizioni degli artt. 335 e 336 sono, infine, stabilite in deroga degli artt. 13 e 46 della L. 7 gen. 1929, n. 4.

CONVENZIONI INTERNAZIONALI

- 1 -

L. 30 gen. 1963, n. 300

Convenzione europea di estradizione, firmata a Parigi il 13 dicembre 1957

(G.U. 28 mar. 1963, n. 84)[1]

[1] Traduzione non ufficiale. I testi facenti fede sono quelli indicati nella Convenzione. Per la modifica della Convenzione v. L. 9 giu. 1977, n. 628, e L. 18 ott. 1984, n. 755.

1. ***Obbligo di estradare.*** — Le Parti Contraenti s'impegnano a consegnarsi reciprocamente, secondo le norme ed alle condizioni determinate negli articoli seguenti, le persone che sono perseguite per un reato o ricercate per l'esecuzione di una pena o di una misura di sicurezza, dalle autorità giudiziarie della Parte richiedente.

2. ***Fatti che danno luogo all'estradizione.*** — 1. Daranno luogo a estradizione i fatti puniti, dalle leggi della Parte richiedente e della Parte richiesta, con una pena restrittiva della libertà e con una misura di sicurezza restrittiva della libertà nel massimo non inferiore ad un anno o con una pena più severa. Quando la condanna ad una pena è stata pronunciata o la misura di sicurezza è stata inflitta sul territorio della Parte richiedente, la sanzione pronunciata dovrà essere della durata di almeno quattro mesi.

2. Se la domanda di estradizione contempla più fatti distinti puniti ciascuno dalla legge della Parte richiedente e della Parte richiesta con una pena restrittiva della libertà o con una misura di sicurezza restrittiva della libertà, ma alcuni di essi non soddisfano le condizioni relative all'ammontare della pena, la Parte richiesta avrà la facoltà di accordare ugualmente l'estradizione per questi ultimi.

3. Qualsiasi Parte Contraente la cui legislazione non autorizzi l'estradizione per taluni dei reati previsti al paragrafo 1 del presente articolo potrà, per quanto la riguarda, escludere tali reati dal campo di applicazione della Convenzione.

4. Ogni Parte Contraente che vorrà avvalersi della facoltà prevista al paragrafo 3 del presente articolo, notificherà al Segretario Generale del Consiglio d'Europa, all'atto del deposito del proprio strumento di ratifica o di adesione, sia un elenco dei reati per i quali l'estradizione è autorizzata, sia un elenco dei reati per i quali l'estradizione è esclusa, indicando le disposizioni di legge che autorizzano od escludono l'estradizione. Il Segretario Generale del Consiglio comunicherà tali elenchi agli altri firmatari.

5. Se, in seguito, dalla legislazione di una Parte contraente altri reati vengano ad essere esclusi dalla estradizione, la Parte stessa notificherà tale esclusione al Segretario Generale che ne informerà gli altri firmatari. Questa notificazione avrà effetto alla scadenza di un termine di mesi tre a partire dalla data della ricezione di essa da parte del Segretario Generale.

6. Ogni Parte che si sarà avvalsa della facoltà prevista ai paragrafi 4 e 5 del presente articolo, potrà in ogni momento sottoporre all'applicazione della presente Convenzione reati che ne sono stati esclusi. Essa notificherà tali modifiche al Segretario Generale del Consiglio che le comunicherà agli altri firmatari.

7. Ogni Parte potrà applicare la regola della reciprocità per quanto concerne i reati esclusi dal campo di applicazione della Convenzione ai termini del presente articolo.

3. ***Reati politici.*** — 1. L'estradizione non sarà accordata se il reato per il quale è richiesta sia considerato dalla Parte richiesta come reato politico o come fatto connesso a reato di tale natura.

2. La stessa disposizione troverà applicazione qualora la Parte richiesta abbia seri motivi per ritenere che la domanda di estradizione, motivata da un reato di diritto comune, sia stata presentata allo scopo di perseguire o di punire una persona per considerazioni razziali, di religione, di nazionalità o di opinioni politiche, e che la situazione di detta persona rischi di essere aggravata da uno qualsiasi dei motivi suddetti.

3. Ai fini dell'applicazione della presente Convenzione, l'attentato alla vita di un Capo di Stato o di un membro della sua famiglia, non sarà considerato come reato politico.

4. L'applicazione del presente articolo non pregiudicherà gli obblighi che le Parti avranno assunto od assumeranno con ogni altra Convenzione internazionale di carattere multilaterale.

4. ***Reati militari.*** — L'estradizione per reati militari che non costituiscono reati di diritto comune non rientra nel campo di applicazione della presente Convenzione.

5. ***Reati fiscali.*** — In materia di tasse e imposte, di dogana, di cambio, l'estradizione sarà accordata, alle condizioni previste dalla presente Convenzione, solo se in tal senso sarà stato deciso dalle Parti Contraenti per ogni singolo reato o categoria di reati.

6. ***Estradizione dei nazionali.*** — 1. *a*) Ogni Parte Contraente avrà la facoltà di rifiutare la estradizione dei propri cittadini.

b) Ogni Parte Contraente potrà, mediante dichiarazione fatta all'atto della firma o del deposito del proprio strumento di ratifica o di adesione, definire, per quanto la riguarda, il termine «ressortissants (cittadini)» nel senso della presente Convenzione.

c) La qualità di «ressortissant» sarà valutata al momento della decisione sull'estradizione. Tuttavia se tale qualità non è riconosciuta che tra l'epoca della decisione e la data contemplata per la consegna, la Parte richiesta potrà ugualmente avvalersi della disposizione di cui al comma *a*) del presente paragrafo.

2. Se la Parte richiesta non proceda all'estradizione del proprio cittadino essa dovrà, su domanda della parte richiedente, sottoporre la questione alle autorità competenti onde consentire l'instaurazione, se del caso, di procedimenti giudiziari. A tale scopo, i fascicoli, gli atti istruttori e gli oggetti riguardanti il reato, saranno indirizzati gratuitamente nella forma prevista al paragrafo 1 dell'art. 12. La Parte richiedente sarà informata circa l'esito della richiesta.

7. ***Luogo di perpetrazione del reato.*** — 1. La Parte richiesta potrà rifiutare di estradare la persona reclamata per un reato che, secondo la propria legislazione, è stato commesso in tutto o in parte sul proprio territorio o in luogo assimilato al proprio territorio.

2. Qualora il reato che giustifica la domanda di estradizione sia stato commesso fuori del territorio della Parte richiedente, la estradizione potrà essere rifiutata solo nel caso in cui la legislazione della Parte richiesta non autorizzi il perseguimento di un reato della stessa indole commesso fuori dal suo territorio o non consenta l'estradizione per il reato oggetto della domanda.

8. ***Procedimenti in corso per gli stessi fatti.*** — Una parte richiesta potrà rifiutare l'estradizione di una persona reclamata se costei è oggetto da parte sua di procedimenti penali per il fatto od i fatti per i quali l'estradizione è domandata.

9. ***Non bis in idem.*** — L'estradizione non sarà accordata quando la persona richiesta è stata giudicata in forma definitiva dalle autorità competenti della Parte richiesta, per il fatto od i fatti per i quali l'estradizione è domandata. L'estradizione potrà essere rifiutata se le autorità competenti della Parte richiesta hanno deciso di non instaurare procedimenti o di porre fine ai procedimenti che esse hanno instaurato per il medesimo od i medesimi fatti.

10. ***Prescrizione.*** — L'estradizione non sarà accordata se, secondo la legislazione della Parte richiedente o della Parte richiesta, l'azione penale o la pena siano prescritte.

11. ***Pena capitale.*** — Se il fatto per il quale è domandata l'estradizione sia punito con la pena capitale dalla legge della Parte richiedente e se, in questo caso, detta pena non sia prevista dalla legislazione della Parte richiesta, oppure generalmente non venga eseguita, l'estradizione potrà essere accordata solo a condizione che la Parte richiedente dia assicurazioni, ritenute sufficienti dalla parte richiesta, che la pena capitale non sarà eseguita.

12. ***Richiesta e documenti giustificativi.*** — 1. La richiesta sarà redatta per iscritto ed inoltrata per via diplomatica. Un'altra via potrà essere seguita mediante accordo diretto tra due o più Parti.

2. A sostegno della richiesta si dovrà produrre:

a) l'originale o la copia autentica sia della sentenza di condanna esecutiva, sia del mandato di cattura o di qualsiasi altro atto avente la stessa efficacia, rilasciato nelle forme prescritte dalla legge della Parte richiedente;

b) una esposizione dei fatti per i quali l'estradizione viene richiesta. Il tempo e il luogo della loro consumazione, la loro qualificazione giuridica e i riferimenti alle disposizioni di legge loro applicabili saranno indicati con la massima possibile esattezza;

c) una copia delle disposizioni di legge applicabili o, nel caso che ciò non fosse possibile, una dichiarazione sulle norme applicabili, nonché i dati segnaletici più esatti che sia possibile della persona richiesta e qualsiasi altra informazione atta a determinare le sue identità e nazionalità.

13. ***Informazioni complementari.*** — Se le informazioni fornite dalla parte richiedente si rivelino insufficienti per consentire alla Parte richiesta di prendere una decisione in applicazione della presente Convenzione, quest'ultima Parte richiederà le informazioni complementari necessarie e potrà fissare un termine per ottenere tali informazioni.

14. ***Principio della specialità.*** — 1. La persona estradata non sarà perseguita, giudicata, arrestata in vista dell'esecuzione di una pena o di una misura di sicurezza, né sottoposta a qualsiasi altra restrizione della sua libertà personale, per un qualsiasi fatto anteriore alla consegna, diverso da quello che ha dato luogo all'estradizione, salvo che nei casi seguenti:

a) quando la Parte che l'ha estradata vi acconsenta. In tale caso si dovrà presentare una domanda corredata dai documenti, prescritti dall'art. 12 e da un processo verbale giudiziario contenente le dichiarazioni dell'estradato. Tale consenso verrà concesso quando il reato per il quale è richiesto comporta di per sè l'obbligo dell'estradizione in virtù della presente Convenzione;

b) allorquando, avendo avuto la possibilità di farlo, la persona estradata non abbia lasciato, entro i 45 giorni successivi al suo rilascio definitivo, il territorio della Parte alla quale è stata consegnata oppure se vi abbia fatto ritorno dopo averlo lasciato.

2. Tuttavia, la Parte richiedente potrà prendere le misure necessarie in vista sia di un eventuale allontanamento (renvoi) dal territorio, sia di una interruzione della prescrizione in conformità con la propria legislazione, ivi compreso il ricorso ad un procedimento contumaciale.

3. Allorquando la qualificazione data al fatto incriminato venga modificata nel corso del procedimento, la persona estradata non sarà perseguita o giudicata che nella misura in cui gli elementi costitutivi del reato così nuovamente qualificato consentano l'estradizione.

15. ***Riestradizione in un terzo Stato.*** — Salvo il caso previsto al paragrafo 1 comma *b*) dell'art. 14, il consenso della Parte richiesta sarà necessario per permettere alla Parte richiedente di consegnare ad un'altra Parte o ad un terzo Stato la persona che le sia stata consegnata e che sia ricercata dall'altra Parte o da un terzo Stato per dei reati precedenti alla consegna. La Parte richiesta potrà esigere la produzione dei documenti previsti al paragrafo 2 dell'art. 12.

16. ***Arresto provvisorio.*** — 1. In caso di urgenza, le autorità competenti della Parte richiedente potranno chiedere l'arresto provvisorio della persona ricercata; le autorità competenti della Parte richiesta decideranno su tale domanda in conformità con la legge di detta Parte.

2. Nella domanda di arresto provvisorio si darà atto all'esistenza di uno dei documenti previsti al paragrafo 2 comma *a*) dell'art. 12 e si preannuncerà l'inoltro di una richiesta di estradizione; la domanda menzionerà il reato per il quale sarà richiesta l'estradizione, l'epoca ed il luogo in cui è stato commesso nonché, per quanto possibile, i dati segnaletici della persona ricercata.

3. La domanda di arresto provvisorio sarà trasmessa alle autorità competenti della Parte richiesta o per via diplomatica o direttamente a mezzo posta o telegraficamente o mediante l'Organizzazione internazionale di Polizia criminale (Interpol), o con ogni altro mezzo purchè ne rimanga prova scritta o sia consentito dalla Parte richiesta. L'autorità richiedente sarà informata senza indugio dell'esito della sua domanda.

4. L'arresto provvisorio potrà cessare se, entro 18 giorni dall'arresto, la Parte richiesta non sia stata investita della domanda di estradizione e dei documenti di cui all'art. 12; la durata dell'arresto non potrà in ogni caso superare 40 giorni. Tuttavia in ogni tempo può farsi luogo alla concessione della libertà provvisoria, salvo per la Parte richiesta di prendere ogni misura che essa ritenga necessaria onde evitare la fuga della persona estradata.

5. La concessione della libertà provvisoria non osterà ad un nuovo arresto e all'estradizione qualora la domanda di estradizione pervenga successivamente.

17. ***Concorso di richieste.*** — Se l'estradizione sia richiesta in concorso da più Stati o per uno stesso fatto, o per fatti diversi, la Parte richiesta deciderà, tenuto conto di tutte le circostanze ed in particolare della relativa gravità e del luogo ove i reati sono stati perpetrati, delle rispettive date delle domande, della nazionalità della persona estradanda, della possibilità di una ulteriore estradizione ad un altro Stato.

18. ***Consegna dell'estradato.*** — 1. La Parte richiesta comunicherà alla Parte richiedente nelle forme previste al paragrafo 1 dell'art. 12, la sua decisione in merito all'estradizione.

2. Qualsiasi rigetto totale o parziale sarà motivato.

3. In caso di accoglimento, la Parte richiedente sarà informata del luogo e della data di consegna, nonché della durata della detenzione subita in vista dell'estradizione della persona estradanda.

4. Con riserva del caso previsto al paragrafo 5 del presente articolo, se la persona richiesta non sia stata presa in consegna alla data fissata, potrà essere posta in libertà allo scadere del quindicesimo giorno a partire da tale data e sarà in ogni caso posta in libertà allo scadere di 30 giorni. La Parte richiesta potrà rifiutarsi di estradarla per lo stesso fatto.

5. In caso di forza maggiore che impedisca la consegna e la ricezione dalla persona da estradare la Parte interessata ne informerà l'altra Parte; le due Parti si accorderanno su una nuova data di consegna e saranno applicabili le disposizioni del paragrafo 4 del presente articolo.

19. ***Consegna rimandata o condizionata.*** — 1. La Parte richiesta potrà, dopo aver deciso sulla domanda di estradizione, rimandare la consegna della persona richiesta perchè possa essere da essa perseguita o, se è già stata condannata perchè possa espiare, sul suo territorio, la pena inflittale per un fatto diverso da quello per cui l'estradizione è richiesta.

2. Invece di rimandare la consegna, la Parte richiesta potrà consegnare temporaneamente alla Parte richiedente la persona richiesta alle condizioni che saranno stabilite di comune accordo tra le Parti.

20. ***Consegna di oggetti.*** — 1. Su domanda della Parte richiedente, la Parte richiesta sequestrerà e consegnerà, nella misura consentita dalla propria legislazione, gli oggetti:

a) che possono costituire mezzo di prova, o

b) che, provenienti dal reato, siano stati trovati, al momento dell'arresto, in possesso della persona richiesta o scoperti successivamente.

2. La consegna degli oggetti di cui al paragrafo 1 del presente articolo, sarà effettuata anche nel caso in cui l'estradizione già concessa non abbia potuto aver luogo a causa della morte o dell'evasione della persona da estradare.

3. Quando i suddetti oggetti sono suscettibili di sequestro o di confisca sul territorio della Parte richiesta, quest'ultima potrà, ai fini di un procedimento penale in corso, trattenerli temporaneamente o consegnarli a condizione che vengano restituiti.

4. Restano comunque salvi i diritti che la Parte richiesta o terzi abbiano acquisito su tali oggetti.

Se tali diritti esistano, gli oggetti saranno, al termine del processo, restituiti al più presto possibile e senza spese alla Parte richiesta.

21. (*Omissis*).

22. ***Procedura.*** — Salvo disposizione contraria

della presente Convenzione, la legge della Parte richiesta è la sola applicabile alla procedura di estradizione come a quella dell'arresto provvisorio.

23. ***Lingue da usare.*** — Gli atti da produrre saranno redatti sia nella lingua della Parte richiedente, sia in quella della Parte richiesta. Quest'ultima potrà richiedere una traduzione nella lingua ufficiale del Consiglio di Europa che essa sceglierà.

24. ***Spese.*** — 1. Le spese derivanti dall'estradizione sul territorio della Parte richiesta, saranno a carico di quest'ultima.

2. Le spese relative al transito sul territorio della Parte richiesta del transito saranno a carico della Parte richiedente.

3. Nel caso di estradizione da un territorio non metropolitano della Parte richiesta, le spese relative al trasporto da questo territorio al territorio metropolitano della Parte richiedente saranno a carico di quest'ultima. Lo stesso avverrà per le spese derivanti dal trasporto tra il territorio non metropolitano della Parte richiesta ed il territorio metropolitano di essa.

25. ***Definizione di «misure di sicurezza».*** — Agli effetti della presente Convenzione, l'espressione «misure di sicurezza» designa qualsiasi misura restrittiva della libertà personale ordinata in aggiunta o in sostituzione di una pena, con sentenza di una giurisdizione penale.

26. ***Riserve.*** — 1. Ogni Parte Contraente potrà al momento della firma della presente Convenzione o del deposito del proprio strumento di ratifica o di adesione, formulare una riserva in merito a una o più disposizioni determinate della Convenzione.

2. Ciascuna Parte Contraente che avrà formulato una riserva vi rinuncerà non appena le circostanze lo consentiranno. Il ritiro delle riserve sarà fatto mediante notificazione indirizzata al Segretario Generale del Consiglio d'Europa.

3. Una Parte Contraente che abbia formulato una riserva in merito ad una disposizione della Convenzione non potrà pretendere che un'altra Parte applichi tale disposizione se non nella misura in cui essa stessa l'abbia accettata.

27. (*Omissis*).

28. ***Rapporto tra la presente Convenzione e gli accordi bilaterali.*** — 1. La presente Convenzione abroga, per quanto concerne i territori ai quali si applica, le disposizioni che nei trattati, convenzioni o accordi bilaterali regolano, tra due Parti, la materia dell'estradizione.

2. Le Parti Contraenti non potranno concludere tra loro accordi bilaterali o multilaterali se non per completare le disposizioni della presente Convenzione o per facilitare l'applicazione di principi in essa contenuti.

3. Qualora, fra due o più Parti Contraenti si applichi l'estradizione sulla base d'una legislazione uniforme, le Parti avranno la facoltà di regolare i loro mutui rapporti in materia di estradizione basandosi esclusivamente su tale legislazione nonostante le disposizioni della presente Convenzione. Lo stesso principio sarà applicabile tra due o più Parti Contraenti di cui ciascuna abbia in vigore una legge che preveda l'esecuzione sul proprio territorio di mandati d'arresto emessi sul territorio dell'altra o delle altre Parti. Le Parti Contraenti che escludono o escluderanno dai loro reciproci rapporti l'applicazione della presente Convenzione, conformemente alle disposizioni del presente paragrafo, dovranno indirizzare a tale scopo una notificazione al Segretario Generale del Consiglio di Europa. Questi comunicherà alle altre Parti Contraenti ogni notificazione ricevuta ai sensi del presente paragrafo.

29-32. (*Omissis*).

- 2 -

L. 16 mag. 1977, n. 305

Ratifica ed esecuzione della Convenzione europea sulla validità internazionale dei giudizi repressivi, adottata a L'Aja il 28 maggio 1970

(G.U. 16 giu. 1977, n. 163, Suppl.)[1]

[1] Traduzione non ufficiale. I testi facenti fede sono quelli indicati nella Convenzione.

PARTE I
DEFINIZIONI

1. Ai fini della presente Convenzione:

a) «sentenza penale europea» significa qualsiasi decisione definitiva pronunciata da un tribunale penale di uno Stato Contraente a seguito di un procedimento penale;

b) «reato» comprende, oltre agli interessi contemplati dal codice penale, quelli considerati ai sensi delle disposizioni legali elencate nell'Allegato II alla presente Convenzione, a condizione che, qualora tali disposizioni attribuiscono la competenza ad un'autorità amministrativa, alla persona interessata venga data l'opportunità di sottoporre il caso al giudizio di un tribunale;

c) «condanna» significa l'imposizione di una pena;

d) «pena» significa qualsiasi pena o altro provvedimento espressamente imposto ad una persona, a seguito di un reato, in una sentenza penale europea o in un'ordinanza penale;

e) «decadenza» significa qualsiasi privazione o sospensione di un diritto, ogni interdizione o incapacità;

f) «condanna in contumacia» significa qualsiasi decisione considerata come tale ai sensi del paragrafo 2 dell'art. 21;

g) «ordinanza penale» significa una qualsiasi delle decisioni pronunciate in un altro Stato Contraente ed elencate nell'Allegato III alla presente Convenzione.

PARTE II
ESECUZIONE DELLE SENTENZE PENALI EUROPEE

SEZIONE 1
Disposizioni generali

a) *Condizioni generali di esecuzione*

2. La presente parte si applica a:

a) pene che comportano la privazione della libertà;

b) ammende o confische;

c) decadenza di diritti.

3. 1. Uno Stato Contraente avrà - in quei casi e a quelle condizioni stabilite nella presente Convenzione - la competenza di applicare una pena imposta in un altro Stato Contraente e che sia applicabile in quest'ultimo.

2. Questa competenza può essere esercitata solo su richiesta da parte dell'altro Stato Contraente.

4. 1. Un altro Stato Contraente non applicherà la pena salvo nel caso in cui, ai sensi della sua legislazione, l'atto, a seguito del quale è stata imposta la pena, sia considerato un reato, se commesso sul suo territorio, e la persona, cui è stata imposta la pena, sia soggetta a pena se l'atto fosse stato commesso sul suo territorio.

2. Qualora la sentenza si riferisca a due o più reati, non tutti in grado di soddisfare i requisiti di cui al paragrafo 1, lo Stato che emana la sentenza dovrà specificare quali pene si applicano a reati che soddisfino tali requisiti.

5. Lo Stato che emana la sentenza può chiedere ad un altro Stato Contraente di applicare la pena solo se una, o più, delle seguenti condizioni sono soddisfatte:

a) se la persona condannata ha la sua residenza abituale nell'altro Stato;

b) se l'applicazione della pena nell'altro Stato è suscettibile di migliorare le prospettive di riabilitazione sociale della persona condannata;

c) se, nel caso di pena privativa della libertà, la pena possa essere applicata a seguito dell'applicazione di un'altra pena privativa della libertà che la persona condannata subisce o deve subire nell'altro Stato;

d) se l'altro Stato è lo Stato di origine della persona condannata e si è dichiarato disposto ad assumersi la responsabilità dell'esecuzione di tale pena;

e) se esso ritiene di non poter esso stesso procedere all'esecuzione della pena, anche ricorrendo all'estradizione, e che lo possa l'altro Stato.

6. L'esecuzione richiesta, in conformità alle disposizioni che precedono, non può essere rifiutata, in parte o interamente, salvo nel caso in cui:

a) l'esecuzione sia contraria ai principi fondamentali del sistema giuridico dello Stato richiesto;

b) lo Stato richiesto consideri il reato per il quale è stata pronunciata la condanna come avente natura politica o puramente militare;

c) lo Stato richiesto ritenga vi siano fondati motivi per credere che la condanna sia stata provocata o aggravata da considerazioni di razza, religione, nazionalità o di opinioni politiche;

d) l'esecuzione sia contraria agli impegni internazionali dello Stato richiesto;

e) l'atto sia già oggetto di procedimento nello Stato richiesto o se lo Stato richiesto decide di istruire un processo per lo stesso atto;

f) le autorità competenti dello Stato richiesto abbiano deciso di non avviare il procedimento per lo stesso atto, o di annullarlo se è già in corso;

g) l'atto sia stato commesso al di fuori del territorio dello Stato richiedente;

h) lo Stato richiesto non sia in grado di eseguire la condanna;

i) la richiesta si basi sull'art. 5 *e*) e non soddisfi nessuna delle altre condizioni specificate in quell'articolo;

j) lo Stato richiesto ritenga che lo Stato richiedente sia in grado di eseguire esso stesso la condanna;

k) l'età della persona condannata, al tempo del reato, sia stata tale da non permetterne il processo nello Stato richiesto;

l) la pena non possa essere applicata perchè, ai sensi della legislazione dello Stato richiesto, caduta in prescrizione;

m) nel caso e nella misura in cui tale condanna imponga una decadenza di diritti.

7. Una richiesta di esecuzione non verrà eseguita, qualora la sua esecuzione fosse contraria ai principi riconosciuti nelle disposizioni della Sezione 1 della Parte IIdella presente Convenzione.

b) *Effetti del trasferimento dell'esecuzione*

8. Ai fini dell'art. 6, paragrafo 1 e della riserva citata nel punto *c*) dell'Allegato I alla presente Convenzione, qualsiasi atto che interrompa o sospenda la prescrizione, attuato in modo valido dalle autorità dello Stato che ha emanato la sentenza, sarà considerato dallo Stato richiesto come se avesse prodotto lo stesso effetto ai fini del computo della prescrizione secondo le proprie leggi.

9. 1. Una persona condannata, detenuta nello Stato richiedente, che sia stata trasferita nello Stato richiesto al fine dell'esecuzione della condanna non sarà processata, condannata o detenuta allo scopo di eseguire una condanna o un ordine di detenzione relativi a qualsiasi reato commesso precedentemente al suo trasferimento, se non per il reato per il quale è stata imposta la condanna da eseguirsi, né può, per qualsiasi altro motivo, subire limitazioni della sua libertà personale, salvo che nei seguenti casi:

a) se lo Stato che lo ha trasferito vi consente. Una richiesta di consenso dovrà essere all'uopo presentata, corredata di tutti i documenti pertinenti e di un verbale processuale di qualsiasi dichiarazione resa dalla persona detenuta riguardo al reato in questione. Il consenso verrà dato quando il reato per cui è richiesto è di per sè oggetto ad estradizione ai sensi della legislazione dello Stato che richiede l'esecuzione o quando l'estradizione sarebbe esclusa solo a motivo della consistenza della pena;

b) se la persona condannata, avendo avuto la possibilità di lasciare il territorio dello Stato in cui è stata trasferita, non lo abbia fatto entro 45 giorni dalla fine della sua detenzione, o se ha fatto ritorno in quel territorio dopo averlo lasciato.

2. Lo Stato richiesto dall'esecuzione della condanna può, tuttavia, adottare qualsiasi misura necessaria per trasferire la persona dal suo territorio, o qualsiasi misura necessaria in base alle sue leggi, ivi incluso un processo in contumacia, per evitare qualsiasi effetto legale di prescrizione.

10. 1. L'esecuzione sarà regolata dalle leggi dello Stato richiesto e tale Stato sarà competente a prendere tutte le decisioni adeguate, quali quelle relative alla libertà condizionale.

2. Soltanto lo Stato richiedente avrà il diritto di decidere in merito a qualsiasi domanda di revisione della condanna.

3. Entrambi gli Stati possono esercitare il diritto di amnistia o di grazia.

11. 1. Dal momento in cui lo Stato che ha emanato la sentenza ne ha chiesto l'esecuzione non può più dare avvio, esso stesso, all'esecuzione della condanna che sia oggetto di tale richiesta. Lo Stato che ha emanato la sentenza può, tuttavia, dare avvio all'esecuzione di una condanna che comporti la privazione della libertà, qualora la persona condannata sia già detenuta nel territorio di tale Stato al momento della presentazione della richiesta.

2. Il diritto di esecuzione verrà riattribuito allo Stato richiedente:

a) se esso ritira la sua richiesta prima che lo Stato richiesto lo abbia informato circa la sua intenzione di intraprendere un'azione relativamente alla richiesta;

b) se lo Stato richiesto notifica un rifiuto di dar corso alla richiesta;

c) se lo Stato richiesto rinuncia espressamente al suo diritto di dare esecuzione. Tale rinuncia sarà possibile solo se entrambi gli Stati interessati ne convengono, o se non è più possibile l'esecuzione nello Stato richiesto. In quest'ultimo caso, una rinuncia fatta dallo Stato richiesto sarà vincolante.

12. 1. Le competenti autorità dello Stato richiesto cesseranno l'esecuzione non appena vengano a conoscenza di qualsiasi grazia, amnistia o domanda di revisione della sentenza, o di qualsiasi altra decisione in forza di cui la pena essa di essere eseguibile. Lo stesso dicasi rispetto all'esecuzione di una ammenda quando la persona condannata l'abbia pagata all'autorità competente dello Stato richiedente.

Lo Stato richiedente dovrà, senza indugio, informare lo Stato richiesto circa qualsiasi decisione o atto procedurale adottati nel suo territorio che provochino la decadenza dell'esecuzione, in conformità con quanto previsto al paragrafo che precede.

c) *Disposizioni varie*

13. 1. Il transito attraverso il territorio di uno Stato Contraente di una persona detenuta, che debba essere trasferita in un terzo Stato Contraente in applicazione della presente Convenzione, verrà concesso su richiesta dello Stato in cui la persona è detenuta. Lo Stato di transito può chiedere che gli venga fornito qualsiasi documento appropriato prima di prendere una decisione in merito alla richiesta. La persona che dovrà essere trasferita resterà in custodia nel territorio dello Stato di transito, salvo che lo Stato da cui viene trasferita non ne richieda il rilascio.

2. Ad eccezione dei casi in cui il trasferimento viene richiesto in base all'art. 34, qualsiasi Stato Contraente può rifiutare il transito:

a) in base ai motivi citati all'art. 6 *b*) e *c*);

b) in base al fatto che la persona di cui trattasi è un suo cittadino.

3. Se si ricorre al trasporto aereo, si applicheranno le seguenti disposizioni:

a) ove non sia previsto un atterraggio, lo Stato da cui la persona deve essere trasferita può notificare allo Stato, il cui territorio verrà sorvolato, che la persona di cui trattasi viene trasferita in applicazione della presente Convenzione. Nel caso di un atterraggio imprevisto, tale notifica avrà l'effetto di una richiesta di arresto provvisorio come disposto nell'art. 32, paragrafo 2, e dovrà essere presentata una richiesta formale di transito;

b) ove sia previsto un atterraggio, verrà presentata una richiesta formale di transito.

14. Gli Stati Contraenti rinunceranno a chiedersi reciprocamente il rimborso di qualsiasi spesa derivante dall'applicazione della presente Convenzione.

SEZIONE 2

Richieste di esecuzione

15. 1. Tutte le richieste specificate nella presente Convenzione dovranno essere presentate per iscritto. Queste, e tutte le comunicazioni necessarie per l'applicazione della presente Convenzione, dovranno essere inviate o da parte del Ministero di Giustizia dello Stato richiedente al Ministero della

Giustizia dello Stato richiesto; oppure, ove gli Stati Contraenti lo concordino, direttamente da parte delle autorità dello Stato richiedente alle autorità dello Stato richiesto. Esse saranno restituite attraverso lo stesso canale.

2. Nei casi urgenti, le richieste e le comunicazioni possono essere inviate attraverso l'Organizzazione Internazionale di Polizia Criminale (INTERPOL).

3. Qualsiasi Stato Contraente può, con una dichiarazioine indirizzata al Segretario Generale del Consiglio d'Europa, notificare la sua intenzione di adottare altre regole rispetto alle comunicazioni di cui al paragrafo 1 del presente articolo.

16. La richiesta di esecuzione sarà corredata dell'originale, o di una copia autenticata, della decisione di cui viene chiesta l'esecuzione e di tutti gli altri documenti necessari. L'originale, o la copia autenticata, di tutto o parte del fascicolo processuale verrà inviata allo Stato richiesto, su sua domanda. L'autorità competente dello Stato richiedente dovrà certificare la pena eseguibile.

17. Qualora lo Stato richiesto consideri che le informazioni fornitegli dallo Stato richiedente non siano adeguate per permettergli di applicare la presente Convenzione, esso richiederà le ulteriori informazioni necessarie. Esso può anche fissare un termine per il ricevimento di tali informazioni.

18. 1. Le autorità dello Stato richiesto informeranno senza indugio le autorità dello Stato richiedente di aver dato corso alla richiesta di esecuzione.

2. Le autorità dello Stato richiesto dovranno, qualora fosse opportuno, trasmettere a quelle dello Stato richiedente un documento che certifichi che la pena è stata eseguita.

19. 1. Subordinatamente a quanto disposto al paragrafo 2 del presente articolo, non verrà richiesta alcuna traduzione delle richieste né dei documenti che le accompagnino.

2. Qualsiasi Stato Contraente può, al momento della firma o del deposito dei suoi strumenti di ratifica, accettazione o adesione, per mezzo di una dichiarazione indirizzata al Segretario Generale del Consiglio d'Europa, riservarsi il diritto di chiedere che le richieste e i documenti ad esse inerenti siano accompagnati da una traduzioine nella sua propria lingua o in una delle lingue ufficiali del Consiglio d'Europa, o in quella lingua che esso stesso indicherà. Gli altri Stati Contraenti possono invocare la reciprocità.

3. Il presente articolo non comporterà alcun pregiudizio alle disposizioni concernenti la traduzione delle richieste e dei documenti ad esse inerenti che possono essere contenute in accordi o intese attualmente in vigore o che possano essere conclusi tra due o più Stati Contraenti.

20. Le prove e i documenti trasmessi, in applicazione della presente Convenzione, non hanno bisogno di essere autenticati.

SEZIONE 3
Condanne in contumacia e ordinanze penali

21. 1. Salvo che sia diversamente disposto nella presente Convenzione, l'esecuzione di condanne in contumacia e di ordinanze penali sarà soggetta alle stesse norme di esecuzione delle altre sentenze.

2. Salvo per quanto disposto al paragrafo 3, una condanna in contumacia, ai fini della presente Convenzione, significa qualsiasi sentenza emanata da un tribunale in uno degli Stati Contraenti a seguito di un procedimento penale durante le cui udienze la persona condannata non era presente.

3. Senza alcun pregiudizio per quanto disposto agli artt. 25, paragrafo 2, 26 paragrafo 2 e 29, le seguenti sentenze verranno considerate emanate avendo ascoltato l'imputato:

a) qualsiasi condanna in contumacia e qualsiasi ordinanza penale che siano state confermate o pronunciate nello Stato che ha emanato la sentenza a seguito dell'opposizione della persona condannata;

b) qualsiasi condanna in contumacia emessa in appello, a condizione che l'appello contro la sentenza del tribunale di prima istanza sia stato presentato dalla persona condannata.

22. Ogni condanna in contumacia e ogni ordinanza penale che non siano ancora stati oggetto di appello o d'opposizione possono, non appena siano state pronunciate, essere trasmesse allo Stato richiesto al fine di notifica ed eventuale esecuzione.

23. 1. Qualora lo Stato richiesto ritenga opportuno intraprendere un'azione in merito alla richiesta per eseguire una ordinanza in contumacia o un'ordinanza penale, occorrerà notificare personalmente la persona condannata della decisione pronunciata nello Stato richiedente.

2. L'atto di notifica della persona condannata dovrà anche contenere le seguenti informazioni:

a) che è stata presentata una richiesta d'esecuzione in conformità alla presente Convenzione;

b) che la sola strada cui potrà far ricorso è un'opposizione, come previsto all'art. 24 della presente Convenzione;

c) che l'opposizione deve essere inoltrata a quell'autorità che sarà specificata, e che tale opposizione, al fine di poter essere accettata, dovrà conformarsi alle disposizioni dell'art. 24 della presente Convenzione, e che la persona condannata può chiedere di essere ascoltata dalle autorità dello Stato che ha emanato la sentenza;

d) che, ove non venisse inoltrata alcuna opposizione entro i termini stabiliti, la sentenza, al fine della completa applicazione della presente Convenzione, verrà considerata come emanata dopo aver ascoltato l'imputato.

3. Una copia della notifica dovrà essere inviata

immediatamente all'autorità che ne ha richiesto l'esecuzione.

24. 1. Dopo che sia stata notificata la denuncia, in conformità all'art. 23, la sola strada cui potrà far ricorso la persona condannata sarà l'opposizione. Tale opposizione verrà esaminata, a scelta della persona condannata, o dal tribunale competente nello Stato richiedente o da quello nello Stato richiesto. Qualora la persona condannata non esprima alcuna scelta, l'opposizione verrà esaminata dal tribunale competente nello Stato richiesto.

2. Per i casi specificati al paragrafo precedente, l'opposizione verrà accolta, se inoltrata all'autorità competente dello Stato richiesto, entro 30 giorni dalla data in cui è stata redatta la notifica. Questo periodo verrà calcolato in conformità alle pertinenti norme della legislazione dello Stato richiesto. L'autorità competente di tale Stato dovrà notificare senza indugi all'autorità che ha presentato la richiesta di esecuzione.

25. 1. Se l'opposizione è esaminata nello Stato richiedente, la persona verrà chiamata a comparire in tale Stato nel nuovo dibattimento del caso. Il mandato di comparizione dovrà esserle recapitato almeno 21 giorni prima della data della nuova udienza. Tale periodo può essere ridotto con consenso della persona condannata. Il nuovo dibattimento verrà tenuto presso il tribunale competente nello Stato richiedente e in conformità alla procedura di tale Stato.

2. Se la persona condannata non dovesse comparire o non fosse rappresentata, in conformità con le leggi dello Stato richiedente, il tribunale dichiarerà l'opposizione nulla e priva di effetti e la sua decisione sarà comunicata all'autorità competente dello Stato richiesto. La stessa procedura verrà seguita nel caso in cui il tribunale respingesse l'opposizione. In entrambi i casi, la condanna in contumacia e l'ordinanza penale verranno considerate, ai fini della completa applicazione della presente Convenzione, come emanate dopo aver ascoltato l'imputato.

3. Se la persona condannata compare di persona o è rappresentata, conformemente alle leggi dello Stato richiedente, e se l'opposizione viene accolta, la richiesta di esecuzione verrà considerata nulla e priva di effetti.

26. 1. Se l'opposizione è esaminata nello Stato richiesto, la persona condannata verrà chiamata a comparire in quello Stato nel nuovo dibattimento del caso. Il mandato di comparizione dovrà esserle recapitato personalmente almeno 21 giorni prima della data dell'udienza. Questo termine può essere ridotto con il consenso della persona condannata. Il nuovo dibattimento verrà tenuto dinanzi al tribunale competente nello Stato richiesto, e in conformità alla procedura di tale Stato.

2. Se la persona condannata non dovesse comparire o non fosse rappresentata, in conformità con le leggi dello Statorichiesto, il tribunale dichiarerà l'opposizione nulla e priva di effetti. In tal caso, e se il tribunale respingesse l'opposizione, la condanna in contumacia e l'ordinanza penale verranno considerate, ai fini della completa applicazione della presente Convenzione, come emanate dopo aver ascoltato l'imputato.

3. Se la persona condannata compare di persona o è rappresentata, conformemente alle leggi, dello Stato richiesto, e se l'opposizione viene accolta, l'atto verrà giudicato come se fosse stato commesso in tale Stato. Tuttavia qualora l'azione penale fosse caduta in prescrizione, non sarà possibile esaminare il caso. La sentenza pronunciata nello Stato richiedente verrà considerata nulla e priva di effetto.

4. Qualsiasi azione al fine di intentare un processo o di istruirlo, intrapresa nello Stato che ha emanato la sentenza, in conformità alle sue leggi e regolamenti, avrà lo stesso valore nello Stato richiesto come se fosse stata intrapresa dalle autorità di tale Stato, a condizione che l'assimilazione non attribuisca a tali azioni una forza probante superiore a quella che terrà nello Stato richiedente.

27. Al fine dell'introito di un'opposizione e della susseguente procedura, la persona condannata in contumacia o con una ordinanza penale avrà diritto all'assistenza legale nei casi e alle condizioni prescritti dalla legge dello Stato richiesto e, ove opportuno, da quelle dello Stato richiedente.

28. Ogni decisione giudiziaria emanata ai sensi dell'art. 26, paragrafo 3 e la relativa esecuzione sarà regolata esclusivamente dalle leggi dello Stato richiesto.

29. Se la persona condannata in contumacia o con una ordinanza penale non fa opposizione, la decisione, ai fini della completa applicazione della presente Convenzione, verrà ritenuta essere stata emanata avendo ascoltato l'imputato.

30. Le disposizioni delle legislazioni nazionali saranno applicabili in materia di ristabilimento nella situazione antecedente, se la persona condannata, per motivi indipendenti dalla sua volontà, ha mancato di rispettare le scadenze fissate negli artt. 24, 25 e 26 o di comparire personalmente all'udienza fissata per il nuovo esame del caso.

SEZIONE 4
Norme transitorie

31. Qualora la persona condannata si trovi nello Stato richiedente dopo il ricevimento della notifica dell'accettazione della sua richiesta di esecuzione di una condanna che comporti la privazione della libertà, tale Stato può, ove lo ritenga necessario al fine di assicurare l'esecuzione, arrestarla in vista del suo trasferimento ai sensi delle disposizioni dell'art. 43.

32. 1. Quando lo Stato richiedente ha chiesto l'esecuzione, lo Stato richiesto può arrestare la persona condannata:

a) se, in conformità alle leggi dello Stato richiesto, il reato è tale da autorizzare la detenzione preventiva; e

b) se sussiste il pericolo di latitanza o, nel caso diuna condanna in contumacia, il pericolo di occultamento di prove.

2. Quando lo Stato richiedente annuncia la sua intenzione di chiedere l'esecuzione, lo Stato richiesto può, su domanda dello Stato richiedente, procedere all'arresto della persona condannata, a condizione che siano soddisfatti i requisiti di cui ai commi *a*) e *b*) del paragrafo precedente. La suddetta domanda dovrà dichiarare il reato che ha implicato la condanna e il tempo e luogo della sua perpetrazione, e dovrà contenere una descrizione la più accurata possibile della persona condannata. Dovrà inoltre contenere una breve dichiarazione dei fatti sui quali si basa la condanna.

33. 1. La persona condannata sarà trattenuta in custodia, in conformità alle leggi dello Stato richiesto; le leggi di tale Stato detteranno anche le condizioni in base alle quali la persona potrà essere posta in libertà.

2. La persona detenuta dovrà in ogni caso essere rimessa in libertà:

a) dopo un periodo di detenzione pari a quello inflitto con la condanna;

b) se è stato arrestato conformemente all'art. 32, paragrafo 2, e lo Stato richiesto non ha ricevuto, entro 18 giorni dalla data dell'arresto, la richiesta corredata dei documenti specificati all'art. 16.

34. 1. Una persona detenuta nello Stato richiesto, in conformità all'art. 32, e che sia convocata a comparire dinanzi al tribunale competente nello Stato richiedente conformemente all'art. 25 a seguito dell'opposizione che questa ha inoltrato, verrà trasferita a tale scopo nel territorio dello Stato richiedente.

2. Dopo il trasferimento, tale persona non verrà detenuta dallo Stato richiedente se si soddisfa la condizione posta all'art. 33, paragrafo 2 *a*), o se lo Stato richiedente non chiede l'esecuzione di una nuova condanna. La persona trasferita sarà prontamente rinviata nello Stato richiesto, salvo che sia rimessa in libertà.

35. 1. Una persona citata a comparire dinanzi a un tribunale competente dello Stato richiedente a seguito dell'opposizione da questa inoltrata non verrà perseguita, condannata o detenuta in vista dell'esecuzione di una condanna o ordine di detenzione né subirà limitazioni alla sua libertà per qualsiasi altro motivo relativamente a qualsiasi atto o reato che sia avvenuto prima della sua partenza dal territorio dello Stato richiesto e che non sia specificata nel mandato di comparizione, salvo che la persona non vi consenta espressamente per iscritto. Nel caso citato all'art. 34, paragrafo 1, una copia della dichiarazione di consenso dovrà essere inviata allo Stato da cui è stata trasferita.

2. Gli effetti previsti al paragrafo precedente cesseranno qualora la persona citata a comparire, avendo avuto la possibilità di farlo, non abbia lasciato il territorio dello Stato richiedente entro 15 giorni successivi alla data della decisione emanata a conclusione dell'udienza per la quale era stato citato a comparire, o qualora la persona ritorni in quel territorio dopo averlo lasciato senza che sia stata nuovamente citata a comparire.

36. 1. Se lo Stato richiedente ha chiesto l'esecuzione di una confisca di proprietà, lo Stato richiesto può procedere alla confisca temporanea della proprietà in oggetto, a condizione che le sue leggi prevedano la confisca per atti simili.

2. La confisca verrà effettuata in conformità alle leggi dello Stato richiesto che determinerà anche le condizioni nelle quali la confisca potrà essere rimessa.

SEZIONE 5
Esecuzione delle pene

a) *Clausole generali*

37. Una pena inflitta nello Stato richiedente non sarà eseguita nello Stato richiesto salvo che in virtù di una decisione del tribunale dello Stato richiesto. Ciascuno Stato Contraente può, tuttavia, attribuire ad altre autorità il potere di prendere tali decisioni se la pena da eseguirsi è costituita solo da un'ammenda o una confisca e se tali decisioni sono suscettibili di appello a un tribunale.

38. Il caso dovrà essere portato dinanzi al tribunale o all'autorità che ne abbia i poteri ai sensi dell'art. 37, se lo Stato richiesto ritiene opportuno intraprendere un'azione in merito alla richiesta di esecuzione.

39. 1. Prima che un tribunale emetta una decisione circa una richiesta di esecuzione, la persona condannata dovrà avere la possibilità di dichiarare i suoi punti di vista. Dietro domanda, egli sarà ascoltato dal tribunale o per il tramite di lettere rogatorie o di persona. Una udienza di persona deve essere concessa in base ad espressa richiesta in tal senso presentata dall'imputato.

2. Il tribunale può, tuttavia, decidere circa l'accettazioine della richiesta di esecuzione in assenza di una persona condannata che abbia richiesto di essere ascoltata personalmente ove questi sia detenuto nello Stato richiedente. In questo caso, qualsiasi decisione relativa alla sostituzione della pena, ai sensi dell'art. 44, sarà aggiornata finchè, a seguito del trasferimento della persona condannata nello Stato richiesto, questa non abbia avuto la possibilità di comparire dinanzi al tribunale.

40. 1. Il tribunale o, nei casi previsti all'art. 37, l'autorità cui lo stesso art. 37 ha conferito i poteri, che trattino il caso dovranno accertare:

a) che la pena della quale è richiesta l'esecuzione sia stata imposta attraverso una sentenza penale europea;

b) che siano soddisfatti i requisiti dell'art. 4;

c) che la condizione prevista all'art. 6 *a*) non si verifichi o non precluda l'esecuzione;

d) che l'esecuzione non sia preclusa in base all'art. 7;

e) che, nel caso di una condanna in contumacia o di un'ordinanza penale, i requisiti della Sezione 3 della presente Parte siano soddisfatti.

2. Ogni Stato Contraente può assegnare al tribunale, o all'autorità che ne abbia i poteri ai sensi dell'art. 37, il compito di esaminare altre condizioni per l'esecuzione prevista dalla presente Convenzione.

41. Sarà possibile il ricorso in appello contro le decisioni giudiziarie emesse in applicazione della presente sezione al fine dell'esecuzione richiesta e contro quelle prese in sede di appello sulle decisioni da parte delle autorità amministrative di cui all'art. 37.

42. Lo Stato richiesto è vincolato alla constatazione dei fatti nella misura in cui essi sono dichiarati nella decisione o nella misura in cui quest'ultima si basi implicitamente su di essi.

b) *Clausole specificamente relative all'esecuzione di pene che comportino la privazione della libertà*

43. Qualora la persona condannata sia detenuta nello Stato richiedente essa dovrà, salvo diversamente previsto dalle leggi di tale Stato, essere trasferita nello Stato richiesto, non appena lo Stato richiedente abbia ricevuto notifica di accettazione della richiesta di esecuzione.

44. 1. Se la richiesta di esecuzione viene accettata, il tribunale deve sostituire la pena comportante la privazione della libertà imposta nello Stato richiedente con la pena prescritta dalle proprie leggi relativamente allo stesso reato. Questa pena può, subordinatamente alle limitazioni previste al paragrafo 2, essere di natura o durata diverse da quelle imposte nello Stato richiedente. Qualora quest'ultima pena fosse inferiore al minimo che può essere imposto ai sensi delle leggi dello Stato richiesto, il tribunale non sarà vincolato da tale minimo e imporrà una pena corrispondente a quelle imposta nello Stato richiedente.

2. Nel determinare la pena, il tribunale non dovrà aggravare la situazione penale della persona condannata quale risulta dalla decisione emanata nello Stato richiedente.

3. Qualsiasi parte della pena imposta nello Stato richiedente e qualsiasi periodo di detenzione provvisoria, subiti dalla persona condannata a seguito della sentenza, verranno dedotti integralmente. Lo stesso dicasi rispetto a qualsiasi periodo durante il quale la persona condannata ha subito la detenzione preventiva nello Stato richiedente, prima di subire la condanna nella misura in cui le leggi di tale Stato la abbiano prevista.

4. Qualsiasi Stato Contraente può, in qualsiasi momento, depositare presso il Segretario Generale del Consiglio d'Europa una dichiarazione che gli conferisca, in conformità alla presente Convenzione, il diritto di eseguire una pena che comporti la privazione della libertà della stessa natura di quella imposta nello Stato richiedente, anche se la durata di tale pena eccede il massimo previsto dalle sue leggi nazionali relativamente ad una pena della stessa natura. Ciò nonostante, questa regola verrà applicata solo nei casi in cui le leggi nazionali di questo Stato permettano, riguardo allo stato reato, l'imposizione di una pena di almeno la stessa durata di quella imposta nello Stato richiedente ma che sia di natura più severa. La pena imposta ai sensi del presente paragrafo può, se la sua durata e i suoi scopi lo richiedono, essere eseguita in un penitenziario destinato all'esecuzione di pene di altra natura.

c) *Clausole specificatamente relative all'esecuzione di ammende e confische*

45. 1. Se la richiesta di esecuzione di un'ammenda o di una confisca di una somma di denaro viene accettata, il tribunale o l'autorità cui sono stati conferiti i poteri in base all'art. 37, convertiranno l'ammontare in questione nella valuta dello Stato richiesto, al tasso di cambio vigente al momento in cui viene presa la decisione. Fisserà, pertanto, l'ammontare dell'ammenda e della somma da confiscare, che tuttavia non dovrà superare l'ammontare massimo fissato dalle sue proprie leggi relativamente allo stesso reato; o, in mancanza di tale massimo, non dovrà superare l'ammontare massimo ordinariamente imposto nello Stato richiesto riguardo a un reato simile.

2. Tuttavia, il tribunale o l'autorità, cui sono stati conferiti i poteri in base all'art. 37, può mantenere fino all'ammontare imposto nello Stato richiedente la condanna a una ammenda o alla confisca, qualora una tale pena non sia prevista dalle leggi dello Stato richiesto per lo stesso reato, ma ne siano previste di più severe. Lo stesso dicasi se la pena imposta nello Stato richiedente superi il massimo stabilito dalle leggi dello Stato richiesto per lo stesso reato, ma tali leggi permettano l'imposizione di pene più severe.

3. Qualsiasi facilitazione rispetto al tempo di pagamento o al pagamento rateale, concessa nello Stato richiedente verrà rispettata nello Stato richiesto.

46. 1. Qualora la richiesta di esecuzione riguardi la confisca di un oggetto specifico, il tribunale o l'autorità, cui sono stati conferiti i poteri in base all'art. 37, può ordinare la confisca di tale oggetto solo se tale confisca è autorizzata dalle leggi dello Stato richiesto relativamente allo stesso reato.

2. Tuttavia, il tribunale o l'autorità, cui sono stati conferiti i poteri in base all'art. 37, può mantenere la confisca ordinata nello Stato richiedente, nel caso in cui tale pena non sia prevista dalle leggi dello Stato richiedente ma esse permettano l'imposizione di pene più severe.

47. 1. Il ricavato delle ammende e delle confische verrà pagato al Tesoro dello Stato richiesto senza pregiudizio di qualsiasi diritto di terze parti.

2. La proprietà confiscata che sia di particolare interesse può essere rimessa allo Stato richiedente, dietro sua domanda.

48. Se un'ammenda non può essere riscossa, un tribunale dello Stato richiesto può imporre una pena alternativa che comporti la privazione della libertà, se le leggi di entrambi gli Stati la prevedono per tali casi, a meno che lo Stato richiedente non abbia limitato la sua richiesta alla sola riscossione dell'ammenda. Se il tribunale decide di imporre una pena alternativa che comporti la privazione della libertà, si applicheranno le seguenti disposizioni:

a) se la conversione dell'ammenda in una pena che comporti la privazione della libertà sia già prevista o nella sentenza pronunciata nello Stato richiedente o direttamente dalle leggi di tale Stato, il tribunale dello Stato richiesto determinerà la natura e la durata di tale pena, in conformità alle norme fissate dalle proprie leggi. Se la pena che comporta la privazione della libertà già prevista nello Stato richiedente è inferiore al minimo che può essere imposto ai sensi delle leggi dello Stato, il tribunale non sarà vincolato a tale minimo e imporrà una pena corrispondente alla pena prescritta nello Stato richiedente. Nel determinare la pena il tribunale non dovrà aggravare la situazione penale alla persona condannata, come risulta dalla decisione emanata nello Stato richiedente.

b) in tutti gli altri casi, il tribunale dello Stato richiesto convertirà l'ammenda in conformità alle proprie leggi, osservando i limiti prescritti dalle leggi dello Stato richiedente.

d) *Clausole specificamente relative alla esecuzione di decadenze*

49. 1. Qualora venga inoltrata una richiesta di esecuzione di una decadenza, tale decadenza imposta nello Stato richiedente può essere posta in atto nello Stato richiesto solo se la legge di quest'ultimo Stato permette la decadenza per il reato in questione.

2. Il tribunale investito del caso valuterà l'opportunità di eseguire la decadenza nel territorio del proprio Stato.

50. 1. Se il tribunale ordina l'esecuzione della decadenza, esso ne determinerà la durata, entro i limiti prescritti dalle proprie leggi, ma non potrà superare i limiti fissati nella sentenza imposta nello Stato richiedente.

2. Il tribunale può ordinare che la decadenza venga eseguita rispetto solo ad alcuni dei diritti la cui perdita o sospensione è stata pronunciata.

51. L'art. 11 non si applicherà alla decadenza.

52. Lo Stato richiesto avrà il diritto di conferire alla persona condannata i diritti di cui è stata privata, in conformità ad una decisione adottata in applicazione della presente sezione.

PARTE III
EFFETTI INTERNAZIONALI DELLE SENTENZE PENALI EUROPEE

SEZIONE 1
Ne bis in idem

53. 1. Una persona nei cui confronti è stata emanata una sentenza penale europea non può per quello stesso atto né essere perseguita né condannata né soggetta a esecuzione di una pena in un altro Stato Contraente:

a) se è stata assolta;

b) se la pena imposta:

i) è stata completamente eseguita o è in fase di esecuzione, o

ii) è stata interamente, o rispetto alla parte non eseguita, soggetta a grazia o amnistia;

iii) non può più essere eseguita a causa della prescrizione;

c) se il tribunale ha contestato la colpevolezza della persona senza imporre una pena.

2. Ciononostante, uno Stato Contraente, salvo che non abbia esso stesso richiesto il procedimento, non sarà obbligato a riconoscere l'effetto di *ne bis in idem* se l'atto che ha dato luogo al giudizio era diretto contro o una persona o un'istituzione o qualsiasi bene avente carattere pubblico in tale Stato, o se il soggetto del giudizio aveva esso stesso un carattere pubblico in tale Stato.

3. Inoltre, qualsiasi Stato Contraente ove l'atto è stato commesso, o considerato come tale conformemente alle leggi di tale Stato, non sarà obbligato a riconoscere l'effetto di *ne bis in idem*, a meno che tale Stato non abbia esso stesso richiesto il procedimento.

54. Se viene istituito un nuovo procedimento a carico di una persona che in un altro Stato Contraente è stata condannata per lo stesso atto, in tal caso qualsiasi periodo di privazione della libertà derivante dalla sentenza eseguita verrà dedotto dalla pena che possa essere imposta.

55. La presente sezione non impedirà l'applicazione di più ampie disposizioni interne relative all'effetto di *ne bis in idem* collegate a giudizi penali pronunciati all'estero.

SEZIONE 2
Considerazione di precedenti

56. Ciascuno Stato Contraente adotterà le misure legislative che riterrà appropriate per permettere ai suoi tribunali, al momento di emanare una sentenza, di prendere in considerazione qualsiasi precedente sentenza penale europea emanata per un altro reato, avendo udito l'imputato, al fine di aggiungere a tale sentenza tutti o alcuni degli effetti che le proprie leggi prevedono per sentenze emanate nel proprio territorio. Esso determinerà le condizioni in cui tale sentenza viene presa in considerazione.

57. Ciascuno Stato Contraente adotterà le misure legislative in considerazione di qualsiasi sentenza penale europea, emanata avendo udito l'imputato, in modo da permettere l'applicazione di tutta o parte di una decadenza che le sue leggi prevedono per le sentenze emanate nel proprio territorio. Esso determinerà le condizioni in cui tale sentenza viene presa in considerazione.

PARTE IV
DISPOSIZIONI FINALI

58. 1. La presente Convenzione sarà aperta alla firma degli Stati Membri rappresentati nel Comitato dei Ministri del Consiglio d'Europa. Sarà soggetta a ratifica o accettazione. Gli strumenti di ratifica o di accettazione saranno depositati presso il Segretario Generale del Consiglio d'Europa.

2. La Convenzione entrerà in vigore tre mesi dopo la data del deposito del terzo strumento di ratifica o di accettazione.

3. Per quanto riguarda uno Stato firmatario che depositi la ratifica o l'accettazione in un secondo tempo, la Convenzione entrerà in vigore tre mesi dopo la data del deposito dei suoi strumenti di ratifica o di accettazione.

59. 1. Dopo l'entrata in vigore della presente Convenzione, il Comitato dei Ministri del Consiglio d'Europa può invitare qualsiasi Stato non membro ad accedervi, a condizione che la risoluzione contenente tale invito riceva il consenso unanime dei membri del Consiglio che hanno ratificato la Convenzione.

60. 1. Qualsiasi Stato Contraente può, al momento della firma o del deposito dei suoi strumenti di ratifica, accettazione o adesione, specificare il territorio o i territori cui si applicherà la presente Convenzione.

2. Qualsiasi Stato Contraente può, al momento del deposito dei suoi strumenti di ratifica, accettazione o adesione o in qualsiasi data successiva, per mezzo di una dichiarazione indirizzata al Segretario Generale del Consiglio d'Europa, estendere la presente Convenzione a qualsiasi altro territorio o territori specificati nella dichiarazione e per le cui relazioni internazionali esso sia responsabile o in nome del quale sia autorizzato a assumere impegni.

3. Ogni dichiarazione fatta in virtù del paragrafo precedente può, rispetto a qualsiasi territorio menzionato in tale dichiarazione, essere ritirata conformemente alla procedura fissata all'art. 66 della presente Convenzione.

61. 1. Qualsiasi Stato Contraente può, al momento della firma del deposito dei suoi strumenti di ratifica, accettazione o adesione, dichiarare che si avvale di una o più delle riserve previste nell'Allegato I alla presente Convenzione.

2. Qualsiasi Stato contraente può interamente o parzialmente ritirare una riserva che abbia formulato in virtù del paragrafo precedente per mezzo di una dichiarazione indirizzata al Segretario Generale del Consiglio d'Europa che avrà effetto a partire dalla data del suo ricevimento.

3. Uno Stato Contraente che abbia formulato una riserva riguardo a una qualsiasi delle disposizioni della presente Convenzione non può pretendere l'applicazione di tale disposizione da parte di nessun altro Stato; esso può, tuttavia, se la sua riserva è parziale o condizionale, pretendere l'applicazione di tale disposizione nella misura in cui l'abbia esso stesso accettata.

62. 1. Qualsiasi Stato Contraente può in qualsiasi momento, con una dichiarazione indirizzata al Segretario Generale del Consiglio d'Europa, indicare le disposizioni legali da includersi negli Allegati II o III della presente Convenzione.

2. Qualsiasi modifica delle disposizioni nazionali elencate negli Allegati II o III sarà notificata al Segretario Generale del Consiglio d'Europa, ove tale modifica renda inesatte le informazioni contenute in tali Allegati.

3. Qualsiasi modifica apportata agli Allegati II o III in applicazione del paragrafo precedente avrà effetto in ciascun Stato Contraente un mese dopo la data della loro modifica da parte del Segretario Generale del Consiglio d'Europa.

63. 1. Ciascuno Stato Contraente, al momento del deposito dei suoi strumenti di ratifica, accettazione o adesioine, dovrà fornire al Segretario Generale del Consiglio d'Europa le pertinenti informazioni relative alle pene applicabili in tale Stato e la loro esecuzione, ai fini dell'applicazione della presente Convenzione.

2. Qualsiasi modifica successiva, che renda inesatte le informazioni fornite conformemente al paragrafo che precede, verrà anche notificata al Segretario Generale del Consiglio d'Europa.

64. 1. La presente Convenzione non pregiudica

né i diritti e gli impegni derivanti da trattati di estradizione e Convenzioni internazionali multilaterali riguardanti questioni speciali, né disposizioni riguardanti le materie oggetto della presente Convenzione e che sono contenute in altre Convenzioni esistenti tra Stati Contraenti.

2. Gli Stati Contraenti non possono concludere tra loro accordi bilaterali o multilaterali sulle materie oggetto della presente Convenzione, salvo che al fine di completarne le sue disposizioni o di facilitare l'applicazione dei principi ivi contenuti.

3. Tuttavia, qualora due o più Stati Contraenti avessero già stabilito le loro relazioni in materia sulla base di una legislazione uniforme, o istituito un loro speciale sistema, o qualora lo facessero in futuro, essi avranno il diritto di regolare tali relazioni conformemente a essi, nonostante le disposizioni della presente Convenzione.

4. Gli Stati Contraenti che cessino di applicare le disposizioni della presente Convenzione alle loro relazioni reciproche su questa materia ne notificheranno il Segretario Generale del Consiglio d'Europa.

65. Il Comitato Europeo per i problemi del crimine del Consiglio d'Europa verrà tenuto informato circa l'applicazione della presente Convenzione e farà tutto quanto sia necessario per facilitare l'amichevole soluzione di qualsiasi difficoltà che possa derivare dalla sua esecuzione.

66. La presente Convenzione resterà in vigore indefinitamente.

2. Qualsiasi Stato Contraente può, per quanto lo concerne, denunciare la presente Convenzione per mezzo di una notifica indirizzata al Segretario Generale del Consiglio d'Europa.

3. Tale denuncia avrà effetto sei mesi dopo la data di ricevimento di tale notifica da parte del Segretario Generale.

67. Il Segretario Generale del Consiglio d'Europa notificherà agli Stati membri rappresentati nel Comitato dei Ministri del Consiglio e a qualsiasi Stato che abbia aderito alla presente Convenzione:

a) ogni firma;

b) ogni deposito di strumenti di ratifica, accettazione o adesione;

c) ogni data di entrata in vigore della presente Convenzione, conformemente all'art. 58 di essa;

d) ogni dichiarazione ricevuta in applicazione dell'art. 19, paragrafo 2;

e) ogni dichiarazione ricevuta in applicazione dell'art. 44, paragrafo 4;

f) ogni dichiarazione ricevuta in applicazione dell'art. 60;

g) ogni riserva formulata in applicazione dell'art. 61, paragrafo 1, e il ritiro di tale riserva;

h) ogni dichiarazione ricevuta in applicazione dell'art. 62, paragrafo 1; e ogni successiva notifica ricevuta in applicazione di detto articolo, paragrafo 2;

i) ogni informazione ricevuta in applicazione dell'art. 63, paragrafo 1, e ogni successiva notifica ricevuta in applicazione di tale articolo, paragrafo 2;

j) ogni notifica riguardante accordi bilaterali o multilaterali conclusi in applicazione dell'art. 64, paragrafo 2, o riguardante una legislazione uniforme introdotta in applicazione dell'art. 64, paragrafo 3;

k) ogni notifica ricevuta in applicazione dell'art. 66 e la data in cui la denuncia avrà effetto.

68. La presente Convenzione e le dichiarazioni e notifiche autorizzate in base alla suddetta si applicheranno solo all'esecuzione di decisioni emanate dopo l'entrata in vigore della Convenzione tra gli Stati Contraenti interessati.

In fede di ciò, i sottoscritti, debitamente autorizzati a farlo, hanno firmato la presente Convenzione. Fatto a l'Aja, questo 28 giorno di maggio 1970, nella lingua inglese e francese, entrambi i testi facenti egualmente fede, in un unico esemplare che resterà depositato negli archivi del Consiglio d'Europa. Il Segretario Generale del Consiglio d'Europa ne trasmetterà copia certificata a ciascuno degli Stati firmatari e aderenti.

ALLEGATO I

Ogni Stato Contraente può dichiarare che si riserva il diritto:

a) di rifiutare l'esecuzione, se ritiene che la sentenza sia relativa a un reato fiscale o religioso;

b) di rifiutare l'esecuzione di una pena per un atto che, ai sensi delle leggi dello Stato richiesto, avrebbe potuto essere esaminato solo da un'autorità amministrativa;

c) di rifiutare l'esecuzione di una sentenza penale europea, che le autorità dello Stato richiedente abbiano emanato in una data in cui, ai sensi delle proprie leggi, l'azione penale per il reato punito attraverso la sentenza non è possibile a causa della prescrizione;

d) di rifiutare l'esecuzione di condanne emanate in contumacia e di ordinanze penali o soltanto di una di queste categorie di decisioni;

e) di rifiutare l'applicazione delle disposizioni dell'art. 8, qualora questo Stato abbia una competenza originaria e di riconoscere in questi casi solo l'equivalenza degli atti che hanno interrotto o sospeso i termini di prescrizione che siano stati eseguiti nello Stato richiedente;

f) di accettare l'applicazione della Parte III rispetto a una delle sue due sezioni soltanto.

ALLEGATO II

Lista dei reati diversi dai reati considerati dal codice penale

I seguenti reati verranno assimilati ai reati previsti dal codice penale:

– *in Francia*, qualsiasi comportamento illegale sanzionato con una contravvenzione relativa alle grandi comunicazioni;

– *nella Repubblica Federale di Germania*, qualsiasi comportamento illegale considerato conformemente alla procedura stabilita nella legge sulle violazioni dei regolamenti;

– *in Italia*, qualsiasi comportamento illegale cui si applica la L. n. 317 del 3 marzo 1967.

ALLEGATO III

(*Omissis*).

- 3 -

L. 16 ott. 1989, n. 350

Ratifica ed esecuzione della convenzione tra gli Stati membri delle Comunità europee relativa all'applicazione del principio ne bis in idem, *firmata a Bruxelles il 25 maggio 1987*

(G.U. 28 ott. 1989, n. 253)

1. 1. Il Presidente della Repubblica è autorizzato a ratificare la convenzione tra gli Stati membri delle Comunità europee relativa all'applicazione del principi *ne bis in idem*, firmata a Bruxelles il 25 maggio 1987.

2. 1. Piena ed intera esecuzione è data alla convenzione di cui all'art. 1 a decorrere dalla sua entità in vigore in conformità a quanto disposto dall'art. 6 della convenzione stessa.

3. 1. L'art. 1 della convenzione non si applica nell'ipotesi prevista nell'art. 2, paragrafo 1, lettera *a*), *b*) e *c*), della convenzione stessa.

2. Ai sensi dell'art. 2, paragrafo l, lettera *b*), della convenzione costituiscono reati contro la sicurezza o contro altri interessi egualmente essenziali dello Stato i delitti contro la personalità dello Stato.

4. 1. La presente legge entra in vigore il giorno successivo a quello della sua pubblicazione nella *Gazzetta Ufficiale*.

CONVENZIONE TRA GLI STATI MEMBRI DELLE COMUNITÀ EUROPEE RELATIVA ALL'APPLICAZIONE DEL PRINCIPIO *NE BIS IN IDEM*

PREAMBOLO

Gli Stati Membri delle Comunità Europee, qui di seguito denominati «Stati Membri»;

Considerati gli stretti rapporti esistenti tra i loro popoli;

Tenendo conto degli sviluppi verso la eliminazione degli ostacoli alla libera circolazione delle persone tra gli Stati membri;

Desiderosi di estendere la loro cooperazione in materia penale su una base di fiducia, comprensione e rispetto reciproci;

Convinti che il riconoscimento reciproco dell'effetto *ne bis in idem* alle decisioni giudiziarie straniere costituisca una concreta espressione di detti fiducia, comprensione e rispetto, hanno convenuto quanto segue:

1. Una persona che sia stata giudicata con sentenza definitiva in uno Stato membro non può essere sottoposta ad un procedimento penale per i medesimi fatti in un altro Stato membro a condizione che, in caso di condanna, la pena sia stata eseguita o sia effettivamente in corso di esecuzione attualmente o, secondo la legge dello Stato di condanna, non possa più essere eseguita.

2. 1. Uno Stato membro può, al momento della ratifica, dell'accettazione o dell'approvazione della presente convenzione, dichiarare di non essere vincolato dall'art. 1, in uno o più dei casi seguenti:

a) quando i fatti oggetto della sentenza straniera sono avvenuti sul suo territorio, in tutto o in parte. In questo ultimo caso questa eccezione non si applica se i fatti sono avvenuti in parte sul territorio dello Stato membro nel quale la sentenza è stata pronunciata;

b) quando i fatti oggetto della sentenza straniera costituiscono un reato contro la sicurezza o contro altri interessi egualmente essenziali di quello Stato membro;

c) quando i fatti oggetto della sentenza straniera sono stati commessi da un pubblico ufficiale di quello Stato membro in violazione dei doveri del suo ufficio.

2. Uno Stato membro che effettua una dichiarazione in relazione all'esecuzione menzionata al paragrafo 1, lettera *b*), preciserà le categorie di reati per le quali tale eccezione può essere applicata.

3. Uno Stato membro potrà, in ogni tempo, ritirare la dichiarazione relativamente ad una o più delle eccezioni di cui al paragrafo 1. Il ritiro sarà notificato al Ministero degli Affari esteri del Belgio ed avrà effetto il primo giorno del mese successivo al giorno della notificazione.

4. Le eccezioni che sono state oggetto di una dichiarazione ai sensi del paragrafo 1 non si applica-

no quando lo Stato membro di cui si tratta ha, per gli stessi fatti, richiesto l'instaurazione del procedimento penale all'altro Stato membro o concesso l'estradizione della persona in questione.

3. Se in uno Stato membro un nuovo procedimento penale è instaurato contro una persona che è stata giudicata con sentenza definitiva per i medesimi fatti in un altro Stato membro, ogni periodo di privazione della libertà scontato in quest'ultimo Stato per quei fatti dovrà essere detratto dalla pena che sarà eventualmente inflitta. Si terrà altresì conto, nella misura consentita dalla legge nazionale, delle pene diverse da quelle privative della libertà che siano state eseguite.

4. 1. Quando una persona è imputata di un reato in uno Stato membro, e le autorità competenti di questo Stato membro hanno motivo di ritenere che l'imputazione riguarda gli stessi fatti per i quali la persona è già stata giudicata in un altro Stato membro con sentenza definitiva, tali autorità, qualora lo ritengano necessario, chiederanno le informazioni rilevanti alle autorità competenti dello Stato membro nel quale la sentenza è stata pronunciata.

2. Le informazioni richieste saranno fornite al più presto possibile e saranno tenute in considerazione nel decidere se il provvedimento deve continuare.

3. Ciascuno Stato membro indicherà, al momento della firma, della ratifica, dell'accettazione o dell'approvazione della presente convenzione, le autorità designate a chiedere e ricevere le informazioni di cui al presente articolo.

5. Le precedenti disposizioni non sono di ostacolo all'applicazione di disposizioni nazionali più ampie, concernenti l'effetto *ne bis in idem* attribuito a decisioni giudiziarie straniere.

6. 1. La presente convenzione è aperta alla firma degli Stati membri. Essa sarà sottoposta a ratifica, accettazione o approvazione. Gli strumenti di ratifica, di accettazione o di approvazione, saranno depositati presso il Ministero degli Affari esteri del Belgio.

2. La presente convenzione entrerà in vigore 90 giorni dopo la data del deposito degli strumenti di ratifica, di accettazione o di approvazione da parte di tutti gli Stati che sono membri delle Comunità europee alla data dell'apertura alla firma.

3. Fino all'entrata in vigore della presente convenzione ciascuno Stato può, al momento del deposito del proprio strumento di ratifica, di accettazione o di approvazione o in qualsiasi momento successivo, dichiarare che la presente convenzione gli è applicabile, nelle sue relazioni con gli Stati che abbiano fatto la medesima dichiarazione, 90 giorni dopo la data del deposito.

7-9. (*Omissis*).

- 4 -

L. 5 ott. 2001, n. 367

Ratifica ed esecuzione dell'Accordo tra Italia e Svizzera che completa la Convenzione europea di assistenza giudiziaria in materia penale del 20 apr. 1959 e ne agevola l'applicazione, fatto a Roma il 10 sett. 1998, nonché conseguenti modifiche al codice penale ed al codice di procedura penale

(G.U. 8 ott. 2001, n. 234)

CAPO I

Ratifica, esecuzione ed attuazione dell'accordo tra Italia e Svizzera, fatto a Roma il 10 settembre 1998

1. Il Presidente della Repubblica è autorizzato a ratificare l'Accordo tra Italia e Svizzera che completa la Convenzione europea di assistenza giudiziaria in materia penale del 20 aprile 1959 e ne agevola l'applicazione, fatto a Roma il 10 settembre 1998, di seguito denominato "Accordo"'.

2. Piena ed intera esecuzione è data all'Accordo di cui al comma 1, dalla data di entrata in vigore della presente legge, in conformità all'articolo XXXII dell'Accordo stesso.

2. 1. Ai fini del paragrafo 3 dell'articolo II dell'Accordo, costituisce truffa in materia fiscale la condotta di chi, con artifizi o raggiri, inducendo in errore l'autorità amministrativa, procura a sé o ad altri un ingiusto profitto, con danno all'ente pubblico defraudandolo di un tributo la cui entità comporta un reato fiscale.

3. 1. Il Ministro della giustizia non dà corso alla rogatoria nei casi previsti dal paragrafo 2 dell'articolo III dell'Accordo, nel caso in cui lo Stato richiedente non assicuri condizioni di reciprocità.

4. 1. Quando le informazioni ricevute ai sensi dell'articolo IV dell'Accordo possono essere utilizzate in procedimenti diversi da quello per il quale sono state richieste, il magistrato che procede ne dà immediata comunicazione all'autorità che le ha fornite, e alle sue eventuali determinazioni si conforma. Si applica l'art. 720 del codice di procedura penale.

5. 1. Il Ministro della giustizia provvede sulla consegna dei beni indicati all'articolo VIII dell'Accordo, sentita l'autorità giudiziaria procedente e previo provvedimento di cessazione delle misure cautelari cui eventualmente siano sottoposti e, nel caso di beni assoggettati a una specifica disciplina amministrativa, sentita l'eventuale amministrazione competente.

6. 1. Gli atti compiuti congiuntamente con l'autorità straniera o a norma dell'articolo XXI dell'Accordo, hanno efficacia processuale se compiuto con l'osservanza delle norme del codice di procedura penale.

2. Nel caso di inosservanza delle norme di cui al comma 1 gli atti compiuti sono soggetti alle sanzioni processuali previste dal codice di procedura penale.

7. 1. Nel caso in cui l'imputato è cittadino svizzero o risiede stabilmente in tale Stato, il Ministro della giustizia presenta la denuncia di cui all'art. 21 della Convenzione di cui all'art. 1, sentito il pubblico ministero competente per il procedimento e tenuto conto degli interessi delle parti offese.

2. Le disposizioni di cui al comma 1 si applicano anche nel caso in cui l'imputato sia cittadino italiano o risieda stabilmente in Italia.

8. 1. Quando lo Stato richiesto ha comunicato di accettare il procedimento penale a norma dell'articolo XXVI dell'Accordo, il giudice, anche a richiesta di parte, sentito il pubblico ministero, dispone con ordinanza la sospensione del procedimento penale. È tuttavia fatto salvo il previo compimento di atti urgenti e di cui non sia possibile la ripetizione.

2. Ogni sei mesi dalla pronuncia dell'ordinanza di sospensione del procedimento, o anche prima quando ne ravvisi l'esigenza, il giudice verifica lo stato del procedimento penale in corso all"estero.

3. La sospensione è revocata con ordinanza quando risulta che nei confronti dell'imputato deve essere pronunciata sentenza di proscioglimento o di non luogo a procedere.

4. Nelle ipotesi di cui al paragrafo 2 dell'articolo XXVI dell'Accordo, il giudice pronuncia sentenza di non luogo a procedere.

CAPO II

Modifiche al codice penale e al codice di procedura penale

9-17. (*Omissis*).

CAPO III

Disposizioni transitorie e finali

18. 1. Le disposizioni processuali della presente legge si applicano ai procedimenti in corso che versano nella fase delle indagini preliminari ovvero nei quali è in corso o deve aver luogo l'udienza preliminare.

2. Quando gli atti sono già stati acquisiti al fascicolo per il dibattimento, in ogni stato è grado del giudizio l'eventuale causa di nullità o di inutilizzabilità deve essere rilevata dal giudice o eccepita entro la prima udienza successiva alla data di entrata in vigore della presente legge.

3. Nell'ipotesi in cui l'autorità giudiziaria nei procedimenti in corso, a seguito della dichiarazione di inutilizzabilità o di nullità degli atti assunti mediante rogatoria, ritenga di doverli rinnovare, i termini di custodia cautelare possono essere sospesi con ordinanza appellabile ai sensi dell'art. 310 del codice di procedura penale. Si applicano i commi 6 e 7 dell'art. 304 del medesimo codice.

4. Nell'ipotesi di cui al comma 3, nei processi per i reati di cui all'art. 407 del codice di procedura penale, i termini di custodia cautelare sono sospesi per il tempo necessario alla rinnovazione degli atti, ai sensi dell'art. 304, comma 1, del medesimo codice. Restano fermi i limiti di cui ai commi 6 e 7 dell'art. 304 del codice di procedura penale.

5. Nelle ipotesi di cui ai commi 3 e 4, il termine di prescrizione resta sospeso per il tempo necessario alla rinnovazione degli atti, ai sensi dell'art. 159 del codice penale.

19. (*Omissis*).

20. 1. La presente legge entra in vigore il giorno successivo a quello della sua pubblicazione nella *Gazzetta Ufficiale*.

- 5 -

L. 30 giu. 2009, n. 85

Adesione della Repubblica italiana al Trattato concluso il 27 maggio 2005 tra il Regno del Belgio, la Repubblica federale di Germania, il Regno di Spagna, la Repubblica francese, il Granducato di Lussemburgo, il Regno dei Paesi Bassi e la Repubblica d'Austria, relativo all'approfondimento della cooperazione transfrontaliera, in particolare allo scopo di contrastare il terrorismo, la criminalità transfrontaliera e la migrazione illegale (Trattato di Prum). Istituzione della banca dati nazionale del DNA e del laboratorio centrale per la banca dati nazionale del DNA. Delega al Governo per l'istituzione dei ruoli tecnici del Corpo di polizia penitenziaria. Modifiche al codice di procedura penale in materia di accertamenti tecnici idonei ad incidere sulla libertà personale

(G.U. 13 lug. 2009, n. 160, s.o.)

CAPO I

Disposizioni generali

1. ***Autorizzazione all'adesione.*** — 1. Il Presidente della Repubblica è autorizzato ad aderire al Trattato concluso il 27 maggio 2005 tra il Regno del Belgio, la Repubblica federale di Germania, il Regno di Spagna, la Repubblica francese, il Granducato di Lussemburgo, il Regno dei Paesi Bassi e la Repubblica d'Austria, relativo all'approfondimento della cooperazione transfrontaliera, in particolare allo scopo di contrastare il terrorismo, la criminalità transfrontaliera e la migrazione illegale (Trattato di Prum), di seguito denominato «Trattato».

2. ***Ordine di esecuzione.*** — 1. Piena ed intera esecuzione è data al Trattato, a decorrere dal novantesimo giorno successivo al deposito dello strumento di adesione, in conformità a quanto disposto dall'articolo 51, paragrafo 3, dello stesso Trattato.

3. ***Autorità di riferimento per le attività previste dal Trattato.*** — 1. Le autorità di riferimento per le attività previste dal Trattato sono individuate con uno o più decreti del Ministro dell'interno e del Ministro della giustizia.

4. ***Risarcimento del danno.*** — 1. Fermo restando quanto previsto dall'articolo 30 del Trattato, quando agenti di una Parte contraente operano nel territorio nazionale, lo Stato italiano provvede al risarcimento dei danni causati dal personale straniero limitatamente a quelli derivanti dallo svolgimento delle attività svolte conformemente al medesimo Trattato.

CAPO II

Istituzione della Banca dati nazionale del DNA e del Laboratorio centrale per la banca dati nazionale del DNA

5. ***Istituzione della banca dati nazionale del DNA e del laboratorio centrale per la banca dati nazionale del DNA.*** — 1. Al fine di facilitare l'identificazione degli autori dei delitti, presso il Ministero dell'interno, Dipartimento della pubblica sicurezza, è istituita la banca dati nazionale del DNA.

2. Presso il Ministero della giustizia, Dipartimento dell'amministrazione penitenziaria, è istituito il laboratorio centrale per la banca dati nazionale del DNA.

6. ***Definizioni.*** — 1. Ai fini della presente legge si intendono per:

a) «DNA»: acido desossiribonucleico, depositario della informazione genetica, sotto forma di una sequenza lineare di nucleotidi, portatore dell'informazione ereditaria;

b) «profilo del DNA»: sequenza alfa numerica ricavata dal DNA e caratterizzante ogni singolo individuo;

c) «campione biologico»: quantità di sostanza biologica prelevata sulla persona sottoposta a tipizzazione del profilo del DNA;

d) «reperto biologico»: materiale biologico acquisito sulla scena di un delitto o comunque su cose pertinenti al reato;

e) «trattamento»: qualunque operazione o complesso di operazioni effettuate anche senza l'ausilio di strumenti elettronici, concernenti la raccolta, la registrazione, l'organizzazione, la conservazione, la consultazione, l'elaborazione, la modificazione, la selezione, la tipizzazione, il raffronto, l'utilizzo, l'interconnessione, il blocco, la comunicazione, la diffusione, la cancellazione e la distruzione di dati;

f) «accesso»: consultazione, anche informatica, dei dati e delle informazioni contenute nella banca dati;

g) «dati identificativi»: dati personali che permettono l'identificazione diretta dell'interessato;

h) «tipizzazione»: complesso delle operazioni tecniche di laboratorio che conducono alla produzione del profilo del DNA.

7. ***Attività della banca dati nazionale del DNA.*** — 1. La banca dati nazionale del DNA provvede alle seguenti attività:

a) raccolta del profilo del DNA dei soggetti di cui all'articolo 9, commi 1 e 2;

b) raccolta dei profili del DNA relativi a reperti biologici acquisiti nel corso di procedimenti penali;

c) raccolta dei profili del DNA di persone scomparse o loro consanguinei, di cadaveri e resti cadaverici non identificati;

d) raffronto dei profili del DNA a fini di identificazione.

8. ***Attività del laboratorio centrale per la banca dati nazionale del DNA.*** — 1. Il laboratorio centrale per la banca dati nazionale del DNA provvede alle seguenti attività:

a) tipizzazione del profilo del DNA dei soggetti di cui all'articolo 9, commi 1 e 2;

b) conservazione dei campioni biologici dai quali sono tipizzati i profili del DNA.

9. ***Prelievo di campione biologico e tipizzazione del profilo del DNA.*** — 1. Ai fini dell'inserimento del profilo del DNA nella banca dati nazionale del DNA, sono sottoposti a prelievo di campioni biologici:

a) i soggetti ai quali sia applicata la misura della custodia cautelare in carcere o quella degli arresti domiciliari;

b) i soggetti arrestati in flagranza di reato o sottoposti a fermo di indiziato di delitto;

c) i soggetti detenuti o internati a seguito di sentenza irrevocabile, per un delitto non colposo;

d) i soggetti nei confronti dei quali sia applicata una misura alternativa alla detenzione a seguito di sentenza irrevocabile, per un delitto non colposo;

e) i soggetti ai quali sia applicata, in via provvisoria o definitiva, una misura di sicurezza detentiva.

2. Il prelievo di cui al comma 1 può essere effettuato esclusivamente se si procede nei confronti dei soggetti di cui al comma 1 per delitti, non colposi, per i quali è consentito l'arresto facoltativo in flagranza. Il prelievo non può essere effettuato se si procede per i seguenti reati:

a) reati di cui al libro II, titolo III, capo I, tranne quelli di cui agli articoli 368, 371-*bis*, 371-*ter*, 372, 374 aggravato ai sensi dell'articolo 375, 378 e 379, e capo II, tranne quello di cui all'articolo 390, del codice penale;

b) reati di cui al libro II, titolo VII, capo I, tranne

quelli di cui all'articolo 453, e capo II, del codice penale;

c) reati di cui al libro II, titolo VIII, capo I, tranne quelli di cui all'articolo 499, e capo II, tranne quello di cui all'articolo 513-*bis*, del codice penale;

d) reati di cui al libro II, titolo XI, capo I, del codice penale;

e) reati di cui al regio decreto 16 marzo 1942, n. 267;

f) reati previsti dal codice civile;

g) reati in materia tributaria;

h) reati previsti dal testo unico delle disposizioni in materia di intermediazione finanziaria, di cui al decreto legislativo 24 febbraio 1998, n. 58.

3. Nel caso di arresto in flagranza di reato o di fermo di indiziato di delitto, il prelievo è effettuato dopo la convalida da parte del giudice.

4. I soggetti indicati al comma 1 sono sottoposti a prelievo di campioni di mucosa del cavo orale a cura del personale specificamente addestrato delle Forze di polizia o di personale sanitario ausiliario di polizia giudiziaria.

5. Le operazioni sono eseguite nel rispetto della dignità, del decoro e della riservatezza di chi vi è sottoposto. Delle operazioni di prelievo è redatto verbale.

6. Il campione prelevato è immediatamente inviato, a cura del personale procedente, al laboratorio centrale di cui all'articolo 5, comma 2, per la tipizzazione del relativo profilo e la successiva trasmissione alla banca dati del DNA.

10. ***Profili del DNA tipizzati da reperti biologici acquisiti nel corso di procedimenti penali.*** — 1. Se, nel corso del procedimento penale, a cura dei laboratori delle Forze di polizia o di altre istituzioni di elevata specializzazione, sono tipizzati profili del DNA da reperti biologici a mezzo di accertamento tecnico, consulenza tecnica o perizia, l'autorità giudiziaria procedente dispone la trasmissione degli stessi alla banca dati nazionale del DNA, per la raccolta e i confronti.

2. Se non sono state effettuate le analisi di cui al comma 1, dopo il passaggio in giudicato della sentenza, ovvero in seguito all'emanazione del decreto di archiviazione, il pubblico ministero competente ai sensi dell'articolo 655, comma 1, del codice di procedura penale può chiedere al giudice dell'esecuzione di ordinare la trasmissione dei reperti ad un laboratorio delle Forze di polizia ovvero di altre istituzioni di elevata specializzazione per la tipizzazione dei profili e la successiva trasmissione degli stessi alla banca dati nazionale del DNA.

11. ***Metodologia di analisi di reperti e campioni biologici ai fini della tipizzazione del profilo da inserire nella banca dati nazionale del DNA.*** — 1. L'analisi del campione e del reperto biologico ai fini della tipizzazione del profilo del DNA, destinato all'inserimento nella banca dati nazionale del DNA, è eseguita sulla base dei parametri riconosciuti a livello internazionale e indicati dall'European Network of Forensic Science Institutes (ENFSI), in modo da assicurare l'uniformità degli stessi.

2. I profili del DNA possono essere inseriti nella banca dati nazionale del DNA solo se tipizzati in laboratori certificati a norma ISO/IEC.

3. I sistemi di analisi sono applicati esclusivamente alle sequenze del DNA che non consentono la identificazione delle patologie da cui può essere affetto l'interessato.

12. ***Trattamento e accesso ai dati; tracciabilità dei campioni.*** — 1. I profili del DNA e i relativi campioni non contengono le informazioni che consentono l'identificazione diretta del soggetto cui sono riferiti.

2. L'accesso ai dati contenuti nella banca dati nazionale del DNA è consentito alla polizia giudiziaria e all'autorità giudiziaria esclusivamente per fini di identificazione personale, nonché per le finalità di collaborazione internazionale di polizia. L'accesso ai dati contenuti nel laboratorio centrale per la banca dati nazionale del DNA è consentito ai medesimi soggetti e per le medesime finalità, previa autorizzazione dell'autorità giudiziaria.

3. Il trattamento e l'accesso ai dati contenuti nella banca dati nazionale del DNA e nel laboratorio centrale per la banca dati nazionale del DNA sono effettuati con modalità tali da assicurare l'identificazione dell'operatore e la registrazione di ogni attività. È altresì assicurata la registrazione di ogni attività concernente i campioni.

4. Il trattamento e l'accesso ai dati contenuti nella banca dati nazionale del DNA e nel laboratorio centrale per la banca dati nazionale del DNA sono riservati al personale espressamente autorizzato.

5. Il personale addetto alla banca dati nazionale del DNA e al laboratorio centrale per la banca dati nazionale del DNA è tenuto al segreto per gli atti, i dati e le informazioni di cui sia venuto a conoscenza a causa o nell'esercizio delle proprie funzioni.

13. ***Cancellazione dei dati e distruzione dei campioni biologici.*** — 1. A seguito di assoluzione con sentenza definitiva perché il fatto non sussiste, perché l'imputato non lo ha commesso, perché il fatto non costituisce reato o perché il fatto non è previsto dalla legge come reato, è disposta d'ufficio la cancellazione dei profili del DNA acquisiti ai sensi dell'articolo 9 e la distruzione dei relativi campioni biologici.

2. A seguito di identificazione di cadavere o di resti cadaverici, nonché del ritrovamento di persona scomparsa, è disposta d'ufficio la cancellazione dei profili del DNA acquisiti ai sensi dell'articolo 7, comma 1, lettera *c*), e la distruzione dei relativi campioni biologici.

3. Quando le operazioni di prelievo sono state compiute in violazione delle disposizioni previste dall'articolo 9, si procede d'ufficio alla cancellazione del profilo del DNA e alla distruzione del relativo campione biologico.

4. In ogni altro caso, il profilo del DNA resta in-

serito nella banca dati nazionale del DNA per i tempi stabiliti nel regolamento d'attuazione, d'intesa con il Garante per la protezione dei dati personali, e comunque non oltre quaranta anni dall'ultima circostanza che ne ha determinato l'inserimento, e il campione biologico è conservato per i tempi stabiliti nel regolamento di attuazione, d'intesa con il Garante per la protezione dei dati personali, e comunque non oltre venti anni dall'ultima circostanza che ne ha determinato il prelievo.

14. ***Sanzioni.*** — 1. Il pubblico ufficiale che comunica o fa uso di dati ed informazioni in violazione delle disposizioni di cui al presente capo, o al di fuori dei fini previsti dallo stesso capo, è punito, salvo che il fatto costituisca più grave reato, con la reclusione da uno a tre anni.

2. Se il fatto è commesso per colpa, la pena è della reclusione fino a sei mesi.

15. ***Istituzioni di garanzia.*** — 1. Il controllo sulla banca dati nazionale del DNA è esercitato dal Garante per la protezione dei dati personali, nei modi previsti dalla legge e dai regolamenti vigenti.

2. Il Comitato nazionale per la biosicurezza, le biotecnologie e le scienze della vita (CNBBSV) garantisce l'osservanza dei criteri e delle norme tecniche per il funzionamento del laboratorio centrale per la banca dati nazionale del DNA ed esegue, sentito il Garante per la protezione dei dati personali, verifiche presso il medesimo laboratorio centrale e i laboratori che lo alimentano, formulando suggerimenti circa i compiti svolti, le procedure adottate, i criteri di sicurezza e le garanzie previste, nonché ogni altro aspetto ritenuto utile per il miglioramento del servizio.

3. Il Garante per la protezione dei dati personali e il CNBBSV provvedono all'espletamento dei compiti di cui ai commi 1 e 2 nell'ambito delle risorse umane, strumentali e finanziarie già in dotazione agli stessi.

16. ***Regolamenti di attuazione.*** — 1. Con uno o più regolamenti adottati, entro quattro mesi dalla data di entrata in vigore della presente legge, ai sensi dell'articolo 17, comma 2, della legge 23 agosto 1988, n. 400, su proposta del Ministro della giustizia, del Ministro dell'interno e del Ministro del lavoro, della salute e delle politiche sociali, di concerto con il Ministro della difesa, con il Ministro dell'economia e delle finanze e con il Ministro delle politiche agricole alimentari e forestali, sentiti il Garante per la protezione dei dati personali e il CNBBSV, sono disciplinati, in conformità ai princìpi e ai criteri direttivi della presente legge:

a) il funzionamento e l'organizzazione della banca dati nazionale del DNA e del laboratorio centrale per la banca dati nazionale del DNA, le modalità di trattamento e di accesso per via informatica e telematica ai dati in essi raccolti, nonché le modalità di comunicazione dei dati e delle informazioni richieste;

b) le tecniche e le modalità di analisi e conservazione dei campioni biologici, nonché, nel rispetto delle disposizioni di cui all'articolo 13, comma 4, i tempi di conservazione dei campioni biologici e dei profili del DNA;

c) le attribuzioni del responsabile della banca dati nazionale del DNA e del responsabile del laboratorio centrale per la banca dati nazionale del DNA, nonché le competenze tecnico-professionali del personale ad essa addetto;

d) le modalità e i termini di esercizio dei poteri conferiti dall'articolo 15 al CNBBSV;

e) le modalità di cancellazione dei profili del DNA e di distruzione dei relativi campioni biologici nei casi previsti dall'articolo 13;

f) i criteri e le procedure da seguire per la cancellazione dei profili del DNA e la distruzione dei relativi campioni biologici, anche a seguito di riscontro positivo tra i profili del DNA oggetto di verifica, al fine di evitare la conservazione, nella banca dati e nel laboratorio centrale, di più profili del DNA e più campioni biologici relativi al medesimo soggetto.

2. Gli schemi dei regolamenti di cui al comma 1 sono trasmessi alle Camere, ai fini dell'espressione dei pareri da parte delle Commissioni competenti per materia. I pareri sono resi entro il termine di quindici giorni dalla data di trasmissione, decorso il quale i regolamenti sono adottati anche in mancanza dei pareri. Qualora detto termine venga a scadere nei quindici giorni antecedenti allo spirare del termine previsto dall'alinea del comma 1 o successivamente, la scadenza di quest'ultimo è prorogata di trenta giorni.

17. ***Norme transitorie.*** — 1. I profili del DNA ricavati da reperti acquisiti nel corso di procedimenti penali anteriormente alla data di entrata in vigore della presente legge, previo nulla osta dell'autorità giudiziaria, sono trasferiti dalle Forze di polizia alla banca dati nazionale del DNA entro il 31 dicembre 2021.[1]

2. Il prelievo di campione biologico nei confronti dei soggetti di cui all'articolo 9, già detenuti o internati alla data di entrata in vigore della presente legge, è effettuato a cura della polizia penitenziaria entro il termine di un anno.

3. Fino all'istituzione e al funzionamento del laboratorio centrale per la banca dati nazionale del DNA, e comunque entro un anno dalla data di entrata in vigore della presente legge, il Dipartimento dell'amministrazione penitenziaria può stipulare, nei limiti delle risorse assegnate dall'articolo 32, convenzioni non rinnovabili, e di durata tale da non superare il termine di tre anni a decorrere dalla data di entrata in vigore della presente legge, con i seguenti soggetti:

a) istituzioni di elevata specializzazione, per l'esecuzione, anche presso laboratori esterni che rispondano ai requisiti di cui all'articolo 11, delle attività di cui all'articolo 8, comma 1, lettera *a*);

b) singole Forze di polizia, per lo svolgimento di specifici programmi di formazione ed addestramento.

[1] Parola così modif. dall'art. 9, c. 1, D.L. 31 dic. 2020, n. 183, conv. con modif. in L. 26 feb. 2021, n. 21.

18. ***Istituzione dei ruoli tecnici del Corpo di polizia penitenziaria.*** — 1. Il Governo è delegato ad adottare, entro un anno dalla data di entrata in vigore della presente legge, uno o più decreti legislativi per provvedere alla integrazione dell'ordinamento del personale del Corpo di polizia penitenziaria mediante l'istituzione di ruoli tecnici nei quali inquadrare il personale da impiegare nelle attività del laboratorio centrale di cui all'articolo 5, comma 2. I decreti legislativi previsti dal presente comma sono adottati su proposta del Ministro della giustizia, di concerto con il Ministro dell'economia e delle finanze e con il Ministro per la pubblica amministrazione e l'innovazione. Gli schemi dei decreti legislativi sono trasmessi al Parlamento, ai fini dell'espressione dei pareri da parte delle Commissioni competenti per materia e per le conseguenze di carattere finanziario che sono resi entro il termine di trenta giorni dalla data di trasmissione, decorso il quale i decreti sono adottati anche in mancanza dei pareri. Qualora detto termine venga a scadere nei trenta giorni antecedenti allo spirare del termine previsto dal primo periodo del presente comma o successivamente, la scadenza di quest'ultimo è prorogata di sessanta giorni.

2. Nell'esercizio della delega di cui al comma 1, il Governo si attiene ai seguenti princìpi e criteri direttivi:

a) suddivisione del personale che svolge attività tecnico-scientifica o tecnica anche di carattere esecutivo, attinente ai servizi di polizia penitenziaria, in ruoli da determinare in relazione alle funzioni attribuite e ai contenuti di professionalità richiesti; determinazione delle qualifiche e delle corrispondenti funzioni;

b) suddivisione del personale che esplica mansioni di carattere professionale, per il cui esercizio è richiesta l'iscrizione in appositi albi, in ruoli da determinare in relazione alle funzioni attribuite e ai contenuti di professionalità richiesti; determinazione delle qualifiche e delle corrispondenti funzioni;

c) previsione che l'accesso alle qualifiche iniziali di ciascun ruolo e il relativo avanzamento in carriera avvengano mediante le medesime procedure previste per i corrispondenti ruoli tecnici o similari della Polizia di Stato;

d) disciplina dello stato giuridico del personale, e in particolare del comando presso altre amministrazioni, dell'aspettativa, del collocamento a disposizione, delle incompatibilità, dei rapporti informativi e dei congedi, secondo criteri che tengano conto delle specifiche esigenze dei servizi di polizia e della necessità che la suddetta disciplina non preveda trattamenti di stato inferiori rispetto a quelli degli altri dipendenti civili dello Stato;

e) attribuzione, ove occorra e limitatamente alle funzioni esercitate, delle qualità di agente e ufficiale di polizia giudiziaria e di pubblica sicurezza al personale che svolge attività tecnico-scientifica e che esplica mansioni di carattere professionale in relazione al ruolo di appartenenza.

19. ***Informazione al Parlamento sulle attività della banca dati nazionale del DNA e del laboratorio centrale per la medesima banca dati.*** — 1. I Ministri dell'interno e della giustizia informano il Parlamento, con cadenza annuale, in ordine alle attività svolte, nel periodo di riferimento, rispettivamente dalla banca dati nazionale del DNA e dal laboratorio centrale per la medesima banca dati, nonché in ordine allo stato di attuazione delle norme previste dal presente capo per le parti di rispettiva competenza.

CAPO III
Scambio di informazioni e altre forme di cooperazione

20. ***Scambio informativo dei dati del DNA e di dati personali.*** — 1. Le disposizioni di cui agli articoli da 2 a 7 del Trattato, concernenti lo scambio informativo dei profili del DNA, e quelle concernenti lo scambio informativo dei dati dattiloscopici, di quelli contenuti nei registri di immatricolazione dei veicoli, nonché di quelli relativi alle manifestazioni sportive, di cui agli articoli 8, 9, 12 e 15 del Trattato, si applicano conformemente al codice in materia di protezione dei dati personali, di cui al decreto legislativo 30 giugno 2003, n. 196, e successive modificazioni.

21. ***Utilizzo di guardie armate a bordo degli aeromobili.*** — 1. Ai fini dell'applicazione dell'articolo 17 del Trattato, entro sessanta giorni dalla data di entrata in vigore della presente legge, le competenti autorità nazionali propongono alle competenti autorità delle Parti contraenti e degli altri Stati che hanno aderito al Trattato la stipula di un accordo separato, ai sensi del citato articolo 17, paragrafo 5, anche al fine di integrare le informazioni di cui all'allegato 1 dello stesso Trattato.

2. L'autorizzazione generale di porto d'armi d'ordinanza e di munizioni, di cui all'articolo 18, paragrafo 1, del Trattato, consente il trasporto sul territorio nazionale delle relative armi dall'uscita dall'aeromobile fino al luogo di deposito nelle zone di sicurezza, di cui al medesimo articolo 18, paragrafo 2.

22. ***Status e poteri dei componenti di operazioni comuni.*** — 1. Ai fini dell'attuazione dell'articolo 24 del Trattato, gli appartenenti agli organi di polizia degli altri Stati contraenti che partecipano sul territorio nazionale ad operazioni comuni, distaccati dalle autorità rispettivamente competenti, possono svolgere le funzioni previste dall'atto costitutivo delle unità miste, sottoscritto dall'autorità di pubblica sicurezza individuata ai sensi dell'articolo 3 della presente legge, nei limiti consentiti dalle disposizioni di legge o di regolamento in vigore nel territorio dello Stato. Agli stessi soggetti, nei medesimi limiti, sono attribuite le funzioni di agente di pubblica sicurezza e di agente di polizia giudiziaria.

2. Salvo che sia diversamente stabilito dall'atto costitutivo, il porto nel territorio dello Stato delle armi e delle attrezzature di cui all'articolo 28 del Trattato è autorizzato ai sensi dell'articolo 9 della legge 21 febbraio 1990, n. 36, e successive modificazioni.

23. ***Poteri in caso di interventi d'urgenza sul territorio nazionale.*** — 1. Ai fini dell'attuazione dell'articolo 25 del Trattato:

a) la facoltà d'intervento ivi prevista si intende riferita alle situazioni di emergenza in cui un eventuale ritardo rischia di favorire il verificarsi dell'evento dannoso;

b) gli appartenenti agli organi di polizia dello Stato contraente confinante possono utilizzare solo per legittima difesa le medesime armi previste per gli appartenenti alle unità miste di cui all'articolo 22 della presente legge.

2. Nel caso in cui la misura provvisoria del fermo di una persona è disposta, ai sensi dell'articolo 25, paragrafo 1, del Trattato, dagli appartenenti agli organi di polizia dello Stato contraente confinante, si applicano le disposizioni di cui all'articolo 5 della legge 30 settembre 1993, n. 388.

CAPO IV

Modifiche al codice di procedura penale in materia di accertamenti tecnici idonei ad incidere sulla libertà personale

24-29. (*Omissis*).

CAPO V

Disposizioni finali

30-33. (*Omissis*).

- 6 -

D.lgs. 7 set. 2010, n. 161

Disposizioni per conformare il diritto interno alla Decisione quadro 2008/909/GAI relativa all'applicazione del principio del reciproco riconoscimento alle sentenze penali che irrogano pene detentive o misure privative della libertà personale, ai fini della loro esecuzione nell'Unione europea

(G.U. 1 ott. 2010, n. 230)

CAPO I

Disposizioni generali

1. ***Disposizioni di principio e attuazione.*** — 1. Il presente decreto attua nell'ordinamento interno le disposizioni della decisione quadro 2008/909/GAI del Consiglio, del 27 novembre 2008, relativa all'applicazione del principio del reciproco riconoscimento alle sentenze penali che irrogano pene detentive o misure privative della libertà personale, ai fini della loro esecuzione nell'Unione europea, nei limiti in cui tali disposizioni non sono incompatibili con i principi supremi dell'ordinamento costituzionale in tema di diritti fondamentali nonché in tema di diritti di libertà e di giusto processo.

2. ***Definizioni.*** — 1. Ai fini del presente decreto si intende per:

a) «decisione quadro»: la decisione quadro 2008/909/GAI del Consiglio, del 27 novembre 2008, relativa all'applicazione del principio del reciproco riconoscimento alle sentenze penali che irrogano pene detentive o misure privative della libertà personale, ai fini della loro esecuzione nell'Unione europea;

b) «sentenza di condanna»: una decisione definitiva emessa da un organo giurisdizionale di uno Stato membro dell'Unione europea con la quale vengono applicate, anche congiuntamente, una pena o una misura di sicurezza nei confronti di una persona fisica;

c) «persona condannata»: la persona fisica nei cui confronti è stata pronunciata una sentenza di condanna;

d) «trasmissione all'estero»: la procedura con cui una sentenza di condanna pronunciata in Italia è trasmessa a un altro Stato membro dell'Unione europea, ai fini del suo riconoscimento e della sua esecuzione in detto Stato;

e) «trasmissione dall'estero»: la procedura con cui è trasmessa in Italia, ai fini del suo riconoscimento e della sua esecuzione, una sentenza di condanna emessa in un altro Stato membro dell'Unione europea;

f) «pena»: qualsiasi pena detentiva di durata limitata o illimitata irrogata con una sentenza di condanna, a causa di un reato e a seguito di un procedimento penale;

g) «misura di sicurezza»: qualsiasi misura di sicurezza personale detentiva di durata limitata o illimitata applicata con una sentenza di condanna, a causa di un reato e a seguito di un procedimento penale;

h) «Stato di emissione»: lo Stato membro in cui viene emessa la sentenza di condanna;

i) «Stato di esecuzione»: lo Stato membro al quale è trasmessa la sentenza di condanna ai fini del suo riconoscimento e della sua esecuzione;

l) «riconoscimento»: il provvedimento pronunciato dall'autorità competente dello Stato di esecuzione con il quale si consente di eseguire nello stesso una sentenza di condanna pronunciata dall'autorità giudiziaria dello Stato di emissione;

m) «autorità competente»: l'autorità indicata da uno Stato membro ai sensi dell'articolo 2 della decisione quadro;

n) «certificato»: il certificato contenuto nell'allegato I alla decisione quadro come modificato dall'articolo 5, paragrafo 2) della decisione quadro 2009/299/GAI del Consiglio, del 26 febbraio 2009.[1]

[1] Lettera così modif. dall'art. 3, D.lgs. 15 feb. 2016, n. 31.

3. ***Autorità competenti.*** — 1. In relazione alle disposizioni dell'articolo 2 della decisione quadro, l'Italia designa come autorità competenti il Ministero della giustizia e le autorità giudiziarie, secondo le attribuzioni di cui al presente decreto.

2. Il Ministero della giustizia provvede alla trasmissione e alla ricezione delle sentenze e del certificato, nonché della corrispondenza ufficiale ad esse relativa. Il Ministero della giustizia cura altresì la trasmissione e la ricezione delle informazioni ai sensi dell'articolo 20.

3. Nei limiti indicati dal presente decreto, è consentita la corrispondenza diretta tra le autorità giudiziarie. In tale caso, l'autorità giudiziaria italiana competente informa immediatamente il Ministero della giustizia della trasmissione o della ricezione di una sentenza di condanna.

CAPO II
Trasmissione all'estero

4. ***Competenza.*** — 1. La trasmissione all'estero è disposta, sempre che ricorrano le condizioni previste dall'articolo 5:

a) dal pubblico ministero presso il giudice indicato all'articolo 665 del codice di procedura penale, per quanto attiene alla esecuzione delle pene detentive;

b) dal pubblico ministero individuato ai sensi dell'articolo 658 del codice di procedura penale, per quanto attiene alla esecuzione di misure di sicurezza personali detentive.

2. Non si applicano le disposizioni di cui al capo II del titolo IV del libro XI del codice di procedura penale.

5. ***Condizioni di emissione.*** — 1. La trasmissione all'estero è disposta all'atto dell'emissione dell'ordine di esecuzione di cui agli articoli 656 o 659 del codice di procedura penale ovvero, quando l'ordine è già stato eseguito, in un qualsiasi momento successivo, non oltre la data in cui la residua pena o misura di sicurezza da scontare è inferiore a sei mesi.

2. L'autorità giudiziaria competente dispone la trasmissione se non ricorre una causa di sospensione dell'esecuzione e quando ricorrono congiuntamente le seguenti condizioni:

a) l'esecuzione della pena o della misura di sicurezza all'estero ha lo scopo di favorire il reinserimento sociale della persona condannata;

b) il reato per il quale è stata emessa la sentenza di condanna è punito con una pena della durata massima non inferiore a tre anni;

c) la persona condannata si trova nel territorio dello Stato o in quello dello Stato di esecuzione;

d) la persona condannata non è sottoposta ad altro procedimento penale o non sta scontando un'altra sentenza di condanna o di applicazione di una misura di sicurezza, salvo diverso parere dell'autorità giudiziaria competente per il procedimento penale in corso o per l'esecuzione.

3. La trasmissione all'estero è disposta:

a) verso lo Stato membro dell'Unione europea di cittadinanza della persona condannata in cui quest'ultima vive, ovvero

b) verso lo Stato membro dell'Unione europea di cittadinanza della persona condannata in cui quest'ultima sarà espulsa, una volta dispensata dall'esecuzione della pena o della misura di sicurezza, a motivo di un ordine di espulsione o di allontanamento inserito nella sentenza di condanna o in una decisione giudiziaria o amministrativa o in qualsiasi altro provvedimento adottato in seguito alla sentenza di condanna, ovvero

c) verso lo Stato membro dell'Unione europea che ha acconsentito alla trasmissione.

4. È sempre richiesto il consenso della persona condannata per la trasmissione verso uno degli Stati membri indicati al comma 3, lettera *c*), salvo che si tratti dello Stato dove la persona condannata è fuggita o è altrimenti ritornata a motivo del procedimento penale o a seguito della sentenza di condanna. Il consenso alla trasmissione deve essere espresso dalla persona condannata personalmente e per iscritto.

6. ***Procedimento.*** — 1. L'autorità giudiziaria competente ai sensi dell'articolo 4 procede alla trasmissione all'estero di ufficio o su richiesta della persona condannata o dello Stato di esecuzione.

2. Fermo quanto previsto dall'articolo 5, comma 4, se la persona condannata si trova nel territorio dello Stato l'autorità giudiziaria procede alla trasmissione all'estero solo dopo averla sentita.

3. Prima di procedere alla trasmissione all'estero, l'autorità giudiziaria consulta, anche tramite il Mi-

nistero della giustizia, l'autorità competente dello Stato di esecuzione al fine di:

a) verificare la condizione prevista dall'articolo 5, comma 2, lettera *a*);

b) comunicare il parere espresso, ai sensi del comma 2, dalla persona condannata;

c) acquisire il consenso dello Stato di esecuzione nell'ipotesi prevista dall'articolo 5, comma 3, lettera *c*);

d) conoscere le disposizioni applicabili nello Stato di esecuzione in materia di liberazione anticipata o condizionale.

4. Quando ricorre l'ipotesi prevista dall'articolo 5, comma 3, lettera *c*), la trasmissione all'estero è disposta previa acquisizione del consenso dello Stato di esecuzione.

5. Quando ricorre l'ipotesi di cui all'articolo 5, comma 4, la trasmissione all'estero è disposta previa acquisizione del consenso della persona condannata.

6. Il provvedimento con cui è disposta la trasmissione all'estero deve contenere l'indicazione dello Stato di esecuzione. Di esso è data in ogni caso comunicazione all'interessato, mediante notifica di un atto contenente i requisiti di cui all'allegato II della decisione quadro. Se la persona condannata si trova nello Stato di esecuzione, l'atto di cui al periodo precedente è trasmesso, anche tramite il Ministero della giustizia, all'autorità competente dello Stato di esecuzione perché provveda alla notifica.

7. Il provvedimento è trasmesso, unitamente alla sentenza di condanna e al certificato debitamente compilato, al Ministero della giustizia che provvede all'inoltro, con qualsiasi mezzo che lasci una traccia scritta, all'autorità competente dello Stato di esecuzione, previa traduzione del testo del certificato nella lingua di detto Stato. Se la traduzione del certificato non è necessaria o se a questa provvede l'autorità giudiziaria, il provvedimento può essere trasmesso direttamente all'autorità competente dello Stato di esecuzione; in tale caso, esso è altresì trasmesso, per conoscenza, al Ministero della giustizia. La sentenza e il certificato sono trasmessi in originale o in copia autentica allo Stato di esecuzione che ne fa richiesta.

8. L'autorità giudiziaria sospende la trasmissione quando sopravviene una causa di sospensione dell'esecuzione e può revocare il provvedimento quando, prima dell'inizio dell'esecuzione all'estero, sia venuta meno una delle condizioni di cui all'articolo 5. Alla revoca segue il ritiro del certificato. Della sospensione e della revoca è data comunicazione all'interessato, al Ministero della giustizia e all'autorità competente dello Stato di esecuzione, con indicazione dei motivi che le hanno determinate.

9. In caso di mancato riconoscimento della sentenza di condanna, il Ministero della giustizia ne dà comunicazione all'autorità giudiziaria che ha emesso il provvedimento di trasmissione all'estero.

7. ***Trasferimento delle persone condannate.*** — 1. La persona condannata che si trova nel territorio dello Stato, anche se detenuta, è trasferita nello Stato di esecuzione entro trenta giorni dalla data in cui la decisione definitiva di detto Stato sul riconoscimento della sentenza di condanna è comunicata al Ministero della giustizia, che provvede a informarne l'autorità giudiziaria che ha disposto la trasmissione e il Servizio per la cooperazione internazionale di polizia del Ministero dell'interno. Il Ministero della giustizia e l'autorità competente dello Stato di esecuzione possono concordare il trasferimento in un termine più breve.

2. Se il trasferimento nel termine di cui al comma 1 è reso impossibile da circostanze impreviste, il Ministero della giustizia ne informa immediatamente l'autorità competente dello Stato di esecuzione e il Servizio per la cooperazione internazionale di polizia del Ministero dell'interno, concordando una nuova data per il trasferimento. In tale caso, il trasferimento avviene entro i dieci giorni successivi alla nuova data concordata.

3. Salvo il caso di evasione della persona condannata, non si procede all'esecuzione in Italia dopo che questa ha avuto inizio nello Stato di esecuzione.

4. Se, successivamente al trasferimento, lo Stato di esecuzione chiede che la persona trasferita sia perseguita, condannata o altrimenti privata della libertà personale per un reato commesso anteriormente al suo trasferimento diverso da quello per cui la stessa è stata trasferita, sulla richiesta provvede la corte di appello del distretto dell'autorità giudiziaria competente ai sensi dell'articolo 4. A tale fine, la corte verifica che la richiesta dello Stato di esecuzione contenga le informazioni di cui all'articolo 26, comma 3, della legge 22 aprile 2005, n. 69. Il consenso è dato quando il reato per il quale è richiesto permette il trasferimento ai sensi dell'articolo 10. La corte nega il consenso quando ricorre uno dei motivi di rifiuto di cui all'articolo 13.

5. Se ai fini del trasferimento verso lo Stato di esecuzione è necessario che la persona condannata transiti sul territorio di un altro Stato membro ai sensi dell'articolo 16 della decisione quadro, la richiesta di transito è formulata dal Ministero della giustizia.

8. ***Arresto provvisorio.*** — 1. L'autorità giudiziaria competente ai sensi dell'articolo 4, se la persona condannata si trova nello Stato di esecuzione, può chiederne l'arresto provvisorio o l'adozione nei suoi confronti di ogni altro provvedimento idoneo ad assicurare la permanenza nel territorio di quello Stato, in attesa del riconoscimento.

2. La richiesta di arresto è formulata mediante la compilazione del riquadro *e*) del certificato.

CAPO III
Trasmissione dall'estero

9. ***Competenza.*** — 1. La trasmissione dall'estero non può essere autorizzata senza la decisione favorevole della corte di appello.

2. La competenza a decidere sul riconoscimento e sull'esecuzione appartiene, nell'ordine, alla corte di appello nel cui distretto la persona condannata ha la residenza, la dimora o il domicilio nel momento in cui il provvedimento è trasmesso all'autorità giudiziaria ai sensi dell'articolo 12, comma 1.

3. Se la competenza non può essere determinata ai sensi del comma 2, è competente la corte di appello di Roma.

4. Quando la richiesta di trasmissione dall'estero ha per oggetto una sentenza di condanna che deve essere eseguita in Italia nei riguardi di più persone e non è possibile determinare la competenza ai sensi del comma 2, è competente la corte di appello del distretto in cui hanno la residenza, la dimora o il domicilio il maggior numero delle persone ovvero, se anche in tale modo non è possibile determinare la competenza, la corte di appello di Roma.

5. In caso di arresto della persona condannata ai sensi dell'articolo 15, la competenza appartiene alla corte di appello del distretto in cui è avvenuto l'arresto.

10. ***Condizioni per il riconoscimento.*** — 1. La corte di appello riconosce la sentenza di condanna emessa in un altro Stato membro dell'Unione europea, ai fini della sua esecuzione in Italia, quando ricorrono congiuntamente le seguenti condizioni:

a) la persona condannata ha la cittadinanza italiana;

b) la persona condannata ha la residenza, la dimora o il domicilio nel territorio dello Stato ovvero deve essere espulsa verso l'Italia a motivo di un ordine di espulsione o di allontanamento inserito nella sentenza di condanna o in una decisione giudiziaria o amministrativa o in qualsiasi altro provvedimento adottato in seguito alla sentenza di condanna;

c) la persona condannata si trova nel territorio dello Stato o in quello dello Stato di emissione;

d) la persona condannata ha prestato il proprio consenso alla trasmissione, salvo quanto previsto dal comma 4;

e) il fatto è previsto come reato anche dalla legge nazionale, indipendentemente dagli elementi costitutivi o dalla denominazione del reato, salvo quanto previsto dall'articolo 11;

f) la durata e la natura della pena o della misura di sicurezza applicate nello Stato di emissione sono compatibili con la legislazione italiana, salva la possibilità di un adattamento nei limiti stabiliti dal comma 5.

2. La corte di appello procede altresì al riconoscimento quando ricorrono congiuntamente le condizioni di cui al comma 1, lettere *c*), *d*), *e*), ed *f*) e il Ministro della giustizia ha dato il consenso all'esecuzione in Italia della sentenza di condanna emessa nei confronti di una persona che non ha la cittadinanza italiana, ai sensi dell'articolo 12, comma 2.

3. Se la corte di appello ritiene di poter procedere al riconoscimento parziale, ne informa immediatamente, anche tramite il Ministero della giustizia, l'autorità competente dello Stato di emissione e concorda con questa le condizioni del riconoscimento e dell'esecuzione parziale, purché tali condizioni non comportino un aumento della durata della pena. In mancanza di accordo, il certificato si intende ritirato.

4. Il consenso della persona condannata non è richiesto se ricorrono congiuntamente le condizioni di cui al comma 1, lettere *a*) e *b*), ovvero se la persona condannata è fuggita in Italia o vi è altrimenti ritornata a motivo del procedimento penale o a seguito della condanna e il Ministro della giustizia ha autorizzato l'esecuzione in Italia ai sensi dell'articolo 12, comma 2.

5. Se la durata e la natura della pena o della misura di sicurezza applicate con la sentenza di condanna sono incompatibili con quelle previste in Italia per reati simili, la corte di appello procede al loro adattamento. La durata e la natura della pena o della misura di sicurezza adattate non possono essere inferiori alla pena o alla misura di sicurezza previste dalla legge italiana per reati simili, né più gravi di quelle applicate dallo Stato di emissione con la sentenza di condanna. La pena detentiva e la misura di sicurezza restrittiva della libertà personale non possono essere convertite in pena pecuniaria.

11. ***Deroghe alla doppia punibilità.*** — 1. Si fa luogo al riconoscimento, indipendentemente dalla doppia incriminazione, se il reato per il quale è chiesta la trasmissione è punito nello Stato di emissione con una pena detentiva o una misura privativa della libertà personale della durata massima non inferiore a tre anni, sola o congiunta alla pena pecuniaria, e si riferisce a una delle fattispecie di cui all'articolo 8, comma 1, della legge 22 aprile 2005, n. 69. In tale caso, la corte di appello accerta la corrispondenza tra la definizione dei reati per i quali è richiesta la trasmissione, secondo la legge dello Stato di emissione, e le fattispecie medesime.

12. ***Procedimento.*** — 1. Quando il Ministero della giustizia riceve da un altro Stato membro dell'Unione europea, ai fini dell'esecuzione in Italia, una sentenza di condanna corredata dal certificato tradotto in lingua italiana, la trasmette senza ritardo al presidente della corte di appello competente ai sensi dell'articolo 9. La trasmissione della sentenza di condanna può essere richiesta allo Stato di emissione anche dal Ministro della giustizia, purché ricorrano le condizioni di cui all'articolo 10.

2. Se lo Stato di emissione ha chiesto, anche prima della trasmissione della sentenza di condanna

e del certificato, che l'esecuzione in Italia abbia luogo, ai sensi dell'articolo 4, paragrafo 1, lettera *c*) della decisione quadro, nei confronti di una persona condannata che non ha la cittadinanza italiana, il consenso all'esecuzione è dato con decreto dal Ministro della giustizia.

3. In caso di incompletezza del certificato, di sua manifesta difformità rispetto alla sentenza di condanna o comunque quando il suo contenuto sia insufficiente per decidere sull'esecuzione della pena o della misura, la corte di appello, anche tramite il Ministero della giustizia, può formulare richiesta allo Stato di emissione di trasmettere un nuovo certificato o la traduzione in lingua italiana della sentenza di condanna, o di parti essenziali della stessa, fissando a tale scopo un termine congruo.

4. Se lo Stato di emissione ha chiesto l'arresto della persona condannata in attesa del riconoscimento della sentenza di condanna, il Ministero della giustizia ne dà altresì comunicazione al Servizio per la cooperazione internazionale di polizia del Ministero dell'interno, anche ai fini di cui all'articolo 15, comma 1, trasmettendogli copia della documentazione disponibile.

5. La corte di appello decide con sentenza in camera di consiglio sull'esistenza delle condizioni per l'accoglimento, anche parziale, della richiesta, sentiti il procuratore generale, il difensore e la persona condannata, anche ai fini dell'acquisizione del consenso al trasferimento, ove non dato in precedenza. Si applicano le disposizioni dell'articolo 702 del codice di procedura penale.

6. La decisione deve essere emessa entro il termine di sessanta giorni dalla data in cui la corte di appello ha ricevuto la sentenza di condanna trasmessa ai sensi del comma 1. Ove, per circostanze eccezionali, sia ravvisata l'impossibilità di rispettare tale termine, il presidente della corte informa dei motivi il Ministero della giustizia, che ne dà comunicazione allo Stato di emissione. In questo caso il termine è prorogato di trenta giorni.

7. Della sentenza è data, al termine della camera di consiglio, immediata lettura. La lettura equivale a notificazione alle parti, anche se non presenti, che hanno diritto a ottenere copia del provvedimento.

8. Quando la corte di appello pronuncia sentenza di riconoscimento la trasmette al procuratore generale per l'esecuzione.

9. Quando la decisione è contraria al riconoscimento, la corte di appello con la sentenza revoca immediatamente le misure cautelari applicate.

10. La sentenza della corte di appello è soggetta a ricorso per cassazione e si applicano le disposizioni di cui all'articolo 22 della legge 22 aprile 2005, n. 69.

11. La sentenza della corte di appello divenuta irrevocabile è immediatamente comunicata, anche a mezzo telefax, al Ministero della giustizia, che provvede a informare le competenti autorità dello Stato membro di emissione e il Servizio per la cooperazione internazionale di polizia del Ministero dell'interno. Se il riconoscimento è negato perché la sentenza di condanna deve essere eseguita in un altro Stato membro, la medesima è trasmessa, anche tramite il Ministero della giustizia, allo Stato di esecuzione ritenuto competente.

13. ***Motivi di rifiuto del riconoscimento.*** — 1. La corte di appello rifiuta il riconoscimento della sentenza di condanna in uno dei seguenti casi:

a) se non sussiste una o più delle condizioni di cui agli articoli 10, commi 1 e 2, e 11;

b) se il certificato è incompleto o non corrisponde manifestamente alla sentenza di condanna e non è stato completato o corretto entro il termine fissato ai sensi dell'articolo 12, comma 3;

c) se risulta che la persona condannata è stata giudicata in via definitiva per gli stessi fatti da uno degli Stati membri dell'Unione europea purché, in caso di condanna, la pena sia stata già eseguita ovvero sia in corso di esecuzione, ovvero non possa più essere eseguita in forza delle leggi dello Stato che ha emesso la condanna;

d) se i fatti per i quali la trasmissione dall'estero è stata chiesta potevano essere giudicati in Italia e si sia già verificata la prescrizione del reato o della pena;

e) se è stata pronunciata, in Italia, sentenza di non luogo a procedere, salvo che sussistano i presupposti di cui all'articolo 434 del codice di procedura penale per la revoca della sentenza;[1]

e) se la pena è prescritta secondo la legge italiana;[1]

f) se sussiste una causa di immunità riconosciuta dall'ordinamento italiano che rende impossibile l'esecuzione della pena;

g) se la pena è stata irrogata nei confronti di una persona che, alla data di commissione del fatto, non era imputabile per età secondo la legge italiana;

h) se alla data di ricezione della sentenza di condanna da parte del Ministero della giustizia ai sensi dell'articolo 12, la durata della pena ancora da scontare è inferiore a sei mesi;

i) se l'interessato non è comparso personalmente al processo terminato con la decisione da eseguire, a meno che il certificato attesti:

1) che, a tempo debito, è stato citato personalmente e, pertanto, informato della data e del luogo fissati per il processo o che ne è stato di fatto informato ufficialmente con altri mezzi, idonei a comprovare inequivocabilmente che ne era al corrente, nonché che è stato informato del fatto che una decisione poteva essere emessa in caso di mancata comparizione in giudizio; ovvero

2) che, essendo al corrente della data fissata per il processo, aveva conferito un mandato ad un difensore, di fiducia o d'ufficio, da cui in effetti è stato assistito in giudizio; ovvero

3) che, dopo aver ricevuto la notifica della deci-

sione ed essere stato espressamente informato del diritto a un nuovo processo o ad un ricorso in appello con possibilità di parteciparvi per ottenere un riesame nel merito della imputazione, compresa l'assunzione di nuove prove, ha dichiarato espressamente di non opporsi alla decisione o non ha richiesto un nuovo processo o presentato ricorso in appello entro il termine a tal fine stabilito;[2]

l) se lo Stato di emissione ha, prima della decisione sul riconoscimento, rifiutato la richiesta formulata dall'autorità giudiziaria italiana di sottoporre la medesima persona condannata a un procedimento penale o di privarla della libertà personale, per un reato commesso anteriormente alla trasmissione della sentenza di condanna e diverso da quello per cui la trasmissione è avvenuta;

m) la pena irrogata comprende una misura di trattamento medico o psichiatrico o altra misura privativa della libertà personale incompatibile con il sistema penitenziario o sanitario dello Stato, salvo quanto previsto dall'articolo 10, comma 5;

n) la sentenza di condanna si riferisce a reati che, in base alla legge italiana, sono considerati commessi per intero o in parte all'interno del territorio dello Stato o in altro luogo a questo equiparato.

2. Nei casi di cui al comma 1, lettere *a*), *b*), *c*), *e*), *i*), *m*) ed *n*), la corte di appello, prima di decidere di rifiutare il riconoscimento, consulta, anche tramite il Ministero della giustizia, l'autorità competente dello Stato di emissione e richiede ogni informazione utile alla decisione.

3. Le disposizioni di cui al presente articolo si applicano, in quanto compatibili, anche alla sentenza con cui è applicata una misura di sicurezza.

[1] La divisione in lettere qui presente corrisponde alla versione pubblicata in G.U.

[2] Lettera così sost. dall'art. 3, D.lgs. 15 feb. 2016, n. 31.

14. *Misure coercitive.* — 1. Se l'autorità competente dello Stato di emissione ne ha fatto richiesta, la corte di appello, su domanda del procuratore generale, può disporre una misura personale coercitiva nei confronti della persona condannata che si trovi nel territorio dello Stato, allo scopo di assicurare la sua permanenza nel territorio e in attesa del riconoscimento della sentenza di condanna. La corte di appello decide con ordinanza motivata, a pena di nullità.

2. Si osservano, in quanto applicabili, le disposizioni del titolo I del libro IV del codice di procedura penale, in materia di misure cautelari personali, fatta eccezione per gli articoli 273, 274, comma 1, lett. *a*) e *c*), e 280.

3. Le misure coercitive non possono essere disposte se vi sono ragioni per ritenere che sussistono cause ostative al riconoscimento.

4. Entro cinque giorni dall'esecuzione delle misure di cui al comma 1, il presidente della corte di appello, o il magistrato delegato, procede a sentire la persona sottoposta alla misura cautelare, informandola, in una lingua alla stessa conosciuta, della richiesta di trasmissione della sentenza di condanna ai fini della sua esecuzione in Italia. Quando non ricorre una delle ipotesi di cui all'articolo 10, comma 4, alla persona è altresì richiesto se acconsente all'esecuzione in Italia. Si applica la disposizione dell'articolo 717, comma 2, del codice di procedura penale.

5. La misura coercitiva, disposta a norma del presente articolo, è revocata se dall'inizio della sua esecuzione sono trascorsi i termini di cui all'articolo 12, comma 6, ovvero, in caso di ricorso per cassazione, ulteriori tre mesi senza che sia intervenuta sentenza irrevocabile di riconoscimento.

6. La revoca e la sostituzione della misura coercitiva sono disposte in camera di consiglio dalla corte di appello.

7. Copia dei provvedimenti emessi dalla corte è comunicata e notificata, dopo la loro esecuzione, al procuratore generale, alla persona interessata e al suo difensore, i quali possono proporre ricorso per cassazione per violazione di legge. Se si tratta di straniero, la copia è trasmessa altresì alla competente autorità consolare.

8. Il presidente della corte di appello, o il magistrato da lui delegato, fissa con decreto l'udienza in camera di consiglio per la decisione sulla richiesta di riconoscimento entro il termine di venti giorni dall'esecuzione della misura coercitiva e dispone contestualmente il deposito della documentazione di cui all'articolo 12, comma 1.

9. Il decreto è comunicato al procuratore generale e notificato alla persona condannata e al suo difensore, almeno otto giorni prima dell'udienza.

15. *Arresto.* — 1. Nei casi di urgenza, la polizia giudiziaria può procedere all'arresto della persona condannata, allo scopo di assicurare la sua permanenza nel territorio dello Stato e in attesa del riconoscimento della sentenza di condanna, se l'autorità competente dello Stato di emissione ne ha fatto richiesta e ricorrono le condizioni di cui all'articolo 10, lettere *a*), *b*) ed *e*).

2. L'autorità che ha proceduto all'arresto pone al più presto, e comunque non oltre le ventiquattro ore, l'arrestato a disposizione del presidente della corte di appello nel cui distretto l'arresto è avvenuto, mediante la trasmissione del relativo verbale, dandone contestualmente notizia al Ministero della giustizia. Si applica l'articolo 12 della legge 22 aprile 2005, n. 69.

3. Quando non deve disporre la liberazione dell'arrestato, il presidente della corte di appello, entro le quarantotto ore dalla ricezione del verbale d'arresto, informato il procuratore generale, provvede, in una lingua alla stessa conosciuta e, se necessario, alla presenza di un interprete, a sentire la persona arrestata con la presenza di un difensore di ufficio nominato in mancanza di difensore di fiducia. Nel caso in cui la persona arrestata risulti ristretta in località diversa da quella in cui l'arresto

è stato eseguito, il presidente della corte di appello può delegare il presidente del tribunale territorialmente competente, ferma restando la sua competenza in ordine ai provvedimenti di cui al comma 4.

4. Se risulta evidente che l'arresto è stato eseguito per errore di persona o fuori dai casi previsti dalla legge, il presidente della corte di appello, o il magistrato della corte da lui delegato, dispone con decreto motivato che il fermato sia posto immediatamente in libertà. Fuori da tale caso, si procede alla convalida dell'arresto provvedendo con ordinanza, se ne ricorrono le condizioni, all'applicazione di una misura coercitiva ai sensi dell'articolo 14. Dei provvedimenti dati è informato immediatamente il Ministero della giustizia.

16. ***Esecuzione conseguente al riconoscimento.*** — 1. Quando è pronunciata sentenza di riconoscimento, la pena è eseguita secondo la legge italiana. Si applicano altresì le disposizioni in materia di amnistia, indulto e grazia. La pena espiata nello Stato di emissione è computata ai fini dell'esecuzione.

2. All'esecuzione provvede d'ufficio il procuratore generale presso la corte di appello che ha deliberato il riconoscimento. Tale corte è equiparata, a ogni effetto, al giudice che ha pronunciato sentenza di condanna in un procedimento penale ordinario.

3. Se la persona condannata non si trova nel territorio dello Stato, il Ministero della giustizia, anche tramite il Servizio per la cooperazione internazionale di polizia del Ministero dell'interno, si accorda con l'autorità dello Stato di emissione per il trasferimento.

4. Prima del trasferimento, il Ministero della giustizia informa lo Stato di emissione che ne abbia fatto richiesta delle disposizioni applicabili alla persona condannata in materia di liberazione anticipata, liberazione condizionale e indulto.

5. Le disposizioni di cui al presente articolo si applicano, in quanto compatibili, anche all'esecuzione della sentenza con cui è applicata una misura di sicurezza.

17. ***Provvedimenti adottati dallo Stato di emissione.*** — 1. Quando lo Stato di emissione adotta una decisione per la quale la pena o la misura di sicurezza applicate cessano, immediatamente o entro un termine, di essere esecutive, l'autorità giudiziaria competente pone fine all'esecuzione della pena o della misura di sicurezza in Italia, non appena informata.

2. La revisione della sentenza di condanna trasmessa per l'esecuzione spetta esclusivamente all'autorità dello Stato di emissione.

18. ***Principio di specialità.*** — 1. Salvo quanto previsto dal comma 2, la persona trasferita in Italia per l'esecuzione della condanna non può essere sottoposta a un procedimento penale, né privata della libertà personale in esecuzione di una pena o di una misura di sicurezza, né altrimenti assoggettata ad altra misura privativa della libertà personale, per un reato commesso anteriormente al trasferimento, diverso da quello per cui la stessa è stata trasferita.

2. La disposizione di cui al comma 1 non si applica quando:

a) la persona trasferita, avendone avuta la possibilità, non ha lasciato il territorio dello Stato decorsi quarantacinque giorni dalla sua definitiva liberazione ovvero, avendolo lasciato, vi ha fatto volontariamente ritorno;

b) il reato non è punibile con una pena o con una misura di sicurezza privative della libertà personale;

c) il procedimento penale non consente l'applicazione di una misura restrittiva della libertà personale;

d) la persona è soggetta a una pena o a una misura che non implicano la privazione della libertà, ivi inclusa una misura pecuniaria, anche se può limitare la sua libertà personale;

e) la persona ha acconsentito al trasferimento;

f) la persona, dopo essere stata trasferita, ha espressamente rinunciato a beneficiare del principio di specialità rispetto a particolari reati anteriori alla sua consegna. Tale rinuncia è raccolta a verbale dall'autorità giudiziaria competente per l'esecuzione;

g) fuori dei casi precedenti, lo Stato di emissione ha dato il suo consenso nelle forme di cui al comma 3.

3. Successivamente al trasferimento, l'autorità giudiziaria competente può richiedere allo Stato di emissione, tramite il Ministero della giustizia, di dare il consenso all'inizio di un procedimento penale nei confronti della persona trasferita, ovvero alla privazione della libertà personale in esecuzione di una pena o di una misura di sicurezza o di una misura cautelare, per un reato commesso anteriormente al suo trasferimento, diverso da quello per cui la stessa è stata trasferita. La richiesta è corredata delle informazioni di cui all'articolo 26, comma 3, della legge 22 aprile 2005, n. 69.

19. ***Transito.*** — 1. Le richieste di transito sul territorio dello Stato di una persona condannata, per la sua trasmissione a fini di esecuzione in un altro Stato membro, sono ricevute, corredate del certificato, dal Ministero della giustizia. Il Ministero della giustizia può richiedere allo Stato di emissione la traduzione in lingua italiana del certificato.

2. Salvo quanto previsto dal comma 4, il Ministero della giustizia informa immediatamente lo Stato di emissione se non è in grado di garantire che la persona condannata non sarà sottoposta a misure restrittive della libertà personale per reati commessi o condanne pronunciate prima della richiesta di transito, in relazione a fatti per i quali vi è la giurisdizione dello Stato.

3. Sulla richiesta di transito decide il Ministro della giustizia entro sette giorni dal ricevimento o dalla trasmissione del certificato tradotto.

4. La persona condannata può essere trattenuta in custodia dall'autorità di polizia per il tempo strettamente necessario al transito e, comunque, non oltre quarantotto ore dal momento del suo arrivo nel territorio dello Stato.

CAPO IV
Disposizioni comuni ai procedimenti di trasmissione

20. ***Informazioni.*** — 1. Il Ministero della giustizia informa l'autorità competente dello Stato di emissione con qualsiasi mezzo che lasci una traccia scritta:

a) della trasmissione della sentenza di condanna e del certificato all'autorità giudiziaria competente responsabile dell'esecuzione in conformità degli articoli 9 e 12;

b) dell'impossibilità di eseguire la pena o la misura di sicurezza in quanto la persona condannata, dopo la trasmissione della sentenza di condanna e del certificato, non può essere rintracciata nel territorio dello Stato;

c) della decisione definitiva di riconoscere la sentenza di condanna e di eseguire la pena o la misura di sicurezza, unitamente alla data della decisione;

d) dell'eventuale decisione di adattare la pena o la misura di sicurezza a norma dell'articolo 10, comma 5, corredata di una motivazione;

e) della trasmissione della sentenza di condanna a un altro Stato membro per l'esecuzione, ai sensi dell'articolo 12, comma 11;

f) dell'eventuale decisione di non riconoscere la sentenza di condanna ed eseguire la pena o la misura di sicurezza a norma dell'articolo 13, corredata di una motivazione;

g) delle decisioni adottate dall'autorità giudiziaria ai sensi degli articoli 14 e 15;

h) dell'eventuale decisione di non eseguire la pena o la misura di sicurezza, per i motivi di cui all'articolo 16, comma 1, corredata di una motivazione;

i) della richiesta dell'autorità giudiziaria, ai sensi dell'articolo 18, comma 3;

l) delle date di inizio e fine del periodo di liberazione anticipata o condizionale, se ciò è indicato nel certificato dallo Stato di emissione;

m) dell'evasione della persona condannata;

n) della scarcerazione per la completa esecuzione della pena o della misura di sicurezza.

2. Il Ministero della giustizia cura altresì la corrispondenza relativa alle richieste e alle decisioni di cui agli articoli 7, commi 4 e 5, e 17.

21. ***Spese.*** — 1. Sono a carico dello Stato italiano le spese sostenute nel territorio nazionale per il trasferimento all'estero della persona condannata e per l'esecuzione della sentenza di condanna. Tutte le altre spese sono a carico dello Stato membro verso il quale la persona condannata è trasferita o che ha chiesto la trasmissione della sentenza di condanna.

CAPO V
Disposizioni transitorie e finali

22. ***Obblighi internazionali.*** — 1. Il presente decreto non pregiudica gli obblighi internazionali dello Stato italiano quando la persona condannata deve essere trasferita da o verso uno Stato terzo.

23. ***Disposizioni finanziarie.*** — 1. Dall'attuazione delle disposizioni di cui al presente decreto non devono derivare nuovi o maggiori oneri a carico della finanza pubblica.

2. Le Amministrazioni interessate provvedono agli adempimenti previsti dal presente decreto con le risorse umane, finanziarie e strumentali disponibili a legislazione vigente.

24. ***Norme applicabili.*** — 1. Le disposizioni del presente decreto si applicano anche all'esecuzione della pena o della misura di sicurezza nei casi di cui agli articoli 18, comma 1, lettera *r*), e 19, comma 1, lettera *c*), della legge 22 aprile 2005, n. 69.

2. Per quanto non previsto dal presente decreto si applicano le disposizioni del codice di procedura penale e delle leggi complementari, in quanto compatibili.

3. Non si applicano le disposizioni previste dalla legge 7 ottobre 1969, n. 742, e successive modificazioni, relativa alla sospensione dei termini processuali nel periodo feriale.

25. ***Disposizioni transitorie.*** — 1. Salvo quanto previsto dal comma 2, le disposizioni del presente decreto si applicano ai provvedimenti di trasmissione all'estero emessi a decorrere dal 5 dicembre 2011 e alle richieste di trasmissione dall'estero pervenute a decorrere dalla stessa data.

2. Le disposizioni del presente decreto non si applicano nei confronti degli Stati membri dell'Unione europea che ne abbiano fatto espressa dichiarazione ai sensi dell'articolo 28, paragrafo 2, della decisione quadro, rispetto ai provvedimenti e alle richieste di trasmissione che si riferiscono a sentenze di condanna divenute definitive prima del 5 dicembre 2011. In tale caso, continuano ad applicarsi le norme anteriormente vigenti.

3. A decorrere dal 5 dicembre 2011 e salvo quanto previsto dal comma 2, le disposizioni del presente decreto sostituiscono a ogni effetto le disposizioni adottate in esecuzione degli accordi internazionali conclusi dall'Italia con altri Stati membri dell'Unione europea, relativi al trasferimento delle persone condannate ai fini dell'esecuzione all'estero.

4. Per le sentenze di condanna emesse prima del termine di cinque anni dal 5 dicembre 2011, la tra-

smissione verso la Polonia è condizionata al consenso della persona condannata anche quando ricorra l'ipotesi di cui all'articolo 5, comma 3, lettera *a*).

- 7 -

L. 20 dic. 2012, n. 237
Norme per l'adeguamento alle disposizioni dello statuto istitutivo della Corte penale internazionale
(G.U. 8 gen. 2013, n. 6)

CAPO I
Disposizioni generali

1. *Obbligo di cooperazione.* — 1. Lo Stato italiano coopera con la Corte penale internazionale conformemente alle disposizioni dello statuto della medesima Corte, reso esecutivo dalla legge 12 luglio 1999, n. 232, di seguito denominato «statuto», e della presente legge, nel rispetto dei principi fondamentali dell'ordinamento giuridico italiano.

2. *Attribuzioni del Ministro della giustizia.* — 1. I rapporti di cooperazione tra lo Stato italiano e la Corte penale internazionale sono curati in via esclusiva dal Ministro della giustizia, al quale compete di ricevere le richieste provenienti dalla Corte e di darvi seguito. Il Ministro della giustizia, ove ritenga che ne ricorra la necessità, concorda la propria azione con altri Ministri interessati, con altre istituzioni o con altri organi dello Stato. Al Ministro della giustizia compete altresì di presentare alla Corte, ove occorra, atti e richieste.

2. Nel caso di concorso di più domande di cooperazione provenienti dalla Corte penale internazionale e da uno o più Stati esteri, il Ministro della giustizia ne stabilisce l'ordine di precedenza, in applicazione delle disposizioni contenute negli articoli 90 e 93, paragrafo 9, dello statuto.

3. Il Ministro della giustizia, nel dare seguito alle richieste di cooperazione, assicura che sia rispettato il carattere riservato delle medesime e che l'esecuzione avvenga in tempi rapidi e con le modalità dovute.

3. *Norme applicabili.* — 1. In materia di consegna, di cooperazione e di esecuzione di pene si osservano, se non diversamente disposto dalla presente legge e dallo statuto, le norme contenute nel libro undicesimo, titoli II, III e IV, del codice di procedura penale.

2. Per il compimento degli atti di cooperazione richiesti si applicano le norme del codice di procedura penale, fatta salva l'osservanza delle forme espressamente richieste dalla Corte penale internazionale che non siano contrarie ai principi fondamentali dell'ordinamento giuridico italiano.

4. *Modalità di esecuzione della cooperazione giudiziaria.* — 1. Il Ministro della giustizia dà corso alle richieste formulate dalla Corte penale internazionale, trasmettendole al procuratore generale presso la corte d'appello di Roma perché vi dia esecuzione, ovvero perché, nei casi indicati dall'articolo 99, paragrafo 4, dello statuto, presti assistenza al Procuratore della Corte penale internazionale nello svolgimento dell'attività da eseguire nel territorio dello Stato.

2. Qualora la richiesta abbia per oggetto un'attività di indagine o di acquisizione di prove, il procuratore generale presso la corte d'appello di Roma chiede alla medesima corte d'appello di dare esecuzione alla richiesta.

3. La corte d'appello di Roma, ove ne ricorrano le condizioni, dà esecuzione alla richiesta con decreto con il quale delega un proprio componente ovvero il giudice per le indagini preliminari del luogo in cui gli atti devono essere compiuti.

4. Se la Corte penale internazionale ne ha fatto domanda, l'autorità giudiziaria comunica la data e il luogo di esecuzione degli atti richiesti. I giudici e il Procuratore della Corte penale internazionale sono ammessi ad assistere all'esecuzione degli atti e possono proporre domande e suggerire modalità esecutive.

5. Le citazioni e le altre notificazioni richieste dalla Corte penale internazionale sono direttamente eseguite dal procuratore generale presso la corte d'appello di Roma ovvero, quando sussistano motivate ragioni, sono trasmesse al procuratore della Repubblica presso il tribunale del luogo in cui devono essere eseguite, il quale provvede senza ritardo.

6. Se la Corte penale internazionale ne fa richiesta, è disposto l'accompagnamento coattivo davanti ad essa delle persone indicate nell'articolo 133 del codice di procedura penale, le quali, sebbene citate, non siano comparse.

5. *Trasmissione di atti e documenti.* — 1. Senza il consenso dello Stato da cui provengono non possono essere trasmessi alla Corte penale internazionale atti o documenti acquisiti all'estero e che siano stati dichiarati riservati al momento dell'acquisizione. Resta salva l'applicazione dell'articolo 73 dello statuto.

2. Qualora il Ministro della giustizia, previa intesa con i Ministri interessati, abbia motivo di ritenere che la consegna di determinati atti o documenti ovvero l'espletamento di attività di indagine o di acquisizione delle prove possano compromettere la sicurezza nazionale, la trasmissione dei documenti ovvero l'espletamento delle predette attività sono sospesi. In tali casi si procede alle consultazioni stabilite dall'articolo 72 dello statuto.

3. Fermo restando quanto disposto dal comma 2, l'autorità giudiziaria, al fine di dare esecuzione alle richieste della Corte penale internazionale, trasmette al Ministro della giustizia, anche in deroga al divieto stabilito dall'articolo 329 del codice di

procedura penale, copie di atti di procedimenti penali e informazioni scritte sul loro contenuto.

4. I documenti inviati a sostegno della richiesta di cooperazione non possono essere utilizzati nell'ambito di altri procedimenti senza il consenso della Corte penale internazionale.

6. ***Immunità temporanea nel territorio dello Stato.*** — 1. Nel caso in cui, in esecuzione della richiesta di cooperazione della Corte penale internazionale, sia prevista per il compimento di un atto la citazione di un imputato o di altra delle persone indicate nell'articolo 133 del codice di procedura penale, che si trovino all'estero, gli stessi, una volta presenti nel territorio dello Stato, non possono essere sottoposti a restrizione della libertà personale in esecuzione di una pena o di una misura di sicurezza, né assoggettati ad altre misure restrittive della libertà personale, per fatti anteriori alla notifica della citazione.

2. L'immunità prevista dal comma 1 cessa qualora la persona in questione, avendone avuto la possibilità, non abbia lasciato il territorio dello Stato decorsi cinque giorni dal momento in cui la sua presenza non è più richiesta dall'autorità giudiziaria italiana ovvero, avendolo lasciato, vi abbia fatto volontariamente ritorno.

7. ***Patrocinio a spese dello Stato.*** — 1. Le disposizioni sul patrocinio a spese dello Stato si applicano anche alle procedure di esecuzione di richieste della Corte penale internazionale da adempiere nel territorio dello Stato, in favore della persona nei cui confronti la Corte procede.

8. ***Richieste alla Corte penale internazionale.*** — 1. Quando l'autorità giudiziaria deve formulare alla Corte penale internazionale le richieste previste nell'articolo 93, paragrafo 10, dello statuto, le invia al procuratore generale presso la corte d'appello di Roma, che le trasmette al Ministro della giustizia per l'inoltro alla Corte penale internazionale. Si osservano, in quanto applicabili, le disposizioni del capo II del titolo III del libro undicesimo del codice di procedura penale.

2. Nel caso previsto dall'articolo 727, comma 4, del codice di procedura penale, il procuratore generale presso la corte d'appello di Roma trasmette direttamente la richiesta alla Corte penale internazionale, informandone il Ministro della giustizia.

9. ***Partecipazione del procuratore generale presso la corte d'appello di Roma e del procuratore generale militare presso la corte militare d'appello alle consultazioni con la Corte penale internazionale.*** — 1. Il procuratore generale presso la corte d'appello di Roma e il procuratore generale militare presso la corte militare d'appello assistono, se richiesti, alle consultazioni con la Corte penale internazionale previste dallo statuto.

10. ***Delitti contro la Corte penale internazionale.*** (*Omissis*).

CAPO II
Consegna

11. ***Applicazione della misura cautelare ai fini della consegna.*** — 1. Quando la richiesta della Corte penale internazionale ha per oggetto la consegna di una persona nei confronti della quale è stato emesso un mandato di arresto ai sensi dell'articolo 58 dello statuto ovvero una sentenza di condanna a pena detentiva, il procuratore generale presso la corte d'appello di Roma, ricevuti gli atti, chiede alla medesima corte d'appello l'applicazione della misura della custodia cautelare nei confronti della persona della quale è richiesta la consegna.

2. La corte d'appello di Roma provvede con ordinanza, contro cui è ammesso ricorso per cassazione ai sensi dell'articolo 719 del codice di procedura penale. Il ricorso per cassazione non sospende l'esecuzione del provvedimento.

3. Qualora la persona nei cui confronti è stata eseguita la misura chieda la concessione della libertà provvisoria ai sensi dell'articolo 59, paragrafo 3, dello statuto, la Corte penale internazionale è informata di tale richiesta con le modalità di cui al primo periodo del comma 1 dell'articolo 8 della presente legge ai fini di quanto previsto dal paragrafo 5 del medesimo articolo 59. Sulla richiesta di concessione della libertà provvisoria, nonché sull'eventuale richiesta di revoca della medesima, la corte d'appello di Roma provvede con ordinanza. Si applica l'articolo 719 del codice di procedura penale. Con il provvedimento con cui è concessa la libertà provvisoria la corte d'appello di Roma può imporre, tenuto conto dell'eventuale pericolo di fuga e ove lo ritenga necessario al fine di assicurare la consegna della persona, il rispetto delle prescrizioni previste dagli articoli 281, 282 e 283 del codice di procedura penale. La misura della custodia in carcere può essere in ogni caso sostituita quando ricorrono gravi motivi di salute.

4. Il presidente della corte d'appello di Roma, al più presto e comunque entro tre giorni dall'esecuzione della misura, provvede all'identificazione della persona e ne raccoglie l'eventuale consenso alla consegna, facendone menzione nel verbale. Il verbale che documenta il consenso è trasmesso al procuratore generale presso la medesima corte d'appello per l'ulteriore inoltro al Ministro della giustizia. Si applica l'articolo 717, comma 2, del codice di procedura penale.

12. ***Revoca della misura cautelare ai fini della consegna.*** — 1. La misura cautelare è sempre revocata:

a) se dall'inizio della sua esecuzione sono decorsi i termini di cui all'articolo 714, comma 4, del codice di procedura penale senza che la corte d'appello di Roma si sia pronunciata sulla richiesta di consegna;

b) se la corte d'appello di Roma abbia pronunciato sentenza contraria alla consegna;

c) se è decorso il termine indicato nell'articolo 13, comma 7, senza che il Ministro della giustizia abbia emesso il decreto con cui è disposta la consegna;

d) se sono decorsi quindici giorni dalla data fissata per la presa in consegna da parte della Corte penale internazionale, senza che questa sia avvenuta. Il termine per la consegna può essere prorogato su richiesta della medesima Corte, nei limiti temporali indicati nella lettera *a*).

13. ***Procedura per la consegna.*** — 1. Il procuratore generale presso la corte d'appello di Roma presenta senza ritardo le sue conclusioni in ordine alla consegna. La requisitoria è depositata nella cancelleria della stessa corte d'appello unitamente agli atti. Dell'avvenuto deposito è data comunicazione alle parti con l'avviso della data dell'udienza.

2. La corte d'appello di Roma decide con le forme dell'articolo 127 del codice di procedura penale, con la partecipazione necessaria del difensore, se del caso previa acquisizione delle informazioni e della documentazione di cui all'articolo 91, paragrafo 2, capoverso *c*), dello statuto.

3. La corte d'appello di Roma pronuncia sentenza con la quale dichiara che non sussistono le condizioni per la consegna solo se ricorre una delle seguenti ipotesi:

a) non è stato emesso dalla Corte penale internazionale un provvedimento restrittivo della libertà personale o una sentenza definitiva di condanna;

b) non vi è corrispondenza tra l'identità della persona richiesta e quella della persona oggetto della procedura di consegna;

c) la richiesta contiene disposizioni contrarie ai principi fondamentali dell'ordinamento giuridico dello Stato;

d) per lo stesso fatto e nei confronti della stessa persona è stata pronunciata nello Stato italiano sentenza irrevocabile, fatto salvo quanto stabilito nell'articolo 89, paragrafo 2, dello statuto.

4. Qualora sia eccepito il difetto di giurisdizione della Corte penale internazionale, la corte d'appello di Roma, ove l'eccezione non sia manifestamente infondata, sospende con ordinanza il procedimento fino alla decisione della Corte penale internazionale e trasmette gli atti al Ministro della giustizia per l'ulteriore inoltro alla stessa. Il difetto di giurisdizione non può essere eccepito né ritenuto quando si tratta di sentenza definitiva di condanna.

5. Il ricorso per cassazione può essere proposto anche in riferimento alle condizioni precisate nel comma 3. Esso ha effetto sospensivo.

6. La Corte penale internazionale può assistere all'udienza per mezzo di un proprio rappresentante.

7. Il Ministro della giustizia provvede con decreto sulla richiesta di consegna entro venti giorni dalla ricezione del verbale che dà atto del consenso della persona la cui consegna è richiesta, ovvero dalla notizia della scadenza del termine per l'impugnazione di cui al comma 5, o dal deposito della sentenza della Corte di cassazione, e prende accordi con la Corte penale internazionale circa il tempo, il luogo e le modalità della consegna. Si applica l'articolo 709, comma 1, del codice di procedura penale.

14. ***Applicazione provvisoria della misura cautelare.*** — 1. Se la Corte penale internazionale ne fa domanda ai sensi degli articoli 59, paragrafo 1, e 92 dello statuto, l'applicazione della misura della custodia cautelare può essere disposta provvisoriamente anche prima che la richiesta di consegna sia pervenuta se:

a) la Corte penale internazionale ha dichiarato che nei confronti della persona è stato emesso un provvedimento restrittivo della libertà personale e che intende presentare richiesta di consegna;

b) la Corte penale internazionale ha fornito la descrizione dei fatti, la specificazione del reato e gli elementi sufficienti per l'esatta identificazione della persona.

2. Ai fini dell'applicazione provvisoria della misura della custodia cautelare si osservano le disposizioni dell'articolo 11.

3. Il Ministro della giustizia comunica immediatamente alla Corte penale internazionale l'avvenuta esecuzione della misura cautelare. Essa è revocata se entro trenta giorni dalla comunicazione non perviene la richiesta di consegna da parte della Corte penale internazionale con i documenti indicati dall'articolo 91 dello statuto.

CAPO III

Esecuzione dei provvedimenti della Corte penale internazionale

15. ***Giudice competente.*** — 1. La corte d'appello di Roma è il giudice competente ai sensi dell'articolo 665, comma 1, del codice di procedura penale.

16. ***Esecuzione delle pene detentive nel territorio dello Stato italiano.*** — 1. Le sentenze irrevocabili di condanna ad una pena detentiva pronunciate dalla Corte penale internazionale sono eseguibili nel territorio dello Stato italiano in conformità a quanto stabilito nello statuto.

2. Se la Corte penale internazionale indica lo Stato italiano come luogo di espiazione della pena, il Ministro della giustizia richiede preliminarmente il riconoscimento della sentenza della Corte penale internazionale. A tale scopo trasmette al procuratore generale presso la corte d'appello di Roma la richiesta, unitamente ad una copia della sentenza e alla traduzione della medesima in lingua italiana, con gli atti che vi sono allegati. Il procuratore ge-

nerale promuove il riconoscimento con richiesta alla corte d'appello.

3. La sentenza della Corte penale internazionale non può essere riconosciuta se ricorre una delle seguenti ipotesi:

a) la sentenza non è divenuta irrevocabile a norma dello statuto e delle altre disposizioni che regolano l'attività della Corte penale internazionale;

b) la sentenza contiene disposizioni contrarie ai principi fondamentali dell'ordinamento giuridico dello Stato;

c) per lo stesso fatto e nei confronti della stessa persona è stata pronunciata nello Stato sentenza irrevocabile.

4. La corte d'appello delibera con sentenza in ordine al riconoscimento, osservate le forme previste dall'articolo 127 del codice di procedura penale. Si applica l'articolo 734, comma 2, del codice di procedura penale.

5. All'esito del procedimento di riconoscimento, il Ministro della giustizia comunica alla Corte penale internazionale senza ritardo se la designazione è stata accettata e, in caso affermativo, trasmette per l'esecuzione al procuratore generale presso la corte d'appello di Roma la documentazione di cui alla regola 204 del Regolamento di procedura e prova della Corte penale internazionale, adottato nella prima sessione dell'Assemblea degli Stati parte svoltasi a New York dal 3 al 10 settembre 2002, unitamente alla traduzione in lingua italiana.

17. ***Regime penitenziario.*** — 1. L'esecuzione della pena inflitta dalla Corte penale internazionale è regolata dalle disposizioni della legge 26 luglio 1975, n. 354, e della presente legge, in conformità allo statuto e al Regolamento di procedura e prova della stessa Corte.

2. Il Ministro della giustizia può disporre, informandone la Corte penale internazionale, l'applicazione del regime di cui all'articolo 41-*bis* della legge 26 luglio 1975, n. 354, e successive modificazioni, ai detenuti per i delitti previsti dalla presente legge.

3. L'esame dei detenuti nei cui confronti è stata disposta l'applicazione del regime di cui al comma 2 del presente articolo può avvenire nei luoghi e secondo le modalità previsti dagli articoli 145-*bis* e 146-*bis* delle norme di attuazione, di coordinamento e transitorie del codice di procedura penale, di cui al decreto legislativo 28 luglio 1989, n. 271, e successive modificazioni.

18. ***Controllo sull'esecuzione della pena.*** — 1. Il Ministro della giustizia concorda con la Corte penale internazionale le modalità di esercizio del potere di controllo sull'esecuzione della pena attribuito dallo statuto alla stessa Corte.

2. Con le modalità concordate ai sensi del comma 1 sono definite le forme e le modalità per assicurare la libertà e la riservatezza delle comunicazioni tra il condannato e la Corte penale internazionale.

3. Il Ministro della giustizia trasmette immediatamente alla Corte penale internazionale le domande di misure alternative alla detenzione, di sospensione o differimento dell'esecuzione della pena, di liberazione anticipata, di ammissione al lavoro esterno, di permessi, ovvero di ogni altro provvedimento incidente sulla libertà personale del condannato, unitamente a tutta la documentazione pertinente.

4. Se la Corte penale internazionale ritiene che il condannato non possa beneficiare del provvedimento richiesto, il Ministro della giustizia può chiedere alla stessa Corte il trasferimento del condannato in altro Stato.

19. ***Informazioni alla Corte penale internazionale.*** — 1. Quando il condannato è deceduto o evaso, il Ministro della giustizia ne informa immediatamente la Corte penale internazionale.

2. Il Ministro della giustizia informa altresì la Corte penale internazionale due mesi prima della data di scarcerazione del condannato per espiazione della pena.

3. I procedimenti penali e ogni altra circostanza rilevante che concerne il condannato sono tempestivamente comunicati alla Corte penale internazionale.

20. ***Luogo di detenzione.*** — 1. Per i delitti previsti dalla presente legge, la detenzione sia per fini cautelari che in espiazione della pena può avere luogo in una sezione speciale di un istituto penitenziario, ovvero in un carcere militare, conformemente alle disposizioni vigenti in materia.

21. ***Esecuzione di pene pecuniarie e degli ordini di riparazione.*** — 1. Le sentenze irrevocabili di condanna a una delle sanzioni previste nell'articolo 77, paragrafo 2, dello statuto sono eseguibili nel territorio dello Stato italiano in conformità a quanto in esse stabilito.

2. La corte d'appello di Roma, su richiesta del procuratore generale presso la medesima corte, provvede all'esecuzione della confisca dei profitti, beni o averi disposta dalla Corte penale internazionale.

3. Quando non è possibile eseguire la misura di cui al comma 2, la corte d'appello di Roma dispone la confisca per equivalente di somme di denaro, beni o altre utilità, di cui il condannato abbia la disponibilità anche per interposta persona fisica o giuridica.

4. Sono fatti salvi i diritti dei terzi in buona fede. Si applicano le disposizioni dell'articolo 676 del codice di procedura penale.

5. Le somme, i beni e le utilità confiscati sono messi a disposizione della Corte penale internazionale dal Ministro della giustizia, secondo modalità individuate con decreto dello stesso Ministro della giustizia, di concerto con il Ministro dell'economia e delle finanze, da adottare ai sensi dell'articolo 17, comma 3, della legge 23 agosto 1988, n. 400.

6. Gli ordini di riparazione a favore delle vittime o

per il risarcimento delle persone arrestate o condannate, ai sensi degli articoli 75 e 85 dello statuto, sono eseguiti secondo le forme e i contenuti stabiliti dalla Corte penale internazionale.

22. ***Consultazioni con la Corte penale internazionale per l'esecuzione di pene pecuniarie, di misure patrimoniali e degli ordini di riparazione.*** — 1. Se, a seguito di richiesta di sequestro o di confisca di beni o di esecuzione degli ordini di riparazione a favore delle vittime o per il risarcimento delle persone arrestate o condannate, ai sensi degli articoli 75 e 85 dello statuto, da parte della Corte penale internazionale, insorgono difficoltà nell'esecuzione, il procuratore generale presso la corte d'appello di Roma ne informa preventivamente il Ministro della giustizia per l'avvio delle procedure di consultazione anche ai fini della conservazione dei mezzi di prova.

23. ***Disposizioni in materia di giurisdizione.*** — 1. Per i fini di cui alla presente legge si applicano le disposizioni vigenti in materia di riparto tra la giurisdizione ordinaria e la giurisdizione penale militare.

2. Per i fatti rientranti nella giurisdizione penale militare, le funzioni degli uffici giudiziari previste dalla presente legge sono esercitate dai corrispondenti uffici giudiziari militari.

3. Limitatamente ai fatti di cui al comma 2, le funzioni attribuite dalla presente legge al Ministro della giustizia sono esercitate d'intesa con il Ministro della difesa. Resta salva la competenza esclusiva del Ministero della difesa per quanto attiene all'ordinamento penitenziario militare.

24. ***Clausola di neutralità finanziaria.*** (*Omissis*).

COOPERAZIONE GIUDIZIARIA EUROPEA

- 1 -

L. 22 apr. 2005, n. 69

Disposizioni per conformare il diritto interno alla decisione quadro 2002/584/GAI del consiglio, del 13 giugno 2002, relativa al mandato d'arresto europeo e alle procedure di consegna tra stati membri

(G.U. 29 apr. 2005, n. 98)

TITOLO I
Disposizioni di principio

1. ***Disposizioni di principio e definizioni.***[1] — 1. La presente legge attua, nell'ordinamento interno, le disposizioni della decisione quadro 2002/584/GAI del Consiglio, del 13 giugno 2002, di seguito denominata «decisione quadro», relativa al mandato d'arresto europeo e alle procedure di consegna tra Stati membri dell'Unione europea.

2. Il mandato d'arresto europeo è una decisione giudiziaria emessa da uno Stato membro dell'Unione europea, di seguito denominato «Stato membro di emissione», in vista dell'arresto e della consegna da parte di un altro Stato membro, di seguito denominato «Stato membro di esecuzione», di una persona, al fine dell'esercizio di azioni giudiziarie in materia penale o dell'esecuzione di una pena o di una misura di sicurezza privative della libertà personale.

3. L'Italia dà esecuzione al mandato d'arresto europeo in base al principio del mutuo riconoscimento, conformemente alle disposizioni della decisione quadro e della presente legge, sempre che il mandato di arresto europeo provenga da un'autorità giudiziaria e che, quando sia emesso al fine dell'esecuzione di una pena o di una misura di sicurezza privative della libertà personale, la sentenza da eseguire sia esecutiva.

3-*bis*. Il mandato di arresto è eseguito dalle autorità competenti con la massima urgenza.

3-*ter*. L'Italia non dà esecuzione ai mandati di arresto europei emessi da uno Stato membro nei cui confronti il Consiglio dell'Unione europea abbia sospeso l'attuazione del meccanismo del mandato di arresto europeo per grave e persistente violazione dei princìpi sanciti all'articolo 6, paragrafo 1, del trattato sull'Unione europea ai sensi del punto (10) dei consideranda del preambolo della decisione quadro.

4. Le disposizioni della presente legge costituiscono un'attuazione dell'azione comune in materia di cooperazione giudiziaria penale, ai sensi degli articoli 31, paragrafo 1, lettere *a*) e *b*), e 34, paragrafo 2, lettera *b*), del Trattato sull'Unione europea, e successive modificazioni.

4-*bis*. Le disposizioni della presente legge costituiscono altresì attuazione dell'Accordo tra l'Unione europea e la Repubblica d'Islanda e il Regno di Norvegia, fatto a Vienna il 28 giugno 2006, relativo alla procedura di consegna tra gli Stati membri dell'Unione europea e l'Islanda e la Norvegia, Accordo che si applica nei limiti in cui le sue disposizioni non sono incompatibili con i princìpi dell'ordinamento costituzionale in tema di diritti e libertà fondamentali.[2]

4-*ter*. I riferimenti delle disposizioni della presente legge al «mandato d'arresto europeo» e allo «Stato membro» devono intendersi fatti, nell'ambito della procedura di consegna con l'Islanda o la Norvegia, rispettivamente, al «mandato di arresto» che costituisce l'oggetto dell'Accordo di cui al comma 4-*bis* e alla Repubblica d'Islanda o al Regno di Norvegia.[2]

4-*quater*. L'Italia continua ad applicare gli accordi o intese, bilaterali o multilaterali, vigenti al momento dell'adozione della decisione quadro, quando essi contribuiscono ad una migliore e più efficace realizzazione delle finalità della decisione quadro e semplificano o agevolano ulteriormente la consegna delle persone ricercate.

4-*quinquies*. Entro trenta giorni dalla data di entrata in vigore della presente disposizione, su proposta del Ministro della giustizia, il Governo notifica al Consiglio e alla Commissione l'elenco degli specifici accordi e intese, indicati al comma 4-*quater*, che l'Italia intende continuare ad applicare.

[1] Articolo così modif. dall'art. 1, D.lgs. 2 feb. 2021, n. 10.
[2] Comma aggiunto dall'art. 8, L. 3 mag. 2019, n. 37.

2. ***Rispetto dei diritti fondamentali e garanzie costituzionali.***[1] — 1. L'esecuzione del mandato di arresto europeo non può, in alcun caso, comportare una violazione dei principi supremi dell'ordine costituzionale dello Stato o dei diritti inalienabili della persona riconosciuti dalla Costituzione, dei diritti fondamentali e dei fondamentali principi giuridici sanciti dall'articolo 6 del trattato sull'Unione europea o dei diritti fondamentali garantiti dalla Convenzione per la salvaguardia dei diritti dell'uomo e delle libertà fondamentali, firmata a Roma il 4 novembre 1950, resa esecutiva dalla legge 4 agosto 1955, n. 848, e dai Protocolli addizionali alla stessa.

[1] Articolo così sost. dall'art. 2, D.lgs. 2 feb. 2021, n. 10.

3. ***Applicazione della riserva parlamentare.*** — 1. Le modifiche dell'art. 2, paragrafo 2, della decisione quadro sono sottoposte dal Governo e riserva parlamentare.

2. Il Presidente del Consiglio dei ministri trasmette alle Camere i relativi progetti di modifica, unitamente ad una relazione con la quale illustra lo stato dei negoziati e l'impatto delle disposizioni sull'ordinamento italiano, chiedendo di esprimersi al riguardo.

3. La pronuncia non favorevole della Camera dei deputati o del Senato della Repubblica è vincolante per il Governo.[1]

[1] Comma così sost. dall'art. 61, c. 3, L. 24 dic. 2012, n. 234.

4. ***Autorità centrale.*** — 1. In relazione alle disposizioni dell'art. 7 della decisione quadro l'Italia designa come autorità centrale per assistere le autorità giudiziarie competenti il Ministro della giustizia.

2. Spettano al Ministro della giustizia la trasmette e la ricezione amministrativa dei mandati d'arresto europei e della corrispondenza ufficiale ad essi relativa.

3. Il Ministro della giustizia, se riceve un mandato d'arresto europeo da uno Stato membro di emissione, lo trasmette senza indugio all'autorità giudiziaria territorialmente competente. Se riceve un mandato d'arresto europeo dall'autorità giudiziaria italiana, lo trasmette senza indugio allo Stato membro di esecuzione.

4. Nei limiti e con le modalità previsti da accordi internazionali può essere consentita in condizioni di reciprocità la corrispondenza diretta tra autorità giudiziarie. In tal caso l'autorità giudiziaria competente informa immediatamente il Ministro della giustizia della ricezione o dell'emissione di un mandato d'arresto europeo. Resta comunque ferma la competenza del Ministro della giustizia ai fini di cui al comma 1 dell'art. 23.

TITOLO II
Norme di recepimento interno

CAPO I
Procedura passiva di consegna

5. ***Garanzia Giurisdizionale.*** — 1. La consegna di un imputato o di un condannato all'estero non può essere concessa senza la decisione favorevole della corte di appello.

2. La competenza a dare esecuzione a un mandato d'arresto europeo appartiene, nell'ordine, alla corte di appello nel cui distretto l'imputato o il condannato ha la residenza, la dimora o il domicilio nel momento in cui il provvedimento è ricevuto dall'autorità giudiziaria.

3. Se la competenza non può essere determinata ai sensi del comma 2, è competente la corte di appello di Roma.

4. Quando uno stesso fatto è oggetto di mandati di arresto emessi contestualmente dall'autorità giudiziaria di uno Stato membro dell'Unione europea a carico di più persone e non è possibile determinare la competenza ai sensi del comma 2, è competente la corte di appello del distretto in cui hanno la residenza, la dimora o il domicilio il maggior numero delle persone ovvero, anche se in tale modo non è possibile determinare la competenza, la corte di appello di Roma.

5. Nel caso in cui la persona sia stata arrestata dalla polizia giudiziaria ai sensi dell'art. 11, la com-

petenza a decidere sulla consegna appartiene alla corte di appello del distretto in cui è avvenuto l'arresto.

6. *Contenuto dal mandato d'arresto europeo nella procedura passiva di consegna.*[1] — 1. Il mandato d'arresto europeo deve contenere le seguenti informazioni:

a) identità e cittadinanza del ricercato;

b) nome, indirizzo, numero di telefono e di fax, indirizzo di posta elettronica dell'autorità giudiziaria emittente;

c) indicazione dell'esistenza di una sentenza esecutiva, di un provvedimento cautelare o di qualsiasi altra decisione giudiziaria esecutiva che abbia la stessa forza e che rientri nel campo di applicazione degli articoli 7 e 8 della presente legge;

d) natura e qualificazione giuridica del reato;

e) descrizione delle circostanze della commissione del reato, compresi il momento, il luogo e il grado di partecipazione del ricercato;

f) pena inflitta, se vi è una sentenza definitiva, ovvero, negli altri casi, pena minima e massima stabilita dalla legge dello Stato di emissione;

g) per quanto possibile, le altre conseguenze del reato.

1-*bis*. Quando è stato emesso ai fini della esecuzione di una pena o di una misura di sicurezza privative della libertà personale applicate all'esito di un processo in cui l'interessato non è comparso personalmente, il mandato di arresto europeo deve altresì contenere l'indicazione di almeno una delle seguenti condizioni:

a) l'interessato è stato tempestivamente citato a mani proprie o con altre modalità comunque idonee a garantire inequivocabilmente che lo stesso era a conoscenza della data e del luogo del processo che ha portato alla decisione pronunciata in sua assenza e del fatto che tale decisione avrebbe potuto esser presa anche in sua assenza;

b) l'interessato, informato del processo a suo carico, è stato rappresentato nel processo conclusosi con la menzionata decisione da un difensore, nominato dallo stesso interessato o d'ufficio;

c) l'interessato, ricevuta la notifica della decisione di cui si chiede l'esecuzione e informato del diritto di ottenere un nuovo processo o della facoltà di dare inizio al giudizio di appello, al quale abbia il diritto di partecipare e che consenta il riesame del merito della decisione, nonché, anche a mezzo dell'allegazione di nuove prove, la possibilità di una sua riforma, ha dichiarato espressamente di non opporsi a tale decisione o non ha chiesto la rinnovazione del processo o proposto appello nei termini stabiliti;

d) l'interessato non ha ricevuto personalmente la notifica della decisione, ma la riceverà personalmente e senza indugio dopo la consegna nello Stato membro di emissione e sarà espressamente informato sia del diritto di ottenere un nuovo processo o di proporre impugnazione per un giudizio di appello, al quale abbia diritto di partecipare e che consenta il riesame nel merito, nonché, anche a mezzo dell'allegazione di nuove prove, la possibilità di una riforma di detta decisione, sia dei termini entro i quali egli potrà richiedere un nuovo processo o proporre impugnazione per un giudizio di appello.

2. Se il mandato d'arresto europeo non contiene le informazioni di cui alle lettere *a*), *c*), *d*), *e*) ed *f*) del comma 1, o l'indicazione della esistenza di almeno una delle condizioni di cui al comma 1-*bis*, l'autorità giudiziaria provvede ai sensi dell'articolo 16. Analogamente provvede quando ritiene necessario acquisire ulteriori elementi al fine di verificare se ricorra uno dei casi previsti dagli articoli 18, 18-*bis*, 18-*ter* e 19.

3-6. [Abrogati].

7. Il mandato d'arresto europeo dovrà pervenire tradotto in lingua italiana.

[1] Articolo così modif. dall'art. 3, D.lgs. 2 feb. 2021, n. 10.

7. *Casi di doppia punibilità.*[1] — 1. L'Italia dà esecuzione al mandato d'arresto europeo solo nel caso in cui il fatto sia previsto come reato anche dalla legge nazionale, indipendentemente dalla qualificazione giuridica e dai singoli elementi costitutivi del reato.

2. Ai fini di cui al comma 1, per i reati in materia di tasse e imposte, di dogana e di cambio, non è necessario che la legge italiana imponga lo stesso tipo di tasse o di imposte o contenga lo stesso tipo di disciplina in materia di tasse, di imposte, di dogana e di cambio della legge dello Stato membro di emissione.

3. Il mandato di arresto europeo non è comunque eseguito se il fatto è punito dalla legge dello Stato membro di emissione con una pena o con una misura di sicurezza privativa della libertà personale della durata massima inferiore a dodici mesi.

4. In caso di esecuzione di una sentenza di condanna, la pena o la misura di sicurezza dovranno avere una durata non inferiore a quattro mesi.

[1] Articolo così modif. dall'art. 4, D.lgs. 2 feb. 2021, n. 10.

8. *Consegna obbligatoria.*[1] — 1. In deroga all'articolo 7, comma 1, il mandato di arresto europeo è eseguito indipendentemente dalla doppia punibilità per i reati che, secondo la legge dello Stato membro di emissione, rientrano nelle categorie di cui all'articolo 2, paragrafo 2, della decisione quadro e sono puniti con una pena o una misura di sicurezza privative della libertà personale pari o superiore a tre anni.

2-3. [Abrogati].

[1] Articolo così modif. dall'art. 5, D.lgs. 2 feb. 2021, n. 10.

9. *Ricezione del mandato d'arresto. Misure cautelari.*[1] — 1. Salvo i casi previsti dall'articolo 11, il Ministro della giustizia, ricevuto il mandato d'arresto europeo emesso dall'autorità competente di uno Stato membro, lo trasmette senza ritardo al presidente della corte di appello, competente ai sensi dell'articolo 5. Il presidente della corte di appello dà immediata comunicazione al procuratore generale del mandato d'arresto europeo, procedendo direttamente, o tramite delega ad altro magistrato della corte, agli adempimenti di sua competenza. Il presidente della corte di appello procede con le stesse modalità nelle ipotesi in cui il mandato d'arresto è stato trasmesso direttamente dall'autorità giudiziaria dello Stato membro di emissione.

2. Il presidente, nel caso in cui insorgano difficoltà relative alla ricezione o alla autenticità dei documenti trasmessi dall'autorità giudiziaria straniera, prende contatti diretti con questa al fine di risolverle.

3. Il presidente, nel caso in cui sia manifestamente competente altra corte di appello ai sensi dell'articolo 5, commi 3, 4 e 5, provvede senza indugio alla trasmissione del mandato d'arresto ricevuto.

4. Il presidente, compiuti gli adempimenti urgenti, riunisce la corte di appello che, sentito il procuratore generale, procede, con ordinanza motivata, a pena di nullità, all'applicazione della misura coercitiva, se ritenuta necessaria, tenendo conto in particolare dell'esigenza di garantire che la persona della quale è richiesta la consegna non si sottragga alla stessa.

5. Si osservano, in quanto applicabili, le disposizioni dei capi I, II, IV e VIII del titolo I del libro IV del codice di procedura penale, in materia di misure cautelari personali, fatta eccezione per gli articoli 273, 274, comma 1, lettere *a*) e *c*), 280, 275, comma 2-*bis*, 278, 279, 297, nonché le disposizioni degli articoli 299 e 300, comma 4, del codice di procedura penale e dell'articolo 19, commi 1, 2 e 3, del decreto del Presidente della Repubblica 22 settembre 1988, n. 448.

5-*bis*. All'atto della esecuzione della ordinanza di cui al comma 4, l'ufficiale o l'agente di polizia giudiziaria informa altresì la persona della quale è richiesta la consegna che ha facoltà di nominare un difensore nello Stato di emissione. Della nomina ovvero della volontà dell'interessato di avvalersi di un difensore nello Stato di emissione il presidente della Corte di appello dà immediato avviso all'autorità competente dello stesso.[2]

6. Le misure coercitive non possono essere disposte se vi sono ragioni per ritenere che sussistono cause ostative alla consegna.

7. Si applicano le disposizioni dell'articolo 719 del codice di procedura penale.

[1] Articolo così modif. dall'art. 6, D.lgs. 2 feb. 2021, n. 10. Ai sensi dell'art. 28, D.lgs. 10/2021, i procedimenti relativi alle richieste di esecuzione di mandati di arresto europeo in corso alla data di entrata in vigore del D.lgs. 10/2021 proseguono con l'applicazione delle norme anteriormente vigenti quando a tale data la corte d'appello abbia già ricevuto il mandato d'arresto europeo o la persona richiesta in consegna sia stata già arrestata.

[2] Comma ins. dall'art. 4, D.lgs. 15 set. 2016, n. 184.

10. ***Inizio del procedimento.***[1] — 1. Entro cinque giorni dall'esecuzione delle misure di cui all'articolo 9, e alla presenza di un difensore di ufficio nominato a norma dell' articolo 97 del codice di procedura penale, in mancanza di difensore di fiducia, il presidente della corte di appello, o il magistrato delegato, procede a sentire la persona sottoposta alla misura cautelare, informandola, in una lingua alla stessa conosciuta, del contenuto del mandato d'arresto europeo e della procedura di esecuzione, nonché della facoltà di acconsentire alla propria consegna all'autorità giudiziaria richiedente e di rinunciare al beneficio di non essere sottoposta ad altro procedimento penale, di non essere condannata o altrimenti privata della libertà personale per reati anteriori alla consegna diversi da quello per il quale questa è stata disposta. La persona richiesta in consegna è altresì informata che il consenso e la rinuncia, una volta resi, non sono revocabili.

2. Della data fissata per il compimento delle attività di cui al comma 1 è dato avviso al difensore almeno ventiquattro ore prima.

3. Della ordinanza di cui all'articolo 9 è data comunicazione, a richiesta della persona arrestata, ai familiari ovvero, se si tratta di straniero, alla competente autorità consolare.

4. Il presidente della corte di appello, o il magistrato da lui delegato, al termine delle attività previste al comma 1, dispone il deposito del mandato di arresto europeo e contestualmente fissa l'udienza in camera di consiglio per la decisione entro il termine di quindici giorni dall'esecuzione della misura, con decreto del quale dà immediata lettura alla persona richiesta, in una lingua alla stessa conosciuta, e al suo difensore. Il decreto è comunicato al procuratore generale immediatamente e, comunque, non oltre il giorno successivo. Si applicano le disposizioni dell'articolo 702 del codice di procedura penale.

4-*bis*. Nei casi in cui la corte di appello non applica alla persona richiesta alcuna misura cautelare, il presidente della corte di appello, o il magistrato da lui delegato, all'esito della deliberazione adottata ai sensi dell'articolo 9, comma 4, fissa con decreto l'udienza per la decisione non oltre i quindici giorni successivi e dispone contestualmente il deposito del mandato di arresto. Il decreto è comunicato al procuratore generale e notificato alla persona richiesta in consegna e al suo difensore almeno cinque giorni prima dell'udienza. Si applicano le disposizioni dell'articolo 702 del codice di procedura penale.

[1] Articolo così modif. dall'art. 7, D.lgs. 2 feb. 2021, n. 10. V. nota 1, art. 9.

11. ***Arresto od iniziativa della polizia giudiziaria.*** — 1. Nel caso in cui l'autorità competente dello Stato membro ha effettuato segnalazione nel Sistema di informazione Schengen (SIS) nelle forme richieste, la polizia giudiziaria procede all'arresto della persona ricercata, ponendola immediatamente, e, comunque, non oltre ventiquattro ore, a disposizione del presidente della corte di appello nel cui distretto il provvedimento è stato eseguito, mediante trasmissione del relativo verbale, e dando immediata informazione al Ministro della giustizia.

2. Il Ministro della giustizia comunica immediatamente allo Stato membro richiedente l'avvenuto arresto ai fini della trasmissione del mandato d'arresto.[1]

[1] Comma così modif. dall'art. 8, D.lgs. 2 feb. 2021, n. 10. V. nota 1, art. 9.

12. ***Adempimenti conseguenti all'arresto ad iniziativa della polizia giudiziaria.*** — 1. L'ufficiale di polizia giudiziaria che ha proceduto all'arresto ai sensi dell'art. 11 informa la persona, in una lingua alla stessa comprensibile, del mandato emesso e del suo contenuto e le consegna una comunicazione scritta, redatta in forma chiara e precisa, che la informa della possibilità di acconsentire alla propria consegna all'autorità giudiziaria emittente e la avverte della facoltà di nominare un difensore di fiducia e del diritto di essere assistita da un interprete. Nel caso in cui l'arrestato non provveda a nominare un difensore, la polizia giudiziaria procede immediatamente a individuare un difensore di ufficio ai sensi dell'art. 97 del codice di procedura penale.[1]

1-*bis*. Si applica la disposizione di cui all'articolo 9, comma 5-*bis*, primo periodo.[2]

2. La polizia giudiziaria provvede a dare tempestivo avviso dell'arresto al difensore.

3. Il verbale di arresto dà atto, a pena di nullità, degli adempimenti indicati ai commi 1 e 2, nonché degli accertamenti effettuati sulla identificazione dell'arrestato.

4. All'attuazione del presente articolo si provvede mediante l'utilizzo degli ordinari stanziamenti del Ministero della giustizia.

[1] Comma così modif. dall'art. 2, D.lgs. 1 lug. 2014, n. 101.

[2] Comma ins. dall'art. 4, D.lgs. 15 set. 2016, n. 184.

13. ***Convalida.*** — 1. Entro quarantotto ore dalla ricezione del verbale di arresto, il presidente della corte di appello o un magistrato della corte da lui delegato, informato il procuratore generale, provvede, in una lingua alla stessa conosciuta e, se necessario, alla presenza di un interprete, a sentire la persona arrestata con la presenza di un difensore di ufficio nominato in mancanza di difensore di fiducia e a fornirle tutte le informazioni in merito alle facoltà indicate nell'articolo 10, comma 1. Nel caso in cui la persona arrestata risulti ristretta in località diversa da quella in cui l'arresto è stato eseguito, il presidente della corte di appello può delegare per gli adempimenti di cui all'articolo 10 il presidente del tribunale territorialmente competente, ferma restando la sua competenza in ordine ai provvedimenti di cui al comma 2.[1]

2. Se risulta evidente che l'arresto è stato eseguito per errore di persona o fuori dai casi previsti dalla legge, il presidente della corte di appello, o il magistrato della corte da lui delegato, dispone con decreto motivato che il fermato sia posto immediatamente in libertà e procede agli adempimenti previsti dall'articolo 10, comma 4-*bis*. Fuori da tale caso, si procede alla convalida dell'arresto provvedendo con ordinanza ai sensi degli articoli 9 e 10 e all'emissione del decreto di cui all'articolo 10, comma 4, di cui si dà lettura.[1]

3. La segnalazione della persona nel SIS effettuata dall'autorità competente equivale al mandato d'arresto purché contenga le indicazioni di cui all'articolo 6.[1]

[1] Comma così modif. dall'art. 9, D.lgs. 2 feb. 2021, n. 10. V. nota 1, art. 9.

14. ***Consenso alla consegna.***[1] — 1. Quando sente la persona della quale è stata richiesta la consegna ai sensi degli articoli 10, comma 1, e 13, comma 1, il presidente della corte di appello, o il magistrato da lui delegato, se la persona esprime consenso alla consegna o rinuncia al beneficio di cui all'articolo 10, comma 1, raccoglie tali dichiarazioni alla presenza del difensore e, se necessario, dell'interprete. Del consenso e della rinuncia prestata è dato atto in apposito verbale, in cui sono riportate le circostanze e le modalità con le quali la persona richiesta in consegna ha dichiarato di avvalersi di tali facoltà. Quando la persona ha prestato consenso alla consegna, il presidente della corte di appello, o il magistrato da lui delegato, fissa nei quattro giorni successivi l'udienza in camera di consiglio per la decisione, con decreto del quale dà immediata lettura alla persona della quale è richiesta la consegna, in una lingua alla stessa conosciuta, e al suo difensore. Il decreto è comunicato al procuratore generale immediatamente e, comunque, entro le successive ventiquattro ore.

2. Il consenso e la rinuncia possono essere espressi anche nel corso dell'udienza davanti alla corte d'appello fissata ai sensi dell'articolo 10, commi 4 e 4-*bis*, fino alla conclusione della discussione. In tale caso la corte raccoglie il consenso e la rinuncia, con le modalità descritte al comma 1, dopo avere fornito alla persona della quale è richiesta la consegna tutte le informazioni in merito alle facoltà indicate nell'articolo 10, comma 1, salvo che la persona le abbia già ricevute.

3. Il consenso è irrevocabile.

4. Nel caso che il consenso sia stato validamente espresso, la corte di appello provvede con ordinanza alla decisione sulla richiesta di esecuzione, dopo avere sentito il procuratore generale, il difensore e, se comparsa, la persona richiesta in consegna. Quando, per la necessità di acquisire le informazioni di cui all'articolo 16 o per altre circostanze oggettive, non è possibile adottare la decisione nel termine di cui al comma 1, il predetto termine può essere prorogato, con decreto del presidente della corte di appello, sino a tre giorni.

5. La corte di appello, all'esito dell'udienza prevista ai commi 1, terzo periodo, e 4, secondo periodo, o di quella prevista all'articolo 10, commi 4 e 4-*bis*, dà immediata lettura dell'ordinanza. La lettura equivale a notificazione alle parti, anche se non presenti, che hanno diritto ad avere copia del provvedimento. L'ordinanza, decorso il termine per la proposizione del ricorso previsto dall'articolo 22, comma 5-*bis*, è immediatamente comunicata al Ministro della giustizia, che provvede a informare le competenti autorità dello Stato membro di emissione e altresì, quando non è stato presentato ricorso e l'ordinanza dispone la consegna, il Servizio per la cooperazione internazionale di Polizia. Quando è stato proposto ricorso, il Ministro della giustizia informa le competenti autorità dello Stato membro che l'avvenuta proposizione dell'impugnazione è il motivo che ha impedito l'adozione della decisione definitiva sull'esecuzione del mandato di arresto nel termine di dieci giorni successivi all'espressione del consenso.

[1] Articolo così modif. dall'art. 10, D.lgs. 2 feb. 2021, n. 10. V. nota 1, art. 9.

15. ***Provvedimenti provvisori in attesa della decisione.***[1] — 1. Se il mandato d'arresto europeo è stato emesso nel corso di un procedimento penale, il presidente della corte di appello, su richiesta dell'autorità giudiziaria emittente, autorizza l'interrogatorio della persona richiesta in consegna, ovvero ne dispone il trasferimento temporaneo nello Stato membro di emissione.

2. Quando concede l'autorizzazione all'interrogatorio della persona richiesta in consegna, il presidente della corte di appello informa il Ministro della giustizia per la tempestiva comunicazione all'autorità giudiziaria richiedente e per ogni necessaria intesa anche in ordine alla data di assunzione dell'atto. L'interrogatorio è effettuato da un magistrato della corte di appello designato dal presidente, con l'assistenza della persona eventualmente designata dall'autorità richiedente in conformità alla legge dello Stato membro di emissione e dell'interprete eventualmente necessario. Sono osservate le forme e le garanzie previste per l'interrogatorio dagli articoli 64, 65, 66 e 294, comma 4, del codice di procedura penale. Dell'interrogatorio è redatto verbale.

2-*bis*. Quando risulta che la persona richiesta in consegna si trova in altro distretto, il presidente della corte di appello può delegare l'interrogatorio di cui al comma 2 al presidente del tribunale territorialmente competente.

3. Quando dispone il trasferimento temporaneo della persona richiesta in consegna, il presidente della corte di appello informa il Ministro della giustizia per la tempestiva comunicazione all'autorità giudiziaria richiedente anche ai fini delle necessarie intese in ordine alle condizioni e alla durata del trasferimento. Si tiene in ogni caso conto della necessità che la persona sia fatta rientrare in modo da potere partecipare alle udienze relative alla procedura di esecuzione del mandato d'arresto.

[1] Articolo così modif. dall'art. 11, D.lgs. 2 feb. 2021, n. 10. V. nota 1, art. 9.

16. ***Informazioni e accertamenti integrativi.*** — 1. Qualora la corte di appello non ritenga sufficienti ai fini della decisione le informazioni trasmesse dallo Stato membro di emissione, richiede con urgenza allo stesso, direttamente o per il tramite del Ministro della giustizia, le informazioni integrative occorrenti. In ogni caso stabilisce un termine per la ricezione di quanto richiesto, tenendo conto della necessità di rispettare i termini stabiliti dall'articolo 14, comma 4, o dall'articolo 17, comma 2-*bis*, per l'adozione della propria decisione.[1]

2. La corte di appello, d'ufficio o su richiesta delle parti, può disporre altresì ogni ulteriore accertamento che ritiene necessario, rispettando i termini stabiliti dall'articolo 14, comma 4, o dall'articolo 17, comma 2-*bis*, per l'adozione della decisione.[1]

[1] Comma così modif. dall'art. 12, D.lgs. 2 feb. 2021, n. 10. V. nota 1, art. 9.

17. ***Decisione sulla richiesta di esecuzione.***[1] — 1. Salvo quanto previsto dall'articolo 14, la corte di appello decide con sentenza in camera di consiglio sull'esistenza delle condizioni per l'accoglimento della richiesta di consegna, sentiti il procuratore generale, il difensore, e, se compare, la persona richiesta in consegna, nonché, se presente, il rappresentante dello Stato richiedente.

2. La decisione deve essere emessa nel più breve tempo possibile e, comunque, entro quindici giorni dall'esecuzione della misura cautelare di cui all'articolo 9 o, nel caso previsto dall'articolo 11, dall'arresto della persona ricercata.

2-*bis*. Quando, per la necessità di acquisire le informazioni di cui all'articolo 16 o per altre circostanze oggettive, non è possibile rispettare il termine indicato al comma 2, esso può essere prorogato con decreto del presidente della corte di appello sino a dieci giorni.

3. Nel caso in cui la persona ricercata benefici di una immunità o di un privilegio riconosciuti dall'ordinamento italiano, la corte di appello ne informa lo Stato di emissione e il termine per la decisione comincia a decorrere solo se e a partire dal giorno in cui la corte di appello è stata informata del fatto che l'immunità o il privilegio non operano più. Se la decisione sulla esclusione dell'immunità compete a un organo dello Stato italiano, la corte provvede a inoltrare immediatamente la richiesta.

4. In assenza di cause ostative la corte di appello pronuncia sentenza con cui dispone la consegna della persona ricercata.

5. Quando la decisione è contraria alla consegna, la corte di appello con la sentenza revoca immediatamente le misure cautelari applicate.

6. Della sentenza è data, al termine della camera di consiglio, immediata lettura. La lettura equivale

a notificazione alle parti, anche se non presenti, che hanno diritto ad ottenere copia del provvedimento.

7. La sentenza, decorso il termine per la proposizione del ricorso previsto dall'articolo 22, comma 1, è immediatamente comunicata al Ministro della giustizia, che provvede ad informare le competenti autorità dello Stato membro di emissione e altresì, quando non è stato presentato ricorso e la decisione è di accoglimento, il Servizio per la cooperazione internazionale di polizia.

[1] Articolo così modif. dall'art. 13, D.lgs. 2 feb. 2021, n. 10. V. nota 1, art. 9.

18. ***Motivi di rifiuto obbligatorio della consegna.*** — 1. Fermo quanto previsto dagli articoli 1, commi 3 e 3-*ter*, 2 e 7, la corte di appello rifiuta la consegna nei seguenti casi:

a) se il reato contestato nel mandato d'arresto europeo è estinto per amnistia ai sensi della legge italiana, quando vi è la giurisdizione dello Stato italiano sul fatto;

b) se risulta che nei confronti della persona ricercata, per gli stessi fatti, sono stati emessi, in Italia, sentenza o decreto penale irrevocabili o sentenza di non luogo a procedere non più soggetta a impugnazione o, in altro Stato membro dell'Unione europea, sentenza definitiva, purché, in caso di condanna, la pena sia stata già eseguita ovvero sia in corso di esecuzione, ovvero non possa più essere eseguita in forza delle leggi dello Stato che ha emesso la condanna;

c) se la persona oggetto del mandato d'arresto europeo era minore di anni 14 al momento della commissione del reato.

[1] Articolo così sost. dall'art. 14, D.lgs. 2 feb. 2021, n. 10. V. nota 1, art. 9.

18-*bis*. ***Motivi di rifiuto facoltativo della consegna.***[1] — 1. Quando il mandato di arresto europeo è stato emesso al fine dell'esercizio di azioni giudiziarie in materia penale, la corte di appello può rifiutare la consegna nei seguenti casi:

a) se il mandato di arresto europeo riguarda reati che dalla legge italiana sono considerati reati commessi in tutto o in parte nel suo territorio, o in luogo assimilato al suo territorio, ovvero reati che sono stati commessi al di fuori del territorio dello Stato membro di emissione, se la legge italiana non consente l'azione penale per gli stessi reati commessi al di fuori del suo territorio;

b) se, per lo stesso fatto che è alla base del mandato d'arresto europeo, nei confronti della persona ricercata è in corso un procedimento penale.

2. Quando il mandato di arresto europeo è stato emesso ai fini della esecuzione di una pena o di una misura di sicurezza privative della libertà personale, la corte di appello può rifiutare la consegna della persona ricercata che sia cittadino italiano o cittadino di altro Stato membro dell'Unione europea legittimamente ed effettivamente residente o dimorante nel territorio italiano da almeno cinque anni, sempre che disponga che tale pena o misura di sicurezza sia eseguita in Italia conformemente al suo diritto interno.

[1] Articolo ins. dall'art. 6, L. 4 ott. 2019, n. 117, e così sost. dall'art. 15, D.lgs. 2 feb. 2021, n. 10. V. nota 1, art. 9.

18-*ter*. ***Decisioni pronunciate in assenza.***[1] — 1. Quando il mandato di arresto europeo è stato emesso ai fini della esecuzione di una pena o di una misura di sicurezza applicata all'esito di un processo in cui l'interessato non è comparso personalmente, la corte di appello può altresì rifiutare la consegna se il mandato di arresto europeo non contiene l'indicazione di alcuna delle condizioni di cui all'articolo 6, comma 1-bis, e lo Stato di emissione non ha fornito indicazioni su tali condizioni neppure a seguito della richiesta inoltrata ai sensi dell'articolo 16.

2. Nei casi di cui al comma 1, la corte di appello può, comunque, dar luogo alla consegna se risulta provato con certezza che l'interessato era a conoscenza del processo o che si è volontariamente sottratto alla conoscenza del processo.

3. Quando ricorrono le condizioni di cui all'articolo 6, comma 1-*bis*, lettera *d*), la persona della quale è domandata la consegna, che non sia stata precedentemente informata del procedimento penale svoltosi nei suoi confronti, può chiedere la trasmissione di copia della sentenza su cui il mandato di arresto europeo si fonda. La richiesta non costituisce, in alcun caso, causa di differimento della procedura di consegna o della decisione di eseguire il mandato di arresto europeo. La corte di appello provvede all'immediato inoltro della richiesta all'autorità emittente.

[1] Articolo ins. dall'art. 16, D.lgs. 2 feb. 2021, n. 10. V. nota 1, art. 9.

19. ***Garanzie richieste allo Stato membro di emissione in casi particolari.*** — 1. L'esecuzione del mandato d'arresto europeo da parte dell'autorità giudiziaria italiana, nei casi sotto elencati, è subordinata alle seguenti condizioni:

a) se il reato in base al quale il mandato d'arresto europeo è stato emesso è punibile con una pena o una misura di sicurezza privative della libertà personale a vita, l'esecuzione del mandato è subordinata alla condizione che lo Stato membro di emissione preveda nel suo ordinamento giuridico una revisione della pena inflitta, su richiesta o trascorsi al massimo venti anni, oppure l'applicazione di misure di clemenza alle quali la persona ha diritto in virtù della legge o della prassi dello Stato membro di emissione, affinché la pena o la misura di sicurezza non siano eseguite;

b) se il mandato di arresto europeo è stato emesso ai fini di un'azione penale nei confronti di cittadino italiano o di cittadino di altro Stato membro dell'Unione europea legittimamente ed effettivamente residente nel territorio italiano da almeno cinque anni, l'esecuzione del mandato è subordinata alla condizione che la persona, dopo essere stata sottoposta al processo, sia rinviata nello Stato italiano per scontarvi la pena o la misura di sicurezza privative della libertà personale eventualmente applicate nei suoi confronti nello Stato membro di emissione.

[1] Articolo così sost. dall'art. 17, D.lgs. 2 feb. 2021, n. 10. V. nota 1, art. 9.

20. ***Concorso di richieste di consegna.*** — 1. Quando due o più Stati membri hanno emesso un mandato d'arresto europeo nei confronti della stessa persona, la corte di appello decide quale dei mandati d'arresto deve essere eseguito, tenuto conto di ogni rilevante elemento di valutazione e, in particolare, della gravità dei reati per i quali i mandati sono stati emessi, del luogo in cui i reati sono stati emessi e delle date di emissione dei mandati d'arresto e considerando, in questo contesto, se i mandati sono stati emessi nel corso di un procedimento penale ovvero per l'esecuzione di una pena o misura di sicurezza privative della libertà personale.

2. Ai fini della decisione di cui al comma 1 la corte di appello può disporre ogni necessario accertamento nonché richiedere una consulenza all'Eurojust.

3. Quando, nei confronti della stessa persona, sono stati emessi un mandato d'arresto europeo e una richiesta di estradizione da parte di uno Stato terzo, la corte di appello competente per ilmandato d'arresto, sentito il Ministro della giustizia, decide se va data precedenza al mandato d'arresto ovvero alla richiesta di estradizione tenendo conto della gravità dei fatti, dell'ordine di presentazione delle richieste e di ogni altro elemento utile alla decisione.

21. ***Termini per la decisione.***[1]

[1] Articolo abrog. dall'art. 27, D.lgs. 2 feb. 2021, n. 10. V. nota 1, art. 9.

22. ***Ricorso per cassazione.*** — 1. Contro la sentenza di cui all'articolo 17, la persona interessata, il suo difensore e il procuratore generale presso la corte di appello possono proporre ricorso per cassazione, entro cinque giorni dalla conoscenza legale della sentenza, solo per i motivi, contestualmente enunciati, di cui alle lettere *a*), *b*) e *c*) del comma 1 dell'articolo 606 del codice di procedura penale.

2. Il ricorso è presentato nella cancelleria della corte di appello che ha emesso il provvedimento, la quale lo trasmette alla Corte di cassazione, con precedenza assoluta su ogni altro affare e comunque entro il giorno successivo, unitamente al provvedimento impugnato e agli atti del procedimento. La presentazione del ricorso sospende l'esecuzione della sentenza di cui all'articolo 17, comma 1.

3. La Corte di cassazione decide con sentenza entro dieci giorni dalla ricezione degli atti nelle forme di cui all'articolo 127 del codice di procedura penale. L'avviso alle parti deve essere notificato o comunicato almeno tre giorni prima dell'udienza.

4. La decisione è depositata a conclusione dell'udienza con la contestuale motivazione. Qualora la redazione della motivazione non risulti possibile, la Corte di cassazione, data comunque lettura del dispositivo, provvede al deposito della motivazione non oltre il secondo giorno dalla pronuncia.

5. Copia del provvedimento è immediatamente trasmessa, anche a mezzo telefax, al Ministro della giustizia, che, fuori dei casi di cui al comma 6, provvede ad informare le competenti autorità dello Stato membro di emissione ed altresì, quando la decisione è di accoglimento, il Servizio per la cooperazione internazionale di polizia.

5-*bis*. Contro l'ordinanza di cui all'articolo 14, comma 5, la persona interessata, il suo difensore e il procuratore generale presso la corte di appello possono proporre ricorso per cassazione, entro tre giorni dalla conoscenza legale dell'ordinanza, solo per i motivi, contestualmente enunciati, di cui alle lettere *a*), *b*) e *c*) del comma 1 dell'articolo 606 del codice di procedura penale. Il ricorso è presentato nella cancelleria della corte di appello che ha emesso il provvedimento, la quale lo trasmette alla Corte di cassazione, con precedenza assoluta su ogni altro affare e comunque entro il giorno successivo, unitamente al provvedimento impugnato e agli atti del procedimento. La presentazione del ricorso sospende l'esecuzione della ordinanza di cui all'articolo 14, comma 4. La Corte, nel termine di sette giorni dalla ricezione degli atti, giudica in camera di consiglio sui motivi di ricorso e sulle richieste del procuratore generale senza intervento dei difensori e deposita la decisione con la contestuale motivazione a conclusione dell'udienza, provvedendo altresì, fuori dei casi di cui al comma 6, agli adempimenti indicati al comma 5.

6. Quando la Corte di cassazione annulla con rinvio, gli atti sono trasmessi immediatamente, con precedenza assoluta su ogni altro affare e, comunque entro il giorno successivo al deposito della decisione completa di motivazione, al giudice di rinvio. Nei casi di cui al comma 1, il giudice di rinvio decide entro dieci giorni dalla ricezione degli atti, avvisando le parti con decreto notificato o comunicato almeno quattro giorni prima dell'udienza. Nei casi di cui al comma 5-bis, i termini di cui al secondo periodo sono ridotti della metà.

[1] Articolo così modif. dall'art. 18, D.lgs. 2 feb. 2021, n. 10. V. nota 1, art. 9.

22-*bis*. ***Comunicazioni allo Stato membro emittente. Termini per la decisione e provvedimenti in ordine alle misure cautelari.***[1] — 1. Se la decisione definitiva sulla richiesta di consegna, in assenza di consenso, non interviene nei sessanta giorni successivi all'esecuzione della misura cautelare o all'arresto della persona ricercata o alla deliberazione di non applicare alcuna misura, la corte davanti alla quale pende il procedimento informa immediatamente del ritardo e delle ragioni che vi hanno dato causa il Ministro della giustizia, affinché ne sia data comunicazione all'autorità giudiziaria richiedente. Agli stessi fini, in presenza di consenso alla consegna, la corte di appello informa il Ministro della giustizia dei motivi che hanno impedito l'adozione della decisione nel termine di dieci giorni dalla data in cui il consenso è stato espresso.

2. Se, per circostanze eccezionali, la decisione definitiva sulla richiesta di consegna non interviene nei trenta giorni successivi alla scadenza dei termini di cui al comma 1, la corte davanti alla quale pende il procedimento informa immediatamente del ritardo e delle ragioni che vi hanno dato causa il Ministro della giustizia, il quale ne dà urgente comunicazione all'Eurojust.

3. Alla scadenza dei termini previsti dal comma 2, la corte di appello valuta se la custodia cautelare applicata alla persona della quale è richiesta la consegna è ancora assolutamente necessaria per garantire l'esigenza di cui all'articolo 9, comma 4, e se la sua durata è proporzionata rispetto all'entità della pena oggetto dell'informazione richiamata all'articolo 6, comma 1, lettera *f*), disponendone, in caso contrario, la revoca o la sostituzione con altre misure cautelari, applicabili anche cumulativamente, ritenute comunque idonee a garantire che la persona non si sottragga alla consegna.

4. Quando il ritardo nella adozione della decisione definitiva sulla richiesta di consegna si protrae ingiustificatamente oltre la scadenza dei termini previsti dal comma 2 e, comunque, quando sono decorsi novanta giorni dalla scadenza di detti termini senza che sia intervenuta la decisione definitiva sulla consegna, la corte di appello revoca la misura della custodia cautelare e, se persiste l'esigenza di garantire che la persona non si sottragga alla consegna, applica, anche cumulativamente, le misure cautelari di cui agli articoli 281, 282 e 283 del codice di procedura penale e, nei confronti della persona minorenne, la misura di cui all'articolo 20 del decreto del Presidente della Repubblica 22 settembre 1988, n. 448.

[1] Articolo ins. dall'art. 19, D.lgs. 2 feb. 2021, n. 10. V. nota 1, art. 9.

23. ***Consegna della persona. Sospensione della consegna.*** — 1. La persona richiesta in consegna deve essere consegnata allo Stato membro di emissione al più presto e, comunque, entro dieci giorni dalla sentenza irrevocabile con cui è data esecuzione al mandato d'arresto europeo ovvero dall'ordinanza definitiva di cui all'articolo 14, comma 4, nei modi e secondo le intese nel frattempo intercorse tramite il Ministro della giustizia.[1]

2. Quando ricorrono cause di forza maggiore che impediscono la consegna entro il termine previsto nel comma 1, il presidente della corte di appello, o il magistrato da lui delegato, sospesa l'esecuzione del provvedimento, ne dà immediata comunicazione al Ministro della giustizia, che informa l'autorità dello Stato membro di emissione. Il presidente della corte di appello, o il magistrato da lui delegato, sospende l'esecuzione del provvedimento anche quando riceve dall'autorità dello Stato membro di emissione, direttamente o tramite il Ministro della giustizia, la comunicazione della ricorrenza di cause di forza maggiore che impediscono la consegna entro il medesimo termine.[1]

3. Quando sussistono motivi umanitari o gravi ragioni per ritenere che la consegna metterebbe in pericolo la vita o la salute della persona, il presidente della corte di appello, o il magistrato da lui delegato, può con decreto motivato sospendere l'esecuzione del provvedimento di consegna, dando immediata comunicazione al Ministro della giustizia.

4. Nei casi di cui ai commi 1 e 2, il presidente della corte di appello, o il magistrato da lui delegato, dà immediata comunicazione al Ministro della giustizia della cessazione delle ragioni che hanno imposto la sospensione dell'esecuzione o del ricevimento della comunicazione in ordine alla cessazione della causa di forza maggiore da parte dell'autorità dello Stato membro di emissione. Il Ministro, ricevuta tale comunicazione o quella, di cui informa il presidente della corte di appello, direttamente proveniente dall'autorità giudiziaria dello Stato di emissione circa la cessazione della causa di forza maggiore, concorda con l'autorità dello Stato membro di emissione una nuova data di consegna. In tale caso il termine di cui al comma 1 decorre dalla nuova data concordata.[1]

5. Scaduto il termine di dieci giorni di cui ai commi 1 e 4, la custodia cautelare perde efficacia e il presidente della corte di appello, o il magistrato da lui delegato, dispone la liberazione dell'arrestato, sempre che l'ineseguibilità della consegna non sia imputabile a quest'ultimo. In tale caso, i termini sono sospesi sino alla cessazione dell'impedimento.

6. All'atto della consegna, la corte di appello trasmette all'autorità giudiziaria emittente le informazioni occorrenti a consentire la deduzione del periodo di custodia preventivamente sofferto in esecuzione del mandato d'arresto europeo dalla durata complessiva della detenzione conseguente alla eventuale sentenza di condanna ovvero per la determinazione della durata massima della custodia cautelare.

[1] Comma così modif. dall'art. 20, D.lgs. 2 feb. 2021, n. 10. V. nota 1, art. 9.

24. ***Rinvio della consegna o consegna temporanea.*** — 1. Con la decisione che dispone l'esecuzione del mandato d'arresto europeo la corte di appello può disporre che la consegna della persona venga rinviata per consentire che la stessa possa essere sottoposta a procedimento penale in Italia ovvero possa scontarvi la pena alla quale sia stata condannata per reato diverso da quello oggetto del mandato d'arresto.

2. Nel caso di cui al comma 1, su richiesta dell'autorità giudiziaria emittente, la corte di appello, sentita l'autorità giudiziaria competente per il procedimento penale in corso o per l'esecuzione della sentenza di condanna, può disporre il trasferimento temporaneo della persona richiesta in consegna alle condizioni concordate.

25. ***Divieto di consegna o di estradizione successiva.*** — 1. La consegna della persona è subordinata alla condizione che la stessa non venga consegnata ad altro Stato membro in esecuzione di un mandato d'arresto europeo emesso per un reato anteriore alla consegna medesima senza l'assenso della corte di appello che ha disposto l'esecuzione del mandato d'arresto né estradata verso uno Stato terzo senza l'assenso all'estradizione successiva accordato a norma delle convenzioni internazionali in vigore per lo Stato e dell'art. 711 del codice di procedura penale.

2. Ove richiesta dall'autorità giudiziaria competente dello Stato membro di emissione, la corte di appello accorda il proprio assenso alla consegna della persona ad altro Stato membro il reato per cui l'assenso è richiesto dà luogo a consegna a norma della presente legge. Sulla richiesta di assenso, completa degli elementi di cui all'art. 6, la corte di appello decide, sentito il procuratore generale, entro trenta giorni dal ricevimento.

3. La condizione di cui al comma 1 relativa alla consegna ad un altro Stato membro non è applicabile:

a) quando la persona, pur avendo avuto la possibilità di farlo, non ha lasciato il territorio dello Stato al quale è stata consegnata entro quarantacinque giorni successivi alla sua scarcerazione definitiva ovvero, dopo averlo lasciato, vi ha fatto ritorno;

b) quando la persona ha consentito, con dichiarazione resa davanti all'autorità giudiziaria competente dello Stato membro di emissione, e raccolta a verbale, alla consegna ad altro Stato membro;

c) quando la persona richiesta in consegna non beneficia del principio di specialità ai sensi dell'art. 26, comma 2, lettere *a*), *e*) ed *f*), e comma 3.

26. ***Principio di specialità.*** — 1. La consegna è sempre subordinata alla condizione che, per un fatto anteriore alla stessa e diverso da quello per il quale è stata concessa, la persona non venga sottoposta a un procedimento penale, né privata della libertà personale in esecuzione di una pena o di una misura di sicurezza, né altrimenti assoggettata ad altra misura privativa della libertà personale.

2. La disposizione di cui al comma 1 non si applica quando:

a) il soggetto consegnato, avendone avuta la possibilità, non ha lasciato il territorio dello Stato al quale è stato consegnato decorsi quarantacinque giorni dalla sua definitiva liberazione ovvero, avendolo lasciato, vi ha fatto volontariamente ritorno;

b) il reato non è punibile con una pena o con una misura di sicurezza privative della libertà personale;

c) il procedimento penale non consente l'applicazione di una misura restrittiva della libertà personale;

d) la persona è soggetta a una pena o a una misura che non implica la privazione della libertà, ivi invlusa una misura pecuniaria, anche se può limitare la sua libertà personale;

e) il ricercato ha acconsentito alla propria consegna, oltre a rinunciare al principio di specialità con le forme di cui all'art. 14;

f) dopo essere stata consegnata, la persona ha espressamente rinunciato a beneficiare del principio di specialità rispetto a particolari reati anteriori alla sua consegna. Tale rinuncia è raccolta a verbale dall'autorità giudiziaria dello Stato membro di emissione, con forme equivalenti a quelle indicate all'art. 14.

3. Successivamente alla consegna, ove lo Stato membro di emissione richieda di sottoporre la persona a un procedimento penale ovvero di assoggettare la stessa a un provvedimento coercitivo della libertà, provvede la corte di appello che ha dato esecuzione al mandato d'arresto. A tale fine, la corte verifica che la richiesta dello Stato estero contenga le informazioni indicate dall'articolo 8, paragrafo 1, della decisione quadro munite di traduzione e decide entro trenta giorni dalla ricezione della richiesta. L'assenso è rilasciato quando il reato per il quale è richiesto consente la consegna di una persona ai sensi della decisione quadro. La corte può rifiutare l'assenso unicamente quando ricorre uno dei casi di cui agli articoli 18, 18-*bis* e 18-*ter*.[1]

[1] Comma così modif. dall'art. 21, D.lgs. 2 feb. 2021, n. 10. V. nota 1, art. 9.

27. ***Transito.***[1] — 1. Le richieste di transito sul territorio dello Stato di una persona che deve essere consegnata sono ricevute dal Ministro della giustizia.

2. Il Ministro della giustizia può rifiutare la richiesta quando:

a) non ha ricevuto informazioni circa l'identità e la cittadinanza della persona oggetto del mandato d'arresto europeo, l'esistenza di un mandato d'arresto europeo, la natura e la qualificazione giuridica del reato e la descrizione delle circostanze del reato, compresi la data e il luogo di commissione;

b) il ricercato è cittadino italiano o cittadino di altro Stato membro dell'Unione europea legittimamente ed effettivamente residente nel territorio italiano da almeno cinque anni e il transito è richiesto ai fini dell'esecuzione di una pena o di una misura di sicurezza privative della libertà personale.

3. Nel caso in cui la richiesta di transito riguardi un cittadino italiano o un cittadino di altro Stato

membro dell'Unione europea legittimamente ed effettivamente residente nel territorio italiano da almeno cinque anni, il Ministro della giustizia può subordinare il transito alla condizione che la persona, dopo essere stata ascoltata, sia rinviata in Italia per scontarvi la pena o la misura di sicurezza privative della libertà personale eventualmente pronunciate nei suoi confronti nello Stato membro di emissione.

[1] Articolo così modif. dall'art. 22, D.lgs. 2 feb. 2021, n. 10. V. nota 1, art. 9.

27-*bis*. *Modalità di trasmissione degli atti tra uffici giudiziari.*[1] — 1. Nei procedimenti relativi alla richiesta di esecuzione del mandato d'arresto europeo, con decreto del Ministro della giustizia è autorizzata la trasmissione con modalità telematica degli atti tra gli uffici giudiziari, secondo le disposizioni stabilite con provvedimento del Direttore generale dei sistemi informativi e automatizzati del Ministero della giustizia, anche in deroga alle previsioni del decreto emanato ai sensi dell'articolo 4, comma 1, del decreto-legge 29 dicembre 2009, n. 193, convertito, con modificazioni, dalla legge 22 febbraio 2010, n. 24.

2. La trasmissione degli atti si intende eseguita al momento del rilascio della ricevuta di accettazione da parte dei sistemi ministeriali, secondo le modalità stabilite dal provvedimento direttoriale di cui al comma 1.

3. Il decreto di cui al comma 1 è adottato previo accertamento da parte del Direttore generale dei sistemi informativi e automatizzati del Ministero della giustizia della funzionalità dei servizi di comunicazione dei documenti informatici.

4. Sino all'attivazione dei sistemi ministeriali e alla adozione del decreto del Ministro della giustizia di cui al comma 1, la trasmissione degli atti tra gli uffici giudiziari è consentita anche tramite posta elettronica certificata, secondo le modalità stabilite con provvedimento del Direttore generale dei sistemi informativi e automatizzati del Ministero della giustizia da emanarsi entro quindici giorni dalla data di pubblicazione del presente decreto nella *Gazzetta Ufficiale* della Repubblica italiana.

[1] Articolo ins. dall'art. 23, D.lgs. 2 feb. 2021, n. 10. V. nota 1, art. 9.

CAPO II
Procedura attiva di consegna

28. *Competenza.* — 1. Il mandato d'arresto europeo è emesso:

a) dal giudice che ha applicato la misura cautelare della custodia in carcere o degli arresti domiciliari;

b) dal pubblico ministero presso il giudice indicato all'art. 665 del codice di procedura penale che ha emesso l'ordine di esecuzione della pena detentiva di cui all'art. 656 del medesimo codice, sempre che si tratti di pena di durata non inferiore a un anno e che non operi la sospensione dell'esecuzione;

c) dal pubblico ministero individuato ai sensi dell'art. 658 del codice di procedura penale, per quanto attiene alla esecuzione di misure di sicurezza personali detentive.

2. Il mandato d'arresto europeo è trasmesso al Ministro della giustizia che provvede alla traduzione del testo nella lingua dello Stato membro di esecuzione e alla sua trasmissione all'autorità competente. Della emissione del mandato è data immediata comunicazione al Servizio per la cooperazione internazionale di polizia.

29. *Emissione del mandato d'arresto europeo.* — 1. L'autorità giudiziaria competente ai sensi dell'art. 28 emette il mandato d'arresto europeo quando risulta che l'imputato o il condannato è residente, domiciliato o dimorante nel territorio di uno Stato membro dell'Unione europea.

2. Quando il luogo della residenza, del domicilio o della dimora non è conosciuto e risulta possibile che la persona si trovi nel territorio di uno Stato membro dell'Unione europea, l'autorità giudiziaria dispone l'inserimento di una specifica segnalazione nel SIS, conformemente alle disposizioni dell'art. 95 della convenzione del 19 giugno 1990, di applicazione dell'accordo di Schengen del 14 giugno 1985 relativo all'eliminazione graduale dei controlli alle frontiere comuni, resa esecutiva dalla legge 30 settembre 1993, n. 388. Una segnalazione nel SIS equivale a un mandato d'arresto europeo corredato delle informazioni di cui all'art. 30.

3. Nel caso in cui la persona ricercata benefici di una immunità o di un privilegio riconosciuti da uno Stato diverso da quello di esecuzione ovvero da un organismo internazionale, l'autorità giudiziaria provvede a inoltrare la richiesta di revoca del privilegio o di esclusione dell'immunità.

30. *Contenuto del mandato d'arresto europeo.* — 1. Il mandato d'arresto europeo contiene le informazioni richieste nel modello di cui all'allegato annesso alla decisione quadro come modificato dall'articolo 2, paragrafo 3, della decisione quadro 2009/299/GAI del Consiglio, del 26 febbraio 2009.

2. Nel caso previsto dall'articolo 18-*ter*, comma 3, non appena riceve notizia della richiesta formulata dalla persona nei cui confronti il mandato di arresto europeo è stato emesso, il pubblico ministero inoltra copia della sentenza all'autorità dello Stato di esecuzione.

[1] Articolo così sost. dall'art. 24, D.lgs. 2 feb. 2021, n. 10. V. nota 1, art. 9.

31. *Perdita di efficacia del mandato d'arresto europeo.* — 1. Il mandato d'arresto europeo perde efficacia quando il provvedimento restrittivo sulla base del quale è stato emesso è stato revocato o annullato ovvero è divenuto inefficace. Il procuratore generale presso la corte di appello ne dà immediata comunicazione al Ministro della giustizia ai fini della conseguente comunicazione allo Stato membro di esecuzione.

31-*bis*. ***Divieto di consegna o di estradizione successiva.***[1] — 1. La persona consegnata in esecuzione di un mandato di arresto europeo non può essere consegnata ad altro Stato membro in esecuzione di un mandato d'arresto europeo, né estradata verso uno Stato terzo, per un reato anteriore alla consegna medesima senza l'assenso dello Stato membro di esecuzione.

2. Il divieto di cui al comma 1 non è applicabile alle richieste di consegna in esecuzione di un mandato d'arresto europeo, quando ricorre una delle condizioni previste dall'articolo 26, comma 2, lettere *a*), *e*) ed *f*).

[1] Articolo ins. dall'art. 25, D.lgs. 2 feb. 2021, n. 10. V. nota 1, art. 9.

32. ***Principio di specialità.*** — 1. La consegna della persona ricercata è soggetta ai limiti del principio di specialità, con le eccezioni previste, relativamente alla procedura passiva di consegna, dall'art. 26.

33. ***Computabilità della custodia cautelare all'estero.***[1] — 1. Il periodo di custodia cautelare sofferto all'estero in esecuzione del mandato d'arresto europeo è computato ai sensi e per gli effetti degli artt. 303, comma 4, 304 e 657 del codice di procedura penale.

[1] La Corte cost., con sent. 16 mag. 2008, n. 143, ha dichiarato l'ill. cost. dell'art. 33 nella parte in cui non prevede che la custodia cautelare all'estero, in esecuzione del mandato d'arresto europeo, sia computata anche agli effetti della durata dei termini di fase previsti dall'art. 303, commi 1, 2 e 3, del c.p.p.

CAPO III
Misure reali

34. ***Richiesta in caso di sequestro o di confisca di beni.*** — 1. Con il mandato d'arresto europeo emesso ai sensi dell'art. 28 il procuratore generale presso la corte di appello richiede all'autorità giudiziaria dello stato membro di esecuzione la consegna dei beni oggetto del provvedimento di sequestro o di confisca eventualmente emesso dal giudice competente, trasmettendo, nel contempo, copia dei provvedimenti di sequestro.

35. ***Sequestro e consegna di beni.*** — 1. Su richiesta dell'autorità giudiziaria che ha emesso il mandato d'arresto europeo, o d'ufficio, la corte d'appello può disporre il sequestro dei beni necessari ai fini della prova ovvero suscettibili di confisca in quanto costituenti il prodotto, il profitto o il prezzo del reato nella disponibilità del ricercato e nei limiti di cui ai commi seguenti.

2. La richiesta di cui al comma 1 contiene la precisazione se la consegna necessita ai soli fini della prova ovvero ai fini della confisca. Ove tale precisazione non risulti contenuta nella richiesta, il presidente della corte di appello invita l'autorità giudiziaria richiedente a trasmetterla.

3. La corte di appello provvede con decreto motivato, sentito il procuratore generale. Si applicano, in quanto compatibili, le disposizioni di cui agli artt. 253, 254, 255, 256, 258, 259 e 260, commi 1 e 2, del codice di procedura penale.

4. La consegna delle cose sequestrate all'autorità giudiziaria richiedente ha luogo secondo le modalità e le intese con la stessa intervenute tramite il Ministro della giustizia.

5. Quando la consegna è richiesta ai fini della prova, la corte di appello dispone che la consegna resa subordinata alla condizione che i beni siano restituiti una volta soddisfatte le esigenze processuali.

6. Quando la consegna è richiesta ai fini della confisca, la corte di appello dispone il sequestro salvaguardando i diritti previsti dal comma 9 e le esigenze dell'autorità giudiziaria italiana di cui all'art. 36. In ogni caso, concedendo il sequestro, la corte dispone che la consegna resti subordinata alla condizione che successivamente non risultino diritti acquisiti ai sensi del comma 9.

7. I beni sequestrati sono consegnati anche nel caso in cui il mandato d'arresti europeo non può essere eseguito a motivo del decesso o della fuga del ricercato.

8. Si applicano le disposizioni dell'art. 719 del codice di procedura penale.

9. Sono sempre fatti salvi gli eventuali diritti acquisiti sui beni di cui al comma 1 dalle Stato italiano o da terzi.

36. ***Concorso di sequestri.*** — 1. Nel caso in cui i beni richiesti di sequestro dall'autorità giudiziaria dello Stato membro costituiscano già oggetto di sequestro disposto dall'autorità giudiziaria italiana nell'ambito di un procedimento penale in corso e di essi sia prevista dalla legge italiana la confisca, la consegna può essere disposta ai soli fini delle esigenze probatorie e previo nulla osta dell'autorità giudiziaria italiana procedente con il limite di cui all'art. 35, comma 9.

2. Alle stessa condizioni di cui al comma 1 è subordinata la consegna quando si tratta di beni già oggetto di sequestro disposto nell'ambito di un procedimento civile a norma degli artt. 670 e 671 del codice di procedura civile.

37. ***Spese.*** — 1. Sono a carico dello Stato italiano le spese sostenute nel territorio nazionale per l'esecuzione di un mandato d'arresto europeo o delle misure reali adottate. Tutte le altre spese sono a carico dello Stato membro la cui autorità giudiziaria ha emesso il mandato d'arresto o richiesto la misura reale.

2. Dall'attuazione del presente articolo non devono derivare nuovi o maggiori oneri a carico del bilancio dello Stato.

TITOLO III

Disposizioni finali e transitorie

38. ***Obblighi internazionali.*** — 1. La presente legge non pregiudica gli obblighi internazionali dello Stato italiano qualora la persona ricercata sia stata estradata da uno Stato terzo e sia tutelata dalle norme relative al principio di specialità contenute nell'accordo in base al quale ha avuto luogo l'estradizione. In tale caso il Ministro della giustizia richiede tempestivamente l'assenso allo Stato dal quale la persona ricercata è stata estradata ai fini della consegna allo Stato membro.

2. Nel caso previsto dal comma 1, secondo periodo, i termini in cui al capo I del titolo II decorrono dal giorno in cui il principio di specialità cessa di operare.

39. ***Norme applicabili.*** — 1. Per quanto non previsto dalla presente legge si applicano le disposizioni del codice di procedura penale e delle leggi complementari, in quanto compatibili.

2. Non si applicano le disposizioni previste dalla legge 7 ottobre 1969, n. 742, e successive modificazioni, relativa alla sospensione dei termini processuali nel periodo feriale.

40. ***Disposizioni transitorie.***[1] — 1. Le disposizioni della presente legge si applicano alle richieste di esecuzione di mandati d'arresto europei emessi e ricevuti dopo la data della sua entrata in vigore.

2. Alle richieste di esecuzione relative a reati commessi prima del 7 agosto 2002, restano applicabili le disposizioni vigenti anteriormente alla data di entrata in vigore della presente legge in materia di estradizione.

3. [Abrogato].

[1] Articolo così modif. dall'art. 26, D.lgs. 2 feb. 2021, n. 10. V. nota 1, art. 9.

- 2 -

D.lgs. 11 feb. 2015, n. 9

Attuazione della direttiva 2011/99/UE del Parlamento europeo e del Consiglio, del 13 dic. 2011 sull'ordine di protezione europeo

(G.U. 23 feb. 2015, n. 44)

CAPO I

Disposizioni generali

1. ***Disposizioni di principio e attuazione.*** — 1. Il presente decreto attua nell'ordinamento interno le disposizioni della direttiva 2011/99/UE del Parlamento europeo e del Consiglio, del 13 dicembre 2011, relativa al reciproco riconoscimento degli effetti di misure di protezione adottate da autorità giurisdizionali degli Stati membri, nei limiti in cui tali disposizioni non sono incompatibili con i principi supremi dell'ordinamento costituzionale in tema di diritti fondamentali, nonché in tema di diritti di libertà e di giusto processo.

2. ***Definizioni.*** — 1. Ai fini del presente decreto si intende per:

a) direttiva: la direttiva 2011/99/UE del Parlamento europeo e del Consiglio del 13 dicembre 2011, sull'ordine di protezione europeo;

b) misura di protezione: una decisione adottata in materia penale da un organo giurisdizionale o da altra diversa autorità competente, che si caratterizzi per autonomia, imparzialità e indipendenza, di uno Stato membro dell'Unione europea con la quale vengono applicati divieti o restrizioni finalizzati a tutelare la vita, l'integrità fisica o psichica, la dignità, la libertà personale o l'integrità sessuale della persona protetta contro atti di rilevanza penale;

c) ordine di protezione europeo: una decisione adottata dall'autorità giudiziaria di uno Stato membro con la quale, al fine di continuare a tutelare la persona protetta, viene disposto che gli effetti della misura di protezione si estendano al territorio di altro Stato membro in cui la persona protetta risieda o soggiorni o dichiari di voler risiedere o soggiornare;

d) persona protetta: la persona fisica oggetto della protezione derivante dalla misura di protezione adottata dallo Stato di emissione;

e) persona che determina il pericolo: la persona nei cui confronti sono state emesse le prescrizioni conseguenti all'adozione di una misura di protezione;

f) stato di emissione: lo Stato membro al cui interno è stata adottata la misura di protezione in riferimento alla quale viene chiesta l'adozione di un ordine di protezione europeo;

g) stato di esecuzione: lo Stato membro al quale è stato trasmesso, ai fini del riconoscimento, un ordine di protezione europeo.

3. ***Autorità competenti.*** — 1. In relazione alle disposizioni degli articoli 3 e 4 della direttiva, autorità competenti, secondo le rispettive attribuzioni definite dal presente decreto, sono il Ministero della giustizia e le autorità giudiziarie.

2. Il Ministero della giustizia provvede alla trasmissione e alla ricezione delle misure di protezione e degli ordini di protezione europei, nonché della corrispondenza ad essi relativa.

3. Nei limiti indicati dal presente decreto, è consentita la corrispondenza diretta tra autorità giudiziarie. In tale caso, l'autorità giudiziaria italiana informa immediatamente il Ministero della giustizia della trasmissione o della ricezione di un ordine di protezione.

CAPO II

Emissione dell'ordine di protezione europeo e trasmissione all'estero

4. ***Modifica all'articolo 282-quater del codice di procedura penale.*** (*Omissis*)

5. ***Procedimento di emissione dell'ordine di protezione europeo.*** — 1. L'ordine di protezione europeo è emesso dal giudice che dispone una delle misure cautelari previste dagli articoli 282-*bis* e 282-*ter* del codice di procedura penale.

2. Il giudice provvede su richiesta della persona protetta che dichiari di soggiornare o risiedere all'interno di altro Stato membro ovvero che manifesti l'intenzione di risiedere o soggiornare in altro Stato membro. La richiesta può essere presentata anche dal rappresentante legale della persona protetta. Nella richiesta sono indicati, a pena di inammissibilità, il luogo in cui la persona protetta ha assunto o intende assumere la residenza, la durata e le ragioni del soggiorno.

3. L'ordinanza relativa all'ordine di protezione europeo è emessa in conformità al modello dell'allegato A e contiene i seguenti dati:

a) identità e cittadinanza della persona protetta, nonché identità e cittadinanza del tutore o del rappresentante, se la persona protetta è minore o legalmente incapace;

b) data a decorrere dalla quale la persona protetta risieda o soggiorni ovvero intenda risiedere o soggiornare nello Stato di esecuzione e periodo o periodi di soggiorno, se noti;

c) indirizzo, numeri di telefono e fax, nonché indirizzo di posta elettronica certificata dell'autorità che ha emesso il provvedimento;

d) data di deposito del provvedimento contenente la misura di protezione in base alla quale è stato emesso l'ordine di protezione europeo;

e) sintesi dei fatti e delle circostanze che hanno portato all'adozione della misura di protezione;

f) divieti e restrizioni imposti dalla misura di protezione, ivi compreso l'eventuale utilizzo di dispositivo tecnologico di controllo in conformità alle previsioni di cui all'articolo 275-*bis* del codice di procedura penale, e relativo periodo di applicazione;

g) identità e cittadinanza della persona che determina il pericolo, nonché dati di contatto di tale persona;

h) eventuale ammissione della persona protetta al patrocinio a carico dello Stato e indicazione della data di emissione del relativo provvedimento.

4. Avverso il provvedimento che rigetta o dichiara inammissibile la richiesta di emissione dell'ordine di protezione europeo può essere proposto ricorso per cassazione. Si applicano le disposizioni di cui all'articolo 22, commi 1, 3, 4, 5 e 6, della legge 22 aprile 2005, n. 69.

6. ***Trasmissione dell'ordine di protezione europeo.*** — 1. L'autorità giudiziaria che ha emesso l'ordine di protezione europeo provvede senza ritardo alla trasmissione del provvedimento al Ministero della giustizia ai fini della successiva trasmissione all'autorità competente dello Stato di esecuzione, con qualsiasi mezzo idoneo a comprovare l'autenticità del documento, previa traduzione nella lingua di detto Stato. Ad analoga comunicazione provvede nei casi in cui adotti provvedimenti di revoca, modifica, proroga o nei casi di annullamento o sostituzione della misura o dell'ordine di protezione europeo.

2. Qualora l'autorità competente dello Stato di esecuzione rifiuti di riconoscere un ordine di protezione europeo emesso ai sensi dell'articolo 5, il Ministero della giustizia provvede senza indugio a darne comunicazione all'autorità giudiziaria che ha emesso la misura di protezione ai fini della successiva comunicazione alla persona protetta.

CAPO III
Riconoscimento dell'ordine di protezione europeo emesso all'estero

7. ***Competenza ai fini del riconoscimento di un ordine di protezione europeo.*** — 1. Sul riconoscimento di un ordine di protezione europeo decide la Corte di appello nel cui distretto la persona protetta, in sede di richiesta, ha dichiarato di soggiornare o di risiedere o presso cui ha dichiarato l'intenzione di soggiornare o di risiedere.

8. ***Procedimento per il riconoscimento di un ordine di protezione europeo.*** — 1. Il Ministero della giustizia, ricevuto un ordine di protezione europeo, provvede senza indugio alla trasmissione al Presidente della Corte d'appello competente per territorio ai sensi dell'articolo 7.

2. A seguito della trasmissione di cui al comma 1, la Corte d'appello decide senza formalità entro dieci giorni dalla data di ricevimento dell'ordine di protezione europeo.

3. Quando le informazioni sono incomplete, il Presidente della Corte ne dà comunicazione al Ministero della giustizia, che richiede le necessarie integrazioni e il termine di cui al comma 2 resta sospeso dalla data della comunicazione sino alla ricezione delle informazioni mancanti.

9. ***Presupposti per il riconoscimento dell'ordine di protezione europeo e contenuto del provvedimento.*** — 1. La Corte di appello, riconosciuto l'ordine di protezione europeo, dispone l'applicazione di una delle misure cautelari previste dagli articoli 282-*bis* e 282-*ter* del codice di procedura penale, in modo da assicurare la corrispondenza con gli obblighi dettati nella misura di protezione.

2. La Corte d'appello non riconosce l'ordine di protezione europeo quando:

a) le informazioni fornite dallo Stato di emissione risultano incomplete, anche a seguito della richiesta formulata ai sensi dell'articolo 8, comma 3;

b) la misura di protezione comporta obblighi non riconducibili a quelli delle misure cautelari regolate dagli articoli 282-*bis* e 282-*ter* del codice di procedura penale;

c) la misura di protezione è stata disposta in riferimento a un fatto che non costituisce reato secondo la legislazione nazionale;

d) la persona è stata giudicata in via definitiva

per gli stessi fatti da uno degli Stati membri dell'Unione europea purché, in caso di condanna, la pena sia stata già eseguita ovvero sia in corso di esecuzione, ovvero non possa più essere eseguita in forza delle leggi dello Stato che ha emesso la condanna;

e) i fatti per i quali è stato emesso l'ordine di protezione potevano essere giudicati in Italia e si sia già verificata una causa di estinzione del reato o della pena;

f) per i fatti per i quali è stato emesso l'ordine di protezione è stata pronunciata sentenza di non luogo a procedere, salvo che sussistano i presupposti di cui all'articolo 434 del codice di procedura penale per la revoca della sentenza;

g) sussiste una causa di immunità riconosciuta dall'ordinamento italiano;

h) la misura di protezione è stata applicata dallo Stato di emissione nei confronti di una persona che, alla data di commissione del fatto, non era imputabile secondo la legge italiana;

i) la misura di protezione è stata adottata nello Stato di emissione in riferimento a reati che, in base alla legge italiana, sono considerati commessi per intero o in parte all'interno del territorio dello Stato o in altro luogo a questo equiparato.

3. Avverso la decisione della Corte d'appello può essere proposto ricorso per cassazione. Si applicano le disposizioni di cui all'articolo 22 della legge 22 aprile 2005, n. 69.

4. In caso di non riconoscimento dell'ordine di protezione europeo, l'autorità giudiziaria informa il Ministero della giustizia che ne dà comunicazione senza indugio all'autorità competente dello Stato di emissione.

10. ***Esecuzione conseguente al riconoscimento.*** — 1. Quando è emessa decisione di riconoscimento dell'ordine di protezione europeo, la Corte d'appello informa il Ministero della giustizia che ne dà comunicazione alla persona protetta ed alla persona che determina il pericolo anche tramite l'autorità competente dello Stato di emissione. Del provvedimento viene data comunicazione alla polizia giudiziaria e ai servizi socio-assistenziali del luogo presso il quale la persona protetta, in sede di richiesta, ha dichiarato di risiedere o soggiornare ovvero l'intenzione di richiedere o soggiornare.

2. Quando la persona che determina il pericolo viola le prescrizioni dell'ordine di protezione, la polizia giudiziaria ne informa il Procuratore generale e il Presidente della Corte d'appello; se sussistono le condizioni di applicabilità di una misura più grave, la Corte d'appello, su richiesta del Procuratore generale, provvede tenendo conto dell'entità, dei motivi e delle circostanze della violazione e determinandone la data di scadenza entro un termine non superiore ai trenta giorni.

3. Si osservano, in quanto applicabili, le disposizioni del titolo primo del libro IV del codice di procedura penale. All'interrogatorio previsto dall'articolo 294 del codice di procedura penale procede il Presidente della Corte d'appello o un magistrato della Corte da lui delegato.

4. La misura perde efficacia qualora sia trascorso il termine indicato nel comma 2 o anche prima, quando lo Stato di emissione provvede secondo quanto previsto dall'articolo 11.

5. Nei casi di violazione dell'ordine di protezione e di adozione dei provvedimenti di cui ai precedenti commi, la Corte di appello informa l'autorità competente dello Stato di emissione. La comunicazione è effettuata utilizzando il modello di cui all'allegato B, previa traduzione nella lingua dello Stato di emissione.

CAPO IV

Decisioni sulla validità ed efficacia del titolo e cessazione degli effetti

11. ***Decisioni sulla validità e sull'efficacia dell'ordine di protezione europeo.*** — 1. Spetta all'autorità giudiziaria dello Stato di emissione la decisione in ordine alla proroga, al riesame, alla modifica, all'annullamento ovvero alla sostituzione della misura di protezione posta alla base dell'ordine di protezione europeo; spetta altresì alla medesima autorità l'applicazione di più gravi misure cautelari.

2. Quando l'autorità giudiziaria dello Stato emette uno dei provvedimenti indicati al comma 1, anche a seguito della comunicazione della violazione dell'ordine di protezione di cui all'articolo 10, comma 5, ne informa senza indugio le competenti autorità dello Stato di esecuzione, secondo le modalità indicate nell'articolo 6. Allo stesso modo, dà comunicazione della sentenza emessa per i fatti posti alla base della misura di protezione.

12. ***Cessazione degli effetti del riconoscimento dell'ordine di protezione europeo.*** — 1. A seguito della comunicazione dell'intervenuta modifica delle misure di protezione poste alla base dell'ordine di protezione europeo riconosciuto ai sensi dell'articolo 8 e dell'articolo 9, comma 1, la Corte d'appello, con il procedimento di cui all'articolo 8, può revocare o sostituire le misure adottate ovvero modificarne le modalità di applicazione.

2. La Corte d'appello, con le medesime modalità stabilite al comma 1, dichiara la cessazione dell'efficacia del riconoscimento dell'ordine di protezione quando:

a) riceve comunicazione che l'autorità competente dello Stato di emissione ha annullato o revocato la misura di protezione posta alla base dell'ordine di protezione europeo;

b) riceve comunicazione che l'autorità competente dello Stato di emissione ha modificato il contenuto della misura di protezione e non vi è corrispondenza tra le prescrizioni imposte e quelle conseguenti all'applicazione delle misure regolate dagli articoli 282-*bis* e 282-*ter* del codice di procedura penale;

c) sussistono elementi idonei a desumere che la persona protetta non si trova all'interno del territorio nazionale;

d) in riferimento al fatto in relazione al quale è stata disposta la misura di protezione e previa qualificazione dello stesso sulla base della normativa nazionale, sono trascorsi i termini previsti dall'articolo 308 del codice di procedura penale;

e) lo Stato di emissione ha comunicato l'esecuzione, nei confronti della persona che determina il pericolo, di una sentenza di condanna a pena detentiva ovvero di una misura cautelare detentiva anche per fatti diversi da quelli posti alla base dell'ordine di protezione europeo;

f) risulta che la persona che determina il pericolo si trova sottoposta in Italia a pena detentiva ovvero alla misura cautelare della custodia in carcere in forza di provvedimento emesso dall'autorità giudiziaria nazionale e in relazione a fatti diversi da quelli posti alla base dell'ordine di protezione europeo;

g) nei confronti della persona che determina il pericolo è stato pronunciato il riconoscimento, ai fini della sua esecuzione in Italia, di una sentenza di condanna a pena detentiva emessa in altro Stato membro, ai sensi del decreto legislativo 7 settembre 2010, n. 161, attuativo della decisione quadro 2008/909/GAI.

3. La Corte d'appello adotta i provvedimenti previsti dai commi 1 e 2, secondo le forme previste nell'articolo 8, previa, se occorre, richiesta di informazioni allo Stato di emissione.

4. Qualora la Corte emetta un provvedimento di modifica delle misure adottate in sede di riconoscimento dell'ordine di protezione europeo ovvero dichiari la cessazione dell'efficacia del riconoscimento, provvede a darne comunicazione allo Stato di emissione secondo le modalità indicate nell'articolo 6.

5. Avverso la decisione della Corte d'appello può essere proposto ricorso per cassazione. Si applicano le disposizioni di cui all'articolo 22 della legge 22 aprile 2005, n. 69.

CAPO V
Disposizioni finali

13. ***Informazioni alla Commissione europea.*** — 1. Per consentire la valutazione in ordine alle modalità di attuazione degli obblighi nascenti dal recepimento della direttiva, il Ministero della giustizia provvede, entro il 31 dicembre di ogni anno, a inviare un rapporto alla Commissione europea circa il numero di ordini di protezione emessi e riconosciuti dalle autorità competenti.

14. ***Rapporti con altri accordi e intese.*** — 1. Il presente decreto non pregiudica l'applicazione di ulteriori accordi o intese conclusi con gli altri Stati membri e vigenti alla data della sua entrata in vigore, qualora gli stessi siano rispondenti agli obiettivi della direttiva e contribuiscano a semplificare le modalità di riconoscimento degli effetti delle misure di protezione.

15. ***Protezione dei dati personali.*** — 1. Al trattamento dei dati personali effettuato ai sensi del presente decreto si applicano le disposizioni di cui al decreto legislativo 30 giugno 2003, n. 196, recante codice in materia di protezione dei dati personali, e in particolare quelle previste dalla parte II, titolo I dello stesso codice.

2. Quando il Ministero della giustizia ritiene che i dati ricevuti dallo Stato di emissione sono incompleti o inesatti, ne dà immediata comunicazione alla competente autorità dello Stato di emissione.

3. Quando risulta che i dati trasmessi sono incompleti o inesatti, il Ministero della giustizia procede ad analoga comunicazione alla competente autorità dello Stato di esecuzione.

4. Oltre ai diritti di cui all'articolo 7 del decreto legislativo 30 giugno 2003, n. 196, l'interessato ha il diritto di ottenere:

a) che i dati non vengano cancellati ma solo conservati temporaneamente se vi sono fondati motivi di ritenere che la cancellazione possa compromettere un proprio legittimo interesse: i dati così conservati sono trattati ulteriormente solo per lo scopo che ha impedito la loro cancellazione;

b) che sia data evidenza alla competente autorità dello Stato di esecuzione dell'esercizio dei predetti diritti.

5. I dati personali trattati a norma del presente decreto sono utilizzati esclusivamente per le finalità di reciproco riconoscimento degli effetti delle misure di protezione. L'ulteriore trattamento è ammesso a condizione che non sia incompatibile con le suddette finalità e che le autorità competenti siano autorizzate a trattare tali dati per le ulteriori finalità e nel rispetto del principio di necessità di cui all'articolo 3 del decreto legislativo 30 giugno 2003, n. 196.

6. Si considerano non incompatibili le seguenti finalità:

a) la prevenzione, l'indagine, l'accertamento o il perseguimento dei reati o l'esecuzione delle sanzioni penali, diversi da quelli per cui i dati sono stati trasmessi o resi disponibili;

b) la prevenzione di un'immediata e grave minaccia alla sicurezza pubblica.

16. ***Disposizioni finanziarie.*** (*Omissis*)

- 3 -

D.lgs. 15 feb. 2016, n. 35

Attuazione della decisione quadro 2003/577/GAI del Consiglio, del 22 luglio 2003, relativa all'esecuzione nell'Unione europea dei provvedimenti di blocco dei beni o di sequestro probatorio

(G.U. 11 mar. 2016, n. 59)

TITOLO I
Disposizioni generali

1. ***Finalità.*** — 1. Il presente decreto attua nell'ordinamento interno la decisione quadro 2003/577 GAI del Consiglio, del 22 luglio 2003, relativa all'esecuzione nell'Unione europea dei provvedimenti di blocco dei beni o di sequestro emessi a fini probatori o a fini di confisca, nei limiti in cui tali disposizioni non sono incompatibili con i principi dell'ordinamento costituzionale in tema di diritti fondamentali nonché in tema di diritti di libertà e di giusto processo.

2. ***Definizioni.*** — 1. Ai fini della presente decreto, si intende per:

a) «Stato di emissione»: lo Stato membro dell'Unione europea la cui autorità giudiziaria, secondo il diritto interno, ha emesso, convalidato o comunque confermato un provvedimento di blocco o di sequestro nell'ambito di un procedimento penale;

b) «Stato di esecuzione»: lo Stato membro dell'Unione europea nel cui territorio si trova il bene o la prova;

c) «provvedimento di blocco o di sequestro»: qualsiasi provvedimento adottato dalla competente autorità giudiziaria dello Stato di emissione al fine di impedire provvisoriamente ogni operazione volta a distruggere, trasformare, spostare, trasferire o alienare beni previsti come corpo di reato o cose pertinenti al reato, che potrebbero essere oggetto di confisca nei casi e nei limiti previsti dall'articolo 240 del codice penale;

d) «bene»: ogni bene materiale o immateriale, mobile o immobile, nonché ogni atto giuridico o documento attestante un titolo o un diritto su tale bene, che secondo la competente autorità giudiziaria dello Stato di emissione costituisca il prodotto di uno dei reati di cui all'articolo 3, ovvero rappresenti l'equivalente del valore di tale prodotto, ovvero sia stato lo strumento o l'oggetto di uno dei predetti reati;

e) «prova»: gli oggetti, i documenti o i dati utilizzabili a fini probatori nei procedimenti penali per uno dei reati di cui all'articolo 3.

TITOLO II
Norme di recepimento interno

CAPO I
Richiesta di riconoscimento ed esecuzione dei provvedimenti di blocco o di sequestro

3. ***Casi di riconoscimento ed esecuzione dei provvedimenti di blocco o di sequestro.*** — 1. Indipendentemente dalla doppia incriminazione, si fa luogo al riconoscimento ed alla esecuzione di un provvedimento di blocco o di sequestro per i seguenti reati, se puniti nello Stato di emissione con pena detentiva non inferiore nel massimo a tre anni:

a) associazione per delinquere;

b) terrorismo;

c) tratta di esseri umani;

d) sfruttamento sessuale dei bambini e pornografia infantile;

e) traffico illecito di stupefacenti e sostanze psicotrope;

f) traffico illecito di armi, munizioni ed esplosivi;

g) corruzione;

h) frode, compresa la frode che lede gli interessi finanziari delle Comunità europee ai sensi della Convenzione del 26 luglio 1995, relativa alla tutela degli interessi finanziari delle Comunità europee;

i) riciclaggio;

l) falsificazione e contraffazione di monete;

m) criminalità informatica;

n) criminalità ambientale, compreso il traffico illecito di specie animali protette e il traffico illecito di specie e di essenze vegetali protette;

o) favoreggiamento dell'ingresso e del soggiorno illegali di cittadini non appartenenti a Stati membri dell'Unione europea;

p) omicidio volontario, lesioni personali gravi;

q) traffico illecito di organi e tessuti umani;

r) sequestro di persona;

s) razzismo e xenofobia;

t) furti organizzati o con l'uso di armi;

u) traffico illecito di beni culturali, compresi gli oggetti d'antiquariato e le opere d'arte;

v) truffa;

z) estorsione;

aa) contraffazione e pirateria in materia di prodotti;

bb) falsificazione di atti amministrativi e traffico di documenti falsi;

cc) falsificazione di mezzi di pagamento;

dd) traffico illecito di sostanze ormonali ed altri fattori di crescita;

ee) traffico illecito di materie nucleari e radioattive;

ff) traffico di veicoli rubati;

gg) violenza sessuale;

hh) incendio;

ii) reati che rientrano nella competenza giurisdizionale della Corte penale internazionale;

ll) dirottamento di nave o aeromobile;

mm) sabotaggio.

2. Fuori dai casi di cui al comma 1 e all'articolo 6, comma 4, lettera *e*), il riconoscimento delle decisioni di sequestro è consentito solo se i fatti, per i quali è stato emesso il provvedimento di blocco o di sequestro, sono puniti come reato dalla legge italiana, indipendentemente dagli elementi costitutivi o dalla qualificazione giuridica individuati dalla legge dello Stato di emissione.

3. Nei casi di cui al comma 2, se il provvedimento è stato emesso a fini di confisca, il riconoscimento e l'esecuzione hanno luogo se per il reato previsto dalla legge italiana è consentito il sequestro di cui all'articolo 321, comma 2, del codice di procedura penale.

4. ***Ricezione del provvedimento di blocco o di sequestro dall'autorità dello Stato di emissione.*** — 1. Il procuratore della Repubblica presso il tribunale nel cui territorio si trova il bene o la prova riceve il provvedimento di sequestro o di blocco dall'autorità dello Stato di emissione, unitamente al certificato previsto dall'articolo 12, comma 3, dall'autorità e alla richiesta di trasferimento o di confisca prevista dall'articolo 12, comma 2, ovvero alla richiesta di mantenimento del bene nel territorio dello Stato prevista dall'articolo 12, comma 3.

5. ***Autorità giudiziaria competente.*** — 1. Il procuratore della Repubblica indicato nell'articolo 4, comma 1, provvede sulla richiesta di riconoscimento ed esecuzione del provvedimento di blocco o di sequestro emesso a fini probatori, secondo le disposizioni dell'articolo 6.

2. Se il provvedimento di blocco o di sequestro è stato emesso a fini di confisca, il procuratore della Repubblica di cui al comma 1 presenta le proprie richieste al giudice per le indagini preliminari. Il giudice provvede secondo le disposizioni dell'articolo 6.

3. Copia delle richieste è trasmessa senza ritardo al procuratore nazionale antimafia e antiterrorismo se esse si riferiscono ai procedimenti per i delitti di cui all'articolo 51, commi 3-*bis* e 3-*quater* del codice di procedura penale e al procuratore generale presso la corte di appello se esse si riferiscono ai procedimenti per i delitti di cui all'articolo 407, comma 2, lettera *a*), del codice di procedura penale.

4. Quando il provvedimento di blocco o di sequestro ha per oggetto beni o prove che si trovano in più circondari di tribunale, provvede il procuratore della Repubblica del luogo in cui si trova il maggior numero di beni o prove ovvero, a parità di numero, l'autorità giudiziaria che per prima ha ricevuto il provvedimento di blocco o di sequestro.

5. Il procuratore della Repubblica che, ricevuto un provvedimento di blocco o di sequestro, ovvero una richiesta di provvedere al riconoscimento ed esecuzione del predetto provvedimento, rileva che esso deve essere eseguito da altro procuratore della Repubblica, ai sensi dei commi 1, 2 e 4, trasmette immediatamente gli atti al medesimo, dandone comunicazione all'autorità dello Stato di emissione.

6. ***Decisioni sulla richiesta di riconoscimento ed esecuzione.*** — 1. Salve le disposizioni di cui al presente articolo, l'autorità giudiziaria individuata secondo le disposizioni di cui all'articolo 4 e di cui all'articolo 5, comma 2, provvede senza ritardo a riconoscere, con proprio decreto o ordinanza, il provvedimento di blocco o di sequestro. Dispone altresì che sia data immediata esecuzione al provvedimento.

2. Quando è necessario garantire la conformità della prova ottenuta ai requisiti dell'ordinamento dello Stato di emissione, fermo restando il rispetto dei principi fondamentali dell'ordinamento interno, l'autorità osserva le formalità e le procedure espressamente indicate dall'autorità competente dello Stato di emissione per l'esecuzione del provvedimento di blocco o di sequestro probatorio, mentre, nel caso di cui all'articolo 5, comma 2, si osservano le disposizioni del codice di procedura penale per l'esecuzione del sequestro preventivo. In ogni caso, l'avvenuta esecuzione del provvedimento di blocco o di sequestro è immediatamente comunicata all'autorità giudiziaria dello Stato di emissione.

3. Le ulteriori misure rese necessarie dal provvedimento di blocco o di sequestro sono adottate secondo le disposizioni applicabili nello Stato di esecuzione.

4. La richiesta di riconoscimento o esecuzione del provvedimento di blocco o di sequestro può essere rigettata con decreto motivato:

a) se il certificato di cui all'articolo 12, comma 3, non è stato prodotto unitamente alla richiesta;

b) se il predetto certificato risulta incompleto, ovvero se le informazioni ivi contenute risultano manifestamente non corrispondenti al provvedimento di blocco o di sequestro oggetto della richiesta;

c) se la persona nei cui confronti deve essere eseguita una decisione di confisca gode di immunità riconosciute dallo Stato italiano che limitano l'esercizio o il proseguimento dell'azione penale;

d) se dalle informazioni contenute nel certificato risulta evidente la violazione del divieto di un secondo giudizio, ai sensi dell'articolo 649 del codice di procedura penale;

e) se non ricorrono i presupposti indicati nell'articolo 3. Tuttavia, se il provvedimento di blocco o di sequestro è stato emesso in relazione a violazioni tributarie, doganali o valutarie, l'esecuzione non può essere rifiutata per il fatto che la legge italiana non impone lo stesso tipo di tasse o di imposte, o per il fatto che la legislazione italiana in materia tributaria, valutaria o doganale è diversa da quella dello Stato di emissione.

5. Nei casi di cui alle lettere *a*) e *b*) del comma 4, l'autorità giudiziaria può imporre all'autorità dello Stato di emissione un termine per la produzione del certificato completo o corretto, ovvero di un documento ad esso equipollente. L'autorità giudiziaria può altresì dispensare l'autorità giudiziaria dello Stato di emissione dalla presentazione del certificato, se non vi è esigenza di acquisire altre informazioni.

6. La decisione di rigetto è immediatamente comunicata all'autorità giudiziaria dello Stato di emissione. A tale autorità è altresì comunicata senza ritardo l'impossibilità di dare esecuzione al provvedimento di blocco o di sequestro nei casi in cui il bene o la prova sono scomparsi o sono stati distrutti, ovvero non si trovano nel luogo indicato nel certificato, ovvero l'ubicazione indicata in quest'ultimo è risultata insufficiente.

7. ***Casi di rinvio dell'esecuzione.*** — 1. Il procuratore della Repubblica può disporre il rinvio dell'esecuzione del provvedimento di blocco o di sequestro:

a) se dall'esecuzione può derivare pregiudizio per le indagini nell'ambito di un procedimento penale già in corso, per un periodo non superiore a sei mesi;

b) se i beni o la prova risultano già sottoposti a blocco o a sequestro nell'ambito di altro procedimento penale, fino alla revoca di tale provvedimento;

c) se il bene oggetto di un provvedimento di blocco o di sequestro a fini di confisca è stato già oggetto di analogo provvedimento nell'ambito di altri procedimenti, fino alla sospensione dell'efficacia di tale provvedimento.

2. La decisione di rinvio dell'esecuzione è immediatamente comunicata all'autorità giudiziaria dello Stato di emissione.

3. Al venir meno di una delle cause di rinvio di cui al comma 1, l'autorità giudiziaria provvede senza ritardo ai sensi dell'articolo 5, comma 1, dandone notizia all'autorità giudiziaria dello Stato di emissione. Quest'ultima è altresì informata sull'eventuale emissione di altri provvedimenti cautelari riguardanti il bene o la prova oggetto del provvedimento di blocco o di sequestro.

8. ***Durata del vincolo conseguente all'esecuzione del provvedimento di blocco o di sequestro.*** — 1. Il vincolo sul bene o sulla prova, derivante dal riconoscimento ed esecuzione del provvedimento di blocco o di sequestro, rimane fermo fino alla decisione definitiva sulle richieste di cui all'articolo 12, comma 2.

2. Nel caso di cui all'articolo 12, comma 3, se le richieste non pervengono nel termine previsto, il procuratore della Repubblica invita l'autorità dello Stato di emissione a formularle entro un termine perentorio non superiore a trenta giorni. In caso di mancata risposta, l'autorità giudiziaria revoca il provvedimento di blocco o di sequestro, disponendo la restituzione del bene o della prova all'avente diritto secondo le disposizioni di cui all'articolo 263 del codice di procedura penale e informandone senza ritardo lo Stato di emissione.

3. L'autorità giudiziaria può invitare quella dello Stato di emissione, prima della decisione di cui al comma 1, a formulare osservazioni sulla concreta persistenza delle esigenze probatorie alla base del provvedimento di blocco o di sequestro. Se dalle osservazioni emerge il venir meno di tali esigenze, l'autorità giudiziaria provvede ai sensi del comma 2, secondo periodo.

4. Le autorità giudiziarie dello Stato di emissione comunicano senza ritardo a quelle dello Stato di esecuzione la revoca del provvedimento di blocco o di sequestro. In tal caso, lo Stato di esecuzione revoca immediatamente il proprio provvedimento.

9. ***Impugnazioni.*** — 1. L'indagato o imputato, il suo difensore, la persona alla quale la prova o il bene sono stati sequestrati e quella che avrebbe diritto alla loro restituzione possono proporre richiesta di riesame, avverso il decreto di riconoscimento ed esecuzione del provvedimento di blocco o di sequestro, ai sensi dell'articolo 324 del codice di procedura penale.

2. È preclusa la contestazione dei motivi di merito su cui si fonda il provvedimento di blocco o di sequestro davanti all'autorità giudiziaria dello Stato di esecuzione.

3. L'avviso della data fissata per l'udienza, di cui all'articolo 324, comma 6, del codice di procedura penale, è tempestivamente notificato anche all'autorità giudiziaria dello Stato di emissione, che può presentare osservazioni fino alla data dell'udienza. A tale autorità giudiziaria è altresì comunicato l'esito del giudizio.

4. Si applicano altresì le previsioni di cui agli articoli 322-*bis* e 325 codice di procedura penale.

10. ***Responsabilità dello Stato derivante dall'esecuzione del provvedimento di blocco o di sequestro.*** — 1. In caso di responsabilità dello Stato italiano per i danni causati nell'esecuzione di una decisione di sequestro, il Ministro della giustizia richiede senza ritardo allo Stato di emissione il rimborso degli importi versati alle parti a titolo di risarcimento, salvo che il danno sia dovuto esclusivamente alla condotta dello Stato italiano in qualità di Stato di esecuzione.

2. Gli importi di denaro ottenuti a titolo di rimborso affluiscono, previo versamento all'entrata del bilancio dello Stato, al Fondo unico giustizia, di cui all'articolo 61, comma 23, del decreto-legge 25 giugno 2008, n. 112, convertito, con modificazioni, dalla legge 6 agosto 2008, n. 133, e successive modificazioni.

CAPO II

Iniziativa di riconoscimento ed esecuzione dei provvedimenti di blocco o di sequestro

11. ***Casi di riconoscimento ed esecuzione dei provvedimenti di sequestro emessi dall'autorità giudiziaria italiana.*** — 1. L'autorità giudiziaria italiana che, nel corso di un procedimento penale, ha emesso un provvedimento di sequestro probatorio o preventivo il cui oggetto si trova nel territorio di uno Stato membro dell'Unione europea, può richiedere il riconoscimento e l'esecuzione del provvedimento rivolgendosi direttamente all'autorità giudiziaria competente dello Stato di esecuzione, nei casi e nei limiti stabiliti dall'articolo 3 e con le modalità previste dall'articolo 12.

12. ***Trasmissione diretta. Certificato relativo alle informazioni contenute nel provvedimento di blocco o di sequestro.*** — 1. L'autorità giudiziaria che ha emesso il provvedimento di sequestro lo trasmette alla competente autorità giudiziaria dello Stato di esecuzione, avvalendosi, se del caso, anche ai fini dell'individuazione di quest'ultima, dei punti di contatto della Rete giudiziaria europea.

2. La richiesta di riconoscimento di un provvedimento di blocco o di sequestro è corredata da una richiesta di trasferimento della prova nello Stato di emissione, ovvero da una richiesta di confisca.

3. In alternativa, l'autorità indicata nel comma 1 può dare indicazioni, nel certificato di cui al comma 4, per il mantenimento del bene nel territorio dello Stato fino alla formulazione delle richieste di trasferimento o di confisca. La data prevista per tale formulazione è indicata nel medesimo certificato.

4. Il provvedimento di blocco o di sequestro è trasmesso, unitamente ad un certificato, redatto secondo il formulario allegato al presente decreto e tradotto dalla lingua italiana nella lingua ufficiale o in una delle lingue ufficiali dello Stato di esecuzione, con cui la medesima autorità attesta l'esattezza delle informazioni contenute nel provvedimento.

CAPO III

Disposizioni finali

13. ***Disposizioni finanziarie.*** — 1. Dall'attuazione delle disposizioni di cui al presente decreto non devono derivare nuovi o maggiori oneri a carico della finanza pubblica.

2. Le Amministrazioni interessate provvedono agli adempimenti previsti dal presente decreto con le risorse umane, finanziarie e strumentali disponibili a legislazione vigente.

- 4 -

D.lgs. 15 feb. 2016, n. 36

Disposizioni per conformare il diritto interno alla decisione quadro 2009/829/GAI del Consiglio, del 23 ottobre 2009, sull'applicazione tra gli Stati membri dell'Unione europea del principio del reciproco riconoscimento alle decisioni sulle misure alternative alla detenzione cautelare

(G.U. 11 mar. 2016, n. 59)

CAPO I

Disposizioni generali

1. ***Disposizioni di principio e ambito di applicazione.*** — 1. Il presente decreto attua nell'ordinamento interno le disposizioni della decisione quadro 2009/829/GAI del Consiglio, del 23 ottobre 2009, sull'applicazione tra gli Stati membri dell'Unione europea del principio del reciproco riconoscimento delle decisioni che impongono misure alternative alla detenzione cautelare, nei limiti in cui tali disposizioni non sono incompatibili con i principi dell'ordinamento costituzionale in tema di diritti fondamentali, nonché in tema di diritti di libertà e giusto processo.

2. ***Definizioni.*** — 1. Ai fini del presente decreto si intende per:

a) «decisione quadro»: la decisione quadro 2009/829/GAI del Consiglio, del 23 ottobre 2009, relativa all'applicazione del principio del reciproco riconoscimento alle decisioni sulle misure alternative alla detenzione cautelare;

b) «decisione sulle misure cautelari»: un provvedimento emesso nel corso del procedimento penale dall'autorità giudiziaria con cui si impongono a una persona fisica, in alternativa alla detenzione cautelare, uno o più obblighi e prescrizioni;

c) «misure cautelari»: gli obblighi e le prescrizioni imposti dalla decisione sulle misure cautelari;

d) «Stato di emissione»: lo Stato membro a cui appartiene l'autorità giudiziaria che ha emesso la decisione sulle misure cautelari;

e) «Stato di esecuzione»: lo Stato membro a cui è trasmessa la decisione sulle misure cautelari ai fini del suo riconoscimento.

3. ***Autorità competenti.*** — 1. Le autorità competenti per le finalità di cui all'articolo 2 della decisione quadro sono il Ministero della giustizia e l'autorità giudiziaria, secondo le attribuzioni individuate dal presente decreto.

2. Il Ministero della giustizia provvede alla trasmissione e alla ricezione delle decisioni sulle misure cautelari e del certificato di cui all'allegato I al presente decreto, nonché della corrispondenza ad essi relativa. Il Ministero della giustizia cura, altresì, la corrispondenza relativa ad ogni altra richie-

sta che non debba essere soddisfatta direttamente dall'autorità giudiziaria competente.

3. Nei limiti indicati dal presente decreto, è consentita la corrispondenza diretta tra le autorità giudiziarie. In tale caso, l'autorità giudiziaria italiana informa immediatamente il Ministero della giustizia della trasmissione o della ricezione di una decisione sulle misure cautelari.

4. ***Obblighi e prescrizioni impartiti con la decisione sulle misure cautelari.*** — 1. Il presente decreto, fatto salvo quanto previsto dal decreto legislativo 11 febbraio 2015, n. 9, di attuazione della direttiva 2011/99/UE del Parlamento europeo e del Consiglio, del 13 dicembre 2011, sull'ordine di protezione europeo, si applica alle seguenti misure cautelari:

a) obbligo di comunicare ogni cambiamento di residenza, in particolare al fine di assicurare la ricezione della citazione a comparire a un'audizione o in giudizio nel corso del procedimento penale;

b) divieto di frequentare determinati luoghi, posti o zone del territorio dello Stato di emissione o dello Stato di esecuzione;

c) obbligo di rimanere in un luogo determinato, eventualmente in ore stabilite;

d) restrizioni del diritto di lasciare il territorio dello Stato;

e) obbligo di presentarsi nelle ore fissate alla autorità indicata nel provvedimento impositivo;

f) obbligo di evitare contatti con determinate persone che possono essere a qualunque titolo coinvolte nel reato per il quale si procede;

g) divieto temporaneo di esercitare determinate attività professionali.

CAPO II
Trasmissione all'estero

5. ***Competenza.*** — 1. Il pubblico ministero presso il giudice che ha emesso la decisione sulle misure cautelari provvede, osservate le condizioni di cui all'articolo 6, alla trasmissione della decisione sulle misure cautelari all'autorità competente dello Stato membro in cui l'interessato ha la propria residenza legale e abituale, quando l'interessato abbia manifestato la volontà di fare rientro in quello Stato. Su richiesta dell'interessato, la trasmissione è disposta in favore dell'autorità competente di uno Stato membro diverso da quello della residenza legale e abituale, in cui voglia trasferirsi, e sempre che detta autorità abbia prestato il consenso.

6. ***Condizioni di trasmissione.*** — 1. La trasmissione all'estero è disposta immediatamente dopo la decisione sulle misure cautelari, con l'indicazione del periodo di applicazione.

2. Il pubblico ministero dispone la trasmissione della decisione sulle misure cautelari, corredata del certificato di cui all'allegato I al presente decreto, ove si dà attestazione del consenso dell'interessato e, quando è richiesto, del consenso dell'autorità competente dello Stato di esecuzione.

3. La trasmissione per l'esecuzione all'autorità competente di uno Stato membro diverso da quello della residenza legale e abituale dell'interessato, secondo quanto previsto dall'articolo 5, è preceduta dalla verifica del consenso di tale autorità.

4. Se sono competenti le autorità di più Stati, la decisione è trasmessa alla autorità di un solo Stato di esecuzione per volta.

5. Se è ignota l'autorità competente dello Stato di esecuzione, l'autorità giudiziaria procedente compie gli accertamenti necessari, anche tramite i punti di contatto della rete giudiziaria europea.

7. ***Procedimento.*** — 1. Il provvedimento con cui è disposta la trasmissione all'estero è inviato, unitamente alla decisione sulle misure cautelari e al certificato di cui all'allegato I al presente decreto debitamente compilato, al Ministero della giustizia, che provvede all'inoltro, con qualsiasi mezzo che lasci una traccia scritta, all'autorità competente dello Stato di esecuzione, previa traduzione del testo del certificato nella lingua di detto Stato.

2. Se la traduzione del certificato non è necessaria o se a questa provvede l'autorità giudiziaria, il provvedimento può essere inviato direttamente all'autorità competente dello Stato di esecuzione; in tale caso, esso è altresì comunicato, per conoscenza, al Ministero della giustizia. La decisione sulle misure cautelari e il certificato sono trasmessi in originale o in copia autentica allo Stato di esecuzione che ne fa richiesta.

3. Il pubblico ministero può ritirare il certificato, purché non abbia avuto inizio l'esecuzione all'estero, quando l'autorità competente dello Stato di esecuzione comunica i termini di durata massima della sorveglianza delle misure cautelari previsti dalla legislazione di quello Stato e questi sono superiori a quelli delle corrispondenti misure previste dalla legge italiana. Allo stesso modo, e sempre che l'esecuzione non abbia avuto inizio, può provvedere quando riceve comunicazione che l'autorità dello Stato di esecuzione ha assunto la decisione di adattare le misure secondo la legislazione di quello Stato.

4. Del ritiro del certificato è data comunicazione all'interessato, al Ministero della giustizia, se questi ha provveduto a curare la trasmissione, e all'autorità competente dello Stato di esecuzione, con indicazione dei motivi che l'hanno determinata, tempestivamente e comunque nei dieci giorni dalla decisione.

5. In caso di mancato riconoscimento della decisione sulle misure cautelari, il Ministero della giustizia, quando ne è direttamente informato, ne dà comunicazione all'autorità giudiziaria che ha emesso il provvedimento di trasmissione all'estero.

8. ***Effetti del riconoscimento.*** — 1. Quando l'autorità competente dello Stato di esecuzione dà notizia dell'avvenuto riconoscimento della decisione sulle misure cautelari, l'autorità giudiziaria italiana non è più tenuta all'adozione dei provvedimenti necessari alla sorveglianza degli obblighi e delle prescrizioni impartiti, salvo nel caso di ritiro del certificato di cui allegato I al presente decreto ai sensi dell'articolo 7, comma 3.

2. L'autorità giudiziaria italiana riassume l'esercizio del potere di sorveglianza in conseguenza della comunicazione, ad opera dell'autorità competente dello Stato di esecuzione, della cessazione della propria competenza per l'esecuzione in ragione del fatto:

a) che l'interessato non ha più la residenza legale e abituale in quello Stato;

b) che, a seguito della modifica delle misure cautelari disposta dall'autorità giudiziaria italiana, manca una corrispondenza con quelle previste dalla legislazione di quello Stato;

c) che è scaduto il termine massimo di sorveglianza delle misure cautelari stabilito dalla legislazione di quello Stato.

3. Spetta all'autorità giudiziaria italiana la competenza a decidere in ordine alla proroga, alla revoca della decisione sulle misure cautelari, alla modifica degli obblighi e delle prescrizioni imposti e all'emissione di un mandato di arresto o di qualsiasi altra decisione giudiziaria esecutiva avente medesima forza.

CAPO III
Trasmissione dall'estero

9. ***Competenza.*** — 1. La competenza a decidere sul riconoscimento e sulla sorveglianza di una decisione sulle misure cautelari adottata in altro Stato membro dell'Unione appartiene alla corte di appello nel cui distretto la persona interessata ha la propria residenza legale e abituale o ha manifestato la volontà di trasferire la sua residenza legale e abituale, o comunque di porre in quel luogo la sua dimora in vista dell'esecuzione delle misure cautelari.

2. Quando la corte di appello rileva la propria incompetenza, la dichiara con ordinanza e dispone la trasmissione degli atti alla corte di appello competente, dandone tempestiva informazione, anche tramite il Ministero della giustizia, all'autorità competente dello Stato di emissione.

10. ***Condizioni per il riconoscimento.*** — 1. La corte di appello riconosce la decisione sulle misure cautelari quando ricorrono congiuntamente le seguenti condizioni:

a) la persona interessata ha la residenza legale e abituale nel territorio dello Stato o ha manifestato la volontà di ivi recarsi per porre la sua dimora in vista dell'esecuzione delle misure cautelari;

b) il fatto per cui è stata emessa la decisione sulle misure cautelari è previsto come reato anche dalla legge nazionale, indipendentemente dagli elementi costitutivi o dalla denominazione del reato, salvo quanto previsto dall'articolo 11;

c) la durata e la natura degli obblighi e prescrizioni impartiti sono compatibili con la legislazione italiana, salva la possibilità di un adattamento nei limiti stabiliti dal comma 2.

2. Se la natura o la durata degli obblighi e delle prescrizioni impartiti con le misure cautelari sono incompatibili con la disciplina prevista dall'ordinamento italiano per corrispondenti reati, la corte di appello, dandone informazione all'autorità competente dello Stato di emissione, procede ai necessari adeguamenti, con le minime deroghe necessarie rispetto a quanto previsto dallo Stato di emissione. In ogni caso l'adeguamento non può comportare l'aggravamento, per contenuto o durata, degli obblighi e delle prescrizioni originariamente imposti.

11. ***Deroghe alla doppia punibilità.*** — 1. Si fa luogo al riconoscimento, indipendentemente dalla doppia incriminazione, se il reato per il quale è chiesta la trasmissione è punito nello Stato di emissione con una pena detentiva o una misura privativa della libertà personale della durata massima non inferiore a tre anni e si riferisce a una delle seguenti fattispecie:

a) associazione per delinquere;

b) terrorismo;

c) tratta di esseri umani;

d) sfruttamento sessuale dei bambini e pornografia infantile;

e) traffico illecito di stupefacenti e sostanze psicotrope;

f) traffico illecito di armi, munizioni ed esplosivi;

g) corruzione;

h) frode, compresa la frode che lede gli interessi finanziari delle Comunità europee ai sensi della convenzione del 26 luglio 1995, relativa alla tutela degli interessi finanziari delle Comunità europee;

i) riciclaggio;

l) falsificazione e contraffazione di monete;

m) criminalità informatica;

n) criminalità ambientale, compreso il traffico illecito di specie animali protette e il traffico illecito di specie e di essenze vegetali protette;

o) favoreggiamento dell'ingresso e del soggiorno illegali di cittadini non appartenenti a Stati membri dell'Unione europea;

p) omicidio volontario, lesioni personali gravi;

q) traffico illecito di organi e tessuti umani;

r) sequestro di persona;

s) razzismo e xenofobia;

t) furti organizzati o con l'uso di armi;

u) traffico illecito di beni culturali, compresi gli oggetti d'antiquariato e le opere d'arte;

v) truffa;

z) estorsione;

aa) contraffazione e pirateria in materia di prodotti;

bb) falsificazione di atti amministrativi e traffico di documenti falsi;

cc) falsificazione di mezzi di pagamento;

dd) traffico illecito di sostanze ormonali ed altri fattori di crescita;

ee) traffico illecito di materie nucleari e radioattive;

ff) traffico di veicoli rubati;

gg) violenza sessuale;

hh) incendio;

ii) reati che rientrano nella competenza giurisdizionale della Corte penale internazionale;

ll) dirottamento di nave o aeromobile;

mm) sabotaggio.

2. In tale caso, la corte di appello accerta la corrispondenza tra la definizione dei reati per i quali è richiesta la trasmissione, secondo la legge dello Stato di emissione, e le fattispecie medesime.

12. ***Procedimento e decisione di riconoscimento.*** — 1. Spetta alla corte di appello competente ai sensi dell'articolo 9 la ricezione delle richieste di riconoscimento di una decisione sulle misure cautelari proposte dall'autorità competente di un altro Stato membro.

2. La corte di appello, anche tramite il Ministero della giustizia, può richiedere all'autorità competente dello Stato di emissione l'invio di un nuovo certificato di cui all'allegato I del presente decreto, fissando a tal fine un termine congruo, in caso di incompletezza del certificato trasmesso, di sua manifesta difformità rispetto alla decisione sulle misure cautelari o comunque di insufficienza del contenuto ai fini della decisione sul riconoscimento. Il termine per la decisione resta sospeso sino alla ricezione del nuovo certificato.

3. La corte di appello decide senza formalità sull'esistenza delle condizioni per l'accoglimento della richiesta entro il termine di dieci giorni dalla data di ricevimento della richiesta e degli atti ad essa allegati.

4. La decisione di riconoscimento emessa dalla corte di appello è trasmessa al procuratore generale per l'esecuzione.

5. Contro la decisione della corte di appello può essere proposto ricorso per cassazione. Si applicano le disposizioni di cui all'articolo 22 della legge 22 aprile 2005, n. 69.

6. In caso di proposizione del ricorso per cassazione, il termine per il riconoscimento è prorogato di trenta giorni.

7. Se, per circostanze eccezionali, non è possibile rispettare il termine per la decisione, il presidente della corte di cassazione informa dei motivi, anche tramite il Ministero della giustizia, l'autorità competente dello Stato di emissione. In questo caso il termine è prorogato di venti giorni.

8. La decisione definitiva è immediatamente trasmessa al Ministero della giustizia che provvede a informarne le autorità competenti dello Stato di emissione.

13. ***Motivi di rifiuto del riconoscimento.*** — 1. La corte di appello può rifiutare il riconoscimento della decisione sulle misure cautelari in uno dei seguenti casi:

a) se non sussiste una o più delle condizioni di cui all'articolo 10, comma 1;

b) se il certificato trasmesso dall'autorità competente dello Stato di emissione è incompleto o manifestamente non corrisponde alla decisione sulle misure cautelari e non è stato completato o corretto entro il termine fissato ai sensi dell'articolo 12, comma 2;

c) se risulta che il riconoscimento della decisione sulle misure cautelari viola il divieto di sottoporre una persona, già definitivamente giudicata, ad un nuovo processo per i medesimi fatti;

d) per i reati non elencati nell'articolo 11, se i fatti oggetto della decisione non sono previsti come reato anche dalla legislazione italiana. L'esecuzione non può essere rifiutata, in materia di tasse o di imposte, di dogana e di moneta, se la legislazione italiana non impone lo stesso tipo di tasse o di imposte o non contiene lo stesso tipo di disciplina in materia di tasse o di imposte, di dogana e di moneta, della legislazione dello Stato di emissione;

e) se per i fatti per i quali la trasmissione dall'estero è stata chiesta si sia già verificata la prescrizione del reato;

f) se sussiste una causa di immunità riconosciuta dall'ordinamento italiano che rende impossibile l'esecuzione;

g) se la misura è stata irrogata nei confronti di una persona che, alla data di commissione del fatto, non era imputabile per l'età, secondo la legge italiana.

2. Nei casi di cui al comma 1, lettere *a*), *b*) e *c*), la corte di appello, prima di decidere di rifiutare il riconoscimento e la sorveglianza, consulta, anche tramite il Ministero della giustizia, con qualsiasi mezzo che lasci una traccia scritta, l'autorità competente dello Stato di emissione e richiede ogni informazione utile alla decisione.

14. ***Effetti del riconoscimento.*** — 1. Quando la corte di appello provvede al riconoscimento, la sorveglianza degli obblighi e delle prescrizioni imposti con la decisione sulle misure cautelari è disciplinata secondo la legge italiana.

2. Alla sorveglianza provvede il procuratore generale presso la corte di appello che ha deliberato il riconoscimento.

3. Il procuratore generale informa, anche tramite il Ministero della giustizia, l'autorità competente dello Stato di emissione di qualsiasi inosservanza degli obblighi e delle prescrizioni imposti con la decisione sulla misura cautelare e di qualsiasi altro elemento tale da comportare l'adozione di un provvedimento di revoca della decisione o di modifica degli obblighi e delle prescrizioni imposti, tramite il modulo di cui all'allegato II al presente decreto.

15. ***Cessazione della competenza.*** — 1. La

competenza per la sorveglianza delle misure cautelari cessa, dandone informazione all'autorità competente dello Stato di emissione:

a) se l'interessato ha stabilito la residenza legale e abituale in uno Stato diverso dallo Stato italiano;

b) se l'interessato, dopo la trasmissione della decisione sulle misure cautelari e del certificato da parte dello Stato di emissione, non si trova più sul territorio dello Stato italiano;

c) se l'autorità competente dello Stato di emissione ha modificato gli obblighi e le prescrizioni delle misure cautelari e, non corrispondendo più questi alle misure previste dalla legislazione italiana, l'autorità italiana procedente ha rifiutato l'esercizio dei poteri di sorveglianza;

d) quando sono scaduti i termini massimi, previsti dalla legge italiana, per la sorveglianza delle misure cautelari;

e) se l'autorità italiana procedente ha deciso di porre fine alla sorveglianza, in caso di mancato riscontro alla comunicazione, nonostante la fissazione di un termine ragionevole, dell'inosservanza degli obblighi e delle prescrizioni tale da comportare il riesame, la revoca della decisione sulle misure cautelari o la modifica degli obblighi e delle prescrizioni impartiti.

16. ***Spese.*** — 1. Sono a carico dello Stato italiano le spese sostenute nel territorio nazionale per la sorveglianza sull'osservanza degli obblighi e delle prescrizione imposti con la decisione sulle misure cautelari.

CAPO IV
Disposizioni transitorie e finali

17. ***Disposizioni finanziarie.*** — 1. Dall'attuazione delle disposizioni di cui al presente decreto non devono derivare nuovi o maggiori oneri a carico della finanza pubblica.

2. Le Amministrazioni interessate provvedono agli adempimenti previsti dal presente decreto con le risorse umane, finanziarie e strumentali disponibili a legislazione vigente.

18. ***Norme applicabili.*** — 1. Per quanto non previsto dal presente decreto si applicano le disposizioni del codice di procedura penale e delle leggi complementari, in quanto compatibili.

- 5 -

D.lgs. 21 giu. 2017, n. 108

Norme di attuazione della direttiva 2014/41/UE del Parlamento europeo e del Consiglio, del 3 aprile 2014, relativa all'ordine europeo di indagine penale

(G.U. 13 lug. 2017, n. 162)

TITOLO I
Disposizioni di principio e definizioni

1. ***Disposizioni di principio.*** — 1. Il presente decreto attua nell'ordinamento interno la direttiva 2014/41/UE del Parlamento europeo e del Consiglio del 3 aprile 2014, di seguito denominata direttiva, relativa all'ordine europeo di indagine penale, nel rispetto dei principi dell'ordinamento costituzionale e della Carta dei diritti fondamentali dell'Unione europea in tema di diritti fondamentali, nonché in tema di diritti di libertà e di giusto processo.

2. ***Definizioni.*** — 1. Ai fini del presente decreto si intende per:

a) Ordine europeo di indagine penale, di seguito denominato ordine di indagine: il provvedimento emesso dalla autorità giudiziaria o dalla autorità amministrativa e convalidato dall'autorità giudiziaria di uno Stato membro dell'Unione europea, per compiere atti di indagine o di assunzione probatoria che hanno ad oggetto persone o cose che si trovano nel territorio dello Stato o di un altro Stato membro dell'Unione ovvero per acquisire informazioni o prove che sono già disponibili;

b) autorità di emissione: l'autorità competente di uno Stato membro dell'Unione, che emette l'ordine di indagine con il quale dispone l'acquisizione di elementi di prova in un procedimento penale, o convalida una richiesta di acquisizione probatoria proveniente da un'autorità amministrativa;

c) autorità di esecuzione: l'autorità competente di uno Stato membro dell'Unione che riceve, riconosce e dà esecuzione a un ordine di indagine emesso dall'autorità giudiziaria italiana;

d) Stato di emissione: lo Stato di appartenenza dell'autorità di emissione;

e) Stato di esecuzione: lo Stato di appartenenza dell'autorità di esecuzione;

f) Autorità centrale: il Ministero della giustizia.

3. ***Protezione dei dati personali.*** — 1. Nel compimento delle attività relative all'emissione, alla trasmissione, al riconoscimento ed all'esecuzione dell'ordine di indagine, i dati personali sono trattati secondo le disposizioni legislative che regolano il trattamento dei dati giudiziari e in conformità agli atti normativi dell'Unione europea e alle Convenzioni del Consiglio d'Europa.

TITOLO II
Richiesta dall'estero

CAPO I
Procedimento

4. ***Attribuzioni del pubblico ministero.*** — 1. Il procuratore della Repubblica presso il tribunale del capoluogo del distretto nel quale devono essere compiuti gli atti richiesti provvede, con decreto motivato, al riconoscimento dell'ordine di indagine nel termine di trenta giorni dalla sua ricezione o entro il diverso termine indicato dall'autorità di emissione, e comunque non oltre sessanta giorni. Della ricezione dell'ordine di indagine il procuratore della Repubblica informa il procuratore nazionale antimafia e antiterrorismo, ai fini del coordinamento investigativo se si tratta di indagini relative ai delitti di cui all'articolo 51, commi 3-*bis* e 3-*quater*, del codice di procedura penale. In ogni caso, copia dell'ordine di indagine ricevuto è trasmessa al Ministero della giustizia.

2. All'esecuzione si provvede entro i successivi novanta giorni, osservando le forme espressamente richieste dall'autorità di emissione che non siano contrarie ai principi dell'ordinamento giuridico dello Stato. Il compimento degli atti di cui agli articoli 21 e 22 è in ogni caso regolato dalla legge italiana.

3. Si provvede al riconoscimento e all'esecuzione nel più breve termine indicato dall'autorità di emissione quando sussistono ragioni di urgenza o di necessità.

4. Il decreto di riconoscimento è comunicato a cura della segreteria del pubblico ministero al difensore della persona sottoposta alle indagini entro il termine stabilito ai fini dell'avviso di cui ha diritto secondo la legge italiana per il compimento dell'atto. Quando la legge italiana prevede soltanto il diritto del difensore di assistere al compimento dell'atto senza previo avviso, il decreto di riconoscimento è comunicato al momento in cui l'atto è compiuto o immediatamente dopo.

5. Quando la richiesta di assistenza ha ad oggetto atti che devono essere eseguiti in più distretti, all'esecuzione provvede il procuratore della Repubblica del distretto nel quale deve compiersi il maggior numero di atti, ovvero se di eguale numero, quello nel cui distretto deve compiersi l'atto di maggior importanza investigativa.

6. Se il procuratore della Repubblica che ha ricevuto l'ordine di indagine ritiene che deve provvedere al riconoscimento e alla esecuzione altro ufficio, trasmette allo stesso immediatamente gli atti, dando comunicazione all'autorità di emissione; in caso di contrasto si applicano gli articoli 54, 54-*bis* e 54-*ter* del codice di procedura penale.

7. Il riconoscimento e l'esecuzione di un ordine di indagine emesso, nello stesso o in altro procedimento, ad integrazione o completamento di uno precedente spettano al procuratore della Repubblica che ha provveduto per quest'ultimo.

8. I verbali degli atti compiuti, ai quali il difensore della persona sottoposta alle indagini ha diritto di assistere, sono depositati nella segreteria del pubblico ministero, secondo quanto previsto dall'articolo 366, comma 1, del codice di procedura penale.

5. ***Intervento e poteri di controllo del giudice.*** — 1. Quando l'autorità di emissione chiede che l'atto sia compiuto dal giudice o quando l'atto richiesto deve essere compiuto, secondo la legge italiana, dal giudice, il procuratore della Repubblica riconosce l'ordine di indagine e fa richiesta di esecuzione al giudice per le indagini preliminari.

2. Il giudice, ricevuta la richiesta, autorizza l'esecuzione previo accertamento delle condizioni per il riconoscimento dell'ordine di indagine.

3. Se non diversamente disposto, il giudice provvede all'esecuzione in camera di consiglio ai sensi dell'articolo 127 del codice di procedura penale, salva l'osservanza delle forme espressamente richieste dall'autorità di emissione, sempre che non siano contrarie ai principi dell'ordinamento giuridico dello Stato.

6. ***Comunicazioni all'autorità di emissione.*** — 1. Della ricezione dell'ordine di indagine è data comunicazione, entro sette giorni, all'autorità di emissione, con la trasmissione del modello di cui all'allegato B del presente decreto. In tale modello sono indicate le modalità di esecuzione quando da esse deriva l'impossibilità di assicurare la riservatezza sui fatti e sul contenuto dell'ordine di indagine.

2. All'autorità di emissione è data tempestiva comunicazione, prima che sia assunta la decisione, che non sussistono le condizioni per il riconoscimento e l'esecuzione dell'ordine di indagine, al fine di rimuovere, ove possibile, il motivo di rifiuto.

3. Parimenti, l'autorità di emissione è tempestivamente informata, al fine di valutare l'opportunità di una nuova richiesta o di ritirare l'ordine di indagine, quando il contenuto dello stesso appare non proporzionato, secondo quanto previsto dall'articolo 7.

4. La decisione di rifiuto del riconoscimento o il ritardo dell'esecuzione è immediatamente comunicata all'autorità di emissione. Allo stesso modo è data comunicazione dell'impugnazione e del provvedimento di annullamento del decreto di riconoscimento nei casi di cui all'articolo 13.

7. ***Principio di proporzione.*** — 1. L'ordine di indagine non è proporzionato se dalla sua esecuzione può derivare un sacrificio ai diritti e alle libertà dell'imputato o della persona sottoposta alle indagini o di altre persone coinvolte dal compimento degli atti richiesti, non giustificato dalle esigenze investigative o probatorie del caso concreto, tenuto conto della gravità dei reati per i quali si procede e della pena per essi prevista.

8. *Partecipazione all'esecuzione dell'autorità di emissione.* — 1. L'autorità di emissione può chiedere di partecipare direttamente all'esecuzione dell'ordine di indagine.

2. Il procuratore della Repubblica, ricevuta la richiesta di cui al comma 1, può promuovere la costituzione di una squadra investigativa comune. Si applicano, in tal caso, le disposizioni del decreto legislativo 15 febbraio 2016, n. 34.

3. Quando non si provvede mediante la costituzione di una squadra investigativa comune, la partecipazione dell'autorità di emissione avviene con le modalità previamente concordate con il procuratore della Repubblica, tenuto conto di quanto stabilito dal giudice per le indagini preliminari ove richiesto dell'esecuzione dell'ordine di indagine.

4. Il funzionario dell'autorità di emissione che partecipa all'esecuzione dell'ordine di indagine nel territorio dello Stato assume, anche agli effetti della legge penale, la qualifica di pubblico ufficiale.

5. Lo Stato italiano provvede al risarcimento dei danni causati a terzi dall'autorità di emissione che partecipa all'esecuzione dell'ordine di indagine, salvo il diritto di rivalsa nei confronti dello Stato di emissione.

9. *Modalità particolari di esecuzione.* — 1. Quando l'atto richiesto per l'esecuzione dell'ordine di indagine non è previsto dalla legge italiana o non ricorrono i presupposti che la legge italiana impone per il suo compimento, il procuratore della Repubblica provvede, previa comunicazione all'autorità di emissione, mediante il compimento di uno o più atti diversi e comunque idonei al raggiungimento del medesimo scopo.

2. Previo accordo con l'autorità di emissione, si dà luogo all'esecuzione mediante il compimento di uno o più atti diversi e comunque idonei al raggiungimento del medesimo scopo anche quando l'ordine di indagine non appare proporzionato, secondo quanto previsto dall'articolo 7.

3. L'impossibilità di eseguire l'ordine di indagine secondo quanto disposto dal comma 1 è motivo di rifiuto del riconoscimento.

4. Se per il compimento dell'atto oggetto dell'ordine di indagine è necessaria autorizzazione a procedere, il procuratore della Repubblica ne fa tempestiva richiesta.

5. Fermo quanto previsto dall'articolo 10, comma 1, si provvede in ogni caso all'esecuzione dell'ordine di indagine avente ad oggetto:

a) acquisizione dei verbali di prove di altro procedimento;

b) acquisizione di informazioni contenute in banche dati accessibili all'autorità giudiziaria;

c) audizione della persona informata dei fatti, del testimone, del consulente o del perito, della persona offesa, nonché della persona sottoposta ad indagini o dell'imputato presenti nel territorio dello Stato;

d) compimento di atti di indagine che non incidono sulla libertà personale e sul diritto all'inviolabilità del domicilio;

e) identificazione di persone titolari di uno specifico numero telefonico o di un indirizzo di posta elettronica o di un indirizzo IP.

10. *Motivi di rifiuto e di restituzione.* — 1. Oltre che nel caso di cui all'articolo 9, comma 3, non si provvede al riconoscimento e all'esecuzione dell'ordine di indagine ove:

a) l'ordine di indagine trasmesso risulta incompleto ovvero le informazioni in esso contenute sono manifestamente erronee o non corrispondenti al tipo di atto richiesto;

b) la persona nei cui confronti si procede gode di immunità riconosciute dallo Stato italiano che limitano o impediscono l'esercizio o il proseguimento dell'azione penale;

c) l'esecuzione dell'ordine di indagine potrebbe recare pregiudizio alla sicurezza nazionale;

d) dalle informazioni trasmesse risulta la violazione del divieto di sottoporre una persona, già definitivamente giudicata, ad un nuovo processo per i medesimi fatti;

e) sussistono fondati motivi per ritenere che l'esecuzione dell'atto richiesto nell'ordine di indagine non è compatibile con gli obblighi dello Stato sanciti dall'articolo 6 del Trattato dell'Unione europea e dalla Carta dei diritti fondamentali dell'Unione europea;

f) il fatto per il quale è stato emesso l'ordine di indagine non è punito dalla legge italiana come reato, indipendentemente dagli elementi costitutivi o dalla qualificazione giuridica individuati dalla legge dello Stato di emissione, salvo quanto disposto dagli articoli 9, comma 5, e 11.

2. Se l'ordine di indagine è stato emesso in relazione a violazioni tributarie, doganali o valutarie, l'esecuzione non può essere rifiutata per il fatto che la legge italiana non impone lo stesso tipo di tasse o di imposte, o per il fatto che la legislazione italiana in materia tributaria, valutaria o doganale è diversa da quella dello Stato di emissione.

3. È restituito all'autorità di emissione l'ordine di indagine emesso da un'autorità diversa dalla giudiziaria o da questa non convalidato.

11. *Deroghe alla doppia incriminazione.* — 1. Il motivo di rifiuto di cui all'articolo 10, comma 1, lettera *f*), non rileva per le seguenti categorie di reati, come indicati dall'autorità di emissione nell'ordine di indagine, qualora il fatto sia punibile nello Stato di emissione con una pena non inferiore nel massimo a tre anni o con una misura di sicurezza detentiva:

a) partecipazione a un'associazione per delinquere;

b) terrorismo;

c) tratta di esseri umani;

d) sfruttamento sessuale di minori e pornografia infantile;

e) traffico illecito di stupefacenti e sostanze psicotrope;

f) traffico illecito di armi, munizioni ed esplosivi;

g) corruzione;

h) frode, compresa la frode che lede gli interessi finanziari delle Comunità europee ai sensi della Convenzione del 26 luglio 1995, relativa alla tutela degli interessi finanziari delle Comunità europee;

i) riciclaggio;

l) falsificazione e contraffazione di monete;

m) criminalità informatica;

n) criminalità ambientale, compreso il traffico illecito di specie animali protette e il traffico illecito di specie e di essenze vegetali protette;

o) favoreggiamento dell'ingresso e del soggiorno illegali di cittadini non appartenenti a Stati membri dell'Unione europea;

p) omicidio volontario, lesioni personali gravi;

q) traffico illecito di organi e tessuti umani;

r) sequestro di persona;

s) razzismo e xenofobia;

t) rapina commessa da un gruppo organizzato o con l'uso di armi;

u) traffico illecito di beni culturali, compresi gli oggetti d'antiquariato e le opere d'arte;

v) truffa;

z) estorsione;

aa) contraffazione e pirateria in materia di marchi e prodotti;

bb) falsificazione di atti amministrativi e traffico di documenti alterati e contraffatti;

cc) falsificazione di mezzi di pagamento;

dd) traffico illecito di sostanze ormonali ed altri fattori di crescita;

ee) traffico illecito di materie nucleari e radioattive;

ff) ricettazione, riciclaggio e reimpiego di veicoli oggetto di furto;

gg) violenza sessuale;

hh) incendio;

ii) reati che rientrano nella competenza giurisdizionale della Corte penale internazionale;

ll) dirottamento di nave o aeromobile;

mm) sabotaggio.

12. ***Trasferimento delle prove.*** — 1. Il procuratore della Repubblica trasmette senza ritardo all'autorità di emissione i verbali degli atti compiuti, i documenti e le cose oggetto della richiesta, nonché i verbali di prove o gli atti acquisiti in altro procedimento.

2. Nei casi di cui all'articolo 8, la trasmissione può essere fatta mediante consegna diretta al rappresentante dell'autorità di emissione.

3. Dell'avvenuta trasmissione, anche nella forma della consegna diretta, è data attestazione in forma scritta.

4. Il procuratore della Repubblica può disporre il trasferimento temporaneo del corpo del reato o delle cose pertinenti al reato, quando non è d'impedimento alla spedita trattazione del procedimento in corso, concordando con l'autorità di emissione le modalità del trasferimento e il termine di restituzione. A tal fine, dopo l'esercizio dell'azione penale, il procuratore della Repubblica richiede l'autorizzazione del giudice che procede. Il giudice provvede dopo aver sentito le parti.

13. ***Impugnazioni.*** — 1. Entro cinque giorni dalla comunicazione di cui all'articolo 4, comma 4, la persona sottoposta alle indagini e il suo difensore possono proporre, contro il decreto di riconoscimento, opposizione al giudice per le indagini preliminari.

2. Il giudice per le indagini preliminari decide, sentito il procuratore della Repubblica, con ordinanza. L'ordinanza è comunicata al procuratore della Repubblica e notificata all'interessato.

3. Il procuratore della Repubblica informa senza ritardo l'autorità di emissione della decisione. Quando l'opposizione è accolta, il decreto di riconoscimento è annullato.

4. L'opposizione non ha effetto sospensivo dell'esecuzione dell'ordine di indagine e della trasmissione dei risultati delle attività compiute. Il procuratore della Repubblica può comunque non trasmettere i risultati delle attività compiute se può derivarne grave e irreparabile danno alla persona sottoposta alle indagini, all'imputato o alla persona comunque interessata dal compimento dell'atto.

5. Il giudice per le indagini preliminari, quando è richiesto dell'esecuzione dell'ordine di indagine ai sensi dell'articolo 5, se ricorrono i motivi di rifiuto indicati dall'articolo 10, dispone, anche su richiesta delle parti, l'annullamento del decreto di riconoscimento emesso dal procuratore della Repubblica.

6. Non si dà luogo all'esecuzione dell'ordine di indagine in caso di annullamento del decreto di riconoscimento.

7. Possono altresì proporre opposizione avverso il decreto di riconoscimento dell'ordine di indagine avente ad oggetto il sequestro a fini di prova, la persona sottoposta alle indagini o l'imputato, il suo difensore, la persona alla quale la prova o il bene sono stati sequestrati e quella che avrebbe diritto alla loro restituzione. Il giudice provvede in camera di consiglio ai sensi dell'articolo 127 del codice di procedura penale. In tal caso avverso la decisione del giudice è ammesso ricorso in cassazione per violazione di legge da parte del pubblico ministero e degli interessati entro dieci giorni dalla sua comunicazione o notificazione. La Corte di cassazione provvede, in camera di consiglio, entro trenta giorni dal ricorso. Il ricorso non ha effetto sospensivo.

14. ***Rinvio del riconoscimento o dell'esecuzione.*** — 1. Il procuratore della Repubblica dispone il rinvio del riconoscimento dell'ordine di indagine per il periodo necessario quando dall'esecuzione può derivare pregiudizio alle indagini preliminari o a un processo già in corso.

2. Dispone altresì il rinvio dell'esecuzione dell'ordine di indagine quando le cose, i documenti o i dati oggetto di richiesta di sequestro sono già sottoposti a vincolo, fino alla revoca del relativo provvedimento.

3. La decisione di rinvio è immediatamente comunicata all'autorità di emissione.

4. L'ordine di indagine è tempestivamente eseguito non appena viene meno la causa che ha dato luogo al rinvio.

15. ***Spese.*** — 1. Sono a carico dello Stato le spese sostenute per l'esecuzione dell'ordine di indagine.

2. Nel caso di spese di rilevante entità, il procuratore della Repubblica informa l'autorità di emissione e l'autorità centrale, al fine di valutare la condivisione con lo Stato di emissione dell'onere conseguente.

CAPO II
Disposizioni specifiche per determinati atti di indagine

16. ***Trasferimento temporaneo nello Stato di emissione di persone detenute.*** — 1. L'ordine di indagine emesso per il trasferimento temporaneo di una persona detenuta o internata, ai fini del compimento all'estero di un atto di indagine o di prova, è eseguito, a condizione che la persona presti consenso, richiedendo il nulla osta al giudice che procede, individuato secondo quanto previsto dall'articolo 279 del codice di procedura penale. Quando il soggetto detenuto è un condannato o un internato, il nulla osta è richiesto al magistrato di sorveglianza.

2. Ai fini del provvedimento di nulla osta si tiene conto dell'età della persona e delle sue condizioni di salute fisica o mentale.

3. Il procuratore della Repubblica concorda con l'autorità di emissione le modalità del trasferimento e individua il termine di rientro della persona detenuta in data anteriore alla scadenza dei termini massimi di custodia cautelare o di quello di cessazione della pena in esecuzione.

4. Il consenso al trasferimento deve risultare da atto scritto ed è validamente prestato, con le modalità stabilite dall'ordinamento interno, a condizione che la persona detenuta o internata abbia avuto la possibilità di conferire con il difensore.

5. Il periodo di detenzione trascorso all'estero è computato a ogni effetto nella durata della custodia cautelare. Nel caso di detenuto in espiazione della pena il periodo di detenzione trascorso all'estero si considera trascorso in Italia.

6. La persona detenuta o internata temporaneamente trasferita non può essere sottoposta a restrizione della libertà personale in esecuzione di una pena o misura di sicurezza né assoggettata ad altra misura restrittiva della libertà personale per un fatto anteriore e diverso da quello per il quale il trasferimento temporaneo è stato disposto, salvo che la persona, avendone avuta la possibilità, non abbia lasciato il territorio dello Stato trascorsi quindici giorni da quando la sua presenza non era più richiesta ovvero che, dopo averlo lasciato, vi abbia fatto volontariamente ritorno.

17. ***Trasferimento temporaneo in Italia di persone detenute nello Stato di emissione.*** — 1. Quando l'ordine di indagine ha ad oggetto la richiesta di trasferimento temporaneo di persona, detenuta nello Stato di emissione, per il compimento nel territorio nazionale di un atto di indagine o di prova, il procuratore della Repubblica concorda con l'autorità di emissione le modalità del trasferimento temporaneo e il termine entro cui la persona temporaneamente trasferita deve fare rientro nello Stato di emissione.

2. Ai fini dell'esecuzione il procuratore della Repubblica dispone che la persona temporaneamente trasferita sia custodita, per la durata del trasferimento temporaneo, nella casa circondariale del luogo di compimento dell'atto di indagine o di prova. Le spese di mantenimento sono a carico dello Stato.

3. La persona detenuta, temporaneamente trasferita, non può essere sottoposta a restrizione della libertà personale in esecuzione di una pena o misura di sicurezza né assoggettata ad altra misura restrittiva della libertà personale per un fatto anteriore e diverso da quello per il quale il trasferimento temporaneo è stato disposto, salvo che la persona, avendone avuta la possibilità, non abbia lasciato il territorio dello Stato trascorsi quindici giorni da quando la sua presenza non era più richiesta ovvero che, dopo averlo lasciato, vi abbia fatto volontariamente ritorno.

18. ***Audizione mediante videoconferenza o altra trasmissione audiovisiva.*** — 1. L'esecuzione della richiesta di audizione mediante videoconferenza della persona sottoposta ad indagini, dell'imputato, del testimone, del consulente tecnico o del perito ha luogo previo accordo con l'autorità di emissione circa le modalità dell'audizione, anche in riguardo alle misure relative alla protezione della persona da ascoltare.

2. Alla richiesta di assunzione delle dichiarazioni della persona sottoposta alle indagini o dell'imputato si dà corso soltanto se questi vi consentono.

3. Il procuratore della Repubblica richiede l'esecuzione dell'ordine di indagine al giudice per le indagini preliminari nei casi di cui all'articolo 5.

4. Il procuratore della Repubblica e il giudice, nell'ambito delle rispettive attribuzioni, dispongono, nei casi previsti dalla legge, la nomina di un interprete.

5. Provvedono altresì a:

a) identificare la persona da ascoltare;

b) notificare l'ora e il luogo della comparizione;

c) citare il testimone, il consulente tecnico o il perito;

d) invitare la persona sottoposta alle indagini o l'imputato a comparire con le modalità stabilite dal codice di procedura penale e ad informarlo dei diritti e delle facoltà a lui riconosciuti dall'ordinamento dello Stato di emissione.

6. L'audizione è condotta direttamente dall'autorità di emissione o sotto la sua direzione. Il procuratore della Repubblica, o il giudice quando provvede all'esecuzione dell'ordine di indagine, assicurano il rispetto, nel compimento dell'atto, dei principi fondamentali dell'ordinamento giuridico dello Stato. I testimoni e i periti sono informati della facoltà di astensione riconosciuta dall'ordinamento interno e da quello dello Stato di emissione.

7. Il verbale dell'audizione è trasmesso all'autorità di emissione.

8. Si applicano le norme di cui agli articoli 366, 367, 368, 369, 371-*bis*, 372 e 373 del codice penale per i fatti commessi nel corso dell'audizione in videoconferenza.

19. ***Audizione mediante teleconferenza.*** — 1. Su richiesta dell'autorità di emissione, l'audizione del testimone o del perito che si trovano sul territorio dello Stato può essere svolta mediante conferenza telefonica, quando non è opportuno o possibile che essi compaiano personalmente dinnanzi all'autorità di emissione.

2. Il procuratore richiede l'intervento del giudice per le indagini preliminari quando l'audizione davanti al giudice è condizione della richiesta

3. Si applicano le disposizioni dell'articolo 18 in quanto compatibili.

20. ***Informazioni e documenti presso banche e istituti finanziari.*** — 1. L'ordine di indagine che ha ad oggetto l'acquisizione di informazioni e documenti presso banche e istituti finanziari è eseguito con le modalità stabilite dagli articoli 255 e 256 del codice di procedura penale.

2. All'acquisizione in tempo reale dei flussi informatici o telematici provenienti o diretti a banche e istituti finanziari, il procuratore della Repubblica provvede, se necessario, mediante richiesta al giudice per le indagini preliminari secondo quanto previsto dagli articoli 266 e seguenti del codice di procedura penale.

3. Quando l'ordine di indagine non illustra i motivi per i quali gli atti sono rilevanti nel procedimento il procuratore della Repubblica prima di darvi esecuzione richiede all'autorità di emissione di fornire la relativa indicazione e ogni altra informazione utile ai fini della tempestiva ed efficace esecuzione dell'attività richiesta.

21. ***Operazioni sotto copertura.*** — 1. L'ordine di indagine per il compimento di operazioni sotto copertura è riconosciuto ed eseguito nel rispetto delle disposizioni di cui all'articolo 9 della legge 16 marzo 2006, n. 146.

2. Si applica l'articolo 20, comma 3.

3. Ai fini dell'esecuzione della richiesta può essere promossa la costituzione di una squadra investigativa comune.

4. Il funzionario dello Stato di emissione che partecipa alle attività nel territorio dello Stato assume, agli effetti della legge penale, la qualifica di pubblico ufficiale e nei suoi confronti si applica la speciale causa di non punibilità di cui all'articolo 9 della legge 16 marzo 2006, n. 146.

5. Lo Stato provvede al risarcimento dei danni causati a terzi dai funzionari dello Stato di emissione che partecipano alle attività nel territorio nazionale salvo il diritto di rivalsa nei confronti dello Stato di emissione.

22. ***Ritardo o omissione degli atti di arresto o di sequestro.*** — 1. Nei casi e con le modalità stabilite dall'articolo 9 della legge 16 marzo 2006, n. 146, il procuratore della Repubblica presso il tribunale del capoluogo del distretto di cui all'articolo 4, previo accordo con l'autorità di emissione, può omettere o ritardare l'esecuzione dell'arresto, del fermo, della perquisizione o del sequestro probatorio.

2. Si applica l'articolo 20, comma 3.

CAPO III
Intercettazione di telecomunicazioni

23. ***Intercettazione di telecomunicazioni con l'assistenza tecnica della autorità giudiziaria italiana.*** — 1. Al riconoscimento dell'ordine di indagine emesso per le operazioni di intercettazione provvede, sempre che sussistano le condizioni di ammissibilità previste dall'ordinamento interno, il procuratore della Repubblica presso il tribunale del capoluogo del distretto di cui all'articolo 4.

2. Il procuratore della Repubblica trasmette al giudice per le indagini preliminari l'ordine di indagine con richiesta di esecuzione, dopo aver provveduto al riconoscimento e dopo aver specificamente verificato che siano indicati:

a) l'autorità che procede;

b) l'esistenza del titolo che dispone o autorizza lo svolgimento delle operazioni di intercettazione con l'indicazione del reato;

c) i dati tecnici necessari allo svolgimento delle operazioni;

d) la durata dell'intercettazione;

e) i motivi che rendono necessaria l'attività di indagine richiesta.

3. Il giudice per le indagini preliminari rifiuta l'esecuzione, oltre che per i motivi indicati dall'articolo 10, se non sussistono le condizioni di ammissibilità previste dall'ordinamento interno. Del rifiuto è data immediata comunicazione all'autorità di emissione a cura del procuratore della Repubblica.

4. All'ordine di indagine, previa consultazione con l'autorità di emissione, può darsi esecuzione alternativamente:

a) con la trasmissione immediata dei flussi comunicativi;

b) con l'intercettazione, la registrazione e la successiva trasmissione dei risultati delle operazioni.

5. In deroga a quanto previsto dal comma 4, il pubblico ministero, quando sono acquisite comunicazioni di servizio di appartenenti al Dipartimento delle informazioni per la sicurezza o ai servizi di informazione per la sicurezza, provvede agli adempimenti di cui all'articolo 270-*bis* del codice di procedura penale prima di trasmettere all'autorità di emissione i risultati delle operazioni di intercettazione.

6. Al momento della richiesta, o successivamente anche nel corso delle operazioni di intercettazione, l'autorità di emissione può richiedere la trascrizione, la decodificazione o la decrittazione della registrazione.

7. Sono a carico dello Stato le spese di esecuzione delle operazioni di intercettazione, ad eccezione di quelle relative alle trascrizioni, decodificazione e decrittazione delle comunicazioni.

24. ***Notifica all'autorità giudiziaria italiana nel caso di persona soggetta a intercettazione nel territorio dello Stato.*** — 1. Quando è disposta, senza richiesta di assistenza tecnica, l'intercettazione di un dispositivo, anche di sistema informatico o telematico, in uso a persona che si trovi nel territorio dello Stato, il procuratore della Repubblica, trasmette immediatamente al giudice per le indagini preliminari la notificazione dell'avvio delle operazioni effettuata dall'autorità giudiziaria dello Stato membro che procede.

2. Il giudice per le indagini preliminari ordina l'immediata cessazione delle operazioni se le intercettazioni sono state disposte in riferimento a un reato per il quale, secondo l'ordinamento interno, le intercettazioni non sono consentite e ne dà contestuale comunicazione al procuratore della Repubblica.

3. Il procuratore della Repubblica senza ritardo, e comunque non oltre novantasei ore dalla ricezione della notifica, dà comunicazione all'autorità giudiziaria dello Stato membro del provvedimento di cessazione delle operazioni e della non utilizzabilità a fini di prova dei risultati delle intercettazioni eseguite.

25. ***Richieste di documentazione inerente alle telecomunicazioni.*** — 1. Il procuratore della Repubblica dà esecuzione all'ordine di indagine finalizzato all'acquisizione dei dati esterni relativi alle comunicazioni telefoniche e telematiche con le forme e le modalità dell'articolo 256 del codice di procedura penale.

CAPO IV

Provvedimenti di sequestro

26. ***Provvedimenti di sequestro probatorio.*** — 1. In esecuzione dell'ordine di indagine che ha ad oggetto il sequestro del corpo del reato o delle cose pertinenti al reato il provvedimento è adottato entro ventiquattro ore dalla ricezione dell'ordine di indagine medesimo e comunque senza ritardo.

2. Le cose sequestrate sono trasferite, su richiesta, all'autorità di emissione con le modalità stabilite dall'articolo 12.

3. Quando è richiesto che le cose non siano trasferite, l'autorità di emissione indica il termine trascorso il quale il provvedimento di sequestro può essere revocato.

4. Quando il procuratore della Repubblica ritiene di revocare il provvedimento di sequestro ne informa l'autorità di emissione che può formulare osservazioni.

TITOLO III

Procedura attiva

CAPO I

Emissione dell'ordine di indagine

27. ***Emissione dell'ordine di indagine.*** — 1. Nell'ambito di un procedimento penale o di un procedimento per l'applicazione di una misura di prevenzione patrimoniale, il pubblico ministero e il giudice che procede possono emettere, nell'ambito delle rispettive attribuzioni, un ordine di indagine e trasmetterlo direttamente all'autorità di esecuzione. Il giudice emette l'ordine di indagine sentite le parti.

2. Dell'emissione dell'ordine di indagine è data informazione al procuratore nazionale antimafia e antiterrorismo, ai fini del coordinamento investigativo se si tratta di indagini relative ai delitti di cui all'articolo 51, commi 3-*bis* e 3-*quater*, del codice di procedura penale.

28. ***Impugnazione dell'ordine di indagine avente ad oggetto il sequestro a fini di prova.*** — 1. Contro l'ordine di indagine avente ad oggetto il sequestro a fini di prova, la persona sottoposta alle indagini o l'imputato, il suo difensore, la persona alla quale la prova o il bene sono stati sequestrati e quella che avrebbe diritto alla loro restituzione, possono proporre richiesta di riesame ai sensi dell'articolo 324 del codice di procedura penale.

2. Si applicano altresì le previsioni di cui agli articoli 322-*bis* e 325 codice di procedura penale.

29. ***Partecipazione all'esecuzione dell'ordine di indagine.*** — 1. Il pubblico ministero, previo accordo con l'autorità di esecuzione, può partecipare direttamente, o far partecipare direttamente uno o più ufficiali di polizia giudiziaria, all'esecuzione dell'ordine di indagine. A tal fine il procuratore della Repubblica può promuovere la costituzione di una squadra investigativa comune. Si applicano, in tal caso, le disposizioni del decreto legislativo 15 febbraio 2016, n. 34.

2. Il giudice che ha emesso l'ordine di indagine può chiedere all'autorità di esecuzione di partecipare direttamente all'esecuzione dell'ordine di indagine, previo accordo con la stessa.

3. Le disposizioni del decreto legislativo 15 febbraio 2016, n. 34, relative alla responsabilità per i danni si applicano anche al caso di partecipazione diretta all'estero senza costituzione di una squadra investigativa comune.

30. ***Contenuto dell'ordine di indagine.*** — 1. L'ordine di indagine contiene, secondo il modello di cui all'allegato A al presente decreto, le seguenti informazioni:

a) i dati relativi all'autorità di emissione;

b) l'oggetto e le ragioni sulle quali si fonda;

c) i dati utili all'individuazione della persona o delle persone interessate dal compimento dell'atto richiesto;

d) la descrizione sommaria del fatto per cui si procede e l'indicazione delle norme di legge violate;

e) una sintetica descrizione dell'atto d'indagine o di prova richiesti.

31. ***Ordine di indagine emesso su richiesta della difesa.*** — 1. Il difensore della persona sottoposta alle indagini, dell'imputato, della persona per la quale è proposta l'applicazione di una misura di prevenzione, può chiedere al pubblico ministero o al giudice che procede l'emissione di un ordine d'indagine.

2. La richiesta contiene, a pena di inammissibilità, l'indicazione dell'atto di indagine o di prova e i motivi che ne giustificano il compimento o l'assunzione.

3. Se rigetta la richiesta, il pubblico ministero emette decreto motivato. Quando la richiesta ha ad oggetto un provvedimento di sequestro si applica l'articolo 368 del codice di procedura penale.

4. Il giudice provvede con ordinanza, dopo aver sentito le parti.

32. ***Trasmissione dell'ordine di indagine.*** — 1. L'ordine di indagine e ogni comunicazione finalizzata alla sua esecuzione sono trasmesse all'autorità di esecuzione con modalità idonee a garantire l'autenticità della provenienza, anche con l'ausilio dell'autorità centrale se necessario.

2. La trasmissione può aver luogo mediante il sistema di telecomunicazione della Rete giudiziaria europea.

3. L'autorità di esecuzione è individuata anche con l'ausilio dei punti di contatto della Rete giudiziaria europea.

4. L'ordine di indagine è trasmesso nella lingua ufficiale dello Stato di esecuzione o nella lingua appositamente indicata dall'autorità di esecuzione.

33. ***Indicazioni all'autorità di esecuzione.*** — 1. L'autorità giudiziaria che ha emesso l'ordine di indagine concorda con l'autorità di esecuzione le modalità di compimento dell'atto di indagine o di prova, specificamente indicando i diritti e le facoltà riconosciuti dalla legge alle parti e ai loro difensori.

2. L'autorità giudiziaria, quando l'autorità di esecuzione rileva che le spese necessarie all'esecuzione dell'ordine di indagine eccedono il limite ritenuto ordinario, concorda con quest'ultima le modalità di ripartizione dell'eccedenza. Se non vi è accordo, l'autorità giudiziaria può ritirare, anche solo parzialmente, l'ordine di indagine o chiederne l'esecuzione. In tale ultimo caso le spese, nella parte eccedente, sono a carico dello Stato e sono disciplinate dall'articolo 7 del decreto del Presidente della Repubblica 30 maggio 2002, n. 115.

34. ***Ordine di indagine collegato a un ordine precedente.*** — 1. Quando un ordine di indagine è emesso, nello stesso o in altro procedimento, ad integrazione o completamento di uno precedente, se ne dà menzione nella sezione D del modello di cui all'allegato A.

2. L'autorità giudiziaria che partecipa all'esecuzione dell'ordine di indagine può presentare direttamente all'autorità di esecuzione un ordine di indagine collegato.

35. ***Avvisi alle parti e ai difensori.*** — 1. L'autorità giudiziaria che ha emesso l'ordine di indagine, ricevuta dall'autorità di esecuzione la documentazione delle attività compiute, provvede nei casi e nei modi previsti dalla legge processuale a darne conoscenza alle parti e ai loro difensori.

36. ***Disposizioni sulla utilizzabilità degli atti compiuti e delle prove assunte all'estero.*** — 1. Sono raccolti nel fascicolo per il dibattimento di cui all'articolo 431 del codice di procedura penale:

a) i documenti acquisiti all'estero mediante ordine di indagine e i verbali degli atti non ripetibili assunti con le stesse modalità;

b) i verbali degli atti, diversi da quelli previsti dalla lettera *a*), assunti all'estero a seguito di ordine di indagine ai quali i difensori sono stati posti in grado di assistere e di esercitare le facoltà loro consentite dalla legge italiana.

2. Nei casi e con le modalità di cui all'articolo 512-*bis* del codice di procedura penale il giudice dà lettura dei verbali di dichiarazioni rese all'estero, diversi da quelli di cui all'articolo 431, comma 1, lettera *e*), del codice di procedura penale, acquisiti a seguito di ordine di indagine emesso nelle fasi precedenti il giudizio.

CAPO II

Disposizioni specifiche per determinati atti di indagine

37. ***Trasferimento temporaneo nello Stato di persona detenuta in altro Stato membro.*** — 1. Il pubblico ministero e il giudice che procede possono emettere, nell'ambito delle rispettive attribuzioni, ordine di indagine per il trasferimento temporaneo nel territorio italiano, al fine del compimento di un atto di indagine o per l'assunzione di una prova, di persona detenuta in altro Stato membro, concordando con l'autorità di esecuzione le modalità del trasferimento e il termine entro cui la persona detenuta deve fare rientro nello Stato di esecuzione. Si applicano le disposizioni di cui al comma 2 dell'articolo 17.

2. Le spese di trasferimento temporaneo sono a carico dello Stato.

3. La persona detenuta temporaneamente che è trasferita in Italia non può essere sottoposta a restrizione della libertà personale in esecuzione di una pena o di una misura di sicurezza né assoggettata ad altre misure restrittive della libertà personale per un fatto anteriore e diverso da quello per il quale il trasferimento temporaneo è stato disposto.

4. L'immunità prevista dal comma 3 cessa qualora la persona detenuta temporaneamente trasferita, avendone la possibilità non ha lasciato il territorio nazionale trascorsi quindici giorni dal momento in cui la sua presenza non è più richiesta ovvero, avendolo lasciato, vi ha fatto volontariamente ritorno.

38. ***Trasferimento temporaneo in altro Stato membro di persone detenute nello Stato.*** — 1. Il pubblico ministero e il giudice che procede, nell'ambito delle rispettive attribuzioni, possono emettere ordine di indagine per il trasferimento temporaneo in altro Stato membro di una persona detenuta in Italia, al fine del compimento di un atto di indagine o dell'assunzione di una prova che richiedano la presenza nello Stato di esecuzione della persona detenuta.

2. Si applicano, in quanto compatibili, le disposizioni dell'articolo 16.

3. Le spese di trasferimento temporaneo sono a carico dallo Stato.

39. ***Richiesta di audizione mediante videoconferenza o altra trasmissione audiovisiva.*** — 1. Il pubblico ministero o il giudice che procede possono emettere, nell'ambito delle rispettive attribuzioni, un ordine di indagine per richiedere l'audizione a distanza di testimoni, periti, consulenti tecnici e persone informate dei fatti, mediante videoconferenza, a condizione che l'autorità di esecuzione abbia la disponibilità o l'accesso ai mezzi tecnici necessari.

2. Allo stesso modo possono provvedere per l'audizione a distanza dell'imputato o della persona sottoposta alle indagini, sempre che questi vi consentano.

3. L'ordine di indagine può essere emesso:

a) quando per i soggetti di cui ai commi 1 e 2 ricorrono giustificati motivi che rendono non opportuna la loro presenza sul territorio nazionale;

b) quando la persona da interrogare o esaminare è a qualsiasi titolo detenuta nello Stato membro;

c) nei casi previsti dall'articolo 147-*bis* del decreto legislativo 28 luglio 1989, n. 271.

4. L'autorità giudiziaria concorda con l'autorità di esecuzione le modalità dell'audizione.

5. Se l'autorità di esecuzione non ha la disponibilità o l'accesso ai mezzi tecnici necessari, l'autorità giudiziaria che ha emesso l'ordine di indagine può metterli a sua disposizione per il tramite dell'autorità centrale.

6. L'autorità giudiziaria verifica che alla persona da ascoltare sia dato avvertimento circa i diritti e le garanzie previste dall'ordinamento interno.

40. ***Informazioni relative a conti e operazioni bancarie e finanziarie.*** — 1. Quando l'ordine di indagine ha ad oggetto accertamenti o acquisizione di documenti presso banche o istituti finanziari, la richiesta è trasmessa mediante il modello di cui all'allegato A, sezione H 4. Sono a tal fine indicati i motivi della rilevanza dell'accertamento, nonché le informazioni utili all'individuazione delle banche o degli istituti interessati.

41. ***Richiesta di operazioni sotto copertura da compiersi all'estero.*** — 1. L'ordine di indagine per lo svolgimento di operazioni sotto copertura è emesso soltanto nei casi e con le modalità previste dall'articolo 9 della legge 16 marzo 2006, n. 146.

2. La richiesta è inoltrata, secondo il modello di cui all'allegato A, direttamente all'autorità di esecuzione. Le modalità di compimento delle operazioni sono concordate con l'autorità di esecuzione.

42. ***Richiesta di ritardare od omettere atti di arresto o di sequestro.*** — 1. Quando si procede per uno dei reati di cui all'articolo 9 della legge 16 marzo 2006, n. 146, può essere emesso, alle condizioni e con le modalità ivi stabilite, ordine di indagine al fine di chiedere all'autorità di esecuzione che siano omessi o ritardati il provvedimento di arresto, di fermo, di perquisizione o di sequestro probatorio, che si ritiene possano essere eseguiti nel territorio dello Stato di esecuzione.

43. ***Richiesta di intercettazione di telecomunicazioni con l'assistenza tecnica dell'autorità giudiziaria di altro Stato membro.*** — 1. Il pubblico ministero emette ordine di indagine, secondo il modello di cui all'allegato A, sezione H 7, del presente decreto, per la necessaria assistenza tecnica all'esecuzione delle operazioni di intercettazione delle conversazioni o comunicazioni o del flusso di comunicazioni relativo a sistemi informatici o telematici, quando nel territorio di altro Stato membro si trova il dispositivo o il sistema da controllare.

2. L'ordine di indagine contiene:

a) l'indicazione dell'autorità giudiziaria che ha disposto l'intercettazione;

b) ogni informazione utile ai fini dell'identificazione della persona che ha in uso il dispositivo o il sistema da controllare;

c) la durata delle operazioni di intercettazione;

d) i dati tecnici necessari allo svolgimento delle operazioni di intercettazione;

e) i motivi della rilevanza dell'atto.

3. Il pubblico ministero, previo accordo con l'autorità di esecuzione, indica nell'ordine di indagine se l'operazione deve essere eseguita:

a) con trasmissione immediata delle telecomunicazioni;

b) intercettando, registrando e trasmettendo successivamente il risultato dell'intercettazione.

4. La richiesta può avere ad oggetto la trascrizione, la decodificazione o la decrittazione delle comunicazioni intercettate. In tal caso le spese sono anticipate dallo Stato.

44. ***Obblighi di informazione in favore dell'autorità giudiziaria di altro Stato membro.*** — 1. Il pubblico ministero, prima di dare inizio alle operazioni di intercettazione, informa, mediante trasmissione del modello di cui all'allegato C al presente decreto, l'autorità giudiziaria competente dello Stato membro nel cui territorio si trova il dispositivo o il sistema da controllare.

2. Nel corso delle operazioni di intercettazione, il pubblico ministero, non appena ha notizia che il dispositivo o il sistema controllato si trova nel territorio di altro Stato membro, provvede immediatamente, con le modalità di cui al comma 1, a dare informazione all'autorità giudiziaria competente dello Stato membro interessato che le operazioni di intercettazione sono state avviate e sono in corso.

3. Il pubblico ministero dispone l'immediata cessazione delle operazioni di intercettazione quando l'autorità giudiziaria dello Stato membro, ricevuta l'informazione di cui ai commi 1 e 2, comunica che non possono essere eseguite o proseguite. I risultati dell'intercettazione possono comunque essere utilizzati alle condizioni stabilite dall'autorità giudiziaria dello Stato membro.

45. ***Richiesta di documentazione inerente alle telecomunicazioni.*** — 1. Il pubblico ministero o il giudice che procede possono trasmettere all'autorità di esecuzione ordine di indagine al fine di ottenere i dati esterni relativi al traffico telefonico o telematico nonché l'acquisizione di ogni altra informazione utile in possesso degli operatori di telecomunicazioni.

2. L'ordine di indagine contiene i dati tecnici necessari all'individuazione dell'utenza o del sistema informatico, ogni informazione utile ai fini dell'identificazione della persona che li ha in uso e dell'operatore, se noti, nonché l'indicazione del reato per il quale si procede.

46. ***Clausola di invarianza finanziaria.*** (*Omissis*)

CORTI DI ASSISE

- 1 -

L. 10 apr. 1951, n. 287

Riordinamento dei giudizi di assise

(G.U. 7 mag. 1951, n. 102), modif. con L. 5 mag. 1952, n. 405 (G.U. 6 mag. 1952, n. 105), L. 27 dic. 1956, n. 1441 (G.U. 3 gen. 1957, n. 2); con L. 24 mar. 1978, n. 74 (G.U. 29 mar. 1978, n. 86), con L. 21 feb. 1984, n. 14 (G.U. 24 feb. 1984, n. 55), con D.L. 25 set. 1987, n. 394 (G.U. 26 set. 1987, n. 225), con D.P.R. 22 set. 1988, n. 449 e con D.L. 28 lug. 1989, n. 273 (nuovo c.p.p.)

CAPO I

Istituzione e composizione delle Corti di assise e delle Corti di assise di appello

1. ***Istituzione delle Corti di assise.*** — In ogni distretto di Corte di appello sono istituite una o più Corti di assise, che nella circoscrizione del circolo loro assegnato giudicano dei reati attribuiti alla loro competenza.

2. ***Istituzione delle Corti di assise di appello.*** — In ogni distretto di Corte di appello sono istituite una o più Corti di assise di appello, che giudicano sull'appello proposto avverso le sentenze e gli altri provvedimenti emessi dalle Corti di assise.

2-*bis*. ***Costituzione in sezioni delle Corti d'assise e delle Corti d'assise d'appello.***[1] — Con decreto del Presidente della Repubblica su proposta del Ministro di grazia e giustizia, di concerto con il Ministro del tesoro e sentito il Consiglio superiore della magistratura, possono essere costituite nel medesimo circolo più sezioni delle Corti d'assise e nel medesimo distretto più sezioni delle Corti d'assise d'appello istituite ai sensi degli artt. 1 e 2.

Con identiche modalità si provvede alla soppressione delle sezioni non più necessarie.

[1] Articolo inserito dall'art. 1 della L. 21 feb. 1984, n. 14.

3. ***Composizione delle Corti di assise.***[1] — La Corte di assise è composta:

a) di un magistrato del distretto scelto, tra quelli aventi funzioni di appello, che la presiede o, in mancanza o per indisponibilità, tra quelli aventi qualifica non inferiore a magistrato di appello;

b) di un magistrato del distretto avente le funzioni di magistrato di tribunale;

c) di sei giudici popolari.[2]

[1] Articolo così sostituito dall'art. 1 del D.L. 25 set. 1987, n. 394, conv. con modif. in L. 25 nov. 1987, n. 479.

[2] Ai sensi dell'art. 5 del D.L. 394/1987 cit., le disposizioni degli artt. 3, 4 e 8 nel testo modif. «si applicano alle nomine relative ai procedimenti non ancora conclusi con sentenza passata in giudicato alla data di entrata in vigore del presente decreto, anche quando la nomina sia stata disposta con decreto del presidente della corte d'appello».

4. ***Composizione delle Corti di assise di appello.***[1] — La Corte di assise di appello è composta:

a) di un magistrato con funzioni di presidente di sezione della corte di appello o, in mancanza o per indisponibilità, di un magistrato avente qualifica non inferiore a magistrato di appello dichiarato idoneo ad essere ulteriormente valutato ai fini della nomina a magistrato di Cassazione, che la presiede;

b) di un magistrato della corte di appello;

c) di sei giudici popolari.

[1] Articolo così sost. dall'art. 2 del D.L. 25 set. 1987, n. 394. V. altresì la nota 2 all'art. 3.

5. ***Carattere unitario del Collegio giudicante.*** — Magistrati e giudici popolari costituiscono un collegio unico a tutti gli effetti.

6. ***Sedi.*** (*Omissis*).

6-*bis*. ***Variazioni al numero dei giudici popolari.***[1] — Con il decreto di cui all'art. 2-*bis* sono apportate le necessarie variazioni al numero dei giudici popolari da comprendere nelle liste generali prevedute nel successivo art. 23.

[1] Articolo inserito dall'art. 2 della L. 21 feb. 1984, n. 14.

7. ***Sessioni della Corte di assise e della Corte di assise di appello.***[1] — La Corte di assise e la Corte di assise di appello tengono quattro sessioni annuali della durata di tre mesi. I dibattimenti vengono conclusi dallo stesso collegio anche dopo la scadenza della sessione nel corso della quale sono stati iniziati.

Il presidente della Corte di appello per particolari esigenze organizzative, sentito il procuratore generale, può disporre che singoli dibattimenti siano tenuti in luoghi diversi da quello di normale convocazione della Corte di assise e della Corte di assise di appello, nell'ambito del rispettivo territorio.

[1] Articolo così sost. dall'art. 33 del D.P.R. 22 set. 1988, n. 449, con decorrenza 24 ott. 1989.

8. ***Nomina dei magistrati componenti le Corti di assise e le Corti di assise di appello.***[1] — La nomina del presidente e degli altri magistrati che compongono le Corti di assise e le Corti di assise di appello è effettuata con decreto del Presidente della Repubblica in conformità delle deliberazioni del Consiglio superiore della magistratura e con efficacia per il periodo in esse indicato; decorso tale periodo, la nomina è tuttavia prorogata sino a che non venga effettuata una nuova nomina.

Con l'osservanza delle disposizioni di cui al comma precedente sono nominati un presidente e un magistrato supplenti per ogni Corte di assise o Corte di assise di appello.

Quando mancano o sono impediti anche i magistrati supplenti delle Corti di assise e delle Corti di assise di appello, la sostituzione può essere disposta con decreto motivato del presidente della Corte di appello, sentito il procuratore generale presso la corte stessa, se ricorrono motivi di particolare urgenza.

[1] Articolo così sost. dall'art. 3 del D.L. 25 set. 1987, n. 394, conv. in L. 25 nov. 1987, n. 479.
V. altresì la nota 2 all'art. 3.

9. ***Requisiti dei giudici popolari delle Corti di assise.*** — I giudici popolari per le Corti di assise devono essere in possesso dei seguenti requisiti:

a) cittadinanza italiana e godimento dei diritti civili e politici;

b) buona condotta morale;

c) età non inferiore ai 30 e non superiore ai 65 anni;

d) titolo finale di studi di scuola media di primo grado, di qualsiasi tipo.

10. ***Requisiti dei giudici popolari delle Corti di assise di appello.*** — I giudici popolari delle Corti d'assise di appello, oltre i requisiti stabiliti nell'articolo precedente, devono essere in possesso del titolo finale di studi di scuola media di secondo grado, di qualsiasi tipo.

11. ***Carattere obbligatorio dell'ufficio - Condizione giuridica del giudice popolare.*** — L'ufficio di giudice popolare è obbligatorio ed è parificato a tutti gli effetti all'esercizio delle funzioni pubbliche elettive.[1]

I giudici popolari delle Corti di assise e delle Corti di assise di appello, durante il tempo della sessione in cui prestano servizio effettivo, sono parificati rispettivamente ai giudici di tribunale e ai consiglieri di Corte di appello nell'ordine delle precedenze nelle funzioni e cerimonie pubbliche.

[1] Comma sostituito dalla L. 24 mar. 1978, n. 74.

12. ***Incompatibilità con l'ufficio di giudice popolare.*** — Non possono assumere l'ufficio di giudice popolare:

a) i magistrati, e in generale, i funzionari in attività di servizio appartenenti o addetti all'ordine giudiziario;

b) gli appartenenti a qualsiasi organo di polizia, anche se non dipende dallo Stato, in attività di servizio;[1]

c) i ministri di qualsiasi culto e i religiosi di ogni ordine e congregazione.

[1] Lettera così modif. dall'art. 2268, c. 1, D.lgs. 15 mar. 2010, n. 66.

CAPO II

Procedimento per la scelta dei giudici popolari

13. ***Formazione degli elenchi comunali dei giudici popolari.*** — In ogni Comune della Repubblica sono formati, a cura di una Commissione composta del sindaco o di un suo rappresentante e di due consiglieri comunali, due distinti elenchi dei cittadini residenti nel territorio del Comune in possesso dei requisiti indicati rispettivamente negli artt. 9 e 10 della presente legge per l'esercizio delle funzioni di giudice popolare nelle Corti di assise e nelle Corti d'assise di appello.

Qualora l'Amministrazione comunale sia sciolta, gli elenchi sono formati da una Commissione composta del commissario governativo o di un suo delegato e di due cittadini nominati dal presidente del tribunale.[1]

[1] La parola pretore è stata sostituita dalle parole attuali ai sensi dell'art. 31 del D.lgs. 19 feb. 1998, n. 51.

14. ***Invito ad iscriversi negli elenchi dei giudici popolari.***[1]

[1] V. ora art. 21.

15. ***Accertamenti della Commissione comunale.*** — Gli elenchi sono dalla Commissione comunale compilati e integrati con la iscrizione di ufficio di tutti coloro che risultano essere in possesso dei requisiti prescritti dalla legge, non più tardi dei trenta giorni successivi allo scadere del termine.

Durante detto termine la Commissione comunale accerta per ognuno degli iscritti il concorso delle condizioni richieste per la iscrizione, operando le necessarie modificazioni.

Gli elenchi completi sono trasmessi dal sindaco al presidente del tribunale nella cui circoscrizione il Comune è compreso, entro i primi dieci giorni del mese successivo al loro completamento.

16. ***Formazione della Commissione mandamentale e operazioni ad essa demandate.*** — Entro la seconda metà del mese in cui ha ricevuto gli elenchi, il presidente del tribunale convoca nel capoluogo del mandamento una Commissione da lui presieduta e formata da tutti i sindaci dei Comuni del mandamento stesso o da consiglieri da loro delegati. Qualora le rappresentanze comunali di uno o più Comuni del mandamento siano disciolte, intervengono alle riunioni i rispettivi commissari governativi o loro delegati.

La Commissione mandamentale, assunte le opportune informazioni, accerta per ognuna delle persone comprese negli elenchi il concorso delle condizioni richieste per l'assunzione dell'ufficio di giudice popolare, e compila nei trenta giorni successivi alla convocazione:

a) l'elenco di tutte le persone del mandamento, che hanno i requisiti per assumere l'ufficio di giudice popolare nelle Corti di assise;

b) l'elenco di tutte le persone del mandamento, che hanno i requisiti per assumere l'ufficio di giudice popolare nelle Corti di assise di appello.

17. ***Pubblicazione degli elenchi e reclami.*** — Gli elenchi compilati dalla Commissione mandamentale sono sottoscritti dal presidente del tribunale e resi noti non più tardi del 15 del mese successivo alla chiusura delle operazioni prevedute nell'articolo precedente in ogni Comune per la parte che lo riguarda mediante affissione, per dieci giorni, nell'albo pretorio e pubblico manifesto.

Ogni cittadino di età maggiore può presentare reclamo contro le omissioni, le cancellazioni o le indebite iscrizioni entro il termine di 15 giorni dall'affissione nell'albo pretorio.

Il reclamo, in carta esente da bollo, è presentato nella cancelleria del tribunale.[1]

[1] Vedi nota all'art. 13.

18. ***Formazione dell'albo definitivo di giudici popolari di Corte di assise e di Corte di assise di appello.*** — Decorso il termine di cui al primo comma dell'articolo 17, gli elenchi dei giudici popolari di Corte di assise e di Corte di assise di appello, i verbali ed i reclami sono trasmessi rispettivamente al presidente del Tribunale del luogo ove ha sede la Corte di assise e al presidente del Tribunale del capoluogo del distretto di Corte di appello.

Il presidente, ricevuti gli elenchi, i verbali ed i reclami, sentiti il procuratore della Repubblica e il presidente del Consiglio dell'Ordine degli avvocati, assunte, qualora occorra, le opportune informazioni, procede, con la partecipazione di due giudici e nel termine di un mese, alle operazioni seguenti:

1) rivede e controlla gli elenchi in base agli elementi raccolti ai sensi degli articoli precedenti;

2) decide, previa comunicazione alla parte interessata, sui reclami iscrivendo o cancellando i nomi di coloro che furono omessi ovvero iscritti indebitamente;

3) forma gli albi definitivi dei giudici popolari di Corte di assise e rispettivamente di Corte di assise di appello secondo l'ordine alfabetico e con numerazione progressiva, unificando gli elenchi dei vari mandamenti;[1]

4) approva gli albi con decreto.

[1] Ora: circondari.

19. ***Pubblicazione degli albi e reclami.*** — Gli albi, formati a norma dell'articolo precedente, unitamente ai decreti che li approvano sottoscritti dai presidenti dei rispettivi Tribunali sono pubblicati in ciascun Comune per la parte che lo riguarda mediante affissione per dieci giorni nell'albo pretorio e pubblico manifesto.

Nel termine di cui al 2° comma dell'art. 17, ogni cittadino di età maggiore può ricorrere alla Corte di appello per le omissioni, le cancellazioni o le indebite iscrizioni.

Il ricorso è depositato nella cancelleria del tribunale, dalla quale deve essere immediatamente trasmesso a quella della Corte di appello.

20. ***Decisioni della Corte di appello - Ricorso in Cassazione.*** — La Corte di appello, previa comunicazione alla parte, decide con sentenza in via d'urgenza, su relazione in pubblica udienza, sentiti la parte o il suo procuratore, se si presenta, e il pubblico ministero, che conclude oralmente.

La sentenza è comunicata a cura della cancelleria, entro dieci giorni, alle parti interessate, al pubblico ministero e al presidente del Tribunale del capoluogo del distretto della Corte di appello, ovvero, se si tratta dell'albo di una Corte di assise, del Tribunale del luogo ove ha sede la Corte stessa. Il presidente, qualora occorra, rettifica gli albi in conformità alla decisione.

Contro la sentenza della Corte di appello è ammesso ricorso per cassazione nel termine di quindici giorni dalla comunicazione da parte degl'interessati e del pubblico ministero. Il ricorso è deciso in via d'urgenza, e non sospende l'esecuzione della sentenza. Si applicano le disposizioni del primo capoverso.

21. ***Aggiornamento degli albi.*** — Gli albi definitivi dei giudici popolari formati secondo gli articoli precedenti sono permanenti.

Per il loro aggiornamento, nel mese di aprile dell'anno 1953 e nel mese di aprile di ogni secondo anno dei successivi bienni, il sindaco di ciascun Comune invita con pubblico manifesto tutti coloro che, non essendo iscritti negli albi definitivi dei giudici popolari, siano in possesso dei requisiti stabiliti dagli artt. 9 e 10 e non si trovino nelle condizioni di cui all'art. 12, a iscriversi, non più tardi del mese di luglio, negli elenchi integrativi dei giudici popolari di Corte di assise o di Corte di assise di appello.

Per le altre operazioni di aggiornamento si osservano le disposizioni degli artt. 15 e seguenti, e i termini e le modalità in esse stabiliti.

22. ***Liste dei giudici popolari.*** — Decorsi 15 giorni dalla pubblicazione degli albi definitivi, il presidente del Tribunale del capoluogo del distretto di Corte di appello forma le liste generali dei giudici popolari ordinari e le liste dei giudici popolari supplenti per le Corti di assise di appello e comunica immediatamente le liste generali dei giudici popolari ordinari ai presidenti del Tribunale dei luoghi ove hanno sede le Corti di assise. La stessa operazione, nei quindici giorni successivi, compie il presidente del Tribunale del luogo ove ha sede la Corte di assise relativamente ai giudici popolari della Corte stessa, escludendo dalle liste generali dei giudici popolari ordinari di Corte di assise i giudici compresi in quelle per le Corti di assise di appello.

Qualora la Corte di assise e la Corte di assise di appello siano normalmente convocate anche fuori delle loro sedi, il presidente del Tribunale del luogo ove ha sede la Corte di assise e il presidente del Tribunale del capoluogo del distretto di Corte di appello formano rispettivamente altre liste di giudici popolari supplenti per quanti sono i Comuni di normale convocazione delle assise.

Per ogni Corte di assise e per ogni Corte di assise di appello sono formate, sia per i giudici popolari ordinari, sia per i giudici popolari supplenti, due liste, una per gli uomini ed una per le donne.

23. ***Procedimento per la formazione delle liste generali dei giudici popolari.***[1] — Le liste generali dei giudici popolari per le Corti di assise e per le Corti di assise di appello sono formate con l'intervento del pubblico ministero e del presidente del Consiglio dell'Ordine degli avvocati o di un suo delegato, e l'assistenza del cancelliere, imbussolando, in pubblica udienza, in una urna tanti numeri quanti sono i numeri corrispondenti ai nominativi compresi nei rispettivi albi definitivi dei giudici popolari assegnati a ciascuna Corte di assise o a ciascuna Corte di assise di appello, e procedendo all'estrazione fino a raggiungere il numero dei giudici popolari prescritto. Il nominativo corrispondente al numero sorteggiato va a formare la lista generale, rispettivamente degli uomini e delle donne. Tutti gli iscritti nelle liste generali dei giudici popolari sono destinati a prestare servizio nel biennio successivo.

Per la formazione delle liste dei giudici popolari supplenti vengono imbussolati i numeri corrispondenti agli iscritti negli albi definitivi aventi la residenza nel Comune per cui occorre formare la lista e poi si procede all'estrazione fino a raggiungere il numero dei giudici popolari ordinari prescritto tenendo separate le liste degli uomini e quelle delle donne.

Ai fini della formazione delle liste separate dei giudici popolari, uomini e donne, di cui ai due precedenti commi, allorché una delle due liste viene completata, le estrazioni proseguono fino al completamento dell'altra, senza tener conto dei nominativi di coloro che vengono sorteggiati in eccedenza alla lista già formata.

[1] Ai sensi dell'art. 4, D.lgs. 19 feb. 2014, n. 14 (Liste dei giudici popolari): «Le liste dei giudici popolari già formate a norma dell'art. 23 si considerano idonee per la costituzione delle Corti d'assise e delle Corti d'assise d'appello interessate dalla nuova organizzazione giudiziaria di cui al D.lgs. 7 set. 2012, n. 155, fino a sei mesi dopo l'entrata in vigore del D.lgs. 19 feb. 2014, n. 14.».

24. ***Imbussolamento delle schede.*** — Il presidente del Tribunale del luogo ove ha sede la Corte di assise o un giudice da lui delegato, in pubblica udienza, alla presenza del pubblico ministero e di un rappresentante del Consiglio dell'Ordine degli avvocati, e con l'assistenza del cancelliere, pone in una urna portante la indicazione "giudici popolari ordinari" il numero di schede corrispondenti al numero dei giudici, uomini e donne, delle liste generali residenti nei Comuni del circolo.

In ciascuna scheda è scritto nome, cognome, luogo e data di nascita e residenza di un giudice.

In una seconda urna portante l'indicazione "giudici popolari supplenti" lo stesso presidente pone le schede dei giudici, uomini e donne, residenti nel Comune dove ha sede la Corte di assise, osservate le norme del precedente comma. Per il Comune non capoluogo del circolo l'imbussolamento delle schede è fatto dal presidente del Tribunale locale.

Il presidente della Corte di appello o un consigliere da lui delegato, in pubblica udienza, alla presenza del pubblico ministero e di un rappresentante del Consiglio dell'ordine degli avvocati e con l'assistenza del cancelliere, pone in tante urne quante sono le Corti di assise di appello del distretto portanti l'indicazione "giudici popolari ordinari", il numero di schede corrispondente al numero dei giudici popolari, uomini e donne, di Corte di assise di appello delle liste generali residenti nei Comuni dei circoli dipendenti dalla Corte di assise di appello presso la quale i giudici popolari sono destinati a prestare servizio. Si osservano le disposizioni dei due commi precedenti.

Le urne dei giudici popolari ordinari suggellate sono custodite rispettivamente dal presidente della Corte di appello e dal presidente del Tribunale del luogo ove ha sede la Corte di assise, mentre quelle dei giudici popolari supplenti destinati a prestare servizio in Comune diverso da quello ove ha sede la Corte d'assise, sono custodite dai presidenti dei Tribunali locali.

Di tutte le operazioni è redatto processo verbale sottoscritto dal presidente, dal pubblico ministero e dal cancelliere.

CAPO III

Costituzione della Corte di assise e della Corte di assise di appello

25. ***Giudici popolari della sessione.***[1] — Quindici giorni prima della conclusione della sessione della corte di assise e della corte di assise di appello, il presidente in seduta pubblica, da tenersi nella sede in cui si svolgerà la sessione, con l'assistenza dell'ausiliario, alla presenza del pubblico ministero, estrae dall'urna dei giudici popolari ordinari un numero di schede almeno pari alla metà di quelle in essa contenute e comunque non superiore a cinquanta.

Dell'ordine di estrazione è compilato processo verbale sottoscritto dal presidente e dall'ausiliario.

Il presidente fissa il giorno e l'ora per la presentazione davanti a sè in seduta pubblica di tutti i giudici estratti, da tenersi non oltre il quinto giorno successivo, dandone avviso al pubblico ministero. I giudici popolari estratti sono convocati anche oralmente a mezzo di agenti della forza pubblica.

Nel giorno fissato il presidente dispensa i giudici popolari che ne fanno richiesta e risultano legittimamente impediti. Successivamente il presidente chiama a prestare servizio, nell'ordine di estrazione a sorte, tanti giudici popolari quanti ne occorrono per formare il collegio.

Se uno o più dei giudici convocati per la seduta pubblica di cui al comma 4 non si presentano o sono dispensati, il presidente, senza ritardo e fino al terzo giorno anteriore a quello di inizio della sessione, procede alle ulteriori estrazioni necessarie per raggiungere, se possibile, il numero di giudici specificato nel comma 1 e provvede agli adempimenti previsti dai precedenti commi.

[1] Articolo così sostituito dall'art. 34 del D.P.R. 22 set. 1988, n. 449, con decorrenza 24 ott. 1989.

26. ***Servizio dei giudici popolari, loro integrazione e sostituzione.***[1] — I giudici popolari chiamati a prestare servizio esercitano le loro funzioni in tutte le cause della sessione, salvo che esistano motivi di impedimento, di astensione o di ricusazione.

Nei dibattimenti che si prevedono di lunga durata o quando appare comunque opportuno, il presidente dispone che prestino servizio altri giudici popolari in qualità di aggiunti, in numero non superiore a dieci, affinché assistano al dibattimento e sostituiscano i giudici effettivi nel caso di eventuali assenze o impedimenti. Tale sostituzione non è più ammessa dopo la chiusura del dibattimento.

Qualora, nel corso della sessione, per l'assenza dei giudici popolari o per altri motivi, relativamente a una o più delle cause da trattare, diventi impossibile costituire il collegio, questo è completato col chiamare a prestare servizio i giudici popolari della sessione, nell'ordine in cui è avvenuta la loro estrazione a norma dell'art. 25 e, quando occorra, con l'estrarre altre schede dall'urna dei supplenti, nei modi indicati dall'art. 27.

Se il caso di cui al comma 3 si verifica in relazione a giudici chiamati a prestare servizio in qualità di aggiunti, il presidente ha facoltà di chiamare, oltre a quelli necessari a costituire il collegio, altri giudici per un numero complessivo non superiore a dieci.

[1] Articolo così sostituito dall'art. 35 del D.P.R. 22 set. 1988, n. 449. In relazione agli ultimi tre commi v. tuttavia l'art. 10 del D.L. 28 lug. 1989, n. 273 che contiene disposizioni differenti.

27. ***Giudici popolari supplenti.*** — Se, per l'assenza dei giudici popolari estratti a sorte, o per un'altra causa, non è possibile costituire la Corte di assise o la Corte di assise di appello, il presidente estrae dall'urna dei giudici popolari supplenti due schede, non comprese quelle eventualmente estratte dalla prima urna, per ogni giudice mancante, e dispone che i giudici ai quali le schede si riferiscono vengano citati senza ritardo anche oralmente a mezzo di agenti della forza pubblica, per lo stesso giorno o per l'udienza successiva.

Il presidente, qualora occorra, può procedere a successive estrazioni dall'urna dei supplenti fino a che sia possibile costituire il collegio.

I giudici popolari supplenti sono anch'essi chiamati a prestare servizio, nei modi indicati nel primo comma dell'art. 26.[1]

Qualora l'assise sia convocata in un Comune per il quale non esistono le liste dei giudici popolari supplenti, il presidente imbussola in un'urna i numeri corrispondenti ai nominativi dei giudici popolari residenti nel Comune iscritti nell'albo definitivo e, per i giudici di appello, aventi il titolo di studio prescritto dall'art. 10; quindi procede all'estrazione nei modi indicati nei precedenti commi.

[1] Comma così sost. dal D.L. 14 feb. 1978, n. 31.

28. [***Operazioni finali.***][1]

[1] Articolo abrog. dall'art. 36, D.P.R. 22 set. 1988, n. 449, con decorrenza 24 ott. 1989.

28-*bis*. ***Formazione dei collegi delle sezioni.***[1] — Se la Corte d'assise o la Corte d'assise d'appello è divisa in sezioni, agli adempimenti previsti dagli artt. 25, 26, 27 e 28 procede per ciascuna sezione convocata il presidente della stessa.

Qualora uno stesso giudice popolare sia estratto per la composizione di più sezioni, prevale l'estrazione relativa alla composizione della sezione che ha il numero d'ordine più basso.

[1] Articolo inserito dall'art. 3 della L. 21 feb. 1984, n. 14.

29. ***Cause di dispensa dall'ufficio.*** — Sono dispensati dall'ufficio di giudice popolare per la durata della carica:

a) i Ministri e i Sottosegretari di Stato;

b) i membri del Parlamento;

c) i Commissari delle regioni;

d) i componenti gli organi delle regioni preveduti dall'art. 121 della Costituzione o gli organi corrispondenti preveduti dagli statuti regionali speciali;

e) i prefetti delle province.

30. ***Giuramento.***[1] — Nell'assumere servizio i giudici popolari effettivi e i giudici popolari aggiunti prestano giuramento secondo la seguente formula: Con la ferma volontà di compiere da persona d'onore tutto il mio dovere, cosciente della suprema importanza morale e civile dell'ufficio che la legge mi affida, giuro di ascoltare con diligenza e di esaminare con serenità prove e ragioni dell'accusa e della difesa, di formare il mio intimo convincimento giudicando con rettitudine ed imparzialità, e di tenere lontano dall'animo mio ogni sentimento di avversione e di favore, affinché la sentenza riesca quale la società deve attenderla: affermazione di verità e di giustizia. Giuro altresì di conservare il segreto.

Dell'avvenuta prestazione del giuramento è compilato processo verbale sottoscritto dal presidente e dal pubblico ufficiale addetto. I verbali di giuramento sono conservati agli atti della sessione cui si riferiscono e del prestato giuramento si fa menzione, a pena di nullità, nel verbale di dibattimento di ciascuna causa della sessione.

[1] Articolo così sostituito dall'art. 37 del D.P.R. 22 set. 1988, n. 449, con decorrenza 24 ott. 1989.

31. ***Incompatibilità, astensione e ricusazione.*** — Rispetto ai giudici popolari, si osservano, in quanto sono applicabili, le norme sulla incompatibilità, astensione e ricusazione contenute negli artt. 61 e seguenti del c.p.p.

Sull'astensione e sulla ricusazione dei giudici popolari [ovvero dei magistrati, che fanno parte del collegio][1] decide il presidente della Corte di assise o della Corte di assise d'appello.

[Sull'astensione e sulla ricusazione del presidente della Corte di assise o della Corte di assise di appello decide il presidente della Corte di appello].[1]

[1] Sulla competenza a decidere sulla ricusazione si veda ora l'art. 40 del c.p.p.

32. ***Esclusione dei giudici popolari dalle sessioni successive a quella nella quale hanno prestato servizio.*** — Coloro che hanno prestato servizio in una sessione d'assise non possono essere chiamati ad esercitare le loro funzioni nelle sessioni della rimanente parte del biennio.

A tale effetto il presidente della Corte di assise ed il presidente della Corte di assise di appello, al termine di ciascuna sessione, trasmettono le schede dei giudici popolari, che vi hanno preso parte, rispettivamente al presidente del Tribunale del luogo ove ha sede la Corte di assise ed al presidente della Corte di assise di appello, i quali collocano le schede in apposite urne portanti la indicazione: "Giudici popolari che hanno prestato servizio".

33. ***Schede dei giudici popolari che non hanno prestato servizio nella sessione o che debbono essere eliminati dagli elenchi.*** — Le schede dei giudici popolari che, sebbene estratti, non hanno prestato servizio, sono trasmesse dal presidente della Corte di assise al presidente del Tribunale del luogo ove ha sede la Corte stessa, e dal presidente della Corte di assise di appello al presidente della Corte di appello, i quali le ricollocano nelle rispettive urne.

Nelle estrazioni non si computano o si hanno per non estratti i nomi di coloro i quali consta essere defunti ovvero trovarsi nelle condizioni prevedute dall'art. 12. Le relative schede sono trasmesse rispettivamente al presidente del Tribunale del luogo ove ha sede la Corte di assise, o al presidente della Corte di appello i quali procedono alla loro eliminazione.

La disposizione precedente si applica anche quando il giudice popolare di cui è stato estratto il nome risulti, da sentenza passata in giudicato, non più in possesso dei requisiti prescritti dall'art. 9, oppure risulti, in base a certificato della competente autorità, non più cittadino italiano o di età superiore ai 65 anni.

In ogni caso, compiute le estrazioni, le urne sono nella stessa pubblica udienza chiuse e suggellate, compilandosi processo verbale delle eseguite operazioni.

34. ***Sanzioni per omessa presentazione.*** — Il giudice popolare che, chiamato a prestare servizio, non si presenta senza giustificato motivo, può essere condannato, con decreto motivato, dal presidente della Corte di assise o della Corte di assise di appello al pagamento di una somma da euro 2 a euro 15 a favore della cassa delle ammende, e alle spese dell'eventuale sospensione o del rinvio del dibattimento cagionato dalla sua assenza, senza pregiudizio delle più gravi sanzioni stabilite dalla legge nel caso che il fatto da lui commesso costituisca reato.

Il decreto può essere revocato dallo stesso presidente qualora il condannato, entro quindici giorni dalla notificazione, dimostri di essersi trovato nella impossibilità di presentarsi.

35. ***Indebita manifestazione del convincimento.*** — Il giudice popolare, il quale prima che sia pronunziata la sentenza manifesta indebitamente il proprio convincimento sui fatti, che formano oggetto del procedimento, è escluso, previa contestazione, con decreto motivato del presidente, dal far parte del collegio, ed è condannato al pagamento di una somma da euro 10 a euro 25 a favore della cassa delle ammende, oltre alle spese dell'eventuale sospensione o del rinvio del dibattimento, senza pregiudizio delle più gravi sanzioni stabilite dalla legge nel caso che il fatto da lui commesso costituisca reato.

Contro il decreto di condanna è ammessa opposizione, entro cinque giorni dalla notificazione, al presidente della Corte di appello, il quale provvede ugualmente con decreto. L'opposizione non sospende la esecuzione del provvedimento di esclusione.

36. .... [1]

[1] Articolo abrog. dall'art. 299, D.P.R. 30 mag. 2002, n. 115.

37-48. (*Omissis*).[1]

[1] Disposizioni da considerarsi abrogate ex art. 207 coord. c.p.p. e art. 16 del D.lgs. 28 lug. 1989, n. 273.

CRIMINALITÀ

- 1 -

L. 20 ott. 1990, n. 302

Norme a favore delle vittime del terrorismo e della criminalità organizzata

(G.U. 25 ott. 1990, n. 250)

1. ***Casi di elargizione.***[1] — 1. A chiunque subisca un'invalidità subisca un'invalidità permanente non inferiore ad un quarto della capacità lavorativa, per effetto di ferito o lesioni riportate in conseguenza dello svolgersi nel territorio dello Stato di atti di terrorismo o di eversione dell'ordine democratico, a condizione che il soggetto leso non abbia concorso alla commissione degli atti medesimo ovvero di reati a questi connessi ai sensi dell'art. 21 del c.p.p., è corrisposta una elargizione fino a euro 77.468,53, in proporzione alla percentuale di invalidità riscontrata, con riferimento alla capacità lavorativa, in ragione di 1,5 milioni per ogni punto percentuale.

1-*bis*. Le elargizioni del comma 1 non si applicano nei casi in cui l'elargizione sia già stata richiesta o corrisposta da altro Stato.[2]

2. L'elargizione di cui al comma 1 è altresì corrisposta a chiunque subisca un'invalidità permanente non inferiore ad un quarto della capacità lavorativa, per effetto di ferite o lesioni corrisposte in conseguenza dello svolgersi nel territorio dello Stato di fatti delittuosi commessi per il proseguimento delle finalità delle associazioni di cui all'art. 416-*bis* del codice penale, a condizione che:

a) il soggetto leso non abbia concorso alla commissione del fatto delittuoso lesivo ovvero di reati che con il medesimo siano connessi ai sensi dell'art. 12 del c.p.p.;

b) il soggetto leso risulti essere del tutto estraneo ad ambienti e rapporti delinquenziali, salvo che si dimostri l'accidentalità del suo coinvolgimento passivo nell'azione criminosa lesiva, ovvero risulti che il medesimo, al tempo dell'evento, si era già dissociato o comunque estraniato dagli ambienti e dai rapporti delinquenziali cui partecipava.

3. La medesima elargizione è corrisposta anche a chiunque subisca un'invalidità permanente non inferiore ad un quarto della capacità lavorativa, per effetto di ferite o lesioni riportate in conseguenza dello svolgersi nel territorio dello Stato di operazioni di prevenzione o repressione dei fatti delittuosi di cui ai commi 1 e 2, a condizione che il soggetto leso sia del tutto estraneo alle attività criminose oggetto delle operazioni medesime.

4. L'elargizione di cui al presente articolo è inoltre corrisposta a chiunque, fuori dai casi di cui al comma 3, subisca un'invalidità permanente non inferiore ad un quarto della capacità lavorativa, per effetto di ferite o lesioni riportate in conse-

guenza dell'assistenza prestata, e legalmente richiesta per iscritto ovvero verbalmente nei casi di flagranza di reato o di prestazione di soccorso, ad ufficiali ed agenti di pubblica sicurezza, nel corso di azioni od operazioni di cui al presente articolo, svoltesi nel territorio dello Stato.

5. Ai fini del presente articolo, l'invalidità permanente che comporti la cessazione dell'attività lavorativa o del rapporto di impiego è equiparata all'invalidità permanente pari a quattro quinti della capacità lavorativa.

[1] Ai sensi dell'art. 2, c. 105, della L. 24 dic. 2007, n. 244 (Legge Finanziaria) «A decorrere dal 1° gennaio 2008, alle vittime della criminalità organizzata [...] e ai loro familiari superstiti, alle vittime del dovere di cui all'art. 1, c. 563 e 564 della L. 23 dic. 2005, n. 266, e ai loro familiari superstiti, nonché ai sindaci vittime di atti criminali nell'ambito dell'espletamento delle loro funzioni e ai loro familiari superstiti, sono erogati i benefici di cui all'art. 5, c. 3 e 4, della L. 3 ago. 2004, n. 206 (Nuove norme in favore delle vittime del terrorismo e delle stragi di tale matrice).

[2] Comma aggiunto dall'art. 6 della L. 14 gen. 2003, n. 7.

2. ***Aumento della speciale elargizione.*** — 1. La speciale elargizione di euro 51.645,69 di cui alla L. 13 ago. 1980, n. 466, e successive modificazione e integrazioni, è elevata, per gli eventi successivi alla data di entrata in vigore della presente legge, a euro 77.468,53.

3. ***Opzione del beneficiario per un assegno vitalizio.*** — 1. Il cittadino italiano, anche dipendente pubblico, che subisca un'invalidità permanente pari almeno a due terzi della capacità lavorativa, nei casi previsti dall'art. 1, può optare, in luogo della elargizione in unica soluzione, per un assegno vitalizio commisurato all'entità della invalidità permanente, in riferimento alla capacità lavorativa, in ragione di euro 6,20 mensili per ogni punto percentuale.

4. ***Elargizione ai superstiti.*** — 1. Ai componenti la famiglia di colui che perda la vita per effetto di ferite o lesioni riportate in conseguenza dello svolgersi delle azioni od operazioni di cui all'art. 1 è corrisposta una elargizione complessiva, anche in caso di concorso di più soggetto, di euro 77.468,53, secondo l'ordine fissato dall'art. 6 della L. 13 ago. 1980, n. 466, come sostituto dall'art. 2 della L. 4 dic. 1981, n. 720.

2. L'elargizione di cui al comma 1 è corrisposta altresì a soggetti non parenti né affini, né legati da rapporto di coniugio, che risultino conviventi a carico della persona deceduta negli ultimi tre anni precedenti l'evento ed ai conviventi *more uxorio*; detti soggetti sono all'uopo posti, nell'ordine stabilito dal citato art. 6 della L. 13 ago. 1980, n. 466, dopo i fratelli e le sorelle conviventi a carico.[1]

[1] Ai sensi dell'art. 2-*quinquies* del D.L. 2 ott. 2008, n. 151, conv. con modif. in L. 28 nov. 2008, n. 186, i benefici previsti per i superstiti sono concessi a condizione che:

a) il beneficiario non risulti coniuge, affine o convivente di soggetti nei cui confronti risulti in corso un procedimento per l'applicazione o sia applicata una misura di prevenzione di cui alla L. 31 mag. 1965, n. 575 e successive modificazioni, ovvero di soggetti nei cui confronti risulti in corso un procedimento penale per uno dei delitti di cui all'art. 51, c. 3-*bis* del c.p.p.;

b) il beneficiario risulti essere del tutto estraneo ad ambienti e rapporti delinquenziali, ovvero risulti, al tempo dell'evento, già dissociato dagli ambienti e dai rapporti delinquenziali cui partecipava.

Ai sensi del c. 2 dell'art. 2-*quinquies* della legge sopracitata «Il sopravvenuto mutamento delle condizioni previste dagli artt. 1 e 4 della L. 20 ott. 1990, n. 302, e successive modificazioni, comporta l'interruzione delle erogazioni disposte e la ripetizione integrale delle somme già corrisposte».

5. ***Opzione dei superstiti per un assegno vitalizio.*** — 1. Il coniuge di cittadinanza italiana o il convivente *more uxorio* e i parenti a carico entro il secondo grado di cittadinanza italiana possono optare, se destinatari in tutto o in parte della elargizione di cui al c. 1 dell'art. 4, in base all'ordine di spettanza, per un assegno vitalizio personale a loro favore, non reversibile, del seguente ammontare:

a) euro 309,67 mensili, se i chiamati all'elargizione sono in numero non superiore a tre;

b) euro 193,67 mensili, se i chiamati all'elargizione sono quattro o cinque;

c) euro 154,94 mensili, se i chiamati all'elargizione sono in numero superiore a cinque.

6. ***Termini e modalità per l'attivazione dei procedimenti di corresponsione del benefici.*** — 1. Nei casi previsti dalla presente legge, gli interessati devono presentare domanda non oltre tre mesi dal passaggio in giudicato della sentenza.

2. Si prescinde dalla domanda, e si procede d'ufficio, nel caso di dipendente pubblico vittima del dovere.

3. Per i benefici relativi ad eventi verificatisi prima della data di entrata in vigore della presente legge si procede in ogni caso a domanda degli interessati.

7. ***Criteri di decisione e riferimento alle risultanze giudiziarie.*** — 1. I competenti organi amministrativi decidono sul conferimento dei benefici previsti dalla presente legge sulla base di quanto attestato in sede giurisdizionale con sentenza, ancorché non definitiva, ovvero, ove la decisione amministrativa intervenga in assenza di riferimento a sentenza, sulla base delle informazioni acquisite e delle indagini esperite.

2. A tali fini, i competenti organi si pronunciano sulla natura delle azioni criminose lesive, sul nesso di causalità tra queste e le lesioni prodotte, sui singoli presupposti positivi e negativi stabiliti dalla presente legge per il conferimento dei benefici.

3. Ove si giunga a decisione positiva per il conferimento di benefici, in assenza di sentenza, ancorché non definitiva, i competenti organi possono disporre, su istanza degli interessati, esclusivamente la corresponsione dell'assegno vitalizio, nei casi previsti dalla presente legge e previa espressa opzione, ovvero, nei casi di elargizione

in unica soluzione, una provvisionale pari al 90 per cento[1] dell'ammontare complessivo dell'elargizione stessa.

4. Nei casi di cui al comma 3, all'esito della sentenza di primo grado gli organi competenti delibano le risultanze in essa contenute e verificano nuovamente la sussistenza dei presupposti per la concessione dei benefici, disponendo o negando la definitiva erogazione dell'assegno vitalizio o del residuo dell'elargizione in unica soluzione. Non si dà comunque luogo a ripetizione di quanto già erogato limitatamente ad una quota pari al 20 per cento.[2]

5. Ove si giunga a decisione negativa sul conferimento di benefici, in assenza di sentenza, ancorché non definitiva, i competenti organi, all'atto della disponibilità della sentenza di primo grado, delibano quanto in essa stabilito, disponendo la conferma o la riforma della precedente decisione.

6. La decisione, nel rispetto di quanto fissato nei precedenti commi, fatto salvo il ricorso giurisdizionale, è definitiva. L'eventuale contrasto tra gli assunti posti a base della stessa, alla stregua di sentenza di primo grado, e quelli contenuti nella sentenza passata in giudicato, è irrilevante ai fini dei benefici già corrisposti.[3]

[1] Parole così sost. dall'art. 1, c. I, lett. *a*) del D.L. 4 feb. 2003, n. 13, conv. con modif., nella L. 2 apr. 2003, n. 56.

[2] Parole aggiunte dall'art. 1, c. I, lett. *a*) del D.L. 4 feb. 2003, n. 13, conv. con modif., nella L. 2 apr. 2003, n. 56.

[3] Gli importi già corrisposti a titolo di provvisionale ai sensi del comma 3 sono soggetti a rideterminazione in base a quanto previsto dall'art. 4 della L. 2 apr. 2003, n. 56.

8. ***Rivalutazione dei benefici.*** — 1. Gli assegni vitalizi di cui alla presente legge sono soggetti ad una automatica rivalutazione annuale in misura pari al tasso di inflazione accertato per l'anno precedente, sulla base dei dati ufficiali ISTAT, e sono esenti dall'IRPEF.

2. Le elargizioni previste dalla presente legge rivalutate con i criteri di cui al comma 1 alla data della corresponsione e sono esenti dall'IRPEF.

9. ***Applicazione dei benefici di guerra.*** — 1. Le disposizioni di legge vigenti a favore degli invalidi civili di guerra e delle famiglie dei caduti civili di guerra si applicano anche a favore degli invalidi civili e dei caduti a causa di atti di terrorismo consumati in Italia e delle loro famiglie, in quanto compatibili con la presente legge.

2. La condizione di invalido civile e di caduta a causa di atti di terrorismo, nonché di vittima della criminalità organizzata sono certificate dal prefetto del luogo di residenza, secondo modalità stabilite con decreto del Ministro dell'interno.

10. ***Autonomia del beneficio e concorrenza con il risarcimento del danno.*** — 1. Le elargizioni e gli assegni vitalizi di cui alla presente legge sono erogati indipendentemente dalle condizioni economiche e dall'età del soggetto leso o dei soggetti beneficiari e dal diritto al risarcimento del danno agli stessi spettante nei confronti dei responsabili dei fatti delittuosi.

2. Tuttavia, se il beneficiario ha già ottenuto il risarcimento del danno, il relativo importo si detrae dall'entità dell'elargizione. Nel caso di corresponsione di assegno vitalizio la detrazione è operata dopo aver proceduto alla capitalizzazione dello stesso, moltiplicando l'ammontare annuale dell'assegno per il numero di anno corrispondente alla differenza tra l'età del beneficiario e la cifra 75.

3. Qualora il risarcimento non sia stato ancora conseguito, lo Stato è surrogato, fino all'ammontare dell'elargizione o della somma relativa alla capitalizzazione dell'assegno vitalizio, nel diritto del beneficiario verso i responsabili.

11. ***Involontario concorso nell'evento e uso legittimo delle armi.*** — 1. Ai fini dell'applicazione del benefici previsti dalla presente legge, è irrilevante l'eventuale involontario concorso, anche di natura colposa, della vittima o del soggetto leso al verificarsi dell'evento, nonché l'uso legittimo delle armi.

12. ***Eventi pregressi.*** — 1. I benefici di cui alla presente legge si applicano alle vittime e ai superstiti per gli eventi verificatisi successivamente alla data del 1° gen. 1969.

2. Per i fatti contemplati dal c. 1 dell'art. 1 i benefici di cui alla presente legge si applicano per gli eventi verificatisi successivamente alla data del 1° gen. 1969. I benefici di cui al presente comma sono erogati agli aventi diritto in due ratei a carico degli esercizi 1990 e 1991 pari, rispettivamente, al 55% e al 45% dell'ammontare complessivo.

3. Gli importi già corrisposti a titolo di speciale elargizione di cui alla L. 13 ago. 1980, n. 466, e successive modificazioni, sono soggetti a riliquidazione in base alle disposizioni della presente legge.

13. ***Concorso di benefici.*** — 1. Gli assegni vitalizi dalla presente legge non sono cumulabili con provvidenze pubbliche a carattere continuativo conferite o conferibili in ragione delle medesime circostanze, quale che sia la situazione soggettiva della persona lesa o comunque beneficiaria.

2. Parimenti, le elargizione di cui alla presente legge non sono cumulabili con provvidenze pubbliche in unica soluzione o comunque a carattere non continuativo, conferite o conferibili in ragione delle medesime circostanze, quale che sia la situazione soggettiva della persona lesa o comunque beneficiaria.

3. In caso di concorso di benefici pubblici non cumulabili è richiesta esplicita e irrevocabile opzione da parte dei soggetti interessati, con espressa rinuncia ad ogni altra provvidenza pubblica conferibile in ragione delle medesime circostanze.

4. Per gli eventi precedenti la data di entrata in vigore della presente legge, l'opzione di cui al comma 3 non è più effettuabile qualora agli interessati siano già state corrisposte provvidenze a carattere

continuativo previste in ragione delle circostanze considerate nella presente legge.

5. Per i medesimi eventi di cui al comma 4 è riconosciuto il diritto di accedere alla differenza tra l'elargizione in unica soluzione già concessa e quella prevista dalla presente legge.

14. ***Diritto di assunzione presso le pubbliche amministrazioni.***[1]

[1] Articolo abrog. dall'art. 2, L. 12 mar. 1999, n. 68.

15. ***Esenzioni dai ticket sanitari.*** — 1. I cittadini italiani che abbiano subito ferite o lesioni in conseguenza degli atti di cui all'art. 1 sono esenti dal pagamento di ticket per ogni tipo di prestazione sanitaria.

2. Entro sessanta giorni dalla data di entrata in vigore della presente legge, il Ministro della sanità stabilisce con proprio decreto, da emanarsi di concerto con il Ministro dell'interno, le modalità di attuazione dell'esenzione di cui al comma 1.

16-19. (*Omissis*).

- 2 -

D.L. 13 mag. 1991, n. 152

Provvedimenti urgenti in tema di lotta alla criminalità organizzata e di trasparenza e buon andamento dell'attività amministrativa

(G.U. 13 mag. 1991, n. 110)
conv. in L. 12 lug. 1991, n. 203
(G.U. 12 lug. 1991, n. 162)

CAPO I
Persone condannate per particolari delitti

1. (*Omissis*).[1]

[1] V. gli artt. 4-*bis*, 21 comma 1, 30-*ter*, 50 comma 2, 58-*ter*, 58-*quater* della L. 26 lug. 1975, n. 354.

2. 1. I condannati per i delitti indicati nei commi 1, 1-*ter* e 1-*quater* dell'art. 4-*bis* della L. 26 lug. 1975, n. 354, possono essere ammessi alla liberazione condizionale solo se ricorrono i relativi presupposti previsti dallo stesso comma per la concessione dei benefici ivi indicati. Si osservano le disposizioni dei commi 2 e 3 dell'art. 4-*bis* della L. 26 lug. 1975, n. 354.[1]

2. Fermi restando gli ulteriori requisiti e gli altri limiti di pena previsti dall'art. 176 del c.p. e fatto salvo quanto stabilito dall'art. 8 della L. 29 mag. 1982, n. 304, i soggetti di cui al comma 1 non possono comunque essere ammessi alla liberazione condizionale se non hanno scontato almeno due terzi della pena temporanea.

3. La disposizione del comma 2 non si applica alle persone indicate nell'art. 58-*ter* della L. 26 lug. 1975, n. 354.

[1] La Corte cost., con sent. 22 feb. 1995, n. 68, ha dichiarato l'ill. cost. di questo comma "nella parte in cui non prevede che i condannati per i delitti indicati nel comma 1 dell'art. 4-*bis* della L. 26 lug. 1975, n. 354, possano essere ammessi alla liberazione condizionale anche nel caso in cui l'integrale accertamento dei fatti e delle responsabilità operato con sentenza irrevocabile renda impossibile un'utile collaborazione con la giustizia, sempre che siano stati acquisiti elementi tali da escludere l'attualità di collegamenti con la criminalità organizzata".

3. 1. È consentito l'arresto anche fuori dei casi di flagranza della persona che ha posto in essere una condotta punibile a norma dell'art. 385 del c.p. Nell'udienza di convalida il giudice, se ne ricorrono i presupposti, dispone l'applicazione di una delle misure coercitive previste dalla legge anche al di fuori dei limiti previsti dall'art. 280 del c.p.p.

4. 1. Le disposizioni di cui all'art. 1, commi 2, 3, lettera *c*), e 4, e all'art. 2, comma 2, nonché le disposizioni di cui all'art. 58-*quater*, comma 4, della L. 26 lug. 1975, n. 354, si applicano esclusivamente nei confronti dei condannati per delitti commessi dopo la data di entrata in vigore del presente decreto.

2. Le disposizioni di cui all'art. 58-*quater*, comma 2, della L. 26 lug. 1975, n. 354, si applicano ai condannati nei confronti dei quali il provvedimento di revoca è stato adottato dopo la data di entrata in vigore del presente decreto.

3. Per i reati commessi anteriormente alla data di entrata in vigore della L. 26 giu. 1990, n. 162, i riferimenti, contenuti nell'art. 4-*bis* della L. 26 lug. 1975, n. 454, ai delitti di cui agli artt. 73, 74 e 80 del testo unico delle leggi in materia di disciplina degli stupefacenti e sostanze psicotrope, prevenzione, cura e riabilitazione dei relativi stati di tossicodipendenza, approvato con D.P.R. 9 ott. 1990, n. 309, si intendono effettuati alle corrispondenti fattispecie della L. 22 dic. 1975, n. 685, nel testo vigente anteriormente alla data di entrata in vigore della L. 26 giu. 1990, n. 162.

4. Le disposizioni del presente capo non si applicano nei confronti dei condannati per reati commessi durante la minore età, fatta eccezione di quanto previsto dall'art. 4-*bis*, commi 1 e 2, della L. 26 lug. 1975, n. 354.

5-6. (*Omissis*).

7-8.[1]

[1] Articoli abrog. dall'art.7, D.lgs 1 mar. 2018, n. 21.

9-12. (*Omissis*).

CAPO VII
Modifiche alla disciplina delle intercettazioni di conversazioni o comunicazioni

13. 1. In deroga a quanto disposto dall'art. 267 del c.p.p., l'autorizzazione a disporre le operazioni previste dall'art. 266 dello stesso codice è data, con decreto motivato, quando l'intercettazione è necessaria per lo svolgimento delle indagini in relazione ad un delitto di criminalità organizzata o di minaccia col mezzo del telefono in ordine ai quali sussistano sufficienti indizi. Nella valutazione dei sufficienti indizi si applica l'art. 203 del c.p.p.[2] Quando si tratta di intercettazione di comunicazioni tra presenti disposta in un procedimento relativo ad un delitto di criminalità organizzata e che avvenga nei luoghi indicati dall'art. 614 del c.p., l'intercettazione è consentita anche se non vi è motivo di ritenere che nei luoghi predetti si stia svolgendo l'attività criminosa.[1]

2. Nei casi di cui al comma 1, la durata delle operazioni non può superare i quaranta giorni, ma può essere prorogata dal giudice con decreto motivato per periodi successivi di venti giorni, qualora permangano i presupposti indicati nel comma 1. Nei casi di urgenza, alla proroga provvede direttamente il pubblico ministero; in tal caso si osservano le disposizioni del comma 2 dell'art. 267 del codice di procedura penale.

3. Negli stessi casi di cui al comma 1 il pubblico ministero e l'ufficiale di polizia giudiziaria possono farsi coadiuvare da agenti di polizia giudiziaria.

[1] L'ultimo periodo del primo comma è stato aggiunto dall'art. 3-*bis* del D.L. 8 giu. 1992, n. 306, conv. in L. 7 ago. 1992, n. 356.

[2] Periodo inserito dall'art. 23, comma 1, L. 1 mar. 2001, n. 63.

14-24. (*Omissis*).

- 3 -

D.L. 8 giu. 1992, n. 306

Modifiche urgenti al nuovo c.p.p. e provvedimenti di contrasto alla criminalità mafiosa

(G.U. 8 giu. 1992, n. 133)
conv. con modif. in L. 7 ago. 1992, n. 356
(G.U. 7 ago. 1992, n. 356)

1-12. (*Omissis*).

12-*bis*. *Giudizio direttissimo.* — Per i reati concernenti le armi e gli esplosivi, il pubblico ministero procede al giudizio direttissimo anche fuori dei casi previsti dagli artt. 449 e 558 c.p.p., salvo che siano necessarie speciali indagini.[1]

[1] Comma modif. dall'art. 51, c. 2, L. 16 dic. 1999, n. 479.

12-*ter*. (*Omissis*).

12-*quater*. *Ricettazione di armi, riciclaggio e reimpiego simulati.*[1]

[1] Articolo abrog. dall'art. 9, c. 11, L. 16 mar. 2006, n. 146 (Crimine Transnazionale).

12-*quinquies*. *Trasferimento fraudolento di valori.*[1]

[1] Articolo abrog. dall'art. 7, D.lgs. 1 mar. 2018, n. 21.

12-*sexies*. *Ipotesi particolari di confisca.* — 1.[1]

2-2-*bis*.[2]

2-*ter*.[1]

2-*quater*-4.[2]

4-*bis*.[1]

4-*ter*. Con separati decreti, il Ministro dell'interno, di concerto con il Ministro della giustizia, sentiti gli altri Ministri interessati, stabilisce anche la quota dei beni sequestrati e confiscati a norma dell'articolo 240-*bis* del codice penale[3] da destinarsi per l'attuazione delle speciali misure di protezione previste dal decreto-legge 15 gennaio 1991, n. 8, convertito, con modificazioni, dalla legge 15 marzo 1991, n. 82, e successive modificazioni, e per le elargizioni previste dalla legge 20 ottobre 1990, n. 302, recante norme a favore delle vittime del terrorismo e della criminalità organizzata. Nei decreti il Ministro stabilisce anche che, a favore delle vittime, possa essere costituito un Fondo di solidarietà per le ipotesi in cui la persona offesa non abbia potuto ottenere in tutto o in parte le restituzioni o il risarcimento dei danni conseguenti al reato.

4-*quater*. Il Consiglio di Stato esprime il proprio parere sugli schemi di regolamento di cui al comma 4-*ter* entro trenta giorni dalla richiesta, decorsi i quali il regolamento può comunque essere adottato.

4-*quinquies-4-novies*.[1]

[1] Commi abrog. dall'art. 7, D.lgs. 1 mar. 2018, n. 21.
[2] Comma abrog. dall'art. 31, c. 1, L. 17 ott. 2017, n. 161.
[3] Parole ins. dall'art. 6, c. 2, D.lgs. 1 mar. 2018, n. 21.

13-25. (*Omissis*).

25-*bis*. *Perquisizioni di edifici.* — 1. Fermo quanto previsto dall'articolo 27, comma 2, della legge 19 marzo 1990, n. 55, gli ufficiali di polizia giudiziaria possono procedere a perquisizioni locali di interi edifici o di blocchi di edifici dove abbiano fondato motivo di ritenere che si trovino armi, munizioni o esplosivi ovvero che sia rifugiato un latitante o un evaso in relazione a taluno dei delitti indicati nell'articolo 51, comma 3-*bis*, del codice di procedura penale ovvero ai delitti con finalità di terrorismo.

2. Nel corso delle operazioni di perquisizione di cui al comma 1 può essere sospesa la circolazione di persone e di veicoli nelle aree interessate.

3. Delle operazioni di perquisizione di cui al comma 1 è data notizia immediatamente, e comunque entro dodici ore, al procuratore della Repubblica presso il tribunale del luogo in cui le operazioni sono effettuate il quale, se ne ricorrono i presupposti, le convalida entro le successive quarantotto ore.

25-*ter*-29. (*Omissis*).

- 4 -

L. 16 mar. 2006, n. 146

Ratifica ed esecuzione della convenzione e dei protocolli delle Nazioni Unite contro il crimine organizzato transnazionale

(G.U. 11 apr. 2006, n. 85)

1. ***Autorizzazione alla ratifica.*** — 1. Il Presidente della Repubblica è autorizzato a ratificare la Convenzione ed i Protocolli delle Nazioni Unite contro il crimine organizzato transnazionale, adottati dall'Assemblea generale il 15 novembre 2000 ed il 31 maggio 2001.

2. ***Ordine di esecuzione.*** — 1. Piena ed intera esecuzione è data alla Convenzione ed ai Protocolli di cui all'art. 1, di seguito denominati rispettivamente: «Convenzione» e «Protocolli», a decorrere dalla data della loro rispettiva entrata in vigore.

3. ***Definizione di reato transnazionale.*** — 1. Ai fini della presente legge si considera reato transnazionale il reato punito con la pena della reclusione non inferiore nel massimo a quattro anni, qualora sia coinvolto un gruppo criminale organizzato, nonché:

a) sia commesso in più di uno Stato;

b) ovvero sia commesso in uno Stato, ma una parte sostanziale della sua preparazione, pianificazione, direzione o controllo avvenga in un altro Stato;

c) ovvero sia commesso in uno Stato, ma in esso sia implicato un gruppo criminale organizzato impegnato in attività criminali in più di uno Stato;

d) ovvero sia commesso in uno Stato ma abbia effetti sostanziali in un altro Stato.

4. ***Circostanza aggravante.***[1]

[1] Articolo abrog. dall'art. 7, D.lgs. 1 mar. 2018, n. 21. I richiami alle disposizioni del presente articolo si intendono riferiti all'art. 61-*bis* del c.p.

5. ***Autorità centrale ed autorità di riferimento per le attività previste dalla Convenzione e dai Protocolli.*** — 1. L'autorità centrale ai sensi dell'art. 18, paragrafo 13, della Convenzione, è il Ministro della giustizia.

2. Con decreto del Presidente del Consiglio dei ministri, adottato entro centoventi giorni dalla data di entrata in vigore della presente legge, sono individuate le autorità di riferimento per le attività previste dalla Convenzione e dai Protocolli.

6. ***Informazione al Parlamento sulla cooperazione in materia di estradizione e di assistenza giudiziaria.*** — 1. Con cadenza annuale il Ministro della giustizia informa le Camere sullo stato di attuazione delle previsioni dell'art. 16 della Convenzione, in merito alla collaborazione tra Stati Parte in materia di estradizione.

2. Con cadenza annuale il Ministro della giustizia informa le Camere sullo stato di attuazione delle previsioni dell'art. 18 della Convenzione, in merito alla collaborazione tra Stati Parte in materia di assistenza giudiziaria.

7. ***Trasferimento dei procedimenti penali.*** — 1. Il trasferimento dei procedimenti penali previsto dall'art. 21 della Convenzione avviene esclusivamente nelle forme e nei limiti degli Accordi internazionali. Tali Accordi sono ratificati previa autorizzazione data con legge.

2. Con cadenza annuale il Ministro della giustizia informa le Camere sullo stato di attuazione delle previsioni dell'art. 21 della Convenzione, in merito al quadro complessivo degli Accordi di trasferimento raggiunti con gli altri Stati Parte, al numero dei procedimenti penali effettivamente trasferiti e ad eventuali problemi applicativi.

8. ***Informazione al Parlamento sulla cooperazione di polizia.*** — 1. Con cadenza annuale il Ministro dell'interno informa le Camere sullo stato di attuazione delle previsioni dell'art. 27 della Convenzione, con specifico riferimento alle azioni intraprese sulla base di tale disposizione ed al quadro delle intese o accordi conclusi ai sensi del paragrafo 2 del medesimo articolo.

9. ***Operazioni sotto copertura.*** — 1. Fermo quanto disposto dall'art. 51 del codice penale, non sono punibili:

a) gli ufficiali di polizia giudiziaria della Polizia di Stato, dell'Arma dei carabinieri e del Corpo della guardia di finanza, appartenenti alle strutture specializzate o alla Direzione investigativa antimafia, nei limiti delle proprie competenze, i quali, nel corso di specifiche operazioni di polizia e, comunque, al solo fine di acquisire elementi di prova in ordine ai delitti previsti dagli articoli 317, 318, 319, 319-*bis*, 319-*ter*, 319-*quater*, primo comma, 320, 321, 322, 322-*bis*, 346-*bis*, 353, 353-*bis*, 452-*quaterdecies*, 453, 454, 455, 460, 461, 473, 474, 629, 630, 644, 648-*bis* e 648-*ter*, nonché nel libro secondo, titolo XII, capo III, sezione I, del codice penale, ai delitti concernenti armi, munizioni, esplosivi, ai delitti previsti dall'articolo 12, commi 1, 3, 3-*bis* e 3-*ter*, del testo unico delle disposizioni concernenti la disciplina dell'immigrazione e norme sulla condizione dello straniero, di cui al decreto legislativo 25 luglio 1998, n. 286, nonché ai delitti previsti dal testo unico delle leggi in materia di disciplina degli stupefacenti e sostanze psicotrope, prevenzione, cura e riabilitazione dei relativi stati di tossicodipendenza, di cui al decreto del Presidente della Repubblica 9 ottobre 1990, n. 309, e dall'articolo 3 della legge 20 febbraio 1958, n. 75, anche per interposta persona, danno rifugio o comunque prestano assistenza agli associati, acquistano, ricevono, sostituiscono od occultano denaro o altra utilità, armi, documenti, sostanze stupefacenti o psicotrope, beni ovvero cose che sono oggetto, prodotto, profitto, prezzo o mezzo per commettere il reato o ne accettano l'offerta o la promessa o altrimenti ostacolano l'individuazione della loro provenienza o ne consentono l'impiego ovvero corrispondono denaro o altra utilità in esecuzione di un accordo illecito già concluso da altri, promettono o danno denaro o altra utilità richiesti da un pubblico ufficiale o da un incaricato di un pubblico servizio o sollecitati come prezzo della mediazione illecita verso un pubblico ufficiale o un incaricato di un pubblico servizio o per remunerarlo o compiono attività prodromiche e strumentali;[1]

b) gli ufficiali di polizia giudiziaria appartenenti agli organismi investigativi della Polizia di Stato e dell'Arma dei carabinieri specializzati nell'attività di contrasto al terrorismo e all'eversione e del Corpo della guardia di finanza competenti nelle attività di contrasto al finanziamento del terrorismo, i quali, nel corso di specifiche operazioni di polizia e, comunque, al solo fine di acquisire elementi di prova in ordine ai delitti commessi con finalità di terrorismo o di eversione, anche per interposta persona, compiono le attività di cui alla lettera *a*);

b-bis) gli ufficiali di polizia giudiziaria degli organismi specializzati nel settore dei beni culturali, nell'attività di contrasto dei delitti di cui agli articoli 518-*sexies* e 518-*septies* del codice penale, i quali nel corso di specifiche operazioni di polizia e, comunque, al solo fine di acquisire elementi di prova, anche per interposta persona, compiono le attività di cui alla lettera *a*).[2]

1-*bis*. La causa di giustificazione di cui al comma 1 si applica agli ufficiali e agenti di polizia giudiziaria e agli ausiliari che operano sotto copertura quando le attività sono condotte in attuazione di operazioni autorizzate e documentate ai sensi del presente articolo. La disposizione di cui al precedente periodo si applica anche alle interposte persone che compiono gli atti di cui al comma 1.[3]

2. Negli stessi casi previsti dal comma 1, gli ufficiali e gli agenti di polizia giudiziaria possono utilizzare documenti, identità o indicazioni di copertura rilasciati dagli organismi competenti secondo le modalità stabilite dal decreto di cui al comma 5, anche per attivare o entrare in contatto con soggetti e siti nelle reti di comunicazione, informandone il pubblico ministero al più presto e comunque entro le quarantotto ore dall'inizio delle attività.

3. L'esecuzione delle operazioni di cui ai commi 1 e 2 è disposta dagli organi di vertice ovvero, per loro delega, dai rispettivi responsabili di livello almeno provinciale, secondo l'appartenenza del personale di polizia giudiziaria impiegato, d'intesa con la Direzione centrale dell'immigrazione e della polizia delle frontiere per i delitti previsti dall'articolo 12, commi 1, 3, 3-*bis* e 3-*ter*, del testo unico di cui al decreto legislativo 25 luglio 1998, n. 286, e successive modificazioni. L'esecuzione delle operazioni di cui ai commi 1 e 2 in relazione ai delitti previsti dal testo unico di cui al decreto del Presidente della Repubblica 9 ottobre 1990, n. 309, di seguito denominate "attività antidroga", è specificatamente disposta dalla Direzione centrale per i servizi antidroga o, sempre d'intesa con questa, dagli organi di vertice ovvero, per loro delega, dai rispettivi responsabili di livello almeno provinciale, secondo l'appartenenza del personale di polizia giudiziaria impiegato.[4]

4. L'organo che dispone l'esecuzione delle operazioni di cui ai commi 1 e 2 deve dare preventiva comunicazione all'autorità giudiziaria competente per le indagini. Dell'esecuzione delle attività antidroga è data immediata e dettagliata comunicazione alla Direzione centrale per i servizi antidroga e al pubblico ministero competente per le indagini. Se necessario o se richiesto dal pubblico ministero e, per le attività antidroga, anche dalla Direzione centrale per i servizi antidroga, è indicato il nominativo dell'ufficiale di polizia giudiziaria responsabile dell'operazione, nonche' quelli degli eventuali ausiliari e interposte persone impiegati. Il pubblico ministero deve comunque essere informato senza ritardo, a cura del medesimo organo, nel corso dell'operazione, delle modalità e dei soggetti che vi partecipano, nonché dei risultati della stessa.[4]

5. Per l'esecuzione delle operazioni di cui ai commi 1 e 2, gli ufficiali di polizia giudiziaria possono avvalersi di agenti di polizia giudiziaria, di ausiliari e di interposte persone ai quali si estende la causa di non punibilità prevista per i medesimi casi. Per l'esecuzione delle operazioni può essere autorizzata l'utilizzazione temporanea di beni mobili ed immobili, di documenti di copertura, l'attivazione di siti nelle reti, la realizzazione e la gestione di aree di comunicazione o scambio su reti o sistemi informatici, secondo le modalità stabilite con decreto del Ministro dell'interno, di concerto con il Ministro della giustizia e con gli altri Ministri interessati. Con il medesimo decreto sono stabilite altresì le forme e le modalità per il coordinamento, anche in ambito internazionale, a fini informativi e operativi tra gli organismi investigativi.

6. Quando è necessario per acquisire rilevanti elementi probatori ovvero per l'individuazione o la cattura dei responsabili dei delitti previsti dal comma 1, per i delitti di cui al decreto del Presidente della Repubblica 9 ottobre 1990, n. 309, limitatamente ai casi previsti agli articoli 70, commi 4, 6 e 10, 73 e 74, gli ufficiali di polizia giudiziaria, nell'ambito delle rispettive attribuzioni, e le autorità doganali, limitatamente ai citati articoli 70, commi 4, 6 e 10, 73 e 74 del testo unico di cui al decreto del Presidente della Repubblica n. 309 del 1990, e successive modificazioni, possono omettere o ritardare gli atti di propria competenza, dandone immediato avviso, anche oralmente, al pubblico ministero, che può disporre diversamente, e trasmettendo allo stesso pubblico ministeromotivato rapporto entro le successive quarantotto ore. Per le attività antidroga, il medesimo immediato avviso deve pervenire alla Direzione centrale per i servizi antidro-

ga per il necessario coordinamento anche in ambito internazionale.[3]

6-*bis*. Quando è necessario per acquisire rilevanti elementi probatori, ovvero per l'individuazione o la cattura dei responsabili dei delitti di cui all'articolo 630 del codice penale, il pubblico ministero può richiedere che sia autorizzata la disposizione di beni, denaro o altra utilità per l'esecuzione di operazioni controllate per il pagamento del riscatto, indicandone le modalità. Il giudice provvede con decreto motivato.[5]

7. Per gli stessi motivi di cui al comma 6, il pubblico ministero può, con decreto motivato, ritardare l'esecuzione dei provvedimenti che applicano una misura cautelare, del fermo dell'indiziato di delitto, dell'ordine di esecuzione di pene detentive o del sequestro. Nei casi di urgenza, il ritardo dell'esecuzione dei predetti provvedimenti può essere disposto anche oralmente, ma il relativo decreto deve essere emesso entro le successive quarantotto ore. Il pubblico ministero impartisce alla polizia giudiziaria le disposizioni necessarie al controllo degli sviluppi dell'attività criminosa, comunicando i provvedimenti adottati all'autorità giudiziaria competente per il luogo in cui l'operazione deve concludersi ovvero attraverso il quale si prevede sia effettuato il transito in uscita dal territorio dello Stato ovvero in entrata nel territorio dello Stato delle cose che sono oggetto, prodotto, profitto o mezzo per commettere i delitti nonché delle sostanze stupefacenti o psicotrope e di quelle di cui all'articolo 70 del testo unico di cui al decreto del Presidente della Repubblica 9 ottobre 1990, n. 309, e successive modificazioni.[4]

8. Le comunicazioni di cui ai commi 4, 6 e 6-*bis* e i provvedimenti adottati dal pubblico ministero ai sensi del comma 7 sono senza ritardo trasmessi, a cura del medesimo pubblico ministero, al procuratore generale presso la corte d'appello. Per i delitti indicati all'articolo 51, comma 3-*bis*, del codice di procedura penale, la comunicazione è trasmessa al procuratore nazionale antimafia e antiterrorismo[6].[4]

9. L'autorità giudiziaria può affidare il materiale o i beni sequestrati in custodia giudiziale, con facoltà d'uso, agli organi di polizia giudiziaria che ne facciano richiesta per l'impiego nelle attività di contrasto di cui al presente articolo ovvero per lo svolgimento dei compiti d'istituto.

9-*bis*. I beni informatici o telematici confiscati in quanto utilizzati per la commissione dei delitti di cui al libro II, titolo XII, capo III, sezione I, del codice penale sono assegnati agli organi di polizia giudiziaria che ne abbiano avuto l'uso ai sensi del comma 9.[7]

10. Chiunque indebitamente rivela ovvero divulga i nomi degli ufficiali o agenti di polizia giudiziaria che effettuano le operazioni di cui al presente articolo è punito, salvo che il fatto costituisca più grave reato, con la reclusione da due a sei anni.[3]

11. (*Omissis*).

[1] Lettera così sost. dall'art. 1, c. 8, L. 9 gen. 2019, n. 3.
[2] Lettera ins. dall'art. 2, L. 9 mar. 2022, n. 22.
[3] Comma così modif. dall'art. 2, c. 1, D.lgs. 24 mar. 2011, n. 50.
[4] Comma così modif. dall'art. 8, L. 13 ago. 2010, n. 136.
[5] Comma inserito dall'art. 8, L. 13 ago. 2010, n. 136.
[6] Ai sensi dell'art. 20, c. 4, D.L. 18 feb. 2015, n. 7, conv. con modif. in L. 17 apr. 2015, n. 43, le parole: «procuratore nazionale antimafia» sono sost. da «procuratore nazionale antimafia e antiterrorismo».
[7] Comma inserito dall'art. 3, L. 15 feb. 2012, n. 12.

10. ***Responsabilità amministrativa degli enti.*** — 1. In relazione alla responsabilità amministrativa degli enti per i reati previsti dall'art. 3, si applicano le disposizioni di cui ai commi seguenti.

2. Nel caso di commissione dei delitti previsti dagli artt. 416 e 416-*bis* del codice penale, dall'art. 291-*quater* del testo unico di cui al decreto del Presidente della Repubblica 23 gennaio 1973, n. 43, e dall'art. 74 del testo unico di cui al decreto del Presidente della Repubblica 9 ottobre 1990, n. 309, si applica all'ente la sanzione amministrativa pecuniaria da quattrocento a mille quote.

3. Nei casi di condanna per uno dei delitti indicati nel comma 2, si applicano all'ente le sanzioni interdittive previste dall'art. 9, comma 2, del decreto legislativo 8 giugno 2001, n. 231, per una durata non inferiore ad un anno.

4. Se l'ente o una sua unità organizzativa viene stabilmente utilizzato allo scopo unico o prevalente di consentire o agevolare la commissione dei reati indicati nel comma 2, si applica all'ente la sanzione amministrativa dell'interdizione definitiva dall'esercizio dell'attività ai sensi dell'art. 16, comma 3, del decreto legislativo 8 giugno 2001, n. 231.

5-6.[1]

7. Nel caso di reati concernenti il traffico di migranti, per i delitti di cui all'art. 12, commi 3, 3-*bis*, 3-*ter* e 5, del testo unico di cui al decreto legislativo 25 luglio 1998, n. 286, e successive modificazioni, si applica all'ente la sanzione amministrativa pecuniaria da duecento a mille quote.

8. Nei casi di condanna per i reati di cui al comma 7 del presente articolo si applicano all'ente le sanzioni interdittive previste dall'art. 9, comma 2, del decreto legislativo 8 giugno 2001, n. 231, per una durata non superiore a due anni.

9. Nel caso di reati concernenti intralcio alla giustizia, per i delitti di cui agli artt. 377-*bis* e 378 del codice penale, si applica all'ente la sanzione amministrativa pecuniaria fino a cinquecento quote.

10. Agli illeciti amministrativi previsti dal presente articolo si applicano le disposizioni di cui al decreto legislativo 8 giugno 2001, n. 231.

[1] Comma abrog. dall'art. 64 (ora art. 73), c. 1, D.lgs. 21 nov. 2007, n. 231. La numerazione degli artt. del D.lgs. 231/2007 è stata così definita dal D.lgs. 25 mag 2017, n. 90.

11. ***Ipotesi speciali di confisca obbligatoria e confisca per equivalente.*** — 1. Per i reati di cui all'art. 3 della presente legge, qualora la confisca delle cose che costituiscono il prodotto, il profitto o il prezzo del reato non sia possibile, il giudice ordina la confisca di somme di denaro, beni od altre utilità di cui il reo ha la disponibilità, anche per interposta persona fisica o giuridica, per un valore corrispondente a tale prodotto, profitto o prezzo. In caso di usura è comunque ordinata la confisca di un importo pari al valore degli interessi o degli altri vantaggi o compensi usurari. In tali casi, il giudice, con la sentenza di condanna, determina le somme di danaro o individua i beni o le utilità assoggettati a confisca di valore corrispondente al prodotto, al profitto o al prezzo del reato.

12. ***Attività di indagine a fini di confisca.*** — 1. In relazione ai reati di cui all'art. 3 della presente legge, il pubblico ministero può compiere, nel termine e ai fini di cui all'art. 430 del codice di procedura penale, ogni attività di indagine che si rende necessaria circa i beni, il denaro o le altre utilità soggette a confisca a norma dell'art. 11 della presente legge e dell'art. 12-*sexies* del D.L. 8 giugno 1992, n. 306, convertito, con modificazioni, dalla legge 7 agosto 1992, n. 356, e successive modificazioni.

13. ***Attribuzione di competenze al procuratore distrettuale antimafia.*** — 1. In relazione ai reati di cui all'art. 3 della presente legge sono attribuite anche al procuratore distrettuale antimafia le competenze attribuite al procuratore della Repubblica e al questore dall'art. 2-*bis*, commi 1, 4 e 6, dall'art. 2-*ter*, commi secondo, sesto e settimo, dall'art. 3-*bis*, settimo comma, dall'art. 3-*quater*, commi 1 e 5 e dall'art. 10-*quater*, secondo comma, della legge 31 maggio 1965, n. 575.

14. (*Omissis*).

15. (*Omissis*).

16. ***Entrata in vigore.*** — 1. La presente legge entra in vigore il giorno successivo a quello della sua pubblicazione nella *Gazzetta Ufficiale*.

DEPENALIZZAZIONE

- 1 -

L. 24 nov. 1981, n. 689

Modifiche al sistema penale

(G.U. 30 nov. 1981, n. 329, Suppl.)

CAPO I

Le sanzioni amministrative

SEZIONE I

Principi generali

1. ***Principio di legalità.*** — Nessuno può essere assoggettato a sanzioni amministrative se non in forza di una legge che sia entrata in vigore prima della commissione della violazione.

Le leggi che prevedono sanzioni amministrative si applicano soltanto nei casi e per i tempi in esse considerati.

2. ***Capacità di intendere e di volere.*** — Non può essere assoggettato a sanzione amministrativa chi, al momento in cui ha commesso il fatto, non aveva compiuto i diciotto anni o non aveva, in base ai criteri indicati nel codice penale, la capacità di intendere e di volere, salvo che lo stato di incapacità non derivi da sua colpa o sia stato da lui preordinato.

Fuori dei casi previsti dall'ultima parte del precedente comma, della violazione risponde chi era tenuto alla sorveglianza dell'incapace, salvo che provi di non aver potuto impedire il fatto.

3. ***Elemento soggettivo.*** — Nelle violazioni cui è applicabile una sanzione amministrativa ciascuno è responsabile della propria azione od omissione, cosciente e volontaria, sia essa dolosa o colposa.

Nel caso in cui la violazione è commessa per errore sul fatto, l'agente non è responsabile quando l'errore non è determinato da sua colpa.

4. ***Causa di esclusione della responsabilità.*** — Non risponde delle violazioni amministrative chi ha commesso il fatto nell'adempimento di un dovere o nell'esercizio di una facoltà legittima ovvero in stato di necessità o di legittima difesa.

Se la violazione è commessa per ordine dell'autorità, della stessa risponde il pubblico ufficiale che ha dato l'ordine.

I comuni, le province, le comunità montane e i loro consorzi, le istituzioni pubbliche di assistenza e beneficienza, gli enti non commerciali senza scopo di lucro che svolgono attività socio-assistenziale e le istituzioni sanitarie operanti nel servizio sanitario nazionale ed i loro amministratori non rispondono delle sanzioni amministrative e civili che riguardano l'assunzione di lavoratori, le assicurazioni obbligatorie e gli ulteriori adempimenti, relativi a prestazioni lavorative stipulate nella forma del contratto d'opera e successivamente riconosciute come rapporti di lavoro subordinato, purché esaurite alla data del 31 dic. 1997.[1].

[1] Comma aggiunto dall'art. 31, comma 6, della L. 23 dic. 1998, n. 448.

5. *Concorso di persone.* — Quando più persone concorrono in una violazione amministrativa, ciascuna di esse soggiace alla sanzione per questa disposta, salvo che sia diversamente stabilito dalla legge.

6. *Solidarietà.* — Il proprietario della cosa che servì o fu destinata a commettere la violazione o, in sua vece, l'usufruttuario o, se trattasi di bene immobile, il titolare di un diritto personale di godimento, è obbligato in solido con l'autore della violazione al pagamento della somma da questo dovuta se non prova che la cosa è stata utilizzata contro la sua volontà.

Se la violazione è commessa da persona capace di intendere e di volere ma soggetta all'altrui autorità, direzione o vigilanza, la persona rivestita dell'autorità o incaricata della direzione o della vigilanza è obbligata in solido con l'autore della violazione al pagamento della somma da questo dovuta, salvo che provi di non aver potuto impedire il fatto.

Se la violazione è commessa dal rappresentante o dal dipendente di una persona giuridica o di un ente privo di personalità giuridica o, comunque, di un imprenditore, nell'esercizio delle proprie funzioni o incombenze, la persona giuridica o l'ente o l'imprenditore è obbligato in solido con l'autore della violazione al pagamento della somma da questo dovuta.

Nei casi previsti dai commi precedenti chi ha pagato ha diritto di regresso per l'intero nei confronti dell'autore della violazione.

7. *Non trasmissibilità dell'obbligazione.* — L'obbligazione di pagare la somma dovuta per la violazione non si trasmette agli eredi.

8. *Più violazioni di disposizioni che prevedono sanzioni amministrative.* — Salvo che sia diversamente stabilito dalla legge, chi con un'azione od omissione viola diverse disposizioni che prevedono sanzioni amministrative o commette più violazioni della stessa disposizione, soggiace alla sanzione prevista per la violazione più grave, aumentata sino al triplo.

Alla stessa sanzione prevista dal precedente comma soggiace anche chi con più azioni od omissioni, esecutive di un medesimo disegno posto in essere in violazione di norme che stabiliscono sanzioni amministrative, commette, anche in tempi diversi, più violazioni della stessa o di diverse norme di legge in materia di previdenza ed assistenza obbligatorie.[1]

La disposizione di cui al precedente comma si applica anche alle violazioni commesse anteriormente all'entrata in vigore della legge di conversione del D.L. 2 dic. 1985, n, 688, per le quali non sia già intervenuta sentenza passata in giudicato.[1]

[1] Comma aggiunto dal D.L. 2 dic. 1985, n. 688, conv. in L. 31 gen. 1986, n. 11.

8-*bis*. *Reiterazione delle violazioni.* — Salvo quanto previsto da speciali disposizioni di legge, si ha reiterazione quando, nei cinque anni successivi alla commissione di una violazione amministrativa, accertata con provvedimento esecutivo, lo stesso soggetto commette un'altra violazione della stessa indole. Si ha reiterazione anche quando più violazioni della stessa indole commesse nel quinquennio sono accertate con un unico provvedimento esecutivo.

Si considerano della stessa indole le violazioni della medesima disposizione e quelle di disposizioni diverse che, per la natura dei fatti che le costituiscono o per le modalità della condotta, presentano una sostanziale omogeneità o caratteri fondamentali comuni. La reiterazione è specifica se è violata la medesima disposizione. Le violazioni amministrative successive alla prima non sono valutate, ai fini della reiterazione, quando sono commesse in tempi ravvicinati e riconducibili ad una programmazione unitaria.

La reiterazione determina gli effetti che la legge espressamente stabilisce. Essa non opera nel caso di pagamento in misura ridotta. Gli effetti conseguenti alla reiterazione possono essere sospesi fino a quando il provvedimento che accerta la violazione precedentemente commessa sia divenuto definitivo. La sospensione è disposta dall'autorità amministrativa competente, o in caso di opposizione dal giudice, quando possa derivare grave danno. Gli effetti della reiterazione cessano di diritto, in ogni caso, se il provvedimento che accerta la precedente violazione è annullato.[1]

[1] Articolo aggiunto dall'art. 94 del D.lgs. 30 dic. 1999, n. 507.

9. *Principio di specialità.* — Quando uno stesso fatto è punito da una disposizione penale e da una disposizione che prevede una sanzione amministrativa, ovvero da una pluralità di disposizioni che prevedono sanzioni amministrative, si applica la disposizione speciale.

Tuttavia quando uno stesso fatto è punito da una disposizione penale e da una disposizione regionale o delle provincie autonome di Trento e di Bolzano che preveda una sanzione amministrativa, si applica in ogni caso la disposizione penale, salvo che quest'ultima sia applicabile solo in mancanza di altre disposizioni penali.

Ai fatti puniti dagli artt. 5, 6, e 12 della L. 30 apr. 1962, n. 283, e successive modificazioni ed integrazioni, si applicano soltanto le disposizioni penali, anche quando i fatti stessi sono puniti con sanzioni amministrative previste da disposizioni speciali in materia di produzione, commercio e igiene degli alimenti e delle bevande.[1]

[1] Comma così sostituito dall'art. 95 del D.lgs. 30 dic. 1999, n. 507.

10. ***Sanzione amministrativa pecuniaria e rapporto tra limite minimo e limite massimo.*** — La sanzione amministrativa pecuniaria consiste nel pagamento di una somma non inferiore a euro 10 e non superiore a euro 15.000.[1] Le sanzioni proporzionali non hanno limite massimo.

Fuori dai casi espressamente stabiliti dalla legge, il limite massimo della sanzione amministrativa pecuniaria non può, per ciascuna violazione, superare il decuplo del minimo.

[1] Parole così sostituite dall'art. 3, c. 63 della L. 15 lug. 2009, n. 94.

11. ***Criteri per l'applicazione delle sanzioni amministrative pecuniarie.*** — Nella determinazione della sanzione amministrativa pecuniaria fissata dalla legge tra un limite minimo ed un limite massimo e nell'applicazione delle pene accessorie facoltative, si ha riguardo alla gravità della violazione, all'opera svolta dall'agente per la eliminazione o attenuazione delle conseguenze della violazione, nonché alla personalità dello stesso e alle sue condizioni economiche.

12. ***Ambito di applicazione.*** — Le disposizioni di questo Capo si osservano in quanto applicabili e salvo che non sia diversamente stabilito, per tutte le violazioni per le quali è prevista la sanzione amministrativa del pagamento di una somma di denaro, anche quando questa sanzione non è prevista in sostituzione di una sanzione penale. Non si applicano alle violazioni disciplinari.

SEZIONE II
Applicazione

13-19. (*Omissis*)

20. ***Sanzioni amministrative accessorie.*** — L'autorità amministrativa con l'ordinanza-ingiunzione o il giudice penale con la sentenza di condanna nel caso previsto dall'art. 24, può applicare, come sanzioni amministrative, quelle previste dalle leggi vigenti, per le singole violazioni, come sanzioni penali accessorie, quando esse consistono nella privazione o sospensione di facoltà e diritti derivanti da provvedimenti dell'amministrazione.

Le sanzioni amministrative accessorie non sono applicabili fino a che è pendente il giudizio di opposizione contro il provvedimento di condanna o, nel caso di connessione di cui all'art. 24, fino a che il provvedimento stesso non sia divenuto esecutivo.

Le autorità stesse possono disporre la confisca amministrativa delle cose che servirono o furono destinate a commettere la violazione e debbono disporre la confisca delle cose che ne sono il prodotto, sempre che le cose suddette appartengano a una delle persone cui è ingiunto il pagamento.

In presenza di violazioni gravi o reiterate, in materia di tutela del lavoro, di igiene sui luoghi di lavoro e di prevenzione degli infortuni sul lavoro, è sempre disposta la confisca amministrativa delle cose che servirono o furono destinate a commettere la violazione e delle cose che ne sono il prodotto, anche se non venga emessa l'ordinanza-ingiunzione di pagamento. La disposizione non si applica se la cosa appartiene a persona estranea alla violazione amministrativa ovvero quando in relazione ad essa è consentita la messa a norma e quest'ultima risulta effettuata secondo le disposizioni vigenti.[1]

È sempre disposta la confisca amministrativa delle cose, la fabbricazione, l'uso, il porto, la detenzione o l'alienazione delle quali costituisce violazione amministrativa, anche se non venga emessa l'ordinanza-ingiunzione di pagamento.

La disposizione indicata nel comma precedente non si applica se la cosa appartiene a persona estranea alla violazione amministrativa e la fabbricazione, l'uso, il porto, la detenzione o l'alienazione possono essere consentiti mediante autorizzazione amministrativa.

[1] Comma agg. dall'art. 9 c. 1 del D.L. 12 nov. 2010, n. 187, conv. con modif. in L. 17 dic. 2010, n. 217.

21. ***Casi speciali di sanzioni amministrative accessorie.*** — Quando è accertata la violazione del primo comma dell'art. 32 della L. 24 dic. 1969, n. 990,[1] è sempre disposta la confisca del veicolo a motore o del natante che appartiene alla persona a cui è ingiunto il pagamento, se entro il termine fissato con l'ordinanza-ingiunzione non viene pagato, oltre alla sanzione pecuniaria applicata, anche il premio di assicurazione per almeno sei mesi.

Nel caso in cui sia proposta opposizione avverso l'ordinanza-ingiunzione, il termine di cui al primo comma decorre dal passaggio in giudicato della sentenza con la quale si rigetta l'opposizione ovvero dal momento in cui diventa inoppugnabile l'ordinanza con la quale viene dichiarata inammissibile l'opposizione o convalidato il provvedimento opposto ovvero viene dichiarato inammissibile il ricorso proposto avverso la stessa.

Quando è accertata la violazione dell'ottavo comma[2] dell'art. 58 del testo unico delle norme sulla circolazione stradale, approvato con D.P.R. 15 giu. 1959, n. 393, è sempre disposta la confisca del veicolo.[3]

Quando è accertata la violazione del secondo comma dell'art. 14 della L. 30 apr. 1962, n. 283, è sempre disposta la sospensione della licenza per un periodo non superiore a dieci giorni.

[1] Disposizione abrog. per effetto dell'art. 231 del D.lgs. 30 apr. 1992, n. 283.

[2] Ora nono comma.

[3] La Corte cost., con sent. 24 ott. 1994, n. 371, ha dichiarato l'ill. cost. di questo comma "nella parte in cui prevede la confisca del veicolo privo della carta di circolazione, anche se già immatricolato".

22. *Opposizione all'ordinanza-ingiunzione.* (*Omissis*)

22-*bis*. *Competenza per il giudizio di opposizione.*[1]

[1] Articolo abrog. dall'art. 34, c. 1, D.lgs. 1 set. 2011, n. 150.

23. *Giudizio di opposizione.*[1]

[1] Articolo abrog. dall'art. 34, c. 1, D.lgs. 1 set. 2011, n. 150. Le norme abrogate continuano ad applicarsi alle controversie pendenti alla data di entrata in vigore del D.lgs. citato.

24. *Connessione obiettiva con un reato.* — Qualora l'esistenza di un reato dipenda dall'accertamento di una violazione non costituente reato, e per questa non sia stato effettuato il pagamento in misura ridotta, il giudice penale competente a conoscere del reato è pure competente a decidere sulla predetta violazione e ad applicare con la sentenza di condanna la sanzione stabilita dalla legge per la violazione stessa.

Se ricorre l'ipotesi prevista dal precedente comma, il rapporto di cui all'art. 17 è trasmesso, anche senza che si sia proceduto alla notificazione prevista dal secondo comma dell'art. 14, alla autorità giudiziaria competente per il reato, la quale, quando invia la comunicazione giudiziaria, dispone la notifica degli estremi della violazione amministrativa agli obbligati per i quali essa non è avvenuta. Dalla notifica decorre il termine per il pagamento in misura ridotta.

Se l'autorità giudiziaria non procede ad istruzione, il pagamento in misura ridotta può essere effettuato prima dell'apertura del dibattimento.

La persona obbligata in solido con l'autore della violazione deve essere citata nella istruzione o nel giudizio penale su richiesta del pubblico ministero. Il pretore[1] ne dispone di ufficio la citazione. Alla predetta persona, per la difesa dei propri interessi, spettano i diritti e le garanzie riconosciuti all'imputato, esclusa la nomina del difensore d'ufficio.

Il pretore,[1] quando provvede con decreto penale, con lo stesso decreto applica, nei confronti dei responsabili, la sanzione stabilita dalla legge per la violazione.

La competenza del giudice penale in ordine alla violazione non costituente reato cessa se il procedimento penale si chiude per estinzione del reato o per difetto di una condizione di procedibilità.

[1] Ai sensi del D.lgs. 19 feb. 1998, n. 51, l'ufficio del pretore è soppresso a decorrere dal 2 giu. 1999.

25. *Impugnabilità del provvedimento del giudice penale.* — La sentenza del giudice penale, relativamente al capo che, ai sensi dell'articolo precedente, decide sulla violazione non costituente reato, è impugnabile, oltre che dall'imputato e dal pubblico ministero, anche dalla persona che sia stata solidalmente condannata al pagamento della somma dovuta per la violazione.

Avverso il decreto penale, relativamente al capo che dichiara la responsabilità per la predetta violazione può proporre opposizione anche la persona indicata nel comma precedente.

Si osservano, in quanto applicabili, le disposizioni del codice di procedura penale concernenti l'impugnazione per i soli interessi civili.

26. *Pagamento rateale della sanzione pecuniaria.* — L'autorità giudiziaria o amministrativa che ha applicato la sanzione pecuniaria può disporre, su richiesta dell'interessato che si trovi in condizioni economiche disagiate, che la sanzione medesima venga pagata in rate mensili da tre a trenta; ciascuna rata non può essere inferiore a euro 15. In ogni momento il debito può essere estinto mediante un unico pagamento.

Decorso inutilmente, anche per una sola rata, il termine fissato dall'autorità giudiziaria o amministrativa, l'obbligato è tenuto al pagamento del residuo ammontare della sanzione in un'unica soluzione.

27-29. (*Omissis*)

28. *Prescrizione.* — Il diritto a riscuotere le somme dovute per le violazioni indicate dalla presente legge si prescrive nel termine di cinque anni dal giorno in cui è stata commessa la violazione.

L'interruzione della prescrizione è regolata dalle norme del codice civile.

29. *Devoluzione dei proventi.* — I proventi delle sanzioni sono devoluti agli enti a cui era attribuito, secondo le leggi anteriori, l'ammontare della multa o dell'ammenda.

Il provente delle sanzioni per le violazioni previste dalla L. 20 giu. 1935, n. 1349, sui servizi di trasporto merci, è devoluto allo Stato.

Nei casi previsti dal terzo comma dell'art. 17 i proventi spettano alle regioni.

Continuano ad applicarsi, se previsti, i criteri di ripartizione attualmente vigenti. Sono tuttavia escluse dalla ripartizione le autorità competenti ad emanare l'ordinanza-ingiunzione di pagamento e la quota loro spettante è ripartita tra gli altri aventi diritto, nella proporzione attribuita a ciascuno di essi.

30. *Valutazione delle violazioni in materia di circolazione stradale.* — Agli effetti della sospensione e della revoca della patente di guida e del documento di circolazione, si tiene conto anche delle violazioni non costituenti reato previste, rispettivamente dalle norme del testo unico sulla circolazione stradale, approvato con D.P.R. 15 giu. 1959, n. 393, e dalle norme della L. 20 giu. 1935, n. 1349, sui servizi di trasporto merci.

Per le stesse violazioni, il prefetto dispone la sospensione della patente di guida o del documento di circolazione, quando ne ricorrono le condizioni, anche se avvenuto il pagamento in misura ridotta. Il provvedimento di sospensione è revocato, qualora l'autorità giudiziaria, pronunziando ai sensi degli artt. 23, 24 e 25, abbia escluso la responsabilità per la violazione.

Nei casi sopra previsti e in ogni altro caso di revoca o sospensione del documento di circolazione da parte del prefetto o di altra autorità, il provvedimento è immediatamente comunicato al competente ufficio provinciale della motorizzazione civile.

31. ***Provvedimenti dell'autorità regionale.*** (*Omissis*)

SEZIONE III
Depenalizzazione di delitti e contravvenzioni

32. ***Sostituzione della sanzione amministrativa pecuniaria alla multa o alla ammenda.*** — Non costituiscono reato e sono soggette alla sanzione amministrativa del pagamento di una somma di denaro tutte le violazioni per le quali è prevista la sola pena della multa o dell'ammenda, salvo quanto disposto, per le violazioni finanziarie, dall'art. 39.

La disposizione del precedente comma non si applica ai reati in esso previsti che, nelle ipotesi aggravate, siano punibili con pena detentiva, anche se alternativa a quella pecuniaria.

La disposizione del primo comma non si applica, infine, ai delitti in esso previsti che siano punibili a querela.

33. ***Altri casi di depenalizzazione.*** — Non costituiscono reato e sono soggette alla sanzione amministrativa del pagamento di una somma di denaro le contravvenzioni previste:

a) dagli artt. 669, 672, 687, 693 e 694 del c.p.;

b) dagli artt. 121 e 124 del testo unico delle leggi di pubblica sicurezza, approvato con R.D. 18 giu. 1931, n. 773, nella parte non abrogata dall'art. 14 della L. 19 mag. 1976, n. 398;

c) dagli artt. 121, 180, 181 e 186 del regolamento di pubblica sicurezza, approvato con R.D. 6 mag. 1940, n. 635;

d) dagli artt. 8, 58, comma ottavo, 72, 83, comma sesto, 88, comma sesto, del testo unico delle norme sulla circolazione stradale, approvato con D.P.R. 15 giu. 1959, n. 393, come modificati dalle leggi 14 feb. 1974, n. 62 e 14 ago. 1974, n. 394, nonché dal D.L. 11 ago. 1975, n. 367, convertito, con modificazioni, nella L. 10 ott. 1975, n. 486[1];

e) dal primo comma dell'art. 32 della L. 24 dic. 1969, n. 990, sull'assicurazione obbligatoria della responsabilità civile derivante dalla circolazione dei veicoli a motore e dei natanti.

[1] Disposizione superata, per quanto riguarda i veicoli, dall'emanazione del nuovo codice della strada.

34. ***Esclusione della depenalizzazione.*** — La disposizione del primo comma dell'art. 32 non si applica ai reati previsti:

a) dal codice penale salvo quanto disposto dall'art. 33, lettera *a*);

b) dall'art. 19, secondo comma, della L. 22 mag. 1978, n. 194, sulla interruzione volontaria della gravidanza;

c) da disposizioni di legge concernenti le armi, le munizioni e gli esplosivi;

d) dall'art. 221 del testo unico delle leggi sanitarie, approvato con R.D. 27 lug. 1934, n. 1265;

e) dalla L. 30 apr. 1962, n. 283, modificata con L. 26 feb. 1963, n. 441, sulla disciplina igienica degli alimenti, salvo che per le contravvenzioni previste dagli artt. 8 e 14 della stessa L. 30 apr. 1962, n. 283;

f) dalla L. 29 mar. 1951, n. 327, sulla disciplina degli alimenti per la prima infanzia e dei prodotti dietetici;[1]

g) dalla L. 10 mag. 1976, n. 319, sulla tutela delle acque dall'inquinamento;

h) dalla L. 13 lug. 1966, n. 615, concernente provvedimenti contro l'inquinamento atmosferico;

i) dalla L. 31 dic. 1962, n. 1860, e dal D.P.R. 13 feb. 1964, n. 185, relativi all'impiego pacifico dell'energia nucleare;

l) dalle leggi in materia urbanistica ed edilizia;

m) dalle leggi relative ai rapporti di lavoro, anche per quanto riguarda l'assunzione dei lavoratori e le assicurazioni sociali, salvo quanto previsto dal successivo art. 35;

n) dalle leggi relative alla prevenzione degli infortuni sul lavoro ed all'igiene del lavoro;

o) dall'art. 108 del D.P.R. 30 mar. 1957, n. 361, e dall'art. 89 del D.P.R. 16 mag. 1960, n. 570, in materia elettorale.

[1] La legge 29 mar. 1951, n. 327 è stata abrogata dall'art. 17 del D.lgs. 27 gen. 1992, n. 111.

35-36. (*Omissis*)

37. ***Omissione o falsità in registrazione o denuncia obbligatorie.*** — 1. Salvo che il fatto non costituisca più grave reato, il datore di lavoro che, al fine di non versare in tutto o in parte contributi e premi previsti dalle leggi sulla previdenza e assistenza obbligatorie, omette una o più registrazioni o denunce obbligatorie, ovvero esegue una o più denunce obbligatorie in tutto o in parte non conformi al vero, è punito con la reclusione fino a due anni quando dal fatto deriva l'omesso versamento di contributi e premi previsti dalle leggi sulla previdenza e assistenza obbligatorie per un importo mensile non inferiore al maggior importo fra euro 2.582,28 mensili e il cinquanta per cento dei contributi complessivamente dovuti.

2. Fermo restando l'obbligo dell'organo di vigilanza di riferire al pubblico ministero la notizia di reato, qualora l'evasione accertata formi oggetto di ricorso amministrativo o giudiziario il procedimento penale è sospeso dal momento dell'iscrizione della notizia di reato nel registro di cui all'art. 335 c.p.p., fino al momento della decisione dell'organo amministrativo o giudiziario di primo grado.

3. La regolarizzazione dell'inadempienza accertata, anche attraverso dilazione, estingue il reato.

4. Entro novanta giorni l'ente impositore è tenuto a dare comunicazione all'autorità giudiziaria dell'avvenuta regolarizzazione o dell'esito del ricorso amministrativo o giudiziario.[1]

[1] (Legge Finanziaria 2001).

38. ***Entità della somma dovuta.***[1] — La somma dovuta ai sensi del primo comma dell'art. 32 è pari all'ammontare della multa o dell'ammenda stabilita dalle disposizioni che prevedono le singole violazioni.

La somma dovuta come sanzione amministrativa è da euro 10 a euro 258 per la violazione dell'art. 669 del c.p. e da euro 25 a euro 258 per la violazione dell'art. 672 del c.p.

[...][2]

[...][3]

La somma dovuta è da euro 51 a euro 516 per la violazione dell'art. 8 della L. 30 apr. 1962, n. 283, e da euro 25 a euro 53 per la violazione dell'ultimo comma dell'art. 14 della stessa legge.

La somma dovuta è da euro 258 a euro 1.549 per la violazione del primo comma dell'art. 32 della L. 24 dic. 1969, n. 990.

[1] Articolo abrog. limitatamente ai veicoli, dall'art. 231, D.lgs. 30 apr. 1992, n. 285

[2] Comma abrog. dall'art. 13, D.lgs. 13 lug. 1994, n. 480.

[3] Comma abrog. dall'art. 231, D.lgs. 30 apr. 1992, n. 285.

39. ***Violazioni finanziarie.***[1] — Non costituiscono reato e sono soggette alla sanzione amministrativa del pagamento di una somma di denaro le violazioni previste da leggi in materia finanziaria punite solo con la multa o con l'ammenda.[2]

Se le leggi in materia finanziaria prevedono, oltre all'ammenda o alla multa, una pena pecuniaria, l'ammontare di quest'ultima si aggiunge alla somma prevista nel comma precedente e la sanzione viene unificata a tutti gli effetti.

Alle violazioni finanziarie, comprese quelle originariamente punite con la pena pecuniaria, si applicano, altresì, gli artt. 29 e 38, primo comma.

[1] Articolo così modif. dall'art. 29, D.lgs. 18 dic. 1997, n. 427, che ha altresì abrog. gli originari commi 3 e 4

[2] L'art. 2, L. 28 dic. 1993, n. 562 ha esteso la depenalizzazione in materia finanziaria dagli illeciti originariamente puniti con la sola ammenda, a quelli originariamente puniti con la sola multa.

SEZIONE IV

Disposizioni transitorie e finali

40. ***Violazioni commesse anteriormente alla legge di depenalizzazione.*** — Le disposizioni di questo Capo si applicano anche alle violazioni commesse anteriormente all'entrata in vigore della presente legge che le ha depenalizzate, quando il relativo procedimento penale non sia stato definito.

41. ***Norme processuali transitorie.*** — L'autorità giudiziaria in relazione ai procedimenti penali per le violazioni non costituenti più reato, pendenti alla data di entrata in vigore della presente legge, se non deve pronunciare decreto di archiviazione o sentenza di proscioglimento, dispone la trasmissione degli atti all'autorità competente. Da tale momento decorre il termine di cui al secondo comma dell'art. 14 per la notifica delle violazioni, quando essa non è prevista dalle leggi vigenti.

Le multe e le ammende inflitte con sentenze divenute irrevocabili o con decreti divenuti esecutivi alla data di entrata in vigore della presente legge sono riscosse, insieme con le spese del procedimento, con l'osservanza delle norme sull'esecuzione delle pene pecuniarie.

Restano salve le pene accessorie e la confisca, nei casi in cui le stesse sono applicabili a norma dell'art. 20. Restano salvi, altresì, i provvedimenti adottati in ordine alla patente di guida ed al documento di circolazione, ai sensi del testo unico delle norme sulla circolazione stradale, approvato con D.P.R. 15 giu. 1959, n. 393, e della L. 20 giu. 1935, n. 1349, sui servizi di trasporto merci. Per ogni altro effetto si applica il secondo comma dell'art. 2 del c.p.

42. ***Disposizioni abrogate.*** — Sono abrogati la L. 3 mag. 1967, n. 317, gli artt. 4 e 5 della L. 9 ott. 1967, n. 950, gli artt. 14 e 15 del D.P.R. 29 dic. 1969, n. 1228, l'art. 13 della L. 29 ott. 1971, n. 889, la L. 24 dic. 1975, n. 706, nonché ogni altra disposizione incompatibile con la presente legge.

43. ***Entrata in vigore.*** — Le norme di questo Capo entrano in vigore il centottantesimo giorno dalla data della pubblicazione della presente legge nella *Gazzetta Ufficiale*.

CAPO II

Aggravamento di pene e nuove disposizioni penali (Omissis).

CAPO III

Sanzioni sostitutive delle pene detentive brevi

SEZIONE I

Applicazione delle sanzioni sostitutive

53. ***Sostituzione di pene detentive brevi.*** — Il giudice, nel pronunciare la sentenza di condanna, quando ritiene di dover determinare la durata della pena detentiva entro il limite di due anni, può sostituire tale pena con quella della semidetenzione; quando ritiene di doverla determinare entro il limite di un anno, può sostituirla anche con la libertà controllata; quando ritiene di doverla determinare entro il limite di sei mesi, può sostituirla altresì con la pena pecuniaria della specie corrispondente.[1]

La sostituzione della pena detentiva ha luogo secondo i criteri indicati dall'art. 57. Per determinare l'ammontare della pena pecuniaria il giudice individua il valore giornaliero al quale può essere assoggettato l'imputato e lo moltiplica per i giorni di pena detentiva. Nella determinazione dell'ammontare di cui al precedente periodo il giudice tiene conto della condizione economica complessiva dell'imputato e del suo nucleo familiare. Il valore giornaliero non può essere inferiore alla somma indicata dall'art. 135 del c.p. e non può superare di dieci volte tale ammontare. Alla sostituzione della pena detentiva con la pena pecuniaria si applica l'art. 133-*ter* del c.p.[1,2]

Le norme del c.p.p. relative al giudizio per decreto si applicano anche quando il pretore,[3] nei procedimenti per i reati perseguibili d'ufficio, ritiene di dover infliggere la multa o l'ammenda in sostituzione di una pena detentiva. Nel decreto devono essere indicati i motivi che determinano la sostituzione.

Nei casi previsti dall'art. 81 del c.p., quando per ciascun reato è consentita la sostituzione della pena detentiva, si tiene conto dei limiti indicati nel primo comma soltanto per la pena che dovrebbe infliggersi per il reato più grave. Quando la sostituzione della pena detentiva è ammissibile soltanto per alcuni reati, il giudice, se ritiene di doverla disporre, determina, al solo fine della sostituzione, la parte di pena per i reati per i quali opera la sostituzione.

[1] Commi così sost. dall'art. 4, L. 12 giu. 2003, n. 134.

[2] La Corte cost., con sent. 1 feb. 2022, n. 28, ha dichiarato, l'ill. cost. del presente comma, nella parte in cui prevede che «[i]l valore giornaliero non può essere inferiore alla somma indicata dall'art. 135 del c.p. e non può superare di dieci volte tale ammontare», anziché «[i]l valore giornaliero non può essere inferiore a 75 euro e non può superare di dieci volte la somma indicata dall'art. 135 del c.p.».

[3] Ai sensi del D.lgs. 19 feb. 1998, n. 51 l'ufficio del Pretore è soppresso a decorrere dal 2 giu. 1999.

54. ***Applicabilità delle pene sostitutive.***[1]

[1] Articolo abrog. dall'art. 5, D.L. 14 giu. 1993, n. 187, conv. in L. 12 ago. 1993, n. 296.

55. ***Semidetenzione.*** — La semidetenzione comporta in ogni caso l'obbligo di trascorrere almeno dieci ore al giorno negli istituti o nelle sezioni indicati nel secondo comma dell'art. 48 della L. 26 lug. 1975, n. 354, e situati nel comune di residenza del condannato o in un comune vicino. La determinazione delle ore e l'indicazione dell'istituto sono effettuate in relazione alle comprovate esigenze di lavoro o di studio del condannato.

La semidetenzione comporta altresì:

1) il divieto di detenere a qualsiasi titolo armi, munizioni ed esplosivi, anche se è stata concessa la relativa autorizzazione di polizia;

2) la sospensione della patente di guida;

3) il ritiro del passaporto, nonché la sospensione della validità, ai fini dell'espatrio, di ogni altro documento equipollente;

4) l'obbligo di conservare e di presentare ad ogni richiesta degli organi di polizia e nel termine da essi fissato l'ordinanza emessa a norma dell'art. 62 e l'eventuale provvedimento di modifica delle modalità di esecuzione della pena, adottato a norma dell'art. 64.

Durante il periodo di permanenza negli istituti o nelle sezioni indicate nel primo comma, il condannato è sottoposto alle norme della L. 26 lug. 1975, n. 354, e del D.P.R. 29 apr. 1976, n. 431, in quanto applicabili.

56. ***Libertà controllata.*** — La libertà controllata comporta in ogni caso:

1) il divieto di allontanarsi dal comune di residenza, salvo autorizzazione concessa di volta in volta ed esclusivamente per motivi di lavoro, di studio, di famiglia o di salute;

2) l'obbligo di presentarsi almeno una volta al giorno, nelle ore fissate compatibilmente con gli impegni di lavoro o di studio del condannato presso il locale ufficio di pubblica sicurezza o, in mancanza di questo, presso il comando dell'Arma dei carabinieri territorialmente competente. Nei confronti del condannato tossicodipendente che abbia in corso un programma terapeutico residenziale o semiresidenziale presso una delle strutture di cui all'art. 94 del testo unico di cui al decreto del Presidente della Repubblica 9 ottobre 1990, n. 309, e successive modificazioni, e che ne faccia richiesta, l'obbligo di cui al numero 2) del primo comma può essere sostituito dalla attestazione di presenza da parte del responsabile della struttura.[1]

3) il divieto di detenere a qualsiasi titolo armi, munizioni ed esplosivi, anche se è stata concessa la relativa autorizzazione di polizia;

4) la sospensione della patente di guida;

5) il ritiro del passaporto, nonché la sospensione della validità, ai fini dell'espatrio, di ogni altro documento equipollente;

6) l'obbligo di conservare e di presentare ad ogni richiesta degli organi di polizia e nel termine da essi fissato l'ordinanza emessa a norma dell'art. 62 e l'eventuale provvedimento di modifica delle modalità di esecuzione della pena, adottato a norma dell'art. 64.

Nei confronti del condannato il magistrato di sorveglianza può disporre che i centri di servizio sociale previsti dalla L. 26 lug. 1975, n. 354, svolgano gli interventi idonei al suo reinserimento sociale.[1]

2-*bis*. Nei confronti del condannato tossicodipendente che abbia in corso un programma terapeutico residenziale o semiresidenziale presso una delle strutture di cui all'art. 94 del testo unico di cui al decreto del Presidente della Repubblica 9 ottobre 1990, n. 309, e successive modificazioni, e che ne faccia richiesta, l'obbligo di cui al numero 2) del primo comma può essere sostituito dalla attestazione di presenza da parte del responsabile della struttura.[2]

[1] Periodo inserito dall'art. 4-*vici bis* della L. 21 feb. 2006, n. 49.

[2] Questo comma è stato inserito dall'art. 4-*vicies bis*, D.L. 30 dic. 2005, n. 272, conv. con modif. in L. 21 feb. 2006, n. 49.

57. ***Effetti delle pene sostitutive e criteri di ragguaglio.*** — Per ogni effetto giuridico la semidetenzione e la libertà controllata si considerano come pena detentiva della specie corrispondente a quella della pena sostituita.

La pena pecuniaria si considera sempre come tale, anche se sostitutiva della pena detentiva.

Per la determinazione della durata della pena sostitutiva anche nei casi in cui è concessa la sospensione condizionale della pena, e per qualsiasi altro effetto giuridico, un giorno di pena detentiva equivale a un giorno di semidetenzione o a due giorni di libertà controllata.

58. ***Potere discrezionale del giudice nella sostituzione della pena detentiva.*** — Il giudice, nei limiti fissati dalla legge e tenuto conto dei criteri indicati nell'art. 133 del c.p., può sostituire la pena detentiva e tra le pene sostitutive sceglie quella più idonea al reinserimento sociale del condannato.

Non può tuttavia sostituire la pena detentiva quando presume che le prescrizioni non saranno adempiute dal condannato.

Deve in ogni caso specificamente indicare i motivi che giustificano la scelta del tipo di pena erogata.

59. ***Condizioni soggettive per la sostituzione della pena detentiva.***[1] — La pena detentiva non può essere sostituita nei confronti di coloro che, essendo stati condannati, con una o più sentenze, a pena detentiva complessivamente superiore a tre anni[2] di reclusione, hanno commesso il reato nei cinque anni dalla condanna precedente.

La pena detentiva, se è stata comminata per un fatto commesso nell'ultimo decennio, non può essere sostituita:

a) nei confronti di coloro che sono stati condannati più di due volte per reati della stessa indole;

b) nei confronti di coloro ai quali la pena sostitutiva, inflitta con precedente condanna, è stata convertita, a norma del primo comma dell'art. 66, ovvero nei confronti di coloro ai quali sia stata revocata la concessione del regime di semilibertà;

c) nei confronti di coloro che hanno commesso il reato mentre si trovavano sottoposti alla misura di sicurezza della libertà vigilata o alla misura di prevenzione della sorveglianza speciale, disposta con provvedimento definitivo ai sensi delle L. 27 dic. 1956, n. 1423, e 31 mag. 1965, n. 575.[3]

[1] La Corte cost., con sent. 18 feb. 1998, n. 16, ha dichiarato l'ill. cost. dell'art. 59 «nella parte in cui non esclude che le condizioni soggettive in esso prevedute per l'applicazione delle sanzioni sostitutive si estendano agli imputati minorenni».

[2] Parole così sost. dall'art. 4, c. I, lett. *b*) della L. 12 giu. 2003, n. 134.

[3] Ai sensi del D.lgs. 6 set. 2011, n. 159, tutti i richiami alle disposizioni di cui alla L. 27 dic. 1956, n. 1423, e alla L. 31 mag. 1965, n. 575, si intendono ora riferiti alle disposizioni di cui al D.lgs. 6 set. 2011, n. 159.

60. ***Esclusioni oggettive.***[1]

[1] Articolo abrog. dall'art. 4, L. 12 giu. 2003, n. 134.

61. ***Condanna alla pena sostitutiva.*** — Il giudice, nel dispositivo della sentenza di condanna o del decreto penale, deve indicare la specie e la durata della pena detentiva sostituita con la semidetenzione, la libertà controllata o la pena pecuniaria.

62. ***Determinazione delle modalità di esecuzione della semidetenzione e della libertà controllata.*** — Il pubblico ministero o il pretore[1] competente per l'esecuzione trasmette l'estratto della sentenza di condanna alla semidetenzione o alla libertà controllata al magistrato di sorveglianza del luogo di residenza del condannato, che determina le modalità di esecuzione della pena avvalendosi dei criteri indicati negli artt. 55 e 56 e osservando le norme del capo II- *bis* del titolo II della L. 26 lug. 1975, n. 354.

Quando il condannato svolge un lavoro per il quale la patente di guida costituisce indispensabile requisito, il magistrato di sorveglianza può disciplinare la sospensione in modo da non ostacolare il lavoro del condannato.

L'ordinanza con cui sono stabilite le modalità di esecuzione della pena è immediatamente trasmessa per l'esecuzione all'ufficio di pubblica sicurezza del comune in cui il condannato risiede, o, in mancanza di questo, al comando dell'Arma dei carabinieri territorialmente competente, che procede a norma dell'art. 63.

Nel caso di semidetenzione, l'ordinanza è trasmessa altresì al direttore dell'istituto penitenziario cui il condannato è stato assegnato.

[1] Ai sensi del D.lgs. 19 feb. 1998, n. 51, l'ufficio del pretore è soppresso a decorrere dal 2 giu. 1999, fatta salva l'attività necessaria per l'esaurimento degli affari pendenti. Le relative competenze sono trasferite al tribunale ordinario.

63. ***Esecuzione della semidetenzione e della libertà controllata.*** — Appena ricevuta l'ordinanza prevista nel penultimo comma dell'articolo precedente, l'organo di polizia ne consegna copia al condannato ingiungendogli di attenersi, a decorrere dal giorno successivo, alle prescrizioni in essa contenute. Provvede altresì al ritiro e alla custodia delle armi, munizioni ed esplosivi, della patente di guida e del passaporto ed alla apposizione sui documenti equipollenti dell'annotazione "documento non valido per l'espatrio", limitatamente alla durata della pena.

Nel caso previsto dal secondo comma dell'articolo precedente, sulla patente di guida, o su un foglio aggiunto che deve costituirne parte integrante, sono annotate le modalità di utilizzazione stabilite dal magistrato di sorveglianza.

Cessata l'esecuzione della pena, le cose ritirate e custodite ai sensi del primo comma sono restituite a cura dello stesso organo di polizia; vengono inoltre annullate le annotazioni effettuate ai sensi dei commi precedenti.

Di tutti gli adempimenti espletati è redatto processo verbale ed è data notizia al questore e agli altri uffici interessati, nonché al direttore dell'istituto o della sezione presso cui si trova il condannato alla semidetenzione.

Se il condannato è detenuto o internato, l'ordinanza del magistrato di sorveglianza è trasmessa anche al direttore dell'istituto penitenziario, il quale deve informare anticipatamente l'organo di polizia della dimissione del condannato: la pena inizia a decorrere dal giorno successivo a quello della dimissione.

Quando la località designata per l'esecuzione della pena è diversa da quella in cui il condannato si trova, il termine per l'inizio dell'esecuzione è prolungato dei giorni necessari per il viaggio, secondo i criteri indicati nel primo comma dell'art. 183 del c.p.p.[1]

[1] Il riferimento è ora da intendersi all'art. 174 c.p.p.

64. ***Modifica delle modalità di esecuzione della semidetenzione e della libertà controllata.*** — Le prescrizioni imposte con l'ordinanza prevista dall'art. 62 possono essere modificate dal magistrato di sorveglianza per sopravvenuti motivi di assoluta necessità, osservando le norme del capo II-*bis* del titolo II della L. 26 lug. 1975, n. 354.

La richiesta di modifica delle prescrizioni non sospende l'esecuzione della pena; tuttavia le prescrizioni, in caso di assoluta urgenza, possono essere modificate con provvedimento provvisorio revocabile in qualsiasi fase del procedimento.

L'ordinanza che conclude il procedimento è immediatamente trasmessa all'organo di polizia o al direttore dell'istituto o della sezione competenti per il controllo sull'adempimento delle prescrizioni. Agli stessi organi sono trasmessi immediatamente i provvedimenti provvisori emanati ai sensi del comma precedente.

Non possono essere modificate le prescrizioni di cui ai nn. 1, 3 e 4 dell'art. 55 e 3, 5, e 6 dell'art. 56.

65. ***Controllo sull'adempimento delle prescrizioni imposte con la sentenza di condanna.*** — L'ufficio di pubblica sicurezza del luogo in cui il condannato sconta la semidetenzione o la libertà controllata o, in mancanza di questo, il comando dell'Arma dei carabinieri territorialmente competente verifica periodicamente che il condannato adempia alle prescrizioni impostegli e tiene un registro nominativo ed un fascicolo per ogni condannato sottoposto a controllo.

Nel fascicolo individuale sono custoditi l'estratto della sentenza di condanna, l'ordinanza del magistrato di sorveglianza con le eventuali successive modifiche delle modalità di esecuzione, copia della corrispondenza con l'autorità giudiziaria e con le altre autorità, una cartella biografica in cui sono riassunte le condanne riportate e ogni altro documento relativo all'esecuzione della pena. Si applicano al condannato alla semidetenzione le norme di cui all'art. 26 del D.P.R. 29 apr. 1976, n. 431.

Il controllo sull'osservanza dell'obbligo prescritto dal primo comma dell'art. 55 viene effettuato dal direttore dell'istituto o della sezione ivi indicata.

66. ***Inosservanza delle prescrizioni inerenti alla semidetenzione e alla libertà controllata.*** — Quando è violata anche solo una delle prescrizioni inerenti alla semidetenzione o alla libertà controllata, la restante parte della pena si converte nella pena detentiva sostituita.

Gli ufficiali e gli agenti della polizia giudiziaria o il direttore dell'istituto o della sezione a cui il condannato è assegnato devono informare, senza indugio, il magistrato di sorveglianza che ha emesso l'ordinanza prevista dall'art. 62, di ogni violazione degli adempimenti sui quali gli organi medesimi esercitano i rispettivi controlli.

Il magistrato di sorveglianza trasmette gli atti alla sezione di sorveglianza,[1] la quale, compiuti, ove occorra, sommari accertamenti, qualora ritenga doversi procedere alla conversione prevista dal primo comma, provvede con ordinanza, osservate le norme contenute nel capo II-*bis* del titolo II della legge 26 lug. 1975, n. 354. L'ordinanza è trasmessa al pubblico ministero competente, il quale provvede mediante ordine di carcerazione.

[1] A seguito della L. 10 ott. 1986, n. 663, il riferimento è da intendersi al tribunale di sorveglianza.

67. ***Inapplicabilità delle misure alternative alla detenzione.*** — L'affidamento in prova al servizio sociale e l'ammissione al regime di semilibertà sono esclusi per il condannato in espiazione di pena detentiva per conversione effettuata ai sensi del primo comma dell'articolo precedente.[1]

[1] La Corte cost., con sent. 22 apr. 1997, n. 109, ha dichiarato l'ill. cost. dell'art. 67 «nella parte in cui si applica ai condannati minori di età al momento della condanna».

68. ***Sospensione dell'esecuzione della semidetenzione e della libertà controllata.*** — L'esecuzione della semidetenzione o della libertà controllata è sospesa in caso di notifica di un ordine di carcerazione o di consegna; essa è altresì sospesa in caso di arresto in flagranza ai sensi degli artt. 235 e 236 del c.p.p.,[1] di fermo o di cattura del condannato o di applicazione provvisoria di una misura di sicurezza.

L'ingiunzione effettuata dall'organo di polizia ai sensi del primo comma dell'art. 63 nei confronti dell'imputato detenuto o internato non sospende l'esecuzione di pene detentive o di misure di sicurezza detentive né il corso della carcerazione preventiva né l'applicazione provvisoria di una misura di sicurezza.

Nei casi previsti dal primo comma il magistrato di sorveglianza determina la durata residua della pena sostitutiva e trasmette il provvedimento al direttore dell'istituto penitenziario; questi informa anticipatamente l'organo di polizia della data in cui riprenderà l'esecuzione della pena sostitutiva.

La semidetenzione o la libertà controllata riprendono a decorrere dal giorno successivo a quello della cessazione della esecuzione della pena detentiva; si applica la disposizione dell'ultimo comma dell'art. 63.

[1] Ora artt. 380 e 381 c.p.p.

69. ***Sospensione disposta a favore del condannato.*** — Per motivi di particolare rilievo, attinenti al lavoro, allo studio o alla famiglia, possono essere concesse, ai sensi e per gli effetti di cui all'art. 52 della L. 26 lug. 1975, n. 354, sospensioni della semidetenzione e della libertà controllata per la durata strettamente necessaria e comunque per non più di sette giorni e per ciascun mese di pena.

Nel periodo della sospensione può essere imposto l'obbligo previsto dal secondo comma dell'art. 284 del c.p.p. Se il condannato viola le prescrizioni o non si presenta all'ufficio di polizia indicato nell'art. 65 nelle dodici ore successive alla scadenza del periodo di sospensione, la pena sostitutiva si converte in quella sostituita, a norma dell'art. 66.

Nei casi previsti dai nn. 2 e 3 del primo comma dell'art. 147 del c.p., quando l'esecuzione della semidetenzione o della libertà controllata è già iniziata, la sospensione può essere ordinata dal magistrato di sorveglianza che ha determinato le modalità di esecuzione della pena.

Negli altri casi si applicano le disposizioni dell'art. 589 del c.p.p.[1]

[1] Ora art. 684 c.p.p.

70. ***Esecuzione di pene concorrenti.*** — Quando contro la stessa persona sono state pronunziate, per più reati, una o più sentenze di condanna alla pena della semidetenzione o della libertà controllata, si osservano, in quanto applicabili, le disposizioni degli artt. da 71 a 80 del c.p. e dell'art. 582 del c.p.p.[1]

Tuttavia, se la pena detentiva sostituita con la libertà controllata eccede complessivamente la durata di sei mesi, si applica la semidetenzione per la parte che eccede tale limite e fino a un anno. Oltre questo limite si applica per intero la pena detentiva sostituita.

Le pene della semidetenzione e della libertà controllata sono sempre eseguite, nell'ordine, dopo le pene detentive; la libertà controllata è eseguita dopo la semidetenzione.

[1] Ora art. 663 c.p.p.

71. ***Esecuzione delle pene pecuniarie.*** — Alle pene pecuniarie sostitutive delle pene detentive si applicano le disposizioni dell'art. 586 del c.p.p.[1]

[1] Ora art. 660 c.p.p.

72. ***Revoca della pena sostitutiva.*** — Se sopravviene una delle condanne previste nell'art. 59, commi primo e secondo, lettera *a*), ovvero la condanna a pena detentiva per un fatto commesso successivamente alla sostituzione della pena, questa viene revocata per la parte non ancora eseguita e convertita a norma dell'art. 66.

A tali fini, il cancelliere del giudice dell'esecuzione informa senza indugio il giudice di sorveglianza competente.

73. ***Iscrizione nel casellario giudiziale.***[1]

[1] Articolo abrog. dall'art. 52, c. 1, D.P.R. 14 nov. 2002, n. 313.

74. ***Iscrizione nel casellario giudiziale.***[1]

[1] Inserisce l'art. 58-*bis* della L. 26 lug. 1975, n. 354, poi successivamente abrog. dall'art. 52, D.P.R. 14 nov. 2002, n. 313.

75. ***Disposizioni relative ai minorenni.*** — Le disposizioni contenute nell'art. 56 non si applicano al condannato il quale, al momento della trasmissione dell'estratto della sentenza di condanna prevista nell'art. 62, non abbia compiuto gli anni diciotto.

In tal caso la libertà controllata è eseguita con le modalità stabilite dai commi dal quarto al decimo dell'art. 47 della L. 26 lug. 1975, n. 354, e le funzioni attribuite agli organi di polizia dagli artt. 62, 63, 64, 65, 66, 68 e 69 sono svolte dall'ufficio di servizio sociale per minorenni.

76. ***Norma transitoria.*** — Le norme previste da questo Capo si applicano anche ai procedimenti penali pendenti al momento dell'entrata in vigore della presente legge.

La Corte di cassazione decide ai sensi dell'ultimo comma dell'art. 538[1] del c.p.p.

[1] Ora art. 619 c.p.p.

SEZIONE II

Applicazioni di sanzioni sostitutive su richiesta dell'imputato

77-80. ....[1]

[1] Articoli abrog. da *Coord.* 234 c.p.p., v. *Coord.* 248 c. 4 c.p.p.

81. ***Iscrizione nel casellario giudiziale.*** — [...].[1,2]

[1] V. ora *Att.* 196 c.p.p.
[2] Articolo abrog. dall'art. 52, c. 1, D.P.R. 14 nov. 2002, n. 313.

82. ***Esecuzione delle sanzioni sostitutive.*** — Per l'esecuzione delle sanzioni sostitutive si applicano le disposizioni della Sezione I di questo Capo.

83. ***Violazione degli obblighi.*** — Colui il quale viola, in tutto o in parte, gli obblighi impostigli con la sentenza pronunciata a norma dell'art. 77 è punito con la reclusione da sei mesi a tre anni.

In caso di condanna la pena non può essere sostituita a norma di questo Capo.

84. ***Comunicazione all'imputato.***[1] — Quando

per il reato per il quale si procede è ammessa l'oblazione o può trovare applicazione la disposizione prevista dall'art. 77 ne va fatta menzione nella comunicazione giudiziaria.

[1] Articolo divenuto inoperante a seguito dell'abrogazione dell'art. 77.

85. ***Entrata in vigore.*** — Le disposizioni contenute nella presente Sezione si applicano anche ai reati commessi prima dell'entrata in vigore della presente legge.

86-101. (*Omissis*).

102. ***Conversione di pene pecuniarie.*** — Le pene della multa e dell'ammenda non eseguite per insolvibilità del condannato si convertono nella libertà controllata per un periodo massimo, rispettivamente, di un anno e di sei mesi.

Nel caso in cui la pena pecuniaria da convertire non sia superiore ad euro 516, la stessa può essere convertita, a richiesta del condannato, in lavoro sostitutivo.[1]

Il ragguaglio ha luogo calcolando euro 12, o frazione di euro 12,[2] di pena pecuniaria per un giorno di libertà controllata e euro 25, o frazione di euro 25, per un giorno di lavoro sostitutivo.

Il condannato può sempre far cessare la pena sostitutiva pagando la multa o l'ammenda, dedotta la somma corrispondente alla durata della libertà controllata scontata o del lavoro sostitutivo prestato.

[1] La Corte cost., con sent. 21 giu. 1996, n. 206, ha dichiarato l'ill. cost. del c. 2 «nella parte in cui non consente che il lavoro sostitutivo, a richiesta del condannato, sia concesso anche nel caso in cui la pena pecuniaria da convertire sia superiore a euro 516».

[2] La Corte cost., con sent. 13 dic. 1994, n. 440, ha dichiarato l'ill. cost. dell'art. 102, c. 3, «nella parte in cui stabilisce che [...] il ragguaglio ha luogo calcolando euro 12, o frazione di euro 12, anziché euro 38, o frazione di euro 38, di pena pecuniaria per un giorno di libertà controllata».

La Corte cost., con sent. 12 gen. 2012, n. 1, ha dichiarato l'ill. cost. dell'art. 102, c. 3, «nella parte in cui stabilisce che, agli effetti della conversione delle pene pecuniarie non eseguite per insolvibilità del condannato, il ragguaglio ha luogo calcolando euro 38, o frazione di euro 38, anziché euro 250, o frazione di euro 250, di pena pecuniaria per un giorno di libertà controllata».

103. ***Limite degli aumenti in caso di conversione delle pene pecuniarie.*** — Quando le pene pecuniarie debbono essere convertite per insolvibilità del condannato la durata complessiva della libertà controllata non può superare un anno e sei mesi, se la pena convertita è quella della multa, e nove mesi, se la pena convertita è quella dell'ammenda.

La durata complessiva del lavoro sostitutivo non può superare in ogni caso i sessanta giorni.

104. (*Omissis*).

105. ***Lavoro sostitutivo.*** — Il lavoro sostitutivo consiste nella prestazione di un'attività non retribuita, a favore della collettività, da svolgere presso lo Stato, le regioni, le province, i comuni, o presso enti, organizzazioni o corpi di assistenza, di istruzione, di protezione civile e di tutela dell'ambiente naturale o di incremento del patrimonio forestale, previa stipulazione, ove occorra, di speciali convenzioni da parte del Ministero di grazia e giustizia, che può delegare il magistrato di sorveglianza.

Tale attività si svolge nell'ambito della provincia in cui il condannato ha la residenza, per una giornata lavorativa per settimana, salvo che il condannato chieda di essere ammesso ad una maggiore frequenza settimanale.

106. (*Omissis*).

107. ***Determinazione delle modalità di esecuzione delle pene conseguenti alla conversione della multa o dell'ammenda.*** — Il pubblico ministero o il pretore[1] competente per l'esecuzione trasmette copia del provvedimento di conversione della pena pecuniaria al magistrato di sorveglianza del luogo di residenza del condannato.

Il magistrato di sorveglianza, sentito il condannato stesso, dispone l'applicazione della libertà controllata o lo ammette al lavoro sostitutivo. Determina altresì le modalità di esecuzione della libertà controllata a norma dell'art. 62.

Il magistrato di sorveglianza determina le modalità di esecuzione del lavoro sostitutivo e ne fissa il termine iniziale, sentito ove occorra il servizio sociale, tenuto conto delle esigenze di lavoro, di studio, di famiglia e di salute del condannato ed osservando le disposizioni del capo II-*bis* del titolo II della L. 26 lug. 1975, n. 354.

L'ordinanza con cui sono stabilite le modalità di esecuzione del lavoro sostitutivo è immediatamente trasmessa all'ufficio di pubblica sicurezza del comune in cui il condannato risiede o, in mancanza di questo, al comando dell'Arma dei carabinieri territorialmente competente.

Si applicano al lavoro sostitutivo le disposizioni degli artt. 64, 65, 68 e 69.

[1] Ai sensi del D.lgs. 19 feb. 1998, n. 51 l'ufficio del pretore è stato soppresso a decorrere dal 2 giu. 1999, fatta salva l'attività necessaria per l'esaurimento degli affari pendenti.

108. ***Inosservanza delle prescrizioni inerenti alle pene conseguenti alla conversione della multa o della ammenda.*** — Quando è violata anche solo una delle prescrizioni inerenti alla libertà controllata, ivi comprese quelle inerenti al lavoro sostitutivo, conseguenti alla conversione di pene pecuniarie, la parte di libertà controllata o di lavoro sostitutivo non ancora eseguita si converte in un uguale periodo di reclusione o di arresto, a seconda della specie della pena pecuniaria originariamente inflitta. In tal caso non si applica il disposto dell'art. 67.

Gli ufficiali e gli agenti della polizia giudiziaria devono informare, senza indugio, il magistrato di sorveglianza che ha emesso la ordinanza prevista dall'art. 107 di ogni violazione da parte del condannato delle prescrizioni impostegli.

Il magistrato di sorveglianza trasmette gli atti alla sezione di sorveglianza, la quale, compiuti ove occorra sommari accertamenti, provvede con ordinanza alla conversione prevista dal primo comma, osservate le disposizioni del capo II-*bis* del titolo II della L. 26 lug. 1975, n. 354. L'ordinanza di conversione è trasmessa al pubblico ministero competente, il quale provvede mediante ordine di carcerazione.

109-110. (*Omissis*).

111. ***Disposizioni transitorie.*** — Le norme sulla conversione delle pene pecuniarie si applicano ai reati commessi successivamente all'entrata in vigore della presente legge.

In deroga a quanto disposto dall'art. 172 del c.p., la pena della multa inflitta, anche congiuntamente a quella della reclusione, per reati commessi prima della entrata in vigore della presente legge, si estingue col decorso del termine di dieci anni dalla data di entrata in vigore della presente legge; tuttavia, se la sentenza di condanna è divenuta irrevocabile successivamente alla data di entrata in vigore della presente legge, la pena della multa si estingue col decorso di dieci anni dal passaggio in giudicato della sentenza.

112. (*Omissis*).

113. ***Aumento delle pene pecuniarie.*** — Le pene pecuniarie comminate per i reati previsti dal c.p. dalle leggi speciali, nonché le sanzioni pecuniarie comminate per le infrazioni previste dal c.p.p., aumentate per effetto della L. 12 lug. 1961, n. 603 sono moltiplicate per cinque.

Sono altresì moltiplicate per cinque le pene pecuniarie comminate per reati previsti da leggi entrate in vigore dopo il 21 ott. 1974 e prima della L. 12 lug. 1961, n. 603.

Le pene pecuniarie comminate per reati previsti da leggi entrate in vigore dopo la L. 12 lug. 1961, n. 603, e fino al 31 dic. 1970 sono moltiplicate per tre.

Quelle comminate per reati previsti da leggi entrate in vigore dopo il 31 dic. 1970 e fino al 31 dic. 1975, ad eccezione delle leggi in materia di imposte dirette e di tasse ed imposte indirette sugli affari, sono moltiplicate per due.

Quando, tenuto conto degli aumenti previsti nei commi precedenti, la legge stabilisce la pena dell'ammenda inferiore nel minimo a euro 2 o nel massimo a euro 5, i limiti edittali sono elevati rispettivamente a euro 5 e a euro 12.

114. ***Aumento delle sanzioni amministrative pecuniarie.*** — Le disposizioni dell'articolo precedente si applicano a tutte le sanzioni amministrative pecuniarie originariamente previste come sanzioni penali.

Le altre sanzioni amministrative pecuniarie inferiori nel minimo a euro 20 o nel massimo a euro 50 sono elevate, rispettivamente, a euro 20 e a euro 50.[1]

Le disposizioni dei precedenti commi si applicano anche alle violazioni finanziarie.

[1] Parole così modif. dall'art. 3, c. 64 della L. 15 lug. 2009, n. 94.

115. ***Pene proporzionali.*** — Le disposizioni degli artt. 113 e 114 non si applicano alle pene e sanzioni amministrative pecuniarie quando l'ammontare delle stesse o della pena base che viene assunta per la loro determinazione non è fissato direttamente dalla legge ma è diversamente stabilito.

116. (*Omissis*).

117. ***Persona civilmente obbligata per l'ammenda e per la multa.*** — Tutte le disposizioni processuali relative alla persona civilmente obbligata per l'ammenda si intendono riferite anche alla persona civilmente obbligata per la multa.

CAPO VI

Disposizioni in materia di pene accessorie, prescrizione, oblazione, sospensione condizionale della pena e confisca

118-148. (*Omissis*).[1]

[1] Le modifiche sono state inserite direttamente nelle norme del C.P. interessate, evidenziando in nota la norma speciale che ha operato la modifica stessa.

- 2 -

D.lgs. 30 dic. 1999, n. 507

Depenalizzazione dei reati minori e riforma del sistema sanzionatorio, ai sensi dell'art. 1 della L. 25 giu. 1999, n. 205

(G.U. 31 dic. 1999, n. 306, Suppl. ord. n. 233)

TITOLO 1

Riforma del sistema sanzionatorio in materia di alimenti

CAPO I

Trasformazione dei reati in illeciti amministrativi

1. ***Depenalizzazione.*** — 1. Sono trasformate in illeciti amministrativi, soggetti alle sanzioni stabilite dagli artt. 2 e 3, le violazioni previste come reato dalle leggi comprese nell'elenco allegato al presente decreto legislativo e da ogni altra disposizione in materia di produzione, commercio e igiene degli alimenti e delle bevande, nonché di tutela della denominazione di origine dei medesimi, fatta eccezione per i reati previsti dal codice penale e dagli artt. 5, 6 e 12 della L. 30 apr. 1962, n. 283, e successive modificazioni ed integrazioni.[1]

[1] Si veda l'art. 7-*quater* del D.L. 11 gen. 2001, n. 1, conv. con modif. in L. 9 mar. 2001, N. 49 che nel modificare l'art. 22 della L. 15 feb. 1963, n. 281 reintroduce ipotesi di reato per la preparazione, la vendita o la messa in commercio di prodotti non rispondenti alle prescrizioni.

2. *Sanzioni amministrative pecuniarie.* — 1. Le violazioni indicate dall'art. 1 sono soggette alla sanzione amministrativa del pagamento di una somma di denaro, il cui ammontare, salvo quanto previsto dal comma 2, è così determinato:

a) se la violazione è punita con la sola pena della multa o dell'ammenda, la somma dovuta è pari all'ammontare della pena pecuniaria stabilita per la violazione stessa, e comunque non inferiore a euro 258;

b) se la violazione è punita con la pena della reclusione o dell'arresto alternativa a quella della multa o dell'ammenda, è dovuta una somma da euro 7.746 a euro 46.481 quando la pena detentiva è inferiore nel massimo ad un anno, e da euro 10.329 a euro 61.974 negli altri casi;

c) se la violazione è punita con la pena della reclusione o dell'arresto sola o congiunta con la pena della multa o dell'ammenda, è dovuta una somma da euro 10.329 a euro 61.974 quando la pena detentiva è inferiore nel massimo ad un anno, e da euro 15.493 a euro 92.962 negli altri casi.

2. Se per la violazione è prevista una pena pecuniaria proporzionale, con o senza la fissazione di limiti minimi e massimi, la somma dovuta è pari: *a*) all'ammontare della multa o dell'ammenda, ove prevista in via esclusiva; *b*) all'ammontare della multa o dell'ammenda, aumentato di un terzo, ove prevista in via alternativa alla reclusione o all'arresto; *c*) al doppio dell'ammontare della multa o dell'ammenda, ove prevista congiuntamente alla reclusione o all'arresto.

3. *Sanzioni amministrative accessorie.* — 1. Le pene accessorie previste per le violazioni indicate dall'art. 1 sono trasformate in sanzioni amministrative accessorie e continuano ad applicarsi nei casi e nei modi stabiliti dalle disposizioni che le prevedono. Se l'applicabiltà delle pene accessorie è prevista per i casi di recidiva, le sanzioni amministrative accessorie si applicano nei casi di reiterazione delle violazioni nei sensi stabiliti dall'art. 8-*bis* della L. 24 nov. 1981, n. 689, introdotto dall'art. 94 del presente decreto legislativo.

2. Salvo quanto disposto dal comma 1, l'autorità amministrativa con l'ordinanza-ingiunzione o il giudice con la sentenza di condanna nel caso previsto dall'art. 24 della L. 24 nov. 1981, n. 689 può applicare per le violazioni indicate dall'art. 1, tenuto conto della natura e della gravità dei fatti, le seguenti sanzioni amministrative accessorie:

a) nel caso di reiterazione specifica delle violazioni, la chiusura dello stabilimento o dell'esercizio da un minimo di cinque giorni ad un massimo di tre mesi, ovvero la sospensione fino ad un massimo di tre mesi o la revoca della licenza, dell'autorizzazione o dell'analogo provvedimento amministrativo che consente l'esercizio dell'attività;

b) per i fatti di particolare gravità dai quali sia derivato pericolo per la salute, la chiusura definitiva dello stabilimento o dell'esercizio e la revoca della licenza, dell'autorizzazione o dell'analogo provvedimento amministrativo che consente l'esercizio dell'attività.

3. Nei casi in cui possono essere applicate sanzioni amministrative accessorie a norma dei commi 1 e 2 non è ammesso il pagamento in misura ridotta ai sensi dell'art. 16 della L. 24 nov. 1981, n. 689.

4. *Autorità competente.* — 1. Salvo quanto previsto dal comma 2, le sanzioni amministrative per le violazioni depenalizzate a norma dell'art. 1 sono applicate dalle autorità amministrative competenti ad irrogare le altre sanzioni amministrative già previste dalle leggi che contemplano le violazioni stesse.

2. Per le violazioni previste dalle leggi 4 nov. 1951, n. 1316, 7 dic. 1951, n. 1559, 23 dic. 1956, n. 1526, 24 lug. 1962, n. 1104, 9 ott. 1980, n. 659, 4 nov. 1981, n. 628, 2 ago. 1982, n. 527 e 12 gen. 1990, n. 11, le sanzioni amministrative sono applicate, secondo le rispettive attribuzioni, dal Ministero delle politiche agricole e forestali, dal Ministero dell'industria, del commercio e dell'artigianato, dalle regioni e dalle province autonome.

CAPO II

Modifiche della disciplina sanzionatoria

5. *Circostanza aggravante di delitti previsti dal codice penale.* (*Omissis*).

6. *Modifiche alla L. 30 apr. 1962, n. 283.* (*Omissis*).

7. *Affissione e pubblicazione del provvedimento che applica sanzioni amministrative.* — 1. Quando è applicata una sanzione amministrativa pecuniaria non inferiore a euro 7.746 per una violazione in materia di produzione, commercio e igiene degli alimenti e delle bevande, o di tutela della denominazione di origine dei medesimi, l'autorità amministrativa con l'ordinanza-ingiunzione o il giudice con la sentenza di condanna nel caso previsto dall'art. 24 della L. 24 nov. 1981, n. 689 può disporre, tenuto conto della natura e della gravità del fatto, l'affissione o la pubblicazione del provvedimento che accerta la violazione a spese del soggetto cui la sanzione è applicata.

2. L'affissione ha ad oggetto un estratto del provvedimento contenente la sintetica indica zione dell'illecito commesso, del suo autore e della sanzione applicata. L'autorità amministrativa o il giudice stabilisce i luoghi, le modalità e la durata, comunque non superiore a quattro mesi, dell'affissione, in modo tale da assicurare un'agevole conoscibilità del provvedimento da parte del pubblico.

3. L'autorità che ha emesso l'ordinanza-ingiun-

zione cura l'esecuzione dell'affissione, avvalendosi ove occorra degli organi di polizia municipale. Se l'affissione è disposta dal giudice penale, l'esecuzione è affidata all'organo che ha accertato la violazione.

4. La pubblicazione del provvedimento è eseguita con le modalità previste dall'art. 36 del codice penale, in quanto applicabile.

8. ***Chiusura dello stabilimento o dell'esercizio per mancanza dei requisiti igienico-sanitari.*** — 1. Gli organi della pubblica amministrazione incaricati della vigilanza sull'osservanza delle disposizioni in materia di produzione, commercio ed igiene degli alimenti e delle bevande dispongono la chiusura dello stabilimento o dell'esercizio nei casi di insussistenza dei requisiti igienico-sanitari necessari ai fini del rilascio dell'autorizzazione sanitaria.

2. Il provvedimento è immediatamente revocato se la situazione viene regolarizzata.

3. Restano ferme le disposizioni previste dall'art. 3 del presente decreto, dall'art. 517-*bis* del c.p., dall'art. 12-*bis* e dal primo comma dell'art. 15 della L. 30 apr. 1962, n. 283.

TITOLO II

Modifica del sistema sanzionatorio in materia di disciplina della navigazione

9-16. (*Omissis*).

TITOLO III

Riforma del sistema sanzionatorio in materia di circolazione stradale

17-23. (*Omissis*).

TITOLO IV

Riforma della disciplina sanzionatoria delle violazioni finanziarie

24-27. (*Omissis*).

TITOLO V

Riforma della disciplina sanzionatoria relativa agli assegni bancari e postali

28-37. (*Omissis*).

TITOLO VI

Trasformazione di reati in illeciti amministrativi

CAPO I

Depenalizzazione di reati previsti dal codice penale

38-59. (*Omissis*).

CAPO II

Depenalizzazione di reati previsti da leggi speciali

60-93. (*Omissis*).

TITOLO VII

Modifiche alla legge 24 nov. 1981, n. 689

94-99. (*Omissis*).

TITOLO VIII

Disposizioni transitorie e finali

100. ***Applicabilità delle sanzioni amministrative alle violazioni anteriormente commesse.*** — 1. Le disposizioni del presente decreto legislativo che sostituiscono sanzioni penali con sanzioni amministrative si applicano anche alle violazioni commesse anteriormente alla data di entrata in vigore del decreto stesso, sempre che il procedimento penale non sia stato definito con sentenza o con decreto divenuti irrevocabili.

2. A tali violazioni non si applicano, tuttavia, le sanzioni amministrative accessorie introdotte dal presente decreto legislativo, salvo che le stesse sostituiscano corrispondenti pene accessorie.

101. ***Procedimenti definiti con sentenza irrevocabile.*** — 1. Se i procedimenti penali per le violazioni depenalizzate dal presente decreto legislativo sono stati definiti, prima della sua entrata in vigore, con sentenza di condanna o decreto irrevocabili, il giudice dell'esecuzione revoca la sentenza o il decreto, salvo quanto previsto dai commi 2 e 3, dichiarando che il fatto non è previsto dalla legge come reato e adotta i provvedimenti conseguenti. Il giudice dell'esecuzione provvede con l'osservanza delle disposizioni dell'art. 667, comma 4, del codice di procedura penale.

2. Le multe e le ammende inflitte con le sentenze o i decreti indicati nel comma 1 sono riscosse, insieme alle spese del procedimento, con l'osservanza delle norme sull'esecuzione delle pene pecuniarie.[1]

3. Restano salve la confisca nonché le pene accessorie, nei casi in cui queste ultime sono applicabili alle violazioni depenalizzate come sanzioni amministrative.

[1] La Corte cost., con sent. 31 mag. 2001, n. 169, ha dichiarato l'ill. cost. di questo comma.

102. ***Trasmissione degli atti all'autorità amministrativa e procedimento sanzionatorio.*** — 1. Nei casi previsti dall'art. 100, comma 1, l'autorità giudiziaria, entro novanta giorni dalla data di entrata in vigore del presente decreto legislativo, dispone la trasmissione all'autorità amministrativa competente degli atti dei procedimenti penali relativi ai reati trasformati in illeciti amministrativi, salvo che il reato risulti prescritto o estinto per altra causa alla medesima data.

2. Se l'azione penale non è stata ancora esercitata, la trasmissione degli atti è disposta, direttamente dal pubblico ministero, che, in, caso di procedimento già iscritto, annota la; trasmissione nel registro delle notizie di reato. Se il reato risulta estinto per qualunque causa, il pubblico ministero richiede l'archiviazione a, norma del codice di procedura penale; la richiesta ed il decreto del giudice che la accoglie. possono avere ad oggetto anche elenchi cumulativi di procedimenti.

3. Se l'azione penale è stata esercitata, il, giudice, ove l'imputato o il pubblico ministero: non si oppongano, pronuncia, in camera di consiglio, sentenza inappellabile di assoluzione' o di non luogo a procedere perché il fatto non è previsto dalla legge come reato, disponendo la trasmissione degli atti a norma del comma 1.

4. L'autorità amministrativa notifica gli estremi della violazione agli interessati resi denti nel territorio della Repubblica entro il termine di novanta giorni e a quelli residenti all'estero entro il termine di trecentosessanta giorni dalla ricezione degli atti.

5. Entro il termine di sessanta giorni dalla notificazione degli estremi della violazione, l'interessato è ammesso al pagamento in misura ridotta a norma dell'art. 16 della L. 24 nov. 1981, n. 689, ovvero, se si tratta di, violazione al codice della strada o in materia finanziaria, dell'art. 202, commi 1 e 2, del D.L. 30 apr. 1992, n. 285 o dell'art. 16, comma 3, del D.L. 18 dic. 1997, n. 472. Il pagamento in misura ridotta è ammesso anche in deroga ad eventuali esclusioni o limitazioni previste dalla legge.

6. Il pagamento determina l'estinzione del procedimento.

7. Si applicano, per quanto non stabilito dal presente articolo, le disposizioni delle sezioni I e II del capo I della L. 24 nov. 1981, n. 689, in quanto compatibili.

8. Nei casi previsti dal presente articolo la prescrizione della sanzione o del diritto alla riscossione delle somme dovute a titolo di sanzione amministrativa non determina responsabilità contabile.

103. ***Uffici competenti a ricevere il rapporto.*** — 1. I ministeri e gli enti competenti ad applicare le sanzioni amministrative per le violazioni depenalizzate dal presente decreto legislativo indicano gli uffici, anche periferici, ai quali deve essere inviato il rapporto di cui all'art. 17 della L. 24 nov. 1981, n. 689.

2. Per i ministeri l'individuazione ha luogo con decreto del Ministro adottato entro trenta giorni dall'entrata in vigore del presente del decreto legislativo e pubblicato nella *Gazzetta Ufficiale* della Repubblica.

104. ***Disposizioni concernenti le competenze delle regioni e degli enti locali.*** — 1. Per le funzioni ed i compiti conferiti dai decreti legislativi emanati in attuazione della L. 15 mar. 1997, n. 59, la competenza ad applicare le sanzioni amministrative per le violazioni depenalizzate dal presente decreto legislativo spetta alle regioni ed agli enti locali a decorrere dalla data di effettivo trasferimento delle risorse a norma dell'art. 7 della medesima L. n. 59 del 1997.

2. Le regioni a statuto speciale e le province autonome di Trento e Bolzano sono competenti ad applicare, secondo i rispettivi ordinamenti, le sanzioni amministrative relative alle funzioni loro attribuite.

105. ***Entrata in vigore delle disposizioni collegate all'archivio informatico degli assegni e delle carte di pagamento irregolari.*** — 1. Le disposizioni degli artt. 34, 35 e 37, comma 2, entrano in vigore decorsi centocinquanta giorni dalla pubblicazione nella *Gazzetta Ufficiale* della Repubblica del regolamento previsto dall'art. 36, comma 2.

2. Con riguardo alle convenzioni di assegno in corso alla data di entrata in vigore delle disposizioni indicate nel comma 1, il cliente dichiara alla banca o all'ufficio postale, entro trenta giorni da tale data, il domicilio eletto ai fini delle comunicazioni previste dall'art. 9-*bis* della L. 15 dic. 1990, n. 386, introdotto dall'art. 34 del presente decreto legislativo. La dichiarazione ha luogo nelle forme previste dall'art. 9-*ter*, comma 2, della medesima legge n. 386 del 1990. In mancanza della dichiarazione, le predette comunicazioni si effettuano presso la residenza dichiarata o il domicilio eletto dal cliente all'atto della conclusione della convenzione di assegno.

- 3 -

D.lgs. 15 gen. 2016, n. 7

Disposizioni in materia di abrogazione di reati e introduzione di illeciti con sanzioni pecuniarie civili, a norma dell'art. 2, c. 3, della L. 28 apr. 2014, n. 67

(G.U. 22 gen. 2016, n. 17)

CAPO I

Abrogazione di reati e modifiche al codice penale

1. ***Abrogazione di reati.*** — 1. Sono abrogati i seguenti articoli del codice penale:

a) 485;
b) 486;
c) 594;
d) 627;
e) 647.

2. ***Modifiche al codice penale.***[1] — (*Omissis*).

[1] Modifica gli artt. 488, 489, 490, 491, 491-*bis*, 493-*bis*, 596, 597, 599, 635, 635-*bis*, 635-*ter*, 635-*quater*, 635-*quinquies* del c.p.

CAPO II

Illeciti sottoposti a sanzioni pecuniarie civili

3. ***Responsabilità civile per gli illeciti sottoposti a sanzioni pecuniarie.*** — 1. I fatti previsti dall'articolo seguente, se dolosi, obbligano, oltre che alle restituzioni e al risarcimento del danno secondo le leggi civili, anche al pagamento della sanzione pecuniaria civile ivi stabilita.

2. Si osserva la disposizione di cui all'articolo 2947, primo comma, del codice civile.

4. ***Illeciti civili sottoposti a sanzioni pecuniarie.*** — 1. Soggiace alla sanzione pecuniaria civile da euro cento a euro ottomila:

a) chi offende l'onore o il decoro di una persona presente, ovvero mediante comunicazione telegrafica, telefonica, informatica o telematica, o con scritti o disegni, diretti alla persona offesa;

b) il comproprietario, socio o coerede che, per procurare a sé o ad altri un profitto, s'impossessa della cosa comune, sottraendola a chi la detiene, salvo che il fatto sia commesso su cose fungibili e il valore di esse non ecceda la quota spettante al suo autore;

c) chi distrugge, disperde, deteriora o rende, in tutto o in parte, inservibili cose mobili o immobili altrui, al di fuori dei casi di cui agli articoli 635, 635-*bis*, 635-*ter*, 635-*quater* e 635-*quinquies* del codice penale;

d) chi, avendo trovato denaro o cose da altri smarrite, se ne appropria, senza osservare le prescrizioni della legge civile sull'acquisto della proprietà di cose trovate;

e) chi, avendo trovato un tesoro, si appropria, in tutto o in parte, della quota dovuta al proprietario del fondo;

f) chi si appropria di cose delle quali sia venuto in possesso per errore altrui o per caso fortuito.

2. Nel caso di cui alla lettera *a*) del primo comma, se le offese sono reciproche, il giudice può non applicare la sanzione pecuniaria civile ad uno o ad entrambi gli offensori.

3. Non è sanzionabile chi ha commesso il fatto previsto dal primo comma, lettera *a*), del presente articolo, nello stato d'ira determinato da un fatto ingiusto altrui, e subito dopo di esso.

4. Soggiace alla sanzione pecuniaria civile da euro duecento a euro dodicimila:

a) chi, facendo uso o lasciando che altri faccia uso di una scrittura privata da lui falsamente formata o da lui alterata, arreca ad altri un danno. Si considerano alterazioni anche le aggiunte falsamente apposte a una scrittura vera, dopo che questa fu definitivamente formata;

b) chi, abusando di un foglio firmato in bianco, del quale abbia il possesso per un titolo che importi l'obbligo o la facoltà di riempirlo, vi scrive o fa scrivere un atto privato produttivo di effetti giuridici, diverso da quello a cui era obbligato o autorizzato, se dal fatto di farne uso o di lasciare che se ne faccia uso, deriva un danno ad altri;

c) chi, limitatamente alle scritture private, commettendo falsità su un foglio firmato in bianco diverse da quelle previste dalla lettera *b*), arreca ad altri un danno;

d) chi, senza essere concorso nella falsità, facendo uso di una scrittura privata falsa, arreca ad altri un danno;

e) chi, distruggendo, sopprimendo od occultando in tutto o in parte una scrittura privata vera, arreca ad altri un danno;

f) chi commette il fatto di cui al comma 1, lettera *a*), del presente articolo, nel caso in cui l'offesa consista nell'attribuzione di un fatto determinato o sia commessa in presenza di più persone;

5. Le disposizioni di cui alle lettere *a*), *b*), *c*), *d*) ed *e*) del comma 4, si applicano anche nel caso in cui le falsità ivi previste riguardino un documento informatico privato avente efficacia probatoria.

6. Agli effetti delle disposizioni di cui al comma 4, lettere *a*), *b*), *c*), *d*) ed *e*) del presente articolo, nella denominazione di «scritture private» sono compresi gli atti originali e le copie autentiche di essi, quando a norma di legge tengano luogo degli originali mancanti.

7. Nei casi di cui al comma 4, lettere *b*) e *c*) del presente articolo, si considera firmato in bianco il foglio in cui il sottoscrittore abbia lasciato bianco un qualsiasi spazio destinato a essere riempito.

8. Le disposizioni di cui ai commi 2 e 3 del presente articolo si applicano anche nel caso di cui al comma 4, lettera *f*), del medesimo articolo.

5. ***Criteri di commisurazione delle sanzioni pecuniarie.*** — 1. L'importo della sanzione pecuniaria civile è determinato dal giudice tenuto conto dei seguenti criteri:

a) gravità della violazione;

b) reiterazione dell'illecito;

c) arricchimento del soggetto responsabile;

d) opera svolta dall'agente per l'eliminazione o attenuazione delle conseguenze dell'illecito;

e) personalità dell'agente;

f) condizioni economiche dell'agente.

6. ***Reiterazione dell'illecito.*** 1. Si ha reiterazione nel caso in cui l'illecito sottoposto a sanzione pecuniaria civile sia compiuto entro quattro anni dalla commissione, da parte dello stesso soggetto, di un'altra violazione sottoposta a sanzione pecuniaria civile, che sia della stessa indole e che sia stata accertata con provvedimento esecutivo.

2. Ai fini della presente legge, si considerano della stessa indole le violazioni della medesima disposizione e quelle di disposizioni diverse che, per la natura dei fatti che le costituiscono o per le modalità della condotta, presentano una sostanziale omogeneità o caratteri fondamentali comuni.

7. ***Concorso di persone.*** 1. Quando più persone concorrono in un illecito di cui al presente capo, ciascuna di esse soggiace alla sanzione pecuniaria civile per esso stabilita.

8. ***Procedimento.*** — 1. Le sanzioni pecuniarie civili sono applicate dal giudice competente a conoscere dell'azione di risarcimento del danno.

2. Il giudice decide sull'applicazione della sanzione civile pecuniaria al termine del giudizio, qualora accolga la domanda di risarcimento proposta dalla persona offesa.

3. La sanzione pecuniaria civile non può essere applicata quando l'atto introduttivo del giudizio è stato notificato nelle forme di cui all'articolo 143 del codice di procedura civile, salvo che la controparte si sia costituita in giudizio o risulti con certezza che abbia avuto comunque conoscenza del processo.

4. Al procedimento, anche ai fini dell'irrogazione della sanzione pecuniaria civile, si applicano le disposizioni del codice di procedura civile, in quanto compatibili con le norme del presente capo.

9. ***Pagamento della sanzione.*** — 1. L'importo dovuto a titolo di sanzione pecuniaria civile è recuperato secondo le disposizioni stabilite dalla parte VII del testo unico delle disposizioni legislative e regolamentari in materia di spese di giustizia, di cui al decreto del Presidente della Repubblica 30 maggio 2002, n. 115.[1]

2. Il giudice può disporre, in relazione alle condizioni economiche del condannato, che il pagamento della sanzione pecuniaria civile sia effettuato in rate mensili da due a otto. Ciascuna rata non può essere inferiore ad euro cinquanta.

3. Decorso inutilmente, anche per una sola rata, il termine fissato per il pagamento, l'ammontare residuo della sanzione è dovuto in un'unica soluzione.

4. Il condannato può estinguere la sanzione civile pecuniaria in ogni momento, mediante un unico pagamento.

5. Per il pagamento della sanzione pecuniaria civile non è ammessa alcuna forma di copertura assicurativa.

6. L'obbligo di pagare la sanzione pecuniaria civile non si trasmette agli eredi.

[1] Comma così sost. dall'art. 1, c. 351, L. 11 dic. 2016, n. 232.

10. ***Destinazione del provento della sanzione.*** 1. Il provento della sanzione pecuniaria civile è versato all'entrata del bilancio dello Stato per essere riassegnato al pertinente capitolo di spesa dello stato di previsione del Ministero dell'interno riguardante il Fondo di rotazione per la solidarietà alle vittime dei reati di tipo mafioso, delle richieste estorsive, dell'usura e dei reati intenzionali violenti nonché agli orfani per crimini domestici[1], per le finalità di cui all'articolo 11 della legge 7 luglio 2016, n. 122.[2]

[1] Denominazione così modif. dall'art. 11, c. 4, L. 11 gen. 2018, n. 4.

[2] Comma così modif. dall'art. 1, c. 351, L. 11 dic. 2016, n. 232.

11. ***Registro informatizzato dei provvedimenti in materia di sanzioni pecuniarie.*** 1. Con apposito decreto del Ministro della giustizia sono adottate le disposizioni relative alla tenuta di un registro, in forma automatizzata, in cui sono iscritti i provvedimenti di applicazione delle sanzioni pecuniarie civili, per gli effetti di cui all'articolo 6.

12. ***Disposizioni transitorie.*** — 1. Le disposizioni relative alle sanzioni pecuniarie civili del presente decreto si applicano anche ai fatti commessi anteriormente alla data di entrata in vigore dello stesso, salvo che il procedimento penale sia stato definito con sentenza o con decreto divenuti irrevocabili.

2. Se i procedimenti penali per i reati abrogati dal presente decreto sono stati definiti, prima della sua entrata in vigore, con sentenza di condanna o decreto irrevocabili, il giudice dell'esecuzione revoca la sentenza o il decreto, dichiarando che il fatto non è previsto dalla legge come reato e adotta i provvedimenti conseguenti. Il giudice dell'esecuzione provvede con l'osservanza delle disposizioni dell'articolo 667, comma 4, del codice di procedura penale.

13. ***Disposizioni finanziarie.*** (*Omissis*)

- 4 -

D.lgs. 15 gen. 2016, n. 8

Disposizioni in materia di depenalizzazione, a norma dell'art. 2, c.2, della L. 28 apr. 2014, n. 67

(G.U. 22 gen. 2016, n. 17)

1. ***Depenalizzazione di reati puniti con la sola pena pecuniaria ed esclusioni.*** — 1. Non costituiscono reato e sono soggette alla sanzione amministrativa del pagamento di una somma di denaro tutte le violazioni per le quali è prevista la sola pena della multa o dell'ammenda.

2. La disposizione del comma 1 si applica anche ai reati in esso previsti che, nelle ipotesi aggravate, sono puniti con la pena detentiva, sola, alternativa o congiunta a quella pecuniaria. In tal caso, le ipotesi aggravate sono da ritenersi fattispecie autonome di reato.

3. La disposizione del comma 1 non si applica ai reati previsti dal codice penale, fatto salvo quanto previsto dall'articolo 2, comma 6, e a quelli compresi nell'elenco allegato al presente decreto.

4. La disposizione del comma 1 non si applica ai reati di cui al decreto legislativo 25 luglio 1998, n. 286, nonché ai reati di cui al decreto del Presidente della Repubblica 23 gennaio 1973, n. 43, quando l'ammontare dei diritti di confine dovuti è superiore a euro diecimila.[1]

5. La sanzione amministrativa pecuniaria, di cui al primo comma, è così determinata:

a) da euro 5.000 a euro 10.000 per i reati puniti con la multa o l'ammenda non superiore nel massimo a euro 5.000;

b) da euro 5.000 a euro 30.000 per i reati puniti con la multa o l'ammenda non superiore nel massimo a euro 20.000;

c) da euro 10.000 a euro 50.000 per i reati puniti con la multa o l'ammenda superiore nel massimo a euro 20.000.

6. Se per le violazioni previste dal comma 1 è prevista una pena pecuniaria proporzionale, anche senza la determinazione dei limiti minimi o massimi, la somma dovuta è pari all'ammontare della multa o dell'ammenda, ma non può, in ogni caso, essere inferiore a euro 5.000 né superiore a euro 50.000.

[1] Comma così modif. dall'art. 4, D.lgs. 14 lug. 2020, n. 75.

2. ***Depenalizzazione di reati del codice penale.***[1] — (*Omissis*).

[1] Modifica gli artt. 527, 528, 652, 661, 668, 726 del c.p.

3. ***Altri casi di depenalizzazione.***[1] — (*Omissis*).

[1] Modifica la L. 8 gen. 1931, n. 234, la L. 22 apr. 1941, n. 633, il d.lgs. luogotenenziale 10 ago. 1945, n. 506, la L. 28 nov. 1965, n. 1329, il D.L. 26 ott. 1970, n. 745, conv. con modif. in L. 18 dic. 1970, n. 1034, il D.L. 12 set. 1983, n. 463, conv. con modif. in L. 11 nov. 1983, n. 638, il D.P.R. 9 ott. 1990, n. 309.

4. ***Sanzioni amministrative accessorie.*** 1. In caso di reiterazione specifica di una delle violazioni di seguito indicate, l'autorità amministrativa competente, con l'ordinanza ingiunzione, applica la sanzione amministrativa accessoria della sospensione della concessione, della licenza, dell'autorizzazione o di altro provvedimento amministrativo che consente l'esercizio dell'attività da un minimo di dieci giorni a un massimo di tre mesi:

a) articolo 668 del codice penale;

b) articolo 171-*quater* della legge 22 aprile 1941, n. 633;

c) articolo 28, comma 2, del decreto del Presidente della Repubblica 9 ottobre 1990, n. 309.

2. Allo stesso modo provvede il giudice con la sentenza di condanna qualora sia competente, ai sensi dell'articolo 24 della legge 24 novembre 1981, n. 689, a decidere su una delle violazioni indicate nel comma 1.

3. Per gli illeciti amministrativi di cui al comma 1, in caso di reiterazione specifica, non è ammesso il pagamento in misura ridotta ai sensi dell'articolo 16 della legge 24 novembre 1981, n. 689.

5. ***Disposizione di coordinamento.*** 1. Quando i reati trasformati in illeciti amministrativi ai sensi del presente decreto prevedono ipotesi aggravate fondate sulla recidiva ed escluse dalla depenalizzazione, per recidiva è da intendersi la reiterazione dell'illecito depenalizzato.

6. ***Disposizioni applicabili.*** 1. Nel procedimento per l'applicazione delle sanzioni amministrative previste dal presente decreto si osservano, in quanto applicabili, le disposizioni delle sezioni I e II del capo I della legge 24 novembre 1981, n. 689.

7. ***Autorità competente.*** 1. Per le violazioni di cui all'articolo 1, sono competenti a ricevere il rapporto e ad applicare le sanzioni amministrative le autorità amministrative competenti ad irrogare le altre sanzioni amministrative già previste dalle leggi che contemplano le violazioni stesse; nel caso di mancata previsione, è competente l'autorità individuata a norma dell'articolo 17 della legge 24 novembre 1981, n. 689.

2. Per le violazioni di cui all'articolo 2, è competente a ricevere il rapporto e ad irrogare le sanzioni amministrative il prefetto.

3. Per le violazioni di cui all'articolo 3, sono competenti a ricevere il rapporto e ad irrogare le sanzioni amministrative:

a) le autorità competenti ad irrogare le sanzioni amministrative già indicate nella legge 22 aprile 1941, n. 633, nel decreto-legge 12 settembre 1983, n. 463, convertito, con modificazioni, dalla legge 11 novembre 1983, n. 638, e nel decreto del Presidente della Repubblica 9 ottobre 1990, n. 309;

b) il Ministero dello sviluppo economico in relazione all'articolo 11 della legge 8 gennaio 1931, n. 234;

c) l'autorità comunale competente al rilascio dell'autorizzazione all'installazione o all'esercizio di impianti di distribuzione di carburante di cui all'articolo 1 del decreto legislativo 11 febbraio 1998, n. 32;

d) il prefetto con riguardo alle restanti leggi indicate all'articolo 3.

8. ***Applicabilità delle sanzioni amministrative alle violazioni anteriormente commesse.*** 1. Le disposizioni del presente decreto che sostituiscono sanzioni penali con sanzioni amministrative si applicano anche alle violazioni commesse anteriormente alla data di entrata in vigore del decreto stesso, sempre che il procedimento penale non sia stato definito con sentenza o con decreto divenuti irrevocabili.

2. Se i procedimenti penali per i reati depenalizzati dal presente decreto sono stati definiti, prima della sua entrata in vigore, con sentenza di condanna o decreto irrevocabili, il giudice dell'esecuzione revoca la sentenza o il decreto, dichiarando che il fatto non è previsto dalla legge come reato e adotta i provvedimenti conseguenti. Il giudice dell'esecuzione provvede con l'osservanza delle disposizioni dell'articolo 667, comma 4, del codice di procedura penale.

3. Ai fatti commessi prima della data di entrata in vigore del presente decreto non può essere appli-

cata una sanzione amministrativa pecuniaria per un importo superiore al massimo della pena originariamente inflitta per il reato, tenuto conto del criterio di ragguaglio di cui all'articolo 135 del codice penale. A tali fatti non si applicano le sanzioni amministrative accessorie introdotte dal presente decreto, salvo che le stesse sostituiscano corrispondenti pene accessorie.

9. ***Trasmissione degli atti all'autorità amministrativa.*** 1. Nei casi previsti dall'articolo 8, comma 1, l'autorità giudiziaria, entro novanta giorni dalla data di entrata in vigore del presente decreto, dispone la trasmissione all'autorità amministrativa competente degli atti dei procedimenti penali relativi ai reati trasformati in illeciti amministrativi, salvo che il reato risulti prescritto o estinto per altra causa alla medesima data.

2. Se l'azione penale non è stata ancora esercitata, la trasmissione degli atti è disposta direttamente dal pubblico ministero che, in caso di procedimento già iscritto, annota la trasmissione nel registro delle notizie di reato. Se il reato risulta estinto per qualsiasi causa, il pubblico ministero richiede l'archiviazione a norma del codice di procedura penale; la richiesta ed il decreto del giudice che la accoglie possono avere ad oggetto anche elenchi cumulativi di procedimenti.

3. Se l'azione penale è stata esercitata, il giudice pronuncia, ai sensi dell'articolo 129 del codice di procedura penale, sentenza inappellabile perché il fatto non è previsto dalla legge come reato, disponendo la trasmissione degli atti a norma del comma 1. Quando è stata pronunciata sentenza di condanna, il giudice dell'impugnazione, nel dichiarare che il fatto non è previsto dalla legge come reato, decide sull'impugnazione ai soli effetti delle disposizioni e dei capi della sentenza che concernono gli interessi civili.

4. L'autorità amministrativa notifica gli estremi della violazione agli interessati residenti nel territorio della Repubblica entro il termine di novanta giorni e a quelli residenti all'estero entro il termine di trecentosettanta giorni dalla ricezione degli atti.

5. Entro sessanta giorni dalla notificazione degli estremi della violazione l'interessato è ammesso al pagamento in misura ridotta, pari alla metà della sanzione, oltre alle spese del procedimento. Si applicano, in quanto compatibili, le disposizioni di cui all'articolo 16 della legge 24 novembre 1981, n. 689.

6. Il pagamento determina l'estinzione del procedimento.

10. ***Disposizioni finanziarie.*** (*Omissis*)

ALLEGATO

ELENCO DELLE LEGGI CONTENENTI REATI PUNITI CON LA SOLA PENA PECUNIARIA ESCLUSI DALLA DEPENALIZZAZIONE A NORMA DELL'ART. 2 DELLA LEGGE N. 67/2014[1]

[1] I riferimenti agli atti normativi si intendono estesi agli eventuali, successivi provvedimenti di modifica o di integrazione.

Edilizia e urbanistica

1. Decreto del Presidente della Repubblica 6 giugno 2001, n. 380, recante "Testo unico delle disposizioni legislative e regolamentari in materia edilizia".

2. Legge 2 febbraio 1974, n. 64, recante "Provvedimenti per le costruzioni con particolari prescrizioni per le zone sismiche".

3. Legge 5 novembre 1971, n. 1086, recante "Norme per la disciplina delle opere in conglomerato cementizio armato, normale e precompresso ed a struttura metallica".

Ambiente, territorio e paesaggio

1. Decreto legislativo 6 novembre 2007, n. 202, recante "Attuazione della direttiva 2005/35/CE relativa all'inquinamento provocato dalle navi e conseguenti sanzioni".

2. Decreto legislativo 3 aprile 2006, n. 152, recante "Norme in materia ambientale".

3. Decreto legislativo 11 maggio 2005, n. 133, recante "Attuazione della direttiva 2000/76/CE, in materia di incenerimento dei rifiuti".

4. Decreto legislativo 14 marzo 2003, n. 65, recante "Attuazione delle direttive 1999/45/CE e 2001/60/CE relative alla classificazione, all'imballaggio e all'etichettatura di preparati pericolosi", limitatamente all'art. 18, comma 1, quando ha ad oggetto le sostanze e i preparati pericolosi per l'ambiente, per come definiti dall'art. 2, comma 1, lettera *q*).

5. Decreto legislativo 25 febbraio 2000, n. 174, recante "Attuazione della direttiva 98/8/CE in materia di immissione sul mercato di biocidi".

6. Decreto legislativo 3 febbraio 1997, n. 52, recante "Attuazione della direttiva 92/32/CE concernente classificazione, imballaggio ed etichettatura delle sostanze pericolose", limitatamente all'art. 36, comma 1, quando ha ad oggetto le sostanze e i preparati pericolosi per l'ambiente, per come definiti dall'art. 2, comma 1, lettera *q*).

7. Legge 11 febbraio 1992, n. 157, recante "Norme per la protezione della fauna selvatica omeoterma e per il prelievo venatorio".

8. Legge 26 aprile 1983, n. 136, recante norme sulla "Biodegradabilità dei detergenti sintetici".

9. Legge 31 dicembre 1962, n. 1860, concernente "Impiego pacifico dell'energia nucleare".

Alimenti e bevande

1. Decreto-legge 24 giugno 2014, n. 91, convertito dalla legge 11 agosto 2014, n. 116, recante "Disposizioni urgenti per il settore agricolo, la tutela ambientale e l'efficientamento energetico dell'edilizia

scolastica e universitaria, il rilancio e lo sviluppo delle imprese, il contenimento dei costi gravanti sulle tariffe elettriche, nonché per la definizione immediata di adempimenti derivanti dalla normativa europea", limitatamente all'art. 4, comma 8.

2. Decreto legislativo 21 maggio 2004, n. 169, recante "Attuazione della direttiva 2002/46/CE relativa agli integratori alimentari".

Salute e sicurezza nei luoghi di lavoro

1. Decreto legislativo 9 aprile 2008, n. 81, recante "Attuazione dell'art. 1 della legge 3 agosto 2007, n. 123, in materia di tutela della salute e della sicurezza nei luoghi di lavoro".

2. Legge 27 marzo 1992, n. 257, recante "Norme relative alla cessazione dell'impiego dell'amianto".

3. Legge 16 giugno 1939, n. 1045, recante "Condizioni per l'igiene e l'abitabilità degli equipaggi a bordo delle navi mercantili nazionali", con riguardo alla violazione, sanzionata dall'art. 90, delle disposizioni di cui agli articoli 34, 39, limitatamente ai locali di lavoro, 40, 41, 44, comma 2, limitatamente alla installazione di impianti per la distribuzione di aria condizionata nella sala nautica e nei locali della timoneria, 45, limitatamente ai locali destinati al lavoro, 66, limitatamente ai posti fissi di lavoro, 73, 74, 75, 76.

Sicurezza pubblica

1. Regio decreto 18 giugno 1931, n. 773, recante "Approvazione del testo unico delle leggi di pubblica sicurezza".

Giochi d'azzardo e scommesse

1. Regio decreto-legge 19 ottobre 1938, n. 1933, recante "Riforma delle leggi sul lotto pubblico".

Armi ed esplosivi

1. Legge 9 luglio 1990, n. 185, recante "Nuove norme sul controllo delle esportazioni, importazioni e transito dei materiali di armamento".

2. Legge 18 aprile 1975, n. 110, recante "Norme integrative della disciplina vigente per il controllo delle armi, delle munizioni e degli esplosivi".

3. Legge 23 dicembre 1974, n. 694, recante la "Disciplina del porto delle armi a bordo degli aeromobili".

4. Legge 23 febbraio 1960, n. 186, recante "Modifiche al R.D.L. 30 dicembre 1923, n. 3152, sulla obbligatorietà della punzonatura delle armi da fuoco portatili".

Elezioni e finanziamento ai partiti

1. Legge 21 febbraio 2014, n. 13, recante "Abolizione del finanziamento pubblico diretto, disposizioni per la trasparenza e la democraticità dei partiti e disciplina della contribuzione volontaria e della contribuzione indiretta in loro favore".

2. Legge 27 dicembre 2001, n. 459, recante "Norme per l'esercizio del diritto di voto dei cittadini italiani residenti all'estero".

3. Decreto legislativo 20 dicembre 1993, n. 533, recante "Testo unico delle leggi recanti norme per l'elezione del Senato della Repubblica".

4. Legge 10 dicembre 1993, n. 515, recante "Disciplina delle campagne elettorali per l'elezione della Camera dei deputati e al Senato della Repubblica".

5. Legge 25 marzo 1993, n. 81, concernente "Elezione diretta del Sindaco, del Presidente della Provincia, del Consiglio comunale e del Consiglio provinciale".

6. Legge 18 novembre 1981, n. 659, recante "Modifiche ed integrazioni alla legge 2 maggio 1974, n. 195, sul contributo dello Stato al finanziamento dei partiti politici".

7. Legge 24 gennaio 1979, n. 18, concernente "Elezione dei membri del Parlamento europeo spettanti all'Italia".

8. Legge 25 maggio 1970, n. 352, recante "Norme sui referendum previsti dalla Costituzione e sulla iniziativa legislativa del popolo".

9. Legge 17 febbraio 1968, n. 108, recante "Norme per la elezione dei Consigli regionali delle Regioni a statuto normale".

10. Decreto del Presidente della Repubblica 20 marzo 1967, n. 223, recante "Approvazione del testo unico delle leggi per la disciplina dell'elettorato attivo e per la tenuta e la revisione delle liste elettorali".

11. Decreto del Presidente della Repubblica 16 maggio 1960, n. 570, recante "Testo unico delle leggi per la composizione e la elezione degli organi delle Amministrazioni comunali".

12. Decreto del Presidente della Repubblica 30 marzo 1957, n. 361, recante "Approvazione del testo unico delle leggi recanti norme per la elezione della Camera dei deputati".

13. Legge 8 marzo 1951, n. 122, recante "Norme per le elezioni dei Consigli provinciali".

Proprietà intellettuale e industriale

1. Legge 22 aprile 1941, n. 633, concernente la "Protezione del diritto d'autore e di altri diritti connessi al suo esercizio".

FINANZE E TRIBUTI

- 1 -

L. 7 gen. 1929, n. 4

Norme generali per la repressione delle violazioni delle leggi finanziarie

(G.U. 14 gen. 1929, n. 11)[1,2,3]

[1] In vigore dal 1° lug. 1931 per l'art. unico del R.D. 18 giu. 1931, n. 806. Nel testo si è tenuto conto del D.L.C.P. 5 ott. 1947, n. 1208 (*Aumento delle sanzioni pecuniarie comminate da leggi tributarie e finanziarie*) e dei succ. provv.

[2] Le violazioni finanziarie per le quali la presente legge prevede soltanto la pena dell'ammenda, sono state depenalizzate a norma degli artt. 1 e 10 della L. 24 dic. 1975, n. 706. Si veda altresì l'art. 2 della L. 28 dic. 1993, n. 562.

[3] Si veda il D.lgs. 18 dic. 1997, n. 472.

TITOLO I
Della repressione delle violazioni delle leggi finanziarie in generale

1-8. (*Omissis*).[1]

[1] Articoli abrog. dall'art. 29, I c., lett. *a*), D.lgs. 18 dic. 1997, n. 472, a decorrere dal 1° apr. 1998.

9. Per le violazioni delle leggi finanziarie che costituiscono contravvenzione, commesse da chi è soggetto all'altrui autorità, direzione o vigilanza, la persona rivestita dell'autorità o incaricata della direzione o vigilanza è obbligata, in caso di insolvibilità del condannato, al pagamento di una somma, pari all'ammontare dell'ammenda inflitta al colpevole, purché la violazione riguardi disposizioni che la detta persona era tenuta a fare osservare.

Le leggi concernenti i singoli tributi determinano quali siano le disposizioni, in esse stabilite, che la persona rivestita dell'autorità o incaricata della direzione o vigilanza è tenuta a fare osservare alla persona sottoposta.

Qualora anche la persona preposta risulti insolvibile, si procede contro il condannato alla conversione della pena dell'ammenda in quella dell'arresto, secondo le norme del codice penale.

10. Per le contravvenzioni relative ai tributi dovuti da enti forniti di personalità giuridica, eccettuati lo Stato, le province, i comuni e gli altri enti pubblici, qualora sia pronunciata condanna contro chi ne abbia la rappresentanza o sia con essi in rapporto di dipendenza, gli enti predetti sono obbligati, in caso di insolvibilità del condannato, al pagamento di una somma pari all'ammontare dell'ammenda inflitta.

11-12. (*Omissis*).[1]

[1] Articoli abrog. dall'art. 29, I c., lett. *a*), D.lgs. 18 dic. 1997, n. 472, a decorrere dal 1° apr. 1998.

13.[1] Per le contravvenzioni punibili con la sola pena della ammenda non superiore nel massimo a euro 51 il colpevole è ammesso a pagare, nell'atto della contestazione della contravvenzione, una somma a favore dello Stato pari complessivamente all'ammontare del tributo e della sopratassa e del sesto del massimo dell'ammenda stabilita dalla legge.

Il pagamento estingue il reato e non si fa luogo alla compilazione del processo verbale della contravvenzione.

[1] Illecito depenalizzato ai sensi degli artt. 10 L. 24 dic. 1975, n. 706 e 39 L. 24 nov. 1981, n. 689.

14.[1] Per le contravvenzioni prevedute nell'articolo precedente, quando il colpevole non abbia esercitato la facoltà ivi stabilita, e per ogni altra contravvenzione, per la quale la legge stabilisce soltanto la pena dell'ammenda, il colpevole è ammesso a fare domanda di oblazione.

La domanda di oblazione è irrevocabile e può essere fatta in qualunque stato del procedimento, ma [prima che il decreto di condanna sia divenuto esecutivo e, quando sia stata fatta opposizione][2] prima dell'apertura del dibattimento innanzi la autorità giudiziaria di primo grado.

La domanda di oblazione può essere respinta avuto riguardo alla particolare gravità del fatto o alla personalità del contravventore.

[1] Illecito depenalizzato ai sensi degli artt. 10 L. 24 dic. 1975, n. 706 e 39 L. 24 nov. 1981, n. 689.

[2] Le parole tra parentesi sono state dichiarate incostituzionali: V. nota all'art. 36.

15. (*Omissis*).[1]

[1] Articolo abrog. dall'art. 29, I c., lett. *a*), D.lgs. 18 dic. 1997, n. 472, a decorrere dal 1° apr. 1998.

16. Per le contravvenzioni prevedute dalle leggi finanziarie la prescrizione estingue il reato col decorso di anni tre (60; 157 c.p.).

17-19. (*Omissis*).[1]

[1] Articoli abrog. dall'art. 29, I c., lett. *a*), D.lgs. 18 dic. 1997, n. 472, a decorrere dal 1° apr. 1998.

20. (*Omissis*).[1]

[1] Articolo abrog. dall'art. 24, I c., D.lgs. 30 dic. 1999, n. 507.

TITOLO II
Delle norme di procedura

CAPO I
Norme generali

21. La cognizione dei reati preveduti dalle leggi finanziarie spetta:

1) al pretore quando si tratti di reati pr i quali è stabilita la sola pena della multa o dell'ammenda;

2) al tribunale in ogni altro caso.[1]

Il tribunale è altresì competente a conoscere delle contravvenzioni indicate nel n. 1, quando, contro il decreto di condanna pronunciato dall'intendente, sia stata proposta opposizione.

La competenza per territorio è determinata dal luogo dove il reato è accertato.

[...]

[1] Comma così sostituito dall'art. 10 della L. 31 lug. 1984, n. 400.

[2] Comma abrog. dall'art. 13, D.L. 10 lug. 1982, n. 429, conv. in L. 7 ago. 1982, n. 516, con decorrenza dal 1° gen. 1983.

22.[2] Qualora l'esistenza del reato dipenda dalla risoluzione di una controversia concernente il tributo, il tribunale, a cui spetta la cognizione del reato, decide altresì della controversia relativa al tributo, osservate le forme stabilite dal codice di procedura penale e con la stessa sentenza con la quale definisce il giudizio penale.

Nel caso in cui il tribunale giudichi che il tributo non era dovuto ovvero era dovuto in misura inferiore a quella richiesta dall'autorità finanziaria, il contribuente, il quale abbia pagato il tributo, è ammesso a chiederne il rimborso totale o parziale.

[1] Ai sensi dell'art. 13 del D.L. 10 lug. 1982, n. 429 (GU. 13 lug., n. 120) conv. in L. 7 ago. 1982, n. 516 (G.U. 7 ago. 1982, n. 216) l'art. 22 non si applica «in materia di imposte sui redditi e di imposta sul valore aggiunto relativa alle cessioni di beni ed alle prestazioni di servizi», a decorrere dal 1° gen. 1983.

[2] Si veda ora l'art. 20 del D.lgs. 10 mar. 2000, n. 74.

23. .... [1]

[1] Per l'abrogaz. dell'art. 23 V. D.L. 10 Lug. 1982, n. 429, conv. in L. 7 ago. 1982, n. 516 con decorr. 1° gen. 1983.

24. Le violazioni delle norme contenute nelle leggi finanziarie sono constatate mediante processo verbale (26).

25. Non si può procedere, tranne che nei casi indicati dalle singole leggi finanziarie, al sequestro dei libri prescritti dal codice civile (2214-2220 c.c.) e di quegli altri che, secondo gli usi commerciali, servono all'esercizio del commercio o della industria.

La precedente disposizione non si applica alle violazioni delle leggi finanziarie che costituiscono delitto.

L'autorità procedente può in ogni caso far eseguire copia dei libri a spese del contribuente, ovvero apporre nelle parti, che interessano l'accertamento della violazione, la propria firma o sigla, munita della data e del bollo di ufficio; può altresì adottare le cautele atte ad impedire che i libri stessi siano alterati o sottratti (28).

26-29. (*Omissis*).[1]

[1] Articoli abrog. dall'art. 29, I c., lett. *a*), D.lgs. 18 dic. 1997, n. 472, a decorrere dal 1° apr. 1998.

CAPO II

Della polizia tributaria

30. L'accertamento delle violazioni delle disposizioni contenute nelle leggi finanziarie, le quali costituiscono reato, spetta:

1) agli ufficiali ed agli agenti della polizia tributaria (31);

2) agli ufficiali ed agenti della polizia giudiziaria ordinaria.

31. Sono ufficiali della polizia tributaria gli ufficiali e sottufficiali del Corpo della guardia di finanzia.

Sono agenti della polizia tributaria gli appuntati e le guardie del Corpo suddetto.

Qualora una legge finanziaria attribuisca l'accertamento di determinati reati a funzionari ed agenti dell'Amministrazione, questi funzionari ed agenti acquistano, nei limiti del servizio a cui sono destinati e secondo gli attribuzioni ad essi conferite dalla legge, la qualità di ufficiali e, rispettivamente di agenti della polizia tributaria. A cura dell'Amministrazione dalla quale dipendono, la loro qualità è fatta constare a mezzo di una speciale tessera di riconoscimento.

32. Gli ufficiali ed agenti della polizia giudiziaria ordinaria, i quali vengano a notizia di un reato pel cui accertamento la legge designa ufficiali ed agenti della polizia tributaria, debbono avvertire senza indugio tali ufficiali ed agenti e provvedere frattanto a che nulla sia mutato nello stato delle cose.

Non di meno, qualora per circostanze di tempo e di luogo non sia possibile l'intervento immediato degli organi della polizia tributaria e vi sia fondata ragione di temere che le tracce del reato si alterino o si disperdano, gli ufficiali ed agenti della polizia giudiziaria ordinaria sono autorizzati a provvedere agli atti del loro ufficio fino a che non intervengano gli organi della polizia tributaria.

In ogni caso, gli ufficiali ed agenti della polizia giudiziaria ordinaria concorrono, quando ne siano richiesti, con gli ufficiali ed agenti della polizia tributaria nell'accertamento dei reati preveduti dalle leggi finanziarie.

33. Oltre a quanto è stabilito dal codice di procedura penale per gli ufficiali della polizia giudiziaria è data facoltà agli ufficiali della polizia tributaria di procedere a perquisizione domiciliare, qualora abbiano notizia o fondato sospetto di violazione delle leggi finanziarie costituenti reato.

Questa disposizione si applica esclusivamente alle violazioni di leggi concernenti i tributi doganali, la privativa dei sali e tabacchi, le imposte di fabbricazione sugli spiriti, zuccheri e polveri piriche e agli altri casi in cui sia espressamente stabilito dalle leggi speciali.[1]

[1] V. art. 225 *Coord.* c.p.p.

34. Le violazioni delle norme contenute nelle leggi finanziarie, le quali non costituiscano reato, sono accertate dagli ufficiali e dagli agenti della polizia tributaria e dagli altri organi che siano indicati dalle singole leggi.

35. Per assicurarsi dell'adempimento delle prescrizioni imposte dalle leggi o dai regolamenti in materia finanziaria, gli ufficiali o gli agenti della polizia tributaria hanno facoltà di accedere in qualunque ora negli esercizi pubblici e in ogni locale adibito ad un'azienda industriale o commerciale ed eseguirvi verificazioni e ricerche.

CAPO III

[*Del decreto penale dell'intendente di finanza*].[1]

[1] La Corte cost., con sent. 3 apr. 1969, n. 60, ha dichiarato l'ill. cost. dei nn. 1 e 2 dell'art. 21 nel testo originario, nonché dell'art. 36, e in applicazione del disposto dell'art. 27 della L. 11 mar. 1953, n. 87, delle altre disposizioni della stessa legge conseguentemente illegittime.

36-40. .... [1]

[1] V. la nota al capo III. Articoli dichiarati incostituzionali dalla Corte cost., con sent. 3 apr. 1969, n. 60.

41.[1] L'intendente di finanza può chiedere che un funzionario di carriera amministrativa, da lui delegato, sia sentito nel dibattimento in ordine ai fatti che costituiscono la contravvenzione.

Il rappresentante dell'Amministrazione non presta giuramento.

[1] V. la nota al capo III.

42-45. .... [1]

[1] V. la nota al capo III.

CAPO IV

Della procedura per oblazione

46. Sono competenti a provvedere sulla domanda di oblazione (14):

1) i capi degli uffici esecutivi incaricati della contabilità della contravvenzione se il massimo della pena dell'ammenda stabilita dalla legge, non sia superiore a euro 5.[1]

2) L'intendente di finanza per ogni altra contravvenzione.

La domanda deve essere corredata della quietanza comprovante il pagamento del tributo, e, ove del caso, da un certificato del cancelliere, che attesti l'ammontare delle spese del procedimento dinanzi all'autorità giudiziaria ordinaria.

[1] Ora euro 516.

47. È in facoltà dell'autorità competente a provvedere sulla domanda di oblazione di prescrivere che l'istante depositi, a titolo di garanzia, una somma da determinarsi dalla stessa autorità in misura non superiore alla metà tra il minimo ed il massimo dell'ammenda stabilita dalla legge.

Qualora l'istante non esegua il deposito nel termine all'uopo stabilito, la domanda è respinta.

48. L'autorità competente a provvedere sulla domanda per oblazione determina discrezionalmente la somma da pagare entro i limiti dell'ammenda, stabiliti dalla legge.

Avuto riguardo alle circostanze del fatto, la somma da pagare a titolo di oblazione può essere stabilita anche in misura inferiore al minimo.

Il pagamento dell'ammontare complessivo della detta somma, della sopratassa, del tributo, oltreché delle spese del procedimento [innanzi all'intendente di finanza e][1] innanzi all'autorità giudiziaria ordinaria, estingue il reato (150 c.p.).

[1] V. la nota al capo III.

49. Fissata la somma da pagare a titolo di oblazione, il capo dell'ufficio esecutivo incaricato della contabilità della contravvenzione o l'intendente di finanza, secondo le rispettive attribuzioni, ne notifica l'ammontare all'imputato con precetto di pagare entro il termine di 15 giorni.

50. Decorso il termine indicato nell'articolo precedente senza che il pagamento sia stato eseguito, si osservano le norme seguenti:

[1) se la domanda di oblazione è presentata prima che sia emesso il decreto di condanna, l'intendente di finanza prosegue negli atti di sua competenza];[1]

2) [se la domanda è presentata dopo emesso il decreto di condanna e contro di questo sia stata proposta opposizione],[1] l'intendente di finanza dà partecipazione del mancato pagamento al procuratore della Repubblica presso il tribunale competente per il giudizio;

[3) se non è stata proposta opposizione, l'intendente di finanza promuove l'esecuzione del decreto di condanna].[1]

Nei casi suddetti, ovvero quando la domanda per oblazione non sia stata accolta, la somma depositata a norma dell'art. 47 rimane a garanzia del pagamento dell'ammenda a cui venga condannato l'imputato, oltreché del rimborso delle spese.

[1] V. nota al capo III.

51. Quando il pagamento della somma fissata per l'oblazione sia stato eseguito, l'intendente di finanza, [nel caso indicato nel n. 2 del precedente articolo],[1] ne dà partecipazione al procuratore della Repubblica presso il tribunale competente per il giudizio.

La estinzione del reato è dichiarata con sentenza pronunciata in Camera di consiglio.

[1] V. la nota al capo III.

52. Dopo la scadenza del termine, stabilito dall'art. 49 per il pagamento, questo non può essere più eseguito, né è ammessa alcuna nuova domanda di oblazione.

53. Il dibattimento è rimandato in seguito a presentazione di un certificato del capo dell'ufficio esecutivo incaricato della contabilità della contravvenzione, ovvero dell'intendente di finanza che attesti l'avvenuta presentazione della domanda per oblazione.[1]

[1] V. *Coord.* 235 c.p.p.

54. Quando del pagamento dell'ammenda siano civilmente responsabili le persone o gli enti indicati negli artt. 9 e 10, si osservano le seguenti disposizioni:

1) la domanda di oblazione può essere presentata dalle dette persone o enti, anche nel silenzio e contro la volontà dell'imputato;

2) quando la domanda sia presentata dall'imputato devono essere notificati di ufficio alle dette persone o enti sia la domanda, sia il precetto di pagamento;

3) quando la domanda sia presentata dalle persone o dagli enti civilmente responsabili devono essere notificati di ufficio all'imputato sia la domanda stessa, sia il precetto di pagamento.

Nel caso indicato nel n. 2, la omissione della notificazione esonera le persone e gli enti ivi indicati dalla responsabilità per il pagamento della somma corrispondente all'ammontare dell'ammenda.

CAPO V
Delle applicazione della pena pecuniaria

55-59. (*Omissis*).[1]

[1] Articoli abrog. dall'art. 29, I c., lett. *a*), D.lgs. 18 dic. 1997, n. 472, a decorrere dal 1° apr. 1998.

TITOLO III
Disposizioni finali

60-63. (*Omissis*).[1]

[1] Articoli abrog. dall'art. 29, I c., lett. *a*), D.lgs. 18 dic. 1997, n. 472, a decorrere dal 1° apr. 1998.

- 2 -

L. 11 ott. 1995, n. 423
Norme in materia di soprattasse e di pene pecuniarie per omesso, ritardato o insufficiente versamento delle imposte

(G.U. 16 ott. 1995, n. 242)

1.[1] 1. La riscossione delle sanzioni pecuniarie previste dalle leggi d'imposta in caso di omesso, ritardato o insufficiente versamento è sospesa nei confronti del contribuente e del sostituto d'imposta qualora la violazione consegua alla condotta illecita, penalmente rilevante, di dottori commercialisti, ragionieri, consulenti del lavoro, avvocati, notai e altri professionisti, in dipendenza del loro mandato professionale.

2. La sospensione è disposta dall'ufficio dell'Agenzia delle entrate territorialmente competente in base al domicilio fiscale del contribuente o del sostituto d'imposta, che provvede su istanza degli stessi, da presentare unitamente alla copia della denuncia del fatto illecito all'autorità giudiziaria o ad un ufficiale di polizia giudiziaria e sempre che il contribuente dimostri di aver provvisto il professionista delle somme necessarie al versamento omesso, ritardato o insufficiente.

3. Se il giudizio penale si conclude con un provvedimento definitivo di condanna o di applicazione della pena su richiesta delle parti, l'ufficio di cui al comma 2 annulla le sanzioni a carico del contribuente e provvede ad irrogarle a carico del professionista ai sensi dell'articolo 17, comma 3, del decreto legislativo 18 dicembre 1997, n. 472.

4. Se il giudizio penale si conclude con un provvedimento definitivo di non luogo a procedere ai sensi dell'articolo 425 del codice di procedura penale per motivi di natura processuale o per intervenuta estinzione del reato ovvero con un provvedimento definitivo di non doversi procedere ai sensi dell'articolo 529 del medesimo codice, la sospensione delle sanzioni non perde efficacia se il contribuente dimostra di aver promosso azione civile entro tre mesi dal deposito del provvedimento, fornendone prova all'ufficio di cui al comma 2. In tale ipotesi, se il giudizio civile si conclude con un provvedimento definitivo di condanna, l'ufficio annulla le sanzioni a carico del contribuente e provvede all'irrogazione a carico del professionista ai sensi dell'articolo 17, comma 3, del decreto legislativo 18 dicembre 1997, n. 472.

5. Se il giudizio penale si conclude con un provvedimento definitivo di assoluzione ovvero, nei casi di cui al comma 4, il contribuente non promuove l'azione civile nei confronti del professionista o, laddove promossa, il giudizio civile si conclude con un provvedimento definitivo di rigetto, l'ufficio revoca la sospensione e procede alla riscossione delle sanzioni a carico del contribuente.

6. I termini di prescrizione e di decadenza previsti per la irrogazione delle sanzioni e per la loro riscossione sono sospesi fino al 31 dicembre dell'anno successivo alla data in cui è divenuto definitivo il provvedimento che conclude il giudizio penale a carico del professionista o il giudizio civile promosso nei suoi confronti ai sensi del comma 4. La parte che vi ha interesse ne dà notizia all'ufficio di cui al comma 2 entro sessanta giorni dalla suddetta data.

7. In presenza dei presupposti di cui al comma 1, nei confronti dei contribuenti e dei sostituti d'imposta per i quali sussistono comprovate difficoltà di ordine economico, l'ufficio competente per territorio può disporre la sospensione della riscossione del tributo il cui versamento risulta omesso, ritardato o insufficiente e dei relativi interessi per i due anni successivi alla scadenza del pagamento, nonché, alla fine del biennio, la dilazione in dieci rate dello stesso carico. La sospensione e la rateazione sono disposte previo rilascio di apposita garanzia nelle forme di cui all'articolo 38-bis, primo comma, del decreto del Presidente della Repubblica 26 ottobre 1972, n. 633, e successive modificazioni, e di durata corrispondente al periodo dell'agevolazione concessa. Sono dovuti gli interessi indicati dall'articolo 21 del decreto del Presidente della Repubblica 29 settembre 1973, n. 602, e successive modificazioni.

[1] Articolo così sost. dall'art. 6, D.lgs. 24 set. 2015, n. 159

- 3 -

D.lgs. 10 mar. 2000, n. 74

Nuova disciplina dei reati in materia di imposte sui redditi e sul valore aggiunto

(G.U. 31 mar. 2000 n. 76)

TITOLO I
Definizioni

1. ***Definizioni.*** — Ai fini del presente decreto legislativo:

a) per "fatture o altri documenti per operazioni inesistenti" si intendono le fatture o gli altri documenti aventi rilievo probatorio analogo in base alle norme tributarie, emessi a fronte di operazioni non realmente effettuate in tutto o in parte o che indicano i corrispettivi o l'imposta sul valore aggiunto in misura superiore a quella reale, ovvero che riferiscono l'operazione a soggetti diversi da quelli effettivi;

b) per "elementi attivi o passivi" si intendono le componenti, espresse in cifra, che concorrono, in senso positivo o negativo, alla determinazione del reddito o delle basi imponibili rilevanti ai fini dell'applicazione delle imposte sui redditi o sul valore aggiunto e le componenti che incidono sulla determinazione dell'imposta dovuta;[1]

c) per "dichiarazioni" si intendono anche le dichiarazioni presentate in qualità di amministratore, liquidatore o rappresentante di società, enti o persone fisiche o di sostituto d'imposta, nei casi previsti dalla legge;[1]

d) il "fine di evadere le imposte" e il "fine di consentire a terzi l'evasione" si intendono comprensivi, rispettivamente, anche del fine di conseguire un indebito rimborso o il riconoscimento di un inesistente credito d'imposta, e del fine di consentirli a terzi;

e) riguardo ai fatti commessi da chi agisce in qualità di amministratore, liquidatore o rappresentante di società, enti o persone fisiche, il "fine di evadere le imposte" ed il "fine di sottrarsi al pagamento" si intendono riferiti alla società, all'ente o alla persona fisica per conto della quale si agisce;

f) per "imposta evasa" si intende la differenza tra l'imposta effettivamente dovuta e quella indicata nella dichiarazione, ovvero l'intera imposta dovuta nel caso di omessa dichiarazione, al netto delle somme versate dal contribuente o da terzi a titolo di acconto, di ritenuta o comunque in pagamento di detta imposta prima della presentazione della dichiarazione o della scadenza del relativo termine; non si considera imposta evasa quella teorica e non effettivamente dovuta collegata a una rettifica in diminuzione di perdite dell'esercizio o di perdite pregresse spettanti e utilizzabili;[1]

g) le soglie di punibilità riferite all'imposta evasa si intendono estese anche all'ammontare dell'indebito rimborso richiesto a dell'inesistente credito di imposta esposto nella dichiarazione;

g-bis) per "operazioni simulate oggettivamente o soggettivamente" si intendono le operazioni apparenti, diverse da quelle disciplinate dall'articolo 10-*bis* della legge 27 luglio 2000, n. 212, poste in essere con la volontà di non realizzarle in tutto o in parte ovvero le operazioni riferite a soggetti fittiziamente interposti;[2]

g-ter) per "mezzi fraudolenti" si intendono condotte artificiose attive nonché quelle omissive realizzate in violazione di uno specifico obbligo giuridico, che determinano una falsa rappresentazione della realtà.[2]

[1] Lettera così modif. dall'art. 1, D.lgs. 24 set. 2015, n. 158.

[2] Lettera ins. dall'art. 1, D.lgs. 24 set. 2015, n. 158.

TITOLO II
Delitti

CAPO I
Delitti in materia di dichiarazione

2. ***Dichiarazione fraudolenta mediante uso di fatture o altri documenti per operazioni inesistenti.*** — 1. È punito con la reclusione da quattro a otto[1] anni chiunque, al fine di evadere le imposte sui redditi o sul valore aggiunto, avvalendosi di fatture o altri documenti per operazioni inesistenti, indica in una delle dichiarazioni [annuali][2] relative a dette imposte elementi passivi fittizi.

2. Il fatto si considera commesso avvalendosi di fatture o altri documenti per operazioni inesistenti quando tali fatture o documenti sono registrati nelle scritture contabili obbligatorie, o sono detenuti a fine di prova nei confronti dell'amministrazione finanziaria.

2-*bis*. Se l'ammontare degli elementi passivi fittizi è inferiore a euro centomila, si applica la reclusione da un anno e sei mesi a sei anni.[3]

[1] Parole così modif. dall'art. 39, c. 1, D.L. 26 ott. 2019, n. 124, conv. con modif. in L. 19 dic. 2019, n. 157.

[2] Parola abrog. dall'art. 2, D.lgs. 24 set. 2015, n. 158.

[3] Comma aggiunto dall'art. 39, c. 1, D.L. 26 ott. 2019, n. 124, conv. con modif. in L. 19 dic. 2019, n. 157.

3. ***Dichiarazione fraudolenta mediante altri artifici.***[1] — 1. Fuori dai casi previsti dall'articolo 2, è punito con la reclusione da tre a otto[2] anni chiunque, al fine di evadere le imposte sui redditi o sul valore aggiunto, compiendo operazioni simulate oggettivamente o soggettivamente ovvero avvalendosi di documenti falsi o di altri mezzi fraudolenti idonei ad ostacolare l'accertamento e ad indurre in errore l'amministrazione finanziaria, indica in una delle dichiarazioni relative a dette imposte elementi attivi per un ammontare inferiore a quello effettivo od elementi passivi fittizi o crediti e ritenute fittizi, quando, congiuntamente:

a) l'imposta evasa è superiore, con riferimento a taluna delle singole imposte, a euro trentamila;

b) l'ammontare complessivo degli elementi attivi sottratti all'imposizione, anche mediante indicazione di elementi passivi fittizi, è superiore al cinque per cento dell'ammontare complessivo degli elementi attivi indicati in dichiarazione, o comunque, è superiore a euro un milione cinquecentomila, ovvero qualora l'ammontare complessivo dei crediti e delle ritenute fittizie in diminuzione dell'imposta, è superiore al cinque per cento dell'ammontare dell'imposta medesima o comunque a euro trentamila.

2. Il fatto si considera commesso avvalendosi di documenti falsi quando tali documenti sono registrati nelle scritture contabili obbligatorie o sono detenuti a fini di prova nei confronti dell'amministrazione finanziaria.

3. Ai fini dell'applicazione della disposizione del comma 1, non costituiscono mezzi fraudolenti la mera violazione degli obblighi di fatturazione e di annotazione degli elementi attivi nelle scritture contabili o la sola indicazione nelle fatture o nelle annotazioni di elementi attivi inferiori a quelli reali.

[1] Articolo così sost. dall'art. 3, D.lgs. 24 set. 2015, n. 158.

[2] Parole così modif. dall'art. 39, c. 1, D.L. 26 ott. 2019, n. 124, conv. con modif. in L. 19 dic. 2019, n. 157.

4. *Dichiarazione infedele.* — 1. Fuori dei casi previsti dagli articoli 2 e 3, è punito con la reclusione da due anni a quattro anni e sei mesi[1] chiunque, al fine di evadere le imposte sui redditi o sul valore aggiunto, indica in una delle dichiarazioni annuali relative a dette imposte elementi attivi per un ammontare inferiore a quello effettivo od elementi passivi inesistenti[2], quando, congiuntamente:

a) l'imposta evasa è superiore, con decremento a taluna delle singole imposte, a euro centomila[1];

b) l'ammontare complessivo degli elementi attivi sottratti all'imposizione, anche mediante indicazione di elementi passivi inesistenti[2], è superiore al dieci per cento dell'ammontare complessivo degli elementi attivi indicati in dichiarazione o comunque, è superiore a euro due[1] milioni.

1-*bis*. Ai fini dell'applicazione della disposizione del comma 1, non si tiene conto della non corretta classificazione, della valutazione di elementi attivi o passivi oggettivamente esistenti, rispetto ai quali i criteri concretamente applicati sono stati comunque indicati nel bilancio ovvero in altra documentazione rilevante ai fini fiscali, della violazione dei criteri di determinazione dell'esercizio di competenza, della non inerenza, della non deducibilità di elementi passivi reali.[3]

1-*ter*. Fuori dei casi di cui al comma 1-*bis*, non danno luogo a fatti punibili le valutazioni che complessivamente[1] considerate, differiscono in misura inferiore al 10 per cento da quelle corrette. Degli importi compresi in tale percentuale non si tiene conto nella verifica del superamento delle soglie di punibilità previste dal comma 1, lettere a) e b).[3]

[1] Parole così modif. dall'art. 39, c. 1, D.L. 26 ott. 2019, n. 124, conv. con modif. in L. 19 dic. 2019, n. 157.

[2] Ai sensi del comma d) dell'art. 4, D.lgs. 24 set. 2015, n. 158, la parola "fittizi", ovunque presente, è sostituita dalla parola "inesistenti".

[3] Comma ins. dall'art. 4, D.lgs. 24 set. 2015, n. 158.

5. *Omessa dichiarazione.* — 1. È punito con la reclusione da due a cinque anni[1] chiunque al fine di evadere le imposte sui redditi o sul valore aggiunto, non presenta, essendovi obbligato, una delle dichiarazioni relative a dette imposte, quando l'imposta evasa è superiore, con riferimento a taluna delle singole imposte ad euro cinquantamila.[2]

1-*bis*. È punito con la reclusione da due a cinque anni[1] chiunque non presenta, essendovi obbligato, la dichiarazione di sostituto d'imposta, quando l'ammontare delle ritenute non versate è superiore ad euro cinquantamila.[2]

2. Ai fini della disposizione prevista dai commi 1 e 1-*bis* non si considera omessa la dichiarazione presentata entro novanta giorni dalla scadenza del termine o non sottoscritta o non redatta su uno stampato conforme al modello prescritto.[3]

[1] Parole così modif. dall'art. 39, c. 1, D.L. 26 ott. 2019, n. 124, conv. con modif. in L. 19 dic. 2019, n. 157.

[2] L'originario c. 1 è stato sost. dagli attuali c. 1 e 1-*bis* dall'art. 5, D.lgs. 24 set. 2015, n. 158.

[3] Comma così modif. dall'art. 5, D.lgs. 24 set. 2015, n. 158.

6. *Tentativo.* — 1. I delitti previsti dagli artt. 2, 3 e 4 non sono comunque punibili a titolo di tentativo.

1-*bis*. Salvo che il fatto integri il reato previsto dall'articolo 8, la disposizione di cui al comma 1 non si applica quando gli atti diretti a commettere i delitti di cui agli articoli 2, 3 e 4 sono compiuti anche nel territorio di altro Stato membro dell'Unione europea, al fine di evadere l'imposta sul valore aggiunto per un valore complessivo non inferiore a dieci milioni di euro.[1]

[1] Comma aggiunto dall'art. 2, D.lgs. 14 lug. 2020, n. 75.

7. *Rilevazioni nelle scritture contabili e nel bilancio.*[1]

[1] Articolo abrog. dall'art. 14, D.lgs. 24 set. 2015, n. 158.

CAPO II
Delitti in materia di documenti e pagamento di imposte

8. *Emissione di fatture o altri documenti per operazioni inesistenti.* — 1. È punito con la reclusione da quattro a otto[1] anni chiunque, al fine di consentire a terzi l'evasione delle imposte sui redditi o sul valore aggiunto, emette o rilascia fatture o altri documenti per operazioni inesistenti.

2. Ai fini dell'applicazione della disposizione prevista dal comma 1, l'emissione o il rilascio da più fatture o documenti per operazioni inesistenti nel

corso del medesimo periodo di imposta si considera come un solo reato.

2-*bis*. Se l'importo non rispondente al vero indicato nelle fatture o nei documenti, per periodo d'imposta, è inferiore a euro centomila, si applica la reclusione da un anno e sei mesi a sei anni.[2]

3.[3]

[1] Parole così modif. dall'art. 39, c. 1, D.L. 26 ott. 2019, n. 124, conv. con modif. in L. 19 dic. 2019, n. 157.

[2] Comma aggiunto dall'art. 39, c. 1, D.L. 26 ott. 2019, n. 124, conv. con modif. in L. 19 dic. 2019, n. 157.

[3] Comma abrog. dall'art. 2, c. 36-*vicies semel*, D.L. 13 ago. 2011, n. 138, conv. con modif. in L. 14 set. 2011, n. 148.

9. ***Concorso di persone nei casi di emissione o utilizzazione di fatture o altri documenti per operazioni inesistenti.*** — 1. In deroga all'art. 110 del codice penale:

a) l'emittente di fatture o altri documenti per operazioni inesistenti e chi concorre con il medesimo non è punibile a titolo di concorso nel reato previsto dall'art. 2;

b) chi si avvale di fatture o altri documenti per operazioni inesistenti e chi concorre con il medesimo non è punibile a titolo di concorso nel reato previsto dall'art. 8.

10. ***Occultamento o distruzione di documenti contabili.*** — 1. Salvo che il fatto costituisca più grave reato, è punito con la reclusione da tre a sette[1] anni chiunque, al fine di evadere le imposte sui redditi o sul valore aggiunto, ovvero di consentire l'evasione a terzi, occulta o distrugge in tutto o in parte le scritture contabili o i documenti di cui è obbligatoria la conservazione, in modo da non consentire la ricostruzione dei redditi o del volume di affari.

[1] Parole così modif. dall'art. 39, c. 1, D.L. 26 ott. 2019, n. 124, conv. con modif. in L. 19 dic. 2019, n. 157.

10-*bis*. ***Omesso versamento di ritenute dovute o certificate.***[1,2] — È punito con la reclusione da sei mesi a due anni chiunque non versa entro il termine previsto per la presentazione della dichiarazione annuale di sostituto di imposta ritenute dovute sulla base della stessa dichiarazione o risultanti dalla certificazione rilasciata ai sostituiti, per un ammontare superiore a centocinquantamila euro per ciascun periodo d'imposta.[3]

[1] Rubrica così modif. dall'art. 7, D.lgs. 24 set. 2015, n. 158.

[2] La Corte cost., con sent. 14 lug. 2022, n. 175 ha dichiarato, tra l'altro, l'ill. cost. della presente rubrica limitatamente alle parole «dovute o» e del presente articolo e limitatamente alle parole «dovute sulla base della stessa dichiarazione o».

[3] Articolo così modif. dall'art. 7, D.lgs. 24 set. 2015, n. 158.

10-*ter*. ***Omesso versamento di Iva.***[1] — È punito con la reclusione da sei mesi a due anni chiunque non versa, entro il termine per il versamento dell'acconto relativo al periodo d'imposta successivo, l'imposta sul valore aggiunto dovuta in base alla dichiarazione annuale, per un ammontare superiore a euro duecentocinquantamila per ciascun periodo d'imposta.

[1] Articolo così sost. dall'art. 8, D.lgs. 24 set. 2015, n. 158.

10-*quater*. ***Indebita compensazione.***[1] — È punito con la reclusione da sei mesi a due anni chiunque non versa le somme dovute, utilizzando in compensazione, ai sensi dell'articolo 17 del decreto legislativo 9 luglio 1997, n. 241, crediti non spettanti, per un importo annuo superiore a cinquantamila euro.

2. È punito con la reclusione da un anno e sei mesi a sei anni chiunque non versa le somme dovute, utilizzando in compensazione, ai sensi dell'articolo 17 del decreto legislativo 9 luglio 1997, n. 241, crediti inesistenti per un importo annuo superiore ai cinquantamila euro.

[1] Articolo così sost. dall'art. 9, D.lgs. 24 set. 2015, n. 158.

11. ***Sottrazione fraudolenta al pagamento di imposte.***[1] — 1. È punito con la reclusione da sei mesi a quattro anni chiunque, al fine di sottrarsi al pagamento di imposte sui redditi o sul valore aggiunto ovvero di interessi o sanzioni amministrative relativi a dette imposte di ammontare complessivo superiore ad euro cinquantamila, aliena simulatamente o compie altri atti fraudolenti sui propri o su altrui beni idonei a rendere in tutto o in parte inefficace la procedura di riscossione coattiva. Se l'ammontare delle imposte, sanzioni ed interessi è superiore ad euro duecentomila si applica la reclusione da un anno a sei anni.

2. È punito con la reclusione da sei mesi a quattro anni chiunque, al fine di ottenere per sé o per altri un pagamento parziale dei tributi e relativi accessori, indica nella documentazione presentata ai fini della procedura di transazione fiscale elementi attivi per un ammontare inferiore a quello effettivo od elementi passivi fittizi per un ammontare complessivo superiore ad euro cinquantamila. Se l'ammontare di cui al periodo precedente è superiore ad euro duecentomila si applica la reclusione da un anno a sei anni.

[1] Articolo così sost. dall'art. 29, c. 4, D.L. 31 mag. 2010, n. 78, conv. con modif. in L. 30 lug. 2010, n. 122.

TITOLO III
Disposizioni comuni

12. ***Pene accessorie.*** — 1. La condanna per taluno dei delitti previsti dal presente decreto importa:

a) l'interdizione dagli uffici direttivi delle persone giuridiche e delle imprese per un periodo non inferiore a sei mesi e non superiore a tre anni;

b) l'incapacità di contrattare con la pubblica amministrazione per un periodo non inferiore ad un anno e non superiore a tre anni;

c) l'interdizione dalle funzioni di rappresentanza e assistenza in materia tributaria per un periodo non inferiore ad un anno e non superiore a cinque anni;

d) l'interdizione perpetua dall'ufficio di componente di commissione tributaria;

e) la pubblicazione della sentenza a norma dell'art. 36 del codice penale.

2. La condanna per taluno dei delitti previsti dagli artt. 2, 3 e 8 importa altresì l'interdizione dai pubblici uffici per un periodo non inferiore ad un anno e non superiore a tre anni, salvo che ricorrano le circostanze previste dagli artt. 2, comma 3, e 8, comma 3.

2-*bis*. Per i delitti previsti dagli articoli da 2 a 10 del presente decreto l'istituto della sospensione condizionale della pena di cui all'articolo 163 del codice penale non trova applicazione nei casi in cui ricorrano congiuntamente le seguenti condizioni:

a) l'ammontare dell'imposta evasa sia superiore al 30 per cento del volume d'affari;

b) l'ammontare dell'imposta evasa sia superiore a euro 3.000.000 (tre milioni).[1]

[1] Comma ins. dall'art. 2, c. 36-*vicies semel*, D.L. 13 ago. 2011, n. 138, conv. con modif. in L. 14 set. 2011, n. 148.

12-*bis*. *Confisca.*[1] — 1. Nel caso di condanna o di applicazione della pena su richiesta delle parti a norma dell'articolo 444 del codice di procedura penale per uno dei delitti previsti dal presente decreto, è sempre ordinata la confisca dei beni che ne costituiscono il profitto o il prezzo, salvo che appartengano a persona estranea al reato, ovvero, quando essa non è possibile, la confisca di beni, di cui il reo ha la disponibilità, per un valore corrispondente a tale prezzo o profitto.

2. La confisca non opera per la parte che il contribuente si impegna a versare all'erario anche in presenza di sequestro. Nel caso di mancato versamento la confisca è sempre disposta.

[1] Articolo ins. dall'art. 10, D.lgs. 24 set. 2015, n. 158.

12-*ter*. *Casi particolari di confisca.*[1] — 1. Nei casi di condanna o di applicazione della pena su richiesta a norma dell'articolo 444 del codice di procedura penale per i delitti di seguito indicati, si applica l'articolo 240-*bis* del codice penale quando:

a) l'ammontare degli elementi passivi fittizi è superiore a euro duecentomila nel caso del delitto previsto dall'articolo 2;

b) l'imposta evasa è superiore a euro centomila nel caso del delitto previsto dall'articolo 3;

c) l'importo non rispondente al vero indicato nelle fatture o nei documenti è superiore a euro duecentomila nel caso del delitto previsto dall'articolo 8;

d) l'ammontare delle imposte, delle sanzioni e degli interessi è superiore a euro centomila nel caso del delitto previsto dall'articolo 11, comma 1;

e) l'ammontare degli elementi attivi inferiori a quelli effettivi o degli elementi passivi fittizi è superiore a euro duecentomila nel caso del delitto previsto dall'articolo 11, comma 2.

[1] Articolo ins. dall'art. 39, c. 1, D.L. 26 ott. 2019, n. 124, conv. con modif. in L. 19 dic. 2019, n. 157. La disposizione si applica esclusivamente alle condotte poste in essere successivamente alla data di entrata in vigore della L. 157/2019.

13. *Causa di non punibilità. Pagamento del debito tributario.*[1] - 1. I reati di cui agli articoli 10-*bis*, 10-*ter* e 10-*quater*, comma 1, non sono punibili se, prima della dichiarazione di apertura del dibattimento di primo grado, i debiti tributari, comprese sanzioni amministrative e interessi, sono stati estinti mediante integrale pagamento degli importi dovuti, anche a seguito delle speciali procedure conciliative e di adesione all'accertamento previste dalle norme tributarie, nonché del ravvedimento operoso.

2. I reati di cui agli articoli 2, 3,[2] 4 e 5 non sono punibili se i debiti tributari, comprese sanzioni e interessi, sono stati estinti mediante integrale pagamento degli importi dovuti, a seguito del ravvedimento operoso o della presentazione della dichiarazione omessa entro il termine di presentazione della dichiarazione relativa al periodo d'imposta successivo, sempreché il ravvedimento o la presentazione siano intervenuti prima che l'autore del reato abbia avuto formale conoscenza di accessi, ispezioni, verifiche o dell'inizio di qualunque attività di accertamento amministrativo o di procedimenti penali.

3. Qualora, prima della dichiarazione di apertura del dibattimento di primo grado, il debito tributario sia in fase di estinzione mediante rateizzazione, anche ai fini dell'applicabilità dell'articolo 13-*bis*, è dato un termine di tre mesi per il pagamento del debito residuo. In tal caso la prescrizione è sospesa. Il Giudice ha facoltà di prorogare tale termine una sola volta per non oltre tre mesi, qualora lo ritenga necessario, ferma restando la sospensione della prescrizione.

[1] Articolo così sost. dall'art. 11, D.lgs. 24 set. 2015, n. 158.

[2] Parole ins. dall'art. 39, c. 1, D.L. 26 ott. 2019, n. 124, conv. con modif. in L. 19 dic. 2019, n. 157.

13-*bis*. *Circostanze del reato.*[1] — 1. Fuori dai casi di non punibilità, le pene per i delitti di cui al presente decreto sono diminuite fino alla metà e non si applicano le pene accessorie indicate nell'articolo 12 se, prima della dichiarazione di apertura del dibattimento di primo grado, i debiti tributari, comprese sanzioni amministrative e interessi, sono stati estinti mediante integrale pagamento degli importi dovuti, anche a seguito delle speciali procedure conciliative e di adesione all'accertamento previste dalle norme tributarie.

2. Per i delitti di cui al presente decreto l'applicazione della pena ai sensi dell'articolo 444 del codice di procedura penale può essere chiesta dalle parti solo quando ricorra la circostanza di cui al comma

1, nonché il ravvedimento operoso, fatte salve le ipotesi di cui all'articolo 13, commi 1 e 2.

3. Le pene stabilite per i delitti di cui al titolo II sono aumentate della metà se il reato è commesso dal concorrente nell'esercizio dell'attività di consulenza fiscale svolta da un professionista o da un intermediario finanziario o bancario attraverso l'elaborazione o la commercializzazione di modelli di evasione fiscale.

[1] Articolo ins. dall'art. 12, D.lgs. 24 set. 2015, n. 158.

14. ***Circostanza attenuante. Riparazione dell'offesa nel caso di estinzione per prescrizione del debito tributario.*** — 1. Se i debiti indicati nell'art. 13 risultano estinti per prescrizione o per decadenza, l'imputato di taluno dei delitti previsti dal presente decreto può chiedere di essere ammesso a pagare, prima della dichiarazione di apertura del dibattimento di primo grado, una somma, da lui indicata, a titolo di equa riparazione dell'offesa recata all'interesse pubblico tutelato dalla norma violata.

2. La somma, commisurata alla gravità dell'offesa, non può essere comunque inferiore a quella risultante dal ragguaglio a norma dell'art. 135 del codice penale della pena minima prevista per il delitto contestato.

3. Il giudice, sentito il pubblico ministero, se ritiene congrua la somma, fissa con ordinanza un termine non superiore a dieci giorni per il pagamento.

4. Se il pagamento è eseguito nel termine, la pena è diminuita fino alla metà e non si applicano le pene accessorie indicate nell'art. 12. Si osserva la disposizione prevista dal comma 3 dell'art. 13.

5. Nel caso di assoluzione o di proscioglimento la somma pagata è restituita.

15. ***Violazioni dipendenti da interpretazione delle norme tributarie.*** — 1. Al di fuori dei casi in cui la punibilità è esclusa a norma dell'art. 47, terzo comma, del codice penale non danno luogo a fatti punibili ai sensi del presente decreto le violazioni di norme tributarie dipendenti da obiettive condizioni di incertezza sulla loro portata e sul loro ambito di applicazione.

16. ***Adeguamento al parere del Comitato per l'applicazione delle norme antielusive.***[1]

[1] Articolo abrog. dall'art. 14, D.lgs. 24 set. 2015, n. 158.

17. ***Interruzione della prescrizione.*** — 1. Il corso della prescrizione per i delitti previsti dal presente decreto è interrotto, oltre che dagli atti indicati nell'art. 160 del codice penale, dal verbale di constatazione o dall'atto di accertamento delle relative violazioni.

1-*bis*. I termini di prescrizione per i delitti previsti dagli articoli da 2 a 10 del presente decreto sono elevati di un terzo.[1]

[1] Comma ins. dall'art. 2, c. 36-*vicies semel*, lett. *l*), D.L. 13 ago. 2011, n. 138, conv. con modif. in L. 14 set. 2011, n. 148.

18. ***Competenza per territorio.*** — 1. Salvo quanto previsto dai commi 2 e 3, se la competenza per territorio per i delitti previsti dal presente decreto non può essere determinata a norma dell'art. 8 del codice di procedura penale, è competente il giudice del luogo di accertamento del reato.

2. Per i delitti previsti dal capo I del titolo II il reato si considera consumato nel luogo in cui il contribuente ha il domicilio fiscale. Se il domicilio fiscale è all'estero è competente il giudice del luogo di accertamento del reato.

3. Nel caso previsto dal comma 2 dell'art. 8, se le fatture o gli altri documenti per operazioni inesistenti sono stati emessi o rilasciati in luoghi rientranti in diversi circondari, è competente il giudice di uno di tali luoghi in cui ha sede l'ufficio del pubblico ministero che ha provveduto per primo a iscrivere la notizia di reato nel registro previsto dall'art. 335 del codice di procedura penale.

18-*bis*. ***Custodia giudiziale dei beni sequestrati.***[1] — 1. I beni sequestrati nell'ambito dei procedimenti penali relativi ai delitti previsti dal presente decreto e a ogni altro delitto tributario, diversi dal denaro e dalle disponibilità finanziarie, possono essere affidati dall'autorità giudiziaria in custodia giudiziale, agli organi dell'amministrazione finanziaria che ne facciano richiesta per le proprie esigenze operative.

2. Restano ferme le disposizioni dell'articolo 61, comma 23, del decreto-legge 25 giugno 2008, n. 112, convertito, con modificazioni, dalla legge 6 agosto 2008, n. 133, e dell'articolo 2 del decreto-legge 16 settembre 2008, n. 143, convertito, con modificazioni, dalla legge 13 novembre 2008, n. 181.

[1] Articolo ins. dall'art. 13, D.lgs. 24 set. 2015, n. 158.

TITOLO IV

Rapporti con il sistema sanzionatorio amministrativo e fra procedimenti

19. ***Principio di specialità.*** — 1. Quando uno stesso fatto è punito da una delle disposizioni del titolo II e da una disposizione che prevede una sanzione amministrativa, si applica la disposizione speciale.

2. Permane, in ogni caso, la responsabilità per la sanzione amministrativa dei soggetti indicati nell'art. 11, comma 1, del D.lgs. 18 dic. 1997, n. 472, che non siano persone fisiche concorrenti nel reato.

20. ***Rapporti tra procedimento penale e processo tributario.*** — 1. Il procedimento amministrativo di accertamento ed il processo tributario non possono essere sospesi per la pendenza del procedimento penale avente ad oggetto i medesimi atti o fatti dal cui accertamento comunque dipende la relativa definizione.

21. ***Sanzioni amministrative per le violazioni ritenute pienamente rilevati.*** — 1. L'ufficio competente irroga comunque le sanzioni amministrative relative alle violazioni tributarie fatte oggetto di notizia di reato.

2. Tali sanzioni non sono eseguibili nei confronti dei soggetti diversi da quelli indicati dall'art. 19, comma 2, salvo che il procedimento penale sia definito con provvedimento di archiviazione o sentenza irrevocabile di assoluzione o di proscioglimento con formula che esclude la rilevanza penale del fatto. In quest'ultimo caso, i termini per la riscossione decorrono dalla data in cui il provvedimento di archiviazione o la sentenza sono comunicati all'ufficio competente; alla comunicazione provvede la cancelleria del giudice che li ha emessi.

3. Nei casi di irrogazione di un'unica sanzione amministrativa per più violazioni tributarie in concorso o continuazione fra loro, a norma dell'art. 12 del D.lgs. 18 dic. 1997, n. 472, alcune delle quali soltanto pienamente rilevanti la disposizione del comma 2 del presente articolo opera solo per la parte della sanzione eccedente quella che sarebbe stata applicabile in relazione alle violazioni non pienamente rilevanti.

TITOLO V
Disposizioni di coordinamento e finali

22. ***Modalità di documentazione dell'avvenuta estinzione dei debiti tributari*** — 1. Con decreto del Ministero delle finanze, emanato entro sessanta giorni dalla data di entrata in vigore del presente decreto e pubblicato nella *Gazzetta Ufficiale* della Repubblica, sono stabilite le modalità di documentazione dell'avvenuta estinzione dei debiti tributari indicati nell'art. 13 e di versamento delle somme indicate nell'art. 14, comma 3.

23-25. (*Omissis*)

FRODI ALIMENTARI

- 1 -

L. 30 apr. 1962, n. 283
Modifica degli artt. 242, 243, 247, 250 e 262 del T.U. delle leggi sanitarie: Disciplina igienica della produzione e della vendita delle sostanze alimentari e delle bevande
(G.U. 4 giu. 1962, n. 139),
modif. e integrato con L. 26 feb. 1963, n. 441
e con il D.lgs. 30 dic. 1999, n. 507[1]

[1] Per la riforma del sistema sanzionatorio in materia di alimenti si veda altresì il D.L. 11 gen. 2001, n. 1, conv. in L. 9 mar. 2001, n. 49.

1-4.[1]

[1] Articoli abrog. dall'art. 18, D.lgs. 2 feb. 2021, n. 27.

5. È vietato impiegare nella preparazione di alimenti o bevande, vendere, detenere per vendere o somministrare come mercede ai propri dipendenti, o comunque distribuire per il consumo, sostanze alimentari:

a) private anche in parte dei propri elementi nutritivi o mescolate a sostanze di qualità inferiore o comunque trattate in modo da variarne la composizione naturale, salvo quanto disposto da leggi e regolamenti speciali;

b) in cattivo stato di conservazione;

c) con cariche microbiche superiori ai limiti che saranno stabiliti dal regol. di esecuzione o da ordinanze ministeriali;

d) insudiciate, invase da parassiti, in stato di alterazione o comunque nocive, ovvero sottoposte a lavorazioni o trattamenti diretti a mascherare un preesistente stato di alterazione;

e) [1]

f) [2]

Questa indicazione, se non espressamente prescritta da norme speciali, potrà essere omessa quando la colorazione è effettuata mediante caramello, infuso di truciolo di quercia, enocianina od altri colori naturali consentiti;

g) con aggiunta di additivi chimici di qualsiasi natura non autorizzati con decreto del Ministro per la sanità o, nel caso che siano stati autorizzati, senza la osservanza delle norme prescritte per il loro impiego. I decreti di autorizzazione sono soggetti a revisioni annuali;

h) che contengano residui di prodotti, usati in agricoltura per la protezione delle piante e a difesa delle sostanze alimentari immagazzinate, tossici per l'uomo. Il Ministro per la sanità, con propria ordinanza, stabilisce per ciascun prodotto, autorizzato all'impiego per tali scopi, i limiti di tolleranza e l'intervallo minimo che deve intercorrere tra l'ultimo trattamento e la rac colta e, per le sostanze alimentari immagazzinate, tra l'ultimo trattamento e l'immissione al consumo.

[1] Lettera soppressa dall'art. 3, L. 26 feb. 1963, n. 441.
[2] Lettera abrog. dall'art. 57, L. 19 feb. 1992, n. 142.

6.[1] La produzione, il commercio, la vendita delle sostanze di cui alla lettera *h*) dell'articolo precedente — fitofarmaci e presidi delle derrate alimentari immagazzinate – sono soggetti ad autorizzazione del Ministero della sanità, a controllo e a registrazione come presidi sanitari.[2]

[...][3]

Tale disposizione non si applica ai surrogati o succedanei disciplinati da leggi speciali, salvo il controllo del Ministero della sanità per quanto attiene alla composizione, all'igienicità e al valore alimentare di essi.

Salvo che il fatto costituisca più grave reato, i contravventori alle disposizioni del presente articolo e dell'art. 5 sono puniti con l'arresto fino ad un anno e con l'ammenda da euro 309 a euro 30.987. Per la violazione alle disposizioni di cui alle lettere *d*) ed *h*) dell'art. 5 si applica la pena dell'arresto da 3 mesi ad un anno o dell'ammenda da euro 2.582 a euro 46.481.[4]

In caso di condanna per frode tossica o comunque dannosa alla salute non si applicano le disposizioni degli artt. 163 e 175 del c.p.

Nei casi previsti dal precedente comma, la condanna importa la pubblicazione della sentenza in uno o più giornali, a diffusione nazionale, designati dal giudice, nei modi stabiliti nel terzo comma dell'art. 36 del c.p.

[1] Articolo modif. dall'art. 4, L. 26 feb. 1963, n. 441. Ammenda triplicata a sensi dell'art. 113, L. 24 nov. 1981, n. 689.

[2] Con D.P.R. 3 ago. 1968, n. 1255 (G.U. 27 dic. 1968, n. 327, Suppl. ord.) è stato pubblicato il Regolamento concernente la disciplina della produzione, del commercio e della vendita di fitofarmaci e dei presidi delle derrate alimentari immagazzinate.

Con D.M. 11 ago. 1970 (G.U. 18 set. 1970, n. 237) è stato vietato l'impiego nel settore agricolo dei diserbanti 2-4-5 T e 2-4-5 TP. Con D.M. 10 ago. 1971 (G.U. 23 ago. 1970, n. 212) è stato vietato l'impiego agricolo dei principi attivi a base di antibiotici, chemioterapici, acetato di fenil mercurio. Sono revocate le autorizzazioni concesse con D.M. 28 lug. 1970 e 28 dic. 1970. Con D.M. 20 ott. 1971 (G.U. 12 gen. 1972, n. 9) il D.M. 28 dic. 1970 è stato modificato.

[3] Comma abrogato. Si vedano gli artt. 20, c. 4 e 8, L. 15 mar. 1997, n. 59, e 6, D.P.R. 19 nov. 1997, n. 59. Viene ora attribuito alle Regioni e alle Province autonome di Trento e Bolzano il compito di rilasciare autorizzazione alla produzione, commercializzazione e deposito degli additivi alimentari.

[4] Comma così sost. dall'art. 67, c. 1, lett. *a*), D.lgs. 30 dic. 1999, n. 507.

7. Il Ministro per la sanità con proprio decreto, sentito il Consiglio sup. di sanità, può consentire la produzione ed il commercio di sostanze alimentari e bevande che abbiano subìto aggiunte o sottrazioni o speciali trattamenti ivi compreso l'impiego di raggi ultravioletti, radiazioni ionizzanti, antibiotici, ormoni, prescrivendo, del pari, anche le indicazioni che debbono essere riportate sul prodotto finito.

8. I prodotti alimentari e le bevande confezionate debbono riportare sulla confezione o su etichette appostevi, l'indicazione a caratteri leggibili ed indelebili, della denominazione del prodotto, nonché la indicazione del nome o della ragione sociale o del marchio depositato, e la indicazione della sede dell'impresa produttrice e dello stabilimento di produzione, con la elencazione degli ingredienti in ordine decrescente di quantità presente, riferita a peso o volume, secondo le norme che saranno stabilite nel regolamento di cui all'art. 23, ed infine il quantitativo netto in peso o volume.

Il regolamento determinerà altresì l'elenco dei prodotti alimentari o delle bevande confezionati per i quali, oltre alle indicazioni di cui al comma precedente, dovrà essere riportata anche la data di confezionamento secondo le modalità da stabilirsi nel regolamento stesso.

I prodotti alimentari o le bevande venduti sfusi debbono essere posti in vendita con l'indicazione degli ingredienti, elencati in ordine decrescente di quantità presente riferita a peso o volume, secondo le norme che saranno stabilite nel regolamento di cui all'art. 23.

I contravventori sono puniti con la sanzione amministrativa da euro 51 a euro 516.[1]

[1] Reato depenalizzato dagli artt. 32 e 34, L. 24 nov. 1981, n. 689 che all'art. 38, c. 5, stabilisce l'entità della sanzione amministrativa.

9. Le sostanze, il cui impiego non è consentito nella lavorazione di alimenti e bevande, non possono essere detenute nei locali stessi di lavorazione o comunque in locali che siano in diretta comunicazione con questi.

I contravventori sono puniti con l'ammenda da euro 154 a euro 7.746.[1]

[1] Ammenda triplicata a sensi dell'art. 113, L. 24 nov. 1981, n. 689.

10. Il Ministro per la sanità, sentito il Cons. sup. di sanità, approva con proprio decreto l'elenco delle materie coloranti che possono essere impiegate nella colorazione delle sostanze alimentari e della carta o degli imballaggi destinati ad involgere le sostanze stesse, nonché degli oggetti d'uso personale e domestico, determinandone le caratteristiche fisico-chimiche, i requisiti di purezza, i metodi di dosaggio negli alimenti, i casi di impiego e le modalità d'uso.[1]

Il Ministro per la sanità provvederà nello stesso modo ai successivi periodici necessari aggiornamenti.

Chiunque produce, vende o comunque mette in commercio sostanze alimentari o carta od imballaggi destinati specificatamente ad involgere le sostanze stesse, nonché oggetti d'uso personale e domestico, colorati con colori non autorizzati, è punito con l'ammenda da euro 309 a euro 7.746.[2]

[1] Tale elenco è stato approvato con D.M. 22 dic. 1967 (G.U. 1° feb. 1968, n. 28) che reca un allegato con quattro sezioni in relazione agli artt. 5 lett. *f*) e 10. Aggiornato con

D.M. 15 dic. 1970 (G.U. 9 gen. 1971, n. 6). Con D.M. 20 dic. 1971 (G.U. 20 gen. 1972, n. 17) sono stati prorogati al 16 feb. 1975 i termini di validità della sezione B.

[2] Illecito depenalizzato. Si veda il D.lgs. 30 dic. 1999, n. 507.

11. È vietato produrre, detenere per il commercio, porre in commercio od usare utensili da cucina o da tavola, recipienti o scatole per conservare sostanze alimentari, nonché qualsiasi altro oggetto destinato a venire a contatto diretto con sostanze alimentari, che siano:

a) di piombo, zinco o di leghe contenenti più del 10 per cento di piombo ad eccezione dei tubi per l'acqua potabile;

b) stagnati internamente con stagno contenente piombo al di sopra dell'1 per cento;

c) rivestiti internamente con strati vetrificati, verniciati o smaltati, che, messi a contatto per 24 ore con una soluzione all'1 per cento di acido acetico, cedano piombo alla temperatura ordinaria;

d) saldati con lega di stagno- piombo, con contenuto di piombo superiore al 10 per cento; sono, tuttavia, tollerate, per la saldatura esterna dei recipienti, leghe contenenti piombo in misura superiore al 10 per cento, purché le aggraffature da saldare siano realizzate in modo da garantire la impenetrabilità da parte della lega saldante;

e) costituiti da materiale nella cui composizione si trovi più di tre centigrammi di arsenico per 100 grammi di materiale;

f) di materie plastiche o di qualsiasi altro prodotto che possano cedere sapori od odori che modifichino sfavorevolmente le proprietà organolettiche e rendano nocive le sostanze alimentari.

Per le sostanze che possono essere cedute dall'imballaggio al prodotto alimentare, il Ministro per la sanità, sentito il Consiglio superiore di sanità, stabilisce con proprio decreto le condizioni, limitazioni o tolleranze di impiego ai fini indicati.[1]

Le predette disposizioni si applicano altresì ai recipienti, utensili od apparecchi che possano venire a contatto diretto con le sostanze alimentari durante la loro lavorazione o preparazione, nonché ai recipienti destinati a contenere qualsiasi sostanza d'uso personale, domestico o igienico, che possa essere assorbita dalla cute o dalle mucose.

I contravventori sono puniti con l'ammenda da euro 154 a euro 4.648.[2]

[1] La disciplina igienica degli imballaggi, recipienti, utensili destinati a venire in contatto con le sostanze alimentari o con sostanze d'uso personale è ora stabilita dal D.M. 21 mar. 1973 (G.U. 20 apr. 1973, n. 104, Suppl. ord.) di 39 articoli e degli allegati I-IV di pagine 38.

[2] Ammenda triplicata a sensi dell'art. 113, L. 24 nov. 1981, n. 689.

12. È vietata l'introduzione nel territorio della Repubblica di qualsiasi sostanza destinata alla alimentazione non rispondente ai requisiti prescritti dalla presente legge.

I contravventori sono puniti con le pene previste dall'art. 6 se le sostanze sono destinate al commercio. Negli altri casi si applica la sanzione amministrativa pecuniaria da euro 516 a euro 3.098.[1]

[1] Comma così sost. dall'art. 6, c. 1, lett. *b*), D.lgs. 30 dic. 1999, n. 507.

12-*bis*.[1] Nel pronunciare condanna per taluno dei reati dagli artt. 5, 6 e 12, il giudice, se il fatto è di particolare gravità e da esso è derivato pericolo per la salute, dispone la chiusura definitiva dello stabilimento o dell'esercizio e la revoca della licenza, dell'autorizzazione o dell'analogo provvedimento amministrativo che consente l'esercizio dell'attività.

Le medesime pene accessorie possono essere applicate se il fatto è commesso da persona già condannata, con sentenza irrevocabile, per reato commesso con violazione delle norme in materia di produzione, commercio e igiene degli alimenti e delle bevande. Le pene accessorie previste dal presente articolo si applicano anche quando i fatti previsti dagli artt. 5, 6 e 12 costituiscono iun più grave reato ai sensi di altre disposizioni di legge.

[1] Articolo aggiunto dall'art. 6, c. 1, lett. *c*), D.lgs. 30 dic. 1999, n. 507.

13. È vietato offrire in vendita o propagandare a mezzo della stampa od in qualsiasi altro modo, sostanze alimentari, adottando denominazioni o nomi impropri, frasi pubblicitarie, marchi o attestati di qualità o genuinità da chiunque rilasciati, nonché disegni illustrativi tali da sorprendere la buona fede o da indurre in errore gli acquirenti circa la natura, sostanza, qualità o le proprietà nutritive delle sostanze alimentari stesse o vantando particolari azioni medicamentose.

I contravventori sono puniti con l'ammenda da euro 309 a euro 7.746.[1]

Alla stessa pena sono soggetti coloro che verbalmente, per iscritto, a mezzo della stampa ed in qualsiasi modo, offrono in vendita sostanze di qualsiasi natura atte ad adulterare e contraffare alimenti e bevande.

[1] Ipotesi depenalizzate. Si veda il D.lgs. 30 dic. 1999, n. 507.

14-16.[1]

[1] Articoli abrog. dall'art. 18, c. 1, lett. *b*), D.lgs. 2 feb. 2021, n. 27.

17. I contravventori alle disposizioni contenute nel regolamento generale di esecuzione della presente legge e ai vari regolamenti speciali sono puniti con l'ammenda fino a euro 258.

18. Le disposizioni di cui agli artt. 5, 9, 10, 11, 12 e 17 si applicano quando i fatti ivi contemplati non costituiscono reato più grave ai sensi di altre disposizioni.

19. Le sanzioni previste dalla presente legge non si applicano al commerciante che vende, pone in vendita o comunque distribuisce per il consumo prodotti in confezioni originali, qualora la non corrispondenza alle prescrizioni della legge stessa riguardi i requisiti intrinseci o la composizione dei prodotti o le condizioni interne dei recipienti e sempre che il commerciante non sia a conoscenza della violazione o la confezione originale non presenti segni di alterazione.

20. ....[1]

[1] Articolo abrog. dall'art. 18, c. 1, lett. *b*), D.lgs. 2 feb. 2021, n. 27.

21-23. (*Omissis*).

GIUDICE DI PACE

- 1 -

D.lgs. 28 ago. 2000, n. 274
Disposizioni sulla competenza penale del giudice di pace, a norma dell'art. 14 della legge 24 novembre 1999, n. 468
(G.U. Serie gen. 6 ottobre 2000, n. 234, Suppl. ord.)

TITOLO I
Procedimento davanti al giudice di pace

CAPO I
Soggetti, giurisdizione e competenza

1. ***Organi giudiziari nel procedimento penale davanti al giudice di pace.*** — 1. Svolgono funzioni giudiziarie nel procedimento penale davanti al giudice di pace:

a) il procuratore della Repubblica presso il tribunale nel cui circondario ha sede il giudice di pace;

b) il giudice di pace.

2. ***Principi generali del procedimento davanti al giudice di pace.*** — 1. Nel procedimento davanti al giudice di pace, per tutto ciò che non è previsto dal presente decreto, si osservano, in quanto applicabili, le norme contenute nel codice di procedura penale e nei titoli I e II del decreto legislativo 28 luglio 1989, n. 271, ad eccezione delle disposizioni relative:

a) all'incidente probatorio;
b) all'arresto in flagranza e al fermo di indiziato di delitto;
c) alle misure cautelari personali;
d) alla proroga dei termine per le indagini;
e) all'udienza preliminare;
f) al giudizio abbreviato;
g) all'applicazione della pena su richiesta;
h) al giudizio direttissimo,
i) al giudizio immediato;
l) al decreto penale di condanna.

2. Nel corso del procedimento, il giudice di pace deve favorire, per quanto possibile, la conciliazione tra le parti.

3. ***Assunzione della qualità di imputato.*** — 1. Nel procedimento davanti al giudice di pace, assume la qualità di imputato la persona alla quale il reato è attribuito nella citazione a giudizio disposta dalla polizia giudiziaria o nel decreto di convocazione delle parti emesso dal giudice di pace.[1]

[1] Ai sensi dell'art. 17, D.L. 27 lug. 2005, n. 144, conv. con modif. in L. 31 lug. 2005, n. 155, è ora il pubblico ministero che cita a giudizio l'imputato.

4. ***Competenza per materia.*** — 1. Il giudice di pace è competente:

a) per i delitti consumati o tentati previsti dagli artt. 581, 582, limitatamente alle fattispecie di cui al secondo comma perseguibili a querela di parte, ad esclusione dei fatti commessi contro uno dei soggetti elencati dall'articolo 577, secondo comma, ovvero contro il convivente,[1] 590, limitatamente alle fattispecie perseguibili a querela di parte e ad esclusione delle fattispecie connesse alla colpa professionale e dei fatti commessi con violazione delle norme per la prevenzione degli infortuni sul lavoro o relative all'igiene del lavoro o che abbiano determinato una malattia professionale quando, nei casi anzidetti, derivi una malattia di durata superiore a venti giorni, [nonché ad esclusione delle fattispecie di cui all'art. 590, terzo comma, quando si tratta di fatto commesso da soggetto in stato di ebrezza alcolica ai sensi dell'art. 186, comma 2, lettera *c*), del decreto legislativo 30 aprile 1992, n. 285, e successive modificazioni, ovvero da soggetto sotto l'effetto di sostanze stupefacenti o psicotrope,][2] 594, 595, primo e secondo comma, 612, primo comma, 626, 627, 631, salvo che ricorra l'ipotesi di cui all'art. 639 *bis*, 632, salvo che ricorra l'ipotesi di cui all'art. 639 *bis*, 633, primo comma, salvo che ricorra l'ipotesi di cui all'art. 639 *bis*, 635, primo comma, 636, salvo che ricorra l'ipotesi di cui all'art. 639 *bis*, 637, 638, primo comma, 639, primo comma e 647 del codice penale;[3]

b) per le contravvenzioni previste dagli artt. 689, 690, 691, 726, primo comma, e 731 del codice penale.

2. Il giudice di pace è altresì competente per i delitti, consumati o tentati, e per le contravvenzioni previsti dalle seguenti disposizioni:

a) artt. 25 e 62, terzo comma del regio decreto 18 giugno 1931, n. 773 recante «Testo unico in materia di sicurezza»;

b) artt. 1094, 1096 e 1119 del regio decreto 30 marzo 1942, n. 327, recante «Approvazione del testo definitivo del codice della navigazione»;

c) art. 3 del decreto del Presidente della Repubblica 4 agosto 1957, n. 918, recante «Approvazione del testo organico delle norme sulla disciplina dei rifugi alpini»;

d) artt. 102 e 106 del decreto del Presidente della Repubblica 30 marzo 1957, n. 361, recante «Testo unico delle leggi per l'elezione della Camera dei deputati»;

e) art. 92 del decreto dei Presidente della Repubblica 16 maggio 1960, n. 570, recante «Testo unico delle leggi per la composizione e la elezione degli organi delle amministrazioni comunali»;

f) art. 15, secondo comma della legge 28 novembre 1965, n. 1329, recante «Provvedimenti per l'acquisto di nuove macchine utensili»:

g) art. 3 della legge 8 novembre 1991, n. 362, recante «Norme di riordino del settore farmaceutico»;

h) art. 51 della legge 25 maggio 1970, n. 352, recante «Norme sui referendum previsti dalla Costituzione e sulla iniziativa legislativa dei popolo»;

i) artt. 3, terzo e quarto comma, 46, quarto comma e 65, terzo comma, del decreto del Presidente della Repubblica 11 luglio 1980, n. 753, recante «Nuove norme in materia di polizia, sicurezza e regolarità dell'esercizio delle ferrovie e di altri servizi di trasporto»;

l) artt. 18 e 20 della legge 2 agosto 1982, n. 528, recante «Ordinamento del gioco del lotto e misure per il personale del lotto»;

m) art. 17, comma 3, della legge 4 maggio 1990, n. 107, recante «Disciplina per le attività trasfuzionali relative al sangue umano ed ai suoi componenti e pr la produzione di plasma-derivati»;

n) art. 15, comma 3, del decreto legislativo 27 settembre 1991, n. 311, recante «Attuazione delle direttive n. 87/404/CEE e n. 87/404/CEE e n. 90/488/CEE in materia di recipienti semplici a pressione, a norma dell'art. 56 della legge 29 dicembre 1990, n. 428;

o) art. 11, comma 1, del decreto legislativo 27 settembre 1991, n. 313, recante «Attuazione della direttiva n. 88/378/CEE relativa al riavvicinamento delle legislazioni degli Stati membri concernenti la sicurezza dei giocattoli, a norma dell'art. 54 della legge 29 dicembre 1990, n. 428;

p) [4]

q) artt. 186, commi 2 e 6, 187, commi 4 e 5, e 189, comma 6, del decreto legislativo 30 aprile 1992, n. 285, recante «Nuovo codice della strada;

r) art. 10, comma 1, del decreto legislativo 14 dicembre 1992, n. 507, recante 'Attuazione della direttiva n. 90/385/CEE concernente il ravvicinamento delle legislazioni degli Stati membri relative ai dispositivi medici impiantabili attivi';

s) art. 23, comma 2, del decreto legislativo 24 febbraio 1997, n. 46, recante 'Attuazione della direttiva n. 90/385/CEE concernente i dispositivi medici';

s-bis) art. 10 *bis* del testo unico delle disposizioni concernenti la disciplina dell'immigrazione e norme sulla condizione dello straniero, di cui al D.lgs. 25 lug. 1998, n. 286.[5]

s-*ter*) articolo 13, comma 5.2, e articolo 14, commi 1-*bis*, 5-*ter* e 5-*quater*, del testo unico delle disposizioni concernenti la disciplina dell'immigrazione e norme sulla condizione dello straniero, di cui al decreto legislativo 25 luglio 1998, n. 286.[6]

3. La competenza per i reati di cui ai commi 1 e 2 è tuttavia del tribunale se ricorre una o più delle circostanze previste dagli artt. 1 del decreto legge 15 dicembre 1979, n. 625, convertito con modificazioni, nella legge 6 febbraio 1980, n. 15, 7 del decreto legge 13 maggio 1991, n. 152, convertito, con modificazioni, nella legge 12 luglio 1991, n. 203 e 3 del decreto legge 26 aprile 1993, n. 122, convertito, con modificazioni, nella legge 25 giugno 1993, n. 205.

4. Rimane ferma la competeza del tribunale per i minorenni.

[1] Parole inserite dall'art. 2, c. 4-*bis*, D.L. 14 ago. 2013, n. 93, conv. con modif. in L. 15 ott. 2013, n. 119.
[2] Parole soppresse dall'art. 1, c. 7, L. 23 mar. 2016, n. 41.
[3] La Corte cost., con sent. 14 dic. 2018, n. 236, ha dichiarato l'ill. cost. della presente lettera «nella parte in cui non esclude dai delitti, consumati o tentati, di competenza del giudice di pace anche quello di lesioni volontarie, previsto dall'art. 582, c. 2, c.p., per fatti commessi contro l'ascendente o il discendente di cui al numero 1), c. 1, dell'art. 577 c.p.».
[4] Lettera abrog. dall'art. 2, L. 6 apr. 2005, n. 49.
[5] Lettera aggiunta dall'art. 1, c. 17, lett. *a*), L. 15 lug. 2009, n. 94.
[6] Lettera aggiunta dall'art. 4, c. 1, D.L. 23 giu. 2011, n. 89, conv. con modif. in L. 2 ago. 2011, n. 129.

5. ***Competenza per territorio.*** — 1. Per i reati indicati nell'art. 4, competente per il giudizio è il giudice di pace dei luogo in cui il reato è stato consumato.

2. Competente per gli atti da compiere nella fase delle indagini preliminari è il giudice di pace dei luogo ove ha sede il tribunale dei circondario in cui è compreso il giudice territorialmente competente.

6. ***Competenza per materia determinata dalla connessione.*** — 1. Tra procedimenti di competenza del giudice di pace e procedimenti di competenza di altro giudice, si ha connessione solo nel caso di persona imputata di più reati commessi con una sola azione od omissione.

2. Se alcuni dei procedimenti connessi appartengono alla competenza del giudice di pace e altri a quella della corte di assise o del tribunale, è competente per tutti il giudice superiore.

3. La connessione non opera se non è possibile la riunione dei processi, né tra procedimenti di competenza del giudice di pace e procedimenti di competenza di un giudice speciale.

7. ***Casi di connessione davanti al giudice di pace.*** — 1. Davanti al giudice di pace si ha connessione di procedimenti:

a) se il reato per cui si procede e stato commesso da più persone in concorso o cooperazione fra loro;

b) se una persona è imputata di più reati commessi con una sola azione od omissione.

8. ***Competenza per territorio determinata dalla connessione.*** — 1. Nei casi previsti dall'art. 7, se i reati sono stati commessi in luoghi diversi, la competenza per territorio appartiene per tutti al giudice di pace dei luogo in cui è stato commesso il primo reato, Se non è possibile determinare in tal modo la competenza, questa appartiene al giudice di pace del luogo in cui è iniziato il primo dei procedimenti connessi.

9. ***Riunione e separazione dei processi.*** — 1. Nei casi previsti dall'art. 7, prima di procedere all'udienza di comparizione, il giudice di pace può ordinare la riunione dei processi, quando questa non pregiudica la rapida definizione degli stessi.

2. Anche fuori dei casi previsti dall'art. 7, il giudice di pace può ordinare la riunione dei processi quando i reati sono commessi da più persone in danno reciproco le une delle altre o quando più persone con condotte indipendenti hanno determinato l'evento o quando una persona è imputata di più reati commessi con più azioni od omissioni esecutive di un medesimo disegno criminoso, ovvero ogni volta in cui ciò giovi alla celerità e alla completezza dell'accertamento.

3. Prima di procedere all'udienza di comparizione e, comunque, non oltre la dichiarazione di apertura del dibattimento, il giudice di pace ordina la separazione dei processi, qualora ritenga che la riunione possa pregiudicare il tentativo di conciliazione, ovvero la rapida definizione di alcuni fra i processi riuniti.

10. ***Astensione e ricusazione del giudice di pace.*** — 1. Sulla dichiarazione di astensione del giudice di pace decide il presidente del tribunale.

2. Sulla ricusazione del giudice di pace decide la Corte di appello.

3. Il giudice di pace astenuto o ricusato è sostituito con altro giudice dello stesso ufficio designato secondo le leggi di ordinamento giudiziario.

4. Qualora non sia possibile la sostituzione prevista dal comma 3, la corte o il tribunale rimette il procedimento al giudice di pace dell'ufficio più vicino.

CAPO II

Indagini preliminari

11. ***Attività di indagine.*** — 1. Acquisita la notizia di reato, la polizia giudiziaria compie di propria iniziativa tutti gli atti di indagine necessari per la ricostruzione dei fatto e per l'individuazione del colpevole e ne riferisce al pubblico ministero, con relazione scritta, entro il termine di quattro mesi.

2. Se la notizia di reato risulta fondata, la polizia giudiziaria enuncia nella relazione il fatto in forma chiara e precisa, con l'indicazione degli articoli di legge che si assumono violati, e richiede l'autorizzazione a disporre la comparizione della persona sottoposta ad indagini davanti al giudice di pace.

3. Con la relazione, la polizia giudiziaria indica il giorno e l'ora in cui ha acquisito la notizia.

12. ***Notizie di reato ricevute dal pubblico ministero.*** — 1. Salvo che ritenga di richiedere l'archiviazione, il pubblico ministero se prende direttamente notizia di un reato di competenza del giudice di pace ovvero la riceve da privati o da pubblici ufficiali o incaricati di un pubblico servizio, la trasmette alla polizia giudiziaria, perché proceda ai sensi dell'art. 11, impartendo, se necessario, le direttive. Il pubblico ministero, se non ritiene necessari atti di indagine, formula l'imputazione e autorizza la polizia giudiziaria alla citazione a giudizio dell'imputato.

13. ***Autorizzazione del pubblico ministero al***

compimento di atti. — 1. La polizia giudiziaria può richiedere al pubblico ministero l'autorizzazione al compimento di accertamenti tecnici irripetibili ovvero di interrogatori o di confronti cui partecipi la persona sottoposta alle indagini. Il pubblico ministero, se non ritiene di svolgere personalmente le indagini o singoli atti, può autorizzare la polizia giudiziaria al compimento degli atti richiesti. Allo stesso modo provvede se viene richiesta l'autorizzazione al compimento di perquisizioni e sequestri nei casi in cui la polizia giudiziaria non può procedervi di propria iniziativa.

14. ***Iscrizione della notizia di reato.*** — 1. Il pubblico ministero provvede all'iscrizione della notizia di reato a seguito della trasmissione della relazione di cui all'art. 11, ovvero anche prima di aver ricevuto la relazione fin dal primo atto di indagine svolto personalmente.

15. ***Chiusura delle indagini preliminari.*** — 1. Ricevuta la relazione di cui all'art. 11, il pubblico ministero, se non richiede l'archiviazione, esercita l'azione penale, formulando l'imputazione e autorizzando la citazione dell'imputato.

2. Se ritiene necessarie ulteriori indagini, il pubblico ministero vi provvede personalmente ovvero si avvale della polizia giudiziaria, impartendo direttive o delegando il compimento di specifici atti.

16. ***Durata delle indagini preliminari.*** — 1. Il termine per la chiusura delle indagini preliminari è di quattro mesi dall'iscrizione della notizia di reato.

2. Nei casi di particolare complessità, il pubblico ministero dispone, con provvedimento motivato, la prosecuzione delle indagini preliminari per un periodo di tempo non superiore a due mesi. li provvedimento è immediatamente comunicato al giudice di pace di cui all'art. 5 comma 2, che se non ritiene sussistenti, in tutto o in parte, le ragioni rappresentate dal pubblico ministero, entro cinque giorni dalla comunicazione, dichiara la chiusura delle indagini ovvero riduce il termine indicato.

3. Gli atti di indagine compiuti dopo la scadenza dei termini indicati nei commi 1 e 2 non possono essere utilizzati.

17. ***Archiviazione.*** — 1. Il pubblico ministero presenta al giudice di pace richiesta di archiviazione quando la notizia di reato è infondata, nonché nei casi previsti dagli artt. 411 del codice di procedura penale e 125 del decreto legislativo 28 luglio 1989, n. 271, nonché dall'art. 34, commi 1 e 2 del presente decreto. Con la richiesta è trasmesso il fascicolo contenente la notizia di reato, la documentazione relativa alle indagini espletate e i verbali compiuti davanti al giudice.

2. Copia della richiesta è notificata alla persona offesa che nella notizia di reato o successivamente alla sua presentazione abbia dichiarato di volere essere informata circa l'eventuale archiviazione. Nella richiesta è altresì precisato che nel termine di dieci giorni la persona offesa può prendere visione degli atti e presentare richiesta motivata di prosecuzione delle indagini preliminari. Con l'opposizione alla richiesta di archiviazione la persona offesa indica, a pena di inammissibilità, gli elementi di prova che giustificano il rigetto della richiesta o le ulteriori indagini necessarie.

3. Il pubblico ministero provvede sempre a norma del comma 2, nei casi in cui la richiesta di archiviazione è successiva alla trasmissione del ricorso ai sensi dell'art. 26, comma 2.

4. Il giudice, se accoglie la richiesta, dispone con decreto l'archiviazione, altrimenti restituisce, con ordinanza, gli atti al pubblico ministero indicando le ulteriori indagini necessarie e fissando il termine indispensabile per il loro compimento ovvero disponendo che entro dieci giorni il pubblico ministero formuli l'imputazione.

5. Quando è ignoto l'autore del reato si osservano le disposizioni di cui all'art. 415 del codice di procedura penale.

18. ***Assunzione di prove non rinviabili.*** — 1. Fino all'udienza di comparizione, il giudice di pace dispone, a richiesta di parte, l'assunzione delle prove non rinviabili, osservando le forme previste per il dibattimento. Si applicano le disposizioni previste dall'art. 467, commi 2 e 3, del codice di procedura penale.

19. ***Provvedimenti del giudice nel corso delle indagini.*** — 1. Nel corso delle indagini e fino al deposito dell'atto di citazione a norma dell'art. 19, comma 1, competente a disporre il sequestro preventivo e conservativo è il giudice di pace indicato nell'art. 5, comma 2.

2. Il giudice di cui al comma 1 decide anche sulla richiesta di archiviazione. sull'opposizione di cui all'art. 263, comma 5, dei codice di procedura penale, sulla richiesta di sequestra di cui all'art. 368 del medesimo codice, nonché sulla richiesta di riapertura delle indagini. Lo stesso giudice è altresì competente a decidere sulla richiesta di autorizzazione a disporre le operazioni di intercettazione di conversazioni o comunicazioni telefoniche, di comunicazioni informatiche o telematiche ovvero di altre forme di telecomunicazione, nonché per i successivi provvedimenti riguardanti l'esecuzione delle operazioni e la conservazione della documentazione.

CAPO III
Citazione a giudizio

20. ***Citazione a giudizio.***[1] — 1. Il pubblico ministero cita l'imputato davanti al giudice di pace.

2. La citazione contiene:

a) le generalità dell'imputato e le altre indicazioni personali che valgono ad identificarlo;

b) l'indicazione della persona offesa, qualora risulti identificata;

c) l'imputazione formulata dal pubblico ministero e l'indicazione delle fonti di prova di cui si chiede l'ammissione. Se viene chiesto l'esame di testimoni o consulenti tecnici, nell'atto devono essere indicate, a pena di inammissibilità, le circostanze su cui deve vertere l'esame;

d) l'indicazione del giudice competente per il giudizio, nonché del luogo, del giorno e dell'ora della comparizione, con l'avvertimento all'imputato che non comparendo sarà giudicato in contumacia;

e) l'avviso che l'imputato ha facoltà di nominare un difensore di fiducia e che, in mancanza, sarà assistito da difensore di ufficio;

f) l'avviso che il fascicolo relativo alle indagine preliminari è depositato presso la segreteria del pubblico ministero e che le parti e loro difensori hanno facoltà di prenderne visione e di estrarne copia.

3. La citazione deve essere sottoscritta, a pena di nullità, dal pubblico ministero o dall'assistente giudiziario.

4. La citazione è notificata, a cura dell'ufficiale giudiziario, all'imputato, al suo difensore e alla parte offesa almeno trenta giorni prima della data dell'udienza.

5. La citazione a giudizio è depositata nella segreteria del pubblico ministero unitamente al fascicolo contenente la documentazione relativa alle indagini espletate, il corpo del reato e le cose pertinenti al reato, qualora non debbano essere custoditi altrove.

6. La citazione è nulla se l'imputato non è identificato in modo certo ovvero se manca o è insufficiente l'indicazione di uno dei requisiti previsti dal comma 2, lettere *c*), *d*) ed *e*).

[1] Articolo così modif. dall'art. 17 del D.L. 27 lug. 2005, n. 144, conv. con modif. in L. 31 lug. 2005, n. 155.

20-*bis*. *Presentazione immediata a giudizio dell'imputato in casi particolari.* [1] — 1. Per i reati procedibili d'ufficio, in caso di flagranza di reato ovvero quando la prova è evidente, la polizia giudiziaria chiede al pubblico ministero l'autorizzazione a presentare immediatamente l'imputato a giudizio dinanzi al giudice di pace.

2. La richiesta di cui al comma 1, depositata presso la segreteria del pubblico ministero, contiene:

a) le generalità dell'imputato e del suo difensore, ove nominato;

b) l'indicazione delle persone offese dal reato;c) la descrizione, in forma chiara e precisa, del fatto che si addebita all'imputato, con l'indicazione degli articoli di legge che si assumono violati;d) l'indicazione delle fonti di prova a sostegno della richiesta, nonché le generalità dei testimoni e dei consulenti tecnici, con espressa indicazione delle circostanze su cui deve vertere l'esame;e) la richiesta di fissazione dell'udienza per procedere nei confronti delle persone citate a giudizio.

3. Salvo che ritenga di richiedere l'archiviazione, il pubblico ministero autorizza la presentazione immediata nei quindici giorni successivi, indicando la data e l'ora del giudizio dinanzi al giudice di pace e nominando un difensore d'ufficio all'imputato che ne è privo. Se non ritiene sussistere i presupposti per la presentazione immediata o se ritiene la richiesta manifestamente infondata ovvero presentata dinanzi ad un giudice di pace incompetente per territorio, il pubblico ministero provvede ai sensi dell'articolo 25, comma 2.

4. L'ufficiale giudiziario notifica senza ritardo all'imputato e al suo difensore copia della richiesta di cui al comma 2 e dell'autorizzazione del pubblico ministero contenente:

a) l'avviso all'imputato che se non compare sarà giudicato in contumacia;

b) l'avviso all'imputato che ha diritto di nominare un difensore di fiducia e che in mancanza sarà assistito da difensore di ufficio;c) l'avviso che il fascicolo relativo alle indagini è depositato presso la segreteria del pubblico ministero e che le parti e i loro difensori hanno facoltà di prenderne visione e di estrarne copia.

5. Si applica l'articolo 20, comma 5.

[1] Articolo inserito dall'art. 1 c. 17 lett. *b*) della L. 15 lug. 2009, n. 94.

20-*ter*. *Citazione contestuale dell'imputato in udienza in casi particolari.* [1] — 1. Nei casi previsti dall'articolo 20-*bis*, comma 1, quando ricorrono gravi e comprovate ragioni di urgenza che non consentono di attendere la fissazione dell'udienza ai sensi del comma 3 del medesimo articolo, ovvero se l'imputato si trova a qualsiasi titolo sottoposto a misure di limitazione o privazione della libertà personale, la polizia giudiziaria formula altresì richiesta di citazione contestuale per l'udienza.

2. Se ritiene sussistere i presupposti di cui al comma 1, il pubblico ministero rinvia l'imputato direttamente dinanzi al giudice di pace con citazione per l'udienza contestuale all'autorizzazione di cui all'articolo 20-*bis*, comma 3, primo periodo; altrimenti provvede ai sensi del comma 3, secondo periodo, del medesimo articolo.

3. Quando il pubblico ministero dispone la citazione ai sensi del comma 2, la polizia giudiziaria conduce l'imputato che si trova a qualsiasi titolo sottoposto a misure di limitazione o privazione della libertà personale direttamente dinanzi al giudice di pace per la trattazione del procedimento, salvo che egli espressamente rinunzi a partecipare all'udienza. Se l'imputato non si trova sottoposto a misure di limitazione o privazione della libertà personale, la polizia giudiziaria notifica immediatamente allo stesso la richiesta di cui al comma 1 e il provvedimento del pubblico ministero. Copia della richiesta e del provvedimento del pubblico ministero sono altresì comunicati immediatamente al difensore.

[1] Articolo inserito dall'art. 1 c. 17 lett. *b*) della L. 15 lug. 2009, n. 94.

21. ***Ricorso immediato al giudice.*** — 1. Per i reati procedibili a querela è ammessa la citazione a giudizio dinanzi al giudice di pace della persona alla quale il reato è attribuito su ricorso della persona offesa.

2. Il ricorso deve contenere:

a) l'indicazione dei giudice;

b) le generalità del ricorrente e, se si tratta di persona giuridica o di associazione non riconosciuta, la denominazione dell'ente, con l'indicazione dei legale rappresentante;

c) l'indicazione del difensore del ricorrente e la relativa nomina;

d) l'indicazione delle altre persone offese dal medesimo reato delle quali il ricorrente conosca l'identità;

e) le generalità della persona citata a giudizio;

f) la descrizione, in forma chiara e precisa, del fatto che si addebita alla persona citata a giudizio, con l'indicazione degli articoli di legge che si assumono violati;

g) i documenti di cui si chiede l'acquisizione;

h) l'indicazione delle fonti di prova a sostegno della richiesta, nonché delle circostanze su cui deve vertere l'esame dei testimoni e dei consulenti tecnici;

i) la richiesta di fissazione dell'udienza per procedere nei confronti delle persone citate a giudizio.

3. Il ricorso deve essere sottoscritto dalla persona offesa o dal suo legale rappresentante e dal difensore. La sottoscrizione della persona offesa è autenticata dal difensore.

4. Nei casi previsti dagli artt. 120, secondo e terzo comma, e 121 del codice penale, il ricorso è sottoscritto, a seconda dei casi, dal genitore, dal tutore o dal curatore ovvero dal curatore speciale. Si osservano le disposizioni di cui all'art. 338 del codice di procedura penale.

5. La presentazione del ricorso produce gli stessi effetti della presentazione della querela.

22. ***Presentazione del ricorso.*** — 1. Il ricorso, previamente comunicato al pubblico ministero mediante deposito di copia presso la sua segreteria, è presentato, a cura del ricorrente, con la prova dell'avvenuta comunicazione, nella cancelleria del giudice di pace competente per territorio nel termine di tre mesi dalla notizia del fatto che costituisce reato.

2. Se per il medesimo fatto la persona offesa ha già presentato querela, deve farne menzione nel ricorso, allegandone copia e depositando altra copia presso la segreteria del pubblico ministero.

3. Nel caso previsto dal comma 2, il giudice di pace dispone l'acquisizione della querela in originale.

4. Quando si procede in seguito a ricorso sono inapplicabili le diverse disposizioni che regolano la procedura ordinaria.

23. ***Costituzione di parte civile.*** — 1. La costituzione di parte civile deve avvenire, a pena di decadenza, con la presentazione del ricorso. La richiesta motivata di restituzione o di risarcimento del danno contenuta nel ricorso è equiparata a tutti gli effetti alla costituzione di parte civile.

24. ***Inammissibilità del ricorso.*** — 1. Il ricorso è inammissibile:

a) se è presentato oltre il termine indicato dall'art. 22, comma 1:

b) se risulta presentato fuori dei casi previsti;

c) se non contiene i requisiti indicati nell'art. 21, comma 2, ovvero non risulta sottoscritto a norma dei commi 3 e 4 dei medesimo articolo;

d) se è insufficiente la descrizione del fatto o l'indicazione delle fonti di prova;

e) se manca la prova dell'avvenuta comunicazione al pubblico ministero.

25. ***Richieste del pubblico ministero.*** — 1. Entro dieci giorni dalla comunicazione del ricorso il pubblico ministero presenta le sue richieste nella cancelleria dei giudice di pace.

2. Se ritiene il ricorso inammissibile o manifestamente infondato, ovvero presentato dinanzi ad un giudice di pace incompetente per territorio, il pubblico ministero esprime parere contrario alla citazione altrimenti formula l'imputazione confermando o modificando l'addebito contenuto nel ricorso.

26. ***Provvedimenti del giudice di pace.*** — 1. Decorso il termine indicato nell'art. 25, il giudice di pace, anche se il pubblico ministero non ha presentato richieste, provvede a norma dei commi 2, 3 e 4.

2. Se ritiene il ricorso inammissibile o manifestamente infondato, il giudice di pace ne dispone la trasmissione al pubblico ministero per l'ulteriore corso dei procedimento.

3. Se il ricorso risulta presentato per un reato che appartiene alla competenza di altro giudice, il giudice di pace ne dispone, con ordinanza, la trasmissione al pubblico ministero.

4. Se riconosce la propria incompetenza per territorio, il giudice di pace la dichiara con ordinanza e restituisce gli atti al ricorrente che, nel termine di venti giorni, ha facoltà di reiterare il ricorso davanti al giudice competente. L'inosservanza del termine è causa di inammissibile del ricorso.

27. ***Decreto di convocazione delle parti.*** — 1. Se non deve provvedere ai sensi dell'art. 26, il giudice di pace, entro venti giorni dal deposito dei ricorso, convoca le parti in udienza con decreto.

2. Tra il giorno del deposito del ricorso e l'udienza non devono intercorrere più di novanta giorni.

3. Il decreto contiene:

a) l'indicazione del giudice che procede, nonché del luogo, del giorno e dell'ora della comparizione;

b) le generalità della persona nei cui confronti è stato presentato il ricorso, con l'invito a comparire e l'avvertimento che noti comparendo sarà giudicato in contumacia;

c) l'avviso che ha facoltà di nominare un difensore di fiducia e che, in mancanza, sarà assistito dal difensore di ufficio nominato nel decreto;

d) la trascrizione dell'imputazione;

e) la data e la sottoscrizione del giudice e dell'ausiliario che l'assiste.

4. Il decreto, unitamente al ricorso, è notificato, a cura del ricorrente, al pubblico ministero, alla persona citata in giudizio e al suo difensore almeno venti giorni prima dell'udienza. Entro lo stesso termine il ricorrente notifica il decreto alle altre persone offese di cui conosca l'identità.

5. La convocazione è nulla se l'imputato non è identificato in modo certo ovvero se manca o è insufficiente l'indicazione di uno dei requisiti previsti dal comma 3, lettere *a*), *b*), *c*) e *d*).

28. ***Pluralità di persone offese.*** — 1. Il ricorso presentato da una fra più persone offese non impedisce alle altre di intervenire nel processo, con l'assistenza di un difensore e con gli stessi diritti che spettano al ricorrente principale.

2. Le persone offese intervenute possono costituirsi parte civile prima della dichiarazione di apertura del dibattimento.

3. La mancata comparizione delle persone offese, alle quali il decreto sia stato regolarmente notificato ai sensi dell'art. 27, comma 4, equivale a rinuncia al diritto di querela ovvero alla remissione della querela, qualora sia stata già presentata.

CAPO IV
Giudizio

29. ***Udienza di comparizione.*** — 1. Almeno sette giorni prima della data fissata per l'udienza di comparizione, il pubblico ministero o la persona offesa nel caso previsto dall'art. 21 depositano nella cancelleria del giudice di pace l'atto di citazione a giudizio con le relative notifiche.

2. Fuori dei casi previsti dagli artt. 20 e 21, le parti che intendono chiedere l'esame dei testimoni, periti o consulenti tecnici nonché delle persone indicate nell'art. 210 dei codice di procedura penale devono, a pena di inammissibilità, almeno sette giorni prima della data fissata per l'udienza di comparizione, depositare in cancelleria le liste con l'indicazione delle circostanze su cui deve vertere l'esame.

3. Nei casi in cui occorre rinnovare la convocazione o la citazione a giudizio ovvero le relative notificazioni, vi provvede il giudice di pace, anche d'ufficio.

4. Il giudice, quando il reato è perseguibile a querela, promuove la conciliazione tra le parti. In tal caso, qualora sia utile per favorire la conciliazione, il giudice può rinviare l'udienza per un periodo non superiore a due mesi e, ove occorra, può avvalersi anche dell'attività di mediazione di centri e strutture pubbliche o private presenti sul territorio. In ogni caso, le dichiarazioni rese dalle parti nel corso dell'attività di conciliazione non possono essere in alcun modo utilizzate ai fini della deliberazione.

5. In caso di conciliazione è redatto processo verbale attestante la remissione di querela o la rinuncia al ricorso di cui all'art. 21 e la relativa accettazione. La rinuncia al ricorso produce gli stessi effetti della remissione della querela.

6. Prima della dichiarazione di apertura del dibattimento l'imputato può presentare domanda di oblazione.

7. Dopo la dichiarazione di apertura del dibattimento, se può procedersi immediatamente al giudizio, il giudice ammette le prove richieste escludendo quelle vietate dalla legge, superflue o irrilevanti e invita le parti ad indicare gli atti da inserire nel fascicolo per il dibattimento, provvedendo a norma dell'art. 431 del codice di procedura penale. Le parti possono concordare l'acquisizione al fascicolo del dibattimento di atti contenuti nel fascicolo del pubblico ministero, della documentazione relativa all'attività di investigazione difensiva, nonché della documentazione allegata al ricorso di cui all'art. 21.

8. Se occorre fissare altra udienza per il giudizio, il giudice autorizza ciascuna parte alla citazione dei propri testimoni o consulenti tecnici, escludendo le testimonianze vietate dalla legge e quelle manifestamente sovrabbondanti. La parte che omette la citazione decade dalla prova.

30. ***Udienza di comparizione a seguito di ricorso al giudice da parte della persona offesa.*** — 1. La mancata comparizione all'udienza dei ricorrente o del suo procuratore speciale non dovuta ad impossibilità a comparire per caso fortuito o forza maggiore determina l'improcedibilità dei ricorso, salvo che l'imputato o la persona offesa intervenuta e che abbia presentato querela chieda che si proceda al giudizio.

2. Con l'ordinanza con cui dichiara l'improcedibilità del ricorso ai sensi del comma 1, il giudice di pace condanna il ricorrente alla rifusione delle spese processuali, nonché al risarcimento dei danni in favore della persona citata in giudizio che ne abbia fatto domanda.

3. Se il reato contestato nell'imputazione non rientra tra quelli per cui è ammessa la citazione a giudizio su istanza della persona offesa, il giudice di pace trasmette gli atti al pubblico ministero, salvo che l'imputato chieda che si proceda ugualmente al giudizio.

31. ***Fissazione di nuova udienza a seguito di impossibilità a comparire.*** — 1. In caso di dichiarazione di improcedibilità ai sensi dell'art. 30, comma 1, il ricorrente può presentare istanza di fissazione di nuova udienza se prova che la mancata comparizione è stata dovuta a caso fortuito o a forza maggiore.

2. L'istanza è presentata al giudice di pace entro dieci giorni dalla cessazione dei fatti costituente

caso fortuito o forza maggiore. Il termine è stabilito a pena di decadenza.

3. Se accoglie l'istanza, il giudice di pace convoca le parti per una nuova udienza ai sensi dell'art. 27, invitando il ricorrente a provvedere alle notifiche a norma del comma 4 dello stesso articolo.

4. Contro il decreto motivato che respinge la richiesta di fissazione di nuova udienza può essere proposto ricorso al tribunale in composizione monocratica, che decide con ordinanza inoppugnabile.

32. ***Dibattimento.*** — 1. Sull'accordo delle parti, l'esame dei testimoni, dei periti, dei consulenti tecnici e delle parti private può essere condotto dal giudice sulla base delle domande e delle contestazioni proposte dal pubblico ministero e dai difensori.

2. Terminata l'acquisizione delle prove, il giudice, se risulta assolutamente necessario, può disporre anche d'ufficio l'assunzione di nuovi mezzi di prova, compresi quelli relativi agli atti acquisiti a norma dell'art. 29, comma 7.

3. Il verbale d'udienza, di regola, è redatto solo in forma riassuntiva.

4. La motivazione della sentenza è redatta dal giudice in forma abbreviata e depositata nel termine di quindici giorni dalla lettura dei dispositivo. Il giudice può dettare la motivazione direttamente a verbale.

5. In caso di impedimento del giudice la sentenza è sottoscritta dal presidente del tribunale, previa menzione della causa di sostituzione.

32-*bis*. ***Svolgimento del giudizio a presentazione immediata.***[1] — 1. Nel corso del giudizio a presentazione immediata di cui agli articoli 20-*bis* e 20-*ter* si osservano le disposizioni dell'articolo 32.

2. La persona offesa e i testimoni possono essere citati anche oralmente dall'ufficiale giudiziario nel corso del giudizio a presentazione immediata di cui all'articolo 20-*bis*. Nel corso del giudizio a citazione contestuale di cui all'articolo 20-*ter* la persona offesa e i testimoni possono essere citati anche oralmente dall'ufficiale giudiziario ovvero dalla polizia giudiziaria.

3. Il pubblico ministero, l'imputato e la parte civile presentano direttamente a dibattimento i propri testimoni e consulenti tecnici.

4. Il pubblico ministero dà lettura dell'imputazione.

5. L'imputato è avvisato della facoltà di chiedere un termine a difesa non superiore a sette giorni. Quando l'imputato si avvale di tale facoltà, il dibattimento è sospeso fino all'udienza immediatamente successiva alla scadenza del termine. Nel caso previsto dall'articolo 20-*ter*, il termine non può essere superiore a quarantotto ore.

[1] Articolo inserito dall'art. 1, c. 17 lett. *c*) della L. 15 lug. 2009, n. 94.

33. ***Sentenza di condanna alla pena della permanenza domiciliare.*** — 1. Subito dopo la pronuncia della sentenza di condanna alla pena della permanenza domiciliare, l'imputato o il difensore munito di procura speciale, possono chiedere l'esecuzione continuativa della pena.

2. Il giudice, se ritiene di poter applicare in luogo della permanenza domiciliare la pena dei lavoro di pubblica utilità, indica nella sentenza il tipo e la durata dei lavoro di pubblica utilità che può essere richiesto dall'imputato o dal difensore munito di procura speciale

3. Nel caso in cui l'imputato o il difensore formulino le richieste di cui ai commi 1 e 2, il giudice può fissare una nuova udienza a distanza di non più di 10 giorni, sempre che sussistano giustificati motivi.

4. Acquisite le richieste, il giudice integra il dispositivo della sentenza e ne dà lettura.

CAPO V

Definizioni alternative del procedimento

34. ***Esclusione della procedibilità nei casi di particolare tenuità del fatto.*** — Il fatto è di particolare tenuità quando, rispetto all'interesse tutelato, l'esiguità del danno o del pericolo che ne è derivato nonché la sua occasionalità e il grado della colpevolezza non giustificano l'esercizio dell'azione penale, tenuto conto altresì dei pregiudizio che l'ulteriore corso dei procedimento può recare alle esigenze di lavoro, di studio, di famiglia o di salute della persona sottoposta ad indagini o dell'imputato.

2. Nel corso delle indagini preliminari, il giudice dichiara con decreto d'archiviazione non doversi procedere per la particolare tenuità del fatto, solo se non risulta un interesse della persona offesa alla prosecuzione del procedimento.

3. Se è, stata esercitata l'azione penale, la particolare tenuità del fatto può essere dichiarata con sentenza solo se l'imputato e la persona offesa non si oppongono.

35. ***Estinzione del reato conseguente a condotte riparatorie.*** — 1. Il giudice di pace, sentite le parti e l'eventuale persona offesa, dichiara con sentenza estinto il reato, enunciandone la causa nel dispositivo, quando l'imputato dimostra di aver proceduto, prima dell'udienza di comparizione, alla riparazione dei danno cagionato dal reato, mediante le restituzioni o il risarcipmento, e di aver eliminato le conseguenze dannose o pericolose dei reato.

2. Il giudice di pace pronuncia la sentenza di estinzione del reato di cui al comma 1, solo se ritiene le attività risarcitorie e riparatorie idonee a soddisfare le esigenze di riprovazione del reato e quelle di prevenzione.

3. Il giudice di pace può disporre la sospensione del processo, per un periodo non superiore a tre mesi, se l'imputato chiede nell'udienza di compa-

rizione di poter provvedere agli adempimenti di cui al comma 1 e dimostri di non averlo potuto fare in precedenza; in tal caso, il giudice può imporre specifiche prescrizioni.

4. Con l'ordinanza di sospensione, il giudice incarica un ufficiale di polizia giudiziaria o un operatore di servizio sociale dell'ente locale di verificare l'effettivo svolgimento delle attività risarcitorie e riparatorie, fissando nuova udienza ad una data successiva al termine del periodo di sospensione.

5. Qualora accerti che le attività risarcitorie o riparatorie abbiano avuto esecuzione, il giudice, sentite le parti e l'eventuale persona offesa, dichiara con sentenza estinto il reato enunciandone la causa nel dispositivo.

6. Quando non provvede ai sensi dei commi 1 e 5, il giudice dispone la prosecuzione del procedimento.

CAPO VI
Disposizioni sulle impugnazioni

36. ***Impugnazione del pubblico ministero.*** — 1. Il pubblico ministero può proporre appello contro le sentenze di condanna del giudice di pace che applicano una pena diversa da quella pecuniaria [e contro le sentenze di proscioglimento per reati puniti con pena alternativa].[1]

2. Il pubblico ministero può proporre ricorso per cassazione contro le sentenze del giudice di pace.

[1] Parole soppresse dall'art. 9, c. II, della L. 20 feb. 2006, n. 46.

37. ***Impugnazione dell'imputato.*** — 1. L'imputato può proporre appello contro le sentenze di condanna del giudice di pace che applicano una pena diversa da quella pecuniaria; può proporre appello anche contro le sentenze che applicano la pena pecuniaria se impugna il capo relativo alla condanna, anche generica, al risarcimento del danno.

2. L'imputato può proporre ricorso per cassazione contro le sentenze di condanna del giudice di pace che applicano la sola pena pecuniaria e contro le sentenze di proscioglimento.

38. ***Impugnazione del ricorrente che ha chiesto la citazione a giudizio dell'imputato.*** — 1. Il ricorrente che ha chiesto la citazione a giudizio dell'imputato a norma dell'art. 21 può proporre impugnazione, anche agli penali, contro la sentenza di proscioglimento del giudice di pace negli stessi casi in cui è ammessa l'impugnazione da parte del pubblico ministero.

2. Con il provvedimento che rigetta o dichiara inammissibile l'impugnazione, il ricorrente è condannato alla rifusione delle spese processuali sostenute dall'imputato e dal responsabile civile. Se vi è colpa grave, il ricorrente può essere condannato al risarcimento dei danni causati all'imputato e al responsabile civile.

39. ***Giudizio di appello.*** — 1. Competente per il giudizio di appello è il tribunale del circondario in cui ha sede il giudice di pace che ha pronunciato la sentenza impugnata. Il tribunale giudica in composizione monocratica.

2. Oltre che nei casi previsti dall'art. 604 del codice di procedura penale, il giudice d'appello dispone l'annullamento della sentenza impugnata, disponendo la trasmissione degli atti al giudice di pace, anche quando l'imputato, contumace in primo grado, prova di non essere potuto comparire per caso fortuito o per forza maggiore o per non avere avuto conoscenza del provvedimento di citazione a giudizio, sempre che in tal caso il fatto non sia dovuto a sua colpa, ovvero, quando l'atto di citazione per il giudizio di primo grado è stato notificato mediante consegna al difensore nei casi previsti dagli artt. 159,161, comma 4, e 169 del codice di procedura penale, non si sia sottratto volontariamente alla conoscenza degli atti del procedimento.

39-*bis*. ***Ricorso per cassazione.***[1] — 1. Contro le sentenze pronunciate in grado d'appello il ricorso per cassazione può essere proposto soltanto per i motivi di cui all'articolo 606, comma 1, lettere *a*), *b*) e *c*), del codice di procedura penale.

[1] Articolo ins. dall'art. 9, c. 1, D.lgs. 6 feb. 2018, n. 11.

CAPO VII
Disposizioni sull'esecuzione

40. ***Giudice dell'esecuzione.*** — 1. Salvo diversa disposizione di legge, competente a conoscere dell'esecuzione di un provvedimento è il giudice di pace che l'ha emesso.

2. Se l'esecuzione concerne più provvedimenti emessi da diversi giudici di pace, è competente il giudice che ha emesso il provvedimento divenuto irrevocabile per ultimo.

3. Se i provvedimenti sono stati emessi dal giudice di pace e da altro giudice ordinario, è competente in ogni caso quest'ultimo.

4. Se i provvedimenti sono stati emessi dal giudice di pace e da un giudice speciale, è competente per l'esecuzione il tribunale in composizione collegiale nel cui circondario ha sede il giudice di pace.

5. Il giudice indicato nei commi da I a 4 è competente anche se il provvedimento da eseguire è stato comunque riformato.

41. ***Procedimento di esecuzione.*** — 1. Salvo quanto previsto nel comma 2, nel procedimento di esecuzione davanti al giudice di pace si osservano le disposizioni di cui all'airticolo 666 del codice di procedura penale.

2. Contro il decreto del giudice di pace che dichiara inammissibile la richiesta formulata nei procedimento di esecuzione e contro l'ordinanza che decide sulla richiesta, l'interessato può proporre, entro quindici giorni dalla notifica del provvedimen-

to, ricorso per motivi di legittimità al tribunale in composizione monocratica nel cui circondario ha sede il giudice di pace.

3. Il tribunale decide con ordinanza non impugnabile. Si osservano le disposizioni di cui all'art. 127 del codice di procedura penale.

42. .... [1]

[1] Articolo abrog. dall'art. 299, D.P.R. 30 mag. 2002, n. 115, (spese di giustizia).

43. ***Esecuzione della pena della permanenza domiciliare e del lavoro di pubblica utilità.*** — 1. La sentenza penale irrevocabile è trasmessa per estratto a cura della cancelleria al pubblico ministero del circondario ove ha sede l'ufficio del giudice individuato in base all'art. 40.

2. Il pubblico ministero, emesso l'ordine di esecuzione, lo trasmette immediatamente, unitamente all'estratto della sentenza di condanna contenente le modalità di esecuzione della pena, all'ufficio di pubblica sicurezza dei comune in cui il condannato risiede o, in mancanza di questo, al comando dell'Arma dei carabinieri territorialmente competente.

3. Appena ricevuto il provvedimento di cui al comma che precede l'organo di polizia consegna copia al condannato ingiungendogli di attenersi alle prescrizioni in esso contenute. Qualora il condannato sia detenuto o internato, copia dell'ordine di esecuzione è notificato altresì al direttore dell'istituto o della sezione il quale informa anticipatamente l'organo di polizia della dimissione del condannato. In tal caso, la pena comincia a decorrere dal primo giorno di permanenza domiciliare o di lavoro sostitutivo successivo a quello della dimissione.

44. ***Modifica delle modalità di esecuzione della permanenza domiciliare e del lavoro di pubblica utilità.*** — 1. Le modalità di esecuzione della permanenza domiciliare e del divieto di cui all'art. 53, comma 3, eventualmente imposto, nonché del lavoro di pubblica utilità, stabilite nella sentenza emessa dal giudice possono essere modificate per motivi di assoluta necessità dal giudice osservando le disposizioni dell'art. 666 dei codice di procedura penale.

2. La richiesta di modifica non sospende l'esecuzione delle pene: in caso di assoluta urgenza, le modifiche possono essere adottate con provvedimento provvisorio revocabile nelle fasi successive del procedimento.

45. [***Certificati del casellario giudiziale richiesti dal privato.***][1]

[1] Articolo abrog. dall'art. 52, c. 1, D.P.R. 14 nov. 2002, n. 313.

46. [***Eliminazione dal casellario giudiziale delle iscrizioni relative a sentenze del giudice di pace in materia penale.***][1]

[1] Articolo abrog. dall'art. 52, c. 1, D.P.R. 14 nov. 2002, n. 313.

CAPO VIII

Norme di coordinamento e di attuazione

47. ***Modifica all'art. 6 del codice di procedura penale.*** — 1. Nell'art. 6 del codice di procedura penale, dopo le parole: "alla competenza della corte di assise" sono aggiunte le seguenti: "o del giudice di pace.".

48. ***Competenza del giudice di pace dichiarata da altro giudice.*** — 1. In ogni stato e grado del processo, se il giudice ritiene che il reato appartiene alla competenza del giudice di pace, lo dichiara con sentenza e ordina la trasmissione degli atti al pubblico ministero. Le prove acquisite dal giudice incompetente sono utilizzabili nel processo davanti al giudice di pace.

49. ***Citazione a giudizio.***[1] — 1. Ai fini dell'emissione della citazione a giudizio di cui all'art. 20, il pubblico ministero richiede al giudice di pace di indicare il giorno e l'ora della comparizione.

2. La richiesta del pubblico ministero e l'indicazione del giudice di pace sono comunicate anche con mezzi telematici.

[1] Rubrica così sost. dall'art. 17 del D.L. 27 lug. 2005, n. 144, conv. con modif. in L. 31 lug. 2005, n. 155.

50. ***Delegati del procuratore della Repubblica nel procedimento penale davanti al giudice di pace.*** — 1. Nei procedimenti penali davanti al giudice di pace, le funzioni del pubblico ministero possono essere svolte, per delega del procuratore della Repubblica presso il tribunale ordinario:

a) nell'udienza dibattimentale, da uditori giudiziari, da vice procuratori onorari addetti all'ufficio, da personale in quiescenza da non più di due anni che nei cinque anni precedenti abbia svolto le funzioni di ufficiale di polizia giudiziaria, o da laureati in giurisprudenza che frequentano il secondo anno della scuola biennale di specializzazione per le professioni legali di cui all'art. 16 del D.lgs. 17 nov. 1997, n. 398;[1]

b) per gli atti del pubblico ministero previsti dagli artt. 15 e 25, da vice procuratori onorari addetti all'ufficio;

c) nei procedimenti in camera di consiglio di cui all'art. 127 del codice di procedura penale, nei procedimenti di esecuzione ai fini dell'intervento di cui all'art. 655, comma 2, dei medesimo codice, e nei procedimenti di opposizione al decreto dei pubblico ministero di liquidazione dei compenso ai periti, consulenti tecnici e traduttori ai sensi dell'art. 11 della legge 8 luglio 1980, n. 319,[2] da vice procuratori onorari addetti all'ufficio.

2. Nei casi indicati nel comma 1, la delega è conferita in relazione ad una determinata udienza o a un singolo procedimento.

3. La delega è revocabile nei soli casi, in cui il codice di procedura penale prevede la sostituzione del pubblico ministero.

4. Si osservano le disposizioni di cui all'art. 162,

commi 1, 3 e 4, del decreto legislativo 28 luglio 1989, n. 271.

[1] Lettera così sost. dall'art. 17 del D.L. 27 lug. 2005, n. 144, conv. con modif. in L. 31 lug. 2005, n. 155.
[2] Tale disposizione è superata, si veda l'art. 170 del D.P.R. 30 mag. 2002, n. 115.

51. ***Disposizioni regolamentari e sulla tenuta dei registri.*** — 1. Con regolamento emanato ai sensi dell'art. 17, comma 3, della legge 23 agosto 1988, n. 400, entro centocinquanta giorni dalla pubblicazione del presente decreto legislativo, il Ministro della giustizia adotta le disposizioni regolamentari relative ai procedimenti penali davanti al giudice di pace, che concernono:

a) le modalità di formazione e tenuta dei fascicoli degli uffici giudiziari

b) [1]

c) le altre attività necessarie per l'attuazione del presente decreto legislativo.

2. Il parere del Consiglio di Stato sul regolamento previsto nel comma 1 è reso entro trenta giorni dalla richiesta.

3. La disciplina sulla tenuta in forma automatizzata dei registri e delle altre forme di registrazione in materia penale è adottata con decreto del Ministro della giustizia.

[1] Lettera abrog. dall'art. 52, c. 1, D.P.R. 14 nov. 2002, n. 313.

TITOLO II
Sanzioni applicabili dal giudice di pace

52. ***Sanzioni.*** — 1. Ai reati attribuiti alla competenza del giudice di pace per i quali è prevista la sola pena della multa o dell'ammenda continuano ad applicarsi le pene pecuniarie vigenti.

2. Per gli altri reati di competenza del giudice di pace le pene sono così modificate:

a) quando il reato è punito con la pena della reclusione o dell'arresto alternativa a quella della multa o dell'ammenda, si applica la pena pecuniaria della specie corrispondente da euro 258 a euro 2.582; se la pena detentiva è superiore nel massimo a sei mesi, si applica la predetta pena pecuniaria o la pena della permanenza domiciliare da sei giorni a trenta giorni ovvero la pena del lavoro di pubblica utilità per un periodo da dieci giorni a tre mesi;

b) quando il reato è punito con la sola pena della reclusione o dell'arresto, si applica la pena pecuniaria della specie corrispondente da euro 516 a euro 2.582 o la pena della permanenza domiciliare da quindici giorni a quarantacinque giorni ovvero la pena del lavoro di pubblica utilità da venti giorni a sei mesi;

c) quando il reato è punito con la pena della reclusione o dell'arresto congiunta con quella della multa o dell'ammenda, si applica la pena pecuniaria della specie corrispondente da euro 774 a euro 2.582 o la pena della permanenza domiciliare da venti giorni a quarantacinque giorni ovvero la pena del lavoro di pubblica utilità da un mese a sei mesi.

3. Nei casi di recidiva reiterata infraquinquennale, il giudice applica la pena della permanenza domiciliare o quella dei lavoro di pubblica utilità salvo che sussistano circostanze attenuanti ritenute prevalenti o equivalenti.

4. La disposizione del comma 3 non si applica quando il reato è punito con la sola pena pecuniaria nonché nell'ipotesi indicata nel primo periodo della lettera (1) del comma 2.

53. ***Obbligo di permanenza domiciliare.*** — 1. La pena della permanenza domiciliare comporta l'obbligo di rimanere presso la propria abitazione o in altro luogo di privata dimora ovvero in un luogo di cura, assistenza o accoglienza nei giorni di sabato e domenica: il giudice, avuto riguardo alle esigenze familiari, di lavoro, di studio o di salute dei condannato, può disporre che la pena venga eseguita in giorni diversi della settimana ovvero, a richiesta del condannato, continuativamente.

2. La durata della permanenza domiciliare non può essere inferiore a sei giorni né superiore a quarantacinque, il condannato non è considerato in stato di detenzione.

3. Il giudice può altresì imporre al condannato, valutati i criteri di cui all'art. 133, comma secondo, dei codice penale, il divieto di accedere a specifici luoghi nei giorni in cui non è obbligato alla permanenza domiciliare, tenuto conto delle esigenze familiari, di lavoro, di studio o di salute del condannato.

4. Il divieto non può avere durata superiore al doppio della durata massima della pena della permanenza domiciliare e cessa in ogni caso quando è stata interamente scontata la pena della permanenza domiciliare.

54. ***Lavoro di pubblica utilità.*** — 1. Il giudice di pace può applicare la pena del lavoro di pubblica utilità solo su richiesta dell'imputato.

2. Il lavoro di pubblica utilità non può essere inferiore a dieci giorni né superiore a sei mesi e consiste nella prestazione di attività non retribuita in favore della collettività da svolgere presso lo Stato, le Regioni, le Province, i Comuni o presso enti o organizzazioni di assistenza sociale e di volontariato.

3. L'attività viene svolta nell'ambito della provincia in cui risiede il condannato e comporta la prestazione di non più di sei ore di lavoro settimanale da svolgere con modalità e tempi che non pregiudichino le esigenze di lavoro, di studio, di famiglia e di salute del condannato. Tuttavia, se il condannato lo richiede, il giudice può ammetterlo a svolgere il lavoro di pubblica utilità per un tempo superiore alle sei ore settimanali.[1]

4. La durata giornaliera della prestazione non può comunque oltrepassare le otto ore.

5. Ai fini del computo della pena, un giorno di

lavoro di pubblica utilità consiste nella prestazione, anche non continuativa, di due ore di lavoro.

6. Fermo quanto previsto dal presente articolo, le modalità di svolgimento del lavoro di pubblica utilità sono determinate dal Ministro della giustizia con decreto d'intesa con la Conferenza unificata di cui all'art. 8 del decreto legislativo 28 agosto 1997, n. 281.

[1] La Corte cost., con sent. 1 lug. 2013, n. 179, ha dichiarato l'ill. cost. del c. 3 nella parte in cui non prevede che, «Se il condannato lo richiede, il giudice può ammetterlo a svolgere il lavoro di pubblica utilità fuori dall'ambito della provincia in cui risiede».

55. ***Conversione delle pene pecuniarie.*** — 1. Per i reati di competenza del giudice di pace, la pena pecuniaria non eseguita per insolvibilità del condannato si converte, a richiesta dei condannato, in lavoro sostitutivo da svolgere per un periodo non inferiore ad un mese e non superiore a sei mesi con le modalità indicate nell'art. 54.

2. Ai fini della conversione un giorno di lavoro sostitutivo equivale a euro 12 di pena pecuniaria.

3. Il condannato può sempre far cessare la pena del lavoro sostitutivo pagando la pena pecuniaria, dedotta la somma corrispondente alla durata dei lavoro prestato.

4. Quando è violato l'obbligo del lavoro sostitutivo conseguente alla conversione della pena pecuniaria, la parte di lavoro non ancora eseguito si converte nell'obbligo di permanenza domiciliare secondo i criteri di ragguaglio indicati nel comma 6.

5. Se il condannato non richiede di svolgere il lavoro sostitutivo, le pene pecuniarie non eseguite per insolvibilità si convertono nell'obbligo di permanenza domiciliare con le forme e nei modi previsti dall'art. 53, comma 1, in questo caso noti è applicabile al condannato il divieto di cui all'art. 53, comma 3.

6. Ai fini della conversione un giorno di permarienza domiciliare equivale a euro 25 di pena pecuniaria e la durata della permanenza non può essere superiore a quarantacinque giorni.

56. ***Violazione degli obblighi.*** — 1. Il condannato che senza giusto motivo si allontana dai luoghi in cui è obbligato a permanere o che non si reca nel luogo in cui deve svolgere il lavoro di pubblica utilità o che le abbandona è punito con la reclusione fino ad un anno.

2. Alla stessa pena soggiace il condannato che viola reiteratamente senza giusto motivo gli obblighi o i divieti inerenti alle pene della permanenza domiciliare o del lavoro di pubblica utilità.

3. In caso di condanna non sono applicabili le sanzioni sostitutive previste dagli artt. 53 e seguenti della legge 24 novembre 1981, n. 689.

57. ***Competenza.*** — 1. La competenza per il delitto di cui all'art. 56 è attribuita al tribunale in composizione monocratica.

58. ***Effetti delle sanzioni e criteri di ragguaglio.*** — 1. Per ogni effetto giuridico la pena dell'obbligo di permanenza domiciliare e il lavoro di pubblica utilità si considerano come pena detentiva della specie corrispondente a quella della pena originaria.

2. Quando per qualsiasi effetto giuridico si deve eseguire un ragguaglio tra la pena detentiva e le pene di cui agli artt. 53 e 54, un giorno di pena detentiva equivale a due giorni di permanenza domiciliare o tre giorni di lavoro di pubblica utilità.

3. Un giorno di pena detentiva equivale a euro 38 di pena pecuniaria irrogata in luogo della pena detentiva a norma dell'art. 52.

4. In deroga a quanto stabilito nell'art. 78, primo comma, numero 3, del codice penale, la pena della multa o dell'ammenda non può comunque eccedere la somma di euro 7.746, ovvero la somma di euro 30.987 se il giudice si vale della facoltà di aumento indicata nel secondo comma dell'art. 133-*bis* dello stesso codice.

59. ***Controllo sull'osservanza delle sanzioni dell'obbligo di permanenza domiciliare e del lavoro di pubblica utilità.*** — 1. L'ufficio di pubblica sicurezza dei luogo di esecuzione della pena o, in mancanza dell'ufficio di pubblica sicurezza, il comando dell'Arma dei carabinieri territorialmente competente effettua il controllo sull'osservanza degli obblighi connessi alla pena dell'obbligo di permanenza domiciliare o dei lavoro di pubblica utilità con le modalità stabilite dall'art. 65, commi primo e secondo, della legge 24 novembre 1981, n. 689, in quanto applicabile.

60. ***Esclusione della sospensione condizionale della pena.*** — 1. Le disposizioni di cui agli artt. 163 e seguenti del codice penale, relative alla sospensione condizionale della pena, non si applicano alle pene irrogate dal giudice di pace.

61. ***Interruzione della prescrizione.*** — 1. Il corso della prescrizione per i reati attribuiti alla cognizione del giudice di pace è interrotto, oltre che dagli atti indicati nell'art. 160 del codice penale, dalla citazione a giudizio disposta dalla polizia giudiziaria, dal decreto di convocazione delle parti emesso dal giudice di pace.

62. ***Inapplicabilità delle altre misure sostitutive della detensione.*** — 1 Le sanzioni sostitutive previste dagli artt. 53 e seguenti della legge 24 novembre 1981, n. 689, non si applicano ai reati di competenza del giudice di pace.

62-*bis*. ***Espulsione a titolo di sanzione sostitutiva.***[1] — 1. Nei casi stabiliti dalla legge, il giudice di pace applica la misura sostitutiva di cui all'articolo 16 del testo unico di cui al decreto legislativo 25 luglio 1998, n. 286.

[1] Articolo inserito dall'art. 1, c. 17, lett. *d)* della L. 15 lug. 2009, n. 94.

TITOLO III
Disposizioni finali e transitorie

63. ***Norme applicabili da parte di giudici diversi.*** — 1. Nei casi in cui i reati indicati nell'art. 4, commi 1 e 2, sono giudicati da un giudice diverso dal giudice di pace, si osservano le disposizioni del titolo II del presente decreto legislativo, nonché, in quanto applicabili, le disposizioni di cui agli artt. 33, 34, 35, 43 e 44.

64. ***Norma transitoria.*** — 1. Le norme del presente decreto legislativo si applicano ai procedimenti relativi ai reati indicati nell'art. 4, commi 1 e 2, commessi dopo la sua entrata in vigore.

2. Ferma l'applicabilità dell'art. 2, comma terzo, del codice penale, nei procedimenti relativi a reati commessi prima della data di entrata in vigore del presente decreto legislativo si osservano le disposizioni dell'art. 63, comma 1; quando si tratta di reati commessi dopo la pubblicazione del presente decreto si osservano anche le disposizioni del titolo 1 se alla data di entrata in vigore non è ancora avvenuta l'iscrizione della notizia di reato.

65. ***Entrata in vigore.*** — 1. Il presente decreto legislativo entra in vigore il giorno 2 gen. 2002.[1]

[1] Comma così sost. dal D.L. 2 apr. 2001, n. 91 conv. con modif. in L. 3 mag. 2001, n. 163.

GIUSTO PROCESSO

- 1 -

L. cost. 23 nov. 1999, n. 2
Inserimento dei principi del giusto processo nell'art. 111 della Costituzione
(G.U. 23 dic. 1999, n. 300)

1. 1. La giurisdizione si attua mediante il giusto processo regolato dalla legge.

Ogni processo si svolge nel contraddittorio tra le parti, in condizioni di parità, davanti a giudice terzo e imparziale. La legge ne assicura la ragionevole durata.

Nel processo penale, la legge assicura che la persona accusata di un reato sia, nel più breve tempo possibile, informata riservatamente della natura e dei motivi dell'accusa elevata a suo carico; disponga del tempo e delle condizioni necessari per preparare la sua difesa; abbia la facoltà, davanti al giudice, di interrogare o di far interrogare le persone che rendono dichiarazioni a suo carico, di ottenere la convocazione e l'interrogatorio di persone a sua difesa nelle stesse condizioni dell'accusa e l'acquisizione di ogni altro mezzo di prova a suo favore; sia assistita da un interprete se non comprende o non parla la lingua impiegata nel processo.

Il processo penale è regolato dal principio del contraddittorio nella formazione della prova. La colpevolezza dell'imputato non può essere provata sulla base di dichiarazioni rese da chi, per libera scelta, si è sempre volontariamente sottratto all'interrogatorio da parte dell'imputato o dei suo difensore.

La legge regola i casi in cui la formazione della prova non ha luogo in contraddittorio per consenso dell'imputato o per accertata impossibilità di natura oggettiva o per effetto di provata condotta illecita.

Tutti i provvedimenti giurisdizionali devono essere motivati.

Contro le sentenze e contro i provvedimenti sulla libertà personale, pronunciati dagli organi giurisdizionali ordinari o speciali, è sempre ammesso ricorso in Cassazione per violazione di legge.

Si può derogare a tale norma soltanto per le sentenze dei tribunali militari in tempo di guerra.

Contro le decisioni Consiglio di Stato e della Corte dei conti il ricorso in Cassazione è ammesso per i soli motivi inerenti alla giurisdizione.

2. 1. La legge regola l'applicazione dei principi contenuti nella presente legge costituzionale ai procedimenti penali in corso alla data della sia entrata in vigore.

- 2 -

D.L. 7 gen. 2000, n. 2

Disposizioni urgenti per l'attuazione dell'art. 2 della L. cost. 23 nov. 1999, n. 2 in materia di giusto processo

(G.U. 7 gen. 2000, n. 4)

conv. con modif. in L. 25 feb. 2000, n. 35

(G.U. 1 mar. 2000, n. 50)

1. 1. Fino alla data di entrata in vigore della legge che disciplina l'attuazione dell'art. 111 della Costituzione, come modificato dalla legge costituzionale 23 nov. 1999, n. 2, ed in applicazione dell'art. 2 della stessa legge costituzionale, i principi di cui all'art. 111 della Costituzione si applicano ai procedimenti in corso salve le regole contenute nei commi successivi.

2. Le dichiarazioni rese nel corso delle indagini preliminari da chi per libera scelta, si è sempre volontariamente sottratto all'esame dell'imputato o del suo difensore, sono valutate, se già acquisite al fascicolo per il dibattimento, solo se la loro attendibilità è confermata da altri elementi di prova, assunti o formati con diverse modalità.

3. Le dichiarazioni possono essere comunque valutate quando, sulla base di elementi concreti, verificati in contraddittorio, risulta che la persona è stata sottoposta a violenza, minaccia, offerta o promessa di denaro o di altra utilità affinché si sottragga all'esame.

4. Alle dichiarazioni acquisite al fascicolo per il dibattimento, e già valutate ai fini delle decisioni, si applicano nel giudizio dinanzi alla Corte di cassazione le disposizioni vigenti in materia di valutazione della prova al momento delle decisioni stesse.

5. Nell'udienza preliminare dei processi penali in cono nei confronti di imputato minorenne, il giudice, se ritiene di poter decidere allo stato degli atti, informa l'imputato della possibilità di consentire che il procedimento a suo carico sia definito in quella fase.

6. Le disposizioni dei commi precedenti si applicano anche ai procedimenti che proseguono con le norme del codice di procedura penale anteriormente vigente.

INTERMEDIAZIONE FINANZIARIA

- 1 -

D.lgs. 24 feb. 1998, n. 58

Testo unico delle disposizioni in materia di intermediazione finanziaria, ai sensi degli artt. 8 e 21 della L. 6 feb. 1996, n. 52[1]

[1]Le parole "ministro del Tesoro, del bilancio e della programmazione economica" sono sostituite dalle parole "ministro dell'economia e della finanza" ai sensi dell'art. 1 del D.lgs. 6 feb. 2004, n. 37.

Ai sensi dell'art. 39 della L. 28 dic. 2005, n. 262, le pene previste dal D.lgs. 24 feb. 1998, n. 58 sono raddoppiate entro i limiti posti per ciascun tipo di pena dal libro I, titolo II, capo II, del codice penale.

1-165. (*Omissis*).

PARTE V

SANZIONI

TITOLO I

Sanzioni penali

CAPO I

Intermediari e mercati

166. ***Abusivismo.*** — 1. È punito con la reclusione da uno a otto anni e con la multa da euro quattromila a euro diecimila chiunque, senza esservi abilitato ai sensi del presente decreto:[1]

a) svolge servizi o attività di investimento o di gestione collettiva del risparmio;

b) offre in Italia quote o azioni di OICR;[2]

c) offre fuori sede, ovvero promuove o colloca mediante tecniche di comunicazione a distanza, prodotti finanziari o strumenti finanziari o servizi o attività di investimento;[3]

c-bis) gestisce un APA o un ARM a cui si applicherebbe la deroga prevista dall'articolo 2, paragrafo 3, del regolamento (UE) n. 600/2014 e dai relativi atti delegati.[4]

2. Con la stessa pena è punito chiunque esercita l'attività di promotore finanziario senza essere iscritto nell'albo indicato dall'art. 31.

2-*bis*. Con la stessa pena è punito chiunque esercita l'attività di controparte centrale di cui al regolamento (UE) n. 648/2012 del Parlamento europeo e del Consiglio, del 4 luglio 2012, senza aver ottenuto la preventiva autorizzazione ivi prevista.[5]

3. Se vi è fondato sospetto che una società svolga servizi o attività di investimento o il servizio di gestione collettiva del risparmio o la gestione di un APA o di un ARM a cui si applicherebbe la deroga prevista dall'articolo 2, paragrafo 3, del regolamento (UE) n. 600/2014 e dai relativi atti delegati ovvero l'attività di cui al comma 2-*bis* senza esservi abilitata ai sensi del presente decreto, la Banca d'Italia

o la Consob denunziano i fatti al pubblico ministero ai fini dell'adozione dei provvedimenti previsti dall'articolo 2409 del codice civile ovvero possono richiedere al tribunale l'adozione dei medesimi provvedimenti. Le spese per l'ispezione sono a carico della società.[6]

[1] Alinea così modif. dall'art. 5, c. 1, D.lgs. 3 ago. 2017, n. 129, a decorrere dal 26 ago. 2017.

[2] "Organismi di investimento collettivo del risparmio": i fondi comuni di investimento e le SICAV (dall'art. 1 lett. *m* del T.U.).

[3] Lettera così modif. dall'art. 5, c. 1, D.lgs. 3 ago. 2017, n. 129, a decorrere dal 26 ago. 2017.

[4] Lettera così modif. dall'art. 50, c. 2, D.L. 17 mag. 2022, n. 50, conv. con modif. in L. 15 lug. 2022, n. 91.

[5] Comma ins. dall'art. 33, L. 6 ago. 2013, n. 97.

[6] Comma così modif. dall'art. 50, c. 2, D.L. 17 mag. 2022, n. 50, conv. con modif. in L. 15 lug. 2022, n. 91.

167. ***Gestione infedele.*** — 1. Salvo che il fatto costituisca reato più grave, chi, nella prestazione del servizio di gestione di portafogli o del servizio di gestione collettiva del risparmio, in violazione delle disposizioni regolanti i conflitti di interesse, pone in essere operazioni che arrecano danno agli investitori, al fine di procurare a sé o ad altri un ingiusto profitto, è punito con l'arresto da uno[1] a tre anni e con l'ammenda da euro 5.164 a euro 103.291.

[1] Pena aumentata dall'art. 39, c. 1, L. 28 dic. 2005, n. 262.

168. ***Confusione di patrimoni.*** — 1. Salvo che il fatto costituisca reato più grave, chi, nell'esercizio di servizi o attività di investimento o di gestione collettiva del risparmio, ovvero nella custodia degli strumenti finanziari e delle disponibilità liquide di un OICR, al fine di procurare a sé o ad altri un ingiusto profitto, viola le disposizioni concernenti la separazione patrimoniale arrecando danno agli investitori, è punito con l'arresto da uno[1] a tre anni e con l'ammenda da euro 5.164 a euro 103.291.

[1] Pena aumentata dall'art. 39, c. 1, L. 28 dic. 2005, n. 262.

169. ***Partecipazioni al capitale.*** — 1. Salvo che il fatto costituisca reato più grave, chiunque fornisce informazioni false nelle comunicazioni previste dagli articoli 15, commi 1 e 3, 64-*bis*,[1] comma 2, o in quelle richieste ai sensi dell'articolo 17 del presente decreto, o in quelle previste dall'articolo 31, paragrafo 2, del regolamento (UE) n. 648/2012 e dall'articolo 27, paragrafo 7, secondo periodo, del regolamento (UE) n. 909/2014 è punito con l'arresto da un anno a tre anni e con l'ammenda da euro 5.165 a euro 51.646.

[1] Parole così modif. dall'art. 5, c. 2, D.lgs. 3 ago. 2017, n. 129, a decorrere dal 26 ago. 2017.

170. ***Gestione accentrata di strumenti finanziari.*** — 1. Chiunque, nelle registrazioni o nelle certificazioni effettuate o rilasciate nell'ambito della gestione accentrata, attesta falsamente fatti di cui la registrazione o la certificazione è destinata a provare la verità ovvero dà corso al trasferimento o alla consegna degli strumenti finanziari o al trasferimento dei relativi diritti senza aver ottenuto in restituzione le certificazioni, è punito con la reclusione da sei mesi a quattro anni[1] .

[1] Pena aumentata dall'art. 39, c. 1, L. 28 dic. 2005, n. 262.

170-*bis*.[1] ***Ostacolo alle funzioni di vigilanza della Banca d'Italia e della Consob.***[2] — 1. Fuori dai casi previsti dall'articolo 2638 del codice civile, chiunque ostacola le funzioni di vigilanza attribuite alla Banca d'Italia e alla CONSOB è punito con la reclusione da un mese a quattro anni e con la multa da euro diecimila ad euro duecentomila.[3]

[1] Articolo ins. dall'art. 9, c. 1, lett. *l*), L. 18 apr. 2005, n. 62.

[2] Rubrica così sost. dall'art. 24, c. 1, lett. *b*), D.L. 18 ott. 2012, n. 179, conv. con modif. in L. 17 dic. 2012, n. 221.

[3] Comma così modif. dall'art. 24, c. 1, lett. *b*), D.L. 18 ott. 2012, n. 179, conv. con modif. in L. 17 dic. 2012, n. 221.

171. ***Tutela dell'attività di vigilanza.***[1]

[1] Articolo abrog. dal D.lgs. 11 apr. 2002, n. 61.

CAPO II
Emittenti

172. ***Irregolare acquisto di azioni.*** — 1. Gli amministratori di società con azioni quotate o di società da queste controllate che acquistano azioni proprie o della società controllante in violazione delle disposizioni dell'art. 132 sono puniti con la reclusione da sei mesi a tre anni e con la multa da euro 206 a euro 1.032.

2. La disposizione prevista dal comma 1 non si applica se l'acquisto è operato [sul mercato regolamentato][1] secondo modalità diverse da quelle stabilite dalla Consob con regolamento, ma comunque idonee ad assicurare la parità di trattamento tra gli azionisti.[2]

2-*bis*. La disposizione prevista dal comma 1 si applica agli amministratori di società con azioni negoziate su un sistema multilaterale di negoziazione italiano.[3]

[1] Parole soppresse dall'art. 4, c. 1, D.lgs. 10 ago. 2018, n. 107.

[2] Comma così sost. dall'art. 2, c. 2, D.lgs. 29 nov. 2010, n. 224.

[3] Comma aggiunto dall'art. 4, c. 1, D.lgs. 10 ago. 2018, n. 107.

173. ***Omessa alienazione di partecipazioni.***[1] — 1. Gli amministratori di società con azioni quotate, i quali violano gli obblighi di alienazione delle partecipazioni previsti dagli artt. 110 e 121 sono puniti con la reclusione da un mese a due anni e con la multa da euro 103 ad euro 206 e da euro 1.032 ad euro 2.064.

[1] Pena aumentata dall'art. 39, c. 2, L. 28 dic. 2005, n. 262.

173-*bis*. ***Falso in prospetto.***[1] — 1. Chiunque, allo scopo di conseguire per sé o per altri un ingiusto profitto, nei prospetti richiesti per la sollecitazione all'investimento o l'ammissione alla quotazione nei mercati regolamentati, ovvero nei documenti da pubblicare in occasione delle offerte pubbliche di acquisto o di scambio, con l'intenzione di ingannare i destinatari del prospetto, espone false informazioni od occulta dati o notizie in modo idoneo a indurre in errore i suddetti destinatari, è punito con la reclusione da uno a cinque anni.

[1] Articolo ins. dall'art. 34, L. 28 dic. 2005, n. 262.

174. ***False comunicazioni e ostacolo alle funzioni della CONSOB.***[1]

[1] Articolo abrog. dal D.lgs. 11 apr. 2002, n. 61.

174-*bis*-174-*ter*. .... [1]

[1] Articoli ins. dall'art. 35, L. 28 dic. 2005, n. 262 e poi abrog. dall'art. 40, c. 21, D.lgs. 27 gen. 2010, n. 39.

CAPO III
Revisione contabile

175-176. .... [1]

[1] Articoli abrog. dall'art. 8, D.lgs. 11 apr. 2002, n. 61.

177-179. .... [1]

[1] Articoli abrog. dall'art. 40, c. 21, D.lgs. 27 gen. 2010, n. 39.

TITOLO I-*bis*
Abusi di mercato[1]

[1] Rubrica così sost. dall'art. 4, c. 2, D.lgs. 10 ago. 2018, n. 107.

180. ***Definizioni.***[1] — 1. Ai fini del presente titolo si intendono per:

a) "strumenti finanziari":

1) gli strumenti finanziari di cui all'articolo 1, comma 2, ammessi alla negoziazione o per i quali è stata presentata una richiesta di ammissione alle negoziazioni in un mercato regolamentato italiano o di altro Paese dell'Unione europea, [nonché qualsiasi altro strumento ammesso o per il quale è stata presentata una richiesta di ammissione alle negoziazioni in un mercato regolamentato di un Paese dell'Unione europea];

2) gli strumenti finanziari di cui all'articolo 1, comma 2, ammessi alla negoziazione o per i quali è stata presentata una richiesta di ammissione alle negoziazioni in un sistema multilaterale di negoziazione italiano o di altro Paese dell'Unione europea;

2-*bis*) gli strumenti finanziari negoziati su un sistema organizzato di negoziazione italiano o di altro Paese dell'Unione europea;

2-*ter*) gli strumenti finanziari non contemplati dai precedenti numeri, il cui prezzo o valore dipende dal prezzo o dal valore di uno strumento finanziario ivi menzionato, ovvero ha un effetto su tale prezzo o valore, compresi, non in via esclusiva, i credit default swap e i contratti differenziali;

b) "contratto a pronti su merci": un contratto a pronti su merci quale definito nell'articolo 3, paragrafo 1, punto 15), del regolamento (UE) n. 596/2014;

b-bis) "programma di riacquisto di azioni proprie": la negoziazione di azioni proprie ai sensi dell'articolo 132;

b-ter) "informazione privilegiata": l'informazione contemplata dall'articolo 7, paragrafi da 1 a 4, del regolamento (UE) n. 596/2014;

b-quater) "indice di riferimento (benchmark)": l'indice di riferimento (benchmark), quale definito nell'articolo 3, paragrafo 1, punto 29), del regolamento (UE) n. 596/2014;

c) "prassi di mercato ammessa": prassi ammessa dalla Consob conformemente all'articolo 13 del regolamento (UE) n. 596/2014;

c-bis) "stabilizzazione": la stabilizzazione quale definita nell'articolo 3, paragrafo 2, lettera *d*), del regolamento (UE) n. 596/2014;

c-ter) "emittente": l'emittente quale definito nell'articolo 3, paragrafo 1, punto 21), del regolamento (UE) n. 596/2014;

d) "ente": uno dei soggetti indicati nell'art. 1 del decreto legislativo 8 giugno 2001, n. 231.

[1] Articolo così modif. dall'art. 4, c. 3, D.lgs. 10 ago. 2018, n. 107.

181. ***Informazione privilegiata.***[1]

[1] Articolo abrog. dall'art. 4, c. 4, D.lgs. 10 ago. 2018, n. 107.

182. ***Ambito di applicazione.***[1] — 1. I reati e gli illeciti previsti dal presente titolo sono puniti secondo la legge italiana anche se commessi all'estero, qualora attengano a strumenti finanziari ammessi o per i quali è stata presentata una richiesta di ammissione alla negoziazione in un mercato regolamentato italiano o in un sistema multilaterale di negoziazione italiano, o a strumenti finanziari negoziati su un sistema organizzato di negoziazione italiano.

2. Salvo quanto previsto dal comma 1, le disposizioni degli artt. 184, 185, 187-*bis* e 187-*ter* si applicano ai fatti concernenti strumenti finanziari ammessi alla negoziazione o per i quali è stata presentata una richiesta di ammissione alla negoziazione in un mercato regolamentato italiano o di altri Paesi dell'Unione europea.

2-*bis*. Le disposizioni degli articoli 184, 185, 187-*bis* e 187-*ter* si applicano anche alle condotte o alle operazioni, comprese le offerte, relative alle aste su una piattaforma d'asta autorizzata come un mercato regolamentato di quote di emissioni o di altri prodotti oggetto d'asta correlati, anche quando i prodotti oggetto d'asta non sono strumenti finanziari, ai sensi del regolamento (UE) n. 1031/2010.

[1] Articolo così modif. dall'art. 4, c. 5, D.lgs. 10 ago. 2018, n. 107.

183. ***Esenzioni.***[1] — 1. Le disposizioni di cui al presente titolo non si applicano:

a) alle operazioni, agli ordini o alle condotte previsti dall'articolo 6 del regolamento (UE) n.

596/2014, dai soggetti ivi indicati, nell'ambito della politica monetaria, della politica dei cambi o nella gestione del debito pubblico, nonché nell'ambito delle attività della politica climatica dell'Unione o nell'ambito della politica agricola comune o della politica comune della pesca dell'Unione;

b) alle negoziazioni di azioni proprie effettuate ai sensi dell'articolo 5 del regolamento (UE) n. 596/2014.

[1] Articolo così sost. dall'art. 4, c. 6, D.lgs. 10 ago. 2018, n. 107.

CAPO II

Sanzioni penali

184. ***Abuso di informazioni privilegiate.***[1] — 1. È punito con la reclusione da uno a sei anni e con la multa da euro ventimila a euro tre milioni chiunque, essendo in possesso di informazioni privilegiate in ragione della sua qualità di membro di organi di amministrazione, direzione o controllo dell'emittente, della partecipazione al capitale dell'emittente, ovvero dell'esercizio di un'attività lavorativa, di una professione o di una funzione, anche pubblica, o di un ufficio:

a) acquista, vende o compie altre operazioni, direttamente o indirettamente, per conto proprio o per conto di terzi, su strumenti finanziari utilizzando le informazioni medesime;

b) comunica tali informazioni ad altri, al di fuori del normale esercizio del lavoro, della professione, della funzione o dell'ufficio o di un sondaggio di mercato effettuato ai sensi dell'articolo 11 del regolamento (UE) n. 596/2014;

c) raccomanda o induce altri, sulla base di esse, al compimento di taluna delle operazioni indicate nella lettera *a*).

2. La stessa pena di cui al comma 1 si applica a chiunque essendo in possesso di informazioni privilegiate a motivo della preparazione o esecuzione di attività delittuose compie taluna delle azioni di cui al medesimo comma 1.

3. Il giudice può aumentare la multa fino al triplo o fino al maggiore importo di dieci volte il prodotto o il profitto conseguito dal reato quando, per la rilevante offensività del fatto, per le qualità personali del colpevole o per l'entità del prodotto o del profitto conseguito dal reato, essa appare inadeguata anche se applicata nel massimo.

3-*bis*. Nel caso di operazioni relative agli strumenti finanziari di cui all'articolo 180, comma 1, lettera *a*), numeri 2), 2-*bis*) e 2-*ter*), limitatamente agli strumenti finanziari il cui prezzo o valore dipende dal prezzo o dal valore di uno strumento finanziario di cui ai numeri 2) e 2-*bis*) ovvero ha un effetto su tale prezzo o valore, o relative alle aste su una piattaforma d'asta autorizzata come un mercato regolamentato di quote di emissioni, la sanzione penale è quella dell'ammenda fino a euro centotremila e duecentonovantuno e dell'arresto fino a tre anni.

4. [Abrogato]

[1] Articolo così modif. dall'art. 4, c. 7, D.lgs. 10 ago. 2018, n. 107.

185. ***Manipolazione del mercato.***[1] — 1. Chiunque diffonde notizie false o pone in essere operazioni simulate o altri artifizi concretamente idonei a provocare una sensibile alterazione del prezzo di strumenti finanziari, è punito con la reclusione da uno a sei anni e con la multa da euro ventimila a euro cinque milioni.

1-*bis*. Non è punibile chi ha commesso il fatto per il tramite di ordini di compravendita o operazioni effettuate per motivi legittimi e in conformità a prassi di mercato ammesse, ai sensi dell'articolo 13 del regolamento (UE) n. 596/2014.

2. Il giudice può aumentare la multa fino al triplo o fino al maggiore importo di dieci volte il prodotto o il profitto conseguito dal reato quando, per la rilevante offensività del fatto, per le qualità personali del colpevole o per l'entità del prodotto o del profitto conseguito dal reato, essa appare inadeguata anche se applicata nel massimo.

2-*bis*. Nel caso di operazioni relative agli strumenti finanziari di cui all'articolo 180, comma 1, lettera *a*), numeri 2), 2-*bis*) e 2-*ter*), limitatamente agli strumenti finanziari il cui prezzo o valore dipende dal prezzo o dal valore di uno strumento finanziario di cui ai numeri 2) e 2-*bis*) ovvero ha un effetto su tale prezzo o valore, o relative alle aste su una piattaforma d'asta autorizzata come un mercato regolamentato di quote di emissioni, la sanzione penale è quella dell'ammenda fino a euro centotremila e duecentonovantuno e dell'arresto fino a tre anni.

2-*ter*. Le disposizioni del presente articolo si applicano anche:

a) ai fatti concernenti i contratti a pronti su merci che non sono prodotti energetici all'ingrosso, idonei a provocare una sensibile alterazione del prezzo o del valore degli strumenti finanziari di cui all'articolo 180, comma 1, lettera *a*);

b) ai fatti concernenti gli strumenti finanziari, compresi i contratti derivati o gli strumenti derivati per il trasferimento del rischio di credito, idonei a provocare una sensibile alterazione del prezzo o del valore di un contratto a pronti su merci, qualora il prezzo o il valore dipendano dal prezzo o dal valore di tali strumenti finanziari;

c) ai fatti concernenti gli indici di riferimento (benchmark).

[1] Articolo così modif. dall'art. 4, c. 8, D.lgs. 10 ago. 2018, n. 107.

186. ***Pene accessorie.*** — 1. La condanna per taluno dei delitti previsti dal presente capo importa l'applicazione delle pene accessorie previste dagli artt. 28, 30, 32-*bis* e 32-*ter* del codice penale per una durata non inferiore a sei mesi e non superiore a due anni, nonché la pubblicazione della sentenza su almeno due quotidiani, di cui uno economico, a diffusione nazionale.

187. *Confisca.* — 1. In caso di condanna per uno dei reati previsti dal presente capo è disposta la confisca del prodotto o del profitto conseguito dal reato e dei beni utilizzati per commetterlo.

2. Qualora non sia possibile eseguire la confisca a norma del comma 1, la stessa può avere ad oggetto una somma di denaro o beni di valore equivalente.

3. Per quanto non stabilito nei commi 1 e 2 si applicano le disposizioni dell'art. 240 del codice penale.

CAPO III
Sanzioni amministrative

187-*bis*. *Abuso e comunicazione illecita di informazioni privilegiate.*[1] — 1. Salve le sanzioni penali quando il fatto costituisce reato, è punito con la sanzione amministrativa pecuniaria da ventimila euro a cinque milioni di euro chiunque viola il divieto di abuso di informazioni privilegiate e di comunicazione illecita di informazioni privilegiate di cui all'articolo 14 del regolamento (UE) n. 596/2014.

2-4. [Abrogati]

5. Le sanzioni amministrative pecuniarie previste dal presente articolo sono aumentate fino al triplo o fino al maggiore importo di dieci volte il profitto conseguito ovvero le perdite evitate per effetto dell'illecito quando, tenuto conto dei criteri elencati all'articolo 194-*bis* e della entità del prodotto o del profitto dell'illecito, esse appaiono inadeguate anche se applicate nel massimo.

6. Per le fattispecie previste dal presente articolo il tentativo è equiparato alla consumazione.

[1] Articolo così modif. dall'art. 4, c. 9, D.lgs. 10 ago. 2018, n. 107.

187-*ter*. *Manipolazione del mercato.*[1] — 1. Salve le sanzioni penali quando il fatto costituisce reato, è punito con la sanzione amministrativa pecuniaria da ventimila euro a cinque milioni di euro chiunque viola il divieto di manipolazione del mercato di cui all'articolo 15 del regolamento (UE) n. 596/2014.

2. Si applica la disposizione dell'articolo 187-*bis*, comma 5.

3. [Abrogato]

4. Non può essere assoggettato a sanzione amministrativa ai sensi del presente articolo chi dimostri di avere agito per motivi legittimi e in conformità alle prassi di mercato ammesse nel mercato interessato.

5-7. [Abrogati]

[1] Articolo così modif. dall'art. 4, c. 10, D.lgs. 10 ago. 2018, n. 107.

187-*ter*.1. *Sanzioni relative alle violazioni delle disposizioni del regolamento (UE) n. 596/2014 del Parlamento europeo e del Consiglio, del 16 aprile 2014.*[1] — 1. Nei confronti di un ente o di una società, in caso di violazione degli obblighi previsti dall'articolo 16, paragrafi 1 e 2, dall'articolo 17, paragrafi 1, 2, 4, 5 e 8, del regolamento (UE) n. 596/2014, dagli atti delegati e dalle relative norme tecniche di regolamentazione e di attuazione, nonché dell'articolo 114, comma 3, del presente decreto, si applica una sanzione amministrativa pecuniaria da cinquemila euro fino a duemilionicinquecentomila euro, ovvero al due per cento del fatturato, quando tale importo è superiore a duemilionicinquecentomila euro e il fatturato è determinabile ai sensi dell'articolo 195, comma 1-*bis*.

2. Se le violazioni indicate dal comma 1 sono commesse da una persona fisica, si applica nei confronti di quest'ultima una sanzione amministrativa pecuniaria da cinquemila euro fino a un milione di euro.

3. Fermo quanto previsto dal comma 1, la sanzione indicata dal comma 2 si applica nei confronti degli esponenti aziendali e del personale della società o dell'ente responsabile della violazione, nei casi previsti dall'articolo 190-*bis*, comma 1, lettera *a*).

4. Nei confronti di un ente o di una società, in caso di violazione degli obblighi previsti dall'articolo 18, paragrafi da 1 a 6, dall'articolo 19, paragrafi 1, 2, 3, 5, 6, 7 e 11, dall'articolo 20, paragrafo 1, del regolamento (UE) n. 596/2014, dagli atti delegati e dalle relative norme tecniche di regolamentazione e di attuazione, si applica una sanzione amministrativa pecuniaria da cinquemila euro fino a un milione di euro.

5. Se le violazioni indicate dal comma 4 sono commesse da una persona fisica, si applica nei confronti di quest'ultima una sanzione amministrativa pecuniaria da cinquemila euro fino a cinquecentomila euro.

6. Fermo quanto previsto dal comma 4, la sanzione indicata dal comma 5 si applica nei confronti degli esponenti aziendali e del personale della società o dell'ente responsabile della violazione, nei casi previsti dall'articolo 190-*bis*, comma 1, lettera *a*).

7. Se il vantaggio ottenuto dall'autore della violazione come conseguenza della violazione stessa è superiore ai limiti massimi indicati nel presente articolo, la sanzione amministrativa pecuniaria è elevata fino al triplo dell'ammontare del vantaggio ottenuto, purché tale ammontare sia determinabile.

8. La Consob, anche unitamente alle sanzioni amministrative pecuniarie previste dal presente articolo, può applicare una o più delle misure amministrative previste dall'articolo 30, paragrafo 2, lettere da *a*) a *g*), del regolamento (UE) n. 596/2014.

9. Quando le infrazioni sono connotate da scarsa offensività o pericolosità, in luogo delle sanzioni pecuniarie previste dal presente articolo, la Consob, ferma la facoltà di disporre la confisca di cui

all'art. 187-*sexies*, può applicare una delle seguenti misure amministrative:

a) un ordine di eliminare le infrazioni contestate, con eventuale indicazione delle misure da adottare e del termine per l'adempimento, e di astenersi dal ripeterle;

b) una dichiarazione pubblica avente ad oggetto la violazione commessa e il soggetto responsabile, quando l'infrazione contestata è cessata.

10. L'inosservanza degli obblighi prescritti con le misure di cui all'articolo 30, paragrafo 2, del regolamento (UE) n. 596/2014, entro il termine stabilito, importa l'aumento fino ad un terzo della sanzione amministrativa pecuniaria irrogata ovvero l'applicazione della sanzione amministrativa pecuniaria prevista per la violazione originariamente contestata aumentata fino ad un terzo.

11. Alle sanzioni amministrative pecuniarie previste dal presente articolo non si applicano gli articoli 6, 10, 11 e 16 della legge 24 novembre 1981, n. 689.

[1] Articolo ins. dall'art. 4, c. 11, D.lgs. 10 ago. 2018, n. 107.

187-*quater*. *Sanzioni amministrative accessorie*. — 1. L'applicazione delle sanzioni amministrative pecuniarie previste dagli articoli 187-*bis* e 187-*ter* importa:

a) l'interdizione temporanea dallo svolgimento di funzioni di amministrazione, direzione e controllo presso soggetti autorizzati ai sensi del presente decreto, del decreto legislativo 1° settembre 1993, n. 385, del decreto legislativo 7 settembre 2005, n. 209, o presso fondi pensione;

b) l'interdizione temporanea dallo svolgimento di funzioni di amministrazione, direzione e controllo di società quotate e di società appartenenti al medesimo gruppo di società quotate;

c) la sospensione dal Registro, ai sensi dell'articolo 26, commi 1, lettera *d*), e 1-*bis*, del decreto legislativo 27 gennaio 2010, n. 39, del revisore legale, della società di revisione legale o del responsabile dell'incarico;

d) la sospensione dall'albo di cui all'articolo 31, comma 4, per i consulenti finanziari abilitati all'offerta fuori sede;

e) la perdita temporanea dei requisiti di onorabilità per i partecipanti al capitale dei soggetti indicati alla lettera *a*).

1-*bis*. Fermo quanto previsto dal comma 1, la Consob, con il provvedimento di applicazione delle sanzioni amministrative pecuniarie previste dall'articolo 187-*ter*.1, può applicare le sanzioni amministrative accessorie indicate dal comma 1, lettere *a*) e *b*).

2. Le sanzioni amministrative accessorie di cui ai commi 1 e 1-*bis* hanno una durata non inferiore a due mesi e non superiore a tre anni.

2-*bis*. Quando l'autore dell'illecito ha già commesso, due o più volte negli ultimi dieci anni, uno dei reati previsti nel Capo II ovvero una violazione, con dolo o colpa grave, delle disposizioni previste dagli articoli 187-*bis* e 187-*ter*, si applica la sanzione amministrativa accessoria dell'interdizione permanente dallo svolgimento delle funzioni di amministrazione, direzione e controllo all'interno dei soggetti indicati nel comma 1, lettere *a*) e *b*), nel caso in cui al medesimo soggetto sia stata già applicata l'interdizione per un periodo complessivo non inferiore a cinque anni.

3. Con il provvedimento di applicazione delle sanzioni amministrative pecuniarie previste dal presente capo la Consob, tenuto conto della gravità della violazione e del grado della colpa, può intimare ai soggetti abilitati, ai gestori del mercato, agli emittenti quotati e alle società di revisione di non avvalersi, nell'esercizio della propria attività e per un periodo non superiore a tre anni, dell'autore della violazione, e richiedere ai competenti ordini professionali la temporanea sospensione del soggetto iscritto all'ordine dall'esercizio dell'attività professionale, nonché applicare nei confronti dell'autore della violazione l'interdizione temporanea dalla conclusione di operazioni, ovvero alla immissione di ordini di compravendita in contropartita diretta di strumenti finanziari, per un periodo non superiore a tre anni.

[1] Articolo così modif. dall'art. 4, c. 12, D.lgs. 10 ago. 2018, n. 107.

187-*quinquies*. *Responsabilità dell'ente*. — 1. L'ente è punito con la sanzione amministrativa pecuniaria da ventimila euro fino a quindici milioni di euro, ovvero fino al quindici per cento del fatturato, quando tale importo è superiore a quindici milioni di euro e il fatturato è determinabile ai sensi dell'articolo 195, comma 1-*bis*, nel caso in cui sia commessa nel suo interesse o a suo vantaggio una violazione del divieto di cui all'articolo 14 o del divieto di cui all'articolo 15 del regolamento (UE) n. 596/2014:[1]

a) da persone che rivestono funzioni di rappresentanza, di amministrazione o di direzione dell'ente o di una sua unità organizzativa dotata di autonomia finanziaria o funzionale nonché da persone che esercitano, anche di fatto, la gestione e il controllo dello stesso;

b) da persone sottoposte alla direzione o alla vigilanza di uno dei soggetti di cui alla lettera *a*).

2. Se, in seguito alla commissione degli illeciti di cui al comma 1, il prodotto o il profitto conseguito dall'ente è di rilevante entità, la sanzione è aumentata fino a dieci volte tale prodotto o profitto.

3. L'ente non è responsabile se dimostra che le persone indicate nel comma 1 hanno agito esclusivamente nell'interesse proprio o di terzi.

4. In relazione agli illeciti di cui al comma 1 si applicano, in quanto compatibili, gli artt. 6, 7, 8 e 12 del decreto legislativo 8 giugno 2001, n. 231. Il Ministero della giustizia formula le osservazioni di cui all'art. 6 del decreto legislativo 8 giugno 2001, n. 231, sentita la Consob, con riguardo agli illeciti previsti dal presente titolo.

[1] Alinea così sost. dall'art. 4, c. 13, D.lgs. 10 ago. 2018, n. 107.

187-*sexies*. *Confisca*. — 1. L'applicazione delle sanzioni amministrative pecuniarie previste dal presente capo importa la confisca del prodotto o del profitto dell'illecito.[1]

2. Qualora non sia possibile eseguire la confisca a norma del comma 1, la stessa può avere ad oggetto somme di denaro, beni o altre utilità di valore equivalente.

3. In nessun caso può essere disposta la confisca di beni che non appartengono ad una delle persone cui è applicata la sanzione amministrativa pecuniaria.

[1] Comma così sost. dall'art. 4, c. 14, D.lgs. 10 ago. 2018, n. 107.

La Corte costituzionale, con sent. 10 mag. 2019, n. 112, ha dichiarato, tra l'altro: *a*) l'ill. cost. del presente articolo, nel testo originariamente introdotto dall'art. 9, L. 18 apr. 2005, n. 62, nella parte in cui prevede la confisca obbligatoria, diretta o per equivalente, del prodotto dell'illecito e dei beni utilizzati per commetterlo, e non del solo profitto; *b*) in via consequenziale, ai sensi dell'art. 27, L. 11 mar. 1953, n. 87, l'ill. cost. del presente articolo, nella versione risultante dalle modifiche apportate dall'art. 4, c. 14, D.lgs. 107/2018, nella parte in cui prevede la confisca obbligatoria, diretta o per equivalente, del prodotto dell'illecito, e non del solo profitto.

187-*septies*. *Procedura sanzionatoria*. — 1. Le sanzioni amministrative previste dal presente capo sono applicate dalla Consob con provvedimento motivato, previa contestazione degli addebiti agli interessati, da effettuarsi entro centottanta giorni dall'accertamento ovvero entro trecentosessanta giorni se l'interessato risiede o ha la sede all'estero. I soggetti interessati possono, entro trenta giorni dalla contestazione, presentare deduzioni e chiedere un'audizione personale in sede di istruttoria, cui possono partecipare anche con l'assistenza di un avvocato.[1]

2. Il procedimento sanzionatorio è retto dai princìpi del contraddittorio, della conoscenza degli atti istruttori, della verbalizzazione nonché della distinzione tra funzioni istruttorie e funzioni decisorie.

3.[2]

4. Avverso il provvedimento che applica la sanzione è ammesso ricorso alla corte d'appello nella cui circoscrizione è la sede legale o la residenza dell'opponente. Se l'opponente non ha la sede legale o la residenza nello Stato, è competente la corte d'appello del luogo in cui è stata commessa la violazione. Quando tali criteri non risultano applicabili, è competente la corte d'appello di Roma. Il ricorso è notificato, a pena di decadenza, all'Autorità che ha emesso il provvedimento nel termine di trenta giorni dalla comunicazione del provvedimento impugnato, ovvero sessanta giorni se il ricorrente risiede all'estero, ed è depositato in cancelleria, unitamente ai documenti offerti in comunicazione, nel termine perentorio di trenta giorni dalla notifica.[1,3]

5. L'opposizione non sospende l'esecuzione del provvedimento. La corte d'appello, se ricorrono gravi motivi, può disporre la sospensione con ordinanza non impugnabile.[3,4]

6. Il Presidente della corte d'appello designa il giudice relatore e fissa con decreto l'udienza pubblica per la discussione dell'opposizione. Il decreto è notificato alle parti a cura della cancelleria almeno sessanta giorni prima dell'udienza. L'Autorità deposita memorie e documenti nel termine di dieci giorni prima dell'udienza. Se alla prima udienza l'opponente non si presenta senza addurre alcun legittimo impedimento, il giudice, con ordinanza ricorribile per Cassazione, dichiara il ricorso improcedibile, ponendo a carico dell'opponente le spese del procedimento.[1,3]

6-*bis*. All'udienza la corte d'appello dispone, anche d'ufficio, i mezzi di prova che ritiene necessari, nonché l'audizione personale delle parti che ne abbiano fatto richiesta. Successivamente le parti procedono alla discussione orale della causa. La sentenza è depositata in cancelleria entro sessanta giorni. Quando almeno una delle parti manifesta l'interesse alla pubblicazione anticipata del dispositivo rispetto alla sentenza, il dispositivo è pubblicato mediante deposito in cancelleria non oltre sette giorni dall'udienza di discussione.[5]

6-*ter*. Con la sentenza la corte d'appello può rigettare l'opposizione, ponendo a carico dell'opponente le spese del procedimento o accoglierla, annullando in tutto o in parte il provvedimento o riducendo l'ammontare o la durata della sanzione.[5]

7. Copia della sentenza è trasmessa, a cura della cancelleria della corte d'appello, all'Autorità che ha emesso il provvedimento, anche ai fini della pubblicazione prevista dall'articolo 195-*bis*.[1,3]

8. Alle sanzioni amministrative pecuniarie previste dal presente capo non si applica l'art. 16 della legge 24 novembre 1981, n. 689.[3]

[1] Comma così sost. dall'art. 5, c. 1, D.lgs. 12 mag. 2015, n. 72. Ai sensi dell'art. 6, D.lgs. 72/2015, le modifiche apportate alla parte V del D.lgs. 24 feb. 1998, n. 58, si applicano alle violazioni commesse dopo l'entrata in vigore delle disposizioni adottate dalla Consob e dalla Banca d'Italia secondo le rispettive competenze ai sensi dell'art. 196-*bis*, D.lgs. 24 feb. 1998, n. 58. Alle violazioni commesse prima della data di entrata in vigore delle disposizioni adottate dalla Consob e dalla Banca d'Italia continuano ad applicarsi le norme della parte V del D.lgs. 24 feb. 1998, n. 58, vigenti prima della data di entrata in vigore del D.lgs. 72/2015.

[2] Comma abrog. dall'art. 5, c. 1, D.lgs. 12 mag. 2015, n. 72. Vedi nota 1.

[3] Commi prima abrog. dall'art. 4, c. 1, dell'allegato 4, D.lgs. 2 lug. 2010, n. 104. Successivamente la Corte cost., con sent. 27 giu. 2012, n. 162, ha dichiarato l'ill. cost. del suddetto art. 4, c. 1, n. 19, D.lgs. 104/2010. Quindi l'art. 4, c. 1, n. 19, D.lgs. 104/2010 è stato soppresso dall'art. 3, c. 1, D.lgs. 14 set. 2012, n. 160. Infine, la Corte cost., con sent. 15 apr. 2014, n. 94, ha dichiarato l'ill. cost. del predetto art. 4, c. 1, n. 19, nella parte in cui ha abrogato gli artt. 187-

septies, c. da 4 a 8, e 195, c. da 4 a 8, del presente provvedimento.

[4] Comma così modif. dall'art. 5, c. 1, D.lgs. 12 mag. 2015, n. 72. Vedi nota 1.

[5] Comma ins. dall'art. 5, c. 1, D.lgs. 12 mag. 2015, n. 72. Vedi nota 1.

CAPO IV
Poteri della Consob

187-*octies*. *Poteri della Consob.*[1] — 1. La Consob è l'autorità nazionale competente ai sensi dell'articolo 22 del regolamento (UE) n. 596/2014, relativo agli abusi di mercato.

2. La CONSOB compie tutti gli atti necessari all'accertamento delle violazioni delle disposizioni contenute nel regolamento (UE) n. 596/2014 e nel presente titolo, utilizzando i poteri ad essa attribuiti dal presente decreto.

3. La CONSOB può nei confronti di chiunque possa essere informato sui fatti:

a) richiedere notizie, dati o documenti sotto qualsiasi forma stabilendo il termine per la relativa comunicazione;

b) richiedere le registrazioni esistenti relative a conversazioni telefoniche, a comunicazioni elettroniche e allo scambio di dati, stabilendo il termine per la relativa trasmissione;

c) procedere ad audizione personale;

c-bis) in relazione a strumenti derivati su merci, richiedere dati sulle operazioni e accedere direttamente ai sistemi dei partecipanti al mercato;

d) procedere al sequestro dei beni che possono formare oggetto di confisca ai sensi dell'art. 187-*sexies*;

e) procedere ad ispezioni, anche mediante autorizzazione di revisori legali o società di revisione legale a procedere a verifiche o ispezioni per suo conto quando sussistono particolari necessità e non sia possibile provvedere con risorse proprie; il soggetto autorizzato a procedere alle predette verifiche ed ispezioni agisce in veste di pubblico ufficiale;

f) procedere a perquisizioni nei modi previsti dall'art. 33 del decreto del Presidente della Repubblica 29 settembre 1973, n. 600, e dall'art. 52 del decreto del Presidente della Repubblica 26 ottobre 1972, n. 633.

4. La CONSOB può altresì:

a) avvalersi della collaborazione delle pubbliche amministrazioni, richiedendo la comunicazione di dati ed informazioni anche in deroga ai divieti di cui all'art. 25, comma 1, del decreto legislativo 30 giugno 2003, n. 196, ed accedere al sistema informativo dell'anagrafe tributaria secondo le modalità previste dagli artt. 2 e 3, comma 1, del decreto legislativo 12 luglio 1991, n. 212;

a-bis) accedere direttamente, mediante apposita connessione telematica, ai dati contenuti negli elenchi di cui all'articolo 55, comma 7, del decreto legislativo 1° agosto 2003, n. 259;

b) chiedere l'acquisizione presso il fornitore dei dati relativi al traffico di cui al decreto legislativo 30 giugno 2003, n. 196, o acquisire direttamente tali dati mediante connessione telematica;

c) richiedere la comunicazione di dati personali anche in deroga ai divieti di cui all'art. 25, comma 1, del decreto legislativo 30 giugno 2003, n. 196;

d) avvalersi, ove necessario, dei dati contenuti nell'anagrafe dei conti e dei depositi di cui all'art. 20, comma 4, della legge 30 dicembre 1991, n. 413, secondo le modalità indicate dall'art. 3, comma 4, lettera *b*), del D.L. 3 maggio 1991, n. 143, convertito, con modificazioni, dalla legge 5 luglio 1991, n. 197, nonché acquisire anche mediante accesso diretto i dati contenuti nell'archivio indicato all'art. 13 del D.L. 15 dicembre 1979, n. 625, convertito, con modificazioni, dalla legge 6 febbraio 1980, n. 15;

e) accedere direttamente, mediante apposita connessione telematica, ai dati contenuti nella Centrale dei rischi della Banca d'Italia, di cui alla deliberazione del Comitato interministeriale per il credito e il risparmio del 29 marzo 1994, pubblicata nella *Gazzetta Ufficiale* n. 91 del 20 aprile 1994;

e-bis) avvalersi, ove necessario, anche mediante connessione telematica, dei dati contenuti nell'apposita sezione dell'anagrafe tributaria di cui all'articolo 7, sesto comma, del decreto del Presidente della Repubblica 29 settembre 1973, n. 605.

5. I poteri di cui al comma 3, lettere *d*) e *f*), e al comma 4, lettera *b*), sono esercitati previa autorizzazione del procuratore della Repubblica. Detta autorizzazione è necessaria anche in caso di esercizio dei poteri di cui al comma 3, lettere *b*) ed *e*), e al comma 4, lettera *c*), nei confronti di soggetti diversi dai soggetti abilitati e dagli altri soggetti vigilati ai sensi del regolamento (UE) n. 596/2014 e del presente decreto.

6. Qualora sussistano elementi che facciano presumere l'esistenza di violazioni delle norme del regolamento (UE) n. 596/2014 e del presente titolo, la Consob può anche in via cautelare:

a) ordinare la cessazione temporanea o permanente di qualunque pratica o condotta;

b) salvo quanto previsto dall'articolo 114, comma 5, adottare tutte le misure necessarie a garantire che il pubblico sia correttamente informato con riguardo, tra l'altro, alla correzione di informazioni false o fuorvianti precedentemente divulgate, anche imponendo ai soggetti interessati di pubblicare una dichiarazione di rettifica.

7. È fatta salva l'applicazione delle disposizioni degli artt. 199, 200, 201, 202 e 203 del codice di procedura penale, in quanto compatibili.

8. Nei casi previsti dai commi 3, lettere *c*), *d*), *e*) e *f*), e 12 viene redatto processo verbale dei dati e delle informazioni acquisite o dei fatti accertati, dei sequestri eseguiti e delle dichiarazioni rese dagli interessati, i quali sono invitati a firmare il processo verbale e hanno diritto di averne copia.

9. Quando si è proceduto a sequestro ai sensi del comma 3, lettera *d*), gli interessati possono proporre opposizione alla CONSOB.

10. Sull'opposizione la decisione è adottata con provvedimento motivato emesso entro il trentesimo giorno successivo alla sua proposizione.

11. I valori sequestrati devono essere restituiti agli aventi diritto quando:

a) è deceduto l'autore della violazione;

b) viene provato che gli aventi diritto sono terzi estranei all'illecito;

c) l'atto di contestazione degli addebiti non è notificato nei termini prescritti dall'art. 187-*septies*, comma 1;

d) la sanzione amministrativa pecuniaria non è stata applicata entro il termine di due anni dall'accertamento della violazione.

12. Nell'esercizio dei poteri previsti dai commi 2, 3 e 4 la CONSOB può avvalersi della Guardia di finanza che esegue gli accertamenti richiesti agendo con i poteri di indagine ad essa attribuiti ai fini dell'accertamento dell'imposta sul valore aggiunto e delle imposte sui redditi.

13. Tutte le notizie, le informazioni e i dati acquisiti dalla Guardia di finanza nell'assolvimento dei compiti previsti dal comma 12 sono coperti dal segreto d'ufficio e vengono, senza indugio, comunicati esclusivamente alla CONSOB.

14. Il provvedimento della CONSOB che infligge la sanzione pecuniaria ha efficacia di titolo esecutivo. Decorso inutilmente il termine fissato per il pagamento, la Consob procede alla esazione delle somme dovute in base alle norme previste per la riscossione, mediante ruolo, delle entrate dello Stato, degli enti territoriali, degli enti pubblici e previdenziali.

15. Quando l'autore della violazione esercita un'attività professionale, il provvedimento che infligge la sanzione è trasmesso al competente ordine professionale.

[1] Articolo così modif. dall'art. 4, c. 15, D.lgs. 10 ago. 2018, n. 107.

187-*nonies*. *Operazioni sospette*.

[1] Articolo abrog. dall'art. 4, c. 16, D.lgs. 10 ago. 2018, n. 107.

CAPO V
Rapporti tra procedimenti

187-*decies*. *Rapporti con la magistratura*. — 1. Quando ha notizia di uno dei reati previsti dal capo II il pubblico ministero ne informa senza ritardo il Presidente della CONSOB.

2. Il Presidente della CONSOB trasmette al pubblico ministero, con una relazione motivata, la documentazione raccolta nello svolgimento dell'attività di accertamento nel caso in cui emergano elementi che facciano presumere la esistenza di un reato.

La trasmissione degli atti al pubblico ministero avviene al più tardi al termine dell'attività di accertamento delle violazioni delle disposizioni di cui al presente titolo, capo III.

3. La CONSOB e l'autorità giudiziaria collaborano tra loro, anche mediante scambio di informazioni, al fine di agevolare l'accertamento delle violazioni di cui al presente titolo anche quando queste non costituiscono reato. A tale fine la CONSOB può utilizzare i documenti, i dati e le notizie acquisiti dalla Guardia di finanza nei modi e con le forme previsti dall'art. 63, primo comma, del decreto del Presidente della Repubblica 26 ottobre 1972, n. 633, e dall'art. 33, terzo comma, del decreto del Presidente della Repubblica 29 settembre 1973, n. 600.

187-*undecies*. *Facoltà della CONSOB nel procedimento penale*. — 1. Nei procedimenti per i reati previsti dagli artt. 184 e 185, la Consob esercita i diritti e le facoltà attribuiti dal codice di procedura penale agli enti e alle associazioni rappresentativi di interessi lesi dal reato.

2. La CONSOB può costituirsi parte civile e richiedere, a titolo di riparazione dei danni cagionati dal reato all'integrità del mercato, una somma determinata dal giudice, anche in via equitativa, tenendo comunque conto dell'offensività del fatto, delle qualità personali del colpevole e dell'entità del prodotto o del profitto conseguito dal reato.

187-*duodecies*. *Rapporti tra procedimento penale e procedimento amministrativo e di opposizione*. — 1. Il procedimento amministrativo di accertamento e il procedimento di opposizione di cui all'art. 187-*septies* non possono essere sospesi per la pendenza del procedimento penale avente ad oggetto i medesimi fatti o fatti dal cui accertamento dipende la relativa definizione.

187-*terdecies*. *Applicazione ed esecuzione delle sanzioni penali ed amministrative*.[1] — 1. Quando per lo stesso fatto è stata applicata, a carico del reo, dell'autore della violazione o dell'ente una sanzione amministrativa pecuniaria ai sensi dell'articolo 187-*septies* ovvero una sanzione penale o una sanzione amministrativa dipendente da reato:

a) l'autorità giudiziaria o la CONSOB tengono conto, al momento dell'irrogazione delle sanzioni di propria competenza, delle misure punitive già irrogate;

b) l'esazione della pena pecuniaria, della sanzione pecuniaria dipendente da reato ovvero della sanzione pecuniaria amministrativa è limitata alla parte eccedente quella riscossa, rispettivamente, dall'autorità amministrativa ovvero da quella giudiziaria.

[1] Articolo così sost. dall'art. 4, c. 17, D.lgs. 10 ago. 2018, n. 107.

187-*quaterdecies*. *Procedure consultive*. — 1. La CONSOB definisce entro dodici mesi dalla data di entrata in vigore della presente disposizione, con proprio regolamento, le modalità e i tempi delle procedure consultive da attivare, mediante costituzione di un Comitato, con organismi rappresentativi dei consumatori e dei prestatori di servizi finanziari e degli altri soggetti vigilati, in occasione delle modifiche regolamentari in materia di abusi di mercato e in altre materie rientranti nelle proprie competenze istituzionali.

187-*quinquiesdecies*-216. (*Omissis*).

MALATTIE MENTALI

- 1 -

L. 23 dic. 1978, n. 833

Istituzione del servizio sanitario nazionale

(G.U. 28 dic. 1978, n. 360, Suppl. ord.)[1]

[1] La presente legge ha sostituito dal 1° gennaio 1979 le disposizioni della L. 13 mag. 1978, n. 180, sugli accertamenti e trattamenti sanitari volontari e obbligatori, che aveva abrogato gli artt. 1-3-*bis* della L. 14 feb. 1904, n. 36, sui manicomi e sugli alienati, l'art. 420 c.c. e gli artt. 714, 715, 717 c.p.

1-32. (*Omissis*).

33. ***Norme per gli accertamenti ed i trattamenti sanitari volontari e obbligatori.*** — Gli accertamenti ed i trattamenti sanitari sono di norma volontari.

Nei casi di cui alla presente legge e in quelli espressamente previsti da leggi dello Stato possono essere disposti dall'autorità sanitaria accertamenti e trattamenti sanitari obbligatori, secondo l'art. 32 della Costituzione, nel rispetto della dignità della persona e dei diritti civili e politici, compreso per quanto possibile il diritto alla libera scelta del medico e del luogo di cura.

Gli accertamenti ed i trattamenti sanitari obbligatori sono disposti con provvedimento del sindaco nella sua qualità di autorità sanitaria, su proposta motivata di un medico.

Gli accertamenti e i trattamenti sanitari obbligatori sono attuati dai presidi e servizi sanitari pubblici territoriali e, ove necessiti la degenza, nelle strutture ospedaliere pubbliche o convenzionate.

Gli accertamenti e i trattamenti sanitari obbligatori di cui ai precedenti commi devono essere accompagnati da iniziative rivolte ad assicurare il consenso e la partecipazione da parte di chi vi è obbligato. L'unità sanitaria locale opera per ridurre il ricorso ai suddetti trattamenti sanitari obbligatori, sviluppando le iniziative ed i rapporti organici tra servizi e comunità.

Nel corso del trattamento sanitario obbligatorio l'infermo ha diritto di comunicare con chi ritenga opportuno.

Chiunque può rivolgere al sindaco richiesta di revoca o di modifica del provvedimento con il quale è stato disposto o prolungato il trattamento sanitario obbligatorio.

Sulle richieste di revoca o di modifica il sindaco decide entro dieci giorni. I provvedimenti di revoca o di modifica sono adottati con lo stesso procedimento del provvedimento revocato o modificato.

34. ***Accertamenti e trattamenti sanitari volontari e obbligatori per malattia mentale.*** — La legge regionale, nell'ambito della unità sanitaria locale e nel complesso dei servizi generali per la tutela della salute, disciplina l'istituzione di servizi a struttura dipartimentale che svolgono funzioni preventive, curative e riabilitative relative alla salute mentale.

Le misure di cui al secondo comma dell'articolo precedente possono essere disposte nei confronti di persone affette da malattia mentale.

Gli interventi di prevenzione, cura e riabilitazione relativi alle malattie mentali sono attuati di norma dai servizi e presidi territoriali extraospedalieri di cui al primo comma.

Il trattamento sanitario obbligatorio per malattia mentale può prevedere che le cure vengano prestate in condizioni di degenza ospedaliera solo se esistano alterazioni psichiche tali da richiedere urgenti interventi terapeutici, se gli stessi non vengano accettati dall'infermo e se non vi siano le condizioni e le circostanze che consentano di adottare tempestive ed idonee misure sanitarie extraospedaliere. Il provvedimento che dispone il trattamento sanitario obbligatorio in condizioni di degenza ospedaliera deve essere preceduto dalla convalida della proposta di cui al terzo comma dell'art. 33 da parte di un medico della unità sanitaria locale e deve essere motivato in relazione a quanto previsto nel presente comma.

Nei casi di cui al precedente comma il ricovero deve essere attuato presso gli ospedali generali, in specifici servizi psichiatrici di diagnosi e cura all'interno delle strutture dipartimentali per la salute mentale comprendenti anche i presidi e i servizi extraospedalieri, al fine di garantire la continuità terapeutica. I servizi ospedalieri di cui al presente comma sono dotati di posti letto nel numero fissato dal piano sanitario regionale.

35. ***Procedimento relativo agli accertamenti e trattamenti sanitari obbligatori in condizioni di degenza ospedaliera per malattia mentale e tutela giurisdizionale.*** — Il provvedimento con il quale il sindaco dispone il trattamento sanitario obbligatorio in condizioni di degenza ospedaliera, da emanarsi entro 48 ore dalla convalida di cui all'art. 34, quarto comma, corredato dalla proposta medica motivata di cui all'art. 33, terzo comma, e dalla suddetta convalida deve essere notificato, entro 48 ore dal ricovero, tramite messo comunale, al giudice tutelare nella cui circoscrizione rientra il comune.

Il giudice tutelare, entro le successive 48 ore, assunte le informazioni e disposti gli eventuali accertamenti, provvede con decreto motivato a convalidare o non convalidare il provvedimento e ne dà comunicazione al sindaco. In caso di mancata convalida il sindaco dispone la cessazione del trattamento sanitario obbligatorio in condizioni di degenza ospedaliera.

Se il provvedimento di cui al primo comma del presente articolo è disposto dal sindaco di un comune diverso da quello di residenza dell'infermo, ne va data comunicazione al sindaco di questo comune, nonché al giudice tutelare nella cui circoscrizione rientra il comune di residenza. Se il provvedimento di cui al primo comma del presente articolo è adottato nei confronti di cittadini stranieri o di apolidi, ne va data comunicazione al Ministero dell'interno, e al consolato competente, tramite il prefetto.

Nei casi in cui il trattamento sanitario obbligatorio debba protrarsi oltre il settimo giorno, ed in quelli di ulteriore prolungamento, il sanitario responsabile del servizio psichiatrico della unità sanitaria locale è tenuto a formulare, in tempo utile, una proposta motivata al sindaco che ha disposto il ricovero, il quale ne dà comunicazione al giudice tutelare con le modalità e per gli adempimenti di cui al primo e secondo comma del presente articolo, indicando la ulteriore durata presumibile del trattamento stesso.

Il sanitario di cui al comma precedente è tenuto a comunicare al sindaco, sia in caso di dimissione del ricoverato che in continuità di degenza, la cessazione delle condizioni che richiedono l'obbligo del trattamento sanitario; comunica altresì la eventuale sopravvenuta impossibilità a proseguire il trattamento stesso. Il sindaco, entro 48 ore dal ricevimento della comunicazione del sanitario, ne dà notizia al giudice tutelare.

Qualora ne sussista la necessità il giudice tutelare adotta i provvedimenti urgenti che possono occorrere per conservare e per amministrare il patrimonio dell'infermo.

La omissione delle comunicazioni di cui al primo, quarto e quinto comma del presente articolo determina la cessazione di ogni effetto del provvedimento e configura, salvo che non sussistano gli estremi di un delitto più grave, il reato di omissione di atti di ufficio.

Chi è sottoposto a trattamento sanitario obbligatorio, e chiunque vi abbia interesse, può proporre al tribunale competente per territorio ricorso contro il provvedimento convalidato dal giudice tutelare.

Entro il termine di trenta giorni, decorrente dalla scadenza del termine di cui al secondo comma del presente articolo, il sindaco può proporre analogo ricorso avverso la mancata convalida del provvedimento che dispone il trattamento sanitario obbligatorio.

Nel processo davanti al tribunale le parti possono stare in giudizio senza ministero di difensore e farsi rappresentare da persona munita di mandato scritto in calce al ricorso o in atto separato. Il ricorso può essere presentato al tribunale mediante raccomandata con avviso di ricevimento.

Il presidente del tribunale fissa l'udienza di comparizione delle parti con decreto in calce al ricorso che, a cura del cancelliere, è notificato alle parti nonché al pubblico ministero.

Il presidente del tribunale, acquisito il provvedimento che ha disposto il trattamento sanitario obbligatorio e sentito il pubblico ministero, può sospendere il trattamento medesimo anche prima che sia tenuta l'udienza di comparizione.

Sulla richiesta di sospensiva il presidente del tribunale provvede entro dieci giorni.

Il tribunale provvede in camera di consiglio, sentito il pubblico ministero, dopo avere assunto le informazioni e raccolto le prove disposte di ufficio o richieste dalle parti.

I ricorsi ed i successivi procedimenti sono esenti da imposta di bollo. La decisione del processo non è soggetta a registrazione.

36-83. (*Omissis*).

MINORENNI

- 1 -

R.D.L. 20 lug. 1934, n. 1404

Istituzione e funzionamento del tribunale per i minorenni

(G.U. 5 set. 1934, n. 208),

conv. con modif. in L. 27 mag. 1935, n. 835.

(G.U. 12 giu. 1935, n. 137)[1]

[1] Le norme che regolano la costituzione e la giurisdizione del T. per i minorenni sono state integrate e modificate dal D. sull'ordinamento giudiziario.

Successivamente sono stati sostituiti, come al testo:

– con L. 25 lug. 1956, n. 888, gli artt. 1, 8, 22 e da 25 a 31;

– con L. 27 dic. 1956, n. 1441, gli artt. 2 e 5 e gli artt. 50 e 58 dell'O.G. cit.;

– con L. 13 ott. 1965, n. 1171, l'art. 20.

PARTE I
ORGANIZZAZIONE GIUDIZIARIA E PENITENZIARIA - SERVIZI AUSILIARI

1. *Composizione dei centri di rieducazione per minorenni.*[1] — Gli istituti o servizi dipendenti dal Ministero di grazia e giustizia, destinati in ciascun distretto di Corte d'appello alla rieducazione dei minorenni irregolari per condotta o per carattere, al trattamento ed alla prevenzione della delinquenza minorile, costituiscono il centro di rieducazione per minorenni.

Possono in particolare essere compresi fra gli istituti e servizi predetti:

1) istituti di osservazione;

2) gabinetti medico-psico-pedagogici;

3) uffici di servizio sociale per minorenni;

4) case di rieducazione ed istituti medico-psico-pedagogici;

5) "focolari" di semi-libertà e pensionati giovanili;

6) scuole, laboratori e ricreatori speciali;

7) riformatori giudiziari;

8) prigioni-scuola.

Il Ministro per la grazia e giustizia può con proprio decreto, aggregare ad un centro anche istituti o servizi ubicati nell'ambito territoriale di altro distretto, soltanto se in questo non sia già costituito il centro.

Nell'edificio od in uno degli edifici destinati ad istituti di osservazione od in un altro apposito, funzionano il tribunale per i minorenni e la sezione di Corte d'appello per i minorenni, nonché l'Ufficio di procura della Repubblica presso il tribunale per i minorenni.

[1] Articolo così sost. con L. 25 lug. 1956, n. 888. V. ora gli artt. 7 e 8 del D.P.R. 28 lug. 1989, n. 227. Articolo da ritenersi superato.

2. *Istituzione e composizione dei tribunali per i minorenni.*[1] — In ogni sede di Corte d'appello, o di sezione di Corte di appello, è istituito il tribunale per i minorenni composto da un magistrato di Corte d'appello, che lo presiede, da un magistrato di tribunale e da due cittadini, un uomo ed una donna, benemeriti dell'assistenza sociale, scelti tra i cultori di biologia, di psichiatria, di antropologia criminale, di pedagogia, di psicologia, che abbiano compiuto il trentesimo anno di età.

[1] Articolo così sostituito dall'art. 4 della L. 27 dic. 1956, n. 1441.

3. ***Competenza territoriale.*** — Il tribunale per i minorenni ha giurisdizione su tutto il territorio della Corte d'appello o della sezione di Corte d'appello in cui è istituito.

4. ***Ufficio del pubblico ministero.*** — Presso il tribunale per i minorenni è istituito un ufficio autonomo del pubblico ministero con a capo un magistrato avente grado di sostituto procuratore della Repubblica o di sostituto procuratore generale di Corte d'appello.

Al procuratore *della Repubblica* presso il tribunale per i minorenni spetta di promuovere ed esercitare l'azione penale per tutti i reati commessi dai minori degli anni 18 nel territorio della Corte d'appello o della sezione di Corte d'appello in cui è istituito il tribunale per i minorenni, e perciò a lui sono trasmessi tutti i rapporti, i referti, le denunzie, le querele, le istanze e le richieste concernenti reati commessi dai minori degli anni 18.

Allo stesso procuratore della Repubblica sono attribuiti nelle materie di competenza del tribunale per i minorenni, tutti i poteri che le leggi conferiscono al pubblico ministero presso il tribunale.[1]

[1] V. art. 71 al n. 4.

5. ***Istituzione e composizione della Corte d'appello per i minorenni.*** — Sull'appello dalle decisioni del tribunale per i minorenni, nei casi in cui è ammesso dalle leggi, giudica una sezione della Corte d'appello che è indicata all'inizio dell'anno giudiziario con il decreto del Capo dello Stato di approvazione delle tabelle giudiziarie.

La sezione funziona con l'intervento di due privati cittadini, un uomo ed una donna, aventi i requisiti prescritti dall'art. 2, che sostituiscono due dei magistrati della sezione.

Alla presidenza e alla composizione della sezione sono destinati, consentendolo le esigenze di servizio, magistrati che già esercitano funzioni nei tribunali per i minorenni.

6. ***Nomina dei componenti privati.***

....[1]

Prima di assumere l'esercizio delle loro funzioni, prestano giuramento innanzi al presidente della Corte d'appello a norma dell'art. 9 del R.D. 30 gen. 1941, n. 12, sull'ordinamento giudiziario.

Durano in carica tre anni e possono essere confermati.

Quando è necessario, sono nominati uno o più supplenti.

[1] Per il primo comma v. ora l'art. 50 R.D. 30 gen. 1941, n. 12.

6-*bis*. ***Disposizioni in materia di incompatibilità dei giudici onorari minorili.***[1] — 1. Non possono essere nominati giudice onorario del tribunale per i minorenni o consigliere onorario della sezione di Corte d'appello per i minorenni coloro che rivestono cariche rappresentative in strutture ove vengono inseriti i minori da parte dell'autorità giudiziaria, che partecipano alla gestione complessiva delle medesime strutture, che prestano a favore di esse attività professionale anche a titolo gratuito o che fanno parte degli organi sociali di società che le gestiscono.

2. Il divieto di nomina si applica anche a coloro il cui coniuge, parte dell'unione civile, convivente o parente entro il secondo grado svolge le funzioni di cui al comma 1.

3. L'assunzione delle funzioni di cui al comma 1 e l'esercizio delle medesime determinano la decadenza dalla nomina a giudice onorario del tribunale per i minorenni o a consigliere onorario della sezione di Corte d'appello per i minorenni.

[1] Art. ins. dall'art. 8, c. 1, L. 29 lug. 2020, n. 107.

7. ***Giudice di sorveglianza; consigliere delegato; giudice delle tutele; Consigli di patronato.***[1] — Le funzioni di giudice di sorveglianza e di consigliere delegato per i minorenni sono esercitate rispettivamente da uno dei magistrati ordinari del tribunale per i minorenni o della sezione di corte d'appello per i minorenni.

Le funzioni del giudice delle tutele degli orfani di guerra,sono esercitate da un magistrato ordinario componente il tribunale per i minorenni, destinato al principio di ogni anno giudiziario dal presidente della Corte d'appello.

Il presidente e il procuratore della Repubblica del tribunale per i minorenni sono membri di diritto del Consiglio di patronato istituito presso il tribunale capoluogo della Corte d'appello o della sezione di Corte di appello.

[1] Articolo da ritenersi superato.

8. ***Istituti di osservazione.***[1] — Gli istituti di osservazione sono destinati ad accogliere ed ospitare in padiglioni o sezioni, distinti opportunamente, i minori degli anni 18 abbandonati, fermati per motivi di pubblica sicurezza, in stato di detenzione preventiva o, comunque, in attesa di un provvedimento della autorità giudiziaria.

Essi hanno lo scopo precipuo di fare l'esame della personalità del minore e segnalare le misure ed il trattamento rieducativo più idonei per assicurarne il riadattamento sociale.

[1] V. nota al preambolo e all'art. 1. Tale articolo è da ritenersi superato.

PARTE II
COMPETENZA PENALE

9. ***Determinazione della competenza.*** — Sono di competenza del tribunale per i minorenni tutti i procedimenti penali per reati commessi dai minori degli anni 18, che secondo le leggi vigenti sono di competenza della autorità giudiziaria.

La disposizione non è applicabile quando nel procedimento vi sono coimputati maggiori degli anni 18.[1]

[1] Con sent. 13 lug. 1963, n. 130 (G.U. 20 lug. 1963, n. 194), la Corte cost. ha dichiarato che «sono costituzionalmente illegittimi, in riferimento all'art. 25 Cost., l'art. 9, comma 2 parte II e comma 3».

Con successiva sent. 29 dic. 1972, n. 198, la Corte cost. ha altresì dichiarato l'ill. cost. dell'art. 9, comma 2, nella parte in cui non limita la deroga alla sola ipotesi nella quale minori e maggiori degli anni 18 siano coimputati dello stesso reato.

10-18. (*Omissis*).[1]

[1] Le norme contenute in tali articoli sono da ritenersi abrogate dalle nuove norme sul processo minorile, D.P.R. 22 set. 1988, n. 448.

19. ***Perdono giudiziale.***[1] — Se per il reato commesso da minore degli anni diciotto il tribunale per i minorenni ritiene che si possa applicare una pena restrittiva della libertà personale non superiore a due anni, ovvero una pena pecuniaria non superiore a euro 1.549, anche se congiunta a detta pena, può applicare il perdono giudiziale, sia quando provvede a norma dell'art. 14 sia nel giudizio.

[1] Articolo così sostituito dall'art. 112 della L. 24 nov. 1981, n. 689.

20. ***Sospensione condizionale della pena.***[1] — La sospensione condizionale della pena può essere ordinata, nella condanna per reati commessi dai minori degli anni 18, quando si infligga una pena restrittiva della libertà personale non superiore a tre anni, ovvero una pena pecuniaria che, sola o congiunta alla pena detentiva e convertita a norma di legge, priverebbe della libertà personale per un tempo non superiore, nel complesso, a tre anni.

[1] Articolo così sostituito con L. 13 ott. 1965, n. 1171. Cfr. art. 163 c.p.

21. ***Liberazione condizionale.*** — La liberazione condizionale dei condannati che commisero il reato quando erano minori degli anni 18 può essere ordinata al Ministro in qualunque momento dell'esecuzione e qualunque sia la durata della pena detentiva inflitta.

Il Ministro può stabilire, col decreto di concessione, che, in luogo della libertà vigilata, sia applicato al liberato condizionalmente l'internamento in un riformatorio giudiziario se è tuttora minore degli anni 21 o l'assegnazione ad una colonia agricola o ad una casa di lavoro se è maggiore di tale età.

Se per il liberato condizionalmente fu disposto l'internamento in un riformatorio giudiziario, in una colonia agricola o in una casa di lavoro, il tempo trascorso in tali stabilimenti è computato nella durata della pena (137 c.p.).[1]

[1] V. nota all'art. 1. La competenza in tema di liberazione condizionale è del Tribunale per i minorenni. Il riferimento al riformatorio giudiziario è da ritenersi superato.

22. ***Provvedimenti conseguenti alla liberazione dei minori.*** — La scarcerazione del minore o la sua dimissione da uno stabilimento per misure di sicurezza, deve essere comunicata dal procuratore della Repubblica al Tribunale per i minorenni perchè esamini se sia necessaria una delle misure previste dall'art. 25.[1]

[1] V. nota al preambolo e all'art. 1.

23. ***Libertà vigilata.***[1] — Presso il tribunale per i minorenni è tenuto un elenco delle persone e degli istituti di assistenza sociale che si dichiarano disposti a provvedere all'educazione o all'assistenza dei minori sottoposti a libertà vigilata.

Prima d'iscrivere le persone o gli istituti nell'elenco, il tribunale assume informazioni sulla loro moralità, disinteresse e condizioni economiche.

Quando viene disposto l'affidamento del minore, sottoposto a libertà vigilata, ai genitori o a coloro che abbiano l'obbligo di provvedere alla sua educazione o assistenza, ai tutori, ovvero alle persone o agli istituti iscritti nell'elenco suddetto, il giudice di sorveglianza non consegna la carta precettiva indicata nell'art. 649 del codice di procedura penale, e la sorveglianza sul minore è esercitata dalle stesse persone e dagli stessi istituti, ai quali i minori vengono affidati, sotto l'immediato controllo del giudice di sorveglianza.

All'atto dell'affidamento è redatto verbale nel quale il giudice di sorveglianza segna le linee direttive dell'assistenza e della vigilanza, alle quali il minore deve essere sottoposto.

Le condizioni prescritte devono essere rivedute ed eventualmente modificate, secondo appare necessario dai risultati conseguiti dall'opera di riadattamento del minore, il quale deve essere frequentemente interrogato dal giudice di sorveglianza.

Se i risultati non sono soddisfacenti, il giudice di sorveglianza ordina l'internamento del minore in un riformatorio giudiziario.

[1] V. nota all'art. 1. Articolo da ritenersi superato.

24.[1] ***Riabilitazione.*** — Per i fatti commessi dai minori degli anni 18, sia che abbiano dato luogo a condanna, sia a proscioglimento, è ammessa una riabilitazione speciale, che fa cessare le pene accessorie e tutti gli altri effetti preveduti da leggi e regolamenti penali, civili e amministrativi, salvo le limitazioni stabilite per la concessione della sospensione condizionale della pena e del perdono giudiziale.

Quando il minore ha compiuto gli anni 18, ma non ancora i 25, e non è tuttora sottoposto ad esecuzione di pena o di misura di sicurezza, il tribunale per i minorenni della dimora abituale del minore,[2] su domanda dell'interessato, su richiesta del pubblico ministero, o anche d'ufficio, esamina tutti i precedenti del minore, richiama gli atti che lo riguardano e assume informazioni sulla condotta da lui tenuta in famiglia, nella scuola, nell'officina, in pubblici o privati istituti, nelle organizzazioni delle associazioni sportive.

Se ritiene che il minore sia completamente emendato e degno di essere ammesso a tutte le attività della vita sociale, dichiara la riabilitazione.

Se in un primo esame appare insufficiente la prova dell'emenda, il tribunale può rinviare la indagine a un tempo successivo, ma non oltre il compimento del 25° anno del minore.

Il tribunale provvede con sentenza in camera di consiglio, senza assistenza di difensori, sentiti l'autorità di pubblica sicurezza provinciale, il pubblico ministero, l'esercente la patria potestà o la tutela e il minore.

Il provvedimento di riabilitazione è annotato nelle sentenze riguardanti il minore. Copia di esso è trasmessa all'autorità di pubblica sicurezza del comune di nascita e di abituale dimora del minore, nonché alle rispettive autorità provinciali di p.s..

[...].[3]

Sono applicabili le disposizioni degli artt. 180 e 181 c.p.

Alla revoca della riabilitazione si procede a norma dell'art. 600 c.p.p.

[1] Articolo così modif. con R.D.L. 15 nov. 1938, n. 1802 (G.U. 3 dic. 1938, n. 276), conv. in L. 16 gen. 1939, n. 90.

[2] Con sent. 26 lug. 1979, n. 95, la Corte cost. ha dichiarato l'ill. cost. del secondo comma «nella parte in cui non prevede, nel caso di minore residente all'estero, la competenza del tribunale per i minorenni del luogo in cui il minore ha avuto la sua ultima dimora abituale prima di trasferirsi all'estero».

[3] Comma abrog. dall'art. 52, D.P.R. 14 nov. 2002, n. 313.

PARTE III
COMPETENZA AMMINISTRATIVA

25. ***Misure applicabili ai minori irregolari per condotta o per carattere.*** — Quando un minore degli anni 18 dà manifeste prove di irregolarità della condotta o del carattere, il procuratore della Repubblica, l'ufficio di servizio sociale minorile, i genitori, il tutore, gli organismi di educazione, di protezione e di assistenza dell'infanzia e della adolescenza, possono riferire i fatti al Tribunale per i minorenni, il quale, a mezzo di uno dei suoi componenti all'uopo designato dal presidente, esplica approfondite indagini sulla personalità del minore, e dispone con decreto motivato una delle seguenti misure:

1) affidamento del minore al servizio sociale minorile;

2) collocamento in una casa di rieducazione od in un istituto medico-psico-pedagogico.

Il provvedimento è deliberato in Camera di consiglio con l'intervento del minore, dell'esercente la patria potestà o la tutela, sentito il pubblico ministero. Nel procedimento è consentita l'assistenza del difensore.

Le spese di affidamento o di ricovero, da anticiparsi dall'Erario, sono a carico dei genitori. In mancanza dei genitori sono tenuti a rimborsare tali rette gli esercenti la tutela, quando il patrimonio del minore lo consente.

25-*bis*. ***Minori che esercitano la prostituzione o vittime di reati a carattere sessuale.***[1] — 1. Il pubblico ufficiale o l'incaricato di pubblico servizio, qualora abbia notizia che un minore degli anni diciotto esercita la prostituzione, ne dà immediata notizia alla procura della Repubblica presso il tribunale per i minorenni, che promuove i procedimenti per la tutela del minore e può proporre al tribunale per i minorenni la nomina di un curatore. Il tribunale per i minorenni adotta i provvedimenti utili all'assistenza, anche di carattere psicologico, al recupero e al reinserimento del minore. Nei casi di urgenza il tribunale per i minorenni procede d'ufficio.

2. Qualora un minore degli anni diciotto straniero, privo di assistenza in Italia, sia vittima di uno dei delitti di cui agli artt. 600-*bis*, 600-*ter* e 601, secondo comma, del c.p., il tribunale per i minorenni adotta in via di urgenza le misure di cui al comma 1 e, prima di confermare i provvedimenti adottati nell'interesse del minore, avvalendosi degli strumenti previsti dalle convenzioni internazionali, prende gli opportuni accordi, tramite il Min. degli affari esteri, con le autorità dello Stato di origine o di appartenenza.

[1] Articolo introdotto dall'art. 2 della L. 3 ago. 1998, n. 269.

26. ***Misure applicabili ai minori sottoposti a procedimento penale ed ai minori il cui genitore serba condotta pregiudizievole.*** — Le misure prevedute dall'art. 25 possono essere promosse dal pubblico ministero, se è in corso un procedimento penale a carico del minore, quando costui non può essere e non è assoggettato a detenzione preventiva e se il minore è stato prosciolto per difetto di capacità di intendere o di volere, senza che sia stata applicata una misura di sicurezza detentiva.

Quando è stato conceduto il perdono giudiziale o la sospensione condizionale della pena, il tribunale deve esaminare se al minore sia necessaria una delle misure previste dall'art. 25.

La misura di cui all'art. 25, n. 1, può altresì essere disposta quando il minore si trovi nella condizione prevista dall'art. 333 del c.c.[1]

[1] L'articolo 333 c.c., modif. dall'art. 155, L. 19 mag. 1975, n. 151, stabilisce i provvedimenti da adottare nel caso di condotta del genitore pregiudizievole ai figli.

27. ***Disposizioni particolari alla libertà assistita.*** — Nel caso in cui il tribunale abbia disposto la misura prevista dal n. 1 dell'art. 25, all'atto dell'affidamento è redatto verbale nel quale vengono indicate le prescrizioni che il minore dovrà seguire, a seconda dei casi, in ordine alla sua istruzione, alla preparazione professionale, al lavoro, all'utilizzazione del tempo libero e ad eventuali terapie, nonché le linee direttive dell'assistenza, alle quali egli deve essere sottoposto.

Nel verbale può essere disposto l'allontanamento del minore dalla casa paterna. In tal caso deve essere indicato il luogo in cui il minore deve vivere e la persona o l'ente che si prende cura del suo mantenimento e della sua educazione.

Le prescrizioni e le direttive di cui ai commi precedenti sono date da un componente del tribunale all'uopo designato dal presidente alla presenza di un rappresentante l'ufficio distrettuale di servizio sociale minorile e delle altre persone interessate all'atto, che il predetto componente ritenga opportuno convocare.

L'ufficio di servizio sociale minorile controlla la condotta del minore e lo aiuta a superare le difficoltà in ordine ad una normale vita sociale, anche mettendosi all'uopo in relazione con la sua famiglia e con gli altri suoi ambienti di vita.

L'ufficio predetto riferisce periodicamente per iscritto o a voce al componente del tribunale designato, fornendogli dettagliate notizie sul comportamento del minore, delle persone che si sono prese cura di lui e sulla osservanza da parte di essi delle prescrizioni stabilite, nonché su quant'altro interessi il riadattamento sociale del minore medesimo, proponendo, se del caso, la modifica delle prescrizioni o altro dei provvedimenti previsti dall'art. 29.

28. ***Informazioni sui minori ricoverati e rapporti con la famiglia e con l'ambiente.*** — Il direttore dell'istituto nel quale il minore è ricoverato per l'esecuzione di una delle misure previste al n. 2 dell'art. 25 invia al tribunale che ha emesso il provvedimento periodici rapporti sull'opera di rieducazione svolta e sui risultati conseguiti.

L'ufficio di servizio sociale cura i rapporti del minore con la famiglia e con gli altri ambienti di vita del medesimo, e dell'opera svolta e dei risultati ottenuti informa periodicamente per iscritto il Tribunale per i minorenni.

29. ***Modificazioni, trasformazioni e cessazione delle misure.*** — Le prescrizioni stabilite a norma dell'art. 27 possono essere modificate in ogni tempo.

È sempre in facoltà del tribunale trasformare qualsiasi misura disposta in altra, che appaia più idonea ai fini della rieducazione del minore e del suo progressivo reinserimento nella vita sociale.

Per i minori assoggettati ad una delle misure di cui al n. 2 dell'art. 25 tale reinserimento può dal tribunale essere attuato altresì con licenza di esperimento. Il minore che ne beneficia rimane affidato al servizio sociale. Si applicano le disposizioni dell'art. 27.

La cessazione delle misure disposte è ordinata in ogni tempo dal tribunale allorché il minore appaia interamente riadattato, o quando per le sue condizioni fisiche o psichiche nessuna misura possa considerarsi idonea alla sua rieducazione. La cessazione è in ogni caso ordinata al compimento del 21° anno di età o per servizio militare di leva.

30. ***Pensionati giovanili.*** — I minorenni già rieducati che non possono convenientemente essere assistiti dalla famiglia o da altre persone o istituti di cui all'art. 23, sono ammessi in appositi pensionati giovanili.

L'organizzazione di tali pensionati deve consentire e favorire il collocamento dei minorenni al lavoro, presso stabilimenti o ditte esistenti nella medesima località o in altra viciniore.

31. ***Informazioni della pubblica sicurezza.*** — Alle autorità di pubblica sicurezza, nel fornire notizie a qualsiasi persona, ente od autorità, è fatto divieto di indicare fra i precedenti personali, quelli relativi a misure rieducative, qualora esse siano cessate con il provvedimento di cui all'art. 29, ultimo comma, attestante l'avvenuto riadattamento sociale del minorenne.

PARTE IV
COMPETENZA CIVILE

32. ***Affari civili.*** (*Omissis*).

PARTE V
DISPOSIZIONI FINALI

33. (*Omissis*).

34. ***Limiti dell'efficacia derogativa della legge.*** — Nelle materie prevedute nel presente decreto in quanto non sia disposto o modificato dal decreto medesimo, continueranno ad osservarsi le norme dei codici, delle leggi e dei regolamenti in vigore.

- 2 -

D.P.R. 22 set. 1988, n. 448

Approvazione delle disposizioni sul processo penale a carico di imputati minorenni

(G.U. Serie gen. 24 ott. 1988, n. 250, Suppl.)

CAPO I
Disposizioni generali

1. ***Principi generali del processo minorile.*** — 1. Nel procedimento a carico di minorenni si osservano le disposizioni del presente decreto e, per quanto da esse non previsto, quelle del c.p.p. Tali disposizioni sono applicate in modo adeguato alla personalità e alle esigenze educative del minorenne.[1]

2. Il giudice illustra all'imputato il significato delle attività processuali che si svolgono in sua presenza nonché il contenuto e le ragioni anche etico-sociali delle decisioni.

[1] La Corte cost., con sent. 22 gen. 2015, n. 1, ha dichiarato, tra l'altro, l'ill. cost. del presente comma, nella parte in cui prevede che, nel processo minorile, nel caso di giudizio abbreviato richiesto dall'imputato in seguito a un decreto di giudizio immediato, la composizione dell'organo giudicante sia quella monocratica del giudice per le indagini preliminari e non quella collegiale prevista dall'art. 50-*bis*, c. 2, R.D. 30 gen. 1941, n. 12.

2. ***Organi giudiziari nel procedimento a carico di minorenni.*** — 1. Nel procedimento a carico di minorenni esercitano le funzioni rispettivamente loro attribuite, secondo le leggi di ordinamento giudiziario:

a) il procuratore della Repubblica presso il tribunale per i minorenni;

b) il giudice per le indagini preliminari presso il tribunale per i minorenni;

c) il tribunale per i minorenni;

d) il procuratore generale presso la corte di appello;

e) la sezione di corte di appello per i minorenni;

f) il magistrato di sorveglianza per i minorenni.

3. ***Competenza.*** — 1. Il tribunale per i minorenni è competente per i reati commessi dai minori degli anni diciotto (98 c.p.).

2. Il tribunale per i minorenni e il magistrato di sorveglianza per i minorenni esercitano le attribuzioni della magistratura di sorveglianza nei confronti di coloro che commisero il reato quando erano minori degli anni diciotto. La competenza cessa al compimento del venticinquesimo anno di età.

4. ***Informativa al procuratore della Repubblica per i minorenni.*** — 1. Al fine dell'eventuale esercizio del potere di iniziativa per i provvedimenti civili di competenza del tribunale per i minorenni, l'autorità giudiziaria informa il procuratore della Repubblica presso il tribunale per i minorenni nella cui circoscrizione il minorenne abitualmente dimora dell'inizio e dell'esito del procedimento penale promosso in altra circoscrizione territoriale.

5. ***Sezioni di polizia giudiziaria per i minorenni.*** — 1. In ciascuna procura della Repubblica presso i tribunali per i minorenni è istituita una sezione specializzata di polizia giudiziaria, alla quale è assegnato personale dotato di specifiche attitudini e preparazione.

6. ***Servizi minorili.*** — 1. In ogni stato e grado del procedimento l'autorità giudiziaria si avvale dei servizi minorili dell'amministrazione della giustizia. Si avvale altresì dei servizi di assistenza istituiti dagli enti locali.

7. ***Notifiche all'esercente la responsabilità genitoriale***[1]. — 1. L'informazione di garanzia e il decreto di fissazione di udienza devono essere notificati, a pena di nullità, anche all'esercente la responsabilità genitoriale[1].

[1] Ai sensi dell'art. 105, D.lgs. 28 dic. 2013, n. 154, in vigore dal 7 feb. 2014 le parola «potestà» e «potestà genitoriale» sono sost. da «responsabilità genitoriale».

8. ***Accertamento sull'età del minorenne.*** — 1. Quando vi è incertezza sulla minore età dell'imputato, il giudice dispone, anche di ufficio, perizia.

2. Qualora, anche dopo la perizia, permangano dubbi sulla minore età, questa è presunta ad ogni effetto.

3. Le disposizioni dei commi 1 e 2 si applicano altresì quando vi è ragione di ritenere che l'imputato sia minore degli anni quattordici.

9. ***Accertamenti sulla personalità del minorenne.*** — 1. Il pubblico ministero e il giudice acquisiscono elementi circa le condizioni e le risorse personali, familiari, sociali e ambientali del minorenne al fine di accertarne l'imputabilità e il grado di responsabilità, valutare la rilevanza sociale del fatto nonché disporre le adeguate misure penali e adottare gli eventuali provvedimenti civili.

2. Agli stessi fini il pubblico ministero e il giudice possono sempre assumere informazioni da persone che abbiano avuto rapporti con il minorenne e sentire il parere di esperti, anche senza alcuna formalità.

10. ***Inammissibilità dell'azione civile.*** — 1. Nel procedimento penale davanti al tribunale per i minorenni non è ammesso l'esercizio dell'azione civile per le restituzioni e il risarcimento del danno cagionato dal reato.

2. La sentenza penale non ha efficacia di giudicato nel giudizio civile per le restituzioni e il risarcimento del danno cagionato dal reato.

3. Non può essere riconosciuta la sentenza penale straniera per conseguire le restituzioni o il risarcimento del danno.

11. ***Difensore di ufficio dell'imputato minorenne.*** — 1. Fermo quanto disposto dall'art. 97 del c.p.p., il consiglio dell'ordine forense predispone gli elenchi dei difensori con specifica preparazione nel diritto minorile.

12. ***Assistenza all'imputato minorenne.*** — 1. L'assistenza affettiva e psicologica all'imputato minorenne è assicurata, in ogni stato e grado del procedimento, dalla presenza dei genitori o di altra persona idonea indicata dal minorenne e ammessa dall'autorità giudiziaria che procede.

2. In ogni caso al minorenne è assicurata l'assistenza dei servizi indicati nell'art. 6.

3. Il pubblico ministero e il giudice possono procedere al compimento di atti per i quali è richiesta la partecipazione del minorenne senza la presenza delle persone indicate nei commi 1 e 2, nell'interesse del minorenne o quando sussistono inderogabili esigenze processuali.

13. ***Divieto di pubblicazione e di divulgazio-***

ne. — 1. Sono vietate la pubblicazione e la divulgazione, con qualsiasi mezzo, di notizie o immagini idonee a consentire l'identificazione del minorenne comunque coinvolto nel procedimento.

2. La disposizione del comma 1 non si applica dopo l'inizio del dibattimento se il tribunale procede in udienza pubblica.

14. [***Casellario giudiziale per i minorenni.***][1]

[1] Articolo abrog. dall'art. 52, D.P.R. 14 nov. 2002, n. 313.

15. [***Eliminazione delle iscrizioni.***][1]

[1] Articolo abrog. dall'art. 52, D.P.R. 14 nov. 2002, n. 313.

CAPO II
Provvedimenti in materia di libertà personale

16. ***Arresto in flagranza.***[1] — 1. Gli ufficiali e gli agenti di polizia giudiziaria (57 c.p.p.) possono procedere all'arresto del minorenne colto in flagranza (382 c.p.p.) di uno dei delitti per i quali, a norma dell'art. 23, può essere disposta la misura della custodia cautelare.

2. [...].[2]

3. Nell'avvalersi della facoltà prevista dal comma 1[3] gli ufficiali e gli agenti di polizia giudiziaria devono tenere conto della gravità del fatto nonché dell'età e della personalità del minorenne.

[1] V. *Att.* 20.

[2] Comma soppresso dall'art. 36 del D.L. 14 gen. 1991, n. 12.

[3] Comma così modif. dall'art. 36 del D.lgs. 14 gen. 1991, n. 12.

17. ***Fermo di minorenne indiziato di delitto.***[1] — 1. È consentito il fermo del minorenne indiziato di un delitto per il quale, a norma dell'art. 23, può essere disposta la misura della custodia cautelare, sempre che, quando la legge stabilisce la pena della reclusione, questa non sia inferiore nel minimo a due anni.

[1] Articolo così sost. dall'art. 37 del D.lgs. 14 gen. 1991, n. 12.

18. ***Provvedimenti in caso di arresto o di fermo del minorenne.***[1] — 1. Gli ufficiali e gli agenti di polizia giudiziaria che hanno eseguito l'arresto o il fermo del minorenne ne danno immediata notizia al pubblico ministero nonché all'esercente la responsabilità genitoriale[2] e all'eventuale affidatario e informano tempestivamente i servizi minorili dell'amministrazione della giustizia.

2. Quando riceve la notizia dell'arresto o del fermo, il pubblico ministero dispone che il minorenne sia senza ritardo condotto presso un centro di prima accoglienza o presso una comunità pubblica o autorizzata che provvede a indicare. Qualora, tenuto conto delle modalità del fatto, dell'età e della situazione familiare del minorenne, lo ritenga opportuno, il pubblico ministero può disporre che il minorenne sia condotto presso l'abitazione familiare perché vi rimanga a sua disposizione.

3. Oltre che nei casi previsti dall'art. 389 del c.p.p., il pubblico ministero dispone con decreto motivato che il minorenne sia posto immediatamente in libertà quando ritiene di non dovere richiedere l'applicazione di una misura cautelare.

4. Al fine di adottare i provvedimenti di sua competenza, il pubblico ministero può disporre che il minorenne sia condotto davanti a sè.

5. Si applicano in ogni caso le disposizioni degli artt. 390 e 391 del c.p.p.

[1] Articolo così sost. dall'art. 38 del D.lgs. 14 gen. 1991, n. 12. V. *Att.* 21.

[2] Ai sensi dell'art. 105, D.lgs. 28 dic. 2013, n. 154, in vigore dal 7 feb. 2014 l'espressione «potestà dei genitori» è sost. da «responsabilità genitoriale».

18-*bis*. ***Accompagnamento a seguito di flagranza.***[1] — 1. Gli ufficiali e gli agenti di polizia giudiziaria possono accompagnare presso i propri uffici il minorenne colto in flagranza di un delitto non colposo per il quale la legge stabilisce la pena dell'ergastolo o della reclusione non inferiore nel massimo a cinque anni e trattenerlo per il tempo strettamente necessario alla sua consegna all'esercente la responsabilità genitoriale[2] o all'affidatario o a persona da questi incaricata. In ogni caso il minorenne non può essere trattenuto oltre dodici ore.

2. Gli ufficiali e gli agenti di polizia giudiziaria che hanno proceduto all'accompagnamento ne danno immediata notizia al pubblico ministero e informano tempestivamente i servizi minorili dell'amministrazione della giustizia. Provvedono inoltre a invitare l'esercente la responsabilità genitoriale[2] e l'eventuale affidatario a presentarsi presso i propri uffici per prendere in consegna il minorenne.

3. L'esercente la responsabilità genitoriale[2], l'eventuale affidatario e la persona da questi incaricata alla quale il minorenne è consegnato sono avvertiti dall'obblito di tenerlo a disposizione del pubblico ministero e di vigilare sul suo comportamento.

4. Quando non è possibile provvedere all'invito previsto dal comma 2 o il destinatario di esso non vi ottempera ovvero la persona alla quale il minorenne deve essere consegnato appare manifestamente inidonea ad adempiere l'obbligo previsto dal comma 3, la polizia giudiziaria ne dà immediata notizia al pubblico ministero, il quale dispone che il minorenne sia senza ritardo condotto presso un centro di prima accoglienza ovvero presso una comunità pubblica o autorizzata che provvede a indicare.

5. Si applicano le disposizioni degli artt. 16, comma 3, 18, comma 2, secondo periodo, 3, 4 e 5 e 19, comma 5.

[1] Articolo inserito dall'art. 39 del D.lgs. 14 gen. 1991, n. 12.

[2] Ai sensi dell'art. 105, D.lgs. 28 dic. 2013, n. 154, in vigore dal 7 feb. 2014 l'espressione «potestà dei genitori» è sost. da «responsabilità genitoriale».

19. ***Misure cautelari per i minorenni.*** — 1. Nei confronti dell'imputato minorenne non possono essere applicate misure cautelari personali diverse da quelle previste nel presente capo.

2. Nel disporre le misure il giudice tiene conto, oltre che dei criteri indicati nell'art. 275 del c.p.p., dell'esigenza di non interrompere i processi educativi in atto. Non si applica la disposizione dell'art. 275 comma 3, secondo periodo del c.p.p.[1].

3. Quando è disposta una misura cautelare, il giudice affida l'imputato ai servizi minorili dell'amministrazione della giustizia, i quali svolgono attività di sostegno e controllo in collaborazione con i servizi di assistenza istituiti dagli enti locali.

4. Le misure diverse dalla custodia cautelare possono essere applicate solo quando si procede per delitti per i quali la legge stabilisce la pena dell'ergastolo o della reclusione non inferiore nel massimo a cinque anni.[2]

5. Nella determinazione della pena agli effetti della applicazione delle misure cautelari si tiene conto, oltre che dei criteri indicati nell'art. 278, della diminuente della minore età, salvo che per i delitti di cui all'articolo 73, comma 5, del testo unico di cui al decreto del Presidente della Repubblica 9 ottobre 1990, n. 309, e successive modificazioni.[3]

[1] Comma così modif. dall'art. 5 del D.L. 13 mag. 1991, n. 152.

[2] Comma così modif. dall'art. 40 del D.lgs. 14 gen. 1991, n. 12.

[3] Comma così modif. dall'art. 2, c. 1-*ter*, D.L. 23 dic. 2013, n. 146, conv. con modif. in L. 21 feb. 2014, n. 10.

20. ***Prescrizioni.*** — 1. Se, in relazione a quanto disposto dall'art. 19 comma 2, non risulta necessario fare ricorso ad altre misure cautelari, il giudice, sentito l'esercente la responsabilità genitoriale[1] (316 c.c.), può impartire al minorenne specifiche prescrizioni inerenti alle attività di studio o di lavoro ovvero ad altre attività utili per la sua educazione. Si applica l'art. 19 comma 3.

2. Le prescrizioni previste dal comma 1 perdono efficacia decorsi due mesi dal provvedimento con il quale sono state impartite. Quando ricorrono esigenze probatorie, il giudice può disporre la rinnovazione, per non più di una volta, delle prescrizioni imposte.

3. Nel caso di gravi e ripetute violazioni delle prescrizioni, il giudice può disporre la misura della permanenza in casa.

[1] Ai sensi dell'art. 105, D.lgs. 28 dic. 2013, n. 154, in vigore dal 7 feb. 2014 l'espressione «potestà dei genitori» è sost. da «responsabilità genitoriale».

21. ***Permanenza in casa.*** — 1. Con il provvedimento che dispone la permanenza in casa il giudice prescrive al minorenne di rimanere presso l'abitazione familiare o altro luogo di privata dimora. Con il medesimo provvedimento il giudice può imporre limiti o divieti alla facoltà del minorenne di comunicare con persone diverse da quelle che con lui coabitano o che lo assistono.

2. Il giudice può, anche con separato provvedimento, consentire al minorenne di allontanarsi dall'abitazione in relazione alle esigenze inerenti alle attività di studio o di lavoro ovvero ad altre attività utili per la sua educazione.

3. I genitori o le persone nella cui abitazione è disposta la permanenza del minorenne vigilano sul suo comportamento. Essi devono consentire gli interventi di sostegno e di controllo dei servizi previsti dall'art. 6 nonché gli eventuali ulteriori controlli disposti dal giudice.

4. Il minorenne al quale è imposta la permanenza in casa è considerato in stato di custodia cautelare, ai soli fini del computo della durata massima della misura, a decorrere dal momento in cui la misura è eseguita ovvero dal momento dell'arresto, del fermo o dell'accompagnamento. Il periodo di permanenza in casa è computato nella pena da eseguire, a norma dell'art. 657 del c.p.p.[1]

5. Nel caso di gravi e ripetute violazioni degli obblighi a lui imposti o nel caso di allontanamento ingiustificato dalla abitazione, il giudice può disporre la misura del collocamento in comunità.

[1] Comma così sost. dall'art. 41 del D.lgs. 14 gen. 1991, n. 12.

22. ***Collocamento in comunità.*** — 1. Con il provvedimento che dispone il collocamento in comunità il giudice ordina che il minorenne sia affidato a una comunità pubblica o autorizzata, imponendo eventuali specifiche prescrizioni inerenti alle attività di studio o di lavoro ovvero ad altre attività utili per la sua educazione.

2. Il responsabile della comunità collabora con i servizi previsti dall'art. 19 comma 3.

3. Si applicano le disposizioni dell'art. 21 commi 2 e 4.

4. Nel caso di gravi e ripetute violazioni delle prescrizioni imposte o di allontanamento ingiustificato dalla comunità, il giudice può disporre la misura della custodia cautelare, per un tempo non superiore a un mese, qualora si proceda per un delitto per il quale è prevista la pena della reclusione non inferiore nel massimo a cinque anni.

23. ***Custodia cautelare.***[1] — 1. La custodia cautelare può essere applicata quando si procede per delitti non colposi per i quali la legge stabilisce la pena dell'ergastolo o della reclusione non inferiore nel massimo a nove anni. Anche fuori dei casi predetti, la custodia cautelare può essere applicata quando si procede per uno dei delitti, consumati o tentati, previsti dall'art. 380, comma 2, lettere *e*), *f*, *g*), *h*) del c.p.p. nonché, in ogni caso, per il delitto di [violenza carnale].[2]

2. Il giudice può disporre la custodia cautelare:

a) se sussistono gravi e inderogabili esigenze attinenti alle indagini, in relazione a situazioni di concreto pericolo per l'acquisizione o la genuinità della prova;

b) se l'imputato si è dato alla fuga o sussiste concreto pericolo che egli si dia alla fuga;[3]

c) se, per specifiche modalità e circostanze del fatto e per la personalità dell'imputato, vi è il concreto pericolo che questi commetta gravi delitti con uso di armi o di altri mezzi di violenza personale o diretti contro l'ordine costituzionale ovvero delitti di criminalità organizzata o della stessa specie di quelli per cui si procede.

3. I termini previsti dall'art. 303 del c.p.p. sono ridotti della metà per i reati commessi da minori degli anni diciotto e dei due terzi per quelli commessi da minori degli anni sedici e decorrono dal momento della cattura, dell'arresto, del fermo o dell'accompagnamento.

[1] Articolo così sost. dall'art. 42 del D.L. 14 gen. 1991, n. 12.

[2] Ora "violenza sessuale" ex art. 609-*bis* e s. cp.

[3] La Corte cost., con sent. 26 lug. 2000, n. 359, ha dichiarato l'ill. cost. di questa lettera.

24. ***Provvedimenti in caso di scarcerazione per decorrenza dei termini.*** — 1. Quando l'imputato è scarcerato per decorrenza dei termini, il giudice può imporre le prescrizioni previste dall'art. 20.

CAPO III
Definizione anticipata del procedimento e giudizio in dibattimento

25. ***Procedimenti speciali.*** — 1. Nel procedimento davanti al tribunale per i minorenni non si applicano le disposizioni dei titoli II e V del libro VI del c.p.p.

2. Le disposizioni del titolo III del libro VI del c.p.p. si applicano solo se è possibile compiere gli accertamenti previsti dall'art. 9 e assicurare al minorenne l'assistenza prevista dall'art. 12.

2-*bis*. Salvo quanto previsto dal comma 2, il pubblico ministero può procedere al giudizio direttissimo anche nei confronti del minorenne accompagnato a norma dell'art. 18-*bis*.[1]

2-*ter*. Il pubblico ministero non può procedere al giudizio direttissimo o richiedere il giudizio immediato nei casi in cui ciò pregiudichi gravemente le esigenze educative del minore.[2]

[1] Comma inserito dall'art. 43 del D.lgs. 14 gen. 1991, n. 12.

[2] Comma aggiunto dall'art. 12-*quater* del D.L. 23 mag. 2008, n. 92,conv. con modif., nella L. 24 lug. 2008, n. 125.

26. ***Obbligo della immediata declaratoria della non imputabilità.*** — 1. In ogni stato e grado del procedimento il giudice, quando accerta che l'imputato è minore degli anni quattordici, pronuncia, anche di ufficio, sentenza di non luogo a procedere trattandosi di persona non imputabile.

27. ***Sentenza di non luogo a procedere per irrilevanza del fatto.***[1] — 1. Durante le indagini preliminari, se risulta la tenuità del fatto e l'occasionalità del comportamento, il pubblico ministero chiede al giudice sentenza di non luogo a procedere per irrilevanza del fatto quando l'ulteriore corso del procedimento pregiudica le esigenze educative del minorenne.

2. Sulla richiesta il giudice provvede in camera di consiglio sentiti il minorenne e l'esercente la responsabilità genitoriale[2], nonché la persona offesa dal reato. Quando non accoglie la richiesta il giudice dispone con ordinanza la restituzione degli atti al pubblico ministero.

3. Contro la sentenza possono proporre appello il minorenne e il procuratore generale presso la corte di appello. La corte di appello decide con le forme previste dall'art. 127 del c.p.p. e, se non conferma la sentenza, dispone la restituzione degli atti al pubblico ministero.

4. Nell'udienza preliminare, nel giudizio direttissimo e nel giudizio immediato, il giudice pronuncia di ufficio sentenza di non luogo a procedere per irrilevanza del fatto, se ricorrono le condizioni previste dal comma 1.[3]

[1] Articolo così inserito dall'art. 1 della L. 5 feb. 1992, n. 123.

Ai sensi dell'art. 3 della citata L. 123/1992: «1. Nei procedimenti pendenti alla data di entrata in vigore della presente legge la sentenza di non luogo a procedere per irrilevanza del fatto prevista dall'art. 27 del citato testo approvato con D.P.R. 22 set. 1988, n. 448, come modificato dall'art. 1 della presente legge, può essere pronunciata in ogni stato e grado del procedimento».

La Corte cost., con sent. 6 giu. 1991, n. 250, aveva dichiarato l'ill. cost. dell'art. 27 nel testo originario.

[2] Ai sensi dell'art. 105, D.lgs. 28 dic. 2013, n. 154, in vigore dal 7 feb. 2014 l'espressione «potestà dei genitori» è sost. da «responsabilità genitoriale».

[3] La Corte cost., con sent. 9 mag. 2003, n. 149, ha dichiarato l'ill. cost. di questo comma nella parte in cui prevede che la sentenza di proscioglimento per irrilevanza del fatto possa essere pronunciata solo nell'udienza preliminare, nel giudizio immediato e nel giudizio direttissimo.

28. ***Sospensione del processo e messa alla prova.***[1] — 1. Il giudice, sentite le parti, può disporre con ordinanza la sospensione del processo quando ritiene di dover valutare la personalità del minorenne all'esito della prova disposta a norma del comma 2. Il processo è sospeso per un periodo non superiore a tre anni quando si procede per reati per i quali è prevista la pena dell'ergastolo o della reclusione non inferiore nel massimo a dodici anni; negli altri casi, per un periodo non superiore a un anno. Durante tale periodo è sospeso il corso della prescrizione.[2]

2. Con l'ordinanza di sospensione il giudice affida il minorenne ai servizi minorili dell'amministrazione della giustizia per lo svolgimento, anche in collaborazione con i servizi locali, delle opportune attività di osservazione, trattamento e sostegno. Con il medesimo provvedimento il giudice può impartire prescrizioni dirette a riparare le conseguenze del reato e a promuovere la conciliazione del minorenne con la persona offesa dal reato.

3. Contro l'ordinanza possono ricorrere per cassazione il pubblico ministero, l'imputato e il suo difensore.

4. La sospensione non può essere disposta se l'imputato chiede il giudizio abbreviato o il giudizio immediato.[3]

5. La sospensione è revocata in caso di ripetute e gravi trasgressioni alle prescrizioni imposte.

[1] V. art. 50-*bis* R.D. 30 gen. 1941, n. 12.

[2] Comma così modif. dall'art. 44 del D.L. 14 gen. 1991, n. 12.

[3] La Corte cost., con sent. 14 apr. 1995, n. 125, ha dichiarato l'ill. cost. del c. 4 nella parte in cui prevede che la sospensione non può essere disposta se l'imputato chiede il giudizio abbreviato, nonché, riuniti i giudizi, nella parte in cui prevede che non può essere disposta se l'imputato chiede il giudizio immediato.

29. ***Dichiarazione di estinzione del reato per esito positivo della prova.*** — 1. Decorso il periodo di sospensione, il giudice fissa una nuova udienza nella quale dichiara con sentenza estinto il reato se, tenuto conto del comportamento del minorenne e della evoluzione della sua personalità, ritiene che la prova abbia dato esito positivo. Altrimenti provvede a norma degli artt. 32 e 33.

30. ***Sanzioni sostitutive.*** — 1. Con la sentenza di condanna il giudice, quando ritiene di dover applicare una pena detentiva non superiore a due anni, può sostituirla con la sanzione della semidetenzione o della libertà controllata,[1] tenuto conto della personalità e delle esigenze di lavoro o di studio del minorenne nonché delle sue condizioni familiari, sociali e ambientali.

2. Il pubblico ministero competente per l'esecuzione trasmette l'estratto della sentenza al magistrato di sorveglianza per i minorenni del luogo di abituale dimora del condannato. Il magistrato di sorveglianza convoca, entro tre giorni dalla comunicazione, il minorenne, l'esercente la responsabilità genitoriale[2], l'eventuale affidatario e i servizi minorili e provvede in ordine alla esecuzione della sanzione a norma delle leggi vigenti, tenuto conto anche delle esigenze educative del minorenne.

[1] V. artt. 55 e 56 L. 24 nov. 1981, n. 689.

[2] Ai sensi dell'art. 105, D.lgs. 28 dic. 2013, n. 154, in vigore dal 7 feb. 2014 l'espressione «potestà dei genitori» è sost. da «responsabilità genitoriale».

31. ***Svolgimento dell'udienza preliminare.*** — 1. Fermo quanto previsto dagli artt. 420-*bis* e 420-*ter*[1] del c.p.p., il giudice può disporre l'accompagnamento coattivo dell'imputato non comparso.[2]

2. Il giudice, sentite le parti, può disporre l'allontanamento del minorenne, nel suo esclusivo interesse, durante l'assunzione di dichiarazioni e la discussione in ordine a fatti e circostanze inerenti alla sua personalità.

3. Dell'udienza è dato avviso alla persona offesa, ai servizi minorili che hanno svolto attività per il minorenne e all'esercente la responsabilità genitoriale[3].

4. Se l'esercente la potestà non compare senza un legittimo impedimento, il giudice può condannarlo al pagamento a favore della cassa delle ammende di una somma da euro 25 a euro 516. In qualunque momento il giudice può disporre l'allontanamento dell'esercente la responsabilità genitoriale[3] quando ricorrono le esigenze indicate nell'art. 12 comma 3.

5. La persona offesa partecipa all'udienza preliminare ai fini di quanto previsto dall'art. 90 del c.p.p. Il minorenne, quando è presente, è sentito dal giudice. Le altre persone citate o convocate sono sentite se risulta necessario ai fini indicati dall'art. 9.[3]

[1] Comma così modif. dall'art. 49, comma 2, della L. 16 dic. 1999, n. 479.

[2] Comma così sost. dall'art. 45 del D.L. 14 gen. 1991, n. 12.

[3] Ai sensi dell'art. 105, D.lgs. 28 dic. 2013, n. 154, in vigore dal 7 feb. 2014 l'espressione «potestà dei genitori» è sost. da «responsabilità genitoriale».

32. ***Provvedimenti.*** — 1. Nell'udienza preliminare, prima dell'inizio della discussione, il giudice chiede all'imputato se consente alla definizione del processo in quella stessa fase, salvo che il consenso sia stato validamente prestato in precedenza. Se il consenso è prestato, il giudice, al termine della discussione, pronuncia sentenza di non luogo a procedere nei casi previsti dall'art. 425 del codice di procedura penale o per concessione del perdono giudiziale o per irrilevanza del fatto.[1]

2. Il giudice, se vi è richiesta del pubblico ministero, pronuncia sentenza dicondanna quando ritiene applicabile una pena pecuniaria o una sanzione sostitutiva.[2] In tale caso la pena può essere diminuita fino alla metà rispetto al minimo edittale.

3. Contro la sentenza prevista dal comma 2 l'imputato e il difensore munito di procura speciale possono proporre opposizione, con atto depositato nella cancelleria del giudice che ha emesso la sentenza, entro cinque giorni dalla pronuncia o, quando l'imputato non è comparso, dalla notificazione dell'estratto. La sentenza è irrevocabile quando è inutilmente decorso il termine per proporre opposizione o quello per impugnare l'ordinanza che la dichiara inammissibile.[3]

3-*bis*. L'esecuzione della sentenza di condanna pronunciata a carico di più minorenni imputati dello stesso reato rimane sospesa nei confronti di coloro che hanno proposto opposizione fino a quando il giudizio conseguente all'opposizione non sia definito con pronuncia irrevocabile.[4]

4. In caso di urgente necessità, il giudice, con separato decreto, può adottare provvedimenti civili temporanei a protezione del minorenne. Tali provvedimenti sono immediatamente esecutivi e cessano di avere effetto entro trenta giorni dalla loro emissione.

[1] Comma così sost. dall'art. 22 della L. 1 mar. 2001, n. 63 La Corte cost., con sent. 16 mag. 2002, n. 195, ha dichiarato l'ill. cost. del presente comma nella parte in cui, in mancanza del consenso dell'imputato, preclude al giudi-

ce di pronunciare sentenza di non luogo a procedere che non presuppone un accertamento di responsabilità.

[2] V. artt. 53 s. L. 24 nov. 1981, n. 689.

[3] Comma così sost. dall'art. 46 del D.lgs. 14 gen. 1991, n. 12.

La Corte cost., con sent. 11 mar. 1993, n. 77, ha dichiarato l'ill. cost. dell'art. 32, c. 3 come sost. dall'art. 46 del D.lgs. 14 gen. 1991, n. 12 «nella parte in cui non prevede che possa essere proposta opposizione avverso le sentenze di non luogo a procedere con le quali è stata comunque presupposta la responsabilità dell'imputato».

[4] Comma inserito dall'art. 46 del D.lgs. 14 gen. 1991, n. 12.

32-*bis*. *Opposizione.*[1] — 1. Con l'atto di opposizione è richiesto il giudizio davanti al tribunale per i minorenni.

2. L'opposizione è inammissibile quando è proposta fuori termine o da persona non legittimata. L'inammissibilità è dichiarata dal giudice che ha emesso la sentenza con ordinanza avverso la quale l'opponente può proporre ricorso per cassazione.

3. Quando non deve dichiararne l'inammissibilità, il giudice trasmette l'opposizione con il fascicolo formato a norma dell'art. 431 del c.p.p. al tribunale per i minorenni competente per il giudizio.

4. Nel giudizio conseguente all'opposizione il tribunale per i minorenni revoca la sentenza di condanna.

5. Il tribunale per i minorenni può applicare in ogni caso una pena anche diversa e più grave di quella fissata nella sentenza revocata e revocare i benefici già concessi.

6. Con la sentenza che proscioglie l'imputato perché il fatto non sussiste, non è previsto dalla legge come reato ovvero è commesso in presenza di una causa di giustificazione, il tribunale per i minorenni revoca la sentenza di condanna anche nei confronti degli imputati dello stesso reato che non hanno proposto opposizione.

[1] Articolo inserito dall'art. 47 del D.lgs. 14 gen. 1991, n. 12.

33. *Udienza dibattimentale.* — 1. L'udienza dibattimentale davanti al tribunale per i minorenni è tenuta a porte chiuse.

2. L'imputato che abbia compiuto gli anni sedici può chiedere che l'udienza sia pubblica. Il tribunale decide, valutata la fondatezza delle ragioni addotte e l'opportunità di procedere in udienza pubblica, nell'esclusivo interesse dell'imputato. La richiesta non può essere accolta se vi sono coimputati minori degli anni sedici o se uno o più coimputati non vi consente.

3. L'esame dell'imputato è condotto dal presidente. I giudici, il pubblico ministero e il difensore possono proporre al presidente domande o contestazioni da rivolgere all'imputato.

4. Si applicano le disposizioni degli artt. 31 e 32 comma 4.

34. *Impugnazione dell'esercente la responsabilità genitoriale*[1]. — 1. L'esercente la responsabilità genitoriale[1] può, anche senza avere diritto alla notificazione del provvedimento, proporre l'impugnazione che spetta all'imputato minorenne.

2. Qualora sia l'imputato che l'esercente la responsabilità genitoriale[1] abbiano proposto l'impugnazione, si tiene conto, a ogni effetto, soltanto dell'impugnazione proposta dall'imputato, quando tra i due atti vi sia contraddizione. Negli altri casi, la regolarità di una impugnazione sana l'irregolarità dell'altra anche in relazione ai motivi.

[1] Ai sensi dell'art. 105, D.lgs. 28 dic. 2013, n. 154, in vigore dal 7 feb. 2014 l'espressione «potestà dei genitori» è sost. da «responsabilità genitoriale».

35. *Giudizio di appello.* — 1. Nel procedimento di appello si osservano in quanto applicabili le disposizioni riguardanti il procedimento davanti al tribunale per i minorenni.

CAPO IV
Procedimento per l'applicazione delle misure di sicurezza

36. *Applicazione delle misure di sicurezza nei confronti dei minorenni.* — 1. La misura di sicurezza della libertà vigilata applicata nei confronti di minorenni è eseguita nelle forme previste dagli artt. 20 e 21.

2. La misura di sicurezza del riformatorio giudiziario è applicata soltanto in relazione ai delitti previsti dall'art. 23 comma 1 ed è eseguita nelle forme dell'art. 22.

37. *Applicazione provvisoria.* — 1. Con la sentenza di non luogo a procedere a norma degli artt. 97 e 98 del c.p., il giudice, su richiesta del pubblico ministero, può applicare in via provvisoria una misura di sicurezza.

2. La misura è applicata se ricorrono le condizioni previste dall'art. 224 del c.p. e quando, per le specifiche modalità e circostanze del fatto e per la personalità dell'imputato, sussiste il concreto pericolo che questi commetta delitti con uso di armi o di altri mezzi di violenza personale o diretti contro la sicurezza collettiva o l'ordine costituzionale ovvero gravi delitti di criminalità organizzata.

3. Quando applica in via provvisoria una misura di sicurezza, il giudice dispone la trasmissione degli atti al tribunale per i minorenni. Allo stesso modo provvede nel caso di rigetto della richiesta del pubblico ministero. La misura cessa di avere effetto decorsi 30 giorni dalla pronuncia senza che abbia avuto inizio il procedimento previsto dall'art. 38.

4. Le disposizioni dei commi precedenti si applicano nel giudizio abbreviato (438 s. c.p.p.) quando il giudice, anche di ufficio, ritiene che sussistono le condizioni previste dal comma 2.

38. *Procedimento davanti al tribunale per i minorenni.* — 1. Nei casi previsti dall'art. 37 il tribunale per i minorenni procede al giudizio sulla pericolosità nelle forme previste dall'art. 678 del c.p.p. e decide con sentenza, sentiti il minorenne, l'esercente la responsabilità genitoriale[1], l'eventuale affidatario e i servizi indicati nell'art. 6. Nel corso del procedimento può modificare o revocare la misura applicata a norma dell'art. 37 comma 1 o applicarla in via provvisoria.

2. Con la sentenza il tribunale per i minorenni applica la misura di sicurezza (199 s. c.p.) se ricorrono le condizioni previste dall'art. 37 comma 2.

[1] Ai sensi dell'art. 105, D.lgs. 28 dic. 2013, n. 154, in vigore dal 7 feb. 2014 l'espressione «potestà dei genitori» è sost. da «responsabilità genitoriale».

39. ***Applicazione di una misura di sicurezza nel dibattimento.*** — 1. Con la sentenza emessa a norma degli artt. 97 o 98 del c.p. o con la sentenza di condanna, il tribunale per i minorenni può disporre l'applicazione di una misura di sicurezza, se ricorrono le condizioni previste dall'art. 37 comma 2.

40. ***Esecuzione delle misure di sicurezza.*** — 1. La competenza per l'esecuzione delle misure di sicurezza applicate nei confronti di minorenni è attribuita al magistrato di sorveglianza per i minorenni del luogo dove la misura stessa deve essere eseguita.

2. Il magistrato di sorveglianza per i minorenni impartisce le disposizioni concernenti le modalità di esecuzione della misura, sulla quale vigila costantemente anche mediante frequenti contatti, senza alcuna formalità, con il minorenne, l'esercente la responsabilità genitoriale[1], l'eventuale affidatario e i servizi minorili. In caso di revoca della misura ne dà comunicazione al procuratore della Repubblica presso il tribunale per i minorenni per l'eventuale esercizio dei poteri di iniziativa in materia di provvedimenti civili.

[1] Ai sensi dell'art. 105, D.lgs. 28 dic. 2013, n. 154, in vigore dal 7 feb. 2014 l'espressione «potestà dei genitori» è sost. da «responsabilità genitoriale».

41. ***Impugnazione dei provvedimenti del magistrato di sorveglianza per i minorenni.*** — 1. Contro i provvedimenti emessi dal magistrato di sorveglianza per i minorenni in materia di misure di sicurezza possono proporre appello dinanzi al tribunale per i minorenni l'imputato, l'esercente la responsabilità genitoriale[1], il difensore e il pubblico ministero.

2. Si osservano le disposizioni generali sulle impugnazioni, ma l'appello non ha effetto sospensivo, salvo che il tribunale per i minorenni disponga altrimenti.

[1] Ai sensi dell'art. 105, D.lgs. 28 dic. 2013, n. 154, in vigore dal 7 feb. 2014 l'espressione «potestà dei genitori» è sost. da «responsabilità genitoriale».

- 3 -

D.lgs. 28 lug. 1989, n. 272

Norme di attuazione, di coordinamento e transitorie del D.P.R. 22 set. 1988, n. 448, recante disposizioni sul processo penale a carico di imputati minorenni

(G.U. Serie gen. 5 ago. 1989, n. 182, Suppl., con avviso rettifica in G.U. 28 set. 1989, n. 227)

1. ***Disposizione generale.*** — 1. Nel procedimento a carico di imputati minorenni, per quanto non previsto dal presente decreto, si osservano le norme di attuazione, di coordinamento e transitorie del codice di procedura penale.

2. ***Assegnazione degli affari.*** — 1. Fermo quanto previsto dall'art. 7-*ter* del R.D. 30 gen. 1941, n. 12, introdotto dall'art. 4 del D.P.R. 22 set. 1988, n. 449, nei tribunali per i minorenni l'assegnazione degli affari è disposta in modo da favorire la diretta esperienza di ciascun giudice nelle diverse attribuzioni della funzione giudiziaria minorile.

3. ***Applicazione e supplenza dei magistrati addetti agli uffici giudiziari minorili.*** — 1. I magistrati addetti agli uffici giudiziari minorili non possono essere destinati in applicazione o supplenza ad altro ufficio giudiziario, salvo casi eccezionali dovuti a imprescindibili esigenze di servizio.

4. ***Sezioni di corte di appello per i minorenni.***[1] — 1. Alle sezioni di corte di appello per i minorenni sono destinati, per almeno un biennio, magistrati scelti tra i componenti la corte di appello, che abbiano svolto attività presso uffici giudiziari minorili o presso uffici del giudice tutelare o che siano comunque dotati di specifica attitudine, preparazione ed esperienza.

2. I magistrati sono destinati in via esclusiva alla sezione indicata nel comma 1 quando lo richiede l'entità degli affari in materia minorile. Ai magistrati destinati anche ad altre sezioni sono assegnati di preferenza affari strettamente connessi con le tematiche familiari e minorili.

[1] V. art. 2 lett. *e*) D.P.R. 22 set. 1988, n. 448.

5. ***Formazione e aggiornamento dei magistrati addetti agli uffici giudiziari minorili.*** — 1. Il ministero di grazia e giustizia[1] collabora con il Consiglio superiore della magistratura per la realizzazione di appositi corsi di formazione e di aggiornamento per i magistrati ordinari e onorari addetti agli uffici giudiziari minorili, nelle materie attinenti al diritto minorile e alle problematiche della famiglia e dell'età evolutiva.

[1] Ora Ministro della giustizia.

6. ***Personale addetto alle sezioni di polizia giudiziaria per i minorenni.*** — 1. Per le sezioni specializzate di polizia giudiziaria indicate nell'art. 5 del D.P.R. 22 set. 1988, n. 448, si applicano le disposizioni previste per le sezioni ordinarie di polizia giudiziaria dal D.P.R. contenente le norme di attuazione, di coordinamento e transitorie del codice di procedura penale, sostituito il riferimento alla procura e al procuratore della Repubblica presso il tribunale e presso la pretura con il riferimento alla procura della Repubblica e al procuratore della Repubblica presso il tribunale per i minorenni.

2. Ai fini dell'assegnazione alle sezioni specializzate di polizia giudiziaria, si tiene conto dell'attitudine, dei titoli di studio, dei titoli di specializzazione in materia minorile e di eventuali esperienze specifiche del candidato.

3. Le amministrazioni di appartenenza, d'intesa con il ministero di grazia e giustizia, curano, anche congiuntamente, la formazione e l'aggiornamento del personale addetto alle sezioni di polizia giudiziaria per i minorenni.

7. ***Centri per la giustizia minorile.*** — 1. I centri di rieducazione per i minorenni dipendenti dal ministero di grazia e giustizia assumono la denominazione di centri per la giustizia minorile, con competenza regionale. Sezioni distaccate dei centri possono essere costituite presso altre città capoluogo di provincia.

2. Con decreto del ministro di grazia e giustizia possono essere accorpati in un unico centro i servizi ubicati nell'ambito territoriale di più regioni.

3. Di ogni centro per la giustizia minorile fanno parte i servizi indicati nell'art. 8 ubicati nel territorio di competenza.

4. Alla direzione del centro spettano, oltre le attribuzioni previste dalla legge per la direzione del centro di rieducazione per i minorenni, anche funzioni tecniche di programmazione, di coordinamento dell'attività dei servizi e di collegamento con gli enti locali.

5. Alle direzioni dei centri per la giustizia minorile e degli istituti e servizi minorili sono preposti funzionari che abbiano svolto significative attività nel settore minorile e che siano comunque dotati di specifiche attitudini e preparazione.

6. Per l'espletamento delle attività tecniche, ai centri può essere assegnato personale di servizio sociale e dell'area pedagogica. I centri possono altresì avvalersi della collaborazione di sedi scientifiche e di consulenti esterni.

8. ***Servizi dei centri per la giustizia minorile.*** — 1. I servizi facenti parte dei centri per la giustizia minorile sono:

a) gli uffici di servizio sociale per minorenni;

b) gli istituti penali per minorenni;

c) i centri di prima accoglienza;

d) le comunità;

e) gli istituti di semilibertà con servizi diurni per misure cautelari, sostitutive e alternative.

2. I servizi indicati nel comma 1 si avvalgono, nell'attuazione dei loro compiti istituzionali, anche della collaborazione di esperti in pedagogia, psicologia, sociologia e criminologia.

9. ***Centri di prima accoglienza.*** — 1. I centri di prima accoglienza ospitano, fino alla udienza di convalida, i minorenni arrestati o fermati. Ospitano altresì, in locali separati, fino alla udienza di convalida, i minorenni che vi sono condotti a norma dell'art. 18-*bis* c. 4 del D.P.R. 22 set. 1988, n. 448.[1]

2. I centri di prima accoglienza devono assicurare la permanenza dei minorenni senza caratterizzarsi come strutture di tipo carcerario e sono costituiti, ove possibile, presso gli uffici giudiziari minorili. In nessun caso possono essere situati all'interno di istituti penitenziari.

[1] Comma così modif. dall'art. 48 del D.lgs. 14 gen. 1991, n. 12.

10. ***Organizzazione delle comunità.*** — 1. Per l'attuazione del D.P.R. 22 set. 1988, n. 448, i centri per la giustizia minorile stipulano convenzioni con comunità pubbliche e private, associazioni e cooperative che operano in campo adolescenziale e che siano riconosciute o autorizzate dalla regione competente per territorio. Possono altresì organizzare proprie comunità, anche in gestione mista con enti locali.

2. L'organizzazione e la gestione delle comunità deve rispondere ai seguenti criteri:

a) organizzazione di tipo familiare, che preveda anche la presenza di minorenni non sottoposti a procedimento penale e capienza non superiore alle dieci unità, tale da garantire, anche attraverso progetti personalizzati, una conduzione e un clima educativamente significativi;

b) utilizzazione di operatori professionali delle diverse discipline;

c) collaborazione di tutte le istituzioni interessate e utilizzazione delle risorse del territorio.

3. Operatori dei servizi minorili dell'amministrazione della giustizia possono essere distaccati presso comunità e strutture pubbliche o convenzionate per compiti di collaborazione interdisciplinare.

11. ***Organizzazione degli istituti di semilibertà e semidetenzione.*** — 1. Gli istituti di semilibertà[1] e semidetenzione[2] sono organizzati e gestiti in modo da assicurare una effettiva integrazione con la comunità esterna.

2. Nelle attività scolastiche, di formazione lavoro e di tempo libero, sono valorizzate, in collaborazione con i servizi degli enti locali, le risorse del territorio.

[1] V. artt. 48 s. L. 26 lug. 1975, n. 354.
[2] V. art. 55 L. 24 nov. 1981, n. 689.

12. ***Servizi diurni.*** — 1. I centri della giustizia minorile attivano, con gli enti locali, programmi educativi di studio e di formazione lavoro, di tempo libero e di animazione anche per l'attuazione delle misure cautelari, alternative e sostitutive, attraverso servizi polifunzionali diurni ai quali è ammessa la partecipazione di minorenni non sottoposti a procedimenti penali.

2. I servizi sono organizzati e gestiti in collaborazione con tutte le istituzioni interessate e con la partecipazione di operatori professionali delle diverse discipline.

3. Le spese relative ai minorenni non sottoposti a procedimenti penali non sono a carico dell'amministrazione della giustizia.

13. ***Coordinamento dei servizi.*** — 1. D'intesa con le regioni e gli enti interessati, è costituita presso ogni centro per la giustizia minorile una commissione per il coordinamento delle attività dei servizi minorili dell'amministrazione della giustizia e dei servizi di assistenza degli enti locali.

2. Presso il ministero di grazia e giustizia è costituita una commissione centrale per il coordinamento delle attività dei servizi indicati nel comma 1. La costituzione, la composizione e il funzionamento della commissione sono determinati con decreto del ministro di grazia e giustizia d'intesa con le regioni.

14. ***Programmi di formazione per operatori minorili.*** — 1. Il ministero di grazia e giustizia e le regioni realizzano annualmente appositi programmi congiunti di formazione e di aggiornamento per gli operatori minorili dell'amministrazione della giustizia e degli enti locali.

15. ***Difensore di ufficio.*** — 1. Ciascun consiglio dell'ordine forense predispone e aggiorna almeno ogni tre mesi l'elenco alfabetico degli iscritti nell'albo idonei e disponibili ad assumere le difese di ufficio e lo comunica al presidente del tribunale per i minorenni, il quale ne cura la trasmissione alle autorità giudiziarie minorili del distretto.

2. Agli effetti dell'art. 11 del D.P.R. 22 set. 1988, n. 448, si considera in possesso di specifica preparazione chi abbia svolto non saltuariamente la professione forense davanti alle autorità giudiziarie minorili o abbia frequentato corsi di perfezionamento e aggiornamento per avvocati e procuratori legali[1] nelle materie attinenti il diritto minorile e le problematiche dell'età evolutiva.

3. Il consiglio dell'ordine forense dove ha sede il tribunale per i minorenni provvede alla formazione della tabella a norma dell'art. 29 commi 3, 4 e 5 del D.P.R. contenente le norme di attuazione, di coordinamento e transitorie del codice di procedura penale, d'intesa con il presidente del tribunale per i minorenni, che ne cura la trasmissione alle autorità giudiziarie minorili del distretto.

4. Il consiglio dell'ordine forense dove ha sede il tribunale per i minorenni, d'intesa con il presidente del tribunale per i minorenni e con il procuratore della Repubblica per i minorenni, organizza annualmente corsi di aggiornamento per avvocati e procuratori legali nelle materie attinenti il diritto minorile e le problematiche dell'età evolutiva.

[1] Il riferimento ai procuratori legali è superato ai sensi dell'art. 3 della L. 24 feb. 1997, n. 27.

16. [***Organi delle notificazioni.***][1]

[1] Articolo abrog. dall'art. 49, D.lgs. 14 gen. 1991, n. 12.

17. ***Comunicazione ai servizi.*** — 1. Ai fini di quanto previsto dall'art. 12 commi 1 e 2 del D.P.R. 22 set. 1988, n. 448, l'autorità giudiziaria provvede a informare le persone e i servizi interessati mediante apposita comunicazione.

18. [***Casellario giudiziale per i minorenni.***][1]

[1] Articolo abrog. dall'art. 52, D.P.R. 14 nov. 2002, n. 313.

19. [***Regime transitorio delle iscrizioni.***][1]

[1] Articolo abrog. dall'art. 52, D.P.R. 14 nov. 2002, n. 313.

20. ***Cautele nell'esecuzione dell'arresto e del fermo, nell'accompagnamento e nella traduzione.*** — 1. Nell'esecuzione dell'arresto e del fermo, nell'accompagnamento e nella traduzione, sono adottate le opportune cautele per proteggere i minorenni dalla curiosità del pubblico e da ogni specie di pubblicità nonché per ridurne, nei limiti del possibile, i disagi e le sofferenze materiali e psicologiche. È vietato l'uso di strumenti di coercizione fisica, salvo che ricorrano gravi esigenze di sicurezza.

1.1. L'autorità giudiziaria o la direzione penitenziaria competente valutano se ricorre l'esigenza di assicurare, nei confronti dei soggetti minorenni che si trovano in particolari condizioni emotive, l'assistenza psicologica a mezzo dei servizi dei centri per la giustizia minorile.[1]

1-*bis*. Il minorenne condotto presso gli uffici di polizia giudiziaria in esecuzione di un arresto, di un fermo o di un accompagnamento è trattenuto in locali separati da quelli dove si trovano maggiorenni arrestati o fermati.[2]

[1] Comma inserito dall'art. 3 della L. 12 dic. 1992, n. 492.
[2] Comma inserito dall'art. 50 del D.lgs. 14 gen. 1991, n. 12.

20-*bis*. ***Verbale di consegna.***[1] — Nei casi previsti dagli artt. 18, comma 2 e 18-*bis*, comma 3 del D.P.R. 22 set. 1988, n. 448, la polizia giudiziaria redige verbale con l'indicazione delle generalità dell'esercente la responsabilità genitoriale[2], dell'eventuale affidatario e della persona da questi incaricata alla quale il minore è consegnato. Nel verbale è fatta menzione dell'avvertimento previsto dall'art. 18-*bis* comma 3.

[1] Articolo inserito dall'art. 51 del D.lgs. 14 gen. 1991, n. 12.
[2] Ai sensi dell'art. 105, D.lgs. 28 dic. 2013, n. 154, in vigore dal 7 feb. 2014 l'espressione «potestà dei genitori» è sost. da «responsabilità genitoriale».

21. ***Provvedimenti del pubblico ministero in caso di arresto o di fermo.***[1]

[1] Articolo soppresso dall'art. 52 del D.lgs. 14 gen. 1991, n. 12.

22. ***Provvedimenti in caso di accompagnamento.***[1]

[1] Articolo soppresso dall'art. 53 del D.lgs. 14 gen. 1991, n. 12.

23. ***Esecuzione delle misure cautelari in caso di infermità.*** — 1. Se il minorenne si trova in stato di infermità, le misure cautelari previste dagli artt. 21 e 22 del D.P.R. 22 set. 1988, n. 448 possono essere eseguite in luogo di cura pubblico o privato.

24. ***Esecuzione di provvedimenti limitativi della libertà personale.*** — 1. Le misure cautelari, le misure alternative, le sanzioni sostitutive, le pene detentive e le misure di sicurezza si eseguono secondo le norme e con le modalità previste per i minorenni anche nei confronti di coloro che nel corso dell'esecuzione abbiano compiuto il diciottesimo ma non il venticinquesimo anno di età, sempre che, per quanti abbiano già compiuto il ventunesimo anno, non ricorrano particolari ragioni di sicurezza valutate dal giudice competente, tenuto conto altresì delle finalità rieducative. L'esecuzione rimane affidata al personale dei servizi minorili.[1]

2. Le disposizioni del comma 1 si applicano anche quando l'esecuzione ha inizio dopo il compimento del diciottesimo anno di età.

[1] Comma così modif. dall'art. 5, D.L. 26 giu. 2014, n. 92, conv. con modif. in L. 11 ago. 2014, n. 117.

25. ***Giudice del riesame e dell'appello.*** — 1. Sulla richiesta di riesame o sull'appello proposti a norma degli artt. 309 e 310 del c.p.p. decide il tribunale per i minorenni del luogo dove ha sede l'ufficio del giudice che ha emesso l'ordinanza impugnata.

26. ***Sentenza di non luogo a procedere per irrilevanza del fatto.***[1] — 1. Se fin dalle prime indagini risulta che sussistono le condizioni previste dall'art. 27 del D.P.R. 22 set. 1988, n. 448, il pubblico ministero richiede sentenza di non luogo a procedere per irrilevanza del fatto al giudice indicato nell'art. 50-*bis* comma 1 del R.D. 30 gen. 1941, n. 12, introdotto dall'art. 14 del D.P.R. 22 set. 1988, n. 449.

[1] La Corte cost., con sent. 6 giu. 1991, n. 250, ha dichiarato l'ill. cost. di questo articolo.

27. ***Sospensione del processo e messa alla prova.*** — 1. Il giudice provvede a norma dell'art. 28 del D.P.R. 22 set. 1988, n. 448, sulla base di un progetto di intervento elaborato dai servizi minorili dell'amministrazione della giustizia, in collaborazione con i servizi socio-assistenziali degli enti locali.

2. Il progetto di intervento deve prevedere tra l'altro:

a) le modalità di coinvolgimento del minorenne, del suo nucleo familiare e del suo ambiente di vita;

b) gli impegni specifici che il minorenne assume;

c) le modalità di partecipazione al progetto degli operatori della giustizia e dell'ente locale;

d) le modalità di attuazione eventualmente dirette a riparare le conseguenze del reato e a promuovere la conciliazione del minorenne con la persona offesa.

3. I servizi informano periodicamente il giudice dell'attività svolta e dell'evoluzione del caso, proponendo, ove lo ritengano necessario, modifiche al progetto, eventuali abbreviazioni di esso ovvero, in caso di ripetute e gravi trasgressioni, la revoca del provvedimento di sospensione.

4. Il presidente del collegio che ha disposto la sospensione del processo e l'affidamento riceve le relazioni dei servizi e ha il potere, delegabile ad altro componente del collegio, di sentire, senza formalità di procedura, gli operatori e il minorenne.

5. Ai fini di quanto previsto dagli artt. 28 comma 5 e 29 del D.P.R. 22 set. 1988, n. 448, i servizi presentano una relazione sul comportamento del minorenne e sull'evoluzione della sua personalità al presidente del collegio che ha disposto la sospensione del processo nonché al pubblico ministero, il quale può chiedere la fissazione dell'udienza prevista dall'art. 29 del medesimo decreto.

28. ***Spese per interventi.*** — 1. Nell'applicazione delle misure previste dal D.P.R. 22 set. 1988, n. 448, le spese per il collocamento del minorenne in luogo diverso dall'abitazione familiare e per ogni altra attività di osservazione, trattamento e sostegno, sono a carico dello Stato.

29. ***Spese processuali.*** — 1. La sentenza di condanna nei confronti di persona minore degli anni diciotto al momento in cui ha commesso il fatto non comporta l'obbligo del pagamento delle spese processuali e di quelle per il suo mantenimento in carcere.

2. I crediti per le spese indicate nel comma 1, in essere alla data di entrata in vigore del presente decreto, sono estinti e non si fa luogo alla loro riscossione.

30. ***Disposizioni transitorie.*** — 1. Nei procedimenti pendenti alla data di entrata in vigore del D.P.R. 22 set. 1988, n. 448, la sentenza di non luogo a procedere per irrilevanza del fatto prevista dall'art. 27 del medesimo decreto può essere pronunciata in ogni stato e grado del procedimento.[1]

2. Le disposizioni degli artt. 28, 29 e 30 del D.P.R. 22 set. 1988, n. 448 si applicano ai procedimenti pendenti alla data di entrata in vigore dello stesso.

[1] La Corte cost., con sent. 6 giu. 1991, n. 250, ha dichiarato l'ill. cost. di questo comma.

31-32. (*Omissis*).

- 4 -

D.lgs. 2 ott. 2018, n. 121

Disciplina dell'esecuzione delle pene nei confronti dei condannati minorenni, in attuazione della delega di cui all'art. 1, commi 81, 83 e 85, lett. p), della legge 23 giugno 2017, n. 103

(G.U. 26 ott. 2018, n. 250)

CAPO I
Disposizioni generali

1. *Regole e finalità dell'esecuzione.* — 1. Nel procedimento per l'esecuzione della pena detentiva e delle misure penali di comunità a carico di minorenni, nonché per l'applicazione di queste ultime, si osservano le disposizioni del presente decreto e, per quanto da esse non previsto, quelle del codice di procedura penale, della legge 26 luglio 1975, n. 354, del relativo regolamento di attuazione di cui al decreto del Presidente della Repubblica 30 giugno 2000, n. 230, e del decreto del Presidente della Repubblica 22 settembre 1988, n. 448, e relative norme di attuazione, di coordinamento e transitorie approvate con decreto legislativo 28 luglio 1989, n. 272.

2. L'esecuzione della pena detentiva e delle misure penali di comunità deve favorire percorsi di giustizia riparativa e di mediazione con le vittime di reato. Tende altresì a favorire la responsabilizzazione, l'educazione e il pieno sviluppo psico-fisico del minorenne, la preparazione alla vita libera, l'inclusione sociale e a prevenire la commissione di ulteriori reati, anche mediante il ricorso ai percorsi di istruzione, di formazione professionale, di istruzione e formazione professionale, di educazione alla cittadinanza attiva e responsabile, e ad attività di utilità sociale, culturali, sportive e di tempo libero.

CAPO II
Esecuzione esterna e misure penali di comunità

2. *Misure penali di comunità.* — 1. Sono misure penali di comunità l'affidamento in prova al servizio sociale, l'affidamento in prova con detenzione domiciliare, la detenzione domiciliare, la semilibertà, l'affidamento in prova in casi particolari.

2. Le misure penali di comunità sono disposte quando risultano idonee a favorire l'evoluzione positiva della personalità, un proficuo percorso educativo e di recupero, sempre che non vi sia il pericolo che il condannato si sottragga all'esecuzione o commetta altri reati. Tutte le misure devono prevedere un programma di intervento educativo.

3. Fermo quanto previsto all'articolo 1, comma 1, ai fini della concessione delle misure penali di comunità e dei permessi premio e per l'assegnazione al lavoro esterno si applica l'articolo 4-*bis*, commi 1 e 1-*bis*, della legge 26 luglio 1975, n. 354, e successive modificazioni.[1]

4. Il tribunale di sorveglianza decide sulla base dei risultati dell'osservazione e della valutazione della personalità del minorenne, delle condizioni di salute psico-fisica, dell'età e del grado di maturità, del contesto di vita e di ogni altro elemento utile, tenuto conto della proposta di programma di intervento educativo redatta dall'ufficio di servizio sociale per i minorenni e dei percorsi formativi in atto.

5. Nella scelta della misura si tiene conto dell'esigenza di garantire un rapido inserimento sociale con il minor sacrificio della libertà personale.

6. La durata delle misure penali di comunità è corrispondente alla durata della pena da eseguire.

7. L'esecuzione delle misure penali di comunità avviene principalmente nel contesto di vita del minorenne e nel rispetto delle positive relazioni socio-familiari, salvo motivi contrari e, in ogni caso, purché non vi siano elementi tali da far ritenere collegamenti con la criminalità organizzata.

8. Con l'applicazione delle misure può essere disposto il collocamento del minorenne in comunità pubbliche o del privato sociale. Per favorire il percorso educativo del condannato, le comunità possono essere organizzate, in deroga a quanto previsto dall'articolo 10, comma 2, lettera *a*), del decreto legislativo 28 luglio 1989, n. 272, anche in modo da ospitare solamente minorenni sottoposti a procedimento penale ovvero in esecuzione di pena.

9. Ai fini dell'applicazione delle misure penali di comunità, l'osservazione è svolta dall'ufficio di servizio sociale per i minorenni che acquisisce i dati giudiziari e penitenziari, sanitari, psicologici e sociali, coordinandosi con i servizi socio-sanitari territoriali di residenza del minorenne e, per i detenuti, anche con il gruppo di osservazione e trattamento dell'istituto di appartenenza. Il tribunale di sorveglianza può disporre approfondimenti sanitari anche avvalendosi dei servizi specialistici territoriali.

10. Il tribunale di sorveglianza acquisisce informazioni sul contesto di vita familiare e ambientale, sui precedenti delle persone con cui il minorenne convive e sull'idoneità del domicilio indicato per l'esecuzione della misura.

11. L'ufficio di servizio sociale per i minorenni predispone gli interventi necessari ai fini della individuazione di un domicilio o di altra situazione abitativa, tale da consentire l'applicazione di una misura penale di comunità.

12. Le disposizioni sull'affidamento in prova al servizio sociale, sulla detenzione domiciliare e sulla semilibertà di cui alla legge 26 luglio 1975, n. 354 e successive modificazioni, nonché sull'affidamento in casi particolari previsto dal decreto del Presidente della Repubblica 9 ottobre 1990, n. 309, si applicano, in quanto compatibili, alle corrispon-

denti misure di comunità di cui al presente decreto.

[1] La Corte cost., con sent. 6 dic. 2019, n. 263, ha dichiarato l'ill. cost. del presente comma.

3. ***Prescrizioni e modalità esecutive delle misure penali di comunità.*** — 1. Il tribunale di sorveglianza, nel disporre una misura penale di comunità, prescrive lo svolgimento di attività di utilità sociale, anche a titolo gratuito, o di volontariato.

2. Le attività di cui al comma 1 sono svolte compatibilmente con i percorsi di istruzione, formazione professionale, istruzione e formazione professionale, le esigenze di studio, di lavoro, di famiglia e di salute del minorenne e non devono mai compromettere i percorsi educativi in atto.

3. Con il provvedimento che applica una misura penale di comunità sono indicate le modalità con le quali il nucleo familiare del minorenne è coinvolto nel progetto di intervento educativo. Ai fini dell'attuazione del progetto può farsi applicazione dell'articolo 32, comma 4, del decreto del Presidente della Repubblica 22 settembre 1988, n. 448.

4. ***Affidamento in prova al servizio sociale.*** — 1. Se la pena detentiva da eseguire non supera i quattro anni il condannato può essere affidato all'ufficio di servizio sociale per i minorenni, per lo svolgimento del programma di intervento educativo.

2. Il programma, predisposto in collaborazione con i servizi socio-sanitari territoriali, contiene gli impegni in ordine:

a) alle attività di istruzione, di formazione professionale, di istruzione e formazione professionale, di lavoro o comunque utili per l'educazione e l'inclusione sociale;

b) alle prescrizioni riguardanti la dimora, la libertà di movimento e il divieto di frequentare determinati luoghi;

c) alle prescrizioni dirette ad impedire lo svolgimento di attività ovvero relazioni personali che possono indurre alla commissione di ulteriori reati.

3. Con lo stesso provvedimento il tribunale di sorveglianza può disporre prescrizioni riguardanti l'adempimento degli obblighi di assistenza familiare e ogni altra prescrizione utile per l'educazione e il positivo inserimento sociale del minorenne, compreso, quando opportuno, il collocamento in comunità.

4. L'ordinanza che dispone l'affidamento in prova indica altresì: *a*) il ruolo del servizio sociale per i minorenni e dei servizi socio-sanitari territoriali nell'esecuzione del programma; *b*) le modalità di svolgimento delle attività di utilità sociale.

5. Nel corso dell'affidamento le prescrizioni possono essere modificate dal magistrato di sorveglianza sulla base delle indicazioni fornite dall'ufficio di servizio sociale per i minorenni. Le deroghe temporanee alle prescrizioni sono autorizzate, per motivi di urgenza, dal direttore dell'ufficio di servizio sociale per i minorenni, il quale ne dà immediata comunicazione al magistrato di sorveglianza.

6. L'ufficio di servizio sociale per i minorenni incontra l'affidato e lo assiste nel percorso di reinserimento sociale, anche mettendosi in relazione con la famiglia e con gli altri ambienti di vita del condannato.

5. ***Affidamento in prova con detenzione domiciliare.*** — 1. Fermo quanto previsto dall'articolo 4, il tribunale di sorveglianza può applicare l'affidamento in prova al servizio sociale con detenzione domiciliare in giorni determinati della settimana presso l'abitazione dell'affidato, altro luogo pubblico o privato di cura, assistenza e accoglienza, o presso comunità.

2. La detenzione domiciliare si esegue nelle forme di cui all'articolo 6.

6. ***Detenzione domiciliare.*** — 1. Fermo quanto previsto dagli articoli 47-*ter*, comma 1, 47-*quater* e 47-*quinquies* della legge 26 luglio 1975, n. 354, il condannato può espiare la pena detentiva da eseguire in misura non superiore a tre anni nella propria abitazione o altro luogo pubblico o privato di cura, assistenza e accoglienza o presso comunità, quando non vi sono le condizioni per l'affidamento in prova al servizio sociale e per l'affidamento in prova al servizio sociale con detenzione domiciliare.

2. Il tribunale di sorveglianza, nel disporre la detenzione domiciliare, ne fissa le modalità secondo quanto stabilito dall'articolo 284 del codice di procedura penale, tenendo conto del programma di intervento educativo predisposto dall'ufficio di servizio sociale per i minorenni. Tali prescrizioni possono essere modificate dal magistrato di sorveglianza competente per il luogo in cui si esegue la misura.

3. Le prescrizioni di cui al comma 2 favoriscono lo svolgimento di attività esterne, in particolare di istruzione, di formazione professionale, di istruzione e formazione professionale, ovvero di lavoro, o culturali, o sportive, comunque utili al successo formativo e all'inclusione sociale.

4. Al soggetto sottoposto alla detenzione domiciliare è fatto divieto di allontanarsi dal luogo di esecuzione della misura senza l'autorizzazione del magistrato di sorveglianza. Il soggetto che si allontana senza la prescritta autorizzazione è punito ai sensi dell'articolo 385 del codice penale. Si applica la disposizione del quarto comma dello stesso articolo.

7. ***Semilibertà.*** — 1. Il condannato può essere ammesso alla semilibertà, e così trascorrere parte del giorno fuori dall'istituto per partecipare ad attività di istruzione, di formazione professionale, di istruzione e di formazione professionale, di lavoro, di utilità sociale o comunque funzionali all'inclusione sociale, quando ha espiato almeno un terzo della pena; se si tratta di condannato per taluno dei delitti indicati nel comma 1 dell'articolo 4-*bis* della legge 26 luglio 1975, n. 354, si tiene conto, altresì, del significativo rapporto tra la pena espiata e la pena residua.

2. Nel programma di intervento educativo sono indicate le prescrizioni da osservare all'esterno con riferimento ai rapporti con la famiglia e con l'ufficio di servizio sociale per i minorenni, nonché gli orari di rientro in istituto.

3. Il soggetto ammesso alla semilibertà è assegnato preferibilmente ad appositi istituti o sezioni e può essere trasferito in altro istituto che agevoli l'organizzazione e lo svolgimento delle attività esterne, nonché il consolidamento delle relazioni socio-familiari utili per il suo inserimento sociale.

4. Il condannato che, senza giustificato motivo, non rientra in istituto o rimane assente per un tempo superiore alle dodici ore è punibile a norma del primo comma dell'articolo 385 del codice penale ed è applicabile la disposizione del quarto comma dello stesso articolo. Se il condannato rimane assente dall'istituto, senza giustificato motivo, per non più di dodici ore, è punito in via disciplinare. In tali casi la semilibertà può essere revocata.

8. ***Adozione, sostituzione e revoca delle misure penali di comunità.*** — 1. La competenza a decidere sulla adozione, sostituzione e revoca delle misure penali di comunità spetta al tribunale di sorveglianza per i minorenni. L'adozione della misura penale di comunità può essere disposta su richiesta dell'interessato, se maggiorenne, o del suo difensore; non può essere disposta d'ufficio. Nel caso in cui il condannato non abbia compiuto la maggiore età, la richiesta è presentata dal difensore o dall'esercente la responsabilità genitoriale. L'adozione della misura può essere proposta dal pubblico ministero o dall'ufficio di servizio sociale per i minorenni.

2. Il magistrato di sorveglianza può disporre l'applicazione in via provvisoria delle misure penali di comunità, con le modalità di cui articolo 47, comma 4, della legge 26 luglio 1975, n. 354 e successive modificazioni, quando lo stato di detenzione determina un grave pregiudizio al percorso di inserimento sociale.

3. Le misure penali di comunità sono sostituite o revocate, oltre che nei casi espressamente previsti, qualora il comportamento del condannato, contrario alla legge o alle prescrizioni impartite, appaia incompatibile con la prosecuzione della misura.

4. Il magistrato di sorveglianza può disporre in via provvisoria la sospensione della misura. La misura sospesa può essere sostituita con altra. Il magistrato di sorveglianza trasmette quindi immediatamente gli atti al tribunale di sorveglianza per le decisioni di competenza. Il provvedimento di sospensione del magistrato di sorveglianza cessa di avere efficacia se la decisione del tribunale di sorveglianza non interviene entro trenta giorni dalla ricezione degli atti.

5. In caso di revoca, il periodo trascorso in detenzione domiciliare o in semilibertà è scomputato dalla pena o misura ancora da espiare. In caso di revoca dell'affidamento in prova al servizio sociale e dell'affidamento in prova con detenzione domiciliare, il tribunale di sorveglianza determina la pena da espiare, tenuto conto della durata della misura concessa, delle limitazioni imposte al condannato e del suo comportamento durante il periodo trascorso.

CAPO III

Disciplina dell'esecuzione

9. ***Esecuzione delle misure penali di comunità e delle misure alternative.***[1] (*Omissis*)

[1] Modifica l'art. 24, D.lgs. 28 lug. 1989, n. 272.

10. ***Estensione dell'ambito di esecuzione delle pene secondo le norme e con le modalità previste per i minorenni.*** — 1. Quando nel corso dell'esecuzione di una condanna per reati commessi da minorenne sopravviene un titolo di esecuzione di altra pena detentiva per reati commessi da maggiorenne, il pubblico ministero emette l'ordine di esecuzione, lo sospende secondo quanto previsto dall'articolo 656 del codice di procedura penale e trasmette gli atti al magistrato di sorveglianza per i minorenni. Se questi ritiene che vi siano le condizioni per la prosecuzione dell'esecuzione secondo le norme e con le modalità previste per i minorenni, tenuto conto del percorso educativo in atto e della gravità dei fatti oggetto di cumulo, ne dispone con ordinanza l'estensione al nuovo titolo, altrimenti dispone la cessazione della sospensione e restituisce gli atti al pubblico ministero per l'ulteriore corso dell'esecuzione. Si tiene altresì conto delle ragioni di cui all'articolo 24 del decreto legislativo 28 luglio 1989, n. 272.

2. Avverso la decisione del magistrato di sorveglianza è ammesso reclamo ai sensi dell'articolo 69-*bis* della legge 26 luglio 1975, n. 354 e successive modificazioni. Si applica, in quanto compatibile, l'articolo 98 del decreto del Presidente della Repubblica 30 giugno 2000, n. 230.

3. L'esecuzione della pena nei confronti di chi ha commesso il reato da minorenne è affidata al personale dei servizi minorili dell'amministrazione della giustizia.

4. Quando l'ordine di esecuzione per il reato commesso da maggiorenne non può essere sospeso, il magistrato di sorveglianza per i minorenni trasmette gli atti al pubblico ministero che ha emesso l'ordine per l'ulteriore corso dell'esecuzione secondo le norme e con le modalità previste per i maggiorenni.

5. Se il condannato per reati commessi da minorenne abbia fatto ingresso in un istituto per adulti in custodia cautelare o in espiazione di pena, per

reati commessi dopo il compimento del diciottesimo anno di età, non si fa luogo all'esecuzione secondo le norme e con le modalità previste per i minorenni.

11. ***Esecuzione delle pene detentive.*** — 1. Quando deve essere eseguita nei confronti di persona che non abbia compiuto i venticinque anni di età una condanna a pena detentiva per reati commessi da minorenne, il pubblico ministero emette l'ordine di esecuzione se la pena detentiva, anche se costituente residuo di maggior pena, non è superiore a quattro anni, salvo, per l'affidamento in prova in casi particolari, quanto previsto dall'articolo 94 del decreto del Presidente della Repubblica 9 ottobre 1990, n. 309, e contestualmente ne dispone la sospensione salvo il caso in cui il condannato si trovi per il fatto oggetto della condanna in stato di custodia cautelare ovvero sia detenuto in carcere o in istituto penitenziario minorile per altro titolo definitivo.

2. L'ordine di esecuzione e il decreto di sospensione sono notificati al condannato, al difensore nominato per la fase dell'esecuzione o, in difetto, al difensore che ha operato nella fase del giudizio, e, in caso di persona minore degli anni diciotto, agli esercenti la responsabilità genitoriale, con l'avviso che nel termine di trenta giorni può essere presentata richiesta, corredata di dichiarazione o elezione di domicilio, al tribunale di sorveglianza per l'applicazione di una misura di comunità, mediante deposito presso l'ufficio del pubblico ministero, il quale ne cura l'immediata trasmissione al tribunale di sorveglianza unitamente agli atti.

3. Il decreto di sospensione contiene altresì l'invito al condannato a prendere contatti con l'ufficio del servizio sociale minorile dell'amministrazione della giustizia.

4. Se nel termine di cui al comma 2 non sono presentate richieste il pubblico ministero revoca la sospensione dell'ordine di esecuzione.

5. Il tribunale di sorveglianza, ricevuta l'istanza di cui al comma 2, entro il termine di quarantacinque giorni fissa l'udienza a norma dell'articolo 666, comma 3, del codice di procedura penale e ne fa dare avviso al condannato, agli esercenti la responsabilità genitoriale nel caso di persone minori degli anni diciotto, al pubblico ministero, al difensore e ai servizi sociali minorili dell'amministrazione della giustizia.

6. Con l'avviso di cui al comma 5 le parti sono altresì invitate a depositare, almeno cinque giorni prima della data fissata per l'udienza, memorie e documenti utili per l'applicazione della misura. I servizi sociali minorili dell'amministrazione della giustizia presentano, anche in udienza, la relazione personologica e sociale svolta sul minorenne, nonché il progetto di intervento redatto sulla base delle specifiche esigenze del condannato. Resta salva, in ogni caso, la facoltà del tribunale di sorveglianza di procedere anche d'ufficio all'acquisizione di documenti o di informazioni, o all'assunzione di prove a norma dell'articolo 666, comma 5, del codice di procedura penale.

12. ***Esecuzione delle misure penali di comunità.*** — 1. L'esecuzione delle misure penali di comunità è affidata al magistrato di sorveglianza del luogo dove la misura deve essere eseguita.

2. Il magistrato di sorveglianza, se ne ravvisa l'opportunità per elementi sopravvenuti, provvede alla modifica delle prescrizioni con decreto motivato, dandone notizia all'ufficio di servizio sociale per i minorenni.

3. Il minorenne sottoposto a misura penale di comunità è affidato all'ufficio di servizio sociale per i minorenni, il quale, in collaborazione con i servizi socio-sanitari territoriali, svolge attività di controllo, assistenza e sostegno per tutta la durata dell'esecuzione.

4. Per garantire la continuità dell'intervento educativo e l'inserimento sociale, terminata l'esecuzione della misura, i servizi socio-sanitari territoriali prendono in carico il minorenne per la prosecuzione delle attività di assistenza e sostegno anche curando, ove necessario, i contatti con i familiari e con le altre figure di riferimento.

5. Al compimento del venticinquesimo anno di età, se è in corso l'esecuzione di una misura penale di comunità, il magistrato di sorveglianza per i minorenni trasmette gli atti al magistrato di sorveglianza ordinario per la prosecuzione della misura, ove ne ricorrano le condizioni, con le modalità previste dalla legge 26 luglio 1975, n. 354 e successive modificazioni.

13. ***Nuovi titoli di privazione della libertà per fatti commessi da minorenne.*** — 1. Quando, durante l'esecuzione di una misura penale di comunità, sopravviene un titolo esecutivo di altra pena detentiva per fatti commessi da minorenne, il pubblico ministero sospende l'ordine di esecuzione se ricorrono le condizioni di cui all'articolo 11, comma 1, e trasmette gli atti al magistrato di sorveglianza, il quale, se ritiene che permangono le condizioni per la prosecuzione della misura, la dispone con ordinanza. In caso contrario dispone la cessazione dell'esecuzione della misura.

2. Avverso l'ordinanza è ammesso reclamo ai sensi dell'articolo 69-*bis* della legge 26 luglio 1975, n. 354 e successive modificazioni.

CAPO IV
Intervento educativo e organizzazione degli istituti penali per minorenni

14. ***Progetto di intervento educativo.*** — 1. La permanenza negli istituti penali per minorenni si svolge in conformità a un progetto educativo predisposto entro tre mesi dall'inizio dell'esecuzione. Il progetto, elaborato secondo i principi della personalizzazione delle prescrizioni e la flessibilità esecutiva, previo ascolto del condannato, tiene conto delle attitudini e delle caratteristiche della sua personalità. Il progetto contiene indicazioni sulle modalità con cui coltivare le relazioni con il mondo esterno e attuare la vita di gruppo e la cittadinanza responsabile, anche nel rispetto della diversità di genere, e sulla personalizzazione delle attività di istruzione, di formazione professionale, di istruzione e formazione professionale, nonché sulle attività di lavoro, di utilità sociale, culturali, sportive e di tempo libero utili al recupero sociale e alla prevenzione del rischio di commissione di ulteriori reati.

2. All'ingresso in istituto, è garantito un supporto psicologico da parte di personale specializzato, utile anche per la predisposizione del progetto educativo e per la prevenzione del rischio di atti di autolesionismo e di suicidio.

3. Il progetto educativo è illustrato al condannato con linguaggio comprensibile ed è costantemente aggiornato, considerati il grado di adesione alle opportunità offerte, l'evoluzione psico-fisica e il percorso di maturazione e di responsabilizzazione.

4. Il progetto di intervento educativo assicura la graduale restituzione di spazi di libertà in funzione dei progressi raggiunti nel percorso di recupero.

15. ***Assegnazione dei detenuti.*** — 1. Nella assegnazione dei detenuti è assicurata la separazione dei minorenni dai giovani al di sotto dei venticinque anni e degli imputati dai condannati. Le donne sono ospitate in istituti o sezioni apposite.

16. ***Camere di pernottamento.*** — 1. Le camere di pernottamento devono essere adattate alle esigenze di vita individuale dei detenuti e possono ospitare sino ad un massimo di quattro persone.

2. Per le finalità di cui al presente articolo è autorizzata la spesa di 80.000 euro per ciascuno degli anni 2018 e 2019.

17. ***Permanenza all'aperto.*** — 1. Ai detenuti è consentito di permanere all'aria aperta per un tempo non inferiore alle quattro ore al giorno. Tale periodo può essere ridotto per specifici motivi.

2. La permanenza all'aperto avviene in modo organizzato e con la presenza degli operatori penitenziari e dei volontari, in spazi attrezzati per lo svolgimento di attività fisica e ricreativa.

3. Per le finalità di cui al presente articolo è autorizzata la spesa di 100.000 euro per l'anno 2018.

18. ***Istruzione e formazione professionale all'esterno.*** — 1. I detenuti sono ammessi a frequentare i corsi di istruzione, di formazione professionale, di istruzione e formazione professionale all'esterno dell'istituto, previa intesa con istituzioni, imprese, cooperative o associazioni, quando si ritiene che la frequenza esterna faciliti il percorso educativo e contribuisca alla valorizzazione delle potenzialità individuali e all'acquisizione di competenze certificate e al recupero sociale.

2. Si applica la disciplina di cui all'articolo 21 della legge 26 luglio 1975, n. 354, e successive modificazioni.

19. ***Colloqui e tutela dell'affettività.*** — 1. Il detenuto ha diritto ad otto colloqui mensili, di cui almeno uno da svolgersi in un giorno festivo o prefestivo, con i congiunti e con le persone con cui sussiste un significativo legame affettivo. Ogni colloquio ha una durata non inferiore a sessanta minuti e non superiore a novanta. La durata massima di ciascuna conversazione telefonica mediante dispositivi, anche mobili, in dotazione dell'istituto, è di venti minuti. Salvo che ricorrano specifici motivi, il detenuto può usufruire di un numero di conversazioni telefoniche non inferiore a due e non superiore a tre a settimana. L'autorità giudiziaria può disporre che le conversazioni telefoniche vengano ascoltate e registrate per mezzo di idonee apparecchiature. È sempre disposta la registrazione delle conversazioni telefoniche autorizzate su richiesta di detenuti o internati per i reati indicati nell'articolo 4-*bis* della legge 26 luglio 1975, n. 354.

2. Per i detenuti privi di riferimenti socio-familiari sono favoriti colloqui con volontari autorizzati ad operare negli istituti penali per minorenni ed è assicurato un costante supporto psicologico.

3. Al fine di favorire le relazioni affettive, il detenuto può usufruire ogni mese di quattro visite prolungate della durata non inferiore a quattro ore e non superiore a sei ore, con una o più delle persone di cui al comma 1.

4. Le visite prolungate si svolgono in unità abitative appositamente attrezzate all'interno degli istituti, organizzate per consentire la preparazione e la consumazione di pasti e riprodurre, per quanto possibile, un ambiente di tipo domestico.

5. Il direttore dell'istituto verifica la sussistenza di eventuali divieti dell'autorità giudiziaria che impediscono i contatti con le persone indicate ai commi precedenti. Verifica altresì la sussistenza del legame affettivo, acquisendo le informazioni necessarie tramite l'ufficio del servizio sociale per i minorenni e dei servizi socio-sanitari territoriali.

6. Sono favorite le visite prolungate per i detenuti che non usufruiscono di permessi premio.

20. ***Regole di comportamento.*** — 1. Il regolamento che disciplina la vita nell'istituto è portato a conoscenza dei detenuti al loro ingresso con linguaggio comprensibile.

2. Ai fini della verifica dell'adesione ai programmi di intervento educativo, con conseguente progressione e concessione di benefici, è valutato anche il rispetto delle seguenti regole di comportamento all'interno dell'istituto:

a) osservanza degli orari, cura dell'igiene personale, pulizia e ordine della camera di pernottamento;

b) partecipazione alle attività di istruzione, formazione professionale, istruzione e formazione professionale, lavoro, culturali e sportive; la permanenza nelle camere di pernottamento nel corso dello svolgimento di tali attività è consentita soltanto in casi eccezionali, o per motivi di salute accertati dall'area sanitaria;

c) consumazione dei pasti nelle aree specificamente dedicate e non all'interno delle camere di pernottamento, salvo specifica indicazione in tal senso da parte dell'area sanitaria;

d) relazioni con gli operatori e con gli altri detenuti improntate al reciproco rispetto.

21. ***Custodia attenuata.*** — 1. Possono essere organizzate sezioni a custodia attenuata per ospitare detenuti che non presentano rilevanti profili di pericolosità o che sono prossimi alle dimissioni e ammessi allo svolgimento di attività all'esterno. L'organizzazione di tali strutture deve prevedere spazi di autonomia nella gestione della vita personale e comunitaria.

22. ***Territorialità dell'esecuzione.*** — 1. Salvo specifici motivi ostativi, anche dovuti a collegamenti con ambienti criminali, la pena deve essere eseguita in istituti prossimi alla residenza o alla abituale dimora del detenuto e delle famiglie, in modo da mantenere le relazioni personali e socio-familiari educativamente e socialmente significative.

2. L'assegnazione a un istituto penale per minorenni è comunicata all'autorità giudiziaria procedente. L'assegnazione a un istituto diverso da quello più vicino al luogo di residenza o di abituale dimora è disposta con provvedimento motivato, previo nulla osta dell'autorità giudiziaria.

3. Ai trasferimenti si applicano i criteri di cui al comma 1 e sono disposti con provvedimento motivato, previo nulla osta dell'autorità giudiziaria. Nei casi di urgenza sono eseguiti dalla competente amministrazione per la giustizia minorile e comunicati senza ritardo all'autorità giudiziaria.

23. ***Sanzioni disciplinari.*** — 1. Fermo quanto previsto dall'articolo 77 del decreto del Presidente della Repubblica 30 giugno 2000, n. 230, e successive modificazioni, sulle infrazioni disciplinari, possono essere applicate le seguenti sanzioni:

a) rimprovero verbale e scritto del direttore dell'istituto;

b) attività dirette a rimediare al danno cagionato;

c) esclusione dalle attività ricreative per non più di dieci giorni;

d) esclusione dalle attività in comune per non più di dieci giorni.

2. Le sanzioni del rimprovero verbale e scritto sono deliberate dal direttore dell'istituto, mentre per le altre è competente il consiglio di disciplina composto dal direttore dell'istituto o, in caso di legittimo impedimento, dall'impiegato più alto in grado con funzioni di presidente, da uno dei magistrati onorari addetti al tribunale per i minorenni designato dal presidente, e da un educatore.

24. ***Dimissione.*** — 1. Nei sei mesi precedenti, l'ufficio di servizio sociale per i minorenni, in collaborazione con l'area trattamentale, prepara e cura la dimissione:

a) elaborando, per i condannati cui non siano state applicate misure penali di comunità, programmi educativi, di formazione professionale, di lavoro e di sostegno all'esterno;

b) curando i contatti con i familiari di riferimento e con i servizi socio-sanitari territoriali, ai fini di quanto previsto nell'articolo 12, comma 4;

c) rafforzando, in assenza di riferimenti familiari, i rapporti con i servizi socio-sanitari territoriali e con le organizzazioni di volontariato, per la presa in carico del soggetto;

d) attivando sul territorio le risorse educative, di formazione, di lavoro e di sostegno, in particolare per i condannati privi di legami familiari sul territorio nazionale, ovvero la cui famiglia sia irreperibile o inadeguata, e individuando le figure educative o la comunità di riferimento proposte dai servizi sociali per i minorenni o dai servizi socio-sanitari territoriali.

25. ***Relazione al Parlamento sull'utilizzo delle risorse.*** (*Omissis*)

26. ***Disposizioni finanziarie.*** (*Omissis*)

MISURE DI PREVENZIONE E ANTIMAFIA

- 1 -

D.L. 6 set. 1982, n. 629

Misure urgenti per il coordinamento della lotta contro la delinquenza mafiosa

(G.U. 6 set. 1982, n. 245)
conv. in L. 12 ott. 1982, n. 726
(G.U. 12 ott. 1982, n. 281)

1.[1] Con decreto del Presidente della Repubblica previa deliberazione del Consiglio dei ministri, su proposta del Ministro dell'interno, un prefetto della Repubblica può essere nominato [Alto commissario per il coordinamento della lotta contro la delinquenza mafiosa]. L'incarico ha durata non superiore a un triennio e può essere prorogato fino ad ulteriori tre anni.

Con proprio decreto, il Ministro dell'Interno, ai fini della prevenzione e della lotta contro la delinquenza mafiosa, delega all'[Alto commissario] poteri di coordinamento tra gli organi amministrativi e di polizia, sul piano locale e sul piano nazionale, stabilendo modalità e limiti per l'esercizio della delega; detta specifiche disposizioni per l'organizzazione, oltre che degli uffici e servizi presso le prefetture, degli uffici posti alle dirette dipendenze dell'[Alto commissario], assegnando a questi ultimi il relativo personale, anche in deroga alle norme vigenti, sentite le amministrazioni interessate.

L'[Alto commissario] trasmette periodicamente al Ministro dell'interno relazioni informative sull'attività svolta e, valutazioni sull'andamento della criminalità di tipo mafioso.

Qualora sulla base di elementi comunque acquisiti vi sia necessità di verificare se ricorrano pericoli di infiltrazione da parte della delinquenza di tipo mafioso, all'Alto commissario sono attribuiti, anche in deroga alle disposizioni vigenti, poteri di accesso e di accertamento presso pubbliche amministrazioni, enti pubblici anche economici e i soggetti di cui al Titolo I, Capo I del decreto legislativo 21 novembre 2007, n. 231, e successive modificazioni con la possibilità di avvalersi degli organi di polizia tributaria.[2]

A richiesta dell'[Alto commissario], le imprese, sia individuali che costituite in forma di società aggiudicatarie o partecipanti a gare pubbliche di appalto o a trattativa privata, sono tenute a fornire allo stesso notizie di carattere organizzativo, finanziario e tecnico sulla propria attività, nonché ogni indicazione ritenuta utile ad individuare gli effettivi titolari dell'impresa ovvero delle azioni o delle quote sociali.

Nei confronti degli appaltatori che non ottemperino alla richiesta di cui al precedente comma ovvero forniscano notizie non corrispondenti al vero si applica la pena dell'arresto da sei mesi ad un anno. La condanna comporta la sospensione dall'albo degli appaltatori.

Le stazioni appaltanti opere pubbliche sono tenute a fornire all'[Alto commissario], ove questi ne faccia richiesta, le documentazioni relative alle procedure di aggiudicazione e ai contratti di opere eseguite o da eseguire.

All'[Alto commissario] spetta ogni altro potere attribuito all'autorità di pubblica sicurezza ivi compreso il potere di intercettazione telefonica ai sensi dell'art. 226-*sexies* del codice di procedura penale.

L'[Alto commissario] è destinatario di tutte le comunicazioni provenienti dal Servizio per le informazioni e la sicurezza democratica (SISDE) ai sensi dell'art. 6, ultimo comma, della legge 24 ottobre 1977, n. 801, e, altresì, di quelle provenienti dal Servizio per le informazioni e la sicurezza militare (SISMI) quando riguardino fatti comunque connessi ad attività di tipo mafioso. L'[Alto commissario], d'intesa con il direttore del SISDE, può disporre, ai fini dell'esercizio delle sue funzioni, delle strutture e dei mezzi del Servizio, in base a modalità stabilite nel decreto di cui al precedente secondo comma.

[1] Le competenze dell'Alto Commissario per il coordinamento della lotta contro la delinquenza mafiosa sono cessate dal 1° gen. 1993 ed ora attribuite al Ministero degli Interni, con facoltà di delega ai Prefetti, al direttore della DIA o ad altri organi ed uffici dell'amministrazione di pubblica sicurezza.

[2] Comma modif. dall'art. 8, c. 8, D.lgs. 25 mag. 2017, n. 90.

1-*bis*. 1. Nell'esercizio dei poteri di cui all'art. 1, quarto comma, l'[Alto commissario] può richiedere ai funzionari responsabili degli uffici delle pubbliche amministrazioni, degli enti pubblici anche economici, delle banche, degli istituti di credito pubblici e privati, delle società fiduciarie e di ogni altro istituto o società che esercita la raccolta del risparmio o l'intermediazione finanziaria, nonché ai presidenti dei relativi organi di controllo, dati e informazioni su atti e documenti in loro possesso, ed ogni altra notizia ritenuta utile, ai fini dell'espletamento delle funzioni conferitegli.

2. Ai fini di cui al comma 1 si osservano le disposizioni dell'art. 7, secondo comma, della L. 1° apr. 1981, n. 121, ed è comunque garantito l'anonimato sui trattamenti e accertamenti sanitari di cui all'art. 95 della L. 22 dic. 1975, n. 685.

3. I soggetti indicati nel comma 1 che non ottemperano alle richieste di dati e informazioni o forniscono all'[Alto commissario] dati e informazioni non veritieri sono puniti, se il fatto non costituisce più grave reato, con l'arresto da sei mesi ad un anno.

4. Ove sussistano le condizioni previste nell'art. 1, quarto comma, l'[Alto commissario] può altresì richiedere ai soggetti indicati nel comma 1 di effettuare ispezioni nell'ambito di uffici e servizi posti alle loro dipendenze, verifiche sulle procedure am-

ministrative e sull'esecuzione degli appalti di opere e forniture e delle concessioni di opere e servizi, nonché sull'erogazione e sull'impiego di finanziamenti pubblici, mutui agevolati e contributi comunitari, e di dargli comunicazione dei risultati, anche parziali. Alle verifiche predette può procedere lo stesso [Alto commissario] direttamente o a mezzo di funzionari appositamente incaricati.

5. Se dagli accertamenti effettuati ai sensi del presente articolo e dell'art. 1 emergono illeciti amministrativi in materia fiscale, valutaria o previdenziale, l'[Alto commissario] dispone che ne siano informate le autorità amministrative competenti per i provvedimenti conseguenti.

1-*ter*. 1-2. Abrogati

3. L'[Alto commissario] potrà anche su segnalazione dell'autorità giudiziaria adottare o, previa intesa con il capo della polizia-direttore generale della pubblica sicurezza, fare adottare, dagli uffici competenti, tutte le misure che valgono ad assicurare, garantendone la riservatezza anche in atti della pubblica amministrazione, la incolumità delle persone esposte a grave pericolo per effetto della loro collaborazione nella lotta contro la mafia o di dichiarazioni da esse rese nel corso di indagini di polizia o di procedimenti penali, riguardanti fatti riferibili a organizzazioni e attività criminose di stampo mafioso. Tali misure potranno anche essere adottate per garantire l'incolumità dei prossimi congiunti.

4. La dotazione di personale, mezzi e strutture logistiche del nucleo di cui al comma 1 è stabilita con decreto del Ministro dell'interno, di concerto con il Ministro della difesa ove trattasi di personale proveniente dal SISMI, su proposta dell'[Alto commissario].

1-*quater*. 1. Per le esigenze informative specificatamente connesse alla lotta contro la delinquenza di tipo mafioso, il centro elaborazione dati di cui all'art. 8 della L. 1° apr. 1981, n. 121, provvede a costruire un'apposita sezione per la classificazione, l'analisi, l'elaborazione di notizie, informazioni e dati specificamente attinenti ai fenomeni di tipo mafioso.

2. L'[Alto commissario] può accedere ai dati ed alle informazioni esistenti negli archivi magnetici del centro elaborazione dati di cui al comma l; il personale posto alle sue dipendenze, fermo quanto previsto dalla vigente normativa, può accedere alle notizie, alle informazioni ed ai dati contenuti nella sezione speciale di cui al comma 1. Si osservano le modalità e le procedure stabilite nel decreto del Presidente della Repubblica 3 mag. 1982, n. 378.

1-*quinquies*. 1. Per l'espletamento dei suoi compiti istituzionali l'[Alto commissario] può proporre al tribunale del luogo in cui la persona dimora l'applicazione delle misure di prevenzione ai sensi degli artt. 1 e 2 della L. 31 mag. 1965, n. 575, e successive modificazioni ed integrazioni; può altresì esercitare le altre facoltà attribuite dalla stessa legge alle autorità cui spetta di promuovere il procedimento di prevenzione. L'[Alto commissario] dispone che delle proposte inoltrate al tribunale sia data comunicazione alla questura territorialmente competente per gli adempimenti previsti nel quarto comma dell'articolo 10-*bis* della L. 31 mag. 1965, n. 575, e successive modificazioni ed integrazioni.

2. L'[Alto commissario] ha facoltà di convocare qualsiasi persona avvalendosi dei poteri di cui all'art. 15 dei testo unico delle leggi di pubblica sicurezza, approvato con R.D. 18 giu. 1931, n. 773, e ne riferisce semestralmente al Ministro dell'interno.

3. Per l'espletamento dei suoi compiti l'[Alto commissario] può esercitare, su delega del Ministro dell'interno, la facoltà di cui all'articolo 165-*ter* del codice di procedura penale.

4. L'autorità giudiziaria competente, senza ritardo, trasmette ovvero autorizza gli organi di polizia giudiziaria a trasmettere all'[Alto commissario] copia dei rapporti, delle perizie tossicologiche in materia di stupefacenti e di ogni altro atto ritenuto utile, concernenti fatti comunque connessi a delitti di tipo mafioso; è altresì trasmessa all'[Alto commissario] copia delle perizie balistiche espletate in procedimenti penali. L'autorità giudiziaria, qualora ritenga di non poter derogare al segreto di cui all'articolo 307 del codice di procedura penale, dispone, con decreto motivato, che la trasmissione sia procrastinata per il tempo strettamente necessario. La documentazione trasmessa è coperta dal segreto di ufficio.

5. L'autorità giudiziaria, ove lo ritenga opportuno, può fornire all'[Alto commissario], su sua richiesta, informazioni su iniziative di polizia giudiziaria concernenti la criminalità di tipo mafioso.

6. L'[Alto commissario], per ragioni del proprio ufficio, ha facoltà di visitare gli istituti penitenziari e può avere colloqui personali, con detenuti e internati, osservando le disposizioni dell'art. 18-*bis* della L. 26 lug. 1975, n. 354; nei casi di particolare urgenza di cui al comma 4 del medesimo articolo, all'attestazione ivi prevista provvede lo stesso [Alto commissario]. Tali facoltà non sono delegabili. Di detti colloqui l'Alto commissario farà specifica menzione nelle relazioni di cui al terzo comma dell'art. 1.

7. Il procuratore della Repubblica del luogo dove le operazioni debbono essere eseguite può autorizzare le intercettazioni di cui all'art. 16 della L. 13 set. 1982, n. 646, anche a richiesta dell'[Alto commissario].

1-*sexies*. 1. Per l'esercizio delle funzioni di coordinamento attribuitegli, l'[Alto commissario], previa autorizzazione del Ministro dell'interno e conseguenti intese con i prefetti delle province interessate ai problemi da trattare, può convocare apposite conferenze interprovinciali, anche allo scopo di concertare ogni utile iniziativa degli organi di polizia e delle altre amministrazioni pubbliche nel quadro della lotta alla criminalità organizzata di tipo mafioso.

2. Alle conferenze di cui al comma 1 partecipano le autorità provinciali di pubblica sicurezza, i comandanti dei reparti dell'Arma dei carabinieri e della Guardia di finanza, nonché i responsabili delle altre Forze di polizia; sono invitati a partecipare componenti dell'ordine giudiziario d'intesa con il procuratore generale presso la corte di appello e possono essere chiamati a partecipare i titolari di uffici periferici dello Stato, nonché i rappresentanti delle regioni e degli enti locali. Dei risultati delle conferenze viene data comunicazione al Ministero dell'interno.

1-*septies*. 1. L'[Alto commissario] può comunicare alle autorità competenti al rilascio di licenze, autorizzazioni, concessioni in materia di armi ed esplosivi e per lo svolgimento di attività economiche, nonché di titoli abilitativi alla conduzione di mezzi ed al trasporto di persone o cose, elementi di fatto ed altre indicazioni utili alla valutazione, nell'ambito della discrezionalità ammessa dalla legge, dei requisiti soggettivi richiesti per il rilascio, il rinnovo, la sospensione o la revoca delle licenze, autorizzazioni, concessioni e degli altri titoli menzionati.

1-*octies*. 1. Per l'analisi degli aspetti finanziari, socio-economici, storici e culturali dei fenomeni di carattere mafioso, su proposta dell'[Alto commissario], il Ministro dell'interno può conferire, con contratto di diritto privato, ad esperti anche estranei alla pubblica amministrazione, in numero non superiore a dieci, incarichi di studio e ricerca.

2. Il compenso agli esperti è determinato con decreto del Ministro dell'interno, di concerto con il Ministro del tesoro.

2. All'[Alto commissario] è attribuita una speciale indennità disciplinata, anche nella misura, con decreto del Ministro dell'interno di concerto con il Ministro del tesoro. La relativa spesa farà carico al capitolo 2501 dello stato di previsione del Ministero dell'interno per l'anno 1982 ed ai corrispondenti capitoli per gli anni successivi.

2-*bis*-2-*sexies*. (*Omissis*).

3. Il presente decreto entra in vigore il giorno stesso della sua pubblicazione nella *Gazzetta Ufficiale* della Repubblica italiana e sarà presentato alle Camere per la conversione in legge.

- 2 -

L. 13 set. 1982, n. 646

Disposizioni in materia di misure di prevenzione di carattere patrimoniale ed integrazioni alle leggi 27 dic. 1956, n. 1423, 10 feb. 1962, n. 57 e 31 mag. 1965, n. 575 - Istituzione di una commissione parlamentare sul fenomeno della mafia[1]

(G.U. 14 set. 1982, n. 253)

[1] Ai sensi dell'art. 116 del D.lgs. 6 set. 2011, n. 159 (*Codice delle leggi antimafia e delle misure di prevenzione, nonché nuove disposizioni in materia di documentazione antimafia*), dalla data di entrata in vigore del presente decreto, i richiami alle disposizioni contenute nella L. 27 dic. 1956, n. 1423, ovunque presenti, si intendono riferiti alle corrispondenti disposizioni contenute nel presente decreto.

2. Dalla data di cui al comma 1, i richiami alle disposizioni contenute nella L. 31 mag. 1965, n. 575, ovunque presenti, si intendono riferiti alle corrispondenti disposizioni contenute nel presente decreto.

3. Dalla data di cui al comma 1, i richiami alle disposizioni contenute negli art. 1, 3 e 5 del D.L. 29 ott. 1991, n. 345, conv. con modif. in L. 30 dic. 1991, n. 410, ovunque presenti, si intendono riferiti alle corrispondenti disposizioni contenute nel presente decreto.

4. Dalla data di entrata in vigore delle disposizioni del libro II, capi I, II, III e IV; i richiami agli art. 1-*septies* del D.L. 6 set. 1982, n. 629, conv. con modif. in L. 12 ott. 1982, n. 726, e 4 e 5-*bis* del D.lgs. 8 ago. 1994, n. 490, nonché quelli alle disposizioni contenute nel D.P.R. 3 giu. 1998, n. 252 e nel D.P.R. 2 ago. 2010, n. 150, ovunque presenti, si intendono riferiti alle corrispondenti disposizioni contenute nel presente decreto.

CAPO I
Disposizioni penali e processuali

1-23. (*Omissis*).

23-*bis*.[1] 1. Quando si procede nei confronti di persone imputate del delitto di cui all'art. 416-*bis* del c.p. e del delitto di cui all'art. 75 della L. 22 dic. 1975, n. 685, il pubblico ministero ne dà senza ritardo comunicazione al procuratore della Repubblica presso il tribunale del capoluogo del distretto ove dimora la persona, per il promuovimento, qualora non sia già in corso, del procedimento per l'applicazione di una misura di prevenzione, ai sensi della L. 31 mag. 1965, n. 575.[2]

2. Successivamente, il giudice penale trasmette a quello che procede per l'applicazione della misura di prevenzione gli atti rilevanti ai fini del procedimento, salvo che ritenga necessario mantenerli segreti.[3]

[1] Articolo inserito dall'art. 9 della L. 19 mar. 1990, n. 55.
[2] Comma così modif. dall'art. 115, c. 1, D.lgs. 6 set. 2011, n. 159.
[3] I commi tre e quattro sono stati abrogati dall'art. 23 del D.L. 13 mag. 1991, n. 152, conv. in L. 12 lug. 1991, n. 203.

24. ....[1]

[1] Articolo abrog. dall'art. 36, L. 19 mar. 1990, n. 55.

CAPO III

Disposizioni fiscali e tributarie

25.[1] 1. A carico delle persone nei cui confronti sia stata emanata sentenza di condanna anche non definitiva per taluno dei reati previsti dall'articolo 51, comma 3-*bis*, del codice di procedura penale ovvero per il delitto di cui all'articolo 12-*quinquies*, comma 1, del decreto-legge 8 giugno 1992, n. 306, convertito, con modificazioni, dalla legge 7 agosto 1992, n. 356,[2] ovvero sia stata disposta, con provvedimento anche non definitivo, una misura di prevenzione ai sensi della legge 31 maggio 1965, n. 575, il nucleo di polizia economico-finanziaria[3] del Corpo della guardia di finanza, competente in relazione al luogo di dimora abituale del soggetto, può procedere alla verifica della relativa posizione fiscale, economica e patrimoniale ai fini dell'accertamento di illeciti valutari e societari e comunque in materia economica e finanziaria, anche allo scopo di verificare l'osservanza della disciplina dei divieti autorizzatori, concessori o abilitativi di cui all'articolo 10 della citata legge n. 575 del 1965, e successive modificazioni.

2. Le indagini di cui al comma 1 sono effettuate anche nei confronti dei soggetti di cui all'articolo 2-*bis*, comma 3, e all'articolo 10, comma 4, della legge 31 maggio 1965, n. 575, e successive modificazioni. Nei casi in cui il domicilio fiscale, il luogo di effettivo esercizio dell'attività, ovvero il luogo di dimora abituale dei soggetti da sottoporre a verifica sia diverso da quello delle persone di cui al comma 1, il nucleo di polizia economico-finanziaria[3] può delegare l'esecuzione degli accertamenti di cui al presente comma ai reparti del Corpo della guardia di finanza competenti per territorio.

3. Copia della sentenza di condanna o del provvedimento di applicazione della misura di prevenzione è trasmessa, a cura della cancelleria competente, al nucleo di polizia economico-finanziaria[3] indicato al comma 1.

4. Per l'espletamento delle indagini di cui al presente articolo, i militari del Corpo della guardia di finanza, oltre ai poteri e alle facoltà previsti dall'articolo 2 del decreto legislativo 19 marzo 2001, n. 68, si avvalgono dei poteri di cui all'articolo 2-*bis*, comma 6, della legge 31 maggio 1965, n. 575, e successive modificazioni, nonché dei poteri attribuiti agli appartenenti al nucleo speciale di polizia valutaria ai sensi del decreto legislativo 21 novembre 2007, n. 231.

5. La revoca del provvedimento con il quale è stata disposta una misura di prevenzione non preclude l'utilizzazione ai fini fiscali degli elementi acquisiti nel corso degli accertamenti svolti ai sensi del comma 1.

6. Ai fini dell'accertamento delle imposte sui redditi e dell'imposta sul valore aggiunto, ai dati, alle notizie e ai documenti acquisiti ai sensi del comma 4 si applicano le disposizioni di cui all'articolo 51, secondo comma, numero 2), secondo periodo, del decreto del Presidente della Repubblica 26 ottobre 1972, n. 633, e successive modificazioni, e all'articolo 32, primo comma, numero 2), secondo periodo, del decreto del Presidente della Repubblica 29 settembre 1973, n. 600, e successive modificazioni

[1] Articolo così sost. dall'art. 7, L. 13 ago. 2010, n. 136.

[2] Ai sensi della Tabella A di cui all'art. 8, D.lgs. 1 mar. 2018, n. 21, il riferimento all'art. 12-*quinquies*, c. 1, D.L. 8 giu. 1992, n. 306, deve intendersi all'art. 512 c.p.

[3] Parola così sost. ai sensi dell'art. 35, c. 8, D.lgs. 29 mag. 2017, n. 95.

26. Tutti gli elementi acquisiti in occasione delle indagini di cui all'articolo precedente, e comunque le variazioni patrimoniali superiori a euro 10.329 intervenute negli ultimi tre anni, con riguardo sia ai conferenti sia ai beneficiari, devono essere comunicati anche ai sensi dell'art. 6 della L. 1° apr. 1981, n. 121.

27. Quando dalla verifica operata dalla polizia tributaria, ai sensi del precedente art. 25, emergono reati di natura fiscale, il procuratore della Repubblica esercita l'azione penale anche anteriormente al termine indicato dal secondo comma dell'art. 13 del D.L. 10 lug. 1982, convertito, con modificazioni, nella L. 7 ago. 1982, n. 516.

28.[1] La cattura è sempre obbligatoria per i delitti di carattere finanziario, valutario o societario puniti con pena detentiva e commessi da persone già condannate, con sentenza definitiva, per associazione di tipo mafioso ai sensi dell'art. 416-*bis* del c.p. o già sottoposte, con provvedimento definitivo, ad una misura di prevenzione ai sensi della L. 31 mag. 1965, n. 575.

Per la determinazione della durata della carcerazione preventiva si applica l'art. 272 del c.p.p., ma non possono in alcun caso essere superati i due terzi del massimo della pena irrogabile.

[1] Articolo da ritenersi abrogato per effetto dell'entrata in vigore del nuovo c.p.p. Si veda ora art. 207 coord. c.p.p. e 303 c.p.p.

29. Se un reato finanziario, valutario o societario contestato a persona sottoposta con provvedimento definitivo a misure di prevenzione a norma della L. 31 mag. 1965, n. 575, o a persona condannata con sentenza definitiva per il delitto di associazione di tipo mafioso, è connesso con altri diversi reati, non si fa luogo alla riunione del procedimento.

La competenza per i reati finanziari, valutari o societari contestati ad una delle persone indicate nel comma precedente appartiene in ogni caso al tribunale che ha applicato la misura di prevenzione o che è stato competente per l'associazione mafiosa.

Salvo che sia stata offerta idonea cauzione, per i reati finanziari si deve in ogni caso procedere all'iscrizione dell'[ipoteca legale][1] o al sequestro previsti dall'art. 189 del c.p.

[1] L'istituto dell'ipoteca legale è stato abrogato. Si veda l'art. 189 c.p. e 218 disp. coord. c.p.p.

30. Le persone condannate con sentenza definitiva per taluno dei reati previsti dall'articolo 51, comma 3-*bis*, del codice di procedura penale ovvero per il delitto di cui all'articolo 12-*quinquies*, comma 1, del decreto-legge 8 giugno 1992, n. 306, convertito, con modificazioni, dalla legge 7 agosto 1992, n. 356,[1] o già sottoposte, con provvedimento definitivo, ad una misura di prevenzione ai sensi della legge 31 maggio 1965, n. 575, sono tenute a comunicare per dieci anni, ed entro trenta giorni dal fatto, al nucleo di polizia economico-finanziaria[2] del luogo di dimora abituale, tutte le variazioni nell'entità e nella composizione del patrimonio concernenti elementi di valore non inferiore ad euro 10.329,14. Entro il 31 gennaio di ciascun anno, i soggetti di cui al periodo precedente sono altresì tenuti a comunicare le variazioni intervenute nell'anno precedente, quando concernono complessivamente elementi di valore non inferiore ad euro 10.329,14. Sono esclusi i beni destinati al soddisfacimento dei bisogni quotidiani.

Il termine di dieci anni decorre dalla data del decreto ovvero dalla data della sentenza definitiva di condanna.

Gli obblighi previsti nel primo comma cessano quando la misura di prevenzione è revocata a seguito di ricorso in appello o in cassazione.

[1] Ai sensi della Tabella A di cui all'art. 8, D.lgs. 1 mar. 2018, n. 21, il riferimento all'art. 12-*quinquies*, c. 1, D.L. 8 giu. 1992, n. 306, deve intendersi all'art. 512-*bis* c.p.

[2] Parola così sost. ai sensi dell'art. 35, c. 8, D.lgs. 29 mag. 2017, n. 95.

31. Chiunque, essendovi tenuto, omette di comunicare entro i termini stabiliti dalla legge le variazioni patrimoniali indicate nell'articolo precedente è punito con la reclusione da due a sei anni e con la multa da euro 10.329 a euro 20.658.

Alla condanna segue la confisca dei beni a qualunque titolo acquistati nonché del corrispettivo dei beni a qualunque titolo alienati.

Nei casi in cui non sia possibile procedere alla confisca dei beni acquistati ovvero del corrispettivo dei beni alienati, il giudice ordina la confisca, per un valore equivalente, di somme di denaro, beni o altre utilità dei quali i soggetti di cui all'articolo 30, primo comma, hanno la disponibilità.[1]

[1] Comma aggiunto dall'art. 7 della L. 13 ago. 2010, n. 136.

CAPO IV
Istituzione di una commissione parlamentare sul fenomeno della mafia

32-35. (*Omissis*).

- 3 -

L. 3 ago. 1988, n. 327
Norme in materia di misure di prevenzione personali

(G.U. 9 ago. 1988, n. 186)

1. 1. L'istituto della diffida del questore di cui all'art. 1 della L. 27 dic. 1956, n. 1423, è soppresso ed ogni richiamo allo stesso, operato in disposizioni di legge, è abrogato.

2. Con l'entrata in vigore della presente legge cessano di avere efficacia le diffide in corso, i provvedimenti di diniego o di revoca di licenze ed autorizzazioni, nonché i provvedimenti di diniego, di revoca o di sospensione della patente di guida emessi in conseguenza della diffida.

3. Tuttavia alle diffide emanate entro il triennio precedente la data di entrata in vigore della presente legge, agli effetti previsti dal primo comma dell'art. 3 della L. 27 dic. 1956, n. 1423, come modificato dall'art. 4 della presente legge, è attribuita l'efficacia dell'avviso di cui all'art. 4 della L. 27 dic. 1956, n. 1423, come modificato dall'art. 5 della presente legge.

4. Ferma restando l'efficacia dei procedimenti di prevenzione già definiti, quelli in corso conservano efficacia:

a) se iniziati in forza di diffida emanata entro il triennio precedente la data di entrata in vigore della presente legge;

b) se iniziati a norma della L. 31 mag. 1956, n. 575, e successive modificazioni.

2-14. (*Omissis*).

15....[1]

[1] Articolo abrog. dall'art. 120, c. 1, lett. *f*), D.lgs. 6 set. 2011, n. 159.

16. Per le persone che, alla data di entrata in vigore della presente legge, sono sottoposte alla sorveglianza speciale della pubblica sicurezza con obbligo di soggiorno in un comune diverso da quello di residenza o di dimora abituale, il presidente del tribunale competente ai sensi dell'art. 4 della L. 27 dic. 1956, n. 1423, dispone il trasferimento del soggetto nell'originario luogo di residenza salvo che non ritenga di sostituire alla misura il divieto di soggiorno. Il relativo provvedimento è comunicato al questore per l'esecuzione.

2. Per gli imputati ai quali sia stato imposto, anteriormente alla data di entrata in vigore della presente legge, l'obbligo di dimorare in un comune lontano da quello di residenza ovvero in una frazione, il giudice competente, entro trenta giorni da tale data e sempre che permangano le esigenze che hanno giustificato l'imposizione dell'obbligo, provvede ai sensi dell'art. 291-*bis* c.p.p.[1] a determinare nuovamente il luogo di dimora obbligatoria, prescegliendolo tra i comuni indicati nel secondo comma dell'art. 282 c.p.p.,[2] come modificato dall'art. 14 della presente legge, avuto riguardo alla

residenza che l'imputato aveva all'atto dell'imposizione dell'obbligo suddetto.

[1] V. ora gli artt. 279, 282, 283 del nuovo c.p.p.
[2] Si tratta del vecchio c.p.p.

- 4 -

L. 19 mar. 1990, n. 55

Nuove disposizioni per la prevenzione della delinquenza di tipo mafioso e di altre gravi forme di pericolosità sociale[1]

(G.U. 23 mar. 1990, n. 69)

[1] Il testo della L. 19 mar. 1990, n. 55 è stato più volte modificato, sia con la L. 18 gen. 1992, n. 16, sia con la L. 13 dic. 1999, n. 475.

1-25. (*Omissis*).

26. 1. Quando i fatti previsti dagli artt. 648, 648-*bis* e 648-*ter* del c.p. sono commessi nell'esercizio di attività bancaria, professionale o di cambio-valuta ovvero di altra attività soggetta ad autorizzazione, licenza, iscrizione in appositi albi o registri o ad altro titolo abilitante, si applicano le misure disciplinari ovvero i provvedimenti di sospensione o di revoca del titolo abilitante previsti dai rispettivi ordinamenti.

1-*bis*. Le disposizioni del comma 1 si applicano anche quando l'attività illecita integri i delitti previsti dall'art. 270-*bis* del codice penale in relazione alle condotte di finanziamento del terrorismo, anche internazionale.[1]

[1] Comma aggiunto dall'art. 5 della L. 14 gen. 2003, n. 7.

27. 1. Oltre a quanto previsto dall'art. 4 della L. 22 mag. 1975, n. 152, e dalle disposizioni in materia di produzione e traffico illecito degli stupefacenti e delle sostanze psicotrope, gli ufficiali ed agenti di polizia giudiziaria, nel corso di operazioni di polizia per la prevenzione e la repressione del delitto previsto dall'art. 416-*bis* del c.p. e di quelli commessi in relazione ad esso, nonché dei delitti previsti dagli artt. 648-*bis* e 648-*ter* dello stesso codice e di quelli indicati nei medesimi articoli, possono procedere in ogni luogo al controllo e all'ispezione dei mezzi di trasporto, dei bagagli e degli effetti personali quando hanno fondato motivo di ritenere che possono essere rinvenuti denaro o valori costituenti il prezzo della liberazione della persona sequestrata, o provenienti dai delitti predetti, nonché armi, munizioni o esplosivi. Dell'esito dei controlli e delle ispezioni è redatto processo verbale in appositi moduli, trasmessi entro quarantotto ore al procuratore della Repubblica, il quale, se ne ricorrono i presupposti, li convalida entro le successive quarantotto ore.

2. Nelle medesime circostanze, in casi eccezionali di necessità ed urgenza che non consentono un tempestivo provvedimento dell'autorità giudiziaria, gli ufficiali di polizia giudiziaria possono altresì procedere a perquisizioni, dandone notizia, senza ritardo, e comunque entro quarantotto ore, al procuratore della Repubblica il quale, se ne ricorrono i presupposti, le convalida entro le successive quarantotto ore.

28. 1. Nelle società fiduciarie e di revisione ed in quelle di gestione dei fondi comuni di investimento, le cariche comunque denominate di amministratore, di direttore generale, di dirigente munito di rappresentanza e di sindaco non possono essere rivestite da coloro che non sono in possesso dei requisiti di cui alla lettera *c*) del quarto comma dell'art. 1 della L. 23 mar. 1983, n. 77, e degli ulteriori requisiti morali e professionali richiesti dalle disposizioni vigenti, nonché da coloro che sono stati sottoposti alle misure di prevenzione disposte ai sensi della L. 27 dic. 1956, n. 1423, o della L. 31 mag. 1965, n. 575, così come successivamente modificate e integrate, salvi gli effetti della riabilitazione. Per le società che svolgono le attività di raccolta del risparmio fra il pubblico sotto ogni forma e di esercizio del credito continuano ad applicarsi le disposizioni del D.P.R. 27 giu. 1985, n. 350.

2. La mancanza dei requisiti di cui al comma 1 comporta il diniego della autorizzazione amministrativa per lo svolgimento delle attività di cui allo stesso comma.

3. Fermo restando il disposto del comma 4 dell'art. 10 della L. 31 mag. 1965, n. 575, come modificato dalla presente legge, quando si tratti di società già autorizzate, il difetto dei requisiti di cui al comma 1 determina la decadenza degli interessati dalle cariche ivi previste. Salvo che la legge non disponga altrimenti, la decadenza è dichiarata entro trenta giorni dal consiglio di amministrazione della società, ovvero dall'organo, comunque denominato, titolare di funzione equivalente. Nel caso che non si sia proceduto nel termine predetto, la decadenza è pronunciata dall'organo pubblico che esercita la vigilanza o, in mancanza, che rilascia l'autorizzazione.

4. L'applicazione provvisoria della misura interdittiva, prevista dal comma 3 dell'art. 10 della L. 31 mag. 1965, n. 575, comporta la sospensione delle cariche di cui al comma 1; la sospensione è disposta dagli organi di cui al comma 3.

5. Con decreto del Presidente della Repubblica da emanarsi, su proposta del Presidente del Consiglio dei Ministri, previa deliberazione del Consiglio dei Ministri, entro centoventi giorni dalla data di entrata in vigore della presente legge, sono stabilite le disposizioni di attuazione del presente articolo e di coordinamento con le leggi speciali.

29-33. (*Omissis*).

34. ....[1]

[1] Articolo abrog. dall'art. 120, c. 1, lett. *h*), D.lgs. 6 set. 2011, n. 159.

35. 1. Qualora nei procedimenti in corso alla data di entrata in vigore della presente legge per il delitto di cui all'art. 416-*bis* del c.p. siano state disposte le indagini e le misure finora previste dall'art. 24 della L. 13 set. 1982, n. 646, il procedimento relativo all'applicazione delle suddette misure prosegue innanzi al giudice competente per l'applicazione della misura di prevenzione ai sensi della L. 31 mag. 1965, n. 575, ferma restando l'efficacia dei provvedimenti già adottati dal giudice penale.

2. A tal fine, il giudice penale trasmette gli atti necessari, ad eccezione di quelli che occorra tenere segreti ai fini del procedimento penale, al suddetto giudice ovvero, quando il procedimento di prevenzione non sia in corso, al procuratore della Repubblica competente; si osservano le disposizioni di cui all'art. 23-*bis* della L. 13 set. 1982, n. 646.

36. (*Omissis*).

- 5 -

D.lgs. 6 set. 2011, n. 159

Codice delle leggi antimafia e delle misure di prevenzione, nonché nuove disposizioni in materia di documentazione antimafia, a norma degli articoli 1 e 2 della legge 13 ago. 2010, n. 136.

(G.U. 28 set. 2011, n. 226, S.O.)

LIBRO I
LE MISURE DI PREVENZIONE

TITOLO I
Le misure di prevenzione personali

CAPO I
Le misure di prevenzione personali applicate dal questore

1. *Soggetti destinatari.* — 1. I provvedimenti previsti dal presente capo si applicano a:

a) coloro che debbano ritenersi, sulla base di elementi di fatto, abitualmente dediti a traffici delittuosi;

b) coloro che per la condotta ed il tenore di vita debba ritenersi, sulla base di elementi di fatto, che vivono abitualmente, anche in parte, con i proventi di attività delittuose;

c) coloro che per il loro comportamento debba ritenersi, sulla base di elementi di fatto, comprese le reiterate violazioni del foglio di via obbligatorio di cui all'articolo 2, nonché dei divieti di frequentazione di determinati luoghi previsti dalla vigente normativa, che sono dediti alla commissione di reati che offendono o mettono in pericolo l'integrità fisica o morale dei minorenni, la sanità, la sicurezza o la tranquillità pubblica.[1]

[1] Lettera così modif. dall'art. 15, D.L. 20 feb. 2017, n. 14, conv. con modif. in L. 18 apr. 2017, n. 48.

2. *Foglio di via obbligatorio.* — 1. Qualora le persone indicate nell'articolo 1 siano pericolose per la sicurezza pubblica e si trovino fuori dei luoghi di residenza, il questore può rimandarvele con provvedimento motivato e con foglio di via obbligatorio, inibendo loro di ritornare, senza preventiva autorizzazione ovvero per un periodo non superiore a tre anni, nel comune dal quale sono allontanate.

3. *Avviso orale.* — 1. Il questore nella cui provincia la persona dimora può avvisare oralmente i soggetti di cui all'articolo 1 che esistono indizi a loro carico, indicando i motivi che li giustificano.

2. Il questore invita la persona a tenere una condotta conforme alla legge e redige il processo verbale dell'avviso al solo fine di dare allo stesso data certa.

3. La persona alla quale è stato fatto l'avviso può in qualsiasi momento chiederne la revoca al questore che provvede nei sessanta giorni successivi. Decorso detto termine senza che il questore abbia provveduto, la richiesta si intende accettata. Entro sessanta giorni dalla comunicazione del provvedimento di rigetto è ammesso ricorso gerarchico al prefetto.

4. Con l'avviso orale il questore, quando ricorrono le condizioni di cui al comma 3, può imporre alle persone che risultino definitivamente condannate per delitti non colposi il divieto di possedere o utilizzare, in tutto o in parte, qualsiasi apparato di comunicazione radiotrasmittente, radar e visori notturni, indumenti e accessori per la protezione balistica individuale, mezzi di trasporto blindati o modificati al fine di aumentarne la potenza o la capacità offensiva, ovvero comunque predisposti al fine di sottrarsi ai controlli di polizia, armi a modesta capacità offensiva, riproduzioni di armi di qualsiasi tipo, compresi i giocattoli riproducenti armi, altre armi o strumenti, in libera vendita, in grado di nebulizzare liquidi o miscele irritanti non idonei ad arrecare offesa alle persone, prodotti pirotecnici di qualsiasi tipo, nonché sostanze infiammabili e altri mezzi comunque idonei a provocare lo sprigionarsi delle fiamme, nonché programmi informatici ed altri strumenti di cifratura o crittazione di conversazioni e messaggi.

5. Il questore può, altresì, imporre il divieto di cui al comma 4 ai soggetti sottoposti alla misura della sorveglianza speciale, quando la persona risulti definitivamente condannata per delitto non colposo.

6. Il divieto di cui ai commi 4 e 5 è opponibile davanti al tribunale in composizione monocratica.

CAPO II
Le misure di prevenzione personali applicate dall'autorità giudiziaria

SEZIONE I
Il procedimento applicativo

4. *Soggetti destinatari.* — 1. I provvedimenti previsti dal presente capo si applicano:

a) agli indiziati di appartenere alle associazioni di cui all'articolo 416-*bis* c.p.;

b) ai soggetti indiziati di uno dei reati previsti dall'articolo 51, comma 3-*bis*, del codice di procedura penale ovvero del delitto di cui all'articolo 12-*quinquies*, comma 1, del decreto-legge 8 giugno 1992, n. 306, convertito, con modificazioni, dalla legge 7 agosto 1992, n. 356,[1] o del delitto di cui all'articolo 418 del codice penale;[2]

c) ai soggetti di cui all'articolo 1;[3]

d) agli indiziati di uno dei reati previsti dall'articolo 51, comma 3-*quater*, del codice di procedura penale e a coloro che, operanti in gruppi o isolatamente, pongano in essere atti preparatori, obiettivamente rilevanti, ovvero esecutivi diretti a sovvertire l'ordinamento dello Stato, con la commissione di uno dei reati previsti dal capo I del titolo VI del libro II del codice penale o dagli articoli 284, 285, 286, 306, 438, 439, 605 e 630 dello stesso codice, nonché alla commissione dei reati con finalità di terrorismo anche internazionale ovvero a prendere parte ad un conflitto in territorio estero a sostegno di un'organizzazione che persegue le finalità terroristiche di cui all'articolo 270-*sexies* del codice penale;[4]

e) a coloro che abbiano fatto parte di associazioni politiche disciolte ai sensi della legge 20 giugno 1952, n. 645, e nei confronti dei quali debba ritenersi, per il comportamento successivo, che continuino a svolgere una attività analoga a quella precedente;

f) a coloro che compiano atti preparatori, obiettivamente rilevanti, ovvero esecutivi diretti alla ricostituzione del partito fascista ai sensi dell'articolo 1 della legge n. 645 del 1952, in particolare con l'esaltazione o la pratica della violenza;[2]

g) fuori dei casi indicati nelle lettere *d*), *e*) ed *f*), siano stati condannati per uno dei delitti previsti nella legge 2 ottobre 1967, n. 895, e negli articoli 8 e seguenti della legge 14 ottobre 1974, n. 497, e successive modificazioni, quando debba ritenersi, per il loro comportamento successivo, che siano proclivi a commettere un reato della stessa specie col fine indicato alla lettera *d*);

h) agli istigatori, ai mandanti e ai finanziatori dei reati indicati nelle lettere precedenti. È finanziatore colui il quale fornisce somme di denaro o altri beni, conoscendo lo scopo cui sono destinati;

i) alle persone indiziate di avere agevolato gruppi o persone che hanno preso parte attiva, in più occasioni, alle manifestazioni di violenza di cui all'articolo 6 della legge 13 dicembre 1989, n. 401, nonché alle persone che, per il loro comportamento, debba ritenersi, anche sulla base della partecipazione in più occasioni alle medesime manifestazioni, ovvero della reiterata applicazione nei loro confronti del divieto previsto dallo stesso articolo, che sono dediti alla commissione di reati che mettono in pericolo l'ordine e la sicurezza pubblica, ovvero l'incolumità delle persone in occasione o a causa dello svolgimento di manifestazioni sportive.[5]

i-bis) ai soggetti indiziati del delitto di cui all'articolo 640-*bis* o del delitto di cui all'articolo 416 del codice penale, finalizzato alla commissione di taluno dei delitti di cui agli articoli 314, primo comma, 316, 316-*bis*, 316-*ter*, 317, 318, 319, 319-*ter*, 319-*quater*, 320, 321, 322 e 322-*bis* del medesimo codice;[6]

i-ter) ai soggetti indiziati dei delitti di cui agli articoli 572 e 612-*bis* del codice penale.[7]

[1] Ai sensi della Tabella A di cui all'art. 8, D.lgs. 1 mar. 2018, n. 21, il riferimento all'art. 12-*quinquies*, c. 1, D.L. 8 giu. 1992, n. 306, deve intendersi all'art. 512 c.p.

[2] Lettera così modif. dall'art. 1, c. 1, L. 17 ott. 2017, n. 161. Le modifiche non si applicano ai procedimenti nei quali, alla data di entrata in vigore della presente legge, sia già stata formulata proposta di applicazione della misura di prevenzione.

[3] La Corte cost., con sent. 27 feb. 2019, n. 24, ha dichiarato l'ill. cost. della presente lettera nella parte in cui stabilisce che i provvedimenti previsti dal capo II si applichino anche ai soggetti indicati nell'art. 1, lettera *a*).

[4] Lettera così sost. dall'art. 1, c. 1, L. 17 ott. 2017, n. 161. V. nota 2.

[5] Lettera così modif. dall'art. 4, c. 2, D.L. 22 ago. 2014, n. 119, conv. con modif. in L. 17 ott. 2014, n. 146.

[6] Lettera aggiunta dall'art. 1, c. 1, L. 17 ott. 2017, n. 161. V. nota 2.

[7] Lettera aggiunta dall'art. 1, c. 1, L. 17 ott. 2017, n. 161, e così modif. dall'art. 9, c. 4, L. 19 lug. 2019, n. 69. V. nota 2.

5. ***Titolarità della proposta. Competenza.*** — 1. Nei confronti delle persone indicate all'articolo 4 possono essere proposte dal questore, dal procuratore nazionale antimafia e antiterrorismo[1], dal procuratore della Repubblica presso il tribunale del capoluogo di distretto ove dimora la persona e dal direttore della Direzione investigativa antimafia le misure di prevenzione della sorveglianza speciale di pubblica sicurezza e dell'obbligo di soggiorno nel comune di residenza o di dimora abituale.

2. Nei casi previsti dall'articolo 4, comma 1, lettere *c*), *i*), *i-bis*) e *i-ter*), le funzioni e le competenze spettanti al procuratore della Repubblica presso il tribunale del capoluogo del distretto sono attribuite anche al procuratore della Repubblica presso il tribunale nel cui circondario dimora la persona previo coordinamento con il procuratore della Repubblica presso il tribunale del capoluogo del distretto; nei medesimi casi, nelle udienze relative ai procedimenti per l'applicazione delle misure di prevenzione le funzioni di pubblico ministero possono essere esercitate anche dal procuratore della Repubblica presso il tribunale competente.[2]

3. Salvo quanto previsto al comma 2, nelle udienze relative ai procedimenti per l'applicazione delle misure di prevenzione richieste ai sensi del presente decreto, le funzioni di pubblico ministero sono esercitate dal procuratore della Repubblica di cui al comma 1.

4. La proposta di cui al comma 1 deve essere depositata presso la cancelleria delle sezioni o dei collegi del tribunale del capoluogo del distretto,

nel territorio del quale la persona dimora, previsti dal comma 2-*sexies* dell'articolo 7-*bis* dell'ordinamento giudiziario, di cui al regio decreto 30 gennaio 1941, n. 12. Limitatamente ai tribunali di Trapani e Santa Maria Capua Vetere, la proposta di cui al comma 1 è depositata presso la cancelleria delle sezioni o dei collegi specializzati in materia di misure di prevenzione ivi istituiti ai sensi del citato comma 2-*sexies*, ove la persona dimori nel territorio, rispettivamente, delle province di Trapani e di Caserta[3].[4]

[1] Ai sensi dell'art. 20, c. 4, D.L. 18 feb. 2015, n. 7, conv. con modif. in L. 17 apr. 2015, n. 43, le parole: «procuratore nazionale antimafia» sono sost. da «procuratore nazionale antimafia e antiterrorismo».

[2] Comma così modif. dall'art. 2, c. 1, L. 17 ott. 2017, n. 161.

[3] Parole così modif. dall'art. 1, c. 458, L. 27 dic. 2017, n. 205.

[4] Comma così sost. dall'art. 2, c. 1, L. 17 ott. 2017, n. 161.

6. ***Tipologia delle misure e loro presupposti.*** — 1. Alle persone indicate nell'articolo 4, quando siano pericolose per la sicurezza pubblica, può essere applicata, nei modi stabiliti negli articoli seguenti, la misura di prevenzione della sorveglianza speciale di pubblica sicurezza.

2. Salvi i casi di cui all'articolo 4, comma 1, lettere *a*) e *b*), alla sorveglianza speciale può essere aggiunto, ove le circostanze del caso lo richiedano, il divieto di soggiorno in uno o più comuni, diversi da quelli di residenza o di dimora abituale, o in una o più regioni.[1]

3. Nei casi in cui le altre misure di prevenzione non sono ritenute idonee alla tutela della sicurezza pubblica può essere imposto l'obbligo di soggiorno nel comune di residenza o di dimora abituale.

3-*bis*. Ai fini della tutela della sicurezza pubblica, gli obblighi e le prescrizioni inerenti alla sorveglianza speciale possono essere disposti, con il consenso dell'interessato ed accertata la disponibilità dei relativi dispositivi, anche con le modalità di controllo previste all'articolo 275-*bis* del codice di procedura penale.[2]

[1] Comma così sost. dall'art. 2, c. 2, L. 17 ott. 2017, n. 161.

[2] Comma agg. dall'art. 15, D.L. 20 feb. 2017, n. 14, conv. con modif. in L. 18 apr. 2017, n. 48.

7. ***Procedimento applicativo.*** — 1. Il tribunale provvede, con decreto motivato, entro trenta giorni dal deposito della proposta. L'udienza si svolge senza la presenza del pubblico. Il presidente dispone che il procedimento si svolga in pubblica udienza quando l'interessato ne faccia richiesta.[1]

2. Il presidente fissa la data dell'udienza e ne fa dare avviso alle parti, alle altre persone interessate e ai difensori. L'avviso è comunicato o notificato almeno dieci giorni prima della data predetta e contiene la concisa esposizione dei contenuti della proposta. Se l'interessato è privo di difensore, l'avviso è dato a quello di ufficio.[2]

3. Fino a cinque giorni prima dell'udienza possono essere presentate memorie in cancelleria.

4. L'udienza si svolge con la partecipazione necessaria del difensore e del pubblico ministero. Gli altri destinatari dell'avviso sono sentiti se compaiono. Se l'interessato è detenuto o internato in luogo posto fuori della circoscrizione del giudice e ne fa tempestiva richiesta, la partecipazione all'udienza è assicurata a distanza mediante collegamento audiovisivo ai sensi dell'articolo 146-*bis*, commi 3, 4, 5, 6 e 7, delle norme di attuazione, di coordinamento e transitorie del codice di procedura penale, di cui al decreto legislativo 28 luglio 1989, n. 271, salvo che il collegio ritenga necessaria la presenza della parte. Il presidente dispone altresì la traduzione dell'interessato detenuto o internato in caso di indisponibilità di mezzi tecnici idonei.[1]

4-*bis*. Il tribunale, dopo l'accertamento della regolare costituzione delle parti, ammette le prove rilevanti, escludendo quelle vietate dalla legge o superflue.[1]

5. L'udienza è rinviata se sussiste un legittimo impedimento dell'interessato che ha chiesto di essere sentito personalmente e che non sia detenuto o internato in luogo diverso da quello in cui ha sede il giudice. L'udienza è rinviata anche se sussiste un legittimo impedimento del difensore.[3]

6. Ove l'interessato non intervenga e occorra la sua presenza per essere sentito, il presidente lo invita a comparire, avvisandolo che avrà la facoltà di non rispondere.[1]

7. Le disposizioni dei commi 2, 4, primo, secondo e terzo periodo, e 5, sono previste a pena di nullità.

8. Qualora il tribunale debba sentire soggetti informati su fatti rilevanti per il procedimento, il presidente del collegio può disporre l'esame a distanza nei casi e nei modi indicati all'articolo 147-*bis*, comma 2, delle norme di attuazione, di coordinamento e transitorie del codice di procedura penale, di cui al decreto legislativo 28 luglio 1989, n. 271.[1]

9. Per quanto non espressamente previsto dal presente decreto, si applicano, in quanto compatibili, le disposizioni contenute nell'articolo 666 del codice di procedura penale.

10. Le comunicazioni di cui al presente titolo possono essere effettuate con le modalità previste dal decreto legislativo 7 marzo 2005, n. 82.

10-*bis*. Le questioni concernenti la competenza per territorio devono essere rilevate o eccepite, a pena di decadenza, alla prima udienza e comunque subito dopo l'accertamento della regolare costituzione delle parti e il tribunale le decide immediatamente.[4]

10-*ter*. Il tribunale, se ritiene la propria incompetenza, la dichiara con decreto e ordina la trasmissione degli atti al procuratore della Repubblica presso il tribunale competente; la declaratoria di incompetenza non produce l'inefficacia degli elementi già acquisiti. Le disposizioni del comma 10-*bis* si applicano anche qualora la proposta sia stata avanzata da soggetti non legittimati ai sensi dell'articolo 5.[4]

10-*quater*. Quando il tribunale dispone ai sensi del comma 10-*ter*, il sequestro perde efficacia se, entro venti giorni dal deposito del provvedimento che pronuncia l'incompetenza, il tribunale competente non provvede ai sensi dell'articolo 20. Il termine previsto dall'articolo 24, comma 2, decorre nuovamente dalla data del decreto di sequestro emesso dal tribunale competente.[4]

10-*quinquies*. Il decreto di accoglimento, anche parziale, della proposta pone a carico del proposto il pagamento delle spese processuali.[4]

10-*sexies*. Il decreto del tribunale è depositato in cancelleria entro quindici giorni dalla conclusione dell'udienza.[4]

10-*septies*. Quando la stesura della motivazione è particolarmente complessa, il tribunale, se ritiene di non poter depositare il decreto nel termine previsto dal comma 10-*sexies*, dopo le conclusioni delle parti, può indicare un termine più lungo, comunque non superiore a novanta giorni.[4]

10-*octies*. Al decreto del tribunale si applicano le disposizioni di cui all'articolo 154 delle norme di attuazione, di coordinamento e transitorie del codice di procedura penale, di cui al decreto legislativo 28 luglio 1989, n. 271.[4]

[1] Comma così sost. dall'art. 2, c. 3, L. 17 ott. 2017, n. 161.

[2] Comma così sost. dall'art. 2, c. 3, L. 17 ott. 2017, n. 161. La modifica non si applica ai procedimenti nei quali, alla data di entrata in vigore della presente legge, sia già stata formulata proposta di applicazione della misura di prevenzione.

[3] Periodo aggiunto dall'art. 2, c. 3, L. 17 ott. 2017, n. 161.

[4] Comma aggiunto dall'art. 2, c. 3, L. 17 ott. 2017, n. 161. Le modifiche ai commi 10-*bis* e 10-*quater* si applicano ai procedimenti nei quali, alla data di entrata in vigore della presente legge, sia già stata formulata proposta di applicazione della misura di prevenzione. Nei procedimenti che, alla data di entrata in vigore della presente legge, si trovino in fase successiva alla prima udienza, l'eccezione di incompetenza per territorio di cui all'art. 7, c. 10-*bis* può essere proposta alla prima udienza successiva alla data di entrata in vigore della presente legge.

8. *Decisione.* — 1. Il provvedimento del tribunale stabilisce la durata della misura di prevenzione che non può essere inferiore ad un anno né superiore a cinque.

2. Qualora il tribunale disponga l'applicazione di una delle misure di prevenzione di cui all'articolo 6, nel provvedimento sono determinate le prescrizioni che la persona sottoposta a tale misura deve osservare.

3. A tale scopo, qualora la misura applicata sia quella della sorveglianza speciale di pubblica sicurezza e si tratti di persona indiziata di vivere con il provento di reati, il tribunale prescrive di darsi, entro un congruo termine, alla ricerca di un lavoro, di fissare la propria dimora, di farla conoscere nel termine stesso all'autorità di pubblica sicurezza e di non allontanarsene senza preventivo avviso all'autorità medesima.

4. In ogni caso, prescrive di vivere onestamente, di rispettare le leggi, e di non allontanarsi dalla dimora senza preventivo avviso all'autorità locale di pubblica sicurezza; prescrive, altresì, di non associarsi abitualmente alle persone che hanno subito condanne e sono sottoposte a misure di prevenzione o di sicurezza, di non accedere agli esercizi pubblici e ai locali di pubblico trattenimento, anche in determinate fasce orarie,[1] di non rincasare la sera più tardi e di non uscire la mattina più presto di una data ora e senza comprovata necessità e, comunque, senza averne data tempestiva notizia all'autorità locale di pubblica sicurezza, di non detenere e non portare armi, di non partecipare a pubbliche riunioni.

5. Inoltre, può imporre tutte le prescrizioni che ravvisi necessarie, avuto riguardo alle esigenze di difesa sociale, e, in particolare, il divieto di soggiorno in uno o più comuni o in una o più regioni, ovvero, con riferimento ai soggetti di cui agli articoli 1, comma 1, lettera *c*), e 4, comma 1, lettera *i-ter*), il divieto di avvicinarsi a determinati luoghi, frequentati abitualmente dalle persone cui occorre prestare protezione o da minori[2].

6. Qualora sia applicata la misura dell'obbligo di soggiorno nel comune di residenza o di dimora abituale o del divieto di soggiorno, può essere inoltre prescritto:

1) di non andare lontano dall'abitazione scelta senza preventivo avviso all'autorità preposta alla sorveglianza;

2) di presentarsi all'autorità di pubblica sicurezza preposta alla sorveglianza nei giorni indicati ed a ogni chiamata di essa.

7. Alle persone di cui al comma 6 è consegnata una carta di permanenza da portare con sé e da esibire ad ogni richiesta degli ufficiali ed agenti di pubblica sicurezza.

8. Il provvedimento è comunicato al procuratore della Repubblica, al procuratore generale presso la Corte di appello ed all'interessato e al suo difensore[3].

[1] Parole ins. dall'art. 21, c. 1-*quater*, D.L. 4 ott. 2018, n. 113, conv. in L. 1 dic. 2018, n. 132.

[2] Parole così sost. dall'art. 9, c. 5, L. 19 lug. 2019, n. 69.

[3] Parole aggiunte dall'art. 2, c. 4, L. 17 ott. 2017, n. 161.

9. *Provvedimenti d'urgenza.* — 1. Se la proposta riguarda la misura della sorveglianza speciale con l'obbligo o il divieto di soggiorno, il presidente del tribunale, con decreto, nella pendenza del procedimento di cui all'articolo 7, può disporre il temporaneo ritiro del passaporto e la sospensione della validità ai fini dell'espatrio di ogni altro documento equipollente.

2. Nel caso in cui sussistano motivi di particolare gravità, può altresì disporre che alla persona denunciata sia imposto, in via provvisoria, l'obbligo o il divieto di soggiorno fino a quando non sia divenuta esecutiva la misura di prevenzione.

2-*bis*. Nei casi di necessità e urgenza, il Questore,

all'atto della presentazione della proposta di applicazione delle misure di prevenzione della sorveglianza speciale e dell'obbligo di soggiorno nel comune di residenza o di dimora abituale nei confronti delle persone di cui all'articolo 4, comma 1, lettera *d*), può disporre il temporaneo ritiro del passaporto e la sospensione della validità ai fini dell'espatrio di ogni altro documento equipollente. Il temporaneo ritiro del passaporto e la sospensione della validità ai fini dell'espatrio di ogni altro documento equipollente sono comunicati immediatamente al procuratore della Repubblica presso il tribunale del capoluogo del distretto ove dimora la persona, il quale, se non ritiene di disporne la cessazione, ne richiede la convalida, entro quarantotto ore, al presidente del tribunale del capoluogo della provincia in cui la persona dimora che provvede nelle successive quarantotto ore con le modalità di cui al comma 1. Il ritiro del passaporto e la sospensione della validità ai fini dell'espatrio di ogni altro documento equipollente cessano di avere effetto se la convalida non interviene nelle novantasei ore successive alla loro adozione.[1]

[1] Comma aggiunto dall'art. 4, c. 1, D.L. 18 feb. 2015, n. 7, conv. con modif. in L. 17 apr. 2015, n. 43.

SEZIONE II
Le impugnazioni

10. ***Impugnazioni.*** — 1. Il procuratore della Repubblica, il procuratore generale presso la corte di appello e l'interessato e il suo difensore[1] hanno facoltà di proporre ricorso alla corte d'appello, anche per il merito.

1-*bis*. Il procuratore della Repubblica, senza ritardo, trasmette il proprio fascicolo al procuratore generale presso la corte di appello competente per il giudizio di secondo grado. Al termine del procedimento di primo grado, il procuratore della Repubblica forma un fascicolo nel quale vengono raccolti tutti gli elementi investigativi e probatori eventualmente sopravvenuti dopo la decisione del tribunale. Gli atti inseriti nel predetto fascicolo sono portati immediatamente a conoscenza delle parti, mediante deposito nella segreteria del procuratore generale.[2]

2. Il ricorso non ha effetto sospensivo e deve essere proposto entro dieci giorni dalla comunicazione del provvedimento. La corte d'appello provvede, con decreto motivato, entro trenta giorni dalla proposizione del ricorso. L'udienza si svolge senza la presenza del pubblico. Il presidente dispone che il procedimento si svolga in pubblica udienza quando l'interessato ne faccia richiesta.

2-*bis*. La corte di appello annulla il decreto di primo grado qualora riconosca che il tribunale era incompetente territorialmente e l'incompetenza sia stata riproposta nei motivi di impugnazione e ordina la trasmissione degli atti al procuratore della Repubblica competente; la declaratoria di incompetenza non produce l'inefficacia degli elementi già acquisiti. Si applica l'articolo 7, comma 10-*quater*, primo periodo.[2]

2-*ter*. Le disposizioni del comma 2-*bis* si applicano anche qualora la proposta sia stata avanzata da soggetti non legittimati ai sensi dell'articolo 5 e l'eccezione sia stata riproposta nei motivi di impugnazione.[2]

2-*quater*. In caso di conferma del decreto impugnato, la corte di appello pone a carico della parte privata che ha proposto l'impugnazione il pagamento delle spese processuali.[3]

3. Avverso il decreto della corte d'appello, è ammesso ricorso in cassazione per violazione di legge, da parte del pubblico ministero e dell'interessato e del suo difensore[1], entro dieci giorni. La Corte di cassazione provvede, in camera di consiglio, entro trenta giorni dal ricorso. Il ricorso non ha effetto sospensivo.

3-*bis*. In caso di ricorso per cassazione si applicano le disposizioni dei commi 2-*bis* e 2-*ter*, ove ricorrano le ipotesi ivi previste.[2]

4. Salvo quando è stabilito nel presente decreto, per la proposizione e la decisione dei ricorsi, si osservano in quanto applicabili, le norme del codice di procedura penale riguardanti la proposizione e la decisione dei ricorsi relativi all'applicazione delle misure di sicurezza.

[1] Parole aggiunte dall'art. 3, c. 1, L. 17 ott. 2017, n. 161.
[2] Comma ins. dall'art. 3, c. 1, L. 17 ott. 2017, n. 161.
[3] Comma ins. dall'art. 24, c. 1, lett. *a*), D.L. 4 ott. 2018, n. 113, conv. in L. 1 dic. 2018, n. 132.

SEZIONE III
L'esecuzione

11. ***Esecuzione.*** — 1. Il provvedimento di applicazione delle misure di prevenzione è comunicato al questore per l'esecuzione.

2. Il provvedimento stesso, su istanza dell'interessato e sentita l'autorità di pubblica sicurezza che lo propose, può essere revocato o modificato dall'organo dal quale fu emanato, quando sia cessata o mutata la causa che lo ha determinato. Il provvedimento può essere altresì modificato, anche per l'applicazione del divieto o dell'obbligo di soggiorno, su richiesta dell'autorità proponente, quando ricorrono gravi esigenze di ordine e sicurezza pubblica o quando la persona sottoposta alla sorveglianza speciale abbia ripetutamente violato gli obblighi inerenti alla misura.

3. Il ricorso contro il provvedimento di revoca o di modifica non ha effetto sospensivo.

4. Nel caso di modificazione del provvedimento o di taluna delle prescrizioni per gravi esigenze di ordine e sicurezza pubblica, ovvero per violazione degli obblighi inerenti alla sorveglianza speciale, il presidente del tribunale può, nella pendenza del procedimento, disporre con decreto l'applicazione provvisoria della misura, delle prescrizioni o degli obblighi richiesti con la proposta.

12. ***Autorizzazione ad allontanarsi dal comune di residenza o dimora abituale.*** — 1. Quando ricorrono gravi e comprovati motivi di salute, le persone sottoposte all'obbligo di soggiorno possono essere autorizzate a recarsi in un luogo determinato fuori del comune di residenza o di dimora abituale, ai fini degli accertamenti sanitari e delle cure indispensabili, allontanandosi per un periodo non superiore ai dieci giorni, oltre al tempo necessario per il viaggio. L'autorizzazione può essere concessa, nel medesimo limite temporale, anche quando ricorrono gravi e comprovati motivi di famiglia che rendano assolutamente necessario ed urgente l'allontanamento dal luogo di soggiorno coatto.

2. La domanda dell'interessato deve essere proposta al presidente del tribunale competente ai sensi dell'articolo 5.

3. Il tribunale, dopo aver accertato la veridicità delle circostanze allegate dall'interessato, provvede in camera di consiglio con decreto motivato.

4. Nei casi di assoluta urgenza la richiesta può essere presentata al presidente del tribunale competente ai sensi dell'articolo 5, il quale può autorizzare il richiedente ad allontanarsi per un periodo non superiore a tre giorni, oltre al tempo necessario per il viaggio.

5. Il decreto previsto dai commi 3 e 4 è comunicato al procuratore della Repubblica ed all'interessato che possono proporre ricorso per cassazione per violazione di legge. Il ricorso non ha effetto sospensivo.

6. Del decreto è altresì data notizia all'autorità di pubblica sicurezza che esercita la vigilanza sul soggiornante obbligato, la quale provvede ad informare quella del luogo dove l'interessato deve recarsi e a disporre le modalità e l'itinerario del viaggio.

13. ***Rapporti della sorveglianza speciale con le misure di sicurezza e la libertà vigilata.*** — 1. Quando sia stata applicata una misura di sicurezza detentiva o la libertà vigilata, durante la loro esecuzione non si può far luogo alla sorveglianza speciale; se questa sia stata pronunciata, ne cessano gli effetti.

14. ***Decorrenza e cessazione della sorveglianza speciale.*** — 1. La sorveglianza speciale comincia a decorrere dal giorno in cui il decreto è comunicato all'interessato e cessa di diritto allo scadere del termine nel decreto stesso stabilito, se il sorvegliato speciale non abbia, nel frattempo, commesso un reato.

2. Se nel corso del termine stabilito il sorvegliato commette un reato per il quale riporti successivamente condanna e la sorveglianza speciale non debba cessare, il tribunale verifica d'ufficio se la commissione di tale reato possa costituire indice della persistente pericolosità dell'agente; in tale caso il termine ricomincia a decorrere dal giorno nel quale è scontata la pena.

2-*bis*. L'esecuzione della sorveglianza speciale resta sospesa durante il tempo in cui l'interessato è sottoposto alla misura della custodia cautelare. In tal caso, salvo quanto stabilito dal comma 2, il termine di durata della misura di prevenzione continua a decorrere dal giorno nel quale è cessata la misura cautelare, con redazione di verbale di sottoposizione agli obblighi.[1]

2-*ter*. L'esecuzione della sorveglianza speciale resta sospesa durante il tempo in cui l'interessato è sottoposto a detenzione per espiazione di pena. Dopo la cessazione dello stato di detenzione, se esso si è protratto per almeno due anni, il tribunale verifica, anche d'ufficio, sentito il pubblico ministero che ha esercitato le relative funzioni nel corso della trattazione camerale, la persistenza della pericolosità sociale dell'interessato, assumendo le necessarie informazioni presso l'amministrazione penitenziaria e l'autorità di pubblica sicurezza, nonché presso gli organi di polizia giudiziaria. Al relativo procedimento si applica, in quanto compatibile, il disposto dell'articolo 7. Se persiste la pericolosità sociale, il tribunale emette decreto con cui ordina l'esecuzione della misura di prevenzione, il cui termine di durata continua a decorrere dal giorno in cui il decreto stesso è comunicato all'interessato, salvo quanto stabilito dal comma 2 del presente articolo. Se invece la pericolosità sociale è cessata, il tribunale emette decreto con cui revoca il provvedimento di applicazione della misura di prevenzione.[1]

[1] Comma aggiunto dall'art. 4, c. 1, L. 17 ott. 2017, n. 161.

15. ***Rapporti dell'obbligo di soggiorno con la detenzione, le misure di sicurezza e la libertà vigilata.***[1] — 1. Il tempo trascorso in custodia cautelare seguita da condanna o in espiazione di pena detentiva, anche se per effetto di conversione di pena pecuniaria, non è computato nella durata dell'obbligo del soggiorno.

2. L'obbligo del soggiorno cessa di diritto se la persona obbligata è sottoposta a misura di sicurezza detentiva. Se alla persona obbligata a soggiornare è applicata la libertà vigilata, la persona stessa vi è sottoposta dopo la cessazione dell'obbligo del soggiorno.

[1] La Corte cost., con sent. 6 dic. 2013, n. 291 ha dichiarato l'ill. cost. del presente articolo nella parte in cui non prevede che, nel caso in cui l'esecuzione di una misura di prevenzione personale resti sospesa a causa dello stato di detenzione per espiazione di pena della persona ad essa sottoposta, l'organo che ha adottato il provvedimento di applicazione debba valutare, anche d'ufficio, la persistenza della pericolosità sociale dell'interessato nel momento dell'esecuzione della misura.

TITOLO II
Le misure di prevenzione patrimoniali

CAPO I
Il procedimento applicativo

16. ***Soggetti destinatari.***[1] — 1. Le disposizioni contenute nel presente titolo si applicano:

a) ai soggetti di cui all'articolo 4;

b) alle persone fisiche e giuridiche segnalate al Comitato per le sanzioni delle Nazioni Unite, o ad altro organismo internazionale competente per disporre il congelamento di fondi o di risorse economiche, quando vi sono fondati elementi per ritenere che i fondi o le risorse possano essere dispersi, occultati o utilizzati per il finanziamento di organizzazioni o attività terroristiche, anche internazionali.

2. Nei confronti dei soggetti di cui all'articolo 4, comma 1, lettera *i*), la misura di prevenzione patrimoniale della confisca può essere applicata relativamente ai beni, nella disponibilità dei medesimi soggetti, che possono agevolare, in qualsiasi modo, le attività di chi prende parte attiva a fatti di violenza in occasione o a causa di manifestazioni sportive. Il sequestro effettuato nel corso di operazioni di polizia dirette alla prevenzione delle predette manifestazioni di violenza è convalidato a norma dell'articolo 22, comma 2.

[1] La Corte cost., con sent. 27 feb. 2019, n. 24, ha dichiarato l'ill. cost. del presente articolo nella parte in cui stabilisce che le misure di prevenzione del sequestro e della confisca, disciplinate dagli artt. 20 e 24, si applichino anche ai soggetti indicati nell'art. 1, c. 1, lett. *a*).

17. *Titolarità della proposta.* — 1. Nei confronti delle persone indicate all'articolo 16 possono essere proposte dal procuratore della Repubblica presso il tribunale del capoluogo del distretto ove dimora la persona, dal procuratore nazionale antimafia e antiterrorismo, dal questore o dal direttore della Direzione investigativa antimafia le misure di prevenzione patrimoniali di cui al presente titolo.[1]

2. Nei casi previsti dall'articolo 4, comma 1, lettere *c*), *i*), *i-bis*) e *i-ter*), le funzioni e le competenze spettanti al procuratore della Repubblica presso il tribunale del capoluogo del distretto sono attribuite anche al procuratore della Repubblica presso il tribunale nel cui circondario dimora la persona, previo coordinamento con il procuratore della Repubblica presso il tribunale del capoluogo del distretto. Nei medesimi casi, nelle udienze relative ai procedimenti per l'applicazione delle misure di prevenzione, le funzioni di pubblico ministero possono essere esercitate anche dal procuratore della Repubblica presso il tribunale competente.[1]

3. Salvo quanto previsto al comma 2, nelle udienze relative ai procedimenti per l'applicazione delle misure di prevenzione richieste ai sensi del presente decreto, le funzioni di pubblico ministero sono esercitate dal procuratore della Repubblica di cui al comma 1.

3-*bis*. Il procuratore della Repubblica presso il tribunale del capoluogo del distretto, attraverso il raccordo informativo con il questore e con il direttore della Direzione investigativa antimafia relativamente alle misure di prevenzione di cui al presente titolo, cura che non si arrechi pregiudizio alle attività di indagine condotte anche in altri procedimenti. A tal fine, il questore territorialmente competente e il direttore della Direzione investigativa antimafia sono tenuti a:

a) dare immediata comunicazione dei nominativi delle persone fisiche e giuridiche nei cui confronti sono disposti gli accertamenti personali o patrimoniali previsti dall'articolo 19;

b) tenere costantemente aggiornato e informato il procuratore della Repubblica presso il tribunale del capoluogo del distretto sullo svolgimento delle indagini;

c) dare comunicazione sintetica per iscritto della proposta al procuratore della Repubblica presso il tribunale del capoluogo del distretto almeno dieci giorni prima della sua presentazione al tribunale. Il procuratore nei dieci giorni successivi comunica all'autorità proponente l'eventuale sussistenza di pregiudizi per le indagini preliminari in corso. In tali casi, il procuratore concorda con l'autorità proponente modalità per la presentazione congiunta della proposta;[2]

d)[3].[4]

[1] Comma così sost. dall'art. 5, c. 1, L. 17 ott. 2017, n. 161.
[2] Lettera così modif. dall'art. 24, c. 1, lett. *b*), D.L. 4 ott. 2018, n. 113, conv. in L. 1 dic. 2018, n. 132.
[3] Lettera abrog. dall'art. 24, c. 1, lett. *b*), D.L. 4 ott. 2018, n. 113, conv. in L. 1 dic. 2018, n. 132.
[4] Comma aggiunto dall'art. 5, c. 1, L. 17 ott. 2017, n. 161.

18. *Applicazione delle misure di prevenzione patrimoniali. Morte del proposto.* — 1. Le misure di prevenzione personali e patrimoniali possono essere richieste e applicate disgiuntamente e, per le misure di prevenzione patrimoniali, indipendentemente dalla pericolosità sociale del soggetto proposto per la loro applicazione al momento della richiesta della misura di prevenzione.

2. Le misure di prevenzione patrimoniali possono essere disposte anche in caso di morte del soggetto proposto per la loro applicazione. In tal caso il procedimento prosegue nei confronti degli eredi o comunque degli aventi causa.

3. Il procedimento di prevenzione patrimoniale può essere iniziato anche in caso di morte del soggetto nei confronti del quale potrebbe essere disposta la confisca; in tal caso la richiesta di applicazione della misura di prevenzione può essere proposta nei riguardi dei successori a titolo universale o particolare entro il termine di cinque anni dal decesso.

4. Il procedimento di prevenzione patrimoniale può essere iniziato o proseguito anche in caso di assenza, residenza o dimora all'estero della persona alla quale potrebbe applicarsi la misura di prevenzione, su proposta dei soggetti di cui all'articolo 17 competenti per il luogo di ultima dimora dell'interessato, relativamente ai beni che si ha motivo di ritenere che siano il frutto di attività illecite o ne costituiscano il reimpiego.

5. Agli stessi fini il procedimento può essere iniziato o proseguito allorché la persona è sottoposta ad una misura di sicurezza detentiva o alla libertà vigilata.

19. ***Indagini patrimoniali.*** — 1. I soggetti di cui all'articolo 17, commi 1 e 2, procedono, anche a mezzo della guardia di finanza o della polizia giudiziaria, ad indagini sul tenore di vita, sulle disponibilità finanziarie e sul patrimonio dei soggetti indicati all'articolo 16 nei cui confronti possa essere proposta la misura di prevenzione della sorveglianza speciale della pubblica sicurezza con o senza divieto od obbligo di soggiorno, nonché, avvalendosi della guardia di finanza o della polizia giudiziaria, ad indagini sull'attività economica facente capo agli stessi soggetti allo scopo anche di individuare le fonti di reddito.

2. I soggetti di cui al comma 1 accertano, in particolare, se dette persone siano titolari di licenze, di autorizzazioni, di concessioni o di abilitazioni all'esercizio di attività imprenditoriali e commerciali, comprese le iscrizioni ad albi professionali e pubblici registri, se beneficiano di contributi, finanziamenti o mutui agevolati ed altre erogazioni dello stesso tipo, comunque denominate, concesse o erogate da parte dello Stato, degli enti pubblici o dell'Unione europea.

3. Le indagini sono effettuate anche nei confronti del coniuge, dei figli e di coloro che nell'ultimo quinquennio hanno convissuto con i soggetti indicati al comma 1 nonché nei confronti delle persone fisiche o giuridiche, società, consorzi od associazioni, del cui patrimonio i soggetti medesimi risultano poter disporre in tutto o in parte, direttamente o indirettamente.

4. I soggetti di cui all'articolo 17, commi 1 e 2, possono richiedere, direttamente o a mezzo di ufficiali o agenti di polizia giudiziaria, ad ogni ufficio della pubblica amministrazione, ad ogni ente creditizio nonché alle imprese, società ed enti di ogni tipo informazioni e copia della documentazione ritenuta utile ai fini delle indagini nei confronti dei soggetti di cui ai commi 1, 2 e 3. Possono altresì accedere, senza nuovi o maggiori oneri, al Sistema per l'interscambio di flussi dati (SID) dell'Agenzia delle entrate e richiedere quanto ritenuto utile ai fini delle indagini.[1] Previa autorizzazione del procuratore della Repubblica o del giudice procedente, gli ufficiali di polizia giudiziaria possono procedere al sequestro della documentazione di cui al primo periodo[2] con le modalità di cui agli articoli 253, 254, e 255 del codice di procedura penale.

5. Nel corso del procedimento per l'applicazione di una delle misure di prevenzione iniziato nei confronti delle persone indicate nell'articolo 16, il tribunale, ove necessario, può procedere ad ulteriori indagini oltre quelle già compiute a norma dei commi che precedono.

[1] Periodo ins. dall'art. 5, c. 2, L. 17 ott. 2017, n. 161.

[2] Parole ins. dall'art. 24, c. 1, lett. c), D.L. 4 ott. 2018, n. 113, conv. in L. 1 dic. 2018, n. 132.

20. ***Sequestro.***[1] — 1. Il tribunale, anche d'ufficio, con decreto motivato, ordina il sequestro dei beni dei quali la persona nei cui confronti è stata presentata la proposta risulta poter disporre, direttamente o indirettamente, quando il loro valore risulta sproporzionato al reddito dichiarato o all'attività economica svolta ovvero quando, sulla base di sufficienti indizi, si ha motivo di ritenere che gli stessi siano il frutto di attività illecite o ne costituiscano il reimpiego, ovvero dispone le misure di cui agli articoli 34 e 34-*bis* ove ricorrano i presupposti ivi previsti. Il tribunale, quando dispone il sequestro di partecipazioni sociali totalitarie, ordina il sequestro dei relativi beni costituiti in azienda ai sensi degli articoli 2555 e seguenti del codice civile, anche al fine di consentire gli adempimenti previsti dall'articolo 104 delle norme di attuazione, di coordinamento e transitorie del codice di procedura penale, di cui al decreto legislativo 28 luglio 1989, n. 271. In ogni caso il sequestro avente ad oggetto partecipazioni sociali totalitarie si estende di diritto a tutti i beni costituiti in azienda ai sensi degli articoli 2555 e seguenti del codice civile. Nel decreto di sequestro avente ad oggetto partecipazioni sociali il tribunale indica in modo specifico i conti correnti e i beni costituiti in azienda ai sensi degli articoli 2555 e seguenti del codice civile ai quali si estende il sequestro.

2. Prima di ordinare il sequestro o disporre le misure di cui agli articoli 34 e 34-*bis* e di fissare l'udienza, il tribunale restituisce gli atti all'organo proponente quando ritiene che le indagini non siano complete e indica gli ulteriori accertamenti patrimoniali indispensabili per valutare la sussistenza dei presupposti di cui al comma 1 per l'applicazione del sequestro o delle misure di cui agli articoli 34 e 34-*bis*.

3. Il sequestro è revocato dal tribunale quando risulta che esso ha per oggetto beni di legittima provenienza o dei quali l'indiziato non poteva disporre direttamente o indirettamente o in ogni altro caso in cui è respinta la proposta di applicazione della misura di prevenzione patrimoniale. Il tribunale ordina le trascrizioni e le annotazioni consequenziali nei pubblici registri, nei libri sociali e nel registro delle imprese.

4. L'eventuale revoca del provvedimento non preclude l'utilizzazione ai fini fiscali degli elementi acquisiti nel corso degli accertamenti svolti ai sensi dell'articolo 19.

5. Il decreto di sequestro e il provvedimento di revoca, anche parziale, del sequestro sono comunicati, anche in via telematica, all'Agenzia di cui all'articolo 110 subito dopo la loro esecuzione.

[1] Articolo così sost. dall'art. 5, c. 4, L. 17 ottobre 2017, n. 161 .

21. ***Esecuzione del sequestro.*** — 1. Il sequestro è eseguito con le modalità previste dall'articolo 104 del decreto legislativo 28 luglio 1989, n. 271. La polizia giudiziaria, eseguite le formalità ivi previste, procede all'apprensione materiale dei beni e all'immissione dell'amministratore giudiziario nel possesso degli stessi, anche se gravati da diritti reali o personali di godimento, con l'assistenza, ove ritenuto opportuno, dell'ufficiale giudiziario.[1]

2. Il giudice delegato alla procedura ai sensi dell'articolo 35, comma 1, sentito l'amministratore giudiziario, valutate le circostanze, ordina lo sgombero degli immobili occupati senza titolo ovvero sulla scorta di titolo privo di data certa anteriore al sequestro, mediante l'ausilio della forza pubblica.[2]

3. Il rimborso delle spese postali e dell'indennità di trasferta spettante all'ufficiale giudiziario è regolato dalla legge 7 febbraio 1979, n. 59.

[1] Comma così modif. dall'art. 5, c. 5, L. 17 ott. 2017, n. 161.

[2] Comma così sost. dall'art. 5, c. 5, L. 17 ott. 2017, n. 161.

22. ***Provvedimenti d'urgenza.*** — 1. Quando vi sia concreto pericolo che i beni di cui si prevede debba essere disposta la confisca vengano dispersi, sottratti od alienati, i soggetti di cui all'articolo 17, commi 1 e 2 possono, unitamente alla proposta, richiedere al presidente del tribunale competente per l'applicazione della misura di prevenzione di disporre anticipatamente il sequestro dei beni prima della fissazione dell'udienza. Il presidente del tribunale provvede con decreto motivato entro cinque giorni dalla richiesta. Il sequestro eventualmente disposto perde efficacia se non convalidato dal tribunale entro trenta giorni dalla proposta.

2. Nel corso del procedimento, a richiesta dei soggetti di cui al comma 1 o degli organi incaricati di svolgere ulteriori indagini a norma dell'articolo 19, comma 5, nei casi di particolare urgenza il sequestro è disposto dal presidente del tribunale con decreto motivato e perde efficacia se non è convalidato dal tribunale nei trenta[1] giorni successivi. Analogamente si procede se, nel corso del procedimento, anche su segnalazione dell'amministratore giudiziario, emerge l'esistenza di altri beni che potrebbero formare oggetto di confisca.

2-*bis*. Ai fini del computo del termine per la convalida si tiene conto delle cause di sospensione previste dall'articolo 24, comma 2.[2]

[1] Parola così modif. dall'art. 5, c. 6, L. 17 ott. 2017, n. 161.

[2] Comma aggiunto dall'art. 5, c. 6, L. 17 ott. 2017, n. 161.

23. ***Procedimento applicativo.*** — 1. Salvo che sia diversamente disposto, al procedimento per l'applicazione di una misura di prevenzione patrimoniale si applicano, in quanto compatibili, le disposizioni dettate dal titolo I, capo II, sezione I.

2. I terzi che risultino proprietari o comproprietari dei beni sequestrati, nei trenta giorni successivi all'esecuzione del sequestro, sono chiamati dal tribunale ad intervenire nel procedimento con decreto motivato che contiene la fissazione dell'udienza in camera di consiglio.

3. All'udienza gli interessati possono svolgere le loro deduzioni con l'assistenza di un difensore, nonché chiedere l'acquisizione di ogni elemento utile ai fini della decisione sulla confisca. Se non ricorre l'ipotesi di cui all'articolo 24 il tribunale ordina la restituzione dei beni ai proprietari.

4. Il comma 2 si applica anche nei confronti dei terzi che vantano diritti reali o personali di godimento nonché diritti reali di garanzia sui beni in sequestro. Se non ricorre l'ipotesi di cui all'articolo 26, per la liquidazione dei relativi diritti si applicano le disposizioni di cui al titolo IV del presente libro.[1]

[1] Comma così sost. dall'art. 5, c. 7, L. 17 ott. 2017, n. 161.

24. ***Confisca.*** — 1. Il tribunale dispone la confisca dei beni sequestrati di cui la persona nei cui confronti è instaurato il procedimento non possa giustificare la legittima provenienza e di cui, anche per interposta persona fisica o giuridica, risulti essere titolare o avere la disponibilità a qualsiasi titolo in valore sproporzionato al proprio reddito, dichiarato ai fini delle imposte sul reddito, o alla propria attività economica, nonché dei beni che risultino essere frutto di attività illecite o ne costituiscano il reimpiego. In ogni caso il proposto non può giustificare la legittima provenienza dei beni adducendo che il denaro utilizzato per acquistarli sia provento o reimpiego dell'evasione fiscale. Se il tribunale non dispone la confisca, può applicare anche d'ufficio le misure di cui agli articoli 34 e 34-*bis* ove ricorrano i presupposti ivi previsti.[1]

1-*bis*. Il tribunale, quando dispone la confisca di partecipazioni sociali totalitarie, ordina la confisca anche dei relativi beni costituiti in azienda ai sensi degli articoli 2555 e seguenti del codice civile. Nel decreto di confisca avente ad oggetto partecipazioni sociali il tribunale indica in modo specifico i conti correnti e i beni costituiti in azienda ai sensi degli articoli 2555 e seguenti del codice civile ai quali si estende la confisca.[1]

2. Il provvedimento di sequestro perde efficacia se il tribunale non deposita il decreto che pronuncia la confisca entro un anno e sei mesi dalla data di immissione in possesso dei beni da parte dell'amministratore giudiziario. Nel caso di indagini complesse o compendi patrimoniali rilevanti, il termine di cui al primo periodo può essere prorogato con decreto motivato del tribunale per sei mesi. Ai fini del computo dei termini suddetti, si tiene conto delle cause di sospensione dei termini di durata della custodia cautelare, previste dal codice di procedura penale, in quanto compatibili; il termine resta sospeso per un tempo non superiore a novanta giorni ove sia necessario procedere all'espletamento di accertamenti peritali sui beni dei quali la persona nei cui confronti è iniziato il procedimento risulta poter disporre, direttamente o indirettamente. Il termine resta altresì sospeso per il tempo necessario per la decisione definitiva sull'istanza di ricusazione presentata dal difensore e per il tempo decorrente dalla morte del proposto, intervenuta durante il procedimento, fino all'identificazione e alla citazione dei soggetti previsti dall'articolo 18, comma 2, nonché durante la penden-

za dei termini previsti dai commi 10-*sexies*, 10-*septies* e 10-*octies* dell'articolo 7.[1]

2-*bis*. Con il provvedimento di revoca o di annullamento definitivi del decreto di confisca è ordinata la cancellazione di tutte le trascrizioni e le annotazioni.[1]

3. Il sequestro e la confisca possono essere adottati, su richiesta dei soggetti di cui all'articolo 17, commi 1 e 2, quando ne ricorrano le condizioni, anche dopo l'applicazione di una misura di prevenzione personale. Sulla richiesta provvede lo stesso tribunale che ha disposto la misura di prevenzione personale, con le forme previste per il relativo procedimento e rispettando le disposizioni del presente titolo.

[1] Comma così sost. dall'art. 5, c. 8, L. 17 ott. 2017, n. 161. Le modifiche all'art. 24, c. 2, per la parte in cui prevede un termine più breve per la pronuncia della confisca senza che si determini l'inefficacia del sequestro, non si applicano ai procedimenti nei quali, alla data di entrata in vigore della presente legge, sia già stata formulata proposta di applicazione della misura di prevenzione.

25. ***Sequestro e confisca per equivalente.***[1] — 1. Dopo la presentazione della proposta, se non è possibile procedere al sequestro dei beni di cui all'articolo 20, comma 1, perché il proposto non ne ha la disponibilità, diretta o indiretta, anche ove trasferiti legittimamente in qualunque epoca a terzi in buona fede, il sequestro e la confisca hanno ad oggetto altri beni di valore equivalente e di legittima provenienza dei quali il proposto ha la disponibilità, anche per interposta persona.

2. Nei casi di cui all'articolo 18, commi 2 e 3, si procede con le modalità di cui al comma 1 del presente articolo nei riguardi dei soggetti nei cui confronti prosegue o inizia il procedimento con riferimento a beni di legittima provenienza loro pervenuti dal proposto

[1] Articolo così sost. dall'art. 5, c. 9, L. 17 ott. 2017, n. 161. La modifica non si applica ai procedimenti nei quali, alla data di entrata in vigore della presente legge, sia già stata formulata proposta di applicazione della misura di prevenzione.

26. ***Intestazione fittizia.*** — 1. Quando accerta che taluni beni sono stati fittiziamente intestati o trasferiti a terzi, con il decreto che dispone la confisca il giudice dichiara la nullità dei relativi atti di disposizione.

2. Ai fini di cui al comma 1, fino a prova contraria si presumono fittizi:

a) i trasferimenti e le intestazioni, anche a titolo oneroso, effettuati nei due anni antecedenti la proposta della misura di prevenzione nei confronti dell'ascendente, del discendente, del coniuge o della persona stabilmente convivente, nonché dei parenti entro il sesto grado e degli affini entro il quarto grado;

b) i trasferimenti e le intestazioni, a titolo gratuito o fiduciario, effettuati nei due anni antecedenti la proposta della misura di prevenzione.

CAPO II

Le impugnazioni

27. ***Comunicazioni e impugnazioni.*** — 1. I provvedimenti con i quali il tribunale dispone la confisca dei beni sequestrati, l'applicazione, il diniego o la revoca del sequestro, il rigetto della richiesta di confisca anche qualora non sia stato precedentemente disposto il sequestro ovvero la restituzione della cauzione o la liberazione delle garanzie o la confisca della cauzione o l'esecuzione sui beni costituiti in garanzia sono comunicati senza indugio al procuratore generale presso la corte di appello, al procuratore della Repubblica e agli interessati.[1]

2. Per le impugnazioni contro detti provvedimenti si applicano le disposizioni previste dall'articolo 10. I provvedimenti che dispongono la confisca dei beni sequestrati, la confisca della cauzione o l'esecuzione sui beni costituiti in garanzia diventano esecutivi con la definitività delle relative pronunce.

3. I provvedimenti del tribunale che dispongono la revoca del sequestro divengono esecutivi dieci giorni dopo la comunicazione alle parti, salvo che il pubblico ministero, entro tale termine, ne chieda la sospensione alla corte di appello. In tal caso, se la corte entro dieci giorni dalla sua presentazione non accoglie la richiesta, il provvedimento diventa esecutivo; altrimenti la esecutività resta sospesa fino a quando nel procedimento di prevenzione sia intervenuta pronuncia definitiva in ordine al sequestro. Il provvedimento che, accogliendo la richiesta del pubblico ministero, sospende l'esecutività può essere in ogni momento revocato dal giudice che procede.

3-*bis*. I provvedimenti della corte di appello che, in riforma del decreto di confisca emesso dal tribunale, dispongono la revoca del sequestro divengono esecutivi dieci giorni dopo la comunicazione alle parti, salvo che il procuratore generale, entro tale termine, ne chieda la sospensione alla medesima corte di appello. In tal caso, se la corte entro dieci giorni dalla sua presentazione non accoglie la richiesta, il provvedimento diventa esecutivo; altrimenti l'esecutività resta sospesa fino a quando nel procedimento di prevenzione sia intervenuta pronuncia definitiva.[2]

4. In caso di impugnazione, il cancelliere presso il giudice investito del gravame dà immediata notizia al tribunale che ha emesso il provvedimento della definitività della pronuncia.

5. Dopo l'esercizio dell'azione di prevenzione, e comunque quando il pubblico ministero lo autorizza, gli esiti delle indagini patrimoniali sono trasmessi al competente nucleo di polizia economico-tributaria[2] della Guardia di Finanza a fini fiscali.

6. In caso di appello, il provvedimento di confisca perde efficacia se la corte d'appello non si pronuncia entro un anno e sei mesi dal deposito del ricorso. Si applica l'articolo 24, comma 2.

6-*bis*. Nel caso di annullamento del decreto di

confisca con rinvio al tribunale, anche ove disposto ai sensi dei commi 2-*bis* e 3-*bis* dell'articolo 10, il termine previsto dal comma 2 dell'articolo 24 decorre nuovamente dalla ricezione degli atti presso la cancelleria del tribunale stesso.[3]

[1] Comma così sost. dall'art. 6, c. 1, L. 17 ott. 2017, n. 161.
[2] Parole così sost. ai sensi dell'art. 35, c. 8, D.lgs. 29 mag. 2017, n. 95.
[3] Comma ins. dall'art. 6, c. 1, L. 17 ott. 2017, n. 161.

CAPO III
La revocazione della confisca

28. ***Revocazione della confisca.*** — 1. La revocazione della decisione definitiva sulla confisca di prevenzione può essere richiesta, nelle forme previste dagli articoli 630 e seguenti del codice di procedura penale, in quanto compatibili, alla corte di appello individuata secondo i criteri di cui all'articolo 11 dello stesso codice:[1]

a) in caso di scoperta di prove nuove decisive, sopravvenute alla conclusione del procedimento;

b) quando i fatti accertati con sentenze penali definitive, sopravvenute o conosciute in epoca successiva alla conclusione del procedimento di prevenzione, escludano in modo assoluto l'esistenza dei presupposti di applicazione della confisca;

c) quando la decisione sulla confisca sia stata motivata, unicamente o in modo determinante, sulla base di atti riconosciuti falsi, di falsità nel giudizio ovvero di un fatto previsto dalla legge come reato.

2. In ogni caso, la revocazione può essere richiesta solo al fine di dimostrare il difetto originario dei presupposti per l'applicazione della misura.

3. La richiesta di revocazione è proposta, a pena di inammissibilità, entro sei mesi dalla data in cui si verifica uno dei casi di cui al comma 1, salvo che l'interessato dimostri di non averne avuto conoscenza per causa a lui non imputabile.

4. Quando accoglie la richiesta di revocazione, la corte di appello provvede, ove del caso, ai sensi dell'articolo 46.[2]

[1] Alinea così sost. dall'art. 7, c. 1, L. 17 ott. 2017, n. 161.
[2] Comma così sost. dall'art. 7, c. 1, L. 17 ott. 2017, n. 161.

CAPO IV
Rapporti con i procedimenti penali

29. ***Indipendenza dall'esercizio dell'azione penale.*** — 1. L'azione di prevenzione può essere esercitata anche indipendentemente dall'esercizio dell'azione penale.

30. ***Rapporti con sequestro e confisca disposti in seno a procedimenti penali.*** — 1. Il sequestro e la confisca di prevenzione possono essere disposti anche in relazione a beni già sottoposti a sequestro in un procedimento penale. In tal caso la custodia giudiziale dei beni sequestrati nel processo penale viene affidata all'amministratore giudiziario, il quale provvede alla gestione dei beni stessi ai sensi del titolo III. Questi comunica al giudice del procedimento penale, previa autorizzazione del tribunale che ha disposto la misura di prevenzione, copia delle relazioni periodiche. In caso di revoca del sequestro o della confisca di prevenzione, il giudice del procedimento penale provvede alla nomina di un nuovo custode, salvo che ritenga di confermare quello già nominato nel procedimento di prevenzione. Nel caso previsto dall'articolo 104-*bis* disp. att. c.p.p., l'amministratore giudiziario nominato nel procedimento penale prosegue la propria attività nel procedimento di prevenzione, salvo che il tribunale, con decreto motivato e sentita l'Agenzia nazionale per l'amministrazione e la destinazione dei beni sequestrati e confiscati alla criminalità organizzata, di seguito denominata «Agenzia», non provveda alla sua revoca e sostituzione.[1]

2. Nel caso previsto dal comma 1, primo periodo, se la confisca definitiva di prevenzione interviene prima della sentenza irrevocabile di condanna che dispone la confisca dei medesimi beni in sede penale, si procede in ogni caso alla gestione, vendita, assegnazione o destinazione ai sensi del titolo III. Il giudice, ove successivamente disponga la confisca in sede penale, dichiara la stessa già eseguita in sede di prevenzione.

3. Se la sentenza irrevocabile di condanna che dispone la confisca interviene prima della confisca definitiva di prevenzione, il tribunale, ove abbia disposto il sequestro e sia ancora in corso il procedimento di prevenzione, dichiara, con decreto, che la stessa è stata già eseguita in sede penale.[1]

4. Nei casi previsti dai commi 2 e 3, in ogni caso la successiva confisca viene trascritta, iscritta o annotata ai sensi dell'articolo 21.

5. Le disposizioni di cui ai commi 1 e 2 si applicano anche nel caso in cui il sequestro disposto nel corso di un giudizio penale sopravvenga al sequestro o alla confisca di prevenzione.

[1] Comma così modif. dall'art. 8, c. 1, L. 17 ott. 2017, n. 161.

CAPO V
Le misure di prevenzione patrimoniali diverse dalla confisca

31. ***Cauzione. Garanzie reali.*** — 1. Il tribunale, con l'applicazione della misura di prevenzione, dispone che la persona sottoposta a tale misura versi presso la cassa delle ammende una somma, a titolo di cauzione, di entità che, tenuto conto anche delle sue condizioni economiche e dei provvedimenti adottati a norma dell'articolo 22, costituisca un'efficace remora alla violazione delle prescrizioni imposte.

2. Fuori dei casi previsti dall'articolo 9, il tribunale può imporre alla persona denunciata, in via provvisoria e qualora ne ravvisi l'opportunità, le prescrizioni previste dall'articolo 8, commi 3 e 4.

Con il provvedimento, il tribunale può imporre la cauzione di cui al comma 1.

3. Il deposito può essere sostituito, su istanza dell'interessato, dalla presentazione di idonee garanzie reali. Il tribunale provvede circa i modi di custodia dei beni dati in pegno e dispone, riguardo ai beni immobili, che il decreto con il quale accogliendo l'istanza dell'interessato è disposta l'ipoteca legale sia trascritto presso l'ufficio delle conservatorie dei registri immobiliari del luogo in cui i beni medesimi si trovano. Le spese relative alle garanzie reali previste dal presente comma sono anticipate dall'interessato secondo le modalità stabilite dal tribunale. Il tribunale può disporre, in relazione alle condizioni economiche della persona sottoposta alla misura di prevenzione, che la cauzione sia pagata in rate mensili.[1]

4. Quando sia cessata l'esecuzione della misura di prevenzione o sia rigettata la proposta, il tribunale dispone con decreto la restituzione del deposito o la liberazione della garanzia.

5. Le misure patrimoniali cautelari previste dal presente articolo mantengono la loro efficacia per tutta la durata della misura di prevenzione e non possono essere revocate, neppure in parte, se non per comprovate gravi necessità personali o familiari.

[1] Comma così modif. dall'art. 9, c. 1, L. 17 ott. 2017, n. 161.

32. ***Confisca della cauzione.*** — 1. In caso di violazione degli obblighi o dei divieti derivanti dall'applicazione della misura di prevenzione, il tribunale dispone la confisca della cauzione oppure che si proceda ad esecuzione sui beni costituiti in garanzia, sino a concorrenza dell'ammontare della cauzione. Per l'esecuzione, a cura del cancelliere, si osservano le disposizioni dei primi due titoli del libro terzo del codice di procedura civile in quanto applicabili, ed escluse, riguardo ai beni costituiti in garanzia, le formalità del pignoramento.

2. Qualora, emesso il provvedimento di cui al comma 1, permangano le condizioni che giustificarono la cauzione, il tribunale, su richiesta del procuratore della Repubblica o del questore e con le forme previste per il procedimento di prevenzione, dispone che la cauzione sia rinnovata, anche per somma superiore a quella originaria.

3. Le spese relative all'esecuzione prevista dal comma 1 sono anticipate dallo Stato.

33. ***L'amministrazione giudiziaria dei beni personali.*** — 1. Nei confronti dei soggetti indicati nell'articolo 4, comma 1, lettere *c*), *d*), *e*), *f*), *g*) ed *h*) il tribunale può aggiungere ad una delle misure di prevenzione previste dall'articolo 6, quella dell'amministrazione giudiziaria dei beni personali, esclusi quelli destinati all'attività professionale o produttiva, quando ricorrono sufficienti indizi che la libera disponibilità dei medesimi agevoli comunque la condotta, il comportamento o l'attività socialmente pericolosa.

2. Il tribunale può applicare soltanto l'amministrazione giudiziaria se ritiene che essa sia sufficiente ai fini della tutela della collettività.

3. L'amministrazione giudiziaria può essere imposta per un periodo non eccedente i 5 anni. Alla scadenza può essere rinnovata se permangono le condizioni in base alle quali è stata applicata.

4. Con il provvedimento con cui applica l'amministrazione giudiziaria dei beni il giudice nomina l'amministratore giudiziario di cui all'articolo 35.

34. ***L'amministrazione giudiziaria dei beni connessi ad attività economiche e delle aziende.***[1] — 1. Quando, a seguito degli accertamenti di cui all'articolo 19 o di quelli compiuti per verificare i pericoli di infiltrazione mafiosa, previsti dall'articolo 92, ovvero di quelli compiuti ai sensi dell'articolo 213 del codice dei contratti pubblici, di cui al decreto legislativo 18 aprile 2016, n. 50, dall'Autorità nazionale anticorruzione, sussistono sufficienti indizi per ritenere che il libero esercizio di determinate attività economiche, comprese quelle di carattere imprenditoriale, sia direttamente o indirettamente sottoposto alle condizioni di intimidazione o di assoggettamento previste dall'articolo 416-*bis* del codice penale o possa comunque agevolare l'attività di persone nei confronti delle quali è stata proposta o applicata una delle misure di prevenzione personale o patrimoniale previste dagli articoli 6 e 24 del presente decreto, ovvero di persone sottoposte a procedimento penale per taluno dei delitti di cui all'articolo 4, comma 1, lettere *a*), *b*) e *i-bis*), del presente decreto, ovvero per i delitti di cui agli articoli 603-*bis*, 629, 644, 648-*bis* e 648-*ter* del codice penale, e non ricorrono i presupposti per l'applicazione delle misure di prevenzione patrimoniali di cui al capo I del presente titolo, il tribunale competente per l'applicazione delle misure di prevenzione nei confronti delle persone sopraindicate dispone l'amministrazione giudiziaria delle aziende o dei beni utilizzabili, direttamente o indirettamente, per lo svolgimento delle predette attività economiche, su proposta dei soggetti di cui al comma 1 dell'articolo 17 del presente decreto.

2. L'amministrazione giudiziaria dei beni è adottata per un periodo non superiore a un anno e può essere prorogata di ulteriori sei mesi per un periodo comunque non superiore complessivamente a due anni, a richiesta del pubblico ministero o d'ufficio, a seguito di relazione dell'amministratore giudiziario che evidenzi la necessità di completare il programma di sostegno e di aiuto alle imprese amministrate e la rimozione delle situazioni di fatto e di diritto che avevano determinato la misura.

3. Con il provvedimento di cui al comma 1, il tribunale nomina il giudice delegato e l'amministratore giudiziario, il quale esercita tutte le facoltà spettanti ai titolari dei diritti sui beni e sulle aziende oggetto della misura. Nel caso di imprese esercitate in forma societaria, l'amministratore giudiziario può esercitare i poteri spettanti agli organi di

amministrazione e agli altri organi sociali secondo le modalità stabilite dal tribunale, tenuto conto delle esigenze di prosecuzione dell'attività d'impresa, senza percepire ulteriori emolumenti.

4. Il provvedimento di cui al comma 1 è eseguito sui beni aziendali con l'immissione dell'amministratore nel possesso e con l'iscrizione nel registro tenuto dalla camera di commercio, industria, artigianato e agricoltura nel quale è iscritta l'impresa. Qualora oggetto della misura siano beni immobili o altri beni soggetti a iscrizione in pubblici registri, il provvedimento di cui al comma 1 deve essere trascritto nei medesimi pubblici registri.

5. L'amministratore giudiziario adempie agli obblighi di relazione e segnalazione di cui all'articolo 36, comma 2, anche nei confronti del pubblico ministero. Si applicano, in quanto compatibili, le disposizioni di cui ai capi I e II del titolo III del presente libro.

6. Entro la data di scadenza dell'amministrazione giudiziaria dei beni o del sequestro di cui al comma 7, il tribunale, qualora non disponga il rinnovo del provvedimento, delibera in camera di consiglio la revoca della misura disposta ed eventualmente la contestuale applicazione del controllo giudiziario di cui all'articolo 34-*bis*, ovvero la confisca dei beni che si ha motivo di ritenere che siano il frutto di attività illecite o ne costituiscano il reimpiego. Alla camera di consiglio partecipano il giudice delegato e il pubblico ministero. Al procedimento si applicano, in quanto compatibili, le disposizioni previste dal titolo I, capo II, sezione I, del presente libro. Per le impugnazioni contro i provvedimenti di revoca con controllo giudiziario e di confisca si applicano le disposizioni previste dall'articolo 27.

7. Quando vi sia concreto pericolo che i beni sottoposti al provvedimento di cui al comma 1 vengano dispersi, sottratti o alienati, nei casi in cui si ha motivo di ritenere che i beni siano frutto di attività illecite o ne costituiscano l'impiego, i soggetti di cui all'articolo 17 possono richiedere al tribunale di disporne il sequestro, osservate, in quanto applicabili, le disposizioni previste dal presente titolo. Il sequestro è disposto sino alla scadenza del termine stabilito a norma del comma 2.

[1] Articolo così sost. dall'art. 10, c. 1, L. 17 ott. 2017, n. 161.

34-*bis*. *Controllo giudiziario delle aziende.* — 1. Quando l'agevolazione prevista dal comma 1 dell'articolo 34 risulta occasionale, il tribunale dispone, anche d'ufficio, il controllo giudiziario delle attività economiche e delle aziende di cui al medesimo comma 1, se sussistono circostanze di fatto da cui si possa desumere il pericolo concreto di infiltrazioni mafiose idonee a condizionarne l'attività. Nel caso in cui risultino applicate le misure previste dall'articolo 94-*bis*, il tribunale valuta se adottare in loro sostituzione il provvedimento di cui al comma 2, lettera *b*.[1]

2. Il controllo giudiziario è adottato dal tribunale per un periodo non inferiore a un anno e non superiore a tre anni. Con il provvedimento che lo dispone, il tribunale può:

a) imporre nei confronti di chi ha la proprietà, l'uso o l'amministrazione dei beni e delle aziende di cui al comma 1 l'obbligo di comunicare al questore e al nucleo di polizia tributaria del luogo di dimora abituale, ovvero del luogo in cui si trovano i beni se si tratta di residenti all'estero, ovvero della sede legale se si tratta di un'impresa, gli atti di disposizione, di acquisto o di pagamento effettuati, gli atti di pagamento ricevuti, gli incarichi professionali, di amministrazione o di gestione fiduciaria ricevuti e gli altri atti o contratti indicati dal tribunale, di valore non inferiore a euro 7.000 o del valore superiore stabilito dal tribunale in relazione al reddito della persona o al patrimonio e al volume d'affari dell'impresa. Tale obbligo deve essere assolto entro dieci giorni dal compimento dell'atto e comunque entro il 31 gennaio di ogni anno per gli atti posti in essere nell'anno precedente;

b) nominare un giudice delegato e un amministratore giudiziario, il quale riferisce periodicamente, almeno bimestralmente, gli esiti dell'attività di controllo al giudice delegato e al pubblico ministero.

3. Con il provvedimento di cui alla lettera *b*) del comma 2, il tribunale stabilisce i compiti dell'amministratore giudiziario finalizzati alle attività di controllo e può imporre l'obbligo:

a) di non cambiare la sede, la denominazione e la ragione sociale, l'oggetto sociale e la composizione degli organi di amministrazione, direzione e vigilanza e di non compiere fusioni o altre trasformazioni, senza l'autorizzazione da parte del giudice delegato;

b) di adempiere ai doveri informativi di cui alla lettera *a*) del comma 2 nei confronti dell'amministratore giudiziario;

c) di informare preventivamente l'amministratore giudiziario circa eventuali forme di finanziamento della società da parte dei soci o di terzi;

d) di adottare ed efficacemente attuare misure organizzative, anche ai sensi degli articoli 6, 7 e 24-*ter* del decreto legislativo 8 giugno 2001, n. 231, e successive modificazioni;

e) di assumere qualsiasi altra iniziativa finalizzata a prevenire specificamente il rischio di tentativi di infiltrazione o condizionamento mafiosi.

4. Per verificare il corretto adempimento degli obblighi di cui al comma 3, il tribunale può autorizzare gli ufficiali e gli agenti di polizia giudiziaria ad accedere presso gli uffici dell'impresa nonché presso uffici pubblici, studi professionali, società, banche e intermediari mobiliari al fine di acquisire informazioni e copia della documentazione ritenute utili. Nel caso in cui venga accertata la violazione di una o più prescrizioni ovvero ricorrano i presupposti di cui al comma 1 dell'articolo 34, il tribunale

può disporre l'amministrazione giudiziaria dell'impresa.

5. Il titolare dell'attività economica sottoposta al controllo giudiziario può proporre istanza di revoca. In tal caso il tribunale fissa l'udienza entro dieci giorni dal deposito dell'istanza e provvede nelle forme di cui all'articolo 127 del codice di procedura penale. All'udienza partecipano il giudice delegato, il pubblico ministero e, ove nominato, l'amministratore giudiziario.

6. Le imprese destinatarie di informazione antimafia interdittiva ai sensi dell'articolo 84, comma 4, che abbiano proposto l'impugnazione del relativo provvedimento del prefetto, possono richiedere al tribunale competente per le misure di prevenzione l'applicazione del controllo giudiziario di cui alla lettera *b*) del comma 2 del presente articolo. Il tribunale, sentiti il procuratore distrettuale competente, il prefetto che ha adottato l'informazione antimafia interdittiva nonché gli altri soggetti interessati, nelle forme di cui all'articolo 127 del codice di procedura penale, accoglie la richiesta, ove ne ricorrano i presupposti; successivamente, anche sulla base della relazione dell'amministratore giudiziario, può revocare il controllo giudiziario e, ove ne ricorrano i presupposti, disporre altre misure di prevenzione patrimoniali.[1]

7. Il provvedimento che dispone l'amministrazione giudiziaria prevista dall'articolo 34 o il controllo giudiziario ai sensi del presente articolo sospende il termine di cui all'articolo 92, comma 2, nonché gli effetti di cui all'articolo 94. Lo stesso provvedimento è comunicato dalla cancelleria del tribunale al prefetto della provincia in cui ha sede legale l'impresa, ai fini dell'aggiornamento della banca dati nazionale unica della documentazione antimafia di cui all'articolo 96, ed è valutato anche ai fini dell'applicazione delle misure di cui all'articolo 94-*bis* nei successivi cinque anni.[2]

[1] Comma così modif. dall'art. 47, D.L. 6 nov. 2021, n. 152, conv. con modif. in L. 29 dic. 2021, n. 233.

[2] Comma così sost. dall'art. 47, D.L. 6 nov. 2021, n. 152, conv. con modif. in L. 29 dic. 2021, n. 233.

CAPO V-*bis*.
Trattazione prioritaria del procedimento[1]

[1] Capo ins. dall'art. 12, c. 1, L. 17 ott. 2017, n. 161.

34-*ter*. *Trattazione prioritaria dei procedimenti di prevenzione patrimoniale.*[1] — 1. È assicurata la priorità assoluta nella trattazione dei procedimenti previsti dagli articoli 16 e seguenti del presente decreto.

2. I dirigenti degli uffici giudicanti e requirenti adottano i provvedimenti organizzativi necessari per assicurare la trattazione e la definizione prioritaria dei procedimenti di cui al comma 1 e il rispetto dei termini previsti. I provvedimenti sono tempestivamente comunicati al consiglio giudiziario e al Consiglio superiore della magistratura. Il dirigente dell'ufficio comunica, sulla base delle indicazioni del Consiglio superiore della magistratura, con cadenza annuale, a tale organo e al Ministero della giustizia i dati sulla durata dei relativi procedimenti. Il Consiglio superiore della magistratura e il Ministero della giustizia valutano gli effetti dei provvedimenti adottati dai dirigenti degli uffici sulla trattazione prioritaria, sulla durata e sul rispetto dei termini dei procedimenti indicati al comma 1. In sede di comunicazioni sull'amministrazione della giustizia, ai sensi dell'articolo 86 dell'ordinamento giudiziario, di cui al regio decreto 30 gennaio 1941, n. 12, e successive modificazioni, il Ministro della giustizia riferisce alle Camere in merito alla trattazione dei procedimenti di cui al comma 1 del presente articolo.

[1] Articolo ins. dall'art. 12, c. 1, L. 17 ott. 2017, n. 161.

TITOLO III
L'amministrazione, la gestione e la destinazione dei beni sequestrati e confiscati

35-51. (*Omissis*).

TITOLO IV
La tutela dei terzi e i rapporti con le procedure concorsuali

52-65. (*Omissis*).

TITOLO V
Effetti, sanzioni e disposizioni finali

CAPO I
Effetti delle misure di prevenzione

66. *Principi generali.* — 1. L'applicazione delle misure di prevenzione di cui al libro I, titolo I, importa gli effetti previsti dal presente capo, nonché gli effetti dalla legge espressamente indicati.

2. L'applicazione delle misure di prevenzione di cui al libro I, titolo II, importa gli effetti dalla legge espressamente indicati.

67. *Effetti delle misure di prevenzione.* — 1. Le persone alle quali sia stata applicata con provvedimento definitivo una delle misure di prevenzione previste dal libro I, titolo I, capo II non possono ottenere:

a) licenze o autorizzazioni di polizia e di commercio;

b) concessioni di acque pubbliche e diritti ad esse inerenti nonché concessioni di beni demaniali allorché siano richieste per l'esercizio di attività imprenditoriali;

c) concessioni di costruzione e gestione di opere riguardanti la pubblica amministrazione e concessioni di servizi pubblici;

d) iscrizioni negli elenchi di appaltatori o di fornitori di opere, beni e servizi riguardanti la pubblica amministrazione, nei registri della camera di commercio per l'esercizio del commercio all'ingrosso e nei registri di commissionari astatori presso i mercati annonari all'ingrosso;

e) attestazioni di qualificazione per eseguire lavori pubblici;

f) altre iscrizioni o provvedimenti a contenuto autorizzatorio, concessorio, o abilitativo per lo svolgimento di attività imprenditoriali, comunque denominati;

g) contributi, finanziamenti o mutui agevolati ed altre erogazioni dello stesso tipo, comunque denominate, concessi o erogati da parte dello Stato, di altri enti pubblici o delle Comunità europee, per lo svolgimento di attività imprenditoriali;

h) licenze per detenzione e porto d'armi, fabbricazione, deposito, vendita e trasporto di materie esplodenti.

2. Il provvedimento definitivo di applicazione della misura di prevenzione determina la decadenza di diritto dalle licenze, autorizzazioni, concessioni, iscrizioni, attestazioni, abilitazioni ed erogazioni di cui al comma 1, nonché il divieto di concludere contratti pubblici di lavori, servizi e forniture, di cottimo fiduciario e relativi subappalti e subcontratti, compresi i cottimi di qualsiasi tipo, i noli a caldo e le forniture con posa in opera. Le licenze, le autorizzazioni e le concessioni sono ritirate e le iscrizioni sono cancellate ed è disposta la decadenza delle attestazioni a cura degli organi competenti.

3. Nel corso del procedimento di prevenzione, il tribunale, se sussistono motivi di particolare gravità, può disporre in via provvisoria i divieti di cui ai commi 1 e 2 e sospendere l'efficacia delle iscrizioni, delle erogazioni e degli altri provvedimenti ed atti di cui ai medesimi commi. Il provvedimento del tribunale può essere in qualunque momento revocato dal giudice procedente e perde efficacia se non è confermato con il decreto che applica la misura di prevenzione.

4. Il tribunale, salvo quanto previsto all'articolo 68, dispone che i divieti e le decadenze previsti dai commi 1 e 2 operino anche nei confronti di chiunque conviva con la persona sottoposta alla misura di prevenzione nonché nei confronti di imprese, associazioni, società e consorzi di cui la persona sottoposta a misura di prevenzione sia amministratore o determini in qualsiasi modo scelte e indirizzi. In tal caso i divieti sono efficaci per un periodo di cinque anni.

5. Per le licenze ed autorizzazioni di polizia, ad eccezione di quelle relative alle armi, munizioni ed esplosivi, e per gli altri provvedimenti di cui al comma 1 le decadenze e i divieti previsti dal presente articolo possono essere esclusi dal giudice nel caso in cui per effetto degli stessi verrebbero a mancare i mezzi di sostentamento all'interessato e alla famiglia.

6. Salvo che si tratti di provvedimenti di rinnovo, attuativi o comunque conseguenti a provvedimenti già disposti, ovvero di contratti derivati da altri già stipulati dalla pubblica amministrazione, le licenze, le autorizzazioni, le concessioni, le erogazioni, le abilitazioni e le iscrizioni indicate nel comma 1 non possono essere rilasciate o consentite e la conclusione dei contratti o subcontratti indicati nel comma 2 non può essere consentita a favore di persone nei cui confronti è in corso il procedimento di prevenzione senza che sia data preventiva comunicazione al giudice competente, il quale può disporre, ricorrendone i presupposti, i divieti e le sospensioni previsti a norma del comma 3. A tal fine, i relativi procedimenti amministrativi restano sospesi fino a quando il giudice non provvede e, comunque, per un periodo non superiore a venti giorni dalla data in cui la pubblica amministrazione ha proceduto alla comunicazione.

7. Dal termine stabilito per la presentazione delle liste e dei candidati e fino alla chiusura delle operazioni di voto, alle persone sottoposte, in forza di provvedimenti definitivi, alla misura della sorveglianza speciale di pubblica sicurezza è fatto divieto di svolgere le attività di propaganda elettorale previste dalla legge 4 aprile 1956, n. 212, in favore o in pregiudizio di candidati partecipanti a qualsiasi tipo di competizione elettorale.

8. Le disposizioni dei commi 1, 2 e 4 si applicano anche nei confronti delle persone condannate con sentenza definitiva o, ancorché non definitiva, confermata in grado di appello, per uno dei delitti di cui all'articolo 51, comma 3-*bis*, del codice di procedura penale nonché per i reati di cui all'articolo 640, secondo comma, n. 1), del codice penale, commesso a danno dello Stato o di un altro ente pubblico, e all'articolo 640-*bis* del codice penale[1].

[1] Parole ins. dall'art. 24, c. 1, lett. *d*), D.L. 4 ott. 2018, n. 113, conv. in L. 1 dic. 2018, n. 132.

La Corte Cost., con sent. 30 lug. 2021, n. 178, ha dichiarato l'ill. cost. dell'art. 24, c. 1, lett. *d*), D.L. 113/2018 limitatamente alle parole «e all'articolo 640-*bis* del codice penale» e ha altresì dichiarato l'ill. cost. in via consequenziale dell'art. 24, c. 1, lett. *d*), D.L. 113/2018 limitatamente alle parole «nonché per i reati di cui all'articolo 640, secondo comma, n. 1), del codice penale, commesso a danno dello Stato o di un altro ente pubblico».

68. ***Divieti e decadenze nei confronti dei conviventi.*** — 1. Il tribunale, prima di adottare alcuno dei provvedimenti di cui al comma 4 dell'articolo 67, chiama, con decreto motivato, ad intervenire nel procedimento le parti interessate, le quali possono, anche con l'assistenza di un difensore, svolgere in camera di consiglio le loro deduzioni e chiedere l'acquisizione di ogni elemento utile ai fini della decisione. Ai fini dei relativi accertamenti si applicano le disposizioni dell'articolo 19.

2. I provvedimenti previsti dal comma 4 dell'articolo 67 possono essere adottati, su richiesta del

procuratore della Repubblica di cui all'articolo 17, commi 1 e 2, del direttore della Direzione investigativa antimafia, o del questore, quando ne ricorrano le condizioni, anche dopo l'applicazione della misura di prevenzione. Sulla richiesta provvede lo stesso tribunale che ha disposto la misura di prevenzione, con le forme previste per il relativo procedimento e rispettando la disposizione di cui al precedente comma.

3. Si applicano le disposizioni di cui all'articolo 27, commi 1 e 2.

69. ***Elenco generale degli enti e delle amministrazioni.*** — 1. Con decreto del Presidente del Consiglio dei Ministri, d'intesa con tutti i Ministri interessati, è costituito un elenco generale degli enti e delle amministrazioni legittimati a disporre le licenze, le concessioni e le iscrizioni e le attestazioni, nonché le autorizzazioni, le abilitazioni e le erogazioni indicate nell'articolo 67, comma 1. Con le stesse modalità saranno effettuati gli aggiornamenti eventualmente necessari.

2. Le cancellerie dei tribunali, delle corti d'appello e della Corte di cassazione debbono comunicare alla questura nella cui circoscrizione hanno sede, non oltre i cinque giorni dal deposito o, nel caso di atto impugnabile, non oltre i cinque giorni dalla scadenza del termine per l'impugnazione, copia dei provvedimenti emanati ai sensi degli articoli 7 e 10, nonché dei provvedimenti di cui ai commi 3, 4, 5 e 7 dell'articolo 67, e all'articolo 68, comma 2. Nella comunicazione deve essere specificato se il provvedimento sia divenuto definitivo.

3. I procuratori della Repubblica, nel presentare al tribunale le proposte per l'applicazione di una delle misure di prevenzione, provvedono a darne contestuale comunicazione, in copia, alla questura nella cui circoscrizione ha sede il tribunale stesso.

4. I questori dispongono l'immediata immissione nel centro elaborazione dati di cui all'articolo 8 della legge 1° aprile 1981, n. 121, sia delle comunicazioni previste nei commi 2 e 3, sia delle proposte che essi stessi abbiano presentato per l'applicazione di una delle misure di prevenzione indicate nel capoverso che precede. Le informazioni predette sono contestualmente trasmesse alle prefetture attraverso i terminali installati nei rispettivi centri telecomunicazione.

5. Le prefetture comunicano tempestivamente agli organi ed enti indicati dal decreto del Presidente del Consiglio dei ministri di cui al comma 1 e dai successivi decreti di aggiornamento, che abbiano sede nelle rispettive province, i provvedimenti esecutivi concernenti i divieti, le decadenze e le sospensioni previste nell'articolo 67. Per i provvedimenti di cui al comma 5 dell'articolo 67 la comunicazione, su motivata richiesta dell'interessato, può essere inviata anche ad organi o enti specificamente indicati nella medesima.

6. Ai fini dell'applicazione delle norme in materia di qualificazione degli esecutori dei lavori pubblici, la comunicazione va, comunque, fatta dalla prefettura di Roma al Ministero delle infrastrutture e dei trasporti e all'Autorità per la vigilanza sui contratti pubblici di lavori, servizi e forniture, entro e non oltre cinque giorni dalla ricezione del dato; dell'informativa debbono costituire oggetto anche le proposte indicate nei commi 3 e 4.

CAPO II
La riabilitazione

70. ***Riabilitazione.*** — 1. Dopo tre anni dalla cessazione della misura di prevenzione personale, l'interessato può chiedere la riabilitazione. La riabilitazione è concessa, se il soggetto ha dato prova costante ed effettiva di buona condotta, dalla corte di appello nel cui distretto ha sede l'autorità giudiziaria che dispone l'applicazione della misura di prevenzione o dell'ultima misura di prevenzione.

2. La riabilitazione comporta la cessazione di tutti gli effetti pregiudizievoli riconnessi allo stato di persona sottoposta a misure di prevenzione nonché la cessazione dei divieti previsti dall'articolo 67.

3. Si osservano, in quanto compatibili, le disposizioni del codice di procedura penale riguardanti la riabilitazione.

4. Quando è stata applicata una misura di prevenzione personale nei confronti dei soggetti di cui all'articolo 4, comma 1, lettera *a*) e *b*), la riabilitazione può essere richiesta dopo cinque anni dalla cessazione della misura di prevenzione personale.

CAPO III
Le sanzioni

71. ***Circostanza aggravante.*** — 1. Le pene stabilite per i delitti previsti dagli articoli 270-*bis*, 270-*ter*, 270-*quater*, 270-*quater*.1, 270-*quinquies*, 314, 316, 316-*bis*, 316-*ter*, 317, 318, 319, 319-*ter*, 319-*quater*, 320, 321, 322, 322-*bis*, 336, 338, 353, 377, terzo comma, 378, 379, 416, 416-*bis*, 416-*ter*, 418, 424, 435, 513-*bis*, 575, 600, 601, 602, 605, 610, 611, 612, 628, 629, 630, 632, 633, 634, 635, 636, 637, 638, 640-*bis*, 648-*bis*, 648-*ter*, del codice penale, nonché per i delitti commessi con le finalità di terrorismo di cui all'articolo 270-*sexies* del codice penale, sono aumentate da un terzo alla metà e quelle stabilite per le contravvenzioni di cui agli articoli 695, primo comma, 696, 697, 698, 699 del codice penale sono aumentate nella misura di cui al secondo comma dell'articolo 99 del codice penale se il fatto è commesso da persona sottoposta con provvedimento definitivo ad una misura di prevenzione personale durante il periodo previsto di applicazione e sino a tre anni dal momento in cui ne è cessata l'esecuzione.[1]

2. In ogni caso si procede d'ufficio e quando i delitti di cui al comma 1, per i quali è consentito l'arresto in flagranza, sono commessi da persone

sottoposte alla misura di prevenzione, la polizia giudiziaria può procedere all'arresto anche fuori dei casi di flagranza.

3. Alla pena è aggiunta una misura di sicurezza detentiva.

[1] Comma così modif. dall'art. 23, c. 1, L. 17 ott. 2017, n. 161.

72. ***Reati concernenti le armi e gli esplosivi.*** — 1. Le pene stabilite per i reati concernenti le armi alterate nonché le armi e le munizioni di cui all'articolo 1 della legge 18 aprile 1975, n. 110, sono triplicate e quelle stabilite per i reati concernenti le armi e le munizioni di cui all'articolo 2, commi primo e secondo, della stessa legge sono aumentate nella misura in cui al terzo comma dell'articolo 99 del codice penale, se i fatti sono commessi da persona sottoposta con provvedimento definitivo ad una misura di prevenzione personale durante il periodo previsto di applicazione e sino a tre anni dal momento in cui ne è cessata l'esecuzione.

73. ***Violazioni al codice della strada.*** — 1. Nel caso di guida di un autoveicolo o motoveicolo, senza patente, o dopo che la patente sia stata negata, sospesa o revocata, la pena è dell'arresto da sei mesi a tre anni, qualora si tratti di persona già sottoposta, con provvedimento definitivo, a una misura di prevenzione personale.

74. ***Reati del pubblico ufficiale.*** — 1. Il pubblico amministratore, il funzionario o il dipendente che, intervenuta la decadenza o la sospensione di cui all'articolo 67, non dispone, entro trenta giorni dalla comunicazione, il ritiro delle licenze, autorizzazioni, abilitazioni o la cessazione delle erogazioni o concessioni ovvero la cancellazione dagli elenchi, è punito con la reclusione da due a quattro anni.

2. Le stesse pene si applicano in caso di rilascio di licenze, concessioni, autorizzazioni o abilitazioni ovvero di iscrizioni e di attestazioni di qualificazione nonché di concessione di erogazioni in violazione delle disposizioni di cui all'articolo 67.

3. Il pubblico amministratore, il funzionario o il dipendente dello Stato o di altro ente pubblico ovvero il concessionario di opere e di servizi pubblici nonché il contraente generale che consente alla conclusione di contratti o subcontratti in violazione dei divieti previsti dall'articolo 67, è punito con la reclusione da due a quattro anni.

4. Se il fatto di cui ai commi 1, 2 e 3 è commesso per colpa, la pena è della reclusione da tre mesi ad un anno.

75. ***Violazione degli obblighi inerenti alla sorveglianza speciale.***[1] — 1. Il contravventore agli obblighi inerenti alla sorveglianza speciale è punito con l'arresto da tre mesi ad un anno.

2. Se l'inosservanza riguarda gli obblighi e le prescrizioni inerenti alla sorveglianza speciale con l'obbligo o il divieto di soggiorno, si applica la pena della reclusione da uno a cinque anni ed è consentito l'arresto anche fuori dei casi di flagranza.

3. Nell'ipotesi indicata nel comma 2 gli ufficiali ed agenti di polizia giudiziaria possono procedere all'arresto anche fuori dei casi di flagranza.

4. Salvo quanto è prescritto da altre disposizioni di legge, il sorvegliato speciale che, per un reato commesso dopo il decreto di sorveglianza speciale, abbia riportato condanna a pena detentiva non inferiore a sei mesi, può essere sottoposto a libertà vigilata per un tempo non inferiore a due anni.

[1] La Corte cost., con sent. 27 feb. 2019, n. 25, ha dichiarato l'ill. cost. del comma 2 nella parte in cui prevede come delitto la violazione degli obblighi e delle prescrizioni inerenti la misura della sorveglianza speciale con obbligo o divieto di soggiorno ove consistente nell'inosservanza delle prescrizioni di «vivere onestamente» e di «rispettare le leggi».

Dichiara altresì in via consequenziale, l'ill. cost. del comma 1, nella parte in cui prevede come reato contravvenzionale la violazione degli obblighi inerenti la misura della sorveglianza speciale senza obbligo o divieto di soggiorno ove consistente nell'inosservanza delle prescrizioni di «vivere onestamente» e di «rispettare le leggi».

75-*bis*. ***Violazione delle misure imposte con provvedimenti d'urgenza.***[1] — Il contravventore al divieto di espatrio conseguente all'applicazione delle misure di cui ai commi 1 e 2-*bis* dell'articolo 9 è punito con la reclusione da uno a cinque anni.

[1] Articolo inserito dall'art. 4, c. 1, D.L. 18 feb. 2015, n. 7, conv. con modif. in L. 17 apr. 2015, n. 43.

76. ***Altre sanzioni penali.*** — 1. La persona che, avendo ottenuto l'autorizzazione di cui all'articolo 12, non rientri nel termine stabilito nel comune di soggiorno obbligato, o non osservi le prescrizioni fissate per il viaggio, ovvero si allontani dal comune ove ha chiesto di recarsi, è punita con la reclusione da due a cinque anni; è consentito l'arresto anche fuori dei casi di flagranza.

2. Chiunque violi il divieto di cui all'articolo 3, commi 4 e 5, è punito con la reclusione da uno a tre anni e con la multa da euro 1.549 a euro 5.164. Gli strumenti, gli apparati, i mezzi e i programmi posseduti o utilizzati sono confiscati ed assegnati alle Forze di polizia, se ne fanno richiesta, per essere impiegati nei compiti di istituto.

3. Il contravventore alle disposizioni di cui all'articolo 2, è punito con l'arresto da uno a sei mesi. Nella sentenza di condanna viene disposto che, scontata la pena, il contravventore sia tradotto al luogo del rimpatrio.

4. Chi non ottempera, nel termine fissato dal tribunale, all'ordine di deposito della cauzione di cui all'articolo 31, ovvero omette di offrire le garanzie sostitutive di cui al comma 3 della medesima disposizione, è punito con la pena dell'arresto da sei mesi a due anni.

5. La persona a cui è stata applicata l'amministrazione giudiziaria dei beni personali, la quale con qualsiasi mezzo, anche simulato, elude o tenta di eludere l'esecuzione del provvedimento è punita

con la reclusione da tre a cinque anni. La stessa pena si applica a chiunque anche fuori dei casi di concorso nel reato, aiuta la persona indicata a sottrarsi all'esecuzione del provvedimento. Per il reato di cui al comma precedente si procede in ogni caso con giudizio direttissimo.

6. Chi omette di adempiere ai doveri informativi di cui alla lettera *a*) del comma 2 dell'articolo 34-*bis* nei confronti dell'amministratore giudiziario è punito con la reclusione da uno a quattro anni. Alla condanna consegue la confisca dei beni acquistati e dei pagamenti ricevuti per i quali è stata omessa la comunicazione.[1]

7. Chiunque, essendovi tenuto, omette di comunicare entro i termini stabiliti dalla legge le variazioni patrimoniali indicate nell'articolo 80 è punito con la reclusione da due a sei anni e con la multa da euro 10.329 a euro 20.658. Alla condanna segue la confisca dei beni a qualunque titolo acquistati nonché del corrispettivo dei beni a qualunque titolo alienati. Nei casi in cui non sia possibile procedere alla confisca dei beni acquistati ovvero del corrispettivo dei beni alienati, il giudice ordina la confisca, per un valore equivalente, di somme di denaro, beni o altre utilità dei quali i soggetti di cui all'articolo 80, comma 1, hanno la disponibilità.

8. Salvo che il fatto costituisca più grave reato, il contravventore al divieto di cui all'articolo 67, comma 7 è punito con la reclusione da uno a sei anni[2]. La stessa pena si applica al candidato che, avendo diretta conoscenza della condizione di sottoposto in via definitiva alla misura della sorveglianza speciale di pubblica sicurezza, richiede al medesimo di svolgere le attività di propaganda elettorale previste all'articolo 67, comma 7 e se ne avvale concretamente. L'esistenza del fatto deve risultare anche da prove diverse dalle dichiarazioni del soggetto sottoposto alla misura di prevenzione.

9. La condanna alla pena della reclusione, anche se conseguente all'applicazione della pena su richiesta delle parti a norma dell'articolo 444 del codice di procedura penale, per il delitto previsto dal comma 8, comporta l'interdizione dai pubblici uffici per la durata della pena detentiva. A tal fine la cancelleria del giudice che ha pronunciato la sentenza trasmette copia dell'estratto esecutivo, chiusa in piego sigillato, all'organo o all'ente di appartenenza per l'adozione degli atti di competenza. Nel caso in cui il condannato sia un membro del Parlamento, la Camera di appartenenza adotta le conseguenti determinazioni secondo le norme del proprio regolamento. Dall'interdizione dai pubblici uffici consegue l'ineleggibilità del condannato per la stessa durata della pena detentiva. La sospensione condizionale della pena non ha effetto ai fini dell'interdizione dai pubblici uffici.

[1] Comma così sost. dall'art. 24, c. 1, L. 17 ott. 2017, n. 161.

[2] Parole così modif. dall'art. 24, c. 1, L. 17 ott. 2017, n. 161.

CAPO IV
Disposizioni finali

77. ***Fermo di indiziato di delitto.*** — 1. Nei confronti dei soggetti di cui all'articolo 4 e di coloro che risultino gravemente indiziati di un delitto commesso in occasione o a causa di manifestazioni sportive[1] il fermo di indiziato di delitto è consentito anche al di fuori dei limiti di cui all'articolo 384 del codice di procedura penale, purché si tratti di reato per il quale è consentito l'arresto facoltativo in flagranza ai sensi dell'articolo 381 del medesimo codice.

[1] Parole ins. dall'art. 14, D.L. 14 giu. 2019, n. 53, conv. con modif. in L. 8 ago. 2019, n. 77.

78. ***Intercettazioni telefoniche.*** — 1. Il procuratore della Repubblica del luogo dove le operazioni debbono essere eseguite, può autorizzare gli ufficiali di polizia giudiziaria ad intercettare comunicazioni o conversazioni telefoniche o telegrafiche o quelle indicate nell'articolo 623-*bis* del codice penale, quando lo ritenga necessario al fine di controllare che i soggetti nei cui confronti sia stata applicata una delle misure di prevenzione di cui al libro I, titolo I, capo II non continuino a porre in essere attività o comportamenti analoghi a quelli che hanno dato luogo all'applicazione della misura di prevenzione.

2. Si osservano, in quanto compatibili, le modalità previste dall'articolo 268 del codice di procedura penale.

3. Gli elementi acquisiti attraverso le intercettazioni possono essere utilizzati esclusivamente per la prosecuzione delle indagini e sono privi di ogni valore ai fini processuali.

4. Le registrazioni debbono essere trasmesse al procuratore della Repubblica che ha autorizzato le operazioni, il quale dispone la distruzione delle registrazioni stesse e di ogni loro trascrizione, sia pure parziale.

79-80. (*Omissis*).

81. ***Registro delle misure di prevenzione.*** — 1. Presso le segreterie delle procure della Repubblica e presso le cancellerie dei tribunali sono istituiti appositi registri, anche informatici, per le annotazioni relative ai procedimenti di prevenzione. Nei registri viene curata l'immediata annotazione nominativa delle persone fisiche e giuridiche nei cui confronti sono disposti gli accertamenti personali o patrimoniali da parte dei soggetti titolari del potere di proposta. Il questore territorialmente competente e il direttore della Direzione investigativa antimafia provvedono a dare immediata comunicazione alla procura della Repubblica competente per territorio della proposta di misura personale e patrimoniale da presentare al tribunale competente. Le modalità di tenuta, i tipi dei registri, le annotazioni che vi devono essere operate, sono fissati con decreto del Ministro della giustizia.

2. Non possono essere rilasciate a privati certifi-

cazioni relative alle annotazioni operate nei registri.

3. I provvedimenti definitivi con i quali l'autorità giudiziaria applica misure di prevenzione o concede la riabilitazione di cui all'articolo 70, sono iscritti nel casellario giudiziale secondo le modalità e con le forme stabilite per le condanne penali. Nei certificati rilasciati a richiesta di privati non è fatta menzione delle suddette iscrizioni. I provvedimenti di riabilitazione sono altresì comunicati alla questura competente con l'osservanza delle disposizioni di cui all'articolo 69.

LIBRO II
NUOVE DISPOSIZIONI IN MATERIA DI DOCUMENTAZIONE ANTIMAFIA

82-101. (*Omissis*).

LIBRO III
ATTIVITÀ INFORMATIVE ED INVESTIGATIVE NELLA LOTTA CONTRO LA CRIMINALITÀ ORGANIZZATA. AGENZIA NAZIONALE PER L'AMMINISTRAZIONE E LA DESTINAZIONE DEI BENI SEQUESTRATI E CONFISCATI ALLA CRIMINALITÀ ORGANIZZATA

102-114. (*Omissis*).

LIBRO IV
MODIFICHE AL CODICE PENALE, AL CODICE DI PROCEDURA PENALE E ALLA LEGISLAZIONE PENALE COMPLEMENTARE. ABROGAZIONI. DISPOSIZIONI TRANSITORIE E DI COORDINAMENTO

115-116. (*Omissis*).

117. ***Disciplina transitoria.*** — 1. Le disposizioni contenute nel libro I non si applicano ai procedimenti nei quali, alla data di entrata in vigore del presente decreto, sia già stata formulata proposta di applicazione della misura di prevenzione. In tali casi, continuano ad applicarsi le norme previgenti.

2.[1]

3. Al fine di garantire il potenziamento dell'attività istituzionale e lo sviluppo organizzativo delle strutture, l'Agenzia, previa autorizzazione del Ministro dell'interno, di concerto con il Ministro dell'economia e delle finanze e con il Ministro per la pubblica amministrazione e l'innovazione, si avvale di personale proveniente dalle pubbliche amministrazioni, dalle Agenzie, compresa l'Agenzia del demanio, e dagli enti territoriali, assegnato all'Agenzia medesima anche in posizione di comando o di distacco, ove consentito dai rispettivi ordinamenti, ovvero stipula contratti di lavoro a tempo determinato, anche ricorrendo alle modalità di cui al decreto legislativo 10 settembre 2003, n. 276. Tali rapporti di lavoro sono instaurati in deroga alle disposizioni dell'articolo 113-*bis*, commi 1, 2 e 3, nonché nei limiti stabiliti dall'autorizzazione di cui al primo periodo del presente comma e delle risorse assegnate all'Agenzia ai sensi del terzo periodo del presente comma, e non possono avere durata superiore al 31 dicembre 2012. Per tali fini, all'Agenzia sono assegnati 2 milioni di euro per l'anno 2011 e 4 milioni di euro per l'anno 2012.[2]

4. A decorrere dalla nomina di cui all'articolo 111, comma 2, cessa l'attività del Commissario straordinario per la gestione e la destinazione dei beni confiscati ad organizzazioni criminali e vengono contestualmente trasferite le funzioni e le risorse strumentali e finanziarie già attribuite allo stesso Commissario, nonché, nell'ambito del contingente indicato al comma 1, lettera *a*), le risorse umane, che restano nella medesima posizione già occupata presso il Commissario. L'Agenzia subentra nelle convenzioni, nei protocolli e nei contratti di collaborazione stipulati dal Commissario straordinario. L'Agenzia, nei limiti degli stanziamenti di cui all'articolo 118, comma 1, può avvalersi di esperti e collaboratori esterni.

5. Fino alla data di entrata in vigore del regolamento ovvero, quando più di uno, dell'ultimo dei regolamenti previsti dall'articolo 113, ai procedimenti di cui all'articolo 110, comma 2, continuano ad applicarsi le disposizioni vigenti anteriormente alla data di entrata in vigore del presente decreto. Le predette disposizioni si applicano anche ai procedimenti, di cui al medesimo articolo 110, comma 2, lettere *b*) e *c*), pendenti alla stessa data.

6. Al fine di programmare l'assegnazione e la destinazione dei beni oggetto dei procedimenti di cui al comma 5, il giudice delegato ovvero il giudice che procede comunica tempestivamente all'Agenzia i dati relativi ai detti procedimenti e impartisce all'amministratore giudiziario le disposizioni necessarie. L'Agenzia può avanzare proposte al giudice per la migliore utilizzazione del bene ai fini della sua successiva destinazione.

7. Qualora gli enti territoriali in cui ricadono i beni confiscati, alla data di entrata in vigore della legge di conversione del presente decreto, abbiano già presentato una manifestazione d'interesse al prefetto per le finalità di cui all'articolo 48, comma 3, lettera *c*), l'Agenzia procede alla definizione e al compimento del trasferimento di tali beni immobili a favore degli stessi enti richiedenti. Qualora non sia rilevata possibile la cessione dell'intera azienda e gli enti territoriali manifestino interesse all'assegnazione dei soli beni immobili dell'azienda e ne facciano richiesta, l'Agenzia può procedere, valutati i profili occupazionali, alla liquidazione della stessa prevedendo l'estromissione dei beni

immobili a favore degli stessi enti richiedenti. Le spese necessarie alla liquidazione dei beni aziendali residui rispetto all'estromissione dei beni immobili assegnati agli enti territoriali sono poste a carico degli stessi enti richiedenti. Qualora dalla liquidazione derivi un attivo, questo è versato direttamente allo Stato.

8. L'Agenzia può, altresì, disporre, con delibera del Consiglio direttivo, l'estromissione di singoli beni immobili dall'azienda confiscata non in liquidazione e il loro trasferimento al patrimonio degli enti territoriali che ne facciano richiesta, qualora si tratti di beni che gli enti territoriali medesimi già utilizzano a qualsiasi titolo per finalità istituzionali. La delibera del Consiglio direttivo è adottata fatti salvi i diritti dei creditori dell'azienda confiscata.

8-*bis*. L'Agenzia dispone altresì, ai sensi del comma 8 e nei limiti di cui all'articolo 48, comma 8-*bis*, l'estromissione e il trasferimento dei beni immobili aziendali, in via prioritaria, al patrimonio degli enti territoriali che abbiano sottoscritto con l'Agenzia o con pubbliche amministrazioni protocolli di intesa, accordi di programma ovvero analoghi atti idonei a disporre il trasferimento della proprietà degli stessi beni, con efficacia decorrente dalla data indicata nei medesimi atti.[3]

[1] Comma abrog. dall'art. 1, c. 189, lett. *i*), L. 24 dic. 2012, n. 228.

[2] Comma così modif. dall'art. 1, c. 189, lett. *i*), L. 24 dic. 2012, n. 228.

[3] Comma aggiunto dall'art. 7-*septies*, D.L. 29 dic. 2016, n. 243, conv. con modif. in L. 27 feb. 2017, n. 18.

118-120. (*Omissis*).

NOTIFICAZIONI

- 1 -

L. 20 nov. 1982, n. 890

Notificazioni di atti a mezzo posta e di comunicazioni a mezzo posta connesse con la notificazione di atti giudiziari

(G.U. 4 dic. 1982, n. 334)[1]

[1] Ai sensi di quanto disposto dall'art. 1, c. 97-*ter*, L. 23 dic. 2014, n. 190, come modif. dall'art. 1, c. 461, L. 27 dic. 2017, n. 205, ai fini delle notificazioni a mezzo posta, qualunque riferimento della legislazione vigente all'ufficio postale per mezzo del quale è effettuata la spedizione deve intendersi riferito al «punto di accettazione» e all'ufficio postale preposto alla consegna deve intendersi riferito al «punto di deposito».

1. In materia civile, amministrativa e penale, l'ufficiale giudiziario può avvalersi del servizio postale per la notificazione degli atti, salvo che l'autorità giudiziaria disponga o la parte richieda che la notificazione sia eseguita personalmente.

L'ufficiale giudiziario deve avvalersi del servizio postale per la notificazione degli atti in materia civile ed amministrativa da eseguirsi fuori del comune ove ha sede l'ufficio, eccetto che la parte chieda che la notificazione sia eseguita di persona.

Il servizio deve essere erogato da operatori postali in possesso della licenza di cui all'articolo 5, comma 2, secondo periodo, del decreto legislativo 22 luglio 1999, n. 261, e deve rispettare gli obblighi di qualità minima stabiliti dall'Autorità per le garanzie nelle comunicazioni ai sensi della legge 4 agosto 2017, n. 124.[1]

[1] Comma aggiunto dall'art. 1, c. 97-*bis*, L. 23 dic. 2014, n. 190, come modif. dall'art. 1, c. 461, L. 27 dic. 2017, n. 205. Ai sensi del c. 97-*quinquies*, L. 190/2014, le disposizioni si applicano a decorrere dalla data di entrata in vigore del provvedimento del Ministero dello sviluppo economico che disciplina le procedure per il rilascio delle licenze di cui all'art. 5, c. 2, secondo periodo, D.lgs. 22 lug. 1999, n. 261.

2. Gli ufficiali giudiziari, per la notificazione degli atti a mezzo del servizio postale e per le comunicazioni a mezzo di lettera raccomandata connesse con la notificazione di atti giudiziari, fanno uso di speciali buste e moduli, per avvisi di ricevimento, entrambi di colore verde, di cui debbono fornirsi a propria cura e spese, conformi al modello approvato dall'Autorità per le garanzie nelle comunicazioni, sentito il Ministero della giustizia. Sulle buste non sono apposti segni o indicazioni dai quali possa desumersi il contenuto dell'atto.[1]

[1] Comma così modif. dall'art. 1, c. 97-*bis*, L. 23 dic. 2014, n. 190, come modif. dall'art. 1, c. 461, L. 27 dic. 2017, n. 205. V. nota art. 1.

3. L'ufficiale giudiziario scrive la relazione di notificazione sull'originale e sulla copia dell'atto, facendo menzione del punto di accettazione dell'operatore postale per mezzo del quale spedisce la copia al destinatario in piego raccomandato con avviso di ricevimento.[1]

Presenta al punto di accettazione dell'operatore postale la copia dell'atto da notificare in busta chiusa, apponendo su quest'ultima le indicazioni del nome, cognome, residenza o dimora o domicilio del destinatario, con l'aggiunta di ogni particolarità idonea ad agevolarne la ricerca; vi appone, altresì, il numero del registro cronologico, la propria sottoscrizione ed il sigillo dell'ufficio. Nei casi in cui l'ufficiale giudiziario si avvalga per la notificazione di sistemi telematici, la sottoscrizione è sostituita dall'indicazione a stampa sul documento prodotto dal sistema informatizzato del nominativo dell'ufficiale giudiziario stesso.[1]

Presenta contemporaneamente l'avviso di ricevimento compilato con le indicazioni richieste dal modello predisposto ai sensi dell'articolo 2, con l'aggiunta del numero del registro cronologico.[1]

Per le notificazioni di atti in materia civile e amministrativa effettuate prima dell'iscrizione a ruolo della causa, o del deposito del ricorso, l'avviso di ricevimento deve indicare come mittente la parte istante o il suo procuratore quando sia stato già nominato. Per le notificazioni in materia penale e per quelle in materia civile e amministrativa effettuate in corso di procedimento, sull'avviso di ricevimento e sul piego devono essere indicati come mittenti, con indicazione dei relativi indirizzi, ivi compreso l'indirizzo di posta elettronica certificata ove il mittente sia obbligato per legge a dotarsene, la parte istante o il suo procuratore o l'ufficio giudiziario, a seconda di chi abbia fatto richiesta della notificazione all'ufficiale giudiziario. In ogni caso il mittente che non sia gravato dall'obbligo di cui al periodo precedente può sempre indicare un indirizzo di posta elettronica certificata ai fini della trasmissione della copia dell'avviso di ricevimento ai sensi dell'articolo 6. Nei casi in cui il cancelliere deve prendere nota sull'originale del provvedimento dell'avvenuta notificazione di un atto di impugnazione o di opposizione, la ricevuta di ritorno deve indicare come mittente l'ufficiale giudiziario tenuto a dare avviso dell'impugnazione o dell'opposizione.[1]

È facoltà dell'operatore postale richiedere una nuova compilazione dell'avviso o il riconfezionamento del piego che risultino effettuati in modo non conforme alla modulistica di cui all'articolo 2. Nel caso in cui il mittente non provveda, l'operatore può rifiutare l'esecuzione del servizio.[2]

L'ufficiale giudiziario corrisponde le tasse postali dovute, compresa quella per l'avviso di ricevimento e della raccomandazione di essa, al punto di accettazione dell'operatore postale.[1]

[1] Comma così modif. dall'art. 1, c. 97-*bis*, L. 23 dic. 2014, n. 190, come modif. dall'art. 1, c. 461, L. 27 dic. 2017, n. 205. V. nota art. 1.

[2] Comma ins. dall'art. 1, c. 97-*bis*, L. 23 dic. 2014, n. 190, come modif. dall'art. 1, c. 461, L. 27 dic. 2017, n. 205. V. nota art. 1.

4. L'avviso di ricevimento del piego raccomandato, completato in ogni sua parte e recante la data dello stesso giorno di consegna, è spedito in raccomandazione all'indirizzo già predisposto dall'ufficiale giudiziario.[1]

L'avviso di ricevimento può essere trasmesso per telegrafo o in via telematica[2] quando l'autorità giudiziaria o la parte interessata alla notificazione dell'atto ne faccia richiesta, purché il mittente anticipi la spesa, oltre il pagamento della tassa normale. Il telegramma deve essere spedito a cura dell'agente postale e contenere le generalità del destinatario o della persona abilitata che ha ricevuto il piego con l'indicazione della relativa qualifica, i quali, all'atto della consegna del piego, debbono firmare il relativo registro.

L'avviso di ricevimento costituisce prova dell'eseguita notificazione, fermi restando gli effetti di quest'ultima per il notificante al compimento delle formalità a lui direttamente imposte dalle vigenti disposizioni.[3,4]

I termini, che decorrono dalla notificazione eseguita per posta, si computano dalla data di consegna del piego risultante dall'avviso di ricevimento e se la data non risulti, ovvero sia comunque incerta, da quanto attestato sull'avviso medesimo dall'ufficio postale che lo restituisce.[3]

[1] Comma così modif. dall'art. 1, c. 813, L. 30 dic. 2018, n. 145, a decorrere dal 1° gen. 2019.

[2] Periodo aggiunto dall'art. 2 D.L. 14 mar. 2005, n. 35, conv. in L. 14 mag. 2005, n. 80.

[3] Comma così modif. dall'art. 1, c. 97-*bis*, L. 23 dic. 2014, n. 190, come modif. dall'art. 1, c. 461, L. 27 dic. 2017, n. 205. V. nota art. 1.

[4] La Corte cost., con sent. 26 nov. 2002, n. 477, ha dichiarato l'ill. cost. del combinato disposto dall'art. 149 c.p.c. e dall'art. 4, c. 3, L. 20 nov. 1982, n. 890, «nella parte in cui prevede che la notificazione si perfeziona, per il notificante, alla data di ricezione dell'atto da parte del destinatario anziché a quella, antecedente, di consegna dell'atto all'ufficiale giudiziario.».

5. La ricevuta di spedizione della raccomandata è conservata dall'ufficiale giudiziario ed annotata nel registro cronologico dove pure è annotato l'avviso di ricevimento nelle ipotesi di cui all'ultima parte del quarto comma dell'art. 3. In questi casi l'avviso di ricevimento è poi consegnato al funzionario addetto all'autorità giudiziaria o alla parte richiedente insieme con l'originale dell'atto, al quale deve rimanere allegato.

Negli altri casi previsti nel quarto comma dell'art. 3, il funzionario addetto all'autorità giudiziaria ovvero la parte richiedente, i quali abbiano ricevuto in restituzione l'avviso di ricevimento, richiedono all'ufficiale giudiziario l'originale dell'atto, al quale allegano la ricevuta di ritorno.

In ogni caso, la parte può, anche prima del ritorno dell'avviso di ricevimento, farsi consegnare dall'ufficiale giudiziario l'originale dell'atto per ottenere l'iscrizione della causa a ruolo o per eseguire il deposito del ricorso o controricorso nei giudizi di Cassazione; peraltro, la causa non potrà essere messa in decisione se non sia allegato agli atti l'avviso di ricevimento, salvo che il convenuto si costituisca.[1]

[1] La Corte cost., con sent. 30 mar. 1992, n. 140, ha dichiarato l'ill. cost. del c. 3 «nella parte in cui non prevede la sua applicabilità ai giudizi dinanzi ai giudici amministrativi, ivi compresi i giudizi elettorali».

6.[1] 1. Lo smarrimento dell'avviso di ricevimento non dà diritto ad alcuna indennità, ma l'operatore postale incaricato è tenuto a rilasciare, senza spese, un duplicato o altro documento comprovante il recapito del piego in formato cartaceo e a farlo avere al mittente. Quando il mittente ha indicato un indirizzo di posta elettronica certificata, l'operatore forma una copia per immagine su supporto digitale dell'avviso di ricevimento secondo le modalità prescritte dall'articolo 22 del codice di cui al decreto legislativo 7 marzo 2005, n. 82, e provvede, entro cinque giorni dalla consegna del piego al destinatario, a trasmettere con modalità telematiche la copia dell'avviso al mittente. In alternativa, l'operatore postale genera l'avviso di ricevimento direttamente in formato elettronico ai sensi dell'articolo 21 del codice di cui al decreto legislativo n. 82 del 2005 e lo trasmette in conformità a quanto previsto dal secondo periodo del presente comma. L'originale dell'avviso di ricevimento trasmesso in copia è conservato presso l'operatore postale, dove il mittente può ritirarlo.[2]

2. Per ogni piego smarrito, l'operatore postale incaricato corrisponde un indennizzo nella misura prevista dall'Autorità per le garanzie nelle comunicazioni.

[1] Articolo così sost. dall'art. 1, c. 97-*bis*, L. 23 dic. 2014, n. 190, come modif. dall'art. 1, c. 461, L. 27 dic. 2017, n. 205. La disposizione si applica a decorrere dal 1° giugno 2018.

[2] Comma così modif. dall'art. 1, c. 813, L. 30 dic. 2018, n. 145, a decorrere dal 1° gen. 2019.

7.[1] 1. L'operatore postale consegna il piego nelle mani proprie del destinatario, anche se dichiarato fallito.

2. Se la consegna non può essere fatta personalmente al destinatario, il piego è consegnato, nel luogo indicato sulla busta che contiene l'atto da notificare, a persona di famiglia che conviva anche temporaneamente con lui ovvero addetta alla casa ovvero al servizio del destinatario, purché il consegnatario non sia persona manifestamente affetta da malattia mentale o abbia età inferiore a quattordici anni. In mancanza delle persone indicate al periodo precedente, il piego può essere consegnato al portiere dello stabile ovvero a persona che, vincolata da rapporto di lavoro continuativo, è comunque tenuta alla distribuzione della posta al destinatario.

3. L'avviso di ricevimento e di documenti attestanti la consegna debbono essere sottoscritti dalla persona alla quale è consegnato il piego e, quando la consegna sia effettuata a persona diversa dal destinatario, la firma deve essere seguita, su entrambi i documenti summenzionati, dalla specificazione della qualità rivestita dal consegnatario, con l'aggiunta, se trattasi di familiare, dell'indicazione di convivente anche se temporaneo. Se il piego non viene consegnato personalmente al destinatario dell'atto, l'operatore postale dà notizia al destinatario medesimo dell'avvenuta notificazione dell'atto a mezzo di lettera raccomandata. Il costo della raccomandata è a carico del mittente.[2]

4. Se il destinatario o le persone alle quali può farsi la consegna rifiutano di firmare l'avviso di ricevimento pur ricevendo il piego, ovvero se il destinatario rifiuta il piego stesso o di firmare documenti attestanti la consegna, il che equivale a rifiuto del piego, l'operatore postale ne fa menzione sull'avviso di ricevimento indicando, se si tratti di persona diversa dal destinatario, il nome ed il cognome della persona che rifiuta di firmare nonché la sua qualità, appone la data e la propria firma sull'avviso di ricevimento che è subito restituito al mittente in raccomandazione, unitamente al piego nel caso di rifiuto del destinatario di riceverlo. Analogamente, la prova della consegna è fornita dall'addetto alla notifica nel caso di impossibilità o impedimento determinati da analfabetismo o da incapacità fisica alla sottoscrizione.

[1] Articolo così sost. dall'art. 1, c. 97-*bis*, L. 23 dic. 2014, n. 190, come modif. dall'art. 1, c. 461, L. 27 dic. 2017, n. 205. V. nota art. 1.

[2] Comma così modif. dall'art. 1, c. 813, L. 30 dic. 2018, n. 145, a decorrere dal 1° gen. 2019.

8.[1] 1. Se le persone abilitate a ricevere il piego in luogo del destinatario rifiutano di riceverlo, ovvero se l'operatore postale non può recapitarlo per temporanea assenza del destinatario o per mancanza, inidoneità o assenza delle persone sopra menzionate, il piego è depositato entro due giorni lavorativi dal giorno del tentativo di notifica presso il punto di deposito più vicino al destinatario.[2]

2. Per il ritiro della corrispondenza inesitata l'operatore postale di riferimento deve assicurare la disponibilità di un adeguato numero di punti di giacenza o modalità alternative di consegna della corrispondenza inesitata al destinatario, secondo criteri e tipologie definite dall'Autorità per le garanzie nelle comunicazioni, tenuto conto delle esigenze di riservatezza, sicurezza, riconoscibilità ed accessibilità richieste dalla natura del servizio.

3. In ogni caso, deve essere assicurata la diretta supervisione e responsabilità dell'operatore postale, presso i punti di giacenza o sulle modalità alternative di consegna della corrispondenza inesitata, in relazione alla custodia ed alle altre attività funzionali al ritiro o alla consegna degli invii.

4. Del tentativo di notifica del piego e del suo deposito è data notizia al destinatario, a cura dell'operatore postale, mediante avviso in busta chiusa a mezzo lettera raccomandata con avviso di ricevimento che, in caso di assenza del destinatario, deve essere affisso alla porta d'ingresso oppure immes-

so nella cassetta della corrispondenza dell'abitazione, dell'ufficio o dell'azienda. L'avviso deve contenere l'indicazione del soggetto che ha richiesto la notifica e del suo eventuale difensore, dell'ufficiale giudiziario al quale la notifica è stata richiesta e del numero di registro cronologico corrispondente, della data di deposito e dell'indirizzo del punto di deposito, nonché l'espresso invito al destinatario a provvedere al ricevimento del piego a lui destinato mediante ritiro dello stesso entro il termine massimo di sei mesi, con l'avvertimento che la notificazione si ha comunque per eseguita trascorsi dieci giorni dalla data di spedizione della lettera raccomandata di cui al periodo precedente e che, decorso inutilmente anche il predetto termine di sei mesi, l'atto sarà restituito al mittente.

5. La notificazione si ha per eseguita dalla data del ritiro del piego, se anteriore al decorso del termine di dieci giorni di cui al comma 4. In tal caso, l'impiegato del punto di deposito lo dichiara sull'avviso di ricevimento che, datato e firmato dal destinatario o dal suo incaricato che ne ha curato il ritiro, è, entro due giorni lavorativi, spedito al mittente in raccomandazione.

6. Trascorsi dieci giorni dalla data di spedizione della lettera raccomandata, di cui al comma 4, senza che il destinatario o un suo incaricato ne abbia curato il ritiro, l'avviso di ricevimento è, entro due giorni lavorativi, spedito al mittente in raccomandazione con annotazione in calce, sottoscritta dall'operatore postale, della data dell'avvenuto deposito e dei motivi che l'hanno determinato, dell'indicazione 'atto non ritirato entro il termine di dieci giorni' e della data di restituzione. Trascorsi sei mesi dalla data in cui il piego è stato depositato, il piego stesso è restituito al mittente in raccomandazione con annotazione in calce, sottoscritta dall'operatore postale, della data dell'avvenuto deposito e dei motivi che l'hanno determinato, dell'indicazione 'non ritirato entro il termine di sei mesi' e della data di restituzione. Qualora la data delle eseguite formalità manchi sull'avviso di ricevimento o sia, comunque, incerta, la notificazione si ha per eseguita alla data risultante da quanto riportato sull'avviso stesso.

7. Fermi i termini sopra indicati, l'operatore postale può consentire al destinatario di effettuare il ritiro digitale dell'atto non recapitato assicurando l'identificazione del consegnatario ed il rilascio da parte di quest'ultimo di un documento informatico recante una firma equipollente a quella autografa.

[1] Articolo così sost. dall'art. 1, c. 97-*bis*, L. 23 dic. 2014, n. 190, come modif. dall'art. 1, c. 461, L. 27 dic. 2017, n. 205. V. nota art. 1.

[2] Comma così modif. dall'art. 1, c. 813, L. 30 dic. 2018, n. 145, a decorrere dal 1° gen. 2019.

9.[1] 1. Fermo restando quanto previsto dall'articolo 201, comma 3, del codice della strada, di cui al decreto legislativo 30 aprile 1992, n. 285, sono restituiti al mittente in raccomandazione e con indicazione del motivo del mancato recapito gli invii che non possono essere consegnati per i seguenti motivi: destinatario sconosciuto, trasferito, irreperibile, deceduto, indirizzo inesatto, indirizzo insufficiente, indirizzo inesistente.

[1] Articolo così sost. dall'art. 1, c. 97-*bis*, L. 23 dic. 2014, n. 190, come modif. dall'art. 1, c. 461, L. 27 dic. 2017, n. 205. V. nota art. 1.

10. Le disposizioni che precedono si applicano, in quanto compatibili, alle comunicazioni a mezzo di lettera raccomandata effettuate da ufficiale giudiziario e connesse con la notificazione di atti giudiziari.

11-16-*bis*. (*Omissis*).

- 2 -

D.L. 29 dic. 2009, n. 193

Interventi urgenti in materia di funzionalità del sistema giudiziario

(G.U. 30 dic. 2009, n. 302)
conv. con modif. in L. 22 feb. 2010, n. 24
(G.U. 26 feb. 2010, n. 47) (*stralcio*)

4. *Misure urgenti per la digitalizzazione della giustizia.* — 1. Con uno o più decreti del Ministro della giustizia, di concerto con il Ministro per la pubblica amministrazione e l'innovazione, sentito il Centro nazionale per l'informatica nella pubblica amministrazione e il Garante per la protezione dei dati personali, adottati, ai sensi dell'articolo 17, comma 3, della legge 23 agosto 1988, n. 400, entro sessanta giorni dalla data di entrata in vigore della legge di conversione del presente decreto, sono individuate le regole tecniche per l'adozione nel processo civile e nel processo penale delle tecnologie dell'informazione e della comunicazione, in attuazione dei principi previsti dal decreto legislativo 7 marzo 2005, n. 82, e successive modificazioni. Le vigenti regole tecniche del processo civile telematico continuano ad applicarsi fino alla data di entrata in vigore dei decreti di cui ai commi 1 e 2.[1]

2. Nel processo civile e nel processo penale, tutte le comunicazioni e notificazioni per via telematica si effettuano mediante posta elettronica certificata, ai sensi del decreto legislativo 7 marzo 2005, n. 82, e successive modificazioni, del decreto del Presidente della Repubblica 11 febbraio 2005, n. 68, e delle regole tecniche stabilite con i decreti previsti dal comma 1. Fino alla data di entrata in vigore dei predetti decreti, le notificazioni e le comunicazioni sono effettuate nei modi e nelle forme previste dalle disposizioni vigenti alla data di entrata in vigore del presente decreto.[1]

(*Omissis*).

[1] Comma così modif. dalla L. di conversione 22 feb. 2010, n. 24.

- 3 -

D.M. 21 feb. 2011, n. 44

Regolamento concernente le regole tecniche per l'adozione nel processo civile e nel processo penale, delle tecnologie dell'informazione e della comunicazione, in attuazione dei principi previsti dal D.lgs. 7 mar. 2005, n. 82, e successive modificazioni, ai sensi dell'art. 4, c. 1 e 2, del D.L. 29 dic. 2009, n. 193, conv. nella L. 22 feb. 2010, n. 24.

(G.U. 18 apr. 2011, n. 89) (*stralcio*)

1. ***Ambito di applicazione.*** — 1. Il presente decreto stabilisce le regole tecniche per l'adozione nel processo civile e nel processo penale delle tecnologie dell'informazione e della comunicazione ai sensi dell'articolo 4, comma 1, del decreto-legge 29 dicembre 2009, n. 193, convertito nella legge 22 febbraio 2010, n. 24, recante «Interventi urgenti in materia di funzionalità del sistema giudiziario» ed in attuazione del decreto legislativo 7 marzo 2005, n. 82, recante «Codice dell'amministrazione digitale» e successive modificazioni.

2-5. (*Omissis*).

6. ***Portale dei servizi telematici.*** — 1. Il portale dei servizi telematici consente l'accesso da parte dell'utente privato alle informazioni, ai dati e ai provvedimenti giudiziari secondo quanto previsto dall'articolo 51 del codice in materia di protezione dei dati personali.

2. L'accesso di cui al comma 1 avviene a norma dell'articolo 64 del codice dell'amministrazione digitale e secondo le specifiche tecniche stabilite ai sensi dell'articolo 34.

3. Il portale dei servizi telematici mette a disposizione dei soggetti abilitati esterni i servizi di consultazione, secondo le specifiche tecniche stabilite ai sensi dell'articolo 34.

4. Il portale dei servizi telematici mette a disposizione i servizi di pagamento telematico, secondo quanto previsto dal capo V del presente decreto.

5. Il portale dei servizi telematici mette a disposizione dei soggetti abilitati e degli utenti privati, in un'apposita area, i documenti che contengono dati sensibili oppure che eccedono le dimensioni del messaggio di posta elettronica certificata di cui all'articolo 13, comma 8, secondo le specifiche tecniche stabilite ai sensi dell'articolo 34 e nel rispetto dei requisiti di sicurezza di cui all'articolo 26.

6. Il portale dei servizi telematici consente accesso senza l'impiego di apposite credenziali, sistemi di identificazione e requisiti di legittimazione, alle informazioni ed alla documentazione sui servizi telematici del dominio giustizia, alle raccolte giurisprudenziali e alle informazioni essenziali sullo stato dei procedimenti pendenti, che vengono rese disponibili in forma anonima.

7. ***Registro generale degli indirizzi elettronici.*** — 1. Il registro generale degli indirizzi elettronici, gestito dal Ministero della giustizia, contiene i dati identificativi e l'indirizzo di posta elettronica certificata dei soggetti abilitati esterni di cui al comma 3 e degli utenti privati di cui al comma 4.

2. Per i professionisti iscritti in albi ed elenchi istituiti con legge dello Stato, il registro generale degli indirizzi elettronici è costituito mediante i dati contenuti negli elenchi riservati di cui all'articolo 16, comma 7, del decreto-legge 29 novembre 2008, n. 185, convertito nella legge del 28 gennaio 2009, n. 2, inviati al Ministero della giustizia secondo le specifiche tecniche di cui all'articolo 34.

3. Per i soggetti abilitati esterni non iscritti negli albi di cui al comma 2, il registro generale degli indirizzi elettronici è costituito secondo le specifiche tecniche stabilite ai sensi dell'articolo 34.

4. Per le persone fisiche, quali utenti privati, che non operano nelle qualità di cui ai commi 2 e 3, gli indirizzi sono consultabili ai sensi dell'articolo 7 del decreto del Presidente del Consiglio dei Ministri 6 maggio 2009, secondo le specifiche tecniche stabilite ai sensi dell'articolo 34.

5. Per le imprese, gli indirizzi sono consultabili, senza oneri, ai sensi dell'articolo 16, comma 6, del decreto-legge 29 novembre 2008, n. 185, convertito nella legge del 28 gennaio 2009, n. 2, con le modalità di cui al comma 10 del medesimo articolo e secondo le specifiche tecniche di cui all'articolo 34.

6. Il registro generale degli indirizzi elettronici è accessibile ai soggetti abilitati mediante le specifiche tecniche stabilite ai sensi dell'articolo 34.

8-16. (*Omissis*).

17. ***Notificazioni per via telematica.*** — 1. Al di fuori dei casi previsti dall'articolo 51, del decreto-legge 25 giugno 2008, n. 112, convertito con modificazioni dalla legge 6 agosto 2008, n. 133, e successive modificazioni, le richieste telematiche di un'attività di notificazione da parte di un ufficio giudiziario sono inoltrate al sistema informatico dell'UNEP, secondo le specifiche tecniche stabilite ai sensi dell'articolo 34.

2. Le richieste di altri soggetti sono inoltrate all'UNEP tramite posta elettronica certificata, secondo le specifiche tecniche stabilite ai sensi dell'articolo 34.

3. La notificazione per via telematica da parte dell'UNEP rispetta i requisiti richiesti per la comunicazione da un ufficio giudiziario verso i soggetti abilitati esterni di cui all'articolo 16.

4. Il sistema informatico dell'UNEP individua l'indirizzo di posta elettronica del destinatario dal registro generale degli indirizzi elettronici, dal registro delle imprese o dagli albi o elenchi costituiti ai sensi dell'articolo 16 del decreto-legge 29 novembre 2008, n. 185 convertito con modificazioni dalla legge 28 gennaio 2009, n. 2, nonché per il cittadino dall'elenco reso consultabile ai sensi dell'articolo 7 del decreto del Presidente del Consiglio dei Ministri 6 maggio 2009 in base alle specifiche tecniche stabilite ai sensi dell'articolo 34.

5. Il sistema informatico dell'UNEP, eseguita la notificazione, trasmette per via telematica a chi ha richiesto il servizio il documento informatico con la relazione di notificazione sottoscritta mediante firma digitale e congiunta all'atto cui si riferisce, nonché le ricevute di posta elettronica certificata, secondo le specifiche tecniche stabilite ai sensi dell'articolo 34.

6. L'ufficiale giudiziario, se non procede alla notificazione per via telematica, effettua la copia cartacea del documento informatico, attestandone la conformità all'originale, e provvede a notificare la copia stessa con le modalità previste dalla normativa processuale vigente.[1]

[1] Comma così modif. dall' art. 4, c. 1, D.M. 15 ott. 2012, n. 209.

18. (*Omissis*).

19. ***Disposizioni particolari per la fase delle indagini preliminari.*** — 1. Nelle indagini preliminari le comunicazioni tra l'ufficio del pubblico ministero e gli ufficiali ed agenti di polizia giudiziaria avvengono su canale sicuro protetto da un meccanismo di crittografia secondo le specifiche tecniche stabilite ai sensi dell'articolo 34.

2. Le specifiche tecniche assicurano l'identificazione dell'autore dell'accesso e la tracciabilità delle relative attività, anche mediante l'utilizzo di misure di sicurezza ulteriori rispetto a quelle previste dal disciplinare tecnico di cui all'allegato B del codice in materia di protezione dei dati personali.

3. Per le comunicazioni di atti e documenti del procedimento di cui al comma 1 sono utilizzati i gestori di posta elettronica certificata delle forze di polizia. Gli indirizzi di posta elettronica certificata sono resi disponibili unicamente agli utenti abilitati sulla base delle specifiche stabilite ai sensi dell'articolo 34.

4. Alle comunicazioni previste dal presente articolo si applicano, in quanto compatibili, le disposizioni dell'articolo 16, commi 1, 2, 3, 4 e 5, e dell'articolo 20.

5. L'atto del processo in forma di documento informatico è privo di elementi attivi ed è redatto dalle forze di polizia nei formati previsti dalle specifiche tecniche stabilite ai sensi dell'articolo 34; le informazioni strutturate sono in formato XML, secondo le specifiche tecniche stabilite ai sensi dell'articolo 34. L'atto del processo, protetto da meccanismi di crittografia, è sottoscritto con firma digitale. Si applicano, in quanto compatibili, l'articolo 14 del presente decreto, nonché gli articoli 20 e 21 del codice dell'amministrazione digitale.

6. La comunicazione degli atti del processo alle forze di polizia, successivamente al deposito previsto dall'articolo 15, è effettuata per estratto con contestuale messa a disposizione dell'atto integrale, protetto da meccanismo di crittografia, in apposita area riservata all'interno del dominio giustizia, accessibile solo dagli appartenenti alle forze di polizia legittimati, secondo le specifiche tecniche stabilite ai sensi dell'articolo 34 e nel rispetto dei requisiti di sicurezza di cui all'articolo 26.

7. Per la gestione del fascicolo informatico si applicano, in quanto compatibili, le disposizioni di cui all'articolo 9, commi da 1 a 5. Agli atti contenuti nel fascicolo informatico, custodito in una sezione distinta del sistema documentale di cui all'articolo 9, protetta da un meccanismo di crittografia secondo le specifiche tecniche stabilite ai sensi dell'articolo 34, hanno accesso unicamente i soggetti abilitati interni appositamente abilitati. Alla conclusione delle indagini preliminari, e in ogni altro caso in cui il fascicolo o parte di esso deve essere consultato da soggetti abilitati esterni o da utenti privati, questi accedono alla copia resa disponibile mediante il punto di accesso e il portale dei servizi telematici, secondo quanto previsto al capo IV.

8. Per la trasmissione telematica dei flussi informativi sintetici delle notizie di reato e dei relativi esiti tra il Centro Elaborazione Dati del Servizio per il Sistema Informativo Interforze, di cui all'articolo 8, della legge 1° aprile 1981, n. 121 e successive modifiche ed integrazioni, e il sistema dei registri delle notizie di reato delle Procure della Repubblica sono utilizzate le infrastrutture di connettività delle pubbliche amministrazioni che consentono una interconnessione tra le Amministrazioni, secondo le specifiche tecniche stabilite ai sensi dell'articolo 34. Il canale di comunicazione è protetto con le modalità di cui al comma 1.

9. Per assicurare la massima riservatezza della fase delle indagini preliminari la base di dati dei registri di cui al comma 8 è custodita, con le speciali misure di cui al comma 2, separatamente rispetto a quella relativa ai procedimenti per i quali è stato emesso uno degli atti di cui all'articolo 60, del codice di procedura penale, in infrastrutture informatiche di livello distrettuale o interdistrettuale individuate dal responsabile per i sistemi informativi automatizzati. I compiti di vigilanza sulle procedure di sicurezza adottate sulla base dati prevista dal presente comma sono svolti dal Procuratore della Repubblica presso il Tribunale e dal Procuratore generale della Repubblica presso la Corte di appello competenti in relazione all'ufficio giudiziario titolare dei dati, avvalendosi del personale tecnico individuato dal responsabile per i sistemi informativi automatizzati.

20-37. (*Omissis*).

ORDINAMENTO GIUDIZIARIO

- 1 -

R.D. 30 gen. 1941, n. 12

Ordinamento giudiziario

(G.U. 4 feb. 1941, n. 28)

TITOLO I
Disposizioni generali

CAPO I
Delle autorità alle quali è affidata l'amministrazione della giustizia

1. *Dei giudici.* — La giustizia, nelle materie civile e penale, è amministrata:

a) dal giudice di pace;

b) dal pretore;[1]

c) dal tribunale ordinario;

d) dalla corte di appello;

e) dalla Corte suprema di cassazione;

f) dal tribunale per i minorenni;

g) dal magistrato di sorveglianza;

h) dal tribunale di sorveglianza.[2]

Sono regolati da leggi speciali l'ordinamento giudiziario dell'impero e degli altri territori soggetti da sovranità dello Stato,[3] le giurisdizioni amministrative ed ogni altra giurisdizione speciale, nonché le giurisdizioni per i reati militari e marittimi.

[1] Questa lettera è stata soppressa dall'art. 1 del D.lgs. 19 feb. 1998, n. 51.

[2] Comma così sost. dall'art. 1 del D.P.R. 22 set. 1988, n. 449.

[3] Norma inefficace per effetto del D.lgs. C.P.S. 28 nov. 1947, n. 1430 contenente il trattato di pace tra gli alleati e l'Italia.

2. *Del pubblico ministero.*[1] — Presso la Corte di cassazione, le corti di appello, i tribunali ordinari, i tribunali per i minorenni è costituito l'ufficio del pubblico ministero.

[1] Articolo così sostituito dall'art. 2, c. II, del D.lgs. 19 feb. 1998, n. 51.

3. *Cancellerie e segreterie giudiziarie. Ufficiali e uscieri giudiziari.* — Ogni corte, tribunale ordinario, (pretura)[1] ed ufficio del giudice di pace, ha una cancelleria ed ogni ufficio del pubblico ministero ha una segreteria. L'ufficio di cancelleria o di segreteria può essere costituito anche presso le sezioni distaccate di cui alla tabella *B* annessa al presente ordinamento.[2]

Alle corti e ai tribunali[3] sono addetti ufficiali giudiziari, aiutanti ufficiali giudiziari e coadiutori degli uffici notificazioni, esecuzioni e protesti. Tale personale può essere addetto anche alle sezioni distaccate di cui alla tabella *B* annessa al presente ordinamento. Negli uffici del giudice di pace le funzioni di ufficiale giudiziario sono esercitate nei modi indicati nell'art. 28.[2]

Il personale e gli uffici delle cancellerie e segreterie giudiziarie, gli ufficiali giudiziari e gli uscieri giudiziari sono regolati da leggi particolari.

[1] Parola soppressa dall'art. 3, comma 1, lett. *a*) del D.lgs. 19 feb. 1998, n. 51.

[2] Comma così sost. dall'art. 5 della L. 1° feb. 1989, n. 30.

[3] Parole così sost. dall'art. 3, comma 2, lett. *b*) del D.lgs. 19 feb. 1998, n. 51.

4. *Ordine giudiziario.* — L'ordine giudiziario è costituito dagli uditori, dai giudici di ogni grado (delle Preture)[1] dei Tribunali ordinari e delle Corti e dai magistrati del pubblico ministero.

Appartengono all'ordine giudiziario come magistrati onorari, i giudici di pace, i giudici onorari di tribunale,[2] i vice procuratori,[3] gli esperti del tribunale ordinario e della sezione di corte di appello per i minorenni ed, inoltre, i giudici popolari della corte di assise [e gli esperti della magistratura del lavoro] nell'esercizio delle loro funzioni giudiziarie.

Il personale delle cancellerie e segreterie giudiziarie di ogni gruppo e grado fa parte dell'ordine giudiziario.

Gli ufficiali giudiziari sono ausiliari dell'ordine giudiziario.

[1] Parola soppressa dall'art. 4, I c., lett. *a*) del D.lgs. 19 feb. 1998, n. 51.

[2] Parole sost. dall'art. 4, I c., lett. *b*) del D.lgs. 19 feb. 1998, n. 51.

[3] Parole aggiunte dall'art. 1 del D.lgs. 28 lug. 1998, n. 273.

5. *Organici; sedi giudiziarie.* — Il numero, le sedi, le circoscrizioni territoriali degli uffici giudiziari indicati nel primo comma dell'art. 1 ed il ruolo organico della magistratura sono determinati dalle tabelle allegate al presente ordinamento, fatta eccezione per i giudici di pace.

6. *Provvedimenti riflettenti lo stato dei magistrati* (*Omissis*).

7. *Provvedimenti riflettenti gli organi giudiziari e il pubblico ministero.* — Qualsiasi provvedimento che attua le disposizioni del presente ordinamento, relative alla costituzione di sezioni ed alla ripartizione dei magistrati tra i diversi uffici della stessa sede, nonché i provvedimenti relativi alle applicazioni, alle sostituzioni ed alle supplenze di magistrati, sono emanati con decreto, dal Capo dello Stato, salvo che non sia diversamente stabilito.

7-*bis*. *Tabelle degli uffici giudicanti.*[1] — 1. La ripartizione degli uffici giudiziari di cui all'art. 1 in sezioni, la destinazione dei singoli magistrati alle sezioni e alle corti di assise, l'assegnazione alle sezioni dei presidenti, la designazione dei magistrati che hanno la direzione di sezioni a norma dell'art. 47-*bis*, secondo comma, l'attribuzione degli incarichi di cui agli artt. 47-*ter*, terzo comma, 47-*quater*, secondo comma, e 50-*bis*, il conferimento delle specifiche attribuzioni processuali individuate dalla legge e la formazione dei collegi giudicanti sono stabiliti ogni quadriennio[2] con decreto del Ministro di grazia e giustizia in conformità delle deliberazioni del Consiglio superiore della magistratura assunte sulle proposte dei presidenti delle corti di appello, sentiti i consigli giudiziari. Decorso il quadriennio[2], l'efficacia del decreto è prorogata fino a che non sopravvenga un altro decreto. La violazione dei criteri per l'assegnazione degli affari, salvo il possibile rilievo disciplinare, non determina in nessun caso la nullità dei provvedimenti adottati.[3]

2. Le deliberazioni di cui al comma 1 sono adottate dal Consiglio superiore della magistratura, valutate le eventuali osservazioni formulate dal Ministro di grazia e giustizia ai sensi dell'art. 11 della L. 24 mar. 1958, n. 195, e possono essere variate nel corso del quadriennio[2] per sopravvenute esigenze degli uffici giudiziari, sulle proposte dei presidenti delle corti di appello, sentiti i consigli giudiziari. I provvedimenti in via di urgenza, concernenti le tabelle, adottati dai dirigenti degli uffici sulla assegnazione dei magistrati, sono immediatamente esecutivi salva la deliberazione del Consiglio superiore della magistratura per la relativa variazione tabellare.

2-*bis*. Possono svolgere le funzioni di giudice incaricato dei provvedimenti previsti per la fase delle indagini preliminari nonché di giudice dell'udienza preliminare solamente i magistrati che hanno svolto per almeno due anni funzioni di giudice del dibattimento.

Le funzioni di giudice dell'udienza preliminare sono equiparate a quelle di giudice del dibattimento.[4]

2-*ter*.[5] Il giudice incaricato dei provvedimenti previsti per la fase delle indagini preliminari nonché il giudice dell'udienza preliminare non possono esercitare tali funzioni oltre il periodo stabilito dal Consiglio superiore della magistratura ai sensi dell'art. 19, comma 1, del D.lgs. 5 apr. 2006, n. 160, e successive modificazioni.[6]

Qualora alla scadenza del termine essi abbiano in corso il compimento di un atto del quale sono stati richiesti, l'esercizio delle funzioni è prorogato, limitatamente al relativo procedimento, sino al compimento dell'attività medesima.

2-*quater*.[7]

2-*quinquies*. Le disposizioni dei commi 2-*bis*, 2-*ter* e 2-*quater* possono essere derogate per imprescindibili e prevalenti esigenze di servizio. Si applicano, anche in questo caso, le disposizioni di cui al comma 1 e 2.

2-*sexies*. Presso il tribunale del capoluogo del distretto e presso la corte di appello, sono istituite sezioni ovvero individuati collegi che trattano in via esclusiva i procedimenti previsti dal codice di cui al decreto legislativo 6 settembre 2011, n. 159. Presso il tribunale circondariale di Trapani e il tribunale circondariale di Santa Maria Capua Vetere sono istituiti sezioni o collegi specializzati in materia di misure di prevenzione. A tali collegi o sezioni, ai quali è garantita una copertura prioritaria delle eventuali carenze di organico, è assegnato un numero di magistrati rispetto all'organico complessivo dell'ufficio pari alla percentuale che sarà stabilita con delibera del Consiglio superiore della magistratura e comunque non inferiore a tre componenti. Se per le dimensioni dell'ufficio i magistrati componenti delle sezioni o collegi specializzati in materia di misure di prevenzione dovranno svolgere anche altre funzioni, il carico di lavoro nelle altre materie dovrà essere proporzionalmente ridotto nella misura che sarà stabilita con delibera del Consiglio superiore della magistratura. Il presidente del tribunale o della corte di appello assicura che il collegio o la sezione sia prevalentemente composto da magistrati forniti di specifica esperienza nella materia della prevenzione o dei reati di criminalità organizzata, o che abbiano svolto funzioni civili, fallimentari e societarie, garantendo la necessaria integrazione delle competenze.[8]

3. Per quanto riguarda la Corte suprema di cassazione il Consiglio superiore della magistratura delibera sulla proposta del primo presidente della stessa Corte, sentito il Consiglio direttivo della Corte di cassazione.[9]

3-*bis*. Al fine di assicurare un più adeguato funzionamento degli uffici giudiziari sono istituite le tabelle infradistrettuali degli uffici requirenti e giudicanti che ricomprendono tutti i magistrati, ad eccezione dei capi degli uffici.

3-*ter*. Il Consiglio superiore della magistratura individua gli uffici giudiziari che rientrano nella medesima tabella infradistrettuale e ne dà immediata comunicazione al Ministro di grazia e giustizia per la emanazione del relativo decreto.

3-*quater*. L'individuazione delle sedi da ricomprendere nella medesima tabella infradistrettuale è operata sulla base dei seguenti criteri:

a) l'organico complessivo degli uffici ricompresi non deve essere inferiore alle quindici unità per gli uffici giudicanti;

b) le tabelle infradistrettuali dovranno essere formate privilegiando l'accorpamento tra loro degli uffici con organico fino ad otto unità se giudicanti e fino a quattro unità se requirenti;

c) nelle esigenze di funzionalità degli uffici si deve tener conto delle cause di incompatibilità funzionali dei magistrati;

d) si deve tener conto delle caratteristiche geomorfologiche dei luoghi e dei collegamenti viari, in modo da determinare il minor onere per l'erario.

3-*quinquies*. Il magistrato può essere assegnato anche a più uffici aventi la medesima attribuzione o competenza, ma la sede di servizio principale, ad ogni effetto giuridici ed economico, è l'ufficio del cui organico il magistrato fa parte. La supplenza infradistrettuale non opera per le assenze o impedimenti di durata inferiore a sette giorni.

3-*sexies*. Per la formazione ed approvazione delle tabelle di cui al comma 3-*bis*, si osservano le procedure previste dal comma 2.

[1] Articolo così modif. dall'art. 57, L. 16 dic. 1999, n. 479.
[2] Parola così sost. dall'art. 8, L. 17 giu. 2022, n. 71.
[3] Periodo aggiunto dall'art. 4, c. 19, L. 30 lug. 2007, n. 111.
[4] Periodo aggiunto dall'art. 24, L. 1° mar. 2001, n. 63.
[5] Comma introdotto dall'art. 57, c. 1, L. 16 dic. 1999, n. 479.
[6] Parole così sost. dall'art. 4, c. 19, L. 30 lug. 2007, n. 111.
[7] Comma abrog. dall'art. 4, c. 20, L. 30 lug. 2007, n. 111.
[8] Comma aggiunto dall'art. 33, c. 1, L. 17 ottobre 2017, n. 161.
[9] Parole aggiunte dall'art. 4, c. 19, L. 30 lug. 2007, n. 111.

7-*ter*. *Criteri per l'assegnazione degli affari penali e la sostituzione dei giudici impediti.*[1] — 1. L'assegnazione degli affari penali è operata secondo criteri obiettivi e predeterminati indicati in via generale dal Consiglio superiore della magistratura ed approvati contestualmente alle tabelle degli uffici e con la medesima procedura, dal dirigente dell'ufficio alle singole sezioni e dal presidente della sezione ai singoli collegi e giudici. Nel determinare i criteri per l'assegnazione degli affari penali al giudice per le indagini preliminari, il Consiglio superiore della magistratura stabilisce la concentrazione, ove possibile, in capo allo stesso giudice di tutti gli incidenti probatori e di tutti i provvedimenti relativi allo stesso procedimento. Qualora il dirigente dell'ufficio o il presidente della sezione revochino la precedente assegnazione ad una sezione o ad un collegio o ad un giudice, copia del relativo provvedimento motivato viene comunicata al presidente della sezione e al magistrato interessato.

2. Il Consiglio superiore della magistratura stabilisce altresì i criteri per la sostituzione del giudice astenuto, ricusato o impedito.

2-*bis*. Il dirigente dell'ufficio deve verificare che la distribuzione dei ruoli e dei carichi di lavoro garantisca obiettivi di funzionalità e di efficienza dell'ufficio e assicuri costantemente l'equità tra tutti i magistrati dell'ufficio, delle sezioni e dei collegi.[2]

[1] Articolo ins. dall'art. 3 del D.P.R. 22 set. 1988, n. 449. V. anche art. 2 D.L. 28 lug. 1989, n. 272.
[2] Comma aggiunto dall'art. 8, L. 17 giu. 2022, n. 71.

8. ....[1]

[1] Articolo abrog. dall'art. 54, c. I, lett. *a*), D.lgs. 5 apr. 2006, n. 160 a decorrere dal novantesimo giorno successivo a quello della sua pubblicazione sulla *Gazzetta Ufficiale*. Ai sensi dell'art. 1, c. I, della L. 24 ott. 2006, n. 269, l'efficacia delle disposizioni contenute nel D.lgs. 5 apr. 2006, n. 160 è sospesa fino al 31 lug. 2007.

9-13. (*Omissis*).

14. *Potestà di polizia dei giudici.* — Ogni giudice, nell'esercizio delle sue funzioni, può richiedere, quando occorre, l'intervento della forza pubblica e può prescrivere tutto ciò che è necessario per il sicuro ed ordinato compimento degli atti ai quali procede.

15. *Potestà dei magistrati del pubblico ministero di richiedere la forza armata.* — I magistrati del pubblico ministero hanno, nell'esercizio delle loro funzioni, il diritto di richiedere direttamente l'intervento della forza armata.

CAPO II
Delle incompatibilità

16. *Incompatibilità di funzioni.* — I magistrati non possono assumere pubblici o privati impieghi od uffici, ad eccezione di quelli di senatore, di deputato[1] o di amministratore gratuito di istituzioni pubbliche di beneficenza. Non possono nemmeno esercitare industrie o commerci, né qualsiasi libera professione.

Salvo quanto disposto dal primo comma dell'art. 61 dello statuto degli impiegati civili dello Stato, approvato con D.P.R. 10 gen. 1957, n. 3, non possono, inoltre, accettare incarichi di qualsiasi specie né possono assumere le funzioni di arbitro, senza l'autorizzazione del Consiglio superiore della magistratura.[2]

In tal caso, possono assumere le funzioni di arbitro unico o di presidente del collegio arbitrale ed esclusivamente negli arbitrati nei quali è parte l'Amministrazione dello Stato ovvero aziende o enti pubblici, salvo quanto previsto dal capitolato generale per le opere di competenza del Ministero dei lavori pubblici, approvato con D.P.R. 16 lug. 1962, n. 1063.[2]

[1] V. art. 5 L. 6 feb. 1948, n. 29, art. 8 D.P.R. 30 mar. 1957, n. 361 e art. 3 L. 10 set. 1960, n. 962.
[2] Comma così modif. dall'art. 14, L. 2 apr. 1979, n. 97.

17. *Incompatibilità speciali per i [primi] presidenti e i procuratori generali della Repubblica.* — I primi presidenti ed i procuratori generali della Repubblica non possono assumere alcun incarico fuori della residenza, tranne quelli ad essi attribuiti da leggi e regolamenti o quelli conferiti con decreto del *Capo dello Stato*.

18. *Incompatibilità di sede per rapporti di parentela o affinità con esercenti la professione forense.*[1] — I magistrati giudicanti e requirenti delle corti di appello e dei tribunali non possono appartenere ad uffici giudiziari nelle sedi nelle quali i loro parenti fino al secondo grado, gli affini in primo grado, il coniuge o il convivente, esercitano la professione di avvocato.

La ricorrenza in concreto dell'incompatibilità di sede è verificata sulla base dei seguenti concorrenti criteri, valutati unitariamente:[2]

a) rilevanza della professione forense svolta dai soggetti di cui al primo comma avanti all'ufficio di appartenenza del magistrato, tenuto, altresì, conto dello svolgimento continuativo di una porzione minore della professione forense e di eventuali forme di esercizio non individuale dell'attività da parte dei medesimi soggetti;

b) dimensione del predetto ufficio, con particolare riferimento alla organizzazione tabellare;

c) materia trattata sia dal magistrato che dal professionista, avendo rilievo la distinzione dei settori del diritto civile, del diritto penale e del diritto del lavoro e della previdenza, ed ancora, all'interno dei predetti e specie del settore del diritto civile, dei settori di ulteriore specializzazione come risulta, per il magistrato, dalla organizzazione tabellare;

d) funzione specialistica dell'ufficio giudiziario.

Ricorre sempre una situazione di incompatibilità con riguardo ai Tribunali ordinari organizzati in un'unica sezione o alle Procure della Repubblica istituite presso Tribunali strutturati con un'unica sezione, salvo che il magistrato operi esclusivamente in sezione distaccata ed il parente o l'affine non svolga presso tale sezione alcuna attività o viceversa.

I magistrati preposti alla direzione di uffici giudicanti e requirenti sono sempre in situazione di incompatibilità di sede ove un parente o affine eserciti la professione forense presso l'Ufficio dagli stessi diretto, salvo valutazione caso per caso per i Tribunali ordinari organizzati con una pluralità di sezioni per ciascun settore di attività civile e penale.

Il rapporto di parentela o affinità con un praticante avvocato ammesso all'esercizio della professione forense, è valutato ai fini dell'art. 2, comma 2, del regio decreto legislativo 31 maggio 1946, n. 511, e successive modificazioni, tenuto conto dei criteri di cui al secondo comma.

[1] Articolo così modif. dall'art. 29, D.lgs. 23 feb. 2006, n. 109.

[2] Alinea così modif. dall'art. 8, L. 17 giu. 2022, n. 71.

19. ***Incompatibilità di sede per rapporti di parentela o affinità con magistrati o ufficiali o agenti di polizia giudiziaria della stessa sede.***[1] — I magistrati che hanno tra loro vincoli di parentela o di affinità sino al secondo grado, di coniugio o di convivenza, non possono far parte della stessa Corte o dello stesso Tribunale o dello stesso ufficio giudiziario.

La ricorrenza dell'incompatibilità può essere esclusa in concreto quando la situazione non comporti modifiche nell'organizzazione dell'ufficio e non interferisca nei rapporti tra uffici diversi della medesima sede. L'esito del procedimento di accertamento dell'esclusione, in concreto, della ricorrenza dell'incompatibilità di cui al comma precedente è comunicato al consiglio dell'ordine degli avvocati del circondario in cui prestano servizio gli interessati.[2]

I magistrati che hanno tra loro vincoli di parentela o di affinità sino al terzo grado, di coniugio o di convivenza, non possono mai fare parte dello stesso Tribunale o della stessa Corte organizzati in un'unica sezione ovvero di un Tribunale o di una Corte organizzati in un'unica sezione e delle rispettive Procure della Repubblica, salvo che uno dei due magistrati operi esclusivamente in sezione distaccata e l'altro in sede centrale.

I magistrati che hanno tra loro vincoli di parentela o di affinità fino al quarto grado incluso, ovvero di coniugio o di convivenza, non possono mai far parte dello stesso collegio giudicante nelle corti e nei tribunali.

I magistrati preposti alla direzione di uffici giudicanti o requirenti della stessa sede sono sempre in situazione di incompatibilità, salvo valutazione caso per caso per i Tribunali o le Corti organizzati con una pluralità di sezioni per ciascun settore di attività civile e penale. Sussiste, altresì, situazione di incompatibilità, da valutare sulla base dei criteri di cui all'art. 18, secondo comma, in quanto compatibili, se il magistrato dirigente dell'ufficio è in rapporto di parentela o affinità entro il terzo grado, o di coniugio o convivenza, con magistrato addetto al medesimo ufficio, tra il presidente del Tribunale del capoluogo di distretto ed i giudici addetti al locale Tribunale per i minorenni, tra il Presidente della Corte di appello o il Procuratore generale presso la Corte medesima ed un magistrato addetto, rispettivamente, ad un Tribunale o ad una Procura della Repubblica del distretto, ivi compresa la Procura presso il Tribunale per i minorenni.

I magistrati non possono appartenere ad uno stesso ufficio giudiziario ove i loro parenti fino al secondo grado, o gli affini in primo grado, svolgono attività di ufficiale o agente di polizia giudiziaria. La ricorrenza in concreto dell'incompatibilità è verificata sulla base dei criteri di cui all'art. 18, secondo comma, per quanto compatibili.

[1] Articolo così modif. dall'art. 29, D.lgs. 23 feb. 2006, n. 109.

[2] Comma così sost. dall'art. 8, L. 17 giu. 2022, n. 71.

TITOLO II

Dei giudici

CAPO I

Del giudice conciliatore

20-29. ....[1]

[1] Il capo I del titolo II è stato abrogato dall'art. 47 della L. 21 nov. 1991, n. 374, in vigore dal 1° maggio 1995.

CAPO II

Del pretore

30-41. ....[1]

[1] Il capo II del Titolo II è stato abrogato dall'art. 30 del D.lgs. 19 feb. 1998, n. 51.

CAPO III
Dei tribunali[1]

[1] Intitolazione così sostituita dall'art. 9 del D.P.R. 22 set. 1988, n. 449.

SEZIONE I
Del tribunale ordinario[1]

[1] Intitolazione così sostituita dall'art. 10 del D.P.R. 22 set. 1988, n. 449, ai sensi del quale per tutto il presente decreto la denominazione «tribunale» è sostituita dalla denominazione «tribunale ordinario».

42. ***Sede del tribunale ordinario.***[1] — Il tribunale ordinario[1] ha sede in ogni capoluogo determinato nella tabella *A* annessa al presente ordinamento.

[1] V. la nota alla intitolazione della sezione I.

42-*bis*. ***Composizione dell'ufficio del tribunale ordinario.*** — Il tribunale ordinario è diretto dal presidente dei tribunale e ad esso sono addetti più giudici. Al tribunale ordinario possono essere addetti uno o più presidenti di sezione.

Al tribunale ordinario possono essere addetti giudici onorari.

42-*ter*-42-*septies*. ....[1]

[1] Articoli abrog. dall'art. 33, D.lgs. 13 lug. 2017, n. 116.

43. ***Funzioni ed attribuzioni del tribunale ordinario.*** — Il tribunale ordinario:

a) esercita la giurisdizione in primo grado e in appello, contro le sentenze pronunciate dal giudice di pace, in materia civile;

b) esercita la giurisdizione in primo grado in materia penale;

c) esercita le funzioni di giudice tutelare;

d) esercita nei modi stabiliti dalla legge le altre funzioni ad esso deferite».

43-*bis*. ***Funzioni dei giudici ordinari ed onorari addetti al tribunale ordinario.***[1]

[1] Articolo abrog. dall'art. 33, D.lgs. 13 lug. 2017, n. 116.

44. [***Ufficio d'istruzione penale.***][1]

[1] Articolo abrog. dall'art. 12, D.P.R. 449/1988.

45. ***Giudice di sorveglianza.*** (*Omissis*).[1]

[1] Disposizione implicitamente abrogata dagli artt. 68 e 69 della L. 26 lug. 1975, n. 354.

46. ***Costituzione delle sezioni.***[1] — Il tribunale ordinario può essere costituito in più sezioni.

Nei tribunali ordinari costituiti in sezioni sono biennalmente designate le sezioni alle quali sono devoluti, promiscuamente o separatamente, gli affari civili, gli affari penali e i giudizi in grado di appello, nonché, separatamente, le controversie in materia di lavoro e di previdenza e assistenza obbligatorie.

In ogni tribunale ordinario costituito in sezioni è istituita una sezione dei giudici incaricati dei provvedimenti previsti dal codice di procedura penale per la fase delle indagini preliminare.

A ciascuna sezione, nella formazione del tabelle ai sensi dell'art. 7-*bis*, sono destinati giudici nel numero richiesto dalle esigenze di servizio, tenuto conto del numero dei processi pendenti, dell'urgenza della definizione delle controversie, nonché del numero delle controversie sulle quali il tribunale giudica in composizione collegiale.

I giudici destinati a ciascuna sezione non possono essere comunque in numero inferiore a cinque. Tale limite non opera per la sezione dei giudici incaricati dei provvedimenti previsti dal codice di procedura penale per la fase delle indagini preliminari e per l'udienza preliminare.[2]

[1] Articolo così sostituito dall'art. 11, D.lgs. 19 feb. 1998, n. 51.

[2] Comma inserito dall'art. 2, D.lgs. 4 mag. 1999, n. 138.

47. ***Attribuzioni del presidente del tribunale.***[1] — Il presidente del tribunale dirige l'ufficio e nei tribunali costituiti in sezioni, distribuisce il lavoro tra le sezioni, salvi i compiti del presidente di sezione. Esercita le altre funzioni che gli sono attribuite dalla legge nei modi da questa stabiliti.

[1] Articolo così sostituito dall'art. 12, D.lgs. 19 feb. 1998, n. 51.

47-*bis*. ***Direzione delle sezioni.***[1] — Nei tribunali costituiti in sezione e nei quali sono istituiti posti di presidente di sezione, la direzione delle sezioni è attribuita ad un presidente di sezione.

Nei tribunali nei quali non sono istituiti posti di presidente di sezione, dell'organizzazione del lavoro della sezione è incaricato il magistrato designato nelle tabelle formate ai sensi dell'art. 7-*bis*.

[1] Articolo inserito dall'art. 13, D.lgs. 19 feb. 1998, n. 51.

47-*ter*. ***Istituzione dei posti di presidente di sezione.***[1] — Salvo quanto previsto dal secondo e dal terzo comma, nei tribunali costituiti in sezioni ai quali sono addetti più di dieci giudici ordinari possono essere istituiti posti di presidente di sezione, in numero non superiore a quello determinato dalla proporzione di uno a dieci.

Il posto di presidente di sezione può essere comunque istituito, senza l'osservanza dei limiti previsti dal primo comma:

a) per la direzione della corte di assise e delle singole sezioni della medesima, quando il numero delle udienze da esse tenute lo richiede;

b) per la direzione delle seguenti sezioni, tenuto conto della loro consistenza numerica e delle specifiche esigenze organizzative:

1) sezioni incaricate della trattazione delle controversie in materia di lavoro e di previdenza e assistenza obbligatorie;

2) sezioni incaricate degli affari inerenti alle procedure concorsuali;

3) sezioni dei giudici incaricati dei provvedimenti previsti del codice di procedura penale per la fase delle indagini preliminari e per l'udienza, salvo quanto previsto dal terzo comma.[2]

In ogni tribunale ordinario di cui alla tabella A allegata alla legge 22 dicembre 1973, n. 884, la sezione dei giudici incaricati dei provvedimenti previsti dal codice di procedura penale per la fase delle indagini preliminari e per l'udienza preliminare è diretta da un presidente di sezione. Si applicano le disposizioni dell'art. 1, comma 1 e 2, del decreto legge 25 settembre 1989, n. 327, convertito dalla legge 24 novembre 1989, n. 380.

[1] Articolo inserito dall'art. 13, D.lgs. 19 feb. 1998, n. 51.
[2] Comma inserito dall'art. 3, D.lgs. 4 mag. 1999, n. 138.

47-*quater*. *Attribuzioni del presidente di sezione*.[1] — Il presidente di sezione, oltre a svolgere il lavoro giudiziario, dirige la sezione cui è assegnato e, in particolare, sorveglia l'andamento dei servizi di cancelleria ed ausiliari, distribuisce il lavoro tra i giudici e vigila sulla loro attività, curando anche lo scambio di informazioni sulle esperienze giurisprudenziali all'interno della sezione. Collabora, altresì, con il presidente del tribunale nell'attività di direzione dell'ufficio.

Con le tabelle formate ai sensi dell'art. 7-*bis*, al presidente di sezione può essere attribuito l'incarico di dirigere più sezioni che trattano materie omogenee, ovvero di coordinare uno o più settori di attività dell'ufficio.

[1] Articolo inserito dall'art. 13, D.lgs. 19 feb. 1998, n. 51.

47-*quinquies*. *Presidenza dei collegi*.[1] — Quando il tribunale giudica in composizione collegiale, la presidenza del collegio è assunta dal presidente del tribunale o da un presidente di sezione o dal magistrato più elevato in qualifica o dal più anziano dei magistrati di parti qualifica componenti il collegio.

[1] Articolo così sostituito dall'art. 14, D.lgs. 19 feb. 1998, n. 51.

48. *Composizione dell'organo giudicate*.[1] — In materia civile e penale il tribunale giudica in composizione monocratica e, nei casi previsti dalla legge, in composizione collegiale.

Sull'applicazione delle misure di prevenzione personali e patrimoniali il tribunale giudica sempre in composizione collegiale.

Salve le disposizioni relative alla composizione delle sezioni specializzate, il tribunale, quando giudica in composizione collegiale, decide con il numero invariabile di tre componenti.

[1] Articolo così sostituito dall'art. 14, D.lgs. 19 feb. 1998, n. 51.

SEZIONE I-*bis*

Delle sezioni distaccate di tribunale[1]

[1] L'intera sezione I-*bis* è stata inserita dall'art. 15, D.lgs. 19 feb. 1998, n. 51.

48-*bis*-48-*sexies*........................................[1]

[1] Articoli abrog. dall'art. 2, c. 1, D.lgs. 7 set. 2012, n. 155.

SEZIONE II

Del tribunale per i minorenni

49. *Costituzione e giurisdizione del tribunale per i minorenni*. — In ogni sede di Corte d'appello o di sezione distaccata di Corte d'appello è costituito un tribunale per i minorenni.

Il tribunale per i minorenni ha giurisdizione su tutto il territorio della Corte d'appello o della sezione di Corte d'appello, nei limiti di competenza determinati dalla legge.

50. *Composizione del tribunale per i minorenni*. — Il tribunale per i minorenni è composto da un magistrato di Corte d'appello, che lo presiede, da un magistrato di tribunale e da due esperti, un uomo ed una donna, aventi i requisiti richiesti dalla legge, ai quali è conferito il titolo di giudice onorario del tribunale per i minorenni. Possono anche essere nominati uno o più supplenti.

Gli esperti del tribunale per i minorenni sono nominati con decreto del Capo dello Stato, [su proposta del ministro di grazia e giustizia],[1] per un triennio, e possono essere confermati.[2]

[1] V. la nota all'art. 24.
[2] Ai sensi dell'art. 1, c. 2-*bis* del D.L. 29 dic. 2009, n. 193, conv. con modif. in L. 22 feb. 2010, n. 24 tale comma si interpreta nel senso che per i giudici onorari del tribunale per i minorenni non sussistono limitazioni alla possibilità di conferma.

50-*bis*. *Giudice per le indagini preliminari*.[1] — In ogni tribunale per i minorenni uno o più magistrati sono incaricati, come giudici singoli, dei provvedimenti previsti dal codice di procedura penale per la fase delle indagini preliminari. L'organizzazione del lavoro dei predetti giudici è attribuita al più anziano.

Nell'udienza preliminare, il tribunale per i minorenni, giudica composto di un magistrato e da due giudici onorari, un uomo e una donna, dello stesso tribunale.

[1] Articolo aggiunto dall'art. 14 del D.P.R. 22 set. 1988, n. 449.

51. *Giudice di sorveglianza presso il tribunale per i minorenni*. — Le funzioni di giudice di sorveglianza[1] sono esercitate dal giudice addetto al tribunale per i minorenni.

Il presidente del tribunale, sentito il procuratore della *Repubblica* può, con suo decreto, destinare anche altro giudice, con le stesse funzioni, al tribunale per i minorenni.

[1] Ora "Magistrato di sorveglianza".

CAPO IV

Della Corte d'appello

SEZIONE I

Disposizioni generali

52. *Sede della Corte d'appello*. — La Corte d'appello ha sede nel capoluogo dei distretti indicati nella tabella *A* annessa al presente ordinamento.[1]

[1] A seguito di ulteriori modifiche le Corti d'Appello sono nelle città di: Ancona, Bari, Bologna, Brescia, Cagliari,

Caltanissetta, Catania, Catanzaro, Firenze, Genova, l'Aquila, Lecce, Messina, Milano, Napoli, Palermo, Perugia, Potenza, Roma, Torino, Trento, Trieste, Venezia.

53. ***Funzioni ed attribuzioni della Corte d'appello.***[1] — La Corte d'appello:

a) esercita la giurisdizione nelle cause di appello delle sentenze pronunciate in primo grado dai tribunali in materia civile e penale [e dai pretori in materia penale][2];

b) esercita inoltre le funzioni a essa deferite dal codice di procedura penale diverse da quelle del giudizio di appello avverso le sentenze pronunciate nel dibattimento di primo grado; delibera in Camera di Consiglio nei casi previsti dal codice di procedura civile e conosce degli altri affari ad essa deferiti dalle leggi.

[1] Articolo così sostituito dall'art. 15 del D.P.R. 22 set. 1988, n. 449.

[2] Parole tra parentesi quadre soppresse dalla L. 16 giu. 1998, n. 188.

54. ***Costituzione delle sezioni nelle corti di appello.*** — Nella formazione delle tabelle ai sensi dell'art. 7 *bis* sono designati i presidenti e i consiglieri che fanno parte di ciascuna sezione e i supplenti.[1]

Si osserva per le Corti d'appello il disposto dell'art. 46, in quanto applicabile.

Sono altresì designate le sezioni in funzione di Corte d'assise, la sezione incaricata esclusivamente della trattazione delle controversie in materia di lavoro e di previdenza e assistenza obbligatoria, la sezione per i minorenni, ed eventualmente quella che funziona da tribunale regionale delle acque pubbliche.

[1] Comma così modif. dall'art. 16 del D.P.R. 449/1988.

55. ***Magistrati della Corte d'appello.*** — Il presidente presiede la prima sezione della Corte d'appello e può presiedere anche le altre sezioni.

Le sezioni sono presiedute dai presidenti di sezione.

I giudici delle Corti d'appello hanno il titolo di consiglieri.

56. ***Costituzione del collegio giudicante.***[1] — La Corte d'appello giudica col numero invariabile di tre votanti.

[1] Articolo così sostituito dalla L. 8 ago. 1977, n. 532.

57. [***Sezione istruttoria.***][1]

[1] Articolo abrog. dall'art. 17, D.P.R. 449/1988.

58. ***Sezione per i minorenni.*** — Una sezione della corte giudica sulle impugnazioni dei provvedimenti del tribunale per i minorenni. Ad essa sono altresì demandate le altre funzioni della corte di appello previste dal codice di procedura penale, nei procedimenti a carico di imputati minorenni.[3]

La sezione giudica con l'intervento di due esperti, un uomo ed una donna, aventi i requisiti prescritti dalla legge, i quali si aggiungono ai tre magistrati della sezione.[1]

Agli esperti della sezione per i minorenni è conferito il titolo di consigliere onorario della sezione della Corte d'appello per i minorenni; ad essi è applicabile il disposto dell'ultimo comma dell'art. 50.

Le funzioni di consigliere delegato per la sorveglianza sono, per i minorenni, esercitate da uno dei magistrati della sezione di Corte d'appello per i minorenni.[2]

[1] Comma così sostituito dalla L. 8 ago. 1977, n. 532.

[2] Comma così sostituito con L. 27 dic. 1956, n. 1441.

[3] Comma così sostituito dall'art. 18 del D.P.R. 449/1988.

59. ***Sezioni distaccate di Corte d'appello.*** — Le sezioni distaccate delle Corti d'appello hanno sede nei comuni indicati nella tabella *A* annessa al presente ordinamento.

Esse, nella circoscrizione territoriale nella quale esercitano la giurisdizione, costituiscono sezioni delle Corti d'appello dalle quali dipendono.

Alle sezioni distaccate di Corte d'appello sono preposti presidenti di sezione alla dipendenza del presidente della Corte di appello, ed alle rispettive procure generali sono preposti avvocati generali alla dipendenza del procuratore generale della Repubblica.

SEZIONE II
Della Corte d'assise

60-62. ....[1]

[1] Disposizioni da considerarsi abrogate, in relazione alla nuova disciplina delle Corti d'Assise.

SEZIONE III
Della magistratura del lavoro

63. ....[1]

[1] Da ritenersi abrogato per effetto dell'art. 433 c.p.c.

SEZIONE IV
Del tribunale regionale delle acque pubbliche[1]

[1] V. R.D. 11 dic. 1933, n. 1775.

64. ***Costituzione del tribunale regionale delle acque pubbliche.*** — Il tribunale regionale delle acque pubbliche ha sede presso le Corti d'appello indicate nella tabella *E* annessa al presente ordinamento.

Il tribunale regionale delle acque pubbliche costituisce una sezione della Corte d'appello presso la quale è istituito.

Alla sezione sono aggregati tre funzionari del genio civile designati dal presidente del consiglio superiore dei lavori pubblici e nominati con decreto del *Capo dello Stato*, [su proposta del ministro di grazia e giustizia]. Essi durano in carica cinque anni e possono essere confermati.

La sezione di Corte d'appello funzionante come tribunale regionale delle acque pubbliche giudica col numero invariabile di tre votanti, in essi compreso il funzionario tecnico che per legge concorre a costituire il collegio. Questo funzionario deve prestare giuramento davanti al presidente della sezione, con la formula indicata nell'art. 9.

CAPO V
Della Corte suprema di cassazione

65. ***Attribuzioni della Corte suprema di cassazione.*** — La Corte suprema di cassazione, quale organo supremo della giustizia, assicura l'esatta osservanza e l'uniforme interpretazione della legge, l'unità del diritto oggettivo nazionale, il rispetto dei limiti delle diverse giurisdizioni; regola i conflitti di competenza e di attribuzioni, ed adempie gli altri compiti ad essa conferiti dalla legge.

La Corte suprema di cassazione ha sede in Roma ed ha giurisdizione su tutto il territorio dello *Stato*, e su ogni altro territorio soggetto alla sovranità dello Stato.

66. ***Composizione della Corte suprema di cassazione.*** — La Corte suprema di cassazione è costituita in sezioni, e composta da un primo presidente, da presidenti di sezione e da consiglieri.

Il primo presidente presiede le udienze a sezioni unite e le adunanze solenni e può presiedere le udienze delle singole sezioni.

La composizione delle sezioni è stabilita ai sensi dell'art. 7 *bis*. A ciascuna delle sezioni civili e penali è preposto un presidente di sezione e possono essere assegnati altri presidenti di sezione.[1]

[1] Comma così sostituito dall'art. 19 del D.P.R. 22 set. 1988, n. 449.

67. ***Costituzione del collegio giudicante.*** — La Corte suprema di cassazione in ciascuna sezione giudica col numero invariabile di cinque votanti. Giudica a sezioni unite col numero invariabile di nove votanti.[1]

Il collegio a sezioni unite in materia civile è composto da magistrati appartenenti alle sezioni civili; in materia penale è composto da magistrati appartenenti alle sezioni penali.

[1] Comma così sostituito dalla L. 8 ago. 1977, n. 532.

68. ***Ufficio del massimario e del ruolo.*** (*Omissis*).

TITOLO III
Del pubblico ministero

CAPO I
Della costituzione del pubblico ministero

69. ***Funzioni del pubblico ministero.***[1] — Il pubblico ministero esercita, sotto la *vigilanza* del ministro di grazia e giustizia, le funzioni che la legge gli attribuisce.

[1] Articolo così sost. dall'art. 39 del R.D.L. 31 mag. 1946, n. 511.

70. ***Costituzione del pubblico ministero.***[1] — 1. Le funzioni del pubblico ministero sono esercitate dal procuratore generale presso la corte di cassazione, dai procuratori generali della Repubblica presso le corti d'appello, dai procuratori della Repubblica presso i tribunali per i minorenni e dai procuratori della Repubblica presso i tribunali ordinari.

Negli uffici delle procure della Repubblica presso i tribunali ordinari possono essere istituiti posti di procuratore aggiunto in numero non superiore a quello risultante dalla proporzione di un procuratore aggiunto per ogni dieci sostituti addetti all'ufficio. Negli uffici delle procure della Repubblica presso il tribunale del capoluogo del distretto può essere comunque istituito un posto di procuratore aggiunto per specifiche ragioni riguardanti lo svolgimento dei compiti della direzione distrettuale antimafia.[2]

2. Presso le sezioni distaccate di corte di appello le funzioni del procuratore generale sono esercitate dall'avvocato generale, a norma dell'art. 59.

3. I titolari degli uffici del pubblico ministero dirigono l'ufficio cui sono preposti, ne organizzano l'attività ed esercitano personalmente le funzioni attribuite al pubblico ministero dal codice di procedura penale e dalle altre leggi, quando non designino altri magistrati addetti all'ufficio. Possono essere designati più magistrati in considerazione del numero degli imputati o della complessità delle indagini o del dibattimento.

4. Nel corso delle udienze penali, il magistrato designato svolge le funzioni del pubblico ministero con piena autonomia e può essere sostituito solo nei casi previsti dal codice di procedura penale. Il titolare dell'ufficio trasmette al Consiglio superiore della magistratura copia del provvedimento motivato con cui ha disposto la sostituzione del magistrato.

5. Ogni magistrato addetto ad una procura della Repubblica, che, fuori dell'esercizio delle sue funzioni, viene comunque a conoscenza di fatti che possano determinare l'inizio dell'azione penale o di indagini preliminari, può segnalarli per iscritto al titolare dell'ufficio. Questi, quando non sussistono i presupposti per la richiesta di archiviazione e non intende procedere personalmente, provvede a designare per la trattazione uno o più magistrati dell'ufficio.

6. Quando il procuratore nazionale antimafia e antiterrorismo[3] o il procuratore generale presso la corte di appello dispone l'avocazione delle indagini preliminari nei casi previsti dalla legge (p.p. 371-*bis*, 372), trasmette copia del relativo decreto motivato al Consiglio superiore della magistratura e ai procuratori della Repubblica interessati.

6-*bis*. Entro dieci giorni dalla ricezione del provvedimento di avocazione, il procuratore della Repubblica interessato può proporre reclamo al procuratore generale presso la corte di cassazione.

Questi, se accoglie il reclamo, revoca il decreto di avocazione, disponendo la restituzione degli atti.

[1] Articolo sost. dall'art. 20 del testo approvato con D.P.R. 22 set. 1998, n. 449, e poi variamente integrato e modificato: dall'art. 4, D.L. 9 set. 1991, n. 292, conv. in L. 8 nov. 1991, n. 356; dall'art. 10, D.L. 20 nov. 1991, n. 367, conv. in L. 20 gen. 1992, n. 8; dall'art. 13, dic. 1991, n. 419, conv. in L. 18 feb. 1992, n. 172; dall'art. 3, L. 6 feb. 1992, n. 160.

[2] Comma così sostituito dall'art. 20, D.lgs. 19 feb. 1998, n. 51. Successivamente, l'art. 4, D.lgs. 4 mag. 1999, n. 138 ha sostituito l'originario secondo periodo con il secondo e il terzo periodo.

[3] Ai sensi dell'art. 20, c. 4, D.L. 18 feb. 2015, n. 7, conv. con modif. in L. 17 apr. 2015, n. 43, le parole: «procuratore nazionale antimafia» sono sost. da «procuratore nazionale antimafia e antiterrorismo».

70-*bis*. *Direzione distrettuale antimafia.*[1]

[1] Articolo abrog. dall'art. 120, c. 1, lett. *l*), D.lgs. 6 set. 2011, n. 159.

71-71-*bis*-72. ....[1]

[1] Articoli abrog. dall'art. 33, D.lgs. 13 lug. 2017, n. 116.

CAPO II

Delle attribuzioni del pubblico ministero[1]

[1] V. artt. 69-74 c.p.c.

73. *Attribuzioni generali del pubblico ministero.* — Il pubblico ministero veglia alla osservanza delle leggi, alla pronta e regolare amministrazione della giustizia, alla tutela dei diritti dello Stato, delle persone giuridiche e degli incapaci, richiedendo, nei casi di urgenza, i provvedimenti cautelari che ritiene necessari;

– promuove la repressione dei reati e l'applicazione delle misure di sicurezza (Cost. 12);

– fa eseguire i giudicati ed ogni altro provvedimento del giudice, nei casi stabiliti dalla legge.

Ha pure azione diretta per fare eseguire ed osservare le leggi d'ordine pubblico e che interessano i diritti dello Stato, [e per la tutela dell'ordine corporativo][1] sempre che tale azione non sia dalla legge ad altri organi attribuita.

[1] Tale attribuzione è ora venuta meno con l'abrogazione dell'ordinamento corporativo.

74. *Attribuzioni del pubblico ministero in materia penale.* — Il pubblico ministero inizia ed esercita l'azione penale.

Un rappresentante del pubblico ministero interviene a tutte le udienze penali delle Corti e dei tribunali ordinari. In mancanza del suo intervento, l'udienza non può aver luogo.

Le attribuzioni del pubblico ministero negli atti preliminari del giudizio e nelle udienze della Corte d'assise spettano al procuratore generale della Repubblica presso la Corte d'appello, il quale le esercita personalmente o per mezzo di altro magistrato addetto al suo ufficio.

Il procuratore generale, nella circoscrizione della Corte d'appello, provvede alla designazione dei magistrati del pubblico ministero che debbono intervenire alle udienze, delegando, se occorre, il procuratore della Repubblica o un sostituto presso il tribunale della sede dove è convocata la Corte d'assise.

La norma del comma precedente si applica anche per le udienze di Corte d'assise che si tengono nella circoscrizione di una sede distaccata di Corte d'appello.

75. *Attribuzioni del pubblico ministero in materia civile ed amministrativa.* — Il pubblico ministero esercita l'azione civile ed interviene nei processi civili nei casi stabiliti dalla legge (70 c.p.c.); in mancanza del suo intervento, quando è richiesto dalla legge, l'udienza non può aver luogo.

Esercita la vigilanza sul servizio dello stato civile[1] e le altre attribuzioni demandategli nella stessa materia, in conformità alle leggi e ai regolamenti.

Il pubblico ministero presso le Corti d'appello interviene sempre [nelle cause individuali del lavoro][2] e negli altri casi stabiliti dalla legge.

[1] V. artt. 182 e 183 R.D.L. 9 lug. 1939, n. 1238, sullo stato civile.

[2] Inciso da ritenersi abrogato per effetto dell'art. 2 della L. 11 ago. 1973, n. 533.

76. *Attribuzioni del pubblico ministero presso la Corte suprema di cassazione.*[1] — 1. Il pubblico ministero presso la Corte di cassazione interviene e conclude:

a) in tutte le udienze penali;

b) in tutte le udienze dinanzi alle Sezioni unite civili e nelle udienze pubbliche dinanzi alle sezioni semplici della Corte di cassazione, ad eccezione di quelle che si svolgono dinanzi alla sezione di cui all'articolo 376, primo comma, primo periodo, del codice di procedura civile.

2. Il pubblico ministero presso la Corte di cassazione redige requisitorie scritte nei casi stabiliti dalla legge.

[1] Articolo così sost. dall'art. 81, c. 1, D.L. 21 giu. 2013, n. 69, conv. con modif. in L. 9 ago. 2013, n. 98.

76-*bis*. *Procuratore nazionale antimafia.*[1]

[1] Articolo abrog. dall'art. 120, c. 1, lett. *l*), D.lgs. 6 set. 2011, n. 159.

76-*ter*. *Attribuzioni del procuratore generale presso la Corte di cassazione in relazione all'attività di coordinamento investigativo.*[1]

[1] Articolo abrog. dall'art. 120, c. 1, lett. *l*), D.lgs. 6 set. 2011, n. 159.

77. *Azione di annullamento, revocazione e revisione delle sentenze.* — Il pubblico ministero, nei casi e nelle forme stabiliti dalle leggi di procedura, può proporre ricorso per cassazione nell'interesse della legge, ed impugnare per revocazione le sentenze civili, nonché chiedere la revisione delle sentenze penali.

78. *Attribuzioni del pubblico ministero nel processo di esecuzione.* — Il pubblico ministero promuove l'esecuzione delle sentenze e degli altri provvedimenti del giudice penale, secondo le disposizioni del c.p.p. e delle leggi a questo complementari.

Le sentenze e gli altri provvedimenti del giudice civile sono fatti eseguire d'ufficio dal pubblico ministero nei casi preveduti dalla legge.

79. ***Richieste del pubblico ministero per la disciplina delle udienze.*** — Il pubblico ministero fa le opportune richieste al giudice per la disciplina delle udienze penali, e di quelle civili nelle quali interviene, salvi i poteri diretti in tale materia che la legge gli attribuisce per il tempo in cui il giudice è in camera di consiglio.

80. ***Intervento in camera di consiglio del pubblico ministero presso le Corti d'appello ed i tribunali.*** — Presso le Corti d'appello ed i tribunali il pubblico ministero non può assistere alla deliberazione della decisione delle cause civili e penali.

Il pubblico ministero interviene nei procedimenti di camera di consiglio in materia penale, ma non può assistere alle relative deliberazioni. Non può assistere nemmeno alle deliberazioni in camera di consiglio in materia civile.

Deve, peraltro, assistere a quelle deliberazioni che riguardano l'ordine ed il servizio interno delle Corti o dei tribunali ordinari.

81-82. (*Omissis*).

83. ***Subordinazione della polizia giudiziaria al pubblico ministero.***[1] — Il procuratore generale presso la corte d'appello esercita la sorveglianza nel distretto della corte di appello sulla osservanza delle norme relative alla diretta disponibilità della polizia giudiziaria da parte dell'autorità giudiziaria.

[1] Articolo così sostituito dall'art. 23, D.P.R. 22 set. 1988, n. 449. V. anche art. 6 D.L. 28 lug. 1989, n. 273.

84. [***Vigilanza del pubblico ministero sugli istituti di prevenzione e di pena.***][1]

[1] Articolo abrog. dall'art. 24, D.P.R. 22 set. 1988, n. 449.

TITOLO IV

Dell'anno giudiziario, delle assemblee generali, delle supplenze e delle applicazioni

CAPO I

Dell'anno giudiziario

85. ***Inizio dell'anno giudiziario.***[1] (*Omissis*).

[1] L'anno giudiziario comincia il 1° gennaio.

86-88. ....[1]

89. ....[1]

[1] Articolo abrog. dall'art. 2, c. 29, lett. *b*), L. 25 lug. 2005, n. 150.

90. ***Ferie dei magistrati.*** — I magistrati che esercitano funzioni giudiziarie hanno un periodo annuale di ferie di quarantacinque giorni.[1]

Per i magistrati della Corte suprema di cassazione, delle Corti d'appello e dei tribunali, nonché per i magistrati addetti ai commissariati degli usi civici, ai tribunali delle acque pubbliche, il periodo è fissato al principio di ogni anno con decreto ministeriale [per i magistrati addetti alle preture è determinato invece entro il mese di maggio dal presidente della Corte d'appello, che ne informa il ministro][2].[3]

[1] Comma così modif. dall'art. 8, L. 2 apr. 1979, n. 97, e il secondo comma dall'art. 2, L. 28 lug. 1961, n. 704.

[2] Parole soppresse dalla L. 16 lug. 1998, n. 188.

[3] Comma così modif. dall'art. 2, L. 28 lug. 1961, n. 704.

91. ***Affari penali nel periodo feriale dei magistrati.*** — Durante il periodo feriale dei magistrati le Corti d'appello ed i tribunali trattano le cause penali relative ad imputati detenuti o a reati che possono prescriversi, o che, comunque, presentano carattere di urgenza.

92. ***Affari civili nel periodo feriale dei magistrati.*** (*Omissis*).

93-277. (*Omissis*).

- 2 -

D.lgs. 19 feb. 1998, n. 51

Norme in materia di istituzione del giudice unico di primo grado

(G.U. 20 mar. 1998, n. 66, Suppl. ord.)

TITOLO I

Disposizioni sull'ordinamento giudiziario

CAPO I

Disposizioni relative agli organi che amministrano la giustizia

1. 1. L'ufficio del pretore è soppresso, fatta salva l'attività necessaria per l'esaurimento degli affari pendenti secondo quanto previsto dal presente decreto. Fuori dei casi in cui è diversamente disposto dal presente decreto, le relative competenze sono trasferite al tribunale ordinario.

2. (*Omissis*).

2. 1. L'ufficio del pubblico ministero presso la pretura circondariale è soppresso. Le relative funzioni sono trasferite all'ufficio del pubblico ministero presso il tribunale ordinario.

2. (*Omissis*).

3-7. (*Omissis*).

CAPO II

Disposizioni relative al tribunale ordinario

8-15. (*Omissis*).

16. 1. La tabella *A* allegata al regio decreto 30 gennaio 1941, n. 12 è modificata, relativamente ai comuni compresi in ciascun circondario, dalla tabella A allegata al presente decreto.

2. La tabella *B* allegata al regio decreto 30 gennaio 1941, n. 12 è sostituita dalla tabella B allegata al presente decreto.

17. 1. Con decreto del Ministro di grazia e giustizia, emanano entro sessanta giorni dalla data di entrata in vigore del presente decreto, sono stabiliti i modelli dei registri da tenere nelle cancellerie dei tribunali ordinari e delle sezioni distaccate, nonché le modalità di iscrizione delle cause civili e le attività successive alla definizione dei procedimenti civili e penali.

CAPO III

Disposizioni relative alla corte di appello

18-19. (*Omissis*).

CAPO IV

Disposizioni relative al pubblico ministero

20-24. (*Omissis*).

CAPO V

Altre disposizioni sull'ordinamento giudiziario - Abrogazioni

25-30. (*Omissis*).

CAPO VI

Disposizioni in materia di corti di assise

31. 1. Salvo quanto previsto dall'art. 32 del presente decreto, nella legge 10 apr. 1951, n. 287 i riferimenti al pretore e alla pretura sono sostituiti, rispettivamente, dai riferimenti al presidente del tribunale e al tribunale.

32. 1. Il primo comma dell'art. 18 della L. 10 apr. 1951, n. 287, è sostituito dal seguente: (*Omissis*).

CAPO VII

Note di coordinamento e transitorie

SEZIONE I

Disposizioni relative al personale di magistratura

33. 1. Con decreto del Ministro di grazia e giustizia, sentito il Consiglio superiore della magistratura, da emanarsi entro novanta giorni dalla data di entrata in vigore del presente decreto, è determinato il nuovo organico dei magistrati addetti ai tribunali, alle procure della Repubblica presso il tribunale e alle corti di appello con decorrenza dalla data di efficacia del presente decreto.

2. I ventiquattro posti di magistrato di cassazione previsti dall'art. 1, c. 3, del D.L. 25 set. 1989, n. 327, convertito dalla L. 24 nov. 1989, n. 380, e dall'art. 1, c. 1, della L. 5 mar. 1991, n. 71, sono portati in aumento delle piante organiche dei presidenti di sezione di corte di appello.

34. 1. I magistrati già assenti alle preture e alle procure della Repubblica presso la pretura circondariale entrano di diritto a far parte dell'organico, rispettivamente, dei tribunali e delle procure della Repubblica presso il tribunale cui sono trasferite le funzioni degli uffici soppressi, anche in soprannumero riassorbibile con le successive vacanze.

2. L'assegnazione prevista dal comma 1 non costituisce assegnazione ad altro ufficio giudiziario o destinazione ad altra sede ai sensi dell'art. 2, 3° c., del R.D.L. 31 mag. 1946, n. 511, né costituisce trasferimento ad altri effetti e, in particolare, agli effetti previsti dall'art. 194 del R.D. 30 gen. 1941, n. 12 e dall'art. 13 della L. 12 apr. 1979, n. 97, come stabilito dall'art. 6 della L. 19 feb. 1981, n. 27. Sono tuttavia fatti salvi i diritti attribuiti dalla L. 18 dic. 1973, n. 836 e dalla L. 26 lug. 1978, n. 417, alle condizioni ivi stabilite, nel caso di fissazione della residenza in una sede di servizio diversa da quella precedente determinata dall'applicazione delle disposizioni del presente decreto.

35. 1. I magistrati onorari, già addetti quali vice pretori e vice procuratori agli uffici soppressi, sono addetti di diritto ai tribunali ed alle procure della Repubblica presso il tribunale cui sono trasferite le funzioni degli uffici soppressi, in qualità, rispettivamente, di giudici onorari e di vice procuratori onorari.

2. Le disposizioni di cui agli artt. 42-*ter*; 42-*quater*, primo e secondo comma, 42-*quinquies* e 71 del R.D. 30 gen. 1941, n. 12, come aggiunti o sostituiti dal presente decreto, si applicano ai predetti magistrati onorari alla scadenza del triennio in corso alla data di efficacia del presente decreto.

36. 1. I magistrati delle preture e dei tribunali addetti, alla data di efficacia del presente decreto, esclusivamente alla trattazione delle controversie in materia di lavoro e di previdenza e assistenza obbligatorie, nei tribunali divisi in sezioni fanno parte della sezione incaricata della trattazione di tali controversie.

2. I magistrati indicati nel comma 1 possono chiedere il trasferimento a posti di organico della sezione lavoro della corte di appello del distretto in cui è compreso l'ufficio di appartenenza anche in deroga alle disposizioni dell'art. 194 del R.D. 30 gen. 1941, n. 12.

37. 1. In deroga al disposto dell'art. 2, terzo comma, del R.D.L. 31 mag. 1946, n. 511, i magistrati titolari dei posti di consigliere pretore dirigente, di consigliere pretore, di procuratore della Repubblica presso la pretura circondariale e di procuratore aggiunto dello stesso ufficio, in attesa di essere destinati ai nuovi incarichi o funzioni a norma delle disposizioni che seguono, esercitano le funzioni di presidente di sezione o di procuratore aggiunto presso gli uffici cui sono state trasferite le funzioni degli uffici soppressi; i magistrati titolari dei posti di presidente di sezione di tribunale eventualmente soppressi continuano ad esercitare transitoriamente tali funzioni. I magistrati titolari dei posti soppressi di consigliere pretore dirigente e di procuratore della Repubblica presso la pretura circonadariale collaborano con il presidente del tribunale e con il procuratore della Repubblica per la risoluzione, in particolare, dei problemi di organizzazione degli uffici ristrutturati.

2. Entro un anno dalla data di efficacia delle disposizioni del presente decreto, i magistrati già titolari dei posti indicati nel comma 1 possono chiedere, in deroga al disposto dell'art. 149 del R.D. 30 gen. 1941, n. 12, l'assegnazione a posti vacanti pubblicati. Nell'assegnazione dei posti vacanti di presidente di tribunale ordinario, presidente di sezione di tribunale ordinario, procuratore della Repubblica e procuratore aggiunto della Repubblica presso il tribunale ordinario, sono particolarmente valutate le attitudini allo svolgimento di funzioni direttive dimostrate nell'esercizio delle precedenti funzioni.

3) Nel medesimo termine indicato nel comma 2, i magistrati già titolari dei posti indicati nel comma 1 possono chiedere altresì, eventualmente subordinando gli effetti della domanda al mancato conferimento di un posto richiesto a norma del comma 2, di essere destinati all'esercizio di una delle seguenti funzioni, anche in soprannumero riassorbibile con le successive vacanze:

a) consigliere di corte di cassazione, limitatamente ai magistrati titolari dei posti soppressi indicati nell'art. 33, comma 2;

b) consigliere di corte di appello nel distretto ad essi scelto;

c) giudice di tribunale o sostituto procuratore della Repubblica in una sede da essi scelta.

4. I magistrati già titolari dei posti indicati nel comma 1 che nel termine perentorio previsto non hanno richiesto l'assegnazione a norma del comma 2 o la destinazione a norma del comma 3, sono destinati di ufficio ad esercitare le funzioni di giudice di tribunale o di sostituto prouratore della Repubblica negli uffici cui sono state trasferite le funzioni degli uffici soppressi, o, se si tratta di magistrati già titolari di posti di presidente di sezione di tribunale, presso lo stesso ufficio in cui esercitavano le loro funzioni. La stessa disposizione si applica a coloro che non hanno ottenuto l'assegnazione a norma del comma 2 e che non hanno richiesto la destinazione a norma del comma 3.

5. Le eventuali nuove destinazioni sono considerate come trasferimento a domanda a tutti gli effetti e, in particolare, agli effetti previsti dall'art. 13 della L. 2 apr. 1979, n. 97, come sostituito dall'art. 6 L. 19 feb. 1981, n. 27, salvo quanto previsto dall'art. 34, comma 2, secondo periodo, del presente decreto.

6. In deroga all'art. 194 del R.D. 30 gen. 1941, n. 12, i magistrati indicati nel comma 1 possono chiedere di essere trasferiti ad altre sedi o assegnati ad altre funzioni:

a) trascorsi due anni dal giorno dell'inizio effettivo dell'attività nell'ufficio al quale sono stati destinati, se assegnati a funzioni direttive a norma del comma 2;

b) senza l'osservanza di alcun termine, se assegnati ad altre sedi o destinati ad altre funzioni a norma dei commi 2, 3 e 4, fuori del caso previsto dalla lettera *a*) del presente comma.[1]

[1] Comma così sost. dall'art. 5, D.lgs. 4 mag. 1999, n. 138.

SEZIONE II

Disposizioni relative alle sezioni lavoro delle corti di appello e dei tribunali

38. 1. Con il decreto previsto dall'art. 33, c. 1, sono attribuiti alle corti di appello i posti di organico necessari per il funzionamento della sezione incaricata della trattazione delle controversie in materia di lavoro e di previdenza e assistenza obbligatorie in grado di appello, con corrispondente diminuzione dell'organico dei tribunali del distretto.

2. All'attribuzione di ulteriori posti di organico si provvede gradualmente sulla base delle richieste motivate dei presidenti delle corti di appello, sentiti i presidenti dei tribunali interessati dalla corrispondente riduzione di organico.

3. Per la copertura dei posti di organico, sia la richiesta che la pubblicazione devono fare espresso riferimento all'esigenzadi assegnare i consiglieri o il presidente alla sezione.

4. Il magistrato trasferito non può essere incaricato della trattazione di controversie o di affari di diversa natura se non dopo che siano trascorsi cinque anni dalla presa di possesso dell'ufficio, salvo ricorrano particolari esigenze da indicare nel provvedimento di deroga.

5. Nella copertura dei posti di organico, è data la preferenza ai magistrati che sono stati guà addetti esclusivamente alla trattazione delle controversie in materia di lavoro e di previdenza e assistenza obbligatorie per almeno due anni nell'ultimo quinquennio, anche con funzioni di legittimità. In via subordinata, la preferenza è determinata dalla particolare competenza nella materia, desumibile dalla partecipazione a corsi di formazione organizzati dal Consiglio superiore della magistratura o da altri elementi oggettivi.

39. 1. Le disposizioni dell'art. 38 si osservano, in quanto compatibili, anche nell'attribuzione dei posti di organico ai singoli tribunali e nella loro copertura, relativamente ai giudici incaricati in via esclusiva della trattazione delle controversie in materia di lavoro e di assistenza e previdenza obbligatorie.

SEZIONE III
Disposizioni relative al personale amministrativo

40. 1. I posti di dirigente delle cancellerie e delle segreterie presso gli uffici soppressi sono ripartiti tra gli uffici giudiziari con decreto del Ministro di grazia e giustizia.

2. Al personale addetto con qualifica dirigenziale ad un ufficio giudiziario soppresso è attribuito un incarico di funzione dirigenziale di pari livello in uffici giudiziari della stessa sede. Ove ciò non risulti possibile, si procede al trasferimento del dirigente secondo le disposizioni che regolano i trasferimento di ufficio, salvo che il dirigente chieda di essere adibito ad incarichi dirigenziali di livello inferiore disponibili nella sede di servizio o in altra sede da lui indicata.

3. I posti delle qualifiche funzionali compresi negli organici delle preture e delle procure della Repubblica presso le preture sono ripartiti con decreto del Ministro di grazia e giustizia tra i tribunali, le procure della Repubblica presso il tribunale e le corti di appello.

4. Il funzionamento appartenente alle qualifiche funzionali in servizio presso gli uffici giudiziari soppressi è assegnato ai tribunali e alle procure della Repubblica presso il tribunale cui sono trasferite le funzioni degli uffici soppressi, oppure alle corti di appello.

6. I relativi provvedimenti, se non implicano il trasferimento ad una diversa sede di servizio, sono adottati, per il personale delle preture, dal presidente della corte di appello e, per il personale delle procure della Repubblica presso la pretura circondariale, dal procuratore generale presso la stessa corte.

SEZIONE IV
Disposizioni relative al personale delle sezioni di polizia giudiziaria

41. 1. Il personale delle sezioni di polizia giudiziaria delle procure della Repubblica presso le preture è di diritto assegnato o applicato alle sezioni di polizia giudiziaria delle procure della Repubblica presso i tribunali cui sono trasferite le funzioni degli uffici soppressi.

2. L'assegnazione e l'applicazione previste dal comma 1 non costituiscono nuove assegnazioni o applicazioni ovvero trasferimenti.

SEZIONE IV-*bis*
Disposizioni relative alle attrezzature[1]

[1] La sezione è stata aggiunta dall'art. 6, D.lgs. 4 mag. 1999, n. 138 (G.U. 19 mag. 1999, n. 115).

41-*bis*. 1. Le attrezzature delle preture circondariali e delle relative sezioni distaccate possono essere assegnate dal presidente del tribunale, nel cui circondario sono ubicati gli uffici soppressi, alla sede principale del tribunale ovvero ad una o più sezioni distaccate del medesimo.

2. Le attrezzature delle procure della Repubblica presso la preture circondariali possono essere assegnate dal procuratore della Repubblica presso il tribunale, ubicato nel medesimo comune dell'ufficio soppresso, all'ufficio di procura da lui diretto.

3. La destinazione delle attrezzature delle quali non è stata disposta l'assegnazione a norma dei commi 1 e 2 è stabilita dal Ministero di grazia e giustizia.

4. I provvedimenti previsti dal presente articolo sono adottati anche in deroga alle norme sulla contabilità generale dello Stato e con il consenso degli enti locali interessati, quanto alle attrezzature ad essi appartenenti.

SEZIONE V
Disposizioni per la definizione dei procedimenti pendenti

42. 1. L'ufficio del pretore è mantenuto per la definizione dei procedimenti pendenti alla data di efficacia del presente decreto che proseguono con l'applicazione delle norme anteriormente vigenti.

43. 1. Il funzionamento dell'ufficio del pretore, per l'espletamento della attività di cui all'art. 42, è assicurato mediante applicazione, anche a tempo parziale, di magistrati addetti al tribunale e mediante utilizzazione dei locali e delle attrezzature di quest'ultimo.

2. Il presidente del tribunale designa con decreto i magistrati applicati all'ufficio del pretore incaricati della trattazione dei singoli procedimenti, indicando i giorni in cui essi tengono udienza, in modo che sia assicurata, di norma, la definizione dei procedimenti da parte degli stessi magistrati ai quali erano in precedenza assegnati. Il decreto è trasmesso, previo parere del consiglio giudiziario, al Consiglio superiore della magistratura.

3. Per un tempo definito e non in via esclusiva è disposta l'applicazione del personale amministrativo in servizio presso il tribunale necessario al funzionamento dell'ufficio del pretore della sede circondariale.

SEZIONE VI
Disposizioni particolari in materia di sezioni distaccate del tribunale

44. 1. Il personale delle cancellerie giudiziarie e degli uffici notificazioni, esecuzioni e protesti in servizio presso una sezione distaccata di pretura è assegnato alla sezione distaccata di tribunale istituita nello stesso comune.

2. Se nello stesso comune non è istituita una sezione distaccata di tribunale, il personale di cui al comma 1 è trasferito nella sede principale o in una sezione distaccata di tribunale del circondario, ovvero, in assenza di posti disponibili presso di esse,

in altra sede compresa nel distretto. Per il personale degli uffici notificazioni, esecuzioni e protesti il riferimento alla sede principale del tribunale si intende alla corte di appello nel caso di ufficio unico costituito presso quest'ultima.

3. I provvedimenti se non implicano il trasferimento ad una diversa sede di servizio, sono adottati dal presidente della corte di appello.

45. 1. In deroga all'art. 2, primo comma, della L. 24 apr. 1941, n. 392, il Ministro di grazia e giustizia può disporre che vengano utilizzati a servizio del tribunale o di una o più sezioni distaccate, per un periodo non superiore a cinque anni dalla data di efficacia del presente decreto, gli immobili di proprietà dello Stato, ovvero di proprietà comunale interessati da interventi edilizi finanziati ai sensi dell'art. 19 della L. 30 mar. 1981, n. 119, adibiti a servizio delle soppresso sezioni distaccate della pretura circondariale e ubicati in comuni del circondario non compresi nella tabella B allegata al presente decreto.

2. Il provvedimento è adottato sentiti il presidente del tribunale, il consiglio giudiziario, il consiglio dell'ordine degli avvocati e le amministrazioni locali interessate.

3. Per il personale che presta servizio presso alcuno degli immobili indicati nel comma 1, si considera sede di servizio il comune nel quale l'immobile stesso è ubicato.

5. Le spese di gestione e manutenzione degli immobili sono a carico del comune ove i medesimi si trovano in base alle disposizioni della L. 24 apr. 1941, n. 392.

46.[1]

[1] Articolo abrog. dall'art. 7, D.lgs. 4 mag. 1999, n. 138.

47. 1. I procedimenti pendenti alla data di efficacia del presente decreto presso le sezioni distaccate delle preture circondariali che devono essere definiti dal tribunale, sono trattati nella sezione distaccata di tribunale la cui circoscrizione comprende l'intero territorio della soppressa sezione distaccata di pretura, o, in mancanza, nella sede principale.

2. I procedimenti pendenti davanti ai tribunali alla data di efficacia del presente decreto sono trattati nella sede principale.

48. 1. Nelle sezioni distaccate di tribunale la cui circoscrizione comprende l'intero territorio di una o più soppresse sezioni distaccate di pretura, è mantenuto l'ufficio del pretore per la definizione dei procedimenti pendenti alla data di efficacia del presente decreto ai quali continuano ad applicarsi le norme anteriormente vigenti.

2. Il funzionamento dell'ufficio del pretore presso le sezione distaccate del tribunale è assicurato mediante applicazione, anche a tempo parziale, dei magistrati addetti alla sezione distaccata del tribunale e con l'utilizzazione dei locali, del personale e delle attrezzature di quest'ultima.

3. Il presidente del tribunale designa con decreto i magistrati applicati all'ufficio del pretore incaricati della trattazione dei singoli procedimenti, indicando i giorni in cui essi tengono udienza, in modo che sia assicurata, di norma, la definizione dei procedimenti da parte degli stessi magistrati ai quali erano in precedenza assegnati. Il decreto è trasmesso, previo parere del consiglio giudiziario, al Consiglio superiore della magistratura.

4. Se la circoscrizione di una soppressa sezione distaccata della pretura circondariale non è interamente compresa nella circoscrizione di una sezione distaccata del tribunale, i procedimenti di cui al comma 1 sono definiti dall'ufficio del pretore della sede circondariale.

TITOLO II
Disposizioni sul processo civile

49-217. (*Omissis*).

CAPO XII
Disposizioni di coordinamento

218. 1. Sono abrogati gli artt. 7, 550 e 594 del codice di procedura penale, e l'art. 90 delle norme di attuazione, di coordinamento e transitore del codice di procedura penale, approvate con decreto legislativo 28 luglio 1989, n. 271.

CAPO XIII
Disposizioni transitorie e finali

219. 1. Quando vi è stato il controllo sulla regolare costituzione delle parti a norma dell'art. 484 del codice di procedura penale, i giudizi di primo grado in corso alla data di efficacia del presente decreto proseguono con l'applicazione delle disposizioni anteriormente vigenti, comprese quelle relative alla competenza e alla composizione dell'organo giudicante.

2. Negli altri casi, i giudizi sono definiti sulla base delle disposizioni introdotte dal presente decreto, salvo quanto disposto dagli artt. 220, 221 e 222.

220. 1. Se, alla data indicata dal comma 2-*bis* dell'art. 247,[1] è stata fissata [c.p.p. 418] o è iniziata l'udienza preliminare per un reato attribuito, secondo le nuove norme, alla cognizione del tribunale in composizione monocromatica [c.p.p. 33-*ter*], l'udienza è tenuta con l'applicazione delle disposizioni anteriormente vigenti. Il giudice, se deve disporre il rinvio a giudizio, emette decreto di citazione davanti al tribunale in composizione monocromatica.

[1] 2 gennaio 2000.

221. 1. Quando è revocata una sentenza di non luogo a procedere [c.p.p. 434] in relazione a reati attribuiti alla cognizione del tribunale in composizione monocromatica [c.p.p. 33-*ter*], il giudice, se il pubblico ministero ne fa richiesta, emette decreto di citazionea giudizio [c.p.p. 552] dandone lettura alle parti presenti; altrimenti ordina la riapertura delle indagini a norma dell'art. 436 del codice di procedura penale.

222. 1. Fuori dei casi previsti dall'art. 219, comma 1, quando alla data di efficacia del presente decreto è stata fissata un'udienza dibattimentale davanti al pretore, la stessa si intende fissata davanti al tribunale; le parti e le altre persone citate devono comparire nel luogo nel giorno e nell'ora già stabiliti.

2. Se alla data indicata dalla comma 2-*bis* dell'art. 247 è stata fissata un'udienza dibattimentale davanti al tribunale[1] per un reato attribuito, secondo le nuove norme alla cognizione del giudice monocromatico [c.p.p. 33-*ter*] e l'udienza stessa è tenuta dal collegio, il presidente fissa la data e l'ora della trattazione del processo davanti al tribunale in composizione monocratica, se possibile nello stesso giorno.

3. La disposizione del comma 1 non si applica nei casi in cui, a norma dell'art. 47, vi è mutamento della sede di trattazione del procedimento. In tali casi è fissata una nuova udienza.

4. I titolari degli uffici curano che, ove possibile, alla trattazione dei procedimenti provvedano il magistrato o uno dei magistrati originariamente designati.

223. 1. Nei giudizi di primo grado in corso alla data di efficacia del presente decreto, se l'imputato, prima dell'inizio dell'istruzione dibattimentale [c.p.p. 496 s.], chiede il giudizio abbreviato, il giudice, [acquisito il consenso del pubblico ministero][1] dispone con ordinanza la prosecuzione del giudizio osservando le disposizioni previste per l'udienza preliminare [c.p.p. 419 s.], in quanto applicabili.

2. Se ritiene di non poter decidere allo stato degli atti, il giudice indica alle parti temi nuovi o incompleti e provvede ad assumere gli elementi necessari ai fini della decisione nelle forme previste dall'art. 422 del codice di procedura penale.

3. Si applicano le disposizioni previste dagli artt. 441 comma 2, 442 e 443 del codice di procedura penale.

[1] Parole soppresse dall'art. 56, 1. 16 dic. 1999, n. 479.

224. 1. Nei giudizi di primo grado in corso alla data di efficacia del presente decreto, l'imputato e il pubblico ministero possono chiedere, nella prima udienza successiva a detta data, l'applicazione della pena a norma dell'art. 444 del codice di procedura penale; l'imputato può altresì presentare domanda di oblazione [c.p. 162, 162-*bis*].

2. Si osservano le disposizioni previste dal titolo II del libro VI del codice di procedura penale [c.p.p. 444 s.] e dall'art. 141 comma 4 delle norme di attuazione, di coordinamento e transitorie del codice di procedura penale, approvate con decreto legislativo 28 luglio 1989, n. 271, in quanto applicabili.

225. .... [1]

[1] Articolo abrog. dall'art. 4, L. 19 gen. 1999, n. 14.

266. 1. Nei procedimenti pendenti alla data di efficacia del presente decreto[1] quando per effetto di circostanze attenuanti e del giudizio di comparazione previsto dall'art. 69 del codice penale il reato risulta estinto per prescrizione, il giudice, anche nella fase delle indagini preliminari, se l'imputato e il pubblico ministero non si oppongono, pronuncia in camera di consiglio sentenza inappellabile di non doversi procedere.

[1] Parole così sostituite dall'art. 8 del D.lgs. 4 mag. 1999, n. 138.

227. 1. Al fine di assicurare la rapida definizione dei processi pendenti alla data di efficacia del presente decreto, nella trattazione dei procedimenti e della formazione dei ruoli di udienza, anche indipendentemente dalla data del commesso reato o da quella delle iscrizioni del procedimento, si tiene conto della gravità e della concreta offensività del reato, del pregiudizio che può derivare dal ritardo per la formazione della prova e per l'accertamento dei fatti, nonché dell'interesse della persona offesa.

3. Gli uffici comunicano tempestivamente al Consiglio superiore della magistratura i criteri di priorità ai quali si atterrano per la trattazione dei procedimenti e per la fissazione delle udienze.

TITOLO V
Trasferimento di funzioni pretorili alle amministrazioni

228-243. (*Omissis*).

TITOLO VII
Norme di coordinamento e finali

244. 1. Salvo che sia diversamente previsto dal presente decreto e fuori dei casi di abrogazione per incompatibilità, quando leggi o decreti fanno riferimento ad uffici o organi giudiziari da esso soppressi il riferimento si intende agli uffici o agli organi cui sono stati trasferite le relative funzioni.

2. Le funzioni del pretore non attribuite espressamente ad altra autorità sono attribuite al tribunale in composizione monocratica, anche se relative a procedimenti disciplinati dagli artt. 737 e seguenti del codice di procedura civile o nei quali è previsto l'intervento obbligatorio del pubblico ministero.

3. Quando la competenza del pretore è prevista in via alternativa a quella del presidente del tribunale, la competenza si intende attribuita in via esclusiva a quest'ultimo.

245. .... [1]

[1] Articolo abrog. dall'art. 33, D.lgs. 13 lug. 2017, n. 116.

246. 1. (*Omissis*).

2. Le disposizioni previste dal secondo comma dell'art. 8 del regio decreto legge n. 1578 del 1933, come modificato dal comma 1 del presente articolo, si applicano fino a quando non sarà attuata la complessiva riforma della professione forense.

247. 1. Il presente decreto legislativo entra in vigore in giorno successivo alla sua pubblicazione nella *Gazzetta Ufficiale* della Repubblica italiana e diventa efficace a decorrere dal 2 giu. 1999, fatta eccezione per le disposizioni previste dagli artt. 17, 33, comma 1, 38, comma 1 e 40, commi 1 e 3.

2. (*Omissis*).

2-*bis*. (*Omissis*).

2-*ter*. Sino al 2 gennaio 2000 il tribunale giudica in composizione collegiale sui reati già appartenenti alla competenza del tribunale in base alle disposizioni vigenti anteriormente alla data indicata nel comma 1, ed in composizione monocratica sui reati già appartenenti alla competenza del pretore in base alle medesime disposizioni. Sino alla stessa data del 2 gennaio 2000, nell'assegnazione degli affari ai giudici del tribunale ordinario, prevista dal primo comma del citato art. 43-*bis* dell'ordinamento giudiziario, approvato con regio decreto 30 gennaio 1941, n. 12, è seguito il criterio di non affidare ai giudici onorari, nella materia penale, le funzioni di giudice per le indagini preliminari e di giudice dell'udienza preliminare, nonché la trattazione di procedimenti relativi a reati non appartenenti alla competenza del pretore in base alle disposizioni vigenti anteriormente alla data indicata nel comma 1.[1]

[1] Comma aggiunto dall'art. 3, D.L. 24 mag. 1999, n. 145, conv. con modif. in L. 22 lug. 1999, n. 234.

Allegati (*Omissis*).

- 3 -

D.lgs. 20 feb. 2006, n. 106

Disposizioni in materia di riorganizzazione dell'ufficio del pubblico ministero a norma dell'art. 1, comma 1, lett. d) della L. 25 lug. 2005, n. 150

(G.U. 20 mar. 2006, n. 66)

1. ***Attribuzioni del procuratore della Repubblica.*** — 1. Il procuratore della Repubblica, quale preposto all'ufficio del pubblico ministero, è titolare esclusivo dell'azione penale e la esercita nei modi e nei termini fissati dalla legge.

2. Il procuratore della Repubblica assicura il corretto, puntuale ed uniforme esercizio dell'azione penale, l'osservanza delle disposizioni relative all'iscrizione delle notizie di reato ed il rispetto delle norme sul giusto processo da parte del suo ufficio.[1]

3. Il procuratore della Repubblica può designare, tra i procuratori aggiunti, il vicario, il quale esercita le medesime funzioni del procuratore della Repubblica per il caso in cui sia assente o impedito ovvero l'incarico sia rimasto vacante.

4. Il procuratore della Repubblica può delegare ad uno o più procuratori aggiunti ovvero anche ad uno o più magistrati addetti all'ufficio la cura di specifici settori di affari, individuati con riguardo ad aree omogenee di procedimenti ovvero ad ambiti di attività dell'ufficio che necessitano di uniforme indirizzo.

5. Nella designazione di cui al comma 3 e nella attribuzione della delega di cui al comma 4, il procuratore della Repubblica può stabilire, in via generale ovvero con singoli atti, i criteri ai quali i procuratori aggiunti ed i magistrati dell'ufficio devono attenersi nell'esercizio delle funzioni vicarie o della delega.

6. Il procuratore della Repubblica predispone, in conformità ai princìpi generali definiti dal Consiglio superiore della magistratura, il progetto organizzativo dell'ufficio, con il quale determina:

a) le misure organizzative finalizzate a garantire l'efficace e uniforme esercizio dell'azione penale, tenendo conto dei criteri di priorità di cui alla lettera *b*);

b) i criteri di priorità finalizzati a selezionare le notizie di reato da trattare con precedenza rispetto alle altre e definiti, nell'ambito dei criteri generali indicati dal Parlamento con legge, tenendo conto del numero degli affari da trattare, della specifica realtà criminale e territoriale e dell'utilizzo efficiente delle risorse tecnologiche, umane e finanziarie disponibili;

c) i compiti di coordinamento e di direzione dei procuratori aggiunti;

d) i criteri di assegnazione e di coassegnazione dei procedimenti e le tipologie di reato per le quali i meccanismi di assegnazione dei procedimenti sono di natura automatica;

e) i criteri e le modalità di revoca dell'assegnazione dei procedimenti;

f) i criteri per l'individuazione del procuratore aggiunto o comunque del magistrato designato come vicario, ai sensi del comma 3;

g) i gruppi di lavoro, salvo che la disponibilità di risorse umane sia tale da non consentirne la costituzione, e i criteri di assegnazione dei sostituti procuratori a tali gruppi, che devono valorizzare il buon funzionamento dell'ufficio e le attitudini dei magistrati, nel rispetto della disciplina della permanenza temporanea nelle funzioni, fermo restando che ai componenti dei medesimi gruppi di lavoro non spettano compensi, gettoni di presenza, rimborsi di spese o altri emolumenti comunque denominati.[2]

7. Il progetto organizzativo dell'ufficio è adottato ogni quattro anni, sentiti il dirigente dell'ufficio giudicante corrispondente e il presidente del consiglio dell'ordine degli avvocati, ed è approvato dal

Consiglio superiore della magistratura, previo parere del consiglio giudiziario e valutate le eventuali osservazioni formulate dal Ministro della giustizia ai sensi dell'articolo 11 della legge 24 marzo 1958, n. 195. Decorso il quadriennio, l'efficacia del progetto è prorogata fino a che non sopravvenga il nuovo. Con le medesime modalità di cui al primo periodo, il progetto organizzativo può essere variato nel corso del quadriennio per sopravvenute esigenze dell'ufficio.[2]

[1] Comma così modif. dall'art. 1, c. 75, L. 23 giu. 2017, n. 103.

[2] Comma così sost. dall'art. 13, L. 17 giu. 2022, n. 71.

2. *Titolarità dell'azione penale.* — 1. Il procuratore della Repubblica, quale titolare esclusivo dell'azione penale, la esercita personalmente o mediante assegnazione a uno o più magistrati dell'ufficio. L'assegnazione può riguardare la trattazione di uno o più procedimenti ovvero il compimento di singoli atti di essi. Sono fatte salve le disposizioni di cui all'art. 70-*bis* dell'ordinamento giudiziario, di cui al regio decreto 30 gennaio 1941, n. 12.

2. Con l'atto di assegnazione per la trattazione di un procedimento, il procuratore della Repubblica può stabilire i criteri ai quali il magistrato deve attenersi nell'esercizio della relativa attività. Se il magistrato non si attiene ai principi e criteri definiti in via generale o con l'assegnazione, ovvero insorge tra il magistrato ed il procuratore della Repubblica un contrasto circa le modalità di esercizio, il procuratore della Repubblica può, con provvedimento motivato, revocare l'assegnazione; entro dieci giorni dalla comunicazione della revoca, il magistrato può presentare osservazioni scritte al procuratore della Repubblica.

3. *Prerogative del procuratore della Repubblica in materia di misure cautelari.* — 1. Il fermo di indiziato di delitto disposto da un procuratore aggiunto o da un magistrato dell'ufficio deve essere assentito per iscritto dal procuratore della Repubblica ovvero dal procuratore aggiunto o dal magistrato appositamente delegati ai sensi dell'art. 1, comma 4.

2. L'assenso scritto del procuratore della Repubblica, ovvero del procuratore aggiunto o del magistrato appositamente delegati ai sensi dell'art. 1, comma 4, è necessario anche per la richiesta di misure cautelari personali e per la richiesta di misure cautelari reali.

3. Il procuratore della Repubblica può disporre, con apposita direttiva di carattere generale, che l'assenso scritto non sia necessario per le richieste di misure cautelari reali, avuto riguardo al valore del bene oggetto della richiesta ovvero alla rilevanza del fatto per il quale si procede.

4. Le disposizioni del comma 2 non si applicano nel caso di richiesta di misure cautelari personali o reali formulate, rispettivamente, in occasione della richiesta di convalida dell'arresto in flagranza o del fermo di indiziato ai sensi dell'art. 390 del codice di procedura penale, ovvero di convalida del sequestro preventivo in caso d'urgenza ai sensi dell'art. 321, comma 3-*bis*, del codice di procedura penale.

4. *Impiego della polizia giudiziaria delle risorse finanziarie e tecnologiche.* — 1. Per assicurare l'efficienza dell'attività dell'ufficio, il procuratore della Repubblica può determinare i criteri generali ai quali i magistrati addetti all'ufficio devono attenersi nell'impiego della polizia giudiziaria, nell'uso delle risorse tecnologiche assegnate e nella utilizzazione delle risorse finanziarie delle quali l'ufficio può disporre, nel rispetto delle disposizioni contenute nel decreto legislativo emanato in attuazione della delega di cui agli artt. 1, comma 1, lettera *a*) e 2, comma 1, lettera *s*), della legge 25 luglio 2005, n. 150.

2. Ai fini di cui al comma 1, il procuratore della Repubblica può definire criteri generali da seguire per l'impostazione delle indagini in relazione a settori omogenei di procedimenti.

5. *Rapporti con gli organi di informazione.* — 1. Il procuratore della Repubblica mantiene personalmente, ovvero tramite un magistrato dell'ufficio appositamente delegato, i rapporti con gli organi di informazione, esclusivamente tramite comunicati ufficiali oppure, nei casi di particolare rilevanza pubblica dei fatti, tramite conferenze stampa. La determinazione di procedere a conferenza stampa è assunta con atto motivato in ordine alle specifiche ragioni di pubblico interesse che la giustificano.[1]

2. Ogni informazione inerente alle attività della procura della Repubblica deve essere fornita attribuendola in modo impersonale all'ufficio ed escludendo ogni riferimento ai magistrati assegnatari del procedimento.

2-*bis*. La diffusione di informazioni sui procedimenti penali è consentita solo quando è strettamente necessaria per la prosecuzione delle indagini o ricorrono altre specifiche ragioni di interesse pubblico. Le informazioni sui procedimenti in corso sono fornite in modo da chiarire la fase in cui il procedimento pende e da assicurare, in ogni caso, il diritto della persona sottoposta a indagini e dell'imputato a non essere indicati come colpevoli fino a quando la colpevolezza non è stata accertata con sentenza o decreto penale di condanna irrevocabili.[2]

3. È fatto divieto ai magistrati della procura della Repubblica di rilasciare dichiarazioni o fornire notizie agli organi di informazione circa l'attività giudiziaria dell'ufficio.

3-*bis*. Nei casi di cui al comma 2-*bis*, il procuratore della Repubblica può autorizzare gli ufficiali di polizia giudiziaria a fornire, tramite comunicati ufficiali oppure tramite conferenze stampa, informazioni sugli atti di indagine compiuti o ai quali hanno partecipato. L'autorizzazione è rilasciata con atto motivato in ordine alle specifiche ragioni di pubblico interesse che la giustificano. Si applicano le disposizioni di cui ai commi 2-*bis* e 3.[2]

3-*ter*. Nei comunicati e nelle conferenze stampa di cui ai commi 1 e 3-*bis* è fatto divieto di assegnare ai procedimenti pendenti denominazioni lesive della presunzione di innocenza.[2]

4. Il procuratore della Repubblica ha l'obbligo di segnalare al consiglio giudiziario, per l'esercizio del potere di vigilanza e di sollecitazione dell'azione disciplinare, le condotte dei magistrati del suo ufficio che siano in contrasto col divieto fissato al comma 3.

[1] Comma così modif. dall'art. 3, D.lgs. 8 nov. 2021, n. 188.

[2] Comma ins. dall'art. 3, D.lgs. 8 nov. 2021, n. 188.

6. ***Attività di vigilanza del procuratore generale presso la corte di appello.*** — 1. Il procuratore generale presso la corte di appello, al fine di verificare il corretto ed uniforme esercizio dell'azione penale, l'osservanza delle disposizioni relative all'iscrizione delle notizie di reato ed il rispetto delle norme sul giusto processo, nonché il puntuale esercizio da parte dei procuratori della Repubblica dei poteri di direzione, controllo e organizzazione degli uffici ai quali sono preposti, oltre che dei doveri di cui all'articolo 5, acquisisce dati e notizie dalle procure della Repubblica del distretto ed invia al procuratore generale presso la Corte di cassazione una relazione almeno annuale.[1]

[1] Comma così modif. dall'art. 1, c. 76, L. 23 giu. 2017, n. 103, e dall'art. 3, D.lgs. 8 nov. 2021, n. 188.

7. ***Abrogazioni e modificazioni.*** (*Omissis*).

8. ***Decorrenza di efficacia.*** — 1. Le disposizioni contenute nel presente decreto legislativo sono efficaci a decorrere dal novantesimo giorno successivo a quello della sua pubblicazione nella *Gazzetta Ufficiale*.

- 4 -

D.lgs. 23 feb. 2006, n. 109

Disciplina degli illeciti disciplinari dei magistrati, delle relative sanzioni e della procedura per la loro applicabilità, nonché modifica della disciplina in tema di incompatibilità, dispensa dal servizio e trasferimento di ufficio dei magistrati, a norma dell'art. 1, comma 1, lett. f) della L. 25 lug. 2005, n. 150

(G.U. 21 mar. 2006, n. 67)

CAPO I
Della responsabilità disciplinare dei magistrati

SEZIONE I
Degli illeciti disciplinari

1. ***Doveri del magistrato.*** — 1. Il magistrato esercita le funzioni attribuitegli con imparzialità, correttezza, diligenza, laboriosità, riserbo e equilibrio e rispetta la dignità della persona nell'esercizio delle funzioni.

2-3.[1]

[1] Commi abrog. dall'art. 1, L. 24 ott. 2006, n. 269.

2. ***Illeciti disciplinari nell'esercizio delle funzioni.*** — 1. Costituiscono illeciti disciplinari nell'esercizio delle funzioni:

a) fatto salvo quanto previsto dalle lettere *b*), *c*), *g*) e *m*), i comportamenti che, violando i doveri di cui all'art. 1, arrecano ingiusto danno o indebito vantaggio ad una delle parti;[1]

b) l'omissione della comunicazione, al Consiglio superiore della magistratura, della sussistenza di una delle situazioni di incompatibilitàà di cui agli artt. 18 e 19 dell'ordinamento giudiziario, di cui al regio decreto 30 gennaio 1941, n. 12, e successive modificazioni, come modificati dall'art. 29 del presente decreto;

c) la consapevole inosservanza dell'obbligo di astensione nei casi previsti dalla legge;

d) i comportamenti abitualmente o gravemente scorretti nei confronti delle parti, dei loro difensori, dei testimoni o di chiunque abbia rapporti con il magistrato nell'ambito dell'ufficio giudiziario, ovvero nei confronti di altri magistrati o di collaboratori;

e) l'ingiustificata interferenza nell'attività giudiziaria di altro magistrato;

f) l'omessa comunicazione al capo dell'ufficio, da parte del magistrato destinatario, delle avvenute interferenze;

g) la grave violazione di legge determinata da ignoranza o negligenza inescusabile;

h) il travisamento dei fatti determinato da negligenza inescusabile;

i)[2]

l) l'emissione di provvedimenti privi di motivazione, ovvero la cui motivazione consiste nella sola affermazione della sussistenza dei presupposti di legge senza indicazione degli elementi di fatto dai quali tale sussistenza risulti, quando la motivazione è richiesta dalla legge;

m) l'adozione di provvedimenti adottati nei casi non consentiti dalla legge, per negligenza grave e inescusabile, che abbiano leso diritti personali o, in modo rilevante, diritti patrimoniali;

n) la reiterata o grave inosservanza delle norme regolamentari, delle direttive o delle disposizioni sul servizio giudiziario adottate dagli organi competenti;[1]

o) l'indebito affidamento ad altri di attività rientranti nei propri compiti;

p) l'inosservanza dell'obbligo di risiedere nel comune in cui ha sede l'ufficio in assenza dell'autorizzazione prevista dalla normativa vigente se ne è derivato concreto pregiudizio all'adempimento dei doveri di diligenza e laboriosità;

q) il reiterato, grave e ingiustificato ritardo nel compimento degli atti relativi all'esercizio delle funzioni; si presume non grave, salvo che non sia diversamente dimostrato, il ritardo che non eccede il triplo dei termini previsti dalla legge per il compimento dell'atto;

q-bis) l'omessa collaborazione del magistrato nell'attuazione delle misure di cui all'articolo 37, comma 5-*bis*, del decreto-legge 6 luglio 2011, n. 98, convertito, con modificazioni, dalla legge 15 luglio 2011, n. 111, nonché la reiterazione, all'esito dell'adozione di tali misure, delle condotte che le hanno imposte, se attribuibili al magistrato;[3]

r) il sottrarsi in modo abituale e ingiustificato all'attività di servizio;

s) per il dirigente dell'ufficio o il presidente di una sezione o il presidente di un collegio, l'omettere di assegnarsi affari e di redigere i relativi provvedimenti;

t) l'inosservanza dell'obbligo di rendersi reperibile per esigenze di ufficio quando esso sia imposto dalla legge o da disposizione legittima dell'organo competente;

u) la divulgazione, anche dipendente da negligenza, di atti del procedimento coperti dal segreto o di cui sia previsto il divieto di pubblicazione, nonché la violazione del dovere di riservatezza sugli affari in corso di trattazione, o sugli affari definiti, quando è idonea a ledere indebitamente diritti altrui;

v) pubbliche dichiarazioni o interviste che riguardino i soggetti coinvolti negli affari in corso di trattazione, ovvero trattati e non definiti con provvedimento non soggetto a impugnazione ordinaria, quando sono dirette a ledere indebitamente diritti altrui nonché la violazione di quanto disposto dall'articolo 5, commi 1, 2, 2-*bis* e 3, del decreto legislativo 20 feb. 2006, n. 106;[1,4]

z)[2]

aa) il sollecitare la pubblicità di notizie attinenti alla propria attività di ufficio ovvero il costituire e l'utilizzare canali informativi personali riservati o privilegiati;

bb)[2]

cc) l'adozione intenzionale di provvedimenti affetti da palese incompatibilità tra la parte dispositiva e la motivazione, tali da manifestare una precostituita e inequivocabile contraddizione sul piano logico, contenutistico o argomentativo;

dd) l'omissione, da parte del dirigente l'ufficio o del presidente di una sezione o di un collegio, della comunicazione agli organi competenti di fatti a lui noti che possono costituire illeciti disciplinari compiuti da magistrati dell'ufficio, della sezione o del collegio;

ee) l'omissione, da parte del dirigente l'ufficio ovvero da parte del magistrato cui compete il potere di sorveglianza, della comunicazione al Consiglio superiore della magistratura della sussistenza di una delle situazioni di incompatibilità previste dagli artt. 18 e 19 dell'ordinamento giudiziario, di cui al regio decreto 30 gennaio 1941, n. 12, come da ultimo modificati dall'art. 29 del presente decreto, ovvero delle situazioni che possono dare luogo all'adozione dei provvedimenti di cui agli artt. 2 e 3 del regio decreto legislativo 31 maggio 1946, n. 511, come modificati dagli artt. 26, comma 1 e 27 del presente decreto;

ee-bis) l'omessa adozione da parte del capo dell'ufficio delle iniziative di cui all'articolo 37, commi 5-*bis* e 5-*ter*, del decreto-legge 6 luglio 2011, n. 98, convertito, con modificazioni, dalla legge 15 luglio 2011, n. 111, nonché l'omessa segnalazione al capo dell'ufficio da parte del presidente di sezione delle situazioni di cui all'articolo 37, comma 5-*quater*, del citato decreto-legge n. 98 del 2011;[3]

ee-ter) l'omissione, da parte del capo dell'ufficio o del presidente di una sezione, della comunicazione, rispettivamente, al consiglio giudiziario e al consiglio direttivo della Corte di cassazione o al capo dell'ufficio, delle condotte del magistrato dell'ufficio che non collabori nell'attuazione delle misure di cui all'articolo 37, comma 5-*bis*, del decreto-legge 6 luglio 2011, n. 98, convertito, con modificazioni, dalla legge 15 luglio 2011, n. 111;[3]

ff) l'adozione di provvedimenti non previsti da norme vigenti ovvero sulla base di un errore macroscopico o di grave e inescusabile negligenza;[4]

gg) l'emissione di un provvedimento restrittivo della libertà personale in assenza dei presupposti previsti dalla legge, determinata da negligenza grave ed inescusabile; l'avere indotto l'emissione di un provvedimento restrittivo della libertà personale in assenza dei presupposti previsti dalla legge, omettendo di trasmettere al giudice, per negligenza grave e inescusabile, elementi rilevanti;[1]

gg-bis) l'inosservanza dell'articolo 123 delle norme di attuazione, di coordinamento e transitorie del codice di procedura penale, di cui al decreto legislativo 28 luglio 1989, n. 271.[5]

2. Fermo quanto previsto dal comma 1, lettere *g*), *h*), *i*), *l*), *m*), *n*), *o*), *p*), *cc*) ed *ff*), l'attività di interpretazione di norme di diritto e quella di valutazione del fatto e delle prove non danno luogo a responsabilità disciplinare.[6]

[1] Lettera così modif. dall'art. 11, L. 17 giu. 2022, n. 71.
[2] Lettera abrog. dall'art. 1, L. 24 ott. 2006, n. 269.
[3] Lettera ins. dall'art. 11, L. 17 giu. 2022, n. 71.
[4] Lettera così sost. dall'art. 1 della L. 24 ott. 2006, n. 269.
[5] Lettera aggiunta dall'art. 2-*ter* del D.L. 22 dic. 2011, n. 211, conv. con modif. in L. 17 feb. 2012, n. 9.
[6] Comma così sost. dall'art. 1, L. 24 ott. 2006, n. 269.

3. *Illeciti disciplinari fuori dell'esercizio delle funzioni.* — 1. Costituiscono illeciti disciplinari al di fuori dell'esercizio delle funzioni:

a) l'uso della qualità di magistrato al fine di conseguire vantaggi ingiusti per sé o per altri;

b) il frequentare persona sottoposta a procedimento penale o di prevenzione comunque trattato dal magistrato, o persona che a questi consta essere stata dichiarata delinquente abituale, professionale o per tendenza o aver subito condanna per delitti non colposi alla pena della reclusione superiore a tre anni o essere sottoposto ad una misura di prevenzione, salvo che sia intervenuta la riabilitazione, ovvero l'intrattenere rapporti consapevoli di affari con una di tali persone;

c) l'assunzione di incarichi extragiudiziari senza la prescritta autorizzazione del Consiglio superiore della magistratura;

d) lo svolgimento di attività incompatibili con la funzione giudiziaria di cui all'art. 16, comma 1, del regio decreto 30 gennaio 1941, n. 12, e successive modificazioni, o di attività tali da recare concreto pregiudizio all'assolvimento dei doveri disciplinati dall'art. 1;

e) l'ottenere, direttamente o indirettamente, per sé o per altri,[1] prestiti o agevolazioni da soggetti che il magistrato sa essere parti o indagati in procedimenti penali o civili pendenti presso l'ufficio giudiziario di appartenenza o presso altro ufficio che si trovi nel distretto di Corte d'appello nel quale esercita le funzioni giudiziarie, ovvero dai difensori di costoro, nonché ottenere, direttamente o indirettamente, prestititi o agevolazioni, a condizioni di eccezionale favore, da parti offese o testimoni o comunque da soggetti coinvolti in detti procedimenti;

f)[2]

g) la partecipazione ad associazioni segrete o i cui vincoli sono oggettivamente incompatibili con l'esercizio delle funzioni giudiziarie;

h) l'iscrizione o la partecipazione sistematica e continuativa a partiti politici ovvero il coinvolgimento nelle attività di soggetti operanti nel settore economico o finanziario che possono condizionare l'esercizio delle funzioni o comunque compromettere l'immagine del magistrato;[3]

i) l'uso strumentale della qualità che, per la posizione del magistrato o per le modalità di realizzazione, è diretto a condizionare l'esercizio di funzioni costituzionalmente previste;[3]

l)[2]

l-bis) l'adoperarsi per condizionare indebitamente l'esercizio delle funzioni del Consiglio superiore della magistratura, al fine di ottenere un ingiusto vantaggio per sé o per altri o di arrecare un danno ingiusto ad altri;[4]

l-ter) l'omissione, da parte del componente del Consiglio superiore della magistratura, della comunicazione agli organi competenti di fatti a lui noti che possono costituire illecito disciplinare ai sensi della lettera *l-bis*).[4]

[1] Parole ins. dall'art. 11, L. 17 giu. 2022, n. 71.
[2] Lettera abrog. dall'art. 1, L. 24 ott. 2006, n. 269.
[3] Lettera così sost. dall'art. 1, L. 24 ott. 2006, n. 269.
[4] Lettera ins. dall'art. 11, L. 17 giu. 2022, n. 71.

3-*bis*. *Condotta disciplinare irrilevante.* — 1. L'illecito disciplinare non è configurabile quando il fatto è di scarsa rilevanza.[1]

[1] Articolo ins. dall'art. 1, L. 24 ott. 2006, n. 269.

3-*ter*. *Estinzione dell'illecito.*[1] — 1. L'illecito disciplinare previsto dall'articolo 2, comma 1, lettera *q*), è estinto quando il piano di smaltimento, adottato ai sensi dell'articolo 37, comma 5-*bis*, del decreto-legge 6 luglio 2011, n. 98, convertito, con modificazioni, dalla legge 15 luglio 2011, n. 111, è stato rispettato.

2. Il beneficio di cui al comma 1 può essere applicato una sola volta.

[1] Articolo ins. dall'art. 11, L. 17 giu. 2022, n. 71.

4. *Illeciti disciplinari conseguenti a reato.* — 1. Costituiscono illeciti disciplinari conseguenti al reato:

a) i fatti per i quali è intervenuta condanna irrevocabile o è stata pronunciata sentenza ai sensi dell'art. 444, comma 2, del codice di procedura penale, per delitto doloso o preterintenzionale, quando la legge stabilisce la pena detentiva sola o congiunta alla pena pecuniaria;

b) i fatti per i quali è intervenuta condanna irrevocabile o è stata pronunciata sentenza ai sensi dell'art. 444, comma 2, del codice di procedura penale, per delitto colposo, alla pena della reclusione, sempre che presentino, per modalità e conseguenze, carattere di particolare gravità;

c) i fatti per i quali è intervenuta condanna irrevocabile o è stata pronunciata sentenza ai sensi dell'art. 444, comma 2, del codice di procedura penale, alla pena dell'arresto, sempre che presentino, per le modalità di esecuzione, carattere di particolare gravità;

d) qualunque fatto costituente reato idoneo a ledere l'immagine del magistrato, anche se il reato è estinto per qualsiasi causa o l'azione penale non può essere iniziata o proseguita.

SEZIONE II

Delle sanzioni disciplinari

(*Omissis*).

32. *Decorrenza di efficacia.* — 1. Le disposizioni contenute nel presente decreto legislativo sono efficaci a far data dal novantesimo giorno successivo a quello della pubblicazione nella *Gazzetta Ufficiale*.

32-*bis*. *Disposizioni transitorie.*[1] — 1. Le disposizioni di cui al presente decreto si applicano ai procedimenti disciplinari promossi a decorrere dalla data della sua entrata in vigore.

2. Per i fatti commessi anteriormente alla data di entrata in vigore delle disposizioni del presente decreto continuano ad applicarsi, se più favorevoli, gli artt. 17, 18, 19, 20, 21, 27, 28, 29, 30, 31, 32, 33, 34, 35, 36, 37 e 38 del regio decreto legislativo 31 maggio 1946, n. 511,

3. I ricorsi proposti avverso le sentenze pronunziate dalla sezione disciplinare del Consiglio superiore della magistratura pendenti presso le sezioni unite penali della Corte di cassazione sono trasferiti alle sezioni unite civili della stessa Corte.

[1] Articolo aggiunto dall'art. 1, L. 24 ott. 2006, n. 269.

- 5 -

D.L. 28 ott. 2020, n. 137

Ulteriori misure urgenti in materia di tutela della salute, sostegno ai lavoratori e alle imprese, giustizia e sicurezza, connesse all'emergenza epidemiologica da COVID-19

(G.U. 28 ott. 2020, n. 269)

conv. con modif. in L. 18 dic. 2020, n. 176

(G.U. 24 dic. 2020, n. 319)

1-17-*ter*. (*Omissis*)

TITOLO III

Misure in materia di salute e sicurezza e altre disposizioni urgenti

18-22-*ter*. (*Omissis*)

23. ***Disposizioni per l'esercizio dell'attività giurisdizionale nella vigenza dell'emergenza epidemiologica da COVID-19.***[1] — 1. Dalla data di entrata in vigore del presente decreto e fino al 31 luglio 2021 si applicano le disposizioni di cui ai commi da 2 a 9-*ter*. Resta ferma fino alla scadenza del medesimo termine del 31 luglio 2021 l'applicazione delle disposizioni di cui all'articolo 221 del decreto legge 19 maggio 2020, n. 34, convertito, con modificazioni, dalla legge 17 luglio 2020, n. 77 ove non espressamente derogate dalle disposizioni del presente articolo.[2]

2. Nel corso delle indagini preliminari il pubblico ministero e la polizia giudiziaria possono avvalersi di collegamenti da remoto, individuati e regolati con provvedimento del direttore generale dei sistemi informativi e automatizzati del Ministero della giustizia, per compiere atti che richiedono la partecipazione della persona sottoposta alle indagini, della persona offesa, del difensore, di consulenti, di esperti o di altre persone, salvo che il difensore della persona sottoposta alle indagini si opponga, quando l'atto richiede la sua presenza. Le persone chiamate a partecipare all'atto sono tempestivamente invitate a presentarsi presso l'ufficio di polizia giudiziaria più vicino al luogo di residenza, che abbia in dotazione strumenti idonei ad assicurare il collegamento da remoto. Presso tale ufficio le persone partecipano al compimento dell'atto in presenza di un ufficiale o agente di polizia giudiziaria, che procede alla loro identificazione. Il compimento dell'atto avviene con modalità idonee a salvaguardarne, ove necessario, la segretezza e ad assicurare la possibilità per la persona sottoposta alle indagini di consultarsi riservatamente con il proprio difensore. Il difensore partecipa da remoto mediante collegamento dal proprio studio, salvo che decida di essere presente nel luogo ove si trova il suo assistito. Il pubblico ufficiale che redige il verbale dà atto nello stesso delle modalità di collegamento da remoto utilizzate, delle modalità con cui si accerta l'identità dei soggetti partecipanti e di tutte le ulteriori operazioni, nonché dell'impossibilità dei soggetti non presenti fisicamente di sottoscrivere il verbale, ai sensi dell'articolo 137, comma 2, del codice di procedura penale. La partecipazione delle persone detenute, internate o in stato di custodia cautelare è assicurata con le modalità di cui al comma 4. Con le medesime modalità di cui al presente comma il giudice può procedere all'interrogatorio di cui all'articolo 294 del codice di procedura penale.

3. Le udienze dei procedimenti civili e penali alle quali è ammessa la presenza del pubblico possono celebrarsi a porte chiuse, ai sensi, rispettivamente, dell'articolo 128 del codice di procedura civile e dell'articolo 472, comma 3, del codice di procedura penale.

4. La partecipazione a qualsiasi udienza delle persone detenute, internate, in stato di custodia cautelare, fermate o arrestate, è assicurata, ove possibile, mediante videoconferenze o con collegamenti da remoto individuati e regolati con provvedimento del Direttore generale dei sistemi informativi e automatizzati del Ministero della giustizia. Si applicano, in quanto compatibili, le disposizioni di cui ai commi 3, 4 e 5 dell'articolo 146-*bis* delle norme di attuazione, di coordinamento e transitorie del codice di procedura penale, di cui al decreto legislativo 28 luglio 1989, n. 271. Il comma 9 dell'articolo 221 del decreto-legge 19 maggio 2020, n. 34, convertito, con modificazioni, dalla legge 17 luglio 2020, n. 77, è abrogato.

5. Le udienze penali che non richiedono la partecipazione di soggetti diversi dal pubblico ministero, dalle parti private, dai rispettivi difensori e dagli ausiliari del giudice possono essere tenute mediante collegamenti da remoto individuati e regolati con provvedimento del direttore generale dei sistemi informativi e automatizzati del Ministero della giustizia. Lo svolgimento dell'udienza avviene con modalità idonee a salvaguardare il contraddittorio e l'effettiva partecipazione delle parti. Prima dell'udienza il giudice fa comunicare ai difensori delle parti, al pubblico ministero e agli altri soggetti di cui è prevista la partecipazione giorno, ora e modalità del collegamento. I difensori attestano l'identità dei soggetti assistiti, i quali, se liberi o sottoposti a misure cautelari diverse dalla custodia in carcere, partecipano all'udienza solo dalla medesima postazione da cui si collega il difensore. In caso di custodia dell'arrestato o del fermato in uno dei luoghi indicati dall'articolo 284, comma 1, del codice di procedura penale, la persona arrestata o fermata e il difensore possono partecipare all'udienza di convalida da remoto anche dal più vicino ufficio della polizia giudiziaria attrezzato per la videoconferenza, quando disponibile. In tal caso, l'identità della persona arrestata o fermata è accertata dall'ufficiale di polizia giudiziaria presente. L'ausiliario del giudice partecipa all'udienza dall'ufficio giudiziario e dà atto nel verbale d'udienza

delle modalità di collegamento da remoto utilizzate, delle modalità con cui si accerta l'identità dei soggetti partecipanti e di tutte le ulteriori operazioni, nonché dell'impossibilità dei soggetti non presenti fisicamente di sottoscrivere il verbale, ai sensi dell'articolo 137, comma 2, del codice di procedura penale, o di vistarlo, ai sensi dell'articolo 483, comma 1, del codice di procedura penale. Le disposizioni di cui al presente comma si applicano, qualora le parti vi acconsentano, anche alle udienze preliminari e dibattimentali. Resta esclusa, in ogni caso, l'applicazione delle disposizioni del presente comma alle udienze nelle quali devono essere esaminati testimoni, parti, consulenti o periti, nonché alle ipotesi di cui agli articoli 392, 441 e 523 del codice di procedura penale.

6. Il giudice può disporre che le udienze civili in materia di separazione consensuale di cui all'articolo 711 del codice di procedura civile e di divorzio congiunto di cui all'articolo 9 della legge 1° dicembre 1970, n. 898 siano sostituite dal deposito telematico di note scritte di cui all'articolo 221, comma 4, del decreto legge 19 maggio 2020, n. 34, convertito, con modificazioni, dalla legge 17 luglio 2020, n. 77, nel caso in cui tutte le parti che avrebbero diritto a partecipare all'udienza vi rinuncino espressamente con comunicazione, depositata almeno quindici giorni prima dell'udienza, nella quale dichiarano di essere a conoscenza delle norme processuali che prevedono la partecipazione all'udienza, di aver aderito liberamente alla possibilità di rinunciare alla partecipazione all'udienza, di confermare le conclusioni rassegnate nel ricorso e, nei giudizi di separazione e divorzio, di non volersi conciliare.

7. In deroga al disposto dell'articolo 221, comma 7, del decreto legge 19 maggio 2020, n. 34, convertito, con modificazioni, dalla legge 17 luglio 2020, n. 77, il giudice può partecipare all'udienza anche da un luogo diverso dall'ufficio giudiziario.

8. Per la decisione sui ricorsi proposti per la trattazione a norma degli articoli 127 e 614 del codice di procedura penale la Corte di cassazione procede in Camera di consiglio senza l'intervento del procuratore generale e dei difensori delle altre parti, salvo che una delle parti private o il procuratore generale faccia richiesta di discussione orale. Entro il quindicesimo giorno precedente l'udienza, il procuratore generale formula le sue richieste con atto spedito alla cancelleria della Corte a mezzo di posta elettronica certificata. La cancelleria provvede immediatamente a inviare, con lo stesso mezzo, l'atto contenente le richieste ai difensori delle altre parti che, entro il quinto giorno antecedente l'udienza, possono presentare con atto scritto, inviato alla cancelleria della corte a mezzo di posta elettronica certificata, le conclusioni. Alla deliberazione si procede con le modalità di cui al comma 9; non si applica l'articolo 615, comma 3, del codice di procedura penale e il dispositivo è comunicato alle parti. La richiesta di discussione orale è formulata per iscritto dal procuratore generale o dal difensore abilitato a norma dell'articolo 613 del codice di procedura penale entro il termine perentorio di venticinque giorni liberi prima dell'udienza e presentata, a mezzo di posta elettronica certificata, alla cancelleria. Le previsioni di cui al presente comma non si applicano ai procedimenti per i quali l'udienza di trattazione ricade entro il termine di quindici giorni dall'entrata in vigore del presente decreto. Per i procedimenti nei quali l'udienza ricade tra il sedicesimo e il trentesimo giorno dall'entrata in vigore del presente decreto la richiesta di discussione orale deve essere formulata entro dieci giorni dall'entrata in vigore del presente decreto.

8-*bis*. Per la decisione sui ricorsi proposti per la trattazione in udienza pubblica a norma degli articoli 374, 375, ultimo comma, e 379 del codice di procedura civile, la Corte di cassazione procede in camera di consiglio senza l'intervento del procuratore generale e dei difensori delle parti, salvo che una delle parti o il procuratore generale faccia richiesta di discussione orale. Entro il quindicesimo giorno precedente l'udienza, il procuratore generale formula le sue conclusioni motivate con atto spedito alla cancelleria della Corte a mezzo di posta elettronica certificata. La cancelleria provvede immediatamente a inviare, con lo stesso mezzo, l'atto contenente le conclusioni ai difensori delle parti che, entro il quinto giorno antecedente l'udienza, possono depositare memorie ai sensi dell'articolo 378 del codice di procedura civile con atto inviato alla cancelleria a mezzo di posta elettronica certificata. La richiesta di discussione orale è formulata per iscritto dal procuratore generale o dal difensore di una delle parti entro il termine perentorio di venticinque giorni liberi prima dell'udienza e presentata, a mezzo di posta elettronica certificata, alla cancelleria. Le previsioni di cui al presente comma non si applicano ai procedimenti per i quali l'udienza di trattazione ricade entro il termine di quindici giorni dalla data di entrata in vigore della legge di conversione del presente decreto. Per i procedimenti nei quali l'udienza ricade tra il sedicesimo e il trentesimo giorno dalla data di entrata in vigore della legge di conversione del presente decreto la richiesta di discussione orale deve essere formulata entro dieci giorni dalla predetta data di entrata in vigore.

9. Nei procedimenti civili e penali le deliberazioni collegiali in camera di consiglio possono essere assunte mediante collegamenti da remoto individuati e regolati con provvedimento del direttore generale dei sistemi informativi e automatizzati del Ministero della giustizia. Il luogo da cui si collegano i magistrati è considerato Camera di consiglio a tutti gli effetti di legge. Nei procedimenti penali, dopo la deliberazione, il presidente del collegio o il componente del collegio da lui delegato sottoscrive il dispositivo della sentenza o l'ordinanza e il provvedimento è depositato in cancelleria ai

fini dell'inserimento nel fascicolo il prima possibile. Nei procedimenti penali le disposizioni di cui al presente comma non si applicano alle deliberazioni conseguenti alle udienze di discussione finale, in pubblica udienza o in camera di consiglio, svolte senza il ricorso a collegamento da remoto.

9-*bis*. La copia esecutiva delle sentenze e degli altri provvedimenti dell'autorità giudiziaria di cui all'articolo 475 del codice di procedura civile può essere rilasciata dal cancelliere in forma di documento informatico previa istanza, da depositare in modalità telematica, della parte a favore della quale fu pronunciato il provvedimento. La copia esecutiva di cui al primo periodo consiste in un documento informatico contenente la copia, anche per immagine, della sentenza o del provvedimento del giudice, in calce ai quali sono aggiunte l'intestazione e la formula di cui all'articolo 475, terzo comma, del codice di procedura civile e l'indicazione della parte a favore della quale la spedizione è fatta. Il documento informatico così formato è sottoscritto digitalmente dal cancelliere. La firma digitale del cancelliere tiene luogo, ai sensi dell'articolo 24, comma 2, del codice dell'amministrazione digitale, di cui al decreto legislativo 7 marzo 2005, n. 82, del sigillo previsto dall'articolo 153, primo comma, secondo periodo, delle disposizioni per l'attuazione del codice di procedura civile e disposizioni transitorie, di cui al regio decreto 18 dicembre 1941, n. 1368. Il difensore o il dipendente di cui si avvale la pubblica amministrazione per stare in giudizio possono estrarre dal fascicolo informatico il duplicato e la copia analogica o informatica della copia esecutiva in forma di documento informatico. Le copie analogiche e informatiche, anche per immagine, della copia esecutiva in forma di documento informatico estratte dal fascicolo informatico e munite dell'attestazione di conformità a norma dell'articolo 16-*undecies* del decreto-legge 18 ottobre 2012, n. 179, convertito, con modificazioni, dalla legge 17 dicembre 2012, n. 221, equivalgono all'originale.

9-*ter*. In ragione delle limitazioni poste dalle misure antipandemiche, l'incolpato e il suo difensore possono partecipare all'udienza di cui all'articolo 18 del decreto legislativo 23 febbraio 2006, n. 109, mediante collegamento da remoto, a mezzo dei sistemi informativi individuati e resi disponibili con provvedimento del direttore dell'ufficio dei sistemi informativi del Consiglio superiore della magistratura. Prima dell'udienza, la sezione disciplinare fa comunicare all'incolpato e al difensore, che abbiano fatto richiesta di partecipare da remoto, giorno, ora e modalità del collegamento.

10. Le disposizioni di cui al presente articolo, nonché quelle di cui all'articolo 221 del decreto legge 19 maggio 2020, n. 34, convertito, con modificazioni, dalla legge 17 luglio 2020, n. 77, in quanto compatibili, si applicano altresì ai procedimenti relativi agli arbitrati rituali e alla magistratura militare.

10-*bis*. (*Omissis*)

10-*ter*. (*Omissis*)

10-*quater*. Dall'attuazione del presente articolo non devono derivare nuovi o maggiori oneri a carico della finanza pubblica. Le amministrazioni interessate alla relativa attuazione vi provvedono con le sole risorse umane, finanziarie e strumentali disponibili a legislazione vigente.

[1] Ai sensi dell'art. 16, D.L. 30 dic. 2021, n. 228, conv. con modif. in L. 25 feb. 2022, n. 15, «1. [...] le disposizioni di cui all'art. 23, commi 2, 6, 7, 8, primo, secondo, terzo, quarto e quinto periodo, 8-*bis*, primo, secondo, terzo e quarto periodo, 9, 9-*bis*, 10, e agli articoli 23-*bis*, commi 1, 2, 3, 4 e 7, e 24 del D.L. 28 ott. 2020, n. 137, conv. con modif. in L. 18 dic. 2020, n. 176, continuano ad applicarsi fino alla data del 31 dic. 2022.

1-*bis*. L'articolo 23, c. 4, del D.L. 28 ott. 2020, n. 137, conv., con modif., dalla L. 18 dic. 2020, n. 176, in materia di processo penale, continua ad applicarsi fino alla data di cessazione dello stato di emergenza epidemiologica da COVID-19.

2. Le disposizioni di cui all'art. 23, commi 8, primo, secondo, terzo, quarto e quinto periodo, e 8-*bis*, primo, secondo, terzo e quarto periodo, e all'art. 23-*bis*, commi 1, 2, 3, 4 e 7, del D.L. 28 ott. 2020, n. 137, non si applicano ai procedimenti per i quali l'udienza di trattazione è fissata tra il 1° gen. 2022 e il 31 dic. 2022.».

[2] Comma così modif. dall'art. 6, D.L. 1 apr. 2021, n. 44, conv. con modif. in L. 28 mag. 2021, n. 76.

23-*bis*. *Disposizioni per la decisione dei giudizi penali di appello nel periodo di emergenza epidemiologica da COVID-19.*[1] — 1. A decorrere dal 9 novembre 2020 e fino al 31 luglio 2021, fuori dai casi di rinnovazione dell'istruzione dibattimentale, per la decisione sugli appelli proposti contro le sentenze di primo grado la corte di appello procede in camera di consiglio senza l'intervento del pubblico ministero e dei difensori, salvo che una delle parti private o il pubblico ministero faccia richiesta di discussione orale o che l'imputato manifesti la volontà di comparire.[1]

2. Entro il decimo giorno precedente l'udienza, il pubblico ministero formula le sue conclusioni con atto trasmesso alla cancelleria della corte di appello per via telematica ai sensi dell'articolo 16, comma 4, del decreto-legge 18 ottobre 2012, n. 179, convertito, con modificazioni, dalla legge 17 dicembre 2012, n. 221, o a mezzo dei sistemi che sono resi disponibili e individuati con provvedimento del direttore generale dei sistemi informativi e automatizzati. La cancelleria invia l'atto immediatamente, per via telematica, ai sensi dell'articolo 16, comma 4, del decreto-legge 18 ottobre 2012, n. 179, convertito, con modificazioni, dalla legge 17 dicembre 2012, n. 221, ai difensori delle altre parti che, entro il quinto giorno antecedente l'udienza, possono presentare le conclusioni con atto scritto, trasmesso alla cancelleria della corte di appello per via telematica, ai sensi dell'articolo 24 del presente decreto.

3. Alla deliberazione la corte di appello procede con le modalità di cui all'articolo 23, comma 9. Il dispositivo della decisione è comunicato alle parti.

4. La richiesta di discussione orale è formulata per iscritto dal pubblico ministero o dal difensore entro il termine perentorio di quindici giorni liberi prima dell'udienza ed è trasmessa alla cancelleria della corte di appello attraverso i canali di comunicazione, notificazione e deposito rispettivamente previsti dal comma 2. Entro lo stesso termine perentorio e con le medesime modalità l'imputato formula, a mezzo del difensore, la richiesta di partecipare all'udienza.

5. Le disposizioni del presente articolo non si applicano nei procedimenti nei quali l'udienza per il giudizio di appello è fissata entro quindici giorni a far data dal 9 novembre 2020.

6. In deroga alla disposizione di cui al comma 4, nei procedimenti nei quali l'udienza è fissata tra il sedicesimo e il trentesimo giorno dalla data del 9 novembre 2020, la richiesta di discussione orale o di partecipazione dell'imputato all'udienza è formulata entro il termine perentorio di cinque giorni a far data dal 9 novembre 2020.

7. Le disposizioni di cui al presente articolo si applicano, in quanto compatibili, anche nei procedimenti di cui agli articoli 10 e 27 del codice delle leggi antimafia e delle misure di prevenzione, di cui al decreto legislativo 6 settembre 2011, n. 159, e agli articoli 310 e 322-*bis* del codice di procedura penale. In quest'ultimo caso, la richiesta di discussione orale di cui al comma 4 deve essere formulata entro il termine perentorio di cinque giorni liberi prima dell'udienza.[2]

[1] V. nota 1, art. 23.

[2] Comma così modif. dall'art. 6, D.L. 1 apr. 2021, n. 44, conv. con modif. in L. 28 mag. 2021, n. 76.

23-*ter*. *Disposizioni sulla sospensione del corso della prescrizione e dei termini di custodia cautelare nei procedimenti penali, nonché sulla sospensione dei termini nel procedimento disciplinare nei confronti dei magistrati, nel periodo di emergenza epidemiologica da COVID-19.* — 1. A decorrere dal 9 novembre 2020 e fino al 31 luglio 2021, i giudizi penali sono sospesi durante il tempo in cui l'udienza è rinviata per l'assenza del testimone, del consulente tecnico, del perito o dell'imputato in procedimento connesso i quali siano stati citati a comparire per esigenze di acquisizione della prova, quando l'assenza è giustificata dalle restrizioni ai movimenti imposte dall'obbligo di quarantena o dalla sottoposizione a isolamento fiduciario in conseguenza delle misure urgenti in materia di contenimento e gestione dell'emergenza epidemiologica da COVID-19 sul territorio nazionale previste dalla legge o dalle disposizioni attuative dettate con decreti del Presidente del Consiglio dei ministri o del Ministro della salute. Per lo stesso periodo di tempo sono sospesi il corso della prescrizione e i termini previsti dall'articolo 303 del codice di procedura penale.[1]

2. Nei casi di cui al comma 1, l'udienza non può essere differita oltre il sessantesimo giorno successivo alla prevedibile cessazione delle restrizioni ai movimenti, dovendosi avere riguardo, in caso contrario, agli effetti della durata della sospensione del corso della prescrizione e dei termini previsti dall'articolo 303 del codice di procedura penale, al tempo della restrizione aumentato di sessanta giorni.

3. Nel computo dei termini di cui all'articolo 304, comma 6, del codice di procedura penale, salvo che per il limite relativo alla durata complessiva della custodia cautelare, non si tiene conto dei periodi di sospensione di cui al comma 1.

4. Il corso dei termini di cui all'articolo 15, commi 2 e 6, del decreto legislativo 23 febbraio 2006, n. 109, è sospeso durante il tempo in cui il procedimento disciplinare è rinviato per l'assenza del testimone, del consulente tecnico, del perito o di altra persona citata a comparire per esigenze di acquisizione della prova, quando l'assenza è giustificata dalle restrizioni ai movimenti imposte dall'obbligo di quarantena o dalla sottoposizione a isolamento fiduciario in conseguenza delle misure urgenti in materia di contenimento e gestione dell'emergenza epidemiologica da COVID-19 sul territorio nazionale previste dalla legge o dalle disposizioni attuative dettate con decreti del Presidente del Consiglio dei ministri o del Ministro della salute. Agli effetti della durata della sospensione dei termini si applica la disposizione di cui al comma 2.

[1] Comma così modif. dall'art. 6, D.L. 1 apr. 2021, n. 44, conv. con modif. in L. 28 mag. 2021, n. 76.

23-*quater*-23-*quinquies*. (*Omissis*)

24. *Disposizioni per la semplificazione delle attività di deposito di atti, documenti e istanze nella vigenza dell'emergenza epidemiologica da COVID-19.* — 1. In deroga a quanto previsto dall'articolo 221, comma 11, del decreto-legge n. 34 del 2020 convertito con modificazioni dalla legge n. 77 del 2020, fino al 31 luglio 2021, il deposito di memorie, documenti, richieste ed istanze indicate dall'articolo 415-*bis*, comma 3, del codice di procedura penale presso gli uffici delle procure della repubblica presso i tribunali avviene, esclusivamente, mediante deposito dal portale del processo penale telematico individuato con provvedimento del Direttore generale dei sistemi informativi e automatizzati del Ministero della giustizia e con le modalità stabilite nel medesimo provvedimento, anche in deroga alle previsioni del decreto emanato ai sensi dell'articolo 4, comma 1, del decreto-legge 29 dicembre 2009, n. 193, convertito, con modificazioni, dalla legge 22 febbraio 2010, n. 24. Il deposito degli atti si intende eseguito al momento del rilascio della ricevuta di accettazione da parte dei sistemi ministeriali, secondo le modalità stabilite dal provvedimento. Il deposito è tempestivo quando è eseguito entro le ore 24 del giorno di scadenza.[1]

2. Con uno o più decreti del Ministro della giusti-

zia, saranno indicati gli ulteriori atti per quali sarà reso possibile il deposito telematico nelle modalità di cui al comma 1.[2]

2-*bis*. Il malfunzionamento del portale del processo penale è attestato dal Direttore generale per i servizi informativi automatizzati, con provvedimento pubblicato nel Portale dei servizi telematici del Ministero della giustizia con indicazione del relativo periodo. In tali ipotesi, il termine di scadenza per il deposito degli atti di cui ai commi 1 e 2 è prorogato di diritto fino al giorno successivo al ripristino della funzionalità del Portale.[3]

2-*ter*. L'autorità giudiziaria può autorizzare il deposito di singoli atti e documenti in formato analogico per ragioni specifiche.[3]

3. Gli uffici giudiziari, nei quali è reso possibile il deposito telematico ai sensi dei commi 1 e 2, sono autorizzati all'utilizzo del portale, senza necessità di ulteriore verifica o accertamento da parte del Direttore generale dei servizi informativi automatizzati.

4. Per tutti gli atti, documenti e istanze comunque denominati diversi da quelli indicati nei commi 1 e 2, fino al 31 luglio 2021, è consentito il deposito con valore legale mediante invio dall'indirizzo di posta elettronica certificata inserito nel Registro generale degli indirizzi certificati di cui all'articolo 7 del regolamento di cui al decreto del Ministro della giustizia 21 febbraio 2011, n. 44. Il deposito con le modalità di cui al periodo precedente deve essere effettuato presso gli indirizzi PEC degli uffici giudiziari destinatari ed indicati in apposito provvedimento del Direttore generale dei sistemi informativi e automatizzati, pubblicato nel portale dei servizi telematici. Con il medesimo provvedimento sono indicate le specifiche tecniche relative ai formati degli atti e alla sottoscrizione digitale e le ulteriori modalità di invio. Quando il messaggio di posta elettronica certificata eccede la dimensione massima stabilita nel provvedimento del Direttore generale dei sistemi informativi e automatizzati di cui al presente comma, il deposito può essere eseguito mediante l'invio di più messaggi di posta elettronica certificata. Il deposito è tempestivo quando è eseguito entro la fine del giorno di scadenza.[1]

5. Ai fini dell'attestazione del deposito degli atti dei difensori inviati tramite posta elettronica certificata ai sensi del comma 4, il personale di segreteria e di cancelleria degli uffici giudiziari provvede ad annotare nel registro la data di ricezione e ad inserire l'atto nel fascicolo telematico. Ai fini della continuità della tenuta del fascicolo cartaceo provvede, altresì, all'inserimento nel predetto fascicolo di copia analogica dell'atto ricevuto con l'attestazione della data di ricezione nella casella di posta elettronica certificata dell'ufficio e dell'intestazione della casella di posta elettronica certificata di provenienza.

6. Per gli atti di cui al comma 1 e per quelli che saranno individuati ai sensi del comma 2 l'invio tramite posta elettronica certificata non è consentito e non produce alcun effetto di legge.

6-*bis*. Fermo quanto previsto dagli articoli 581, 582, comma 1, e 583 del codice di procedura penale, quando il deposito di cui al comma 4 ha ad oggetto un'impugnazione, l'atto in forma di documento informatico è sottoscritto digitalmente secondo le modalità indicate con il provvedimento del Direttore generale dei sistemi informativi e automatizzati di cui al comma 4 e contiene la specifica indicazione degli allegati, che sono trasmessi in copia informatica per immagine, sottoscritta digitalmente dal difensore per conformità all'originale.

6-*ter*. L'impugnazione è trasmessa tramite posta elettronica certificata dall'indirizzo di posta elettronica certificata del difensore a quello dell'ufficio che ha emesso il provvedimento impugnato, individuato ai sensi del comma 4, con le modalità e nel rispetto delle specifiche tecniche ivi indicate. Non si applica la disposizione di cui all'articolo 582, comma 2, del codice di procedura penale.

6-*quater*. I motivi nuovi e le memorie sono proposti, nei termini rispettivamente previsti, secondo le modalità indicate nei commi 6-*bis* e 6-*ter*, con atto in formato elettronico trasmesso tramite posta elettronica certificata dall'indirizzo di posta elettronica certificata del difensore a quello dell'ufficio del giudice dell'impugnazione, individuato ai sensi del comma 4.

6-*quinquies*. Le disposizioni di cui ai commi 6-*bis*, 6-*ter* e 6-*quater* si applicano a tutti gli atti di impugnazione, comunque denominati, e, in quanto compatibili, alle opposizioni di cui agli articoli 410, 461 e 667, comma 4, del codice di procedura penale e ai reclami giurisdizionali previsti dalla legge 26 luglio 1975, n. 354. Nel caso di richiesta di riesame o di appello contro ordinanze in materia di misure cautelari personali e reali, l'atto di impugnazione, in deroga a quanto disposto dal comma 6-*ter*, è trasmesso all'indirizzo di posta elettronica certificata del tribunale di cui all'articolo 309, comma 7, del codice di procedura penale.

6-*sexies*. Fermo quanto previsto dall'articolo 591 del codice di procedura penale, nel caso di proposizione dell'atto ai sensi del comma 6-*bis* l'impugnazione è altresì inammissibile:

a) quando l'atto di impugnazione non è sottoscritto digitalmente dal difensore;

b) quando le copie informatiche per immagine di cui al comma 6-*bis* non sono sottoscritte digitalmente dal difensore per conformità all'originale;

c) quando l'atto è trasmesso da un indirizzo di posta elettronica certificata che non è presente nel Registro generale degli indirizzi certificati di cui al comma 4;

d) quando l'atto è trasmesso da un indirizzo di posta elettronica certificata che non è intestato al difensore;

e) quando l'atto è trasmesso a un indirizzo di

posta elettronica certificata diverso da quello indicato per l'ufficio che ha emesso il provvedimento impugnato dal provvedimento del Direttore generale dei sistemi informativi e automatizzati di cui al comma 4 o, nel caso di richiesta di riesame o di appello contro ordinanze in materia di misure cautelari personali e reali, a un indirizzo di posta elettronica certificata diverso da quello indicato per il tribunale di cui all'articolo 309, comma 7, del codice di procedura penale dal provvedimento del Direttore generale dei sistemi informativi e automatizzati di cui al comma 4.

6-*septies*. Nei casi previsti dal comma 6-*sexies*, il giudice che ha emesso il provvedimento impugnato dichiara, anche d'ufficio, con ordinanza l'inammissibilità dell'impugnazione e dispone l'esecuzione del provvedimento impugnato.

6-*octies*. Le disposizioni del comma 6-*sexies* si applicano, in quanto compatibili, agli atti indicati al comma 6-*quinquies*.

6-*novies*. Ai fini dell'attestazione del deposito degli atti trasmessi tramite posta elettronica certificata ai sensi dei commi da 6-*bis* a 6-*quinquies* e della continuità della tenuta del fascicolo cartaceo, la cancelleria provvede ai sensi del comma 5.

6-*decies*. Le disposizioni di cui ai commi da 6-*bis* a 6-*novies* si applicano agli atti di impugnazione di qualsiasi tipo, agli atti di opposizione e ai reclami giurisdizionali proposti successivamente alla data di entrata in vigore della legge di conversione del presente decreto. Fino alla suddetta data conservano efficacia gli atti di impugnazione di qualsiasi tipo, gli atti di opposizione e i reclami giurisdizionali in formato elettronico, sottoscritti digitalmente, trasmessi a decorrere dalla data di entrata in vigore del presente decreto alla casella di posta elettronica certificata del giudice competente, ai sensi del comma 4.

6-*undecies*. Dall'attuazione del presente articolo non devono derivare nuovi o maggiori oneri a carico della finanza pubblica. Le amministrazioni interessate alla relativa attuazione vi provvedono con le sole risorse umane, finanziarie e strumentali disponibili a legislazione vigente.

[1] Comma così modif. dall'art. 6, D.L. 1 apr. 2021, n. 44, conv. con modif. in L. 28 mag. 2021, n. 76.

[2] Sul deposito di atti, documenti e istanze nella vigenza dell'emergenza epidemiologica da COVID-19, v. il D.M. 13 gen. 2021.

[3] Comma ins. dall'art. 6, D.L. 1 apr. 2021, n. 44, conv. con modif. in L. 28 mag. 2021, n. 76, e così sost. dall'art. 38, c. 3-*ter*, D.L. 31 mag. 2021, n. 77, conv. con modif. in L. 29 lug. 2021, n. 108.

25-35. (*Omissis*)

- 6 -

D.M. 13 gen. 2021

Deposito di atti, documenti e istanze nella vigenza dell'emergenza epidemiologica da COVID-19

(G.U. 21 gen. 2021, n. 16)

1. Negli uffici delle Procure della Repubblica presso i Tribunali il deposito da parte dei difensori dell'istanza di opposizione all'archiviazione indicata dall'art. 410 del codice procedura penale, della denuncia di cui all'art. 333 del codice di procedura penale, della querela di cui all'art. 336 del codice di procedura penale e della relativa procura speciale, della nomina del difensore e della rinuncia o revoca del mandato indicate dall'art. 107 del codice di procedura penale avviene esclusivamente mediante deposito telematico ai sensi dell'art. 24, comma 1, del decreto-legge 28 ottobre 2020, n. 137, convertito con modificazioni dalla legge 18 dicembre 2020, n. 176, tramite il portale del processo penale telematico e con le modalità individuate con provvedimento del direttore generale dei sistemi informativi automatizzati del Ministero della giustizia.

2. Il presente decreto entra in vigore il quindicesimo giorno successivo a quello della pubblicazione nella *Gazzetta Ufficiale della Repubblica italiana*.

ORDINAMENTO PENITENZIARIO

- 1 -

L. 26 lug. 1975, n. 354

Norme sull'ordinamento penitenziario e sulla esecuzione delle misure privative e limitative della libertà

(G.U. 9 ago. 1975, n. 212. Suppl. ord.)[1]

[1] V. il Regolamento di esecuzione approvato con D.P.R. 29 apr. 1976, n. 431, modif. con D.P.R. 24 mag. 1977, n. 339, con D.P.R. 29 ott. 1984, n. 805, con D.P.R. 29 ott. 1984, n. 806 e con D.P.R. 10 lug. 1985, n. 421.

TITOLO I

1. ***Trattamento e rieducazione.***[1] — 1. Il trattamento penitenziario deve essere conforme a umanità e deve assicurare il rispetto della dignità della persona. Esso è improntato ad assoluta imparzialità, senza discriminazioni in ordine a sesso, identità di genere, orientamento sessuale, razza, nazionalità, condizioni economiche e sociali, opinioni politiche e credenze religiose, e si conforma a modelli che favoriscono l'autonomia, la responsabilità, la socializzazione e l'integrazione.

2. Il trattamento tende, anche attraverso i contatti con l'ambiente esterno, al reinserimento sociale ed è attuato secondo un criterio di individualizzazione in rapporto alle specifiche condizioni degli interessati.

3. Ad ogni persona privata della libertà sono garantiti i diritti fondamentali; è vietata ogni violenza fisica e morale in suo danno.

4. Negli istituti l'ordine e la disciplina sono mantenuti nel rispetto dei diritti delle persone private della libertà.

5. Non possono essere adottate restrizioni non giustificabili con l'esigenza di mantenimento dell'ordine e della disciplina e, nei confronti degli imputati, non indispensabili a fini giudiziari.

6. I detenuti e gli internati sono chiamati o indicati con il loro nome.

7. Il trattamento degli imputati deve essere rigorosamente informato al princìpio per cui essi non sono considerati colpevoli sino alla condanna definitiva.

[1] Articolo così sost. dall'art. 11, c. 1, D.lgs. 2 ott. 2018, n. 123.

2-4. (*Omissis*).

4-*bis*. ***Divieto di concessione dei benefici e accertamento della pericolosità sociale dei condannati per taluni delitti.*** — 1. L'assegnazione al lavoro all'esterno, i permessi premio e le misure alternative alla detenzione previste dal capo VI, esclusa la liberazione anticipata, possono essere concessi ai detenuti e internati per i seguenti delitti solo nei casi in cui tali detenuti e internati collaborino con la giustizia a norma dell'articolo 58-*ter* della presente legge o a norma dell'articolo 323-*bis*, secondo comma, del codice penale[1]: delitti commessi per finalità di terrorismo, anche internazionale, o di eversione dell'ordine democratico mediante il compimento di atti di violenza, delitti di cui agli articoli 314, primo comma, 317, 318, 319, 319-bis, 319-*ter*, 319-*quater*, primo comma, 320, 321, 322, 322-*bis*,[2] 416-*bis* e 416-*ter* del codice penale, delitti commessi avvalendosi delle condizioni previste dallo stesso articolo ovvero al fine di agevolare l'attività delle associazioni in esso previste, delitti di cui agli articoli 600, 600-*bis*, primo comma, 600-*ter*, primo e secondo comma, 601, 602, 609-*octies*, e 630 del codice penale, all'articolo 12, commi 1 e 3, del testo unico delle disposizioni concernenti la disciplina dell'immigrazione e norme sulla condizione dello straniero, di cui al decreto legislativo 25 luglio 1998, n. 286, e successive modificazioni, all'articolo 291-*quater* del testo unico delle disposizioni legislative in materia doganale, di cui al decreto del Presidente della Repubblica 23 gennaio 1973, n. 43, e all'articolo 74 del testo unico delle leggi in materia di disciplina degli stupefacenti e sostanze psicotrope, prevenzione, cura e riabilitazione dei relativi stati di tossicodipendenza, di cui al decreto del Presidente della Repubblica 9 ottobre 1990, n. 309. Sono fatte salve le disposizioni degli articoli 16-*nonies* e 17-*bis* del decreto-legge 15 gennaio 1991, n. 8, convertito, con modificazioni, dalla legge 15 marzo 1991, n. 82, e successive modificazioni.[3,4]

1-*bis*. I benefici di cui al comma 1 possono essere concessi ai detenuti o internati per uno dei delitti ivi previsti, purché siano stati acquisiti elementi tali da escludere l'attualità di collegamenti con la criminalità organizzata, terroristica o eversiva, altresì nei casi in cui la limitata partecipazione al fatto criminoso, accertata nella sentenza di condanna, ovvero l'integrale accertamento dei fatti e delle responsabilità, operato con sentenza irrevocabile, rendono comunque impossibile un'utile collaborazione con la giustizia, nonché nei casi in cui, anche se la collaborazione che viene offerta risulti oggettivamente irrilevante, nei confronti dei medesimi detenuti o internati sia stata applicata una delle circostanze attenuanti previste dall'articolo 62, numero 6), anche qualora il risarcimento del danno sia avvenuto dopo la sentenza di condanna, dall'articolo 114 ovvero dall'articolo 116, secondo comma, del codice penale.

1-*ter*. I benefici di cui al comma 1 possono essere concessi, purché non vi siano elementi tali da far ritenere la sussistenza di collegamenti con la criminalità organizzata, terroristica o eversiva, ai detenuti o internati per i delitti di cui agli articoli 575, 600-*bis*, secondo e terzo comma, 600-*ter*, terzo comma, 600-*quinquies*, 628, terzo comma, e 629, secondo comma, del codice penale, all'articolo 291-*ter* del citato testo unico di cui al decreto del

Presidente della Repubblica 23 gennaio 1973, n. 43, all'articolo 73 del citato testo unico di cui al decreto del Presidente della Repubblica 9 ottobre 1990, n. 309, e successive modificazioni, limitatamente alle ipotesi aggravate ai sensi dell'articolo 80, comma 2, del medesimo testo unico, all'articolo 416, primo e terzo comma, del codice penale, realizzato allo scopo di commettere delitti previsti dagli articoli 473 e 474 del medesimo codice, e all'articolo 416 del codice penale, realizzato allo scopo di commettere delitti previsti dal libro II, titolo XII, capo III, sezione I, del medesimo codice, dagli articoli 609-*bis*, 609-*quater* e 609-*octies* del codice penale e dall'articolo 12, commi 3, 3-*bis* e 3-*ter*, del testo unico delle disposizioni concernenti la disciplina dell'immigrazione e norme sulla condizione dello straniero, di cui al decreto legislativo 25 luglio 1998, n. 286, e successive modificazioni.

1-*quater*. I benefici di cui al comma 1 possono essere concessi ai detenuti o internati per i delitti di cui agli articoli 583-*quinquies*,[5] 600-*bis*, 600-*ter*, 600-*quater*, 600-*quinquies*, 609-*bis*, 609-*ter*, 609-*quater*, 609-*quinquies*, 609-*octies* e 609-*undecies* del codice penale solo sulla base dei risultati dell'osservazione scientifica della personalità condotta collegialmente per almeno un anno anche con la partecipazione degli esperti di cui al quarto comma dell'articolo 80 della presente legge. Le disposizioni di cui al periodo precedente si applicano in ordine al delitto previsto dall'articolo 609-*bis* del codice penale salvo che risulti applicata la circostanza attenuante dallo stesso contemplata.[6]

1-*quinquies*. Salvo quanto previsto dal comma 1, ai fini della concessione dei benefici ai detenuti e internati per i delitti di cui agli articoli 583-*quinquies*,[4] 600-*bis*, 600-*ter*, anche se relativo al materiale pornografico di cui all'articolo 600-*quater*.1, 600-*quinquies*, 609-*quater*, 609-*quinquies* e 609-*undecies* del codice penale, nonché agli articoli 609-*bis* e 609-*octies* del medesimo codice, se commessi in danno di persona minorenne, il magistrato di sorveglianza o il tribunale di sorveglianza valuta la positiva partecipazione al programma di riabilitazione specifica di cui all'articolo 13-*bis* della presente legge.[7]

2. Ai fini della concessione dei benefici di cui al comma 1 il magistrato di sorveglianza o il tribunale di sorveglianza decide acquisite dettagliate informazioni per il tramite del comitato provinciale per l'ordine e la sicurezza pubblica competente in relazione al luogo di detenzione del condannato. In ogni caso il giudice decide trascorsi trenta giorni dalla richiesta delle informazioni. Al suddetto comitato provinciale può essere chiamato a partecipare il direttore dell'istituto penitenziario in cui il condannato è detenuto.

2-*bis*. Ai fini della concessione dei benefici di cui al comma 1-*ter*, il magistrato di sorveglianza o il tribunale di sorveglianza decide acquisite dettagliate informazioni dal questore. In ogni caso il giudice decide trascorsi trenta giorni dalla richiesta delle informazioni.

3. Quando il comitato ritiene che sussistano particolari esigenze di sicurezza ovvero che i collegamenti potrebbero essere mantenuti con organizzazioni operanti in ambiti non locali o extranazionali, ne dà comunicazione al giudice e il termine di cui al comma 2 è prorogato di ulteriori trenta giorni al fine di acquisire elementi ed informazioni da parte dei competenti organi centrali.

3-*bis*. L'assegnazione al lavoro all'esterno, i permessi premio e le misure alternative alla detenzione previste dal capo VI, non possono essere concessi ai detenuti ed internati per delitti dolosi quando il procuratore nazionale antimafia e antiterrorismo[8] o il procuratore distrettuale comunica, d'iniziativa o su segnalazione del comitato provinciale per l'ordine e la sicurezza pubblica competente in relazione al luogo di detenzione o internamento, l'attualità di collegamenti con la criminalità organizzata. In tal caso si prescinde dalle procedure previste dai commi 2 e 3.

[1] Parole aggiunte dall'art. 1, c. 6, lett. *a*), L. 9 gen. 2019, n. 3.

[2] Parole aggiunte dall'art. 1, c. 6, lett. b), L. 9 gen. 2019, n. 3.

La Corte cost., con sent. 26 feb. 2020, n. 32, ha dichiarato l'ill. cost. dell'art. 1, c. 6, lett. *b*), L. 3/2019, in quanto interpretato nel senso che le modificazioni introdotte all'art. 4-*bis*, c. 1, L. 26 lug. 1975, n. 354 si applichino anche ai condannati che abbiano commesso il fatto anteriormente all'entrata in vigore della L. 3/2019, in riferimento alla disciplina delle misure alternative alla detenzione previste dal Titolo I, Capo VI, della L. n. 354/1975, della liberazione condizionale prevista dagli artt. 176 e 177 del c.p. e del divieto di sospensione dell'ordine di esecuzione previsto dall'art. 656, c. 9, lett. *a*), del c.p.p.; la Corte cost. ha dichiarato altresì l'ill. cost. dell'art. 1, c. 6, lett. *b*), della L. 3/2019, nella parte in cui non prevede che il beneficio del permesso premio possa essere concesso ai condannati che, prima dell'entrata in vigore della medesima legge, abbiano già raggiunto, in concreto, un grado di rieducazione adeguato alla concessione del beneficio stesso.

[3] La Corte cost., con sent. 22 ott. 2014, n. 239, ha dichiarato l'ill. cost. dell'art. 4-*bis*, c. 1, nella parte in cui non esclude dal divieto di concessione dei benefici penitenziari, da esso stabilito, la misura della detenzione domiciliare prevista dall'art. 47-*quinquies*. Ha dichiarato altresì l'ill. cost. dell'art. 4-*bis*, c. 1, nella parte in cui non esclude dal divieto di concessione dei benefici penitenziari, da esso stabilito, la misura della detenzione domiciliare prevista dall'art. 47-*ter*, c. 1, lett. *a*) e *b*), ferma restando la condizione dell'insussistenza di un concreto pericolo di commissione di ulteriori delitti.

La Corte cost., con sent. 4 dic. 2019, n. 253, ha dichiarato l'ill. cost. del presente comma nella parte in cui non prevede che, ai detenuti per i delitti di cui all'art. 416-*bis* del c.p. e per quelli commessi avvalendosi delle condizioni previste dallo stesso articolo ovvero al fine di agevolare l'attività delle associazioni in esso previste, possano essere concessi permessi premio anche in assenza di collaborazione con la giustizia a norma dell'art. 58-*ter* del medesimo ordinamento penitenziario, allorché siano stati acquisiti elementi tali da escludere, sia l'attualità di collegamenti con la criminalità organizzata, sia il pericolo del ripristino di tali collegamenti. Ha dichiarato altresì, in via consequenziale, l'ill. cost. del presente comma nella parte in cui non prevede che ai detenuti per i delitti ivi contemplati, diversi da quelli di cui all'art. 416-*bis* c.p. e da quelli commessi avvalendosi delle condizioni previste dallo stesso articolo ovvero al fine di agevolare l'attività delle associazioni in esso previste, possano essere concessi permessi premio anche in assenza di collaborazione con la giustizia a norma dell'art. 58-*ter* del medesimo ordinamento penitenziario, allorché siano stati acquisiti elementi tali da escludere, sia l'attualità di collegamenti con la criminalità organizzata, terroristica o eversiva, sia il pericolo del ripristino di tali collegamenti.

[4] Comma così modif. dall'art. 1, L. 23 feb. 2015, n. 19, e dall'art. 3-*bis*, c. 1, D.L. 18 feb. 2015, n. 7, conv. con modif. in L. 17 apr. 2015, n. 43.

[5] Parola ins. dall'art. 12, c. 5, L. 19 lug. 2019, n. 69.

[6] Comma così modif. dal D.L. 23 feb. 2009, n. 11, conv. con modif. in L. 23 apr. 2009, n. 38, e dall'art. 7, c. 1, L. 1 ott. 2012, n. 172.

[7] Comma ins. dall'art. 7, c. 2, L. 1 ott. 2012, n. 172.

[8] Ai sensi dell'art. 20, c. 4, D.L. 18 feb. 2015, n. 7, conv. con modif. in L. 17 apr. 2015, n. 43, le parole: «procuratore nazionale antimafia» sono sost. da «procuratore nazionale antimafia e antiterrorismo».

CAPO II

Condizioni generali

5. ***Caratteristiche degli edifici penitenziari.*** — Gli istituti penitenziari devono essere realizzati in modo tale da accogliere un numero non elevato di detenuti o internati.

Gli edifici penitenziari devono essere dotati di locali per le esigenze di vita individuale e di locali per lo svolgimento di attività lavorative, formative e, ove possibile, culturali, sportive e religiose.[1]

[1] Comma così sost. dall'art. 1, c. 1, lett. *a*), D.lgs. 2 ott. 2018, n. 124.

6. ***Locali di soggiorno e di pernottamento.***[1] — 1. I locali nei quali si svolge la vita dei detenuti e degli internati devono essere di ampiezza sufficiente, illuminati con luce naturale e artificiale in modo da permettere il lavoro e la lettura; areati, riscaldati per il tempo in cui le condizioni climatiche lo esigono, e dotati di servizi igienici riservati, decenti e di tipo razionale. I locali devono essere tenuti in buono stato di conservazione e di pulizia.

2. Le aree residenziali devono essere dotate di spazi comuni al fine di consentire ai detenuti e agli internati una gestione cooperativa della vita quotidiana nella sfera domestica.

3. I locali destinati al pernottamento consistono in camere dotate di uno o più posti.

4. Particolare cura è impiegata nella scelta di quei soggetti che sono collocati in camere a più posti.

5. Fatta salva contraria prescrizione sanitaria e salvo che particolari situazioni dell'istituto non lo consentano, è preferibilmente consentito al condannato alla pena dell'ergastolo il pernottamento in camere a un posto, ove non richieda di essere assegnato a camere a più posti.

6. Alle stesse condizioni del comma 5, agli imputati è garantito il pernottamento in camera a un posto, salvo che particolari situazioni dell'istituto non lo consentano.

7. Ciascun detenuto e internato dispone di adeguato corredo per il proprio letto.

[1] Articolo così sost. dall'art. 1, c. 1, lett. *b*), D.lgs. 2 ott. 2018, n. 124.

7. ***Vestiario e corredo.*** — Ciascun soggetto è fornito di biancheria, di vestiario e di effetti di uso in quantità sufficiente, in buono stato di conservazione e di pulizia e tali da assicurare la soddisfazione delle normali esigenze di vita.

L'abito è di tessuto a tinta unita e di foggia decorosa. È concesso l'ambito di lavoro quando è reso necessario dall'attività svolta.

Gli imputati e i condannati a pena detentiva inferiore ad un anno possono indossare abiti di loro proprietà, purché puliti e convenienti. L'abito fornito agli imputati deve essere comunque diverso da quello dei condannati e degli internati.

I detenuti e gli internati possono essere ammessi a far uso di corredo di loro proprietà e di oggetti che abbiano particolare valore morale o effettivo.

8. ***Igiene personale.*** — È assicurato ai detenuti e agli internati l'uso adeguato e sufficiente di servizi igienici e docce fornite di acqua calda, nonché di altri oggetti necessari alla cura e alla pulizia della persona.

Nelle camere di pernottamento i servizi igienici, adeguatamente areati, sono collocati in uno spazio separato, per garantire la riservatezza.[1]

In ciascun istituto sono organizzati i servizi per il periodico taglio dei capelli e la rasatura della barba. Può essere consentito l'uso di rasoio elettrico e personale.

Il taglio dei capelli e della barba può essere imposto soltanto per particolari ragioni igienico-sanitarie.

[1] Comma così sost. dall'art. 1, c. 1, lett. *c*), D.lgs. 2 ott. 2018, n. 124 che ha sost. l'originario c. 1 con gli attuali c. 1 e 2.

9. ***Alimentazione.*** — Ai detenuti e agli internati è assicurata un'alimentazione sana e sufficiente, adeguata all'età, al sesso, allo stato di salute, al lavoro, alla stagione, al clima. Ai detenuti che ne fanno richiesta è garantita, ove possibile, un'alimentazione rispettosa del loro credo religioso.[1]

Il vitto somministrato, di regola, in locali all'uopo destinati.

I detenuti e gli internati devono avere sempre a disposizione acqua potabile.

La quantità e la qualità del vitto giornaliero sono determinate da apposite tabelle approvate con decreto ministeriale.

Il servizio di vettovagliamento è di regola gestito direttamente dall'amministrazione penitenziaria.

Una rappresentanza dei detenuti o degli internati, designati mensilmente per sorteggio, controlla l'applicazione delle tabelle e la preparazione del vitto.

Ai detenuti e agli internati è consentito dall'acquisto, a proprie spese, di generi alimentari e di conforto, entro i limiti fissati dal regolamento.

La vendita dei generi alimentari o di conforto deve essere affidata di regola a spacci gestiti direttamente dall'amministrazione carceraria o da imprese che esercitano la vendita a prezzi controllati dall'autorità comunale. I prezzi non possono essere superiori a quelli comunemente praticati nel luogo in cui è sito l'istituto. La rappresentanza indicata nel precedente comma, integrata da un delegato del direttore, scelto tra il personale civile dell'istituto, controlla qualità e prezzi dei generi venduti nell'istituto.

[1] Comma così sost. dall' art. 11, c. 1, D.lgs. 2 ott. 2018, n. 123.

10. *Permanenza all'aperto.* — Ai soggetti che non prestano lavoro all'aperto è consentito di permanere all'aria aperta per un tempo non inferiore alle quattro ore al giorno.[1]

Per giustificati motivi la permanenza all'aperto può essere ridotta fino a due ore al giorno con provvedimento del direttore dell'istituto. Il provvedimento è comunicato al provveditore regionale dell'amministrazione penitenziaria e al magistrato di sorveglianza.[2]

Gli spazi destinati alla permanenza all'aperto devono offrire possibilità di protezione dagli agenti atmosferici.[3]

La permanenza all'aria aperta è effettuata in gruppi a meno che non ricorrano i casi indicati nell'art. 33 e nei numeri 4) e 5) dell'art. 39 ed è dedicata, se possibile, ad esercizi fisici.

[1] Comma così sost. dall' art. 11, c. 1, D.lgs. 2 ott. 2018, n. 123, che ha sost. l'originario c. 1 con gli attuali c. 1, 2, 3.

11. *Servizio sanitario.*[1] — 1. Il servizio sanitario nazionale opera negli istituti penitenziari e negli istituti penali per minorenni nel rispetto della disciplina sul riordino della medicina penitenziaria.

2. Garantisce a ogni istituto un servizio sanitario rispondente alle esigenze profilattiche e di cura della salute dei detenuti e degli internati.

3. La carta dei servizi sanitari di cui al decreto legislativo 22 giugno 1999, n. 230, per i detenuti e gli internati, adottata da ogni azienda sanitaria locale nel cui ambito è ubicato un istituto penitenziario, è messa a disposizione dei detenuti e degli internati con idonei mezzi di pubblicità.

4. Ove siano necessarie cure o accertamenti sanitari che non possono essere apprestati dai servizi sanitari presso gli istituti, gli imputati sono trasferiti in strutture sanitarie esterne di diagnosi o di cura, con provvedimento del giudice che procede. Se il giudice è in composizione collegiale, il provvedimento è adottato dal presidente. Prima dell'esercizio dell'azione penale provvede il giudice per le indagini preliminari; provvede il pubblico ministero in caso di giudizio direttissimo e fino alla presentazione dell'imputato in udienza per la contestuale convalida dell'arresto in flagranza. Se è proposto ricorso per cassazione, provvede il giudice che ha emesso il provvedimento impugnato. Per i condannati e gli internati provvede il magistrato di sorveglianza. Il provvedimento può essere modificato per sopravvenute ragioni di sicurezza ed è revocato appena vengono meno le ragioni che lo hanno determinato.

5. Quando non vi sia pericolo di fuga, i detenuti e gli internati trasferiti in strutture sanitarie esterne di diagnosi e di cura possono non essere sottoposti a piantonamento durante la degenza, salvo che sia necessario per la tutela della incolumità personale loro o altrui.

6. Il detenuto o l'internato che si allontana dal luogo di diagnosi o di cura senza giustificato motivo è punibile a norma del primo comma dell'articolo 385 del codice penale.

7. All'atto dell'ingresso nell'istituto il detenuto e l'internato sono sottoposti a visita medica generale e ricevono dal medico informazioni complete sul proprio stato di salute. Nella cartella clinica il medico annota immediatamente ogni informazione relativa a segni o indici che facciano apparire che la persona possa aver subìto violenze o maltrattamenti e, fermo l'obbligo di referto, ne dà comunicazione al direttore dell'istituto e al magistrato di sorveglianza. I detenuti e gli internati hanno diritto altresì di ricevere informazioni complete sul proprio stato di salute durante il periodo di detenzione e all'atto della rimessione in libertà. Durante la permanenza nell'istituto, l'assistenza sanitaria è prestata con periodici riscontri, effettuati con cadenza allineata ai bisogni di salute del detenuto, e si uniforma ai princìpi di metodo proattivo, di globalità dell'intervento sulle cause di pregiudizio della salute, di unitarietà dei servizi e delle prestazioni, d'integrazione dell'assistenza sociale e sanitaria e di garanzia della continuità terapeutica.

8. Il medico del servizio sanitario garantisce quotidianamente la visita dei detenuti ammalati e di quelli che ne fanno richiesta quando risulta necessaria in base a criteri di appropriatezza clinica. L'Amministrazione penitenziaria assicura il completo espletamento delle attività sanitarie senza limiti orari che ne impediscono l'effettuazione. Il medico competente che effettua la sorveglianza sanitaria della struttura penitenziaria, secondo le disposizioni attuative del decreto legislativo 9 aprile 2008, n. 81, controlla l'idoneità dei soggetti ai lavori cui sono addetti. In ogni istituto penitenziario per donne sono in funzione servizi speciali per l'assistenza sanitaria alle gestanti e alle puerpere.

9. Quando i detenuti e gli internati sono trasferiti è loro garantita la necessaria continuità con il piano terapeutico individuale in corso.

10. Ai detenuti e agli internati che, al momento della custodia cautelare in carcere o dell'esecuzione dell'ordine di carcerazione, abbiano in corso un programma terapeutico ai fini di cui alla legge 14

aprile 1982, n. 164, sono assicurati la prosecuzione del programma e il necessario supporto psicologico.

11. Nel caso di diagnosi anche sospetta di malattia contagiosa sono messi in atto tutti gli interventi di controllo per evitare insorgenza di casi secondari, compreso l'isolamento. Il direttore dell'istituto è immediatamente informato dell'isolamento e ne dà comunicazione al magistrato di sorveglianza.

12. I detenuti e gli internati, possono richiedere di essere visitati a proprie spese da un esercente di una professione sanitaria di loro fiducia. L'autorizzazione per gli imputati è data dal giudice che procede, e per gli imputati dopo la pronuncia della sentenza di primo grado, per i condannati e gli internati è data dal direttore dell'istituto. Con le medesime forme possono essere autorizzati trattamenti medici, chirurgici e terapeutici da effettuarsi a spese degli interessati da parte di sanitari e tecnici di fiducia nelle infermerie o nei reparti clinici e chirurgici all'interno degli istituti, previ accordi con l'azienda sanitaria competente e nel rispetto delle indicazioni organizzative fornite dalla stessa.

13. Il direttore generale dell'azienda unità sanitaria dispone la visita almeno due volte l'anno degli istituti di prevenzione e di pena, allo scopo di accertare, anche in base alle segnalazioni ricevute, l'adeguatezza delle misure di profilassi contro le malattie infettive e le condizioni igieniche e sanitarie degli istituti.

14. Il direttore generale dell'azienda unità sanitaria riferisce al Ministero della salute e al Ministero della giustizia sulle visite compiute e sui provvedimenti da adottare, informando altresì i competenti uffici regionali, comunali e il magistrato di sorveglianza.

[1] Articolo così sost. dall'art. 1, c. 1, D.lgs. 2 ott. 2018, n. 123.

11-*bis*. *Comunicazioni al procuratore della Repubblica presso il tribunale per i minorenni.*[1] — 1. Gli istituti penitenziari e gli istituti a custodia attenuata per detenute madri trasmettono semestralmente al procuratore della Repubblica presso il tribunale per i minorenni del luogo ove hanno sede l'elenco di tutti i minori collocati presso di loro, con l'indicazione specifica, per ciascuno di essi, della località di residenza dei genitori, dei rapporti con la famiglia e delle condizioni psicofisiche del minore stesso. Il procuratore della Repubblica presso il tribunale per i minorenni, assunte le necessarie informazioni, chiede al tribunale, con ricorso motivato, di adottare i provvedimenti di propria competenza.

2. Il procuratore della Repubblica presso il tribunale per i minorenni, che trasmette gli atti al medesimo tribunale con relazione informativa, ogni sei mesi, effettua o dispone ispezioni nei medesimi istituti indicati, ai fini di cui al comma 1. Può procedere a ispezioni straordinarie in ogni tempo.

3. I pubblici ufficiali, gli incaricati di un pubblico servizio, gli esercenti un servizio di pubblica necessità che entrano in contatto con il minore di cui al comma 1 debbono riferire al più presto al direttore dell'istituto su condotte del genitore pregiudizievoli al minore medesimo. Il direttore dell'istituto ne dà immediata comunicazione al procuratore della Repubblica presso il tribunale per i minorenni.

[1] Articolo ins. dall'art. 15-*bis*, D.L. 4 ott. 2018, n. 113, conv. in L. 1 dic. 2018, n. 132.

12. *Attrezzature per attività di lavoro di istruzione e di ricreazione.* — Negli istituti penitenziari, secondo le esigenze del trattamento, sono approntate attrezzature per lo svolgimento di attività lavorative, di istruzione scolastica e professionale, ricreative, culturali e di ogni altra attività in comune.

Gli istituti devono inoltre essere forniti di una biblioteca costruita da libri e periodici, scelti dalla commissione prevista dal secondo comma dell'art. 16.

Alla gestione del servizio di biblioteca partecipano rappresentanti dei detenuti e degli internati.

CAPO III
Modalità del trattamento

13. *Individualizzazione del trattamento.* — Il trattamento penitenziario deve rispondere ai particolari bisogni della personalità di ciascun soggetto, incoraggiare le attitudini e valorizzare le competenze che possono essere di sostegno per il reinserimento sociale.[1]

Nei confronti dei condannati e degli internati è predisposta l'osservazione scientifica della personalità per rilevare le carenze psicofisiche o le altre cause che hanno condotto al reato e per proporre un idoneo programma di reinserimento.[1]

Nell'ambito dell'osservazione è offerta all'interessato l'opportunità di una riflessione sul fatto criminoso commesso, sulle motivazioni e sulle conseguenze prodotte, in particolare per la vittima, nonché sulle possibili azioni di riparazione.[1]

L'osservazione è compiuta all'inizio dell'esecuzione e proseguita nel corso di essa. Per ciascun condannato e internato, in base ai risultati dell'osservazione, sono formulate indicazioni in merito al trattamento rieducativo ed è compilato il relativo programma, che è integrato o modificato secondo le esigenze che si prospettano nel corso dell'esecuzione. La prima formulazione è redatta entro sei mesi dall'inizio dall'esecuzione.[1]

Le indicazioni generali e particolari del trattamento sono inserite, unitamente ai dati giudiziari, biografici e sanitari, nella cartella personale che segue l'interessato nei suoi trasferimenti e nella quale sono successivamente annotati gli sviluppi del trattamento praticato e i suoi risultati.[2]

Deve essere favorita la collaborazione dei condannati e degli internati alle attività di osservazione e di trattamento.

[1] Comma così sost. dall'art. 11, c. 1, D.lgs. 2 ott. 2018, n. 123, che ha sost. gli originari c. 1, 2, 3 e 4 con gli attuali c. 1, 2, 3, 4 e 5.

[2] Comma ins. dall'art. 11, c. 1, D.lgs. 2 ott. 2018, n. 123, che ha sost. gli originari c. 1, 2, 3 e 4 con gli attuali c. 1, 2, 3, 4 e 5.

13-*bis*. *Trattamento psicologico per i condannati per reati sessuali, per maltrattamenti contro familiari o conviventi e per atti persecutori.*[1,2] — 1. Le persone condannate per i delitti di cui agli articoli 600-*bis*, 600-*ter*, anche se relativo al materiale pornografico di cui all'articolo 600-*quater.1*, 600-*quinquies*, 609-*quater*, 609-*quinquies* e 609-*undecies* del codice penale, nonché agli articoli 572, 583-*quinquies*, 609-*bis*, 609-*octies* e 612-*bis* del medesimo codice,[3] possono sottoporsi a un trattamento psicologico con finalità di recupero e di sostegno. La partecipazione a tale trattamento è valutata ai sensi dell'articolo 4-*bis*, comma 1-*quinquies*, della presente legge ai fini della concessione dei benefici previsti dalla medesima disposizione.

1-*bis*. Le persone condannate per i delitti di cui al comma 1 possono essere ammesse a seguire percorsi di reinserimento nella società e di recupero presso enti o associazioni che si occupano di prevenzione, assistenza psicologica e recupero di soggetti condannati per i medesimi reati, organizzati previo accordo tra i suddetti enti o associazioni e gli istituti penitenziari.[4]

[1] Articolo ins. dall'art. 7, c. 3, L. 1 ott. 2012, n. 172.

[2] Rubrica così sost. dall'art. 17, c. 1, L. 19 lug. 2019, n. 69.

[3] Parole così sost. dall'art. 17, c. 1, L. 19 lug. 2019, n. 69.

[4] comma aggiunto dall'art. 17, c. 1, L. 19 lug. 2019, n. 69.

14. *Assegnazione, raggruppamento e categorie dei detenuti e degli internati.*[1] — I detenuti e gli internati hanno diritto di essere assegnati a un istituto quanto più vicino possibile alla stabile dimora della famiglia o, se individuabile, al proprio centro di riferimento sociale, salvi specifici motivi contrari.

Il numero dei detenuti e degli internati negli istituti e nelle sezioni deve essere limitato e, comunque, tale da favorire l'individualizzazione del trattamento.

L'assegnazione dei condannati e degli internati ai singoli istituti e il raggruppamento nelle sezioni di ciascun istituto sono disposti con particolare riguardo alla possibilità di procedere a trattamento rieducativo comune e all'esigenza di evitare influenze nocive reciproche.

È assicurata la separazione degli imputati dai condannati e internati, dei giovani al disotto dei venticinque anni dagli adulti, dei condannati dagli internati e dei condannati all'arresto dai condannati alla reclusione.

È consentita, in particolari circostanze, l'ammissione di detenuti e di internati ad attività organizzate per categorie diverse da quelle di appartenenza.

Le donne sono ospitate in istituti separati da quelli maschili o in apposite sezioni in numero tale da non compromettere le attività trattamentali.

Alle madri è consentito di tenere presso di sé i figli fino all'età di tre anni. Per la cura e l'assistenza dei bambini sono organizzati appositi asili nido.

L'assegnazione dei detenuti e degli internati, per i quali si possano temere aggressioni o sopraffazioni da parte della restante popolazione detenuta, in ragione solo dell'identità di genere o dell'orientamento sessuale, deve avvenire, per categorie omogenee, in sezioni distribuite in modo uniforme sul territorio nazionale previo consenso degli interessati i quali, in caso contrario, saranno assegnati a sezioni ordinarie. È in ogni caso garantita la partecipazione ad attività trattamentali, eventualmente anche insieme alla restante popolazione detenuta.

[1] Articolo così modif. dall'art. 11, D.lgs. 2 ott. 2018, n. 123.

14-*bis*. *Regime di sorveglianza particolare.* — 1. Possono essere sottoposti a regime di sorveglianza particolare per un periodo non superiore a sei mesi, prorogabile anche più volte in misura non superiore ogni volta a tre mesi, i condannati, gli internati e gli imputati:

a) che con i loro comportamenti compromettono la sicurezza ovvero turbano l'ordine negli istituti;

b) che con la violenza o minaccia impediscono le attività degli altri detenuti o internati;

c) che nella vita penitenziaria si avvalgono dello stato di soggezione degli altri detenuti nei loro confronti.

2. Il regime di cui al precedente comma 1 è disposto con provvedimento motivato dell'amministrazione penitenziaria previo parere del consiglio di disciplina, integrato da due degli esperti previsti dal quarto comma dell'art. 80.

3. Nei confronti degli imputati il regime di sorveglianza particolare è disposto sentita anche l'autorità giudiziaria che procede.

4. In caso di necessità ed urgenza l'amministrazione può disporre in via provvisoria la sorveglianza particolare prima dei pareri prescritti, che comunque devono essere acquisiti entro dieci giorni dalla data del provvedimento. Scaduto tale termine l'amministrazione, acquisiti i pareri prescritti, decide in via definitiva entro dieci giorni decorsi i quali, senza che sia intervenuta la decisione, il provvedimento provvisorio decade.

5. Possono essere sottoposti a regime di sorveglianza particolare, fin dal momento del loro ingresso in istituto, i condannati, gli internati e gli imputati, sulla base di precedenti comportamenti penitenziari o di altri concreti comportamenti tenuti, indipendentemente dalla natura dell'imputazione, nello stato di libertà. L'autorità giudiziaria

segnala gli eventuali elementi a sua conoscenza all'amministrazione penitenziaria che decide sull'adozione dei provvedimenti di sua competenza.

6. Il provvedimento che dispone il regime di cui al presente articolo è comunicato immediatamente al magistrato di sorveglianza ai fini dell'esercizio del suo potere di vigilanza.

14-*ter*. *Reclamo*. — 1. Avverso il provvedimento che dispone o proroga il regime di sorveglianza particolare può essere proposto all'interessato reclamo al tribunale di sorveglianza nel termine di dieci giorni dalla comunicazione del provvedimento definitivo. Il reclamo non sospende l'esecuzione del provvedimento.[1]

2. Il tribunale di sorveglianza provvede con ordinanza in camera di consiglio entro dieci giorni dalla ricezione del reclamo.[1]

3. Il procedimento si svolge con la partecipazione del difensore e del pubblico ministero. L'interessato e l'amministrazione penitenziaria possono presentare memorie.[1]

4. Per quanto non diversamente disposto si applicano le disposizioni del capo II-*bis* del titolo II.

[1] I commi 1, 2 e 3 sono stati dichiarati costituzionalmente illegittimi, unitamente agli art. 236, c. 2, *Coord.* c.p.p., e 30-*bis* ord. pen., con C. cost. 16 feb. 1993, n. 53 "nella parte in cui non consentono l'applicazione degli art. 666 e 678 c.p.p. nel procedimento di reclamo avverso il decreto del magistrato di sorveglianza che esclude dal computo della detenzione il periodo trascorso in permesso-premio".

14-*quater*. *Contenuti del regime di sorveglianza particolare*. — 1. Il regime di sorveglianza particolare comporta le restrizioni strettamente necessarie per il mantenimento dell'ordine e della sicurezza, all'esercizio dei diritti dei detenuti e degli internati e alle regole di trattenimento previste dall'ordinamento penitenziario.

2. Per quanto concerne la corrispondenza dei detenuti, si applicano le disposizioni dell'art. 18-*ter*.[1]

3. Le restrizioni di cui ai commi precedenti sono motivatamente stabilite nel provvedimento che dispone il regime di sorveglianza particolare.

4. In ogni caso le restrizioni non possono riguardare: l'igiene e le esigenze della salute; il vitto; il vestiario ed il corredo; il possesso, l'acquisto e la ricezione di generi ed oggetti permessi dal regolamento interno, nei limiti in cui ciò non comporta pericolo per la sicurezza; la lettura di libri e periodici; le pratiche di culto; l'uso di apparecchi radio del tipo consentito; la permanenza all'aperto per almeno due ore al giorno salvo quanto disposto dall'art. 10; i colloqui con i difensori, nonché quelli con il coniuge, il convivente, i figli, i genitori, i fratelli.

5. Se il regime di sorveglianza particolare non è attuabile nell'istituto ove il detenuto o l'internato si trova, l'amministrazione penitenziaria può disporre, con provvedimento motivato, il trasferimento in altro istituto idoneo, con il minimo pregiudizio possibile per la difesa e per i famigliari, dandone immediato avviso al magistrato di sorveglianza. Questi riferisce al Ministro in ordine ed eventuali casi di infondatezza dei motivi posti a base del trasferimento.

[1] Comma così sost. dall'art. 3, c. 1, L. 8 apr. 2004, n. 95.

15. *Elementi del trattamento*. — Il trattamento del condannato e dell'internato è svolto avvalendosi principalmente dell'istruzione, della formazione professionale, del lavoro, della partecipazione a progetti di pubblica utilità, della religione, delle attività culturali, ricreative e sportive e agevolando opportuni contatti con il mondo esterno e i rapporti con la famiglia.[1]

Ai fini del trattamento rieducativo, salvo casi di impossibilità, al condannato e all'internato è assicurato il lavoro.

Gli imputati sono ammessi, a loro richiesta, a partecipare ad attività educative, culturali e ricreative e, salvo giustificati motivi o contrarie disposizioni dell'autorità giudiziaria, a svolgere attività lavorative o di formazione professionale, possibilmente di loro scelta e, comunque, in condizioni adeguate alla loro posizione giuridica.

[1] Comma così sost. dall'art. 11, c. 1, D.lgs. 2 ott. 2018, n. 123.

16. *Regolamento dell'istituto*. — In ciascun istituto il trattamento penitenziario è organizzato secondo le direttive che l'amministrazione penitenziaria impartisce con riguardo alle esigenze dei gruppi di detenuti ed internati ivi ristretti.

Le modalità del trattamento da seguire in ciascun istituto sono disciplinate nel regolamento interno, che è predisposto e modificato da una commissione composta dal magistrato di sorveglianza, che la presiede, dal direttore, dal medico, dal cappellano, dal preposto alle attività lavorative, da un educatore e da un assistente sociale. La commissione può avvalersi della collaborazione degli esperti indicati nel quarto comma dell'art. 80.

Il regolamento interno disciplina, altresì, i controlli cui devono sottoporsi tutti coloro che, a qualsiasi titolo, accedono all'istituto o ne escono.

Il regolamento interno e le sue modificazioni sono approvati dal Ministro per la grazia e giustizia.

17. *Partecipazione della comunità esterna all'azione rieducativa*. — La finalità del reinserimento sociale dei condannati e degli internati deve essere perseguita anche sollecitando ed organizzando la partecipazione di privati e di istituzioni o associazioni pubbliche o private all'azione rieducativa.

Sono ammessi a frequentare gli istituti penitenziari con l'autorizzazione e secondo le direttive del magistrato di sorveglianza, su parere favorevole del direttore, tutti coloro che avendo concreto interesse per l'opera di risocializzazione dei detenuti dimostrino di potere utilmente promuovere lo sviluppo dei contatti tra la comunità carceraria e la società libera.

Le persone indicate nel comma precedente operano sotto il controllo del direttore.

18. ***Colloqui, corrispondenza e informazione.*** — I detenuti e gli internati sono ammessi ad avere colloqui e corrispondenza con i congiunti e con altre persone, anche al fine di compiere atti giuridici.[1]

I detenuti e gli internati hanno diritto di conferire con il difensore, fermo quanto previsto dall'articolo 104 del codice di procedura penale, sin dall'inizio dell'esecuzione della misura o della pena. Hanno altresì diritto di avere colloqui e corrispondenza con i garanti dei diritti dei detenuti.[2]

I colloqui si svolgono in appositi locali sotto il controllo a vista e non auditivo del personale di custodia. I locali destinati ai colloqui con i familiari favoriscono, ove possibile, una dimensione riservata del colloquio e sono collocati preferibilmente in prossimità dell'ingresso dell'istituto. Particolare cura è dedicata ai colloqui con i minori di anni quattordici.[3]

Particolare favore viene accordato ai colloqui con i famigliari.

L'amministrazione penitenziaria pone a disposizione dei detenuti e degli internati, che ne sono sprovvisti, gli oggetti di cancelleria necessari per la corrispondenza.

Può essere autorizzata nei rapporti con i familiari e, in casi particolari, con terzi, corrispondenza telefonica con le modalità e le cautele previste dal regolamento.

I detenuti e gli internati sono autorizzati a tenere presso di sé i quotidiani, i periodici e i libri in libera vendita all'esterno e ad avvalersi di altri mezzi di informazione.[4]

Ogni detenuto ha diritto a una libera informazione e di esprimere le proprie opinioni, anche usando gli strumenti di comunicazione disponibili e previsti dal regolamento.[2]

L'informazione è garantita per mezzo dell'accesso a quotidiani e siti informativi con le cautele previste dal regolamento.[2]

Salvo quanto disposto dall'articolo 18-*bis*, per gli imputati fino alla pronuncia della sentenza di primo grado, i permessi di colloquio, le autorizzazioni alla corrispondenza telefonica e agli altri tipi di comunicazione sono di competenza dell'autorità giudiziaria che procede individuata ai sensi dell'articolo 11, comma 4. Dopo la pronuncia della sentenza di primo grado provvede il direttore dell'istituto.[5,6]

[1] Comma così modif. dall'art. 12-*bis*, D.L. 30 dic. 2008, n. 207, conv. con modif. in L. 27 feb. 2009, n. 14, quindi dall'art. 11, c. 1, D.lgs. 2 ott. 2018, n. 123.

[2] Comma ins. dall'art. 11, c. 1, D.lgs. 2 ott. 2018, n. 123.

[3] Comma così modif. dall'art. 11, c. 1, D.lgs. 2 ott. 2018, n. 123. La Corte cost., con sent. 3 lug. 1997, n. 212, ha dichiarato l'ill. cost. del presente articolo nella parte in cui non prevede che il detenuto condannato in via definitiva ha il diritto di conferire con il difensore fin dall'inizio dell'esecuzione della pena.

[4] Seguiva un originario settimo comma abrogato dall'art. 3, c. 2, L. 8 apr. 2004, n. 95.

[5] Comma così modif. dall'art. 11, c. 1, D.lgs. 2 ott. 2018, n. 123.

[6] Seguiva un originario nono comma abrogato dall'art. 3, c. 2, L. n. 95, *cit*.

18-*bis*. ***Colloqui a fini investigativi.*** — 1. Il personale della Direzione investigativa antimafia di cui all'art. 3 del D.L. 29 ottobre 1991, n. 345, convertito, con modificazioni, dalla legge 30 dicembre 1991, n. 410, e dei servizi centrali e interprovinciali di cui all'art. 12 del D.L. 13 maggio 1991, n. 152, convertito, con modificazioni, dalla legge 12 luglio 1991, n. 203, nonché gli ufficiali di polizia giudiziaria designati dai responsabili, a livello centrale, della predetta Direzione e dei predetti servizi, hanno facoltà di visitare gli istituti penitenziari e possono essere autorizzati, a norma del comma 2 del presente articolo, ad avere colloqui personali con detenuti e internati, al fine di acquisire informazioni utili per la prevenzione e repressione dei delitti di criminalità organizzata.

1-*bis*. Le disposizioni di cui al comma 1 si applicano anche ai responsabili di livello almeno provinciale degli uffici o reparti della Polizia di Stato o dell'Arma dei carabinieri competenti per lo svolgimenti di indagini in materia di terrorismo, nonché agli ufficiali di polizia giudiziaria designati dai responsabili di livello centrale e, limitatamente agli aspetti connessi al finanziamento del terrorismo, a quelli del Corpo della guardia di finanza, designati dal responsabile di livello centrale, al fine di acquisire dai detenuti o dagli internati informazioni utili per la prevenzione e repressione dei delitti commessi per finalità di terrorismo, anche internazionale, o di eversione dell'ordine democratico.[1]

2. Al personale di polizia indicato nei commi 1 e 1-*bis* l'autorizzazione ai colloqui è rilasciata;

a) quando si tratta di internati, di condannati o di imputati, dal Ministro di grazia e giustizia o da un suo delegato;

b) quando si tratta di persone sottoposte ad indagini, dal pubblico ministero.

3. Le autorizzazioni ai colloqui indicate nel comma 2 sono annotate in apposito registro riservato tenuto presso l'autorità competente al rilascio.

4. In casi di particolare urgenza, attestati con provvedimento del Ministero dell'interno o, per sua delega, dal Capo della Polizia, l'autorizzazione prevista nel comma 2, lettera *a*), non è richiesta, e del colloquio è data immediata comunicazione all'autorità ivi indicata, che provvede all'annotazione nel registro riservato di cui al comma 3.

5. La facoltà di procedere a colloqui personali con detenuti e internanti è attribuita senza necessità di autorizzazione altresì al Procuratore nazionale antimafia e antiterrorismo ai fini dell'esercizio delle funzioni di impulso e di coordinamento previste dall'art. 371-*bis* del codice di procedura penale; al medesimo Procuratore nazionale antimafia sono comunicati i provvedimenti di cui ai

commi 2 e 4, qualora concernenti colloqui con persone sottoposte ad indagini, imputate o condannate per taluno dei delitti indicati nell'articolo 51, commi 3-*bis* e 3-*quater* del codice di procedura penale.[2]

[1] Comma ins. dall'art. 1, D.L. 27 lug. 2005, n. 144, conv. con modif. in L. 31 lug. 2005, n. 155.

[2] Comma così modif. dall'art. 6, c. 1-*bis*, D.L. 18 feb. 2015, n. 7, conv. con modif. in L. 17 apr. 2015, n. 43.

18-*ter*. *Limitazioni e controlli della corrispondenza.*[1] — 1. Per esigenze attinenti le indagini o investigative o di prevenzione dei reati, ovvero per ragioni di sicurezza o di origine dell'istituto, possono essere disposti, nei confronti dei singoli detenuti o internati, per un periodo non superiore a sei mesi, prorogabile per periodi non superiori a tre mesi:

a) limitazioni nella corrispondenza epistolare e telegrafica e nella ricezione della stampa;

b) la sottoposizione della corrispondenza a visto di controllo;

c) il controllo del contenuto delle buste che racchiudono la corrispondenza, senza lettura della medesima.

2. Le disposizioni del comma 1 non si applicano qualora la corrispondenza epistolare o telegrafica sia indirizzata ai soggetti indicati nel comma 5 dell'art. 103 del codice di procedura penale, all'autorità giudiziaria, alle autorità indicate nell'art. 35 della presente legge, ai membri del Parlamento, alle Rappresentanze diplomatiche o consolari dello Stato di cui gli interessati sono cittadini ed agli organismi internazionali amministrativi o giudiziari preposti alla tutela dei diritti dell'uomo di cui l'Italia fa parte.

3. I provvedimenti previsti dal comma 1 sono adottati con decreto motivato, su richiesta del pubblico ministero o su proposta del direttore dell'istituto:

a) nei confronti dei condannati e degli internati, dal magistrato di sorveglianza;[2]

b) nei confronti degli imputati, dal giudice indicato nell'articolo 279 del codice di procedura penale; se procede un giudice in composizione collegiale, il provvedimento è adottato dal presidente del collegio o della corte di assise.[2]

4. L'autorità giudiziaria indicata nel comma 3, nel disporre la sottoposizione della corrispondenza a visto di controllo, se non ritiene di provvedere direttamente, può delegare il controllo al direttore o ad un appartenente all'amministrazione penitenziaria designato dallo stesso direttore.

5. Qualora, in seguito al visto di controllo, l'autorità giudiziaria indicata nel comma 3 ritenga che la corrispondenza o la stampa non debba essere consegnata o inoltrata al destinatario, dispone che la stessa sia trattenuta. Il detenuto e l'internato vengono immediatamente informati.

6. Contro i provvedimenti previsti dal comma 1 e dal comma 5 può essere preposto reclamo, secondo la procedura prevista dall'art. 14-*ter*, al tribunale di sorveglianza, se il provvedimento è emesso dal magistrato di sorveglianza, ovvero, negli altri casi, al tribunale nel cui circondario ha sede il giudice che ha emesso il provvedimento. Del collegio non può fare parte il giudice che ha emesso il provvedimento. Per quanto non diversamente disposto dal presente comma si applicano le disposizioni dell'art. 666 del codice di procedura penale.

7. Nel caso previsto dalla lettera *c*) del comma 1, l'apertura delle buste che racchiudono la corrispondenza avviene alla presenza del detenuto o dell'internato.

[1] Articolo ins. dall'art. 1 L. 8 apr. 2004, n. 95. Ai sensi dell'art. 2 della legge *cit.* le disposizioni dell'art. 18-*ter* si applicano anche ai provvedimenti in corso di esecuzione alla data di entrata in vigore della medesima legge; avverso tali provvedimenti l'interessato, nel termine di venti giorni, può proporre reclamo secondo le modalità indicate al c. 6 del medesimo art. 18-*ter*.

[2] Lettere così sost. dall'art. 3, c. 1, lett. *a*), D.lgs. 2 ott. 2018, n. 123.

19. *Istruzione.* — Negli istituti penitenziari la formazione culturale e professionale, è curata mediante l'organizzazione dei corsi della scuola d'obbligo e dei corsi di addestramento professionale, secondo gli ordinamenti vigenti e con l'ausilio di metodi adeguati alla condizione dei soggetti.

Particolare cura è dedicata alla formazione culturale e professionale dei detenuti di età inferiore ai venticinque anni.

Tramite la programmazione di iniziative specifiche, è assicurata parità di accesso delle donne detenute e internate alla formazione culturale e professionale.[1]

Speciale attenzione è dedicata all'integrazione dei detenuti stranieri anche attraverso l'insegnamento della lingua italiana e la conoscenza dei princìpi costituzionali.[1]

Con le procedure previste dagli ordinamenti scolastici possono essere istituite scuole di istruzione secondaria di secondo grado negli istituti penitenziari.

Sono agevolati la frequenza e il compimento degli studi universitari e tecnici superiori, anche attraverso convenzioni e protocolli d'intesa con istituzioni universitarie e con istituti di formazione tecnica superiore, nonché l'ammissione di detenuti e internati ai tirocini di cui alla legge 28 giugno 2012, n. 92.[2]

È favorito l'accesso alle pubblicazioni contenute nella biblioteca, con piena libertà di scelta delle letture.

[1] Comma ins. dall'art. 11, c. 1, D.lgs. 2 ott. 2018, n. 123.

[2] Comma così sost. dall'art. 11, c. 1, D.lgs. 2 ott. 2018, n. 123.

20. *Lavoro.*[1] — Negli istituti penitenziari e nelle strutture ove siano eseguite misure privative della libertà devono essere favorite in ogni modo la destinazione dei detenuti e degli internati al lavoro e la loro partecipazione a corsi di formazione professionale. A tal fine, possono essere organizzati e gestiti, all'interno e all'esterno dell'istituto, lavorazioni e servizi attraverso l'impiego di prestazioni lavorative dei detenuti e degli internati. Possono, altresì, essere istituite lavorazioni organizzate e gestite direttamente da enti pubblici o privati e corsi di formazione professionale organizzati e svolti da enti pubblici o privati.

2. Il lavoro penitenziario non ha carattere afflittivo ed è remunerato.

3. L'organizzazione e i metodi del lavoro penitenziario devono riflettere quelli del lavoro nella società libera al fine di far acquisire ai soggetti una preparazione professionale adeguata alle normali condizioni lavorative per agevolarne il reinserimento sociale.

4. Presso ogni istituto penitenziario è istituita una commissione composta dal direttore o altro dirigente penitenziario delegato, dai responsabili dell'area sicurezza e dell'area giuridico-pedagogica, dal dirigente sanitario della struttura penitenziaria, da un funzionario dell'ufficio per l'esecuzione penale esterna, dal direttore del centro per l'impiego o da un suo delegato, da un rappresentante sindacale unitariamente designato dalle organizzazioni sindacali comparativamente più rappresentative a livello nazionale e un rappresentante unitariamente designato dalle organizzazioni sindacali comparativamente più rappresentative a livello territoriale. Per ogni componente viene indicato un supplente. La commissione delibera a maggioranza dei presenti. Ai componenti della commissione non spetta la corresponsione di alcun compenso, gettoni di presenza, indennità, rimborsi spese e altri emolumenti comunque denominati.

5. La commissione di cui al comma 4, dandone adeguata pubblicità, provvede a:

a) formare due elenchi, uno generico e l'altro per qualifica, per l'assegnazione al lavoro dei detenuti e degli internati, tenendo conto esclusivamente dell'anzianità di disoccupazione maturata durante lo stato di detenzione e di internamento, dei carichi familiari e delle abilità lavorative possedute, e privilegiando, a parità di condizioni, i condannati, con esclusione dei detenuti e degli internati sottoposti al regime di sorveglianza particolare di cui all'articolo 14-*bis*;

b) individuare le attività lavorative o i posti di lavoro ai quali, per motivi di sicurezza, sono assegnati detenuti o internati, in deroga agli elenchi di cui alla lettera *a*);

c) stabilire criteri per l'avvicendamento nei posti di lavoro alle dipendenze dell'amministrazione penitenziaria, nel rispetto delle direttive emanate dal dipartimento dell'amministrazione penitenziaria.

6. Alle riunioni della commissione partecipa, senza potere deliberativo, un rappresentante dei detenuti e degli internati.

7. Resta salvo il potere del direttore di derogare, per specifiche ragioni di sicurezza, ai criteri di assegnazione al lavoro di cui al comma 5, lettera *a*).

8. Gli organi centrali e territoriali dell'amministrazione penitenziaria stipulano apposite convenzioni di inserimento lavorativo con soggetti pubblici o privati o cooperative sociali interessati a fornire opportunità di lavoro a detenuti o internati. Le convenzioni disciplinano l'oggetto e le condizioni di svolgimento dell'attività lavorativa, la formazione e il trattamento retributivo, senza oneri a carico della finanza pubblica. Le proposte di convenzione sono pubblicate a cura del Dipartimento dell'amministrazione penitenziaria sul proprio sito istituzionale. I soggetti privati disponibili ad accettare le proposte di convenzione trasmettono al Dipartimento i relativi progetti di intervento unitamente al curriculum dell'ente. I progetti e i curriculum sono pubblicati a cura del Dipartimento dell'amministrazione penitenziaria sul proprio sito istituzionale. Della convenzione stipulata è data adeguata pubblicità con le forme previste dal presente comma. Agli operatori privati, che agiscono per conto degli enti menzionati al primo periodo, si applica l'articolo 78.

9. Le direzioni degli istituti penitenziari, in deroga alle norme di contabilità generale dello Stato e di quelle di contabilità speciale e previa autorizzazione del Ministro della giustizia, possono vendere prodotti delle lavorazioni penitenziarie o rendere servizi attraverso l'impiego di prestazioni lavorative dei detenuti e degli internati a prezzo pari o anche inferiore al loro costo, tenuto conto, per quanto possibile, dei prezzi praticati per prodotti o servizi corrispondenti nella zona in cui è situato l'istituto.

10. I proventi delle manifatture carcerarie e il corrispettivo dei servizi, prodotti o forniti dall'amministrazione penitenziaria impiegando l'attività lavorativa dei detenuti e degli internati, sono versati all'entrata del bilancio dello Stato per essere annualmente riassegnati, con decreto del Ministro dell'economia e delle finanze, all'apposito capitolo del Ministero della giustizia, allo scopo di promozione e sviluppo della formazione professionale e del lavoro dei detenuti e degli internati.

11. I detenuti e gli internati, in considerazione delle loro attitudini, possono essere ammessi a esercitare, per proprio conto, attività artigianali, intellettuali o artistiche, nell'ambito del programma di trattamento.

12. I detenuti e gli internati possono essere ammessi a esercitare attività di produzione di beni da destinare all'autoconsumo, anche in alternativa alla normale attività lavorativa. Con decreto del Ministro della giustizia, di concerto con il Ministro dell'economia e delle finanze, sono stabilite le modalità di svolgimento dell'attività in autoconsumo, anche mediante l'uso di beni e servizi dell'amministrazione penitenziaria.

13. La durata delle prestazioni lavorative non può superare i limiti stabiliti dalle leggi vigenti in materia di lavoro e sono garantiti il riposo festivo, il riposo annuale retribuito e la tutela assicurativa e previdenziale. Ai detenuti e agli internati che frequentano i corsi di formazione professionale e svolgono i tirocini è garantita, nei limiti degli stanziamenti regionali, la tutela assicurativa e ogni altra tutela prevista dalle disposizioni vigenti.

14. Agli effetti della presente legge, per la costituzione e lo svolgimento di rapporti di lavoro nonché per l'assunzione della qualità di socio nelle cooperative sociali di cui alla legge 8 novembre 1991, n. 381, non si applicano le incapacità derivanti da condanne penali o civili.

15. Entro il 31 marzo di ogni anno il Ministro della giustizia trasmette al Parlamento una analitica relazione circa lo stato di attuazione delle disposizioni di legge relative al lavoro dei detenuti nell'anno precedente.

[1] Articolo così sost. dall'art. 2, c. 1, lett. *a*), D.lgs. 2 ott. 2018, n. 124.

20-*bis*. *Modalità di organizzazione del lavoro*.[1] — 1. Il provveditore regionale dell'Amministrazione penitenziaria può affidare, con contratto d'opera, la direzione tecnica delle lavorazioni a persone estranee all'Amministrazione penitenziaria, le quali curano anche la specifica formazione dei responsabili delle lavorazioni e concorrono alla qualificazione professionale dei detenuti, d'intesa con la regione. Possono essere inoltre istituite, a titolo sperimentale, nuove lavorazioni, avvalendosi, se necessario, dei servizi prestati da imprese pubbliche o private ed acquistando le relative progettazioni.

2. L'amministrazione penitenziaria, inoltre, [applicando, in quanto compatibili, le disposizioni di cui all'undicesimo comma dell'art. 20,][2] promuove la vendita dei prodotti delle lavorazioni penitenziarie anche mediante apposite convenzioni da stipulare con imprese pubbliche o private, che abbiano una propria rete di distribuzione commerciale.

3. Previo assenso della direzione dell'istituto, i privati che commissionano forniture all'Amministrazione penitenziaria possono, in deroga alle norme di contabilità generale dello Stato e a quelle di contabilità speciale, effettuare pagamenti differiti, secondo gli usi e le consuetudini vigenti.

4. Sono abrogati l'art. 1 della legge 3 luglio 1942, n. 971, e l'art. 611 delle disposizioni approvate con regio decreto 16 mag. 1920, n. 1908.

[1] Articolo ins. dall'art. 2, D.L. 12 giu. 1993, n. 187, conv. con modif. in L. 12 ago. 1993, n. 296.

[2] Parole soppresse dall'art. 2, c. 1, lett. *b*), D.lgs. 2 ott. 2018, n. 124.

20-*ter*. *Lavoro di pubblica utilità*.[1] — 1. I detenuti e gli internati possono chiedere di essere ammessi a prestare la propria attività a titolo volontario e gratuito nell'ambito di progetti di pubblica utilità, tenendo conto anche delle specifiche professionalità e attitudini lavorative.

2. La partecipazione ai progetti può consistere in attività da svolgersi a favore di amministrazioni dello Stato, regioni, province, comuni, comunità montane, unioni di comuni, aziende sanitarie locali, enti o organizzazioni, anche internazionali, di assistenza sociale, sanitaria e di volontariato, sulla base di apposite convenzioni stipulate ai sensi dell'articolo 47, comma 1, del decreto del Presidente della Repubblica 30 giugno 2000, n. 230. Le attività relative ai progetti possono svolgersi anche all'interno degli istituti penitenziari e non possono in alcun caso avere ad oggetto la gestione o l'esecuzione dei servizi d'istituto.

3. Le attività di cui al comma 2 possono essere organizzate dall'amministrazione penitenziaria anche affidando la direzione tecnica a persone estranee all'amministrazione, ai sensi dell'articolo 20-*bis*.

4. La partecipazione a progetti di pubblica utilità deve svolgersi con modalità che non pregiudichino le esigenze di lavoro, di studio, di famiglia e di salute dei condannati e degli internati.

5. Si applicano le disposizioni dell'articolo 21, comma 4, e, in quanto compatibili, le disposizioni dell'articolo 48 del decreto del Presidente della Repubblica 30 giugno 2000, n. 230, nonché quelle del decreto del Ministro della giustizia 26 marzo 2001.

6. I detenuti e gli internati per il delitto di cui all'articolo 416-*bis* del codice penale e per i delitti commessi avvalendosi delle condizioni previste dallo stesso articolo ovvero al fine di agevolare l'attività delle associazioni in esso previste non possono essere assegnati a prestare la propria attività all'esterno dell'istituto. I detenuti e gli internati possono essere assegnati al lavoro di pubblica utilità svolto all'esterno in condizioni idonee a garantire l'attuazione positiva degli scopi previsti dall'articolo 15. Se si tratta di detenuti e internati per uno dei delitti indicati nei commi 1, 1-*ter* e 1-*quater* dell'articolo 4-*bis*, diversi da quelli indicati al primo periodo, ai fini di cui all'articolo 21, comma 4, per l'assegnazione al lavoro di pubblica utilità svolto all'esterno il magistrato di sorveglianza tiene prioritariamente conto delle esigenze di prevenire il pericolo di commissione di altri reati, della natura del reato commesso, della condotta tenuta, nonché del significativo rapporto tra la pena espiata e la pena residua.

7. Il numero e la qualità dei progetti di pubblica utilità promossi dagli istituti penitenziari costituiscono titolo di priorità nell'assegnazione agli stessi dei fondi di cui all'articolo 2, comma 2, lettere *a*) e *d*), del decreto del Presidente del Consiglio dei ministri 10 aprile 2017, n. 102, nei termini e secondo le modalità stabilite dalle apposite disposizioni di attuazione adottate dalla Cassa delle ammende.

[1] Articolo ins. dall'art. 2, c. 1, lett. *c*), D.lgs. 2 ott. 2018, n. 124.

21. ***Lavoro all'esterno.*** — 1. I detenuti e gli internati possono essere assegnati al lavoro esterno in condizioni idonee a garantire l'attuazione positiva degli scopi previsti dall'art. 15. Tuttavia, se si tratta di persona condannata alla pena della reclusione per uno dei delitti indicati nei commi 1, 1-*ter* e 1-*quater* dell'art. 4-*bis*, l'assegnazione al lavoro all'esterno può essere disposta dopo l'espiazione di almeno un terzo della pena e, comunque, di non oltre cinque anni. Nei confronti dei condannati all'ergastolo l'assegnazione può avvenire dopo l'espiazione di almeno dieci anni.

2. I detenuti e gli internati assegnati al lavoro all'esterno sono avviati a prestare la loro opera senza scorta, salvo che essa sia ritenuta necessaria per motivi di sicurezza. Gli imputati sono ammessi al lavoro all'esterno previa autorizzazione della competente autorità giudiziaria.

3. Quando si tratta di imprese private, il lavoro deve svolgersi sotto il diretto controllo della direzione dell'istituto a cui il detenuto o l'internato è assegnato, la quale può avvalersi a tal fine del personale dipendente e del servizio sociale.

4. Per ciascun condannato o internato il provvedimento di ammissione al lavoro all'esterno diviene esecutivo dopo l'approvazione del magistrato di sorveglianza.

4-*bis*. Le disposizioni di cui ai commi precedenti e la disposizione di cui al secondo periodo del comma 13 dell'articolo 20[1] si applicano anche ai detenuti ed agli internati ammessi a frequentare corsi di formazione professionale all'esterno degli istituti penitenziari.

4-*ter*. [I detenuti e gli internati di norma possono essere assegnati a prestare la propria attività a titolo volontario e gratuito, tenendo conto anche delle loro specifiche professionalità e attitudini lavorative, nell'esecuzione di progetti di pubblica utilità in favore della collettività da svolgere presso lo Stato, le regioni, le province, i comuni, le comunità montane, le unioni di comuni, le aziende sanitarie locali o presso enti o organizzazioni, anche internazionali, di assistenza sociale, sanitaria e di volontariato.][2] I detenuti e gli internati possono essere [inoltre][2] assegnati a prestare la propria attività a titolo volontario e gratuito a sostegno delle famiglie delle vittime dei reati da loro commessi. L'attività è in ogni caso svolta con modalità che non pregiudichino le esigenze di lavoro, di studio, di famiglia e di salute dei detenuti e degli internati. Sono esclusi dalle previsioni del presente comma i detenuti e gli internati per il delitto di cui all'articolo 416-*bis* del codice penale e per i delitti commessi avvalendosi delle condizioni previste dallo stesso articolo ovvero al fine di agevolare l'attività delle associazioni in esso previste. Si applicano, in quanto compatibili, le modalità previste nell'articolo 54 del decreto legislativo 28 agosto 2000, n. 274.[3]

[1] Parole così sost. dall'art. 2, c. 1, lett. *d*), D.lgs. 2 ott. 2018, n. 124.

[2] Periodi e parola soppressi dall'art. 2, c. 1, lett. *e*), D.lgs. 2 ott. 2018, n. 124.

[3] Comma aggiunto dall'art. 2, c. 1, lett. *a*), D.L. 1 lug. 2013, n. 78, conv. con modif. in L. 9 ago. 2013, n. 94.

21-*bis*. ***Assistenza all'esterno dei figli minori.***[1] — 1. Le condannate e le internate possono essere ammesse alla cura e all'assistenza all'esterno dei figli di età non superiore agli anni dieci, alle condizioni previste dall'art. 21.

2. Si applicano tutte le disposizioni relative al lavoro all'esterno, in particolare l'art. 21, in quanto compatibili.

3. La misura dell'assistenza all'esterno può essere concessa, alle stesse condizioni, anche al padre detenuto, se la madre è deceduta o impossibilitata e non vi è modo di affidare la prole ad altri che al padre.

[1] Articolo ins. dall'art. 5, L. 8 mar. 2001, n. 40.

La Corte cost., con sent. 23 lug. 2018, n. 174, ha dichiarato l'ill. cost. del presente articolo, nella parte in cui, attraverso il rinvio al precedente art. 21, con riferimento alle detenute condannate alla pena della reclusione per uno dei delitti di cui all'art. 4-*bis*, c. 1, 1-*ter* e 1-*quater*, della presente legge, non consente l'accesso all'assistenza all'esterno dei figli di età non superiore agli anni dieci oppure lo subordina alla previa espiazione di una frazione di pena, salvo che sia stata accertata la sussistenza delle condizioni previste dall'art. 58-*ter* della presente legge.

21-*ter*. ***Visite al minore infermo o al figlio, al coniuge o convivente affetto da handicap in situazione di gravità.***[1] — 1. In caso di imminente pericolo di vita o di gravi condizioni di salute del figlio minore, anche non convivente, ovvero nel caso in cui il figlio sia affetto da handicap in situazione di gravità, ai sensi dell'articolo 3, comma 3, della legge 5 febbraio 1992, n. 104, accertata ai sensi dell'articolo 4 della medesima legge, la madre condannata, imputata o internata, ovvero il padre che versi nelle stesse condizioni della madre, sono autorizzati, con provvedimento del magistrato di sorveglianza o, in caso di assoluta urgenza, del direttore dell'istituto, a recarsi, con le cautele previste dal regolamento, a visitare l'infermo o il figlio affetto da handicap grave. In caso di ricovero ospedaliero, le modalità della visita sono disposte tenendo conto della durata del ricovero e del decorso della patologia.

2. La condannata, l'imputata o l'internata madre di un bambino di età inferiore a dieci anni, anche se con lei non convivente, o di figlio affetto da handicap in situazione di gravità, ai sensi dell'articolo 3, comma 3, della legge 5 febbraio 1992, n. 104, accertata ai sensi dell'articolo 4 della medesima legge, ovvero il padre condannato, imputato o internato, qualora la madre sia deceduta o assolutamente impossibilitata a dare assistenza alla prole, sono autorizzati, con provvedimento da rilasciarsi da parte del giudice competente non oltre le ventiquattro ore precedenti alla data della visita e con le modalità operative dallo stesso stabilite, ad assiste-

LEGGI COMPLEMENTARI - C.P. e C.P.P.

re il figlio durante le visite specialistiche, relative a gravi condizioni di salute.

2-*bis*. Le disposizioni di cui ai commi 1 e 2 si applicano anche nel caso di coniuge o convivente affetto da handicap grave ai sensi dell'articolo 3, comma 3, della legge 5 febbraio 1992, n. 104.

[1] Articolo ins. dall'art. 2, c. 1, L. 21 apr. 2011, n. 62, e così modif. dall'art. 14, L. 16 apr. 2015, n. 47.

22. ***Determinazione della remunerazione.***[1] — 1. La remunerazione per ciascuna categoria di detenuti e internati che lavorano alle dipendenze dell'amministrazione penitenziaria è stabilita, in relazione alla quantità e qualità del lavoro prestato, in misura pari ai due terzi del trattamento economico previsto dai contratti collettivi.

[1] Articolo così sost. dell'art. 2, c. 1, lett. *f*), D.lgs. 2 ott. 2018, n. 124.

23. ***Remunerazione e assegni familiari.***[1] — Ai detenuti e agli internati che lavorano sono dovuti, per le persone a carico, gli assegni familiari nella misura e secondo le modalità di legge.

Gli assegni familiari sono versati direttamente alle persone a carico con le modalità fissate dal regolamento.

[1] La Corte cost., con sent. 18 feb. 1992, n. 49, ha dichiarato l'ill. cost. del presente articolo nella parte in cui "stabilisce una riduzione dei tre decimi della mercede corrisposta per il lavoro dei detenuti da versarsi alla Cassa per il soccorso e l'assistenza alle vittime dei delitti e, dopo la sua soppressione, alle regioni ed agli enti locali (provincie e comuni)".

24. ***Pignorabilità e sequestrabilità della remunerazione.*** — Sulla remunerazione spettante ai condannati sono prelevate le somme dovute a titolo di risarcimento del danno e di rimborso delle spese di procedimento. Sulla remunerazione spettante ai condannati ed agli internati sono altresì prelevate le somme dovute ai sensi del secondo e del terzo comma dell'art. 2.

In ogni caso deve essere riservata a favore dei condannati una quota pari a tre quinti. Tale quota non è soggetta a pignoramento o a sequestro, salvo che per obbligazioni derivanti da elementi, o a prelievo per il risarcimento del danno arrecato alle cose mobili o immobili dell'amministrazione.

La remunerazione dovuta agli internati e agli imputati non è soggetta a pignoramento o a sequestro, salvo che per ogni obbligazione derivanti da alimenti, o a prelievo per il risarcimento del danno arrecato alle cose mobili o immobili dell'amministrazione.

25. ***Peculio.*** — Il peculio dei detenuti e degli internati è costituito dalla parte della remunerazione ad essi riservata ai sensi del precedente articolo, dal danno posseduto all'atto dell'ingresso degli oggetti di loro proprietà o inviato dalla famiglia e da altri o ricevuto a titolo di premio o di sussidio.

Le somme costituite in peculio producono a favore dei titolari interessi legali.

Il peculio è tenuto in deposito dalla direzione dell'istituto.

Il regolamento deve prevedere le modalità del deposito e stabilire la parte di peculio disponibile dai detenuti e dagli internati per acquisti autorizzati di oggetti personali o invii ai familiari o conviventi, e la parte da consegnare agli stessi all'atto della dimissione degli istituti.

25-*bis*. ***Commissioni regionali per il lavoro penitenziario.*** — 1. Sono istituite le commissioni regionali per il lavoro penitenziario. Esse sono presiedute dal provveditore regionale dell'amministrazione penitenziaria e sono composte dal dirigente del centro per la giustizia minorile, dal direttore dell'ufficio interdistrettuale dell'esecuzione penale esterna, dai rappresentanti, in sede locale, delle associazioni imprenditoriali e delle associazioni cooperative, dai rappresentanti della regione che operino nel settore del lavoro e della formazione professionale e da un rappresentante di ANPAL. Ai componenti delle commissioni, come sopra individuate, non spetta la corresponsione di alcun compenso, gettoni di presenza, indennità, rimborsi spese e altri emolumenti comunque denominati.[1]

2. Le lavorazioni penitenziarie sono organizzate, sulla base di direttive dai provveditorati regionali dell'amministrazione penitenziaria, sentite le commissioni regionali per il lavoro penitenziario nonché le direzioni dei singoli istituti.

3. I posti di lavoro a disposizione della popolazione penitenziaria devono essere quantitativamente e qualitativamente dimensionati alle effettive esigenze di ogni singolo istituto. Essi sono fissati in una tabella predisposta dalla direzione dell'istituto, nella quale sono separatamente elencati i posti relativi alle lavorazioni interne industriali, agricole ed ai servizi di istituto.

4. Nella tabella di cui al comma 3 sono altresì indicati i posti di lavoro disponibili all'esterno presso imprese pubbliche o private o associazioni cooperative nonché i posti relativi alle produzioni che imprese private o associazioni cooperative intendono organizzare e gestire direttamente all'interno degli istituti.

5. Annualmente la direzione dell'istituto elabora ed indica il piano di lavoro in relazione al numero dei detenuti, all'organico del personale civile e di polizia penitenziaria disponibile e alle strutture produttive.

6. La tabella, che può essere modificata secondo il variare della situazione, ed il piano di lavoro annuale sono approvati del provveditore regionale dell'Amministrazione penitenziaria, sentita la commissione regionale per il lavoro penitenziario.

7. Nel regolamento di ciascun istituto sono indicate le attività lavorative che possono avere esecuzione in luoghi a sicurezza attenuata.

[1] Comma così modif. dell'art. 2, c. 1, lett. *g*), D.lgs. 2 ott. 2018, n. 124.

25-*ter*. *Assistenza per l'accesso alle prestazioni previdenziali e assistenziali.*[1] — 1. L'amministrazione penitenziaria è tenuta a rendere disponibile a favore dei detenuti e degli internati, anche attraverso apposite convenzioni non onerose con enti pubblici e privati, un servizio di assistenza all'espletamento delle pratiche per il conseguimento di prestazioni assistenziali e previdenziali e l'erogazione di servizi e misure di politica attiva del lavoro.

[1] Articolo ins. dell'art. 2, c. 1, lett. *h*), D.lgs. 2 ott. 2018, n. 124.

26. *Religione e pratiche di culto.* — I detenuti e gli internati hanno libertà di professare la propria fede religiosa, di istruirsi in essa e di praticare il culto.

Negli istituti è assicurato la celebrazione dei riti del culto cattolico.

A ciascun istituto è addetto almeno un cappellano.

Gli appartenenti a religione diversa dalla cattolica hanno diritto di ricevere, su loro richiesta, l'assistenza dei ministri del proprio culto e di celebrarne i riti.

27. *Attività culturali, ricreative e sportive.* — Negli istituti devono essere favorite e organizzate attività culturali, sportive e ricreative e ogni altra attività volta alla realizzazione della personalità dei detenuti e degli internati, anche nel quadro del trattamento rieducativo.

Una commissione composta dal direttore dell'istituto, dagli educatori, dagli assistenti sociali, dai mediatori culturali che operano nell'istituto ai sensi dell'articolo 80, quarto comma,[1] e dai rappresentanti dei detenuti e degli internati cura la organizzazione delle attività di cui al precedente comma, anche mantenendo contatti con il mondo esterno utili al reinserimento sociale.

[1] Parole così sost. dall'art. 11, c. 1, D.lgs. 2 ott. 2018, n. 123.

28. *Rapporti con la famiglia.* — Particolare cura è dedicata a mantenere, migliorare o ristabilire le relazioni dei detenuti e degli internati con le famiglie.

29. *Comunicazioni dello stato di detenzione, dei trasferimenti, delle malattie e dei decessi.* — I detenuti e gli internati sono posti in grado d'informare immediatamente i congiunti e le altre persone da essi eventualmente indicate del loro ingresso in un istituto penitenziario o dell'avvenuto trasferimento.

In caso di decesso o di grave infermità fisica o psichica di un detenuto o di un internato, deve essere data tempestiva notizia ai congiunti ed alle altre persone eventualmente da lui indicate; analogamente i detenuti e gli internati devono essere tempestivamente informati del decesso o della grave infermità delle persone di cui al comma precedente.

30. *Permessi.* — Nel caso di imminente pericolo di vita di un familiare o di un convivente, ai condannati e agli internati può essere concesso dal magistrato di sorveglianza il permesso di recarsi a visitare, con le cautele previste dal regolamento, l'infermo. Agli imputati il permesso è concesso dall'autorità giudiziaria competente a disporre il trasferimento in luoghi esterni di cura ai sensi dell'articolo 11.[1]

Analoghi permessi possono essere concessi eccezionalmente per eventi familiari di particolare gravità.

Il detenuto che non rientra in istituto allo scadere del permesso senza giustificato motivo, se l'assenza si protrae per oltre tre ore e per non più di dodici, è punito in via disciplinare; se l'assenza si protrae per un tempo maggiore, è punibile a norma del primo comma dell'art. 385 del c.p. ed è applicabile la disposizione dell'ultimo capoverso dello stesso articolo.

L'internato che rientra in istituto dopo tre ore dalla scadenza del permesso senza giustificato motivo è punito in via disciplinare.

[1] Comma così modif. dall'art. 3, c. 1, lett. *b*), D.lgs. 2 ott. 2018, n. 123.

30-*bis*. *Provvedimenti e reclami in materia di permessi.*[1] — Prima di pronunciarsi sull'istanza di permesso, l'autorità competente deve assumere informazioni sulla sussistenza dei motivi addotti, a mezzo delle autorità di pubblica sicurezza, anche del luogo in cui l'istante chiede di recarsi. Nel caso di detenuti per uno dei delitti previsti dall'articolo 51, commi 3-*bis* e 3-*quater*, del codice di procedura penale, l'autorità competente, prima di pronunciarsi, chiede altresì il parere del procuratore della Repubblica presso il tribunale del capoluogo del distretto ove è stata pronunciata la sentenza di condanna o ove ha sede il giudice che procede e, nel caso di detenuti sottoposti al regime previsto dall'articolo 41-*bis*, anche quello del procuratore nazionale antimafia e antiterrorismo in ordine all'attualità dei collegamenti con la criminalità organizzata ed alla pericolosità del soggetto. Salvo ricorrano esigenze di motivata eccezionale urgenza, il permesso non può essere concesso prima di ventiquattro ore dalla richiesta dei predetti pareri.[2]

La decisione sull'istanza è adottata con provvedimento motivato.

Il provvedimento è comunicato immediatamente senza formalità, anche a mezzo del telegrafo o del telefono, al pubblico ministero e all'interessato, i quali, entro ventiquattro ore dalla comunicazione, possono proporre reclamo, se il provvedimento è stato emesso dal magistrato di sorveglianza, alla sezione di sorveglianza, o, se il provvedimento è stato emesso da altro organo giudiziario, alla corte d'appello.

La sezione di sorveglianza o la corte di appello assunte, se del caso, sommarie informazioni, provvede entro dieci giorni dalla ricezione del reclamo dandone immediata comunicazione ai sensi del comma precedente.

Il magistrato di sorveglianza, o il presidente della corte di appello, non fa parte del collegio che decide sul reclamo avverso il provvedimento da lui emesso.

Quando per effetto della disposizione contenuta nel precedente comma non è possibile comporre la sezione di sorveglianza con i magistrati di sorveglianza del distretto, si procede all'integrazione della sezione ai sensi dell'art. 68, terzo e quarto c.

L'esecuzione del permesso è sospesa sino alla scadenza del termine stabilito dal terzo c. e durante il procedimento previsto dal quarto c., sino alla scadenza del termine ivi previsto.

Le disposizioni del comma precedente non si applicano ai permessi concessi ai sensi del primo c. dell'art. 30. In tale caso è obbligatoria la scorta.

Il procuratore generale presso la corte d'appello è informato dei permessi concessi e del relativo esito con relazione trimestrale degli organi che li hanno rilasciati e, nel caso, di permessi concessi a detenuti per delitti previsti dall'articolo 51, commi 3-*bis* e 3-*quater*, del codice di procedura penale o a detenuti sottoposti al regime previsto dall'articolo 41-*bis*, ne dà comunicazione, rispettivamente, al procuratore della Repubblica presso il tribunale del capoluogo del distretto ove è stata pronunciata la sentenza di condanna o ove ha sede il giudice che procede e al procuratore nazionale antimafia e antiterrorismo.[3]

[1] La Corte cost., con sent. 16 feb. 1993, n. 53, ha dichiarato l'ill. cost. di questo articolo e degli artt. 236, secondo c. *Att.* c.p.p. e 14 *ter* c. 1, 2 e 3 della L. 26 lug. 1975, n. 354, «nella parte in cui non consentono l'applicazione degli artt. 666 e 678 c.p.p. nel procedimento di reclamo avverso il decreto del magistrato di sorveglianza che esclude dal computo della detenzione il periodo trascorso in permesso premio».

[2] Periodi aggiunti dall'art. 2, c. 1, D.L. 30 apr. 2020, n. 28, conv. con modif. in L. 25 giu. 2020, n. 70.

[3] Comma così sost. dall'art. 2, c. 1, D.L. 30 apr. 2020, n. 28, conv. con modif. in L. 25 giu. 2020, n. 70.

30-*ter*. *Permessi premio.*[1] — 1. Ai condannati che hanno tenuto regolare condotta ai sensi del successivo c. 8 e che non risultano socialmente pericolosi, il magistrato di sorveglianza, sentito il direttore dell'istituto, può concedere permessi premio di durata non superiore ogni volta a quindici giorni per consentire di coltivare interessi affettivi, culturali o di lavoro. La durata dei permessi non può superare complessivamente quarantacinque giorni in ciascun anno di espiazione.

1-*bis*. [Abrogato]

2. Per i condannati minori di età la durata dei permessi premio non può superare ogni volta i trenta[2] giorni e la durata complessiva non può eccedere i cento[2] giorni in ciascun anno di espiazione.

3. L'esperienza dei permessi premio è parte integrante del programma di trattamento e deve essere seguita dagli educatori e assistenti sociali penitenziari in collaborazione con gli operatori sociali del territorio.

4. La concessione dei permessi è ammessa:

a) nei confronti dei condannati all'arresto o alla reclusione non superiore a quattro anni anche se congiunta all'arresto;[3]

b) nei confronti dei condannati alla reclusione superiore a quattro anni, salvo quanto previsto dalla lettera *c*), dopo l'espiazione di almeno un quarto della pena;[3]

c) nei confronti dei condannati alla reclusione per taluno dei delitti indicati nel comma. 1, 1-*ter* e 1-*quater* dell'art. 4-*bis*, dopo l'espiazione di almeno metà della pena e, comunque, di non oltre dieci anni;[4]

d) nei confronti dei condannati all'ergastolo, dopo l'espiazione di almeno dieci anni.[5,6]

5. Nei confronti dei soggetti che durante l'espiazione della pena o delle misure restrittive hanno riportato condanna o sono imputati per delitto doloso commesso durante l'espiazione della pena o l'esecuzione di una misura restrittiva della libertà personale, la concessione è ammessa soltanto decorsi due anni dalla commissione del fatto.[7]

6. Si applicano, ove del caso, le cautele previste per i permessi di cui al primo comma dell'art. 30; si applicano altresì le disposizioni di cui al terzo e quarto comma dello stesso articolo.

7. Il provvedimento relativo ai permessi premio è soggetto a reclamo al tribunale di sorveglianza, secondo le procedure di cui all'art. 30 *bis*.[8]

8. La condotta dei condannati si considera regolare quando i soggetti, durante la detenzione, hanno manifestato costante senso di responsabilità e correttezza nel comportamento personale, nelle attività organizzate negli istituti e nelle eventuali attività lavorative o culturali.

[1] Ai sensi dell'art. 29, D.L. 28 ott. 2020, n. 137, conv. in L. 18 dic. 2020, n. 176, così modif. in ultimo dall'art. 16, D.L. 24 dic. 2021, n. 221, conv. con modif. in L. 18 feb. 2022, n. 11: «1. Dalla data di entrata in vigore del presente decreto e fino alla data del 31 mar. 2022 ai condannati cui siano stati già concessi i permessi di cui all'art. 30-*ter* della L. 26 lug. 1975, n. 354 o che siano stati assegnati al lavoro all'esterno ai sensi dell'art. 21 della L. 26 lug. 1975, n. 354 o ammessi all'istruzione o alla formazione professionale all'esterno ai sensi dell'art. 18 del D.lgs. 2 ott. 2018, n. 121, i permessi di cui all'art. 30-*ter* della citata L. n. 354 del 1975, quando ne ricorrono i presupposti, possono essere concessi anche in deroga ai limiti temporali indicati dai commi 1 e 2 dello stesso art. 30-*ter*.

2. La disposizione di cui al c. 1 non si applica ai soggetti condannati per taluno dei delitti indicati dall'art. 4-*bis* della L. 26 lug. 1975, n. 354 e dagli artt. 572 e 612-*bis* del c.p. e, con riferimento ai condannati per delitti commessi per finalità di terrorismo, anche internazionale, o di eversione dell'ordine democratico mediante il compimento di atti di violenza e ai delitti di cui all'art. 416-*bis* del c.p., o commessi avvalendosi delle condizioni previste dallo stesso articolo ovvero al fine di agevolare l'attività delle associazioni in esso previste, anche nel caso in cui i condannati abbiano già espiato la parte di pena relativa ai

predetti delitti quando, in caso di cumulo, sia stata accertata dal giudice della cognizione o dell'esecuzione la connessione ai sensi dell'art. 12, c. 1, lett. *b* e *c*, del c.p.p. tra i reati la cui pena è in esecuzione.».

[2] Parola così sost. dall'art. 2, c. 1, lett. *a-bis*), D.L. 1 lug. 2013, n. 78, conv. con modif. in L. 9 ago. 2013, n. 94.

[3] Lettera così sost. dall'art. 2, c. 1, lett. *a-ter*), D.L. 1 lug. 2013, n. 78, conv. con modif. in L. 9 ago. 2013, n. 94.

[4] La Corte cost., con sent. 30 dic. 1998, n. 450, ha dichiarato l'ill. cost. della lett. *c*) nella parte in cui si riferisce ai minorenni.

[5] Comma così sost. dall'art. 1, c. 3, D.L. 13 mag. 1991, n. 152, conv. con modif. in L. 12 lug. 1991, n. 203.

[6] La Corte cost., con sent. 6 giu. 1995, n. 227, ha dichiarato l'ill. cost. di questo comma «nella parte in cui non prevede l'ammissione al permesso premio dei condannati alla reclusione militare».

[7] La Corte cost., con sent. 17 dic. 1997, n. 403, ha dichiarato l'ill. cost. parziale del c. 5, introdotto dall'art. 9 della L. 10 ott. 1986, n. 663, nella parte in cui si riferisce ai minorenni.

[8] La Corte cost., con sent. 12 giu. 2020, n. 113, ha dichiarato l'ill. cost. presente comma nella parte in cui prevede, mediante rinvio al precedente art. 30-*bis*, che il provvedimento relativo ai permessi premio è soggetto a reclamo al tribunale di sorveglianza entro ventiquattro ore dalla sua comunicazione, anziché prevedere a tal fine il termine di quindici giorni.

30-*quater*. *Concessione dei permessi premio ai recidivi.*[1,2] — 1. I permessi premio possono essere concessi ai detenuti, ai quali sia stata applicata la recidiva prevista dall'art. 99, quarto comma, del codice penale, nei seguenti casi previsti dal comma 4 dell'art. 30-*ter*:

a) alla lettera *a*) dopo l'espiazione di un terzo della pena;

b) alla lettera *b*) dopo l'espiazione della metà della pena;

c) alle lettere *c*) e *d*) dopo l'espiazione di due terzi della pena e, comunque, di non oltre quindici anni.

[1] Articolo ins. dall'art. 7 della L. 5 dic. 2005, n. 251.

[2] La Corte cost., con sent. 4 lug. 2006, n. 257, ha dichiarato l'ill. cost. di questo articolo, nella parte in cui non prevede che il beneficio del permesso premio possa essere concesso sulla base della normativa previgente nei confronti dei condannati che, prima della entrata in vigore della L. 5 dic. 2005, n. 251, abbiano raggiunto un grado di rieducazione adeguato al beneficio richiesto.

31. *Costituzione delle rappresentanze dei detenuti e degli internati.*[1] — Le rappresentanze dei detenuti e degli internati previste dagli articoli 9, 12, 20 e 27 sono nominate per sorteggio secondo le modalità indicate dal regolamento interno dell'istituto.

2. Negli istituti penitenziari che ospitano sezioni femminili la rappresentanza comprende anche una detenuta o internata.

[1] Articolo così sost. dall'art. 11, c. 1, D.lgs. 2 ott. 2018, n. 123.

CAPO IV
Regime penitenziario

32. (*Omissis*).

33. *Isolamento.*[1] — Negli istituti penitenziari l'isolamento continuo è ammesso:

a) quando è prescritto per ragioni sanitarie;

b) durante l'esecuzione della sanzione della esclusione dalle attività in comune;

c) per gli indagati e imputati se vi sono ragioni di cautela processuale; il provvedimento dell'autorità giudiziaria competente indica la durata e le ragioni dell'isolamento.

2. Il regolamento specifica le modalità di esecuzione dell'isolamento.

3. Durante la sottoposizione all'isolamento non sono ammesse limitazioni alle normali condizioni di vita, ad eccezione di quelle funzionali alle ragioni che lo hanno determinato.

4. L'isolamento non preclude l'esercizio del diritto di effettuare colloqui visivi con i soggetti autorizzati.

[1] Articolo così sost. dall'art. 11, c. 1, D.lgs. 2 ott. 2018, n. 123.

34. (*Omissis*).

35. *Diritto di reclamo.*[1] — I detenuti e gli internati possono rivolgere istanze o reclami orali o scritti, anche in busta chiusa:

1) al direttore dell'istituto, al provveditore regionale, al capo del dipartimento dell'amministrazione penitenziaria e al Ministro della giustizia;

2) alle autorità giudiziarie e sanitarie in visita all'istituto;

3) al garante nazionale e ai garanti regionali o locali dei diritti dei detenuti;

4) al presidente della giunta regionale;

5) al magistrato di sorveglianza;

6) al Capo dello Stato.

[1] Articolo così sost. dall'art. 3, c. 1, lett. *a*), D.L. 23 dic. 2013, n. 146, conv. con modif. in L. 21 feb. 2014, n. 10.

35-*bis*. *Reclamo giurisdizionale.* — Il procedimento relativo al reclamo di cui all'articolo 69, comma 6, si svolge ai sensi degli articoli 666 e 678 del codice di procedura penale. Salvi i casi di manifesta inammissibilità della richiesta a norma dell'articolo 666, comma 2, del codice di procedura penale, il magistrato di sorveglianza fissa la data dell'udienza e ne fa dare avviso, oltre che al soggetto che ha proposto reclamo, anche all'amministrazione interessata, a cui è comunicato contestualmente il reclamo, e che può comparire con un proprio dipendente ovvero trasmettere osservazioni e richieste[1].

2. Il reclamo di cui all'articolo 69, comma 6, lettera *a*) è proposto nel termine di dieci giorni dalla comunicazione del provvedimento.

3. In caso di accoglimento, il magistrato di sorveglianza, nelle ipotesi di cui all'articolo 69, comma 6, lettera *a*), dispone l'annullamento del provvedi-

mento di irrogazione della sanzione disciplinare. Nelle ipotesi di cui all'articolo 69, comma 6, lettera *b*), accertate la sussistenza e l'attualità del pregiudizio, ordina all'amministrazione di porre rimedio entro il termine indicato dal giudice.

4. Avverso la decisione del magistrato di sorveglianza è ammesso reclamo al tribunale di sorveglianza nel termine di quindici giorni dalla notificazione o comunicazione dell'avviso di deposito della decisione stessa.

4-*bis*. La decisione del tribunale di sorveglianza è ricorribile per cassazione per violazione di legge nel termine di quindici giorni dalla notificazione o comunicazione dell'avviso di deposito della decisione stessa.

5. In caso di mancata esecuzione del provvedimento non più soggetto ad impugnazione, l'interessato o il suo difensore munito di procura speciale possono richiedere l'ottemperanza al magistrato di sorveglianza che ha emesso il provvedimento. Si osservano le disposizioni di cui agli articoli 666 e 678 del codice di procedura penale.

6. Il magistrato di sorveglianza, se accoglie la richiesta:

a) ordina l'ottemperanza, indicando modalità e tempi di adempimento, tenuto conto del programma attuativo predisposto dall'amministrazione al fine di dare esecuzione al provvedimento, sempre che detto programma sia compatibile con il soddisfacimento del diritto;

b) dichiara nulli gli eventuali atti in violazione o elusione del provvedimento rimasto ineseguito;

c)[2]

d) nomina, ove occorra, un commissario ad acta.

7. Il magistrato di sorveglianza conosce di tutte le questioni relative all'esatta ottemperanza, ivi comprese quelle inerenti agli atti del commissario.

8. Avverso il provvedimento emesso in sede di ottemperanza è sempre ammesso ricorso per cassazione per violazione di legge.

[1] Parole così sost. dall'art. 3, c. 1, lett. *c*), D.lgs. 2 ott. 2018, n. 123.

[2] Lettera soppressa dalla L. 21 feb. 2014, n. 10.

35-*ter*. *Rimedi risarcitori conseguenti alla violazione dell'articolo 3 della Convenzione europea per la salvaguardia dei diritti dell'uomo e delle libertà fondamentali nei confronti di soggetti detenuti o internati.*[1] — 1. Quando il pregiudizio di cui all'articolo 69, comma 6, lett. *b*), consiste, per un periodo di tempo non inferiore ai quindici giorni, in condizioni di detenzione tali da violare l'articolo 3 della Convenzione per la salvaguardia dei diritti dell'uomo e delle libertà fondamentali, ratificata ai sensi della legge 4 agosto 1955, n. 848, come interpretato dalla Corte europea dei diritti dell'uomo, su istanza presentata dal detenuto, personalmente ovvero tramite difensore munito di procura speciale, il magistrato di sorveglianza dispone, a titolo di risarcimento del danno, una riduzione della pena detentiva ancora da espiare pari, nella durata, a un giorno per ogni dieci durante il quale il richiedente ha subito il pregiudizio.

2. Quando il periodo di pena ancora da espiare è tale da non consentire la detrazione dell'intera misura percentuale di cui al comma 1, il magistrato di sorveglianza liquida altresì al richiedente, in relazione al residuo periodo e a titolo di risarcimento del danno, una somma di denaro pari a euro 8,00 per ciascuna giornata nella quale questi ha subito il pregiudizio. Il magistrato di sorveglianza provvede allo stesso modo nel caso in cui il periodo di detenzione espiato in condizioni non conformi ai criteri di cui all'articolo 3 della Convenzione per la salvaguardia dei diritti dell'uomo e delle libertà fondamentali sia stato inferiore ai quindici giorni.

3. Coloro che hanno subito il pregiudizio di cui al comma 1, in stato di custodia cautelare in carcere non computabile nella determinazione della pena da espiare ovvero coloro che hanno terminato di espiare la pena detentiva in carcere possono proporre azione, personalmente ovvero tramite difensore munito di procura speciale, di fronte al tribunale del capoluogo del distretto nel cui territorio hanno la residenza. L'azione deve essere proposta, a pena di decadenza, entro sei mesi dalla cessazione dello stato di detenzione o della custodia cautelare in carcere. Il tribunale decide in composizione monocratica nelle forme di cui agli articoli 737 e seguenti del codice di procedura civile. Il decreto che definisce il procedimento non è soggetto a reclamo. Il risarcimento del danno è liquidato nella misura prevista dal comma 2.[2]

[1] Articolo ins. dall'art. 1, D.L. 26 giu. 2014, n. 92, conv. con modif. in L. 11 ago. 2014, n. 117.

[2] Ai sensi dell'art. 2, c. 1, D.L. 26 giu. 2014, n. 92: «Coloro che, alla data di entrata in vigore del presente decreto-legge, hanno cessato di espiare la pena detentiva o non si trovano più in stato di custodia cautelare in carcere, possono proporre l'azione di cui all'art. 35-*ter*, c. 3, della L. 26 lug. 1975, n. 354, entro il termine di decadenza di sei mesi decorrenti dalla stessa data.».

36-41. (*Omissis*).

41-*bis*. *Situazioni di emergenza.*[1] — 1. In casi eccezionali di rivolta o di altre gravi situazioni di emergenza, il Ministro della giustizia ha facoltà di sospendere nell'istituto interessato o in parte di esso l'applicazione delle normali regole di trattamento dei detenuti e degli internati. La sospensione deve essere motivata dalla necessità di ripristinare l'ordine e la sicurezza e ha la durata strettamente necessaria al conseguimento del fine suddetto.

2. Quando ricorrano gravi motivi di ordine e di sicurezza pubblica, anche a richiesta del Ministro dell'interno, il Ministro della giustizia ha altresì la facoltà di sospendere, in tutto o in parte, nei confronti dei detenuti o internati per taluno dei delitti di cui al primo periodo del comma 1 dell'art. 4-*bis* o comunque per un delitto che sia stato commesso avvalendosi delle condizioni o al fine di agevolare l'associazione di tipo mafioso, in relazione ai quali

vi siano elementi tali da far ritenere la sussistenza di collegamenti con un'associazione criminale, terroristica o eversiva, l'applicazione delle regole di trattamento e degli istituti previsti dalla presente legge che possano porsi in concreto contrasto con le esigenze di ordine e di sicurezza. La sospensione comporta le restrizioni necessarie per il soddisfacimento delle predette esigenze e per impedire i collegamenti con l'associazione di cui al periodo precedente. In caso di unificazione di pene concorrenti o di concorrenza di più titoli di custodia cautelare, la sospensione può essere disposta anche quando sia stata espiata la parte di pena o di misura cautelare relativa ai delitti indicati nell'articolo 4-*bis*.

2-*bis*. Il provvedimento emesso ai sensi del comma 2 è adottato con decreto motivato del Ministro della giustizia, anche su richiesta del Ministro dell'interno, sentito l'ufficio del pubblico ministero che procede alle indagini preliminari ovvero quello presso il giudice procedente e acquisita ogni altra necessaria informazione presso la Direzione nazionale antimafia e antiterrorismo[2], gli organi di polizia centrali e quelli specializzati nell'azione di contrasto alla criminalità organizzata, terroristica o eversiva, nell'ambito delle rispettive competenze. Il provvedimento medesimo ha durata pari a quattro anni ed è prorogabile nelle stesse forme per successivi periodi, ciascuno pari a due anni. La proroga è disposta quando risulta che la capacità di mantenere collegamenti con l'associazione criminale, terroristica o eversiva non è venuta meno, tenuto conto anche del profilo criminale e della posizione rivestita dal soggetto in seno all'associazione, della perdurante operatività del sodalizio criminale, della sopravvenienza di nuove incriminazioni non precedentemente valutate, degli esiti del trattamento penitenziario e del tenore di vita dei familiari del sottoposto. Il mero decorso del tempo non costituisce, di per sé, elemento sufficiente per escludere la capacità di mantenere i collegamenti con l'associazione o dimostrare il venir meno dell'operatività della stessa.

2-*ter*.[3]

2-*quater*. I detenuti sottoposti al regime speciale di detenzione devono essere ristretti all'interno di istituti a loro esclusivamente dedicati, collocati preferibilmente in aree insulari, ovvero comunque all'interno di sezioni speciali e logisticamente separate dal resto dell'istituto e custoditi da reparti specializzati della polizia penitenziaria. La sospensione delle regole di trattamento e degli istituti di cui al comma 2 prevede:

a) l'adozione di misure di elevata sicurezza interna ed esterna, con riguardo principalmente alla necessità di prevenire contatti con l'organizzazione criminale di appartenenza o di attuale riferimento, contrasti con elementi di organizzazioni contrapposte, interazione con altri detenuti o internati appartenenti alla medesima organizzazione ovvero ad altre ad essa alleate;

b) la determinazione dei colloqui nel numero di uno al mese da svolgersi ad intervalli di tempo regolari ed in locali attrezzati in modo da impedire il passaggio di oggetti. Sono vietati i colloqui con persone diverse dai familiari e conviventi, salvo casi eccezionali determinati volta per volta dal direttore dell'istituto ovvero, per gli imputati fino alla pronuncia della sentenza di primo grado, dall'autorità giudiziaria competente ai sensi di quanto stabilito nel secondo comma dell'art. 11. I colloqui vengono sottoposti a controllo auditivo ed a registrazione, previa motivata autorizzazione dell'autorità giudiziaria competente ai sensi del medesimo secondo comma dell'art. 11; solo per coloro che non effettuano colloqui può essere autorizzato, con provvedimento motivato del direttore dell'istituto ovvero, per gli imputati fino alla pronuncia della sentenza di primo grado, dall'autorità giudiziaria competente ai sensi di quanto stabilito nel secondo comma dell'art. 11, e solo dopo i primi sei mesi di applicazione, un colloquio telefonico mensile con i familiari e conviventi della durata massima di dieci minuti sottoposto, comunque, a registrazione. I colloqui sono comunque videoregistrati. Le disposizioni della presente lettera non si applicano ai colloqui con i difensori con i quali potrà effettuarsi, fino a un massimo di tre volte alla settimana, una telefonata o un colloquio della stessa durata di quelli previsti con i familiari;[4]

c) la limitazione, delle somme, dei beni e degli oggetti che possono essere ricevuti dall'esterno;

d) l'esclusione dalle rappresentanze dei detenuti e degli internati;

e) la sottoposizione a visto di censura della corrispondenza, salvo quella con i membri del Parlamento o con autorità europee o nazionali aventi competenza in materia di giustizia;[5]

f) la limitazione della permanenza all'aperto, che non può svolgersi in gruppi superiori a quattro persone, ad una durata non superiore a due ore al giorno fermo restando il limite minimo di cui al primo comma dell'art. 10. Saranno inoltre adottate tutte le necessarie misure di sicurezza, anche attraverso accorgimenti di natura logistica sui locali di detenzione, volte a garantire che sia assicurata la assoluta impossibilità di comunicare tra detenuti appartenenti a diversi gruppi di socialità, scambiare oggetti e cuocere cibi.[6]

2-*quater*.1. Il Garante nazionale dei diritti delle persone detenute o private della libertà personale, quale meccanismo nazionale di prevenzione (NPM) secondo il Protocollo opzionale alla Convenzione delle Nazioni Unite contro la tortura e altri trattamenti o pene crudeli, inumani o degradanti, fatto a New York il 18 dicembre 2002, ratificato e reso esecutivo ai sensi della legge 9 novembre 2012, n. 195, accede senza limitazione alcuna all'interno delle sezioni speciali degli istituti incontrando detenuti ed internati sottoposti al regime speciale di cui al presente articolo e svolge con essi colloqui visivi riservati senza limiti di tempo, non sottoposti a controllo auditivo o a videoregistrazione e non computati ai fini della limitazione dei colloqui personali di cui al comma 2-*quater*.[7]

2-*quater*.2. I garanti regionali dei diritti dei detenuti, comunque denominati, accedono, nell'ambito del territorio di competenza, all'interno delle sezioni speciali degli istituti incontrando detenuti ed internati sottoposti al regime speciale di cui al presente articolo e svolgono con essi colloqui visivi esclusivamente videoregistrati, che non sono computati ai fini della limitazione dei colloqui personali di cui al comma 2-*quater*.[7]

2-*quater*.3. I garanti comunali, provinciali o delle aree metropolitane dei diritti dei detenuti, comunque denominati, nell'ambito del territorio di propria competenza, accedono esclusivamente in visita accompagnata agli istituti ove sono ristretti i detenuti di cui al presente articolo. Tale visita è consentita solo per verificare le condizioni di vita dei detenuti. Non sono consentiti colloqui visivi con i detenuti sottoposti al regime speciale di cui al presente articolo.[7]

2-*quinquies*. Il detenuto o l'internato nei confronti del quale è stata disposta o prorogata l'applicazione del regime di cui al comma 2, ovvero il difensore, possono proporre reclamo avverso il procedimento applicativo. Il reclamo è presentato nel termine di venti giorni dalla comunicazione del provvedimento e su di esso è competente a decidere il tribunale di sorveglianza di Roma. Il reclamo non sospende l'esecuzione del provvedimento.

2-*sexies*. Il tribunale, entro dieci giorni dal ricevimento del reclamo di cui al comma 2-*quinquies*, decide in camera di consiglio, nelle forme previste dagli articoli 666 e 678 del codice di procedura penale, sulla sussistenza dei presupposti per l'adozione del provvedimento. All'udienza le funzioni di pubblico ministero possono essere altresì svolte da un rappresentante dell'ufficio del procuratore della Repubblica di cui al comma 2-*bis* o del procuratore nazionale antimafia e antiterrorismo[2]. Il procuratore nazionale antimafia e antiterrorismo[2], il procuratore di cui al comma 2-*bis*, il procuratore generale presso la corte d'appello, il detenuto, l'internato o il difensore possono proporre, entro dieci giorni dalla sua comunicazione, ricorso per cassazione avverso l'ordinanza del tribunale per violazione di legge. Il ricorso non sospende l'esecuzione del provvedimento ed è trasmesso senza ritardo alla Corte di cassazione. Se il reclamo viene accolto, il Ministro della giustizia, ove intenda disporre un nuovo provvedimento ai sensi del comma 2, deve, tenendo conto della decisione del tribunale di sorveglianza, evidenziare elementi nuovi o non valutati in sede di reclamo.

2-*septies*. Per la partecipazione del detenuto o dell'internato all'udienza si applicano le disposizioni di cui all'articolo 146-*bis* delle norme di attuazione, di coordinamento e transitorie del codice di procedura penale, di cui al decreto legislativo 28 luglio 1989, n. 271.

[1] Articolo così modif. dall'art. 2, c. 25, L. 15 lug. 2009, n. 94.

[2] Ai sensi dell'art. 20, c. 4, D.L. 18 feb. 2015, n. 7, conv. con modif. in L. 17 apr. 2015, n. 43, le parole: «procuratore nazionale antimafia» sono sost. da «procuratore nazionale antimafia e antiterrorismo» e le parole: «Direzione nazionale antimafia» sono sost. da «Direzione nazionale antimafia e antiterrorismo».

[3] Comma abrog. dall'art. 2, c. 25, lett. *e*), L. 15 lug. 2009, n. 94.

[4] La Corte cost., con sent. 20 giu. 2013, n. 143, ha dichiarato l'ill. cost. della presente lettera, ultimo periodo, limitatamente alle parole «con i quali potrà effettuarsi, fino ad un massimo di tre volte alla settimana, una telefonata o un colloquio della stessa durata di quelli previsti con i familiari».

[5] La Corte cost., con sent. 24 gen. 2022, n. 18, ha dichiarato l'ill. cost. della presente lettera, nella parte in cui non esclude dalla sottoposizione a visto di censura la corrispondenza intrattenuta con i difensori.

[6] La Corte cost., con sent. 12 ott. 2018, n. 186, ha dichiarato l'ill. cost. della presente lettera limitatamente alle parole «e cuocere cibi».

La Corte cost., con sent. 22 mag. 2020, n. 97, ha dichiarato l'ill. cost. della presente lettera, nella parte in cui prevede l'adozione delle necessarie misure di sicurezza volte a garantire che sia assicurata «la assoluta impossibilità di comunicare tra detenuti appartenenti a diversi gruppi di socialità, scambiare oggetti» anziché «la assoluta impossibilità di comunicare e scambiare oggetti tra detenuti appartenenti a diversi gruppi di socialità».

[7] Comma ins. dall'art. 2-*sexies*, c. 1, D.L. 30 apr. 2020, n. 28, conv. con modif. in L. 25 giu. 2020, n. 70.

42-46. (*Omissis*).

CAPO VI
Misure alternative alla detenzione e remissione del debito

47. ***Affidamento in prova al servizio sociale.***[1] — 1. Se la pena detentiva inflitta non supera tre anni, il condannato può essere affidato al servizio sociale fuori dell'istituto per un periodo uguale a quello della pena da scontare.[2]

2. Il provvedimento è adottato sulla base dei risultati della osservazione della personalità, condotta collegialmente per almeno un mese in istituto, se il soggetto è recluso, e mediante l'intervento dell'ufficio di esecuzione penale esterna, se l'istanza è proposta da soggetto in libertà, nei casi in cui si può ritenere che il provvedimento stesso, anche attraverso le prescrizioni di cui al comma 5, contribuisca alla rieducazione del reo e assicuri la prevenzione del pericolo che egli commetta altri reati.[3]

3. L'affidamento in prova al servizio sociale può essere disposto senza procedere all'osservazione in istituto quando il condannato, dopo la commissione del reato, ha serbato comportamento tale da

consentire il giudizio di cui al precedente comma 2.

3-*bis*. L'affidamento in prova può, altresì, essere concesso al condannato che deve espiare una pena, anche residua, non superiore a quattro anni di detenzione, quando abbia serbato, quantomeno nell'anno precedente alla presentazione della richiesta, trascorso in espiazione di pena, in esecuzione di una misura cautelare ovvero in libertà, un comportamento tale da consentire il giudizio di cui al comma 2.[4]

4. L'istanza di affidamento in prova al servizio sociale è proposta, dopo che ha avuto inizio l'esecuzione della pena, al tribunale di sorveglianza competente in relazione al luogo dell'esecuzione. Quando sussiste un grave pregiudizio derivante dalla protrazione dello stato di detenzione, l'istanza può essere proposta al magistrato di sorveglianza competente in relazione al luogo di detenzione. Il magistrato di sorveglianza, quando sono offerte concrete indicazioni in ordine alla sussistenza dei presupposti per l'ammissione all'affidamento in prova e al grave pregiudizio derivante dalla protrazione dello stato di detenzione e non vi sia pericolo di fuga, dispone la liberazione del condannato e l'applicazione provvisoria dell'affidamento in prova con ordinanza. L'ordinanza conserva efficacia fino alla decisione del tribunale di sorveglianza, cui il magistrato trasmette immediatamente gli atti, che decide entro sessanta giorni.[5]

5. All'atto dell'affidamento è redatto verbale in cui sono dettate le prescrizioni che il soggetto dovrà seguire in ordine ai suoi rapporti con il servizio sociale, alla dimora, alla libertà di locomozione, al divieto di frequentare determinati locali ed al lavoro.

6. Con lo stesso provvedimento può essere disposto che durante tutto o parte del periodo di affidamento in prova il condannato non soggiorni in uno o più comuni, o soggiorni in un comune determinato; in particolare sono stabilite prescrizioni che impediscano al soggetto di svolgere attività o di avere rapporti personali che possono portare al compimento di altri reati.

7. Nel verbale deve anche stabilirsi che l'affidato si adoperi in quanto possibile in favore della vittima del suo reato ed adempia puntualmente agli obblighi di assistenza familiare.

8. Nel corso dell'affidamento le prescrizioni possono essere modificate dal magistrato di sorveglianza. Le deroghe temporanee alle prescrizioni sono autorizzate, nei casi di urgenza, dal direttore dell'ufficio di esecuzione penale esterna, che ne dà immediata comunicazione al magistrato di sorveglianza e ne riferisce nella relazione di cui al comma 10.[6]

9. Il servizio sociale controlla la condotta del soggetto e lo aiuta a superare le difficoltà di adattamento alla vita sociale, anche mettendosi in relazione con la sua famiglia e con gli altri suoi ambienti di vita.

10. Il servizio sociale riferisce periodicamente al magistrato di sorveglianza sul comportamento del soggetto.[7]

11. L'affidamento è revocato qualora il comportamento del soggetto, contrario alla legge o alle prescrizioni dettate, appaia incompatibile con la prosecuzione della prova.

12. L'esito positivo del periodo di prova estingue la pena detentiva e ogni altro effetto penale, ad eccezione delle pene accessorie perpetue[8]. Il tribunale di sorveglianza, qualora l'interessato si trovi in disagiate condizioni economiche, può dichiarare estinta anche la pena pecuniaria che non sia stata già riscossa.

12-*bis*. All'affidato in prova al servizio sociale che abbia dato prova nel periodo di affidamento di un suo concreto recupero sociale, desumibile da comportamenti rivelatori del positivo evolversi della sua personalità, può essere concessa la detrazione di pena di cui all'art. 54. Si applicano gli artt. 69, comma 8, e 69-*bis*, nonché l'art. 54, comma 3.[9,10]

[1] La Corte cost., con sent. 16 mar. 2007, n. 78, ha dichiarato l'ill. cost. degli artt. 47, 48 e 50 della presente legge, ove interpretati nel senso che allo straniero extracomunitario, entrato illegalmente nel territorio dello Stato o privo del permesso di soggiorno, sia in ogni caso precluso l'accesso alle misure alternative da essi previste.

[2] La Corte cost., con sent. 11 lug. 1989, n. 386, ha dichiarato l'ill. cost. del c. 1 «nella parte in cui non prevede che nel computo delle pene, ai fini della determinazione del limite dei tre anni, non si debba tener conto anche delle pene espiate».

Ai sensi dell'art. 14-*bis* del D.L. 8 giu. 1992, n. 306, conv. in L. 7 ago. 1992, n. 356: «La disposizione del primo comma dell'art. 47 della L. 26 lug. 1975, n. 354, nella parte in cui indica i limiti che la pena inflitta non deve superare perché il condannato possa beneficiare dell'affidamento in prova al servizio sociale, va interpretata nel senso che deve trattarsi della pena da espiare in concreto, tenuto conto anche dell'applicazione di eventuali cause estintive».

[3] Comma così modif. dall'art. 7, c.1, lett. *a*), D.lgs. 2 ott. 2018, n. 123.

[4] Comma aggiunto dall'art. 3, c. 1, lett. *c*), D.L. 23 dic. 2013, n. 146, conv. con modif. in L. 21 feb. 2014, n. 10.

[5] Comma così sost. dall'art. 3, c. 1, lett. *d*), D.L. 23 dic. 2013, n. 146, conv. con modif. in L. 21 feb. 2014, n. 10.

[6] Periodo aggiunto dall'art. 3, c. 1, lett. *e*), D.L. 23 dic. 2013, n. 146, conv. con modif. in L. 21 feb. 2014, n. 10.

[7] La Corte cost., con sent. 29 ott. 1987, n. 347, ha dichiarato l'ill. cost. del c. 10, «nella parte in cui - in caso di revoca del provvedimento di ammissione all'affidamento in prova per comportamento incompatibile con la prosecuzione della prova - non consente al tribunale di sorveglianza di determinare la residua pena detentiva da espiare, tenuto conto della durata delle limitazioni patite dal condannato e dal suo comportamento durante il trascorso periodo di affidamento in prova».

[8] Parole aggiunte dall'art. 1, c. 7, L. 9 gen. 2019, n. 3.

[9] Comma aggiunto dall'art. 3 della L. 19 dic. 2002, n. 277. L'art. 4 della legge cit. prevede che il beneficio venga applicato anche agli affidamenti in corso alla data di entrata in vigore della L. 19 dic. 2002, n. 277, con riferimento

ai semestri successivi al 31 dic. 1999 o in svolgimento a tale data.

[10] Il beneficio previsto da tale comma si applica anche agli affidamenti in corso alla data di entrata in vigore della L. 19 dic. 2002, n. 277, con riferimento ai semestri successivi al 31 dic. 1999 o in svolgimento a tale data.

47-*bis*. *Affidamento in prova in casi particolari.*[1]

[1] Articolo abrog. dall'art. 3, L. 27 mag. 1998, n. 165, v. però art. 94, D.P.R. 9 ott. 1990, n. 309.

47-*ter*. *Detenzione domiciliare.* — 01. La pena della reclusione per qualunque reato, ad eccezione di quelli previsti dal libro II, titolo XII capo III, sezione I, e dagli artt. 609-*bis*, 609-*quater* e 609-*octies* del codice penale, dall'art. 51, comma 3-*bis*, del codice di procedura penale e dall'art. 4-*bis* della presente legge, può essere espiata nella propria abitazione o in altro luogo pubblico di cura, assistenza ed accoglienza, quando trattasi di persona che, al momento dell'inizio dell'esecuzione della pena, o dopo l'inizio della stessa, abbia compiuto i settanta anni di età purché non sia stato dichiarato delinquente abituale, professionale o per tendenza né sia stato mai condannato con l'aggravante di cui all'art. 99 del codice penale.[1]

1. La pena della reclusione non superiore a quattro anni, anche se costituente parte residua di maggior pena, nonché la pena dell'arresto, possono essere espiate nella propria abitazione o in altro luogo di privata dimora ovvero in luogo pubblico di cura, assistenza o accoglienza ovvero, nell'ipotesi di cui alla lettera a), in case famiglia protette, quando trattasi di:[2,3]

a) donna incinta o madre di prole di età inferiore ad anni dieci con lei convivente;[4]

b) padre, esercente la potestà, di prole di età inferiore ad anni dieci con lui convivente, quando la madre sia deceduta o altrimenti assolutamente impossibilitata a dare assistenza alla prole;[5]

c) persona in condizioni di salute particolarmente gravi, che richiedano costanti contatti con i presìdi sanitari territoriali;

d) persona di età superiore a sessanta anni, se inabile anche parzialmente;

e) persona minore di anni ventuno per comprovate esigenze di salute, di studio, di lavoro e di famiglia.

1.1.[6]

1-*bis*. La detenzione domiciliare può essere applicata per l'espiazione della pena detentiva inflitta in misura non superiore a due anni, anche se costituente parte residua di maggior pena, indipendentemente dalle condizioni di cui al comma 1 quando non ricorrono i presupposti per l'affidamento in prova al servizio sociale e sempre che tale misura sia idonea ad evitare il pericolo che il condannato commetta altri reati. La presente disposizione non si applica ai condannati per i reati di cui all'art. 4-*bis* [e a quelli cui sia stata applicata la recidiva prevista dall'art. 99, quarto comma, del codice penale][7,8]

1-*ter*. Quando potrebbe essere disposto il rinvio obbligatorio o facoltativo dell'esecuzione della pena ai sensi degli artt. 146 e 147 del c.p., il tribunale di sorveglianza, anche se la pena supera il limite di cui al comma 1, può disporre la applicazione della detenzione domiciliare, stabilendo un termine di durata di tale applicazione, termine che può essere prorogato. L'esecuzione della pena prosegue durante la esecuzione della detenzione domiciliare.[9]

1-*quater*. L'istanza di applicazione della detenzione domiciliare è rivolta, dopo che ha avuto inizio l'esecuzione della pena, al tribunale di sorveglianza competente in relazione al luogo di esecuzione. Nei casi in cui vi sia un grave pregiudizio derivante dalla protrazione dello stato di detenzione, l'istanza di detenzione domiciliare di cui ai precedenti commi 01, 1, 1-*bis* e 1-*ter* è rivolta al magistrato di sorveglianza che può disporre l'applicazione provvisoria della misura. Si applicano, in quanto compatibili, le disposizioni di cui all'articolo 47, comma 4.[10]

1-*quinquies*. Nei confronti dei detenuti per uno dei delitti previsti dall'articolo 51, comma 3-*bis* e 3-quater del codice di procedura penale o sottoposti al regime previsto dall'articolo 41-*bis*, il tribunale o il magistrato di sorveglianza, prima di provvedere in ordine al rinvio dell'esecuzione della pena ai sensi degli articoli 146 o 147 del codice penale con applicazione della detenzione domiciliare, ai sensi del comma 1-*ter*, o alla sua proroga, chiede il parere del procuratore della Repubblica presso il tribunale del capoluogo del distretto ove è stata pronunciata la sentenza di condanna e, nel caso di detenuti sottoposti al regime previsto dall'articolo 41-*bis*, anche quello del Procuratore nazionale antimafia e antiterrorismo in ordine all'attualità dei collegamenti con la criminalità organizzata ed alla pericolosità del soggetto. I pareri sono resi al magistrato di sorveglianza e al tribunale di sorveglianza nel termine, rispettivamente, di due giorni e di quindici giorni dalla richiesta. Salvo che ricorrano esigenze di motivata eccezionale urgenza, il tribunale o il magistrato di sorveglianza non possono provvedere prima del decorso dei predetti termini.[11]

2.[12]

3.[13]

4. Il tribunale di sorveglianza, nel disporre la detenzione domiciliare, ne fissa le modalità secondo quanto stabilito dall'art. 284 del c.p.p.[14] Determina e impartisce altresì le disposizioni per gli interventi del servizio sociale. Tali prescrizioni e disposizioni possono essere modificate dal magistrato di sorveglianza competente per il luogo in cui si svolge la detenzione domiciliare.

4-*bis*.[15]

5. Il condannato nei confronti del quale è disposta la detenzione domiciliare non è sottoposto al regime penitenziario previsto dalla presente legge

e dal relativo regolamento di esecuzione. Nessun onere grava sull'amministrazione penitenziaria per il mantenimento, la cura e l'assistenza medica del condannato che trovasi in detenzione domiciliare.

6. La detenzione domiciliare è revocata se il comportamento del soggetto, contrario alla legge o alle prescrizioni dettate, appare incompatibile con la prosecuzione delle misure.

7. Deve essere inoltre revocata quando vengono a cessare le condizioni previste nei commi 1, 1-*bis* e 1-*ter*.[16]

8. Il condannato che, essendo in stato di detenzione nella propria abitazione o in un altro dei luoghi indicati nel comma 1, se ne allontana, è punito ai sensi dell'art. 385 dell'ultimo comma dello stesso articolo.[5]

9. La condanna per il delitto di cui al comma 8, salvo che il fatto non sia di lieve entità, importa la revoca del beneficio.[10]

9-*bis*. Se la misura di cui al comma 1-*bis* è revocata ai sensi dei commi precedenti la pena residua non può essere sostituita con altra misura.

[1] La Corte cost., con sent. 31 mar. 2021, n. 56, ha dichiarato l'ill. cost. del presente comma, limitatamente alle parole «né sia stato mai condannato con l'aggravante di cui all'art. 99 del c.p.».

[2] Ai sensi dell'art. 4, L. 21 apr. 2011, n. 62 «Con decreto del Ministro della giustizia, da adottare, entro centottanta giorni dalla data di entrata in vigore della presente legge, d'intesa con la Conferenza Stato-città ed autonomie locali, sono determinate le caratteristiche tipologiche delle case famiglia protette previste dall'art. 284 del c.p.p. e dagli artt. 47-*ter* e 47-*quinquies* della L. 26 lug. 1975, n. 354».

[3] Alinea così modif. dall'art. 3, c. 1, L. 21 apr. 2011, n. 62.

[4] La Corte cost., con sent. 5 dic. 2003, n. 350, ha dichiarato l'ill. cost. della lett. *a*) di questo comma nella parte in cui non prevede la concessione della detenzione domiciliare anche nei confronti della madre condannata e, nei casi previsti dal comma 1, lett. *b*), del padre condannato, conviventi con un figlio portatore di handicap totalmente invalidante.

[5] La Corte cost., con sent. 22 nov. 2018, n. 211, ha dichiarato l'ill. cost. dell'art. 47-*ter*, c. 1, lett. *b*), e 8, della L. 26 lug. 1975, n. 354, nella parte in cui non limita la punibilità ai sensi dell'art. 385 del c.p. al solo allontanamento che si protragga per più di dodici ore, come stabilito dall'art. 47-*sexies*, c. 2 e 4, della suddetta L. 354/1975, sul presupposto, di cui all'art. 47-*quinquies*, c. 1, della medesima legge, che non sussista un concreto pericolo di commissione di ulteriori delitti.

[6] Comma soppresso dall'art. 2, c. 1, lett. *b*), D.L. 1 lug. 2013, n. 78, conv. con modif. in L. 9 ago. 2013, n. 94.

[7] Parole soppresse dall'art. 2, c. 1, lett. *b*), D.L. 1 lug. 2013, n. 78, conv. con modif. in L. 9 ago. 2013, n. 94.

[8] I commi 1 e 1-*bis* sono stati così sost. dall'art. 7, c. 3, L. 5 dic. 2005, n. 251.

[9] La Corte cost., con sent. 19 apr. 2019, n. 99, ha dichiarato l'ill. cost. del presente comma nella parte in cui non prevede che, nell'ipotesi di grave infermità psichica sopravvenuta, il tribunale di sorveglianza possa disporre l'applicazione al condannato della detenzione domiciliare anche in deroga ai limiti di cui al c. 1 del medesimo art. 47-*ter*.

[10] Comma così sost. dall'art. 2, c. 1, lett. *b*), D.L. 1 lug. 2013, n. 78, conv. con modif. in L. 9 ago. 2013, n. 94.

[11] Comma aggiunto dall'art. 2, c. 1, D.L. 30 apr. 2020, n. 28, conv. con modif. in L. 25 giu. 2020, n. 70.

[12] Comma abrog. dall'art.1, D.L 13 mag. 1991, n. 152, conv. con modif. in L. 12 lug. 1991, n.203.

[13] Comma abrog. dall'art. 4, L. 27 mag 1998, n. 165.

[14] L'art. 4 della L. 27 mag. 1998, n. 165, ha sostituito l'originario rinvio al 254-*quater* c.p.p. con quello al 284 c.p.p.

[15] Comma abrog. dall'art. 3, c. 1, lett. *f*), D.L. 23 dic. 2013, n. 146, conv. con modif. in L. 21 feb. 2014, n. 10.

[16] Parole così sost. dall'art. 2, c. 1, D.L. 30 apr. 2020, n. 28, conv. con modif. in L. 25 giu. 2020, n. 70.

47-*quater*. *Misure alternative alla detenzione nei comparti dei soggetti affetti da AIDS conclamata o da grave deficienza immunitaria.* — 1. Le misure previste dagli artt. 47 e 47-*ter* possono essere applicate, anche oltre i limiti di pena ivi previsti, su istanza dell'interessato o del suo difensore, nei confronti di coloro che sono affetti da AIDS conclamata o da grave deficienza immunitaria accertata ai sensi dell'art. 286-*bis*, II c., del c.p.p. e che hanno in corso o intendono intraprendere un programma di cura e assistenza presso le unità operative di malattie infettive ospedaliere ed universitarie o altre unità operative prevalentemente impegnate secondo i piani regionali nell'assistenza ai casi di AIDS.

2. L'istanza di cui al comma 1 deve essere corredato da certificazione del servizio sanitario penitenziario, che attesti la sussistenza delle condizioni di salute ivi indicate e la concreta attuabilità del programma di cura e assistenza, in corso o da effettuare, presso le unità operative di malattie infettive ospedaliere ed universitarie o altre unità operative prevalentemente impegnate secondo i piani regionali nell'assistenza ai casi di AIDS.

3. Le prescrizioni da impartire per l'esecuzione della misura alternativa devono contenere anche quelle relative alle modalità di esecuzione del programma.

4. In caso di applicazione della misura della detenzione domiciliare, i centri di servizio sociale per adulti svolgono l'attività di sostegno e di controllo circa l'attuazione del programma.

5. Nei casi previsti dal comma 1, il giudice può non applicare la misura alternativa qualora l'interessato abbia già fruito di analoga misura e questa sia stata revocata da meno di un anno.

6. Il giudice può revocare la misura alternativa disposta ai sensi del comma 1 qualora il soggetto risulti impostato o sia stato sottoposto a misure cautelare per uno dei delitti previsti dall'art. 380 c.p.p. relativamente a fatti connessi successivamente alla concessione del beneficio.

7. Il giudice, quando non applica o quando revoca la misura alternativa per uno dei motivi di cui ai commi 5 e 6, ordina che il soggetto sia detenuto presso un istituto carcerario dotato di reparto attrezzato per la cura e l'assistenza necessaria.

8. Per quanto non diversamente stabilito dal presente articolo si applicano le disposizioni dell'art. 47-*ter*.

9. Ai fini del presente articolo non si applica il divieto di concessione dei benefici previsto dall'art. 4-*bis*, fermi restando gli accertamenti previsti dai commi 2, 2-*bis* e 3 dello stesso articolo.

10. Le disposizioni del presente articolo si applicano anche alle persone internate.

47-*quinquies*. *Detenzione domiciliare speciale.*[1,2] — 1. Quando non ricorrono le condizioni di cui all'art. 47-*ter*, le condannate madri di prole di età non superiore ad anni dieci, se non sussiste un concreto pericolo di commissione di ulteriori delitti e se vi è la possibilità di ripristinare la convivenza con i figli, possono essere ammesse ad espiare la pena nella propria abitazione, o in altro luogo di privata dimora, ovvero in luogo di cura, assistenza o accoglienza, al fine di provvedere alla cura e alla assistenza dei figli, dopo l'espiazione di almeno un terzo della pena ovvero dopo l'espiazione di almeno quindici anni nel caso di condanna all'ergastolo, secondo le modalità di cui al comma 1-*bis*.[3,4]

1-*bis*. Salvo che nei confronti delle madri condannate per taluno dei delitti indicati nell'articolo 4-*bis*, l'espiazione di almeno un terzo della pena o di almeno quindici anni, prevista dal comma 1 del presente articolo, può avvenire presso un istituto a custodia attenuata per detenute madri ovvero, se non sussiste un concreto pericolo di commissione di ulteriori delitti o di fuga, nella propria abitazione, o in altro luogo di privata dimora, ovvero in luogo di cura, assistenza o accoglienza, al fine di provvedere alla cura e all'assistenza dei figli. In caso di impossibilità di espiare la pena nella propria abitazione o in altro luogo di privata dimora, la stessa può essere espiata nelle case famiglia protette, ove istituite.[5,6]

2. Per la condannata nei cui confronti è disposta la detenzione domiciliare speciale, nessun onere grava sull'amministrazione penitenziaria per il mantenimento, la cura e l'assistenza medica della condanna che si trovi in detenzione domiciliare speciale.

3. Il tribunale di sorveglianza, nel disporre la detenzione domiciliare speciale, fissa le modalità di attuazione, secondo quanto stabilito dall'art. 284, comma 2 del codice di procedura penale, precisa il periodo di tempo che la persona può trascorrere all'esterno del proprio domicilio, detta le prescrizioni relative agli interventi del servizio sociale. Tali prescrizioni e disposizioni possono essere modificate dal magistrato di sorveglianza competente per il luogo in cui si svolge la misura. Si applica l'art. 284, comma 4, del codice di procedura penale.

4. All'atto della scarcerazione è redatto verbale in cui sono dettate le prescrizioni che il soggetto deve seguire nei rapporti con il servizio sociale.

5. Il servizio sociale controlla la condotta del soggetto e lo aiuta a superare le difficoltà di adattamento alla vita sociale, anche mettendosi in relazione con la sua famiglia e con gli altri suoi ambienti di vita; riferisce periodicamente al magistrato di sorveglianza sul comportamento del soggetto.

6. La detenzione domiciliare speciale è revocata se il comportamento del soggetto, contrario alla legge o alle prescrizioni dettate, appare incompatibile con la prosecuzione della misura.

7. La detenzione domiciliare speciale può essere concessa, alle stesse condizioni previste per la madre, anche al padre detenuto, se la madre è deceduta o impossibilitata e non vi è modo di affidare la prole ad altri che al padre.

8. Al compimento del decimo anno di età del figlio, su domanda del soggetto già ammesso alla detenzione domiciliare speciale, il tribunale di sorveglianza può:

a) disporre la proroga del beneficio, se ricorrono i requisiti per l'applicazione della semilibertà di cui all'art. 50, commi 2, 3 e 5;

b) disporre l'ammissione all'assistenza all'esterno dei figli minori di cui all'art. 21-*bis*, tenuto conto del comportamento dell'interessato nel corso della misura, desunto dalle relazioni redatte dal servizio sociale, ai sensi del comma 5, nonché della durata della misura e dell'entità della pena residua.

[1] La Corte cost., con sent. 3 feb. 2022, n. 30, ha dichiarato l'ill. cost. dei commi 1, 3 e 7, nella parte in cui non prevedono che, ove vi sia un grave pregiudizio per il minore derivante dalla protrazione dello stato di detenzione del genitore, l'istanza di detenzione domiciliare può essere proposta al magistrato di sorveglianza, che può disporre l'applicazione provvisoria della misura, nel qual caso si applicano, in quanto compatibili, le disposizioni di cui all'art. 47, c. 4, della presente legge.

[2] Ai sensi dell'art. 4 del L. 21 apr. 2011, n. 62 «Con decreto del Ministro della giustizia, da adottare, entro centottanta giorni dalla data di entrata in vigore della presente legge, d'intesa con la Conferenza Stato-città ed autonomie locali, sono determinate le caratteristiche tipologiche delle case famiglia protette previste dall'articolo 284 del codice di procedura penale e dagli articoli 47-*ter* e 47-*quinquies* della legge 26 luglio 1975, n. 354».

[3] Comma così modif. dall'art. 3, c. 2, lett. *a*), L. 21 apr. 2011, n. 62.

[4] La Corte cost., con sent. 14 feb. 2020, n. 18, ha dichiarato l'ill. cost. del presente comma nella parte in cui non prevede la concessione della detenzione domiciliare speciale anche alle condannate madri di figli affetti da handicap grave ai sensi dell'art. 3, c. 3, della L. 5 feb. 1992, n. 104 (Legge-quadro per l'assistenza, l'integrazione sociale e i diritti delle persone handicappate), ritualmente accertato in base alla medesima legge.

[5] Comma ins. dall'art. 3, c. 2, lett. *b*), L. 21 apr. 2011, n. 62.

[6] La Corte cost., con sent. 12 apr. 2017, n. 76, ha dichiarato l'ill. cost. del presente comma, limitatamente alle parole «Salvo che nei confronti delle madri condannate per taluno dei delitti indicati nell'articolo 4-*bis*,».

47-*sexies*. *Allontanamento dal domicilio senza giustificato motivo.*[1] — 1. La condanna ammessa al regime della detenzione domiciliare speciale che rimane assente dal proprio domicilio, senza giustificato motivo, per non più di dodici ore, può essere proposta per la revoca della misura.

2. Se l'assenza si protrae per un tempo maggiore

la condanna è punita ai sensi dell'art. 385, primo comma, del codice penale ed è applicabile la disposizione dell'ultimo comma dello stesso articolo.

3. La condanna per il delitto di evasione comporta la revoca del beneficio.

4. Le disposizioni di cui al presente articolo si applicano al padre detenuto, qualora la detenzione domiciliare sia stata concessa a questi, ai sensi dell'art. 47-*quinquies*, comma 7.

[1] Articolo ins. dall'art. 4, L. 8 mar. 2001, n. 40.

48. ***Regime di semilibertà.***[1] — Il regime di semilibertà consiste nella concessione al condannato e all'internato di trascorrere parte del giorno fuori dell'istituto per partecipare ad attività lavorative, istruttive o comunque utili al reinserimento sociale.

I condannati e gli internati ammessi al regime di semilibertà sono assegnati in appositi istituti o apposite sezioni autonome di istituti ordinari e indossano abiti civili.

[...].[2]

[1] La Corte cost., con sent. 16 mar. 2007, n. 78, ha dichiarato l'ill. cost., degli artt. 47, 48 e 50 della presente legge, ove interpretati nel senso che allo straniero extracomunitario, entrato illegalmente nel territorio dello Stato o privo del permesso di soggiorno, sia in ogni caso precluso l'accesso alle misure alternative da essi previste.

[2] Comma abrog. dall'art. 29, L. 10 ott. 1986, n. 663.

49. ....[1]

[1] Articolo abrog. dall'art. 110, L. 24 nov. 1981, n. 689.

50. ***Ammissione alla semilibertà.***[1] — 1. Possono essere espiate in regime di semilibertà la pena dell'arresto e la pena della reclusione non superiore a sei mesi, se il condannato non è affidato in prova al servizio sociale.

2. Fuori dei casi previsti dal comma 1, il condannato può essere ammesso al regime di semilibertà soltanto dopo l'espiazione di almeno metà della pena ovvero, se si tratta di condannato per taluno dei delitti indicati nel comma 1, 1-*ter* e 1-*quater* dell'art. 4-*bis*, di almeno due terzi di essa. L'internato può esservi ammesso in ogni tempo. Tuttavia, nei casi previsti dall'art. 47, se mancano i presupposti per l'affidamento in prova al servizio sociale, può essere ammesso al regime di semilibertà anche prima dell'espiazione di metà della pena.

3. Per il computo della durata delle pene non si tiene conto della pena pecuniaria inflitta congiuntamente a quella detentiva.

4. L'ammissione al regime di semilibertà è disposta in relazione ai progressi compiuti nel corso del trattamento, quando vi sono le condizioni per un graduale reinserimento del soggetto nella società.

5. Il condannato all'ergastolo può essere ammesso al regime di semilibertà dopo avere espiato almeno venti anni di pena.

6. Nei casi previsti dal comma 1, se il condannato ha dimostrato la propria volontà di reinserimento nella vita sociale, la semi-libertà può essere altresì disposta successivamente all'inizio dell'esecuzione della pena. Si applica l'art. 47, comma 4, in quanto compatibile.[2]

7. Se l'ammissione alla semilibertà riguarda una detenuta madre di un figlio di età inferiore a tre anni, essa ha diritto di usufruire della casa per la semilibertà di cui all'ultimo comma dell'art. 92 del D.P.R. 29 apr. 1976, n. 431.

[1] Vedi nota n. 1 all'art. 48.

[2] La Corte cost., con sent. 24 apr. 2020, n. 74, ha dichiarato l'ill. cost. del presente comma nella parte in cui non consente al magistrato di sorveglianza di applicare in via provvisoria la semilibertà, ai sensi dell'art. 47, c. 4, L. 354/1975, in quanto compatibile, anche nell'ipotesi prevista dal terzo periodo del c. 2 del presente articolo.

50-*bis*. ***Concessione della semilibertà ai recidivi.***[1]

[1] Articolo abrog. dall'art. 2, c. 1, lett. *c*), D.L. 1 lug. 2013, n. 78, conv. con modif. in L. 9 ago. 2013, n. 94.

51. ***Sospensione e revoca del regime di semilibertà.*** — Il provvedimento di semilibertà può essere in ogni tempo revocato quando il soggetto non si appalesi idoneo al trattamento.

Il condannato, ammesso al regime di semilibertà, che rimane assente dall'istituto senza giustificato motivo, per non più di 12 ore, è punito in via disciplinare e può essere proposto per la revoca della concessione.

Se l'assenza si protrae per un tempo maggiore, il condannato è punibile a norma del primo comma dell'art. 385 del c.p. ed è applicabile la disposizione dell'ultimo capoverso dello stesso articolo.

La denuncia per il delitto di cui al precedente comma importa la sospensione del beneficio e la condanna ne importa la revoca.

All'internato ammesso al regime di semilibertà che rimane assente dall'istituto senza giustificato motivo, per oltre tre ore, si applicano le disposizioni dell'ultimo comma dell'art. 53.

51-*bis*. ***Sopravvenienza di nuovi titoli di privazione della libertà.*** — Quando, durante l'esecuzione di una misura alternativa alla detenzione, sopravviene un titolo esecutivo di altra pena detentiva, il pubblico ministero competente ai sensi dell'articolo 655 del codice di procedura penale informa immediatamente il magistrato di sorveglianza formulando contestualmente le proprie richieste. Il magistrato di sorveglianza, tenuto conto del cumulo delle pene, se rileva che permangono le condizioni di applicabilità della misura in esecuzione, ne dispone con ordinanza la prosecuzione; in caso contrario, ne dispone la cessazione e ordina l'accompagnamento del condannato in istituto.[1]

2. Avverso il provvedimento di cui al comma 1 è ammesso reclamo ai sensi dell'articolo 69-*bis*.

[1] Comma così sost. dall'art. 5, c. 1, lett. *a*), D.lgs. 2 ott. 2018, n. 123.

51-*ter*. ***Sospensione cautelativa delle misure alternative.***[1] — 1. Se la persona sottoposta a misura alternativa pone in essere comportamenti suscettibili di determinarne la revoca, il magistrato di sorveglianza, nella cui giurisdizione la misura è in esecuzione, ne dà immediata comunicazione al tribunale di sorveglianza affinché decida in ordine alla prosecuzione, sostituzione o revoca della misura.

2. Nell'ipotesi di cui al comma 1, il magistrato di sorveglianza può disporre con decreto motivato la provvisoria sospensione della misura alternativa e ordinare l'accompagnamento in istituto del trasgressore. Il provvedimento di sospensione perde efficacia se la decisione del tribunale non interviene entro trenta giorni dalla ricezione degli atti.

[1] Articolo così sost. dall'art. 5, c. 1, lett. *b*), D.lgs. 2 ott. 2018, n. 123.

51-*quater*. *Disciplina delle pene accessorie in caso di concessione di misure alternative.*[1] — 1. In caso di applicazione di una misura alternativa alla detenzione, sono eseguite anche le pene accessorie, salvo che il giudice che ha concesso la misura, tenuto conto delle esigenze di reinserimento sociale del condannato, ne disponga la sospensione.

2. In caso di revoca della misura, ove disposta l'applicazione delle pene accessorie ai sensi del comma 1, l'esecuzione ne viene sospesa, ma il periodo già espiato è computato ai fini della loro durata.

[1] Articolo ins. dall'art. 6, c. 1, D.lgs. 2 ott. 2018, n. 123.

52. *Licenza al condannato ammesso al regime di semilibertà.*[1] — Al condannato ammesso al regime di semilibertà possono essere concesse a titolo di premio una o più licenze di durata non superiore nel complesso a giorni 45 all'anno.

Durante la licenza il condannato è sottoposto al regime della libertà vigilata.

Se il condannato durante la licenza trasgredisce agli obblighi impostigli, la licenza può essere revocata indipendentemente dalla revoca della semilibertà.

Al condannato che, allo scadere della licenza o dopo la revoca di essa, non rientra in istituto sono applicabili le disposizioni di cui al precedente articolo.

[1] Ai sensi dell'art. 28, D.L. 28 ott. 2020, n. 137, conv. in L. 18 dic. 2020, n. 176, e così modif. in ultimo dall'art. 16, D.L. 24 dic. 2021, n. 221, conv. con modif. in L. 18 feb. 2022, n. 11: «1. Dalla data di entrata in vigore del presente decreto, ferme le ulteriori disposizioni di cui all'art. 52 della L. 26 lug. 1975, n. 354, al condannato ammesso al regime di semilibertà possono essere concesse licenze con durata superiore a quella prevista dal primo comma del predetto art. 52, salvo che il magistrato di sorveglianza ravvisi gravi motivi ostativi alla concessione della misura.

2. In ogni caso la durata delle licenze premio non può estendersi oltre il 31 mar. 2022».

53. *Licenze agli internati.* — Agli internati può essere concessa una licenza di sei mesi nel periodo immediatamente precedente alla scadenza fissata per il riesame di pericolosità.

Ai medesimi può essere concessa, per gravi esigenze personali o familiari, una licenza di durata non superiore a giorni 15; può essere inoltre concessa una licenza di durata non superiore a giorni 30, una volta all'anno, al fine di favorirne il riadattamento sociale.

Agli internati ammessi al regime di semilibertà possono inoltre essere concesse, a titolo di premio, le licenze previste nel primo comma dell'articolo precedente.

Durante la licenza l'internato è sottoposto al regime della libertà vigilata.

Se l'internato durante la licenza trasgredisce agli obblighi impostigli, la licenza può essere revocata indipendentemente dalla revoca della semilibertà.

L'internato che rientra in istituto dopo tre ore dallo scadere della licenza, senza giustificato motivo, è punito in via disciplinare e, se in regime di semilibertà, può subire la revoca della concessione.

53-*bis*. *Computo del periodo di permesso o licenza.* — 1. Il tempo trascorso dal detenuto o dall'internato in permesso o licenza è computato a ogni effetto nella durata delle misure restrittive della libertà personale, salvi i casi di mancato rientro o di altri gravi comportamenti da cui risulta che il soggetto non si è dimostrato meritevole del beneficio. In questi casi sull'esclusione dal computo decide, con decreto motivato, il magistrato di sorveglianza.

3. Avverso il decreto può essere proposto dall'interessato reclamo al tribunale di sorveglianza secondo la procedura di cui all'art. 14-*ter*. Il magistrato che ha emesso il provvedimento non fa parte del collegio.

54. *Liberazione anticipata.*[1] — 1. Al condannato a pena detentiva che ha dato prova di partecipare all'opera di rieducazione è concessa, quale riconoscimento di tale partecipazione, e ai fini del suo più efficace reinserimento nella società, una detrazione di quarantacinque giorni per ogni singolo semestre di pena scontata. A tal fine è valutato anche il periodo trascorso in stato di custodia cautelare o di detenzione domiciliare.

2. La concessione del beneficio è comunicata all'ufficio del pubblico ministero presso la corte d'appello o il tribunale che ha emesso il provvedimento di esecuzione o al pretore[2] se tale provvedimento è stato da lui emesso.

3. La condanna per delitto non colposo commesso nel corso dell'esecuzione successivamente alla concessione del beneficio ne comporta la revoca.[3]

4. Agli effetti del computo della misura di pena che occorre avere espiato per essere ammessi ai benefici dei permessi premio, della semilibertà e della liberazione condizionale, la parte di pena detratta ai sensi del comma 1 si considera come scontata. La presente disposizione si applica anche ai condannati all'ergastolo.

[1] Articolo così sost. dall'art. 18, L. 10 ott. 1986, n. 663. Ai sensi dell'art. 30 della citata L. 663/1986: «1. La detrazione

di pena prevista dall'art. 54 della L. 26 lug. 1975, n. 354, come modificato dall'art. 18 della presente legge, si applica con provvedimento del tribunale di sorveglianza anche ai semestri di pena scontata successivi alla data del 31 ago. 1981 nonché al semestre in corso a quella data, nella misura di 45 giorni, o in quella integrativa di 25 giorni nei casi in cui sono state già concesse le detrazioni di pena secondo le norme preesistenti, sempreché attualmente e con riferimento ai semestri suddetti risulti provata la partecipazione del condannato all'opera di rieducazione secondo i criteri indicati nell'art. 94 del regolamento di esecuzione della citata L. 26 lug. 1975, n. 354, approvato con D.P.R. 29 apr. 1976, n. 431».

[2] Il riferimento al pretore va ora inteso come fatto al "pubblico ministero presso la pretura circondariale".

[3] La Corte cost., con sent. 23 mag. 1995, n. 186, ha dichiarato l'ill. cost. del presente comma "nella parte in cui prevede la revoca della liberazione anticipata nel caso di condanna per delitto non colposo commesso nel corso dell'esecuzione successivamente alla concessione del beneficio anziché stabilire che la liberazione anticipata è revocata se la condotta del soggetto, in relazione alla condanna subita, appare incompatibile con il mantenimento del beneficio".

55. ***Interventi del servizio sociale nella libertà vigilata.*** — Nei confronti dei sottoposti alla libertà vigilata, ferme restando le disposizioni di cui all'art. 228 del c.p., il servizio sociale svolge interventi di sostegno e di assistenza al fine del loro reinserimento sociale.

56. ***Remissione del debito.***[1]

[1] Articolo abrog. dall'art. 299, D.P.R. 30 mag. 2002, n. 115.

57. ***Legittimazione alla richiesta di misure.***[1] — Le misure alternative e quelle di cui agli articoli 30, 30-*ter*, 52, 53 e 54 nonché all'articolo 6 del decreto del Presidente della Repubblica 30 maggio 2002, n. 115, possono essere richieste dal condannato, dall'internato, dai loro prossimi congiunti, dal difensore, ovvero proposte dal gruppo di osservazione e trattamento.

[1] Articolo così sost. dall'art. 7, c. 1, lett. *b*), D.lgs. 2 ott. 2018, n. 123.

58. ***Comunicazione all'autorità di pubblica sicurezza.*** — Dei provvedimenti previsti dal presente capo ed adottati dal magistrato o dal tribunale di sorveglianza è data immediata comunicazione all'autorità provinciale di P.S. a cura della cancelleria.

Alle attività di controllo partecipa, ove richiesta, la polizia penitenziaria, secondo le indicazioni del direttore dell'ufficio di esecuzione penale esterna e previo coordinamento con l'autorità di pubblica sicurezza. Tali attività riguardano esclusivamente l'osservanza delle prescrizioni inerenti alla dimora, alla libertà di locomozione, ai divieti di frequentare determinati locali o persone e di detenere armi.[1]

Le attività di controllo sono svolte con modalità tali da garantire il rispetto dei diritti dell'interessato e dei suoi familiari e conviventi, da recare il minor pregiudizio possibile al processo di reinserimento sociale e la minore interferenza con lo svolgimento di attività lavorative.[1]

[1] Comma aggiunto dall'art. 8, D.lgs. 2 ott. 2018, n. 123.

58-*bis*. ***Iscrizione nel casellario giudiziale.***[1]

[1] Articolo ins. dall'art. 74, L. 24 nov. 1981, n. 689 e successivamente abrog. dall'art. 52, D.P.R. 14 nov. 2002, n. 313.

58-*ter*. ***Persone che collaborano con la giustizia.*** — 1. I limiti di pena previsti dalle disposizioni del comma 1, 1-*ter* e 1-*quater* dell'art. 21, del comma 4 dell'art. 21, del comma 4 dell'art. 30-*ter* e del comma 2 dell'art. 50, concernenti le persone condannate per taluni dei delitti indicati nel comma 1 dell'art. 4-*bis*, non si applicano a coloro che, anche dopo la condanna, si sono adoperati per evitare che l'attività delittuosa sia portata a conseguenze ulteriori ovvero hanno aiutato concretamente l'autorità di polizia o l'autorità giudiziaria nella raccolta di elementi decisivi per la ricostruzione dei fatti e per l'individuazione o la cattura degli autori dei reati.

2. Le condotte indicate nel comma 1 sono accertate dal tribunale di sorveglianza, assunte le necessarie informazioni e sentito il pubblico ministero presso il giudice competente per i reati in ordine ai quali è stata prestata la collaborazione.

58-*quater*. ***Divieto di concessione di benefici.***[1] — 1. L'assegnazione al lavoro all'esterno, i permessi premio, l'affidamento in prova al servizio sociale, nei casi previsti dall'art. 47, la detenzione domiciliare e la semilibertà non possono essere concessi al condannato che sia stato riconosciuto colpevole di una condotta punibile a norma dell'art. 385 del codice penale.

2. La disposizione del comma 1 si applica anche al condannato nei cui confronti è stata disposta la revoca di una misura alternativa ai sensi dell'art. 47, comma 11, dell'art. 47-*ter*, comma 6, o dell'art. 51, primo comma.

3. Il divieto di concessione dei benefici opera per un periodo di tre anni dal momento in cui è ripresa l'esecuzione della custodia o della pena o è stato emesso il provvedimento di revoca indicato nel comma 2.

4. I condannati per i delitti di cui agli artt. 289-*bis* e 630 del c.p. che abbiano cagionato la morte del sequestrato non sono ammessi ad alcuno dei benefici indicati nel comma 1 dell'art. 4-*bis* se non abbiano effettivamente espiato almeno i due terzi della pena irrogata o, nel caso dell'ergastolo, almeno ventisei anni.

5. Oltre a quanto previsto dai commi 1 e 3, l'assegnazione al lavoro all'esterno, i permessi premio e le misure alternative alla detenzione previste dal capo VI non possono essere concessi, o se già concessi sono revocati, ai condannati per taluni dei delitti indicati nel comma 1, 1-*ter* e 1-*quater*[2] dell'art. 4-*bis*, nei cui confronti si procede o è pronunciata condanna per un delitto doloso punito con la pena della reclusione non inferiore al massimo a

tre anni, commesso da chi ha posto in essere una condotta punibile a norma dell'art. 385 del c.p. ovvero durante il lavoro all'esterno o la fruizione di un permesso premio o di una misura alternativa alla detenzione.

6. Ai fini dell'applicazione della disposizione di cui al comma 5, l'autorità che procede per il nuovo delitto ne dà comunicazione al magistrato di sorveglianza del luogo di ultima detenzione dell'imputato.

7. Il divieto di concessione dei benefici di cui al comma 5 opera per un periodo di cinque anni dal momento in cui è ripresa l'esecuzione della custodia o della pena o è stato emesso il provvedimento di revoca della misura.

7-*bis*. L'affidamento in prova al servizio sociale nei casi previsti dall'art. 47, la detenzione domiciliare e la semilibertà non possono essere concessi più di una volta al condannato al quale sia stata applicata la recidiva prevista dall'art. 99, quarto comma, del codice penale.

[1] La Corte cost., con sent. 1 dic. 1999, n. 436, ha dichiarato l'ill. cost. del c. 2 "nella parte in cui si riferisce di minorenni".

La Corte cost., con sent. 16 mar. 2007, n. 79, ha dichiarato l'ill. cost. dei commi 1 e 7-*bis* nella parte in cui non prevedono che i benefici in essi indicati possano essere concessi, sulla base della normativa previgente, nei confronti dei condannati che, prima dell'entrata in vigore della legge 5 dic. 2005, n. 251, abbiano raggiunto un grado di rieducazione adeguato ai benefici richiesti.

La Corte cost., con sent. 11 lug. 2018, n. 149, ha dichiarato l'ill. cost. del c. 4, nella parte in cui si applica ai condannati all'ergastolo per il delitto di cui all'art. 630 del c.p. che abbiano cagionato la morte del sequestrato e, in via consequenziale, ai sensi dell'art. 27, L. 11 mar. 1953, n. 87, nella parte in cui si applica ai condannati all'ergastolo per il delitto di cui all'art. 289-*bis* del c.p. che abbiano cagionato la morte del sequestrato.

La Corte cost., con sent. 18 lug. 2019, n. 187, ha dichiarato l'ill. cost. dei commi 1, 2 e 3, nella parte in cui detti commi, nel loro combinato disposto, prevedono che non possa essere concessa, per la durata di tre anni, la detenzione domiciliare speciale, prevista dall'art. 47-*quinquies* della stessa L. 354/1975, al condannato nei cui confronti è stata disposta la revoca di una delle misure indicate nel c. 2 dello stesso art. 58-*quater*; dichiara, in via consequenziale, ai sensi dell'art. 27 della L. 11 mar. 1953, n. 87 dell'art. 58-*quater*, l'ill. cost. dei commi 1, 2 e 3, nella parte in cui detti commi, nel loro combinato disposto, prevedono che non possa essere concessa, per la durata di tre anni, la detenzione domiciliare, prevista dall'art. 47-*ter*, c. 1, lett. *a*) e *b*), della stessa L. 354/1975, al condannato nei cui confronti è stata disposta la revoca di una delle misure indicate al c. 2 dello stesso art. 58-*quater*, sempre che non sussista un concreto pericolo di commissione di ulteriori delitti.

La Corte cost., con sent. 8 nov. 2019, n. 229, ha dichiarato l'ill. cost. del c. 4 nella parte in cui si applica ai condannati a pena detentiva temporanea per il delitto di cui all'art. 630 del c.p. che abbiano cagionato la morte del sequestrato. Dichiara altresì in via consequenziale ai sensi dell'art. 27, L. 11 mar. 1953, n. 87, l'ill. cost. del c. 4 nella parte in cui si applica ai condannati a pena detentiva temporanea per il delitto di cui all'art. 289-*bis* c.p. che abbiano cagionato la morte del sequestrato.

[2] Parole così sost. dall'art. 2, c. 27, L. 15 lug. 2009, n. 94.

58-*quinquies*. *Particolari modalità di controllo nell'esecuzione della detenzione domiciliare.*[1] — 1. Nel disporre la detenzione domiciliare, il magistrato o il tribunale di sorveglianza possono prescrivere procedure di controllo anche mediante mezzi elettronici o altri strumenti tecnici, conformi alle caratteristiche funzionali e operative degli apparati di cui le Forze di polizia abbiano l'effettiva disponibilità. Allo stesso modo può provvedersi nel corso dell'esecuzione della misura. Si applicano, in quanto compatibili, le disposizioni di cui all'articolo 275-*bis* del codice di procedura penale.

[1] Articolo aggiunto dall'art. 3, c. 1, lett. *h*), D.L. 23 dic. 2013, n. 146, conv. con modif. in L. 21 feb. 2014, n. 10, in vigore dal 22 feb. 2014.

TITOLO II
Disposizioni relative all'organizzazione penitenziaria

CAPO I
Istituti penitenziari

59. *Istituti per adulti.* — Gli istituti per adulti dipendenti dall'amministrazione penitenziaria si distinguono in: 1) istituti di custodia preventiva; 2) istituti per l'esecuzione delle pene; 3) istituti per l'esecuzione delle misure di sicurezza; 4) centri di osservazione.

60. *Istituti di custodia preventiva.* — Gli istituti di custodia preventiva si distinguono in case mandamentali e circondariali.

Le case mandamentali assicurano la custodia degli imputati a disposizione del pretore. Esse sono istituite nei capoluoghi di mandamento che non sono sede di case circondariali.

Le case circondariali assicurano la custodia degli imputati a disposizione di ogni autorità giudiziaria. Esse sono istituite nei capoluoghi di circondario.

Le case mandamentali e circondariali assicurano altresì la custodia delle persone fermate o arrestate dall'autorità di pubblica sicurezza o dagli organi di polizia giudiziaria e quella dei detenuti e degli internati in transito.

Può essere istituita una sola casa mandamentale o circondariale rispettivamente per più mandamenti o circondari.

61. *Istituti per l'esecuzione delle pene.* — Gli istituti per l'esecuzione delle pene si distinguono in:

1) case di arresto, per l'esecuzione della pena dell'arresto.

Sezioni di case di arresto possono essere istituite presso le case di custodia mandamentali o circondariali;

2) case di reclusione, per l'esecuzione della pena della reclusione.

Sezioni di case di reclusione possono essere istituite presso le case di custodia circondariali.

Per esigenze particolari, e nei limiti e con le modalità previste dal regolamento, i condannati alla pena dell'arresto o della reclusione possono essere assegnati alle case di custodia preventiva; i condannati alla pena della reclusione possono essere altresì assegnati alle case di arresto.

62. ***Istituti per l'esecuzione delle misure di sicurezza detentive.*** — Gli istituti per l'esecuzione delle misure di sicurezza detentive si distinguono in: colonie agricole, case di lavoro; case di cura e custodia; ospedali psichiatrici giudiziari.

In detti istituti si eseguono le misure di sicurezza rispettivamente previste dai numeri 1, 2 e 3 del primo capoverso dell'articolo 215 del codice penale.

Possono essere istituite:

sezioni per l'esecuzione della misura di sicurezza della colonia agricola presso una casa di lavoro e viceversa;

sezioni per l'esecuzione della misura di sicurezza della casa di cura e di custodia presso un ospedale psichiatrico giudiziario;

sezioni per l'esecuzione delle misure di sicurezza della colonia agricola e della casa di lavoro presso le case di reclusione.

63. ***Centri di osservazione.*** — I centri di osservazione sono costituiti come istituti autonomi o come sezioni di altri istituti.

I predetti svolgono direttamente le attività di osservazione indicate nell'articolo 13 e prestano consulenze per le analoghe attività di osservazione svolte nei singoli istituti.

Le risultanze dell'osservazione sono inserite nella cartella personale.

Su richiesta dell'autorità giudiziaria possono essere assegnate ai detti centri per la esecuzione di perizie medico-legali anche le persone sottoposte a procedimento penale.

I centri di osservazione svolgono, altresì, attività di ricerca scientifica.

64. ***Differenziazione degli istituti per l'esecuzione delle pene e delle misure di sicurezza.*** — I singoli istituti devono essere organizzati con caratteristiche differenziate in relazione alla posizione giuridica dei detenuti e degli internati e alle necessità di trattamento individuale o di gruppo degli stessi.

65. ***Istituti per infermi e minorati.*** — I soggetti affetti da infermità o minorazioni fisiche o psichiche devono essere assegnati ad istituti o sezioni speciali per idoneo trattamento.

A tali istituti o sezioni sono assegnati i soggetti che, a causa delle loro condizioni, non possono essere sottoposti al regime degli istituti ordinari.

66. ***Costituzione, trasformazione e soppressione degli istituti.*** — La costituzione, la trasformazione, la soppressione degli istituti penitenziari nonché delle sezioni sono disposte con decreto ministeriale.

67. ***Visite agli istituti.*** — Gli istituti penitenziari possono essere visitati senza autorizzazione da:

a) il Presidente del Consiglio dei Ministri e il presidente della Corte costituzionale;

b) i ministri, i giudici della Corte costituzionale, i Sottosegretari di Stato, i membri del Parlamento e i componenti del Consiglio superiore della magistratura;

c) il presidente della corte d'appello, il procuratore generale della Repubblica presso la corte d'appello, il presidente del tribunale e il procuratore della Repubblica presso il tribunale, il pretore, i magistrati di sorveglianza, nell'ambito delle rispettive giurisdizioni; ogni altro magistrato per l'esercizio delle sue funzioni;

d) i consiglieri regionali e il commissario di Governo per la regione, nell'ambito della loro circoscrizione;

e) l'ordinario diocesano per l'esercizio del suo ministero;

f) il prefetto e il questore della provincia; il medico provinciale;

g) il direttore generale per gli istituti di prevenzione e di pena e i magistrati e i funzionari da lui delegati;

h) gli ispettori generali dell'amministrazione penitenziaria;

i) l'ispettore dei cappellani;

l) gli ufficiali del corpo degli agenti di custodia;

l-bis) i garanti dei diritti dei detenuti comunque denominati;[1]

l-ter) i membri del Parlamento europeo.[2]

L'autorizzazione non occorre nemmeno per coloro che accompagnano le persone di cui al comma precedente per ragioni del loro ufficio e per il personale indicato nell'art. 18-*bis*.

Gli ufficiali e gli agenti di polizia giudiziaria possono accedere agli istituti, per ragioni del loro ufficio, previa autorizzazione dell'autorità giudiziaria.

Possono accedere agli istituti, con l'autorizzazione del direttore, i ministri del culto cattolico e di altri culti.

[1] Lettera aggiunta dall'art. 12-*bis*, c. 1, lett. *b*), D.L. 30 dic. 2008, n. 207, conv. con modif. in L. 27 feb. 2009, n. 14.

[2] Lettera aggiunta dall'art. 2-*bis*, c. 1, lett. *a*) D.L. 22 dic. 2011, n. 211, conv. con modif. in L. 17 feb. 2012, n. 9.

67-*bis*. ***Visite alle camere di sicurezza.*** — 1. Le disposizioni di cui all'articolo 67 si applicano anche alle camere di sicurezza.[1]

[1] Articolo aggiunto dall'art. 2-*bis*, c. 1, lett. *b*), D.L. 22 dic. 2011, n. 211, conv. con modif. in L. 17 feb. 2012, n. 9.

CAPO II
Giudici di sorveglianza

68. *Uffici di sorveglianza.* — 1. Gli uffici di sorveglianza sono costituiti nelle sedi di cui alla tabella *A*[1] allegata alla presente legge ed hanno giurisdizione sulle circoscrizioni dei tribunali in essa indicati.

2. Ai suddetti uffici, per l'esercizio delle funzioni rispettivamente elencate negli artt. 69, 70 e 70-*bis*, sono assegnati magistrati di cassazione, di appello e di tribunale nonché personale del ruolo delle cancellerie e segreterie giudiziarie e personale esecutivo e subalterno. Il personale amministrativo di cui al periodo precedente non può essere destinato temporaneamente ad altri uffici del distretto giudiziario di appartenenza senza il nulla-osta del presidente del tribunale di sorveglianza.[2]

3. Con decreto del presidente della Corte di appello può essere temporaneamente destinato a esercitare le funzioni del magistrato di sorveglianza mancante o impedito un giudice avente la qualifica di magistrato di cassazione, di appello o di tribunale.

4. I magistrati che esercitano funzioni di sorveglianza non debbono essere adibiti ad altre funzioni giudiziarie. Possono altresì avvalersi, con compiti meramente ausiliari nell'esercizio delle loro funzioni, di assistenti volontari individuati sulla base dei criteri indicati nell'articolo 78, la cui attività non può essere retribuita.[3]

[1] Tabella sost. dal D.lgs. 7 set. 2012, n. 155.

[2] Periodo aggiunto dall'art. 4, c. 1, D.L. 31 ago. 2016, n. 168, conv. con modif. in L. 25 ott. 2016, n. 197.

[3] Periodo aggiunto dall'art. 1, D.L. 26 giu. 2014, n. 92, conv. con modif. in L. 11 ago. 2014, n. 117.

69. *Funzioni e provvedimenti del magistrato di sorveglianza.*[1] — 1. Il magistrato di sorveglianza vigila sulla organizzazione degli istituti di prevenzione e di pena e prospetta al Ministero le esigenze dei vari servizi, con particolare riguardo alla attuazione del trattamento rieducativo.

2. Esercita, altresì, la vigilanza diretta ad assicurare che l'esecuzione della custodia degli imputati sia attuata in conformità delle leggi e dei regolamenti.

3. Sovraintende all'esecuzione delle misure di sicurezza personali.

4. Provvede al riesame della pericolosità ai sensi del primo e secondo comma dell'art. 208 del c.p., nonché all'applicazione, esecuzione, trasformazione o revoca, anche anticipata, delle misure di sicurezza. Provvede altresì, con decreto motivato, in occasione dei provvedimenti anzidetti, alla eventuale revoca della dichiarazione di delinquenza abituale, professionale o per tendenza di cui agli artt. 102, 103, 104, 105 e 108 del c.p.

5. Approva, con decreto, il programma di trattamento di cui al terzo comma dell'art. 13, ovvero, se ravvisa in esso elementi che costituiscono violazione dei diritti del condannato o dell'internato, lo restituisce, con osservazioni, al fine di una nuova formulazione. Approva, con decreto, il provvedimento di ammissione al lavoro all'esterno. Impartisce, inoltre, [nel corso del trattamento,][2] disposizioni dirette ad eliminare eventuali violazioni dei diritti dei condannati e degli internati.

6. Provvede a norma dell'articolo 35-*bis* sui reclami dei detenuti e degli internati concernenti:

a) le condizioni di esercizio del potere disciplinare, la costituzione e la competenza dell'organo disciplinare, la contestazione degli addebiti e la facoltà di discolpa; nei casi di cui all'articolo 39, comma 1, numeri 4 e 5, è valutato anche il merito dei provvedimenti adottati;

b) l'inosservanza da parte dell'amministrazione di disposizioni previste dalla presente legge e dal relativo regolamento, dalla quale derivi al detenuto o all'internato un attuale e grave pregiudizio all'esercizio dei diritti.[3]

7. Provvede, con decreto motivato, sui permessi, sulle licenze ai detenuti semiliberi ed agli internati, e sulle modifiche relative all'affidamento in prova al servizio sociale e alla detenzione domiciliare.

8. Provvede con ordinanza sulla riduzione di pena per la liberazione anticipata e sulla remissione del debito, nonché sui ricoveri previsti dall'art. 148 del codice penale.[4]

9. Esprime motivato parere sulle proposte e le istanze di grazia concernenti i detenuti.

10. Svolge, inoltre, tutte le altre funzioni attribuitegli dalla legge.

[1] La Corte cost., con sent. 11 feb. 1999, n. 26, ha dichiarato l'ill. cost. degli artt. 35 e 69 «nella parte in cui non prevedono una tutela giurisdizionale nei confronti degli atti dell'amministrazione penitenziaria lesivi dei diritti di coloro che sono sottoposti a restrizione della libertà personale».

[2] Parole soppresse dall'art. 3, c. 1, lett. *i*), D.L. 23 dic. 2013, n. 146, conv. con modif. in L. 21 feb. 2014, n. 10.

[3] Comma così sost. dall'art. 3, c. 1, lett. *i*), D.L. 23 dic. 2013, n. 146, conv. con modif. in L. 21 feb. 2014, n. 10.

[4] Comma così sost. dall'art. 1, c. 1, L. 19 dic. 2002, n. 277.

69-*bis*. *Procedimento in materia di liberazione anticipata.* — 1. Sull'istanza di concessione della liberazione anticipata, il magistrato di sorveglianza provvede con ordinanza, adottata in camera di consiglio senza la presenza delle parti, che è comunicata o notificata senza ritardo di soggetti indicati nell'art. 127 del codice di procedura penale.

2. Il magistrato di sorveglianza decide non prima di quindici giorni dalla richiesta del parere al pubblico ministero e anche in assenza di esso.

3. Avverso l'ordinanza di cui al comma 1 il difensore, l'interessato e il pubblico ministero possono, entro dieci giorni dalla comunicazione o notificazione, proporre reclamo al tribunale di sorveglianza competente per territorio.

4. Il Tribunale di Sorveglianza decide ai sensi dell'art. 678 del codice di procedura penale. Si appli-

cano le disposizioni del quinto e del sesto comma dell'art. 30-*bis*.

5. [...][1]

[1] Comma abrog. dall'art. 3, c. 1, D.lgs. 2 ott. 2018, n. 123.

70. ***Funzioni e provvedimenti del tribunale di sorveglianza.*** — 1. In ciascun distretto di corte d'appello e in ciascuna circoscrizione territoriale di sezione distaccata di corte d'appello è costituito un tribunale di sorveglianza competente per l'affidamento in prova al servizio sociale, la detenzione domiciliare, la detenzione domiciliare speciale, la semilibertà, la liberazione condizionale, la revoca o cessazione dei suddetti benefici nonché della riduzione di pena per la liberazione anticipata, il rinvio obbligatorio o facoltativo dell'esecuzione delle pene detentive ai sensi degli artt. 146 e 147, numeri 2) e 3), del c.p., nonché per ogni altro provvedimento ad esso attribuito dalla legge.[1]

2. Il tribunale di sorveglianza decide inoltre in sede di appello sui ricorsi avverso i provvedimenti di cui al comma 4 dell'art. 69. Il magistrato che ha emesso il provvedimento non fa parte del collegio.

3. Il tribunale è composto da tutti i magistrati di sorveglianza in servizio nel distretto o nella circoscrizione territoriale della sezione distaccata di corte d'appello e da esperti scelti fra le categorie indicate nel quarto comma dell'art. 80, nonché fra docenti di scienze criminalistiche.

4. Gli esperti effettivi e supplenti sono nominati dal Consiglio superiore della magistratura in numero adeguato alle necessità del servizio presso ogni tribunale per periodi triennali rinnovabili.

5. I provvedimenti del tribunale sono adottati da un collegio composto dal presidente o, in sua assenza o impedimento, dal magistrato di sorveglianza che lo segue nell'ordine delle funzioni giudiziarie e, a parità di funzioni, nell'anzianità; da un magistrato di sorveglianza e da due fra gli esperti di cui al precedente comma 4.

6. Uno dei due magistrati ordinari deve essere il magistrato di sorveglianza sotto la cui giurisdizione è posto il condannato o l'internato in ordine alla cui posizione si deve provvedere.

7. La composizione dei collegi giudicanti è annualmente[2] determinata secondo le disposizioni dell'ordinamento giudiziario.

8. Le decisioni del tribunale sono emesse con ordinanza in camera di consiglio; in caso di parità di voti prevale il voto del presidente.

9.[3]

[1] Comma così modif. dall'art. 2, L. 19 dic. 2002, n. 277.

[2] Ora ogni biennio, ai sensi dell'art. 7-*bis* ord. giud. (R.D. 30 gen. 1941, n. 12).

[3] Comma abrog. dall'art. 299, D.P.R. 30 mag. 2002, n. 115.

70-*bis*. ***Presidente del tribunale di sorveglianza.*** — 1. Le funzioni di presidente del tribunale di sorveglianza sono conferite a un magistrato di cassazione o, per i tribunali istituiti nelle sezioni distaccate di Corte d'appello, a un magistrato d'appello.

2. Il presidente del tribunale, fermo l'espletamento delle funzioni di magistrato di sorveglianza nell'ufficio di appartenenza, provvede:

a) a dirigere e ad organizzare le attività del tribunale di sorveglianza;

b) a coordinare, in via organizzativa, in funzione del disbrigo degli affari di competenza del tribunale, l'attività degli uffici di sorveglianza compresi nella giurisdizione del tribunale medesimo.

c) a disporre le applicazioni dei magistrati e del personale ausiliario nell'ambito dei vari uffici di sorveglianza nei casi di assenza, impedimento o urgenti necessità di servizio;

d) a richiedere al presidente della corte di appello d'emanazione dei provvedimenti di cui al comma 3 dell'art. 68;

e) a proporre al Consiglio superiore della magistratura la nomina degli esperti effettivi o supplenti componenti del tribunale e a compilare le tabelle per gli emolumenti loro spettanti;

f) a svolgere tutte le altre attività a lui riservate dalla legge e dai regolamenti.

70-*ter*. ***Nuove denominazioni.*** — 1. Le denominazioni "sezione di sorveglianza" e "giudice di sorveglianza" di cui alle leggi vigenti sono rispettivamente sostituite dalle seguenti: "tribunale di sorveglianza" e "magistrato di sorveglianza".

2. Per il funzionamento del tribunale di sorveglianza nonché degli uffici di sorveglianza di cui all'art. 68 si provvede con assegnazioni dirette di fondi e di attrezzature mediante prelievo delle somma necessarie dagli appositi capitoli del bilancio di previsione del Ministero di grazia e giustizia.

CAPO II-*bis*
Procedimento di sorveglianza

71. ***Norme generali.*** — 1. Per l'adozione dei provvedimenti di competenza del tribunale di sorveglianza espressamente indicati nei commi 1 e 2 dell'art. 70, nonché dei provvedimenti del magistrato di sorveglianza in materia di remissione del debito, di ricoveri di cui all'art. 148 del c.p., di applicazione, esecuzione, trasformazione o revoca anche anticipata delle misure di sicurezza e di quelli relativi all'accertamento dell'identità personale ai fini delle dette misure, si applica il procedimento di cui ai commi e agli articoli seguenti.

2. Il presidente del tribunale o il magistrato di sorveglianza, a seguito di richiesta o di proposta ovvero di ufficio, invita l'interessato ad esercitare la facoltà di nominare un difensore. Se l'interessato non vi provvede entro cinque giorni dalla comunicazione dell'invito, il difensore è nominato di ufficio dal presidente del tribunale o dal magistrato di sorveglianza. Successivamente il presidente del tribunale o il magistrato di sorveglianza fissa con decreto il giorno della trattazione e ne fa comuni-

care avviso al pubblico ministero, all'interessato e al difensore almeno cinque giorni prima di quello stabilito.

3. La competenza spetta al tribunale o al magistrato di sorveglianza che hanno giurisdizione sull'istituto di prevenzione o di pena in cui si trova l'interessato all'atto della richiesta o della proposta o all'inizio d'ufficio del procedimento.

4. Se l'interessato non è detenuto o internato, la competenza spetta al tribunale o al magistrato di sorveglianza che hanno giurisdizione nel luogo in cui l'interessato ha la residenza o il domicilio. Nel caso in cui non sia possibile determinare la competenza secondo il criterio sopra indicato, si applica la disposizione del secondo comma dell'art. 635 del c.p.p.

5. Le disposizioni contenute nel capo I del titolo V del libro IV del c.p.p. sono applicabili in quanto non diversamente disposto dalla presente legge. L'art. 641 del c.p.p. resta in vigore limitatamente ai casi di cui all'art. 212 dello stesso codice.

71-*bis*. *Udienza.* — L'udienza si svolge con la partecipazione del difensore e del rappresentante dell'ufficio del pubblico ministero. L'interessato può partecipare personalmente alla discussione e presentare memorie.

Le funzioni di pubblico ministero sono esercitate, davanti alla sezione di sorveglianza, dal procuratore generale presso la corte d'appello e, davanti al magistrato di sorveglianza, dal procuratore della Repubblica presso il tribunale della sede dell'ufficio di sorveglianza.

I provvedimenti della sezione e del magistrato di sorveglianza sono emessi sulla base dell'acquisizione in udienza dei documenti relativi all'osservazione e al trattamento nonché, quando occorre, svolgendo i necessari accertamenti ed avvalendosi della consulenza dei tecnici del trattamento.

L'ordinanza che conclude il procedimento di sorveglianza è comunicata al pubblico ministero, all'interessato e al difensore nel termine di dieci giorni dalla data della deliberazione.

71-*ter*. *Ricorso per cassazione.* — Avverso le ordinanze del tribunale di sorveglianza e del magistrato di sorveglianza, il pubblico ministero, l'interessato e, nei casi di cui agli artt. 14-*ter* e 69, comma 6, l'amministrazione penitenziaria, possono proporre ricorso per cassazione per violazione di legge entro dieci giorni dalla comunicazione del provvedimento. Si applicano le disposizioni del terzo comma dell'art. 640 del c.p.p.[1] Si applica, altrsì, l'ultimo comma dell'art. 631[2] del c.p.p.

[1] V. ora art. 680, comma 3 c.p.p.
[3] V. ora artt. 666, comma 6 e 678, comma 1, c.p.

71-*quater*. *Comunicazioni.* — Le comunicazioni all'interessato degli avvisi e dei provvedimenti previsti negli articoli precedenti sono effettuati ai sensi dell'art. 645 del c.p.p.

71-*quinquies*. *Revoca.*[1]

[1] Articolo abrog. dall'art. 27, L. 10 ott. 1986, n. 663.

71-*sexies*. *Inammissibilità.* — Qualora l'istanza per l'adozione dei provvedimenti indicati nel primo comma dell'art. 71, appaia manifestamente infondata per difetto delle condizioni di legge, ovvero costituisca mera riproposizione di una istanza già rigettata, basata sui medesimi elementi, il presidente, sentito il pubblico ministero, emette decreto motivato con il quale dichiara inammissibile l'istanza e dispone non farsi luogo a procedimento di sorveglianza.

Il decreto è comunicato entro cinque giorni all'interessato, il quale ha facoltà di proporre opposizione nel termine di cinque giorni dalla comunicazione stessa facendo richiesta di trattazione.

A seguito dell'opposizione, il presidente della sezione dà corso al procedimento di sorveglianza.

CAPO III

Servizio sociale e assistenza

72-78. (*Omissis*).

CAPO IV

Disposizioni finali e transitorie

79. *Minori degli anni diciotto sottoposti a misure penali. Magistratura di sorveglianza.* — Le norme della presente legge si applicano anche nei confronti dei minori degli anni diciotto sottoposti a misure penali, fino a quando non sarà provveduto con apposita legge.

Nei confronti dei minori di cui al comma precedente e dei soggetti maggiorenni che commisero il reato quando erano minori degli anni diciotto, le funzioni della sezione di sorveglianza e del magistrato di sorveglianza sono esercitate, rispettivamente, dal tribunale per i minorenni e dal giudice di sorveglianza presso il tribunale per i minorenni.

Al giudice di sorveglianza per i minorenni non si applica l'ultimo comma dell'art. 68.

80-86. (*Omissis*).

87. *Norme di esecuzione.* — Con D.P.R., su proposta del Ministro per la giustizia, di concerto con il Ministro per il tesoro, entro sei mesi dalla entrata in vigore della presente legge, sarà emanato il regolamento di esecuzione. Per quanto concerne la materia della istruzione negli istituti di prevenzione e di pena il regolamento di esecuzione sarà emanato di concerto anche con il Ministro per la P.I.[1]

Fino all'emanazione del suddetto regolamento restano applicabili, in quanto non incompatibili con le norme della presente legge, le disposizioni del regolamento vigente.

Entro il termine indicato nel primo comma dovranno essere emanate le norme che disciplinano l'ingresso in carriera del personale di concetto dei ruoli degli educatori per adulti e degli assistenti sociali per adulti.

Le disposizioni concernenti l'affidamento al servizio sociale e il regime di semilibertà entreranno in vigore un anno dopo la pubblicazione della presente legge nella G.U. 9 ago. 1975.

[1] Ora: ministro dell'istruzione dell'università e della ricerca. Il Regolamento di esecuzione è stato emanato con D.P.R. 29 apr. 1976, n. 431, modif. con D.P.R. 24 mag. 1977, n. 339, e con D.P.R. 16 gen. 1979, n. 77 e con D.P.R. 18 mag. 1989, n. 248.

88-89. (*Omissis*).

90. ***Esigenze di sicurezza.***[1]

[1] Articolo abrog. dall'art. 10, L. 10 ott. 1986, n. 663, in considerazione della modifica dell'art. 41 operata da tale legge.

91. ***Copertura finanziaria.*** (*Omissis*).

- 2 -

L. 1 ago. 2003, n. 207

Sospensione condizionata dell'esecuzione della pena detentiva nel limite massimo di due anni

(G.U. 7 ago. 2003, n. 182)

1. ***Sospensione condizionata dell'esecuzione della parte finale della pena detentiva.*** — 1. Nei confronti del condannato che ha scontato almeno la metà della pena detentiva è sospesa per la parte residua la pena nel limite di due anni, salvo quanto previsto dai commi 2 e 3.[1]

2. La sospensione dell'esecuzione della pena può essere disposta una sola volta, tenendo conto della pena determinata ai sensi dell'art. 663 del codice di procedura penale, decurtata della parte di pena per la quale è stato concesso il beneficiario della liberazione anticipata ai sensi dell'art. 54 della L. 26 lug. 1975, n. 354, e successive modificazioni.

3. La sospensione non si applica:

a) quando la pena è conseguente alla condanna per i reati indicati dal libro II, titolo XII, capo III, sezione I, e dagli artt. 609-*bis*, 609-*quater* e 609-*octies* del codice penale nonché dell'art. 4-*bis* della L. 26 lug. 1975, n. 354, e successive modificazioni;

b) nei confronti di chi sia stato dichiarato delinquente abituale, professionale o per tendenza, ai sensi degli artt. 102, 105 e 108 del codice penale;

c) nei confronti di chi sia stato sottoposto al regime di sorveglianza particolare, ai sensi dell'art. 14-*bis* della L. 26 lug. 1975, n. 354, salvo che sia stato accolto il reclamo previsto dall'art. 14-*ter* della medesima legge;

d) quando la persona condannata è stata ammessa alle misure alternative alla detenzione;[2]

e) quando vi sia stata rinuncia dell'interessato.

[1] La Corte cost., con sent. 4 lug. 2006, n. 255, ha dichiarato l'ill. cost. di questo comma, nella parte in cui non prevede che il giudice di sorveglianza possa negare la sospensione condizionata dell'esecuzione della pena detentiva al condannato quando ritiene il beneficio non adeguato alle finalità previste dall'art. 27, terzo comma, della Costituzione.

[2] La Corte cost., con sent. 15 lug. 2005, n. 278, ha dichiarato l'ill. cost. di questa lettera.

2. ***Applicazione e revoca della sospensione condizionata dell'esecuzione.*** — 1. Il magistrato di sorveglianza provvede con ordinanza, su istanza dell'interessato o del suo difensore, sulla sospensione di cui all'art. 1.

2. Si applicano le disposizioni dell'art. 69-*bis*, commi 1, 3 e 4, della L. 26 lug. 1975, n. 354, e successive modificazioni.

3. Il magistrato di sorveglianza può chiedere alle autorità competenti tutti i documenti e le informazioni di cui abbia bisogno.

4. Dell'applicazione della misura di cui all'art. 1 è data immediata comunicazione all'autorità di polizia competente, che vigila sull'osservanza delle prescrizioni di cui all'art. 4 e fa rapporto al pubblico ministero di ogni infrazione.

5. La sospensione dell'esecuzione della pena può essere revocata se chi ne ha usufruito non ottempera, senza giustificato motivo, alle prescrizioni di cui all'art. 4 o commette, entro cinque anni dalla sua applicazione, un delitto non colposo per il quale riporti una condanna a pena detentiva non inferiore a sei mesi.

6. Il tribunale di sorveglianza provvede sulla revoca della misura di cui all'art. 1 ai sensi dell'art. 678 del codice di procedura penale.

7. In caso di revoca il tribunale di sorveglianza determina la residua pena detentiva da eseguire, tenuto conto della durata delle limitazioni patite dal condannato e del suo comportamento durante il periodo di sospensione dell'esecuzione della pena.

8. Si osservano in quanto applicabili le disposizioni degli artt. 51-*bis* e 51-*ter* della L. 26 lug. 1975, n. 354, e successive modificazioni.

9. Trascorso il termine di cui al comma 5 la pena è estinta.

3. ***Stranieri.*** — 1. Le disposizioni della presente legge non si applicano nei confronti dello straniero che si trova in talune delle situazioni indicate nell'art. 13, comma 2, del testo unico delle disposizioni concernenti la disciplina dell'immigrazione e norme sulla condizione dello straniero, di cui al D.lgs. 25 lug. 1998, n. 286.

4. ***Prescrizioni.*** — 1. Con il provvedimento che dispone la sospensione dell'esecuzione della pena sono congiuntamente applicate, per il periodo corrispondente alla pena di cui è stata sospesa l'esecuzione, le seguenti prescrizioni:

a) il condannato deve presentarsi all'ufficio di polizia giudiziaria indicato dal magistrato di sorveglianza, il quale fissa i giorni e l'orario di presentazione tenendo conto delle condizioni di salute, dell'attività lavorativa e del luogo di dimora del condannato;

b) al condannato è imposto l'obbligo di non allontanarsi dal territorio del comune di dimora abituale o dove svolge la propria attività lavorativa. Se per la personalità del soggetto, o per le condizioni ambientali, la permanenza in tali luoghi non garantisce adeguatamente le esigenze di controllo o di sicurezza, l'obbligo di dimora può essere disposto nel territorio di un altro comune o frazione di esso, preferibilmente nella provincia e comunque nell'ambito della regione dove è ubicato il comune di abituale dimora. Si applicano, in quanto compatibili, i commi 1 e 2 dell'art. 282-*bis* e i commi 3, 4, 5 e 6 dell'art. 283 del codice di procedura penale.

2. Si osservano, in quanto applicabili, le disposizioni dei commi 5, 6, 7, 8, 9 e 10 dell'art. 47 della L. 26 lug. 1975, n. 354.

3. Con il provvedimento che dispone la sospensione dell'esecuzione della pena, salvo specifica autorizzazione del magistrato di sorveglianza in relazione ad esigenze familiari o lavorative, è disposto, per il periodo corrispondente alla pena la cui esecuzione è stata sospesa, nei confronti del condannato il divieto di espatrio, con tutte le misure necessarie per impedire l'utilizzazione del passaporto e degli altri documenti validi per l'espatrio.

5. ***Applicazione dell'art. 4 della L. n. 381 del 1991.*** — 1. Ai fini dell'applicazione dell'art. 4, comma 1, della L. 8 nov. 1991, n. 381, come modificato dall'art. 1 della L. 22 giu. 2000, n. 193, la sospensione dell'esecuzione della pena, ai sensi della presente legge, si considera misura alternativa.

6. ***Relazione al Parlamento.*** — 1. Ogni anno il Ministro della giustizia riferisce al Parlamento sullo stato di attuazione della presente legge.

7. ***Applicazione della legge.*** — 1. Le disposizioni della presente legge si applicano nei confronti dei condannati in stato di detenzione ovvero in attesa di esecuzione della pena alla data di entrata in vigore della medesima.

- 3 -

L. 26 nov. 2010, n. 199

Disposizioni relative all'esecuzione presso il domicilio delle pene detentive non superiori a diciotto mesi[1]

(G.U. 1 dic. 2010, n. 281)

[1] Titolo così modif. dal D.L. 22 dic. 2011, n. 211, conv. con modif. in L. 17 feb. 2012, n. 9.

1. ***Esecuzione presso il domicilio delle pene detentive non superiori a diciotto mesi.***[1,2] — 1. [Fino alla completa attuazione del piano straordinario penitenziario nonché in attesa della riforma della disciplina delle misure alternative alla detenzione e, comunque, non oltre il 31 dicembre 2013,][3] La pena detentiva non superiore a diciotto mesi, anche se costituente parte residua di maggior pena, è eseguita presso l'abitazione del condannato o altro luogo pubblico o privato di cura, assistenza e accoglienza, di seguito denominato «domicilio». Il magistrato di sorveglianza provvede senza ritardo sulla richiesta se già dispone delle informazioni occorrenti.

2. La detenzione presso il domicilio non è applicabile:

a) ai soggetti condannati per taluno dei delitti indicati dall'articolo 4-*bis* della legge 26 luglio 1975, n. 354, e successive modificazioni;

b) ai delinquenti abituali, professionali o per tendenza, ai sensi degli articoli 102, 105 e 108 del codice penale;

c) ai detenuti che sono sottoposti al regime di sorveglianza particolare, ai sensi dell'articolo 14-*bis* della legge 26 luglio 1975, n. 354, salvo che sia stato accolto il reclamo previsto dall'articolo 14-*ter* della medesima legge;

d) quando vi è la concreta possibilità che il condannato possa darsi alla fuga ovvero sussistono specifiche e motivate ragioni per ritenere che il condannato possa commettere altri delitti ovvero quando non sussista l'idoneità e l'effettività del domicilio anche in funzione delle esigenze di tutela delle persone offese dal reato.

3. Nei casi di cui all'articolo 656, comma 1, del codice di procedura penale, quando la pena detentiva da eseguire non è superiore a diciotto mesi, il pubblico ministero, salvo che debba emettere il decreto di sospensione di cui al comma 5 del citato articolo 656 del codice di procedura penale e salvo che ricorrano i casi previsti nel comma 9, lettera *a*), del medesimo articolo, sospende l'esecuzione dell'ordine di carcerazione e trasmette gli atti senza ritardo al magistrato di sorveglianza affinché disponga che la pena venga eseguita presso il domicilio. La richiesta è corredata di un verbale di accertamento dell'idoneità del domicilio, nonché, se il condannato è sottoposto a un programma di recupero o intende sottoporsi ad esso, della documentazione di cui all'articolo 94, comma 1, del testo unico delle leggi in materia di disciplina degli stupefacenti e sostanze psicotrope, prevenzione, cura e riabilitazione dei relativi stati di tossicodipendenza, di cui al decreto del Presidente della Repubblica 9 ottobre 1990, n. 309, e successive modificazioni.

4. Se il condannato è già detenuto, la pena detentiva non superiore a diciotto mesi, anche se costituente parte residua di maggior pena, è eseguita nei luoghi di cui al comma 1. Nei casi di cui all'articolo 656, comma 9, lettera *b*), del codice di procedura penale, non è consentita la sospensione dell'esecuzione della pena e il pubblico ministero o le altre parti fanno richiesta, per l'applicazione della misura, al magistrato di sorveglianza, secondo il disposto di cui al comma 5 del presente articolo. In ogni caso, la direzione dell'istituto penitenziario, anche a seguito di richiesta del detenuto o del suo difensore, trasmette al magistrato di sorve-

glianza una relazione sulla condotta tenuta durante la detenzione. La relazione è corredata di un verbale di accertamento dell'idoneità del domicilio, nonché, se il condannato è sottoposto ad un programma di recupero o intende sottoporsi ad esso, della documentazione di cui all'articolo 94, comma 1, del testo unico di cui al decreto del Presidente della Repubblica 9 ottobre 1990, n. 309, e successive modificazioni.

5. Il magistrato di sorveglianza provvede ai sensi dell'articolo 69-*bis* della legge 26 luglio 1975, n. 354, ma il termine di cui al comma 2 del predetto articolo è ridotto a cinque giorni.

6. Copia del provvedimento che dispone l'esecuzione della pena presso il domicilio è trasmessa senza ritardo al pubblico ministero nonché all'ufficio locale dell'esecuzione penale esterna per gli interventi di sostegno e controllo. L'ufficio locale dell'esecuzione penale esterna segnala ogni evento rilevante sull'esecuzione della pena e trasmette relazione trimestrale e conclusiva.

7. Nel caso di condannato tossicodipendente o alcoldipendente sottoposto ad un programma di recupero o che ad esso intenda sottoporsi, la pena di cui al comma 1 può essere eseguita presso una struttura sanitaria pubblica o una struttura privata accreditata ai sensi del testo unico di cui al decreto del Presidente della Repubblica 9 ottobre 1990, n. 309. In ogni caso, il magistrato di sorveglianza può imporre le prescrizioni e le forme di controllo necessarie per accertare che il tossicodipendente o l'alcoldipendente inizi immediatamente o prosegua il programma terapeutico. Con decreto del Ministro della giustizia, di concerto con il Ministro dell'economia e delle finanze e con il Ministro della salute, sentita la Presidenza del Consiglio dei ministri - Dipartimento per le politiche antidroga e d'intesa con la Conferenza permanente per i rapporti tra lo Stato, le regioni e le province autonome di Trento e di Bolzano, è determinato il contingente annuo dei posti disponibili, nei limiti del livello di risorse ordinario presso ciascuna regione finalizzato a tale tipologia di spesa, sulla base degli accrediti già in essere con il Servizio sanitario nazionale e, comunque, senza nuovi o' maggiori oneri per la finanza pubblica.

8. Si applicano, in quanto compatibili, le disposizioni previste dagli articoli 47-*ter*, commi 4, 4-*bis*, 5, 6, 8, 9 e 9-*bis*, 51-*bis*, 58 e 58-*quater*, ad eccezione del comma 7-*bis*, della legge 26 luglio 1975, n. 354, e successive modificazioni, nonché le relative norme di esecuzione contenute nel regolamento di cui al decreto del Presidente della Repubblica 30 giugno 2000, n. 230. Nei casi previsti dagli articoli 47-*ter*, commi 4 e 4-*bis*, e 51-*bis* della legge 26 luglio 1975, n. 354, tuttavia, il provvedimento è adottato dal magistrato di sorveglianza.

[1] Articolo così modif. dall'art. 3, c. 1, del D.L. 22 dic. 2011, n. 211, conv. con modif. in L. 17 feb. 2012, n. 9.

[2] Ai sensi dell'art. 30, D.L. 28 ott. 2020, n. 137, conv. in L. 18 dic. 2020, n. 176, come modif. in ultimo dall'art. 16, D.L. 24 dic. 2021, n. 221, conv. con modif. in L. 18 feb. 2022, n. 11: «1. In deroga a quanto disposto ai commi 1, 2 e 4 dell'art. 1 della L. 26 nov. 2010, n. 199, dalla data di entrata in vigore del presente decreto e fino alla data del 31 mar. 2022, la pena detentiva è eseguita, su istanza, presso l'abitazione del condannato o in altro luogo pubblico o privato di cura, assistenza e accoglienza, ove non sia superiore a diciotto mesi, anche se costituente parte residua di maggior pena, salvo che riguardi:

a) soggetti condannati per taluno dei delitti indicati dall'art. 4-*bis* della L. 26 lug. 1975, n. 354, e successive modificazioni e dagli artt. 572 e 612-*bis* del c.p. con riferimento ai condannati per delitti commessi per finalità di terrorismo, anche internazionale, o di eversione dell'ordine democratico mediante il compimento di atti di violenza, nonché ai delitti di cui all'art. 416-*bis* del c.p., o commessi avvalendosi delle condizioni previste dallo stesso articolo ovvero al fine di agevolare l'attività delle associazioni in esso previste, anche nel caso in cui i condannati abbiano già espiato la parte di pena relativa ai predetti delitti quando, in caso di cumulo, sia stata accertata dal giudice della cognizione o dell'esecuzione la connessione ai sensi dell'art. 12, c. 1, lett. *b* e *c*, del c.p.p. tra i reati la cui pena è in esecuzione;

b) delinquenti abituali, professionali o per tendenza, ai sensi degli artt. 102, 105 e 108 del c.p.;

c) detenuti che sono sottoposti al regime di sorveglianza particolare, ai sensi dell'art. 14-*bis* della L. 26 lug. 1975, n. 354, salvo che sia stato accolto il reclamo previsto dall'art. 14-*ter* della medesima legge;

d) detenuti che nell'ultimo anno siano stati sanzionati per le infrazioni disciplinari di cui all'art. 77, c. 1, nn. 18, 19, 20 e 21 del D.P.R.30 giu. 2000, n. 230;

e) detenuti nei cui confronti, in data successiva all'entrata in vigore del presente decreto, sia redatto rapporto disciplinare ai sensi dell'art. 81, c. 1, del D.P.R. 30 giu. 2000, n. 230 in relazione alle infrazioni di cui all'art. 77, c. 1, nn. 18 e 19 del D.P.R. 30 giu. 2000, n. 230;

f) detenuti privi di un domicilio effettivo e idoneo anche in funzione delle esigenze di tutela delle persone offese dal reato.

2. Il magistrato di sorveglianza adotta il provvedimento che dispone l'esecuzione della pena presso il domicilio, salvo che ravvisi gravi motivi ostativi alla concessione della misura.

3. Salvo si tratti di condannati minorenni o di condannati la cui pena da eseguire non è superiore a sei mesi è applicata la procedura di controllo mediante mezzi elettronici o altri strumenti tecnici resi disponibili per i singoli istituti penitenziari.

4. La procedura di controllo di cui al c. 3, alla cui applicazione il condannato deve prestare il consenso, viene disattivata quando la pena residua da espiare scende sotto la soglia di sei mesi.

5-6. (*Omissis*)

7. Per il condannato minorenne nei cui confronti è disposta l'esecuzione della pena detentiva con le modalità di cui al comma 1, l'ufficio servizio sociale minorenni territorialmente competente in relazione al luogo di domicilio, in raccordo con l'equipe educativa dell'istituto penitenziario, provvederà, entro trenta giorni dalla ricevuta comunicazione dell'avvenuta esecuzione della misura in esame, alla redazione di un programma educativo secondo le modalità indicate dall'articolo 3 del d.lgs. 2 ott. 2018, n. 121, da sottoporre al magistrato di sorveglianza per l'approvazione.

8. Restano ferme le ulteriori disposizioni dell'art. 1 della L. 26 nov. 2010, n. 199, ove compatibili.

9. Le disposizioni di cui ai commi da 1 a 8 si applicano ai

detenuti che maturano i presupposti per l'applicazione della misura entro la scadenza del termine indicato nel c. 1».

[3] Parole soppresse dall'art. 5, c. 1, D.L. 23 dic. 2013, n. 146, conv. con modif. in L. 21 feb. 2014, n. 10.

2. ***Modifiche all'articolo 385 del codice penale, in materia di evasione.*** — (*Omissis*).

3. ***Circostanza aggravante.*** — (*Omissis*).

4. (*Omissis*).

5. ***Relazione alle Camere.*** — (*Omissis*).

ORDINE PUBBLICO

- 1 -

L. 22 mag. 1975, n. 152

Disposizioni a tutela dell'ordine pubblico

(G.U. 24 mag. 1975, n. 136)

1-3. (*Omissis*).

4. In casi eccezionali di necessità e di urgenza, che non consentono un tempestivo provvedimento dell'autorità giudiziaria, gli ufficiali ed agenti della polizia giudiziaria e della forza pubblica nel corso di operazioni di polizia possono procedere, oltre che all'identificazione, all'immediata perquisizione sul posto, al solo fine di accertare l'eventuale possesso di armi, esplosivi e strumenti di effrazione, di persone il cui atteggiamento o la cui presenza, in relazione a specifiche e concrete circostanze di luogo e di tempo non appaiono giustificabili.

Nell'ipotesi di cui al comma precedente la perquisizione può estendersi per le medesime finalità al mezzo di trasporto utilizzato dalle persone suindicate per giungere sul posto.

Delle perquisizioni previste nei commi precedenti deve essere redatto verbale, su apposito modulo, che va trasmesso entro 48 ore al procuratore della Repubblica e, nel caso previsto dal primo comma, consegnato all'interessato.

5.[1] È vietato l'uso di caschi protettivi, o di qualunque altro mezzo atto a rendere difficoltoso il riconoscimento della persona, in luogo pubblico o aperto al pubblico, senza giustificato motivo. È in ogni caso vietato l'uso predetto in occasione di manifestazioni che si svolgano in luogo pubblico o aperto al pubblico, tranne quelle di carattere sportivo che tale uso comportino.

Nei casi di cui al primo periodo del comma precedente, il contravventore è punito con l'arresto da uno a due anni e con l'ammenda da euro 1000 a euro 2000.[2]

Qualora il fatto è commesso in occasione delle manifestazioni previste dal primo comma, il contravventore è punito con l'arresto da due a tre anni e con l'ammenda da 2.000 a 6.000 euro.[3]

Per la contravvenzione di cui al presente articolo è facoltativo l'arresto in flagranza.

[1] Articolo così modif. dall'art. 10, c. 4-*bis*, D.L. 27 lug. 2005, n. 144, conv. con modif. in L. 31 lug. 2005, n. 155.

[2] Comma così modif. dall'art. 6, D.L. 14 giu. 2019, n. 53, conv. con modif. in L. 8 ago. 2019, n. 77.

[3] Comma ins. dall'art. 6, D.L. 14 giu. 2019, n. 53, conv. con modif. in L. 8 ago. 2019, n. 77.

5-*bis*.[1] — 1. Salvo che il fatto costituisca più grave reato e fuori dai casi di cui agli articoli 6-*bis* e 6-*ter* della legge 13 dicembre 1989, n. 401, chiunque, nel corso di manifestazioni in luogo pubblico o aperto al pubblico, lancia o utilizza illegittimamente, in modo da creare un concreto pericolo per l'incolumità delle persone, razzi, bengala, fuochi artificiali, petardi, strumenti per l'emissione di fumo o di gas visibile o in grado di nebulizzare gas contenenti principi attivi urticanti, ovvero bastoni, mazze, oggetti contundenti o, comunque, atti a offendere, è punito con la reclusione da uno a quattro anni. Quando il fatto è commesso in modo da creare un concreto pericolo per l'integrità delle cose, la pena è della reclusione da sei mesi a due anni.

[1] Articolo ins. dall'art. 6, D.L. 14 giu. 2019, n. 53, conv. con modif. in L. 8 ago. 2019, n. 77.

6. Il disposto del primo capoverso dell'art. 240 del c.p. si applica a tutti i reati concernenti le armi, ogni altro oggetto atto ad offendere, nonché le munizioni e gli esplosivi.

Le armi da guerra e tipo guerra confiscate debbono essere versate alla competente direzione di artiglieria che ne dispone la rottamazione e la successiva alienazione, ove non le ritenga utilizzabili da parte delle forze armate.

Le armi comuni e gli oggetti atti ad offendere confiscati, ugualmente versati alle direzioni di artiglieria, devono essere destinati alla distruzione, salvo quanto previsto dal nono e decimo comma dell'art. 32 della L. 18 apr. 1975, n. 110.[1]

Le munizioni e gli esplosivi confiscati devono essere versati alla competente direzione di artiglieria, per l'utilizzazione da parte delle forze armate, ovvero per l'alienazione nei modi previsti dall'art. 10, secondo comma, della L. 18 apr. 1975, n. 110, o per la distruzione.

Le disposizioni di cui al secondo, terzo e quarto comma del presente articolo si applicano anche alle armi, munizioni e materie esplodenti confiscate in seguito a divieto della relativa detenzione disposto a norma dell'art. 39 del T.U. di p.s. 18 giu. 1931, n. 773.

7-15. (*Omissis*).

16. La prescrizione dei reati previsti dalla L. 14 ott. 1974, n. 497,[1] recante nuove norme contro la criminalità, nonché dall'art. 14 della presente legge, rimane sospesa:

a) durante la latitanza dell'imputato e per tutta la durata di essa;

b) durante il tempo necessario per la notifica di ordini o mandati all'imputato che non abbia provveduto alla comunicazione prevista nel terzo comma dell'art. 171 del c.p.p. sino al giorno in cui la notifica sia stata effettuata ovvero sia stato emesso il decreto di irreperibilità di cui all'art. 170 dello stesso codice;

c) durante il rinvio chiesto dall'imputato o dal suo difensore, di un atto di istruzione o del dibattimento e per tutto il tempo del rinvio.

17. .... [1]

[1] Articolo abrog. dall'art. 233, c. 1, *Coord.* c.p.p. Si vedano ora gli artt. 12-16 nuovo c.p.p.

18-24. .... [1]

[1] Articoli abrog. dal D.lgs. 6 set. 2011, n. 159..

25. .... [1]

[1] Articolo abrog. dall'art. 46 lett. *b*) della L. 6 mar. 1998, n. 40.

26. .... [1]

[1] Articolo abrog. dall'art. 233, c. 1, *Coord.* c.p.p. Si vedano ora gli artt. 12-16 nuovo c.p.p.

27-29. .... [1]

[1] Disposizioni da ritenersi abrogate ai sensi di *Coord.* 207 c.p.p.

30. Nei casi previsti dall'art. 27 il procuratore della Repubblica o il procuratore generale informano il comando del corpo o il capo dell'ufficio da cui dipendono le persone indicate nella stessa disposizione, affinché ne diano immediata notizia alle persone suddette.

Tale atto equivale, per ogni effetto, alla comunicazione giudiziaria di cui all'art. 390 del c.p.p.[1]

Nel caso previsto dal secondo comma dell'art. 27, la comunicazione di cui al primo comma del presente articolo può essere altresì effettuata dal pretore.

[1] V. ora art. 269 c.p.p.

31. .... [1]

[1] V. la nota all'art. 27.

32. Nei procedimenti a carico di ufficiali o agenti di pubblica sicurezza o di polizia giudiziaria o dei militari in servizio di pubblica sicurezza per fatti compiuti in servizio e relativi all'uso delle armi o di altro mezzo di coazione fisica, la difesa può essere assunta a richiesta dell'interessato dall'Avvocatura dello Stato o da libero professionista di fiducia dell'interessato medesimo.

In questo secondo caso le spese di difesa sono a carico del Ministero dell'interno salva rivalsa se vi è responsabilità dell'imputato per fatto doloso.

Le disposizioni dei commi precedenti si applicano a favore di qualsiasi persona che, legalmente richiesta dall'appartenente alle forze di polizia, gli presti assistenza.

33-34. (*Omissis*).

35. Le disposizioni processuali della presente legge si applicano sino all'entrata in vigore del nuovo c.p.p.

36. La presente legge entra in vigore il giorno successivo a quello della sua pubblicazione nella *Gazzetta Ufficiale*.

- 2 -

L. 8 ago. 1977, n. 533

Disposizioni in materia di ordine pubblico

(G.U. 20 ago. 1977, n. 226)

1-2. (*Omissis*).

3. Nel corso del procedimento per i reati concernenti le armi e gli esplosivi, nonché per quelli previsti dagli artt. 241, 285, 286 e 306 del c.p. e della L. 20 giu. 1952, n. 645, e successive modificazioni, l'autorità giudiziaria dispone sempre, con decreto motivato, il sequestro dell'immobile, che sia sede di enti, associazioni o gruppi, quando in tale sede siano rinvenuti armi da sparo, esplosivi o ordigni esplosivi o incendiari, ovvero quando l'immobile sia pertinente al reato. Non può essere nominato custode dell'immobile sequestrato l'indiziato o l'imputato dei reati per cui si procede né persona aderente agli enti, associazioni o gruppi suddetti.

Nella flagranza del reato, gli ufficiali di pubblica sicurezza procedono allo stesso modo trasmettendo, nelle quarantotto ore, il processo verbale all'autorità giudiziaria, [indicata nel primo capoverso dell'art. 238 del c.p.p.][1]

Quando il procedimento è definito con sentenza di condanna è sempre ordinata la confisca dell'immobile di cui al primo comma, se appartenente al condannato.

Nel corso del procedimento il giudice deve disporre la restituzione dell'immobile sequestrato non appartenente all'imputato a chi provi di averne diritto, sempre che il mantenimento del sequestro non sia necessario per il procedimento.

[1] Il riferimento è ora da intendersi all'art. 355, c. 1, c.p.p. in base all'art. 209 *Coord.* c.p.p.

4.[1] Se il fatto previsto dall'art. 624 del c.p. è commesso su armi, munizioni od esplosivi nelle armerie ovvero in depositi o in altri locali adibiti alla custodia di essi si procede d'ufficio e si applica la pena della reclusione da tre a dieci anni e della multa da euro 206 a euro 1.549.

Se concorre, inoltre, taluna delle circostanze previste dall'art. 61, o dall'art. 625, numeri 1, 2, 3, 4, 5 e 7, del c.p., la pena è della reclusione da cinque a dodici anni e della multa da euro 1.032 a euro 3.098.

La pena di cui al comma 2 si applica anche ai delitti di cui all'art. 624-*bis* del codice penale aggravati ai sensi del comma 1.

La pena prevista al comma 3 è diminuita fino a due terzi quando il fatto è di lieve entità.

[1] Articolo così sost. dall'art. 10, III c., della L. 26 mar. 2001, n. 128.

5. Le disposizioni del T.U. di pubblica sicurezza, approvato con R.D. 18 giu. 1931, n. 773, del R.D. 6 mag. 1940, n. 635, con le rispettive successive modificazioni, e della L. 18 apr. 1975, n. 110, relative alla detenzione e al porto delle armi, non si applicano nei riguardi degli strumenti lanciarazzi e degli artifizi da segnalazione il cui impiego è previsto, per la sicurezza della navigazione e per la salvaguardia della vita umana in mare, da disposizioni legislative o regolamentari, previo riconoscimento ed omologazione dei materiali stessi nelle sedi competenti.

Restano ferme le disposizioni dell'ultimo comma dell'art. 2 della L. 18 apr. 1975, n. 110.

(*Omissis*).

- 3 -

L. 13 dic. 1989, n. 401

Interventi nel settore del giuoco e delle scommesse clandestine e tutela della correttezza nello svolgimento di manifestazioni sportive

(G.U. 18 dic. 1989, n. 294)

1. *Frode in competizioni sportive.* — 1. Chiunque offre o promette denaro o altra utilità o vantaggio a taluno dei partecipanti ad una competizione sportiva organizzata dalle federazioni riconosciute dal Comitato olimpico nazionale italiano (CONI), dall'Unione italiana per l'incremento delle razze equine (UNIRE) o da altri enti sportivi riconosciuti dallo Stato e dalle associazioni ad essi aderenti, al fine di raggiungere un risultato diverso da quello conseguente al corretto e leale svolgimento della competizione, ovvero compie altri atti fraudolenti volti al medesimo scopo, è punito con la reclusione da due a sei anni e con la multa da euro 1.000 a euro 4.000.[1]

2. Le stesse pene si applicano al partecipante alla competizione che accetta il denaro o altra utilità o vantaggio, o ne accoglie la promessa.

3. Se il risultato della competizione è influente ai fini dello svolgimento di concorsi pronostici e scommesse regolarmente esercitati, per i fatti di cui ai commi 1 e 2, la pena della reclusione è aumentata fino alla metà e si applica la multa da euro 10.000 a euro 100.000.[1]

[1] Comma così modif. dall'art. 1, c. 1, D.L. 22 ago. 2014, n. 119, conv. con modif. in L. 17 ott. 2014, n. 146, a decorrere dal 22 ott. 2014, ai sensi di quanto disposto dallo stesso art. 1, c. 2.

2. *Non influenza del procedimento penale.* — 1. L'esercizio dell'azione penale per il delitto previsto dall'art. 1 e la sentenza che definisce il relativo giudizio non influiscono in alcun modo sull'omologazione delle gare né su ogni altro provvedimento di competenza degli organi sportivi.

2. L'inizio dei procedimento per i delitti previsti dall'art. 1 non preclude il normale svolgimento secondo gli specifici regolamenti del procedimento disciplinare sportivo.

3. Gli organi della disciplina sportiva, ai fini esclusivi della propria competenza funzionale, possono chiedere copia degli atti del procedimento penale ai sensi dell'art. 116 del codice di procedura penale fermo restando il divieto di pubblicazione di cui all'art. 114 dello stesso codice.

3. *Obbligo del rapporto.* — 1. I presidenti delle federazioni sportive nazionali affiliate al Comitato olimpico nazionale italiano (CONI), i presidenti degli organi di disciplina di secondo grado delle stesse federazioni e i corrispondenti organi preposti alla disciplina degli enti e delle associazioni di cui al comma 1 dell'art. 1, che nell'esercizio o a causa delle loro funzioni hanno notizia dei reati di cui all'art. 1, sono obbligati a fame rapporto, ai sensi delle vigenti leggi, all'autorità giudiziaria.

4. ***Esercizio abusivo di attività di giuoco o di scommessa.*** — 1. Chiunque esercita abusivamente l'organizzazione del giuoco del lotto o di scommesse o di concorsi pronostici che la legge riserva allo Stato o ad altro ente concessionario, è punito con la reclusione da tre a sei anni e con la multa da 20.000 a 50.000 euro. Alla stessa pena soggiace chi comunque organizza scommesse o concorsi pronostici su attività sportive gestite dal Comitato olimpico nazionale italiano (CONI), dalle organizzazioni da esso dipendenti o dall'Unione italiana per l'incremento delle razze equine (UNIRE). Chiunque abusivamente esercita l'organizzazione di pubbliche scommesse su altre competizioni di persone o animali e giuochi di abilità è punito con l'arresto da tre mesi ad un anno e con l'ammenda non inferiore a euro 516. Le stesse sanzioni si applicano a chiunque venda sul territorio nazionale, senza autorizzazione dell'Agenzia delle dogane e dei monopoli, biglietti di lotterie o di analoghe manifestazioni di sorte di Stati esteri, nonché a chiunque partecipi a tali operazioni mediante la raccolta di prenotazione di giocate e l'accreditamento delle relative vincite e la promozione e la pubblicità effettuate con qualunque mezzo di diffusione. È punito altresì con la reclusione da sei mesi a tre anni chiunque organizza, esercita e raccoglie a distanza, senza la prescritta concessione, qualsiasi gioco istituito o disciplinato dall'Agenzia delle dogane e dei monopoli. Chiunque, ancorché titolare della prescritta concessione, organizza, esercita e raccoglie a distanza qualsiasi gioco istituito o disciplinato dall'Agenzia delle dogane e dei monopoli con modalità e tecniche diverse da quelle previste dalla legge è punito con l'arresto da tre mesi a un anno o con l'ammenda da euro 500 a euro 5.000.[1]

2. Quando si tratta di concorsi, giuochi o scommesse gestiti con le modalità di cui al comma 1, e fuori dei casi di concorso in uno dei reati previsti dal medesimo, chiunque in qualsiasi modo dà pubblicità al loro esercizio è punito con l'arresto fino a tre mesi e con l'ammenda da euro 51 a euro 516. La stessa sanzione si applica a chiunque, in qualsiasi modo, dà pubblicità in Italia a giochi, scommesse ed a lotterie, da chiunque accettate all'estero.[2]

3. Chiunque partecipa a concorsi, giuochi, scommesse gestiti con le modalità di cui al comma 1, fuori dei casi di concorso in uno dei reati previsti dal medesimo, è punito con l'arresto fino a tre mesi o con l'ammenda da euro 51 a euro 516.

4. Le disposizioni di cui ai commi 1 e 2 si applicano anche ai giuochi d'azzardo esercitati a mezzo degli apparecchi vietati dall'art. 110 del R.D. 18 giu. 1931, n. 773, come modificato dalla L. 20 mag. 1965, n. 507, e come da ultimo modificato dall'art. 1 della L. 17 dic. 1986, n. 904.

4-*bis*. Le sanzioni di cui al presente articolo sono applicate a chiunque, privo di concessione, autorizzazione o licenza ai sensi dell'art. 88 del testo unico delle leggi di pubblica sicurezza, approvato con R.D. 18 giu. 1931, n. 773, e successive modificazioni, svolga in Italia qualsiasi attività organizzata al fine di accettare o raccogliere o comunque favorire l'accettazione o in qualsiasi modo la raccolta, anche per via telefonica o telematica, di scommesse di qualsiasi genere da chiunque accettate in Italia o all'estero.

4-*ter*. Fermi restando i poteri attribuiti al Ministero delle finanze dall'art. 11 del D.L. 30 dic. 1993, n. 557, convertito, con modificazioni, dalla legge 26 feb. 1994, n. 133, ed in applicazione dell'art. 3, c. 228, della L. 28 dic. 1995, n. 549, le sanzioni di cui al presente articolo si applicano a chiunque effettui la raccolta o la prenotazione di giocate del lotto, di concorsi pronostici o di scommesse per via telefonica o telematica, ove sprovvisto di apposita autorizzazione del Ministero dell'economia e delle finanze - Agenzia delle dogane e dei monopoli - all'uso di tali mezzi per la predetta accolta o prenotazione.[1]

4-*quater*. L'Agenzia delle dogane e dei monopoli è tenuta alla realizzazione, in collaborazione con la Guardia di finanza e le altre forze di polizia, di un piano straordinario di controllo e contrasto all'attività illegale di cui ai precedenti commi con l'obiettivo di determinare l'emersione della raccolta di gioco illegale.[3]

[1] Comma così modif. dall'art. 27, D.L. 28 gen. 2019, n. 4, conv. in L. 28 mar. 2019, n. 26.

[2] Periodo aggiunto dall'art. 7, c. 3-*bis*, D.L. 14 mar. 2005, n. 35, conv. con modif. in L. 14 mag. 2005, n. 80.

[3] Comma aggiunto dall'art. 27, D.L. 28 gen. 2019, n. 4, conv. in L. 28 mar. 2019, n. 26.

5. ***Pene accessorie.*** — 1. La condanna per i delitti di cui agli artt. 1 e 4 importa il divieto i accedere ai luoghi ove si svolgono manifestazioni sportive[1] o si accettano scommesse autorizzate ovvero si tengono giuochi d'azzardo autorizzati.

2. Alla condanna per i delitti previsti dall'art. 1 consegue inoltre l'applicazione della pena accessoria di cui al primo comma dell'art. 32-*bis* del codice penale, limitatamente agli uffici direttivi delle società sportive.

3. Le pene accessorie di cui ai commi 1 e 2 non possono avere una durata inferiore a sei mesi né superiore a tre anni.

[1] Le parole "manifestazioni sportive" hanno sostituito le precedenti "competizioni agonistiche" per effetto dell'art. 1, c. 1-*bis*, D.L. 20 ago. 2001, n. 336, conv. con modif. in L. 19 ott. 2001, n. 377.

5-*bis*. ***Confisca.***[1] — 1. Nel caso di condanna o di applicazione della pena su richiesta delle parti, a norma dell'articolo 444 del codice di procedura penale, per uno dei delitti previsti dagli articoli 1 e 4 della presente legge, è sempre ordinata la confisca delle cose, dei beni e degli strumenti informatici o telematici che servirono o furono destinati a commettere il reato e delle cose e dei beni che ne costituiscono il prodotto, il profitto o il prezzo, salvo che appartengano a persone estranee al reato medesimo.

2. Nel caso in cui non sia possibile procedere alla confisca di cui al comma 1, il giudice ordina la confisca di beni di valore equivalente a quelli che costituiscono il prodotto, il profitto o il prezzo del reato e di cui il reo ha la disponibilità, anche indirettamente o per interposta persona. Si applica il terzo comma dell'articolo 322-ter del codice penale.

[1] Articolo ins. dall'art. 4, c. 1, L. 3 mag. 2019, n. 39, a decorrere dal 17 mag. 2019.

6. ***Divieto di accesso ai luoghi dove si svolgono manifestazioni sportive.***[1] — 1. Il questore può disporre il divieto di accesso ai luoghi in cui si svolgono manifestazioni sportive specificamente indicate, nonché a quelli, specificamente indicati, interessati alla sosta, al transito o al trasporto di coloro che partecipano o assistono alle manifestazioni medesime, nei confronti di:

a) coloro che risultino denunciati per aver preso parte attiva a episodi di violenza su persone o cose in occasione o a causa di manifestazioni sportive, o che nelle medesime circostanze abbiano incitato, inneggiato o indotto alla violenza;

b) coloro che, sulla base di elementi di fatto, risultino avere tenuto, anche all'estero, sia singolarmente che in gruppo, una condotta evidentemente finalizzata alla partecipazione attiva a episodi di violenza, di minaccia o di intimidazione, tali da porre in pericolo la sicurezza pubblica o da creare turbative per l'ordine pubblico nelle medesime circostanze di cui alla lettera *a*);

c) coloro che risultino denunciati o condannati, anche con sentenza non definitiva, nel corso dei cinque anni precedenti per alcuno dei reati di cui all'articolo 4, primo e secondo comma, della legge 18 aprile 1975, n. 110, all'articolo 5 della legge 22 maggio 1975, n. 152, all'articolo 2, comma 2, del decreto-legge 26 aprile 1993, n. 122, convertito, con modificazioni, dalla legge 25 giugno 1993, n. 205, agli articoli 6-*bis*, commi 1 e 2, e 6-*ter* della presente legge, per il reato di cui all'articolo 2-*bis* del decreto-legge 8 febbraio 2007, n. 8, convertito, con modificazioni, dalla legge 4 aprile 2007, n. 41, o per alcuno dei delitti contro l'ordine pubblico o dei delitti di comune pericolo mediante violenza, di cui al libro secondo, titoli V e VI, capo I, del codice penale o per il delitto di cui all'articolo 588 dello stesso codice, ovvero per alcuno dei delitti di cui all'articolo 380, comma 2, lettere *f*) e *h*), del codice di procedura penale, anche se il fatto non è stato commesso in occasione o a causa di manifestazioni sportive;

d) soggetti di cui all'articolo 4, comma 1, lettera *d*), del codice delle leggi antimafia e delle misure di prevenzione, di cui al decreto legislativo 6 settembre 2011, n. 159, anche se la condotta non è stata posta in essere in occasione o a causa di manifestazioni sportive.[2]

1-*bis*. Il divieto di cui al comma 1 può essere disposto anche nei confronti di soggetti minori di 18 anni che abbiano compiuto il quattordicesimo anno di età. Il provvedimento è notificato a coloro che esercitano la responsabilità genitoriale[3].[4]

1-*ter*. Il divieto di cui al comma 1 può essere disposto anche per le manifestazioni sportive che si svolgono all'estero, specificamente indicate. Il divieto di accesso alle manifestazioni sportive che si svolgono in Italia può essere disposto anche dalle competenti autorità degli altri Stati membri dell'Unione europea, con i provvedimenti previsti dai rispettivi ordinamenti. Per fatti commessi all'estero, accertati dall'autorità straniera competente o dagli organi delle Forze di polizia italiane che assicurano, sulla base di rapporti di cooperazione, il supporto alle predette autorità nel luogo di svolgimento della manifestazione, il divieto è disposto dal questore della provincia del luogo di residenza ovvero del luogo di dimora abituale del destinatario della misura.[5]

2. Alle persone alle quali è notificato il divieto previsto dal comma 1, il questore può prescrivere, tenendo conto dell'attività lavorativa dell'invitato, di comparire personalmente una o più volte negli orari indicati, nell'ufficio o comando di polizia competente in relazione al luogo di residenza dell'obbligato o in quello specificamente indicato, nel corso della giornata in cui si svolgono le manifestazioni per le quali opera il divieto di cui al comma 1.[6]

2-*bis*. La notifica di cui al comma 2 deve contenere l'avviso che l'interessato ha facoltà di presentare, personalmente o a mezzo di difensore, memorie o deduzioni al giudice competente per la convalida del provvedimento.[7]

3. La prescrizione di cui al comma 2 ha effetto a decorrere dalla prima manifestazione successiva alla notifica all'interessato ed è immediatamente comunicata al procuratore della Repubblica presso il tribunale o al procuratore della Repubblica presso il tribunale per i minorenni, se l'interessato è persona minore di età, competenti con riferimento al luogo in cui ha sede l'ufficio di questura. Il pubblico ministero, se ritiene che sussistano i presupposti di cui al comma 1, entro quarantotto ore dalla notifica del provvedimento ne chiede la convalida al giudice per le indagini preliminari. Le prescrizioni imposte cessano di avere efficacia se il pubblico ministero con decreto motivato non avanza la richiesta di convalida entro il termine predetto e se il giudice non dispone la convalida nelle quarantotto ore successive. Nel giudizio di convalida, il giudice per le indagini preliminari può modificare le prescrizioni di cui al comma 2.[8]

4. Contro l'ordinanza di convalida è proponibile il ricorso per Cassazione. Il ricorso non sospende l'esecuzione dell'ordinanza.

5. Il divieto di cui al comma 1 e l'ulteriore prescrizione di cui al comma 2 non possono avere durata inferiore a un anno e superiore a cinque anni e sono revocati o modificati qualora, anche per effetto di provvedimenti dell'autorità giudiziaria, siano venute meno o siano mutate le condizioni che ne hanno giustificato l'emissione. In caso di condotta di gruppo di cui al comma 1, la durata non può essere inferiore a tre anni nei confronti di coloro che ne assumono la direzione. Nei confronti della persona già destinataria del divieto di cui al primo periodo è sempre disposta la prescrizione di cui al comma 2 e la durata del nuovo divieto e della prescrizione non può essere inferiore a cinque anni e superiore a dieci anni.[9] La prescrizione di cui al comma 2 è comunque applicata quando risulta, anche sulla base di documentazione videofotografica o di altri elementi oggettivi, che l'interessato ha violato il divieto di cui al comma 1. Nel caso di violazione del divieto di cui al periodo precedente, la durata dello stesso può essere aumentata fino a otto anni.

6. Il contravventore alle disposizioni di cui ai commi 1 e 2 è punito con la reclusione da uno a tre anni e con la multa da 10.000 euro a 40.000 euro.[10] Le stesse disposizioni si applicano nei confronti delle persone che violano in Italia il divieto di accesso ai luoghi in cui si svolgono manifestazioni sportive adottato dalle competenti Autorità di uno degli Stati membri dell'Unione europea.

7. Con la sentenza di condanna per i reati di cui al comma 6 e per quelli commessi in occasione o a causa di manifestazioni sportive o durante i trasferimenti da o verso i luoghi in cui si svolgono dette manifestazioni il giudice dispone, altresì, il divieto di accesso nei luoghi di cui al comma 1 e l'obbligo di presentarsi in un ufficio o comando di polizia durante lo svolgimento di manifestazioni sportive specificamente indicate per un periodo da due a dieci anni,[11] e può disporre la pena accessoria di cui all'art. 1, comma 1-*bis*, lettera *a*) del D.L. 26 aprile 1993, n. 122, convertito, con modificazioni, dalla legge 25 giugno 1993, n. 205. Il capo della sentenza non definitiva che dispone il divieto di accesso nei luoghi di cui al comma 1 è immediatamente esecutivo.[12]

8. Nei casi di cui ai commi 2, 6 e 7, il questore può autorizzare l'interessato, per gravi e comprovate esigenze, a comunicare per iscritto allo stesso ufficio o comando di cui al comma 2 il luogo di privata dimora o altro diverso luogo, nel quale lo stesso interessato sia reperibile durante lo svolgimento di specifiche manifestazioni agonistiche.[13]

8-*bis*. Decorsi almeno tre anni dalla cessazione del divieto di cui al comma 1, l'interessato può chiedere la cessazione degli ulteriori effetti pregiudizievoli derivanti dall'applicazione del medesimo divieto. La cessazione è richiesta al questore che ha disposto il divieto o, nel caso in cui l'interessato sia stato destinatario di più divieti, al questore che ha disposto l'ultimo di tali divieti ed è concessa se il soggetto ha adottato condotte di ravvedimento operoso, quali la riparazione integrale del danno eventualmente prodotto, mediante il risarcimento anche in forma specifica, qualora sia in tutto o in parte possibile, o la concreta collaborazione con l'autorità di polizia o con l'autorità giudiziaria per l'individuazione degli altri autori o partecipanti ai fatti per i quali è stato adottato il divieto di cui al comma 1, o lo svolgimento di lavori di pubblica utilità, secondo modalità stabilite con decreto del Ministro dell'interno, previa intesa in sede di Conferenza unificata di cui all'articolo 8 del decreto legislativo 28 agosto 1997, n. 281, e senza oneri a carico della finanza pubblica, consistenti nella prestazione di un'attività non retribuita a favore della collettività presso lo Stato, le regioni, le province e i comuni, e ha dato prova costante ed effettiva di buona condotta, anche in occasione di manifestazioni sportive.[14]

8-*ter*. Con il divieto di cui al comma 1 il questore può imporre ai soggetti che risultano definitivamente condannati per delitti non colposi anche i divieti di cui all'articolo 3, comma 4, del codice delle leggi antimafia e delle misure di prevenzione, di cui al decreto legislativo 6 settembre 2011, n. 159, avverso i quali può essere proposta opposizione ai sensi del comma 6 del medesimo articolo 3. Nel caso di violazione dei divieti di cui al periodo precedente, si applicano le disposizioni dell'articolo 76, comma 2, del citato codice di cui al decreto legislativo n. 159 del 2011.[15]

[1] Le parole "manifestazioni sportive" hanno sostituito le precedenti "competizioni agonistiche" per effetto dell'art. 1, c. 1-*bis*, del D.L. 20 ago. 2001, n. 336, conv. con modif. in L. 19 ott. 2001, n. 377.

[2] Comma così sost. dall'art. 13, D.L. 14 giu. 2019, n. 53, conv. con modif. in L. 8 ago. 2019, n. 77.

[3] Ai sensi dell'art. 105, D.lgs. 28 dic. 2013, n. 154, in vigore dal 7 feb. 2014 l'espressione «potestà dei genitori» è sost. da «responsabilità genitoriale».

[4] Comma ins. dall'art. 2 lett. *a-bis* del D.L. 8 feb. 2007, n. 8, conv. con modif. in L. 4 apr. 2007, n. 41.

[5] Comma ins. dall'art. 13, D.L. 14 giu. 2019, n. 53, conv. con modif. in L. 8 ago. 2019, n. 77.

[6] Comma così sost. dall'art. 1, c. 1, del D.L. 20 ago. 2001, n. 336, conv. con modif. in L. 19 ott. 2001, n. 377.

[7] Comma ins. dall'art. 1 del D.L. 20 ago. 2001, n. 336, conv. con modif. in L. 19 ott. 2001, n. 377.

[8] Comma così modif. dell'art. 2, c. 1, lett. *a-bis*), D.L. 22 ago. 2014, n. 119, conv. con modif. in L. 17 ott. 2014, n. 146.

[9] Periodo così sost. dall'art. 13, D.L. 14 giu. 2019, n. 53, conv. con modif. in L. 8 ago. 2019, n. 77.

[10] Parole così sost. dall'art. 2 lett. *c*) del D.L. 8 feb. 2007, n. 8, conv. con modif. in L. 4 apr. 2007, n. 41.

[11] Parole così sost. dall'art. 13, D.L. 14 giu. 2019, n. 53, conv. con modif. in L. 8 ago. 2019, n. 77.

[12] Comma così sost. dall'art. 2 lett. *d*) del D.L. 8 feb. 2007, n. 8, conv. con modif. in L. 4 apr. 2007, n. 41.

[13] Ai sensi dell'art. 8, D.L. 8 feb. 2007, n. 8, conv. con modif., nella L. 4 apr. 2007, n. 41. "È vietato alle società sportive corrispondere in qualsiasi forma, diretta o indiretta, a soggetti destinatari di provvedimenti di cui all'ar-

ticolo 6 della legge 13 dicembre 1989, n. 401, o di cui alla legge 27 dicembre 1956, n. 1423, ovvero a soggetti che siano stati, comunque, condannati, anche con sentenza non definitiva, per reati commessi in occasione o a causa di manifestazioni sportive, ovvero per reati in materia di contraffazione di prodotti o di vendita abusiva degli stessi, sovvenzioni, contributi e facilitazioni di qualsiasi natura, ivi inclusa l'erogazione a prezzo agevolato o gratuito di biglietti e abbonamenti o titoli di viaggio, nonché stipulare contratti con soggetti destinatari dei provvedimenti di cui all'articolo 6 della legge 13 dicembre 1989, n. 401, aventi ad oggetto la concessione dei diritti di cui all'articolo 20, commi 1 e 2, del decreto legislativo 10 febbraio 2005, n. 30. È parimenti vietato alle società sportive corrispondere contributi, sovvenzioni, facilitazioni di qualsiasi genere ad associazioni di tifosi comunque denominate, salvo quanto previsto dal comma 4.

Alle società sportive è vietato altresì stipulare con soggetti destinatari dei provvedimenti di cui all'articolo 6 della legge 13 dicembre 1989, n. 401, per la durata del provvedimento e fino a che non sia intervenuta la riabilitazione, contratti aventi ad oggetto la concessione dei diritti previsti dall'articolo 20, commi 1 e 2, del codice della proprietà industriale, di cui al decreto legislativo 10 febbraio 2005, n. 30. È parimenti vietato alle società sportive corrispondere contributi, sovvenzioni e facilitazioni di qualsiasi genere ad associazioni di sostenitori, comunque denominate, salvo quanto previsto dal comma 4.

Con decreto del Ministro dell'interno, di concerto con il Ministro per le politiche giovanili e le attività sportive, sono definite, entro sessanta giorni dalla data di entrata in vigore del presente decreto, le modalità di verifica, attraverso la questura, della sussistenza dei requisiti ostativi di cui al comma 1 per i nominativi comunicati dalle società sportive interessate.

Alle società sportive che non osservano i divieti di cui ai commi 1 e 1-*bis* è irrogata dal prefetto della provincia in cui la società ha sede legale la sanzione amministrativa del pagamento di una somma da 50.000 a 200.000 euro.

Le società sportive possono stipulare con associazioni legalmente riconosciute, aventi tra le finalità statutarie la promozione e la divulgazione dei valori e dei principi della cultura sportiva, della non violenza e della pacifica convivenza, come sanciti dalla Carta olimpica, contratti e convenzioni in forma scritta aventi ad oggetti progetti di interesse comune per la realizzazione delle predette finalità, nonché per il sostegno di gemellaggi con associazioni legalmente riconosciute dei sostenitori di altre società sportive aventi i medesimi fini statutari. I contratti e le convenzioni stipulati con associazioni legalmente riconosciute che abbiano tra i propri associati persone cui è stato notificato il divieto di cui al comma 1 dell'art. 6 della legge 13 dicembre 1989, n. 401, e successive modificazioni, sono sospesi per la durata di tale divieto, salvo che intervengano l'espulsione delle persone destinatarie del divieto e la pubblica dissociazione dell'associazione dai comportamenti che l'abbiano determinato.

Per quanto non previsto dal presente articolo si applicano le disposizioni della legge 24 novembre 1981, n. 689, e successive modificazioni".

[14] Comma aggiunto dall'art. 2, c. 1, lett. *c*), D.L. 22 ago. 2014, n. 119, conv. in L. 17 ott. 2014, n. 146, e così modif. dall'art. 13, D.L. 14 giu. 2019, n. 53, conv. con modif. in L. 8 ago. 2019, n. 77.

[15] Comma aggiunto dall'art. 13, D.L. 14 giu. 2019, n. 53, conv. con modif. in L. 8 ago. 2019, n. 77.

6-*bis*. *Lancio di materiale pericoloso, scavalcamento e invasione di campo in occasione di manifestazioni sportive.*[1] — 1. Salvo che il fatto costituisca più grave reato, chiunque, nei luoghi in cui si svolgono manifestazioni sportive ovvero in quelli interessati alla sosta, al transito, o al trasporto di coloro che partecipano o assistono alle manifestazioni medesime o, comunque, nelle immediate adiacenze di essi, nelle ventiquattro ore precedenti o successive allo svolgimento della manifestazioni sportiva, e a condizione che i fatti avvengano in relazione alla manifestazione sportiva stessa, lancia o utilizza, in modo da creare un concreto pericolo per le persone, razzi, bengala, fuochi artificiali, petardi, strumenti per l'emissione di fumo o di gas visibile, ovvero bastoni, mazze, materiale imbrattante o inquinante, oggetti contundenti, o, comunque, atti ad offendere, è punito con la reclusione da uno a quattro anni. La pena è aumentata se dal fatto deriva un ritardo rilevante dell'inizio, la sospensione, l'interruzione o la cancellazione della manifestazione sportiva. La pena è aumentata fino alla metà se dal fatto deriva un danno alle persone.[2]

2. Salvo che il fatto costituisca più grave reato chiunque, nei luoghi in cui si svolgono manifestazioni sportive, supera indebitamente una recinzione o separazione dell'impianto ovvero, nel corso delle manifestazioni medesime, invade il terreno di gioco, è punito con l'arresto fino ad un anno e con l'ammenda da mille euro a cinquemila euro. La pena è della reclusione da sei mesi a quattro anni se dal fatto deriva un ritardo rilevante dell'inizio, l'interruzione o la sospensione definitiva della competizione calcistica.[3]

[1] Articolo inserito dall'art. 1, c. 1, del D.L. 20 ago. 2001, n. 336, conv. con modif., nella L. 19 ott. 2001, n. 377.

[2] Comma così sost. dall'art. 3 del D.L. 8 feb. 2007, n. 8, conv. con modif. in L. 4 apr. 2007, n. 41.

[3] Comma così sost. dall'art. 3 c. 1-*bis* del D.L. 8 feb. 2007, n. 8, conv. con modif. in L. 4 apr. 2007, n. 41.

6-*ter*. *Possesso di artifizi pirotecnici in occasione di manifestazioni sportive.*[1] — 1. Salvo che il fatto costituisca più grave reato, chiunque, nei luoghi in cui si svolgono manifestazioni sportive, ovvero in quelli interessati alla sosta, al transito, o al trasporto di coloro che partecipano o assistono alle manifestazioni medesime o, comunque, nelle immediate adiacenze di essi, nelle ventiquattro ore precedenti o successive allo svolgimento della manifestazione sportiva, e a condizione che i fatti avvengano in relazione alla manifestazione sportiva stessa, è trovato in possesso di razzi, bengala, fuochi artificiali, petardi, strumenti per l'emissione di fumo o di gas visibile, ovvero di bastoni, mazze, materiale imbrattante o inquinante, oggetti contundenti, o, comunque, atti ad offendere, è punito con la reclusione da sei mesi a tre anni e con la multa da 1.000 a 5.000 euro.[2]

[1] Articolo aggiunto dall'art. 1, D.L. 24 feb. 2003, n. 28, conv. con modif. in L. 24 apr. 2003, n. 88.

[2] Comma così sost. dall'art. 3, c. 2, D.L. 8 feb. 2007, n. 8, conv. con modif. in L. 4 apr. 2007, n. 41.

6-*quater*. *Violenza o minaccia nei confronti degli addetti ai controlli dei luoghi ove si svolgono manifestazioni sportive.*[1] — 1. Chiunque commette uno dei fatti previsti dagli artt. 336 e 337 del codice penale nei confronti dei soggetti incaricati del controllo dei titoli di accesso e dell'instradamento degli spettatori e di quelli incaricati di assicurare il rispetto del regolamento d'uso dell'impianto dove si svolgono manifestazioni sportive, purché riconoscibili e in relazione delle mansioni svolte, è punito con le stesse, pene previste dai medesimi articoli. Si applicano le disposizioni di cui all'articolo 339, terzo comma, del codice penale.[2] Tali incaricati, devono possedere i requisiti morali di cui all'art. 11 del TULPS, di cui al regio decreto 18 giu. 1931, n. 773.

1-*bis*. Nei confronti delle società sportive che abbiano incaricato dei compiti di cui al comma 1 persone prive dei requisiti dall'art. 1 persone prive dei requisiti previsti dall'art. 11 del testo unico delle leggi di pubblica sicurezza, di cui al regio decreto 18 giugno 1931, n. 773, è irrogata, dal prefetto della provincia in cui le medesime società hanno la sede legale o *operativa*, la sanzione amministrativa del pagamento di una somma da 20.000 a 100.000 euro.[3]

1-*ter*. Le disposizioni del comma 1, primo e secondo periodo, si applicano altresì a chiunque commette uno dei fatti previsti dagli articoli 336 e 337 del codice penale nei confronti degli arbitri e degli altri soggetti che assicurano la regolarità tecnica delle manifestazioni sportive.[4]

[1] Articolo ins. dall'art. 1, lett. *c*), D.L. 17 ago. 2005, n. 162, conv. in L. 17 ott. 2005, n. 210.

[2] Periodo ins. dall'art. 2 c. 3, D.L. 12 nov. 2010, n. 187, conv. in L. 17 dic. 2010, n. 217.

[3] Comma aggiunto dall'art. 2 c. 2, D.L. 8 feb. 2007, n. 8, conv. con modif. in L. 4 apr. 2007, n. 41.

[4] Comma aggiunto dall'art. 13, D.L. 14 giu. 2019, n. 53, conv. con modif. in L. 8 ago. 2019, n. 77.

6-*quinquies*. *Lesioni personali gravi o gravissime nei confronti degli addetti ai controlli dei luoghi ove si svolgono manifestazioni sportive.*[1] — 1. Chiunque commette uno dei fatti previsti dall'art. 583-*quater* del codice penale nei confronti dei soggetti indicati nell'articolo 2-*ter* del decreto-legge 8 febbraio 2007, n. 8, convertito, con modificazioni, dalla legge 4 aprile 2007, n. 41, nell'espletamento delle mansioni svolte in occasione delle manifestazioni sportive, è punito con le stesse pene previste dal medesimo articolo 583-*quater*.

1-*bis*. Le disposizioni del comma 1 si applicano altresì a chiunque commette uno dei fatti previsti dall'articolo 583-*quater* del codice penale nei confronti degli arbitri e degli altri soggetti che assicurano la regolarità tecnica delle manifestazioni sportive.[2]

[1] Articolo ins. dall'art. 2, c. 4, D.L. 12 nov. 2010, n. 187, conv. con modif. in L. 17 dic. 2010, n. 217.

[2] Comma aggiunto dall'art. 13, D.L. 14 giu. 2019, n. 53, conv. con modif. in L. 8 ago. 2019, n. 77.

7. *Turbativa di manifestazioni sportive.* — 1. Salvo che il fatto costituisca reato, chiunque turba il regolare svolgimento di una competizione agonistica è punito con la sanzione amministrativa pecuniaria da euro 25 a euro 154.

2. La competenza ad irrogare la sanzione spetta al prefetto ed i proventi sono devoluti allo Stato.

7-*bis*. *Differimento o divieto di manifestazioni sportive.*[1] — 1. Per urgenti e gravi necessità pubbliche connesse allo svolgimento di manifestazioni sportive, il prefetto, al fine di tutelare l'ordine pubblico e la sicurezza pubblica, può disporre, sentito il comitato provinciale per l'ordine e la sicurezza pubblica, integrato per la circostanza da rappresentanti del Ministero per i beni e le attività culturali e del CONI, il differimento dello svolgimento di manifestazioni sportive ad altra data ritenuta idonea ovvero, in situazioni connotate dalla permanenza del pericolo di grave turbativa, il divieto dello svolgimento di manifestazioni sportive per periodi ciascuno di durata non superiore ai trenta giorni.

[1] Articolo inserito dall'art. 1-*ter* del D.L. 24 feb. 2003, n. 28, conv. con modif. in L. 15 apr. 2003, n. 88.

7-*bis*.1. *Divieto di trasferta.*[1] — 1. Fuori dai casi di adozione da parte del prefetto di provvedimenti di propria competenza, in caso di gravi episodi di violenza commessi in occasione di competizioni riguardanti il gioco del calcio, il Ministro dell'interno, quale autorità nazionale di pubblica sicurezza, può disporre, con proprio decreto, il divieto, per una durata non superiore a due anni, di apertura del settore ospiti degli impianti sportivi in cui si svolgono gli incontri di calcio individuati in relazione al pericolo di turbativa dell'ordine pubblico. Con lo stesso decreto, è altresì disposto il divieto di vendita di titoli di accesso ai medesimi impianti sportivi nei confronti dei residenti della provincia delle squadre ospiti interessate.

[1] Articolo inserito dall'art. 4, c. 1, lett. *a*), D.L. 22 ago. 2014, n. 119, conv. in L. 17 ott. 2014, n. 146.

7-*ter*. *Misure di prevenzione.*[1]

[1] Articolo abrog. dall'art. 120, c. 1, lett. *g*), D.lgs. 6 set. 2011, n. 159.

8. *Effetti dell'arresto in flagranza durante o in occasione di manifestazioni sportive.* — 1. Nei casi di arresto in flagranza o di arresto eseguito a norma dei commi 1-*bis* e 1-*ter*[1] per reato commesso durante o in occasione di manifestazioni sportive, i provvedimenti di remissione in libertà conseguenti a convalida di fermo e arresto o di concessione della sospensione condizionale della pena a seguito di giudizio direttissimo possono contenere prescrizioni in ordine al divieto di accedere ai luoghi ove si svolgono manifestazioni sportive.

1-*bis*. Oltre che nel caso di reati commessi con violenza alle persone o alle cose in occasione o a causa di manifestazioni sportive, per i quali è obbligatorio o facoltativo l'arresto ai sensi degli articoli 380 e 381 del codice di procedura penale, l'arresto è altresì consentito nel caso di reati di cui all'articolo 6-*bis*, comma 1, all'articolo 6-*ter* ed all'articolo 6, commi 1 e 6, della presente legge, anche nel caso di divieto non accompagnato dalla prescrizione di cui al comma 2 del medesimo articolo 6, nonché del reato di cui all'articolo 2, comma 1, del decreto-legge 26 aprile 1993, n. 122, convertito, con modificazioni, dalla legge 25 giugno 1993, n. 205. L'arresto è, inoltre, consentito nel caso di violazione del divieto di accedere ai luoghi dove si svolgono manifestazioni sportive previsto dal comma 7 dell'articolo 6.[2]

1-*ter*. Nei casi di cui al comma 1-*bis*, quando non è possibile procedere immediatamente all'arresto per ragioni di sicurezza o incolumità pubblica, si considera comunque in stato di flagranza ai sensi dell'art. 382 del c.p.p. colui il quale, sulla base di documentazione video fotografica dalla quale emerga inequivocabilmente il fatto, ne risulta autore, sempre che l'arresto sia compiuto non oltre il tempo necessario alla sua identificazion e, comunque, entro le quarantotto ore dal fatto.[3]

1-*quater*. Quando l'arresto è stato eseguito per uno dei reati indicati dal comma 1-*bis*, e nel caso di violazione del divieto di accedere ai luoghi dove si svolgono manifestazioni sportive previsto dal comma 7 dell'art. 6,[4] l'applicazione delle misure coercitive è disposta anche al di fuori dei limiti di pena previsti dagli artt. 274, comma 1, lett. *c*), e 280 del c.p.p.

1-*quinquies* Le disposizioni di cui ai commi 1-*ter* e 1-*quater* hanno efficacia a decorrere dal 13 nov. 2010 fino al 30 giugno 2016.[5]

[1] Commi così modif. dall'art. 1 del D.L. 24 feb. 2003, n. 28, conv. con modif. in L. 15 apr. 2003, n. 88.

[2] Comma aggiunto dall'art. 1, D.L. 20 ago. 2001, n. 336, e da ultimo così modif dall'art. 4, c. 1, lett. *b*), D.L. 22 ago. 2014, n. 119, conv. in L. 17 ott. 2014, n. 146.

[3] Comma così modif. dall'art. 4 c. 1 lett. *b*) del D.L. 8 feb. 2007, n. 8, conv. con modif. in L. 4 apr. 2007, n. 41.

[4] Parole inserite dall'art. 4, c. 1 lett. *c*) del D.L. 8 feb. 2007, n. 8, conv. con modif. in L. 4 apr. 2007, n. 41.

[5] Comma aggiunto dall'art. 1 del D.L. 12 nov. 2010, n. 187, conv. con modif. in L. 17 dic. 2010, n. 217, e quindi così modif. dall'art. 7, c. 1, D.L. 14 ago. 2013, n. 93, conv. con modif. in L. 15 ott. 2013, n. 119.

8-*bis*. *Casi di giudizio direttissimo*. — 1. Per i reati indicati nell'art. 6, comma 6, nell'art. 6-*bis*, commi 1 e 2, nell'art. 6-*ter*[1] e nell'art. 8, comma 1, si procede sempre con giudizio direttissimo, salvo che siano necessarie speciali indagini.

[1] Parole inserite dall'art. 4, c. 3, del D.L. 8 feb. 2007, n. 8, conv. con modif., nella L. 4 apr. 2007, n. 41.

8-*ter*. *Trasferte*. — 1. Le norme della presente legge si applicano anche ai fatti commessi in occasione o a causa di manifestazioni sportive durante i trasferimenti da o verso i luoghi in cui si svolgono dette manifestazioni.

9. *Abrogazione di norme e disposizioni finali*. (*Omissis*).

- 4 -

D.L. 22 dic. 1994, n. 717

Misure urgenti per prevenire fenomeni di violenza in occasione di competizioni agonistiche

(G.U. 28 dic. 1994, n. 302)
conv. in L. 24 feb. 1995, n. 45
(G.U. 25 feb. 1995, n. 47)[1]

[1] A norma dell'art. 1, c. I-*bis*, del D.L. 20 ago. 2001, n. 336, conv. con modif. in L. 19 ott. 2001, n. 377 le parole "competizioni agonistiche" sono sostituite, ovunque ricorrano, dalle parole "manifestazioni sportive".

1. (*Omissis*).

1-*bis*. *Divieto alle società sportive di erogare contributi, sovvenzioni, facilitazioni*. — 1. È vietato alle società sportive di corrispondere in qualsiasi forma, diretta o indiretta, a soggetti destinatari dei provvedimenti di cui all'art. 1 del presente decreto, per la durata di due anni dall'adozione dei medesimi provvedimenti, sovvenzioni, contributi, facilitazioni di qualsiasi natura, ivi inclusa l'erogazione a prezzo agevolato o gratuita di biglietti e abbonamenti o di titoli di viaggio. È parimenti vietato alle società sportive corrispondere, per la durata predetta, contributi, sovvenzioni, facilitazioni ad associazioni di tifosi comunque denominate, qualora dell'associazione facciano parte uno o più soggetti destinatari dei provvedimenti di cui all'art. 1 del presente decreto.

2. Alle società sportive che non osservano il divieto di cui al precedente comma 1 è irrogata dal prefetto della provincia in cui la società ha sede legale, al quale l'organo che effettua l'accertamento presenta il relativo rapporto, la sanzione amministrativa del pagamento di una somma dal dieci al cinquanta per cento dell'incasso di rispettiva competenza per le gare successive, fino a un massimo di quattro.

3. Ai fini dei commi 1 e 2 le associazioni di tifosi, comunque denominate, che ricevono dalle società sportive sovvenzioni, contributi, facilitazioni di qualsiasi natura comunicano alle società medesime l'elenco dei propri aderenti.

4. Ai fini dei commi 1 e 2 il questore comunica alle società sportive interessate alle competizioni agonistiche di cui all'art. 1 del presente decreto, i nominativi dei destinatari dei provvedimenti ivi previsti.

5. Per quanto non previsto dal presente articolo si applicano le disposizioni della L. 24 nov. 1981, n. 689, e successive modificazioni.

PRIVACY

- 1 -

D.lgs. 30 giu. 2003, n. 196

Codice in materia di protezione dei dati personali, recante disposizioni per l'adeguamento dell'ordinamento nazionale al regolamento (UE) n. 2016/679 del Parlamento europeo e del Consiglio, del 27 aprile 2016, relativo alla protezione delle persone fisiche con riguardo al trattamento dei dati personali, nonché alla libera circolazione di tali dati e che abroga la direttiva 95/46/CE

(G.U. 29 lug. 2003, n. 174, Suppl. ord.)[1]

[1] Titolo così modif. dall'art. 1, c. 1, D.lgs. 10 ago. 2018, n. 101.

PARTE I
DISPOSIZIONI GENERALI

TITOLO I

Principi e disposizioni generali[1]

[1] Rubrica così sost. dall'art. 2, c. 1, lett. *a*), D.lgs. 10 ago. 2018, n. 101.

CAPO I

Oggetto, finalità e Autorità di controllo[1]

[1] Capo ins. dall'art. 2, c. 1, lett. *b*), D.lgs. 10 ago. 2018, n. 101.

1. ***Oggetto.***[1] — 1. Il trattamento dei dati personali avviene secondo le norme del regolamento (UE) 2016/679 del Parlamento europeo e del Consiglio, del 27 aprile 2016, di seguito «Regolamento», e del presente codice, nel rispetto della dignità umana, dei diritti e delle libertà fondamentali della persona.

[1] Articolo così sost. dall'art. 2, c. 1, lett. *c*), D.lgs. 10 ago. 2018, n. 101.

2. ***Finalità.***[1] — 1. Il presente codice reca disposizioni per l'adeguamento dell'ordinamento nazionale alle disposizioni del regolamento.

[1] Articolo così sost. dall'art. 2, c. 1, lett. *d*), D.lgs. 10 ago. 2018, n. 101.

2-*bis*. ***Autorità di controllo.***[1] — 1. L'Autorità di controllo di cui all'articolo 51 del regolamento è individuata nel Garante per la protezione dei dati personali, di seguito «Garante», di cui all'articolo 153.

[1] Articolo ins. dall'art. 2, c. 1, lett. *e*), D.lgs. 10 ago. 2018, n. 101.

CAPO II

Principi

2-*ter*-2-*septies*. (*Omissis*).

2-*octies*. ***Principi relativi al trattamento di dati relativi a condanne penali e reati.***[1] — 1. Fatto salvo quanto previsto dal decreto legislativo 18 maggio 2018, n. 51, il trattamento di dati personali relativi a condanne penali e a reati o a connesse misure di sicurezza sulla base dell'articolo 6, paragrafo 1, del Regolamento, che non avviene sotto il controllo dell'autorità pubblica, è consentito, ai sensi dell'articolo 10 del medesimo regolamento, solo se autorizzato da una norma di legge o, nei casi previsti dalla legge, di regolamento, che prevedano garanzie appropriate per i diritti e le libertà degli interessati.

2. In mancanza delle predette disposizioni di legge o di regolamento, i trattamenti dei dati di cui al comma 1 nonché le garanzie di cui al medesimo comma sono individuati con decreto del Ministro della giustizia, da adottarsi, ai sensi dell'articolo 17, comma 3, della legge 23 agosto 1988, n. 400, sentito il Garante.

3. Fermo quanto previsto dai commi 1 e 2, il trattamento di dati personali relativi a condanne penali e a reati o a connesse misure di sicurezza è consentito se autorizzato da una norma di legge o, nei casi previsti dalla legge, di regolamento, riguardanti, in particolare:

a) l'adempimento di obblighi e l'esercizio di diritti da parte del titolare o dell'interessato in materia di diritto del lavoro o comunque nell'ambito dei rapporti di lavoro, nei limiti stabiliti da leggi, regolamenti e contratti collettivi, secondo quanto previsto dagli articoli 9, paragrafo 2, lettera *b*), e 88 del regolamento;

b) l'adempimento degli obblighi previsti da disposizioni di legge o di regolamento in materia di mediazione finalizzata alla conciliazione delle controversie civili e commerciali;

c) la verifica o l'accertamento dei requisiti di onorabilità, requisiti soggettivi e presupposti interdittivi nei casi previsti dalle leggi o dai regolamenti;

d) l'accertamento di responsabilità in relazione a sinistri o eventi attinenti alla vita umana, nonché la prevenzione, l'accertamento e il contrasto di frodi o situazioni di concreto rischio per il corretto esercizio dell'attività assicurativa, nei limiti di quanto previsto dalle leggi o dai regolamenti in materia;

e) l'accertamento, l'esercizio o la difesa di un diritto in sede giudiziaria;

f) l'esercizio del diritto di accesso ai dati e ai documenti amministrativi, nei limiti di quanto previsto dalle leggi o dai regolamenti in materia;

g) l'esecuzione di investigazioni o le ricerche o la raccolta di informazioni per conto di terzi ai sensi dell'articolo 134 del testo unico delle leggi di pubblica sicurezza;

h) l'adempimento di obblighi previsti da disposizioni di legge in materia di comunicazioni e informazioni antimafia o in materia di prevenzione della delinquenza di tipo mafioso e di altre gravi forme di pericolosità sociale, nei casi previsti da leggi o da regolamenti, o per la produzione della documentazione prescritta dalla legge per partecipare a gare d'appalto;

i) l'accertamento del requisito di idoneità morale di coloro che intendono partecipare a gare d'appalto, in adempimento di quanto previsto dalle vigenti normative in materia di appalti;

l) l'attuazione della disciplina in materia di attribuzione del rating di legalità delle imprese ai sensi dell'articolo 5-*ter* del decreto-legge 24 gennaio 2012, n. 1, convertito, con modificazioni, dalla legge 24 marzo 2012, n. 27;

m) l'adempimento degli obblighi previsti dalle normative vigenti in materia di prevenzione dell'uso del sistema finanziario a scopo di riciclaggio dei proventi di attività criminose e di finanziamento del terrorismo.

4. Nei casi in cui le disposizioni di cui al comma 3 non individuano le garanzie appropriate per i diritti e le libertà degli interessati, tali garanzie sono previste con il decreto di cui al comma 2.

5. Quando il trattamento dei dati di cui al presente articolo avviene sotto il controllo dell'autorità pubblica si applicano le disposizioni previste dall'articolo 2-*sexies*.

6. Con il decreto di cui al comma 2 è autorizzato il trattamento dei dati di cui all'articolo 10 del Regolamento, effettuato in attuazione di protocolli di intesa per la prevenzione e il contrasto dei fenomeni di criminalità organizzata, stipulati con il Ministero dell'interno o con le prefetture-UTG. In relazione a tali protocolli, il decreto di cui al comma 2 individua, le tipologie dei dati trattati, gli interessati, le operazioni di trattamento eseguibili, anche in relazione all'aggiornamento e alla conservazione e prevede le garanzie appropriate per i diritti e le libertà degli interessati. Il decreto è adottato, limitatamente agli ambiti di cui al presente comma, di concerto con il Ministro dell'interno.

[1] Articolo ins. dall'art. 2, c. 1, lett. *f*), D.lgs. 10 ago. 2018, n. 101.

2-*nonies*-2-*septiesdecies*. (*Omissis*).

3-45. [Abrogati]

46-131. (*Omissis*).

132. ***Conservazione di dati di traffico per altre finalità.*** — 1. Fermo restando quanto previsto dall'articolo 123, comma 2, i dati relativi al traffico telefonico sono conservati dal fornitore per ventiquattro mesi dalla data della comunicazione, per finalità di accertamento e repressione di reati, mentre, per le medesime finalità, i dati relativi al traffico telematico, esclusi comunque i contenuti delle comunicazioni, sono conservati dal fornitore per dodici mesi dalla data della comunicazione.

1-*bis*. I dati relativi alle chiamate senza risposta, trattati temporaneamente da parte dei fornitori di servizi di comunicazione elettronica accessibili al pubblico oppure di una rete pubblica di comunicazione, sono conservati per trenta giorni.

2. [Abrogato].

3. Entro il termine di conservazione imposto dalla legge, se sussistono sufficienti indizi di reati per i quali la legge stabilisce la pena dell'ergastolo o della reclusione non inferiore nel massimo a tre anni, determinata a norma dell'articolo 4 del codice di procedura penale, e di reati di minaccia e di molestia o disturbo alle persone col mezzo del telefono, quando la minaccia, la molestia e il disturbo sono gravi, ove rilevanti per l'accertamento dei fatti, i dati sono acquisiti previa autorizzazione rilasciata dal giudice con decreto motivato, su richiesta del pubblico ministero o su istanza del difensore dell'imputato, della persona sottoposta a indagini, della persona offesa e delle altre parti private.[1]

3-*bis*. Quando ricorrono ragioni di urgenza e vi è fondato motivo di ritenere che dal ritardo possa derivare grave pregiudizio alle indagini, il pubblico ministero dispone la acquisizione dei dati con decreto motivato che è comunicato immediatamente, e comunque non oltre quarantotto ore, al giudice competente per il rilascio dell'autorizzazione in via ordinaria. Il giudice, nelle quarantotto ore successive, decide sulla convalida con decreto motivato.[2]

3-*ter*. Rispetto ai dati conservati per le finalità indicate al comma 1 i diritti di cui agli articoli da 12 a 22 del Regolamento possono essere esercitati con le modalità di cui all'articolo 2-*undecies*, comma 3, terzo, quarto e quinto periodo.[2]

3-*quater*. I dati acquisiti in violazione delle disposizioni dei commi 3 e 3-*bis* non possono essere utilizzati.[2]

4-4-*bis*.[3]

4-ter. Il Ministro dell'interno o, su sua delega, i responsabili degli uffici centrali specialistici in materia informatica o telematica della Polizia di Stato, dell'Arma dei carabinieri e del Corpo della guardia di finanza, nonché gli altri soggetti indicati nel comma 1 dell'articolo 226 delle norme di attuazione, di coordinamento e transitorie del codice di procedura penale, di cui al decreto legislativo 28 luglio 1989, n. 271, possono ordinare, anche in relazione alle eventuali richieste avanzate da autorità investigative straniere, ai fornitori e agli operatori di servizi informatici o telematici di conservare e proteggere, secondo le modalità indicate e per un periodo non superiore a novanta giorni, i dati relativi al traffico telematico, esclusi comunque i contenuti delle comunicazioni, ai fini dello svolgimento delle investigazioni preventive previste dal citato articolo 226 delle norme di cui al decreto legislativo n. 271 del 1989, ovvero per finalità di accertamento e repressione di specifici reati. Il provvedimento, prorogabile, per motivate esigenze, per una durata complessiva non superiore a sei mesi, può prevedere particolari modalità di custodia dei dati e l'eventuale indisponibilità dei dati stessi da parte dei fornitori e degli operatori di servizi informatici o telematici ovvero di terzi.

4-*quater*. Il fornitore o l'operatore di servizi informatici o telematici cui è rivolto l'ordine previsto dal comma 4-*ter* deve ottemperarvi senza ritardo, fornendo immediatamente all'autorità richiedente l'assicurazione dell'adempimento. Il fornitore o l'operatore di servizi informatici o telematici è tenuto a mantenere il segreto relativamente all'ordine ricevuto e alle attività conseguentemente svolte per il periodo indicato dall'autorità. In caso di violazione dell'obbligo si applicano, salvo che il fatto costituisca più grave reato, le disposizioni dell'articolo 326 del codice penale.

4-*quinquies*. I provvedimenti adottati ai sensi del comma 4-*ter* sono comunicati per iscritto, senza ritardo e comunque entro quarantotto ore dalla notifica al destinatario, al pubblico ministero del luogo di esecuzione il quale, se ne ricorrono i presupposti, li convalida. In caso di mancata convalida, i provvedimenti assunti perdono efficacia.

5. Il trattamento dei dati per le finalità di cui al comma 1 è effettuato nel rispetto delle misure e degli accorgimenti a garanzia dell'interessato prescritti dal Garante con provvedimento di carattere generale,volti a garantire che i dati conservati posseidano i medesimi requisiti di qualità, sicurezza e protezione dei dati in rete, nonché ad indicare le modalità tecniche per la periodica distruzione dei dati, decorsi i termini di cui al comma 1.[4]

5-*bis*. È fatta salva la disciplina di cui all'articolo 24 della legge 20 novembre 2017, n. 167.

[1] Comma così sost. dall'art. 1, D.L. 30 set. 2021, n. 132, conv. con modif. in L. 23 nov. 2021, n. 178.

[2] Comma aggiunto dall'art. 1, D.L. 30 set. 2021, n. 132, conv. con modif. in L. 23 nov. 2021, n. 178.

[3] Commi abrog. dall'art 2, D.lgs. 30 mag. 2008, n. 109.

[4] Comma così modif. dall'art. 9, D.L. 8 ott. 2021, n. 139, conv. con modif. in L. 3 dic. 2021, n. 205.

132-*bis*-144. (*Omissis*).

144-*bis*. *Revenge porn*.[1] — 1. Chiunque, compresi i minori ultraquattordicenni, abbia fondato motivo di ritenere che registrazioni audio, immagini o video o altri documenti informatici a contenuto sessualmente esplicito che lo riguardano, destinati a rimanere privati, possano essere oggetto di invio, consegna, cessione, pubblicazione o diffusione attraverso piattaforme digitali senza il suo consenso ha facoltà di segnalare il pericolo al Garante, il quale, nelle quarantotto ore dal ricevimento della segnalazione, decide ai sensi degli articoli 143 e 144 del presente codice.

2. Quando le registrazioni audio, le immagini o i video o gli altri documenti informatici riguardano minori, la segnalazione al Garante può essere effettuata anche dai genitori o dagli esercenti la responsabilità genitoriale o la tutela.

3. Per le finalità di cui al comma 1, l'invio al Garante di registrazioni audio, immagini o video o altri documenti informatici a contenuto sessualmente esplicito riguardanti soggetti terzi, effettuato dall'interessato, non integra il reato di cui all'articolo 612-*ter* del codice penale.

4. I gestori delle piattaforme digitali destinatari dei provvedimenti di cui al comma 1 conservano il materiale oggetto della segnalazione, a soli fini probatori e con misure indicate dal Garante, anche nell'ambito dei medesimi provvedimenti, idonee a impedire la diretta identificabilità degli interessati, per dodici mesi a decorrere dal ricevimento del provvedimento stesso.

5. Il Garante, con proprio provvedimento, può disciplinare specifiche modalità di svolgimento dei procedimenti di cui al comma 1 e le misure per impedire la diretta identificabilità degli interessati di cui al medesimo comma.

6. I fornitori di servizi di condivisione di contenuti audiovisivi, ovunque stabiliti, che erogano servizi accessibili in Italia, indicano senza ritardo al Garante o pubblicano nel proprio sito internet un recapito al quale possono essere comunicati i provvedimenti adottati ai sensi del comma 1. In caso di inadempimento dell'obbligo di cui al periodo precedente, il Garante diffida il fornitore del servizio ad adempiere entro trenta giorni. In caso di inottemperanza alla diffida si applica la sanzione amministrativa pecuniaria di cui all'articolo 83, paragrafo 4, del Regolamento.

7. Quando il Garante, a seguito della segnalazione di cui al comma 1, acquisisce notizia della consumazione del reato di cui all'articolo 612-*ter* del codice penale, anche in forma tentata, nel caso di procedibilità d'ufficio trasmette al pubblico ministero la segnalazione ricevuta e la documentazione acquisita.

[1] Articolo ins. dall'art. 9, D.L. 8 ott. 2021, n. 139, conv. con modif. in L. 3 dic. 2021, n. 205.

145-166. (*Omissis*).

CAPO II
Illeciti penali

167. *Trattamento illecito di dati*.[1] — 1. Salvo che il fatto costituisca più grave reato, chiunque, al fine di trarre per sé o per altri profitto ovvero di arrecare danno all'interessato, operando in violazione di quanto disposto dagli articoli 123, 126 e 130 o dal provvedimento di cui all'articolo 129 arreca nocumento all'interessato, è punito con la reclusione da sei mesi a un anno e sei mesi.

2. Salvo che il fatto costituisca più grave reato, chiunque, al fine di trarre per sé o per altri profitto ovvero di arrecare danno all'interessato, procedendo al trattamento dei dati personali di cui agli articoli 9 e 10 del Regolamento in violazione delle disposizioni di cui agli articoli 2-*sexies* e 2-*octies*, o delle misure di garanzia di cui all'articolo 2-*septies* [ovvero operando in violazione delle misure adottate ai sensi dell'articolo 2-*quinquiesdecies*][2] arreca nocumento all'interessato, è punito con la reclusione da uno a tre anni.

3. Salvo che il fatto costituisca più grave reato, la pena di cui al comma 2 si applica altresì a chiunque, al fine di trarre per sé o per altri profitto ovvero

di arrecare danno all'interessato, procedendo al trasferimento dei dati personali verso un paese terzo o un'organizzazione internazionale al di fuori dei casi consentiti ai sensi degli articoli 45, 46 o 49 del Regolamento, arreca nocumento all'interessato.

4. Il Pubblico ministero, quando ha notizia dei reati di cui ai commi 1, 2 e 3, ne informa senza ritardo il Garante.

5. Il Garante trasmette al pubblico ministero, con una relazione motivata, la documentazione raccolta nello svolgimento dell'attività di accertamento nel caso in cui emergano elementi che facciano presumere la esistenza di un reato. La trasmissione degli atti al pubblico ministero avviene al più tardi al termine dell'attività di accertamento delle violazioni delle disposizioni di cui al presente decreto.

6. Quando per lo stesso fatto è stata applicata a norma del presente codice o del Regolamento a carico dell'imputato o dell'ente una sanzione amministrativa pecuniaria dal Garante e questa è stata riscossa, la pena è diminuita.

[1] Articolo così sost. dall'art. 15, c., lett. *b*), D.lgs. 10 ago. 2018, n. 101.

[2] Parole soppresse dall'art. 9, D.L. 8 ott. 2021, n. 139, conv. con modif. in L. 3 dic. 2021, n. 205.

167-*bis*. *Comunicazione e diffusione illecita di dati personali oggetto di trattamento su larga scala.*[1] — 1. Salvo che il fatto costituisca più grave reato, chiunque comunica o diffonde al fine di trarre profitto per sé o altri ovvero al fine di arrecare danno, un archivio automatizzato o una parte sostanziale di esso contenente dati personali oggetto di trattamento su larga scala, in violazione degli articoli 2-*ter*, 2-*sexies* e 2-*octies*, è punito con la reclusione da uno a sei anni.

2. Salvo che il fatto costituisca più grave reato, chiunque, al fine trarne profitto per sé o altri ovvero di arrecare danno, comunica o diffonde, senza consenso, un archivio automatizzato o una parte sostanziale di esso contenente dati personali oggetto di trattamento su larga scala, è punito con la reclusione da uno a sei anni, quando il consenso dell'interessato è richiesto per le operazioni di comunicazione e di diffusione.

3. Per i reati di cui ai commi 1 e 2, si applicano i commi 4, 5 e 6 dell'articolo 167.

[1] Articolo ins. dall'art. 15, c. 1, lett. *c*), D.lgs. 10 ago. 2018, n. 101.

167-*ter*. *Acquisizione fraudolenta di dati personali oggetto di trattamento su larga scala.*[1] — 1. Salvo che il fatto costituisca più grave reato, chiunque, al fine trarne profitto per sé o altri ovvero di arrecare danno, acquisisce con mezzi fraudolenti un archivio automatizzato o una parte sostanziale di esso contenente dati personali oggetto di trattamento su larga scala è punito con la reclusione da uno a quattro anni.

2. Per il reato di cui al comma 1 si applicano i commi 4, 5 e 6 dell'articolo 167.

[1] Articolo ins. dall'art. 15, c. 1, lett. *c*), D.lgs. 10 ago. 2018, n. 101.

168. *Falsità nelle dichiarazioni al Garante e interruzione dell'esecuzione dei compiti o dell'esercizio dei poteri del Garante.*[1] — 1. Salvo che il fatto costituisca più grave reato, chiunque, in un procedimento o nel corso di accertamenti dinanzi al Garante, dichiara o attesta falsamente notizie o circostanze o produce atti o documenti falsi, è punito con la reclusione da sei mesi a tre anni.

2. Fuori dei casi di cui al comma 1, è punito con la reclusione sino ad un anno chiunque intenzionalmente cagiona un'interruzione o turba la regolarità di un procedimento dinanzi al Garante o degli accertamenti dallo stesso svolti.[1]

[1] Articolo così sost. dall'art. 15, c. 1, lett. *d*), D.lgs. 10 ago. 2018, n. 101.

169. *Misure di sicurezza.*[1]

[1] Articolo abrog. dall'art. 27, c. 1, lett. *c*), n. 2), D.lgs. 10 ago. 2018, n. 101.

170. *Inosservanza di provvedimenti del Garante.*[1] — Chiunque, non osservando il provvedimento adottato dal Garante ai sensi degli articoli 58, paragrafo 2, lettera *f*) del Regolamento, dell'articolo 2-*septies*, comma 1, nonché i provvedimenti generali di cui all'articolo 21, comma 1, del decreto legislativo di attuazione dell'articolo 13 della legge 25 ottobre 2017, n. 163, arreca un concreto nocumento a uno o più soggetti interessati al trattamento è punito, a querela della persona offesa, con la reclusione da tre mesi a due anni.

[1] Articolo così sost. dall'art. 15, c. 1, lett. *e*), D.lgs. 10 ago. 2018, n. 101 e così modif. dall'art. 9, D.L. 8 ott. 2021, n. 139, conv. con modif. in L. 3 dic. 2021, n. 205.

171. *Violazioni delle disposizioni in materia di controlli a distanza e indagini sulle opinioni dei lavoratori.*[1] — 1. La violazione delle disposizioni di cui agli articoli 4, comma 1, e 8 della legge 20 maggio 1970, n. 300, è punita con le sanzioni di cui all'articolo 38 della medesima legge.

[1] Articolo così sost. art. 15, c. 1, lett. *f*), D.lgs. 10 ago. 2018, n. 101.

172. *Pene accessorie.* — 1. La condanna per uno dei delitti previsti dal presente codice importa la pubblicazione della sentenza, ai sensi dell'articolo 36, secondo e terzo comma, del codice penale.[1]

[1] Comma così modif. dall'art. 15, c. 1, lett. *g*), D.lgs. 10 ago. 2018, n. 101.

173-186. (*Omissis*).

PROSTITUZIONE

- 1 -

L. 20 feb. 1958, n. 75

Abolizione della regolamentazione della prostituzione e lotta contro lo sfruttamento della prostituzione altrui

(G.U. 4 mar. 1958, n. 55)[1]

[1] V. L. 23 nov. 1966, n. 1773 per la repressione della tratta degli esseri umani e dello sfruttamento della prostituzione.

CAPO I
Chiusura delle case di prostituzione

1. È vietato l'esercizio di case di prostituzione nel territorio dello Stato e nei territori sottoposti alla amministrazione di autorità italiane.

2. Le case, i quartieri e qualsiasi altro luogo chiuso, dove si esercita la prostituzione, dichiarati locali di meretricio a sensi dell'art. 190 del T.U. di P.S. 18 giu. 1931, n. 773, e delle successive modificazioni, dovranno essere chiusi entro sei mesi dall'entrata in vigore della presente legge [19 set. 1958].

3. Le disposizioni contenute negli artt. 531 a 536 del c.p. sono sostituite dalle seguenti:

"È punito con la reclusione da due a sei anni e con la multa da euro 258 a euro 10.329, salvo in ogni caso l'applicazione dell'art. 240 del c.p.:

1) chiunque, trascorso il termine indicato nell'art. 2, abbia la proprietà o l'esercizio, sotto qualsiasi denominazione, di una casa di prostituzione, o comunque la controlli, o diriga, o amministri, ovvero partecipi alla proprietà, esercizio o direzione o amministrazione di essa;

2) chiunque, avendo la proprietà o l'amministrazione di una casa od altro locale, li conceda in locazione a scopo di esercizio di una casa di prostituzione;

3) chiunque, essendo proprietario, gerente o preposto a un albergo, casa mobiliata, pensione, spaccio di bevande, circolo, locale da ballo, o luogo di spettacolo, o loro annessi e dipendenze, o qualunque locale aperto al pubblico od utilizzato dal pubblico, vi tollera abitualmente la presenza di una o più persone che, all'interno del locale stesso, si danno alla prostituzione;

4) chiunque recluti una persona al fine di farle esercitare la prostituzione, o ne agevoli a tal fine la prostituzione;

5) chiunque induca alla prostituzione una donna di età maggiore, o compia atti di lenocinio, sia personalmente in luoghi pubblici o aperti al pubblico, sia a mezzo della stampa o con qualsiasi altro mezzo di pubblicità;

6) chiunque induca una persona a recarsi nel territorio di un altro Stato o comunque in luogo diverso da quello della sua abituale residenza, al fine di esercitarvi la prostituzione, ovvero si intrometta per agevolarne la partenza;

7) chiunque esplichi un'attività in associazioni ed organizzazioni nazionali od estere dedite al reclutamento di persone da destinare alla prostituzione od allo sfruttamento della prostituzione, ovvero in qualsiasi forma e con qualsiasi mezzo agevoli o favorisca l'azione o gli scopi delle predette associazioni od organizzazioni;

8) chiunque in qualsiasi modo favorisca o sfrutti la prostituzione altrui.

In tutti i casi previsti nel numero 3) del presente articolo, alle pene in essi comminate sarà aggiunta la perdita della licenza di esercizio e potrà anche essere ordinata la chiusura definitiva dell'esercizio.

I delitti previsti dai numeri 4) e 5), se commessi in territorio estero, sono punibili in quanto le convenzioni internazionali lo prevedano".[1]

[1] In relazione ai procedimenti per i delitti previsti da questo articolo si applicano le disposizioni di cui all'art. 13 del D.L. 13 mag. 1991, n. 203. Si applicano altresì le disposizioni dell'art. 4, commi 1, 2, 4, 5, 6 e 7 del D.L. 18 ott. 2001, n. 374, conv. con modif., dalla L. 15 dic. 2001, n. 438.

4. La pena è raddoppiata:

1) se il fatto è commesso con violenza, minaccia, inganno;

2) se il fatto è commesso ai danni di persona in istato di infermità o minorazione psichica, naturale o provocata;

3) se il colpevole è un ascendente, un affine in linea retta ascendente, il marito, il fratello o la sorella, il padre o la madre adottivi, il tutore;

4) se al colpevole la persona è stata affidata per ragioni di cura, di educazione, di istruzione, di vigilanza, di custodia;

5) se il fatto è commesso ai danni di persone aventi rapporti di servizio domestico o d'impiego;

6) se il fatto è commesso da pubblici ufficiali nell'esercizio delle loro funzioni;

7) se il fatto è commesso ai danni di più persone;

7-*bis*) se il fatto è commesso ai danni di una persona tossicodipendente.[1]

[1] Lettera aggiunta dall'art. 105 della L. 26 giu. 1990, n. 162.

5. Sono punite con la sanzione amministrativa pecuniaria da euro 15 a euro 92 le persone dell'uno e dell'altro sesso:

1) che in luogo pubblico od aperto al pubblico, invitano al libertinaggio in modo scandaloso o molesto;

2) che seguono per via le persone, invitandole con atti o parole al libertinaggio.

Le persone colte in contravvenzione alle disposizioni di cui ai numeri 1) e 2) qualora siano in possesso di regolari documenti di identificazione, non possono essere accompagnate all'Ufficio di pubblica sicurezza.

Le persone accompagnate all'Ufficio di pubblica sicurezza per infrazioni alle disposizioni della presente legge non possono essere sottoposte a visita sanitaria.

[...][1]

[1] Comma abrog. dall'art. 81, I c. lett. *b*), D.lgs. 30 dic. 1999, n. 507.

6. I colpevoli di uno dei delitti previsti dagli articoli precedenti, siano essi consumati o soltanto tentati, per un periodo variante da un minimo di due anni ad un massimo di venti, a partire dal giorno in cui avranno espiato la pena, subiranno altresì l'interdizione dai pubblici uffici, prevista dall'art. 28 del c.p. e dall'esercizio della tutela e della curatela.

[1] V. art. 6 L. 25 lug. 1956, n. 837, per il quale il medico prov. può ordinare che una persona sia sottoposta a visita sanitaria quando abbia fondato motivo di ritenere che sia affetta da malattia venerea.

[2] L'art. 18 della L. 3 ago. 1998, n. 269 ha escluso da questa ipotesi il danno a persona minore degli anni 21.

7. Le autorità di pubblica sicurezza, le autorità sanitarie e qualsiasi altra autorità amministrativa non possono procedere ad alcuna forma diretta od indiretta di registrazione, neanche mediante rilascio di tessere sanitarie, di donne che esercitano o siano sospettate di esercitare la prostituzione, né obbligarle a presentarsi periodicamente ai loro uffici. È del pari vietato di munire dette donne di documenti speciali.

CAPO II
Dei patronati ed istituti di rieducazione

8-15. (*Omissis*).

- 2 -

L. 3 ago. 1998, n. 269
Norme contro lo sfruttamento della prostituzione, della pornografia, del turismo sessuale in danno di minori, quali nuove forme di riduzione in schiavitù
(G.U. 10 ago. 1998, n. 185)

1-13. (*Omissis*).

14. ***Attività di contrasto.***[1] — 1. Nell'ambito delle operazioni disposte dal questore o dal responsabile di livello almeno provinciale dell'organismo di appartenenza, gli ufficiali di polizia giudiziaria delle strutture specializzate per la repressione dei delitti sessuali o per la tutela dei minori, ovvero di quelle istituite per il contrasto dei delitti di criminalità organizzata, possono, previa autorizzazione dell'autorità giudiziaria, al solo fine di acquisire elementi di prova in ordine ai delitti di cui agli art. 600-*bis*, primo comma, 600-*ter*, commi primo, secondo e terzo, e 600-*quinquies* del codice penale, introdotti dalla presente legge, procedere all'acquisto simulato di materiale pornografico e alle relative attività di intermediazione, nonché partecipare alle iniziative turistiche di cui all'art. 5 della presente legge. Dell'acquisto è data immediata comunicazione all'autorità giudiziaria che può, con decreto motivato, differire il sequestro sino alla conclusione delle indagini.

2. Nell'ambito dei compiti di polizia delle telecomunicazioni, definiti con il decreto di cui all'art. 1, comma 15, della L. 31 lug. 1997, n. 249, l'organo del Ministero dell'interno per la sicurezza e la regolarità dei servizi di telecomunicazione svolge, su richiesta dell'autorità giudiziaria, motivata a pena di nullità, le attività occorrenti per il contrasto dei delitti di cui agli artt. 600-*bis*, primo comma, 600-*ter*, commi primo, secondo e terzo, e 600-*quinquies* del codice penale commessi mediante l'impiego di sistemi informatici o mezzi di comunicazione telematica ovvero utilizzando reti di telecomunicazione disponibili al pubblico. A tal fine, il personale addetto può utilizzare indicazioni di copertura, anche per attivare siti nelle reti, realizzare o gestire aree di comunicazione o scambio su reti o sistemi telematici, ovvero per partecipare ad esse. Il predetto personale specializzato effettua con le medesime finalità le attività di cui al comma 1 anche per via telematica.

3. L'autorità giudiziaria può, con decreto motivato, ritardare l'emissione o disporre che sia ritardata l'esecuzione di provvedimenti di cattura, arresto o sequestro, quando sia necessario per acquisire rilevanti elementi probatori, ovvero per l'individuazione o la cattura dei responsabili dei delitti di cui agli artt. 600-*bis*, primo comma, 600-*ter*, commi primo, secondo e terzo, e 600-*quinquies* del codice penale. Quando è identificata o identificabile la persona offesa dal reato, il provvedimentoé adottato sentito il procuratore della Repubblica presso il tribunale per i minorenni nella cui circoscrizione il minorenne abitualmente dimora.

4.[2]

[1] Ai sensi dell'art. 16 della L. 6 feb. 2006, n. 38, le disposizioni di questo articolo si applicano anche quando i delitti di cui all'art. 600-*ter*, commi 1, 2 e 3, del c.p., sono commessi in relazione al materiale pornografico di cui all'art. 600-*quater.*[1] del medesimo codice.

[2] Comma abrog. dall'art. 11, L. 16 mar. 2006, n. 146.

14-*bis*. ***Centro nazionale per il contrasto della pedopornografia sulla rete INTERNET.***[1] — 1. Presso l'organo del Ministero dell'interno di cui al comma 2 dell'art. 14, è istituito il Centro nazionale per il contrasto della pedopornografia sulla rete INTERNET, di seguito denominato "Centro", con il compito di raccogliere tutte le segnalazioni, provenienti anche dagli organi di polizia stranieri e da soggetti pubblici e privati impegnati nella lotta alla pornografia minorile, riguardanti siti che diffondono materiale concernente l'utilizzo sessuale dei minori avvalendosi della rete INTERNET e di altre reti di comunicazione, nonché i gestori e gli eventuali beneficiari dei relativi pagamenti. Alle predette segnalazioni sono tenuti gli agenti e gli ufficiali di polizia giudiziaria. Ferme restando le iniziative e le determinazioni dell'autorità giudiziaria, in caso di riscontro positivo il sito segnalato, nonché i nominativi dei gestori e dei beneficiari dei relativi pagamenti, sono inseriti in un elenco costantemente aggiornato.

2. Il Centro si avvale delle risorse umane, strumentali e finanziarie esistenti. Dall'istituzione e dal funzionamento del Centro non devono derivare nuovi o maggiori oneri a carico del bilancio dello Stato.

3. Il Centro comunica alla Presidenza del Consiglio dei ministri - Dipartimento per le pari opportunità elementi informativi e dati statistici relativi alla pedopornografia sulla rete INTERNET, al fine della predisposizione del Piano nazionale di contrasto e prevenzione della pedofilia e della relazione annuale di cui all'art. 17, comma 1.

[1] Articolo inserito dall'art. 19 della L. 6 feb. 2006, n. 38.

14-*ter*. *Obblighi per fornitori dei servizi della società dell'informazione resi attraverso reti di comunicazione elettronica.* [1] — 1. I fornitori dei servizi resi attraverso reti di comunicazione elettronica sono obbligati, fermo restando quanto previsto da altre leggi o regolamenti di settore, a segnalare al Centro, qualora ne vengano a conoscenza, le imprese o i soggetti che, a qualunque titolo, diffondono, distribuiscono o fanno commercio, anche in via telematica, di materiale pedopornografico, nonché a comunicare senza indugi al Centro, che ne faccia richiesta, ogni informazione relativa ai contratti con tali imprese o soggetti.

2. I fornitori dei servizi per l'effetto della segnalazione di cui al comma 1 devono conservare il materiale oggetto della stessa per almeno quarantacinque giorni.

3. Salvo che il fatto costituisca reato, la violazione degli obblighi di cui al comma 1 comporta una sanzione amministrativa pecuniaria da euro 50.000 a euro 250.000. All'irrogazione della sanzione provvede il Ministero delle comunicazioni.

4. Nel caso di violazione degli obblighi di cui al comma 1 non si applica il pagamento in misura ridotta di cui all'art. 16 della legge 24 novembre 1981, n. 689.

[1] Articolo inserito dall'art. 19 della L. 6 feb. 2006, n. 38.

14-*quater*. *Utilizzo di strumenti tecnici per impedire l'accesso ai siti che diffondono materiale pedopornografico.* [1] — 1. I fornitori di connettività alla rete INTERNET, al fine di impedire l'accesso ai siti segnalati dal Centro, sono obbligati ad utilizzare gli strumenti di filtraggio e le relative soluzioni tecnologiche conformi ai requisiti individuati con decreto del Ministero delle comunicazioni,[2] di concerto con il Ministro per l'innovazione e le tecnologie e sentite le associazioni maggiormente rappresentative dei fornitori di connettività della rete INTERNET. Con il medesimo decreto viene altresì indicato il termine entro il quale i fornitori di connettività alla rete INTERNET devono dotarsi degli strumenti di filtraggio.

2. La violazione degli obblighi di cui al comma 1 è punita con una sanzione amministrativa pecuniaria da euro 50.000 a euro 250.000. All'irrogazione della sanzione provvede il Ministero delle comunicazioni.

3. Nel caso di violazione degli obblighi di cui al comma 1 non si applica il pagamento in misura ridotta di cui all'art. 16 della legge 25 novembre 1981, n. 689.

[1] Articolo inserito dall'art. 19 della L. 6 feb. 2006, n. 38.
[2] Tale decreto sarà adottato entro 3 mesi dalla data di entrata in vigore della L. 6 feb. 2006, n. 38 (Disposizioni in materia di lotta contro lo sfruttamento sessuale dei bambini e la pedopornografia).

14-*quinquies*. *Misure finanziarie di contrasto alla commercializzazione di materiale pedopornografico.* [1] — 1. Il Centro trasmette all'Ufficio italiano dei cambi (UIC), per la successiva comunicazione alle banche, agli istituti di moneta elettronica, a Poste Italiane Spa e agli intermediari finanziari che prestano servizi di pagamento, le informazioni di cui all'art. 14-*bis* relative ai soggetti beneficiari di pagamenti effettuati per la commercializzazione di materiale l'utilizzo sessuale dei minori sulla rete INTERNET e sulle altre reti di comunicazione.

2. Le banche, gli istituti di moneta elettronica, Poste Italiane Spa e gli intermediari finanziari che prestano servizi di pagamento comunicato all'UIC ogni informazione disponibile relativa a rapporti e ad operazioni riconducibili ai soggetti indicati ai sensi del comma 1.

3. Ai fini dell'applicazione del presente articolo e dell'art. 14-*bis* l'UIC trasmette al Centro le informazioni acquisite ai sensi del comma 2.

4. Sono risolti di diritto i contratti stipulati dalle banche, dagli istituti di moneta elettronica, da Poste Italiane Spa e dagli intermediari finanziari che prestano servizi di pagamento con i soggetti indicati ai sensi del comma 1, relativi all'accettazione, da parte di questi ultimi, di carte di pagamento.

5. Il Centro trasmette eventuali informazioni relative al titolare della carta di pagamento che ne abbia fatto utilizzo per l'acquisto di materiale concernente l'utilizzo sessuale dei minori sulla rete INTERNET o su altre reti di comunicazione, a Poste Italiane Spa e all'intermediario finanziario emittente la carta medesima, i quali possono chiedere informazioni ai titolari e revocare l'autorizzazione all'utilizzo della carta al rispettivo titolare.

6. Le banche, gli istituti di moneta elettronica, Poste Italiane Spa e gli intermediari finanziari che prestano servizi di pagamento, in conformità con le disposizioni emanate dalla Banca d'Italia, segnalano i casi di revoca di cui al comma 5 nell'ambito delle segnalazioni previste per le carte di pagamento revocate ai sensi dell'art. 10-*bis* della legge 15 dicembre 1990, n. 386.

7. Le banche, gli istituti di moneta elettronica, Poste Italiane Spa e gli intermediari finanziari che prestano servizi di pagamento comunicano all'UIC l'applicazione dei divieti, i casi di risoluzione di cui al comma 4 e ogni altra informazione disponibile relativa a rapporti e ad operazioni riconducibili ai soggetti indicati ai sensi del comma 1. L'UIC trasmette le informazioni così acquistate al Centro.

8. Con regolamento[2] adottato ai sensi dell'art. 17, comma 3, della legge 23 agosto 1988, n. 400, dai Ministri dell'interno, della giustizia, dell'economia e delle finanze, delle comunicazioni, per le pari opportunità e per l'innovazione e le tecnologie, di intesa con la Banca d'Italia e l'UIC, sentito l'Ufficio del Garante per la protezione dei dati personali, sono definite le procedure e le modalità da applicare per la trasmissione riservata, mediante strumenti informatici e telematici, delle informazioni previste dal presente articolo.

9. La Banca d'Italia e l'UIC verificano l'osservanza delle disposizioni di cui al presente articolo e al regolamento dal comma 8 da parte delle banche, degli istituti di moneta elettronica, di Poste italiane Spa e degli intermediari finanziari che prestano servizi di pagamento. In caso di violazione, ai responsabili è applicata una sanzione amministrativa pecuniaria fino a euro 500.000. All'irrogazione della sanzione provvede la Banca d'Italia nei casi concernenti uso della moneta elettronica, ovvero il Ministro dell'economia e delle finanze, su segnalazione della Banca d'Italia o dell'UIC, negli altri casi. Si applica, in quanto compatibile, la procedura prevista dall'art. 145 del testo unico di cui al decreto legislativo 1° settembre 1993, n. 385, e successive modificazioni.

10. Le somme derivanti dall'applicazione delle sanzioni di cui al comma 9 sono versate all'entrata del bilancio dello Stato per essere riassegnate al fondo di cui all'art. 17, comma 2, e sono destinate al finanziamento delle iniziative per il contrasto della pedopornografia sulla rete INTERNET.

[1] Articolo inserito dall'art. 19 della L. 6 feb. 2006, n. 38.

[2] Tale regolamento verrà adottato entro 18 mesi dalla data di entrata in vigore della L. 6 feb. 2006, n. 38 (Disposizioni in materia di lotta contro lo sfruttamento sessuale dei bambini e la pedopornografia anche a mezzo internet).

15. ***Accertamenti sanitari.*** — 1. All'art. 16, comma 1, della L. 15 feb. 1996, n. 66, dopo le parole: "per i delitti di cui agli articoli" sono inserite le seguenti: "600-*bis*, secondo comma".

16. ***Comunicazioni agli utenti.*** — 1. Gli operatori turistici che organizzano viaggi collettivi o individuali in Paesi esterni hanno obbligo, per un periodo non inferiore a tre anni decorrenti dalla data di cui al comma 2, di inserire in maniera evidente nei materiali propagandistici, nei programmi o, in mancanza dei primi, nei documenti di viaggio consegnati agli utenti, nonché nei propri cataloghi generali o relativi a singole destinazioni, la seguente avvertenza: "Comunicazione obbligatoria ai sensi dell'articolo... della legge... n... - La legge italiana punisce con la pena della reclusione i reati inerenti alla prostituzione e alla pornografia minorile, anche se gli stessi sono commessi all'estero".

2. Quanto prescritto nel comma 1 si applica con riferimento ai materiali illustrativi o pubblicitari o ai documenti utilizzati successivamente al centottantesimo giorno dopo la data di entrata in vigore della presente legge.

3. Gli operatori turistici che violano l'obbligo di cui al comma 1 sono assoggettati alla sanzione amministrativa del pagamento di una somma da 1.032 euro a 5.164 euro.

17. ***Attività di coordinamento.*** — 1. Sono attribuite alla Presidenza del Consiglio dei ministri, fatte salve le disposizioni della L. 28 ago. 1997, n. 285, le funzioni di coordinamento delle attività svolte da tutte le pubbliche amministrazioni, relative alla prevenzione, assistenza, anche in sede legale, e tutela dei minori dello sfruttamento sessuale e dall'abuso sessuale. Il Presidente del Consiglio dei ministri presenta ogni anno al Parlamento una relazione aull'attività svolta ai sensi del comma 3.

1-*bis*.[1] È istituto presso la Presidenza del Consiglio dei ministri - Dipartimento per le pari opportunità l'Osservatorio per il contrasto della pedofilia e della pornografia minorile con il compito di acquisire e monitorare i dati e le informazioni relativi alle attività, svolte da tutte le pubbliche amministrazioni, per la prevenzione e la repressione della pedofilia. A tale fine è autorizzata l'istituzione presso l'Osservatorio di una banca dati per raccogliere, con l'apporto dei dati forniti dalle amministrazioni, tutte le informazioni utili per il monitoraggio del fenomeno. Con decreto[2] del Ministero per le pari opportunità sono definite la composizione e le modalità di funzionamento dell'Osservatorio nonché le modalità di attuazione e di organizzazione della banca dati, anche per quanto attiene all'adozione dei dispositivi necessari per la sicurezza e la riservatezza dei dati. Resta ferma la disciplina delle assunzioni di cui ai commi da 95 a 103 dell'art. 1 della legge 30 dicembre 2004, n. 311. Per l'istituzione e l'avvio della attività dell'Osservatorio e della banca dati di cui al presente comma è autorizzata la spesa di 1.500.000 euro per l'anno 2006 e di 750.000 euro per ciascuno degli anni 2007 e 2008. Al relativo onere si prevede mediante corrispondente riduzione dell'autorizzazione di spesa di cui al decreto legislativo 30 luglio 1999, n. 303, come rideterminata dalla tabella C allegata alla legge 23 dicembre 2005, n. 266. A decorrere dall'anno 2009, si provvede ai sensi dell'art. 11-*ter*, comma 1, lettera *d*), della legge 5 agosto 1978, n. 468, e successive modificazioni. Il Ministro dell'economia e delle finanze è autorizzato ad apportare, con propri decreti, le occorrenti variazioni di bilancio.

2. Le multe irrogate, le somme di denaro confiscate e quelle derivanti dalla vendita dei beni confiscati ai sensi della presente legge sono versate all'entrata del bilancio dello Stato per essere riassegnate su un apposito fondo da iscrivere nello stato di previsione nella Presidenza del Consiglio dei ministri e destinate, nella misura di due terzi, a finanziare specifici programmi di prevenzione, assistenza e recupero psicoterapeutico dei minori degli anni diciotto vittime dei delitti di cui agli artt. 600-*bis*, 600-*ter*, 600-*quater* e 600-*quinquies* del codice penale, introdotti dagli artt. 2, comma 1, 3, 4 e 5 della presente legge. La parte residua del fondo è destinata, nei limiti delle risorse effettivamente disponibili, al recupero di coloro che, riconosciuti responabili dei delitti previsti dagli artt. 600-*bis*, secondo comma, 600-*ter*, terzo comma, e 600-*quater* del codice penale, anche se relativi al materiale pornografico di cui all'art. 600-*quater*.[1] dello stesso codice,[3] facciano apposita richiesta. Il Ministro del tesoro, del bilancio e della programmazione economica è autorizzato ad apportare, con propri decreti, le occorrenti variazioni di bilancio.

3. Nello svolgimento delle funzioni di cui al comma 1, la Presidenza del Consiglio dei ministri:

a) acquisisce dati e informazioni, a livello nazionale ed internazionale, sull'attività svolta per la prevenzione e la repressione e sulle strategie di contrasto programmate o realizzate da altri Stati;

b) promuove, in collaborazione con i Ministeri della pubblica istruzione, della sanità, dell'università e della ricerca scientifica e tecnologica, di grazia e giustizia e degli affari esteri, studi e ricerche relativi agli aspetti sociali, sanitari e giudiziari dei fenomeni di sfruttamento sessuale dei minori;

c) partecipa, d'intesa con il Ministero degli affari esteri, agli organismi comunitari e internazionali aventi compiti di tutela dei minori dello sfruttamento sessuale.

4. Per lo svolgimento delle attività di cui ai commi 1 e 3 è autorizzata la spesa di euro 51645,70 annui. Al relativo onere si fa fronte mediante corrispondente riduzione dello stanziamento iscritto, ai fini del bilancio triennale 1998-2000, nell'ambito dell'unità previsionale di base di parte corrente "Fondo speciale" dello stato di previsione del Ministero del tesoro, del bilancio e della programmazione economica per l'anno 1998, allo scopo utilizzando l'accantonamento relativo alla Presidenza del Consiglio dei ministri. Il Ministro del tesoro, del bilancio e della programmazione economica è autorizzato ad apportare, con propri decreti, le occorrenti variazioni di bilancio.

5. Il Ministro dell'interno, in virtù dell'accordo adottato dai Ministri di giustizia europei in data 27 settembre 1996, volto ad estendere la competenza di EUROPOL anche ai reati di sfruttamento sessuale di minori, istituisce, presso la squadra mobile di ogni questura, una unità specializzata di polizia giudiziaria, avente il compito di condurre le indagini sul territorio nella materia regolata dalla presente legge.

6. Il Ministero dell'interno istituisce altresì presso la sede centrale della questura un nucleo di polizia giudiziaria avente il compito di raccogliere tutte le informazioni relative alle indagini nella materia regolata dalla presente legge e di coordinarle con le sezioni analoghe esistenti negli altri Paesi europei.

7. L'unità specializzata ed il nucleo di polizia giudiziaria sono istituiti nei limiti delle strutture, dei mezzi e delle vigenti dotazioni organiche, nonché dagli stanziamenti iscritti nello stato di previsione del Ministero dell'interno.

[1] Comma inserito dall'art. 20, c. 1, della L. 6 feb. 2006, n. 38.

[2] Tale decreto verrà adottato entro 6 mesi dalla data di entrata in vigore dalla L. 6 feb. 2006, n. 38 (Disposizioni in materia di lotta contro lo sfruttamento sessuale dei bambini e la pedopornografia anche a mezzo internet).

[3] Parole inserite dall'art. 18 della L. 6 feb. 2006, n. 38.

18. ***Abrogazione di norme.*** — 1. All'art. 4, numero 2), della legge 20 febbraio 1958, n. 75, e successive modificazioni, le parole: "di persona minore degli anni 21 o" sono soppresse.

19. ***Entrata in vigore.*** — 1. La presente legge entra in vigore il giorno successivo a quello della sua pubblicazione nella *Gazzetta Ufficiale*.

RAZZISMO, GENOCIDIO E DISCRIMINAZIONI

- 1 -

L. 9 ott. 1967, n. 962

Prevenzione e repressione del delitto di genocidio

(G.U. 30 ott. 1967, n. 272)

1. *Atti diretti a commettere genocidio.* — Chiunque, al fine di distruggere in tutto o in parte un gruppo nazionale, etnico, razziale o religioso come tale, commette atti diretti a cagionare lesioni personali gravi a persone appartenenti al gruppo, è punito con la reclusione da 10 a 18 anni.

Chiunque, al fine di distruggere in tutto o in parte un gruppo nazionale, etnico, razziale o religioso come tale, commette atti diretti a cagionare la morte o lesioni personali gravissime a persone appartenenti al gruppo, è punito con la reclusione da 24 a 30 anni. La stessa pena si applica a chi, allo stesso fine, sottopone persone appartenenti al gruppo a condizioni di vita tali da determinare la distruzione fisica, totale o parziale del gruppo stesso.

2. *Deportazione a fine di genocidio.* — Chi, al fine indicato nel precedente articolo, deporta persone appartenenti ad un gruppo nazionale, etnico, razziale o religioso, è punito con la reclusione da 15 a 24 anni.

3. *Circostanza aggravante.* — Se da alcuno dei fatti preveduti negli articoli precedenti, deriva la morte di una o più persone, si applica la pena dell'ergastolo.

4. *Atti diretti a commettere genocidio mediante limitazione delle nascite.* — Chiunque impone o attua misure tendenti ad impedire o a limitare le nascite in seno ad un gruppo nazionale, etnico, razziale o religioso, allo scopo di distruggere in tutto o in parte il gruppo stesso, è punito con la reclusione da 12 a 21 anni.

5. *Atti diretti a commettere genocidio mediante sottrazione di minori.* — Chiunque, al fine indicato nell'articolo precedente, sottrae minori degli anni 14 appartenenti ad un gruppo nazionale, etnico, razziale o religioso, per trasferirli ad un gruppo diverso, è punito con la reclusione da 12 a 21 anni.

6. *Imposizione di marchi o segni distintivi.* — Chiunque costringe persone appartenenti ad un gruppo nazionale, etnico, razziale o religioso, a portare marchi o segni distintivi indicanti l'appartenenza al gruppo stesso è punito, per ciò solo, con la reclusione da 4 a 10 anni.

Ove il fatto sia stato commesso al fine di predisporre la distruzione totale o parziale del gruppo, si applica la reclusione da 12 a 21 anni.

7. *Accordo per commettere genocidio.* — Qualora più persone si accordino allo scopo di commettere uno dei delitti preveduti negli articoli da 1 a 5 e nel secondo comma dell'art. 6 della presente legge, e il delitto non è commesso, ciascuna di esse è punibile, per il solo fatto dell'accordo, con la reclusione da 1 a 6 anni.

Qualora più persone si accordino allo scopo di commettere il delitto preveduto nel primo comma dell'art. 6 della presente legge, e il delitto non è commesso, ciascuna di esse è punibile, per il solo fatto dell'accordo, con la reclusione da tre mesi a un anno.

Per i promotori la pena è aumentata.

8. *Pubblica istigazione e apologia.* — Chiunque pubblicamente istiga a commettere alcuno dei delitti preveduti negli articoli da 1 a 5, è punito, per il solo fatto della istigazione, con la reclusione da 3 a 12 anni.

La stessa pena si applica a chiunque pubblicamente fa la apologia di alcuno dei delitti preveduti nel comma precedente.

9. *Competenza per materia.* — La cognizione dei delitti, consumati o tentati, preveduti nella presente legge appartiene alla Corte d'assise.

- 2 -

D.L. 26 apr. 1993, n. 122

Misure urgenti in materia di discriminazione razziale, etnica e religiosa

(G.U. 26 giu. 1993, n. 148),
conv. in L. 25 giu. 1993, n. 205

1. *Discriminazioni, odio o violenza per motivi razziali, etnici, nazionali o religiosi.* — 1. (*Omissis*).

1-*bis*. Con la sentenza di condanna per uno dei reati previsti dall'art. 3 della L. 13 ott. 1975, n. 654,[1] o per uno dei reati previsti dalla L. 9 ott. 1967, n. 962, il tribunale può altresì disporre una o più delle seguenti sanzioni accessorie;

a) obbligo di prestare un'attività non retribuita a favore della collettività per finalità sociali o di pubblica utilità, secondo le modalità stabilite ai sensi del comma 1-*ter*.

b) obbligo di rientrare nella propria abitazione o in altro luogo di privata dimora entro un'ora determinata e di non uscirne prima di altra ora prefissata, per un periodo non superiore ad un anno;

c) sospensione della patente di guida, del passaporto e di documenti di identificazione validi per l'espatrio per un periodo non superiore ad un anno, nonché divieto di detenzione di armi proprie di ogni genere;

d) divieto di partecipare, in qualsiasi forma, ad attività di propaganda elettorale per le elezioni politiche o amministrative successive alla condanna, e comunque per un periodo non inferiore a tre anni.

1-*ter*. Entro trenta giorni dalla data di entrata in vigore della legge di conversione del presnete decreto, il Ministro di grazia e giustizia determina, con proprio decreto, le modalità di svolgimento dell'attività non retribuita a favore della collettività di cui al comma 1-*bis*, lettera *a*).

1-*quater*. L'attività non retribuita a favore della collettività, da svolgersi al termine dell'espiazione della pena detentiva per un periodo massimo di dodici settimane, deve essere determinata dal giudice con modalità tali da non pregiudicare le esigenze lavorative, di studio o di reinserimento sociale del condannato.

1-*quinquies*. Possono costituire oggetto dell'attività non retribuita a favore della collettività: la prestazione di attività lavorativa per opere di bonifica e restauro degli edifici danneggiati con scritte, emblemi o simboli propri usuali delle organizzazioni, associazioni, movimenti o gruppi di cui al comma 3 dell'art. 3 della L. 13 ott. 1975, n. 654; lo svolgimento di lavoro a favore di organizzazioni di assistenza sociale e di volontariato, quali quelle operanti nei confronti delle persone handicappate, dei tossicodipendenti, degli anziani o degli extracomunitari; la prestazione di lavoro per finalità di protezione civile, di tutela del patrimonio ambientale e culturale, e per altre finalità pubbliche individuate con il decreto di cui al comma 1-*ter*.

1-*sexies*. L'attività può essere svolta nell'ambito e a favore di strutture pubbliche o di enti ed organizzazioni privati.

[1] Ai sensi della Tabella A di cui all'art. 8, D.lgs. 1 mar. 2018, n. 21, il riferimento all'art. 3, L. 13 ott. 1975, n. 654, deve intendersi all'art. 604-*bis* c.p.

2. *Disposizioni di prevenzione.* — 1. Chiunque, in pubbliche riunioni, compia manifestazioni esteriori od ostenti emblemi o simboli propri o usuali delle organizzazioni, associazioni, movimenti o gruppi di cui all'art. 3 della L. 13 ott. 1975, n. 654,[1] è punito con la pena della reclusione fino a tre anni e con la multa da euro 103 a euro 258.

2. È vietato l'accesso ai luoghi dove si svolgono competizioni agonistiche alle persone che vi si recano con emblemi o simboli di cui al comma 1. Il contravventore è punito con l'arresto da tre mesi ad un anno.

3. Nel caso di persone denunciate o condannate per uno dei reati previsti dall'art. 3 della L. 13 ott. 1975, n. 654,[1] per uno dei reati previsti dalla L. 9 ott. 1967, n. 962, o per un reato aggravato ai sensi dell'art. 3 del presente decreto, nonché di persone sottoposte a misure di prevenzione perché ritenute dedite alla commissione di reati che offendono o mettono in pericolo la sicurezza o la tranquillità pubblica, ovvero per i motivi di cui all'art. 18, primo comma, n. 2-*bis*),[2] della L. 22 mag. 1975, n. 152, si applica la disposizione di cui all'art. 6 della L. 13 dic. 1989, n. 401[3], e il divieto di accesso conserva efficacia per un periodo di cinque anni, salvo che venga emesso provvedimento di archiviazione, sentenza di non luogo a procedere o di proscioglimento o provvedimento di revoca della misura di prevenzione, ovvero se è concessa la riabilitazione ai sensi dell'art. 178 del c.p., o dell'art. 15 della L. 3 ago. 1988, n. 327.

[1] Ai sensi della Tabella A di cui all'art. 8, D.lgs. 1 mar. 2018, n. 21, il riferimento all'art. 3, L. 13 ott. 1975, n. 654, deve intendersi all'art. 604-*bis* c.p.

[2] Richiamo privo di valore giuridico.

[3] Divieto di accesso ai luoghi ove si svolgono competizioni agonistiche.

3. *Circostanza aggravante.*[1]

[1] Articolo abrog. dall'art. 7, D.lgs. 1 mar. 2018, n. 21.

4. (*Omissis*).

5. *Perquisizioni e sequestri.* — 1. Quando si procede per un reato aggravato ai sensi dell'art. 3 o per uno dei reati previsti dall'art. 3, commi 1, lettera *b*), 2 e 3, della L. 13 ott. 1975, n. 654[1], l'autorità giudiziaria dispone la perquisizione dell'immobile del quale si ha motivo di ritenere che l'autore si sia avvalso come luogo di riunione, di deposito o di rifugio o per altre attività comunque connesse al reato. Gli ufficiali di polizia giudiziaria, quando ricorrano motivi di particolare necessità ed urgenza che non consentano di richiedere l'autorizzazione del magistrato competente, possono altresì procedere a perquisizioni dandone notizia, senza ritardo e comunque entro quarantotto ore, al procuratore della Repubblica, il quale, se ne ricorrono i presupposti, le convalida entro le successive quarantotto ore.

2. È sempre disposto il sequestro dell'immobile di cui al comma 1 quando in esso siano rinvenuti armi, munizioni, esplosivi ed ordigni esplosivi o incendiari, taluno degli oggetti indicati nell'art. 4 della L. 18 apr. 1975, n. 110, ovvero emblemi, simboli o materiali di propaganda propri o usuali di organizzazioni, associazioni, movimenti o gruppi di cui al comma 3 dell'art. 3 della L. 13 ott. 1975, n. 654[1]. È sempre disposto, altresì, il sequestro degli oggetti e degli altri materiali sopra indicati rinvenuti nell'immobile. Si osservano le disposizioni di cui agli artt. 324 e 355 del c.p.p.

3. Con la sentenza di condanna o con la sentenza di cui all'art. 444 del c.p.p., il giudice può disporre la confisca dell'immobile di cui al comma 2, salvo che lo stesso appartenga a persona estranea al reato. È sempre disposta la confisca degli oggetti e degli altri materiali indicati al medesimo comma.

[1] Ai sensi della Tabella A di cui all'art. 8, D.lgs. 1 mar. 2018, n. 21, il riferimento all'art. 3, L. 13 ott. 1975, n. 654, deve intendersi all'art. 604-*bis* c.p.

6. *Disposizioni processuali.* — 1. Per i reati aggravati dalla circostanza di cui all'art. 3, comma 1, si procede in ogni caso d'ufficio.

2. Nei casi di flagranza, gli ufficiali e gli agenti di polizia giudiziaria hanno facoltà di procedere all'arresto per uno dei reati previsti dai commi quarto e quinto dell'art. 4 della L. 18 apr. 1975, n. 110, nonché, quando ricorre la circostanza di cui all'art.

3, comma 1, del presente decreto, per uno dei reati previsti dai commi primo e secondo del medesimo art. 4 della L. n. 110 del 1975. Nell'udienza di convalida il giudice, se ne ricorrono i presupposti, dispone l'applicazione di una delle misure coercitive previste dalla legge, anche al di fuori dei limiti previsti dall'art. 280 del c.p.p.

2-*bis*. (*Omissis*).

3. Per i reati aggravati dalla circostanza di cui all'art. 3, comma 1, che non appartengono alla competenza della Corte di assise è competente il tribunale.

4. Il tribunale è altresì competente per i delitti previsti dall'art. 3 della L. 13 ott. 1975, n. 654.[2]

5. Per i reati indicati all'art. 5, comma 1, il pubblico ministero procede al giudizio direttissimo anche fuori dei casi previsti dall'art. 449 del c.p.p., salvo che siano necessarie speciali indagini.

6.[2]

[1] Ai sensi della Tabella A di cui all'art. 8, D.lgs. 1 mar. 2018, n. 21, il riferimento all'art. 3, L. 13 ott. 1975, n. 654, deve intendersi all'art. 604-*bis* c.p.

[2] Comma soppresso dalla legge di conversione.

7. ***Sospensione cautelativa e scioglimento.*** — 1. Quando si procede per un reato aggravato ai sensi dell'art. 3 o per uno dei reati previsti dall'art. 3, commi 1, lettera *b*), 2 e 3, della L. 13 ott. 1975, n. 654,[1] e risultano fondati motivi per ritenere che l'attività di associazioni, movimenti o gruppi favorisca la commissione dei medesimi reati, può essere disposta cautelativamente, ai sensi dell'art. 3 della L. 25 gen. 1982, n. 17[2], la sospensione di ogni attività associativa. La richiesta è presentata al giudice competente per il giudizio in ordine ai predetti reati. Avverso il provvedimento è ammesso ricorso ai sensi del quinto comma del medesimo art. 3 della L. n. 17 del 1982.

2. Il provvedimento di cui al comma 1 è revocato in ogni momento quando vengono meno i presupposti indicati al medesimo comma.

3. Quando con sentenza irrevocabile sia accertato che l'attività di organizzazioni, associazioni, movimenti o gruppi abbia favorito la commissione di taluno dei reati indicati nell'art. 5, comma 1, il Ministro dell'interno, previa deliberazione del Consiglio dei Ministri, ordina con decreto lo scioglimento dell'associazione, movimento o gruppo e dispone la confisca dei beni. Il provvedimento è pubblicato nella *Gazzetta Ufficiale* della Repubblica italiana.

[1] Ai sensi della Tabella A di cui all'art. 8, D.lgs. 1 mar. 2018, n. 21, il riferimento all'art. 3, L. 13 ott. 1975, n. 654, deve intendersi all'art. 604-*bis* c.p.

[2] «Norme di attuazione dell'art. 18 della Costituzione in materia di associazioni segrete e scioglimento della associazione denominata Loggia P2».

8-9. (*Omissis*).

SICUREZZA PUBBLICA

- 1 -

R.D. 18 giu. 1931, n. 773

T.U. delle leggi di pubblica sicurezza

(G.U. 26 giu. 1931, Suppl., n. 146)

TITOLO I
Dei provvedimenti di polizia e della loro esecuzione

CAPO I
Delle attribuzioni dell'autorità di pubblica sicurezza e dei provvedimenti d'urgenza o per grave necessità pubblica

1. L'autorità di pubblica sicurezza veglia al mantenimento dell'ordine pubblico, alla sicurezza dei cittadini, alla loro incolumità e alla tutela della proprietà; cura l'osservanza delle leggi e dei regolamenti generali e speciali dello Stato, delle provincie e dei comuni, nonché delle ordinanze delle autorità; presta soccorso nel caso di pubblici e privati infortuni.

Per mezzo dei suoi ufficiali, ed a richiesta delle parti, provvede alla bonaria composizione dei dissidi privati.

L'autorità di pubblica sicurezza è provinciale e locale.

Le attribuzioni dell'autorità provinciale di pubblica sicurezza sono esercitate dal prefetto e dal questore; quelle dell'autorità locale dal capo dell'ufficio di pubblica sicurezza del luogo o, in mancanza, dal sindaco.

2.[1] Il prefetto, nel caso di urgenza o per grave necessità pubblica, ha facoltà di adottare i provvedimenti indispensabili per la tutela dell'ordine pubblico e della sicurezza pubblica.

Contro i provvedimenti del prefetto chi vi ha interesse può presentare ricorso al Ministro per l'interno.

[1] La Corte cost., con sent. 27 mag. 1961, n. 26, ha dichiarato l'ill. cost. dell'art. 2 "nei sensi e nei limiti indicati nella motivazione"; e in particolare la Corte ha osservato che la omessa precisazione nel testo dell'art. 2 del rispetto dei principi dell'ordinamento giuridico renderebbe possibile, come in realtà ha reso possibile, un'applicazione della norma tale da violare i diritti dei cittadini e da menomare la tutela giurisdizionale; conseguentemente, ha dichiarato la ill. cost. dell'art. 2 nei limiti, e soltanto nei limiti, in cui esso attribuisce ai prefetti il potere di emettere ordinanze senza il rispetto di quei principi.

3.[1] Il sindaco è tenuto a rilasciare alle persone aventi nel comune la loro residenza o la loro dimora una carta d'identità conforme al modello stabilito dal Ministero dell'interno.

La carta di identità ha durata di dieci anni e deve

essere munita della fotografia della persona a cui si riferisce. Per i minori di età inferiore a tre anni, la validità della carta d'identità è di tre anni; per i minori di età compresa fra tre e diciotto anni, la validità è di cinque anni. Le carte di identità di cui all'articolo 7-*viciester* del decreto-legge 31 gennaio 2005, n. 7, convertito con modificazioni dalla legge 31 marzo 2005, n. 43 e successive modifiche ed integrazioni, devono essere munite anche delle impronte digitali della persona a cui si riferiscono. Sono esentati dall'obbligo di rilevamento delle impronte digitali i minori di età inferiore a dodici anni.[2]

La carta d'identità può altresì contenere l'indicazione del consenso ovvero del diniego della persona cui si riferisce a donare i propri organi in caso di morte. I comuni trasmettono i dati relativi al consenso o al diniego alla donazione degli organi al Sistema informativo trapianti, di cui all'articolo 7, comma 2, della legge 1 aprile 1999, n. 91.[3]

La carta d'identità è titolo valido per l'espatrio, anche per motivi di lavoro, negli Stati membri della C.E.E. e in quelli coi quali vigono, comunque, particolari accordi internazionali.

La carta di identità valida per l'espatrio rilasciata ai minori di età inferiore agli anni quattordici può riportare, a richiesta, il nome dei genitori o di chi ne fa le veci. L'uso della carta d'identità ai fini dell'espatrio dei minori di anni quattordici è subordinato alla condizione che essi viaggino in compagnia di uno dei genitori o di chi ne fa le veci, o che venga menzionato, in una dichiarazione rilasciata da chi può dare l'assenso o l'autorizzazione, il nome della persona, dell'ente o della compagnia di trasporto a cui i minori medesimi sono affidati. Tale dichiarazione è convalidata dalla questura o dalle autorità consolari in caso di rilascio all'estero.[4]

A decorrere dal primo gennaio 1999 sulla carta di identità deve essere indicata la data di scadenza.

[1] Articolo modif. dall'art. 10, c. 5, D.L. 13 mag. 2011, n. 70, conv. con modif. in L. 12 lug. 2011, n. 106.

[2] Comma così modif. dall'art. 40, c. 2, lett. *a*), D.L. 24 gen. 2012, n. 1, conv. con modif. in L. 24 mar. 2012, n. 27.

[3] Comma così modif. dall'art. 43, c. 1, D.L. 21 giu. 2013, n. 69, conv. con modif. in L. 9 ago. 2013, n. 98.

[4] Comma così sost. dall'art. 40, c. 2, lett. *b*), D.L. 24 gen. 2012, n. 1, conv. con modif. in L. 24 mar. 2012, n. 27.

4. L'autorità di pubblica sicurezza ha facoltà di ordinare che le persone pericolose o sospette e coloro che non sono in grado o si rifiutano di provare la loro identità siano sottoposti a rilievi segnaletici.[1]

Ha facoltà inoltre di ordinare alle persone pericolose o sospette di munirsi, entro un dato termine, della carta di identità e di esibirla ad ogni richiesta degli ufficiali o degli agenti di pubblica sicurezza.

[1] La Corte cost., con sent. 27 mar. 1962, n. 30, ha dichiarato l'ill. cost. dell'art. 4 nella parte in cui prevede rilievi segnaletici che comportino ispezioni personali ai sensi dell'art. 13 della Cost.

CAPO II
Della esecuzione dei provvedimenti di polizia

5. I provvedimenti dell'autorità di pubblica sicurezza sono eseguiti in via amministrativa indipendentemente dall'esercizio dell'azione penale.

Qualora gli interessati non vi ottemperino, sono adottati, previa diffida di tre giorni, salvi i casi di urgenza, i provvedimenti necessari per l'esecuzione d'ufficio.

È autorizzato l'impiego della forza pubblica.

La nota delle spese relative è resa esecutiva dal prefetto ed è rimessa all'esattore, che ne fa la riscossione nelle forme e coi privilegi fiscali stabiliti dalla legge sulla riscossione delle imposte dirette.

6. Salvo che la legge disponga altrimenti, contro i provvedimenti dell'autorità di pubblica sicurezza è ammesso il ricorso in via gerarchica nel termine di giorni dieci dalla notizia del provvedimento.

Il ricorso non ha effetto sospensivo.

La legge determina i casi nei quali il provvedimento del prefetto è definitivo (67, 132).

Il provvedimento, anche se definitivo, può essere annullato d'ufficio dal ministro per l'interno.

7. Nessun indennizzo è dovuto per i provvedimenti dell'autorità di pubblica sicurezza nell'esercizio delle facoltà ad essa attribuite dalla legge (2045 c.c.).

CAPO III
Delle autorizzazioni di polizia

8. Le autorizzazioni di polizia (14) sono personali: non possono in alcun modo essere trasmesse né dar luogo a rapporti di rappresentanza, salvi i casi espressamente preveduti dalla legge (32, 51, 86, 93, 111, 115).

Nei casi in cui è consentita la rappresentanza nell'esercizio di una autorizzazione di polizia, il rappresentante deve possedere i requisiti necessari per conseguire l'autorizzazione e ottenere l'approvazione dell'autorità di pubblica sicurezza che ha conceduta l'autorizzazione.

9. Oltre le condizioni stabilite dalla legge, chiunque ottenga un'autorizzazione di polizia deve osservare le prescrizioni che l'autorità di pubblica sicurezza ritenga di imporgli nel pubblico interesse.

10. Le autorizzazioni di polizia possono essere revocate o sospese in qualsiasi momento, nel caso di abuso della persona autorizzata.

11. Salve le condizioni particolari stabilite dalla legge nei singoli casi (43, 52, 92, 121, 134), le autorizzazioni di polizia debbono essere negate:

1) a chi ha riportato una condanna a pena restrittiva della libertà personale superiore a tre anni per delitto non colposo e non ha ottenuto la riabilitazione;

2) a chi è sottoposto a sorveglianza speciale o a

misura di sicurezza personale o è stato dichiarato delinquente abituale, professionale o per tendenza.

Le autorizzazioni di polizia possono essere negate a chi ha riportato condanna per delitti contro la personalità dello Stato o contro l'ordine pubblico, ovvero per delitti contro le persone commessi con violenza, o per furto, rapina, estorsione, sequestro di persona a scopo di rapina o di estorsione, o per violenza o resistenza all'autorità, e a chi non può provare la sua buona condotta.[1]

Le autorizzazioni devono essere revocate quando nella persona autorizzata vengono a mancare, in tutto o in parte, le condizioni alle quali sono subordinate, e possono essere revocate quando sopraggiungono o vengono a risultare circostanze che avrebbero imposto o consentito il diniego della autorizzazione.

[1] La Corte cost., con sent. 16 dic. 1993, n. 440, ha dichiarato l'ill. cost. di questo articolo nella parte in cui pone a carico dell'interessato l'onere di provare la propria buona condotta.

12. [...][1]
Per le persone che sono nate posteriormente al 1885, quando la legge non disponga altrimenti, il rilascio delle autorizzazioni di polizia è sottoposto alla condizione che il richiedente stenda domanda e apponga di suo pugno, in calce alla domanda, la propria firma e le indicazioni del proprio stato e domicilio. Di ciò il pubblico ufficiale farà attestazione.

[1] Comma abrog. dall'art. 13, c. 1, lett. *g*), D.L. 9 feb. 2012, n. 5, conv. con modif. in L. 4 apr. 2012, n. 35.

13. Quando la legge non disponga altrimenti, le autorizzazioni di polizia hanno la durata di tre anni, computati secondo il calendario comune, con decorrenza dal giorno del rilascio.[1]

Il giorno della decorrenza non è computato nel termine (180 c.p.p.).

[1] Comma così modif. dall'art. 13, c. 1 lett. *a*), D.L. 9 feb. 2012, n. 5, conv. con modif. in L. 4 apr. 2012, n. 35.

14. Sono autorizzazioni di polizia le licenze, le iscrizioni in appositi registri, le approvazioni e simili atti di polizia.

CAPO IV

Dell'inosservanza degli ordini dell'autorità di pubblica sicurezza e delle contravvenzioni

15. Salvo che il fatto costituisca reato, chiunque, invitato dall'autorità di pubblica sicurezza a comparire davanti ad essa, non si presenta nel termine prescritto senza giustificato motivo è soggetto alla sanzione amministrativa del pagamento di una somma da euro 154 a euro 516.[1]

L'autorità di pubblica sicurezza può disporre l'accompagnamento, per mezzo della forza pubblica, della persona invitata a comparire e non presentatasi nel termine prescritto.

[1] Depenalizzazione intervenuta a seguito del D.lgs. 13 lug. 1994, n. 480.

16. Gli ufficiali e gli agenti di pubblica sicurezza hanno facoltà di accedere in qualunque ora nei locali destinati all'esercizio di attività soggette ad autorizzazioni di polizia e di assicurarsi dell'adempimento delle prescrizioni imposte dalla legge, dai regolamenti o dall'autorità.

17.[1] 1. Salvo quanto previsto dall'art. 17-*bis*, le violazioni alle disposizioni di questo testo unico, per le quali non è stabilita una pena od una sanzione amministrativa ovvero non provvede il codice penale, sono punite con l'arresto fino a tre mesi o con l'ammenda fino a euro 206.

2. Con le stesse pene sono punite, salvo quanto previsto dall'art. 17-*bis*, le contravvenzioni alle ordinanze emesse, in conformità alle leggi, dai prefetti, questori, ufficiali distaccati di pubblica sicurezza o sindaci.

[1] Articolo così modif. dal D.lgs. 13 lug. 1994, n. 480, art. 2.

17-*bis*.[1] 1. Le violazioni alle disposizioni di cui agli artt. 59, 60, 75, 75-*bis*[2], 76, se il fatto è commesso contro il divieto dell'Autorità, 86, 87, 101, 104, 111, 115, 120 comma secondo, limitatamente alle operazioni diverse da quelle indicate nella tabella, 121, 124 e 135 comma quinto, limitatamente alle operazioni diverse da quelle indicate nella tabella, sono soggette alla sanzione amministrativa del pagamento di una somma da euro 516 a euro 3.098.

2. La stessa sanzione si applica a chiunque, ottenuta una delle autorizzazioni previste negli articoli indicati nel comma 1, viola le disposizioni di cui agli artt. 8 e 9.

3. Le violazioni alle disposizioni di cui agli artt. 76, salvo quanto previsto nel precedente comma 1, 81, 83, 84, 108, 113, quinto comma, 120, salvo quanto previsto nel precedente comma 1, 126, 128, 135, escluso il comma terzo e salvo quanto previsto nel comma 1 e 147 sono soggette alla sanzione amministrativa del pagamento di una somma da euro 154 a euro 1.032.

[1] Articolo inserito dal D.lgs. 13 lug. 1994, n. 480, art. 3.
[2] Le parole 75-*bis* sono state aggiunte dall'art. 8, c. 3 della L. 18 ago. 2000, n. 248.

17-*ter*.[1] 1. Quando è accertata una violazione prevista dall'art. 17-*bis*, commi 1 e 2 e dall'art. 221-*bis* il pubblico ufficiale che vi ha proceduto, fermo restando l'obbligo del rapporto previsto dall'art. 17 della L. 24 nov. 1981, n. 689, ne riferisce per iscritto, senza ritardo, all'autorità competente al rilascio dell'autorizzazione o, qualora il fatto non concerna attività soggette ad autorizzazione, al questore.

2. Nei casi in cui è avvenuta la contestazione immediata della violazione, è sufficiente, ai fini del comma 1, la trasmissione del relativo verbale. Copia del verbale o del rapporto è consegnata o notificata all'interessato.[2]

3. Entro cinque giorni dalla ricezione della comunicazione del pubblico ufficiale, l'autorità di cui al comma 1 ordina, con provvedimento motivato, la cessazione dell'attività condotta in difetto di autorizzazione ovvero, in caso di violazione delle prescrizioni, la sospensione dell'attività autorizzata per il tempo occorrente ad uniformarsi alle prescrizioni violate e comunque per un periodo non inferiore a 24 ore e non superiore a 3 mesi. L'ordine di sospensione è revocato quando l'interessato dimostra di aver ottemperato alle prescrizioni. Fermo restando quanto previsto al comma 4 e salvo che la violazione riguardi prescrizioni a tutela della pubblica incolumità o dell'igiene, l'ordine di sospensione relativo ad attività ricettive comunque esercitate è disposto trascorsi trenta giorni dalla contestazione della violazione.[3]

3. Entro cinque giorni dalla ricezione della comunicazione del pubblico ufficiale, l'autorità indicata al comma 1 ordina con provvedimento motivato la cessazione dell'attività condotta in difetto di autorizzazione ovvero, in caso di violazione delle prescrizioni, la sospensione dell'attività autorizzata per il tempo occorrente ad uniformarsi alle prescrizioni violate e comunque per un periodo non superiore a tre mesi. Fermo restando quanto previsto al comma 4 e salvo che la violazione riguardi prescrizioni a tutela della pubblica incolumità o dell'igiene, l'ordine di sospensione è disposto trascorsi trenta giorni dalla vata di violazione. Non si da comunque luogo all'esecuzione dell'ordine di sospensione qualora l'interessato dimostri di aver sanato le violazioni ovvero di aver avviato le relative procedure amministrative.[3]

4. Quando ricorrono le circostanze previste dall'art. 100, la cessazione dell'attività non autorizzata è ordinata immediatamente dal questore.

5. Chiunque non osserva i provvedimenti previsti dai commi 3 e 4, legalmente dati dall'autorità è punito ai sensi dell'art. 650 del c.p.

[1] Articolo inserito dal D.lgs. 13 lug. 1994, n. 480, art. 3.
[2] L'art. 11 della L. 30 mag. 1995, n. 203, di conversione di D.L. 29 mar. 1995, n. 97, ha così modif. il comma 2.
[3] Comma così sost. dall'art. 9, c. 5, della L. 29 mar. 2001, n. 135.

17-*quater*.[1] 1. Per le violazioni previste dall'art. 17-*bis* e dall'art. 221-*bis* consistenti nell'inosservanza delle prescrizioni imposte dalla legge o impartite dall'autorità nell'esercizio di attività soggette ad autorizzazione, l'autorità amministrativa con l'ordinanza-ingiunzione può applicare la sanzione amministrativa accessoria della sospensione dell'attività per un periodo non superiore a tre mesi.

2. La sanzione accessoria è disposta dal giudice penale con la sentenza di condanna nell'ipotesi di connessione obiettiva della violazione amministrativa con un reato di cui all'art. 24 della L. 24 nov. 1981, n. 689.

3. Nell'esecuzione della sanzione accessoria, si computa l'eventuale periodo di sospensione eseguita ai sensi dell'art. 17-*ter*.

[1] Articolo inserito dal D.lgs. 13 lug. 1994, n. 480, art. 3.

17-*quinquies*.[1] 1. Il rapporto relativo alle violazioni previste dagli artt. 17-*bis* e 221-*bis* è presentato al prefetto.[2]

[1] Articolo inserito dal D.lgs. 13 lug. 1994, n. 480, art. 3.
[2] La Corte cost., con sent. 7 apr. 1995, n. 115, ha dichiarato l'ill. cost. dell'articolo nella parte in cui prevede che è presentato al prefetto, anziché all'ufficio regionale competente, il rapporto relativo alle violazioni delle disposizioni di cui agli artt. 84, 111 (limitatamente alle imprese artigiane), 123 e 124, secondo comma del T.U.L.L.P.S., nonché 180 del suo regolamento per l'esecuzione.

17-*sexies*.[1] 1. Per le violazioni previste dagli artt. 17-*bis* e 221-*bis*, è esclusa la confisca di beni immobili e si applicano le disposizioni di cui all'art. 20, commi terzo, quarto e quinto della L. 24 nov. 1981, n. 689.

[1] Articolo inserito dal D.lgs. 13 lug. 1994, n. 480, art. 3.

TITOLO II
Disposizioni relative all'ordine pubblico e alla incolumità pubblica

CAPO I
Delle riunioni pubbliche e degli assembramenti in luoghi pubblici[1]

[1] Cost. 17.

18. I promotori di una riunione in luogo pubblico o aperto al pubblico[1] devono darne avviso, almeno tre giorni prima, al questore.

È considerata pubblica anche una riunione che, sebbene indetta in forma privata, tuttavia per il luogo in cui sarà tenuta o per il numero delle persone che dovranno intervenirvi, o per lo scopo o l'oggetto di essa,[1] ha carattere di riunione non privata.

I contravventori sono puniti con l'arresto fino a sei mesi e con l'ammenda euro 103 a euro 413. Con le stesse pene sono puniti coloro che nelle riunioni predette prendono la parola.[2]

Il questore, nel caso di omesso avviso ovvero per ragioni di ordine pubblico, di moralità o di sanità pubblica, può impedire che la riunione abbia luogo e può, per le stesse ragioni, prescrivere modalità di tempo e di luogo alla riunione.

I contravventori al divieto o alle prescrizioni dell'autorità sono puniti con l'arresto fino a un anno e con l'ammenda da euro 206 a euro 413. Con le stesse pene sono puniti coloro che nelle predette riunioni prendono la parola.[3]

Non è punibile chi, prima dell'ingiunzione dell'autorità o per obbedire ad essa, si ritira dalla riunione.

Le disposizioni di questo articolo non si applicano alle riunioni elettorali.

[1] La Corte cost., con sent. 8 apr. 1958, n. 27, ha dichiarato l'ill. cost. delle norme contenute nell'art. 18 per contrasto con l'art. 17 Cost. nella parte relativa alle riunioni tenute "non in luogo pubblico".

[2] La Corte cost., con sent. 10 mag. 1979, n. 11, ha dichiarato l'ill. cost. del c. 3 (secondo periodo), «nella parte in cui prevede l'incriminazione contravvenzionale di coloro che prendono la parola in riunione in luogo pubblico essendo a conoscenza della omissione di preavviso previsto nel primo comma».

[3] Per i reati previsti dagli artt. 18 e 24 si procede e si prosegue in ogni caso con giudizio direttissimo: v. art. 17 L. 22 mag. 1975, n. 152.

19. .... [1]

[1] Articolo abrog. dall'art. 4, L. 18 apr. 1975, n. 110.

20. Quando, in occasione di riunioni o di assembramenti in luogo pubblico o aperto al pubblico, avvengono manifestazioni o grida sediziose o lesive del prestigio dell'autorità, o che comunque possono mettere in pericolo l'ordine pubblico o la sicurezza dei cittadini, ovvero quando nelle riunioni o negli assembramenti predetti sono commessi delitti, le riunioni e gli assembramenti possono essere disciolti (654, 655 c.p.).

21. È sempre considerata manifestazione sediziosa l'esposizione di bandiere o emblemi, che sono simbolo di sovversione sociale o di rivolta o di vilipendio verso lo Stato, il governo o le autorità.

È manifestazione sediziosa anche la esposizione di distintivi di associazioni faziose.

22. Quando, nei casi preveduti dagli articoli precedenti, occorre disciogliere una riunione pubblica od un assembramento in luogo pubblico o aperto al pubblico, le persone riunite od assembrate sono invitate a disciogliersi dagli ufficiali di pubblica sicurezza, o, in loro assenza, dagli ufficiali o dai sottufficiali dei carabinieri.

23. Qualora l'invito rimanga senza effetto, è ordinato il discioglimento con tre distinte formali intimazioni, preceduta ognuna da uno squillo di tromba (Reg. 25).

24. Qualora rimangano senza effetto anche le tre intimazioni ovvero queste non possano essere fatte per rivolta od opposizione, gli ufficiali di pubblica sicurezza o, in loro assenza, gli ufficiali o i sottufficiali dei carabinieri ordinano che la riunione o l'assembramento siano disciolti con la forza (220).

All'esecuzione di tale ordine provvedono la forza pubblica e la forza armata sotto il comando dei rispettivi capi (Reg. 26-28).

Le persone che si rifiutano di obbedire all'ordine di discioglimento sono punite con l'arresto da un mese a un anno e con l'ammenda da euro 30 a euro 413.

CAPO II

Delle cerimonie religiose fuori dei templi e delle processioni ecclesiastiche o civili[1]

[1] V. Reg. artt. 29-32.

25. Chi promuove o dirige funzioni, cerimonie o pratiche religiose fuori dei luoghi destinati al culto, ovvero processioni ecclesiastiche o civili nelle pubbliche vie, deve darne avviso, almeno tre giorni prima, al questore.[1]

Il contravventore è punito con l'arresto fino a tre mesi e con l'ammenda fino a euro 51.[2]

[1] La Corte cost., con sent. 18 mar. 1957, n. 45, ha dichiarato l'ill. cost. dell'art. 25 nella parte che implica l'obbligo del preavviso per le funzioni, cerimonie o pratiche religiose in luoghi aperti al pubblico, in riferimento all'art. 17 Cost.

[2] Per la contravvenzione di competenza del giudice di pace prevista da questo articolo si applica la pena pecuniaria dell'ammenda da euro 774 a euro 2.582 o la pena della permanenza domiciliare da 20 giorni a 45 giorni ovvero la pena del lavoro di pubblica utilità da 1 mese a 6 mesi, ai sensi dell'art. 52, c. 2 lett. *c*) del D.lgs. 28 ago. 2000, n. 274.

26. Il questore può vietare, per ragioni di ordine pubblico o di sanità pubblica, le funzioni, le cerimonie, le pratiche religiose e le processioni indicate nell'articolo precedente, o può prescrivere l'osservanza di determinate modalità, dandone, in ogni caso, avviso ai promotori almeno ventiquattro ore prima.

Alle processioni sono, nel resto, applicabili le disposizioni del capo precedente.

27. Le disposizioni di questo capo non si applicano agli accompagnamenti del viatico e ai trasporti funebri, salve le prescrizioni delle leggi e dei regolamenti di sanità pubblica e di polizia locale.

Il questore può vietare che il trasporto funebre avvenga in forma solenne ovvero può determinare speciali cautele a tutela dell'ordine pubblico e della sicurezza dei cittadini. (Reg. 32).

CAPO III

Della raccolta delle armi e delle passeggiate in forma militare

28.[1,2] Oltre i casi preveduti dal codice penale, sono proibite la fabbricazione, l'assemblaggio, la raccolta, la detenzione e la vendita senza licenza del ministro per l'interno, di armi da guerra e di armi ad esse analoghe, nazionali o straniere, o di parti di esse, di munizioni, di uniformi militari o di altri oggetti destinati all'armamento e all'equipaggiamento di forze armate nazionali o straniere. Con la licenza di fabbricazione sono consentite le attività commerciali connesse e la riparazione delle armi prodotte.

La licenza è altresì necessaria per l'importazione e l'esportazione delle armi da fuoco diverse dalle armi comuni da sparo non comprese nei materiali di armamento, nonché per la fabbricazione, l'importazione e l'esportazione, la raccolta, la detenzione e la vendita degli strumenti di autodifesa specificamente destinati all'armamento dei Corpi armati o di polizia, nonché per la fabbricazione e la detenzione delle tessere di riconoscimento e degli altri contrassegni di identificazione degli ufficiali e degli agenti di pubblica sicurezza e di polizia giudiziaria, fatte salve le produzioni dell'Istituto Poligrafico e Zecca dello Stato. La validità della licenza è di 2 anni.

Per il trasporto delle armi stesse nell'interno dello Stato è necessario darne avviso al prefetto.

Il contravventore è punito, qualora il fatto non costituisca un più grave reato, con la reclusione da uno a tre anni con la multa da 3.000 euro a 30.000 euro.

[1] Articolo così modif. dall'art. 1-*ter* della L. 21 feb. 2006, n. 49.

[2] Articolo così modif. dall'art. 3 del D.lgs. 26 ott. 2010, n. 204.

29. Salvo quanto è stabilito dalle leggi militari, non possono aver luogo, senza licenza del prefetto, passeggiate in forma militare con armi.

Il contravventore è punito con l'arresto fino a sei mesi.

I capi o i promotori sono puniti con l'arresto fino ad un anno.

CAPO IV
Delle armi

30. Agli effetti di questo testo unico, per armi si intendono:

1) le armi proprie, cioè quelle da sparo e tutte le altre la cui destinazione naturale è l'offesa alla persona (585, commi secondo e terzo, c.p.);

2) le bombe, qualsiasi macchina o involucro contenente materie esplodenti, ovvero i gas asfissianti o accecanti (704 c.p.).

31. Salvo quanto è disposto per le armi da guerra dall'art. 28, non si possono fabbricare altre armi, assemblarle, introdurle nello Stato, esportarle, farne raccolta per ragioni di commercio o di industria, o porle comunque in vendita, senza licenza del questore (695, comma primo, c.p.). Ai titolari della licenza di cui al periodo precedente e nell'ambito delle attività autorizzate con la licenza medesima, le autorizzazioni e gli adempimenti previsti dalla normativa vigente non sono richiesti per i caricatori di cui all'articolo 38, primo comma, secondo periodo.[1] Ai titolari di licenza per la fabbricazione di armi di cui al presente comma è consentita, all'interno dei siti di fabbricazione indicati nella licenza, la rottamazione delle parti d'arma dai medesimi fabbricate e non ancora immesse sul mercato, anche se provviste della marcatura o dei segni identificativi o distintivi di cui all'articolo 11, comma 1, della legge 18 aprile 1975, n. 110. L'avvenuta rottamazione delle parti d'arma, iscritte nel registro di cui all'articolo 35, è immediatamente annotata nel medesimo registro.[2]

La licenza è necessaria anche per le collezioni delle armi artistiche, rare o antiche (695, comma secondo, c.p.).

Salvo quanto previsto per la collezione di armi, la validità della licenza è di 3 anni.

[1] Periodo aggiunto dall'art. 3, c. 3-*sexies*, D.L. 18 feb. 2015, n. 7, conv. con modif. in L. 17 apr. 2015, n. 43.

[2] Periodi aggiunti dall'art. 3, c. 1, lett. *a*), D.lgs 10 ago. 2018, n. 104.

31-*bis*.[1] 1. Fatte salve le previsioni di cui agli articoli 01, comma 1, lettera *p*), e 1, comma 11, della legge 9 luglio 1990, n. 185, come modificata dal decreto legislativo 22 giugno 2012, n. 105, per esercitare l'attività di intermediario di cui all'articolo 1-*bis*, comma 1, lettera *f*), del decreto legislativo 30 dicembre 1992, n. 527, nel settore delle armi, è richiesta una apposita licenza rilasciata dal questore, che ha una validità di 3 anni. Si applicano in quanto compatibili le disposizioni anche regolamentari previste per la licenza di cui all'articolo 31. La licenza non è necessaria per i rappresentanti in possesso di mandato delle parti interessate. Del mandato è data comunicazione alla questura competente per territorio.[2]

2. Ogni operatore autorizzato deve comunicare, l'ultimo giorno del mese, all'autorità che ha rilasciato la licenza un resoconto dettagliato delle singole operazioni effettuate nel corso dello stesso mese. Il resoconto può essere trasmesso anche all'indirizzo di posta elettronica certificata della medesima autorità. L'operatore, nel caso in cui abbia la materiale disponibilità delle armi o delle munizioni, è obbligato alla tenuta del registro di cui, rispettivamente, agli articoli 35 e 55, nonché ad effettuare le relative annotazioni concernenti le operazioni eseguite.[2,3]

3. La mancata comunicazione può comportare, in caso di prima violazione, la sospensione e, in caso di recidiva, la sospensione o la revoca della licenza.

4.[4]

[1] Articolo aggiunto dall'art. 3, D.lgs. 26 ott. 2010, n. 204.

[2] Comma così sost. dall'art. 1, c. 1, lett. *a*), D.lgs. 29 set. 2013, n. 121.

[3] L'ultimo periodo è stato aggiunto dall'art. 3, c. 1, lett. *b*), D.lgs 10 ago. 2018, n. 104.

[4] Comma abrog. dall'art. 1, c. 1, lett. *a*), D.lgs. 29 set. 2013, n. 121.

32. Le licenze di cui agli artt. 28 e 31 non possono essere concedute a chi non può validamente obbligarsi e sono valide esclusivamente per i locali indicati nelle licenze stesse.

Può essere consentito di condurre la fabbrica, il deposito, il magazzino di vendita di armi, a mezzo di rappresentante (8).

La licenza per le collezioni di armi artistiche, rare o antiche è permanente. Debbono tuttavia essere denunciati al questore i cambiamenti sostanziali della collezione o del luogo del deposito. Il contravventore è punito con l'ammenda fino a euro 516.

33. ....[1]

[1] Articolo abrog. dall'art. 8, L. 18 apr. 1975, n. 110.

34. Il commerciante, il fabbricante di armi e chi esercita l'industria della riparazione delle armi non può trasportarle fuori del proprio negozio od opificio, senza preventivo avviso all'autorità di p.s. (Reg. 50).

L'obbligo dell'avviso spetta anche al privato che, per qualunque motivo, deve trasportare armi nell'interno dello Stato.

Per il trasporto di armi e parti d'arma tra soggetti muniti della licenza di cui all'articolo 31, l'obbligo dell'avviso è assolto mediante comunicazione, almeno 48 ore prima del trasporto medesimo, all'autorità di pubblica sicurezza, anche per via telematica attraverso trasmissione al relativo indirizzo di posta elettronica certificata. La comunicazione deve accompagnare le armi e le parti d'arma.[1]

[1] Comma aggiunto dall'art. 3, c. 1, lett. *c*), D.lgs 10 ago. 2018, n. 104.

35.[1] 1. L'armaiolo di cui all'articolo 1-*bis*, comma 1, lettera *g*), del decreto legislativo 30 dicembre 1992, n. 527, è obbligato a tenere un registro delle operazioni giornaliere, nel quale devono essere indicate le generalità delle persone con cui le operazioni stesse sono compiute. Il registro è tenuto in formato elettronico, secondo le modalità definite nel regolamento.

2. Il registro di cui al comma 1 deve essere esibito a richiesta degli ufficiali od agenti di pubblica sicurezza e deve essere conservato per un periodo di 50 anni.

3. Alla cessazione dell'attività, i registri delle operazioni giornaliere, sia in formato cartaceo che elettronico, devono essere consegnati all'Autorità di pubblica sicurezza che aveva rilasciato la licenza, che ne cura la conservazione per il periodo necessario. Le informazioni registrate nel sistema informatico di cui all'articolo 3 del decreto legislativo del 25 gennaio 2010, n. 8, sono conservate per i 50 anni successivi alla cessazione dell'attività.

4. Gli armaioli devono, altresì, comunicare mensilmente all'ufficio di polizia competente per territorio le generalità dei privati che hanno acquistato o venduto loro le armi, nonché la specie e la quantità delle armi vendute o acquistate e gli estremi dei titoli abilitativi all'acquisto esibiti dagli interessati. Le comunicazioni possono essere trasmesse anche per via telematica.

5. È vietato vendere o in qualsiasi altro modo cedere armi a privati che non siano muniti di permesso di porto d'armi ovvero di nulla osta all'acquisto rilasciato dal questore.

6. Il nulla osta non può essere rilasciato ai minori di 18 anni, ha la validità di un mese ed è esente da ogni tributo. La domanda è redatta in carta libera.

7. Il questore subordina il rilascio del nulla osta alla presentazione di certificato rilasciato dal settore medico legale delle Aziende sanitarie locali, o da un medico militare, della Polizia di Stato o del Corpo nazionale dei vigili del fuoco, dal quale risulti che il richiedente non è affetto da malattie mentali oppure da vizi che ne diminuiscono, anche temporaneamente, la capacità di intendere e di volere, ovvero non risulti assumere, anche occasionalmente, sostanze stupefacenti o psicotrope ovvero abusare di alcool, nonché dalla presentazione di ogni altra certificazione sanitaria prevista dalle disposizioni vigenti.

8. Il contravventore è punito con l'arresto da sei mesi a due anni e con l'ammenda da 4.000 euro a 20.000 euro.

9. L'acquirente o cessionario di armi in violazione delle norme del presente articolo è punito con l'arresto fino a un anno e con l'ammenda da 2.000 euro a 10.000 euro.

10. Il provvedimento con cui viene rilasciato il nulla osta all'acquisto delle armi, nonché quello che consente l'acquisizione, a qualsiasi titolo, della disponibilità di un'arma devono essere comunicati, a cura dell'interessato, ai conviventi maggiorenni, anche diversi dai familiari, compreso il convivente more uxorio, individuati dal regolamento e indicati dallo stesso interessato all'atto dell'istanza, secondo le modalità definite nel medesimo regolamento. In caso di violazione degli obblighi previsti in attuazione del presente comma, si applica la sanzione amministrativa da 2.000 euro a 10.000 euro. Può essere disposta, altresì, la revoca della licenza o del nulla osta alla detenzione.

[1] Articolo così sost. dall'art. 3 del D.lgs. 26 ott. 2010, n. 204.

36. Nessuno può andare in giro con un campionario di armi, senza la licenza del questore della provincia dalla quale muove. (696 c.p.).

La licenza deve essere vidimata dai questori delle provincie che si intende percorrere.

La licenza non può essere rilasciata per campionari di armi da guerra.

37. È vietato esercitare la vendita ambulante delle armi. È permessa la vendita ambulante degli strumenti da punta e da taglio atti ad offendere, con licenza del comune.[1]

[1] Competenza trasferita dalla Questura al Comune, ai sensi dell'art. 128 Cost., dall'art. 163 del D.lgs. 31 mar. 1998, n. 112.

38. Chiunque detiene armi, parti di esse, di cui all'articolo 1-*bis*, comma 1, lettera *b*), del decreto legislativo 30 dicembre 1992, n. 527, munizioni finite o materie esplodenti di qualsiasi genere, deve farne denuncia entro le 72 ore successive alla acquisizione della loro materiale disponibilità, all'ufficio locale di pubblica sicurezza o, quando questo manchi, al locale comando dell'Arma dei carabinieri, ovvero anche per via telematica ai medesimi uffici o alla questura competente per territorio attraverso trasmissione al relativo indirizzo di posta elettronica certificata. La denuncia è altresì necessaria per i soli caricatori in grado di contenere un numero superiore a 10 colpi per le armi lunghe e un numero superiore a 20 colpi per le armi corte, fermo restando quanto previsto dall'articolo 2, secondo comma, della legge 18 aprile 1975, n. 110, e successive modificazioni.[1,2]

Sono esenti dall'obbligo della denuncia:

a) i corpi armati, le società di tiro a segno e le

altre istituzioni autorizzate, per gli oggetti detenuti nei luoghi espressamente destinati allo scopo;

b) i possessori di raccolte autorizzate di armi artistiche, rare o antiche (31, 32);

c) le persone che per la loro qualità permanente hanno diritto ad andare armate, limitatamente però al numero ed alla specie delle armi loro consentite.

L'autorità di pubblica sicurezza ha facoltà di eseguire, quando lo ritenga necessario, verifiche di controllo anche nei casi contemplati dal capoverso precedente, e di prescrivere quelle misure cautelari che ritenga indispensabili per la tutela dell'ordine pubblico.

Chiunque detiene armi comuni da sparo senza essere in possesso di alcuna licenza di porto d'armi, ad eccezione di coloro che sono autorizzati dalla legge a portare armi senza licenza e dei collezionisti di armi antiche, è tenuto a presentare ogni cinque anni la certificazione medica prevista dall'articolo 35, comma 7, secondo le modalità disciplinate con il decreto di cui all'articolo 6, comma 2, del decreto legislativo 26 ottobre 2010, n. 204.[3,4]

Qualora il detentore risulti titolare di licenza di porto d'armi, l'obbligo di presentazione del certificato decorre dalla scadenza della stessa, se non rinnovata.[3]

Nel caso di mancata presentazione del certificato medico, il prefetto può vietare la detenzione delle armi denunciate, ai sensi dell'articolo 39.[3]

La denuncia di detenzione di cui al primo comma deve essere ripresentata ogni qual volta il possessore trasferisca l'arma in un luogo diverso da quello indicato nella precedente denuncia.[5]

Il detentore delle armi deve assicurare che il luogo di custodia offra adeguate garanzie di sicurezza.[5]

[1] Comma così sost. dall'art. 3, c. 1, lett. *d*), D.lgs. 10 ago. 2018, n. 104.

[2] Ai sensi dell'art 3, c. 3-*novies*, L. 43/2015 chiunque, a decorrere dalla data di entrata in vigore della L. 43/2015, detiene caricatori soggetti a denuncia ai sensi dell'art. 38, c. 1, secondo periodo, del testo unico di cui al R.D. 18 giu. 1931, n. 773, deve provvedere alla denuncia entro il 4 nov. 2015. Sono fatte salve le ipotesi di esclusione dall'obbligo di denuncia previste dal medesimo art. 38, c. 2.

[3] L'originario c. 4 è stato così sost. dagli attuali c. 4-6 dall'art. 3, c. 1, lett. *d*), D.lgs. 10 ago. 2018, n. 104.

[4] Ai sensi dell'art. 14, c. 3, D.lgs. 10 ago. 2018, n. 104, l'obbligo è assolto entro dodici mesi dalla data di entrata in vigore del D.lgs. 104/2018. Decorsi i dodici mesi è sempre possibile la presentazione del certificato nei 60 giorni successivi al ricevimento della diffida da parte dell'ufficio di pubblica sicurezza competente.

[5] Comma aggiunto dall'art. 3, D.lgs. 26 ott. 2010, n. 204.

39. Il prefetto ha facoltà di vietare la detenzione delle armi, munizioni e materie esplodenti, denunciate ai termini dell'articolo precedente, alle persone ritenute capaci di abusarne.

Nei casi d'urgenza gli ufficiali e gli agenti di pubblica sicurezza provvedono all'immediato ritiro cautelare dei materiali di cui al primo comma, dandone immediata comunicazione al prefetto. Quando sussistono le condizioni di cui al primo comma, con il provvedimento di divieto il prefetto assegna all'interessato un termine di 150 giorni per l'eventuale cessione a terzi dei materiali di cui al medesimo comma. Nello stesso termine l'interessato comunica al prefetto l'avvenuta cessione. Il provvedimento di divieto dispone, in caso di mancata cessione, la confisca dei materiali ai sensi dell'articolo 6, quinto comma, della legge 22 maggio 1975, n. 152.[1]

[1] Comma aggiunto dall'art. 1, c. 1, lett. *c*), D.lgs. 29 set. 2013, n. 121.

40. Il prefetto può, per ragioni di ordine pubblico, disporre, in qualunque tempo, che le armi, le munizioni e le materie esplodenti, di cui negli articoli precedenti, siano consegnate, per essere custodite in determinati depositi a cura dell'autorità di pubblica sicurezza o dell'autorità militare. (698 c.p.).

41. Gli ufficiali e gli agenti della polizia giudiziaria, che abbiano notizia, anche se per indizio, della esistenza, in qualsiasi locale pubblico o privato o in qualsiasi abitazione, di armi, munizioni o materie esplodenti, non denunciate o non consegnate o comunque abusivamente detenute, procedono immediatamente a perquisizione e sequestro (224 c.p.p.).

42. ....[1]

Il Questore ha facoltà di dare licenza per porto d'armi lunghe da fuoco e il Prefetto ha facoltà di concedere, in caso di dimostrato bisogno, licenza di portare rivoltelle o pistole di qualunque misura o bastoni animati la cui lama non abbia una lunghezza inferiore a centimetri 65. La licenza, la cui durata non sia diversamente stabilita dalla legge, ha validità annuale.[2]

Il provvedimento con cui viene rilasciata una licenza di porto d'armi ai sensi del presente articolo deve essere comunicato, a cura dell'interessato, ai conviventi maggiorenni, anche diversi dai familiari, compreso il convivente more uxorio, individuati dal regolamento e indicati dallo stesso interessato all'atto dell'istanza, secondo le modalità definite nel medesimo regolamento. In caso di violazione degli obblighi previsti in attuazione del presente comma, si applica la sanzione amministrativa da 2.000 euro a 10.000 euro. Può essere disposta, altresì, la revoca della licenza o del nulla osta alla detenzione.[3]

[1] Il primo e il secondo comma dell'art. 42 sono stati abrogati dall'art. 4 della L. 18 apr. 1975, n. 110.

[2] Comma così modif. dall'art. 13, c. 1 lett. *b*), del D.L. 9 feb. 2012, n. 5, conv. con modif. in L. 4 apr. 2012, n. 35.

[3] Comma aggiunto dall'art. 3 del D.lgs. 26 ott. 2010, n. 204.

43. Oltre a quanto è stabilito dall'art. 11, non può essere conceduta la licenza di portare armi:

a) a chi ha riportato condanna alla reclusione

per delitti non colposi contro le persone commessi con violenza, ovvero per furto, rapina, estorsione, sequestro di persona a scopo di rapina o di estorsione;

b) a chi ha riportato condanna a pena restrittiva della libertà personale per violenza o resistenza all'autorità o per delitti contro la personalità dello Stato o contro l'ordine pubblico;

c) a chi ha riportato condanna per diserzione in tempo di guerra, anche se amnistiato, o per porto abusivo di armi.

La licenza può essere ricusata ai soggetti di cui al primo comma qualora sia intervenuta la riabilitazione,[1] ai condannati per delitto diverso da quelli sopra menzionati e a chi non può provare la sua buona condotta[2] o non dà affidamento di non abusare delle armi.

[1] Parole ins. dall'art. 3, c. 1, lett. *e*), D.lgs. 10 ago. 2018, n. 104

[2] V. la nota all'art. 11.

44. Non può essere conceduta la licenza di porto d'armi al minore non emancipato.

È però in facoltà del prefetto di concedere la licenza per l'arma lunga da fuoco, per solo uso di caccia, al minore che abbia compiuto il sedicesimo anno di età, il quale presenti il consenso scritto di chi esercita la patria potestà o la tutela e dimostri di essere esperto nel maneggio delle armi.

45. Qualora si verifichino in qualche provincia o comune condizioni anormali di pubblica sicurezza, il prefetto può revocare, in tutto o in parte, con manifesto pubblico, le licenze di portare armi.

CAPO V

Della prevenzione di infortuni e disastri[1]

[1] V. Reg. artt. 81-110. L'art. 34 della L. 18 apr. 1975, n. 110 ha ora triplicato le pene previste dal T.U. P.S. per le contravvenzioni concernenti gli esplosivi ed elevato a 3 mesi la durata minima dell'arresto.

46. Senza licenza del ministro dell'interno è vietato fabbricare, tenere in deposito, vendere o trasportare dinamite e prodotti affini negli effetti esplosivi, fulminati, picrati, artifici contenenti miscele detonanti, ovvero elementi solidi e liquidi destinati alla composizione di esplosivi nel momento dell'impiego. È vietato altresì, senza licenza del ministro dell'interno, fabbricare polveri contenenti nitrocellulosa o nitroglicerina (678 c.p.).

47. Senza licenza del prefetto è vietato fabbricare, tenere in deposito, vendere o trasportare polveri piriche o qualsiasi altro esplosivo diverso da quelli indicati nell'articolo precedente, compresi i fuochi artificiali e i prodotti affini, ovvero materie e sostanze atte alla composizione o fabbricazione di prodotti esplodenti (678 c.p.).

È vietato altresì, senza licenza del prefetto, tenere in deposito, vendere o trasportare polveri senza fumo a base di nitrocellulosa o nitroglicerina.

48. Chi fabbrica o accende fuochi artificiali deve dimostrare la sua capacità tecnica.

49. Una commissione tecnica nominata dal prefetto determina le condizioni alle quali debbono soddisfare i locali destinati alla fabbricazione o al deposito di materie esplodenti.

Le spese per il funzionamento della commissione sono a carico di chi domanda la licenza.

50. Nel regolamento per l'esecuzione di questo T.U. saranno determinate le quantità e le qualità delle polveri e degli altri esplodenti che possono tenersi in casa o altrove o trasportarsi senza licenza; e sarà altresì stabilito per quale quantità di prodotti e delle materie indicate nell'art. 46 le licenze di deposito e di trasporto possono essere rilasciate dal prefetto.

51. Le licenze per la fabbricazione e per il deposito di esplodenti di qualsiasi specie sono permanenti; quelle per la vendita delle materie stesse hanno validità di tre anni dalla data del rilascio. Le une e le altre sono valide esclusivamente per i locali in esse indicati.[1]

Le licenze di trasporto possono essere permanenti o temporanee.

È consentita la rappresentanza (8).

[1] Comma così modif. dall'art. 13, c. 1 lett. *c*), del D.L. 9 feb. 2012, n. 5, conv. con modif. in L. 4 apr. 2012, n. 35.

52. Le licenze per l'impianto di opifici nei quali si fabbricano, si lavorano o si custodiscono materie esplodenti di qualsiasi specie, nonché quelle per il trasporto, per la importazione o per la vendita delle materie stesse non possono essere concedute senza le necessarie garanzie per la vita delle persone e per le proprietà, e sono vincolate all'assicurazione della vita degli operai e dei guardiani.

Oltre quanto è stabilito dall'art. 11, debbono essere negate le predette licenze alle persone che nel quinquennio precedente abbiano riportato condanna per delitto contro l'ordine pubblico, o la incolumità pubblica, ovvero per furto, rapina, estorsione, sequestro di persona a scopo di rapina o di estorsione o per omicidio, anche se colposo.

Le licenze stesse non possono essere concedute a coloro che non dimostrino la propria capacità tecnica.

53.[1] 1. È vietato fabbricare, tenere in casa o altrove, trasportare, immettere sul mercato, importare, esportare, trasferire, o vendere, anche negli stabilimenti, laboratori, depositi o spacci autorizzati, prodotti esplodenti che non siano stati riconosciuti e classificati dal Ministero dell'interno, sentito il parere di una commissione tecnica, ovvero che sono privi della marcatura CE e che non hanno superato la valutazione di conformità previsti dalle disposizioni di recepimento delle direttive comunitarie in materia di prodotti esplodenti.

2. Nel regolamento sono classificati nelle categorie e nei relativi gruppi, tutti i prodotti esplodenti

secondo la loro natura, composizione ed efficacia esplosiva.

3. L'iscrizione nell'allegato A al regolamento per l'esecuzione del presente testo unico dei prodotti nelle singole categorie è disposta con provvedimento del capo della polizia - direttore generale della pubblica sicurezza. Gli articoli pirotecnici marcati CE non necessitano dell'iscrizione di cui al presente comma.

4. Salvo che il fatto costituisca più grave reato, le violazioni di cui al comma 1 sono punite con la reclusione da sei mesi a tre anni e con la multa da 10.000 euro a 100.000 euro.

5. La pena di cui al comma 4 si applica anche nei casi in cui le condotte di cui al comma 1 sono riferibili a prodotti oggettivamente difformi dai modelli depositati o altrimenti riconosciuti, anche se recanti la marcatura «CE del tipo» ovvero gli estremi del provvedimento di riconoscimento del Ministero dell'interno.

[1] Articolo così sost. dall'art. 17, c. 1, D.lgs. 4 apr. 2010, n. 58 e successivamente modificato dal D.lgs. 25 set. 2012, n. 176.

54. Salvo il disposto dell'art. 28 per le munizioni da guerra, non possono introdursi nello Stato prodotti esplodenti di qualsiasi specie senza licenza del ministro dell'interno, da rilasciarsi volta per volta.

La licenza non può essere conceduta se l'esplosivo non sia stato già riconosciuto e classificato.

Queste disposizioni non si applicano rispetto agli esplosivi di transito, per i quali è sufficiente la licenza del prefetto della provincia per cui i prodotti entrano nello Stato.

55. Gli esercenti fabbriche, depositi o rivendite di esplodenti di qualsiasi specie sono obbligati a tenere un registro delle operazioni giornaliere, in cui saranno indicate le generalità delle persone con le quali le operazioni stesse sono compiute. Il registro è tenuto in formato elettronico, secondo le modalità definite nel regolamento.[1] I rivenditori di materie esplodenti devono altresì comunicare mensilmente all'ufficio di polizia competente per territorio le generalità delle persone e delle ditte che hanno acquistato munizioni ed esplosivi, la specie, i contrassegni e la quantità delle munizioni e degli esplosivi venduti e gli estremi dei titoli abilitativi all'acquisto esibiti dagli interessati.[2]

Tale registro deve essere esibito a ogni richiesta degli ufficiali od agenti di pubblica sicurezza e deve essere conservato per un periodo di cinquanta anni anche dopo la cessazione dell'attività.[3]

Alla cessazione dell'attività, i registri delle operazioni giornaliere, sia in formato cartaceo che elettronico, devono essere consegnati all'Autorità di pubblica sicurezza che aveva rilasciato la licenza, che ne curerà la conservazione per il periodo necessario. Le informazioni registrate nel sistema informatico di cui all'articolo 3 del decreto legislativo 25 gennaio 2010, n. 8, devono essere conservate per i 10 anni successivi alla cessazione dell'attività.[4]

È vietato vendere o in qualsiasi altro modo cedere materie esplodenti di I^a, II^a, III^a, IV^a e V^a categoria, gruppo A e gruppo B, a privati che non siano muniti di permesso di porto d'armi ovvero di nulla osta rilasciato dal questore, nonché materie esplodenti di V^a categoria, gruppo C, a privati che non siano maggiorenni e che non esibiscano un documento di identità in corso di validità. Il nulla osta non può essere rilasciato a minori; ha la validità di un mese ed è esente da ogni tributo. La domanda è redatta in carta libera.[5]

Il questore può subordinare il rilascio del nulla osta di cui al comma precedente alla presentazione di certificato del medico provinciale, o dell'ufficiale sanitario o di un medico militare, dal quale risulti che il richiedente non è affetto da malattie mentali oppure da vizi che ne diminuiscono, anche temporaneamente, la capacità di intendere e di volere.[5]

Il contravventore è punito con l'arresto da tre mesi ad un anno e con l'ammenda non inferiore a euro 129.[5]

Gli obblighi di registrazione delle operazioni giornaliere e di comunicazione mensile all'ufficio di polizia competente per territorio non si applicano alle materie esplodenti di V^a categoria, gruppo D e gruppo E.[6]

L'acquirente o cessionario di materie esplodenti in violazione delle norme del presente articolo è punito con l'arresto sino a sei mesi e con l'ammenda sino a euro 129.[5]

[1] Periodo aggiunto dall'art. 3, D.lgs. 26 ott. 2010, n. 204.
[2] Periodo aggiunto dall'art. 12, D.L. 8 giu. 1992, n. 306, conv. con modif. in L. 7 ago. 1992, n. 356.
[3] Comma modif. dall'art. 3, D.lgs. 26 ott. 2010, n. 204.
[4] Comma aggiunto dall'art. 3, D.lgs. 26 ott. 2010, n. 204 è così modif. dall'art. 16, c. 4, D.lgs. 19 mag. 2016, n. 81, a decorrere dal 26 mag. 2016.
[5] Commi così sost. ai precedenti 3° e 4° c. dal D.L. 22 nov. 1956, n. 1274. Le stesse disposizioni si applicano anche nel caso di cessione tra privati (art. 4 D.L. *cit.*). Le pene sono ora triplicate: v. nota al Capo V. V. altresì la nota all'art. 15.
[6] Comma aggiunto dall'art. 9, L. 25 gen. 2006, n. 29.

56. L'autorità di pubblica sicurezza ha facoltà di ordinare la distruzione o la rimozione degli esplosivi che si trovano nelle fabbriche, nei depositi e nei magazzini di vendita, quando essi possono costituire un pericolo per l'incolumità pubblica o per l'ordine pubblico.

57. Senza licenza dell'autorità locale di pubblica sicurezza non possono spararsi armi da fuoco né lanciarsi razzi, accendersi fuochi di artificio, innalzarsi aerostati con fiamme, o in genere farsi esplosioni o accensioni pericolose in un luogo abitato o nelle sue adiacenze o lungo una via pubblica o in direzione di essa.

È vietato sparare mortaretti e simili apparecchi (420, 435, 703 c.p.).

La licenza è altresì richiesta per l'apertura o la gestione di campi di tiro o poligoni privati.[1]

Il sindaco deve essere, comunque, sentito per gli aspetti di competenza dell'ente locale, quando non è lo stesso a rilasciare la licenza.[1]

Nel regolamento sono definite le modalità di attuazione del presente comma e la relativa disciplina transitoria.[1]

[1] Comma aggiunto dall'art. 3 del D.lgs. 26 ott. 2010, n. 204.

58. È vietato l'impiego di gas tossici a chi non abbia ottenuto la preventiva autorizzazione.[1]

Il contravventore è punito con l'arresto fino a tre mesi e con l'ammenda fino a euro 206, se il fatto non costituisce un più grave reato.[2]

Le prescrizioni da osservarsi nell'impiego dei gas predetti sono determinate dal regolamento.[3]

[1] Tale autorizzazione è demandata al Prefetto che provvede, sentita la Commissione di cui all'art. 39 D.P.R. 10 giu. 1955, n. 854. V. art. 33 dello stesso D. (G.U. 29 set. 1955, n. 225).

[2] Le pene sono così ora triplicate: v. nota al Capo V.

[3] V. Reg. 9 gen. 1927, n. 147, per l'impiego di gas tossici, modif. con D.P. 10 giu. 1955, n. 854: D.M. 6 feb. 1935, con l'elenco dei gas tossici, modif. con D.M. 18 feb. 1939, con D.M. 10 gen. 1942, con D.M. 14 mar. 1961 e da ultimo con D.M. 29 gen. 1978.

59. È vietato di dar fuoco nei campi e nei boschi alle stoppie fuori del tempo e senza le condizioni stabilite dai regolamenti locali e a una distanza minore di quella in essi determinata.

In mancanza di regolamenti è vietato di dare fuoco nei campi o nei boschi alle stoppie prima del 15 agosto e ad una distanza minore di cento metri dalle case, dagli edifici, dai boschi, dalle piantagioni, dalle siepi, dai mucchi di biada, di paglia, di fieno, di foraggio e da qualsiasi altro deposito di materia infiammabile o combustibile.

Anche quando è stato acceso il fuoco nel tempo e nei modi ed alla distanza suindicati, devono essere adottate le cautele necessarie a difesa delle proprietà altrui, e chi ha acceso il fuoco deve assistere di persona e col numero occorrente di persone fino a quando il fuoco sia spento (423, 449 c.p.).

60.[1]

[1] Articolo abrog. dall'art. 20, D.P.R. 30 apr. 1999, n. 162.

61. L'autorità locale di pubblica sicurezza, d'accordo con l'autorità comunale, può prescrivere che nelle ore di notte non si lasci aperto nelle case più di un accesso sulla pubblica via; che tale accesso sia illuminato fino a una data ora, e nelle altre resti chiuso se manca il custode (67).

Il contravventore è punito con l'ammenda fino a euro 51.[1]

[1] Ora sanzione amministrativa ai sensi della L. 24 nov. 1981, n. 689. L'entità della sanzione è stata aggiornata, nel testo, a' sensi dell'art. 114, L. *cit.*

62. I portieri di case di abitazione o di albergo, i custodi di magazzini, stabilimenti di qualsiasi specie, uffici e simili, quando non rivestono la qualità di guardia particolare giurata, devono ottenere l'iscrizione in apposito registro presso l'autorità locale di pubblica sicurezza.

L'iscrizione deve essere rinnovata ogni anno. È rifiutata o revocata a chi non risulta di buona condotta od è sfornito della carta di identità.[1]

Il contravventore all'obbligo stabilito dalla prima parte di questo articolo è punito con l'arresto da uno a tre mesi e con l'ammenda da euro 103 a euro 516.[2,3]

I proprietari o gli amministratori delle case, alberghi, magazzini, stabilimenti o uffici sopra indicati, e coloro che ne rispondono a qualsiasi titolo, qualora adibiscano o tengano al servizio di portiere o custode chi non è iscritto nel registro dell'autorità locale di pubblica sicurezza, sono puniti con l'ammenda da euro 206 a euro 619.[2] (Reg. 111-114).

[1] V. art. 3 del T.U. e artt. 288-294 del Reg. di p.s. Articolo abrogato dall'art. 1, c. 3 della L. 24 nov. 2000, n. 340 "limitatamente alla parte che disciplina i procedimenti ivi indicati".

[2] V. la nota all'art. 61.

[3] Per la contravvenzione di competenza del giudice di pace prevista da questo comma si applica la pena pecuniaria dell'ammenda da euro 774 a euro 2582 o la pena della permanenza domiciliare da 20 giorni a 45 giorni ovvero la pena del lavoro di pubblica utilità da un mese a sei mesi, ai sensi dell'art. 52, c. 2, lett. *c*), del D.lgs. 28 ago. 2000, n. 274.

CAPO VI
Delle industrie pericolose e dei mestieri rumorosi e incomodi

63. Salvo quanto sarà disposto con legge speciale circa l'impianto e l'esercizio dei depositi di olii minerali, loro derivati e residui, sarà provveduto con regolamento speciale da approvarsi con decreto del ministro dell'interno, alla classificazione delle sostanze che presentano pericolo di scoppio o di incendio e saranno stabilite le norme da osservarsi per l'impianto e l'esercizio dei relativi opifici, stabilimenti e depositi, e per il trasporto di tali sostanze, compresi gli olii minerali, loro derivati e residui.

64. Salvo quanto è stabilito dall'articolo precedente, le manifatture, le fabbriche e i depositi di materie insalubri o pericolose possono essere impiantati ed esercitati soltanto nei luoghi e con le condizioni determinate dai regolamenti locali.

In mancanza di regolamenti il sindaco provvede sulla domanda degli interessati.

Gli interessati possono ricorrere al prefetto che provvede, sentito il consiglio provinciale sanitario, e, se occorre, l'ufficio del genio civile (67).

65. Il prefetto, sentito il parere del consiglio provinciale sanitario o dell'ufficio del genio civile, può, anche in mancanza di ricorso, annullare il provvedimento del sindaco che ritenga contrario alla sanità o alla sicurezza pubblica (67).

66. .... [1]

[1] Articolo abrog. dall'art. 13, D.lgs. 13 lug. 1994, n. 480.

67. I provvedimenti del prefetto rispetto alle materie indicate negli artt. 60, 61, 62, 64 e 65 sono definitivi.

TITOLO III
Disposizioni relative agli spettacoli, esercizi pubblici, agenzie, tipografie, affissioni, mestieri girovaghi, operai e domestici

CAPO I
Degli spettacoli e trattenimenti pubblici

68. Senza licenza del Questore non si possono dare in luogo pubblico o aperto o esposto, al pubblico [...][1], accademie, feste da ballo,[2] corse di cavalli, né altri simili spettacoli o trattenimenti, e non si possono aprire o esercitare circoli, scuole di ballo e sale pubbliche di audizione (666 c.p.).[3] Per eventi fino ad un massimo di 200 partecipanti e che si svolgono entro le ore 24 del giorno di inizio, la licenza è sostituita dalla segnalazione certificata di inizio attività di cui all'articolo 19 della legge 7 agosto 1990, n. 241, e successive modificazioni, presentata allo sportello unico per le attività produttive o ufficio analogo.[4]

Per le gare di velocità di autoveicoli e per le gare aeronautiche si applicano le disposizioni delle leggi speciali.

[1] Le parole fra parentesi quadre sono abrogate, ex art. 164 D.lgs. 31 mar. 1998, n. 112.

[2] La Corte cost., con sent. 15 dic. 1967, n. 142, ha dichiarato la illegittimità cost. dell'art. 68 del T.U. di P.S. «nella parte in cui vieta di dare feste da ballo in luogo esposto al pubblico, senza la licenza del questore, in riferimento all'art. 17 della Costituzione».

[3] La Corte cost., con sent. 8 lug. 1957, n. 121, ha stabilito: «Per il rispetto dell'art. 21 della Costituzione, l'autorità di P.S. non potrà, in base all'art. 68 del T.U. di P.S., esercitare censure e controlli sul contenuto delle opere teatrali o cinematografiche, ma potrà valutare, anche tenendo presente tale contenuto, se in particolari condizioni di tempo, di luogo e di ambiente, la pubblica rappresentazione possa provocare pericoli».

[4] Periodo aggiunto dall'art. 7, c. 8-bis, lett. *a*), D.L. 8 ago. 2013, n. 91, conv. in L. 7 ott. 2013, n. 112.

69. Senza licenza dell'autorità locale di pubblica sicurezza è vietato dare, anche temporaneamente, per mestiere, pubblici trattenimenti, esporre alla pubblica vista rarità, persone, animali, gabinetti ottici o altri oggetti di curiosità, ovvero dare audizioni all'aperto. Per eventi fino ad un massimo di 200 partecipanti e che si svolgono entro le ore 24 del giorno di inizio, la licenza è sostituita dalla segnalazione certificata di inizio attività di cui all'articolo 19 della legge n. 241 del 1990, presentata allo sportello unico per le attività produttive o ufficio analogo.[1]

[1] Periodo aggiunto dall'art. 7, c. 8-bis, lett. *b*), D.L. 8 ago. 2013, n. 91, conv. in L. 7 ott. 2013, n. 112.

70. .... [1]

[1] Articolo abrog. dall'art. 15, D.lgs. 13 lug. 1994, n. 480.

71. Le licenze e le segnalazioni certificate di inizio attività, di cui negli articoli precedenti, sono valide solamente per il locale e per il tempo in esse indicati.[1]

[1] Comma così modif. dall'art. 7, c. 8-bis, lett. *c*), D.L. 8 ago. 2013, n. 91, conv. in L. 7 ott. 2013, n. 112.

72. .... [1]

[1] Articolo abrog. dall'art. 164, D.lgs. 31 mar. 1998, n. 112.

73. .... [1]

[1] Articolo abrog. dall'art. 15, D.lgs. 13 lug. 1994, n. 480.

74-75. .... [1]

[1] Articoli abrog. dall'art. 164, D.lgs. 31 mar. 1998, n. 112.

75-*bis*.[1] Chiunque intenda esercitare, a fini di lucro, attività di produzione, di duplicazione, di riproduzione, di vendita, di noleggio o di cessione a qualsiasi titolo di nastri, dischi, videocassette o altro supporto contenente fonogrammi o videogrammi di opere cinematografiche o audiovisive o sequenze di immagini in movimento, ovvero intenda detenere tali oggetti ai fini dello svolgimento delle attività anzidette, deve darne preventivo avviso al questore che ne rilascia ricevuta, attestando l'eseguita iscrizione in apposito registro.

[1] Articolo inserito dall'art. 8, c. 2, della L. 18 ago. 2000, n. 248 e così modif. dall'art. 13, c. 1, lett. *d*) del D.L. 9 feb. 2012, n. 5, conv. con modif. in L. 4 apr. 2012, n. 35.

76. .... [1]

[1] Articolo abrog. dall'art. 164, D.lgs. 31 mar. 1998, n. 112.

77-78. .... [1]

[1] Articoli abrog. dall'art. 13, D.lgs. 7 dic. 2017, n. 203.

79. .... [1]

[1] Articolo abrog. dall'art. 25 L. 26 apr. 1934, n. 653.

80. L'autorità di pubblica sicurezza non può concedere la licenza per la apertura di un teatro o di un luogo di pubblico spettacolo, prima di aver fatto verificare da una commissione tecnica la solidità e la sicurezza dell'edificio e l'esistenza di uscite pienamente adatte a sgombrarlo prontamente nel caso di incendio (131).[1]

Le spese dell'ispezione e quelle per i servizi di prevenzione contro gli incendi sono a carico di chi domanda la licenza.

[1] V. ora artt. 31-34 della L. 4 nov. 1965, n. 1213, sulla cinematografia.

81. L'autorità di pubblica sicurezza deve assistere per mezzo dei suoi ufficiali o agenti ad ogni rappresentazione, dal principio alla fine, per vigilare nell'interesse dell'ordine, della sicurezza pubblica, della morale e del buon costume. Essa ha diritto, a spese del concessionario, ad un palco, o, in mancanza di palchi, ad un posto distinto, dal quale possa attendere agevolmente all'esercizio delle sue funzioni.[1]

[1] L'articolo 164 del D.lgs. 31 mar. 1998, n. 112 ha abrog. le disposizioni in materia di attestazione dell'attività di fabbricazione e commercio di pellicole cinematografiche.

82. Nel caso di tumulto o di disordini o di pericolo per la incolumità pubblica o di offese alla morale o al buon costume, gli ufficiali o gli agenti di pubblica sicurezza ordinano la sospensione o la cessazione dello spettacolo e, se occorre, lo sgombero del locale.

Qualora il disordine avvenga per colpa di chi dà o fa dare lo spettacolo, gli ufficiali o gli agenti possono ordinare che sia restituito agli spettatori il prezzo d'ingresso.

83. Non possono sospendersi o variarsi gli spettacoli già incominciati senza il consenso dell'ufficiale di pubblica sicurezza che vi assiste.[1]

[1] L'articolo 164 del D.lgs. 31 mar. 1998, n. 112 ha abrog. le disposizioni in materia di attestazione dell'attività di fabbricazione e commercio di pellicole cinematografiche.

84. .... [1]

[1] Articolo abrog. dall'art. 6, D.P.R. 28 mag. 2001, n. 311.

85. È vietato comparire mascherato in luogo pubblico.

Il contravventore è punito con l'ammenda da euro 10 a euro 103.

È vietato l'uso della maschera nei teatri e negli altri luoghi aperti al pubblico, tranne nelle epoche e con l'osservanza delle condizioni che possono essere stabilite dall'autorità locale di pubblica sicurezza con apposito manifesto.

.... [1]

[1] Comma abrog. dall'art. 9, L. 13 dic. 1989, n. 401.

85-*bis*. 1. È vietato introdurre, installare o comunque utilizzare abusivamente nei luoghi di pubblico spettacolo, dispositivi od apparati che consentono la registrazione, la riproduzione, la trasmissione o comunque la fissazione su supporto audio, video od audiovideo, in tutto od in parte, delle opere dell'ingegno che vengono ivi realizzate o diffuse.

2. Il concessionario od il direttore del luogo di pubblico spettacolo deve dare avviso del divieto di cui al primo comma mediante affissione, all'interno del luogo ove avviene la rappresentazione, di un numero idoneo di cartelli che risultino ben visibili a tutto il pubblico. L'installazione di sistemi di videosorveglianza all'interno della sala destinata al pubblico spettacolo da parte dei soggetti di cui al periodo precedente deve essere autorizzata dal Garante per la protezione dei dati personali, nel rispetto della disciplina vigente in materia di protezione dei dati personali di cui al regolamento (UE) 2016/679 del Parlamento europeo e del Consiglio, del 27 aprile 2016, anche con provvedimento di carattere generale ai sensi dell'articolo 2-*quinquiesdecies* del codice di cui al decreto legislativo 30 giugno 2003, n. 196. In ogni caso, tale autorizzazione può essere concessa esclusivamente al fine di individuare chi abusivamente registra in locali di pubblico spettacolo, in tutto o in parte, un'opera cinematografica o audiovisiva, con le modalità di cui al comma 1, dandone avviso e comunicazione adeguata agli utenti. I dati acquisiti per effetto della citata autorizzazione sono criptati e conservati per un periodo massimo di trenta giorni, decorrenti dalla data della registrazione, con modalità atte a garantirne la sicurezza e la protezione da accessi abusivi. Decorso il termine di cui al periodo precedente i dati devono essere distrutti. L'accesso alle registrazioni dei sistemi di cui al presente comma è vietato, salva la loro acquisizione su iniziativa della polizia giudiziaria o del pubblico ministero.[1]

3. Restano comunque ferme le norme poste a tutela dei diritti di autore, in conformità alle leggi speciali che regolamentano la materia.

[1] Comma così modif. dall'art. 3, c. 4-*ter*, D.L. 28 giu. 2019, n. 59, conv. con modif. in L. 8 ago. 2019, n. 81.

CAPO II

Degli esercizi pubblici[1]

[1] V. Reg. artt. 152-196 e 665 c.p.

86. Non possono esercitarsi, senza licenza del questore, alberghi, compresi quelli diurni, locande, pensioni, trattorie, osterie, caffè o altri esercizi in cui si vendono al minuto o si consumano vino, birra, liquori od altre bevande anche non alcooliche, né sale pubbliche per biliardi o per altri giuochi leciti o stabilimenti di bagni, ovvero locali di stallaggio e simili.

Per la somministrazione di bevande alcooliche presso enti collettivi o circoli privati di qualunque specie, anche se la vendita o il consumo siano limitati ai soli soci, è necessaria la comunicazione al questore e si applicano i medesimi poteri di controllo degli ufficiali e agenti di pubblica sicurezza previsti per le attività di cui al primo comma.[1]

[...][2]

Relativamente agli apparecchi e congegni automatici, semiautomatici ed elettronici di cui all'articolo 110, commi 6 e 7, la licenza è altresì necessaria:

a) per l'attività di produzione o di importazione;

b) per l'attività di distribuzione e di gestione, anche indiretta;

c) per l'installazione in esercizi commerciali o pubblici diversi da quelli già in possesso di altre licenze di cui al primo o secondo comma o di cui all'articolo 88 ovvero per l'installazione in altre aree aperte al pubblico od in circoli privati.

[1] Comma aggiunto dall'art. 2-*bis*, c. 1, D.L. 20 giu. 2012, n. 79, conv. con modif. in L. 7 ago. 2012, n. 131.

[2] Comma abrog. dall'art. 13, c. 1, lett. *g*), D.L. 9 feb. 2012, n. 5, conv. con modif. in L. 4 apr. 2012, n. 35.

87. È vietata la vendita ambulante di bevande alcooliche di qualsiasi gradazione.

88.[1] La licenza per l'esercizio delle scommesse può essere concessa esclusivamente a soggetti concessionari o autorizzati da parte di Ministeri o di altri enti ai quali la legge riserva la facoltà di organizzazione e gestione delle scommesse, nonché a soggetti incaricati dal concessionari o dal titolare di autorizzazione in forza della stessa concessione o autorizzazione.

[1] Articolo così sost. dall'art. 37, c. 4, della L. 23 dic. 2000, n. 388.

89-91. ....[1]

[1] Articoli abrog. dall'art. 1, L. 14 ott. 1974, n. 524.

92. Oltre a quanto è preveduto dall'art. 11, la licenza di esercizio pubblico e l'autorizzazione di cui all'art. 89 non possono essere date a chi sia stato condannato per reati contro la moralità pubblica e il buon costume, o contro la sanità pubblica o per giuochi d'azzardo, o per delitti commessi in istato di ubriachezza o per contravvenzioni concernenti la prevenzione dell'alcoolismo, o per infrazioni alla legge sul lotto, o per abuso di sostanze stupefacenti.

93.[1] Si può condurre l'esercizio per mezzo di rappresentante.

[1] Articolo modif. dall'art. 6, D.P.R. 28 mag. 2001, n. 311.

94. ....[1]

[1] Articolo abrog. dall'art. 6, D.P.R. 28 mag. 2001, n. 311.

95-98. ....[1]

[1] Articoli abrog. dall'art. 1, L. 14 ott. 1974, n. 524.

99. Nel caso di chiusura dell'esercizio per un tempo superiore ai trenta giorni, senza che sia dato avviso all'autorità locale di pubblica sicurezza, la licenza è revocata.[1]

La licenza è, altresì, revocata nel caso in cui sia decorso il termine di chiusura comunicato all'autorità di pubblica sicurezza, senza che l'esercizio sia stato riaperto.

Tale termine non può essere superiore a tre mesi, salvo il caso di forza maggiore.

[1] Comma modif. dall'art. 13, c. 1 lett. *e*), D.L. 9 feb. 2012, n. 5, conv. con modif. in L. 4 apr. 2012, n. 35.

100. Oltre i casi indicati dalla legge, il questore può sospendere la licenza di un esercizio, anche di vicinato, nel quale siano avvenuti tumulti o gravi disordini, o che sia abituale ritrovo di persone pregiudicate o pericolose o che, comunque, costituisca un pericolo per l'ordine pubblico, per la moralità pubblica e il buon costume o per la sicurezza dei cittadini.[1,2]

Qualora si ripetano i fatti che hanno determinata la sospensione la licenza può essere revocata.

[1] In tema di durata della sospensione v. art. 9 della L. 25 ago. 1991, n. 287.

[2] Comma così modif. dall'art. 12-*bis*, D.L. 20 feb. 2017, n. 14, conv. con modif. in L. 18 apr. 2017, n. 48.

101. È vietato di adibire il locale di un pubblico esercizio a ufficio di collocamento o di pagamento delle mercedi agli operai.

....[1]

[1] Il 2° e 3° comma sono stati abrogati dalla L. 26 apr. 1934, n. 653, sulla tutela del lavoro delle donne e dei fanciulli.

102-103. ....[1]

[1] Articoli abrog. dall'art. 6, D.P.R. 28 mag. 2001, n. 311.

104. È vietato corrispondere in tutto o in parte, mercedi o salari in bevande alcooliche di qualsiasi specie.

105. Sono vietate la fabbricazione, la importazione nello Stato, la vendita in qualsiasi quantità ed il deposito per la vendita del liquore denominato in commercio "assenzio".

Salvo quanto è stabilito dalle leggi sanitarie, sono esclusi da tale proibizione le bevande che, avendo un contenuto alcoolico inferiore al 21% del volume, contengono infuso di assenzio come sostanza aromatica.

106. Con decreto del Presidente della Repubblica, su proposta dei ministri della Sanità e delle finanze, e sentito il parere del consiglio superiore di sanità, sarà provveduto alla formazione e alla pubblicazione dell'elenco delle sostanze ed essenze nocive alla salute, che è vietato adoperare, o che si possono adoperare soltanto in determinate proporzioni, nella preparazione delle bevande alcooliche.

Tale elenco deve essere riveduto ogni biennio.

107.[1]

[1] Articolo abrog. dall'art. 13, c. 1, lett. g), D.L. 9 feb. 2012, n. 5, conv. con modif. in L. 4 apr. 2012, n. 35.

108.[1] Il questore, di sua iniziativa o su proposta dell'autorità locale, può vietare, in qualsiasi tempo, l'esercizio delle attività indicate in questo articolo se il dichiarante sia nel novero delle persone di cui all'art. 92 o se abbia ragione di ritenere che nel locale si eserciti o si intenda esercitare la prostituzione clandestina o il giuoco d'azzardo, o si faccia uso di sostanze stupefacenti (665 c.p.; 131).

[1] Articolo così modif. dall'art. 6, D.P.R. 28 mag. 2001, n. 311.

109.[1] — I gestori di esercizi alberghieri e di altre strutture ricettive, comprese quelle che forniscono alloggio in tende, *roulotte*, nonché i proprietari o gestori di case e di appartamenti per vacanze e gli affittacamere, ivi compresi i gestori di strutture di accoglienza non convenzionali, ad eccezione dei rifugi alpini inclusi in apposito elenco istituito dalla regione o dalla provincia autonoma, possono dare alloggio esclusivamente a persone munite della carta d'identità o di altro documento idoneo ad attestarne l'identità secondo le norme vigenti.

2. Per gli stranieri extracomunitari è sufficienti

l'esibizione del passaporto o di altro documento che sia considerato ad esso equivalente in forza di accordi internazionali, purché munito della fotografia del titolare.

3. Entro le ventiquattro ore successive all'arrivo, e comunque entro le sei ore successive all'arrivo nel caso di soggiorni non superiori alle ventiquattro ore,[2] i soggetti di cui al comma 1 comunicano alle questure territorialmente competenti, avvalendosi di mezzi informatici o telematici o mediante fax, le generalità delle persone alloggiate, secondo modalità stabilite con decreto del Ministro dell'interno, sentito il Garante per la protezione dei dati personali.

[1] Articolo così sost. dall'art. 8, L. 29 mar. 2001, n. 135. Ai sensi dell'art. 19*bis*, c. 1, D.L. 4 ott. 2018, n. 113, conv. in L. 1 dic. 2018, n. 132, l'articolo si interpreta nel senso che gli obblighi in esso previsti si applicano anche con riguardo ai locatori o sublocatori che locano immobili o parti di essi con contratti di durata inferiore a trenta giorni.

[2] Parole ins. dall'art. 5, D.L. 14 giu. 2019, n. 53, conv. con modif. in L. 8 ago. 2019, n. 77. La disposizione entra in vigore il novantesimo giorno successivo alla data della pubblicazione del decreto di cui all'art. 5, c. 1-*bis*, D.L. 53/2019, nella *Gazzetta Ufficiale*.

110. — In tutte le sale da biliardo o da gioco e negli altri esercizi, compresi i circoli privati, autorizzati alla pratica del gioco o alla installazione di apparecchi da gioco è esposta in luogo visibile una tabella, predisposta ed approvata dal questore e vidimata dalle autorità competenti al rilascio della licenza, nella quale sono indicati, oltre ai giochi d'azzardo, anche quelli che lo stesso questore ritenga di vietare nel pubblico interesse, nonché le prescrizioni ed i divieti specifici che ritenga di disporre. Nelle sale da biliardo deve essere, altresì, esposto in modo visibile il costo della singola partita ovvero quello orario.

2. Nella tabella di cui al comma 1 è fatta espressa menzione del divieto delle scommesse.

3. L'installazione degli apparecchi di cui ai commi 6 e 7 è consentita esclusivamente negli esercizi commerciali o pubblici o nelle aree aperte al pubblico ovvero nei circoli privati ed associazioni autorizzati ai sensi degli artt. 86 o 88 ovvero, limitatamente agli apparecchi di cui al comma 7, alle attività di spettacolo viaggiante autorizzate ai sensi dell'art. 69, nel rispetto delle prescrizioni tecniche ed amministrative vigenti.

4. L'installazione e l'uso di apparecchi e congegni automatici, semiautomatici ed elettronici da gioco d'azzardo sono vietati nei luoghi pubblici o aperti al pubblico e nei circoli ed associazioni di qualunque specie.

5. Si considerano apparecchi e congegni automatici, semiautomatici ed elettronici per il gioco d'azzardo quelli che hanno insita la scommessa o che consentono vincite puramente aleatorie di un qualsiasi premio in denaro o in natura o vincite di valore superiore ai limiti fissati al comma 6, escluse le macchine vidimatrici per i giochi gestiti dallo Stato e gli apparecchi di cui al comma 6.

6. Si considerano apparecchi idonei per il gioco lecito:

a) quelli che dotati di attestato di conformità alle disposizioni vigenti rilasciato dal Ministero dell'economia e delle finanze - Amministrazione autonoma dei Monopoli di Stato e obbligatoriamente collegati alla rete telematica di cui all'art. 14 *bis*, comma 4, del decreto del Presidente della Repubblica 26 ottobre 1972, n. 640, e successive modificazioni, si attivano con l'introduzione di moneta metallica ovvero con appositi strumenti di pagamento elettronico definiti con provvedimenti del Ministero dell'economia e delle finanze - Amministrazione autonoma dei monopoli di Stato, nei quali insieme con l'elemento aleatorio sono presenti anche elementi di abilità, che consentono al giocatore la possibilità di scegliere, all'avvio o nel corso della partita, la propria strategia, selezionando appositamente le opzioni di gara ritenute più favorevoli tra quelle proposte dal gioco il costo della partita non supera 1 euro, la durata minima della partita è di quattro secondi e che distribuiscono vincite in denaro, ciascuna comunque di valore non superiore a 100 euro, erogate dalla macchina. Le vincite, computate dall'apparecchio in modo non predeterminabile su un ciclo complessivo di non più di 140.000 partite, devono risultare non inferiori al 75 per cento delle somme giocate. In ogni caso tali apparecchi non possono riprodurre il gioco del poker o comunque le sue regole fondamentali;

a-bis) con provvedimento del Ministero dell'Economia e delle finanze - Amministrazione autonoma dei Monopoli di Stato può essere prevista la verifica dei singoli apparecchi di cui alla lettera *a*);

b) quelli, facenti parte della rete telematica di cui all'art. 14 *bis*, comma 4, del decreto del Presidente della Repubblica 26 ottobre 1972, n. 640, e successive modificazioni, che si attivano esclusivamente in presenza di un collegamento ad un sistema di elaborazione della rete stessa. Per tali apparecchi, con regolamento del Ministro dell'economia e delle finanze di concerto con il Ministro dell'interno, da adottare ai sensi dell'art. 17, comma 3, della legge 23 agosto 1988, n. 400, sono definiti, tenendo conto delle specifiche condizioni di mercato:

1) il costo e le modalità di pagamento di ciascuna partita;

2) la percentuale minima della raccolta da destinare a vincite;

3) l'importo massimo e le modalità di riscossione delle vincite;

4) le specifiche di immodificabilità e di sicurezza, riferite anche al sistema di elaborazione a cui tali apparecchi sono connessi;

5) le soluzioni di responsabilizzazione del giocatore da adottare sugli apparecchi;

6) le tipologie e le caratteristiche degli esercizi pubblici e degli altri punti autorizzati alla raccolta

di giochi nei quali possono essere installati gli apparecchi di cui alla presente lettera.

7. Si considerano, altresì, apparecchi e congegni per il gioco lecito:

a) quelli elettromeccanici privi di monitor attraverso i quali il giocatore esprime la sua abilità fisica, mentale o strategica, attivabili unicamente con l'introduzione di monete metalliche, di valore complessivo non superiore, per ciascuna partita, a un euro, che distribuiscono, direttamente e immediatamente dopo la conclusione della partita, premi consistenti in prodotti di piccola oggettistica, non convertibili in denaro o scambiabili con premi di diversa specie. In tal caso il valore complessivo di ogni premio non è superiore a venti volte il costo della partita;

b) (*abrogata*);

c) quelli, basati sulla sola abilità fisica, mentale o strategica, che non distribuiscono premi, per i quali la durata della partita può variare in relazione all'abilità del giocatore e il costo della singola partita può essere superiore a 50 centesimi di euro;

c-bis) quelli, meccanici ed elettromeccanici differenti dagli apparecchi di cui alle lettere *a*) e *c*), attivabili con moneta, con gettone ovvero con altri strumenti elettronici di pagamento e che possono distribuire tagliandi direttamente e immediatamente dopo la conclusione della partita;[1]

c-ter) quelli, meccanici ed elettromeccanici, per i quali l'accesso al gioco è regolato senza introduzione di denaro ma con utilizzo a tempo o a scopo.[1]

7.1. Con provvedimento del direttore generale dell'Agenzia delle dogane e dei monopoli, da adottare entro il 15 novembre di ogni anno, sono individuati gli apparecchi meccanici ed elettromeccanici di cui alla lettera *c-bis*) del comma 7 che non distribuiscono tagliandi e di cui alla lettera *c-ter*) dello stesso comma, basati sulla sola abilità, fisica, mentale o strategica, o che riproducono esclusivamente audio e video o siano privi di interazione con il giocatore, ai quali non si applicano le disposizioni di cui all'articolo 38, commi 3 e 4, della legge 23 dicembre 2000, n. 388. Per tali apparecchi resta fermo, comunque, l'obbligo di versamento dell'imposta sugli intrattenimenti di cui all'articolo 14-*bis*, comma 5, del decreto del Presidente della Repubblica 26 ottobre 1972, n. 640. A tal fine, con il decreto del Ministro dell'economia e delle finanze di cui al comma 7-*ter*, sono previsti specifici obblighi dichiarativi.[2]

7-*bis*. Gli apparecchi e congegni di cui al comma 7 non possono riprodurre il gioco del poker o, comunque, anche in parte, le sue regole fondamentali nonché tutti i giochi che, per modalità similari con quelle consentite ai sensi del comma 6, possano indurre una medesima aspettativa di vincita. Per gli apparecchi a congegno di cui alla lettera *b*) dello stesso comma e per i quali entro il 31 dicembre 2003 è stato rilasciato il nulla osta di cui all'art. 14-*bis*, comma 1, del decreto del Presidente della Repubblica 26 ottobre 1972, n. 640, e successive modificazioni, tale disposizione si applica dal 1° maggio 2004.[3]

7-*ter*. Con decreto del Ministro dell'economia e delle finanze è determinata la base imponibile forfetaria dell'imposta sugli intrattenimenti di cui all'articolo 14-bis, comma 5, del decreto del Presidente della Repubblica 26 ottobre 1972, n. 640, e con provvedimento del direttore dell'Agenzia delle dogane e dei monopoli, da emanare entro nove mesi dalla data di entrata in vigore della presente disposizione, al fine di garantire la prevenzione dei rischi connessi al gioco d'azzardo sono definite le regole tecniche finalizzate alla produzione degli apparecchi di cui al comma 7 nonché la regolamentazione amministrativa dei medesimi, ivi compresi i parametri numerici di apparecchi installabili nei punti di offerta, così come definiti dalla normativa vigente.[4]

7-*quater*. Gli apparecchi di cui al comma 7 non sono utilizzabili per manifestazioni a premio disciplinate dal regolamento di cui al decreto del Presidente della Repubblica 26 ottobre 2001, n. 430; i premi ammissibili sono soltanto oggetti di modico valore ovvero tagliandi, le cui regole tecniche sono definite con il decreto di cui al comma 7-*ter*, utilizzabili esclusivamente, anche in forma cumulata, per l'acquisizione di premi di modico valore non convertibili in alcun modo in denaro o per nuove partecipazioni al gioco all'interno del medesimo punto di vendita.[3]

7-*quinquies*.[5]

8-8 *bis*.[6]

9. In materia di apparecchi e congegni da intrattenimento di cui ai commi 6 e 7, si applicano le seguenti sanzioni:

a) chiunque produce od importa, per destinarli all'uso sul territorio nazionale, apparecchi e congegni di cui ai commi 6 e 7 non rispondenti alle caratteristiche ed alle prescrizioni indicate nei commi 6 o 7 e nelle disposizioni di legge ed amministrative attuative di detti commi, è punito con la sanzione amministrativa pecuniaria da 1.000 a 6.000 euro per ciascun apparecchio;

b) chiunque produce od importa, per destinarli all'uso sul territorio nazionale, apparecchi e congegni di cui ai commi 6 e 7 sprovvisti dei titoli autorizzatori previsti dalle disposizioni vigenti, è punito con la sanzione amministrativa pecuniaria da 500 a 3.000 euro per ciascun apparecchio;

c) chiunque sul territorio nazionale distribuisce od installa o comunque consente l'uso in luoghi pubblici od aperti al pubblico od in circoli ed associazioni di qualunque specie di apparecchi o congegni non rispondenti alle caratteristiche ed alle prescrizioni indicate nei commi 6 o 7 e nelle disposizioni di legge ed amministrative attuative di detti commi, è punito con la sanzione amministrativa pecuniaria da 1.000 a 6.000 euro per ciascun apparecchio. La stessa sanzione si applica nei confronti di chiunque, consentendo l'uso in luoghi pubblici od aperti al pubblico o in circoli ed associazioni di qualunque specie di apparecchi e congegni conformi alle caratteristiche e prescrizioni indicate nei commi 6 o 7 e nelle disposizioni di legge ed amministrative attuative di detti commi, corrisponde a fronte delle vincite premi in danaro o di altra specie, diversi da quelli ammessi;

d) chiunque, sul territorio nazionale, distribuisce od installa o comunque consente l'uso in luoghi pubblici o aperti al pubblico o in circoli ed associazioni di qualunque specie di apparecchi e congegni per i quali non siano stati rilasciati i titoli autorizzatori previsti dalle disposizioni vigenti, è punito con la sanzione amministrativa pecuniaria da 500 a 3.000 euro per ciascun apparecchio;

e) nei casi di reiterazione di una delle violazioni di cui alle lettere *a*), *b*), *c*) e *d*), è preclusa all'Amministrazione autonoma dei monopoli di Stato la possibilità di rilasciare all'autore delle violazioni titoli autorizzatori concernenti la distribuzione e l'installazione di apparecchi di cui al comma 6 ovvero la distribuzione e l'installazione di apparecchi di cui al comma 7, per un periodo di cinque anni. Se la violazione è commessa dal rappresentante o dal dipendente di una persona giuridica o di un ente privo di personalità giuridica, la sanzione si applica alla persona giuridica o all'ente;[7]

f) nei casi in cui i titoli autorizzatori per gli apparecchi o i congegni non siano apposti su ogni apparecchio, si applica la sanzione amministrativa da 500 a 3.000 euro per ciascun apparecchio;

f-bis) chiunque, sul territorio nazionale, distribuisce o installa apparecchi e congegni di cui al presente articolo o comunque ne consente l'uso in luoghi pubblici o aperti al pubblico o in circoli e associazioni di qualunque specie non muniti delle prescritte autorizzazioni, ove previste, è punito con la sanzione amministrativa pecuniaria da 1.500 a 15.000 euro per ciascun apparecchio;[1]

f-ter) chiunque, sul territorio nazionale, distribuisce o installa o comunque consente l'uso in luoghi pubblici o aperti al pubblico o in circoli ed associazioni di qualunque specie di apparecchi videoterminali non rispondenti alle caratteristiche e alle prescrizioni indicate nel comma 6, lettera *b*), e nelle disposizioni di legge e amministrative attuative di detta disposizione, è punito con la sanzione amministrativa pecuniaria da 5.000 a 50.000 euro per ciascun apparecchio videoterminale.[1]

f-quater) chiunque, sul territorio nazionale, produce, distribuisce o installa o comunque mette a disposizione, in luoghi pubblici o aperti al pubblico o in circoli o associazioni di qualunque specie, apparecchi destinati, anche indirettamente, a qualunque forma di gioco, anche di natura promozionale, non rispondenti alle caratteristiche di cui ai commi 6 e 7, è punito con la sanzione amministrativa pecuniaria da 5.000 a 50.000 euro per ciascun apparecchio e con la chiusura dell'esercizio da trenta a sessanta giorni.[8]

9-*bis*. Per gli apparecchi per i quali non siano stati rilasciati i titoli autorizzatori previsti dalle disposizioni vigenti ovvero che non siano corrispondenti alle caratteristiche ed alle prescrizioni indicate nei commi 6 o 7 e nelle disposizioni di legge ed amministrative attuative di detti commi, è disposta la confisca ai sensi dell'art. 20, quarto comma, della legge 24 novembre 1981, n. 689. Nel provvedimento di confisca è disposta la distruzione degli apparecchi e dei congegni, con le modalità stabilite dal provvedimento stesso.

9-*ter*. [...][9]. Per le violazioni previste dal comma 9 il rapporto è presentato al direttore dell'ufficio regionale dell'Amministrazione autonoma dei monopoli di Stato competente per territorio.

9-*quater*. Ai fini della ripartizione delle somme riscosse per le pene pecuniarie di cui al comma 9 si applicano i criteri stabiliti dalla legge 7 febbraio 1951, n. 168.

10. Se l'autore degli illeciti di cui al comma 9 è titolare di licenza ai sensi dell'art. 86, ovvero di autorizzazione ai sensi dell'art. 3 della legge 25 agosto 1991, n. 287, le licenze o autorizzazioni sono sospese per un periodo da uno a trenta giorni e, in caso di reiterazione delle violazioni ai sensi dell'art. 8-*bis* della legge 24 novembre 1981, n. 689, sono revocate dal sindaco competente, con ordinanza motivata e con le modalità previste dall'art. 19 del decreto del Presidente della Repubblica 24 luglio 1977, n. 616, e successive modificazioni. I medesimi provvedimenti sono disposti dal questore nei confronti dei titolari della licenza di cui all'art. 88.

11. Oltre a quanto previsto dall'art. 100, il questore, quando sono riscontrate violazioni di rilevante gravità in relazione al numero degli apparecchi installati ed alla reiterazione delle violazioni, sospende la licenza dell'autore degli illeciti per un periodo non superiore a quindici giorni, informandone l'autorità competente al rilascio. Il periodo di sospensione, disposto a norma del presente comma, è computato nell'esecuzione della sanzione accessoria.

[1] Lettera aggiunta dall'art. 1, c. 475, L. 24 dic. 2012, n. 228, a decorrere dal 1° gen. 2013.

[2] Comma ins. dall'art. 18-ter, D.L. 30 apr. 2022, n. 36, conv. con modif. in L. 29 giu. 2022, n. 79.

[3] Comma così modif. dall'art. 104, D.L. 14 ago. 2020, n. 104, convertito con modif. in L. 13 ott. 2020, n. 126.

[4] Comma così sost. dall'art. 104, D.L. 14 ago. 2020, n. 104, conv. con modif. in L. 13 ott. 2020, n. 126.

[5] Comma abrog. dall'art. 104, D.L. 14 ago. 2020, n. 104, conv. con modif. in L. 13 ott. 2020, n. 126.

[6] Comma abrog. dall'art. 24, c. 19, D.L. 6 lug. 2011, n. 98, conv. in L. 15 lug. 2011, n. 111.

[7] Lettera così modif. dall'art. 10, c. 9-*quinquies*, D.L. 2 mar. 2012, n. 16, conv. con modif. in L. 26 apr. 2012, n. 44.

[8] Lettera aggiunta dall'art. 27, D.L. 28 gen. 2019, n. 4, conv. in L. 28 mar. 2019, n. 26.

[9] Periodo abrog. dall'art. 24, c. 19, D.L. 6 lug. 2011, n. 98, conv. in L. 15 lug. 2011, n. 111.

CAPO III

Delle tipografie e arti affini e delle esposizioni di manifesti e avvisi al pubblico[1]

111. ....[1]

[1] Articolo abrog. dall'art. 16, c. 2, D.lgs. 31 mar. 1998, n. 112.

112. È vietato fabbricare, introdurre nel territorio dello Stato, acquistare, detenere, esportare, allo scopo di farne commercio o distribuzione, o mettere in circolazione scritti, disegni, immagini od altri oggetti di qualsiasi specie contrari agli ordinamenti politici, sociali od economici costituiti nello Stato o lesivi del prestigio dello Stato o dell'autorità o offensivi del sentimento nazionale, del pudore o della pubblica decenza,[1] o che divulgano, anche in modo indiretto o simulato o sotto pretesto terapeutico o scientifico, i mezzi rivolti a impedire la procreazione o[2] a procurare l'aborto o che illustrano l'impiego dei mezzi stessi o che forniscono, comunque, indicazioni sul modo di procurarseli o di servirsene.

È pure vietato far commercio, anche se clandestino, degli oggetti predetti o distribuirli o esporli pubblicamente.

[...][3]

[1] V. L. 12 dic. 1960, n. 1591. La Corte cost., con sent. 29 dic. 1972, n. 199, ha dichiarato l'ill. cost. dell'art. 112 del T.U.P.S. «nella parte in cui vieta di pubblicare, introdurre nel territorio dello Stato, acquistare, detenere, esportare allo scopo di farne commercio, distribuire o mettere in circolazione scritti, disegni, immagini od altri oggetti di qualsiasi specie contrari agli ordinamenti politici, sociali od economici costituiti nello Stato o lesivi del prestigio dello Stato o dell'autorità od offensivi del sentimento nazionale».

[2] La Corte cost., con sent. 16 mar. 1971, n. 49, ha dichiarato l'ill. cost. dell'art. 553 c.p.; dell'art. 112, primo comma e dell'art. 114, primo comma, del T.U. di p.s., limitatamente alle parole: "a impedire la procreazione"; dell'art. 2, primo comma, del D.L. 31 mag. 1946, n. 561 (sul sequestro dei giornali) limitatamente alle parole: "a impedire la procreazione".

[3] Il 3° comma dell'art. 112, il 4° comma dell'art. 114 e l'art. 200 del regolam., hanno cessato di avere efficacia per quanto riguarda i giornali, le pubblicazioni e gli stampati in genere (R.D. 31 mag. 1946, n. 561, art. 4).

113. ....[1]

5. Le affissioni non possono farsi fuori dei luoghi destinati dalla autorità competente.[2]

[1] La Corte cost., con sent. 14 giu. 1956, n. 1, ha dichiarato l'ill. cost. dei commi 1, 2, 3, 4, 6 e 7 dell'art. 113 in relazione all'art. 21 della Cost.

[2] V. ora L. 5 lug. 1961, n. 641 sulle pubbl. affissioni.

114. È vietata l'inserzione, nei giornali o in altri scritti periodici, di avvisi o corrispondenze di qualsiasi genere che, anche in modo indiretto o simulato, o con un pretesto terapeutico o scientifico, si riferiscano ai mezzi diretti a impedire la procreazione o a procurare l'aborto.[1]

È altresì vietata l'inserzione di corrispondenze o di avvisi amorosi.[2]

È, inoltre, vietato di pubblicare, nei giornali o in altri scritti periodici, ritratti dei suicidi o di persone che abbiano commesso delitti.

[...][3]

[1] La Corte cost., con sent. 16 mar. 1971, n. 49, ha dichiarato l'ill. cost. dell'art. 553 c.p.; dell'art. 112, primo comma e dell'art. 114, primo comma, del T.U. di p.s., limitatamente alle parole: "a impedire la procreazione"; dell'art. 2, primo comma, del D.L. 31 mag. 1946, n. 561 (sul sequestro dei giornali) limitatamente alle parole: "a impedire la procreazione".

[2] La Corte cost., con sent. 28 nov. 1968, n. 120, ha dichiarato l'ill. cost. dell'art. 114, comma secondo, «limitatamente alla parte in cui vieta le corrispondenze e gli avvisi amorosi che non siano contrari al buon costume».

[3] Comma abrog. dall'art. 4, R.D.lgs. 31 mag. 1946, n. 561.

CAPO IV

Delle agenzie pubbliche

115. Non possono aprirsi o condursi agenzie di prestiti su pegno o altre agenzie di affari, quali che siano l'oggetto e la durata, anche sotto forma di agenzie di vendita, di esposizioni, mostre o fiere campionarie e simili, senza darne comunicazione al Questore (665 c.p.).[1,2]

La comunicazione è necessaria anche per l'esercizio del mestiere di sensale o di intromettitore.[2,3]

[...][4]

La comunicazione vale esclusivamente pei locali in essa indicati.[2]

È ammessa la rappresentanza.

Le attività di recupero stragiudiziale dei crediti per conto di terzi sono soggette alla licenza del Questore. A esse si applica il quarto comma del presente articolo e la licenza del questore abilita allo svolgimento delle attività di recupero senza limiti territoriali, osservate le prescrizioni di legge o di regolamento e quelle disposte dall'autorità.[5]

Per le attività previste dal sesto comma del presente articolo, l'onere di affissione di cui all'art. 120 può essere assolto mediante l'esibizione o comunicazione al committente della licenza e delle relative prescrizioni, con la compiuta indicazione delle operazioni consentite e delle relative tariffe.[6]

Il titolare della licenza è comunque tenuto a comunicare preventivamente all'ufficio competente al rilascio della stessa l'elenco dei proprio agenti, indicandone il rispettivo ambito territoriale, ed a tenere a disposizione degli ufficiali ed agenti di pubblica sicurezza il registro delle operazioni. I suoi agenti sono tenuti ad esibire copia della licenza ad ogni richiesta degli ufficiali e agenti di pubblica sicurezza ed a fornire alle persone con cui trattano compiuta informazione della propria qualità e dell'agenzia per la quale operano.[6]

[1] L'art. 163 del D.lgs. 31 mar. 1998, n. 112 ha trasferito le competenze per il rilascio della licenza di cui all'art. 115 T.U.L.P.S. dal Questore al Comune, fatta eccezione per le agenzie d'affari relative all'attività di recupero crediti,

pubblici incanti, agenzie matrimoniali e di pubbliche relazioni.

[2] Comma modif. dall'art. 13, c. 1, D.L. 9 feb. 2012, n. 5, conv. con modif. in L. 4 apr. 2012, n. 35.

[3] Per l'esercizio della professione di mediatore non è richiesta la licenza prevista dall'art. 115 (art. 3 L. 21 mar. 1958, n. 253).

[4] Comma abrog. dall'art. 13, c. 1, D.L. 9 feb. 2012, n. 5, conv. con modif. in L. 4 apr. 2012, n. 35.

[5] Comma sostituito dall'art. 13, c. 1 del D.L. 9 feb. 2012, n. 5, conv. con modif. in L. 4 apr. 2012, n. 35.

[6] Commi aggiunti dall'art. 4, c. 1 lett. *a*) del D.L. 8 apr. 2008, n. 59, conv. con modif. in L. 6 giu. 2008, n. 101.

116. Il questore, sentita la Camera di commercio, può subordinare il rilascio della licenza, di cui all'articolo precedente, al deposito di una cauzione, determinandone la misura e la forma in cui deve essere prestata.

La cauzione è a garanzia di tutte le obbligazioni inerenti all'esercizio e dell'osservanza delle condizioni a cui è subordinata la licenza. Nel caso di inosservanza di tali condizioni, il prefetto, su proposta del questore, dispone con decreto che la cauzione sia devoluta, in tutto o in parte, all'erario dello Stato. Lo svincolo della cauzione non può essere ordinato dal questore se non quando, decorsi almeno tre mesi dalla cessazione dell'esercizio, il concessionario abbia provato di non avere obbligazioni da adempiere in conseguenza dell'esercizio medesimo.

117. Nei comuni in cui esistono monti di credito su pegno o uffici da essi dipendenti, non possono essere concedute dal questore licenze per l'esercizio di agenzie di prestiti su pegno, senza il parere dell'amministrazione del monte di credito su pegno. Le stesse disposizioni si applicano alle agenzie di commissioni presso i monti di credito su pegno.

Il parere dell'amministrazione predetta non vincola l'autorità di pubblica sicurezza.

È vietato l'acquisto abituale delle polizze del monte di credito su pegno e concedere, per professione, sovvenzioni supplementari su pegni delle polizze stesse.

118. La osservanza delle norme del codice del commercio alle quali sono soggette le agenzie pubbliche, comprese le agenzie di spedizione e di trasporto e gli uffici pubblici di affari non dispensa dalla osservanza delle disposizioni stabilite da questo T.U.

Sono eccettuate le imprese di spedizione e di trasporto a norma del regolamento.

119. Le persone che compiono operazioni di pegno e che danno commissioni in genere alle agenzie pubbliche o agli uffici pubblici di affari sono tenute a dimostrare la propria identità, mediante la esibizione della carta di identità o di altro documento, fornito di fotografia, proveniente dalla amministrazione dello Stato.

120. Gli esercenti le pubbliche agenzie indicate negli articoli precedenti sono obbligati a tenere un registro giornale degli affari, nel modo che sarà determinato dal regolamento, ed a tenere permanentemente affissa nei locali dell'agenzia, in modo visibile, la tabella delle operazioni alle quali attendono, con la tariffa delle relative mercedi.[1]

Tali esercenti non possono fare operazioni diverse da quelle indicate nella tabella predetta, ricevere mercedi maggiori di quelle indicate nella tariffa né compiere operazioni o accettare commissioni da persone non munite della carta di identità o di altro documento, fornito di fotografia, proveniente dall'amministrazione dello Stato.

[1] Sono esonerati da tale obbligo gli uffici turistici e quelli di navigazione (L. 4 apr. 1940, n. 860).

CAPO V

Dei mestieri girovaghi e di alcune classi di rivenditori[1]

[1] V. Reg. artt. 224-247 e L. 17 ott. 1967, n. 977 (art. 3 lett. *c*), per la quale i fanciulli e gli adolescenti di età inferiore agli anni 16, non possono essere adibiti, anche da parte dei rispettivi genitori, ascendenti e tutori, a mestieri girovaghi di qualunque genere.

121.[1] È vietato il mestiere di ciarlatano (Reg. 231).

[1] Articolo così modif. dall'art. 6, D.P.R. 28 mag. 2001, n. 311.

122-126.[1]

[1] Articoli abrog. dall'art. 6, D.P.R. 28 mag. 2001, n. 311, dall'art. 46, c. 3, lett. *b*), D.lgs. 31 mar. 1998, n. 112, e dall'art. 6, D.lgs. 25 nov. 2016, n. 222.

127. I fabbricanti, i commercianti, i mediatori di oggetti preziosi [...][1] hanno l'obbligo di munirsi di licenza del questore.

Chi domanda la licenza deve provare d'essere iscritto, per la industria o il commercio di oggetti preziosi, nei ruoli della imposta di ricchezza mobile ed in quelli delle tasse di esercizio e rivendita ovvero deve dimostrare il motivo della mancata iscrizione in tali ruoli.

La licenza dura fino al 31 dicembre dell'anno in cui è stata rilasciata.

Essa è valida per tutti gli esercizi di vendita di oggetti preziosi appartenenti alla medesima persona o alla medesima ditta, anche se si trovino in località diverse.

L'obbligo della licenza spetta, oltreché ai commercianti, fabbricanti ed esercenti stranieri, che intendono fare commercio, nel territorio dello Stato, degli oggetti preziosi da essi importati, anche ai loro agenti, rappresentanti, commessi viaggiatori e piazzisti. Questi debbono provare la loro qualità mediante certificato rilasciato dall'autorità politica del luogo ove ha sede la ditta, vistato dall'autorità consolare italiana.

[1] Parole soppresse dall'art. 16, c. 1, D.lgs. 31 mar. 1998, n. 112.

128. I fabbricanti, i commercianti, gli esercenti

e le altre persone indicate negli artt. 126 e 127 non possono compiere operazioni su cose antiche o usate[1] se non con le persone provviste della carta di identità o di altro documento munito di fotografia, proveniente dall'amministrazione dello Stato.

Essi devono tenere un registro delle operazioni che compiono giornalmente, in cui sono annotate le generalità di coloro con i quali le operazioni stesse sono compiute e le altre indicazioni prescritte dal regolamento.

Tale registro deve essere esibito agli ufficiali ed agenti di pubblica sicurezza, ad ogni loro richiesta.

Le persone che compiono operazioni di cui al primo comma[2] con gli esercenti sopra indicati, sono tenute a dimostrare la propria identità nei modi predetti.[3]

L'esercente, che ha comprato cose preziose, non può alterarle o alienarle se non dieci giorni dopo l'acquisto, tranne che si tratti di oggetti comprati, presso i fondachieri o i fabbricanti ovvero all'asta pubblica.

[1] Parole inserite dall'art. 10 della L. 28 nov. 2005, n. 246.
[2] Parole inserite dall'art. 10 della L. 28 nov. 2005, n. 246.
[3] La Corte cost., con sent. 9 lug. 1963, n. 121, ha dichiarato l'ill. cost. dei primi quattro commi dell'art. 128 «nella parte in cui tali norme riguardano operazioni su oggetti preziosi nuovi, nel senso esposto nella motivazione».

CAPO VI
Degli operai e domestici e dei direttori di stabilimenti

129-130. (*Omissis*).

CAPO VII
Disposizioni finali del titolo III

131. Le autorizzazioni di polizia prevedute in questo titolo, fatta eccezione per quelle indicate dagli artt. 121, 123 e 124, non possono essere concedute a chi è incapace di obbligarsi (2 e 414 c.c.).

132. I provvedimenti del prefetto nelle materie prevedute in questo titolo sono definitivi.

TITOLO IV
Delle guardie particolari e degli istituti di vigilanza e di investigazione privata[1]

[1] V. Reg. artt. 249-260.

133. Gli enti pubblici, gli altri enti collettivi e i privati possono destinare guardie particolari alla vigilanza o custodia delle loro proprietà mobiliari od immobiliari.[1] (Reg. 249).

Possono anche, con l'autorizzazione del prefetto, associarsi per la nomina di tali guardie da destinare alla vigilanza o custodia in comune delle proprietà stesse (141).

[1] V. R.D.L. 26 set. 1935, n. 1952 *Disciplina delle guardie particolari giurate* (G.U. 22 nov. 1935, n. 272), conv. in L. 16 mar. 1936, n. 508.

134. Senza licenza del prefetto è vietato ad enti o privati di prestare opera di vigilanza o custodia di proprietà mobiliari od immobiliari e di eseguire investigazioni o ricerche o di raccogliere informazioni per conto di privati.[1]

Salvo il disposto dell'art. 11, la licenza non può essere conceduta alle persone che non abbiano la cittadinanza italiana ovvero di uno stato membro dell'Unione europea o siano incapaci di obbligarsi o abbiano riportato condanna per delitto non colposo.

I cittadini degli stati membri dell'Unione europea possono conseguire la licenza per prestare opera di vigilanza o custodia di beni mobiliari o immobiliari alle stesse condizioni previste per i cittadini italiani.[2]

Il regolamento di esecuzione individua gli altri soggetti, ivi compreso l'institore, o chiunque eserciti poteri di direzione, amministrazione o gestione anche parziale dell'istituto o delle sue articolazioni, nei confronti dei quali sono accertati l'assenza di condanne per delitto non colposo e gli altri requisiti previsti dall'art. 11 del presente testo unico, nonché dall'art. 10 della L. 31 mag. 1965, n. 575.[3]

La licenza non può essere conceduta per operazioni che importano un esercizio di pubbliche funzioni o una menomazione della libertà individuale. (Reg. 257-260).

[1] V. R.D.L. 12 nov. 1936, n. 2144 *Disciplina degli istituti di vigilanza privata* (G.U. 29 dic. 1936, n. 300).
[2] Comma inserito dall'art. 33, c. 1 lett. *b*) della L. 1 mar. 2002, n. 39.
[3] I richiami alle disposizioni contenute nella L. 31 mag. 1965, n. 575, ora abrogata, sono da riferirsi alle disposizioni di cui al D.lgs. 6 set. 2011, n. 159.

134-*bis*. *Disciplina delle attività autorizzate in altro Stato dell'Unione Europea.*[1] — 1. Le imprese di vigilanza privata stabile in un altro Stato membro dell'Unione europea possono stabilirsi nel territorio della Repubblica italiana in presenza di requisiti, dei presupposti e delle altre condizioni richiesti dalla legge e dal regolamento per l'esecuzione del presente testo unico, tenuto conto degli adempimenti, degli obblighi e degli oneri già assolti nello Stato di stabilimento, attestati dall'autorità del medesimo Stato o, in mancanza, verificati dal prefetto.[2]

2. Le imprese di vigilanza privata o di investigazione privata stabilite in un altro Stato membro dell'Unione europea possono stabilirsi nel territorio della Repubblica italiana in presenza dei requisiti, dei presupposti e delle altre condizioni richiesti dalla legge e dal regolamento per l'esecuzione del presente testo unico, tenuto conto degli adempimenti, degli obblighi e degli oneri già assolti nello Stato di stabilimento, attestati dall'autorità del medesimo Stato o, in mancanza, verificati dal prefetto.

2-*bis*. Ai fini dello svolgimento dei servizi transfrontalieri e di quelli temporanei di investigazione privata e di informazioni commerciali, le imprese stabilite in un altro Stato membro dell'Unione europea notificano al Ministero dell'interno - Dipartimento della pubblica sicurezza le attività che intendono svolgere nel territorio nazionale, specificando le autorizzazioni possedute, la tipologia dei servizi, l'ambito territoriale nel quale i servizi dovranno essere svolti e la durata degli stessi. I relativi servizi hanno inizio decorsi dieci giorni dalla notifica, salvo il caso che entro detto termine intervenga divieto del Ministero dell'interno, motivato per ragioni di ordine pubblico o di pubblica sicurezza.[3]

3. Il Ministro dell'interno è autorizzato a sottoscrivere, in materia di vigilanza privata, accordi di collaborazione con le competenti autorità degli Stati membri dell'Unione Europea, per il reciproco riconoscimento dei requisiti, dei presupposti e delle condizioni necessari per lo svolgimento dell'attività, nonché dei provvedimenti amministrativi previsti dai rispettivi ordinamenti.

[1] Articolo inserito dall'art. 4, c. 1, lett. *c*) del D.L. 8 apr. 2008, n. 59, conv. con modif., nella L. 6 giu. 2008, n. 101.
[2] Comma così modif. dall'art. 5, c. 1, lett. *a*), L. 30 ott. 2014, n. 161.
[3] Comma inserito dall'art. 5, c. 1, lett. *b*), L. 30 ott. 2014, n. 161.

135. I direttori degli uffici di informazioni, investigazioni o ricerche, di cui all'articolo precedente, sono obbligati a tenere un registro degli affari che compiono giornalmente, nel quale sono annotate le generalità delle persone con cui gli affari sono compiuti e le altre indicazioni prescritte dal regolamento.

Tale registro deve essere esibito ad ogni richiesta degli ufficiali o agenti di pubblica sicurezza.

Le persone, che compiono operazioni con gli uffici suddetti, sono tenute a dimostrare la propria identità, mediante la esibizione della carta di identità o di altro documento, fornito di fotografia, proveniente dall'amministrazione dello Stato.

I direttori suindicati devono inoltre tenere nei locali del loro ufficio permanentemente affissa, in modo visibile la tabella delle operazioni alle quali attendono, con la tariffa delle relative mercedi.

Essi non possono compiere operazioni diverse da quelle indicate nella tabella o compiere operazioni o accettare commissioni con o da persone non munite della carta di identità o di altro documento fornito di fotografia, proveniente dall'amministrazione dello Stato.

[...].[1]

[1] Comma abrog. dall'art. 4, c. 1, lett. *e*), D.L. 8 apr. 2008, n. 59, conv. con modif., nella L. 6 giu. 2008, n. 101.

136. La licenza è ricusata a chi non dimostri di possedere capacità tecnica ai servizi che intende esercitare.

[...].[1]

La revoca della licenza importa l'immediata cessazione dalle funzioni delle guardie che dipendono dall'ufficio.

L'autorizzazione può essere negata o revocata per ragioni di sicurezza pubblica o di ordine pubblico.

[1] Comma abrog. dall'art. 4, c. 1, lett *f*), D.L. 8 apr. 2008, n. 59, conv. con modif. in L. 6 giu. 2008, n. 101.

137. Il rilascio della licenza è subordinato al versamento nella cassa depositi e prestiti di una cauzione nella misura da stabilirsi dal prefetto.

La cauzione sta a garanzia di tutte le obbligazioni inerenti all'esercizio dell'ufficio e dell'osservanza delle condizioni imposte dalla licenza.

Il prefetto, nel caso d'inosservanza, dispone con decreto che la cauzione, in tutto o in parte, sia devoluta all'erario dello Stato.

Lo svincolo e la restituzione della cauzione non possono essere ordinati dal prefetto, se non quando, decorsi almeno tre mesi dalla cessazione dell'esercizio, il concessionario abbia provato di non avere obbligazioni da adempiere in conseguenza del servizio al quale l'ufficio era autorizzato.

138. Le guardie particolari devono possedere i requisiti seguenti:

1) essere cittadino italiano o di uno Stato membro dell'Unione europea;

2) avere raggiunto la maggiore età ed avere adempiuto agli obblighi di leva;

3) sapere leggere e scrivere;

4) non aver riportato condanna per delitto;

5) essere persona di ottima condotta [...] morale;[1]

6) essere munito della carta di identità;

7) essere iscritto alla Cassa nazionale delle assicurazioni sociali e a quella degli infortuni sul lavoro.

Il Ministro dell'interno con proprio decreto, da adottarsi con le modalità individuate nel regolamento per l'esecuzione del presente testo unico, sentite le regioni, provvede all'individuazione dei requisiti minimi professionali e di formazione delle guardie particolari giurate. Costituisce requisito minimo, di cui al primo periodo, l'avere prestato servizio per almeno un anno, senza demerito, quale volontario di truppa delle Forze armate.[2,3]

La nomina delle guardie particolari giurate deve essere approvata dal prefetto, previa verifica dell'esistenza di un rapporto di lavoro dipendente con un istituto di vigilanza autorizzato ai sensi dell'articolo 134 ovvero con uno dei soggetti che è legittimato a richiedere l'approvazione della nomina a guardia giurata ai sensi dell'articolo 133. Con l'approvazione, che ha validità biennale, il prefetto rilascia altresì, se ne sussistono i presupposti, la licenza per il porto d'armi, a tassa ridotta, con validità di pari durata.[4]

Ai fini dell'approvazione della nomina a guardia particolare giurata di cittadini di altri Stati membri dell'Unione europea il prefetto tiene conto dei controlli e delle verifiche effettuate nello Stato membro d'origine per lo svolgimento delle medesima attività. Si applicano le disposizioni di cui all'art. 134-*bis*, comma 3.[2]

Le guardie particolari giurate, cittadini di stati

membri dell'Unione europea, possono conseguire la licenza di porto d'armi secondo quanto stabilito dal D.lgs. 30 dic. 1992, n. 527, e dal relativo regolamento di esecuzione, di cui al decreto del Ministro dell'interno 30 ott. 1996, n. 635. Si osservano altresì le disposizioni degli artt. 71 e 256 del regolamento di esecuzione del presente testo unico.[5]

Salvo quanto diversamente previsto, le guardie particolari giurate nell'esercizio delle funzioni di custodia e vigilanza dei beni mobili edi immobili cui sono destinate rivestono la qualità di incaricati di un pubblico servizio.[6]

[1] La Corte cost., con sent. 25 lug. 1996, n. 311, ha dichiarato l'ill. cost. dell'art. 138, c. 1, n. 5 nella parte in cui: *a*) consente di valutare la condotta «politica» dell'aspirante, *b*) richiede una condotta morale «ottima» anziché «buona»; *c*) consente di valutare la condotta «morale» per aspetti non incidenti sull'attuale attitudine ed affidabilità dell'aspirante ad esercitare le relative funzioni.

[2] Comma inserito dall'art. 4, D.L. 8 apr. 2008, n. 59, conv. con modif. in L. 6 giu. 2008, n. 101.

[3] Periodo aggiunto dall'art. 11, c. 3, D.lgs. 28 gen. 2014, n. 8.

[4] Comma così modif. dall'art. 37-*quinquies*, D.L. 14 ago. 2020, n. 104, convertito con modif. in L. 13 ott. 2020, n. 126.

[5] Comma aggiunto dall'art. 33, L. 1 mar. 2002, n. 39.

[6] Comma aggiunto dall'art. 4, D.L. 8 apr. 2008, n. 59, conv. con modif., in L. 6 giu. 2008, n. 101.

139. Gli uffici di vigilanza e di investigazione privata sono tenuti a prestare la loro opera a richiesta dell'autorità di pubblica sicurezza e i loro agenti sono obbligati ad aderire a tutte le richieste ad essi rivolte dagli ufficiali o dagli agenti di pubblica sicurezza o di polizia giudiziaria.

140. I contravventori alle disposizioni di questo titolo sono puniti con l'arresto fino a due anni e con l'ammenda da euro 206 a euro 619.

141. I provvedimenti del prefetto nelle materie prevedute in questo titolo sono definitivi.

TITOLO V
Degli stranieri

CAPO I
Del soggiorno degli stranieri nello Stato[1]

[1] Articoli 142, 143, 145, 146 abrog. dall'art. 13, D.L. 30 dic. 1989, n. 416.

Articoli 144, 147, 148, 149 abrog. dall'art. 47, D.lgs. 25 dic. 1998, n. 286.

CAPO II
Degli stranieri da espellere e da respingere dallo Stato[1]

[1] Articoli 150 e 152 abrog. dall'art. 13, D.L. 30 dic. 1989, n. 416;

Articolo 151 abrog. dall'art. 46, lett. *a*), L. 6 mar. 1998, n. 40.

TITOLO VI
Disposizioni relative alle persone pericolose per la società

CAPO I
Dei malati di mente, degli intossicati e dei mendicanti

153. Agli effetti della vigilanza dell'autorità di pubblica sicurezza, gli esercenti una professione sanitaria sono obbligati a denunciare all'autorità locale di pubblica sicurezza, entro due giorni, le persone da loro assistite o esaminate che siano affette da malattia di mente o da grave infermità psichica, le quali dimostrino o diano sospetto di essere pericolose a sé o agli altri.[1]

L'obbligo si estende anche per le persone che risultano affette da cronica intossicazione prodotta da alcool o da sostanze stupefacenti.

[1] V. l'art. 11 della L. 13 mag. 1978, n. 180, che contiene disposizioni incompatibili con il presente comma da presumersi quindi abrogato.

154. ....[1]

[1] Articolo abrog. dall'art. 6, D.P.R. 28 mag. 2001, n. 311.

155. I congiunti di un mendicante inabile al lavoro e privo di mezzi di sussistenza, tenuti per legge agli alimenti e in condizione di poterli prestare, sono diffidati dall'autorità locale di pubblica sicurezza[1] ad adempiere al loro obbligo.

Decorso il termine all'uopo stabilito nella diffida, l'inabile al lavoro è ammesso di diritto al beneficio del gratuito patrocinio per promuovere il giudizio per gli alimenti.

[1] Funzione ora attribuita ai comuni, ex art. 19 D.P.R. 24 lug. 1977, n. 616.

156. ....[1]

[1] Articolo abrog. dall'art. 3, L. 18 nov. 1981, n. 659.

CAPO II
Delle persone sospette, dei liberati dal carcere o dagli stabilimenti per misure di sicurezza, del rimpatrio e degli espatri abusivi

157. ....[1]

[1] Articolo abrog. dall'art. 6, D.P.R. 28 mag. 2001, n. 311.

158. Chiunque, senza essere munita di passaporto o di altro documento equipollente a termini di accordi internazionali, espatri o tenti di espatriare, quando il fatto sia stato determinato, in tutto o in parte, da motivi politici, è punito con la reclusione da due a quattro anni e con la multa non inferiore a euro 82.[1]

In ogni altro caso, chiunque espatrii o tenti di espatriare senza essere munito di passaporto è punito con l'arresto da tre mesi a un anno e con l'ammenda da euro 206 a euro 619.[2]

È autorizzato l'uso delle armi, quando sia necessario, per impedire i passaggi abusivi attraverso i valichi di frontiera non autorizzati.

[1] La Corte cost., con sent. 18 mar. 1959, n. 19, ha dichiarato l'ill. cost. del primo comma dell'art. 158.

[2] «Ferme restanto le disposiz. dell'art. 158 T.U. di P.S. chiunque, benché fornito di passaporto, nell'espatriare, si sottrae ai controlli prescritti dalle leggi e dai regol. per gli emigranti è punito con la ammenda da euro 51 a euro 103». (Art. 1, L. 24 lug. 1930, n. 1278).

159. Il ministro dell'interno, o, per sua delegazione, le autorità di pubblica sicurezza, possono, per motivi di pubblica sicurezza o in casi eccezionali di pubbliche o private sventure, fornire i mezzi di viaggio gratuito agli indigenti a fine di rimpatrio.

160. Per le finalità di prevenzione generale di reati e per l'esercizio del potere di proposta di cui all'articolo 17, comma 1, del decreto legislativo 6 settembre 2011, n. 159, le cancellerie dei tribunali e delle corti di appello hanno l'obbligo di trasmettere ogni quindici giorni, anche per via telematica, il dispositivo delle sentenze di condanne irrevocabili a pene detentive al questore della provincia in cui il condannato ha la residenza o l'ultima dimora e al direttore della Direzione investigativa antimafia. Analogo obbligo sussiste per le cancellerie presso la sezione misure di prevenzione e presso l'ufficio G.I.P. del tribunale in relazione alla comunicazione di copia dei provvedimenti ablativi o restrittivi, emessi nell'ambito delle rispettive attribuzioni, alle questure competenti per territorio e alla Direzione investigativa antimafia.

[1] Articolo così sost. dall'art. 27, c. 1, D.L. 4 ott. 2018, n. 113, conv. in L. 1 dic. 2018, n. 132.

161. I direttori degli stabilimenti carcerari e degli stabilimenti per misure di sicurezza detentiva hanno l'obbligo di segnalare per iscritto, quindici giorni prima, la liberazione di ogni condannato al questore, che ne informa, nei tre giorni successivi, quello della provincia alla quale il liberando è diretto (Reg. 299-300).

162. I condannati per delitto a pena detentiva o per contravvenzione alla sorveglianza o che debbono essere sottoposti alla libertà vigilata hanno l'obbligo, appena dimessi dal carcere o dagli stabilimenti indicati nell'articolo precedente, di presentarsi all'autorità di pubblica sicurezza locale che li provvede del foglio di via obbligatorio, se necessario.[1]

I pregiudicati pericolosi possono essere tradotti in istato di arresto davanti all'autorità predetta.[1]

[1] La Corte cost., con sent. 30 mag. 1963, n. 72, ha dichiarato l'ill. cost. delle norme contenute nel c. 2 dell'art. 162 e nella parte del c. 1 dell'articolo stesso là dove è detto "che li provvede del foglio di via obbligatorio, se necessario".

163. Le persone rimpatriate con foglio di via obbligatorio non possono allontanarsi dall'itinerario ad esse tracciato.

Nel caso di trasgressione esse sono punite con l'arresto da uno a sei mesi.

Scontata la pena, sono fatte proseguire per traduzione.

La stessa pena si applica alle persone che non si presentano, nel termine prescritto, all'autorità di pubblica sicurezza indicata nel foglio di via (220).

CAPO III
Dell'ammonizione

164-176. .... [1]

[1] Articoli dichiarati incostituzionali dalla Corte cost., con sent. 3 lug. 1956, n. 11; la materia era stata regolata dalla L. 27 dic. 1956, n. 1423, ora abrogata. Si veda il D.lgs. 6 set. 2011, n. 159 (codice antimafia).

CAPO IV
Dei provvedimenti relativi ai minori degli anni 18[1]

177-179. .... [1]

[1] Articoli abrog. per incompatibilità con gli artt. 25 ss. R.D.L. 20 lug. 1934, n. 1404.

CAPO V
Del confino di polizia[1]

180-189. .... [1]

[1] La materia era stata regolata dalla L. 27 dic. 1956, n. 1423, ora abrogata. Si veda il D.lgs. 6 set. 2011, n. 159 (codice antimafia).

TITOLO VII
Del meretricio[1]

190-208. .... [1]

[1] Articoli abrog. dall'art. 15 L. 20 feb. 1958, n. 75.

TITOLO VIII
Delle associazioni, enti ed istituti

209. .... [1]

[1] Articolo abrog. dall'art. 6, L. 25 gen. 1982, n. 17].

210. (*Omissis*).[1]

[1] La Corte cost., con sent. 12 lug. 1967, n. 114, ha dichiarato l'ill. cost. dell'art. 210.

211. (*Omissis*).[1]

[1] La Corte cost., con sent. 3 lug. 1985, n. 193, ha dichiarato l'ill. cost. della norma dell'art. 211.

212. .... [1]

[1] Articolo 212 abrog. dall'art. 6, L. 25 gen. 1982, n. 17.

213. .... [1]

[1] Articolo abrog. con D.lgs. 13 lug. 1994, n. 480, art. 13.

TITOLO IX
Dello stato di pericolo pubblico e dello stato di guerra

214. Nel caso di pericolo di disordini il ministro dell'interno con l'assenso del Presidente del Consiglio, o i prefetti, per delegazione, possono dichiarare, con decreto, lo stato di pericolo pubblico.

215. Durante lo stato di pericolo pubblico il prefetto può ordinare l'arresto o la detenzione di qualsiasi persona, qualora ciò ritenga necessario per ristabilire o per conservare l'ordine pubblico.[1]

[1] Disposizione da ritenersi superata.

216. Oltre quanto è disposto dall'art. 2, qualora la dichiarazione di pericolo pubblico si estenda all'intero territorio dello Stato, il ministro dell'interno può emanare ordinanze, anche in deroga alle leggi vigenti, sulle materie che abbiano comunque attinenza all'ordine pubblico o alla sicurezza pubblica.

I contravventori alle ordinanze predette sono puniti con l'arresto non inferiore a un anno, salvo le maggiori pene stabilite dalle leggi (220).

La disposizione precedente si applica anche a coloro che contravvengono alle ordinanze del prefetto emesse durante lo stato di dichiarato pericolo pubblico, in forza dei poteri che gli sono conferiti dall'art. 2.[1]

[1] Per l'arresto in flagranza v. art. 220.

217. Qualora sia necessario affidare all'autorità militare la tutela dell'ordine pubblico, il ministro dell'interno, con l'assenso del capo del governo, o i prefetti, per delegazione, possono dichiarare, con decreto, lo stato di guerra.[1]

Sono applicabili, in tal caso, le disposizioni degli articoli precedenti. La facoltà di emanare ordinanze spetta alla autorità che ha il comando delle forze militari.

I contravventori sono puniti a termini del primo capoverso dell'articolo precedente (220).[2]

[1] V. L. di guerra e di neutralità R.D. 8 lug. 1938, n. 1415.
[2] Comma così modif. dal R.D. 6 dic. 1943, n. 22 B.

218. Durante il dichiarato stato di guerra le autorità civili continuano a funzionare per tutto quanto non si riferisce all'ordine pubblico.

Per ciò che riguarda l'ordine pubblico le autorità civili esercitano quei poteri che l'autorità militare ritiene di delegare ad esse.

219. Durante il dichiarato stato di guerra sono giudicate dai tribunali militari le persone imputate di delitti contro la personalità dello Stato, previsti nel titolo primo del libro secondo del c.p. (241-313).

Gli imputati di delitti contro l'ordine pubblico, la pubblica amministrazione, le persone e il patrimonio sono giudicati dalla autorità giudiziaria ordinaria.[1]

[1] Comma così modif. dal R.D. 6 dic. 1943, n. 22 B.

TITOLO X
Disposizioni finali

220. Gli ufficiali e gli agenti della polizia giudiziaria e della forza pubblica devono arrestare chi è colto in flagranza dei reati preveduti dagli artt. 19, 24 [85, 113, 157], 158, 163, 216 e 217 di questo testo unico.[1,2]

[1] Con sent. 20 mar. 1970, n. 39, la Corte cost. ha dichiarato l'ill. cost. dell'art. 220, «nella parte in cui, richiamando l'art. 85, impone l'arresto in flagranza di chi contravvenga al divieto di comparire mascherato in luogo pubblico o aperto al pubblico».
[2] La disposizione è da considerarsi abrogata per effetto di *Coord.* 207 c.p.p.

221. Con decreto reale, su proposta del Min. dell'interno, saranno pubblicati il regolamento generale per l'esecuzione di questo T.U. e i regolamenti speciali necessari per determinare materie da esso regolate.

Salvo quanto previsto dall'art. 221-*bis*.[1] le contravvenzioni alle disposizioni di tali regolamenti sono punite con l'arresto fino a due mesi o con l'ammenda fino a euro 103.

[1] Clausola di riserva introdotta dal D.lgs. 13 lug. 1994, n. 480, art. 7.

221-*bis*.[1] 1. Le violazioni alle disposizioni di cui agli artt. 156, 187, e 225 del regolamento di esecuzione del presente testo unico, approvato con R.D. 6 mag. 1940, n. 635, sono soggette alla sanzione amministrativa del pagamento di una somma da euro 516 a euro 3.098.

2. Le violazioni alle disposizioni di cui agli artt. 121, 131, 146, 149, 180, 181, 185, 186, 192, 199, 211, 219, 220, 221, 222, 229, 230 commi da 1 a 3, 240, 241, 242 limitatamente alle attività previste dall'art. 126 del presente testo unico, e 260 del regolamento di esecuzione, approvato con R.D. 6 mag. 1940, n. 635, sono soggette alla sanzione amministrativa del pagamento di una somma da euro 154 a euro 1.032.

[1] Articolo introdotto dal D.lgs. 13 lug. 1994, n. 480, art. 7.

222-224. (*Omissis*).

- 2 -

D.L. 21 mar. 1978, n. 59

Norme penali e processuali per la prevenzione e la repressione di gravi reati

(G.U. 22 mar. 1978, n. 80)
conv. con modif. in L. 18 mag. 1978, n. 191
(G.U. 19 mag. 1978, n. 137)

1-9-*bis*. (*Omissis*).[1]

[1] Le modifiche al c.p. e al c.p.p. sono state inserite direttamente nelle norme interessate, evidenziando in nota a quale articolo del D.L. 21 mar. 1978, n. 59 siano dovute.

9-*ter*. Le disposizioni del c.p. che richiamano l'art. 630 dello stesso codice si applicano anche in relazione al delitto di sequestro di persona a scopo di terrorismo o di eversione.

10. Nei procedimenti per il delitto previsto dall'art. 289-*bis* del c.p. si applicano le disposizioni processuali vigenti per il delitto previsto dall'art. 630 del c.p.

11. Gli ufficiali e gli agenti di polizia possono accompagnare nei propri uffici chiunque, richiestone, rifiuta di dichiarare le proprie generalità ed ivi trattenerlo per il tempo strettamente necessario al solo fine dell'identificazione e comunque non oltre le ventiquattro ore.

La disposizione prevista nel comma precedente si applica anche quando ricorrono sufficienti indizi per ritenere la falsità delle dichiarazioni della persona richiesta sulla propria identità personale o dei documenti d'identità da essa esibiti.

Dell'accompagnamento e dell'ora in cui è stato compiuto è data immediata notizia al procuratore della Repubblica, il quale, se riconosce che non ricorrono le condizioni di cui ai commi precedenti, ordina il rilascio della persona accompagnata.

Al procuratore della Repubblica è data altresì immediata notizia del rilascio della persona accompagnata e dell'ora in cui è avvenuto.

12. Chiunque cede la proprietà o il godimento o a qualunque altro titolo consente, per un tempo superiore a un mese, l'uso esclusivo di un fabbricato o di parte di esso ha l'obbligo di comunicare all'autorità locale di pubblica sicurezza, entro quarantotto ore dalla consegna dell'immobile, la sua esatta ubicazione, nonché le generalità dell'acquirente, del conduttore o della persona che assume la disponibilità del bene e gli estremi del documento di identità o di riconoscimento, che deve essere richiesto all'interessato.

Entro sessanta giorni dall'entrata in vigore del presente decreto, i soggetti di cui al primo comma hanno l'obbligo di provvedere alla comunicazione, all'autorità di pubblica sicurezza, di tutti i contratti, anche verbali, stipulati successivamente alla data del 30 giu. 1977 e in corso alla data di entrata in vigore del decreto-legge.

La comunicazione di cui ai precedenti commi può essere effettuata anche a mezzo di lettera raccomandata con avviso di ricevimento. Ai fini dell'osservanza dei termini vale la data della ricevuta postale.

Nel caso di violazione delle disposizioni indicate nei commi precedenti si applica la sanzione amministrativa del pagamento di una somma da euro 103 a euro 1.549. La violazione è accertata dagli organi di polizia giudiziaria, nonché dai vigili urbani del comune ove si trova l'immobile. La sanzione è applicata dal sindaco ed i proventi sono devoluti al comune. Si applicano, per quanto non previsto, le disposizioni della legge 24 dic. 1975, n. 706.[1]

[1] V. L. 24 dic. 1975, n. 706, abrog. dall'art. 42 della L. 24 nov. 1981, n. 689.

SOCIETÀ

- 1 -

D.lgs. 8 giu. 2001, n. 231

Disciplina della responsabilità amministrativa delle persone giuridiche, delle società e delle associazioni anche prive di personalità giuridica, a norma dell'art. 11 della legge 29 settembre 2002, n. 300

(G.U. 19 giu. 2001, n. 140)

CAPO I
Responsabilità amministrativa dell'ente

SEZIONE I
Principi generali e criteri di attribuzione della responsabilità amministrativa

1. ***Soggetti.*** — 1. Il presente decreto legislativo disciplina la responsabilità degli enti per gli illeciti amministrativi dipendenti da reato.

2. Le disposizioni in esso previste si applicano agli enti forniti di personalità giuridica e alle società e associazioni anche prive di personalità giuridica.

3. Non si applicano allo Stato, agli enti pubblici territoriali, agli altri enti pubblici non economici nonché agli enti che svolgono funzioni di rilievo costituzionale.

2. ***Principio di legalità.*** — 1. L'ente non può essere ritenuto responsabile per un fatto costituente reato se la sua responsabilità amministrativa in relazione a quel reato e le relative sanzioni non sono espressamente previste da una legge entrata in vigore prima della commissione del fatto.

3. ***Successione di leggi.*** — 1. L'ente non può essere ritenuto responsabile per un fatto che secondo una legge posteriore non costituisce più reato o in relazione al quale non è più prevista la responsabilità amministrativa dell'ente, e, se vi è stata condanna, ne cessano l'esecuzione e gli effetti giuridici.

2. Se la legge del tempo in cui è stato commesso l'illecito e le successive sono diverse, si applica quella le cui disposizioni sono più favorevoli, salvo che sia intervenuta pronuncia irrevocabile.

3. Le disposizioni dei commi 1 e 2 non si applicano se si tratta di leggi eccezionali o temporanee.

4. ***Reati commessi all'estero.*** — 1. Nei casi e alle condizioni previsti dagli artt. 7, 8, 9 e 10 del codice penale, gli enti aventi nel territorio dello Stato la sede principale rispondono anche in relazione ai reati commessi all'estero, purché nei loro confronti non proceda lo Stato del luogo in cui è stato commesso il fatto.

2. Nei casi in cui la legge prevede che il colpevole sia punito a richiesta del Ministro della giustizia, si

procede contro l'ente solo se la richiesta è formulata anche nei confronti di quest'ultimo.

5. ***Responsabilità dell'ente.*** — 1. L'ente è responsabile per i reati commessi nel suo interesse o a suo vantaggio:

a) da persone che rivestono funzioni di rappresentanza, di amministrazione o di direzione dell'ente o di una sua unità organizzativa dotata di autonomia finanziaria e funzionale nonché da persone che esercitano, anche di fatto, la gestione e il controllo dello stesso;

b) da persone sottoposte alla direzione o alla vigilanza di uno dei soggetti di cui alla lettera *a*).

2. L'ente non risponde se le persone indicate nel comma 1 hanno agito nell'interesse esclusivo proprio o di terzi.

6. ***Soggetti in posizione apicale e modelli di organizzazione dell'ente.*** — 1. Se il reato è stato commesso dalle persone indicate nell'art. 5, comma 1, lettera *a*), l'ente non risponde se prova che:

a) l'organo dirigente ha adottato ed efficacemente attuato, prima della commissione del fatto, modelli di organizzazione e di gestione idonei a prevenire reati della specie di quello verificatosi;

b) il compito di vigilare sul funzionamento e l'osservanza dei modelli di curare il loro aggiornamento è stato affidato a un organismo dell'ente dotato di autonomi poteri di iniziativa e di controllo;

c) le persone hanno commesso il reato eludendo fraudolentemente i modelli di organizzazione e di gestione;

d) non vi è stata omessa o insufficiente vigilanza da parte dell'organismo di cui alla lettera *b*).

2. In relazione all'estensione dei poteri delegati e al rischio di commissione dei reati, i modelli di cui alla lettera *a*), del comma 1, devono rispondere alle seguenti esigenze:

a) individuare le attività nel cui ambito possono essere commessi reati;

b) prevedere specifici protocolli diretti a programmare la formazione e l'attuazione delle decisioni dell'ente in relazione ai reati da prevenire;

c) individuare modalità di gestione delle risorse finanziarie idonee ad impedire la commissione dei reati;

d) prevedere obblighi di informazione nei confronti dell'organismo deputato a vigilare sul funzionamento e l'osservanza dei modelli;

e) introdurre un sistema disciplinare idoneo a sanzionare il mancato rispetto delle misure indicate nel modello.

3. I modelli di organizzazione e di gestione possono essere adottati, garantendo le esigenze di cui al comma 2, sulla base di codici di comportamento redatti dalle associazioni rappresentative degli enti, comunicati al Ministero della giustizia che, di concerto con i Ministeri competenti, può formulare, entro trenta giorni, osservazioni sulla idoneità dei modelli a prevenire i reati.

4. Negli enti di piccole dimensioni i compiti indicati nella lettera *b*), del comma 1, possono essere svolti direttamente dall'organo dirigente.

4-*bis*. Nelle società di capitali il collegio sindacale, il consiglio di sorveglianza e il comitato per il controllo della gestione possono svolgere le funzioni dell'organismo di vigilanza di cui al comma 1, lettera *b*).[1]

5. È comunque disposta la confisca del profitto che l'ente ha tratto dal reato, anche nella forma per equivalente.

[1] Comma inserito dall'art. 14, c. 12, della L. 12 nov. 2011, n. 183.

7. ***Soggetti sottoposti all'altrui direzione e modelli di organizzazione dell'ente.*** — 1. Nel caso previsto dall'art. 5, comma 1, lettera *b*), l'ente è responsabile se la commissione del reato è stata resa possibile dall'inosservanza degli obblighi di direzione o vigilanza.

2. In ogni caso, è esclusa l'inosservanza degli obblighi di direzione o vigilanza se l'ente, prima della commissione del reato, ha adottato ed efficacemente attuato un modello di organizzazione, gestione e controllo idoneo a prevenire reati della specie di quello verificatosi.

3. Il modello prevede, in relazione alla natura e alla dimensione dell'organizzazione nonché al tipo di attività svolta, misure idonee a garantire lo svolgimento dell'attività nel rispetto della legge e a scoprire ed eliminare tempestivamente situazioni di rischio.

4. L'efficace attuazione del modello richiede:

a) una verifica periodica e l'eventuale modifica dello stesso quando sono scoperte significative violazioni delle prescrizioni ovvero quando intervengono mutamenti nell'organizzazione o nell'attività;

b) un sistema disciplinare idoneo a sanzionare il mancato rispetto delle misure indicate nel modello.

8. ***Autonomia delle responsabilità dell'ente.*** — 1. La responsabilità dell'ente sussiste anche quando:

a) l'autore del reato non è stato identificato o non è imputabile;

b) il reato si estingue per una causa diversa dall'amnistia.

2. Salvo che la legge disponga diversamente, non si procede nei confronti dell'ente quando è concessa amnistia per un reato in relazione al quale è prevista la sua responsabilità e l'imputato ha rinunciato alla sua applicazione.

3. L'ente può rinunciare all'amnistia.

SEZIONE II

Sanzioni in generale

9. ***Sanzioni amministrative.*** — 1. Le sanzioni per gli illeciti amministrativi dipendenti da reato sono:

a) la sanzione pecuniaria;

b) le sanzioni interdittive;
c) la confisca;
d) la pubblicazione della sentenza.
2. Le sanzioni interdittive sono:
a) l'interdizione dall'esercizio dell'attività;
b) la sospensione o la revoca delle autorizzazioni, licenze o concessioni funzionali alla commissione dell'illecito;
c) il divieto di contrattare con la pubblica amministrazione, salvo che per ottenere le prestazioni di un pubblico servizio;
d) l'esclusione da agevolazioni, finanziamenti, contributi o sussidi e l'eventuale revoca di quelli già concessi;
e) il divieto di pubblicizzare beni o servizi.

10. ***Sanzione amministrativa pecuniaria.***[1] — 1. Per l'illecito amministrativo dipendente da reato si applica sempre la sanzione pecuniaria.
2. La sanzione pecuniaria viene applicata per quote in un numero non inferiore a cento né superiore a mille.
3. L'importo di una quota va da un minimo di euro 258 ad un massimo di euro 1.549.
4. Non è ammesso il pagamento in misura ridotta.

[1] I reati di abuso di informazioni privilegiate e manipolazione del mercato sono puniti secondo la legge italiana anche se commessi all'estero, ai sensi dell'art. 182, D.lgs. 24 feb. 1998, n. 58.

11. ***Criteri di commisurazione della sanzione pecuniaria.*** — 1. Nella commisurazione della sanzione pecuniaria il giudice determina il numero delle quote tenendo conto della gravità del fatto, del grado della responsabilità dell'ente nonché dell'attività svolta per eliminare o attenuare le conseguenze del fatto e per prevenire la commissione di ulteriori illeciti.
2. L'importo della quota è fissato sulla base delle condizioni economiche e patrimoniali dell'ente allo scopo di assicurare l'efficacia della sanzione.
3. Nei casi previsti dall'art. 12, comma 1, l'importo della quota è sempre di euro 103.

12. ***Casi di riduzione della sanzione pecuniaria.*** — 1. La sanzione pecuniaria è ridotta della metà e non può comunque essere superiore a lire duecento milioni se:
a) l'autore del reato ha commesso il fatto nel prevalente interesse proprio o di terzi e l'ente non ne ha ricavato vantaggio o ne ha ricavato un vantaggio minimo;
b) il danno patrimoniale cagionato è di particolare tenuità;
2. La sanzione è ridotta da un terzo alla metà se, prima della dichiarazione di apertura del dibattimento di primo grado:
a) l'ente ha risarcito integralmente il danno e ha eliminato le conseguenze dannose o pericolose del reato ovvero si è comunque efficacemente adoperato in tal senso;
b) è stato adottato e reso operativo un modello organizzativo idoneo a prevenire reati della specie di quello verificatosi.
3. Nel caso in cui concorrono entrambe le condizioni previste dalle lettere del precedente comma, la sanzione è ridotta dalla metà ai due terzi.
4. In ogni caso, la sanzione pecuniaria non può essere inferiore a euro 10.329.

13. ***Sanzioni interdittive.*** — 1. Le sanzioni interdittive si applicano in relazione ai reati per i quali sono espressamente previste, quando ricorre almeno una delle seguenti condizioni:
a) l'ente ha tratto dal reato un profitto di rilevante entità e il reato è stato commesso da soggetti in posizione apicale ovvero da soggetti sottoposti all'altrui direzione quando, in questo caso, la commissione del reato è stata determinata o agevolata da gravi carenze organizzative;
b) in caso di reiterazione degli illeciti.
2. Fermo restando quanto previsto dall'articolo 25, comma 5, le sanzioni interdittive[1] hanno una durata non inferiore a tre mesi e non superiore a due anni.
3. Le sanzioni interdittive non si applicano nei casi previsti dall'art. 12, comma 1.

[1] Parole così modif. dall'art. 1, c. 9, L. 9 gen. 2019, n. 3.

14. ***Criteri di scelta delle sanzioni interdittive.*** — 1. Le sanzioni interdittive hanno ad oggetto la specifica attività alla quale si riferisce l'illecito dell'ente. Il giudice ne determina il tipo e la durata sulla base dei criteri indicati nell'art. 11, tenendo conto dell'idoneità delle singole sanzioni a prevenire illeciti del tipo di quello commesso.
2. Il divieto di contrattare con la pubblica amministrazione può anche essere limitato a determinati tipi di contratto o a determinate amministrazioni. L'interdizione dall'esercizio di un'attività comporta la sospensione ovvero la revoca delle autorizzazioni, licenze o concessioni funzionali allo svolgimento dell'attività.
3. Se necessario, le sanzioni interdittive possono essere applicate congiuntamente.
4. L'interdizione dall'esercizio dell'attività si applica soltanto quando l'irrogazione di altre sanzioni interdittive risulta inadeguata.

15. ***Commissario giudiziale.*** — 1. Se sussistono i presupposti per l'applicazione di una sanzione interdittiva che determina l'interruzione dell'attività dell'ente, il giudice, in luogo dell'applicazione della sanzione, dispone la prosecuzione dell'attività dell'ente da parte di un commissario per un periodo pari alla durata della pena interdittiva che sarebbe stata applicata, quando ricorre almeno una delle seguenti condizioni:
a) l'ente svolge un pubblico servizio o un servizio di pubblica necessità la cui interruzione può provocare un grave pregiudizio alla collettività;
b) l'interruzione dell'attività dell'ente può provocare, tenuto conto delle sue dimensioni e delle

condizioni economiche del territorio in cui è situato, rilevanti ripercussioni sull'occupazione.

2. Con la sentenza che dispone la prosecuzione dell'attività, il giudice indica i compiti ed i poteri del commissario, tenendo conto della specifica attività in cui è stato posto in essere l'illecito da parte dell'ente.

3. Nell'ambito dei compiti e dei poteri indicati dal giudice, il commissario cura l'adozione e l'efficace attuazione dei modelli di organizzazione e di controllo idonei a prevenire reati della specie di quello verificatosi. Non può compiere atti di straordinaria amministrazione senza autorizzazione del giudice.

4. Il profitto derivante dalla prosecuzione dell'attività viene confiscato.

5. La prosecuzione dell'attività da parte del commissario non può essere disposta quando l'interruzione dell'attività consegue all'applicazione in via definitiva di una sanzione interdittiva.

16. ***Sanzioni interdittive applicate in via definitiva.*** — 1. Può essere disposta l'interdizione definitiva dall'esercizio dell'attività se l'ente ha tratto dal reato un profitto di rilevante entità ed è già stato condannato, almeno tre volte negli ultimi sette anni, alla interdizione temporanea dall'esercizio dell'attività.

2. Il giudice può applicare all'ente, in via definitiva, la sanzione del divieto di contrattare con la pubblica amministrazione ovvero del divieto di pubblicizzare beni o servizi quando è già stato condannato alla stessa sanzione almeno tre volte negli ultimi sette anni.

3. Se l'ente o una sua unità organizzativa viene stabilmente utilizzato allo scopo unico o prevalente di consentire o agevolare la commissione di reati in relazione ai quali è prevista la sua responsabilità è sempre disposta l'interdizione definitiva dall'esercizio dell'attività e non si applicano le disposizioni previste dall'art. 17.

17. ***Riparazione delle conseguenze del reato.*** — 1. Ferma l'applicazione delle sanzioni pecuniarie, le sanzioni interdittive non si applicano quando, prima della dichiarazione di apertura del dibattimento di primo grado, concorrono le seguenti condizioni:

a) l'ente ha risarcito integralmente il danno e ha eliminato le conseguenze dannose o pericolose del reato ovvero si è comunque efficacemente adoperato in tal senso;

b) l'ente ha eliminato le carenze organizzative che hanno determinato il reato mediante l'adozione e l'attuazione di modelli organizzativi idonei a prevenire reati della specie di quello verificatosi;

c) l'ente ha messo a disposizione il profitto conseguito ai fini della confisca.

18. ***Pubblicazione della sentenza di condanna.*** — 1. La pubblicazione della sentenza di condanna può essere disposta quando nei confronti dell'ente viene applicata una sanzione interdittiva.

2. La pubblicazione della sentenza avviene ai sensi dell'articolo 36 del codice penale nonché mediante affissione nel comune ove l'ente ha la sede principale.[1]

3. La pubblicazione della sentenza è eseguita, a cura della cancelleria del giudice, a spese dell'ente.

[1] Comma così sost. dall'art. 218, L. 23 dic. 2009, n. 191.

19. ***Confisca.*** — 1. Nei confronti dell'ente è sempre disposta, con la sentenza di condanna, la confisca del prezzo o del profitto del reato, salvo che per la parte che può essere restituita al danneggiato. Sono fatti salvi i diritti acquisiti dai terzi in buona fede.

2. Quando non è possibile eseguire la confisca a norma del comma 1, la stessa può avere ad oggetto somme di denaro, beni o altre utilità di valore equivalente al prezzo o al profitto del reato.

20. ***Reiterazione.*** — 1. Si ha reiterazione quando l'ente, già condannato in via definitiva almeno una volta per un illecito dipendente da reato, ne commette un altro nei cinque anni successivi alla condanna definitiva.

21. ***Pluralità di illeciti.*** — 1. Quando l'ente è responsabile in relazione ad una pluralità di reati commessi con una unica azione od omissione ovvero commessi nello svolgimento di una medesima attività e prima che per uno di essi sia stata pronunciata sentenza anche non definitiva, si applica la sanzione pecuniaria prevista per l'illecito più grave aumentata fino al triplo. Per effetto di detto aumento, l'ammontare della sanzione pecuniaria non può comunque essere superiore alla somma delle sanzioni applicabili per ciascun illecito.

2. Nei casi previsti dal comma 1, quando in relazione a uno o più degli illeciti ricorrono le condizioni per l'applicazione delle sanzioni interdittive, si applica quella prevista per l'illecito più grave.

22. ***Prescrizione.*** — 1. Le sanzioni amministrative si prescrivono nel termine di cinque anni dalla data di consumazione del reato.

2. Interrompono la prescrizione la richiesta di applicazione di misure cautelari interdittive e la contestazione dell'illecito amministrativo a norma dell'art. 59.

3. Per effetto della interruzione inizia un nuovo periodo di prescrizione.

4. Se l'interruzione è avvenuta mediante la contestazione dell'illecito amministrativo dipendente da reato, la prescrizione non corre fino al momento in cui passa in giudicato la sentenza che definisce il giudizio.

23. ***Inosservanza delle sanzioni interdittive.*** — 1. Chiunque, nello svolgimento dell'attività dell'ente a cui è stata applicata una sanzione o una misura cautelare interdittiva trasgredisce agli obblighi o ai divieti inerenti a tali sanzioni o misure, è punito con la reclusione da sei mesi a tre anni.

2. Nel caso di cui al comma 1, nei confronti dell'ente nell'interesse o a vantaggio del quale il reato è stato commesso, si applica la sanzione amministrativa pecuniaria da duecento e seicento quote e la confisca del profitto, a norma dell'art. 19.

3. Se dal reato di cui al comma 1, l'ente ha tratto un profitto rilevante, si applicano le sanzioni interdittive, anche diverse da quelle in precedenza irrogate.

SEZIONE III
Responsabilità amministrativa da reato[1]

[1] Rubrica così sost. dall'art. 3, c. 1, D.lgs. 11 apr. 2002, n. 61.

24. ***Indebita percezione di erogazioni, truffa in danno dello Stato, di un ente pubblico o dell'Unione europea o per il conseguimento di erogazioni pubbliche, frode informatica in danno dello Stato o di un ente pubblico e frode nelle pubbliche forniture.***[1] — 1. In relazione alla commissione dei delitti di cui agli artt. 316-*bis*, 316-*ter*, 356,[2] 640, comma 2, n. 1, 640-*bis* e 640-*ter* se commesso in danno dello Stato o di altro ente pubblico o dell'Unione europea, del codice penale, si applica all'ente la sanzione pecuniaria fino a cinquecento quote.

2. Se, in seguito alla commissione dei delitti di cui al comma 1, l'ente ha conseguito un profitto di rilevante entità o è derivato un danno di particolare gravità; si applica la sanzione pecuniaria da duecento a seicento quote.

2-*bis*. Si applicano all'ente le sanzioni previste ai commi precedenti in relazione alla commissione del delitto di cui all'articolo 2 della legge 23 dicembre 1986, n. 898.[3]

3. Nei casi previsti dai commi precedenti, si applicano le sanzioni interdittive previste dall'art. 9, comma 2, lettere *c*), *d*) ed *e*).

[1] Rubrica così sost. dall'art. 5, D.lgs. 14 lug. 2020, n. 75.
[2] Parola ins. dall'art. 5, D.lgs. 14 lug. 2020, n. 75.
[3] Comma ins. dall'art. 5, D.lgs. 14 lug. 2020, n. 75.

24-*bis*. ***Delitti informatici e trattamento illecito di dati.***[1] — 1. In relazione alla commissione dei delitti di cui agli artt. 615-*ter*, 617-*quater*, 617-*quinquies*, 635-*bis*, 635-*ter*, 635-*quater* e 635-*quinquies* del codice penale, si applica all'ente la sanzione pecuniaria da 100 a 500 quote.

2. In relazione alla commissione dei delitti di cui agli artt. 615-*quater* e 615-*quinquies* del codice penale, si applica all'ente la sanzione pecuniaria sino a trecento quote.

3. In relazione alla commissione dei delitti di cui agli artt. 491-*bis* e 640-*quinquies* del codice penale, salvo quanto previsto dall'art. 24 del presente decreto per i casi di frode informatica in danno dello Stato o di altro ente pubblico, e dei delitti di cui all'articolo 1, comma 11, del decreto-legge 21 settembre 2019, n. 105,[2] si applica all'ente la sanzione pecuniaria sino a quattrocento quote.

4. Nei casi di condanna per uno dei delitti indicati nel comma 1 si applicano le sanzioni interdittive previste dall'art. 9, comma 2, lettere *a*), *b*) ed *e*). Nei casi di condanna per uno dei delitti indicati nel comma 3 si applicano le sanzioni interdittive previste dall'art. 9, comma 2, lettere *c*), *d*) ed *e*).

[1] Articolo ins. dall'art. 7, L. 18 mar. 2008, n. 48.
[2] Parole ins. dall'art. 1, c. 11-*bis*, D.L. 21 set. 2019, n. 105, conv. con modif. in L. 18 nov. 2019, n. 133.

24-*ter*. ***Delitti di criminalità organizzata.***[1] — 1. In relazione alla commissione di taluno dei delitti di cui agli articoli 416, sesto comma, 416-*bis*, 416-*ter* e 630 del codice penale, ai delitti commessi avvalendosi delle condizioni previste dal predetto articolo 416-*bis* ovvero al fine di agevolare l'attività delle associazioni previste dallo stesso articolo, nonché ai delitti previsti dall'articolo 74 del testo unico di cui al decreto del Presidente della Repubblica 9 ottobre 1990, n. 309, si applica la sanzione pecuniaria da quattrocento a mille quote.

2. In relazione alla commissione di taluno dei delitti di cui all'articolo 416 del codice penale, ad esclusione del sesto comma, ovvero di cui all'articolo 407, comma 2, lettera *a*), numero 5), del codice di procedura penale, si applica la sanzione pecuniaria da trecento a ottocento quote.

3. Nei casi di condanna per uno dei delitti indicati nei commi 1 e 2, si applicano le sanzioni interdittive previste dall'articolo 9, comma 2, per una durata non inferiore ad un anno.

4. Se l'ente o una sua unità organizzativa viene stabilmente utilizzato allo scopo unico o prevalente di consentire o agevolare la commissione dei reati indicati nei commi 1 e 2, si applica la sanzione dell'interdizione definitiva dall'esercizio dell'attività ai sensi dell'articolo 16, comma 3.

[1] Articolo ins. dall'art. 2, c. 29, L. 15 lug. 2009, n. 94.

25. ***Peculato, concussione, induzione indebita a dare o promettere utilità, corruzione e abuso d'ufficio.***[1] — 1. In relazione alla commissione dei delitti di cui agli articoli 318, 321, 322, commi primo e terzo, e 346-*bis* del codice penale, si applica la sanzione pecuniaria fino a duecento quote. La medesima sanzione si applica, quando il fatto offende gli interessi finanziari dell'Unione europea, in relazione alla commissione dei delitti di cui agli articoli 314, primo comma, 316 e 323 del codice penale[2].[3]

2. In relazione alla commissione dei delitti di cui agli artt. 319, 319-*ter*, comma 1, 321, 322, commi 2 e 4, del codice penale, si applica all'ente la sanzione pecuniaria da duecento a seicento quote.

3. In relazione alla commissione dei delitti di cui agli articoli 317, 319, aggravato ai sensi dell'articolo 319-*bis* quando dal fatto l'ente ha conseguito un profitto di rilevante entità, 319-*ter*, comma 2, 319-

quater e 321 del codice penale, si applica all'ente la sanzione pecuniaria da trecento a ottocento quote.[4]

4. Le sanzioni pecuniarie previste per i delitti di cui ai commi da 1 a 3, si applicano all'ente anche quando tali delitti sono stati commessi dalle persone indicate negli artt. 320 e 322-*bis*.

5. Nei casi di condanna per uno dei delitti indicati nei commi 2 e 3, si applicano le sanzioni interdittive previste dall'articolo 9, comma 2, per una durata non inferiore a quattro anni e non superiore a sette anni, se il reato è stato commesso da uno dei soggetti di cui all'articolo 5, comma 1, lettera *a*), e per una durata non inferiore a due anni e non superiore a quattro, se il reato è stato commesso da uno dei soggetti di cui all'articolo 5, comma 1, lettera *b*).[3]

5-*bis*. Se prima della sentenza di primo grado l'ente si è efficacemente adoperato per evitare che l'attività delittuosa sia portata a conseguenze ulteriori, per assicurare le prove dei reati e per l'individuazione dei responsabili ovvero per il sequestro delle somme o altre utilità trasferite e ha eliminato le carenze organizzative che hanno determinato il reato mediante l'adozione e l'attuazione di modelli organizzativi idonei a prevenire reati della specie di quello verificatosi, le sanzioni interdittive hanno la durata stabilita dall'articolo 13, comma 2.[5]

[1] Rubrica così modif. dall'art. 5, D.lgs. 14 lug. 2020, n. 75.
[2] Periodo aggiunto dall'art. 5, D.lgs. 14 lug. 2020, n. 75
[3] Comma così sost. dall'art. 1, c. 9, L. 9 gen. 2019, n. 3.
[4] Comma così modif. dall'art. 1, c. 77, lett. *a*), L. 6 nov. 2012, n. 190.
[5] Comma aggiunto dall'art. 1, c. 9, L. 9 gen. 2019, n. 3.

25-*bis*. *Falsità in monete, in carte di pubblico credito, in valori di bollo e in strumenti o segni di riconoscimento.*[1] — In relazione alla commissione dei delitti previsti dal codice penale in materia di falsità in monete, in carte di pubblico credito in valori di bollo e in strumenti e segni di riconoscimento[2], si applicano all'ente le seguenti sanzioni pecuniarie:

a) per il delitto di cui all'art. 453 la sanzione pecuniaria da trecento a ottocento quote;

b) per i delitti di cui agli artt. 454, 460 e 461 la sanzione pecuniaria fino a cinquecento quote;

c) per il delitto di cui all'art. 455 le sanzioni pecuniarie stabilite dalla lettera *a*), in relazione all'art. 453, e dalla lettera *b*), in relazione all'art. 454, ridotte da un terzo alla metà;

d) per i delitti di cui agli artt. 457 e 464, secondo comma, le sanzioni pecuniarie fino a duecento quote;

e) per il delitto di cui all'art. 459 le sanzioni pecuniarie previste dalle lettere *a*), *c*) e *d*) ridotte di un terzo;

f) per il delitto di cui all'art. 464, primo comma, la sanzione pecuniaria fino a trecento quote,

f-bis) per i delitti di cui agli articoli 473 e 474, la sanzione pecuniaria fino a cinquecento quote.[3]

2. Nei casi di condanna per uno dei delitti di cui agli artt. 453, 454, 455, 459, 460, 461, 473 e 474 del codice penale, si applicano all'ente le sanzioni interdittive previste dall'art. 9, comma 2, per una durata non superiore ad un anno.[4]

[1] Rubrica così sost. dall'art. 15, c. 7, lett. *a*), L. 23 lug 2009, n. 99.
[2] Parole così sost. dall'art. 15, c. 7, lett. *a*), L. 23 lug. 2009, n. 99.
[3] Lettera aggiunta dall'art. 15, c. 7, lett. *a*), L. 23 lug. 2009, n. 99.
[4] Comma così modif. dall'art. 15, c. 7, lett. *a*), L. 23 lug. 2009, n. 99.

25-*bis*.1. *Delitti contro l'industria e il commercio.*[1] — 1. In relazione alla commissione dei delitti contro l'industria e il commercio previsti dal codice penale, si applicano all'ente le seguenti sanzioni pecuniarie:

a) per i delitti di cui agli articoli 513, 515, 516, 517, 517-*ter* e 517-*quater* la sanzione pecuniaria fino a cinquecento quote;

b) per i delitti di cui agli articoli 513-*bis* e 514 la sanzione pecuniaria fino a ottocento quote.

2. Nel caso di condanna per i delitti di cui alla lettera *b*) del comma 1 si applicano all'ente le sanzioni interdittive previste dall'articolo 9, comma 2.

[1] Articolo ins. dall'art. 15, c. 7, lett. *b*), L. 23 lug. 2009, n. 99.

25-*ter*. *Reati societari.*[1] — 1. In relazione ai reati in materia societaria previsti dal codice civile, si applicano all'ente le seguenti sanzioni pecuniarie:[2]

a) per il delitto di false comunicazioni sociali previsto dall'articolo 2621 del codice civile, la sanzione pecuniaria da duecento a quattrocento quote;[3]

a-bis) per il delitto di false comunicazioni sociali previsto dall'articolo 2621-*bis* del codice civile, la sanzione pecuniaria da cento a duecento quote;[4]

b) per il delitto di false comunicazioni sociali previsto dall'articolo 2622 del codice civile, la sanzione pecuniaria da quattrocento a seicento quote;[3]

c) [5]

d) per la contravvenzione di falso in progetto, prevista dall'art. 2623, primo comma, del codice civile, la sanzione pecuniaria da duecento a duecentosessanta quote;[6]

e) per il delitto di falso in prospetto, previsto dall'art. 2623, secondo comma, del codice civile, la sanzione pecuniaria da quattrocento a seicentosessanta quote;[6]

f) per la contravvenzione di falsità nelle relazioni o nelle comunicazioni delle società di relazioni o nelle comunicazioni delle società di revisione, prevista dall'art. 2624, primo comma del codice civile, la sanzione pecuniaria da duecento a duecentosessanta quote;[6]

g) per il delitto di falsità nelle relazioni o nelle

comunicazioni delle società di revisione, previsto dall'art. 2624, secondo comma, del codice civile, la sanzione pecuniaria da quattrocento a ottocento quote;[6]

h) per il delitto di impedito controllo, previsto dall'art. 2625, secondo comma, del codice civile, la sanzione pecuniaria da duecento a trecentosessanta quote;[6]

i) per il delitto di formazione fittizia del capitale, previsto dall'art. 2632 del codice civile, la sanzione pecuniaria da duecento a trecentosessanta quote;[6]

l) per il delitto di indebita restituzione dei conferimento, previsto dall'art. 2626 del codice civile, la sanzione pecuniaria da duecento a trecentosessanta quote;[6]

m) per la contravvenzione di illegale ripartizione degli utili e delle riserve, prevista dall'art. 2627 del codice civile, la sanzione pecuniaria da duecento a duecentosessanta quote;[6]

n) per il delitto di illecite operazioni sulle azioni o quote sociali o della società controllante, previsto dall'art. 2628 del codice civile, la sanzione pecuniaria da duecento a trecentosessanta quote;[6]

o) per il delitto di operazioni in pregiudizio dei creditori, previsto dall'art. 2629 del codice civile, la sanzione pecuniaria da trecento a seicentosessanta quote;[6]

p) per il delitto di indebita ripartizione dei beni sociali da parte dei liquidatori, previsto dall'art. 2633 del codice civile, la sanzione pecuniaria da trecento a seicentosessanta quote;[6]

q) per il delitto di illecita influenza sull'assemblea, previsto dall'art. 2636 del codice civile, la sanzione pecuniaria da trecento a seicentosessanta quote;[6]

r) per il delitto di aggiotaggio, previsto dall'art. 2637 del codice civile e per il delitto di omessa comunicazione del conflitto d'interessi previsto dall'art. 2629-*bis* del codice civile,[7] la sanzione pecuniaria quattrocento a mille quote;[6]

s) per i delitti di ostacolo all'esercizio delle funzioni delle autorità pubbliche di vigilanza, previsti dall'art. 2638, primo e secondo comma, del codice civile, la sanzione pecuniaria da quattrocento a ottocento quote.[6]

s-*bis*) per il delitto di corruzione tra privati, nei casi previsti dal terzo comma dell'articolo 2635 del codice civile, la sanzione pecuniaria da quattrocento a seicento quote e, nei casi di istigazione di cui al primo comma dell'articolo 2635-*bis* del codice civile, la sanzione pecuniaria da duecento a quattrocento quote. Si applicano altresì le sanzioni interdittive previste dall'articolo 9, comma 2.[8]

2. Se, in seguito alla commissione dei reati di cui al comma 1, l'ente ha conseguito un profitto di rilevante entità, la sanzione pecuniaria è aumentata di un terzo.

[1] Articolo ins. dall'art. 3, c. 2, D.lgs. 1 apr. 2002, n. 61.
[2] Alinea così modif. dall'art. 12, L. 27 mag. 2015, n. 69.
[3] Lettera così modif. dall'art. 12, L. 27 mag. 2015, n. 69.
[4] Lettera ins. dall'art. 12, L. 27 mag. 2015, n. 69.
[5] Lettera abrog. dall'art. 12, L. 27 mag. 2015, n. 69.
[6] Sanzione così modif. dall'art. 39, c. 5, L. 28 dic. 2005, n. 262.
[7] Parole ins. dall'art. 31, c. 2, L. 28 dic. 2005, n. 262.
[8] Lettera così sost. dall'art. 6, c. 1, D.lgs. 15 mar. 2017, n. 38.

25-*quater*.[1] ***Delitti con finalità di terrorismo o di eversione dell'ordine democratico.***[1] — In relazione alla commissione dei delitti aventi finalità di terrorismo o di eversione dell'ordine democratico, previsti dal codice penale e dalle leggi speciali, si applicano all'ente le seguenti sanzioni pecuniarie:

a) se il delitto è punito con la pena della reclusione inferiore a dieci anni, la sanzione pecuniaria da duecento a settecento quote;

b) se il delitto è punito con la pena della reclusione non inferiore a dieci anni o con l'ergastolo, la sanzione pecuniaria da quattrocento a mille quote.

2. Nei casi di condanna per uno dei delitti indicati nel comma 1, si applicano le sanzioni interdittive previste dall'art. 9, comma 2, per una durata non inferiore a un anno.

3. Se l'ente o una sua unità organizzativa viene stabilmente utilizzato allo scopo unico o prevalente di consentire o agevolare la commissione dei reati indicati nel comma 1, si applica la sanzione dell'interdizione definitiva dall'esercizio dell'attività ai sensi dell'art. 16, comma 3.

4. Le disposizioni dei commi 1, 2 e 3 si applicano altresì in relazione alla commissione di delitti, diversi da quelli indicati nel comma 1, che siano comunque stati posti in essere in violazione di quanto previsto dall'art. 2 della Convenzione internazionale per la repressione del finanziamento del terrorismo fatta a New York il 9 dicembre 1999.

[1] Articolo ins. dall'art. 3, L. 14 gen. 2003, n. 7.

25-*quater*.1. ***Pratiche di mutilazione degli organi genitali femminili.***[1] — 1. In relazione alla commissione dei delitti di cui all'art. 583-*bis* del codice penale si applicano all'ente, nella cui struttura è commesso il delitto, la sanzione pecuniaria da 300 a 700 quote e le sanzioni interdittive previste dall'art. 9, per una durata non inferiore ad un anno. Nel caso in cui si tratti di un ente privato accreditato è altresì revocato l'accreditamento.

2. Se l'ente o una sua unità organizzativa viene stabilmente utilizzato allo scopo unico o prevalente di consentire o agevolare la commissione dei delitti indicati al comma 1, si applica la sanzione dell'interdizione definitiva dall'esercizio dell'attività ai sensi dell'art. 16, comma 3.

[1] Articolo ins. dall'art. 8, L. 9 gen. 2006, n. 7.

25-*quinquies*. ***Delitti contro la personalità individuale.***[1] — In relazione alla commissione dei delitti previsti dalla sezione I del capo III del titolo XII del libro II del codice penale si applicano all'ente le seguenti sanzioni pecuniarie:

a) per i delitti di cui agli articoli 600, 601, 602 e

603-*bis*[2],la sanzione pecuniaria da quattrocento a mille quote;

b) per i delitti i cui agli artt. 600-*bis*, primo comma, 600-*ter*, primo e secondo comma, anche se relativi al materiale pornografico di cui all'art. 600-*quater*[3] e 600-*quinquies*, la sanzione pecuniaria da trecento a ottocento quote;

c) per i delitti di cui agli artt. 600-*bis*, secondo comma, 600-*ter*, terzo e quarto comma, e 600-*quater*, anche se relativi al materiale pornografico di cui all'art. 600-*quater*.1[4], nonché per il delitto di cui all'articolo 609-*undecies*,[5] la sanzione pecuniaria da duecento a settecento quote.

2. Nei casi di condanna per uno dei delitti indicati nel comma 1, lettere *a*) e *b*), si applicano le sanzioni interdittive previste dall'art. 9, comma 2, per una durata non inferiore ad un anno.

3. Se l'ente o una sua unità organizzativa viene stabilmente utilizzato allo scopo unico o prevalente di consentire o agevolare la commissione dei reati indicati nel comma 1, si applica la sanzione dell'interdizione definitiva dall'esercizio dell'attività ai sensi dell'art. 16, comma 3.

[1] Articolo ins. dall'art. 5, L. 11 ago. 2003, n. 228, recante misure contro la tratta di persone.
[2] Parole ins. dall'art. 6, c. 1, L. 29 ott. 2016, n. 199.
[3] Parole ins. dall'art. 10, c. 1, lett. *a*), L. 6 feb. 2006, n. 38.
[4] Parole ins. dall'art. 10, c. 1, lett. *b*), L. 6 feb. 2006, n. 38.
[5] Parole ins. dall'art. 3, D.lgs. 4 mar. 2014, n. 39.

25-*sexies*. *Abusi di mercato*.[1] — In relazione ai reati di abuso di informazioni privilegiate e di manipolazione del mercato previsti dalla parte V, titolo I-*bis*, capo II, del testo unico di cui al decreto legislativo 24 febbraio 1998, n. 58, si applica all'ente la sanzione pecuniaria da quattrocento a mille quote.

2. Se, in seguito alla commissione dei reati di cui al comma 1, il prodotto o il profitto conseguito all'ente è di rilevante entità, la sanzione è aumentata fino a dieci volte tale prodotto o profitto.

[1] Articolo ins. dall'art. 9, c. 3, L. 18 apr. 2005, n. 62.

25-*septies*. *Omicidio colposo o lesioni gravi o gravissime commesse con violazione delle norme sulla tutela della salute e sicurezza sul lavoro*.[1] — 1. In relazione al delitto di cui all'art. 589 del codice penale, commesso con violazione dell'art. 55, c. 2, del D.lgs. attuativo della delega di cui alla L. 3 ago. 2007, n. 123, in materia di salute e sicurezza sul lavoro, si applica una sanzione pecuniaria in misura pari a 1.000 quote. Nel caso di condanna per il delitto di cui al precedente periodo si applicano le sanzioni interdittive di cui all'art. 9, c. 2, per una durata non inferiore a tre mesi e non superiori ad un anno.

2. Salvo quanto previsto dal comma 1, in relazione al delitto di cui all'art. 589 del codice penale, commesso con violazione delle norme sulla tutela della salute e sicurezza sul lavoro, si applica una sanzione pecuniaria in misura non inferiore a 250 quote e non superiore a 500 quote. Nel caso di condanna per il delitto di cui al precedente periodo si applicano le sanzioni interdittive di cui all'art. 9, c. 2, per una durata non inferiore a tre mesi e non superiore ad un anno.

3. In relazione al delitto di cui all'art. 590, c. 3, del codice penale, commesso con violazione delle norme sulla tutela della salute e sicurezza sul lavoro, si applica una sanzione pecuniaria in misura non superiore a 250 quote. Nel caso di condanna per il delitto di cui al precedente periodo si applicano le sanzioni interdittive di cui all'art. 9, c. 2, per una durata non superiore a sei mesi.

[1] Articolo così sost. dall'art. 300, D.lgs. 9 apr. 2008, n. 81 (T.U. salute e sicurezza).

25-*octies*. *Ricettazione, riciclaggio e impiego di denaro, beni o utilità di provenienza illecita, nonché autoriciclaggio*.[1] — 1. In relazione ai reati di cui agli articoli 648, 648-*bis*, 648-*ter* e 648-*ter*.1 del codice penale, si applica all'ente la sanzione pecuniaria da 200 a 800 quote. Nel caso in cui il denaro, i beni o le altre utilità provengono da delitto per il quale è stabilita la pena della reclusione superiore nel massimo a cinque anni si applica la sanzione pecuniaria da 400 a 1000 quote.

2. Nei casi di condanna per uno dei delitti di cui al comma 1 si applicano all'ente le sanzioni interdittive previste dall'articolo 9, comma 2, per una durata non superiore a due anni.

3. In relazione agli illeciti di cui ai commi 1 e 2, il Ministero della giustizia, sentito il parere dell'UIF, formula le osservazioni di cui all'articolo 6 del decreto legislativo 8 giugno 2001, n. 231.

[1] Articolo ins. dall'art. 63, D.lgs. 21 nov. 2007, n. 231, e successivamente così modif. dall'art. 3, c. 5, L. 15 dic. 2014, n. 186.

25-*octies*.1. *Delitti in materia di strumenti di pagamento diversi dai contanti*.[1] — 1. In relazione alla commissione dei delitti previsti dal codice penale in materia di strumenti di pagamento diversi dai contanti, si applicano all'ente le seguenti sanzioni pecuniarie:

a) per il delitto di cui all'articolo 493-*ter*, la sanzione pecuniaria da 300 a 800 quote;

b) per il delitto di cui all'articolo 493-*quater* e per il delitto di cui all'articolo 640-*ter*, nell'ipotesi aggravata dalla realizzazione di un trasferimento di denaro, di valore monetario o di valuta virtuale, la sanzione pecuniaria sino a 500 quote.

2. Salvo che il fatto integri altro illecito amministrativo sanzionato più gravemente, in relazione alla commissione di ogni altro delitto contro la fede pubblica, contro il patrimonio o che comunque offende il patrimonio previsto dal codice penale, quando ha ad oggetto strumenti di pagamento diversi dai contanti, si applicano all'ente le seguenti sanzioni pecuniarie:

a) se il delitto è punito con la pena della reclusione inferiore ai dieci anni, la sanzione pecuniaria sino a 500 quote;

b) se il delitto è punito con la pena non inferiore

ai dieci anni di reclusione, la sanzione pecuniaria da 300 a 800 quote.

3. Nei casi di condanna per uno dei delitti di cui ai commi 1 e 2 si applicano all'ente le sanzioni interdittive previste dall'articolo 9, comma 2.

[1] Articolo ins. dall'art. 3, D.lgs. 8 nov. 2021, n. 184.

25-*novies*. *Delitti in materia di violazione del diritto d'autore.*[1] — 1. In relazione alla commissione dei delitti previsti dagli articoli 171, primo comma, lettera *a-bis*), e terzo comma, 171-*bis*, 171-*ter*, 171-*septies* e 171-*octies* della legge 22 aprile 1941, n. 633, si applica all'ente la sanzione pecuniaria fino a cinquecento quote.

2. Nel caso di condanna per i delitti di cui al comma 1 si applicano all'ente le sanzioni interdittive previste dall'articolo 9, comma 2, per una durata non superiore ad un anno. Resta fermo quanto previsto dall'articolo 174-*quinquies* della citata legge n. 633 del 1941.

[1] Articolo ins. dall'art. 15, c. 7, lett. *c*), L. 23 lug. 2009, n. 99.

25-*decies*. *Induzione a non rendere dichiarazioni o a rendere dichiarazioni mendaci all'autorità giudiziaria.*[1] — 1. In relazione alla commissione del delitto di cui all'art. 377-*bis* del codice penale, si applica all'ente la sanzione pecuniaria fino a cinquecento quote.

[1] Articolo ins. dall'art. 4, L. 3 ago. 2009, n. 116 come sost. dall'art. 2, c. 1, D.lgs. 7 lug. 2011, n. 121. Il testo della *Gazzetta Ufficiale* riporta erroneamente la dizione: «codice civile».

25-*undecies*. *Reati ambientali.*[1] — 1. In relazione alla commissione dei reati previsti dal codice penale, si applicano all'ente le seguenti sanzioni pecuniarie:

a) per la violazione dell'articolo 452-*bis*, la sanzione pecuniaria da duecentocinquanta a seicento quote;

b) per la violazione dell'articolo 452-*quater*, la sanzione pecuniaria da quattrocento a ottocento quote;

c) per la violazione dell'articolo 452-*quinquies*, la sanzione pecuniaria da duecento a cinquecento quote;

d) per i delitti associativi aggravati ai sensi dell'articolo 452-*octies*, la sanzione pecuniaria da trecento a mille quote;

e) per il delitto di traffico e abbandono di materiale ad alta radioattività ai sensi dell'articolo 452-*sexies*, la sanzione pecuniaria da duecentocinquanta a seicento quote;

f) per la violazione dell'articolo 727-*bis*, la sanzione pecuniaria fino a duecentocinquanta quote;

g) per la violazione dell'articolo 733-*bis*, la sanzione pecuniaria da centocinquanta a duecentocinquanta quote;[2]

1-*bis*. Nei casi di condanna per i delitti indicati al comma 1, lettere *a*) e *b*), del presente articolo, si applicano, oltre alle sanzioni pecuniarie ivi previste, le sanzioni interdittive previste dall'articolo 9, per un periodo non superiore a un anno per il delitto di cui alla citata lettera *a*).[3]

2. In relazione alla commissione dei reati previsti dal decreto legislativo 3 aprile 2006, n. 152, si applicano all'ente le seguenti sanzioni pecuniarie:

a) per i reati di cui all'articolo 137:

1) per la violazione dei commi 3, 5, primo periodo, e 13, la sanzione pecuniaria da centocinquanta a duecentocinquanta quote;

2) per la violazione dei commi 2, 5, secondo periodo, e 11, la sanzione pecuniaria da duecento a trecento quote.

b) per i reati di cui all'articolo 256:

1) per la violazione dei commi 1, lettera *a*), e 6, primo periodo, la sanzione pecuniaria fino a duecentocinquanta quote;

2) per la violazione dei commi 1, lettera *b*), 3, primo periodo, e 5, la sanzione pecuniaria da centocinquanta a duecentocinquanta quote;

3) per la violazione del comma 3, secondo periodo, la sanzione pecuniaria da duecento a trecento quote;

c) per i reati di cui all'articolo 257:

1) per la violazione del comma 1, la sanzione pecuniaria fino a duecentocinquanta quote;

2) per la violazione del comma 2, la sanzione pecuniaria da centocinquanta a duecentocinquanta quote;

d) per la violazione dell'articolo 258, comma 4, secondo periodo, la sanzione pecuniaria da centocinquanta a duecentocinquanta quote;

e) per la violazione dell'articolo 259, comma 1, la sanzione pecuniaria da centocinquanta a duecentocinquanta quote;

f) per il delitto di cui all'articolo 260, la sanzione pecuniaria da trecento a cinquecento quote, nel caso previsto dal comma 1 e da quattrocento a ottocento quote nel caso previsto dal comma 2;

g) per la violazione dell'articolo 260-*bis*, la sanzione pecuniaria da centocinquanta a duecentocinquanta quote nel caso previsto dai commi 6, 7, secondo e terzo periodo, e 8, primo periodo, e la sanzione pecuniaria da duecento a trecento quote nel caso previsto dal comma 8, secondo periodo;

h) per la violazione dell'articolo 279, comma 5, la sanzione pecuniaria fino a duecentocinquanta quote.

3. In relazione alla commissione dei reati previsti dalla legge 7 febbraio 1992, n. 150, si applicano all'ente le seguenti sanzioni pecuniarie:

a) per la violazione degli articoli 1, comma 1, 2, commi 1 e 2, e 6, comma 4, la sanzione pecuniaria fino a duecentocinquanta quote;

b) per la violazione dell'articolo 1, comma 2, la sanzione pecuniaria da centocinquanta a duecentocinquanta quote;

c) per i reati del codice penale richiamati dall'articolo 3-*bis*, comma 1, della medesima legge n. 150 del 1992, rispettivamente:

1) la sanzione pecuniaria fino a duecentocinquanta quote, in caso di commissione di reati per cui è prevista la pena non superiore nel massimo ad un anno di reclusione;

2) la sanzione pecuniaria da centocinquanta a duecentocinquanta quote, in caso di commissione di reati per cui è prevista la pena non superiore nel massimo a due anni di reclusione;

3) la sanzione pecuniaria da duecento a trecento quote, in caso di commissione di reati per cui è prevista la pena non superiore nel massimo a tre anni di reclusione;

4) la sanzione pecuniaria da trecento a cinquecento quote, in caso di commissione di reati per cui è prevista la pena superiore nel massimo a tre anni di reclusione.

4. In relazione alla commissione dei reati previsti dall'articolo 3, comma 6, della legge 28 dicembre 1993, n. 549, si applica all'ente la sanzione pecuniaria da centocinquanta a duecentocinquanta quote.

5. In relazione alla commissione dei reati previsti dal decreto legislativo 6 novembre 2007, n. 202, si applicano all'ente le seguenti sanzioni pecuniarie:

a) per il reato di cui all'articolo 9, comma 1, la sanzione pecuniaria fino a duecentocinquanta quote;

b) per i reati di cui agli articoli 8, comma 1, e 9, comma 2, la sanzione pecuniaria da centocinquanta a duecentocinquanta quote;

c) per il reato di cui all'articolo 8, comma 2, la sanzione pecuniaria da duecento a trecento quote.

6. Le sanzioni previste dal comma 2, lettera *b*), sono ridotte della metà nel caso di commissione del reato previsto dall'articolo 256, comma 4, del decreto legislativo 3 aprile 2006, n. 152.

7. Nei casi di condanna per i delitti indicati al comma 2, lettere *a*), n. 2), *b*), n. 3), e *f*), e al comma 5, lettere *b*) e *c*), si applicano le sanzioni interdittive previste dall'articolo 9, comma 2, del decreto legislativo 8 giugno 2001, n. 231, per una durata non superiore a sei mesi.

8. Se l'ente o una sua unità organizzativa vengono stabilmente utilizzati allo scopo unico o prevalente di consentire o agevolare la commissione dei reati di cui all'articolo 260 del decreto legislativo 3 aprile 2006, n. 152, e all'articolo 8 del decreto legislativo 6 novembre 2007, n. 202, si applica la sanzione dell'interdizione definitiva dall'esercizio dell'attività ai sensi dell'art. 16, comma 3, del decreto legislativo 8 giugno 2001 n. 231.

[1] Articolo ins. dall'art. 2, c. 2, D.lgs. 7 lug. 2011, n. 121.
[2] Comma così modif. dall'art. 1, c. 8, L. 22 mag. 2015, n. 68.
[3] Comma ins. dall'art. 1, c. 8, L. 22 mag. 2015, n. 68.

25-*duodecies*. *Impiego di cittadini di paesi terzi il cui soggiorno è irregolare.*[1] — 1. In relazione alla commissione del delitto di cui all'articolo 22, comma 12-*bis*, del decreto legislativo 25 luglio 1998, n. 286, si applica all'ente la sanzione pecuniaria da 100 a 200 quote, entro il limite di 150.000 euro.

1-*bis*. In relazione alla commissione dei delitti di cui all'articolo 12, commi 3, 3-*bis* e 3-*ter*, del testo unico di cui al decreto legislativo 25 luglio 1998, n. 286, e successive modificazioni, si applica all'ente la sanzione pecuniaria da quattrocento a mille quote.[2]

1-*ter*. In relazione alla commissione dei delitti di cui all'articolo 12, comma 5, del testo unico di cui al decreto legislativo 25 luglio 1998, n. 286, e successive modificazioni, si applica all'ente la sanzione pecuniaria da cento a duecento quote.[2]

1-*quater*. Nei casi di condanna per i delitti di cui ai commi 1-*bis* e 1-*ter* del presente articolo, si applicano le sanzioni interdittive previste dall'articolo 9, comma 2, per una durata non inferiore a un anno.[2]

[1] Articolo aggiunto dall'art. 2, c. 1, D.lgs. 16 lug. 2012, n. 109.
[2] Comma aggiunto dall'art. 30, c. 4, L. 17 ott. 2017, n. 161.

25-*terdecies*. *Razzismo e xenofobia.*[1] — 1. In relazione alla commissione dei delitti di cui all'articolo 3, comma 3-*bis*, della legge 13 ottobre 1975, n. 654,[2] si applica all'ente la sanzione pecuniaria da duecento a ottocento quote.

2. Nei casi di condanna per i delitti di cui al comma 1 si applicano all'ente le sanzioni interdittive previste dall'articolo 9, comma 2, per una durata non inferiore a un anno.

3. Se l'ente o una sua unità organizzativa è stabilmente utilizzato allo scopo unico o prevalente di consentire o agevolare la commissione dei delitti indicati nel comma 1, si applica la sanzione dell'interdizione definitiva dall'esercizio dell'attività ai sensi dell'articolo 16, comma 3.

[1] Articolo aggiunto dall'art. 5, c. 2, L. 20 nov. 2017, n. 167.
[2] Ai sensi della Tabella A di cui all'art. 8, D.lgs. 1 mar. 2018, n. 21, il riferimento all'art. 3, L. 13 ott. 1975, n. 654, deve intendersi all'art. 604-*bis* c.p.

25-*quaterdecies*. *Frode in competizioni sportive, esercizio abusivo di gioco o di scommessa e giochi d'azzardo esercitati a mezzo di apparecchi vietati.*[1] — 1. In relazione alla commissione dei reati di cui agli articoli 1 e 4 della legge 13 dicembre 1989, n. 401, si applicano all'ente le seguenti sanzioni pecuniarie:

a) per i delitti, la sanzione pecuniaria fino a cinquecento quote;

b) per le contravvenzioni, la sanzione pecuniaria fino a duecentosessanta quote.

2. Nei casi di condanna per uno dei delitti indicati nel comma 1, lettera *a*), del presente articolo, si applicano le sanzioni interdittive previste dall'articolo 9, comma 2, per una durata non inferiore a un anno.

[1] Articolo ins. dall'art. 5, c. 1, L. 3 mag. 2019, n. 39, a decorrere dal 17 mag. 2019.

25-*quinquiesdecies*. *Reati tributari*.[1] — 1. In relazione alla commissione dei delitti previsti dal decreto legislativo 10 marzo 2000, n. 74, si applicano all'ente le seguenti sanzioni pecuniarie:

a) per il delitto di dichiarazione fraudolenta mediante uso di fatture o altri documenti per operazioni inesistenti previsto dall'articolo 2, comma 1, la sanzione pecuniaria fino a cinquecento quote;

b) per il delitto di dichiarazione fraudolenta mediante uso di fatture o altri documenti per operazioni inesistenti, previsto dall'articolo 2, comma 2-*bis*, la sanzione pecuniaria fino a quattrocento quote;

c) per il delitto di dichiarazione fraudolenta mediante altri artifici, previsto dall'articolo 3, la sanzione pecuniaria fino a cinquecento quote;

d) per il delitto di emissione di fatture o altri documenti per operazioni inesistenti, previsto dall'articolo 8, comma 1, la sanzione pecuniaria fino a cinquecento quote;

e) per il delitto di emissione di fatture o altri documenti per operazioni inesistenti, previsto dall'articolo 8, comma 2-*bis*, la sanzione pecuniaria fino a quattrocento quote;

f) per il delitto di occultamento o distruzione di documenti contabili, previsto dall'articolo 10, la sanzione pecuniaria fino a quattrocento quote;

g) per il delitto di sottrazione fraudolenta al pagamento di imposte, previsto dall'articolo 11, la sanzione pecuniaria fino a quattrocento quote.

1-*bis*. In relazione alla commissione dei delitti previsti dal decreto legislativo 10 marzo 2000, n. 74, se commessi nell'ambito di sistemi fraudolenti transfrontalieri e al fine di evadere l'imposta sul valore aggiunto per un importo complessivo non inferiore a dieci milioni di euro, si applicano all'ente le seguenti sanzioni pecuniarie:

a) per il delitto di dichiarazione infedele previsto dall'articolo 4, la sanzione pecuniaria fino a trecento quote;

b) per il delitto di omessa dichiarazione previsto dall'articolo 5, la sanzione pecuniaria fino a quattrocento quote;

c) per il delitto di indebita compensazione previsto dall'articolo 10-*quater*, la sanzione pecuniaria fino a quattrocento quote.[2]

2. Se, in seguito alla commissione dei delitti indicati ai commi 1 e 1-*bis*[3], l'ente ha conseguito un profitto di rilevante entità, la sanzione pecuniaria è aumentata di un terzo.

3. Nei casi previsti dai commi 1, 1-*bis* e 2[3], si applicano le sanzioni interdittive di cui all'articolo 9, comma 2, lettere *c*), *d*) ed *e*).

[1] Articolo ins. dall'art. 39, c. 2, D.L. 26 ott. 2019, n. 124, conv. con modif. in L. 19 dic. 2019, n. 157.
[2] Comma aggiunto dall'art. 5, D.lgs. 14 lug. 2020, n. 75.
[3] Parole così modif. dall'art. 5, D.lgs. 14 lug. 2020, n. 75.

25-*sexiesdecies*. *Contrabbando*.[1] — 1. In relazione alla commissione dei reati previsti dal decreto del Presidente della Repubblica 23 gennaio 1973, n. 43, si applica all'ente la sanzione pecuniaria fino a duecento quote.

2. Quando i diritti di confine dovuti superano centomila euro si applica all'ente la sanzione pecuniaria fino a quattrocento quote.

3. Nei casi previsti dai commi 1 e 2 si applicano all'ente le sanzioni interdittive previste dall'articolo 9, comma 2, lettere *c*), *d*) ed *e*).

[1] Articolo ins. dall'art. 5, D.lgs. 14 lug. 2020, n. 75.

25-*septiesdecies*. *Delitti contro il patrimonio culturale*.[1] — 1. In relazione alla commissione del delitto previsto dall'articolo 518-*novies* del codice penale, si applica all'ente la sanzione pecuniaria da cento a quattrocento quote.

2. In relazione alla commissione dei delitti previsti dagli articoli 518-*ter*, 518-*decies* e 518-*undecies* del codice penale, si applica all'ente la sanzione pecuniaria da duecento a cinquecento quote.

3. In relazione alla commissione dei delitti previsti dagli articoli 518-*duodecies* e 518-*quaterdecies* del codice penale, si applica all'ente la sanzione pecuniaria da trecento a settecento quote.

4. In relazione alla commissione dei delitti previsti dagli articoli 518-*bis*, 518-*quater* e 518-*octies* del codice penale, si applica all'ente la sanzione pecuniaria da quattrocento a novecento quote.

5. Nel caso di condanna per i delitti di cui ai commi da 1 a 4, si applicano all'ente le sanzioni interdittive previste dall'articolo 9, comma 2, per una durata non superiore a due anni.

[1] Articolo ins. dall'art. 3, L. 9 mar. 2022, n. 22.

25-*duodevicies*. *Riciclaggio di beni culturali e devastazione e saccheggio di beni culturali e paesaggistici*.[1] — 1. In relazione alla commissione dei delitti previsti dagli articoli 518-*sexies* e 518-*terdecies* del codice penale, si applica all'ente la sanzione pecuniaria da cinquecento a mille quote.

2. Se l'ente o una sua unità organizzativa viene stabilmente utilizzato allo scopo unico o prevalente di consentire o agevolare la commissione dei delitti indicati al comma 1, si applica la sanzione dell'interdizione definitiva dall'esercizio dell'attività ai sensi dell'articolo 16, comma 3

[1] Articolo ins. dall'art. 3, L. 9 mar. 2022, n. 22.

26. *Delitti tentati*. — 1. Le sanzioni pecuniarie e interdittive sono ridotte da un terzo alla metà in relazione alla commissione, nelle forme del tentativo, dei delitti indicati nel presente capo del decreto.

2. L'ente non risponde quando volontariamente impedisce il compimento dell'azione o la realizzazione dell'evento.

CAPO II
Responsabilità patrimoniale e vicende modificative dell'ente

SEZIONE I
Responsabilità patrimoniale dell'ente

27. *Responsabilità patrimoniale dell'ente.* — 1. Dell'obbligazione per il pagamento della sanzione pecuniaria risponde soltanto l'ente con il suo patrimonio o con il fondo comune.

2. I crediti dello Stato derivanti degli illeciti amministrativi dell'ente relativi a reati hanno privilegio secondo le disposizioni del codice di procedura penale sui crediti dipendenti da reato. A tale fine, la sanzione pecuniaria si intende equiparata alla pena pecuniaria.

SEZIONE II
Vicende modificative dell'ente

28. *Trasformazione dell'ente.* — 1. Nel caso di trasformazione dell'ente, resta ferma la responsabilità per i reati commessi anteriormente alla data in cui la trasformazione ha avuto effetto.

29. *Fusione dell'ente.* — 1. Nel caso di fusione, anche per incorporazione, l'ente che ne risulta risponde dei reati dei quali erano responsabili gli enti partecipanti alla fusione.

30. *Scissione dell'ente.* — 1. Nel caso di scissione parziale, resta ferma la responsabilità dell'ente scisso per i reati commessi anteriormente alla data in cui la scissione ha avuto effetto, salvo quanto previsto dal comma 3.

2. Gli enti beneficiari della scissione, sia totale che parziale, sono solidalmente obbligati al pagamento delle sanzioni pecuniarie dovute dall'ente scisso per i reati commessi anteriormente alla data dalla quale la scissione ha avuto effetto. L'obbligo è limitato al valore effettivo del patrimonio netto trasferito al singolo ente, salvo che si tratti di ente al quale è stato trasferito, anche in parte il ramo di attività nell'ambito del quale è stato commesso il reato.

3. Le sanzioni interdittive relative ai reati indicati nel comma 2, si applicano agli enti cui è rimasto o è stato trasferito, anche in parte, il ramo di attività nell'ambito del quale il reato è stato commesso.

31. *Determinazione delle sanzioni nel caso di fusione o scissione.* — 1. Se la fusione o la scissione è avvenuta prima della conclusione del giudizio, il giudice, nella commisurazione della sanzione pecuniaria a norma dell'art. 11, comma 2, tiene conto delle condizioni economiche e patrimoniali dell'ente originariamente responsabile.

2. Salvo quanto previsto dall'art. 17, l'ente risultante dalla fusione e l'ente al quale, nel caso di scissione, è applicabile la sanzione interdittiva possono chiedere al giudice la sostituzione della medesima con la sanzione pecuniaria, qualora, a seguito della fusione o della scissione, si sia realizzata la condizione prevista dalla lettera *b*) del comma 1 dell'art. 17, e ricorrano le ulteriori condizioni di cui alle lettere *a*) e *c*) del medesimo articolo.

3. Se accoglie la richiesta, il giudice, nel pronunciare sentenza di condanna, sostituisce la sanzione interdittiva con una sanzione pecuniaria di ammontare pari da una a due volte quello della sanzione pecuniaria inflitta all'ente in relazione al medesimo reato.

4. Resta salva la facoltà dell'ente, anche nei casi di fusione o scissione successiva alla conclusione del giudizio, di chiedere la conversione della sanzione interdittiva in sanzione pecuniaria.

32. *Rilevanza della fusione o della scissione ai fini della reiterazione.* — 1. Nei casi di responsabilità dell'ente risultante dalla fusione o beneficiario della scissione per reati commessi successivamente alla data dalla quale la fusione o la scissione ha avuto effetto, il giudice può ritenere la reiterazione, a norma dell'art. 20, anche in rapporto a condanne pronunciate nei confronti degli enti partecipanti alla fusione o dell'ente scisso per reati commessi anteriormente a tale data.

2. A tale fine, il giudice tiene conto della natura delle violazioni e dell'attività nell'ambito della quale sono state commesse nonché delle caratteristiche della fusione o della scissione.

3. Rispetto agli enti beneficiari della scissione, la reiterazione può essere ritenuta, a norma dei commi 1 e 2, solo se ad essi è stato trasferito, anche in parte, il ramo di attività nell'ambito del quale è stato commesso il reato per cui è stata pronunciata condanna nei confronti dell'ente scisso.

33. *Cessione di azienda.* — 1. Nel caso di cessione dell'azienda nella cui attività è stato commesso il reato, il cessionario è solidalmente obbligato, salvo il beneficio della preventiva escussione dell'ente cedente e nei limiti del valore dell'azienda, al pagamento della sanzione pecuniaria.

2. L'obbligazione del cessionario è limitata alle sanzioni pecuniarie che risultano dai libri contabili obbligatori, ovvero dovute per illeciti amministrativi dei quali egli era comunque a conoscenza.

3. Le disposizioni del presente articolo si applicano anche nel caso di conferimento di azienda.

CAPO III
Procedimento di accertamento e di applicazione delle sanzioni amministrative

SEZIONE I
Disposizioni generali

34. *Disposizioni processuali applicabili.* — 1. Per il procedimento relativo agli illeciti amministrativi dipendenti da reato, si osservano le norme di questo capo nonché, in quanto compatibili, le disposizioni del codice di procedura penale e del decreto legislativo 28 luglio 1989, n. 271.

35. ***Estensione della disciplina relativa all'imputato.*** — 1. All'ente si applicano le disposizioni processuali relative all'imputato, in quanto compatibili.

SEZIONE II

Soggetti, giurisdizione e competenza

36. ***Attribuzioni del giudice penale.*** — 1. La competenza a conoscere gli illeciti amministrativi dell'ente appartiene al giudice penale competente per i reati dai quali gli stessi dipendono.

2. Per il procedimento di accertamento dell'illecito amministrativo dell'ente si osservano le disposizioni sulla composizione del tribunale e le disposizioni processuali collegate relative ai reati dai quali l'illecito amministrativo dipende.

37. ***Casi di improcedibilità.*** — 1. Non si procede all'accertamento dell'illecito amministrativo dell'ente quando l'azione penale non può essere iniziata o proseguita nei confronti dell'autore del reato per la mancanza di una condizione di procedibilità.

38. ***Riunione e separazione dei procedimenti.*** — 1. Il procedimento per l'illecito amministrativo dell'ente è riunito al procedimento penale instaurato nei confronti dell'autore del reato da cui l'illecito dipende.

2. Si procede separatamente per l'illecito amministrativo dell'ente soltanto quando:

a) è stata ordinata la sospensione del procedimento ai sensi dell'art. 71 del codice di procedura penale;

b) il procedimento è stato definito con il giudizio abbreviato o con l'applicazione della pena ai sensi dell'art. 444 del codice di procedura penale, ovvero è stato emesso il decreto penale di condanna;

c) l'osservanza delle disposizioni processuali lo rende necessario.

39. ***Rappresentanza dell'ente.*** — 1. L'ente partecipa al procedimento penale con il proprio rappresentante legale, salvo che questi sia imputato del reato da cui dipende l'illecito amministrativo.

2. L'ente che intende partecipare al procedimento si costituisce depositando nella cancelleria dell'autorità giudiziaria procedente una dichiarazione contenente a pena di inammissibilità:

a) la denominazione dell'ente e le generalità del suo legale rappresentante;

b) il nome ed il cognome del difensore e l'indicazione della procura;

c) la sottoscrizione del difensore;

d) la dichiarazione o l'elezione di domicilio.

3. La procura, conferita nelle forme previste dall'art. 100, comma 1, del codice di procedura penale, è depositata nella segreteria del pubblico ministero o nella cancelleria del giudice ovvero è presentata in udienza unitamente alla dichiarazione di cui al comma 2.

4. Quando non compare il legale rappresentante, l'ente costituito è rappresentato dal difensore.

40. ***Difensore di ufficio.*** — 1. L'ente che non ha nominato un difensore di fiducia o ne è rimasto privo è assistito da un difensore di ufficio.

41. ***Contumacia dell'ente.*** — 1. L'ente che non si costituisce nel processo è dichiarato contumace.

42. ***Vicende modificative dell'ente nel corso del processo.*** — 1. Nel caso di trasformazione, di fusione o di scissione dell'ente originariamente responsabile, il procedimento prosegue nei confronti degli enti risultanti da tali vicende modificative o beneficiari della scissione, che partecipano al processo, nello stato in cui lo stesso si trova, depositando la dichiarazione di cui all'art. 39, comma 2.

43. ***Notificazioni all'ente.*** — 1. Per la prima notificazione all'ente si osservano le disposizioni dell'art. 154, comma 3, del codice di procedura penale.

2. Sono comunque valide le notificazioni eseguite mediante consegna al legale rappresentante, anche se imputato del reato da cui dipende l'illecito amministrativo.

3. Se l'ente ha dichiarato o eletto domicilio nella dichiarazione di cui all'art. 39 o in altro atto comunicato all'autorità giudiziaria, le notificazioni sono eseguite ai sensi dell'art. 161 del codice di procedura penale.

4. Se non è possibile eseguire le notificazioni nei modi previsti dai commi precedenti, l'autorità giudiziaria dispone nuove ricerche. Qualora le ricerche non diano esito positivo, il giudice, su richiesta del pubblico ministero, sospende il procedimento.

SEZIONE III

Prove

44. ***Incompatibilità con l'ufficio di testimone.*** — 1. Non può essere assunta come testimone:

a) la persona imputata del reato da cui dipende l'illecito amministrativo;

b) la persona che rappresenta l'ente indicata nella dichiarazione di cui all'art. 39, comma 2, e che rivestiva tale funzione anche al momento della commissione del reato.

2. Nel caso di incompatibilità la persona che rappresenta l'ente può essere interrogata ed esaminata nelle forme, con i limiti e con gli effetti previsti per l'interrogatorio e per l'esame della persona imputata in un procedimento connesso.

SEZIONE IV

Misure cautelari

45. ***Applicazione delle misure cautelari.*** — 1. Quando sussistono gravi indizi per ritenere la sussistenza della responsabilità dell'ente per un illecito amministrativo dipendente da reato e vi sono fondati e specifici elementi che fanno ritenere concreto il pericolo che vengano commessi illeciti della stessa indole di quello per cui si procede, il pubblico ministero può richiedere l'applicazione quale misura cautelare di una delle sanzioni interdittive previste dall'art. 9, comma 2, presentando al giudice gli elementi su cui la richiesta si fonda, compresi quelli a favore dell'ente e le eventuali deduzioni e memorie difensive già depositate.

2. Sulla richiesta il giudice provvede con ordinanza, in cui indica anche le modalità applicative della misura. Si osservano le disposizioni dell'art. 292 del codice di procedura penale.

3. In luogo della misura cautelare interdittiva, il giudice può nominare un commissario giudiziale a norma dell'art. 15 per un periodo pari alla durata della misura che sarebbe stata applicata.

46. ***Criteri di scelta delle misure.*** — 1. Nel disporre le misure cautelari, il giudice tiene conto della specifica idoneità di ciascuna in relazione alla natura e al grado delle esigenze cautelari da soddisfare nel caso concreto.

2. Ogni misura cautelare deve essere proporzionata all'entità del fatto e alla sanzione che si ritiene possa essere applicata all'ente.

3. L'interdizione dall'esercizio dell'attività può essere disposta in via cautelare soltanto quando ogni altra misura risulti inadeguata.

4. Le misure cautelari non possono essere applicate congiuntamente.

47. ***Giudice competente e procedimento di applicazione.*** — 1. Sull'applicazione e sulla revoca delle misure cautelari nonché sulle modifiche delle loro modalità esecutive, provvede il giudice che procede. Nel corso delle indagini provvede il giudice per le indagini preliminari. Si applicano altresì le disposizioni di cui all'art. 91 del decreto legislativo 28 luglio 1989, n. 271.

2. Se la richiesta di applicazione della misura cautelare è presentata fuori udienza, il giudice fissa la data dell'udienza e ne fa dare avviso al pubblico ministero, all'ente e ai difensori. L'ente e i difensori sono altresì avvisati che, presso la cancelleria del giudice, possono esaminare la richiesta dal pubblico ministero e gli elementi sui quali la stessa si fonda.

3. Nell'udienza prevista dal comma 2, si osservano le forme dell'art. 127, commi 1, 2, 3, 4, 5, 6 e 10, del codice di procedura penale; i termini previsti ai commi 1 e 2 del medesimo articolo sono ridotti rispettivamente a cinque e a tre giorni. Tra il deposito della richiesta e la data dell'udienza non può intercorrere un termine superiore a quindici giorni.

48. ***Adempimenti esecutivi.*** — 1. L'ordinanza che dispone l'applicazione di una misura cautelare è notificata all'ente a cura del pubblico ministero.

49. ***Sospensione delle misure cautelari.*** — 1. Le misure cautelari possono essere sospese se l'ente chiede di poter realizzare gli adempimenti cui la legge condiziona l'esclusione di sanzioni interdittive a norma dell'art. 17. In tal caso, il giudice, sentito il pubblico ministero, se ritiene di accogliere la richiesta, determina una somma di denaro a titolo di cauzione, dispone la sospensione della misura e indica il termine per la realizzazione delle condotte riparatorie di cui al medesimo art. 17.

2. La cauzione consiste nel deposito presso la Cassa delle ammende di una somma di denaro che non può comunque essere inferiore alla metà della sanzione pecuniaria minima prevista per l'illecito per cui si procede. In luogo del deposito, è ammessa la prestazione di una garanzia mediante ipoteca o fideiussione solidale.

3. Nel caso di mancata, incompleta o inefficace esecuzione delle attività nel termine fissato, la misura cautelare viene ripristinata e la somma depositata o per la quale è stata data garanzia è devoluta alla Cassa delle ammende.

4. Se si realizzano le condizioni di cui all'art. 17 il giudice revoca la misura cautelare e ordina la restituzione della somma depositata o la cancellazione dell'ipoteca; la fideiussione prestata si estingue.

50. ***Revoca e sostituzione delle misure cautelari.*** — 1. Le misure cautelari sono revocate anche d'ufficio quando risultano mancanti, anche per fatti sopravvenuti, le condizioni di applicabilità previste dall'art. 45 ovvero quando ricorrono le ipotesi previste dall'art. 17.

2. Quando le esigenze cautelari risultano attenuate ovvero la misura applicata non appare piu proporzionata all'entità del fatto o alla sanzione che si ritiene possa essere applicata in via definitiva, il giudice, su richiesta del pubblico ministero o dell'ente, sostituisce la misura con un'altra meno grave ovvero ne dispone l'applicazione con modalità meno gravose, anche stabilendo una minore durata.

51. ***Durata massima delle misure cautelari.*** — 1. Nel disporre le misure cautelari il giudice ne determina la durata, che non può superare un anno[1].

2. Dopo la sentenza di condanna di primo grado, la durata della misura cautelare può avere la stessa durata della corrispondente sanzione applicata con la medesima sentenza. In ogni caso, la durata della misura cautelare non può superare un anno e quattro mesi[1].

3. Il termine di durata delle misure cautelari decorre dalla data della notifica dell'ordinanza.

4. La durata delle misure cautelari è computata nella durata delle sanzioni applicate in via definitiva.

[1] Parole così sost. dall'art. 1, c. 9, L. 9 gen. 2019, n. 3.

52. ***Impugnazione dei provvedimenti che applicano le misure cautelari.*** — 1. Il pubblico ministero e l'ente, per mezzo del suo difensore, possono proporre appello contro tutti i provvedimenti in materia di misure cautelari, indicandone contestualmente i motivi. Si osservano le disposizioni di cui all'art. 322-*bis*, commi 1-*bis* e 2, del codice di procedura penale.

2. Contro il provvedimento emesso a norma del comma 1, il pubblico ministero e l'ente, per mezzo del suo difensore, possono proporre ricorso per cassazione per violazione di legge. Si osservano le disposizioni di cui all'art. 325 del codice di procedura penale.

53. ***Sequestro preventivo.*** — 1. Il giudice può disporre il sequestro delle cose di cui è consentita la confisca a norma dell'art. 19. Si osservano le disposizioni di cui agli artt. 321, commi 3, 3-*bis* e 3-*ter*, 322, 322-*bis* e 323 del codice di procedura penale, in quanto applicabili.

1-*bis*. Ove il sequestro, eseguito ai fini della confisca per equivalente prevista dal comma 2 dell'articolo 19, abbia ad oggetto società, aziende ovvero beni, ivi compresi i titoli, nonché quote azionarie o liquidità anche se in deposito, il custode amministratore giudiziario ne consente l'utilizzo e la gestione agli organi societari esclusivamente al fine di garantire la continuità e lo sviluppo aziendali, esercitando i poteri di vigilanza e riferendone all'autorità giudiziaria. In caso di violazione della predetta finalità l'autorità giudiziaria adotta i provvedimenti conseguenti e può nominare un amministratore nell'esercizio dei poteri di azionista. Con la nomina si intendono eseguiti gli adempimenti di cui all'articolo 104 delle norme di attuazione, di coordinamento e transitorie del codice di procedura penale, di cui al decreto legislativo 28 luglio 1989, n. 271. In caso di sequestro in danno di società che gestiscono stabilimenti di interesse strategico nazionale e di loro controllate, si applicano le disposizioni di cui al decreto-legge 4 giugno 2013, n. 61, convertito, con modificazioni, dalla legge 3 agosto 2013, n. 89.[1]

[1] Comma aggiunto dall'art. 12, c. 5-*bis*, D.L. 31 ago. 2013, n. 101, conv. con modif. in L. 30 ott. 2013, n. 125.

54. ***Sequestro conservativo.*** — 1. Se vi è fondata ragione di ritenere che manchino o si disperdano le garanzie per il pagamento della sanzione pecuniaria, delle spese del procedimento e di ogni altra somma dovuta all'erario dello Stato, il pubblico ministero, in ogni stato e grado del processo di merito, chiede il sequestro conservativo dei beni mobili e immobili dell'ente o delle somme o cose allo stesso dovute. Si osservano le disposizioni di cui agli artt. 316, comma 4, 317, 318, 319 e 320 del codice di procedura penale, in quanto applicabili.

SEZIONE V
Indagini preliminari e udienza preliminare

55. ***Annotazione dell'illecito amministrativo.*** — 1. Il pubblico ministero che acquisisce la notizia dell'illecito amministrativo dipendente da reato commesso dall'ente annota immediatamente, nel registro di cui all'art. 335 del codice di procedura penale, gli elementi identificativi dell'ente unitamente, ove possibile, alle generalità del suo legale rappresentante nonché il reato da cui dipende l'illecito.

2. L'annotazione di cui al comma 1 è comunicata all'ente o al suo difensore che ne faccia richiesta negli stessi limiti in cui è consentita la comunicazione delle iscrizioni della notizia di reato alla persona alla quale il reato è attribuito.

56. ***Termine per l'accertamento dell'illecito amministrativo nelle indagini preliminari.*** — 1. Il pubblico ministero procede all'accertamento dell'illecito amministrativo negli stessi termini previsti per le indagini preliminari relative al reato da cui dipende l'illecito stesso.

2. Il termine per l'accertamento dell'illecito amministrativo a carico dell'ente decorre dalla annotazione prevista dall'art. 55.

57. ***Informazione di garanzia.*** — 1. L'informazione di garanzia inviata all'ente deve contenere l'invito a dichiarare ovvero eleggere domicilio per le notificazioni nonché l'avvertimento che per partecipare al procedimento deve depositare la dichiarazione di cui all'art. 39, comma 2.

58. ***Archiviazione.*** — 1. Se non procede alla contestazione dell'illecito amministrativo a norma dell'art. 59, il pubblico ministero emette decreto motivato di archiviazione degli atti, comunicandolo al procuratore generale presso la corte d'appello. Il procuratore generale può svolgere gli accertamenti indispensabili e, qualora ritenga ne ricorrano le condizioni, contesta all'ente le violazioni amministrative conseguenti al reato entro sei mesi dalla comunicazione.

59. ***Contestazione dell'illecito amministrativo.*** — 1. Quando non dispone l'archiviazione, il pubblico ministero contesta all'ente l'illecito amministrativo dipendente dal reato. La contestazione dell'illecito è contenuta in uno degli atti indicati dall'art. 405, comma 1, del codice di procedura penale.

2. La contestazione contiene gli elementi identificativi dell'ente, l'enunciazione, in forma chiara e precisa, del fatto che può comportare l'applicazione delle sanzioni amministrative, con l'indicazione del reato da cui l'illecito dipende e dei relativi articoli di legge e delle fonti di prova.

60. ***Decadenza dalla contestazione.*** — 1. Non può procedersi alla contestazione di cui all'art. 59 quando il reato da cui dipende l'illecito amministrativo dell'ente è estinto per prescrizione.

61. ***Provvedimenti emessi nell'udienza preliminare.*** — 1. Il giudice dell'udienza preliminare pronuncia sentenza di non luogo a procedere nei casi di estinzione o di improcedibilità della sanzione amministrativa, ovvero quando l'illecito stesso non sussiste o gli elementi acquisiti risultano insufficienti, contraddittori o comunque non idonei a sostenere in giudizio la responsabilità dell'ente. Si applicano le disposizioni dell'art. 426 del codice di procedura penale.

2. Il decreto che, a seguito dell'udienza preliminare, dispone il giudizio nei confronti dell'ente, contiene, a pena di nullità, la contestazione dell'illecito amministrativo dipendente dal reato, con l'enunciazione, in forma chiara e precisa, del fatto che può comportare l'applicazione delle sanzioni e l'indicazione del reato da cui l'illecito dipende e dei relativi articoli di legge e delle fonti di prova nonché gli elementi identificativi dell'ente.

SEZIONE VI
Procedimenti speciali

62. ***Giudizio abbreviato.*** — 1. Per il giudizio abbreviato si osservano le disposizioni del titolo I del libro sesto del codice di procedura penale, in quanto applicabili.

2. Se manca l'udienza preliminare, si applicano, secondo i casi, le disposizioni degli artt. 555, comma 2, 557 e 558, comma 8.

3. La riduzione di cui all'art. 442, comma 2, del codice di procedura penale è operata sulla durata della sanzione interdittiva e sull'ammontare della sanzione pecuniaria.

4. In ogni caso, il giudizio abbreviato non è ammesso quando per l'illecito amministrativo è prevista l'applicazione di una sanzione interdittiva in via definitiva.

63. ***Applicazione della sanzione su richiesta.*** — 1. L'applicazione all'ente della sanzione su richiesta è ammessa se il giudizio nei confronti dell'imputato è definito ovvero definibile a norma dell'art. 444 del codice di procedura penale nonché in tutti i casi in cui per l'illecito amministrativo è prevista la sola sanzione pecuniaria. Si osservano le disposizioni di cui al titolo II del libro sesto del codice di procedura penale, in quanto applicabili.

2. Nei casi in cui è applicabile la sanzione su richiesta, la riduzione di cui all'art. 444, comma 1, del codice di procedura penale è operata sulla durata della sanzione interdittiva e sull'ammontare della sanzione pecuniaria.

3. Il giudice, se ritiene che debba essere applicata una sanzione interdittiva in via definitiva, rigetta la richiesta.

64. ***Procedimento per decreto.*** — 1. Il pubblico ministero, quando ritiene che si debba applicare la sola sanzione pecuniaria, può presentare al giudice per le indagini preliminari, entro sei mesi dalla data dell'annotazione dell'illecito amministrativo nel registro di cui all'art. 55 e previa trasmissione del fascicolo, richiesta motivata di emissione del decreto di applicazione della sanzione pecuniaria, indicandone la misura.

2. Il pubblico ministero può chiedere l'applicazione di una sanzione pecuniaria diminuita sino alla metà rispetto al minimo dell'importo applicabile.

3. Il giudice, quando non accoglie la richiesta, se non deve pronunciare sentenza di esclusione della responsabilità dell'ente, restituisce gli atti al pubblico ministero.

4. Si osservano le disposizioni del titolo V del libro sesto e dell'art. 557 del codice di procedura penale, in quanto compatibili.

SEZIONE VII
Giudizio

65. ***Termine per provvedere alla riparazione delle conseguenze del reato.*** — 1. Prima dell'apertura del dibattimento di primo grado, il giudice può disporre la sospensione del processo se l'ente chiede di provvedere alle attività di cui all'art. 17 e dimostra di essere stato nell'impossibilità di effettuarle prima. In tal caso, il giudice, se ritiene di accogliere la richiesta, determina una somma di denaro a titolo di cauzione. Si osservano le disposizioni di cui all'art. 49.

66. ***Sentenza di esclusione della responsabilità dell'ente.*** — 1. Se l'illecito amministrativo contestato all'ente non sussiste, il giudice lo dichiara con sentenza, indicandone la causa nel dispositivo. Allo stesso modo procede quando manca, è insufficiente o è contraddittoria la prova dell'illecito amministrativo.

67. ***Sentenza di non doversi procedere.*** — 1. Il giudice pronuncia sentenza di non doversi procedere nei casi previsti dall'art. 60 e quando la sanzione è estinta per prescrizione.

68. ***Provvedimenti sulle misure cautelari.*** — 1. Quando pronuncia una delle sentenza di cui agli artt. 66 e 67, il giudice dichiara la cessazione delle misure cautelari eventualmente disposte.

69. ***Sentenza di condanna.*** — 1. Se l'ente risulta responsabile dell'illecito amministrativo contestato il giudice applica le sanzioni previste dalla legge e lo condanna al pagamento delle spese processuali.

2. In caso di applicazione delle sanzioni interdittive la sentenza deve sempre indicare l'attività o le strutture oggetto della sanzione.

70. ***Sentenza in caso di vicende modificative dell'ente.*** — 1. Nel caso di trasformazione, fusione o scissione dell'ente responsabile, il giudice dà atto nel dispositivo che la sentenza è pronunciata nei confronti degli enti risultanti dalla trasformazione o fusione ovvero beneficiari della scissione, indicando l'ente originariamente responsabile.

2. La sentenza pronunciata nei confronti dell'ente originariamente responsabile ha comunque effetto anche nei confronti degli enti indicati nel comma 1.

SEZIONE VIII
Impugnazioni

71. ***Impugnazioni delle sentenze relative alla responsabilità amministrativa dell'ente.*** — 1. Contro la sentenza che applica sanzioni amministrative diverse da quelle interdittive l'ente può proporre impugnazione nei casi e nei modi stabiliti per l'imputato del reato dal quale dipende l'illecito amministrativo.

2. Contro la sentenza che applica una o più sanzioni interdittive, l'ente può sempre proporre appello anche se questo non è ammesso per l'imputato del reato dal quale dipende l'illecito amministrativo.

3. Contro la sentenza che riguarda l'illecito amministrativo il pubblico ministero può proporre le stesse impugnazioni consentite per il reato da cui l'illecito amministrativo dipende.

72. ***Estensione delle impugnazioni.*** — 1. Le impugnazioni proposte dall'imputato del reato da cui dipende l'illecito amministrativo e dall'ente, giovano, rispettivamente, all'ente e all'imputato, purché non fondate su motivi esclusivamente personali.

73. ***Revisione delle sentenze.*** — 1. Alle sentenze pronunciate nei confronti dell'ente si applicano, in quanto compatibili, le disposizioni del titolo IV del libro nono del codice di procedura penale ad eccezione degli artt. 643, 644, 645, 646 e 647.

SEZIONE IX
Esecuzione

74. ***Giudice dell'esecuzione.*** — 1. Competente a conoscere dell'esecuzione delle sanzioni amministrative dipendenti da reato è il giudice indicato nell'art. 665 del codice di procedura penale.

2. Il giudice indicato nel comma 1 è pure competente per i provvedimenti relativi:

a) alla cessazione dell'esecuzione delle sanzioni nei casi previsti dall'art. 3;

b) alla cessazione dell'esecuzione nei casi di estinzione del reato per amnistia;

c) alla determinazione della sanzione amministrativa applicabile nei casi previsti dall'art. 21, commi 1 e 2;

d) alla confisca e alla restituzione delle cose sequestrate.

3. Nel procedimento di esecuzione si osservano le disposizioni di cui all'art. 666 del codice di procedura penale, in quanto applicabili. Nei casi previsti dal comma 2, lettere *b*) e *d*) si osservano le disposizioni di cui all'art. 667, comma 4, del codice di procedura penale.

4. Quando è applicata l'interdizione dall'esercizio dell'attività, il giudice, su richiesta dell'ente, può autorizzare il compimento di atti di gestione ordinaria che non comportino la prosecuzione dell'attività interdetta. Si osservano le disposizioni di cui all'art. 667, comma 4, del codice di procedura penale.

75. ***Esecuzione delle sanzioni pecuniarie.***[1]

[1] Articolo abrog. dall'art. 299, D.P.R. 30 mag. 2002, n. 115.

76. ***Pubblicazione della sentenza applicativa della condanna.*** — 1. La pubblicazione della sentenza di condanna è eseguita a spese dell'ente nei cui confronti è stata applicata la sanzione. Si osservano le disposizioni di cui all'art. 694, commi 2, 3 e 4, del codice di procedura penale.

77. ***Esecuzione delle sanzioni interdittive.*** — 1. L'estratto della sentenza che ha disposto l'applicazione di una sanzione interdittiva è notificata all'ente a cura del pubblico ministero.

2. Ai fini della decorrenza del termine di durata delle sanzioni interdittive si ha riguardo alla data della notificazione.

78. ***Conversione delle sanzioni interdittive.*** — 1. L'ente che ha posto in essere tardivamente le condotte di cui all'art. 17, entro venti giorni dalla notifica dell'estratto della sentenza, può richiedere la conversione della sanzione amministrativa interdittiva in sanzione pecuniaria.

2. La richiesta è presentata al giudice dell'esecuzione e deve contenere la documentazione attestante l'avvenuta esecuzione degli adempimenti di cui all'art. 17.

3. Entro dieci giorni dalla presentazione della richiesta, il giudice fissa l'udienza in camera di consiglio e ne fa dare avviso alle parti e ai difensori; se la richiesta non appare manifestamente infondata, il giudice può sospendere l'esecuzione della sanzione. La sospensione è disposta con decreto motivato revocabile.

4. Se accoglie la richiesta il giudice, con ordinanza, converte le sanzioni interdittive, determinando l'importo della sanzione pecuniaria in una somma non inferiore a quella già applicata in sentenza e non superiore al doppio della stessa. Nel determinare l'importo della somma il giudice tiene conto della gravità dell'illecito ritenuto in sentenza e delle ragioni che hanno determinato il tardivo adempimento delle condizioni di cui all'art. 17.

79. ***Nomina del commissario giudiziale e confisca del profitto.*** — 1. Quando deve essere eseguita la sentenza che dispone la prosecuzione dell'attività dell'ente ai sensi dell'art. 15, la nomina del commissario giudiziale è richiesta dal pubblico ministero al giudice dell'esecuzione, il quale vi provvede senza formalità.

2. Il commissario riferisce ogni tre mesi al giudice dell'esecuzione e al pubblico ministero sull'andamento della gestione e, terminato l'incarico, trasmette al giudice una relazione sull'attività svolta nella quale rende conto della gestione, indicando altresì l'entità del profitto da sottoporre a confisca

e le modalità con le quali sono stati attuati i modelli organizzativi.

3. Il giudice decide sulla confisca con le forme dell'art. 667, comma 4, del codice di procedura penale.

4. Le spese relative all'attività svolta dal commissario e al suo compenso sono a carico dell'ente.

80-82... [1]

[1] Articoli abrog. dall'art. 52, c. 1, D.P.R. 14 nov. 2002, n. 313.

CAPO IV

Disposizioni di attuazione e di coordinamento

83. ***Concorso di sanzioni.*** — 1. Nei confronti dell'ente si applicano soltanto le sanzioni interdittive stabilite nel presente decreto legislativo anche quando diverse disposizioni di legge prevedono, in conseguenza della sentenza di condanna per il reato, l'applicazione nei confronti dell'ente di sanzioni amministrative di contenuto identico o analogo.

2. Se, in conseguenza dell'illecito, all'ente è stata già applicata una sanzione amministrativa di contenuto identico o analogo a quella interdittiva prevista dal presente decreto legislativo, la durata della sanzione già sofferta è computata ai fini della determinazione della durata della sanzione amministrativa dipendente da reato.

84. ***Comunicazioni alle autorità di controllo o di vigilanza.*** — 1. Il provvedimento che applica misure cautelari interdittive e la sentenza irrevocabile di condanna sono comunicati, a cura della cancelleria del giudice che li ha emessi, alle autorità che esercitano il controllo o la vigilanza sull'ente.

85. ***Disposizioni regolamentari.*** — 1. Con regolamento emanato ai sensi dell'art. 17, comma 3, della legge 23 agosto 1988, n. 400, entro sessanta giorni dalla data di pubblicazione del presente decreto legislativo, il Ministro della giustizia adotta le disposizioni regolamentari relative al procedimento di accertamento dell'illecito amministrativo che concernono:

a) le modalità di formazione e tenuta dei fascicoli degli uffici giudiziari;

b) [1]

c) le altre attività necessarie per l'attuazione del presente decreto legislativo.

2. Il parere del Consiglio di Stato sul regolamento previsto dal comma 1 è reso entro trenta giorni dalla richiesta.

[1] Lettera abrog. dall'art. 52, c. 1, D.P.R. 14 nov. 2002, n. 313, a decorrere dal 45° giorno a partire dalla data di pubblicazione sulla G.U. n. 36 del 13 feb. 2003.

SOSPENSIONE DEI TERMINI PROCESSUALI

- 1 -

L. 7 ott. 1969, n. 742

Sospensione dei termini processuali nel periodo feriale

(G.U. 6 nov. 1969, n. 281)[1]

[1] Questa legge, che sostituisce la L. 14 lug. 1965, n. 818, non si applica ai giudizi avanti la Corte cost. (Corte cost. sent. 9 feb. 1967, n. 15).

1. Il decorso dei termini processuali relativi alle giurisdizioni ordinarie ed a quelle amministrative è sospeso di diritto dal 1° al 31 agosto di ciascun anno, e riprende a decorrere dalla fine del periodo di sospensione. Ove il decorso abbia inizio durante il periodo di sospensione, l'inizio stesso è differito alla fine di detto periodo.[1]

La stessa disposizione si applica per il termine stabilito dall'art. 201 del c.p.p.[2,3,4]

[1] Comma così modif. dall'art. 16, c. 1, D.L. 12 set. 2014, n. 132, conv. con modif. in L. 10 nov. 2014, n. 162.

[2] Presentazione dei motivi di impugnazione.

[3] Con sent. 13 feb. 1985, n. 40, la Corte cost. ha dichiarato l'ill. cost. dell'art. 1 «nella parte in cui non dispone che la sospensione ivi prevista si applica anche al termine di cui all'art. 5, primo e secondo comma, della L. 25 giu. 1965, n. 2359».

Con sent. 13 lug. 1987, n. 255, la Corte cost. ha dichiarato l'ill. cost. dell'art. 1 «nella parte in cui non dispone che la sospensione ivi prevista si applichi anche al termine di cui all'art. 19, comma primo, della L. 22 ott. 1971, n. 865, nel testo sostituito dall'art. 14 della L. 28 gen. 1977, n. 10».

Con sent. 23 lug. 1987, n. 278, la Corte cost. ha dichiarato l'ill. cost. dell'art. 1 «nella parte in cui non prevede la sospensione dei termini processuali, nel periodo feriale, relativamente ai processi militari in tempo di pace.

Con sent. 2 feb. 1990, n. 49, la Corte cost. ha dichiarato l'ill. cost. dell'art. 1 «nella parte in cui non dispone che la sospensione ivi prevista si applichi al termine di trenta giorni di cui all'art. 1137 c.c., per l'impugnazione delle delibere dell'assemblea di condominio».

Con sent. 29 lug. 1992, n. 380, la Corte cost. ha dichiarato l'ill. cost. dell'art. 1 «nella parte in cui non dispone che l'istituto della sospensione dei termini si applichi anche a quello stabilito per ricorrere, avverso le delibere dei Consigli provinciali, al Consiglio Nazionale degli architetti».

[4] Il riferimento va ora fatto agli artt. 581 e 585 c.p.p.

2.[1] In materia penale, la sospensione dei termini procedurali, compresi quelli stabiliti per la fase delle indagini preliminari, non opera nei procedimenti relativi ad imputati in stato di custodia cautelare, qualora essi o i loro difensori rinunzino alla sospensione dei termini.

La sospensione dei termini delle indagini preliminari di cui al primo comma non opera nei procedimenti per reati di criminalità organizzata.[2]

Nei procedimenti per reati la cui prescrizione maturi durante la sospensione o nei successivi quarantacinque giorni, ovvero nelle ipotesi in cui durante il medesimo periodo scadano o siano prossimi a scadere i termini della custodia cautelare, il giudice che procede pronuncia, anche di ufficio, ordinanza non impugnabile con la quale è specificamente motivata e dichiarata l'urgenza del processo. In tal caso i termini processuali decorrono, anche nel periodo feriale, dalla data di notificazione dell'ordinanza. Nel corso delle indagini preliminari l'urgenza è dichiarata nella stessa forma dal giudice su richiesta del pubblico ministero.

Nel corso delle indagini preliminari, quando occorre procedere con la massima urgenza nel periodo feriale al compimento di atti rispetto ai quali opera la sospensione dei termini stabiliti dall'art. 1, il giudice per le indagini preliminari, su richiesta del pubblico ministero o della persona sottoposta alle indagini o del suo difensore, pronuncia ordinanza nella quale sono specificamente enunciate le ragioni dell'urgenza e la natura degli atti da compiere. Allo stesso modo il pubblico ministero provvede con decreto motivato quando deve procedere al compimento degli atti previsti dall'art. 360 del c.p.p.

Gli avvisi sono notificati alle parti o ai difensori. Essi devono far menzionare dell'ordinanza o del decreto e i termini decorrono dalla data di notificazione.

La sospensione dei termini non opera nelle ipotesi previste dall'art. 467 del c.p.p.

Quando nel corso del dibattito si presenta la necessità di assumere prove nel periodo feriale, si procede a norma dell'art. 467 del c.p.p. Se le prove non sono state già ammesse, il giudice, nella prima udienza successiva, provvede a norma dell'art. 495 dello stesso codice; le prove dichiarate inammissibili non possono essere utilizzate.

[1] Articolo così sost. dall'art. 240-*bis*, D.L. 28 lug. 1989, n. 271 (a sua volta inserito dall'art. 1, D.L. 20 lug. 1990, n. 193).

[2] Comma ins. dall'art. 21 *bis* del D.L. 8 giu. 1992, n. 306, conv. in L. 7 ago. 1992, n. 356.

2-*bis*.[1] Nei procedimenti per l'applicazione di una misura di prevenzione, le disposizioni dell'art. 1 non si applicano quando sia stata provvisoriamente disposta una misura personale o interdittiva o sia stato disposto il sequestro dei beni, qualora gli interessati o i loro difensori espressamente rinuncino alla sospensione dei termini, ovvero il giudice, a richiesta del pubblico ministero, dichiari, con ordinanza motivata non impugnabile, l'urgenza del procedimento.

[1] Articolo ins. dall'art. 33, L. 19 mar. 1990, n. 55.

3. In materia civile, l'art. 1 non si applica alle cause ed ai procedimenti indicati nell'art. 92 dell'ordinamento giudiziario 30 gen. 1941, n. 12,[1] nonché alle controversie previste dagli artt. 429 e 459 del codice di p.c.[2]

[1] 92. *Affari civili nel periodo feriale dei magistrati.* – Durante il periodo feriale dei magistrati le corti di appello ed i tribunali trattano le cause civili relative ad alimenti, *ai giudizi di lavoro* [*nel testo "alla materia corporativa"*], ai procedimenti cautelari, di sfratto e di opposizione all'esecuzione, nonché quelle relative alla dichiarazione ed alla revoca dei fallimenti, ed in genere quelle rispetto alle quali la ritardata trattazione potrebbe produrre grave pregiudizio alle parti.

[2] Si riferiscono alle controversie individuali di lavoro e in materia di previdenza e di assistenza obbligatorie.

4. Le norme degli artt. 2 e 3 si applicano anche alle cause prevedute negli artt. 91 e 92 dell'ordinamento giudiziario di competenza del pretore[1] e, per quelle indicate nell'art. 92, anche a quelle di competenza del conciliatore.[2]

[1] L'ufficio del pretore è stato soppresso, con efficacia del 19 lug. 1998, termine prorogato al 2 giu. 1999, dalla L. 16 giu. 1998, n. 188.

[2] Ora: giudice di pace.

5. In materia amministrativa, l'art. 1 non si applica nel procedimento per la sospensione della esecuzione del provvedimento impugnato.

SPESE DI GIUSTIZIA

- 1 -

D.P.R. 30 mag. 2002, n. 115
Testo unico delle disposizioni legislative e regolamentari in materia di spese di giustizia
(G.U. 15 giu. 2002, n. 139)

PARTE I
DISPOSIZIONI GENERALI

TITOLO I
Oggetto e definizioni

1. ***Oggetto.*** — 1. Le norme del presente testo unico disciplinano le voci e le procedure di spesa dei processi: il pagamento da parte dell'erario, il pagamento da parte dei privati, l'annotazione e la riscossione. Disciplinano, inoltre, il patrocinio a spese dello Stato, la riscossione delle spese di mantenimento, delle pene pecuniarie, delle sanzioni amministrative pecuniarie e delle sanzioni pecuniarie processuali.

2. ***Ambito di applicazione.*** — 1. Le norme del presente testo unico si applicano al processo penale, civile, amministrativo, contabile e tributario, con l'eccezione di quelle espressamente riferite dal presente testo unico ad uno o più degli stessi processi.

2. Le spese del processo amministrativo, contabile e tributario sono, inoltre, regolate dalle norme speciali della parte VIII del presente testo unico.

3. ***Definizioni.*** — 1. Ai fini dei presente testo unico, se non diversamente ed espressamente indicato:

a) «magistrato» è il giudice o il pubblico ministero, anche onorario, preposto alla funzione giurisdizionale sulla base di norme di legge e delle disposizioni dei codici di procedura penale e civile;

b) «magistrato professionale» è il magistrato che ha uno stabile rapporto di servizio con l'amministrazione;

c) «magistrato onorario» è il giudice di pace, il giudice onorario di tribunale, il vice procuratore onorario, il giudice onorario aggregato;

d) «giudice popolare» è il componente non togato nei collegi di assise;

e) «esperto» è il componente privato dell'ufficio giudiziario minorile, dell'ufficio giudiziario di sorveglianza, dell'ufficio giudiziario agrario;

f) «ufficio giudiziario» è l'ufficio del magistrato competente secondo le norme di legge e le disposizioni dei codici di procedura penale e civile;

g) «ufficio» è l'apparato della pubblica amministrazione strumentale all'ufficio giudiziario, con esclusione in ogni caso dell'ufficio finanziario;

h) «ufficio finanziario» è l'ufficio dell'amministrazione finanziaria competente secondo l'organizzazione interna;

i) «funzionario addetto all'ufficio» è la persona che svolge la funzione amministrativa secondo l'organizzazione interna;

l) «ufficiale giudiziario» è la persona che svolge la funzione secondo l'organizzazione interna degli uffici notificazioni e protesti (UNEP);

m) «notificazione da parte dell'ufficiale giudiziario», ai fini delle spettanze degli ufficiali giudiziari, è la trasmissione della notizia di un atto o la trasmissione di copia di un atto;

n) «ausiliario del magistrato» è il perito, il consulente tecnico, l'interprete, il traduttore e qualunque altro soggetto competente, in una determinata arte o professione o comunque idoneo al compimento di atti, che il magistrato o il funzionario addetto all'ufficio può nominare a norma di legge;

o) «processo» è qualunque procedimento contenzioso o non contenzioso di natura giurisdizionale;

p) «processo penale» è il procedimento o processo penale e penale militare;

q) «amministrazione pubblica ammessa alla prenotazione a debito» è l'amministrazione dello Stato, o altra amministrazione pubblica, ammessa da norme di legge alla prenotazione a debito di imposte o di spese a suo carico;

r) «annotazione» è l'attività su supporto cartaceo o informatico per riportare il dato nei registri;

s) «prenotazione a debito» è l'annotazione a futura memoria di una voce di spesa, per la quale non vi è pagamento, ai fini dell'eventuale successivo recupero;

t) «anticipazione» è il pagamento di una voce di spesa che, ricorrendo i presupposti previsti dalla legge, è recuperabile;

u) sanzione pecuniaria processuale è la somma dovuta sulla base delle norme del codice di procedura penale, recuperabile nelle forme previste per le spese;

v) «sanzione amministrativa pecuniaria» è la sanzione pecuniaria, anche derivante da conversione della sanzione interdittiva, dovuta dalle persone giuridiche, dalle società e dalle associazioni anche prive di personalità giuridica, ai sensi del D.lgs. 8 giu. 2001, n. 231;

z) «concessionario» è il soggetto incaricato ai sensi dell'art. 4, del D.lgs. 9 lug. 1997, n. 237.

TITOLO II
Disposizioni generali relative al processo penale

4. ***Anticipazione delle spese.*** — 1. Le spese del processo penale sono anticipate dall'erario, ad eccezione di quelle relative agli atti chiesti dalle parti private e di quelle relative alla pubblicazione della sentenza, ai sensi dell'art. 694, comma 1, del codice di procedura penale e dell'art. 76, del D.lgs. 8 giu. 2001, n. 237.

2. Se la parte è ammessa al patrocinio a spese dello Stato, l'erario anticipa anche le spese relative agli atti chiesti dalla parte privata, secondo le previsioni della parte III del presente testo unico.

5. ***Spese ripetibili e non ripetibili.*** — 1. Sono spese ripetibili:

a) le spese di spedizione, i diritti e le indennità di trasferta degli ufficiali giudiziari per le notificazioni;

b) le spese relative alle trasferte per il compimento di atti fuori dalla sede in cui si svolge il processo;

c) le spese e le indennità per i testimoni;

d) gli onorari, le spese e le indennità di trasferta e le spese per l'adempimento dell'incarico degli ausiliari del magistrato ad esclusione degli interpreti e dei traduttori nominati nei casi previsti dall'articolo 143 codice di procedura penale;[1]

e) le indennità di custodia;

f) le spese per la pubblicazione dei provvedimenti del magistrato;

g) le spese per la demolizione di opere abusive e la riduzione in pristino dei luoghi;

h) le spese straordinarie;

i) le spese di mantenimento dei detenuti.

2. Sono spese non ripetibili:

a) le indennità dei magistrati onorari, dei giudici popolari nei collegi di assise e degli esperti;

b) le spese relative alle trasferte dei magistrati professionali di corte di assise per il dibattimento tenuto in luogo diverso da quello di normale convocazione.

3. Fermo quanto disposto dall'art. 696, del codice di procedura penale, non sono ripetibili le spese per le rogatorie dall'estero e per le estradizioni da e per l'estero.

[1] Lettera così modif. dall'art. 3, D.lgs. 4 mar. 2014, n. 32.

6. ***Remissione del debito.*** — 1. Se l'interessato non è stato detenuto o internato, il debito per le spese del processo è rimesso nei confronti di chi si trova in disagiate condizioni economiche e ha tenuto una regolare condotta in libertà.

2. Se l'interessato è stato detenuto o internato, il debito per le spese del processo e per quelle di mantenimento è rimesso nei confronti di chi si trova in disagiate condizioni economiche e ha tenuto in istituto una regolare condotta, ai sensi dell'art. 30-*ter*, comma 8, della L. 26 lug. 1975, n. 354.

3. La domanda, corredata da idonea documentazione, è presentata dall'interessato o dai prossimi congiunti, o proposta dal consiglio di disciplina, di cui alla legge 26 luglio 1975, n. 354, al magistrato competente, fino a che non è conclusa la procedura per il recupero, che è sospesa se in corso.

7. ***Rogatorie all'estero.*** — 1. Fermo quanto disposto dall'art. 696, del codice di procedura penale, le spese per le rogatorie all'estero sono disciplinate dal presente testo unico.

TITOLO III
Disposizioni generali relative al processo civile, amministrativo, contabile e tributario

8. (*Omissis*).

PARTE II
VOCI DI SPESA

TITOLO I
Contributo unificato nel processo civile, amministrativo e tributario[1]

[1] Rubrica così sost. dall'art. 37, c. 6, lett. *a*) del D.L. 6 lug. 2011, n. 98, conv. in L. 15 lug. 2011, n. 111.

9-11. (*Omissis*).

12. ***Azione civile nel processo penale.*** — 1. L'esercizio dell'azione civile nel processo penale non è soggetto al pagamento del contributo unificato, se è chiesta solo la condanna generica del responsabile.

2. Se è chiesta, anche in via provvisionale, la condanna al pagamento di una somma a titolo di risarcimento del danno, il contributo è dovuto, in caso di accoglimento della domanda, in base al valore dell'importo liquidato e secondo gli scaglioni di. valore di cui all'art. 13.

13-17. (*Omissis*).

18. ***Non applicabilità dell'imposta di bollo nel processo penale e nei processi in cui è dovuto il contributo unificato.*** — 1. Agli atti e provvedimenti del processo penale, con la sola esclusione dei certificati penali, non si applica l'imposta di bollo. L'imposta di bollo non si applica altresì agli atti e provvedimenti del processo civile, compresa la procedura concorsuale e di volontaria giurisdizione, del processo amministrativo e nel processo tributario, soggetti al contributo unificato.[1] L'imposta di bollo non si applica, inoltre, alle copie autentiche, comprese quelle esecutive, degli atti e dei provvedimenti, purché richieste dalle parti processuali. Atti e provvedimenti del processo sono tutti gli atti processuali, inclusi quelli antecedenti, necessari o funzionali.[2]

2. La disciplina sull'imposta di bollo è invariata per le istanze e domande sotto qualsiasi forma presentate da terzi, nonché per gli atti non giurisdizionali compiuti dagli uffici, compreso il rilascio di certificati, sempre che non siano atti antecedenti, necessari o funzionali ai processi di cui al comma 1.

[1] Periodo così modif. dall'art. 37, c. 6, lett. *v*) del D.L. 6 lug. 2011, n. 98, conv. in L. 15 lug. 2011, n. 111. Le disposizioni di cui al c. 6 si applicano alle controversie instau-

rate, nonché ai ricorsi notificati ai sensi del D.lgs. 31 dic. 1992, n. 546, successivamente alla data di entrata in vigore del D.L. 6 lug. 2011, n. 98.

[2] Comma così modif. dall'art. 1, c. 486, L. 24 dic. 2012, n. 228, a decorrere dal 1° gennaio 2013.

18-*bis*. (*Omissis*).

TITOLO II
Spese di spedizione, diritti e indennità di trasferta degli ufficiali giudiziari

CAPO I
Disposizioni generali

19-22. (*Omissis*).

CAPO II
Notificazioni nel processo penale

SEZIONE I
Norme generali

23. ***Diritti.*** — 1. Per la notificazione degli atti è dovuto il diritto unico, di cui all'art. 34, salvo quanto previsto per la notifica degli atti a richiesta d'ufficio dall'art. 25.

24. ***Indennità di trasferta.*** — 1. Per gli atti di notificazione relativi, allo stesso processo, spetta una sola indennità di trasferta se i luoghi dove la notificazione deve essere eseguita distano fra di loro meno di cinquecento metri.

SEZIONE II
Notificazioni a richiesta dell'ufficio

25. ***Importo dei diritti.***[1]

[1] Articolo abrog. dall'art. 68, c. 1, lett. *a*), L. 18 giu. 2009, n. 69.

26. ***Indennità di trasferta e spese di spedizione.*** — 1. L'indennità di trasferta è per ciascun atto di euro 0,62[1], compresa la maggiorazione per l'urgenza.

2. Se la trasferta supera, fra andata e ritorno, la distanza di dieci chilometri o di venti chilometri, l'indennità è corrisposta, rispettivamente, nella misura di euro 1,58[1] e di euro 2,37[1].

3. L'indennità di trasferta è corrisposta all'erario; le spese di spedizione sono a carico dell'erario.

[1] Importo così rideterminato dall'art. 1, D.M. 2 nov. 2021.

SEZIONE III
Notificazioni a richiesta delle parti

27. ***Notificazioni a richiesta delle parti.*** — 1. Le parti devono anticipare agli ufficiali giudiziari i diritti e le indennità di trasferta o le spese di spedizione, relativi agli atti richiesti.

2. Il diritto unico e l'indennità di trasferta sono dovuti in misura pari a quella prevista dagli artt. 34 e 35.

28-73-*ter*. (*Omissis*).

PARTE III
PATROCINIO A SPESE DELLO STATO

TITOLO I
Disposizioni generali sul patrocinio a spese dello stato nel processo penale, civile, amministrativo, contabile e tributario

CAPO I
Istituzione del patrocinio

74. ***Istituzione del patrocinio.*** — 1. È assicurato il patrocinio nel processo penale per la difesa del cittadino non abbiente, indagato, imputato, condannato, persona offesa da reato, danneggiato che intenda costituirsi parte civile, responsabile civile ovvero civilmente obbligato per la pena pecuniaria.

2. È, altresì, assicurato il patrocinio nel processo civile, amministrativo, contabile, tributario e negli affari di volontaria giurisdizione, per la difesa del cittadino non abbiente quando le sue ragioni risultino non manifestamente infondate.[1]

[1] La Corte cost., con sent. 20 gen. 2022, n. 10, ha dichiarato, l'ill. cost. del presente comma e dell'art. 75, c. 1, del presente decreto, nella parte in cui non prevedono che il patrocinio a spese dello Stato sia applicabile anche all'attività difensiva svolta nell'ambito dei procedimenti di mediazione di cui all'art. 5, c. 1-*bis*, D.lgs. 4 mar. 2010, n. 28, quando nel corso degli stessi è stato raggiunto un accordo.

75. ***Ambito di applicabilità.*** — 1. L'ammissione al patrocinio è valida per ogni grado e per ogni fase del processo e per tutte le eventuali procedure, derivate ed accidentali, comunque connesse.[1]

2. La disciplina del patrocinio si applica, in quanto compatibile, anche nella fase dell'esecuzione, nel processo di revisione, nei processi di revocazione e opposizione di terzo, nonché nei processi relativi all'applicazione di misure di sicurezza, di prevenzione e nei processi di competenza del tribunale di sorveglianza, sempre che l'interessato debba o possa essere assistito da un difensore o da un consulente tecnico.

2-*bis*. La disciplina del patrocinio si applica, inoltre, nelle procedure passive di consegna, di cui alla legge 22 aprile 2005, n. 69, dal momento dell'arresto eseguito in conformità del mandato d'arresto europeo fino alla consegna o fino al momento in cui la decisione sulla mancata consegna diventi definitiva, nonché nelle procedure attive di consegna, di cui alla citata legge n. 69 del 2005, in favore della persona ricercata oggetto di un procedimento di esecuzione del mandato d'arresto europeo ai fini dell'esercizio di un'azione penale e che ha esercitato il diritto di nominare un difensore sul territorio nazionale affinché assista il difensore nello Stato membro di esecuzione.[2]

[1] La Corte cost., con sent. 20 gen. 2022, n. 10, ha dichiarato, l'ill. cost. del presente comma e dell'art. 74, c. 2, del presente decreto, nella parte in cui non prevedono che il patrocinio a spese dello Stato sia applicabile anche all'attività difensiva svolta nell'ambito dei procedimenti di mediazione di cui all'art. 5, c. 1-*bis*, D.lgs. 4 mar. 2010, n. 28, quando nel corso degli stessi è stato raggiunto un accordo.

[2] Comma aggiunto dall'art. 1, D.lgs. 7 mar. 2019, n. 24.

CAPO II

Condizioni per l'ammissione al patrocinio

76. ***Condizioni per l'ammissione.*** — 1. Può essere ammesso al patrocinio chi è titolare di un reddito imponibile ai fini dell'imposta personale sul reddito, risultante dall'ultima dichiarazione, non superiore a euro 11.746,68.[1]

2. Salvo quanto previsto dall'art. 92, se l'interessato convive con il coniuge o con altri familiari, il reddito è costituito dalla somma dei redditi conseguiti nel medesimo periodo da ogni componente della famiglia, compreso l'istante.

3. Ai fini della determinazione dei limiti di reddito, si tiene conto anche dei redditi che per legge sono esenti dall'imposta sul reddito delle persone fisiche (IRPEF) o che sono soggetti a ritenuta alla fonte a titolo d'imposta, ovvero ad imposta sostitutiva.

4. Si tiene conto del solo reddito personale quando sono oggetto della causa diritti della personalità, ovvero nei processi in cui gli interessi del richiedente sono il conflitto con quelli degli altri componenti il nucleo familiare con lui conviventi.

4-*bis*. Per i soggetti già condannati con sentenza definitiva per i reati di cui agli artt. 416-*bis* del codice penale, 291-*quater* del T.U. di ci al D.P.R. 23 gen. 1973, n. 43, 73, limitatamente alle ipotesi aggravate ai sensi dell'art. 80, e 74, comma 1, del T.U. di cui al D.P.R. 9 ottobre 1990, n. 309, nonché per i reati commessi avvalendosi delle condizioni previste dal predetto art. 416-*bis* ovvero al fine di agevolare l'attività delle associazioni previste dallo stesso articolo, e per i reati commessi in violazione delle norme per la repressione dell'evasione in materia di imposte sui redditi e sul valore aggiunto, ai soli fini del presente decreto, il reddito si ritiene superiore ai limiti previsti.[2,3]

4-*ter*. La persona offesa dai reati di cui agli articoli 572, 583-*bis*, 609-*bis*, 609-*quater*, 609-*octies* e 612-*bis*, nonché, ove commessi in danno di minori, dai reati di cui agli articoli 600, 600-*bis*, 600-*ter*, 600-*quinquies*, 601, 602, 609-*quinquies* e 609-*undecies* del codice penale, può essere ammessa al patrocinio anche in deroga ai limiti di reddito previsti dal presente decreto.[4]

4-*quater*. Il minore straniero non accompagnato coinvolto a qualsiasi titolo in un procedimento giurisdizionale ha diritto di essere informato dell'opportunità di nominare un legale di fiducia, anche attraverso il tutore nominato o l'esercente la responsabilità genitoriale ai sensi dell'articolo 3, comma 1, della legge 4 maggio 1983, n. 184, e successive modificazioni, e di avvalersi, in base alla normativa vigente, del gratuito patrocinio a spese dello Stato in ogni stato e grado del procedimento. Per l'attuazione delle disposizioni contenute nel presente comma è autorizzata la spesa di 771.470 euro annui a decorrere dall'anno 2017.[5]

4-*quater*. I figli minori o i figli maggiorenni economicamente non autosufficienti rimasti orfani di un genitore a seguito di omicidio commesso in danno dello stesso genitore dal coniuge, anche legalmente separato o divorziato, dall'altra parte dell'unione civile, anche se l'unione civile è cessata, o dalla persona che è o è stata legata da relazione affettiva e stabile convivenza possono essere ammessi al patrocinio a spese dello Stato, anche in deroga ai limiti di reddito previsti, applicando l'ammissibilità in deroga al relativo procedimento penale e a tutti i procedimenti civili derivanti dal reato, compresi quelli di esecuzione forzata.[6]

[1] Importo così modif. dal D.M. 23 lug. 2020.

[2] Comma così modif. dall'art. 1, D.lgs. 7 mar. 2019, n. 24.

[3] La Corte cost., con sent. 16 apr. 2010, n. 139, ha dichiarato l'ill. cost. di questo comma nella parte in cui, stabilendo che per i soggetti già condannati con sentenza definitiva per i reati indicati nella stessa norma il reddito si ritiene superiore i limiti previsti per l'ammissione al patrocinio a spese dello stato, non ammette la prova contraria.

[4] Comma aggiunto dall'art. 4, L. 23 apr. 2009, n. 38 e quindi sost. dall'art. 9, c. 1, L. 1 ott. 2012, n. 172 e così modif. dall'art. 2, c. 3, D.L. 14 ago. 2013, n. 93, conv. con modif. in L. 15 ott. 2013, n. 119.

[5] Comma aggiunto dall'art. 16, L. 7 apr. 2017, n. 47.

[6] Comma aggiunto dall'art. 1, c. 1, L. 11 gen. 2018, n. 4.

77. ***Adeguamento dei limiti di reddito per l'ammissione.*** — 1. I limiti di reddito sono adeguati ogni due anni in relazione alla variazione, accettata dall'ISTAT, dell'indice dei prezzi al consumo per le famiglie di operai e impiegati, verificatasi nel biennio precedente, con decreto dirigenziale del Ministero della giustizia, di concerto con il Ministero dell'economia e delle finanze.

CAPO III

Istanza per l'ammissione al patrocinio

78. ***Istanza per l'ammissione.*** — 1. L'interessato che si trova nelle condizioni indicate nell'art. 76 può chiedere di essere ammesso al patrocinio in ogni stato e grado del processo.

2. L'istanza è sottoscritta dall'interessato a pena di inammissibilità, La sottoscrizione è autenticata dal difensore, ovvero con le. modalità di cui all'art. 38, comma 3, del decreto del Presidente della Repubblica 28 dic. 2000, n. 445.

79. *Contenuto dell'istanza.* — 1. L'istanza è redatta in carta semplice e, a pena di inammissibilità, contiene:

a) la richiesta di ammissione al patrocinio e l'indicazione del processo cui si riferisce, se già pendente;

b) le generalità dell'interessato e dei componenti la famiglia anagrafica, unitamente ai rispettivi codici fiscali;

c) una dichiarazione sostitutiva di certificazione da parte dell'interessato, ai sensi dell'art. 46, comma 1, lettera *o*), del decreto del Presidente della Repubblica 28 dic. 2000, n. 445, attestante la sussistenza delle condizioni di reddito previste per l'ammissione, con specifica determinazione del reddito complessivo valutabile a tali fini, determinato secondo le modalità indicate nell'art. 76;

d) l'impegno a comunicare, fino a che il processo non sia definito, le variazioni rilevanti dei limiti di reddito, verificatesi nell'anno precedente, entro trenta giorni dalla scadenza del termine di un anno, dalla data di presentazione dell'istanza o della eventuale precedente comunicazione di variazione.

2. Per i redditi prodotti all'estero, il cittadino di Stati non appartenenti all'Unione europea correda l'istanza con una certificazione dell'autorità consolare competente, che attesta la veridicità di quanto, in essa indicato.[1]

3. Gli interessati, se il giudice procedente o il consiglio dell'ordine degli avvocati competente a provvedere in via anticipata la richiedono, sono tenuti, a pena di inammissibilità dell'istanza, a produrre la documentazione necessaria ad accertare la veridicità di quanto in essa indicato.

[1] La Corte Cost., con sent. 20 lug. 2021, n. 157, ha dichiarato l'ill. cost. del presente comma nella parte in cui non consente al cittadino di Stati non appartenenti all'Unione europea, in caso di impossibilità a presentare la documentazione richiesta ai sensi dell'art. 79, comma 2, di produrre, a pena di inammissibilità, una dichiarazione sostitutiva di tale documentazione.

CAPO IV

Difensori, ausiliari del magistrato e consulenti tecnici di parte

80. *Nomina del difensore.*[1] — 1. Chi è ammesso al patrocinio può nominare un difensore scelto tra gli iscritti negli elenchi degli avvocati per il patrocinio a spese dello Stato, istituiti presso i consigli dell'ordine del distretto di corte di appello nel quale ha sede il magistrato competente a conoscere del merito o il magistrato davanti al quale pende il processo.

2. Se procede la Corte di cassazione, il Consiglio di Stato, le sezioni riunite o le sezioni giurisdizionali centrali presso la Corte dei conti, gli elenchi sono quelli istituiti presso i consigli dell'ordine del distretto di corte di appello del luogo dove ha sede il giudice che ha emesso il provvedimento impugnato.

3. Colui che è ammesso al patrocinio può nominare un difensore iscritto negli elenchi degli avvocati per il patrocinio a spese dello Stato scelto anche al di fuori del distretto di cui ai commi 1 e 2.

[1] Articolo così sost. dall'art. 1 della L. 24 feb. 2005, n. 25.

81. *Elenco degli avvocati per il patrocinio a spese dello Stato.*[1] — 1. L'elenco degli avvocati per il patrocinio a spese dello Stato è formato dagli avvocati che ne fanno domanda e che siano in possesso dei requisiti previsti dal comma 2.

2. L'inserimento nell'elenco è deliberato dal consiglio dell'ordine, il quale valuta la sussistenza dei seguenti requisiti e condizioni:

a) attitudini ed esperienza professionale specifica, distinguendo tra processi civili, penali, amministrativi, contabili, tributari ed affari di volontaria giurisdizione;

b) assenza di sanzioni disciplinari superiori all'avvertimento irrogate nei cinque anni precedenti la domanda;

c) iscrizione all'Albo degli avvocati da almeno due anni.

3. È cancellato di diritto dall'elenco l'avvocato per il quale è stata disposta una sanzione disciplinare superiore all'avvertimento.

4. L'elenco è rinnovato entro il 31 gennaio di ogni anno, è pubblico, e si trova presso tutti gli uffici giudiziari situati nel territorio di ciascuna provincia.

[1] Articolo così sost. dall'art. 2 della L. 24 feb. 2005, n. 25.

82. *Onorario e spese del difensore.* — 1. L'onorario e le spese spettanti al difensore sono liquidati dall'autorità giudiziaria con decreto di pagamento, osservando la tariffa professionale in modo che, in ogni caso, non risultino superiori ai valori medi delle tariffe, professionali vigenti relative ad onorari, diritti ed indennità, e previo parere del consiglio dell'ordine, tenuto conto della natura dell'impegno professionale, in relazione all'incidenza degli atti assunti rispetto alla posizione processuale della persona difesa.

2. Nel caso in cui il difensore nominato dall'interessato sia iscritto in un elenco degli avvocati di un distretto di corte d'appello diverso da quello in cui ha sede il magistrato competente a conoscere del merito o, il magistrato davanti al quale pende il processo, non sono dovute le spese e le indennità di trasferta previste dalla tariffa professionale.

3. Il decreto di pagamento è comunicato al difensore e alle parti, compreso il pubblico ministero.

83. *Onorario e spese dell'ausiliario del magistrato e del consulente tecnico di parte.* — 1. L'onorario e le spese spettanti al difensore, all'ausiliario del magistrato e al consulente tecnico di parte sono liquidati dall'autorità giudiziaria con decreto di pagamento, secondo le norme del presente testo unico.[1]

2. La liquidazione è effettuata al termine di ciascuna fase o grado del processo e, comunque, all'atto della cessazione dell'incarico, dall'autorità giudiziario che ha proceduto; per il giudizio di cassazione, alla liquidazione procede il giudice di rinvio, ovvero quello che ha pronunciato la sentenza passata in giudicato. In ogni caso, il giudice competente può provvedere anche alla liquidazione dei compensi dovuti per le fasi o i gradi anteriori del processo, se il provvedimento di ammissione al patrocinio è intervenuto dopo la loro definizione.[2]

3. Il decreto di pagamento è comunicato al beneficiario e alle parti, compreso il pubblico ministero.

3-*bis*. Il decreto di pagamento è emesso dal giudice contestualmente alla pronuncia del provvedimento che chiude la fase cui si riferisce la relativa richiesta.[3]

[1] Parole inserite dall'art. 3, L. 24 feb. 2005, n. 25.

[2] La Corte cost., con sent. 20 gen. 2022, n. 10, ha dichiarato l'ill. cost. del presente comma, nella parte in cui non prevede che, in tali fattispecie, alla liquidazione in favore del difensore provveda l'autorità giudiziaria che sarebbe stata competente a decidere la controversia.

[3] Comma aggiunto dall'art. 1, c. 783, L. 28 dic. 2015, n. 208.

84. ***Opposizione al decreto di pagamento.*** — 1. Avverso il decreto di pagamento del compenso al difensore, all'ausiliario del magistrato e al consulente tecnico di parte, è ammessa opposizione ai sensi dell'art. 170.

85. ***Divieto di percepire compensi o rimborsi.*** — 1. Il difensore, l'ausiliario del magistrato e il consulente tecnico di parte non possono chiedere e percepire dal proprio assistito compensi o rimborsi a qualunque titolo, diversi da quelli previsti dalla presente parte del testo unico.

2. Ogni patto contrario è nullo.

3. La violazione del divieto costituisce grave illecito disciplinare professionale.

CAPO V

Recupero delle somme da parte dello stato

86. ***Recupero delle somme da parte dello Stato.*** — 1. Lo Stato ha, in ogni caso, diritto di recuperare in danno dell'interessato le somme eventualmente pagate successivamente alla revoca del provvedimento di ammissione.

CAPO VI

Norme finali

87. ***Servizio al pubblico in materia di patrocinio a spese dello Stato.*** — 1. Il servizio al pubblico per il patrocinio a spese dello Stato è disciplinato dall'art. 20, della L. 29 mar. 2001, n. 134.

88. ***Controlli da parte della Guardia di finanza.*** — 1. Nei programmi annuali di controllo fiscale della Guardia di finanza sono inclusi i controlli dei soggetti ammessi al patrocinio a spese dello Stato, individuati sulla base di appositi criteri selettivi, anche tramite, indagini bancarie e presso gli intermediari finanziari.

89. ***Norme di attuazione.*** — 1. Con decreto del Presidente della Repubblica, ai sensi dell'art. 17, comma 1, della L. 23 ago. 1988, n. 1400, sono emanate le norme di attuazione delle disposizioni della parte III del presente testo unico.

TITOLO II
Disposizioni particolari sul patrocinio a spese dello stato nel processo penale

CAPO I

Istituzione del patrocinio

90. ***Equiparazione dello straniero e dell'apolide.*** — 1. Il trattamento previsto per il cittadino italiano è assicurato altresì allo straniero e all'apolide residente nello Stato.

CAPO II

Condizioni per l'ammissione al patrocinio

91. ***Esclusione dal patrocinio.*** — 1. L'ammissione al patrocinio è esclusa:

a) per il condannato con sentenza definitiva di reati commessi in violazione delle norme per la repressione dell'evasione in materia di imposte sui redditi e sul valore aggiunto;[1]

b) se il richiedente è assistito da più di un difensore; in ogni caso gli effetti dell'ammissione cessano a partire dal, momento in cui la persona alla quale il beneficio è stato concesso nomina un secondo difensore di fiducia, eccettuati i casi di cui all'art. 100.

[1] Lettera così modif. dall'art. 2, D.lgs. 7 mar. 2019, n. 24.

92. ***Elevazione dei limiti di reddito per l'ammissione.*** — 1. Se l'interessato all'ammissione al patrocinio convive con il coniuge o con altri familiari, si applicano le disposizioni di cui all'art. 76, comma 2, ma i limiti di reddito indicati dall'art. 76, comma 1, sono elevati di euro 1.032,91 per ognuno dei familiari conviventi.

CAPO III

Istanza di ammissione al patrocinio

93. ***Presentazione dell'istanza al magistrato competente.*** — 1. L'istanza è presentata esclusivamente dall'interessato o dal difensore, ovvero inviata, a mezzo raccomandata, all'ufficio del magistrato innanzi al quale pende il processo. Se procede la Corte di cassazione, l'istanza è presentata all'ufficio del magistrato che ha emesso il provvedimento impugnato.

2.[1]

3. Per il richiedente detenuto, internato in un istituto, in stato di arresto o di detenzione domiciliare, ovvero custodito in un luogo di cura si applica l'art. 123 del codice di procedura penale. Il direttore o l'ufficiale di polizia giudiziaria che hanno ricevuto l'istanza, al sensi dell'art. 123 del codice di procedura penale' la presentano o inviano, a mezzo raccomandata, all'ufficio dei magistrato davanti al quale pende il processo.

[1] Comma abrog. dall'art. 12-*ter*, c. 1, lett. *b*), D.L. 23 mag. 2008, n. 92, conv. con modif., nella L. 24 lug. 2008, n. 125.

94. ***Impossibilità a presentare la documentazione necessaria ad accertare la veridicità.*** — 1. In caso di impossibilità a produrre la documentazione richiesta dall'art. 79, comma 3, questa è sostituita, a pena di inammissibilità, da una dichiarazione sostitutiva di certificazione da parte dell'interessato.

2. In caso di impossibilità a produrre la documentazione richiesta ai sensi dell'art. 79, comma 2, il cittadino di Stati non appartenenti all'Unione europea, la sostituisce, a pena di inammissibilità, con una dichiarazione sostitutiva di certificazione.

3. Se il cittadino di Stati non appartenenti all'Unione europea è detenuto, internato per l'esecuzione di una misura di sicurezza, in stato di arresto o di detenzione domiciliare ovvero è custodito in un luogo di cura, la certificazione dell'autorità consolare, prevista dall'art. 79, comma 2, può anche essere prodotta, entro venti giorni dalla data di presentazione dell'istanza, dal difensore o da un componente della famiglia dell'interessato.

95. ***Sanzioni.*** — 1. La falsità o le omissioni nella dichiarazione sostitutiva di certificazione, nelle dichiarazioni, nelle indicazioni e nelle comunicazioni previste dall'art. 79, comma 1, lett. *b*), *c*) e *d*), sono punite con la reclusione da uno a cinque anni e con la multa da euro 309,87 a euro 1.549,37. La pena è aumentata se dal fatto consegue l'ottenimento o il mantenimento dell'ammissione al patrocinio la condanna importa la revoca, con efficacia retroattiva, e il recupero a carico del responsabile delle somme corrisposte dallo Stato.

CAPO IV
Decisione sull'istanza di ammissione

96. ***Decisione sull'istanza di ammissione al patrocinio.*** — 1. Nei dieci giorni successivi a quello in cui è stata presentata o è pervenuta l'istanza di ammissione, [ovvero immediatamente se la stessa è presentata in udienza, a pena di nullità assoluta ai sensi dell'art. 179, comma 2, del codice di procedura penale][1], il magistrato davanti al quale pende il processo lo il magistrato che ha emesso il provvedimento impugnato, se procede la Corte di cassazione, verificata l'ammissibilità dell'istanza, ammette l'interessato al patrocinio a spese dello Stato se, alla stregua della dichiarazione sostitutiva prevista dall'art. 79, comma 1, lett. *c*), ricorrono le condizioni di reddito cui l'ammissione al beneficio è subordinata.

2. Il magistrato respinge l'istanza se vi sono fondati motivi per ritenere che l'interessato non versa nelle condizioni di cui agli artt. 76 e 92, tenuto conto delle risultanze del casellario giudiziale,[2] del tenore di vita, delle condizioni personali e familiari, e delle attività economiche eventualmente svolte. A tale fine, prima di provvedere, il magistrato può trasmettere l'istanza, unitamente alla relativa dichiarazione sostitutiva, alla Guardia di finanza per le necessarie verifiche.

3. Il magistrato, quando si procede per uno dei delitti previsti dall'art. 51, comma 3-*bis*, del codice di procedura penale, ovvero nei confronti di persona proposta o sottoposta a misura di prevenzione, deve chiedere preventivamente al questore, alla direzione investigativa antimafia (DIA) ed alla direzione nazionale antimafia e antiterrorismo[3] (DNA) le informazioni necessarie e utili, relative al tenore di vita, alle condizioni personali e familiari *e* alle attività economiche eventualmente svolte dai soggetti richiedenti, che potranno essere acquisite anche a mezzo di accertamenti da richiedere alla Guardia di finanza.

4. Il magistrato decide sull'istanza negli stessi termini previsti dal comma 1 anche quando ha richiesto le informazioni di cui ai commi i 2 3.

[1] Parole soppresse dall'art. 12-*ter*, c. 1 lett. *c*) del D.L. 23 mag. 2008, n. 92, conv. con modif., nella L. 24 lug. 2008, n. 125.

[2] Parole inserite dall'art. 12-*ter*, c. 1 lett. *d*) del D.L. 23 mag. 2008, n. 92, conv. con modif., nella L. 24 lug. 2008, n. 125.

[3] Ai sensi dell'art. 20, c. 4, D.L. 18 feb. 2015, n. 7, conv. con modif. in L. 17 apr. 2015, n. 43, le parole: «Direzione nazionale antimafia» sono sost. da «Direzione nazionale antimafia e antiterrorismo».

97. ***Provvedimenti adottabili dal magistrato.*** — 1. Il magistrato dichiara inammissibile l'istanza ovvero concede o nega l'ammissione al patrocinio con decreto motivato che viene depositato, con facoltà per l'interessato o per il suo difensore di estrarne copia; del deposito è comunicato avviso all'interessato.

2. Il decreto pronunciato in udienza è letto e inserito nel processo verbale. La lettura sostituisce l'avviso di deposito se l'interessato è presente all'udienza.

3. Fuori dei casi previsti dal comma 2, se l'interessato è detenuto, internato, in stato di arresto o di detenzione domiciliare ovvero è custodito in un luogo di cura, la notificazione di copia. del decreto è eseguita a norma dell'art. 156 del codice di procedura penale.

98. ***Trasmissione all'ufficio finanziario degli atti relativi all'ammissione.*** — 1. Copia dell'istanza dell'interessato, delle dichiarazioni e della documentazione allegate, nonché del decreto di ammissione al patrocinio sono trasmesse, a cura dell'ufficio del magistrato che procede, all'ufficio finanziario nell'ambito della cui competenza territoriale è situato l'ufficio del predetto magistrato.

2. L'ufficio finanziario verifica l'esattezza dell'ammontare del reddito attestato dall'interessato, nonché la compatibilità dei dati. indicati con le risultanze dell'anagrafe tributaria, e può disporre che sia effettuata, anche avvalendosi della collaborazione della Guardia di finanza, la verifica della posizione fiscale dell'istante e degli altri soggetti indicati nell'art. 76.

3. Se risulta che il beneficio è stato erroneamente concesso, l'ufficio finanziario richiede il provvedimento di revoca, ai sensi dell'art. 112.

99. ***Ricorso avverso i provvedimenti di rigetto dell'istanza.*** — 1. Avverso il provvedimento con cui il magistrato competente rigetta l'istanza di ammissione, l'interessato può proporre ricorso, entro venti giorni dalla notizia avutane ai sensi dell'art. 97, davanti al presidente del tribunale o al presidente della corte d'appello ai quali appartiene il magistrato che ha emesso il decreto di rigetto.

2. Il ricorso è notificato all'ufficio finanziario che è parte nel relativo processo.

3. Il processo è quello speciale previsto per gli onorari di avvocato e l'ufficio giudiziario procede in composizione monocratica.

4. L'ordinanza che decide sul ricorso è notificata entro dieci giorni, a cura dell'ufficio del magistrato che procede, all'interessato e all'ufficio finanziario, i quali, nei venti giorni successivi, possono proporre ricorso per cassazione per violazione di legge. Il ricorso non sospende l'esecuzione del provvedimento.

CAPO V
Difensori, investigatori e consulenti tecnici di parte

100. ***Nomina di un secondo difensore.*** — 1. Nei casi in cui trovano applicazione le norme della L. 7 gen. 1998, n. 11, l'indagato, l'imputato o il condannato può nominare un secondo difensore per la partecipazione a distanza al processo penale, limitatamente agli atti che si compiono a distanza.

101. ***Nomina del sostituto del difensore e dell'investigatore.***[1] — 1. Il difensore della persona ammessa al patrocinio può nominare, al fine di svolgere attività di investigazione difensiva, un sostituto o un investigatore privato autorizzato, residente nel distretto di corte di appello dove ha sede il magistrato competente per il fatto per cui si procede.

2. Il sostituto del difensore e l'investigatore privato di cui al comma 1 possono essere scelti anche al di fuori del distretto di corte di appello di cui al medesimo comma 1, ma in tale caso non sono dovute le spese e le indennità di trasferta previste dalle tariffe professionali.

[1] Articolo così sost. dall'art. 4 della L. 24 feb. 2005, n. 25.

102. ***Nomina del consulente tecnico di parte.***[1,2] — 1. Chi è ammesso al patrocinio può nominare un consulente tecnico di parte residente nel distretto di corte d'appello nel quale pende il processo.

2. Il consulente tecnico nominato ai sensi del comma 1 può essere scelto anche al di fuori del distretto di corte di appello nel quale pende il processo, ma il tale caso non sono dovute le spese e le indennità di trasferta previste dalle tariffe professionali.

[1] Articolo così sost. dall'art. 5 della L. 24 feb. 2005, n. 25.

[2] La Corte cost., con sent. 6 lug. 2007, n. 254, ha dichiarato l'ill. cost. di questo articolo nella parte in cui non prevede la possibilità, per lo straniero ammesso al patrocinio a spese dello Stato che non conosce la lingua italiana, di nominare un proprio interprete.

103. ***Informazioni all'interessato in caso di nomina di un difensore di ufficio.*** — 1. Nei casi in cui si deve procedere alla nomina di un difensore d'ufficio, il giudice, il pubblico ministero o la polizia giudiziaria informano la persona interessata delle disposizioni in materia di patrocinio a spese dello Stato e dell'obbligo di retribuire il difensore che eventualmente è nominato d'ufficio, se non ricorrono i presupposti per l'ammissione a tale beneficio.

104. ***Compenso dell'investigatore privato.*** — 1. Il compenso spettante all'investigatore privato della parte ammessa al patrocinio è liquidato dall'autorità giudiziaria, ai sensi dell'art. 83 ed è ammessa opposizione ai sensi dell'art. 84.

105. ***Liquidazione con provvedimento del giudice per le indagini preliminari.*** — 1. Il giudice per le indagini preliminari liquida il compenso al difensore, all'ausiliario del magistrato, al consulente tecnico di parte e all'investigatore privato, anche se l'azione penale non è esercitata.

106. ***Esclusione dalla liquidazione dei compensi al difensore e al consulente tecnico di parte.*** — 1. Il compenso per le impugnazioni coltivate dalla parte non è liquidato se le stesse sono dichiarate inammissibili.

2. Non possono essere liquidate le spese sostenute per le consulenze tecniche di parte che, all'atto del conferimento dell'incarico, apparivano irrilevanti o superflue ai fini della prova.

106-*bis*. ***Compensi del difensore, dell'ausiliario del magistrato, del consulente tecnico di parte e dell'investigatore privato autorizzato.***[1,2] — 1. Gli importi spettanti al difensore, all'ausiliario del magistrato, al consulente tecnico di parte e all'investigatore privato autorizzato sono ridotti di un terzo.

[1] Articolo ins. dall'art. 1, c. 606, lett. *b*), L. 27 dic. 2013, n. 147, a decorrere dal 1° gen. 2014.

[2] La Corte cost., con sent. 24 set. 2015, n. 192, ha dichiarato l'ill. cost. del presente articolo nella parte in cui non esclude che la diminuzione di un terzo degli importi spet-

tanti all'ausiliario del magistrato sia operata in caso di applicazione di previsioni tariffarie non adeguate a norma dell'art. 54 dello stesso D.P.R. 115/2002.

La stessa Corte, con sent. 13 lug. 2017, n. 178, ha dichiarato l'ill. cost. del presente articolo, nella parte in cui non esclude che la diminuzione di un terzo degli importi spettanti al consulente tecnico di parte sia operata in caso di applicazione di previsioni tariffarie non adeguate a norma dell'art. 54 dello stesso D.P.R. 115/2002.

CAPO VI
Effetti dell'ammissione al patrocinio

107. ***Effetti dell'ammissione.*** — 1. Per effetto dell'ammissione al patrocinio alcune spese sono gratuite, altre sono anticipate dall'erario.

2. Sono spese gratuite le copie degli atti processuali, quando sono necessarie per l'esercizio della difesa.

3. Sono spese anticipate dall'erario:

a) le indennità e le spese di viaggio spettanti ai magistrati, agli appartenenti agli uffici e agli ufficiali giudiziari per le trasferte relative al compimento di atti del processo fuori dalla sede nella quale si svolge;

b) le indennità e le spese di viaggio spettanti ai testimoni;

c) le indennità di trasferta, i diritti, le spese di spedizione per le notifiche degli ufficiali giudiziari a richiesta d'ufficio o di parte;

d) le indennità e le spese di viaggio per trasferte, nonché le spese sostenute per l'adempimento dell'incarico, e l'onorario ad ausiliari del magistrato, a consulenti tecnici di parte e a investigatori privati autorizzati;

e) l'indennità di custodia;

f) l'onorario e le spese agli avvocati;

g) le spese per gli strumenti di pubblicità legale dei, provvedimenti dell'autorità giudiziaria.

108. ***Effetti dell'ammissione relativi all'azione di risarcimento del danno nel processo penale.*** — 1. Per effetto dell'ammissione al patrocinio relativa all'azione di risarcimento del danno nel processo penale, si producono gli effetti di cui all'art. 107 ed inoltre, quando la spesa è a carico della parte ammessa, sono prenotati a debito:

a) il contributo unificato;

b) le spese forfettizzate per le notificazioni a richiesta d'ufficio;

c) l'imposta di registro ai sensi dell'art. 59, comma 1, lett. *a*) e *b*), del decreto del Presidente della Repubblica 26 apr. 1986, n. 131;

d) l'imposta ipotecaria e catastale ai sensi dell'art. 16, comma 1, lett. *e*), del D.lgs. 31 ott. 1990, n. 347.

109. ***Decorrenza degli effetti.*** — 1. Gli effetti decorrono dalla data in cui l'istanza è stata presentata o è pervenuta all'ufficio del magistrato o dal primo atto in cui interviene il difensore, se l'interessato fa riserva di presentare l'istanza e questa è presentata entro i venti giorni successivi.

110. ***Pagamento in favore dello Stato.*** — 1. Se si tratta di reato punibile a querela della persona offesa, nel caso di sentenza di non luogo a procedere ovvero di assoluzione dell'imputato ammesso al patrocinio perché il fatto non sussiste o l'imputato non lo ha commesso, il magistrato, se condanna il querelante al pagamento delle spese in favore dell'imputato, ne dispone il pagamento in favore dello Stato.

2. Se si tratta di reato per il quale si procede d'ufficio, il magistrato, se rigetta la domanda di restituzione o di risarcimento del danno, o assolve l'imputato ammesso al beneficio per cause diverse dal difetto di imputabilità e condanna la parte civile non ammessa al beneficio, al pagamento delle spese processuali in favore dell'imputato, ne dispone il pagamento in favore dello Stato.

3. Con la sentenza che accoglie la domanda di restituzione o di risarcimento del danno il magistrato, se condanna l'imputato non ammesso al beneficio al pagamento delle spese in favore della parte civile ammessa al beneficio, ne dispone il pagamento in favore dello Stato.

111. ***Recupero nei confronti dell'imputato ammesso al patrocinio.*** — 1. Le spese di cui all'art. 107 sono recuperate nei. confronti dell'imputato in caso di revoca dell'ammissione al patrocinio, ai sensi dell'art. 11.2, comma 1, lett. *d*) e comma, 2.

CAPO VII
Revoca del decreto di ammissione al patrocinio

112. ***Revoca del decreto di amministrazione.*** — 1. Il magistrato, con decreto motivato, revoca l'ammissione:

a) se, nei termini previsti dall'art. 79, comma 1, lett. *d*), l'interessato non provvede a comunicare le eventuali variazioni dei limiti di reddito;

b) se, a seguito della comunicazione prevista dall'art. 79, comma 1, lett. *d*), le condizioni di reddito risultano variate in misura tale da escludere l'ammissione;

c) se, nei termini previsti dall'art. 94, comma 3, non sia stata prodotta la certificazione dell'autorità consolare;

d) d'ufficio o su richiesta dell'ufficio finanziario competente presentata in ogni momento e, comunque, non oltre cinque anni dalla definizione del processo, se risulta provata la mancanza, originaria o sopravvenuta, delle condizioni di reddito di cui agli artt. 76 e 92.[1]

2. Il magistrato può disporre la revoca dell'ammissione anche all'esito delle integrazioni richieste ai sensi dell'art. 961 commi 2 e 3.

3. Competente a provvedere è il magistrato che procede al momento della scadenza dei termini suddetti ovvero al momento in cui la comunicazione è effettuata o, se procede la Corte di cassazione,

il magistrato che ha emesso il provvedimento impugnato.

4. Copia del decreto è comunicata all'interessato con le modalità indicate nell'art. 97.

[1] Lettera così sost. dall'art. 9-*bis* del D.L. 30 giu. 2005, n. 115, conv. con modif. in L. 17 ago. 2005, n. 168.

113. ***Ricorso avverso il decreto di revoca.*** — 1. Contro il decreto che decide sulla richiesta di revoca ai sensi della lettera *d*), c. 1, dell'art. 112, l'interessato può proporre ricorso per cassazione, senza effetto sospensivo, entro venti giorni dalla notizia avuta ai sensi dell'art. 97.[1]

[1] Comma così sost. dall'art. 9-*bis*, c. 1 lett. *e*) del D.L. 30 giu. 2005, n. 115, conv. con modif. in L. 17 ago. 2005, n. 168.

114. ***Effetti della revoca.*** — La revoca del decreto di ammissione, disposta ai sensi delle lett. *a*), *b*) e *c*) del comma 1, dell'art. 112, ha effetto, rispettivamente, dalla scadenza del termine fissato per la comunicazione di variazione delle condizioni reddituali, dalla data in cui la comunicazione di variazione è pervenuta all'ufficio del giudice che procede, dalla scadenza del termine di cui all'art. 94, comma 3.

2. Negli altri casi previsti dall'art. 112, la revoca dei decreto di ammissione ha efficacia retroattiva.

TITOLO III
Estensione, a limitati effetti, della disciplina del patrocinio a spese dello Stato prevista per il processo penale

115. ***Liquidazione dell'onorario e delle spese al difensore di persona ammessa al programma di protezione dei collaboratori di giustizia.*** — 1. L'onorario e le spese spettanti al difensore i persona ammessa al programma di protezione di cui al decreto L. 15 gen. 1991, n. 8, convertito, con modificazioni, dalla L. 15 mar. 1991, n. 82, e successive modificazioni sono liquidati dal magistrato nella misura e con le modalità previste dall'art. 82 ed è ammessa opposizione ai sensi dell'art. 84. Nel caso in cui il difensore sia iscritto nell'albo degli avvocati di un distretto di corte d'appello diverso da quello dell'autorità giudiziaria precedente, in deroga all'art. 82, comma 2, sono sempre dovute le spese documentate e le indennità di trasferta nella misura minima consentita.[1]

[1] L'ultimo periodo di questo comma è stato aggiunto dall'art. 94, c. 2, della L. 27 dic. 2002, n. 289 (Finanziaria 2003).

115-*bis*. ***Liquidazione dell'onorario e delle spese per la difesa di persona nei cui confronti è emesso provvedimento di archiviazione o sentenza di non luogo a procedere o di proscioglimento nel caso di legittima difesa.***[1] — 1. L'onorario e le spese spettanti al difensore, all'ausiliario del magistrato e al consulente tecnico di parte di persona nei cui confronti è emesso provvedimento di archiviazione motivato dalla sussistenza delle condizioni di cui all'articolo 52, commi secondo, terzo e quarto, del codice penale o sentenza di non luogo a procedere o di proscioglimento perché il fatto non costituisce reato in quanto commesso in presenza delle condizioni di cui all'articolo 52, commi secondo, terzo e quarto, del codice penale nonché all'articolo 55, secondo comma, del medesimo codice, sono liquidati dal magistrato nella misura e con le modalità previste dagli articoli 82 e 83 ed è ammessa opposizione ai sensi dell'articolo 84. Nel caso in cui il difensore sia iscritto nell'albo degli avvocati di un distretto di corte d'appello diverso da quello dell'autorità giudiziaria procedente, in deroga all'articolo 82, comma 2, sono sempre dovute le spese documentate e le indennità di trasferta nella misura minima consentita.

2. Nel caso in cui, a seguito della riapertura delle indagini, della revoca o della impugnazione della sentenza di non luogo a procedere o della impugnazione della sentenza di proscioglimento, sia pronunciata sentenza irrevocabile di condanna, lo Stato ha diritto di ripetere le somme anticipate nei confronti della persona condannata.

[1] Articolo ins. dall'art. 8, L. 26 apr. 2019, n. 36.

116. ***Liquidazione dell'onorario e delle spese al difensore di ufficio.*** — 1. L'onorario e le spese spettanti al difensore di ufficio sono liquidati dal magistrato, nella misura e con le modalità previste dall'art. 82 ed è ammessa opposizione ai sensi dell'art. 84, quando il difensore dimostra di aver esperito inutilmente le procedure per il recupero dei crediti professionali.

2. Lo Stato ha diritto di ripetere le somme anticipate, a meno che la persona assistita dal difensore d'ufficio non chiede ed ottiene l'ammissione al patrocinio.

117. ***Liquidazione, dell'onorario e delle spese al difensore di ufficio di persona irreperibile.*** — 1. L'onorario e le spese spettanti al difensore di ufficio della persona sottoposta alle indagini, dell'imputato o dei condannato irreperibile sono liquidati dal magistrato nella misura e con le modalità previste dall'art. 82 ed è ammessa opposizione ai sensi dell'art. 84.

2. Lo Stato ha diritto di ripetere le somme anticipate nei confronti di chi si è reso successivamente reperibile.

118. ***Liquidazione dell'onorario e delle spese al difensore di ufficio del minore.*** — 1. L'onorario e le spese spettanti al difensore di ufficio del minore sono liquidati dal magistrato nella misura e con le modalità previste dall'art. 82 ed è ammessa opposizione ai sensi dell'art. 84.

2. Contestualmente alla comunicazione del decreto di pagamento, l'ufficio richiede ai familiari del minorenne, nella qualità, di presentare entro un mese la documentazione prevista dall'art. 79

comma 1, lett. *c*); alla scadenza del termine, l'ufficio chiede. all'ufficio finanziario gli adempimenti di cui all'art. 98, comma 2, trasmettendo l'eventuale documentazione pervenuta.

3. Lo Stato ha diritto di ripetere le somme anticipate nei confronti del minorenne e dei familiari, se il magistrato, con decreto, accerta il superamento dei limiti di reddito previsti per l'ammissione al beneficio del patrocinio nei processi penali, sulla base della documentazione richiesta ai beneficiari o sulla base degli accertamenti finanziari.

TITOLO IV
Disposizioni particolari sul patrocinio a spese dello stato nel processo civile, amministrativo, contabile e tributario

CAPO I
Istituzione del patrocinio

119. ***Equiparazione dello straniero e dell'apolide.*** — 1. Il trattamento previsto per il cittadino italiano è assicurato, altresì, allo straniero regolarmente soggiornante sul territorio nazionale al momento del sorgere del rapporto o del fatto oggetto del processo da instaurare e all'apolide, nonché ad enti o associazioni che non perseguono scopi di lucro e non esercitano attività economica.

120. ***Ambito di applicabilità.*** — 1. La parte ammessa rimasta soccombente non può giovarsi dell'ammissione per proporre impugnazione, salvo che per l'azione di risarcimento del danno nel processo penale.

CAPO II
Condizioni per l'ammissione al patrocinio

121. ***Esclusione dal patrocinio.*** — 1. L'ammissione al patrocinio è esclusa nelle cause per cessione di crediti e ragioni altrui, ad eccezione del caso in cui la cessione appare indubbiamente fatta in pagamento di crediti o ragioni preesistenti.

CAPO III
Istanza di ammissione al patrocinio

122. ***Contenuto integrativo dell'istanza.*** — 1. L'istanza contiene, a pena di inammissibilità, le enunciazioni in fatto ed in diritto utili a valutare la non manifesta infondatezza della pretesa che si intende far valere, con la specifica indicazione delle prove di cui si intende chiedere l'ammissione.

123. ***Termine per la presentazione o integrazione della documentazione necessaria ad accertare la veridicità.*** — 1. Per la presentazione o integrazione, a pena di inammissibilità, della documentazione richiesta ai sensi dell'art. 79, comma 3, può essere concesso un termine non superiore a due mesi.

124. ***Organo competente a ricevere l'istanza.*** — 1. L'istanza è presentata esclusivamente dall'interessato o dal difensore, ovvero inviata, a mezzo raccomandata, al consiglio dell'ordine degli avvocati.

2. Il consiglio dell'ordine competente è quello del luogo in cui ha sede il magistrato davanti al quale pende il processo, ovvero, se il processo non pende, quello del luogo in cui ha sede il magistrato competente a conoscere del merito. Se procede la Corte di cassazione, il Consiglio di Stato, ovvero le sezioni riunite o le sezioni giurisdizionali centrali presso la Corte dei conti, il consiglio dell'ordine competente è quello del luogo ove ha sede il magistrato che ha emesso il provvedimento impugnato.

125. ***Sanzioni.*** — 1. Chiunque, al fine di ottenere o mantenere l'ammissione al patrocinio, formula l'istanza corredata dalla dichiarazione sostitutiva di certificazione, attestante falsamente la sussistenza o il mantenimento delle condizioni di reddito previste, è punito con la reclusione da uno a cinque anni e con la milita da curo 309,87 a curo 1.549,37. La pena è aumentata se dal fatto consegue l'ottenimento o il mantenimento dell'ammissione al patrocinio; la condanna importa la revoca con efficacia retroattiva e il recupero a carico del responsabile delle somme corrisposte dallo Stato.

2. Le pene previste ai comma 1 si applicano nei confronti di chiunque, al fine di mantenere l'ammissione al patrocinio a spese dello Stato, omette di formulare le comunicazioni di cui all'art. 79, comma 1, lett. *d*).

CAPO IV
Decisione sull'istanza di ammissione al patrocinio

126. ***Ammissione anticipata da parte del consiglio dell'ordine degli avvocati.*** — 1. Nei dieci giorni successivi a quello in cui è stata presentata o è pervenuta l'istanza di ammissione, il consiglio dell'ordine degli avvocati, verificata l'ammissibilità dell'istanza, ammette l'interessato in via anticipata e provvisoria al patrocinio se, alla stregua della dichiarazione sostitutiva di certificazione prevista, ricorrono le condizioni di reddito cui l'ammissione al beneficio è subordinata e se le pretese che l'interessato intende far valere non appaiono manifestamente infondate.

2. Copia dell'atto con il quale il consiglio dell'ordine accoglie o respinge, ovvero dichiara inammissibile l'istanza, è trasmessa all'interessato e al magistrato.

3. Se il consiglio dell'ordine respinge o dichiara inammissibile l'istanza, questa può essere proposta al magistrato competente per il giudizio, che decide con decreto.

127. *Trasmissione all'ufficio finanziario degli atti relativi all'ammissione al patrocinio.* — 1. Copia dell'atto con il quale il consiglio dell'ordine, o il, magistrato competente per il giudizio, accoglie l'istanza è trasmessa anche all'ufficio finanziario competente.

2. Questo verifica l'esattezza, alla stregua delle dichiarazioni, indicazioni ed allegazioni previste dall'art. 79, dell'ammontare del reddito attestato dall'interessato, nonché la compatibilità dei dati indicati con le risultanze dell'anagrafe tributaria e può disporre che sia effettuata, anche avvalendosi della collaborazione della Guardia di finanza., la verifica della posizione fiscale dell'istante e dei conviventi.

3. Se risulta che il beneficio è stato concesso stilla base di prospettazioni dell'istante non veritiere, l'ufficio finanziario richiede la revoca dell'ammissione e trasmette gli atti acquisiti alla Procura della Repubblica presso il tribunale competente per i reati di cui all'art. 125.

4. La effettività e la permanenza delle condizioni previste per l'ammissione al patrocinio è in ogni tempo, anche successivo all'ammissione, verificata su richiesta dell'autorità giudiziaria, ovvero su iniziativa dell'ufficio finanziario o della Guardia di finanza.

CAPO V

Difensori e consulenti tecnici di parte

128. *Obbligo a carico del difensore.* — 1. Il difensore della parte ammessa al patrocinio chiede la dichiarazione di estinzione del processo se cancellato dal ruolo ai sensi dell'art. 309, del codice di procedura civile. L'inosservanza di tale obbligo ha rilevanza disciplinare.

129. *Nomina del consulente tecnico di parte.* — 1. Chi è ammesso al patrocinio può nominare un consulente tecnico di parte nei casi previsti dalla legge.

130. *Compensi del difensore, dell'ausiliario del magistrato e del consulente tecnico di parte.*[1] — 1. Gli importi spettanti al difensore, all'ausiliario del magistrato e al consulente tecnico di parte sono ridotti della metà.

[1] La Corte cost., con sent. 1 lug. 2022, n. 166, ha dichiarato l'ill. cost. del presente articolo nella parte in cui non esclude che la riduzione della metà degli importi spettanti all'ausiliario del magistrato sia operata in caso di applicazione di previsioni tariffarie non adeguate a norma dell'art. 54 dello stesso D.P.R. n. 115 del 2002.

130-*bis*. *Esclusione dalla liquidazione dei compensi al difensore e al consulente tecnico di parte.*[1] — 1. Quando l'impugnazione, anche incidentale, è dichiarata inammissibile, al difensore non è liquidato alcun compenso.

2. Non possono essere altresì liquidate le spese sostenute per le consulenze tecniche di parte che, all'atto del conferimento dell'incarico, apparivano irrilevanti o superflue ai fini della prova.

[1] Articolo ins. dall'art. 15, D.L. 4 ott. 2018, n. 113, conv. in L. 1 dic. 2018, n. 132.

CAPO VI

Effetti dell'ammissione al patrocinio

131. *Effetti dell'ammissione al patrocinio.*[1] — 1. Per effetto dell'ammissione al patrocinio e relativamente alle spese a carico della parte ammessa, alcune sono prenotate a debito, altre, sono anticipate dall'erario.

2. Sono spese prenotate a debito:

a) il contributo unificato nel processo civile, nel processo amministrativo e nel processo tributario;[2]

b) l'imposta di bollo, ai sensi dell'art. 17, decreto del Presidente della Repubblica ott. 1972, n. 642, nel processo contabile e tributario;

c) le spese forfettizzate per le notificazioni a richiesta d'ufficio nel processo civile;

d) l'imposta di registro ai sensi dell'art. 59, comma 1, lett. *a*) e *b*), decreto del Presidente della Repubblica 26 apr. 1986, n. 131, nel processo civile e amministrativo;

e) l'imposta ipotecaria e catastale ai sensi dell'art. 16, comma 1, lett. *e*), D.lgs. 31 ott. 1990, n. 347;

f) i diritti di copia.

3. Gli onorari dovuti al consulente tecnico di parte e all'ausiliario del magistrato, sono prenotati a debito, a domanda, anche nel caso di transazione della lite, se non è possibile la ripetizione dalla parte a carico della quale sono poste le spese processuali, o dalla stessa parte ammessa, per vittoria della causa o per revoca dell'ammissione. Lo stesso trattamento si applica agli onorari di notaio per lo svolgimento di funzioni ad essi demandate dal magistrato nei casi previsti dalla legge e all'indennità di custodia dei bene sottoposto a sequestro.

4. Sono spese anticipate dall'erario:

a) gli onorari e le spese dovuti al difensore;

b) le indennità e le spese di viaggio spettanti ai magistrati, agli appartenenti agli uffici e agli ufficiali giudiziari per le trasferte relative al compimento di atti del processo fuori dalla sede in cui si svolge, nel processo civile;

c) le indennità e le spese di viaggio spettanti a testimoni, a notai, a consulenti tecnici di parte e ausiliari del magistrato, nonché le spese sostenute per l'adempimento dell'incarico da parte di questi ultimi;

d) le spese per gli strumenti di pubblicità legale dei provvedimenti del magistrato nel processo civile;

e) le spese per il compimento dell'opera non eseguita o per la distruzione di quella compiuta nel processo civile;

f) le spese per le notificazioni a richiesta d'ufficio.

5. Sono prenotati a debito o anticipati ai sensi dell'art. 33, i diritti e le indennità di trasferta o le spese di spedizione degli ufficiali giudiziari per le notificazioni e gli atti di esecuzione a richiesta di parte.

[1] La Corte cost., con sent. 1 ott. 2019, n. 217, ha dichiarato l'ill. cost. del presente articolo nella parte in cui prevede che gli onorari e le indennità dovuti ai soggetti ivi indicati siano «prenotati a debito, a domanda», «se non è possibile la ripetizione», anziché direttamente anticipati dall'erario.

[2] Lettera così sost. dall'art. 37, c. 6, lett. *z*) del D.L. 6 lug. 2011, n. 98, conv. con modif. in L. 15 lug. 2011, n. 111. Le disposizioni di cui al c. 6 si applicano alle controversie instaurate, nonché ai ricorsi notificati ai sensi del D.lgs. 31 dic. 1992, n. 546, successivamente alla data di entrata in vigore del D.L. 6 lug. 2011, n. 98.

132. ***Imposta di registro della sentenza e compensazione delle spese.*** — 1. Nel caso di compensazione delle spese, se la registrazione è chiesta dalla parte ammessa al patrocinio, l'imposta di registro della sentenza è prenotata a debito per la metà o per la quota di compensazione ed è pagata per il rimanente dall'altra parte; è pagata per intero dalla parte diversa da quella ammessa al patrocinio che ne chiede la registrazione nel proprio interesse o per uno degli usi previsti dalla legge.

133. ***Pagamento in favore dello Stato.*** — 1. Il provvedimento che pone a carico della parte soccombente non ammessa al patrocinio la rifusione delle spese processuali a favore della parte ammessa dispone che il pagamento sia eseguito a favore dello Stato.

134. ***Recupero delle spese.*** — 1. Se lo Stato non recupera ai sensi dell'art. 1.33 e se la vittoria della causa o la composizione della lite ha messo la parte ammessa al patrocinio in condizione di poter restituire le spese erogate in suo favore, su di questa lo Stato ha diritto di rivalsa.

2. La rivalsa può essere esercitata per le spese prenotate e anticipate quando per sentenza o transazione la parte ammessa ha conseguito almeno il sestuplo delle spese, o nel caso di rinuncia all'azione o di estinzione del giudizio; può essere esercitata per le sole spese anticipate indipendentemente dalla somma o valore conseguito.

3. Nelle cause che vengono definite per transazione, tutte le parti sono solidalmente obbligate al pagamento delle spese prenotate a debito, ed è vietato accollarle al soggetto ammesso al patrocinio. Ogni patto contrario è nullo.

4. Quando il giudizio è estinto o rinunciato l'attore o l'impugnante diverso dalla parte ammessa al patrocinio è obbligato al pagamento delle spese prenotate a debito.

5. Nelle ipotesi di cancellazione ai sensi dell'art. 309 codice di procedura civile e nei casi di estinzione diversi da quelli previsti nei commi 2 e 4, tutte le parti sono tenute solidamente al pagamento delle spese prenotate a debito.

135. ***Norme particolari pera alcuni processi*** — 1. Le spese relative ai processi di dichiarazione di assenza o di, morte presunta sono recuperate nei confronti dei soggetti indicati nell'art. 50, commi 2 e 3, del codice civile e nei confronti della parte ammessa in caso di revoca dell'ammissione.

2. Le spese relative ai processi esecutivi, mobiliari e immobiliari, hanno diritto di prelazione, al sensi degli artt. 2755 e 2770 del codice civile, sul prezzo ricavato dalla vendita o sul prezzo dell'assegnazione o sulle rendite riscosse dall'amministratore giudiziario.

CAPO VII
Revoca del provvedimento di ammissione al patrocinio

136. ***Revoca del provvedimento di ammissione.*** — 1. Se nel corso del processo sopravvengono modifiche delle condizioni reddituali rilevanti ai fini. dell'ammissione al patrocinio, il magistrato che procede revoca il provvedimento di ammissione.

2. Con decreto il magistrato revoca l'ammissione al patrocinio provvisoriamente disposta dal consiglio dell'ordine degli avvocati, se risulta l'insussistenza dei presupposti per l'ammissione ovvero se l'interessato ha agito o resistito in giudizio con mala fede o colpa grave.

3. La revoca ha effetto dal momento dell'accertamento delle modificazioni reddituali, indicato nel provvedimento del magistrato in tutti gli altri casi ha efficacia retroattiva.

CAPO VIII
Disposizioni particolari per il patrocinio a spese dello stato nel processo tributario

137-141. (*Omissis*).

TITOLO V
Estensione, a limitati effetti, della disciplina del patrocinio a spese dello stato prevista nel titolo IV

142. ***Processo avverso il provvedimento di espulsione del cittadino di Stati non appartenenti all'Unione europea.*** — 1. Nel processo avverso il provvedimento di espulsione del cittadino di Stati. non appartenenti all'Unione europea di cui all'art. 13, del D.lgs. 25 lug. 1998, n. 286, l'onorario e le spese spettanti all'avvocato e all'ausiliario del magistrato sono a carico dell'erario e sono liquidati dal magistrato nella misura e con le modalità rispettivamente previste dagli artt. 82 e 83 ed è ammessa opposizione ai sensi dell'art. 84.

143. ***Processi previsti dalla L. 4 mag. 1983, n. 184, come modificata dalla L. 28 mar. 2001, n. 149.*** — 1. Sino a quando non è emanata una specifica disciplina sulla difesa d'ufficio, nei processi previsti dalla L. 4 mag. 1983, n. 184, come modificata dalla L. 28 mar. 2001, n. 149, per effetto dell'ammissione al patrocinio, sono pagate dall'erario, se a carico della parte ammessa, le seguenti spese:

a) gli onorari e le spese spettanti all'avvocato, al consulente tecnico di parte e all'ausiliario del magistrato, e sono liquidati dal magistrato nella misura e con le modalità rispettivamente previste dagli artt. 82 e 83 ed è ammessa opposizione ai sensi dell'art. 84;

b) le indennità e le spese di viaggio spettanti ai magistrati, ad appartenenti agli uffici, agli ufficiali giudiziari per le trasferte relative al compimento di atti del processo fuori dalla sede in cui si svolge;

c) le indennità e le spese di viaggio spettanti a testimoni e a notai;

d) i diritti e le indennità di trasferta degli ufficiali giudiziari per le notificazioni a richiesta dell'ufficio e per le notificazioni e gli atti di esecuzione a richiesta di parte.[1]

2. La disciplina prevista dalla presente parte dei testo unico si applica, inoltre, per i limiti di reddito, per la documentazione e per ogni altra regola procedimentale relativa alla richiesta del beneficio.

[1] La Corte cost., con sent. 31 mag. 2019, n. 135, ha dichiarato l'ill. cost. del presente comma, nella parte in cui non prevede che siano anticipati dall'erario gli onorari e le spese spettanti al difensore d'ufficio di genitore irreperibile nei processi di cui alla L. 4 mag. 1983, n. 184.

144. ***Processo in cui è parte un fallimento.*** — 1. Nel processo in cui è parte un fallimento, se il decreto dei giudice delegato attesta che non è disponibile il denaro necessario per le spese, il fallimento si considera ammesso al patrocinio ai sensi e per gli effetti delle norme previste dalla presente parte del testo unico, eccetto quelle incompatibili con l'ammissione di ufficio.

145. ***Processo di interdizione e inabilitazione ad istanza del pubblico ministero.*** — 1. Nel processo di interdizione e di inabilitazione promosso dal pubblico ministero le spese sono regolate dall'art. 131, eccetto per gli onorari dovuti al consulente tecnico dell'interdicendo o dell'inabilitando, e all'ausiliario del magistrato, i quali sono anticipati dall'erario.

2. Passata in giudicato la sentenza, l'ufficio richiede a, tutori, e curatori, nella, qualità, di presentare entro un mese la documentazione prevista dall'art. 79, comma 1, lett. *c*); alla scadenza del termine, l'ufficio chiede all'ufficio finanziario gli adempimenti di cui all'art. 98, comma 2, trasmettendo l'eventuale documentazione pervenuta.

3. Lo Stato ha diritto di ripetere le spese nei confronti dei, tutori e curatori, nella qualità, se il magistrato con decreto accerta il superamento dei limiti di reddito previsti per l'ammissione al patrocinio nei processi civili, sulla base della documentazione richiesta ai beneficiari o sulla base degli accertamenti finanziari.

PARTE IV
PROCESSI PARTICOLARI

TITOLO I
Procedura fallimentare

146. (*Omissis*).

TITOLO II
Eredità giacente attivata d'ufficio

148. (*Omissis*).

TITOLO III
Restituzione e vendita di beni sequestrati e spese nella procedura di vendita di beni sequestrati e di beni confiscati nel processo penale

CAPO I
Restituzione e vendita di beni sequestrati

149. ***Raccordo.*** — 1. La restituzione e la vendita di beni sottoposti a sequestro penale è regolata dalle norme del presente capo, se non diversamente previsto da norme speciali.

150. ***Restituzione di beni sequestrati.*** — 1. La restituzione dei beni sequestrati è disposta dal magistrato d'ufficio, o su richiesta, dell'interessato esente da bollo; è comunque disposta dal magistrato quando la sentenza è diventata. inoppugnabile. Della avvenuta restituzione è redatto verbale.[1]

2. La restituzione è concessa a condizione che prima siano pagate le spese per la custodia e le conservazione delle cose sequestrate, salvo che siano pronunciati provvedimenti di archiviazione, sentenza di non luogo a precedere o sentenza di proscioglimento ovvero che le cose sequestrate appartengono a persona diversa dall'imputato o che il decreto di sequestro sia stato revocato a norma dell'art. 324 del codice di procedura penale.[2]

3. Le spese di custodia e di conservazione sono in ogni caso dovute dall'avente diretto alla restituzione per il periodo successivo al trentesimo giorno decorrente dalla data in cui il medesimo ha ricevuto la comunicazione del provvedimento di restituzione.[3]

4. Il provvedimento di restituzione è comunicato all'avente diritto ed al custode. Con il medesimo provvedimento è data comunicazione che le spese di custodia e conservazione delle cose sequestrate, decorosi trenta giorni dalla ricezione della comunicazione, sono in ogni caso a carico dell'avente diritto alla restituzione e che le somme o valori sequestrati, decorosi tre mesi dalla rituale comuni-

cazione senza che l'avente diritto abbia provveduto al ritiro, sono devoluti alla cassa delle ammende.[3]

[1] Parole aggiunte dall'art. 9-*bis* del D.L. 30 giu. 2005, n. 115, conv. con modif. in L. 17 ago. 2005, n. 168.

[2] Comma così sost. dall'art. 9-*bis* del D.L. 30 giu. 2005, n. 115 cit.

[3] Commi aggiunti dall'art. 9-*bis* del D.L. 30 giu. 2005, n. 115 cit.

151. ***Provvedimenti in caso di mancato ritiro del bene restituito e vendita in casi particolari.***[1] — 1. Se l'avente diritto alla restituzione delle cose affidate in custodia a terzi, ovvero alla cancelleria, è ignoto o irreperibile, il cancelliere presenta gli atti al magistrato, il quale ordina la vendita delle cose sequestrate da eseguirsi non oltre sessanta giorni dalla data del provvedimento.

2. Con il provvedimento che ordina la vendita delle cose sequestrate, il magistrato stabilisce le modalità della vendita ed il luogo in cui deve eseguirsi.

3. La vendità è disposta dal magistrato, in ogni momento, se i beni non possono essere custoditi senza pericolo di deterioramento o senza rilevante dispendio. Il provvedimento è comunicato all'avente diritto.

4. Il provvedimento che dispone la vendita deve essere affisso per dieci giorni continui nell'albo del tribunale e degli altri uffici giudiziari del circondario.

5. L'elenco dei beni rimasti invenduti deve essere presentato al magistrato che ne dispone la distruzione.

6. Le operazioni di distruzione sono esentate dal pagamento di qualsiasi tributo od onere ai fini degli adempimenti relativi alle formalità per l'annotazione nei pubblici registri.

7. Allo stesso modo si provvede per i beni affidati alla cancelleria per i quali l'avente diritto non ha comunque provveduto al ritiro.

[1] Articolo così sost. dall'art. 9-*bis* del D.L. 30 giu. 2005, n. 115 cit.

152. ***Vendita.*** — 1. La vendita dei beni, secondo la loro qualità, è eseguita a cura dell'ufficio anche a mezzo degli istituti di vendite giudiziarie.

2. Se i beni hanno interesse scientifico o pregio di antichità o di arte, prima della vendita, è avvisato il Ministero della giustizia per l'eventuale destinazione di questi beni al museo criminale presso il Ministero o altri istituti.

3. Il comma 2 si applica anche in caso di beni su cui è stata disposta la confisca.

153. ***Modalità di deposito delle somme ricavate dalla vendita dei beni sequestrati e delle somme e dei valori sequestrati.*** — 1. Le somme e i valori in sequestro e le somme ricavate dalla vendita dei beni sequestrati sono depositate presso i concessionari.

2. Con apposita convenzione con i concessionari, da approvarsi con decreto del, Ministero della giustizia, di concerto con il Ministero dell'economia e delle finanze, sono individuate le modalità tecniche e le forme più idonee e proficue per assicurare alle somme ricavate dalla vendita e alle somme e ai valori in sequestro il vincolo di destinazione di cui all'art. 154.

154. ***Destinazione del ricavato della vendita e di somme e valori.***[1] — 1. Decorsi tre mesi dalla vendita delle cose sequestrate, se nessuno ha provato di avervi diritto, le somme ricavate dalla vendita sono devolute alla cassa delle ammende, dedotte le spese di cui all'art. 155.

2. Le somme e i valori sequestrati sono devolute alla cassa delle ammende, dedotte le spese di cui all'art. 150, comma 4, senza che l'avente diritto abbia provveduto al ritiro.

3. Se l'avente diritto alla restituzione di somme o di valori sequestrati è ignoto o irreperibile, le somme e i valori sono devoluti alla cassa delle ammende decorsi sei mesi dalla data in cui la sentenza è passata in giudicato o il provvedimento è divenuto definitivo.

[1] Articolo così sost. dall'art. 9-*bis* del D.L. 30 giu. 2005, n. 115, cit.

CAPO II

Spese nella procedura di vendita di beni sequestrati e di beni confiscati

155. ***Spese nella procedura di vendita di beni sequestrati.*** — 1. Nella procedura di vendita di beni sottoposti a sequestro penale, alcune spese sono prenotate a debito, altre sono anticipate dall'erario.

2. Sono spese prenotate a debito:

a) il contributo unificato;

b) i diritti di copia.

3. Sono spese anticipate dall'erario:

a) le spese di spedizione o l'indennità di trasferta degli ufficiali giudiziari per le notificazioni civili a richiesta d'ufficio;

b) le spese ed onorari agli ausiliari del magistrato;

c) l'indennità di custodia;

d) le spese per gli strumenti di pubblicità dei provvedimenti dell'autorità giudiziaria.

156. ***Spese nella procedura di vendita di beni confiscati.*** — 1. Le spese anticipate dall'erario nella procedura di vendita di beni confiscati sono:

a) le spese di spedizione o l'indennità di trasferta degli ufficiali giudiziari per le notificazioni civili a richiesta d'ufficio;

b) le spese ed onorari agli ausiliari del magistrato;

c) l'indennità di custodia;

d) le spese per gli strumenti di pubblicità legale dei provvedimenti del magistrato.

TITOLO IV

Spese processuali della procedura esecutiva attivata dal concessionario per la riscossione delle entrate iscritte a ruolo

157. (*Omissis*).

TITOLO V

Processo in cui è parte l'amministrazione pubblica

158. (*Omissis*).

PARTE V

REGISTRI

(*Omissis*).

PARTE VI

PAGAMENTO

TITOLO I

Titoli di pagamento delle spese

CAPO I

Ordine di pagamento emesso dal funzionario

165. ***Ordine di pagamento emesso dal funzionario.*** — 1. La liquidazione delle spese disciplinate nel presente testo unico è sempre effettuata con ordine dì pagamento del funzionario addetto all'ufficio se non espressamente attribuita al magistrato.

166. ***Ordine di pagamento anticipato per i testimoni nel processo penale.*** — 1. Se un testimone si trova nell'impossibilità di sostenere le spese per raggiungere il luogo dell'esame, il funzionario addetto all'ufficio del luogo di residenza dei testimone emette l'ordine di pagamento prima della testimonianza e lo comunica all'ufficio davanti al quale il testimone è citato a comparire.

167. ***Ordine di pagamento dell'indennità di trasferta agli ufficiali giudiziari.*** — 1. Le indennità di trasferta per notificazioni pagate dall'erario agli ufficiali giudiziari sono liquidate mensilmente dal funzionario addetto all'UNEP, se relative al processo penale e civile, dal funzionario addetto all'ufficio presso il magistrato militare, se relative al processo penale militare, dal funzionario addetto secondo l'ordinamento dell'amministrazione finanziaria, se relative al processo tributario, nonché dal funzionario addetto secondo i regolamenti concernenti la disciplina dell'autonomia finanziaria del Consiglio di Stato ed i tribunali amministrativi regionali e della Corte dei conti, se relative al processo amministrativo e contabile.

2. L'ordine di pagamento è emesso in favore dell'UNEP.

CAPO II

Decreto di pagamento emesso dal magistrato

168. ***Decreto di pagamento delle spettanze agli ausiliari del magistrato e dell'indennità di custodia.*** — 1. La liquidazione delle spettanze agli ausiliari del magistrato e dell'indennità di custodia è effettuata con decreto di pagamento, motivato, del magistrato che procede.

2. Il decreto è comunicato al beneficiario e alle parti, compreso il pubblico ministero, ed è titolo provvisoriamente esecutivo.

3. Nel processo penale il decreto è titolo provvisoriamente esecutivo solo se sussiste il segreto sugli atti di indagine o sulla iscrizione della notizia di reato ed è comunicato al beneficiario; alla cessazione del segreto è comunicato alle parti, compreso il pubblico ministero, nonché nuovamente al beneficiario ai fini dell'opposizione.

168-*bis*. ***Decreto di pagamento delle spese di cui all'articolo 96 del decreto legislativo 1° agosto 2003, n. 259, e di quelle funzionali all'utilizzo delle prestazioni medesime.***[1] — 1. La liquidazione delle spese relative alle prestazioni di cui all'articolo 96 del decreto legislativo 1° agosto 2003, n. 259, e di quelle funzionali all'utilizzo delle prestazioni medesime è effettuata senza ritardo con decreto di pagamento del pubblico ministero che ha richiesto o eseguito l'autorizzazione a disporre le operazioni di intercettazione.

2. Quando sussiste il segreto sugli atti di indagine o sulla iscrizione della notizia di reato, il decreto di pagamento è titolo provvisoriamente esecutivo ed è comunicato alle parti e al beneficiario in conformità a quanto previsto dalla disposizione di cui all'articolo 168, comma 3.

3. Avverso il decreto di pagamento è ammessa opposizione ai sensi dell'articolo 170.

[1] Articolo ins. dall'art. 1, D.lgs. 2 ott. 2018, n. 120.

169. ***Decreto di pagamento delle spese per la demolizione e la riduzione in pristino dei luoghi.*** — 1. La liquidazione dell'importo dovuto alle imprese private o alle strutture tecnico-operative del Ministero della difesa, che hanno eseguito la demolizione di opere abusive e di riduzione in pristino dei luoghi, è effettuata con decreto di pagamento motivato dal magistrato che procede.

2. Il decreto di pagamento alle imprese private è comunicato al beneficiario e alle parti. processuali, compreso il pubblico ministero.

170. ***Opposizione al decreto di pagamento.*** — 1. Avverso il decreto di pagamento emesso a favore dell'ausiliario del magistrato, del custode e delle imprese private cui è affidato l'incarico di demolizione e riduzione in pristino, il beneficiario e le parti processuali, compreso il pubblico ministero, possono proporre opposizione. L'opposizione è disciplinata dall'articolo 15 del decreto legislativo 1° settembre 2011, n. 150.[1]

2-3.[2]

[1] Comma così sost. dall'art. 34, c. 17, D.lgs. 1 set. 2011, n. 150.
[2] Commi abrog. dall'art. 34, c. 17, D.lgs. 1 set. 2011, n. 150.

171. ***Effetti del decreto di pagamento.*** — 1. Il decreto di pagamento emesso dal magistrato costituisce titolo di pagamento della spesa in tutte le fattispecie previste dal presente testo unico.

CAPO III

Responsabilità

172. ***Responsabilità.*** — I magistrati e i funzionari amministrativi sono responsabili delle liquidazioni e dei pagamenti da loro ordinati e sono tenuti al risarcimento del, danno subito dall'erario a causa degli errori e delle irregolarità delle loro disposizioni, secondo la disciplina generale in tema di responsabilità amministrativa.

TITOLO II

Pagamento delle spese per conto dell'erario

173-190. (*Omissis*).

TITOLO III

Pagamento delle spese a carico dei privati

191-198. (*Omissis*).

CAPO IV

Pagamento delle spese di viaggio e indennità spettanti a testimoni e consulenti tecnici citati a richiesta di parte nel processo penale

199. ***Pagamento delle spese di viaggio e indennità spettanti a testimoni e consulenti tecnici citati a richiesta di parte nel processo penale.*** — 1. Le spese di viaggio e le indennità spettanti a testimoni e consulenti tecnici citati a richiesta di parte nel processo penale sono quantificate dal funzionario addetto all'ufficio che emette ordine di pagamento a carico della parte che ha richiesto la citazione.

PARTE VII

RISCOSSIONE

TITOLO I

Disposizioni generali

CAPO I

Ambito di applicabilità

200. ***Applicabilità della procedura nel processo penale.*** — 1. Secondo le disposizioni di questa parte sono recuperate le spese processuali penali, le pene pecuniarie, le sanzioni amministrative pecuniarie e le spese di mantenimento dei detenuti, nonché le spese nei casi di ammissione al patrocinio a spese dello Stato.

201. ***Applicabilità della procedura nel processo civile, amministrativo, contabile e tributario.*** — 1. Secondo le disposizioni di questa parte sono recuperate le spese processuali nei casi di ammissione al patrocinio a spese dello Stato.

202. ***Applicabilità della procedura alle sanzioni pecuniarie processuali.*** — 1. Secondo le disposizioni di questa parte sono recuperate le somme dovute, in base alle norme del codice di procedura civile e del codice di procedura penale, per sanzioni pecuniarie o per condanna alla perdita della cauzione o in conseguenza della dichiarazione di inammissibilità o di rigetto di una richiesta sulla base di provvedimenti non più revocabili.

203. ***Esclusione della procedura per alcuni processi.*** — 1. Le disposizioni di questa parte non si applicano ai processi di cui alla parte IV, titoli I, III, IV e V.

CAPO II

Principi per il processo penale

204. ***Recupero delle spese.*** — 1. Le spese ripetibili sono recuperate in caso di condanna alle spese, secondo il codice di procedura penale e l'art. 69, del D.lgs. 8 giu. 2001, n. 231 nonché, nei casi di ammissione al patrocinio a spese dello Stato, secondo le disposizioni della parte III del presente testo unico.

2. Nel processo di prevenzione, di esecuzione e di sorveglianza si procede al recupero solo in caso di condanna alle spese da parte della Corte di cassazione.

3. Nel caso di sentenza e di decreto ai sensi degli artt. 445 e 460 dei codice di procedura penale si procede al recupero delle spese per la custodia dei beni sequestrati e delle spese di mantenimento dei detenuti.

205. ***Recupero per intero, forfettizzato e per quota.***[1] — 1. Le spese del processo penale anticipate dall'erario sono recuperate nei confronti di ciascun condannato, senza vincolo di solidarietà, nella misura fissa stabilita con decreto del Ministro della giustizia, di concerto con il Ministro dell'economia e delle finanze, ai sensi dell'articolo 17, commi 3 e 4, della legge 23 agosto 1988, n. 400. L'ammontare degli importi può essere rideterminato ogni anno al fine di garantire l'integrale recupero delle somme anticipate dall'erario.[2,3]

2. Il decreto di cui al comma 1 determina la misura del recupero con riferimento al grado di giudizio e al tipo di processo. Il giudice, in ragione

LEGGI COMPLEMENTARI - C.P. e C.P.P.

della complessità delle indagini e degli atti compiuti, nella statuizione di condanna al pagamento delle spese processuali può disporre che gli importi siano aumentati sino al triplo. Sono recuperate per intero, oltre quelle previste dal comma 2-bis, le spese per la consulenza tecnica e per la perizia, le spese per la pubblicazione della sentenza penale di condanna e le spese per la demolizione di opere abusive e per la riduzione in pristino dei luoghi, fatto salvo quanto previsto dall'articolo 32, comma 12, del decreto-legge 30 settembre 2003, n. 269, convertito, con modificazioni, dalla legge 24 novembre 2003, n. 326.[2]

2-*bis*. Le spese relative alle prestazioni previste dall'art. 96 del D.lgs. 1 ago 2003, n. 259 e successive modificazioni, e quelle funzionali all'utilizzo delle prestazioni medesime sono recuperate in misura fissa stabilita con decreto del ministro della giustizia di concerto con il ministro dell'economia e delle finanze, ai sensi dell'art. 17, commi 3 e 4, della legge 23 ago. 1988, n. 400.[3,4]

2-*ter*. Il decreto di cui al comma 2-*bis* determina la misura del recupero con riferimento al costo medio delle singole tipologie di prestazione. L'ammontare degli importi può essere determinato ogni anno.[4]

2-*quater*. Gli importi di cui al comma 2-*bis*, nonché le spese per la consulenza tecnica e per la perizia, le spese per la pubblicazione della sentenza penale di condanna e le spese per la demolizione di opere abusive e per la riduzione in pristino dei luoghi, di cui al comma 2, sono recuperati nei confronti di ciascun condannato in misura corrispondente alla quota del debito da ciascuno dovuta in base al decreto di cui al comma 1, senza vincolo di solidarietà.[5]

2-*quinquies*. Il contributo unificato e l'imposta di registro prenotati a debito per l'azione civile nel processo penale sono recuperati nei confronti di ciascun condannato al risarcimento del danno in misura corrispondente alla quota del debito da ciascuno dovuta, senza vincolo di solidarietà.[5]

2-*sexies*. Gli oneri tributari relativi al sequestro conservativo di cui all'articolo 316 del codice di procedura penale sono recuperati nei confronti del condannato a carico del quale è stato disposto il sequestro conservativo.[5]

[1] Rubrica così modif. dall'art. 67, c. 3, lett. *e*), L. 18 giu. 2009, n. 69.

[2] Commi così sost. dall'art. 67, c. 3, lett. *e*), L. 18 giu. 2009, n. 69

[3] In materia di spese processuali penali, si veda in D.M. 13 nov. 2002, n. 285.

[3] Commi agg. dall'art. 1 della L. 30 dic. 2004, n. 311.

[5] Commi agg. dall'art. 67, c. 3, lett. *e*), L. 18 giu. 2009, n. 69.

206. ***Spese di mantenimento dei detenuti definitivi e in stato di custodia cautelare.*** — 1. Le spese di mantenimento dei detenuti definitivi e, nei casi previsti dal codice di procedura penale, dei detenuti in stato di custodia cautelare sono recuperate secondo le regole comuni alle altre spese, in mancanza di, remunerazione o per la parte residuata dal prelievo sulla remunerazione.

CAPO III
Principi per il processo civile, amministrativo, contabile e tributario

207. ***Recupero delle spese.*** — 1. Le spese processuali nei casi di ammissione al patrocinio a spese dello Stato sono recuperate secondo le disposizioni della parte III del presente testo unico.

CAPO IV
Definizioni

208. ***Ufficio competente.*** — 1. Se non diversamente stabilito in modo espresso, ai fini delle norme che seguono e di quelle cui si rinvia, l'ufficio incaricato della gestione delle attività connesse alla riscossione è così individuato:

a) per il processo civile, amministrativo e tributario è quello presso il magistrato, diverso dalla Corte di cassazione, il cui provvedimento è passato in giudicato o presso il magistrato il cui provvedimento è divenuto definitivo;[1]

b) per il processo penale è quello presso il giudice dell'esecuzione;[2]

b-bis) in tutte le altre ipotesi è quello presso la corte d'appello di Roma.[3]

2. Negli artt. 6, 15, 16, 18, 22, 38, 39, 47, 57 e 59 del D.lgs. 13 apr. 1999, n. 112, i termini «ente creditore» e «soggetti creditori» non si riferiscono all'ufficio di cui al comma 1.

[1] Lettera così modif. dall'art. 1, c. 625, L. 30 dic. 2021, n. 234.

[2] Comma così sost. dall'art. 67, c. 3, lett. *f*), L. 18 giu. 2009, n. 69.

[3] Lettera aggiunta dall'art. 1, c. 625, L. 30 dic. 2021, n. 234.

209. ***Ufficio competente per le spese di mantenimento.*** — 1. Per le spese di mantenimento l'ufficio incaricato della gestione delle attività connesse alla riscossione è quello presso l'ultimo istituto nel quale il condannato è stato ristretto.

210. ***Discarico automatico.*** — 1. Ai fini delle norme che seguono, il discarico automatico del credito iscritto a ruolo comporta l'eliminazione dalle scritture patrimoniali dei crediti erariali, secondo quanto previsto dall'art. 19, comma 3, del. D.lgs. 13 apr. 1999, n. 112, e tiene luogo dell'annullamento del credito previsto dall'art. 265, comma 3, del R.D. 23 mag. 1924, n. 827.

TITOLO II
Disposizioni generali per le spese nel processo amministrativo, contabile e tributario[1]

[1] Rubrica così sost. dall'art. 67, c. 3, lett. *g*), L. 18 giu. 2009, n. 69.

CAPO I
Adempimento spontaneo

211. ***Quantificazione dell'importo dovuto.*** — 1. In applicazione dell'art. 3, comma 1, D.lgs. 9 lug. 1997, n. 237, il funzionario addetto all'ufficio quantifica l'importo dovuto per spese sulla base degli atti, dei registri, delle norme che individuano la somma da recuperare, e prende atto degli importi stabiliti nei provvedimenti giurisdizionali per le pene pecuniarie, per le sanzioni amministrative pecuniarie e per le sanzioni pecuniarie processuali, specificando le varie voci dell'importo complessivo.

2. Il funzionario addetto all'ufficio, altresì, corregge eventuali propri errori, d'ufficio o su istanza di parte.

212. ***Invito al pagamento*** — 1. Passato in giudicato o divenuto definitivo il provvedimento da cui sorge l'obbligo [o, per le spese di mantenimento, cessata l'espiazione della pena in istituto,][1] l'ufficio notifica al debitore l'invito al pagamento dell'importo dovuto, con espressa avvertenza che si procederà ad iscrizione a ruolo, in caso di mancato pagamento entro i termini stabiliti.

2. Entro un mese dal passaggio in giudicato, o dalla definitività del provvedimento da cui sorge l'obbligo, [o dalla cessazione dell'espiazione della pena in istituto,][1] l'ufficio chiede la notifica, ai sensi dell'art. 137 e seguenti del codice di procedura civile, dell'invito al pagamento cui è allegato il modello di pagamento.

3. Nell'invito è fissato il termine di un mese per il pagamento ed è richiesto al debitore di depositare la ricevuta di versamento entro dieci giorni dall'avvenuto pagamento.

[1] Parole soppresse dall'art. 67, c. 3, lett. *h*), L. 18 giu. 2009, n. 69.

CAPO II
Riscossione mediante ruolo

213. ***Iscrizione a ruolo.*** — L'ufficio procede all'iscrizione, a ruolo scaduto inutilmente il termine per l'adempimento, computato dall'avvenuta notifica dell'invito al pagamento e decorsi i dieci giorni per il deposito della ricevuta di versamento.

214. ***Trasmissione di notizie.*** — Dopo l'iscrizione a ruolo, l'ufficio comunica di volta in volta al concessionario e alla competente ragioneria provinciale. dello, Stato le sopravvenute cause di sospensione o di estinzione della riscossione, anche ai fini del discarico automatico.

215. ***Sospensione amministrativa della riscossione.*** — 1. In applicazione dell'art. 28, D.lgs. 26 feb. 1999, n, 46, in caso di impugnazione del ruolo, il funzionario addetto all'ufficio può sospendere la riscossione sulla base di criteri determinati con decreto dirigenziale del Ministero della giustizia.

216. ***Rimborso al concessionario spese relative alle procedure esecutive e rimborso delle somme versate al debitore per indebiti pagamenti.*** — 1. In applicazione dell'art. 17, comma 6, e dell'art. 26, del D.lgs. 13 apr. 1999, n. 112, il funzionario addetto all'ufficio emette gli ordini di pagamento a valere sulle aperture di, credito disposte con le modalità dell'art. 185, per il rimborso al concessionario delle spese relative alle procedure esecutive e delle somme versate al debitore che ha pagato somme iscritte a ruolo riconosciute indebite.

CAPO III
Disposizioni comuni a più fasi della riscossione

217. ***Dati contenuti nel modello di pagamento e nel ruolo.*** — 1. Nel modello di pagamento e nel ruolo devono risultare gli importi prenotati a debito a favore di soggetti diversi dall'erario per consentirne il riversamento da parte dei concessionario all'esito della riscossione.

218. ***Dilazione o rateizzazione del credito.*** — 1. Se il credito è rateizzato prima dell'iscrizione a ruolo, al primo inadempimento è iscritto per l'intero o per il residuo.

2. Se il credito è dilazionato o rateizzato dopo l'iscrizione a ruolo, la riscossione mediante ruolo è sospesa e al primo inadempimento è riavviata per l'intero o per il residuo.

CAPO IV
Annullamento del credito

219. ***Annullamento per irreperibilità.*** — 1. Quando la notifica dell'invito al pagamento si ha per eseguita ai sensi dell'art. 1,43 del codice di procedura civile, l'ufficio annulla il credito, previo parere conforme dell'Avvocatura dello Stato, ai sensi dell'art. 265, del R.D. 23 mag. 1924, n. 827, per gli importi ivi previsti.

220. ***Annullamento per insussistenza.*** — 1. In tutti i casi in cui il credito è estinto legalmente, l'ufficio provvede direttamente all'annullamento ai sensi dell'art. 267, comma 11 del R.D. 23 mag. 1924, n. 827.

2. Se il credito è già iscritto a ruolo è discaricato automaticamente.

CAPO V

Comunicazioni per reati finanziari

221. ***Comunicazioni tra uffici relative a reati finanziari.*** — 1. Nei casi in cui si applica l'art. 338, del decreto del Presidente della Repubblica 23 gen. 1973, n, 43, l'ufficio provvede a tenere informato l'ufficio finanziario in ordine alle vicende relative all'eventuale sequestro della merce oggetto del contrabbando.

CAPO VI

Rinvio a disposizioni relative ad altre entrate dello stato

222. ***Adempimento spontaneo.*** — 1. Per la determinazione delle entrate e dei modelli di versamento, i soggetti incaricati della riscossione, la remunerazione del servizio, i termini e le modalità per il versamento delle somme riscosse, le sanzioni per omesso o insufficiente versamento, le inadempienze nell'invio di dati, si applicano rispettivamente l'art. 31 comma 1, l'art. 4, l'art. 4-*bis*, commi 1, 3 e 4, gli artt. 8, 13, 14 e 15, del D.lgs. 9 lug. 1997, n. 237 e successive modificazioni.

223. ***Riscossione mediante ruolo.*** — 1. Per la riscossione mediante ruolo, la formazione e il contenuto dei ruoli, la consegna del ruolo al concessionario, la cartella di pagamento, la notificazione della stessa, le modalità di pagamento delle somme iscritte a ruolo e relativa, quietanza, gli interessi di mora e l'imputazione dei pagamenti, si applicano gli artt. 17, comma 1, e 22 del D.lgs. 26 feb. 1999, n. 46, l'art. 12, commi 1, 2 e 4, gli artt. 24, 25, commi 1, 2 e 3, gli artt. 26, 28 e 29 del decreto del Presidente della Repubblica 29 sett. 1973, n. 602; l'art. 24, D.lgs. 13 apr. 1999, n. 112, e gli artt. 30 e 31 del decreto del Presidente della Repubblica 29 sett. 1973, n. 602 e successive modificazioni.

224. ***Riscossione coattiva.*** — 1. Per la riscossione coattiva mediante espropriazione forzata mobiliare, presso terzi, immobiliare, di beni mobili registrati, per le procedure concorsuali. si applicano rispettivamente gli artt. 45, 46, 49, 50, 51, 52, 53, 54, 55, 56, 58, 59, 61, 62, 63, 64, 65, 66, 67, 68, 69, 70, 71, 72, 7174, 75, 76, 77, 78, 791 80, 81, 82, 83, 84, 86, 87, 90, comma 1, del decreto del Presidente della Repubblica 29 sett. 1973, n. 602; gli artt. 30 e 31, D.lgs. 26 feb. 1999, n. 46, nonché gli artt. 33 e 34 dei D.lgs. 13 apr. 1999, n, 112 e successive modificazioni.

225. ***Esenzioni.*** — 1. Per le esenzioni, la riduzione di tasse, i diritti relativi a procedure esecutive si applicano gli artt. 47 e 48, del decreto del Presidente della Repubblica 29 sett. 1973, n. 602 e l'art. 66, comma 2, del D.lgs. 13 apr. 1999, n. 112 e successive modificazioni.

226. ***Garanzie giurisdizionali e sospensione amministrativa e giurisdizionale della riscossione.*** — 1. Per le garanzie giurisdizionali e la sospensione amministrativa e giurisdizionale della riscossione si applicano gli artt. 19-*bis* e 57, comma 2, del decreto del Presidente della Repubblica 29 sett. 1973, n. 602, nonché gli artt. 28 e 29, del D.lgs. 26 feb. 1999, n. 46 e successive modificazioni.

227. ***Concessionari.*** — 1. Per l'affidamento in concessione del servizio, la vigilanza sui concessionari, il recesso, la decadenza e la revoca, il commissario governativo delegato, la remunerazione del servizio, l'accesso agli uffici pubblici, il discarico per inesigibilità, la procedura di discarico e reiscrizione nei ruoli, il recupero crediti, gli obblighi contabili e di garanzia, gli obblighi di versamento, la cauzione, il segreto d'ufficio, la trasmissione dei flussi informativi, la conservazione degli atti, la delega, la chiamata in causa dell'ente creditore, i giorni festivi, il personale addetto al servizio di riscossione, le sanzioni, il regime fiscale degli atti di affidamento delle concessioni, le potestà legislative delle Regioni a statuto speciale e province autonome, si applicano gli artt. 2, 3, 4, 5, 6, 7, 8, 9, 10, 111 12, 13, 14 15, 16, 17, eccetto il comma 5-*bis*, 18, 19, 20 eccetto il comma 5, 21, 22, 23, 25, 26, 27, 28, 29, 30, 31, 32, 35, 36, 37, 38, 39, 40, 41, 42, 43, 44, 45, 46, 47, 48, 49, SO, 51, 52, 52-*bis*, 53, 54, 55, 56, e 70, del D.lgs. 13 apr. 1999, n. 112; nonché l'art. 4-*bis*, del D.lgs. 9 lug. 1997, n. 237; l'art. 16-*quinquies*, del D.L. 28 dic. 2001, n. 452, convertito in L. 27 feb. 2002, n. 16; l'art. 46, del decreto del Presidente della Repubblica 29 sett. 1973, n. 602 e l'art. 9, del D.L. 28 mar. 1997, n. 79, convertito in L. 28 mag. 1997, n. 140 e successive modificazioni.

TITOLO II-*bis*

Disposizioni generali per spese di mantenimento in carcere, spese processuali, pene pecuniarie, sanzioni amministrative pecuniarie e sanzioni pecuniarie processuali nel processo civile e penale[1]

[1] Il Titolo II-*bis* ha così sost. il Capo VI-*bis* del Titolo II ai sensi dell'art. 67, c. 3, lett. *i*), L. 18 giu. 2009, n. 69.

CAPO I

Riscossione mediante ruolo

227-*bis*. ***Quantificazione dell'importo dovuto.*** — 1. La quantificazione dell'importo dovuto è effettuata secondo quanto disposto dall'articolo 211. Ad essa provvede l'ufficio ovvero, a decorrere dalla data di stipula della convenzione prevista dall'articolo 1, comma 367, della legge 24 dicembre 2007, n. 244, e successive modificazioni, e per i crediti ivi indicati, la società Equitalia Giustizia Spa.

227-*ter*. ***Riscossione mediante ruolo.*** — 1. Entro un mese dalla data del passaggio in giudicato della sentenza o dalla data in cui è divenuto definitivo il provvedimento da cui sorge l'obbligo o, per le spese di mantenimento, cessata l'espiazione in istituto, l'ufficio ovvero, a decorrere dalla data di stipula della convenzione prevista dall'articolo 1, comma 367, della legge 24 dicembre 2007, n. 244, e successive modificazioni, e per i crediti ivi indicati, la società Equitalia Giustizia Spa procede all'iscrizione a ruolo.

2. L'agente della riscossione procede alla riscossione spontanea a mezzo ruolo ai sensi dell'articolo 32, comma 1, lettera *a*), del decreto legislativo 26 febbraio 1999, n. 46. Si applica l'articolo 25, comma 2, del decreto del Presidente della Repubblica 29 settembre 1973, n. 602.

227-*quater*. *Norme applicabili*. — 1. Alle attività previste dal presente titolo si applicano gli articoli 214, 215, 216, 218, comma 2, e 220.

TITOLO III
Disposizioni particolari per spese processuali, spese di mantenimento e sanzioni pecuniarie processuali

CAPO I
Estinzione legale

228. *Estinzione legale di crediti relativi a spese processuali e di mantenimento*. — 1. Per i crediti relativi a spese processuali e di mantenimento, i importi sino alla concorrenza dei quali non si procede all'invito al pagamento sono stabiliti con decreto del Presidente della Repubblica, ai sensi dell'art. 17, comma 2, della L. 23 ago. 1988, n. 400, su proposta del Ministro dell'economia e delle finanze, di concerto con il Ministro della giustizia, considerati i costi per la riscossione, anche con riferimento alle attività per le notifiche all'estero.

2. Gli importi stabiliti ai sensi del comma 1 non si riferiscono a quelli che costituiscono il residuo di un importo originariamente più elevato.

229. *Estinzione legale di crediti relativi a sanzioni pecuniarie processuali*. — 1. Per l'importo previsto dall'art. 12-*bis*, del decreto del Presidente della Repubblica 29 sett. 1973, n. 602, l'ufficio non effettua l'iscrizione a ruolo in caso di inadempimento di crediti relativi a sanzioni pecuniarie processuali.

CAPO II
Discarico e reiscrizione a ruolo

230. *Discarico automatico per inesigibilità di crediti relativi a spese processuali e di mantenimento*. — 1. Per i crediti relativi a spese processuali e di mantenimento, gli importi sino alla concorrenza dei quali il credito iscritto a ruolo è discaricato automaticamente, se risulta infruttuoso il primo pignoramento, sono stabiliti con decreto del Presidente della Repubblica ai sensi dell'art. 17, comma 2, della L. 23 ago. 1988, n. 400, su proposta del Ministro dell'economia e delle finanze, di concerto con il Ministro della giustizia, tenuto conto dei costi per la riscossione e degli importi previsti dal regolamento ai sensi dell'art. 228.

2. Gli importi stabiliti al sensi del comma 1 non si riferiscono a quelli che costituiscono il residuo di un importo originariamente più elevato.

231. *Reiscrizione a ruolo*. — 1. In applicazione dell'art. 20, comma 6, del D.lgs. 13 apr. 1999, n. 112, con decreto dirigenziale del Ministero della giustizia, sono fissati i criteri eccezionali sulla base dei quali l'ufficio provvede alla reiscrizione degli articoli di ruolo discaricati ai sensi degli artt. 19 e 20, del D.lgs. 13 apr. 1999, n. 112.

CAPO III
Dilazione e rateizzazione

232. *Dilazione e rateizzazione del pagamento*. — 1. Il debitore può chiedere la dilazione o la rateizzazione dell'importo dovuto indicando le cause che gli impediscono di. soddisfare immediatamente il debito e il termine più breve che gli occorre per provvedervi. La richiesta è presentata, a pena di decadenza, prima dell'inizio della procedura esecutiva.

2. Sulla richiesta decide il funzionario addetto all'ufficio entro un mese dalla presentazione.

3. Le rate scadono l'ultimo giorno del mese.

4. In caso di mancato pagamento di una rata il debitore decade automaticamente dal beneficio ed è tenuto al pagamento, in un'unica soluzione, della restante parte del debito.

5. Per gli interessi si applicano l'art. 21, commi 1 e 2, e l'art. 22, del decreto del Presidente della Repubblica 29 sett. 1973, n. 602 e successive modificazioni.

233. *Procedura per la concessione della dilazione e rateizzazione*. — 1. Con decreto dirigenziale dei Ministero della giustizia sono individuati i criteri, anche in riferimento alla condizione del debitore, e sono stabilite le modalità della decisione sulla domanda di dilazione e rateizzazione e delle comunicazioni al concessionario.

CAPO IV
Spese relative alle procedure esecutive attivate dal concessionario per la riscossione delle entrate iscritte a ruolo

234. (*Omissis*).

TITOLO IV
Disposizioni particolari per pene pecuniarie

235. *Annullamento del credito per irreperibilità e possibile reviviscenza*. — 1. Se l'invito al pagamento è riferito alle spese e alle pene pecuniarie dopo l'annullamento del credito ai sensi dell'art. 219, l'ufficio procede all'iscrizione a ruolo solo se il debitore risulta reperibile.

2. Se l'invito al pagamento delle spese e delle pene pecuniarie si riferisce a reati per i quali c'è stata condanna a pena detentiva, l'ufficio, quando la notifica si ha per eseguita ai sensi dell'art. 143 del codice di procedura civile, annulla il credito e rimette gli atti al pubblico ministero per l'esecuzione con il rito degli irreperibili.

3. Divenuto reperibile il debitore, il pubblico ministero rimette gli atti all'ufficio per l'iscrizione a ruolo del credito.

236. ***Pene pecuniarie rateizzate.*** — 1. Per le pene pecuniarie rateizzate, rispettivamente ai sensi dell'art. 133-*ter* del codice penale e dell'art. 238, l'invito al pagamento o il provvedimento del giudice nella fase della conversione contiene l'indicazione dell'importo e la scadenza delle singole rate.

2. Il termine per il pagamento decorre dalla scadenza delle singole rate.

3. Non sono dovuti interessi per la rateizzazione.

4. In caso di mancato pagamento di una rata il debitore decade automaticamente dal beneficio ed è tenuto al pagamento, in un'unica soluzione, della restante parte del suo debito.

237. ***Attivazione della procedura di conversione delle pene pecuniarie.***[1] — 1. L'ufficio investe il pubblico ministero, perché attivi la conversione presso il giudice dell'esecuzione competente, entro venti giorni dalla ricezione della prima comunicazione, da parte del concessionario, relativa all'infruttuoso esperimento, del primo pignoramento su tutti i beni.

2. L'articolo di ruolo relativo alle pene pecuniarie è sospeso.

[1] La Corte cost., con sent. 18 giu. 2003, n. 212, ha dichiarato l'ill. cost. di questo articolo.

238. ***Conversione delle pene pecuniarie.***[1] — 1. Il giudice dell'esecuzione competente, al fine di accertare l'effettiva insolvibilità del condannato e della persona civilmente obbligata per la pena pecuniaria, dispone le opportune indagini nel luogo del domicilio o della residenza, ovvero dove si ha ragione di ritenere che gli stessi possiedono nuovi beni o cespiti di reddito e richiede, se necessario, informazioni agli organi finanziari.

2. Se il debitore risulta solvibile, il concessionario riprende la riscossione coattiva sullo stesso articolo di ruolo.

Se il giudice dell'esecuzione accerta l'insolvibilità, può disporre la rateizzazione della pena a norma dell'art. 133-*ter* del codice penale, qualora non sia stata già disposta con la sentenza di condanna, o il differimento della conversione per un tempo non superiore a sei mesi, rinnovabile per una sola volta se lo stato di insolvibilità perdura, e il concessionario è automaticamente discaricato per l'articolo di ruolo relativo.

4. Alla scadenza del termine fissato per l'adempimento, anche rateizzato, è ordinata la conversione, dell'intero o del residuo.

5. Ai fini della estinzione della pena per decorso del tempo, non si tiene conto dei periodo durante il quale la conversione è stata differita.

6. Con l'ordinanza che dispone la conversione il giudice dell'esecuzione determina le modalità delle sanzioni conseguenti in osservanza delle norme vigenti.

7. Il ricorso contro l'ordinanza di conversione ne sospende l'esecuzione.

[1] La Corte cost., con sent. 18 giu. 2003, n. 212, ha dichiarato l'ill. cost. di questo articolo.

238-*bis*. ***Attivazione delle procedure di conversione delle pene pecuniarie non pagate.***[1] — 1. Entro la fine di ogni mese l'agente della riscossione trasmette all'ufficio, anche in via telematica, le informazioni relative allo svolgimento del servizio e all'andamento delle riscossioni delle pene pecuniarie effettuate nel mese precedente. L'agente della riscossione che viola la disposizione del presente comma è soggetto alla sanzione amministrativa di cui all'articolo 53 del decreto legislativo 13 aprile 1999, n. 112, e si applicano le disposizioni di cui agli articoli 54, 55 e 56 del predetto decreto.

2. L'ufficio investe il pubblico ministero perché attivi la conversione presso il magistrato di sorveglianza competente, entro venti giorni dalla ricezione della prima comunicazione da parte dell'agente della riscossione, relativa all'infruttuoso esperimento del primo pignoramento su tutti i beni.

3. Ai medesimi fini di cui al comma 2, l'ufficio investe, altresì, il pubblico ministero se, decorsi ventiquattro mesi dalla presa in carico del ruolo da parte dell'agente della riscossione e in mancanza della comunicazione di cui al comma 2, non risulti esperita alcuna attività esecutiva ovvero se gli esiti di quella esperita siano indicativi dell'impossibilità di esazione della pena pecuniaria o di una rata di essa.

4. Nei casi di cui ai commi 2 e 3, sono trasmessi al pubblico ministero tutti i dati acquisiti che siano rilevanti ai fini dell'accertamento dell'impossibilità di esazione.

5. L'articolo di ruolo relativo alle pene pecuniarie è sospeso dalla data in cui il pubblico ministero trasmette gli atti al magistrato di sorveglianza competente.

6. Il magistrato di sorveglianza, al fine di accertare l'effettiva insolvibilità del debitore, può disporre le opportune indagini nel luogo del domicilio o della residenza, ovvero dove si abbia ragione di ritenere che lo stesso possieda altri beni o cespiti di reddito e richiede, se necessario, informazioni agli organi finanziari.

7. Quando il magistrato di sorveglianza competente accerta la solvibilità del debitore, l'agente del-

la riscossione riavvia le attività di competenza sullo stesso articolo di ruolo.

8. Nei casi di conversione della pena pecuniaria o di rateizzazione della stessa o di differimento della conversione di cui all'articolo 660, comma 3, del codice di procedura penale, l'ufficio ne dà comunicazione all'agente della riscossione, anche ai fini del discarico per l'articolo di ruolo relativo.

9. Le disposizioni di cui ai commi 1, 2 e 3 trovano applicazione anche per le partite di credito per le quali si è già provveduto all'iscrizione a ruolo alla data di entrata in vigore delle medesime.

[1] Articolo ins. dall'art. 1, c. 473, L. 27 dic. 2017, n. 205.

239. ***Comunicazioni.*** — 1. Il magistrato competente per il processo di conversione comunica l'esito degli accertamenti sui nuovi beni all'ufficio e al concessionario e, in caso di esito positivo, restituisce gli atti al pubblico ministero.

TITOLO V

Disposizioni particolari per sanzioni amministrative pecuniarie

240-242. (*Omissis*).

TITOLO VI

Riversamento del riscosso

243. (*Omissis*).

TITOLO VII

Riscossione del contributo unificato

247. ***Ufficio competente.*** — 1. Ai fini delle norme che seguono e di quelle cui si rinvia, l'ufficio incaricato della gestione delle attività connesse alla riscossione è quello presso il magistrato dove è depositato l'atto cui si collega il pagamento o l'integrazione del contributo unificato.

248. ***Invito al pagamento.*** — 1. Nei casi di cui all'art. 16, entro trenta giorni dal deposito dell'atto cui si collega il pagamento o l'integrazione dei contributo, l'ufficio notifica alla parte, ai sensi dell'art. 137 del codice di procedura civile, l'invito al pagamento dell'importo dovuto, quale risulta dal raffronto tra il valore della causa ed il corrispondente scaglione dell'art. 13,[1] con espressa avvertenza che si procederà ad iscrizione a ruolo, con addebito degli interessi al saggio legale, in caso di mancato pagamento entro un mese.

2. Salvo quanto previsto dall'articolo 1, comma 367, della legge 24 dicembre 2007, n. 244, l'invito è notificato, a cura dell'ufficio e anche tramite posta elettronica certificata nel domicilio eletto o, nel caso di mancata elezione di domicilio, è depositato presso l'ufficio.[2]

3. Nell'invito sono indicati il termine e le modalità per il pagamento ed è richiesto al debitore di depositare la ricevuta di versamento entro dieci giorni dall'avvenuto pagamento.

[1] Comma così sost. dall'art. 9-*bis* del D.L. 30 giu. 2005, n. 115, conv. con modif. in L. 17 ago. 2005, n. 168.

[2] Comma così sost. dall'art. 49, c. 2, D.L. 24 giu. 2014, n. 90, conv. con modif. in L. 11 ago. 2014, n. 114.

249. ***Norme applicabili.*** — 1. Alla riscossione del contributo unificato si applicano gli artt. 208, comma 2, riferito all'art. 247; 210; 211, comma 2; 213; 214; 215; 216; 219; 220; 222; 223; 224; 225; 226; 227; 228; 230; 231; 234.

PARTE VIII

DISPOZIONI SPECIALI PER IL PROCESSO AMMINISTRATIVO, CONTABILE E TRIBUTARIO

250-265. (*Omissis*).

CAPO II

Diritto di copia nel processo penale, civile, amministrativo e contabile

266. ***Raccordo.*** — 1. Sino all'emanazione del regolamento previsto dall'art. 40 si applicano le norme di questo capo.

267. ***Diritto di copia senza certificazione di conformità.*** — 1. Per il rilascio di copie di documenti senza certificazione di conformità, è dovuto il diritto forfettizzato nella misura stabilita dalla tabella, contenuta nell'allegato n. 6 del presente testo unico.

268. ***Diritto di copia autentica.*** — 1. Per il rilascio di copie autentiche di documenti è dovuto il diritto nella misura stabilita dalla tabella, contenuta nell'allegato n. 7 del presente testo unico.

1-*bis*. Il diritto di copia autentica non è dovuto nei casi previsti dall'articolo 16-*bis*, comma 9-*bis*, del decreto-legge 18 ottobre 2012, n. 179, convertito, con modificazioni, dalla legge 17 dicembre 2012, n. 221.[1]

[1] Comma aggiunto dall'art. 52, c. 2, D.L. 24 giu. 2014, n. 90, conv. con modif. in L. 11 ago. 2014, n. 114.

269. ***Diritto di copia su supporto diverso da quello cartaceo.*** — 1. Per il rilascio di copie di documenti su supporto diverso da quello cartaceo è dovuto il diritto forfettizzato nella misura stabilita dalla tabella, contenuta nell'allegato n. 8 del presente testo unico.

1-*bis*. Il diritto di copia senza certificazione di conformità non è dovuto quando la copia è estratta dal fascicolo informatico dai soggetti abilitati ad accedervi.[1]

[1] Comma aggiunto dall'art. 1, c. 598, L. 27 dic. 2013, n. 147, e, poi così sost. dall'art. 52, c. 2, D.L. 24 giu. 2014, n. 90, conv. con modif. in L. 11 ago. 2014, n. 114.

270. ***Copia urgente su supporto cartaceo.*** —

1. Per il rilascio entro due giorni di copie su supporto cartaceo, senza e con certificazione di conformità, il diritto dovuto è triplicato.

271. ***Diritti di copia per i processi dinanzi al giudice di pace.*** — 1. Nei processi dinanzi al giudice di pace tutti i diritti di copia sono ridotti alla metà.

272. ***Diritto di copia ai sensi dell'art. 164 del D.lgs. 28 lug. 1989, n. 271 e dell'art. 137 R.D. 18 dic. 1941, n. 1368.*** — 1. Il diritto dovuto per le copie ai sensi dell'art. 164, del D.lgs. 28 lug. 1989, n. 271, e dell'art. 137, del R.D. 18 dic. 1941, n. 1368 e successive modificazioni, è triplicato.

2. Se il diritto di copia non è pagato spontaneamente dall'impugnante, il funzionario addetto all'ufficio procede alla riscossione mediante iscrizione a ruolo, secondo le disposizioni della parte VII, e relative norme transitorie, in solido nei confronti dell'impugnante e del difensore.

CAPO III

Diritto di certificato nel processo civile e penale

273. ***Diritto di certificato.*** — 1. Sino all'emanazione del regolamento previsto all'art. 40, il diritto di certificato è così regolato:

a) per ogni certificato richiesto dalle parti, compreso il certificato del casellario giudiziale, quello dei carichi pendenti e quello delle sanzioni amministrative dipendenti da reato, è dovuto un diritto pari a euro 3,92[1];

b) per il certificato del casellario giudiziale per quello dei carichi pendenti e per quello delle sanzioni amministrative dipendenti da reato, se si richiede il rilascio immediato e si ottiene il certificato nel medesimo giorno della richiesta, è dovuto un ulteriore diritto di euro 3,92[1].

[1] Importo così aumentato dall'art. 1, c. 1, D.M. 9 lug. 2021.

CAPO IV

Disposizioni comuni al diritto di copia e al diritto di certificato

274. ***Adeguamento periodico degli importi.*** — 1. La misura degli importi del diritto di copia e del diritto di certificato è adeguata ogni tre anni, in relazione alla variazione, accertata, dall'ISTAT, dell'indice dei prezzi al consumo per le famiglie di operai ed impiegati verificatasi nel triennio precedente, con decreto dirigenziale del Ministero della giustizia, di concerto con il Ministero dell'economia e delle finanze.

CAPO V

Ausiliari del magistrato

275. ***Onorari degli ausiliari del magistrato.*** — 1. Sino all'emanazione del regolamento previsto dall'art. 50, la misura degli onorari è disciplinata dalle tabelle allegate al decreto del Presidente della Repubblica 27 lug. 1988, n. 352 e dall'art. 4, della L. 8 lug. 1980, n. 319, come modificato, per gli importi, dal decreto del Ministro di grazia e giustizia 5 dic. 1997, pubblicato sulla *Gazzetta Ufficiale* del 14 feb. 1998, n. 37.

CAPO VI

Indennità di custodia

276. ***Determinazione dell'indennità di custodia.*** — 1. Sino all'emanazione del regolamento previsto dall'art. 59, l'indennità è determinata sulla base delle tariffe esistenti presso la Prefettura, ridotte secondo equità, e, in via residuale, secondo gli usi locali.

CAPO VII

Demolizione di opere abusive e riduzione in pristino dei luoghi

277. ***Importo da corrispondere alle strutture tecnico-operative del Ministero della difesa.*** — 1. Sino a che non è emanata la convenzione organizzativa prevista dall'art. 62, l'importo da corrispondere alle strutture tecnico-operative del Ministero della difesa è quello quantificato da queste alla conclusione dei lavori.

CAPO VIII

Registrazione degli atti giudiziari

278. (*Omissis*).

TITOLO II

Patrocinio a spese dello stato

279. ***Ammissione al patrocinio nel processo civile, amministrativo, contabile e tributario.*** — 1. L'ammissione al gratuito patrocinio nel processo civile, amministrativo, contabile e tributario, deliberato secondo le leggi precedenti anteriormente al 1º lug. 2002, rimane valida e suoi effetti sono disciplinati dalla parte III.

280-292. (*Omissis*).

PARTE X

DISPOSIZIONI FINALI E ABROGAZIONI

293-301. (*Omissis*).

302. ***Entrata in vigore.*** — 1. Le disposizioni del presente testo unico entrano in vigore 1º luglio 2002.

- 2 -

Decreto del ministero dell'Economia e delle finanze 13 nov. 2002, n. 285

Regolamento recante modifiche al D.M. 11 ott. 1989, n. 347, concernente norme in materia di spese processuali penali

1. I diritti e le indennità di trasferta spettanti all'ufficiale giudiziario nonché le spese di spedizione per la notificazione degli atti a richiesta dell'ufficio sono recuperati nella misura fissa stabilita nelle tabelle A e B annesse al presente regolamento, nelle quali sono anche indicate le modalità di ripartizione delle somme recuperate.

2. 1. Ogni tre anni l'ammontare delle somme indicate nelle tabelle A e B annesse al presente regolamento può, con decreto del Ministero dell'economia e delle finanze, di concerto con il Ministero della giustizia, essere adeguto in relazione alla variazione, accertata dall'Istituto centrale di statistica, dell'indice dei prezzi al consumo per le famiglie di operai ed impiegati verificatasi nel triennio precedente.

TABELLA A - PROCEDIMENTO DAVANTI AL TRIBUNALE E ALLA CORTE DI ASSISE

Tab	Procedimento	Trasferte e diritti degli ufficiali giudiziari (la somma relativa è ripartita tra diritti e trasferte nella misura del 50%) (*euro*)	Spese postali (*euro*)	Totale (*euro*)
1	Giudizio direttissimo (anche in rito abbreviato)	10,00	8,00	**18,00**
2	Giudizio abbreviato (in seguito a: decreto penale opposto; decreto di giudizio immediato; decreto di citazione diretta a giudizio)	15,00	15,00	**30,00**
3	Dibattimento (in seguito a: decreto penale opposto; decreto di giudizio immediato; decreto di citazione diretta a giudizio)	12,00	15,00	**27,00**
4	Dibattimento (in seguito a decreto che dispone il giudizio)	15,00	15,00	**30,00**
5	Giudizio abbreviato (in udienza preliminare); oblazione, remissione di querela (nelle indagini preliminari e in udienza preliminare)	12,00	10,00	**22,00**
6	Inammissibilità ai sensi dell'art. 591, c. 2 del c.p.p.	8,00	8,00	**16,00**
7	Appello (decisione in camera di consiglio) e riesame	8,00	8,00	**16,00**
8	Appello (dibattimento) e revisione	10,00	8,00	**16,00**
10	Assise: maggiorazioni	8,00	8,00	**16,00**

TABELLA B - PROCEDIMENTO DAVANTI AL GIUDICE DI PACE

1	Giudizio in seguito a citazione disposta dalla polizia giudiziaria	12,00	12,00	**24,00**
2	Giudizio in seguito a ricorso immediato al giudice e dichiarazione di improcedibilità del ricorso per mancata comparizione del ricorrente (art. 30, D.lgs. n. 274 del 2000)	8,00	8,00	**16,00**
3	Ricorso al tribunale monocratico (art. 31, c. 4, e art. 41, c. 2, D.lgs. n. 274 del 2000); appello al tribunale monocratico	10,00	10,00	**20,00**
4	Riesame e appello delle misure cautelari reali	8,00	8,00	**16,00**
5	Corte di appello:	12,00	10,00	**22,00**
	a) revisione	6,00	8,00	**14,00**
	b) ricusazione	6,00	8,00	**14,00**
6	Cassazione	8,00	8,00	**16,00**

- 3 -

D.M. 28 mar. 2003

Criteri e modalità della decisione sulla domanda di dilazione e rateizzazione del pagamento delle spese processuali, delle spese di mantenimento e delle sanzioni pecuniarie processuali e comunicazioni al concessionario

(G.U. 16 luglio 2003, n. 163)

1. Può essere ammesso al beneficio della dilazione e rateizzazione del pagamento delle spese processuali, delle spese di mantenimento o delle sanzioni pecuniarie processuali il debitore in disagiate condizioni economiche ovvero tem poraneamente impossibilitato a pagare il debito in ununica soluzione.

2. 1. Il soggetto che si trova nelle condizioni indicate nell'art. 1 può chiedere, in via alternativa:

a) la dilazione del pagamento del debito,

b) la rateizzazione del pagamento del del debito;

c) la dilazione e successiva rateaizzazione del pagamento del debito.

3. 1. La domanda, sottoscritta dall'interessatto, deve essere presentata all'ufficio incaricato della gestione delle attività connesse alla prima dell'inizio della procedura personalmente ovvero a mezzo di incaricata dal debitore mediante apposita scritta.

2. La. sottoscrizione deve essere autenti le modalità di cui all'art. 38, comma 3, del decreto, del Presidente della Repubblica. 28 dicembre 2000, 11.4,45.

3. L'inosservanza delle disposizioni di cui ai commi 1 e 2 comporta l'inammissibilità della domanda.

4. Il funzionario addetto all'ufficio competente appone onazio addesso del giorno e della persona ehe presenta la domanda e sottoscrive per ricevuta.

5. La domanda può essere trasmessa anche a mezzo di raccomandata. Il funzionario addetto all'ufficio allega aghi atti la busta contenente la. domanda e appone sulla stessa, l'indicazione del giorno della ricezione e la propria sottoscrizione. La domanda si considera proposta, nella data di spedizione della raccomandata.

6. La domanda deve contenere:

a) le generallità del debitore;

b) l'indicazione della partita di credito cui si riferisce e dell'eventuale data di notifica della cartella di pagamento;

c) l'indicazione dell'importo del credito per il quale si. chiede la dilazione ovvero la rateizzazione del pagamento, ai sensi dell'art. 2;

d) l'esposizione delle cause che impediscono di soddisfare immediatamente il debito ed il termine più breve entro il quale il debitore ritiene di poter provvedere al pagamento;

e) una dichiarazione sostitutiva di certificazione, redatta ai sensi dell'art. 46, comma 1, lettera *o*), del decreto del Presidente della Repubblica n. 445 del 2000, nella quale sia specificata l'attuale siluazione reddituale ed economica del debitore, con l'indicazione degli eventuali familiari a carico, i beni immobili o i beni mobili registrati posseduti, dei redditi personali, di eventuali ulteriore obbligazioni pecuniarie, verso l'erario o verso terzi;

f) una dichiarazione sostitutiva dell'atto di notorietà, redatta al sensi dell'art. 47 del decreto del Presidente della Repubblica n. 445 del 2000, che attesti l'inesistenza di. procedure esecutive in atto a carico del debitore per il recupero del credito di cui è chiesta la dilazione ovvero la rateizzazione del pagamento;

g) l'indicazione di eventuali altri debiti verso l'erario per spese processuali, spese di mantenimento e sanzioni pecuniarie processuali per i quali sia stata concessa la dilazione e decorra il relative termine ovvero sia in corso il pagamento rateale.

4. 1. Qualora la domanda di dilazione ovvero di rateizzazione non contenga tutti i dati specificati nell'art. 3, l'ufficio ne dichiara la inammissibilità.

5. 1. Quando la domanda è presentata nella fase della riscossione mediante iscrizione a ruolo, l'ufficio richiede ai concessionario che ha in carico il ruolo notizie sullo stato della procedura.

2. L'ufficio, ove lo ritenga opportuno, procede al controllo della veridicità dei dati contenuti nella domanda, con le modalità di. cui all'art. 71, comma 2 del decreto del Presidente della Repubblica n. 445 del 2000 ovvero, nei casi non disciplinati da detto articolo, richiedendo per iscritto al debitore la relativa documentazione. Il debitore è tenuto a produrre la documentazione necessaria a consentire il relativo accertamento nel termine di dieci giorni dalla ricezione della richiesta dell'ufficio, con le modalità di cui all'art. 3, commi 1 e 5.

3. L'inosservanza del termine di cui al comma 2 comporta:

a) l'improcedibilità della domanda, qualora il provvedlinento che decide sull'istanza non sia già stato emesso;

b) la revoca del provvedimento favorevole che sia già stato emesso, nel caso in cui la documentazione richiesta riguardi elementi che l'ufficio ha ritenuto determinanti per la decisione;

4. Quando con la stessa sentenza o decreto penale di condanna è stato disposto il pagamento rateale di pena pecuniaria, il beneficio della dilazione ovvero, della rateizzazione delle spese processuali o delle sanzioni processuali pecuniarie - sempre che la richiesta sia stata, ritenuta ammissibile - è concesso senza necessita di ulteriori accertamenti sulla situazione economica del debitore.

5. In caso di accertamento della non veridicità del contenuto delle dichiarazioni rese nell'istanza ai sensi degli artt. 46 e 47 del decreto del Presidente della Repubblica n. 445 del 2000, ferme restando le responsabilità penali del dichiarante previste dalla vigente normativa debitore decade dal beneficio concesso a ragione delle dichiarazioni non veritiere e l'ufficio revoca il relativo provvedimento.

6. Nel caso in cui il provvedimento emesso venga revocato prima dell'iscrizione a ruolo della partita di credito, l'ufficio deve procedere all'immediata iscrizione a ruolo del debito non ancora riscosso.

7. Nel caso in cui il provvedimento emesso venga revocato dopo l'iscrizione a ruolo della partita di credito, l'ufficio deve comunicare al concessionario la decadenza dal beneficio affinché stesso possa procedere al recupero del debito non ancora riscosso mediante esecuzione forzata sulla base dello stesso ruolo.

6. 1. Il funzionario addetto all'ufficio competente può, a seguito di espressa richiesta dell'interessato, concedere:

a) la dilazione del pagamento del debito, con conseguente sospensione della riscossione, per un periodo massimo di dodici mesi, con obbligo di pagamento integrale del debito alla scadenza. del termine concesso;

b) la rateizzazione del pagamento delle somme dovute fino ad un massimo di trenta rate con cadenza mensile;

c) la dilazione del pagamento, con conseguente sospensione della riscossione, per un periodo massimo di sei mesi, e la successiva rateizzazione del pagamento per un numero massimo di ventiquattro rate con cadenza mensile.

7. 1. La dilazione del pagamento del debito - e la relativa misura - con conseguente sospensione della riscossione, è concessa tenuto conto del tempo richiesto dal debitore per adempiere ai pagamento e delle sue condizioni economiche, rapportate al credito che deve recuperare.

8. 1. Il numero e l'importo delle rate sono determinati tenuto conto della somma che il debitore può versare mensilmente e delle sue condizioni economiche, rapportate al credito che l'ufficio deve recuperare.

2. In ogni caso l'importo di, ciascuna rata non può essere inferiore ad euro 50.00.

3. L'importo di cui ai comma 2 può essere soggetto ad adeguamento biennale con decreto dirigenziale del Ministero della giustizia, in relazione alla variazione, accertata dall'ISTAT, dell'indice dei prezzi al consumo per le famiglie di operai e di impiegati, verificatasi nel biennio precedente.

4. La scadenza di ogni rata è fissata nell'ultimo giorno del niese.

9. 1. Sulla richiesta di dilazione e rateizzata decide il funzionario addetto all'ufficio competente con provvedimento da comunicare al debitore.

2. Il provvedimento contiene:

a) le generalità del debitore;

b) l'indicazione della partita di credito alla quale la domanda si riferisce;

c) la data di presentazione della domanda;

d) le valutazioni in ordine alle condizioni economiche del debitore, rapportate all'entità del debito, che giustificato la concessione del beneficio ovvero le ragioni che determinano il rigetto della domanda;

e) l'importo complessivo del debito risultante:

1) dalle dovute per le quali è chiesta la dilazione ovvero la rateizzazione;

2) dagli interessi complessivi di dilazione ovvero rateizzazione del debito;

3) dalle spese postali.

f) il numero delle rate e l'importo di ciascuna di esse, con indicazione della somma dovuta per interessi su ciascuna rata;

g) la data in cui deve essere effettuato il pagamento a seguito di concessione di dilazione ovvero la data della prima rata nonché quella delle rate successive;

h) l'indicazione che, unitamente all'importo integrale del debito alla scadenza del termine di dilazione ovvero alla prima rata, devono essere versati al concessionario gli interessi di mora, se maturati, nonché gli eventuali compensi e spese;

i) l'obbligo di far pervenire all'Ufficio le ricevute di versamento entro il termine di dieci giorni dall'avvenuto pagamento dell'importo complessivo nel caso di cui all'art. 6, lettera *a*), ovvero di ogni singola rata nei casi di cui all art. 6, lettere *b*) e *c*).

3. Il provvedimento deve, altresì, contenere le seguenti avvertenze.

a) in caso di inadempimento alla scadenza del termine di dilazione ovvero di mancato pagamento di una rata, il debitore decade dal beneficio e si procede all'iscrizione a ruolo per l'importo dovuto ovvero è riavviata la riscossionemediante ruolo per il pagamento dell'importo dovuto ed il debito non potrà più essere dilazionato o rateizzato;

b) in ogni momento il debito può essere estinto in un'unica soluzione;

c) il provvedimento è impugnabile avanti al tribunale amministrativo regionale competente per territorio, nel termine di sessanta giorni dalla comunicazione dello stesso, ai sensi dell'art. 21 della legge 6 dicembre 1971, n. 1034.

4. Nel caso in cui la domanda venga dichiarata inammissibile, improcedibile o rigettata, se la stessa è stata presentata nella fase dell'adempimento spontaneo, il provvedimento deve contenere l'invito al pagamento del credito nel termine di 30 giorni e al conseguente deposito della ricevuta di versamento presso l'ufficio che procede alla riscossione nei successivi dieci giorni, con avvertimento che, scaduto inutilmente il termine per l'adempimento, computato dall'avvenuta comunicazione del provvedimento di inammissibilità, improcedibilità o rigetto dell'istanza, e decorsi dieci giorni senza che si sia provveduto al deposito della ricevuta di versamento, l'ufficio procederà all'iscrizione del credito a ruolo.

5. La domanda dichiarata inammissibile, improcedibile o rigettata può essere riproposta all'ufficio nel termine di decadenza indicato dall'art. 232, comma 1, del decreto del Presidente della Repubblica n. 115 del 2002.

10. 1. Il provvedimento che dispone la dilazione ovvero la rateizzazione del credito dopo l'iscrizione a ruolo deve essere comunicato - a cura dell'ufficio - al concessionario, ai sensi degli artt. 214 e 218, comma 2, del decreto del Presidente della Repubblica n. 115 del. 2002.

2. In caso di inadempimento, il concessionario riprende automaticamente la riscossione ai sensi dell'art. 218, comma 2, del decreto del Presidente della, Repubblica n. 115 del 2002.

11. 1. Ogni atto o provvedimento dell'ufficio competente diretto al debitore che ha presentato domanda di dilazione ovvero di rateizzazione va comunicato con lettera raccomandata con avviso di ricevimento.

2. Le relative spese postali di spedizione vanno addebitate all'interessato e riscosse insieme al debito principale.

12. 1. Gli interessi devono essere calcolati al tasso dettato dall'art. 21, commi 1 e 2 del decreto del Presidente della Repubblica n. 602 del 29 settembre 1973 e successive modificazioni.

2. Gli interessi vanno applicati. con la seguente decorrenza:

a) nella fase dell'adempimento spontaneo: dal giomo successivo allo spirare del termine di mesi uno dalla notifica dell'invito al pagamento;

b) nella fase della riscossione mediante iscrizione a ruolo del credito:

1) dal giorno successivo allo spirare del termine di sessanta giorni dalla notifica della cartella di pagamento, quando l'istanza è presentata prima di tale data;

2) dalla data di presentazione della domanda, quando la stessa è presentata dopo la scadenza del termine di sessanta giorni dalla notifica della cartella di pagamento.

3. Nel caso di dilazione, gli interessi devono essere calcolati tenuto conto dei giorni intercorrenti tra la data di decorrenza, individuata ai sensi del comma 2, e la scadenza del termine di pagamento.

4. Nel caso di rateizzazione, si procede all'ammortamento del debito con il procedirnento a rata costante, maggiorando la prima rata dell'importo degli interessi maturati nel periodo compreso tra la data di decorrenza, individuata ai sensi del comma 2, e l'inizio del piano di ammortamento.

13. 1. Il presente decreto entrerà in vigore il giorno della sua pubblicazione nella *Gazzetta Ufficiale* della Repubblica italiana.

STAMPA, POSTA, TELECOMUNICAZIONI E AFFISSIONI

- 1 -

L. 8 feb. 1948, n. 47

Disposizioni sulla stampa

(G.U. 20 feb. 1948, n. 43)

1. ***Definizione di stampa o stampato.*** — Sono considerate stampe o stampati, ai fini di questa legge, tutte le riproduzioni tipografiche o comunque ottenute con mezzi meccanici o fisico chimici, in qualsiasi modo destinate alla pubblicazione.

2. ***Indicazioni obbligatorie sugli stampati.*** — Ogni stampato deve indicare il luogo e l'anno della pubblicazione, nonché il nome e il domicilio dello stampatore e, se esiste, dell'editore.

I giornali, le pubblicazioni delle agenzie di informazioni e i periodici di qualsiasi altro genere devono recare la indicazione: del luogo e della data della pubblicazione; del nome e del domicilio dello stampatore; del nome del proprietario e del direttore o vice direttore responsabile.

All'identità delle indicazioni, obbligatorie e non obbligatorie, che contrassegnano gli stampati, deve corrispondere identità di contenuto in tutti gli esemplari.

3. ***Direttore responsabile.*** — Ogni giornale o altro periodico deve avere un direttore responsabile (57 c.p.).

Il direttore responsabile deve essere cittadino italiano e possedere gli altri requisiti per la iscrizione nelle liste elettorali politiche.[1]

Può essere direttore responsabile anche l'italiano non appartenente alla Repubblica, se possiede gli altri requisiti per la iscrizione nelle liste elettorali politiche.

Quando il direttore sia investito di mandato parlamentare, deve essere nominato un vice direttore, che assume la qualità di responsabile.

Le disposizioni della presente legge, concernenti il direttore responsabile, si applicano alla persona che assume la responsabilità ai sensi del comma precedente.

[1] V. nota all'art. 57 c.p.

4. ***Proprietario.*** — Per poter pubblicare un giornale o altro periodico, il proprietario, se cittadino italiano, residente in Italia, deve possedere gli altri requisiti per l'iscrizione nelle liste elettorali politiche.

Se il proprietario è cittadino italiano residente all'estero, deve possedere gli altri requisiti per l'iscrizione nelle liste elettorali politiche.

Se si tratta di minore o di persona giuridica, i requisiti indicati nei commi precedenti devono essere posseduti dal legale rappresentante.

I requisiti medesimi devono essere posseduti anche dalla persona che esercita l'impresa giornalistica, se essa è diversa dal proprietario.

5. ***Registrazione.*** — Nessun giornale o periodico può essere pubblicato se non sia stato registrato presso la cancelleria del tribunale, nella cui circoscrizione la pubblicazione deve effettuarsi.

Per la registrazione occorre che siano depositati nella cancelleria:

1) una dichiarazione, con le firme autenticate del proprietario e del direttore o vice direttore responsabile, dalla quale risultino il nome e il domicilio di essi e della persona che esercita l'impresa giornalistica, se questa è diversa dal proprietario, nonché il titolo e la natura della pubblicazione;

2) i documenti comprovanti il possesso dei requisiti indicati negli artt. 3 e 4;

3) un documento da cui risulti l'iscrizione nell'albo dei giornalisti, nei casi in cui questa sia richiesta dalle leggi sull'ordinamento professionale;

4) copia dell'atto di costituzione o dello statuto, se proprietario è una persona giuridica.

Il presidente del tribunale o un giudice da lui designato, verificata la regolarità dei documenti presentati, ordina, entro quindici giorni, l'iscrizione del giornale o periodico in apposito registro tenuto dalla cancelleria.

Il registro è pubblico.[1]

[1] V. l'art. 10 della L. 6 ago. 1990, n. 223.

6. ***Dichiarazione dei mutamenti.*** — Ogni mutamento che intervenga in uno degli elementi enunciati nella dichiarazione prescritta dall'art. 5, deve formare oggetto di nuova dichiarazione da depositarsi, nelle forme ivi previste, entro quindici giorni dall'avvenuto mutaento insieme con gli eventuali documenti.

L'annotazione del mutamento è eseguita nei modi indicati nel terzo comma dell'art. 5.

L'obbligo previsto nel presente articolo incombe sul proprietario o sulla persona che esercita l'impresa giornalistica, se diversa dal proprietario.[1]

[1] V. l'art. 10 della L. 6 ago. 1990, n. 223.

7. ***Decadenza della registrazione.*** — L'efficacia della registrazione cessa qualora, entro sei mesi dalla data di essa, il periodico non sia stato pubblicato, ovvero si sia verificata nella pubblicazione una interruzione di oltre un anno.

8. ***Risposte o rettifiche.***[1] — Il direttore o, comunque, il responsabile è tenuto a far inserire gratuitamente nel quotidiano o nel periodico, o nell'agenzia di stampa le dichiarazioni o le rettifiche dei soggetti di cui siano state pubblicate immagini od ai quali siano stati attribuiti atti o pensieri o affermazioni da essi ritenuti lesivi della loro dignità o contrari a verità, purché le dichiarazioni o le rettifiche non abbiano contenuto suscettibile di incriminazione penale.

Per i quotidiani, le dichiarazioni o le rettifiche di cui al comma precedente sono pubblicate, non oltre due giorni da quello in cui è avvenuta la richiesta, in testa di pagina e collocate nella stessa pagina del giornale che ha riportato la notizia cui si riferiscono.

Per i periodici, le dichiarazioni e le rettifiche sono pubblicate, non oltre il secondo numero successivo alla settimana in cui è pervenuta la richiesta, nella stessa pagina che ha riportato la notizia cui si riferisce.

Le rettifiche o dichiarazioni devono fare riferimento allo scritto che le ha determinate e devono essere pubblicate nella loro interezza, purché contenute entro il limite di trenta righe con le medesime caratteristiche tipografiche, per la parte che si riferisce direttamente alle affermazioni contestate.

Qualora, trascorso il termine di cui al secondo e terzo comma, la rettifica o dichiarazione non sia stata pubblicata o lo sia stata in violazione di quanto disposto dal secondo, terzo e quarto comma, l'autore della richiesta di rettifica, se non intende procedere a norma del decimo comma dell'art. 21, può chiedere al pretore,[2] ai sensi dell'art. 700 del c.p.c., che sia ordinata la pubblicazione.

La mancata o incompleta ottemperanza all'obbligo di cui al presente articolo è punita con la multa da euro 1.549 a euro 2.582.[3]

La sentenza di condanna deve essere pubblicata per estratto nel quotidiano o nel periodico o nell'agenzia. Essa, ove ne sia il caso, ordina che la pubblicazione omessa sia effettuata.[4]

[1] Articolo così sost. dall'art. 42 della L. 5 ago. 1981, n. 416.

[2] Ai sensi del D.lgs. 19 feb. 1998, n. 51, l'ufficio del pretore è soppresso a decorrere dal 2 giu. 1999

[3] Fattispecie depenalizzata per effetto dell'art. 32 della L. 24 nov. 1981, n. 689. V. anche l'art. 10, c. 3, della L. 5 ago. 1990, n. 223.

[4] Comma da ritenere superato a seguito della depenalizzazione di cui alla nota 2.

9. ***Pubblicazione obbligatoria di sentenze.*** — Nel pronunciare condanne per reato commesso mediante pubblicazione in un periodico, il giudice ordina in ogni caso la pubblicazione della sentenza, integralmente o per estratto, nel periodico stesso. Il direttore responsabile è tenuto a eseguire gratuitamente la pubblicazione a norma dell'art. 615, primo comma, c.p.p.[1]

[1] Il riferimento è ora da intendersi all'art. 694 c.p.p.

10. ***Giornali murali.*** — Il giornale murale, che abbia un titolo e una normale periodicità di pubblicazione, anche se in parte manoscritto, è regolato dalle disposizioni della presente legge.

Nel caso di giornale murale a copia unica, è sufficiente, agli effetti della L. 2 feb. 1939, n. 374 che sia dato avviso della affissione all'autorità di pubblica sicurezza.

L'inosservanza di questa norma è punita ai sensi dell'art. 650 codice penale.

I giornali murali sono esenti da ogni gravante fiscale.

11. ***Responsabilità civile.*** — Per i reati commessi col mezzo della stampa sono civilmente responsabili, in solido con gli autori del reato e fra di loro, il proprietario della pubblicazione e l'editore.

12. ***Riparazione pecuniaria.*** — Nel caso di diffamazione commessa col mezzo della stampa, la persona offesa può richiedere, oltre il risarcimento dei danni ai sensi dell'art. 185 c.p., una somma a titolo di riparazione. La somma è determinata in relazione alla gravità dell'offesa ed alla diffusione dello stampato.

13. ***Pene per la diffamazione.***[1] — Nel caso di diffamazione commessa col mezzo della stampa,[2] consistente nell'attribuzione di un fatto determinato, si applica la pena della reclusione da uno a sei anni e quella della multa non inferiore a euro 258.[3]

[1] La Corte cost., con sent. 12 lug. 2021, n. 150, ha dichiarato l'ill. cost. del presente articolo.

[2] La stessa pena si applica al reato di diffamazione consistente nell'attribuzione di un fatto determinato commesso attraverso tramissione radiotelevisiva, ai sensi dall'art. 30, L. 6 ago. 1550, n. 223.

[3] Multa quintuplicata a sensi dell'art. 113 della L. 24 nov. 1981, n. 689.

14. ***Pubblicazioni destinate all'infanzia o all'adolescenza.*** — Le disposizioni dell'art. 528 codice penale si applicano anche alle pubblicazioni destinate ai fanciulli ed agli adolescenti, quando, per la sensibilità e impressionabilità ad essi proprie, siano comunque idonee a offendere il loro sentimento morale od a costituire per essi incitamento alla corruzione, al delitto o al suicidio. Le pene in tali casi sono aumentate.

Le medesime disposizioni si applicano a quei giornali e periodici destinati all'infanzia, nei quali la descrizione o l'illustrazione di vicende poliziesche e di avventure sia fatta, sistematicamente o ripetutamente, in modo da favorire il disfrenarsi di istinti di violenza e di indisciplina sociale.[1]

[1] V. ora la L. 17 lug. 1975, n. 355.

15. ***Pubblicazioni a contenuto impressionante o raccapricciante.*** — Le disposizioni dell'art. 528 del codice penale, si applicano anche nel caso di stampati i quali descrivano o illustrino, con particolari impressionanti o raccapriccianti, avvenimenti realmente verificatisi o anche soltanto immaginari, in modo da poter turbare il comune sentimento della morale o l'ordine familiare o da poter provocare il diffondersi di suicidi o delitti.[1]

[1] V. ora la L. 17 lug. 1975, n. 355.

16. ***Stampa clandestina.*** — Chiunque intraprende la pubblicazione di un giornale o altro periodico senza che sia stata eseguita la registrazione prescritta dall'art. 5, è punito con la reclusione fino a due anni o con la multa fino a euro 258.[1]

La stessa pena si applica a chiunque pubblica uno stampato non periodico, dal quale non risulti il nome dell'editore né quello dello stampatore o nel quale questi siano indicati in modo non conforme al vero.

[1] Multa quintuplicata a sensi dell'art. 113 della L. 24 nov. 1981, n. 689.

17. ***Omissione delle indicazioni obbligatorie sugli stampati.*** — Salvo quanto è disposto dall'articolo precedente, qualunque altra omissione o inesattezza nelle indicazioni prescritte dall'art. 2 o la violazione dell'ultimo comma dello stesso articolo è punita con l'ammenda sino a euro 51.[1]

[1] I reati di cui agli artt. 17 e 18 sono stati depenalizzati dalla L. 24 dic. 1975, n. 706. La sanzione amministrativa è stata altresì aggiornata a sensi dell'art. 114 della L. 24 nov. 1981, n. 689.

18. ***Violazione degli obblighi stabiliti dall'art. 6.*** — Chi non effettua la dichiarazione di mutamento nel termine indicato nell'art. 6, o continua la pubblicazione di un giornale o altro periodico dopo che sia stata rifiutata l'annotazione del mutamento, è punito con l'ammenda fino a euro 129.[1]

[1] I reati di cui agli artt. 17 e 18 sono stati depenalizzati dalla L. 24 dic. 1975, n. 706. La sanzione amministrativa è stata altresì aggiornata a sensi dell'art. 114 della L. 24 nov. 1981, n. 689.

19. ***False dichiarazioni nella registrazione di periodici.*** — Chi nelle dichiarazioni prescritte dagli artt. 5 e 6 espone dati non conformi al vero è punito a norma del primo comma dell'art. 483 del c.p.

20. ***Asportazione, distruzione o deterioramento di stampati.*** — Chiunque asporta, distrugge o deteriora stampati per i quali siano state osservate le prescrizioni di legge, allo scopo di impedirne la vendita, distribuzione o diffusione, è punito, se il fatto non costituisce reato più grave, con la reclusione da sei mesi a tre anni (664 c.p.).

Con la stessa pena è punito chiunque con violenza o minaccia impedisce la stampa, pubblicazione o diffusione dei periodici, per i quali siano state osservate le prescrizioni di legge.

La pena è aumentata se il fatto è commesso da più persone riunite o in luogo pubblico, ovvero presso tipografie, edicole, agenzie o altri locali destinati a pubblica vendita.

Per i reati suddetti si procede per direttissima.[1]

[1] In seguito all'entrata in vigore del c.p.p. il presente comma deve ritenersi abrogato dall'art. 233 *Coord.* c.p.p.

21. ***Competenza e forme del giudizio.*** — La cognizione dei reati commessi col mezzo della stampa appartiene al tribunale, salvo che non sia competente la Corte di assise.

Non è consentita la rimessione del procedimento al pretore.[1]

Al giudizio si procede col rito direttissimo.[2]

È fatto obbligo al giudice di emettere in ogni caso la sentenza nel termine massimo di un mese dalla data di presentazione della querela o della denuncia.

La competenza per i giudizi conseguenti alle violazioni delle norme in tema di rettifica, di cui all'art. 8 della presente legge, appartiene al pretore.[1]

Al giudizio si procede con il rito direttissimo.[3]

È fatto obbligo:

a) al pretore di depositare in ogni caso la sentenza entro sessanta giorni dalla presentazione della denuncia;

b) al giudice di appello di depositare la sentenza entro quarantacinque giorni dalla scadenza del termine per la presentazione dei motivi di appello;

c) alla Corte di cassazione di depositare la sentenza entro sessanta giorni dalla scadenza del termine per la presentazione dei motivi del ricorso.[1]

I processi di cui al presente articolo sono trattati anche nel periodo feriale previsto dall'art. 91 dell'ordinamento giudiziario approvato con R.D. 30 gen. 1941, n. 12.

La colpevole inosservanza dell'obbligo previsto nel settimo comma costituisce infrazione disciplinare.

In ogni caso, il richiedente la rettifica può rivolgersi al pretore affinché, in via d'urgenza, anche ai sensi degli artt. 232 e 219 del c.p.p., ordini al direttore la immediata pubblicazione o la trasmissione delle risposte, rettifiche o dichiarazioni.

[1] Comma da ritenersi abrogato.
[2] V. nota art. 20.
[3] V. nota art. 20.

22. ***Periodici già autorizzati.*** (*Omissis*).

23. ***Abrogazioni.*** — Sono abrogati il R.D.L. 14 gen. 1944, n. 13 e ogni altra disposizione contraria o incompatibile con quelle della presente legge.

- 2 -

L. 12 dic. 1960, n. 1591

Disposizioni concernenti l'affissione e l'esposizione al pubblico di manifesti, immagini, oggetti contrari al pudore o alla decenza

(G.U. 3 gen. 1961, n. 2)

1. Chiunque fabbrica, introduce, affigge od espone in luogo pubblico od aperto al pubblico disegni, immagini, fotografie od oggetti figurati comunque destinati alla pubblicità, i quali offendono il pudore o la pubblica decenza, considerati secondo la particolare sensibilità dei minori degli anni 18 e le esigenze della loro tutela morale, è rispettivamente punito a norma degli artt. 528 e 725 del c.p.

Si applica la pena di cui all'art. 725 del c.p. anche quando disegni, immagini, fotografie od oggetti figurati rappresentano scene di violenza atte ad offendere il senso morale o l'ordine familiare.

2. Quando vi sia assoluta urgenza e non sia possibile il tempestivo intervento dell'Autorità giudiziaria, gli ufficiali di polizia giudiziaria possono eseguire il sequestro di detti disegni, immagini, fotografie, od oggetti figurati, procedendo immediatamente, e non oltre le ventiquattr'ore, alla denuncia al procuratore della Repubblica.

Se questi non lo convalida entro le ventiquattr'ore successive, il sequestro si intende revocato e privo di ogni effetto.

- 3 -

D.P.R. 29 mar. 1973, n. 156

T.U. delle disposizioni legislative in materia postale, di bancoposta e di telecomunicazioni

(G.U. 3 mag. 1973, n. 113, Suppl. ord.)

1-9. (*Omissis*).

10. ***Segretezza della corrispondenza e di qualsiasi comunicazione od operazione postale.***[1] — La libertà e la segretezza della corrispondenza e di ogni altra forma di comunicazione sono inviolabili. La loro limitazione può avvenire soltanto per atto motivato dell'autorità giudiziaria.

I funzionari e gli agenti dell'Amministrazione ne sono responsabili e vigilano nell'ambito della propria competenza perché siano rigorosamente osservate.

È vietato alle persone addette ai servizi postali, di bancoposta [e di telecomunicazioni][2], gestiti dallo Stato o in concessione, di dare a terzi informazioni scritte o verbali sull'esistenza o sul contenuto di corrispondenze, di comunicazioni o di messaggi nonché sulle operazioni richieste od eseguite, tranne che nei casi previsti dalla legge.

Nessuno può prendere visione od ottenere copia della corrispondenza in genere, ad eccezione del mittente, del destinatario, dei loro eredi e dei loro rappresentanti legali, nonché delle altre persone indicate dalla legge.

[1] Rubrica così modif. dall'art. 218, D.lgs. 1 ago. 2003, n. 259.

[2] Parole soppresse dall'art. 218, D.lgs. 1 ago. 2003, n. 259.

11. ***Comunicazioni postali vietate.***[1] — Non sono ammessi le corrispondenze postali, telegrafiche, radiotelegrafiche e messaggi che possano costituire pericolo alla sicurezza dello Stato o recare danno alle persona ed alle cose o che costituiscano esse stesse reato punibile d'ufficio.

Non sono altresì ammesse, salvo quanto disposto nei due ultimi commi del presente articolo, le corrispondenze di cui al precedente comma, che siano contrarie al buon costume o contengano frasi, parole, disegni ingiuriosi, scurrili o denigratori a chiunque riferiti.

L'ufficio postale, ove nel testo delle corrispondenze aperte, che in base alle vigenti disposizioni siano soggette a verifica, o sull'involucro delle corrispondenze chiuse riscontri gli elementi di cui al primo comma deve inviare immediatamente la corrispondenza stessa al pretore chiedendogli di pronunciarsi sull'inoltrabilità della corrispondenza medesima.

Il pretore, senza pregiudizio dell'eventuale azione penale, decide entro 24 ore con decreto motivato se la corrispondenza debba avere corso, sentendo il mittente ove egli sia identificabile e sempre che le circostanze lo consiglino.

Il decreto del pretore deve essere notificato nello stesso giorno dell'emanazione all'ufficio postale che ha inoltrato l'oggetto e al mittente che sia stato identificato.

Avverso il decreto del pretore il mittente può proporre ricorso al tribunale, che decide con sentenza in camera di consiglio, sentito il pubblico ministero e previe deduzioni scritte della direzione provinciale delle poste e delle telecomunicazioni competente per territorio o di un funzionario da essa delegato.

Nel caso che nel testo dei telegrammi si riscontrino gli elementi di cui al secondo comma, l'ufficio postale invita il mittente a sottoscrivere l'invio di cui trattasi previo accertamento dell'identità personale del mittente stesso. In caso di rifiuto ad ottemperare a detto invito si applicano le disposizioni di cui ai commi terzo, quarto, quinto e sesto del presente articolo.

[1] Rubrica così modif. dall'art. 218, D.lgs. 1 ago. 2003, n. 259.

12. ***Persone addette ai servizi postali, di bancoposta.***[1] — Le persone addette ai servizi postali, di bancoposta [e di telecomunicazioni][2], anche se dati in concessione ad uso pubblico, sono considerate pubblici ufficiali od incaricati di pubblico servizio, secondo la natura delle funzioni loro affidate, in conformità degli artt. 357 e 358 c.p.

[1] Rubrica così modif. dall'art. 218, D.lgs. 1 ago. 2003, n. 259.

[2] Parole soppresse dall'art. 218, D.lgs. 1 ago. 2003, n. 259.

13. ***Contravvenzioni in materia postale.***[1] — Per le contravvenzioni punibili con la sola pena dell'ammenda è ammessa l'oblazione in sede amministrativa prima che sia iniziato il dibattimento, per somme non inferiori al minimo dell'ammenda.

La competenza a decidere sulla domanda di oblazione spetta, rispettivamente, ai direttori provinciali delle poste e delle telecomunicazioni per le contravvenzioni in materia di servizi postali, di bancoposta, [telegrafici e radioelettrici e agli ispettori di zona dell'Azienda di Stato per i servizi telefonici][2] in materia di servizi telefonici.

[1] Rubrica così modif. dall'art. 218, D.lgs. 1 ago. 2003, n. 259.

[2] Parole soppresse dall'art. 218, D.lgs. 1 ago. 2003, n. 259.

14-194. (*Omissis*).

195. ***Installazione ed esercizio di impianti di telecomunicazione senza concessione od autorizzazione. Sanzioni.***[1] — 1. Chiunque installa, od esercita un impianto di telecomunicazione senza aver ottenuto la relativa concessione, o autorizzazione è punito, se il fatto non costituisce reato, con la sanzione amministrativa pecuniaria da euro 258 a euro 10.329.

2. Se il fatto riguarda impianti radioelettrici, si applica la pena dell'arresto da tre a sei mesi.[2]

3. Se il fatto riguarda impianti di radiodiffusione sonora o televisiva, si applica la pena della reclusione da uno a tre anni. La pena è ridotta alla metà se trattasi di impiantii per la radiodiffusione sonora o televisiva in ambito locale.

4. Chiunque realizza trasmissioni, anche simultanee o parallele, contravvenendo ai limiti territoriali o temporali previsti dalla concessione, è punito con la reclusione da sei mesi a due anni.

5. Il trasgressore è tenuto, in ogni caso, al pagamento di una somma pari al doppio dei canoni previsti per ciascuno dei collegamenti abusivamente realizzati relativamente al periodo di servizio abusivo accertato e comunque per un periodo non inferiore ad un trimestre. Non si tiene conto, nella determinazione del canone, delle agevolazioni previste a favore di determinate categorie di utenti.

6. Indipendentemente dall'azione penale, l'Amministrazione può provvedere direttamente, a spese del possessore, a suggellare o rimuovere l'impianto ritenuto abusivo ed a sequestrare gli apparecchi.

[1] Articolo così sost. dall'art. 30, c. 7, della L. 6 ago. 1990, n. 223.

[2] Comma depenalizzato dall'art. 1 lett. *g*, L. 28 dic. 1993, n. 561.

196-413. (*Omissis*).

- 4 -

L. 17 lug. 1975, n. 355

Esclusione dei rivenditori professionali della stampa periodica e dei librai dalla responsabilità derivante dagli artt. 528 e 725 del codice penale e dagli artt. 14 e 15 della L. 8 feb. 1948, n. 47

(G.U. 12 ago. 1975, n. 214)

Articolo unico. — Non sono punibili per i reati previsti dagli artt. 528 e 725 del c.p. e dagli artt. 14 e 15 della L. 8 feb. 1948, n. 47, i titolari e gli addetti a rivendita di giornali e di riviste per il solo fatto di detenere, rivendere, o esporre, nell'esercizio normale della loro attività, pubblicazioni ricevute dagli editori e distributori autorizzati ai sensi delle vigenti disposizioni.

La stessa disposizione si applica ai titolari ed agli addetti a negozi di vendita di libri e pubblicazioni non periodiche, salvo il caso che essi operino di concerto con gli editori ovvero con i distributori al fine specifico di diffondere stampa oscena.

Le disposizioni di esonero di responsabilità di cui ai commi precedenti non si applicano quando siano esposte, in modo da renderle immediatamente visibili al pubblico, parti palesemente oscene delle pubblicazioni o quando dette pubblicazioni siano vendute ai minori di anni sedici. In tale caso la pena è della reclusione sino ad un anno.

Nei casi in cui il reato previsto dall'art. 528 del c.p. sia commesso da un editore di libri o stampa periodica si applica la pena della reclusione da uno a tre anni e della multa non inferiore a euro 413.[1]

[1] Multa raddoppiata a sensi dell'art. 113 della L. 24 nov. 1981, n. 689.

- 5 -

D.lgs. 8 nov. 2021 n. 208

Attuazione della direttiva (UE) 2018/1808 del Parlamento europeo e del Consiglio, del 14 novembre 2018, recante modifica della direttiva 2010/13/UE, relativa al coordinamento di determinate disposizioni legislative, regolamentari e amministrative degli Stati membri, concernente il testo unico per la fornitura di servizi di media audiovisivi in considerazione dell'evoluzione delle realtà del mercato

(G.U. 10 dic. 2021, n. 293)

(stralcio)

1-6. (*Omissis*).

7. *Trasmissioni transfrontaliere.* — 1. Salvi i casi previsti dal presente articolo, è assicurata la libertà di ricezione e non viene ostacolata la ritrasmissione sul territorio nazionale italiano di servizi di media audiovisivi provenienti da altri Stati membri dell'Unione europea, per ragioni attinenti ai settori coordinati dalla direttiva 2010/13/UE. All'Autorità spetta il compito di adottare misure appropriate per l'attuazione delle disposizioni di cui al presente articolo. A tal fine l'Autorità stipula protocolli d'intesa con il Ministero della salute, il Ministero della difesa, il Ministero dell'interno e il Ministero della giustizia.

2. L'Autorità può disporre la sospensione provvisoria della ricezione o ritrasmissione dei servizi di media audiovisivi erogati da un fornitore sottoposto alla giurisdizione di un altro Stato membro nei seguenti casi:

a) violazione manifesta, seria e grave del divieto di trasmissione di programmi che possono nuocere gravemente allo sviluppo fisico, mentale o morale dei minori di anni diciotto, in particolare di programmi che contengono scene pornografiche o di violenza gratuita, a meno che la scelta dell'ora di trasmissione o qualsiasi altro accorgimento tecnico escludano che i minori che si trovano nell'area di diffusione assistano normalmente a tali programmi;

b) violazione manifesta, seria e grave del divieto di trasmissione di programmi che contengono incitamento alla violenza o all'odio nei confronti di un gruppo di persone o di un membro di un gruppo, per motivi di razza, sesso, religione o nazionalità;

c) erogazione di servizi di media audiovisivi tali da rappresentare un rischio serio e grave di pregiudizio per la salute pubblica;

d) violazione manifesta seria e grave del divieto di pubblica provocazione a commettere i reati di terrorismo di cui all'articolo 5 della direttiva 2017/541/UE del Parlamento europeo e del Consiglio, del 15 marzo 2017;

e) pregiudizio o rischio grave e serio di pregiudizio per la pubblica sicurezza, ivi compresa la salvaguardia della difesa e della sicurezza nazionali.

3. La sospensione di cui al comma 2 è subordinata alle condizioni seguenti:

a) nel corso dei dodici mesi precedenti il fornitore di servizi di media audiovisivi ha già tenuto, in almeno due occasioni, uno o più dei comportamenti indicati al comma 2, lettere *a*), *b*) e *c*) o ha tenuto, in almeno un'occasione, uno dei comportamenti di cui alle lettere *d*) ed *e*);

b) l'Autorità ha notificato per iscritto al fornitore di servizi di media audiovisivi, allo Stato membro avente giurisdizione su tale fornitore e alla Commissione europea le presunte violazioni e le misure proporzionate che intende adottare in caso di nuove violazioni;

c) al fornitore di servizi di media audiovisivi è stata assicurata la possibilità di rappresentare, in contraddittorio, le proprie osservazioni relative alle presunte violazioni notificate dall'Autorità, secondo le modalità indicate con regolamento dell'Autorità stessa;

d) le consultazioni con lo Stato membro dotato di giurisdizione sul fornitore di servizi di media audiovisivi e radiofonici e con la Commissione europea, svolte ai sensi della procedura disciplinata dall'art. 3 della direttiva (UE) 2018/1808, non hanno condotto a una soluzione amichevole entro un mese dalla ricezione, da parte della commissione, della notifica di cui alla lettera *b*) e l'Autorità ha comunicato al fornitore di servizi di media audiovisivi e radiofonici il mancato raggiungimento di una soluzione amichevole entro il predetto termine.

4. Le condizioni di cui al comma 3, lettere *c*) e *d*), non si applicano nei casi di violazione di cui al comma 2, lettera *d*).

5. L'Autorità si conforma alla decisione con la quale la Commissione europea accerta l'incompatibilità al diritto dell'Unione europea della sospensione temporanea della ricezione o della ritrasmissione sul territorio nazionale dei servizi dei media audiovisivi e radiofonici, ritirando prontamente l'atto emesso e rimuovendone gli effetti. L'Autorità fornisce alla commissione le informazioni eventualmente necessarie, entro un mese dal ricevimento della richiesta.

6. E' fatta salva l'applicazione di qualsiasi procedimento, rimedio giurisdizionale o misura sanzionatoria contro le violazioni di cui al presente articolo, nello Stato membro che esercita la propria giurisdizione sul fornitore di servizi di media interessato.

7. In casi urgenti, è possibile derogare alle condizioni di cui al comma 3, lettere *a*) e *b*), purché si intervenga entro un mese dalla presunta violazione. Le misure adottate sono notificate al più presto, a cura dell'Autorità, alla Commissione europea e allo Stato membro alla cui giurisdizione è soggetto il fornitore dei servizi di media, insieme ai motivi dell'urgenza.

8. I fornitori di servizi di media audiovisivi e radiofonici sottoposti alla giurisdizione italiana sono tenuti in ogni caso, a osservare la normativa nazionale, anche di carattere penale, vigente in materia.

9. Se un fornitore di servizi di media soggetto alla giurisdizione di un altro Stato membro fornisce un servizio di media audiovisivo in tutto o per la maggior parte destinato al territorio italiano, l'Autorità può chiedere a tale Stato di considerare eventuali questioni relative alle disposizioni del presente articolo, con particolare riguardo alle violazioni di cui al comma 2, secondo le procedure definite con apposito regolamento della stessa Autorità.

10. Quando all'applicazione delle misure di cui al comma 9 non seguono risultati soddisfacenti e vi sono elementi probatori idonei a far ritenere che il fornitore di servizi di media in questione si è stabilito nello Stato membro cui spetta la giurisdizione per eludere le norme più rigorose applicabili in caso di stabilimento nel territorio italiano, si applica la normativa nazionale, anche penale, vigente in materia, senza necessità di dimostrare l'intenzione del fornitore di servizi di media di eludere le norme più rigorose.

11. Le misure di cui al comma 10 possono essere adottate alle seguenti condizioni:

a) l'intenzione di adottare le misure in questione e i relativi motivi sono stati notificati alla Commissione europea e allo Stato membro interessato;

b) sono stati rispettati i diritti di difesa e al contraddittorio del fornitore interessato, assicurandogli, in particolare, la possibilità di presentare osservazioni;

c) la Commissione europea, previa richiesta di parere all'ERGA, ha accertato che le misure così disposte sono compatibili con il diritto dell'Unione europea.

12. L'Autorità può disporre la sospensione della ricezione o della ritrasmissione di servizi di media audiovisivi sulla base di richieste provenienti da altri Stati membri dell'Unione europea, qualora ritenga che tali provvedimenti sono:

a) necessari per una delle seguenti ragioni:

1) tutela dell'ordine pubblico, in particolare la prevenzione, l'investigazione, l'individuazione e il perseguimento di reati, anche in funzione della tutela dei minori e del contrasto all'incitamento all'odio fondato su motivi di razza, sesso, religione o

nazionalità, nonché alle violazioni della dignità umana degli individui;

2) tutela della sanità pubblica;

3) tutela della pubblica sicurezza, compresa la salvaguardia della sicurezza e della difesa nazionali;

4) tutela dei consumatori, ivi compresi gli investitori, ai sensi del presente testo unico;

b) relativi a un servizio di media audiovisivi a richiesta lesivo degli obiettivi di cui alla lettera *a*) o che ponga un rischio serio e grave di pregiudizio a tali obiettivi;

c) proporzionati agli obiettivi perseguiti.

13. In ipotesi di violazione dei principi fondamentali del sistema dei servizi di media audiovisivi e radiofonici e di servizi di piattaforma per la condivisione di video, l'Autorità può disporre la sospensione della ricezione o ritrasmissione dei servizi sottoposti alla giurisdizione italiana ai sensi dell'articolo 2, comma 3, e dell'articolo 41, comma 7, o non soggetti alla giurisdizione di alcun o Stato membro dell'Unione europea, i cui contenuti o cataloghi sono ricevuti direttamente o indirettamente dal pubblico italiano. A tale fine, a seguito di un formale richiamo, l'Autorità può ordinare al fornitore di servizi interattivi associati o di servizi di accesso condizionato o all'operatore di rete o di servizi sulla cui piattaforma o infrastruttura sono veicolati programmi, di adottare ogni misura necessaria ad inibire la diffusione di tali programmi o cataloghi presso il pubblico italiano. In caso di inosservanza dell'ordine, l'Autorità applica al fornitore di servizi interattivi associati o di servizi di accesso condizionato o all'operatore di rete o di servizi una sanzione amministrativa pecuniaria da euro 5.000 a euro 500.000.

14. Le disposizioni del presente articolo si applicano, con i necessari adattamenti, alle trasmissioni televisive provenienti da Stati terzi che siano parte della Convenzione europea sulla televisione transfrontaliera, firmata a Strasburgo il 5 maggio 1989 e ratificata ai sensi della legge 5 ottobre 1991, n. 327.

8. (*Omissis*).

9. ***Funzioni dell'Autorità per le garanzie nelle comunicazioni.*** — 1. L'Autorità, nell'esercizio dei compiti ad essa affidati dalla legge, assicura il rispetto dei diritti fondamentali della persona nel settore delle comunicazioni, anche mediante servizi di media audiovisivi o radiofonici. L'Autorità esercita i propri poteri in modo imparziale e trasparente nonché in conformità agli obiettivi della direttiva 2018/1808/UE, in particolare per quanto attiene al pluralismo dei media, alla diversità culturale e linguistica, alla tutela dei consumatori, all'accessibilità, alla non discriminazione, al buon funzionamento del mercato interno e alla promozione della concorrenza.

2. L'Autorità, in materia di servizi di media audiovisivi e radiofonici e di servizi di piattaforma di condivisione di video, esercita le competenze previste dalle norme del presente testo unico, nonché quelle già attribuite dalle altre norme vigenti, anche se non incluse nel testo unico, e, in particolare le competenze di cui alle leggi 6 agosto 1990, n. 223, 14 novembre 1995, n. 481 e 31 luglio 1997, n. 249.

3-8. (*Omissis*)

10-28. (*Omissis*)

29. ***Disposizioni generali.*** — 1. Allo scopo di assicurare il pluralismo, la libertà di espressione, la diversità culturale e l'effettività dell'informazione per la più ampia utenza possibile, è garantito adeguato rilievo ai servizi di media audiovisivi e radiofonici di interesse generale forniti mediante qualsiasi strumento di ricezione o accesso a tali servizi impiegato dagli utenti, qualunque sia la piattaforma utilizzata per la prestazione dei medesimi servizi.

2. L'Autorità, mediante linee guida, definisce i criteri di qualificazione di un servizio di media audiovisivo o radiofonico quale servizio di interesse generale. Mediante le medesime linee guida, l'Autorità definisce, altresì, le modalità e i criteri cui i produttori di apparecchi idonei alla ricezione di segnali radiotelevisivi o radiofonici, i prestatori di servizi di indicizzazione, aggregazione o reperimento di contenuti audiovisivi o sonori o i prestatori che determinano le modalità di presentazione dei servizi sulle interfacce degli utenti, dovranno attenersi allo scopo di assicurare l'osservanza di quanto previsto al comma 1.

3. I fornitori di servizi di media audiovisivi soggetti alla giurisdizione italiana offrono ai destinatari un accesso facile, diretto e permanente almeno alle seguenti informazioni:

a) il nome del fornitore;

b) l'indirizzo geografico di stabilimento;

c) le informazioni del fornitore, compresi l'indirizzo di posta elettronica o il sito internet, che permettono di contattarlo rapidamente, direttamente ed efficacemente;

d) lo Stato membro dotato di giurisdizione e l'Autorità titolari dei poteri di regolazione e vigilanza.

4. Fermo il diritto di ciascun utente di riordinare i canali offerti sulla televisione digitale nonché la possibilità per gli operatori di offerta televisiva a pagamento di introdurre ulteriori e aggiuntivi servizi di guida ai programmi e di ordinamento dei canali, l'Autorità, al fine di assicurare condizioni eque, trasparenti e non discriminatorie, adotta un apposito piano di numerazione automatica dei canali della televisione digitale terrestre, in chiaro e a pagamento, e stabilisce con proprio regolamento le modalità di attribuzione dei numeri ai fornitori di servizi di media audiovisivi autorizzati alla diffusione di contenuti audiovisivi in tecnica digitale terrestre, sulla base dei seguenti principi e criteri direttivi in ordine di priorità:

a) garanzia della semplicità d'uso del sistema di ordinamento automatico dei canali;

b) rispetto delle abitudini e preferenze degli utenti, con particolare riferimento alla programmazione nazionale ex analogica e alle emittenti locali;

c) suddivisione delle numerazioni dei canali a diffusione nazionale, sulla base del criterio della programmazione prevalente, in relazione alla natura generalista o tematica della programmazione. Nel primo arco di numeri devono prevedersi spazi adeguati a valorizzare la programmazione dei fornitori di servizi di media audiovisivi locali di qualità e legati al territorio. Nello stesso arco di numeri non dovranno essere irradiati programmi rivolti a un pubblico di soli adulti. Al fine di garantire il più ampio pluralismo in condizioni di parità tra i soggetti operanti nel mercato, dovrà essere riservata una serie di numeri a disposizione per i nuovi soggetti entranti;

d) definizione delle condizioni di utilizzo della numerazione, prevedendo la possibilità, sulla base di accordi, di scambi della numerazione all'interno di uno stesso genere, previa comunicazione all'Autorità;

e) revisione del piano di numerazione in base allo sviluppo del mercato, sentiti i soggetti interessati.

5. Il Ministero, nell'ambito del titolo abilitativo rilasciato per l'esercizio della radiodiffusione televisiva in tecnica digitale terrestre, attribuisce a ciascun canale la numerazione spettante sulla base del piano di numerazione e della regolamentazione adottata dall'Autorità ai sensi del comma 2 e stabilisce le condizioni di utilizzo del numero assegnato. L'attribuzione dei numeri ai soggetti già abilitati all'esercizio della radiodiffusione televisiva in tecnica digitale terrestre è effettuata con separato provvedimento integrativo dell'autorizzazione.

6. In caso di mancato rispetto della disciplina regolamentare adottata dall'Autorità o delle condizioni di utilizzo del numero assegnato ai sensi del comma 5, il Ministero dispone la sospensione dell'autorizzazione a trasmettere e dell'utilizzazione del numero assegnato per un periodo fino a due anni. La sospensione è adottata qualora il soggetto interessato, dopo aver ricevuto comunicazione dell'avvio del procedimento ed essere stato invitato a regolarizzare la propria posizione, non vi provvede entro il termine di sette giorni. In caso di reiterata violazione, nei tre anni successivi all'adozione di un provvedimento di sospensione, il Ministero dispone la revoca dell'autorizzazione a trasmettere e dell'utilizzazione del numero assegnato.

7. Tutti gli apparecchi idonei alla ricezione del segnale televisivo digitale terrestre, anche se abilitati alla connessione internet, devono avere installato il sistema di numerazione automatica dei canali della televisione digitale terrestre di cui ai commi da 4 a 6. Tale sistema deve essere agevolmente accessibile. L'Autorità emana le prescrizioni regolamentari necessarie per l'attuazione del presente comma, ed emette, nei confronti dei soggetti che producono od importano gli apparecchi, i provvedimenti necessari a garantirne l'osservanza. In caso di mancata ottemperanza a tali provvedimenti, l'Autorità applica le sanzioni di cui all'articolo 1, comma 31, della legge 31 luglio 1997, n. 249.

30-31. (*Omissis*)

32. ***Protezione dei diritti d'autore.*** — 1. Le disposizioni del presente testo unico non sono in pregiudizio dei principi e dei diritti di cui alla legge 22 aprile 1941, n. 633, in materia di protezione del diritto d'autore e di altri diritti connessi, nonché delle sanzioni previste al Capo III del Titolo III della medesima legge. I fornitori di servizi di media audiovisivi assicurano il pieno rispetto dei principi e dei diritti di cui alla citata legge 22 aprile 1941, n. 633, indipendentemente dalla piattaforma utilizzata per la trasmissione di contenuti audiovisivi.

2. I fornitori di servizi di media audiovisivi assicurano il pieno rispetto dei principi e dei diritti in materia dei diritti d'autore e dei diritti connessi, indipendentemente dalla piattaforma utilizzata per la trasmissione. In particolare:

a) trasmettono le opere cinematografiche, di cui all'articolo 2, comma 1, lettera *b*), della legge 14 novembre 2016, n. 220, nel rispetto dei termini temporali e delle condizioni concordate con i titolari dei diritti;

b) si astengono dal trasmettere o ritrasmettere, o mettere comunque a disposizione degli utenti, su qualsiasi piattaforma e qualunque sia la tipologia di servizio offerto, programmi oggetto di diritti di proprietà intellettuale di terzi, o parti di tali programmi, senza il consenso dei titolari dei diritti, e salve le disposizioni in materia di brevi estratti di cronaca.

3. L'Autorità emana le disposizioni regolamentari vincolanti, adeguate e necessarie per rendere effettiva l'osservanza dei limiti e divieti di cui al presente articolo.

33-34. (*Omissis*)

35. ***Telegiornali e giornali radio. Rettifica.*** — 1. Ai telegiornali e ai giornali radio si applicano le norme sulla registrazione dei giornali e periodici, contenute negli articoli 5 e 6 della legge 8 febbraio 1948, n. 47. I direttori dei telegiornali e dei giornali radio sono considerati, ad ogni fine di legge, quali direttori responsabili.

2. Chiunque si ritenga leso nei suoi interessi morali, quali in particolare l'onore e la reputazione, o materiali da trasmissioni contrarie a verità ha diritto di chiedere al fornitore di servizi di media audiovisivi e radiofonici, ivi inclusa la concessionaria del servizio pubblico radiofonico, televisivo e multimediale, all'emittente radiofonica oppure alle persone da loro delegate al controllo della trasmis-

sione, che sia trasmessa apposita rettifica, purché quest'ultima non abbia un contenuto che possa dar luogo a responsabilità penali.

3. La rettifica è effettuata entro quarantotto ore dalla data di ricevimento della relativa richiesta, in fascia oraria e con il rilievo corrispondenti a quelli della trasmissione che ha dato origine alla lesione degli interessi. Trascorso detto termine senza che la rettifica sia stata effettuata, l'interessato può trasmettere la richiesta all'Autorità.

4. Nel caso in cui il fornitore di servizi di media audiovisivi o radiofonici, l'emittente radiofonica, o la concessionaria del servizio pubblico radiofonico, televisivo e multimediale ritengono che non ricorrono le condizioni per la trasmissione della rettifica, sottopongono la questione all'Autorità entro il giorno successivo alla data di ricevimento della richiesta. L'Autorità si pronuncia nel termine di cinque giorni dalla ricezione della suddetta richiesta o di quella inviata dall'interessato ai sensi del comma 3. Se l'Autorità ritiene fondata la richiesta, provvede alla rettifica, la quale, preceduta dall'indicazione della pronuncia dell'Autorità, deve essere trasmessa entro le ventiquattro ore successive all'emissione della pronuncia.

36-37. (*Omissis*)

38. ***Vigilanza e sanzioni a tutela dei minori.*** — 1. Alla verifica dell'osservanza delle disposizioni di cui all'articolo 37 provvede l'Autorità, sentito il Comitato di applicazione del Codice di autoregolamentazione media e minori, anche sulla base delle segnalazioni effettuate dal medesimo Comitato. All'attività del Comitato il Ministero fornisce supporto organizzativo e logistico mediante le proprie risorse, umane, finanziarie e strumentali.

2. Nei casi di inosservanza dei divieti di cui all'articolo 37 nonché di violazione delle disposizioni a tutela dei minori contenute negli articoli 30, 31 e 43, l'Autorità, sentito il Comitato di applicazione del Codice di autoregolamentazione media e minori, previa contestazione della violazione agli interessati ed assegnazione di un termine non superiore a quindici giorni per la presentazione di documentazione e osservazioni, tenuto conto della gravità del fatto e delle conseguenze che ne sono derivate nonché della durata ed eventuale reiterazione delle violazioni, applica la sanzione amministrativa da euro 30.000 a euro 600.000. Nei casi di particolare gravità l'Autorità dispone la sospensione dell'efficacia del titolo abilitativo per un periodo non inferiore a sette e non superiore a centottanta giorni.

3. In caso di violazione del divieto di cui al comma 3 dell'articolo 37, si applica la sanzione amministrativa della disattivazione dell'impianto di trasmissione.

4. Le sanzioni amministrative previste dal presente articolo si applicano anche se il fatto costituisce reato e indipendentemente dall'avvio di un'azione penale. Alle sanzioni amministrative inflitte dall'Autorità e alle sanzioni previste dal Codice di autoregolamentazione media e minori applicate dal Comitato viene data adeguata pubblicità, anche mediante comunicazione da parte del soggetto sanzionato nei notiziari diffusi in ore di massimo ascolto. Non si applicano le sezioni I e II del Capo I della legge 24 novembre 1981, n. 689.

5. L'Autorità, sentiti l'Autorità garante per l'infanzia e l'adolescenza e il Comitato di applicazione del Codice di autoregolamentazione media e minori, presenta al Parlamento, entro il 31 marzo di ogni anno, una relazione sulla tutela dei diritti dei minori, sulle misure adottate, sui procedimenti per la violazione dei codici di autoregolamentazione e sulle sanzioni irrogate. Ogni sei mesi, l'Autorità, sentiti l'Autorità garante per l'infanzia e l'adolescenza e il Comitato di applicazione del Codice di autoregolamentazione media e minori, invia alla Commissione parlamentare per l'infanzia e l'adolescenza di cui alla legge 23 dicembre 1997, n. 451, una relazione informativa sulle attività di sua competenza in materia di tutela dei diritti dei minori, corredata da eventuali segnalazioni, suggerimenti od osservazioni.

39-72. (*Omissis*)

STRANIERI E APOLIDI

- 1 -

D.lgs. 25 lug. 1998, n. 286

Testo unico delle disposizioni concernenti la disciplina dell'immigrazione e norme sulla condizione dello straniero[1]

(G.U. 18 ago. 1998, n. 139/L)

[1] Ai sensi dell'art. 3 del D.lgs. 13 feb. 2014, n. 12, la dizione «permesso di soggiorno CE per soggiornanti di lungo periodo» presente in questo decreto, nonché in qualsiasi altra disposizione normativa, si intende sostituita dalla dizione «permesso di soggiorno UE per soggiornanti di lungo periodo».

Ai sensi dell'art. 19, D.L. 17 feb. 2017, n. 13, conv. con modif. in L. 13 apr. 2017, n. 46, la denominazione: «centro di identificazione ed espulsione» è sostituita ovunque presente da: «centro di permanenza per i rimpatri».

TITOLO I
Principi generali

1. ***Ambito di applicazione.*** — 1. Il presente T.U. in attuazione dell'art. 10, secondo c., della Costituzione, si applica, salvo che sia diversamente disposto, ai cittadini di Stati non appartenenti all'Unione europea e agli apolidi, di seguito indicati come stranieri.

2. Il presente T.U. non si applica ai cittadini degli Stati membri dell'Unione europea, se non in quanto si tratti di norme più favorevoli, e salvo il disposto dell'art. 45 della legge 6 marzo 1998, n. 40.

3. Quando altre disposizioni di legge fanno riferimento a istituti concernenti persone di cittadinanza diversa da quella italiana ovvero ad apolidi, il riferimento deve intendersi agli istituti previsti dalla presente legge. Sono fatte salve le disposizioni interne, comunitarie e internazionali più favorevoli comunque vigenti nel territorio dello Stato.

4. Nelle materie di competenza legislativa delle regioni, le disposizioni della presente legge costituiscono princìpi fondamentali ai sensi dell'art. 117 della Costituzione. Per le materie di competenza delle regioni a statuto speciale e delle province autonome esse hanno il valore di norme fondamentali di riforma economico-sociale della Repubblica.

5. Le disposizioni della presente legge non si applicano qualora sia diversamente previsto dalle norme vigenti per lo stato di guerra.

6. Il regolamento di attuazione del presente T.U., di seguito denominato "regolamento di attuazione", è emanato ai sensi dell'art. 17, c. 1, della L. 23 ago. 1988, n. 400, su proposta del Presidente del Consiglio dei ministri, entro centottanta giorni dalla data di entrata in vigore della L. 6 mar. 1998, n. 40.

6-*bis*. Il documento di viaggio europeo per il rimpatrio dei cittadini di Paesi terzi il cui soggiorno è irregolare, previsto dal regolamento (UE) 2016/1953 del Parlamento europeo e del Consiglio, del 26 ottobre 2016, è rilasciato dal questore sulla base del modello conforme approvato con decreto del Ministro dell'interno, di concerto con il Ministro degli affari esteri e della cooperazione.[1] internazionale, da adottare entro tre mesi dalla data di entrata in vigore della presente disposizione

7. Prima dell'emanazione, lo schema del regolamento di cui al c. 6 è trasmesso al Parlamento per l'acquisizione del parere delle Commissioni competenti per materia, che si esprimono entro trenta giorni. Decorso tale termine, il regolamento è emanato anche in mancanza del parere.

[1] Comma ins. dall'art. 17, L. 23 dic. 2021, n. 238.

2. ***Diritti e doveri dello straniero.*** — 1. Allo straniero comunque presente alla frontiera o nel territorio dello Stato sono riconosciuti i diritti fondamentali della persona umana previsti dalle norme di diritto interno, dalle convenzioni internazionali in vigore e dai principi di diritto internazionale generalmente riconosciuti.

2. Lo straniero regolarmente soggiornante nel territorio dello Stato gode dei diritti in materia civile attribuiti al cittadino italiano, salvo che le convenzioni internazionali in vigore per l'Italia e il presente testo unico dispongano diversamente. Nei casi in cui il presente testo unico o le convenzioni internazionali prevedano la condizione di reciprocità, essa è accertata secondo i criteri e le modalità previste dal regolamento di attuazione.

3. La Repubblica italiana, in attuazione della convenzione dell'OIL n. 143 del 24 giu. 1975, ratificata con L. 10 apr. 1981, n. 158, garantisce a tutti i lavoratori stranieri regolarmente soggiornanti nel suo territorio e alle loro famiglie parità di trattamento e piena uguaglianza di diritti rispetto ai lavoratori italiani.

4. Lo straniero regolarmente soggiornante partecipa alla vita pubblica locale.

5. Allo straniero è riconosciuta parità di trattamento con il cittadino relativamente alla tutela giurisdizionale dei diritti e degli interessi legittimi, nei rapporti con la pubblica amministrazione e nell'accesso ai pubblici servizi, nei limiti e nei modi previsti dalla legge.

6. Ai fini della comunicazione allo straniero dei provvedimenti concernenti l'ingresso, il soggiorno e l'espulsione, gli atti sono tradotti, anche sinteticamente, in una lingua comprensibile al destinatario, ovvero, quando ciò non sia possibile, nelle lingue francese, inglese o spagnola con preferenza per quella indicata dall'interessato.

7. La protezione diplomatica si esercita nei limiti e nelle forme previsti dalle normale di diritto internazionale. Salvo che vi ostino motivate e gravi ragioni attinenti alla amministrazione della giustizia e alla tutela dell'ordine pubblico e della sicurezza nazionale, ogni straniero presente in Italia ha diritto di prendere contatto con le autorità del Paese

di cui è cittadino e di essere in ciò agevolato da ogni pubblico ufficiale interessato al procedimento. L'autorità giudiziaria, l'autorità di pubblica sicurezza e ogni altro pubblico ufficiale hanno l'obbligo di informare, nei modi e nei termini previsti dal regolamento di attuazione, la rappresentanza diplomatica o consolare più vicina del Paese a cui appartiene lo straniero in ogni caso in cui esse abbiano preceduto ad adottare nei confronti di costui provvedimenti in materia di libertà personale, di allontanamento dal territorio dello Stato, di tutela dei minori, di status personale ovvero in caso di decesso dello straniero o di ricovero ospedaliero urgente e hanno altresì l'obbligo di far pervenire a tale rappresentanza documenti e oggetti appartenenti allo straniero che non debbano essere trattenuti per motivi previsti dalla legge. Non si fa luogo alla predetta informazioni quando si tratta di stranieri che abbiano presentato una domanda di asilo, di stranieri ai quali sia stato riconosciuto lo status di rifugiato, ovvero di stranieri nei cui confronti sono state adottate misure di protezione temporanea per motivi umanitari.

8. Gli accordi internazionali stipulati per le finalità di cui all'art. 11, comma 4, possono stabilire situazioni guridiche più favorevoli per i cittadini degli Stati interessati a speciali programmi di cooperazione per prevenire o limitare le immigrazioni clandestine.

9. Lo straniero presente nel territorio italiano è comunque tenuto all'osservanza degli obblighi previsti dalla normativa vigente.

2-*bis*-3. (*Omissis*).

TITOLO II
Disposizioni sull'ingresso, il soggiorno e l'allontanamento dal territorio dello Stato

CAPO I
Disposizioni sull'ingresso e il soggiorno

4. ***Ingresso nel territorio dello Stato*** — 1. L'ingresso nel territorio dello Stato è consentito allo straniero in possesso di passaporto valido o documento equipollente e del visto d'ingresso, salvi i casi di esenzione, e può avvenire, salvi i casi di forza maggiore, soltanto attraverso i valichi di frontiera appositamente istituiti.

2. Il visto di ingresso è rilasciato dalle rappresentanze diplomatiche o consolali italiane nello Stato di origine o di stabile residenza dello straniero. Per soggiorni non superiori a tre mesi sono equiparati ai visti rilasciati dalle rappresentanze diplomatiche e consolari italiane quelli emessi, sulla base di specifici accordi, dalle autorità diplomatiche, o consolali di altri Stati. Contestualmente al rilascio del visto di ingresso l'autorità diplomatica o consolare italiana consegna allo straniero una comunicazione scritta in lingua a lui comprensibile o, in mancanza, in inglese, francese, spagnolo o arabo, che illustri i diritti e i doveri dello straniero relativi all'ingresso ed al soggiorno in Italia. Qualora, non sussistano i requisiti previsti dalla normativa in vigore per procedere al rilascio del visto, l'autorità diplomatica o consolare comunica il diniego allo straniero in lingua a lui comprensibile, o, in mancanza, in inglese, francese, spagnolo o arabo. In deroga a quanto stabilito dalla legge 7 ago. 1990, n. 241, e successive modificazioni, per motivi di sicurezza o di ordine pubblico il diniego, non deve essere motivato salvo quando riguarda le domande di visto presentate ai sensi degli artt. 122, 24, 26, 27, 28, 29, 36 e 39. La presentazione di documentazione falsa o contraffatta o di false attestazioni a sostegno della domanda dì visto comporta automaticamente, oltre alle relative responsabilità penali, l'inammissibilità della domanda. Per lo straniero in possesso di permesso di soggiorno è sufficiente, ai fini del reingresso nel territorio dello Stato, una preventiva comunicazione all'autorità di frontiera.

3. Ferme restando le disposizioni di cui all'art. 3, c. 4, l'Italia, in armonia con gli obblighi assunti con l'adesione a specifici accordi internazionali, consentirà l'ingresso nel proprio territorio allo straniero che dimostri di essere in possesso di idonea documentazione atta a confermare lo scopo e le condizioni del soggiorno, nonché la disponibilità di mezzi di sussistenza sufficienti per la durata del soggiorno e, fatta eccezione per i permessi di soggiorno per motivi di lavoro, anche per il ritorno nel Paese di provenienza. I mezzi di sussistenza sono definiti con apposita direttiva emanata dal Min. dell'interno, sulla base dei criteri indicati nel documento di programmazione di cui all'art. 3, c. 1. Non è ammesso in Italia lo straniero che non soddisfi tali requisiti o che sia considerato una minaccia per l'ordine pubblico o la sicurezza dello Stato o di uno dei Paesi con i quali l'Italia abbia sottoscritto, accordi per la soppressone dei controlli alle frontiere interne e la libera circolazione delle persone o che risulti condannato, anche con sentenza non definitiva, compresa quella adottata a seguito di applicazione della pena su richiesta ai sensi dell'art. 444, dei codice di procedura penale, per reati previsti dall'art. 380, commi 1 e 2, del codice di procedura penale ovvero per reati inerenti gli stupefacenti, la libertà sessuale, il favoreggia mento dell'immigrazione clandestina verso l'Italia e dell'emigrazione clandestina dall'Italia verso altri Stati o per reati diretti al reclutamento di persone da destinare alla prostituzione o allo sfruttamento della prostituzione o di minori da impiegare in attività illecite. Impedisce l'arresto dello straniero in Italia anche la condanna, con sentenza irrevocabile, per uno dei reati previsti dalle disposizioni del titolo III, capo III, sezione II, della legge 22 aprile 1941, n. 633, relativi alla tutela del diritto di autore e degli articoli 473 e 474 del codice penale, nonché

dall'articolo 1 del decreto legislativo 22 gennaio 1948, n. 66, e dall'articolo 24 del regio decreto 18 giugno 1931, n. 773[1]. Lo straniero per il quale è richiesto il ricongiungimento familiare, ai sensi dell'art. 29, non è ammesso il Italia quando rappresenti una minaccia concreta e attuale per l'ordine pubblico o la sicurezza dello Stato o di uno dei paesi con i quali l'Italia abbia sottoscritto accordi per la soppressione dei controlli alle frontiere interne e la libera circolazione delle persone.

4. L'ingresso in Italia può essere consentito con visti per soggiorni di breve durata, validi fino a novanta giorni, e per soggiorni di lunga durata che comportano per il titolare la concessione di un permesso di soggiorno in Italia con motivazione identica a quella menzionata nel visto. Per soggiorni inferiori a tre mesi saranno considerati validi anche i motivi esplicitamente indicati in visti rilasciati da autorità diplomatiche o consolari di altri Stati in base a specifici accordi internazionali sottoscritti e ratificati dall'Italia ovvero a norme comunitarie.

5. Il Ministero degli affari esteri adotta, dandone tempestiva comunicazione alle competenti Commissioni parlamentari, ogni opportuno provvedimento di revisione o modifica dell'elenco dei Paesi i cui cittadini siano soggetti ad obbligo di visto, anche in attuazione di obblighi derivanti da accordi internazionali in vigore.

6. Non possono fare ingresso nel territorio dello Stato e sono respinti dalla frontiera gli stranieri espulsi, salvo che abbiano ottenuto la speciale autorizzazione o che sia trascorso il periodo di divieto di ingresso, gli stranieri che debbono essere espulsi e quelli segnalati, anche in base ad accordi o convenzioni internazionali in vigore in Italia, ai fini del respingimento o della non ammissione per gravi motivi di ordine pubblico, di sicurezza nazionale e di tutela delle relazioni internazionali.

6-*bis*. Nei casi di cui all'articolo 24, paragrafo 2, lettera b), del regolamento (CE) n. 1987/2006 del Parlamento europeo e del Consiglio del 20 dicembre 2006, la decisione di inserimento della segnalazione nel sistema di informazione Schengen, ai fini del rifiuto di ingresso ai sensi dell'articolo 24, paragrafo 1, del predetto regolamento, è adottata dal direttore della Direzione centrale della Polizia di prevenzione del Ministero dell'interno, su parere del comitato di analisi strategica antiterrorismo di cui all'articolo 12, comma 3, della legge 3 agosto 2007, n. 124.[2]

7. L'ingresso è comunque subordinato al rispetto degli adempimenti e delle formalità prescritti con il regolamento di attuazione.

[1] Parole ins. dall'art. 23, c. 2, D.L. 4 ott. 2018, n. 113, conv. in L. 1 dic. 2018, n. 132.

[2] Comma ins. dall'art. 15, D.L. 17 feb. 2017, n. 13, conv. con modif. in L. 13 apr. 2017, n. 46.

4-*bis*. *Accordo di integrazione.* — 1. Ai fini di cui al presente testo unico, si intende con integrazione quel processo finalizzato a promuovere la convivenza dei cittadini italiani e di quelli stranieri, nel rispetto dei valori sanciti dalla Costituzione italiana, con il reciproco impegno a partecipare alla vita economica, sociale e culturale della società.

1-*bis*. Nell'ambito delle attività preordinate alla realizzazione del processo di integrazione di cui al comma 1, sono fornite le informazioni sui diritti conferiti allo straniero con il permesso di soggiorno di cui all'articolo 5, comma 8.1.[1]

2. Entro centottanta giorni dalla data di entrata in vigore del presente articolo, con regolamento, adottato ai sensi dell'articolo 17, comma 1, della legge 23 agosto 1988, n. 400, su proposta del Presidente del Consiglio dei ministri e del Ministro dell'interno, di concerto con il Ministro dell'istruzione, dell'università e della ricerca e il Ministro del lavoro, della salute e delle politiche sociali, sono stabiliti i criteri e le modalità per la sottoscrizione, da parte dello straniero, contestualmente alla presentazione della domanda di rilascio del permesso di soggiorno ai sensi dell'articolo 5, di un Accordo di integrazione, articolato per crediti, con l'impegno a sottoscrivere specifici obiettivi di integrazione, da conseguire nel periodo di validità del permesso di soggiorno. La stipula dell'Accordo di integrazione rappresenta condizione necessaria per il rilascio del permesso di soggiorno. La perdita integrale dei crediti determina la revoca del permesso di soggiorno e l'espulsione dello straniero dal territorio dello Stato, eseguita dal questore secondo le modalità di cui all'articolo 13, comma 4, ad eccezione dello straniero titolare di permesso di soggiorno per asilo, per protezione sussidiaria, per i motivi di cui all'articolo 32, comma 3, del decreto legislativo 28 gennaio 2008, n. 25,[2] per motivi familiari, di permesso di soggiorno CE per soggiornanti di lungo periodo, di carta di soggiorno per familiare straniero di cittadino dell'Unione europea, nonché dello straniero titolare di altro permesso di soggiorno che ha esercitato il diritto al ricongiungimento familiare.

3. All'attuazione del presente articolo si provvede con le risorse umane, strumentali e finanziarie disponibili a legislazione vigente, senza nuovi o maggiori oneri per la finanza pubblica.

[1] Comma ins. dall'art. 1, c. 1, D.lgs. 4 mar. 2014, n. 40.

[2] Parole così sost. dall'art. 1, c. 1, lett. *a*), D.L. 4 ott. 2018, n. 113, conv. in L. 1 dic. 2018, n. 132.

4-*ter*. *Proroga del visto.*[1] — 1. Il questore della provincia in cui lo straniero si trova può prorogare il visto d'ingresso per soggiorni di breve durata fino alla durata massima consentita dalla normativa europea, ai sensi dell'articolo 33 del regolamento (CE) n. 810/2009 del Parlamento europeo e del Consiglio, del 13 luglio 2009, che istituisce un codice europeo dei visti.

2. Lo straniero che richiede la proroga del visto ai sensi del comma 1 è sottoposto a rilievi fotodattiloscopici.

3. La proroga del visto concessa dal questore consente il soggiorno dello straniero nel territorio nazionale senza la necessità di ulteriori adempimenti.

4. Le informazioni sulla proroga del visto, memorizzate nel sistema di informazione visti (VIS) conformemente all'articolo 14 del regolamento (CE) n. 767/2008 del Parlamento europeo e del Consiglio, del 9 luglio 2008, concernente il VIS e lo scambio di dati tra Stati membri sui visti per soggiorni di breve durata (regolamento VIS), sono registrate negli archivi del Centro elaborazione dati di cui all'articolo 8 della legge 1° aprile 1981, n. 121.

[1] Articolo ins. dall'art. 16, L. 23 dic. 2021, n. 238.

5. ***Permesso di soggiorno*** — 1. Possono soggiornare nel territorio dello Stato gli stranieri entrati regolarmente ai sensi dell'art. 4, che siano muniti di carta di soggiorno o di permesso di soggiorno rilasciati, e in corso di validità, a norma della presente legge o che siano in possesso della proroga del visto ai sensi dell'articolo 4-*ter* o di permesso di soggiorno o titolo equipollente rilasciato dalla competente autorità di uno Stato appartenente all'Unione europea, nei limiti ed alle condizioni previsti da specifici accordi.[1]

1-*bis*. Nei casi di cui all'articolo 38-*bis*, possono soggiornare nel territorio dello Stato gli studenti stranieri che sono entrati secondo le modalità e alle condizioni previste dall'articolo 4 e che sono in possesso del visto per motivi di studio rilasciato per l'intera durata del corso di studio e della relativa dichiarazione di presenza.[2]

2. Il permesso di soggiorno deve essere richiesto, secondo le modalità previste nel regolamento di attuazione, al questore della provincia in cui lo straniero si trova entro otto giorni lavorativi dal suo ingresso nel territorio dello Stato ed è rilasciato per le attività previste dal visto d'ingresso o dalle disposizioni vigenti. Il regolamento di attuazione può prevedere speciali modalità di rilascio relativamente ai soggiorni brevi per motivi di turismo, di giustizia, di attesa di emigrazione in altro Stato e per l'esercizio delle funzioni di ministro di culto nonché ai soggiorni in case di cura, ospedali, istituti civili e religiosi e altre convivenze.

2-*bis*. Lo straniero che richiede il permesso di soggiorno è sottoposto a rilievi fotodattiloscopici.

2-*ter*. La richiesta di rilascio e di rinnovo del permesso di soggiorno è sottoposta al versamento di un contributo, il cui importo è fissato fra un minimo di 80 e un massimo di 200 euro con decreto del Ministro dell'economia e delle finanze, di concerto con il Ministro dell'interno, che stabilisce altresì le modalità del versamento nonché le modalità di attuazione della disposizione di cui all'articolo 14-*bis*, comma 2. Non è richiesto il versamento del contributo per il rilascio ed il rinnovo del permesso di soggiorno per asilo, per richiesta di asilo, per protezione sussidiaria, per cure mediche nonché dei permessi di soggiorno di cui agli articoli 18, 18-*bis*, 20-*bis*, 22, comma 12-*quater*, e 42-*bis*, e del permesso di soggiorno rilasciato ai sensi dell'articolo 32, comma 3, del decreto legislativo 28 gennaio 2008, n. 25[3].

3. La durata del permesso di soggiorno non rilasciato per motivi di lavoro è quella prevista dal visto d'ingresso, nei limiti stabiliti dalla presente legge o in attuazione degli accordi e delle convenzioni internazionali in vigore. La durata non può comunque essere:

a) superiore a tre mesi, per visite, affari e turismo;

b) [abrogata]

c) inferiore al periodo di frequenza, anche pluriennale, di un corso di studio di istituzioni scolastiche, istituti tecnici superiori, istituzioni universitarie e dell'alta formazione artistica, musicale e coreutica o per formazione debitamente certificata, fatta salva la verifica annuale di profitto secondo le previsioni del regolamento di attuazione. Il permesso può essere prolungato per ulteriori dodici mesi oltre il termine del percorso formativo compiuto, secondo quanto disposto dall'articolo 39-*bis*.1;[4]

d) [abrogata]

e) superiore alle necessità specificamente documentate, negli altri casi consentiti dalla presente legge o dal regolamento di attuazione.

3-*bis*. Il permesso di soggiorno per motivi di lavoro è rilasciato a seguito della stipula del contratto di soggiorno per lavoro di cui all'art. 5-*bis*. La durata del relativo permesso di soggiorno per lavoro è quella prevista dal contratto di soggiorno e comunque non può superare:

a) in relazione ad uno o più contratti di lavoro stagionale, la durata complessiva di nove mesi;

b) in relazione ad un contratto di lavoro subordinato a tempo determinato, la durata di un anno;

c) in relazione ad un contratto di lavoro subordinato a tempo indeterminato, la durata di due anni.

3-*ter*. Allo straniero che dimostri di essere venuto in Italia almeno una volta nei cinque anni precedenti per prestare lavoro stagionale è rilasciato, qualora si tratti di impieghi ripetitivi, un permesso pluriennale, a tale titolo, fino a tre annualità, con indicazione del periodo di validità per ciascun anno. Il predetto permesso di soggiorno è revocato se lo straniero non si presenta all'ufficio di frontiera esterna al termine della validità annuale e alla data prevista dal visto di ingresso per il rientro nel territorio nazionale. Il relativo visto di ingresso è rilasciato sulla base del nulla osta rilasciato ai sensi dell'articolo 24, comma 11.[5]

3-*quater*. Possono inoltre soggiornare nel territorio dello Stato gli stranieri muniti di permesso di soggiorno per lavoro autonomo rilasciato sulla base della certificazione della competente rappresentanza diplomatica, o consolare italiana della sussistenza dei requisiti previsti dell'art. 26 del presente testo unico. Il permesso di soggiorno non può avere validità superiore ad un periodo di due anni.

3-*quinquies*. La rappresentanza diplomatica o consolare italiana che rilascia il visto di ingresso per motivi di lavoro, ai sensi dei commi 2 e 3 dell'art. 4, ovvero il visto di ingresso per lavoro autonomo, ai sensi del comma 5 dell'art. 26, ne dà comunicazione anche in via telematica al Ministero dell'interno e all'INPS nonché all'INAIL per l'inserimento nell'archivio previsto dal comma 9 dell'art. 22 entro trenta giorni dal ricevimento della documentazione. Uguale comunicazione è data al Ministero dell'interno per i visti di ingresso per ricongiungimento familiare di cui all'art. 29 entro trenta giorni dal ricevimento della documentazione.

3-*sexies*. Nei casi di ricongiungimento familiare, ai sensi dell'art. 29, la durata del permesso di soggiorno non può essere superiore a due anni.

4. Il rinnovo del permesso di soggiorno è richiesto dallo straniero al questore della provincia in cui dimora, almeno sessanta giorni prima della scadenza, ed è sottoposto alla verifica delle condizioni previste per il rilascio e delle diverse condizioni previste dal presente testo unico. Fatti salvi i diversi termini previsti dal presente testo unico e dal regolamento di attuazione, il permesso di soggiorno è rinnovato per una durata non superiore a quella stabilita con rilascio iniziale.

4-*bis*. Lo straniero che richiede il rinnovo del permesso di soggiorno è sottoposto a rilievi fotodattiloscopici.

5. Il permesso di soggiorno o il suo rinnovo sono rifiutati e, se il permesso di soggiorno è stato rilasciato, esso è revocato quando mancano o vengono a mancare i requisiti richiesti per l'ingresso e il soggiorno nel territorio dello Stato, fatto salvo quanto previsto dall'art. 20 c. 7, e sempre che non siano sopraggiunti nuovi elementi che ne consentano il rilascio e che non si tratti di irregolarità amministrative sanabili. Nell'adottare il provvedimento di rifiuto del rilascio, di revoca o di diniego di rinnovo del permesso di soggiorno dello straniero che ha esercitato il diritto al ricongiungimento familiare ovvero del familiare ricongiunto, ai sensi dell'art. 29, si tiene anche conto della natura e della effettività dei vincoli familiari dell'interessato e dell'esistenza di legami familiari e sociali con il suo Paese d'origine, nonché, per lo straniero già presente sul territorio nazionale, anche della durata del suo soggiorno nel medesimo territorio nazionale.[6]

5-*bis*. Nel valutare la pericolosità dello straniero per l'ordine pubblico e la sicurezza dello Stato o di uno dei Paesi con i quali l'Italia abbia sottoscritto accordi per la soppressione dei controlli alle frontiere interne e la libera circolazione delle persone ai fini dell'adozione del provvedimento di revoca o di diniego di rinnovo del permesso di soggiorno, per motivi familiari, si tiene conto anche di eventuali condanne per i reati previsti dagli articoli 380, commi 1 e 2, e 407, comma 2, lettera *a*) del codice di procedura penale, ovvero per i reati di cui all'art. 12, commi 1 e 3.

5-*ter*. Il permesso di soggiorno è rifiutato o revocato quando si accerti la violazione del divieto di cui all'articolo 29, comma 1-*ter*.

6. Il rifiuto o la revoca del permesso di soggiorno possono essere altresì adottati sulla base di convenzioni o accordi internazionali, resi esecutivi in Italia, quando lo straniero non soddisfi le condizioni di soggiorno applicabili in uno degli Stati contraenti, fatto salvo il rispetto degli obblighi costituzionali o internazionali dello Stato italiano.[7]

7. Gli stranieri muniti del permesso di soggiorno o di altra autorizzazione che conferisce il diritto a soggiornare, rilasciati dall'autorità di uno Stato membro dell'Unione europea e validi per il soggiorno in Italia, sono tenuti a dichiarare la loro presenza al questore entro il termine di cui al comma 2. Agli stessi è rilasciata idonea ricevuta della dichiarazione di soggiorno. Ai contravventori si applica la sanzione amministrativa del pagamento di una somma da euro 103 a euro 309.[8]

7-*bis*. Allo straniero di cui al comma 7, che si è trattenuto nel territorio nazionale oltre i tre mesi dall'ingresso, il questore intima di recarsi immediatamente, e comunque non oltre sette giorni dalla notifica dell'intimazione, nello Stato membro dell'Unione europea che ha rilasciato il permesso di soggiorno o altra autorizzazione che conferisce il diritto di soggiornare, in corso di validità.[9]

7-*ter*. Nei confronti dello straniero che ha violato l'intimazione di cui al comma 7-*bis* è adottato il provvedimento di espulsione ai sensi dell'articolo 13, comma 2. In presenza di accordi o intese bilaterali con altri Stati membri dell'Unione europea entrati in vigore in data anteriore al 13 gennaio 2009, l'allontanamento è eseguito verso lo Stato membro che ha rilasciato il permesso di soggiorno o altra autorizzazione al soggiorno. Qualora sussistano i presupposti per l'adozione del provvedimento di espulsione ai sensi dell'articolo 13, comma 1, ovvero dell'articolo 3, comma 1, del decreto-legge 27 luglio 2005, n. 144, convertito, con modificazioni, dalla legge 31 luglio 2005, n. 155, il provvedimento di espulsione è adottato sentito lo Stato membro che ha rilasciato il permesso di soggiorno o altra autorizzazione e l'allontanamento è eseguito con destinazione fuori del territorio dell'Unione europea.[10]

7-*quater*. È autorizzata la riammissione nel territorio nazionale dello straniero espulso da altro Stato membro dell'Unione europea, in possesso di un permesso di soggiorno o di altra autorizzazione che conferisca il diritto di soggiornare rilasciati dall'Italia e in corso di validità, a condizione che non costituisca un pericolo per l'ordine pubblico o la sicurezza dello Stato.[9]

8. Il permesso di soggiorno e la carta di soggiorno di cui all'art. 9 sono rilasciati mediante utilizzo di

mezzi a tecnologia avanzata con caratteristiche anticontraffazione conformi ai tipi da approvare con decreto del Ministro dell'interno, di concerto con il Ministro per l'innovazione e le tecnologie in attuazione del regolamento (CE) n. 1030/ 2002, del 13 giu. 2002, riguardante l'adozione di un modello uniforme per i permessi di soggiorno rilasciati a cittadini di Paesi terzi. Il permesso di soggiorno e la carta di soggiorno rilasciati in conformità ai predetti modelli recano inoltre i dati personali previsti, per la carta d'identità e gli altri documenti elettronici, dall'art. 36 del testo unico delle disposizioni legislative e regolamentari in materia di documentazione amministrativa, di cui al D.P.R. 28 dic. 2000, n. 445.

8.1. Nel permesso di soggiorno che autorizza l'esercizio di attività lavorativa secondo le norme del presente testo unico e del regolamento di attuazione è inserita la dicitura: "perm. unico lavoro".[11]

8.2. La disposizione di cui al comma 8.1 non si applica:

a) agli stranieri di cui agli articoli 9 e 9-*ter*;

b) agli stranieri di cui all'articolo 24;

c) agli stranieri di cui all'articolo 26;

d) agli stranieri di cui all'articolo 27, comma 1, lettere *a*), *g*), *h*), *i*) e *r*);

e) agli stranieri che soggiornano a titolo di protezione temporanea e nei casi di cui agli articoli 18, 18-*bis*, 20-*bis*, 22, comma 12-*quater*, e del permesso di soggiorno rilasciato ai sensi dell'articolo 32, comma 3, del decreto legislativo 28 gennaio 2008, n. 25,[2] ovvero hanno richiesto il permesso di soggiorno a tale titolo e sono in attesa di una decisione su tale richiesta;

f) agli stranieri che soggiornano a titolo di protezione internazionale come definita dall'articolo 2, comma 1, lettera *a*), del decreto legislativo 19 novembre 2007, n. 251, ovvero hanno chiesto il riconoscimento della protezione e sono in attesa di una decisione su tale richiesta;

g) agli stranieri che soggiornano per motivi di studio o formazione.[11]

g-bis) agli stranieri di cui all'articolo 42-*bis*.[12]

8-*bis*. Chiunque contraffà o altera un visto di ingresso o reingresso, una proroga del visto, un permesso di soggiorno, un contratto di soggiorno o una carta di soggiorno, ovvero contraffà o altera documenti al fine di determinare il rilascio di un visto di ingresso o di reingresso, della proroga del visto, di un permesso di soggiorno, di un contratto di soggiorno o di una carta di soggiorno oppure utilizza uno di tali documenti contraffatti o alterati, è punito con la reclusione da uno a sei anni. Se la falsità concerne un atto o parte di un atto che faccia fede fino a querela di falso la reclusione è da tre a dieci anni. La pena è aumentata se il fatto è commesso da un pubblico ufficiale.[13]

9. Il permesso di soggiorno è rilasciato, rinnovato o convertito entro sessanta[14] giorni dalla data in cui è stata presentata la domanda, se sussistono i requisiti e le condizioni previsti dal presente testo unico e dal regolamento di attuazione per il permesso di soggiorno richiesto ovvero, in mancanza di questi, per altro tipo di permesso da rilasciare in applicazione del presente testo unico.

9-*bis*. In attesa del rilascio o del rinnovo del permesso di soggiorno, anche ove non venga rispettato il termine di sessanta[14] giorni di cui al precedente comma, il lavoratore straniero può legittimamente soggiornare nel territorio dello Stato e svolgere temporaneamente l'attività lavorativa fino ad eventuale comunicazione dell'Autorità di pubblica sicurezza, da notificare anche al datore di lavoro, con l'indicazione dell'esistenza dei motivi ostativi al rilascio o al rinnovo del permesso di soggiorno. L'attività di lavoro di cui sopra può svolgersi alle seguenti condizioni:

a) che la richiesta del rilascio del permesso di soggiorno per motivi di lavoro sia stata effettuata dal lavoratore straniero all'atto della stipula del contratto di soggiorno, secondo le modalità previste nel regolamento d'attuazione, ovvero, nel caso di rinnovo, la richiesta sia stata presentata prima della scadenza del permesso, ai sensi del precedente comma 4, e dell'articolo 13 del decreto del Presidente della Repubblica del 31 agosto 1999, n. 394, o entro sessanta giorni dalla scadenza dello stesso;

b) che sia stata rilasciata dal competente ufficio la ricevuta attestante l'avvenuta presentazione della richiesta di rilascio o di rinnovo del permesso.

[1] Comma così modif. dall'art. 16, L. 23 dic. 2021, n. 238.

[2] Comma ins. dall'art. 1, D.L. 21 ott. 2020, n. 130, conv. in L. 18 dic. 2020, n. 173.

[3] Parole così sost. dall'art. 1, c. 1, lett. *b*), D.L. 4 ott. 2018, n. 113, conv. in L. 1 dic. 2018, n. 132.

[4] Lettera così modif. dall'art. 1, c. 1, lett. *a*), D.lgs. 11 mag. 2018, n. 71.

[5] Comma così sost. dall'art. 1, c. 1, lett. *a*), D.lgs. 29 ott. 2016, n. 203.

[6] La Corte cost., con sent. 18 lug. 2013, n. 202, ha dichiarato l'ill. cost. del c. 5 nella parte in cui prevede che la valutazione discrezionale in esso stabilita si applichi solo allo straniero che «ha esercitato il diritto al ricongiungimento familiare» o al «familiare ricongiunto», e non anche allo straniero «che abbia legami familiari nel territorio dello Stato».

[7] Comma così sost. dall'art. 1, c. 1, lett. *b*), D.L. 4 ott. 2018, n. 113, conv. in L. 1 dic. 2018, n. 132 e così modif. dall'art. 1, D.L. 21 ott. 2020, n. 130, conv. in L. 18 dic. 2020, n. 173. Ai sensi dell'art. 15, D.L. 130/2020, la disposizione si applica anche ai procedimenti pendenti alla data di entrata in vigore del presente decreto avanti alle commissioni territoriali, al questore e alle sezioni specializzate dei tribunali, con esclusione dell'ipotesi prevista dall'art. 384, c. 2, del c.p.c.

[8] Comma così sost. dall'art. 3, c. 1, lett. *a*), L. 30 ott. 2014, n. 161.

[9] Comma ins. dall'art. 3, c. 1, lett. *b*), L. 30 ott. 2014, n. 161.

[10] Comma ins. dall'art. 3, c. 1, lett. *b*), L. 30 ott. 2014, n. 161 e così modif. dall'art. 10, L. 29 lug. 2015, n. 115.

[11] Comma ins. dall'art. 1, c. 1, D.lgs. 4 mar. 2014, n. 40.

[12] Lettera ins. dall'art. 1, c. 1, lett. *b*), D.L. 4 ott. 2018, n. 113, conv. in L. 1 dic. 2018, n. 132.

[13] Comma così modif. in ultimo dall'art. 16, L. 23 dic. 2021, n. 238.
[14] Parola così modif. dall'art. 1, c. 1, D.lgs. 4 mar. 2014, n. 40.

5-*bis*. *Contratto di soggiorno per lavoro subordinato.* — 1. Il contratto di soggiorno per lavoro subordinato stipulato fra un datore di lavoro italiano o straniero regolarmente soggiornante in Italia e un prestatore di, lavoro, cittadino di uno Stato non appartenente all'Unione europea o apolide, contiene:

a) la garanzia da parte del datore di lavoro della disponibilità di un alloggio per il lavoratore che rientri nei parametri minimi previsti dalla legge per gli alloggi di edilizia residenziale pubblica;

b) l'impegno al pagamento da parte del datore di lavoro delle spese di viaggio per il rientro del lavoratore nel Paese di provenienza.

2. Non costituisce titolo valido per il rilascio del permesso di soggiorno il contratto che non contenga le dichiarazioni di cui alle lettere *a*) e *b*) del comma 1.

3. Il contratto di soggiorno per lavoro è sottoscritto in base a quanto previsto dall'art. 22 presso lo sportello unico per l'immigrazione della provincia nella quale risiede o ha sede legale il datore di lavoro o dove avrà luogo la prestazione lavorativa secondo le modalità previste nel regolamento di attuazione.

6. *Facoltà ed obblighi inerenti al soggiorno.* — 1. Il permesso di soggiorno rilasciato per motivi di lavoro subordinato, lavoro autonomo e familiari può essere utilizzato anche per le altre attività consentite. Quello rilasciato per motivi di studio e formazione può essere convertito, comunque prima della sua scadenza e previa stipula del contratto di soggiorno per lavoro ovvero previo rilascio della certificazione attestante la sussistenza dei requisiti previsti dall'art. 26, in permesso di soggiorno per motivi di lavoro nell'ambito delle quote stabilite a norma dell'art. 3, c. 4, secondo le modalità previste dal regolamento di attuazione.

1-*bis*. Sono convertibili in permesso di soggiorno per motivi di lavoro, ove ne ricorrano i requisiti, i seguenti permessi di soggiorno:

a) permesso di soggiorno per protezione speciale, di cui all'articolo 32, comma 3, del decreto legislativo 28 gennaio 2008, n. 25, ad eccezione dei casi per i quali siano state applicate le cause di diniego ed esclusione della protezione internazionale, di cui agli articoli 10, comma 2, 12, comma 1, lettere *b*) e *c*), e 16 del decreto legislativo 19 novembre 2007, n. 251;

b) permesso di soggiorno per calamità, di cui all'articolo 20-*bis*;

c) permesso di soggiorno per residenza elettiva, di cui all'articolo 11, comma 1, lettera *c-quater*), del decreto del Presidente della Repubblica 31 agosto 1999, n. 394;

d) permesso di soggiorno per acquisto della cittadinanza o dello stato di apolide, di cui all'articolo 11, comma 1, lettera *c*), del decreto del Presidente della Repubblica 31 agosto 1999, n. 394, ad eccezione dei casi in cui lo straniero era precedentemente in possesso di un permesso per richiesta di asilo;

e) permesso di soggiorno per attività sportiva, di cui all'articolo 27, comma 1, lettera p);

f) permesso di soggiorno per lavoro di tipo artistico, di cui all'articolo 27, comma 1, lettere *m*), *n*) ed *o*);

g) permesso di soggiorno per motivi religiosi, di cui all'articolo 5, comma 2;

h) permesso di soggiorno per assistenza di minori, di cui all'articolo 31, comma 3;

h-bis) permesso di soggiorno per cure mediche, di cui all'articolo 19, comma 2, lettera *d-bis*).[1]

2. Fatta eccezione per i provvedimenti riguardanti attività sportive e ricreative a carattere temporaneo, per quelli inerenti all'accesso alle prestazioni sanitarie di cui all'articolo 35 e per quelli attinenti alle prestazioni scolastiche obbligatorie, i documenti inerenti al soggiorno di cui all'art. 5, c. 8, devono essere esibiti agli uffici della P.A. ai fini del rilascio di licenze, autorizzazioni, iscrizioni ed altri provvedimenti di interesse dello straniero comunque denominati

3. Lo straniero che, a richiesta degli ufficiali e agenti di pubblica sicurezza, non ottempera, senza giustificato motivo, all'ordine di esibizione del passaporto o di altro documento di identificazione e del permesso di soggiorno o di altro documento attestante la regolare presenza nel territorio dello Stato è punito con l'arresto fino ad un anno e con l'ammenda fino ad euro 2.000.

4. Qualora vi sia motivo di dubitare della identità personale dello straniero, questi è sottoposto a rilievi fotodattilsocopici e segnaletici.

5. Per le verifiche previste dalla presente legge o dal regolamento di attuazione, l'autorità di P.S., quando vi siano fondate ragioni, richiede agli stranieri informazioni e atti comprovanti la disponibilità di un reddito, da lavoro o da altra fonte legittima, sufficiente al sostentamento proprio e dei familiari conviventi nel territorio dello Stato.

6. Salvo quanto è stabilito nelle leggi militari, il Prefetto può vietare agli stranieri il soggiorno in comuni o in località che comunque interessano la difesa militare dello stato. Tale divieto è comunicato agli stranieri per mezzo dell'autorità locale di P.S. o col mezzo di pubblici avvisi. Gli stranieri che trasgrediscono al divieto possono essere allontanati per mezzo della forza pubblica.

7. Le iscrizioni e variazioni anagrafiche dello straniero regolarmente soggiornante sono effettuate alle medesime condizioni dei cittadini italiani con le modalità previste dal regolamento di attuazione. In ogni caso la dimora dello straniero si considera abituale anche in caso di documentata ospitalità da più di tre mesi presso un centro di

accoglienza. Dell'avvenuta iscrizione o variazione l'ufficio dà comunicazione alla questura territorialmente competente.

8. Fuori dei casi di cui al c. 7, gli stranieri che soggiornano nel territorio dello Stato devono comunicare al questore competente per territorio, entro i quindici giorni successivi, le eventuali variazioni del proprio domicilio abituale.

9. Il documento di identificazione per stranieri è rilasciato su modello conforme al tipo approvato con decreto del Ministero dell'interno. Esso non è valido per l'espatrio, salvo che sia diversamente disposto dalle convenzioni o dagli accordi internazionali.

10. Contro i provvedimenti di cui agli articoli 4-*ter*, 5 e al presente articolo è ammesso ricorso al T.A.R. competente.[2]

[1] Comma ins. dall'art. 1, D.L. 21 ott. 2020, n. 130, conv. in L. 18 dic. 2020, n. 173.

[2] Comma così modif. dall'art. 16, L. 23 dic. 2021, n. 238.

7. ***Obblighi dell'ospitante e del datore di lavoro.*** — 1. Chiunque, a qualsiasi titolo, dà alloggio ovvero ospita uno straniero o apolide, anche se parente o affine, ovvero cede allo stesso la proprietà o il godimento di beni immobili, rustici o urbani, posti nel territorio dello Stato, è tenuto a darne comunicazione scritta, entro quarantotto ore, all'autorità locale di pubblica sicurezza.

2. La comunicazione comprende, oltre alle generalità del denunciante, quelle dello straniero o apolide, gli estremi del passaporto o del documento di identificazione che lo riguardano, l'esatta ubicazione dell'immobile ceduto o in cui la persona è alloggiata, ospita o presta servizio ed il titolo per il quale la comunicazione è dovuta.

2-*bis*. Le violazioni delle disposizioni di cui al presente articolo sono soggette alla sanzione amministrativa del pagamento di una somma da 160 a 1.100 euro.

8. ***Disposizioni particolari.*** — Le disposizioni del presente capo non si applicano ai componenti del sacro collegio e del corpo diplomatico e consolare.

9. ***Permesso di soggiorno UE per soggiornanti di lungo periodo.***[1] — 1. Lo straniero in possesso, da almeno cinque anni, di un permesso di soggiorno in corso di validità, che dimostra la disponibilità di un reddito non inferiore all'importo annuo dell'assegno sociale e, nel caso di richiesta relativa ai familiari, di un reddito sufficiente secondo i parametri indicati nell'art. 29, comma 3, lettera *b*) e di un alloggio idoneo che rientri nei parametri minimi previsti dalla legge regionale per gli alloggi di edilizia residenziale pubblica ovvero che sia fornito dei requisiti di idoneità igienico-sanitaria accertati dall'Azienda unità sanitaria locale competente per territorio, può chiedere al questore il rilascio del permesso di soggiorno CE per soggiornanti di lungo periodo, per sè e per i familiari di cui all'art. 29, comma 1.

1-*bis*. Il permesso di soggiorno UE per soggiornanti di lungo periodo rilasciato allo straniero titolare di protezione internazionale come definita dall'articolo 2, comma l, lettera *a*), del decreto legislativo 19 novembre 2007, n. 251, reca, nella rubrica "annotazioni", la dicitura "protezione internazionale riconosciuta da [nome dello Stato membro] il [data]". Se, successivamente al rilascio del permesso di soggiorno UE per soggiornante di lungo periodo allo straniero titolare di protezione internazionale, la responsabilità della protezione internazionale, secondo le norme internazionali e nazionali che ne disciplinano il trasferimento, è trasferita ad altro Stato membro prima del rilascio, da parte di tale Stato membro, del permesso di soggiorno UE per soggiornanti di lungo periodo, su richiesta dello stesso Stato, la dicitura "protezione internazionale riconosciuta da [nome dello Stato membro] il [data]" è aggiornata, entro tre mesi dalla richiesta, con l'indicazione dello Stato membro a cui la stessa è stata trasferita e la data del trasferimento. Se, successivamente al rilascio del permesso di soggiorno UE per soggiornante di lungo periodo, un altro Stato membro riconosce al soggiornante la protezione internazionale prima del rilascio, da parte di tale Stato membro, del permesso di soggiorno UE per soggiornanti di lungo periodo, su richiesta dello stesso Stato, entro tre mesi dalla richiesta, nella rubrica "annotazioni" è apposta la dicitura "protezione internazionale riconosciuta da [nome dello Stato membro] il [data]".[2]

1-*ter*. Ai fini del rilascio del permesso di soggiorno UE per soggiornanti di lungo periodo di cui al comma 1-*bis*, non è richiesta allo straniero titolare di protezione internazionale ed ai suoi familiari la documentazione relativa all'idoneità dell'alloggio di cui al comma 1, ferma restandola necessità di indicare un luogo di residenza ai sensi dell'articolo 16, comma 2, lettera *c*), del regolamento di attuazione. Per gli stranieri titolari di protezione internazionale che si trovano nelle condizioni di vulnerabilità di cui all'articolo 8, comma 1, del decreto legislativo 30 maggio 2005, n. 140, la disponibilità di un alloggio concesso a titolo gratuito, a fini assistenziali o caritatevoli, da parte di enti pubblici o privati riconosciuti, concorre figurativamente alla determinazione del reddito cui al comma 1 nella misura del quindici per cento del relativo importo.[3]

2. Il permesso di soggiorno CE per soggiornanti di lungo periodo attesta il riconoscimento permanente del relativo status, fatto salvo quanto previsto dai commi 4-*bis*, 7, 10 e 10-*bis*. Il permesso di soggiorno UE per soggiornanti di lungo periodo è rilasciato entro novanta giorni dalla richiesta, è valido per dieci anni e, previa presentazione della relativa domanda corredata di nuove fotografie, è automaticamente rinnovato alla scadenza. Per gli stranieri di età inferiore agli anni diciotto la validi-

tà del permesso di soggiorno UE per soggiornanti di lungo periodo è di cinque anni. Il permesso di soggiorno UE per soggiornanti di lungo periodo in corso di validità costituisce documento di identificazione personale ai sensi dell'articolo 1, comma 1, lettera *d*), del testo unico delle disposizioni legislative e regolamentari in materia di documentazione amministrativa, di cui al decreto del Presidente della Repubblica 28 dicembre 2000, n. 445.[4]

2-*bis*. Il rilascio del permesso di soggiorno CE per soggiornanti di lungo periodo è subordinato al superamento, da parte del richiedente, di un test di conoscenza della lingua italiana, le cui modalità di svolgimento sono determinate con decreto del Ministro dell'interno, di concerto con il Ministro dell'istruzione, dell'università e della ricerca.

2-*ter*. La disposizione di cui al comma 2-*bis* non si applica allo straniero titolare di protezione internazionale.[3]

3. La disposizione di cui al comma 1 non si applica agli stranieri che:

a) soggiornano per motivi di studio o formazione professionale;

b) soggiornano a titolo di protezione temporanea, per cure mediche o sono titolari dei permessi di soggiorno di cui agli articoli 18, 18-*bis*, 20-*bis*, 22, comma 12-*quater*, e 42-*bis* nonché del permesso di soggiorno rilasciato ai sensi dell'articolo 32, comma 3, del decreto legislativo 28 gennaio 2008, n. 25,[5] ovvero hanno chiesto il permesso di soggiorno a tale titolo e sono in attesa di una decisione su tale richiesta;

c) hanno chiesto la protezione internazionale come definita dall'articolo 2, comma 1, lettera *a*), del decreto legislativo 19 novembre 2007, n. 251 e sono ancora in attesa di una decisione definitiva circa tale richiesta;[6]

d) sono titolari di un permesso di soggiorno di breve durata previsto dal presente testo unico e dal regolamento di attuazione;

e) godono di uno *status* giuridico previsto dalla convenzione di Vienna del 1961 sulle relazioni diplomatiche, dalla convenzione di Vienna del 1963 sulle relazioni consolari, dalla convenzione del 1969 sulle missioni speciali o dalla convenzione di Vienna del 1975 sulla rappresentanza degli Stati nelle loro relazioni con organizzazioni internazionali di carattere universale.

4. Il permesso di soggiorno CE per soggiornanti di lungo periodo non può essere rilasciato agli stranieri pericolosi per l'ordine pubblico o la sicurezza dello Stato. Nel valutare la pericolosità si tiene conto anche dell'appartenenza dello straniero ad una delle categorie indicate nell'art. 1 della legge 27 dicembre 1956, n. 1423, come sostituito dall'art. 2 della legge 3 agosto 1988, n. 327, o nell'art. 1 della legge 31 maggio 1965, n. 575, come sostituito dall'art. 13 della legge 13 settembre 1982, n. 646, ovvero di eventuali condanne anche non definitive, per i reati previsti dall'art. 380 del codice di procedura penale, nonché, limitatamente ai delitti non colposi, dall'art. 381 del medesimo codice. Ai fini dell'adozione di un provvedimento di diniego di rilascio del permesso di soggiorno di cui al presente comma il questore tiene conto altresì della durata del soggiorno nel territorio nazionale e dell'inserimento sociale, familiare e lavorativo dello straniero.

4-*bis*. Salvo i casi di cui ai commi 4 e 7, il permesso di soggiorno UE per soggiornanti di lungo periodo di cui al comma 1-*bis* è rifiutato ovvero revocato nei casi di revoca o cessazione dello status di rifugiato o di protezione sussidiaria previsti dagli articoli 9, 13, 15 e 18 del decreto legislativo 19 novembre 2007, n. 251. Nei casi di cessazione di cui agli articoli 9 e 15 del medesimo decreto legislativo, allo straniero è rilasciato un permesso di soggiorno UE per soggiornanti di lungo periodo, aggiornato con la cancellazione dell'annotazione di cui al comma 1-*bis* ovvero un permesso di soggiorno ad altro titolo in presenza dei requisiti previsti dal presente testo unico.[3]

5. Ai fini del calcolo del periodo di cui al comma 1, non si computano i periodi di soggiorno per i motivi indicati nelle lettere *d*) ed *e*) del comma 3.

5-*bis*. Il calcolo del periodo di soggiorno di cui al comma 1, per il rilascio del permesso di soggiorno UE per soggiornanti di lungo periodo di cui al comma 1-*bis*, è effettuato a partire dalla data di presentazione della domanda di protezione internazionale in base alla quale la protezione internazionale è stata riconosciuta.[3]

6. Le assenze dello straniero dal territorio nazionale non interrompono la durata del periodo di cui al comma 1 e sono incluse nel computo del medesimo periodo quando sono inferiori a sei mesi consecutivi e non superano complessivamente dieci mesi nel quinquennio, salvo che detta interruzione sia dipesa dalla necessità di adempiere agli obblighi militari, da gravi e documentati motivi di salute ovvero da altri gravi e comprovati motivi.

7. Il permesso di soggiorno di cui al comma 1 è revocato:

a) se è stato acquisito fraudolentemente;

b) in caso di espulsione, di cui al comma 9;

c) quando mancano o vengano a mancare le condizioni per il rilascio, di cui al comma 4;

d) in caso di assenza dal territorio dell'Unione per un periodo di dodici mesi consecutivi;

e) in caso di conferimento di permesso di soggiorno di lungo periodo da parte di altro Stato membro dell'Unione europea, previa comunicazione da parte di quest'ultimo, e comunque in caso di assenza dal territorio dello Stato per un periodo superiore a sei anni.

8. Lo straniero al quale è stato revocato il permesso di soggiorno ai sensi delle lettere *d*) ed *e*) del comma 7, può riacquistarlo, con le stesse modalità di cui al presente articolo. In tal caso, il periodo di cui al comma 1, è ridotto a tre anni.

9. Allo straniero, cui sia stato revocato il permesso di soggiorno CE per soggiornanti di lungo periodo e nei cui confronti non debba essere disposta l'espulsione è rilasciato un permesso di soggiorno per altro tipo in applicazione del presente testo unico.

10. Nei confronti del titolare del permesso di soggiorno CE per soggiornanti di lungo periodo, l'espulsione può essere disposta:

a) per gravi motivi di ordine pubblico o sicurezza dello Stato;

b) nei casi di cui all'art. 3, comma 1, del decreto legge 27 luglio 2005, n. 144, convertito, con modificazioni, dalla legge 31 luglio 2005, n. 155;

c) quando lo straniero appartiene ad una delle categorie indicate all'art. 1 della legge 27 dicembre 1956, n. 1423, ovvero all'art. 1 della legge 31 maggio 1965, n. 575, sempre che sia stata applicata, anche in via cautelare, una delle misure di cui all'art. 14 della legge 19 marzo 1990, n. 55.

10-*bis*. L'espulsione del rifugiato o dello straniero ammesso alla protezione sussidiaria e titolare del permesso di soggiorno UE per soggiornanti di lungo periodo di cui al comma 1-*bis*, è disciplinata dall'articolo 20 del decreto legislativo 19 novembre 2007, n. 251.[3]

11. Ai fini dell'adozione del provvedimento di espulsione di cui al comma 10, si tiene conto anche dell'età dell'interessato, della durata del soggiorno sul territorio nazionale, delle conseguenze dell'espulsione per l'interessato e i suoi familiari, dell'esistenza di legami familiari e sociali nel territorio nazionale e dell'assenza di tali vincoli con il Paese di origine.

11-*bis*. Nei confronti dello straniero, il cui permesso di soggiorno UE per soggiornanti di lungo periodo riporta l'annotazione relativa alla titolarità di protezione internazionale, e dei suoi familiari, l'allontanamento è effettuato verso lo Stato membro che ha riconosciuto la protezione internazionale, previa conferma da parte di tale Stato della attualità della protezione. Nel caso ricorrano i presupposti di cui all'articolo 20 del decreto legislativo 19 novembre 2007, n. 251, l'allontanamento può essere effettuato fuori dal territorio dell'Unione europea, sentito lo Stato membro che ha riconosciuto la protezione internazionale, fermo restando il rispetto del principio di cui all'articolo 19, comma 1.[7]

12. Oltre a quanto previsto per lo straniero regolarmente soggiornante nel territorio dello Stato, il titolare del permesso di soggiorno CE per soggiornanti di lungo periodo può:

a) fare ingresso nel territorio nazionale in esenzione di visto e circolare liberamente sul territorio nazionale salvo quanto previsto dall'art. 6, comma 6;

b) svolgere nel territorio dello Stato ogni attività lavorativa subordinata o autonoma salvo quelle che la legge espressamente riserva al cittadino o vieta allo straniero. Per lo svolgimento di attività di lavoro subordinato non è richiesta la stipula del contratto di soggiorno di cui all'art. 5-*bis*;

c) usufruire delle prestazioni di assistenza sociale, di previdenza sociale, di quelle relative ad erogazioni in materia sanitaria, scolastica e sociale, di quelle relative all'accesso a beni e servizi a disposizione del pubblico, compreso l'accesso alla procedura per l'ottenimento di alloggi di edilizia residenziale pubblica, salvo che sia diversamente disposto e sempre che sia dimostrata l'effettiva residenza dello straniero sul territorio nazionale;

d) partecipare alla vita pubblica locale, con le forme e nei limiti previsti dalla vigente normativa.

13. È autorizzata la riammissione sul territorio nazionale dello straniero espulso da altro Stato membro dell'Unione europea titolare del permesso di soggiorno CE per soggiornanti di lungo periodo di cui al comma 1 che non costituisce un pericolo per l'ordine pubblico e la sicurezza dello Stato.

13-*bis*. È autorizzata, altresì, la riammissione sul territorio nazionale dello straniero titolare del permesso di soggiorno UE per soggiornanti di lungo periodo titolare di protezione internazionale allontanato da altro Stato membro dell'Unione europea e dei suoi familiari, quando nella rubrica «annotazioni» del medesimo permesso è riportato che la protezione internazionale è stata riconosciuta dall'Italia. Entro trenta giorni dal ricevimento della relativa richiesta di informazione, si provvede a comunicare allo Stato membro richiedente se lo straniero beneficia ancora della protezione riconosciuta dall'Italia.[3]

[1] Ai sensi dell'art. 2, D.lgs. 13 feb. 2014, n. 12, «Ai fini dell'applicazione di questo articolo e del seguente art. 9-*bis*, il Ministero dell'interno-Dipartimento della Pubblica Sicurezza, in qualità di punto di contatto, adotta, con le risorse umane, strumentali e finanziarie disponibili a legislazione vigente, ogni misura idonea ad instaurare una cooperazione diretta per lo scambio di informazioni e di documentazione con i competenti uffici degli altri Stati membri dell'Unione europea...».

[2] Comma così sost. dall'art. 9, c. 1, D.L. 17 feb. 2017, n. 13, conv. con modif. in L. 13 apr. 2017, n. 46.

[3] Comma ins. dall'art. 1, c. 1, D.lgs. 13 feb. 2014, n. 12.

[4] Comma così modif. dall'art. 15, c. 1, L. 23 dic. 2021, n. 238. Sempre ai sensi dell'art. 15, L. 238/2021, «2. Il permesso di soggiorno UE per soggiornanti di lungo periodo rilasciato da oltre dieci anni alla data di entrata in vigore della presente legge non è più valido per l'attestazione del regolare soggiorno nel territorio dello Stato. 3. Al titolare dello status di soggiornante di lungo periodo alla data di entrata in vigore della presente legge, il permesso di soggiorno previsto dall'art. 9, c. 2, del testo unico di cui al d.lgs. 25 lug. 1998, n. 286, come da ultimo modificato dal c. 1 del presente articolo, è concesso a seguito della prima richiesta avanzata ai fini dell'aggiornamento delle informazioni trascritte ovvero della fotografia.».

[5] Parole così sost. dall'art. 1, c. 1, lett. *c*), D.L. 4 ott. 2018, n. 113, conv. in L. 1 dic. 2018, n. 132.

[6] Lettera modif. dall'art. 1, c. 1, D.lgs. 13 feb. 2014, n. 12.

[7] Comma ins. dall'art. 9, c. 1, D.L. 17 feb. 2017, n. 13, conv. con modif. in L. 13 apr. 2017, n. 46.

9-*bis*. *Stranieri in possesso di un permesso di*

soggiorno CE per soggiornanti di lungo periodo rilasciato da altro Stato membro.[1] — 1. Lo straniero, titolare di un permesso di soggiorno CE per soggiornanti di lungo periodo rilasciato da altro Stato membro dell'Unione europea e in corso di validità, può chiedere di soggiornare sul territorio nazionale per un periodo superiore a tre mesi, al fine di:

a) esercitare un'attività economica in qualità di lavoratore subordinato o autonomo, ai sensi degli artt. 5, comma 3-*bis*, 22 e 26. Le certificazioni di cui all'art. 26 sono rilasciate dallo Sportello unico per l'immigrazione;

b) frequentare corsi di studio o di formazione professionale, ai sensi della vigente normativa;

c) soggiornare per altro scopo lecito previa dimostrazione di essere in possesso di mezzi di sussistenza non occasionali, di importo superiore al doppio dell'importo minimo previsto dalla legge per l'esenzione dalla partecipazione alla spesa sanitaria e di una assicurazione sanitaria per il periodo del soggiorno.

2. Allo straniero di cui al comma 1 è rilasciato un permesso di soggiorno secondo le modalità previste dal presente testo unico e dal regolamento di attuazione.

3. Ai familiari dello straniero titolare del permesso di soggiorno CE per soggiornanti di lungo periodo e in possesso di un valido titolo di soggiorno rilasciato dallo Stato membro di provenienza, è rilasciato un permesso di soggiorno per motivi di famiglia, ai sensi dell'art. 30, commi 2, 3 e 6, previa dimostrazione di aver risieduto in qualità di familiari del soggiornante di lungo periodo nel medesimo Stato membro e di essere in possesso dei requisiti di cui all'art. 29, comma 3.

4. Per soggiorni inferiori a tre mesi, allo straniero di cui ai commi 1 e 3 si applica l'art. 5, comma 7, con esclusione del quarto periodo.

5. Agli stranieri di cui ai commi 1 e 3 è consentito l'ingresso nel territorio nazionale in esenzione di visto e si prescinde dal requisito dell'effettiva residenza all'estero per la procedura di rilascio del nulla osta di cui all'art. 22.

6. Il permesso di soggiorno di cui ai commi 2 e 3 è rifiutato e, se rilasciato, è revocato, agli stranieri pericolosi per l'ordine pubblico o la sicurezza dello Stato. Nel valutare la pericolosità si tiene conto anche dell'appartenenza dello straniero ad una delle categorie indicate nell'art. 1 della legge 27 dicembre 1956, n. 1423, come sostituito dall'art. 2 della legge 3 agosto 1988, n. 327, o nell'art. 1 della legge 31 maggio 1965, n. 575, come sostituito dall'art. 13 della legge 13 settembre 1982, n. 646, ovvero di eventuali condanne, anche non definitive, per i reati previsti dall'art. 380 del codice di procedura penale, nonché, limitatamente ai delitti non colposi, dall'art. 381 del medesimo codice. Nell'adottare il provvedimento si tiene conto dell'età dell'interessato, della durata del soggiorno sul territorio nazionale, delle conseguenze dell'espulsione per l'interessato e i suoi familiari, dell'esistenza di legami familiari e sociali nel territorio nazionale e dell'assenza di tali vincoli con il Paese di origine.

7. Nei confronti degli stranieri di cui al comma 6 è adottato il provvedimento di espulsione ai sensi dell'art. 13, comma 2, lettera *b*), e l'allontanamento è effettuato verso lo Stato membro dell'Unione europea che ha rilasciato il permesso di soggiorno. Nel caso sussistano i presupposti per l'adozione del provvedimento di espulsione ai sensi dell'art. 13, comma 1, e dell'art. 3, comma 1, del decreto legge 27 luglio 2005, n. 144, convertito, con modificazioni, dalla legge 31 luglio 2005, n. 155, l'espulsione è adottata sentito lo Stato membro che ha rilasciato il permesso di soggiorno e l'allontanamento è effettuato fuori dal territorio dell'Unione europea. Nei confronti dello straniero il cui permesso di soggiorno UE per soggiornanti di lungo periodo rilasciato da un altro Stato membro dell'Unione europea riporta l'annotazione relativa alla titolarità di protezione internazionale, come definita dall'articolo 2, comma 1, lettera *a*), del decreto legislativo 19 novembre 2007, n. 251, e dei suoi familiari l'allontanamento è effettuato verso lo Stato membro che ha riconosciuto la protezione internazionale, previa conferma da parte di tale Stato della attualità della protezione. Nel caso ricorrano i presupposti di cui all'articolo 20 del decreto legislativo 19 novembre 2007, n. 251, l'allontanamento può essere effettuato fuori dal territorio dell'Unione europea, sentito lo Stato membro che ha riconosciuto la protezione internazionale, fermo restando il rispetto del principio di cui all'articolo 19, comma 1.[2]

8. Allo straniero di cui ai commi 1 e 3, in possesso dei requisiti di cui all'art. 9, è rilasciato, entro novanta giorni dalla richiesta, un permesso di soggiorno CE per soggiornanti di lungo periodo. Dell'avvenuto rilascio è informato lo Stato membro che ha rilasciato il precedente permesso di soggiorno CE per soggiornanti di lungo periodo. Se il precedente permesso di soggiorno UE per soggiornanti di lungo periodo rilasciato da altro Stato membro riporta, nella rubrica «annotazioni», la titolarità di protezione internazionale come definita dall'articolo 2, comma 1, lettera *a*), del decreto legislativo 19 novembre 2007, n. 251, il permesso di soggiorno UE per soggiornanti di lungo periodo rilasciato ai sensi del presente comma riporta la medesima annotazione precedentemente inserita. A tal fine, si richiede allo Stato membro che ha rilasciato il precedente permesso di soggiorno UE per soggiornanti di lungo periodo di confermare se lo straniero benefici ancora della protezione internazionale ovvero se tale protezione sia stata revocata con decisione definitiva. Se, successivamente al rilascio del permesso di soggiorno UE per soggiornante di lungo periodo, è trasferita all'Italia la responsabilità della protezione internazionale, secondo le norme internazionali e nazionali che ne

disciplinano il trasferimento, la rubrica «annotazioni» del permesso di soggiorno UE per soggiornanti di lungo periodo è aggiornata entro tre mesi in conformità a tale trasferimento.[3]

8-*bis*. Entro trenta giorni dalla relativa richiesta, sono fornite agli altri Stati membri dell'Unione europea le informazioni in merito allo status di protezione internazionale riconosciuta dall'Italia agli stranieri che hanno ottenuto un permesso di soggiorno UE per soggiornanti di lungo periodo in tali Stati membri.[4]

8-*ter*. Entro trenta giorni dal riconoscimento della protezione internazionale ovvero dal trasferimento all'Italia della responsabilità della protezione internazionale di uno straniero titolare di un permesso di soggiorno UE per soggiornanti di lungo periodo rilasciato da altro Stato membro dell'Unione europea, si provvede a richiedere a tale Stato membro l'inserimento ovvero la modifica della relativa annotazione sul permesso di soggiorno UE per soggiornanti di lungo periodo.[4]

[1] Ai sensi dell'art. 2, D.lgs. 13 feb. 2014, n. 12, «Ai fini dell'applicazione di questo articolo e del precedente art. 9, il Ministero dell'interno-Dipartimento della Pubblica Sicurezza, in qualità di punto di contatto, adotta, con le risorse umane, strumentali e finanziarie disponibili a legislazione vigente, ogni misura idonea ad instaurare una cooperazione diretta per lo scambio di informazioni e di documentazione con i competenti uffici degli altri Stati membri dell'Unione europea...».

[2] Gli ultimi due periodi sono stati aggiunti dall'art. 1, c. 2, D.lgs. 13 feb. 2014, n. 12.

[3] Gli ultimi tre periodi sono stati aggiunti dall'art. 1, c. 2, D.lgs. 13 feb. 2014, n. 12.

[4] Comma aggiunto dall'art. 1, c. 2, D.lgs. 13 feb. 2014, n. 12.

9-*ter*. *Status di soggiornante di lungo periodo-CE per i titolari di Carta blu UE.* — 1. Lo straniero titolare di Carta blu UE rilasciata da un altro Stato membro ed autorizzato al soggiorno in Italia alle condizioni previste dall'articolo 27-*quater*, può chiedere al Questore il rilascio del permesso di soggiorno CE per soggiornanti di lungo periodo, di cui all'articolo 9.

2. La disposizione di cui al comma 1 si applica agli stranieri che dimostrino:

a) di aver soggiornato, legalmente ed ininterrottamente, per cinque anni nel territorio dell'Unione in quanto titolari di Carta blu UE;

b) di essere in possesso, da almeno due anni, di un permesso Carta blu UE ai sensi dell'articolo 27-*quater*. Le assenze dello straniero dal territorio dell'Unione non interrompono la durata del periodo di cui al presente comma e sono incluse nel computo del medesimo periodo quando sono inferiori a dodici mesi consecutivi e non superano complessivamente i diciotto mesi nel periodo di cui alla lettera *a*).

3. Ai titolari di Carta blu UE, in possesso dei requisiti previsti al comma 2, è rilasciato dal questore un permesso di soggiorno CE per soggiornanti di lungo periodo, recante la dicitura, nella rubrica «annotazioni», «Ex titolare di Carta blu UE».

4. Il permesso di soggiorno di cui al comma 1 è revocato nelle ipotesi previste all'articolo 9, comma 7, lettere *a*), *b*), *c*) ed *e*), nonché nel caso di assenza dal territorio dell'Unione per un periodo di ventiquattro mesi consecutivi.

5. Ai familiari dello straniero titolare di un permesso di soggiorno CE per soggiornanti di lungo periodo, concesso ai sensi del presente articolo, in possesso di un valido documento, è rilasciato un permesso di soggiorno per motivi di famiglia ai sensi degli articoli 5, comma 3-*sexies*, e 30, commi 2 e 6, previa dimostrazione di essere in possesso dei requisiti di cui all'articolo 29, comma 3.

6. Ai familiari dello straniero titolare di un permesso di soggiorno CE per soggiornanti di lungo periodo concesso ai sensi del presente articolo, in possesso dei requisiti di cui all'articolo 9, comma 1, è rilasciato il permesso di soggiorno CE per soggiornanti di lungo periodo qualora abbiano soggiornato, legalmente ed ininterrottamente, per cinque anni nel territorio dell'Unione di cui gli ultimi due nel territorio nazionale.

CAPO II

Controllo delle frontiere, respingimento ed espulsione

10. *Respingimento.* — 1. La polizia di frontiera respinge gli stranieri che si presentano ai valichi di frontiera senza avere i requisiti richiesti dal presente testo unico per l'ingresso nel territorio dello Stato.

2. Il respingimento con accompagnamento alla frontiera è altresì disposto dal questore nei confronti degli stranieri:

a) che entrando nel territorio dello Stato sottraendoli ai controlli di. frontiera, sono fermati all'ingresso o subito dopo;

b) che, nelle circostanze di cui al comma 1, sono stati temporaneamente ammessi nel territorio per necessità di pubblico soccorso.

2-*bis*. Al provvedimento di respingimento di cui al comma 2 si applicano le procedure di convalida e le disposizioni previste dall'articolo 13, commi 5-*bis*, 5-*ter*, 7 e 8.[1]

2-*ter*. Lo straniero destinatario del provvedimento di respingimento di cui al comma 2 non può rientrare nel territorio dello Stato senza una speciale autorizzazione del Ministro dell'interno. In caso di trasgressione lo straniero è punito con la reclusione da uno a quattro anni ed è espulso con accompagnamento immediato alla frontiera. Si applicano altresì le disposizioni di cui all'articolo 13, comma 13, terzo periodo.[1]

2-*quater*. Allo straniero che, già denunciato per il reato di cui al comma 2-*ter* ed espulso, abbia fatto reingresso nel territorio dello Stato si applica la pena della reclusione da uno a cinque anni.[1]

2-*quinquies*. Per i reati previsti dai commi 2-*ter* e 2-*quater* è obbligatorio l'arresto dell'autore del fatto anche fuori dei casi di flagranza e si procede con rito direttissimo.[1]

2-*sexies*. Il divieto di cui al comma 2-*ter* opera per un periodo non inferiore a tre anni e non superiore a cinque anni, la cui durata è determinata tenendo conto di tutte le circostanze concernenti il singolo caso.[1]

3. Il vettore che ha condotto alla frontiera uno straniero privo dei documenti di cui all'art. 4 o che deve essere comunque respinto a norma del presente articolo è tenuto a prenderlo immediatamente a carico ed a ricondurlo nello Stato di provenienza, o in quello che ha rilasciato il documento di viaggio eventualmente in possesso dello straniero.

Tale disposizione si applica anche quando l'ingresso è negato allo straniero in transito, qualora il vettore che avrebbe dovuto trasportarlo nel paese di destinazione rifiuti di imbarcarlo o le autorità dello Stato di destinazione gli abbiano negato l'ingresso o lo abbiano rinviato nello stato.

4. Le disposizioni dei commi 1, 2 e 3 e quelle dell'art. 4, commi 3 e 6, non, si applicano nei casi previsti dalle disposizioni vigenti che disciplinano l'asilo politico, il riconoscimento dello status di rifugiato ovvero l'adozione di misure di protezione temporanea per motivi umanitari.

5. Per lo straniero respinto è prevista l'assistenza necessaria presso i valichi di frontiera.

6. I respingimenti di cui al presente articolo sono registrati dall'autorità di pubblica sicurezza.

6-*bis*. Il divieto di cui al comma 2-*ter* è inserito, a cura dell'autorità di pubblica sicurezza, nel sistema di informazione Schengen di cui al regolamento (CE) n. 1987/2006 del Parlamento europeo e del Consiglio, del 20 dicembre 2006, e comporta il divieto di ingresso e soggiorno nel territorio degli Stati membri dell'Unione europea, nonché degli Stati non membri cui si applica l'acquis di Schengen.[1]

[1] Comma ins. dall'art. 5-*bis*, c. 1, lett. *a*), D.L. 4 ott. 2018, n. 113, conv. in L. 1 dic. 2018, n. 132.

10-*bis*. *Ingresso e soggiorno illegale nel territorio dello Stato.* — 1. Salvo che il fatto costituisca più grave reato, lo straniero che fa ingresso ovvero si trattiene nel territorio dello Stato, in violazione delle disposizioni del presente testo unico nonché di quelle di cui all'articolo 1 della legge 28 maggio 2007, n. 68, è punito con l'ammenda da 5.000 a 10.000 euro. Al reato di cui al presente comma non si applica l'articolo 162 del codice penale.

2. Le disposizioni di cui al comma 1 non si applicano allo straniero destinatario del provvedimento di respingimento ai sensi dell'articolo 10, comma 1 ovvero allo straniero identificato durante i controlli della polizia di frontiera, in uscita dal territorio nazionale.

3. Al procedimento penale per il reato di cui al comma 1 si applicano le disposizioni di cui agli articoli 20-*bis*, 20-*ter* e 32-*bis* del decreto legislativo 28 agosto 2000, n. 274.

4. Ai fini dell'esecuzione dell'espulsione dello straniero denunciato ai sensi del comma 1 non è richiesto il rilascio del nulla osta di cui all'articolo 13, comma 3, da parte dell'autorità giudiziaria competente all'accertamento del medesimo reato. Il questore comunica l'avvenuta esecuzione dell'espulsione ovvero del respingimento di cui all'articolo 10, comma 2, all'autorità giudiziaria competente all'accertamento del reato.

5. Il giudice, acquisita la notizia dell'esecuzione dell'espulsione o del respingimento ai sensi dell'articolo 10, comma 2, pronuncia sentenza di non luogo a procedere. Se lo straniero rientra illegalmente nel territorio dello Stato prima del termine previsto dall'articolo 13, comma 14, si applica l'articolo 345 del codice di procedura penale.

6. Nel caso di presentazione di una domanda di protezione internazionale di cui al decreto legislativo 19 novembre 2007, n. 251, il procedimento è sospeso. Acquisita la comunicazione del riconoscimento della protezione internazionale di cui al decreto legislativo 19 novembre 2007, n. 251, ovvero del rilascio del permesso di soggiorno nelle ipotesi di cui all'articolo 32, comma 3, del decreto legislativo 28 gennaio 2008, n. 25, nonché nelle ipotesi di cui agli articoli 18, 18-*bis*, 20-*bis*, 22, comma 12-*quater*, 42-*bis* del presente testo unico e nelle ipotesi di cui all'articolo 10 della legge 7 aprile 2017, n. 47,[1] il giudice pronuncia sentenza di non luogo a procedere.

[1] Parole così sost. dall'art. 1, c. 1, lett. *d*), D.L. 4 ott. 2018, n. 113, conv. in L. 1 dic. 2018, n. 132.

10-*ter*. *Disposizioni per l'identificazione dei cittadini stranieri rintracciati in posizione di irregolarità sul territorio nazionale o soccorsi nel corso di operazioni di salvataggio in mare.*[1] — 1. Lo straniero rintracciato in occasione dell'attraversamento irregolare della frontiera interna o esterna ovvero giunto nel territorio nazionale a seguito di operazioni di salvataggio in mare è condotto per le esigenze di soccorso e di prima assistenza presso appositi punti di crisi allestiti nell'ambito delle strutture di cui al decreto-legge 30 ottobre 1995, n. 451, convertito, con modificazioni, dalla legge 29 dicembre 1995, n. 563, e delle strutture di cui all'articolo 9 del decreto legislativo 18 agosto 2015, n. 142. Presso i medesimi punti di crisi sono altresì effettuate le operazioni di rilevamento fotodattiloscopico e segnaletico, anche ai fini di cui agli articoli 9 e 14 del regolamento UE n. 603/2013 del Parlamento europeo e del Consiglio del 26 giugno 2013 ed è assicurata l'informazione sulla procedura di protezione internazionale, sul programma di ricollocazione in altri Stati membri dell'Unione europea e sulla possibilità di ricorso al rimpatrio volontario assistito.

2. Le operazioni di rilevamento fotodattiloscopi-

co e segnaletico sono eseguite, in adempimento degli obblighi di cui agli articoli 9 e 14 del regolamento UE n. 603/2013 del Parlamento europeo e del Consiglio del 26 giugno 2013, anche nei confronti degli stranieri rintracciati in posizione di irregolarità sul territorio nazionale.

3. Il rifiuto reiterato dello straniero di sottoporsi ai rilievi di cui ai commi 1 e 2 configura rischio di fuga ai fini del trattenimento nei centri di cui all'articolo 14. Il trattenimento è disposto caso per caso, con provvedimento del questore, e conserva la sua efficacia per una durata massima di trenta giorni dalla sua adozione, salvo che non cessino prima le esigenze per le quali è stato disposto. Si applicano le disposizioni di cui al medesimo articolo 14, commi 2, 3 e 4. Se il trattenimento è disposto nei confronti di un richiedente protezione internazionale, come definita dall'articolo 2, comma 1, lettera *a*), del decreto legislativo 19 novembre 2007, n. 251, è competente alla convalida il Tribunale sede della sezione specializzata in materia di immigrazione, protezione internazionale e libera circolazione dei cittadini dell'Unione europea. Lo straniero è tempestivamente informato dei diritti e delle facoltà derivanti dal procedimento di convalida del decreto di trattenimento in una lingua da lui conosciuta, ovvero, ove non sia possibile, in lingua francese, inglese o spagnola.[2]

4. L'interessato è informato delle conseguenze del rifiuto di sottoporsi ai rilievi di cui ai commi 1 e 2.

[1] Articolo ins. dall'art. 17, D.L. 17 feb. 2017, n. 13, conv. con modif. in L. 13 apr. 2017, n. 46.

[2] Periodo aggiunto dall'art. 3, D.L. 21 ott. 2020, n. 130, conv. in L. 18 dic. 2020, n. 173.

11. ***Potenziamento e coordinamento dei controlli di frontiera.*** — 1. Il Ministro degli affari esteri adottano il Piano generale degli interventi per il potenziamento ed il perfezionamento, anche attraverso automazione delle procedure, delle misure di controllo nell'ambito delle compatibilità di rispettiva competenza con i sistemi informativi di livello extranazionale previsti dagli accordi o convenzioni internazionali in vigore e genti in materia di protezione dei dati personali.

1-*bis*. Il Ministro dell'interno, sentito, ove necessario, il Comitato nazionale per l'ordine e la sicurezza pubblica, emana le misure necessarie per il coordinamento unificato dei controlli sulla frontiera marittima e terrestre italiana. Il Ministro dell'interno promuove altresì apposite misure di coordinamento tra le autorità italiane competenti in materia di controlli sull'immigrazione e le autorità europee competenti in materia di controlli sull'immigrazione ai sensi dell'Accordo di Schengen, ratificato ai sensi della L. 30 set. 1993, n. 388.

1-*ter*.[1]

2. Delle parti di piano che riguardano sistemi informativi automatizzati e dei relativi contratti è data comunicazione all'Autorità per l'informatica nella pubblica amministrazione.

3. Nell'ambito e in attuazione delle direttive adottate dal Ministro dell'interno, i prefetti delle Province di confine terrestre ed i prefetti dei capoluoghi delle Regioni interessate alla frontiera marittima promuovono le misure occorrenti per il coordinamento dei controlli di frontiera e della vigilanza marittima e terrestre, d'intesa con i prefetti delle altre Province interessate, sentiti i questori e i dirigenti delle zolle di polizia di frontiera, nonché le autorità marittime e militari ed i responsabili degli organi di polizia, di livello non inferiore a quello provinciale, eventualmente interessati, e sovrintendendo all'attuazione delle direttive emanate in materia.

4. Il Ministero degli affari esteri e il Ministero dell'interno promuovono le iniziative occorrenti, d'intesa con i Paesi interessati, al fine di accelerare l'espletamento degli accertamenti ed il rilascio dei documenti eventualmente necessari per migliorare l'efficacia dei provvedimenti previsti dal presente testo unico, e per la reciproca collaborazione a fini di contrasto dell'immigrazione clandestina. A tale scopo, le intese di collaborazione possono prevedere la cessione a titolo gratuito alle autorità dei Paesi interessati di beni mobili ed apparecchiature specificamente individuate, nei limiti delle compatibilità funzionali e finanziarie definite dal Ministro dell'interno, di concerto con il Ministro del tesoro, del bilancio e della programmazione economica e, se si tratta di beni, apparecchiature o servizi accessori forniti da altre amministrazioni, con il Ministro competente.

5. Per le finalità di cui al comma 4, il Ministro dell'interno predispone uno o più programmi pluriennali di interventi straordinari per l'acquisizione degli impianti e mezzi tecnici e logistici necessari, per acquistare o ripristinare i beni mobili e le apparecchiature in sostituzione di quelli ceduti ai Paesi interessati, ovvero per fornire l'assistenza e altri servizi accessori. Se si tratta di beni, apparecchiature o servizi forniti da altre amministrazioni, i programmi sono adottati di concerto con il Ministro competente.

5-*bis*. Il ministero dell'interno, nell'ambito degli interventi di sostegno alle politiche preventive di contrasto all'immigrazione clandestina dei Paesi di accertata provenienza, contribuisce, per gli anni 2004 e 2005, alla realizzazione, nel territorio dei Paesi interessati, di strutture, utili ai fini del contrasto di flussi irregolari di popolazione migratoria verso il territorio italiano.

6. Presso i valichi di frontiera sono previsti servizi di accoglienza al fine di, fornire informazioni e assistenza agli stranieri che intendano presentare domanda di asilo o fare ingresso in Italia per un soggiorno di durata superiore a tre mesi. Tali servizi sono messi a disposizione, ove possibile, allineano della zona di transito.

[1] Comma abrog. dall'art. 1, D.L. 21 ott. 2020, n. 130, conv. in L. 18 dic. 2020, n. 173.

12. ***Disposizioni contro le immigrazioni clandestine.*** — 1. Salvo che il fatto costituisca più grave reato, chiunque, in violazione delle disposizioni del presente testo unico, promuove, dirige, organizza, finanzia o effettua il trasporto di stranieri nel territorio dello Stato ovvero compie altri atti diretti a procurarne illegalmente l'ingresso nel territorio dello Stato, ovvero di altro Stato del quale la persona non è cittadina o non ha titolo di residenza permanente, è punito con la reclusione da uno a cinque anni e con la multa di 15.000 euro per ogni persona.

2. Fermo restando quanto previsto dall'art. 54 del codice penale, non costituiscono reato le attività di soccorso e assistenza umanitaria prestate in Italia nei confronti degli stranieri in condizioni di bisogno comunque presenti nel territorio dello Stato.

3. Salvo che il fatto costituisca più grave reato, chiunque, in violazione delle disposizioni del presente testo unico, promuove, dirige, organizza, finanzia o effettua il trasporto di stranieri nel territorio dello Stato ovvero compie altri atti diretti a procurarne illegalmente l'ingresso nel territorio dello Stato, ovvero di altro Stato del quale la persona non è cittadina o non ha titolo di residenza permanente, è punito con la reclusione da cinque a quindici anni e con la multa di 15.000 euro per ogni persona nel caso in cui:

a) il fatto riguarda l'ingresso o la permanenza illegale nel territorio dello Stato di cinque o più persone;

b) la persona trasportata è stata esposta a pericolo per la sua vita o per la sua incolumità per procurarne l'ingresso o la permanenza illegale;

c) la persona trasportata è stata sottoposta a trattamento inumano o degradante per procurarne l'ingresso o la permanenza illegale;

d) il fatto è commesso da tre o più persone in concorso tra loro o utilizzando servizi internazionali di trasporto ovvero documenti contraffatti o alterati o comunque illegalmente ottenuti;[1]

e) gli autori del fatto hanno la disponibilità di armi o materie esplodenti.

3-*bis*. Se i fatti di cui al comma 3 sono commessi ricorrendo due o più delle ipotesi di cui alle lettere *a*), *b*), *c*), *d*) ed *e*) del medesimo comma, la pena ivi prevista è aumentata.

3-*ter*. La pena detentiva è aumentata da un terzo alla metà e si applica la multa di 25.000 euro per ogni persona se i fatti di cui ai commi 1 e 3:

a) sono commessi al fine di reclutare persone da destinare alla prostituzione o comunque allo sfruttamento sessuale o lavorativo ovvero riguardano l'ingresso di minori da impiegare in attività illecite al fine di favorirne lo sfruttamento;

b) sono commessi al fine di trarne profitto, anche indiretto.

3-*quater*. Le circostanze attenuanti, diverse da quelle previste dagli artt. 98 e 114,concorrenti con le aggravanti di cui ai commi 3-*bis* e 3-*ter*, non possono essere ritenute equivalenti o prevalenti rispetto a queste e le diminuzioni di pena si operano stilla quantità di pena risultante dall'aumento conseguente alle predette aggravanti.

3-*quinquies*. Per i delitti previsti dai commi precedenti le pene sono diminuite fino alla metà nei confronti dell'imputato che si adopera per evitare che l'attività delittuosa sia portata a conseguenze ulteriori, aiutando concretamente l'autorità di polizia o l'autorità giudiziaria nella raccolta di elementi di prova decisivi per la ricostruzione dei fatti, per l'individuazione o la cattura di uno o più autori di reati e per la sottrazione di risorse rilevanti alla consumazione dei delitti.

3-*sexies*. All'art. 4-*bis*, comma 1, terzo periodo, della L. 26 lug. 1975, n. 354, e successive modificazioni, dopo le parole: "609-*octies* del codice penale" sono inserite le seguenti: «nonché dall'art. 12, commi 3, 3-*bis* e 3-*ter*, del testo unico di cui D.lgs. 25 lug. 1998, n. 286".

3-*septies*. [Abrogato]

4. Nei casi previsti dai commi 1 e 3 è obbligatorio l'arresto in flagranza.

4-*bis*. Quando sussistono gravi indizi di colpevolezza in ordine ai reati previsti dal comma 3, è applicata la custodia cautelare in carcere, salvo che siano acquisiti elementi dai quali risulti che non sussistono esigenze cautelari.

4-*ter*. Nei casi previsti dai commi 1 e 3 è sempre disposta la confisca del mezzo di trasporto utilizzato per commettere il reato, anche nel caso di applicazione della pena su richiesta delle parti.

5. Fuori dei casi. previsti dai commi precedenti, e salvo che il fatto non costituisca più grave reato, chiunque, al fine di trarre un ingiusto profitto dalla condizione, di illegalità dello straniero o nell'ambito delle attività punite a norma del presente articolo, favorisce la permanenza di questi nel territorio dello Stato in violazione delle norme del presente testo unico, è punito con la reclusione fino a quattro anni e con la multa fino a euro 15.493.

Quando il fatto è commesso in concorso da due o più persone, ovvero riguarda la permanenza di cinque o più persone, la pena è aumentata da un terzo alla metà.

5-*bis*. Salvo che il fatto costituisca più grave reato, chiunque a titolo oneroso, al fine di trarre ingiusto profitto, dà alloggio ovvero cede, anche in locazione, un immobile ad uno straniero che sia privo di titolo di soggiorno al momento della stipula o del rinnovo del contratto di locazione, è punito con la reclusione da sei mesi a tre anni. La condanna con provvedimento irrevocabile ovvero l'applicazione della pena su richiesta delle parti a norma dell'art. 444 del codice di procedura penale, anche se è stata concessa la sospensione condizionale della pena, comporta la confisca dell'immobile, salvo che appartenga a persona estranea al reato.

Si osservano, in quanto applicabili, le disposizioni vigenti in materia di gestione e destinazione dei beni confiscati. Le somme di denaro ricavate dalla vendita, ove disposta, dei beni confiscati sono destinate al potenziamento delle attività di prevenzione e repressione dei reati in tema i immigrazione clandestina.

6. Il vettore aereo, marittimo o terrestre, è tenuto ad accertarsi che lo straniero trasportato sia in possesso dei documenti richiesti per l'ingresso nel territorio dello Stato, nonché a riferire all'organo di polizia di frontiera dell'eventuale presenza a bordo dei rispettivi mezzi di trasporto di stranieri in posizione irregolare. In caso di inosservanza anche di un solo degli obblighi di cui al presente comma, si applica la sanzione amministrativa del pagamento di una somma da euro 3.500 a euro 5.500 per ciascuno degli stranieri trasportati. Nei casi più gravi è disposta la sospensione da uno a dodici mesi, ovvero la revoca della licenza, autorizzazione o concessione rilasciata dall'autorità amministrativa italiana inerenti all'attività professionale svolta e al mezzo di trasporto utilizzato. Si osservano le disposizioni di cui alla L. 24 nov. 1981, n. 689.

6-*bis*-6-*ter*-6-*quater*.[2]

7. Nel corso, di operazioni di polizia finalizzate al contrasto delle immigrazioni clandestine, disposte nell'ambito delle direttive di cui all'art. 11, comma 3, gli ufficiali e agenti di pubblica sicurezza operanti nelle Province di confine e nelle acque territoriali possono procedere al controllo e alle ispezioni dei mezzi di trasporto e delle cose trasportate, ancorché soggetti a speciale regime doganale, quando, anche in relazione a specifiche circostanze di luogo e di tempo, sussistono fondati motivi che possano essere utilizzati per uno dei reati, previsti dal presente articolo. Dell'esito dei controlli e delle impazienti è redatto processo verbale in appositi moduli, che è trasmesso entro quarantotto ore al procuratore della Repubblica il quale, se ne ricorrono i presupposti, lo convalida nelle successive quarantotto ore. Nelle medesime circostanze gli ufficiali di polizia giudiziaria posso no altresì procedere a perquisizioni, con l'osservanza delle disposizioni di cui all'art. 351, commi 3 e 4 del codice di procedura penale.

8. I beni sequestrati nel corso di operazioni di polizia finalizzate alla prevenzione e repressione dei reati previsti dal presente articolo, sono affidati dall'autorità giudiziaria procedente in custodia giudiziale, salvo che vi ostino esigenze processuali, agli organi di polizia che ne facciano richiesta per l'impiego in attività, di polizia ovvero ad altri organi dello Stato o ad altri enti pubblici per finalità di giustizia, di protezione civile o di tutela ambientale o a enti del Terzo settore, disciplinati dal codice del Terzo settore, di cui al decreto legislativo 3 luglio 2017, n. 117, che ne abbiano fatto espressamente richiesta per fini di interesse generale o per finalità sociali o culturali, i quali provvedono con oneri a proprio carico allo smaltimento delle imbarcazioni eventualmente loro affidate, previa autorizzazione dell'autorità giudiziaria competente. Fino all'operatività del Registro unico nazionale del Terzo settore, istituito dall'articolo 45 del citato codice di cui al decreto legislativo n. 117 del 2017, si considerano enti del Terzo settore gli enti di cui all'articolo 104, comma 1, del medesimo codice. I mezzi di trasporto non possono essere in alcun caso o alienati. Si applicano, in quanto compatibili, le disposizioni dell'art. 100, commi 2 e 3, del testo unico delle leggi in materia di disciplina degli stupefacenti e sostanze psicotrope, approvato con decreto del Presidente della Repubblica 9 ott. 1990, n. 309.[3]

8-*bis*. Nel caso che non siano state presentate istanze di affidamento per mezzi di trasporto sequestrati, si applicano le disposizioni dell'art. 301-*bis*, comma 3, del testo unico delle disposizioni legislative in materia doganale, di cui al decreto del Presidente della Repubblica 23 gen. 1973, n. 43, e successive modificazioni.

8-*ter*. La distruzione può essere direttamente disposta dal Presidente del Consiglio dei Ministri o dalla autorità da lui delegata, previo nullaosta dell'autorità giudiziaria procedente.

8-*quater*. Con il provvedimento che dispone la distruzione ai sensi del comma 8-*ter* sono altresì fissate le modalità di esecuzione.

8-*quinquies*. I beni acquisiti dallo Stato a seguito di provvedimento definitivo di confisca sono, a richiesta, assegnati in via prioritaria all'amministrazione o trasferiti all'ente o, in subordine, agli enti del Terzo settore di cui al comma 8 che ne abbiano avuto l'uso ai sensi del comma 8 ovvero sono alienati o distrutti. Resta fermo che gli enti del Terzo settore di cui al comma 8 provvedono con oneri a proprio carico allo smaltimento delle imbarcazioni eventualmente loro trasferite, previa autorizzazione dell'autorità giudiziaria competente. I mezzi di trasporto non assegnati, o trasferiti per le finalità di cui al comma 8, sono comunque distrutti. Si osservano, in quanto applicabili le disposizioni vigenti in materia di gestione e destinazione dei beni confiscati. Ai fini della determinazione dell'eventuale indennità, si applica il comma 5 dell'art. 301-*bis* del citato testo unico di cui al decreto del Presidente della Repubblica 23 gen. 1973, n. 43, e successive modificazioni.[3]

9. Le somme di denaro confiscate a seguito di condanna per uno dei reati previsti dal presente articolo, nonché le somme di denaro ricavate dalla vendita, ove disposta, dei beni confiscati, sono destinate, al potenziamento delle attività di prevenzione e repressione dei medesimi reati, anche a livello internazionale mediante interventi finalizzati alla collaborazione e alla assistenza tecnicooperativa con le forze di polizia dei Paesi interessati. A tal fine, le somme affluiscono ad apposito capitolo dell'entrata del bilancio dello Stato per essere assegnate, sulla base di specifiche richieste, ai perti-

nenti capitoli dello stato di previsione del Ministero dell'interno, rubrica Sicurezza pubblica.

9-*bis*. La nave italiana in servizio di polizia, che incontri nel mare territoriale o nella zona contigua, una nave, di cui si ha fondato motivo di ritenere che sia adibita o coinvolta nel trasporto illecito di migranti, può fermarla, sottoporla ad ispezione le, se vengono rinvenuti elementi che confermino il sconvolgimento della nave in un traffico di migranti, sequestrarla conducendola stessa in un porto dello Stato.

9-*ter*. Le navi della Marina militare, ferme restando le competenze istituzionali in materia dì difesa nazionale, possono essere utilizzate per concorrere alle attività di cui al comma 9-*bis*.

9-*quater*. I poteri di cui al comma 9-*bis* possono essere esercitati al di fuori delle acque territoriali, oltre che da parte delle navi della Marina militare, anche da parte delle navi in servizio di polizia, nei limiti consentiti dalla legge, dal diritto internazionale o da accordi bilaterali o multilaterali, se la nave batte la bandiera nazionale o anche quella di altro Stato, ovvero si tratti di una nave senza bandiera o con bandiera di convenienza.

9-*quinquies*. Le modalità di intervento delle navi della Marina militare nonché quelle di raccordo con le attività svolte dalle altre unità navali in servizio di polizia sono definite con decreto interministeriale dei Ministri dell'interno, della difesa, dell'economia e delle finanze e delle infrastrutture e dei trasporti.

9-*sexies*. Le disposizioni di cui ai commi 9-*bis* e 9-*quater* si applicano, in quanto compatibili, anche per i controlli concernenti il traffico aereo.

9-*septies*. Il Dipartimento della pubblica sicurezza del Ministero dell'interno assicura, nell'ambito delle attività di contrasto dell'immigrazione irregolare, la gestione e il monitoraggio, con modalità informatiche, dei procedimenti amministrativi riguardanti le posizioni di ingresso e soggiorno irregolare anche attraverso il Sistema Informativo Automatizzato. A tal fine sono predisposte le necessarie interconnessioni con il Centro elaborazione dati interforze di cui all'articolo 8 della legge 1° aprile 1981, n. 121, con il Sistema informativo Schengen di cui al regolamento CE 1987/2006 del 20 dicembre 2006 nonché con il Sistema Automatizzato di Identificazione delle Impronte ed è assicurato il tempestivo scambio di informazioni con il Sistema gestione accoglienza del Dipartimento per le libertà civili e l'immigrazione del medesimo Ministero dell'interno.[4]

[1] La Corte cost., con sent. 10 mar. 2022, n. 63, ha dichiarato l'ill. cost. della presente lettera, limitatamente alle parole «o utilizzando servizi internazionali di trasporto ovvero documenti contraffatti o alterati o comunque illegalmente ottenuti».

[2] Comma abrog. dall'art. 1, D.L. 21 ott. 2020, n. 130, conv. in L. 18 dic. 2020, n. 173.

[3] Comma così modif. dall'art. 1-*bis*, D.L. 21 ott. 2020, n. 130, conv. in L. 18 dic. 2020, n. 173.

[4] Comma ins. dall'art. 18, D.L. 17 feb. 2017, n. 13, conv. con modif. in L. 13 apr. 2017, n. 46.

13. ***Espulsione amministrativa.*** — 1. Per motivi di ordine pubblico o di sicurezza dello Stato, il Ministro dell'interno può disporre l'espulsione dello straniero anche non residente nel territorio dello Stato, dandone preventiva notizia al Presidente del Consiglio dei Ministri e al Ministro degli affari esteri.

2. L'espulsione è disposta dal prefetto, caso per caso, quando lo straniero:

a) è entrato nel territorio dello Stato sottraendosi ai controlli di frontiera e non è stato respinto ai sensi dell'art. 10;

b) si è trattenuto nel territorio dello Stato in assenza della comunicazione di cui all'articolo 27, comma 1-*bis*, o senza avere richiesto la proroga del visto o il permesso di soggiorno nel termine prescritto, salvo che il ritardo sia dipeso da forza maggiore, ovvero quando la proroga del visto o il permesso di soggiorno siano stati revocati o annullati o rifiutati ovvero quando il permesso di soggiorno sia scaduto da più di sessanta giorni e non ne è stato chiesto il rinnovo ovvero se lo straniero si è trattenuto sul territorio dello Stato in violazione dell'articolo 1, comma 3, della legge 28 maggio 2007, n. 68, o nel caso in cui sia scaduta la validità della proroga del visto;[1]

c) appartiene a taluna delle categorie indicate negli articoli 1, 4 e 16, del decreto legislativo 6 settembre 2011, n. 159;[2]

2-*bis*. Nell'adottare il provvedimento di espulsione ai sensi del comma 2, lettere *a*) e *b*), nei confronti dello straniero che ha esercitato il diritto al ricongiungimento familiare ovvero del familiare ricongiunto, ai sensi dell'art. 29, si tiene anche conto della natura e della effettività dei vincoli familiari dall'interessato, della durata del suo soggiorno nel territorio nazionale nonché dell'esistenza di legami familiari, culturali o sociali con il suo Paese d'origine.

2-*ter*. L'espulsione non è disposta, né eseguita coattivamente qualora il provvedimento sia stato già adottato, nei confronti dello straniero identificato in uscita dal territorio nazionale durante i controlli di polizia alle frontiere esterne.

3. L'espulsione è disposta in ogni caso con decreto motivato immediatamente esecutivo, anche se sottoposto a gravame o impugnativa da parte dell'interessato. Quando lo straniero, è sottoposto a procedimento penale e non si trova in stato di custodia cautelare in carcere, il questore, prima di eseguire l'espulsione, richiede il nulla osta all'autorità giudiziaria, che può negarlo solo in presenza di inderogabili esigenze processuali valutate in relazione all'accertamento della responsabilità di eventuali concorrenti nel, reato o imputati in procedimenti per reati connessi, è all'interesse della persona offesa. In tal caso l'esecuzione del provvedimento è sospesa fino a quando l'autorità giudi-

ziaria comunica la cessazione delle esigenze processuali. Il questore, ottenuto il nullaosta, provvede all'espulsione con le modalità di cui al comma 4. Il nulla osta si intende concesso qualora l'autorità giudiziaria non provveda entro sette giorni dalla data di ricevimento della richiesta. la attesa della decisione sulla richiesta di nulla osta, il questore può adottare la misura del trattenimento presso un centro di permanenza temporanea, ai sensi dell'art. 14.

3-*bis*. Nel caso di arresto in flagranza o di fermo, il giudice rilascia il nulla osta all'atto della convalida, salvo che applichi la misura della custodia cautelare in carcere ai sensi dell'art. 391, comma 5, del codice di procedura penale, o che ricorra una delle ragioni per le quali il nulla osta può essere negato ai sensi del comma 3.

3-*ter*. Le disposizioni di cui al comma 3 si applicano anche allo straniero sottoposto a procedimento, penale, dopo che sia stata revocata o dichiarata estinta per qualsiasi ragione la misura della custodia cautelare in carcere applicata nei suoi confronti. Il giudice, con lo stesso provvedimento con il quale revoca o dichiara l'estinzione della misura, decide sul rilascio del nulla osta all'esecuzione dell'espulsione. Il provvedimento è immediatamente comunicato al questore.

3-*quater*. Nei casi previsti dai commi 3, 3-*bis* e 3-*ter*, il giudice, acquisita la prova dell'avvenuta espulsione, se non è ancora stato emesso il provvedimento che dispone il giudizio, pronuncia sentenza dì non luogo a procedere. È sempre disposta la confisca delle cose indicate nel secondo comma dell'art. 240 del codice penale. Si applicano le disposizioni di cui ai commi 13, 13-*bis*, 13-*ter* e 14.[3]

3-*quinquies*. Se lo straniero espulso rientra illegalmente nel territorio dello Stato prima del termine previsto dal comma 14 ovvero, se di durata superiore, prima dei termine di prescrizione del reato più grave per il quale si era proceduto nei suoi confronti, si applica l'art. 345 del codice di procedura penale. Se lo straniero era stato scarcerato per decorrenza dei termini di durata massima della custodia cautelare, quest'ultima è ripristinata a norma dell'art. 307, del codice di procedura penale.

3-*sexies*. [Abrogato]

3-*septies*. Nei confronti dello straniero sottoposto alle pene della permanenza domiciliare o del lavoro di pubblica utilità per i reati di cui all'articolo 10-*bis* o all'articolo 14, commi 5-*ter* e 5-*quater*, l'espulsione prevista dal presente articolo è eseguita in ogni caso e i giorni residui di permanenza domiciliare o di lavoro di pubblica utilità non eseguiti si convertono nella corrispondente pena pecuniaria secondo i criteri di ragguaglio indicati nei commi 2 e 6 dell'articolo 55 del decreto legislativo 28 agosto 2000, n. 274.[4]

4. L'espulsione è eseguita dal questore con accompagnamento alla frontiera a mezzo della forza pubblica:

a) nelle ipotesi di cui ai commi 1 e 2, lettera *c*), del presente articolo ovvero all'articolo 3, comma 1, del decreto-legge 27 luglio 2005, n. 144, convertito, con modificazioni, dalla legge 31 luglio 2005, n. 155;

b) quando sussiste il rischio di fuga, di cui al comma 4-*bis*;

c) quando la domanda di permesso di soggiorno è stata respinta in quanto manifestamente infondata o fraudolenta;

d) qualora, senza un giustificato motivo, lo straniero non abbia osservato il termine concesso per la partenza volontaria, di cui al comma 5;

e) quando lo straniero abbia violato anche una delle misure di cui al comma 5.2 e di cui all'articolo 14, comma 1-*bis*;

f) nelle ipotesi di cui agli articoli 15 e 16 e nelle altre ipotesi in cui sia stata disposta l'espulsione dello straniero come sanzione penale o come conseguenza di una sanzione penale;

g) nell'ipotesi di cui al comma 5.1.

4-*bis*. Si configura il rischio di fuga di cui al comma 4, lettera *b*), qualora ricorra almeno una delle seguenti circostanze da cui il prefetto accerti, caso per caso, il pericolo che lo straniero possa sottrarsi alla volontaria esecuzione del provvedimento di espulsione:

a) mancato possesso del passaporto o di altro documento equipollente, in corso di validità;

b) mancanza di idonea documentazione atta a dimostrare la disponibilità di un alloggio ove possa essere agevolmente rintracciato;

c) avere in precedenza dichiarato o attestato falsamente le proprie generalità;

d) non avere ottemperato ad uno dei provvedimenti emessi dalla competente autorità, in applicazione dei commi 5 e 13, nonché dell'articolo 14;

e) avere violato anche una delle misure di cui al comma 5.2.

5. Lo straniero, destinatario di un provvedimento d'espulsione, qualora non ricorrano le condizioni per l'accompagnamento immediato alla frontiera di cui al comma 4, può chiedere al prefetto, ai fini dell'esecuzione dell'espulsione, la concessione di un periodo per la partenza volontaria, anche attraverso programmi di rimpatrio volontario ed assistito, di cui all'articolo 14-*ter*. Il prefetto, valutato il singolo caso, con lo stesso provvedimento di espulsione, intima lo straniero a lasciare volontariamente il territorio nazionale, entro un termine compreso tra 7 e 30 giorni. Tale termine può essere prorogato, ove necessario, per un periodo congruo, commisurato alle circostanze specifiche del caso individuale, quali la durata del soggiorno nel territorio nazionale, l'esistenza di minori che frequentano la scuola ovvero di altri legami familiari e sociali, nonché l'ammissione a programmi di rimpatrio volontario ed assistito, di cui all'articolo 14-*ter*. La questura, acquisita la prova dell'avvenuto rimpatrio dello straniero, avvisa l'autorità giudi-

ziaria competente per l'accertamento del reato previsto dall'articolo 10-*bis*, ai fini di cui al comma 5 del medesimo articolo. Le disposizioni del presente comma non si applicano, comunque, allo straniero destinatario di un provvedimento di respingimento, di cui all'articolo 10.

5.1. Ai fini dell'applicazione del comma 5, la questura provvede a dare adeguata informazione allo straniero della facoltà di richiedere un termine per la partenza volontaria, mediante schede informative plurilingue. In caso di mancata richiesta del termine, l'espulsione è eseguita ai sensi del comma 4.

5.2. Laddove sia concesso un termine per la partenza volontaria, il questore chiede allo straniero di dimostrare la disponibilità di risorse economiche sufficienti derivanti da fonti lecite, per un importo proporzionato al termine concesso, compreso tra una e tre mensilità dell'assegno sociale annuo. Il questore dispone, altresì, una o più delle seguenti misure: a) consegna del passaporto o altro documento equipollente in corso di validità, da restituire al momento della partenza; b) obbligo di dimora in un luogo preventivamente individuato, dove possa essere agevolmente rintracciato; c) obbligo di presentazione, in giorni ed orari stabiliti, presso un ufficio della forza pubblica territorialmente competente. Le misure di cui al secondo periodo sono adottate con provvedimento motivato, che ha effetto dalla notifica all'interessato, disposta ai sensi dell'articolo 3, commi 3 e 4 del regolamento, recante l'avviso che lo stesso ha facoltà di presentare personalmente o a mezzo di difensore memorie o deduzioni al giudice della convalida. Il provvedimento è comunicato entro 48 ore dalla notifica al giudice di pace competente per territorio. Il giudice, se ne ricorrono i presupposti, dispone con decreto la convalida nelle successive 48 ore. Le misure, su istanza dell'interessato, sentito il questore, possono essere modificate o revocate dal giudice di pace. Il contravventore anche solo ad una delle predette misure è punito con la multa da 3.000 a 18.000 euro. In tale ipotesi, ai fini dell'espulsione dello straniero, non è richiesto il rilascio del nulla osta di cui al comma 3 da parte dell'autorità giudiziaria competente all'accertamento del reato. Il questore esegue l'espulsione, disposta ai sensi del comma 4, anche mediante le modalità previste all'articolo 14.

5-*bis*. Nei casi previsti al comma 4 il questore comunica immediatamente e, comunque, entro quarantotto ore dalla sua adozione, al giudice di pace territorialmente competente il provvedimento con il quale è disposto l'accompagnamento alla frontiera. L'esecuzione del provvedimento del questore di allontanamento dal territorio nazionale è sospesa fino alla decisione sulla convalida. L'udienza per la convalida si svolge in camera di consiglio con la partecipazione necessaria di un difensore tempestivamente avvertito. L'interessato è anch'esso tempestivamente informato e condotto nel luogo in cui il giudice tiene l'udienza. Lo straniero è ammesso all'assistenza legale da parte di un difensore di fiducia munito di procura speciale. Lo straniero è altresì ammesso al gratuito patrocinio a spese dello Stato, e, qualora sia sprovvisto di un difensore, è assistito da un difensore designato dal giudice nell'ambito dei soggetti iscritti nella tabella di cui all'articolo 29 delle norme di attuazione, di coordinamento e transitorie del codice di procedura penale, di cui al decreto legislativo 28 luglio 1989, n. 271, nonché, ove necessario, da un interprete. L'autorità che ha adottato il provvedimento può stare in giudizio personalmente anche avvalendosi di funzionari appositamente delegati. Il giudice provvede alla convalida, con decreto motivato, entro le quarantotto ore successive, verificata l'osservanza dei termini, la sussistenza dei requisiti previsti dal presente articolo e sentito l'interessato, se comparso. In attesa della definizione del procedimento di convalida, lo straniero espulso è trattenuto in uno dei centri di permanenza per i rimpatri, di cui all'articolo 14, salvo che il procedimento possa essere definito nel luogo in cui è stato adottato il provvedimento di allontanamento anche prima del trasferimento in uno dei centri disponibili, ovvero salvo nel caso in cui non vi sia disponibilità di posti nei Centri di cui all'articolo 14 ubicati nel circondario del Tribunale competente. In tale ultima ipotesi il giudice di pace, su richiesta del questore, con il decreto di fissazione dell'udienza di convalida, può autorizzare la temporanea permanenza dello straniero, sino alla definizione del procedimento di convalida in strutture diverse e idonee nella disponibilità dell'Autorità di pubblica sicurezza. Qualora le condizioni di cui al periodo precedente permangono anche dopo l'udienza di convalida, il giudice può autorizzare la permanenza, in locali idonei presso l'ufficio di frontiera interessato, sino all'esecuzione dell'effettivo allontanamento e comunque non oltre le quarantotto ore successive all'udienza di convalida. Le strutture ed i locali di cui ai periodi precedenti garantiscono condizioni di trattenimento che assicurino il rispetto della dignità della persona. Quando la convalida è concessa, il provvedimento di accompagnamento alla frontiera diventa esecutivo. Si applicano le disposizioni di cui all'articolo 14, comma 2.[5] Se la convalida non è concessa ovvero non è osservato il termine per la decisione, il provvedimento del questore perde ogni effetto. Avverso il decreto di convalida è proponibile ricorso per cassazione. Il relativo ricorso non sospende l'esecuzione dell'allontanamento dal territorio nazionale. Il termine di quarantotto ore entro il quale il giudice di pace deve provvedere alla convalida decorre dal momento della comunicazione del provvedimento alla cancelleria.[6]

5-*ter*. Al fine di assicurare la tempestività del procedimento di convalida dei provvedimenti di cui ai commi 4 e 5, e dell'art. 14, comma 1, le questure forniscono al giudice di pace, nei limiti delle risorse disponibili, il supporto occorrente e la disponibilità di un locale idoneo.

6. [Abrogato]

7. Il decreto di espulsione e il provvedimento di cui al comma 1 dell'art. 14, nonché ogni altro atto concernente l'ingresso, il soggiorno e l'espulsione, sono comunicati all'interessato unitamente all'indicazione delle modalità di impugnazione e ad una, traduzione in una lingua da lui conosciuta, ovvero, ove non sia possibile, in lingua francese, inglese o spagnola.

8. Avverso il decreto di espulsione può essere presentato ricorso all'autorità giudiziaria ordinaria. Le controversie di cui al presente comma sono disciplinate dall'articolo 18 del decreto legislativo 1° settembre 2011, n. 150.

9-10. [Abrogati]

11. Contro il decreto ministeriale di cui al comma 1 la tutela giurisdizionale davanti al giudice amministrativo è disciplinata dal codice del processo amministrativo.

12. Fatto salvo quanto previsto dall'art. 19, lo straniero espulso è rinviato allo Stato di appartenenza, ovvero, quando, ciò non sia possibile, allo Stato di provenienza.

13. Lo straniero destinatario di un provvedimento di espulsione non può rientrare nel territorio dello Stato senza una speciale autorizzazione del Ministro dell'interno. in caso di trasgressione lo straniero è punito con la reclusione da uno a quattro anni ed è nuovamente espulso con accompagnamento immediato alla frontiera. La disposizione di cui al primo periodo del presente comma non si applica nei confronti dello straniero già espulso ai sensi dell'art. 13, comma 2, lettere *a*) e *b*), per il quale è stato autorizzato il ricongiungimento, ai sensi dell'art. 29.

13-*bis*. Nel caso di espulsione disposta dal giudice, il trasgressore del divieto di reingresso è punito con la reclusione da uno a quattro anni. Allo straniero che, già denunciato per il reato di cui al comma 13 ed espulso, abbia fatto reingresso sul territorio nazionale si applica la pena della reclusione da uno a cinque anni.

13-*ter*. Per i reati previsti dai commi 13 e 13-*bis* è obbligatorio l'arresto dell'autore del fatto anche fuori dai casi di flagranza e si procede con il rito direttissimo.

14. Il divieto di cui al comma 13 opera per un periodo non inferiore a tre anni e non superiore a cinque anni, la cui durata è determinata tenendo conto di tutte le circostanze pertinenti il singolo caso. Nei casi di espulsione disposta ai sensi dei commi 1 e 2, lettera *c*), del presente articolo ovvero ai sensi dell'articolo 3, comma 1, del decreto-legge 27 luglio 2005, n. 144, convertito, con modificazioni, dalla legge 31 luglio 2005, n. 155, può essere previsto un termine superiore a cinque anni, la cui durata è determinata tenendo conto di tutte le circostanze pertinenti il singolo caso. Per i provvedimenti di espulsione di cui al comma 5, il divieto previsto al comma 13 decorre dalla scadenza del termine assegnato e può essere revocato, su istanza dell'interessato, a condizione che fornisca la prova di avere lasciato il territorio nazionale entro il termine di cui al comma 5.

14-*bis*. Il divieto di cui al comma 13 è registrato dall'autorità di pubblica sicurezza e inserito nel sistema di informazione Schengen, di cui al regolamento (CE) n. 1987/2006 del Parlamento europeo e del Consiglio del 20 dicembre 2006 e comporta il divieto di ingresso e soggiorno nel territorio degli Stati membri della Unione europea, nonché degli Stati non membri cui si applica l'acquis di Schengen.[7]

14-*ter*. In presenza di accordi o intese bilaterali con altri Stati membri dell'Unione europea entrati in vigore in data anteriore al 13 gennaio 2009, lo straniero che si trova nelle condizioni di cui al comma 2 può essere rinviato verso tali Stati.[4]

15. Le disposizioni di cui al comma 5 non si applicano allo straniero che dimostri sulla base di elementi obiettivi di essere giunto nel territorio dello Stato prima della data di entrata in vigore della legge 6 marzo 1998, n. 40. In tal caso, il questore può adottare la misura di cui all'art. 14, comma I.

16. (*Omissis*).

[1] Lettera così modif. dall'art. 16, L. 23 dic. 2021, n. 238.

[2] Lettera così sost. dall'art. 4, c. 2, D.L. 18 feb. 2015, n. 7, conv. con modif. in L. 17 apr. 2015, n. 43. Ai sensi dell'art. 3 della L. 1° ago. 2003, n. 207, la sospensione condizionata dell'esecuzione della pena detentiva nel limite massimo di due anni, non si applica allo straniero che si trova in una delle situazioni indicate in questo comma.

[3] La Corte cost., con sent. 13 dic. 2019, n. 270, ha dichiarato l'ill. cost. del presente comma nella parte in cui non prevede che, nei casi di decreto di citazione diretta a giudizio ai sensi dell'art. 550 del c.p.p., il giudice possa rilevare, anche d'ufficio, che l'espulsione dell'imputato straniero è stata eseguita prima che sia stato emesso il provvedimento che dispone il giudizio e che ricorrono tutte le condizioni per pronunciare sentenza di non luogo a procedere.

[4] Comma ins. dall'art. 3, c. 1, L. 30 ott. 2014, n. 161.

[5] Periodo ins. dall'art. 3, D.L. 21 ott. 2020, n. 130, conv. in L. 18 dic. 2020, n. 173.

[6] Comma così modif. dall'art. 4, c. 1, D.L. 4 ott. 2018, n. 113, conv. in L. 1 dic. 2018, n. 132.

[7] Comma così modif. dall'art. 5, c. 1, D.L. 4 ott. 2018, n. 113, conv. in L. 1 dic. 2018, n. 132.

13-*bis*. *Partecipazione dell'Amministrazione nei procedimenti in Camera di consiglio.*[1]

[1] Articolo abrog. dall'art. 34, c. 19, lett. *c*), D.lgs. 1 set. 2011, n. 150.

14. ***Esecuzione dell'espulsione.*** — 1. Quando non è possibile eseguire con immediatezza l'espulsione mediante accompagnamento alla frontiera o il respingimento, a causa di situazioni transitorie che ostacolano la preparazione del rimpatrio o l'effettuazione dell'allontanamento, il questore dispone che lo straniero sia trattenuto per il tempo strettamente necessario presso il centro di permanenza per i rimpatri più vicino, tra quelli individuati o costituiti con decreto del Ministro dell'interno, di concerto con il Ministro dell'economia e delle finanze. A tal fine effettua richiesta di assegnazione del posto alla Direzione centrale dell'immigrazione e della polizia delle frontiere del Dipartimento della pubblica sicurezza del Ministero dell'interno, di cui all'articolo 35 della legge 30 luglio 2002, n. 189.[1] Tra le situazioni che legittimano il trattenimento rientrano, oltre a quelle indicate all'articolo 13, comma 4-*bis*, anche quelle riconducibili alla necessità di prestare soccorso allo straniero o di effettuare accertamenti supplementari in ordine alla sua identità o nazionalità ovvero di acquisire i documenti per il viaggio o la disponibilità di un mezzo di trasporto idoneo.

1.1. Il trattenimento dello straniero di cui non è possibile eseguire con immediatezza l'espulsione o il respingimento alla frontiera è disposto con priorità per coloro che siano considerati una minaccia per l'ordine e la sicurezza pubblica o che siano stati condannati, anche con sentenza non definitiva, per i reati di cui all'articolo 4, comma 3, terzo periodo, e all'articolo 5, comma 5-*bis*, nonché per coloro che siano cittadini di Paesi terzi con i quali sono vigenti accordi di cooperazione o altre intese in materia di rimpatrio, o che provengano da essi.[2]

1-*bis*. Nei casi in cui lo straniero è in possesso di passaporto o altro documento equipollente in corso di validità e l'espulsione non è stata disposta ai sensi dell'articolo 13, commi 1 e 2, lettera *c*), del presente testo unico o ai sensi dell'articolo 3, comma 1, del decreto-legge 27 luglio 2005, n. 144, convertito, con modificazioni, dalla legge 31 luglio 2005, n. 155, il questore, in luogo del trattenimento di cui al comma 1, può disporre una o più delle seguenti misure: a) consegna del passaporto o altro documento equipollente in corso di validità, da restituire al momento della partenza; b) obbligo di dimora in un luogo preventivamente individuato, dove possa essere agevolmente rintracciato; c) obbligo di presentazione, in giorni ed orari stabiliti, presso un ufficio della forza pubblica territorialmente competente. Le misure di cui al primo periodo sono adottate con provvedimento motivato, che ha effetto dalla notifica all'interessato, disposta ai sensi dell'articolo 3, commi 3 e 4 del regolamento, recante l'avviso che lo stesso ha facoltà di presentare personalmente o a mezzo di difensore memorie o deduzioni al giudice della convalida. Il provvedimento è comunicato entro 48 ore dalla notifica al giudice di pace competente per territorio. Il giudice, se ne ricorrono i presupposti, dispone con decreto la convalida nelle successive 48 ore. Le misure, su istanza dell'interessato, sentito il questore, possono essere modificate o revocate dal giudice di pace. Il contravventore anche solo ad una delle predette misure è punito con la multa da 3.000 a 18.000 euro. In tale ipotesi, ai fini dell'espulsione dello straniero non è richiesto il rilascio del nulla osta di cui all'articolo 13, comma 3, da parte dell'autorità giudiziaria competente all'accertamento del reato. Qualora non sia possibile l'accompagnamento immediato alla frontiera, con le modalità di cui all'articolo 13, comma 3, il questore provvede ai sensi dei commi 1 o 5-*bis* del presente articolo.

2. Lo straniero è trattenuto nel centro, presso cui sono assicurati adeguati standard igienico-sanitari e abitativi, con modalità tali da assicurare la necessaria informazione relativa al suo status, l'assistenza e il pieno rispetto della sua dignità, secondo quanto disposto dall'articolo 21, comma 8, del decreto del Presidente della Repubblica 31 agosto 1999, n. 394. Oltre a quanto previsto dall'articolo 2, comma 6, è assicurata in ogni caso la libertà di corrispondenza anche telefonica con l'esterno.[3]

2-*bis*. Lo straniero trattenuto può rivolgere istanze o reclami orali o scritti, anche in busta chiusa, al Garante nazionale e ai garanti regionali o locali dei diritti delle persone private della libertà personale.[2]

3. Il questore del luogo in cui si trova il centro trasmette copia degli atti al giudice di pace territorialmente competente, per la convalida, senza ritardo e comunque entro le quarantotto ore dall'adozione del provvedimento.

4. L'udienza per la convalida si svolge in camera di consiglio con la partecipazione necessaria di un difensore tempestivamente avvertito. L'interessato è anch'esso tempestivamente informato e condotto nel luogo in cui il giudice tiene l'udienza. Lo straniero è ammesso all'assistenza legale da parte di un difensore di fiducia munito di procura speciale. Lo straniero è altresì ammesso al gratuito patrocinio a spese dello Stato, e, qualora sia sprovvisto di un difensore, è assistito da un difensore designato dal giudice nell'ambito dei soggetti iscritti nella tabella di cui all'articolo 29 delle norme di attuazione, di coordinamento e transitorie del codice di procedura penale, di cui al decreto legislativo 28 luglio 1989, n. 271, nonché, ove necessario, da un interprete. L'autorità che ha adottato il provvedimento può stare in giudizio personalmente anche avvalendosi di funzionari appositamente delegati. Il giudice provvede alla convalida, con decreto motivato, entro le quarantotto ore successive, verificata l'osservanza dei termini, la sussistenza dei requisiti previsti dall'articolo 13 e dal presente articolo, escluso il requisito della vicinanza del centro di permanenza per i rimpatri di cui al comma 1, e sentito l'interessato, se comparso. Il provvedimento cessa di avere ogni effetto qualora non sia osservato il termine per la decisione. La convalida può essere disposta anche in occasione della convalida del decreto di accompagnamento alla frontiera, nonché in sede di esame del ricorso avverso il provvedimento di espulsione.

5. La convalida comporta la permanenza nel centro per un periodo di complessivi trenta giorni. Qualora l'accertamento dell'identità e della nazionalità ovvero l'acquisizione di documenti per il viaggio presenti gravi difficoltà, il giudice, su richiesta del questore, può prorogare il termine di ulteriori trenta giorni. Anche prima di tale termine, il questore esegue l'espulsione o il respingimento, dandone comunicazione senza ritardo al giudice. Trascorso tale termine, il questore può chiedere al giudice di pace una o più proroghe qualora siano emersi elementi concreti che consentano di ritenere probabile l'identificazione ovvero sia necessario al fine di organizzare le operazioni di rimpatrio. In ogni caso il periodo massimo di trattenimento dello straniero all'interno del centro di permanenza per i rimpatri non può essere superiore a novanta giorni ed è prorogabile per altri trenta giorni qualora lo straniero sia cittadino di un Paese con cui l'Italia abbia sottoscritto accordi in materia di rimpatri. Lo straniero che sia già stato trattenuto presso le strutture carcerarie per un periodo pari a quello di novanta giorni indicato al periodo precedente, può essere trattenuto presso il centro per un periodo massimo di trenta giorni, prorogabile per altri trenta giorni qualora lo straniero sia cittadino di un Paese con cui l'Italia abbia sottoscritto accordi in materia di rimpatri. Tale termine è prorogabile di ulteriori 15 giorni, previa convalida da parte del giudice di pace, nei casi di particolare complessità delle procedure di identificazione e di organizzazione del rimpatrio. Nei confronti dello straniero a qualsiasi titolo detenuto, la direzione della struttura penitenziaria richiede al questore del luogo le informazioni sull'identità e sulla nazionalità dello stesso. Nei medesimi casi il questore avvia la procedura di identificazione interessando le competenti autorità diplomatiche. Ai soli fini dell'identificazione, l'autorità giudiziaria, su richiesta del questore, dispone la traduzione del detenuto presso il più vicino posto di polizia per il tempo strettamente necessario al compimento di tali operazioni. A tal fine il Ministro dell'interno e il Ministro della giustizia adottano i necessari strumenti di coordinamento.[4]

5-*bis*. Allo scopo di porre fine al soggiorno illegale dello straniero e di adottare le misure necessarie per eseguire immediatamente il provvedimento di espulsione o di respingimento, il questore ordina allo straniero di lasciare il territorio dello Stato entro il termine di sette giorni, qualora non sia stato possibile trattenerlo in un centro di permanenza per i rimpatri, ovvero la permanenza presso tale struttura non ne abbia consentito l'allontanamento dal territorio nazionale, ovvero dalle circostanze concrete non emerga più alcuna prospettiva ragionevole che l'allontanamento possa essere eseguito e che lo straniero possa essere riaccolto dallo Stato di origine o di provenienza. L'ordine è dato con provvedimento scritto, recante l'indicazione, in caso di violazione, delle conseguenze sanzionatorie. L'ordine del questore può essere accompagnato dalla consegna all'interessato, anche su sua richiesta, della documentazione necessaria per raggiungere gli uffici della rappresentanza diplomatica del suo Paese in Italia, anche se onoraria, nonché per rientrare nello Stato di appartenenza ovvero, quando ciò non sia possibile, nello Stato di provenienza, compreso il titolo di viaggio.[5]

5-*ter*. La violazione dell'ordine di cui al comma 5-*bis* è punita, salvo che sussista il giustificato motivo, con la multa da 10.000 a 20.000 euro, in caso di respingimento o espulsione disposta ai sensi dell'articolo 13, comma 4, o se lo straniero, ammesso ai programmi di rimpatrio volontario ed assistito, di cui all'articolo 14-*ter*, vi si sia sottratto. Si applica la multa da 6.000 a 15.000 euro se l'espulsione è stata disposta in base all'articolo 13, comma 5. Valutato il singolo caso e tenuto conto dell'articolo 13, commi 4 e 5, salvo che lo straniero si trovi in stato di detenzione in carcere, si procede all'adozione di un nuovo provvedimento di espulsione per violazione all'ordine di allontanamento adottato dal questore ai sensi del comma 5-*bis* del presente articolo. Qualora non sia possibile procedere all'accompagnamento alla frontiera, si applicano le disposizioni di cui ai commi 1 e 5-*bis* del presente articolo, nonché, ricorrendone i presupposti, quelle di cui all'articolo 13, comma 3.

5-*quater*. La violazione dell'ordine disposto ai sensi del comma 5-*ter*, terzo periodo, è punita, salvo giustificato motivo, con la multa da 15.000 a 30.000 euro. Si applicano, in ogni caso, le disposizioni di cui al comma 5-*ter*, quarto periodo.[1]

5-*quater*.1. Nella valutazione della condotta tenuta dallo straniero destinatario dell'ordine del questore, di cui ai commi 5-*ter* e 5-*quater*, il giudice accerta anche l'eventuale consegna all'interessato della documentazione di cui al comma 5-*bis*, la cooperazione resa dallo stesso ai fini dell'esecuzione del provvedimento di allontanamento, in particolare attraverso l'esibizione d'idonea documentazione.

5-*quinquies*. Al procedimento penale per i reati di cui agli articoli 5-*ter* e 5-*quater* si applicano le disposizioni di cui agli articoli 20-*bis*, 20-*ter* e 32-*bis*, del decreto legislativo 28 agosto 2000, n. 274.[1]

5-*sexies*. Ai fini dell'esecuzione dell'espulsione dello straniero denunciato ai sensi dei commi 5-*ter* e 5-*quater*, non è richiesto il rilascio del nulla osta di cui all'articolo 13, comma 3, da parte dell'autorità giudiziaria competente all'accertamento del medesimo reato. Il questore comunica l'avvenuta esecuzione dell'espulsione all'autorità giudiziaria competente all'accertamento del reato.

5-*septies*. Il giudice, acquisita la notizia dell'esecuzione dell'espulsione, pronuncia sentenza di non luogo a procedere. Se lo straniero rientra illegalmente nel territorio dello Stato prima del termine previsto dall'articolo 13, comma 14, si applica l'articolo 345 del codice di procedura penale.

6. Contro i decreti di convalida e di proroga di cui al comma 5 è proponibile ricorso per Cassazione. Il relativo ricorso non sospende l'esecuzione della misura.

7. Il questore, avvalendosi della forza pubblica, adotta efficaci misure di vigilanza affinché lo straniero non si allontani indebitamente dal centro e provvede, nel caso la misura sia violata, a ripristinare il trattenimento mediante l'adozione di un nuovo provvedimento di trattenimento. Il periodo di trattenimento disposto dal nuovo provvedimento è computato nel termine massimo per il trattenimento indicato dal comma 5.

7-*bis*. Nei casi di delitti commessi con violenza alle persone o alle cose in occasione o a causa del trattenimento in uno dei centri di cui al presente articolo o durante la permanenza in una delle strutture di cui all'articolo 10-*ter*, per i quali è obbligatorio o facoltativo l'arresto ai sensi degli articoli 380 e 381 del codice di procedura penale, quando non è possibile procedere immediatamente all'arresto per ragioni di sicurezza o incolumità pubblica, si considera in stato di flagranza ai sensi dell'articolo 382 del codice di procedura penale colui il quale, anche sulla base di documentazione video o fotografica, risulta essere autore del fatto e l'arresto è consentito entro quarantotto ore dal fatto.[6]

7-*ter*. Per i delitti indicati nel comma 7-*bis* si procede sempre con giudizio direttissimo, salvo che siano necessarie speciali indagini.[6]

8. Ai fini dell'accompagnamento anche collettivo alla frontiera, possono essere stipulate convenzioni con soggetti che esercitano trasporti di linea o con organismi anche internazionali che svolgono attività di assistenza per stranieri.

9. Oltre a quanto previsto dal regolamento di attuazione e dalle norme in materia di giurisdizione, il Ministro dell'interno adotta i provvedimenti occorrenti per l'esecuzione di quanto disposto dal presente articolo, anche mediante convenzioni con altre amministrazioni dello Stato, con gli enti locali, con i proprietari o concessionari di aree, strutture e altre installazioni, nonché per la fornitura di beni e servizi. Eventuali deroghe alle disposizioni vigenti in materia finanziaria e di contabilità sono adottate di concerto con il Ministro del tesoro. Il Ministro dell'interno promuove inoltre le intese occorrenti per gli interventi di competenza di altri Ministri.

[1] Periodo ins. dall'art. 3, D.L. 21 ott. 2020, n. 130, conv. in L. 18 dic. 2020, n. 173.

[2] Comma ins. dall'art. 3, D.L. 21 ott. 2020, n. 130, conv. in L. 18 dic. 2020, n. 173.

[3] Comma così sost. dall'art. 3, D.L. 21 ott. 2020, n. 130, conv. in L. 18 dic. 2020, n. 173.

[4] Comma così modif. in ultimo dall'art. 3, D.L. 21 ott. 2020, n. 130, conv. in L. 18 dic. 2020, n. 173.

[5] Comma così modif. dall'art. 3, c. 1, lett. *f*), L. 30 ott. 2014, n. 161.

[6] Comma ins. dall'art. 6, D.L. 21 ott. 2020, n. 130, conv. in L. 18 dic. 2020, n. 173.

14-*bis*. *Fondo rimpatri*. — 1. È istituito, presso il Ministero dell'interno, un Fondo rimpatri finalizzato a finanziare le spese per il rimpatrio degli stranieri verso i Paesi di origine ovvero di provenienza.

2. Nel Fondo di cui al comma 1 confluiscono la metà del gettito conseguito attraverso la riscossione del contributo di cui all'articolo 5, comma 2-*ter*, nonché i contributi eventualmente disposti dall'Unione europea per le finalità del Fondo medesimo. La quota residua del gettito del contributo di cui all'articolo 5, comma 2-*ter*, è assegnata allo stato di previsione del Ministero dell'interno, per gli oneri connessi alle attività istruttorie inerenti al rilascio e al rinnovo del permesso di soggiorno.

14-*ter*. *Programmi di rimpatrio assistito*. — 1. Il Ministero dell'interno, nei limiti delle risorse di cui al comma 7, attua, anche in collaborazione con le organizzazioni internazionali o intergovernative esperte nel settore dei rimpatri, con gli enti locali e con associazioni attive nell'assistenza agli immigrati, programmi di rimpatrio volontario ed assistito verso il Paese di origine o di provenienza di cittadini di Paesi terzi, salvo quanto previsto al comma 3.

2. Con decreto del Ministro dell'interno sono definite le linee guida per la realizzazione dei programmi di rimpatrio volontario ed assistito, fissando criteri di priorità che tengano conto innanzitutto delle condizioni di vulnerabilità dello straniero di cui all'articolo 19, comma 2-*bis*, nonché i criteri per l'individuazione delle organizzazioni, degli enti e delle associazioni di cui al comma 1 del presente articolo.

3. Nel caso in cui lo straniero irregolarmente presente nel territorio è ammesso ai programmi di rimpatrio di cui al comma 1, la prefettura del luogo ove egli si trova ne dà comunicazione, senza ritardo, alla competente questura, anche in via telematica. Fatto salvo quanto previsto al comma 6, è sospesa l'esecuzione dei provvedimenti emessi ai sensi degli articoli 10, comma 2, 13, comma 2 e 14, comma 5-*bis*. È sospesa l'efficacia delle misure eventualmente adottate dal questore ai sensi degli articoli 13, comma 5.2, e 14, comma 1-*bis*. La questura, dopo avere ricevuto dalla prefettura la comunicazione, anche in via telematica, dell'avvenuto rimpatrio dello straniero, avvisa l'autorità giudiziaria competente per l'accertamento del reato previsto dall'articolo 10-*bis*, ai fini di cui al comma 5 del medesimo articolo.

4. Nei confronti dello straniero che si sottrae al programma di rimpatrio, i provvedimenti di cui al comma 3 sono eseguiti dal questore con l'accompagnamento immediato alla frontiera, ai sensi dell'articolo 13, comma 4, anche con le modalità previste dall'articolo 14.

5. Le disposizioni del presente articolo non si applicano agli stranieri che:

a) hanno già beneficiato dei programmi di cui al comma 1;

b) si trovano nelle condizioni di cui all'articolo 13, comma 4, lettere *a*), *d*) e *f*) ovvero nelle condizioni di cui all'articolo 13, comma 4-*bis*, lettere *d*) ed *e*);

c) siano destinatari di un provvedimento di espulsione come sanzione penale o come conseguenza di una sanzione penale ovvero di un provvedimento di estradizione o di un mandato di arresto europeo o di un mandato di arresto da parte della Corte penale internazionale.

6. Gli stranieri ammessi ai programmi di rimpatrio di cui al comma 1 trattenuti nei Centri di permanenza per i rimpatri rimangono nel Centro fino alla partenza, nei limiti della durata massima prevista dall'articolo 14, comma 5.

7. Al finanziamento dei programmi di rimpatrio volontario assistito di cui al comma 1 si provvede nei limiti:

a) delle risorse disponibili del Fondo rimpatri, di cui all'articolo 14-*bis*, individuate annualmente con decreto del Ministro dell'interno;

b) delle risorse disponibili dei fondi europei destinati a tale scopo, secondo le relative modalità di gestione.

15. ***Espulsione a titolo di misura di sicurezza e disposizioni per l'esecuzione dell'espulsione.*** — 1. Fuori dei casi previsti dal c.p., il giudice può ordinare l'espulsione dello straniero che sia condannato per taluno dei delitti previsti dagli artt. 380 e 381 del c.p.p., sempre che risulti socialmente pericoloso.

1-*bis*. Delle emissioni del provvedimento di custodia cautelare o della definitiva sentenza di condanna ad una pena detentiva nei confronti di uno straniero proveniente da Paesi extracomunitari viene data tempestiva comunicazione al questore ed alla competente autorità consulare, in presenza di requisiti di legge, l'esecuzione della espulsione subito dopo la cessazione del periodo di custodia cautelare o di detenzione.

16. ***Espulsione a titolo di sanzione sostitutiva o alternativa alla detenzione*** — 1. Il giudice, nel pronunciare sentenza di condanna per un reato non colposo o nell'applicare la pena su richiesta ai sensi dell'art. 444 del codice di procedura penale nei confronti dello straniero che si trovi in taluna delle situazioni indicate nell'art. 13, comma 2, quando ritiene di dovere irrogare la pena detentiva entro il limite di due anni e non ricorrono le condizioni per ordinare la sospensione condizionale della pena ai sensi dell'art. 163 del codice penale ovvero nel pronunciare sentenza di condanna per il reato di cui all'articolo 10-*bis*, qualora non ricorrano le cause ostative indicate nell'art. 14, comma 1, del presente testo unico, che impediscono l'esecuzione immediata dell'espulsione con accompagnamento alla frontiera a mezzo della forza pubblica, può sostituire la medesima pena con la misura dell'espulsione [per un periodo non inferiore a cinque anni][1]. Le disposizioni di cui al presente comma si applicano, in caso di sentenza di condanna, ai reati di cui all'articolo 14, commi 5-*ter* e 5-*quater*.

1-*bis*. In caso di sentenza di condanna per i reati di cui all'articolo 10-*bis* o all'articolo 14, commi 5-*ter* e 5-*quater*, la misura dell'espulsione di cui al comma 1 può essere disposta per la durata stabilita dall'articolo 13, comma 14. Negli altri casi di cui al comma 1, la misura dell'espulsione può essere disposta per un periodo non inferiore a cinque anni.[2]

2. L'espulsione di cui al comma 1 è eseguita dal questore anche se la sentenza non è irrevocabile, secondo le modalità di cui all'art. 13, comma 4.

3. L'espulsione di cui al comma 1 non può essere disposta nei casi in cui la condanna riguardi uno o più delitti previsti dall'art. 407, comma 2, lettera *a*), del codice di procedura penale, ovvero i delitti previsti dal presente testo unico, puniti con pena edittale superiore nel massimo a due anni.

4. Se lo straniero espulso a norma del comma 1 rientra illegalmente nel territorio dello Stato prima del termine previsto dall'art. 13, comma 14, la sanzione sostitutiva è revocata dal giudice competente.

5. Nei confronti dello straniero, identificato, detenuto, che si trova in taluna delle situazioni indicate nell'art. 13, comma 2, che deve scontare una pena detentiva, anche residua, non superiore a due anni, è disposta l'espulsione. Essa non può essere disposta nei casi di condanna per i delitti previsti dall'articolo 12, commi 1, 3, 3-*bis* e 3-*ter*, del presente testo unico, ovvero per uno o più delitti previsti dall'articolo 407, comma 2, lettera *a*) del codice di procedura penale, fatta eccezione per quelli consumati o tentati di cui agli articoli 628, terzo comma e 629, secondo comma, del codice penale.[3] In caso di concorso di reati o di unificazione di pene concorrenti, l'espulsione è disposta anche quando sia stata espiata la parte di pena relativa alla condanna per reati che non la consentono.[4]

5-*bis*. Nei casi di cui al comma 5, all'atto dell'ingresso in carcere di un cittadino straniero, la direzione dell'istituto penitenziario richiede al questore del luogo le informazioni sulla identità e nazionalità dello stesso. Nei medesimi casi, il questore avvia la procedura di identificazione interessando le competenti autorità diplomatiche e procede all'eventuale espulsione dei cittadini stranieri identificati. A tal fine, il Ministro della giustizia ed il Ministro dell'interno adottano i necessari strumenti di coordinamento.[5]

5-*ter*. Le informazioni sulla identità e nazionalità del detenuto straniero sono inserite nella cartella personale dello stesso prevista dall'articolo 26 del decreto del Presidente della Repubblica 30 giugno 2000, n. 230.[5]

6. Salvo che il questore comunichi che non è stato possibile procedere all'identificazione dello stra-

niero, la direzione dell'istituto penitenziario trasmette gli atti utili per l'adozione del provvedimento di espulsione al magistrato di sorveglianza competente in relazione al luogo di detenzione del condannato. Il magistrato decide con decreto motivato, senza formalità. Il decreto è comunicato al pubblico ministero, allo straniero e al suo difensore, i quali, entro il termine di dieci giorni, possono proporre opposizione dinanzi al tribunale di sorveglianza. Se lo straniero non è assistito da un difensore di fiducia, il magistrato provvede alla nomina di un difensore d'ufficio. Il tribunale decide nel termine di 20 giorni.[6]

7. L'esecuzione del decreto di espulsione di cui al comma 6 è sospesa fino alla decorrenza dei termini di impugnazione o della decisione dei tribunale dì sorveglianza e, comunque, lo stato di detenzione permane fino a quando non siano stati acquisiti i necessari documenti di viaggio. L'espulsione è eseguita dal questore competente per il luogo di detenzione dello straniero con la modalità dell'accompagnamento alla frontiera a mezzo della forza pubblica.

8. La pena è estinta alla scadenza del termine di dieci anni dall'esecuzione dell'espulsione di cui al comma 5, sempre che lo straniero non sia rientrato illegittimamente nel territorio dello, Stato. In tale caso, lo stato di detenzione è ripristinato e riprende l'esecuzione della pena.

9. L'espulsione a titolo di sanzione sostitutiva o alternativa alla detenzione non si applica ai casi di cui all'art. 19.

9-*bis*. Nei casi di cui ai commi 1 e 5, quando non è possibile effettuare il rimpatrio dello straniero per cause di forza maggiore, l'autorità giudiziaria dispone il ripristino dello stato di detenzione per il tempo strettamente necessario all'esecuzione del provvedimento di espulsione.[7]

[1] Parole soppresse dall'art. 3, c. 1, lett. *g*), L. 30 ott. 2014, n. 161.

[2] Comma ins. dall'art. 3, c. 1, lett. *h*), L. 30 ott. 2014, n. 161.

[3] Periodo così sost. dall'art. 6, c. 1, lett. *a*), D.L. 23 dic. 2013, n. 146, conv. con modif. in L. 21 feb. 2014, n. 10.

[4] Periodo agg. dall'art. 6, c. 1, lett. *b*), D.L. 23 dic. 2013, n. 146, conv. con modif. in L. 21 feb. 2014, n. 10.

[5] Comma agg. dall'art. 6, c. 1, lett. *c*), D.L. 23 dic. 2013, n. 146, conv. con modif. in L. 21 feb. 2014, n. 10.

[6] Comma così sost. dall'art. 6, c. 1, lett. *d*), D.L. 23 dic. 2013, n. 146, conv. con modif. in L. 21 feb. 2014, n. 10.

[7] Comma agg. dall'art. 19, c. 2, D.L. 17 feb. 2017, n. 13, conv. con modif. in L. 13 apr. 2017, n. 46.

17. ***Diritto di difesa.*** — 1. Lo straniero parte offesa ovvero sottoposto a procedimento penale è autorizzato a rientrare in Italia per il tempo strettamente necessario per l'esercizio del diritto di difesa, al solo fine di partecipare al giudizio o al compimento di atti per i quali è necessaria la sua presenza. L'autorizzazione è rilasciata dal questore anche per il tramite di una rappresentanza diplomatica o consolare su documentata richiesta della parte offesa o dell'imputato o del difensore.

CAPO III

Disposizioni di carattere umanitario

18. ***Soggiorno per motivi di protezione sociale.*** — 1. Quando, nel corso di operazioni di polizia, di indagini o di un procedimento per taluno dei delitti di cui all'art. 3 della L. 20 feb. 1958, n. 75, o di quelli previsti dall'art. 380 del c.p.p., ovvero nel corso di interventi assistenziali dei servizi sociali degli enti locali, siano accertate situazioni di violenza o di grave sfruttamento nei confronti di uno straniero ed emergano concreti pericoli per la sua incolumità, per effetto dei tentativi di sottrarsi ai condizionamenti di un'associazione dedita ad uno dei predetti delitti o delle dichiarazioni rese nel corso delle indagini preliminari o del giudizio, il questore, anche su proposta del procuratore della Repubblica, o con il parere favorevole della stessa autorità, rilascia uno speciale permesso di soggiorno per consentire allo straniero di sottrarsi alla violenza ed ai condizionamenti dell'organizzazione criminale e di partecipare ad un programma di assistenza ed integrazione sociale.

2. Con la proposta o il parere di cui al c. 1, sono comunicati al questore gli elementi da cui risulti la sussistenza delle condizioni ivi indicate, con particolare riferimento alla gravità ed attualità del pericolo ed alla rilevanza del contributo offerto dallo straniero per l'efficace constrasto dell'organizzazione criminale, ovvero per la individuazione o cattura dei responsabili dei delitti indicati nello stesso comma. Le modalità di partecipazione al programma di assistenza ed integrazione sociale sono comunicate al sindaco.

3. Con il regolamento di attuazione sono stabilite le disposizioni occorrenti per l'affidamento della realizzazione del programma a soggetti diversi da quelli istituzionalmente preposti ai servizi sociali dell'ente locale e per l'espletamento dei relativi controlli. Con lo stesso regolamento sono individuati i requisiti idonei a garantire la competenza e la capacità di favorire l'assistenza e l'integrazione sociale, nonché la disponibilità di adeguate strutture organizzative dei soggetti predetti.

3-*bis*. Per gli stranieri e per i cittadini di cui al comma 6-*bis* del presente articolo, vittime dei reati previsti dagli articoli 600 e 601 del codice penale, o che versano nelle ipotesi di cui al comma 1 del presente articolo si applica, sulla base del Piano nazionale d'azione contro la tratta e il grave sfruttamento degli esseri umani, di cui all'articolo 13, comma 2-*bis*, della legge 11 agosto 2003, n. 228, un programma unico di emersione, assistenza e integrazione sociale che garantisce, in via transitoria, adeguate condizioni di alloggio, di vitto e di assistenza sanitaria, ai sensi dell'articolo 13 della legge n. 228 del 2003 e, successivamente, la prosecuzione dell'assistenza e l'integrazione sociale, ai sensi del comma 1 di cui al presente articolo. Con decreto del Presidente del Consiglio dei ministri, di concerto con il Ministro dell'interno, il Ministro del lavoro e delle politiche sociali e il Ministro della salute, da adottarsi entro sei mesi dalla data di entrata in vigore della presente disposizione, previa intesa con la Conferenza Unificata, è definito il programma di emersione, assistenza e di protezione sociale di cui al presente comma e le relative modalità di attuazione e finanziamento.[1]

4. Il permesso di soggiorno rilasciato a norma del presente articolo reca la dicitura casi speciali[2], ha la durata di sei mesi e può essere rinnovato per un anno, o per il maggior periodo occorrente per motivi di giustizia. Esso è revocato in caso di interruzione del programma o di condotta incompatibile con le finalità dello stesso, segnalate dal procuratore della Repubblica o, per quanto di competenza, dal servizio sociale dell'ente locale, o comunque accertate dal questore, ovvero quando vengono meno le altre condizioni che ne hanno giustificato il rilascio.

5. Il permesso di soggiorno previsto dal presente articolo consente l'accesso ai servizi assistenziali e allo studio, nonché l'iscrizione nelle liste di collocamento e lo svolgimento di lavoro subordinato, fatti salvi i requisiti minimi di età. Qualora, alla scadenza del permesso di soggiorno, l'interessato risulti avere in corso un rapporto di lavoro, il permesso può essere ulteriormente prorogato o rinnovato per la durata del rapporto medesimo o, se questo è a tempo indeterminato, con le modalità stabilite per tale motivo di soggiorno. Il permesso di soggiorno previsto dal presente articolo può essere altresì convertito in permesso di soggiorno per motivi di studio qualora il titolare sia iscritto ad un corso regolare di studi.

6. Il permesso di soggiorno previsto dal presente articolo può essere altresì rilasciato, all'atto delle dimissioni dall'istituto di pena, anche su proposta del procuratore della Repubblica o del giudice di sorveglianza presso il tribunale per i minorenni, allo straniero che ha terminato l'espiazione di una pena detentiva, inflitta per reati commessi durante la minore età, e ha dato prova concreta di partecipazione a un programma di assistenza e integrazione sociale.

6-*bis*. Le disposizioni del presente articolo si applicano, in quanto compatibili, anche ai cittadini di Stati membri dell'unione europea che si trovano in una situazione di gravità ed attualità di pericolo.

7. (*Omissis*).

[1] Comma aggiunto dall'art. 8, D.lgs. 4 mar. 2014, n. 24.

[2] Parole ins. dall'art. 1, c. 1, lett. *e*), D.L. 4 ott. 2018, n. 113, conv. in L. 1 dic. 2018, n. 132.

18-*bis*. *Permesso di soggiorno per le vittime di violenza domestica.* — 1. Quando, nel corso di operazioni di polizia, di indagini o di un procedimento per taluno dei delitti previsti dagli articoli 572, 582, 583, 583-*bis*, 605, 609-*bis* e 612-*bis* del codice penale o per uno dei delitti previsti dall'articolo 380 del codice di procedura penale, commessi sul territorio nazionale in ambito di violenza domestica, siano accertate situazioni di violenza o abuso nei confronti di uno straniero ed emerga un concreto ed attuale pericolo per la sua incolumità, come conseguenza della scelta di sottrarsi alla medesima violenza o per effetto delle dichiarazioni rese nel corso delle indagini preliminari o del giudizio, il questore, con il parere favorevole dell'autorità giudiziaria procedente ovvero su proposta di quest'ultima, rilascia un permesso di soggiorno [ai sensi dell'articolo 5, comma 6,][1] per consentire alla vittima di sottrarsi alla violenza. Ai fini del presente articolo, si intendono per violenza domestica uno o più atti, gravi ovvero non episodici, di violenza fisica, sessuale, psicologica o economica che si verificano all'interno della famiglia o del nucleo familiare o tra persone legate, attualmente o in passato, da un vincolo di matrimonio o da una relazione affettiva, indipendentemente dal fatto che l'autore di tali atti condivida o abbia condiviso la stessa residenza con la vittima.

1-*bis*. Il permesso di soggiorno rilasciato a norma del presente articolo reca la dicitura "casi speciali", ha la durata di un anno e consente l'accesso ai servizi assistenziali e allo studio nonché l'iscrizione nell'elenco anagrafico previsto dall'articolo 4 del regolamento di cui al decreto del Presidente della Repubblica 7 luglio 2000, n. 442, o lo svolgimento di lavoro subordinato e autonomo, fatti salvi i requisiti minimi di età. Alla scadenza, il permesso di soggiorno di cui al presente articolo può essere convertito in permesso di soggiorno per motivi di lavoro subordinato o autonomo, secondo le modalità stabilite per tale permesso di soggiorno ovvero in permesso di soggiorno per motivi di studio qualora il titolare sia iscritto ad un corso regolare di studi.[2]

2. Con la proposta o il parere di cui al comma 1, sono comunicati al questore gli elementi da cui risulti la sussistenza delle condizioni ivi indicate, con particolare riferimento alla gravità ed attualità del pericolo per l'incolumità personale.

3. Il medesimo permesso di soggiorno può essere rilasciato dal questore quando le situazioni di violenza o abuso emergano nel corso di interventi assistenziali dei centri antiviolenza, dei servizi sociali territoriali o dei servizi sociali specializzati nell'assistenza delle vittime di violenza. In tal caso la sussistenza degli elementi e delle condizioni di cui al comma 2 è valutata dal questore sulla base della relazione redatta dai medesimi servizi sociali. Ai fini del rilascio del permesso di soggiorno è comunque richiesto il parere dell'autorità giudiziaria competente ai sensi del comma 1.

4. Il permesso di soggiorno di cui ai commi 1 e 3 è revocato in caso di condotta incompatibile con le finalità dello stesso, segnalata dal procuratore della Repubblica o, per quanto di competenza, dai servizi sociali di cui al comma 3, o comunque accertata dal questore, ovvero quando vengono meno le condizioni che ne hanno giustificato il rilascio.

4-*bis*. Nei confronti dello straniero condannato, anche con sentenza non definitiva, compresa quella adottata a seguito di applicazione della pena su richiesta ai sensi dell'articolo 444 del codice di procedura penale, per uno dei delitti di cui al comma 1 del presente articolo, commessi in ambito di violenza domestica, possono essere disposte la revoca del permesso di soggiorno e l'espulsione ai sensi dell'articolo 13 del presente testo unico.

5. Le disposizioni del presente articolo si applicano, in quanto compatibili, anche ai cittadini di Stati membri dell'Unione europea e ai loro familiari.

[1] Parole soppresse dall'art. 1, c. 1, lett. *f*), D.L. 4 ott. 2018, n. 113, conv. in L. 1 dic. 2018, n. 132.

[2] Comma ins. dall'art. 1, c. 1, lett. *f*), D.L. 4 ott. 2018, n. 113, conv. in L. 1 dic. 2018, n. 132.

19. ***Divieti di espulsione e di respingimento. Disposizioni in materia di categorie vulnerabili.*** — 1. In nessun caso può disporsi l'espulsione o il respingimento verso uno Stato in cui lo straniero possa essere oggetto di persecuzione per motivi di razza, di sesso, di orientamento sessuale, di identità di genere,[1] di lingua, di cittadinanza, di religione, di opinioni politiche, di condizioni personali o sociali, ovvero possa rischiare di essere rinviato verso un altro Stato nel quale non sia protetto dalla persecuzione.

1.1. Non sono ammessi il respingimento o l'espulsione o l'estradizione di una persona verso uno Stato qualora esistano fondati motivi di ritenere che essa rischi di essere sottoposta a tortura o a trattamenti inumani o degradanti o qualora ricorrano gli obblighi di cui all'articolo 5, comma 6. Nella valutazione di tali motivi si tiene conto anche dell'esistenza, in tale Stato, di violazioni sistematiche e gravi di diritti umani. Non sono altresì ammessi il respingimento o l'espulsione di una persona verso uno Stato qualora esistano fondati motivi di ritenere che l'allontanamento dal territorio nazionale comporti una violazione del diritto al rispetto della sua vita privata e familiare, a meno che esso sia necessario per ragioni di sicurezza nazionale, di ordine e sicurezza pubblica nonché di protezione della salute nel rispetto della Convenzione relativa allo statuto dei rifugiati, firmata a Ginevra il 28 luglio 1951, resa esecutiva dalla legge 24 luglio 1954, n. 722, e della Carta dei diritti fondamentali dell'Unione europea. Ai fini della valutazione del rischio di violazione di cui al periodo precedente, si tiene conto della natura e della effettività dei vincoli familiari dell'interessato, del suo effettivo inserimento sociale in Italia, della durata del suo soggiorno nel territorio nazionale nonché dell'esistenza di legami familiari, culturali o sociali con il suo Paese d'origine.[2]

1.2. Nelle ipotesi di rigetto della domanda di protezione internazionale, ove ricorrano i requisiti di cui ai commi 1 e 1.1., la Commissione territoriale trasmette gli atti al Questore per il rilascio di un permesso di soggiorno per protezione speciale. Nel caso in cui sia presentata una domanda di rilascio di un permesso di soggiorno, ove ricorrano i requisiti di cui ai commi 1 e 1.1, il Questore, previo parere della Commissione territoriale per il riconoscimento della protezione internazionale, rilascia un permesso di soggiorno per protezione speciale.[3]

1-*bis*. In nessun caso può disporsi il respingimento alla frontiera di minori stranieri non accompagnati.[4]

2. Non è consentita l'espulsione, salvo che nei casi previsti dall'art. 11, c. 1, nei confronti:

a) degli stranieri minori di anni diciotto, salvo il diritto a seguire il genitore o l'affidatario espulsi;

b) degli stranieri in possesso della carta di soggiorno, salvo il disposto dell'art. 7;

c) degli stranieri conviventi con parenti entro il secondo grado o con il coniuge, di nazionalità italiana;

d) delle donne in stato di gravidanza o nei sei mesi successivi alla nascita del figlio cui provvedono;[5]

d-bis) degli stranieri che versano in gravi condizioni psicofisiche o derivanti da gravi patologie, accertate mediante idonea documentazione rilasciata da una struttura sanitaria pubblica o da un medico convenzionato con il Servizio sanitario nazionale, tali da determinare un rilevante pregiudizio alla salute degli stessi, in caso di rientro nel Paese di origine o di provenienza. In tali ipotesi, il questore rilascia un permesso di soggiorno per cure mediche, per il tempo attestato dalla certificazione sanitaria, comunque non superiore ad un anno, rinnovabile finché persistono le condizioni di cui al periodo precedente debitamente certificate, valido solo nel territorio nazionale e convertibile in permesso di soggiorno per motivi di lavoro.[6]

2-*bis*. Il respingimento o l'esecuzione dell'espulsione di persone affette da disabilità, degli anziani, dei minori, dei componenti di famiglie monoparentali con figli minori nonché dei minori, ovvero delle vittime di gravi violenze psicologiche, fisiche o sessuali sono effettuate con modalità compatibili con le singole situazioni personali, debitamente accertate.

[1] Parole ins. dall'art. 1, D.L. 21 ott. 2020, n. 130, conv. in L. 18 dic. 2020, n. 173. Ai sensi dell'art. 15, D.L. 130/2020, la disposizione si applica anche ai procedimenti pendenti alla data di entrata in vigore del presente decreto avanti alle commissioni territoriali, al questore e alle sezioni specializzate dei tribunali, con esclusione dell'ipotesi prevista dall'art. 384, c. 2, del c.p.c.

[2] Comma così sost. dall'art. 1, D.L. 21 ott. 2020, n. 130, conv. in L. 18 dic. 2020, n. 173. V. nota 3.

[3] Comma ins. dall'art. 1, D.L. 21 ott. 2020, n. 130, conv. in L. 18 dic. 2020, n. 173. V. nota 3.

[4] Comma ins. dall'art. 3, c. 1, L. 7 apr. 2017, n. 47.

[5] La Corte cost., con sent. 27 lug. 2000, n. 376, ha dichiarato l'ill. cost. di questa lettera nella parte in cui "non estende il divieto di espulsione al marito convivente della donna in stato di gravidanza o nei sei mesi successivi dalla nascita del figlio".

[6] Lettera ins. dall'art. 1, c. 1, lett. g), D.L. 4 ott. 2018, n. 113, conv. in L. 1 dic. 2018, n. 132 e così modif. dall'art. 1, D.L. 21 ott. 2020, n. 130, conv. in L. 18 dic. 2020, n. 173. V. nota 3.

20. ***Misure straordinarie di accoglienza per eventi eccezionali.*** — 1. Con decreto del Presidente del Consiglio dei Ministri, adottato d'intesa con i Ministri degli affari esteri, dell'interno, per la solidarietà sociale, e con gli altri Ministri eventualmente interessati, sono stabilite, nei limiti delle risorse preordinate allo scopo nell'ambito del Fondo di cui all'art. 45, le misure di protezione temporanea da adottarsi, anche in deroga a disposizioni del presente testo unico, per rilevanti esigenze umanitarie, in occasione di conflitti, disastri naturali o altri eventi di particolare gravità in Paesi non, appartenenti all'Unione Europea.

2. Il Presidente del Consiglio dei Ministri o un Ministro da lui delegato riferiscono annualmente al Parlamento sull'attuazione delle misure adottate.

20-*bis*. ***Permesso di soggiorno per calamità.***[1] — 1. Fermo quanto previsto dall'articolo 20, quando il Paese verso il quale lo straniero dovrebbe fare ritorno versa in una situazione di grave[2] calamità che non consente il rientro e la permanenza in condizioni di sicurezza, il questore rilascia un permesso di soggiorno per calamità.

2. Il permesso di soggiorno rilasciato a norma del presente articolo ha la durata di sei mesi, ed è rinnovabile [per un periodo ulteriore di sei mesi][3] se permangono le condizioni di grave[2] calamità di cui al comma 1; il permesso è valido solo nel territorio nazionale e consente di svolgere attività lavorativa[, ma non può essere convertito in permesso di soggiorno per motivi di lavoro][3].

[1] Articolo ins. dall'art. 1, c. 1, lett. h), D.L. 4 ott. 2018, n. 113, conv. in L. 1 dic. 2018, n. 132.

[2] Parola così modif. dall'art. 1, D.L. 21 ott. 2020, n. 130, conv. in L. 18 dic. 2020, n. 173. Ai sensi dell'art. 15, D.L. 130/2020, la disposizione si applica anche ai procedimenti pendenti alla data di entrata in vigore del presente decreto avanti alle commissioni territoriali, al questore e alle sezioni specializzate dei tribunali, con esclusione dell'ipotesi prevista dall'art. 384, c. 2, del c.p.c.

[3] Parole soppresse dall'art. 1, D.L. 21 ott. 2020, n. 130, conv. in L. 18 dic. 2020, n. 173. V. nota 2.

TITOLO III-VI

(*Omissis*).

- 2 -

L. 30 lug. 2002, n. 189
Modifica alla normativa in materia di immigrazione e di asilo
(G.U. 26 ago 2002, n. 199, Suppl. ord. n. 173)

CAPO I
Disposizione in materia di immigrazione

1. ***Cooperazione con Stati stranieri.*** — 1. Al fine di favorire le elargizioni in favore di iniziative di sviluppo umanitario, di qualunque natura, al testo unico delle imposte sui redditi, di cui al decreto del Presidente della Repubblica 22 dicembre 1986, n. 917, e successive modificazioni, sono apportate le seguenti modificazioni:

a) all'art. 13-*bis*, comma 1, lettera *i-bis*), dopo le parole: "organizzazioni non lucrative di utilità sociale (ONLUS)," sono inserite le seguenti: "delle iniziative umanitarie, religiose o laiche, gestite da fondazioni, associazioni, comitati ed enti individuati con decreto del Presidente del Consiglio dei ministri, nei Paesi non appartenenti all'organizzazione per la cooperazione e lo sviluppo economico (OCSE)";

b) all'art. 65, comma 2, lettera *c-sexies*), dopo le parole: "a favore delle ONLUS" sono aggiunte, in fine, le seguenti: ", nonché le iniziative umanitarie, religiose o laiche, gestite da fondazioni, associazioni, comitati ed enti individutati con decreto del Presidente del Consiglio dei ministri ai sensi dell'art. 13-*bis*, comma 1, lettera *i-bis*), nei Paesi non appartenenti all'OCSE".

2. Nella elaborazione e nella eventuale revisione dei programmi bilaterali di cooperazione e di aiuto per interventi non a scopo umanitario nei confronti dei Paesi non appartenenti all'Unione europea, con esclusione delle iniziative a carattere umanitario, il Governo tiene conto anche della collaborazione prestata dai Paesi interessati alla previdenza dei flussi migratori illegali e al contrasto delle organizzazioni criminali operanti nell'immigrazione clandestina, nel traffico di esseri umani, nello sfruttamento della prostituzione, nel traffico di stupefacenti, di armamenti, nonché in materia di ccoperazione giudiziaria e penitenziaria e nella applicazione della normativa internazionale in materia di sicurezza della navigazione.

3. Si può procedere alla revisione dei programmi di cooperazione e di aiuto di cui al comma 2 qualora i Governi degli Stati Uniti interessati non adottino misure di prevenzione e vigilanza atte a prevenire il rientro illegale sul territorio italiano di cittadini aspulsi.

2-29. (*Omissis*).

30. ***Misure di potenziamento delle rappresentanze diplomatiche e degli uffici consolari.*** — 1. Al fine di provvedere alle straordinarie esigenze di servizio connesse con l'attuazione delle misure previste della presente legge, e nelle more del completamento degli organici del Ministero degli affari esteri mediante ricorso alle ordinarie procedure di assunzione del personale, le rappresentanze diplomatiche e gli uffici consolari di prima categoria possono assumere, previa autorizzazione dell'Amministrazione centrale, personale con contratto temporaneo della durata di sei mesi, nel limite complessivo di ottanta unità, anche in deroga ai limiti del contingente di cui all'art. 152, primo comma, del decreto del Presidente della Repubblica 5 gennaio 1967, n. 18, e successive modificazioni. Per le stesse esigenze il contratto può essere rinnovato per due ulteriori successivi periodi di sei mesi, anche in deroga al limite temporale di cui all'art. 153, secondo e terzo comma, del citato decreto del Presedente della Repubblica n. 18 del 1967. Le suddette unità di personale sono destinate a svolgere mansioni amministrative ordinarie nelle predette sedi all'estero.

Nelle medesime sedi un corrispondente numero di unità personale di ruolo appartenente alle aree funzionali è conseguentemente adibito all'espletamento di funzioni istituzionali in materia di immigrazione ed asilo, nonché di rilascio dei visti di ingresso.

2. Per l'assunzione del personale di cui al comma 1 si applicano le procedure previste per il personale temporaneo di cui all'art. 153 del citato decreto del Presidente della Repubblica n. 18 del 1967.

CAPO II

Disposizioni in materia di asilo

31. ***Permesso di soggiorno per i richiedenti asilo.*** — 1. L'ultimo periodo del comma 5 dell'art. 1 del D.L. 30 dicembre 1989, n. 416, convertito, con modificazioni, della legge 28 febbraio 1990, n. 39, è sostituito dal seguente: "Il questore territorialmente competente, quando non ricorrano le ipotesi previste negli artt. 1-*bis* e 1-*ter*, rilascia, su richiesta, un permesso di soggiorno temporaneo valido fino alla definizione della procedura di riconoscimento".

32. ***Procedura semplificata.*** — 1. Al D.L. 30 dicembre 1989, n. 416, convertito, con modificazioni, della legge 28 febbraio 1990, n. 39, sono apportate le seguenti modificazioni:

a) all'art. 1, il comma 7 è abrogato;

b) dopo l'art. 1 sono inseriti i seguenti:

«Art. 1-*bis*. *Casi di trattenimento*. – 1. Il richiedente asilo non può essere trattenuto al solo fine di esaminare la domanda di asilo presentata. Esso può, tuttavia, essere trattenuto per il tempo strettamente necessario alla definizione delle autorizzazioni alla permanenza nel territorio dello Stato in base alle disposizioni del testo unico delle disposizioni concernenti la disciplina dell'immigrazione e norme sulla condizione dello straniero, di cui al decreto legislativo 25 luglio 1998, n. 286, nei seguenti casi:

a) per verificare o determinare la sua nazionalità o identità, qualora egli non sia in possesso dei documenti di viaggio o d'identità, oppure abbia, al suo arrivo nello Stato, presentato documenti risultati falsi;

b) per verificare gli elementi su cui si basa la domanda di asilo, qualora tali elementi non siano immediatamente disponibili;

c) in dipendenza del procedimento concernente il riconoscimento del diritto ad essere ammesso nel territorio dello Stato.

2. Il trattenimento deve sempre essere disposto nei seguenti casi:

a) a seguito della presentazione di una domanda di asilo presentata dallo straniero fermato per avere eluso o tentato di eludere il controllo di frontiera o subito dopo, o, comunque, in condizioni di soggiorno irregolare;

b) a seguito della presentazione di una domanda di asilo da parte di uno straniero già destinatario di un provvedimento di aspulsione o respingimento.

3. Il trattenimento previsto nei casi di cui al comma 1, lettere *a*), *b*) e *c*), e nei casi di cui al comma 2, lettera *a*), è attuato nei centri di identificazione secondo le norme di apposito regolamento. Il medesimo regolamento determina il numero, le caratteristiche e le modalità di gestione di tali strutture e tiene conto degli atti adottati dall'Alto Commissariato delle Nazioni Unite per i rifugiati (ACNUR), dal Consiglio d'Europa e dall'Unione europea. Nei centri di identificazione sarà comunque consentito l'accesso ai rappresentanti dell'ACNUR. L'accesso sarà altresì consentito agli avvocati e agli organismi ed enti di tutela dei rifugiati con esperienza consolidata nel settore, autorizzati dal Ministero dell'interno.

4. Per trattenimento di cui al comma 2, lettera *b*), si osservano le norme di cui all'art. 14 del testo unico di cui al decreto legislativo 25 luglio 7998, n. 286. Nei centri di permanenza temporanea e assistenza di cui al medesimo art. 14 sarà comunque consentito l'accesso ai rappresentanti dell'ACNUR. L'accesso sarà altresì consentito agli avvocati e agli organismi ed enti di tutela dei rifugiati con esperienza consilidata nel settore, autorizzati dal Ministero dell'interno.

5. Allo scadere del periodo previsto per la procedura semplificata di cui all'art. 1-*ter*, e qualora la stassa non si sia ancora conclusa, allo straniero è concesso un permesso di soggiorno temporaneo fino al termine della procedura stessa.

Art. 1-*ter*. *Procedura semplificata*. – 1. Nei casi di cui alle lettere *a*) e *b*) del comma 2 dell'art. 1-*bis* è istituita la procedura semplificata per la definizione della istanza di riconoscimento dello status di rifugiato secondo le modalità di cui ai commi da 2 a 6.

2. Appena ricevuta la richiesta di riconoscimento dello status di rifugiato di cui all'art. 1-*bis*, comma 2, lettera *a*), il questore competente per il luogo in cui la richiesta è stata presentata dispone il trattenimento dello straniero interessato in uno dei centri di identificazione di cui all'art. 1-*bis*, comma 3. Entro due giorni dal ricevimento dell'istanza, il questore provvede alla trasmissione della documentazione necessaria alla commissione territoriale per il riconoscimento dello status di rifugiato che, entro quindici giorni dalla data di ricezione della documentazione, provvede all'audizione. La decisione è adottata entro i successivi tre giorni.

3. Appena ricevuta la richiesta di riconoscimento dello status di rifugiato di cui all'art. 1-*bis*, comma 2, lettera *b*), il questore competente per il luogo in cui la richiesta è stata presentata dispone il trattenimento dello straniero interessato in uno dei centri di permanenza temporanea di cui all'art. 14 del testo unico di cui al decreto legislativo 25 luglio 1998, n. 286; ove già sia in corso il trattenimento, il questore chiede al tribunale in composizione monocratica la proroga del periodo di trattenimento per ulteriori trenta giorni per consentire l'espletamento della procedura di cui al presente articolo. Entro due giorni dal ricevimento dell'istanza, il questore provvede alla trasmissione della documentazione necessaria alla commissione territoriale per il riconoscimento dello status di rifugiato che, entro quindici giorni dalla data di ricezione della documentazione, provvede all'audizione. La decisione è adottata entro i successivi tre giorni.

4. L'allontanamento non autorizzato dai centri di cui all'art. 1-*bis*, comma 3, equivale a rinuncia alla domanda.

5. Lo Stato italiano è competente all'esame delle domande di riconoscimento dello status di rifugiato di cui al presente articolo, ove i tempi non lo consentano, ai sensi della Convenzione di Dublino ratificata ai sensi della legge 23 dicembre 1992, n. 523.

6. La commissione territoriale, integrata da un componente della Commissione nazionale per il diritto di asilo, procede, entro dieci giorni, al riesame delle decisioni su richiesta adeguatamente motivata dallo straniero da cui è disposto il trattenimento in uno dei centri di identificazione di cui all'art. 1-*bis*, comma 3. La richiesta va presentata alla commissione territoriale entro cinque giorni dalla comunicazione della decisione. L'eventuale ricorso avverso la decisione della commissione territoriale è presentato al tribunale in composizione monocratrica territoriale competente entro dieci giorni, anche dall'estero tramite le rappresentanze diplomatiche. Il ricorso non sospende il provvedimento di allontanamento dal territorio nazionale; il richiedente asilo può tuttavia chiedere al prefetto competente di essere autorizzato a rimanere sul territorio nazionale fino all'esito del ricorso. La decisione di rigetto del ricorso è immediatamente esecutiva.

Art. 1-*quater*. *Commissioni territoriali*. – 1. Presso le prefetture-uffici territoriali del Governo indicati con il regolamento di cui all'art. 1-*bis*, comma 3, sono istituite le commissioni territoriali per il riconoscimento dello status di rifugiato. Le predette commissioni, nominate con decreto del Ministro dell'interno, sono presiedute da un funzionario della carriera prefettizia e composte da un funzionario della Polizia di Stato, da un rappresentante dell'ente territoriale designato dalla Conferenza Stato-città ed autonomie locali e da un rappresentante dell'ACNUR. Per ciascun componente deve essere previsto un componente supplente. Tali commissioni possono essere integrate, su richiesta del Presidente della Commissione centrale per il riconoscimento dello status di rifugiato prevista dall'art. 2 del regolamento di cui al decreto del Presidente della Repubblica 15 maggio 1990, n. 136, da un funzionario del Ministero degli affari esteri con la qualifica di componente a tutti gli effetti, ogni volta che sia necessario, in relazioni a particolari afflussi di richiedenti asilo, in ordine alle domande dei quali occorra disporre di particolari elementi di valutazione in merito alla situazione dei Paesi di provenienza di competenza del Ministero degli affari esteri. In caso di parità, prevale il voto del Presidente. Ove necessario, in relazione a particolari afflussi di richiedenti asilo, le commissioni possono essere composte da personale posto in posizione di distacco o di collocamento a riposo. La partecipazione del personale di cui al precedente periodo ai lavori delle commissioni non comporta la corresponsione di compensi o di indennità di qualunque natura.

2. Entro due giorni dal ricevimento dell'istanza, il questore provvede alla trasmissione della documentazione necessaria alla commissione territoriale per il riconoscimento dello status di rifugiato che entro trenta giorniprovvede all'audizione. La decisione è adottata entro i successivi tre giorni.

3. Durante lo svolgimento dell'audizione, ove necessario, le commissioni territoriali si avvalgono di interpreti. Del colloquio con il richiedente viene redatto verbale. Le decisioni sono adottate con atto scritto e motivato. Le stesse verranno comunicate al richiedente, unitamente all'informazione sulle modalità di impugnazione, nelle forme previste dall'art. 2, comma 6, del testo unico delle disposizioni concernenti la disciplina dell'immigrazione e norme sulla condizione dello straniero, di cui al decreto legislativo 25 luglio 1998, n. 286.

4. Nell'esaminare la domanda di asilo le commissioni territoriali valutano per i provvedimenti di cui all'art. 5, comma 6, del citato testo unico di cui al decreto legislativo n. 286 del 1998, le conseguenze di un rimpatrio alla luce degli obblighi derivanti delle convenzioni internazionali di cui l'Italia è firmataria e, in particolare, dell'art. 3 della

Convenzione europea per la salvaguardia dei diritti dell'uomo e delle libertà fondamentali, ratificata ai sensi della legge 4 agosto 1955, n. 848.

5. Avverso le decisioni delle commissioni territoriali è ammesso ricorso al tribunale ordinario territorialmente competente che decide ai sensi dell'art. 1-*ter*, comma 6.

Art. 1-*quinquies*. *Commissione nazionale per il diritto di asilo*. – 1. La Commissione centrale per il riconoscimento dello status di rifugiato prevista dall'art. 2 del regolamento di cui al decreto del Presidente della Repubblica 15 maggio 1990, n. 136, è trasformata in Commissione nazionale per il diritto di asilo, di seguito denominata "Commissione nazionale", nominata con decreto del Presidente del Consiglio dei ministri, su proposta congiunta dei Ministri dell'interno e degli affari esteri. La Commissione è presieduta da un prefetto ed è composta da un dirigente in servizio presso la Presidenza del Consiglio dei ministri, da un funzionario della carriera diplomatica, da un funzionario della carriera prefettizia in servizio presso il Dipartimento per le libertà civili e l'immigrazione e da un dirigente del Dipartimento della pubblica sicurezza. Alle riunioni partecipa un rappresentante del delegato in Italia dell'ACNUR. Ciascuna amministrazione designa, altresì, un supplente. La Commissione nazionale, ove necessario, può essere articolata in sezioni di analoga composizione.

2. La Commissione nazionale ha compiti di indirizzo e coordinamento delle commissioni territoriali, di formazione e aggiornamento dei componenti delle medesime commissioni, di raccolta di dati statistici oltre che poteri decisionali in tema di revoche e cessazione degli status concessi.

3. Con il regolamento di cui all'art. 1-*bis*, comma 3, sono stabilite le modalità di funzionamento della Commissione nazionale e di quelle territoriali.

Art. 1-*sexies*. *Sistema di protezione per richiedenti asilo e rifugiati*. – 1. Gli enti locali che prestano servizi finalizzati all'accoglienza di richiedenti asilo e alla tutela dei rifugiati e degli stranieri destinatari di altre forme di protezione umanitaria possono accogliere nell'ambito dei servizi medesimi il richiedente asilo privo di mezzi di sussistenza nel caso in cui non ricorrano le ipotesi previste degli artt. 1-*bis* e 1-*ter*.

2. Il Ministro dell'interno, con proprio decreto, sentita le Conferenza unificata di cui all'art. 8 del decreto legislativo 28 agosto 1997, n. 281, provvede annualmente, e nei limiti delle risorse del Fondo di cui all'art. 1-*septies*, al sostegno finanziario dei servizi di accoglienza di cui al comma 1, in misura non superiore all'80 per cento del costo complessivo di ogni singola iniziativa territoriale.

3. In fase di prima attuazione, il decreto di cui comma 2;

a) stabilisce le linee guida e il formulario per la presentazione delle domande di contributo, i criteri per la verifica della corretta gestione dello stesso e le modalità per la sua eventuale revoca;

b) assicura, nei limiti delle risorse finanziarie del Fondo di cui all'art. 1-*septies*, la continuità degli interventi e dei servizi già in atto, come previsti dal Fondo europeo per i rifugiati;

c) determina, nei limiti delle risorse finanziarie del Fondo di cui all'art. 1-*septies*, le modalità e la misura dell'erogazione di un contributo economico di prima assistenza in favore del richiedente asilo che non rientra nei casi previsti degli artt. 1-*bis* e 1-*ter* e che non è accolto nell'ambito dei servizi di accoglienza di cui al comma 1.

4. Al fine di razionalizzare e ottimizzare il sistema di protezione del richiedente asilo, del rifugiato e dello straniero con permesso umanitario di cui all'art. 18 del testo unico delle disposizioni concernenti la disciplina dell'immigrazione e norme sulla condizione dello straniero, di cui al decreto legislativo 25 luglio 1998, n. 286, e di facilitare il coordinamento, a livello nazionale, dei servizi di accoglienza territoriali, il Ministero dell'interno attiva, sentiti l'Associazione nazionale dei comuni italiani (ANCI) e l'ACNUR, un servizio centrale di informazione, promozione, consulenza, monitoraggio e supporto tecnico agli enti locali che prestano i servizi di accoglienza di cui al comma 1. Il servizio centrale è affidato, con apposita convenzione, all'ANCI.

5. Il servizio centrale di cui al comma 4 provvede a:

a) monitorare la presenza sul territorio dei richiedenti asilo, dei rifugiati e degli stranieri con permesso umanitario;

b) creare una banca dati degli interventi realizzati a livello locale in favore dei richiedenti asilo e dei rifugiati;

c) favorire la diffusione delle informazioni sugli interventi;

d) fornire essistenza tecnica agli enti locali, anche nella predisposizione dei servizi di cui al comma 1;

e) promuovere e attuare, d'intesa con il Ministero degli affari esteri, programmi dirimpatrio attraverso l'Organizzazione internazionale per le migrazioni o altri organismi, nazionali o internazionali, a carattere umanitario.

6. Le spese di funzionamento e di gestione del servizio centrale sono finanziate nei limiti delle risorse del Fondo di cui all'art. 1-*septies*.

Art. 1-*septies*. *Fondo nazionale per le politiche e i servizi dell'asilo*. – 1. Ai fini del finanziamento delle attività e degli interventi di cui all'art. 1-*sexies*, presso il Ministero dell'interno, è istituito il Fondo nazionale per le politiche e i servizi dell'asilo, la cui dotazione è costituita da:

a) le risorse iscritte nell'unità previsionale in base 4.1.2.5 "Immigrati, profughi e rifugiati" - capitolo 2359 - dello stato di previsione del Ministero dell'interno per l'anno 2002, già destinate agli interventi di cui all'art. 1-*sexies* e corrispondenti a 5,16 milioni di euro;

b) le assegnazioni annuali del Fondo europeo per i rifugiati, ivi comprese quelle già attribuite all'Italia per gli anni 2000, 2001 e 2002 ed in via di accreditamento al Fondo di rotazione del Ministero dell'economia e delle finanze;

c) i contributi e le donazioni eventualmente disposti da privati, enti o organizzatori, anche internazionali, e da altri organismi dell'Unione europea.

2. Le somme di cui al comma 1, lettere *b*) e *c*), sono versate all'entrata del bilancio dello Stato per essere rassegnate al Fondo di cui al medesimo comma 1.

3. Il Ministro dell'economia e delle finanze è autorizzato ad apportare, con propri decreti, le occorrenti variazioni di bilancio.

4. Per la costruzione di nuovi centri di identificazione è autorizzata la spesa nel limite massimo di 25,31 milioni di euro per l'anno 2003.»

33. ***Dichiarazione di emersione di lavoro irregolare.*** — 1. Chiunque, nei tre mesi antecedenti la data di entrata in vigore della presente legge, ha occupato alle proprie dipendenze personale di origine extracomunitaria, adibendolo ad attività di assistenza a componenti della famiglia effetti da patologie o handicap che ne limitano l'autosufficienza ovvero al lavoro domestico di sostegno al bisogno famigliare, può denunciare, entro due mesi della data di entrata in vigore della presente legge, la sussistenza del rapporto di lavoro alla prefettura-ufficio territoriale del Governo competente per territorio mediante presentazione della dichiarazione di emersione delle forme previste dal presente articolo. La dichiarazione di emersione è presentata dal richiedente, a proprie spese, agli uffici postali.

Per quanto concerne la data, fa fede il timbro dell'ufficio postale accettante. La denuncia di cui al primo periodo del presente comma è limitata ad una unità per nucleo famigliare, con riguardo al lavoro domestico di sostegno al bisogno famigliare.

2. La dichiarazione di emersione contiene a pena di inammissibilità:

a) le generalità del datore di lavoro ed una dichiarazione attestante la cittadinanza italiana o, comunque, le regolarità della sua presenza in Italia;

b) l'indicazione delle generalità e della nazionalità dei lavoratori occupati;

c) l'indicazione della tipologia e delle modalità di impiego;

d) l'indicazione della retribuzione convenuta, in misura non inferiore a quella prevista dal vigente contratto collettivo nazionale di lavoro di riferimento.

3. Ai fini della ricevibilità, alla dichiarazione di emersione sono allegati:

a) attestato di pagamento di un contributo forfettario, pari all'importo trimestrale corrispondente al rapporto di lavoro dichiarato, senza aggravio di ulteriori somme a titolo di penali ed interessi;

b) copia di impegno a stipulare con il prestatore d'opera, nei termini di cui al comma 5, il contratto di soggiorno previsto dall'art. 5-*bis* del testo unico di cui al decreto legislativo n. 286 del 1998, introdotto dall'art. 6 della presente legge;

c) certificazione medica della patologia o handicap del componente la famiglia alla cui assistenza è destinato il lavoratore. Tale certificazione non è richiesta qualora il lavoro extracomunitario sia adibito al lavoro domestico di sostegno al bisogno familiare.

4. Nei venti giorni successivi alla ricezione della dichiarazione di cui al comma 1, la prefettura-ufficio territoriale del Governo competente per territorio verifica l'immissibilità e la ricevibilità della dichiarazione e la questura accerta se sussistono motivi ostativi all'eventuale rilascio del permesso di soggiorno della durata di un anno, dandone comunicazione alla prefettura-ufficio territoriale del Governo, che assicura la tenuta di un ragistro informatizzato di colore che hanno presentato la denuncia di cui al comma 1 e dei lavori extracomunitari cui è riferita la denuncia. È data facoltà all'INAIL di accedere al registro informatizzato.[1]

5. Nei dieci giorni successivi alla comunicazione della mancanza di motivi ostativi al rilascio del permesso di soggiorno di cui al comma 4, la prefettura-ufficio territoriale del Governo invita le parti a presentarsi per stipulare il contratto di soggiorno nelle forme previste della presente legge e alle condizione contenute nella dichiarazione di emersione e per il contestuale rilascio del permesso di soggiorno, permanendo le condizioni soggettive di cui al comma 4. Il permesso di soggiorno è rinnovabile previo accertamento da parte dell'organo competente della prova della continuazione del rapporto e della regolarità della posizione contributiva previdenziale ed assistenziale del lavoratore extracomunitario interessato, salvo quanto previsto dall'art. 5, commi 5 e 9, e dall'art. 6, comma 1, del testo unico delle disposizioni concernenti la disciplina dell'immigrazione e norme sulla condizione dello straniero, di cui al decreto legislativo 25 lug. 1998, n. 286, e successive modificazioni.[2] La mancata presentazione delle parti comporta l'archiviazione del relativo procedimento.

6. I soggetti di cui al comma 1, che inoltrano la dichiarazione di emersione del lavoro irregolari ai sensi dei commi da 1 a 3, non sono punibili per le violazioni delle norme relative al soggiorno, al lavoro, di carattere finanziario, fiscale, previdenziale e assistenziale nonché per gli altri reati e le violazioni amministrative comunque afferenti all'occupazione dei lavoratori extracomunitari indicati nella dichiarazione di emersione, compiute antecedentemente alla data di entrata in vigore della

presente legge. Fino alla data del rilascio del permesso di soggiorno ovvero fino alla data della comunicazione della sussistenza di motivi ostativi al rilascio del permesso di soggiorno non si applica l'art. 22, comma 12, del testo unico di cui al decreto legislativo 25 luglio 1998, n. 286, e successive modificazioni.[3] Il Ministro del lavoro e delle politiche sociali determina con proprio decreto i parametri retributivi e le modalità di calcolo e di corresponsione delle somme di cui al comma 3, lettera *a*), nonché le modalità per la successiva imputazione delle stesse sia per far fronte all'organizzazione e allo svolgimento dei compiti di cui al presente articolo, sia in relazione alla posizione contributiva previdenziale e assistenziale[4] del lavoratore interessato in modo da garantire l'equilibrio finanziario delle relative gestioni previdenziali. Il Ministro, con proprio decreto, determina altresì le modalità di corresponsione delle somme e degli interessi dovuti per i contributi previdenziali concernenti periodi denunciati antecedenti ai tre mesi di cui al comma 3.

7. Le disposizioni del presente articolo non si applicano ai rapporti di lavoro che occupino prestatori d'opera extracominitari:

a) nei confronti dei quali sia stato emesso un provvedimento di espulsione per motivi diversi del mancato rinnovo del permesso di soggiorno, salvo che sussistano le condizioni per la revoca del provvedimento in presenza di circostanze obiettive riguardanti l'inserimento sociale. La revoca, fermi restando i casi di esclusione di cui alle lettere *b*) e *c*), non può essere in ogni caso disposta nell'ipotesi in cui il lavoratore extracomunitario sia stato sottoposto a procedimento penale per delitto non colposo che non si sia concluso con un provvedimento che abbia dichiarato che il fatto non sussiste o non costituisce reato o che l'interessato non lo ha commesso, ovvero risulti destinatario di un provvedimento di espulsione mediante accompagnamento alla frontiera a mezzo della forza pubblica, ovvero abbia lasciato il territorio nazionale e si trovi nelle condizioni di cui all'art. 13, comma 13, del testo unico di cui al decreto legislativo n. 286 del 1998, e successive modificazioni. Le quote massime di stranieri da ammettere nel territorio dello Stato per lavoro subordinato di cui all'art. 3, comma 4, del citato decreto legislativo n. 286 del 1998, come sistituito dall'art. 3, comma 2, della presente legge, sono decurtate dello stesso numero di permessi di soggiorno per lavoro, rilasciati a seguito di revoca di provvedimenti di espulsione ai sensi della presente lettera;[5]

b) che risultino segnalati, anche in base ad accordi o convenzioni internazionali in vigore in Italia, ai fini della non ammissione nel territorio dello Stato;

c) che risultino denunciati per uno dei reati indicati negli artt. 380 e 381 del codice di procedura penale, salvo che i relativi procedimenti si siano conclusi con un provvedimento che abbia dichiarato che il fatto non sussiste o non costituisce reato o che l'interessato non lo ha commesso ovvero nei casi di archiviazione previsti dall'art. 411 del codice di procedura penale,[6] ovvero risultino destinatari dell'applicazione di una misura di prevenzione, salvi in ogni caso gli effetti della riabilitazione.

Le disposizioni del presente articolo non costituiscono impedimento all'espulsione degli stranieri che risultino pericolosi per la sicurezza dello Stato.[7]

8. Chiunque presenta una falsa dichiarazione di emersione ai sensi del comma 1, al fine di eludere le disposizioni in materia di immigrazione della presente legge, è punito con la reclusione da due a nove mesi, salvo che il fatto costituisca più grave reato.

[1] Periodo aggiunto dall'art. 80 comma 12 L. 27 dic. 2002, n. 289 (legge finanziaria 2003).

[2] Periodo aggiuntivo dall'art. 1-*quarter* del D.L. 14 set. 2004, n. 241, conv. con modif. in L. 12 nov. 2004, n. 271.

[3] Il primo e il secondo periodo sono stati così sostenuti all'originario primo periodo dell'art. 2 comma 9-*ter* D.L. n. 195, *cit.*

[4] Le parole "previdenziale ed assistenziale" sono state inserite dall'art. 2 comma 9-*quater* D.L. n. 195, *cit.*

[5] Lettera così sostituita dall'art. 2 comma 9-*quinquies* D.L. n. 195, *cit.*

[6] Le parole da "che abbia dichiarato" a "codice di procedura penale" sono state sostituite l'art. 2 comma 9-*sexies* D.L. n. 195 *cit.*

[7] La Corte cost., con sent. 10 feb. 2005, n. 78, ha dichiarato l'ill. cost. di questa lettera nella parte in cui fa derivare automaticamente il rigetto dell'istanza di regolarizzazione del lavoratore extracomunitario dalla presentazione di una denuncia per uno dei reati per i quali gli artt. 380 e 381 c.p.p. prevedono l'arresto obbligatorio o facoltativo in flagranza.

CAPO III

Disposizioni di coordinamento

34. *Norme transitorie e finali.* — 1. Entro sei mesi dalla data della pubblicazione della presente legge nella *Gazzetta Ufficiale* si procede, ai sensi dell'art. 17, comma 1, della legge 23 agosto 1988, n. 400, e successive modificazioni, all'emanazione delle norme di attuazione ed integrazione della presente legge, nonché alla revisione ed armonizzazione delle disposizioni contenute nel regolamento di cui al decreto del Presidente della Repubblica 31 agosto 1999, n. 394. Con il medesimo regolamento sono definite le modalità di funzionamento dello sportello unico per l'immigrazione previsto dalla presente legge; fino alla data di entrata in vigore del predetto regolamento le funzioni già esercitate in materia di immigrazione dalle direzioni provinciali del lavoro alla data di entrata in vigore della presente legge continuano ad essere svolte dalle direzioni medesime.[1]

2. Entro quattro mesi dalla data della pubblicazione della presente legge nella *Gazzetta Ufficiale* si procede, con regolamento emanato ai sensi del-

l'art. 17, comma 1, della legge 23 agosto 1988, n. 400, e successive modificazioni, alla revisione ed integrazione delle disposizioni regolamentari vigenti dell'immigrazione, sulla condizione dello straniero e sul diritto di asilo, limitatamente alle seguenti finalità:

a) razionalizzare l'impiego della telematica nelle comunicazioni, nelle suddette materie, tra le amministrazioni pubbliche;

b) assicurare la massima interconnessione tra gli archivi già realizzati al riguardo o in via di realizzazione presso le amministrazioni pubbliche;

c) promuovere le opportune iniziative per la riorganizzazione degli archivi esistenti.

3. Il regolamento previsto dell'art. 1-*bis*, comma 3, del D.L. 30 dicembre 1989, n. 416, convertito, con modificazioni, dalla legge 28 febbraio 1990, n. 39, introdotto dall'art. 32, è emanato entro sei mesi dalla data di entrata in vigore della presente legge. Le disposizioni di cui agli artt. 31 e 32 si applicano a decorrere dalla data di entrata in vigore del predetto regolamento; fino a tale data si applica la disciplina anteriormente vigente.

4. Fino al completamento di un adeguato programma di realizzazione di una rete di centri di permanenza per i rimpatri, accertato con decreto del Ministro dell'interno, sentito il Comitato di cui al comma 2 dell'articolo 2-*bis* del testo unico di cui al decreto legislativo n. 286 del 1998, introdotto dall'articolo 2 della presente legge, il sindaco, in particolari situazioni di emergenza, può disporre l'alloggiamento, nei centri di accoglienza di cui all'articolo 40 del citato testo unico di cui al decreto legislativo n. 286 del 1998, di stranieri non in regola con le disposizioni sull'ingresso e sul soggiorno nel territorio dello Stato, fatte salve le disposizioni sul loro allontanamento dal territorio medesimo.[2]

[1] Le parole da "già esercitate" alla fine del periodo sono state sostituite dall'art. 2 comma 9-*septies* D.L. 9 set. 2002, n. 195, conv. con modif. in L. 9 ott. 2002, n. 222.

[2] Comma così modif. dall'art. 19, c. 1, D.L. 17 feb. 2017, n. 13, conv. con modif. in L. 13 apr. 2017, n. 46.

35. ***Istituzione della Direzione centrale dell'immigrazione e della polizia delle frontiere.*** — 1. È istituita, presso il Dipartimento della pubblica sicurezza del Ministero dell'interno, la Direzione centrale dell'immigrazione e della polizia delle frontiere con compiti di impulso e di coordinamento delle attività di polizia di frontiera e di contrasto dell'immigrazione clandestina, nonché delle attività demandate alle autorità di pubblica sicurezza in materia di ingresso e soggiorno degli astranieri. Alla suddetta Direzione centrale è preposto un prefetto, nell'ambito della dotazione organica esistente.

2. Fermo restando quanto previsto dal comma 1, la determinazione del numero e delle competenze degli uffici in cui si articola la Direzione centrale dell'immigrazione e della politica delle frontiere, nonché la determinazione delle piante organiche e dei mezzi a disposizione, dono effettuate con decreto del Ministro dell'interno, di concerto con il Ministro dell'economia e delle finanze, ai sensi dell'art. 5 della legge 1° aprile 1981, n. 121. Dall'istituzione della Direzione centrale, che si avvale delle risorse umane, strumentali e finanziarie asistenti, non derivano nuovi o maggiori oneri a carico del bilancio dello Stato.

3. La denominazione della Direzione centrale di cui all'art. 4, comma 2, lettere *h*), del regolamento di cui al decreto del Presidente della Repubblica 7 settembre 2001, n. 398, è conseguentemente modificata in "Direzione centrale per la polizia stradale, ferroviaria, delle comunicazioni e per i reparti speciali della Poiizia di Stato".

4. Eventuali integrazioni e modifiche delle disposizioni di cui ai commi precedenti sono effettuate con la procedura di cui all'art. 17, comma 4-*bis*, della legge 23 agosto 1988, n. 400.

36. ***Esperti della Polizia di Stato.*** — 1. Nell'ambito delle strategie finalizzate alla prevenzione dell'immigrazione clandestina, il Ministero dell'interno, d'intesa con il Ministero degli affari esteri, può inviare presso le rappresentanze diplomatiche e gli uffici consolari funzionari della Polizia di Stato in qualità di esperti nominati secondo le procedure e le modalità previste dall'art. 168 del decreto del Presidente della Repubblica 5 gennaio 1967, n. 18. A tali fini il contingente previsto dal citato art. 168 è aumentato sino ad un massimo di ulteriori undici unità, riservate agli esperti della Polizia di Stato, corrispondenti agli esperti nominati ai sensi del presente comma.

2. All'onere derivante dall'attuazione del presente articolo, determinato nella misura di 778.817 euro per l'anno 2002 e di 1.557.633 euro annui a decorrere dell'annuo 2003, si provvede mediante corrispondente riduzione dello stanziamento iscritto, ai fini del bilancio triennale 2002-2004, nell'ambito dell'unità previsionale di base di parte corrente "Fondo speciale" dello stato di previsione del Ministero dell'economia e delle finanze per l'anno 2002, allo scopo parzialmente utilizzato l'accantonamento relativo al medesimo Ministero.

37. ***Disposizioni relative al Comitato parzialmente di controllo sull'attuazione dell'accordo di Schengen, di vigilanza sull'attività di Europol, di controllo e vigilanza in materia di immigrazione.*** — 1. Al Comitato parlamentare istituito dall'art. 18 della legge 30 settembre 1993, n. 388, che assume la denominazione di "Comitato parlamentare di controllo sull'attuazione dell'accordo di Schengen, di vigilanza sull'attività di Europol, di controllo e vigilanza in materia di immigrazione" sono altresì attribuiti compiti di indirizzo e vigilanza circa la concreta attuazione della presente legge, nonché gli accordi internazionali e della restante legislazione in materia di immigrazione ed asilo. Su tali materie il Governo presenta annualmente al Comitato una relazione. Il Comitato riferisce annualmente alle Camere sulla propria attività.

38. ***Norma finanziaria.*** (*Omissis*).

- 3 -

D.L. 27 lug. 2005, n. 144
Misure urgenti per il contrasto del terrorismo internazionale
(G.U. 27 lug. 2005, n. 173)
conv. in L. 31 lug. 2005, n. 155
(G.U. 1° ago. 2005, n. 177)

1. *Colloqui a fini investigativi per il contrasto del terrorismo.* (*Omissis*).

2. *Permessi di soggiorno a fini investigativi.* — 1. Anche fuori dei casi di cui al capo II del D.L. 15 marzo 1991, n. 82, e successive modificazioni, e di cui all'art. 18 del testo unico delle disposizioni concernenti la disciplina dell'immigrazione e norme sulla condizione dello straniero, di cui al decreto legislativo 25 luglio 1998, n. 286, di seguito denominato: "decreto legislativo n. 286 del 1998", e in deroga a quanto previsto dall'art. 5 del decreto legislativo n. 286 del 1998, quando, nel corso di operazioni di polizia, di indagini o di un procedimento relativi a delitti commessi per finalità di terrorismo, anche internazionale, o di eversione dell'ordine democratico ovvero di criminalità transnazionale, vi è l'esigenza di garantire la permanenza nel territorio dello Stato dello straniero che abbia offerto all'autorità o agli organi di polizia una collaborazione avente le caratteristiche di cui al comma 3 dell'art. 9 del citato D.L. del 1991, il questore, autonomamente o su segnalazione dei responsabili di livello almeno provinciale delle Forze di polizia ovvero dei direttori dei Servizi informativi e di sicurezza, ovvero quando ne è richiesto dal procuratore della Repubblica, rilascia allo straniero uno speciale permesso di soggiorno, di durata annuale e rinnovabile per eguali periodi.[1]

2. Con la segnalazione di cui al comma 1 sono comunicati al questore gli elementi da cui risulti la sussistenza delle condizioni ivi indicate, con particolare riferimento alla rilevanza del contributo offerto dallo straniero.

3. Il permesso di soggiorno rilasciato a norma del presente articolo può essere rinnovato per motivi di giustizia o di sicurezza pubblica. Esso è revocato in caso di condotta incompatibile per le finalità dello stesso, segnalate dal Procuratore della Repubblica, dagli altri organi di cui al comma 1 o comunque accertate dal questore, ovvero quando vengono meno le altre condizioni che ne hanno giustificato il rilascio.

4. Per quanto non previsto dal presente articolo, si applicano le disposizioni dei commi 5 e 6 dell'art. 18 del decreto legislativo 25 luglio 1998 n. 286.

5. Quando la collaborazione offerta ha avuto straordinaria rilevanza per la prevenzione nel territorio dello Stato di attentati terroristici alla vita o all'incolumità delle persone o per la concreta riduzione delle conseguenze dannose o pericolose degli attentati stessi ovvero per identificare i responsabili di atti di terrorismo, allo straniero può essere concessa con le stesse modalità di cui al comma 1 la carta di soggiorno, anche in deroga alle disposizioni dell'art. 9 del decreto legislativo n. 286 del 1998.

[1] Comma così modif. dall'art. 6, c. 1, D.L. 18 feb. 2015, n. 7, conv. con modif. in L. 17 apr. 2015, n. 43.

3. *Nuove norme in materia di espulsioni degli stranieri per motivi di prevenzione del terrorismo.* — 1. Oltre a quanto previsto dagli artt. 9, comma 5, e 13, comma 1, del decreto legislativo n. 286 del 1998 il Ministro dell'interno o, su sua delega, il prefetto può disporre l'espulsione dello straniero appartenente ad una delle categorie di cui all'art. 18 della legge 22 maggio 1975, n. 152, o nei confronti vi sono fondati motivi di ritenere che la sua permanenza nel territorio dello Stato possa in qualsiasi modo agevolare organizzazioni o attività terroristiche, anche internazionali.

2. Nei casi di cui al comma 1, l'espulsione è eseguita immediatamente, salvo che si tratti di persona detenuta, anche in deroga alle disposizioni del comma 3 dell'art. 13 del decreto legislativo 25 luglio 1998 n. 286, concernenti l'esecuzione dell'espulsione dello straniero sottoposto a procedimento penale, e di quelle di cui al comma 5-*bis* del medesimo art. 13. Ugualmente si procede nei casi di espulsione di cui al comma 1 dell'art. 13 del decreto legislativo 25 luglio 1998 n. 286.

3. Il prefetto può altresì omettere, sospendere o revocare il provvedimento di espulsione di cui all'art. 13, comma 2, del decreto legislativo n. 286 del 1998, informando preventivamente il Ministro dell'interno, quando sussistono le condizioni per il rilascio del permesso di soggiorno di cui all'art. 2 del presente decreto, ovvero quando sia necessario per l'acquisizione di notizie concernenti la prevenzione di attività terroristiche, ovvero per la prosecuzione delle indagini o delle attività informative alla individuazione o alla cattura dei responsabili dei delitti commessi con finalità di terrorismo.

4. Contro i decreti di espulsione di cui al comma 1 è ammesso ricorso al tribunale amministrativo competente per territorio. Il ricorso giurisdizionale in nessun caso può sospendere l'esecuzione del provvedimento.

4-*bis*.[1]

5. Quando nel corso dell'esame dei ricorsi di cui al comma 4 del presente articolo e di quelli di cui all'art. 13, comma 11, del decreto legislativo 25 luglio 1998 n. 286 la decisione dipende dalla cognizione di atti per i quali sussiste il segreto d'indagine o il segreto di Stato, il procedimento è sospeso fino a quando l'atto o i contenuti essenziali dello stesso non possono essere comunicati al tribunale amministrativo. Qualora la sospensione si protragga per un tempo superiore a due anni, il tribunale amministrativo può fissare un termine entro il quale l'amministrazione è tenuta a produrre nuovi elementi per la decisione o a revocare il provvedimen-

to impugnato. Decorso il predetto termine, il tribunale amministrativo decide allo stato degli atti.

6. Le disposizioni di cui ai commi 2 e 5 si applicano fino al 31 dicembre 2007.

7. All'art. 13 del decreto legislativo n. 286 del 1998, il comma 3-*sexies* è abrogato.

[1] Comma abrog. dall'art. 4 c. 1 del D.lgs. 2 lug. 2010, n. 104.

4. ***Nuove norme per il potenziamento dell'attività informativa.***[1] — 1. Il Presidente del Consiglio dei Ministri può delegare i direttori dei servizi di informazione per la sicurezza di cui all'articolo 2, comma 2, della legge 3 agosto 2007, n. 124, a richiedere l'autorizzazione per svolgere le attività di cui all'articolo 226 delle norme di attuazione, di coordinamento e transitorie del codice di procedura penale, di cui al decreto legislativo 28 luglio 1989, n. 271, e successive modificazioni, quando siano ritenute indispensabili per l'espletamento delle attività loro demandate dagli articoli 6 e 7 della legge 3 agosto 2007, n. 124.

2. L'autorizzazione di cui al comma 1 è richiesta al procuratore generale presso la corte di appello di Roma. Si applicano, in quanto compatibili, le disposizioni di cui ai commi 2, 3, 4 e 5 dell'articolo 226 delle norme di attuazione, di coordinamento e transitorie del codice di procedura penale, di cui al decreto legislativo 28 luglio 1989, n. 271, e successive modificazioni.

2-*bis*. Fino al 31 gennaio 2023[2], il Presidente del Consiglio dei ministri, anche a mezzo del Direttore generale del Dipartimento delle informazioni per la sicurezza, può richiedere che i direttori dei servizi di informazione per la sicurezza di cui all'articolo 2, comma 2, della legge 3 agosto 2007, n. 124, ovvero personale dipendente espressamente delegato, siano autorizzati a colloqui personali con detenuti e internati, al solo fine di acquisire informazioni per la prevenzione di delitti con finalità terroristica di matrice internazionale.

2-*ter*. L'autorizzazione di cui al comma 2-*bis* è concessa dal procuratore generale di cui al comma 2 quando sussistano specifici e concreti elementi informativi che rendano assolutamente indispensabile l'attività di prevenzione.

2-*quater*. Dello svolgimento del colloquio è data comunicazione scritta al procuratore generale di cui al comma 2 e al procuratore nazionale antimafia e antiterrorismo nel termine di cui al comma 3 dell'articolo 226 del decreto legislativo 28 luglio 1989, n. 271. Le autorizzazioni di cui al comma 2-*bis* e le successive comunicazioni sono annotate in apposito registro riservato tenuto presso l'ufficio del procuratore generale. Dello svolgimento del colloquio è data informazione al Comitato parlamentare per la sicurezza della Repubblica a conclusione delle operazioni, secondo i termini e le modalità di cui al comma 4 dell'articolo 33 della legge 3 agosto 2007, n. 124.

2-*quinquies*. Si applicano le disposizioni di cui ai commi 6, 7 e 8 dell'articolo 23 della legge 3 agosto 2007, n. 124, nonché quelle di cui al comma 5 dell'articolo 226 del decreto legislativo 28 luglio 1989, n. 271.

[1] Articolo così modif. dall'art. 6, c. 1, lett. *b*), D.L. 18 feb. 2015, n. 7, conv. con modif. in L. 17 apr. 2015, n. 43.

[2] Parole così modif. in ultimo dall'art. 1, c. 16, D.L. 30 dic. 2021, n. 228, conv. con modif. in L. 25 feb. 2022, n. 15.

5-18-*ter*. (*Omissis*).

- 4 -

D.lgs. 6 feb. 2007, n. 30

Attuazione della direttiva 2004/38/CE relativa al diritto dei cittadini dell'Unione e dei loro familiari di circolare e di soggiornare liberamente nel territorio degli Stati membri

(G.U. 27 mar. 2007, n. 72)

1. ***Finalità.*** — 1. Il presente decreto legislativo disciplina:

a) le modalità d'esercizio del diritto di libera circolazione, ingresso e soggiorno nel territorio dello Stato da parte dei cittadini dell'Unione europea e dei familiari di cui all'articolo 2 che accompagnano o raggiungono i medesimi cittadini;

b) il diritto di soggiorno permanente nel territorio dello Stato dei cittadini dell'Unione europea e dei familiari di cui all'articolo 2 che accompagnano o raggiungono i medesimi cittadini;

c) le limitazioni ai diritti di cui alle lettere *a*) e *b*) per motivi di ordine pubblico e di pubblica sicurezza.

2. ***Definizioni.*** — 1. Ai fini del presente decreto legislativo, si intende per:

a) «cittadino dell'Unione»: qualsiasi persona avente la cittadinanza di uno Stato membro;

b) «familiare»:

1) il coniuge;

2) il partner che abbia contratto con il cittadino dell'Unione un'unione registrata sulla base della legislazione di uno Stato membro, qualora la legislazione dello Stato membro ospitante equipari l'unione registrata al matrimonio e nel rispetto delle condizioni previste dalla pertinente legislazione dello Stato membro ospitante;

3) i discendenti diretti di età inferiore a 21 anni o a carico e quelli del coniuge o partner di cui alla lettera *b*);

4) gli ascendenti diretti a carico e quelli del coniuge o partner di cui alla lettera *b*);

c) «Stato membro ospitante»: lo Stato membro nel quale il cittadino dell'Unione si reca al fine di esercitare il diritto di libera circolazione o di soggiorno.

3. ***Aventi diritto.*** — 1. Il presente decreto legislativo si applica a qualsiasi cittadino dell'Unione che si rechi o soggiorni in uno Stato membro diverso da quello di cui ha la cittadinanza, nonché ai suoi familiari ai sensi dell'articolo 2, comma 1, lettera *b*), che accompagnino o raggiungano il cittadino medesimo.

2. Senza pregiudizio del diritto personale di libera circolazione e di soggiorno dell'interessato, lo Stato membro ospitante, conformemente alla sua legislazione nazionale, agevola l'ingresso e il soggiorno delle seguenti persone:

a) ogni altro familiare, qualunque sia la sua cittadinanza, non definito all'articolo 2, comma 1, lettera *b*), se è a carico o convive, nel paese di provenienza, con il cittadino dell'Unione titolare del diritto di soggiorno a titolo principale o se gravi motivi di salute impongono che il cittadino dell'Unione lo assista personalmente;

b) il partner con cui il cittadino dell'Unione abbia una relazione stabile debitamente attestata con documentazione ufficiale.[1]

3. Lo Stato membro ospitante effettua un esame approfondito della situazione personale e giustifica l'eventuale rifiuto del loro ingresso o soggiorno.

[1] Lettera così modif. dall'art. 1, c. 1, lett. *a*), L. 6 ago. 2013, n. 97.

4. ***Diritto di circolazione nell'ambito dell'Unione europea.*** — 1. Ferme le disposizioni relative ai controlli dei documenti di viaggio alla frontiera, il cittadino dell'Unione in possesso di documento d'identità valido per l'espatrio, secondo la legislazione dello Stato membro, ed i suoi familiari non aventi la cittadinanza di uno Stato membro, ma in possesso di un passaporto valido, hanno il diritto di lasciare il territorio nazionale per recarsi in un altro Stato dell'Unione.

2. Per i soggetti di cui al comma 1, minori degli anni diciotto, ovvero interdetti o inabilitati, il diritto di circolazione è esercitato secondo le modalità stabilite dalla legislazione dello Stato di cui hanno la cittadinanza.

5. ***Diritto di ingresso.*** — 1. Ferme le disposizioni relative ai controlli dei documenti di viaggio alla frontiera, il cittadino dell'Unione in possesso di documento d'identità valido per l'espatrio, secondo la legislazione dello Stato membro, ed i suoi familiari non aventi la cittadinanza di uno Stato membro, ma in possesso di un passaporto valido, sono ammessi nel territorio nazionale.

2. I familiari non aventi la cittadinanza di uno Stato membro sono assoggettati all'obbligo del visto d'ingresso, nei casi in cui è richiesto. Il possesso della carta di soggiorno di cui all'articolo 10 in corso di validità esonera dall'obbligo di munirsi del visto.

3. I visti di cui al comma 2 sono rilasciati gratuitamente e con priorità rispetto alle altre richieste.

4. Nei casi in cui è esibita la carta di soggiorno di cui all'articolo 10 non sono apposti timbri di ingresso o di uscita nel passaporto del familiare non avente la cittadinanza di uno Stato membro dell'Unione europea.

5. Il respingimento nei confronti di un cittadino dell'Unione o di un suo familiare non avente la cittadinanza di uno Stato membro, sprovvisto dei documenti di viaggio o del visto di ingresso, non è disposto se l'interessato, entro ventiquattro ore dalla richiesta, fa pervenire i documenti necessari ovvero dimostra con altra idonea documentazione la qualifica di titolare del diritto di libera circolazione.[1]

5-*bis*. In ragione della prevista durata del suo soggiorno, il cittadino dell'Unione o il suo familiare può presentarsi ad un ufficio di polizia per dichiarare la propria presenza nel territorio nazionale, secondo le modalità stabilite con decreto del Ministro dell'interno da adottare entro trenta giorni dalla data di entrata in vigore della presente disposizione. Qualora non sia stata effettuata tale dichiarazione di presenza, si presume, salvo prova contraria, che il soggiorno si sia protratto da oltre tre mesi.[2]

[1] Comma così modif. dall'art. 1, c. 1, lett. *b*), L. 6 ago. 2013, n. 97.
[2] Comma agg. dall'art. 1, D.lgs. 28 feb. 2008, n. 32.

6. ***Diritto di soggiorno fino a tre mesi.*** — 1. I cittadini dell'Unione hanno il diritto di soggiornare nel territorio nazionale per un periodo non superiore a tre mesi senza alcuna condizione o formalità, salvo il possesso di un documento d'identità valido per l'espatrio secondo la legislazione dello Stato di cui hanno la cittadinanza.

2. Le disposizioni del comma 1 si applicano anche ai familiari non aventi la cittadinanza di uno Stato membro che accompagnano o raggiungono il cittadino dell'Unione, in possesso di un passaporto in corso di validità.[1]

3. Fatte salve le disposizioni di leggi speciali conformi ai Trattati dell'Unione europea ed alla normativa comunitaria in vigore, i cittadini di cui ai commi 1 e 2, nello svolgimento delle attività consentite, sono tenuti ai medesimi adempimenti richiesti ai cittadini italiani.

[1] Comma così modif. dall'art. 1, c. 1, lett. *b*), D.L. 23 giu. 2011, n. 89, conv. in L. 2 ago. 2011, n. 129.

7. Diritto di soggiorno per un periodo superiore a tre mesi. — 1. Il cittadino dell'Unione ha diritto di soggiornare nel territorio nazionale per un periodo superiore a tre mesi quando:

a) è lavoratore subordinato o autonomo nello Stato;

b) dispone per sé stesso e per i propri familiari di risorse economiche sufficienti, per non diventare un onere a carico dell'assistenza sociale dello Stato durante il periodo di soggiorno, e di un'assicurazione sanitaria o di altro titolo idoneo comunque denominato che copra tutti i rischi nel territorio nazionale;

c) è iscritto presso un istituto pubblico o privato riconosciuto per seguirvi come attività principale un corso di studi o di formazione professionale e dispone, per sé stesso e per i propri familiari, di risorse economiche sufficienti, per non diventare un onere a carico dell'assistenza sociale dello Stato durante il suo periodo di soggiorno, da attestare attraverso una dichiarazione o con altra idonea documentazione, e di un'assicurazione sanitaria o di altro titolo idoneo che copra tutti i rischi nel territorio nazionale;

d) è familiare, come definito dall'articolo 2, che accompagna o raggiunge un cittadino dell'Unione che ha diritto di soggiornare ai sensi delle lettere *a*), *b*) o *c*).

2. Il diritto di soggiorno di cui al comma 1 è esteso ai familiari non aventi la cittadinanza di uno Stato membro quando accompagnano o raggiungono nel territorio nazionale il cittadino dell'Unione, purché questi risponda alle condizioni di cui al comma 1, lettere *a*), *b*) o *c*).

3. Il cittadino dell'Unione, già lavoratore subordinato o autonomo sul territorio nazionale, conserva il diritto al soggiorno di cui al comma 1, lettera *a*) quando:

a) è temporaneamente inabile al lavoro a seguito di una malattia o di un infortunio;

b) è in stato di disoccupazione involontaria debitamente comprovata dopo aver esercitato un'attività lavorativa per oltre un anno nel territorio nazionale ed è iscritto presso il Centro per l'impiego, ovvero ha reso la dichiarazione, di cui all'articolo 2, comma 1, del decreto legislativo 21 aprile 2000, n. 181, così come sostituito dall'articolo 3 del decreto legislativo 19 dicembre 2002, n. 297, che attesti l'immediata disponibilità allo svolgimento di attività lavorativa;

c) è in stato di disoccupazione involontaria debitamente comprovata al termine di un contratto di lavoro di durata determinata inferiore ad un anno, ovvero si è trovato in tale stato durante i primi dodici mesi di soggiorno nel territorio nazionale, è iscritto presso il Centro per l'impiego ovvero ha reso la dichiarazione, di cui all'articolo 2, comma 1, del decreto legislativo 21 aprile 2000, n. 181, così come sostituito dall'articolo 3 del decreto legislativo 19 dicembre 2002, n. 297, che attesti l'immediata disponibilità allo svolgimento di attività lavorativa. In tale caso, l'interessato conserva la qualità di lavoratore subordinato per un periodo di un anno;

d) segue un corso di formazione professionale. Salvo il caso di disoccupazione involontaria, la conservazione della qualità di lavoratore subordinato presuppone che esista un collegamento tra l'attività professionale precedentemente svolta e il corso di formazione seguito.

8. ***Ricorsi avverso il mancato riconoscimento del diritto di soggiorno.*** — 1. Avverso il provvedimento di rifiuto e revoca del diritto di cui agli articoli 6 e 7, è ammesso ricorso all'autorità giudiziaria ordinaria. Le controversie previste dal presente articolo sono disciplinate dall'articolo 16 del decreto legislativo 1° settembre 2011, n. 150.[1]

[1] Articolo così sost. dall'art. 34, c. 18, lett. *a*), D.lgs. 1 set. 2011, n. 150.

9. ***Formalità amministrative per i cittadini dell'Unione ed i loro familiari.*** — 1. Al cittadino dell'Unione che intende soggiornare in Italia, ai sensi dell'articolo 7 per un periodo superiore a tre mesi, si applica la legge 24 dicembre 1954, n. 1228, ed il nuovo regolamento anagrafico della popolazione residente, approvato con decreto del Presidente della Repubblica 30 maggio 1989, n. 223.

2. Fermo quanto previsto dal comma 1, l'iscrizione è comunque richiesta trascorsi tre mesi dall'ingresso ed è rilasciata immediatamente una attestazione contenente l'indicazione del nome e della dimora del richiedente, nonché la data della richiesta.

3. Oltre a quanto previsto per i cittadini italiani dalla normativa di cui al comma 1, per l'iscrizione anagrafica di cui al comma 2, il cittadino dell'Unione deve produrre la documentazione attestante:

a) l'attività lavorativa, subordinata o autonoma, esercitata se l'iscrizione è richiesta ai sensi dell'articolo 7, comma 1, lettera *a*);

b) la disponibilità di risorse economiche sufficienti per sé e per i propri familiari, secondo i criteri di cui all'articolo 29, comma 3, lettera *b*), del testo unico delle disposizioni concernenti la disciplina dell'immigrazione e norme sulla condizione dello straniero, di cui al decreto legislativo 25 luglio 1998, n. 286, nonché la titolarità di una assicurazione sanitaria ovvero di altro titolo comunque denominato idoneo a coprire tutti i rischi nel territorio nazionale, se l'iscrizione è richiesta ai sensi dell'articolo 7, comma 1, lettera *b*);

c) l'iscrizione presso un istituto pubblico o privato riconosciuto dalla vigente normativa e la titolarità di un'assicurazione sanitaria ovvero di altro titolo comunque denominato idoneo a coprire tutti i rischi, nonché la disponibilità di risorse economiche sufficienti per sé e per i propri familiari, secondo i criteri di cui all'articolo 29, comma 3, lettera *b*), del citato decreto legislativo n. 286 del 1998, se l'iscrizione è richiesta ai sensi dell'articolo 7, comma 1, lettera *c*).

3-*bis*. Ai fini della verifica della sussistenza del requisito della disponibilità delle risorse economiche sufficienti al soggiorno, di cui al comma 3, lettere *b*) e *c*), deve, in ogni caso, essere valutata la situazione complessiva personale dell'interessato.[1]

4. Il cittadino dell'Unione può dimostrare di disporre, per sé e per i propri familiari, di risorse economiche sufficienti a non gravare sul sistema di assistenza pubblica, anche attraverso la dichiarazione di cui agli articoli 46 e 47 del testo unico delle disposizioni legislative e regolamentari in materia di documentazione amministrativa di cui al decreto del Presidente della Repubblica 28 dicembre 2000, n. 445.

5. Ai fini dell'iscrizione anagrafica, oltre a quanto previsto per i cittadini italiani dalla normativa di cui al comma 1, i familiari del cittadino dell'Unione europea che non hanno un autonomo diritto di

soggiorno devono presentare, in conformità alle disposizioni del decreto del Presidente della Repubblica 28 dicembre 2000, n. 445:

a) un documento di identità o il passaporto in corso di validità;[2]

b) un documento rilasciato dall'autorità competente del Paese di origine o provenienza che attesti la qualità di familiare e, qualora richiesto, di familiare a carico ovvero di membro del nucleo familiare ovvero familiare affetto da gravi problemi di salute, che richiedono l'assistenza personale del cittadino dell'Unione, titolare di un autonomo diritto di soggiorno;[3]

c) l'attestato della richiesta d'iscrizione anagrafica del familiare cittadino dell'Unione;

c-bis) nei casi di cui all'articolo 3, comma 2, lettera *b*), documentazione ufficiale attestante l'esistenza di una stabile relazione con il cittadino dell'Unione.[4]

6. Salvo quanto previsto dal presente decreto, per l'iscrizione anagrafica ed il rilascio della ricevuta di iscrizione e del relativo documento di identità si applicano le medesime disposizioni previste per il cittadino italiano.

7. Le richieste di iscrizioni anagrafiche dei familiari del cittadino dell'Unione che non abbiano la cittadinanza di uno Stato membro sono trasmesse, ai sensi dell'articolo 6, comma 7, del citato decreto legislativo n. 286 del 1998, a cura delle amministrazioni comunali alla Questura competente per territorio.

[1] Comma agg. dall'art. 1, c. 1, lett. *c*), D.L. 23 giu. 2011, n. 89, conv. con modif. in L. 2 ago. 2011, n. 129 e quindi così modif. dall'art. 1, c. 1, lett. *c*), L. 6 ago. 2013, n. 97.

[2] Lettera così modif. dall'art. 1, c. 1, lett. *c*), D.L. 23 giu. 2011, n. 89, conv. in L. 2 ago. 2011, n. 129.

[3] Lettera così sost. dell'art. 1, c. 1, lett. *c*), D.L. 23 giu. 2011, n. 89, conv. in L. 2 ago. 2011, n. 129.

[4] Lettera aggiunta dall'art. 1, c. 1, lett. *c*), L. 6 ago. 2013, n. 97.

10. ***Carta di soggiorno per i familiari del cittadino comunitario non aventi la cittadinanza di uno Stato membro dell'Unione europea.*** — 1. I familiari del cittadino dell'Unione non aventi la cittadinanza di uno Stato membro, di cui all'articolo 2, trascorsi tre mesi dall'ingresso nel territorio nazionale, richiedono alla questura competente per territorio di residenza la «Carta di soggiorno di familiare di un cittadino dell'Unione», redatta su modello conforme a quello stabilito con decreto del Ministro dell'interno da emanarsi entro sei mesi dalla data di entrata in vigore del presente decreto legislativo. Fino alla data di entrata in vigore del predetto decreto, è rilasciato il titolo di soggiorno previsto dalla normativa vigente alla data di entrata in vigore del presente decreto.

2. Al momento della richiesta di rilascio della carta di soggiorno, al familiare del cittadino dell'Unione è rilasciata una ricevuta secondo il modello definito con decreto del Ministro dell'interno di cui al comma 1.

3. Per il rilascio della Carta di soggiorno, è richiesta la presentazione:

a) del passaporto o documento equivalente, in corso di validità;[1]

b) di un documento rilasciato dall'autorità competente del Paese di origine o provenienza che attesti la qualità di familiare e, qualora richiesto, di familiare a carico ovvero di membro del nucleo familiare ovvero del familiare affetto da gravi problemi di salute, che richiedono l'assistenza personale del cittadino dell'Unione, titolare di un autonomo diritto di soggiorno;[2]

c) dell'attestato della richiesta d'iscrizione anagrafica del familiare cittadino dell'Unione;

d) della fotografia dell'interessato, in formato tessera, in quattro esemplari;

d-bis) nei casi di cui all'articolo 3, comma 2, lettera *b*), di documentazione ufficiale attestante l'esistenza di una stabile relazione con il cittadino dell'Unione.[3]

4. La carta di soggiorno di familiare di un cittadino dell'Unione ha una validità di cinque anni dalla data del rilascio.

5. La carta di soggiorno mantiene la propria validità anche in caso di assenze temporanee del titolare non superiori a sei mesi l'anno, nonché di assenze di durata superiore per l'assolvimento di obblighi militari ovvero di assenze fino a dodici mesi consecutivi per rilevanti motivi, quali la gravidanza e la maternità, malattia grave, studi o formazione professionale o distacco per motivi di lavoro in un altro Stato; è onere dell'interessato esibire la documentazione atta a dimostrare i fatti che consentono la perduranza di validità.

6. Il rilascio della carta di soggiorno di cui al comma 1 è gratuito, salvo il rimborso del costo degli stampati e del materiale usato per il documento.

[1] Lettera così modif. dall'art. 1, c. 1, lett. *d*), D.L. 23 giu. 2011, n. 89, conv. in L. 2 ago. 2011, n. 129.

[2] Lettera così sost. dal n. 2) dall'art. 1, c. 1, lett. *d*), D.L. 23 giu. 2011, n. 89, conv. in L. 2 ago. 2011, n. 129.

[3] Lettera aggiunta dall'art. 1, c. 1, lett. *d*), L. 6 ago. 2013, n. 97.

11. ***Conservazione del diritto di soggiorno dei familiari in caso di decesso o di partenza del cittadino dell'Unione europea.*** — 1. Il decesso del cittadino dell'Unione o la sua partenza dal territorio nazionale non incidono sul diritto di soggiorno dei suoi familiari aventi la cittadinanza di uno Stato membro, a condizione che essi abbiano acquisito il diritto di soggiorno permanente ai sensi dell'articolo 14 o siano in possesso dei requisiti previsti dall'articolo 7, comma 1.

2. Il decesso del cittadino dell'Unione non comporta la perdita del diritto di soggiorno dei familiari non aventi la cittadinanza di uno Stato membro, sempre che essi abbiano soggiornato nel territorio nazionale per almeno un anno prima del decesso del cittadino dell'Unione ed abbiano acquisito il diritto di soggiorno permanente di cui all'articolo 14 o dimostrino di esercitare un'attività lavorativa

subordinata od autonoma o di disporre per sé e per i familiari di risorse sufficienti, affinché non divengano un onere per il sistema di assistenza sociale dello Stato durante il loro soggiorno, nonché di una assicurazione sanitaria che copra tutti i rischi nello Stato, ovvero di fare parte del nucleo familiare, già costituito nello Stato, di una persona che soddisfa tali condizioni. Le risorse sufficienti sono quelle indicate all'articolo 9, comma 3.

3. Nell'ipotesi di cui al comma 2, quando non sussiste il requisito del soggiorno nel territorio nazionale per almeno un anno si applica l'articolo 30, comma 5, del decreto legislativo 25 luglio 1998, n. 286, e successive modificazioni.

4. La partenza del cittadino dell'Unione dal territorio nazionale o il suo decesso non comportano la perdita del diritto di soggiorno dei figli o del genitore che ne ha l'affidamento, indipendentemente dal requisito della cittadinanza, se essi risiedono nello Stato e sono iscritti in un istituto scolastico per seguirvi gli studi, e fino al termine degli studi stessi.

12. ***Mantenimento del diritto di soggiorno dei familiari in caso di divorzio e di annullamento del matrimonio.*** — 1. Il divorzio e l'annullamento del matrimonio dei cittadini dell'Unione non incidono sul diritto di soggiorno dei loro familiari aventi la cittadinanza di uno Stato membro, a condizione che essi abbiano acquisito il diritto di soggiorno permanente di cui all'articolo 14 o soddisfino personalmente le condizioni previste all'articolo 7, comma 1.

2. Il divorzio e l'annullamento del matrimonio con il cittadino dell'Unione non comportano la perdita del diritto di soggiorno dei familiari del cittadino dell'Unione non aventi la cittadinanza di uno Stato membro a condizione che essi abbiano acquisito il diritto al soggiorno permanente di cui all'articolo 14 o che si verifichi una delle seguenti condizioni:

a) il matrimonio è durato almeno tre anni, di cui almeno un anno nel territorio nazionale, prima dell'inizio del procedimento di divorzio o annullamento;

b) il coniuge non avente la cittadinanza di uno Stato membro ha ottenuto l'affidamento dei figli del cittadino dell'Unione in base ad accordo tra i coniugi o a decisione giudiziaria;

c) l'interessato risulti parte offesa in procedimento penale, in corso o definito con sentenza di condanna, per reati contro la persona commessi nell'ambito familiare;

d) il coniuge non avente la cittadinanza di uno Stato membro beneficia, in base ad un accordo tra i coniugi o a decisione giudiziaria, di un diritto di visita al figlio minore, a condizione che l'organo giurisdizionale ha ritenuto che le visite devono obbligatoriamente essere effettuate nel territorio nazionale, e fino a quando sono considerate necessarie.

3. Nei casi di cui al comma 2, quando non si verifichi alcuna delle condizioni di cui alle lettere *a*), *b*), *c*) e *d*), si applica l'articolo 30, comma 5, del citato decreto legislativo n. 286 del 1998, e successive modificazioni.

4. Nei casi di cui al comma 2, salvo che gli interessati abbiano acquisito il diritto di soggiorno permanente di cui al successivo articolo 14, il loro diritto di soggiorno è comunque subordinato al requisito che essi dimostrino di esercitare un'attività lavorativa subordinata o autonoma, o di disporre per sé e per i familiari di risorse sufficienti, affinché non divengano un onere per il sistema di assistenza sociale dello Stato durante il soggiorno, nonché di una assicurazione sanitaria che copra tutti i rischi nello Stato, ovvero di fare parte del nucleo familiare, già costituito nello Stato, di una persona che soddisfa tali condizioni. Le risorse sufficienti sono quelle indicate all'articolo 9, comma 3.

13. ***Mantenimento del diritto di soggiorno.*** — 1. I cittadini dell'Unione ed i loro familiari beneficiano del diritto di soggiorno di cui all'articolo 6, finché hanno le risorse economiche di cui all'articolo 9, comma 3, che gli impediscono di diventare un onere eccessivo per il sistema di assistenza sociale dello Stato membro ospitante e finché non costituiscano un pericolo per l'ordine e la sicurezza pubblica.

2. I cittadini dell'Unione e i loro familiari beneficiano del diritto di soggiorno di cui agli articoli 7, 11 e 12, finché soddisfano le condizioni fissate negli stessi articoli. La verifica della sussistenza di tali condizioni non può essere effettuata se non in presenza di ragionevoli dubbi in ordine alla persistenza delle condizioni medesime.[1]

3. Ferme le disposizioni concernenti l'allontanamento per motivi di ordine e sicurezza pubblica, un provvedimento di allontanamento non può essere adottato nei confronti di cittadini dell'Unione o dei loro familiari, qualora;

a) i cittadini dell'Unione siano lavoratori subordinati o autonomi;

b) i cittadini dell'Unione siano entrati nel territorio dello Stato per cercare un posto di lavoro. In tale caso i cittadini dell'Unione e i membri della loro famiglia non possono essere allontanati fino a quando i cittadini dell'Unione possono dimostrare di essere iscritti nel Centro per l'impiego da non più di sei mesi, ovvero di aver reso la dichiarazione di immediata disponibilità allo svolgimento dell'attività lavorativa, di cui all'articolo 2, comma 1, del decreto legislativo 21 aprile 2000, n. 181, così come sostituito dall'articolo 3 del decreto legislativo 19 dicembre 2002, n. 297 e di non essere stati esclusi dallo stato di disoccupazione ai sensi dell'articolo 4 del medesimo decreto legislativo n. 297 del 2002.

[1] Comma così modif. dall'art. 1, c. 1, lett. *e*), D.L. 23 giu. 2011, n. 89, conv. in L. 2 ago. 2011, n. 129.

14. ***Diritto di soggiorno permanente.*** — 1. Il cittadino dell'Unione che ha soggiornato legalmente ed in via continuativa per cinque anni nel territorio nazionale ha diritto al soggiorno permanente non subordinato alle condizioni previste dagli articoli 7, 11, 12 e 13.

2. Salve le disposizioni degli articoli 11 e 12, il familiare non avente la cittadinanza di uno Stato membro acquisisce il diritto di soggiorno permanente se ha soggiornato legalmente in via continuativa per cinque anni nel territorio nazionale unitamente al cittadino dell'Unione.

3. La continuità del soggiorno non è pregiudicato da assenze che non superino complessivamente sei mesi l'anno, nonché da assenze di durata superiore per l'assolvimento di obblighi militari ovvero da assenze fino a dodici mesi consecutivi per motivi rilevanti, quali la gravidanza e la maternità, malattia grave, studi o formazione professionale o distacco per motivi di lavoro in un altro Stato membro o in un Paese terzo.

4. Il diritto di soggiorno permanente si perde in ogni caso a seguito di assenze dal territorio nazionale di durata superiore a due anni consecutivi.

15. ***Deroghe a favore dei lavoratori che hanno cessato la loro attività nello Stato membro ospitante e dei loro familiari.*** — 1. In deroga all'articolo 14 ha diritto di soggiorno permanente nello Stato prima della maturazione di un periodo continuativo di cinque anni di soggiorno:

a) il lavoratore subordinato o autonomo il quale, nel momento in cui cessa l'attività, ha raggiunto l'età prevista ai fini dell'acquisizione del diritto alla pensione di vecchiaia, o il lavoratore subordinato che cessa di svolgere un'attività subordinata a seguito di pensionamento anticipato, a condizione che abbia svolto nel territorio dello Stato la propria attività almeno negli ultimi dodici mesi e vi abbia soggiornato in via continuativa per oltre tre anni. Ove il lavoratore appartenga ad una categoria per la quale la legge non riconosce il diritto alla pensione di vecchiaia, la condizione relativa all'età è considerata soddisfatta quando l'interessato ha raggiunto l'età di 60 anni;

b) il lavoratore subordinato o autonomo che ha soggiornato in modo continuativo nello Stato per oltre due anni e cessa di esercitare l'attività professionale a causa di una sopravvenuta incapacità lavorativa permanente. Ove tale incapacità sia stata causata da un infortunio sul lavoro o da una malattia professionale che dà all'interessato diritto ad una prestazione interamente o parzialmente a carico di un'istituzione dello Stato, non si applica alcuna condizione relativa alla durata del soggiorno;

c) il lavoratore subordinato o autonomo che, dopo tre anni d'attività e di soggiorno continuativi nello Stato, eserciti un'attività subordinata o autonoma in un altro Stato membro, pur continuando a risiedere nel territorio dello Stato, permanendo le condizioni previste per l'iscrizione anagrafica.

2. Ai fini dell'acquisizione dei diritti previsti nel comma 1, lettere *a*) e *b*), i periodi di occupazione trascorsi dall'interessato nello Stato membro in cui esercita un'attività sono considerati periodi trascorsi nel territorio nazionale.

3. I periodi di iscrizione alle liste di mobilità o di disoccupazione involontaria, così come definiti dal decreto legislativo 19 dicembre 2002, n. 297, o i periodi di sospensione dell'attività indipendenti dalla volontà dell'interessato e l'assenza dal lavoro o la cessazione dell'attività per motivi di malattia o infortunio sono considerati periodi di occupazione ai fini dell'applicazione delle disposizioni di cui al comma 1.

4. La sussistenza delle condizioni relative alla durata del soggiorno e dell'attività di cui al comma 1, lettera *a*) e lettera *b*), non sono necessarie se il coniuge è cittadino italiano, ovvero ha perso la cittadinanza italiana a seguito del matrimonio con il lavoratore dipendente o autonomo.

5. I familiari, qualunque sia la loro cittadinanza, del lavoratore subordinato o autonomo, che soggiornano con quest'ultimo nel territorio dello Stato, godono del diritto di soggiorno permanente se il lavoratore stesso ha acquisito il diritto di soggiorno permanente in forza del comma 1.

6. Se il lavoratore subordinato o autonomo decede mentre era in attività senza aver ancora acquisito il diritto di soggiorno permanente a norma del comma 1, i familiari che hanno soggiornato con il lavoratore nel territorio acquisiscono il diritto di soggiorno permanente, qualora si verifica una delle seguenti condizioni:

a) il lavoratore subordinato o autonomo, alla data del suo decesso, abbia soggiornato in via continuativa nel territorio nazionale per due anni;

b) il decesso sia avvenuto in seguito ad un infortunio sul lavoro o ad una malattia professionale;

c) il coniuge superstite abbia perso la cittadinanza italiana a seguito del matrimonio con il lavoratore dipendente o autonomo.

7. Se non rientrano nelle condizioni previste dal presente articolo, i familiari del cittadino dell'Unione di cui all'articolo 11, comma 2, e all'articolo 12, comma 2, che soddisfano le condizioni ivi previste, acquisiscono il diritto di soggiorno permanente dopo aver soggiornato legalmente e in via continuativa per cinque anni nello Stato membro ospitante.

16. ***Attestazione di soggiorno permanente per i cittadini dell'Unione europea.*** — 1. A richiesta dell'interessato, il comune di residenza rilascia al cittadino di uno Stato membro dell'Unione europea un attestato che certifichi la sua condizione di titolare del diritto di soggiorno permanente. L'attestato è rilasciato entro trenta giorni dalla richiesta corredata dalla documentazione atta a provare le condizioni, rispettivamente previsti dall'articolo 14 e dall'articolo 15.

2. L'attestato di cui al comma 1 può essere sostituito da una istruzione contenuta nel microchip della carta di identità elettronica di cui al decreto legislativo 7 marzo 2005, n. 82, secondo le regole tecniche stabilite dal Ministero dell'interno.

17. ***Carta di soggiorno permanente per i familiari non aventi la cittadinanza di uno Stato membro.*** — 1. Ai familiari del cittadino comunitario non aventi la cittadinanza di uno Stato membro dell'Unione europea, che abbiano maturato il diritto di soggiorno permanente, la Questura rilascia una «Carta di soggiorno permanente per familiari di cittadini europei».

2. La richiesta di Carta di soggiorno permanente è presentata alla Questura competente per territorio di residenza prima dello scadere del periodo di validità della Carta di soggiorno di cui all'articolo 10 ed è rilasciata entro 90 giorni, su modello conforme a quello stabilito con decreto del Ministro dell'interno.

3. Il rilascio dell'attestazione è gratuito, salvo il rimborso del costo degli stampati o del materiale utilizzato.

4. Le interruzioni di soggiorno che non superino, ogni volta, i due anni consecutivi, non incidono sulla validità della carta di soggiorno permanente.

18. ***Continuità del soggiorno.*** — 1. La continuità del soggiorno, ai fini del presente decreto legislativo, nonché i requisiti prescritti dagli articoli 13, 14, 15 e 16 possono essere comprovati con le modalità previste dalla legislazione vigente.

2. La continuità del soggiorno è interrotta dal provvedimento di allontanamento adottato nei confronti della persona interessata, che costituisce causa di cancellazione anagrafica.[1]

[1] Comma così modif. dall'art. 1 D.lgs. 28 feb. 2008, n. 32.

19. ***Disposizioni comuni al diritto di soggiorno e al diritto di soggiorno permanente.*** — 1. I cittadini dell'Unione e i loro familiari hanno diritto di esercitare qualsiasi attività economica autonoma o subordinata, escluse le attività che la legge, conformemente ai Trattati dell'Unione europea ed alla normativa comunitaria in vigore, riserva ai cittadini italiani.

2. Fatte salve le disposizioni specifiche espressamente previste dal Trattato CE e dal diritto derivato, ogni cittadino dell'Unione che risiede, in base al presente decreto, nel territorio nazionale gode di pari trattamento rispetto ai cittadini italiani nel campo di applicazione del Trattato. Il beneficio di tale diritto si estende ai familiari non aventi la cittadinanza di uno Stato membro che siano titolari del diritto di soggiorno o del diritto di soggiorno permanente.

3. In deroga al comma 2 e se non attribuito autonomamente in virtù dell'attività esercitata o da altre disposizioni di legge, il cittadino dell'Unione ed i suoi familiari non godono del diritto a prestazioni d'assistenza sociale durante i primi tre mesi di soggiorno o, comunque, nei casi previsti dall'articolo 13, comma 3, lettera *b*), salvo che tale diritto sia automaticamente riconosciuto in forza dell'attività esercitata o da altre disposizioni di legge.

4. La qualità di titolare di diritto di soggiorno e di titolare di diritto di soggiorno permanente può essere attestata con qualsiasi mezzo di prova previsto dalla normativa vigente, fermo restando che il possesso del relativo documento non costituisce condizione necessaria per l'esercizio di un diritto.[1]

[1] Comma così modif. dall'art. 1, c. 1, lett. *f*) D.L. 23 giu. 2011, n. 89, conv. con modif. in L. 2 ago. 2011, n. 129.

20. ***Limitazioni al diritto di ingresso e di soggiorno.***[1] — 1. Salvo quanto previsto dall'articolo 21, il diritto di ingresso e soggiorno dei cittadini dell'Unione o dei loro familiari, qualsiasi sia la loro cittadinanza, può essere limitato con apposito provvedimento solo per: motivi di sicurezza dello Stato; motivi imperativi di pubblica sicurezza; altri motivi di ordine pubblico o di pubblica sicurezza.

2. I motivi di sicurezza dello Stato sussistono quando la persona da allontanare appartiene ad una delle categorie di cui all'articolo 18 della legge 22 maggio 1975, n. 152, e successive modificazioni, ovvero vi sono fondati motivi di ritenere che la sua permanenza nel territorio dello Stato possa, in qualsiasi modo, agevolare organizzazioni o attività terroristiche, anche internazionali. Ai fini dell'adozione del provvedimento di cui al comma 1, si tiene conto anche di eventuali condanne pronunciate da un giudice italiano per uno o più delitti riconducibili a quelli indicati nel libro secondo, titolo primo del codice penale.[2]

3. I motivi imperativi di pubblica sicurezza sussistono quando la persona da allontanare abbia tenuto comportamenti che costituiscono una minaccia concreta, effettiva e sufficientemente grave ai diritti fondamentali della persona ovvero all'incolumità pubblica. Ai fini dell'adozione del provvedimento, si tiene conto, quando ricorrono i comportamenti di cui al primo periodo del presente comma, anche di eventuali condanne, pronunciate da un giudice italiano o straniero, per uno o più delitti non colposi, consumati o tentati, contro la vita o l'incolumità della persona, ovvero di eventuali condanne per uno o più delitti corrispondenti alle fattispecie indicate nell'articolo 8 della legge 22 aprile 2005, n. 69, o di eventuali ipotesi di applicazione della pena su richiesta a norma dell'articolo 444 del codice di procedura penale per i medesimi delitti o dell'appartenenza a taluna delle categorie di cui all'articolo 1 della legge 27 dicembre 1956, n. 1423, e successive modificazioni, o di cui all'articolo 1 della legge 31 maggio 1965, n. 575, e successive modificazioni, nonché di misure di prevenzione o di provvedimenti di allontanamento disposti da autorità straniere.[2]

4. I provvedimenti di allontanamento sono adottati nel rispetto del principio di proporzionalità e non possono essere motivati da ragioni di ordine

economico, né da ragioni estranee ai comportamenti individuali dell'interessato che rappresentino una minaccia concreta, effettiva e sufficientemente grave all'ordine pubblico o alla pubblica sicurezza. L'esistenza di condanne penali non giustifica di per sé l'adozione di tali provvedimenti.[3]

5. Nell'adottare un provvedimento di allontanamento, si tiene conto della durata del soggiorno in Italia dell'interessato, della sua età, della sua situazione familiare e economica, del suo stato di salute, della sua integrazione sociale e culturale nel territorio nazionale e dell'importanza dei suoi legami con il Paese di origine.

6. I titolari del diritto di soggiorno permanente di cui all'articolo 14 possono essere allontanati dal territorio nazionale solo per motivi di sicurezza dello Stato, per motivi imperativi di pubblica sicurezza o per altri gravi motivi di ordine pubblico o di pubblica sicurezza.

7. I beneficiari del diritto di soggiorno che hanno soggiornato nel territorio nazionale nei precedenti dieci anni o che siano minorenni possono essere allontanati solo per motivi di sicurezza dello Stato o per motivi imperativi di pubblica sicurezza, salvo l'allontanamento sia necessario nell'interesse stesso del minore, secondo quanto previsto dalla Convenzione sui diritti del fanciullo del 20 novembre 1989, ratificata con legge 27 maggio 1991, n. 176.

8. Le malattie o le infermità che possono giustificare limitazioni alla libertà di circolazione nel territorio nazionale sono solo quelle con potenziale epidemico individuate dall'Organizzazione mondiale della sanità, nonché altre malattie infettive o parassitarie contagiose, sempreché siano oggetto di disposizioni di protezione che si applicano ai cittadini italiani. Le malattie che insorgono successivamente all'ingresso nel territorio nazionale non possono giustificare l'allontanamento.

9. Il Ministro dell'interno adotta i provvedimenti di allontanamento per motivi imperativi di pubblica sicurezza dei soggetti di cui al comma 7, nonché i provvedimenti di allontanamento per motivi di sicurezza dello Stato. Negli altri casi, i provvedimenti di allontanamento sono adottati dal prefetto del luogo di residenza o dimora del destinatario.[3]

10. I provvedimenti di allontanamento sono motivati, salvo che vi ostino motivi attinenti alla sicurezza dello Stato. Se il destinatario non comprende la lingua italiana, il provvedimento è accompagnato da una traduzione del suo contenuto, anche mediante appositi formulari, sufficientemente dettagliati, redatti in una lingua a lui comprensibile o, se ciò non è possibile per indisponibilità di personale idoneo alla traduzione del provvedimento in tale lingua, comunque in una delle lingue francese, inglese, spagnola o tedesca, secondo la preferenza indicata dall'interessato. Il provvedimento è notificato all'interessato e riporta le modalità di impugnazione e, salvo quanto previsto al comma 11, indica il termine stabilito per lasciare il territorio nazionale che non può essere inferiore ad un mese dalla data della notifica e, nei casi di comprovata urgenza, può essere ridotto a dieci giorni. Il provvedimento indica anche la durata del divieto di reingresso che non può essere superiore a dieci anni nei casi di allontanamento per i motivi di sicurezza dello Stato e a cinque anni negli altri casi.

11. Il provvedimento di allontanamento per i motivi di cui al comma 1 è immediatamente eseguito dal questore qualora si ravvisi, caso per caso, l'urgenza dell'allontanamento perché l'ulteriore permanenza sul territorio è incompatibile con la civile e sicura convivenza. Si applicano le disposizioni di cui all'articolo 13, comma 5-*bis*, del testo unico di cui al decreto legislativo 25 luglio 1998, n. 286.[2]

12. Nei casi di cui al comma 10, se il destinatario del provvedimento di allontanamento si trattiene oltre il termine fissato, il questore dispone l'esecuzione immediata del provvedimento di allontanamento dell'interessato dal territorio nazionale. Si applicano, per la convalida del provvedimento del questore, le disposizioni del comma 11.

13. Il destinatario del provvedimento di allontanamento può presentare domanda di revoca del divieto di reingresso dopo che, dall'esecuzione del provvedimento, sia decorsa almeno la metà della durata del divieto, e in ogni caso decorsi tre anni. Nella domanda devono essere addotti gli argomenti intesi a dimostrare l'avvenuto oggettivo mutamento delle circostanze che hanno motivato la decisione di vietarne il reingresso nel territorio nazionale. Sulla domanda, entro sei mesi dalla sua presentazione, decide con atto motivato l'autorità che ha emanato il provvedimento di allontanamento. Durante l'esame della domanda l'interessato non ha diritto di ingresso nel territorio nazionale.

14. Il destinatario del provvedimento di allontanamento che rientra nel territorio nazionale in violazione del divieto di reingresso, è punito con la reclusione fino a due anni, nell'ipotesi di allontanamento per motivi di sicurezza dello Stato, ovvero fino ad un anno, nelle altre ipotesi. Il giudice può sostituire la pena della reclusione con la misura dell'allontanamento immediato con divieto di reingresso nel territorio nazionale, per un periodo da cinque a dieci anni. L'allontanamento è immediatamente eseguito dal questore, anche se la sentenza non è definitiva.

15. Si applica la pena detentiva della reclusione fino a tre anni in caso di reingresso nel territorio nazionale in violazione della misura dell'allontanamento disposta ai sensi del comma 14, secondo periodo.

16. Nei casi di cui ai commi 14 e 15 si procede con rito direttissimo. In caso di condanna, salvo che il giudice provveda ai sensi del comma 14, secondo periodo, è sempre adottato un nuovo provvedimento di allontanamento immediatamente esecutivo, al quale si applicano le norme del comma 11.

17. I provvedimenti di allontanamento di cui al

presente articolo sono adottati tenendo conto anche delle segnalazioni motivate del sindaco del luogo di residenza o di dimora del destinatario del provvedimento.

[1] Articolo così sost. dall'art. 1, D.lgs. 28 feb. 2008, n. 32.
[2] Comma così sost. dall'art. 1, c. 1, lett. *g*), D.L. 23 giu. 2011, n. 89, conv. in L. 2 ago. 2011, n. 129.
[3] Comma così modif. dall'art. 1, c. 1, lett. *g*), D.L. 23 giu. 2011, n. 89, conv. in L. 2 ago. 2011, n. 129.

20-*bis*. *Procedimento penale pendente a carico del destinatario del provvedimento di allontanamento.*[1] — 1. Qualora il destinatario del provvedimento di allontanamento di cui all'articolo 20, commi 11 e 12, sia sottoposto a procedimento penale, si applicano le disposizioni di cui all'articolo 13, commi 3, 3-*bis*, 3-*ter*, 3-*quater* e 3-*quinquies*, del decreto legislativo 25 luglio 1998, n. 286.

2. Il nulla osta di cui all'articolo 13, comma 3, del decreto legislativo 25 luglio 1998, n. 286, si intende concesso qualora l'autorità giudiziaria non provveda entro quarantotto ore dalla data di ricevimento della richiesta.

3. Non si dà luogo alla sentenza di cui all'articolo 13, comma 3-*quater*, del citato decreto legislativo n. 286 del 1998, qualora si proceda per i reati di cui all'articolo 380 del codice di procedura penale.

4. Quando il procedimento penale pendente sia relativo ai reati di cui all'articolo 380 del codice di procedura penale, si può procedere all'allontanamento solo nell'ipotesi in cui il soggetto non sia sottoposto a misura cautelare detentiva per qualsiasi causa.

5. In deroga alle disposizioni sul divieto di reingresso, il destinatario del provvedimento di allontanamento, sottoposto ad un procedimento penale ovvero parte offesa nello stesso, può essere autorizzato a rientrare nel territorio dello Stato, dopo l'esecuzione del provvedimento, per il tempo strettamente necessario all'esercizio del diritto di difesa, al solo fine di partecipare al giudizio o di compiere atti per i quali è necessaria la sua presenza. Salvo che la presenza dell'interessato possa procurare gravi turbative o grave pericolo all'ordine pubblico o alla sicurezza pubblica, l'autorizzazione è rilasciata dal questore, anche per il tramite di una rappresentanza diplomatica o consolare, su documentata richiesta del destinatario del provvedimento di allontanamento, o del suo difensore.

[1] Articolo agg. dall'art. 1 D.lgs. 28 feb. 2008, n. 32.

20-*ter*. *Autorità giudiziaria competente per la convalida dei provvedimenti del questore.*[1] — Ai fini della convalida dei provvedimenti emessi dal questore ai sensi degli articoli 20 e 20-*bis*, è competente il tribunale ordinario in sede della sezione specializzata in materia di immigrazione protezione internazionale e libera circolazione dei cittadini dell'Unione europea. Quando l'interessato è trattenuto in un centro di cui all'articolo 14 del decreto legislativo 25 luglio 1998, n. 286, la sua partecipazione all'udienza per la convalida avviene, ove possibile, a distanza, mediante un collegamento audiovisivo, tra l'aula d'udienza e il centro. Il collegamento audiovisivo si svolge in conformità alle specifiche tecniche stabilite con decreto direttoriale d'intesa tra i Ministeri della giustizia e dell'interno entro centottanta giorni dalla data di entrata in vigore della presente disposizione, e, in ogni caso, con modalità tali da assicurare la contestuale, effettiva e reciproca visibilità delle persone presenti in entrambi i luoghi e la possibilità di udire quanto vi viene detto. È sempre consentito al difensore, o a un suo sostituto, di essere presente nel luogo ove si trova il richiedente. Un operatore della polizia di Stato appartenente ai ruoli di cui all'articolo 39, secondo comma, della legge 1° aprile 1981, n. 121, è presente nel luogo ove si trova il richiedente e ne attesta l'identità dando atto che non sono posti impedimenti o limitazioni all'esercizio dei diritti e delle facoltà a lui spettanti. Egli dà atto dell'osservanza delle disposizioni di cui al terzo periodo del presente comma nonché, se ha luogo l'audizione del richiedente, delle cautele adottate per assicurarne la regolarità con riferimento al luogo ove si trova. A tal fine interpella, ove occorra, il richiedente e il suo difensore. Delle operazioni svolte è redatto verbale a cura del medesimo operatore della polizia di Stato.[2]

[1] Articolo agg. dall'art. 1, D.lgs. 28 feb. 2008, n. 32.
[2] Comma così modif. dall'art. 10, D.L. 17 feb. 2017, n. 13, conv. con modif. in L. 13 apr. 2017, n. 46. La disposizione si applica alle cause e ai procedimenti giudiziari sorti dopo il centottantesimo giorno dalla data di entrata in vigore del presente decreto. Alle cause e ai procedimenti giudiziari introdotti anteriormente alla scadenza del termine di cui al periodo precedente si continuano ad applicare le disposizioni vigenti prima dell'entrata in vigore del presente decreto.

21. *Allontanamento per cessazione delle condizioni che determinano il diritto di soggiorno.*[1] — 1. Il provvedimento di allontanamento dei cittadini degli altri Stati membri dell'Unione europea o dei loro familiari, qualunque sia la loro cittadinanza, può altresì essere adottato quando vengono a mancare le condizioni che determinano il diritto di soggiorno dell'interessato ai sensi degli articoli 6, 7 e 13 e salvo quanto previsto dagli articoli 11 e 12. L'eventuale ricorso da parte di un cittadino dell'Unione o dei suoi familiari al sistema di assistenza sociale non costituisce automaticamente causa di allontanamento, ma deve essere valutato caso per caso.[2]

2. Il provvedimento di cui al comma 1 è adottato dal prefetto, territorialmente competente secondo la residenza o dimora del destinatario, anche su segnalazione motivata del sindaco del luogo di residenza o dimora, con atto motivato e notificato all'interessato. Il provvedimento è adottato tenendo conto della durata del soggiorno dell'interessato, della sua età, della sua salute, della sua integrazione sociale e culturale e dei suoi legami con il Paese di origine. Il provvedimento riporta le modalità di impugnazione, nonché il termine per lasciare il territorio nazionale, che non può essere inferiore ad un mese. Se il destinatario non comprende

la lingua italiana, si applicano le disposizioni di cui all'articolo 20, comma 10.

3. Unitamente al provvedimento di allontanamento è consegnata all'interessato una attestazione di obbligo di adempimento dell'allontanamento, secondo le modalità stabilite con decreto del Ministro dell'interno e del Ministro degli affari esteri, da presentare presso un consolato italiano. Il provvedimento di allontanamento di cui al comma 1 non può prevedere un divieto di reingresso sul territorio nazionale.

4. Nei confronti dei soggetti di cui al comma 1, che non hanno ottemperato al provvedimento di allontanamento di cui al comma 2 e sono stati individuati sul territorio dello Stato oltre il termine fissato, senza aver provveduto alla presentazione dell'attestazione di cui al comma 3, il prefetto può adottare un provvedimento di allontanamento coattivo per motivi di ordine pubblico, ai sensi dell'articolo 20, immediatamente eseguito dal questore.[3]

[1] Articolo così sost. dall'art. 1 D.lgs. 28 feb. 2008, n. 32.

[2] Comma così modif. dall'art. 1, c. 1., lett. *h*), D.L. 23 giu. 2011, n. 89, conv. in L. 2 ago. 2011, n. 129.

[3] Comma così sost. dall'art. 1, c. 1, lett. *h*), 1 D.L. 23 giu. 2011, n. 89, conv. in L. 2 ago. 2011, n. 129.

22. ***Ricorsi avverso i provvedimenti di allontanamento.***[1] — 1. Avverso i provvedimenti di allontanamento per motivi di sicurezza dello Stato o per motivi di ordine pubblico di cui all'articolo 20, comma 1, la tutela giurisdizionale davanti al giudice amministrativo è disciplinata dal codice del processo amministrativo.[2]

2. Avverso il provvedimento di allontanamento per motivi di pubblica sicurezza, per motivi imperativi di pubblica sicurezza e per i motivi di cui all'articolo 21 può essere presentato ricorso all'autorità giudiziaria ordinaria. Le controversie di cui al presente comma sono disciplinate dall'articolo 17 del decreto legislativo 1° settembre 2011, n. 150.[3]

3. I ricorsi di cui al comma 1, sottoscritti personalmente dall'interessato, possono essere presentati anche per il tramite di una rappresentanza diplomatica o consolare italiana; in tale caso l'autenticazione della sottoscrizione e l'inoltro all'autorità giudiziaria italiana sono effettuati dai funzionari della rappresentanza. La procura speciale al patrocinante legale è rilasciata avanti all'autorità consolare, presso cui sono eseguite le comunicazioni relative al procedimento.[4]

4. I ricorsi di cui al comma 1 possono essere accompagnati da una istanza di sospensione dell'esecutorietà del provvedimento di allontanamento. Fino all'esito dell'istanza di cui al presente comma, l'efficacia del provvedimento impugnato resta sospesa, salvo che il provvedimento di allontanamento si basi su una precedente decisione giudiziale ovvero sia fondato su motivi di sicurezza dello Stato.[5]

5.[6]

6. Al cittadino comunitario o al suo familiare, qualunque sia la sua cittadinanza, cui è stata negata la sospensione del provvedimento di allontanamento sono consentiti, a domanda, l'ingresso ed il soggiorno nel territorio nazionale per partecipare al procedimento di ricorso, salvo che la sua presenza possa procurare gravi turbative o grave pericolo all'ordine pubblico o alla sicurezza pubblica. L'autorizzazione è rilasciata dal questore anche per il tramite di una rappresentanza diplomatica o consolare su documentata richiesta dell'interessato.

7. Nel caso in cui il ricorso è respinto, l'interessato presente sul territorio dello Stato deve lasciare immediatamente il territorio nazionale.

[1] Articolo così sost. dall'art. 1, D.lgs. 28 feb. n. 2008, n. 32.

[2] Comma così sost. dall'art. 3, all. 4, c. 20, D.lgs. 2 lug. 2010, n. 104.

[3] Comma così sost. dall'art. 34, c. 18, lett. *b*), D.lgs. 1 set. 2011, n. 150.

[4] Comma così modif. dall'art. 34, c. 18, lett. *c*), D.lgs. 1 set. 2011, n. 150.

[5] Comma così modif. dall'art. 34, c. 18, lett. *c*) e *d*), D.lgs. 1 set. 2011, n. 150.

[6] Comma abrog. dall'art. 34, c. 18, D.lgs. 1 set. 2011, n. 150.

23. ***Applicabilità ai soggetti non aventi la cittadinanza italiana che siano familiari di cittadini italiani.*** — 1. Le disposizioni del presente decreto legislativo, se più favorevoli, si applicano ai familiari di cittadini italiani non aventi la cittadinanza italiana.

23-*bis*. ***Consultazione tra gli Stati membri.***[1] — 1. Quando uno Stato membro chiede informazioni ai sensi dell'articolo 27, paragrafo 3, della direttiva 2004/38/CE del Parlamento europeo e del Consiglio, del 29 aprile 2004, il Ministero dell'interno - Dipartimento della pubblica sicurezza, attraverso i propri canali di scambio informativo, provvede a fornire gli elementi entro il termine di due mesi dalla data di ricezione della richiesta. La consultazione può avvenire solo per casi specifici e per esigenze concrete.

[1] Articolo agg. dall'art. 1, c. 1., lett. *i*), D.L. 23 giu. 2011, n. 89, conv. in L. 2 ago. 2011, n. 129.

24. ***Norma finanziaria.*** — 1. Agli oneri derivanti dagli articoli 2, 3, 7, 11, 14 e 15, valutati in 14,5 milioni di euro a decorrere dall'anno 2007, si provvede a carico del Fondo di rotazione di cui all'articolo 5 della legge 16 aprile 1987, n. 183, le cui risorse sono versate all'entrata del bilancio dello Stato per essere riassegnate all'I.N.P.S. e al Fondo sanitario nazionale.

2. Il Ministro dell'economia e delle finanze provvede al monitoraggio degli oneri di cui al presente decreto legislativo, ai fini dell'adozione dei provvedimenti correttivi di cui all'articolo 11-*ter*, comma 7, della legge 5 agosto 1978, n. 468, e successive modificazioni, ovvero delle misure correttive da assumere, ai sensi dell'articolo 11, comma 3, lettera *i-quater*), della medesima legge. Gli eventuali decreti emanati ai sensi dell'articolo 7, secondo comma, n. 2), della legge 5 agosto 1978, n. 468, prima della data di entrata in vigore dei provvedimenti o delle misure di cui al precedente periodo,

sono tempestivamente trasmesse alle Camere, corredati di apposite relazioni illustrative.

3. Il Ministro dell'economia e delle finanze è autorizzato ad apportare, con propri decreti, le occorrenti variazioni di bilancio.

25. ***Norme finali e abrogazioni.*** — 1. Le amministrazioni competenti provvederanno, senza nuovi o maggiori oneri a carico della finanza pubblica, a diffondere tramite i propri siti internet i contenuti del presente decreto.

2. Alla data di entrata in vigore del presente decreto sono o restano abrogati il decreto del Presidente della Repubblica 30 dicembre 1965, n. 1656, il decreto legislativo 18 gennaio 2002, n. 52, il decreto del Presidente della Repubblica 18 gennaio 2002, n. 53, il decreto del Presidente della Repubblica 18 gennaio 2002, n. 54.

3. Il comma 4 dell'articolo 30 del decreto legislativo 25 luglio 1998, n. 286, è abrogato.

- 5 -

D.lgs. 18 ago. 2015, n. 142

Attuazione della direttiva 2013/33/UE recante norme relative all'accoglienza dei richiedenti protezione internazionale, nonché della direttiva 2013/32/UE, recante procedure comuni ai fini del riconoscimento e della revoca dello status di protezione internazionale

(G.U. 15 set. 2015, n. 214)[1]

[1] A norma dell'art. 12, D.L. 4 ott. 2018, n. 113, conv. con modif. in L. 1° dic. 2018, n. 132, le definizioni di «Sistema di protezione per richiedenti asilo e rifugiati» ovvero di «Sistema di protezione per richiedenti asilo, rifugiati e minori stranieri non accompagnati» ovunque presenti, in disposizioni di legge o di regolamento, si intendono sostituite dalla seguente: «Sistema di protezione per titolari di protezione internazionale e per minori stranieri non accompagnati».
A norma dell'art. 4, D.L. 21 ott. 2020, n. 130, cconv. con modif. in L. 18 dic. 2020, n. 173, la definizione di «Sistema di protezione per titolari di protezione internazionale e per minori stranieri non accompagnati», ovunque presente, in disposizioni di legge o di regolamento, si intende sostituita dalla seguente: «Sistema di accoglienza e di integrazione».

Capo I

Disposizioni di attuazione della direttiva 2013/33 del parlamento europeo e del consiglio del 26 giugno 2013, recante norme relative all'accoglienza dei richiedenti la protezione internazionale

1. ***Finalità e ambito applicativo.*** — 1. Il presente decreto stabilisce le norme relative all'accoglienza dei cittadini di Paesi non appartenenti all'Unione europea e degli apolidi richiedenti protezione internazionale nel territorio nazionale, comprese le frontiere e le relative zone di transito, nonché le acque territoriali, e dei loro familiari inclusi nella domanda di protezione internazionale.

2. Le misure di accoglienza di cui al presente decreto si applicano dal momento della manifestazione della volontà di chiedere la protezione internazionale.

3. Le misure di accoglienza di cui al presente decreto si applicano anche ai richiedenti protezione internazionale soggetti al procedimento previsto dal regolamento (UE) n. 604/2013, del Parlamento europeo e del Consiglio, del 26 giugno 2013, che stabilisce i criteri e i meccanismi di determinazione dello Stato membro competente per l'esame di una domanda di protezione internazionale.

4. Il presente decreto non si applica nell'ipotesi in cui sono operative le misure di protezione temporanea, disposte ai sensi del decreto legislativo 7 aprile 2003, n. 85, recante attuazione della direttiva 2001/55/CE relativa alla concessione della protezione temporanea in caso di afflusso massiccio di sfollati ed alla cooperazione in ambito comunitario.

2. ***Definizioni.*** — 1. Ai fini del presente decreto s'intende per:

a) richiedente protezione internazionale o richiedente: lo straniero che ha presentato domanda di protezione internazionale su cui non è stata ancora adottata una decisione definitiva ovvero ha manifestato la volontà di chiedere tale protezione;

b) straniero: il cittadino di Stati non appartenenti all'Unione europea e l'apolide;

c) domanda di protezione internazionale o domanda: la domanda presentata ai sensi del decreto legislativo 28 gennaio 2008, n. 25, e successive modificazioni, diretta ad ottenere il riconoscimento dello status di rifugiato o lo status di protezione sussidiaria;

d) Commissione territoriale: la Commissione territoriale per il riconoscimento della protezione internazionale;

e) minore non accompagnato: lo straniero di età inferiore agli anni diciotto, che si trova, per qualsiasi causa, nel territorio nazionale, privo di assistenza e rappresentanza legale;

f) familiari; i seguenti soggetti appartenenti al nucleo familiare del richiedente già costituito prima dell'arrivo nel territorio nazionale, che si trovano nel territorio nazionale in connessione alla domanda di protezione internazionale:

1) il coniuge del richiedente;

2) i figli minori del richiedente, anche adottati o nati fuori dal matrimonio, a condizione che non siano sposati. I minori affidati o sottoposti a tutela sono equiparati ai figli;

3) il genitore o altro adulto legalmente responsabile ai sensi degli articoli 343 e seguenti del codice civile del richiedente minore non coniugato;

g) centro o struttura di accoglienza: struttura

LEGGI COMPLEMENTARI - C.P. e C.P.P.

destinata all'alloggiamento collettivo di richiedenti ai sensi del presente decreto;

h) richiedente con esigenze di accoglienza particolari: il richiedente che rientra nelle categorie vulnerabili indicate nell'articolo 17 e che necessita di forme di assistenza particolari nella prestazione delle misure di accoglienza;

i) UNHCR: Alto Commissariato delle Nazioni Unite per i rifugiati.

3. *Informazione.* — 1. L'ufficio di polizia che riceve la domanda provvede ad informare il richiedente sulle condizioni di accoglienza, con la consegna all'interessato dell'opuscolo di cui all'articolo 10 del decreto legislativo 28 gennaio 2008, n. 25, e successive modificazioni.

2. L'opuscolo di cui al comma 1 è consegnato nella prima lingua indicata dal richiedente o, se ciò non è possibile, nella lingua che ragionevolmente si suppone che comprenda tra quelle indicate nell'articolo 10, comma 4, del decreto legislativo 28 gennaio 2008, n. 25[1], e successive modificazioni.

3. Le informazioni di cui al comma 1 sono fornite, ove necessario con l'ausilio di un interprete o di un mediatore culturale, anche presso i centri di accoglienza, entro un termine ragionevole, comunque non superiore a quindici giorni dalla presentazione della domanda.

4. Le informazioni di cui al presente articolo comprendono i riferimenti dell'UNHCR e delle principali organizzazioni di tutela dei richiedenti protezione internazionale.

[1] In G.U. è presente un riferimento errato: «decreto legislativo 25 gennaio 2008, n. 25.

4. *Documentazione.* — 1. Al richiedente è rilasciato un permesso di soggiorno per richiesta asilo valido nel territorio nazionale per sei mesi, rinnovabile fino alla decisione della domanda o comunque per il tempo in cui è autorizzato a rimanere nel territorio nazionale ai sensi dell'articolo 35-*bis*, commi 3 e 4, del decreto legislativo 28 gennaio 2008, n. 25. Il permesso di soggiorno costituisce documento di riconoscimento ai sensi dell'articolo 1, comma 1, lettera *c*), del decreto del Presidente della Repubblica 28 dicembre 2000, n. 445.[1]

1-*bis*. Il permesso di soggiorno di cui al comma 1 non costituisce titolo per l'iscrizione anagrafica ai sensi del decreto del Presidente della Repubblica 30 maggio 1989, n. 223, e dell'articolo 6, comma 7, del decreto legislativo 25 luglio 1998, n. 286.[2,3]

2. In caso di trattenimento ai sensi dell'articolo 6, la questura rilascia al richiedente un attestato nominativo, che certifica la sua qualità di richiedente protezione internazionale. L'attestato non certifica l'identità del richiedente.

3. La ricevuta attestante la presentazione della richiesta di protezione internazionale rilasciata contestualmente alla verbalizzazione della domanda ai sensi dell'articolo 26, comma 2-*bis*, del decreto legislativo 28 gennaio 2008, n. 25, e successive modificazioni, come introdotto dal presente decreto, costituisce permesso di soggiorno provvisorio.

4. L'accesso alle misure di accoglienza e il rilascio del permesso di soggiorno di cui al comma 1, non sono subordinati alla sussistenza di requisiti ulteriori rispetto a quelli espressamente richiesti dal presente decreto.

5. La questura può fornire al richiedente un documento di viaggio ai sensi dell'articolo 21 della legge 21 novembre 1967, n. 1185, quando sussistono gravi ragioni umanitarie che ne rendono necessaria la presenza in un altro Stato.

[1] Comma così modif. in ultimo dall'art. 13, D.L. 4 ott. 2018, n. 113, conv. con modif. in L. 1° dic. 2018, n. 132. V. nota 3.

[2] Comma ins. dall'art. 13, D.L. 4 ott. 2018, n. 113, conv. con modif. in L. 1° dic. 2018, n. 132. V. nota 3.

[3] La Corte cost., con sent. 31 lug. 2020, n. 186 ha dichiarato, tra l'altro: *a*) l'ill. cost. del presente comma, come introdotto dall'art. 13 del D.L. n. 113 del 2018; *b*) l'ill. cost., in via consequenziale, ai sensi dell' art. 27, L. 11 mar. 1953, n. 87, delle restanti disposizioni del citato art. 13, D.L. n. 113 del 2018.

5. *Domicilio.* — 1. Salvo quanto previsto al comma 2, l'obbligo di comunicare alla questura il proprio domicilio o residenza è assolto dal richiedente tramite dichiarazione da riportare nella domanda di protezione internazionale. Ogni eventuale successivo mutamento del domicilio o residenza è comunicato dal richiedente alla medesima questura e alla questura competente per il nuovo domicilio o residenza ai fini del rinnovo del permesso di soggiorno di cui all'articolo 4, comma 1.

2. Per il richiedente trattenuto o accolto nei centri o strutture di cui agli articoli 6, 9 e 11, l'indirizzo del centro costituisce il luogo di domicilio valevole agli effetti della notifica e delle comunicazioni degli atti relativi al procedimento di esame della domanda, nonché di ogni altro atto relativo alle procedure di trattenimento o di accoglienza di cui al presente decreto. L'indirizzo del centro ovvero il diverso domicilio di cui al comma 1 è comunicato dalla questura alla Commissione territoriale.[1]

3. L'accesso ai servizi previsti dal presente decreto e a quelli comunque erogati sul territorio ai sensi delle norme vigenti è assicurato nel luogo di domicilio individuato ai sensi dei commi 1 e 2.[2]

4. Il prefetto competente in base al luogo di presentazione della domanda ovvero alla sede della struttura di accoglienza può stabilire, con atto scritto e motivato, comunicato al richiedente con le modalità di cui all'articolo 6, comma 5, un luogo di domicilio o un'area geografica ove il richiedente può circolare.[3]

5. Ai fini dell'applicazione nei confronti del richiedente protezione internazionale dell'articolo 284 del codice di procedura penale e degli articoli 47-*ter*, 47-*quater* e 47-*quinquies* della legge 26 luglio 1975, n. 354, e successive modificazioni, l'autorità giudiziaria valuta preliminarmente, sentito

il prefetto competente per territorio, l'idoneità a tal fine dei centri e delle strutture di cui agli articoli 6 e 9.[1]

[1] Comma così modif. dall'art. 12, D.L. 4 ott. 2018, n. 113, conv. con modif. in L. 1° dic. 2018, n. 132.

[2] Comma così sost. dall'art. 13, D.L. 4 ott. 2018, n. 113, conv. con modif. in L. 1° dic. 2018, n. 132. V. nota 3 all'art. 4.

[3] Comma così modif. dall'art. 13, D.L. 4 ott. 2018, n. 113, conv. con modif. in L. 1° dic. 2018, n. 132.V. nota 3 all'art. 4.

5-*bis*. *Iscrizione anagrafica.*[1] — 1. Il richiedente protezione internazionale, a cui è stato rilasciato il permesso di soggiorno di cui all'articolo 4, comma 1, ovvero la ricevuta di cui all'articolo 4, comma 3, è iscritto nell'anagrafe della popolazione residente, a norma del regolamento di cui al decreto del Presidente della Repubblica 30 maggio 1989, n. 223, in particolare degli articoli 3, 5 e 7.

2. Per i richiedenti ospitati nei centri di cui agli articoli 9 e 11, l'iscrizione anagrafica è effettuata ai sensi dell'articolo 5 del decreto del Presidente della Repubblica 30 maggio 1989, n. 223. E' fatto obbligo al responsabile di dare comunicazione delle variazioni della convivenza al competente ufficio di anagrafe entro venti giorni dalla data in cui si sono verificati i fatti.

3. La comunicazione, da parte del responsabile della convivenza anagrafica, della revoca delle misure di accoglienza o dell'allontanamento non giustificato del richiedente protezione internazionale, ospitato nei centri di cui agli articoli 9 e 11 del presente decreto, nonché nelle strutture del sistema di accoglienza e integrazione, di cui all'articolo 1-*sexies* del decreto-legge 30 dicembre 1989, n. 416, convertito, con modificazioni, dalla legge 28 febbraio 1990, n. 39, costituisce motivo di cancellazione anagrafica con effetto immediato.

4. Ai richiedenti protezione internazionale che hanno ottenuto l'iscrizione anagrafica, è rilasciata, sulla base delle norme vigenti, una carta d'identità, di validità limitata al territorio nazionale e della durata di tre anni.

[1] Articolo ins. dall'art. 8, D.L. 17 feb. 2017, n. 13, conv. con modif. in L. 13 apr. 2017, n. 46, e, successivamente, abrog. dall'art. 13, D.L. 4 ott. 2018, n. 113, conv. con modif. in L. 1° dic. 2018, n. 132. V. nota 3 all'art. 4.

6. *Trattenimento*.[1] — 1. Il richiedente non può essere trattenuto al solo fine di esaminare la sua domanda.

2. Il richiedente è trattenuto, ove possibile in appositi spazi, nei centri di cui all'articolo 14 del decreto legislativo 25 luglio 1998, n. 286, sulla base di una valutazione caso per caso, quando:

a) si trova nelle condizioni previste dall'articolo 1, paragrafo F della Convenzione relativa allo status di rifugiato, firmata a Ginevra il 28 luglio 1951, ratificata con la legge 24 luglio 1954, n. 722, e modificata dal protocollo di New York del 31 gennaio 1967, ratificato con la legge 14 febbraio 1970, n. 95, o nelle condizioni di cui agli articoli 12, comma 1, lettere *b*) e *c*), e 16 del decreto legislativo 19 novembre 2007, n. 251;[4]

a-bis) si trova nelle condizioni di cui all'articolo 29-*bis* del decreto legislativo 28 gennaio 2008, n. 25;[5]

b) si trova nelle condizioni di cui all'articolo 13, commi 1 e 2, lettera *c*), del decreto legislativo 25 luglio 1998, n. 286, e nei casi di cui all'articolo 3, comma 1, del decreto-legge 27 luglio 2005, n. 144, convertito, con modificazioni, dalla legge 31 luglio 2005, n. 155;

c) costituisce un pericolo per l'ordine e la sicurezza pubblica. Nella valutazione della pericolosità si tiene conto di eventuali condanne, anche con sentenza non definitiva, compresa quella adottata a seguito di applicazione della pena su richiesta ai sensi dell'articolo 444 del codice di procedura penale, per uno dei delitti indicati dall'articolo 380, commi 1 e 2, del codice di procedura penale ovvero per reati inerenti agli stupefacenti, alla libertà sessuale, al favoreggiamento dell'immigrazione clandestina o per reati diretti al reclutamento di persone da destinare alla prostituzione o allo sfruttamento della prostituzione o di minori da impiegare in attività illecite ovvero per i reati previsti dagli articoli 12, comma 1, lettera *c*), e 16, comma 1, lettera *d-bis*) del decreto legislativo 19 novembre 2007, n. 251;[4]

d) sussiste rischio di fuga del richiedente. La valutazione sulla sussistenza del rischio di fuga è effettuata, caso per caso, quando il richiedente ha in precedenza fatto ricorso sistematicamente a dichiarazioni o attestazioni false sulle proprie generalità al solo fine di evitare l'adozione o l'esecuzione di un provvedimento di espulsione ovvero non ha ottemperato ad uno dei provvedimenti di cui all'articolo 13, commi 5, 5.2 e 13, nonché all'articolo 14 del decreto legislativo 25 luglio 1998, n. 286.

3. Al di fuori delle ipotesi di cui al comma 2, il richiedente che si trova in un centro di cui all'articolo 14 del decreto legislativo 25 luglio 1998, n. 286, in attesa dell'esecuzione di un provvedimento di respingimento o di espulsione ai sensi degli articoli 10, 13 e 14 del medesimo decreto legislativo, rimane nel centro quando vi sono fondati motivi per ritenere che la domanda è stata presentata al solo scopo di ritardare o impedire l'esecuzione del respingimento o dell'espulsione.[1]

3-*bis*. Salvo le ipotesi di cui ai commi 2 e 3, il richiedente può essere altresì trattenuto, per il tempo strettamente necessario, e comunque non superiore a trenta giorni, in appositi locali presso le strutture di cui all'articolo 10-*ter*, comma 1, del decreto legislativo 25 luglio 1998, n. 286, per la determinazione o la verifica dell'identità o della cittadinanza. Ove non sia stato possibile determinarne o verificarne l'identità o la cittadinanza, il richiedente può essere trattenuto nei centri di cui all'articolo 14 del decreto legislativo 25 luglio 1998, n. 286, con le modalità previste dal comma

5 del medesimo articolo 14, per un periodo massimo di novanta giorni, prorogabili per altri trenta giorni qualora lo straniero sia cittadino di un Paese con cui l'Italia abbia sottoscritto accordi in materia di rimpatri.[3]

4. Lo straniero trattenuto nei centri di cui all'articolo 14 del decreto legislativo 25 luglio 1998, n. 286, riceve, a cura del gestore, le informazioni sulla possibilità di richiedere protezione internazionale. Al richiedente trattenuto nei medesimi centri sono fornite le informazioni di cui all'articolo 10, comma 1, del decreto legislativo 28 gennaio 2008, n. 25, con la consegna dell'opuscolo informativo previsto dal medesimo articolo 10.

5. Il provvedimento con il quale il questore dispone il trattenimento o la proroga del trattenimento è adottato per iscritto, corredato da motivazione e reca l'indicazione che il richiedente ha facoltà di presentare personalmente o a mezzo di difensore memorie o deduzioni al tribunale sede della sezione specializzata in materia di immigrazione protezione internazionale e libera circolazione dei cittadini dell'Unione europea competente alla convalida. Il provvedimento è comunicato al richiedente nella prima lingua indicata dal richiedente o in una lingua che ragionevolmente si suppone che comprenda ai sensi dell'articolo 10, comma 4, del decreto legislativo 28 gennaio 2008, n. 25, e successive modificazioni. Si applica, per quanto compatibile, l'articolo 14 del decreto legislativo 25 luglio 1998, n. 286, comprese le misure alternative di cui al comma 1-*bis* del medesimo articolo 14. La partecipazione del richiedente all'udienza per la convalida avviene, ove possibile, a distanza mediante un collegamento audiovisivo, tra l'aula d'udienza e il centro di cui all'articolo 14 del decreto legislativo 25 luglio 1998, n. 286 nel quale egli è trattenuto. Il collegamento audiovisivo si svolge in conformità alle specifiche tecniche stabilite con decreto direttoriale d'intesa tra i Ministeri della giustizia e dell'interno entro centottanta giorni dalla data di entrata in vigore della presente disposizione, e, in ogni caso, con modalità tali da assicurare la contestuale, effettiva e reciproca visibilità delle persone presenti in entrambi i luoghi e la possibilità di udire quanto vi viene detto. È sempre consentito al difensore, o a un suo sostituto, di essere presente nel luogo ove si trova il richiedente. Un operatore della polizia di Stato appartenente ai ruoli di cui all'articolo 39, secondo comma, della legge 1° aprile 1981, n. 121, è presente nel luogo ove si trova il richiedente e ne attesta l'identità dando atto che non sono posti impedimenti o limitazioni all'esercizio dei diritti e delle facoltà a lui spettanti. Egli dà atto dell'osservanza delle disposizioni di cui al quinto periodo del presente comma nonché, se ha luogo l'audizione del richiedente, delle cautele adottate per assicurarne la regolarità con riferimento al luogo ove si trova. A tal fine interpella, ove occorra, il richiedente e il suo difensore. Delle operazioni svolte è redatto verbale a cura del medesimo operatore della polizia di Stato. Quando il trattenimento è già in corso al momento della presentazione della domanda, i termini previsti dall'articolo 14, comma 5, del decreto legislativo 25 luglio 1998, n. 286, si sospendono e il questore trasmette gli atti al tribunale sede della sezione specializzata in materia di immigrazione protezione internazionale e libera circolazione dei cittadini dell'Unione europea per la convalida del trattenimento per un periodo massimo di ulteriori sessanta giorni, per consentire l'espletamento della procedura di esame della domanda.[1]

6. Il trattenimento o la proroga del trattenimento non possono protrarsi oltre il tempo strettamente necessario all'esame della domanda ai sensi dell'articolo 28-*bis*, commi 1 e 2, del decreto legislativo 28 gennaio 2008, n. 25, e successive modificazioni, come introdotto dal presente decreto, salvo che sussistano ulteriori motivi di trattenimento ai sensi dell'articolo 14 del decreto legislativo 25 luglio 1998, n. 286. Eventuali ritardi nell'espletamento delle procedure amministrative preordinate all'esame della domanda, non imputabili al richiedente, non giustificano la proroga del trattenimento.[3]

7. Il richiedente trattenuto ai sensi dei commi 2, 3 e 3-*bis*, secondo periodo che presenta ricorso giurisdizionale avverso la decisione di rigetto della Commissione territoriale ai sensi dell'articolo 35-*bis* del decreto legislativo 28 gennaio 2008, n. 25, e successive modificazioni, rimane nel centro fino all'adozione del provvedimento di cui al comma 4 del medesimo articolo 35-*bis*, nonché per tutto il tempo in cui è autorizzato a rimanere nel territorio nazionale in conseguenza del ricorso giurisdizionale proposto.[2]

8. Ai fini di cui al comma 7, il questore chiede la proroga del trattenimento in corso per periodi ulteriori non superiori a sessanta giorni di volta in volta prorogabili da parte del tribunale in composizione monocratica, finché permangono le condizioni di cui al comma 7. In ogni caso, la durata massima del trattenimento ai sensi dei commi 5 e 7 non può superare complessivamente dodici mesi.

9. Il trattenimento è mantenuto soltanto finché sussistono i motivi di cui ai commi 2, 3, 3-*bis* e 7. In ogni caso, nei confronti del richiedente trattenuto che chiede di essere rimpatriato nel Paese di origine o provenienza è immediatamente adottato o eseguito il provvedimento di espulsione con accompagnamento alla frontiera ai sensi dell'articolo 13, commi 4 e 5-*bis*, del decreto legislativo 25 luglio 1998, n. 286. La richiesta di rimpatrio equivale a ritiro della domanda di protezione internazionale.[2]

10. Nel caso in cui il richiedente è destinatario di un provvedimento di espulsione da eseguirsi con le modalità di cui all'articolo 13, commi 5 e 5.2, del decreto legislativo 25 luglio 1998, n. 286, il termine

per la partenza volontaria fissato ai sensi del medesimo articolo 13, comma 5, è sospeso per il tempo occorrente all'esame della domanda. In tal caso il richiedente ha accesso alle misure di accoglienza previste dal presente decreto in presenza dei requisiti di cui all'articolo 14.

10-*bis*. Nel caso in cui sussistano fondati dubbi relativi all'età dichiarata da un minore si applicano le disposizioni dell'articolo 19-*bis*, comma 2.

[1] Comma così modif. dall'art. 8, D.L. 17 feb. 2017, n. 13, conv. con modif. in L. 13 apr. 2017, n. 46.

[2] Comma così modif. dall'art. 3, D.L. 4 ott. 2018, n. 113, conv. con modif. in L. 1° dic. 2018, n. 132.

[3] Comma così modif. dall'art. 3,D.L. 21 ott. 2020, n. 130, conv. con modif. in L. 18 dic. 2020, n. 173.

[4] Lettera così modif. dall'art. 3, D.L. 21 ott. 2020, n. 130, conv. con modif. in L. 18 dic. 2020, n. 173.

[5] Lettera ins. dall'art. 3, D.L. 21 ott. 2020, n. 130, conv. con modif. in L. 18 dic. 2020, n. 173.

[6] Comma aggiunto dall'art. 3, D.L. 21 ott. 2020, n. 130, conv. con modif. in L. 18 dic. 2020, n. 173.

7. ***Condizioni di trattenimento.*** — 1. Il richiedente è trattenuto nei centri di cui all'articolo 6 con modalità che assicurano la necessaria assistenza e il pieno rispetto della sua dignità, secondo le disposizioni di cui agli articoli 14 del testo unico e 21 del decreto del Presidente della Repubblica 31 agosto 1999, n. 394, e successive modificazioni. E' assicurata in ogni caso alle richiedenti una sistemazione separata, nonché il rispetto delle differenze di genere. Ove possibile, è preservata l'unità del nucleo familiare. E' assicurata la fruibilità di spazi all'aria aperta.

2. È consentito l'accesso ai centri di cui all'articolo 6, nonché la libertà di colloquio con i richiedenti ai rappresentanti dell'UNHCR o alle organizzazioni che operano per conto dell'UNHCR in base ad accordi con la medesima organizzazione, ai familiari, agli avvocati dei richiedenti, ai rappresentanti degli enti di tutela dei titolari di protezione internazionale con esperienza consolidata nel settore, ai ministri di culto, nonché agli altri soggetti indicati nelle direttive del Ministro dell'interno adottate ai sensi dell'articolo 21, comma 8, del decreto del Presidente della Repubblica 31 agosto 1999, n. 394, con le modalità specificate con le medesime direttive.

3. Per motivi di sicurezza, ordine pubblico, o comunque per ragioni connesse alla corretta gestione amministrativa dei centri di cui all'articolo 6, l'accesso ai centri può essere limitato, purché non impedito completamente, secondo le direttive di cui al comma 2.

4. Il richiedente è informato delle regole vigenti nel centro nonché dei suoi diritti ed obblighi nella prima lingua da lui indicata o in una lingua che ragionevolmente si suppone che comprenda ai sensi dell'articolo 10, comma 4, del decreto legislativo 28 gennaio 2008, n. 25, e successive modificazioni.

5. Non possono essere trattenuti nei centri di cui all'articolo 6 i richiedenti le cui condizioni di salute o di vulnerabilità ai sensi dell'articolo 17, comma 1, sono incompatibili con il trattenimento. Nell'ambito dei servizi socio-sanitari garantiti nei centri è assicurata anche la verifica periodica della sussistenza di condizioni di vulnerabilità che richiedono misure di assistenza particolari.[1]

[1] Comma così modif. dall'art. 8, D.L. 17 feb. 2017, n. 13, conv. con modif. in L. 13 apr. 2017, n. 46.

8. ***Sistema di accoglienza.***[1] — 1. Il sistema di accoglienza per richiedenti protezione internazionale si basa sulla leale collaborazione tra i livelli di governo interessati, secondo le forme di coordinamento nazionale e regionale previste dall'articolo 16.

2. Le funzioni di prima assistenza sono assicurate nei centri di cui agli articoli 9 e 11, fermo restando quanto previsto dall'articolo 10-*ter* del decreto legislativo 25 luglio 1998, n. 286, per le procedure di soccorso e di identificazione dei cittadini stranieri irregolarmente giunti nel territorio nazionale.

3. L'accoglienza dei richiedenti protezione internazionale è assicurata, nei limiti dei posti disponibili, nelle strutture del Sistema di accoglienza e integrazione, di cui all'articolo 1-*sexies* del decreto-legge 30 dicembre 1989, n. 416, convertito, con modificazioni, dalla legge 28 febbraio 1990, n. 39.

[1] Articolo così sost. dall'art. 4, D.L. 21 ott. 2020, n. 130, conv. con modif. in L. 18 dic. 2020, n. 173.

9. ***Misure di prima accoglienza.*** — 1. Per le esigenze di prima accoglienza e per l'espletamento delle operazioni necessarie alla definizione della posizione giuridica, lo straniero è accolto nei centri governativi di prima accoglienza istituiti con decreto del Ministro dell'interno, sentita la Conferenza unificata di cui all'articolo 8 del decreto legislativo 28 agosto 1997, n. 281, secondo la programmazione e i criteri individuati dal Tavolo di coordinamento nazionale e dai Tavoli di coordinamento regionale ai sensi dell'articolo 16, che tengono conto, ai fini della migliore gestione, delle esigenze di contenimento della capienza massima.[1]

2. La gestione dei centri di cui al comma 1 può essere affidata ad enti locali, anche associati, alle unioni o consorzi di comuni, ad enti pubblici o privati che operano nel settore dell'assistenza ai richiedenti asilo o agli immigrati o nel settore dell'assistenza sociale, secondo le procedure di affidamento dei contratti pubblici.

3. Le strutture allestite ai sensi del decreto-legge 30 ottobre 1995, n. 451, convertito, con modificazioni, dalla legge 29 dicembre 1995, n. 563, possono essere destinate, con decreto del Ministro dell'interno, alle finalità di cui al presente articolo. I centri di accoglienza per richiedenti asilo già istituiti alla data di entrata in vigore del presente decreto svolgono le funzioni di cui al presente articolo.

4. Il prefetto, informato il sindaco del comune nel

cui territorio è situato il centro di prima accoglienza e sentito il Dipartimento per le libertà civili e l'immigrazione del Ministero dell'interno, invia il richiedente nelle strutture di cui al comma 1. Il richiedente è accolto per il tempo necessario, all'espletamento delle operazioni di identificazione, ove non completate precedentemente, alla verbalizzazione della domanda ed all'avvio della procedura di esame della medesima domanda, nonché all'accertamento delle condizioni di salute diretto anche a verificare, fi n dal momento dell'ingresso nelle strutture di accoglienza, la sussistenza di situazioni di vulnerabilità ai fini di cui all'articolo 17, comma 3.[1]

4-*bis*. Espletati gli adempimenti di cui al comma 4, il richiedente è trasferito, nei limiti dei posti disponibili, nelle strutture del Sistema di accoglienza e integrazione di cui all'articolo 1-*sexies* del decreto-legge 30 dicembre 1989, n. 416, convertito, con modificazioni, dalla legge 28 febbraio 1990, n. 39, in conformità a quanto previsto dall'articolo 8, comma 3, del presente decreto. Il richiedente che rientra nelle categorie di cui all'articolo 17, sulla base delle specifiche esigenze di vulnerabilità, è trasferito nelle strutture di cui al primo periodo in via prioritaria.[2]

4-*ter*. La verifica della sussistenza di esigenze particolari e di specifiche situazioni di vulnerabilità, anche ai fini del trasferimento prioritario del richiedente di cui al comma 4-*bis* e dell'adozione di idonee misure di accoglienza di cui all'articolo 10, è effettuata secondo le linee guida emanate dal Ministero della salute, d'intesa con il Ministero dell'interno e con le altre amministrazioni eventualmente interessate, da applicare nei centri di cui al presente articolo e all'articolo 11.[2]

5.[3]

[1] Comma così modif. dall'art. 4, D.L. 21 ott. 2020, n. 130, conv. con modif. in L. 18 dic. 2020, n. 173.

[2] Comma ins. dall'art. 4, D.L. 21 ott. 2020, n. 130, conv. con modif. in L. 18 dic. 2020, n. 173.

[3] Comma abrog. dall'art. 12, D.L. 4 ott. 2018, n. 113, conv. con modif. in L. 1° dic. 2018, n. 132.

10. ***Modalità di accoglienza.*** — 1. Nei centri di cui all'articolo 9, comma 1, e nelle strutture di cui all'articolo 11, devono essere assicurati adeguati standard igienico-sanitari, abitativi e di sicurezza nonché idonee misure di prevenzione, controllo e vigilanza relativamente alla partecipazione o alla propaganda attiva a favore di organizzazioni terroristiche internazionali, secondo i criteri e le modalità stabiliti con decreto adottato dal Ministro dell'interno, di concerto con il Ministro della salute, sentita la Conferenza unificata di cui all'articolo 8 del decreto legislativo 28 agosto 1997, n. 281, che si esprime entro trenta giorni. Sono altresì erogati, anche con modalità di organizzazione su base territoriale, oltre alle prestazioni di accoglienza materiale, l'assistenza sanitaria, l'assistenza sociale e psicologica, la mediazione linguistico-culturale, la somministrazione di corsi di lingua italiana e i servizi di orientamento legale e al territorio, secondo le disposizioni analitiche contenute nel capitolato di gara di cui all'articolo 12. Sono inoltre assicurati il rispetto della sfera privata, comprese le differenze di genere, delle esigenze connesse all'età, la tutela della salute fisica e mentale dei richiedenti, l'unità dei nuclei familiari composti da coniugi e da parenti entro il primo grado, l'apprestamento delle misure necessarie per le persone portatrici di particolari esigenze ai sensi dell'articolo 17. Sono adottate misure idonee a prevenire ogni forma di violenza, anche di genere, e a garantire la sicurezza e la protezione dei richiedenti e del personale che opera presso i centri.[1]

2. È consentita l'uscita dal centro nelle ore diurne secondo le modalità indicate nel regolamento di cui all'articolo 38 del decreto legislativo 28 gennaio 2008, n. 25, con obbligo di rientro nelle ore notturne. Il richiedente può chiedere al prefetto un permesso temporaneo di allontanamento dal centro per un periodo di tempo diverso o superiore a quello di uscita, per rilevanti motivi personali o per motivi attinenti all'esame della domanda. Il provvedimento di diniego sulla richiesta di autorizzazione all'allontanamento è motivato e comunicato all'interessato ai sensi dell'articolo 10, comma 4, del decreto legislativo 28 gennaio 2008, n. 25, e successive modificazioni.

3. È assicurata la facoltà di comunicare con i rappresentanti dell'UNHCR, degli enti di tutela dei titolari di protezione internazionale con esperienza consolidata nel settore, con i ministri di culto, nonché con gli avvocati e i familiari dei richiedenti.

4. È assicurato l'accesso ai centri dei soggetti di cui all'articolo 7, comma 2, nonché degli altri soggetti previsti dal regolamento di cui all'articolo 38 del decreto legislativo 28 gennaio 2008, n. 25, fatte salve le limitazioni giustificate dalla necessità di garantire la sicurezza dei locali e dei richiedenti presenti nel centro.

5. Il personale che opera nei centri è adeguatamente formato ed ha l'obbligo di riservatezza sui dati e sulle informazioni riguardanti i richiedenti presenti nel centro.

[1] Comma così sost. dall'art. 4, D.L. 21 ott. 2020, n. 130, conv. con modif. in L. 18 dic. 2020, n. 173.

11. ***Misure straordinarie di accoglienza.*** — 1. Nel caso in cui è temporaneamente esaurita la disponibilità di posti all'interno dei centri di cui all'articolo 9, a causa di arrivi consistenti e ravvicinati di richiedenti, l'accoglienza può essere disposta dal prefetto, sentito il Dipartimento per le libertà civili e l'immigrazione del Ministero dell'interno, in strutture temporanee, appositamente allestite, previa valutazione delle condizioni di salute del richiedente, anche al fine di accertare la sussistenza di esigenze particolari di accoglienza.[1]

2. Le strutture di cui al comma 1 soddisfano le esigenze essenziali di accoglienza nel rispetto dei principi di cui all'articolo 10, comma 1, e sono in-

dividuate dalle prefetture-uffici territoriali del Governo, previo parere dell'ente locale nel cui territorio è situata la struttura, secondo le procedure di affidamento dei contratti pubblici. È consentito, nei casi di estrema urgenza, il ricorso alle procedure di affidamento diretto ai sensi del decreto-legge 30 ottobre 1995, n. 451, convertito, con modificazioni, dalla legge 29 dicembre 1995, n. 563, e delle relative norme di attuazione.[1]

3. L'accoglienza nelle strutture di cui al comma 1 è limitata al tempo strettamente necessario al trasferimento del richiedente nelle strutture del Sistema di accoglienza e integrazione, di cui all'articolo 1-*sexies* del decreto-legge 30 dicembre 1989, n. 416, convertito, con modificazioni, dalla legge 28 febbraio 1990, n. 39. Il trasferimento del richiedente che rientra nelle categorie di cui all'articolo 17 è effettuato in via prioritaria.[2]

4. Le operazioni di identificazione e verbalizzazione della domanda sono espletate presso la questura più vicina al luogo di accoglienza.

[1] Comma così modif. dall'art. 12, D.L. 4 ott. 2018, n. 113, conv. con modif. in L. 1° dic. 2018, n. 132.

[2] Comma così modif. in ultimo dall'art. 4, D.L. 21 ott. 2020, n. 130, conv. con modif. in L. 18 dic. 2020, n. 173.

12. ***Condizioni materiali di accoglienza.*** — 1. Con decreto del Ministro dell'interno è adottato lo schema di capitolato di gara d'appalto per la fornitura dei beni e dei servizi relativi al funzionamento dei centri di cui agli articoli 6, 8, comma 2, 9 e 11, in modo da assicurare livelli di accoglienza uniformi nel territorio nazionale, in relazione alle peculiarità di ciascuna tipologia di centro.

2. Sullo schema di capitolato di cui al comma 1 sono acquisite le valutazioni del Tavolo di coordinamento nazionale di cui all'articolo 16.

3. Con il regolamento di cui all'articolo 30, sono individuate forme di partecipazione e di coinvolgimento dei richiedenti nello svolgimento della vita nelle strutture di cui agli articoli 9 e 11.[1]

[1] Comma così modif. dall'art. 12, D.L. 4 ott. 2018, n. 113, conv. con modif. in L. 1° dic. 2018, n. 132.

13. ***Allontanamento ingiustificato dai centri.*** — 1. L'allontanamento ingiustificato dalle strutture di cui agli articoli 9 e 11 comporta la revoca delle condizioni di accoglienza di cui al presente decreto, adottata con le modalità di cui all'articolo 23, comma 1, lettera *a*), con gli effetti di cui all'articolo 23-*bis* del decreto legislativo 28 gennaio 2008, n. 25, e successive modificazioni, come introdotto dal presente decreto.

14. ***Modalità di accesso al sistema di accoglienza.***[1] — 1. Il richiedente che ha formalizzato la domanda e che risulta privo di mezzi sufficienti a garantire una qualità di vita adeguata per il sostentamento proprio e dei propri familiari, ha accesso, con i familiari, alle misure di accoglienza del presente decreto.[2]

2.[3]

3. Al fine di accedere alle misure di accoglienza di cui al presente decreto, il richiedente, al momento della presentazione della domanda, dichiara di essere privo di mezzi sufficienti di sussistenza. La valutazione dell'insufficienza dei mezzi di sussistenza di cui al comma 1 è effettuata dalla prefettura - Ufficio territoriale del Governo con riferimento all'importo annuo dell'assegno sociale.[2]

4. Le misure di accoglienza sono assicurate per la durata del procedimento di esame della domanda da parte della Commissione territoriale per il riconoscimento della protezione internazionale di cui all'articolo 4 del decreto legislativo 28 gennaio 2008, n. 25, e successive modificazioni, e, in caso di rigetto, fino alla scadenza del termine per l'impugnazione della decisione. Salvo quanto previsto dall'articolo 6, comma 7, in caso di ricorso giurisdizionale proposto ai sensi dell'articolo 35 del decreto legislativo 28 gennaio 2008, n. 25, e successive modificazioni, il ricorrente, privo di mezzi sufficienti, usufruisce delle misure di accoglienza di cui al presente decreto per il tempo in cui è autorizzato a rimanere nel territorio nazionale ai sensi dell'articolo 35-*bis*, commi 3 e 4, del decreto legislativo 28 gennaio 2008, n. 25. Nei casi di cui all'articolo 35-*bis*, comma 4, del decreto legislativo 28 gennaio 2008, n. 25, fino alla decisione sull'istanza di sospensione, il ricorrente rimane nella struttura o nel centro in cui si trova.[2]

5. Quando vengono meno i presupposti per il trattenimento nei centri di cui all'articolo 6, il richiedente che ha ottenuto la sospensione del provvedimento impugnato, ai sensi dell'articolo 35-*bis*, comma 4, del decreto legislativo 28 gennaio 2008, n. 25, e successive modificazioni, ha accoglienza nei centri o strutture di cui all'articolo 9.[4]

6. Al richiedente di cui al comma 5, è prorogata la validità dell'attestato nominativo di cui all'articolo 4, comma 2. Quando ricorrono le condizioni di cui all'articolo 6, comma 2, lettere *a*), *b*) e *c*), al medesimo richiedente possono essere imposte le misure di cui all'articolo 14, comma 1-*bis*, del decreto legislativo 25 luglio 1998, n. 286. In tal caso competente alla convalida delle misure, se ne ricorrono i presupposti, è il tribunale sede della sezione specializzata in materia di immigrazione protezione internazionale e libera circolazione dei cittadini dell'Unione europea.[4]

[1] Rubrica così sost. dall'art. 12, D.L. 4 ott. 2018, n. 113, conv. con modif. in L. 1° dic. 2018, n. 132.

[2] Comma così modif. dall'art. 12, D.L. 4 ott. 2018, n. 113, conv. con modif. in L. 1° dic. 2018, n. 132.

[3] Comma abrog. dall'art. 12, D.L. 4 ott. 2018, n. 113, conv. con modif. in L. 1° dic. 2018, n. 132.

[4] Comma così modif. dall'art. 8, D.L. 17 feb. 2017, n. 13, conv. con modif. in L. 13 apr. 2017, n. 46.

15. ***Individuazione della struttura di accoglienza.***[1] — 1-2.[2]

3. La prefettura - ufficio territoriale del Governo provvede all'invio del richiedente nella struttura individuata, anche avvalendosi dei mezzi di trasporto messi a disposizione dal gestore.

4. L'accoglienza è disposta nella struttura individuata ed è subordinata all'effettiva permanenza del richiedente in quella struttura, salvo il trasferimento in altro centro, che può essere disposto, per motivate ragioni, dalla prefettura - ufficio territoriale del Governo in cui ha sede la struttura di accoglienza che ospita il richiedente. Il trasferimento in un centro collocato in una provincia diversa è disposto dal Dipartimento per le libertà civili e l'immigrazione del Ministero dell'interno.

5. L'indirizzo della struttura di accoglienza è comunicato, a cura della prefettura - ufficio territoriale del Governo, alla Questura, nonché alla Commissione territoriale per il riconoscimento della protezione internazionale, ai sensi e per gli effetti di cui all'articolo 5, comma 2. E' nella facoltà del richiedente comunicare l'indirizzo della struttura al proprio difensore o consulente legale. E' consentito l'accesso nelle medesime strutture dell'UNHCR, nonché dei rappresentanti degli enti di tutela dei titolari di protezione internazionale al fine di prestare assistenza ai richiedenti.

6. Avverso il provvedimento di diniego delle misure di accoglienza è ammesso ricorso al Tribunale amministrativo regionale territorialmente competente.

[1] Rubrica così sost. dall'art. 12, D.L. 4 ott. 2018, n. 113, conv. con modif. in L. 1° dic. 2018, n. 132.

[2] Commi abrog. dall'art. 12, D.L. 4 ott. 2018, n. 113, conv. con modif. in L. 1° dic. 2018, n. 132.

16. ***Forme di coordinamento nazionale e regionale.*** — 1. Il Tavolo di coordinamento nazionale, insediato presso il Ministero dell'interno - Dipartimento per le libertà civili e l'immigrazione, di cui all'articolo 29, comma 3, del decreto legislativo 19 novembre 2007, n. 251, e successive modificazioni, individua le linee di indirizzo e predispone la programmazione degli interventi diretti a ottimizzare il sistema di accoglienza previsto dal presente decreto, compresi i criteri di ripartizione regionale dei posti da destinare alle finalità di accoglienza di cui al presente decreto. I criteri di ripartizione regionale individuati dal Tavolo sono fissati d'intesa con la Conferenza unificata di cui all'articolo 8 del decreto legislativo 28 agosto 1997, n. 281.

2. Ai fini di cui al comma 1, il Tavolo predispone annualmente, salva la necessità di un termine più breve, un Piano nazionale per l'accoglienza che, sulla base delle previsioni di arrivo per il periodo considerato, individua il fabbisogno dei posti da destinare alle finalità di accoglienza di cui al presente decreto.

3. Le linee di indirizzo e la programmazione predisposti dal Tavolo di cui al comma 1 sono attuati a livello territoriale attraverso Tavoli di coordinamento regionale insediati presso le prefetture - uffici territoriali del Governo del capoluogo di Regione, che individuano, i criteri di localizzazione delle strutture di cui agli articoli 9 e 11, nonché i criteri di ripartizione, all'interno della Regione, dei posti da destinare alle finalità di accoglienza di cui al presente decreto, tenuto conto dei posti già attivati, nel territorio di riferimento, nell'ambito del Sistema di protezione per richiedenti asilo e rifugiati di cui all'articolo 14.

4. Ai fini dello svolgimento delle funzioni di cui al presente articolo, la composizione e le modalità operative dei Tavoli di cui ai commi 1 e 3 sono stabilite con decreto del Ministro dell'interno.

5. La partecipazione alle sedute dei Tavoli di cui ai commi 1 e 3 non dà luogo alla corresponsione di compensi, gettoni, emolumenti, indennità o rimborsi spese comunque denominati.

17. ***Accoglienza di persone portatrici di esigenze particolari.*** — 1. Le misure di accoglienza previste dal presente decreto tengono conto della specifica situazione delle persone vulnerabili, quali i minori, i minori non accompagnati, i disabili, gli anziani, le donne in stato di gravidanza, i genitori singoli con figli minori, le vittime della tratta di esseri umani, le persone affette da gravi malattie o da disturbi mentali, le persone per le quali è stato accertato che hanno subito torture, stupri o altre forme gravi di violenza psicologica, fisica o sessuale o legata all'orientamento sessuale o all'identità di genere, le vittime di mutilazioni genitali.

2. Ai richiedenti protezione internazionale identificati come vittime della tratta di esseri umani si applica il programma unico di emersione, assistenza e integrazione sociale di cui all'articolo 18, comma 3-*bis*, del decreto legislativo 25 luglio 1998, n. 286.

3. Nei centri di cui all'articolo 9 sono previsti servizi speciali di accoglienza delle persone vulnerabili portatrici di esigenze particolari, individuati con il decreto ministeriale di cui all'articolo 12, assicurati anche in collaborazione con la ASL competente per territorio. Tali servizi garantiscono misure assistenziali particolari ed un adeguato supporto psicologico.

4.[1]

5. Ove possibile, i richiedenti adulti portatori di esigenze particolari sono alloggiati insieme ai parenti adulti già presenti nelle strutture di accoglienza.

6. I servizi predisposti ai sensi del comma 3 garantiscono una valutazione iniziale e una verifica periodica della sussistenza delle condizioni di cui al comma 1, da parte di personale qualificato.[2]

7. La sussistenza di esigenze particolari è comunicata dal gestore del centro alla prefettura presso cui è insediata la Commissione territoriale competente, per l'eventuale apprestamento di garanzie procedurali particolari ai sensi dell'articolo 13, comma 2, del decreto legislativo 28 gennaio 2008, n. 25.

8. Le persone che hanno subito danni in conseguenza di torture, stupri o altri gravi atti di violenza accedono ad assistenza o cure mediche e psicologiche appropriate, secondo le linee guida di cui

all'articolo 27, comma 1-*bis*, del decreto legislativo 19 novembre 2007, n. 251, e successive modificazioni. Il personale sanitario riceve una specifica formazione ai sensi del medesimo articolo 27, comma 1-*bis*, ed è tenuto all'obbligo di riservatezza.

[1] Comma abrog. dall'art. 12, D.L. 4 ott. 2018, n. 113, conv. con modif. in L. 1° dic. 2018, n. 132.

[2] Comma così modif. dall'art. 12, D.L. 4 ott. 2018, n. 113, conv. con modif. in L. 1° dic. 2018, n. 132.

18. ***Disposizioni sui minori.*** — 1. Nell'applicazione delle misure di accoglienza previste dal presente decreto assume carattere di priorità il superiore interesse del minore in modo da assicurare condizioni di vita adeguate alla minore età, con riguardo alla protezione, al benessere ed allo sviluppo anche sociale del minore, conformemente a quanto previsto dall'articolo 3 della Convenzione sui diritti del fanciullo del 20 novembre 1989, ratificata dalla legge 27 maggio 1991, n. 176.

2. Per la valutazione dell'interesse superiore del minore occorre procedere all'ascolto del minore, tenendo conto della sua età, del suo grado di maturità e di sviluppo personale, anche al fine di conoscere le esperienze pregresse e valutare il rischio che il minore sia vittima di tratta di esseri umani, nonché a verificare la possibilità di ricongiungimento familiare ai sensi dell'articolo 8, paragrafo 2, del regolamento UE n. 604/2013 del Parlamento europeo e del Consiglio, del 26 giugno 2013, purché corrisponda all'interesse superiore del minore.

2-*bis*. L'assistenza affettiva e psicologica dei minori stranieri non accompagnati è assicurata, in ogni stato e grado del procedimento, dalla presenza di persone idonee indicate dal minore, nonché di gruppi, fondazioni, associazioni od organizzazioni non governative di comprovata esperienza nel settore dell'assistenza ai minori stranieri e iscritti nel registro di cui all'articolo 42 del testo unico di cui al decreto legislativo 25 luglio 1998, n. 286, previo consenso del minore, e ammessi dall'autorità giudiziaria o amministrativa che procede.[1]

2-*ter*. Il minore straniero non accompagnato ha diritto di partecipare per mezzo di un suo rappresentante legale a tutti i procedimenti giurisdizionali e amministrativi che lo riguardano e di essere ascoltato nel merito. A tale fine è assicurata la presenza di un mediatore culturale.[1]

3. I figli minori dei richiedenti e i richiedenti minori sono alloggiati con i genitori, i fratelli minori non coniugati o altro adulto legalmente responsabile ai sensi degli articoli 343 e seguenti del codice civile.

4. Nella predisposizione delle misure di accoglienza di cui al presente decreto sono assicurati servizi destinati alle esigenze della minore età, comprese quelle ricreative.

5. Gli operatori che si occupano dei minori sono in possesso di idonea qualifica o comunque ricevono una specifica formazione e sono soggetti all'obbligo di riservatezza sui dati e sulle informazioni riguardanti i minori.

[1] Comma ins. dall' art. 15, L. 7 apr. 2017, n. 47.

19. ***Accoglienza dei minori non accompagnati.*** — 1. Per le esigenze di soccorso e di protezione immediata, i minori non accompagnati sono accolti in strutture governative di prima accoglienza a loro destinate, istituite con decreto del Ministro dell'interno, sentita la Conferenza unificata di cui all'articolo 8 del decreto legislativo 28 agosto 1997, n. 281[1], per il tempo strettamente necessario, comunque non superiore a trenta giorni, all'identificazione, che si deve concludere entro dieci giorni, e all'eventuale accertamento dell'età, nonché a ricevere, con modalità adeguate alla loro età, ogni informazione sui diritti riconosciuti al minore e sulle modalità di esercizio di tali diritti, compreso quello di chiedere la protezione internazionale. Le strutture di prima accoglienza sono attivate dal Ministero dell'interno, in accordo con l'ente locale nel cui territorio è situata la struttura, e gestite dal Ministero dell'interno anche in convenzione con gli enti locali. Con decreto del Ministro dell'interno, di concerto con il Ministro dell'economia e delle finanze per i profili finanziari, sono fissati le modalità di accoglienza, gli standard strutturali, in coerenza con la normativa regionale, e i servizi da erogare, in modo da assicurare un'accoglienza adeguata alla minore età, nel rispetto dei diritti fondamentali del minore e dei principi di cui all'articolo 18. Durante la permanenza nella struttura di prima accoglienza è garantito un colloquio con uno psicologo dell'età evolutiva, ove necessario in presenza di un mediatore culturale, per accertare la situazione personale del minore, i motivi e le circostanze della partenza dal suo Paese di origine e del viaggio effettuato, nonché le sue aspettative future. La prosecuzione dell'accoglienza del minore è assicurata ai sensi del comma 2.[2]

2. I minori non accompagnati sono accolti nell'ambito del Sistema di protezione per richiedenti asilo, rifugiati e minori stranieri non accompagnati, di cui all'articolo 1-*sexies* del decreto-legge 30 dicembre 1989, n. 416, convertito, con modificazioni, dalla legge 28 febbraio 1990, n. 39, e in particolare nei progetti specificamente destinati a tale categoria di soggetti vulnerabili. La capienza del Sistema è commisurata alle effettive presenze dei minori non accompagnati nel territorio nazionale ed è, comunque, stabilita nei limiti delle risorse del Fondo nazionale per le politiche e i servizi dell'asilo, di cui all'articolo 1-*septies* del decreto-legge 30 dicembre 1989, n. 416, convertito, con modificazioni, dalla legge 28 febbraio 1990, n. 39, da riprogrammare annualmente. A tal fine gli enti locali che partecipano alla ripartizione del Fondo nazionale per le politiche e i servizi dell'asilo di cui all'articolo 1-*septies* del decreto-legge 30 dicembre 1989, n. 416, convertito, con modificazioni, dalla

legge 28 febbraio 1990, n. 39, prevedono specifici programmi di accoglienza riservati ai minori non accompagnati.[3]

2-*bis*. Nella scelta del posto, tra quelli disponibili, in cui collocare il minore, si deve tenere conto delle esigenze e delle caratteristiche dello stesso minore risultanti dal colloquio di cui all'articolo 19-*bis*, comma 1, in relazione alla tipologia dei servizi offerti dalla struttura di accoglienza. Le strutture nelle quali vengono accolti i minori stranieri non accompagnati devono soddisfare, nel rispetto dell'articolo 117, secondo comma, lettera *m*), della Costituzione, gli standard minimi dei servizi e dell'assistenza forniti dalle strutture residenziali per minorenni ed essere autorizzate o accreditate ai sensi della normativa nazionale e regionale in materia. La non conformità alle dichiarazioni rese ai fini dell'accreditamento comporta la cancellazione della struttura di accoglienza dal Sistema.[4]

3. In caso di temporanea indisponibilità nelle strutture di cui ai commi 1 e 2, l'assistenza e l'accoglienza del minore sono temporaneamente assicurate dalla pubblica autorità del Comune in cui il minore si trova, fatta salva la possibilità di trasferimento del minore in un altro comune, secondo gli indirizzi fissati dal Tavolo di coordinamento di cui all'articolo 16, tenendo in considerazione prioritariamente il superiore interesse del minore. I Comuni che assicurano l'attività di accoglienza ai sensi del presente comma accedono ai contributi disposti dal Ministero dell'interno a valere sul Fondo nazionale per l'accoglienza dei minori stranieri non accompagnati di cui all'articolo 1, comma 181, della legge 23 dicembre 2014, n. 190, nel limite delle risorse del medesimo Fondo e comunque senza alcuna spesa o onere a carico del Comune interessato all'accoglienza dei minori stranieri non accompagnati.[5]

3-*bis*. In presenza di arrivi consistenti e ravvicinati di minori non accompagnati, qualora l'accoglienza non possa essere assicurata dai comuni ai sensi del comma 3, è disposta dal prefetto, ai sensi dell'articolo 11, l'attivazione di strutture ricettive temporanee esclusivamente dedicate ai minori non accompagnati, con una capienza massima di cinquanta posti per ciascuna struttura. Sono assicurati in ogni caso i servizi indicati nel decreto di cui al comma 1 del presente articolo. L'accoglienza nelle strutture ricettive temporanee non può essere disposta nei confronti del minore di età inferiore agli anni quattordici ed è limitata al tempo strettamente necessario al trasferimento nelle strutture di cui ai commi 2 e 3 del presente articolo. Dell'accoglienza del minore non accompagnato nelle strutture di cui al presente comma e al comma 1 del presente articolo è data notizia, a cura del gestore della struttura, al comune in cui si trova la struttura stessa, per il coordinamento con i servizi del territorio.[6]

4. Il minore non accompagnato non può essere trattenuto o accolto presso i centri di cui agli articoli 6 e 9.

5. L'autorità di pubblica sicurezza dà immediata comunicazione della presenza di un minore non accompagnato al Procuratore della Repubblica presso il Tribunale per i minorenni e al Tribunale per i minorenni per l'apertura della tutela e la nomina del tutore ai sensi degli articoli 343 e seguenti del codice civile e delle relative disposizioni di attuazione del medesimo codice, in quanto compatibili, e per la ratifica delle misure di accoglienza predisposte, nonché al Ministero del lavoro e delle politiche sociali, con mezzi idonei a garantirne la riservatezza, al fine di assicurare il censimento e il monitoraggio della presenza dei minori non accompagnati. Il provvedimento di nomina del tutore e gli altri provvedimenti relativi alla tutela sono adottati dal presidente del tribunale per i minorenni o da un giudice da lui delegato. Il reclamo contro tali provvedimenti si propone al collegio a norma dell'articolo 739 del codice di procedura civile. Del collegio non può far parte il giudice che ha emesso il provvedimento reclamato.[7]

6. Il tutore possiede le competenze necessarie per l'esercizio delle proprie funzioni e svolge i propri compiti in conformità al principio dell'interesse superiore del minore. Non possono essere nominati tutori individui o organizzazioni i cui interessi sono in contrasto anche potenziale con quelli del minore. Il tutore può essere sostituito solo in caso di necessità.

7. Al fine di garantire il diritto all'unità familiare è tempestivamente avviata ogni iniziativa per l'individuazione dei familiari del minore non accompagnato richiedente protezione internazionale. Il Ministero dell'interno, sentiti il Ministero della giustizia e il Ministero degli affari esteri e della cooperazione internazionale, stipula convenzioni, sulla base delle risorse disponibili del Fondo nazionale per le politiche e i servizi dell'asilo, con organizzazioni internazionali, intergovernative e associazioni umanitarie, per l'attuazione di programmi diretti a rintracciare i familiari dei minori non accompagnati. Le ricerche ed i programmi diretti a rintracciare i familiari sono svolti nel superiore interesse dei minori e con l'obbligo della assoluta riservatezza, in modo da tutelare la sicurezza del richiedente e dei familiari.[8]

7-*bis*. Nei cinque giorni successivi al colloquio di cui all'articolo 19-*bis*, comma 1, se non sussiste un rischio per il minore straniero non accompagnato o per i suoi familiari, previo consenso informato dello stesso minore ed esclusivamente nel suo superiore interesse, l'esercente la responsabilità genitoriale, anche in via temporanea, invia una relazione all'ente convenzionato, che avvia immediatamente le indagini.[9]

7-*ter*. Il risultato delle indagini di cui al comma 7 è trasmesso al Ministero dell'interno, che è tenuto ad informare tempestivamente il minore, l'esercente la responsabilità genitoriale nonché il personale qualificato che ha svolto il colloquio di cui all'articolo 19-*bis*, comma 1.[9]

7-*quater*. Qualora siano individuati familiari idonei a prendersi cura del minore straniero non accompagnato, tale soluzione deve essere preferita al collocamento in comunità.[9]

[1] In G.U. è presente un riferimento errato: «decreto legislativo 27 agosto 1997, n. 281.

[2] Comma così modif. dall'art. 4, L. 7 apr. 2017, n. 47.

[3] Comma così modif. dall'art. 12, L. 7 apr. 2017, n. 47.

[4] Comma ins. dall'art. 12, L. 7 apr. 2017, n. 47.

[5] Comma così modif. dall'art. 12, comma 2, lett. *h-bis*), D.L. 4 ott. 2018, n. 113, conv. con modif. in L. 1° dic. 2018, n. 132. Peraltro, la lett. *h-bis*) è stata abrog. dall'art. 1, c. 769, L. 30 dic. 2018, n. 145.

[6] Comma ins. dall'art. 1-*ter*, D.L. 24 giu. 2016, n. 113, conv. con modif. in L. 7 agosto 2016, n. 160.

[7] Comma così sost. dall'art. 2, D.lgs. 22 dic. 2017, n. 220.

[8] Comma così modif. dall'art. 6, L. 7 apr. 2017, n. 47.

[9] Comma aggiunto dall'art. 6, L. 7 apr. 2017, n. 47.

19-*bis*. *Identificazione dei minori stranieri non accompagnati*.[1] — 1. Nel momento in cui il minore straniero non accompagnato è entrato in contatto o è stato segnalato alle autorità di polizia, ai servizi sociali o ad altri rappresentanti dell'ente locale o all'autorità giudiziaria, il personale qualificato della struttura di prima accoglienza svolge, sotto la direzione dei servizi dell'ente locale competente e coadiuvato, ove possibile, da organizzazioni, enti o associazioni con comprovata e specifica esperienza nella tutela dei minori, un colloquio con il minore, volto ad approfondire la sua storia personale e familiare e a far emergere ogni altro elemento utile alla sua protezione, secondo la procedura stabilita con decreto del Presidente del Consiglio dei ministri da adottare entro centoventi giorni dalla data di entrata in vigore della presente disposizione. Al colloquio è garantita la presenza di un mediatore culturale.

2. Nei casi di dubbi fondati relativi all'età dichiarata dal minore si applicano le disposizioni dei commi 3 e seguenti. In ogni caso, nelle more dell'esito delle procedure di identificazione, l'accoglienza del minore è garantita dalle apposite strutture di prima accoglienza per minori previste dalla legge; si applicano, ove ne ricorrano i presupposti, le disposizioni dell'articolo 4 del decreto legislativo 4 marzo 2014, n. 24.

3. L'identità di un minore straniero non accompagnato è accertata dalle autorità di pubblica sicurezza, coadiuvate da mediatori culturali, alla presenza del tutore o del tutore provvisorio se già nominato, solo dopo che è stata garantita allo stesso minore un'immediata assistenza umanitaria. Qualora sussista un dubbio circa l'età dichiarata, questa è accertata in via principale attraverso un documento anagrafico, anche avvalendosi della collaborazione delle autorità diplomatico-consolari. L'intervento della rappresentanza diplomatico-consolare non deve essere richiesto nei casi in cui il presunto minore abbia espresso la volontà di chiedere protezione internazionale ovvero quando una possibile esigenza di protezione internazionale emerga a seguito del colloquio previsto dal comma 1. Tale intervento non è altresì esperibile qualora da esso possano derivare pericoli di persecuzione e nei casi in cui il minore dichiari di non volersi avvalere dell'intervento dell'autorità diplomatico-consolare. Il Ministero degli affari esteri e della cooperazione internazionale e il Ministero dell'interno promuovono le opportune iniziative, d'intesa con gli Stati interessati, al fine di accelerare il compimento degli accertamenti di cui al presente comma.

3-*bis*. Le autorità di pubblica sicurezza consultano, ai fini dell'accertamento dell'età dichiarata, il sistema informativo nazionale dei minori stranieri non accompagnati istituito presso il Ministero del lavoro e delle politiche sociali nonché le altre banche dati pubbliche che contengono dati pertinenti, secondo le modalità di accesso per esse previste.[2]

4. Qualora permangano dubbi fondati in merito all'età dichiarata da un minore straniero non accompagnato, la Procura della Repubblica presso il tribunale per i minorenni può disporre esami socio-sanitari volti all'accertamento della stessa.

5. Lo straniero è informato, con l'ausilio di un mediatore culturale, in una lingua che possa capire e in conformità al suo grado di maturità e di alfabetizzazione, del fatto che la sua età può essere determinata mediante l'ausilio di esami socio-sanitari, del tipo di esami a cui deve essere sottoposto, dei possibili risultati attesi e delle eventuali conseguenze di tali risultati, nonché di quelle derivanti dal suo eventuale rifiuto di sottoporsi a tali esami. Tali informazioni devono essere fornite altresì alla persona che, anche temporaneamente, esercita i poteri tutelari nei confronti del presunto minore.

6. L'accertamento socio-sanitario dell'età deve essere svolto in un ambiente idoneo con un approccio multidisciplinare da professionisti adeguatamente formati e, ove necessario, in presenza di un mediatore culturale, utilizzando modalità meno invasive possibili e rispettose dell'età presunta, del sesso e dell'integrità fisica e psichica della persona. Non devono essere eseguiti esami sociosanitari che possano compromettere lo stato psico-fisico della persona.

7. Il risultato dell'accertamento socio-sanitario è comunicato allo straniero, in modo congruente con la sua età, con la sua maturità e con il suo livello di alfabetizzazione, in una lingua che possa comprendere, all'esercente la responsabilità genitoriale e all'autorità giudiziaria che ha disposto l'accertamento. Nella relazione finale deve essere sempre indicato il margine di errore.

8. Qualora, anche dopo l'accertamento socio-sanitario, permangano dubbi sulla minore età, questa si presume ad ogni effetto di legge.

9. Il provvedimento di attribuzione dell'età è

emesso dal tribunale per i minorenni ed è notificato allo straniero e, contestualmente, all'esercente i poteri tutelari, ove nominato, e può essere impugnato in sede di reclamo ai sensi dell'articolo 739 del codice di procedura civile. In caso di impugnazione, il giudice decide in via d'urgenza entro dieci giorni; ogni procedimento amministrativo e penale conseguente all'identificazione come maggiorenne è sospeso fino alla decisione. Il provvedimento è altresì comunicato alle autorità di polizia ai fini del completamento delle procedure di identificazione ed al Ministero del lavoro e delle politiche sociali ai fini dell'inserimento dei dati nel sistema informativo nazionale dei minori stranieri non accompagnati.[3]

[1] Articolo ins. dall'art. 5, L. 7 aprile 2017, n. 47.
[2] Comma così sost. dall'art. 2, D.lgs. 22 dic. 2017, n. 220.
[3] Comma così modif. dall'art. 2, D.lgs. 22 dic. 2017, n. 220.

20. ***Monitoraggio e controllo.*** — 1. Il Dipartimento per le libertà civili e l'immigrazione del Ministero dell'interno svolge, anche tramite le prefetture - uffici territoriali del Governo, attività di controllo e monitoraggio della gestione delle strutture di accoglienza previste dal presente decreto. Le prefetture possono a tal fine avvalersi anche dei servizi sociali del comune.[1]

2. L'attività di cui al comma 1 ha per oggetto la verifica della qualità dei servizi erogati e il rispetto dei livelli di assistenza e accoglienza fissati con i decreti ministeriali di cui all'articolo 21, comma 8, del decreto del Presidente della Repubblica 31 agosto 1999, n. 394, e successive modificazioni, e all'articolo 12, con particolare riguardo ai servizi destinati alle categorie vulnerabili e ai minori, nonché le modalità di affidamento dei servizi di accoglienza previsti dall'articolo 14 a soggetti attuatori da parte degli enti locali che partecipano alla ripartizione delle risorse del Fondo di cui all'articolo 1-*septies* del decreto-legge 30 dicembre 1989, n. 416, convertito, con modificazioni, dalla legge 28 febbraio 1990, n. 39.[1]

3. Ai fini dello svolgimento delle attività di cui ai commi 1 e 2, il Dipartimento per le libertà civili e l'immigrazione del Ministero dell'interno può avvalersi di qualificate figure professionali, selezionate anche tra funzionari della pubblica amministrazione in posizione di collocamento a riposo, fermo restando quanto disposto dall'articolo 5, comma 9, del decreto-legge 6 luglio 2012, n. 95, convertito, con modificazioni, dalla legge 7 agosto 2012, n. 135, e successive modificazioni, ovvero di competenti organizzazioni internazionali o intergovernative. Ai relativi oneri si provvede con le risorse del medesimo Dipartimento per le libertà civili e l'immigrazione disponibili a legislazione vigente, comprese le risorse a tal fine destinate nell'ambito dei fondi europei.

4. Degli esiti dell'attività di cui ai commi 1 e 2, è dato atto nella relazione di cui all'articolo 6, comma 2-*bis*, del decreto-legge 22 agosto 2014, n. 119, convertito, con modificazioni, dalla legge 17 ottobre 2014, n. 146.

[1] Comma così modif. dall'art. 12, D.L. 4 ott. 2018, n. 113, conv. con modif. in L. 1° dic. 2018, n. 132.

21. ***Assistenza sanitaria e istruzione dei minori.*** — 1. I richiedenti hanno accesso all'assistenza sanitaria secondo quanto previsto dall'articolo 34 del decreto legislativo 25 luglio 1998, n. 286, fermo restando l'applicazione dell'articolo 35 del medesimo decreto legislativo nelle more dell'iscrizione al servizio sanitario nazionale.

2. I minori richiedenti protezione internazionale o i minori figli di richiedenti protezione internazionale sono soggetti all'obbligo scolastico, ai sensi dell'articolo 38 del decreto legislativo 25 luglio 1998, n. 286, e accedono ai corsi e alle iniziative per l'apprendimento della lingua italiana di cui al comma 2 del medesimo articolo.

22. ***Lavoro e formazione professionale.*** — 1. Il permesso di soggiorno per richiesta asilo di cui all'articolo 4 consente di svolgere attività lavorativa, trascorsi sessanta giorni dalla presentazione della domanda, se il procedimento di esame della domanda non è concluso ed il ritardo non può essere attribuito al richiedente.

2. Il permesso di soggiorno di cui al comma 1 non può essere convertito in permesso di soggiorno per motivi di lavoro.

3.[1]

[1] Comma abrog. dall'art. 12, D.L. 4 ott. 2018, n. 113, conv. con modif. in L. 1° dic. 2018, n. 132.

22-*bis*. ***Partecipazione dei richiedenti protezione internazionale ad attività di utilità sociale.***[1] — 1. I prefetti promuovono, d'intesa con i Comuni e con le regioni e le province autonome, anche nell'ambito dell'attività dei Consigli territoriali per l'immigrazione di cui all'articolo 3, comma 6, del decreto legislativo 25 luglio 1998, n. 286, e successive modificazioni, ogni iniziativa utile all'implementazione dell'impiego di richiedenti protezione internazionale e di titolari di protezione internazionale, su base volontaria, in attività di utilità sociale in favore delle collettività locali, nel quadro delle disposizioni normative vigenti.[2]

2. Ai fini di cui al comma 1, i prefetti promuovono la diffusione delle buone prassi e di strategie congiunte con i Comuni, con le regioni e le province autonome e le organizzazioni del terzo settore, anche attraverso la stipula di appositi protocolli di intesa.

3. Per il coinvolgimento dei richiedenti protezione internazionale e dei titolari di protezione internazionale nelle attività di cui al comma 1, i Comuni, le regioni e le province autonome possono predisporre, anche in collaborazione con le organizzazioni del terzo settore, appositi progetti da finanziare con risorse europee destinate al settore dell'immigrazione e dell'asilo.[2]

[1] Articolo ins. dall'art. 8, D.L. 17 feb. 2017, n. 13, conv. con modif. in L. 13 apr. 2017, n. 46,

[2] Comma così modif. in ultimo dall'art. 4, D.L. 21 ott. 2020, n. 130, conv. con modif. in L. 18 dic. 2020, n. 173.

23. ***Revoca delle condizioni di accoglienza.*** — 1. Il prefetto della provincia in cui hanno sede le strutture di cui agli articoli 9 e 11, dispone, con proprio motivato decreto, la revoca delle misure d'accoglienza in caso di:[1]

a) mancata presentazione presso la struttura individuata ovvero abbandono del centro di accoglienza da parte del richiedente, senza preventiva motivata comunicazione alla prefettura - ufficio territoriale del Governo competente;

b) mancata presentazione del richiedente all'audizione davanti all'organo di esame della domanda;

c) presentazione di una domanda reiterata ai sensi dell'articolo 29 del decreto legislativo 28 gennaio 2008, n. 25, e successive modificazioni;

d) accertamento della disponibilità da parte del richiedente di mezzi economici sufficienti;

e) violazione grave o ripetuta delle regole delle strutture in cui è accolto da parte del richiedente asilo, compreso il danneggiamento doloso di beni mobili o immobili, ovvero comportamenti gravemente violenti.

2. Nell'adozione del provvedimento di revoca si tiene conto della situazione del richiedente con particolare riferimento alle condizioni di cui all'articolo 17.

3. Nell'ipotesi di cui al comma 1, lettera *a*), il gestore del centro è tenuto a comunicare, immediatamente, alla prefettura - ufficio territoriale del Governo la mancata presentazione o l'abbandono della struttura da parte del richiedente. Se il richiedente asilo è rintracciato o si presenta volontariamente alle Forze dell'ordine o al centro di assegnazione, il prefetto territorialmente competente dispone, con provvedimento motivato, sulla base degli elementi addotti dal richiedente, l'eventuale ripristino delle misure di accoglienza. Il ripristino è disposto soltanto se la mancata presentazione o l'abbandono sono stati causati da forza maggiore o caso fortuito o comunque da gravi motivi personali.

4. Nell'ipotesi di cui al comma 1, lettera *e*), il gestore del centro trasmette alla prefettura - ufficio territoriale del Governo una relazione sui fatti che possono dare luogo all'eventuale revoca, entro tre giorni dal loro verificarsi.

5. Il provvedimento di revoca delle misure di accoglienza ha effetto dal momento della sua comunicazione, ai sensi dell'articolo 5, comma 2. Il provvedimento è comunicato altresì al gestore del centro. Avverso il provvedimento di revoca è ammesso ricorso al Tribunale amministrativo regionale competente.

6. Nell'ipotesi di revoca, disposta ai sensi del comma 1, lettera *d*), il richiedente è tenuto a rimborsare i costi sostenuti per le misure di cui ha indebitamente usufruito.

7. Quando la sussistenza dei presupposti per la valutazione di pericolosità del richiedente ai sensi dell'articolo 6, comma 2, emerge successivamente all'invio nelle strutture di cui agli articoli 9 e 11, il prefetto dispone la revoca delle misure di accoglienza ai sensi del presente articolo e ne dà comunicazione al questore per l'adozione dei provvedimenti di cui all'articolo 6.[2]

[1] Alinea così modif. dall'art. 12, D.L. 4 ott. 2018, n. 113, conv. con modif. in L. 1° dic. 2018, n. 132.

[2] Comma così modif. dall'art. 12, D.L. 4 ott. 2018, n. 113, conv. con modif. in L. 1° dic. 2018, n. 132.

24-30. (*Omissis*)

STUPEFACENTI

- 1 -

D.P.R. 9 ott. 1990, n. 309
T.U. delle leggi in materia di disciplina degli stupefacenti e sostanze psicotrope, prevenzione, cura e riabilitazione dei relativi stati di tossicodipendenza
(G.U. 31 ott. 1990, n. 255, Suppl.)

TITOLO I
Degli organi e delle tabelle

1-5. (*Omissis*).

6. ***Modalità della vigilanza.*** — 1. La vigilanza presso gli enti e le imprese autorizzati alla coltivazione, alla fabbricazione, all'impiego, al commercio e presso chiunque sia autorizzato alla detenzione di sostanze stupefacenti o psicotrope, è esercitata dal Ministro della sanità.

2. La vigilanza predetta si effettua mediante ispezioni ordinarie e straordinarie.

3. Le ispezioni ordinarie devono essere effettuate almeno ogni due anni, salvo quando stabilito dall'art. 29.

4. Il Ministro della sanità può disporre in ogni tempo ispezioni straordinarie.

5. Per l'esecuzione delle ispezioni il Ministero della sanità può avvalersi della collaborazione degli organi di polizia, i quali comunque hanno facoltà di accedere in qualunque momento nei locali ove si svolgono le attività previste dai titoli III, IV, V, VI e VII del presente testo unico.

6. La Guardia di finanza può eseguire ispezioni straordinarie in ogni tempo presso gli enti e le imprese autorizzati alla fabbricazione di sostanze stupefacenti o psicotrope quando sussistano sospetti di attività illecite.

7. ***Obbligo di esibizione di documenti.*** — 1. Ai fini della vigilanza e dei controlli previsti dagli artt. 5 e 6 i titolari delle autorizzazioni, nonché i titolari o i direttori delle farmacie, sono tenuti ad esibire ai funzionari del Ministero della sanità ed agli appartenenti alle forze di polizia tutti i documenti inerenti all'autorizzazione, alla gestione della coltivazione e vendita dei prodotti, alla fabbricazione, all'impiego, al commercio delle sostanze stupefacenti o psicotrope.

8. ***Opposizione alle ispezioni. Sanzioni.*** — 1. Salvo che il fatto costituisca più grave reato, è punito con l'arresto fino ad un anno o con l'ammenda da euro 516 a euro 5164 chiunque:

a) indebitamente impedisce od ostacola lo svolgimento delle ispezioni previste dall'art. 6;

b) rivela o preannuncia l'ispezione qualora questa debba essere improvvisa o comunque non preannunciata;

c) indebitamente impedisce od ostacola i controlli, gli accessi o gli altri atti previsti dall'art. 29, oppure si sottrae all'obbligo di esibire i documenti di cui all'art. 7.

9-11. (*Omissis*).

12. ***Consultazione e raccordo tra lo Stato le regioni e le province autonome.*** — (*Omissis*).

13. ***Tabelle delle sostanze soggette a controllo.*** — 1. Le sostanze stupefacenti o psicotrope sottoposte alla vigilanza ed al controllo del Ministero della salute e i medicinali a base di tali sostanze, ivi incluse le sostanze attive ad uso farmaceutico, sono raggruppate, in conformità ai criteri di cui all'articolo 14, in cinque tabelle, allegate al presente testo unico. Il Ministero della salute stabilisce con proprio decreto il completamento e l'aggiornamento delle tabelle con le modalità di cui all'articolo 2, comma 1, lettera *e*), numero 2).[1]

2. Le tabelle di cui al comma 1 devono contenere l'elenco di tutte le sostanze e dei preparati indicati nelle convenzioni e negli accordi internazionali e sono aggiornate tempestivamente anche in base a quanto previsto dalle convenzioni e accordi medesimi ovvero a nuove acquisizioni scientifiche.

3.[2]

4. Il decreto è pubblicato nella *Gazzetta Ufficiale* della Repubblica italiana e inserito nella successiva edizione della Farmacopea ufficiale.

5. Il Ministero della salute, sentiti il Consiglio superiore di sanità e l'Istituto superiore di sanità ed in accordo con le convenzioni internazionali in materia di sostanze stupefacenti o psicotrope, dispone con apposito decreto l'esclusione da una o più misure di controllo di quei medicinali e dispositivi diagnostici che per la loro composizione qualitativa e quantitativa non possono trovare un uso diverso da quello cui sono destinati.[1]

[1] Comma sost. dall'art. 4-*vicies ter*, c. 2, D.L. 30 dic. 2005, n. 272, conv. con modif. in L. 21 feb. 2006, n. 49. Successivamente, la Corte cost., con sent. 25 feb. 2014, n. 32, ha dichiarato l'ill. cost. del suddetto art. 4-*vicies ter*. Infine, il presente comma è stato così sost. dall'art. 1, c. 2, D.L. 20 mar. 2014, n. 36, conv. con modif. in L. 16 mag. 2014, n. 79.

[2] Comma abrog. dall'art. 4-*vicies ter*, c. 2, D.L. 30 dic. 2005, n. 272, conv. con modif. in L. 21 feb. 2006, n. 49. Successivamente, la Corte cost., con sent. 25 feb. 2014, n. 32, ha dichiarato l'ill. cost. del suddetto art. 4-*vicies ter*. Infine, il presente comma è stato nuovamente abrog. dall'art. 1, c. 2, D.L. 20 mar. 2014, n. 36, conv. con modif. in L. 16 mag. 2014, n. 79.

14. ***Criteri per la formazione delle tabelle.***[1] — 1. La inclusione delle sostanze stupefacenti o psicotrope nelle tabelle di cui all'articolo 13 è effettuata in base ai seguenti criteri:

a) nella tabella I devono essere indicati:

1) l'oppio e i materiali da cui possono essere ottenute le sostanze oppiacee naturali, estraibili dal papavero sonnifero; gli alcaloidi ad azione narcotico-analgesica da esso estraibili; le sostanze otte-

nute per trasformazione chimica di quelle prima indicate; le sostanze ottenibili per sintesi che siano riconducibili, per struttura chimica o per effetti, a quelle oppiacee precedentemente indicate; eventuali intermedi per la loro sintesi;

2) le foglie di coca e gli alcaloidi ad azione eccitante sul sistema nervoso centrale da queste estraibili; le sostanze ad azione analoga ottenute per trasformazione chimica degli alcaloidi sopra indicati oppure per sintesi;

3) le sostanze di tipo amfetaminico ad azione eccitante sul sistema nervoso centrale;

4) ogni altra sostanza che produca effetti sul sistema nervoso centrale ed abbia capacità di determinare dipendenza fisica o psichica dello stesso ordine o di ordine superiore a quelle precedentemente indicate;

5) gli indolici, siano essi derivati triptaminici che lisergici, e i derivati feniletilamminici, che abbiano effetti allucinogeni o che possano provocare distorsioni sensoriali;

6) le sostanze ottenute per sintesi o semisintesi che siano riconducibili per struttura chimica o per effetto farmaco-tossicologico al tetraidrocannabinolo;

7) ogni altra pianta o sostanza naturale o sintetica che possa provocare allucinazioni o gravi distorsioni sensoriali e tutte le sostanze ottenute per estrazione o per sintesi chimica che provocano la stessa tipologia di effetti a carico del sistema nervoso centrale;

8) le preparazioni contenenti le sostanze di cui alla presente lettera, in conformità alle modalità indicate nella tabella dei medicinali di cui alla lettera *e*);

b) nella tabella II devono essere indicati:

1) la cannabis e i prodotti da essa ottenuti;

2) le preparazioni contenenti le sostanze di cui alla presente lettera, in conformità alle modalità indicate nella tabella dei medicinali di cui alla lettera *e*);

c) nella tabella III devono essere indicati:

1) i barbiturici che hanno notevole capacità di indurre dipendenza fisica o psichica o entrambe, nonché altre sostanze ad effetto ipnotico-sedativo ad essi assimilabili. Sono pertanto esclusi i barbiturici a lunga durata e di accertato effetto antiepilettico e i barbiturici a breve durata di impiego quali anestetici generali, sempre che tutte le dette sostanze non comportino i pericoli di dipendenza innanzi indicati;

2) le preparazioni contenenti le sostanze di cui alla presente lettera, in conformità alle modalità indicate nella tabella dei medicinali di cui alla lettera *e*);

d) nella tabella IV devono essere indicate:

1) le sostanze per le quali sono stati accertati concreti pericoli di induzione di dipendenza fisica o psichica di intensità e gravità minori di quelli prodotti dalle sostanze elencate nelle tabelle I e III;

2) le preparazioni contenenti le sostanze di cui alla presente lettera, in conformità alle modalità indicate nella tabella dei medicinali di cui alla lettera *e*);

e) nella tabella denominata "tabella dei medicinali" e suddivisa in cinque sezioni, sono indicati i medicinali a base di sostanze attive stupefacenti o psicotrope, ivi incluse le sostanze attive ad uso farmaceutico, di corrente impiego terapeutico ad uso umano o veterinario. Nella sezione A della tabella dei medicinali sono indicati:

1) i medicinali contenenti le sostanze analgesiche oppiacee naturali, di semisintesi e di sintesi;

2) i medicinali di cui all'allegato *III-bis* al presente testo unico;

3) i medicinali contenenti sostanze di corrente impiego terapeutico per le quali sono stati accertati concreti pericoli di induzione di grave dipendenza fisica o psichica;

4) i medicinali contenenti barbiturici che hanno notevole capacità di indurre dipendenza fisica o psichica o entrambe, nonché altre sostanze ad effetto ipnotico-sedativo ad essi assimilabili;

f) nella sezione B della tabella dei medicinali sono indicati:

1) i medicinali che contengono sostanze di corrente impiego terapeutico per le quali sono stati accertati concreti pericoli di induzione di dipendenza fisica o psichica di intensità e gravità minori di quelli prodotti dai medicinali elencati nella sezione A;

2) i medicinali contenenti barbiturici ad azione antiepilettica e quelli contenenti barbiturici con breve durata d'azione;

3) i medicinali contenenti le benzodiazepine, i derivati pirazolopirimidinici ed i loro analoghi ad azione ansiolitica o psicostimolante che possono dar luogo al pericolo di abuso e generare farmacodipendenza;

g) nella sezione C della tabella dei medicinali sono indicati:

1) i medicinali contenenti le sostanze elencate nella tabella dei medicinali, sezione B, da sole o in associazione con altre sostanze attive ad uso farmaceutico, per i quali sono stati accertati concreti pericoli di induzione di dipendenza fisica o psichica;

h) nella sezione D della tabella dei medicinali sono indicati:

1) i medicinali contenenti le sostanze elencate nella tabella dei medicinali, sezioni A o B, da sole o in associazione con altre sostanze attive ad uso farmaceutico quando per la loro composizione qualitativa e quantitativa e per le modalità del loro uso, presentano rischi di abuso o farmacodipendenza di grado inferiore a quello dei medicinali compresi nella tabella dei medicinali, sezioni A e C, e pertanto non sono assoggettate alla disciplina delle sostanze che entrano a far parte della loro composizione;

2) i medicinali ad uso parenterale a base di benzodiazepine;

3) i medicinali per uso diverso da quello iniettabile, i quali, in associazione con altre sostanze attive ad uso farmaceutico non stupefacenti contengono alcaloidi totali dell'oppio con equivalente ponderale in morfina non superiore allo 0,05 per cento in peso espresso come base anidra; i suddetti medicinali devono essere tali da impedire praticamente il recupero dello stupefacente con facili ed estemporanei procedimenti estrattivi;

3-*bis*) in considerazione delle prioritarie esigenze terapeutiche nei confronti del dolore severo, composti medicinali utilizzati in terapia del dolore elencati nell'allegato III-bis, limitatamente alle forme farmaceutiche diverse da quella parenterale;

i) nella sezione E della tabella dei medicinali sono indicati:

1) i medicinali contenenti le sostanze elencate nella tabella dei medicinali, sezioni A o B, da sole o in associazione con altre sostanze attive ad uso farmaceutico, quando per la loro composizione qualitativa e quantitativa o per le modalità del loro uso, possono dar luogo a pericolo di abuso o generare farmacodipendenza di grado inferiore a quello dei medicinali elencati nella tabella dei medicinali, sezioni A, B, C o D.

2. Nelle tabelle di cui al comma 1 sono compresi, ai fini della applicazione del presente testo unico, tutti gli isomeri, gli esteri, gli eteri, ed i sali anche relativi agli isomeri, esteri ed eteri, nonché gli stereoisomeri nei casi in cui possono essere prodotti, relativi alle sostanze incluse nelle tabelle I, II, III e IV, e ai medicinali inclusi nella tabella dei medicinali, salvo sia fatta espressa eccezione.

3. Le sostanze incluse nelle tabelle sono indicate con la denominazione comune internazionale, il nome chimico, la denominazione comune italiana o l'acronimo, se esiste. È, tuttavia, ritenuto sufficiente, ai fini della applicazione del presente testo unico, che nelle tabelle la sostanza sia indicata con almeno una delle denominazioni sopra indicate, purché idonea ad identificarla.

4. Le sostanze e le piante di cui al comma 1, lettere *a*) e *b*), sono soggette alla disciplina del presente testo unico anche ove si presentino sotto ogni forma di prodotto, miscuglio o miscela.

5.[2]

6. La tabella dei medicinali indica la classificazione ai fini della fornitura. Sono comunque fatte salve le condizioni stabilite dall'Agenzia italiana del farmaco all'atto del rilascio dell'autorizzazione all'immissione in commercio, nonché le limitazioni e i divieti stabiliti dal Ministero della salute per esigenze di salute pubblica.

[1] Articolo così sost. dall'art. 1, c. 3, D.L. 20 mar. 2014, n. 36, conv. con modif. in L. 16 mag. 2014, n. 79.

[2] Comma abrog. dalla legge di conversione di cui alla nota 1.

15. ***Adempimento del Ministero della sanità e delle regioni.*** — 1. Il Ministero della sanità provvede alla pubblicazione periodica ed alla diffusione mediante trasmissione alle regioni ed alle autorità sanitarie locali, dei dati aggiornati concernenti le sostanze indicate nelle tabelle di cui all'art. 14, i loro effetti, i metodi di cura delle tossicodipendenze, l'elenco dei presidi sanitari specializzati e dei centri sociali abilitati alla prevenzione ed alla cura delle tossicomanie.

2. Gli uffici regionali competenti provvedono a comunicare le notizie di cui al comma 1 ai singoli medici esercenti la professione sanitaria.

16. ***Elenco delle imprese autorizzate.*** — 1. L'elenco aggiornato degli enti e delle imprese autorizzati alla coltivazione e produzione, alla fabbricazione, all'impiego e al commercio all'ingrosso di sostanze stupefacenti o psicotrope, con gli estremi di ciascuna autorizzazione e con la specificazione delle attività autorizzate, è pubblicato annualmente, a cura del Ministero della sanità, nella *Gazzetta Ufficiale* della Repubblica italiana.

17-37. (*Omissis*).

TITOLO IV
Disposizioni relative alla distribuzione

CAPO I
Della vendita, dell'acquisto e della somministrazione

38. ***Vendita o cessione di sostanze stupefacenti o psicotrope.*** — 1. La vendita o cessione, a qualsiasi titolo, anche gratuito, delle sostanze e dei medicinali compresi nelle tabelle di cui all'articolo 14, esclusi i medicinali di cui alla tabella dei medicinali, sezioni D ed E, è fatta alle persone autorizzate ai sensi del presente testo unico in base a richiesta scritta con buono acquisto conforme al modello predisposto dal Ministero della salute. I titolari o i direttori di farmacie aperte al pubblico o ospedaliere possono utilizzare i buoni acquisto anche per richiedere, a titolo gratuito, i medicinali compresi nella tabella dei medicinali, esclusi i medicinali e le sostanze attive ad uso farmaceutico di cui alla tabella dei medicinali, sezioni D ed E, ad altre farmacie aperte al pubblico o ospedaliere, qualora si configuri il carattere di urgenza terapeutica.[1]

1-*bis*. Il Ministero della salute stabilisce con proprio decreto il modello dei buoni acquisto.[2]

2. In caso di perdita, anche parziale, del bollettario «buoni acquisto», deve essere fatta, entro ventiquattro ore dalla scoperta, denuncia scritta all'autorità di pubblica sicurezza. Chiunque viola tale disposizione è punito con la sanzione amministrativa del pagamento della somma da euro 103 a euro 2.065.

3. I produttori di specialità medicinali contenenti sostanze stupefacenti o psicotrope sono autorizza-

ti, nei limiti e secondo le norme stabilite dal Ministero della sanità, a spedire ai medici chirurghi e ai medici veterinari campioni di tali specialità.

4. È vietata comunque la fornitura ai medici chirurghi e ai medici veterinari di campioni delle sostanze stupefacenti o psicotrope elencate nelle tabelle I, II e III di cui all'art. 14.

5. Salvo che il fatto costituisca reato, chiunque viola la disposizione di cui al comma 4 è punito con la sanzione amministrativa del pagamento della somma da euro 103 a euro 516.

6. L'invio delle specialità medicinali di cui al comma 4 è subordinato alla richiesta datata e firmata dal sanitario, che si impegna alla somministrazione sotto la propria responsabilità.

7. Chiunque cede buoni acquisto a qualsiasi titolo è punito, salvo che il fatto costituisca più grave reato, con la reclusione da sei mesi a tre anni e con la multa da euro 2.582 a euro 15.493.

[1] Comma sost. dall'art. 4-*vicies ter*, c. 9, D.L. 30 dic. 2005, n. 272, conv. con modif. in L. 21 feb. 2006, n. 49 e modif. dall'art. 10, L. 15 mar. 2010, n. 38. Successivamente, la Corte cost., con sent. 25 feb. 2014, n. 32, ha dichiarato l'ill. cost. del suddetto art. 4-*vicies ter*. Infine, il presente comma è stato così sost. dall'art. 1, c. 9, D.L. 20 mar. 2014, n. 36, conv. con modif. in L. 16 mag. 2014, n. 79.

[2] Comma ins. dall'art. 4-*vicies ter*, c. 9, D.L. 30 dic. 2005, n. 272, conv. con modif. in L. 21 feb. 2006, n. 49. Successivamente, la Corte cost., con sent. 25 feb. 2014, n. 32, ha dichiarato l'ill. cost. del suddetto art. 4-*vicies ter*. Infine, il presente comma è stato nuovamente ins. dall'art. 1, c. 9, D.L. 20 mar. 2014, n. 36, conv. con modif. in L. 16 mag. 2014, n. 79.

39. ***Buoni acquisto.***[1]

[1] Articolo abrog. dall'art. 1, c. 9-*bis*, D.L. 20 mar. 2014, n. 36, conv. con modif. in L. 16 mag. 2014, n. 79.

40. ***Confezioni per la vendita.*** — 1. Il Ministero della salute, nel rispetto delle normative comunitarie, al momento dell'autorizzazione all'immissione in commercio, determina, in rapporto alla loro composizione, indicazione terapeutica e posologia, le confezioni dei medicinali contenenti sostanze stupefacenti o psicotrope che possono essere messe in commercio ed individua, in applicazione dei criteri di cui all'articolo 14, la sezione della tabella dei medicinali in cui collocare il medicinale stesso.[1]

2. Composizione, indicazioni terapeutiche, posologia ed eventuali controindicazioni devono essere riportate in modo inequivoco nel foglio illustrativo che accompagna la confezione.

[1] Comma così sost. dall'art. 1, c. 10, D.L. 20 mar. 2014, n. 36, conv. con modif. in L. 16 mag. 2014, n. 79.

41. ***Modalità di consegna.*** — 1. La consegna di sostanze sottoposte a controllo, da parte degli enti o delle imprese autorizzati a commerciarle, deve essere fatta:

a) personalmente all'intestatario dell'autorizzazione al commercio o al farmacista, previo accertamento della sua identità, qualora la consegna sia effettuata presso la sede dell'ente o dell'impresa, e annotando i dati del documento di riconoscimento in calce al buono acquisto;

b) a mezzo di un qualunque dipendente dell'ente o dell'impresa, debitamente autorizzato, direttamente al domicilio dell'acquirente, previo accertamento della identità di quest'ultimo e annotando i dati del documento di riconoscimento in calce al buono acquisto;

c) a mezzo pacco postale assicurato;

d) mediante agenzia di trasporto o corriere privato. In questo caso, ove si tratti di sostanze stupefacenti o psicotrope indicate nelle tabelle I, II, III e nella tabella dei medicinali, sezione A, di cui all'articolo 14 e il cui quantitativo sia superiore ai cento grammi, il trasporto deve essere effettuato previa comunicazione, a cura del mittente, al più vicino ufficio di Polizia di Stato o comando dei carabinieri o della Guardia di finanza.[1]

1-*bis*. In deroga alle disposizioni di cui al comma 1, la consegna di sostanze sottoposte a controllo può essere fatta anche da parte di operatori sanitari, per quantità terapeutiche di medicinali di cui all'allegato III-bis, accompagnate da dichiarazione sottoscritta dal medico di medicina generale, di continuità assistenziale o dal medico ospedaliero che ha in cura il paziente, che ne prescriva l'utilizzazione anche nell'assistenza domiciliare di malati che hanno accesso alle cure palliative e alla terapia del dolore secondo le vigenti disposizioni, ad esclusione del trattamento domiciliare degli stati di tossicodipendenza da oppiacei.[1]

3. Chiunque consegni o trasporti sostanze stupefacenti o psicotrope non ottemperando alle disposizioni del presente articolo è punito con l'arresto fino ad un anno[2] o con l'ammenda da euro 516 a euro 10.329.

4. Chi vende o cede sostanze sottoposte a controllo, deve conservare la copia della fattura, il relativo buono acquisto, nonché, ove la consegna avvenga a mezzo posta o corriere, la ricevuta postale o dell'agenzia di trasporto o del corriere privato, relativa alla spedizione della merce. L'inosservanza delle disposizioni del presente comma è punita con la sanzione amministrativa del pagamento di una somma fino a euro 516.

[1] Comma così modif. dall'art. 11, D.L. 20 mar. 2014, n. 36, conv. con modif. in L. 16 mag. 2014, n. 79.

[2] Così rett. con comunicato pubbl. nella G.U. 14 nov. 1992, n. 269.

42. ***Acquisto di medicinali a base di sostanze stupefacenti e di sostanze psicotrope da parte di medici chirurghi.***[1] — 1. I medici chirurghi ed i medici veterinari, i direttori sanitari o responsabili di ospedali, case di cura in genere, prive dell'unità operativa di farmacia, e titolari di gabinetto per l'esercizio delle professioni sanitarie qualora, per le normali esigenze terapeutiche, si determini la necessità di approvvigionarsi di medicinali a base di sostanze stupefacenti o psicotrope compresi nella tabella dei medicinali, sezioni A, B e C, di cui all'articolo 14, devono farne richiesta scritta in triplice copia alla farmacia o al grossista di medicinali. La prima delle predette copie rimane per documentazione al richiedente; le altre due devono essere rimesse alla farmacia o alla ditta all'ingrosso; queste ultime ne trattengono una per il proprio discarico e trasmettono l'altra all'azienda sanitaria locale a cui fanno riferimento.[2]

2. Salvo che il fatto costituisca reato, l'acquisto dei predetti medicinali in misura eccedente in modo apprezzabile quelle occorrenti per le normali necessità è punito con la sanzione amministrativa del pagamento di una somma da euro 100 ad euro 500.[3]

3. I direttori sanitari ed i titolari di gabinetto di cui al comma 1 debbono tenere un registro di carico e scarico dei medicinali acquistati, nel quale devono specificare l'impiego dei medicinali stessi.[3]

4. Detto registro deve essere vidimato e firmato in ciascuna pagina dall'autorità sanitaria locale.

[1] Rubrica così sost. dall'art. 12, D.L. 20 mar. 2014, n. 36, conv. con modif. in L. 16 mag. 2014, n. 79.

[2] Comma così sost. dall'art. 12, D.L. 20 mar. 2014, n. 36, conv. con modif. in L. 16 mag. 2014, n. 79.

[3] Commi così modif. dall'art. 1, D.L. 20 mar. 2014, n. 36, conv. con modif. in L. 16 mag. 2014, n. 79.

43. ***Obblighi dei medici chirurghi e dei medici veterinari.***[1] — 1. I medici chirurghi e i medici veterinari prescrivono i medicinali compresi nella tabella dei medicinali, sezione A, di cui all'articolo 14, su apposito ricettario approvato con decreto del Ministero della salute.

2. La prescrizione dei medicinali indicati nella tabella dei medicinali, sezione A, di cui all'articolo 14 può comprendere un solo medicinale per una cura di durata non superiore a trenta giorni, ad eccezione della prescrizione dei medicinali di cui all'allegato III-*bis* per i quali la ricetta può comprendere fino a due medicinali diversi tra loro o uno stesso medicinale con due dosaggi differenti per una cura di durata non superiore a trenta giorni.

3. Nella ricetta devono essere indicati:

a) cognome e nome dell'assistito ovvero del proprietario dell'animale ammalato;

b) la dose prescritta, la posologia ed il modo di somministrazione;

c) l'indirizzo e il numero telefonico professionali del medico chirurgo o del medico veterinario da cui la ricetta è rilasciata;

d) la data e la firma del medico chirurgo o del medico veterinario da cui la ricetta è rilasciata;

e) il timbro personale del medico chirurgo o del medico veterinario da cui la ricetta è rilasciata.

4. Le ricette di cui al comma 1 sono compilate in duplice copia a ricalco per i medicinali non forniti dal Servizio sanitario nazionale, ed in triplice copia a ricalco per i medicinali forniti dal Servizio sanitario nazionale. Una copia della ricetta è comunque conservata dall'assistito o dal proprietario dell'animale ammalato. Il Ministero della salute stabilisce con proprio decreto la forma ed il contenuto del ricettario di cui al comma 1.

4-*bis*. Per la prescrizione, nell'ambito del Servizio sanitario nazionale, di medicinali previsti dall'allegato III-*bis* per il trattamento di pazienti affetti da dolore severo, in luogo del ricettario di cui al comma 1, contenente le ricette a ricalco di cui al comma 4, può essere utilizzato il ricettario del Servizio sanitario nazionale, disciplinato dal decreto del Ministro dell'economia e delle finanze 17 marzo 2008, pubblicato nel supplemento ordinario alla *Gazzetta Ufficiale* n. 86 dell'11 aprile 2008. Il Ministro della salute, sentiti il Consiglio superiore di sanità e l'Istituto superiore di sanità, può, con proprio decreto, aggiornare l'elenco dei medicinali di cui all'allegato III-*bis*.

5. La prescrizione dei medicinali compresi nella tabella dei medicinali, sezione A, di cui all'articolo 14, qualora utilizzati per il trattamento degli stati di tossicodipendenza da oppiacei o di alcooldipendenza, è effettuata utilizzando il ricettario di cui al comma 1 nel rispetto del piano terapeutico predisposto da una struttura sanitaria pubblica o da una struttura privata autorizzata ai sensi dell'articolo 116 e specificamente per l'attività di diagnosi di cui al comma 2, lettera *d*), del medesimo articolo. La persona alla quale sono consegnati in affidamento i medicinali di cui al presente comma è tenuta ad esibire a richiesta la prescrizione medica o il piano terapeutico in suo possesso.

5-*bis*. La prescrizione di medicinali compresi nella tabella dei medicinali, sezione A, per il trattamento degli stati di tossicodipendenza da oppiacei deve essere effettuata all'interno del piano terapeutico individualizzato, secondo modalità stabilite con decreto del Ministero della salute.

6. I medici chirurghi e i medici veterinari sono autorizzati ad approvvigionarsi attraverso autoricettazione, a trasportare e a detenere i medicinali compresi nell'allegato III-*bis* per uso professionale urgente, utilizzando il ricettario di cui al comma 1. Una copia della ricetta è conservata dal medico chirurgo o dal medico veterinario che tiene un registro delle prestazioni effettuate, annotandovi le movimentazioni, in entrata ed uscita, dei medicinali di cui si è approvvigionato e che successivamente ha somministrato. Il registro delle prestazioni non è di modello ufficiale e deve essere conservato per due anni a far data dall'ultima registrazione effettuata; le copie delle autoricettazioni sono conservate, come giustificativo dell'entrata, per lo stesso periodo del registro.

7. Il personale che opera nei distretti sanitari di base o nei servizi territoriali o negli ospedali pubblici o accreditati delle aziende sanitarie locali è autorizzato a consegnare al domicilio di malati che hanno accesso alle cure palliative e alla terapia del dolore secondo le vigenti disposizioni, ad esclusione del trattamento domiciliare degli stati di tossicodipendenza da oppiacei, le quantità terapeuti-

che dei medicinali compresi nell'allegato III-*bis* accompagnate dalla certificazione medica che ne prescrive la posologia e l'utilizzazione nell'assistenza domiciliare.

8. Gli infermieri professionali che effettuano servizi di assistenza domiciliare nell'ambito dei distretti sanitari di base o nei servizi territoriali delle aziende sanitarie locali e i familiari dei pazienti, opportunamente identificati dal medico o dal farmacista che ivi effettuano servizio, sono autorizzati a trasportare le quantità terapeutiche dei medicinali compresi nell'allegato III-*bis* accompagnate dalla certificazione medica che ne prescrive la posologia e l'utilizzazione a domicilio di malati che hanno accesso alle cure palliative e alla terapia del dolore secondo le vigenti disposizioni, ad esclusione del trattamento domiciliare degli stati di tossicodipendenza da oppiacei.

9. La prescrizione dei medicinali compresi nella tabella dei medicinali, sezioni B, C e D, di cui all'articolo 14 è effettuata con ricetta da rinnovarsi volta per volta e da trattenersi da parte del farmacista.

10. La prescrizione dei medicinali compresi nella tabella dei medicinali, sezione E, di cui all'articolo 14 è effettuata con ricetta medica.

10-*bis*. I medici chirurghi, su richiesta dei pazienti in corso di trattamento terapeutico con medicinali stupefacenti o psicotropi che si recano all'estero, provvedono alla redazione della certificazione di possesso dei medicinali stupefacenti o psicotropi compresi nella tabella dei medicinali, da presentare all'autorità doganale all'uscita dal territorio nazionale, individuati con decreto del Ministero della salute, che definisce anche il modello della certificazione.

[1] Articolo così sost. dall'art. 13, D.L. 20 mar. 2014, n. 36, conv. con modif. in L. 16 mag. 2014, n. 79.

44. ***Divieto di consegna a persona minore o inferma di mente.*** — 1. È fatto divieto di consegnare sostanze e preparazioni di cui alle tabelle previste dall'art. 14 a persona minore o manifestamente inferma di mente.

2. Salvo che il fatto costituisca reato, chiunque viola la disposizione del comma 1 è punito con una sanzione amministrativa del pagamento di una somma fino a euro 1.032.

45. ***Dispensazione dei medicinali.***[1] — 1. La dispensazione dei medicinali compresi nella tabella dei medicinali, sezione A, di cui all'articolo 14 è effettuata dal farmacista che annota sulla ricetta il nome, il cognome e gli estremi di un documento di riconoscimento dell'acquirente.

2. Il farmacista dispensa i medicinali di cui al comma 1 dietro presentazione di prescrizione medica compilata sulle ricette previste dai commi 1 e 4-*bis* dell'articolo 43 nella quantità e nella forma farmaceutica prescritta.

3. Il farmacista ha l'obbligo di accertare che la ricetta sia stata redatta secondo le disposizioni stabilite nell'articolo 43, di annotarvi la data di spedizione e di apporvi il timbro della farmacia e di conservarla tenendone conto ai fini del discarico dei medicinali sul registro di entrata e uscita di cui al comma 1 dell'articolo 60.

3-*bis*. Il farmacista spedisce comunque le ricette che prescrivano un quantitativo che, in relazione alla posologia indicata, superi teoricamente il limite massimo di terapia di trenta giorni, ove l'eccedenza sia dovuta al numero di unità posologiche contenute nelle confezioni in commercio. In caso di ricette che prescrivano una cura di durata superiore a trenta giorni, il farmacista consegna un numero di confezioni sufficiente a coprire trenta giorni di terapia, in relazione alla posologia indicata, dandone comunicazione al medico prescrittore.

4. La dispensazione dei medicinali di cui alla tabella dei medicinali, sezioni B e C, è effettuata dal farmacista dietro presentazione di ricetta medica da rinnovarsi volta per volta. Il farmacista appone sulla ricetta la data di spedizione e il timbro della farmacia e la conserva tenendone conto ai fini del discarico dei medicinali sul registro di entrata e di uscita di cui all'articolo 60, comma 1.

5. Il farmacista conserva per due anni, a partire dal giorno dell'ultima registrazione nel registro di cui all'articolo 60, comma 1, le ricette che prescrivono medicinali compresi nella tabella dei medicinali, sezioni A, B e C. Nel caso di fornitura di medicinali a carico del Servizio sanitario nazionale, il farmacista è tenuto a conservare una copia della ricetta originale o fotocopia della ricetta originale, recante la data di spedizione.

6. La dispensazione dei medicinali di cui alla tabella dei medicinali, sezione D, è effettuata dal farmacista dietro presentazione di ricetta medica da rinnovarsi volta per volta.

6-*bis*. All'atto della dispensazione dei medicinali inseriti nella sezione D della tabella dei medicinali, successivamente alla data del 15 giugno 2009, limitatamente alle ricette diverse da quella di cui al decreto del Ministro della salute 10 marzo 2006, pubblicato nella *Gazzetta Ufficiale* n. 76 del 31 marzo 2006, o da quella del Servizio sanitario nazionale, disciplinata dal decreto del Ministro dell'economia e delle finanze 17 marzo 2008, pubblicato nel supplemento ordinario alla *Gazzetta Ufficiale* n. 86 dell'11 aprile 2008, il farmacista deve annotare sulla ricetta il nome, il cognome e gli estremi di un documento di riconoscimento dell'acquirente. Il farmacista conserva per due anni, a partire dal giorno dell'ultima registrazione, copia o fotocopia della ricetta ai fini della dimostrazione della liceità del possesso dei farmaci consegnati dallo stesso farmacista al paziente o alla persona che li ritira.

7. La dispensazione dei medicinali di cui alla tabella dei medicinali, sezione E, è effettuata dal farmacista dietro presentazione di ricetta medica.

8. Decorsi trenta giorni dalla data del rilascio, la prescrizione medica non può essere più spedita.

9. Salvo che il fatto costituisca reato, il contravventore alle disposizioni del presente articolo è soggetto alla sanzione amministrativa pecuniaria del pagamento di una somma da euro 100 ad euro 600.

10. Il Ministro della salute provvede a stabilire, con proprio decreto, tenuto conto di quanto previsto dal decreto ministeriale 15 luglio 2004 in materia di tracciabilità di medicinali, la forma ed il contenuto dei moduli idonei al controllo del movimento dei medicinali a base di sostanze stupefacenti o psicotrope tra le farmacie interne degli ospedali e singoli reparti.

10-*bis*. Su richiesta del cliente e in caso di ricette che prescrivono più confezioni, il farmacista, previa specifica annotazione sulla ricetta, può spedirla in via definitiva consegnando un numero di confezioni inferiore a quello prescritto, dandone comunicazione al medico prescrittore, ovvero può consegnare, in modo frazionato, le confezioni, purché entro il termine di validità della ricetta e previa annotazione del numero di confezioni volta per volta consegnato.

[1] Articolo così sost. dall'art. 14, D.L. 20 mar. 2014, n. 36, conv. con modif. in L. 16 mag. 2014, n. 79.

46-68. (*Omissis*).[1]

[1] Articoli abrog. dall'art. 1, c. 1, lett. *d*), L. 8 feb. 2001, n. 12.

TITOLO VII

Prescrizioni particolari relative ai precursori di droghe[1]

[1] Rubrica così sost. dall'art. 1, c. 24-*bis*, D.L. 20 mar. 2014, n. 36, conv. con modif. in L. 16 mag. 2014, n. 79.

69. ***Obbligo di trasmissione di dati e di segnalazioni.***[1]

[1] L'originario articolo era stato abrog. dall'art. 4-*vicies ter*, c. 24, D.L. 30 dic. 2005, n. 272, conv. con modif. in L. 21 feb. 2006, n. 49. Successivamente, la Corte cost., con sent. 25 feb. 2014, n. 32, ha dichiarato l'ill. cost. del suddetto art. 4-*vicies ter*. Infine, il presente articolo è stato nuovamente abrog. dall'art. 1, c. 24, D.L. 20 mar, 2014, n. 36, conv. con modif. in L. 16 mag. 2014, n. 79.

70. ***Precursori di droghe.***[1] — 1. Ai fini del presente articolo si intende per:

a) sostanze suscettibili di impiego per la produzione di sostanze stupefacenti o psicotrope, di seguito denominate "sostanze classificate o precursori di droghe": tutte le sostanze individuate e classificate nelle categorie 1, 2 e 3 dell'allegato I al regolamento (CE) n. 273/2004 e dell'allegato al regolamento (CE) n. 111/2005, compresi miscele e prodotti naturali contenenti tali sostanze. Sono esclusi medicinali, preparati farmaceutici, miscele, prodotti naturali e altri preparati contenenti sostanze classificate, composti in modo tale da non poter essere facilmente utilizzati o estratti con mezzi di facile applicazione o economici;

b) operatore: una persona fisica o giuridica che operi nell'attività di immissione sul mercato di sostanze classificate, nonché una persona fisica o giuridica che operi, secondo quanto previsto dai regolamenti (CE) n. 111/2005 e 1277/2005, nell'ambito dell'importazione o dell'esportazione di sostanze classificate nei confronti di paesi non comunitari o svolga attività di intermediazione ad esse relative, comprese le persone la cui attività autonoma consiste nel fare dichiarazioni in dogana per i clienti sia a titolo principale sia a titolo accessorio rispetto ad un'altra attività;

c) immissione sul mercato: l'attività di fornire, a titolo oneroso o gratuito, sostanze classificate nella Comunità ovvero di immagazzinare, di fabbricare, di produrre, di trasformare, di commerciare, di distribuire o di intermediare tali sostanze, ai fini di fornitura nella Comunità.

2. Gli operatori che intendono effettuare, in relazione a sostanze classificate nelle categorie 1 e 2 dell'allegato I al regolamento (CE) n. 273/2004 e dell'allegato al regolamento n. 111/2005, taluna delle attività di immissione sul mercato indicate nel comma 1, devono nominare un responsabile della commercializzazione, in conformità e nei limiti di quanto disposto dal regolamento (CE) n. 273/2004, notificando al Ministero della salute le generalità della persona nominata. L'operatore che viola tale obbligo è punito con la sanzione amministrativa del pagamento di una somma da 600 euro a 6.000 euro. Può essere adottato il provvedimento di sospensione della licenza ad operare con sostanze classificate nella categoria 1 dell'allegato I al regolamento (CE) n. 273/2004 e dell'allegato al regolamento (CE) n. 111/2005, nonché l'attività svolta dall'operatore con riferimento alle sostanze classificate nelle categorie 2 e 3 dei predetti allegati, per un periodo non inferiore a un mese e non superiore a un anno.

3. Gli operatori che, in relazione a taluna delle sostanze classificate nella categoria 1 dell'allegato I al regolamento (CE) n. 273/2004 e dell'allegato al regolamento (CE) n. 111/2005, intendano compiere taluna delle attività indicate nel comma 1, o comunque intendano detenere tali sostanze, devono munirsi di licenza rilasciata dal Ministero della salute in conformità e nei limiti di quanto disposto dai regolamenti (CE) n. 273/2004, n. 111/2005 e n. 1277/2005. Sono escluse dall'obbligo di licenza le farmacie, per quanto riguarda l'acquisto di sostanze classificate in categoria 1, e la vendita o la cessione di tali sostanze in dose e forma di medicamento. La licenza ha validità triennale ed è soggetta alla tassa di concessione governativa ed al pagamento della tariffa individuata secondo le modalità di cui al comma 21. Le licenze sono comunicate al Dipartimento della Pubblica sicurezza - Direzione centrale per i servizi antidroga del Ministero

dell'Interno, al Comando generale dell'Arma dei Carabinieri, al Comando generale della Guardia di finanza ed alla Agenzia delle Dogane che impartiscono ai dipendenti organi periferici le istruzioni necessarie per la vigilanza. Il Ministero della salute può rilasciare licenze speciali ai laboratori ufficiali delle autorità competenti.

4. Chiunque effettua, in relazione a sostanze classificate nella categoria 1 dell'allegato I al regolamento (CE) n. 273/2004 e dell'allegato al regolamento (CE) n. 111/2005, taluna delle operazioni di immissione sul mercato, importazione o esportazione indicate nel comma 1, ovvero comunque detiene tali sostanze, senza aver conseguito la licenza di cui al comma 3, è punito con la reclusione da quattro a sedici anni e con la multa da 15.000 euro a 150.000 euro. Se il fatto è commesso da soggetto titolare di licenza o autorizzazione relativa a sostanze diverse da quelle oggetto dell'operazione o della detenzione, ovvero da soggetto registratosi ai sensi del comma 5, la pena è della reclusione da sei a venti anni e della multa da 26.000 euro a 260.000 euro. In tali casi alla condanna consegue la revoca della licenza, nonché il divieto del suo ulteriore rilascio per la durata di sei anni. Con la sentenza di condanna, il giudice dispone inoltre la sospensione dell'attività svolta dall'operatore, con riferimento alle sostanze di cui alle categorie 2 e 3 dell'allegato I al regolamento (CE) n. 273/2004 e dell'allegato al regolamento (CE) n. 111/2005, per un periodo non inferiore a quarantacinque giorni e non superiore ad un anno e sei mesi.

5. Gli operatori che immettono sul mercato, importano o esportano sostanze classificate di cui alla categoria 2 dell'allegato I al regolamento (CE) n. 273/2004 e dell'allegato al regolamento (CE) n. 111/2005, eccetto gli spedizionieri doganali o i vettori che agiscono unicamente in tale qualità, devono registrarsi presso il Ministero della salute, in conformità e nei limiti di quanto disposto dai regolamenti (CE) n. 273/2004, n. 111/2005 e n. 1277/2005. Sono esclusi da detto obbligo gli operatori che effettuano transazioni nel corso dell'intero anno solare per quantità di sostanze classificate in categoria 2 non superiori ai valori soglia di cui all'allegato II al regolamento (CE) n. 273/2004. All'obbligo di registrazione sono altresì tenuti gli operatori che esercitano attività di sostanze classificate in categoria 3 non superiori ai valori soglia di cui all'allegato II al regolamento (CE) n. 1277/2005. Sono altresì escluse dall'obbligo di registrazione le farmacie, per quanto riguarda l'acquisto di sostanze classificate in categoria 2, e la vendita o la cessione di tali sostanze in dose e forma di medicamento, nonché le strutture o istituzioni, quali università, laboratori di tossicologia forense, laboratori di sanità pubblica, laboratori di ricerca scientifica, ambulatori veterinari, dogane, organi di polizia, laboratori ufficiali di autorità pubbliche e forze armate, che agiscono unicamente come utilizzatori di sostanze classificate in categoria 2. La registrazione di cui al presente comma ha validità triennale, è soggetta al pagamento della tariffa individuata secondo le modalità di cui al comma 21. Le modalità di registrazione sono rese pubbliche sul sito del Ministero della salute.

6. Chiunque, in violazione dell'obbligo di registrazione di cui al comma 5, effettua taluna delle operazioni di immissione sul mercato, importazione o esportazione indicate nell'allegato II, è punito con la reclusione da tre a otto anni e con la multa da 6.000 euro a 60.000 euro, qualora si tratti di operazioni relative a sostanze classificate nella categoria 2, e con la reclusione fino a quattro anni e la multa fino a 2.000 euro, qualora si tratti di esportazione di sostanze classificate nella categoria 3. Se il fatto è commesso da soggetto titolare della licenza di cui al comma 3, ovvero da soggetto titolare di autorizzazione o registratosi per sostanze diverse da quelle oggetto dell'operazione, la pena è della reclusione da quattro a dieci anni e della multa da 9.000 euro a 90.000 euro qualora si tratti di operazioni relative a sostanze classificate nella categoria 2, e della reclusione fino a cinque anni e della multa fino a 3.000 euro qualora si tratti di esportazione di sostanze classificate nella categoria 3. In tali casi, qualora si tratti di operazioni relative a sostanze classificate nella categoria 2, alla condanna consegue la revoca della licenza, nonché il divieto del suo ulteriore rilascio per la durata di cinque anni. Con la sentenza di condanna, il giudice dispone inoltre la sospensione dell'attività svolta dall'operatore, con riferimento alle sostanze di cui alle categorie 2 e 3 dell'allegato I al regolamento (CE) n. 273/2004 e dell'allegato al regolamento (CE) n. 111/2005, per un periodo non inferiore a quarantacinque giorni e non superiore ad un anno e sei mesi. Qualora si tratti di esportazione di sostanze classificate nella categoria 3, alla condanna consegue la revoca della licenza, nonché il divieto del suo ulteriore rilascio per la durata di quattro anni. Con la sentenza di condanna, il giudice dispone inoltre la sospensione dell'attività svolta dall'operatore, con riferimento alle sostanze di cui alle categorie 2 e 3 dell'allegato I al regolamento (CE) n. 273/2004 e dell'allegato al regolamento (CE) n. 111/2005, per un periodo non inferiore ad un mese e non superiore ad un anno.

7. In caso di operazioni di immissione sul mercato, importazione o esportazione di sostanze classificate compiute in violazione degli obblighi di cui regolamenti (CE) n. 273/2004, 111/2005, 1277/2005 e 297/2009, il Ministero della salute può sospendere la licenza o la registrazione per un periodo non inferiore ad un mese e non superiore ad un anno. Il provvedimento di sospensione è notificato agli interessati tramite il sindaco e comunicato all'autorità sanitaria locale, alla questura competente per territorio, alla Presidenza del Consiglio dei Ministri - Dipartimento politiche antidroga, al Dipartimento della Pubblica sicurezza - Direzione

centrale per i servizi antidroga del Ministero dell'Interno, al Comando generale dell'Arma dei Carabinieri, al Comando generale della Guardia di finanza ed alla Agenzia delle Dogane.

8. La distruzione delle sostanze di cui al comma 1, limitatamente a quelle di cui alla categoria 1, è effettuata nel rispetto delle disposizioni, in quanto compatibili, di cui agli articoli 22, 23, 25 e 25-*bis*.

9. L'esportazione delle sostanze appartenenti alle categorie 1 e 2 dell'allegato I al regolamento (CE) n. 273/2004 e dell'allegato al regolamento (CE) n. 111/2005 è subordinata al rilascio dell'autorizzazione di esportazione da parte del Ministero della salute, in conformità e nei limiti di quanto disposto dai regolamenti (CE) n. 111/2005 e n. 1277/2005. è altresì subordinata al rilascio dell'autorizzazione del Ministero della salute l'esportazione delle sostanze appartenenti alla categoria 3 dell'allegato I al regolamento (CE) n. 273/2004 e dell'allegato al regolamento (CE) n. 111/2005 verso uno dei paesi indicati nell'allegato IV, punto 2, al regolamento n. 1277/2005 e successive modificazioni. L'importazione delle sostanze appartenenti alla categoria 1 è subordinata al rilascio dell'autorizzazione di importazione da parte del Ministero della salute in conformità e nei limiti di quanto disposto dai regolamenti (CE) n. 111/2005 e n. 1277/2005. Le autorizzazioni di cui sopra hanno validità semestrale, sono soggette alla tassa di concessione governativa e al pagamento della tariffa individuata secondo le modalità di cui al comma 21. Le esportazioni di sostanza appartenenti alla categoria 1 dell'allegato I al regolamento (CE) n. 273/2004 e dell'allegato al regolamento (CE) n. 111/2005, e le esportazioni di sostanze appartenenti alle categorie 2 e 3 dei medesimi allegati, destinate ai paesi inclusi nell'allegato IV del regolamento (CE) n. 1277/2005 e successive modificazioni, sono precedute da una notificazione preventiva all'esportazione, da trasmettere alle autorità competenti del paese di destinazione, in conformità e nei limiti di quanto disposto dai regolamenti (CE) n. 111/2005 e n. 1277/2005. Il Ministero della salute, rilasciata l'autorizzazione di importazione o di esportazione, ne dà tempestivo avviso alla dogana di confine, attraverso la quale deve essere effettuata l'operazione.

10. Chiunque effettua operazioni di esportazione o importazione di sostanze classificate nella categoria 1 senza aver conseguito l'autorizzazione di cui al comma 9, è punito ai sensi del comma 4. Chiunque esporta sostanze classificate nelle categorie 2 e 3 senza aver conseguito l'autorizzazione di cui al comma 9, è punito ai sensi del comma 6.

11. All'interno del territorio dell'Unione europea le sostanze classificate nella categoria 1 dell'allegato I al regolamento (CE) n. 273/2004 possono essere fornite unicamente agli operatori in possesso di licenza per l'utilizzo di sostanze classificate in categoria 1, fatte salve le esclusioni di cui al comma 3. Il trasgressore è punito con l'arresto fino ad un anno o con l'ammenda da 300 euro a 3.000 euro. Il giudice, con la sentenza di condanna, può disporre la revoca della licenza con divieto di ulteriore rilascio per un periodo di quattro anni e la sospensione dell'autorizzazione a svolgere le attività di cui al comma 2 e 3 per un periodo non inferiore ad un mese e non superiore ad un anno.

12. Gli acquirenti di sostanze classificate nelle categorie 1 e 2 devono rilasciare apposita dichiarazione all'operatore, che la certifica ed utilizza in conformità e nei limiti di quanto disposto dal regolamento (CE) n. 273/2004. L'operatore che viola tale obbligo è punito con la sanzione amministrativa del pagamento di una somma da 600 euro a 6.000 euro. Può essere adottato il provvedimento di sospensione della licenza ad operare con sostanze classificate nella categoria 1 dell'allegato I al regolamento (CE) n. 273/2004 e dell'allegato al regolamento (CE) n. 111/2005, nonché l'attività svolta dall'operatore con riferimento alle sostanze classificate nelle categorie 2 e 3 dei predetti allegati, per un periodo non inferiore a un mese e non superiore a un anno.

13. Gli operatori sono tenuti a documentare le transazioni che portano alla immissione sul mercato di sostanze classificate nelle categorie 1 e 2 dell'allegato I al regolamento (CE) n. 273/2004 e dell'allegato al regolamento (CE) n. 111/2005, secondo le modalità indicate nell'allegato III, in conformità e nei limiti di quanto disposto dal regolamento (CE) n. 273/2004. Essi devono inoltre documentare le operazioni di importazione ed esportazione concernenti sostanze classificate, e le relative attività di intermediazione, in conformità e nei limiti di quanto disposto dal regolamento (CE) n. 111/2005. Gli operatori devono altresì accertarsi, prima della fornitura di sostanze classificate nelle categorie 1 e 2, della presenza di etichette recanti i nomi delle sostanze, come indicati nell'allegato I al regolamento (CE) n. 273/2004 e dell'allegato al regolamento n. 111/2005. Analoga verifica deve essere svolta su tutte le spedizioni di sostanze classificate, nell'ambito di operazioni di importazione, esportazione o intermediazione, in conformità di quanto previsto nel regolamento (CE) n. 111/2005.

14. Il trasgressore degli obblighi di cui al comma 13 è punito con la sanzione amministrativa del pagamento di una somma da 600 euro a 6.000 euro. Può essere adottato il provvedimento di sospensione della licenza ad operare con sostanze classificate nella categoria 1 dell'allegato I al regolamento (CE) n. 273/2004 e dell'allegato al regolamento (CE) n. 111/2005, nonché l'attività svolta dall'operatore con riferimento alle sostanze classificate nelle categorie 2 e 3 dei predetti allegati, per un periodo non inferiore a un mese e non superiore a un anno.

15. Gli operatori che svolgono attività commerciali tra l'Italia e paesi dell'Unione europea, nonché attività di importazione, esportazione e transito

tra l'Italia e Paesi extracomunitari, hanno l'obbligo di comunicare al Dipartimento della Pubblica sicurezza - Direzione centrale per i servizi antidroga del Ministero dell'interno, al più tardi al momento della loro effettuazione, le singole operazioni commerciali relative alle sostanze classificate nelle categorie 1 e 2 dell'allegato I al regolamento (CE) n. 273/2004 e dell'allegato al regolamento (CE) n. 111/2005, nonché le esportazioni delle sostanze appartenenti alla categoria 3 dell'allegato I qualora soggette al rilascio dell'autorizzazione di cui al comma 9. Gli operatori sono tenuti inoltre a inviare una volta l'anno entro il 15 febbraio al Ministero della salute una rendicontazione sintetica delle movimentazioni di sostanze classificate effettuate nel corso dell'anno precedente, secondo le modalità indicate nell'allegato III, in conformità e nei limiti di quanto disposto dai regolamenti (CE) n. 273/2004, n. 111/2005 e n. 1277/2005.

16. Il trasgressore degli obblighi di cui al comma 15 è punito, salvo che il fatto costituisca più grave reato, con l'arresto fino a un anno o con l'ammenda da 300 euro a 3.000 euro. Il giudice, con la sentenza di condanna, può disporre la revoca della licenza con divieto di ulteriore rilascio per un periodo di quattro anni, e la sospensione dell'attività svolta dall'operatore con riferimento alle sostanze classificate nelle categorie 2 e 3 per un periodo non inferiore a un mese e non superiore a un anno.

17. Gli operatori sono altresì tenuti a collaborare in ogni altro modo con il Dipartimento della Pubblica sicurezza - Direzione centrale per i servizi antidroga del Ministero dell'Interno, in particolare fornendo ogni informazione eventualmente richiesta, nonché segnalando immediatamente ogni fatto od elemento che, per caratteristiche, entità, natura o per qualsiasi altra circostanza conosciuta in ragione dell'attività esercitata, induce a ritenere che le sostanze trattate possono essere in qualsiasi modo impiegate per la produzione di sostanze stupefacenti o psicotrope. Il trasgressore è punito, salvo che il fatto costituisca più grave reato, ai sensi del comma 14.

18. La vigilanza nei confronti degli operatori è esercitata dal Ministero della salute, in conformità di quanto previsto dai regolamenti (CE) n. 273/2004 e n. 111/2005. La vigilanza predetta si effettua mediante ispezioni ordinarie e straordinarie, per la cui esecuzione il predetto Ministero può avvalersi della collaborazione degli organi di polizia, i quali comunque hanno facoltà di accedere in qualunque momento nei locali ove si svolgono le attività previste dal presente articolo. Ai fini della vigilanza e dei controlli previsti, gli operatori sono tenuti ad esibire ai funzionari del Ministero della salute ed agli appartenenti alle forze di polizia tutti i documenti inerenti le operazioni di cui alla licenza o alla registrazione.

19. Salvo che il fatto costituisca più grave reato, è punito con l'arresto fino ad un anno o con l'ammenda da 300 euro a 3.000 euro chiunque, impedisce od ostacola lo svolgimento delle attività di vigilanza, controllo ed ispezione previste dal comma precedente. Il giudice, con la sentenza di condanna, può disporre la revoca della licenza con divieto di ulteriore rilascio per un periodo di quattro anni, e la sospensione dell'attività svolta dall'operatore con riferimento alle sostanze classificate nelle categorie 2 e 3 per un periodo non inferiore a un mese e non superiore a un anno.

20. L'allegato III può essere modificato con decreto del Ministero della salute, di concerto con il Ministero dell'interno e sentita la Presidenza del Consiglio dei Ministri - Dipartimento politiche antidroga, in conformità a nuove disposizioni di modifica della disciplina comunitaria.

21. Alle attività di rilascio della licenza, di registrazione e di autorizzazione di cui ai commi 3, 5 e 9, il Ministero della salute provvede mediante tariffe a carico degli operatori, da determinarsi ai sensi dell'articolo 4 della legge 4 giugno 2010, n. 96. Con decreto del Ministro della salute, di concerto con il Ministro dell'economia e delle finanze, da adottarsi entro sessanta giorni dall'entrata in vigore del presente decreto legislativo, sono individuate le tariffe di cui al presente comma e le relative modalità di versamento. Le tariffe sono aggiornate almeno ogni due anni.

[1] Articolo così sost. dall'art. 1, D.lgs. 24 mar. 2011, n. 50.

71. ***Prescrizioni relative alla vendita.***[1]

[1] L'originario articolo era stato abrog. dall'art. 4-*vicies ter*, c. 24, D.L. 30 dic. 2005, n. 272, conv. con modif. in L. 21 feb. 2006, n. 49. Successivamente, la Corte cost., con sent. 25 feb. 2014, n. 32, ha dichiarato l'ill. cost. del suddetto art. 4-*vicies ter*. Infine, il presente articolo è stato nuovamente abrog. dall'art. 1, c. 24, D.L. 20 mar. 2014, n. 36, conv. con modif. in L. 16 mag. 2014, n. 79.

TITOLO VIII
Della repressione delle attività illecite

CAPO I
Disposizioni penali e sanzioni amministrative

72. ***Attività illecite.*** — 1.[1]

2. È consentito l'uso terapeutico di preparati medicinali a base di sostanze stupefacenti o psicotrope [di cui al comma 1],[1] debitamente prescritti secondo le necessità di cura in relazione alle particolari condizioni patologiche del soggetto.

[1] Il comma 1 e il rinvio ad esso nel comma 2 sono stati abrogati in esito al referendum popolare indetto con D.P.R. 25 feb. 1993.

73. ***Produzione, traffico e detenzione illeciti di sostanze stupefacenti o psicotrope.***[1] — 1. Chiunque, senza l'autorizzazione di cui all'articolo 17, coltiva, produce, fabbrica, estrae, raffina, vende, offre o mette in vendita, cede, distribuisce, commerçia, trasporta, procura ad altri, invia, passa o spedisce in transito, consegna per qualunque scopo sostanze stupefacenti o psicotrope di cui alla tabella I prevista dall'articolo 14, è punito con la reclusione da sei a venti anni e con la multa da euro 26.000 a euro 260.000.[2]

1-*bis*. Con le medesime pene di cui al comma 1 è punito chiunque, senza l'autorizzazione di cui all'articolo 17, importa, esporta, acquista, riceve a qualsiasi titolo o comunque illecitamente detiene:

a) sostanze stupefacenti o psicotrope che per quantità, in particolare se superiore ai limiti massimi indicati con decreto del Ministro della salute emanato di concerto con il Ministro della giustizia sentita la Presidenza del Consiglio dei Ministri - Dipartimento nazionale per le politiche antidroga, ovvero per modalità di presentazione, avuto riguardo al peso lordo complessivo o al confezionamento frazionato, ovvero per altre circostanze dell'azione, appaiono destinate ad un uso non esclusivamente personale;

b) medicinali contenenti sostanze stupefacenti o psicotrope elencate nella tabella II, sezione A, che eccedono il quantitativo prescritto. In questa ultima ipotesi, le pene suddette sono diminuite da un terzo alla metà.[3]

2. Chiunque, essendo munito dell'autorizzazione di cui all'articolo 17, illecitamente cede, mette o procura che altri metta in commercio le sostanze o le preparazioni indicate nelle tabelle I e II di cui all'articolo 14, è punito con la reclusione da sei a ventidue anni e con la multa da euro 26.000 a euro 300.000.[4]

2-*bis*.[5]

3. Le stesse pene si applicano a chiunque coltiva, produce o fabbrica sostanze stupefacenti o psicotrope diverse da quelle stabilite nel decreto di autorizzazione.[2]

4. Quando le condotte di cui al comma 1 riguardano i medicinali ricompresi nella tabella II, sezioni A, B, C e D, limitatamente a quelli indicati nel numero 3-*bis*) della lettera *e*) del comma 1 dell'articolo 14 e non ricorrono le condizioni di cui all'articolo 17, si applicano le pene ivi stabilite, diminuite da un terzo alla metà.[6]

5. Salvo che il fatto costituisca più grave reato, chiunque commette uno dei fatti previsti dal presente articolo che, per i mezzi, la modalità o le circostanze dell'azione ovvero per la qualità e quantità delle sostanze, è di lieve entità, è punito con le pene della reclusione da sei mesi a quattro anni e della multa da euro 1.032 a euro 10.329.[7]

5-*bis*. Nell'ipotesi di cui al comma 5, limitatamente ai reati di cui al presente articolo commessi da persona tossicodipendente o da assuntore di sostanze stupefacenti o psicotrope, il giudice, con la sentenza di condanna o di applicazione della pena su richiesta delle parti a norma dell'articolo 444 del codice di procedura penale, su richiesta dell'imputato e sentito il pubblico ministero, qualora non debba concedersi il beneficio della sospensione condizionale della pena, può applicare, anziché le pene detentive e pecuniarie, quella del lavoro di pubblica utilità di cui all'articolo 54 del decreto legislativo 28 agosto 2000, n. 274, secondo le modalità ivi previste. Con la sentenza il giudice incarica l'ufficio locale di esecuzione penale esterna di verificare l'effettivo svolgimento del lavoro di pubblica utilità. L'ufficio riferisce periodicamente al giudice. In deroga a quanto disposto dal citato articolo 54 del decreto legislativo n. 274 del 2000, il lavoro di pubblica utilità ha una durata corrispondente a quella della sanzione detentiva irrogata. Esso può essere disposto anche nelle strutture private autorizzate ai sensi dell'articolo 116, previo consenso delle stesse. In caso di violazione degli obblighi connessi allo svolgimento del lavoro di pubblica utilità, in deroga a quanto previsto dal citato articolo 54 del decreto legislativo n. 274 del 2000, su richiesta del pubblico ministero o d'ufficio, il giudice che procede, o quello dell'esecuzione, con le formalità di cui all'articolo 666 del codice di procedura penale, tenuto conto dell'entità dei motivi e delle circostanze della violazione, dispone la revoca della pena con conseguente ripristino di quella sostituita. Avverso tale provvedimento di revoca è ammesso ricorso per cassazione, che non ha effetto sospensivo. Il lavoro di pubblica utilità può sostituire la pena per non più di due volte.[7]

5-*ter*. La disposizione di cui al comma 5-*bis* si applica anche nell'ipotesi di reato diverso da quelli di cui al comma 5, commesso, per una sola volta, da persona tossicodipendente o da assuntore abituale di sostanze stupefacenti o psicotrope e in relazione alla propria condizione di dipendenza o di assuntore abituale, per il quale il giudice infligga una pena non superiore ad un anno di detenzione, salvo che si tratti di reato previsto dall'articolo 407, comma 2, lettera *a*), del codice di procedura penale o di reato contro la persona.[8]

6. Se il fatto è commesso da tre o più persone in concorso tra loro, la pena è aumentata.

7. Le pene previste dai commi da 1 a 6 sono diminuite dalla metà a due terzi per chi si adopera per evitare che l'attività delittuosa sia portata a conseguenze ulteriori, anche aiutando concretamente l'autorità di polizia o l'autorità giudiziaria nella sottrazione di risorse rilevanti per la commissione dei delitti.

7-*bis*. Nel caso di condanna o di applicazione di pena su richiesta delle parti, a norma dell'articolo 444 del codice di procedura penale, è ordinata la confisca delle cose che ne sono il profitto o il prodotto, salvo che appartengano a persona estranea al reato, ovvero quando essa non è possibile, fatta eccezione per il delitto di cui al comma 5, la confisca di beni di cui il reo ha la disponibilità per un valore corrispondente a tale profitto o prodotto.[9]

[1] Rubrica così sost. dall'art. 4-*bis*, c. 1, lett. *a*), D.L. 30 dic. 2005, n. 272, conv. con modif. in L. 21 feb. 2006, n. 49.

Successivamente, la Corte cost., con sent. 25 feb. 2014, n. 32, ha dichiarato l'ill. cost. dell'art. 4-*bis*.

[2] Comma così sost. dall'art. 4-*bis*, c. 1, lett. *b*), D.L. 30 dic. 2005, n. 272, conv. con modif. in L. 21 feb. 2006, n. 49. Successivamente, la Corte cost., con sent. 25 feb. 2014, n. 32, ha dichiarato l'ill. cost. dell'art. 4-*bis*.

La Corte cost., con sent. 8 mar. 2019, n. 40, ha dichiarato l'ill. cost. del presente comma nella parte in cui prevede la pena minima edittale della reclusione nella misura di otto anni anziché di sei anni.

[3] Comma ins. dall'art. 4-*bis*, comma 1, lett. *c*), D.L. 30 dic. 2005, n. 272, conv. con modif. in L. 21 feb. 2006, n. 49. Successivamente, la Corte cost., con sent. 25 feb. 2014, n. 32, ha dichiarato l'ill. cost. dell'art. 4-*bis*.

[4] Comma così modif. dall'art. 4-*bis*, c. 1, lett. *d*), D.L. 30 dic. 2005, n. 272, conv. con modif. in L. 21 feb. 2006, n. 49. Successivamente, la Corte cost., con sent. 25 feb. 2014, n. 32, ha dichiarato l'ill. cost. dell'art. 4-*bis*.

[5] Comma abrog. dall'art. 1, c. 1, lett. *b*), D.lgs. 24 mar. 2011, n. 50, a decorrere dal 27 aprile 2011, ai sensi di quanto disposto dall'art. 3, c. 1, del medesimo D.lgs. 50/2011.

[6] Comma così sost. dall'art. 4-*bis*, c. 1, lett. *b*), D.L. 30 dic. 2005, n. 272, conv. con modif. in L. 21 feb. 2006, n. 49 e, successivamente, così modificato dall'art. 10, c. 1, lett. *s*), L. 15 mar. 2010, n. 38. Successivamente, la Corte cost., con sent. 25 feb. 2014, n. 32, ha dichiarato l'ill. cost. dell'art. 4-*bis*.

[7] Comma così sost. dall'art. 1, c. 24-*ter*, D.L. 20 mar. 2014, n. 36, conv. con modif. in L. 16 mag. 2014, n. 79.

[8] Comma ins. dall'art. 3, c. 1, D.L. 1° lug. 2013, n. 78, conv. con modif. in L. 9 ago. 2013, n. 94.

[9] Comma ins. dall'art. 4, c. 1, lett. *a*), D.lgs. 29 ott. 2016, n. 202.

74. ***Associazione finalizzata al traffico illecito di sostanze stupefacenti o psicotrope.*** — 1. Quando tre o più persone si associano allo scopo di commettere più delitti tra quelli previsti dall'articolo 70, commi 4, 6 e 10, escluse le operazioni relative alle sostanze di cui alla categoria III dell'allegato I al regolamento (CE) n. 273/2004 e dell'allegato al regolamento (CE) n. 111/2005, ovvero dall'articolo 73,[1] chi promuove, costituisce, dirige, organizza o finanzia l'associazione è punito per ciò solo con la reclusione non inferiore a venti anni.

2. Chi partecipa all'associazione è punito con la reclusione non inferiore a dieci anni.

3. La pena è aumentata se il numero degli associati è di dieci o più o se tra i partecipanti vi sono persone dedite all'uso di sostanze stupefacenti o psicotrope.

4. Se l'associazione è armata la pena, nei casi indicati dai commi 1 e 3, non può essere inferiore a ventiquattro anni di reclusione e, nel caso previsto dal comma 2, a dodici anni di reclusione. L'associazione si considera armata quando i partecipanti hanno la disponibilità di armi o materie esplodenti, anche se occultate o tenute in luogo di deposito.

5. La pena è aumentata se ricorre la circostanza di cui alla lettera *e*) del comma 1 dell'art. 80.

6. Se l'associazione è costituita per commettere i fatti descritti dal comma 5 dell'art. 73, si applicano il primo e il secondo comma dell'art. 416 del c.p.

7. Le pene previste dai commi da 1 a 6 sono diminuite dalla metà a due terzi per chi si sia efficacemente adoperato per assicurare le prove del reato o per sottrarre all'associazione risorse decisive per la commissione dei delitti.

7-*bis*. Nei confronti del condannato è ordinata la confisca delle cose che servirono o furono destinate a commettere il reato e dei beni che ne sono il profitto o il prodotto, salvo che appartengano a persona estranea al reato, ovvero quando essa non è possibile, la confisca di beni di cui il reo ha la disponibilità per un valore corrispondente a tale profitto o prodotto.

8. Quando in leggi e decreti è richiamato il reato previsto dall'art. 75 della L. 22 dic. 1975, n. 685, abrogato dall'art. 38, comma 1, della L. 26 giu. 1990, n. 162, il richiamo si intende riferito al presente articolo.

[1] Parole così modif. dall'art. 1, c. 1, lett. *c*), D.lgs. 24 mar. 2011, n. 50.

[2] Comma ins. dall'art. 4, c. 1, lett. *b*), D.lgs. 29 ott. 2016, n. 202.

75. ***Condotte integranti illeciti amministrativi.***[1] — 1. Chiunque, per farne uso personale, illecitamente importa, esporta, acquista, riceve a qualsiasi titolo o comunque detiene sostanze stupefacenti o psicotrope è sottoposto, per un periodo da due mesi a un anno, se si tratta di sostanze stupefacenti o psicotrope comprese nelle tabelle I e III previste dall'articolo 14, e per un periodo da uno a tre mesi, se si tratta di sostanze stupefacenti o psicotrope comprese nelle tabelle II e IV previste dallo stesso articolo, a una o più delle seguenti sanzioni amministrative:[2]

a) sospensione della patente di guida, del certificato di abilitazione professionale per la guida di motoveicoli e del certificato di idoneità alla guida di ciclomotori o divieto di conseguirli per un periodo fino a tre anni;[3]

b) sospensione della licenza di porto d'armi o divieto di conseguirla;

c) sospensione del passaporto e di ogni altro documento equipollente o divieto di conseguirli;

d) sospensione del permesso di soggiorno per motivi di turismo o divieto di conseguirlo se cittadino extracomunitario.

1-*bis*. Ai fini dell'accertamento della destinazione ad uso esclusivamente personale della sostanza stupefacente o psicotropa o del medicinale di cui al comma 1, si tiene conto delle seguenti circostanze:

a) che la quantità di sostanza stupefacente o psicotropa non sia superiore ai limiti massimi indicati con decreto del Ministro della salute, di concerto con il Ministro della giustizia, sentita la Presidenza del Consiglio dei ministri - Dipartimento per le politiche antidroga, nonché della modalità di presentazione delle sostanze stupefacenti o psicotrope, avuto riguardo al peso lordo complessivo o al confezionamento frazionato ovvero ad altre circostanze dell'azione, da cui risulti che le sostanze sono destinate ad un uso esclusivamente personale;

b) che i medicinali contenenti sostanze stupefacenti o psicotrope elencate nella tabella dei medicinali, sezioni A, B, C e D, non eccedano il quantitativo prescritto.[4]

2. L'interessato, inoltre, ricorrendone i presupposti, è invitato a seguire il programma terapeutico e socio-riabilitativo di cui all'art. 122 o altro programma educativo e informativo personalizzato in relazione alle proprie specifiche esigenze, predisposto dal servizio pubblico per le tossicodipendenze competente per territorio analogamente a quanto disposto al comma 13 o da una struttura privata autorizzata ai sensi dell'art. 116.

3. Accertati i fatti di cui al comma 1, gli organi di polizia procedono alla contestazione immediata, se possibile, e riferiscono senza ritardo e comunque entro dieci giorni, con gli esiti degli esami tossicologici sulle sostanze sequestrate effettuati presso le strutture pubbliche di cui al comma 10, al prefetto competente ai sensi del comma 13. Ove, al momento dell'accertamento, l'interessato abbia la diretta e immediata disponibilità di veicoli a motore, gli organi di polizia procedono altresì all'immediato ritiro della patente di guida. Qualora la disponibilità sia riferita ad un ciclomotore, gli organi accertatori ritirano anche il certificato di idoneità tecnica, sottoponendo il veicolo a fermo amministrativo. Il ritiro della patente di guida, nonché del certificato di idoneità tecnica e il fermo amministrativo del ciclomotore hanno durata di trenta giorni e ad essi si estendono gli effetti di quanto previsto dal comma 4. Si applicano, in quanto compatibili, le disposizioni degli artt. 214 e 216 del decreto legislativo 30 aprile 1992, n. 285, e successive modificazioni. La patente di guida e il certificato di idoneità tecnica sono trasmessi al prefetto competente ai sensi del comma 13. In caso di guida di un veicolo durante il periodo in cui la patente sia stata ritirata ovvero di circolazione con il veicolo sottoposto a fermo amministrativo, si applicano rispettivamente le sanzioni previste dagli artt. 216 e 214 del decreto legislativo 30 aprile 1992, n. 285, e successive modificazioni.

4. Entro il termine di quaranta giorni dalla ricezione della segnalazione, il prefetto, se ritiene fondato l'accertamento, adotta apposita ordinanza convocando, anche a mezzo degli organi di polizia, dinanzi a sé o a un suo delegato, la persona segnalata per valutare, a seguito di colloquio, le sanzioni amministrative da irrogare e la loro durata nonché, eventualmente, per formulare l'invito di cui al comma 2. In tale attività il prefetto è assistito dal personale del nucleo operativo costituito presso ogni prefettura-ufficio territoriale del Governo. Nel caso in cui l'interessato si avvalga delle facoltà previste dall'art. 18 della legge 24 novembre 1981, n. 689, e successive modificazioni, e non venga emessa ordinanza motivata di archiviazione degli atti, da comunicare integralmente all'organo che ha effettuato la segnalazione, contestualmente all'ordinanza con cui viene ritenuto fondato l'accertamento, da adottare entro centocinquanta giorni dalla ricezione degli scritti difensivi ovvero dallo svolgimento dell'audizione ove richiesta, il prefetto convoca la persona segnalata ai fini e con le modalità indicate nel presente comma. La mancata presentazione al colloquio comporta l'irrogazione delle sanzioni di cui al comma 1. Avverso l'ordinanza con cui il prefetto ritiene fondato l'accertamento e convoca la persona segnalata può essere proposta opposizione al giudice di pace, entro il termine di dieci giorni dalla notifica all'interessato. Nel caso di minore l'opposizione viene proposta al Tribunale per i minorenni. Valgono per la competenza territoriale in merito all'opposizione gli stessi criteri indicati al comma 13.

5. Se l'interessato è persona minore di età, il prefetto, qualora ciò non contrasti con le esigenze educative del medesimo, convoca i genitori o chi ne esercita la potestà, li rende edotti delle circostanze di fatto e dà loro notizia circa le strutture di cui al comma 2.

6. Degli accertamenti e degli atti di cui ai commi da 1 a 5 può essere fatto uso soltanto ai fini dell'applicazione delle misure e delle sanzioni previste nel presente articolo e nell'art. 75-*bis*.

7. L'interessato può chiedere di prendere visione e di ottenere copia degli atti di cui al presente articolo che riguardino esclusivamente la sua persona. Nel caso in cui gli atti riguardino più persone, l'interessato può ottenere il rilascio di estratti delle parti relative alla sua situazione.

8. Qualora la condotta di cui al comma 1 sia stata posta in essere da straniero maggiorenne, gli organi di polizia ne riferiscono altresì al questore competente per territorio in relazione al luogo, come determinato al comma 13, per le valutazioni di competenza in sede di rinnovo del permesso di soggiorno.

9. Avverso il decreto con il quale il prefetto irroga le sanzioni di cui al comma 1 ed eventualmente formula l'invito di cui al comma 2, che ha effetto dal momento della notifica all'interessato, può essere fatta opposizione dinanzi all'autorità giudiziaria ordinaria. Le controversie di cui al presente comma sono disciplinate dall'articolo 8 del decreto legislativo 1° settembre 2011, n. 150. Copia del decreto è contestualmente inviata al questore di cui al comma 8.[5]

10. Gli accertamenti medico-legali e tossicologico-forensi sono effettuati presso gli istituti di medicina legale, i laboratori universitari di tossicologia forense, le strutture delle Forze di polizia ovvero presso le strutture pubbliche di base da individuare con decreto del Ministero della salute.

11. Se risulta che l'interessato si sia sottoposto, con esito positivo, al programma di cui al comma 2, il prefetto adotta il provvedimento di revoca del-

le sanzioni, dandone comunicazione al questore e al giudice di pace competente.

12. Si applicano, in quanto compatibili, le norme della sezione II del capo I e il secondo comma dell'art. 62 della legge 24 novembre 1981, n. 689.

13. Il prefetto competente per territorio in relazione al luogo di residenza o, in mancanza, di domicilio dell'interessato e, ove questi siano sconosciuti, in relazione al luogo ove è stato commesso il fatto, applica le sanzioni di cui al comma 1 formula l'invito di cui al comma 2.

14. Se per i fatti previsti dal comma 1, nel caso di particolare tenuità della violazione ricorrono elementi tali da far presumere che la persona si asterrà, per il futuro, dal commetterli nuovamente, in luogo della sanzione, e limitatamente alla prima volta, il prefetto può definire il procedimento con il formale invito a non fare più uso delle sostanze stesse, avvertendo il soggetto delle conseguenze a suo danno.

[1] Articolo così sost. dall'art. 4-*ter* della L. 21 feb. 2006, n. 49.

[2] Alinea così sost. dall'art. 1, c. 24-*quater*, D.L. 20 mar. 2014, n. 36, conv. con modif. in L. 16 mag. 2014, n. 79.

[3] Lettera così sost. dall'art. 3, c. 50 della L. 15 lug. 2009, n. 94.

[4] Comma ins. dall'art. 1, c. 24-*quater*, D.L. 20 mar. 2014, n. 36, conv. con modif. in L. 16 mag. 2014, n. 79.

[5] Comma così sost. dall'art. 34, c. 7, D.lgs. 1 set. 2011, n. 150.

Ai sensi dell'art. 8 del D.lgs. 1 set. 2011, n. 150. le controversie previste dall'art. 75, c. 9, del D.P.R. 9 ott. 1990, n. 309 sono regolate dall'art. 6 del decreto citato, salvo quanto previsto dal comma 2 del medesimo decreto: "Sono competenti il giudice di pace, e nel caso di trasgressore minorenne, il tribunale per i minorenni del luogo ove ha sede il prefetto che ha pronunciato il provvedimento impugnato".

75-*bis*. *Provvedimenti a tutela della sicurezza pubblica.*[1] — 1. Qualora in relazione alle modalità od alle circostanze dell'uso, dalla condotta di cui al comma 1 dell'art. 75 possa derivare pericolo per la sicurezza pubblica, l'interessato che risulti già condannato, anche non definitivamente, per reati contro la persona, contro il patrimonio o per quelli previsti dalle disposizioni del presente testo unico o dalle norme sulla circolazione stradale, oppure sanzionato per violazione delle norme del presente testo unico o destinatario di misura di prevenzione o di sicurezza, può essere sottoposto ad una o più delle seguenti misure:

a) obbligo di presentarsi almeno due volte a settimana presso il locale ufficio della Polizia di Stato o presso il comando dell'Arma dei carabinieri territorialmente competente;

b) obbligo di rientrare nella propria abitazione, o in altro luogo di privata dimora, entro una determinata ora e di non uscirne prima di altra ora prefissata;

c) divieto di frequentare determinati locali pubblici;

d) divieto di allontanarsi dal comune di residenza;

e) obbligo di comparire in un ufficio o comando di polizia specificamente indicato, negli orari di entrata ed uscita dagli istituti scolastici;

f) divieto di condurre qualsiasi veicolo a motore.

1-*bis*. La durata massima delle misure di cui al comma 1 è fissata in due anni per quelle indicate nelle lettere *a*), *b*), *c*), *d*) ed *e*) e in quattro anni per quella indicata nella lettera *f*).

2. Il questore, ricevuta copia del decreto con il quale è stata applicata una delle sanzioni di cui all'art. 75, quando la persona si trova nelle condizioni di cui al comma 1, può disporre le misure di cui al medesimo comma, con provvedimento motivato, che ha effetto dalla notifica all'interessato, recante l'avviso che lo stesso ha facoltà di presentare, personalmente o a mezzo di difensore, memorie o deduzioni al giudice della convalida. Il provvedimento è comunicato entro quarantotto ore dalla notifica al giudice di pace competente per territorio in relazione al luogo di residenza o, in mancanza, di domicilio dell'interessato. Il giudice, se ricorrono i presupposti di cui al comma 1, dispone con decreto la convalida nelle successive quarantotto ore.

3. Le misure, su istanza dell'interessato, sentito il questore, possono essere modificate o revocate dal giudice di pace competente, qualora siano cessate o mutate le condizioni che ne hanno giustificato l'emissione. In tal caso, con la richiesta di modifica, il questore deve avvisare l'interessato della facoltà prevista dal comma 2. Il ricorso per cassazione contro il provvedimento di revoca o di modifica non ha effetto sospensivo.

4. Il decreto di revoca dei provvedimenti di cui all'art. 75, adottato quando l'interessato risulta essersi sottoposto con esito positivo al programma di cui al comma 2 dell'art. 75, è comunicato al questore e al giudice ai fini della revoca dei provvedimenti eventualmente emessi ai sensi del presente articolo. Il giudice provvede senza formalità.

5. Della sottoposizione con esito positivo al programma è data comunicazione al questore in relazione al disposto di cui al comma 8 dell'art. 75.

6. Il contravventore anche solo ad una delle disposizioni del comma 1 del presente articolo è punito con l'arresto da tre a diciotto mesi.

7. Qualora l'interessato sia minorenne, competente a provvedere ai sensi dei commi da 2 a 4 è il Tribunale per i minorenni, individuato in relazione al luogo di residenza o, in mancanza, di domicilio.

[1] Articolo ins. dall'art. 4-*quater*, c. 1, D.L. 30 dic. 2005, n. 272, conv. con modif. in L. 21 feb. 2006, n. 49 e quindi modif. dall'art. 3, c. 51, L. 15 lug. 2009, n. 94. Successivamente, la Corte cost., con sent. 6 mag. 2016, n. 94, ha dichiarato l'ill. cost. del citato art. 4-*quater*, D.L. 272/2005.

76. ***Provvedimenti dell'autorità giudiziaria. Sanzioni penali in caso di inosservanza.***[1]

[1] Articolo abrog. in esito al referendum popolare indetto con D.P.R. 25 feb. 1993.

77. ***Abbandono di siringhe.*** — 1. Chiunque in un luogo pubblico o aperto al pubblico, ovvero in un luogo privato ma di comune o altrui uso, getta o abbandona in modo da mettere a rischio l'incolumità altrui siringhe o altri strumenti pericolosi utilizzati per l'assunzione di sostanze stupefacenti o psicotrope è punito con la sanzione amministrativa del pagamento di una somma da euro 51 a euro 516.

78. ***Quantificazione delle sostanze.***[1] — 1. Con decreto del Ministero della salute, emanato previo parere dell'Istituto superiore di sanità e del Comitato scientifico di cui all'art. 1-*ter*, e periodicamente aggiornato in relazione all'evoluzione delle conoscenze nel settore, sono determinate le procedure diagnostiche, medico-legali e tossicologico-forensi per accertare il tipo, il grado e l'intensità dell'abuso di sostanze stupefacenti o psicotrope ai fini dell'applicazione delle disposizioni di cui agli artt. 75 e 75-*bis*;

2.[2]

[1] Comma così modif. dall'art. 4-*quinquies*, L. 21 feb. 2006, n. 49.

[2] Comma abrog. dall'art. 4-*quinquies*, c. 1, lett. *b*), L. 21 feb. 2006, n. 49.

79. ***Agevolazione dell'uso di sostanze stupefacenti o psicotrope.*** — Chiunque adibisce o consente che sia adibito un locale pubblico o un circolo privato di qualsiasi specie a luogo di convegno di persone che ivi si danno all'uso di sostanze stupefacenti o psicotrope è punito, per questo solo fatto, con la reclusione da tre a dieci anni e con la multa da euro 2.582 a euro 10.329 se l'uso riguarda le sostanze comprese nelle tabelle I e III previste dall'art. 14, o con la reclusione da uno a quattro anni e con la multa da euro 2.582 a euro 25.822 milioni se l'uso riguarda le sostanze comprese nelle tabelle II e IV previste dallo stesso art. 14.[1]

2. Chiunque, avendo la disponibilità di un immobile, di un ambiente o di un veicolo a ciò idoneo, lo adibisce o consente che altri lo adibisca a luogo di convegno abituale di persone che ivi si diano all'uso di sostanze stupefacenti o psicotrope è punito con le stesse pene previste nel comma 1.

3. La pena è aumentata dalla metà a due terzi se al convegno partecipa persona di età minore.

4. Qualora si tratti di pubblici esercizi, la condanna importa la chiusura dell'esercizio per un periodo a due a cinque anni.

5. La chiusura del pubblico esercizio può essere disposta con provvedimento motivato dall'autorità giudiziaria procedente.

6. La chiusura del pubblico esercizio può essere disposta con provvedimento cautelare dal prefetto territorialmente competente o dal Ministro della sanità, quando l'esercizio è aperto o condotto in base a suo provvedimento, per un periodo non superiore ad un anno, salve, in ogni caso, le disposizioni dell'autorità giudiziaria.

[1] Testo del comma di nuovo in vigore a far data dalla pubblicazione della sent. Corte cost. 25 feb. 2014, n. 32 che ha dichiarato l'ill. cost. dell'art. 4-*vicies ter*, D.L. 30 dic. 2005, n. 272, conv. con modif. in L. 21 feb. 2006, n. 49, che sostituiva il c. 1.

80. ***Aggravanti specifiche.*** — 1. Le pene previste per i delitti di cui all'art. 73 sono aumentate da un terzo alla metà:

a) nei casi in cui le sostanze stupefacenti e psicotrope sono consegnate o comunque destinate a persona di età minore;

b) nei casi previsti dai numeri 2), 3) e 4) del primo comma dell'art. 112 del c.p.;

c) per chi ha indotto a commettere il reato, o a cooperare nella commissione del reato, persona dedita all'uso di sostanze stupefacenti o psicotrope;

d) se il fatto è stato commesso da persona armata o travisata;

e) se le sostanze stupefacenti o psicotrope sono adulterate o commiste ad altre in modo che ne risulti accentuata la potenzialità lesiva;

f) se l'offerta o la cessione è finalizzata ad ottenere prestazioni sessuali da parte di persona tossicodipendente;

g) se l'offerta o la cessione è effettuata all'interno o in prossimità di scuole di ogni ordine o grado, comunità giovanili, caserme, carceri, ospedali, strutture per la cura e la riabilitazione dei tossicodipendenti.

2. Se il fatto riguarda quantità ingenti di sostanze stupefacenti o psicotrope, le pene sono aumentate dalla metà a due terzi; la pena è di trenta anni di reclusione quando i fatti previsti dai commi 1, 2 e 3 dell'art. 73 riguardano quantità ingenti di sostanze stupefacenti o psicotrope e ricorre l'aggravante di cui alla lettera *e*) del comma 1.

3. Lo stesso aumento di pena si applica se il colpevole per commettere il delitto o per conseguirne per sé o per altri il profitto, il prezzo o l'impunità ha fatto uso di armi.

4. Si applica la disposizione del secondo[1] comma dell'art. 112 del c.p.

5.[2]

[1] A seguito delle modifiche apportate all'art. 112 c.p. ora il riferimento è da intendersi al comma 4.

[2] Comma abrog. in esito al referendum popolare indetto con D.P.R. 5 giu. 1993.

81. ***Prestazioni di soccorso in caso di pericolo di morte o lesioni dell'assuntore.*** — 1. Quando l'uso di sostanze stupefacenti o psicotrope abbia cagionato la morte o lesioni personali dell'assuntore e taluno, per aver determinato o comunque agevolato l'uso di sostanze, debba risponderne ai sensi degli artt. 586, 589 o 590 del c.p., le pene stabilite da tali articoli, nonché quelle stabilite per i reati previsti dal presente testo unico, eventualmente commessi nella predetta attività di determinazione o agevolazione, sono ridotte dalla metà a due terzi se il colpevole ha prestato assistenza alla persona offesa ed ha tempestivamente informato l'autorità sanitaria o di polizia.

82. ***Istigazione, proselitismo e induzione al reato di persona minore.*** — 1. Chiunque pubblicamente istiga all'uso illecito di sostanze stupefacenti o psicotrope, ovvero svolge, anche in privato, attività di proselitismo per tale uso delle predette sostanze, ovvero induce una persona all'uso medesimo, è punito con la reclusione da uno a sei anni e con la multa da euro 1.032 a euro 5.164.

2. La pena è aumentata se il fatto è commesso nei confronti di persone di età minore ovvero all'interno o nelle adiacenze di scuole di ogni ordine e grado, di comunità giovanili o di caserme. La pena è altresì aumentata se il fatto è commesso all'interno di carceri, di ospedali o di servizi sociali e sanitari.

3. La pena è raddoppiata se i fatti sono commessi nei confronti di minore degli anni quattordici, di persona palesemente incapace o di persona affidata al colpevole per ragioni di cura, di educazione, di istruzione, di vigilanza o di custodia.

4. Se il fatto riguarda le sostanze di cui alle tabelle II e IV previste dall'art. 14 le pene disposte dai commi 1, 2 e 3 sono diminuite da un terzo alla metà.[1]

[1] Testo del comma di nuovo in vigore a far data dalla pubblicazione della sent. Corte cost. 25 feb. 2014, n. 32 che ha dichiarato l'ill. cost. dell'art. 4-*vicies ter*, D.L. 30 dic. 2005, n. 272, conv. con modif. in L. 21 feb. 2006, n. 49, che modificava alcune parole del c. 4.

83. ***Prescrizioni abusive.*** — 1. Le pene previste dall'art. 73, commi 1, 4 e 5, si applicano altresì a carico del medico chirurgo o del medico veterinario che rilascia prescrizioni delle sostanze stupefacenti o psicotrope ivi indicate per uso non terapeutico.

84. ***Divieto di propaganda pubblicitaria.*** — 1. La propaganda pubblicitaria di sostanze o preparazioni comprese nelle tabelle previste dall'art. 14, anche se effettuata in modo indiretto, è vietata. Non sono considerate propaganda le opere dell'ingegno non destinate alla pubblicità, tutelate dalla L. 22 apr. 1941, n. 633, sul diritto d'autore.

2. Il contravventore è punito con una sanzione amministrativa da euro 5.164 a euro 25.822, sempre che non ricorra l'ipotesi di cui all'art. 82.

3. Le somme di denaro ricavate dall'applicazione delle sanzioni di cui al comma 2 sono versate sul Fondo nazionale di intervento per la lotta alla droga di cui all'art. 127.

85. ***Pene accessorie.*** — 1. Con la sentenza di condanna per uno dei fatti di cui agli artt. 73, 74, 79 e 82, il giudice può disporre il divieto di espatrio e il ritiro della patente di guida per un periodo non superiore a tre anni.

2. Le stesse disposizioni si applicano nel caso di riconoscimento, effettuato a norma dell'art. 12 del c.p., di sentenza penale straniera di condanna per uno dei delitti sopra indicati.

3. Il provvedimento che applica le sanzioni amministrative, nonché quello che definisce o sospende il procedimento ai sensi del presente testo unico, dispone comunque la confisca delle sostanze.

85-*bis*. ***Ipotesi particolare di confisca.***[1] — 1. Nei casi di condanna o di applicazione della pena su richiesta a norma dell'articolo 444 del codice di procedura penale, per taluno dei delitti previsti dall'articolo 73, esclusa la fattispecie di cui al comma 5, si applica l'articolo 240-*bis* del codice penale.

[1] Articolo ins. dall'art. 6, c. 5, D.lgs. 1 mar. 2018, n. 21.

86. ***Espulsione dello straniero condannato.*** — 1. Lo straniero condannato per uno dei reati previsti dagli artt. 73, 74, 79 e 82, commi 2 e 3, a pena espiata deve essere espulso dallo Stato.[1]

2. Lo stesso provvedimento di espulsione dallo Stato può essere adottato nei confronti dello straniero condannato per uno degli altri delitti previsti dal presente testo unico.

3. Se ricorre lo stato di flagranza di cui all'art. 382 del c.p.p. in riferimento ai delitti previsti dai commi 1, 2 e 5 dell'art. 73, il prefetto dispone l'espulsione immediata e l'accompagnamento alla frontiera dello straniero, previo nulla osta dell'autorità giudiziaria procedente.

[1] La Corte cost., con sent. 24 feb. 1995, n. 58, ha dichiarato l'ill. cost. dell'art. 86, c. 1, "nella parte in cui obbliga il giudice ad emettere, senza l'accertamento della sussistenza in concreto della pericolosità sociale, contestualmente alla condanna, l'ordine di espulsione".

CAPO II
Disposizioni processuali e di esecuzione

87. ***Destinazione delle sostanze sequestrate dall'autorità giudiziaria.*** — 1. L'autorità che effettua il sequestro deve darne immediata notizia al Servizio centrale antidroga[1] specificando l'entità ed il tipo di sostanze sequestrate.

2. Quando il decreto di sequestro o di convalida del sequestro effettuato dall'autorità giudiziaria non è più assoggettabile al riesame, l'autorità giudiziaria dispone il prelievo di uno o più campioni, determinandone l'entità, con l'osservanza delle formalità di cui all'art. 364 del c.p.p. e ordina la distruzione della residua parte di sostanze.

3. Se la conservazione delle sostanze di cui al comma 2 sia assolutamente necessaria per il prosieguo delle indagini, l'autorità giudiziaria dispone in tal senso con provvedimento motivato.

4. In ogni caso l'autorità giudiziaria ordina la distruzione delle sostanze stupefacenti e psicotrope, ed ove possibile delle sostanze classificate di cui all'articolo 70[2], confiscate.

5. Per la distruzione di sostanze stupefacenti e psicotrope, ed ove possibile delle sostanze classificate di cui all'articolo 70[2], l'autorità giudiziaria si avvale di idonea struttura pubblica locale, ove esi-

stente, o statale ed incarica la polizia giudiziaria del regolare svolgimento delle relative operazioni. Il verbale delle operazioni è trasmesso all'autorità giudiziaria procedente e al Ministero della sanità.

6. La distruzione avviene secondo le modalità tecniche determinate con decreto del Ministro della sanità in data 19 lug. 1985, pubblicato nella *Gazzetta Ufficiale* n. 184 del 6 ago. 1985.

[1] Il servizio è stato soppresso dall'art. 1 della L. 15 gen. 1991, n. 16. Ora la competenza è della Direzione centrale per i servizi antidroga c/o il dipartimento di P.S. del Ministero dell'interno.

[2] Parole così modif. dall'art. 1, c. 1, D.lgs. 24 mar. 2011, n. 50.

88. ***Destinazione dei campioni delle sostanze sequestrate.*** — 1. Il Servizio centrale antidroga, istituito nell'ambito del Dipartimento di pubblica sicurezza, può chiedere all'autorità giudiziaria la consegna di alcuni campioni delle sostanze sequestrate. Altri campioni possono essere motivamente richiesti dalle singole forze di polizia o dal Ministero della sanità tramite il Servizio centrale antidroga. L'autorità giudiziaria, se la quantità delle sostanze sequestrate lo consente, e se le richieste sono pervenute prima della esecuzione dell'ordine di distruzione, accoglie le richieste stesse dando la priorità a quelle del Servizio centrale antidroga e determina le modalità della consegna.

89. ***Provvedimenti restrittivi nei confronti dei tossicodipendenti o alcooldipendenti che abbiano in corso programmi terapeutici.*** — 1. Qualora ricorrano i presupposti per la custodia cautelare in carcere il giudice, ove non sussistano esigenze cautelari di eccezionale rilevanza, dispone gli arresti domiciliari quando imputata è una persona tossicodipendente o alcooldipendente che abbia in corso un programma terapeutico di recupero presso i servizi pubblici per l'assistenza ai tossicodipendenti, ovvero nell'ambito di una struttura privata autorizzata ai sensi dell'art. 116, e l'interruzione del programma può pregiudicare il recupero dell'imputato. Quando si procede per i delitti di cui agli artt. 628, terzo comma, o 629, secondo comma, del codice penale e comunque nel caso sussistano particolari esigenze cautelari, il provvedimento è subordinato alla prosecuzione del programma terapeutico in una struttura residenziale. Con lo stesso provvedimento, o con altro successivo, il giudice stabilisce i controlli necessari per accertare che il tossicodipendente o l'acooldipendente prosegua il programma di recupero ed indica gli orari ed i giorni nei quali lo stesso può assentarsi per l'attuazione del programma.[1]

2. Se una persona tossicodipendente o alcooldipendente, che è in custodia cautelare in carcere, intende sottoporsi ad un programma di recupero presso i servizi pubblici per l'assistenza ai tossicodipendenti, ovvero una struttura privata autorizzata ai sensi dell'art. 116, la misura cautelare è sostituita con quella degli arresti domiciliari ove non ricorrano esigenze cautelari di eccezionale rilevanza. La sostituzione è concessa su istanza dell'interessato; all'istanza è allegata certificazione, rilasciata da un servizio pubblico per le tossicodipendenze oda una struttura privata accreditata per l'attività di diagnosi prevista dal comma 2, lettera *d*), dell'art. 116, attestante l'uso abituale di sostanze stupefacenti, psicotrope o alcoliche, nonché la dichiarazione di disponibilità all'accoglimento rilasciata dalla struttura. Il servizio pubblico è comunque tenuto ad accogliere la richiesta dell'interessato di sottoporsi a programma terapeutico. L'autorità giudiziaria, quando si procede per i delitti di cui agli artt. 628, terzo comma, o 629, secondo comma, del codice penale e comunque nel caso sussistano particolari esigenze cautelari, subordina l'accoglimento dell'istanza all'individuazione di una struttura residenziale.[1]

3. Il giudice dispone la custodia cautelare in carcere o ne dispone il ripristino quando accerta che la persona ha interrotto l'esecuzione del programma, ovvero mantiene un comportamento incompatibile con la corretta esecuzione, o quando accerta che la persona non ha collaborato alla definizione del programma o ne ha rifiutato l'esecuzione.

4. Le disposizioni di cui ai commi 1 e 2 non si applicano quando si procede per uno dei delitti previsti dall'art. 4-*bis* della legge 26 luglio 1975, n. 354, e successive modificazioni, ad eccezione di quelli di cui agli artt. 628, terzo comma, e 629, secondo comma, del codice penale purché non siano ravvisabili elementi di collegamento con la criminalità organizzata od eversiva.[2]

5. Nei confronti delle persone di cui ai commi 1 e 2 si applicano le disposizioni previste dall'art. 96, comma 6.

5-*bis*. Il responsabile della struttura presso cui si svolge il programma terapeutico di recupero e socio-riabilitativo è tenuto a segnalare all'autorità giudiziaria le violazioni commesse dalla persona sottoposta al programma. Qualora tali violazioni integrino un reato, in caso di omissione, l'autorità giudiziaria ne dà comunicazione alle autorità competenti per la sospensione o revoca dell'autorizzazione di cui all'art. 116 e dell'accreditamento di cui all'art. 117, ferma restando l'adozione di misure idonee a tutelare i soggetti in trattamento presso la struttura.[3]

[1] Comma così modif. dall'art. 4-*sexies*, c. 1, L. 21 feb. 2006, n. 49.

[2] Comma così sost. dall'art. 4-*sexies*, c. 1, L. 21 feb. 2006, n. 49.

[3] Comma aggiunto dall'art. 4-*sexies*, c. 1, L. 21 feb. 2006, n. 49.

90. ***Sospensione dell'esecuzione della pena detentiva.*** — 1. Nei confronti di persona che debba espiare una pena detentiva inflitta per reati commessi in relazione al proprio stato di tossico-dipendente, il Tribunale di sorveglianza può sospendere l'esecuzione della pena detentiva per cinque anni qualora, all'esito dell'acquisizione della relazione finale di cui all'art. 123, accerti che la persona si è sottoposta con esito positivo ad un programma terapeutico e socio-riabilitativo eseguito presso una struttura sanitaria pubblica od una struttura privata autorizzata ai sensi dell'art. 116. Il Tribunale di sorveglianza, qualora l'interessato si trovi in disagiate condizioni economiche, può altresì sospendere anche l'esecuzione della pena pecuniaria che non sia stata già riscossa. La sospensione può essere concessa solo quando deve essere espiata una pena detentiva, anche residua e congiunta a pena pecuniaria, non superiore a sei anni od a quattro anni se relativa a titolo esecutivo comprendente reato di cui all'art. 4-*bis* della legge 26 luglio 1975, n. 354, e successive modificazioni.[1]

2. La sospensione della esecuzione non può essere concessa, e la relativa domanda è inammissibile, se nel periodo compreso tra l'inizio del programma e la pronuncia della sospensione il condannato abbia commesso altro delitto non colposo punibile con la reclusione.

3. La sospensione dell'esecuzione della pena rende inapplicabili le misure di sicurezza nonché le pene accessorie e gli altri effetti penali della condanna, tranne che si tratti della confisca. La sospensione non si estende alle obbligazioni civili derivanti dal reato.[1]

4. La sospensione della esecuzione della pena non può essere concessa più di una volta.

4-*bis*. Si applica, per quanto non diversamente stabilito ed ove compatibile, la disciplina prevista dalla legge 26 luglio 1975, n. 354, e successive modificazioni.[2]

[1] Comma così modif. dall'art. 4-*septies*, L. 21 feb. 2006, n. 49.

[2] Comma ins. dall'art. 4-*septies*, L. 21 feb. 2006, n. 49.

91. ***Istanza per la sospensione dell'esecuzione.*** — 1.[1]

2. All'istanza di sospensione dell'esecuzione della pena è allegata, a pena di inammissibilità, certificazione rilasciata da un servizio pubblico per le tossicodipendenze o da una struttura privata accreditata per l'attività di diagnosi prevista dal comma 2, lettera *d*), dell'art. 116 attestante, ai sensi dell'art. 123, la procedura con la quale è stato accertato l'uso abituale di sostanze stupefacenti o psicotrope, il tipo di programma terapeutico e socio-riabilitativo scelto, l'indicazione della struttura ove il programma è stato eseguito, le modalità di realizzazione ed i risultati conseguiti a seguito del programma stesso.[2]

3.[1]

4. Se l'ordine di carcerazione è già stato eseguito la domanda è presentata al magistrato di sorveglianza competente in relazione al luogo di detenzione, il quale, se l'istanza è ammissibile, se sono offerte concrete indicazioni in ordine alla sussistenza dei presupposti per l'accoglimento della domanda ed al grave pregiudizio derivante dalla protrazione dello stato di detenzione, qualora non vi siano elementi tali da far ritenere la sussistenza del pericolo di fuga, può disporre l'applicazione provvisoria del beneficio. Sino alla decisione del Tribunale di sorveglianza, il magistrato di sorveglianza è competente a dichiarare la revoca di cui all'art. 93, comma 2. Si applicano, in quanto compatibili, le disposizioni di cui all'art. 47, comma 4, della legge 26 luglio 1975, n. 354.[2]

[1] Comma abrog. dall'art. 4-*octies*, L. 21 feb. 2006, n. 49.

[2] Comma così sost. dall'art. 4-*octies*, L. 21 feb. 2006, n. 49.

92. ***Procedimento innanzi alla sezione di sorveglianza.*** — 1. Il tribunale di sorveglianza, nominato un difensore al condannato che ne sia privo, fissa senza indugio la data della trattazione, dandone avviso al richiedente, al difensore e al pubblico ministero almeno cinque giorni prima. Se non è possibile effettuare l'avviso al condannato nel domicilio indicato nella richiesta o all'atto della scarcerazione e lo stesso non compare all'udienza, il tribunale dichiara inammissibile la richiesta.

2. Ai fini della richiesta, il tribunale di sorveglianza può acquisire copia degli atti del procedimento e disporre gli opportuni accertamenti in ordine al programma terapeutico e socio-riabilitativo effettuato.

3. Dell'ordinanza che conclude il procedimento è data immediata comunicazione al pubblico ministero competente per l'esecuzione, il quale, se la sospensione non è concessa, emette ordine di carcerazione.

93. ***Estinzione del reato. Revoca della sospensione.*** — 1. Se il condannato nei cinque anni successivi non commette un delitto non colposo punibile con la reclusione, le pene e ogni altro effetto penale si estinguono.[1]

2. La sospensione dell'esecuzione è revocata di diritto se il condannato, nel termine di cui al comma 1, commette un delitto non colposo per cui viene inflitta la pena della reclusione. Il Tribunale di sorveglianza che ha disposto la sospensione è competente alle pronunce di cui al presente comma ed al comma 1.[1]

2-*bis*. Il termine di cinque anni di cui al comma 1 decorre dalla data di presentazione dell'istanza in seguito al provvedimento di sospensione adottato dal pubblico ministero ai sensi dell'art. 656 del codice di procedura penale o della domanda di cui all'art. 91, comma 4. Tuttavia il tribunale, tenuto conto della durata delle limitazioni e prescrizioni alle quali l'interessato si è spontaneamente sottoposto e del suo comportamento, può determinare una diversa, più favorevole data di decorrenza dell'esecuzione.[1]

[1] Comma così sost. dall'art. 4-*decies*, c. 1, L. 21 feb. 2006, n. 49.

94. ***Affidamento in prova in casi particolari.*** — 1. Se la pena detentiva deve essere eseguita nei confronti di persona tossicodipendente o alcooldipendente che abbia in corso un programma di recupero o che ad esso intenda sottoporsi, l'interessato può chiedere in ogni momento di essere affidato in prova al servizio sociale per proseguire a intraprendere l'attività terapeutica sulla base di un programma da lui concordato con un'azienda unità sanitaria locale o con una struttura privata autorizzata ai sensi dell'art. 116. L'affidamento in prova in casi particolari può essere concesso solo quando deve essere espiata una pena detentiva, anche residua e congiunta a pena pecuniaria, non superiore a sei anni od a quattro anni se relativa a titolo esecutivo comprendente reato di cui all'art. 4-*bis* della legge 26 luglio 1975, n. 354, e successive modificazioni. Alla domanda è allegata, a pena di inammissibilità, certificazione rilasciata da una struttura sanitaria pubblica o da una struttura privata accreditata per l'attività di diagnosi prevista dal comma 2, lettera *d*), dell'art. 116 attestante lo stato di tossicodipendenza o di alcooldipendenza, la procedura con la quale è stato accertato l'uso abituale di sostanze stupefacenti, psicotrope o alcoliche, l'andamento del programma concordato eventualmente in corso e la sua idoneità, ai fini del recupero del condannato. Affinché il trattamento sia eseguito a carico del Servizio sanitario nazionale, la struttura interessata deve essere in possesso dell'accreditamento istituzionale di cui all'art. 8-*quater* del decreto legislativo 30 dicembre 1992, n. 502, e successive modificazioni, ed aver stipulato gli accordi contrattuali di cui all'art. 8-*quinquies* del citato decreto legislativo[1].

2. Se l'ordine di carcerazione è stato eseguito, la domanda è presentata al magistrato di sorveglianza il quale, se l'istanza è ammissibile, se sono offerte concrete indicazioni in ordine alla sussistenza dei presupposti per l'accoglimento della domanda ed al grave pregiudizio derivante dalla protrazione dello stato di detenzione, qualora non vi siano elementi tali da far ritenere la sussistenza del pericolo di fuga, può disporre l'applicazione provvisoria della misura alternativa. Si applicano, in quanto compatibile, le disposizioni di cui al comma 4. Sino alla decisione del tribunale di sorveglianza, il magistrato di sorveglianza è competente all'adozione degli ulteriori provvedimenti di cui alla legge 26 luglio 1975, n. 354, e successive modificazioni.[1]

3. Ai fini della decisione, il tribunale di sorveglianza può anche acquisire copia degli atti del procedimento al programma terapeutico concordato; deve altresì accertare che lo stato di tossicodipendenza o alcooldipendenza o l'esecuzione del programma di recupero non siano preordinati al conseguimento del beneficio.

Si applicano le disposizioni di cui all'art. 92, commi 1 e 3.[2]

4. Il tribunale accoglie l'istanza se ritiene che il programma di recupero, anche attraverso le altre prescrizioni di cui all'art. 47, comma 5, della legge 26 luglio 1975, n. 354, contribuisce al recupero del condannato ed assicura la prevenzione del pericolo ce egli commetta altri reati. Se il tribunale di sorveglianza dispone l'affidamento, tra le prescrizioni impartite devono essere comprese quelle che determinano le modalità di esecuzione del programma. Sono altresì stabilite le prescrizioni e le forme di controllo per accertare che il tossicodipendente o l'alcooldipendente inizi immediatamente o prosegua il programma di recupero. L'esecuzione della pena si considera iniziata dalla data del verbale di affidamento, tuttavia qualora il programma terapeutico al momento della decisione risulti già positivamente in corso, il tribunale, tenuto conto della durata delle limitazioni alle quali l'interessato si è spontaneamente sottoposto e del suo comportamento, può determinare una diversa, più favorevole data di decorrenza dell'esecuzione.[1]

5.[3]

6. Si applica, per quanto non diversamente stabilito, la disciplina prevista dalla L. 26 lug. 1975, n. 354, come modificata dalla L. 10 giu. 1986, n. 663.

6-*bis*. Qualora nel corso dell'affidamento disposto ai sensi del presente articolo l'interessato abbia positivamente terminato la parte terapeutica del programma, il magistrato di sorveglianza, previa rideterminazione delle prescrizioni, può disporne la prosecuzione ai fini del reinserimento sociale anche qualora la pena residua superi quella prevista per l'affidamento ordinario di cui all'art. 47 della legge 26 luglio 1975, n. 354.[4]

6-*ter*. il responsabile della struttura presso cui si svolge il programma terapeutico di recupero e socio-riabilitativo è tenuto a segnalare all'autorità giudiziaria le violazioni commesse dalla persona sottoposta al programma. Qualora tali violazioni integrino un reato, in caso di omissione, l'autorità giudiziaria ne dà comunicazione alle autorità competenti per la sospensione o revoca dell'autorizzazione di cui all'art. 116 e dell'accreditamento di cui all'art. 117, ferma restando l'adozione di misure idonee a tutelare i soggetti in trattamento presso la struttura.[4]

[1] Comma così sost. dalla L. 21 feb. 2006, n. 49.

[2] Periodo aggiunto dall'art. 4-*undecies*, c. 1, L. 21 feb. 2006, n. 49.

[3] Comma abrog. dall'art. 2, D.L. 23 dic. 2013, n. 146, conv. con modif. in L. 21 feb. 2014, n. 10.

[4] Commi aggiunti art. 4-*decies*, c. 1, L. 21 feb. 2006, n. 49.

94-*bis*. *Concessione dei benefici ai recidivi.*[1].

[1] Articolo ins. dall'art. 8, L. 5 dic. 2005, n. 251, e poi abrog. dall'art. 4, L. 21 feb. 2006, n. 49.

95. *Esecuzione della pena detentiva inflitta a persona tossicodipendente.* — 1. La pena detentiva nei confronti di persona condannata per reati commessi in relazione al proprio stato di tossicodipendente deve essere scontata in istituti idonei per lo svolgimento di programmi terapeutici e socio-riabilitativi.

2. Con decreto del Ministro di grazia e giustizia si provvede all'acquisizione di case mandamentali ed alla loro destinazione per i tossicodipendenti condannati con sentenza anche non definitiva.

96. *Prestazioni socio-sanitarie per tossicodipendenti detenuti.* — 1. Chi si trova in stato di custodia cautelare o di espiazione di pena per reati commessi in relazione al proprio stato di tossicodipendenza o sia ritenuto dall'autorità sanitaria abitualmente dedito all'uso di sostanze stupefacenti o psicotrope o che comunque abbia problemi di tossicodipendenza ha diritto di ricevere le cure mediche e l'assistenza necessaria all'interno degli istituti carcerari a scopo di riabilitazione.

2. La disposizione di cui al comma 1 si applica anche al tossicodipendente non ammesso, per divieto di legge o a seguito di provvedimento dell'autorità giudiziaria, alle misure sostitutive previste negli artt. 90 e 94 per la prosecuzione o l'esecuzione del programma terapeutico al quale risulta sottoposto o intende sottoporsi.

3. Le unità sanitarie locali, d'intesa con gli istituti di prevenzione e pena ed in collaborazione con i servizi sanitari interni dei medesimi istituti, provvedono alla cura e alla riabilitazione dei detenuti tossicodipendenti o alcoolisti.

4. A tal fine il Ministro di grazia e giustizia organizza, con proprio decreto, su basi territoriali, reparti carcerari opportunamente attrezzati, provvedendo d'intesa con le competenti autorità regionali e con i centri di cui all'art. 115.

5. Le direzioni degli istituti carcerari sono tenute a segnalare ai centri medici e di assistenza sociale regionali competenti coloro che, liberati dal carcere, siano ancora bisognevoli di cure e di assistenza.

6. Grava sull'amministrazione penitenziaria l'onere per il mantenimento, la cura o l'assistenza medica della persona sottoposta agli arresti domiciliari allorché tale misura sia eseguita presso una struttura privata autorizzata ai sensi dell'art. 116 e convenzionata con il Ministero della giustizia.[1]

6-*bis*. Per i minori tossicodipendenti o tossicofili, anche portatori di patologie psichiche correlate all'uso di sostanze stupefacenti, sottoposti alle misure cautelari non detentive, alla sospensione del processo e messa alla prova, alle misure di sicurezza, nonché alle misure alternative alla detenzione, alle sanzioni sostitutive, eseguite con provvedimenti giudiziari di collocamento in comunità terapeutiche e socio-riabilitative, gli oneri per il trattamento sanitario e socio-riabilitativo sono a carico del Dipartimento giustizia minorile, fatti salvi gli accordi con gli enti territoriali e, nelle more della piena attuazione del trasferimento di dette competenze, del Servizio sanitario nazionale.[2]

6-*ter*. All'onere derivante dall'attuazione del precedente comma, determinato nella misura massima di euro 2.000.000 a decorrere dall'anno 2006-2008, nell'ambito dell'unità previsionale di base di parte corrente «Fondo speciale» dello stato di previsione del Ministero dell'economia e delle finanze per l'anno 2006, allo scopo parzialmente utilizzando per gli anni 2006 e 2007 l'accantonamento relativo al Ministero del lavoro e delle politiche sociali e per l'anno 2008 l'accantonamento relativo al Ministero dell'istruzione, dell'università e della ricerca.[2]

[1] Comma così sost. dall'art. 4-*duodecies*, c. 1, L. 21 feb. 2006, n. 49.

[2] Commi ins. dall'art. 4-*duodecies*, c. 1, L. 21 feb. 2006, n. 49.

CAPO III

Operazioni di polizia e destinazione di beni e valori sequestrati o confiscati

97. ***Attività sotto copertura.***[1] — 1. Per lo svolgimento delle attività sotto copertura concernenti i delitti previsti dal presente testo unico si applicano le disposizioni di cui all'articolo 9 della legge 16 marzo 2006, n. 146, e successive modificazioni.

[1] Articolo così sost. dall'art. 8, L. 13 ago. 2010, n. 136.

98. ***Ritardo o omissione degli atti di cattura, di arresto o di sequestro. Collaborazione internazionali.***[1]

[1] Articolo abrog. dall'art. 8, L. 13 ago 2010, n. 136.

99. ***Perquisizione e cattura di navi ed aeromobili sospetti di attendere al traffico illecito di sostanze stupefacenti o psicotrope.*** — 1. La nave italiana da guerra o in servizio di polizia, che incontri in mare territoriale o in alto mare una nave nazionale, anche da diporto, che si sospetta essere adibita al trasporto di sostanze stupefacenti o psicotrope, può fermarla, sottoporla a visita ed a perquisizione del carico, catturarla e condurla in un porto dello Stato o nel porto estero più vicino, in cui risieda una autorità consolare.

2. Gli stessi poteri possono esplicarsi su navi non nazionali nelle acque territoriali e, al di fuori di queste, nei limiti previsti dalle norme dell'ordinamento internazionale.

3. Le disposizioni dei commi 1 e 2 si applicano, in quanto compatibili, anche agli aeromobili.

100. ***Destinazione di beni sequestrati o confiscati a seguito di operazioni antidroga.*** — 1. I beni mobili iscritti in pubblici registri, le navi, le imbarcazioni, i natanti e gli aeromobili sequestrati nel corso di operazioni di polizia giudiziaria antidroga possono essere affidati dall'autorità giudiziaria procedente in custodia giudiziale agli organi di polizia che ne facciano richiesta per l'impiego in attività di polizia antidroga; se vi ostano esigenze processuali, l'autorità giudiziaria rigetta l'istanza con decreto motivato.

2. Se risulta che i beni appartengono a terzi, i proprietari sono convocati dall'autorità giudiziaria procedente per svolgere, anche con l'assistenza di un difensore, le loro deduzioni e per chiedere l'acquisizione di elementi utili ai fini della restituzione. Si applicano, in quanto compatibili, le norme del c.p.p.

3. Gli oneri relativi alla gestione dei beni e all'assicurazione obbligatoria dei veicoli, dei natanti e degli aeromobili sono a carico dell'ufficio o comando usuario.

4. I beni mobili ed immobili acquisiti dallo Stato, a seguito di provvedimento definitivo di confisca, vengono assegnati, a richiesta, dell'Amministrazione di appartenenza degli organi di polizia che ne abbiano avuto l'uso ai sensi dei commi 1, 2 e 3. Possono altresì essere assegnati, a richiesta, anche ad associazioni, comunità, od enti che si occupino del recupero dei tossicodipendenti.

5. (*Omissis*).

101. ***Destinazione dei valori confiscati a seguito di operazioni antidroga.*** — 1. Le somme di denaro confiscate a seguito di condanna per uno dei reati previsti dal presente testo unico ovvero per il delitto di sostituzione di denaro o valori provenienti da traffico illecito di sostanze stupefacenti o psicotrope o da associazione finalizzata al traffico illecito di sostanze stupefacenti o psicotrope sono destinate al potenziamento delle attività di prevenzione e repressione dei delitti contemplati dal presente testo unico, anche a livello internazionale mediante interventi finalizzati alla collaborazione e alla assistenza tecnico-operativa con le forze di polizia dei Paesi interessati.

2. A tal fine il Ministro dell'interno è autorizzato ad attuare piani annuali o frazioni di piani pluriennali per il potenziamento delle attività del Servizio centrale antidroga nonché dei mezzi e delle strutture tecnologiche della Amministrazione della pubblica sicurezza, dell'Arma dei carabinieri e della Guardia di finanza, impiegate per l'attività di prevenzione e repressione dei traffici illeciti di sostanze stupefacenti o psicotrope.

3. I predetti piani di potenziamento sono formulati secondo una coordinata e comune pianificazione tra l'Amministrazione della pubblica sicurezza e le forze di polizia di cui al comma 2 e sono approvati con decreto del Ministro dell'interno, sentito il Comitato nazionale dell'ordine e della sicurezza pubblica, di cui all'art. 18 della L. 1° apr. 1981, al quale è chiamato a partecipare il direttore del Servizio centrale antidroga.

4. Ai fini del presente articolo le somme di cui al comma 1, affluiscono ad apposito capitolo delle entrate del bilancio dello Stato per essere assegnate, sulla base di specifiche richieste, ai pertinenti capitoli dello stato di previsione del Ministero dell'interno - rubrica «Sicurezza pubblica».

102. ***Notizie di procedimenti penali.*** — 1. Il Ministro dell'interno, direttamente o per mezzo di ufficiali di polizia giudiziaria, appositamente delegati, può chiedere all'autorità giudiziaria competente copie di atti processuali e informazioni scritte sul loro contenuto, ritenute indispensabili per la prevenzione o per il tempestivo accertamento dei delitti previsti dal presente testo unico, nonché per la raccolta e per la elaborazione dei dati da utilizzare in occasione delle indagini per gli stessi delitti.

2. L'autorità giudiziaria può trasmettere le copie e le informazioni di cui al comma 1 anche di propria iniziativa; nel caso di richiesta provvede entro quarantotto ore.

3. Le copie e le informazioni acquisite ai sensi dei commi 1 e 2 sono coperte dal segreto d'ufficio e possono essere comunicate agli organi di polizia degli Stati esteri con i quali siano raggiunte specifiche intese per la lotta al traffico illecito delle sostanze stupefacenti o psicotrope e alla criminalità organizzata.

4. Se l'autorità giudiziaria ritiene di non poter derogare al segreto di cui all'art. 329 del c.p.p., dispone con decreto motivato che la trasmissione sia procrastinata per il tempo strettamente necessario.

103. ***Controlli ed ispezioni.*** — 1. Al fine di assicurare l'osservanza delle disposizioni previste dal presente testo unico, gli ufficiali e sottufficiali della Guardia di finanza possono svolgere negli spazi doganali le facoltà di visita, ispezione e controllo previste dagli artt. 19 e 20 del T.U. delle disposizioni legislative in materia doganale, approvato con D.P.R. 23 gen. 1973, n. 43, fermo restando il disposto di cui all'art. 2, comma 1, lettera *o*), della L. 10 ott. 1989, n. 349.

2. Oltre a quanto previsto dal comma 1, gli ufficiali e gli agenti di polizia giudiziaria, nel corso di operazioni di polizia per la prevenzione e la repressione del traffico illecito di sostanze stupefacenti o psicotrope, possono procedere in ogni luogo al controllo e all'ispezione dei mezzi di trasporto, dei bagagli e degli effetti personali quando hanno fondato motivo di ritenere che possano essere rinvenute sostanze stupefacenti o psicotrope. Dell'esito dei controlli e delle ispezioni è redatto processo verbale in appositi moduli, trasmessi entro quarantotto ore al procuratore della Repubblica il quale, se ne ricorrono i presupposti, li convalida entro le successive quarantotto ore. Ai fini dell'applicazione del presente comma, saranno emanate, con decreto del Ministro dell'interno, di concerto con i Ministri della difesa e delle finanze, le opportune norme di coordinamento nel rispetto delle competenze istituzionali.

3. Gli ufficiali di polizia giudiziaria, quando ricorrano motivi di particolare necessità ed urgenza che non consentano di richiedere l'autorizzazione telefonica del magistrato competente, possono altresì procedere a perquisizioni dandone notizia, senza ritardo e comunque entro quarantotto ore, al procuratore della Repubblica il quale, se ne ricorrono i presupposti, le convalida entro le successive quarantotto ore.[1]

4. Gli ufficiali e gli agenti di polizia giudiziaria che hanno proceduto al controllo, alle ispezioni e alle perquisizioni ai sensi dei commi 2 e 3, sono tenuti a rilasciare immediatamente all'interessato copia del verbale di esito dell'atto compiuto.

[1] La Corte cost., con sent. 26 nov. 2020, n. 252, ha dichiarato l'ill. cost. del presente comma nella parte in cui non prevede che anche le perquisizioni personali e domiciliari autorizzate per telefono debbano essere convalidate.

104-119. (*Omissis*).

TITOLO XI

Interventi preventivi, curativi e riabilitativi

120. ***Terapia volontaria e anonimato.*** — 1. Chiunque fa uso di sostanze stupefacenti e di sostanze psicotrope può chiedere al servizio pubblico per le dipendenze o ad una struttura privata autorizzata ai sensi dell'articolo 116 e specificamente per l'attività di diagnosi, di cui al comma 2, lettera *d*), del medesimo articolo di essere sottoposto ad accertamenti diagnostici e di eseguire un programma terapeutico e socio-riabilitativo.[1]

2. Qualora si tratti di persona minore di età o incapace di intendere e di volere la richiesta d'intervento può essere fatta, oltre che personalmente dall'interessato, da coloro che esercitano su di lui la potestà parentale o la tutela.

3. Gli interessati, a loro richiesta, possono beneficiare dell'anonimato nei rapporti con i servizi, i presidi e le strutture delle aziende unità sanitarie locali, e con le strutture private autorizzate ai sensi dell'articolo 116, nonché con i medici, gli assistenti sociali e tutto il personale addetto o dipendente.[2]

4. Gli esercenti la professione medica che assistono persone dedite all'uso di sostanze stupefacenti e di sostanze psicotrope possono, in ogni tempo, avvalersi dell'ausilio del servizio pubblico per le dipendenze e delle strutture private autorizzate ai sensi dell'articolo 116.[1]

5.[3]

6. Coloro che hanno chiesto l'anonimato hanno diritto a che la loro scheda sanitaria non contenga le generalità né altri dati che valgano alla loro identificazione.

7. Gli operatori del servizio pubblico per le dipendenze e delle strutture private autorizzate ai sensi dell'articolo 116 non possono essere obbligati a deporre su quanto hanno conosciuto per ragione della propria professione, né davanti all'autorità giudiziaria né davanti ad altra autorità. Agli stessi si applicano le disposizioni dell'articolo 200 del codice di procedura penale e si estendono le garanzie previste per il difensore dalle disposizioni dell'articolo 103 del codice di procedura penale in quanto applicabili.[1]

8. Ogni regione o provincia autonoma provvederà ad elaborare un modello unico regionale di scheda sanitaria da distribuire, tramite l'ordine dei medici-chirurghi e degli odontoiatri di ogni provincia, ai singoli presidi sanitari ospedalieri ed ambulatoriali. Le regioni e le province autonome provvedono agli adempimenti di cui al presente comma.

9. Il modello di scheda sanitaria dovrà prevedere un sistema di codifica atto a tutelare il diritto all'anonimato del paziente e ad evitare duplicazioni di carteggio.

[1] Comma così sost. dall'art. 4-*vicies ter*, c. 29, D.L. 30 dic. 2005, n. 272, conv. con modif. in L. 21 feb. 2006, n. 49. Successivamente, la Corte cost., con sent. 25 feb. 2014, n. 32, ha dichiarato l'ill. cost. del suddetto art. 4-*vicies ter*. Infine, il presente comma è stato così sost. dall'art. 1, c. 27, D.L. 20 mar. 2014, n. 36, conv. con modif. in L. 16 mag. 2014, n. 79.

[2] Comma così modif. dall'art. 4-vicies ter, c. 29, D.L. 30 dic. 2005, n. 272, conv. con modif. in L. 21 feb. 2006, n. 49. Successivamente, la Corte cost., con sent. 25 feb. 2014, n. 32, ha dichiarato l'ill. cost. del suddetto art. 4-*vicies ter*. Infine, il presente comma è stato così modif. dall'art. 1, c. 27, D.L. 20 mar. 2014, n. 36, conv. con modif. in L. 16 mag. 2014, n. 79.

[3] Comma abrog. in esito al referendum popolare indetto dal D.P.R. 5 giu. 1993, n. 171.

121. ***Segnalazioni al servizio pubblico per le tossicodipendenze.***

1.[1]

2. L'autorità giudiziaria o il prefetto nel corso del procedimento, quando venga a conoscenza di persone che facciano uso di sostanze stupefacenti o psicotrope, deve farne segnalazione al servizio pubblico per le tossicodipendenze competente per territorio.

3. Il servizio pubblico per le tossicodipendenze, nell'ipotesi di cui al comma 2, ha l'obbligo di chiamare la persona segnalata per la definizione di un programma terapeutico e socio-riabilitativo.

[1] Comma abrog. in esito al referendum popolare indetto dal D.P.R. 5 giugno 1993.

122. ***Definizione del programma terapeutico e socio-riabilitativo.*** — 1. Il servizio pubblico per le dipendenze e le strutture private autorizzate ai sensi dell'articolo 116, compiuti i necessari accertamenti e sentito l'interessato, che può farsi assistere da un medico di fiducia autorizzato a presenziare anche agli accertamenti necessari, definiscono un programma terapeutico e socio-riabilitativo personalizzato che può prevedere, ove le condizioni psicofisiche del tossicodipendente lo consentano, in collaborazione con i centri di cui all'articolo 114 e avvalendosi delle cooperative di solidarietà sociale e delle associazioni di cui all'articolo 115, iniziative volte ad un pieno inserimento sociale attraverso l'orientamento e la formazione professionale, attività di pubblica utilità o di solidarietà sociale. Nell'àmbito dei programmi terapeutici che lo prevedono, possono adottare metodologie di disassuefazione, nonché trattamenti psico-sociali e farmacologici adeguati. Il servizio pubblico per le dipendenze verifica l'efficacia del trattamento e la risposta del paziente al programma.[1]

2. Il programma viene formulato nel rispetto della dignità della persona, tenendo conto in ogni caso delle esigenze di lavoro e di studio e delle condizioni di vita familiare e sociale dell'assuntore.[2]

3. Il programma è attuato presso strutture del servizio pubblico o presso strutture private autorizzate ai sensi dell'articolo 116 o, in alternativa, con l'assistenza del medico di fiducia.[2]

4. Quando l'interessato ritenga di attuare il programma presso strutture private autorizzate ai sensi dell'articolo 116 e specificamente per l'attività di diagnosi, di cui al comma 2, lettera d), del medesimo articolo, la scelta può cadere su qualsiasi struttura situata nel territorio nazionale che si dichiari di essere in condizioni di accoglierlo.[1]

5. Il servizio pubblico per le tossicodipendenze, destinatario delle segnalazioni previste nell'art. 121 ovvero del provvedimento di cui all'art. 75, comma 9, definisce, entro dieci giorni decorrenti

dalla data di ricezione della segnalazione o del provvedimento suindicato, il programma terapeutico e socio-riabilitativo.

[1] Comma sost. dall'art. 4-*vicies ter*, c. 30, D.L. 30 dic. 2005, n. 272, conv. con modif. in L. 21 feb. 2006, n. 49. Successivamente, la Corte cost., con sent. 25 feb. 2014, n. 32, ha dichiarato l'ill. cost. del suddetto art. 4-*vicies ter*. Infine, il presente comma è stato così sost. dall' art. 1, c. 28, D.L. 20 mar. 2014, n. 36, conv. con modif. in L. 16 mag. 2014, n. 79.

[2] Comma modif. dall'art. 4-*vicies ter*, c. 30, D.L. 30 dic. 2005, n. 272, conv. con modif. in L. 21 feb. 2006, n. 49. Successivamente, la Corte cost., con sent. 25 feb. 2014, n. 32, ha dichiarato l'ill. cost. del suddetto art. 4-*vicies ter*. Infine, il presente comma è stato così modif. dall'art. 1, c. 28, D.L. 20 mar. 2014, n. 36, conv. con modif. in L. 16 mag. 2014, n. 79.

122-*bis*. *Verifiche e controlli.*[1] — 1. Il Presidente del Consiglio dei Ministri o il Ministro da lui delegato in materia di politiche antidroga anche sulla base dei dati trasmessi dalle regioni ai sensi dell'art. 117, comma 4, presenta annualmente al Parlamento una relazione sull'attività svolta dal servizio pubblico per le tossicodipendenze e dalle comunità terapeutiche, con particolare riferimento ai programmi terapeutici definiti ed effettivamente eseguiti dai tossicodipendenti e all'efficacia dei programmi medesimi.

[1] Articolo inserito dall'art. 4-*septiesdecies* della L. 21 feb. 2006, n. 49.

123. *Verifica del trattamento in regime di sospensione di esecuzione della pena nonché di affidamento in prova in casi particolari.*[1] — Ai fini dell'applicazione degli istituti di cui agli articoli 90 e 94, viene trasmessa dall'azienda unità sanitaria locale competente o dalla struttura privata autorizzata ai sensi dell'articolo 116, su richiesta dell'autorità giudiziaria, una relazione secondo modalità definite con decreto del Ministro della salute, di concerto con il Ministro della giustizia, relativamente alla procedura con la quale è stato accertato l'uso abituale di sostanze stupefacenti o psicotrope, all'andamento del programma, al comportamento del soggetto e ai risultati conseguiti a seguito del programma stesso e della sua eventuale ultimazione, in termini di cessazione di assunzione delle sostanze e dei medicinali di cui alla tabella I e alla tabella dei medicinali previste dall'articolo 14.[2]

1-*bis*. Deve, altresì, essere comunicata all'autorità giudiziaria ogni nuova circostanza suscettibile di rilievo in relazione al provvedimento adottato.[3]

[1] Rubrica così sost. dall'art. 4-*duodevicies*, c. 1, lett. *a*), L. 21 feb. 2006, n. 49.

[2] Comma così sost. dall'art. 4-*duodevicies*, c. 1, lett. *b*), L. 21 feb. 2006, n. 49 e quindi così modif. dall'art. 1, c. 28-*bis*, D.L. 20 mar. 2014, n. 36, conv. con modif. in L. 16 mag. 2014, n. 79.

[3] Comma ins. dall'art. 4-*duodevicies*, c. 1, lett. *c*), L. 21 feb. 2006, n. 49.

124. *Lavoratori tossicodipendenti.* — 1. I lavoratori di cui viene accertato lo stato di tossicodipendenza, i quali intendono accedere ai programmi terapeutici e di riabilitazione presso i servizi sanitari delle unità sanitarie locali o di altre strutture terapeutico-riabilitative e socio-assistenziali, se assunti a tempo indeterminato hanno diritto alla conservazione del posto di lavoro per il tempo in cui la sospensione delle prestazioni lavorative è dovuta all'esecuzione del trattamento riabilitativo e, comunque, per un periodo non superiore a tre anni.

2. I contratti collettivi di lavoro e gli accordi di lavoro per il pubblico impiego possono determinare specifiche modalità per l'esercizio della facoltà di cui al comma 1. Salvo più favorevole disciplina contrattuale, l'assenza di lungo periodo per il trattamento terapeutico-riabilitativo è considerata, ai fini normativi, economici e previdenziali, come l'aspettativa senza assegni degli impiegati civili dello Stato e situazioni equiparate. I lavoratori, familiari di un tossicodipendente, possono a loro volta essere posti, a domanda, in aspettativa senza assegni per concorrere al programma terapeutico e socio-riabilitativo del tossicodipendente qualora il servizio per le tossicodipendenze ne attesti la necessità.

3. Per la sostituzione dei lavoratori di cui al comma 1 è consentito il ricorso all'assunzione a tempo determinato, ai sensi dell'art. 1, secondo comma, lettera *b*), della L. 18 apr. 1962, n. 230. Nell'ambito del pubblico impiego i contratti a tempo determinato non possono avere una durata superiore ad un anno.

4. Sono fatte salve le disposizioni vigenti che richiedono il possesso di particolari requisiti psicofisici e attitudinali per l'accesso all'impiego, nonché quelle che, per il personale delle Forze [armate e] di polizia, per quello che riveste la qualità di agente di pubblica sicurezza e per quello cui si applicano i limiti previsti dall'art. 2 della L. 13 dic. 1986, n. 874, disciplinano la sospensione e la destituzione dal servizio.

125. *Accertamenti di assenza di tossicodipendenza.* — 1. Gli appartenenti alle categorie di lavoratori destinati a mansioni che comportano rischi per la sicurezza, la incolumità e la salute dei terzi, individuate con decreto del Ministro del lavoro e della previdenza sociale, con decreto con il Ministro della sanità, sono sottoposti, a cura di strutture pubbliche nell'ambito del Servizio sanitario nazionale e a spese del datore di lavoro, ad accertamento di assenza di tossicodipendenza prima dell'assunzione in servizio e, successivamente, ad accertamenti periodici.

2. Il decreto di cui al comma 1 determina anche la periodicità degli accertamenti e le relative modalità.

3. In caso di accertamento dello stato di tossicodipendenza nel corso del rapporto di lavoro il datore di lavoro è tenuto a far cessare il lavoratore dall'espletamento della mansione che comporta ri-

schi per la sicurezza, la incolumità e la salute dei terzi.

4. In caso di inosservanza delle prescrizioni di cui ai commi 1 e 3, il datore di lavoro è punito con l'arresto da due a quattro mesi o con l'ammenda da euro 5.164 a euro 25.822.

126. ***Accompagnamento del tossicodipendente in affidamento.*** — 1. Durante il periodo di affidamento di cui all'art. 94 e all'art. 4-*sexies* del D.L. 22 apr. 1985, n. 144, convertito, con modificazioni, dalla L. 21 giu. 1985, n. 297, il responsabile della comunità può accompagnare o far accompagnare da persona di sua fiducia il tossicodipendente fuori della comunità in casi di necessità o di urgenza dipendenti da ragioni di assistenza sanitaria o da gravi motivi familiari dandone immediata comunicazione all'autorità giudiziaria.

TITOLO XII
Disposizioni finali

CAPO I
Finanziamento di progetti, concessione di contributi e agevolazioni

127-135. (*Omissis*).

CAPO II
Abrogazioni

136. ***Abrogazioni.*** — 1. Sono abrogati la L. 22 ott. 1954, n. 1041, ad eccezione dell'art. 1, per quanto concerne l'Ufficio centrale stupefacenti, gli artt. 447 e 729 del c.p. e ogni altra norma in contrasto con il presente T.U.

2-3. (*Omissis*).

- 2 -

D.M. 25 mag. 1993

Definizione della situazione di incompatibilità con lo stato di detenzione per persone con infezione da HIV

(G.U. 5 giu. 1993)

1. — La situazione di AIDS conclamata ai fini dell'art. 1 primo inciso, seconda parte, del comma 1 del D.L. 14 mag. 1993, n. 139, ricorre quando la persona sia affetta da AIDS conclamata e segnalata in base alle disposizioni di cui alla circolare del Ministero della sanità 13 feb. 1987, n. 5, pubblicata nella *Gazzetta Ufficiale* n. 48 del 27 feb. 1987.

2. La grave deficienza immunitaria, ai fini della medesima disposizione, ricorre quando, anche in assenza di identificazione e segnalazione ai sensi della citata circolare, la persona presenti un deficit immunitario esplicitato da un numero di linfociti T/CD4+ pari o inferiore a 100/ mmc come valore ottenuto in almeno due esami consecutivi effettuati a distanza di quindici giorni uno dall'altro.

2. — 1. Il grado di deficienza immunitaria rilevante ai fini dell'art. 1, comma 2, del D.L. 14 mag. 1993, n. 139, ricorre quando il numero di linfociti T/ CD4+ sia superiore a 100/mmc ma inferiore a 200/mmc come valore ottenuto in almeno due esami consecutivi effettuati a distanza di quindici giorni l'uno dall'altro.

3. — 1. Qualora la diagnosi di caso di AIDS o l'accertamento di deficit immunitario, di cui agli artt. 1 e 2, non risultino espressi da unità ospedaliere o universitarie di malattie infettive o da altre strutture ospedaliere pubbliche tra quelle individuate dalla regione per l'assistenza agli ammalati di AIDS, le relative certificazioni devono essere convalidate da una di dette unità o strutture agli effetti di quanto stabilito dagli artt. 1 e 2 del D.L. richiamato nelle premesse.

- 3 -

D.M. 11 apr. 2006

Indicazione dei limiti quantitativi massimi delle sostanze stupefacenti e psicotrope, riferibili ad un uso esclusivamente personale delle sostanze elencate nella tabella I del Testo unico delle leggi in materia di disciplina degli stupefacenti e delle sostanze psicotrope, prevenzione, cura e riabilitazione dei relativi stati di tossicodipendenza, di cui al D.P.R. 9 ottobre 1990, n. 309, come modificato dalla legge 21 febbraio 2006, n. 49, ai sensi dell'articolo 73, comma 1-bis

(G.U. 24 apr. 2006, n. 95)

1. 1. I limiti massimi di cui alla lettera *a*) del comma 1-*bis* dell'art. 73 del Testo unico delle leggi in materia di disciplina degli stupefacenti e sostanze psicotrope, prevenzione, cura e riabilitazione dei relativi stati di tossicodipendenza, di cui al decreto del Presidente della Repubblica 9 ottobre 1990, n. 309, come modificato da ultimo dalla legge 21 febbraio 2006, n. 49, sono quelli indicati nell'ultima colonna dell'elenco allegato al presente decreto, costituente parte integrante dello stesso.

2. Il presente decreto entra in vigore il quindicesimo giorno successivo a quello della sua pubblicazione nella *Gazzetta Ufficiale* della Repubblica italiana.

SOSTANZE		*Dose media singola in mg*	*Moltiplicatore*	*Quantità massime in mg (soglia)*
Denominazione comune	*Denominazione chimica*			
2C-B	4-bromo-2,5-dimetossifeniletilamina	25	3	75
2C-1	2,5-dimetossi-4-iodofenetilamina	25	3	75
2C-T-2	2,5-dimetossi-4-etiltiofenetilamina	25	3	75
2C-T-7	2,5-dimetossi-4-(n)-propiltio-fenetilamina	25	3	75
4-metilaminorex	4-metil-2-amino-5-fenil-2-ossazolina	25	5	125
4-MTA	4-metiltioamfetamina	70	3	210
Acetil-alfa-metilfentanil	*N*-[1-(*alfa*-metilfeniletil)-4-piperidil]acetanilide	*		
Acetildietilammide dell'acido(+)-lisergico	estere acetico del 9,10-dideidro-*N,N*-dietil-6-metilergolina-8-*beta*-carbossamide	*		
Acetildiidrocodeina	estere acetico del 6-idrossi-3-metossi-*N*-metil-4,5-epossimorfinano	*		
Acetorfina	3-O-acetiltetraidro-7-*alfa*-(1-idrossi-1-metilbutil)-6,14-*endo*eteno-oripavina	*		
Acido gamma-idrossibutirrico (GHB)	acido 4-idrossibutirrico	2000	2	4000
Alfacetilmetadolo	*alfa*-3-acetossi-6-dimetilamino-4,4-difenileptano	*		
Alfameprodina	*alfa*-1-metil-3-etil-4-fenil-4-propionossipiperidina	*		
Alfametadolo	*alfa*-6-dimetilamino-4,4-difenil-3-eptanolo	*		
Alfametilfentanil	*N*-[1-(*alfa*-metilfeniletil)-4-piperidil]propioanilide	*		
Alfametiltiofentanil	*N*-[1-[1 metil-2-(2-tienil)etil]-4-piperidil]propioanilide	*		
Alfaprodina	*alfa*1,3-dimetil-4-fenil-4-propionossipiperidina	*		
Allilprodina	3-allil-1-metil-4-fenil-4-propionossipiperidina	*		
Amfetamina	(±)-*alfa*-metilfeniletilamina	100	5	500
Amide dell'acido lisergico	9,10-dideidro-6-metilergolina-8-*beta*-carbossamide	*		

SOSTANZE		Dose media singola in mg	Moltiplicatore	Quantità massime in mg (soglia)
Denominazione comune	*Denominazione chimica*			
Aminorex	2-amino-5-fenil-2-ossazolina	*		
Anileridina	estere etilico dell'acido 1-*para*-aminofeniletil-4-fenilpiperidin-4-carbossilico	200	5	1000
Benzetidina	estere etilico dell'acido 1-(2-benzilossietil)-4-fenilpiperidin-4-carbossilico	*		
Benzilmorfina	3-0-benzilmorfina	*		
Benzitramide	1-(3-ciano-3,3-difenilpropil)-4-(2-ossi-3-propionil-1-benzimidazolinil)-piperidine	*		
Betacetilmetadolo	*beta*-3-acetossi-6-dimetilamino-4,4-difenileptano	*		
Beta-idrossifentanil	*N*-[1-(*beta*-idrossifeniletil)-4-piperidil]propioanilide	*		
Betameprodina	*beta*-1-metil-3-etil-4-fenil-4-propionossipiperidina	*		
Betametadolo	*beta*-6-dimetilamino-4,4-difenil-3-eptanolo	*		
Betaprodina	*beta*-l,3-dimetil-4-fenil-4-propionossipiperidina	*		
Butirrato di diossafetile	4-morfolino-2,2-difenilbutirrato di etile	*		
Catha edulis pianta	Si fa riferimento alla quantità di principio attivo contenuta: catina			
Catina	(+)-norpseudoefedrina	60	5	300
Catinone	(-)-(S)-2-aminopropiofenone	*		
Chetobemidone	4-*meta*-idrossifenil-1-metil-4-propionilpiperidina	*		
Clonitazene	2-*para*-clorobenzil-1-dietilaminoetil-5-nitrobenzimidazolo	*		
Coca foglie	Si fa riferimento alla quantità d principio attivo contenuta: cocaina			
Cocaina	estere metilico della benzoilecgonina	150	5	750
Codossima	diidrocodeinone-6-carbossimetilossima	*		
Delta-8-tetraidrocannabinolo (THC)		25	20	500
Delta-9-tetraidrocannabinolo (THC)	(6a*R*,10a*R*)-6a,7,8,10a-tetraldro-6,6,9-trimetil-3-pentil-6*H*-dibenzo[*b*,d]piran-1-olo	25	20	500
Desomorfina	diidrodesossimorfina	*		

SOSTANZE		Dose media singola in mg	Moltiplicatore	Quantità massime in mg (soglia)
Denominazione comune	*Denominazione chimica*			
Destroamfetamina	(+)-*alfa*-metilfeniletilamina	*		
Destromoramide	(+)-4-[2-metil-4-osso-3,3-difenil-4-(1-pirrolidinil)butil] morfolino	*		
DET (N,N-dietiltriptamina)	3-[2-(dietilamino)etil]indolo	80	3	240
Diampromide	*N*-[2-(rnetilfeniletilamino)-propil]propioanilide	*		
Dietiltiambutene	3-dietilamino-1,1-di-(2′-tienil)-1-butene	*		
Difenossilato	estere etilico dell'acido 1-(3-ciano-3,3-difenilpropil)-4-fenilpiperidin-4-carbossilico	*		
Difenossina	acido 1-(3-ciano-3,3-difenilpropil)-4-fenilisonipecotico	*		
Diidroetorfina	7,8-diidro-7-*alfa*-[1-(R)-idrossi-1-metilbutil]-6,14-*endo*-etanotetraidrooripavina	*		
Diidromorfina	(5-*alfa*, 6-*alfa*)-4,5-epossi-17-metil-morfinan-3,6-diolo	*		
Dimefeptanolo	6-dimetilamino-4,4-difenil-3-eptanolo	*		
Dimenossadolo	2-dimetilaminoetil-1-etossi-1,1-difenilacetato	*		
Dimetiltiambutene	3-dimetilamino-1,1-di-(2′-tienil)-1-butene	*		
Dipipanone	4,4-difenii-6-piperidin-3-eptanone	*		
DMA (2,5-dimetossiamfetamina)	(±)-2,5-dimetossi-*alfa*-metilfeniletilamina	100	3	300
DMHP (1-idrossi-3(1,2-dimetileptil)-7,8,9,10-tetraidro-6,6,9-trimetil-6*H*-dibenzo[*b*,d] pirano)	3-(1,2-dimetileptil)-7,8,9,10-tetraidro-6,6,9-trimetil-6*H*-dibenzo[*b*,d]piran-1-olo	*		
DMT (N,N-dimetiltriptamina)	3-[2-(dimetilamino)etil]indolo	90	3	270
DOB (4-bromo-2,5-dimetossiamfetamina)	(±)-4-bromo-2,5-dimetossi-*alfa*-metilfeniletilamina	3	3	9
DOET (4-etil-2,5-dimetossiamfetamina)	(±)-4-etil-2,5-dimetossi-*alfa*-feniletilamina	4	3	12
DOM (4-metil-2,5-dimetossiamfetamina)	2, 5-dimetossi-*alfa*,4-dimetilfeniletilamina	7	3	21
Drotebanolo	3,4-dimetossi-17-metilmorfinan-6-*beta*,14-diolo	*		
Ecgonina	acido 3-*beta*-idrossi-1-*alfa*-*H*,-5*alfa*-*H*-tropan-2-*beta*-carbossilico	*		

SOSTANZE		Dose media singola in mg	Moltiplicatore	Quantità massime in mg (soglia)
Denominazione comune	*Denominazione chimica*			
Eroina	diacetilmorfina	25	10	250
Estere etilico dell'acido 4-fenilpiperidin-4-carbossilico		*		
Etclorvinolo	1-cloro-3-etil-1-penten-4-in-3-olo	*		
Etifossina	6-cloro-2-(etilamino)-4-metil-4-fenil-4*H*-3,1benzossazina	*		
Etilciclidina	*N*-etil-1-fenilcicloesilamina	*		
Etilmetiltiambutene	3-etilmetilamino-1,1-di-(2'-tienil)-1-butene	*		
Etilmorfina	3-*O*-etilmorfina	*		
Etonizatene	1-dietilaminoetil-2-*para*-etossibenzil-5-nitrobenzimidazolo	*		
Etorfina	tetraidro-7-*alfa*-(1-idrossi-1-metilbutil)-6,14-*endo*etenooripavina	*		
Etosseridina	estere etilico dell'acido 1-[2-(2-idrossietossi)-etil]-4-fenilpiperidin-4-carbossilico	*		
Etriptamina	3-(2-aminobutil)indolo	*		
Fenadoxone	6-morfolin-4,4'-difenil-3-eptanone	*		
Fenampromide	*N*-(1-metil-2-piperidinoetil)-propioanilide	*		
Fenazocina	2'-idrossi-5,9-dimetil-2-feniletil-6,7-benzomorfano	*		
Fenetillina	7-[2-[(*alfa*-metilfeniletil)amino] etil]teofillina	*		
Fenmetrazina	3-metil-2-fenilmorfolina	120	5	600
Fenomorfano	3-idrossi-*N*-feniletilmorfinano	*		
Fenoperidina	estere etilico dell'acido 1-(3-idrossi-3-fenilpropil)-4-fenilpiperidin-4-carbossilico	*		
Flunitrazepam	5-(*orto*-fluorofenil)-1,3-diidro-1-metil-7-nitro-2H-1,4-benzodiazepin-2-one	1	5	5
Folcodina	morfonilletilmorfina	*		
Funghi del genere strofaria, conocybe e psilocybe	Si fa riferimento alla quantità di principio attivo contenuta: psilocibina e psilocina			
Furetidina	estere etilico dell'acido 1-(2-tetraidrofurfurilossietil)-4-fenilpiperidin-4-carbossilico	*		
Gamma-butirrolattone (GBL)		600	2	1200

SOSTANZE		Dose media singola in mg	Moltiplicatore	Quantità massime in mg (soglia)
Denominazione comune	*Denominazione chimica*			
Idromorfinolo	14-idrossidiidromorfina	*		
Idrossipetidina	estere etilico dell'acido 4-*meta*idrossifenil-1-metilpiperidin-4-carbossilico	*		
Isometadone	6-dimetilamino-5-metil-4,4-difenil-3-esanone	*		
Ketamina	(±)-2-(2-clorofenil)-2-(metilamino)cicloesanone	300	3	900
Levoamfetamina	(-)-(R)-*alfa*-metilfeniletilamina	*		
Levofenoacilmorfano	(1)-3-idrossi-*N*-fenacilmorfinano	*		
Levometamfetamina	(-)-*N*,*alfa*-dimetilfeniletilamina	*		
Levometorfano	(-)-3-metossi-*N*-metilmorfinano	*		
Levomoramide	(-)-4-[2-metil-4-ossi-3,3-difenil-4-(1-pirrolidinil)-butil] morfolina	*		
Levorfanolo	(-)-3-idrossi-*N*-metilmorfinano	9	10	90
Lophophora Williamsii pianta (Peyote)	Si fa riferimento alla quantità di principio attivo contenuta: mescalina			
LSD (Dietilamide dell'acido lisergico)	9,10-dideidro-*N*,*N*-dietil-6-metilergolina-8-*beta*-carbossamide	0,05	3	0,15
MBDB (*N*-metil-(3,4-metilendiossifenil)-2-butanamina	*N*-metil-*alfa*-etil-3,4-metilendiossi-feniletilamina	150	5	750
MDA (3,4-metilendiossiamfetamina)	tenamfetamina	200	5	1000
MDEA (3,4-metilendiossietilamfetamina)	(±)-*N*-etil-*alfa*-metil-3,4-(metilendiossi)feniletilamina	150	5	750
MDMA (3,4-metilendiossimetamfetamina)	(±)-*N*-etil-*alfa*-dimetil-3,4-(metilendiossi)feniletilamina	150	5	750
Meclofenossato	estere 2-(dimetilamino) etilico dell'acido 4-cloro-fenossiacetico	*		
Mescalina	3,4,5-trimetossifeniletilamina	400	3	1200
Mesocarb	3-(*alfa*-metilfeniletil)-*N*-(fenilcarbamoil)sidnone immina	*		
Metadone	6-dimetilamino-4,4-difenil-3-eptanone	70	5	350
Metadone intermedio	4-ciano-2-dimetilamino-4,4-difenilbutano	*		
Metamfetamina	(+)-(S)-*N*,*alfa*-dimetilfeniletilamina	100	5	500
Metazocina	2'-idrossi-2,5,9-trimetil-6,7-benzomorfano	*		

SOSTANZE		Dose media singola in mg	Moltiplicatore	Quantità massime in mg (soglia)
Denominazione comune	*Denominazione chimica*			
Metilcatinone	2-(metilamino)-1-fenilpropan-1-one	*		
Metildesorfina	6-metil-*delta*-6-deidrossimorfina	*		
Metildiidromofina	6-metil-diidromorfina	*		
Metilfenidato	estere metilico dell'acido 2-fenil-2-(2-piperidil)-acetico	60	3	180
Metopone	5-metil-diidromorfinone	*		
Mirofina	miristilbenzilmorfina	*		
MMDA (5-metossi-3,4-metilendiossiamfetamina)	2-metossi-*alfa*-metil-4,5-(metilendiossi)feniletilamina	200	5	1000
Monoetilamide dell'acido (+)-1-metil-lisergico	9,10-dideidro-*N*-etil-*N*-0-idrossi-metil)propil]-1,6-metilergolina-8-*beta*carbossamide	0,05	3	0,15
Monoetilamide dell'acido (+)-lisergico	9,10-dideidro-*N*-etil-6-metilergolina-8-*beta*-carbossamide	0,05	3	0,15
Morferidina	estere etilico dell'acido 1-(2-morfolinoetil)-4-fenilpiperidin-4-carbossilico	*		
Morfina	7,8-deidro-4,5-epossi-3,6-diidrossi-*N*-metilmorfinano	25	10	250
Morfolide dell'acido (+) lisergico		*		
MPPP	estere propionico dell'1-metil-4-fenil-4-piperidinolo	*		
N-etilamfetamina	*N*-etil-*alfa*-metilfeniletilamina	*		
Nicocodina	6-nicotinilcodeina	*		
Nicodicodina	6-nicotinildiidrocodeina	*		
Nicomorfina	3,6-dicotinilmorfina	*		
N-idrossi-MDA	(±)-*N*-[*alfa*-metil-3,4-(metilendiossi)feniletil] idrossilamina	*		
Noracimetadolo	(±)-*alfa*-3-acetossi-6-metilamino-4,4-difenileptano	*		
Norcodeina	*N*-demetilcodeina	*		
Norlevorfanolo	(-)-3-idrossimorfinano	*		
Normetadone	6-dimetilamino-4, 4-difenil-3-esanone	*		
Normorfina	demetilmorfina	*		
Norpipanone	4,4-difenil-6-piperidin-3-esanone	*		

SOSTANZE		Dose media singola in mg	Moltiplicatore	Quantità massime in mg (soglia)
Denominazione comune	*Denominazione chimica*			
Oppio	Si fa riferimento alla quantità di principio attivo contenuta: morfina			
Paglia di papavero	Si fa riferimento alla quantità di principio attivo contenuta: morfina			
Paraesil	3-esil-7,8,9,10-tetraidro-6,6,9-trimetil-6*H*-dibenzo[*b*,d]piran-1-olo	*		
Para-fluorofentanil	4'-fluoro-*N*-(1-feniletil-4-piperidil)propionanilide	*		
PCE (eticiclidina)	*N*-etil-1-fenilcicloesilamina	*		
PCP (fenciclidina)	1-(1-fenilcicloesil)piperidina	20	3	60
Pemolina	2-amino-5-fenil-2-ossazolin-4-one	*		
PEPAP	estere acetico dell'1-feniletil-4-fenil-4-piperidinolo	*		
Petidina	estere etilico dell'acido 1-metil-4-fenilpiperidin-4-carbossilico	*		
Petidina intermedio A	1-metil-4-ciano-4-fenilpiperidina	*		
Petidina intermedio B	estere etilico dell'acido 4-fenilpiperidin-4-carbossilico	*		
Petidina intermedio C	acido 1-metil-4-fenilpiperidin-4-carbossilico	*		
PHP (roliciclidina)	1-(1-fenilcicloesil)pirrolidina	*		
Piminodina	estere etilico dell'acido 4-fenil-1-(3-fenilaminopropil)piperidin-4-carbossilico	50	10	500
Piritramide	amide dell'acido 1-(3-ciano-3,3-difenilpropil)-4-(1-piperidin)piperidin-4-carbossilico	*		
Pirrolidide dell'acido (+)lisergico		*		
PMA (*para*-metossiamfetamina)	*para*-metossi-*alfa*-metilfeniletilamina	90	5	450
PMA (*para*-metossiametamfetamina)	*para*-metossi-*N*,-*alfa*-dimetilfeniletilamina	90	5	450
Preparati attivi della Cannabis (hashish, marijuana, olio, resina, foglie e infiorescenze)	Si fa riferimento alla quantità di principio attivo contenuta: delta 8-Tetraidrocannabinolo; delta 9-Tetraidrocannabinolo			
Proeptazina	1,3-dimetil-4-fenil-4-propionossiazacicloeptano	20	10	200
Prolintano	1-[1-(fenilmetil)butil]pirrolidina	*		
Properidina	estere isopropilico dell'acido 1-metil-4-fenilpiperidin-4-carbossilico	*		
Propiram	*N*-(1-metil-2-piperidinoetil)-*N*-2-piridil-propionamide	*		

SOSTANZE		*Dose media singola in mg*	*Moltiplicatore*	*Quantità massime in mg (soglia)*
Denominazione comune	*Denominazione chimica*			
Psilocibina	diidrogeno fosfato del 3-[2-(dimetilamino)etil]indol-4-olo	100	3	300
Psilocina	3-[2-(dimetilamino)etil]indol-4-olo	100	3	300
Racemetorfano	(±)-3-rnetossi-*N*-metilmorfinano	*		
Racemoramide	(±)-4-[2-metil-4-ossi-3,3-difenii-4-(1-pirrolidinil)-butil]morfolina	*		
Racemorfano	(±)-3-idrossi-*N*-metilmorfinano			
Salvia divinorum pianta	Si fa riferimento alla quantità di principio attivo contenuta: Salvinorina A			
Salvinorina A		50	3	150
TCP (tenociclidina)	1[1-(2-tienil)cicloesil]piperidina	*		
Tebacone	6-acetossi-4,5-epossi-3-metossi-*N*-metil-morfin-6-ene	*		
Tebaina	6,7,8,14-tetradeidro-4,5*alfa*-epossi-3,6-dimetossi-17-metilmorfinano	*		
Tilidina	(±)-etil-*trans*-2-(dimetilamino)-1-fenil-3-cicloesene-1 carbossilato	*		
TMA (3,4,5-trimetossiamfetamina)	(±)-3,4,5-trimetossi-*alfa*-metilfeniletilamina	200	3	600
TMA-2	2,4,5-trimetossiamfetamina	50	3	150
Trimeperidina	1,2,5-trimetil-4-fenil-4-propionossipiperidina	*		

* Per le sostanze contrassegnate da asterisco non viene indicata la quantità di principio attivo, in quanto, pur essendo dette sostanze sotto controllo in osservanza delle Convenzioni internazionali sottoscritte dall'Italia, non sono disponibili dati riferibili ai livelli individuali di consumo.

INDICE PER VOCI DELL'APPENDICE DI LEGGI COMPLEMENTARI

Aborto

Amnistia e indulto

Animali da compagnia

Armi

Assegno bancario

Associazioni militari e segrete

Autore (diritti di)

Bancarotta e reati fallimentari

Casellario giudiziale

Collaboratori di giustizia, pentiti e dissociati

Contrabbando

Convenzioni internazionali

Cooperazione giudiziaria europea

Corti di assise

Criminalità

Depenalizzazione

Finanze e tributi

Frodi alimentari

Giudice di pace

Giusto processo

Intermediazione finanziaria

Malattie mentali

Minorenni

Misure di prevenzione e antimafia

Notificazioni

Ordinamento giudiziario

Ordinamento penitenziario

Ordine pubblico

Privacy

Prostituzione

Razzismo, genocidio e discriminazioni

Sicurezza pubblica

Società

Sospensione dei termini processuali

Spese di giustizia

Stampa, posta, telecomunicazioni e affissioni

Stranieri e apolidi

Stupefacenti

INDICE CRONOLOGICO DELLE LEGGI COMPLEMENTARI

n = provvedimento citato in nota

Provvedimenti emanati nel 2022 di cui si è tenuto conto

INDICE ANALITICO-ALFABETICO
DELLE NORME CONTENUTE
NELLA COSTITUZIONE,
NEI QUATTRO CODICI
E NELLE APPENDICI
DI LEGGI COMPLEMENTARI

ABBREVIAZIONI

App.	appendice di leggi complementari
Att.	disposizioni di attuazione
C.	codice civile
Cost.	costituzione della Repubblica Italiana
C.T.	consulente tecnico
D.	decreto
D.P.	disposizioni sulla legge in generale
G.I.	giudice istruttore
G.T.	giudice tutelare
L.	legge
L.A.	legge sull'assegno
L.B.	legge sui brevetti
L.C.	legge sulla cambiale
L.D.A.	legge sui diritti d'autore
L.S.C.	legge sullo stato civile
P.	codice penale
Pc.	codice di procedura civile
P.M.	pubblico ministero
Pp.	codice di procedura penale
P.S.	pubblica sicurezza
Reg.	disposizioni regolamentari
S.p.a.	società per azioni
S.r.l.	società a responsabilità limitata
Trans.	disposizioni transitorie
T.U.	testo unico
V./(v.)	vedasi

- A -

- B -

- C -

- D -

- E -

- F -

- G -

- H -

- I -

- M -

- N -

- O -

- P -

- Q -

- R -

- S -

- T -

- U -

- V -

- Z -

LA VERSIONE DIGITALE DEI CODICI

I Quattro Codici Hoepli sono disponibili anche in formato digitale interrogabile, sia in versione online sia in versione scaricabile e installabile su computer.

Con questa edizione dei ***Quattro Codici*** Hoepli offre una prova gratuita valida per un numero limitato di giorni per entrambe le versioni digitali della banca dati e che comprende i codici civile e di procedura civile, i codici penale e di procedura penale e le leggi complementari delle aree civile e penale.

A entrambe le versioni – online e scaricabile – si accede attraverso il numero seriale nascosto sotto la vernice grattabile.

Tutte le informazioni su come fruire delle versioni digitali dei Quattro Codici Hoepli si trovano all'indirizzo:

www.elexico.com/users/hoepli/quattro_codici.html

1097 Aa.Vv.
Quattro codici
NUMERO SERIALE
HOEPLI